Sartorius, Verfassungs- und Verwaltungsgesetze
Gebundene Ausgabe

SARTORIUS

Verfassungs- und Verwaltungsgesetze

Gebundene Ausgabe 2021

Textausgabe

Begründet von Dr. Carl Sartorius

Stand: 2. Februar 2021

Redaktioneller Hinweis:

Paragraphenüberschriften in eckigen Klammern sind nicht amtlich. Sie sind ebenso wie die Fußnoten ur-heber- und wettbewerbsgeschützt.

Die Angaben zum Stand der Sammlung auf dem Titel-blatt beziehen sich auf das Verkündungsdatum der maß-gebenden Gesetzes-, Verordnungs- und Amtsblätter.

Anregungen und Hinweise zur Gestaltung der Text-sammlung bitte an den Verlag oder an

sartorius.redaktion@beck.de

www.beck.de

ISBN 978 3 406 75823 2

© 2021 Verlag C. H. Beck oHG
Wilhelmstraße 9, 80801 München
Satz und Druck: Druckerei C. H. Beck Nördlingen
(Adresse wie Verlag)

chbeck.de/nachhaltig

Gedruckt auf säurefreiem, alterungsbeständigem Papier
(hergestellt aus chlorfrei gebleichtem Zellstoff)

Vorwort

Die von Carl Sartorius im Jahr 1903 begründete Sammlung von Verfassungs- und Verwaltungsgesetzen ist ursprünglich als gebundene Ausgabe erschienen. Erst ab dem Jahr 1935 wurde sie als Loseblatt-Textsammlung herausgegeben. Mit dieser gebundenen Ausgabe knüpft die Sammlung „Sartorius, Verfassungs- und Verwaltungsgesetze" an ihre ursprüngliche Erscheinungsform an und folgt überdies dem Vorbild der gebundenen Ausgabe von „Schönfelder, Deutsche Gesetze". Dabei entspricht sie in Inhalt und Systematik der weiterhin lieferbaren Loseblatt-Textausgabe.

Der „Sartorius" soll ein möglichst vollständiges Bild des öffentlichen Bundesrechts geben, wie es der Lehrbetrieb an den Universitäten und Fachhochschulen und die Ausbildung der Referendare fordern. Weitgehend kann das Werk in seiner gegenwärtigen Gestaltung – teilweise angereichert durch den Inhalt des Sartorius-Ergänzungsbandes – auch der Praxis der Justiz und der inneren Verwaltung dienen.

Der Sammlung wurde eine systematische Gliederung gegeben, die der des Bundesgesetzblattes Teil III bzw. dem vom Bundesministerium der Justiz herausgegebenen Fundstellennachweis A (FNA) angeglichen ist, so dass die zu einem bestimmten Rechtsgebiet gehörenden Vorschriften zusammengefasst sind und aus dem Inhaltsverzeichnis leicht ersichtlich ist, welche bundesrechtlichen Vorschriften im Rahmen der Sammlung wiedergegeben werden.

Die Schnellübersicht auf der vorderen Buchdeckel-Innenseite ermöglicht ein erstes rasches Auffinden der wichtigsten in der Sammlung enthaltenen Vorschriften. Detaillierte Inhaltsverzeichnisse, geordnet nach Systematik und Alphabet, dienen dem genaueren Überblick über die enthaltenen Gesetze.

Die Angaben zum Stand der Sammlung auf dem Titelblatt beziehen sich auf das Verkündungsdatum der maßgebenden Gesetzes-, Verordnungs- und Amtsblätter. Paragraphenüberschriften in eckigen Klammern sind nicht amtlich. Kursiv gedruckte Textstellen sind von der Redaktion eingefügt und ebenfalls nicht amtlich. Fußnoten sind grundsätzlich redaktionell. Sollten sie vom Gesetzgeber eingefügt sein, wird dies durch die vorangestellte Formulierung „Amtl. Anm.:" ausdrücklich vermerkt. Anmerkungen mit Verweisungen auf andere zu beachtende Vorschriften des Bundes oder auf landesrechtliche Vorschriften sowie ein ausführliches Sachverzeichnis dienen dem schnellen Zugriff auf die benötigten Rechtsnormen.

Anregungen und Fehlerhinweise durch die Bezieher sind dem Verlag eine wertvolle Hilfe bei der Gestaltung der Textsammlung, für die wir immer dankbar sind. Ihre Vorschläge erreichen uns unter der Verlagsadresse oder unter sartorius.redaktion@beck.de, wir werden stets bemüht sein, ihnen zu entsprechen.

München, im März 2021

Verlag C. H. Beck oHG
Wilhelmstr. 9, 80801 München

Sartorius aktuell

Seit Erscheinen der **Gebundenen** Ausgabe Sartorius 2020 sind folgende wichtige Gesetzesänderungen ergangen:

Durch den **Beschluss: Änderung der Geschäftsordnung des Deutschen Bundestages** v. 25.3.2020 (BGBl. I S. 764) wurde die Geschäftsordnung des Bundestages (Nr. **35**) zur „besonderen Anwendung der Geschäftsordnung aufgrund der allgemeinen Beeinträchtigung durch Covid-19 sowie Änderung der Anlage 6 GO-BT" angenommen.

In die Geschäftsordnung des Deutschen Bundestages (GO-BT) wird befristet ein Paragraf 126a eingefügt, der eine besondere Anwendung der Geschäftsordnung des Bundestages unter den allgemeinen Beeinträchtigungen durch Covid-19 ermöglichen soll. In der Regelung ist vorgesehen, dass die Änderung spätestens am 30. September 2020 auslaufen soll, sofern nicht der Bundestag eine vorherige Aufhebung beschließt. Durch Ergänzung der Anlage 6 zur GO-BT sollen Maßnahmen nach dem Infektionsschutzgesetz gegen Abgeordnete aufgrund eines Beschlusses des Bundestages genehmigt werden dürfen.

Ebenfalls zeitlich befristet wurde das **Gesetz zum Schutz der Bevölkerung bei einer epidemischen Lage von nationaler Tragweite** v. 27.3.2020 (BGBl. I S. 587) anlässlich des Ausbruchs der durch das neuartige Coronavirus SARS-CoV-2 verursachten COVID-19-Pandemie in Deutschland erlassen, das u.a auch das Baugesetzbuch (Nr. **300**) betrifft.

Angesichts des möglichen und erforderlichenfalls sehr rasch zu deckenden Bedarfs an weiteren Räumlichkeiten zur Versorgung von mit dem Coronavirus SARS-CoV-2 infizierten oder möglicherweise infizierten Personen ermöglicht der neue § 246b BauGB im notwendigen Umfang und zeitlich befristet Abweichungen von bauplanungsrechtlichen Vorgaben und Standards des Baugesetzbuchs.

Die Handwerksordnung (Nr. **815**) wurde durch das **Vierte Gesetz zur Änderung der Handwerksordnung und anderer handwerksrechtlicher Vorschriften** v. 6.2.2020 (BGBl. I S. 142) geändert.

Durch dieses Gesetz werden zwölf derzeit zulassungsfreie Handwerke wieder zulassungspflichtig. Der selbstständige Betrieb eines solchen Handwerks ist dann nur noch zulässig, wenn der Betriebsinhaber oder ein Betriebsleiter in der Handwerksrolle eingetragen ist. Eingetragen in die Handwerksrolle wird, wer die Voraussetzungen der §§ 7 ff. der Handwerksordnung erfüllt, d. h. insbesondere die Meisterprüfung in dem zulassungspflichtigen Handwerk bestanden oder eine Ausübungsberechtigung für das Handwerk erhalten hat. Die bisherigen Ausnahmeregelungen insbesondere in den §§ 7b und 8 der Handwerksordnung bleiben anwendbar.

Die erfolgreich bestandene Meisterprüfung oder eine erteilte Ausübungsberechtigung wird aber nur für solche Handwerke wieder Voraussetzung zum selbstständigen Betrieb des Handwerks, wenn es sich um Handwerke handelt, deren unsachgemäße Ausübung eine Gefahr für Leben und Gesundheit bedeutet oder um solche Handwerke und Handwerkstechniken, die besonders relevant im Umgang mit Kulturgütern sind oder deren Techniken ganz oder teilweise als immaterielles Kulturerbe anzusehen sind und daher ein Transfer von besonderem Wissen und Können notwendig ist. Für alle natürlichen und juristischen Personen und Personengesellschaften, die bereits zum Zeitpunkt des Inkrafttretens dieses Gesetzes selbstständig den Betrieb eines zulassungsfreien Handwerks ausüben, für das künftig die Eintragung in der Handwerksrolle Voraussetzung zum selbst-

Sartorius aktuell

ständigen Betrieb sein wird, werden auch ohne bestandene Meisterprüfung oder eine Ausübungsberechtigung in die Handwerksrolle eingetragen. Sie dürfen auch weiterhin ihr Handwerk selbstständig ausüben und erhalten insoweit Bestandsschutz.

Das Bundesnaturschutzgesetz (BNatSchG) Nr. **(880)** wurde durch das **Zweite Gesetz zur Änderung des Bundesnaturschutzgesetzes** v. 4.3.2020 (BGBl. I S. 440) geändert, da sich beim Vollzug des Bundesnaturschutzgesetzes in der Praxis der Bedarf ergeben hat, spezifische Regelungen zum Umgang mit dem Wolf zu treffen. Das Füttern von Wölfen wird zur Prävention einer Gewöhnung an den Menschen (Habituierung) und damit verbundenen Risiken verboten. Die Rechtssicherheit für Verwaltungsentscheidungen bei Nutztierrissen soll auch für Fälle erhöht werden, bei denen unklar ist, welcher Wolf konkrete Schäden verursacht hat. Zudem wird die freiwillige Mitwirkung von Jagdausübungsberechtigten bei der Durchführung von durch artenschutzrechtliche Ausnahmeentscheidungen zugelassenen Entnahmen von Wölfen geregelt. Die Einbringung von Haustiergenen in die Wildtierpopulation durch Wolfshybride ist ebenfalls problematisch. Daher ist eine Entnahme dieser Hybride durch die zuständige Naturschutzbehörde vorgesehen.

Zur Sicherung der Interessenvertretung der Beschäftigten während der Coronavirus-Epidemie wurde durch das **Zweite Gesetz zur Änderung des Bundespersonalvertretungsgesetzes und weiterer dienstrechtlicher Vorschriften aus Anlass der COVID-19-Pandemie** v. 25.5.2020 (BGBl. I S. 1063), befristet bis zum Ablauf des 31. März 2021, das Bundespersonalvertretungsgesetz (Nr. **240**) geändert. Zur Vermeidung personalratsloser Zeiten führen die im Amt befindlichen Personalvertretungen die Geschäfte im Rahmen eines Übergangsmandats kommissarisch weiter, wenn die Wahlen zu den Personalvertretungen bis zum Ablauf der Amtszeit der bestehenden Personalvertretungen nicht erfolgen oder bis zu diesem Zeitpunkt die konstituierende Sitzung der neu gewählten Personalvertretungen nicht stattgefunden hat.

Beschlussfassungen der Personalvertretungen können auch ohne physische Anwesenheit der Mitglieder in Sitzungen vor Ort erfolgen, indem Sitzungen mittels Video- oder Telefonkonferenz ermöglicht werden. Sprechstunden des Personalrats mit den Beschäftigten können optional auch als Video-Sprechstunden durchgeführt werden.

Mit dem **Sechsundzwanzigsten Gesetz zur Änderung des Bundesausbildungsförderungsgesetzes (26. BAföGÄndG)** v. 8.7.2019 (BGBl. I S. 1048) wurden die Bedarfssätze und Einkommensfreibeträge nach dem Bundesausbildungsförderungsgesetz (Nr. **420**) in allen Stufen angehoben.

Für 2020 wurde der Förderhöchstsatz um 2 Prozent angehoben bei gleichzeitiger Anhebung des Wohnzuschlags, der für auswärts wohnende Studierende 325 Euro beträgt. Auch die Einkommensfreibeträge wurden für das Jahr 2020 erhöht; der Vermögensfreibetrag für eigenes Vermögen wurde für das Jahr 2020 von derzeit 7.500 Euro auf 8.200 Euro angehoben.

Für das wissenschaftliches Personal an Universitäten, das befristet beschäftigt ist, werden durch **das Gesetz zur Unterstützung von Wissenschaft und Studierenden aufgrund der COVID-19-Pandemie (Wissenschafts- und Studierendenunterstützungsgesetz)** v. 25.5.2020 (BGBl. I S. 1073) die Befristungen verlängert, um somit den Wissenschaftlerinnen und Wissenschaftler eine längerfristige Perspektive zu bieten; sie können so trotz pandemiebedingter Einschränkungen ihre Qualifizierungsziele und ihre berufliche Weiterentwicklung weiterverfolgen.

Sartorius aktuell

BAföG-Empfängerinnen und Empfänger dürfen den BAföG-Satz ohne Abzüge mit Einnahmen aus Tätigkeiten zur Bekämpfung der Pandemie aufstocken. Das gilt ausschließlich für Beschäftigungen in Branchen und Berufen, die zur Bekämpfung der Corona-Pandemie systemrelevant sind.

Mit den Eckpunkten zur Fachkräfteeinwanderung aus Drittstaaten vom 2. Oktober 2018 hat die Bundesregierung beschlossen, die Regelungen zur Erwerbsmigration zu vereinfachen. Dies wurde mit den Änderungen im Aufenthaltsgesetz (Nr. **565**) und in der Beschäftigungsverordnung durch das Fachkräfteeinwanderungsgesetz umgesetzt, das am 1. März 2020 in Kraft getreten ist. Mit der **Verordnung zur Änderung der Beschäftigungsverordnung und der Aufenthaltsverordnung** v. 23.3.2020 (BGBl. I S. 655) werden die Änderungen des Fachkräfteeinwanderungsgesetzes in der Aufenthaltsverordnung (**Nr. 566**) nachvollzogen. U. a. wurden die Verweise in der Aufenthaltsverordnung auf das Aufenthaltsgesetz an die neue Nummerierung von Vorschriften des Aufenthaltsgesetzes angepasst und wurde geregelt, welche Ausländerbehörde im Fall des beschleunigten Fachkräfteverfahrens nach § 81a des Aufenthaltsgesetzes für die Erteilung der Vorabzustimmung zuständig ist.

Kleinere Änderungen in der Aufenthaltsverordnung (**Nr. 566**) gab es zudem durch das **Gesetz über die Errichtung eines Bundesamts für Auswärtige Angelegenheiten und zur Änderung des Gesetzes über den Auswärtigen Dienst, des Aufenthaltsgesetzes und zur Anpassung anderer Gesetze an die Errichtung des Bundesamts** v. 12.6.2020 (BGBl. I S. 1241) und die **Elfte Zuständigkeitsanpassungsverordnung** v. 19.6.2020 (BGBl. I S. 1328)

Die Schutzmaßnahmen zur Vermeidung der weiteren Ausbreitung der COVID-19-Pandemie, insbesondere die Kontaktverbote, die Geschäftsschließungen und die Einschränkungen der Versammlungsmöglichkeiten von Personen, haben erhebliche Auswirkungen auf die Tätigkeit des Bundeskartellamtes sowie die Arbeit von Industrie- und Handelskammern.

Durch das **Gesetz zur Abmilderung der Folgen der COVID-19-Pandemie im Wettbewerbsrecht und für den Bereich der Selbstverwaltungsorganisationen der gewerblichen Wirtschaft** v. 25.5.2020 (BGBl. I S. 1067) wurden u. a. die Handwerksordnung (Nr. **815**) und das Industrie- und Handelskammergesetz (Nr. **818**) geändert.

Um die Handlungsfähigkeit der Handwerksorganisationen sowie Industrie- und Handelskammern auch in Zeiten eingeschränkter Versammlungsmöglichkeiten zu sichern, wird vorübergehend die Durchführung von Gremiensitzungen ohne physische Präsenz ermöglicht. Versammlungsmitglieder können im Wege der elektronischen Kommunikation oder durch schriftliche Stimmabgabe vorab ihre Mitgliederrechte ausüben.

Im Waffengesetz (Nr. **820**) sind die Änderungen durch das Dritte Gesetz zur Änderung des Waffengesetzes und weiterer Vorschriften (**Drittes Waffenrechtsänderungsgesetz – 3. WaffRÄndG**) v. 17.2.2020 (BGBl. I S. 166), geänd. durch G v. 22.4.2020 (BGBl. I S. 840) berücksichtigt, die zum 1.9.2020 in Kraft treten.

Die mit der Richtlinie (EU) 2017/853 verbundenen Änderungen, verfolgen hauptsächlich drei Ziele:

- Der illegale Zugang zu scharfen Schusswaffen soll erschwert werden.

- Sämtliche Schusswaffen und ihre wesentlichen Teile sollen von ihrer Herstellung oder ihrem Verbringen nach Deutschland bis zur Vernichtung oder ihrem Verbringen aus Deutschland, behördlich rückverfolgt werden können.

Sartorius aktuell

- Die Nutzung von legalen Schusswaffen zur Begehung terroristischer Anschläge soll erschwert werden, was insbesondere durch eine Begrenzung der Magazinkapazität halbautomatischer Schusswaffen erreicht werden soll.

Zudem wurde das Waffengesetz (Nr. **820**) durch das **Gesetz zur Verbesserung der Rahmenbedingungen luftsicherheitsrechtlicher Zuverlässigkeitsüberprüfungen** v. 22.4.2020 (BGBl. I S. 840) geändert. Die Luftsicherheitsbehörde ist befugt, weitere sicherheitsrelevante Informationen anderer Behörden in die Zuverlässigkeitsüberprüfung einzubeziehen. Zur Erhöhung des Sicherheitsniveaus und Vereinfachung des Überprüfungsverfahrens werden die gesetzlichen Grundlagen zur Errichtung eines künftigen Luftsicherheitsregisters geschaffen.

Zusätzlich wurden die Änderungen durch die **Elfte Zuständigkeitsanpassungsverordnung** v. 19.6.2020 (BGBl. I S. 1328) berücksichtigt.

Im Grundgesetz (Nr.**1**) wurde durch das **Gesetz zur Änderung des Grundgesetzes (Artikel 104a und Artikel 143h)** v. 29.9.2020 (BGBl. I S. 2048) in Artikel 104a Absatz 3 ein neuer Satz 3 als Ausnahme zur Grundregel des Satz 2 eingefügt: „Bei der Gewährung von Leistungen für Unterkunft und Heizung auf dem Gebiet der Grundsicherung für Arbeitssuchende wird das Gesetz im Auftrage des Bundes ausgeführt, wenn der Bund drei Viertel der Ausgaben oder mehr trägt."

Die Schaffung einer einmaligen Ausnahmeregelung ermöglicht es dem Bund, sich gezielt an Entlastungmaßnahmen der Länder zu beteiligen, indem er einen pauschalen Ausgleich der pandemiebedingten Gewerbesteuermindereinnahmen der Gemeinden zur Hälfte mitträgt. Die grundsätzliche kompetenzrechtliche Verantwortung der Länder für eine angemessene Finanzausstattung der Kommunen bleibt im Übrigen unberührt. Aus diesem Grund wird die ausnahmsweise Ermächtigung in den Übergangsvorschriften des Grundgesetzes verankert und kann ausdrücklich nur einmal genutzt werden. Die Hilfe des Bundes zugunsten der Kommunen erfolgt über das jeweilige Land und setzen seine finanzielle Beteiligung voraus.

Die grundsätzliche Verantwortung der Länder für die Gewährleistung einer angemessenen Finanzausstattung ihrer Kommunen bleibt davon unberührt; die Ausnahmeregelung kann daher, über diesen konkreten Fall hinaus, nicht auf andere Sachverhalte angewandt werden.

Das Wohngeldgesetz (Nr. **385**) wurde durch das Gesetz zur Entlastung bei den Heizkosten im Wohngeld im Kontext der CO2-Bepreisung (**Wohngeld-CO2-Bepreisungsentlastungsgesetz** – WoGCO2BeprEntlG) v. 15.5.2020 (BGBl. I S. 1015) und durch das Gesetz zur Einführung der Grundrente für langjährige Versicherung in der gesetzlichen Rentenversicherung mit unterdurchschnittlichem Einkommen und für weitere Maßnahmen zur Erhöhung der Alterseinkommen (**Grundrentengesetz**) v. 12.8.2020 (BGBl. I S. 1879) geändert.

Gemäß dem Klimaschutzprogramm 2030 der Bundesregierung wird ab 2021 eine CO2-Bepreisung für die Sektoren Verkehr und Wärme eingeführt. Alle zusätzlichen Einnahmen aus der CO2-Bepreisung sollen in Klimaschutzfördermaßnahmen reinvestiert oder in Form einer Entlastung an die Bürgerinnen und Bürger zurückgegeben werden.

Die CO2-Komponente soll als Zuschlag zur Miete bzw. Belastung in die Wohngeldberechnung eingehen und so zu einem höheren Wohngeld führen. Im Durchschnitt aller Wohngeldhaushalte führt die CO2-Komponente im Jahr 2021 voraussichtlich zu einem um rund 15 Euro höheren Wohngeld pro Monat. Da das Wohngeld eine einkommens-

abhängige Leistung ist, fällt das zusätzliche Wohngeld bei Haushalten mit besonders niedrigen Einkommen höher und bei steigendem Einkommen niedriger aus.

Das **Grundrentengesetz** sieht die Einführung einer Grundrente für langjährige Versicherung in der gesetzlichen Rentenversicherung vor. Dabei soll der Grundrentenzuschlag in einer Staffelung von 33 bis 35 Jahren ansteigend berechnet werden, damit auch Versicherte mit weniger als 35 Jahren Grundrentenzeiten einen Zuschlag erhalten können. Damit die Verbesserungen durch die Grundrente nicht durch eine Kürzung des Wohngeldes aufgehoben und das systematische „Herauswachsen" aus dem Wohngeld durch die Grundrente reduziert wird, gibt es im Wohngeld (§ 17a WoGG) für die Grundrente einen neuen Freibetrag für langjährige Versicherung.

Zum **1.1.2021** wurde das Bundesfernstraßengesetz (Nr. **932**) durch das **Gesetz zur Neuregelung des bundesstaatlichen Finanzausgleichssystems ab dem Jahr 2020 und zur Änderung haushaltsrechtlicher Vorschriften** v. 14.8.2017 (BGBl. I S. 3122) sowie durch das **Gesetz zur Beschleunigung von Planungs- und Genehmigungsverfahren im Verkehrsbereich** v. 29.11.2018 (BGBl. I S. 2237) geändert.

Das **Gesetz zur Neuregelung des bundesstaatlichen Finanzausgleichssystem** steht im Zusammenhang mit dem Gesetz zur Änderung des Grundgesetzes (Artikel 90, 91c, 104b, 104c, 107, 108, 109a, 114, 125c, 143d, 143e, 143f, 143g) vom 13.7.2017 (BGBl. I S. 2347). Es dient der Umsetzung des Beschlusses der Regierungschefinnen und Regierungschefs von Bund und Ländern vom 14. Oktober 2016 zur Neuregelung des bundesstaatlichen Finanzausgleichssystems ab dem Jahr 2020 und beinhaltet die notwendigen einfachgesetzlichen Folgeregelungen zu den Grundgesetzänderungen.

Bei dem **Gesetz zur weiteren Beschleunigung von Planungs- und Genehmigungsverfahren im Verkehrsbereich** handelt es sich um ein Mantelgesetz zur Änderung u. a. des Bundesfernstraßengesetzes (FStrG).

Das **Einunddreißigstes Gesetz zur Änderung des Abgeordnetengesetzes** v. 14.11.2020 (BGBl. I S. 2394) verbessert die Kontrolle und Durchsetzung von Anzeigepflichten der Abgeordneten nach dem Abgeordnetengesetz (Nr. **48**).

Bislang wurden lediglich Verstöße gegen die Pflicht zur Anzeige von anzeigepflichtigen Tätigkeiten oder Einkünften mit der Zahlung eines Ordnungsgeldes geahndet. Nun werden auch Verstöße gegen die Anzeigepflicht von Spenden sowie das Annahmeverbot unzulässiger Zuwendungen oder anderer Vermögensvorteile miteinbezogen. Die Verpflichtung zur Veröffentlichung im Amtlichen Handbuch im Abgeordnetengesetz entfällt, da die Veröffentlichung im Internet den Transparenzerfordernissen genügt.

Das **Gesetz zur Stärkung der Sicherheit im Pass-, Ausweis- und ausländerrechtlichen Dokumentenwesen** v. 3.12.2020 (BGBl. I S. 2744) enthält eine Reihe von Änderungen u. a. im Passgesetz (Nr. **250**), im Personalausweisgesetz (Nr. **255**), im Bundesmeldegesetz (Nr. **256**), im Bundeskriminalamtgesetz (Nr. **450**), im Aufenthaltsgesetz (*Nr. **565***) *sowie in der Aufenthaltsverordnung* (Nr. **566**) und verfolgt das Ziel, die öffentliche Sicherheit und die Bürgerfreundlichkeit von Verwaltungsdienstleistungen zu stärken. Mit der Regelung gleicht das Gesetz die Angaben im Reisepass sowie im ausländerrechtlichen Dokument den Standardbestimmungen der ICAO (Internationale Zivilluftfahrtorganisation) an.

Alle bereits ausgestellten Personalausweise oder Reisepässe behalten ihre Gültigkeit bis zum vorgesehenen Gültigkeitsablauf und können uneingeschränkt verwendet werden. Ab sofort kann der Eintrag des Geschlechts im Reisepass anders lauten als im Personen-

Sartorius aktuell

standsregister, gilt die Ausweispflicht für Strafgefangene ab drei Monaten vor der Haftentlassung und sind neue Kinderreisepässe ein Jahr gültig. Weitere Regelungen gelten ab späteren Zeitpunkten.

Im Aufenthaltsgesetz (Nr. **565**) wurde durch das **Gesetz zur Verschiebung des Zensus in das Jahr 2022 und zur Änderung des Aufenthaltsgesetzes** v. 3.12.2020 (BGBl. I S. 2675) § 62c „Ergänzende Vorbereitungshaft" eingefügt.

Die Aufenthaltsverordnung (Nr. **566**) und das Bundesausbildungsförderungsgesetz (Nr. **420**) wurden durch das **Gesetz zur aktuellen Anpassung des Freizügigkeitsgesetzes/EU und weiterer Vorschriften an das Unionsrecht** v. 12.11.2020 (BGBl. I S. 2416) geändert.

Durch dieses Gesetz wird ein Aufenthaltsrecht für „nahestehende Personen" von in Deutschland lebenden EU-Staatsangehörigen bzw. britischen Staatsangehörigen und ihren freizügigkeitsberechtigten Familienangehörigen, die bereits in Deutschland leben oder ihren Wohnsitz vor dem 31. Dezember 2020 nach Deutschland verlegt haben, geschaffen. Zudem gibt es Regelungen zur Weitergewährung von BAföG-Leistungen an Personen, die vor dem Ende des Übergangszeitraums im Vereinigten Königreich eine Ausbildung begonnen hatten.

Die Aufenthaltsverordnung (Nr. **566**) wurde zusätzlich durch die **Achtzehnte Verordnung zur Änderung der Aufenthaltsverordnung** (18. AufenthVÄndV) v. 26.11.2020 (BGBl. I S. 2606) geändert.

Nach Artikel 18 und 26 des Austrittsabkommen sind Aufenthaltsrechte, die auf Grund des Abkommens bestehen, durch besondere Vordrucke zu bescheinigen. In der Aufenthaltsverordnung sollen die Vordruckmuster für die Aufenthaltskarte-GB und die Daueraufenthaltskarte-GB eingeführt werden. Für bislang vom Erfordernis eines Aufenthaltstitels befreite Personen, deren Befreiung wegfällt, soll eine Möglichkeit geschaffen werden, binnen drei Monaten einen erforderlichen Aufenthaltstitel zu beantragen. Bislang freizügigkeitsberechtigte britische Staatsangehörige, die nicht nach dem Austrittsabkommen zum weiteren Aufenthalt berechtigt sein werden, sollen sich nach einer Übergangsregelung bis zum 31. März 2021 ohne Aufenthaltstitel im Bundesgebiet aufhalten und während dieses Zeitraums einen erforderlichen Aufenthaltstitel im Bundesgebiet einholen können. Bis zu einer Entscheidung über den Antrag soll der weitere Aufenthalt als erlaubt gelten und eine weitere Erwerbstätigkeit soll bis dahin fortgesetzt werden können.

Durch die Regelungen durch die **Zweite Verordnung zur Änderung der Beschäftigungsverordnung und der Aufenthaltsverordnung** v. 18.12.2020 (BGBl. I S. 3046) erhalten Staatsangehörige des Vereinigten Königreichs Großbritannien und Nordirlands unabhängig von ihrer formalen Berufsqualifikation und vom Sitz des Arbeitgebers den gleichen Arbeitsmarktzugang zur Ausübung jeder Beschäftigung, wie es ihn bereits für Staatsangehörige anderer wichtiger Handelspartner gibt, etwa der Vereinigten Staaten von Amerika, Japans, Australiens oder Kanadas. Die Bundesagentur für Arbeit muss der Beschäftigung mit Vorrangprüfung zustimmen. Staatsangehörige des Vereinigten Königreichs Großbritannien und Nordirland werden in die Liste der Staatsangehörigen aufgenommen, die auch für einen längerfristigen oder mit einer Erwerbstätigkeit verbundenen Aufenthalt zunächst visumfrei in das Bundesgebiet einreisen dürfen.

Das **Gesetz zur Beschleunigung von Investitionen** v. 3.12.2020 (BGBl. I S. 2694) ändert u. a. das Gesetz über die Umweltverträglichkeitsprüfung (Nr. **295**), das Bundes-Immissionsschutzgesetz (Nr. **296**), das Raumordnungsgesetz (Nr. **340**) und die Raum-

Sartorius aktuell

ordnungsverordnung (Nr. **340a**), die Verwaltungsgerichtsordnung (Nr. **600**), das Bundesfernstraßengesetz (Nr. **932**), das Personenbeförderungsgesetz (Nr. **950**) sowie das Bundeswasserstraßengesetz (Nr. **971**).

Ziel des Investitionsbeschleunigungsgesetzes ist es, neben Vereinfachungen bei der Genehmigung von Bahnstreckenmodernisierungen und im Raumordnungsrecht, Investitionen im Infrastrukturbereich voranzutreiben. Es entfällt die aufschiebende Wirkung von Widersprüchen gegen Verwaltungsakte, die die Zulassung von Infrastrukturvorhaben von überregionaler Bedeutung in den Bereichen Verkehr und digitale Infrastruktur betreffen. Diese Änderungen sollen sich insbesondere auf Windenergieprojekte auswirken.

Das **Gesetz zur Änderung des Windenergie-auf-See-Gesetzes und anderer Vorschriften** v. 3.12.2020 (BGBl. I S. 2682) ändert das Energiewirtschaftsgesetz (Nr. **830**) und die Verwaltungsgerichtsordnung (Nr. **600**).

Das Gesetz hat das Ziel, die Rahmenbedingungen für Windenergie auf See so zu gestalten, dass ein Ausbau gemäß dem Klimaschutzprogramm 2030 der Bundesregierung erreichbar wird. Das Programm sieht vor, mehr Strom aus Windenergie auf dem Meer zu gewinnen und die Leistung bis zum Jahr 2030 von 15 Gigawatt auf 20 Gigawatt zu steigern. Im Jahr 2040 soll eine installierte Offshore-Windenergie-Leistung von 40 MW (40 GW) erreicht werden.

Der Loseblatt **entnommen** wurden:

das Parlamentarische Staatssekretäre-Gesetz (Nr. **47**), das Gentechnikgesetz (Nr. 270), das Kulturgutschutzgesetz (Nr. **510**), das Konsulargesetz (Nr. **570**) und die Übereinstimmungstabellen EUV (Nr. **1000a**) und AEUV (Nr. **1001a**).

Schließlich enthält dieser Band wieder ein neu überarbeitetes **Sachverzeichnis.**

München, im März 2021 Verlag C. H. BECK

Sartorius aktuell

I. Inhaltsverzeichnis
Systematisch geordnet

Hinweis: Gesetze und Verordnungen mit einem der Systemziffer
vorangestellten (E) befinden sich im Ergänzungsband

Staats- und Verfassungsrecht
Verfassungsrecht

Staatliche Organisation

Verfassungsschutz

Bundespolizei

Vereinigung Europas

Verwaltungsrechtsrecht

Verwaltungsverfahren, Verwaltungszwangsverfahren und Verwaltungsgebühren

Inhalt I

Inhalt I

Inhalt I

Inhalt I

Inhalt I

II. Inhaltsverzeichnis
Alphabetisch geordnet

Abkürzungsverzeichnis

Hinweis: Gesetze und Verordnungen mit einem der Systemziffer vorangestelltem (E) befinden sich im Ergänzungsband

Abkürzungen

ApoG	Apothekengesetz (Nr. **E 271**)
APrO/APO	Ausbildungs- und Prüfungs(ver)ordnung
ArbSchG	Arbeitsschutzgesetz (Nr. **E 801**)
ArbStättV	Arbeitsstättenverordnung (Nr. **E 801a**)
Art.	Artikel
ASiG	Gesetz über Betriebsärzte, Sicherheitsingenieure und andere Fachkräfte für Arbeitssicherheit (Nr. **E 802**)
AsylbLG	Asylbewerberleistungsgesetz (Nr. **E 418**)
AsylG	Asylgesetz (Nr. **567**)
AsylZBV	Asylzuständigkeitsbestimmungsverordnung (Nr. **567a**)
ATDG	Antiterrordateigesetz (Nr. **82**)
AtG	Atomgesetz (Nr. **835**)
AtVfV	Atomrechtliche Verfahrensordnung
AufenthG	Aufenthaltsgesetz (Nr. **565**)
AufenthV	Aufenthaltsverordnung (Nr. **566**)
aufgeh.	aufgehoben
AusfBest.	Ausführungsbestimmungen
AVO	Ausführungsverordnung/Verordnung zur Ausführung
AVV	Abfallverzeichnisverordnung (Nr. **E 298a**)
AVV/AVwV	Allgemeine Verwaltungsvorschrift
AZRG	Gesetz über das Ausländerzentralregister (Nr. **E 569**)
AZV	Arbeitszeitverordnung (Nr. **170**)
II. BV	II. Berechnungsverordnung (Nr. **E 357**)
BAföG	Bundesausbildungsförderungsgesetz (Nr. **420**)
BAföG-TeilerlaßV	Verordnung über den leistungsabhängigen Teilerlaß von Ausbildungsförderungsdarlehen (Nr. **E 420b**)
BAnz.	Bundesanzeiger
BarBetrV	Verordnung zur Durchführung des § 90 Abs. 2 Nr. 9 des Zwölften Buches Sozialgesetzbuch (Nr. **E 412c**)
BauGB	Baugesetzbuch (Nr. **300**)
BauNVO	Baunutzungsverordnung (Nr. **311**)
BauSparkG	Gesetz über Bausparkassen (Nr. **E 857**)
BaustellV	Baustellenverordnung (Nr. **E 801b**)
BayRS	Bereinigte Sammlung des bayerischen Landesrechts
BBankG	Bundesbankgesetz (Nr. **E 855**)
BBesG	Bundesbesoldungsgesetz (Nr. **230**)
BBG	Bundesbeamtengesetz (Nr. **160**)
BBiG	Berufsbildungsgesetz (Nr. **E 422**)
BBodSchG	Bundes-Bodenschutzgesetz (Nr. **299**)

2

eingef.	eingefügt
einl.	einleitend
EKreuzG	Eisenbahnkreuzungsgesetz (Nr. **936**)
EMASPrivilegV	EMAS-Privilegierungs-Verordnung (Nr. **E 297**)
EMRK	Europäische Menschenrechtskonvention (Nr. **1003**)
EnVKG	Energieverbrauchskennzeichnungsgesetz (Nr. **E 831**)
EnVKV	Energieverbrauchskennzeichnungsverordnung (Nr. **E 831a**)
EnWG	Energiewirtschaftsgesetz (Nr. **830**)
erg.	ergänzt
ErgBd.	Ergänzungsband (zu Sartorius bzw. Schönfelder)
Erl.	Erlass
EuGH VfO	Verfahrensordnung des Gerichtshofs (Nr. **1006**)
EU–GR–Charta	Charta der Grundrechte der Europäischen Union (Nr. **1002**)
EUrlV	Erholungsurlaubsverordnung (Nr. **172**)
EUV	Vertrag über die Europäische Union (Nr. **1000**)
EUZBBG	Gesetz über die Zusammenarbeit von Bundesregierung und Deutschem Bundestag in Angelegenheiten der Europäischen Union (Nr. **96**)
EUZusG	Gesetz über die Zusammenarbeit von Bund und Ländern in Angelegenheiten der Europäischen Union (Nr. **97**)
EVertr.	Einigungsvertrag
EVPG	Energieverbrauchsrelevante-Produkte-Gesetz (Nr. **E 837**)
FAG	Finanzausgleichsgesetz (Nr. **E 751**)
ff.	folgende
FGebV	Frequenzgebührenverordnung (Nr. **E 920b**)
FlaggAO	Anordnung über die deutschen Flaggen (Nr. **52**)
FluglSchG	Gesetz zum Schutz gegen Fluglärm (Nr. **E 980**)
FNA	Bundesgesetzblatt Teil I, Fundstellennachweis A (Bundesrecht ohne völkerrechtl. Vereinbarungen)
FPackV	Fertigpackungsverordnung (Nr. **E 825a**)
FreistellVO	Freistellungs-Verordnung (Nr. **951**)
FreizügG/EU	Freizügigkeitsgesetz/EU (Nr. **560**)
FStrG	Bundesfernstraßengesetz (Nr. **932**)
FStrKrV	Bundesfernstraßenkreuzungsverordnung (Nr. **935**)
FStrVermG	Gesetz über die vermögensrechtlichen Verhältnisse der Bundesautobahnen und sonstigen Bundesstraßen des Fernverkehrs (Nr. **930**)
FVG	Finanzverwaltungsgesetz (Nr. **E 698**)
G, Ges.	Gesetz

Abkürzungen

MBl.	Ministerialblatt
MessEG	Mess- und Eichgesetz (Nr. **E 825**)
MOG	Gesetz zur Durchführung der gemeinsamen Marktorganisation und der Direktzahlungen (Nr. **E 867**)
MuSchEltZV	Mutterschutz- und Elternzeitverordnung (Nr. **171**)
mWv	mit Wirkung vom
NamÄndG	Gesetz über die Änderung von Familiennamen und Vornamen (Nr. **265**)
NAV	Niederspannungsanschlussverordnung (Nr. **E 830b**)
NDAV	Niederdruckanschlussverordnung (Nr. **E 830c**)
Nds. GVBl.	Niedersächsisches Gesetz- und Verordnungsblatt
neu gef.	neu gefasst
Nipperdey I	Nipperdey I, Arbeitsrecht. Loseblatt-Textsammlung
NMV 1970	Neubaumietenverordnung 1970 (Nr. **E 353**)
Nr.	Nummer
Öffentliches Wirtschaftsrecht	Öffentliches Wirtschaftsrecht. Loseblatt-Textsammlung
OrdenG	Gesetz über Titel, Orden und Ehrenzeichen (Nr. **60**)
ParteiG	Parteiengesetz (Nr. **58**)
PaßG	Paßgesetz (Nr. **250**)
PassV	Passverordnung (Nr. **251**)
PAuswG	Personalausweisgesetz (Nr. **255**)
PBefG	Personenbeförderungsgesetz (Nr. **950**)
PetAG	Gesetz über die Befugnisse des Petitionsausschusses des Deutschen Bundestages (Nr. **5**)
PflSchG	Pflanzenschutzgesetz (Nr. **863**)
PKGrG	Kontrollgremiumgesetz (Nr. **81**)
PlanZV	Planzeichenverordnung (Nr. **E 312**)
PostG	Gesetz über das Postwesen (Nr. **E 910**)
ProdSG	Produktsicherheitsgesetz (Nr. **E 803**)
ProdSV	Verordnung zum Produktsicherheitsgesetz
PStG	Personenstandsgesetz (Nr. **260**)
PStV	Personenstandsverordnung (Nr. **261**)
PTSG	Post- und Telekommunikationssicherstellungsgesetz (Nr. **E 905**)
PUAG	UntersuchungsausschussG (Nr. **6**)
PUDLV	Post-Universaldienstleistungsverordnung (Nr. **E 910a**)
RBEG	Regelbedarf-Ermittlungsgesetz (Nr. **E 412a**)
RBHG	Gesetz über die Haftung des Reichs für seine Beamten (Nr. **210**)
RdErl.	Runderlass
RdSchr.	Rundschreiben

Übk.	Übereinkommen
UIG	Umweltinformationsgesetz (Nr. **294**)
UmwRG	Umwelt-Rechtsbehelfsgesetz (Nr. **293**)
Urt.	Urteil
UVPG	Gesetz über die Umweltverträglichkeitsprüfung (Nr. **295**)
UZwG	Gesetz über den unmittelbaren Zwang bei Ausübung öffentlicher Gewalt durch Vollzugsbeamte des Bundes (Nr. **115**)
UZwGBw	Gesetz über die Anwendung unmittelbaren Zwanges und die Ausübung besonderer Befugnisse durch Soldaten der Bundeswehr und verbündeter Streitkräfte sowie zivile Wachpersonen (Nr. **117**)
v.	von, vom
V, VO	Verordnung
VDG	Vertrauensdienstegesetz (Nr. **924**)
VereinfVerkG	Gesetz über vereinfachte Verkündungen und Bekanntgaben (Nr. **71**)
VereinsG	Vereinsgesetz (Nr. **425**)
VereinsG-DVO	Verordnung zur Durchführung des Gesetzes zur Regelung des öffentlichen Vereinsrechts (Vereinsgesetz) (Nr. **426**)
VerpackG	Verpackungsgesetz (Nr. **E 299**)
VerpackGZustVO	Verordnung zur Bestimmung von Zuständigkeiten nach dem Verpackungsgesetz (Nr. **E 299a**)
VersammlG	Gesetz über Versammlungen und Aufzüge (Nr. **E 299a**)
Vertr.	Vertrag
VIG	Verbraucherinformationsgesetz (Nr. **E 862a**)
VkBkmG	Verkündungs- und Bekanntmachungsgesetz (Nr. **70**)
VkBl.	Amtsblatt des Bundesministers für Verkehr
VMBl.	Ministerialblatt des Bundesministeriums der Verteidigung
VO	Verordnung
VwAbk.	Verwaltungsabkommen
VwGO	Verwaltungsgerichtordnung (Nr. **600**)
VwV/ VV	Verwaltungsvorschrift
VwVfG	Verwaltungsverfahrensgesetz (Nr. **100**)
VwVG	Verwaltungs-Vollstreckungsgesetz (Nr. **112**)
VwZG	Verwaltungszustellungsgesetz (Nr. **110**)
WaffG	Waffengesetz (Nr. **820**)
WahlPrüfG	*Wahlprüfungsgesetz* (Nr. **32**)
WaStrG	Bundeswasserstraßengesetz (Nr. **971**)

10

Abkürzungen

1. Grundgesetz für die Bundesrepublik Deutschland

Vom 23. Mai 1949

(BGBl. S. 1)

FNA 100-1

Lfd. Nr.	Änderndes Gesetz	Datum	Fundstelle	Betroffen	Hinweis
1.	Art. 7 StrafrechtsÄndG	30. 8. 1951	BGBl. I S. 739	Art. 143	
2.	Art. 1 G zur Einfügung eines Art. 120 a in das GG	14. 8. 1952	BGBl. I S. 445	Art. 120 a	
3.	Art. 1 G zur Änd. des Art. 107	20. 4. 1953	BGBl. I S. 130	Art. 107	
4.	Art. 1 G zur Ergänzung des GG	26. 3. 1954	BGBl. I S. 45	Art. 73, 79, 142 a	
5.	Art. 1 Zweites G zur Änd. des Art. 107	25. 12. 1954	BGBl. I S. 517	Art. 107	
6.	§ 1 FinanzverfassungsG	23. 12. 1955	BGBl. I S. 817	Art. 106, 107	
7.	Art. 1 G zur Ergänzung des GG	19. 3. 1956	BGBl. I S. 111	Art. 1, 12, 17 a, 36, 45 a, 45 b, 49, 59 a, 60, 65 a, 87 a, 87 b, 96, 96 a, 137, 143	
8.	Art. 1 G zur Änd. und Ergänzung des Art. 106	24. 12. 1956	BGBl. I S. 1077	Art. 106	
9.	§ 1 G zur Einfügung eines Art. 135 a in das GG	22. 10. 1957	BGBl. I S. 1745	Art. 135 a	
10.	Art. 1 G zur Ergänzung des GG	23. 12. 1959	BGBl. I S. 813	Art. 74, 87 c	
11.	§ 1 Elftes ÄndG	6. 2. 1961	BGBl. I S. 65	Art. 87 d	
12.	Art. 1 Zwölftes ÄndG	6. 3. 1961	BGBl. I S. 141	Art. 96, 96 a	
13.	Art. 1 Dreizehntes ÄndG	16. 6. 1965	BGBl. I S. 513	Art. 74	
14.	Art. 1 Vierzehntes ÄndG	30. 7. 1965	BGBl. I S. 649	Art. 120	
15.	Art. 1 Fünfzehntes ÄndG	8. 6. 1967	BGBl. I S. 581	Art. 109	
16.	Art. 1 Sechzehntes ÄndG	18. 6. 1968	BGBl. I S. 657	Art. 92, 95, 96 a, 99, 100	
17.	Art. 1 Siebzehntes ÄndG	24. 6. 1968	BGBl. I S. 709	Art. 9, 10, 11, 12, 12 a, 19, 20, 35, Abschn. IVa, Art. 53 a, 59 a, 65 a, 73, 80 a, 87 a, 91, Abschn. Xa, Art. 115 a–115 l, 142 a, 143	
18.	Art. 1 Achtzehntes ÄndG (Art. 76 und 77)	15. 11. 1968	BGBl. I S. 1177	Art. 76, 77	
19.	Art. 1 Neunzehntes ÄndG	29. 1. 1969	BGBl. I S. 97	Art. 93, 94	
20.	Art. 1 Zwanzigstes ÄndG	12. 5. 1969	BGBl. I S. 357	Art. 109, 110, 112, 113, 114, 115	
21.	Art. 1 Einundzwanzigstes ÄndG (FinanzreformG)	12. 5. 1969	BGBl. I S. 359	Art. 91 a, 91 b, 104 a, 105, 106, 107, 108, 115 c, 115 k	
22.	Art. 1 Zweiundzwanzigstes ÄndG	12. 5. 1969	BGBl. I S. 363	Art. 74, 75, 96	
23.	Art. 1 Dreiundzwanzigstes ÄndG	17. 7. 1969	BGBl. I S. 817	Art. 76	
24.	Art. 1 Vierundzwanzigstes ÄndG	28. 7. 1969	BGBl. I S. 985	Art. 120	
25.	Art. 1 Fünfundzwanzigstes ÄndG	19. 8. 1969	BGBl. I S. 1241	Art. 29	
26.		26. 8. 1969	BGBl. I S. 1357	Art. 96	

Lfd. Nr.	Änderndes Gesetz	Datum	Fundstelle	Betroffen	Hinweis
	Art. 1 Sechsundzwanzigstes ÄndG (Art. 96)				
27.	Art. 1 Siebenundzwanzigstes ÄndG	31. 7. 1970	BGBl. I S. 1161	Art. 38, 91 a	
28.	Art. 1 Achtundzwanzigstes ÄndG (Art. 74 a)	18. 3. 1971	BGBl. I S. 206	Art. 74 a, 75, 98	
29.	Art. 1 Neunundzwanzigstes ÄndG	18. 3. 1971	BGBl. I S. 207	Art. 74	
30.	Art. 1 Dreißigstes ÄndG (Art. 74 – Umweltschutz)	12. 4. 1972	BGBl. I S. 593	Art. 74	
31.	Art. 1 Einunddreißigstes ÄndG	12. 4. 1972	BGBl. I S. 1305	Art. 35, 73, 74, 87	
32.	Art. 1 Zweiunddreißigstes ÄndG (Art. 45 c)	15. 7. 1975	BGBl. I S. 1901	Art. 45 c	
33.	Art. 1 Dreiunddreißigstes ÄndG (Art. 29 und 39)	23. 8. 1976	BGBl. I S. 2381	Art. 29, 39, 45, 45 a, 49	
34.	Art. 1 Vierunddreißigstes ÄndG (Art. 74 Nr. 4 a)	23. 8. 1976	BGBl. I S. 2383	Art. 74	
35.	Art. 1 Fünfunddreißigstes ÄndG (Art. 21 Abs. 1)	21. 12. 1983	BGBl. I S. 1481	Art. 21	
36.	Art. 1 EVertr.	31. 8. 1990	BGBl. II S. 889	Präambel, Art. 23, 51, 135 a, 143, 146	
37.	Art. 1 ÄndG	14. 7. 1992	BGBl. I S. 1254	Art. 87 d	
38.	Art. 1 ÄndG	21. 12. 1992	BGBl. I S. 2086	Art. 23, 24, 28, 45, 50, 52, 88, 115 e	
39.	Art. 1 ÄndG (Art. 16 und 18)	28. 6. 1993	BGBl. I S. 1002	Art. 16, 16 a, 18	
40.	Art. 1 ÄndG	20. 12. 1993	BGBl. I S. 2089	Art. 73, 74, 80, 87, 87 e, 106 a, 143 a	
41.	Art. 1 ÄndG	30. 8. 1994	BGBl. I S. 2245	Art. 73, 80, 87, 87 f, 143 b	
42.	Art. 1 ÄndG (Art. 3, 20 a, 28, 29, 72, 74, 75, 76, 77, 80, 87, 93, 118 a und 125 a)	27. 10. 1994	BGBl. I S. 3146	Art. 3, 20 a, 28, 29, 72, 74, 75, 76, 77, 80, 87, 93, 118 a, 125 a	
43.	Art. 1 ÄndG	3. 11. 1995	BGBl. I S. 1492	Art. 106	
44.	Art. 1 ÄndG (Art. 28 und 106)	20. 10. 1997	BGBl. I S. 2470	Art. 28, 106	
45.	Art. 1 ÄndG (Art. 13)	26. 3. 1998	BGBl. I S. 610	Art. 13	
46.	Art. 1 ÄndG (Art. 39)	16. 7. 1998	BGBl. I S. 1822	Art. 39	
47.	Art. 1 ÄndG (Art. 16)	29. 11. 2000	BGBl. I S. 1633	Art. 16	
48.	Art. 1 ÄndG (Art. 12 a)	19. 12. 2000	BGBl. I S. 1755	Art. 12 a	
49.	Art. 1 ÄndG (Art. 108)	26. 11. 2001	BGBl. I S. 3219	Art. 108	
50.	Art. 1 ÄndG (Staatsziel Tierschutz)	26. 7. 2002	BGBl. I S. 2862	Art. 20 a	
51.	Art. 1 ÄndG (Art. 96)	26. 7. 2002	BGBl. I S. 2863	Art. 96	
52.	Art. 1 ÄndG (Artikel 22, 23, 33, 52, 72, 73, 74, 74 a, 75, 84, 85, 87 c, 91 a, 91 b, 93, 98, 104 a, 104 b, 105, 107, 109, 125 a, 125 b, 125 c, 143 c)	28. 8. 2006	BGBl. I S. 2034	Art. 22, 23, 33, 52, 72, 73, 74, 74 a, 75, 84, 85, 87 c, 91 a, 91 b, 93, 98, 104 a, 104 b, 105, 107, 109, 125 a, 125 b, 125 c, 143 c	
53.	Art. 1 ÄndG (Artikel 23, 45 und 93)	8. 10. 2008	BGBl. I S. 1926	Art. 23, 45, 93	geänd. mWv 1. 12. 2009
54.	Art. 1 ÄndG (Art. 106, 106 b, 107, 108)	19. 3. 2009	BGBl. I S. 606	Art. 106, 106 b, 107, 108	
55.	Art. 1 ÄndG (Art. 45 d)	17. 7. 2009	BGBl. I S. 1977	Art. 45 d	eingef. mWv 23. 7. 2009
56.	Art. 1 ÄndG (Art. 87 d)	29. 7. 2009	BGBl. I S. 2247	Art. 87 d	geänd. mWv 1. 8. 2009

Lfd. Nr.	Änderndes Gesetz	Datum	Fundstelle	Betroffen	Hinweis
57.	Art. 1 ÄndG (Art. 91c, 91d, 104b, 109, 109a, 115, 143d)	29.7.2009	BGBl. I S. 2248	Überschrift Abschnitt VIIIa, Art. 104b, 109, 115	geänd. mWv 1.8.2009
				Art. 91c, 91d, 109a, 143d	eingef. mWv 1.8.2009
58.	Art. 1 ÄndG (Art. 91e)	21.7.2010	BGBl. I S. 944	Art. 91e	eingef. mWv 27.7.2010
59.	Art. 1 ÄndG (Art. 93)	11.7.2012	BGBl. I S. 1478	Art. 93	geänd. mWv 17.7.2012
60.	Art. 1 ÄndG (Art. 91b)	23.12.2014	BGBl. I S. 2438	Art. 91b	geänd. mWv 1.1.2015
61.	Art. 1 ÄndG (Art. 21)	13.7.2017	BGBl. I S. 2346	Art. 21	geänd. mWv 20.7.2017
62.	Art. 1 ÄndG (Art. 90, 91c, 104b, 104c, 107, 108, 109a, 114, 125c, 143d, 143e, 143f, 143g)	13.7.2017	BGBl. I S. 2347	Art. 90, 91c, 104b, 107, 108, 109a, 114, 125c, 143d	geänd. mWv 20.7.2017
				Art. 104c, 143e, 143f, 143g	eingef. mWv 20.7.2017
63.	Art. 1 ÄndG (Art. 104b, 104c, 104d, 125c, 143e)	28.3.2019	BGBl. I S. 404	Art. 104b, 125c, 143e	geänd. mWv 4.4.2019
				Art. 104c	neu gef. mWv 4.4.2019
				Art. 104d	eingef. mWv 4.4.2019
64.	Art. 1 ÄndG (Art. 72, 105, 125b)	15.11.2019	BGBl. I S. 1546	Art. 72, 105, 125b	geänd. mWv 21.11.2019
65.	Art. 1, Art. 2 Covid-19-G zur Änd. des GrundG	29.9.2020	BGBl. I S. 2048	Art. 104a	geänd. mWv 8.10.2020
				Art. 143h	eingef. mWv 8.10.2020
				Art. 143h	aufgeh. mit Ablauf des 31.12.2020

<div align="center">

Gliederung des
Grundgesetzes für die Bundesrepublik Deutschland¹⁾

</div>

<div align="center">

Nichtamtliche Inhaltsübersicht
Präambel
I. Die Grundrechte

</div>

¹⁾ Die Gliederung wurde redaktionell an die nachträglichen Änderungen des Grundgesetzes angepasst.

[Verkündungsformel]

Der Parlamentarische Rat hat am 23. Mai 1949 in Bonn am Rhein in öffentlicher Sitzung festgestellt, daß das am 8. Mai des Jahres 1949 vom Parlamentarischen Rat beschlossene G r u n d g e s e t z f ü r d i e B u n d e s - r e p u b l i k D e u t s c h l a n d in der Woche vom 16.–22. Mai 1949 durch die Volksvertretungen von mehr als Zweidritteln der beteiligten deutschen Länder angenommen worden ist.

Auf Grund dieser Feststellung hat der Parlamentarische Rat, vertreten durch seine Präsidenten, das Grundgesetz ausgefertigt und verkündet.

Das Grundgesetz wird hiermit gemäß Artikel 145 Absatz 3 im Bundesgesetzblatt veröffentlicht:

Präambel[1]

[1] Im Bewußtsein seiner Verantwortung vor Gott und den Menschen, von dem Willen beseelt, als gleichberechtigtes Glied in einem vereinten Europa dem Frieden der Welt zu dienen, hat sich das Deutsche Volk kraft seiner verfassungsgebenden Gewalt dieses Grundgesetz gegeben.

[2] Die Deutschen[2] in den Ländern Baden-Württemberg, Bayern, Berlin, Brandenburg, Bremen, Hamburg, Hessen, Mecklenburg-Vorpommern, Niedersachsen, Nordrhein-Westfalen, Rheinland-Pfalz, Saarland, Sachsen, Sachsen-Anhalt, Schleswig-Holstein und Thüringen haben in freier Selbstbestimmung die Einheit und Freiheit Deutschlands vollendet. [3] Damit gilt dieses Grundgesetz für das gesamte Deutsche Volk.

I.[3] Die Grundrechte

Art. 1 [4][5] **[Schutz der Menschenwürde, Menschenrechte, Grundrechtsbindung]** (1) [1] Die Würde des Menschen ist unantastbar. [2] Sie zu achten und zu schützen ist Verpflichtung aller staatlichen Gewalt.

(2) Das Deutsche Volk bekennt sich darum zu unverletzlichen und unveräußerlichen Menschenrechten als Grundlage jeder menschlichen Gemeinschaft, des Friedens und der Gerechtigkeit in der Welt.

(3) Die nachfolgenden Grundrechte binden Gesetzgebung, vollziehende Gewalt und Rechtsprechung als unmittelbar geltendes Recht.

Art. 2 **[Freie Entfaltung der Persönlichkeit, Recht auf Leben, körperliche Unversehrtheit, Freiheit der Person]** (1) Jeder hat das Recht auf die freie Entfaltung seiner Persönlichkeit, soweit er nicht die Rechte anderer verletzt und nicht gegen die verfassungsmäßige Ordnung oder das Sittengesetz verstößt.

(2) [1] Jeder hat das Recht auf Leben und körperliche Unversehrtheit. [2] Die Freiheit der Person ist unverletzlich.[6] [3] In diese Rechte darf nur auf Grund eines Gesetzes[7] eingegriffen werden.

Art. 3 [8][9] **[Gleichheit vor dem Gesetz]** (1) Alle Menschen sind vor dem Gesetz gleich.

(2) [1] Männer und Frauen sind gleichberechtigt. [2] Der Staat fördert die tatsächliche Durchsetzung der Gleichberechtigung von Frauen und Männern und wirkt auf die Beseitigung bestehender Nachteile hin.

[1] Präambel neu gef. durch EVertr. v. 31.8.1990 (BGBl. II S. 885, 889).

[2] Zum Begriff des „Deutschen" siehe Art. 116 Abs. 1.

[3] Siehe hierzu auch die Konvention zum Schutz der Menschenrechte und Grundfreiheiten (Nr. **1003**).

[4] Art. 1 Abs. 3 geänd. durch G v. 19.3.1956 (BGBl. I S. 111).

[5] Zur Unzulässigkeit der Änderung des Art. 1 siehe Art. 79 Abs. 3.

[6] Zur Freiheitsentziehung siehe Art. 104.

[7] Siehe hierzu Buch 7 (§§ 415 ff. – Verfahren in Freiheitsentziehungssachen) des G über das Verfahren in Familiensachen und in den Angelegenheiten der freiwilligen Gerichtsbarkeit (**Schönfelder Nr. 112**).

[8] Art. 3 Abs. 2 Satz 2 und Abs. 3 Satz 2 angef. durch G v. 27.10.1994 (BGBl. I S. 3146).

[9] Siehe hierzu auch Art. 33 Abs. 2 GG sowie Art. 136 Abs. 1 und 2 WRV, wiedergegeben im Anschluss an Art. 146.

(3)[1] [1] Niemand darf wegen seines Geschlechtes, seiner Abstammung, seiner Rasse, seiner Sprache, seiner Heimat und Herkunft, seines Glaubens, seiner religiösen oder politischen Anschauungen benachteiligt oder bevorzugt werden. [2] Niemand darf wegen seiner Behinderung benachteiligt werden.

Art. 4 [Glaubens-, Gewissens- und Bekenntnisfreiheit, Kriegsdienstverweigerung] (1) Die Freiheit des Glaubens, des Gewissens und die Freiheit des religiösen und weltanschaulichen Bekenntnisses sind unverletzlich.

(2)[2] Die ungestörte Religionsausübung wird gewährleistet.

(3) [1] Niemand darf gegen sein Gewissen zum Kriegsdienst mit der Waffe gezwungen werden. [2] Das Nähere regelt ein Bundesgesetz[3].

Art. 5 [Recht der freien Meinungsäußerung, Medienfreiheit, Kunst- und Wissenschaftsfreiheit] (1) [1] Jeder hat das Recht, seine Meinung in Wort, Schrift und Bild frei zu äußern und zu verbreiten und sich aus allgemein zugänglichen Quellen ungehindert zu unterrichten. [2] Die Pressefreiheit und die Freiheit der Berichterstattung durch Rundfunk und Film werden gewährleistet. [3] Eine Zensur findet nicht statt.

(2) Diese Rechte finden ihre Schranken in den Vorschriften der allgemeinen Gesetze, den gesetzlichen Bestimmungen zum Schutze der Jugend und in dem Recht der persönlichen Ehre.

(3) [1] Kunst und Wissenschaft, Forschung und Lehre sind frei. [2] Die Freiheit der Lehre entbindet nicht von der Treue zur Verfassung.

Art. 6[4] [Ehe, Familie, nicht eheliche Kinder] (1) Ehe und Familie stehen unter dem besonderen Schutze der staatlichen Ordnung.

(2) [1] Pflege und Erziehung der Kinder sind das natürliche Recht der Eltern und die zuvörderst ihnen obliegende Pflicht. [2] Über ihre Betätigung wacht die staatliche Gemeinschaft.

(3) Gegen den Willen der Erziehungsberechtigten dürfen Kinder nur auf Grund eines Gesetzes von der Familie getrennt werden, wenn die Erziehungsberechtigten versagen oder wenn die Kinder aus anderen Gründen zu verwahrlosen drohen.

(4) Jede Mutter hat Anspruch auf den Schutz und die Fürsorge der Gemeinschaft.

(5) Den *unehelichen*[5] Kindern sind durch die Gesetzgebung die gleichen Bedingungen für ihre leibliche und seelische Entwicklung und ihre Stellung in der Gesellschaft zu schaffen wie den ehelichen Kindern.

[1] Siehe hierzu das Allgemeine GleichbehandlungsG **(Schönfelder Nr. 34)**.
[2] Siehe hierzu auch Art. 136 Abs. 3 und 4 WRV, wiedergegeben im Anschluss an Art. 146.
[3] Siehe das WehrpflichtG (Nr. **620**), das ZivildienstG (Nr. **625**) und das KriegsdienstverweigerungsG (Nr. **626**).
[4] Siehe hierzu das G über die rechtliche Stellung der nichtehelichen Kinder v. 19. 8. 1969 (BGBl. I S. 1243), zuletzt geänd. durch G v. 12. 4. 2011 (BGBl. I S. 615).
[5] Der Begriff „unehelich" ist durch Art. 9 § 2 G zur Neuregelung des Rechts der elterlichen Sorge v. 18. 7. 1979 (BGBl. I S. 1061) in allen Bundesgesetzen mit Ausnahme des Grundgesetzes durch den Begriff „nicht ehelich" ersetzt worden.

Art. 7 [Schulwesen] (1) Das gesamte Schulwesen steht unter der Aufsicht des Staates.

(2) Die Erziehungsberechtigten haben das Recht, über die Teilnahme des Kindes am Religionsunterricht zu bestimmen.

(3) [1] Der Religionsunterricht ist in den öffentlichen Schulen mit Ausnahme der bekenntnisfreien Schulen ordentliches Lehrfach.[1] [2] Unbeschadet des staatlichen Aufsichtsrechtes wird der Religionsunterricht in Übereinstimmung mit den Grundsätzen der Religionsgemeinschaften erteilt. [3] Kein Lehrer darf gegen seinen Willen verpflichtet werden, Religionsunterricht zu erteilen.

(4) [1] Das Recht zur Errichtung von privaten Schulen wird gewährleistet. [2] Private Schulen als Ersatz für öffentliche Schulen bedürfen der Genehmigung des Staates und unterstehen den Landesgesetzen. [3] Die Genehmigung ist zu erteilen, wenn die privaten Schulen in ihren Lehrzielen und Einrichtungen sowie in der wissenschaftlichen Ausbildung ihrer Lehrkräfte nicht hinter den öffentlichen Schulen zurückstehen und eine Sonderung der Schüler nach den Besitzverhältnissen der Eltern nicht gefördert wird. [4] Die Genehmigung ist zu versagen, wenn die wirtschaftliche und rechtliche Stellung der Lehrkräfte nicht genügend gesichert ist.

(5) Eine private Volksschule ist nur zuzulassen, wenn die Unterrichtsverwaltung ein besonderes pädagogisches Interesse anerkennt oder, auf Antrag von Erziehungsberechtigten, wenn sie als Gemeinschaftsschule, als Bekenntnis- oder Weltanschauungsschule errichtet werden soll und eine öffentliche Volksschule dieser Art in der Gemeinde nicht besteht.

(6) Vorschulen bleiben aufgehoben.

Art. 8[2] **[Versammlungsfreiheit]** (1) Alle Deutschen[3] haben das Recht, sich ohne Anmeldung oder Erlaubnis friedlich und ohne Waffen zu versammeln.

(2) Für Versammlungen unter freiem Himmel kann dieses Recht durch Gesetz oder auf Grund eines Gesetzes beschränkt werden.

Art. 9[4][5] **[Vereinigungsfreiheit]** (1) Alle Deutschen[3] haben das Recht, Vereine und Gesellschaften zu bilden.

(2) Vereinigungen, deren Zwecke oder deren Tätigkeit den Strafgesetzen zuwiderlaufen oder die sich gegen die verfassungsmäßige Ordnung oder gegen den Gedanken der Völkerverständigung richten, sind verboten.

(3) [1] Das Recht, zur Wahrung und Förderung der Arbeits- und Wirtschaftsbedingungen Vereinigungen zu bilden, ist für jedermann und für alle Berufe gewährleistet. [2] Abreden, die dieses Recht einschränken oder zu behindern suchen, sind nichtig, hierauf gerichtete Maßnahmen sind rechtswidrig. [3] Maßnahmen nach den Artikeln 12a, 35 Abs. 2 und 3, Artikel 87a Abs. 4 und Artikel 91 dürfen sich nicht gegen Arbeitskämpfe richten, die zur Wahrung

[1] Siehe hierzu Art. 141.
[2] Siehe hierzu das VersammlungsG (Nr. **435**).
[3] Zum Begriff des „Deutschen" siehe Art. 116 Abs. 1.
[4] Art. 9 Abs. 3 Satz 3 angef. durch G v. 24. 6. 1968 (BGBl. I S. 709).
[5] Siehe hierzu auch Art. 21 und das VereinsG (Nr. **425**).

und Förderung der Arbeits- und Wirtschaftsbedingungen von Vereinigungen im Sinne des Satzes 1 geführt werden.

Art. 10[1] **[Brief-, Post- und Fernmeldegeheimnis]** (1) Das Briefgeheimnis sowie das Post- und Fernmeldegeheimnis sind unverletzlich.

(2) [1] Beschränkungen dürfen nur auf Grund eines Gesetzes[2] angeordnet werden. [2] Dient die Beschränkung dem Schutze der freiheitlichen demokratischen Grundordnung oder des Bestandes oder der Sicherung des Bundes oder eines Landes, so kann das Gesetz bestimmen, daß sie dem Betroffenen nicht mitgeteilt wird und daß an die Stelle des Rechtsweges die Nachprüfung durch von der Volksvertretung bestellte Organe und Hilfsorgane tritt.

Art. 11[3] **[Freizügigkeit]** (1) Alle Deutschen[4] genießen Freizügigkeit im ganzen Bundesgebiet.

(2) Dieses Recht darf nur durch Gesetz[5] oder auf Grund eines Gesetzes und nur für die Fälle eingeschränkt werden, in denen eine ausreichende Lebensgrundlage nicht vorhanden ist und der Allgemeinheit daraus besondere Lasten entstehen würden oder in denen es zur Abwehr einer drohenden Gefahr für den Bestand oder die freiheitliche demokratische Grundordnung des Bundes oder eines Landes, zur Bekämpfung von Seuchengefahr, Naturkatastrophen oder besonders schweren Unglücksfällen, zum Schutze der Jugend vor Verwahrlosung oder um strafbaren Handlungen vorzubeugen, erforderlich ist.

Art. 12[6] **[Berufsfreiheit]** (1) [1] Alle Deutschen[4] haben das Recht, Beruf, Arbeitsplatz und Ausbildungsstätte frei zu wählen. [2] Die Berufsausübung kann durch Gesetz oder auf Grund eines Gesetzes geregelt werden.

(Fortsetzung nächstes Blatt)

[1] Art. 10 neu gef. durch G v. 24. 6. 1968 (BGBl. I S. 709).
[2] Siehe hierzu das G zur Beschränkung des Brief-, Post- und Fernmeldegeheimnisses (Nr. **7**) und das G zur Überwachung strafrechtl. und anderer Verbringungsverbote v. 24. 5. 1961 (BGBl. I S. 607), zuletzt geänd. durch G v. 8. 7. 2016 (BGBl. I S. 1594).
[3] Art. 11 Abs. 2 neu gef. durch G v. 24. 6. 1968 (BGBl. I S. 709).
[4] Zum Begriff des „Deutschen" siehe Art. 116 Abs. 1.
[5] Siehe hierzu ua § 51 WehrpflichtG (Nr. **620**) und § 39 ArbeitssicherstellungsG (**Wehrrecht Nr. 1430**).
[6] Art. 12 neu gef. durch G v. 24. 6. 1968 (BGBl. I S. 709).

(2) Niemand darf zu einer bestimmten Arbeit gezwungen werden, außer im Rahmen einer herkömmlichen allgemeinen, für alle gleichen öffentlichen Dienstleistungspflicht.[1]

(3) Zwangsarbeit ist nur bei einer gerichtlich angeordneten Freiheitsentziehung zulässig.

Art. 12 a[2] [Dienstverpflichtungen] (1) Männer können vom vollendeten achtzehnten Lebensjahr an zum Dienst in den Streitkräften, im Bundesgrenzschutz oder in einem Zivilschutzverband verpflichtet werden.

(2) [1] Wer aus Gewissensgründen den Kriegsdienst mit der Waffe verweigert, kann zu einem Ersatzdienst verpflichtet werden. [2] Die Dauer des Ersatzdienstes darf die Dauer des Wehrdienstes nicht übersteigen. [3] Das Nähere regelt ein Gesetz,[3] das die Freiheit der Gewissensentscheidung nicht beeinträchtigen darf und auch eine Möglichkeit des Ersatzdienstes vorsehen muß, die in keinem Zusammenhang mit den Verbänden der Streitkräfte und des Bundesgrenzschutzes steht.

(3) [1] Wehrpflichtige, die nicht zu einem Dienst nach Absatz 1 oder 2 herangezogen sind, können im Verteidigungsfalle durch Gesetz oder auf Grund eines Gesetzes zu zivilen Dienstleistungen für Zwecke der Verteidigung einschließlich des Schutzes der Zivilbevölkerung in Arbeitsverhältnisse verpflichtet werden; Verpflichtungen in öffentlich-rechtliche Dienstverhältnisse sind nur zur Wahrnehmung polizeilicher Aufgaben oder solcher hoheitlichen Aufgaben der öffentlichen Verwaltung, die nur in einem öffentlich-rechtlichen Dienstverhältnis erfüllt werden können, zulässig. [2] Arbeitsverhältnisse nach Satz 1 können bei den Streitkräften, im Bereich ihrer Versorgung sowie bei der öffentlichen Verwaltung begründet werden; Verpflichtungen in Arbeitsverhältnisse im Bereiche der Versorgung der Zivilbevölkerung sind nur zulässig, um ihren lebensnotwendigen Bedarf zu decken oder ihren Schutz sicherzustellen.

(4) [1] Kann im Verteidigungsfalle der Bedarf an zivilen Dienstleistungen im zivilen Sanitäts- und Heilwesen sowie in der ortsfesten militärischen Lazarettorganisation nicht auf freiwilliger Grundlage gedeckt werden, so können Frauen vom vollendeten achtzehnten bis zum vollendeten fünfundfünfzigsten Lebensjahr durch Gesetz oder auf Grund eines Gesetzes zu derartigen Dienstleistungen herangezogen werden. [2] Sie dürfen auf keinen Fall zum Dienst mit der Waffe verpflichtet werden.

(5) [1] Für die Zeit vor dem Verteidigungsfalle können Verpflichtungen nach Absatz 3 nur nach Maßgabe des Artikels 80 a Abs. 1 begründet werden. [2] Zur Vorbereitung auf Dienstleistungen nach Absatz 3, für die besondere Kenntnisse oder Fertigkeiten erforderlich sind, kann durch

[1] Siehe §§ 25 ff. WehrpflichtG (Nr. **620**) und das ArbeitssicherstellungsG (siehe Anm. zu Art. 11 Abs. 2).
[2] Art. 12 a eingef. durch G v. 24. 6. 1968 (BGBl. I S. 709), Abs. 4 Satz 2 neugef. durch G v. 19. 12. 2000 (BGBl. I S. 1755).
[3] Siehe das KriegsdienstverweigerungsG (Nr. **626**) und das ZivildienstG (Nr. **625**).

Gesetz oder auf Grund eines Gesetzes die Teilnahme an Ausbildungsveranstaltungen zur Pflicht gemacht werden. ³Satz 1 findet insoweit keine Anwendung.

(6) ¹Kann im Verteidigungsfalle der Bedarf an Arbeitskräften für die in Absatz 3 Satz 2 genannten Bereiche auf freiwilliger Grundlage nicht gedeckt werden, so kann zur Sicherung dieses Bedarfs die Freiheit der Deutschen, die Ausübung eines Berufs oder den Arbeitsplatz aufzugeben, durch Gesetz oder auf Grund eines Gesetzes eingeschränkt werden. ²Vor Eintritt des Verteidigungsfalles gilt Absatz 5 Satz 1 entsprechend.

Art. 13¹⁾ [Unverletzlichkeit der Wohnung] (1) Die Wohnung ist unverletzlich.

(2) Durchsuchungen dürfen nur durch den Richter, bei Gefahr im Verzuge auch durch die in den Gesetzen vorgesehenen anderen Organe angeordnet und nur in der dort vorgeschriebenen Form durchgeführt werden.

(3) ¹Begründen bestimmte Tatsachen den Verdacht, daß jemand eine durch Gesetz einzeln bestimmte besonders schwere Straftat begangen hat, so dürfen zur Verfolgung der Tat auf Grund richterlicher Anordnung technische Mittel zur akustischen Überwachung von Wohnungen, in denen der Beschuldigte sich vermutlich aufhält, eingesetzt werden, wenn die Erforschung des Sachverhalts auf andere Weise unverhältnismäßig erschwert oder aussichtslos wäre. ²Die Maßnahme ist zu befristen. ³Die Anordnung erfolgt durch einen mit drei Richtern besetzten Spruchkörper. ⁴Bei Gefahr im Verzuge kann sie auch durch einen einzelnen Richter getroffen werden.

(4) ¹Zur Abwehr dringender Gefahren für die öffentliche Sicherheit, insbesondere einer gemeinen Gefahr oder einer Lebensgefahr, dürfen technische Mittel zur Überwachung von Wohnungen nur auf Grund richterlicher Anordnung eingesetzt werden. ²Bei Gefahr im Verzuge kann die Maßnahme auch durch eine andere gesetzlich bestimmte Stelle angeordnet werden; eine richterliche Entscheidung ist unverzüglich nachzuholen.

(5) ¹Sind technische Mittel ausschließlich zum Schutze der bei einem Einsatz in Wohnungen tätigen Personen vorgesehen, kann die Maßnahme durch eine gesetzlich bestimmte Stelle angeordnet werden. ²Eine anderweitige Verwertung der hierbei erlangten Erkenntnisse ist nur zum Zwecke der Strafverfolgung oder der Gefahrenabwehr und nur zulässig, wenn zuvor die Rechtmäßigkeit der Maßnahme richterlich festgestellt ist; bei Gefahr im Verzuge ist die richterliche Entscheidung unverzüglich nachzuholen.

(6) ¹Die Bundesregierung unterrichtet den Bundestag jährlich über den nach Absatz 3 sowie über den im Zuständigkeitsbereich des Bundes nach Absatz 4 und, soweit richterlich überprüfungsbedürftig, nach

¹⁾ Art. 13 Abs. 3 bis 6 eingef., bish. Abs. 3 wird Abs. 7 durch G v. 26. 3. 1998 (BGBl. I S. 610).

Absatz 5 erfolgten Einsatz technischer Mittel. ²Ein vom Bundestag gewähltes Gremium übt auf der Grundlage dieses Berichts die parlamentarische Kontrolle aus. ³Die Länder gewährleisten eine gleichwertige parlamentarische Kontrolle.

(7) Eingriffe und Beschränkungen dürfen im übrigen nur zur Abwehr einer gemeinen Gefahr oder einer Lebensgefahr für einzelne Personen, auf Grund eines Gesetzes¹⁾ auch zur Verhütung dringender Gefahren für die öffentliche Sicherheit und Ordnung, insbesondere zur Behebung der Raumnot, zur Bekämpfung von Seuchengefahr oder zum Schutze gefährdeter Jugendlicher vorgenommen werden.

Art. 14 [Eigentumsgarantie und Erbrecht] (1) ¹Das Eigentum und das Erbrecht werden gewährleistet. ²Inhalt und Schranken werden durch die Gesetze bestimmt.

(2) ¹Eigentum verpflichtet. ²Sein Gebrauch soll zugleich dem Wohle der Allgemeinheit dienen.

(3) ¹Eine Enteignung ist nur zum Wohle der Allgemeinheit zulässig. ²Sie darf nur durch Gesetz oder auf Grund eines Gesetzes erfolgen, das Art und Ausmaß der Entschädigung regelt. ³Die Entschädigung ist unter gerechter Abwägung der Interessen der Allgemeinheit und der Beteiligten zu bestimmen. ⁴Wegen der Höhe der Entschädigung steht im Streitfalle der Rechtsweg vor den ordentlichen Gerichten offen.

Art. 15 [Sozialisierung, Überführung in Gemeineigentum] ¹Grund und Boden, Naturschätze und Produktionsmittel können zum Zwecke der Vergesellschaftung durch ein Gesetz, das Art und Ausmaß der Entschädigung regelt, in Gemeineigentum oder in andere Formen der Gemeinwirtschaft überführt werden. ²Für die Entschädigung gilt Artikel 14 Abs. 3 Satz 3 und 4 entsprechend.

Art. 16²⁾ [Ausbürgerung, Auslieferung] (1) ¹Die deutsche Staatsangehörigkeit³⁾ darf nicht entzogen werden. ²Der Verlust der Staatsangehörigkeit darf nur auf Grund eines Gesetzes und gegen den Willen des Betroffenen nur dann eintreten, wenn der Betroffene dadurch nicht staatenlos wird.⁴⁾

(2) ¹Kein Deutscher⁵⁾ darf an das Ausland ausgeliefert werden. ²Durch Gesetz⁶⁾ kann eine abweichende Regelung für Auslieferungen an einen Mitgliedstaat der Europäischen Union oder an einen internationalen Gerichtshof getroffen werden, soweit rechtsstaatliche Grundsätze gewahrt sind.

¹⁾ Siehe z. B. JugendschutzG (Nr. **400**), das Lebensmittel- und Futtermittelgesetzbuch **(Sartorius ErgBd Nr. 862)** und das InfektionsschutzG **(Sartorius ErgBd Nr. 285).**
²⁾ Art. 16 Abs. 2 Satz 2 aufgeh. durch G v. 28. 6. 1993 (BGBl. I S. 1002), Abs. 2 Satz 2 angef. durch G v. 29. 11. 2000 (BGBl. I S. 1633).
³⁾ Siehe das Staatsangehörigkeitsgesetz (Nr. **15**).
⁴⁾ Über Wiedererlangung verlorener deutscher Staatsangehörigkeit siehe Art. 116 Abs. 2.
⁵⁾ Über den Begriff des „Deutschen" siehe Art. 116 Abs. 1.
⁶⁾ Siehe dazu G zu dem Übereinkommen vom 27. 9. 1996 über die Auslieferung zwischen den Mitgliedstaaten der Europäischen Union v. 7. 9. 1998 (BGBl. II S. 2253).

Art. 16a[1]) [Asylrecht] (1) Politisch Verfolgte genießen Asylrecht.

(2) [1]Auf Absatz 1 kann sich nicht berufen, wer aus einem Mitgliedstaat der Europäischen Gemeinschaften oder aus einem anderen Drittstaat einreist, in dem die Anwendung des Abkommens über die Rechtsstellung der Flüchtlinge und der Konvention zum Schutze der Menschenrechte und Grundfreiheiten sichergestellt ist. [2]Die Staaten außerhalb der Europäischen Gemeinschaften, auf die die Voraussetzungen des Satzes 1 zutreffen, werden durch Gesetz, das der Zustimmung des Bundesrates bedarf, bestimmt. [3]In den Fällen des Satzes 1 können aufenthaltsbeendende Maßnahmen unabhängig von einem hiergegen eingelegten Rechtsbehelf vollzogen werden.

(3) [1]Durch Gesetz,[2]) das der Zustimmung des Bundesrates bedarf, können Staaten bestimmt werden, bei denen auf Grund der Rechtslage, der Rechtsanwendung und der allgemeinen politischen Verhältnisse gewährleistet erscheint, daß dort weder politische Verfolgung noch unmenschliche oder erniedrigende Bestrafung oder Behandlung stattfindet. [2]Es wird vermutet, daß ein Ausländer aus einem solchen Staat nicht verfolgt wird, solange er nicht Tatsachen vorträgt, die die Annahme begründen, daß er entgegen dieser Vermutung politisch verfolgt wird.

(4) [1]Die Vollziehung aufenthaltsbeendender Maßnahmen wird in den Fällen des Absatzes 3 und in anderen Fällen, die offensichtlich unbegründet sind oder als offensichtlich unbegründet gelten, durch das Gericht nur ausgesetzt, wenn ernstliche Zweifel an der Rechtmäßigkeit der Maßnahme bestehen; der Prüfungsumfang kann eingeschränkt werden und verspätetes Vorbringen unberücksichtigt bleiben. [2]Das Nähere ist durch Gesetz zu bestimmen.

(5) Die Absätze 1 bis 4 stehen völkerrechtlichen Verträgen von Mitgliedstaaten der Europäischen Gemeinschaften untereinander und mit dritten Staaten nicht entgegen, die unter Beachtung der Verpflichtungen aus dem Abkommen über die Rechtsstellung der Flüchtlinge und der Konvention zum Schutze der Menschenrechte und Grundfreiheiten, deren Anwendung in den Vertragsstaaten sichergestellt sein muß, Zuständigkeitsregelungen für die Prüfung von Asylbegehren einschließlich der gegenseitigen Anerkennung von Asylentscheidungen treffen.

Art. 17 [Petitionsrecht] Jedermann hat das Recht, sich einzeln oder in Gemeinschaft mit anderen schriftlich mit Bitten oder Beschwerden an die zuständigen Stellen und an die Volksvertretung zu wenden.

Art. 17a[3]) [Grundrechtseinschränkungen bei Wehr- und Ersatzdienst] (1) Gesetze über Wehrdienst und Ersatzdienst können bestimmen, daß für die Angehörigen der Streitkräfte und des Ersatzdienstes während der Zeit des Wehr- oder Ersatzdienstes das Grund-

[1]) *Art. 16a eingef. durch G v. 28. 6. 1993 (BGBl. I S. 1002).*
[2]) Siehe dazu das AsylverfahrensG (Nr. **567**).
[3]) Art. 17a eingef. durch G v. 19. 3. 1956 (BGBl. I S. 111).

recht, seine Meinung in Wort, Schrift und Bild frei zu äußern und zu verbreiten (Artikel 5 Abs. 1 Satz 1 erster Halbsatz), das Grundrecht der Versammlungsfreiheit (Artikel 8) und das Petitionsrecht (Artikel 17), soweit es das Recht gewährt, Bitten oder Beschwerden in Gemeinschaft mit anderen vorzubringen, eingeschränkt werden.

(2) Gesetze, die der Verteidigung einschließlich des Schutzes der Zivilbevölkerung dienen, können bestimmen, daß die Grundrechte der Freizügigkeit (Artikel 11) und der Unverletzlichkeit der Wohnung (Artikel 13) eingeschränkt werden.

Art. 18[1)2)] **[Verwirkung von Grundrechten]** [1] Wer die Freiheit der Meinungsäußerung, insbesondere die Pressefreiheit (Artikel 5 Abs. 1), die Lehrfreiheit (Artikel 5 Abs. 3), die Versammlungsfreiheit (Artikel 8), die Vereinigungsfreiheit (Artikel 9), das Brief-, Post- und Fernmeldegeheimnis (Artikel 10), das Eigentum (Artikel 14) oder das Asylrecht (Artikel 16a) zum Kampfe gegen die freiheitliche demokratische Grundordnung mißbraucht, verwirkt diese Grundrechte. [2] Die Verwirkung und ihr Ausmaß werden durch das Bundesverfassungsgericht ausgesprochen.

Art. 19[3)] **[Einschränkung von Grundrechten; Grundrechtsträger; Rechtsschutz]** (1) [1] Soweit nach diesem Grundgesetz ein Grundrecht durch Gesetz oder auf Grund eines Gesetzes eingeschränkt werden kann, muß das Gesetz allgemein und nicht nur für den Einzelfall gelten. [2] Außerdem muß das Gesetz das Grundrecht unter Angabe des Artikels nennen.

(2) In keinem Falle darf ein Grundrecht in seinem Wesensgehalt angetastet werden.

(3) Die Grundrechte gelten auch für inländische juristische Personen, soweit sie ihrem Wesen nach auf diese anwendbar sind.

(4) [1] Wird jemand durch die öffentliche Gewalt in seinen Rechten verletzt, so steht ihm der Rechtsweg offen. [2] Soweit eine andere Zuständigkeit nicht begründet ist, ist der ordentliche Rechtsweg gegeben.[4)] [3] Artikel 10 Abs. 2 Satz 2 bleibt unberührt.

II. Der Bund und die Länder

Art. 20[5)6)] **[Bundesstaatliche Verfassung; Widerstandsrecht]** (1) Die Bundesrepublik Deutschland ist ein demokratischer und sozialer Bundesstaat.

(2) [1] Alle Staatsgewalt geht vom Volke aus. [2] Sie wird vom Volke in Wahlen und Abstimmungen[7)] und durch besondere Organe der Gesetzgebung, der vollziehenden Gewalt und der Rechtsprechung ausgeübt.

[1)] Art. 18 Satz 1 geänd. durch G v. 28.6.1993 (BGBl. I S. 1002).
[2)] Siehe hierzu § 13 Nr. 1 und §§ 36 ff. BundesverfassungsgerichtsG (Nr. **40**); zum Verwirkungsverfahren gegen Abgeordnete siehe Art. 46 Abs. 3.
[3)] Art. 19 Abs. 4 Satz 3 eingef. durch G v. 24.6.1968 (BGBl. I S. 709).
[4)] Zur Schadensersatzpflicht des Staates bei Amtspflichtverletzungen siehe Art. 34.
[5)] Art. 20 Abs. 4 angef. durch G v. 24.6.1968 (BGBl. I S. 709).
[6)] Zur Unzulässigkeit der Änderung des Art. 20 siehe Art. 79 Abs. 3.
[7)] Zu Wahlen siehe Art. 28 und 38, zu Abstimmungen siehe Art. 29 und 118.

(3) Die Gesetzgebung ist an die verfassungsmäßige Ordnung, die vollziehende Gewalt und die Rechtsprechung sind an Gesetz und Recht gebunden.[1]

(4) Gegen jeden, der es unternimmt, diese Ordnung zu beseitigen, haben alle Deutschen[2] das Recht zum Widerstand, wenn andere Abhilfe nicht möglich ist.

Art. 20a[3] [Schutz der natürlichen Lebensgrundlagen] Der Staat schützt auch in Verantwortung für die künftigen Generationen die natürlichen Lebensgrundlagen und die Tiere im Rahmen der verfassungsmäßigen Ordnung durch die Gesetzgebung und nach Maßgabe von Gesetz und Recht durch die vollziehende Gewalt und die Rechtsprechung.

Art. 21[4] [Parteien] (1) [1] Die Parteien wirken bei der politischen Willensbildung des Volkes mit. [2] Ihre Gründung ist frei. [3] Ihre innere Ordnung muß demokratischen Grundsätzen entsprechen. [4] Sie müssen über die Herkunft und Verwendung ihrer Mittel sowie über ihr Vermögen öffentlich Rechenschaft geben.

(2)[5] Parteien, die nach ihren Zielen oder nach dem Verhalten ihrer Anhänger darauf ausgehen, die freiheitliche demokratische Grundordnung zu beeinträchtigen oder zu beseitigen oder den Bestand der Bundesrepublik Deutschland zu gefährden, sind verfassungswidrig.

(3) [1] Parteien, die nach ihren Zielen oder dem Verhalten ihrer Anhänger darauf ausgerichtet sind, die freiheitliche demokratische Grundordnung zu beeinträchtigen oder zu beseitigen oder den Bestand der Bundesrepublik Deutschland zu gefährden, sind von staatlicher Finanzierung ausgeschlossen. [2] Wird der Ausschluss festgestellt, so entfällt auch eine steuerliche Begünstigung dieser Parteien und von Zuwendungen an diese Parteien.

(4) Über die Frage der Verfassungswidrigkeit nach Absatz 2 sowie über den Ausschluss von staatlicher Finanzierung nach Absatz 3 entscheidet das Bundesverfassungsgericht.

(5) Das Nähere regeln Bundesgesetze.[6]

Art. 22[7] [Bundeshauptstadt, Bundesflagge] (1) [1] Die Hauptstadt der Bundesrepublik Deutschland ist Berlin. [2] Die Repräsentation des Gesamtstaates in der Hauptstadt ist Aufgabe des Bundes. [3] Das Nähere wird durch Bundesgesetz geregelt.

(2) Die Bundesflagge ist schwarz-rot-gold.[8]

[1] Siehe hierzu Art. 1 Abs. 3.

[2] Zum Begriff des „Deutschen" siehe Art. 116 Abs. 1.

[3] Art. 20a eingef. durch G v. 27.10.1994 (BGBl. I S. 3146); geänd. mWv 1.8.2002 durch G v. 26.7.2002 (BGBl. I S. 2862).

[4] Art. 21 Abs. 1 Satz 4 neu gef. durch G v. 21.12.1983 (BGBl. I S. 1481); Abs. 2 Satz 2 aufgeh., Abs. 3 und 4 eingef., bish. Abs. 3 wird Abs. 5 mWv 20.7.2017 durch G v. 13.7.2017 (BGBl. I S. 2346).

[5] Siehe hierzu § 13 Nr. 2 und §§ 43 ff. BundesverfassungsgerichtsG (Nr. **40**).

[6] Siehe das ParteienG (Nr. **58**)

[7] Art. 22 Abs. 1 eingef., bish. Wortlaut wird Abs. 2 mWv 1.9.2006 durch G v. 28.8.2006 (BGBl. I S. 2034).

[8] Siehe hierzu die AnO über die deutschen Flaggen (Nr. **52**), das FlaggenrechtsG idF der Bek. v. 26.10.1994 (BGBl. I S. 3140), zuletzt geänd. durch G v. 18.7.2016 (BGBl. I S. 1666), die Bek. betr. das *Bundeswappen und den Bundesadler* v. 20.1.1950 (BGBl. I S. 26), den Erl. über die Dienstsiegel v. 20.1.1950 (BGBl. I S. 26) und den Erl. über die Amtsschilder der Bundesbehörden v. 25.9.1951 (BGBl. I S. 927).

Art. 23[1]) [Verwirklichung der Europäischen Union; Beteiligung des Bundesrates, der Bundesregierung] (1) [1] Zur Verwirklichung eines vereinten Europas wirkt die Bundesrepublik Deutschland bei der Entwicklung der Europäischen Union mit, die demokratischen, rechtsstaatlichen, sozialen und föderativen Grundsätzen und dem Grundsatz der Subsidiarität verpflichtet ist und einen diesem Grundgesetz im wesentlichen vergleichbaren Grundrechtsschutz gewährleistet. [2] Der Bund kann hierzu durch Gesetz[2]) mit Zustimmung des Bundesrates Hoheitsrechte übertragen. [3] Für die Begründung der Europäischen Union sowie für Änderungen ihrer vertraglichen Grundlagen und vergleichbare Regelungen, durch die dieses Grundgesetz seinem Inhalt nach geändert oder ergänzt wird oder solche Änderungen oder Ergänzungen ermöglicht werden, gilt Artikel 79 Abs. 2 und 3.

(1 a) [1] Der Bundestag und der Bundesrat haben das Recht, wegen Verstoßes eines Gesetzgebungsakts der Europäischen Union gegen das Subsidiaritätsprinzip vor dem Gerichtshof der Europäischen Union Klage zu erheben. [2] Der Bundestag ist hierzu auf Antrag eines Viertels seiner Mitglieder verpflichtet. [3] Durch Gesetz, das der Zustimmung des Bundesrates bedarf, können für die Wahrnehmung der Rechte, die dem Bundestag und dem Bundesrat in den vertraglichen Grundlagen der Europäischen Union eingeräumt sind, Ausnahmen von Artikel 42 Abs. 2 Satz 1 und Artikel 52 Abs. 3 Satz 1 zugelassen werden.

(2) [1] In Angelegenheiten der Europäischen Union wirken der Bundestag und durch den Bundesrat die Länder mit. [2] Die Bundesregierung hat den Bundestag und den Bundesrat umfassend und zum frühestmöglichen Zeitpunkt zu unterrichten.

(3) [1] Die Bundesregierung gibt dem Bundestag Gelegenheit zur Stellungnahme vor ihrer Mitwirkung an Rechtsetzungsakten der Europäischen Union. [2] Die Bundesregierung berücksichtigt die Stellungnahmen des Bundestages bei den Verhandlungen. [3] Das Nähere regelt ein Gesetz[3]).

(4) Der Bundesrat ist an der Willensbildung des Bundes zu beteiligen, soweit er an einer entsprechenden innerstaatlichen Maßnahme mitzuwirken hätte oder soweit die Länder innerstaatlich zuständig wären.

(5) [1] Soweit in einem Bereich ausschließlicher Zuständigkeiten des Bundes Interessen der Länder berührt sind oder soweit im übrigen der Bund das Recht zur Gesetzgebung hat, berücksichtigt die Bundesregierung die Stellungnahme des Bundesrates. [2] Wenn im Schwerpunkt Gesetzgebungsbefugnisse der Länder, die Einrichtung ihrer Behörden oder ihre Verwaltungsverfahren betroffen sind, ist bei der Willensbildung des Bundes insoweit die Auffassung des Bundesrates maßgeblich zu berücksichtigen; dabei ist die gesamtstaatliche Verantwortung des Bundes zu wahren. [3] In Angelegenheiten, die zu Ausgabenerhöhungen oder Einnahmeminderungen für den Bund führen können, ist die Zustimmung der Bundesregierung erforderlich.

(6) [1] Wenn im Schwerpunkt ausschließliche Gesetzgebungsbefugnisse der Länder auf den Gebieten der schulischen Bildung, der Kultur oder des Rund-

[1]) Art. 23 eingef. durch G v. 21. 12. 1992 (BGBl. I S. 2086); Abs. 6 Satz 1 neu gef. mWv 1. 9. 2006 durch G v. 28. 8. 2006 (BGBl. I S. 2034); Abs. 1 a eingef. mWv 1. 12. 2009 durch G v. 8. 10. 2008 (BGBl. I S. 1926).
[2]) Siehe das IntegrationsverantwortungsG (Nr. 98).
[3]) Siehe das G über die Zusammenarbeit von Bundesregierung und Deutschem Bundestag in Angelegenheiten der Europäischen Union (Nr. 96).

funks betroffen sind, wird die Wahrnehmung der Rechte, die der Bundesrepublik Deutschland als Mitgliedstaat der Europäischen Union zustehen, vom Bund auf einen vom Bundesrat benannten Vertreter der Länder übertragen. [2] Die Wahrnehmung der Rechte erfolgt unter Beteiligung und in Abstimmung mit der Bundesregierung; dabei ist die gesamtstaatliche Verantwortung des Bundes zu wahren.

(7) Das Nähere zu den Absätzen 4 bis 6 regelt ein Gesetz[1], das der Zustimmung des Bundesrates bedarf.

Art. 24[2] **[Kollektives Sicherheitssystem]** (1) Der Bund kann durch Gesetz Hoheitsrechte auf zwischenstaatliche Einrichtungen übertragen.

(1 a) Soweit die Länder für die Ausübung der staatlichen Befugnisse und die Erfüllung der staatlichen Aufgaben zuständig sind, können sie mit Zustimmung der Bundesregierung Hoheitsrechte auf grenznachbarschaftliche Einrichtungen übertragen.

(2) Der Bund kann sich zur Wahrung des Friedens einem System gegenseitiger kollektiver Sicherheit einordnen; er wird hierbei in die Beschränkungen seiner Hoheitsrechte einwilligen, die eine friedliche und dauerhafte Ordnung in Europa und zwischen den Völkern der Welt herbeiführen und sichern.

(3) Zur Regelung zwischenstaatlicher Streitigkeiten wird der Bund Vereinbarungen über eine allgemeine, umfassende, obligatorische, internationale Schiedsgerichtsbarkeit beitreten.

Art. 25 [Allgemeines Völkerrecht als Bestandteil des Bundesrechts] [1] Die allgemeinen Regeln des Völkerrechtes sind Bestandteil des Bundesrechtes.[3] [2] Sie gehen den Gesetzen vor und erzeugen Rechte und Pflichten unmittelbar für die Bewohner des Bundesgebietes.

Art. 26 [Verbot des Angriffskrieges] (1) [1] Handlungen, die geeignet sind und in der Absicht vorgenommen werden, das friedliche Zusammenleben der Völker zu stören, insbesondere die Führung eines Angriffskrieges vorzubereiten, sind verfassungswidrig. [2] Sie sind unter Strafe zu stellen.

(2) [1] Zur Kriegführung bestimmte Waffen dürfen nur mit Genehmigung der Bundesregierung hergestellt, befördert und in Verkehr gebracht werden. [2] Das Nähere regelt ein Bundesgesetz[4].

Art. 27 [Handelsflotte] Alle deutschen Kauffahrteischiffe bilden eine einheitliche Handelsflotte.

Art. 28[5] **[Verfassung der Länder]** (1) [1] Die verfassungsmäßige Ordnung in den Ländern muß den Grundsätzen des republikanischen, demokratischen und sozialen Rechtsstaates im Sinne dieses Grundgesetzes entsprechen. [2] In

[1] Siehe das G über die Zusammenarbeit von Bund und Ländern in Angelegenheiten der Europäischen Union (Nr. **97**).
[2] Art. 24 Abs. 1 a eingef. durch G v. 21. 12. 1992 (BGBl. I S. 2086).
[3] Siehe hierzu auch Art. 100 Abs. 2.
[4] Siehe das G über die Kontrolle von Kriegswaffen (Nr. **823**).
[5] *Art. 28 Abs. 1 Satz 3 eingef., bish. Satz 3 wird Satz 4 durch G v.* 21. 12. 1992 (BGBl. I S. 2086); Abs. 2 Satz 3 angef. durch G v. 27. 10. 1994 (BGBl. I S. 3146); Abs. 2 Satz 3 zweiter Halbs. angef. durch Art. 1 G v. 20. 10. 1997 (BGBl. I S. 2470).

den Ländern, Kreisen und Gemeinden muß das Volk eine Vertretung haben, die aus allgemeinen, unmittelbaren, freien, gleichen und geheimen Wahlen hervorgegangen ist. [3] Bei Wahlen in Kreisen und Gemeinden sind auch Personen, die die Staatsangehörigkeit eines Mitgliedstaates der Europäischen Gemeinschaft besitzen, nach Maßgabe von Recht der Europäischen Gemeinschaft wahlberechtigt und wählbar. [4] In Gemeinden kann an die Stelle einer gewählten Körperschaft die Gemeindeversammlung treten.

(2) [1] Den Gemeinden muß das Recht gewährleistet sein, alle Angelegenheiten der örtlichen Gemeinschaft im Rahmen der Gesetze in eigener Verantwortung zu regeln. [2] Auch die Gemeindeverbände haben im Rahmen ihres gesetzlichen Aufgabenbereiches nach Maßgabe der Gesetze das Recht der Selbstverwaltung. [3] Die Gewährleistung der Selbstverwaltung umfaßt auch die Grundlagen der finanziellen Eigenverantwortung; zu diesen Grundlagen gehört eine den Gemeinden mit Hebesatzrecht zustehende wirtschaftskraftbezogene Steuerquelle.

(3) Der Bund gewährleistet, daß die verfassungsmäßige Ordnung der Länder den Grundrechten und den Bestimmungen der Absätze 1 und 2 entspricht.

Art. 29[1)] [Neugliederung des Bundesgebietes] (1) [1] Das Bundesgebiet kann neu gegliedert werden, um zu gewährleisten, daß die Länder nach Größe und Leistungsfähigkeit die ihnen obliegenden Aufgaben wirksam erfüllen können. [2] Dabei sind die landsmannschaftliche Verbundenheit, die geschichtlichen und kulturellen Zusammenhänge, die wirtschaftliche Zweckmäßigkeit sowie die Erfordernisse der Raumordnung und der Landesplanung zu berücksichtigen.

(2) [1] Maßnahmen zur Neugliederung des Bundesgebietes ergehen durch Bundesgesetz, das der Bestätigung durch Volksentscheid bedarf. [2] Die betroffenen Länder sind zu hören.

(3) [1] Der Volksentscheid findet in den Ländern statt, aus deren Gebieten oder Gebietsteilen ein neues oder neu umgrenztes Land gebildet werden soll (betroffene Länder). [2] Abzustimmen ist über die Frage, ob die betroffenen Länder wie bisher bestehenbleiben sollen oder ob das neue oder neu umgrenzte Land gebildet werden soll. [3] Der Volksentscheid für die Bildung eines neuen oder neu umgrenzten Landes kommt zustande, wenn in dessen künftigem Gebiet und insgesamt in den Gebieten oder Gebietsteilen eines betroffenen Landes, deren Landeszugehörigkeit im gleichen Sinne geändert werden soll, jeweils eine Mehrheit der Änderung zustimmt. [4] Er kommt nicht zustande, wenn im Gebiet eines der betroffenen Länder eine Mehrheit die Änderung ablehnt; die Ablehnung ist jedoch unbeachtlich, wenn in einem Gebietsteil, dessen Zugehörigkeit zu dem betroffenen Land geändert werden soll, eine *Mehrheit* von zwei Dritteln der Änderung zustimmt, es sei denn, daß im Gesamtgebiet des betroffenen Landes eine Mehrheit von zwei Dritteln die Änderung ablehnt.

(4) Wird in einem zusammenhängenden, abgegrenzten Siedlungs- und Wirtschaftsraum, dessen Teile in mehreren Ländern liegen und der mindestens

[1)] Art. 29 neu gef. durch G v. 23. 8. 1976 (BGBl. I S. 2381); Abs. 7 Satz 1 geänd. und Abs. 8 angef. durch G v. 27. 10. 1994 (BGBl. I S. 3146).

eine Million Einwohner hat, von einem Zehntel der in ihm zum Bundestag Wahlberechtigten durch Volksbegehren gefordert, daß für diesen Raum eine einheitliche Landeszugehörigkeit herbeigeführt werde, so ist durch Bundesgesetz innerhalb von zwei Jahren entweder zu bestimmen, ob die Landeszugehörigkeit gemäß Absatz 2 geändert wird, oder daß in den betroffenen Ländern eine Volksbefragung stattfindet.

(5) [1] Die Volksbefragung ist darauf gerichtet festzustellen, ob eine in dem Gesetz vorzuschlagende Änderung der Landeszugehörigkeit Zustimmung findet. [2] Das Gesetz kann verschiedene, jedoch nicht mehr als zwei Vorschläge der Volksbefragung vorlegen. [3] Stimmt eine Mehrheit einer vorgeschlagenen Änderung der Landeszugehörigkeit zu, so ist durch Bundesgesetz innerhalb von zwei Jahren zu bestimmen, ob die Landeszugehörigkeit gemäß Absatz 2 geändert wird. [4] Findet ein der Volksbefragung vorgelegter Vorschlag eine den Maßgaben des Absatzes 3 Satz 3 und 4 entsprechende Zustimmung, so ist innerhalb von zwei Jahren nach der Durchführung der Volksbefragung ein Bundesgesetz zur Bildung des vorgeschlagenen Landes zu erlassen, das der Bestätigung durch Volksentscheid nicht mehr bedarf.

(6) [1] Mehrheit im Volksentscheid und in der Volksbefragung ist die Mehrheit der abgegebenen Stimmen, wenn sie mindestens ein Viertel der zum Bundestag Wahlberechtigten umfaßt. [2] Im übrigen wird das Nähere über Volksentscheid, Volksbegehren und Volksbefragung durch ein Bundesgesetz[1] geregelt; dieses kann auch vorsehen, daß Volksbegehren innerhalb eines Zeitraumes von fünf Jahren nicht wiederholt werden können.

(7) [1] Sonstige Änderungen des Gebietsbestandes der Länder können durch Staatsverträge der beteiligten Länder oder durch Bundesgesetz mit Zustimmung des Bundesrates erfolgen, wenn das Gebiet, dessen Landeszugehörigkeit geändert werden soll, nicht mehr als 50 000 Einwohner hat. [2] Das Nähere regelt ein Bundesgesetz[2], das der Zustimmung des Bundesrates und der Mehrheit[3] der Mitglieder des Bundestages bedarf. [3] Es muß die Anhörung der betroffenen Gemeinden und Kreise vorsehen.

(8) [1] Die Länder können eine Neugliederung für das jeweils von ihnen umfaßte Gebiet oder für Teilgebiete abweichend von den Vorschriften der Absätze 2 bis 7 durch Staatsvertrag regeln. [2] Die betroffenen Gemeinden und Kreise sind zu hören. [3] Der Staatsvertrag bedarf der Bestätigung durch Volksentscheid in jedem beteiligten Land. [4] Betrifft der Staatsvertrag Teilgebiete der Länder, kann die Bestätigung auf Volksentscheide in diesen Teilgebieten beschränkt werden; Satz 5 zweiter Halbsatz findet keine Anwendung. [5] Bei einem Volksentscheid entscheidet die Mehrheit der abgegebenen Stimmen, wenn sie mindestens ein Viertel der zum Bundestag Wahlberechtigten umfaßt; das Nähere regelt ein Bundesgesetz. [6] Der Staatsvertrag bedarf der Zustimmung des Bundestages.

[1] Siehe das G über das Verfahren bei Volksentscheid, Volksbegehren und Volksbefragung v. 30. 7. 1979 (BGBl. I S. 1317) und die NeugliederungsdurchführungsVO v. 12. 11. 1984 (BGBl. I S. 1342).
[2] *Siehe das G über das Verfahren bei sonstigen Änderungen des Gebietsbestandes der Länder v.* 30. 7. 1979 (BGBl. I S. 1325).
[3] Zum Begriff der Mehrheit siehe Art. 121.

Art. 30 [Funktionen der Länder] Die Ausübung der staatlichen Befugnisse und die Erfüllung der staatlichen Aufgaben ist Sache der Länder, soweit dieses Grundgesetz keine andere Regelung trifft oder zuläßt.[1]

Art. 31 [Vorrang des Bundesrechts] Bundesrecht bricht Landesrecht.[2]

Art. 32 [Auswärtige Beziehungen] (1) Die Pflege der Beziehungen zu auswärtigen Staaten ist Sache des Bundes.[3]

(2) Vor dem Abschlusse eines Vertrages, der die besonderen Verhältnisse eines Landes berührt, ist das Land rechtzeitig zu hören.

(3) Soweit die Länder für die Gesetzgebung zuständig sind, können sie mit Zustimmung der Bundesregierung mit auswärtigen Staaten Verträge abschließen.

Art. 33[4] [Staatsbürgerliche Rechte] (1) Jeder Deutsche[5] hat in jedem Lande die gleichen staatsbürgerlichen Rechte und Pflichten.

(2) Jeder Deutsche[5] hat nach seiner Eignung, Befähigung und fachlichen Leistung gleichen Zugang zu jedem öffentlichen Amte.

(3) [1] Der Genuß bürgerlicher und staatsbürgerlicher Rechte, die Zulassung zu öffentlichen Ämtern sowie die im öffentlichen Dienste erworbenen Rechte sind unabhängig von dem religiösen Bekenntnis. [2] Niemandem darf aus seiner Zugehörigkeit oder Nichtzugehörigkeit zu einem Bekenntnisse oder einer Weltanschauung ein Nachteil erwachsen.[6]

(4) Die Ausübung hoheitsrechtlicher Befugnisse ist als ständige Aufgabe in der Regel Angehörigen des öffentlichen Dienstes zu übertragen, die in einem öffentlich-rechtlichen Dienst- und Treueverhältnis stehen.

(5)[7] Das Recht des öffentlichen Dienstes ist unter Berücksichtigung der hergebrachten Grundsätze des Berufsbeamtentums zu regeln und fortzuentwickeln.

Art. 34[8] [Haftung bei Amtspflichtverletzung] [1] Verletzt jemand in Ausübung eines ihm anvertrauten öffentlichen Amtes die ihm einem Dritten gegenüber obliegende Amtspflicht, so trifft die Verantwortlichkeit grundsätzlich den Staat oder die Körperschaft, in deren Dienst er steht. [2] Bei Vorsatz oder grober Fahrlässigkeit bleibt der Rückgriff vorbehalten. [3] Für den Anspruch auf Schadensersatz und für den Rückgriff darf der ordentliche Rechtsweg nicht ausgeschlossen werden.

[1] Zur Ausführung der Bundesgesetze durch die Länder siehe Art. 83–85.
[2] Gem. Art. 142 bleiben mit den Art. 1–18 übereinstimmende Grundrechtsbestimmungen in Landesverfassungen in Kraft.
[3] Zur Fortgeltung der vom Deutschen Reich abgeschlossenen Verträge siehe Art. 123.
[4] Art. 33 Abs. 5 geänd. mWv 1. 9. 2006 durch G v. 28. 8. 2006 (BGBl. I S. 2034).
[5] Zum Begriff des „Deutschen" siehe Art. 116 Abs. 1.
[6] Siehe hierzu auch Art. 3 GG und Art. 136 Abs. 3 WRV, wiedergegeben im Anschluss an Art. 146.
[7] Siehe hierzu u.a. das BeamtenstatusG (Nr. **150**), das BeamtenrechtsrahmenG (Nr. **150 a**), das BundesbeamtenG (Nr. **160**), das BundesdisziplinarG (Nr. **220**), das BeamtenversorgungsG (Nr. **155**) und das SoldatenG **(Wehrrecht Nr. 200)**.
[8] Siehe hierzu § 75 BundesbeamtenG (Nr. **160**), § 24 SoldatenG **(Wehrrecht Nr. 200)** und das G über die Haftung des Reichs für seine Beamten (Nr. **210**).

Art. 35[1] [Rechts- und Amtshilfe] (1) Alle Behörden des Bundes und der Länder leisten sich gegenseitig Rechts- und Amtshilfe.

(2) [1] Zur Aufrechterhaltung oder Wiederherstellung der öffentlichen Sicherheit oder Ordnung kann ein Land in Fällen von besonderer Bedeutung Kräfte und Einrichtungen des *Bundesgrenzschutzes*[2] zur Unterstützung seiner Polizei anfordern, wenn die Polizei ohne diese Unterstützung eine Aufgabe nicht oder nur unter erheblichen Schwierigkeiten erfüllen könnte. [2] Zur Hilfe bei einer Naturkatastrophe oder bei einem besonders schweren Unglücksfall kann ein Land Polizeikräfte anderer Länder, Kräfte und Einrichtungen anderer Verwaltungen sowie des *Bundesgrenzschutzes*[2] und der Streitkräfte anfordern.

(3) [1] Gefährdet die Naturkatastrophe oder der Unglücksfall das Gebiet mehr als eines Landes, so kann die Bundesregierung, soweit es zur wirksamen Bekämpfung erforderlich ist, den Landesregierungen die Weisung erteilen, Polizeikräfte anderer Ländern zur Verfügung zu stellen, sowie Einheiten des *Bundesgrenzschutzes*[2] und der Streitkräfte zur Unterstützung der Polizeikräfte einsetzen. [2] Maßnahmen der Bundesregierung nach Satz 1 sind jederzeit auf Verlangen des Bundesrates, im übrigen unverzüglich nach Beseitigung der Gefahr aufzuheben.

Art. 36[3] [Beamte der Bundesbehörden] (1) [1] Bei den obersten Bundesbehörden sind Beamte aus allen Ländern in angemessenem Verhältnis zu verwenden. [2] Die bei den übrigen Bundesbehörden beschäftigten Personen sollen in der Regel aus dem Lande genommen werden, in dem sie tätig sind.

(2) Die Wehrgesetze haben auch die Gliederung des Bundes in Länder und ihre besonderen landsmannschaftlichen Verhältnisse zu berücksichtigen.

Art. 37 [Bundeszwang] (1) Wenn ein Land die ihm nach dem Grundgesetze oder einem anderen Bundesgesetze obliegenden Bundespflichten nicht erfüllt, kann die Bundesregierung mit Zustimmung des Bundesrates die notwendigen Maßnahmen treffen, um das Land im Wege des Bundeszwanges zur Erfüllung seiner Pflichten anzuhalten.

(2) Zur Durchführung des Bundeszwanges hat die Bundesregierung oder ihr Beauftragter das Weisungsrecht gegenüber allen Ländern und ihren Behörden.

III. Der Bundestag

Art. 38[4] [Wahl] (1) [1] Die Abgeordneten des Deutschen Bundestages werden in allgemeiner, unmittelbarer, freier, gleicher und geheimer Wahl ge-

(Fortsetzung nächste Seite)

[1] Art. 35 Abs. 2 und 3 angef., bish. Wortlaut wird Abs. 1 durch G v. 24. 6. 1968 (BGBl. I S. 709); Abs. 2 neu gef. durch G v. 28. 7. 1972 (BGBl. I S. 1305).
[2] *Jetzt: „Bundespolizei".*
[3] Art. 36 Abs. 2 angef., bish. Wortlaut wird Abs. 1 durch G v. 19. 3. 1956 (BGBl. I S. 111).
[4] Art. 38 Abs. 2 neu gef. durch G v. 31. 7. 1970 (BGBl. I S. 1161).

wählt. [2] Sie sind Vertreter des ganzen Volkes, an Aufträge und Weisungen nicht gebunden und nur ihrem Gewissen unterworfen.

(2) Wahlberechtigt ist, wer das achtzehnte Lebensjahr vollendet hat; wählbar ist, wer das Alter erreicht hat, mit dem die Volljährigkeit eintritt.

(3) Das Nähere bestimmt ein Bundesgesetz[1].

Art. 39[2] **[Zusammentritt und Wahlperiode]** (1) [1] Der Bundestag wird vorbehaltlich der nachfolgenden Bestimmungen auf vier Jahre gewählt. [2] Seine Wahlperiode endet mit dem Zusammentritt eines neuen Bundestages. [3] Die Neuwahl findet frühestens sechsundvierzig, spätestens achtundvierzig Monate nach Beginn der Wahlperiode statt. [4] Im Falle einer Auflösung des Bundestages findet die Neuwahl innerhalb von sechzig Tagen statt.

(2) Der Bundestag tritt spätestens am dreißigsten Tage nach der Wahl zusammen.

(3) [1] Der Bundestag bestimmt den Schluß und den Wiederbeginn seiner Sitzungen. [2] Der Präsident des Bundestages kann ihn früher einberufen. [3] Er ist hierzu verpflichtet, wenn ein Drittel der Mitglieder, der Bundespräsident oder der Bundeskanzler es verlangen.

Art. 40 [Präsident; Geschäftsordnung] (1) [1] Der Bundestag wählt seinen Präsidenten, dessen Stellvertreter und die Schriftführer. [2] Er gibt sich eine Geschäftsordnung[3].

(2) [1] Der Präsident übt das Hausrecht und die Polizeigewalt im Gebäude des Bundestages aus. [2] Ohne seine Genehmigung darf in den Räumen des Bundestages keine Durchsuchung oder Beschlagnahme stattfinden.

Art. 41 [Wahlprüfung] (1) [1] Die Wahlprüfung ist Sache des Bundestages. [2] Er entscheidet auch, ob ein Abgeordneter des Bundestages die Mitgliedschaft verloren hat.[4]

(2)[5] Gegen die Entscheidung des Bundestages ist die Beschwerde an das Bundesverfassungsgericht zulässig.

(3) Das Nähere regelt ein Bundesgesetz[6].

Art. 42 [Öffentlichkeit der Sitzungen; Mehrheitsprinzip] (1) [1] Der Bundestag verhandelt öffentlich. [2] Auf Antrag eines Zehntels seiner Mitglieder oder auf Antrag der Bundesregierung kann mit Zweidrittelmehrheit die Öffentlichkeit ausgeschlossen werden. [3] Über den Antrag wird in nichtöffentlicher Sitzung entschieden.

(2) [1] Zu einem Beschlusse des Bundestages ist die Mehrheit der abgegebenen Stimmen erforderlich, soweit dieses Grundgesetz nichts anderes bestimmt.

[1] Siehe das BundeswahlG (Nr. **30**), die BundeswahlO (Nr. **31**) und die BundeswahlgeräteVO v. 3. 9. 1975 (BGBl. I S. 2459), zuletzt geänd. durch Entsch. v. 3. 3. 2009 (BGBl. I S. 525).
[2] Art. 39 Abs. 1 und 2 neu gef. durch G v. 23. 8. 1976 (BGBl. I S. 2381); Abs. 1 Sätze 1 und 3 geänd. durch G v. 16. 7. 1998 (BGBl. I S. 1822).
[3] Siehe die GeschäftsO des Deutschen Bundestages (Nr. **35**).
[4] Siehe §§ 46, 47 BundeswahlG (Nr. **30**).
[5] Siehe § 13 Nr. 3 und § 48 BundesverfassungsgerichtsG (Nr. **40**).
[6] Siehe das WahlprüfungsG (Nr. **32**).

[2] Für die vom Bundestage vorzunehmenden Wahlen kann die Geschäftsordnung Ausnahmen zulassen.

(3) Wahrheitsgetreue Berichte über die öffentlichen Sitzungen des Bundestages und seiner Ausschüsse bleiben von jeder Verantwortlichkeit frei.

Art. 43 [Anwesenheit der Bundesregierung] (1) Der Bundestag und seine Ausschüsse können die Anwesenheit jedes Mitgliedes der Bundesregierung verlangen.

(2) [1] Die Mitglieder des Bundesrates und der Bundesregierung sowie ihre Beauftragten haben zu allen Sitzungen des Bundestages und seiner Ausschüsse Zutritt. [2] Sie müssen jederzeit gehört werden.

Art. 44 [Untersuchungsausschüsse] (1) [1] Der Bundestag hat das Recht und auf Antrag eines Viertels seiner Mitglieder die Pflicht, einen Untersuchungsausschuß einzusetzen, der in öffentlicher Verhandlung die erforderlichen Beweise erhebt. [2] Die Öffentlichkeit kann ausgeschlossen werden.

(2) [1] Auf Beweiserhebungen finden die Vorschriften über den Strafprozeß sinngemäß Anwendung. [2] Das Brief-, Post- und Fernmeldegeheimnis[1] bleibt unberührt.

(3) Gerichte und Verwaltungsbehörden sind zur Rechts- und Amtshilfe verpflichtet.

(4) [1] Die Beschlüsse der Untersuchungsausschüsse sind der richterlichen Erörterung entzogen. [2] In der Würdigung und Beurteilung des der Untersuchung zugrunde liegenden Sachverhaltes sind die Gerichte frei.

Art. 45[2] [Ausschuss für die Angelegenheiten der Europäischen Union] [1] Der Bundestag bestellt einen Ausschuß für die Angelegenheiten der Europäischen Union. [2] Er kann ihn ermächtigen, die Rechte des Bundestages gemäß Artikel 23 gegenüber der Bundesregierung wahrzunehmen. [3] Er kann ihn auch ermächtigen, die Rechte wahrzunehmen, die dem Bundestag in den vertraglichen Grundlagen der Europäischen Union eingeräumt sind.

Art. 45 a[3] [Ausschüsse für auswärtige Angelegenheiten und für Verteidigung] (1) Der Bundestag bestellt einen Ausschuß für auswärtige Angelegenheiten und einen Ausschuß für Verteidigung.

(2) [1] Der Ausschuß für Verteidigung hat auch die Rechte eines Untersuchungsausschusses. [2] Auf Antrag eines Viertels seiner Mitglieder hat er die Pflicht, eine Angelegenheit zum Gegenstand seiner Untersuchung zu machen.

(3) Artikel 44 Abs. 1 findet auf dem Gebiet der Verteidigung keine Anwendung.

(Fortsetzung nächste Seite)

[1] Siehe Art. 10.
[2] Art. 45 eingef. durch G v. 21. 12. 1992 (BGBl. I S. 2086); Satz 3 angef. mWv 1. 12. 2009 *durch G v. 8. 10. 2008 (BGBl. I S. 1926).*
[3] Art. 45 a eingef. durch G v. 19. 3. 1956 (BGBl. I S. 111); Abs. 1 Satz 2 aufgeh., bish. Satz 1 wird alleiniger Wortlaut durch G v. 23. 8. 1976 (BGBl. I S. 2381).

Art. 45 b[1] **[Wehrbeauftragter des Bundestages]** [1] Zum Schutz der Grundrechte und als Hilfsorgan des Bundestages bei der Ausübung der parlamentarischen Kontrolle wird ein Wehrbeauftragter des Bundestages berufen. [2] Das Nähere regelt ein Bundesgesetz[2].

Art. 45 c[3] **[Petitionsausschuss des Bundestages]** (1) Der Bundestag bestellt einen Petitionsausschuß, dem die Behandlung der nach Artikel 17 an den Bundestag gerichteten Bitten und Beschwerden obliegt.

(2) Die Befugnisse des Ausschusses zur Überprüfung von Beschwerden regelt ein Bundesgesetz[4].

Art. 45 d[5] **Parlamentarisches Kontrollgremium.** (1) Der Bundestag bestellt ein Gremium zur Kontrolle der nachrichtendienstlichen Tätigkeit des Bundes.

(2) Das Nähere regelt ein Bundesgesetz.

Art. 46 [Indemnität und Immunität der Abgeordneten] (1) [1] Ein Abgeordneter darf zu keiner Zeit wegen seiner Abstimmung oder wegen einer Äußerung, die er im Bundestage oder in einem seiner Ausschüsse getan hat, gerichtlich oder dienstlich verfolgt oder sonst außerhalb des Bundestages zur Verantwortung gezogen werden. [2] Dies gilt nicht für verleumderische Beleidigungen.

(2) Wegen einer mit Strafe bedrohten Handlung darf ein Abgeordneter nur mit Genehmigung des Bundestages zur Verantwortung gezogen oder verhaftet werden, es sei denn, daß er bei Begehung der Tat oder im Laufe des folgenden Tages festgenommen wird.

(3) Die Genehmigung des Bundestages ist ferner bei jeder anderen Beschränkung der persönlichen Freiheit eines Abgeordneten oder zur Einleitung eines Verfahrens gegen einen Abgeordneten gemäß Artikel 18 erforderlich.

(4) Jedes Strafverfahren und jedes Verfahren gemäß Artikel 18 gegen einen Abgeordneten, jede Haft und jede sonstige Beschränkung seiner persönlichen Freiheit sind auf Verlangen des Bundestages auszusetzen.

Art. 47 [Zeugnisverweigerungsrecht der Abgeordneten] [1] Die Abgeordneten sind berechtigt, über Personen, die ihnen in ihrer Eigenschaft als Abgeordnete oder denen sie in dieser Eigenschaft Tatsachen anvertraut haben, sowie über diese Tatsachen selbst das Zeugnis zu verweigern. [2] Soweit dieses Zeugnisverweigerungsrecht reicht, ist die Beschlagnahme von Schriftstücken unzulässig.

Art. 48 [Ansprüche der Abgeordneten] (1) Wer sich um einen Sitz im Bundestage bewirbt, hat Anspruch auf den zur Vorbereitung seiner Wahl erforderlichen Urlaub.

[1] Art. 45 b eingef. durch G v. 19. 3. 1956 (BGBl. I S. 111).
[2] Siehe das G über den Wehrbeauftragten des Deutschen Bundestages (Nr. **635**).
[3] Art. 45 c eingef. durch G v. 15. 7. 1975 (BGBl. I S. 1901).
[4] Siehe das G über die Befugnisse des Petitionsausschusses des Deutschen Bundestages (Nr. **5**).
[5] Art. 45 d eingef. mWv 23. 7. 2009 durch G v. 17. 7. 2009 (BGBl. I S. 1977).

(2) [1] Niemand darf gehindert werden, das Amt eines Abgeordneten zu übernehmen und auszuüben. [2] Eine Kündigung oder Entlassung aus diesem Grunde ist unzulässig.[1]

(3) [1] Die Abgeordneten haben Anspruch auf eine angemessene, ihre Unabhängigkeit sichernde Entschädigung. [2] Sie haben das Recht der freien Benutzung aller staatlichen Verkehrsmittel. [3] Das Nähere regelt ein Bundesgesetz[2].

Art. 49[3] *(aufgehoben)*

IV. Der Bundesrat

Art. 50[4] **[Aufgabe]** Durch den Bundesrat wirken die Länder bei der Gesetzgebung und Verwaltung des Bundes und in Angelegenheiten der Europäischen Union mit.

Art. 51[5] **[Zusammensetzung]** (1) [1] Der Bundesrat besteht aus Mitgliedern der Regierungen der Länder, die sie bestellen und abberufen. [2] Sie können durch andere Mitglieder ihrer Regierungen vertreten werden.

(2) Jedes Land hat mindestens drei Stimmen, Länder mit mehr als zwei Millionen Einwohnern haben vier, Länder mit mehr als sechs Millionen Einwohnern fünf, Länder mit mehr als sieben Millionen Einwohnern sechs Stimmen.

(3) [1] Jedes Land kann so viele Mitglieder entsenden, wie es Stimmen hat. [2] Die Stimmen eines Landes können nur einheitlich und nur durch anwesende Mitglieder oder deren Vertreter abgegeben werden.

Art. 52[6] **[Präsident; Beschlussfassung; Bildung einer Europakammer]**

(1) Der Bundesrat wählt seinen Präsidenten auf ein Jahr.

(2) [1] Der Präsident beruft den Bundesrat ein. [2] Er hat ihn einzuberufen, wenn die Vertreter von mindestens zwei Ländern oder die Bundesregierung es verlangen.

(3) [1] Der Bundesrat faßt seine Beschlüsse mit mindestens der Mehrheit seiner Stimmen. [2] Er gibt sich eine Geschäftsordnung[7]. [3] Er

(Fortsetzung nächste Seite)

[1] Zur Beschränkung der Wählbarkeit von Beamten, Richtern usw. siehe Art. 137 Abs. 1.
[2] Siehe das AbgeordnetenG (Nr. **48**).
[3] Art. 49 aufgeh. durch G v. 23. 8. 1976 (BGBl. I S. 2381).
[4] Art. 50 neu gef. durch G v. 21. 12. 1992 (BGBl. I S. 2086).
[5] Art. 51 Abs. 2 neu gef. durch EVertr. v. 31. 8. 1990 (BGBl. II S. 889).
[6] *Art. 52 Abs. 3a eingef. durch G v. 21. 12. 1992* (BGBl. I S. 2086); Abs. 3 a 2. Halbs. neu gef. mWv 1. 9. 2006 durch G v. 28. 8. 2006 (BGBl. I S. 2034).
[7] Siehe die GeschäftsO des Bundesrates (Nr. **37**).

verhandelt öffentlich. [4] Die Öffentlichkeit kann ausgeschlossen werden.

(3 a) Für Angelegenheiten der Europäischen Union kann der Bundesrat eine Europakammer bilden, deren Beschlüsse als Beschlüsse des Bundesrates gelten; die Anzahl der einheitlich abzugebenden Stimmen der Länder bestimmt sich nach Artikel 51 Abs. 2.

(4) Den Ausschüssen des Bundesrates können andere Mitglieder oder Beauftragte der Regierungen der Länder angehören.

Art. 53 [Teilnahme der Bundesregierung] [1] Die Mitglieder der Bundesregierung haben das Recht und auf Verlangen die Pflicht, an den Verhandlungen des Bundesrates und seiner Ausschüsse teilzunehmen. [2] Sie müssen jederzeit gehört werden. [3] Der Bundesrat ist von der Bundesregierung über die Führung der Geschäfte auf dem laufenden zu halten.

IVa.[1) Gemeinsamer Ausschuß

Art. 53 a[1)] [Gemeinsamer Ausschuss] (1) [1] Der Gemeinsame Ausschuß besteht zu zwei Dritteln aus Abgeordneten des Bundestages, zu einem Drittel aus Mitgliedern des Bundesrates. [2] Die Abgeordneten werden vom Bundestage entsprechend dem Stärkeverhältnis der Fraktionen bestimmt; sie dürfen nicht der Bundesregierung angehören. [3] Jedes Land wird durch ein von ihm bestelltes Mitglied des Bundesrates vertreten; diese Mitglieder sind nicht an Weisungen gebunden. [4] Die Bildung des Gemeinsamen Ausschusses und sein Verfahren werden durch eine Geschäftsordnung[2)] geregelt, die vom Bundestage zu beschließen ist und der Zustimmung des Bundesrates bedarf.

(2) [1] Die Bundesregierung hat den Gemeinsamen Ausschuß über ihre Planungen für den Verteidigungsfall zu unterrichten. [2] Die Rechte des Bundestages und seiner Ausschüsse nach Artikel 43 Abs. 1 bleiben unberührt.

V. Der Bundespräsident[3)]

Art. 54 [Wahl durch die Bundesversammlung] (1) [1] Der Bundespräsident wird ohne Aussprache von der Bundesversammlung gewählt. [2] Wählbar ist jeder Deutsche[4)], der das Wahlrecht zum Bundestage besitzt und das vierzigste Lebensjahr vollendet hat.

(2) [1] Das Amt des Bundespräsidenten dauert fünf Jahre. [2] Anschließende Wiederwahl ist nur einmal zulässig.

(3) Die Bundesversammlung besteht aus den Mitgliedern des Bundestages und einer gleichen Anzahl von Mitgliedern, die von den Volksvertretungen der Länder nach den Grundsätzen der Verhältniswahl gewählt werden.

[1)] Abschnitt IVa (Art. 53 a) eingef. durch G v. 24. 6. 1968 (BGBl. I S. 709).
[2)] Siehe die GeschäftsO für den Gemeinsamen Ausschuß (Nr. **39**).
[3)] Siehe hierzu das G über die Wahl des Bundespräsidenten durch die Bundesversammlung (Nr. **33**) und das G über die Ruhebezüge des Bundespräsidenten v. 17. 6. 1953 (BGBl. I S. 406), zuletzt geänd. durch G v. 5. 2. 2009 (BGBl. I S. 160).
[4)] Zum Begriff des „Deutschen" siehe Art. 116 Abs. 1.

(4) ¹Die Bundesversammlung tritt spätestens dreißig Tage vor Ablauf der Amtszeit des Bundespräsidenten, bei vorzeitiger Beendigung spätestens dreißig Tage nach diesem Zeitpunkt zusammen. ²Sie wird von dem Präsidenten des Bundestages einberufen.

(5) Nach Ablauf der Wahlperiode beginnt die Frist des Absatzes 4 Satz 1 mit dem ersten Zusammentritt des Bundestages.

(6) ¹Gewählt ist, wer die Stimmen der Mehrheit¹⁾ der Mitglieder der Bundesversammlung erhält. ²Wird diese Mehrheit in zwei Wahlgängen von keinem Bewerber erreicht, so ist gewählt, wer in einem weiteren Wahlgang die meisten Stimmen auf sich vereinigt.

(7) Das Nähere regelt ein Bundesgesetz²⁾.

Art. 55 [Berufs- und Gewerbeverbot] (1) Der Bundespräsident darf weder der Regierung noch einer gesetzgebenden Körperschaft des Bundes oder eines Landes angehören.

(2) Der Bundespräsident darf kein anderes besoldetes Amt, kein Gewerbe und keinen Beruf ausüben und weder der Leitung noch dem Aufsichtsrate eines auf Erwerb gerichteten Unternehmens angehören.³⁾

Art. 56 [Amtseid] ¹Der Bundespräsident leistet bei seinem Amtsantritt vor den versammelten Mitgliedern des Bundestages und des Bundesrates folgenden Eid:

„Ich schwöre, daß ich meine Kraft dem Wohle des deutschen Volkes widmen, seinen Nutzen mehren, Schaden von ihm wenden, das Grundgesetz und die Gesetze des Bundes wahren und verteidigen, meine Pflichten gewissenhaft erfüllen und Gerechtigkeit gegen jedermann üben werde. So wahr mir Gott helfe."

²Der Eid kann auch ohne religiöse Beteuerung geleistet werden.

Art. 57 [Vertretung] Die Befugnisse des Bundespräsidenten werden im Falle seiner Verhinderung oder bei vorzeitiger Erledigung des Amtes durch den Präsidenten des Bundesrates wahrgenommen.

Art. 58 [Gegenzeichnung] ¹Anordnungen und Verfügungen des Bundespräsidenten bedürfen zu ihrer Gültigkeit der Gegenzeichnung durch den Bundeskanzler oder durch den zuständigen Bundesminister.

(Fortsetzung nächstes Blatt)

¹⁾ Zum Begriff der Mehrheit siehe Art. 121.
²⁾ Siehe das G über die Wahl des Bundespräsidenten durch die Bundesversammlung (Nr. **33**).
³⁾ *Die Ruhebezüge des Bundespräsidenten werden geregelt durch das G über die Ruhebezüge des* Bundespräsidenten v. 17. 6. 1953 (BGBl. 1 S. 406), zuletzt geänd. durch G v. 5. 2. 2009 (BGBl. I S. 160).

² Dies gilt nicht für die Ernennung und Entlassung des Bundeskanzlers, die Auflösung des Bundestages gemäß Artikel 63 und das Ersuchen gemäß Artikel 69 Abs. 3.

Art. 59 [Völkerrechtliche Vertretungsmacht] (1) ¹ Der Bundespräsident vertritt den Bund völkerrechtlich. ² Er schließt im Namen des Bundes die Verträge¹⁾ mit auswärtigen Staaten. ³ Er beglaubigt und empfängt die Gesandten.

(2) ¹ Verträge, welche die politischen Beziehungen des Bundes regeln oder sich auf Gegenstände der Bundesgesetzgebung beziehen, bedürfen der Zustimmung oder der Mitwirkung der jeweils für die Bundesgesetzgebung zuständigen Körperschaften in der Form eines Bundesgesetzes. ² Für Verwaltungsabkommen gelten die Vorschriften über die Bundesverwaltung entsprechend.

Art. 59 a²⁾ *(aufgehoben)*

Art. 60³⁾ [Ernennung der Bundesbeamten und Soldaten]
(1) Der Bundespräsident ernennt und entläßt die Bundesrichter, die Bundesbeamten, die Offiziere und Unteroffiziere, soweit gesetzlich nichts anderes bestimmt ist.⁴⁾

(2) Er übt im Einzelfalle für den Bund das Begnadigungsrecht aus.⁵⁾

(3) Er kann diese Befugnisse auf andere Behörden übertragen.

(4) Die Absätze 2 bis 4 des Artikels 46 finden auf den Bundespräsidenten entsprechende Anwendung.

Art. 61⁶⁾ [Anklage vor dem Bundesverfassungsgericht] (1) ¹ Der Bundestag oder der Bundesrat können den Bundespräsidenten wegen vorsätzlicher Verletzung des Grundgesetzes oder eines anderen Bundesgesetzes vor dem Bundesverfassungsgericht anklagen. ² Der Antrag auf Erhebung der Anklage muß von mindestens einem Viertel der Mitglieder des Bundestages oder einem Viertel der Stimmen des Bundesrates gestellt werden. ³ Der Beschluß auf Erhebung der Anklage bedarf der Mehrheit von zwei Dritteln der Mitglieder des Bundestages oder von zwei Dritteln der Stimmen des Bundesrates. ⁴ Die Anklage wird von einem Beauftragten der anklagenden Körperschaft vertreten.

¹⁾ Für Verträge, die die besonderen Verhältnisse eines Landes berühren, siehe Art. 32 Abs. 2; über das Recht der Länder zum Abschluss von Verträgen mit auswärtigen Staaten siehe Art. 32 Abs. 3.
²⁾ Art. 59 a eingef. durch G v. 19. 3. 1956 (BGBl. I S. 111) und aufgeh. durch G v. 24. 6. 1968 (BGBl. I S. 709).
³⁾ Art. 60 Abs. 1 neugef. durch G v. 19. 3. 1956 (BGBl. I S. 111).
⁴⁾ Siehe dazu AO des Bundespräsidenten über die Ernennung und Entlassung der Beamtinnen, Beamten, Richterinnen und Richter des Bundes v. 23. 6. 2004 (BGBl. I S. 1286) und die AO über die Ernennung und Entlassung der Soldaten v. 10. 7. 1969 (BGBl. I S. 775, geänd. durch AO v. 17. 3. 1972, BGBl. I S. 499).
⁵⁾ Siehe hierzu AO des Bundespräsidenten über die Ausübung des Begnadigungsrechts des Bundes (Nr. **615**).
⁶⁾ Siehe hierzu § 13 Nr. 4 und §§ 49 ff. BundesverfassungsgerichtsG (Nr. **40**).

(2) ¹Stellt das Bundesverfassungsgericht fest, daß der Bundespräsident einer vorsätzlichen Verletzung des Grundgesetzes oder eines anderen Bundesgesetzes schuldig ist, so kann es ihn des Amtes für verlustig erklären. ²Durch einstweilige Anordnung kann es nach der Erhebung der Anklage bestimmen, daß er an der Ausübung seines Amtes verhindert ist.

VI. Die Bundesregierung

Art. 62 [Zusammensetzung] Die Bundesregierung besteht aus dem Bundeskanzler und aus den Bundesministern.[1]

Art. 63 [Wahl des Bundeskanzlers] (1) Der Bundeskanzler wird auf Vorschlag des Bundespräsidenten vom Bundestage ohne Aussprache gewählt.

(2) ¹Gewählt ist, wer die Stimmen der Mehrheit[2] der Mitglieder des Bundestages auf sich vereinigt. ²Der Gewählte ist vom Bundespräsidenten zu ernennen.

(3) Wird der Vorgeschlagene nicht gewählt, so kann der Bundestag binnen vierzehn Tagen nach dem Wahlgange mit mehr als der Hälfte seiner Mitglieder einen Bundeskanzler wählen.

(4) ¹Kommt eine Wahl innerhalb dieser Frist nicht zustande, so findet unverzüglich ein neuer Wahlgang statt, in dem gewählt ist, wer die meisten Stimmen erhält. ²Vereinigt der Gewählte die Stimmen der Mehrheit der Mitglieder des Bundestages auf sich, so muß der Bundespräsident ihn binnen sieben Tagen nach der Wahl ernennen. ³Erreicht der Gewählte diese Mehrheit nicht, so hat der Bundespräsident binnen sieben Tagen entweder ihn zu ernennen oder den Bundestag aufzulösen.

Art. 64 [Ernennung der Bundesminister] (1) Die Bundesminister werden auf Vorschlag des Bundeskanzlers vom Bundespräsidenten ernannt und entlassen.

(2) Der Bundeskanzler und die Bundesminister leisten bei der Amtsübernahme vor dem Bundestage den in Artikel 56 vorgesehenen Eid.

Art. 65 [Verantwortung] ¹Der Bundeskanzler bestimmt die Richtlinien der Politik und trägt dafür die Verantwortung. ²Innerhalb dieser Richtlinien leitet jeder Bundesminister seinen Geschäftsbereich selbständig und unter eigener Verantwortung. ³Über Meinungsverschiedenheiten zwischen den Bundesministern entscheidet die Bundesregierung. ⁴Der Bundeskanzler leitet ihre Geschäfte nach einer von der Bundesregierung beschlossenen und vom Bundespräsidenten genehmigten Geschäftsordnung.[3]

[1] Siehe ferner das Gesetz über die Rechtsverhältnisse der Parlamentarischen Staatssekretäre (Nr. **47**).
[2] Über den Begriff der Mehrheit siehe Art. 121.
[3] Siehe die GeschäftsO der Bundesregierung (Nr. **38**).

Art. 65a[1]) [Befehls- und Kommandogewalt über die Streitkräfte] Der Bundesminister für Verteidigung hat die Befehls- und Kommandogewalt über die Streitkräfte.

Art. 66[2]) [Berufs- und Gewerbeverbot] Der Bundeskanzler und die Bundesminister dürfen kein anderes besoldetes Amt, kein Gewerbe und keinen Beruf ausüben und weder der Leitung noch ohne Zustimmung des Bundestages dem Aufsichtsrate eines auf Erwerb gerichteten Unternehmens angehören.

Art. 67 [Misstrauensvotum] (1) [1] Der Bundestag kann dem Bundeskanzler das Mißtrauen nur dadurch aussprechen, daß er mit der Mehrheit[3]) seiner Mitglieder einen Nachfolger wählt und den Bundespräsidenten ersucht, den Bundeskanzler zu entlassen. [2] Der Bundespräsident muß dem Ersuchen entsprechen und den Gewählten ernennen.

(2) Zwischen dem Antrage und der Wahl müssen achtundvierzig Stunden liegen.

Art. 68 [Auflösung des Bundestages] (1) [1] Findet ein Antrag des Bundeskanzlers, ihm das Vertrauen auszusprechen, nicht die Zustimmung der Mehrheit[3]) der Mitglieder des Bundestages, so kann der Bundespräsident auf Vorschlag des Bundeskanzlers binnen einundzwanzig Tagen den Bundestag auflösen. [2] Das Recht zur Auflösung erlischt, sobald der Bundestag mit der Mehrheit seiner Mitglieder einen anderen Bundeskanzler wählt.

(2) Zwischen dem Antrage und der Abstimmung müssen achtundvierzig Stunden liegen.

Art. 69 [Stellvertreter des Bundeskanzlers] (1) Der Bundeskanzler ernennt einen Bundesminister zu seinem Stellvertreter.

(2) Das Amt des Bundeskanzlers oder eines Bundesministers endigt in jedem Falle mit dem Zusammentritt eines neuen Bundestages, das Amt eines Bundesministers auch mit jeder anderen Erledigung des Amtes des Bundeskanzlers.

(3) Auf Ersuchen des Bundespräsidenten ist der Bundeskanzler, auf Ersuchen des Bundeskanzlers oder des Bundespräsidenten ein Bundesminister verpflichtet, die Geschäfte bis zur Ernennung seines Nachfolgers weiterzuführen.

VII. Die Gesetzgebung des Bundes

Art. 70 [Gesetzgebung des Bundes und der Länder] (1) Die Länder haben das Recht der Gesetzgebung, soweit dieses Grundgesetz nicht dem Bunde Gesetzgebungsbefugnisse verleiht.

(2) Die Abgrenzung der Zuständigkeit zwischen Bund und Ländern bemißt sich nach den Vorschriften dieses Grundgesetzes über die ausschließliche und die konkurrierende Gesetzgebung.

[1]) Art. 65a eingef. durch G v. 19.3.1956 (BGBl. I S. 111); Abs. 2 aufgeh., bish. Abs. 1 wird alleiniger Wortlaut durch G v. 24.6.1968 (BGBl. I S. 709).
[2]) Siehe hierzu auch das BundesministerG (Nr. **45**).
[3]) Zum Begriff der Mehrheit siehe Art. **121**.

Art. 71 [Ausschließliche Gesetzgebung] Im Bereiche der ausschließlichen Gesetzgebung des Bundes haben die Länder die Befugnis zur Gesetzgebung nur, wenn und soweit sie hierzu in einem Bundesgesetze ausdrücklich ermächtigt werden.

Art. 72[1) [Konkurrierende Gesetzgebung] (1) Im Bereich der konkurrierenden Gesetzgebung haben die Länder die Befugnis zur Gesetzgebung, solange und soweit der Bund von seiner Gesetzgebungszuständigkeit nicht durch Gesetz Gebrauch gemacht hat.

(2) Auf den Gebieten des Artikels 74 Abs. 1 Nr. 4, 7, 11, 13, 15, 19a, 20, 22, 25 und 26 hat der Bund das Gesetzgebungsrecht, wenn und soweit die Herstellung gleichwertiger Lebensverhältnisse im Bundesgebiet oder die Wahrung der Rechts- oder Wirtschaftseinheit im gesamtstaatlichen Interesse eine bundesgesetzliche Regelung erforderlich macht.

(3) [1]Hat der Bund von seiner Gesetzgebungszuständigkeit Gebrauch gemacht, können die Länder durch Gesetz hiervon abweichende Regelungen treffen über:

1. das Jagdwesen (ohne das Recht der Jagdscheine);
2. den Naturschutz und die Landschaftspflege (ohne die allgemeinen Grundsätze des Naturschutzes, das Recht des Artenschutzes oder des Meeresnaturschutzes);
3. die Bodenverteilung;
4. die Raumordnung;
5. den Wasserhaushalt (ohne stoff- oder anlagenbezogene Regelungen);
6. die Hochschulzulassung und die Hochschulabschlüsse;
7. die Grundsteuer.

[2]Bundesgesetze auf diesen Gebieten treten frühestens sechs Monate nach ihrer Verkündung in Kraft, soweit nicht mit Zustimmung des Bundesrates anderes bestimmt ist. [3]Auf den Gebieten des Satzes 1 geht im Verhältnis von Bundes- und Landesrecht das jeweils spätere Gesetz vor.

(4) Durch Bundesgesetz kann bestimmt werden, daß eine bundesgesetzliche Regelung, für die eine Erforderlichkeit im Sinne des Absatzes 2 nicht mehr besteht, durch Landesrecht ersetzt werden kann.

(Fortsetzung nächstes Blatt)

[1) Art. 72 neu gef. durch G v. 27.10.1994 (BGBl. I S. 3146); Abs. 2 geänd. und Abs. 3 eingef., bish. Abs. 3 wird Abs. 4 mWv 1.9.2006 durch G v. 28.8.2006 (BGBl. I S. 2034); Abs. 3 Satz 1 Nr. 6 geänd., Nr. 7 angef. mWv 21.11.2019 durch G v. 15.11.2019 (BGBl. I S. 1546).

Art. 73[1)] [Gegenstände der ausschließlichen Gesetzgebung] (1) Der Bund hat die ausschließliche Gesetzgebung[2)] über:

1. die auswärtigen Angelegenheiten sowie die Verteidigung einschließlich des Schutzes der Zivilbevölkerung;

2. die Staatsangehörigkeit im Bunde;

3. die Freizügigkeit, das Paßwesen, das Melde- und Ausweiswesen, die Ein- und Auswanderung und die Auslieferung;

4. das Währungs-, Geld- und Münzwesen, Maße und Gewichte sowie die Zeitbestimmung;

5. die Einheit des Zoll- und Handelsgebietes, die Handels- und Schiffahrtsverträge, die Freizügigkeit des Warenverkehrs und den Waren- und Zahlungsverkehr mit dem Auslande einschließlich des Zoll- und Grenzschutzes;

5 a. den Schutz deutschen Kulturgutes gegen Abwanderung ins Ausland;

6. den Luftverkehr;

6 a. den Verkehr von Eisenbahnen, die ganz oder mehrheitlich im Eigentum des Bundes stehen (Eisenbahnen des Bundes), den Bau, die Unterhaltung und das Betreiben von Schienenwegen der Eisenbahnen des Bundes sowie die Erhebung von Entgelten für die Benutzung dieser Schienenwege;

7. das Postwesen und die Telekommunikation;

8. die Rechtsverhältnisse der im Dienste des Bundes und der bundesunmittelbaren Körperschaften des öffentlichen Rechtes stehenden Personen;

9. den gewerblichen Rechtsschutz, das Urheberrecht und das Verlagsrecht;

9 a. die Abwehr von Gefahren des internationalen Terrorismus durch das Bundeskriminalpolizeiamt in Fällen, in denen eine länderübergreifende Gefahr vorliegt, die Zuständigkeit einer Landespolizeibehörde nicht erkennbar ist oder die oberste Landesbehörde um eine Übernahme ersucht;

10. die Zusammenarbeit des Bundes und der Länder

 a) in der Kriminalpolizei,

 b) zum Schutze der freiheitlichen demokratischen Grundordnung, des Bestandes und der Sicherheit des Bundes oder eines Landes (Verfassungsschutz) und

 c) zum Schutze gegen Bestrebungen im Bundesgebiet, die durch Anwendung von Gewalt oder darauf gerichtete Vorbereitungshandlungen auswärtige Belange der Bundesrepublik Deutschland gefährden,

 sowie die Einrichtung eines Bundeskriminalpolizeiamtes und die internationale Verbrechensbekämpfung;

11. die Statistik für Bundeszwecke;

12. das Waffen- und das Sprengstoffrecht;

[1)] Art. 73 Nr. 1 neu gef. durch G v. 26. 3. 1954 (BGBl. I S. 45) und geänd. durch G v. 24. 6. 1968 (BGBl. I S. 709); Nr. 10 neu gef. durch G v. 28. 7. 1972 (BGBl. I S. 1305); Nr. 6 geänd. und Nr. 6 a eingef. durch G v. 20. 12. 1993 (BGBl. I S. 2089); Nr. 7 neu gef. durch G v. 30. 8. 1994 (BGBl. I S. 2245); Abs. 2 angef., bish. Wortlaut wird Abs. 1 und Nr. 3 und 11 geänd., Nr. 5 a und 9 a eingef. sowie Nr. 12–14 angef. mWv 1. 9. 2006 durch G v. 28. 8. 2006 (BGBl. I S. 2034).
[2)] Zur Gesetzgebungskompetenz auf dem Gebiet des Finanzwesens siehe Art. 104 a–107.

13. die Versorgung der Kriegsbeschädigten und Kriegshinterbliebenen und die Fürsorge für die ehemaligen Kriegsgefangenen;

14. die Erzeugung und Nutzung der Kernenergie zu friedlichen Zwecken, die Errichtung und den Betrieb von Anlagen, die diesen Zwecken dienen, den Schutz gegen Gefahren, die bei Freiwerden von Kernenergie oder durch ionisierende Strahlen entstehen, und die Beseitigung radioaktiver Stoffe.

(2) Gesetze nach Absatz 1 Nr. 9 a bedürfen der Zustimmung des Bundesrates.

Art. 74¹⁾ [Gegenstände der konkurrierenden Gesetzgebung] (1) Die konkurrierende Gesetzgebung²⁾ erstreckt sich auf folgende Gebiete:

1. das bürgerliche Recht, das Strafrecht, die Gerichtsverfassung, das gerichtliche Verfahren (ohne das Recht des Untersuchungshaftvollzugs), die Rechtsanwaltschaft, das Notariat und die Rechtsberatung;

2. das Personenstandswesen;

3. das Vereinsrecht;

4. das Aufenthalts- und Niederlassungsrecht der Ausländer;

4 a. *(aufgehoben)*

5. *(aufgehoben)*

6. die Angelegenheiten der Flüchtlinge und Vertriebenen;

7. die öffentliche Fürsorge (ohne das Heimrecht);

8. *(aufgehoben)*

9. die Kriegsschäden und die Wiedergutmachung;

10. die Kriegsgräber und Gräber anderer Opfer des Krieges und Opfer von Gewaltherrschaft;

11. das Recht der Wirtschaft (Bergbau, Industrie, Energiewirtschaft, Handwerk, Gewerbe, Handel, Bank- und Börsenwesen, privat-

(Fortsetzung nächstes Blatt)

¹⁾ Art. 74 Nr. 11 a eingef. durch G v. 23. 12. 1959 (BGBl. I S. 813); Nr. 10 geänd. und Nr. 10 a eingef. durch G v. 16. 6. 1965 (BGBl. I S. 513); Nr. 13 geänd., Nr. 19 a eingef. und Nr. 22 neu gef. durch G v. 12. 5. 1969 (BGBl. I S. 363); Nr. 24 angef. durch G v. 12. 4. 1972 (BGBl. I S. 593); Nr. 4 a eingef. durch G v. 28. 7. 1972 (BGBl. I S. 1305); Nr. 4 a neu gef. durch G v. 23. 8. 1976 (BGBl. I S. 2383); Nr. 23 neu gef. durch G v. 20. 12. 1993 (BGBl. I S. 2089); Abs. 2 angef., bish. Wortlaut wird Abs. 1 und Nr. 5 und 8 aufgeh., Nr. 18 und 24 geänd. sowie Nr. 25 und 26 angef. durch G v. 27. 10. 1994 (BGBl. I S. 3146); Abs. 1 Nr. 1, 11, 17, 22 und 26 und Abs. 2 geänd. sowie Abs. 1 Nr. 3, 7, 18, 19, 20 und 24 neu gef., Nr. 4 a, 10 und 11 a aufgeh., bish. Nr. 10 a wird Nr. 10 und Nr. 27–33 angef. mWv 1. 9. 2006 durch G v. 28. 8. 2006 (BGBl. I S. 2034).
²⁾ Zur Gesetzgebungskompetenz auf dem Gebiet des Finanzwesens siehe Art. 104 a–107.

rechtliches Versicherungswesen) ohne das Recht des Ladenschlusses, der Gaststätten, der Spielhallen, der Schaustellung von Personen, der Messen, der Ausstellungen und der Märkte;

12. das Arbeitsrecht einschließlich der Betriebsverfassung, des Arbeitsschutzes und der Arbeitsvermittlung sowie die Sozialversicherung einschließlich der Arbeitslosenversicherung;

13. die Regelung der Ausbildungsbeihilfen und die Förderung der wissenschaftlichen Forschung;

14. das Recht der Enteignung, soweit sie auf den Sachgebieten der Artikel 73 und 74 in Betracht kommt;

15. die Überführung von Grund und Boden, von Naturschätzen und Produktionsmitteln in Gemeineigentum oder in andere Formen der Gemeinwirtschaft;

16. die Verhütung des Mißbrauchs wirtschaftlicher Machtstellung;

17. die Förderung der land- und forstwirtschaftlichen Erzeugung (ohne das Recht der Flurbereinigung), die Sicherung der Ernährung, die Ein- und Ausfuhr land- und forstwirtschaftlicher Erzeugnisse, die Hochsee- und Küstenfischerei und den Küstenschutz;

18. den städtebaulichen Grundstücksverkehr, das Bodenrecht (ohne das Recht der Erschließungsbeiträge) und das Wohngeldrecht, das Altschuldenhilferecht, das Wohnungsbauprämienrecht, das Bergarbeiterwohnungsbaurecht und das Bergmannssiedlungsrecht;

19. Maßnahmen gegen gemeingefährliche oder übertragbare Krankheiten bei Menschen und Tieren, Zulassung zu ärztlichen und anderen Heilberufen und zum Heilgewerbe, sowie das Recht des Apothekenwesens, der Arzneien, der Medizinprodukte, der Heilmittel, der Betäubungsmittel und der Gifte;

19a. die wirtschaftliche Sicherung der Krankenhäuser und die Regelung der Krankenhauspflegesätze;

20. das Recht der Lebensmittel einschließlich der ihrer Gewinnung dienenden Tiere, das Recht der Genußmittel, Bedarfsgegenstände und Futtermittel sowie den Schutz beim Verkehr mit land- und forstwirtschaftlichem Saat- und Pflanzgut, den Schutz der Pflanzen gegen Krankheiten und Schädlinge sowie den Tierschutz;

21. die Hochsee- und Küstenschiffahrt sowie die Seezeichen, die Binnenschiffahrt, den Wetterdienst, die Seewasserstraßen und die dem allgemeinen Verkehr dienenden Binnenwasserstraßen;

22. den Straßenverkehr, das Kraftfahrwesen, den Bau und die Unterhaltung von Landstraßen für den Fernverkehr sowie die Erhebung und Verteilung von Gebühren oder Entgelten für die Benutzung öffentlicher Straßen mit Fahrzeugen;

23. die Schienenbahnen, die nicht Eisenbahnen des Bundes sind, mit Ausnahme der Bergbahnen;

24. die Abfallwirtschaft, die Luftreinhaltung und die Lärmbekämpfung (ohne Schutz vor verhaltensbezogenem Lärm);

25. die Staatshaftung;

26. die medizinisch unterstützte Erzeugung menschlichen Lebens, die Untersuchung und die künstliche Veränderung von Erbinformationen sowie Regelungen zur Transplantation von Organen, Geweben und Zellen;

27. die Statusrechte und -pflichten der Beamten der Länder, Gemeinden und anderen Körperschaften des öffentlichen Rechts sowie der Richter in den Ländern mit Ausnahme der Laufbahnen, Besoldung und Versorgung;

28. das Jagdwesen;

29. den Naturschutz und die Landschaftspflege;

30. die Bodenverteilung;

31. die Raumordnung;

32. den Wasserhaushalt;

33. die Hochschulzulassung und die Hochschulabschlüsse.

(2) Gesetze nach Absatz 1 Nr. 25 und 27 bedürfen der Zustimmung des Bundesrates.

Art. 74a, 75[1]) *(aufgehoben)*

Art. 76[2]) **[Gesetzesvorlagen]** (1) Gesetzesvorlagen werden beim Bundestage durch die Bundesregierung, aus der Mitte des Bundestages oder durch den Bundesrat eingebracht.

(2) [1]Vorlagen der Bundesregierung sind zunächst dem Bundesrat zuzuleiten. [2]Der Bundesrat ist berechtigt, innerhalb von sechs Wochen zu diesen Vorlagen Stellung zu nehmen. [3]Verlangt er aus wichtigem Grunde, insbesondere mit Rücksicht auf den Umfang einer Vorlage, eine Fristverlängerung, so beträgt die Frist neun Wochen. [4]Die Bundesregierung kann eine Vorlage, die sie bei der Zuleitung an den Bundesrat ausnahmsweise als besonders eilbedürftig bezeichnet hat, nach drei Wochen oder, wenn der Bundesrat ein Verlangen nach Satz 3 geäußert hat, nach sechs Wochen dem Bundestag zuleiten, auch wenn die Stellungnahme des Bundesrates noch nicht bei ihr eingegangen ist; sie hat die Stellungnahme des Bundesrates unverzüglich nach Eingang dem Bundestag nachzureichen. [5]Bei Vorlagen zur Änderung dieses Grundgesetzes und zur Übertragung von Hoheitsrechten nach Artikel 23 oder Artikel 24 beträgt die Frist zur Stellungnahme neun Wochen; Satz 4 findet keine Anwendung.

(3) [1]Vorlagen des Bundesrates sind dem Bundestag durch die Bundesregierung innerhalb von sechs Wochen zuzuleiten. [2]Sie soll hierbei ihre Auffassung darlegen. [3]Verlangt sie aus wichtigem Grunde, insbesondere mit Rücksicht auf den Umfang einer Vorlage, eine Fristverlän-

[1]) Art. 74a eingef. durch G v. 18. 3. 1971 (BGBl. I S. 206), Art. 74a u. 75 aufgeh. durch *G v. 28. 8. 2006* (BGBl. I S. 2034).
[2]) Art. 76 Abs. 2 u. 3 neugef. durch G v. 27. 10. 1994 (BGBl. I S. 3146).

gerung, so beträgt die Frist neun Wochen. [4] Wenn der Bundesrat eine Vorlage ausnahmsweise als besonders eilbedürftig bezeichnet hat, beträgt die Frist drei Wochen oder, wenn die Bundesregierung ein Verlangen nach Satz 3 geäußert hat, sechs Wochen. [5] Bei Vorlagen zur Änderung dieses Grundgesetzes und zur Übertragung von Hoheitsrechten nach Artikel 23 oder Artikel 24 beträgt die Frist neun Wochen; Satz 4 findet keine Anwendung. [6] Der Bundestag hat über die Vorlagen in angemessener Frist zu beraten und Beschluß zu fassen.

Art. 77[1) **[Verfahren bei Gesetzesbeschlüssen]** (1) [1] Die Bundesgesetze werden vom Bundestage beschlossen. [2] Sie sind nach ihrer Annahme durch den Präsidenten des Bundestages unverzüglich dem Bundesrate zuzuleiten.

(2) [1] Der Bundesrat kann binnen drei Wochen nach Eingang des Gesetzesbeschlusses verlangen, daß ein aus Mitgliedern des Bundestages und des Bundesrates für die gemeinsame Beratung von Vorlagen gebildeter Ausschuß einberufen wird. [2] Die Zusammensetzung und das Verfahren dieses Ausschusses regelt eine Geschäftsordnung[2)], die vom Bundestag beschlossen wird und der Zustimmung des Bundesrates bedarf. [3] Die in diesen Ausschuß entsandten Mitglieder des Bundesrates sind nicht an Weisungen gebunden. [4] Ist zu einem Gesetze die Zustimmung des Bundesrates erforderlich, so können auch der Bundestag und die Bundesregierung die Einberufung verlangen. [5] Schlägt der Ausschuß eine Änderung des Gesetzesbeschlusses vor, so hat der Bundestag erneut Beschluß zu fassen.

(2 a) Soweit zu einem Gesetz die Zustimmung des Bundesrates erforderlich ist, hat der Bundesrat, wenn ein Verlangen nach Absatz 2 Satz 1 nicht gestellt oder das Vermittlungsverfahren ohne einen Vorschlag zur Änderung des Gesetzesbeschlusses beendet ist, in angemessener Frist über die Zustimmung Beschluß zu fassen.

(3) [1] Soweit zu einem Gesetze die Zustimmung des Bundesrates nicht erforderlich ist, kann der Bundesrat, wenn das Verfahren nach Absatz 2 beendigt ist, gegen ein vom Bundestage beschlossenes Gesetz binnen zwei Wochen Einspruch einlegen. [2] Die Einspruchsfrist beginnt im Falle des Absatzes 2 letzter Satz mit dem Eingange des vom Bundestage erneut gefaßten Beschlusses, in allen anderen Fällen mit dem Eingange der Mitteilung des Vorsitzenden des in Absatz 2 vorgesehenen Ausschusses, daß das Verfahren vor dem Ausschusse abgeschlossen ist.

(4) [1] Wird der Einspruch mit der Mehrheit der Stimmen des Bundesrates beschlossen, so kann er durch Beschluß der Mehrheit[3)] der Mitglieder des Bundestages zurückgewiesen werden. [2] Hat der Bundesrat den Einspruch mit einer Mehrheit von mindestens zwei Dritteln seiner Stimmen beschlossen, so bedarf die Zurückweisung durch den Bundestag einer Mehrheit von zwei Dritteln, mindestens der Mehrheit der Mitglieder des Bundestages.

Art. 78 [Zustandekommen von Bundesgesetzen] Ein vom Bundestage beschlossenes Gesetz kommt zustande, wenn der Bundesrat zustimmt, den

[1)] Art. 77 Abs. 2 Satz 1 und Abs. 3 Satz 1 geänd., Abs. 3 Satz 2 neu gef. durch G v. 15. 11. 1968 (BGBl. I S. 1177), Abs. 2 a eingef. durch G v. 27. 10. 1994 (BGBl. I S. 3146).
[2)] Siehe die Gemeinsame GeschäftsO des Bundestages und des Bundesrates für den Vermittlungsausschuß (Nr. **36**).
[3)] Zum Begriff der Mehrheit siehe Art. 121.

Antrag gemäß Artikel 77 Abs. 2 nicht stellt, innerhalb der Frist des Artikels 77 Abs. 3 keinen Einspruch einlegt oder ihn zurücknimmt oder wenn der Einspruch vom Bundestage überstimmt wird.

Art. 79[1] **[Änderungen des Grundgesetzes]** (1) [1] Das Grundgesetz kann nur durch ein Gesetz geändert werden, das den Wortlaut des Grundgesetzes ausdrücklich ändert oder ergänzt.[2] [2] Bei völkerrechtlichen Verträgen, die eine Friedensregelung, die Vorbereitung einer Friedensregelung oder den Abbau einer besatzungsrechtlichen Ordnung zum Gegenstand haben oder der Verteidigung der Bundesrepublik zu dienen bestimmt sind, genügt zur Klarstellung, daß die Bestimmungen des Grundgesetzes dem Abschluß und dem Inkraftsetzen der Verträge nicht entgegenstehen, eine Ergänzung des Wortlautes des Grundgesetzes, die sich auf diese Klarstellung beschränkt.

(2) Ein solches Gesetz bedarf der Zustimmung von zwei Dritteln der Mitglieder des Bundestages und zwei Dritteln der Stimmen des Bundesrates.

(3) Eine Änderung dieses Grundgesetzes, durch welche die Gliederung des Bundes in Länder, die grundsätzliche Mitwirkung der Länder bei der Gesetzgebung oder die in den Artikeln 1 und 20 niedergelegten Grundsätze berührt werden, ist unzulässig.

Art. 80[3] **[Erlass von Rechtsverordnungen]** (1) [1] Durch Gesetz können die Bundesregierung, ein Bundesminister oder die Landesregierungen ermächtigt werden, Rechtsverordnungen zu erlassen.[4] [2] Dabei müssen Inhalt, Zweck und Ausmaß der erteilten Ermächtigung im Gesetze bestimmt werden. [3] Die Rechtsgrundlage ist in der Verordnung anzugeben. [4] Ist durch Gesetz vorgesehen, daß eine Ermächtigung weiter übertragen werden kann, so bedarf es zur Übertragung der Ermächtigung einer Rechtsverordnung.

(2) Der Zustimmung des Bundesrates bedürfen, vorbehaltlich anderweitiger bundesgesetzlicher Regelung, Rechtsverordnungen der Bundesregierung oder eines Bundesministers über Grundsätze und Gebühren für die Benutzung der Einrichtungen des Postwesens und der Telekommunikation, über die Grundsätze der Erhebung des Entgelts für die Benutzung der Einrichtungen der Eisenbahnen des Bundes, über den Bau und Betrieb der Eisenbahnen, sowie Rechtsverordnungen auf

(Fortsetzung nächste Seite)

[1] Art. 79 Abs. 1 Satz 2 angef. durch G v. 26. 3. 1954 (BGBl. I S. 45).
[2] Beachte hierzu auch Art. 81 Abs. 4.
[3] Art. 80 Abs. 2 geänd. durch G v. 20. 12. 1993 (BGBl. I S. 2089); Abs. 2 geänd. durch G v. 30. 8. 1994 (BGBl. I S. 2245); Abs. 3 und 4 angef. durch G v. 27. 10. 1994 (BGBl. I S. 3146).
[4] Zur Fortgeltung bestehender Ermächtigungen siehe Art. 129.

Grund von Bundesgesetzen, die der Zustimmung des Bundesrates bedürfen oder die von den Ländern im Auftrage des Bundes oder als eigene Angelegenheit ausgeführt werden.

(3) Der Bundesrat kann der Bundesregierung Vorlagen für den Erlaß von Rechtsverordnungen zuleiten, die seiner Zustimmung bedürfen.

(4) Soweit durch Bundesgesetz oder auf Grund von Bundesgesetzen Landesregierungen ermächtigt werden, Rechtsverordnungen zu erlassen, sind die Länder zu einer Regelung auch durch Gesetz befugt.

Art. 80a[1] [Spannungsfall] (1) [1] Ist in diesem Grundgesetz oder in einem Bundesgesetz über die Verteidigung einschließlich des Schutzes der Zivilbevölkerung bestimmt, daß Rechtsvorschriften nur nach Maßgabe dieses Artikels angewandt werden dürfen, so ist die Anwendung außer im Verteidigungsfalle nur zulässig, wenn der Bundestag den Eintritt des Spannungsfalles festgestellt oder wenn er der Anwendung besonders zugestimmt hat. [2] Die Feststellung des Spannungsfalles und die besondere Zustimmung in den Fällen des Artikels 12a Abs. 5 Satz 1 und Abs. 6 Satz 2 bedürfen einer Mehrheit von zwei Dritteln der abgegebenen Stimmen.[2]

(2) Maßnahmen auf Grund von Rechtsvorschriften nach Absatz 1 sind aufzuheben, wenn der Bundestag es verlangt.

(3) [1] Abweichend von Absatz 1 ist die Anwendung solcher Rechtsvorschriften auch auf der Grundlage und nach Maßgabe eines Beschlusses zulässig, der von einem internationalen Organ im Rahmen eines Bündnisvertrages mit Zustimmung der Bundesregierung gefaßt wird.[2] [2] Maßnahmen nach diesem Absatz sind aufzuheben, wenn der Bundestag es mit der Mehrheit[3] seiner Mitglieder verlangt.

Art. 81 [Gesetzgebungsnotstand] (1) [1] Wird im Falle des Artikels 68 der Bundestag nicht aufgelöst, so kann der Bundespräsident auf Antrag der Bundesregierung mit Zustimmung des Bundesrates für eine Gesetzesvorlage den Gesetzgebungsnotstand erklären, wenn der Bundestag sie ablehnt, obwohl die Bundesregierung sie als dringlich bezeichnet hat. [2] Das gleiche gilt, wenn eine Gesetzesvorlage abgelehnt worden ist, obwohl der Bundeskanzler mit ihr den Antrag des Artikels 68 verbunden hatte.

(2) [1] Lehnt der Bundestag die Gesetzesvorlage nach Erklärung des Gesetzgebungsnotstandes erneut ab oder nimmt er sie in einer für die Bundesregierung als unannehmbar bezeichneten Fassung an, so gilt das Gesetz als zustande gekommen, soweit der Bundesrat ihm zustimmt. [2] Das gleiche gilt, wenn die Vorlage vom Bundestage nicht innerhalb von vier Wochen nach der erneuten Einbringung verabschiedet wird.

(3) [1] Während der Amtszeit eines Bundeskanzlers kann auch jede andere vom Bundestage abgelehnte Gesetzesvorlage innerhalb einer Frist von sechs Monaten nach der ersten Erklärung des Gesetzgebungsnotstandes gemäß Absatz 1 und 2 verabschiedet werden. [2] Nach Ablauf der Frist ist während der

[1] Art. 80a eingef. durch G v. 24.6.1968 (BGBl. I S. 709).
[2] Siehe hierzu das G über vereinfachte Verkündungen und Bekanntgaben (Nr. **71**).
[3] Zum Begriff der Mehrheit siehe Art. 121.

Amtszeit des gleichen Bundeskanzlers eine weitere Erklärung des Gesetzgebungsnotstandes unzulässig.

(4) Das Grundgesetz darf durch ein Gesetz, das nach Absatz 2 zustande kommt, weder geändert, noch ganz oder teilweise außer Kraft oder außer Anwendung gesetzt werden.

Art. 82 [Verkündung und Inkrafttreten der Gesetze] (1) [1] Die nach den Vorschriften dieses Grundgesetzes zustande gekommenen Gesetze werden vom Bundespräsidenten nach Gegenzeichnung ausgefertigt und im Bundesgesetzblatte verkündet. [2] Rechtsverordnungen werden von der Stelle, die sie erläßt, ausgefertigt und vorbehaltlich anderweitiger gesetzlicher Regelung im Bundesgesetzblatte verkündet.[1]

(2) [1] Jedes Gesetz und jede Rechtsverordnung soll den Tag des Inkrafttretens bestimmen. [2] Fehlt eine solche Bestimmung, so treten sie mit dem vierzehnten Tage nach Ablauf des Tages in Kraft, an dem das Bundesgesetzblatt ausgegeben worden ist.

VIII. Die Ausführung der Bundesgesetze und die Bundesverwaltung

Art. 83 [Grundsatz der Landeseigenverwaltung] Die Länder führen die Bundesgesetze als eigene Angelegenheit aus, soweit dieses Grundgesetz nichts anderes bestimmt oder zuläßt.

Art. 84[2) [Landeseigenverwaltung und Bundesaufsicht] (1) [1] Führen die Länder die Bundesgesetze als eigene Angelegenheit aus, so regeln sie die Einrichtung der Behörden und das Verwaltungsverfahren. [2] Wenn Bundesgesetze etwas anderes bestimmen, können die Länder davon abweichende Regelungen treffen. [3] Hat ein Land eine abweichende Regelung nach Satz 2 getroffen, treten in diesem Land hierauf bezogene spätere bundesgesetzliche Regelungen der Einrichtung der Behörden und des Verwaltungsverfahrens frühestens sechs Monate nach ihrer Verkündung in Kraft, soweit nicht mit Zustimmung des Bundesrates anderes bestimmt ist. [4] Artikel 72 Abs. 3 Satz 3 gilt entsprechend. [5] In Ausnahmefällen kann der Bund wegen eines besonderen Bedürfnisses nach bundeseinheitlicher Regelung das Verwaltungsverfahren ohne Abweichungsmöglichkeit für die Länder regeln. [6] Diese Gesetze bedürfen der Zustimmung des Bundesrates. [7] Durch Bundesgesetz dürfen Gemeinden und Gemeindeverbänden Aufgaben nicht übertragen werden.

(2) Die Bundesregierung kann mit Zustimmung des Bundesrates allgemeine Verwaltungsvorschriften erlassen.

(3) [1] Die Bundesregierung übt die Aufsicht darüber aus, daß die Länder die Bundesgesetze dem geltenden Rechte gemäß ausführen. [2] Die Bundesregierung kann zu diesem Zwecke Beauftragte zu den obersten Landesbehörden

[1] Siehe hierzu das Verkündungs- und BekanntmachungsG (Nr. **70**) und das G über vereinfachte Verkündungen und Bekanntgaben (Nr. **71**).
[2] Art. 84 Abs. 1 neu gef. mWv 1.9.2006 durch G v. 28.8.2006 (BGBl. I S. 2034).

entsenden, mit deren Zustimmung und, falls diese Zustimmung versagt wird, mit Zustimmung des Bundesrates auch zu den nachgeordneten Behörden.

(4) [1] Werden Mängel, die die Bundesregierung bei der Ausführung der Bundesgesetze in den Ländern festgestellt hat, nicht beseitigt, so beschließt auf Antrag der Bundesregierung oder des Landes der Bundesrat, ob das Land das Recht verletzt hat. [2] Gegen den Beschluß des Bundesrates kann das Bundesverfassungsgericht angerufen werden.[1]

(5) [1] Der Bundesregierung kann durch Bundesgesetz, das der Zustimmung des Bundesrates bedarf, zur Ausführung von Bundesgesetzen die Befugnis verliehen werden, für besondere Fälle Einzelweisungen zu erteilen. [2] Sie sind, außer wenn die Bundesregierung den Fall für dringlich erachtet, an die obersten Landesbehörden zu richten.

Art. 85[2] **[Landesverwaltung im Bundesauftrag]** (1) [1] Führen die Länder die Bundesgesetze im Auftrage des Bundes aus, so bleibt die Einrichtung der Behörden Angelegenheit der Länder, soweit nicht Bundesgesetze mit Zustimmung des Bundesrates etwas anderes bestimmen. [2] Durch Bundesgesetz dürfen Gemeinden und Gemeindeverbänden Aufgaben nicht übertragen werden.

(2) [1] Die Bundesregierung kann mit Zustimmung des Bundesrates allgemeine Verwaltungsvorschriften erlassen. [2] Sie kann die einheitliche Ausbildung der Beamten und Angestellten regeln. [3] Die Leiter der Mittelbehörden sind mit ihrem Einvernehmen zu bestellen.

(3) [1] Die Landesbehörden unterstehen den Weisungen der zuständigen obersten Bundesbehörden. [2] Die Weisungen sind, außer wenn die Bundesregierung es für dringlich erachtet, an die obersten Landesbehörden zu richten. [3] Der Vollzug der Weisung ist durch die obersten Landesbehörden sicherzustellen.

(4) [1] Die Bundesaufsicht erstreckt sich auf Gesetzmäßigkeit und Zweckmäßigkeit der Ausführung. [2] Die Bundesregierung kann zu diesem Zwecke Bericht und Vorlage der Akten verlangen und Beauftragte zu allen Behörden entsenden.

Art. 86 [Bundesverwaltung] [1] Führt der Bund die Gesetze durch bundeseigene Verwaltung oder durch bundesunmittelbare Körperschaften oder Anstalten des öffentlichen Rechtes aus, so erläßt die Bundesregierung, soweit nicht das Gesetz Besonderes vorschreibt, die allgemeinen Verwaltungsvorschriften. [2] Sie regelt, soweit das Gesetz nichts anderes bestimmt, die Einrichtung der Behörden.

Art. 87[3][4] **[Gegenstände der Bundesverwaltung]** (1) [1] In bundeseigener Verwaltung mit eigenem Verwaltungsunterbau werden geführt der Auswärtige *Dienst*, die Bundesfinanzverwaltung und nach Maßgabe des Artikels 89 die Verwaltung der Bundeswasserstraßen und der Schiffahrt. [2] Durch Bundes-

[1] Siehe hierzu § 13 Nr. 7 und §§ 68 ff. BundesverfassungsgerichtsG (Nr. **40**).
[2] Art. 85 Abs. 1 Satz 2 angef. mWv 1.9.2006 durch G v. 28.8.2006 (BGBl. I S. 2034).
[3] Art. 87 Abs. 1 Satz 2 neu gef. durch G v. 28.7.1972 (BGBl. I S. 1305); Abs. 1 Satz 1 geänd. durch G v. 20.12.1993 (BGBl. I S. 2089); Abs. 1 Satz 1 geänd. durch G v. 30.8.1994 (BGBl. I S. 2245); Abs. 2 Satz 2 angef. durch G v. 27.10.1994 (BGBl. I S. 3146).
[4] Siehe hierzu auch Art. 130.

gesetz können *Bundesgrenzschutz*behörden[1], Zentralstellen für das polizeiliche Auskunfts- und Nachrichtenwesen, für die Kriminalpolizei[2] und zur Sammlung von Unterlagen für Zwecke des Verfassungsschutzes[3] und des Schutzes gegen Bestrebungen im Bundesgebiet, die durch Anwendung von Gewalt oder darauf gerichtete Vorbereitungshandlungen auswärtige Belange der Bundesrepublik Deutschland gefährden, eingerichtet werden.

(2) [1] Als bundesunmittelbare Körperschaften des öffentlichen Rechtes werden diejenigen sozialen Versicherungträger geführt, deren Zuständigkeitsbereich sich über das Gebiet eines Landes hinaus erstreckt. [2] Soziale Versicherungsträger, deren Zuständigkeitsbereich sich über das Gebiet eines Landes, aber nicht über mehr als drei Länder hinaus erstreckt, werden abweichend von Satz 1 als landesunmittelbare Körperschaften des öffentlichen Rechtes geführt, wenn das aufsichtsführende Land durch die beteiligten Länder bestimmt ist.

(3) [1] Außerdem können für Angelegenheiten, für die dem Bunde die Gesetzgebung zusteht, selbständige Bundesoberbehörden und neue bundesunmittelbare Körperschaften und Anstalten des öffentlichen Rechtes durch Bundesgesetz errichtet werden. [2] Erwachsen dem Bunde auf Gebieten, für die ihm die Gesetzgebung zusteht, neue Aufgaben, so können bei dringendem Bedarf bundeseigene Mittel- und Unterbehörden mit Zustimmung des Bundesrates und der Mehrheit[4] der Mitglieder des Bundestages errichtet werden.

Art. 87a[5][6] **[Streitkräfte]** (1) [1] Der Bund stellt Streitkräfte zur Verteidigung auf. [2] Ihre zahlenmäßige Stärke und die Grundzüge ihrer Organisation müssen sich aus dem Haushaltsplan ergeben.

(2) Außer zur Verteidigung dürfen die Streitkräfte nur eingesetzt werden, soweit dieses Grundgesetz es ausdrücklich zuläßt.

(3) [1] Die Streitkräfte haben im Verteidigungsfalle und im Spannungsfalle die Befugnis, zivile Objekte zu schützen und Aufgaben der Verkehrsregelung wahrzunehmen, soweit dies zur Erfüllung ihres Verteidigungsauftrages erforderlich ist. [2] Außerdem kann den Streitkräften im Verteidigungsfalle und im Spannungsfalle der Schutz ziviler Objekte auch zur Unterstützung polizeilicher Maßnahmen übertragen werden; die Streitkräfte wirken dabei mit den zuständigen Behörden zusammen.

(Fortsetzung nächstes Blatt)

[1] Siehe das BundespolizeiG (Nr. **90**).
[2] Siehe das BundeskriminalamtG (Nr. **450**).
[3] Siehe das BundesverfassungsschutzG (Nr. **80**).
[4] Zum Begriff der Mehrheit siehe Art. **121**.
[5] *Art. 87a eingef. durch G v. 19.3.1956* (BGBl. I S. 111); neu gef. durch G v. 24.6.1968 (BGBl. I S. 709).
[6] Siehe hierzu das ParlamentsbeteiligungsG (**Wehrrecht Nr. 125**).

(4) [1] Zur Abwehr einer drohenden Gefahr für den Bestand oder die freiheitliche demokratische Grundordnung des Bundes oder eines Landes kann die Bundesregierung, wenn die Voraussetzungen des Artikels 91 Abs. 2 vorliegen und die Polizeikräfte sowie der *Bundesgrenzschutz*[1] nicht ausreichen, Streitkräfte zur Unterstützung der Polizei und des *Bundesgrenzschutzes*[1] beim Schutze von zivilen Objekten und bei der Bekämpfung organisierter und militärisch bewaffneter Aufständischer einsetzen. [2] Der Einsatz von Streitkräften ist einzustellen, wenn der Bundestag oder der Bundesrat es verlangen.

Art. 87 b[2] **[Bundeswehrverwaltung]** (1) [1] Die Bundeswehrverwaltung wird in bundeseigener Verwaltung mit eigenem Verwaltungsunterbau geführt. [2] Sie dient den Aufgaben des Personalwesens und der unmittelbaren Deckung des Sachbedarfs der Streitkräfte. [3] Aufgaben der Beschädigtenversorgung und des Bauwesens können der Bundeswehrverwaltung nur durch Bundesgesetz, das der Zustimmung des Bundesrates bedarf, übertragen werden. [4] Der Zustimmung des Bundesrates bedürfen ferner Gesetze, soweit sie die Bundeswehrverwaltung zu Eingriffen in Rechte Dritter ermächtigen; das gilt nicht für Gesetze auf dem Gebiete des Personalwesens.

(2) [1] Im übrigen können Bundesgesetze, die der Verteidigung einschließlich des Wehrersatzwesens und des Schutzes der Zivilbevölkerung dienen, mit Zustimmung des Bundesrates bestimmen, daß sie ganz oder teilweise in bundeseigener Verwaltung mit eigenem Verwaltungsunterbau oder von den Ländern im Auftrage des Bundes ausgeführt werden. [2] Werden solche Gesetze von den Ländern im Auftrage des Bundes ausgeführt, so können sie mit Zustimmung des Bundesrates bestimmen, daß die der Bundesregierung und den zuständigen obersten Bundesbehörden auf Grund des Artikels 85 zustehenden Befugnisse ganz oder teilweise Bundesoberbehörden übertragen werden; dabei kann bestimmt werden, daß diese Behörden beim Erlaß allgemeiner Verwaltungsvorschriften gemäß Artikel 85 Abs. 2 Satz 1 nicht der Zustimmung des Bundesrates bedürfen.

Art. 87 c[3] **[Bestimmungen über Erzeugung und Nutzung der Kernenergie]** Gesetze, die auf Grund des Artikels 73 Abs. 1 Nr. 14 ergehen, können mit Zustimmung des Bundesrates bestimmen, daß sie von den Ländern im Auftrage des Bundes ausgeführt werden.

Art. 87 d[4] **[Luftverkehrsverwaltung]** (1) [1] Die Luftverkehrsverwaltung wird in Bundesverwaltung geführt. [2] Aufgaben der Flugsicherung können auch durch ausländische Flugsicherungsorganisationen wahrgenommen werden, die nach Recht der Europäischen Gemeinschaft zugelassen sind. [3] Das Nähere *regelt ein Bundesgesetz.*

[1] Jetzt: „Bundespolizei".
[2] Art. 87 b eingef. durch G v. 19. 3. 1956 (BGBl. I S. 111).
[3] Art. 87 c eingef. durch G v. 23. 12. 1959 (BGBl. I S. 813); geänd. mWv 1. 9. 2006 durch G v. 28. 8. 2006 (BGBl. I S. 2034).
[4] Art. 87 d eingef. durch G v. 6. 2. 1961 (BGBl. I S. 65); Abs. 1 neu gef. durch G v. 14. 7. 1992 (BGBl. I S. 1254); Abs. 1 neu gef. mWv 1. 8. 2009 durch G v. 29. 7. 2009 (BGBl. I S. 2247).

(2) Durch Bundesgesetz[1], das der Zustimmung des Bundesrates bedarf, können Aufgaben der Luftverkehrsverwaltung den Ländern als Auftragsverwaltung übertragen werden.

Art. 87 e[2)3)] **[Eisenbahnen des Bundes]** (1) [1]Die Eisenbahnverkehrsverwaltung für Eisenbahnen des Bundes wird in bundeseigener Verwaltung geführt. [2]Durch Bundesgesetz können Aufgaben der Eisenbahnverkehrsverwaltung den Ländern als eigene Angelegenheit übertragen werden.

(2) Der Bund nimmt die über den Bereich der Eisenbahnen des Bundes hinausgehenden Aufgaben der Eisenbahnverkehrsverwaltung wahr, die ihm durch Bundesgesetz übertragen werden.

(3) [1]Eisenbahnen des Bundes werden als Wirtschaftsunternehmen in privatrechtlicher Form geführt. [2]Diese stehen im Eigentum des Bundes, soweit die Tätigkeit des Wirtschaftsunternehmens den Bau, die Unterhaltung und das Betreiben von Schienenwegen umfaßt. [3]Die Veräußerung von Anteilen des Bundes an den Unternehmen nach Satz 2 erfolgt auf Grund eines Gesetzes; die Mehrheit der Anteile an diesen Unternehmen verbleibt beim Bund. [4]Das Nähere wird durch Bundesgesetz geregelt.

(4) [1]Der Bund gewährleistet, daß dem Wohl der Allgemeinheit, insbesondere den Verkehrsbedürfnissen, beim Ausbau und Erhalt des Schienennetzes der Eisenbahnen des Bundes sowie bei deren Verkehrsangeboten auf diesem Schienennetz, soweit diese nicht den Schienenpersonennahverkehr betreffen, Rechnung getragen wird. [2]Das Nähere wird durch Bundesgesetz geregelt.

(5) [1]Gesetze auf Grund der Absätze 1 bis 4 bedürfen der Zustimmung des Bundesrates. [2]Der Zustimmung des Bundesrates bedürfen ferner Gesetze, die die Auflösung, die Verschmelzung und die Aufspaltung von Eisenbahnunternehmen des Bundes, die Übertragung von Schienenwegen der Eisenbahnen des Bundes an Dritte sowie die Stillegung von Schienenwegen der Eisenbahnen des Bundes regeln oder Auswirkungen auf den Schienenpersonennahverkehr haben.

Art. 87 f[4)5)] **[Post und Telekommunikation]** (1) Nach Maßgabe eines Bundesgesetzes, das der Zustimmung des Bundesrates bedarf, gewährleistet der Bund im Bereich des Postwesens und der Telekommunikation flächendeckend angemessene und ausreichende Dienstleistungen.

(2) [1]Dienstleistungen im Sinne des Absatzes 1 werden als privatwirtschaftliche Tätigkeiten durch die aus dem Sondervermögen Deutsche Bundespost hervorgegangenen Unternehmen und durch andere private Anbieter erbracht. [2]Hoheitsaufgaben im Bereich des Postwesens und der Telekommunikation werden in bundeseigener Verwaltung ausgeführt.

[1)] Siehe das LuftverkehrsG **(Sartorius ErgBd. Nr. 975)**.
[2)] Art. 87 e eingef. durch G v. 20. 12. 1993 (BGBl. I S. 2089).
[3)] Siehe hierzu das EisenbahnneuordnungsG **(Nipperdey I, Arbeitsrecht Nr. 635 c)**.
[4)] Art. 87 f eingef. durch G v. 30. 8. 1994 (BGBl. I S. 2245).
[5)] Siehe hierzu auch das PostneuordnungsG v. 14. 9. 1994 (BGBl. I S. 2325, ber. 1996 S. 103), durch das weitere Bestimmungen im Zuge der Privatisierung der Post erlassen wurden, zB in Art. 1 *das Bundesanstalt Post-G* **(Bundesbeamtengesetze Nr. 137)**, in Art. 3 das PostumwandlungsG v. 14. 9. 1994 (BGBl. I S. 2325), zuletzt geänd. durch G v. 5. 2. 2009 (BGBl. I S. 160) und (urspr. in Art. 10) das Post- und TelekommunikationssicherstellungsG **(Sartorius ErgBd. Nr. 905)**.

(3) Unbeschadet des Absatzes 2 Satz 2 führt der Bund in der Rechtsform einer bundesunmittelbaren Anstalt des öffentlichen Rechts einzelne Aufgaben in bezug auf die aus dem Sondervermögen Deutsche Bundespost hervorgegangenen Unternehmen nach Maßgabe eines Bundesgesetzes aus.

Art. 88[1)2)] **[Bundesbank]** [1] Der Bund errichtet eine Währungs- und Notenbank als Bundesbank. [2] Ihre Aufgaben und Befugnisse können im Rahmen der Europäischen Union der Europäischen Zentralbank übertragen werden, die unabhängig ist und dem vorrangigen Ziel der Sicherung der Preisstabilität verpflichtet.

Art. 89[3)] **[Bundeswasserstraßen]** (1) Der Bund ist Eigentümer der bisherigen Reichswasserstraßen.

(2) [1] Der Bund verwaltet die Bundeswasserstraßen durch eigene Behörden. [2] Er nimmt die über den Bereich eines Landes hinausgehenden staatlichen Aufgaben der Binnenschiffahrt und die Aufgaben der Seeschiffahrt wahr, die ihm durch Gesetz[4)] übertragen werden. [3] Er kann die Verwaltung von Bundeswasserstraßen, soweit sie im Gebiete eines Landes liegen, diesem Lande auf Antrag als Auftragsverwaltung übertragen. [4] Berührt eine Wasserstraße das Gebiet mehrerer Länder, so kann der Bund das Land beauftragen, für das die beteiligten Länder es beantragen.

(3) Bei der Verwaltung, dem Ausbau und dem Neubau von Wasserstraßen sind die Bedürfnisse der Landeskultur und der Wasserwirtschaft im Einvernehmen mit den Ländern zu wahren.

Art. 90[5)6)] **[Bundesautobahnen und Bundesstraßen]** (1) [1] Der Bund bleibt Eigentümer der Bundesautobahnen und sonstigen Bundesstraßen des Fernverkehrs. [2] Das Eigentum ist unveräußerlich.

(2) [1] Die Verwaltung der Bundesautobahnen wird in Bundesverwaltung geführt. [2] Der Bund kann sich zur Erledigung seiner Aufgaben einer Gesellschaft privaten Rechts bedienen. [3] Diese Gesellschaft steht im unveräußerlichen Eigentum des Bundes. [4] Eine unmittelbare oder mittelbare Beteiligung Dritter an der Gesellschaft und deren Tochtergesellschaften ist ausgeschlossen. [5] Eine Beteiligung Privater im Rahmen von Öffentlich-Privaten Partnerschaften ist ausgeschlossen für Streckennetze, die das gesamte Bundesautobahnnetz oder das gesamte Netz sonstiger Bundesfernstraßen in einem Land oder wesentliche Teile davon umfassen. [6] Das Nähere regelt ein Bundesgesetz.

[1)] Art. 88 Satz 2 angef. durch G v. 21.12.1992 (BGBl. I S. 2086).
[2)] Siehe hierzu das G über die Deutsche Bundesbank **(Sartorius ErgBd. Nr. 855)**.
[3)] *Siehe hierzu das G über die vermögensrechtlichen Verhältnisse der Bundeswasserstraßen (Nr. **970**) und das BundeswasserstraßenG (Nr. **971**).*
[4)] Siehe das BinnenschifffahrtsaufgabenG idF der Bek. v. 5.7.2001 (BGBl. I S. 2026), zuletzt geänd. durch G v. 25.4.2017 (BGBl. I S. 962) und das SeeaufgabenG idF der Bek. v. 17.6.2016 (BGBl. I S. 1489), zuletzt geänd. durch G v. 30.6.2017 (BGBl. I S. 2190).
[5)] Art. 90 Abs. 1 neu gef., Abs. 2 eingef., bish. Abs. 2 und 3 werden Abs. 3 und 4 und geänd. mWv 20.7.2017 durch G v. 13.7.2017 (BGBl. I S. 2347).
[6)] Siehe hierzu das G über die vermögensrechtlichen Verhältnisse der Bundesautobahnen und sonstigen Bundesstraßen des Fernverkehrs (Nr. **930**), das BundesfernstraßenG (Nr. **932**) und die BundesfernstraßenkreuzungsVO (Nr. **935**).

(3) Die Länder oder die nach Landesrecht zuständigen Selbstverwaltungskörperschaften verwalten die sonstigen Bundesstraßen des Fernverkehrs im Auftrage des Bundes.

(4) Auf Antrag eines Landes kann der Bund die sonstigen Bundesstraßen des Fernverkehrs, soweit sie im Gebiet dieses Landes liegen, in Bundesverwaltung übernehmen.

Art. 91[1] **[Abwehr von Gefahren für den Bestand des Bundes]** (1) Zur Abwehr einer drohenden Gefahr für den Bestand oder die freiheitliche demokratische Grundordnung des Bundes oder eines Landes kann ein Land Polizeikräfte anderer Länder sowie Kräfte und Einrichtungen anderer Verwaltungen und des *Bundesgrenzschutzes*[2] anfordern.

(2) [1] Ist das Land, in dem die Gefahr droht, nicht selbst zur Bekämpfung der Gefahr bereit oder in der Lage, so kann die Bundesregierung die Polizei in diesem Lande und die Polizeikräfte anderer Länder ihren Weisungen unterstellen sowie Einheiten des *Bundesgrenzschutzes*[2] einsetzen. [2] Die Anordnung ist nach Beseitigung der Gefahr, im übrigen jederzeit auf Verlangen des Bundesrates aufzuheben. [3] Erstreckt sich die Gefahr auf das Gebiet mehr als eines Landes, so kann die Bundesregierung, soweit es zur wirksamen Bekämpfung erforderlich ist, den Landesregierungen Weisungen erteilen; Satz 1 und Satz 2 bleiben unberührt.

VIIIa.[3] Gemeinschaftsaufgaben, Verwaltungszusammenarbeit

Art. 91a[4] [Mitwirkungsbereiche des Bundes bei Länderaufgaben]

(1) Der Bund wirkt auf folgenden Gebieten bei der Erfüllung von Aufgaben der Länder mit, wenn diese Aufgaben für die Gesamtheit bedeutsam sind und die Mitwirkung des Bundes zur Verbesserung der Lebensverhältnisse erforderlich ist (Gemeinschaftsaufgaben):

1. Verbesserung der regionalen Wirtschaftsstruktur,

2. Verbesserung der Agrarstruktur und des Küstenschutzes.

(2) Durch Bundesgesetz[5] mit Zustimmung des Bundesrates werden die Gemeinschaftsaufgaben sowie Einzelheiten der Koordinierung näher bestimmt.

(3) [1] Der Bund trägt in den Fällen des Absatzes 1 Nr. 1 die Hälfte der Ausgaben in jedem Land. [2] In den Fällen des Absatzes 1 Nr. 2 trägt der Bund mindestens die Hälfte; die Beteiligung ist für alle Länder einheitlich festzusetzen.

[1] Art. 91 neu gef. durch G v. 24.6.1968 (BGBl. I S. 709).

[2] Jetzt: „Bundespolizei".

[3] Abschnitt VIIIa (Art. 91a und 91b) eingef. durch G v. 12.5.1969 (BGBl. I S. 359); Überschrift neu gef. mWv 1.8.2009 durch G v. 29.7.2009 (BGBl. I S. 2248).

[4] Art. 91a eingef. durch G v. 12.5.1969 (BGBl. I S. 359); Abs. 1 Nr. 1 sowie Abs. 3 und 5 aufgeh., Abs. 1 bish. Nr. 2 und 3 werden Nr. 1 und 2, bish. Abs. 4 wird Abs. 3 und Sätze 1 und 2 geänd. sowie Abs. 2 neu gef. mWv 1.9.2006 durch G v. 28.8.2006 (BGBl. I S. 2034).

[5] Siehe die Gesetze über die Gemeinschaftsaufgaben

– „*Verbesserung der Agrarstruktur und des Küstenschutzes*" idF der Bek. v. 21.7.1988 (BGBl. I S. 1055), zuletzt geänd. durch G v. 11.10.2016 (BGBl. I S. 2231) und

– „Verbesserung der regionalen Wirtschaftsstruktur" **(Sartorius III Nr. 43)**.

[3] Das Nähere regelt das Gesetz. [4] Die Bereitstellung der Mittel bleibt der Feststellung in den Haushaltsplänen des Bundes und der Länder vorbehalten.

Art. 91b[1) [Bildungsplanung und Forschungsförderung] (1) [1] Bund und Länder können auf Grund von Vereinbarungen in Fällen überregionaler Bedeutung bei der Förderung von Wissenschaft, Forschung und Lehre zusammenwirken. [2] Vereinbarungen, die im Schwerpunkt Hochschulen betreffen, bedürfen der Zustimmung aller Länder. [3] Dies gilt nicht für Vereinbarungen über Forschungsbauten einschließlich Großgeräten.

(2) Bund und Länder können auf Grund von Vereinbarungen zur Feststellung der Leistungsfähigkeit des Bildungswesens im internationalen Vergleich und bei diesbezüglichen Berichten und Empfehlungen zusammenwirken.

(3) Die Kostentragung wird in der Vereinbarung geregelt.

Art. 91c[2) [Informationstechnische Systeme] (1) Bund und Länder können bei der Planung, der Errichtung und dem Betrieb der für ihre Aufgabenerfüllung benötigten informationstechnischen Systeme zusammenwirken.

(2) [1] Bund und Länder können auf Grund von Vereinbarungen die für die Kommunikation zwischen ihren informationstechnischen Systemen notwendigen Standards und Sicherheitsanforderungen festlegen. [2] Vereinbarungen über die Grundlagen der Zusammenarbeit nach Satz 1 können für einzelne nach Inhalt und Ausmaß bestimmte Aufgaben vorsehen, dass nähere Regelungen bei Zustimmung einer in der Vereinbarung zu bestimmenden qualifizierten Mehrheit für Bund und Länder in Kraft treten. [3] Sie bedürfen der Zustimmung des Bundestages und der Volksvertretungen der beteiligten Länder; das Recht zur Kündigung dieser Vereinbarungen kann nicht ausgeschlossen werden. [4] Die Vereinbarungen regeln auch die Kostentragung.

(3) Die Länder können darüber hinaus den gemeinschaftlichen Betrieb informationstechnischer Systeme sowie die Errichtung von dazu bestimmten Einrichtungen vereinbaren.

(4) [1] Der Bund errichtet zur Verbindung der informationstechnischen Netze des Bundes und der Länder ein Verbindungsnetz. [2] Das Nähere zur Errichtung und zum Betrieb des Verbindungsnetzes regelt ein Bundesgesetz[3) mit Zustimmung des Bundesrates.

(5) Der übergreifende informationstechnische Zugang zu den Verwaltungsleistungen von Bund und Ländern wird durch Bundesgesetz mit Zustimmung des Bundesrates geregelt.

[1) Art. 91b eingef. durch G v. 12.5.1969 (BGBl. I S. 359); neu gef. mWv 1.9.2006 durch G v. 28.8. 2006 (BGBl. I S. 2034); Abs. 1 neu gef. mWv 1.1.2015 durch G v. 23.12.2014 (BGBl. I S. 2438).
[2) Art. 91c eingef. durch G v. 1.8.2009 durch G v. 29.7.2009 (BGBl. I S. 2248); Abs. 5 angef. mWv 20.7. 2017 durch G v. 13.7.2017 (BGBl. I S. 2347).
[3) Siehe das G über die Verbindung der informationstechnischen Netze des Bundes und der Länder (G zur Ausführung von Art. 91c Abs. 4 GG – IT-NetzG) **(Sartorius III Nr. 715)** und das G zum Vertrag über die Errichtung des IT-Planungsrats und über die Grundlagen der Zusammenarbeit beim Einsatz der Informationstechnologie in den Verwaltungen von Bund und Ländern – Vertrag zur Ausführung von Artikel 91c GG v. 27.5.2010 (BGBl. I S. 662).

Art. 91d[1)] **[Leistungsvergleich]** Bund und Länder können zur Feststellung und Förderung der Leistungsfähigkeit ihrer Verwaltungen Vergleichsstudien durchführen und die Ergebnisse veröffentlichen.

Art. 91e[2)] **[Zusammenwirken hinsichtlich der Grundsicherung für Arbeitsuchende]** (1) Bei der Ausführung von Bundesgesetzen auf dem Gebiet der Grundsicherung für Arbeitsuchende wirken Bund und Länder oder die nach Landesrecht zuständigen Gemeinden und Gemeindeverbände in der Regel in gemeinsamen Einrichtungen zusammen.

(2) ¹Der Bund kann zulassen, dass eine begrenzte Anzahl von Gemeinden und Gemeindeverbänden auf ihren Antrag und mit Zustimmung der obersten Landesbehörde die Aufgaben nach Absatz 1 allein wahrnimmt. ²Die notwendigen Ausgaben einschließlich der Verwaltungsausgaben trägt der Bund, soweit die Aufgaben bei einer Ausführung von Gesetzen nach Absatz 1 vom Bund wahrzunehmen sind.

(3) Das Nähere regelt ein Bundesgesetz, das der Zustimmung des Bundesrates bedarf.

IX. Die Rechtsprechung

Art. 92[3)] **[Gerichtsorganisation]** Die rechtsprechende Gewalt ist den Richtern anvertraut; sie wird durch das Bundesverfassungsgericht, durch die in diesem Grundgesetze vorgesehenen Bundesgerichte und durch die Gerichte der Länder ausgeübt.

Art. 93[4) 5)] **[Bundesverfassungsgericht, Zuständigkeit]** (1) Das Bundesverfassungsgericht entscheidet:

1. über die Auslegung dieses Grundgesetzes aus Anlaß von Streitigkeiten über den Umfang der Rechte und Pflichten eines obersten Bundesorgans oder anderer Beteiligter, die durch dieses Grundgesetz oder in der Geschäftsordnung eines obersten Bundesorgans mit eigenen Rechten ausgestattet sind;
2. bei Meinungsverschiedenheiten oder Zweifeln über die förmliche und sachliche Vereinbarkeit von Bundesrecht oder Landesrecht mit diesem Grundgesetze oder die Vereinbarkeit von Landesrecht mit sonstigem Bundesrechte auf Antrag der Bundesregierung, einer Landesregierung oder eines Viertels der Mitglieder des Bundestages;
2a. bei Meinungsverschiedenheiten, ob ein Gesetz den Voraussetzungen des Artikels 72 Abs. 2 entspricht, auf Antrag des Bundesrates, einer Landesregierung oder der Volksvertretung eines Landes;

[1)] Art. 91d eingef. mWv 1.8.2009 durch G v. 29.7.2009 (BGBl. I S. 2248).
[2)] Art. 91e eingef. mWv 27.7.2010 durch G v. 21.7.2010 (BGBl. I S. 944).
[3)] Art. 92 geänd. durch G v. 18.6.1968 (BGBl. I S. 657).
[4)] Art. 93 Abs. 1 Nr. 2a eingef. durch G v. 27.10.1994 (BGBl. I S. 3146); Abs. 1 Nr. 4a und 4b eingef. durch G v. 29.1.1969 (BGBl. I S. 97); Abs. 2 eingef., bish. Abs. 2 wird Abs. 3 mWv 1.9.2006 *durch G v. 28.8.2006 (BGBl. I S. 2034)*; Abs. 1 Nr. 2 geänd. mWv 1.12.2009 durch G v. 8.10.2008 (BGBl. I S. 1926); Abs. 1 Nr. 4c eingef. mWv 17.7.2012 durch G v. 11.7.2012 (BGBl. I S. 1478).
[5)] Siehe hierzu auch § 13 Nr. 5 ff. und §§ 63 ff. BundesverfassungsgerichtsG (Nr. 40).

3. bei Meinungsverschiedenheiten über Rechte und Pflichten des Bundes und der Länder, insbesondere bei der Ausführung von Bundesrecht durch die Länder und bei der Ausübung der Bundesaufsicht;

4. in anderen öffentlich-rechtlichen Streitigkeiten zwischen dem Bunde und den Ländern, zwischen verschiedenen Ländern oder innerhalb eines Landes, soweit nicht ein anderer Rechtsweg gegeben ist;

4a. über Verfassungsbeschwerden, die von jedermann mit der Behauptung erhoben werden können, durch die öffentliche Gewalt in einem seiner Grundrechte oder in einem seiner in Artikel 20 Abs. 4, 33, 38, 101, 103 und 104 enthaltenen Rechte verletzt zu sein;

4b. über Verfassungsbeschwerden von Gemeinden und Gemeindeverbänden wegen Verletzung des Rechts auf Selbstverwaltung nach Artikel 28 durch ein Gesetz, bei Landesgesetzen jedoch nur, soweit nicht Beschwerde beim Landesverfassungsgericht erhoben werden kann;

4c. über Beschwerden von Vereinigungen gegen ihre Nichtanerkennung als Partei für die Wahl zum Bundestag;

5. in den übrigen in diesem Grundgesetze vorgesehenen Fällen.[1]

(2) [1]Das Bundesverfassungsgericht entscheidet außerdem auf Antrag des Bundesrates, einer Landesregierung oder der Volksvertretung eines Landes, ob im Falle des Artikels 72 Abs. 4 die Erforderlichkeit für eine bundesgesetzliche Regelung nach Artikel 72 Abs. 2 nicht mehr besteht oder Bundesrecht in den Fällen des Artikels 125a Abs. 2 Satz 1 nicht mehr erlassen werden könnte. [2]Die Feststellung, dass die Erforderlichkeit entfallen ist oder Bundesrecht nicht mehr erlassen werden könnte, ersetzt ein Bundesgesetz nach Artikel 72 Abs. 4 oder nach Artikel 125a Abs. 2 Satz 2. [3]Der Antrag nach Satz 1 ist nur zulässig, wenn eine Gesetzesvorlage nach Artikel 72 Abs. 4 oder nach Artikel 125a Abs. 2 Satz 2 im Bundestag abgelehnt oder über sie nicht innerhalb eines Jahres beraten und Beschluss gefasst oder wenn eine entsprechende Gesetzesvorlage im Bundesrat abgelehnt worden ist.

(3) Das Bundesverfassungsgericht wird ferner in den ihm sonst durch Bundesgesetz zugewiesenen Fällen tätig.

Art. 94[2] [Bundesverfassungsgericht, Zusammensetzung] (1) [1]Das Bundesverfassungsgericht besteht aus Bundesrichtern und anderen Mitgliedern. [2]Die Mitglieder des Bundesverfassungsgerichtes werden je zur Hälfte vom Bundestage und vom Bundesrate gewählt. [3]Sie dürfen weder dem Bundestage, dem Bundesrate, der Bundesregierung noch entsprechenden Organen eines Landes angehören.

(2) [1]Ein Bundesgesetz[3] regelt seine Verfassung und das Verfahren und bestimmt, in welchen Fällen seine Entscheidungen Gesetzeskraft haben. [2]Es kann für Verfassungsbeschwerden die vorherige Erschöpfung des Rechtsweges zur Voraussetzung machen und ein besonderes Annahmeverfahren vorsehen.

[1] Vgl. Art. 18, 21, 41, 61, 98, 99, 100 und 126.
[2] Art. 94 Abs. 2 Satz 2 angef. durch G v. 29.1.1969 (BGBl. I S. 97).
[3] Siehe das BundesverfassungsgerichtsG (Nr. **40**).

Art. 95[1] **[Oberste Gerichtshöfe des Bundes]** (1) Für die Gebiete der ordentlichen, der Verwaltungs-, der Finanz-, der Arbeits- und der Sozialgerichtsbarkeit errichtet der Bund als oberste Gerichtshöfe den Bundesgerichtshof[2], das Bundesverwaltungsgericht[3], den Bundesfinanzhof[4], das Bundesarbeitsgericht[5] und das Bundessozialgericht[6].

(2) Über die Berufung der Richter dieser Gerichte entscheidet der für das jeweilige Sachgebiet zuständige Bundesminister gemeinsam mit einem Richterwahlausschuß, der aus den für das jeweilige Sachgebiet zuständigen Ministern der Länder und einer gleichen Anzahl von Mitgliedern besteht, die vom Bundestage gewählt werden.[7]

(3) [1]Zur Wahrung der Einheitlichkeit der Rechtsprechung ist ein Gemeinsamer Senat der in Absatz 1 genannten Gerichte zu bilden. [2]Das Nähere regelt ein Bundesgesetz[8].

Art. 96[9] **[Bundesgerichte]** (1) Der Bund kann für Angelegenheiten des gewerblichen Rechtsschutzes ein Bundesgericht[10] errichten.

(2) [1]Der Bund kann Wehrstrafgerichte für die Streitkräfte als Bundesgerichte errichten. [2]Sie können die Strafgerichtsbarkeit nur im Verteidigungsfalle sowie über Angehörige der Streitkräfte ausüben, die ins Ausland entsandt oder an Bord von Kriegsschiffen eingeschifft sind. [3]Das Nähere regelt ein Bundesgesetz. [4]Diese Gerichte gehören zum Geschäftsbereich des Bundesjustizministers. [5]Ihre hauptamtlichen Richter müssen die Befähigung zum Richteramt haben.

(3) Oberster Gerichtshof für die in Absatz 1 und 2 genannten Gerichte ist der Bundesgerichtshof.

(4)[11] Der Bund kann für Personen, die zu ihm in einem öffentlich-rechtlichen Dienstverhältnis stehen, Bundesgerichte zur Entscheidung in Disziplinarverfahren und Beschwerdeverfahren errichten.

(5) Für Strafverfahren auf den folgenden Gebieten kann ein Bundesgesetz mit Zustimmung des Bundesrates vorsehen, dass Gerichte der Länder Gerichtsbarkeit des Bundes ausüben:

1. Völkermord;
2. völkerstrafrechtliche Verbrechen gegen die Menschlichkeit;
3. Kriegsverbrechen;

[1] Art. 95 neu gef. durch G v. 18.6.1968 (BGBl. I S. 657).
[2] BGH in Karlsruhe, siehe §§ 12 und 123 GerichtsverfassungsG **(Schönfelder Nr. 95)**.
[3] BVerwG in Leipzig, siehe § 2 VerwaltungsgerichtsO **(Nr. 600)**.
[4] BFH in München, siehe § 2 FinanzgerichtsO idF der Bek. v. 28.3.2001 (BGBl. I S. 442, ber. S. 2262, 2002 S. 679), zuletzt geänd. durch G v. 21.6.2019 (BGBl. I S. 846).
[5] BAG in Erfurt, siehe § 40 ArbeitsgerichtsG **(Schönfelder Nr. 83)**.
[6] BSG in Kassel, siehe § 38 SozialgerichtsG **(Sartorius ErgBd. Nr. 415)**.
[7] Siehe das RichterwahlG (Nr. **610**).
[8] Siehe das G zur Wahrung der Einheitlichkeit der Rechtsprechung der obersten Gerichtshöfe des Bundes **(Schönfelder ErgBd. Nr. 95b)**.
[9] Art. 96 aufgeh., bish. Art. 96a wird Art. 96 und Abs. 3 geänd. durch G v. 18.6.1968 (BGBl. I S. 657); Abs. 4 neu gef. durch G v. 12.5.1969 (BGBl. I S. 363); Abs. 5 angef. durch G v. 26.8.1969 (BGBl. I S. 1357); Abs. 5 neu gef. mWv 1.8.2002 durch G v. 26.7.2002 (BGBl. I S. 2863).
[10] *Bundespatentgericht (BPatG) in München*, siehe § 65 PatentG **(Schönfelder ErgBd. Nr. 70)**.
[11] Siehe hierzu das BundesdisziplinarG (Nr. **220**), die Wehrdisziplinarordnung **(Wehrrecht Nr. 1050)** sowie die Wehrbeschwerdeordnung **(Wehrrecht Nr. 1000)**.

4. andere Handlungen, die geeignet sind und in der Absicht vorgenommen werden, das friedliche Zusammenleben der Völker zu stören (Artikel 26 Abs. 1);

5. Staatsschutz.

Art. 97 [Unabhängigkeit der Richter] (1) Die Richter sind unabhängig und nur dem Gesetze unterworfen.

(2) ¹Die hauptamtlich und planmäßig endgültig angestellten Richter können wider ihren Willen nur kraft richterlicher Entscheidung und nur aus Gründen und unter den Formen, welche die Gesetze bestimmen, vor Ablauf ihrer Amtszeit entlassen oder dauernd oder zeitweise ihres Amtes enthoben oder an eine andere Stelle oder in den Ruhestand versetzt werden. ²Die Gesetzgebung kann Altersgrenzen festsetzen, bei deren Erreichung auf Lebenszeit angestellte Richter in den Ruhestand treten. ³Bei Veränderung der Einrichtung der Gerichte oder ihrer Bezirke können Richter an ein anderes Gericht versetzt oder aus dem Amte entfernt werden, jedoch nur unter Belassung des vollen Gehaltes.

Art. 98¹⁾ [Rechtsstellung der Richter] (1) Die Rechtsstellung der Bundesrichter ist durch besonderes Bundesgesetz²⁾ zu regeln.

(2)³⁾ ¹Wenn ein Bundesrichter im Amte oder außerhalb des Amtes gegen die Grundsätze des Grundgesetzes oder gegen die verfassungsmäßige Ordnung eines Landes verstößt, so kann das Bundesverfassungsgericht mit Zweidrittelmehrheit auf Antrag des Bundestages anordnen, daß der Richter in ein anderes Amt oder in den Ruhestand zu versetzen ist. ²Im Falle eines vorsätzlichen Verstoßes kann auf Entlassung erkannt werden.

(3) Die Rechtsstellung der Richter in den Ländern ist durch besondere Landesgesetze zu regeln, soweit Artikel 74 Abs. 1 Nr. 27 nichts anderes bestimmt.

(4) Die Länder können bestimmen, daß über die Anstellung der Richter in den Ländern der Landesjustizminister gemeinsam mit einem Richterwahlausschuß entscheidet.

(5)⁴⁾ ¹Die Länder können für Landesrichter eine Absatz 2 entsprechende Regelung treffen. ²Geltendes Landesverfassungsrecht bleibt unberührt. ³Die Entscheidung über eine Richteranklage steht dem Bundesverfassungsgericht zu.

Art. 99⁵⁾⁶⁾ [Verfassungsstreit innerhalb eines Landes] Dem Bundesverfassungsgerichte kann durch Landesgesetz die Entscheidung von Verfassungsstreitigkeiten innerhalb eines Landes, den in Artikel 95 Abs. 1 genannten obersten Gerichtshöfen für den letzten Rechtszug die Entscheidung in solchen Sachen zugewiesen werden, bei denen es sich um die Anwendung von Landesrecht handelt.

¹⁾ Art. 98 Abs. 3 neu gef. mWv 1.9.2006 durch G v. 28.8.2006 (BGBl. I S. 2034).
²⁾ Siehe das Deutsche RichterG **(Schönfelder ErgBd. Nr. 97)**.
³⁾ Siehe hierzu § 13 Nr. 9 und §§ 58 ff. BundesverfassungsgerichtsG (Nr. **40**).
⁴⁾ Siehe hierzu § 13 Nr. 9 und §§ 58 ff. BundesverfassungsgerichtsG.
⁵⁾ Art. 99 geänd. durch G v. 18.6.1968 (BGBl. I S. 657).
⁶⁾ Siehe hierzu § 13 Nr. 10 und §§ 73 ff. BundesverfassungsgerichtsG (Nr. **40**).

Art. 100¹⁾ [Verfassungswidrigkeit von Gesetzen] (1)²⁾ ¹Hält ein Gericht ein Gesetz, auf dessen Gültigkeit es bei der Entscheidung ankommt, für verfassungswidrig, so ist das Verfahren auszusetzen und, wenn es sich um die Verletzung der Verfassung eines Landes handelt, die Entscheidung des für Verfassungsstreitigkeiten zuständigen Gerichtes des Landes, wenn es sich um die Verletzung dieses Grundgesetzes handelt, die Entscheidung des Bundesverfassungsgerichtes einzuholen. ²Dies gilt auch, wenn es sich um die Verletzung dieses Grundgesetzes durch Landesrecht oder um die Unvereinbarkeit eines Landesgesetzes mit einem Bundesgesetze handelt.

(2) Ist in einem Rechtsstreite zweifelhaft, ob eine Regel des Völkerrechtes Bestandteil des Bundesrechtes ist und ob sie unmittelbar Rechte und Pflichten für den Einzelnen erzeugt (Artikel 25), so hat das Gericht die Entscheidung des Bundesverfassungsgerichtes einzuholen.

(3) Will das Verfassungsgericht eines Landes bei der Auslegung des Grundgesetzes von einer Entscheidung des Bundesverfassungsgerichtes oder des Verfassungsgerichtes eines anderen Landes abweichen, so hat das Verfassungsgericht die Entscheidung des Bundesverfassungsgerichtes einzuholen.

Art. 101 [Ausnahmegerichte] (1) ¹Ausnahmegerichte sind unzulässig. ²Niemand darf seinem gesetzlichen Richter entzogen werden.

(2) Gerichte für besondere Sachgebiete können nur durch Gesetz errichtet werden.

Art. 102 [Abschaffung der Todesstrafe] Die Todesstrafe ist abgeschafft.

Art. 103 [Grundrechte vor Gericht] (1) Vor Gericht hat jedermann Anspruch auf rechtliches Gehör.

(2) Eine Tat kann nur bestraft werden, wenn die Strafbarkeit gesetzlich bestimmt war, bevor die Tat begangen wurde.

(3) Niemand darf wegen derselben Tat auf Grund der allgemeinen Strafgesetze mehrmals bestraft werden.

Art. 104³⁾ [Rechtsgarantien bei Freiheitsentziehung] (1) ¹Die Freiheit der Person kann nur auf Grund eines förmlichen Gesetzes und nur unter Beachtung der darin vorgeschriebenen Formen beschränkt werden. ²Festgehaltene Personen dürfen weder seelisch noch körperlich mißhandelt werden.

(2) ¹Über die Zulässigkeit und Fortdauer einer Freiheitsentziehung hat nur der Richter zu entscheiden. ²Bei jeder nicht auf richterlicher Anordnung beruhenden Freiheitsentziehung ist unverzüglich eine richterliche Entscheidung herbeizuführen. ³Die Polizei darf aus eigener Machtvollkommenheit

¹⁾ Art. 100 Abs. 3 geänd. durch G v. 18.6.1968 (BGBl. I S. 657).
²⁾ Siehe hierzu § 13 Nr. 11–13 und §§ 80 ff. BundesverfassungsgerichtsG (Nr. **40**).
³⁾ *Zu den Voraussetzungen der Festnahme* von Abgeordneten siehe Art. 46 Abs. 2–4, zu denen der Festnahme des Bundespräsidenten siehe Art. 60 Abs. 4 iVm Art. 46 Abs. 2–4; siehe ferner Art. 5 der Konvention zum Schutz der Menschenrechte und Grundfreiheiten (Nr. **1003**).

niemanden länger als bis zum Ende des Tages nach dem Ergreifen in eigenem Gewahrsam halten. [4] Das Nähere ist gesetzlich[1] zu regeln.

(3) [1] Jeder wegen des Verdachtes einer strafbaren Handlung vorläufig Festgenommene ist spätestens am Tage nach der Festnahme dem Richter vorzuführen, der ihm die Gründe der Festnahme mitzuteilen, ihn zu vernehmen und ihm Gelegenheit zu Einwendungen zu geben hat. [2] Der Richter hat unverzüglich entweder einen mit Gründen versehenen schriftlichen Haftbefehl zu erlassen oder die Freilassung anzuordnen.

(4) Von jeder richterlichen Entscheidung über die Anordnung oder Fortdauer einer Freiheitsentziehung ist unverzüglich ein Angehöriger des Festgehaltenen oder eine Person seines Vertrauens zu benachrichtigen.

X. Das Finanzwesen [2][3]

Art. 104a[4] **[Ausgabenverteilung; Lastenverteilung]** (1) Der Bund und die Länder tragen gesondert die Ausgaben, die sich aus der Wahrnehmung ihrer Aufgaben ergeben, soweit dieses Grundgesetz nichts anderes bestimmt.

(2) Handeln die Länder im Auftrage des Bundes, trägt der Bund die sich daraus ergebenden Ausgaben.

(3) [1] Bundesgesetze, die Geldleistungen gewähren und von den Ländern ausgeführt werden, können bestimmen, daß die Geldleistungen ganz oder zum Teil vom Bund getragen werden. [2] Bestimmt das Gesetz, daß der Bund die Hälfte der Ausgaben oder mehr trägt, wird es im Auftrage des Bundes durchgeführt. [3] Bei der Gewährung von Leistungen für Unterkunft und Heizung auf dem Gebiet der

[1] Siehe hierzu Buch 7 (§§ 415 ff. – Verfahren in Freiheitsentziehungssachen) des G über das Verfahren in Familiensachen und in den Angelegenheiten der freiwilligen Gerichtsbarkeit (FamFG) **(Schönfelder Nr. 112)**.

[2] Siehe für die Zeit nach der Herstellung der Einheit Deutschlands Art. 7 EVertr. v. 31.8.1990 (BGBl. II S. 885, 889):

„**Art. 7 Finanzverfassung.** (1) Die Finanzverfassung der Bundesrepublik Deutschland wird auf das in Artikel 3 genannte Gebiet erstreckt, soweit in diesem Vertrag nichts anderes bestimmt ist.

(2), (3) *(nicht mehr wiedergegebene Maßgaben für die Anwendung der Art. 106 und 107 GG bis zum 31.12. 1994 bzw. 31.12.1996)*

(4) Das in Artikel 3 genannte Gebiet wird in die Regelungen der Artikel 91a, 91b und 104a Abs. 3 und 4 des Grundgesetzes einschließlich der hierzu ergangenen Ausführungsbestimmungen nach Maßgabe dieses Vertrags mit Wirkung vom 1. Januar 1991 einbezogen.

(5) Nach Herstellung der deutschen Einheit werden die jährlichen Leistungen des Fonds „Deutsche Einheit“

1. zu 85 vom Hundert als besondere Unterstützung den Ländern Brandenburg, Mecklenburg-Vorpommern, Sachsen, Sachsen-Anhalt und Thüringen sowie dem Land Berlin zur Deckung ihres allgemeinen Finanzbedarfs gewährt und auf diese Länder im Verhältnis ihrer Einwohnerzahl ohne Berücksichtigung der Einwohnerzahl von Berlin (West) verteilt sowie

2. *zu 15 vom Hundert zur Erfüllung zentraler öffentlicher Aufgaben auf dem Gebiet der vorgenannten* Länder verwendet.

(6) Bei grundlegender Veränderung der Gegebenheiten werden die Möglichkeiten weiterer Hilfe zum angemessenen Ausgleich der Finanzkraft für die Länder in dem Artikel 3 genannten Gebiet von Bund und Ländern gemeinsam geprüft.“

[3] Siehe auch das G zur Lastentragung im Bund-Länder-Verhältnis bei Verletzung von supranationalen oder völkerrechtlichen Verpflichtungen (Lastentragungsgesetz – LastG) **(Sartorius III Nr. 103)**.

[4] Art. 104a eingef. durch G v. 12.5.1969 (BGBl. I S. 359); Abs. 3 Satz 3 aufgeh., Abs. 4 neu gef. und Abs. 6 angef. mWv 1.9.2006 durch G v. 28.8.2006 (BGBl. I S. 2034); Abs. 3 Satz 3 angef. mWv 8.10.2020 durch G v. 29.9.2020 (BGBl. I S. 2048).

Grundsicherung für Arbeitsuchende wird das Gesetz im Auftrage des Bundes ausgeführt, wenn der Bund drei Viertel der Ausgaben oder mehr trägt.

(4) Bundesgesetze, die Pflichten der Länder zur Erbringung von Geldleistungen, geldwerten Sachleistungen oder vergleichbaren Dienstleistungen gegenüber Dritten begründen und von den Ländern als eigene Angelegenheit oder nach Absatz 3 Satz 2 im Auftrag des Bundes ausgeführt werden, bedürfen der Zustimmung des Bundesrates, wenn daraus entstehende Ausgaben von den Ländern zu tragen sind.

(5) [1]Der Bund und die Länder tragen die bei ihren Behörden entstehenden Verwaltungsausgaben und haften im Verhältnis zueinander für eine ordnungsmäßige Verwaltung. [2]Das Nähere bestimmt ein Bundesgesetz, das der Zustimmung des Bundesrates bedarf.

(6) [1]Bund und Länder tragen nach der innerstaatlichen Zuständigkeits- und Aufgabenverteilung die Lasten einer Verletzung von supranationalen oder völkerrechtlichen Verpflichtungen Deutschlands. [2]In Fällen länderübergreifender Finanzkorrekturen der Europäischen Union tragen Bund und Länder diese Lasten im Verhältnis 15 zu 85. [3]Die Ländergesamtheit trägt in diesen Fällen solidarisch 35 vom Hundert der Gesamtlasten entsprechend einem allgemeinen Schlüssel; 50 vom Hundert der Gesamtlasten tragen die Länder, die die Lasten verursacht haben, anteilig entsprechend der Höhe der erhaltenen Mittel. [4]Das Nähere regelt ein Bundesgesetz, das der Zustimmung des Bundesrates bedarf.

Art. 104b [1)2)] [Finanzhilfen für bedeutsame Investitionen der Länder]

(1) [1]Der Bund kann, soweit dieses Grundgesetz ihm Gesetzgebungsbefugnisse verleiht, den Ländern Finanzhilfen für besonders bedeutsame Investitionen der Länder und der Gemeinden (Gemeindeverbände) gewähren, die

1. zur Abwehr einer Störung des gesamtwirtschaftlichen Gleichgewichts oder
2. zum Ausgleich unterschiedlicher Wirtschaftskraft im Bundesgebiet oder
3. zur Förderung des wirtschaftlichen Wachstums

erforderlich sind. [2]Abweichend von Satz 1 kann der Bund im Falle von Naturkatastrophen oder außergewöhnlichen Notsituationen, die sich der Kontrolle des Staates entziehen und die staatliche Finanzlage erheblich beeinträchtigen, auch ohne Gesetzgebungsbefugnisse Finanzhilfen gewähren.

(2) [1]Das Nähere, insbesondere die Arten der zu fördernden Investitionen, wird durch Bundesgesetz, das der Zustimmung des Bundesrates bedarf, oder auf Grund des Bundeshaushaltsgesetzes durch Verwaltungsvereinbarung geregelt. [2]Das Bundesgesetz oder die Verwaltungsvereinbarung kann Bestimmungen über die Ausgestaltung der jeweiligen Länderprogramme zur Verwendung der Finanzhilfen vorsehen. [3]Die Festlegung der Kriterien für die Ausgestaltung der Länderprogramme erfolgt im Einvernehmen mit den betroffenen Ländern. [4]Zur Gewährleistung der zweckentsprechenden Mittelverwendung kann die Bundesregierung Bericht und Vorlage der Akten verlangen und Erhebungen bei allen Behörden durchführen. [5]Die Mittel des Bundes werden zusätzlich zu

(Fortsetzung nächstes Blatt)

[1)] Art. 104b eingef. mWv 1.9.2006 durch G v. 28.8.2006 (BGBl. I S. 2034); Abs. 1 Satz 2 angef. mWv 1.8.2009 durch G v. 29.7.2009 (BGBl. I S. 2248); Abs. 2 Sätze 2–4 eingef., bish. Satz 2 und 3 werden *Sätze 5 und 6 mWv 20.7.2017 durch G v. 13.7.2017* (BGBl. I S. 2347); Abs. 2 Satz 5 eingef., bish. Sätze 5 und 6 werden Sätze 6 und 7, Satz 6 geänd. mWv 4.4.2019 durch G v. 28.3.2019 (BGBl. I S. 404).
[2)] Siehe hierzu ua die VV Städtebauförderung 2020 v. 19.12.2019 (BAnz AT 25.06.2020 B1, 2).

eigenen Mitteln der Länder bereitgestellt. ⁶ Sie sind befristet zu gewähren und hinsichtlich ihrer Verwendung in regelmäßigen Zeitabständen zu überprüfen. ⁷ Die Finanzhilfen sind im Zeitablauf mit fallenden Jahresbeträgen zu gestalten.

(3) Bundestag, Bundesregierung und Bundesrat sind auf Verlangen über die Durchführung der Maßnahmen und die erzielten Verbesserungen zu unterrichten.

Art. 104c¹⁾ [Finanzhilfen für bedeutsame Investitionen der Länder im Bereich der kommunalen Bildungsinfrastruktur] ¹ Der Bund kann den Ländern Finanzhilfen für gesamtstaatlich bedeutsame Investitionen sowie besondere, mit diesen unmittelbar verbundene, befristete Ausgaben der Länder und Gemeinden (Gemeindeverbände) zur Steigerung der Leistungsfähigkeit der kommunalen Bildungsinfrastruktur gewähren. ² Artikel 104b Absatz 2 Satz 1 bis 3, 5, 6 und Absatz 3 gilt entsprechend. ³ Zur Gewährleistung der zweckentsprechenden Mittelverwendung kann die Bundesregierung Berichte und anlassbezogen die Vorlage von Akten verlangen.

Art. 104d²⁾ [Finanzhilfen für bedeutsame Investitionen der Länder im Bereich des sozialen Wohnungsbaus] ¹ Der Bund kann den Ländern Finanzhilfen für gesamtstaatlich bedeutsame Investitionen der Länder und Gemeinden (Gemeindeverbände) im Bereich des sozialen Wohnungsbaus gewähren. ² Artikel 104b Absatz 2 Satz 1 bis 5 sowie Absatz 3 gilt entsprechend.

Art. 105³⁾ [Gesetzgebungsrecht] (1) Der Bund hat die ausschließliche Gesetzgebung über die Zölle und Finanzmonopole.

(2) ¹ Der Bund hat die konkurrierende Gesetzgebung über die Grundsteuer. ² Er hat die konkurrierende Gesetzgebung über die übrigen Steuern, wenn ihm das Aufkommen dieser Steuern ganz oder zum Teil zusteht oder die Voraussetzungen des Artikels 72 Abs. 2 vorliegen.

(2a) ¹ Die Länder haben die Befugnis zur Gesetzgebung über die örtlichen Verbrauch- und Aufwandsteuern, solange und soweit sie nicht bundesgesetzlich geregelten Steuern gleichartig sind. ² Sie haben die Befugnis zur Bestimmung des Steuersatzes bei der Grunderwerbsteuer.

(3) Bundesgesetze über Steuern, deren Aufkommen den Ländern oder den Gemeinden (Gemeindeverbänden) ganz oder zum Teil zufließt, bedürfen der Zustimmung des Bundesrates.

Art. 106⁴⁾ [Verteilung des Steueraufkommens und des Ertrages der Finanzmonopole] (1) Der Ertrag der Finanzmonopole und das Aufkommen der folgenden Steuern stehen dem Bund zu:
1. die Zölle,

¹⁾ Art. 104c neu gef. mWv 4.4.2019 durch G v. 28.3.2019 (BGBl. I S. 404).
²⁾ Art. 104d eingef. mWv 4.4.2019 durch G v. 28.3.2019 (BGBl. I S. 404).
³⁾ Art. 105 Abs. 2 neu gef. und Abs. 2a eingef. durch G v. 12.5.1969 (BGBl. I S. 359); Abs. 2a Satz 2 angef. mWv 1.9.2006 durch G v. 28.8.2006 (BGBl. I S. 2034); Abs. 2 Satz 1 eingef., bish. Wortlaut wird Satz 2 und geänd. mWv 21.11.2019 durch G v. 15.11.2019 (BGBl. I S. 1546).
⁴⁾ Art. 106 neu gef. durch G v. 12.5.1969 (BGBl. I S. 359); Abs. 3 Satz 5 und 6 angef. sowie Abs. 4 Satz 1 geänd. durch G v. 3.11.1995 (BGBl. I S. 1492); Abs. 3 Satz 1 und Abs. 6 Sätze 1–3 und 6 neu gef. sowie Abs. 5a eingef. durch G v. 20.10.1997 (BGBl. I S. 2470); Abs. 1 Nr. 3 neu gef., Abs. 2 Nr. 3 aufgeh., Nr. 4–6 werden Nr. 3–5 mWv 1.7.2009 durch G v. 19.3.2009 (BGBl. I S. 606).

2. die Verbrauchsteuern, soweit sie nicht nach Absatz 2 den Ländern, nach Absatz 3 Bund und Ländern gemeinsam oder nach Absatz 6 den Gemeinden zustehen,
3. die Straßengüterverkehrsteuer, die Kraftfahrzeugsteuer und sonstige auf motorisierte Verkehrsmittel bezogene Verkehrsteuern,
4. die Kapitalverkehrsteuern, die Versicherungsteuer und die Wechselsteuer,
5. die einmaligen Vermögensabgaben und die zur Durchführung des Lastenausgleichs erhobenen Ausgleichsabgaben,
6. die Ergänzungsabgabe zur Einkommensteuer und zur Körperschaftsteuer,
7. Abgaben im Rahmen der Europäischen Gemeinschaften.

(2) Das Aufkommen der folgenden Steuern steht den Ländern zu:
1. die Vermögensteuer,
2. die Erbschaftsteuer,
3. die Verkehrsteuern, soweit sie nicht nach Absatz 1 dem Bund oder nach Absatz 3 Bund und Ländern gemeinsam zustehen,
4. die Biersteuer,
5. die Abgabe von Spielbanken.

(3) ¹Das Aufkommen der Einkommensteuer, der Körperschaftsteuer und der Umsatzsteuer steht dem Bund und den Ländern gemeinsam zu (Gemeinschaftsteuern), soweit das Aufkommen der Einkommensteuer nicht nach Absatz 5 und das Aufkommen der Umsatzsteuer nicht nach Absatz 5a den Gemeinden zugewiesen wird. ²Am Aufkommen der Einkommensteuer und der Körperschaftsteuer sind der Bund und die Länder je zur Hälfte beteiligt. ³Die Anteile von Bund und Ländern an der Umsatzsteuer werden durch Bundesgesetz, das der Zustimmung des Bundesrates bedarf, festgesetzt. ⁴Bei der Festsetzung ist von folgenden Grundsätzen auszugehen:
1. ¹Im Rahmen der laufenden Einnahmen haben der Bund und die Länder gleichmäßig Anspruch auf Deckung ihrer notwendigen Ausgaben. ²Dabei ist der Umfang der Ausgaben unter Berücksichtigung einer mehrjährigen Finanzplanung zu ermitteln.
2. Die Deckungsbedürfnisse des Bundes und der Länder sind so aufeinander abzustimmen, daß ein billiger Ausgleich erzielt, eine Überbelastung der Steuerpflichtigen vermieden und die Einheitlichkeit der Lebensverhältnisse im Bundesgebiet gewahrt wird.

⁵Zusätzlich werden in die Festsetzung der Anteile von Bund und Ländern an der Umsatzsteuer Steuermindereinnahmen einbezogen, die den Ländern ab 1. Januar 1996 aus der Berücksichtigung von Kindern im Einkommensteuerrecht entstehen. ⁶Das Nähere bestimmt das Bundesgesetz nach Satz 3.

(4) ¹Die Anteile von Bund und Ländern an der Umsatzsteuer sind neu festzusetzen, wenn sich das Verhältnis zwischen den Einnahmen und Ausgaben des Bundes und der Länder wesentlich anders entwickelt; Steuermindereinnahmen, die nach Absatz 3 Satz 5 in die Festsetzung der Umsatzsteueranteile zusätzlich einbezogen werden, bleiben hierbei unberücksichtigt. ²Werden den Ländern durch Bundesgesetz zusätzliche Ausgaben auferlegt oder Einnahmen entzogen, so kann die Mehrbelastung durch Bundesgesetz, das der Zustimmung des Bundesrates bedarf, auch mit Finanzzuweisungen des Bundes ausgeglichen

werden, wenn sie auf einen kurzen Zeitraum begrenzt ist. [3] In dem Gesetz sind die Grundsätze für die Bemessung dieser Finanzzuweisungen und für ihre Verteilung auf die Länder zu bestimmen.

(5) [1] Die Gemeinden erhalten einen Anteil an dem Aufkommen der Einkommensteuer, der von den Ländern an ihre Gemeinden auf der Grundlage der Einkommensteuerleistungen ihrer Einwohner weiterzuleiten ist. [2] Das Nähere bestimmt ein Bundesgesetz[1]), das der Zustimmung des Bundesrates bedarf. [3] Es kann bestimmen, daß die Gemeinden Hebesätze für den Gemeindeanteil festsetzen.

(5a) [1] Die Gemeinden erhalten ab dem 1. Januar 1998 einen Anteil an dem Aufkommen der Umsatzsteuer. [2] Er wird von den Ländern auf der Grundlage eines orts- und wirtschaftsbezogenen Schlüssels an ihre Gemeinden weitergeleitet. [3] Das Nähere wird durch Bundesgesetz, das der Zustimmung des Bundesrates bedarf, bestimmt.

(6) [1] Das Aufkommen der Grundsteuer und Gewerbesteuer steht den Gemeinden, das Aufkommen der örtlichen Verbrauch- und Aufwandsteuern steht den Gemeinden oder nach Maßgabe der Landesgesetzgebung den Gemeindeverbänden zu. [2] Den Gemeinden ist das Recht einzuräumen, die Hebesätze der Grundsteuer und Gewerbesteuer im Rahmen der Gesetze festzusetzen. [3] Bestehen in einem Land keine Gemeinden, so steht das Aufkommen der Grundsteuer und Gewerbesteuer sowie der örtlichen Verbrauch- und Aufwandsteuern dem Land zu. [4] Bund und Länder können durch eine Umlage an dem Aufkommen der Gewerbesteuer beteiligt werden. [5] Das Nähere über die Umlage bestimmt ein Bundesgesetz, das der Zustimmung des Bundesrates bedarf. [6] Nach Maßgabe der Landesgesetzgebung können die Grundsteuer und Gewerbesteuer sowie der Gemeindeanteil vom Aufkommen der Einkommensteuer und der Umsatzsteuer als Bemessungsgrundlagen für Umlagen zugrunde gelegt werden.

(7) [1] Von dem Länderanteil am Gesamtaufkommen der Gemeinschaftsteuern fließt den Gemeinden und Gemeindeverbänden insgesamt ein von der Landesgesetzgebung zu bestimmender Hundertsatz zu. [2] Im übrigen bestimmt die Landesgesetzgebung, ob und inwieweit das Aufkommen der Landessteuern den Gemeinden (Gemeindeverbänden) zufließt.

(8) [1] Veranlaßt der Bund in einzelnen Ländern oder Gemeinden (Gemeindeverbänden) besondere Einrichtungen, die diesen Ländern oder Gemeinden (Gemeindeverbänden) unmittelbar Mehrausgaben oder Mindereinnahmen (Sonderbelastungen) verursachen, gewährt der Bund den erforderlichen Ausgleich, wenn und soweit den Ländern oder Gemeinden (Gemeindeverbänden) nicht zugemutet werden kann, die Sonderbelastungen zu tragen. [2] Entschädigungsleistungen Dritter und finanzielle Vorteile, die diesen Ländern oder Gemeinden (Gemeindeverbänden) als Folge der Einrichtungen erwachsen, *werden bei dem Ausgleich berücksichtigt.*

(9) Als Einnahmen und Ausgaben der Länder im Sinne dieses Artikels gelten auch die Einnahmen und Ausgaben der Gemeinden (Gemeindeverbände).

[1]) Siehe das GemeindefinanzreformG **(Sartorius III Nr. 41)**.

Art. 106a[1] [Bundeszuschuss für öffentlichen Personennahverkehr]

[1]Den Ländern steht ab 1. Januar 1996 für den öffentlichen Personennahverkehr ein Betrag aus dem Steueraufkommen des Bundes zu. [2]Das Nähere regelt ein Bundesgesetz, das der Zustimmung des Bundesrates bedarf. [3]Der Betrag nach Satz 1 bleibt bei der Bemessung der Finanzkraft nach Artikel 107 Abs. 2 unberücksichtigt.

Art. 106b[2] [Länderanteil an der Kraftfahrzeugsteuer] [1]Den Ländern steht ab dem 1. Juli 2009 infolge der Übertragung der Kraftfahrzeugsteuer auf den Bund ein Betrag aus dem Steueraufkommen des Bundes zu. [2]Das Nähere regelt ein Bundesgesetz, das der Zustimmung des Bundesrates bedarf.

Art. 107[3][4] [Finanzausgleich; Ergänzungszuweisungen] (1) [1]Das Aufkommen der Landessteuern und der Länderanteil am Aufkommen der Einkommensteuer und der Körperschaftsteuer stehen den einzelnen Ländern insoweit zu, als die Steuern von den Finanzbehörden in ihrem Gebiet vereinnahmt werden (örtliches Aufkommen). [2]Durch Bundesgesetz, das der Zustimmung des Bundesrates bedarf, sind für die Körperschaftsteuer und die Lohnsteuer nähere Bestimmungen über die Abgrenzung sowie über Art und Umfang der Zerlegung des örtlichen Aufkommens zu treffen. [3]Das Gesetz kann auch Bestimmungen über die Abgrenzung und Zerlegung des örtlichen Aufkommens anderer Steuern treffen. [4]Der Länderanteil am Aufkommen der Umsatzsteuer steht den einzelnen Ländern, vorbehaltlich der Regelungen nach Absatz 2, nach Maßgabe ihrer Einwohnerzahl zu.

(2) [1]Durch Bundesgesetz, das der Zustimmung des Bundesrates bedarf, ist sicherzustellen, dass die unterschiedliche Finanzkraft der Länder angemessen ausgeglichen wird; hierbei sind die Finanzkraft und der Finanzbedarf der Gemeinden (Gemeindeverbände) zu berücksichtigen. [2]Zu diesem Zweck sind in dem Gesetz Zuschläge zu und Abschläge von der jeweiligen Finanzkraft bei der Verteilung der Länderanteile am Aufkommen der Umsatzsteuer zu regeln. [3]Die Voraussetzungen für die Gewährung von Zuschlägen und für die Erhebung von Abschlägen sowie die Maßstäbe für die Höhe dieser Zuschläge und Abschläge sind in dem Gesetz zu bestimmen. [4]Für Zwecke der Bemessung der Finanzkraft kann die bergrechtliche Förderabgabe nur mit einem Teil ihres Aufkommens berücksichtigt werden. [5]Das Gesetz kann auch bestimmen, dass der Bund aus seinen Mitteln leistungsschwachen Ländern Zuweisungen zur ergänzenden Deckung ihres allgemeinen Finanzbedarfs (Ergänzungszuweisungen) gewährt. [6]Zuweisungen können unabhängig von den Maßstäben nach den Sätzen 1 bis 3 auch solchen leistungsschwachen Ländern gewährt werden, deren Gemeinden (Gemeindeverbände) eine besonders geringe Steuerkraft aufweisen (Gemeindesteuerkraftzuweisungen), sowie außerdem solchen leistungsschwachen Ländern, deren Anteile an den Fördermitteln nach Artikel 91b ihre Einwohneranteile unterschreiten.

[1] Art. 106a eingef. durch G v. 20.12.1993 (BGBl. I S. 2089).
[2] Art. 106b eingef. mWv 26.3.2009 durch G v. 19.3.2009 (BGBl. I S. 606).
[3] Art. 107 neu gef. durch G v. 12.5.1969 (BGBl. I S. 359); Abs. 1 Satz 4 neu gef. mWv 1.9.2006 durch G v. 28.8.2006 (BGBl. I S. 2034); Abs. 1 Satz 4 geänd. mWv 26.3.2009 durch G v. 19.3.2009 (BGBl. I S. 606); Abs. 1 Satz 4 und Abs. 2 neu gef. mWv 20.7.2017 durch G v. 13.7.2017 (BGBl. I S. 2347).
[4] Zur Anwendung von Art. 107 siehe Art. 143g GG.

Art. 108[1] [Finanzverwaltung] (1) [1] Zölle, Finanzmonopole, die bundesgesetzlich geregelten Verbrauchsteuern einschließlich der Einfuhrumsatzsteuer, die Kraftfahrzeugsteuer und sonstige auf motorisierte Verkehrsmittel bezogene Verkehrsteuern ab dem 1. Juli 2009 sowie die Abgaben im Rahmen der Europäischen Gemeinschaften werden durch Bundesfinanzbehörden verwaltet. [2] Der Aufbau dieser Behörden wird durch Bundesgesetz[2] geregelt. [3] Soweit Mittelbehörden eingerichtet sind, werden deren Leiter im Benehmen mit den Landesregierungen bestellt.

(2) [1] Die übrigen Steuern werden durch Landesfinanzbehörden verwaltet. [2] Der Aufbau dieser Behörden und die einheitliche Ausbildung der Beamten können durch Bundesgesetz[3] mit Zustimmung des Bundesrates geregelt werden. [3] Soweit Mittelbehörden eingerichtet sind, werden deren Leiter im Einvernehmen mit der Bundesregierung bestellt.

(3) [1] Verwalten die Landesfinanzbehörden Steuern, die ganz oder zum Teil dem Bund zufließen, so werden sie im Auftrage des Bundes tätig. [2] Artikel 85 Abs. 3 und 4 gilt mit der Maßgabe, daß an die Stelle der Bundesregierung der Bundesminister der Finanzen tritt.

(4) [1] Durch Bundesgesetz, das der Zustimmung des Bundesrates bedarf, kann bei der Verwaltung von Steuern ein Zusammenwirken von Bundes- und Landesfinanzbehörden sowie für Steuern, die unter Absatz 1 fallen, die Verwaltung durch Landesfinanzbehörden und für andere Steuern die Verwaltung durch Bundesfinanzbehörden vorgesehen werden, wenn und soweit dadurch der Vollzug der Steuergesetze erheblich verbessert oder erleichtert wird. [2] Für die den Gemeinden (Gemeindeverbänden) allein zufließenden Steuern kann die den Landesfinanzbehörden zustehende Verwaltung durch die Länder ganz oder zum Teil den Gemeinden (Gemeindeverbänden) übertragen werden. [3] Das Bundesgesetz nach Satz 1 kann für ein Zusammenwirken von Bund und Ländern bestimmen, dass bei Zustimmung einer im Gesetz genannten Mehrheit Regelungen für den Vollzug von Steuergesetzen für alle Länder verbindlich werden.

(4a) [1] Durch Bundesgesetz, das der Zustimmung des Bundesrates bedarf, können bei der Verwaltung von Steuern, die unter Absatz 2 fallen, ein Zusammenwirken von Landesfinanzbehörden und eine länderübergreifende Übertragung von Zuständigkeiten auf Landesfinanzbehörden eines oder mehrerer Länder im Einvernehmen mit den betroffenen Ländern vorgesehen werden, wenn und soweit dadurch der Vollzug der Steuergesetze erheblich verbessert oder erleichtert wird. [2] Die Kostentragung kann durch Bundesgesetz geregelt werden.

(5) [1] Das von den Bundesfinanzbehörden anzuwendende Verfahren wird durch Bundesgesetz geregelt. [2] Das von den Landesfinanzbehörden und in den Fällen des Absatzes 4 Satz 2 von den Gemeinden (Gemeindeverbänden) an-

[1] Art. 108 neu gef. durch G v. 12.5.1969 (BGBl. I S. 359); Abs. 1 Satz 3 und Abs. 2 Satz 3 neu gef. mWv 30.11.2001 durch G v. 26.11.2001 (BGBl. I S. 3219); Abs. 1 Satz 1 neu gef. mWv 26.3.2009 durch G v. 19.3.2009 (BGBl. I S. 606); Abs. 4 Satz 3 angef., Abs. 4a eingef. mWv 20.7.2017 durch G v. 13.7.2017 (BGBl. I S. 2347).

[2] Siehe das FinanzverwaltungsG **(Sartorius ErgBd. Nr. 698)**.

[3] Siehe das Steuerbeamten-AusbildungsG idF der Bek. v. 29.10.1996 (BGBl. I S. 1577), zuletzt geänd. durch G v. 8.12.2010 (BGBl. I S. 1768).

zuwendende Verfahren kann durch Bundesgesetz mit Zustimmung des Bundesrates geregelt werden.

(6) Die Finanzgerichtsbarkeit wird durch Bundesgesetz[1] einheitlich geregelt.

(7) Die Bundesregierung kann allgemeine Verwaltungsvorschriften erlassen, und zwar mit Zustimmung des Bundesrates, soweit die Verwaltung den Landesfinanzbehörden oder Gemeinden (Gemeindeverbänden) obliegt.

Art. 109[2] [Haushaltswirtschaft in Bund und Ländern] (1) Bund und Länder sind in ihrer Haushaltswirtschaft selbständig und voneinander unabhängig.

(2) Bund und Länder erfüllen gemeinsam die Verpflichtungen der Bundesrepublik Deutschland aus Rechtsakten der Europäischen Gemeinschaft auf Grund des Artikels 104 des Vertrags zur Gründung der Europäischen Gemeinschaft zur Einhaltung der Haushaltsdisziplin und tragen in diesem Rahmen den Erfordernissen des gesamtwirtschaftlichen Gleichgewichts Rechnung.

(3) [1]Die Haushalte von Bund und Ländern sind grundsätzlich ohne Einnahmen aus Krediten auszugleichen. [2]Bund und Länder können Regelungen zur im Auf- und Abschwung symmetrischen Berücksichtigung der Auswirkungen einer von der Normallage abweichenden konjunkturellen Entwicklung sowie eine Ausnahmeregelung für Naturkatastrophen oder außergewöhnliche Notsituationen, die sich der Kontrolle des Staates entziehen und die staatliche Finanzlage erheblich beeinträchtigen, vorsehen. [3]Für die Ausnahmeregelung ist eine entsprechende Tilgungsregelung vorzusehen. [4]Die nähere Ausgestaltung regelt für den Haushalt des Bundes Artikel 115 mit der Maßgabe, dass Satz 1 entsprochen ist, wenn die Einnahmen aus Krediten 0,35 vom Hundert im Verhältnis zum nominalen Bruttoinlandsprodukt nicht überschreiten. [5]Die nähere Ausgestaltung für die Haushalte der Länder regeln diese im Rahmen ihrer verfassungsrechtlichen Kompetenzen mit der Maßgabe, dass Satz 1 nur dann entsprochen ist, wenn keine Einnahmen aus Krediten zugelassen werden.

(4) Durch Bundesgesetz[3], das der Zustimmung des Bundesrates bedarf, können für Bund und Länder gemeinsam geltende Grundsätze für das Haushaltsrecht, für eine konjunkturgerechte Haushaltswirtschaft und für eine mehrjährige Finanzplanung aufgestellt werden.

(5) [1]Sanktionsmaßnahmen der Europäischen Gemeinschaft im Zusammenhang mit den Bestimmungen in Artikel 104 des Vertrags zur Gründung der Europäischen Gemeinschaft zur Einhaltung der Haushaltsdisziplin tragen Bund und Länder im Verhältnis 65 zu 35. [2]Die Ländergesamtheit trägt solidarisch 35 vom Hundert der auf die Länder entfallenden Lasten entsprechend ihrer Einwohnerzahl; 65 vom Hundert der auf die Länder entfallenden Lasten tragen die Länder entsprechend ihrem Verursachungsbeitrag. [3]Das Nähere regelt ein Bundesgesetz, das der Zustimmung des Bundesrates bedarf.

[1] Siehe die FinanzgerichtsO idF der Bek. v. 28.3.2001 (BGBl. I S. 442, ber. S. 2262, 2002 S. 679), zuletzt geänd. durch G v. 21.6.2019 (BGBl. I S. 846).
[2] Art. 109 neu gef. durch G v. 8.6.1967 (BGBl. I S. 581); Abs. 3 neu gef. durch G v. 12.5.1969 (BGBl. I S. 357); Abs. 5 angef. mWv 1.9.2006 durch G v. 28.8.2006 (BGBl. I S. 2034); Abs. 2 neu gef., Abs. 3 eingef., Abs. 3 wird Abs. 4, bish. Abs. 4, Abs. 5 Satz 1 aufgeh., bish. Sätze 2 bis 4 werden Sätze 1 bis 3, neuer Satz 1 neu gef. mWv 1.8.2009 durch G v. 29.7.2009 (BGBl. I S. 2248).
[3] Siehe das HaushaltsgrundsätzeG (Nr. **699**) und das G zur Förderung der Stabilität und des Wachstums der Wirtschaft (Nr. **720**).

Art. 109a[1] [Haushaltsnotlagen] (1) Zur Vermeidung von Haushaltsnotlagen regelt ein Bundesgesetz, das der Zustimmung des Bundesrates bedarf,

1. die fortlaufende Überwachung der Haushaltswirtschaft von Bund und Ländern durch ein gemeinsames Gremium (Stabilitätsrat),

2. die Voraussetzungen und das Verfahren zur Feststellung einer drohenden Haushaltsnotlage,

3. die Grundsätze zur Aufstellung und Durchführung von Sanierungsprogrammen zur Vermeidung von Haushaltsnotlagen.

(2) [1]Dem Stabilitätsrat obliegt ab dem Jahr 2020 die Überwachung der Einhaltung der Vorgaben des Artikels 109 Absatz 3 durch Bund und Länder. [2]Die Überwachung orientiert sich an den Vorgaben und Verfahren aus Rechtsakten

(Fortsetzung nächstes Blatt)

[1] Art. 109a eingef. mWv 1.8.2009 durch G v. 29.7.2009 (BGBl. I S. 2248); Abs. 1 Satz 2 aufgeh., Abs. 2 und 3 angef. mWv 20.7.2017 durch G v. 13.7.2017 (BGBl. I S. 2347).

auf Grund des Vertrages über die Arbeitsweise der Europäischen Union zur Einhaltung der Haushaltsdisziplin.

(3) Die Beschlüsse des Stabilitätsrats und die zugrunde liegenden Beratungsunterlagen sind zu veröffentlichen.

Art. 110[1)2)] **[Haushaltsplan des Bundes]** (1) [1] Alle Einnahmen und Ausgaben des Bundes sind in den Haushaltsplan einzustellen; bei Bundesbetrieben und bei Sondervermögen brauchen nur die Zuführungen oder die Ablieferungen eingestellt zu werden. [2] Der Haushaltsplan ist in Einnahme und Ausgabe auszugleichen.

(2) [1] Der Haushaltsplan wird für ein oder mehrere Rechnungsjahre, nach Jahren getrennt, vor Beginn des ersten Rechnungsjahres durch das Haushaltsgesetz festgestellt. [2] Für Teile des Haushaltsplanes kann vorgesehen werden, daß sie für unterschiedliche Zeiträume, nach Rechnungsjahren getrennt, gelten.

(3) Die Gesetzesvorlage nach Absatz 2 Satz 1 sowie Vorlagen zur Änderung des Haushaltsgesetzes und des Haushaltsplanes werden gleichzeitig mit der Zuleitung an den Bundesrat beim Bundestage eingebracht; der Bundesrat ist berechtigt, innerhalb von sechs Wochen, bei Änderungsvorlagen innerhalb von drei Wochen, zu den Vorlagen Stellung zu nehmen.

(4) [1] In das Haushaltsgesetz dürfen nur Vorschriften aufgenommen werden, die sich auf die Einnahmen und die Ausgaben des Bundes und auf den Zeitraum beziehen, für den das Haushaltsgesetz beschlossen wird. [2] Das Haushaltsgesetz kann vorschreiben, daß die Vorschriften erst mit der Verkündung des nächsten Haushaltsgesetzes oder bei Ermächtigung nach Artikel 115 zu einem späteren Zeitpunkt außer Kraft treten.

Art. 111 [Ausgaben vor Etatgenehmigung] (1) Ist bis zum Schluß eines Rechnungsjahres der Haushaltsplan für das folgende Jahr nicht durch Gesetz festgestellt, so ist bis zu seinem Inkrafttreten die Bundesregierung ermächtigt, alle Ausgaben zu leisten, die nötig sind,

a) um gesetzlich bestehende Einrichtungen zu erhalten und gesetzlich beschlossene Maßnahmen durchzuführen,

b) um die rechtlich begründeten Verpflichtungen des Bundes zu erfüllen,

c) um Bauten, Beschaffungen und sonstige Leistungen fortzusetzen oder Beihilfen für diese Zwecke weiter zu gewähren, sofern durch den Haushaltsplan eines Vorjahres bereits Beträge bewilligt worden sind.

(2) Soweit nicht auf besonderem Gesetze beruhende Einnahmen aus Steuern, Abgaben und sonstigen Quellen oder die Betriebsmittelrücklage die Ausgaben unter Absatz 1 decken, darf die Bundesregierung die zur Aufrechterhaltung der Wirtschaftsführung erforderlichen Mittel bis zur Höhe eines Viertels der Endsumme des abgelaufenen Haushaltsplanes im Wege des Kredits flüssig machen.

Art. 112[3)] **[Überplanmäßige und außerplanmäßige Ausgaben]** [1] Überplanmäßige und außerplanmäßige Ausgaben bedürfen der Zustimmung des Bundesministers der Finanzen. [2] Sie darf nur im Falle eines unvorhergesehenen und

[1)] Art. 110 neu gef. durch G v. 12.5.1969 (BGBl. I S. 357).
[2)] Siehe die BundeshaushaltsO (Nr. **700**).
[3)] Art. 112 neu gef. durch G v. 12.5.1969 (BGBl. I S. 357).

unabweisbaren Bedürfnisses erteilt werden. ³Näheres kann durch Bundesgesetz bestimmt werden.

Art. 113¹⁾ [Ausgabenerhöhungen; Einnahmeminderungen]

(1) ¹Gesetze, welche die von der Bundesregierung vorgeschlagenen Ausgaben des Haushaltsplanes erhöhen oder neue Ausgaben in sich schließen oder für die Zukunft mit sich bringen, bedürfen der Zustimmung der Bundesregierung. ²Das gleiche gilt für Gesetze, die Einnahmeminderungen in sich schließen oder für die Zukunft mit sich bringen. ³Die Bundesregierung kann verlangen, daß der Bundestag die Beschlußfassung über solche Gesetze aussetzt. ⁴In diesem Fall hat die Bundesregierung innerhalb von sechs Wochen dem Bundestage eine Stellungnahme zuzuleiten.

(2) Die Bundesregierung kann innerhalb von vier Wochen, nachdem der Bundestag das Gesetz beschlossen hat, verlangen, daß der Bundestag erneut Beschluß faßt.

(3) ¹Ist das Gesetz nach Artikel 78 zustande gekommen, kann die Bundesregierung ihre Zustimmung nur innerhalb von sechs Wochen und nur dann versagen, wenn sie vorher das Verfahren nach Absatz 1 Satz 3 und 4 oder nach Absatz 2 eingeleitet hat. ²Nach Ablauf dieser Frist gilt die Zustimmung als erteilt.

Art. 114²⁾ [Rechnungslegung; Bundesrechnungshof]

(1) Der Bundesminister der Finanzen hat dem Bundestage und dem Bundesrate über alle Einnahmen und Ausgaben sowie über das Vermögen und die Schulden im Laufe des nächsten Rechnungsjahres zur Entlastung der Bundesregierung Rechnung zu legen.

(2) ¹Der Bundesrechnungshof, dessen Mitglieder richterliche Unabhängigkeit besitzen, prüft die Rechnung sowie die Wirtschaftlichkeit und Ordnungsmäßigkeit der Haushalts- und Wirtschaftsführung des Bundes. ²Zum Zweck der Prüfung nach Satz 1 kann der Bundesrechnungshof auch bei Stellen außerhalb der Bundesverwaltung Erhebungen vornehmen; dies gilt auch in den Fällen, in denen der Bund den Ländern zweckgebundene Finanzierungsmittel zur Erfüllung von Länderaufgaben zuweist. ³Er hat außer der Bundesregierung unmittelbar dem Bundestage und dem Bundesrate jährlich zu berichten. ⁴Im übrigen werden die Befugnisse des Bundesrechnungshofes durch Bundesgesetz³⁾ geregelt.

Art. 115⁴⁾ [Kreditbeschaffung]

(1) Die Aufnahme von Krediten sowie die Übernahme von Bürgschaften, Garantien oder sonstigen Gewährleistungen, die zu Ausgaben in künftigen Rechnungsjahren führen können, bedürfen einer der Höhe nach bestimmten oder bestimmbaren Ermächtigung durch Bundesgesetz⁵⁾.

¹⁾ Art. 113 neu gef. durch G v. 12.5.1969 (BGBl. I S. 357).
²⁾ Art. 114 neu gef. durch G v. 12.5.1969 (BGBl. I S. 357); Abs. 2 Satz 1 geänd., Satz 2 eingef., bish. Sätze 2 und 3 werden Sätze 3 und 4 mWv 20.7.2017 durch G v. 13.7.2017 (BGBl. I S. 2347).
³⁾ Siehe das BundesrechnungshofG (Nr. 705).
⁴⁾ Art. 115 neu gef. durch G v. 12.5.1969 (BGBl. I S. 357); Abs. 1 Sätze 2 und 3 aufgeh., Abs. 2 neu *gef. mWv 1.8.2009 durch G v. 29.7.2009 (BGBl. I S. 2248).*
⁵⁾ Siehe das G zur Ausführung von Art. 115 des GG (G 115) v. 10.8.2009 (BGBl. I S. 2702, 2704), zuletzt geänd. durch VO v. 31.8.2015 (BGBl. I S. 1474).

(2) [1]Einnahmen und Ausgaben sind grundsätzlich ohne Einnahmen aus Krediten auszugleichen. [2]Diesem Grundsatz ist entsprochen, wenn die Einnahmen aus Krediten 0,35 vom Hundert im Verhältnis zum nominalen Bruttoinlandsprodukt nicht überschreiten. [3]Zusätzlich sind bei einer von der Normallage abweichenden konjunkturellen Entwicklung die Auswirkungen auf den Haushalt im Auf- und Abschwung symmetrisch zu berücksichtigen. [4]Abweichungen der tatsächlichen Kreditaufnahme von der nach den Sätzen 1 bis 3 zulässigen Kreditobergrenze werden auf einem Kontrollkonto erfasst; Belastungen, die den Schwellenwert von 1,5 vom Hundert im Verhältnis zum nominalen Bruttoinlandsprodukt überschreiten, sind konjunkturgerecht zurückzuführen. [5]Näheres, insbesondere die Bereinigung der Einnahmen und Ausgaben um finanzielle Transaktionen und das Verfahren zur Berechnung der Obergrenze der jährlichen Nettokreditaufnahme unter Berücksichtigung der konjunkturellen Entwicklung auf der Grundlage eines Konjunkturbereinigungsverfahrens sowie die Kontrolle und den Ausgleich von Abweichungen der tatsächlichen Kreditaufnahme von der Regelgrenze, regelt ein Bundesgesetz. [6]Im Falle von Naturkatastrophen oder außergewöhnlichen Notsituationen, die sich der Kontrolle des Staates entziehen und die staatliche Finanzlage erheblich beeinträchtigen, können diese Kreditobergrenzen auf Grund eines Beschlusses der Mehrheit der Mitglieder des Bundestages überschritten werden. [7]Der Beschluss ist mit einem Tilgungsplan zu verbinden. [8]Die Rückführung der nach Satz 6 aufgenommenen Kredite hat binnen eines angemessenen Zeitraumes zu erfolgen.

Xa.[1]) Verteidigungsfall

Art. 115a[1]) **[Feststellung des Verteidigungsfalles]** (1) [1]Die Feststellung, daß das Bundesgebiet mit Waffengewalt angegriffen wird oder ein solcher Angriff unmittelbar droht (Verteidigungsfall), trifft der Bundestag mit Zustimmung des Bundesrates. [2]Die Feststellung erfolgt auf Antrag der Bundesregierung und bedarf einer Mehrheit von zwei Dritteln der abgegebenen Stimmen, mindestens der Mehrheit[2]) der Mitglieder des Bundestages.

(2) Erfordert die Lage unabweisbar ein sofortiges Handeln und stehen einem rechtzeitigen Zusammentritt des Bundestages unüberwindliche Hindernisse entgegen oder ist er nicht beschlußfähig, so trifft der Gemeinsame Ausschuß diese Feststellung mit einer Mehrheit von zwei Dritteln der abgegebenen Stimmen, mindestens der Mehrheit seiner Mitglieder.

(3) [1]Die Feststellung wird vom Bundespräsidenten gemäß Artikel 82 im Bundesgesetzblatte verkündet. [2]Ist dies nicht rechtzeitig möglich, so erfolgt die Verkündung in anderer Weise[3]); sie ist im Bundesgesetzblatte nachzuholen, *sobald die Umstände es zulassen.*

(4) [1]Wird das Bundesgebiet mit Waffengewalt angegriffen und sind die zuständigen Bundesorgane außerstande, sofort die Feststellung nach Absatz 1 Satz 1 zu treffen, so gilt diese Feststellung als getroffen und als zu dem Zeit-

[1]) Abschnitt Xa (Art. 115a–115l) eingef. durch G v. 24.6.1968 (BGBl. I S. 709).
[2]) Zum Begriff der Mehrheit siehe Art. 121.
[3]) Siehe das G über vereinfachte Verkündungen und Bekanntgaben (Nr. 71).

punkt verkündet, in dem der Angriff begonnen hat. ²Der Bundespräsident gibt diesen Zeitpunkt bekannt, sobald die Umstände es zulassen.

(5) ¹Ist die Feststellung des Verteidigungsfalles verkündet und wird das Bundesgebiet mit Waffengewalt angegriffen, so kann der Bundespräsident völkerrechtliche Erklärungen über das Bestehen des Verteidigungsfalles mit Zustimmung des Bundestages abgeben. ²Unter den Voraussetzungen des Absatzes 2 tritt an die Stelle des Bundestages der Gemeinsame Ausschuß.

Art. 115b¹⁾ [Übergang der Befehls- und Kommandogewalt]

Mit der Verkündung des Verteidigungsfalles geht die Befehls- und Kommandogewalt über die Streitkräfte auf den Bundeskanzler über.

Art. 115c²⁾ [Erweiterte Bundesgesetzgebungskompetenz] (1) ¹Der Bund hat für den Verteidigungsfall das Recht der konkurrierenden Gesetzgebung auch auf den Sachgebieten, die zur Gesetzgebungszuständigkeit der Länder gehören. ²Diese Gesetze bedürfen der Zustimmung des Bundesrates.

(2) Soweit es die Verhältnisse während des Verteidigungsfalles erfordern, kann durch Bundesgesetz für den Verteidigungsfall
1. bei Enteignungen abweichend von Artikel 14 Abs. 3 Satz 2 die Entschädigung vorläufig geregelt werden,

(Fortsetzung nächstes Blatt)

¹⁾ *Abschnitt Xa (Art. 115a–115l) eingef. durch G v. 24.6.1968* (BGBl. I S. 709).
²⁾ Art. 115c eingef. durch G v. 24.6.1968 (BGBl. I S. 709); Abs. 3 neu gef. durch G v. 12.5.1969 (BGBl. I S. 359).

2. für Freiheitsentziehungen eine von Artikel 104 Abs. 2 Satz 3 und Abs. 3 Satz 1 abweichende Frist, höchstens jedoch eine solche von vier Tagen, für den Fall festgesetzt werden, daß ein Richter nicht innerhalb der für Normalzeiten geltenden Frist tätig werden konnte.

(3) Soweit es zur Abwehr eines gegenwärtigen oder unmittelbar drohenden Angriffs erforderlich ist, kann für den Verteidigungsfall durch Bundesgesetz mit Zustimmung des Bundesrates die Verwaltung und das Finanzwesen des Bundes und der Länder abweichend von den Abschnitten VIII, VIIIa und X geregelt werden, wobei die Lebensfähigkeit der Länder, Gemeinden und Gemeindeverbände, insbesondere auch in finanzieller Hinsicht, zu wahren ist.

(4) Bundesgesetze nach den Absätzen 1 und 2 Nr. 1 dürfen zur Vorbereitung ihres Vollzuges schon vor Eintritt des Verteidigungsfalles angewandt werden.

Art. 115 d[1) [Vereinfachtes Bundesgesetzgebungsverfahren]
(1) Für die Gesetzgebung des Bundes gilt im Verteidigungsfalle abweichend von Artikel 76 Abs. 2, Artikel 77 Abs. 1 Satz 2 und Abs. 2 bis 4, Artikel 78 und Artikel 82 Abs. 1 die Regelung der Absätze 2 und 3.

(2) [1]Gesetzesvorlagen der Bundesregierung, die sie als dringlich bezeichnet, sind gleichzeitig mit der Einbringung beim Bundestage dem Bundesrate zuzuleiten. [2]Bundestag und Bundesrat beraten diese Vorlagen unverzüglich gemeinsam. [3]Soweit zu einem Gesetze die Zustimmung des Bundesrates erforderlich ist, bedarf es zum Zustandekommen des Gesetzes der Zustimmung der Mehrheit seiner Stimmen. [4]Das Nähere regelt eine Geschäftsordnung,[2)] die vom Bundestage beschlossen wird und der Zustimmung des Bundesrates bedarf.

(3) Für die Verkündung der Gesetze gilt Artikel 115a Abs. 3 Satz 2 entsprechend.

Art. 115 e[3) [Aufgaben des Gemeinsamen Ausschusses] (1) Stellt der Gemeinsame Ausschuß im Verteidigungsfalle mit einer Mehrheit von zwei Dritteln der abgegebenen Stimmen, mindestens mit der Mehrheit seiner Mitglieder fest, daß dem rechtzeitigen Zusammentritt des Bundestages unüberwindliche Hindernisse entgegenstehen oder daß dieser nicht beschlußfähig ist, so hat der Gemeinsame Ausschuß die Stellung von Bundestag und Bundesrat und nimmt deren Rechte einheitlich wahr.

(2) [1]Durch ein Gesetz des Gemeinsamen Ausschusses darf das Grundgesetz weder geändert noch ganz oder teilweise außer Kraft oder außer Anwendung gesetzt werden. [2]Zum Erlaß von Gesetzen nach Artikel 23 Abs. 1 Satz 2, Artikel 24 Abs. 1 oder Artikel 29 ist der Gemeinsame Ausschuß nicht befugt.

[1)] Art. 115 d eingef. durch G v. 24. 6. 1968 (BGBl. I S. 709).
[2)] Siehe die Bek. der Geschäftsordnung für das Verfahren nach Art. 115 d GG v. 23. 7. 1969 (BGBl. I S. 1100).
[3)] Art. 115 e eingef. durch G v. 24. 6. 1968 (BGBl. I S. 709) u. Abs. 2 Satz 2 neugef. durch G v. 21. 12. 1992 (BGBl. I S. 2086).

Art. 115 f[1]) [Erweiterte Befugnisse der Bundesregierung] (1) Die Bundesregierung kann im Verteidigungsfalle, soweit es die Verhältnisse erfordern,

1. den Bundesgrenzschutz im gesamten Bundesgebiete einsetzen;

2. außer der Bundesverwaltung auch den Landesregierungen und, wenn sie es für dringlich erachtet, den Landesbehörden Weisungen erteilen und diese Befugnis auf von ihr zu bestimmende Mitglieder der Landesregierungen übertragen.

(2) Bundestag, Bundesrat und der Gemeinsame Ausschuß sind unverzüglich von den nach Absatz 1 getroffenen Maßnahmen zu unterrichten.

Art. 115 g[1]) [Stellung des Bundesverfassungsgerichts] [1]Die verfassungsmäßige Stellung und die Erfüllung der verfassungsmäßigen Aufgaben des Bundesverfassungsgerichtes und seiner Richter dürfen nicht beeinträchtigt werden. [2]Das Gesetz über das Bundesverfassungsgericht darf durch ein Gesetz des Gemeinsamen Ausschusses nur insoweit geändert werden, als dies auch nach Auffassung des Bundesverfassungsgerichtes zur Aufrechterhaltung der Funktionsfähigkeit des Gerichtes erforderlich ist. [3]Bis zum Erlaß eines solchen Gesetzes kann das Bundesverfassungsgericht die zur Erhaltung der Arbeitsfähigkeit des Gerichtes erforderlichen Maßnahmen treffen. [4]Beschlüsse nach Satz 2 und Satz 3 faßt das Bundesverfassungsgericht mit der Mehrheit der anwesenden Richter.

Art. 115 h[1]) [Wahlperioden und Amtszeiten] (1) [1]Während des Verteidigungsfalles ablaufende Wahlperioden des Bundestages oder der Volksvertretungen der Länder enden sechs Monate nach Beendigung des Verteidigungsfalles. [2]Die im Verteidigungsfalle ablaufende Amtszeit des Bundespräsidenten sowie bei vorzeitiger Erledigung seines Amtes die Wahrnehmung seiner Befugnisse durch den Präsidenten des Bundesrates enden neun Monate nach Beendigung des Verteidigungsfalles. [3]Die im Verteidigungsfalle ablaufende Amtszeit eines Mitgliedes des Bundesverfassungsgerichtes endet sechs Monate nach Beendigung des Verteidigungsfalles.

(2) [1]Wird eine Neuwahl des Bundeskanzlers durch den Gemeinsamen Ausschuß erforderlich, so wählt dieser einen neuen Bundeskanzler mit der Mehrheit seiner Mitglieder; der Bundespräsident macht dem Gemeinsamen Ausschuß einen Vorschlag. [2]Der Gemeinsame Ausschuß kann dem Bundeskanzler das Mißtrauen nur dadurch aussprechen, daß er mit der Mehrheit von zwei Dritteln seiner Mitglieder einen Nachfolger wählt.

(3) Für die Dauer des Verteidigungsfalles ist die Auflösung des Bundestages ausgeschlossen.

[1]) Art. 115 f bis 115 h eingef. durch G v. 24. 6. 1968 (BGBl. I S. 709).

Art. 115 i[1]) **[Erweiterte Befugnisse der Landesregierungen]**
(1) Sind die zuständigen Bundesorgane außerstande, die notwendigen Maßnahmen zur Abwehr der Gefahr zu treffen, und erfordert die Lage unabweisbar ein sofortiges selbständiges Handeln in einzelnen Teilen des Bundesgebietes, so sind die Landesregierungen oder die von ihnen bestimmten Behörden oder Beauftragten befugt, für ihren Zuständigkeitsbereich Maßnahmen im Sinne des Artikels 115 f Abs. 1 zu treffen.

(2) Maßnahmen nach Absatz 1 können durch die Bundesregierung, im Verhältnis zu Landesbehörden und nachgeordneten Bundesbehörden auch durch die Ministerpräsidenten der Länder, jederzeit aufgehoben werden.

Art. 115 k[1] · [2]) **[Geltung von Gesetzen und Rechtsverordnungen des Verteidigungsfalls]** (1) [1]Für die Dauer ihrer Anwendbarkeit setzen Gesetze nach den Artikeln 115 c, 115 e und 115 g und Rechtsverordnungen, die auf Grund solcher Gesetze ergehen, entgegenstehendes Recht außer Anwendung. [2]Dies gilt nicht gegenüber früherem Recht, das auf Grund der Artikel 115 c, 115 e und 115 g erlassen worden ist.

(2) Gesetze, die der Gemeinsame Ausschuß beschlossen hat, und Rechtsverordnungen, die auf Grund solcher Gesetze ergangen sind, treten spätestens sechs Monate nach Beendigung des Verteidigungsfalles außer Kraft.

(3) [1]Gesetze, die von den Artikeln 91 a, 91 b, 104 a, 106 und 107 abweichende Regelungen enthalten, gelten längstens bis zum Ende des zweiten Rechnungsjahres, das auf die Beendigung des Verteidigungsfalles folgt. [2]Sie können nach Beendigung des Verteidigungsfalles durch Bundesgesetz mit Zustimmung des Bundesrates geändert werden, um zu der Regelung gemäß den Abschnitten VIII a und X überzuleiten.

Art. 115 l[1]) **[Aufhebung von Maßnahmen und Beendigung des Verteidigungsfalls]** (1) [1]Der Bundestag kann jederzeit mit Zustimmung des Bundesrates Gesetze des Gemeinsamen Ausschusses aufheben. [2]Der Bundesrat kann verlangen, daß der Bundestag hierüber beschließt. [3]Sonstige zur Abwehr der Gefahr getroffene Maßnahmen des Gemeinsamen Ausschusses oder der Bundesregierung sind aufzuheben, wenn der Bundestag und der Bundesrat es beschließen.

(2) [1]Der Bundestag kann mit Zustimmung des Bundesrates jederzeit durch einen vom Bundespräsidenten zu verkündenden Beschluß den Verteidigungsfall für beendet erklären. [2]Der Bundesrat kann verlangen, daß der Bundestag hierüber beschließt. [3]Der Verteidigungsfall ist unverzüglich für beendet zu erklären, wenn die Voraussetzungen für seine Feststellung nicht mehr gegeben sind.

(3) Über den Friedensschluß wird durch Bundesgesetz entschieden.

[1]) Art. 115 i bis 115 l eingef. durch G v. 24. 6. 1968 (BGBl. I S. 709).
[2]) Art. 115 k Abs. 3 geänd. durch G v. 12. 5. 1969 (BGBl. I S. 359).

XI. Übergangs- und Schlußbestimmungen

Art. 116[1) **[Begriff des „Deutschen"; nationalsozialistische Ausbürgerung]** (1) Deutscher im Sinne dieses Grundgesetzes ist vorbehaltlich anderweitiger gesetzlicher Regelung, wer die deutsche Staatsangehörigkeit besitzt oder als Flüchtling oder Vertriebener deutscher Volkszugehörigkeit oder als dessen Ehegatte oder Abkömmling in dem Gebiete des Deutschen Reiches nach dem Stande vom 31. Dezember 1937 Aufnahme gefunden hat.

(2) [1] Frühere deutsche Staatsangehörige, denen zwischen dem 30. Januar 1933 und dem 8. Mai 1945 die Staatsangehörigkeit aus politischen, rassischen oder religiösen Gründen entzogen worden ist, und ihre Abkömmlinge sind auf Antrag wieder einzubürgern. [2] Sie gelten als nicht ausgebürgert, sofern sie nach dem 8. Mai 1945 ihren Wohnsitz in Deutschland genommen haben und nicht einen entgegengesetzten Willen zum Ausdruck gebracht haben.

Art. 117[2) **[Übergangsregelung zu Art. 3 Abs. 2 und Art. 11]** (1) Das dem Artikel 3 Absatz 2 entgegenstehende Recht bleibt bis zu seiner Anpassung an diese Bestimmung des Grundgesetzes in Kraft, jedoch nicht länger als bis zum 31. März 1953.

(2) Gesetze, die das Recht der Freizügigkeit mit Rücksicht auf die gegenwärtige Raumnot einschränken, bleiben bis zu ihrer Aufhebung durch Bundesgesetz in Kraft.

Art. 118 [Neugliederung der badischen und württembergischen Länder] [1] Die Neugliederung in dem die Länder Baden, Württemberg-Baden und Württemberg-Hohenzollern umfassenden Gebiete kann abweichend von den Vorschriften des Artikels 29 durch Vereinbarung der beteiligten Länder erfolgen. [2] Kommt eine Vereinbarung nicht zustande, so wird die Neugliederung durch Bundesgesetz[3) geregelt, das eine Volksbefragung vorsehen muß.

Art. 118 a[4) **[Neugliederung Berlins und Brandenburgs]** Die Neugliederung in dem die Länder Berlin und Brandenburg umfassenden Gebiet kann abweichend von den Vorschriften des Artikels 29 unter Beteiligung ihrer Wahlberechtigten durch Vereinbarung beider Länder erfolgen.

[1) Siehe auch das StaatsangehörigkeitsG (Nr. **15**).

[2) Art. 117 Abs. 1 insoweit wirksam, als er das dem Art. 3 Abs. 2 GG entgegenstehende bürgerliche Recht auf dem Gebiet v. Ehe und Familie mit Ablauf des 31. 3. 1953 außer Kraft setzt (BVerfGE Bd. 3 S. 225 v. 18. 12. 1953, BGBl. 1954 I S. 10). Siehe auch das GleichberechtigungsG v. 18. 6. 1957 (BGBl. I S. 609, zuletzt geänd. durch G v. 19. 4. 2006, BGBl. I S. 866).

[3) So geschehen durch das 2. Gesetz über die Neugliederung in den Ländern Baden, Württemberg-Baden und Württemberg-Hohenzollern vom 4. 5. 1951 (BGBl. I S. 284). (Siehe auch Anm. zu Art. 23 GG).

[4) Art. 118 a eingef. durch G v. 27. 10. 1994 (BGBl. I S. 3146).

Art. 119 [Flüchtlinge und Vertriebene] [1] In Angelegenheiten der Flüchtlinge und Vertriebenen, insbesondere zu ihrer Verteilung auf die Länder, kann bis zu einer bundesgesetzlichen Regelung die Bundesregierung mit Zustimmung des Bundesrates Verordnungen mit Gesetzeskraft erlassen. [2] Für besondere Fälle kann dabei die Bundesregierung ermächtigt werden, Einzelweisungen zu erteilen. [3] Die Weisungen sind außer bei Gefahr im Verzuge an die obersten Landesbehörden zu richten.

Art. 120[1) [Kriegsfolge- und Sozialversicherungslasten; Ertragshoheit] (1) [1] Der Bund trägt die Aufwendungen für Besatzungskosten und die sonstigen inneren und äußeren Kriegsfolgelasten nach näherer Bestimmung von Bundesgesetzen[2). [2] Soweit diese Kriegsfolgelasten bis zum 1. Oktober 1969 durch Bundesgesetze geregelt worden sind, tragen Bund und Länder im Verhältnis zueinander die Aufwendungen nach Maßgabe dieser Bundesgesetze. [3] Soweit Aufwendungen für Kriegsfolgelasten, die in Bundesgesetzen weder geregelt worden sind noch geregelt werden, bis zum 1. Oktober 1965 von den Ländern, Gemeinden (Gemeindeverbänden) oder sonstigen Aufgabenträgern, die Aufgaben von Ländern oder Gemeinden erfüllen, erbracht worden sind, ist der Bund zur Übernahme von Aufwendungen dieser Art auch nach diesem Zeitpunkt nicht verpflichtet. [4] Der Bund trägt die Zuschüsse zu den Lasten der Sozialversicherung mit Einschluß der Arbeitslosenversicherung und der Arbeitslosenhilfe. [5] Die durch diesen Absatz geregelte Verteilung der Kriegsfolgelasten auf Bund und Länder läßt die gesetzliche Regelung von Entschädigungsansprüchen für Kriegsfolgen unberührt.

(2) Die Einnahmen gehen auf den Bund zu demselben Zeitpunkte über, an dem der Bund die Ausgaben übernimmt.

Art. 120 a[3) [Lastenausgleich] (1) [1] Die Gesetze, die der Durchführung des Lastenausgleichs dienen, können mit Zustimmung des Bundesrates bestimmen, daß sie auf dem Gebiete der Ausgleichsleistungen teils durch den Bund, teils im Auftrage des Bundes durch die Länder ausgeführt werden und daß die der Bundesregierung und den zuständigen obersten Bundesbehörden auf Grund des Artikels 85 insoweit zustehenden Befugnisse ganz oder teilweise dem Bundesausgleichsamt übertragen werden. [2] Das Bundesausgleichsamt bedarf bei Ausübung dieser Befugnisse nicht der Zustimmung des Bundesrates; seine Weisungen sind, abgesehen von den Fällen der Dringlichkeit, an die obersten Landesbehörden (Landesausgleichsämter) zu richten.

(2) Artikel 87 Abs. 3 Satz 2 bleibt unberührt.

Art. 121 [Begriff der Mehrheit] Mehrheit der Mitglieder des Bundestages und der Bundesversammlung im Sinne dieses Grundgesetzes ist die Mehrheit ihrer gesetzlichen Mitgliederzahl.

[1) Art. 120 Abs. 1 neu gef. durch G v. 30. 7. 1965 (BGBl. I S. 649), Abs. 1 Satz 2 geänd. durch G v. 28. 7. 1969 (BGBl. I S. 985).
[2) Siehe das Erste G zur Überleitung von Lasten und Deckungsmitteln auf den Bund v. 28. 4. 1955 (BGBl. I S. 193), zuletzt geänd. durch G v. 20. 12. 1991 (BGBl. I S. 2317).
[3) Art. 120 a eingef. durch G v. 14. 8. 1952 (BGBl. I S. 445).

Art. 122 **[Bisherige Gesetzgebungskompetenzen]** (1) Vom Zusammentritt des Bundestages an werden die Gesetze ausschließlich von den in diesem Grundgesetze anerkannten gesetzgebenden Gewalten beschlossen.

(2) Gesetzgebende und bei der Gesetzgebung beratend mitwirkende Körperschaften, deren Zuständigkeit nach Absatz 1 endet, sind mit diesem Zeitpunkt aufgelöst.

Art. 123 **[Fortgeltung des alten Rechts]** (1) Recht aus der Zeit vor dem Zusammentritt des Bundestages gilt fort, soweit es dem Grundgesetze nicht widerspricht.

(2) Die vom Deutschen Reich abgeschlossenen Staatsverträge, die sich auf Gegenstände beziehen, für die nach diesem Grundgesetze die Landesgesetzgebung zuständig ist, bleiben, wenn sie nach allgemeinen Rechtsgrundsätzen gültig sind und fortgelten, unter Vorbehalt aller Rechte und Einwendungen der Beteiligten in Kraft, bis neue Staatsverträge durch die nach diesem Grundgesetze zuständigen Stellen abgeschlossen werden oder ihre Beendigung auf Grund der in ihnen enthaltenen Bestimmungen anderweitig erfolgt.

Art. 124 **[Altes Recht auf dem Gebiet der ausschließlichen Gesetzgebung]** Recht, das Gegenstände der ausschließlichen Gesetzgebung des Bundes[1] betrifft, wird innerhalb seines Geltungsbereiches Bundesrecht.

Art. 125 **[Altes Recht auf dem Gebiet der konkurrierenden Gesetzgebung]** Recht, das Gegenstände der konkurrierenden Gesetzgebung des Bundes[2] betrifft, wird innerhalb seines Geltungsbereiches Bundesrecht,

1. soweit es innerhalb einer oder mehrerer Besatzungszonen einheitlich gilt,

2. soweit es sich um Recht handelt, durch das nach dem 8. Mai 1945 früheres Reichsrecht abgeändert worden ist.

Art. 125 a[3] **[Fortgeltung von Bundesrecht; Ersetzung durch Landesrecht]** (1) [1]Recht, das als Bundesrecht erlassen worden ist, aber wegen der Änderung des Artikels 74 Abs. 1, der Einfügung des Artikels 84 Abs. 1 Satz 7, des Artikels 85 Abs. 1 Satz 2 oder des Artikels 105 Abs. 2a Satz 2 oder wegen der Aufhebung der Artikel 74a, 75 oder 98 Abs. 3 Satz 2 nicht mehr als Bundesrecht erlassen werden könnte, gilt als Bundesrecht fort. [2]Es kann durch Landesrecht ersetzt werden.

(2) [1]Recht, das auf Grund des Artikels 72 Abs. 2 in der bis zum 15. November 1994 geltenden Fassung erlassen worden ist, aber wegen Änderung des Artikels 72 Abs. 2 nicht mehr als Bundesrecht erlassen

(Fortsetzung nächste Seite)

[1] Siehe Art. 73 und 105 Abs. 1.
[2] *Siehe Art. 74 und 105 Abs. 2.*
[3] Art. 125 a eingef. durch G v. 27. 10. 1994 (BGBl I S. 3146); neu gef. mWv 1. 9. 2006 durch G v. 28. 8. 2006 (BGBl. I S. 2034).

werden könnte, gilt als Bundesrecht fort. [2] Durch Bundesgesetz kann bestimmt werden, dass es durch Landesrecht ersetzt werden kann.

(3) [1] Recht, das als Landesrecht erlassen worden ist, aber wegen Änderung des Artikels 73 nicht mehr als Landesrecht erlassen werden könnte, gilt als Landesrecht fort. [2] Es kann durch Bundesrecht ersetzt werden.

Art. 125b[1] **[Fortgeltung von Bundesrecht; abweichende Regelungen durch die Länder]** (1) [1] Recht, das auf Grund des Artikels 75 in der bis zum 1. September 2006 geltenden Fassung erlassen worden ist und das auch nach diesem Zeitpunkt als Bundesrecht erlassen werden könnte, gilt als Bundesrecht fort. [2] Befugnisse und Verpflichtungen der Länder zur Gesetzgebung bleiben insoweit bestehen. [3] Auf den in Artikel 72 Abs. 3 Satz 1 genannten Gebieten können die Länder von diesem Recht abweichende Regelungen treffen, auf den Gebieten des Artikels 72 Abs. 3 Satz 1 Nr. 2, 5 und 6 jedoch erst, wenn und soweit der Bund ab dem 1. September 2006 von seiner Gesetzgebungszuständigkeit Gebrauch gemacht hat, in den Fällen der Nummern 2 und 5 spätestens ab dem 1. Januar 2010, im Falle der Nummer 6 spätestens ab dem 1. August 2008.

(2) Von bundesgesetzlichen Regelungen, die auf Grund des Artikels 84 Abs. 1 in der vor dem 1. September 2006 geltenden Fassung erlassen worden sind, können die Länder abweichende Regelungen treffen, von Regelungen des Verwaltungsverfahrens bis zum 31. Dezember 2008 aber nur dann, wenn ab dem 1. September 2006 in dem jeweiligen Bundesgesetz Regelungen des Verwaltungsverfahrens geändert worden sind.

(3) Auf dem Gebiet des Artikels 72 Absatz 3 Satz 1 Nummer 7 darf abweichendes Landesrecht der Erhebung der Grundsteuer frühestens für Zeiträume ab dem 1. Januar 2025 zugrunde gelegt werden.

Art. 125c[2] **[Fortgeltung von Bundesrecht auf dem Gebiet der Gemeindeverkehrsfinanzierung und der sozialen Wohnraumförderung]**

(1) Recht, das auf Grund des Artikels 91a Abs. 2 in Verbindung mit Abs. 1 Nr. 1 in der bis zum 1. September 2006 geltenden Fassung erlassen worden ist, gilt bis zum 31. Dezember 2006 fort.

(2) [1] Die nach Artikel 104a Abs. 4 in der bis zum 1. September 2006 geltenden Fassung in den Bereichen der Gemeindeverkehrsfinanzierung und der sozialen Wohnraumförderung geschaffenen Regelungen gelten bis zum 31. Dezember 2006 fort. [2] Die im Bereich der Gemeindeverkehrsfinanzierung für die besonderen Programme nach § 6 Absatz 1 des Gemeindeverkehrsfinanzierungsgesetzes[3] sowie die mit dem Gesetz über Finanzhilfen des Bundes nach Artikel 104a Absatz 4 des Grundgesetzes an die Länder Bremen, Hamburg, Mecklenburg-Vorpommern, Niedersachsen sowie Schleswig-Holstein für Seehäfen vom 20. Dezember 2001 nach Artikel 104a Absatz 4 in der bis zum 1. September 2006 geltenden Fassung geschaffenen Regelungen gelten bis

[1] Art. 125b eingef. mWv 1.9.2006 durch G v. 28.8.2006 (BGBl. I S. 2034); Abs. 3 angef. mWv 21.11.2019 durch G v. 15.11.2019 (BGBl. I S. 1546).
[2] Art. 125c eingef. mWv 1.9.2006 durch G v. 28.8.2006 (BGBl. I S. 2034); Abs. 2 Satz 2 neu gef., Sätze 3 und 4 angef. mWv 20.7.2017 durch G v. 13.7.2017 (BGBl. I S. 2347); Abs. 2 Satz 3 geänd., Satz 5 und Abs. 3 angef. mWv 4.4.2019 durch G v. 28.3.2019 (BGBl. I S. 404).
[3] **Sartorius III Nr. 140.**

zu ihrer Aufhebung fort. [3]Eine Änderung des Gemeindeverkehrsfinanzierungsgesetzes durch Bundesgesetz ist zulässig. [4]Die sonstigen nach Artikel 104a Absatz 4 in der bis zum 1. September 2006 geltenden Fassung geschaffenen Regelungen gelten bis zum 31. Dezember 2019 fort, soweit nicht ein früherer Zeitpunkt für das Außerkrafttreten bestimmt ist oder wird. [5]Artikel 104b Absatz 2 Satz 4 gilt entsprechend.

(3) Artikel 104b Absatz 2 Satz 5 ist erstmals auf nach dem 31. Dezember 2019 in Kraft getretene Regelungen anzuwenden.

Art. 126[1)] **[Streit über das Fortgelten des alten Rechts]** Meinungsverschiedenheiten über das Fortgelten von Recht als Bundesrecht entscheidet das Bundesverfassungsgericht.

Art. 127 [Recht des Vereinigten Wirtschaftsgebietes] Die Bundesregierung kann mit Zustimmung der Regierungen der beteiligten Länder Recht der Verwaltung des Vereinigten Wirtschaftsgebietes, soweit es nach Artikel 124 oder 125 als Bundesrecht fortgilt, innerhalb eines Jahres nach Verkündung dieses Grundgesetzes in den Ländern Baden, Groß-Berlin, Rheinland-Pfalz und Württemberg-Hohenzollern in Kraft setzen.

Art. 128 [Fortbestehen von Weisungsrechten] Soweit fortgeltendes Recht Weisungsrechte im Sinne des Artikels 84 Abs. 5 vorsieht, bleiben sie bis zu einer anderweitigen gesetzlichen Regelung bestehen.

Art. 129 [Fortgeltung von Ermächtigungen zu Rechtsverordnungen]
(1) [1]Soweit in Rechtsvorschriften, die als Bundesrecht fortgelten, eine Ermächtigung zum Erlasse von Rechtsverordnungen oder allgemeinen Verwaltungsvorschriften sowie zur Vornahme von Verwaltungsakten enthalten ist, geht sie auf die nunmehr sachlich zuständigen Stellen über. [2]In Zweifelsfällen entscheidet die Bundesregierung im Einvernehmen mit dem Bundesrate; die Entscheidung ist zu veröffentlichen.

(2) Soweit in Rechtsvorschriften, die als Landesrecht fortgelten, eine solche Ermächtigung enthalten ist, wird sie von den nach Landesrecht zuständigen Stellen ausgeübt.

(3) Soweit Rechtsvorschriften im Sinne der Absätze 1 und 2 zu ihrer Änderung oder Ergänzung oder zum Erlaß von Rechtsvorschriften anstelle von Gesetzen ermächtigen, sind diese Ermächtigungen erloschen.

(4) Die Vorschriften der Absätze 1 und 2 gelten entsprechend, soweit in Rechtsvorschriften auf nicht mehr geltende Vorschriften oder nicht mehr bestehende Einrichtungen verwiesen ist.

Art. 130 [Überleitung von Verwaltungs- und Rechtspflegeeinrichtungen] (1) [1]Verwaltungsorgane und sonstige der öffentlichen Verwaltung und Rechtspflege dienende Einrichtungen, die nicht auf Landesrecht oder Staatsverträgen zwischen Ländern beruhen, sowie die Betriebsvereinigung der südwestdeutschen Eisenbahnen und der Verwaltungsrat für das Post- und Fernmeldewesen für das französische Besatzungsgebiet unterstehen der Bundesregie-

[1)] Siehe hierzu § 13 Nr. 14 und §§ 86 ff. BundesverfassungsgerichtsG (Nr. **40**).

rung. [2]Diese regelt mit Zustimmung des Bundesrates die Überführung, Auflösung oder Abwicklung.

(2) Oberster Disziplinarvorgesetzter der Angehörigen dieser Verwaltungen und Einrichtungen ist der zuständige Bundesminister.

(3) Nicht landesunmittelbare und nicht auf Staatsverträgen zwischen den Ländern beruhende Körperschaften und Anstalten des öffentlichen Rechtes unterstehen der Aufsicht der zuständigen obersten Bundesbehörde.

(Fortsetzung nächstes Blatt)

Art. 131[1] **[Frühere Angehörige des öffentlichen Dienstes]** [1]Die Rechtsverhältnisse von Personen einschließlich der Flüchtlinge und Vertriebenen, die am 8. Mai 1945 im öffentlichen Dienste standen, aus anderen als beamten- oder tarifrechtlichen Gründen ausgeschieden sind und bisher nicht oder nicht ihrer früheren Stellung entsprechend verwendet werden, sind durch Bundesgesetz[2] zu regeln. [2]Entsprechendes gilt für Personen einschließlich der Flüchtlinge und Vertriebenen, die am 8. Mai 1945 versorgungsberechtigt waren und aus anderen als beamten- oder tarifrechtlichen Gründen keine oder keine entsprechende Versorgung mehr erhalten. [3]Bis zum Inkrafttreten des Bundesgesetzes können vorbehaltlich anderweitiger landesrechtlicher Regelung Rechtsansprüche nicht geltend gemacht werden.

Art. 132[3] **[Ausschluss aus dem Öffentlichen Dienst]** (1) [1]*Beamte und Richter, die im Zeitpunkte des Inkrafttretens dieses Grundgesetzes auf Lebenszeit angestellt sind, können binnen sechs Monaten nach dem ersten Zusammentritt des Bundestages in den Ruhestand oder Wartestand oder in ein Amt mit niedrigerem Diensteinkommen versetzt werden, wenn ihnen die persönliche oder fachliche Eignung für ihr Amt fehlt. [2]Auf Angestellte, die in einem unkündbaren Dienstverhältnis stehen, findet diese Vorschrift entsprechende Anwendung. [3]Bei Angestellten, deren Dienstverhältnis kündbar ist, können über die tarifmäßige Regelung hinausgehende Kündigungsfristen innerhalb der gleichen Frist aufgehoben werden.*

(2) *Diese Bestimmung findet keine Anwendung auf Angehörige des öffentlichen Dienstes, die von den Vorschriften über die „Befreiung von Nationalsozialismus und Militarismus" nicht betroffen oder die anerkannte Verfolgte des Nationalsozialismus sind, sofern nicht ein wichtiger Grund in ihrer Person vorliegt.*

(3) *Den Betroffenen steht der Rechtsweg gemäß Artikel 19 Absatz 4 offen.*

(4) *Das Nähere bestimmt eine Verordnung der Bundesregierung, die der Zustimmung des Bundesrates bedarf.*

Art. 133 **[Rechtsnachfolge, Vereinigtes Wirtschaftsgebiet]** Der Bund tritt in die Rechte und Pflichten der Verwaltung des Vereinigten Wirtschaftsgebietes ein.

Art. 134 **[Rechtsnachfolge in das Reichsvermögen]** (1) Das Vermögen des Reiches wird grundsätzlich Bundesvermögen.

(2) [1]Soweit es nach seiner ursprünglichen Zweckbestimmung überwiegend für Verwaltungsaufgaben bestimmt war, die nach diesem Grundgesetze nicht Verwaltungsaufgaben des Bundes sind, ist es unentgeltlich auf die nunmehr zuständigen Aufgabenträger und, soweit es nach seiner gegenwärtigen, nicht nur vorübergehenden Benutzung

[1] Art. 131 wird gem. Art. 6 EVertr. v. 31. 8. 1990 (BGBl. II S. 889) im Gebiet der ehem. DDR vorerst nicht in Kraft gesetzt.
[2] Siehe hierzu G zur Regelung der Rechtsverhältnisse der unter Art. 131 GG fallenden Personen idF v. 13. 10. 1965 (BGBl. I S. 1686). Das G u. alle DVOen sind mWv. 1. 10. 1994 durch G v. 20. 9. 1994 aufgehoben worden.
[3] Infolge Zeitablaufs gegenstandslos.

Verwaltungsaufgaben dient, die nach diesem Grundgesetze nunmehr von den Ländern zu erfüllen sind, auf die Länder zu übertragen. [2]Der Bund kann auch sonstiges Vermögen den Ländern übertragen.

(3) Vermögen, das dem Reich von den Ländern und Gemeinden (Gemeindeverbänden) unentgeltlich zur Verfügung gestellt wurde, wird wiederum Vermögen der Länder und Gemeinden (Gemeindeverbände), soweit es nicht der Bund für eigene Verwaltungsaufgaben benötigt.

(4) Das Nähere regelt ein Bundesgesetz,[1] das der Zustimmung des Bundesrates bedarf.

Art. 135 [Vermögen bei Änderung des Gebietsstandes] (1) Hat sich nach dem 8. Mai 1945 bis zum Inkrafttreten[2] dieses Grundgesetzes die Landeszugehörigkeit eines Gebietes geändert, so steht in diesem Gebiete das Vermögen des Landes, dem das Gebiet angehört hat, dem Lande zu, dem es jetzt angehört.

(2) Das Vermögen nicht mehr bestehender Länder und nicht mehr bestehender anderer Körperschaften und Anstalten des öffentlichen Rechtes geht, soweit es nach seiner ursprünglichen Zweckbestimmung überwiegend für Verwaltungsaufgaben bestimmt war, oder nach seiner gegenwärtigen, nicht nur vorübergehenden Benutzung überwiegend Verwaltungsaufgaben dient, auf das Land oder die Körperschaft oder Anstalt des öffentlichen Rechtes über, die nunmehr diese Aufgaben erfüllen.

(3) Grundvermögen nicht mehr bestehender Länder geht einschließlich des Zubehörs, soweit es nicht bereits zu Vermögen im Sinne des Absatzes 1 gehört, auf das Land über, in dessen Gebiet es belegen ist.

(4) Sofern ein überwiegendes Interesse des Bundes oder das besondere Interesse eines Gebietes es erfordert, kann durch Bundesgesetz eine von den Absätzen 1 bis 3 abweichende Regelung getroffen werden.

(5) Im übrigen wird die Rechtsnachfolge und die Auseinandersetzung, soweit sie nicht bis zum 1. Januar 1952 durch Vereinbarung zwischen den beteiligten Ländern oder Körperschaften oder Anstalten des öffentlichen Rechtes erfolgt, durch Bundesgesetz geregelt, das der Zustimmung des Bundesrates bedarf.

(6) [1]Beteiligungen des ehemaligen Landes Preußen an Unternehmen des privaten Rechtes gehen auf den Bund über. [2]Das Nähere regelt ein Bundesgesetz, das auch Abweichendes bestimmen kann.

(7) Soweit über Vermögen, das einem Lande oder einer Körperschaft oder Anstalt des öffentlichen Rechtes nach den Absätzen 1 bis 3 zufallen würde, von dem danach Berechtigten durch ein Landesgesetz, auf

[1] Siehe das G zur Regelung der Rechtsverhältnisse des Reichsvermögens und der preußischen Beteiligungen v. 16. 5. 1961 (BGBl. I S. 597); ferner das G ü. d. vermögensrechtlichen Verhältnisse der Deutschen Bundesbahn v. 2. 3. 1951 (BGBl. I S. 155) – gilt in der ehem. DDR einschl. Berlin/Ost nach Maßgabe d. Anl. I Kap. XI Sachgeb. A Abschn. III Nr. 2 iVm Nr. 11 EVertr. v. 31. 8. 1990 (BGBl. II S. 889, 1098) –, der Bundesautobahnen und sonstigen Bundesstraßen des Fernverkehrs (Nr. **930**).

[2] Siehe Art. 145.

Grund eines Landesgesetzes oder in anderer Weise bei Inkrafttreten des Grundgesetzes verfügt worden war, gilt der Vermögensübergang als vor der Verfügung erfolgt.

Art. 135 a[1)2)] **[Verbindlichkeiten des Reichs und anderer Körperschaften]** (1) Durch die in Artikel 134 Abs. 4 und Artikel 135 Abs. 5 vorbehaltene Gesetzgebung des Bundes kann auch bestimmt werden, daß nicht oder nicht in voller Höhe zu erfüllen sind

1. Verbindlichkeiten des Reiches sowie Verbindlichkeiten des ehemaligen Landes Preußen und sonstiger nicht mehr bestehender Körperschaften und Anstalten des öffentlichen Rechts,

2. Verbindlichkeiten des Bundes oder anderer Körperschaften und Anstalten des öffentlichen Rechts, welche mit dem Übergang von Vermögenswerten nach Artikel 89, 90, 134 und 135 im Zusammenhang stehen, und Verbindlichkeiten dieser Rechtsträger, die auf Maßnahmen der in Nummer 1 bezeichneten Rechtsträger beruhen,

3. Verbindlichkeiten der Länder und Gemeinden (Gemeindeverbände), die aus Maßnahmen entstanden sind, welche diese Rechtsträger vor dem 1. August 1945 zur Durchführung von Anordnungen der Besatzungsmächte oder zur Beseitigung eines kriegsbedingten Notstandes im Rahmen dem Reich obliegender oder vom Reich übertragener Verwaltungsaufgaben getroffen haben.

(2) Absatz 1 findet entsprechende Anwendung auf Verbindlichkeiten der Deutschen Demokratischen Republik oder ihrer Rechtsträger sowie auf Verbindlichkeiten des Bundes oder anderer Körperschaften und Anstalten des öffentlichen Rechts, die mit dem Übergang von Vermögenswerten der Deutschen Demokratischen Republik auf Bund, Länder und Gemeinden im Zusammenhang stehen, und auf Verbindlichkeiten, die auf Maßnahmen der Deutschen Demokratischen Republik oder ihrer Rechtsträger beruhen.

Art. 136[3)] **[Erster Zusammentritt des Bundesrates]** (1) *Der Bundesrat tritt erstmalig am Tage des ersten Zusammentrittes des Bundestages zusammen.*

(2) [1] *Bis zur Wahl des ersten Bundespräsidenten werden dessen Befugnisse von dem Präsidenten des Bundesrates ausgeübt.* [2] *Das Recht der Auflösung des Bundestages steht ihm nicht zu.*

Art. 137[4)] **[Wählbarkeit von Angehörigen des Öffentlichen Dienstes u.a.]** (1)[5)] Die Wählbarkeit von Beamten, Angestellten des öffentlichen Dienstes, Berufssoldaten, freiwilligen Soldaten auf Zeit und Richtern im

[1)] Art. 135 a eingef. durch G v. 22. 10. 1957 (BGBl. I S. 1745); Abs. 2 angef., bish. Wortlaut wird *Abs. 1 durch EVertr.* v. 31. 8. 1990 (BGBl. II S. 889).

[2)] Siehe hierzu auch das Allgemeine KriegsfolgenG v. 5. 11. 1957 (BGBl. I S. 1747), zuletzt geänd. durch G v. 31. 7. 2009 (BGBl. I S. 2512), das G zur Regelung der Verbindlichkeiten nationalsozialist. Einrichtungen und der Rechtsverhältnisse an deren Vermögen v. 17. 3. 1965 (BGBl. I S. 79), zuletzt geänd. durch G v. 12. 8. 2005 (BGBl. I S. 2354) und das Rechtsträger-AbwicklungsG v. 6. 9. 1965 (BGBl. I S. 1065), zuletzt geänd. durch G v. 5. 10. 1994 (BGBl. I S. 2911).

[3)] Gegenstandslos durch Zeitablauf.

[4)] Art. 137 Abs. 1 neu gef. durch G v. 19. 3. 1956 (BGBl. I S. 111).

[5)] Siehe hierzu auch das AbgeordnetenG (Nr. 48).

Bund, in den Ländern und den Gemeinden kann gesetzlich beschränkt werden.

(2)[1) *Für die Wahl des ersten Bundestages, der ersten Bundesversammlung und des ersten Bundespräsidenten der Bundesrepublik gilt das vom Parlamentarischen Rat zu beschließende Wahlgesetz.*

(3)[1) *Die dem Bundesverfassungsgerichte gemäß Artikel 41 Absatz 2 zustehende Befugnis wird bis zu seiner Errichtung von dem Deutschen Obergericht für das Vereinigte Wirtschaftsgebiet wahrgenommen, das nach Maßgabe seiner Verfahrensordnung entscheidet.*

Art. 138 [Süddeutsches Notariat] Änderungen der Einrichtungen des jetzt bestehenden Notariats in den Ländern *Baden*[2), Bayern, *Württemberg-Baden*[2) und *Württemberg-Hohenzollern*[2) bedürfen der Zustimmung der Regierungen dieser Länder.

Art. 139 [Entnazifizierungsvorschriften] Die zur „Befreiung des deutschen Volkes vom Nationalsozialismus und Militarismus" erlassenen Rechtsvorschriften werden von den Bestimmungen dieses Grundgesetzes nicht berührt.

Art. 140 [Übernahme von Glaubensbestimmungen der Weimarer Reichsverfassung] Die Bestimmungen der Artikel 136, 137, 138, 139 und 141 der deutschen Verfassung vom 11. August 1919[3) sind Bestandteil dieses Grundgesetzes.

Art. 141 [Religionsunterricht] Artikel 7 Abs. 3 Satz 1 findet keine Anwendung in einem Lande, in dem am 1. Januar 1949 eine andere landesrechtliche Regelung bestand.

Art. 142 [Grundrechte in Landesverfassungen] Ungeachtet der Vorschrift des Artikels 31 bleiben Bestimmungen der Landesverfassungen auch insoweit in Kraft, als sie in Übereinstimmung mit den Artikeln 1 bis 18 dieses Grundgesetzes Grundrechte gewährleisten.

Art. 142 a[4) *(aufgehoben)*

Art. 143[5) **[Sondervorschriften für neue Bundesländer und Ost-Berlin]** (1)[6) [1 Recht in dem in Artikel 3 des Einigungsvertrags genannten Gebiet kann längstens bis zum 31. Dezember 1992 von den Bestimmungen dieses Grundgesetzes abweichen, soweit und solange infolge der unterschiedlichen Verhältnisse die völlige Anpassung an die grundgesetzliche Ordnung noch nicht

[1) Gegenstandslos durch Zeitablauf.

[2) Nach Vereinigung der drei Länder durch das 2. NeugliederungsG v. 4. 5. 1951 (BGBl. I S. 284) seit dem 25. 4 1952 „Baden-Württemberg".

[3) Die Artikel 136, 137, 138, 139 und 141 der Weimarer Reichsverfassung sind im Anschluss an Art. 146 wiedergegeben.

[4) Art. 142 a aufgeh. durch G v. 24. 6. 1968 (BGBl. I S. 709).

[5) *Art. 143 eingef. durch EVertr. v. 31. 8. 1990 (BGBl. II S. 889).*

[6) Art. 143 Abs. 1 und 2 haben gem. Unterzeichnungsprotokoll zum EVertr. „[...] nur zeitliche Bedeutung; sie sind deshalb keine Vorgabe für die künftige Gesetzgebung."

erreicht werden kann. [2] Abweichungen dürfen nicht gegen Artikel 19 Abs. 2 verstoßen und müssen mit den in Artikel 79 Abs. 3 genannten Grundsätzen vereinbar sein.

(2)[1] Abweichungen von den Abschnitten II, VIII, VIIIa, IX, X und XI sind längstens bis zum 31. Dezember 1995 zulässig.

(3) Unabhängig von Absatz 1 und 2 haben Artikel 41 des Einigungsvertrags und Regelungen zu seiner Durchführung auch insoweit Bestand, als sie vorsehen, daß Eingriffe in das Eigentum auf dem in Artikel 3 dieses Vertrags genannten Gebiet nicht mehr rückgängig gemacht werden.

Art. 143a[2] [Übergangsvorschriften für Bundeseisenbahnen] (1) [1] Der Bund hat die ausschließliche Gesetzgebung über alle Angelegenheiten, die sich aus der Umwandlung der in bundeseigener Verwaltung geführten Bundeseisenbahnen in Wirtschaftsunternehmen ergeben. [2] Artikel 87e Abs. 5 findet entsprechende Anwendung. [3] Beamte der Bundeseisenbahnen können durch Gesetz unter Wahrung ihrer Rechtsstellung und der Verantwortung des Dienstherrn einer privat-rechtlich organisierten Eisenbahn des Bundes zur Dienstleistung zugewiesen werden.

(2) Gesetze nach Absatz 1 führt der Bund aus.

(3) [1] Die Erfüllung der Aufgaben im Bereich des Schienenpersonennahverkehrs der bisherigen Bundeseisenbahnen ist bis zum 31. Dezember 1995 Sache des Bundes. [2] Dies gilt auch für die entsprechenden Aufgaben der Eisenbahnverkehrsverwaltung. [3] Das Nähere wird durch Bundesgesetz geregelt, das der Zustimmung des Bundesrates bedarf.

Art. 143b[3] [Umwandlung der Deutschen Bundespost] (1) [1] Das Sondervermögen Deutsche Bundespost wird nach Maßgabe eines Bundesgesetzes in Unternehmen privater Rechtsform umgewandelt. [2] Der Bund hat die ausschließliche Gesetzgebung über alle sich hieraus ergebenden Angelegenheiten.

(2) [1] Die vor der Umwandlung bestehenden ausschließlichen Rechte des Bundes können durch Bundesgesetz für eine Übergangzeit den aus der Deutschen Bundespost POSTDIENST und der Deutschen Bundespost TELEKOM hervorgegangenen Unternehmen verliehen werden. [2] Die Kapitalmehrheit am Nachfolgeunternehmen der Deutschen Bundespost POSTDIENST darf der Bund frühestens fünf Jahre nach Inkrafttreten des Gesetzes aufgeben. [3] Dazu bedarf es eines Bundesgesetzes mit Zustimmung des Bundesrates.

(3) [1] Die bei der Deutschen Bundespost tätigen Bundesbeamten werden unter Wahrung ihrer Rechtsstellung und der Verantwortung des Dienstherrn bei den privaten Unternehmen beschäftigt. [2] Die Unternehmen üben Dienstherrenbefugnisse aus. [3] Das Nähere bestimmt ein Bundesgesetz.

Art. 143c[4] [Übergangsvorschriften wegen Wegfalls der Finanzhilfen durch den Bund] (1) [1] Den Ländern stehen ab dem 1. Januar 2007 bis zum 31. Dezember 2019 für den durch die Abschaffung der Gemeinschaftsaufgaben Ausbau und Neubau von Hochschulen einschließlich Hochschulkliniken und

[1] Art. 143 Abs. 1 und 2 haben gem. Unterzeichnungsprotokoll zum EVertr. „[…] nur zeitliche Bedeutung; sie sind deshalb keine Vorgabe für die künftige Gesetzgebung."
[2] Art. 143a eingef. durch G v. 20.12.1993 (BGBl. I S. 2089).
[3] Art. 143b eingef. durch G v. 30.8.1994 (BGBl. I S. 2245).
[4] Art. 143c eingef. mWv 1.9.2006 durch G v. 28.8.2006 (BGBl. I S. 2034).

Bildungsplanung sowie für den durch die Abschaffung der Finanzhilfen zur Verbesserung der Verkehrsverhältnisse der Gemeinden und zur sozialen Wohnraumförderung bedingten Wegfall der Finanzierungsanteile des Bundes jährlich Beträge aus dem Haushalt des Bundes zu. [2] Bis zum 31. Dezember 2013 werden diese Beträge aus dem Durchschnitt der Finanzierungsanteile des Bundes im Referenzzeitraum 2000 bis 2008 ermittelt.

(2) Die Beträge nach Absatz 1 werden auf die Länder bis zum 31. Dezember 2013 wie folgt verteilt:

1. als jährliche Festbeträge, deren Höhe sich nach dem Durchschnittsanteil eines jeden Landes im Zeitraum 2000 bis 2003 errechnet;
2. jeweils zweckgebunden an den Aufgabenbereich der bisherigen Mischfinanzierungen.

(3) [1] Bund und Länder überprüfen bis Ende 2013, in welcher Höhe die den Ländern nach Absatz 1 zugewiesenen Finanzierungsmittel zur Aufgabenerfüllung der Länder noch angemessen und erforderlich sind. [2] Ab dem 1. Januar 2014 entfällt die nach Absatz 2 Nr. 2 vorgesehene Zweckbindung der nach Absatz 1 zugewiesenen Finanzierungsmittel; die investive Zweckbindung des Mittelvolumens bleibt bestehen. [3] Die Vereinbarungen aus dem Solidarpakt II bleiben unberührt.

(4) Das Nähere regelt ein Bundesgesetz, das der Zustimmung des Bundesrates bedarf.

Art. 143d[1) [Übergangsvorschriften im Rahmen der Konsolidierungshilfen]

(1) [1] Artikel 109 und 115 in der bis zum 31. Juli 2009 geltenden Fassung sind letztmals auf das Haushaltsjahr 2010 anzuwenden. [2] Artikel 109 und 115 in der ab dem 1. August 2009 geltenden Fassung sind erstmals für das Haushaltsjahr 2011 anzuwenden; am 31. Dezember 2010 bestehende Kreditermächtigungen für bereits eingerichtete Sondervermögen bleiben unberührt. [3] Die Länder dürfen im Zeitraum vom 1. Januar 2011 bis zum 31. Dezember 2019 nach Maßgabe der geltenden landesrechtlichen Regelungen von den Vorgaben des Artikels 109 Absatz 3 abweichen. [4] Die Haushalte der Länder sind so aufzustellen, dass im Haushaltsjahr 2020 die Vorgabe aus Artikel 109 Absatz 3 Satz 5 erfüllt wird. [5] Der Bund kann im Zeitraum vom 1. Januar 2011 bis zum 31. Dezember 2015 von der Vorgabe des Artikels 115 Absatz 2 Satz 2 abweichen. [6] Mit dem Abbau des bestehenden Defizits soll im Haushaltsjahr 2011 begonnen werden. [7] Die jährlichen Haushalte sind so aufzustellen, dass im Haushaltsjahr 2016 die Vorgabe aus Artikel 115 Absatz 2 Satz 2 erfüllt wird; das Nähere regelt ein Bundesgesetz.

(2) [1] Als Hilfe zur Einhaltung der Vorgaben des Artikels 109 Absatz 3 ab dem 1. Januar 2020 können den Ländern Berlin, Bremen, Saarland, Sachsen-Anhalt und Schleswig-Holstein für den Zeitraum 2011 bis 2019 Konsolidierungshilfen aus dem Haushalt des Bundes in Höhe von insgesamt 800 Millionen Euro jährlich gewährt werden. [2] Davon entfallen auf Bremen 300 Millionen Euro, auf das Saarland 260 Millionen Euro und auf Berlin, Sachsen-Anhalt und Schleswig-Holstein jeweils 80 Millionen Euro. [3] Die Hilfen werden auf der Grundlage einer Verwaltungsvereinbarung nach Maßgabe eines Bundesgesetzes mit Zustimmung des Bundesrates geleistet. [4] Die Gewährung der Hilfen setzt einen vollständigen Abbau der Finanzierungsdefizite bis zum Jahresende 2020 voraus. [5] Das Nähere,

[1)] Art. 143d eingef. mWv 1.8.2009 durch G v. 29.7.2009 (BGBl. I S. 2248); Abs. 4 angef. mWv 20.7. 2017 durch G v. 13.7.2017 (BGBl. I S. 2347).

insbesondere die jährlichen Abbauschritte der Finanzierungsdefizite, die Überwachung des Abbaus der Finanzierungsdefizite durch den Stabilitätsrat sowie die Konsequenzen im Falle der Nichteinhaltung der Abbauschritte, wird durch Bundesgesetz mit Zustimmung des Bundesrates und durch Verwaltungsvereinbarung geregelt. [6]Die gleichzeitige Gewährung der Konsolidierungshilfen und Sanierungshilfen auf Grund einer extremen Haushaltsnotlage ist ausgeschlossen.

(3) [1]Die sich aus der Gewährung der Konsolidierungshilfen ergebende Finanzierungslast wird hälftig von Bund und Ländern, von letzteren aus ihrem Umsatzsteueranteil, getragen. [2]Das Nähere wird durch Bundesgesetz mit Zustimmung des Bundesrates geregelt.

(4) [1]Als Hilfe zur künftig eigenständigen Einhaltung der Vorgaben des Artikels 109 Absatz 3 können den Ländern Bremen und Saarland ab dem 1. Januar 2020 Sanierungshilfen in Höhe von jährlich insgesamt 800 Millionen Euro aus dem Haushalt des Bundes gewährt werden. [2]Die Länder ergreifen hierzu Maßnahmen zum Abbau der übermäßigen Verschuldung sowie zur Stärkung der Wirtschafts- und Finanzkraft. [3]Das Nähere regelt ein Bundesgesetz, das der Zustimmung des Bundesrates bedarf. [4]Die gleichzeitige Gewährung der Sanierungshilfen und Sanierungshilfen auf Grund einer extremen Haushaltsnotlage ist ausgeschlossen.

Art. 143e[1)] **[Übergangsvorschrift wegen Umwandlung der Auftragsverwaltung für die Bundesautobahnen und Bundesstraßen in Bundesverwaltung]** (1) [1]Die Bundesautobahnen werden abweichend von Artikel 90 Absatz 2 längstens bis zum 31. Dezember 2020 in Auftragsverwaltung durch die Länder oder die nach Landesrecht zuständigen Selbstverwaltungskörperschaften geführt. [2]Der Bund regelt die Umwandlung der Auftragsverwaltung in Bundesverwaltung nach Artikel 90 Absatz 2 und 4 durch Bundesgesetz mit Zustimmung des Bundesrates.

(2) Auf Antrag eines Landes, der bis zum 31. Dezember 2018 zu stellen ist, übernimmt der Bund abweichend von Artikel 90 Absatz 4 die sonstigen Bundesstraßen des Fernverkehrs, soweit sie im Gebiet dieses Landes liegen, mit Wirkung zum 1. Januar 2021 in Bundesverwaltung.

(3) Durch Bundesgesetz mit Zustimmung des Bundesrates kann geregelt werden, dass ein Land auf Antrag die Aufgabe der Planfeststellung und Plangenehmigung für den Bau und für die Änderung von Bundesautobahnen und von sonstigen Bundesstraßen des Fernverkehrs, die der Bund nach Artikel 90 Absatz 4 oder Artikel 143e Absatz 2 in Bundesverwaltung übernommen hat, im Auftrage des Bundes übernimmt und unter welchen Voraussetzungen eine Rückübertragung erfolgen kann.

Art. 143f[2)] **[Bedingtes Außerkrafttreten des Art. 143d GG, des FAG und sonstiger aufgrund von Art. 107 Abs. 2 GG erlassener Gesetze]** [1]Artikel 143d, das Gesetz über den Finanzausgleich zwischen Bund und Ländern sowie sonstige auf der Grundlage von Artikel 107 Absatz 2 in seiner ab dem 1. Januar 2020 geltenden Fassung erlassene Gesetze treten außer Kraft, wenn nach dem 31. Dezember 2030 die Bundesregierung, der Bundestag oder gemeinsam mindestens drei Länder Verhandlungen über eine Neuordnung der bundesstaatlichen Finanzbeziehungen verlangt haben und mit Ablauf von fünf Jahren nach Notifika-

[1)] Art. 143e eingef. mWv 20.7.2017 durch G v. 13.7.2017 (BGBl. I S. 2347); Abs. 3 angef. mWv 4.4.2019 durch G v. 28.3.2019 (BGBl. I S. 404).
[2)] Art. 143f eingef. mWv 20.7.2017 durch G v. 13.7.2017 (BGBl. I S. 2347).

tion des Verhandlungsverlangens der Bundesregierung, des Bundestages oder der Länder beim Bundespräsidenten keine gesetzliche Neuordnung der bundesstaatlichen Finanzbeziehungen in Kraft getreten ist. [2] Der Tag des Außerkrafttretens ist im Bundesgesetzblatt bekannt zu geben.

Art. 143g[1] **[Anwendung des Art. 107 GG]** Für die Regelung der Steuerertragsverteilung, des Länderfinanzausgleichs und der Bundesergänzungszuweisungen bis zum 31. Dezember 2019 ist Artikel 107 in seiner bis zum Inkrafttreten des Gesetzes zur Änderung des Grundgesetzes vom 13. Juli 2017 geltenden Fassung weiter anzuwenden.

Art. 143h[2] *(außer Kraft)*

Art. 144[3] *[Ratifizierung des Grundgesetzes] (1) Dieses Grundgesetz bedarf der Annahme durch die Volksvertretungen in zwei Dritteln der deutschen Länder, in denen es zunächst gelten soll.*

(2) Soweit die Anwendung dieses Grundgesetzes in einem der in Artikel 23[4] *aufgeführten Länder oder in einem Teile eines dieser Länder Beschränkungen unterliegt, hat das Land oder der Teil des Landes das Recht, gemäß Artikel 38 Vertreter in den Bundestag und gemäß Artikel 50 Vertreter in den Bundesrat zu entsenden.*

Art. 145 [Inkrafttreten des Grundgesetzes] (1) Der Parlamentarische Rat stellt in öffentlicher Sitzung unter Mitwirkung der Abgeordneten Groß-Berlins die Annahme dieses Grundgesetzes fest, fertigt es aus und verkündet es.

(2) Dieses Grundgesetz tritt mit Ablauf des Tages der Verkündung[5] in Kraft.

(3) Es ist im Bundesgesetzblatte zu veröffentlichen.

Art. 146[6)7)] **[Geltungsdauer des Grundgesetzes]** Dieses Grundgesetz, das nach Vollendung der Einheit und Freiheit Deutschlands für das gesamte deutsche Volk gilt, verliert seine Gültigkeit an dem Tage, an dem eine Verfassung in Kraft tritt, die von dem deutschen Volke in freier Entscheidung beschlossen worden ist.

[1] Art. 143g eingef. mWv 20.7.2017 durch G v. 13.7.2017 (BGBl. I S. 2347).
[2] Art. 143h eingef. mWv 8.10.2020 und außer Kraft mWv 1.1.2021 gem. Art. 2 Satz 2 G v. 29.9.2020 (BGBl. I S. 2048).
[3] Gegenstandslos durch Vollzug.
[4] Bezieht sich auf Art. 23 in der durch Art. 4 Nr. 2 EVertr. v. 31.8.1990 (BGBl. II S. 885, 889) aufgehobenen Fassung.
[5] Verkündet am 23.5.1949.
[6] Art. 146 neu gef. durch EVertr. v. 31.8.1990 (BGBl. II S. 885, 889).
[7] Siehe hierzu Art. 5 EVertr. v. 31.8.1990 (BGBl. II S. 885, 889):
„**Art. 5 Künftige Verfassungsänderungen.** Die Regierungen der beiden Vertragsparteien empfehlen den gesetzgebenden Körperschaften des vereinten Deutschlands, sich innerhalb von zwei Jahren mit den im Zusammenhang mit der deutschen Einigung aufgeworfenen Fragen zur Änderung oder Ergänzung des Grundgesetzes zu befassen, insbesondere
– in bezug auf das Verhältnis zwischen Bund und Ländern entsprechend dem Gemeinsamen Beschluß der Ministerpräsidenten vom 5. Juli 1990,
– *in bezug auf die Möglichkeit einer Neugliederung für den Raum Berlin/ Brandenburg abweichend von* den Vorschriften des Artikels 29 des Grundgesetzes durch Vereinbarung der beteiligten Länder,
– mit den Überlegungen zur Aufnahme von Staatszielbestimmungen in das Grundgesetz sowie
– mit der Frage der Anwendung des Artikels 146 des Grundgesetzes und in deren Rahmen einer Volksabstimmung."

Anhang: [Gemäß Art. 140 GG weitergeltende Artikel der Weimarer Reichsverfassung]

Art. 136 WRV [Religionsunabhängigkeit von Rechten und Pflichten]

(1) Die bürgerlichen und staatsbürgerlichen Rechte und Pflichten werden durch die Ausübung der Religionsfreiheit weder bedingt noch beschränkt.

(2) Der Genuß bürgerlicher und staatsbürgerlicher Rechte sowie die Zulassung zu öffentlichen Ämtern sind unabhängig von dem religiösen Bekenntnis.

(3) [1] Niemand ist verpflichtet, seine religiöse Überzeugung zu offenbaren. [2] Die Behörden haben nur soweit das Recht, nach der Zugehörigkeit zu einer Religionsgesellschaft zu fragen, als davon Rechte und Pflichten abhängen oder eine gesetzlich angeordnete statistische Erhebung dies erfordert.

(4) Niemand darf zu einer kirchlichen Handlung oder Feierlichkeit oder zur Teilnahme an religiösen Übungen oder zur Benutzung einer religiösen Eidesform gezwungen werden.

Art. 137 WRV [Religionsgesellschaften] (1) Es besteht keine Staatskirche.

(2) [1] Die Freiheit der Vereinigung zu Religionsgesellschaften wird gewährleistet. [2] Der Zusammenschluß von Religionsgesellschaften innerhalb des Reichsgebiets unterliegt keinen Beschränkungen.

(3) [1] Jede Religionsgesellschaft ordnet und verwaltet ihre Angelegenheiten selbständig innerhalb der Schranken des für alle geltenden Gesetzes. [2] Sie verleiht ihre Ämter ohne Mitwirkung des Staates oder der bürgerlichen Gemeinde.

(4) Religionsgesellschaften erwerben die Rechtsfähigkeit nach den allgemeinen Vorschriften des bürgerlichen Rechtes.

(5) [1] Die Religionsgesellschaften bleiben Körperschaften des öffentlichen Rechtes, soweit sie solche bisher waren. [2] Anderen Religionsgesellschaften sind auf ihren Antrag gleiche Rechte zu gewähren, wenn sie durch ihre Verfassung und die Zahl ihrer Mitglieder die Gewähr der Dauer bieten. [3] Schließen sich mehrere derartige öffentlich-rechtliche Religionsgesellschaften zu einem Verbande zusammen, so ist auch dieser Verband eine öffentlich-rechtliche Körperschaft.

(6) Die Religionsgesellschaften, welche Körperschaften des öffentlichen Rechtes sind, sind berechtigt, auf Grund der bürgerlichen Steuerlisten nach Maßgabe der landesrechtlichen Bestimmungen Steuern zu erheben.

(7) Den Religionsgesellschaften werden die Vereinigungen gleichgestellt, die sich die gemeinschaftliche Pflege einer Weltanschauung zur Aufgabe machen.

(8) Soweit die Durchführung dieser Bestimmungen eine weitere Regelung erfordert, liegt diese der Landesgesetzgebung ob.

Art. 138 WRV [Staatsleistungen; Kirchengut] (1) [1] Die auf Gesetz, Vertrag oder besonderen Rechtstiteln beruhenden Staatsleistungen an die Religionsgesellschaften werden durch die Landesgesetzgebung abgelöst. [2] Die Grundsätze hierfür stellt das Reich auf.

(2) Das Eigentum und andere Rechte der Religionsgesellschaften und religiösen Vereine an ihren für Kultus-, Unterrichts- und Wohltätigkeitszwecke bestimmten Anstalten, Stiftungen und sonstigen Vermögen werden gewährleistet.

Art. 139 WRV [Sonn- und Feiertagsruhe] Der Sonntag und die staatlich anerkannten Feiertage bleiben als Tage der Arbeitsruhe und der seelischen Erhebung gesetzlich geschützt.

Art. 141 WRV [Religiöse Handlungen in öffentlichen Anstalten] Soweit das Bedürfnis nach Gottesdienst und Seelsorge im Heer, in Krankenhäusern, Strafanstalten oder sonstigen öffentlichen Anstalten besteht, sind die Religionsgesellschaften zur Vornahme religiöser Handlungen zuzulassen, wobei jeder Zwang fernzuhalten ist.

5. Gesetz über die Befugnisse des Petitionsausschusses des Deutschen Bundestages (Gesetz nach Artikel 45 c des Grundgesetzes)

Vom 19. Juli 1975

(BGBl. I S. 1921), geänd. durch Art. 4 Abs. 5 KostenrechtsmodernisierungsG (KostRMoG) v. 5. 5. 2004 (BGBl. I S. 718)

FNA 190-3

Der Bundestag hat das folgende Gesetz beschlosssen:

§ 1. Zur Vorbereitung von Beschlüssen über Beschwerden nach Artikel 17 des Grundgesetzes haben die Bundesregierung und die Behörden des Bundes dem Petitionsauschuß des Deutschen Bundestages Akten vorzulegen, Auskunft zu erteilen und Zutritt zu ihren Einrichtungen zu gestatten.

§ 2. Für die bundesunmittelbaren Körperschaften, Anstalten und Stiftungen des öffentlichen Rechts gilt § 1 entsprechend in dem Umfang, in dem sie der Aufsicht der Bundesregierung unterstehen.

§ 3. (1) Aktenvorlage, Auskunft sowie der Zutritt zu Einrichtungen dürfen nur verweigert werden, wenn der Vorgang nach einem Gesetz geheimgehalten werden muß oder sonstige zwingende Geheimhaltungsgründe bestehen.

(2) Über die Verweigerung entscheidet die zuständige oberste Aufsichtsbehörde des Bundes. Die Entscheidung ist zu begründen.

§ 4. Der Petitionsausschuß ist berechtigt, den Petenten, Zeugen und Sachverständige anzuhören.

§ 5 [1]**.** Der Petent, Zeugen und Sachverständige, die vom Ausschuß geladen worden sind, erhalten eine Entschädigung oder Vergütung nach dem Justizvergütungs- und -entschädigungsgesetz. [2]

§ 6. Der Petitionsausschuß kann nach Maßgabe der Geschäftsordnung des Deutschen Bundestages die Ausübung seiner Befugnisse nach diesem Gesetz im Einzelfall auf eines oder mehrere seiner Mitglieder übertragen.

§ 7. Gerichte und Verwaltungsbehörden sind verpflichtet, dem Petitionsausschuß und den von ihm beauftragten Mitgliedern Amtshilfe zu leisten.

[1] § 5 geänd. durch G v. 5. 5. 2004 (BGBl. I S. 718).
[2] **Schönfelder Nr. 116.**

§ 8. *(gegenstandslos)*

§ 9. Dieses Gesetz tritt am Tage nach seiner Verkündung[1] in Kraft.

[1] Das G ist am 23. 7. 1975 verkündet worden.

6. Gesetz zur Regelung des Rechts der Untersuchungsausschüsse des Deutschen Bundestages (Untersuchungsausschussgesetz – PUAG)[1])

Vom 19. Juni 2001

(BGBl. I S. 1142)

FNA 1101–10

geänd. durch Art. 4 Abs. 1 KostenrechtsmodernisierungsG v. 5.5.2004 (BGBl. I S. 718) und Art. 12 Abs. 1 Kostenrechtsänderungsgesetz 2021 v. 21.12.2020 (BGBl. I S. 3229)

§ 1 Einsetzung. (1) Der Bundestag hat das Recht und auf Antrag eines Viertels seiner Mitglieder die Pflicht, einen Untersuchungsausschuss einzusetzen.

(2) Die Einsetzung erfolgt durch Beschluss des Bundestages.

(3) Ein Untersuchungsverfahren ist zulässig im Rahmen der verfassungsmäßigen Zuständigkeit des Bundestages.

§ 2 Rechte der qualifizierten Minderheit bei der Einsetzung. (1) Ist die Einsetzung von einem Viertel der Mitglieder des Bundestages beantragt, so hat der Bundestag sie unverzüglich zu beschließen.

(2) Der Einsetzungsbeschluss darf den in dem Einsetzungsantrag bezeichneten Untersuchungsgegenstand nicht ändern, es sei denn, die Antragstellenden stimmen der Änderung zu.

(3) [1] Hält der Bundestag den Einsetzungsantrag für teilweise verfassungswidrig, so ist der Untersuchungsausschuss mit der Maßgabe einzusetzen, dass dessen Untersuchungen auf diejenigen Teile des Untersuchungsgegenstandes zu beschränken sind, die der Bundestag für nicht verfassungswidrig hält. [2] Das Recht der Antragstellenden, wegen der teilweisen Ablehnung des Einsetzungsantrages das Bundesverfassungsgericht anzurufen, bleibt unberührt.

§ 3 Gegenstand der Untersuchung. [1] Der Untersuchungsausschuss ist an den ihm erteilten Untersuchungsauftrag gebunden. [2] Eine nachträgliche Änderung des Untersuchungsauftrages bedarf eines Beschlusses des Bundestages; § 2 Abs. 2 ist entsprechend anzuwenden.

§ 4 Zusammensetzung. [1] Der Bundestag bestimmt bei der Einsetzung die Zahl der ordentlichen und die gleich große Zahl der stellvertretenden Mitglieder des Untersuchungsausschusses. [2] Die Bemessung der Zahl hat einerseits die Mehrheitsverhältnisse widerzuspiegeln und andererseits die Aufgabenstellung und die Arbeitsfähigkeit des Untersuchungsausschusses zu berücksichtigen. [3] Jede Fraktion muss vertreten sein. [4] Die Berücksichtigung von Gruppen richtet sich nach den allgemeinen Beschlüssen des Bundestages. [5] Die Zahl der auf die Fraktionen entfallenden Sitze wird nach dem Verfahren der mathematischen Proportion (St. Lague/Schepers) berechnet.

§ 5 Mitglieder. Die ordentlichen und stellvertretenden Mitglieder werden von den Fraktionen benannt und abberufen.

[1]) Verkündet als Art. 1 UntersuchungsausschussG v. 19.6.2001 (BGBl. I S. 1142); Inkrafttreten gem. Art. 3 Satz 1 dieses G am 26.6.2001.

§ 6 Vorsitz. (1) [1] Für den Vorsitz der Untersuchungsausschüsse sind die Fraktionen im Verhältnis ihrer Stärke zu berücksichtigen. [2] Der Untersuchungsausschuss bestimmt das Mitglied, das den Vorsitz führt, aus seiner Mitte nach den Vereinbarungen im Ältestenrat.

(2) Der oder die Vorsitzende leitet das Untersuchungsverfahren und ist dabei an den Einsetzungsbeschluss des Bundestages und an die Beschlüsse des Untersuchungsausschusses gebunden.

§ 7 Stellvertretender Vorsitz. (1) Der Untersuchungsausschuss bestimmt nach den Vereinbarungen im Ältestenrat ein Mitglied für den stellvertretenden Vorsitz; dieses Mitglied muss einer anderen Fraktion als der oder die Vorsitzende angehören.

(2) Der oder die stellvertretende Vorsitzende besitzt alle Rechte und Pflichten des oder der abwesenden Vorsitzenden.

§ 8 Einberufung. (1) Der oder die Vorsitzende beruft den Untersuchungsausschuss unter Angabe der Tagesordnung ein.

(2) Er oder sie ist zur Einberufung einer Sitzung zum nächstmöglichen Termin innerhalb des Zeitplanes verpflichtet, wenn dies von einem Viertel der Mitglieder des Untersuchungsausschusses unter Angabe der Tagesordnung verlangt wird.

(3) Zur Einberufung einer Sitzung außerhalb des Zeitplanes oder außerhalb des ständigen Sitzungsortes des Bundestages ist der oder die Vorsitzende nur berechtigt, wenn ein entsprechendes Verlangen eines Viertels der Mitglieder des Untersuchungsausschusses unter Angabe der Tagesordnung vorliegt und der Präsident oder die Präsidentin des Bundestages hierzu die Genehmigung erteilt hat.

§ 9 Beschlussfähigkeit. (1) [1] Der Untersuchungsausschuss ist beschlussfähig, wenn die Mehrheit seiner Mitglieder anwesend ist. [2] Er gilt solange als beschlussfähig, wie nicht auf Antrag die Beschlussunfähigkeit festgestellt wird.

(2) [1] Ist die Beschlussunfähigkeit festgestellt, so unterbricht der oder die Vorsitzende sofort die Sitzung auf bestimmte Zeit. [2] Ist der Untersuchungsausschuss auch nach Ablauf dieser Zeit noch nicht beschlussfähig, so ist unverzüglich eine neue Sitzung anzuberaumen. [3] In dieser Sitzung ist der Untersuchungsausschuss beschlussfähig, auch wenn nicht die Mehrheit seiner Mitglieder anwesend ist; hierauf ist in der Einladung hinzuweisen.

(Fortsetzung nächstes Blatt)

(3) Bei Beschlussunfähigkeit darf der Untersuchungsausschuss keine Untersuchungshandlungen durchführen.

(4) [1] Soweit in diesem Gesetz nichts anderes bestimmt ist, beschließt der Untersuchungsausschuss mit der Mehrheit der abgegebenen Stimmen. [2] Bei Stimmengleichheit ist der Antrag abgelehnt.

§ 10 Ermittlungsbeauftragte. (1) [1] Der Untersuchungsausschuss hat jederzeit das Recht und auf Antrag eines Viertels seiner Mitglieder die Pflicht, zu seiner Unterstützung eine Untersuchung zu beschließen, die von einem oder einer Ermittlungsbeauftragten durchgeführt wird. [2] Der Ermittlungsauftrag soll zeitlich auf höchstens sechs Monate begrenzt werden.

(2) [1] Der oder die Ermittlungsbeauftragte wird innerhalb von drei Wochen nach Beschlussfassung gemäß Absatz 1 mit einer Mehrheit von zwei Dritteln der anwesenden Mitglieder bestimmt. [2] Erfolgt diese Bestimmung nicht fristgemäß, bestimmt der oder die Vorsitzende im Einvernehmen mit der Stellvertretung und im Benehmen mit den Obleuten der Fraktionen im Untersuchungsausschuss innerhalb weiterer drei Wochen die Person des oder der Ermittlungsbeauftragten.

(3) [1] Ermittlungsbeauftragte bereiten in der Regel die Untersuchung durch den Untersuchungsausschuss vor. [2] Sie beschaffen und sichten die erforderlichen sächlichen Beweismittel. [3] Sie haben entsprechend § 18 das Recht auf Vorlage von Beweismitteln sowie entsprechend § 19 das Recht der Augenscheineinnahme. [4] Sie können Herausgabeansprüche entsprechend § 30 geltend machen. [5] Werden ihnen die Rechte gemäß Satz 3 oder 4 nicht freiwillig gewährt, bedarf es eines Beweisbeschlusses gemäß § 17 Abs. 1. [6] Ermittlungsbeauftragte können Personen informatorisch anhören. [7] Sie sind dem gesamten Untersuchungsausschuss verantwortlich. [8] Die Ergebnisse ihrer Tätigkeit stehen allen Mitgliedern des Untersuchungsausschusses zur Verfügung. [9] Nach Abschluss ihrer Untersuchung erstatten Ermittlungsbeauftragte dem Untersuchungsausschuss über das Ergebnis einen schriftlichen und mündlichen Bericht. [10] Darin unterbreiten sie dem Untersuchungsausschuss einen Vorschlag über die weitere Vorgehensweise. [11] Im Verkehr nach außen haben sie die gebührende Zurückhaltung zu wahren; öffentliche Erklärungen geben sie nicht ab.

(4) [1] Ermittlungsbeauftragte sind im Rahmen ihres Auftrages unabhängig. [2] Sie können jederzeit mit einer Mehrheit von zwei Dritteln der anwesenden Mitglieder abberufen werden. [3] Sie haben das Recht, für ihren Ermittlungsauftrag in angemessenem Umfang Hilfskräfte einzusetzen.

§ 11 Protokollierung. (1) Über die Sitzungen des Untersuchungsausschusses wird ein Protokoll angefertigt.

(2) [1] Beweiserhebungen werden wörtlich protokolliert. [2] Zum Zwecke der Protokollierung darf die Beweisaufnahme auf Tonträger aufgenommen werden.

(3) Über die Art der Protokollierung der Beratungen entscheidet der Untersuchungsausschuss.

§ 12 Sitzungen zur Beratung. (1) Die Beratungen und Beschlussfassungen des Untersuchungsausschusses sind nicht öffentlich.

(2) Der Untersuchungsausschuss kann den benannten Mitarbeitern und Mitarbeiterinnen der Fraktionen den Zutritt gestatten.

(3) Über Art und Umfang von Mitteilungen an die Öffentlichkeit aus nicht öffentlichen Sitzungen entscheidet der Untersuchungsausschuss.

§ 13 Sitzungen zur Beweisaufnahme. (1) [1] Die Beweiserhebung erfolgt in öffentlicher Sitzung. [2] Ton- und Filmaufnahmen sowie Ton- und Bildübertragungen sind nicht zulässig. [3] Der Untersuchungsausschuss kann Ausnahmen von Satz 1 zulassen. [4] Ausnahmen von Satz 2 bedürfen einer Mehrheit von zwei Dritteln der anwesenden Mitglieder sowie der Zustimmung der zu vernehmenden oder anzuhörenden Personen.

(2) Die §§ 176 bis 179 des Gerichtsverfassungsgesetzes[1]) über die Aufrechterhaltung der Ordnung in der Sitzung finden entsprechende Anwendung.

§ 14 Ausschluss der Öffentlichkeit. (1) Der Untersuchungsausschuss schließt die Öffentlichkeit aus, wenn

1. Umstände aus dem persönlichen Lebensbereich von Zeugen oder Dritten zur Sprache kommen, deren öffentliche Erörterung überwiegende schutzwürdige Interessen verletzen würde;

2. eine Gefährdung des Lebens, des Leibes oder der Freiheit von einzelnen Zeugen oder einer anderen Person zu besorgen ist;

3. ein Geschäfts-, Betriebs-, Erfindungs- oder Steuergeheimnis zur Sprache kommt, durch dessen öffentliche Erörterung überwiegende schutzwürdige Interessen verletzt würden;

4. besondere Gründe des Wohls des Bundes oder eines Landes entgegenstehen, insbesondere wenn Nachteile für die Sicherheit der Bundesrepublik Deutschland oder ihrer Beziehungen zu anderen Staaten zu besorgen sind.

(2) Der Untersuchungsausschuss kann einzelnen Personen zu nicht öffentlichen Beweisaufnahmen den Zutritt gestatten; § 12 Abs. 2 gilt entsprechend.

(3) Zur Stellung eines Antrages auf Ausschluss oder Beschränkung der Öffentlichkeit sind berechtigt:

1. anwesende Mitglieder des Untersuchungsausschusses,

2. Mitglieder des Bundesrates, der Bundesregierung und ihre Beauftragten,

3. Zeugen, Sachverständige und sonstige Auskunftspersonen.

(4) [1] Über den Ausschluss oder die Beschränkung der Öffentlichkeit entscheidet der Untersuchungsausschuss. [2] Der oder die Vorsitzende begründet auf Beschluss des Untersuchungsausschusses die Entscheidung in öffentlicher Sitzung.

(Fortsetzung nächstes Blatt)

[1]) **Schönfelder** Nr. 95.

§ 15 Geheimnisschutz. (1) [1]Beweismittel, Beweiserhebungen und Beratungen kann der Untersuchungsausschuss mit einem Geheimhaltungsgrad versehen. [2]Vor einer Entscheidung nach Satz 1 kann der oder die Vorsitzende eine vorläufige Einstufung vornehmen.

(2) [1]Die Entscheidung über die Einstufung richtet sich nach der Geheimschutzordnung des Bundestages.[1) [2]§ 14 Abs. 3 ist entsprechend anzuwenden.

(3) Soweit dieses Gesetz nichts Abweichendes bestimmt, gilt für die Behandlung der Verschlusssachen sowie für streng geheime, geheime und vertrauliche Sitzungen und deren Protokollierung die Geheimschutzordnung des Bundestages.

§ 16 Zugang zu Verschlusssachen und Amtsverschwiegenheit.

(1) [1]Verschlusssachen des Geheimhaltungsgrades VS-VERTRAULICH und höher, die der Untersuchungsausschuss eingestuft oder von einer anderen herausgebenden Stelle erhalten hat, dürfen nur den Mitgliedern des Untersuchungsausschusses, den Mitgliedern des Bundesrates und der Bundesregierung sowie ihren Beauftragten zugänglich gemacht werden. [2]Ermittlungsbeauftragten, den von ihnen eingesetzten Hilfskräften sowie den Mitarbeitern und Mitarbeiterinnen der Mitglieder des Untersuchungsausschusses, des Sekretariats und der Fraktionen im Untersuchungsausschuss dürfen sie zugänglich gemacht werden, soweit diese zum Umgang mit Verschlusssachen ermächtigt und zur Geheimhaltung förmlich verpflichtet sind.

(2) [1]Die Mitglieder des Untersuchungsausschusses, Ermittlungsbeauftragte und die in Absatz 1 bezeichneten Mitarbeiter und Mitarbeiterinnen und Hilfskräfte sind auch nach Auflösung des Ausschusses verpflichtet, über die ihnen bekannt gewordenen, in Absatz 1 bezeichneten Verschlusssachen Verschwiegenheit zu bewahren. [2]Ohne Genehmigung des Präsidenten oder der Präsidentin des Bundestages dürfen sie weder vor Gericht noch außergerichtlich aussagen. [3]§ 44 c Abs. 2 Satz 2 und Abs. 3 des Abgeordnetengesetzes[2) gilt entsprechend.

(3) [1]Wird einem Mitglied des Ausschusses ein fremdes Geheimnis, namentlich ein zum persönlichen Lebensbereich gehörendes Geheimnis oder ein Betriebs- oder Geschäftsgeheimnis im Rahmen der Untersuchungshandlung bekannt, darf es dieses Geheimnis nur offenbaren, wenn es dazu von der berechtigten Person ermächtigt worden ist. [2]Dies gilt nicht, wenn die Offenlegung des Geheimnisses gesetzlich geboten ist.

§ 17 Beweiserhebung. (1) Der Untersuchungsausschuss erhebt die durch den Untersuchungsauftrag gebotenen Beweise aufgrund von Beweisbeschlüssen.

(2) Beweise sind zu erheben, wenn sie von einem Viertel der Mitglieder des Untersuchungsausschusses beantragt sind, es sei denn, die Be-

1) Anl. 3 der GO des Bundestages (Nr. **35**).
2) Nr. **48**.

weiserhebung ist unzulässig oder das Beweismittel ist auch nach Anwendung der in diesem Gesetz vorgesehenen Zwangsmittel unerreichbar.

(3) [1]Die Reihenfolge der Vernehmung von Zeugen und Sachverständigen soll im Untersuchungsausschuss möglichst einvernehmlich festgelegt werden. [2]Bei Widerspruch eines Viertels der Mitglieder des Untersuchungsausschusses gelten die Vorschriften der Geschäftsordnung des Bundestages[1]) zur Reihenfolge der Reden entsprechend.

(4) Lehnt der Untersuchungsausschuss die Erhebung bestimmter Beweise oder die Anwendung beantragter Zwangsmittel nach den § 21 Abs. 1, § 27 Abs. 1, § 28 Abs. 6 und § 29 Abs. 2 Satz 1 ab, so entscheidet auf Antrag eines Viertels der Mitglieder der Ermittlungsrichter oder die Ermittlungsrichterin des Bundesgerichtshofes über die Erhebung der Beweise oder über die Anordnung des Zwangsmittels.

§ 18 Vorlage von Beweismitteln. (1) Die Bundesregierung, die Behörden des Bundes sowie die bundesunmittelbaren Körperschaften, Anstalten und Stiftungen des öffentlichen Rechts sind vorbehaltlich verfassungsrechtlicher Grenzen auf Ersuchen verpflichtet, dem Untersuchungsausschuss sächliche Beweismittel, insbesondere die Akten, die den Untersuchungsgegenstand betreffen, vorzulegen.

(2) [1]Die Entscheidung über das Ersuchen nach Absatz 1 trifft der zuständige Bundesminister oder die zuständige Bundesministerin, soweit sie nicht durch Gesetz der Bundesregierung vorbehalten ist. [2]Wird das Ersuchen abgelehnt oder werden sächliche Beweismittel als Verschlusssache eingestuft vorgelegt, ist der Untersuchungsausschuss über die Gründe der Ablehnung oder der Einstufung schriftlich zu unterrichten. [3]Die Vorlage ist mit einer Erklärung über die Vollständigkeit zu verbinden.

(3) Auf Antrag des Untersuchungsausschusses oder eines Viertels seiner Mitglieder entscheidet das Bundesverfassungsgericht über die Rechtmäßigkeit der Ablehnung eines Ersuchens, der Ermittlungsrichter oder die Ermittlungsrichterin des Bundesgerichtshofes über die Rechtmäßigkeit einer Einstufung.

(4) [1]Gerichte und Verwaltungsbehörden sind zur Rechts- und Amtshilfe, insbesondere zur Vorlage sächlicher Beweismittel, verpflichtet. [2]Über Streitigkeiten entscheidet auf Antrag des Untersuchungsausschusses oder eines Viertels seiner Mitglieder der Ermittlungsrichter oder die Ermittlungsrichterin des Bundesgerichtshofes.

§ 19 Augenschein. Für die Einnahme eines Augenscheins gilt § 18 Abs. 1 bis 3 erster Halbsatz und Abs. 4 entsprechend.

§ 20 Ladung der Zeugen. (1) [1]Zeugen sind verpflichtet, auf Ladung des Untersuchungsausschusses zu erscheinen. [2]§ 50 der Strafprozessordnung[2]) findet keine Anwendung.

(2) In der Ladung sind Zeugen über das Beweisthema zu unterrichten, über ihre Rechte zu belehren und auf die gesetzlichen Folgen des

[1]) Nr. **35**.
[2]) **Schönfelder** Nr. **90**.

Ausbleibens sowie darauf hinzuweisen, dass sie einen rechtlichen Beistand ihres Vertrauens zu der Vernehmung hinzuziehen dürfen.

§ 21 Folgen des Ausbleibens von Zeugen. (1) [1]Erscheinen ordnungsgemäß geladene Zeugen nicht, so kann der Untersuchungsausschuss ihnen die durch ihr Ausbleiben verursachten Kosten auferlegen, gegen sie ein Ordnungsgeld bis zu 10 000 Euro festsetzen und ihre zwangsweise Vorführung anordnen. [2]Im Falle wiederholten Ausbleibens kann das Ordnungsgeld noch einmal festgesetzt werden. [3]§ 135 Satz 2 der Strafprozessordnung[1]) ist anzuwenden.

(2) [1]Maßnahmen nach Absatz 1 unterbleiben, wenn Zeugen ihr Ausbleiben rechtzeitig genügend entschuldigen. [2]Wird das Ausbleiben nachträglich genügend entschuldigt, so sind die nach Absatz 1 getroffenen Anordnungen aufzuheben, wenn die Zeugen glaubhaft machen, dass sie an der Verspätung kein Verschulden trifft.

§ 22 Zeugnis- und Auskunftsverweigerungsrecht. (1) Die Vorschriften der §§ 53 und 53 a der Strafprozessordnung[1]) gelten entsprechend.

(2) Zeugen können die Auskunft auf Fragen verweigern, deren Beantwortung ihnen oder Personen, die im Sinne des § 52 Abs. 1 der Strafprozessordnung ihre Angehörigen sind, die Gefahr zuziehen würde, einer Untersuchung nach einem gesetzlich geordneten Verfahren ausgesetzt zu werden.

(3) Über die in den Absätzen 1 und 2 bestimmten Rechte sind Zeugen bei Beginn der ersten Vernehmung zur Sache zu belehren.

(4) Die Tatsachen, auf die einzelne Zeugen die Verweigerung ihres Zeugnisses stützen, sind auf Verlangen glaubhaft zu machen.

§ 23 Vernehmung von Amtsträgern. (1) § 54 der Strafprozessordnung[1]) ist anzuwenden.

(2) Die Bundesregierung ist verpflichtet, die erforderlichen Aussagegenehmigungen zu erteilen; § 18 Abs. 1 bis 3 erster Halbsatz gilt entsprechend.

§ 24 Vernehmung der Zeugen. (1) Zeugen sind einzeln und in Abwesenheit der später zu hörenden Zeugen zu vernehmen.

(2) Eine Gegenüberstellung mit anderen Zeugen ist zulässig, wenn es für den Untersuchungszweck geboten ist.

(3) Vor der Vernehmung hat der oder die Vorsitzende die Zeugen zur Wahrheit zu ermahnen, ihnen den Gegenstand der Vernehmung zu erläutern und sie über die strafrechtlichen Folgen einer unrichtigen oder unvollständigen Aussage zu belehren.

(4) [1]Der oder die Vorsitzende vernimmt die Zeugen zur Person. [2]Zu Beginn der Vernehmung zur Sache ist den Zeugen Gelegenheit zu

[1]) **Schönfelder Nr. 90**

geben, das, was ihnen von dem Gegenstand ihrer Vernehmung bekannt ist, im Zusammenhang darzulegen.

(5) [1] Zur Aufklärung und zur Vervollständigung der Aussage sowie zur Erforschung des Grundes, auf dem das Wissen der Zeugen beruht, kann zunächst der oder die Vorsitzende weitere Fragen stellen. [2] Anschließend erhalten die übrigen Mitglieder das Wort zu Fragen. [3] Für die Festlegung der Reihenfolge und der Dauer der Ausübung des Fragerechts der einzelnen Fraktionen sind die Vorschriften der Geschäftsordnung und die Praxis des Bundestages zur Reihenfolge der Reden und zur Gestaltung von Aussprachen entsprechend anzuwenden, sofern der Untersuchungsausschuss nicht einstimmig Abweichendes beschließt.

(6) § 136 a der Strafprozessordnung[1]) ist entsprechend anzuwenden.

§ 25 Zulässigkeit von Fragen an Zeugen. (1) [1] Der oder die Vorsitzende hat ungeeignete oder nicht zur Sache gehörende Fragen zurückzuweisen. [2] Zeugen können den Vorsitzenden oder die Vorsitzende auffordern, Fragen zurückzuweisen. [3] Bei Zweifeln über die Zulässigkeit von Fragen sowie über die Rechtmäßigkeit ihrer Zurückweisung entscheidet der Untersuchungsausschuss auf Antrag seiner Mitglieder; die Zurückweisung einer Frage bedarf einer Mehrheit von zwei Dritteln der anwesenden Mitglieder.

(2) Beschließt der Untersuchungsausschuss die Unzulässigkeit einer Frage, auf die bereits eine Antwort gegeben worden ist, darf im Bericht des Untersuchungsausschusses auf die Frage und die Antwort nicht Bezug genommen werden.

§ 26 Abschluss der Vernehmung. (1) Den einzelnen Zeugen ist das Protokoll über ihre Vernehmung zuzustellen.

(2) [1] Der Untersuchungsausschuss stellt durch Beschluss fest, dass die Vernehmung der jeweiligen Zeugen abgeschlossen ist. [2] Die Entscheidung darf erst ergehen, wenn nach Zustellung des Vernehmungsprotokolls zwei Wochen verstrichen sind oder auf die Einhaltung dieser Frist verzichtet worden ist.

(3) Zeugen sind von dem oder der Vorsitzenden des Untersuchungsausschusses am Ende ihrer Vernehmung darüber zu belehren, unter welchen Voraussetzungen diese gemäß Absatz 2 abgeschlossen ist.

§ 27 Grundlose Zeugnisverweigerung. (1) Wird das Zeugnis ohne gesetzlichen Grund verweigert, so kann der Untersuchungsausschuss Zeugen die durch ihre Weigerung verursachten Kosten auferlegen und gegen sie ein Ordnungsgeld bis zu 10 000 Euro festsetzen.

(2) Unter der im Absatz 1 bestimmten Voraussetzung kann der Ermittlungsrichter oder die Ermittlungsrichterin des Bundesgerichtshofes auf Antrag des Untersuchungsausschusses oder eines Viertels seiner Mitglieder zur Erzwingung des Zeugnisses die Haft anordnen, jedoch nicht über die Zeit der Beendigung des Untersuchungsverfahrens, auch nicht über die Zeit von sechs Monaten hinaus.

[1]) **Schönfelder Nr. 90.**

(3) § 70 Abs. 4 der Strafprozessordnung[1] ist entsprechend anzuwenden.

§ 28 Sachverständige. (1) Auf Sachverständige sind die Vorschriften der §§ 20, 22 bis 26 entsprechend anzuwenden, soweit nicht nachfolgend abweichende Regelungen getroffen sind.

(2) Die Auswahl der zuzuziehenden Sachverständigen erfolgt durch den Untersuchungsausschuss; § 74 der Strafprozessordnung[1] findet keine Anwendung.

(3) Der Untersuchungsausschuss soll mit Sachverständigen eine Absprache treffen, innerhalb welcher Frist das Gutachten erstellt wird.

(4) [1] Sachverständige haben das Gutachten innerhalb der vereinbarten Frist unparteiisch, vollständig und wahrheitsgemäß zu erstatten. [2] Auf Verlangen des Untersuchungsausschusses ist das Gutachten schriftlich zu erstellen und mündlich näher zu erläutern.

(5) Die Vorschriften des § 76 der Strafprozessordnung[1] über das Gutachtensverweigerungsrecht sind entsprechend anzuwenden.

(6) [1] Weigern sich die zur Erstattung des Gutachtens verpflichteten Sachverständigen, nach Absatz 3 eine angemessene Frist abzusprechen, oder versäumen sie die abgesprochene Frist, so kann der Untersuchungsausschuss gegen sie ein Ordnungsgeld bis zu 10 000 Euro festsetzen. [2] Dasselbe gilt, wenn die ordnungsgemäß geladenen Sachverständigen nicht erscheinen oder sich weigern, ihr Gutachten zu erstatten oder zu erläutern; in diesen Fällen kann der Untersuchungsausschuss zugleich den Sachverständigen die durch ihre Säumnis oder Weigerung verursachten Kosten auferlegen. [3] § 21 Abs. 2 gilt entsprechend.

§ 29 Herausgabepflicht. (1) [1] Wer einen Gegenstand, der als Beweismittel für die Untersuchung von Bedeutung sein kann, in seinem Gewahrsam hat, ist verpflichtet, ihn auf Verlangen des Untersuchungsausschusses vorzulegen und auszuliefern. [2] Diese Pflicht besteht nicht, soweit das Beweismittel Informationen enthält, deren Weitergabe wegen ihres streng persönlichen Charakters für die Betroffenen unzumutbar ist.

(2) [1] Im Falle der Weigerung kann der Untersuchungsausschuss gegen die Person, die den Gewahrsam hat, ein Ordnungsgeld bis zu 10 000 Euro festsetzen. [2] Der Ermittlungsrichter oder die Ermittlungsrichterin des Bundesgerichtshofes kann auf Antrag des Untersuchungsausschusses oder eines Viertels seiner Mitglieder zur Erzwingung der Herausgabe die Haft anordnen. [3] § 27 Abs. 2 und 3 gilt entsprechend. [4] Die in diesem Absatz bestimmten Ordnungs- und Zwangsmittel dürfen gegen Personen, die nach § 22 Abs. 1 und 2 zur Verweigerung des Zeugnisses oder der Auskunft berechtigt sind, nicht verhängt werden.

(3) [1] Werden Gegenstände nach Absatz 1 nicht freiwillig vorgelegt, so entscheidet auf Antrag des Untersuchungsausschusses oder eines Viertels seiner Mitglieder der Ermittlungsrichter oder die Ermittlungsrichterin des Bundesgerichtshofes über die Beschlagnahme und die

[1] **Schönfelder Nr. 90.**

Herausgabe an den Untersuchungsausschuss; § 97 der Strafprozessordnung[1] gilt entsprechend. [2] Zur Beschlagnahme der in Absatz 1 bezeichneten Gegenstände kann der Ermittlungsrichter oder die Ermittlungsrichterin des Bundesgerichtshofes auch die Durchsuchung anordnen, wenn Tatsachen vorliegen, aus denen zu schließen ist, dass der gesuchte Gegenstand sich in den zu durchsuchenden Räumen befindet. [3] Die §§ 104, 105 Abs. 2 und 3, §§ 106, 107 und 109 der Strafprozessordnung sind entsprechend anzuwenden.

§ 30 Verfahren bei der Vorlage von Beweismitteln. (1) Wenn die Person, die den Gewahrsam hat, einwendet, verlangte Beweismittel seien für die Untersuchung nicht bedeutsam oder beträfen ein in § 14 Abs. 1 Nr. 1 bis 4 bezeichnetes Geheimnis, so dürfen die in § 29 Abs. 2 bestimmten Ordnungs- und Zwangsmittel und die in § 29 Abs. 3 Satz 1 bezeichnete Herausgabe nur dann angeordnet werden, wenn das Beweismittel keine Informationen enthält, deren Weitergabe wegen ihres streng vertraulichen Charakters für die Betroffenen unzumutbar ist, und der Untersuchungsausschuss für dieses Beweismittel den Geheimhaltungsgrad GEHEIM beschlossen hat.

(2) [1] Die Durchsicht und die Prüfung der Beweiserheblichkeit der vorgelegten Beweismittel steht dem Untersuchungsausschuss zu. [2] Beweismittel, die sich nach einmütiger Auffassung des Untersuchungsausschusses für die Untersuchung als unerheblich erweisen, sind der Person, die den Gewahrsam hatte, unverzüglich zurückzugeben.

(3) [1] Nach Durchsicht und Prüfung der in Absatz 1 bezeichneten Beweismittel kann der Untersuchungsausschuss die Aufhebung der Einstufung in den Geheimhaltungsgrad GEHEIM beschließen, soweit die Beweismittel für die Untersuchung erheblich sind. [2] Betreffen sie ein in § 14 Abs. 1 Nr. 1 bis 4 bezeichnetes Geheimnis, so darf der Untersuchungsausschuss den Beschluss nach Satz 1 nur dann fassen, wenn ihre öffentliche Verwendung zur Erfüllung des Untersuchungsauftrages unerlässlich und nicht unverhältnismäßig ist.

(4) [1] Vor der Beschlussfassung nach Absatz 3 Satz 1 ist die Person, die über das Beweismittel verfügungsberechtigt ist, zu hören. [2] Widerspricht sie der Aufhebung des Geheimhaltungsgrades GEHEIM, so hat die Aufhebung zu unterbleiben, wenn nicht der Ermittlungsrichter oder die Ermittlungsrichterin des Bundesgerichtshofes auf Antrag des Untersuchungsausschusses oder eines Viertels seiner Mitglieder sie für zulässig erklärt.

§ 31 Verlesung von Protokollen und Schriftstücken. (1) Die Protokolle über Untersuchungshandlungen von anderen Untersuchungsausschüssen, Gerichten und Behörden sowie Schriftstücke, die als Beweismittel dienen, sind vor dem Untersuchungsausschuss zu verlesen.

(2) Der Untersuchungsausschuss kann beschließen, von einer Verlesung Abstand zu nehmen, wenn die Protokolle oder Schriftstücke allen Mitgliedern des Untersuchungsausschusses zugänglich gemacht worden sind.

[1] **Schönfelder Nr. 90.**

10

(3) Eine Verlesung der Protokolle und Schriftstücke oder die Bekanntgabe ihres wesentlichen Inhalts in öffentlicher Sitzung findet nicht statt, wenn die Voraussetzungen des § 14 Abs. 1 vorliegen.

§ 32 Rechtliches Gehör. (1) Personen, die durch die Veröffentlichung des Abschlussberichtes in ihren Rechten erheblich beeinträchtigt werden können, ist vor Abschluss des Untersuchungsverfahrens Gelegenheit zu geben, zu den sie betreffenden Ausführungen im Entwurf des Abschlussberichtes innerhalb von zwei Wochen Stellung zu nehmen, soweit diese Ausführungen nicht mit ihnen in einer Sitzung zur Beweisaufnahme erörtert worden sind.

(2) Der wesentliche Inhalt der Stellungnahme ist in dem Bericht wiederzugeben.

§ 33 Berichterstattung. (1) [1] Nach Abschluss der Untersuchung erstattet der Untersuchungsausschuss dem Bundestag einen schriftlichen Bericht. [2] Der Bericht hat den Gang des Verfahrens, die ermittelten Tatsachen und das Ergebnis der Untersuchung wiederzugeben.

(2) Kommt der Untersuchungsausschuss nicht zu einem einvernehmlichen Bericht, sind Sondervoten in den Bericht aufzunehmen.

(3) Ist abzusehen, dass der Untersuchungsausschuss seinen Untersuchungsauftrag nicht vor Ende der Wahlperiode erledigen kann, hat er dem Bundestag rechtzeitig einen Sachstandsbericht über den bisherigen Gang des Verfahrens sowie über das bisherige Ergebnis der Untersuchungen vorzulegen.

(4) Auf Beschluss des Bundestages hat der Untersuchungsausschuss dem Bundestag einen Zwischenbericht vorzulegen.

§ 34 Rechte des Verteidigungsausschusses als Untersuchungsausschuss.

(1) [1] Beschließt der Verteidigungsausschuss, eine Angelegenheit zum Gegenstand seiner Untersuchung zu machen, hat er bei seinen Untersuchungen die Rechte eines Untersuchungsausschusses. [2] Der Verteidigungsausschuss hat sich auf Verlangen von einem Viertel seiner Mitglieder als Untersuchungsausschuss zu konstituieren. [3] Die §§ 1 bis 3 gelten entsprechend.

(2) Den Vorsitz führt der oder die Vorsitzende des Verteidigungsausschusses.

(3) Macht der Verteidigungsausschuss eine Angelegenheit zum Gegenstand seiner Untersuchung, kann er zu deren Durchführung einen Unterausschuss einsetzen, in den auch stellvertretende Mitglieder des Verteidigungsausschusses entsandt werden können.

(4) [1] Für das Verfahren des Verteidigungsausschusses als Untersuchungsausschuss gelten die Vorschriften dieses Gesetzes. [2] Über das Ergebnis seiner Untersuchung hat der Verteidigungsausschuss dem Bundestag einen Bericht zu erstatten; eine Aussprache darf sich nur auf den veröffentlichten Bericht beziehen.

§ 35[1] Kosten und Auslagen. (1) Die Kosten des Untersuchungsverfahrens trägt der Bund.

(2) [1] Zeugen, Sachverständige und Ermittlungsbeauftragte erhalten eine Entschädigung oder Vergütung nach dem Justizvergütungs- und -entschädigungsgesetz[2]. [2] Der Untersuchungsausschuss kann auf Antrag beschließen, dass Gebüh-

[1] § 35 Abs. 2 Satz 1 und Abs. 3 geänd. sowie Abs. 2 Satz 3 neu gef. mWv 1.7.2004 durch G v. 5.5.2004 (BGBl. I S. 718); Abs. 2 Satz 3 neu gef. mWv 1.1.2021 durch G v. 21.12.2020 (BGBl. I S. 3229).
[2] **Schönfelder Nr. 116.**

ren des rechtlichen Beistandes den Zeugen erstattet werden. [3] Ermittlungsbeauftragte erhalten eine Vergütung auf der Grundlage des höchsten Stundensatzes nach der Anlage 1 zum Justizvergütungs- und -entschädigungsgesetz.

(3) Die Entschädigung, die Vergütung und die Erstattung der Auslagen setzt der Präsident oder die Präsidentin des Bundestages fest.

§ 36 Gerichtliche Zuständigkeiten. (1) Zuständiges Gericht für Streitigkeiten nach diesem Gesetz ist der Bundesgerichtshof, soweit Artikel 93 des Grundgesetzes[1] sowie § 13 des Bundesverfassungsgerichtsgesetzes[2] und die Vorschriften dieses Gesetzes nichts Abweichendes bestimmen.

(2) [1] Hält der Bundesgerichtshof den Einsetzungsbeschluss für verfassungswidrig und kommt es für die Entscheidung auf dessen Gültigkeit an, so ist das Verfahren auszusetzen und die Entscheidung des Bundesverfassungsgerichtes einzuholen. [2] Satz 1 gilt für den Ermittlungsrichter oder die Ermittlungsrichterin des Bundesgerichtshofes entsprechend.

(3) Gegen Entscheidungen des Ermittlungsrichters oder der Ermittlungsrichterin des Bundesgerichtshofes ist die Beschwerde statthaft, über die der Bundesgerichtshof entscheidet.

[1] Nr. 1.
[2] Nr. 40.

7. Gesetz zur Beschränkung des Brief-, Post- und Fernmeldegeheimnisses (Artikel 10-Gesetz – G 10) [1)][2)]

Vom 26. Juni 2001

(BGBl. I S. 1254, ber. S. 2298, 2017 S. 154)

FNA 190-4

geänd. durch Art. 4 Terrorismusbekämpfungs G[3)] v. 9.1.2002 (BGBl. I S. 361, ber. S. 3142, geänd. 2007 I S. 2), Art. 11 Nr. 5 Zuwanderungs G v. 20.6.2002 (BGBl. I S. 1946, nichtig gem. Urt. des BVerfG v. 18.12.2002 – 2 BvF 1/02 –), Art. 5 Abs. 1 34. StrafrechtsÄndG v. 22.8.2002 (BGBl. I S. 3390), Art. 4 G zur Umsetzung des Rahmenbeschlusses des Rates vom 13. Juni 2002 zur Terrorismusbekämpfung und zur Änd. anderer Gesetze v. 22.12.2003 (BGBl. I S. 2836), Art. 4 Abs. 6 Kostenrechtsmodernisierungs G v. 5.5.2004 (BGBl. I S. 718), § 151 Abs. 2 Telekommunikations G v. 22.6.2004 (BGBl. I S. 1190), Art. 11 Nr. 5 Zuwanderungs G v. 30.7.2004 (BGBl. I S. 1950), Art. 3 Abs. 1 37. StrafrechtsÄndG v. 11.2.2005 (BGBl. I S. 239), Art. 5 und 10 Abs. 4 Terrorismusbekämpfungsergänzungs G v. 5.1.2007 (BGBl. I S. 2, Art. 10 Abs. 4 aufgeh. durch G v. 3.12.2020, BGBl. I S. 2667), Art. 1 G zur Änd. telekommunikationsrechtlicher Vorschriften v. 18.2.2007 (BGBl. I S. 106), Art. 78 Abs. 1 Zweites G über die Bereinigung von Bundesrecht im Zuständigkeitsbereich des BMJ v. 23.11.2007 (BGBl. I S. 2614), Art. 5 Telekommunikationsüberwachung–NeuregelungsG v. 21.12.2007 (BGBl. I S. 3198), Art. 2 TK-Entschädigungs-NeuordnungsG v. 29.4.2009 (BGBl. I S. 994), Art. 3 Abs. 1 G zur Fortentwicklung der parlamentarischen

[1)] Verkündet als Art. 1 Artikel 10-NeuregelungsG v. 26.6.2001 (BGBl. I S. 1254, ber. S. 2298, 2017 S. 154); Inkrafttreten gem. Art. 5 Satz 1 dieses G am 29.6.2001.

[2)] Ua haben folgende Länder Durch- bzw. Ausführungsbestimmungen zum Artikel 10-Gesetz erlassen:
– **Baden-Württemberg:** Gesetz zur Ausführung des Artikel 10-Gesetzes (Ausführungsgesetz zum Artikel 10-Gesetz v. 13.5.1969 (GBl. S. 79), zuletzt geänd. durch G v. 18.12.2018 (GBl. S. 1552),
– **Bayern:** Gesetz über die Aufgaben der G10-Kommission im Bayerischen Landtag und zur Ausführung des Art. 10-Gesetzes (Ausführungsgesetz Art. 10-Gesetz – AGG 10) v. 11.12.1984 (GVBl. S. 522), zuletzt geänd. durch V v. 26.3.2019 (GVBl. S. 98),
– **Berlin:** Gesetz zur Ausführung des Artikel 10-Gesetzes (AG G 10) idF der Bek. v. 25.6.2001 (GVBl. S. 251), zuletzt geänd. durch G v. 5.12.2003 (GVBl. S. 571),
– **Brandenburg:** Gesetz zur Ausführung des Artikel 10-Gesetzes v. 14.12.1995 (GVBl. I S. 286), zuletzt geänd. durch G v. 27.2.2020 (GVBl. I Nr. 4),
– **Bremen:** Gesetz zur Ausführung des Gesetzes zur Beschränkung des Brief-, Post- und Fernmeldegeheimnisses v. 14.10.1969 (Brem.GBl. S. 131), zuletzt geänd. durch G v. 11.4.2017 (Brem.GBl. S. 157),
– **Hamburg:** Gesetz zur Ausführung des Artikel 10-Gesetzes v. 17.1.1969 (HmbGVBl. S. 5), zuletzt geänd. durch G v. 24.1.2020 (HmbGVBl. S. 99, 123),
– **Hessen:** Hessisches Ausführungsgesetz zum Artikel 10-Gesetz v. 16.12.1969 (GVBl. I S. 303), zuletzt geänd. durch G v. 23.6.2020 (GVBl. S. 430),
– **Mecklenburg-Vorpommern:** Gesetz zur Ausführung des Artikel 10-Gesetzes v. 17.7.1992 (GVOBl. M-V S. 486), zuletzt geänd. durch G v. 30.7.2007 (GVOBl. M-V S. 278),
– **Niedersachsen:** Niedersächsisches Gesetz zur Ausführung des Artikel 10-Gesetzes v. 27.1.2004 (Nds. GVBl. S. 38), zuletzt geänd. durch G v. 15.9.2016 (Nds. GVBl. S. 194),
– **Rheinland-Pfalz:** Landesgesetz zur parlamentarischen Kontrolle von Beschränkungen des Brief-, Post- und Fernmeldegeheimnisses v. 16.12.2002 (GVBl. S. 477), zuletzt geänd. durch G v. 22.12.2015 (GVBl. S. 461),
– **Saarland:** Gesetz zur Durchführung des Artikel 10-Gesetzes (G 10-Durchführungsgesetz) v. 19.3.2003 (Amtsbl. S. 1350), zuletzt geänd. durch G v. 18.4.2018 (Amtsbl. I S. 332),
– **Sachsen:** Gesetz zur Ausführung des Artikel 10-Gesetzes im Freistaat Sachsen (SächsAG G 10) v. 16.10.1992 (SächsGVBl. S. 464), zuletzt geänd. durch G v. 3.5.2019 (SächsGVBl. S. 312)
– **Sachsen-Anhalt:** Gesetz zur Ausführung des Artikel 10-Gesetzes (AG G 10-LSA) v. 26.1.2006 (GVBl. LSA S. 25), zuletzt geänd. durch G v. 21.10.2020 (GVBl. LSA S. 596),
– **Thüringen:** Thüringer Gesetz zur Ausführung des Artikel 10-Gesetzes v. 16.7.2008 (GVBl. S. 245), zuletzt geänd. durch G v. 6.6.2018 (GVBl. S. 229).

[3)] Gem. Art. 22 Abs. 2 dieses G gilt das Artikel 10-G vom **11.1.2007** an wieder in seiner am 31.12.2001 maßgeblichen Fassung.

Kontrolle der Nachrichtendienste des Bundes v. 29.7.2009 (BGBl. I S. 2346), Art. 4 Abs. 1 G zur Verfolgung der Vorbereitung von schweren staatsgefährdenden Gewalttaten v. 30.7.2009 (BGBl. I S. 2437), Art. 1 Erstes G zur Änd. des Artikel 10-G v. 31.7.2009 (BGBl. I S. 2499), Art. 5 G zur Änd. des BundesverfassungsschutzG v. 7.12.2011 (BGBl. I S. 2576), Art. 2 Abs. 4 G zur Modernisierung des Außenwirtschaftsrechts v. 6.6.2013 (BGBl. I S. 1482), Art. 2 Abs. 1 GVVG-ÄnderungsG v. 12.6.2015 (BGBl. I S. 926), Art. 6 G zur Verbesserung der Zusammenarbeit im Bereich des Verfassungsschutzes v. 17.11.2015 (BGBl. I S. 1938), Art. 5 G zum besseren Informationsaustausch bei der Bekämpfung des internationalen Terrorismus v. 26.7.2016 (BGBl. I S. 1818), Art. 2 G zur weiteren Fortentwicklung der parlamentarischen Kontrolle der Nachrichtendienste des Bundes v. 30.11.2016 (BGBl. I S. 2746), Art. 2 Abs. 1 G zur Änd. des Völkerstrafgesetzbuches v. 22.12.2016 (BGBl. I S. 3150), Art. 3 Abs. 3 G zur Ausland-Ausland-Fernmeldeaufklärung des Bundesnachrichtendienstes v. 23.12.2016 (BGBl. I S. 3346), Art. 2 Abs. 2 Erstes G zur Änd. des SicherheitsüberprüfungsG v. 16.6.2017 (BGBl. I S. 1634), Art. 6 Datenschutz-Anpassungs- und -UmsetzungsG EU v. 30.6.2017 (BGBl. I S. 2097), Art. 12 G zur effektiveren und praxistauglicheren Ausgestaltung des Strafverfahrens v. 17.8.2017 (BGBl. I S. 3202) und Art. 38 Elfte ZuständigkeitsanpassungsVO v. 19.6.2020 (BGBl. I S. 1328)

Der Bundestag hat das folgende Gesetz beschlossen:

Abschnitt 1. Allgemeine Bestimmungen

§ 1[1] Gegenstand des Gesetzes. (1) Es sind

1. die Verfassungsschutzbehörden des Bundes und der Länder, der Militärische Abschirmdienst und der Bundesnachrichtendienst zur Abwehr von drohenden Gefahren für die freiheitliche demokratische Grundordnung oder den Bestand oder die Sicherheit des Bundes oder eines Landes einschließlich der Sicherheit der in der Bundesrepublik Deutschland stationierten Truppen der nichtdeutschen Vertragsstaaten des Nordatlantikvertrages,

2. der Bundesnachrichtendienst im Rahmen seiner Aufgaben nach § 1 Abs. 2 des BND-Gesetzes[2] auch zu den in § 5 Abs. 1 Satz 3 Nr. 2 bis 8 und § 8 Abs. 1 Satz 1 bestimmten Zwecken

berechtigt, die Telekommunikation zu überwachen und aufzuzeichnen, in den Fällen der Nummer 1 auch die dem Brief- oder Postgeheimnis unterliegenden Sendungen zu öffnen und einzusehen.

(2) Soweit Maßnahmen nach Absatz 1 von Behörden des Bundes durchgeführt werden, unterliegen sie der Kontrolle durch das Parlamentarische Kontrollgremium und durch eine besondere Kommission (G 10-Kommission).

§ 2[3] Pflichten der Anbieter von Post- und Telekommunikationsdiensten.

(1) [1] Wer geschäftsmäßig Postdienste erbringt oder an der Erbringung solcher Dienste mitwirkt, hat der berechtigten Stelle auf Anordnung Auskunft über die näheren Umstände des Postverkehrs zu erteilen und Sendungen, die ihm zum Einsammeln, Weiterleiten oder Ausliefern anvertraut sind, auszuhändigen. [2] Der nach Satz 1 Verpflichtete hat der berechtigten Stelle auf Verlangen die zur Vor-

[1] § 1 Abs. 1 Nr. 2 geänd. mWv 5.8.2009 durch G v. 31.7.2009 (BGBl. I S. 2499); Abs. 1 Nr. 2 geänd. mWv 21.11.2015 durch G v. 17.11.2015 (BGBl. I S. 1938).

[2] **Sartorius III Nr. 805.**

[3] § 2 Abs. 1 Satz 4 geänd. mWv 26.6.2004 durch G v. 22.6.2004 (BGBl. I S. 1190); Abs. 1 Satz 4 eingef., bish. Satz 4 wird Satz 5 mWv 11.1.2007 durch G v. 5.1.2007 (BGBl. I S. 2); Abs. 1 Satz 4 geänd., Abs. 2 Satz 1 neu gef., Satz 3 eingef., bish. Satz 3 wird Satz 4, Abs. 5 Satz 1 geänd. mWv 5.8.2009 durch *G v. 31.7.2009 (BGBl. I S. 2499); Abs. 1 Satz 4 geänd. mWv 10.1.2012 durch G v. 7.12.2011 (BGBl. I S. 2576); Abs. 2 Satz 3 geänd. mWv 21.11.2015 durch G v. 17.11.2015 (BGBl. I S. 1938); Abs. 1 Satz 4 geänd. mWv 31.12.2016 durch G v. 23.12.2016 (BGBl. I S. 3346); Abs. 2 Satz 4 neu gef. mWv 21.6.2017 durch G v. 16.6.2017 (BGBl. I S. 1634); Abs. 2 Satz 3 und Abs. 3 Satz 3 geänd. mWv 27.6.2020 durch VO v. 19.6.2020 (BGBl. I S. 1328).

bereitung einer Anordnung erforderlichen Auskünfte zu Postfächern zu erteilen, ohne dass es hierzu einer gesonderten Anordnung bedarf. [3]Wer geschäftsmäßig Telekommunikationsdienste erbringt oder an der Erbringung solcher Dienste mitwirkt, hat der berechtigten Stelle auf Anordnung Auskunft über die näheren Umstände der nach Wirksamwerden der Anordnung durchgeführten Telekommunikation zu erteilen, Sendungen, die ihm zur Übermittlung auf dem Telekommunikationsweg anvertraut sind, auszuhändigen sowie die Überwachung und Aufzeichnung der Telekommunikation zu ermöglichen. [4]§ 8a Absatz 2 Satz 1 Nummer 4 des Bundesverfassungsschutzgesetzes [1], § 4a des MAD-Gesetzes [2] und § 3 des BND-Gesetzes [3] bleiben unberührt. [5]Ob und in welchem Umfang der nach Satz 3 Verpflichtete Vorkehrungen für die technische und organisatorische Umsetzung der Überwachungsmaßnahme zu treffen hat, bestimmt sich nach § 110 des Telekommunikationsgesetzes [4] und der dazu erlassenen Rechtsverordnung.

(2) [1]Der nach Absatz 1 Satz 1 oder 3 Verpflichtete hat vor Durchführung einer beabsichtigten Beschränkungsmaßnahme unverzüglich die Personen, die mit der Durchführung der Maßnahme betraut werden sollen,

1. auszuwählen,

2. einer einfachen Sicherheitsüberprüfung unterziehen zu lassen und

3. über Mitteilungsverbote nach § 17 sowie die Strafbarkeit eines Verstoßes nach § 18 zu belehren; die Belehrung ist aktenkundig zu machen.

[2]Mit der Durchführung einer Beschränkungsmaßnahme dürfen nur Personen betraut werden, die nach Maßgabe des Satzes 1 überprüft und belehrt worden sind. [3]Nach Zustimmung des Bundesministeriums des Innern, für Bau und Heimat, bei Beschränkungsmaßnahmen einer Landesbehörde des zuständigen Landesministeriums, kann der Behördenleiter der berechtigten Stelle oder dessen Stellvertreter die nach Absatz 1 Satz 1 oder 3 Verpflichteten schriftlich auffordern, die Beschränkungsmaßnahme bereits vor Abschluss der Sicherheitsüberprüfung durchzuführen. [4]Der nach Absatz 1 Satz 1 oder Satz 3 Verpflichtete hat sicherzustellen, dass die Geheimschutzmaßnahmen zum Schutz als VS-NUR FÜR DEN DIENSTGEBRAUCH eingestufter Informationen gemäß der nach § 35 Absatz 1 des Sicherheitsüberprüfungsgesetzes [5] zu erlassenden allgemeinen Verwaltungsvorschrift zum materiellen Geheimschutz in der jeweils geltenden Fassung getroffen werden.

(3) [1]Die Sicherheitsüberprüfung nach Absatz 2 Satz 1 Nr. 2 ist entsprechend dem Sicherheitsüberprüfungsgesetz durchzuführen. [2]Für Beschränkungsmaßnahmen einer Landesbehörde gilt dies nicht, soweit Rechtsvorschriften des Landes vergleichbare Bestimmungen enthalten; in diesem Fall sind die Rechtsvorschriften des Landes entsprechend anzuwenden. [3]Zuständig ist bei Beschränkungsmaßnahmen von Bundesbehörden das Bundesministerium des Innern, für Bau und Heimat; im Übrigen sind die nach Landesrecht bestimmten Behörden zuständig. [4]Soll mit der Durchführung einer Beschränkungsmaßnahme eine Person betraut werden, für die innerhalb der letzten fünf Jahre bereits eine gleich- oder höherwertige Sicherheitsüberprüfung nach Bundes- oder Landesrecht durchgeführt worden ist, soll von einer erneuten Sicherheitsüberprüfung abgesehen werden.

[1] Nr. **80**.
[2] **Sartorius III Nr. 806.**
[3] **Sartorius III Nr. 805.**
[4] **Sartorius ErgBd. Nr. 920.**
[5] **Sartorius III Nr. 810.**

Abschnitt 2. Beschränkungen in Einzelfällen

§ 3[1) **Voraussetzungen.** (1) [1]Beschränkungen nach § 1 Abs. 1 Nr. 1 dürfen unter den dort bezeichneten Voraussetzungen angeordnet werden, wenn tatsächliche Anhaltspunkte für den Verdacht bestehen, dass jemand

1. Straftaten des Friedensverrats oder des Hochverrats (§§ 80a bis 83 des Strafgesetzbuches[2]),

2. Straftaten der Gefährdung des demokratischen Rechtsstaates (§§ 84 bis 86, 87 bis 89b, 89c Absatz 1 bis 4 des Strafgesetzbuches, § 20 Abs. 1 Nr. 1 bis 4 des Vereinsgesetzes[3]),

3. Straftaten des Landesverrats und der Gefährdung der äußeren Sicherheit (§§ 94 bis 96, 97a bis 100a des Strafgesetzbuches),

4. Straftaten gegen die Landesverteidigung (§§ 109e bis 109g des Strafgesetzbuches),

5. Straftaten gegen die Sicherheit der in der Bundesrepublik Deutschland stationierten Truppen der nichtdeutschen Vertragsstaaten des Nordatlantikvertrages (§§ 87, 89, 94 bis 96, 98 bis 100, 109e bis 109g des Strafgesetzbuches in Verbindung mit § 1 des NATO-Truppen-Schutzgesetzes),

6. Straftaten nach
 a) den §§ 129a bis 130 des Strafgesetzbuches sowie
 b) den §§ 211, 212, 239a, 239b, 306 bis 306c, 308 Abs. 1 bis 3, § 315 Abs. 3, § 316b Abs. 3 und § 316c Abs. 1 und 3 des Strafgesetzbuches, soweit diese sich gegen die freiheitliche demokratische Grundordnung, den Bestand oder die Sicherheit des Bundes oder eines Landes richten,

7. Straftaten nach § 95 Abs. 1 Nr. 8 des Aufenthaltsgesetzes[4],

8. Straftaten nach den §§ 202a, 202b und 303a, 303b des Strafgesetzbuches, soweit sich die Straftat gegen die innere oder äußere Sicherheit der Bundesrepublik Deutschland, insbesondere gegen sicherheitsempfindliche Stellen von lebenswichtigen Einrichtungen richtet, oder

9. Straftaten nach § 13 des Völkerstrafgesetzbuches[5]

plant, begeht oder begangen hat. [2]Gleiches gilt, wenn tatsächliche Anhaltspunkte für den Verdacht bestehen, dass jemand Mitglied einer Vereinigung ist, deren Zwecke oder deren Tätigkeit darauf gerichtet sind, Straftaten zu begehen, die gegen die freiheitliche demokratische Grundordnung, den Bestand oder die Sicherheit des Bundes oder eines Landes gerichtet sind.

(1a) Beschränkungen nach § 1 Abs. 1 Nr. 1 dürfen unter den dort bezeichneten Voraussetzungen für den Bundesnachrichtendienst auch für Telekommunikationsanschlüsse, die sich an Bord deutscher Schiffe außerhalb deutscher Hoheitsgewäs-

[1] § 3 Abs. 1 Satz 1 Nr. 6 Buchst. a geänd. mWv 30.8.2002 durch G v. 22.8.2002 (BGBl. I S. 3390); Abs. 1 Satz 1 Nr. 7 geänd. mWv 1.1.2005 durch G v. 30.7.2004 (BGBl. I S. 1950); Abs. 1 Satz 1 Nr. 5 geänd. mWv 30.11.2007 durch G v. 23.11.2007 (BGBl. I S. 2614); Abs. 1 Satz 1 Nr. 2 geänd. mWv 4.8. 2009 durch G v. 30.7.2009 (BGBl. I S. 2437); Abs. 1a eingef. mWv 5.8.2009 durch G v. 31.7.2009 (BGBl. I S. 2499); Abs. 1 Satz 1 Nr. 2 geänd. mWv 20.6.2015 durch G v. 12.6.2015 (BGBl. I S. 926); Abs. 1 Satz 1 Nr. 6 Buchst. b und Nr. 7 geänd., Nr. 8 angef. mWv 21.11.2015 durch G v. 17.11.2015 (BGBl. I S. 1938); Abs. 1 Satz 1 Nr. 1, 7 und 8 geänd., Nr. 9 angef. mWv 1.1.2017 durch G v. 22.12.2016 *(BGBl. I S. 3150).*
[2] **Schönfelder Nr. 85.**
[3] Nr. **425.**
[4] Nr. **565.**
[5] **Schönfelder ErgBd. Nr. 85g.**

ser befinden, angeordnet werden, wenn tatsächliche Anhaltspunkte bestehen, dass jemand eine der in § 23a Abs. 1 und 3 des Zollfahndungsdienstgesetzes genannten Straftaten plant, begeht oder begangen hat.

(2) ¹Die Anordnung ist nur zulässig, wenn die Erforschung des Sachverhalts auf andere Weise aussichtslos oder wesentlich erschwert wäre. ²Sie darf sich nur gegen den Verdächtigen oder gegen Personen richten, von denen auf Grund bestimmter Tatsachen anzunehmen ist, dass sie für den Verdächtigen bestimmte oder von ihm herrührende Mitteilungen entgegennehmen oder weitergeben oder dass der Verdächtige ihren Anschluss benutzt. ³Maßnahmen, die sich auf Sendungen beziehen, sind nur hinsichtlich solcher Sendungen zulässig, bei denen Tatsachen die Annahme rechtfertigen, dass sie von dem, gegen den sich die Anordnung richtet, herrühren oder für ihn bestimmt sind. ⁴Abgeordnetenpost von Mitgliedern des Deutschen Bundestages und der Parlamente der Länder darf nicht in eine Maßnahme einbezogen werden, die sich gegen einen Dritten richtet.

§ 3a¹⁾ Schutz des Kernbereichs privater Lebensgestaltung. ¹Beschränkungen nach § 1 Abs. 1 Nr. 1 sind unzulässig, soweit tatsächliche Anhaltspunkte für die Annahme vorliegen, dass durch sie allein Erkenntnisse aus dem Kernbereich privater Lebensgestaltung erfasst würden. ²Soweit im Rahmen von Beschränkungen nach § 1 Abs. 1 Nr. 1 neben einer automatischen Aufzeichnung eine unmittelbare Kenntnisnahme erfolgt, ist die Maßnahme unverzüglich zu unterbrechen, soweit sich während der Überwachung tatsächliche Anhaltspunkte dafür ergeben, dass Inhalte, die dem Kernbereich privater Lebensgestaltung zuzurechnen sind, erfasst werden. ³Bestehen insoweit Zweifel, darf nur eine automatische Aufzeichnung fortgesetzt werden. ⁴Automatische Aufzeichnungen nach Satz 3 sind unverzüglich einem bestimmten Mitglied der G10-Kommission oder seinem Stellvertreter zur Entscheidung über die Verwertbarkeit oder Löschung der Daten vorzulegen. ⁵Das Nähere regelt die Geschäftsordnung. ⁶Die Entscheidung des Mitglieds der Kommission, dass eine Verwertung erfolgen darf, ist unverzüglich durch die Kommission zu bestätigen. ⁷Ist die Maßnahme nach Satz 2 unterbrochen worden, so darf sie für den Fall, dass sie nicht nach Satz 1 unzulässig ist, fortgeführt werden. ⁸Erkenntnisse aus dem Kernbereich privater Lebensgestaltung, die durch eine Beschränkung nach § 1 Abs. 1 Nr. 1 erlangt worden sind, dürfen nicht verwertet werden. ⁹Aufzeichnungen hierüber sind unverzüglich zu löschen. ¹⁰Die Tatsachen der Erfassung der Daten und der Löschung sind zu dokumentieren. ¹¹Die Dokumentation darf ausschließlich für Zwecke der Datenschutzkontrolle verwendet werden. ¹²Sie ist zu löschen, wenn sie für diese Zwecke nicht mehr erforderlich ist, spätestens jedoch am Ende des Kalenderjahres, das dem Jahr der Dokumentation folgt.

§ 3b¹⁾ Schutz zeugnisverweigerungsberechtigter Personen. (1) ¹Maßnahmen nach § 1 Abs. 1 Nr. 1, die sich gegen eine in § 53 Abs. 1 Satz 1 Nr. 1, 2 oder Nr. 4 der Strafprozessordnung²⁾ genannte Person richten und voraussichtlich Erkenntnisse erbringen würden, über die diese Person das Zeugnis verweigern dürfte, sind unzulässig. ²Dennoch erlangte Erkenntnisse dürfen nicht verwertet werden. ³Aufzeichnungen hierüber sind unverzüglich zu löschen. ⁴Die Tatsache ihrer Erlangung und Löschung ist zu dokumentieren. ⁵Die Sätze 2 bis 3 gelten entsprechend, wenn durch eine Maßnahme, die sich nicht gegen eine in § 53 Abs. 1 Satz 1 Nr. 1, 2 oder Nr. 4 der Strafprozessordnung genannte Person richtet,

¹⁾ §§ 3a und 3b eingef. mWv 5.8.2009 durch G v. 31.7.2009 (BGBl. I S. 2499).
²⁾ **Schönfelder Nr. 90.**

von einer dort genannten Person Erkenntnisse erlangt werden, über die sie das Zeugnis verweigern dürfte.

(2) ¹Soweit durch eine Beschränkung eine in § 53 Abs. 1 Satz 1 Nr. 3 bis 3b oder Nr. 5 der Strafprozessordnung genannte Person betroffen wäre und dadurch voraussichtlich Erkenntnisse erlangt würden, über die diese Person das Zeugnis verweigern dürfte, ist dies im Rahmen der Prüfung der Verhältnismäßigkeit unter Würdigung des öffentlichen Interesses an den von dieser Person wahrgenommenen Aufgaben und des Interesses an der Geheimhaltung der dieser Person anvertrauten oder bekannt gewordenen Tatsachen besonders zu berücksichtigen. ²Soweit hiernach geboten, ist die Maßnahme zu unterlassen oder, soweit dies nach der Art der Maßnahme möglich ist, zu beschränken.

(3) Die Absätze 1 und 2 gelten entsprechend, soweit die in § 53a der Strafprozessordnung Genannten das Zeugnis verweigern dürften.

(4) Die Absätze 1 bis 3 gelten nicht, sofern die zeugnisverweigerungsberechtigte Person Verdächtiger im Sinne des § 3 Abs. 2 Satz 2 ist oder tatsächliche Anhaltspunkte den Verdacht begründen, dass sie dessen in § 3 Abs. 1 bezeichnete Bestrebungen durch Entgegennahme oder Weitergabe von Mitteilungen bewusst unterstützt.

§ 4¹⁾ Prüf-, Kennzeichnungs- und Löschungspflichten, Übermittlungen, Zweckbindung. (1) ¹Die erhebende Stelle prüft unverzüglich und sodann in Abständen von höchstens sechs Monaten, ob die erhobenen personenbezogenen Daten im Rahmen ihrer Aufgaben allein oder zusammen mit bereits vorliegenden Daten für die in § 1 Abs. 1 Nr. 1 bestimmten Zwecke erforderlich sind. ²Soweit die Daten für diese Zwecke nicht erforderlich sind und nicht für eine Übermittlung an andere Stellen benötigt werden, sind sie unverzüglich unter Aufsicht eines Bediensteten, der die Befähigung zum Richteramt hat, zu löschen. ³Die Löschung ist zu protokollieren. ⁴Die Protokolldaten dürfen ausschließlich zur Durchführung der Datenschutzkontrolle verwendet werden. ⁵Die Protokolldaten sind am Ende des Kalenderjahres, das dem Jahr der Protokollierung folgt, zu löschen. ⁶Die Löschung der Daten unterbleibt, soweit die Daten für eine Mitteilung nach § 12 Abs. 1 oder für eine gerichtliche Nachprüfung der Rechtmäßigkeit der Beschränkungsmaßnahme von Bedeutung sein können. ⁷In diesem Fall ist die Verarbeitung der Daten einzuschränken; sie dürfen nur zu diesen Zwecken verwendet werden.

(2) ¹Die verbleibenden Daten sind zu kennzeichnen. ²Nach einer Übermittlung ist die Kennzeichnung durch den Empfänger aufrechtzuerhalten. ³Die Daten dürfen nur zu den in § 1 Abs. 1 Nr. 1 und den in Absatz 4 genannten Zwecken verwendet werden.

(3) ¹Der Behördenleiter oder sein Stellvertreter kann anordnen, dass bei der Übermittlung auf die Kennzeichnung verzichtet wird, wenn dies unerlässlich ist, um die Geheimhaltung einer Beschränkungsmaßnahme nicht zu gefährden, und die G 10-Kommission oder, soweit es sich um die Übermittlung durch eine Landesbehörde handelt, die nach Landesrecht zuständige Stelle zugestimmt hat. ²Bei Gefahr im Verzuge kann die Anordnung bereits vor der Zustimmung getroffen werden. ³Wird die Zustimmung versagt, ist die Kennzeichnung durch den Übermittlungsempfänger unverzüglich nachzuholen; die übermittelnde Behörde hat ihn hiervon zu unterrichten.

¹⁾ § 4 Abs. 1 Sätze 4 und 5 eingef., bish. Sätze 4 und 5 werden Sätze 6 und 7, neuer Satz 6 geänd.; Abs. 4 Nr. 1 Buchst. a geänd. mWv 5.8.2009 durch G v. 31.7.2009 (BGBl. I S. 2499); Abs. 1 Satz 7 neu gef., Abs. 4 Satz 1 einl. Satzteil geänd., Satz 2 angef. mWv 25.5.2018 durch G v. 30.6.2017 (BGBl. I S. 2097).

(4) [1]Die Daten dürfen an andere als die nach § 1 Absatz 1 Nummer 1 berechtigten Stellen nur übermittelt werden

1. zur Verhinderung oder Aufklärung von Straftaten, wenn
 a) tatsächliche Anhaltspunkte für den Verdacht bestehen, dass jemand eine der in § 3 Abs. 1 und 1a genannten Straftaten plant oder begeht,
 b) bestimmte Tatsachen den Verdacht begründen, dass jemand eine sonstige in § 7 Abs. 4 Satz 1 genannte Straftat plant oder begeht,
2. zur Verfolgung von Straftaten, wenn bestimmte Tatsachen den Verdacht begründen, dass jemand eine in Nummer 1 bezeichnete Straftat begeht oder begangen hat, oder
3. zur Vorbereitung und Durchführung eines Verfahrens nach Artikel 21 Abs. 2 Satz 2 des Grundgesetzes[1]) oder einer Maßnahme nach § 3 Abs. 1 Satz 1 des Vereinsgesetzes[2]),

soweit sie zur Erfüllung der Aufgaben des Empfängers erforderlich sind. [2]Bei der Übermittlung an ausländische öffentliche Stellen sowie an über- und zwischenstaatliche Stellen ist daneben § 19 Absatz 3 Satz 2 und 4 des Bundesverfassungsschutzgesetzes[3]) anzuwenden.

(5) [1]Sind mit personenbezogenen Daten, die übermittelt werden dürfen, weitere Daten des Betroffenen oder eines Dritten in Akten so verbunden, dass eine Trennung nicht oder nur mit unvertretbarem Aufwand möglich ist, ist die Übermittlung auch dieser Daten zulässig; eine Verwendung dieser Daten ist unzulässig. [2]Über die Übermittlung entscheidet ein Bediensteter der übermittelnden Stelle, der die Befähigung zum Richteramt hat. [3]Die Übermittlung ist zu protokollieren.

(6) [1]Der Empfänger darf die übermittelten Daten nur für die Zwecke verwenden, zu deren Erfüllung sie ihm übermittelt worden sind. [2]Er prüft unverzüglich und sodann in Abständen von höchstens sechs Monaten, ob die übermittelten Daten für diese Zwecke erforderlich sind. [3]Absatz 1 Satz 2 und 3 gilt entsprechend. [4]Der Empfänger unterrichtet die übermittelnde Stelle unverzüglich über die erfolgte Löschung.

Abschnitt 3. Strategische Beschränkungen

§ 5[4]) Voraussetzungen. (1) [1]Auf Antrag des Bundesnachrichtendienstes dürfen Beschränkungen nach § 1 für internationale Telekommunikationsbeziehungen, soweit eine gebündelte Übertragung erfolgt, angeordnet werden. [2]Die jeweiligen Telekommunikationsbeziehungen werden von dem nach § 10 Abs. 1 zuständigen Bundesministerium mit Zustimmung des Parlamentarischen Kontrollgremiums bestimmt. [3]Beschränkungen nach Satz 1 sind nur zulässig zur Sammlung von Informationen über Sachverhalte, deren Kenntnis notwendig ist, um die Gefahr

1. eines bewaffneten Angriffs auf die Bundesrepublik Deutschland,
2. der Begehung internationaler terroristischer Anschläge mit unmittelbarem Bezug zur Bundesrepublik Deutschland,

[1]) Nr. **1.**
[2]) Nr. **425.**
[3]) Nr. **80.**
[4]) § 5 Abs. 1 Satz 3 Nr. 4 neu gef., Nr. 5 und 6 geänd., Nr. 7 angef., Abs. 2 Satz 2 neu gef. mWv 5.8. 2009 durch G v. 31.7.2009 (BGBl. I S. 2499); Abs. 1 Satz 3 Nr. 6 und Nr. 7 Buchst. c geänd., Nr. 8 angef. mWv 21.11.2015 durch G v. 17.11.2015 (BGBl. I S. 1938).

3. der internationalen Verbreitung von Kriegswaffen im Sinne des Gesetzes über die Kontrolle von Kriegswaffen[1] sowie des unerlaubten Außenwirtschaftsverkehrs mit Waren, Datenverarbeitungsprogrammen und Technologien in Fällen von erheblicher Bedeutung,

4. der unbefugten gewerbs- oder bandenmäßig organisierten Verbringung von Betäubungsmitteln in das Gebiet der Europäischen Union in Fällen von erheblicher Bedeutung mit Bezug zur Bundesrepublik Deutschland,

5. der Beeinträchtigung der Geldwertstabilität im Euro-Währungsraum durch im Ausland begangene Geldfälschungen,

6. der international organisierten Geldwäsche in Fällen von erheblicher Bedeutung,

7. des gewerbs- oder bandenmäßig organisierten Einschleusens von ausländischen Personen in das Gebiet der Europäischen Union in Fällen von erheblicher Bedeutung mit Bezug zur Bundesrepublik Deutschland

a) bei unmittelbarem Bezug zu den Gefahrenbereichen nach Nr. 1 bis 3 oder

b) in Fällen, in denen eine erhebliche Anzahl geschleuster Personen betroffen ist, insbesondere wenn durch die Art der Schleusung von einer Gefahr für ihr Leib oder Leben auszugehen ist, oder

c) in Fällen von unmittelbarer oder mittelbarer Unterstützung oder Duldung durch ausländische öffentliche Stellen oder

8. des internationalen kriminellen, terroristischen oder staatlichen Angriffs mittels Schadprogrammen oder vergleichbaren schädlich wirkenden informationstechnischen Mitteln auf die Vertraulichkeit, Integrität oder Verfügbarkeit von IT-Systemen in Fällen von erheblicher Bedeutung mit Bezug zur Bundesrepublik Deutschland

rechtzeitig zu erkennen und einer solchen Gefahr zu begegnen. [4] In den Fällen von Satz 3 Nr. 1 dürfen Beschränkungen auch für Postverkehrsbeziehungen angeordnet werden; Satz 2 gilt entsprechend.

(2) [1] Bei Beschränkungen von Telekommunikationsbeziehungen darf der Bundesnachrichtendienst nur Suchbegriffe verwenden, die zur Aufklärung von Sachverhalten über den in der Anordnung bezeichneten Gefahrenbereich bestimmt und geeignet sind. [2] Es dürfen keine Suchbegriffe verwendet werden, die

1. Identifizierungsmerkmale enthalten, die zu einer gezielten Erfassung bestimmter Telekommunikationsanschlüsse führen, oder

2. den Kernbereich der privaten Lebensgestaltung betreffen.

[3] Dies gilt nicht für Telekommunikationsanschlüsse im Ausland, sofern ausgeschlossen werden kann, dass Anschlüsse, deren Inhaber oder regelmäßige Nutzer deutsche Staatsangehörige sind, gezielt erfasst werden. [4] Die Durchführung ist zu protokollieren. [5] Die Protokolldaten dürfen ausschließlich zu Zwecken der Datenschutzkontrolle verwendet werden. [6] Sie sind am Ende des Kalenderjahres, das dem Jahr der Protokollierung folgt, zu löschen.

§ 5a[2] Schutz des Kernbereichs privater Lebensgestaltung. [1] Durch Beschränkungen nach § 1 Abs. 1 Nr. 2 dürfen keine Kommunikationsinhalte aus dem Kernbereich privater Lebensgestaltung erfasst werden. [2] Sind durch eine *Beschränkung nach § 1 Abs. 1 Nr. 2 Kommunikations*inhalte aus dem Kernbereich

[1] Nr. **823**.
[2] § 5a eingef. mWv 5.8.2009 durch G v. 31.7.2009 (BGBl. I S. 2499).

privater Lebensgestaltung erfasst worden, dürfen diese nicht verwertet werden. [3] Sie sind unverzüglich unter Aufsicht eines Bediensteten, der die Befähigung zum Richteramt hat, zu löschen. [4] § 3a Satz 2 bis 7 gilt entsprechend. [5] Die Tatsache der Erfassung der Daten und ihrer Löschung ist zu protokollieren. [6] Die Protokolldaten dürfen ausschließlich zum Zwecke der Durchführung der Datenschutzkontrolle verwendet werden. [7] Sie sind zu löschen, wenn sie für diese Zwecke nicht mehr erforderlich sind, spätestens jedoch am Ende des Kalenderjahres, das dem Jahr der Protokollierung folgt.

§ 6[1] Prüf-, Kennzeichnungs- und Löschungspflichten, Zweckbindung.

(1) [1] Der Bundesnachrichtendienst prüft unverzüglich und sodann in Abständen von höchstens sechs Monaten, ob die erhobenen personenbezogenen Daten im Rahmen seiner Aufgaben allein oder zusammen mit bereits vorliegenden Daten für die in § 5 Abs. 1 Satz 3 bestimmten Zwecke erforderlich sind. [2] Soweit die Daten für diese Zwecke nicht erforderlich sind und nicht für eine Übermittlung an andere Stellen benötigt werden, sind sie unverzüglich unter Aufsicht eines Bediensteten, der die Befähigung zum Richteramt hat, zu löschen. [3] Die Löschung ist zu protokollieren. [4] Die Protokolldaten dürfen ausschließlich zur Durchführung der Datenschutzkontrolle verwendet werden. [5] Die Protokolldaten sind am Ende des Kalenderjahres zu löschen, das dem Jahr der Protokollierung folgt. [6] Außer in den Fällen der erstmaligen Prüfung nach Satz 1 unterbleibt die Löschung, soweit die Daten für eine Mitteilung nach § 12 Abs. 2 oder für eine gerichtliche Nachprüfung der Rechtmäßigkeit der Beschränkungsmaßnahme von Bedeutung sein können. [7] In diesem Fall ist die Verarbeitung der Daten einzuschränken; sie dürfen nur zu diesen Zwecken verwendet werden.

(2) [1] Die verbleibenden Daten sind zu kennzeichnen. [2] Nach einer Übermittlung ist die Kennzeichnung durch den Empfänger aufrechtzuerhalten. [3] Die Daten dürfen nur zu den in § 5 Abs. 1 Satz 3 genannten Zwecken und für Übermittlungen nach § 7 Abs. 1 bis 4a und § 7a verwendet werden.

(3) [1] Auf Antrag des Bundesnachrichtendienstes dürfen zur Prüfung der Relevanz erfasster Telekommunikationsverkehre auf Anordnung des nach § 10 Abs. 1 zuständigen Bundesministeriums die erhobenen Daten in einem automatisierten Verfahren mit bereits vorliegenden Rufnummern oder anderen Kennungen bestimmter Telekommunikationsanschlüsse abgeglichen werden, bei denen tatsächliche Anhaltspunkte dafür bestehen, dass sie in einem Zusammenhang mit dem Gefahrenbereich stehen, für den die Überwachungsmaßnahme angeordnet wurde. [2] Zu diesem Abgleich darf der Bundesnachrichtendienst auch Rufnummern oder andere Kennungen bestimmter Telekommunikationsanschlüsse im Inland verwenden. [3] Die zu diesem Abgleich genutzten Daten dürfen nicht als Suchbegriffe im Sinne des § 5 Abs. 2 Satz 1 verwendet werden. [4] Der Abgleich und die Gründe für die Verwendung der für den Abgleich genutzten Daten sind zu protokollieren. [5] Die Protokolldaten dürfen ausschließlich zu Zwecken der Datenschutzkontrolle verwendet werden. [6] Sie sind am Ende des Kalenderjahres, das dem Jahr der Protokollierung folgt, zu vernichten.

[1] § 6 Abs. 1 Sätze 4 und 5 eingef., bish. Sätze 4 und 5 werden Sätze 6 und 7, Abs. 2 Satz 3 geänd., Abs. 3 angef. mWv 5.8.2009 durch G v. 31.7.2009 (BGBl. I S. 2499); Abs. 2 Satz 3 geänd. mWv 21.11.2015 durch G v. 17.11.2015 (BGBl. I S. 1938); Abs. 1 Satz 7 neu gef. mWv 25.5.2018 durch G v. 30.6.2017 (BGBl. I S. 2097).

§ 7[1] Übermittlungen durch den Bundesnachrichtendienst. (1) Durch Beschränkungen nach § 5 erhobene personenbezogene Daten dürfen nach § 33 des BND-Gesetzes[2] zur Unterrichtung über die in § 5 Abs. 1 Satz 3 genannten Gefahren übermittelt werden.

(2) Durch Beschränkungen nach § 5 erhobene personenbezogene Daten dürfen an die Verfassungsschutzbehörden des Bundes und der Länder sowie an den Militärischen Abschirmdienst übermittelt werden, wenn

1. tatsächliche Anhaltspunkte dafür bestehen, dass die Daten erforderlich sind zur Sammlung und Auswertung von Informationen über Bestrebungen in der Bundesrepublik Deutschland, die durch Anwendung von Gewalt oder darauf gerichtete Vorbereitungshandlungen gegen die in § 3 Abs. 1 Nr. 1, 3 und 4 des Bundesverfassungsschutzgesetzes[3] genannten Schutzgüter gerichtet sind,

2. bestimmte Tatsachen den Verdacht sicherheitsgefährdender oder geheimdienstlicher Tätigkeiten für eine fremde Macht begründen oder

3. im Falle des § 5 Absatz 1 Satz 1 in Verbindung mit Satz 3 Nummer 8 tatsächliche Anhaltspunkte dafür bestehen, dass die Angriffe von Bestrebungen oder Tätigkeiten nach § 3 Absatz 1 des Bundesverfassungsschutzgesetzes ausgehen.

(3) Durch Beschränkungen nach § 5 Abs. 1 Satz 1 in Verbindung mit Satz 3 Nr. 3 erhobene personenbezogene Daten dürfen an das Bundesamt für Wirtschaft und Ausfuhrkontrolle (BAFA) übermittelt werden, wenn tatsächliche Anhaltspunkte dafür bestehen, dass die Kenntnis dieser Daten erforderlich ist

1. zur Aufklärung von Teilnehmern am Außenwirtschaftsverkehr über Umstände, die für die Einhaltung von Beschränkungen des Außenwirtschaftsverkehrs von Bedeutung sind, oder

2. im Rahmen eines Verfahrens zur Erteilung einer ausfuhrrechtlichen Genehmigung oder zur Unterrichtung von Teilnehmern am Außenwirtschaftsverkehr, soweit hierdurch eine Genehmigungspflicht für die Ausfuhr von Gütern begründet wird.

(Fortsetzung nächstes Blatt)

[1] § 7 Abs. 4 Satz 1 Nr. 2 ber. BGBl. 2017 I S. 154; Abs. 2 Nr. 1 geänd. mWv 1.1.2002 durch G v. 9.1. 2002 (BGBl. I S. 361); Abs. 4 Satz 1 Nr. 1 Buchst. a neu gef. mWv 30.8.2002 durch G v. 22.8.2002 (BGBl. I S. 3390); Abs. 4 Satz 1 Nr. 2 Buchst. b neu gef. mWv 28.12.2003 durch G v. 22.12.2003 (BGBl. I S. 2836); Abs. 4 Satz 1 Nr. 2 Buchst. b geänd. mWv 19.2.2005 durch G v. 11.2.2005 (BGBl. I S. 239); Abs. 4 Satz 1 Nr. 1 Buchst. a geänd. mWv 4.8.2009 durch G v. 30.7.2009 (BGBl. I S. 2437); Abs. 4 Satz 1 Nr. 2 Buchst. a und b geänd., Buchst. c angef., Abs. 6 Satz 3 neu gef. mWv 5.8.2009 durch G v. 31.7. 2009 (BGBl. I S. 2499); Abs. 4 Satz 1 Nr. 1 Buchst. b geänd. mWv 1.9.2013 durch G v. 6.6.2013 (BGBl. I S. 1482); Abs. 4 Satz 1 Nr. 1 Buchst. a geänd. mWv 20.6.2015 durch G v. 12.6.2015 (BGBl. I S. 926); Abs. 2 Nr. 1 und 2 geänd., Nr. 3 angef., Abs. 4 Satz 1 Nr. 2 neu gef., Abs. 4a eingef. mWv 21.11.2015 durch G v. 17.11.2015 (BGBl. I S. 1938); Abs. 4 Satz 1 Nr. 2 geänd. mWv 1.1.2017 durch G v. 22.12. 2016 (BGBl. I S. 3150); Abs. 1 geänd. mWv 31.12.2016 durch G v. 23.12.2016 (BGBl. I S. 3346).
[2] **Sartorius III Nr. 805.**
[3] Nr. 80.

(4) [1] Durch Beschränkungen nach § 5 erhobene personenbezogene Daten dürfen zur Verhinderung von Straftaten an die mit polizeilichen Aufgaben betrauten Behörden übermittelt werden, wenn

1. tatsächliche Anhaltspunkte für den Verdacht bestehen, dass jemand

 a) Straftaten nach den §§ 89 a, 89 b, 89 c Absatz 1 bis 4 oder § 129 a, auch in Verbindung mit § 129 b Abs. 1, sowie den §§ 146, 151 bis 152 a oder § 261 des Strafgesetzbuches[1],

 b) vorsätzliche Straftaten nach den §§ 17 und 18 des Außenwirtschaftsgesetzes, §§ 19 bis 21 oder § 22 a Abs. 1 Nr. 4, 5 und 7 des Gesetzes über die Kontrolle von Kriegswaffen[2] oder

 c) Straftaten nach § 29 a Abs. 1 Nr. 2, § 30 Abs. 1 Nr. 1, 4 oder § 30 a des Betäubungsmittelgesetzes[3]

 plant oder begeht oder

2. bestimmte Tatsachen den Verdacht begründen, dass jemand eine der in § 3 Absatz 1 Satz 1 Nummer 1, 2, 5, 7 und 9, Satz 2 oder Absatz 1 a dieses Gesetzes oder eine sonstige der in § 100 a Absatz 2 der Strafprozessordnung[4] genannten Straftaten plant oder begeht.

[2] Die Daten dürfen zur Verfolgung von Straftaten an die zuständigen Behörden übermittelt werden, wenn bestimmte Tatsachen den Verdacht begründen, dass jemand eine in Satz 1 bezeichnete Straftat begeht oder begangen hat.

(4 a) Durch Beschränkungen nach § 5 Absatz 1 Satz 1 in Verbindung mit Satz 3 Nummer 8 erhobene personenbezogene Daten dürfen an das Bundesamt für Sicherheit in der Informationstechnik übermittelt werden, wenn tatsächliche Anhaltspunkte dafür bestehen, dass die Daten erforderlich sind zur Abwehr von Gefahren für die Sicherheit der Informationstechnik des Bundes oder zur Sammlung und Auswertung von Informationen über Sicherheitsrisiken auch für andere Stellen und Dritte.

(5) [1] Die Übermittlung ist nur zulässig, soweit sie zur Erfüllung der Aufgaben des Empfängers erforderlich ist. [2] Sind mit personenbezogenen Daten, die übermittelt werden dürfen, weitere Daten des Betroffenen oder eines Dritten in Akten so verbunden, dass eine Trennung nicht oder nur mit unvertretbarem Aufwand möglich ist, ist die Übermittlung auch dieser Daten zulässig; eine Verwendung dieser Daten ist unzulässig. [3] Über die Übermittlung entscheidet ein Bediensteter des Bundesnachrichtendienstes, der die Befähigung zum Richteramt hat. [4] Die Übermittlung ist zu protokollieren.

(6) [1] Der Empfänger darf die Daten nur für die Zwecke verwenden, zu deren Erfüllung sie ihm übermittelt worden sind. [2] Er prüft unverzüglich und sodann in Abständen von höchstens sechs Monaten, ob die übermittelten Daten für diese Zwecke erforderlich sind. [3] § 4 Abs. 6 Satz 4 und § 6 Abs. 1 Satz 2 und 3 gelten entsprechend.

[1] **Schönfelder Nr. 85.**
[2] Nr. **823.**
[3] Nr. **275.**
[4] **Schönfelder Nr. 90.**

§ 7 a[1]) Übermittlungen durch den Bundesnachrichtendienst an ausländische öffentliche Stellen. (1) [1] Der Bundesnachrichtendienst darf durch Beschränkungen nach § 5 Abs. 1 Satz 3 Nr. 2, 3, 7 und 8 erhobene personenbezogene Daten an die mit nachrichtendienstlichen Aufgaben betrauten ausländischen öffentlichen Stellen übermitteln, soweit

1. die Übermittlung zur Wahrung außen- oder sicherheitspolitischer Belange der Bundesrepublik Deutschland oder erheblicher Sicherheitsinteressen des ausländischen Staates erforderlich ist,

2. überwiegende schutzwürdige Interessen des Betroffenen nicht entgegenstehen, insbesondere in dem ausländischen Staat ein angemessenes Datenschutzniveau gewährleistet ist sowie davon auszugehen ist, dass die Verwendung der Daten durch den Empfänger in Einklang mit grundlegenden rechtsstaatlichen Prinzipien erfolgt, und

3. das Prinzip der Gegenseitigkeit gewahrt ist.
[2] Die Übermittlung bedarf der Zustimmung des Bundeskanzleramtes.

(2) Der Bundesnachrichtendienst darf unter den Voraussetzungen des Absatzes 1 durch Beschränkungen nach § 5 Abs. 1 Satz 3 Nr. 2, 3, 7 und 8 erhobene personenbezogene Daten ferner im Rahmen von Artikel 3 des Zusatzabkommens zu dem Abkommen zwischen den Parteien des Nordatlantikvertrages über die Rechtsstellung ihrer Truppen[2]) hinsichtlich der in der Bundesrepublik Deutschland stationierten ausländischen Truppen vom 3. August 1959 (BGBl. 1961 II S. 1183, 1218) an Dienststellen der Stationierungsstreitkräfte übermitteln, soweit dies zur Erfüllung der in deren Zuständigkeit liegenden Aufgaben erforderlich ist.

(3) [1] Über die Übermittlung entscheidet ein Bediensteter des Bundesnachrichtendienstes, der die Befähigung zum Richteramt hat. [2] Die Übermittlung ist zu protokollieren. [3] Der Bundesnachrichtendienst führt einen Nachweis über den Zweck, die Veranlassung, die Aktenfundstelle und die Empfänger der Übermittlungen nach Absatz 1 und 2. [4] Die Nachweise sind gesondert aufzubewahren, gegen unberechtigten Zugriff zu sichern und am Ende des Kalenderjahres, das dem Jahr ihrer Erstellung folgt, zu vernichten.

(4) Der Empfänger ist zu verpflichten,

1. die übermittelten Daten nur zu dem Zweck zu verwenden, zu dem sie ihm übermittelt wurden,

2. eine angebrachte Kennzeichnung beizubehalten und

3. dem Bundesnachrichtendienst auf Ersuchen Auskunft über die Verwendung zu erteilen.

(5) Das zuständige Bundesministerium unterrichtet monatlich die G10-Kommission über Übermittlungen nach Absatz 1 und 2.

(6) Das Parlamentarische Kontrollgremium ist in Abständen von höchstens sechs Monaten über die vorgenommenen Übermittlungen nach Absatz 1 und 2 zu unterrichten.

[1]) *§ 7 a eingef. mWv 5. 8. 2009 durch G v. 31. 7. 2009* (BGBl. I S. 2499); Abs. 1 Satz 1 einl. Satzteil und Abs. 2 geänd. mWv 21. 11. 2015 durch G v. 17. 11. 2015 (BGBl. I S. 1938).
[2]) **Wehrrecht Nr. 41.**

§ 8[1]) **Gefahr für Leib oder Leben einer Person im Ausland.** (1) Auf Antrag des Bundesnachrichtendienstes dürfen Beschränkungen nach § 1 für internationale Telekommunikationsbeziehungen im Sinne des § 5 Abs. 1 Satz 1 angeordnet werden, wenn dies erforderlich ist, um eine im Einzelfall bestehende Gefahr für Leib oder Leben einer Person im Ausland rechtzeitig zu erkennen oder ihr zu begegnen und dadurch Belange der Bundesrepublik Deutschland unmittelbar in besonderer Weise berührt sind.

(2) ¹ Die jeweiligen Telekommunikationsbeziehungen werden von dem nach § 10 Abs. 1 zuständigen Bundesministerium mit Zustimmung des Parlamentarischen Kontrollgremiums bestimmt. ² Die Zustimmung bedarf der Mehrheit von zwei Dritteln seiner Mitglieder. ³ Die Bestimmung tritt spätestens nach zwei Monaten außer Kraft. ⁴ Eine erneute Bestimmung ist zulässig, soweit ihre Voraussetzungen fortbestehen.

(3) ¹ Die Anordnung ist nur zulässig, wenn die Erforschung des Sachverhalts auf andere Weise aussichtslos oder wesentlich erschwert wäre. ² Der Bundesnachrichtendienst darf nur Suchbegriffe verwenden, die zur Erlangung von Informationen über die in der Anordnung bezeichnete Gefahr bestimmt und geeignet sind. ³ § 5 Abs. 2 Satz 2 bis 6 gilt entsprechend. ⁴ Ist die Überwachungsmaßnahme erforderlich, um einer im Einzelfall bestehende Gefahr für Leib oder Leben einer Person zu begegnen, dürfen die Suchbegriffe auch Identifizierungsmerkmale enthalten, die zu einer gezielten Erfassung der Rufnummer oder einer anderen Kennung des Telekommunikationsanschlusses dieser Person im Ausland führen.

(4) ¹ Der Bundesnachrichtendienst prüft unverzüglich und sodann in Abständen von höchstens sechs Monaten, ob die erhobenen personenbezogenen Daten im Rahmen seiner Aufgaben allein oder zusammen mit zuvor vorliegenden Daten zu dem in Absatz 1 bestimmten Zweck erforderlich sind. ² Soweit die Daten für diesen Zweck nicht erforderlich sind, sind sie unverzüglich unter Aufsicht eines Bediensteten, der die Befähigung zum Richteramt hat, zu löschen. ³ Die Löschung ist zu protokollieren. ⁴ § 6 Abs. 1 Satz 4 und 5, Abs. 2 Satz 1 und 2 gilt entsprechend. ⁵ Die Daten dürfen nur zu den in den Absätzen 1, 5 und 6 genannten Zwecken verwendet werden.

(5) Die erhobenen personenbezogenen Daten dürfen nach § 33 des BND-Gesetzes[2]) zur Unterrichtung über die in Absatz 1 genannte Gefahr übermittelt werden.

(6) ¹ Die erhobenen personenbezogenen Daten dürfen zur Verhinderung von Straftaten an die zuständigen Behörden übermittelt werden, wenn tatsächliche Anhaltspunkte den Verdacht begründen, dass jemand eine Straftat plant oder begeht, die geeignet ist, zu der Entstehung oder Aufrechterhaltung der in Absatz 1 bezeichneten Gefahr beizutragen. ² Die Daten dürfen zur Verfolgung von Straftaten an die zuständigen Behörden übermittelt werden, wenn bestimmte Tatsachen den Verdacht begründen, dass jemand eine in Satz 1 bezeichnete Straftat begeht *oder begangen hat.* ³ § 7 Abs. 5 und 6 sowie § 7a Abs. 1 und 3 bis 6 gelten entsprechend.

[1]) § 8 Abs. 1 Satz 2 aufgeh., Abs. 2 neu gef., Abs. 3 Satz 4 angef., Abs. 6 Satz 3 neu gef. mWv 5.8.2009 durch G v. 31.7.2009 (BGBl. I S. 2499); Abs. 5 geänd. mWv 31.12.2016 durch G v. 23.12.2016 (BGBl. I S. 3346).
[2]) **Sartorius III Nr. 805.**

Abschnitt 4. Verfahren

§ 9[1] Antrag. (1) Beschränkungsmaßnahmen nach diesem Gesetz dürfen nur auf Antrag angeordnet werden.

(2) Antragsberechtigt sind im Rahmen ihres Geschäftsbereichs
1. das Bundesamt für Verfassungsschutz,
2. die Verfassungsschutzbehörden der Länder,
3. der Militärische Abschirmdienst und
4. der Bundesnachrichtendienst
durch den Behördenleiter oder seinen Stellvertreter.

(3) [1] Der Antrag ist schriftlich zu stellen und zu begründen. [2] Er muss alle für die Anordnung erforderlichen Angaben enthalten. [3] In den Fällen der §§ 3 und 8 hat der Antragsteller darzulegen, dass die Erforschung des Sachverhalts auf andere Weise aussichtslos oder wesentlich erschwert wäre.

§ 10[2] Anordnung. (1) Zuständig für die Anordnung von Beschränkungsmaßnahmen ist bei Anträgen der Verfassungsschutzbehörden der Länder die zuständige oberste Landesbehörde, im Übrigen das Bundesministerium des Innern, für Bau und Heimat.

(2) [1] Die Anordnung ergeht schriftlich. [2] In ihr sind der Grund der Anordnung und die zur Überwachung berechtigte Stelle anzugeben sowie Art, Umfang und Dauer der Beschränkungsmaßnahme zu bestimmen.

(3) [1] In den Fällen des § 3 muss die Anordnung denjenigen bezeichnen, gegen den sich die Beschränkungsmaßnahme richtet. [2] Bei einer Überwachung der Telekommunikation ist auch die Rufnummer oder eine andere Kennung des Telekommunikationsanschlusses oder die Kennung des Endgerätes, wenn diese allein diesem Endgerät zuzuordnen ist, anzugeben.

(4) [1] In den Fällen der §§ 5 und 8 sind die Suchbegriffe in der Anordnung zu benennen. [2] Ferner sind das Gebiet, über das Informationen gesammelt werden sollen, und die Übertragungswege, die der Beschränkung unterliegen, zu bezeichnen. [3] Weiterhin ist festzulegen, welcher Anteil der auf diesen Übertragungswegen zur Verfügung stehenden Übertragungskapazität überwacht werden darf. [4] In den Fällen des § 5 darf dieser Anteil höchstens 20 vom Hundert betragen.

(5) [1] In den Fällen der §§ 3 und 5 ist die Anordnung auf höchstens drei Monate zu befristen. [2] Verlängerungen um jeweils nicht mehr als drei weitere Monate sind auf Antrag zulässig, soweit die Voraussetzungen der Anordnung fortbestehen.

(6) [1] Die Anordnung ist dem nach § 2 Abs. 1 Satz 1 oder 3 Verpflichteten insoweit mitzuteilen, als dies erforderlich ist, um ihm die Erfüllung seiner Verpflichtungen zu ermöglichen. [2] Die Mitteilung entfällt, wenn die Anordnung ohne seine Mitwirkung ausgeführt werden kann.

(7) [1] Das Bundesamt für Verfassungsschutz unterrichtet die jeweilige Landesbehörde für Verfassungsschutz über die in deren Bereich getroffenen Beschrän-

[1] § 9 Abs. 2 Nr. 3 geänd. mWv 21.11.2015 durch G v. 17.11.2015 (BGBl. I S. 1938).
[2] § 10 Abs. 3 Satz 2 geänd. mWv 5.8.2009 durch G v. 31.7.2009 (BGBl. I S. 2499); Abs. 1 geänd. mWv 10.1.2012 durch G v. 7.12.2011 (BGBl. I S. 2576); Abs. 1 geänd. mWv 27.6.2020 durch VO v. 19.6.2020 (BGBl. I S. 1328).

kungsanordnungen. [2] Die Landesbehörden für Verfassungsschutz teilen dem Bundesamt für Verfassungsschutz die in ihrem Bereich getroffenen Beschränkungsanordnungen mit.

§ 11 Durchführung. (1) Die aus der Anordnung sich ergebenden Beschränkungsmaßnahmen sind unter Verantwortung der Behörde, auf deren Antrag die Anordnung ergangen ist, und unter Aufsicht eines Bediensteten vorzunehmen, der die Befähigung zum Richteramt hat.

(2) [1] Die Maßnahmen sind unverzüglich zu beenden, wenn sie nicht mehr erforderlich sind oder die Voraussetzungen der Anordnung nicht mehr vorliegen. [2] Die Beendigung ist der Stelle, die die Anordnung getroffen hat, und dem nach § 2 Abs. 1 Satz 1 oder 3 Verpflichteten, dem die Anordnung mitgeteilt worden ist, anzuzeigen. [3] Die Anzeige an den Verpflichteten entfällt, wenn die Anordnung ohne seine Mitwirkung ausgeführt wurde.

(3) [1] Postsendungen, die zur Öffnung und Einsichtnahme ausgehändigt worden sind, sind dem Postverkehr unverzüglich wieder zuzuführen. [2] Telegramme dürfen dem Postverkehr nicht entzogen werden. [3] Der zur Einsichtnahme berechtigten Stelle ist eine Abschrift des Telegramms zu übergeben.

§ 12[1) Mitteilungen an Betroffene. (1) [1] Beschränkungsmaßnahmen nach § 3 sind dem Betroffenen nach ihrer Einstellung mitzuteilen. [2] Die Mitteilung unterbleibt, solange eine Gefährdung des Zwecks der Beschränkung nicht ausgeschlossen werden kann oder solange der Eintritt übergreifender Nachteile für das Wohl des Bundes oder eines Landes absehbar ist. [3] Erfolgt die nach Satz 2 zurückgestellte Mitteilung nicht binnen zwölf Monaten nach Beendigung der Maßnahme, bedarf die weitere Zurückstellung der Zustimmung der G10-Kommission. [4] Die G10-Kommission bestimmt die Dauer der weiteren Zurückstellung. [5] Einer Mitteilung bedarf es nicht, wenn die G10-Kommission einstimmig festgestellt hat, dass

1. eine der Voraussetzungen in Satz 2 auch nach fünf Jahren nach Beendigung der Maßnahme noch vorliegt,

2. sie mit an Sicherheit grenzender Wahrscheinlichkeit auch in Zukunft vorliegt und

3. die Voraussetzungen für eine Löschung sowohl bei der erhebenden Stelle als auch beim Empfänger vorliegen.

(2) [1] Absatz 1 gilt entsprechend für Beschränkungsmaßnahmen nach den §§ 5 und 8, sofern die personenbezogenen Daten nicht unverzüglich gelöscht wurden. [2] Die Frist von fünf Jahren beginnt mit der Erhebung der personenbezogenen Daten.

(3) [1] Die Mitteilung obliegt der Behörde, auf deren Antrag die Anordnung ergangen ist. [2] Wurden personenbezogene Daten übermittelt, erfolgt die Mitteilung im Benehmen mit dem Empfänger.

§ 13 Rechtsweg. Gegen die Anordnung von Beschränkungsmaßnahmen nach den §§ 3 und 5 Abs. 1 Satz 3 Nr. 1 und ihren Vollzug ist der Rechtsweg vor der Mitteilung an den Betroffenen nicht zulässig.

[1)] § 12 Abs. 1 neu gef. mWv 5.8.2009 durch G v. 31.7.2009 (BGBl. I S. 2499).

Abschnitt 5. Kontrolle

§ 14[1] Parlamentarisches Kontrollgremium. (1) [1]Das nach § 10 Abs. 1 für die Anordnung von Beschränkungsmaßnahmen zuständige Bundesministerium unterrichtet in Abständen von höchstens sechs Monaten das Parlamentarische Kontrollgremium über die Durchführung dieses Gesetzes. [2]Das Gremium erstattet dem Deutschen Bundestag jährlich einen Bericht über Durchführung sowie Art und Umfang der Maßnahmen nach den §§ 3, 5, 7a und 8; dabei sind die Grundsätze des § 10 Absatz 1 des Kontrollgremiumgesetzes zu beachten.

(2) [1]Bei Gefahr im Verzug kann das zuständige Bundesministerium die Bestimmungen nach den §§ 5 und 8 vorläufig treffen und das Parlamentarische Kontrollgremium durch seinen Vorsitzenden und dessen Stellvertreter vorläufig zustimmen. [2]Die Zustimmung des Parlamentarischen Kontrollgremiums ist unverzüglich einzuholen. [3]Die Bestimmung tritt außer Kraft, wenn die vorläufige Zustimmung nicht binnen drei Tagen und die Zustimmung nicht binnen zwei Wochen erfolgt.

§ 15[2] G 10-Kommission. (1) [1]Die G 10-Kommission besteht aus dem Vorsitzenden, der die Befähigung zum Richteramt besitzen muss, und drei Beisitzern sowie vier stellvertretenden Mitgliedern, die an den Sitzungen mit Rede- und Fragerecht teilnehmen können. [2]Bei Stimmengleichheit entscheidet die Stimme des Vorsitzenden. [3]Die Mitglieder der G 10-Kommission sind in ihrer Amtsführung unabhängig und Weisungen nicht unterworfen. [4]Sie nehmen ein öffentliches Ehrenamt wahr und werden von dem Parlamentarischen Kontrollgremium nach Anhörung der Bundesregierung für die Dauer einer Wahlperiode des Deutschen Bundestages mit der Maßgabe bestellt, dass ihre Amtszeit erst mit der Neubestimmung der Mitglieder der Kommission, spätestens jedoch drei Monate nach Ablauf der Wahlperiode endet. [5]Die oder der Ständige Bevollmächtigte des Parlamentarischen Kontrollgremiums nimmt regelmäßig an den Sitzungen der G 10-Kommission teil.

(2) [1]Die Beratungen der G 10-Kommission sind geheim. [2]Die Mitglieder der Kommission sind zur Geheimhaltung der Angelegenheiten verpflichtet, die ihnen bei ihrer Tätigkeit in der Kommission bekannt geworden sind. [3]Dies gilt auch für die Zeit nach ihrem Ausscheiden aus der Kommission.

(3) [1]Der G 10-Kommission ist die für die Erfüllung ihrer Aufgaben notwendige Personal- und Sachausstattung zur Verfügung zu stellen; sie ist im Einzelplan des Deutschen Bundestages gesondert im Kapitel für die parlamentarische Kontrolle der Nachrichtendienste auszuweisen. [2]Der Kommission sind Mitarbeiter mit technischem Sachverstand zur Verfügung zu stellen.

[1] § 14 Abs. 1 Satz 2 2. Halbs. geänd. mWv 4.8.2009 durch G v. 29.7.2009 (BGBl. I S. 2346); Abs. 1 Satz 2 geänd. mWv 5.8.2009 durch G v. 31.7.2009 (BGBl. I S. 2499); Abs. 2 Sätze 1 und 3 neu gef. mWv 21.11.2015 durch G v. 17.11.2015 (BGBl. I S. 1938).
[2] § 15 Abs. 6 Sätze 4 und 5 neu gef. mWv 5.8.2009 durch G v. 31.7.2009 (BGBl. I S. 2499); Abs. 6 Sätze 3–5 eingef., bish. Sätze 3–5 werden Sätze 6–8 mWv 30.7.2016 durch G v. 26.7.2016 *(BGBl. I S. 1818); Abs. 1 Satz 5 angef.*, Abs. 3 Satz 1 geänd., Abs. 8 angef. mWv 7.12.2016 durch G v. 30.11.2016 (BGBl. I S. 2746); Abs. 5 Satz 2 geänd. mWv 25.5.2018 durch G v. 30.6.2017 (BGBl. I S. 2097).

(4) [1] Die G 10-Kommission tritt mindestens einmal im Monat zusammen. [2] Sie gibt sich eine Geschäftsordnung, die der Zustimmung des Parlamentarischen Kontrollgremiums bedarf. [3] Vor der Zustimmung ist die Bundesregierung zu hören.

(5) [1] Die G 10-Kommission entscheidet von Amts wegen oder auf Grund von Beschwerden über die Zulässigkeit und Notwendigkeit von Beschränkungsmaßnahmen. [2] Die Kontrollbefugnis der Kommission erstreckt sich auf die gesamte Verarbeitung der nach diesem Gesetz erlangten personenbezogenen Daten durch Nachrichtendienste des Bundes einschließlich der Entscheidung über die Mitteilung an Betroffene. [3] Der Kommission und ihren Mitarbeitern ist dabei insbesondere

1. Auskunft zu ihren Fragen zu erteilen,

2. Einsicht in alle Unterlagen, insbesondere in die gespeicherten Daten und in die Datenverarbeitungsprogramme, zu gewähren, die im Zusammenhang mit der Beschränkungsmaßnahme stehen, und

3. jederzeit Zutritt in alle Diensträume zu gewähren.

[4] Die Kommission kann dem Bundesbeauftragten für den Datenschutz Gelegenheit zur Stellungnahme in Fragen des Datenschutzes geben.

(6) [1] Das zuständige Bundesministerium unterrichtet monatlich die G 10-Kommission über die von ihm angeordneten Beschränkungsmaßnahmen vor deren Vollzug. [2] Bei Gefahr im Verzuge kann es den Vollzug der Beschränkungsmaßnahmen auch bereits vor der Unterrichtung der Kommission anordnen. [3] Bei Gefahr im Verzug darf am Tag der Beantragung bereits vor der Anordnung der Beschränkungsmaßnahme mit der Datenerhebung begonnen werden. [4] Die bereits erhobenen Daten dürfen erst nach der Anordnung genutzt werden. [5] Erfolgt die Anordnung nicht binnen 24 Stunden nach Beantragung, sind die erhobenen Daten unverzüglich automatisiert und unwiederbringlich zu löschen. [6] Anordnungen, die die Kommission für unzulässig oder nicht notwendig erklärt, hat das zuständige Bundesministerium unverzüglich aufzuheben. [7] In den Fällen des § 8 tritt die Anordnung außer Kraft, wenn sie nicht binnen drei Tagen vom Vorsitzenden oder seinem Stellvertreter bestätigt wird. [8] Die Bestätigung der Kommission ist unverzüglich nachzuholen.

(7) [1] Das zuständige Bundesministerium unterrichtet monatlich die G 10-Kommission über Mitteilungen von Bundesbehörden nach § 12 Abs. 1 und 2 oder über die Gründe, die einer Mitteilung entgegenstehen. [2] Hält die Kommission eine Mitteilung für geboten, ist diese unverzüglich vorzunehmen. [3] § 12 Abs. 3 Satz 2 bleibt unberührt, soweit das Benehmen einer Landesbehörde erforderlich ist.

(8) Die G 10-Kommission und das Parlamentarische Kontrollgremium *tauschen* sich *regelmäßig* unter Wahrung der jeweils geltenden Geheimhaltungsvorschriften über allgemeine Angelegenheiten ihrer Kontrolltätigkeit aus.

§ 16[1) Parlamentarische Kontrolle in den Ländern. [1] Durch den Landesgesetzgeber wird die parlamentarische Kontrolle der nach § 10 Abs. 1 für

[1)] § 16 Satz 2 geänd. mWv 25.5.2018 durch G v. 30.6.2017 (BGBl. I S. 2097).

die Anordnung von Beschränkungsmaßnahmen zuständigen obersten Landesbehörden und die Überprüfung der von ihnen angeordneten Beschränkungsmaßnahmen geregelt. ² Personenbezogene Daten dürfen nur dann an Landesbehörden übermittelt werden, wenn die Kontrolle ihrer Verarbeitung durch den Landesgesetzgeber geregelt ist.

Abschnitt 6. Straf- und Bußgeldvorschriften

§ 17[1] Mitteilungsverbote. (1) Wird die Telekommunikation nach diesem Gesetz oder nach den §§ 100a, 100e der Strafprozessordnung[2] überwacht, darf diese Tatsache von Personen, die Telekommunikationsdienste erbringen oder an der Erbringung solcher Dienste mitwirken, anderen nicht mitgeteilt werden.

(2) Wird die Aushändigung von Sendungen nach § 2 Abs. 1 Satz 1 oder 3 angeordnet, darf diese Tatsache von Personen, die zur Aushändigung verpflichtet oder mit der Sendungsübermittlung betraut sind oder hieran mitwirken, anderen nicht mitgeteilt werden.

(3) Erfolgt ein Auskunftsersuchen oder eine Auskunftserteilung nach § 2 Abs. 1, darf diese Tatsache oder der Inhalt des Ersuchens oder der erteilten Auskunft von Personen, die zur Beantwortung verpflichtet oder mit der Beantwortung betraut sind oder hieran mitwirken, anderen nicht mitgeteilt werden.

§ 18 Straftaten. Mit Freiheitsstrafe bis zu zwei Jahren oder mit Geldstrafe wird bestraft, wer entgegen § 17 eine Mitteilung macht.

§ 19[3] Ordnungswidrigkeiten. (1) Ordnungswidrig handelt, wer

1. einer vollziehbaren Anordnung nach § 2 Abs. 1 Satz 1 oder 3 zuwiderhandelt,

2. entgegen § 2 Abs. 2 Satz 2 eine Person betraut oder

3. entgegen § 2 Abs. 2 Satz 3 nicht sicherstellt, dass eine Geheimschutzmaßnahme getroffen wird.

(2) Die Ordnungswidrigkeit kann mit einer Geldbuße bis zu fünfzehntausend Euro geahndet werden.

(3) Bußgeldbehörde im Sinne des § 36 Abs. 1 Nr. 1 des Gesetzes über Ordnungswidrigkeiten[4] ist die nach § 10 Abs. 1 zuständige Stelle.

[1] § 17 Abs. 1 geänd. mWv 1.1.2008 durch G v. 21.12.2007 (BGBl. I S. 3198); Abs. 1 geänd. mWv 24.8.2017 durch G v. 17.8.2017 (BGBl. I S. 3202).
[2] *Schönfelder Nr. 90.*
[3] § 19 Abs. 2 geänd. mWv 1.1.2002 durch G v. 9.1.2002 (BGBl. I S. 361).
[4] **Schönfelder Nr. 94.**

Abschnitt 7. Schlussvorschriften

§ 20[1] **Entschädigung.** [1] Die nach § 1 Abs. 1 berechtigten Stellen haben für die Leistungen nach § 2 Abs. 1 eine Entschädigung zu gewähren, deren Umfang sich nach § 23 des Justizvergütungs- und -entschädigungsgesetzes[2] bemisst. [2] In den Fällen der §§ 5 und 8 ist eine Entschädigung zu vereinbaren, deren Höhe sich an den nachgewiesenen tatsächlichen Kosten orientiert.

§ 21 Einschränkung von Grundrechten. Das Grundrecht des Brief-, Post- und Fernmeldegeheimnisses (Artikel 10 des Grundgesetzes[3]) wird durch dieses Gesetz eingeschränkt.

[1] § 20 neu gef. mWv 1.7009 durch G v. 29.4.2009 (BGBl. I S. 994).
[2] **Schönfelder Nr. 116.**
[3] Nr. **1.**

Abschnitt 7: Schlussvorschriften

§ 20 Entschädigung. ...

§ 21 Einschränkung von Grundrechten. ...

15. Staatsangehörigkeitsgesetz (StAG) [1)2)]

Vom 22. Juli 1913

(RGBl. I S. 583)

FNA 102-1

geänd. durch Art. 1 ÄndG v. 8.9.1969 (BGBl. I S. 1581), Art. 1 KostenermächtigungsÄndG v. 23.6. 1970 (BGBl. I S. 805), BVerfG Beschluss v. 21.5.1974 (BGBl. I S. 1933), Art. 1 RustAÄndG 1974 v. 20.12.1974 (BGBl. I S. 3714), Art. 1 ZuständigkeitslockerungsG v. 10.3.1975 (BGBl. I S. 685), Art. 9 AdoptionsG v. 2.7.1976 (BGBl. I S. 1749), Art. 4 G zur Verminderung der Staatenlosigkeit v. 29.6.1977 (BGBl. I S. 1101), Art. 9 § 2 G zur Neuregelung des Rechts der elterlichen Sorge v. 18.7.1979 (BGBl. I S. 1061), Art. 6 § 5 G zur Neuregelung des Internat. Privatrechts v. 25.7.1986 (BGBl. I S. 1142), Art. 4 G zur Änd. asylverfahrensrechtl., ausländer- und staatsangehörigkeitsrechtl. Vorschriften v. 30.6.1993 (BGBl. I S. 1062), Art. 2 JuMiG v. 18.6.1997 (BGBl. I S. 1430), Art. 5 § 1 BeistandschaftsG v. 4.12.1997 (BGBl. I S. 2846), Art. 2 KindschaftsrechtsreformG v. 16.12.1997 (BGBl. I S. 2942), Art. 1 StaatsangehörigkeitsreformG v. 15.7.1999 (BGBl. I S. 1618), Art. 3 § 1 LebenspartnerschaftsG v. 16.2.2001 (BGBl. I S. 266), Art. 18 Sechstes Euro-EinführungsG v. 3.12. 2001 (BGBl. I S. 3306), Art. 5 ZuwanderungsG v. 20.6.2002 (BGBl. I S. 1946, nichtig gem. Urt. des BVerfG v. 18.12.2002 – 2 BvF 1/02 –), Art. 5 Drittes Verwaltungsverfahrensrechts-AndG v. 21.8. 2002 (BGBl. I S. 3322), Art. 5 ZuwanderungsG v. 30.7.2004 (BGBl. I S. 1950), Art. 6 Nr. 9 G zur Änd. des AufenthaltsG und weiterer G v. 14.3.2005 (BGBl. I S. 721), Art. 2 Abs. 1 Personenstands-rechtsreformG v. 19.2.2007 (BGBl. I S. 122), Art. 5 EU-Aufenthalts- und AsylrechtsRL-Umset-zungsG v. 19.8.2007 (BGBl. I S. 1970), Art. 3 FGG-ReformG v. 17.12.2008 (BGBl. I S. 2586), Art. 1 ÄndG v. 5.2.2009 (BGBl. I S. 158), Art. 1 Bundesrecht-BereinigungsG v. 8.12.2010 (BGBl. I S. 1864), Art. 2 G zur Umsetzung aufenthaltsrechtl. RL der EU und zur Anp. nationaler Rechts-vorschr. an den EU-Visakodex v. 22.11.2011 (BGBl. I S. 2258), Art. 2 G zur Ums. der Hoch-qualifiziertenRL der EU v. 1.6.2012 (BGBl. I S. 1224), Art. 1 G zum Ausbau der Hilfen für Schwangere und zur Regelung der vertraulichen Geburt v. 28.8.2013 (BGBl. I S. 3458), Art. 1 Zweites ÄndG v. 13.11.2014 (BGBl. I S. 1714), Art. 5 G zur Neubestimmung des Bleiberechts und der Aufenthaltsbeendigung v. 27.7.2015 (BGBl. I S. 1386), Art. 3 Gesetz zur Verbesserung der Unterbringung, Versorgung und Betreuung ausländischer Kinder und Jugendlicher v. 28.10.2015 (BGBl. I S. 1802), Art. 3 Erstes G zur Änd. des BundesmeldeG und weiterer Vorschriften v. 11.10. 2016 (BGBl. I S. 2218), Art. 1 Drittes ÄndG v. 4.8.2019 (BGBl. I S. 1124), Art. 44 Fachkräfteein-wanderungsG v. 15.8.2019 (BGBl. I S. 1307), Art. 1 Zweites Datenschutz-Anpassungs- und Umset-zungsG EU v. 20.11.2019 (BGBl. I S. 1626) und Art. 4 Elfte ZuständigkeitsanpassungsVO v. 19.6. 2020 (BGBl. I S. 1328)

§ 1 [3)] [„Deutscher"] Deutscher im Sinne dieses Gesetzes ist, wer die deutsche Staatsangehörigkeit besitzt.

§ 2 [4)] *(aufgehoben)*

[1)] Überschr. neu gef. mWv 1.1.2000 durch G v. 15.7.1999 (BGBl. I S. 1618).

[2)] Beachte hierzu die Übergangsregelung zur Einbürgerung britischer und deutscher Staatsangehö-riger in Art. 3 des Brexit-Übergangsgesetzes v. 8.4.2019 (BGBl. I S. 418), geänd. durch G v. 14.12. 2019 (BGBl. I S. 2789):

„(1) Bei britischen Staatsangehörigen, die vor dem Tag, an dem der Austritt des Vereinigten König-reichs Großbritannien und Nordirland aus der Europäischen Union wirksam wird, sofern bis zu diesem Zeitpunkt kein Austrittsabkommen im Sinne von Artikel 50 Absatz 2 Satz 2 des Vertrages über die Europäische Union in Kraft getreten ist (Tag des Austritts), einen Antrag auf Einbürgerung in Deutschland gestellt haben, wird von einem sonst nach dem Staatsangehörigkeitsgesetz erforderlichen Ausscheiden aus der britischen Staatsangehörigkeit abgesehen, sofern alle weiteren Einbürgerungs-voraussetzungen vor dem Tag des Austritts erfüllt waren und bei Einbürgerung weiterhin erfüllt sind.

(2) Deutsche, die vor dem Tag des Austritts einen Antrag auf Einbürgerung im Vereinigten Königreich Großbritannien und Nordirland gestellt haben, verlieren ihre deutsche Staatsangehörigkeit nicht nach § 25 Absatz 1 Satz 1 des Staatsangehörigkeitsgesetzes, auch wenn der Erwerb der britischen Staatsangehörigkeit erst nach Ablauf des Tages vor dem Tag des Austritts erfolgt."

[3)] § 1 neu gef. mWv 1.1.2005 durch G v. 30.7.2004 (BGBl. I S. 1950).

[4)] § 2 aufgeh. mWv 28.8.2007 durch G v. 19.8.2007 (BGBl. I S. 1970).

§ 3[1) **[Erwerb der Staatsangehörigkeit]** (1) Die Staatsangehörigkeit wird erworben

1. durch Geburt (§ 4),
2. durch Erklärung nach § 5,
3. durch Annahme als Kind (§ 6),
4. durch Ausstellung der Bescheinigung gemäß § 15 Abs. 1 oder 2 des Bundesvertriebenengesetzes[2) (§ 7),
4a. durch Überleitung als Deutscher ohne deutsche Staatsangehörigkeit im Sinne des Artikels 116 Abs. 1 des Grundgesetzes[3) (§ 40a),
5.[4) für einen Ausländer durch Einbürgerung (§§ 8 bis 16, 40b und 40c).

(2) [1] Die Staatsangehörigkeit erwirbt auch, wer seit zwölf Jahren von deutschen Stellen als deutscher Staatsangehöriger behandelt worden ist und dies nicht zu vertreten hat. [2] Als deutscher Staatsangehöriger wird insbesondere behandelt, wem ein Staatsangehörigkeitsausweis, Reisepass oder Personalausweis ausgestellt wurde. [3] Der Erwerb der Staatsangehörigkeit wirkt auf den Zeitpunkt zurück, zu dem bei Behandlung als Staatsangehöriger der Erwerb der Staatsangehörigkeit angenommen wurde. [4] Er erstreckt sich auf Abkömmlinge, die seither ihre Staatsangehörigkeit von dem nach Satz 1 Begünstigten ableiten.

§ 4[5) **[Geburt]** (1) [1] Durch die Geburt erwirbt ein Kind die deutsche Staatsangehörigkeit, wenn ein Elternteil die deutsche Staatsangehörigkeit besitzt. [2] Ist bei der Geburt des Kindes nur der Vater deutscher Staatsangehöriger und ist zur Begründung der Abstammung nach den deutschen Gesetzen die Anerkennung oder Feststellung der Vaterschaft erforderlich, so bedarf es zur Geltendmachung des Erwerbs einer nach den deutschen Gesetzen wirksamen Anerkennung oder Feststellung der Vaterschaft; die Anerkennungserklärung muß abgegeben oder das Feststellungsverfahren muß eingeleitet sein, bevor das Kind das 23. Lebensjahr vollendet hat.

(2) [1] Ein Kind, das im Inland aufgefunden wird (Findelkind), gilt bis zum Beweis des Gegenteils als Kind eines Deutschen. [2] Satz 1 ist auf ein vertraulich geborenes Kind nach § 25 Absatz 1 des Schwangerschaftskonfliktgesetzes[6) entsprechend anzuwenden.

[1) § 3 Nr. 3 aufgeh. durch G v. 8.9.1969 (BGBl. I S. 1581); neu eingef. durch G v. 2.7.1976 (BGBl. I S. 1749); Nr. 2 neu gef. durch G v. 16.12.1997 (BGBl. I S. 2942); Nr. 4 neu gef., Nr. 4a eingef. mWv 1.8.1999, Nr. 5 geänd. mWv 1.1.2000 durch G v. 15.7.1999 (BGBl. I S. 1618); einl. Satzteil und Nr. 5 geänd. mWv 1.1.2005 durch G v. 30.7.2004 (BGBl. I S. 1950); Abs. 2 angef., bish. Wortlaut wird Abs. 1 mWv 28.8.2007 durch G v. 19.8.2007 (BGBl. I S. 1970).

[2) **Aichberger, SGB Nr. 6/51.**

[3) Nr. 1.

[4) Siehe auch Art. 16 und 116 GG (Nr. 1).

[5) § 4 Abs. 1 neu gef. durch G v. 30.6.1993 (BGBl. I S. 1062); Abs. 1 Satz 2 neu gef. durch G v. 16.12.1997 (BGBl. I S. 2942); Abs. 3 und 4 angef. mWv 1.1.2000, Abs. 3 Satz 3 mWv 24.7.1999 durch G v. 15.7.1999 (BGBl. I S. 1618); Abs. 2, Abs. 3 Satz 1 Nr. 2 neu gef. mWv 1.1.2005 durch G v. 30.7.2004 (BGBl. I S. 1950); Abs. 3 Satz 1 Nr. 2 neu gef. mWv 18.3.2005 durch G v. 14.3.2005 (BGBl. I S. 721); Abs. 3 Satz 2 neu gef. mWv 1.1.2009 durch G v. 19.2.2007 (BGBl. I S. 122); Abs. 3 Satz 1 Nr. 2 neu gef. mWv 28.8.2007 durch G v. 19.8.2007 (BGBl. I S. 1970); Abs. 4 Satz 2 geänd. mWv 15.12.2010 durch G v. 8.12.2010 (BGBl. I S. 1864); Abs. 2 Satz 2 angef. mWv 1.5.2014 durch G v. 28.8.2013 (BGBl. I S. 3458); Abs. 3 Satz 3 geänd. mWv 27.6.2020 durch VO v. 19.6.2020 (BGBl. I S. 1328).

[6) **Schönfelder ErgBd. Nr. 85e.**

(3) [1] Durch die Geburt im Inland erwirbt ein Kind ausländischer Eltern die deutsche Staatsangehörigkeit, wenn ein Elternteil

1. seit acht Jahren rechtmäßig seinen gewöhnlichen Aufenthalt im Inland hat und

2. ein unbefristetes Aufenthaltsrecht oder als Staatsangehöriger der Schweiz oder dessen Familienangehöriger eine Aufenthaltserlaubnis auf Grund des Abkommens vom 21. Juni 1999 zwischen der Europäischen Gemeinschaft und ihren Mitgliedstaaten einerseits und der Schweizerischen Eidgenossenschaft andererseits über die Freizügigkeit (BGBl. 2001 II S. 810) besitzt.

[2] Der Erwerb der deutschen Staatsangehörigkeit wird in dem Geburtenregister, in dem die Geburt des Kindes beurkundet ist, eingetragen. [3] Das Bundesministerium des Innern, für Bau und Heimat wird ermächtigt, mit Zustimmung des Bundesrates durch Rechtsverordnung Vorschriften über das Verfahren zur Eintragung des Erwerbs der Staatsangehörigkeit nach Satz 1 zu erlassen.

(4) [1] Die deutsche Staatsangehörigkeit wird nicht nach Absatz 1 erworben bei Geburt im Ausland, wenn der deutsche Elternteil nach dem 31. Dezember 1999 im Ausland geboren wurde und dort seinen gewöhnlichen Aufenthalt hat, es sei denn, das Kind würde sonst staatenlos. [2] Die Rechtsfolge nach Satz 1 tritt nicht ein, wenn innerhalb eines Jahres nach der Geburt des Kindes ein Antrag nach § 36 des Personenstandsgesetzes[1] auf Beurkundung der Geburt im Geburtenregister gestellt wird; zur Fristwahrung genügt es auch, wenn der Antrag in dieser Frist bei der zuständigen Auslandsvertretung eingeht. [3] Sind beide Elternteile deutsche Staatsangehörige, so tritt die Rechtsfolge des Satzes 1 nur ein, wenn beide die dort genannten Voraussetzungen erfüllen.

§ 5[2] [Erklärungsrecht des Kindes] Durch die Erklärung, deutscher Staatsangehöriger werden zu wollen, erwirbt das vor dem 1. Juli 1993 geborene Kind eines deutschen Vaters und einer ausländischen Mutter die deutsche Staatsangehörigkeit, wenn

1. eine nach den deutschen Gesetzen wirksame Anerkennung oder Feststellung der Vaterschaft erfolgt ist,

2. das Kind seit drei Jahren rechtmäßig seinen gewöhnlichen Aufenthalt im Bundesgebiet hat und

3. die Erklärung vor der Vollendung des 23. Lebensjahres abgegeben wird.

§ 6[3] [Annahme als Kind] [1] Mit der nach den deutschen Gesetzen wirksamen Annahme als Kind durch einen Deutschen erwirbt das Kind, das im Zeitpunkt des Annahmeantrags das achtzehnte Lebensjahr noch nicht vollendet hat, die Staatsangehörigkeit. [2] Der Erwerb der Staatsangehörigkeit erstreckt sich auf die Abkömmlinge des Kindes.

§ 7[4] [Erwerb durch Flüchtlinge und Vertriebene] Spätaussiedler und die in den Aufnahmebescheid einbezogenen Familienangehörigen erwerben mit

[1] Nr. **260**.
[2] § 5 neu gef. durch G v. 16.12.1997 (BGBl. I S. 2942); Überschr. aufgeh. mWv 1.1.2005 durch G v. 30.7.2004 (BGBl. I S. 1950).
[3] § 6 aufgeh. durch G v. 8.9.1969 (BGBl. I S. 1581); neu eingef. durch G v. 2.7.1976 (BGBl. I S. 174); Satz 1 geänd. durch G v. 25.7.1986 (BGBl. I S. 1142).
[4] § 7 neu gef. mWv 28.8.2007 durch G v. 19.8.2007 (BGBl. I S. 1970).

der Ausstellung der Bescheinigung nach § 15 Abs. 1 oder Abs. 2 des Bundesvertriebenengesetzes[1] die deutsche Staatsangehörigkeit.

§ 8[2] **[Einbürgerung eines Ausländers]** (1) Ein Ausländer, der rechtmäßig seinen gewöhnlichen Aufenthalt im Inland hat, kann auf seinen Antrag eingebürgert werden, wenn seine Identität und Staatsangehörigkeit geklärt sind und er

1. handlungsfähig nach § 37 Absatz 1 Satz 1 oder gesetzlich vertreten ist,
2. weder wegen einer rechtswidrigen Tat zu einer Strafe verurteilt noch gegen ihn auf Grund seiner Schuldunfähigkeit eine Maßregel der Besserung und Sicherung angeordnet worden ist,
3. eine eigene Wohnung oder ein Unterkommen gefunden hat,
4. sich und seine Angehörigen zu ernähren imstande ist und

seine Einordnung in die deutschen Lebensverhältnisse gewährleistet ist.[3]

(2) Von den Voraussetzungen des Absatzes 1 Satz 1 Nr. 2 und 4 kann aus Gründen des öffentlichen Interesses oder zur Vermeidung einer besonderen Härte abgesehen werden.

§ 9[4] **[Einbürgerung von Ehegatten oder Lebenspartnern Deutscher]**

(1) Ehegatten oder Lebenspartner Deutscher sollen unter den Voraussetzungen des § 8 eingebürgert werden, wenn sie ihre bisherige Staatsangehörigkeit verlieren oder aufgeben oder ein Grund für die Hinnahme von Mehrstaatigkeit nach Maßgabe von § 12 vorliegt, es sei denn, daß sie nicht über ausreichende Kenntnisse der deutschen Sprache verfügen (§ 10 Abs. 1 Satz 1 Nr. 6 und Abs. 4) und keinen Ausnahmegrund nach § 10 Abs. 6 erfüllen.

(2) Die Regelung des Absatzes 1 gilt auch, wenn die Einbürgerung bis zum Ablauf eines Jahres nach dem Tode des deutschen Ehegatten oder nach Rechtskraft des die Ehe auflösenden Urteils beantragt wird und dem Antragsteller die Sorge für die Person eines Kindes aus der Ehe zusteht, das bereits die deutsche Staatsangehörigkeit besitzt.

§ 10[5] **[Einbürgerung]** (1) [1]Ein Ausländer, der seit acht Jahren rechtmäßig seinen gewöhnlichen Aufenthalt im Inland hat und handlungsfähig nach § 37

[1] **Wehrrecht Nr. 710.**
[2] § 8 neu gef. mWv 1.1.2005 durch G v. 30.7.2004 (BGBl. I S. 1950); Abs. 1 Satz 2 neu gef. mWv 18.3.2005 durch G v. 14.3.2005 (BGBl. I S. 721); Abs. 1 Satz 2 aufgeh., bish. Satz 1 wird alleiniger Wortlaut und Nr. 2 neu gef. sowie Abs. 2 geänd. mWv 28.8.2007 durch G v. 19.8.2007 (BGBl. I S. 1970); Abs. 1 Nr. 1 geänd. mWv 1.11.2015 durch G v. 28.10.2015 (BGBl. I S. 1802); Abs. 1 einl. Satzteil, Nr. 3 und 4 geänd., abschl. Satzteil angef. mWv 9.8.2019 durch G v. 4.8.2019 (BGBl. I S. 1124).
[3] Wortlaut amtlich.
[4] § 9 eingef. durch G v. 8.9.1969 (BGBl. I S. 1581); Abs. 1 Nr. 1 geänd. mWv 1.1.2000 durch G v. 15.7.1999 (BGBl. I S. 1618); Abs. 1 geänd. mWv 1.8.2001 durch G v. 16.2.2001 (BGBl. I S. 266); Abs. 1 Nr. 1 geänd. mWv 1.1.2005 durch G v. 30.7.2004 (BGBl. I S. 1950); Abs. 1 abschl. Satzteil geänd. und Abs. 3 aufgeh. mWv 28.8.2007 durch G v. 19.8.2007 (BGBl. I S. 1970); Abs. 1 Nr. 1 geänd., Nr. 2 aufgeh. mWv 9.8.2019 durch G v. 4.8.2019 (BGBl. I S. 1124).
[5] § 10 eingef. mWv 1.1.2005 durch G v. 30.7.2004 (BGBl. I S. 1950); Abs. 1 Satz 1 Nr. 2 neu gef. mWv 18.3.2005 durch G v. 14.3.2005 (BGBl. I S. 721); Abs. 1 und 3 neu gef., Abs. 4–7 angef. mWv 28.8.2007, Abs. 1 Nr. 7 und Abs. 5 eingef. mWv 1.9.2008 durch G v. 19.8.2007 (BGBl. I S. 1970); Abs. 1 Satz 1 Nr. 2 geänd. mWv 1.8.2012 durch G v. 1.6.2012 (BGBl. I S. 1224); Abs. 1 Satz 1 Nr. 2 geänd. mWv 1.8.2015 durch G v. 27.7.2015 (BGBl. I S. 1386); Abs. 1 Satz 1 einl. Satzteil und Satz 2 geänd. mWv 1.11.2015 durch G v. 28.10.2015 (BGBl. I S. 1802); Abs. 1 Satz 1 einl. Satzteil, Nr. 6

Absatz 1 Satz 1 oder gesetzlich vertreten ist, ist auf Antrag einzubürgern, wenn seine Identität und Staatsangehörigkeit geklärt sind und er

1. sich zur freiheitlichen demokratischen Grundordnung des Grundgesetzes[1] für die Bundesrepublik Deutschland bekennt und erklärt, dass er keine Bestrebungen verfolgt oder unterstützt oder verfolgt oder unterstützt hat, die

 a) gegen die freiheitliche demokratische Grundordnung, den Bestand oder die Sicherheit des Bundes oder eines Landes gerichtet sind oder

 b) eine ungesetzliche Beeinträchtigung der Amtsführung der Verfassungsorgane des Bundes oder eines Landes oder ihrer Mitglieder zum Ziele haben oder

 c) durch Anwendung von Gewalt oder darauf gerichtete Vorbereitungshandlungen auswärtige Belange der Bundesrepublik Deutschland gefährden,

 oder glaubhaft macht, dass er sich von der früheren Verfolgung oder Unterstützung derartiger Bestrebungen abgewandt hat,

2. ein unbefristetes Aufenthaltsrecht oder als Staatsangehöriger der Schweiz oder dessen Familienangehöriger eine Aufenthaltserlaubnis auf Grund des Abkommens vom 21. Juni 1999 zwischen der Europäischen Gemeinschaft und ihren Mitgliedstaaten einerseits und der Schweizerischen Eidgenossenschaft andererseits über die Freizügigkeit, eine Blaue Karte EU oder eine Aufenthaltserlaubnis für andere als die in den §§ 16a, 16b, 16d, 16e, 16f, 17, 18d, 18f, 19, 19b, 19e, 22, 23 Absatz 1, den §§ 23a, 24, 25 Absatz 3 bis 5 des Aufenthaltsgesetzes[2] aufgeführten Aufenthaltszwecke besitzt,

3. den Lebensunterhalt für sich und seine unterhaltsberechtigten Familienangehörigen ohne Inanspruchnahme von Leistungen nach dem Zweiten[3] oder Zwölften Buch Sozialgesetzbuch[4] bestreiten kann oder deren Inanspruchnahme nicht zu vertreten hat,

4. seine bisherige Staatsangehörigkeit aufgibt oder verliert,

5. weder wegen einer rechtswidrigen Tat zu einer Strafe verurteilt noch gegen ihn auf Grund seiner Schuldunfähigkeit eine Maßregel der Besserung und Sicherung angeordnet worden ist,

6. über ausreichende Kenntnisse der deutschen Sprache verfügt,

7.[5] über Kenntnisse der Rechts- und Gesellschaftsordnung und der Lebensverhältnisse in Deutschland verfügt und

 seine Einordnung in die deutschen Lebensverhältnisse gewährleistet, insbesondere er nicht gleichzeitig mit mehreren Ehegatten verheiratet ist.[6] [2]Die Voraussetzungen nach

(Fortsetzung der Anm. von voriger Seite)
und 7 geänd., abschl. Satzteil angef. mWv 9.8.2019 durch G v. 4.8.2019 (BGBl. I S. 1124); Abs. 1 Satz 1 Nr. 2 geänd. mWv 1.3.2020 durch G v. 15.8.2019 (BGBl. I S. 1307); Abs. 7 geänd. mWv 27.6.2020 durch VO v. 19.6.2020 (BGBl. I S. 1328).

[1] Nr. **1**.
[2] Nr. **565**.
[3] **Sartorius ErgBd. Nr. 402.**
[4] **Sartorius ErgBd. Nr. 412.**
[5] § 10 Abs. 1 Satz 1 Nr. 7 ist gem. Art. 10 Abs. 4 G v. 19.8.2007 (BGBl. I S. 1970) am 1.9.2008 in Kraft getreten.
[6] Wortlaut amtlich.

Satz 1 Nr. 1 und 7 müssen Ausländer nicht erfüllen, die nicht handlungsfähig nach § 37 Absatz 1 Satz 1 sind.

(2) Der Ehegatte und die minderjährigen Kinder des Ausländers können nach Maßgabe des Absatzes 1 mit eingebürgert werden, auch wenn sie sich noch nicht seit acht Jahren rechtmäßig im Inland aufhalten.

(3) [1] Weist ein Ausländer durch die Bescheinigung des Bundesamtes für Migration und Flüchtlinge die erfolgreiche Teilnahme an einem Integrationskurs nach, wird die Frist nach Absatz 1 auf sieben Jahre verkürzt. [2] Bei Vorliegen besonderer Integrationsleistungen, insbesondere beim Nachweis von Sprachkenntnissen, die die Voraussetzungen des Absatzes 1 Satz 1 Nr. 6 übersteigen, kann sie auf sechs Jahre verkürzt werden.

(4) [1] Die Voraussetzungen des Absatzes 1 Satz 1 Nr. 6 liegen vor, wenn der Ausländer die Anforderungen der Sprachprüfung zum Zertifikat Deutsch (B1 des Gemeinsamen Europäischen Referenzrahmens für Sprachen) in mündlicher und schriftlicher Form erfüllt. [2] Bei einem minderjährigen Kind, das im Zeitpunkt der Einbürgerung das 16. Lebensjahr noch nicht vollendet hat, sind die Voraussetzungen des Absatzes 1 Satz 1 Nr. 6 bei einer altersgemäßen Sprachentwicklung erfüllt.

(5)[1] [1] Die Voraussetzungen des Absatzes 1 Satz 1 Nr. 7 sind in der Regel durch einen erfolgreichen Einbürgerungstest nachgewiesen. [2] Zur Vorbereitung darauf werden Einbürgerungskurse angeboten; die Teilnahme daran ist nicht verpflichtend.

(6) Von den Voraussetzungen des Absatzes 1 Satz 1 Nr. 6 und 7 wird abgesehen, wenn der Ausländer sie wegen einer körperlichen, geistigen oder seelischen Krankheit oder Behinderung oder altersbedingt nicht erfüllen kann.

(7) Das Bundesministerium des Innern, für Bau und Heimat wird ermächtigt, die Prüfungs- und Nachweismodalitäten des Einbürgerungstests sowie die Grundstruktur und die Lerninhalte des Einbürgerungskurses nach Absatz 5 auf der Basis der Themen des Orientierungskurses nach § 43 Abs. 3 Satz 1 des Aufenthaltsgesetzes durch Rechtsverordnung[2], die nicht der Zustimmung des Bundesrates bedarf, zu regeln.

§ 11[3] [Ausschluss der Einbürgerung] [1] Die Einbürgerung ist ausgeschlossen, wenn

1. tatsächliche Anhaltspunkte die Annahme rechtfertigen, dass der Ausländer Bestrebungen verfolgt oder unterstützt oder verfolgt oder unterstützt hat, die

(Fortsetzung nächstes Blatt)

[1] § 10 Abs. 5 ist gem. Art. 10 Abs. 4 G v. 19.8.2007 (BGBl. I S. 1970) am 1.9.2008 in Kraft getreten.
[2] Siehe die EinbürgerungstestVO v. 5.8.2008 (BGBl. I S. 1649), geänd. durch VO v. 18.3.2013 (BGBl. I S. 585).
[3] § 11 eingef. mWv 1.1.2005 durch G v. 30.7.2004 (BGBl. I S. 1950); neu gef. mWv 28.8.2007 durch G v. 19.8.2007 (BGBl. I S. 1970); Satz 1 Nr. 2 neu gef. mWv 1.8.2015 durch G v. 27.7.2015 (BGBl. I S. 1386).

gegen die freiheitliche demokratische Grundordnung, den Bestand oder die Sicherheit des Bundes oder eines Landes gerichtet sind oder eine ungesetzliche Beeinträchtigung der Amtsführung der Verfassungsorgane des Bundes oder eines Landes oder ihrer Mitglieder zum Ziele haben oder die durch die Anwendung von Gewalt oder darauf gerichtete Vorbereitungshandlungen auswärtige Belange der Bundesrepublik Deutschland gefährden, es sei denn, der Ausländer macht glaubhaft, dass er sich von der früheren Verfolgung oder Unterstützung derartiger Bestrebungen abgewandt hat, oder

2. nach § 54 Absatz 1 Nummer 2 oder 4 des Aufenthaltsgesetzes[1] ein besonders schwerwiegendes Ausweisungsinteresse vorliegt.

² Satz 1 Nr. 2 gilt entsprechend für Ausländer im Sinne des § 1 Abs. 2 des Aufenthaltsgesetzes und auch für Staatsangehörige der Schweiz und deren Familienangehörige, die eine Aufenthaltserlaubnis auf Grund des Abkommens vom 21. Juni 1999 zwischen der Europäischen Gemeinschaft und ihren Mitgliedstaaten einerseits und der Schweizerischen Eidgenossenschaft andererseits über die Freizügigkeit besitzen.

§ 12[2] [Ausnahmen von § 10 Abs. 1 Satz 1 Nr. 4] (1) ¹Von der Voraussetzung des § 10 Abs. 1 Satz 1 Nr. 4 wird abgesehen, wenn der Ausländer seine bisherige Staatsangehörigkeit nicht oder nur unter besonders schwierigen Bedingungen aufgeben kann. ²Das ist anzunehmen, wenn

1. das Recht des ausländischen Staates das Ausscheiden aus dessen Staatsangehörigkeit nicht vorsieht,

2. der ausländische Staat die Entlassung regelmäßig verweigert,

3. der ausländische Staat die Entlassung aus der Staatsangehörigkeit aus Gründen versagt hat, die der Ausländer nicht zu vertreten hat, oder von unzumutbaren Bedingungen abhängig macht oder über den vollständigen und formgerechten Entlassungsantrag nicht in angemessener Zeit entschieden hat,

4. der Einbürgerung älterer Personen ausschließlich das Hindernis eintretender Mehrstaatigkeit entgegensteht, die Entlassung auf unverhältnismäßige Schwierigkeiten stößt und die Versagung der Einbürgerung eine besondere Härte darstellen würde,

5. dem Ausländer bei Aufgabe der ausländischen Staatsangehörigkeit erhebliche Nachteile insbesondere wirtschaftlicher oder vermögensrechtlicher Art entstehen würden, die über den Verlust der staatsbürgerlichen Rechte hinausgehen, oder

6. der Ausländer einen Reiseausweis nach Artikel 28 des Abkommens vom 28. Juli 1951 über die Rechtsstellung der Flüchtlinge[3] (BGBl. 1953 II S. 559) besitzt.

(2) Von der Voraussetzung des § 10 Abs. 1 Satz 1 Nr. 4 wird ferner abgesehen, wenn der Ausländer die Staatsangehörigkeit eines anderen Mitgliedstaates der Europäischen Union oder der Schweiz besitzt .

[1] Nr. **565**.
[2] § 12 eingef. mWv 1.1.2005 durch G v. 30.7.2004 (BGBl. I S. 1950); Abs. 1 Satz 2 Nr. 2 und 6 und Abs. 2 geänd., Abs. 3 aufgeh., bish. Abs. 4 wird Abs. 3 mWv 28.8.2007 durch G v. 19.8.2007 (BGBl. I S. 1970).
[3] Nr. **568**.

(3) Weitere Ausnahmen von der Voraussetzung des § 10 Abs. 1 Satz 1 Nr. 4 können nach Maßgabe völkerrechtlicher Verträge vorgesehen werden.

§ 12a[1] **[Verurteilungen]** (1) [1] Bei der Einbürgerung bleiben außer Betracht:

1. die Verhängung von Erziehungsmaßregeln oder Zuchtmitteln nach dem Jugendgerichtsgesetz[2],
2. Verurteilungen zu Geldstrafe bis zu 90 Tagessätzen und
3. Verurteilungen zu Freiheitsstrafe bis zu drei Monaten, die zur Bewährung ausgesetzt und nach Ablauf der Bewährungszeit erlassen worden ist.

[2] Bei mehreren Verurteilungen zu Geld- oder Freiheitsstrafen im Sinne des Satzes 1 Nr. 2 und 3 sind diese zusammenzuzählen, es sei denn, es wird eine niedrigere Gesamtstrafe gebildet; treffen Geld- und Freiheitsstrafe zusammen, entspricht ein Tagessatz einem Tag Freiheitsstrafe. [3] Übersteigt die Strafe oder die Summe der Strafen geringfügig den Rahmen nach den Sätzen 1 und 2, so wird im Einzelfall entschieden, ob diese außer Betracht bleiben kann. [4] Ist eine Maßregel der Besserung und Sicherung nach § 61 Nr. 5 oder 6 des Strafgesetzbuches[3] angeordnet worden, so wird im Einzelfall entschieden, ob die Maßregel der Besserung und Sicherung außer Betracht bleiben kann.

(2) [1] Ausländische Verurteilungen zu Strafen sind zu berücksichtigen, wenn die Tat im Inland als strafbar anzusehen ist, die Verurteilung in einem rechtsstaatlichen Verfahren ausgesprochen worden ist und das Strafmaß verhältnismäßig ist. [2] Eine solche Verurteilung kann nicht mehr berücksichtigt werden, wenn sie nach dem Bundeszentralregistergesetz[4] zu tilgen wäre. [3] Absatz 1 gilt entsprechend.

(3) [1] Wird gegen einen Ausländer, der die Einbürgerung beantragt hat, wegen des Verdachts einer Straftat ermittelt, ist die Entscheidung über die Einbürgerung bis zum Abschluss des Verfahrens, im Falle der Verurteilung bis zum Eintritt der Rechtskraft des Urteils auszusetzen. [2] Das Gleiche gilt, wenn die Verhängung der Jugendstrafe nach § 27 des Jugendgerichtsgesetzes ausgesetzt ist.

(4) Im Ausland erfolgte Verurteilungen und im Ausland anhängige Ermittlungs- und Strafverfahren sind im Einbürgerungsantrag aufzuführen.

§ 12b[5] **[Auslandsaufenthalte]** (1) [1] Der gewöhnliche Aufenthalt im Inland wird durch Aufenthalte bis zu sechs Monaten im Ausland nicht unterbrochen. [2] Bei längeren Auslandsaufenthalten besteht er fort, wenn der Ausländer innerhalb der von der Ausländerbehörde bestimmten Frist wieder eingereist ist. [3] Gleiches gilt, wenn die Frist lediglich wegen Erfüllung der gesetzlichen Wehrpflicht im Herkunftsstaat überschritten wird und der Ausländer innerhalb von drei Monaten nach der Entlassung aus dem Wehr- oder Ersatzdienst wieder einreist.

[1] § 12a eingef. mWv 1.1.2005 durch G v. 30.7.2004 (BGBl. I S. 1950); Abs. 1 neu gef. mWv 28.8. 2007 durch G v. 19.8.2007 (BGBl. I S. 1970).
[2] **Schönfelder Nr. 89.**
[3] *Schönfelder Nr. 85.*
[4] **Schönfelder Nr. 92.**
[5] § 12b eingef. mWv 1.1.2005 durch G v. 30.7.2004 (BGBl. I S. 1950).

(2) Hat der Ausländer sich aus einem seiner Natur nach nicht vorübergehenden Grund länger als sechs Monate im Ausland aufgehalten, kann die frühere Aufenthaltszeit im Inland bis zu fünf Jahren auf die für die Einbürgerung erforderliche Aufenthaltsdauer angerechnet werden.

(3) Unterbrechungen der Rechtmäßigkeit des Aufenthalts bleiben außer Betracht, wenn sie darauf beruhen, dass der Ausländer nicht rechtzeitig die erstmals erforderliche Erteilung oder die Verlängerung des Aufenthaltstitels beantragt hat.

§ 13[1) [Einbürgerung eines ehemaligen Deutschen] Ein ehemaliger Deutscher und seine minderjährigen Kinder, die ihren gewöhnlichen Aufenthalt im Ausland haben, können auf Antrag eingebürgert werden, wenn ihre Identität und Staatsangehörigkeit geklärt sind und sie die Voraussetzungen des § 8 Absatz 1 Nummer 1 und 2 erfüllen.

§ 14[2) [Einbürgerung eines nicht im Inland niedergelassenen Ausländers] Ein Ausländer, der seinen gewöhnlichen Aufenthalt im Ausland hat, kann unter den sonstigen Voraussetzungen der §§ 8 und 9 eingebürgert werden, wenn Bindungen an Deutschland bestehen, die eine Einbürgerung rechtfertigen.

§ 15[3) *(aufgehoben)*

§ 16[4) [Einbürgerungsurkunde] [1] Die Einbürgerung wird wirksam mit der Aushändigung der von der zuständigen Verwaltungsbehörde ausgefertigten Einbürgerungsurkunde. [2] Vor der Aushändigung ist folgendes feierliches Bekenntnis abzugeben: „Ich erkläre feierlich, dass ich das Grundgesetz[5) und die Gesetze der Bundesrepublik Deutschland achte und alles unterlassen werde, was ihr schaden könnte.“; § 10 Abs. 1 Satz 2 gilt entsprechend.

§ 17[6) [Verlust der Staatsangehörigkeit] (1) Die Staatsangehörigkeit geht verloren

1.[7) durch Entlassung (§§ 18 bis 24),

2. durch den Erwerb einer ausländischen Staatsangehörigkeit (§ 25),

3. durch Verzicht,

4. durch Annahme als Kind durch einen Ausländer (§ 27),

[1) § 13 neu gef. mWv 28.8.2007 durch G v. 19.8.2007 (BGBl. I S. 1970); geänd. mWv 9.8.2019 durch G v. 4.8.2019 (BGBl. I S. 1124).
[2) § 14 eingef. mWv 1.1.2000 durch G v. 15.7.1999 (BGBl. I S. 1618); geänd. mWv 1.1.2005 durch G v. 30.7.2004 (BGBl. I S. 1950).
[3) § 15 aufgeh. mWv 1.1.2005 durch G v. 30.7.2004 (BGBl. I S. 1950).
[4) § 16 neu gef. mWv 28.8.2007 durch G v. 19.8.2007 (BGBl. I S. 1970).
[5) Nr. **1.**
[6) § 17 Nr. 3 eingef. und Nr. 5 aufgeh. durch G v. 20.12.1974 (BGBl. I S. 3714); Nr. 4 eingef. durch G v. 2.7.1976 (BGBl. I S. 1749); Nr. 5 und 6 angef. mWv 1.1.2000 durch G v. 15.7.1999 (BGBl. I S. 1618); bish. Wortlaut wird Abs. 1 und Nr. 5 und 6 geänd., Nr. 7 angef., Abs. 2 und 3 angef. mWv 12.2.2009 durch G v. 5.2.2009 (BGBl. I S. 158); Abs. 1 Nr. 5 neu gef. mWv 9.8.2019 durch G v. 4.8.2019 (BGBl. I S. 1124).
[7) Siehe auch das G zu dem Übereinkommen vom 6. Mai 1963 über die Verringerung der Mehrstaatigkeit und über die Wehrpflicht von Mehrstaatern v. 29.9.1969 (BGBl. II S. 1953), zuletzt geänd. durch G v. 15.7.1999 (BGBl. I S. 1618).

5. durch Eintritt in die Streitkräfte oder einen vergleichbaren bewaffneten Verband eines ausländischen Staates oder durch konkrete Beteiligung an Kampfhandlungen einer terroristischen Vereinigung im Ausland (§ 28),
6. durch Erklärung (§ 29) oder
7. durch Rücknahme eines rechtswidrigen Verwaltungsaktes (§ 35).

(2) Der Verlust nach Absatz 1 Nr. 7 berührt nicht die kraft Gesetzes erworbene deutsche Staatsangehörigkeit Dritter, sofern diese das fünfte Lebensjahr vollendet haben.

(3) ¹Absatz 2 gilt entsprechend bei Entscheidungen nach anderen Gesetzen, die den rückwirkenden Verlust der deutschen Staatsangehörigkeit Dritter zur Folge hätten, insbesondere bei der Rücknahme der Niederlassungserlaubnis nach § 51 Abs. 1 Nr. 3 des Aufenthaltsgesetzes[1], bei der Rücknahme einer Bescheinigung nach § 15 des Bundesvertriebenengesetzes[2] und bei der Feststellung des Nichtbestehens der Vaterschaft nach § 1599 des Bürgerlichen Gesetzbuches[3]. ²Satz 1 findet keine Anwendung bei Anfechtung der Vaterschaft nach § 1600 Abs. 1 Nr. 5 und Abs. 3 des Bürgerlichen Gesetzbuches.

§ 18[4] [Entlassung aus der Staatsangehörigkeit] Ein Deutscher wird auf seinen Antrag aus der Staatsangehörigkeit entlassen, wenn er den Erwerb einer ausländischen Staatsangehörigkeit beantragt und ihm die zuständige Stelle die Verleihung zugesichert hat.

§ 19[5] [Entlassung eines unter elterlicher Gewalt oder Vormundschaft Stehenden] (1) Die Entlassung einer Person, die unter elterlicher Sorge oder unter Vormundschaft steht, kann nur von dem gesetzlichen Vertreter und nur mit Genehmigung des deutschen Familiengerichts beantragt werden.

(2) Die Genehmigung des Familiengerichts ist nicht erforderlich, wenn der Vater oder die Mutter die Entlassung für sich und zugleich kraft elterlicher Sorge für ein Kind beantragt und dem Antragsteller die Sorge für die Person dieses Kindes zusteht.

§§ 20, 21[6] *(aufgehoben)*

§ 22[7] [Versagung der Entlassung] Die Entlassung darf nicht erteilt werden
1. Beamten, Richtern, Soldaten der Bundeswehr und sonstigen Personen, die in einem öffentlich-rechtlichen Dienst- oder Amtsverhältnis stehen, solange

[1] Nr. 565.
[2] **Aichberger, SGB Nr. 6/51.**
[3] **Schönfelder Nr. 20.**
[4] § 18 eingef. durch G v. 29.6.1977 (BGBl. I S. 1101).
[5] § 19 Abs. 1 und 2 geänd. durch G v. 18.7.1979 (BGBl. I S. 1061); Abs. 1 Satz 2 geänd. durch G v. 18.6.1997 (BGBl. I S. 1430); Abs. 2 Satz 2 aufgeh. mWv 1.7.1998 durch G v. 4.12.1997 (BGBl. I S. 2846); Abs. 1 Satz 1 und Abs. 2 geänd., Satz 2 aufgeh. mWv 1.9.2009 durch G v. 17.12.2008 (BGBl. I S. 2586).
[6] §§ 20 und 21 aufgeh. durch VO v. 5.2.1934 (RGBl. I S. 85).
[7] § 22 neu gef. durch G v. 30.8.1960 (BGBl. I S. 721); Abs. 2 aufgeh., bish. Abs. 1 wird alleiniger Wortlaut durch G v. 29.6.1977 (BGBl. I S. 1101); Abs. 1 Nr. 2 geänd. durch G v. 30.6.1993 (BGBl. I S. 1062).

ihr Dienst- oder Amtsverhältnis nicht beendet ist, mit Ausnahme der ehrenamtlich tätigen Personen,

2. Wehrpflichtigen, solange nicht das Bundesministerium der Verteidigung oder die von ihm bezeichnete Stelle erklärt hat, daß gegen die Entlassung Bedenken nicht bestehen.

§ 23[1] **[Entlassungsurkunde]** Die Entlassung wird wirksam mit der Aushändigung der von der zuständigen Verwaltungsbehörde ausgefertigten Entlassungsurkunde.

§ 24[2] **[Bestehenbleiben der deutschen Staatsangehörigkeit]** Die Entlassung gilt als nicht erfolgt, wenn der Entlassene die ihm zugesicherte ausländische Staatsangehörigkeit nicht innerhalb eines Jahres nach der Aushändigung der Entlassungsurkunde erworben hat.

§ 25[3] **[Erwerb ausländischer Staatsangehörigkeit]** (1) [1]Ein Deutscher verliert seine Staatsangehörigkeit mit dem Erwerb einer ausländischen Staatsangehörigkeit, wenn dieser Erwerb auf seinen Antrag oder auf den Antrag des gesetzlichen Vertreters erfolgt, der Vertretene jedoch nur, wenn die Voraussetzungen vorliegen, unter denen nach § 19 die Entlassung beantragt werden könnte. [2]Der Verlust nach Satz 1 tritt nicht ein, wenn ein Deutscher die Staatsangehörigkeit eines anderen Mitgliedstaates der Europäischen Union, der Schweiz oder eines Staates erwirbt, mit dem die Bundesrepublik Deutschland einen völkerrechtlichen Vertrag nach § 12 Abs. 3 abgeschlossen hat.

(2) [1]Die Staatsangehörigkeit verliert nicht, wer vor dem Erwerbe der ausländischen Staatsangehörigkeit auf seinen Antrag die schriftliche Genehmigung der zuständigen Behörde zur Beibehaltung seiner Staatsangehörigkeit erhalten hat. [2]Hat ein Antragsteller seinen gewöhnlichen Aufenthalt im Ausland, ist die deutsche Auslandsvertretung zu hören. [3]Bei der Entscheidung über einen Antrag nach Satz 1 sind die öffentlichen und privaten Belange abzuwägen. [4]Bei einem Antragsteller, der seinen gewöhnlichen Aufenthalt im Ausland hat, ist insbesondere zu berücksichtigen, ob er fortbestehende Bindungen an Deutschland glaubhaft machen kann.

§ 26[4] **[Verzicht auf Staatsangehörigkeit]** (1) [1]Ein Deutscher kann auf seine Staatsangehörigkeit verzichten, wenn er mehrere Staatsangehörigkeiten besitzt. [2]Der Verzicht ist schriftlich zu erklären.

(2) [1]Die Verzichtserklärung bedarf der Genehmigung der nach § 23 für die Ausfertigung der Entlassungsurkunde zuständigen Behörde. [2]Die Genehmigung ist zu versagen, wenn eine Entlassung nach § 22 nicht erteilt werden dürfte; dies gilt jedoch nicht, wenn der Verzichtende

1. seit mindestens zehn Jahren seinen dauernden Aufenthalt im Ausland hat oder

[1] § 23 neu gef. mWv 28.8.2007 durch G v. 19.8.2007 (BGBl. I S. 1970).
[2] § 24 neu gef. durch G v. 29.6.1977 (BGBl. I S. 1101).
[3] § 25 Abs. 1 geänd., Abs. 2 Sätze 3 und 4 angef. mWv 1.1.2000 durch G v. 15.7.1999 (BGBl. I S. 1618); Abs. 2 Satz 1 geänd., Satz 2 neu gef., Abs. 3 aufgeh. mWv 1.1.2005 durch G v. 30.7.2004 (BGBl. I S. 1950); Abs. 1 neu gef. mWv 28.8.2007 durch G v. 19.8.2007 (BGBl. I S. 1970).
[4] § 26 eingef. durch G v. 20.12.1974 (BGBl. I S. 3714); Abs. 2 Satz 2 einl. Satzteil und Nr. 2 geänd. mWv 28.8.2007 durch G v. 19.8.2007 (BGBl. I S. 1970).

2. als Wehrpflichtiger im Sinne des § 22 Nr. 2 in einem der Staaten, deren Staatsangehörigkeit er besitzt, Wehrdienst geleistet hat.

(3) Der Verlust der Staatsangehörigkeit tritt ein mit der Aushändigung der von der Genehmigungsbehörde ausgefertigten Verzichtsurkunde.

(4) Für Minderjährige gilt § 19 entsprechend.

§ 27[1]) [Annahme als Kind durch einen Ausländer] [1] Ein minderjähriger Deutscher verliert mit der nach den deutschen Gesetzen wirksamen Annahme als Kind durch einen Ausländer die Staatsangehörigkeit, wenn er dadurch die Staatsangehörigkeit des Annehmenden erwirbt. [2] Der Verlust erstreckt sich auf seine Abkömmlinge, wenn auch der Erwerb der Staatsangehörigkeit durch den Angenommenen nach Satz 1 sich auf seine Abkömmlinge erstreckt. [3] Der Verlust nach Satz 1 oder Satz 2 tritt nicht ein, wenn der Angenommene oder seine Abkömmlinge mit einem deutschen Elternteil verwandt bleiben.

§ 28[2]) [Verlust der Staatsangehörigkeit bei Wehrdienst in fremden Streitkräften] (1) Ein Deutscher, der

1. auf Grund freiwilliger Verpflichtung ohne eine Zustimmung des Bundesministeriums der Verteidigung oder der von ihm bezeichneten Stelle in die Streitkräfte oder einen vergleichbaren bewaffneten Verband eines ausländischen Staates, dessen Staatsangehörigkeit er besitzt, eintritt oder

2. sich an Kampfhandlungen einer terroristischen Vereinigung im Ausland konkret beteiligt,

verliert die deutsche Staatsangehörigkeit, es sei denn, er würde sonst staatenlos.

(2) Der Verlust nach Absatz 1 tritt nicht ein,

1. wenn der Deutsche noch minderjährig ist oder,

2. im Falle des Absatzes 1 Nummer 1, wenn der Deutsche auf Grund eines zwischenstaatlichen Vertrages zum Eintritt in die Streitkräfte oder in den bewaffneten Verband berechtigt ist.

(3) [1] Der Verlust ist im Falle des Absatzes 1 Nummer 2 nach § 30 Absatz 1 Satz 3 von Amts wegen festzustellen. [2] Die Feststellung trifft bei gewöhnlichem Aufenthalt des Betroffenen im Inland die oberste Landesbehörde oder die von ihr nach Landesrecht bestimmte Behörde. [3] Befindet sich der Betroffene noch im Ausland, findet gegen die Verlustfeststellung kein Widerspruch statt; die Klage hat keine aufschiebende Wirkung.

§ 29[3]) [Wahl zwischen deutscher und ausländischer Staatsangehörigkeit bei Volljährigkeit] (1) [1] Optionspflichtig ist, wer

1. die deutsche Staatsangehörigkeit nach § 4 Absatz 3 oder § 40b erworben hat,

2. nicht nach Absatz 1a im Inland aufgewachsen ist,

3. eine andere ausländische Staatsangehörigkeit als die eines anderen Mitgliedstaates der Europäischen Union oder der Schweiz besitzt und

4. innerhalb eines Jahres nach Vollendung seines 21. Lebensjahres einen Hinweis nach Absatz 5 Satz 5 über seine Erklärungspflicht erhalten hat.

[1]) § 27 neu gef. mWv 28.8.2007 durch G v. 19.8.2007 (BGBl. I S. 1970).
[2]) *§ 28 neu gef. mWv 9.8.2019 durch G v. 4.8.2019 (BGBl. I S. 1124).*
[3]) § 29 neu gef. mWv 20.12.2014 durch G v. 13.11.2014 (BGBl. I S. 1714); Abs. 6 Satz 2 geänd. mWv 27.6.2020 durch VO v. 19.6.2020 (BGBl. I S. 1328).

[2] Der Optionspflichtige hat nach Vollendung des 21. Lebensjahres zu erklären, ob er die deutsche oder die ausländische Staatsangehörigkeit behalten will. [3] Die Erklärung bedarf der Schriftform.

(1a) [1] Ein Deutscher nach Absatz 1 ist im Inland aufgewachsen, wenn er bis zur Vollendung seines 21. Lebensjahres

1. sich acht Jahre gewöhnlich im Inland aufgehalten hat,
2. sechs Jahre im Inland eine Schule besucht hat oder
3. über einen im Inland erworbenen Schulabschluss oder eine im Inland abgeschlossene Berufsausbildung verfügt.

[2] Als im Inland aufgewachsen nach Satz 1 gilt auch, wer im Einzelfall einen vergleichbar engen Bezug zu Deutschland hat und für den die Optionspflicht nach den Umständen des Falles eine besondere Härte bedeuten würde.

(2) Erklärt der Deutsche nach Absatz 1, dass er die ausländische Staatsangehörigkeit behalten will, so geht die deutsche Staatsangehörigkeit mit dem Zugang der Erklärung bei der zuständigen Behörde verloren.

(3) [1] Will der Deutsche nach Absatz 1 die deutsche Staatsangehörigkeit behalten, so ist er verpflichtet, die Aufgabe oder den Verlust der ausländischen Staatsangehörigkeit nachzuweisen. [2] Tritt dieser Verlust nicht bis zwei Jahre nach Zustellung des Hinweises auf die Erklärungspflicht nach Absatz 5 ein, so geht die deutsche Staatsangehörigkeit verloren, es sei denn, dass dem Deutschen nach Absatz 1 vorher die schriftliche Genehmigung der zuständigen Behörde zur Beibehaltung der deutschen Staatsangehörigkeit (Beibehaltungsgenehmigung) erteilt wurde. [3] Ein Antrag auf Erteilung der Beibehaltungsgenehmigung kann, auch vorsorglich, nur bis ein Jahr nach Zustellung des Hinweises auf die Erklärungspflicht nach Absatz 5 gestellt werden (Ausschlussfrist). [4] Der Verlust der deutschen Staatsangehörigkeit tritt erst ein, wenn der Antrag bestandskräftig abgelehnt wird. [5] Einstweiliger Rechtsschutz nach § 123 der Verwaltungsgerichtsordnung[1)] bleibt unberührt.

(4) Die Beibehaltungsgenehmigung nach Absatz 3 ist zu erteilen, wenn die Aufgabe oder der Verlust der ausländischen Staatsangehörigkeit nicht möglich oder nicht zumutbar ist oder bei einer Einbürgerung nach Maßgabe von § 12 Mehrstaatigkeit hinzunehmen wäre.

(5) [1] Auf Antrag eines Deutschen, der die Staatsangehörigkeit nach § 4 Absatz 3 oder § 40b erworben hat, stellt die zuständige Behörde bei Vorliegen der Voraussetzungen den Fortbestand der deutschen Staatsangehörigkeit nach Absatz 6 fest. [2] Ist eine solche Feststellung nicht bis zur Vollendung seines 21. Lebensjahres erfolgt, prüft die zuständige Behörde anhand der Meldedaten, ob die Voraussetzungen nach Absatz 1a Satz 1 Nummer 1 vorliegen. [3] Ist dies danach nicht feststellbar, weist sie den Betroffenen auf die Möglichkeit hin, die Erfüllung der Voraussetzungen des Absatzes 1a nachzuweisen. [4] Wird ein solcher Nachweis erbracht, stellt die zuständige Behörde den Fortbestand der deutschen Staatsangehörigkeit nach Absatz 6 fest. [5] Liegt kein Nachweis vor, hat sie den Betroffenen auf seine Verpflichtungen und die nach den Absätzen 2 bis 4 möglichen Rechtsfolgen hinzuweisen. [6] Der Hinweis ist zuzustellen. [7] Die Vorschriften des Verwaltungszustellungsgesetzes[2)] finden Anwendung.

[1)] Nr. **600**.
[2)] Nr. **110**.

(6) ¹Der Fortbestand oder Verlust der deutschen Staatsangehörigkeit nach dieser Vorschrift wird von Amts wegen festgestellt. ²Das Bundesministerium des Innern, für Bau und Heimat kann durch Rechtsverordnung mit Zustimmung des Bundesrates Vorschriften über das Verfahren zur Feststellung des Fortbestands oder Verlusts der deutschen Staatsangehörigkeit erlassen.

§ 30¹⁾ [Bestehen der deutschen Staatsangehörigkeit] (1) ¹Das Bestehen oder Nichtbestehen der deutschen Staatsangehörigkeit wird auf Antrag von der Staatsangehörigkeitsbehörde festgestellt. ²Die Feststellung ist in allen Angelegenheiten verbindlich, für die das Bestehen oder Nichtbestehen der deutschen Staatsangehörigkeit rechtserheblich ist. ³Bei Vorliegen eines öffentlichen Interesses kann die Feststellung auch von Amts wegen erfolgen.

(2) ¹Für die Feststellung des Bestehens der deutschen Staatsangehörigkeit ist es erforderlich, aber auch ausreichend, wenn durch Urkunden, Auszüge aus den Melderegistern oder andere schriftliche Beweismittel mit hinreichender Wahrscheinlichkeit nachgewiesen ist, dass die deutsche Staatsangehörigkeit erworben worden und danach nicht wieder verloren gegangen ist. ²§ 3 Abs. 2 bleibt unberührt.

(3) ¹Wird das Bestehen der deutschen Staatsangehörigkeit auf Antrag festgestellt, stellt die Staatsangehörigkeitsbehörde einen Staatsangehörigkeitsausweis aus. ²Auf Antrag stellt die Staatsangehörigkeitsbehörde eine Bescheinigung über das Nichtbestehen der deutschen Staatsangehörigkeit aus.

§ 31²⁾ [Datenerhebung] ¹Staatsangehörigkeitsbehörden und Auslandsvertretungen dürfen personenbezogene Daten verarbeiten, soweit dies zur Erfüllung ihrer Aufgaben nach diesem Gesetz oder nach staatsangehörigkeitsrechtlichen Bestimmungen in anderen Gesetzen erforderlich ist. ²Personenbezogene Daten, deren Verarbeitung nach Artikel 9 Absatz 1 der Verordnung (EU) 2016/679³⁾ des Europäischen Parlaments und des Rates vom 27. April 2016 zum Schutz natürlicher Personen bei der Verarbeitung personenbezogener Daten, zum freien Datenverkehr und zur Aufhebung der Richtlinie 95/46/EG (Datenschutz-Grundverordnung) (ABl. L 119 vom 4.5.2016, S. 1; L 314 vom 22.11.2016, S. 72; L 127 vom 23.5.2018, S. 2) in der jeweils geltenden Fassung untersagt ist, dürfen verarbeitet werden, soweit die personenbezogenen Daten gemäß § 37 Absatz 2 Satz 2 zur Ermittlung von Ausschlussgründen nach § 11 von den Verfassungsschutzbehörden an die Einbürgerungsbehörden übermittelt worden sind oder die Verarbeitung sonst im Einzelfall zur Aufgabenerfüllung erforderlich ist. ³Dies gilt im Rahmen der Entscheidung über die Staatsangehörigkeit nach Artikel 116 Absatz 2 des Grundgesetzes⁴⁾ auch in Bezug auf Daten, die sich auf die politischen, rassischen oder religiösen Gründe beziehen, wegen

(Fortsetzung nächstes Blatt)

¹⁾ § 30 neu gef. mWv 28.8.2007 durch G v. 19.8.2007 (BGBl. I S. 1970).
²⁾ § 31 neu gef. mWv 28.8.2007 durch G v. 19.8.2007 (BGBl. I S. 1970); Satz 1 geänd., Satz 2 neu *gef., Satz 3 angef. mWv 26.11.2019 durch G v. 20.11.2019 (BGBl. I S. 1626).*
³⁾ Nr. **246**.
⁴⁾ Nr. **1**.

derer zwischen dem 30. Januar 1933 und dem 8. Mai 1945 die deutsche Staatsangehörigkeit entzogen worden ist.

§ 32[1] **[Mitwirkungspflicht]** (1) [1] Öffentliche Stellen haben den in § 31 genannten Stellen auf Ersuchen personenbezogene Daten zu übermitteln, soweit die Kenntnis dieser Daten zur Erfüllung der in § 31 genannten Aufgaben erforderlich ist. [2] Öffentliche Stellen haben der zuständigen Staatsangehörigkeitsbehörde diese Daten auch ohne Ersuchen zu übermitteln, soweit die Übermittlung aus Sicht der öffentlichen Stelle für die Entscheidung der Staatsangehörigkeitsbehörde über ein anhängiges Einbürgerungsverfahren oder den Verlust oder Nichterwerb der deutschen Staatsangehörigkeit erforderlich ist. [3] Dies gilt bei Einbürgerungsverfahren insbesondere für die den Ausländerbehörden nach § 87 Absatz 4 des Aufenthaltsgesetzes[2] bekannt gewordenen Daten über die Einleitung von Straf- und Auslieferungsverfahren sowie die Erledigung von Straf-, Bußgeld- und Auslieferungsverfahren. [4] Die Daten nach Satz 3 sind unverzüglich an die zuständige Staatsangehörigkeitsbehörde zu übermitteln.

(2) Die Übermittlung personenbezogener Daten nach Absatz 1 unterbleibt, soweit besondere gesetzliche Verarbeitungsregelungen entgegenstehen.

§ 33[3] **[Register]** (1) [1] Das Bundesverwaltungsamt (Registerbehörde) führt ein Register der Entscheidungen in Staatsangehörigkeitsangelegenheiten. [2] In das Register werden eingetragen:
1. Entscheidungen zu Staatsangehörigkeitsurkunden,
2. Entscheidungen zum Bestand und gesetzlichen Verlust der deutschen Staatsangehörigkeit,
3. Entscheidungen zu Erwerb, Bestand und Verlust der deutschen Staatsangehörigkeit, die nach dem 31. Dezember 1960 und vor dem 28. August 2007 getroffen worden sind.

(2) Im Einzelnen dürfen in dem Register gespeichert werden:
1. die Grundpersonalien der betroffenen Person (Familienname, Geburtsname, frühere Namen, Vornamen, Tag und Ort der Geburt, Geschlecht sowie die Anschrift im Zeitpunkt der Entscheidung) und Auskunftssperren nach § 51 des Bundesmeldegesetzes[4],
2. Rechtsgrund und Datum der Urkunde oder der Entscheidung sowie Rechtsgrund und der Tag des Erwerbs oder Verlusts der Staatsangehörigkeit, im Fall des § 3 Absatz 2 auch der Zeitpunkt, auf den der Erwerb zurückwirkt,
3. Bezeichnung, Anschrift und Aktenzeichen der Behörde, die die Entscheidung getroffen hat.

[1] § 32 neu gef. mWv 28.8.2007 durch G v. 19.8.2007 (BGBl. I S. 1970); Abs. 1 Satz 3 neu gef. mWv 26.11.2011 durch G v. 22.11.2011 (BGBl. I S. 2258); Abs. 2 geänd. mWv 26.11.2019 durch G v. 20.11.2019 (BGBl. I S. 1626).
[2] Nr. 565.
[3] § 33 neu gef. mWv 28.8.2007 durch G v. 19.8.2007 (BGBl. I S. 1970); Abs. 1 Satz 2 Nr. 2 und Abs. 2 Nr. 1 geänd., Abs. 2 Nr. 2 neu gef. mWv 1.11.2016 durch G v. 11.10.2016 (BGBl. I S. 2218); Abs. 2 Nr. 1 geänd., Abs. 4 Satz 3 angef. mWv 26.11.2019 durch G v. 20.11.2019 (BGBl. I S. 1626).
[4] Nr. 256.

(3) Die Staatsangehörigkeitsbehörden sind verpflichtet, die in Absatz 2 genannten personenbezogenen Daten zu den Entscheidungen nach Absatz 1 Satz 2 Nr. 1 und 2, die sie nach dem 28. August 2007 treffen, unverzüglich an die Registerbehörde zu übermitteln.

(4) [1] Die Registerbehörde übermittelt den Staatsangehörigkeitsbehörden und Auslandsvertretungen auf Ersuchen die in Absatz 2 genannten Daten, soweit die Kenntnis der Daten für die Erfüllung der staatsangehörigkeitsrechtlichen Aufgaben dieser Stellen erforderlich ist. [2] Für die Übermittlung an andere öffentliche Stellen und für Forschungszwecke gelten die Bestimmungen des Bundesdatenschutzgesetzes[1]). [3] Die Übermittlung von Angaben nach Absatz 1 zu Forschungszwecken ist nur in anonymisierter Form oder dann zulässig, wenn das wissenschaftliche Interesse an der Durchführung des Forschungsvorhabens das Interesse der betroffenen Person an dem Ausschluss der Verarbeitung erheblich überwiegt.

(5) Die Staatsangehörigkeitsbehörde teilt nach ihrer Entscheidung, dass eine Person eingebürgert worden ist oder die deutsche Staatsangehörigkeit weiterhin besitzt, verloren, aufgegeben oder nicht erworben hat, der zuständigen Meldebehörde oder Auslandsvertretung die in Absatz 2 genannten Daten unverzüglich mit.

§ 34[2]) **[Optionsverfahren]** (1) Für die Durchführung des Optionsverfahrens hat die Meldebehörde in Fällen des Erwerbs der deutschen Staatsangehörigkeit nach § 4 Absatz 3 oder § 40b, in denen nach § 29 ein Verlust der deutschen Staatsangehörigkeit eintreten kann, bis zum zehnten Tag jedes Kalendermonats der zuständigen Staatsangehörigkeitsbehörde für Personen, die im darauf folgenden Monat das 21. Lebensjahr vollenden werden, folgende personenbezogenen Daten zu übermitteln:

1. Familienname,
2. frühere Namen,
3. Vornamen,
4. derzeitige und frühere Anschriften und bei Zuzug aus dem Ausland auch die letzte frühere Anschrift im Inland,
5. Einzugsdatum, Auszugsdatum, Datum des letzten Wegzugs aus einer Wohnung im Inland sowie Datum des letzten Zuzugs aus dem Ausland,
6. Geburtsdatum und Geburtsort,
7. Geschlecht,
8. derzeitige Staatsangehörigkeiten,
9. die Tatsache, dass nach § 29 ein Verlust der deutschen Staatsangehörigkeit eintreten kann,
10. Auskunftssperren nach § 51 des Bundesmeldegesetzes[3]).

[1]) Nr. **245**.
[2]) § 34 neu gef. mWv 20.12.2014 durch G v. 13.11.2014 (BGBl. I S. 1714); Abs. 1 einl. Satzteil und Nr. 8 geänd., Nr. 9 angef. mWv 1.11.2016, Nr. 10 angef. mWv 1.5.2017 durch G v. 11.10.2016 (BGBl. I S. 2218).
[3]) Nr. **256**.

(2)[1] [1] Ist eine Person nach Absatz 1 ins Ausland verzogen, hat die zuständige Meldebehörde dem Bundesverwaltungsamt innerhalb der in Absatz 1 genannten Frist die dort genannten Daten, das Datum des Wegzugs ins Ausland und, soweit bekannt, die neue Anschrift im Ausland zu übermitteln. [2] Für den Fall des Zuzugs aus dem Ausland gilt Satz 1 entsprechend.

§ 35[2] **[Rücknahme einer rechtswidrigen Einbürgerung]** (1) Eine rechtswidrige Einbürgerung oder eine rechtswidrige Genehmigung zur Beibehaltung der deutschen Staatsangehörigkeit kann nur zurückgenommen werden, wenn der Verwaltungsakt durch arglistige Täuschung, Drohung oder Bestechung oder durch vorsätzlich unrichtige oder unvollständige Angaben, die wesentlich für seinen Erlass gewesen sind, erwirkt worden ist.

(2) Dieser Rücknahme steht in der Regel nicht entgegen, dass der Betroffene dadurch staatenlos wird.

(3) Die Rücknahme darf nur bis zum Ablauf von zehn Jahren nach der Bekanntgabe der Einbürgerung oder Beibehaltungsgenehmigung erfolgen.

(4) Die Rücknahme erfolgt mit Wirkung für die Vergangenheit.

(5) [1] Hat die Rücknahme Auswirkungen auf die Rechtmäßigkeit von Verwaltungsakten nach diesem Gesetz gegenüber Dritten, so ist für jede betroffene Person eine selbständige Ermessensentscheidung zu treffen. [2] Dabei ist insbesondere eine Beteiligung des Dritten an der arglistigen Täuschung, Drohung oder Bestechung oder an den vorsätzlich unrichtigen oder unvollständigen Angaben gegen seine schutzwürdigen Belange, insbesondere auch unter Beachtung des Kindeswohls, abzuwägen.

§ 36[3] **[Einbürgerungsstatistik]** (1) Über die Einbürgerungen werden jährliche Erhebungen, jeweils für das vorausgegangene Kalenderjahr, beginnend 2000, als Bundesstatistik durchgeführt.

(2) Die Erhebungen erfassen für jede eingebürgerte Person folgende Erhebungsmerkmale:

1. Geburtsjahr,
2. Geschlecht,
3. Familienstand,
4. Wohnort zum Zeitpunkt der Einbürgerung,
5. Aufenthaltsdauer im Bundesgebiet nach Jahren,
6. Rechtsgrundlage der Einbürgerung,
7. bisherige Staatsangehörigkeiten und
8. Fortbestand der bisherigen Staatsangehörigkeiten.

(3) Hilfsmerkmale der Erhebungen sind:

1. Bezeichnung und Anschrift der nach Absatz 4 Auskunftpflichtigen,
2. Name und Telekommunikationsnummern der für Rückfragen zur Verfügung stehenden Person und

[1] Siehe auch § 10 der Zweiten BundesmeldedatenübermittlungsVO v. 1.12.2014 (BGBl. I S. 1950), zuletzt geänd. durch VO v. 19.6.2020 (BGBl. I S. 1328).
[2] § 35 eingef. mWv 12.2.2009 durch G v. 5.2.2009 (BGBl. I S. 158); Abs. 3 geänd. mWv 9.8.2019 durch G v. 4.8.2019 (BGBl. I S. 1124).
[3] § 36 neu gef. mWv 1.1.2000 durch G v. 15.7.1999 (BGBl. I S. 1618).

3. Registriernummer der eingebürgerten Person bei der Einbürgerungsbehörde.

(4) ¹Für die Erhebungen besteht Auskunftspflicht. ²Auskunftspflichtig sind die Einbürgerungsbehörden. ³Die Einbürgerungsbehörden haben die Auskünfte den zuständigen statistischen Ämtern der Länder jeweils zum 1. März zu erteilen. ⁴Die Angaben zu Absatz 3 Nr. 2 sind freiwillig.

(5) An die fachlich zuständigen obersten Bundes- und Landesbehörden dürfen für die Verwendung gegenüber den gesetzgebenden Körperschaften und für Zwecke der Planung, nicht jedoch für die Regelung von Einzelfällen, vom Statistischen Bundesamt und den statistischen Ämtern der Länder Tabellen mit statistischen Ergebnissen übermittelt werden, auch soweit Tabellenfelder nur einen einzigen Fall ausweisen.

§ 37¹⁾ [Ermittlung der Einbürgerungsvoraussetzungen] (1) ¹Fähig zur Vornahme von Verfahrenshandlungen nach diesem Gesetz ist, wer das 16. Lebensjahr vollendet hat, sofern er nicht nach Maßgabe des Bürgerlichen Gesetzbuchs²⁾ geschäftsunfähig oder im Falle seiner Volljährigkeit in dieser Angelegenheit zu betreuen und einem Einwilligungsvorbehalt zu unterstellen wäre. ²§ 80 Absatz 3 und § 82 des Aufenthaltsgesetzes³⁾ gelten entsprechend.

(2) ¹Die Einbürgerungsbehörden übermitteln den Verfassungsschutzbehörden zur Ermittlung von Ausschlussgründen nach § 11 die bei ihnen gespeicherten personenbezogenen Daten der Antragsteller, die das 16. Lebensjahr vollendet haben. ²Die Verfassungsschutzbehörden unterrichten die anfragende Stelle unverzüglich nach Maßgabe der insoweit bestehenden besonderen gesetzlichen Verarbeitungsregelungen.

§ 38⁴⁾ [Gebührenvorschriften] (1) Für Amtshandlungen in Staatsangehörigkeitsangelegenheiten werden, soweit gesetzlich nichts anderes bestimmt ist, Kosten (Gebühren und Auslagen) erhoben.

(2) ¹Die Gebühr für die Einbürgerung nach diesem Gesetz beträgt 255 Euro. ²Sie ermäßigt sich für ein minderjähriges Kind, das miteingebürgert wird und keine eigenen Einkünfte im Sinne des Einkommensteuergesetzes hat, auf 51 Euro. ³Der Erwerb der deutschen Staatsangehörigkeit nach § 5 und die Einbürgerung von ehemaligen Deutschen, die durch Eheschließung mit einem Ausländer die deutsche Staatsangehörigkeit verloren haben, ist gebührenfrei. ⁴Die Feststellung des Bestehens oder Nichtbestehens der deutschen Staatsangehörigkeit nach § 29 Abs. 6 und nach § 30 Abs. 1 Satz 3 sowie die Erteilung der Beibehaltungsgenehmigung nach § 29 Abs. 4 sind gebührenfrei. ⁵Von der

¹⁾ § 37 neu gef. mWv 1.1.2005 durch G v. 30.7.2004 (BGBl. I S. 1950); Abs. 2 Satz 1 geänd. mWv 28.8.2007 durch G v. 19.8.2007 (BGBl. I S. 1970); Abs. 1 neu gef. mWv 1.11.2015 durch G v. 28.10. 2015 (BGBl. I S. 1802); Abs. 2 Satz 2 geänd. mWv 26.11.2019 durch G v. 20.11.2019 (BGBl. I S. 1626).
²⁾ **Schönfelder Nr. 20.**
³⁾ Nr. 565.
⁴⁾ § 38 neu gef. durch G v. 23.6.1970 (BGBl. I S. 805); Abs. 2 eingef., bish. Abs. 2 wird Abs. 3 und neu gef. durch G v. 30.6.1993 (BGBl. I S. 1062); Abs. 2 Satz 3 geänd. durch G v. 16.12.1997 (BGBl. I S. 2942); Abs. 2 Sätze 1 und 2, Abs. 3 Satz 2 geänd. mWv 1.1.2002 durch G v. 3.12.2001 (BGBl. I S. 3306); Abs. 2 Satz 4 eingef., bish. Satz 4 wird Satz 5 mWv 28.8.2007 durch G v. 19.8.2007 (BGBl. I S. 1970); Abs. 3 Satz 1 geänd. mWv 27.6.2020 durch VO v. 19.6.2020 (BGBl. I S. 1328).

Gebühr nach Satz 1 kann aus Gründen der Billigkeit oder des öffentlichen Interesses Gebührenermäßigung oder -befreiung gewährt werden.

(3) [1] Das Bundesministerium des Innern wird ermächtigt, durch Rechtsverordnung mit Zustimmung des Bundesrates die weiteren gebührenpflichtigen Tatbestände zu bestimmen und die Gebührensätze sowie die Auslagenerstattung zu regeln. [2] Die Gebühr darf für die Entlassung 51 Euro, für die Beibehaltungsgenehmigung 255 Euro, für die Staatsangehörigkeitsurkunde und für sonstige Bescheinigungen 51 Euro nicht übersteigen.

§ 38a[1] [Ausstellung von Urkunden] Eine Ausstellung von Urkunden in Staatsangehörigkeitssachen in elektronischer Form ist ausgeschlossen.

§§ 39, 40[2] *(aufgehoben)*

§ 40a[3] [Erwerb der deutschen Staatsangehörigkeit] [1] Wer am 1. August 1999 Deutscher im Sinne des Artikels 116 Abs. 1 des Grundgesetzes[4] ist, ohne die deutsche Staatsangehörigkeit zu besitzen, erwirbt an diesem Tag die deutsche Staatsangehörigkeit. [2] Für einen Spätaussiedler, seinen nichtdeutschen Ehegatten und seine Abkömmlinge im Sinne von § 4 des Bundesvertriebenengesetzes[5] gilt dies nur dann, wenn ihnen vor diesem Zeitpunkt eine Bescheinigung gemäß § 15 Abs. 1 oder 2 des Bundesvertriebenengesetzes erteilt worden ist.

§ 40b[6] [Einbürgerung ausländischer Kinder] [1] Ein Ausländer, der am 1. Januar 2000 rechtmäßig seinen gewöhnlichen Aufenthalt im Inland und das zehnte Lebensjahr noch nicht vollendet hat, ist auf Antrag einzubürgern, wenn bei seiner Geburt die Voraussetzungen des § 4 Abs. 3 Satz 1 vorgelegen haben und weiter vorliegen. [2] Der Antrag kann bis zum 31. Dezember 2000 gestellt werden.

§ 40c[7] [Übergangsvorschriften] Auf Einbürgerungsanträge, die bis zum 30. März 2007 gestellt worden sind, sind die §§ 8 bis 14 und 40c weiter in ihrer vor dem 28. August 2007 (BGBl. I S. 1970) geltenden Fassung anzuwenden, soweit sie günstigere Bestimmungen enthalten.

§ 41[8] [Verwaltungsverfahren] Von den in diesem Gesetz in den §§ 32, 33 und 37 Absatz 2 getroffenen Regelungen des Verwaltungsverfahrens der Länder kann nicht durch Landesrecht abgewichen werden.

§ 42[9] [Strafvorschrift] Mit Freiheitsstrafe bis zu fünf Jahren oder mit Geldstrafe wird bestraft, wer unrichtige oder unvollständige Angaben zu wesentli-

[1] § 38a eingef. mWv 1.2.2003 durch G v. 21.8.2002 (BGBl. I S. 3322).
[2] §§ 39, 40 aufgeh. mWv 1.1.2005 durch G v. 30.7.2004 (BGBl. I S. 1950).
[3] § 40a eingef. mWv 1.8.1999 durch G v. 15.7.1999 (BGBl. I S. 1618).
[4] Nr. **1**.
[5] **Aichberger, SGB Nr. 6/51.**
[6] § 40b eingef. mWv 1.1.2000 durch G v. 15.7.1999 (BGBl. I S. 1618).
[7] § 40c neu gef. mWv 28.8.2007 durch G v. 19.8.2007 (BGBl. I S. 1970).
[8] § 41 neu gef. mWv 20.12.2014 durch G v. 13.11.2014 (BGBl. I S. 1714).
[9] § 42 angef. mWv 12.2.2009 durch G v. 5.2.2009 (BGBl. I S. 158).

chen Voraussetzungen der Einbürgerung macht oder benutzt, um für sich oder einen anderen eine Einbürgerung zu erschleichen.

30. Bundeswahlgesetz[1]

In der Fassung der Bekanntmachung vom 23. Juli 1993[2]

(BGBl. I S. 1288, ber. S. 1594)

FNA 111-1

geänd. durch Art. 2 Sechstes G zur Änd. des ParteienG und anderer Gesetze v. 28.1.1994 (BGBl. I S. 142), Bek. zur Wahlkreiseinteilung v. 30.3.1994 (BGBl. I S. 680), Art. 1 Zwölftes ÄndG v. 10.5.1994 (BGBl. I S. 993), Zweite Bek. zur Wahlkreiseinteilung v. 15.9.1994 (BGBl. I S. 2417), Art. 1 13. ÄndG v. 15.11. 1996 (BGBl. I S. 1712), Bek. zur Wahlkreiseinteilung v. 9.7.1997 (BGBl. I S. 1691), Zweite Bek. zur Wahlkreiseinteilung v. 1.12.1997 (BGBl. I S. 2772), Art. 1 14. ÄndG v. 20.4.1998 (BGBl. I S. 706), Art. 1 WahlkreisneueinteilungsG v. 1.7.1998 (BGBl. I S. 1698), Art. 1 G zur Aussetzung der Vorschriften über die repräsentative Wahlstatistik für die Wahl zum 14. Deutschen Bundestag v. 25.8.1998 (BGBl. I S. 2430), Art. 2 WahlstatistikG v. 21.5.1999 (BGBl. I S. 1023), Art. 1 15. ÄndG v. 27.4.2001 (BGBl. I S. 698), Art. 1 16. ÄndG v. 27.4.2001 (BGBl. I S. 701, ber. BGBl.2002 I S. 1848), Art. 12 Sechstes Euro-EinführungsG v. 3.12.2001 (BGBl. I S. 3306), Art. 1a Behindertengleichstellungs-EinführungsG v. 27.4. 2002 (BGBl. I S. 1467), Art. 1 Post- und telekommunikationsrechtliches BereinigungsG v. 7.5.2002 (BGBl. I S. 1529), Art. 11 Nr. 2 ZuwanderungsG v. 20.6.2002 (BGBl. I S. 1946; nichtig gem. Urt. des BVerfG v. 18.12.2002 – 2 BvF 1/02 –), Bek. zur Wahlkreiseinteilung v. 31.7.2002 (BGBl. I S. 2964), Art. 2 Achte ZuständigkeitsanpassungsVO v. 25.11.2003 (BGBl. I S. 2304), Art. 11 Nr. 2 ZuwanderungsG v. 30.7.2004 (BGBl. I S. 1950), Art. 1 17. ÄndG v. 11.3.2005 (BGBl. I S. 674), § 1 VO über die Abkürzung von Fristen im BWG für die Wahl zum 16. Deutschen Bundestag v. 21.7.2005 (BGBl. I S. 2179), Bek. zur Wahlkreiseinteilung für die Wahl zum Deutschen Bundestag v. 21.7.2005 (BGBl. I S. 2180), Art. 5 Neunte ZuständigkeitsanpassungsVO v. 31.10.2006 (BGBl. I S. 2407), Art. 1 18. ÄndG v. 17.3.2008 (BGBl. I S. 316), Art. 1 G zur Änd. des Wahl- und Abgeordnetenrechts v. 17.3.2008 (BGBl. I S. 394), Urt. des BVerfG – 2 BvC 1/07, 2 BvC 7/07 – v. 3.7.2008 (BGBl. I S. 1286), Bek. zur Wahlkreiseinteilung für die Wahl zum Deutschen Bundestag v. 5.8.2009 (BGBl. I S. 2687), Art. 1 19. ÄndG v. 25.11.2011 (BGBl. I S. 2313), Art. 1 20. ÄndG v. 12.4.2012 (BGBl. I S. 518), Art. 1 G zur Verbesserung des Rechtsschutzes in Wahlsachen v. 12.7.2012 (BGBl. I S. 1501), Beschluss des BVerfG – 2 BvC 1/11, 2 BvC 2/11 – v. 4.7.2012 (BGBl. I S. 1769), Urteil des BVerfG – 2 BvF 3/11, 2 BvR 2670/ 11, 2 BvE 9/11 – v. 25.7.2012 (BGBl. I S. 1769), Art. 1 21. ÄndG v. 27.4.2013 (BGBl. I S. 962), Art. 1, 2 Abs. 2 22. ÄndG v. 3.5.2013 (BGBl. I S. 1082), Art. 2 Abs. 1 G zur Fortentwicklung des Meldewesens v. 3.5.2013 (BGBl. I S. 1084, geänd. durch G v. 20.11.2014, BGBl. I S. 1738), Art. 9 Zehnte ZuständigkeitsanpassungsVO v. 31.8.2015 (BGBl. I S. 1474), Art. 1 23. ÄndG v. 3.5.2016 (BGBl. I S. 1062), Art. 4 G zu bereichsspezifischen Regelungen der Gesichtsverhüllung und zur Änd. weiterer dienstrechtlicher Vorschriften v. 8.6.2017 (BGBl. I S. 1570), Bek. zur Wahlkreiseinteilung für die Wahl zum Deutschen Bundestag v. 30.8.2017 (BGBl. I S. 3339), Art. 2 G zur Änd. des ParteienG und anderer Gesetze v. 10.7. 2018 (BGBl. I S. 1116), Beschluss des BVerfG – 2 BvC 62/14 – v. 29.1.2019 (BGBl. I S. 368), Art. 1 G zur Änd. des BundeswahlG und anderer Gesetze v. 18.6.2019 (BGBl. I S. 834), Art. 9 Elfte ZuständigkeitsanpassungsVO v. 19.6.2020 (BGBl. I S. 1328), Art. 1 24. ÄndG v. 25.6.2020 (BGBl. I S. 1409), Art. 1 G zur Änd. des BundeswahlG und des Gesetzes über Maßnahmen im Gesellschafts-, Genossenschafts-, Vereins-, Stiftungs- und Wohnungseigentumsrecht zur Bekämpfung der Auswirkungen der COVID-19-Pandemie v. 28.10.2020 (BGBl. I S. 2264) und Art. 1 25. ÄndG v. 14.11.2020 (BGBl. I S. 2395)

Inhaltsübersicht[3]

Erster Abschnitt. Wahlsystem (§§ 1 bis 7)

[1] Die Änderungen durch G v. 14.11.2020 (BGBl. I S. 2395) treten teilweise erst **mWv 1.1.2024** in Kraft und sind insoweit im Text noch nicht berücksichtigt.
[2] Neubekanntmachung des BundeswahlG idF der Bek. v. 21.9.1990 (BGBl. I S. 2059) in der ab 28.7. 1993 geltenden Fassung.
[3] Inhaltsübersicht geänd. mWv 21.3.2008 durch G v. 17.3.2008 (BGBl. I S. 394); mWv 1.7.2019 durch G v. 18.6.2019 (BGBl. I S. 834); mWv 30.6.2020 durch G v. 25.6.2020 (BGBl. I S. 1409); mWv 19.11. 2020 durch G v. 14.11.2020 (BGBl. I S. 2395); sie wurde nichtamtlich an die nachträglichen Änderungen angepasst.

Erster Abschnitt. Wahlsystem

§ 1[1]**) Zusammensetzung des Deutschen Bundestages und Wahlrechtsgrundsätze** (1) [1]Der Deutsche Bundestag besteht vorbehaltlich der sich aus diesem Gesetz ergebenden Abweichungen aus 598 Abgeordneten. [2]Sie werden in allgemeiner, unmittelbarer, freier, gleicher und geheimer Wahl von den wahlberechtigten Deutschen nach den Grundsätzen einer mit der Personenwahl verbundenen Verhältniswahl gewählt.

(2) Von den Abgeordneten werden 299 nach Kreiswahlvorschlägen in den Wahlkreisen und die übrigen nach Landeswahlvorschlägen (Landeslisten) gewählt.

§ 2[2]**) Gliederung des Wahlgebietes.** (1) Wahlgebiet ist das Gebiet der Bundesrepublik Deutschland.

(2) Die Einteilung des Wahlgebietes in Wahlkreise ergibt sich aus der Anlage 2 zu diesem Gesetz.

(3) Jeder Wahlkreis wird für die Stimmabgabe in Wahlbezirke eingeteilt.

§ 3[3]**) Wahlkreiskommission und Wahlkreiseinteilung.** (1) [1]Bei der Wahlkreiseinteilung sind folgende Grundsätze zu beachten:

1. Die Ländergrenzen sind einzuhalten.
2. [1]Die Zahl der Wahlkreise in den einzelnen Ländern muß deren Bevölkerungsanteil soweit wie möglich entsprechen. [2]Sie wird mit demselben Berechnungsverfahren ermittelt, das nach § 6 Abs. 2 Satz 2 bis 7 für die Verteilung der Sitze auf die Landeslisten angewandt wird.
3. Die Bevölkerungszahl eines Wahlkreises soll von der durchschnittlichen Bevölkerungszahl der Wahlkreise nicht um mehr als 15 vom Hundert nach oben oder unten abweichen; beträgt die Abweichung mehr als 25 vom Hundert, ist eine Neuabgrenzung vorzunehmen.
4. Der Wahlkreis soll ein zusammenhängendes Gebiet bilden.
5. Die Grenzen der Gemeinden, Kreise und kreisfreien Städte sollen nach Möglichkeit eingehalten werden.

[2]*Bei* Ermittlung der Bevölkerungszahlen bleiben Ausländer (§ 2 Abs. 1 des Aufenthaltsgesetzes[4])) unberücksichtigt.

[1]) § 1 Abs. 1 Satz 1 und Abs. 2 geänd. durch G v. 15.11.1996 (BGBl. I S. 1712).
[2]) § 2 Abs. 2 geänd. mWv 30.6.2020 durch G v. 25.6.2020 (BGBl. I S. 1409).
[3]) § 3 Abs. 1 eingef., bish. Abs. 1 wird Abs. 2 sowie Abs. 3 eingef., bish. Abs. 3 und 4 werden Abs. 4 und 5 durch G v. 15.11.1996 (BGBl. I S. 1712); Abs. 1 Satz 2 geänd. mWv 1.1.2005 durch G v. 30.7.2004 (BGBl. I S. 1950); Abs. 1 Satz 1 Nr. 2 Satz 2 angef. und Abs. 3 Satz 3 geänd. mWv 21.3.2008 durch G v. 17.3.2008 (BGBl. I S. 394); Abs. 4 Satz 2 geänd. mWv 10.5.2016 durch G v. 3.5.2016 (BGBl. I S. 1062); Abs. 4 Sätze 1–3 geänd. mWv 27.6.2020 durch VO v. 19.6.2020 (BGBl. I S. 1328).
[4]) Nr. 565.

(2) [1] Der Bundespräsident ernennt eine ständige Wahlkreiskommission. [2] Sie besteht aus dem Präsidenten des Statistischen Bundesamtes, einem Richter des Bundesverwaltungsgerichts und fünf weiteren Mitgliedern.

(3) [1] Die Wahlkreiskommission hat die Aufgabe, über Änderungen der Bevölkerungszahlen im Wahlgebiet zu berichten und darzulegen, ob und welche Änderungen der Wahlkreiseinteilung sie im Hinblick darauf für erforderlich hält. [2] Sie kann in ihrem Bericht auch aus anderen Gründen Änderungsvorschläge machen. [3] Bei ihren Vorschlägen zur Wahlkreiseinteilung hat sie die in Absatz 1 genannten Grundsätze zu beachten; ergeben sich nach der Berechnung in Absatz 1 Nr. 2 mehrere mögliche Wahlkreiszuteilungen, erarbeitet sie hierzu Vorschläge.

(4) [1] Der Bericht der Wahlkreiskommission ist dem Bundesministerium des Innern, für Bau und Heimat innerhalb von fünfzehn Monaten nach Beginn der Wahlperiode des Deutschen Bundestages zu erstatten. [2] Das Bundesministerium des Innern, für Bau und Heimat leitet ihn unverzüglich dem Deutschen Bundestag zu und veröffentlicht einen Hinweis auf die Veröffentlichung als Bundestagsdrucksache im Bundesanzeiger. [3] Auf Ersuchen des Bundesministeriums des Innern, für Bau und Heimat hat die Wahlkreiskommission einen ergänzenden Bericht zu erstatten; für diesen Fall gilt Satz 2 entsprechend.

(5) [1] Werden Landesgrenzen nach den gesetzlichen Vorschriften über das Verfahren bei sonstigen Änderungen des Gebietsbestandes der Länder nach Artikel 29 Abs. 7 des Grundgesetzes[1]) geändert, so ändern sich entsprechend auch die Grenzen der betroffenen Wahlkreise. [2] Werden im aufnehmenden Land zwei oder mehrere Wahlkreise berührt oder wird eine Exklave eines Landes gebildet, so bestimmt sich die Wahlkreiszugehörigkeit des neuen Landesteiles nach der Wahlkreiszugehörigkeit der Gemeinde, des Gemeindebezirks oder des gemeindefreien Gebietes, denen er zugeschlagen wird. [3] Änderungen von Landesgrenzen, die nach Ablauf des 32. Monats nach Beginn der Wahlperiode vorgenommen werden, wirken sich auf die Wahlkreiseinteilung erst in der nächsten Wahlperiode aus.

§ 4 Stimmen. Jeder Wähler hat zwei Stimmen, eine Erststimme für die Wahl eines Wahlkreisabgeordneten, eine Zweitstimme für die Wahl einer Landesliste.

§ 5 Wahl in den Wahlkreisen. [1] In jedem Wahlkreis wird ein Abgeordneter gewählt. [2] Gewählt ist der Bewerber, der die meisten Stimmen auf sich vereinigt. [3] Bei Stimmengleichheit entscheidet das vom Kreiswahlleiter zu ziehende Los.

§ 6[2] Wahl nach Landeslisten. (1) [1] Für die Verteilung der nach Landeslisten zu besetzenden Sitze werden die für jede Landesliste abgegebenen Zweitstimmen zusammengezählt. [2] Nicht berücksichtigt werden dabei die Zweitstimmen derjenigen Wähler, die ihre Erststimme für einen im Wahlkreis erfolgreichen Bewerber abgegeben haben, der gemäß § 20 Absatz 3 oder von einer Partei vorgeschlagen ist, die nach Absatz 3 bei der Sitzverteilung nicht berücksichtigt wird oder für die in dem betreffenden Land keine Landesliste zugelassen ist. [3] Von der Gesamtzahl der Abgeordneten (§ 1 Absatz 1) wird die Zahl der erfolgreichen Wahlkreisbewerber abgezogen, die in Satz 2 genannt sind.

(2) [1] In einer ersten Verteilung wird zunächst die Gesamtzahl der Sitze (§ 1 Absatz 1) in dem in Satz 2 bis 7 beschriebenen Berechnungsverfahren den Ländern

[1]) Nr. 1.
[2]) § 6 neu gef. mWv 9.5.2013 durch G v. 3.5.2013 (BGBl. I S. 1082); Abs. 5 neu gef., Abs. 6 Sätze 1 und 2 geänd., Sätze 4 und 5 eingef., bish. Sätze 4–6 werden Sätze 6–8 mWv 19.11.2020 durch G v. 14.11. 2020 (BGBl. I S. 2395).

nach deren Bevölkerungsanteil (§ 3 Absatz 1) und sodann in jedem Land die Zahl der dort nach Absatz 1 Satz 3 verbleibenden Sitze auf der Grundlage der zu berücksichtigenden Zweitstimmen den Landeslisten zugeordnet. [2] Jede Landesliste erhält so viele Sitze, wie sich nach Teilung der Summe ihrer erhaltenen Zweitstimmen durch einen Zuteilungsdivisor ergeben. [3] Zahlenbruchteile unter 0,5 werden auf die darunter liegende ganze Zahl abgerundet, solche über 0,5 werden auf die darüber liegende ganze Zahl aufgerundet. [4] Zahlenbruchteile, die gleich 0,5 sind, werden so aufgerundet oder abgerundet, dass die Zahl der zu vergebenden Sitze eingehalten wird; ergeben sich dabei mehrere mögliche Sitzzuteilungen, so entscheidet das vom Bundeswahlleiter zu ziehende Los. [5] Der Zuteilungsdivisor ist so zu bestimmen, dass insgesamt so viele Sitze auf die Landeslisten entfallen, wie Sitze zu vergeben sind. [6] Dazu wird zunächst die Gesamtzahl der Zweitstimmen aller zu berücksichtigenden Landeslisten durch die Zahl der jeweils nach Absatz 1 Satz 3 verbleibenden Sitze geteilt. [7] Entfallen danach mehr Sitze auf die Landeslisten, als Sitze zu vergeben sind, ist der Zuteilungsdivisor so heraufzusetzen, dass sich bei der Berechnung die zu vergebende Sitzzahl ergibt; entfallen zu wenig Sitze auf die Landeslisten, ist der Zuteilungsdivisor entsprechend herunterzusetzen.

(3) [1] Bei Verteilung der Sitze auf die Landeslisten werden nur Parteien berücksichtigt, die mindestens 5 Prozent der im Wahlgebiet abgegebenen gültigen Zweitstimmen erhalten oder in mindestens drei Wahlkreisen einen Sitz errungen haben. [2] Satz 1 findet auf die von Parteien nationaler Minderheiten eingereichten Listen keine Anwendung.

(4) [1] Von der für jede Landesliste so ermittelten Sitzzahl wird die Zahl der von der Partei in den Wahlkreisen des Landes errungenen Sitze (§ 5) abgerechnet. [2] In den Wahlkreisen errungene Sitze verbleiben einer Partei auch dann, wenn sie die nach den Absätzen 2 und 3 ermittelte Zahl übersteigen.

(5) [1] Die Zahl der nach Absatz 1 Satz 3 verbleibenden Sitze wird so lange erhöht, bis jede Partei bei der zweiten Verteilung der Sitze nach Absatz 6 Satz 1 mindestens die Gesamtzahl der ihren Landeslisten nach den Sätzen 2 und 3 zugeordneten Sitze erhält. [2] Dabei wird jeder Landesliste der höhere Wert aus entweder der Zahl der im Land von Wahlbewerbern der Partei in den Wahlkreisen nach § 5 errungenen Sitze oder dem auf ganze Sitze aufgerundeten Mittelwert zwischen diesen und den für die Landesliste der Partei nach der ersten Verteilung nach den Absätzen 2 und 3 ermittelten Sitzen zugeordnet. [3] Jede Partei erhält mindestens die bei der ersten Verteilung nach den Absätzen 2 und 3 für ihre Landeslisten ermittelten Sitze. [4] Bei der Erhöhung bleiben in den Wahlkreisen errungene Sitze, die nicht nach Absatz 4 Satz 1 von der Zahl der für die Landesliste ermittelten Sitze abgerechnet werden können, bis zu einer Zahl von drei unberücksichtigt. [5] Die Gesamtzahl der Sitze (§ 1 Absatz 1) erhöht sich um die Unterschiedszahl.

(6) [1] Die nach Absatz 5 zu vergebenden Sitze werden in jedem Fall bundesweit nach der Zahl der zu berücksichtigenden Zweitstimmen in dem in Absatz 2 Satz 2 bis 7 beschriebenen Berechnungsverfahren auf die nach Absatz 3 zu berücksichtigenden Parteien verteilt. [2] In den Parteien werden die Sitze nach der Zahl der zu berücksichtigenden Zweitstimmen in dem in Absatz 2 Satz 2 bis 7 beschriebenen Berechnungsverfahren auf die Landeslisten verteilt; dabei wird jeder Landesliste mindestens die nach Absatz 5 Satz 2 für sie ermittelte Sitzzahl zugeteilt. [3] Von der für jede Landesliste ermittelten Sitzzahl wird die Zahl der von der Partei in den Wahlkreisen des Landes errungenen Sitze (§ 5) abgerechnet. [4] In den Wahlkreisen errungene Sitze verbleiben einer Partei auch dann, wenn sie die nach Satz 1 ermittelte Zahl übersteigen. [5] In diesem Fall erhöht sich die Gesamtzahl der Sitze

(§ 1 Absatz 1) um die Unterschiedszahl; eine erneute Berechnung nach Satz 1 findet nicht statt. [6] Die restlichen Sitze werden aus der Landesliste in der dort festgelegten Reihenfolge besetzt. [7] Bewerber, die in einem Wahlkreis gewählt sind, bleiben auf der Landesliste unberücksichtigt. [8] Entfallen auf eine Landesliste mehr Sitze, als Bewerber benannt sind, so bleiben diese Sitze unbesetzt.

(7) [1] Erhält bei der Verteilung der Sitze nach den Absätzen 2 bis 6 eine Partei, auf die mehr als die Hälfte der Gesamtzahl der Zweitstimmen aller zu berücksichtigenden Parteien entfallen ist, nicht mehr als die Hälfte der Sitze, werden ihr weitere Sitze zugeteilt, bis auf sie ein Sitz mehr als die Hälfte der Sitze entfällt. [2] Die Sitze werden in der Partei entsprechend Absatz 6 Satz 2 bis 6 verteilt. [3] In einem solchen Falle erhöht sich die nach Absatz 5 ermittelte Gesamtzahl der Sitze (§ 1 Absatz 1) um die Unterschiedszahl.

§ 7[1] *(aufgehoben)*

Zweiter Abschnitt. Wahlorgane

§ 8[2] **Gliederung der Wahlorgane.** (1) [1] Wahlorgane sind der Bundeswahlleiter und der Bundeswahlausschuß für das Wahlgebiet, ein Landeswahlleiter und ein Landeswahlausschuß für jedes Land, ein Kreiswahlleiter und ein Kreiswahlausschuß für jeden Wahlkreis, ein Wahlvorsteher und ein Wahlvorstand für jeden Wahlbezirk und mindestens ein Wahlvorsteher und ein Wahlvorstand für jeden Wahlkreis zur Feststellung des Briefwahlergebnisses. [2] Wieviel Briefwahlvorstände zu bilden sind, um das Ergebnis der Briefwahl noch am Wahltage feststellen zu können, bestimmt der Kreiswahlleiter.

(2) Für mehrere benachbarte Wahlkreise kann ein gemeinsamer Kreiswahlleiter bestellt und ein gemeinsamer Kreiswahlausschuß gebildet werden; die Anordnung trifft der Landeswahlleiter.

(3) Zur Feststellung des Briefwahlergebnisses können Wahlvorsteher und Wahlvorstände statt für jeden Wahlkreis für einzelne oder mehrere Gemeinden oder für einzelne Kreise innerhalb des Wahlkreises eingesetzt werden; die Anordnung trifft die Landesregierung oder die von ihr bestimmte Stelle.

§ 9[3] **Bildung der Wahlorgane.** (1) Der Bundeswahlleiter und sein Stellvertreter werden vom Bundesministerium des Innern, für Bau und Heimat, die Landeswahlleiter, Kreiswahlleiter und Wahlvorsteher sowie ihre Stellvertreter von der Landesregierung oder der von ihr bestimmten Stelle ernannt.

(2) [1] Der Bundeswahlausschuß besteht aus dem Bundeswahlleiter als Vorsitzendem sowie acht von ihm berufenen Wahlberechtigten als Beisitzern und zwei Richtern des Bundesverwaltungsgerichts. [2] Die übrigen Wahlausschüsse bestehen aus dem Wahlleiter als Vorsitzendem und sechs von ihm berufenen Wahlberechtigten als Beisitzern; in die Landeswahlausschüsse sind zudem zwei Richter des Oberverwaltungsgerichts des Landes zu berufen. [3] Die Wahlvorstände bestehen aus dem Wahlvorsteher als Vorsitzendem, seinem Stellvertreter und weiteren drei bis sieben vom Wahlvorsteher berufenen Wahlberechtigten als

(Fortsetzung nächstes Blatt)

[1] § 7 aufgeh. mWv 3.12.2011 durch G v. 25.11.2011 (BGBl. I S. 2313).
[2] § 8 Abs. 3 geänd. mWv 5.5.2001 durch G v. 27.4.2001 (BGBl. I S. 698).
[3] § 9 Abs. 2 Satz 3 geänd. sowie Abs. 4 und 5 angef. mWv 5.5.2001 durch G v. 27.4.2001 (BGBl. I S. 698); Abs. 2 Sätze 1 und 2 geänd. mWv 19.7.2012 durch G v. 12.7.2012 (BGBl. I S. 1501); Abs. 1 geänd. mWv 27.6.2020 durch VO v. 19.6.2020 (BGBl. I S. 1328).

Beisitzern; die Landesregierung oder die von ihr bestimmte Stelle kann anordnen, daß die Beisitzer des Wahlvorstandes von der Gemeindebehörde und die Beisitzer des Wahlvorstandes zur Feststellung des Briefwahlergebnisses vom Kreiswahlleiter, im Falle einer Anordnung nach § 8 Abs. 3 von der Gemeindebehörde oder von der Kreisverwaltungsbehörde allein oder im Einvernehmen mit dem Wahlvorsteher berufen werden. [4] Bei Berufung der Beisitzer sind die in dem jeweiligen Bezirk vertretenen Parteien nach Möglichkeit zu berücksichtigen.

(3) [1] Niemand darf in mehr als einem Wahlorgan Mitglied sein. [2] Wahlbewerber, Vertrauenspersonen für Wahlvorschläge und stellvertretende Vertrauenspersonen dürfen nicht zu Mitgliedern eines Wahlorgans bestellt werden.

(4) [1] Die Gemeindebehörden sind befugt, personenbezogene Daten von Wahlberechtigten zum Zweck ihrer Berufung zu Mitgliedern von Wahlvorständen zu erheben und zu verarbeiten. [2] Zu diesem Zweck dürfen personenbezogene Daten von Wahlberechtigten, die zur Tätigkeit in Wahlvorständen geeignet sind, auch für künftige Wahlen verarbeitet werden, sofern der Betroffene der Verarbeitung nicht widersprochen hat. [3] Der Betroffene ist über das Widerspruchsrecht zu unterrichten. [4] Im Einzelnen dürfen folgende Daten erhoben und verarbeitet werden: Name, Vorname, Geburtsdatum, Anschrift, Telefonnummern, Zahl der Berufungen zu einem Mitglied der Wahlvorstände und die dabei ausgeübte Funktion.

(5) [1] Auf Ersuchen der Gemeindebehörden sind zur Sicherstellung der Wahldurchführung die Behörden des Bundes, der bundesunmittelbaren Körperschaften, Anstalten und Stiftungen des öffentlichen Rechts, der Länder, der Gemeinden, der Gemeindeverbände sowie der sonstigen der Aufsicht des Landes unterstehenden juristischen Personen des öffentlichen Rechts verpflichtet, aus dem Kreis ihrer Bediensteten unter Angabe von Name, Vorname, Geburtsdatum und Anschrift zum Zweck der Berufung als Mitglieder der Wahlvorstände Personen zu benennen, die im Gebiet der ersuchenden Gemeinde wohnen. [2] Die ersuchte Stelle hat den Betroffenen über die übermittelten Daten und den Empfänger zu benachrichtigen.

§ 10[1] Tätigkeit der Wahlausschüsse und Wahlvorstände. (1) [1] Die Wahlausschüsse und Wahlvorstände verhandeln, beraten und entscheiden in öffentlicher Sitzung. [2] Soweit nicht in diesem Gesetz etwas anderes bestimmt ist, entscheidet bei den Abstimmungen Stimmenmehrheit; bei Stimmengleichheit gibt die Stimme des Vorsitzenden den Ausschlag.

(2) [1] Die Mitglieder der Wahlorgane, ihre Stellvertreter und die Schriftführer sind zur unparteiischen Wahrnehmung ihres Amtes und zur Verschwiegenheit über die ihnen bei ihrer amtlichen Tätigkeit bekannt gewordenen Angelegenheiten verpflichtet. [2] Sie dürfen in Ausübung ihres Amtes ihr Gesicht nicht verhüllen.

§ 11 Ehrenämter. (1) [1] Die Beisitzer der Wahlausschüsse und die Mitglieder der Wahlvorstände üben ihre Tätigkeit ehrenamtlich aus. [2] Zur Übernahme dieses Ehrenamtes ist jeder Wahlberechtigte verpflichtet. [3] Das Ehrenamt darf nur aus wichtigen Gründen abgelehnt werden.

(2), (3) (weggefallen)

[1] § 10 Abs. 2 Satz 2 angef. mWv 15.6.2017 durch G v. 8.6.2017 (BGBl. I S. 1570).

Dritter Abschnitt. Wahlrecht und Wählbarkeit

§ 12[1] **Wahlrecht.** (1) Wahlberechtigt sind alle Deutschen im Sinne des Artikels 116 Abs. 1 des Grundgesetzes[2], die am Wahltage
1. das achtzehnte Lebensjahr vollendet haben,
2. seit mindestens drei Monaten in der Bundesrepublik Deutschland eine Wohnung innehaben oder sich sonst gewöhnlich aufhalten,
3. nicht nach § 13 vom Wahlrecht ausgeschlossen sind.

(2) [1] Wahlberechtigt sind bei Vorliegen der sonstigen Voraussetzungen auch diejenigen Deutschen im Sinne des Artikels 116 Absatz 1 des Grundgesetzes, die am Wahltag außerhalb der Bundesrepublik Deutschland leben, sofern sie
1. nach Vollendung ihres vierzehnten Lebensjahres mindestens drei Monate ununterbrochen in der Bundesrepublik Deutschland eine Wohnung innegehabt oder sich sonst gewöhnlich aufgehalten haben und dieser Aufenthalt nicht länger als 25 Jahre zurückliegt oder
2. aus anderen Gründen persönlich und unmittelbar Vertrautheit mit den politischen Verhältnissen in der Bundesrepublik Deutschland erworben haben und von ihnen betroffen sind.

[2] Als Wohnung oder gewöhnlicher Aufenthalt im Sinne von Satz 1 gilt auch eine frühere Wohnung oder ein früherer Aufenthalt in dem in Artikel 3 des Einigungsvertrages[3] genannten Gebiet. [3] Bei Rückkehr eines nach Satz 1 Wahlberechtigten in die Bundesrepublik Deutschland gilt die Dreimonatsfrist des Absatzes 1 Nr. 2 nicht.

(3) [1] Wohnung im Sinne des Gesetzes ist jeder umschlossene Raum, der zum Wohnen oder Schlafen benutzt wird. [2] Wohnwagen und Wohnschiffe sind jedoch nur dann als Wohnungen anzusehen, wenn sie nicht oder nur gelegentlich fortbewegt werden.

(4) Sofern sie in der Bundesrepublik Deutschland keine Wohnung innehaben oder innegehabt haben, gilt als Wohnung im Sinne des Absatzes 1 Nr. 2 oder des Absatzes 2 Satz 1
1. für Seeleute sowie für die Angehörigen ihres Hausstandes das von ihnen bezogene Schiff, wenn dieses nach dem Flaggenrechtsgesetz in der jeweils geltenden Fassung die Bundesflagge zu führen berechtigt ist,
2. für Binnenschiffer sowie für die Angehörigen ihres Hausstandes das von ihnen bezogene Schiff, wenn dieses in einem Schiffsregister in der Bundesrepublik Deutschland eingetragen ist,
3. für im Vollzug gerichtlich angeordneter Freiheitsentziehung befindliche Personen sowie für andere Untergebrachte die Anstalt oder die entsprechende Einrichtung.

(5) Bei der Berechnung der Dreimonatsfrist nach Absatz 1 Nr. 2 und Absatz 2 Satz 1 ist der Tag der Wohnungs- oder Aufenthaltsnahme in die Frist einzubeziehen.

[1] § 12 Abs. 2 Satz 1 Nr. 3 geänd. durch G v. 20.4.1998 (BGBl. I S. 706); Abs. 2 neu gef., Abs. 4 einl. Satzteil und Nr. 1 sowie Abs. 5 geänd. mWv 21.3.2008 durch G v. 17.3.2008 (BGBl. I S. 394); *Abs. 2 Satz 1 neu gef. mWv 3.5.2013 durch G v. 27.4.2013 (BGBl. I S. 962).*
[2] Nr. 1.
[3] **Sartorius III Nr. 2.**

§ 13[1] Ausschluss vom Wahlrecht. Ausgeschlossen vom Wahlrecht ist, wer infolge Richterspruchs das Wahlrecht nicht besitzt.

§ 14[2] Ausübung des Wahlrechts. (1) Wählen kann nur, wer in ein Wählerverzeichnis eingetragen ist oder einen Wahlschein hat.

(2) Wer im Wählerverzeichnis eingetragen ist, kann nur in dem Wahlbezirk wählen, in dessen Wählerverzeichnis er geführt wird.

(3) Wer einen Wahlschein hat, kann an der Wahl des Wahlkreises, in dem der Wahlschein ausgestellt ist,

a) durch Stimmabgabe in einem beliebigen Wahlbezirk dieses Wahlkreises oder

b) durch Briefwahl

teilnehmen.

(4) [1]Jeder Wahlberechtigte kann sein Wahlrecht nur einmal und nur persönlich ausüben. [2]Eine Ausübung des Wahlrechts durch einen Vertreter anstelle des Wahlberechtigten ist unzulässig.

(5) [1]Ein Wahlberechtigter, der des Lesens unkundig oder wegen einer Behinderung an der Abgabe seiner Stimme gehindert ist, kann sich hierzu der Hilfe einer anderen Person bedienen. [2]Die Hilfeleistung ist auf technische Hilfe bei der Kundgabe einer vom Wahlberechtigten selbst getroffenen und geäußerten Wahlentscheidung beschränkt. [3]Unzulässig ist eine Hilfeleistung, die unter missbräuchlicher Einflussnahme erfolgt, die selbstbestimmte Willensbildung oder Entscheidung des Wahlberechtigten ersetzt oder verändert oder wenn ein Interessenkonflikt der Hilfsperson besteht.

§ 15[3] Wählbarkeit. (1) Wählbar ist, wer am Wahltage

1. Deutscher im Sinne des Artikels 116 Abs. 1 des Grundgesetzes[4] ist und

2. das achtzehnte Lebensjahr vollendet hat.

(2) Nicht wählbar ist,

1. wer nach § 13 vom Wahlrecht ausgeschlossen ist oder

2. wer infolge Richterspruchs die Wählbarkeit oder die Fähigkeit zur Bekleidung öffentlicher Ämter nicht besitzt.

Vierter Abschnitt. Vorbereitung der Wahl

§ 16 Wahltag. [1]Der Bundespräsident bestimmt den Tag der Hauptwahl (Wahltag). [2]Wahltag muß ein Sonntag oder gesetzlicher Feiertag sein.

§ 17[5] Wählerverzeichnis und Wahlschein. (1) [1]Die Gemeindebehörden führen für jeden Wahlbezirk ein Verzeichnis der Wahlberechtigten. [2]Jeder

[1] § 13 neu gef. mWv 1.7.2019 durch G v. 18.6.2019 (BGBl. I S. 834).
[2] § 14 Abs. 4 Satz 2 und Abs. 5 angef. mWv 1.7.2019 durch G v. 18.6.2019 (BGBl. I S. 834).
[3] § 15 Abs. 1 Nr. 1 geänd. mWv 5.5.2001 durch G v. 27.4.2001 (BGBl. I S. 698); Abs. 2 Nr. 1 und 2 geänd. sowie Nr. 3 aufgeh. mWv 21.3.2008 durch G v. 17.3.2008 (BGBl. I S. 394).
[4] Nr. 1.
[5] § 17 Abs. 1 neu gef. mWv 5.5.2001 durch G v. 27.4.2001 (BGBl. I S. 698); Abs. 2 geänd. mWv 21.3.2008 durch G v. 17.3.2008 (BGBl. I S. 394); Abs. 1 Satz 4 geänd. mWv 1.11.2015 durch G v. 3.5.2013 (BGBl. I S. 1084, geänd. durch G v. 20.11.2014, BGBl. I S. 1738); Abs. 1 Satz 4 geänd. mWv 10.5.2016 durch G v. 3.5.2016 (BGBl. I S. 1062).

Wahlberechtigte hat das Recht, an den Werktagen vom 20. bis zum 16. Tag vor der Wahl während der allgemeinen Öffnungszeiten die Richtigkeit oder Vollständigkeit der zu seiner Person im Wählerverzeichnis eingetragenen Daten zu überprüfen. [3] Zur Überprüfung der Richtigkeit oder Vollständigkeit der Daten von anderen im Wählerverzeichnis eingetragenen Personen haben Wahlberechtigte während des in Satz 2 genannten Zeitraumes nur dann ein Recht auf Einsicht in das Wählerverzeichnis, wenn sie Tatsachen glaubhaft machen, aus denen sich eine Unrichtigkeit oder Unvollständigkeit des Wählerverzeichnisses ergeben kann. [4] Das Recht zur Überprüfung gemäß Satz 3 besteht nicht hinsichtlich der Daten von Wahlberechtigten, für die im Melderegister ein Sperrvermerk gemäß § 51 Absatz 1 des Bundesmeldegesetzes[1]) eingetragen ist.

(2) Ein Wahlberechtigter, der im Wählerverzeichnis eingetragen ist, oder der aus einem von ihm nicht zu vertretenden Grund in das Wählerverzeichnis nicht aufgenommen worden ist, erhält auf Antrag einen Wahlschein.

§ 18[2]) Wahlvorschlagsrecht, Beteiligungsanzeige. (1) Wahlvorschläge können von Parteien und nach Maßgabe des § 20 von Wahlberechtigten eingereicht werden.

(2) [1] Parteien, die im Deutschen Bundestag oder einem Landtag seit deren letzter Wahl nicht auf Grund eigener Wahlvorschläge ununterbrochen mit mindestens fünf Abgeordneten vertreten waren, können als solche einen Wahlvorschlag nur einreichen, wenn sie spätestens am siebenundneunzigsten Tage vor der Wahl bis 18 Uhr dem Bundeswahlleiter ihre Beteiligung an der Wahl schriftlich angezeigt haben und der Bundeswahlausschuß ihre Parteieigenschaft festgestellt hat. [2] In der Anzeige ist anzugeben, unter welchem Namen sich die Partei an der Wahl beteiligen will. [3] Die Anzeige muß von mindestens drei Mitgliedern des Bundesvorstandes, darunter dem Vorsitzenden oder seinem Stellvertreter, persönlich und handschriftlich unterzeichnet sein. [4] Hat eine Partei keinen Bundesvorstand, so tritt der Vorstand der jeweils obersten Parteiorganisation an die Stelle des Bundesvorstandes. [5] Die schriftliche Satzung und das schriftliche Programm der Partei sowie ein Nachweis über die satzungsgemäße Bestellung des Vorstandes sind der Anzeige beizufügen. [6] Der Anzeige sollen Nachweise über die Parteieigenschaft nach § 2 Absatz 1 Satz 1 des Parteiengesetzes[3]) beigefügt werden.

(3) [1] Der Bundeswahlleiter hat die Anzeige nach Absatz 2 unverzüglich nach Eingang zu prüfen. [2] Stellt er Mängel fest, so benachrichtigt er sofort den Vorstand und fordert ihn auf, behebbare Mängel zu beseitigen. [3] Nach Ablauf der Anzeigefrist können nur noch Mängel an sich gültiger Anzeigen behoben werden. [4] Eine gültige Anzeige liegt nicht vor, wenn

1. die Form oder Frist des Absatzes 2 nicht gewahrt ist,

2. die Parteibezeichnung fehlt,

(Fortsetzung nächstes Blatt)

[1]) Nr. **256.**
[2]) § 18 Abs. 2 Satz 1 und Abs 4 einl. Satzteil geänd. für die Wahl zum 16. Deutschen Bundestag durch VO v. 21.7.2005 (BGBl. I S. 2179); Abs. 2 Satz 1 geänd., Satz 6 angef., Abs. 4 einl. Satzteil geänd., Nr. 2 neu gef., Sätze 2 und 3 angef., Abs. 4a eingef. mWv 19.7.2012 durch G v. 12.7.2012 (BGBl. I S. 1501).
[3]) Nr. **58.**

3. die nach Absatz 2 erforderlichen gültigen Unterschriften und die der Anzeige beizufügenden Anlagen fehlen, es sei denn, diese Anlagen können infolge von Umständen, die die Partei nicht zu vertreten hat, nicht rechtzeitig vorgelegt werden,

4. die Vorstandsmitglieder mangelhaft bezeichnet sind, so daß ihre Person nicht feststeht.

[5] Nach der Entscheidung über die Feststellung der Parteieigenschaft ist jede Mängelbeseitigung ausgeschlossen. [6] Gegen Verfügungen des Bundeswahlleiters im Mängelbeseitigungsverfahren kann der Vorstand den Bundeswahlausschuß anrufen.

(4) [1] Der Bundeswahlausschuß stellt spätestens am neunundsiebzigsten Tage vor der Wahl für alle Wahlorgane verbindlich fest,

1. welche Parteien im Deutschen Bundestag oder in einem Landtag seit deren letzter Wahl auf Grund eigener Wahlvorschläge ununterbrochen mit mindestens fünf Abgeordneten vertreten waren,

2. welche Vereinigungen, die nach Absatz 2 ihre Beteiligung angezeigt haben, für die Wahl als Parteien anzuerkennen sind; für die Ablehnung der Anerkennung als Partei für die Wahl ist eine Zweidrittelmehrheit erforderlich.

[2] Die Feststellung ist vom Bundeswahlleiter in der Sitzung des Bundeswahlausschusses bekannt zu geben. [3] Sie ist öffentlich bekannt zu machen.

(4 a) [1] Gegen eine Feststellung nach Absatz 4, die sie an der Einreichung von Wahlvorschlägen hindert, kann eine Partei oder Vereinigung binnen vier Tagen nach Bekanntgabe Beschwerde zum Bundesverfassungsgericht erheben. [2] In diesem Fall ist die Partei oder Vereinigung von den Wahlorganen bis zu einer Entscheidung des Bundesverfassungsgerichts, längstens bis zum Ablauf des neunundfünfzigsten Tages vor der Wahl wie eine wahlvorschlagsberechtigte Partei zu behandeln.

(5) Eine Partei kann in jedem Wahlkreis nur einen Kreiswahlvorschlag und in jedem Land nur eine Landesliste einreichen.

§ 19[1]) **Einreichung der Wahlvorschläge.** Kreiswahlvorschläge sind dem Kreiswahlleiter, Landeslisten dem Landeswahlleiter spätestens am neunundsechzigsten Tage vor der Wahl bis 18 Uhr schriftlich einzureichen.

§ 20[2]) **Inhalt und Form der Kreiswahlvorschläge.** (1) [1] Der Kreiswahlvorschlag darf nur den Namen eines Bewerbers enthalten. [2] Jeder Bewerber kann nur in einem Wahlkreis und hier nur in einem Kreiswahlvorschlag benannt werden. [3] Als Bewerber kann nur vorgeschlagen werden, wer seine Zustimmung dazu schriftlich erteilt hat; die Zustimmung ist unwiderruflich.

(2) [1] Kreiswahlvorschläge von Parteien müssen von dem Vorstand des Landesverbandes oder, wenn Landesverbände nicht bestehen, von den Vorständen der nächstniedrigen Gebietsverbände, *in deren Bereich der Wahlkreis liegt*, persönlich und handschriftlich unterzeichnet sein. [2] Kreiswahlvorschläge der in § 18 Abs. 2 genannten Parteien müssen außerdem von mindestens 200 Wahlberechtigten des Wahlkreises persönlich und handschriftlich unterzeich-

[1]) § 19 geänd. geänd. für die Wahl zum 16. Deutschen Bundestag durch VO v. 21. 7. 2005 (BGBl. I S. 2179); geänd. mWv 19. 7. 2012 durch G v. 12. 7. 2012 (BGBl. I S. 1501).

[2]) § 20 Abs. 2 Satz 1 geänd. mWv 5. 5. 2001 durch G v. 27. 4. 2001 (BGBl. I S. 698).

net sein; die Wahlberechtigung muß im Zeitpunkt der Unterzeichnung gegeben sein und ist bei Einreichung des Kreiswahlvorschlages nachzuweisen. [3] Das Erfordernis von 200 Unterschriften gilt nicht für Kreiswahlvorschläge von Parteien nationaler Minderheiten.

(3) [1] Andere Kreiswahlvorschläge müssen von mindestens 200 Wahlberechtigten des Wahlkreises persönlich und handschriftlich unterzeichnet sein. [2] Absatz 2 Satz 2 zweiter Halbsatz gilt entsprechend.

(4) Kreiswahlvorschläge von Parteien müssen den Namen der einreichenden Partei und, sofern sie eine Kurzbezeichnung verwendet, auch diese, andere Kreiswahlvorschläge ein Kennwort enthalten.

§ 21 [1]) **Aufstellung von Parteibewerbern.** (1) [1] Als Bewerber einer Partei kann in einem Kreiswahlvorschlag nur benannt werden, wer nicht Mitglied einer anderen Partei ist und in einer Mitgliederversammlung zur Wahl eines Wahlkreisbewerbers oder in einer besonderen oder allgemeinen Vertreterversammlung hierzu gewählt worden ist. [2] Mitgliederversammlung zur Wahl eines Wahlkreisbewerbers ist eine Versammlung der im Zeitpunkt ihres Zusammentritts im Wahlkreis zum Deutschen Bundestag wahlberechtigten Mitglieder der Partei. [3] Besondere Vertreterversammlung ist eine Versammlung der von einer derartigen Mitgliederversammlung aus ihrer Mitte gewählten Vertreter. [4] Allgemeine Vertreterversammlung ist eine nach der Satzung der Partei (§ 6 des Parteiengesetzes[2])) allgemein für bevorstehende Wahlen von einer derartigen Mitgliederversammlung aus ihrer Mitte bestellte Versammlung.

(2) In Kreisen und kreisfreien Städten, die mehrere Wahlkreise umfassen, können die Bewerber für diejenigen Wahlkreise, deren Gebiet die Grenze des Kreises oder der kreisfreien Stadt nicht durchschneidet, in einer gemeinsamen Mitglieder- oder Vertreterversammlung gewählt werden.

(3) [1] Die Bewerber und die Vertreter für die Vertreterversammlungen werden in geheimer Abstimmung gewählt. [2] Jeder stimmberechtigte Teilnehmer der Versammlung ist hierbei vorschlagsberechtigt. [3] Den Bewerbern ist Gelegenheit zu geben, sich und ihr Programm der Versammlung in angemessener Zeit vorzustellen. [4] Die Wahlen dürfen frühestens 32 Monate, für die Vertreterversammlungen frühestens 29 Monate nach Beginn der Wahlperiode des Deutschen Bundestages stattfinden; dies gilt nicht, wenn die Wahlperiode vorzeitig endet.

(4) [1] Der Vorstand des Landesverbandes oder, wenn Landesverbände nicht bestehen, die Vorstände der nächstniedrigen Gebietsverbände, in deren Bereich der Wahlkreis liegt oder eine andere in der Parteisatzung hierfür vorgesehene Stelle können gegen den Beschluß einer Mitglieder- oder Vertreterversammlung Einspruch erheben. [2] Auf einen solchen Einspruch ist die Abstimmung zu wiederholen. [3] Ihr Ergebnis ist endgültig.

(5) Das Nähere über die Wahl der Vertreter für die Vertreterversammlung, über die Einberufung und Beschlußfähigkeit der Mitglie-

[1]) § 21 Abs. 3 Sätze 2 und 3 eingef., bish. Satz 2 wird Satz 4 sowie Abs. 4 Satz 1 und Abs. 6 Satz 2 geänd. mWv 5. 5. 2001 durch G v. 27. 4. 2001 (BGBl. I S. 698); Abs. 3 Satz 4 geänd. mWv 17. 10. 2002 durch G v. 27. 4. 2001 (BGBl. I S. 698) iVm Bek. v. 29. 11. 2002 (BGBl. I S. 4501); Abs. 1 Satz 1 geänd. mWv 21. 3. 2008 durch G v. 17. 3. 2008 (BGBl. I S. 394).

[2]) Nr. **58.**

der- oder Vertreterversammlung sowie über das Verfahren für die Wahl des Bewerbers regeln die Parteien durch ihre Satzungen.

(6) [1]Eine Ausfertigung der Niederschrift über die Wahl des Bewerbers mit Angaben über Ort und Zeit der Versammlung, Form der Einladung, Zahl der erschienenen Mitglieder und Ergebnis der Abstimmung ist mit dem Kreiswahlvorschlag einzureichen. [2]Hierbei haben der Leiter der Versammlung und zwei von dieser bestimmte Teilnehmer gegenüber dem Kreiswahlleiter an Eides Statt zu versichern, dass die Anforderungen gemäß Absatz 3 Satz 1 bis 3 beachtet worden sind. [3]Der Kreiswahlleiter ist zur Abnahme einer solchen Versicherung an Eides Statt zuständig; er gilt als Behörde im Sinne des § 156 des Strafgesetzbuches.[1])

§ 22 Vertrauensperson. (1) [1]In jedem Kreiswahlvorschlag sollen eine Vertrauensperson und eine stellvertretende Vertrauensperson bezeichnet werden. [2]Fehlt diese Bezeichnung, so gilt die Person, die als erste unterzeichnet hat, als Vertrauensperson, und diejenige, die als zweite unterzeichnet hat, als stellvertretende Vertrauensperson.

(2) Soweit in diesem Gesetz nichts anderes bestimmt ist, sind nur die Vertrauensperson und die stellvertretende Vertrauensperson, jede für sich, berechtigt, verbindliche Erklärungen zum Kreiswahlvorschlag abzugeben und entgegenzunehmen.

(3) Die Vertrauensperson und die stellvertretende Vertrauensperson können durch schriftliche Erklärung der Mehrheit der Unterzeichner des Kreiswahlvorschlages an den Kreiswahlleiter abberufen und durch andere ersetzt werden.

§ 23 Zurücknahme von Kreiswahlvorschlägen. [1]Ein Kreiswahlvorschlag kann durch gemeinsame schriftliche Erklärung der Vertrauensperson und der stellvertretenden Vertrauensperson zurückgenommen werden, solange nicht über seine Zulassung entschieden ist. [2]Ein von mindestens 200 Wahlberechtigten unterzeichneter Kreiswahlvorschlag kann auch von der Mehrheit der Unterzeichner durch eine von ihnen persönlich und handschriftlich vollzogene Erklärung zurückgenommen werden.

§ 24 Änderung von Kreiswahlvorschlägen. [1]Ein Kreiswahlvorschlag kann nach Ablauf der Einreichungsfrist nur durch gemeinsame schriftliche Erklärung der Vertrauensperson und der stellvertretenden Vertrauensperson und nur dann geändert werden, wenn der Bewerber stirbt oder die Wählbarkeit verliert. [2]Das Verfahren nach § 21 braucht nicht eingehalten zu werden, der Unterschriften nach § 20 Abs. 2 und 3 bedarf es nicht. [3]Nach der Entscheidung über die Zulassung eines Kreiswahlvorschlages (§ 26 Abs. 1 Satz 1) ist jede Änderung ausgeschlossen.

[1]) **Schönfelder Nr. 85.**

§ 25 Beseitigung von Mängeln. (1) [1] Der Kreiswahlleiter hat die Kreiswahlvorschläge unverzüglich nach Eingang zu prüfen. [2] Stellt er bei einem Kreiswahlvorschlag Mängel fest, so benachrichtigt er sofort die Vertrauensperson und fordert sie auf, behebbare Mängel rechtzeitig zu beseitigen.

(2) [1] Nach Ablauf der Einreichungsfrist können nur noch Mängel an sich gültiger Wahlvorschläge behoben werden. [2] Ein gültiger Wahlvorschlag liegt nicht vor, wenn

1. die Form oder Frist des § 19 nicht gewahrt ist,
2. die nach § 20 Abs. 2 Sätze 1 und 2 sowie Absatz 3 erforderlichen gültigen Unterschriften mit dem Nachweis der Wahlberechtigung der Unterzeichner fehlen, es sei denn, der Nachweis kann infolge von Umständen, die der Wahlvorschlagsberechtigte nicht zu vertreten hat, nicht rechtzeitig erbracht werden,
3. bei einem Parteiwahlvorschlag die Parteibezeichnung fehlt, die nach § 18 Abs. 2 erforderliche Feststellung der Parteieigenschaft abgelehnt ist oder die Nachweise des § 21 nicht erbracht sind,
4. der Bewerber mangelhaft bezeichnet ist, so daß seine Person nicht feststeht oder
5. die Zustimmungserklärung des Bewerbers fehlt.

(3) Nach der Entscheidung über die Zulassung eines Kreiswahlvorschlages (§ 26 Abs. 1 Satz 1) ist jede Mängelbeseitigung ausgeschlossen.

(4) Gegen Verfügungen des Kreiswahlleiters im Mängelbeseitigungsverfahren kann die Vertrauensperson den Kreiswahlausschuß anrufen.

§ 26 Zulassung der Kreiswahlvorschläge. (1) [1] Der Kreiswahlausschuß entscheidet am achtundfünfzigsten Tage vor der Wahl über die Zulassung der Kreiswahlvorschläge. [2] Er hat Kreiswahlvorschläge zurückzuweisen, wenn sie

1. verspätet eingereicht sind oder
2. den Anforderungen nicht entsprechen, die durch dieses Gesetz und die Bundeswahlordnung aufgestellt sind, es sei denn, daß in diesen Vorschriften etwas anderes bestimmt ist.

[3] Die Entscheidung ist in der Sitzung des Kreiswahlausschusses bekanntzugeben.

(2) [1] Weist der Kreiswahlausschuß einen Kreiswahlvorschlag zurück, so kann binnen drei Tagen nach Bekanntgabe der Entscheidung Beschwerde an den Landeswahlausschuß eingelegt werden. [2] Beschwerdeberechtigt sind die Vertrauensperson des Kreiswahlvorschlages, der Bundeswahlleiter und der Kreiswahlleiter. [3] Der Bundeswahlleiter und der Kreiswahlleiter können auch gegen eine Entscheidung, durch die ein Kreiswahlvorschlag zugelassen wird, Beschwerde erheben. [4] In der Beschwerdeverhandlung sind die erschienenen Beteiligten zu hören. [5] Die Entscheidung über die Beschwerde muß spätestens am zweiundfünfzigsten Tage vor der Wahl getroffen werden.

(3) Der Kreiswahlleiter macht die zugelassenen Kreiswahlvorschläge spätestens am achtundvierzigsten Tage vor der Wahl öffentlich bekannt.

§ 27[1] **Landeslisten.** (1) [1] Landeslisten können nur von Parteien eingereicht werden. [2] Sie müssen von dem Vorstand des Landesverbandes oder, wenn Landesverbände nicht bestehen, von den Vorständen der nächstniedrigen Gebietsverbände, die im Bereich des Landes liegen, bei den in § 18 Abs. 2 genannten Parteien außerdem von 1 vom Tausend der Wahlberechtigten des Landes bei der letzten Bundestagswahl, jedoch höchstens 2 000 Wahlberechtigten, persönlich und handschriftlich unterzeichnet sein. [3] Die Wahlberechtigung der Unterzeichner eines Wahlvorschlages einer der in § 18 Abs. 2 genannten Parteien muß im Zeitpunkt der Unterzeichnung gegeben sein und ist bei Einreichung der Landesliste nachzuweisen. [4] Das Erfordernis zusätzlicher Unterschriften gilt nicht für Landeslisten von Parteien nationaler Minderheiten.

(2) Landeslisten müssen den Namen der einreichenden Partei und, sofern sie eine Kurzbezeichnung verwendet, auch diese enthalten.

(3) Die Namen der Bewerber müssen in erkennbarer Reihenfolge aufgeführt sein.

(4) [1] Ein Bewerber kann nur in einem Land und hier nur in einer Landesliste vorgeschlagen werden. [2] In einer Landesliste kann nur benannt werden, wer seine Zustimmung dazu schriftlich erklärt hat; die Zustimmung ist unwiderruflich.

(5) § 21 Abs. 1, 3, 5 und 6 sowie die §§ 22 bis 25 gelten entsprechend mit der Maßgabe, daß die Versicherung an Eides Statt nach § 21 Abs. 6 Satz 2 sich auch darauf zu erstrecken hat, daß die Festlegung der Reihenfolge der Bewerber in der Landesliste in geheimer Abstimmung erfolgt ist.

§ 28 Zulassung der Landeslisten. (1) [1] Der Landeswahlausschuß entscheidet am achtundfünfzigsten Tage vor der Wahl über die Zulassung der Landeslisten. [2] Er hat Landeslisten zurückzuweisen, wenn sie

1. verspätet eingereicht sind oder

2. den Anforderungen nicht entsprechen, die durch dieses Gesetz und die Bundeswahlordnung[2] aufgestellt sind, es sei denn, daß in diesen Vorschriften etwas anderes bestimmt ist.

[3] Sind die Anforderungen nur hinsichtlich einzelner Bewerber nicht erfüllt, so werden ihre Namen aus der Landesliste gestrichen. [4] Die Entscheidung ist in der Sitzung des Landeswahlausschusses bekanntzugeben.

(2) [1] Weist der Landeswahlausschuß eine Landesliste ganz oder teilweise zurück, so kann binnen drei Tagen nach Bekanntgabe der Entscheidung Beschwerde an den Bundeswahlausschuß eingelegt werden. [2] Beschwerdeberechtigt sind die Vertrauensperson der Landesliste und der Landeswahlleiter. [3] Der *Landeswahlleiter kann auch gegen eine Entscheidung, durch die eine Landesliste zugelassen wird, Beschwerde erheben.* [4] In der Beschwerdeverhandlung sind die erschienenen Beteiligten zu hören. [5] Die Entscheidung über die Beschwerde muß spätestens am zweiundfünfzigsten Tage vor der Wahl getroffen werden.

[1] § 27 Abs. 1 Satz 2 geänd. mWv 5. 5. 2001 durch G v. 27. 4. 2001 (BGBl. I S. 698).
[2] Nr. 31.

(3) Der Landeswahlleiter macht die zugelassenen Landeslisten spätestens am achtundvierzigsten Tage vor der Wahl öffentlich bekannt.

§ 29[1] *(aufgehoben)*

§ 30[2] **Stimmzettel.** (1) Die Stimmzettel und die zugehörigen Umschläge für die Briefwahl (§ 36 Abs. 1) werden amtlich hergestellt.

(2) Der Stimmzettel enthält

1. für die Wahl in den Wahlkreisen die Namen der Bewerber der zugelassenen Kreiswahlvorschläge, bei Kreiswahlvorschlägen von Parteien außerdem die Namen der Parteien und, sofern sie eine Kurzbezeichnung verwenden, auch diese, bei anderen Kreiswahlvorschlägen außerdem das Kennwort,

2. für die Wahl nach Landeslisten die Namen der Parteien und, sofern sie eine Kurzbezeichnung verwenden, auch diese, sowie die Namen der ersten fünf Bewerber der zugelassenen Landeslisten.

(3) [1] Die Reihenfolge der Landeslisten von Parteien richtet sich nach der Zahl der Zweitstimmen, die sie bei der letzten Bundestagswahl im Land erreicht haben. [2] Die übrigen Landeslisten schließen sich in alphabetischer Reihenfolge der Namen der Parteien an. [3] Die Reihenfolge der Kreiswahlvorschläge richtet sich nach der Reihenfolge der entsprechenden Landeslisten. [4] Sonstige Kreiswahlvorschläge schließen sich in alphabetischer Reihenfolge der Namen der Parteien oder der Kennwörter an.

Fünfter Abschnitt. Wahlhandlung

§ 31 Öffentlichkeit der Wahlhandlung. [1] Die Wahlhandlung ist öffentlich. [2] Der Wahlvorstand kann Personen, die die Ordnung und Ruhe stören, aus dem Wahlraum verweisen.

(Fortsetzung nächste Seite)

[1] § 29 aufgeh. mWv 3. 12. 2011 durch G v. 25. 11. 2011 (BGBl. I S. 2313).
[2] § 30 Abs. 1 neu gef. und Abs. 3 Satz 1 geänd. mWv 5. 5. 2001 durch G v. 27. 4. 2001 (BGBl. I S. 698).

§ 32 Unzulässige Wahlpropaganda und Unterschriftensammlung, unzulässige Veröffentlichung von Wählerbefragungen. (1) Während der Wahlzeit sind in und an dem Gebäude, in dem sich der Wahlraum befindet, sowie unmittelbar vor dem Zugang zu dem Gebäude jede Beeinflussung der Wähler durch Wort, Ton, Schrift oder Bild sowie jede Unterschriftensammlung verboten.

(2) Die Veröffentlichung von Ergebnissen von Wählerbefragungen nach der Stimmabgabe über den Inhalt der Wahlentscheidung ist vor Ablauf der Wahlzeit unzulässig.

§ 33[1) Wahrung des Wahlgeheimnisses. (1) [1]Es sind Vorkehrungen dafür zu treffen, dass der Wähler den Stimmzettel unbeobachtet kennzeichnen und falten kann. [2]Für die Aufnahme der Stimmzettel sind Wahlurnen zu verwenden, die die Wahrung des Wahlgeheimnisses sicherstellen.

(2) [1]Die nach § 14 Absatz 5 zulässige Hilfe bei der Stimmabgabe bleibt unberührt. [2]Die Hilfsperson ist zur Geheimhaltung der Kenntnisse verpflichtet, die sie bei der Hilfeleistung von der Wahl einer anderen Person erlangt hat.

§ 34[2) Stimmabgabe mit Stimmzetteln. (1) Gewählt wird mit amtlichen Stimmzetteln.

(2) [1]Der Wähler gibt

1. seine Erststimme in der Weise ab, daß er durch ein auf den Stimmzettel gesetztes Kreuz oder auf andere Weise eindeutig kenntlich macht, welchem Bewerber sie gelten soll,

2. seine Zweitstimme in der Weise ab, daß er durch ein auf den Stimmzettel gesetztes Kreuz oder auf andere Weise eindeutig kenntlich macht, welcher Landesliste sie gelten soll.

[2]Der Wähler faltet daraufhin den Stimmzettel in der Weise, dass seine Stimmabgabe nicht erkennbar ist, und wirft ihn in die Wahlurne.

§ 35[3) Stimmabgabe mit Wahlgeräten. (1) Zur Erleichterung der Abgabe und Zählung der Stimmen können anstelle von Stimmzetteln und Wahlurnen Wahlgeräte benutzt werden.

(2) [1]Wahlgeräte im Sinne von Absatz 1 müssen die Geheimhaltung der Stimmabgabe gewährleisten. [2]Ihre Bauart muß für die Verwendung bei Wahlen zum Deutschen Bundestag amtlich für einzelne Wahlen oder allgemein zugelassen sein. [3]Über die Zulassung entscheidet das Bundesministerium des Innern, für Bau und Heimat auf Antrag des Herstellers des Wahlgerätes. [4]Die Verwendung eines amtlich zugelassenen Wahlgerätes bedarf der Genehmigung

[1) § 33 Abs. 1 Sätze 1 und 2 geänd. sowie Abs. 2 neu gef. mWv 5.5.2001 durch G v. 27.4.2001 (BGBl. I S. 698); Abs. 2 geänd. mWv 21.3.2008 durch G v. 17.3.2008 (BGBl. I S. 394); Abs. 1 Satz 1 geänd., Abs. 2 neu gef. mWv 1.7.2019 durch G v. 18.6.2019 (BGBl. I S. 834).
[2) § 34 Abs. 1 geänd. und Abs. 2 Satz 2 angef. mWv 5.5.2001 durch G v. 27.4.2001 (BGBl. I S. 698).
[3) § 35 Abs. 1 und Abs. 3 Satz 2 geänd. durch G v. 21.5.1999 (BGBl. I S. 1023); Abs. 1 geänd. mWv 5.5.2001 durch G v. 27.4.2001 (BGBl. I S. 698); Abs. 3 Satz 2 geänd. mWv 28.11.2003 durch VO v. 25.11.2003 (BGBl. I S. 2304); Abs. 3 Satz 2 geänd. mWv 8.11.2006 durch VO v. 31.10.2006 (BGBl. I S. 2407); Abs. 3 Satz 2 geänd. mWv 8.9.2015 durch VO v. 31.8.2015 (BGBl. I S. 1474); Abs. 2 Sätze 3 und 4, Abs. 3 Satz 1 einl. Satzteil geänd. mWv 27.6.2020 durch VO v. 19.6.2020 (BGBl. I S. 1328).

durch das Bundesministerium des Innern, für Bau und Heimat. [5]Die Genehmigung kann für einzelne Wahlen oder allgemein ausgesprochen werden.

(3) [1]Das Bundesministerium des Innern, für Bau und Heimat wird ermächtigt, durch Rechtsverordnung[1], die nicht der Zustimmung des Bundesrates bedarf, nähere Bestimmungen zu erlassen über

1. die Voraussetzungen für die amtliche Zulassung der Bauart von Wahlgeräten sowie für die Rücknahme und den Widerruf der Zulassung,

2. das Verfahren für die amtliche Zulassung der Bauart,

3. das Verfahren für die Prüfung eines Wahlgerätes auf die der amtlich zugelassenen Bauart entsprechende Ausführung,

4. die öffentliche Erprobung eines Wahlgerätes vor seiner Verwendung,

5. das Verfahren für die amtliche Genehmigung der Verwendung sowie für die Rücknahme und den Widerruf der Genehmigung,

6. die durch die Verwendung von Wahlgeräten bedingten Besonderheiten im Zusammenhang mit der Wahl.

[2]Die Rechtsverordnung ergeht in den Fällen der Nummern 1 und 3 im Einvernehmen mit dem Bundesministerium für Wirtschaft und Energie.

(4) Für die Betätigung eines Wahlgerätes gilt § 33 Abs. 1 Satz 1 und Abs. 2 entsprechend.

§ 36[2] **Briefwahl.** (1) [1]Bei der Briefwahl hat der Wähler dem Kreiswahlleiter des Wahlkreises, in dem der Wahlschein ausgestellt worden ist, im verschlossenen Wahlbriefumschlag

a) seinen Wahlschein

b) in einem besonderen verschlossenen Stimmzettelumschlag seinen Stimmzettel

so rechtzeitig zu übersenden, daß der Wahlbrief spätestens am Wahltage bis 18 Uhr eingeht. [2]§ 33 Abs. 2 gilt entsprechend.

(2) [1]Auf dem Wahlschein hat der Wähler oder die Hilfsperson gegenüber dem Kreiswahlleiter an Eides Statt zu versichern, daß der Stimmzettel persönlich oder gemäß dem erklärten Willen des Wählers gekennzeichnet worden ist. [2]Der Kreiswahlleiter ist zur Abnahme einer solchen Versicherung an Eides Statt zuständig; er gilt als Behörde im Sinne des § 156 des Strafgesetzbuches[3].

(3) Im Falle einer Anordnung der Landesregierung oder der von ihr bestimmten Stelle nach § 8 Abs. 3 tritt an die Stelle des Kreiswahlleiters in Absatz 1 Satz 1 und in Absatz 2 die Gemeindebehörde, die den Wahlschein ausgestellt hat, oder die Verwaltungsbehörde des Kreises, in dem diese Gemeinde liegt.

(4) [1]Wahlbriefe können von den Absendern bei einem vor der Wahl amtlich bekannt gemachten Postunternehmen als Briefsendungen ohne

(Fortsetzung nächstes Blatt)

[1] Siehe die BundeswahlgeräteVO v. 3.9.1975 (BGBl. I S. 2459), zuletzt geänd. durch Entsch. v. 3.3.2009 (BGBl. I S. 525).
[2] § 36 Abs. 4 Sätze 1 und 3 neu gef. mWv 11.5.2002 durch G v. 7.5.2002 (BGBl. I S. 1529); Abs. 1 Satz 1 Buchst. b geänd. und Abs. 4 neu gef. mWv 21.3.2008 durch G v. 17.3.2008 (BGBl. I S. 394).
[3] **Schönfelder Nr. 85.**

besondere Versendungsform unentgeltlich eingeliefert werden, wenn sie sich in amtlichen Wahlbriefumschlägen befinden. [2]Bei Inanspruchnahme einer besonderen Versendungsform hat der Absender den das jeweils für die Briefbeförderung gültige Leistungsentgelt übersteigenden Betrag zu tragen. [3]Der Bund trägt die Kosten für die unentgeltliche Wahlbriefbeförderung.

Sechster Abschnitt. Feststellung des Wahlergebnisses

§ 37 Feststellung des Wahlergebnisses im Wahlbezirk. Nach Beendigung der Wahlhandlung stellt der Wahlvorstand fest, wieviel Stimmen im Wahlbezirk auf die einzelnen Kreiswahlvorschläge und Landeslisten abgegeben worden sind.

§ 38 Feststellung des Briefwahlergebnisses. Der für die Briefwahl eingesetzte Wahlvorstand stellt fest, wieviel durch Briefwahl abgegebene Stimmen auf die einzelnen Kreiswahlvorschläge und Landeslisten entfallen.

§ 39[1]) Ungültige Stimmen, Zurückweisung von Wahlbriefen, Auslegungsregeln. (1) [1]Ungültig sind Stimmen, wenn der Stimmzettel

1. nicht amtlich hergestellt ist,

2. keine Kennzeichnung enthält,

3. für einen anderen Wahlkreis gültig ist,

4. den Willen des Wählers nicht zweifelsfrei erkennen läßt,

5. einen Zusatz oder Vorbehalt enthält.

[2]In den Fällen der Nummern 1 und 2 sind beide Stimmen ungültig; im Fall der Nummer 3 ist nur die Erststimme ungültig, wenn der Stimmzettel für einen anderen Wahlkreis in demselben Land gültig ist. [3]Bei der Briefwahl sind außerdem beide Stimmen ungültig, wenn der Stimmzettel nicht in einem amtlichen Stimmzettelumschlag oder in einem Stimmzettelumschlag abgegeben worden ist, der offensichtlich in einer das Wahlgeheimnis gefährdenden Weise von den übrigen abweicht oder einen deutlich fühlbaren Gegenstand enthält, jedoch eine Zurückweisung gemäß Absatz 4 Nr. 7 oder 8 nicht erfolgt ist. [4]Enthält der Stimmzettel nur eine Stimmabgabe, so ist die nicht abgegebene Stimme ungültig.

(2) Mehrere in einem Stimmzettelumschlag enthaltene Stimmzettel gelten als ein Stimmzettel, wenn sie gleich lauten oder nur einer von ihnen gekennzeichnet ist; sonst zählen sie als ein Stimmzettel mit zwei ungültigen Stimmen.

[1]) § 39 Abs. 1 Satz 1 Nr. 1 u. 2 aufgeh., bish. Nrn. 3 bis 6 werden Nrn. 1 bis 4, Satz 2 geänd. u. Sätze 3 u. 4 angef., Abs. 3 Satz 2 aufgeh., Abs. 4 Satz 1 Nr. 6 geänd. durch G v. 27. 4. 2001 (BGBl. I S. 698), Abs. 1 Satz 1 Nr. 1 geänd., Nr. 3 eingef., bish. Nrn. 3 u. 4 werden Nrn. 4 und 5, Satz 2 neugef., Satz 3, Abs. 2, Abs. 3, Abs. 4 Satz 1 Nrn. 3 bis 5, 7 u. 8 geänd. durch G v. 17. 3. 2008 (BGBl. I S. 394).

(3) Ist der Stimmzettelumschlag leer abgegeben worden, so gelten beide Stimmen als ungültig.

(4) [1] Bei der Briefwahl sind Wahlbriefe zurückzuweisen, wenn

1. der Wahlbrief nicht rechtzeitig eingegangen ist,
2. dem Wahlbriefumschlag kein oder kein gültiger Wahlschein beiliegt,
3. dem Wahlbriefumschlag kein Stimmzettelumschlag beigefügt ist,
4. weder der Wahlbriefumschlag noch der Stimmzettelumschlag verschlossen ist,
5. der Wahlbriefumschlag mehrere Stimmzettelumschläge, aber nicht eine gleiche Anzahl gültiger und mit der vorgeschriebenen Versicherung an Eides Statt versehener Wahlscheine enthält,
6. der Wähler oder die Hilfsperson die vorgeschriebene Versicherung an Eides Statt zur Briefwahl auf dem Wahlschein nicht unterschrieben hat,
7. kein amtlicher Stimmzettelumschlag benutzt worden ist,
8. ein Stimmzettelumschlag benutzt worden ist, der offensichtlich in einer das Wahlgeheimnis gefährdenden Weise von den übrigen abweicht oder einen deutlich fühlbaren Gegenstand enthält.

[2] Die Einsender zurückgewiesener Wahlbriefe werden nicht als Wähler gezählt; ihre Stimmen gelten als nicht abgegeben.

(5) Die Stimmen eines Wählers, der an der Briefwahl teilgenommen hat, werden nicht dadurch ungültig, daß er vor dem oder am Wahltage stirbt oder sein Wahlrecht nach § 13 verliert.

§ 40 Entscheidung des Wahlvorstandes. [1] Der Wahlvorstand entscheidet über die Gültigkeit der abgegebenen Stimmen und über alle bei der Wahlhandlung und bei der Ermittlung des Wahlergebnisses sich ergebenden Anstände. [2] Der Kreiswahlausschuß hat das Recht der Nachprüfung.

§ 41[1] Feststellung des Wahlergebnisses im Wahlkreis. [1] Der Kreiswahlausschuß stellt fest, wieviel Stimmen im Wahlkreis für die einzelnen Kreiswahlvorschläge und Landeslisten abgegeben worden sind und welcher Bewerber als Wahlkreisabgeordneter gewählt ist. [2] Der Kreiswahlleiter benachrichtigt den gewählten Bewerber und weist ihn darauf hin, dass er nach der abschließenden Feststellung des Ergebnisses für das Wahlgebiet durch den Bundeswahlausschuss (§ 42 Abs. 2 Satz 1) die Mitgliedschaft im Deutschen Bundestag mit Eröffnung der ersten Sitzung nach der Wahl erlangt und eine Ablehnung des Erwerbs der Mitgliedschaft gegenüber dem Landeswahlleiter erfolgen muss.

§ 42[1] Feststellung des Ergebnisses der Landeslistenwahl.

(1) Der Landeswahlausschuß stellt fest, wieviel Stimmen im Land für die einzelnen Landeslisten abgegeben worden sind.

[1] § 41 Abs. 2 aufgeh., bish. Abs. 1 wird alleiniger Wortlaut, Satz 2 angef., § 42 Abs. 2 Satz 2 angef. u. Abs. 3 aufgeh. durch G v. 17. 3. 2008 (BGBl. I S. 394).

(2) ¹Der Bundeswahlausschuß stellt fest, wieviel Sitze auf die einzelnen Landeslisten entfallen und welche Bewerber gewählt sind. ²Der Landeswahlleiter benachrichtigt die gewählten Bewerber und weist sie darauf hin, dass sie nach der abschließenden Feststellung des Ergebnisses für das Wahlgebiet durch den Bundeswahlausschuss die Mitgliedschaft im Deutschen Bundestag mit Eröffnung der ersten Sitzung nach der Wahl erlangen und eine Ablehnung des Erwerbs der Mitgliedschaft gegenüber dem Landeswahlleiter erfolgen muss.

Siebenter Abschnitt. Besondere Vorschriften für Nachwahlen und Wiederholungswahlen

§ 43¹⁾ Nachwahl. (1) Eine Nachwahl findet statt,

1. wenn in einem Wahlkreis oder in einem Wahlbezirk die Wahl nicht durchgeführt worden ist,

2. wenn ein Wahlkreisbewerber nach der Zulassung des Kreiswahlvorschlages, aber noch vor der Wahl stirbt.

(2) ¹Die Nachwahl soll im Fall des Absatzes 1 Nr. 1 spätestens drei Wochen nach dem Tag der Hauptwahl stattfinden. ²Im Fall des Absatzes 1 Nr. 2 kann sie am Tag der Hauptwahl stattfinden; sie soll spätestens sechs Wochen nach dem Tag der Hauptwahl stattfinden. ³Den Tag der Nachwahl bestimmt der Landeswahlleiter.

(3) Die Nachwahl findet nach denselben Vorschriften und auf denselben Grundlagen wie die Hauptwahl statt.

(4) Im Fall einer Nachwahl ist das vorläufige Ergebnis der Hauptwahl unmittelbar im Anschluss an die Wahlhandlung der Hauptwahl auf der Grundlage der erfolgten Stimmabgaben zu ermitteln, festzustellen und bekannt zu geben.

§ 44²⁾ Wiederholungswahl. (1) Wird im Wahlprüfungsverfahren eine Wahl ganz oder teilweise für ungültig erklärt, so ist sie nach Maßgabe der Entscheidung zu wiederholen.

(2) Die Wiederholungswahl findet nach denselben Vorschriften, denselben Wahlvorschlägen und, wenn seit der Hauptwahl noch nicht sechs Monate verflossen sind, auf Grund derselben Wählerverzeichnisse wie die Hauptwahl statt, soweit nicht die Entscheidung im Wahlprüfungsverfahren hinsichtlich der Wahlvorschläge und Wählerverzeichnisse Abweichungen vorschreibt.

(3) ¹Die Wiederholungswahl muß spätestens sechzig Tage nach Rechtskraft der Entscheidung stattfinden, durch die die Wahl für ungültig erklärt worden ist. ²Ist die Wahl nur teilweise für ungültig erklärt worden, so unterbleibt die Wiederholungswahl, wenn feststeht, daß innerhalb von sechs Monaten ein neuer Deutscher Bundestag gewählt wird. ³Den Tag der Wiederholungswahl bestimmt der Landeswahlleiter, im Falle einer Wiederholungswahl für das ganze Wahlgebiet der Bundespräsident.

(4) ¹Auf Grund der Wiederholungswahl wird das Wahlergebnis nach den Vorschriften des Sechsten Abschnittes neu festgestellt. ²Die nach § 41 Satz 2 und § 42 Abs. 2 Satz 2 zuständigen Wahlleiter benachrichtigen die gewählten Bewerber und fordern sie auf, binnen einer Woche schriftlich zu erklären, ob sie die Wahl annehmen.

¹⁾ § 43 Abs. 2 neu gef. und Abs. 4 angef. mWv 21.3.2008 durch G v. 17.3.2008 (BGBl. I S. 394).
²⁾ § 44 Abs. 4 Satz 2 neu gef. mWv 21.3.2008 durch G v. 17.3.2008 (BGBl. I S. 394).

Achter Abschnitt. Erwerb und Verlust der Mitgliedschaft im Deutschen Bundestag

§ 45[1) Erwerb der Mitgliedschaft im Deutschen Bundestag. (1) [1]Ein gewählter Bewerber erwirbt die Mitgliedschaft im Deutschen Bundestag nach der abschließenden Feststellung des Ergebnisses für das Wahlgebiet durch den Bundeswahlausschuss (§ 42 Abs. 2 Satz 1) mit der Eröffnung der ersten Sitzung des Deutschen Bundestages nach der Wahl. [2]Eine Ablehnung des Erwerbs der Mitgliedschaft muss vor der ersten Sitzung gegenüber dem Landeswahlleiter schriftlich erklärt werden. [3]Eine Erklärung unter Vorbehalt gilt als Ablehnung. [4]Die Erklärung kann nicht widerrufen werden.

(2) Bei einer Ersatzwahl (§ 48 Abs. 2) gilt Absatz 1 entsprechend mit der Maßgabe, dass ein gewählter Bewerber die Mitgliedschaft im Deutschen Bundestag nach der Feststellung des endgültigen Wahlergebnisses für die Ersatzwahl erwirbt.

(3) [1]Bei einer Listennachfolge (§ 48 Abs. 1) oder einer Wiederholungswahl (§ 44) wird die Mitgliedschaft im Deutschen Bundestag mit dem frist- und formgerechten Eingang der auf die Benachrichtigung erfolgenden Annahmeerklärung beim zuständigen Wahlleiter, jedoch nicht vor Ausscheiden des ursprünglich gewählten Abgeordneten erworben. [2]Liegt bei Ablehnung des Erwerbs der Mitgliedschaft im Deutschen Bundestag durch einen gewählten Bewerber die Annahmeerklärung des Listennachfolgers bereits vor der ersten Sitzung des Deutschen Bundestages nach der Wahl vor, erwirbt der Listennachfolger das Mandat mit der Eröffnung dieser Sitzung. [3]Gibt der Listennachfolger oder durch Wiederholungswahl gewählte Bewerber bis zum Ablauf der Frist keine oder keine formgerechte Erklärung ab, so gilt die Nachfolge oder Wahl zu diesem Zeitpunkt als angenommen. [4]Absatz 1 Satz 3 und 4 gilt entsprechend.

§ 46[2) Verlust der Mitgliedschaft im Deutschen Bundestag. (1) [1]Ein Abgeordneter verliert die Mitgliedschaft im Deutschen Bundestag bei

1. Ungültigkeit des Erwerbs der Mitgliedschaft,

2. Neufeststellung des Wahlergebnisses,

3. Wegfall einer Voraussetzung seiner jederzeitigen Wählbarkeit,

4. Verzicht,

5. Feststellung der Verfassungswidrigkeit der Partei oder der Teilorganisation einer Partei, der er angehört, durch das Bundesverfassungsgericht nach Artikel 21 Abs. 2 Satz 2 des Grundgesetzes[3).

[2]Verlustgründe nach anderen gesetzlichen Vorschriften bleiben unberührt.

(2) Bei Ungültigkeit seiner Wahl im Wahlkreis bleibt der Abgeordnete Mitglied des Deutschen Bundestages, wenn er zugleich auf einer Landesliste gewählt war, aber nach § 6 Absatz 6 Satz 7 unberücksichtigt geblieben ist.

(3) [1]Der Verzicht ist nur wirksam, wenn er zur Niederschrift des Präsidenten des Deutschen Bundestages, eines deutschen Notars, der seinen Sitz im Geltungsbereich dieses Gesetzes hat, oder eines zur Vornahme von Beurkundungen ermächtigten Bediensteten einer deutschen Auslandsvertretung erklärt wird. [2]Die

[1)] *§ 45 neu gef. m.W.v 21.3.2008* durch G v. 17.3.2008 (BGBl. I S. 394).
[2)] § 46 Abs. 2 geänd. m.W.v 9.5.2013 durch G v. 3.5.2013 (BGBl. I S. 1082); Abs. 2 geänd. m.W.v 19.11. 2020 durch G v. 14.11.2020 (BGBl. I S. 2395).
[3)] Nr. 1.

notarielle oder bei einer Auslandsvertretung abgegebene Verzichtserklärung hat der Abgeordnete dem Bundestagspräsidenten zu übermitteln. [3] Der Verzicht kann nicht widerrufen werden.

(4) [1] Wird eine Partei oder die Teilorganisation einer Partei durch das Bundesverfassungsgericht nach Artikel 21 Abs. 2 Satz 2 des Grundgesetzes für verfassungswidrig erklärt, verlieren die Abgeordneten ihre Mitgliedschaft im Deutschen Bundestag und die Listennachfolger ihre Anwartschaft, sofern sie dieser Partei oder Teilorganisation in der Zeit zwischen der Antragstellung (§ 43 des Gesetzes über das Bundesverfassungsgericht[1])) und der Verkündung der Entscheidung (§ 46 des Gesetzes über das Bundesverfassungsgericht) angehört haben. [2] Soweit Abgeordnete, die nach Satz 1 ihre Mitgliedschaft verloren haben, in Wahlkreisen gewählt waren, wird die Wahl eines Wahlkreisabgeordneten in diesen Wahlkreisen bei entsprechender Anwendung des § 44 Abs. 2 bis 4 wiederholt; hierbei dürfen die Abgeordneten, die nach Satz 1 ihre Mitgliedschaft verloren haben, nicht als Bewerber auftreten. [3] Soweit Abgeordnete, die nach Satz 1 ihre Mitgliedschaft verloren haben, nach einer Landesliste der für verfassungswidrig erklärten Partei oder Teilorganisation der Partei gewählt waren, bleiben die Sitze unbesetzt. [4] Im übrigen gilt § 48 Abs. 1.

§ 47 Entscheidung über den Verlust der Mitgliedschaft. (1) Über den Verlust der Mitgliedschaft nach § 46 Abs. 1 wird entschieden

1. im Falle der Nummer 1 im Wahlprüfungsverfahren,
2. im Falle der Nummern 2 und 5 durch Beschluß des Ältestenrates des Deutschen Bundestages,
3. im Falle der Nummer 3, wenn der Verlust der Wählbarkeit durch rechtskräftigen Richterspruch eingetreten ist, durch Beschluß des Ältestenrates des Deutschen Bundestages, im übrigen im Wahlprüfungsverfahren,
4. im Falle der Nummer 4 durch den Präsidenten des Deutschen Bundestages in der Form der Erteilung einer Bestätigung der Verzichtserklärung.

(2) Wird über den Verlust der Mitgliedschaft im Wahlprüfungsverfahren entschieden, so scheidet der Abgeordnete mit der Rechtskraft der Entscheidung aus dem Deutschen Bundestag aus.

(3) [1] Entscheidet der Ältestenrat oder der Präsident des Deutschen Bundestages über den Verlust der Mitgliedschaft, so scheidet der Abgeordnete mit der Entscheidung aus dem Deutschen Bundestag aus. [2] Die Entscheidung ist unverzüglich von Amts wegen zu treffen. [3] Innerhalb von zwei Wochen nach Zustellung der Entscheidung kann der Betroffene die Entscheidung des Deutschen Bundestages über den Verlust der Mitgliedschaft im Wahlprüfungsverfahren beantragen. [4] Die Zustellung erfolgt nach den Vorschriften des Verwaltungszustellungsgesetzes[2]).

§ 48[3]) Berufung von Listennachfolgern und Ersatzwahlen. (1) [1] Wenn ein gewählter Bewerber stirbt oder dem Landeswahlleiter schriftlich die Ablehnung des Erwerbs der Mitgliedschaft erklärt oder wenn ein Abgeordneter stirbt oder sonst nachträglich aus dem Deutschen Bundestag ausscheidet, so wird der Sitz aus

[1]) Nr. **40**.
[2]) Nr. **110**.
[3]) § 48 Abs. 1 und Abs. 2 Satz 6 neu gef. mWv 21.3.2008 durch G v. 17.3.2008 (BGBl. I S. 394); Abs. 1 Satz 2 aufgeh., bish. Sätze 3–7 werden Sätze 2–6 mWv 9.5.2013 durch G v. 3.5.2013 (BGBl. I S. 1082); Abs. 1 Satz 2 eingef., bish. Sätze 2–6 werden Sätze 3–7 mWv 19.11.2020 durch G v. 14.11.2020 (BGBl. I S. 2395).

der Landesliste derjenigen Partei besetzt, für die der gewählte Bewerber oder ausgeschiedene Abgeordnete bei der Wahl aufgetreten ist. [2]Dies gilt nicht, solange die Partei in dem betreffenden Land Mandate gemäß § 6 Absatz 6 Satz 4 innehat. [3]Bei der Nachfolge bleiben diejenigen Listenbewerber unberücksichtigt, die seit dem Zeitpunkt der Aufstellung der Landesliste aus dieser Partei ausgeschieden oder Mitglied einer anderen Partei geworden sind. [4]Unberücksichtigt bleiben ebenso Listenbewerber, die als gewählte Bewerber im Wahlkreis ihren Mitgliedschaftserwerb abgelehnt oder als Abgeordnete auf ihre Mitgliedschaft im Deutschen Bundestag verzichtet haben. [5]Ist die Liste erschöpft, so bleibt der Sitz unbesetzt. [6]Die Feststellung, wer als Listennachfolger eintritt, trifft der Landeswahlleiter. [7]Er benachrichtigt den Listennachfolger und fordert ihn auf, binnen einer Woche schriftlich zu erklären, ob er die Nachfolge annimmt.

(2) [1]Ist der Ausgeschiedene als Wahlkreisabgeordneter einer Wählergruppe oder einer Partei gewählt, für die im Land keine Landesliste zugelassen worden war, so findet Ersatzwahl im Wahlkreis statt. [2]Die Ersatzwahl muß spätestens sechzig Tage nach dem Zeitpunkt des Ausscheidens stattfinden. [3]Sie unterbleibt, wenn feststeht, daß innerhalb von sechs Monaten ein neuer Deutscher Bundestag gewählt wird. [4]Die Ersatzwahl wird nach den allgemeinen Vorschriften durchgeführt. [5]Den Wahltag bestimmt der Landeswahlleiter. [6]§ 41 gilt entsprechend.

Neunter Abschnitt. Schlußbestimmungen

§ 49 Anfechtung. Entscheidungen und Maßnahmen, die sich unmittelbar auf das Wahlverfahren beziehen, können nur mit den in diesem Gesetz und in der Bundeswahlordnung[1]) vorgesehenen Rechtsbehelfen sowie im Wahlprüfungsverfahren angefochten werden.

§ 49a[2]) Ordnungswidrigkeiten. (1) Ordnungswidrig handelt, wer

1. entgegen § 11 ohne wichtigen Grund ein Ehrenamt ablehnt oder sich ohne genügende Entschuldigung den Pflichten eines solchen entzieht oder

2. entgegen § 32 Abs. 2 Ergebnisse von Wählerbefragungen nach der Stimmabgabe über den Inhalt der Wahlentscheidung vor Ablauf der Wahlzeit veröffentlicht.

(2) Die Ordnungswidrigkeit nach Absatz 1 Nr. 1 kann mit einer Geldbuße bis zu fünfhundert Euro, die Ordnungswidrigkeit nach Absatz 1 Nr. 2 mit einer Geldbuße bis zu fünfzigtausend Euro geahndet werden.

(3) Verwaltungsbehörde im Sinne des § 36 Abs. 1 Nr. 1 des Gesetzes über Ordnungswidrigkeiten[3]) ist

1. bei Ordnungswidrigkeiten nach Absatz 1 Nr. 1

 a) der Kreiswahlleiter, wenn ein Wahlberechtigter das Amt eines Wahlvorstehers, stellvertretenden Wahlvorstehers oder eines Beisitzers im Wahlvorstand oder im Kreiswahlausschuß,

 b) der Landeswahlleiter, wenn ein Wahlberechtigter das Amt eines Beisitzers im Landeswahlausschuß,

 c) der Bundeswahlleiter, wenn ein Wahlberechtigter das Amt eines Beisitzers im Bundeswahlausschuß unberechtigt ablehnt oder sich ohne genügende Entschuldigung den Pflichten eines solchen Amtes entzieht,

[1]) Nr. **31**.
[2]) § 49a Abs. 2 geänd. mWv 1.1.2002 durch G v. 3.12.2001 (BGBl. I S. 3306).
[3]) **Schönfelder Nr. 94.**

2. bei Ordnungswidrigkeiten nach Absatz 1 Nr. 2 der Bundeswahlleiter.

§ 49b[1] Staatliche Mittel für andere Kreiswahlvorschläge. (1) [1]Bewerber eines nach Maßgabe der §§ 18 und 20 von Wahlberechtigten eingereichten Wahlvorschlages, die mindestens 10 vom Hundert der in einem Wahlkreis abgegebenen gültigen Erststimmen erreicht haben, erhalten je gültige Stimme das Vierfache des in § 18 Absatz 3 Satz 1 Nummer 1 des Parteiengesetzes genannten und nach § 18 Absatz 3 Satz 3 des Parteiengesetzes[2] bis zum Zeitpunkt der Wahl erhöhten Betrages. [2]Die Mittel sind im Bundeshaushaltsplan auszubringen.

(2) [1]Die Festsetzung und die Auszahlung der staatlichen Mittel sind von dem Bewerber innerhalb von zwei Monaten nach dem Zusammentritt des Deutschen Bundestages beim Präsidenten des Deutschen Bundestages schriftlich zu beantragen; danach eingehende Anträge bleiben unberücksichtigt. [2]Der Betrag wird von dem Präsidenten des Deutschen Bundestages festgesetzt und ausgezahlt.

(3) Die Vorschriften des Parteiengesetzes über die absolute und relative Obergrenze finden keine Anwendung.

§ 50[3] Wahlkosten. (1) Der Bund erstattet den Ländern zugleich für ihre Gemeinden (Gemeindeverbände) die durch die Wahl veranlassten notwendigen Ausgaben.

(2) [1]Die Kosten für die Versendung der Wahlbenachrichtigungen und der Briefwahlunterlagen sowie die Erfrischungsgelder für die Mitglieder der Wahlvorstände werden den Ländern im Wege der Einzelabrechnung ersetzt. [2]Bei zeitgleicher Durchführung von Landtags- oder Kommunalwahlen sowie von Abstimmungen mit Wahlen zum Deutschen Bundestag werden diese Kosten dem jeweiligen Land anteilig ersetzt.

(3) [1]Die übrigen Kosten werden durch einen festen Betrag je Wahlberechtigten erstattet. [2]Er beträgt für Gemeinden bis zu 100 000 Wahlberechtigten 0,56 Euro und für Gemeinden mit mehr als 100 000 Wahlberechtigten 0,87 Euro. [3]Der Präsident des Statistischen Bundesamtes legt in jedem Jahr bis zum 30. April dem Bundesministerium des Innern, für Bau und Heimat einen Bericht über die Entwicklung des Wahlkostenindexes mit einer Fortrechnung gemäß der Anlage 1 zu diesem Gesetz vor. [4]Dementsprechende Steigerungen der festen Beträge gelten ab Beginn des Jahres des Berichts und werden vom Bundesministerium des Innern, für Bau und Heimat im Bundesanzeiger veröffentlicht; Bruchteile eines Cents ab 0,5 werden dabei aufgerundet, ansonsten abgerundet.

(4) Der Bund erstattet den Blindenvereinen, die ihre Bereitschaft zur Herstellung von Stimmzettelschablonen erklärt haben, die durch die Herstellung und die Verteilung der Stimmzettelschablonen veranlassten notwendigen Ausgaben.

§ 51[4] *(aufgehoben)*

[1] § 49b eingef. durch G v. 28.1.1994 (BGBl. I S. 142); Abs. 1 Satz 1 geänd. mWv 18.9.2005 durch G v. 17.3.2008 (BGBl. I S. 394); Abs. 1 Satz 1 geänd. mWv 14.7.2018 durch G v. 10.7.2018 (BGBl. I S. 1116).
[2] Nr. **58**.
[3] § 50 neu gef. mWv 5.5.2001 durch G v. 27.4.2001 (BGBl. I S. 698); Abs. 4 angef. mWv 1.1.2003 durch G v. 27.4.2002 (BGBl. I S. 1467); Abs. 3 Satz 2 geänd., Satz 3 neu gef., Satz 4 angef. mWv 30.6.2020 durch G v. 25.6.2020 (BGBl. I S. 1409).
[4] § 51 aufgeh. mWv 1.1.2014 durch G v. 3.5.2013 (BGBl. I S. 1082).

§ 52[1] Erlass von Rechtsverordnungen. (1) [1]Das Bundesministerium des Innern, für Bau und Heimat erlässt die zur Durchführung dieses Gesetzes erforderliche Bundeswahlordnung[2].[3] [2]Es trifft darin insbesondere Rechtsvorschriften über

1. die Bestellung der Wahlleiter und Wahlvorsteher, die Bildung der Wahlausschüsse und Wahlvorstände sowie über die Tätigkeit, Beschlussfähigkeit und das Verfahren der Wahlorgane,

2. die Berufung in ein Wahlehrenamt, über den Ersatz von Auslagen für Inhaber von Wahlehrenämtern und über das Bußgeldverfahren,

3. die Wahlzeit,

4. die Bildung der Wahlbezirke und ihre Bekanntmachung,

5. die einzelnen Voraussetzungen für die Aufnahme in die Wählerverzeichnisse, deren Führung, Berichtigung und Abschluss, über die Einsicht in Wählerverzeichnisse, über den Einspruch und die Beschwerde gegen das Wählerverzeichnis sowie über die Benachrichtigung der Wahlberechtigten,

6. die einzelnen Voraussetzungen für die Erteilung von Wahlscheinen, deren Ausstellung, über den Einspruch und die Beschwerde gegen die Ablehnung von Wahlscheinen,

7. den Nachweis der Wahlrechtsvoraussetzungen,

8. das Verfahren der Wahlorgane nach § 18 Absatz 2 bis 4a,

9. Einreichung, Inhalt und Form der Wahlvorschläge sowie der dazugehörigen Unterlagen, über ihre Prüfung, die Beseitigung von Mängeln, ihre Zulassung, die Beschwerde gegen Entscheidungen des Kreiswahlausschusses und des Landeswahlausschusses sowie die Bekanntgabe der Wahlvorschläge,

10. Form und Inhalt des Stimmzettels und über den Stimmzettelumschlag,

11. Bereitstellung, Einrichtung und Bekanntmachung der Wahlräume sowie über Wahlschutzvorrichtungen und Wahlkabinen,

12. die Stimmabgabe, auch soweit besondere Verhältnisse besondere Regelungen erfordern,

13. die Briefwahl,

14. die Abgabe und Aufnahme von Versicherungen an Eides statt,

15. die Wahl in Kranken- und Pflegeanstalten, Klöstern, gesperrten Wohnstätten sowie sozialtherapeutischen und Justizvollzugsanstalten,

16. die Feststellung der Wahlergebnisse, ihre Weitermeldung und Bekanntgabe sowie die Benachrichtigung der Gewählten,

17. die Durchführung von Nachwahlen, Wiederholungswahlen und Ersatzwahlen sowie die Berufung von Listennachfolgern.

(2) Die Rechtsvorschriften bedürfen nicht der Zustimmung des Bundesrates.

(3) Das Bundesministerium des Innern, für Bau und Heimat wird ermächtigt, im Falle einer Auflösung des Deutschen Bundestages die in dem Bundeswahlgesetz

[1] § 52 Abs. 1 Satz 2 Nr. 5 neu gef. mWv 5.5.2001 durch G v. 27.4.2001 (BGBl. I S. 698); Abs. 1 Satz 2 Nr. 10 geänd. und Nr. 14 eingef., bish. Nr. 14–16 werden Nr. 15–17 mWv 21.3.2008 durch G v. 17.3. 2008 (BGBl. I S. 394); Abs. 1 Satz 2 Nr. 8 geänd. mWv 19.7.2012 durch G v. 12.7.2012 (BGBl. I S. 1501); Abs. 1 Satz 1 und Abs. 3 geänd. mWv 27.6.2020 durch VO v. 19.6.2020 (BGBl. I S. 1328); Überschrift neu gef., Abs. 1 Satz 2 Nr. 1 und 11 geänd., Abs. 4 angef. mWv 6.11.2020 durch G v. 28.10.2020 (BGBl. I S. 2264); die Änd. durch G v. 28.10.2020 (BGBl. I S. 2264) tritt gem. Art. 3 Satz 2 dieses G mit Ablauf des 31.12.2021 außer Kraft.

[2] Nr. **31**.

[3] Siehe hierzu auch die BundeswahlgeräteVO v. 3.9.1975 (BGBl. I S. 2459), zuletzt geänd. durch Entsch. v. 3.3.2009 (BGBl. I S. 525).

und in der Bundeswahlordnung bestimmten Fristen und Termine durch Rechtsverordnung ohne Zustimmung des Bundesrates abzukürzen.

(4) [1] Das Bundesministerium des Innern, für Bau und Heimat wird ermächtigt, im Falle einer Naturkatastrophe oder eines ähnlichen Ereignisses höherer Gewalt durch Rechtsverordnung mit Zustimmung des Bundestages von den Bestimmungen über die Aufstellung von Wahlbewerbern abweichende Regelungen zu treffen und Abweichungen der Parteien von entgegenstehenden Bestimmungen ihrer Satzungen zuzulassen, um die Benennung von Wahlbewerbern ohne Versammlungen, soweit erforderlich, zu ermöglichen, wenn der Deutsche Bundestag zu einem Zeitpunkt, der näher als neun Monate vor dem Beginn des nach Artikel 39 Absatz 1 Satz 3 des Grundgesetzes[1] bestimmten Zeitraums liegt, feststellt, dass die Durchführung von Versammlungen ganz oder teilweise unmöglich ist. [2] Stehen einem rechtzeitigen Zusammentritt des Deutschen Bundestages unüberwindliche Hindernisse entgegen oder ist er nicht beschlussfähig, so entscheidet der nach § 3 des Wahlprüfungsgesetzes[2] gebildete Ausschuss des Deutschen Bundestages über die Feststellung und die Zustimmung nach Satz 1. [3] Durch Rechtsverordnung nach Satz 1 können Regelungen getroffen werden, die den Parteien für die Wahl bei Vorliegen der in Satz 1 genannten Umstände eine Abweichung von den entgegenstehenden Bestimmungen dieses Gesetzes, der Bundeswahlordnung und, sofern eine Satzungsänderung wegen der in Satz 1 genannten Umstände und der in diesem Gesetz und der Bundeswahlordnung bestimmten Fristen und Termine nicht mehr rechtzeitig möglich ist, ihrer Satzungen ermöglichen, insbesondere,

1. um die Wahl der Wahlbewerber und der Vertreter für die Vertreterversammlungen unter Verringerung der satzungsgemäßen Zahl der Vertreter in der Vertreterversammlung oder anstatt durch eine Mitgliederversammlung durch eine Vertreterversammlung durchführen zu können,

2. um Mitglieder- oder Vertreterversammlungen in der Form mehrerer miteinander im Wege der elektronischen Kommunikation verbundener gleichzeitiger Teilversammlungen an verschiedenen Orten durchführen zu können,

3. um die Wahrnehmung des Vorschlagsrechts, des Vorstellungsrechts und der sonstigen Mitgliederrechte mit Ausnahme der Schlussabstimmung über einen Wahlvorschlag ausschließlich oder zusätzlich im Wege elektronischer Kommunikation ermöglichen zu können,

4. um die Wahl von Wahlbewerbern und Vertretern für die Vertreterversammlungen im Wege der Briefwahl oder einer Kombination aus Urnenwahl und Briefwahl durchführen zu können.

§ 53[3] **Übergangsregelung.** Ausschlüsse vom Wahlrecht und Ausschlüsse von der Wählbarkeit, die nicht auf einem Richterspruch im Sinne von § 13 in der ab dem 1. Juli 2019 geltenden Fassung oder auf einem Richterspruch im Sinne von § 15 Absatz 2 Nummer 2 beruhen, sind nicht nach § 3 Absatz 2 Nummer 1 Buchstabe a des Bundesmeldegesetzes[4] im Melderegister zu speichern.

[1] Nr. **1**.
[2] Nr. **32**.
[3] § 53 neu gef. mWv 1.7.2019 durch G v. 18.6.2019 (BGBl. I S 834).
[4] Nr. **256**.

§ 54[1) Fristen, Termine und Form. (1) [1]Die in diesem Gesetz und in der auf Grund dieses Gesetzes erlassenen Bundeswahlordnung[2)] vorgesehenen Fristen und Termine verlängern oder ändern sich nicht dadurch, daß der letzte Tag der Frist oder ein Termin auf einen Sonnabend, einen Sonntag, einen gesetzlichen oder staatlich geschützten Feiertag fällt. [2]Eine Wiedereinsetzung in den vorigen Stand ist ausgeschlossen.

(2) Soweit in diesem Gesetz oder in der auf Grund dieses Gesetzes erlassenen Bundeswahlordnung nichts anderes bestimmt ist, müssen vorgeschriebene Erklärungen persönlich und handschriftlich unterzeichnet sein und bei der zuständigen Stelle im Original vorliegen.

§ 55[3) Reformkommission. [1]Beim Deutschen Bundestag wird eine Reformkommission eingesetzt, die sich mit Fragen des Wahlrechts befasst und Empfehlungen erarbeitet. [2]Sie befasst sich auch mit der Frage des Wahlrechts ab 16 Jahren, der Dauer der Legislaturperiode und entwickelt Vorschläge zur Modernisierung der Parlamentsarbeit. [3]Die Reformkommission wird darüber hinaus Maßnahmen empfehlen, um eine gleichberechtigte Repräsentanz von Frauen und Männern auf den Kandidatenlisten und im Deutschen Bundestag zu erreichen. [4]Die Kommission soll spätestens bis zum 30. Juni 2023 ihre Ergebnisse vorlegen. [5]Das Nähere regelt ein vom Deutschen Bundestag unverzüglich zu verabschiedender Einsetzungsbeschluss.

Anlagen 1, 2
(vom Abdruck wurde abgesehen)

[1)] § 54 Überschrift geänd. und Abs. 2 angef., Abs. 1 Satz 1 geänd. mWv 21.3.2008 durch G v. 17.3. 2008 (BGBl. I S. 394).
[2)] Nr. **31.**
[3)] § 55 neu gef. mWv 19.11.2020 durch G v. 14.11.2020 (BGBl. I S. 2395).

31. Bundeswahlordnung (BWO)[1]

In der Fassung der Bekanntmachung vom 19. April 2002[2]

(BGBl. I S. 1376)

FNA 111-1-5

geänd. durch Art. 2 Behindertengleichstellungs-EinführungsG v. 27.4.2002 (BGBl. I S. 1467), Art. 1 Achte ÄndVO v. 27.8.2002 (BGBl. I S. 3429), Art. 3 G zur Reform des Reisekostenrechts v. 26.5. 2005 (BGBl. I S. 1418), Art. 50 G zur Umbenennung des Bundesgrenzschutzes in Bundespolizei v. 21.6.2005 (BGBl. I S. 1818), Art. 1 Neunte ÄndVO v. 30.6.2005 (BGBl. I S. 1951), Art. 1 ÄndVO v. 27.3.2008 (BGBl. I S. 476), Art. 1 Zweite VO zur Änd. der BundeswahlO und der EuropawahlO v. 3.12.2008 (BGBl. I S. 2378), Art. 2 Abs. 2 G zur Fortentwicklung des Meldewesens v. 3.5.2013 (BGBl. I S. 1084, geänd. durch G v. 20.11.2014, BGBl. I S. 1738), Art. 1 Zehnte ÄndVO v. 13.5. 2013 (BGBl. I S. 1255), Art. 1 Elfte ÄndVO v. 24.3.2017 (BGBl. I S. 585), Art. 5 G zu bereichsspezifischen Regelungen der Gesichtsverhüllung und zur Änd. weiterer dienstrechtlicher Vorschriften v. 8.6.2017 (BGBl. I S. 1570), Art. 2 G zur Änd. des BundeswahlG und anderer Gesetze v. 18.6.2019 (BGBl. I S. 834), Art. 1 Zwölfte ÄndVO v. 13.2.2020 (BGBl. I S. 199) und Art. 10 Elfte ZuständigkeitsanpassungsVO v. 19.6.2020 (BGBl. I S. 1328)

Inhaltsübersicht[3]

Erster Abschnitt. Wahlorgane (§§ 1 bis 11)

Zweiter Abschnitt. Vorbereitung der Wahl (§§ 12 bis 48)
Erster Unterabschnitt. Wahlbezirke

Zweiter Unterabschnitt. Wählerverzeichnis

[1] Siehe hierzu ua die Zweite Bek. zur Bundestagswahl 2013 v. 14.10.2013 (BAnz AT 04.11.2013 B7).
[2] Neubekanntmachung der BWO idF der Bek. v. 8.3.1994 (BGBl. I S. 495) in der ab 21.2.2002 geltenden Fassung.
[3] Inhaltsübersicht geänd. mWv 1.4.2008 durch VO v. 27.3.2008 (BGBl. I S. 476); geänd. mWv 11.12.2008 durch VO v. 3.12.2008 (BGBl. I S. 2378); geänd. mWv 18.5.2013 durch VO v. 13.5.2013 (BGBl. I S. 1255); geänd. mWv 31.3.2017 durch VO v. 24.3.2017 (BGBl. I S. 585); geänd. mWv 22.2.2020 durch VO v. 13.2.2020 (BGBl. I S. 199).

[1] **Amtl. Anm.:** Der Anhang wird als Anlageband zu dieser Ausgabe des Bundesgesetzblattes ausgegeben. Abonnenten des Bundesgesetzblattes Teil I wird der Anlageband auf Anforderung gemäß den Bezugsbedingungen des Verlags übersandt.

[2] *(Vom Abdruck der Anlagen wurde abgesehen)*

Erster Abschnitt. Wahlorgane

§ 1[1] **Bundeswahlleiter.** [1]Der Bundeswahlleiter und sein Stellvertreter werden auf unbestimmte Zeit ernannt. [2]Das Bundesministerium des Innern, für Bau und Heimat macht die Namen des Bundeswahlleiters und seines Stellvertreters sowie die Anschriften ihrer Dienststellen mit Telekommunikationsanschlüssen öffentlich bekannt.

§ 2 Landeswahlleiter. [1]Der Landeswahlleiter und sein Stellvertreter werden auf unbestimmte Zeit ernannt. [2]Die ernennende Stelle teilt die Namen des Landeswahlleiters und seines Stellvertreters sowie die Anschriften ihrer Dienststellen mit Telekommunikationsanschlüssen dem Bundeswahlleiter mit und macht sie öffentlich bekannt.

§ 3[2] **Kreiswahlleiter.** (1) [1]Die Kreiswahlleiter und deren Stellvertreter werden vor jeder Wahl ernannt. [2]Die Ernennung erfolgt zu dem Termin, zu dem nach § 21 Absatz 3 des Bundeswahlgesetzes[3] die Vertreterversammlungen zur Aufstellung von Wahlkreisbewerbern frühestens stattfinden dürfen, spätestens alsbald nach der Bestimmung des Tages der Hauptwahl. [3]Die ernennende Stelle teilt die Namen und Anschriften ihrer Dienststellen mit Telekommunikationsanschlüssen dem Landeswahlleiter und dem Bundeswahlleiter mit und macht sie öffentlich bekannt.

(2) Die Kreiswahlleiter und deren Stellvertreter üben ihr Amt auch nach der Hauptwahl, längstens bis zum Ablauf der Wahlperiode, aus.

[1] § 1 Satz 2 geänd. mWv 27.6.2020 durch VO v. 19.6.2020 (BGBl. I S. 1328).
[2] § 3 Abs. 1 Satz 2 neu gef. mWv 18.5.2013 durch VO v. 13.5.2013 (BGBl. I S. 1255).
[3] Nr. **30**.

§ 4¹⁾ Bildung der Wahlausschüsse. (1) ¹Der Bundeswahlleiter, die Landeswahlleiter und die Kreiswahlleiter berufen alsbald nach der Bestimmung des Tages der Hauptwahl die Beisitzer der Wahlausschüsse und für jeden Beisitzer einen Stellvertreter. ²Die Beisitzer der Landeswahlausschüsse und der Kreiswahlausschüsse sind aus den Wahlberechtigten des jeweiligen Gebietes zu berufen; sie sollen möglichst am Sitz des Wahlleiters wohnen.

(2) Bei der Auswahl der Beisitzer der Wahlausschüsse sollen in der Regel die Parteien in der Reihenfolge der bei der letzten Bundestagswahl in dem jeweiligen Gebiet errungenen Zahlen der Zweitstimmen angemessen berücksichtigt und die von ihnen rechtzeitig vorgeschlagenen Wahlberechtigten berufen werden.

(3) ¹Der Bundeswahlleiter beruft zwei Richter des Bundesverwaltungsgerichts, die Landeswahlleiter berufen je zwei Richter des Oberverwaltungsgerichts des Landes und jeweils einen Stellvertreter. ²Die Berufung erfolgt auf Vorschlag der Gerichtspräsidenten. ³Die Vorschriften über die Beisitzer der Wahlausschüsse in § 11 Absatz 1 des Bundeswahlgesetzes²⁾ sowie in den §§ 5 und 10 dieser Verordnung gelten entsprechend.

(4) Die Wahlausschlüsse bestehen auch nach der Hauptwahl, längstens bis zum Ablauf der Wahlperiode, fort.

§ 5³⁾ Tätigkeit der Wahlausschüsse. (1) Die Wahlausschüsse sind ohne Rücksicht auf die Zahl der erschienenen Beisitzer beschlussfähig.

(2) ¹Der Vorsitzende bestimmt Ort und Zeit der Sitzungen. ²Er lädt die Beisitzer zu den Sitzungen und weist dabei darauf hin, dass der Ausschuss ohne Rücksicht auf die Zahl der erschienenen Beisitzer beschlussfähig ist. ³Die Beisitzer sollen Gelegenheit erhalten, die zu beratenden Unterlagen vor der Sitzung zur Kenntnis zu nehmen.

(3) Zeit, Ort und Gegenstand der Verhandlungen sind öffentlich bekannt zu machen.

(4) Der Vorsitzende bestellt einen Schriftführer; dieser ist nur stimmberechtigt, wenn er zugleich Beisitzer ist.

(5) Der Vorsitzende weist die Beisitzer und den Schriftführer auf ihre Verpflichtung zur unparteiischen Wahrnehmung ihres Amtes und zur Verschwiegenheit über die ihnen bei ihrer amtlichen Tätigkeit bekannt gewordenen Angelegenheiten hin.

(6) Der Vorsitzende ist befugt, Personen, die die Ruhe und Ordnung stören, aus dem Sitzungsraum zu verweisen.

(7) Über jede Sitzung ist vom Schriftführer eine Niederschrift zu fertigen; sie ist vom Vorsitzenden, von den Beisitzern und vom Schriftführer zu unterzeichnen.

¹⁾ § 4 Abs. 3 eingef., bish. Abs. 3 wird Abs. 4 mWv 18.5.2013 durch VO v. 13.5.2013 (BGBl. I S. 1255).
²⁾ Nr. **30**.
³⁾ § 5 Abs. 2 Satz 3 angef. mWv 18.5.2013 durch VO v. 13.5.2013 (BGBl. I S. 1255).

§ 6[1] Wahlvorsteher und Wahlvorstand. (1) Vor jeder Wahl sind, nach Möglichkeit aus den Wahlberechtigten der Gemeinde, für jeden Wahlbezirk ein Wahlvorsteher und sein Stellvertreter, im Falle des § 46 Abs. 2 mehrere Wahlvorsteher und Stellvertreter zu ernennen.

(2) [1] Die Beisitzer des Wahlvorstandes sollen möglichst aus den Wahlberechtigten der Gemeinde, nach Möglichkeit aus den Wahlberechtigten des Wahlbezirks berufen werden. [2] Der Stellvertreter des Wahlvorstehers ist zugleich Beisitzer des Wahlvorstandes.

(3) [1] Der Wahlvorsteher und sein Stellvertreter werden von der Gemeindebehörde vor Beginn der Wahlhandlung auf ihre Verpflichtung zur unparteiischen Wahrnehmung ihres Amtes und zur Verschwiegenheit über die ihnen bei ihrer amtlichen Tätigkeit bekannt gewordenen Angelegenheiten hingewiesen. [2] Die Mitglieder des Wahlvorstandes dürfen während ihrer Tätigkeit kein auf eine politische Überzeugung hinweisendes Zeichen sichtbar tragen.

(4) [1] Der Wahlvorsteher bestellt aus den Beisitzern den Schriftführer und dessen Stellvertreter. [2] Ist nach § 9 Absatz 2 Satz 3 des Bundeswahlgesetzes[2] angeordnet, dass die Beisitzer des Wahlvorstandes von der Gemeindebehörde berufen werden, so kann diese auch den Schriftführer und dessen Stellvertreter bestellen.

(5) Die Gemeindebehörde hat die Mitglieder des Wahlvorstandes vor der Wahl so über ihre Aufgaben zu unterrichten, dass ein ordnungsmäßiger Ablauf der Wahlhandlung sowie der Ermittlung und Feststellung des Wahlergebnisses gesichert ist.

(6) [1] Der Wahlvorstand wird von der Gemeindebehörde oder in ihrem Auftrag vom Wahlvorsteher einberufen. [2] Er tritt am Wahltage rechtzeitig vor Beginn der Wahlzeit im Wahlraum zusammen.

(7) [1] Der Wahlvorstand sorgt für die ordnungsmäßige Durchführung der Wahl. [2] Der Wahlvorsteher leitet die Tätigkeit des Wahlvorstandes.

(8) [1] Während der Wahlhandlung müssen immer der Wahlvorsteher und der Schriftführer oder ihre Stellvertreter sowie mindestens ein Beisitzer anwesend sein. [2] Bei der Ermittlung und Feststellung des Wahlergebnisses sollen alle Mitglieder des Wahlvorstandes anwesend sein.

(9) [1] Der Wahlvorstand ist beschlussfähig, wenn der Wahlvorsteher und der Schriftführer oder ihre Stellvertreter sowie während der Wahlhandlung mindestens ein Beisitzer, bei der Ermittlung und Feststellung des Wahlergebnisses mindestens drei Beisitzer anwesend sind. [2] Fehlende Beisitzer sind vom Wahlvorsteher durch Wahlberechtigte zu ersetzen, wenn es mit Rücksicht auf die Beschlussfähigkeit des Wahlvorstandes erforderlich ist. [3] Sie sind vom Wahlvorsteher nach Absatz 3 auf ihre Verpflichtung hinzuweisen.

(10) Bei Bedarf stellt die Gemeindebehörde dem Wahlvorstand die erforderlichen Hilfskräfte zur Verfügung.

§ 7[3] Briefwahlvorsteher und Briefwahlvorstand. Für die Briefwahlvorsteher und Briefwahlvorstände gilt § 6 entsprechend mit folgenden Maßgaben:

[1] § 6 Abs. 4 Satz 2 angef., Abs. 8 Satz 1 geänd., Abs. 9 Satz 1 neu gef. mWv 18.5.2013 durch VO v. 13.5.2013 (BGBl. I S. 1255).
[2] Nr. 30.
[3] § 7 Nr. 1–3 geänd. mWv 11.12.2008 durch VO v. 3.12.2008 (BGBl. I S. 2378).

1. Bei der Bildung mehrerer Briefwahlvorstände nach § 8 Abs. 1 des Bundeswahlgesetzes[1]) für einen Wahlkreis und bei der Bildung von Briefwahlvorständen nach § 8 Abs. 3 des Bundeswahlgesetzes für einzelne oder mehrere Gemeinden oder für einzelne Kreise innerhalb eines Wahlkreises darf die Zahl der auf einen Briefwahlvorstand entfallenden Wahlbriefe nicht so gering sein, dass erkennbar wird, wie einzelne Wahlberechtigte gewählt haben; auf einen Briefwahlvorstand sollen mindestens 50 Wahlbriefe entfallen.

2. Wieviel Briefwahlvorstände im Falle einer Anordnung nach § 8 Abs. 3 des Bundeswahlgesetzes zu bilden sind, um das Ergebnis der Briefwahl noch am Wahltage feststellen zu können, entscheidet die Landesregierung oder die von ihr bestimmte Stelle.

3. Wird im Rahmen einer Anordnung nach § 8 Abs. 3 des Bundeswahlgesetzes für mehrere Gemeinden ein Briefwahlvorstand gebildet, ist eine dieser Gemeinden mit der Durchführung der Briefwahl zu betrauen.

4. Die Mitglieder der Briefwahlvorstände für die einzelnen Wahlkreise sind nach Möglichkeit aus den Wahlberechtigten des jeweiligen Wahlkreises zu berufen, die am Sitz des Kreiswahlleiters wohnen, bei Bildung von Briefwahlvorständen für einzelne oder für mehrere Gemeinden oder für einzelne Kreise innerhalb eines Wahlkreises nach Möglichkeit aus den Wahlberechtigten, die in den jeweiligen Gemeinden oder Kreisen wohnen.

5. Der Kreiswahlleiter macht Ort und Zeit des Zusammentritts des Briefwahlvorstandes öffentlich bekannt, weist den Briefwahlvorsteher und seinen Stellvertreter auf ihre Verpflichtung zur unparteiischen Wahrnehmung ihrer Aufgaben und zur Verschwiegenheit über die ihnen bei ihrer amtlichen Tätigkeit bekannt gewordenen Angelegenheiten hin, unterrichtet den Briefwahlvorstand über seine Aufgaben und beruft ihn ein; Entsprechendes gilt bei der Einsetzung mehrerer Briefwahlvorstände für einen Wahlkreis. Werden Briefwahlvorstände für einzelne oder mehrere Gemeinden oder für einzelne Kreise innerhalb eines Wahlkreises gebildet, nimmt die jeweilige oder die nach Nummer 3 betraute Gemeindebehörde oder die Verwaltungsbehörde des jeweiligen Kreises diese Aufgaben wahr.

6. Der Briefwahlvorstand ist beschlussfähig bei der Zulassung oder Zurückweisung der Wahlbriefe nach § 75 Abs. 1 und 2, wenn mindestens drei Mitglieder, bei der Ermittlung und Feststellung des Briefwahlergebnisses nach § 75 Abs. 3, wenn mindestens fünf Mitglieder, darunter jeweils der Wahlvorsteher und der Schriftführer oder ihre Stellvertreter, anwesend sind.

§ 8 Beweglicher Wahlvorstand. [1]Für die Stimmabgabe in kleineren Krankenhäusern, kleineren Alten- oder Pflegeheimen, Klöstern, sozialtherapeutischen Anstalten und Justizvollzugsanstalten sollen bei entsprechendem Bedürfnis und soweit möglich bewegliche Wahlvorstände gebildet werden. [2]Der *bewegliche Wahlvorstand* besteht aus dem Wahlvorsteher des zuständigen Wahlbezirks oder seinem Stellvertreter und zwei Beisitzern des Wahlvorstandes. [3]Die Gemeindebehörde kann jedoch auch den beweglichen Wahlvorstand eines anderen Wahlbezirks der Gemeinde mit der Entgegennahme der Stimmzettel beauftragen.

[1]) Nr. 30.

§ 9[1)] **Ehrenämter.** Die Übernahme eines Wahlehrenamtes können ablehnen

1. Mitglieder der Bundesregierug oder einer Landesregierung,
2. Mitglieder des Europäischen Parlaments, des Deutschen Bundestages oder eines Landtages,
3. Wahlberechtigte, die am Wahltage das 65. Lebensjahr vollendet haben,
4. Wahlberechtigte, die glaubhaft machen, dass ihnen die Fürsorge für ihre Familie die Ausübung des Amtes in besonderer Weise erschwert,
5. Wahlberechtigte, die glaubhaft machen, dass sie aus dringenden beruflichen Gründen oder durch Krankheit oder Behinderung oder aus einem sonstigen wichtigen Grunde gehindert sind, das Amt ordnungsmäßig auszuüben.

§ 10[2)] **Auslagenersatz für Inhaber von Wahlämtern, Erfrischungsgeld.**

(1) [1] Wahlleiter, Beisitzer der Wahlausschüsse und Mitglieder der Wahlvorstände erhalten, wenn sie außerhalb ihres Wahlbezirks tätig werden, Ersatz ihrer notwendigen Fahrkosten in entsprechender Anwendung der §§ 4 und 5 Abs. 1 des Bundesreisekostengesetzes[3)]; wenn sie außerhalb ihres Wohnortes tätig werden, erhalten sie außerdem Tage- und Übernachtungsgelder nach dem Bundesreisekostengesetz. [2] Die Stadtstaaten Berlin, Bremen und Hamburg können abweichende Regelungen zum Zwecke einer pauschalierten Auslagenerstattung treffen.

(2) [1] Den Mitgliedern der Wahlausschüsse kann für die Teilnahme an einer nach § 5 einberufenen Sitzung und den Mitgliedern der Wahlvorstände für den Wahltag ein Erfrischungsgeld von je 35 Euro für den Vorsitzenden und je 25 Euro für die übrigen Mitglieder gewährt werden. [2] Es ist auf ein Tagegeld nach Absatz 1 anzurechnen.

§ 11[4)] **Geldbußen.** Geldbußen nach § 49a Abs. 1 Nr. 1 des Bundeswahlgesetzes[5)] fließen in die Kasse der Gemeinde, in der der Betroffene in das Wählerverzeichnis einzutragen ist, Geldbußen nach § 49a Abs. 1 Nr. 2 des Bundeswahlgesetzes in die Kasse des Bundes.

Zweiter Abschnitt. Vorbereitung der Wahl

Erster Unterabschnitt. Wahlbezirke

§ 12[6)] **Allgemeine Wahlbezirke.** (1) [1] Gemeinden mit nicht mehr als 2 500 Einwohnern bilden in der Regel einen Wahlbezirk. [2] Größere Gemeinden werden in mehrere Wahlbezirke eingeteilt. [3] Die Gemeindebehörde bestimmt, welche Wahlbezirke zu bilden sind.

[1)] § 9 Nr. 5 geänd. mWv 11.12.2008 durch VO v. 3.12.2008 (BGBl. I S. 2378).
[2)] § 10 Abs. 1 geänd. mWv 1.9.2005 durch G v. 26.5.2005 (BGBl. I S. 1418); Abs. 2 geänd. mWv 11.12.2008 durch VO v. 3.12.2008 (BGBl. I S. 2378); Abs. 2 neu gef. mWv 31.3.2017 durch VO v. 24.3.2017 (BGBl. I S. 585); Abs. 1 Satz 2 angef. mWv 22.2.2020 durch VO v. 13.2.2020 (BGBl. I S. 199).
[3)] Nr. **235**.
[4)] § 11 geänd. mWv 11.12.2008 durch VO v. 3.12.2008 (BGBl. I S. 2378).
[5)] Nr. **30**.
[6)] § 12 Abs. 3 Satz 1 geänd. mWv 1.7.2005 durch G v. 21.6.2005 (BGBl. I S. 1818); Abs. 3 Satz 2 aufgeh. mWv 8.7.2005 durch VO v. 30.6.2005 (BGBl. I S. 1951).

(2) ¹Die Wahlbezirke sollen nach den örtlichen Verhältnissen so abgegrenzt werden, dass allen Wahlberechtigten die Teilnahme an der Wahl möglichst erleichtert wird. ²Kein Wahlbezirk soll mehr als 2 500 Einwohner umfassen. ³Die Zahl der Wahlberechtigten eines Wahlbezirks darf nicht so gering sein, dass erkennbar wird, wie einzelne Wahlberechtigte gewählt haben.

(3) Die Wahlberechtigten in Gemeinschaftsunterkünften wie Lagern, Unterkünften der Bundeswehr, der Bundespolizei oder der Polizei sollen nach festen Abgrenzungsmerkmalen auf mehrere Wahlbezirke verteilt werden.

(4) ¹Der Kreiswahlleiter kann kleine Gemeinden und Teile von Gemeinden des gleichen Verwaltungsbezirks zu einem Wahlbezirk und Teile von Gemeinden, die von Wahlkreisgrenzen durchschnitten werden, mit benachbarten Gemeinden oder Teilen von Gemeinden eines anderen Verwaltungsbezirks zu einem Wahlbezirk vereinigen. ²Dabei bestimmt er, welche Gemeinde die Wahl durchführt.

§ 13 Sonderwahlbezirke. (1) Für Krankenhäuser, Altenheime, Altenwohnheime, Pflegeheime, Erholungsheime und gleichartige Einrichtungen mit einer größeren Anzahl von Wahlberechtigten, die keinen Wahlraum außerhalb der Einrichtung aufsuchen können, soll die Gemeindebehörde bei entsprechendem Bedürfnis Sonderwahlbezirke zur Stimmabgabe für Wahlscheininhaber bilden.

(2) Mehrere Einrichtungen können zu einem Sonderwahlbezirk zusammengefasst werden.

(3) Wird ein Sonderwahlbezirk nicht gebildet, gilt § 8 entsprechend.

Zweiter Unterabschnitt. Wählerverzeichnis

§ 14¹⁾ Führung des Wählerverzeichnisses. (1) ¹Die Gemeindebehörde legt vor jeder Wahl für jeden allgemeinen Wahlbezirk (§ 12) ein Verzeichnis der Wahlberechtigten nach Familiennamen und Vornamen, Geburtsdatum und Wohnung an. ²Das Wählerverzeichnis kann auch im automatisierten Verfahren geführt werden.

(2) ¹Das Wählerverzeichnis wird unter fortlaufender Nummer in der Buchstabenfolge der Familiennamen, bei gleichen Familiennamen der Vornamen, angelegt. ²Es kann auch nach Ortsteilen, Straßen und Hausnummern gegliedert werden. ³Es enthält je eine Spalte für Vermerke über die Stimmabgabe und für Bemerkungen.

(3) Die Gemeindebehörde sorgt dafür, dass die Unterlagen für die Wählerverzeichnisse jederzeit so vollständig vorhanden sind, dass diese vor Wahlen rechtzeitig angelegt werden können.

(4) Besteht ein Wahlbezirk aus mehreren Gemeinden oder Teilen mehrerer Gemeinden, so legt jede Gemeindebehörde das Wählerverzeichnis für ihren Teil des Wahlbezirks an.

§ 15 (weggefallen)

¹⁾ § 14 Abs. 1 Satz 1 geänd. mWv 11.12.2008 durch VO v. 3.12.2008 (BGBl. I S. 2378).

§ 16[1] Eintragung der Wahlberechtigten in das Wählerverzeichnis.

(1) Von Amts wegen sind in das Wählerverzeichnis alle Wahlberechtigten einzutragen, die am 42. Tage vor der Wahl (Stichtag) bei der Meldebehörde gemeldet sind

1. für eine Wohnung,
2. auf Grund eines Anstellungs-, Heuer- oder Ausbildungsverhältnisses als Kapitän oder Besatzungsmitglied für ein Seeschiff, das berechtigt ist, die Bundesflagge zu führen (§ 12 Abs. 4 Nr. 1 des Bundeswahlgesetzes[2]),
3. für ein Binnenschiff, das in einem Schiffsregister in der Bundesrepublik Deutschland eingetragen ist (§ 12 Abs. 4 Nr. 2 des Bundeswahlgesetzes),
4. für eine Justizvollzugsanstalt oder die entsprechende Einrichtung (§ 12 Abs. 4 Nr. 3 des Bundeswahlgesetzes).

(2) Auf Antrag sind in das Wählerverzeichnis einzutragen Wahlberechtigte
1. nach § 12 Abs. 1 des Bundeswahlgesetzes,
 a) (weggefallen)
 b) die ohne eine Wohnung innezuhaben sich im Wahlgebiet sonst gewöhnlich aufhalten,
 c) die sich in einer Justizvollzugsanstalt oder entsprechenden Einrichtung befinden und nicht nach Absatz 1 Nr. 4 von Amts wegen in das Wählerverzeichnis einzutragen sind,
2. nach § 12 Abs. 2 Satz 1 des Bundeswahlgesetzes, die nicht nach Absatz 1 Nr. 1 von Amts wegen in das Wählerverzeichnis einzutragen sind.

(3) [1] Verlegt ein Wahlberechtigter, der nach Absatz 1 in das Wählerverzeichnis eingetragen ist, seine Wohnung und meldet er sich vor Beginn der Einsichtsfrist für das Wählerverzeichnis (§ 17 Abs. 1 Satz 2 des Bundeswahlgesetzes) bei der Meldebehörde des Zuzugsortes an, so wird er in das Wählerverzeichnis der Gemeinde des Zuzugsortes nur auf Antrag eingetragen. [2] Ein nach Absatz 1 in das Wählerverzeichnis eingetragener Wahlberechtigter, der sich innerhalb derselben Gemeinde für eine Wohnung anmeldet, bleibt in dem Wählerverzeichnis des Wahlbezirks eingetragen, für den er am Stichtag gemeldet war. [3] Der Wahlberechtigte ist bei der Anmeldung über die Regelung in den Sätzen 1 und 2 zu belehren. [4] Erfolgt die Eintragung auf Antrag, benachrichtigt die Gemeindebehörde des Zuzugsortes hiervon unverzüglich die Gemeindebehörde des Fortzugsortes, die den Wahlberechtigten in ihrem Wählerverzeichnis streicht. [5] Wenn im Falle des Satzes 1 bei der Gemeindebehörde des Fortzugsortes eine Mitteilung über den Ausschluss vom Wahlrecht vorliegt oder nachträglich eingeht, benachrichtigt sie hiervon unverzüglich die Gemeindebehörde des Zuzugsortes, die den wahlberechtigten in ihrem Wählerverzeichnis streicht; der Betroffene ist von der Streichung zu unterrichten.

(4) Für Wahlberechtigte, die am Stichtag nicht für eine Wohnung gemeldet sind und sich vor dem Beginn der Einsichtsfrist für das Wählerverzeichnis bei

[1] § 16 Abs. 2 Nr. 2 neu gef. mWv 8.7.2005 durch VO v. 30.6.2005 (BGBl. I S. 1951); Abs. 1 Nr. 2 –4, Abs. 2 Nr. 1 und 2, Abs. 3 Satz 1 und Abs. 7 Satz 1 geänd. mWv 11.12.2008 durch VO v. 3.12. 2008 (BGBl. I S. 2378); Abs. 6 und 9 geänd. mWv 1.11.2015 durch G v. 3.5.2013 (BGBl. I S. 1084, *geänd. durch G v. 20.11.2014, BGBl. I S. 1738); Abs. 1 einl. Satzteil geänd., Abs. 7 Satz 2 eingef.,* bish. Satz 2 wird Satz 3 mWv 31.3.2017 durch VO v. 24.3.2017 (BGBl. I S. 585).
[2] Nr. **30**.

der Meldebehörde für eine Wohnung anmelden, gilt Absatz 3 Satz 1 und 3 entsprechend.

(5) Bezieht ein Wahlberechtigter, der nach Absatz 1 in das Wählerverzeichnis eingetragen ist, in einer anderen Gemeinde eine weitere Wohnung, die seine Hauptwohnung wird, oder verlegt er seine Hauptwohnung in eine andere Gemeinde, so gilt, wenn er sich vor Beginn der Einsichtsfrist für das Wählerverzeichnis bei der Meldebehörde anmeldet, Absatz 3 entsprechend.

(6) Welche von mehreren Wohnungen eines Wahlberechtigten seine Hauptwohnung ist, bestimmt sich nach § 21 Absatz 2 des Bundesmeldegesetzes[1].

(7) [1] Bevor eine Person in das Wählerverzeichnis eingetragen wird, ist zu prüfen, ob sie die Wahlrechtsvoraussetzungen des § 12 des Bundeswahlgesetzes erfüllt und ob sie nicht nach § 13 des Bundeswahlgesetzes vom Wahlrecht ausgeschlossen ist. [2] Soweit dies für die Prüfung der Wahlberechtigung eines Rückkehrers im Sinne des § 12 Absatz 2 Satz 3 Bundeswahlgesetz erforderlich ist, kann die Gemeindebehörde die Abgabe einer Versicherung an Eides statt zum Nachweis der Wahlberechtigung des Rückkehrers entsprechend § 18 Absatz 6 Satz 1 verlangen. [3] Erfolgt die Eintragung in das Wählerverzeichnis nur auf Antrag, ist außerdem zu prüfen, ob ein frist- und formgerechter Antrag gestellt ist.

(8) [1] Gibt eine Gemeindebehörde einem Eintragungsantrag nicht statt oder streicht sie eine in das Wählerverzeichnis eingetragene Person, hat sie den Betroffenen unverzüglich zu unterrichten. [2] Gegen die Entscheidung kann der Betroffene Einspruch einlegen; er ist auf diese Möglichkeit hinzuweisen. [3] § 22 Abs. 2, 4 und 5 gilt entsprechend. [4] Die Frist für die Zustellung der Entscheidung (§ 22 Abs. 4 Satz 1) und für die Beschwerdeentscheidung (§ 22 Abs. 5 Satz 4) gilt nur, wenn der Einspruch vor dem zwölften Tage vor der Wahl eingelegt worden ist.

(9) Die Gemeindebehörde hat spätestens am Stichtag den Leiter der sich in ihrem Gemeindebezirk befindenden Justizvollzugsanstalt oder der entsprechenden Einrichtung auf Absatz 2 Nr. 1 Buchstabe c und die Notwendigkeit der Unterrichtung der betroffenen Personen hinzuweisen, wenn nach § 27 Absatz 4 des Bundesmeldegesetzes eine Meldepflicht für die sich in den Einrichtungen aufhaltenden Personen nicht besteht.

§ 17[2] Zuständigkeiten für die Eintragung in das Wählerverzeichnis.

(1) Zuständig für die Eintragung in das Wählerverzeichnis ist in den Fällen des

1. § 16 Abs. 1 Nr. 1 die für die Wohnung zuständige Gemeinde, bei mehreren Wohnungen die für die Hauptwohnung zuständige Gemeinde,

2. § 16 Abs. 1 Nr. 2 die für den Sitz des Reeders zuständige Gemeinde,

3. § 16 Abs. 1 Nr. 3 die für den Heimatort des Binnenschiffes zuständige Gemeinde,

4. § 16 Abs. 1 Nr. 4 die für die Justizvollzugsanstalt oder die entsprechende Einrichtung zuständige Gemeinde.

[1] Nr. **256**.
[2] § 17 Abs. 2 Nr. 4 aufgeh., Nr. 5 geänd. mWv 8.7.2005 durch VO v. 30.6.2005 (BGBl. I S. 1951); Abs. 2 Nr. 5 geänd. mWv 18.5.2013 durch VO v. 13.5.2013 (BGBl. I S. 1255).

(2) Zuständig für die Eintragung in das Wählerverzeichnis ist in den Fällen des

1. (weggefallen)
2. § 16 Abs. 2 Nr. 1 Buchstabe b die Gemeinde, in der der Wahlberechtigte seinen Antrag stellt,
3. § 16 Abs. 2 Nr. 1 Buchstabe c die für die Justizvollzugsanstalt oder die entsprechende Einrichtung zuständige Gemeinde,
4. *(aufgehoben)*
5. § 16 Abs. 2 Nr. 2 die Gemeinde in der Bundesrepublik Deutschland, in der der Wahlberechtigte nach seiner Erklärung vor seinem Fortzug aus dem Wahlgebiet zuletzt gemeldet war, wenn er im Wahlgebiet nie gemeldet war, die Gemeinde, der er nach seiner Erklärung im Sinne des § 12 Absatz 2 Satz 1 Nummer 2 des Bundeswahlgesetzes[1] am engsten verbunden ist. Satz 1 gilt auch für Seeleute, die seit dem Fortzug aus dem Wahlgebiet auf Schiffen unter fremder Flagge fahren, sowie für Binnenschiffer, deren Schiff nicht in einem Schiffsregister in der Bundesrepublik Deutschland eingetragen ist, und für die Angehörigen ihres Hausstandes. Für Seeleute, die von einem Seeschiff, das die Bundesflagge zu führen berechtigt war, abgemustert haben und im Anschluss daran auf einem Seeschiff unter fremder Flagge fahren, ist die Gemeinde am Sitz des ehemaligen Reeders zuständig. Für Binnenschiffer, die zuletzt auf einem in der Bundesrepublik Deutschland im Schiffsregister eingetragenen Binnenschiff gefahren sind und im Anschluss daran auf einem Binnenschiff, das nicht im Schiffsregister in der Bundesrepublik Deutschland eingetragen ist, oder auf einem Seeschiff unter fremder Flagge fahren, ist die Gemeinde nach Absatz 1 Nr. 3 zuständig.

(3) Zuständig für die Eintragung in das Wählerverzeichnis ist in den Fällen des

1. § 16 Abs. 3 die Gemeinde des Zuzugsortes,
2. § 16 Abs. 4 die Gemeinde, in der sich der Wahlberechtigte für eine Wohnung, bei mehreren Wohnungen für die Hauptwohnung, gemeldet hat,
3. § 16 Abs. 5 die Gemeinde der neuen Hauptwohnung.

§ 18[2] **Verfahren für die Eintragung in das Wählerverzeichnis auf Antrag.** (1) [1]Der Antrag auf Eintragung in das Wählerverzeichnis ist schriftlich bis spätestens zum 21. Tage vor der Wahl bei der zuständigen Gemeindebehörde zu stellen. [2]Er muss den Familiennamen, die Vornamen, das Geburtsdatum und die genaue Anschrift des Wahlberechtigten enthalten. [3]Sammelanträge sind, abgesehen von den Fällen des Absatzes 5, zulässig; sie müssen von allen aufgeführten Wahlberechtigten persönlich und handschriftlich unterzeichnet sein. [4]Ein Wahlberechtigter mit Behinderungen kann sich hierbei der Hilfe einer anderen Person bedienen; § 57 gilt entsprechend.

[1] Nr. **30**.
[2] § 18 Abs. 4 aufgeh. und Abs. 5 Satz 1 geänd. mWv 8.7.2005 durch VO v. 30.6.2005 (BGBl. I S. 1951); Abs. 1 Satz 2, Abs. 6 Satz 1 geänd. mWv 11.12.2008 durch VO v. 3.12.2008 (BGBl. I S. 2378); Abs. 1 Satz 2 geänd. mWv 18.5.2013 durch VO v. 13.5.2013 (BGBl. I S. 1255); Abs. 1 Satz 4 *und Abs. 6 Satz 3 geänd.*, Abs. 6 Satz 1 neu gef. mWv 31.3.2017 durch VO v. 24.3.2017 (BGBl. I S. 585); Abs. 5 Satz 4 und Abs. 6 Satz 3 geänd. mWv 22.2.2020 durch VO v. 13.2.2020 (BGBl. I S. 199).

(2) (weggefallen)

(3) [1] In den Fällen des § 16 Abs. 2 Nr. 1 sind Wahlberechtigte bis zum Wahltage im Wählerverzeichnis der Gemeinde zu führen, die nach § 17 Abs. 2 Nr. 2 zuständig ist, auch wenn nach dem Stichtag eine Neuanmeldung bei einer anderen Meldebehörde des Wahlgebietes erfolgt. [2] Sie sind bei der Anmeldung entsprechend zu unterrichten.

(4) *(aufgehoben)*

(5) [1] In den Fällen des § 16 Abs. 2 Nr. 2 hat der Wahlberechtigte in seinem Antrag auf Eintragung in das Wählerverzeichnis nach Anlage 2[1)] der Gemeindebehörde gegenüber durch Abgabe einer Versicherung an Eides statt den Nachweis für seine Wahlberechtigung zu erbringen und zu erklären, dass er in keiner anderen Gemeinde im Wahlgebiet einen Antrag auf Eintragung in das Wählerverzeichnis gestellt hat. [2] Vordrucke und Merkblätter für die Antragstellung können bei den diplomatischen und berufskonsularischen Vertretungen der Bundesrepublik Deutschland im Ausland, beim Bundeswahlleiter und bei den Kreiswahlleitern angefordert werden. [3] Bestehen Zweifel an Angaben des Antragstellers, hat die Gemeindebehörde den Sachverhalt unverzüglich aufzuklären. [4] Der Bundeswahlleiter ist von der Eintragung in das Wählerverzeichnis unverzüglich durch Übersendung der Zweitausfertigung des Antrages nach Anlage 2[1)] oder einer Kopie der Erstausfertigung des Antrages nach Anlage 2, auf der die Eintragung in das Wählerverzeichnis vermerkt ist, zu unterrichten. [5] Erhält der Bundeswahlleiter Mitteilungen verschiedener Gemeindebehörden über die Eintragung desselben Antragstellers in das Wählerverzeichnis, so hat er diejenige Gemeindebehörde, deren Unterrichtung über die Eintragung in das Wählerverzeichnis nach der ersten Mitteilung eingeht, unverzüglich von der Eintragung des Wahlberechtigten in das Wählerverzeichnis der zuerst mitteilenden Gemeinde zu benachrichtigen. [6] Die vom Bundeswahlleiter benachrichtigte Gemeindebehörde hat den Wahlberechtigten im Wählerverzeichnis zu streichen und ihn davon zu unterrichten.

(6) [1] Kehrt ein Wahlberechtigter nach § 12 Absatz 2 Satz 1 des Bundeswahlgesetzes [2)] in das Wahlgebiet zurück und meldet er sich dort nach dem Stichtag nach § 16 Absatz 1, aber vor Beginn der Einsichtsfrist für das Wählerverzeichnis nach § 17 Absatz 1 Satz 2 Bundeswahlgesetz für eine Wohnung an, so wird er in das Wählerverzeichnis der Gemeinde des Zuzugsortes nur auf Antrag nach Anlage 1[1)] eingetragen, mit dem er der Gemeindebehörde gegenüber durch Abgabe einer Versicherung an Eides statt den Nachweis für seine Wahlberechtigung erbringt und erklärt, dass er noch keinen anderen Antrag auf Eintragung in das Wählerverzeichnis gestellt hat. [2] Der Wahlberechtigte ist bei der Anmeldung darüber zu belehren. [3] Die Gemeindebehörde hat den Bundeswahlleiter unverzüglich von der Eintragung eines solchen Wahlberechtigten in das Wählerverzeichnis durch Übersendung der Zweitausfertigung des Antrages nach Anlage 1[1)] oder einer Kopie der Erstausfertigung des Antrages nach Anlage 1, auf der die Eintragung in das Wählerverzeichnis vermerkt ist, zu unterrichten. [4] Absatz 5 Satz 5 und 6 gilt entsprechend.

[1)] Anlagen hier nicht abgedruckt.
[2)] Nr. 30.

§ 19[1] Benachrichtigung der Wahlberechtigten. (1) [1]Spätestens am Tage vor der Bereithaltung des Wählerverzeichnisses zur Einsichtnahme benachrichtigt die Gemeindebehörde jeden Wahlberechtigten, der in das Wählerverzeichnis eingetragen ist, nach dem Muster der Anlage 3[2]. [2]Die Mitteilung soll enthalten

1. den Familiennamen, die Vornamen und die Wohnung des Wahlberechtigten,
2. die Angabe des Wahlraumes und ob dieser barrierefrei ist,
3. die Angabe der Wahlzeit,
4. die Nummer, unter der der Wahlberechtigte in das Wählerverzeichnis eingetragen ist,
5. die Aufforderung, die Wahlbenachrichtigung zur Wahl mitzubringen und den Personalausweis oder Reisepass bereitzuhalten,
5a. die Belehrung, dass nach § 14 Absatz 4 des Bundeswahlgesetzes[3] jeder Wahlberechtigte sein Wahlrecht nur einmal und nur persönlich ausüben kann,
6. die Belehrung, dass die Wahlbenachrichtigung einen Wahlschein nicht ersetzt und daher nicht zur Wahl in einem anderen als dem angegebenen Wahlraum berechtigt,
7. einen Hinweis, wo Wahlberechtigte Informationen über barrierefreie Wahlräume und Hilfsmittel erhalten können,
8. die Belehrung über die Beantragung eines Wahlscheines und über die Übersendung von Briefwahlunterlagen. Sie muss mindestens Hinweise darüber enthalten,
 a) dass der Wahlscheinantrag nur auszufüllen ist, wenn der Wahlberechtigte in einem anderen Wahlraum seines Wahlkreises oder durch Briefwahl wählen will,
 b) unter welchen Voraussetzungen ein Wahlschein erteilt wird (§ 25 Abs. 1 und § 27 Abs. 4 Satz 3) und
 c) dass der Wahlschein von einem anderen als dem Wahlberechtigten nur beantragt werden kann, wenn die Berechtigung zur Antragstellung durch Vorlage einer schriftlichen Vollmacht nachgewiesen wird (§ 27 Abs. 3).

[3]Erfolgt die Eintragung eines Wahlberechtigten, der nach § 16 Abs. 2 bis 5 auf Antrag in das Wählerverzeichnis eingetragen wird, nach der Versendung der Benachrichtigungen gemäß Satz 1, hat dessen Benachrichtigung unverzüglich nach der Eintragung zu erfolgen.

(2) Auf die Rückseite der Benachrichtigung nach Absatz 1 ist ein Vordruck für einen Antrag auf Ausstellung eines Wahlscheines mit Briefwahlunterlagen nach dem Muster der Anlage 4[2] aufzudrucken.

(3) Auf Wahlberechtigte, die nach § 16 Abs. 2 nur auf Antrag in das Wählerverzeichnis eingetragen werden und bereits einen Wahlschein und Brief-

[1] § 19 Abs. 4 angef. mWv 31.8.2002 durch VO v. 27.8.2002 (BGBl. I S. 3429); Abs. 1 Satz 2 Nr. 1 und 2 geänd., Nr. 7 eingef., bish. Nr. 7 wird Nr. 8, Abs. 2 geänd. mWv 18.5.2013 durch VO v. 13.5.2013 (BGBl. I S. 1255); Abs. 1 Satz 2 Nr. 5a eingef. mWv 31.3.2017 durch VO v. 24.3.2017 (BGBl. I S. 585).
[2] Anlagen hier nicht abgedruckt.
[3] Nr. 30.

wahlunterlagen beantragt haben, finden die Absätze 1 und 2 keine Anwendung.

(4) ¹Stellt ein Landeswahlleiter fest, dass die fristgemäße Benachrichtigung nach Absatz 1 infolge von Naturkatastrophen oder ähnlichen Ereignissen höherer Gewalt gestört ist, bestimmt er, dass sie in dem betroffenen Gebiet später erfolgen kann. ²Wenn zu besorgen ist, dass die Benachrichtigung nach Absatz 1 nicht bis zum sechsten Tag vor der Wahl erfolgen kann, bestimmt er, dass die Wahlberechtigten in anderer geeigneter Weise über die Angaben nach Absatz 1 Satz 2 Nr. 2, 3, 5 bis 7 zu benachrichtigen sind. ³Der Landeswahlleiter kann hierzu im Einzelfall ergänzende Regelungen zur Anpassung an die besonderen Verhältnisse treffen. ⁴Er macht die Gründe für die Störung, das betroffene Gebiet, die von ihm für den Einzelfall getroffenen Regelungen und die Art der Benachrichtigung in geeigneter Weise bekannt

§ 20¹⁾ Bekanntmachung über das Recht auf Einsicht in das Wählerverzeichnis und die Erteilung von Wahlscheinen. (1) Die Gemeindebehörde macht spätestens am 24. Tage vor der Wahl nach dem Muster der Anlage 5²⁾ öffentlich bekannt,

1. von wem, zu welchen Zwecken und unter welchen Voraussetzungen, wo, wie lange und zu welchen Tagesstunden das Wählerverzeichnis eingesehen werden kann und ob der Ort der Einsichtnahme barrierefrei ist,

2. dass bei der Gemeindebehörde innerhalb der Einsichtsfrist schriftlich oder durch Erklärung zur Niederschrift Einspruch gegen das Wählerverzeichnis eingelegt werden kann (§ 22),

3. dass Wahlberechtigten, die in das Wählerverzeichnis eingetragen sind, bis spätestens zum 21. Tage vor der Wahl eine Wahlbenachrichtigung zugeht und dass Wahlberechtigte, die nur auf Antrag in das Wählerverzeichnis eingetragen werden und bereits einen Wahlschein mit Briefwahlunterlagen beantragt haben, keine Wahlbenachrichtigung erhalten,

4. wo, in welcher Zeit und unter welchen Voraussetzungen Wahlscheine beantragt werden können (§§ 25 ff.),

5. wie durch Briefwahl gewählt wird (§ 66).

(2) ¹Die diplomatischen Vertretungen der Bundesrepublik Deutschland im Ausland machen unverzüglich nach der Bestimmung des Wahltages öffentlich bekannt,

1. unter welchen Voraussetzungen im Ausland lebende Deutsche an der Wahl zum Deutschen Bundestag teilnehmen können,

2. wo, in welcher Form und in welcher Frist dieser Personenkreis, um an der Wahl teilnehmen zu können, die Eintragung in ein Wählerverzeichnis in der Bundesrepublik Deutschland beantragen muss.

²Die Bekanntmachung ist nach Anlage 6²⁾ von den Botschaften durch mindestens eine deutschsprachige Anzeige in einer überregionalen Tages- oder Wochenzeitung vorzunehmen; zusätzlich kann der Inhalt der Bekanntmachung von den Berufskonsulaten, wenn dies nach den örtlichen Verhältnissen ange-

¹⁾ § 20 Abs. 1 Nr. 1 geänd. mWv 18.5.2013 durch VO v. 13.5.2013 (BGBl. I S. 1255); Abs. 2 Satz 1 einl. Satzteil geänd., Satz 2 neu gef. mWv 31.3.2017 durch VO v. 24.3.2017 (BGBl. I S. 585).
²⁾ Anlagen hier nicht abgedruckt.

zeigt ist, durch deutschsprachige Anzeigen in regionalen Tageszeitungen sowie von den Botschaften und Berufskonsulaten im Internet veröffentlicht werden. [3] Kann die Bekanntmachung in begründeten Einzelfällen nicht erfolgen oder erscheint sie nicht gerechtfertigt, so ist sie durch Aushang im Dienstgebäude der Vertretung und, soweit möglich, durch Unterrichtung der einzelnen bekannten Betroffenen vorzunehmen.

§ 21 Einsicht in das Wählerverzeichnis. (1) [1] Die Gemeindebehörde hält das Wählerverzeichnis mindestens am Ort der Gemeindeverwaltung während der allgemeinen Öffnungszeiten zur Einsichtnahme bereit. [2] Wird das Wählerverzeichnis im automatisierten Verfahren geführt, kann die Einsichtnahme durch ein Datensichtgerät ermöglicht werden. [3] Es ist sicherzustellen, dass Bemerkungen (§ 23 Abs. 3) im Klartext gelesen werden können. [4] Das Datensichtgerät darf nur von einem Bediensteten der Gemeindebehörde bedient werden.

(2) (weggefallen)

(3) [1] Innerhalb der Einsichtsfrist ist das Anfertigen von Auszügen aus dem Wählerverzeichnis durch Wahlberechtigte zulässig, soweit dies im Zusammenhang mit der Prüfung des Wahlrechts einzelner bestimmter Personen steht. [2] Die Auszüge dürfen nur für diesen Zweck verwendet und unbeteiligten Dritten nicht zugänglich gemacht werden.

§ 22[1]) Einspruch gegen das Wählerverzeichnis und Beschwerde.

(1) Wer das Wählerverzeichnis für unrichtig oder unvollständig hält, kann innerhalb der Einsichtsfrist Einspruch einlegen.

(2) [1] Der Einspruch ist schriftlich oder zur Niederschrift bei der Gemeindebehörde einzulegen. [2] Soweit die behaupteten Tatsachen nicht offenkundig sind, hat der Einspruchsführer die erforderlichen Beweismittel beizubringen. [3] Ein Wahlberechtigter mit Behinderungen kann sich hierbei der Hilfe einer anderen Person bedienen; § 57 gilt entsprechend.

(3) Will die Gemeindebehörde einem Einspruch gegen die Eintragung eines anderen stattgeben, so hat sie diesem vor der Entscheidung Gelegenheit zur Äußerung zu geben.

(4) [1] Die Gemeindebehörde hat ihre Entscheidung dem Einspruchsführer und dem Betroffenen spätestens am 10. Tage vor der Wahl zuzustellen und auf den zulässigen Rechtsbehelf hinzuweisen. [2] Einem auf Eintragung gerichteten

(Fortsetzung nächstes Blatt)

[1]) § 22 Abs. 2 Satz 3 angef. mWv 22.2.2020 durch VO v. 13.2.2020 (BGBl. I S. 199).

Einspruch gibt die Gemeindebehörde in der Weise statt, dass sie dem Wahlberechtigten nach Berichtigung des Wählerverzeichnisses die Wahlbenachrichtigung zugehen lässt. [3] In den Fällen des § 18 Abs. 5 und 6 unterrichtet sie unverzüglich die zuständigen Stellen von der Eintragung.

(5) [1] Gegen die Entscheidung der Gemeindebehörde kann binnen zwei Tagen nach Zustellung Beschwerde an den Kreiswahlleiter eingelegt werden. [2] Die Beschwerde ist schriftlich oder zur Niederschrift bei der Gemeindebehörde einzulegen. [3] Die Gemeindebehörde legt die Beschwerde mit den Vorgängen unverzüglich dem Kreiswahlleiter vor. [4] Der Kreiswahlleiter hat über die Beschwerde spätestens am vierten Tage vor der Wahl zu entscheiden; Absatz 3 gilt entsprechend. [5] Die Beschwerdeentscheidung ist den Beteiligten und der Gemeindebehörde bekannt zu geben. [6] Sie ist vorbehaltlich anderer Entscheidung im Wahlprüfungsverfahren endgültig.

§ 23 Berichtigung des Wählerverzeichnisses. (1) [1] Nach Beginn der Einsichtsfrist ist die Eintragung oder Streichung von Personen sowie die Vornahme sonstiger Änderungen im Wählerverzeichnis nur noch auf rechtzeitigen Einspruch zulässig. [2] § 16 Abs. 2 bis 5, § 18 Abs. 5 Satz 6 und Abs. 6 Satz 4 sowie § 30 bleiben unberührt.

(2) [1] Ist das Wählerverzeichnis offensichtlich unrichtig oder unvollständig, so kann die Gemeindebehörde den Mangel auch von Amts wegen beheben. [2] Dies gilt nicht für Mängel, die Gegenstand eines Einspruchsverfahrens sind. [3] § 22 Abs. 3 bis 5 gilt entsprechend. [4] Die Frist für die Zustellung der Entscheidung (§ 22 Abs. 4 Satz 1) und für die Beschwerdeentscheidung (§ 22 Abs. 5 Satz 4) gilt nur, wenn die von Amts wegen behebbaren Mängel vor dem zwölften Tage vor der Wahl bekannt werden.

(3) Alle vom Beginn der Einsichtsfrist ab vorgenommenen Änderungen sind in der Spalte „Bemerkungen" zu erläutern und mit Datum und Unterschrift des vollziehenden Bediensteten, im automatisierten Verfahren anstelle der Unterschrift mit einem Hinweis auf den verantwortlichen Bediensteten zu versehen.

(4) Nach Abschluss des Wählerverzeichnisses können Änderungen mit Ausnahme der in Absatz 2 und § 53 Abs. 2 vorgesehenen Berichtigungen nicht mehr vorgenommen werden.

§ 24 Abschluss des Wählerverzeichnisses. (1) [1] Das Wählerverzeichnis ist spätestens am Tage vor der Wahl, jedoch nicht früher als am dritten Tage vor der Wahl, durch die Gemeindebehörde abzuschließen. [2] Sie stellt dabei die Zahl der Wahlberechtigten des Wahlbezirks fest. [3] Der Abschluss wird nach dem *Muster der Anlage 8*[1] beurkundet. [4] Bei automatisierter Führung des Wählerverzeichnisses ist vor der Beurkundung ein Ausdruck herzustellen.

(2) Wählerverzeichnisse mehrerer Gemeinden oder Gemeindeteile, die zu einem Wahlbezirk vereinigt sind, werden von der Gemeindebehörde, die die Wahl im Wahlbezirk durchführt, zum Wählerverzeichnis des Wahlbezirks verbunden und abgeschlossen.

[1] Anlagen hier nicht abgedruckt.

Dritter Unterabschnitt. Wahlscheine

§ 25[1] **Voraussetzungen für die Erteilung von Wahlscheinen.** (1) Ein Wahlberechtigter, der in das Wählerverzeichnis eingetragen ist, erhält auf Antrag einen Wahlschein.

(2) Ein Wahlberechtigter, der nicht in das Wählerverzeichnis eingetragen ist, erhält auf Antrag einen Wahlschein,

1. wenn er nachweist, dass er ohne Verschulden die Antragsfrist nach § 18 Abs. 1 oder die Einspruchsfrist nach § 22 Abs. 1 versäumt hat,

2. wenn sein Recht auf Teilnahme an der Wahl erst nach Ablauf der Fristen nach § 18 Abs. 1 oder § 22 Abs. 1 entstanden ist,

3. wenn sein Wahlrecht im Einspruchsverfahren festgestellt worden und die Feststellung erst nach Abschluss des Wählerverzeichnisses zur Kenntnis der Gemeindebehörde gelangt ist.

§ 26 Zuständige Behörde, Form des Wahlscheines. Der Wahlschein wird nach dem Muster der Anlage 9[2] von der Gemeindebehörde erteilt, in deren Wählerverzeichnis der Wahlberechtigte eingetragen ist oder hätte eingetragen werden müssen.

§ 27[3] **Wahlscheinanträge.** (1) [1] Die Erteilung eines Wahlscheines kann schriftlich oder mündlich bei der Gemeindebehörde beantragt werden. [2] Die Schriftform gilt auch durch Telegramm, Fernschreiben, Telefax, E-Mail oder durch sonstige dokumentierbare elektronische Übermittlung als gewahrt. [3] Eine telefonische Antragstellung ist unzulässig. [4] Ein Wahlberechtigter mit Behinderungen kann sich bei der Antragstellung der Hilfe einer anderen Person bedienen; § 57 gilt entsprechend.

(2) Der Antragsteller muss den Familiennamen, die Vornamen, das Geburtsdatum und seine Wohnanschrift (Straße, Hausnummer, Postleitzahl, Ort) angeben.

(3) Wer den Antrag für einen anderen stellt, muss durch Vorlage einer schriftlichen Vollmacht nachweisen, dass er dazu berechtigt ist.

(4) [1] Wahlscheine können bis zum zweiten Tage vor der Wahl, 18.00 Uhr, beantragt werden. [2] In den Fällen des § 25 Abs. 2 können Wahlscheine noch bis zum Wahltage, 15.00 Uhr, beantragt werden. [3] Gleiches gilt, wenn bei nachgewiesener plötzlicher Erkrankung der Wahlraum nicht oder nur unter nicht zumutbaren Schwierigkeiten aufgesucht werden kann; in diesem Fall hat die Gemeindebehörde vor Erteilung des Wahlscheines den für den Wahlbezirk des Wahlberechtigten zuständigen Wahlvorsteher davon zu unterrichten, der entsprechend § 53 Abs. 2 zu verfahren hat.

(5) Bei Wahlberechtigten, die nach § 16 Abs. 2 nur auf Antrag in das Wählerverzeichnis eingetragen werden, gilt der Antrag zugleich als Antrag auf Erteilung eines Wahlscheines, es sei denn, der Wahlberechtigte will vor dem Wahlvorstand seines Wahlbezirks wählen.

[1] § 25 Abs. 1 neu gef. mWv 11. 12. 2008 durch VO v. 3. 12. 2008 (BGBl. I S. 2378).
[2] Anlagen hier nicht abgedruckt.
[3] § 27 Abs. 1 Sätze 2 und 3 geänd., Abs. 2 neu gef. mWv 11. 12. 2008 durch VO v. 3. 12. 2008 (BGBl. I S. 2378); Abs. 2 geänd. mWv 18. 5. 2013 durch VO v. 13. 5. 2013 (BGBl. I S. 1255); Abs. 1 Satz 4 geänd. mWv 31. 3. 2017 durch VO v. 24. 3. 2017 (BGBl. I S. 585).

(6) Verspätet eingegangene schriftliche Anträge sind unbearbeitet mit den dazugehörigen Briefumschlägen zu verpacken und vorläufig aufzubewahren.

§ 28[1] Erteilung von Wahlscheinen. (1) Wahlscheine dürfen nicht vor Zulassung der Wahlvorschläge durch den Landes- und den Kreiswahlausschuss nach den §§ 26 und 28 des Bundeswahlgesetzes[2] erteilt werden.

(2) [1] Der Wahlschein muss von dem mit der Erteilung beauftragten Bediensteten eigenhändig unterschrieben werden und mit dem Dienstsiegel versehen sein. [2] Das Dienstsiegel kann eingedruckt werden. [3] Wird der Wahlschein mit Hilfe automatischer Einrichtungen erstellt, kann abweichend von Satz 1 die Unterschrift fehlen; stattdessen kann der Name des beauftragten Bediensteten eingedruckt werden.

(3) [1] Dem Wahlschein sind beizufügen

1. ein amtlicher Stimmzettel des Wahlkreises nach dem Muster der Anlage 26[3],

2. ein amtlicher Stimmzettelumschlag nach dem Muster der Anlage 10[3],

3. ein amtlicher Wahlbriefumschlag nach dem Muster der Anlage 11[3], auf dem die vollständige Anschrift, wohin der Wahlbrief zu übersenden ist (Wahlbriefempfänger gemäß § 66 Absatz 2), sowie die Bezeichnung der Gemeindebehörde, die den Wahlschein ausgestellt hat (Ausgabestelle), und die Wahlscheinnummer oder der Wahlbezirk von der Ausgabestelle voreingetragen sind, und

4. ein Merkblatt zur Briefwahl nach dem Muster der Anlage 12[3]. [2] Satz 1 gilt nicht in den Fällen des § 29 Absatz 1.

(4) [1] Wahlschein und Briefwahlunterlagen werden dem Wahlberechtigten an seine Wohnanschrift übersandt oder amtlich überbracht, soweit sich aus dem Antrag keine andere Anschrift oder die Abholung der Unterlagen ergibt. [2] Wird die Versendung an eine andere Anschrift in einer Form nach § 27 Absatz 1 Satz 2 beantragt, gehört zur Versendung der Briefwahlunterlagen die gleichzeitige Versendung einer Mitteilung an die Wohnanschrift. [3] Postsendungen sind von der Gemeindebehörde freizumachen. [4] Die Gemeindebehörde übersendet dem Wahlberechtigten Wahlschein und Briefwahlunterlagen mit Luftpost, wenn sich aus seinem Antrag ergibt, dass er aus einem außereuropäischen Gebiet wählen will, oder wenn dieses sonst geboten erscheint.

(5) [1] Holt der Wahlberechtigte persönlich den Wahlschein und die Briefwahlunterlagen bei der Gemeindebehörde ab, so soll ihm Gelegenheit gegeben werden, die Briefwahl an Ort und Stelle auszuüben. [2] Es ist sicherzustellen, dass der Stimmzettel unbeobachtet gekennzeichnet und in den Stimmzettelumschlag gelegt werden kann. [3] An einen anderen als den Wahlberechtigten persönlich dürfen Wahlschein und Briefwahlunterlagen nur ausgehändigt werden, wenn die Berechtigung zur Empfangnahme durch Vor-

[1] § 28 Abs. 1 und 3 Satz 1 geänd., Abs. 1 Satz 2, Abs. 4 und 5 neu gef., Abs. 7 Satz 1 und Abs. 8 Satz 4 geänd. mWv 11.12.2008 durch VO v. 3.12.2008 (BGBl. I S. 2378); Abs. 3 Satz 1 Nr. 3 und Satz 2 geänd., Abs. 4 Satz 2 eingef., bish. Sätze 2 und 3 werden Sätze 3 und 4 mWv 18.5.2013 durch VO v. 13.5.2013 (BGBl. I S. 1255).

[2] Nr. **30**.

[3] Anlagen hier nicht abgedruckt.

lage einer schriftlichen Vollmacht nachgewiesen wird. [4] § 27 Abs. 1 Satz 4 gilt entsprechend. [5] Von der Vollmacht kann nur Gebrauch gemacht werden, wenn die bevollmächtigte Person nicht mehr als vier Wahlberechtigte vertritt; dies hat sie der Gemeindebehörde vor der Empfangnahme der Unterlagen schriftlich zu versichern. [6] Auf Verlangen hat sich die bevollmächtigte Person auszuweisen.

(6) [1] Über die erteilten Wahlscheine führt die Gemeindebehörde ein Wahlscheinverzeichnis, in dem die Fälle des § 25 Abs. 1 und die des Absatzes 2 getrennt gehalten werden. [2] Das Verzeichnis wird als Liste oder als Sammlung der Durchschriften der Wahlscheine geführt. [3] Auf dem Wahlschein wird die Nummer eingetragen, unter der er im Wahlscheinverzeichnis vermerkt ist, sowie die Nummer, unter der der Wahlberechtigte im Wählerverzeichnis geführt wird, oder der vorgesehene Wahlbezirk. [4] Bei nicht in das Wählerverzeichnis eingetragenen Wahlberechtigten wird auf dem Wahlschein vermerkt, dass dessen Erteilung nach § 25 Abs. 2 erfolgt ist und welchem Wahlbezirk der Wahlberechtigte zugeordnet wird. [5] Werden nach Abschluss des Wählerverzeichnisses noch Wahlscheine erteilt, so ist darüber ein besonderes Verzeichnis nach den Sätzen 1 bis 3 zu führen.

(7) [1] Wird einem Wahlberechtigten ein Wahlschein nach § 25 Abs. 2 erteilt, hat die Gemeindebehörde bei Wahlberechtigten nach § 12 Abs. 2 Satz 1 des Bundeswahlgesetzes unverzüglich den Bundeswahlleiter zu unterrichten. [2] § 18 Abs. 5 Satz 5 und 6 gilt entsprechend.

(8) [1] Wird ein Wahlberechtigter, der bereits einen Wahlschein erhalten hat, im Wählerverzeichnis gestrichen, so ist der Wahlschein für ungültig zu erklären. [2] Die Gemeindebehörde führt darüber ein Verzeichnis, in das der Name des Wahlberechtigten und die Nummer des für ungültig erklärten Wahlscheines aufzunehmen ist; sie hat das Wahlscheinverzeichnis zu berichtigen. [3] Die Gemeindebehörde verständigt den Kreiswahlleiter, der alle Wahlvorstände des Wahlkreises über die Ungültigkeit des Wahlscheines unterrichtet. [4] In den Fällen des § 39 Abs. 5 des Bundeswahlgesetzes ist im Wahlscheinverzeichnis und im Verzeichnis der für ungültig erklärten Wahlscheine in geeigneter Form zu vermerken, dass die Stimme eines Wählers, der bereits an der Briefwahl teilgenommen hat, nicht ungültig ist.

(9) [1] Nach Abschluss des Wählerverzeichnisses übersendet die Gemeindebehörde, sofern sie nicht selbst oder eine andere Gemeindebehörde oder die Verwaltungsbehörde des Kreises für die Durchführung der Briefwahl zuständig ist, dem Kreiswahlleiter auf schnellstem Wege das Verzeichnis nach Absatz 8 Satz 2 und Nachträge zu diesem Verzeichnis oder eine Mitteilung, dass Wahlscheine nicht für ungültig erklärt worden sind, so rechtzeitig, dass sie dort spätestens am Wahltage vormittags eingehen. [2] Ist eine andere Gemeindebehörde nach § 7 Nr. 3 mit der Durchführung der Briefwahl betraut worden oder ist die Verwaltungsbehörde des Kreises zuständig, hat die Gemeindebehörde das Verzeichnis und die Nachträge oder eine Mitteilung entsprechend Satz 1 der beauftragten Gemeindebehörde oder der Verwaltungsbehörde des Kreises zu übersenden.

(10) [1] Verlorene Wahlscheine werden nicht ersetzt. [2] Versichert ein Wahlberechtigter glaubhaft, dass ihm der beantragte Wahlschein nicht zugegangen ist, kann ihm bis zum Tage vor der Wahl, 12.00 Uhr, ein neuer Wahlschein erteilt werden; Absatz 8 Satz 1 bis 3 und Absatz 9 gelten entsprechend.

§ 29[1] Erteilung von Wahlscheinen an bestimmte Personengruppen.
(1) [1] Die Gemeindebehörde fordert spätestens am achten Tage vor der Wahl von den Leitungen

1. der Einrichtungen, für die ein Sonderwahlbezirk gebildet worden ist (§ 13),
2. der kleineren Krankenhäuser, kleineren Alten- oder Pflegeheime, Klöster, sozialtherapeutischen Anstalten und Justizvollzugsanstalten, für deren Wahlberechtigte die Stimmabgabe vor einem beweglichen Wahlvorstand vorgesehen ist (§§ 8 und 62 bis 64),

ein Verzeichnis der wahlberechtigten Personen aus der Gemeinde, die sich in der Einrichtung befinden oder dort beschäftigt sind und die am Wahltage in der Einrichtung wählen. [2] Sie erteilt diesen Wahlberechtigten Wahlscheine ohne Briefwahlunterlagen und übersendet sie unmittelbar an diese.

(2) Die Gemeindebehörde veranlasst die Leitungen der Einrichtungen spätestens am 13. Tage vor der Wahl,

1. die wahlberechtigten Personen, die sich in der Einrichtung befinden oder dort beschäftigt sind und die in Wählerverzeichnissen anderer Gemeinden des gleichen Wahlkreises geführt werden, zu verständigen, dass sie in der Einrichtung nur wählen können, wenn sie sich von der Gemeindebehörde, in deren Wählerverzeichnis sie eingetragen sind, einen Wahlschein beschafft haben,
2. die wahlberechtigten Personen, die sich in der Einrichtung befinden oder dort beschäftigt sind und die in Wählerverzeichnissen von Gemeinden anderer Wahlkreise geführt werden, zu verständigen, dass sie ihr Wahlrecht nur durch Briefwahl in ihrem Heimatwahlkreis ausüben können und sich dafür von der Gemeindebehörde, in deren Wählerverzeichnis sie eingetragen sind, einen Wahlschein mit Briefwahlunterlagen beschaffen müssen.

(3) Die Gemeindebehörde ersucht spätestens am 13. Tage vor der Wahl die Truppenteile, die ihren Standort im Gemeindegebiet haben, die wahlberechtigten Soldaten entsprechend Absatz 2 Nr. 2 zu verständigen.

§ 30 Vermerk im Wählerverzeichnis. Hat ein Wahlberechtigter einen Wahlschein erhalten, so wird im Wählerverzeichnis in der Spalte für den Vermerk über die Stimmabgabe „Wahlschein" oder „W" eingetragen.

§ 31 Einspruch gegen die Versagung des Wahlscheines und Beschwerde. [1] Wird die Erteilung eines Wahlscheines versagt, so kann dagegen Einspruch eingelegt werden. [2] § 22 Abs. 2, 4 und 5 gilt entsprechend. [3] Die Frist für die Zustellung der Entscheidung (§ 22 Abs. 4 Satz 1) und für die Be-
(Fortsetzung nächstes Blatt)

[1] § 29 Abs. 1 Satz 2 neu gef. mWv 11.12.2008 durch VO v. 3.12.2008 (BGBl. I S. 2378).

schwerdeentscheidung (§ 22 Abs. 5 Satz 4) gilt nur, wenn der Einspruch vor dem zwölften Tage vor der Wahl eingelegt worden ist.

Vierter Unterabschnitt. Wahlvorschläge, Stimmzettel

§ 32[1] **Aufforderung zur Einreichung von Wahlvorschlägen.** [1]Nachdem der Wahltag bestimmt ist, fordern die Kreis- und Landeswahlleiter durch öffentliche Bekanntmachung zur möglichst frühzeitigen Einreichung der Wahlvorschläge auf und weisen auf die Voraussetzungen für die Einreichung von Wahlvorschlägen nach § 18 Abs. 2 des Bundeswahlgesetzes[2] hin. [2]Sie geben bekannt, wo und bis zu welchem Zeitpunkt die Anzeigen nach § 18 Abs. 2 des Bundeswahlgesetzes und die Wahlvorschläge eingereicht werden müssen und weisen auf die Bestimmungen über Inhalt und Form der Wahlvorschläge, auf die Zahl der in bestimmten Fällen beizubringenden Unterschriften und Nachweise sowie auf die mit den Wahlvorschlägen vorzulegenden Erklärungen, Niederschriften und Versicherungen hin (§§ 20, 21 und 27 des Bundeswahlgesetzes).

§ 33[3] **Beteiligungsanzeige der in § 18 Abs. 2 des Bundeswahlgesetzes[2] genannten Parteien, Beseitigung von Mängeln.** (1) [1]Der Bundeswahlleiter vermerkt auf jeder Beteiligungsanzeige den Tag des Eingangs und prüft unverzüglich, ob sie den Anforderungen des Bundeswahlgesetzes entspricht. [2]Stellt er Mängel fest, so benachrichtigt er sofort den Vorstand der Partei und fordert ihn auf, behebbare Mängel rechtzeitig zu beseitigen; dabei hat er darauf hinzuweisen, dass nach der Bestimmung des § 18 Abs. 3 des Bundeswahlgesetzes

1. nach Ablauf der Anzeigefrist nur noch Mängel an sich gültiger Anzeigen behoben werden können,
2. nach der Entscheidung über die Feststellung der Parteieigenschaft jede Mängelbeseitigung ausgeschlossen ist,
3. der Vorstand der Partei gegen Verfügungen des Bundeswahlleiters den Bundeswahlausschuss anrufen kann.

(2) [1]Der Bundeswahlleiter lädt die Vereinigungen, die ihre Beteiligung an der Wahl angezeigt haben, zu der Sitzung, in der über ihre Anerkennung als Partei für die Wahl entschieden wird. [2]In der Ladung weist er auf die Bekanntgabe der Entscheidung in der Sitzung und die Rechtsfolgen hin. [3]Er legt dem Bundeswahlausschuss die Beteiligungsanzeigen vor und berichtet über das Ergebnis der Vorprüfung. [4]Vor der Beschlussfassung ist den erschienenen Beteiligten Gelegenheit zur Äußerung zu geben.

(3) [1]Im Anschluss an die Feststellung nach § 18 Abs. 4 des Bundeswahlgesetzes gibt der Bundeswahlleiter die Entscheidung des Bundeswahlausschusses in der Sitzung unter kurzer Angabe der Gründe bekannt. [2]Ist eine Partei oder Vereinigung wegen der Feststellung an der Einreichung von Wahlvorschlägen

[1] § 32 Abs. 1 Sätze 1 und 2, Abs. 2 geänd. mWv 11.12.2008 durch VO v. 3.12.2008 (BGBl. I S. 2378); Absatzbez. (1) und Abs. 2 aufgeh. mWv 18.5.2013 durch VO v. 13.5.2013 (BGBl. I S. 1255).
[2] Nr. **30**.
[3] § 33 Überschrift, Abs. 1 Sätze 1 und 2, Abs. 3 Satz 1 geänd. mWv 11.12.2008 durch VO v. 3.12. 2008 (BGBl. I S. 2378); Abs. 2 Satz 2 eingef., bish. Sätze 2 und 3 werden Sätze 3 und 4, Abs. 3 Satz 2 eingef., bish. Satz 2 wird Satz 3, Abs. 4 angef. mWv 18.5.2013 durch VO v. 13.5.2013 (BGBl. I S. 1255).

gehindert, weist er dabei auf den Rechtsbehelf der Beschwerde nach § 18 Absatz 4a des Bundeswahlgesetzes, die hierfür geltende Frist und die Rechtsfolgen einer Beschwerde hin. [3] Die Entscheidung ist vom Bundeswahlleiter öffentlich bekanntzumachen.

(4) [1] Die Niederschrift über die Sitzung (§ 5 Absatz 7) ist unverzüglich auszufertigen. [2] In der Niederschrift sind die tragenden Gründe darzustellen. [3] Der Bundeswahlleiter übermittelt Parteien oder Vereinigungen, die durch die Feststellung des Bundeswahlausschusses an der Einreichung von Wahlvorschlägen gehindert sind, unverzüglich, spätestens am Tag nach der Sitzung des Bundeswahlausschusses auf schnellstem Wege eine Ausfertigung des sie betreffenden Teils der Niederschrift mit den nach Absatz 3 Satz 2 erforderlichen Hinweisen.

§ 34[1] Inhalt und Form der Kreiswahlvorschläge. (1) [1] Der Kreiswahlvorschlag soll nach dem Muster der Anlage 13 eingereicht werden. [2] Er muss enthalten

1. den Familiennamen, die Vornamen, den Beruf oder Stand, das Geburtsdatum, den Geburtsort und die Anschrift (Hauptwohnung) des Bewerbers,

2. den Namen der einreichenden Partei und, sofern sie eine Kurzbezeichnung verwendet, auch diese, bei anderen Kreiswahlvorschlägen (§ 20 Abs. 3 des Bundeswahlgesetzes[2]) deren Kennwort.

[3] Er soll ferner Namen und Anschriften der Vertrauensperson und der stellvertretenden Vertrauensperson enthalten.

(2) [1] Kreiswahlvorschläge von Parteien sind von mindestens drei Mitgliedern des Vorstandes des Landesverbandes, darunter dem Vorsitzenden oder seinem Stellvertreter, persönlich und handschriftlich zu unterzeichnen. [2] Hat eine Partei in einem Land keinen Landesverband oder keine einheitliche Landesorganisation, so müssen die Kreiswahlvorschläge von den Vorständen der nächstniedrigen Gebietsverbände, in deren Bereich der Wahlkreis liegt, dem Satz 1 gemäß unterzeichnet sein. [3] Die Unterschriften des einreichenden Vorstandes genügen, wenn er innerhalb der Einreichungsfrist nachweist, dass dem Landeswahlleiter eine schriftliche, dem Satz 1 entsprechende Vollmacht der anderen beteiligten Vorstände vorliegt.

(3) [1] Bei anderen Kreiswahlvorschlägen haben drei Unterzeichner des Wahlvorschlages ihre Unterschriften auf dem Kreiswahlvorschlag (Anlage 13) selbst zu leisten. [2] Absatz 4 Nr. 3 und 4 gilt entsprechend.

(4) Muss ein Kreiswahlvorschlag von mindestens 200 Wahlberechtigten des Wahlkreises unterzeichnet sein, so sind die Unterschriften auf amtlichen Formblättern nach Anlage 14 unter Beachtung folgender Vorschriften zu erbringen:

[1] § 34 Abs. 1 Satz 2 Nr. 1 und Abs. 4 Nr. 2 Sätze 1 und 2 geänd., Abs. 4 Nr. 1 Satz 1 und Abs. 5 Nr. 3 neu gef. sowie Abs. 4 Nr. 1 Satz 3 eingef., bish. Sätze 3–5 werden Sätze 4–6 und Satz 6 geänd. mWv 1.4.2008 durch VO v. 27.3.2008 (BGBl. I S. 476); Abs. 1 Satz 2 Nr. 2, Abs. 4 Nr. 1 Satz 5 und Nr. 2 Satz 2, Abs. 5 Nr. 3a und 3b geänd. mWv 11.12.2008 durch VO v. 3.12.2008 (BGBl. I S. 2378); Abs. 4 Nr. 1 Satz 3 geänd. mWv 1.11.2015 durch G v. 3.5.2013 (BGBl. I S. 1084, geänd. durch G v. 20.11.2014, BGBl. I S. 1738); Abs. 1 Satz 2 Nr. 1 und Abs. 4 Nr. 4 geänd. mWv 18.5.2013 durch VO *v. 13.5.2013 (BGBl. I S. 1255)*; Abs. 7 Satz 1 geänd. mWv 27.6.2020 durch VO v. 19.6.2020 (BGBl. I S. 1328).

[2] Nr. 30.

1. [1]Der Kreiswahlleiter liefert die Formblätter auf Anforderung kostenfrei; er kann sie auch als Druckvorlage oder elektronisch bereitstellen. [2]Bei der Anforderung sind Familienname, Vornamen und Anschrift (Hauptwohnung) des vorzuschlagenden Bewerbers anzugeben. [3]Wird bei der Anforderung der Nachweis erbracht, dass für den Bewerber im Melderegister eine Auskunftssperre gemäß § 51 Absatz 1 des Bundesmeldegesetzes[1]) eingetragen ist, wird anstelle seiner Anschrift (Hauptwohnung) eine Erreichbarkeitsanschrift verwendet; die Angabe eines Postfachs genügt nicht. [4]Als Bezeichnung des Trägers des Wahlvorschlages, der den Kreiswahlvorschlag einreichen will, sind außerdem bei Parteien deren Namen und, sofern sie eine Kurzbezeichnung verwenden, auch diese, bei anderen Kreiswahlvorschlägen deren Kennwort anzugeben. [5]Parteien haben ferner die Aufstellung des Bewerbers in einer Mitglieder- oder einer besonderen oder allgemeinen Vertreterversammlung nach § 21 des Bundeswahlgesetzes zu bestätigen. [6]Der Kreiswahlleiter hat die in den Sätzen 2 bis 4 genannten Angaben im Kopf der Formblätter zu vermerken.

2. [1]Die Wahlberechtigten, die einen Kreiswahlvorschlag unterstützen, müssen die Erklärung auf dem Formblatt persönlich und handschriftlich unterzeichnen; neben der Unterschrift sind Familienname, Vornamen, Geburtsdatum und Anschrift (Hauptwohnung) des Unterzeichners sowie der Tag der Unterzeichnung anzugeben. [2]Von Wahlberechtigten im Sinne des § 12 Abs. 2 Satz 1 des Bundeswahlgesetzes ist der Nachweis für die Wahlberechtigung durch die Angaben gemäß Anlage 2 und Abgabe einer Versicherung an Eides statt zu erbringen.

3. [1]Für jeden Unterzeichner ist auf dem Formblatt oder gesondert eine Bescheinigung der Gemeindebehörde, bei der er im Wählerverzeichnis einzutragen ist, beizufügen, dass er im Zeitpunkt der Unterzeichnung in dem betreffenden Wahlkreis wahlberechtigt ist. [2]Gesonderte Bescheinigungen des Wahlrechts sind vom Träger des Wahlvorschlages bei der Einreichung des Kreiswahlvorschlages mit den Unterstützungsunterschriften zu verbinden. [3]Wer für einen anderen eine Bescheinigung des Wahlrechts beantragt, muss nachweisen, dass der Betreffende den Kreiswahlvorschlag unterstützt.

4. Ein Wahlberechtigter darf nur einen Kreiswahlvorschlag unterzeichnen; hat jemand mehrere Kreiswahlvorschläge unterzeichnet, so ist seine Unterschrift auf allen weiteren Kreiswahlvorschlägen ungültig.

5. [1]Kreiswahlvorschläge von Parteien dürfen erst nach Aufstellung des Bewerbers durch eine Mitglieder- oder Vertreterversammlung unterzeichnet werden. [2]Vorher geleistete Unterschriften sind ungültig.

(5) Dem Kreiswahlvorschlag sind beizufügen

1. die Erklärung des vorgeschlagenen Bewerbers nach dem Muster der Anlage 15, dass er seiner Aufstellung zustimmt und für keinen anderen Wahlkreis seine Zustimmung zur Benennung als Bewerber gegeben hat,

2. eine Bescheinigung der zuständigen Gemeindebehörde nach dem Muster der Anlage 16, dass der vorgeschlagene Bewerber wählbar ist,

3. bei Kreiswahlvorschlägen von Parteien

a) eine Ausfertigung der Niederschrift über die Beschlussfassung der Mitglieder- oder Vertreterversammlung, in der der Bewerber aufgestellt wor-

[1]) Nr. **256.**

den ist, im Falle eines Einspruchs nach § 21 Abs. 4 des Bundeswahlgesetzes auch eine Ausfertigung der Niederschrift über die wiederholte Abstimmung, mit der nach § 21 Abs. 6 Satz 2 des Bundeswahlgesetzes vorgeschriebenen Versicherung an Eides statt; die Niederschrift soll nach dem Muster der Anlage 17 gefertigt, die Versicherung an Eides statt nach dem Muster der Anlage 18 abgegeben werden;

b) eine Versicherung an Eides statt des vorgeschlagenen Bewerbers gegenüber dem Kreiswahlleiter nach dem Muster der Anlage 15, dass er nicht Mitglied einer anderen als der den Wahlvorschlag einreichenden Partei ist; für die Abnahme der Versicherung an Eides statt gilt § 21 Abs. 6 Satz 3 des Bundeswahlgesetzes entsprechend,

4. die erforderliche Zahl von Unterstützungsunterschriften nebst Bescheinigungen des Wahlrechts der Unterzeichner (Absatz 4 Nr. 2 und 3), sofern der Kreiswahlvorschlag von mindestens 200 Wahlberechtigten des Wahlkreises unterzeichnet sein muss.

(6) ¹Die Bescheinigung des Wahlrechts (Absatz 4 Nr. 3) und die Bescheinigung der Wählbarkeit (Absatz 5 Nr. 2) sind kostenfrei zu erteilen. ²Die Gemeindebehörde darf für jeden Wahlberechtigten die Bescheinigung des Wahlrechts nur einmal zu einem Kreiswahlvorschlag erteilen; dabei darf sie nicht festhalten, für welchen Wahlvorschlag die erteilte Bescheinigung bestimmt ist.

(7) ¹Für Bewerber, die keine Wohnung in der Bundesrepublik Deutschland innehaben und sich dort auch sonst nicht gewöhnlich aufhalten, erteilt das Bundesministerium des Innern, für Bau und Heimat die Wählbarkeitsbescheinigung. ²Sie ist bei der für den Wohnort des Bewerbers zuständigen diplomatischen oder berufskonsularischen Vertretung der Bundesrepublik Deutschland, sonst unmittelbar unter Vorlage der erforderlichen Nachweise zu beantragen.

§ 35[1]) Vorprüfung der Kreiswahlvorschläge durch den Kreiswahlleiter.

(1) ¹Der Kreiswahlleiter vermerkt auf jedem Kreiswahlvorschlag den Tag und bei Eingang am letzten Tage der Einreichungsfrist außerdem die Uhrzeit des Eingangs und übersendet dem Landeswahlleiter und dem Bundeswahlleiter sofort je einen Abdruck. ²Er prüft unverzüglich, ob die eingegangenen Kreiswahlvorschläge vollständig sind und den Erfordernissen des Bundeswahlgesetzes und dieser Verordnung entsprechen.

(2) Wird dem Kreiswahlleiter bekannt, dass ein im Wahlkreis vorgeschlagener Bewerber noch in einem anderen Wahlkreis vorgeschlagen worden ist, so weist er den Kreiswahlleiter des anderen Wahlkreises auf die Doppelbewerbung hin.

(3) ¹Wird der Kreiswahlausschuss nach § 25 Abs. 4 des Bundeswahlgesetzes[2]) im Mängelbeseitigungsverfahren angerufen, hat er über die Verfügung des Kreiswahlleiters unverzüglich zu entscheiden. ²Der Vertrauensperson des betroffenen Kreiswahlvorschlages ist Gelegenheit zur Äußerung zu geben.

¹⁾ *§ 35 Abs. 1 Satz 2 und Abs. 3 Satz 1 geänd. mWv 11.12.2008 durch VO v. 3.12.2008 (BGBl. 1 S. 2378).*
²⁾ Nr. **30**.

§ 36[1] Zulassung der Kreiswahlvorschläge. (1) Der Kreiswahlleiter lädt die Vertrauenspersonen der Kreiswahlvorschläge zu der Sitzung, in der über die Zulassung der Kreiswahlvorschläge entschieden wird.

(2) Der Kreiswahlleiter legt dem Kreiswahlausschuss alle eingegangenen Kreiswahlvorschläge vor und berichtet ihm über das Ergebnis der Vorprüfung.

(3) [1] Der Kreiswahlausschuss prüft die eingegangenen Kreiswahlvorschläge und beschließt über ihre Zulassung oder Zurückweisung. [2] Vor einer Entscheidung ist der erschienenen Vertrauensperson des betroffenen Wahlvorschlages Gelegenheit zur Äußerung zu geben.

(4) [1] Der Kreiswahlausschuss stellt die zugelassenen Kreiswahlvorschläge mit den in § 34 Abs. 1 Satz 2 bezeichneten Angaben fest. [2] Fehlt bei einem anderen Kreiswahlvorschlag (§ 20 Abs. 3 des Bundeswahlgesetzes[2]) das Kennwort oder erweckt es den Eindruck, als handele es sich um den Kreiswahlvorschlag einer Partei, oder ist es geeignet, Verwechslungen mit einem früher eingereichten Kreiswahlvorschlag hervorzurufen, so erhält der Kreiswahlvorschlag den Namen des Bewerbers als Kennwort. [3] Geben die Namen mehrerer Parteien oder deren Kurzbezeichnungen zu Verwechslungen Anlass, so fügt der Kreiswahlausschuss einem Wahlvorschlag oder mehreren Wahlvorschlägen eine Unterscheidungsbezeichnung bei; hat der Landeswahlausschuss eine Unterscheidungsregelung getroffen (§ 41 Abs. 1), so gilt diese.

(5) Der Kreiswahlleiter gibt die Entscheidung des Kreiswahlausschusses in der Sitzung im Anschluss an die Beschlussfassung unter kurzer Angabe der Gründe bekannt und weist auf den zulässigen Rechtsbehelf hin.

(6) Die Niederschrift über die Sitzung (§ 5 Abs. 7) ist nach dem Muster der Anlage 19[3] zu fertigen; der Niederschrift sind die zugelassenen Kreiswahlvorschläge in der vom Kreiswahlausschuss festgestellten Fassung beizufügen.

(7) [1] Nach der Sitzung übersendet der Kreiswahlleiter dem Landeswahlleiter und dem Bundeswahlleiter sofort eine Ausfertigung der Niederschrift und weist dabei auf ihm bedenklich erscheinende Entscheidungen besonders hin. [2] Er ist verpflichtet, dem Bundeswahlleiter auf Verlangen alle für die Einlegung einer Beschwerde erforderlichen Auskünfte zu erteilen und Feststellungen zu treffen.

§ 37[4] Beschwerde gegen Entscheidungen des Kreiswahlausschusses.

(1) [1] Die Beschwerde gegen eine Entscheidung des Kreiswahlausschusses ist schriftlich oder zur Niederschrift beim Kreiswahlleiter einzulegen. [2] Der Bundeswahlleiter hat seine Beschwerde beim Kreiswahlleiter, der Kreiswahlleiter seine Beschwerde beim Landeswahlleiter einzulegen. [3] Die Schriftform gilt auch durch Telegramm, Fernschreiben oder Telefax als gewahrt. [4] Der Kreiswahlleiter unterrichtet unverzüglich den Landeswahlleiter und den Bundeswahlleiter über die eingegangenen Beschwerden und verfährt nach den Anweisungen des Landeswahlleiters.

(2) [1] Der Landeswahlleiter lädt die Beschwerdeführer, die Vertrauenspersonen der betroffenen Kreiswahlvorschläge sowie den Kreiswahlleiter und den Bundes-

[1] § 36 Abs. 4 Satz 2 und 3 geänd. mWv 11. 12. 2008 durch VO v. 3. 12. 2008 (BGBl. I S. 2378).
[2] Nr. **30**.
[3] Anlagen hier nicht abgedruckt.
[4] § 37 Abs. 1 Satz 3 geänd. mWv 1. 4. 2008 durch VO v. 27. 3. 2008 (BGBl. I S. 476).

wahlleiter zu der Sitzung, in der über die Beschwerde entschieden wird. [2]Den Vertrauenspersonen ist Gelegenheit zur Äußerung zu geben.

(3) Der Landeswahlleiter gibt die Entscheidung des Landeswahlausschusses in der Sitzung im Anschluss an die Beschlussfassung unter kurzer Angabe der Gründe bekannt und teilt sie sofort dem Bundeswahlleiter mit.

§ 38[1]) Bekanntmachung der Kreiswahlvorschläge.

[1]Der Kreiswahlleiter ordnet die zugelassenen Kreiswahlvorschläge unter fortlaufenden Nummern in der Reihenfolge, wie sie durch § 30 Abs. 3 Satz 3 und 4 des Bundeswahlgesetzes[2]) und durch die Mitteilung des Landeswahlleiters nach § 43 Abs. 2 bestimmt ist, und macht sie öffentlich bekannt. [2]Parteien, für die eine Landesliste, aber kein Kreiswahlvorschlag zugelassen ist, erhalten eine Leernummer. [3]Die Bekanntmachung enthält für jeden Kreiswahlvorschlag die in § 34 Abs. 1 Satz 2 bezeichneten Angaben; statt des Geburtsdatums ist jedoch jeweils nur das Geburtsjahr des Bewerbers anzugeben. [4]Weist ein Bewerber bis zum Ablauf der Einreichungsfrist gegenüber dem Kreiswahlleiter nach, dass für ihn im Melderegister ein Sperrvermerk gemäß § 51 Absatz 1 des Bundesmeldegesetzes[3]) eingetragen ist, ist anstelle seiner Anschrift (Hauptwohnung) eine Erreichbarkeitsanschrift zu verwenden; die Angabe eines Postfachs genügt nicht. [5]Der Kreiswahlleiter unterrichtet unverzüglich den Landeswahlleiter und den Bundeswahlleiter über die Erreichbarkeitsanschrift. [6]Der Bundeswahlleiter veröffentlicht den Inhalt der öffentlichen Bekanntmachungen der Kreiswahlleiter im Wahlgebiet.

§ 39[4]) Inhalt und Form der Landeslisten.

(1) [1]Die Landesliste soll nach dem Muster der Anlage 20[5]) eingereicht werden. [2]Sie muss enthalten

1. den Namen der einreichenden Partei und, sofern sie eine Kurzbezeichnung verwendet, auch diese,

2. den Familiennamen, die Vornamen, den Beruf oder Stand, das Geburtsdatum, den Geburtsort und die Anschrift (Hauptwohnung) der Bewerber.

[3]Sie soll ferner Namen und Anschriften der Vertrauensperson und der stellvertretenden Vertrauensperson enthalten.

(2) [1]Die Landesliste ist von mindestens drei Mitgliedern des Vorstandes des Landesverbandes der Partei, darunter dem Vorsitzenden oder seinem Stellvertreter, persönlich und handschriftlich zu unterzeichnen. [2]Hat eine Partei in einem Land keinen Landesverband oder keine einheitliche Landesorganisation, so ist die Landesliste von den Vorständen der nächstniedrigen Gebietsverbände, die im Bereich des Landes liegen, dem Satz 1 gemäß zu unterzeichnen. [3]Die Unterschriften des einreichenden Vorstandes genügen, wenn er innerhalb der Einrei-

[1]) § 38 Satz 3 zweiter Halbs. geänd. mWv 1. 4. 2008 durch VO v. 27. 3. 2008 (BGBl. I S. 476); Satz 1 geänd. mWv 11. 12. 2008 durch VO v. 3. 12. 2008 (BGBl. I S. 2378); Satz 4 geänd. mWv 1. 11. 2015 durch G v. 3. 5. 2013 (BGBl. I S. 1084, geänd. durch G v. 20. 11. 2014, BGBl. I S. 1738); Satz 6 angef. mWv 18. 5. 2013 durch VO v. 13. 5. 2013 (BGBl. I S. 1255).

[2]) Nr. 30.

[3]) Nr. 256.

[4]) § 39 Abs. 1 Satz 2 Nr. 2 und Abs. 4 Nr. 3 geänd. sowie Abs. 3 Satz 2 und Abs. 4 Nr. 1 neu gef. mWv 1. 4. 2008 durch VO v. 27. 3. 2008 (BGBl. I S. 476); Abs. 3 Satz 1, Abs. 4 Nr. 1 2. Halbs. Nr. 3 1. Halbs. und Nr. 4 geänd. mWv 11. 12. 2008 durch VO v. 3. 12. 2008 (BGBl. I S. 2378); Abs. 1 Satz 2 Nr. 2 geänd. mWv 18. 5. 2013 durch VO v. 13. 5. 2013 (BGBl. I S. 1255).

[5]) Anlagen hier nicht abgedruckt.

chungsfrist eine schriftliche, dem Satz 1 entsprechende Vollmacht der anderen beteiligten Vorstände beibringt.

(3) [1] Die in § 18 Abs. 2 des Bundeswahlgesetzes[1] genannten Parteien haben die nach § 27 Abs. 1 des Bundeswahlgesetzes weiter erforderliche Zahl von Unterschriften auf amtlichen Formblättern nach Anlage 21[2] zu erbringen. [2] Der Landeswahlleiter liefert die Formblätter auf Anforderung kostenfrei; er kann sie auch als Druckvorlage oder elektronisch bereitstellen. [3] Bei der Anforderung ist der Name der Partei, die die Landesliste einreichen will, und, sofern sie eine Kurzbezeichnung verwendet, auch diese anzugeben. [4] Der Landeswahlleiter hat diese Angaben im Kopf der Formblätter zu vermerken. [5] Im Übrigen gilt § 34 Abs. 4 entsprechend.

(4) Der Landesliste sind beizufügen

1. die Erklärungen der vorgeschlagenen Bewerber, dass sie ihrer Aufstellung zustimmen und für keine andere Landesliste ihre Zustimmung zur Benennung als Bewerber gegeben haben, sowie eine Versicherung an Eides statt gegenüber dem Landeswahlleiter, dass sie nicht Mitglied einer anderen als der den Wahlvorschlag einreichenden Partei sind, jeweils nach dem Muster der Anlage 22[2]; für die Abnahme der Versicherung an Eides statt gilt § 21 Abs. 6 Satz 3 des Bundeswahlgesetzes entsprechend,

2. die Bescheinigungen der zuständigen Gemeindebehörden nach dem Muster der Anlage 16[2], dass die vorgeschlagenen Bewerber wählbar sind,

3. eine Ausfertigung der Niederschrift über die Beschlussfassung der Mitglieder- oder Vertreterversammlung, in der die Bewerber aufgestellt worden sind und ihre Reihenfolge auf der Landesliste festgelegt worden ist, mit der nach § 21 Abs. 6 des Bundeswahlgesetzes vorgeschriebenen Versicherung an Eides statt, wobei sich die Versicherung an Eides statt auch darauf zu erstrecken hat, dass die Festlegung der Reihenfolge der Bewerber in der Landesliste in geheimer Abstimmung erfolgt ist; die Niederschrift soll nach dem Muster der Anlage 23[2] gefertigt, die Versicherung an Eides statt nach dem Muster der Anlage 24[2] abgegeben werden,

4. die erforderliche Zahl von Unterstützungsunterschriften nebst Bescheinigungen des Wahlrechts der Unterzeichner (Absatz 3 Satz 5), sofern es sich um einen Landeswahlvorschlag einer in § 18 Abs. 2 des Bundeswahlgesetzes genannten Partei handelt.

(5) § 34 Abs. 6 und 7 gilt entsprechend.

§ 40[3] Vorprüfung der Landeslisten durch den Landeswahlleiter.

(1) [1] Der Landeswahlleiter vermerkt auf jeder Landesliste den Tag und bei Eingang am letzten Tage der Einreichungsfrist außerdem die Uhrzeit des Eingangs und übersendet dem Bundeswahlleiter sofort einen Abdruck. [2] Er prüft unverzüglich, ob die eingegangenen Landeslisten vollständig sind und den Erfordernissen des Bundeswahlgesetzes und dieser Verordnung entsprechen.

(2) Wird dem Landeswahlleiter bekannt, dass ein auf einer Landesliste vorgeschlagener Bewerber noch auf einer anderen Landesliste vorgeschlagen wor-

[1] Nr. **30.**
[2] Anlagen hier nicht abgedruckt.
[3] § 40 Abs. 1 Satz 2 und Abs. 3 geänd. mWv 11.12.2008 durch VO v. 3.12.2008 (BGBl. I S. 2378).

den ist, so weist er den Landeswahlleiter des anderen Landes auf die Doppelbewerbung hin.

(3) Wird der Landeswahlausschuss nach § 27 Abs. 5 des Bundeswahlgesetzes[1] in Verbindung mit § 25 Abs. 4 des Bundeswahlgesetzes im Mängelbeseitigungsverfahren angerufen, gilt § 35 Abs. 3 entsprechend.

§ 41 Zulassung der Landeslisten. (1) [1]Der Landeswahlausschuss stellt die zugelassenen Landeslisten mit den in § 39 Abs. 1 Satz 2 bezeichneten Angaben und mit der maßgebenden Bewerberreihenfolge fest. [2]Geben die Namen mehrerer Parteien oder deren Kurzbezeichnungen im Land zu Verwechslungen Anlass, so fügt der Landeswahlausschuss einer Landesliste oder mehreren Landeslisten eine Unterscheidungsbezeichnung bei.

(2) [1]Für das Verfahren gilt § 36 Abs. 1 bis 3, 5 und 6 entsprechend. [2]Der Niederschrift sind die zugelassenen Landeslisten in der vom Landeswahlausschuss festgestellten Fassung beizufügen. [3]Der Landeswahlleiter übersendet dem Bundeswahlleiter sofort eine Ausfertigung der Niederschrift und ihrer Anlagen.

§ 42[2) Beschwerde gegen Entscheidungen des Landeswahlausschusses. (1) [1]Die Beschwerde gegen eine Entscheidung des Landeswahlausschusses ist schriftlich oder zur Niederschrift beim Landeswahlleiter einzulegen; der Landeswahlleiter hat seine Beschwerde beim Bundeswahlleiter einzulegen. [2]Die Schriftform gilt auch durch Telegramm, Fernschreiben oder Telefax als gewahrt. [3]Der Landeswahlleiter unterrichtet unverzüglich den Bundeswahlleiter über die eingegangenen Beschwerden und verfährt nach dessen Anweisungen.

(2) [1]Der Bundeswahlleiter lädt die Beschwerdeführer, die Vertrauenspersonen der betroffenen Landeslisten und den Landeswahlleiter zu der Sitzung, in der über die Beschwerde entschieden wird. [2]Den Vertrauenspersonen ist Gelegenheit zur Äußerung zu geben.

(3) Der Bundeswahlleiter gibt die Entscheidung des Bundeswahlausschusses in der Sitzung im Anschluss an die Beschlussfassung unter kurzer Angabe der Gründe bekannt.

§ 43[3) Bekanntmachung der Landeslisten. (1) [1]Der Landeswahlleiter ordnet die endgültig zugelassenen Landeslisten in der durch § 30 Abs. 3 Satz 1 und 2 des Bundeswahlgesetzes[1] bestimmten Reihenfolge unter fortlaufenden Nummern und macht sie öffentlich bekannt. [2]Die Bekanntmachung enthält für jede Landesliste die in § 39 Abs. 1 Satz 2 bezeichneten Angaben; statt des Geburtsdatums ist jedoch nur das Geburtsjahr der Bewerber anzugeben. [3]Weist ein Bewerber bis zum Ablauf der Einreichungsfrist gegenüber dem Landeswahlleiter nach, dass für ihn im Melderegister ein Sperrvermerk gemäß § 51 Absatz 1 des Bundesmeldegesetzes[4] eingetragen ist, ist anstelle seiner Anschrift (Hauptwohnung) eine Erreichbarkeitsanschrift zu verwenden; die Angabe eines Post-

[1] Nr. **30**.

[2] § 42 Abs. 1 Satz 2 geänd. mWv 1.4.2008 durch VO v. 27.3.2008 (BGBl. I S. 476).

[3] § 43 Abs. 1 Satz 2 geänd. mWv 1.4.2008 durch VO v. 27.3.2008 (BGBl. I S. 476); Abs. 1 Satz 1 geänd. mWv 11.12.2008 durch VO v. 3.12.2008 (BGBl. I S. 2378); Abs. 1 Satz 3 geänd. mWv 1.11.2015 durch G v. 3.5.2013 (BGBl. I S. 1084, geänd. durch G v. 20.11.2014, BGBl. I S. 1738); Abs. 1 Satz 5 angef. mWv 18.5.2013 durch VO v. 13.5.2013 (BGBl. I S. 1255).

[4] Nr. **256**.

fachs genügt nicht. [4] Der Landeswahlleiter unterrichtet unverzüglich den Bundeswahlleiter über die Erreichbarkeitsanschrift. [5] Der Bundeswahlleiter veröffentlicht den Inhalt der öffentlichen Bekanntmachungen der Landeswahlleiter im Wahlgebiet.

(2) Gleichzeitig teilt der Landeswahlleiter den Kreiswahlleitern die Reihenfolge der Landeslisten und die Familiennamen und Vornamen der ersten fünf Bewerber mit.

§ 44[1] (aufgehoben)

§ 45[2] Stimmzettel, Umschläge für die Briefwahl. (1) [1] Der Stimmzettel ist mindestens 21 x 29,7 cm (DIN A 4) groß und aus weißem oder weißlichem Papier. [2] Das Papier muss so beschaffen sein, dass nach Kennzeichnung und Faltung durch den Wähler andere Personen nicht erkennen können, wie er gewählt hat. [3] Der Stimmzettel enthält nach dem Muster der Anlage 26[3] je in der Reihenfolge und unter der Nummer ihrer Bekanntmachung

1. für die Wahl im Wahlkreis in schwarzem Druck die zugelassenen Kreiswahlvorschläge unter Angabe des Familiennamens, Vornamens, Berufs oder Standes und des Wohnortes (Hauptwohnung) des Bewerbers sowie des Namens der Partei, sofern sie eine Kurzbezeichnung verwendet, auch dieser, oder des Kennworts bei anderen Kreiswahlvorschlägen (§ 20 Abs. 3 des Bundeswahlgesetzes[4]) und rechts von dem Namen jedes Bewerbers einen Kreis für die Kennzeichnung; bei einem Nachweis nach § 38 Satz 4 ist anstelle des Wohnortes (Hauptwohnung) der Ort der Erreichbarkeitsanschrift anzugeben,

2. für die Wahl nach Landeslisten in blauem Druck die zugelassenen Landeslisten unter Angabe des Namens der Partei, sofern sie eine Kurzbezeichnung verwendet, auch dieser, sowie der Familiennamen und Vornamen der ersten fünf Bewerber und links von der Parteibezeichnung einen Kreis für die Kennzeichnung.

[4] Zusätzlich kann ein eingetragener Ordens- oder Künstlername (§ 5 Absatz 2 Nummer 12 des Personalausweisgesetzes[5]), § 4 Absatz 1 Nummer 4 des Passgesetzes[6]) angegeben werden. [5] Jeder Wahlkreisbewerber und jede Landesliste erhält ein abgegrenztes Feld. [6] Die Stimmzettel müssen in jedem Wahlbezirk von gleicher Farbe und Beschaffenheit sein.

(2) [1] Zur Verwendung von Stimmzettelschablonen wird die rechte obere Ecke des Stimmzettels gelocht oder abgeschnitten. [2] Muster der Stimmzettel werden unverzüglich nach ihrer Fertigstellung den Blindenvereinen, die ihre

[1] § 44 aufgeh. mWv 18.5.2013 durch VO v. 13.5.2013 (BGBl. I S. 1255).
[2] § 45 Abs. 5 Satz 1 neu gef., bish. Sätze 1 und 2 werden Sätze 2 und 3 mWv 1.5.2002 durch G v. 27.4.2002 (BGBl. I S. 1467); Überschrift, Abs. 1 Satz 3 Nr. 1, Abs. 3 und 5 Satz 3 geänd. mWv 11.12.2008 durch VO v. 3.12.2008 (BGBl. I S. 2378); Abs. 1 Satz 3 Nr. 1 geänd., Satz 4 eingef., bish. Sätze 4 und 5 werden Sätze 5 und 6, Abs. 5 Satz 1 eingef., bish. Satz 1 wird Satz 2, bish. Sätze 2 und 3 werden Abs. 5 Satz 1 und 2 mWv 18.5.2013 durch VO v. 13.5.2013 (BGBl. I S. 1255); Abs. 2 neu gef., Abs. 4 geänd. und Abs. 5 Satz 2 aufgeh. mWv 31.3.2017 durch VO v. 24.3.2017 (BGBl. I S. 585).
[3] Anlagen hier nicht abgedruckt.
[4] Nr. 30.
[5] Nr. 255.
[6] Nr. 250.

Bereitschaft zur Herstellung von Stimmzettelschablonen erklärt haben, zur Verfügung gestellt.

(3) Die Stimmzettelumschläge für die Briefwahl sollen 11,4 x 16,2 cm (DIN C 6) groß und blau und nach dem Muster der Anlage 10[1] beschriftet sein.

(4) Die Wahlbriefumschläge sollen etwa 12 x 17,6 cm groß und hellrot und nach dem Muster der Anlage 11[1] beschriftet sein.

(5) Schriftart, Schriftgröße und Kontrast sollen so gewählt werden, dass die Lesbarkeit erleichtert wird.

(6) [1]Der Kreiswahlleiter weist den Gemeindebehörden die Stimmzettel zur Weitergabe an die Wahlvorsteher zu. [2]Er liefert den Gemeindebehörden die erforderlichen Wahlbriefumschläge und Stimmzettelumschläge für die Briefwahl.

Fünfter Unterabschnitt. Wahlräume, Wahlzeit

§ 46[2] **Wahlräume.** (1) [1]Die Gemeindebehörde bestimmt für jeden Wahlbezirk einen Wahlraum. [2]Soweit möglich, stellen die Gemeinden Wahlräume in Gemeindegebäuden zur Verfügung. [3]Die Wahlräume sollen nach den örtlichen Verhältnissen so ausgewählt und eingerichtet werden, dass allen Wahlberechtigten, insbesondere Menschen mit Behinderungen und anderen Menschen mit Mobilitätsbeeinträchtigung, die Teilnahme an der Wahl möglichst erleichtert wird. [4]Die Gemeindebehörden teilen frühzeitig und in geeigneter Weise mit, welche Wahlräume barrierefrei sind.

(2) [1]In größeren Wahlbezirken, in denen sich die Wählerverzeichnisse teilen lassen, kann gleichzeitig in verschiedenen Gebäuden oder in verschiedenen Räumen desselben Gebäudes oder an verschiedenen Tischen des Wahlraumes gewählt werden. [2]Für jeden Wahlraum oder Tisch wird ein Wahlvorstand gebildet. [3]Sind mehrere Wahlvorstände in einem Wahlraum tätig, so bestimmt die Gemeindebehörde, welcher Vorstand für Ruhe und Ordnung im Wahlraum sorgt.

§ 47 Wahlzeit. (1) Die Wahl dauert von 8.00 bis 18.00 Uhr.

(2) Der Landeswahlleiter kann im Einzelfall, wenn besondere Gründe es erfordern, die Wahlzeit mit einem früheren Beginn festsetzen.

§ 48[3] **Wahlbekanntmachung der Gemeindebehörde.** (1) [1]Die Gemeindebehörde macht spätestens am sechsten Tage vor der Wahl nach dem Muster der Anlage 27[1] Beginn und Ende der Wahlzeit sowie die Wahlbezirke und Wahlräume öffentlich bekannt; anstelle der Aufzählung der Wahlbezirke mit ihrer Abgrenzung und ihren Wahlräumen kann auf die Angaben in der Wahlbenachrichtigung verwiesen werden. [2]Dabei weist die Gemeindebehörde darauf hin,

[1] Anlagen hier nicht abgedruckt.
[2] § 46 Abs. 1 Sätze 3 und 4 angef. mWv 1.5.2002 durch G v. 27.4.2002 (BGBl. I S. 1467); Abs. 1 Satz 3 geänd. mWv 31.3.2017 durch VO v. 24.3.2017 (BGBl. I S. 585).
[3] § 48 Abs. 1 Satz 2 Nr. 5 geänd. mWv 11.12.2008 durch VO v. 3.12.2008 (BGBl. I S. 2378); Abs. 1 Satz 2 Nr. 5 geänd., Nr. 5a eingef., Nr. 6 geänd. mWv 1.7.2019 durch G v. 18.6.2019 (BGBl. I S. 834).

1. dass der Wähler eine Erststimme und eine Zweitstimme hat,
2. dass die Stimmzettel amtlich hergestellt und im Wahlraum bereitgehalten werden,
3. welchen Inhalt der Stimmzettel hat und wie er zu kennzeichnen ist,
4. in welcher Weise mit Wahlschein und insbesondere durch Briefwahl gewählt werden kann,
5. dass nach § 14 Abs. 4 des Bundeswahlgesetzes[1] jeder Wahlberechtigte sein Wahlrecht nur einmal und nur persönlich ausüben kann und eine Ausübung des Wahlrechts durch einen Vertreter anstelle des Wahlberechtigten unzulässig ist,
5a. dass nach § 14 Absatz 5 des Bundeswahlgesetzes ein Wahlberechtigter, der des Lesens unkundig oder wegen einer Behinderung an der Abgabe seiner Stimme gehindert ist, sich zur Stimmabgabe der Hilfe einer anderen Person bedienen kann, die Hilfeleistung auf technische Hilfe bei der Kundgabe einer vom Wahlberechtigten selbst getroffenen und geäußerten Wahlentscheidung beschränkt und eine Hilfeleistung unzulässig ist, die unter missbräuchlicher Einflussnahme erfolgt, die selbstbestimmte Willensbildung oder Entscheidung des Wahlberechtigten ersetzt oder verändert oder wenn ein Interessenkonflikt der Hilfsperson besteht,
6. dass nach § 107a Absatz 1 des Strafgesetzbuches[2] mit Freiheitsstrafe bis zu fünf Jahren oder mit Geldstrafe bestraft wird, wer unbefugt wählt oder sonst ein unrichtiges Ergebnis einer Wahl herbeiführt oder das Ergebnis verfälscht und unbefugt auch wählt, wer im Rahmen zulässiger Assistenz entgegen der Wahlentscheidung des Wahlberechtigten oder ohne eine geäußerte Wahlentscheidung des Wahlberechtigten eine Stimme abgibt, sowie dass nach § 107a Absatz 3 des Strafgesetzbuches auch der Versuch strafbar ist.

(2) [1]Die Wahlbekanntmachung oder ein Auszug aus ihr mit den Nummern 1, 3, 4 und 6 der Anlage 27[3] ist vor Beginn der Wahlhandlung am oder im Eingang des Gebäudes, in dem sich der Wahlraum befindet, anzubringen. [2]Dem Auszug ist ein Stimmzettel als Muster beizufügen.

Dritter Abschnitt. Wahlhandlung

Erster Unterabschnitt. Allgemeine Bestimmungen

§ 49[4] **Ausstattung des Wahlvorstandes.** Die Gemeindebehörde übergibt dem Wahlvorsteher eines jeden Wahlbezirks vor Beginn der Wahlhandlung
1. das abgeschlossene Wählerverzeichnis,
2. das Verzeichnis der eingetragenen Wahlberechtigten, denen nach Abschluss des Wählerverzeichnisses noch Wahlscheine erteilt worden sind,
3. amtliche Stimmzettel in genügender Zahl,
4. Vordruck der Wahlniederschrift,

[1] Nr. **30**.
[2] **Schönfelder Nr. 85.**
[3] Anlagen hier nicht abgedruckt.
[4] § 49 Nr. 9 geänd. mWv 18.5.2013 durch VO v. 13.5.2013 (BGBl. I S. 1255).

5. Vordruck der Schnellmeldung,

6. Abdrucke des Bundeswahlgesetzes[1] und dieser Verordnung, die die Anlagen[2] zu diesen Vorschriften nicht zu enthalten brauchen,

7. Abdruck der Wahlbekanntmachung oder Auszug aus ihr mit den Nummern 1, 3, 4 und 6 der Anlage 27[2],

8. Verschlussmaterial für die Wahlurne,

9. Verpackungs- und Siegelmaterial zum Verpacken der Stimmzettel und Wahlscheine.

§ 50[3] Wahlkabinen. (1) [1] In jedem Wahlraum richtet die Gemeindebehörde eine Wahlkabine oder mehrere Wahlkabinen mit Tischen ein, in denen der Wähler seinen Stimmzettel unbeobachtet kennzeichnen und falten kann. [2] Die Wahlkabinen müssen vom Tisch des Wahlvorstandes aus überblickt werden können. [3] Als Wahlkabine kann auch ein nur durch den Wahlraum zugänglicher Nebenraum dienen, wenn dessen Eingang vom Tisch des Wahlvorstandes aus überblickt werden kann.

(2) In der Wahlkabine soll ein Schreibstift bereitliegen.

§ 51 Wahlurnen. (1) Die Gemeindebehörde sorgt für die erforderlichen Wahlurnen.

(2) [1] Die Wahlurne muss mit einem Deckel versehen sein. [2] Ihre innere Höhe soll in der Regel 90 cm, der Abstand jeder Wand von der gegenüberliegenden mindestens 35 cm betragen. [3] Im Deckel muss die Wahlurne einen Spalt haben, der nicht weiter als 2 cm sein darf. [4] Sie muss verschließbar sein.

(3) Für die Stimmabgabe in Sonderwahlbezirken und vor einem beweglichen Wahlvorstand können kleinere Wahlurnen verwendet werden.

§ 52 Wahltisch. [1] Der Tisch, an dem der Wahlvorstand Platz nimmt, muss von allen Seiten zugänglich sein. [2] An oder auf diesen Tisch wird die Wahlurne gestellt.

§ 53[4] Eröffnung der Wahlhandlung. (1) [1] Der Wahlvorsteher eröffnet die Wahlhandlung damit, dass er die anwesenden Beisitzer auf ihre Verpflichtung zur unparteiischen Wahrnehmung ihres Amtes und zur Verschwiegenheit über die ihnen bei ihrer amtlichen Tätigkeit bekanntgewordenen Angelegenheiten hinweist. [2] Er stellt sicher, dass der Hinweis allen Beisitzern vor Aufnahme ihrer Tätigkeit erteilt wird.

(2) [1] Vor Beginn der Stimmabgabe berichtigt der Wahlvorsteher das Wählerverzeichnis nach dem Verzeichnis der etwa nachträglich ausgestellten Wahlscheine (§ 28 Abs. 6 Satz 5), indem er bei den in diesem Verzeichnis aufgeführten Wahlberechtigten in der Spalte für den Stimmabgabevermerk „Wahlschein" oder „W" einträgt. [2] Er berichtigt dementsprechend die Abschlussbescheini-

[1] Nr. **30.**
[2] Anlagen hier nicht abgedruckt.
[3] § 50 Überschrift, Abs. 1 Sätze 1, 2 und 3 und Abs. 2 geänd. mWv 18.5.2013 durch VO v. 13.5. *2013 (BGBl. I S. 1255).*
[4] § 53 Abs. 1 Satz 1 geänd., Satz 2 angef. mWv 11.12.2008 durch VO v. 3.12.2008 (BGBl. I S. 2378).

gung des Wählerverzeichnisses in der daneben vorgesehenen Spalte und bescheinigt das an der vorgesehenen Stelle. [3] Erhält der Wahlvorsteher später die Mitteilung von der Ausstellung von Wahlscheinen nach § 27 Abs. 4 Satz 3, verfährt er entsprechend den Sätzen 1 und 2.

(3) [1] Der Wahlvorstand überzeugt sich vor Beginn der Stimmabgabe davon, dass die Wahlurne leer ist. [2] Der Wahlvorsteher verschließt die Wahlurne. [3] Sie darf bis zum Schluss der Wahlhandlung nicht mehr geöffnet werden.

§ 54 Öffentlichkeit. Während der Wahlhandlung sowie der Ermittlung und Feststellung des Wahlergebnisses hat jedermann zum Wahlraum Zutritt, soweit das ohne Störung des Wahlgeschäfts möglich ist.

§ 55 Ordnung im Wahlraum. [1] Der Wahlvorstand sorgt für Ruhe und Ordnung im Wahlraum. [2] Er ordnet bei Andrang den Zutritt zum Wahlraum.

§ 56[1) Stimmabgabe. (1) [1] Wenn der Wähler den Wahlraum betritt, erhält er einen amtlichen Stimmzettel. [2] Der Wahlvorstand kann anordnen, dass er hierzu seine Wahlbenachrichtigung vorzeigt.

(2) [1] Der Wähler begibt sich in die Wahlkabine, kennzeichnet dort seinen Stimmzettel und faltet ihn dort in der Weise, dass seine Stimmabgabe nicht erkennbar ist. [2] In der Wahlkabine darf nicht fotografiert oder gefilmt werden. [3] Der Wahlvorstand achtet darauf, dass sich immer nur ein Wähler und dieser nur so lange wie notwendig in der Wahlkabine aufhält.

(3) [1] Danach tritt der Wähler an den Tisch des Wahlvorstandes. [2] Auf Verlangen hat er seine Wahlbenachrichtigung abzugeben und, insbesondere wenn er seine Wahlbenachrichtigung nicht vorlegt, sich über seine Person auszuweisen.

(4) [1] Sobald der Schriftführer den Namen des Wählers im Wählerverzeichnis gefunden hat, die Wahlberechtigung festgestellt ist und kein Anlass zur Zurückweisung des Wählers nach den Absätzen 6 und 7 besteht, gibt der Wahlvorsteher die Wahlurne frei. [2] Der Wähler wirft den gefalteten Stimmzettel in die Wahlurne. [3] Der Schriftführer vermerkt die Stimmabgabe im Wählerverzeichnis in der dafür bestimmten Spalte. [4] Die Mitglieder des Wahlvorstandes sind dabei, wenn nicht die Feststellung der Wahlberechtigung es erfordert, nicht befugt, Angaben zur Person des Wählers so zu verlautbaren, dass sie von sonstigen im Wahlraum Anwesenden zur Kenntnis genommen werden können.

(5) (weggefallen)

(6) [1] Der Wahlvorstand hat einen Wähler zurückzuweisen, der

1. nicht in das Wählerverzeichnis eingetragen ist und keinen Wahlschein besitzt,

1a. sich auf Verlangen des Wahlvorstandes nicht ausweisen kann oder die zur Feststellung der Identität erforderlichen Mitwirkungshandlungen verweigert,

[1)] § 56 Abs. 3 neu gef., Abs. 4 Satz 3 und Abs. 6 Satz 1 Nr. 3 geänd. mWv 11.12.2008 durch VO v. 3.12.2008 (BGBl. I S. 2378); Abs. 2 Sätze 1, 2 und Abs. 6 Nr. 4 geänd. mWv 18.5.2013 durch VO v. 13.5.2013 (BGBl. I S. 1255); Abs. 2 Satz 2 eingef., bish. Satz 2 wird Satz 3, Abs. 6 Satz 1 Nr. 4 und 5 geänd., Nr. 5a eingef. mWv 31.3.2017 durch VO v. 24.3.2017 (BGBl. I S. 585); Abs. 6 Satz 1 Nr. 1a eingef. mWv 15.6.2017 durch G v. 8.6.2017 (BGBl. I S. 1570).

2. keinen Wahlschein vorlegt, obwohl sich im Wählerverzeichnis ein Wahlscheinvermerk (§ 30) befindet, es sei denn, es wird festgestellt, dass er nicht im Wahlscheinverzeichnis eingetragen ist,

3. bereits einen Stimmabgabevermerk im Wählerverzeichnis hat, es sei denn, er weist nach, dass er noch nicht gewählt hat,

4. seinen Stimmzettel außerhalb der Wahlkabine gekennzeichnet oder gefaltet hat,

5. seinen Stimmzettel so gefaltet hat, dass seine Stimmabgabe erkennbar ist, oder ihn mit einem äußerlich sichtbaren, das Wahlgeheimnis offensichtlich gefährdenden Kennzeichen versehen hat,

5a. für den Wahlvorstand erkennbar in der Wahlkabine fotografiert oder gefilmt hat oder

6. für den Wahlvorstand erkennbar mehrere oder einen nicht amtlich hergestellten Stimmzettel abgeben oder mit dem Stimmzettel einen weiteren Gegenstand in die Wahlurne werfen will.

[2] Ein Wähler, bei dem die Voraussetzungen des Satzes 1 Nr. 1 vorliegen und der im Vertrauen auf die ihm übersandte Benachrichtigung, dass er im Wählerverzeichnis eingetragen ist, keinen Einspruch eingelegt hat, ist gegebenenfalls bei der Zurückweisung darauf hinzuweisen, dass er bei der Gemeindebehörde bis 15.00 Uhr einen Wahlschein beantragen kann.

(7) [1] Glaubt der Wahlvorsteher, das Wahlrecht einer im Wählerverzeichnis eingetragenen Person beanstanden zu müssen oder werden sonst aus der Mitte des Wahlvorstandes Bedenken gegen die Zulassung eines Wählers zur Stimmabgabe erhoben, so beschließt der Wahlvorstand über die Zulassung oder Zurückweisung. [2] Der Beschluss ist in der Wahlniederschrift zu vermerken.

(8) Hat der Wähler seinen Stimmzettel verschrieben oder versehentlich unbrauchbar gemacht oder wird der Wähler nach Absatz 6 Nr. 4 bis 6 zurückgewiesen, so ist ihm auf Verlangen ein neuer Stimmzettel auszuhändigen, nachdem er den alten Stimmzettel im Beisein eines Mitglieds des Wahlvorstandes vernichtet hat.

§ 57[1]) Stimmabgabe von Wählern mit Behinderungen. (1) [1] Ein Wähler, der des Lesens unkundig ist oder der wegen einer Behinderung gehindert ist, den Stimmzettel zu kennzeichnen, zu falten oder selbst in die Wahlurne zu werfen, bestimmt eine andere Person, deren Hilfe er sich bei der Stimmabgabe bedienen will, und gibt dies dem Wahlvorstand bekannt. [2] Hilfsperson kann auch ein vom Wähler bestimmtes Mitglied des Wahlvorstandes sein.

(2) [1] Die Hilfeleistung ist auf technische Hilfe bei der Kundgabe einer vom Wahlberechtigten selbst getroffenen Wahlentscheidung beschränkt. [2] Unzulässig ist eine Hilfeleistung, die unter missbräuchlicher Einflussnahme erfolgt, die selbstbestimmte Willensbildung oder Entscheidung des Wahlberechtigten ersetzt oder verändert oder wenn ein Interessenkonflikt der Hilfsperson besteht.

[1]) § 57 Abs. 1 Satz 1 geänd., Abs. 4 angef. mWv 1.5.2002 durch G v. 27.4.2002 (BGBl. I S. 1467); Abs. 2 Satz 2 geänd. mWv 18.5.2013 durch VO v. 13.5.2013 (BGBl. I S. 1255); Überschrift geänd. mWv 31.3.2017 durch VO v. 24.3.2017 (BGBl. I S. 585); Abs. 1 Satz 1 geänd., Abs. 2 eingef., bish. Abs. 2 wird Abs. 3 und neu gef., bish. Abs. 3 aufgeh. mWv 1.7.2019 durch G v. 18.6.2019 (BGBl. I S. 834).

(3) [1] Die Hilfsperson darf gemeinsam mit dem Wähler die Wahlkabine aufsuchen, soweit das zur Hilfeleistung erforderlich ist. [2] Die Hilfsperson ist zur Geheimhaltung der Kenntnisse verpflichtet, die sie bei der Hilfeleistung von der Wahl eines anderen erlangt hat.

(4) Ein blinder oder sehbehinderter Wähler kann sich zur Kennzeichnung des Stimmzettels auch einer Stimmzettelschablone bedienen.

§ 58[1] *(aufgehoben)*

§ 59 Stimmabgabe von Inhabern eines Wahlscheines. [1] Der Inhaber eines Wahlscheines nennt seinen Namen, weist sich aus und übergibt den Wahlschein dem Wahlvorsteher. [2] Dieser prüft den Wahlschein. [3] Entstehen Zweifel über die Gültigkeit des Wahlscheines oder über den rechtmäßigen Besitz, so klärt sie der Wahlvorstand nach Möglichkeit und beschließt über die Zulassung oder Zurückweisung des Inhabers. [4] Der Vorgang ist in der Wahlniederschrift zu vermerken. [5] Der Wahlvorsteher behält den Wahlschein auch im Falle der Zurückweisung ein.

§ 60[2] Schluss der Wahlhandlung. [1] Sobald die Wahlzeit (§ 47) abgelaufen ist, wird dies vom Wahlvorsteher bekanntgegeben. [2] Von da ab sind nur noch die Wähler zur Stimmabgabe zuzulassen, die vor Ablauf der Wahlzeit erschienen sind und sich im Wahlraum oder aus Platzgründen davor befinden. [3] Nach Ablauf der Wahlzeit eintreffenden Personen ist der Zutritt zur Stimmabgabe zu sperren. [4] Nachdem die vor Ablauf der Wahlzeit erschienenen Wähler ihre Stimme abgegeben haben, erklärt der Wahlvorsteher die Wahlhandlung für geschlossen.

Zweiter Unterabschnitt. Besondere Regelungen

§ 61[3] Wahl in Sonderwahlbezirken. (1) Zur Stimmabgabe in Sonderwahlbezirken (§ 13) wird jeder in der Einrichtung anwesende Wahlberechtigte zugelassen, der einen für den Wahlkreis gültigen Wahlschein hat.

(2) Es ist zulässig, für die verschiedenen Teile eines Sonderwahlbezirks verschiedene Personen als Beisitzer des Wahlvorstandes zu bestellen.

(3) [1] Die Gemeindebehörde bestimmt im Einvernehmen mit der Leitung der Einrichtung einen geeigneten Wahlraum. [2] Für die verschiedenen Teile eines Sonderwahlbezirks können verschiedene Wahlräume bestimmt werden. [3] Die Gemeindebehörde richtet den Wahlraum her.

(4) Die Gemeindebehörde bestimmt die Wahlzeit für den Sonderwahlbezirk im Einvernehmen mit der Leitung der Einrichtung im Rahmen der allgemeinen Wahlzeit nach dem tatsächlichen Bedürfnis.

(5) Die Leitung der Einrichtung gibt den Wahlberechtigten den Wahlraum und die Wahlzeit am Tage vor der Wahl bekannt und weist auf die Möglichkeit der Stimmabgabe nach Absatz 6 hin.

(6) [1] Der Wahlvorsteher oder sein Stellvertreter und zwei Beisitzer können sich unter Mitnahme einer verschlossenen Wahlurne und der erforderlichen

[1] § 58 aufgeh. mWv 11.12.2008 durch VO v. 3.12.2008 (BGBl. I S. 2378).
[2] § 60 neu gef. mWv 22.2.2020 durch VO v. 13.2.2020 (BGBl. I S. 199).
[3] § 61 Abs. 8 neu gef. mWv 11.12.2008 durch VO v. 3.12.2008 (BGBl. I S. 2378).

Stimmzettel auch in die Krankenzimmer und an die Krankenbetten begeben. [2] Dort nehmen sie die Wahlscheine entgegen und verfahren nach den §§ 59 und 56 Abs. 4 bis 8. [3] Dabei muss auch bettlägerigen Wählern Gelegenheit gegeben werden, ihre Stimmzettel unbeobachtet zu kennzeichnen und zu falten. [4] Der Wahlvorsteher oder sein Stellvertreter weist Wähler, die sich bei der Stimmabgabe der Hilfe einer anderen Person bedienen wollen, darauf hin, dass sie auch ein von ihnen bestimmtes Mitglied des Wahlvorstandes als Hilfsperson in Anspruch nehmen können. [5] Nach Schluss der Stimmabgabe sind die verschlossene Wahlurne und die Wahlscheine unverzüglich in den Wahlraum des Sonderwahlbezirks zu bringen. [6] Dort ist die Wahlurne bis zum Schluss der allgemeinen Stimmabgabe unter Aufsicht des Wahlvorstandes verschlossen zu verwahren. [7] Danach wird ihr Inhalt mit dem Inhalt der allgemeinen Wahlurne vermengt und zusammen mit den übrigen Stimmen des Sonderwahlbezirks ausgezählt. [8] Der Vorgang ist in der Wahlniederschrift zu vermerken.

(7) Die Öffentlichkeit der Wahlhandlung sowie der Ermittlung und Feststellung des Wahlergebnisses soll nach Möglichkeit durch die Anwesenheit anderer Wahlberechtigter gewährleistet werden.

(8) Die Leitung der Einrichtung hat bei Kranken mit ansteckenden Krankheiten insbesondere § 30 Abs. 1 des Infektionsschutzgesetzes[1] zu beachten.

(9) Das Wahlergebnis des Sonderwahlbezirks darf nicht vor Schluss der allgemeinen Wahlzeit ermittelt werden.

(10) Im Übrigen gelten die allgemeinen Bestimmungen.

§ 62 Stimmabgabe in kleineren Krankenhäusern und kleineren Alten- oder Pflegeheimen.

(1) Die Gemeindebehörde soll bei entsprechendem Bedürfnis und soweit möglich im Benehmen mit der Leitung eines kleineren Krankenhauses oder eines kleineren Alten- oder Pflegeheimes zulassen, dass dort anwesende Wahlberechtigte, die einen für den Wahlkreis gültigen Wahlschein besitzen, vor einem beweglichen Wahlvorstand (§ 8) wählen.

(2) [1] Die Gemeindebehörde vereinbart mit der Leitung der Einrichtung die Zeit der Stimmabgabe innerhalb der allgemeinen Wahlzeit. [2] Die Leitung der Einrichtung stellt, soweit erforderlich, einen geeigneten Wahlraum bereit. [3] Die Gemeindebehörde richtet ihn her. [4] Die Leitung der Einrichtung gibt den Wahlberechtigten Ort und Zeit der Stimmabgabe bekannt.

(3) [1] Der bewegliche Wahlvorstand begibt sich unter Mitnahme einer verschlossenen Wahlurne und der erforderlichen Stimmzettel in das Krankenhaus oder in das Alten- oder Pflegeheim, nimmt die Wahlscheine entgegen und verfährt nach den §§ 59 und 56 Abs. 4 bis 8. [2] Der Wahlvorsteher oder sein Stellvertreter weist Wähler, die sich bei der Stimmabgabe der Hilfe einer anderen Person bedienen wollen, darauf hin, dass sie auch ein von ihnen bestimmtes Mitglied des Wahlvorstandes als Hilfsperson in Anspruch nehmen können. [3] Nach Schluss der Stimmabgabe sind die verschlossene Wahlurne und die Wahlscheine unverzüglich in den Wahlraum des Wahlbezirks zu bringen. [4] Dort ist die Wahlurne bis zum Schluss der allgemeinen Stimmabgabe unter Aufsicht des Wahlvorstandes verschlossen zu verwahren. [5] Danach wird ihr Inhalt mit dem Inhalt der allgemeinen Wahlurne vermengt und zusammen mit

[1] Sartorius ErgBd. Nr. 285.

den Stimmen des Wahlbezirks ausgezählt. ⁶Der Vorgang ist in der Wahlniederschrift zu vermerken.

(4) ¹§ 61 Abs. 6 bis 8 gilt entsprechend. ²Im Übrigen gelten die allgemeinen Bestimmungen.

§ 63 Stimmabgabe in Klöstern. Die Gemeindebehörde soll bei entsprechendem Bedürfnis und soweit möglich im Benehmen mit der Leitung eines Klosters die Stimmabgabe im Kloster entsprechend § 62 regeln.

§ 64 Stimmabgabe in sozialtherapeutischen Anstalten und Justizvollzugsanstalten. (1) In sozialtherapeutischen Anstalten und Justizvollzugsanstalten soll die Gemeindebehörde bei entsprechendem Bedürfnis und soweit möglich Gelegenheit geben, dass die in der Anstalt anwesenden Wahlberechtigten, die einen für den Wahlkreis gültigen Wahlschein besitzen, in der Anstalt vor einem beweglichen Wahlvorstand (§ 8) wählen.

(2) ¹Die Gemeindebehörde vereinbart mit der Leitung der Anstalt die Zeit der Stimmabgabe innerhalb der allgemeinen Wahlzeit. ²Die Anstaltsleitung stellt einen Wahlraum bereit. ³Die Gemeindebehörde richtet ihn her. ⁴Die Anstaltsleitung gibt den Wahlberechtigten Ort und Zeit der Stimmabgabe bekannt und sorgt dafür, dass sie zur Stimmabgabe den Wahlraum aufsuchen können.

(3) ¹§ 62 Abs. 3 und § 61 Abs. 6 bis 8 gelten entsprechend. ²Im Übrigen gelten die allgemeinen Bestimmungen.

§ 65 (weggefallen)

§ 66¹⁾ Briefwahl. (1) ¹Wer durch Briefwahl wählt, kennzeichnet persönlich den Stimmzettel, legt ihn in den amtlichen Stimmzettelumschlag und verschließt diesen, unterzeichnet die auf dem Wahlschein vorgedruckte Versicherung an Eides statt zur Briefwahl unter Angabe des Tages, steckt den verschlossenen amtlichen Stimmzettelumschlag und den unterschriebenen Wahlschein in den amtlichen Wahlbriefumschlag, verschließt den Wahlbriefumschlag und übersendet den Wahlbrief durch ein Postunternehmen rechtzeitig an die nach Absatz 2 zuständige, auf dem Wahlbriefumschlag angegebene Stelle. ²Der Wahlbrief kann bei dieser Stelle auch abgegeben werden. ³Nach Eingang des Wahlbriefes bei der zuständigen Stelle darf er nicht mehr zurückgegeben werden.

(2) ¹Die Wahlbriefe müssen bei dem Kreiswahlleiter des Wahlkreises, für den der Wahlschein gültig ist, eingehen. ²Sind auf Grund einer Anordnung nach § 8 Abs. 3 des Bundeswahlgesetzes²⁾ Briefwahlvorstände für einzelne oder mehrere Gemeinden innerhalb eines Wahlkreises gebildet, müssen die Wahlbriefe bei der Gemeindebehörde eingehen, die die Wahlscheine ausgestellt hat; sind Briefwahlvorstände für einzelne Kreise innerhalb eines Wahlkreises gebil-

¹⁾ § 66 Abs. 1 Satz 1, Abs. 2 Satz 2, Abs. 3 Sätze 1 und 3, Abs. 4 Satz 1 geänd. mWv 11.12.2008 durch VO v. 3.12.2008 (BGBl. I S. 2378); Abs. 1 Satz 1 geänd. mWv 18.5.2013 durch VO v. 13.5. 2013 (BGBl. I S. 1255); Abs. 3 Satz 2 geänd. mWv 31.3.2017 durch VO v. 24.3.2017 (BGBl. I S. 585).
²⁾ Nr. **30.**

det, müssen die Wahlbriefe bei der Verwaltungsbehörde des Kreises eingehen, in dem die Gemeinden liegen, die die Wahlscheine ausgestellt haben.

(3) [1] Der Stimmzettel ist unbeobachtet zu kennzeichnen und in den Stimmzettelumschlag zu legen; § 56 Abs. 8 gilt entsprechend. [2] Für die Stimmabgabe von Wählern mit Behinderungen gilt § 57 entsprechend. [3] Hat der Wähler den Stimmzettel durch eine Hilfsperson kennzeichnen lassen, so hat diese durch Unterschreiben der Versicherung an Eides statt zur Briefwahl zu bestätigen, dass sie den Stimmzettel gemäß dem erklärten Willen des Wählers gekennzeichnet hat; die Hilfsperson muss das 16. Lebensjahr vollendet haben.

(4) [1] In Krankenhäusern, Altenheimen, Altenwohnheimen, Pflegeheimen, Erholungsheimen, sozialtherapeutischen Anstalten und Justizvollzugsanstalten sowie Gemeinschaftsunterkünften ist Vorsorge zu treffen, dass der Stimmzettel unbeobachtet gekennzeichnet und in den Stimmzettelumschlag gelegt werden kann. [2] Die Leitung der Einrichtung bestimmt einen geeigneten Raum, veranlasst dessen Ausstattung und gibt den Wahlberechtigten bekannt, in welcher Zeit der Raum für die Ausübung der Briefwahl zur Verfügung steht. [3] § 56 Abs. 8 gilt entsprechend.

(5) Die Gemeindebehörde weist die Leitungen der Einrichtungen in ihrem Gemeindegebiet spätestens am 13. Tage vor der Wahl auf die Regelung des Absatzes 4 hin.

Vierter Abschnitt. Ermittlung und Feststellung der Wahlergebnisse

§ 67[1] **Ermittlung und Feststellung des Wahlergebnisses im Wahlbezirk.** Im Anschluss an die Wahlhandlung ermittelt der Wahlvorstand vorbehaltlich § 68 Absatz 2 ohne Unterbrechung das Wahlergebnis im Wahlbezirk und stellt fest

1. die Zahl der Wahlberechtigten,
2. die Zahl der Wähler,
3. die Zahlen der gültigen und ungültigen Erststimmen,
4. die Zahlen der gültigen und ungültigen Zweitstimmen,
5. die Zahlen der für die einzelnen Bewerber abgegebenen gültigen Erststimmen,
6. die Zahlen der für die einzelnen Landeslisten abgegebenen gültigen Zweitstimmen.

§ 68[2] **Zählung der Wähler.** (1) [1] Vor dem Öffnen der Wahlurne werden alle nicht benutzten Stimmzettel vom Wahltisch entfernt. [2] Zunächst werden die Zahl der Stimmabgabevermerke im Wählerverzeichnis und die Zahl der eingenommenen Wahlscheine festgestellt. [3] Sodann werden die Stimmzettel der Wahlurne entnommen, entfaltet und gezählt. [4] Ergibt sich dabei auch nach wiederholter Zählung keine Übereinstimmung, so ist dies in der Wahlniederschrift zu vermerken und soweit möglich zu erläutern.

(2) [1] Ergibt die Feststellung nach Absatz 1 Satz 2, dass weniger als 50 Wähler ihre Stimme abgegeben haben, ordnet der Kreiswahlleiter an, dass der Wahl-

[1]) § 67 einl. Satzteil geänd. mWv 22.2.2020 durch VO v. 13.2.2020 (BGBl. I S. 199).
[2]) § 68 neu gef. mWv 22.2.2020 durch VO v. 13.2.2020 (BGBl. I S. 199).

vorstand dieses Wahlbezirks (abgebender Wahlvorstand) die verschlossene Wahlurne, das Wählerverzeichnis, die Abschlussbeurkundung und die eingenommenen Wahlscheine dem Wahlvorstand eines bestimmten anderen Wahlbezirks des gleichen Wahlkreises (aufnehmender Wahlvorstand) zur gemeinsamen Ermittlung und Feststellung des Wahlergebnisses unverzüglich zu übergeben hat. [2]Am Wahlraum des abgebenden Wahlvorstands ist ein Hinweis anzubringen, wo die gemeinsame Ermittlung und Feststellung des Wahlergebnisses erfolgt. [3]Der Transport der nach Satz 1 zu übergebenden Gegenstände erfolgt in Anwesenheit des Wahlvorstehers und des Schriftführers, eines weiteren Mitglieds des Wahlvorstands und soweit möglich weiterer gemäß § 54 anwesender Personen. [4]Der aufnehmende Wahlvorstand verfährt entsprechend § 61 Absatz 6 Satz 7 und 8. [5]Die Übergabe der Wahlurne und der Wahlunterlagen ist in den Wahlniederschriften des abgebenden und des aufnehmenden Wahlvorstands zu vermerken.

§ 69 Zählung der Stimmen. (1) [1]Nachdem die Stimmzettel sowie die Stimmabgabevermerke und die Wahlscheine gezählt worden sind, bilden mehrere Beisitzer unter Aufsicht des Wahlvorstehers folgende Stimmzettelstapel, die sie unter Aufsicht behalten:

1. nach Landeslisten getrennte Stapel mit den Stimmzetteln, auf denen die Erst- und Zweitstimme zweifelsfrei gültig für den Bewerber und die Landesliste derselben Partei abgegeben worden ist,

2. einen Stapel mit den Stimmzetteln, auf denen die Erst- und Zweitstimme zweifelsfrei gültig für Bewerber und Landeslisten verschiedener Träger von Wahlvorschlägen abgegeben worden ist, sowie mit den Stimmzetteln, auf denen die Erst- oder Zweitstimme jeweils zweifelsfrei gültig und die andere Stimme nicht abgegeben worden ist,

3. einen Stapel mit den ungekennzeichneten Stimmzetteln.

[2]Stimmzettel, die Anlass zu Bedenken geben, werden ausgesondert und von einem vom Wahlvorsteher hierzu bestimmten Beisitzer in Verwahrung genommen.

(2) [1]Die Beisitzer, die die nach Landeslisten geordneten Stimmzettel (Absatz 1 Satz 1 Nr. 1) unter ihrer Aufsicht haben, übergeben die einzelnen Stapel nacheinander zu einem Teil dem Wahlvorsteher, zum anderen Teil seinem Stellvertreter. [2]Diese prüfen, ob die Kennzeichnung der Stimmzettel eines jeden Stapels gleichlautet, und sagen zu jedem Stapel laut an, für welchen Bewerber und für welche Landesliste er Stimmen enthält. [3]Gibt ein Stimmzettel dem Wahlvorsteher oder seinem Stellvertreter Anlass zu Bedenken, so fügen sie diesen den nach Absatz 1 Satz 2 ausgesonderten Stimmzetteln bei.

(3) ¹ Hierauf prüft der Wahlvorsteher die ungekennzeichneten Stimmzettel (Absatz 1 Satz 1 Nr. 3), die ihm hierzu von dem Beisitzer, der sie in Verwahrung hat, übergeben werden. ² Der Wahlvorsteher sagt an, dass hier beide Stimmen ungültig sind.

(4) ¹ Danach zählen je zwei vom Wahlvorsteher bestimmte Beisitzer nacheinander die vom Wahlvorsteher und seinem Stellvertreter nach den Absätzen 2 und 3 geprüften Stimmzettelstapel unter gegenseitiger Kontrolle durch und ermitteln die Zahl der für die einzelnen Wahlvorschläge abgegebenen gültigen Stimmen sowie die Zahl der ungültigen Stimmen. ² Die Zahlen werden als Zwischensummen in die Wahlniederschrift übertragen.

(5) ¹ Sodann übergibt der Beisitzer, der den nach Absatz 1 Satz 1 Nr. 2 gebildeten Stimmzettelstapel unter Aufsicht hat, diesen Stapel dem Wahlvorsteher. ² Der Wahlvorsteher legt die Stimmzettel zunächst getrennt nach Zweitstimmen für die einzelnen Landeslisten und liest bei jedem Stimmzettel laut vor, für welche Landesliste die Zweitstimme abgegeben worden ist. ³ Bei den Stimmzetteln, auf denen nur die Erststimme abgegeben worden ist, sagt er an, dass die nicht abgegebene Zweitstimme ungültig ist. ⁴ Gibt ein Stimmzettel dem Wahlvorsteher Anlass zu Bedenken, fügt er diesen den nach Absatz 1 Satz 2 ausgesonderten Stimmzetteln bei. ⁵ Dann werden die vom Wahlvorsteher gebildeten Stapel entsprechend Absatz 4 gezählt. ⁶ Anschließend ordnet der Wahlvorsteher die Stimmzettel nach abgegebenen Erststimmen neu, und es wird entsprechend den Sätzen 2 bis 5 verfahren. ⁷ Die jeweiligen Stimmenzahlen werden als Zwischensummen in die Wahlniederschrift übertragen.

(6) ¹ Zum Schluss entscheidet der Wahlvorstand über die Gültigkeit der Stimmen, die auf den ausgesonderten Stimmzetteln abgegeben worden sind. ² Der Wahlvorsteher gibt die Entscheidung mündlich bekannt und sagt bei gültigen Stimmen an, für welchen Bewerber oder für welche Landesliste die Stimme abgegeben worden ist. ³ Er vermerkt auf der Rückseite jedes Stimmzettels, ob beide Stimmen oder nur die Erststimme oder nur die Zweitstimme für gültig oder ungültig erklärt worden sind und versieht die Stimmzettel mit fortlaufenden Nummern. ⁴ Die jeweiligen Stimmenzahlen werden als Zwischensummen in die Wahlniederschrift übertragen.

(7) ¹ Die nach den Absätzen 4 bis 6 ermittelten Zahlen der ungültigen und für die einzelnen Wahlvorschläge abgegebenen Stimmen werden vom Schriftführer in der Wahlniederschrift zusammengezählt. ² Zwei vom Wahlvorsteher bestimmte Beisitzer überprüfen die Zusammenzählung. ³ Beantragt ein Mitglied des Wahlvorstandes vor der Unterzeichnung der Wahlniederschrift eine erneute Zählung der Stimmen, so ist diese nach den Absätzen 1 bis 6 zu wiederholen. ⁴ Die Gründe für die erneute Zählung sind in der Wahlniederschrift zu vermerken.

(8) Die vom Wahlvorsteher bestimmten Beisitzer sammeln

1. die Stimmzettel, auf denen die Erststimme und die Zweitstimme oder nur die Erststimme abgegeben worden sind, getrennt nach den Bewerbern, denen die Erststimme zugefallen ist,

2. die Stimmzettel, auf denen nur die Zweitstimme abgegeben worden ist,

3. die ungekennzeichneten Stimmzettel,

4. die Stimmzettel, die Anlass zu Bedenken gegeben haben

je für sich und behalten sie unter Aufsicht.

§ 70 Bekanntgabe des Wahlergebnisses. [1] Im Anschluss an die Feststellungen nach § 67 gibt der Wahlvorsteher das Wahlergebnis im Wahlbezirk mit den in dieser Vorschrift bezeichneten Angaben mündlich bekannt. [2] Es darf vor Unterzeichnung der Wahlniederschrift (§ 72) anderen als den in § 71 genannten Stellen durch die Mitglieder des Wahlvorstandes nicht mitgeteilt werden.

§ 71[1] Schnellmeldungen, vorläufige Wahlergebnisse. (1) [1] Sobald das Wahlergebnis im Wahlbezirk festgestellt ist, meldet es der Wahlvorsteher der Gemeindebehörde, die die Wahlergebnisse aller Wahlbezirke der Gemeinde zusammenfasst und dem Kreiswahlleiter meldet. [2] Ist in der Gemeinde nur ein Wahlbezirk gebildet, meldet der Wahlvorsteher das Wahlergebnis dem Kreiswahlleiter. [3] Der Landeswahlleiter kann anordnen, dass die Wahlergebnisse in den kreisangehörigen Gemeinden über die Verwaltungsbehörde des Kreises gemeldet werden.

(2) [1] Die Meldung wird auf schnellstem Wege (z.B. telefonisch oder auf sonstigem elektronischem Wege) erstattet. [2] Sie enthält die Zahlen

1. der Wahlberechtigten,
2. der Wähler,
3. der gültigen und ungültigen Erststimmen,
4. der gültigen und ungültigen Zweitstimmen,
5. der für jeden Bewerber abgegebenen gültigen Erststimmen,
6. der für jede Landesliste abgegebenen gültigen Zweitstimmen.

(3) [1] Der Kreiswahlleiter ermittelt nach den Schnellmeldungen der Gemeindebehörden das vorläufige Wahlergebnis im Wahlkreis. [2] Er teilt unter Einbeziehung der Ergebnisse der Briefwahl (§ 75 Abs. 4) das vorläufige Wahlergebnis auf schnellstem Wege dem Landeswahlleiter mit; dabei gibt er an, welcher Bewerber als gewählt gelten kann. [3] Der Landeswahlleiter meldet dem Bundeswahlleiter die eingehenden Wahlkreisergebnisse sofort und laufend weiter.

(4) Der Landeswahlleiter ermittelt nach den Schnellmeldungen der Kreiswahlleiter das vorläufige zahlenmäßige Wahlergebnis im Land und meldet es auf schnellstem Wege dem Bundeswahlleiter.

(5) Der Bundeswahlleiter ermittelt nach den Schnellmeldungen der Landeswahlleiter entsprechend § 78 das vorläufige Wahlergebnis im Wahlgebiet.

(6) Die Wahlleiter geben nach Durchführung der ohne Vorliegen der Wahlniederschriften möglichen Überprüfungen die vorläufigen Wahlergebnisse mündlich oder in geeigneter anderer Form bekannt.

(7) [1] Die Schnellmeldungen der Wahlvorsteher, Gemeindebehörden und Kreiswahlleiter werden nach dem Muster der Anlage 28[2] erstattet. [2] Der Landeswahlleiter kann Anordnungen zur Art und Weise der Übermittlung treffen. [3] Er kann auch anordnen, dass die Wahlergebnisse der Wahlbezirke und der Gemeinden gleichzeitig dem Kreiswahlleiter und ihm mitzuteilen sind. [4] Die mitgeteilten Ergebnisse darf der Landeswahlleiter erst dann bei der

[1] § 71 Abs. 5 geänd. mWv 18. 5. 2013 durch VO v. 13. 5. 2013 (BGBl. I S. 1255).
[2] Anlagen hier nicht abgedruckt.

Ermittlung des vorläufigen Wahlergebnisses im Land berücksichtigen, wenn die Mitteilung des Kreiswahlleiters nach Absatz 3 Satz 2 vorliegt.

§ 72 Wahlniederschrift. (1) [1] Über die Wahlhandlung sowie die Ermittlung und Feststellung des Wahlergebnisses ist vom Schriftführer eine Niederschrift nach dem Muster der Anlage 29[1)] zu fertigen. [2] Die Niederschrift ist von den Mitgliedern des Wahlvorstandes zu genehmigen und zu unterzeichnen. [3] Verweigert ein Mitglied des Wahlvorstandes die Unterschrift, so ist der Grund hierfür in der Wahlniederschrift zu vermerken. [4] Beschlüsse nach § 56 Abs. 7, § 59 Satz 3 und § 69 Abs. 6 sowie Beschlüsse über Anstände bei der Wahlhandlung oder bei der Ermittlung und Feststellung des Wahlergebnisses sind in der Wahlniederschrift zu vermerken. [5] Der Wahlniederschrift sind beizufügen die Stimmzettel, über die der Wahlvorstand nach § 69 Abs. 6 besonders beschlossen hat, sowie die Wahlscheine, über die der Wahlvorstand nach § 59 Satz 3 besonders beschlossen hat.

(2) Der Wahlvorsteher hat die Wahlniederschrift mit den Anlagen unverzüglich der Gemeindebehörde zu übergeben.

(3) [1] Die Gemeindebehörde übersendet dem Kreiswahlleiter die Wahlniederschriften ihrer Wahlvorstände mit den Anlagen auf schnellstem Wege. [2] Besteht die Gemeinde aus mehreren Wahlbezirken, so fügt sie eine Zusammenstellung der Wahlergebnisse der einzelnen Wahlbezirke nach dem Muster der Anlage 30[1)] bei.

(4) Wahlvorsteher, Gemeindebehörden und Verwaltungsbehörden der Kreise sowie Kreiswahlleiter haben sicherzustellen, dass die Wahlniederschriften mit den Anlagen Unbefugten nicht zugänglich sind.

§ 73 Übergabe und Verwahrung der Wahlunterlagen. (1) [1] Hat der Wahlvorstand seine Aufgaben erledigt, so verpackt der Wahlvorsteher je für sich

1. die Stimmzettel, geordnet und gebündelt nach Wahlkreisbewerbern, nach Stimmzetteln, auf denen nur die Zweitstimme abgegeben worden ist, und nach ungekennzeichneten Stimmzetteln,

2. (weggefallen)

3. die eingenommenen Wahlscheine,

soweit sie nicht der Wahlniederschrift beigefügt sind, versiegelt die einzelnen Pakete, versieht sie mit Inhaltsangabe und übergibt sie der Gemeindebehörde. [2] Bis zur Übergabe an die Gemeindebehörde hat der Wahlvorsteher sicherzustellen, dass die unter den Nummern 1 bis 3 aufgeführten Unterlagen Unbefugten nicht zugänglich sind.

(2) [1] Die Gemeindebehörde hat die Pakete zu verwahren, bis die Vernichtung der Wahlunterlagen zugelassen ist (§ 90). [2] Sie hat sicherzustellen, dass die Pakete Unbefugten nicht zugänglich sind.

(3) Der Wahlvorsteher gibt der Gemeindebehörde die ihm nach § 49 zur Verfügung gestellten Unterlagen und Ausstattungsgegenstände sowie die eingenommenen Wahlbenachrichtigungen zurück.

[1)] Anlagen hier nicht abgedruckt.

(4) ¹ Die Gemeindebehörde hat die in Absatz 1 bezeichneten Unterlagen auf Anforderung dem Kreiswahlleiter vorzulegen. ² Werden nur Teile eines Pakets angefordert, so bricht die Gemeindebehörde das Paket in Gegenwart von zwei Zeugen auf, entnimmt ihm den angeforderten Teil und versiegelt das Paket erneut. ³ Über den Vorgang ist eine Niederschrift zu fertigen, die von allen Beteiligten zu unterzeichnen ist.

§ 74 Behandlung der Wahlbriefe, Vorbereitung der Ermittlung und Feststellung des Briefwahlergebnisses. (1) ¹ Die für den Eingang der Wahlbriefe zuständige Stelle (§ 66 Abs. 2) sammelt die Wahlbriefe ungeöffnet und hält sie unter Verschluss. ² Sie vermerkt auf jedem am Wahltage nach Schluss der Wahlzeit eingegangenen Wahlbrief Tag und Uhrzeit des Eingangs, auf den vom nächsten Tag an eingehenden Wahlbriefen nur den Eingangstag.

(2) (weggefallen)

(3) Die zuständige Stelle, in den Fällen der Bildung eines Briefwahlvorstandes für mehrere Gemeinden nach § 7 Nr. 3 die mit der Durchführung der Briefwahl betraute Gemeindebehörde, verteilt die Wahlbriefe auf die einzelnen Briefwahlvorstände, übergibt jedem Briefwahlvorstand das Verzeichnis über die für ungültig erklärten Wahlscheine sowie die Nachträge dazu oder die Mitteilung, dass keine Wahlscheine für ungültig erklärt worden sind (§ 28 Abs. 9), sorgt für die Bereitstellung und Ausstattung des Wahlraumes und stellt dem Briefwahlvorstand etwa notwendige Hilfskräfte zur Verfügung.

(4) Ist für mehrere Gemeinden ein Briefwahlvorstand gebildet, haben die Gemeindebehörden der mit der Durchführung der Briefwahl betrauten Gemeindebehörde alle bis zum Tage vor der Wahl bei ihnen eingegangenen Wahlbriefe bis 12.00 Uhr am Wahltage zuzuleiten und alle anderen noch vor Schluss der Wahlzeit bei ihnen eingegangenen Wahlbriefe auf schnellstem Wege nach Schluss der Wahlzeit zuzuleiten.

(5) ¹ Verspätet eingegangene Wahlbriefe werden von der zuständigen Stelle angenommen, mit den in Absatz 1 vorgeschriebenen Vermerken versehen und ungeöffnet verpackt. ² Das Paket wird von ihr versiegelt, mit Inhaltsangabe versehen und verwahrt, bis die Vernichtung der Wahlbriefe zugelassen ist (§ 90). ³ Sie hat sicherzustellen, dass das Paket Unbefugten nicht zugänglich ist.

§ 75¹⁾ Zulassung der Wahlbriefe, Ermittlung und Feststellung des Briefwahlergebnisses. (1) ¹ Ein vom Briefwahlvorsteher bestimmtes Mitglied des Briefwahlvorstandes öffnet die Wahlbriefe nacheinander und entnimmt ihnen den Wahlschein und den Stimmzettelumschlag. ² Ist der Wahlschein in einem Verzeichnis für ungültig erklärter Wahlscheine aufgeführt oder werden Bedenken gegen die Gültigkeit des Wahlscheines erhoben, so sind die betroffenen Wahlbriefe samt Inhalt unter Kontrolle des Briefwahlvorstehers auszusondern und später entsprechend Absatz 2 zu behandeln. ³ Die aus den übrigen Wahlbriefen entnommenen Stimmzettelumschläge werden ungeöffnet in die Wahlurne geworfen; die Wahlscheine werden gesammelt.

¹⁾ § 75 Abs. 1 Sätze 1 und 3, Abs. 2 Sätze 2 und 5 2. Halbs., Abs. 3 Sätze 1 und 2, Abs. 4 Satz 2, Abs. 5 Satz 2 Nr. 1 geänd. mWv 11. 12. 2008 durch VO v. 3. 12. 2008 (BGBl. I S. 2378).

(2) [1] Werden gegen einen Wahlbrief Bedenken erhoben, so beschließt der Briefwahlvorstand über die Zulassung oder Zurückweisung. [2] Der Wahlbrief ist vom Briefwahlvorstand zurückzuweisen, wenn ein Tatbestand nach § 39 Abs. 4 Satz 1 Nr. 2 bis 8 des Bundeswahlgesetzes[1] vorliegt. [3] Die Zahl der beanstandeten, der nach besonderer Beschlussfassung zugelassenen und die Zahl der zurückgewiesenen Wahlbriefe sind in der Wahlniederschrift zu vermerken. [4] Die zurückgewiesenen Wahlbriefe sind samt Inhalt auszusondern, mit einem Vermerk über den Zurückweisungsgrund zu versehen, wieder zu verschließen und fortlaufend zu nummerieren. [5] Die Einsender zurückgewiesener Wahlbriefe werden nicht als Wähler gezählt; ihre Stimmen gelten als nicht abgegeben (§ 39 Abs. 4 Satz 2 des Bundeswahlgesetzes).

(3) [1] Nachdem die Stimmzettelumschläge den Wahlbriefen entnommen und in die Wahlurne geworfen worden sind, jedoch nicht vor Schluss der allgemeinen Wahlzeit, ermittelt und stellt der Briefwahlvorstand das Wahlergebnis mit den in § 67 unter den Nummern 2 bis 6 bezeichneten Angaben fest. [2] §§ 68 bis 70 gelten entsprechend mit der Maßgabe, dass die Stimmzettelumschläge zunächst ungeöffnet zu zählen sind und leere Stimmzettelumschläge entsprechend § 69 Abs. 1 Satz 1 Nr. 3, Abs. 3 und 8 Nr. 3 sowie Stimmzettelumschläge, die mehrere Stimmzettel enthalten oder Anlass zu Bedenken geben, entsprechend § 69 Abs. 1 Satz 2, Abs. 6 und 8 Nr. 4 zu behandeln sind.

(4) [1] Sobald das Briefwahlergebnis festgestellt ist, meldet es der Briefwahlvorsteher auf schnellstem Wege dem Kreiswahlleiter. [2] Sind auf Grund einer Anordnung nach § 8 Abs. 3 des Bundeswahlgesetzes Briefwahlvorstände für einzelne oder mehrere Gemeinden gebildet worden, meldet der Briefwahlvorsteher das Briefwahlergebnis der für ihn zuständigen Gemeindebehörde, die es in die Schnellmeldung für den Bereich der Gemeinde übernimmt; sind Briefwahlvorstände für einzelne Kreise innerhalb eines Wahlkreises gebildet worden, meldet der Briefwahlvorsteher der Verwaltungsbehörde des Kreises, die die Briefwahlergebnisse zusammenfasst und dem Kreiswahlleiter weitermeldet. [3] Die Schnellmeldungen werden nach dem Muster der Anlage 28[2] erstattet.

(5) [1] Über die Zulassung der Wahlbriefe sowie die Ermittlung und Feststellung des Briefwahlergebnisses ist vom Schriftführer eine Niederschrift nach dem Muster der Anlage 31[2] zu fertigen. [2] Dieser sind beizufügen

1. die Stimmzettel und Stimmzettelumschläge, über die der Briefwahlvorstand entsprechend § 69 Abs. 6 besonders beschlossen hat,
2. die Wahlbriefe, die der Briefwahlvorstand zurückgewiesen hat,
3. die Wahlscheine, über die der Briefwahlvorstand beschlossen hat, ohne dass die Wahlbriefe zurückgewiesen wurden.

(6) [1] Der Briefwahlvorsteher übergibt die Wahlniederschrift mit den Anlagen unverzüglich dem Kreiswahlleiter. [2] Sind Briefwahlvorstände für einzelne oder mehrere Gemeinden oder für einzelne Kreise innerhalb eines Wahlkreises gebildet worden, ist die Wahlniederschrift mit den Anlagen der Gemeindebehörde oder der mit der Durchführung der Briefwahl betrauten Gemeindebehörde oder der Verwaltungsbehörde des Kreises zu übergeben.

³ Die zuständige Gemeindebehörde oder die Verwaltungsbehörde des Kreises übersendet dem Kreiswahlleiter die Wahlniederschriften der Briefwahlvorstände mit den Anlagen und fügt, soweit erforderlich, Zusammenstellungen der Briefwahlergebnisse nach dem Muster der Anlage 30¹⁾ bei. ⁴ § 72 Abs. 4 gilt entsprechend.

(7) ¹ Der Briefwahlvorsteher verpackt die Wahlunterlagen entsprechend § 73 Abs. 1 und übergibt sie dem Kreiswahlleiter, der sie verwahrt, bis ihre Vernichtung zugelassen ist (§ 90). ² Sind Briefwahlvorstände für einzelne oder mehrere Gemeinden oder für einzelne Kreise innerhalb eines Wahlkreises gebildet worden, übergibt der Briefwahlvorsteher die Unterlagen der Stelle, die den Briefwahlvorstand einberufen hat. ³ Diese verfährt nach § 73 Abs. 2 bis 4. ⁴ § 72 Abs. 4 gilt entsprechend.

(8) Im Übrigen gelten für die Tätigkeit des Briefwahlvorstandes die für den Wahlvorstand geltenden Bestimmungen entsprechend.

(9) Das Wahlergebnis der Briefwahl wird vom Kreiswahlleiter in die Schnellmeldung nach § 71 Abs. 3 und in die Zusammenstellung des endgültigen Wahlergebnisses des Wahlkreises nach § 76 übernommen.

(10) ¹ Stellt der Bundeswahlleiter fest, dass im Wahlgebiet die regelmäßige Beförderung von Wahlbriefen infolge von Naturkatastrophen oder ähnlichen Ereignissen höherer Gewalt gestört war, gelten die dadurch betroffenen Wahlbriefe, die nach Behebung des Ereignisses, spätestens aber am 22. Tag nach der Wahl bei der zuständigen Stelle (§ 66 Abs. 2) eingehen, als rechtzeitig eingegangen, wenn sie ohne die Störung spätestens am Wahltag bis 18 Uhr eingegangen wären. ² Dabei gelten im Wahlgebiet abgesandte Wahlbriefe mit einem Poststempel spätestens vom zweiten Tag vor der Wahl als rechtzeitig eingegangen. ³ Die als rechtzeitig eingegangen geltenden Wahlbriefe sind auf schnellstem Wege dem zuständigen Briefwahlvorstand zur nachträglichen Feststellung des Briefwahlergebnisses zu überweisen, sofern der Kreiswahlleiter feststellt, dass die nach § 7 Nr. 1 erforderliche Zahl von Wahlbriefen erreicht ist. ⁴ Wird diese Zahl für einzelne Briefwahlvorstände unterschritten, bestimmt der Kreiswahlleiter, welchem Briefwahlvorstand des Wahlkreises die durch das Ereignis betroffenen Wahlbriefe überwiesen werden; wird die nach § 7 Nr. 1 erforderliche Zahl von Wahlbriefen im Wahlkreis unterschritten, bestimmt der Kreiswahlleiter, welcher Briefwahlvorstand über die Zulassung oder Zurückweisung der Wahlbriefe entscheidet und welcher Briefwahlvorstand des Wahlkreises über die Gültigkeit der abgegebenen Stimmen entscheidet und die nachträgliche Feststellung des Briefwahlergebnisses trifft. ⁵ Im Übrigen kann der Landeswahlleiter Regelungen zur Anpassung an die besonderen Verhältnisse im Einzelfall treffen.

§ 76²⁾ Ermittlung und Feststellung des Wahlergebnisses im Wahlkreis.

(1) ¹ Der Kreiswahlleiter prüft die Wahlniederschriften der Wahlvorstände auf Vollständigkeit und Ordnungsmäßigkeit. ² Er stellt nach den Wahlniederschriften das endgültige Ergebnis der Wahl im Wahlkreis und der Wahl nach Landeslisten wahlbezirksweise und nach Briefwahlvorständen geordnet nach

¹⁾ Anlagen hier nicht abgedruckt.
²⁾ § 76 Abs. 1 Satz 3 geänd., Abs. 2 Satz 2 neu gef., Abs. 4 Sätze 1 und 2 geänd., Abs. 7 und 9 neu gef. mWv 11.12.2008 durch VO v. 3.12.2008 (BGBl. I S. 2378); Abs. 4 Satz 2 eingef., bish. Satz 2 wird Satz 3 mWv 18.5.2013 durch VO v. 13.5.2013 (BGBl. I S. 1255).

dem Muster der Anlage 30[1]) zusammen. [3]Dabei bildet der Kreiswahlleiter für die Gemeinden und Kreise Zwischensummen, im Falle einer Anordnung nach § 8 Abs. 3 des Bundeswahlgesetzes[2]) auch für die Briefwahlergebnisse. [4]Ergeben sich aus der Wahlniederschrift oder aus sonstigen Gründen Bedenken gegen die Ordnungsmäßigkeit des Wahlgeschäfts, so klärt sie der Kreiswahlleiter soweit wie möglich auf.

(2) [1]Nach Berichterstattung durch den Kreiswahlleiter ermittelt der Kreiswahlausschuss das Wahlergebnis des Wahlkreises und stellt fest

1. die Zahl der Wahlberechtigten,

2. die Zahl der Wähler,

3. die Zahlen der gültigen und ungültigen Erststimmen,

4. die Zahlen der gültigen und ungültigen Zweitstimmen,

5. die Zahlen der für die einzelnen Bewerber abgegebenen gültigen Erststimmen,

6. die Zahlen der für die einzelnen Landeslisten abgegebenen gültigen Zweitstimmen.

[2]Der Kreiswahlausschuss ist berechtigt, Feststellungen des Wahlvorstandes zu berichtigen und dabei auch über die Gültigkeit abgegebener Stimmen abweichend zu beschließen. [3]Ungeklärte Bedenken vermerkt er in der Niederschrift.

(3) Der Kreiswahlausschuss stellt ferner fest, welcher Bewerber im Wahlkreis gewählt ist.

(4) [1]Ist bei der Wahl im Wahlkreis der Bewerber eines anderen Kreiswahlvorschlages (§ 20 Abs. 3 des Bundeswahlgesetzes) oder der Bewerber einer Partei, für die im Land keine Landesliste zugelassen ist, gewählt worden, so fordert der Kreiswahlleiter von allen Gemeindebehörden die für diesen Bewerber abgegebenen Stimmzettel ein und fügt ihnen die durch Briefwahl abgegebenen sowie die bei den Wahlniederschriften befindlichen, auf diesen Bewerber lautenden Stimmzettel bei. [2]Gleiches gilt, wenn der Bewerber einer Partei gewählt worden ist, die nach dem vorläufigen Wahlergebnis im Wahlgebiet (§ 71 Absatz 5) oder nach der abschließenden Ermittlung des Stimmanteils der einzelnen Parteien im Wahlgebiet und der Zahl der von den einzelnen Parteien im Wahlgebiet errungenen Wahlkreissitze durch den Bundeswahlleiter (§ 78 Absatz 1 Satz 2 Nummer 3 und 4) nach § 6 Absatz 3 des Bundeswahlgesetzes bei der Sitzverteilung nicht berücksichtigt wird. [3]Der Kreiswahlausschuss stellt fest, wieviel Zweitstimmen nach § 6 Abs. 1 Satz 2 des Bundeswahlgesetzes unberücksichtigt bleiben und bei welchen Landeslisten sie abzusetzen sind.

(5) Im Anschluss an die Feststellung gibt der Kreiswahlleiter das Wahlergebnis *mit den* in Absatz 2 Satz 1 sowie in den Absätzen 3 und 4 bezeichneten Angaben mündlich bekannt.

(6) [1]Die Niederschrift über die Sitzung (§ 5 Abs. 7) ist nach dem Muster der Anlage 32[1]) zu fertigen. [2]Die Niederschrift und die ihr beigefügte Zusammenstellung des Wahlergebnisses nach dem Muster der Anlage 30[1]) sind von

[1]) Anlagen hier nicht abgedruckt.
[2]) Nr. **30**.

allen Mitgliedern des Kreiswahlausschusses, die an der Verhandlung teilgenommen haben, und von dem Schriftführer zu unterzeichnen.

(7) [1] Der Kreiswahlleiter benachrichtigt den Gewählten nach der mündlichen Bekanntgabe des endgültigen Wahlergebnisses und weist ihn auf die Vorschriften des § 45 Abs. 1 des Bundeswahlgesetzes, bei einer Ersatzwahl (§ 48 Abs. 2 des Bundeswahlgesetzes) auf die Vorschriften des § 45 Abs. 1 und 2 des Bundeswahlgesetzes hin. [2] Bei einer Wiederholungswahl (§ 44 des Bundeswahlgesetzes) benachrichtigt er den Gewählten mittels Zustellung (§ 87 Abs. 1) und weist ihn auf die Vorschriften des § 45 Abs. 3 des Bundeswahlgesetzes hin.

(8) Der Kreiswahlleiter übersendet dem Landeswahlleiter und dem Bundeswahlleiter auf schnellstem Wege eine Ausfertigung der Niederschrift des Kreiswahlausschusses mit der dazugehörigen Zusammenstellung.

(9) [1] Der Landeswahlleiter benachrichtigt den Bundeswahlleiter und den Präsidenten des Deutschen Bundestages sofort, wenn der gewählte Bewerber die Wahl abgelehnt hat. [2] Bei einer Wiederholungswahl (§ 44 des Bundeswahlgesetzes) teilt zudem der Kreiswahlleiter sofort nach Ablauf der Frist des § 44 Abs. 4 Satz 2 des Bundeswahlgesetzes dem Landeswahlleiter und dem Bundeswahlleiter sowie dem Präsidenten des Deutschen Bundestages mit, an welchem Tag die Annahmeerklärung des gewählten Bewerbers eingegangen ist. [3] Im Falle des § 45 Abs. 3 Satz 3 des Bundeswahlgesetzes teilt er mit, an welchem Tag die Benachrichtigung zugestellt worden ist.

§ 77[1] Ermittlung und Feststellung des Zweitstimmenergebnisses im Land. (1) Der Landeswahlleiter prüft die Wahlniederschriften der Kreiswahlausschüsse und stellt danach die endgültige Wahlergebnisse in den einzelnen Wahlkreisen des Landes (§ 76 Abs. 2 und 4) nach dem Muster der Anlage 30[2] zum Wahlergebnis des Landes zusammen.

(2) [1] Nach Berichterstattung durch den Landeswahlleiter ermittelt der Landeswahlausschuss das Zweitstimmenergebnis im Land und stellt fest

1. die Zahl der Wahlberechtigten,

2. die Zahl der Wähler,

3. die Zahlen der gültigen und ungültigen Zweitstimmen,

4. die Zahlen der für die einzelnen Landeslisten abgegebenen gültigen Zweitstimmen und

5. im Falle des § 6 Abs. 1 Satz 2 des Bundeswahlgesetzes[3] die Zahlen der für die Sitzverteilung zu berücksichtigenden Zweitstimmen der einzelnen Landeslisten (bereinigte Zahlen).

[2] Der Landeswahlausschuss ist berechtigt, rechnerische Berichtigungen an den Feststellungen der Wahlvorstände und Kreiswahlausschüsse vorzunehmen.

(3) Im Anschluss an die Feststellung gibt der Landeswahlleiter das Wahlergebnis mit den in Absatz 2 Satz 1 bezeichneten Angaben mündlich bekannt.

(4) [1] Die Niederschrift über die Sitzung (§ 5 Abs. 7) ist nach dem Muster der Anlage 33[2] zu fertigen. [2] § 76 Abs. 6 Satz 2 gilt entsprechend.

[1] *§ 77 Abs. 2 Satz 1 Nr. 5 geänd. m Wv 11. 12. 2008 durch VO v. 3. 12. 2008 (BGBl. 1 S. 2378).*
[2] Anlagen hier nicht abgedruckt.
[3] Nr. **30**.

(5) Der Landeswahlleiter übersendet dem Bundeswahlleiter eine Ausfertigung der Niederschrift mit der Feststellung des Zweitstimmenergebnisses sowie eine Zusammenstellung der Wahlergebnisse in den einzelnen Wahlkreisen des Landes (Absatz 1).

§ 78[1] Abschließende Ermittlung und Feststellung des Ergebnisses der Landeslistenwahl. (1) [1] Der Bundeswahlleiter prüft die Wahlniederschriften der Landeswahlausschüsse. [2] Er ermittelt nach den Niederschriften der Landes- und Kreiswahlausschüsse

1. die Zahlen der Zweitstimmen der Landeslisten jeder Partei,

2. die Gesamtzahl der im Wahlgebiet abgegebenen gültigen Zweitstimmen,

3. den Prozentsatz des Stimmenanteils der einzelnen Parteien im Wahlgebiet an der Gesamtzahl der gültigen Zweitstimmen,

4. die Zahl der von den einzelnen Parteien im Wahlgebiet errungenen Wahlkreissitze,

5. die bereinigten Zweitstimmenzahlen der Landeslisten und jeder Partei,

6. die Zahl der erfolgreichen Wahlkreisbewerber, die nach § 6 Abs. 1 Satz 3 des Bundeswahlgesetzes[2] von der Gesamtzahl der Abgeordneten abzuziehen sind, und

7. die Zahl der in der ersten Verteilung (§ 6 Absatz 2 Satz 1 Bundeswahlgesetz) den Ländern nach Bevölkerungsanteil (§ 3 Absatz 1 Bundeswahlgesetz) gemäß den letzten amtlichen Bevölkerungszahlen zuzuordnenden Sitze.

[3] Ergeben sich danach gegenüber dem vorläufigen Wahlergebnis im Wahlgebiet (§ 71 Absatz 5) Änderungen für die Berücksichtigung von Parteien bei der Sitzverteilung nach § 6 Absatz 3 des Bundeswahlgesetzes, teilt der Bundeswahlleiter dies den betroffenen Kreiswahlleitern und Landeswahlleitern im Hinblick auf § 76 Absatz 4 und § 77 Absatz 2 Nummer 5 auf schnellstem Wege mit und ermittelt die Zahlen nach den geänderten Niederschriften der Kreiswahlausschüsse und Landeswahlausschüsse. [4] Er berechnet nach Maßgabe des § 6 des Bundeswahlgesetzes die Stimmenzahlen der einzelnen Landeslisten und der Partei sowie die Gesamtzahl der Sitze und verteilt die Sitze auf die Parteien und deren Landeslisten.

(2) [1] Nach Berichterstattung durch den Bundeswahlleiter ermittelt der Bundeswahlausschuss das Gesamtergebnis der Landeslistenwahl und stellt für das Wahlgebiet fest

1. die Zahl der Wahlberechtigten,

2. die Zahl der Wähler,

3. die Zahlen der gültigen und ungültigen Zweitstimmen,

4. die Zahlen der auf die einzelnen Parteien entfallenen gültigen Zweitstimmen,

[1] § 78 Abs. 1 Satz 2 Nr. 6, Sätze 3 und 4, Abs. 2 Satz 1 Nr. 5 geänd. mWv 11. 12. 2008 durch VO v. 3. 12. 2008 (BGBl. I S. 2378); Abs. 1 Satz 2 einl. Satzteil, Nr. 1, 3, 5 und Nr. 6 geänd., Nr. 7 angef., Sätze 3 und 4 neu gef., Abs. 2 Satz 1 Nr. 5, 6 und Nr. 7 geänd. mWv 18. 5. 2013 durch VO v. 13. 5. 2013 (BGBl. I S. 1255); Abs. 1 Satz 2 Nr. 7 geänd. mWv 31. 3. 2017 durch VO v. 24. 3. 2017 (BGBl. I S. 585).

[2] Nr. 30.

5. die Parteien, die nach § 6 Absatz 3 des Bundeswahlgesetzes
 a) an der Verteilung der Listensitze teilnehmen,
 b) bei der Verteilung der Listensitze unberücksichtigt bleiben,
6. die bereinigten Zahlen der auf die einzelnen Parteien entfallenen Zweitstimmen,
7. die Zahl der Sitze, die auf die einzelnen Parteien und Landeslisten entfallen,
8. welche Landeslistenbewerber gewählt sind.
[2] Der Bundeswahlausschuss ist berechtigt, rechnerische Berichtigungen an den Feststellungen der Landeswahlausschüsse vorzunehmen.

(3) [1] Im Anschluss an die Ermittlung und Feststellung gibt der Bundeswahlleiter das Wahlergebnis mit den in Absatz 2 Satz 1 Nr. 1 bis 7 bezeichneten Angaben mündlich bekannt. [2] Gleichzeitig weist er darauf hin, dass er die Feststellung nach Absatz 2 Satz 1 Nr. 8 durch Aushang im Sitzungsraum bekanntgibt.

(4) § 76 Abs. 6 findet entsprechende Anwendung.

(5) Der Bundeswahlleiter teilt den Landeswahlleitern mit, welche Landeslistenbewerber gewählt sind.

§ 79[1] Bekanntmachung der endgültigen Wahlergebnisse. (1) Sobald die Feststellungen aller Wahlausschüsse abgeschlossen sind, machen

1. der Kreiswahlleiter das endgültige Wahlergebnis für den Wahlkreis mit den in § 76 Abs. 2 Satz 1 bezeichneten Angaben und dem Namen des gewählten Wahlkreisbewerbers,
2. der Landeswahlleiter das endgültige Wahlergebnis für das Land mit den in § 76 Abs. 2 Satz 1 unter den Nummern 3 und 5 und in § 77 Abs. 2 Satz 1 bezeichneten Angaben, gegliedert nach Wahlkreisen, und den Namen der im Land gewählten Bewerber,
3. der Bundeswahlleiter das endgültige Wahlergebnis für das Wahlgebiet mit den in § 78 Abs. 2 Satz 1 unter den Nummern 1 bis 7 bezeichneten Angaben, der Verteilung der Sitze auf die Parteien und anderen Träger von Wahlvorschlägen, gegliedert nach Ländern, sowie den Namen der im Wahlgebiet gewählten Bewerber

öffentlich bekannt.

(2) Eine Ausfertigung ihrer Bekanntmachungen übersenden der Landeswahlleiter dem Bundeswahlleiter und der Bundeswahlleiter dem Präsidenten des Deutschen Bundestages.

§ 80[2] Benachrichtigung der gewählten Landeslistenbewerber.

(1) [1] Der Landeswahlleiter benachrichtigt die vom Bundeswahlausschuss für gewählt erklärten Landeslistenbewerber nach der mündlichen Bekanntgabe des endgültigen Wahlergebnisses durch den Bundeswahlleiter und weist sie auf die Vorschriften des § 45 Abs. 1 des Bundeswahlgesetzes[3] hin. [2] Bei

[1] § 79 Abs. 1 einl. Satzteil geänd. mWv 18. 5. 2013 durch VO v. 13. 5. 2013 (BGBl. I S. 1255).
[2] § 80 neu gef. mWv 11. 12. 2008 durch VO v. 3. 12. 2008 (BGBl. I S. 2378).
[3] Nr. 30.

einer Wiederholungswahl (§ 44 des Bundeswahlgesetzes) benachrichtigt er die Gewählten mittels Zustellung (§ 87 Abs. 1) und weist sie auf die Vorschriften des § 45 Abs. 3 des Bundeswahlgesetzes hin.

(2) [1] Der Landeswahlleiter benachrichtigt den Bundeswahlleiter und den Präsidenten des Deutschen Bundestages sofort, wenn ein gewählter Bewerber die Wahl abgelehnt hat. [2] Bei einer Wiederholungswahl (§ 44 des Bundeswahlgesetzes) teilt er sofort nach Ablauf der Frist des § 44 Abs. 4 Satz 2 des Bundeswahlgesetzes mit, an welchen Tagen die Annahmeerklärungen der gewählten Bewerber eingegangen sind und welche Bewerber die Wahl abgelehnt haben. [3] In den Fällen des § 45 Abs. 3 Satz 3 des Bundeswahlgesetzes teilt er mit, an welchen Tagen die Benachrichtigungen zugestellt worden sind.

§ 81 Überprüfung der Wahl durch die Landeswahlleiter und den Bundeswahlleiter. (1) [1] Die Landeswahlleiter und der Bundeswahlleiter prüfen, ob die Wahl nach den Vorschriften des Bundeswahlgesetzes[1], dieser Verordnung und der Bundeswahlgeräteverordnung vom 3. September 1975 (BGBl. I S. 2459) in der jeweils geltenden Fassung durchgeführt worden ist. [2] Nach dem Ergebnis ihrer Prüfung entscheiden sie, ob Einspruch gegen die Wahl einzulegen ist (§ 2 Abs. 2 des Wahlprüfungsgesetzes[2]).

(2) [1] Auf Anforderung haben die Kreiswahlleiter dem Landeswahlleiter und über diesen dem Bundeswahlleiter die bei ihnen, den Gemeinden und Verwaltungsbehörden der Kreise vorhandenen Wahlunterlagen zu übersenden. [2] Der Bundeswahlleiter kann verlangen, dass ihm die Landeswahlleiter die bei ihnen vorhandenen Wahlunterlagen übersenden.

Fünfter Abschnitt. Nachwahl, Wiederholungswahl, Berufung von Listennachfolgern

§ 82[3] Nachwahl. (1) [1] Sobald feststeht, dass die Wahl wegen Todes eines Wahlkreisbewerbers, infolge höherer Gewalt oder aus sonstigem Grunde nicht durchgeführt werden kann, sagt der Kreiswahlleiter die Wahl ab und macht öffentlich bekannt, dass eine Nachwahl stattfinden wird. [2] Er unterrichtet unverzüglich den Landeswahlleiter und dieser den Bundeswahlleiter.

(2) [1] Stirbt der Bewerber eines zugelassenen Kreiswahlvorschlags vor der Wahl, so fordert der Kreiswahlleiter die Vertrauensperson auf, binnen einer zu bestimmenden Frist schriftlich einen anderen Bewerber zu benennen. [2] Der Ersatzvorschlag muss von der Vertrauensperson und der stellvertretenden Vertrauensperson persönlich und handschriftlich unterzeichnet sein. [3] Das Verfahren nach § 21 des Bundeswahlgesetzes[1] braucht nicht eingehalten zu werden; der Unterschriften nach § 20 Abs. 2 und 3 des Bundeswahlgesetzes bedarf es nicht.

(3) Bei der Nachwahl wird mit den für die Hauptwahl aufgestellten Wählerverzeichnissen, vorbehaltlich der Bestimmungen in Absatz 2 nach den für

[1] Nr. **30**.
[2] Nr. **32**.
[3] § 82 Abs. 2 Satz 3 1. und 2. Halbs. geänd. mWv 11. 12. 2008 durch VO v. 3. 12. 2008 (BGBl. I S. 2378).

die Hauptwahl zugelassenen Wahlvorschlägen, in den für die Hauptwahl bestimmten Wahlbezirken und Wahlräumen und vor den für die Hauptwahl gebildeten Wahlvorständen gewählt.

(4) [1] Findet die Nachwahl wegen Todes eines Wahlkreisbewerbers statt, so haben die für die Hauptwahl erteilten Wahlscheine für die Nachwahl keine Gültigkeit. [2] Sie werden von Amts wegen ersetzt. [3] § 28 Abs. 3 ist anzuwenden. [4] Neue Wahlscheine werden nach den allgemeinen Vorschriften erteilt. [5] Wahlbriefe mit alten Wahlscheinen, die bei den nach § 66 Abs. 2 zuständigen Stellen eingegangen sind, werden von diesen gesammelt und unter Beachtung des Wahlgeheimnisses vernichtet.

(5) [1] Findet die Nachwahl statt, weil die Wahl infolge höherer Gewalt oder aus sonstigem Grund nicht durchgeführt werden konnte, so behalten die für die Hauptwahl erteilten Wahlscheine für die Nachwahl Gültigkeit. [2] Neue Wahlscheine dürfen nur von Gemeinden des Gebietes, in dem die Nachwahl stattfindet, erteilt werden.

(6) Der Landeswahlleiter kann im Einzelfall Regelungen zur Anpassung an besondere Verhältnisse treffen.

(7) Der Landeswahlleiter macht den Tag der Nachwahl öffentlich bekannt.

§ 83 Wiederholungswahl. (1) Das Wahlverfahren ist nur insoweit zu erneuern, als das nach der Entscheidung im Wahlprüfungsverfahren erforderlich ist.

(2) [1] Wird die Wahl nur in einzelnen Wahlbezirken wiederholt, so darf die Abgrenzung dieser Wahlbezirke nicht geändert werden. [2] Auch sonst soll die Wahl möglichst in denselben Wahlbezirken wie bei der Hauptwahl wiederholt werden. [3] Wahlvorstände können neu gebildet und Wahlräume neu bestimmt werden.

(3) Findet die Wiederholungswahl infolge von Unregelmäßigkeiten bei der Aufstellung und Behandlung von Wählerverzeichnissen statt, so ist in den betroffenen Wahlbezirken das Verfahren der Aufstellung, Einsichtnahme, Berichtigung und des Abschlusses des Wählerverzeichnisses neu durchzuführen, sofern sich aus der Wahlprüfungsentscheidung keine Einschränkungen ergeben.

(4) [1] Wähler, die seit der Hauptwahl ihr Wahlrecht verloren haben, sind im Wählerverzeichnis zu streichen. [2] Wird die Wahl vor Ablauf von sechs Monaten nach der Hauptwahl nur in einzelnen Wahlbezirken wiederholt, so können Wahlberechtigte, denen für die Hauptwahl ein Wahlschein erteilt wurde, nur dann an der Wahl teilnehmen, wenn sie ihren Wahlschein in den Wahlbezirken abgegeben haben, für die die Wahl wiederholt wird.

(5) [1] Wahlscheine dürfen nur von Gemeinden in dem Gebiet, in dem die Wiederholungswahl stattfindet, erteilt werden. [2] Wird die Wahl vor Ablauf von sechs Monaten nach der Hauptwahl nur in einzelnen Wahlbezirken wiederholt, so erhalten Personen, die bei der Hauptwahl in diesen Wahlbezirken mit Wahlschein gewählt haben, auf Antrag ihren Wahlschein mit *Gültigkeitsvermerk* für die Wiederholungswahl zurück, wenn sie inzwischen aus dem Gebiet der Wiederholungswahl verzogen sind.

(6) Wahlvorschläge können nur geändert werden, wenn sich dies aus der Wahlprüfungsentscheidung ergibt oder wenn ein Bewerber gestorben oder nicht mehr wählbar ist.

(7) Der Landeswahlleiter kann im Rahmen der Wahlprüfungsentscheidung Regelungen zur Anpassung des Wiederholungswahlverfahrens an besondere Verhältnisse treffen.

§ 84[1] Berufung von Listennachfolgern. (1) [1]Liegen die Voraussetzungen für eine Listennachfolge vor, so benachrichtigt der Landeswahlleiter den nächsten Listenbewerber mittels Zustellung (§ 87 Abs. 1) und weist ihn auf die Vorschrift des § 45 Abs. 3 des Bundeswahlgesetzes hin. [2]Er fordert ihn auf, ihm innerhalb einer Woche schriftlich zu erklären, ob er die Nachfolge annimmt, und an Eides statt zu versichern, dass er nicht aus der die Liste einreichenden Partei ausgeschieden oder Mitglied einer anderen Partei geworden ist. [3]Für die Abnahme der Versicherung an Eides statt gilt § 21 Abs. 6 Satz 3 des Bundeswahlgesetzes entsprechend.

(2) [1]Der Landeswahlleiter teilt dem Bundeswahlleiter und dem Präsidenten des Deutschen Bundestages Familiennamen, Vornamen, Beruf oder Stand und Anschrift (Hauptwohnung) des Listennachfolgers sowie den Tag, an dem seine Annahmeerklärung eingegangen ist, sofort mit. [2]Der Landeswahlleiter verfährt entsprechend, wenn ein Wahlkreisabgeordneter ausscheidet und kein Listenbewerber nachfolgt, [3]Im Falle des § 45 Abs. 3 Satz 3 des Bundeswahlgesetzes[2] teilt er mit, an welchem Tag die Benachrichtigung zugestellt worden ist.

(3) [1]Der Bundeswahlleiter macht entsprechend § 79 Absatz 1 öffentlich bekannt, welcher Bewerber in den Deutschen Bundestag eingetreten ist, und übersendet eine Abschrift der Bekanntmachung an den Präsidenten des Deutschen Bundestages. [2]Der Bundeswahlleiter verfährt entsprechend, wenn ein Wahlkreisabgeordneter ausscheidet und kein Listenbewerber nachfolgt.

(4) [1]Ein nicht gewählter Bewerber verliert seine Anwartschaft als Listennachfolger, wenn er dem Landeswahlleiter schriftlich seine Ablehnung erklärt. [2]Die Ablehnung kann nicht widerrufen werden.

Sechster Abschnitt. Übergangs- und Schlussbestimmungen

§ 85[3] Datenschutzrechtliche Spezialregelungen. (1) Hinsichtlich der im Wählerverzeichnis enthaltenen personenbezogenen Daten besteht abweichend von § 1 Absatz 8 des Bundesdatenschutzgesetzes[4] in Verbindung mit Artikel 15 Absatz 1 und Absatz 3 der Verordnung (EU) 2016/679[5] des Europäischen Parlaments und des Rates vom 27. April 2016 zum Schutz natürlicher Personen bei der Verarbeitung personenbezogener Daten, zum freien Datenverkehr und zur Aufhebung der Richtlinie 95/46/EG (Datenschutz-Grundverordnung) (ABl. L

[1] § 84 Abs. 1 eingef., bish. Abs. 1–3 werden Abs. 2–4 sowie Abs. 2 Satz 3 und Abs. 4 Sätze 1 und 2 geänd. mWv 1.4.2008 durch VO v. 27.3.2008 (BGBl. I S. 476); Abs. 1 Sätze 1 und 3, Abs. 2 Sätze 1 und 3 geänd. mWv 11.12.2008 durch VO v. 3.12.2008 (BGBl. I S. 2378); Abs. 3 Satz 3 geänd. mWv 1.11.2015 durch G v. 3.5.2013 (BGBl. I S. 1084, geänd. durch G v. 20.11.2014, BGBl. I S. 1738); Abs. 3 Satz 1 geänd., Satz 3 aufgeh. mWv 18.5.2013 durch VO v. 13.5.2013 (BGBl. I S. 1255).
[2] Nr. **30**.
[3] § 85 neu gef. mWv 22.2.2020 durch VO v. 13.2.2020 (BGBl. I S. 199).
[4] Nr. **245**.
[5] Nr. **246**.

119 vom 4.5.2016, S. 1; L 314 vom 22.11.2016, S. 72; L 127 vom 23.5.2018, S. 2) das Recht auf Auskunft und das Recht auf Erhalt einer Kopie abschließend durch das unter den Voraussetzungen des § 17 Absatz 1 des Bundeswahlgesetzes[1] in Verbindung mit § 21 gewährleistete Recht auf Einsicht in das Wählerverzeichnis und das Recht auf Anfertigen von Auszügen aus dem Wählerverzeichnis.

(2) Hinsichtlich der im Wählerverzeichnis enthaltenen personenbezogenen Daten besteht abweichend von § 1 Absatz 8 des Bundesdatenschutzgesetzes in Verbindung mit Artikel 16 und Artikel 18 der Verordnung (EU) 2016/679 das Recht auf Berichtigung und das Recht auf Einschränkung der Verarbeitung abschließend durch die unter den Voraussetzungen des § 17 Absatz 1 des Bundeswahlgesetzes in Verbindung mit § 16 Absatz 8 und des § 17 Absatz 1 des Bundeswahlgesetzes in Verbindung mit § 22 gewährleisteten Einspruchsrechte.

(3) Hinsichtlich der in Wahlvorschlägen enthaltenen personenbezogenen Daten besteht im Zeitraum vom Ablauf der Frist für die Einreichung der Wahlvorschläge bis zum Ablauf des Wahltages abweichend von § 1 Absatz 8 des Bundesdatenschutzgesetzes in Verbindung mit Artikel 16 und Artikel 18 der Verordnung (EU) 2016/679 das Recht auf Berichtigung und das Recht auf Einschränkung der Verarbeitung abschließend durch die unter den Voraussetzungen des § 25 des Bundeswahlgesetzes und des § 27 Absatz 5 des Bundeswahlgesetzes in Verbindung mit § 25 des Bundeswahlgesetzes gewährleisteten Mängelbeseitigungsverfahren.

(4) Hinsichtlich der für die Führung des Wählerverzeichnisses und für die Erteilung eines Wahlscheines verarbeiteten personenbezogenen Daten erfolgt die Information der betroffenen Person abweichend von § 1 Absatz 8 des Bundesdatenschutzgesetzes in Verbindung mit Artikel 13 der Verordnung (EU) 2016/679 abschließend durch die Bekanntmachung nach §§ 14, 17, 36 des Bundeswahlgesetzes in Verbindung mit § 20.

§ 86[2] Öffentliche Bekanntmachungen. (1) Die nach dem Bundeswahlgesetz und dieser Verordnung vorgeschriebenen öffentlichen Bekanntmachungen erfolgen durch das Bundesministerium des Innern, für Bau und Heimat im Bundesanzeiger, den Bundeswahlleiter im Bundesanzeiger, die Landeswahlleiter im Staatsanzeiger oder Ministerial- oder Amtsblatt der Landesregierung oder des Innenministeriums, die Kreiswahlleiter und Verwaltungsbehörden des Kreises in den Amtsblättern oder Zeitungen, die allgemein für Bekanntmachungen der Kreise und kreisfreien Städte des Wahlkreises bestimmt sind, die Gemeindebehörden in ortsüblicher Weise.

(2) Für die öffentliche Bekanntmachung nach § 5 Abs. 3 genügt Aushang am oder im Eingang des Sitzungsgebäudes mit dem Hinweis, dass jedermann Zutritt zu der Sitzung hat.

(3) [1]Der Inhalt der nach dem Bundeswahlgesetz und dieser Verordnung vorgeschriebenen öffentlichen Bekanntmachungen kann zusätzlich im Internet veröffentlicht werden. [2]Dabei sind die Unversehrtheit, Vollständigkeit und Ursprungszuordnung der Veröffentlichung nach aktuellem Stand der Technik zu gewährleisten. [3]Statt einer Anschrift ist nur der Wohnort anzugeben. [4]Per-

[1] Nr. **30.**
[2] § 86 Abs. 1 geänd. mWv 11.12.2008 durch VO v. 3.12.2008 (BGBl. I S. 2378); Abs. 3 angef. mWv 18.5.2013 durch VO v. 13.5.2013 (BGBl. I S. 1255); Abs. 1 geänd. mWv 27.6.2020 durch VO v. 19.6.2020 (BGBl. I S. 1328).

sonenbezogene Daten in Internetveröffentlichungen von öffentlichen Bekannt-
machungen nach § 38 und § 43 Absatz 1 sind spätestens sechs Monate nach
Bekanntgabe des endgültigen Wahlergebnisses, von öffentlichen Bekannt-
machungen nach § 79 Absatz 1 und § 84 Absatz 3 spätestens sechs Monate nach
dem Ende der Wahlperiode zu löschen.

§ 87[1]) Zustellungen, Versicherungen an Eides statt. (1) Für Zustellungen
gilt das Verwaltungszustellungsgesetz[2]) des Bundes in der jeweils geltenden
Fassung.

(2) Für die nach §§ 16 Absatz 7 Satz 2, 18 Absatz 5 Satz 1, 18 Absatz 6 Satz 1
und § 34 Absatz 4 Nummer 2 Satz 2 abzugebende Versicherung an Eides statt
ist die jeweilige Gemeindebehörde zur Abnahme zuständig.

§ 88[3]) Beschaffung von Stimmzetteln und Vordrucken. (1) Der Kreis-
wahlleiter beschafft

1. die Wahlscheinvordrucke (Anlage 9)[4]), soweit nicht die Gemeindebehörde
 diese im Benehmen mit dem Kreiswahlleiter beschafft,
2. die Stimmzettelumschläge für die Briefwahl (Anlage 10)[4]),
3. die Wahlbriefumschläge (Anlage 11)[4]), wenn nur an seinem Sitz das Brief-
 wahlergebnis festzustellen ist,
4. die Merkblätter für die Briefwahl (Anlage 12)[4]),
5. die Vordrucke für die Einreichung der Kreiswahlvorschläge (Anlage 13)[4]),
6. die Formblätter für Unterstützungsunterschriften für Kreiswahlvorschläge
 (Anlage 14)[4]),
7. die Vordrucke für Zustimmungserklärungen der vorgeschlagenen Wahl-
 kreisbewerber (Anlage 15)[4]),
8. die Stimmzettel (Anlage 26)[4]),
9. die Vordrucke für Schnellmeldungen (Anlage 28)[4]),
10. die Vordrucke für die Zusammenstellung der endgültigen Wahlergebnisse
 (Anlage 30)[4]),
11. die Vordrucke für die Wahlniederschriften zur Ermittlung und Feststellung
 des Briefwahlergebnisses (Anlage 31)[4]),

für seinen Wahlkreis, soweit nicht der Landeswahlleiter die Beschaffung über-
nimmt.

(2) Der Landeswahlleiter beschafft

1. (weggefallen)
2. die Vordrucke für die Einreichung der Landeswahlvorschläge (Anlage 20)[4]),
3. die Formblätter für Unterstützungsunterschriften für Landeswahlvorschläge
 (Anlage 21)[4]),

[1]) § 87 Abs. 2 neu gef. mWv 31.3.2017 durch VO v. 24.3.2017 (BGBl. I S. 585).
[2]) Nr. **110**.
[3]) § 88 Abs. 2a eingef. mWv 8.7.2005 durch VO v. 30.6.2005 (BGBl. I S. 1951); Abs. 1 geänd. und
Abs. 5 angef. mWv 1.4.2008 durch VO v. 27.3.2008 (BGBl. I S. 476); Abs. 1 Nr. 2 geänd. mWv
11.12.2008 durch VO v. 3.12.2008 (BGBl. I S. 2378); Abs. 3 geänd. mWv 18.5.2013 durch VO v.
13.5.2013 (BGBl. I S. 1255); Abs. 5 geänd. mWv 31.3.2017 durch VO v. 24.3.2017 (BGBl. I S. 585).
[4]) Anlagen hier nicht abgedruckt.

4. die Vordrucke für Zustimmungserklärungen der vorgeschlagenen Landeslistenbewerber (Anlage 22)[1],

5. die Vordrucke für die Bescheinigung der Wählbarkeit der vorgeschlagenen Bewerber (Anlage 16)[1],

6. die Vordrucke für die Niederschriften über die Aufstellung der Bewerber (Anlagen 17 und 23)[1],

7. die Vordrucke für die Versicherung an Eides statt zur Bewerberaufstellung (Anlagen 18 und 24)[1].

(2a) [1] Der Landeswahlleiter kann zur Kosteneinsparung den Druck oder den Versand der Wahlbenachrichtigung oder beides nach § 19 Abs. 1 Satz 1 ganz oder teilweise übernehmen. [2] Die Gemeindebehörden übermitteln dem Landeswahlleiter oder der von ihm benannten Stelle rechtzeitig die hierfür benötigten Daten und Unterlagen.

(3) Der Bundeswahlleiter beschafft die Anträge für außerhalb des Wahlgebietes lebende Wahlberechtigte zur Teilnahme an der Wahl zum Deutschen Bundestag (Anlage 2) [1] nebst den Merkblättern hierzu (noch Anlage 2)[1].

(4) Die Gemeindebehörde beschafft die für die Wahlbezirke und Gemeinden erforderlichen Vordrucke, soweit nicht Bundes-, Landes- oder Kreiswahlleiter die Lieferung übernehmen.

(5) Die Beschaffung der Vordrucke und Formblätter nach den Anlagen 1, 2, 5, 8, 9, 13 bis 25, 27 bis 29 und 31 bis 33[1] kann auch durch elektronische Bereitstellung erfolgen.

§ 89 Sicherung der Wahlunterlagen. (1) Die Wählerverzeichnisse, die Wahlscheinverzeichnisse, die Verzeichnisse nach § 28 Abs. 8 Satz 2 und § 29 Abs. 1, die Formblätter mit Unterstützungsunterschriften für Wahlvorschläge sowie eingenommene Wahlbenachrichtigungen sind so zu verwahren, dass sie gegen Einsichtnahme durch Unbefugte geschützt sind.

(2) [1] Auskünfte aus Wählerverzeichnissen, Wahlscheinverzeichnissen und Verzeichnissen nach § 28 Abs. 8 Satz 2 und § 29 Abs. 1 dürfen nur Behörden, Gerichten und sonstigen amtlichen Stellen des Wahlgebiets und nur dann erteilt werden, wenn sie für den Empfänger im Zusammenhang mit der Wahl erforderlich sind. [2] Ein solcher Anlass liegt insbesondere bei Verdacht von Wahlstraftaten, bei Wahlprüfungsangelegenheiten und bei wahlstatistischen Arbeiten vor.

(3) Mitglieder von Wahlorganen, Amtsträger und für den öffentlichen Dienst besonders Verpflichtete dürfen Auskünfte über Unterstützungsunterschriften für Wahlvorschläge nur Behörden, Gerichten und sonstigen amtlichen Stellen des Wahlgebiets und nur dann erteilen, wenn die Auskunft zur Durchführung der Wahl oder eines Wahlprüfungsverfahrens oder zur Aufklärung des Verdachts einer Wahlstraftat erforderlich ist.

§ 90 Vernichtung von Wahlunterlagen. (1) Die eingenommenen Wahlbenachrichtigungen sind unverzüglich zu vernichten.

[1] Anlagen hier nicht abgedruckt.

(2) Wählerverzeichnisse, Wahlscheinverzeichnisse, Verzeichnisse nach § 28 Abs. 8 Satz 2 und § 29 Abs. 1 sowie Formblätter mit Unterstützungsunterschriften für Wahlvorschläge sind nach Ablauf von sechs Monaten seit der Wahl zu vernichten, wenn nicht der Bundeswahlleiter mit Rücksicht auf ein schwebendes Wahlprüfungsverfahren etwas anderes anordnet oder sie für die Strafverfolgungsbehörde zur Ermittlung einer Wahlstraftat von Bedeutung sein können.

(3) [1] Die übrigen Wahlunterlagen können 60 Tage vor der Wahl des neuen Deutschen Bundestages vernichtet werden. [2] Der Landeswahlleiter kann zulassen, dass die Unterlagen früher vernichtet werden, soweit sie nicht für ein schwebendes Wahlprüfungsverfahren oder für die Strafverfolgungsbehörde zur Ermittlung einer Wahlstraftat von Bedeutung sein können.

§ 91 Stadtstaatklausel. In den Ländern Berlin, Bremen und Hamburg bestimmt der Senat, welche Stellen die Aufgaben wahrnehmen, die im Gesetz und in dieser Verordnung der Gemeindebehörde übertragen sind.

§ 92 (Änderung der Bundeswahlgeräteverordnung)

§ 93 (Inkrafttreten, Außerkrafttreten)

Anlagen 1 bis 33
(vom Abdruck wurde abgesehen)

32. Wahlprüfungsgesetz

Vom 12. März 1951

(BGBl. I S. 166)

FNA 111-2

geänd. durch Art. 1 ÄndG v. 24.8.1965 (BGBl. I S. 977), Art. 3 G zur Änd. des BundeswahlG v. 24.6.1975 (BGBl. I S. 1593), Art. 9 Fünftes G zur Änd. des BundesverfassungsgerichtsG v. 2.8.1993 (BGBl. I S. 1442), Art. 1 G zur Änd. von Vorschriften über parlamentarische Gremien v. 28.4.1995 (BGBl. I S. 582), Art. 1 ÄndG v. 6.6.2008 (BGBl. I S. 994), Art. 2 G zur Verbesserung des Rechtsschutzes in Wahlsachen v. 12.7.2012 (BGBl. I S. 1501) und Art. 11 Elfte ZuständigkeitsanpassungsVO v. 19.6.2020 (BGBl. I S. 1328)

Der Bundestag hat das folgende Gesetz beschlossen:

§ 1[1] **[Zuständigkeit für die Entscheidung über die Gültigkeit der Wahlen zum Bundestag]** (1) Über die Gültigkeit der Wahlen zum Bundestag und die Verletzung von Rechten bei der Vorbereitung oder Durchführung der Wahl, soweit sie der Wahlprüfung nach Artikel 41 des Grundgesetzes[2] unterliegen, entscheidet vorbehaltlich der Beschwerde gemäß Artikel 41 Abs. 2 des Grundgesetzes der Bundestag.

(2) ¹Soweit eine Wahl für ungültig erklärt wird, sind die sich daraus ergebenden Folgerungen festzustellen. ²Sofern bei der Vorbereitung oder Durchführung der Wahl Rechte einer einsprechenden Person oder einer Gruppe einsprechender Personen verletzt wurden, stellt der Bundestag die Rechtsverletzung fest, wenn er die Wahl nicht für ungültig erklärt.

§ 2[3] **[Einspruch; Einspruchsberechtigter; Form und Frist]** (1) Die Prüfung erfolgt nur auf Einspruch.

(2) Den Einspruch kann jeder Wahlberechtigte, jede Gruppe von Wahlberechtigten und in amtlicher Eigenschaft jeder Landeswahlleiter, der Bundeswahlleiter und der Präsident des Bundestages einlegen.

(3) Der Einspruch ist schriftlich beim Bundestag einzureichen und zu begründen; bei gemeinschaftlichen Einsprüchen soll ein Bevollmächtigter benannt werden.

(4) ¹Der Einspruch muß binnen einer Frist von zwei Monaten nach dem Wahltag beim Bundestag eingehen. ²Werden dem Präsidenten des Bundestages nach Ablauf dieser Frist in amtlicher Eigenschaft Umstände bekannt, die einen Wahlmangel begründen könnten, kann er innerhalb eines Monats nach Bekanntwerden dieser Umstände Einspruch einlegen.

(5) Die Vorschriften gelten entsprechend beim späteren Erwerb der Mitgliedschaft.

(6) Wird der Einspruch zurückgenommen, kann der Bundestag das Verfahren einstellen.

[1] § 1 Abs. 1 geänd., Abs. 2 Satz 2 angef. mWv 19.7.2012 durch G v. 12.7.2012 (BGBl. I S. 1501).
[2] Nr. **1**.
[3] § 2 Abs. 6 angef. durch G v. 24.8.1965 (BGBl. I S. 977); Abs. 4 Satz 1 neu gef. durch G v. 2.8.1993 (BGBl. I S. 1442).

§ 3[1] [Wahlprüfungsausschuss] (1) Die Entscheidung des Bundestages wird durch den Wahlprüfungsausschuß vorbereitet.

(2) [1] Der Wahlprüfungsausschuß besteht aus neun ordentlichen Mitgliedern, neun Stellvertretern und je einem ständigen beratenden Mitglied der Fraktionen, die in ihm nicht durch ordentliche Mitglieder vertreten sind. [2] Der Bundestag kann aus der Mitte einer Vereinigung von Mitgliedern des Bundestages, die nach der Geschäftsordnung des Bundestages[2] als parlamentarische Gruppe anerkannt ist, zusätzlich ein beratendes Mitglied wählen. [3] Der Wahlprüfungsausschuß wird vom Bundestag für die Dauer der Wahlperiode gewählt.

(3) [1] Der Wahlprüfungsausschuß wählt mit Stimmenmehrheit aus seiner Mitte den Vorsitzenden und seinen Stellvertreter. [2] Bei Stimmengleichheit entscheidet die Stimme des ältesten Mitglieds.

§ 4 [Beschlussfähigkeit] [1] Der Wahlprüfungsausschuß ist beschlußfähig, wenn mindestens die Hälfte der Mitglieder anwesend ist. [2] Er beschließt mit Stimmenmehrheit; bei Stimmengleichheit ist ein Antrag abgelehnt.

§ 5[3] [Berichterstatter] (1) Der Vorsitzende bestimmt für jeden Einspruch einen Berichterstatter.

(2) [1] Der Ausschuss tritt in eine Vorprüfung ein, insbesondere darüber, ob der Einspruch form- und fristgerecht eingelegt ist und ob Termin zur mündlichen Verhandlung anzuberaumen ist. [2] Findet eine mündliche Verhandlung statt, so ist der Verhandlungstermin durch die Vorprüfung so vorzubereiten, dass möglichst nach einem einzigen Verhandlungstermin die Schlussentscheidung erfolgen kann.

(3) [1] Im Rahmen der Vorprüfung ist der Ausschuß berechtigt, Auskünfte einzuziehen und nach Absatz 4 Zeugen und Sachverständige vernehmen und beeidigen zu lassen, soweit deren Anwesenheit im Verhandlungstermin nicht erforderlich ist oder nicht zweckmäßig erscheint. [2] Zur Prüfung der Feststellung, dass bei der Vorbereitung oder Durchführung der Wahl Rechte einer einsprechenden Person oder einer Gruppe einsprechender Personen verletzt wurden, führt der Wahlprüfungsausschuss Ermittlungen, die über die Einholung von Auskünften hinausgehen, in der Regel nur dann durch, wenn eine Auswirkung der Rechtsverletzung auf die Verteilung der Sitze im Bundestag nicht auszuschließen ist.

(4) [1] Alle Gerichte und Verwaltungsbehörden haben dem Ausschuß Rechts- und Amtshilfe zu leisten. [2] Bei Vernehmung von Zeugen und Sachverständigen sind die Beteiligten des § 6 Abs. 2 eine Woche vorher zu benachrichtigen; sie haben das Recht, Fragen stellen zu lassen und den Vernommenen Vorhalte zu machen.

[1] § 3 Abs. 2 Satz 1 geänd. und Satz 2 eingef., bish. Satz 2 wird Satz 3 und neu gef. durch G v. 28.4.1995 (BGBl. I S. 582).
[2] *Nr. 35.*
[3] § 5 Abs. 2 neu gef. mWv 17.6.2008 durch G v. 6.6.2008 (BGBl. I S. 994); Abs. 3 Satz 2 angef. mWv 19.7.2012 durch G v. 12.7.2012 (BGBl. I S. 1501).

§ 6[1)] **[Mündliche Verhandlung]** (1) Vor der Schlussentscheidung wird Termin zur mündlichen Verhandlung nur dann anberaumt, wenn die Vorprüfung ergibt, dass davon eine weitere Förderung des Verfahrens zu erwarten ist.

(2) [1]Zu den Verhandlungsterminen sind mindestens eine Woche vorher derjenige, der den Einspruch eingelegt hat, und der Abgeordnete, dessen Wahl angefochten ist, zu laden. [2]Wenn mehrere Personen gemeinschaftlich Einspruch eingelegt haben, genügt die Ladung eines Bevollmächtigten (§ 2 Abs. 3) oder eines der Antragsteller.

(3) Von dem Verhandlungstermin sind gleichzeitig zu benachrichtigen:

a) der Präsident des Bundestages,

b) der Bundesminister des Innern, für Bau und Heimat,

c) der Bundeswahlleiter,

d) der zuständige Landeswahlleiter,

e) die Fraktion des Bundestages, der der Abgeordnete angehört, dessen Wahl angefochten ist.

(4) [1]Die nach den Absätzen 2 und 3 genannten Personen sind Beteiligte an dem Verfahren. [2]Sie haben ein selbständiges Antragsrecht.

(5) Alle Beteiligten haben das Recht auf Akteneinsicht im Büro des Bundestages.

§ 7 **[Verfahren]** (1) [1]Zu Beginn der mündlichen Verhandlung trägt der Berichterstatter die Sachlage vor und berichtet über das Ergebnis der Vorprüfung. [2]Alsdann erhalten auf Verlangen die Einsprechende (bei mehreren der Bevollmächtigte gemäß § 2 Abs. 3), die sonstigen Beteiligten und der Abgeordnete, dessen Wahl angefochten ist, das Wort.

(2) [1]Etwa geladene Zeugen und Sachverständige sind zu hören und, falls der Ausschuß dies für geboten hält, zu beeidigen. [2]Die Beteiligten haben das Recht, Zeugen und Sachverständigen Fragen vorlegen zu lassen. [3]Nach Abschluß einer etwaigen Beweisaufnahme ist den Beteiligten Gelegenheit zu Ausführungen zu geben. [4]Das Schlußwort gebührt dem Anfechtenden.

(3) Über die Verhandlung ist eine Niederschrift aufzunehmen, in der die Aussagen der Zeugen und Sachverständigen wiederzugeben sind.

§ 8 **[Öffentlichkeit]** (1) Die mündliche Verhandlung findet öffentlich statt.

(2) Für die mündliche Verhandlung gilt § 4, doch sollen an ihr alle Mitglieder oder ihre Stellvertreter teilnehmen.

(3) Der Vorsitzende hat in der mündlichen Verhandlung die Befugnisse, die sich aus der sinngemäßen Anwendung der für den Zivilprozeß geltenden Bestimmungen ergeben.

§ 9 **[Entsprechende Anwendung der ZPO]** Für das gesamte Verfahren sind die für den Zivilprozeß geltenden Bestimmungen entsprechend anzuwenden auf Fristen, Ladungen, Zustellungen, Vereidigungen und die Rechte und Pflichten von Zeugen und Sachverständigen.

[1)] § 6 Abs. 1a eingef. durch G v. 24.8.1965 (BGBl. I S. 977); Abs. 1 neu gef., Abs. 1a aufgeh. mWv 17.6.2008 durch G v. 6.6.2008 (BGBl. I S. 994); Abs. 3 Buchst. b geänd. mWv 27.6.2020 durch VO v. 19.6.2020 (BGBl. I S. 1328).

§ 10 [Geheime Beratung] (1) Der Wahlprüfungsausschuß berät geheim über das Ergebnis der Verhandlung.

(2) An der Schlußberatung können nur diejenigen ordentlichen und beratenden Mitglieder des Ausschusses oder ihre Stellvertreter teilnehmen, die der mündlichen Verhandlung beigewohnt haben.

(3) Bei der Schlußentscheidung gilt Stimmenthaltung als Ablehnung.

§ 11[1]) [Schriftform] [1] Der Beschluß des Ausschusses ist schriftlich niederzulegen; er muß dem Bundestag eine Entscheidung vorschlagen. [2] Diese muß über die Gültigkeit der angefochtenen Wahl und die sich aus einer Ungültigkeit ergebenden Folgerungen bestimmen. [3] Wurden bei der Vorbereitung oder Durchführung der Wahl Rechte der einsprechenden Person oder der einsprechenden Personen verletzt, wird dies in dem Beschluss festgestellt. [4] Der Beschluß hat die wesentlichen Tatsachen und Gründe, auf denen die Entscheidung beruht, anzugeben. [5] Wegen der Einzelheiten ist eine Bezugnahme auf den Akteninhalt zulässig.

§ 12 [Zuleitung an Bundestag] [1] Der Beschluß ist als Antrag des Wahlprüfungsausschusses an den Bundestag zu leiten und spätestens drei Tage vor der Beratung im Bundestag an sämtliche Abgeordnete zu verteilen. [2] Bei der Beratung kann der Antrag durch mündliche Ausführungen des Berichterstatters ergänzt werden.

§ 13[2]) [Beschluss durch den Bundestag] (1) [1] Der Bundestag beschließt über den Antrag des Ausschusses mit einfacher Mehrheit. [2] Soweit er ihm nicht zustimmt, gilt er als an den Ausschuß zurückverwiesen. [3] Dabei kann der Bundestag dem Ausschuß die Nachprüfung bestimmter tatsächlicher oder rechtlicher Umstände aufgeben.

(2) [1] Der Ausschuß hat nach neuer Schlussentscheidung dem Bundestag einen neuen Antrag vorzulegen. [2] Dieser Antrag kann nur abgelehnt werden durch Annahme eines anderen Antrags, der den Vorschriften des § 11 genügt.

(3) Der Beschluß des Bundestages ist den Beteiligten (§ 6 Abs. 2 und 3) mit einer Rechtsmittelbelehrung zuzustellen.

§ 14 [Einspruch des Bundestagspräsidenten] [1] Ergeben sich Zweifel, ob ein Abgeordneter im Zeitpunkt der Wahl wählbar war, so kann auch nach Ablauf der Einspruchsfrist (§ 2 Abs. 4) der Präsident des Bundestages Einspruch gegen die Gültigkeit der Wahl einlegen. [2] Er muß dies tun, wenn eine Minderheit von einhundert Abgeordneten es verlangt.

§ 15[3]) [Nachträglicher Verlust der Mitgliedschaft im Bundestag] [1] Nach den Vorschriften dieses Gesetzes ist auch zu verfahren, wenn darüber zu entscheiden ist, ob ein Abgeordneter des Bundestages die Mitgliedschaft nachträglich verloren hat (Artikel 41 Abs. 1 Satz 2 des Grundgesetzes[4])). [2] Der

[1]) § 11 Satz 3 eingef., bish. Sätze 3 und 4 werden Sätze 4 und 5 mWv 19.7.2012 durch G v. 12.7. 2012 (BGBl. I S. 1501).
[2]) § 13 Abs. 2 Satz 1 geänd. mWv 17.6.2008 durch G v. 6.6.2008 (BGBl. I S. 994).
[3]) § 15 Satz 2 neu gef. durch G v. 24.6.1975 (BGBl. I S. 1593).
[4]) Nr. 1.

Antrag auf Entscheidung des Bundestages kann mit Ausnahme der Fälle, in denen der Ältestenrat oder der Präsident des Bundestages über den Verlust der Mitgliedschaft entschieden hat (§ 47 Abs. 1 und 3 des Bundeswahlgesetzes[1])), jederzeit gestellt werden.

§ 16[2) [Stellung des Abgeordneten] (1) Stellt der Bundestag in den Fällen, in denen über den Verlust der Mitgliedschaft im Wahlprüfungsverfahren zu entscheiden ist (§ 47 Abs. 1 Nr. 1 und 3 des Bundeswahlgesetzes[1])), den Verlust fest, so behält der Abgeordnete seine Rechte und Pflichten bis zur Rechtskraft der Entscheidung.

(2) Der Bundestag kann jedoch mit einer Mehrheit von zwei Dritteln seiner Mitglieder beschließen, daß der Abgeordnete bis zur Rechtskraft der Entscheidung nicht an den Arbeiten des Bundestages teilnehmen kann.

(3) Wird gegen die gemäß Absatz 1 ergangene Entscheidung des Bundestages Beschwerde eingelegt, so kann das Bundesverfassungsgericht auf Antrag des Beschwerdeführers den gemäß Absatz 2 ergangenen Beschluß durch einstweilige Anordnung aufheben oder, falls ein solcher Beschluß nicht gefaßt worden ist, auf Antrag einer Minderheit des Bundestages, die wenigstens ein Zehntel seiner Mitglieder umfaßt, eine Anordnung gemäß Absatz 2 treffen.

§ 17 [Ausschluss] (1) Von der Beratung und Beschlußfassung im Wahlprüfungsverfahren ist der Abgeordnete ausgeschlossen, dessen Wahl zur Prüfung steht.

(2) Dies gilt nicht, wenn in einem Verfahren die Wahl von mindestens zehn Abgeordneten angefochten wird.

§ 18 [Beschwerde] Für die Beschwerde an das Bundesverfassungsgericht gelten die Vorschriften des Gesetzes über das Bundesverfassungsgericht[3]).

§ 19[4) [Kosten, Auslagen] (1) [1] Die Kosten des Verfahrens beim Bundestag trägt der Bund. [2] Dem in nichtamtlicher Eigenschaft Einsprechenden können notwendige Auslagen erstattet werden, wenn dem Einspruch stattgegeben oder der Einspruch nur deshalb zurückgewiesen wurde, weil der geltend gemachte Mangel keinen Einfluß auf das Wahlergebnis gehabt hat.

(2) Über die Erstattung von Auslagen nach Absatz 1 Satz 2 ist in dem Beschluß des Bundestages zu entscheiden.

§ 20[5) *(aufgehoben)*

§ 21 [Inkrafttreten] Dieses Gesetz tritt am Tage nach seiner Verkündung[6]) in Kraft.

[1] Nr. 30.
[2] § 16 Abs. 1 neu gef. durch G v. 24. 6. 1975 (BGBl. I S. 1593).
[3] Nr. 40.
[4] § 19 neu gef. durch G v. 24. 8. 1965 (BGBl. I S. 977).
[5] § 20 aufgeh. durch G v. 24. 8. 1965 (BGBl. I S. 977).
[6] Verkündet am 14. 3. 1951.

33. Gesetz über die Wahl des Bundespräsidenten durch die Bundesversammlung

Vom 25. April 1959

(BGBl. I S. 230), geänd. durch Art. 2 G v. 24. 6. 1975 (BGBl. I S. 1593) und Art. 11 Nr. 1 ZuwanderungsG v. 20. 6. 2002 (BGBl. I S. 1946, 2003 I S. 126), Art. 11 Nr. 1 ZuwanderungsG v. 30. 7. 2004 (BGBl. I S. 1950) und ÄndG v. 12. 7. 2007 (BGBl. I S. 1326)

FNA 1100-1

Der Bundestag hat das folgende Gesetz beschlossen:

Erster Abschnitt. Die Bundesversammlung

§ 1 Der Präsident des Bundestages bestimmt Ort und Zeit des Zusammentrittes der Bundesversammlung.

§ 2[1] (1) [1]Die Bundesregierung stellt rechtzeitig fest, wieviel Mitglieder die einzelnen Landtage zur Bundesversammlung zu wählen haben. [2]Dabei sind die gesetzliche Mitgliederzahl des Bundestages im Zeitpunkt der Beschlußfassung der Bundesregierung und das Verhältnis der letzten amtlichen Bevölkerungszahlen der Länder zugrunde zu legen. [3]Bei Ermittlung der Bevölkerungszahlen bleiben Ausländer (§ 2 Abs. 1 des Aufenthaltsgesetzes[2]) unberücksichtigt. [4]Die Bundesregierung macht die Zahl der von den einzelnen Landtagen zu wählenden Mitglieder im Bundesgesetzblatt bekannt.

(2) [1]Die Landtage haben die Wahl unverzüglich vorzunehmen. [2]Besteht am Tage der Bekanntmachung nach Absatz 1 Satz 3 kein Landtag oder hat ein Landtag vor Ablauf seiner Wahlperiode die Wahl nicht mehr vorgenommen, so wählt der neue Landtag die Mitglieder. [3]Kann der neue Landtag die Wahl nicht mehr rechtzeitig vornehmen, so tritt an seine Stelle der Ausschuß, der verfassungsgemäß die Rechte des Landtages gegenüber der Regierung bis zum Zusammentritt des neuen Landtages wahrnimmt, oder ein vom Landtage für die Wahl der Mitglieder der Bundesversammlung gebildeter Ausschuß. [4]Kommt eine rechtzeitige Wahl nicht zustande, so bleiben die auf das Land entfallenden Sitze unbesetzt.

§ 3 Zur Bundesversammlung ist wählbar, wer zum Bundestage wählbar ist.

§ 4 (1) [1]Der Landtag wählt die auf das Land entfallenden Mitglieder nach Vorschlagslisten. [2]Bei der Wahl sind die Bestimmungen der Geschäftsordnung des Landtages entsprechend anzuwenden.

[1] § 2 Abs. 1 Satz 3 eingef. durch G v. 24. 6. 1975 (BGBl. I S. 1593), Abs. 1 Satz 3 Verweisung geänd. mWv 1. 1. 2005 durch G v. 30. 7. 2004 (BGBl. I S. 1950).
[2] Nr. **565**.

(2) Jeder Abgeordnete hat eine Stimme.

(3) [1] Die Sitze werden, wenn mehrere Vorschlagslisten vorliegen, den Listen nach der Zahl der ihnen zugefallenen Stimmen im Höchstzahlverfahren d'Hondt zugeteilt. [2] Über die Zuteilung des letzten Sitzes entscheidet bei gleichen Höchstzahlen das vom Präsidenten des Landtages zu ziehende Los. [3] Die Sitze werden den Bewerbern in der Reihenfolge ihrer Namen auf den Vorschlagslisten zugewiesen. [4] Entfallen auf eine Liste mehr Sitze, als Bewerber benannt sind, so gehen die Sitze in der Reihenfolge der nächsten Höchstzahlen auf die anderen Listen über.

(4) [1] Der Präsident des Landtages fordert die Gewählten auf, binnen zwei Tagen schriftlich zu erklären, ob sie die Wahl annehmen. [2] Die Gewählten erwerben die Mitgliedschaft in der Bundesversammlung mit dem Eingang der schriftlichen Annahmeerklärung bei dem Präsidenten des Landtages. [3] Gibt der Gewählte bis zum Ablauf der gesetzten Frist keine Erklärung ab, so gilt die Wahl als zu diesem Zeitpunkt angenommen.

(5) [1] Nimmt ein Gewählter die Wahl nicht an oder scheidet ein Mitglied aus, so tritt der nächste nicht gewählte Bewerber der gleichen Vorschlagsliste ein. [2] Ist die Vorschlagsliste erschöpft, so geht der Sitz auf die Liste über, auf die die nächste Höchstzahl entfällt. [3] Die Feststellung, wer als Listennachfolger eintritt, trifft der Präsident des Landtages. [4] Absatz 4 gilt entsprechend.

(6) Der Präsident des Landtages übermittelt das Ergebnis der Wahl dem Präsidenten des Bundestages.

§ 5 [1] Jedes Mitglied des Landtages und jeder in eine Vorschlagsliste aufgenommene Bewerber kann binnen zwei Tagen nach Verkündung des Wahlergebnisses beim Präsidenten des Landtages Einspruch gegen die Gültigkeit der Wahl erheben. [2] Über den Einspruch entscheidet der Landtag unverzüglich, spätestens jedoch eine Woche vor dem Zusammentritt der Bundesversammlung. [3] Ergeht bis dahin keine Entscheidung, so entscheidet die Bundesversammlung. [4] Der Präsident des Bundestages bereitet die Entscheidung der Bundesversammlung vor.

§ 6 Wird die Wahl nach § 2 Abs. 2 Satz 3 von einem Landtagsausschuß vorgenommen, so gelten §§ 4 und 5 entsprechend.

§ 7[1)] [1] Artikel 46, 47, 48 Abs. 2 des Grundgesetzes finden auf die Mitglieder der Bundesversammlung entsprechende Anwendung. [2] Für Immunitätsangelegenheiten ist der Bundestag zuständig; die vom Bundestag oder seinem zuständigen Ausschuss erlassenen Regelungen in Immunitätsangelegenheiten gelten entsprechend. [3] Die Mitglieder sind an Aufträge und Weisungen nicht gebunden.

[1)] § 7 Satz 2 eingef., bish. Satz 2 wird Satz 3 durch G v. 12. 7. 2007 (BGBl. I S. 1326).

Zweiter Abschnitt. Wahl des Bundespräsidenten

§ 8 [1] Der Präsident des Bundestages leitet die Sitzungen und Geschäfte der Bundesversammlung. [2] Auf ihren Geschäftsgang findet die Geschäftsordnung des Bundestages sinngemäße Anwendung, sofern sich nicht die Bundesversammlung eine eigene Geschäftsordnung gibt.

§ 9 (1) [1] Wahlvorschläge für die Wahl des Bundespräsidenten kann jedes Mitglied der Bundesversammlung beim Präsidenten des Bundestages schriftlich einreichen. [2] Für den zweiten und dritten Wahlgang können neue Wahlvorschläge eingebracht werden. [3] Die Wahlvorschläge dürfen nur die zur Bezeichnung des Vorgeschlagenen erforderlichen Angaben enthalten; die schriftliche Zustimmungserklärung des Vorgeschlagenen ist beizufügen.

(2) [1] Der Sitzungsvorstand prüft, ob die Wahlvorschläge den gesetzlichen Voraussetzungen entsprechen. [2] Über die Zurückweisung eines Wahlvorschlages entscheidet die Bundesversammlung.

(3) [1] Gewählt wird mit verdeckten amtlichen Stimmzetteln. [2] Stimmzettel, die auf andere als die in den zugelassenen Wahlvorschlägen benannte Personen lauten, sind ungültig.

(4) [1] Der Präsident des Bundestages teilt dem Gewählten die Wahl mit und fordert ihn auf, ihm binnen zwei Tagen zu erklären, ob er die Wahl annimmt. [2] Gibt der Gewählte innerhalb dieser Frist keine Erklärung ab, so gilt die Wahl als abgelehnt.

(5) Der Präsident des Bundestages erklärt die Bundesversammlung für beendet, nachdem der Gewählte die Wahl angenommen hat.

§ 10 Das Amt des Bundespräsidenten beginnt mit dem Ablauf der Amtszeit seines Vorgängers, jedoch nicht vor Eingang der Annahmeerklärung beim Präsidenten des Bundestages.

§ 11 Der Präsident des Bundestages veranlaßt die Eidesleistung des Bundespräsidenten.

Dritter Abschnitt. Schlußvorschriften

§ 12 Die Mitglieder der Bundesversammlung erhalten eine Entschädigung, deren Höhe der Präsident des Bundestages in sinngemäßer Anwendung der für die Mitglieder des Bundestages geltenden Bestimmungen festsetzt.

§ 13[1] *(aufgehoben)*

[1] § 13 aufgeh. durch G v. 12. 7. 2007 (BGBl. I S. 1326).

§ 14 [1]Dieses Gesetz tritt am Tage nach seiner Verkündung[1]) in Kraft. [2]Gleichzeitig tritt der Zweite Teil des Wahlgesetzes zum zweiten Bundestag und zur Bundesversammlung vom 8. Juli 1953 (Bundesgesetzbl. I S. 470) außer Kraft.

[1]) Das Gesetz wurde am 29. 4. 1959 verkündet.

34. Geschäftsordnung für das Verfahren nach Artikel 115 d des Grundgesetzes

Vom 23. Juli 1969

(BGBl. I S. 1100)

BGBl. III/FNA 1101–5

Zur Ausführung des Artikels 115 d des Grundgesetzes[1]) hat der Bundestag mit Zustimmung des Bundesrates für die Beratung dringlicher Gesetzesvorlagen im Verteidigungsfalle die folgende Geschäftsordnung beschlossen:

§ 1 Einberufung. (1) Der Präsident des Bundestages beruft den Bundestag und der Präsident des Bundesrates den Bundesrat unverzüglich zur gemeinsamen Beratung ein, wenn die Bundesregierung eine Gesetzesvorlage bei der gleichzeitigen Zuleitung an Bundestag und Bundesrat als dringlich bezeichnet hat.

(2) Gleichzeitig ist die vom Präsidenten des Bundestages und vom Präsidenten des Bundesrates gemeinsam aufgestellte Tagesordnung bekanntzugeben.

(3) [1]Zwischen der Absendung der Einladung und der gemeinsamen Beratung soll eine Frist von drei Tagen liegen. [2]Die Frist ist auf Verlangen der Bundesregierung abzukürzen.

§ 2 Vorsitz. (1) Bei den gemeinsamen Beratungen von Bundestag und Bundesrat führt der Präsident des Bundestages den Vorsitz.

(2) Finden in der gemeinsamen Beratung Abstimmungen des Bundesrates statt, so führt dabei der Präsident des Bundesrates den Vorsitz.

§ 3 Beratung. [1]Es findet nur eine Beratung statt. [2]Diese ist auf Beschluß des Bundestages oder des Bundesrates für Ausschußberatungen zu unterbrechen.

§ 4 Ausschußberatung. (1) [1]Sofern eine Beratung der Gesetzesvorlage im Ausschuß beschlossen wird, soll diese nur an jeweils einen Ausschuß des Bundestages und des Bundesrates überwiesen werden. [2]Diese Ausschüsse beraten in der Regel gemeinsam.

(2) In den gemeinsamen Ausschußberatungen führt der Vorsitzende des Bundestagsausschusses den Vorsitz.

(3) Die Vertreter des Bundesrates in den Ausschüssen brauchen nicht Mitglieder des Bundesrates zu sein.

(4) [1]Die Abstimmungen werden getrennt vorgenommen. [2]Abweichende Beschlüsse der Vertreter des Bundesrates gelten als Änderungs-

[1]) Nr. 1.

anträge für die Fortsetzung der gemeinsamen Beratung von Bundestag und Bundesrat.

§ 5 Schlußberatung und Schlußabstimmung. (1) Ist die Rednerliste erschöpft und meldet sich niemand mehr zu Wort, so erklärt der Präsident des Bundestages die Beratung für geschlossen.

(2) Über einen Antrag auf Vertagung oder Schluß der Beratung, der von 30 anwesenden Abgeordneten gestellt wird, darf nur abgestimmt werden, wenn ihm der Bundesrat nicht mit der Mehrheit seiner Stimmen widerspricht.

(3) [1] Die Schlußabstimmung erfolgt in gemeinsamer Sitzung. [2] Zuerst stimmt der Bundestag, dann der Bundesrat ab.

(4) Für die Zustimmung des Bundesrates ist die Mehrheit seiner Stimmen erforderlich, sofern nicht nach dem Grundgesetz eine Mehrheit von zwei Dritteln der Stimmen erforderlich ist.

(5) [1] Lehnt der Bundesrat einen Gesetzesbeschluß, der nicht seiner Zustimmung bedarf, ab, so wird die Beratung wieder eröffnet. [2] Der Bundestag kann das Gesetz mit der Mehrheit seiner Mitglieder bestätigen.

§ 6 Entsprechende Anwendung der Geschäftsordnungen des Bundestages und des Bundesrates. [1] Im übrigen findet auf das Verfahren die Geschäftsordnung des Bundestages[1]) entsprechende Anwendung. [2] Für die Abstimmungen der Mitglieder des Bundesrates und für die Abstimmungen der Vertreter in den Ausschüssen gelten die entsprechenden Bestimmungen der Geschäftsordnung des Bundesrates.[2])

[1]) Nr. **35**.
[2]) Nr. **37**.

35. Geschäftsordnung des Deutschen Bundestages

In der Fassung der Bekanntmachung vom 2. Juli 1980[1])

(BGBl. I S. 1237)

FNA 1101-1

geänd. durch Bek. v. 17.3.1982 (BGBl. I S. 400), Bek. v. 18.12.1986 (BGBl. 1987 I S. 147), Bek. v. 9.12. 1987 (BGBl. I S. 2677), Bek. v. 28.6.1988 (BGBl. I S. 1009), Bek. v. 18.12.1989 (BGBl. I S. 2442), Bek. v. 12.11.1990 (BGBl. I S. 2555), Bek. v. 16.12.1994 (BGBl. 1995 I S. 11), Bek. v. 30.9.1995 (BGBl. I S. 1246), Bek. v. 17.3.1997 (BGBl. I S. 747), Bek. v. 12.2.1998 (BGBl. I S. 428), Bek. v. 30.5.2001 (BGBl. I S. 1203), Bek. v. 15.7.2002 (BGBl. I S. 3012), Bek. v. 17.9.2002 (BGBl. I S. 3759), Bek. v. 28.2.2005 (BGBl. I S. 668), Bek. v. 21.4.2005 (BGBl. I S. 1230), Bek. v. 12.7.2005 (BGBl. I S. 2512), Bek. v. 21.10.2005 (BGBl. I S. 3094), Bek. v. 26.9.2006 (BGBl. I S. 2210), Bek. v. 29.7.2008 (BGBl. I S. 1712), Bek. v. 6.7.2009 (BGBl. I S. 2128), Bek. v. 16.7.2010 (BGBl. I S. 1041), Bek. v. 17.12.2010 (BGBl. I S. 2199), Bek. v. 24.11.2011 (BGBl. I S. 2454), Bek. v. 7.5.2012 (BGBl. I S. 1119), Bek. v. 12.3.2013 (BGBl. I S. 548), Bek. v. 18.6.2013 (BGBl. I S. 1644), Beschl. v. 6.6.2013 (BGBl. I S. 2167), Beschl. v. 3.4.2014 (BGBl. I S. 534), Beschl. v. 1.6.2017 (BGBl. I S. 1877), Beschl. v. 1.3.2019 (BGBl. I S. 197), Beschl. v. 25.3.2020 (BGBl. I S. 764), Beschl. v. 17.9.2020 (BGBl. I S. 2067), Beschl. v. 7.10. 2020 (BGBl. I S. 2563 iVm Bek. v. 1.12.2020, BGBl. I S. 2988) und Beschl. v. 17.12.2020 (BGBl. 2021 I S. 97)

Nichtamtliche Gliederungsübersicht

I. Wahl des Präsidenten, der Stellvertreter und Schriftführer

§ 1[2]) **Konstituierung** (1) Der neugewählte Bundestag wird zu seiner ersten Sitzung vom bisherigen Präsidenten spätestens zum dreißigsten Tage nach der Wahl (Artikel 39 des Grundgesetzes[3])) einberufen.

[1]) Neubekanntmachung der GeschäftsO des Deutschen Bundestages idF der Bek. v. 22.5.1970 (BGBl. I S. 628) in der ab 1.10.1980 geltenden Fassung.
[2]) § 1 Abs. 2 neu gef. mWv 1.6.2017 durch Beschl. v. 1.6.2017 (BGBl. I S. 1877).
[3]) Nr. 1.

(2) Bis der neugewählte Präsident oder einer seiner Stellvertreter das Amt übernimmt, führt das am längsten dem Bundestag angehörende Mitglied, das hierzu bereit ist, den Vorsitz (Alterspräsident); bei gleicher Dauer der Zugehörigkeit zum Bundestag entscheidet das höhere Lebensalter.

(3) ¹Der Alterspräsident ernennt Mitglieder des Bundestages zu vorläufigen Schriftführern. ²Hierauf erfolgt der Namensaufruf der Mitglieder des Bundestages.

(4) Nach Feststellung der Beschlußfähigkeit wird die Wahl des Präsidenten, der Stellvertreter und der Schriftführer vorgenommen.

§ 2¹⁾ **Wahl des Präsidenten und der Stellvertreter.** (1) ¹Der Bundestag wählt mit verdeckten Stimmzetteln (§ 49) in besonderen Wahlhandlungen den Präsidenten und seine Stellvertreter für die Dauer der Wahlperiode. ²Jede Fraktion des Deutschen Bundestages ist durch mindestens einen Vizepräsidenten oder eine Vizepräsidentin im Präsidium vertreten.

(2) ¹Gewählt ist, wer die Stimmen der Mehrheit der Mitglieder des Bundestages erhält. ²Ergibt sich im ersten Wahlgang keine Mehrheit, so können für einen zweiten Wahlgang neue Bewerber vorgeschlagen werden. ³Ergibt sich auch dann keine Mehrheit der Stimmen der Mitglieder des Bundestages, findet ein dritter Wahlgang statt. ⁴Bei nur einem Bewerber ist dieser gewählt, wenn er die Mehrheit der abgegebenen Stimmen auf sich vereinigt. ⁵Bei mehreren Bewerbern kommen die beiden Bewerber mit den höchsten Stimmenzahlen in die engere Wahl; gewählt ist, wer die meisten Stimmen auf sich vereinigt. ⁶Bei Stimmengleichheit entscheidet das Los durch die Hand des amtierenden Präsidenten.

(3) ¹Weitere Wahlgänge mit einem im dritten Wahlgang erfolglosen Bewerber sind nur nach Vereinbarung im Ältestenrat zulässig. ²Werden nach erfolglosem Ablauf des Verfahrens nach Absatz 2 neue Bewerber vorgeschlagen, ist neu in das Wahlverfahren gemäß Absatz 2 einzutreten.

§ 3 Wahl der Schriftführer. ¹Der Bundestag beschließt die Zahl der Schriftführer. ²Sie können gemeinsam auf Grund eines Vorschlages der Fraktionen gewählt werden. ³Bei der Festlegung der Zahl der Schriftführer und ihrer Verteilung auf die Fraktionen ist § 12 zu beachten.

II. Wahl des Bundeskanzlers

§ 4 Wahl des Bundeskanzlers. ¹Die Wahl des Bundeskanzlers (Artikel 63 des Grundgesetzes²⁾) erfolgt mit verdeckten Stimmzetteln (§ 49). ²Wahlvorschläge zu den Wahlgängen gemäß Artikel 63 Abs. 3 und 4 des Grundgesetzes sind von einem Viertel der Mitglieder des Bundestages oder einer Fraktion, die mindestens ein Viertel der Mitglieder des Bundestages umfaßt, zu unterzeichnen.

¹⁾ § 2 Abs. 1 Satz 2 angef. durch Bek. v. 16.12.1994 (BGBl. 1995 I S. 11); Abs. 2 neu gef. und Abs. 3 angef. mWv 26.9.2006 durch Bek. v. 26.9.2006 (BGBl. I S. 2210).
²⁾ Nr. 1.

III. Präsident, Präsidium und Ältestenrat

§ 5 Präsidium. Der Präsident und die stellvertretenden Präsidenten bilden das Präsidium.

§ 6[1] Ältestenrat. (1) [1] Der Ältestenrat besteht aus dem Präsidenten, seinen Stellvertretern und dreiundzwanzig weiteren von den Fraktionen gemäß § 12 zu benennenden Mitgliedern. [2] Die Einberufung obliegt dem Präsidenten. [3] Er muß ihn einberufen, wenn eine Fraktion oder fünf vom Hundert der Mitglieder des Bundestages es verlangen.

(2) [1] Der Ältestenrat unterstützt den Präsidenten bei der Führung der Geschäfte. [2] Er führt eine Verständigung zwischen den Fraktionen über die Besetzung der Stellen der Ausschußvorsitzenden und ihrer Stellvertreter sowie über den Arbeitsplan des Bundestages herbei. [3] Bei der Wahrnehmung dieser Aufgaben ist der Ältestenrat kein Beschlußorgan.

(3) [1] Der Ältestenrat beschließt über die inneren Angelegenheiten des Bundestages, soweit sie nicht dem Präsidenten oder dem Präsidium vorbehalten sind. [2] Er verfügt über die Verwendung der dem Bundestag vorbehaltenen Räume. [3] Er stellt den Voranschlag für den Haushaltseinzelplan des Bundestages auf, von dem der Haushaltsausschuß nur im Benehmen mit dem Ältestenrat abweichen kann.

(4) Für die Angelegenheiten der Bibliothek, des Archivs und anderer Dokumentationen setzt der Ältestenrat einen ständigen Unterausschuß ein, dem auch Mitglieder des Bundestages, die nicht Mitglied des Ältestenrates sind, angehören können.

§ 7[2] Aufgaben des Präsidenten. (1) [1] Der Präsident vertritt den Bundestag und regelt seine Geschäfte. [2] Er wahrt die Würde und die Rechte des Bundestages, fördert seine Arbeiten, leitet die Verhandlungen gerecht und unparteiisch und wahrt die Ordnung im Hause. [3] Er hat beratende Stimme in allen Ausschüssen.

(2) [1] Dem Präsidenten steht das Hausrecht und die Polizeigewalt in allen der Verwaltung des Bundestages unterstehenden Gebäuden, Gebäudeteilen und Grundstücken zu. [2] Der Präsident erläßt im Einvernehmen mit dem Ausschuß für Wahlprüfung, Immunität und Geschäftsordnung eine Hausordnung[3].

(3) [1] Der Präsident schließt die Verträge, die für die Bundestagsverwaltung von erheblicher Bedeutung sind, im Benehmen mit seinen Stellvertretern ab. [2] Ausgaben im Rahmen des Haushaltsplanes weist der Präsident an.

(Fortsetzung nächstes Blatt)

[1] § 6 Abs. 1 Sätze 2 und 3 neu gef. durch Bek. v. 18.12.1989 (BGBl. I S. 2442).
[2] § 7 Abs. 5 eingef., bish. Abs. 5 wird Abs. 6 durch Bek. v. 17.3.1982 (BGBl. I S. 400).
[3] Siehe die HausO des Deutschen Bundestages idF der Bek. v. 29.6.2020 (BGBl. I S. 1949).

(4) [1] Der Präsident ist die oberste Dienstbehörde der Bundestagsbeamten.[1] [2] Er ernennt und stellt die Bundestagsbeamten nach den gesetzlichen und allgemeinen Verwaltungsvorschriften ein und versetzt sie in den Ruhestand. [3] Auch die nicht beamteten Bediensteten des Bundestages werden von dem Präsidenten eingestellt und entlassen. [4] Maßnahmen nach Satz 2 und 3 trifft der Präsident, soweit Beamte des höheren Dienstes oder entsprechend eingestufte Angestellte betroffen sind, im Benehmen mit den stellvertretenden Präsidenten, soweit leitende Beamte (A 16 und höher) oder entsprechend eingestufte Angestellte eingestellt, befördert bzw. höhergestuft werden, mit Zustimmung des Präsidiums.

(5) [1] Absatz 4 gilt auch für die dem Wehrbeauftragten beigegebenen Beschäftigten. [2] Maßnahmen nach Absatz 4 Satz 4 erfolgen im Benehmen mit dem Wehrbeauftragten. [3] Für die Bestellung, Ernennung, Umsetzung, Versetzung und Zurruhesetzung des Leitenden Beamten ist das Einvernehmen mit dem Wehrbeauftragten erforderlich. [4] Der Wehrbeauftragte hat das Recht, für alle Entscheidungen nach Absatz 4 Vorschläge zu unterbreiten.

(6) Ist der Präsident verhindert, vertritt ihn einer seiner Stellvertreter aus der zweitstärksten Fraktion.

§ 8 Sitzungsvorstand. (1) In den Sitzungen des Bundestages bilden der amtierende Präsident und zwei Schriftführer den Sitzungsvorstand.

(2) [1] Der Präsident bestimmt im Einvernehmen mit seinen Stellvertretern die Reihenfolge der Vertretung. [2] Sind Präsident und Stellvertreter gleichzeitig verhindert, so übernimmt der Alterspräsident die Leitung.

(3) Stehen die gewählten Schriftführer für eine Sitzung des Bundestages nicht in ausreichender Zahl zur Verfügung, so bestellt der amtierende Präsident andere Mitglieder des Bundestages als Stellvertreter.

§ 9 Aufgaben der Schriftführer. [1] Die Schriftführer unterstützen den Präsidenten. [2] Sie haben die Schriftstücke vorzulesen, die Verhandlungen zu beurkunden, die Rednerlisten zu führen, die Namen aufzurufen, die Stimmzettel zu sammeln und zu zählen, die Korrektur der Plenarprotokolle zu überwachen und andere Angelegenheiten des Bundestages nach den Weisungen des Präsidenten zu besorgen. [3] Der Präsident verteilt die Geschäfte.

IV. Fraktionen

§ 10 Bildung der Fraktionen. (1) [1] Die Fraktionen sind Vereinigungen von mindestens fünf vom Hundert der Mitglieder des Bundestages, die derselben Partei oder solchen Parteien angehören, die auf Grund gleichgerichteter politischer Ziele in keinem Land miteinander im Wettbewerb stehen. [2] Schließen sich Mitglieder des Bundestages abweichend von Satz 1 zusammen, bedarf die Anerkennung als Fraktion der Zustimmung des Bundestages.

(2) Die Bildung einer Fraktion, ihre Bezeichnung, die Namen der Vorsitzenden, Mitglieder und Gäste sind dem Präsidenten schriftlich mitzuteilen.

[1] Siehe hierzu auch § 129 BBG (Nr. **160**).

(3) Fraktionen können Gäste aufnehmen, die bei der Feststellung der Fraktionsstärke nicht mitzählen, jedoch bei der Bemessung der Stellenanteile (§ 12) zu berücksichtigen sind.

(4) [1] Mitglieder des Bundestages, die sich zusammenschließen wollen, ohne Fraktionsmindeststärke zu erreichen, können als Gruppe anerkannt werden. [2] Für sie gelten die Absätze 2 und 3 entsprechend.

(5) Technische Arbeitsgemeinschaften zwischen Fraktionen können nicht zu einer Änderung der Stellenanteile führen, die den einzelnen Fraktionen nach ihrer Stärke zustehen.

§ 11 Reihenfolge der Fraktionen. [1] Nach der Stärke der Fraktionen bestimmt sich ihre Reihenfolge. [2] Bei gleicher Fraktionsstärke entscheidet das Los, das vom Präsidenten in einer Sitzung des Bundestages gezogen wird. [3] Erledigte Mitgliedersitze werden bis zur Neubesetzung bei der Fraktion mitgezählt, die sie bisher innehatte.

§ 12 Stellenanteile der Fraktionen. [1] Die Zusammensetzung des Ältestenrates und der Ausschüsse sowie die Regelung des Vorsitzes in den Ausschüssen ist im Verhältnis der Stärke der einzelnen Fraktionen vorzunehmen. [2] Derselbe Grundsatz wird bei Wahlen, die der Bundestag vorzunehmen hat, angewandt.

V. Die Mitglieder des Bundestages[1]

§ 13[2] Rechte und Pflichten der Mitglieder des Bundestages. (1) Jedes Mitglied des Bundestages folgt bei Reden, Handlungen, Abstimmungen und Wahlen seiner Überzeugung und seinem Gewissen.

(2) [1] Die Mitglieder des Bundestages sind verpflichtet, an den Arbeiten des Bundestages teilzunehmen. [2] An jedem Sitzungstag wird eine Anwesenheitsliste ausgelegt, in die sich die Mitglieder des Bundestages einzutragen haben. [3] Die Folgen der Nichteintragung und der Nichtbeteiligung an einer namentlichen Abstimmung ergeben sich aus dem Gesetz über die Rechtsverhältnisse der Mitglieder des Deutschen Bundestages (Abgeordnetengesetz)[3].

§ 14 Urlaub. [1] Urlaub erteilt der Präsident. [2] Urlaub auf unbestimmte Zeit wird nicht erteilt.

§ 15 Anfechtung und Verlust der Mitgliedschaft. [1] Die Rechte eines Mitgliedes des Bundestages, dessen Mitgliedschaft angefochten ist, regeln sich nach den Bestimmungen des Wahlprüfungsgesetzes[4]. [2] Nach diesem Gesetz richtet sich auch der Verlust der Mitgliedschaft.

[1] Fünfter Abschn. Überschr. neu gef. durch Bek. v. 18. 12. 1986 (BGBl. 1987 I S. 147).
[2] § 13 Überschr. neu gef. durch Bek. v. 18. 12. 1986 (BGBl. 1987 I S. 147); Abs. 1 und 2 neu *gef. durch Bek. v. 18. 12. 1989 (BGBl. I S. 2442).*
[3] Nr. **48**.
[4] Nr. **32**.

§ 16 Akteneinsicht und -abgabe. (1) [1]Die Mitglieder des Bundestages sind berechtigt alle Akten einzusehen, die sich in der Verwahrung des Bundestages oder eines Ausschusses befinden; die Arbeiten des Bundestages oder seiner Ausschüsse, ihrer Vorsitzenden oder Berichterstatter dürfen dadurch nicht behindert werden. [2]Die Einsichtnahme in persönliche Akten und Abrechnungen, die beim Bundestag über seine Mitglieder geführt werden, ist nur dem betreffenden Mitglied des Bundestages möglich. [3]Wünschen andere Mitglieder des Bundestages etwa als Berichterstatter oder Ausschußvorsitzende oder Persönlichkeiten außerhalb des Hauses Einsicht in diese Akten, dann kann dies nur mit Genehmigung des Präsidenten und des betreffenden Mitgliedes des Bundestages geschehen. [4]Akten des Bundestages, die ein Mitglied des Bundestages persönlich betreffen, kann es jederzeit einsehen.

(2) Zum Gebrauch außerhalb des Bundeshauses werden Akten nur an die Vorsitzenden oder Berichterstatter der Ausschüsse für ihre Arbeiten abgegeben.

(3) Ausnahmen kann der Präsident genehmigen.

(4) Für Verschlußsachen gelten die Bestimmungen der Geheimschutzordnung des Deutschen Bundestages (§ 17).

§ 17 Geheimschutzordnung. [1]Der Bundestag beschließt eine Geheimschutzordnung, die Bestandteil dieser Geschäftsordnung ist (Anlage 3). [2]Sie regelt die Behandlung aller Angelegenheiten, die durch besondere Sicherungsmaßnahmen gegen die Kenntnisnahme durch Unbefugte geschützt werden müssen.

§ 18[1]) Verhaltensregeln. Die vom Bundestag gemäß § 44b des Gesetzes über die Rechtsverhältnisse der Mitglieder des Deutschen Bundestages (Abgeordnetengesetz) zu beschließenden Verhaltensregeln sind Bestandteil dieser Geschäftsordnung (Anlage 1).

VI. Tagesordnung, Einberufung, Leitung der Sitzung und Ordnungsmaßnahmen

§ 19 Sitzungen. [1]Die Sitzungen des Bundestages sind öffentlich. [2]Die Öffentlichkeit kann nach Artikel 42 Abs. 1 des Grundgesetzes ausgeschlossen werden.

§ 20[2]) Tagesordnung. (1) Termin und Tagesordnung jeder Sitzung des Bundestages werden im Ältestenrat vereinbart, es sei denn, daß der Bundestag vorher darüber beschließt oder der Präsident sie nach § 21 Abs. 1 selbständig festsetzt.

(2) [1]Die Tagesordnung wird den Mitgliedern des Bundestages, dem Bundesrat und der Bundesregierung mitgeteilt. [2]Sie gilt, wenn kein Widerspruch erfolgt, mit Aufruf des Punktes 1 als festgestellt. [3]Nach

[1]) § 18 Verweisung geänd. durch Bek. v. 21. 10. 2005 (BGBl. I S. 3094).
[2]) § 20 Abs. 4 geänd. durch Bek. v. 30. 9. 1995 (BGBl. I S. 1246).

Eröffnung jeder Plenarsitzung kann vor Eintritt in die jeweilige Tagesordnung jedes Mitglied des Bundestages eine Änderung der Tagesordnung beantragen, wenn es diesen Antrag bis spätestens 18 Uhr des Vortages dem Präsidenten vorgelegt hat.

(3) ¹Nach Feststellung der Tagesordnung dürfen andere Verhandlungsgegenstände nur beraten werden, wenn nicht von einer Fraktion oder von anwesenden fünf vom Hundert der Mitglieder des Bundestages widersprochen wird oder diese Geschäftsordnung die Beratung außerhalb der Tagesordnung zuläßt. ²Der Bundestag kann jederzeit einen Verhandlungsgegenstand von der Tagesordnung absetzen, soweit diese Geschäftsordnung nichts anderes bestimmt.

(4) Vorlagen von Mitgliedern des Bundestages müssen auf Verlangen der Antragsteller auf die Tagesordnung der nächsten Sitzung gesetzt und beraten werden, wenn seit der Verteilung der Drucksache (§ 123) mindestens drei Wochen vergangen sind.

(5) ¹Ist eine Sitzung wegen Beschlußunfähigkeit aufgehoben worden, kann der Präsident für denselben Tag einmal eine weitere Sitzung mit derselben Tagesordnung einberufen. ²Innerhalb dieser Tagesordnung kann er den Zeitpunkt für die Wiederholung der erfolglosen Abstimmung oder Wahl festlegen oder sie von der Tagesordnung absetzen, es sei denn, daß von einer Fraktion oder von anwesenden fünf vom Hundert der Mitglieder des Bundestages widersprochen wird.

§ 21 Einberufung durch den Präsidenten. (1) Selbständig setzt der Präsident Termin und Tagesordnung fest, wenn der Bundestag ihn dazu ermächtigt oder aus einem anderen Grunde als dem der Beschlußunfähigkeit nicht entscheiden kann.

(2) Der Präsident ist zur Einberufung des Bundestages verpflichtet, wenn ein Drittel der Mitglieder des Bundestages, der Bundespräsident oder der Bundeskanzler es verlangen (Artikel 39 Abs. 3 des Grundgesetzes).

(3) Hat der Präsident in anderen Fällen selbständig eine Sitzung anberaumt oder Nachträge zur Tagesordnung festgesetzt, so muß er bei Beginn der Sitzung die Genehmigung des Bundestages einholen.

§ 22 Leitung der Sitzungen. ¹Der Präsident eröffnet, leitet und schließt die Sitzungen. ²Vor Schluß der Sitzung gibt der Präsident nach den Vereinbarungen im Ältestenrat oder nach Beschluß des Bundestages den Termin der nächsten Sitzung bekannt.

§ 23 Eröffnung der Aussprache. Der Präsident hat über jeden Verhandlungsgegenstand, der auf der Tagesordnung steht, die Aussprache zu eröffnen, wenn sie nicht unzulässig oder an besondere Bedingungen geknüpft ist.

§ 24 Verbindung der Beratung. Die gemeinsame Beratung gleichartiger oder im Sachzusammenhang stehender Verhandlungsgegenstände kann jederzeit beschlossen werden.

§ 25 Vertagung der Beratung oder Schluß der Aussprache.
(1) Ist die Rednerliste erschöpft oder meldet sich niemand zum Wort, so erklärt der Präsident die Aussprache für geschlossen.

(2) 1 Der Bundestag kann auf Antrag einer Fraktion oder von anwesenden fünf vom Hundert der Mitglieder des Bundestages die Beratung vertagen oder die Aussprache schließen. 2 Der Antrag auf Schluß der Aussprache geht bei der Abstimmung dem Antrag auf Vertagung vor. 3 Ein Antrag auf Schluß der Aussprache darf erst zur Abstimmung gestellt werden, wenn jede Fraktion mindestens einmal zu Wort gekommen ist.

§ 26 Vertagung der Sitzung. Die Sitzung kann nur vertagt werden, wenn es der Bundestag auf Vorschlag des Präsidenten oder auf Antrag einer Fraktion oder von anwesenden fünf vom Hundert der Mitglieder des Bundestages beschließt.

§ 27[1] Worterteilung und Wortmeldung. (1) 1 Ein Mitglied des Bundestages darf nur sprechen, wenn ihm der Präsident das Wort erteilt hat. 2 Will der Präsident selbst sich als Redner an der Aussprache beteiligen, so hat er während dieser Zeit den Vorsitz abzugeben. 3 Mitglieder des Bundestages, die zur Sache sprechen wollen, haben sich in der Regel bei dem Schriftführer, der die Rednerliste führt, zum Wort zu melden. 4 Zur Geschäftsordnung und zur Abgabe von Erklärungen können Wortmeldungen durch Zuruf erfolgen.

(2) 1 Für Zwischenfragen an den Redner und für Zwischenbemerkungen in der Aussprache über einen Verhandlungsgegenstand melden sich die Mitglieder des Bundestages über die Saalmikrofone zum Wort. 2 Zwischenfragen und Zwischenbemerkungen, die kurz und präzise sein müssen, dürfen erst gestellt werden, wenn der Redner sie auf eine entsprechende Frage des Präsidenten zuläßt. 3 Im Anschluß an einen Debattenbeitrag kann der Präsident das Wort zu einer Zwischenbemerkung von höchstens drei Minuten erteilen; der Redner darf hierauf noch einmal antworten.

§ 28 Reihenfolge der Redner. (1) 1 Der Präsident bestimmt die Reihenfolge der Redner. 2 Dabei soll ihn die Sorge für sachgemäße Erledigung und zweckmäßige Gestaltung der Beratung, die Rücksicht auf die verschiedenen Parteirichtungen, auf Rede und Gegenrede und auf die Stärke der Fraktionen leiten; insbesondere soll nach der Rede eines Mitgliedes oder Beauftragten der Bundesregierung eine abweichende Meinung zu Wort kommen.

(2) 1 Der erste Redner in der Aussprache zu Vorlagen von Mitgliedern des Bundestages oder der Fraktion des Antragstellers soll nicht der Fraktion des Antragstellers angehören. 2 Antragsteller und Berichterstatter können vor Beginn und nach Schluß der Aussprache das Wort verlangen. 3 Der Berichterstatter hat das Recht, jederzeit das Wort zu ergreifen.

§ 29 Zur Geschäftsordnung. (1) 1 Zu einem Geschäftsordnungsantrag erteilt der Präsident vorrangig das Wort. 2 Der Antrag muß sich auf

[1] § 27 Abs. 2 neugef. durch Bek. v. 12. 11. 1990 (BGBl. I S. 2555), Abs. 2 Satz 3 neugef. durch Bek. v. 30. 9. 1995 (BGBl. I S. 1246).

der zur Beratung stehenden Verhandlungsgegenstand oder auf die Tagesordnung beziehen.

(2) Der Präsident kann die Worterteilung bei Geschäftsordnungsanträgen, denen entsprochen werden muß (Verlangen), auf den Antragsteller, bei anderen Anträgen auf einen Sprecher jeder Fraktion beschränken.

(3) Meldet sich ein Mitglied des Bundestages zur Geschäftsordnung zum Wort, ohne zu einem Geschäftsordnungsantrag sprechen oder einen solchen stellen zu wollen, so erteilt der Präsident das Wort nach seinem Ermessen.

(4) Zur Geschäftsordnung darf der einzelne Redner nicht länger als fünf Minuten sprechen.

§ 30 Erklärung zur Aussprache. [1] Zu einer Erklärung zur Aussprache wird das Wort nach Schluß, Unterbrechung oder Vertagung der Aussprache erteilt. [2] Vorrangig kann der Präsident das Wort zur direkten Erwiderung erteilen. [3] Der Anlaß ist ihm bei der Wortmeldung mitzuteilen. [4] Mit einer Erklärung zur Aussprache dürfen nur Äußerungen, die sich in der Aussprache auf die eigene Person bezogen haben, zurückgewiesen oder eigene Ausführungen richtiggestellt werden; sie darf nicht länger als fünf Minuten dauern.

§ 31[1] Erklärung zur Abstimmung. (1) [1] Nach Schluß der Aussprache kann jedes Mitglied des Bundestages zur abschließenden Abstimmung eine mündliche Erklärung, die nicht länger als fünf Minuten dauern darf, oder eine kurze schriftliche Erklärung abgeben, die in das Plenarprotokoll aufzunehmen ist. [2] Der Präsident erteilt das Wort zu einer Erklärung in der Regel vor der Abstimmung.

(2) Jedes Mitglied des Bundestages kann vor der Abstimmung erklären, daß es nicht an der Abstimmung teilnehme.

§ 32[1] Erklärung außerhalb der Tagesordnung. [1] Zu einer tatsächlichen oder persönlichen Erklärung außerhalb der Tagesordnung kann der Präsident das Wort vor Eintritt in die Tagesordnung, nach Schluß, Unterbrechung oder Vertagung einer Aussprache erteilen. [2] Der Anlaß ist ihm bei der Wortmeldung mitzuteilen. [3] Die Erklärung darf nicht länger als fünf Minuten dauern.

§ 33 Die Rede. [1] Die Redner sprechen grundsätzlich in freiem Vortrag. [2] Sie können hierbei Aufzeichnungen benutzen.

§ 34 Platz des Redners. Die Redner sprechen von den dafür bestimmten Saalmikrofonen oder vom Rednerpult aus.

§ 35 Rededauer. (1) [1] Gestaltung und Dauer der Aussprache über einen Verhandlungsgegenstand werden auf Vorschlag des Ältestenrates vom Bundestag festgelegt. [2] Kommt es im Ältestenrat nicht zu einer Vereinbarung gemäß Satz 1 oder beschließt der Bundestag nichts an-

[1] § 31 Abs. 1 Satz 2 angef., § 32 Satz 2 eingef. u. Satz 3 neugef. durch Bek. v. 18. 12. 1989 (BGBl. I S. 2442).

deres, darf der einzelne Redner in der Aussprache nicht länger als 15 Minuten sprechen. [3] Auf Verlangen einer Fraktion kann einer ihrer Redner eine Redezeit bis zu 45 Minuten in Anspruch nehmen. [4] Der Präsident kann diese Redezeiten verlängern, wenn der Verhandlungsgegenstand oder der Verlauf der Aussprache dies nahelegt.

(2) Spricht ein Mitglied der Bundesregierung, des Bundesrates oder einer ihrer Beauftragten länger als 20 Minuten, kann die Fraktion, die eine abweichende Meinung vortragen lassen will, für einen ihrer Redner eine entsprechende Redezeit verlangen.

(3) Überschreitet ein Mitglied des Bundestages seine Redezeit, so soll ihm der Präsident nach einmaliger Mahnung das Wort entziehen.

§ 36[1] **Sach- und Ordnungsruf, Wortentziehung.** (1) [1] Der Präsident kann den Redner, der vom Verhandlungsgegenstand abschweift, zur Sache verweisen. [2] Er kann Mitglieder des Bundestages, wenn sie die Ordnung oder die Würde des Bundestages verletzen, mit Nennung des Namens zur Ordnung rufen. [3] Der Ordnungsruf und der Anlass hierzu dürfen von den nachfolgenden Rednern nicht behandelt werden.

(2) Ist ein Redner während einer Rede dreimal zur Sache oder dreimal zur Ordnung gerufen und beim zweiten Male auf die Folgen eines dritten Rufes zur Sache oder zur Ordnung hingewiesen worden, so muss ihm der Präsident das Wort entziehen und darf es ihm in derselben Aussprache zum selben Verhandlungsgegenstand nicht wieder erteilen.

§ 37[1] **Ordnungsgeld.** [1] Wegen einer nicht nur geringfügigen Verletzung der Ordnung oder der Würde des Bundestages kann der Präsident gegen ein Mitglied des Bundestages, auch ohne dass ein Ordnungsruf ergangen ist, ein Ordnungsgeld in Höhe von 1 000 Euro festsetzen. [2] Im Wiederholungsfall erhöht sich das Ordnungsgeld auf 2 000 Euro. [3] § 38 Absatz 2 gilt entsprechend.

§ 38[1] **Ausschluss von Mitgliedern des Bundestages.** (1) [1] Wegen gröblicher Verletzung der Ordnung oder der Würde des Bundestages kann der Präsident ein Mitglied des Bundestages, auch ohne dass ein Ordnungsruf ergangen oder ein Ordnungsgeld festgesetzt worden ist, für die Dauer der Sitzung aus dem Saal verweisen. [2] Bis zum Schluss der Sitzung muss der Präsident bekanntgeben, für wie viele Sitzungstage das betroffene Mitglied ausgeschlossen wird. [3] Ein Mitglied des Bundestages kann bis zu dreißig Sitzungstage ausgeschlossen werden.

(2) [1] Ein Sitzungsausschluss kann auch nachträglich, spätestens in der auf die gröbliche Verletzung der Ordnung oder der Würde des Bundestages folgenden Sitzung, ausgesprochen werden, wenn der Präsident während der Sitzung eine Verletzung der Ordnung oder der Würde des Bundestages ausdrücklich feststellt und sich einen nachträglichen Sitzungsausschluss vorbehält. [2] Absatz 1 Satz 2 und 3 gilt entsprechend. [3] Ein bereits erteilter Ordnungsruf schließt einen nachträglichen Sitzungsausschluss nicht aus.

[1] §§ 36–38 neu gef. mWv 8. 12. 2011 durch Bek. v. 24. 11. 2011 (BGBl. I S. 2454).

(3) [1] Das betroffene Mitglied hat den Sitzungssaal unverzüglich zu verlassen. [2] Kommt es der Aufforderung nicht nach, wird es vom Präsidenten darauf hingewiesen, dass es sich durch sein Verhalten eine Verlängerung des Ausschlusses zuzieht.

(4) Das betroffene Mitglied darf während der Dauer seines Ausschlusses auch nicht an Ausschusssitzungen teilnehmen.

(5) Versucht das betroffene Mitglied, widerrechtlich an den Sitzungen des Bundestages oder seiner Ausschüsse teilzunehmen, findet Absatz 3 Satz 2 entsprechend Anwendung.

(6) [1] Das betroffene Mitglied gilt als nicht beurlaubt. [2] Es darf sich nicht in die Anwesenheitsliste eintragen.

§ 39[1] Einspruch gegen Ordnungsmaßnahmen. [1] Gegen den Ordnungsruf (§ 36), das Ordnungsgeld (§ 37) und den Sitzungsausschluss (§ 38) kann das betroffene Mitglied des Bundestages bis zum nächsten Plenarsitzungstag schriftlich begründeten Einspruch einlegen. [2] Der Einspruch ist auf die Tagesordnung dieser Sitzung zu setzen. [3] Der Bundestag entscheidet ohne Aussprache. [4] Der Einspruch hat keine aufschiebende Wirkung.

§ 40 Unterbrechung der Sitzung. [1] Wenn im Bundestag störende Unruhe entsteht, die den Fortgang der Verhandlungen in Frage stellt, kann der Präsident die Sitzung auf bestimmte Zeit unterbrechen oder aufheben. [2] Kann er sich kein Gehör verschaffen, so verläßt er den Präsidentenstuhl; die Sitzung wird dadurch unterbrochen. [3] Zur Fortsetzung der Sitzung beruft der Präsident ein.

§ 41 Weitere Ordnungsmaßnahmen. (1) Sitzungsteilnehmer, die nicht Mitglieder des Bundestages sind, und Zuhörer unterstehen der Ordnungsgewalt des Präsidenten.

(2) [1] Wer auf den Tribünen Beifall oder Mißbilligung äußert oder Ordnung und Anstand verletzt, kann auf Anordnung des Präsidenten sofort entfernt werden. [2] Der Präsident kann die Tribüne wegen störender Unruhe räumen lassen.

§ 42 Herbeirufung eines Mitgliedes der Bundesregierung. Der Bundestag kann auf Antrag einer Fraktion oder von anwesenden fünf vom Hundert der Mitglieder des Bundestages die Herbeirufung eines Mitgliedes der Bundesregierung beschließen.

§ 43 Recht auf jederzeitiges Gehör. Die Mitglieder der Bundesregierung und des Bundesrates sowie ihre Beauftragten müssen nach Artikel 43 Abs. 2 des Grundgesetzes[2] auf ihr Verlangen jederzeit gehört werden.

§ 44 Wiedereröffnung der Aussprache. (1) Ergreift nach Schluß der Aussprache oder nach Ablauf der beschlossenen Redezeit ein Mitglied der Bundesregierung, des Bundesrates oder einer ihrer Beauftragten zu dem Verhandlungsgegenstand das Wort, so ist die Aussprache wieder eröffnet.

[1] § 39 neu gef. mWv 8. 12. 2011 durch Bek. v. 24. 11. 2011 (BGBl. I S. 2454).
[2] Nr. 1.

(2) Erhält während der Aussprache ein Mitglied der Bundesregierung, des Bundesrates oder einer ihrer Beauftragten zu dem Verhandlungsgegenstand das Wort, so haben die Fraktionen, deren Redezeit zu diesem Tagesordnungspunkt bereits ausgeschöpft ist, das Recht, noch einmal ein Viertel ihrer Redezeit in Anspruch zu nehmen.

(3) [1] Ergreift ein Mitglied der Bundesregierung, des Bundesrates oder einer ihrer Beauftragten das Wort außerhalb der Tagesordnung, so wird auf Verlangen einer Fraktion oder von anwesenden fünf vom Hundert der Mitglieder des Bundestages die Aussprache über seine Ausführungen eröffnet. [2] In dieser Aussprache dürfen keine Sachanträge gestellt werden.

§ 45 [1] **Feststellung der Beschlußfähigkeit. Folgen der Beschlußunfähigkeit.** (1) Der Bundestag ist beschlußfähig, wenn mehr als die Hälfte seiner Mitglieder im Sitzungssaal anwesend ist.

(Fortsetzung nächstes Blatt)

[1] § 45 Abs. 2 neu gef. und Abs. 4 angef. durch Bek. v. 30. 9. 1995 (BGBl. I S. 1246).

(2) [1]Wird vor Beginn einer Abstimmung die Beschlußfähigkeit von einer Fraktion oder von anwesenden fünf vom Hundert der Mitglieder des Bundestages bezweifelt und auch vom Sitzungsvorstand nicht einmütig bejaht oder wird die Beschlußfähigkeit vom Sitzungsvorstand im Einvernehmen mit den Fraktionen bezweifelt, so ist in Verbindung mit der Abstimmung die Beschlußfähigkeit durch Zählung der Stimmen nach § 51, im Laufe einer Kernzeit-Debatte im Verfahren nach § 52 festzustellen. [2]Der Präsident kann die Abstimmung auf kurze Zeit aussetzen.

(3) [1]Nach Feststellung der Beschlußunfähigkeit hebt der Präsident die Sitzung sofort auf. [2]§ 20 Abs. 5 findet Anwendung. [3]Ein Verlangen auf namentliche Abstimmung bleibt dabei in Kraft. [4]Stimmenthaltungen und ungültige Stimmen zählen bei der Feststellung der Beschlußfähigkeit mit.

(4) [1]Unabhängig von dem Verfahren nach den Absätzen 1 bis 3 kann der Präsident bei Kernzeit-Debatten im Einvernehmen mit den Fraktionen die Sitzung unterbrechen, wenn der Sitzungsvorstand bezweifelt, daß 25 vom Hundert der Mitglieder des Bundestages anwesend sind. [2]Die Feststellung der Anwesenheit erfolgt im Verfahren nach § 52.

§ 46 Fragestellung. [1]Der Präsident stellt die Fragen so, daß sie sich mit „Ja" oder „Nein" beantworten lassen. [2]Sie sind in der Regel so zu fassen, daß gefragt wird, ob die Zustimmung erteilt wird oder nicht. [3]Über die Fassung kann das Wort zur Geschäftsordnung verlangt werden. [4]Bei Widerspruch gegen die vorgeschlagene Fassung entscheidet der Bundestag.

§ 47 Teilung der Frage. [1]Jedes Mitglied des Bundestages kann die Teilung der Frage beantragen. [2]Ist die Zulässigkeit der Teilung zweifelhaft, so entscheidet bei Anträgen von Mitgliedern des Bundestages der Antragsteller, sonst der Bundestag. [3]Unmittelbar vor der Abstimmung ist die Frage auf Verlangen vorzulesen.

§ 48 Abstimmungsregeln. (1) [1]Abgestimmt wird durch Handzeichen oder durch Aufstehen oder Sitzenbleiben. [2]Bei der Schlußabstimmung über Gesetzentwürfe (§ 86) erfolgt die Abstimmung durch Aufstehen oder Sitzenbleiben.

(2) [1]Soweit nicht das Grundgesetz, ein Bundesgesetz oder diese Geschäftsordnung andere Vorschriften enthalten, entscheidet die einfache Mehrheit. [2]Stimmengleichheit verneint die Frage.

(3) Wird durch das Grundgesetz, ein Bundesgesetz oder diese Geschäftsordnung für einen Beschluß oder eine Wahl eine bestimmte Mehrheit vorgeschrieben, stellt der Präsident ausdrücklich fest, daß die Zustimmung der erforderlichen Mehrheit vorliegt.

§ 49 Wahlen mit verdeckten Stimmzetteln. (1) [1]Soweit in einem Bundesgesetz oder in dieser Geschäftsordnung Wahlen durch den Bundestag mit verdeckten (amtlichen) Stimmzetteln vorgeschrieben sind, findet die Wahl geheim statt. [2]Die Stimmzettel dürfen erst vor Betreten der Wahlzelle (bei Namensaufruf) ausgehändigt werden. [3]Die zur Ge-

währleistung einer geheimen Wahl aufzustellenden Wahlzellen sind bei der Stimmabgabe zu benutzen. [4] Die gekennzeichneten Stimmzettel sind in einem Wahlumschlag in die dafür vorgesehenen Wahlurnen zu legen. (2) § 56 Abs. 6 Nr. 4 der Bundeswahlordnung[1]) gilt entsprechend.

§ 50 Verfahren bei der Auswahl des Sitzes einer Bundesbehörde. (1) Ist in einem Gesetzentwurf über den Sitz einer Bundesbehörde zu entscheiden, so erfolgt die Auswahl, wenn mehr als zwei Vorschläge für den Sitz der Behörde gemacht werden, vor der Schlußabstimmung.

(2) [1] Der Bundestag wählt mit Namensstimmzetteln, auf die der jeweils gewünschte Ort zu schreiben ist. [2] Gewählt ist der Ort, der die Mehrheit der Stimmen erhält. [3] Ergibt sich keine solche Mehrheit, werden in einem zweiten Wahlgang die beiden Orte zur Wahl gestellt, die im ersten Wahlgang die höchste Stimmenzahl erhalten haben. [4] Gewählt ist dann der Ort, der die Mehrheit der Stimmen erhält.

(3) Diese Bestimmung gilt entsprechend, wenn bei der Beratung eines Antrages über den Sitz einer Bundesbehörde zu entscheiden ist.

(4) In gleicher Weise ist zu verfahren, wenn es sich um die Bestimmung von Zuständigkeiten und ähnliche Entscheidungen handelt und wenn mehr als zwei voneinander abweichende Anträge gestellt werden.

§ 51 Zählung der Stimmen. (1) [1] Ist der Sitzungsvorstand über das Ergebnis der Abstimmung nicht einig, so wird die Gegenprobe gemacht. [2] Bleibt er auch nach ihr uneinig, so werden die Stimmen gezählt. [3] Auf Anordnung des Sitzungsvorstandes erfolgt die Zählung gemäß Absatz 2.

(2) [1] Nachdem die Mitglieder des Bundestages auf Aufforderung des Präsidenten den Sitzungssaal verlassen haben, werden die Türen bis auf drei Abstimmungstüren geschlossen. [2] An jeder dieser Türen stellen sich zwei Schriftführer auf. [3] Auf ein Zeichen des Präsidenten betreten die Mitglieder des Bundestages durch die mit „Ja", „Nein" oder „Enthaltung" bezeichnete Tür wieder den Sitzungssaal und werden von den Schriftführern laut gezählt. [4] Zur Beendigung der Zählung gibt der Präsident ein Zeichen. [5] Mitglieder des Bundestages, die später eintreten, werden nicht mitgezählt. [6] Der Präsident und die diensttuenden Schriftführer geben ihre Stimme öffentlich ab. [7] Der Präsident verkündet das Ergebnis.

§ 52 Namentliche Abstimmung. [1] Namentliche Abstimmung kann bis zur Eröffnung der Abstimmung von einer Fraktion oder von anwesenden fünf vom Hundert der Mitglieder des Bundestages verlangt werden. [2] Schriftführer sammeln in Urnen die Abstimmungskarten, die den Namen des Abstimmenden und die Erklärung „Ja" oder „Nein" oder „Enthalte mich" tragen. [3] Nach beendeter Einsammlung erklärt der Präsident die Abstimmung für geschlossen. [4] Die Schriftführer zählen die Stimmen. [5] Der Präsident verkündet das Ergebnis.

[1]) Nr. **31**.

§ 53 Unzulässigkeit der namentlichen Abstimmung. Namentliche Abstimmung ist unzulässig über

a) Stärke des Ausschusses,
b) Abkürzung der Fristen,
c) Sitzungszeit und Tagesordnung,
d) Vertagung der Sitzung,
e) Vertagung der Beratung oder Schluß der Aussprache,
f) Teilung der Frage,
g) Überweisung an einen Ausschuß.

VII. Ausschüsse

§ 54 Ständige Ausschüsse und Sonderausschüsse. (1) ¹Zur Vorbereitung der Verhandlungen setzt der Bundestag ständige Ausschüsse ein. ²Für einzelne Angelegenheiten kann er Sonderausschüsse einsetzen.

(2) Soweit das Grundgesetz oder Bundesgesetze die Einsetzung von Ausschüssen vorschreiben oder zulassen, richtet sich die Einsetzung und das Verfahren nach den Bestimmungen dieser Geschäftsordnung, es sei denn, daß im Grundgesetz, in den Bundesgesetzen oder in besonderen Geschäftsordnungen etwas anderes bestimmt ist.

§ 55 Einsetzung von Unterausschüssen. (1) ¹Zur Vorbereitung seiner Arbeiten kann jeder Ausschuß aus seiner Mitte Unterausschüsse mit bestimmten Aufträgen einsetzen, es sei denn, daß ein Drittel seiner Mitglieder widerspricht. ²In Ausnahmefällen können die Fraktionen auch Mitglieder des Bundestages benennen, die nicht dem Ausschuß angehören.

(2) ¹Bei der Bestimmung des Vorsitzenden des Unterausschusses soll der Ausschuß sich nach dem Stärkeverhältnis der einzelnen Fraktionen richten (§ 12). ²Wird der Unterausschuß für eine bestimmte Dauer eingesetzt, kann er vorzeitig nur aufgelöst werden, wenn ein Drittel der Mitglieder des Ausschusses nicht widerspricht; im übrigen kann der Ausschuß den Unterausschuß jederzeit auflösen. ³Der Unterausschuß hat seinen Bericht dem Ausschuß vorzulegen.

(3) ¹In einem Unterausschuß muß jede Fraktion, die im Ausschuß vertreten ist, auf ihr Verlangen mindestens mit einem Mitglied vertreten sein. ²Im übrigen sind die Grundsätze des § 12 zu berücksichtigen.

(4) Ist eine Vorlage mehreren Ausschüssen zur Beratung überwiesen worden oder fällt ein Verhandlungsgegenstand in den Geschäftsbereich mehrerer Ausschüsse, können diese einen gemeinsamen Unterausschuß bilden.

§ 56¹⁾ Enquete-Kommission. (1) ¹Zur Vorbereitung von Entscheidungen über umfangreiche und bedeutsame Sachkomplexe kann der Bundestag eine Enquete-Kommission einsetzen. ²Auf Antrag eines Viertels seiner Mitglieder ist er dazu verpflichtet. ³Der Antrag muß den Auftrag der Kommission bezeichnen.

¹⁾ § 56 Abs. 4 Satz 1 neugef. durch Bek. v. 18. 12. 1989 (BGBl. I S. 2442).

(2) ¹Die Mitglieder der Kommission werden im Einvernehmen der Fraktionen benannt und vom Präsidenten berufen. ²Kann ein Einvernehmen nicht hergestellt werden, so benennen die Fraktionen die Mitglieder im Verhältnis ihrer Stärke. ³Die Mitgliederzahl der Kommission soll, mit Ausnahme der in Absatz 3 genannten Mitglieder der Fraktionen, neun nicht übersteigen.

(3) Jede Fraktion kann ein Mitglied, auf Beschluß des Bundestages auch mehrere Mitglieder, in die Kommission entsenden.

(4) ¹Die Enquete-Kommission hat ihren Bericht so rechtzeitig vorzulegen, daß bis zum Ende der Wahlperiode eine Aussprache darüber im Bundestag stattfinden kann. ²Sofern ein abschließender Bericht nicht erstattet werden kann, ist ein Zwischenbericht vorzulegen, auf dessen Grundlage der Bundestag entscheidet, ob die Enquete-Kommission ihre Arbeit fortsetzen oder einstellen soll.

§ 56a¹⁾ Technikfolgenanalysen. (1) ¹Dem Ausschuß für Forschung, Technologie und Technikfolgenabschätzung obliegt es, Technikfolgenanalysen zu veranlassen und für den Deutschen Bundestag aufzubereiten und auszuwerten. ²Er kann mit der wissenschaftlichen Durchführung von Technikfolgenanalysen Institutionen außerhalb des Deutschen Bundestages beauftragen.

(2) Der Ausschuß für Forschung, Technologie und Technikfolgenabschätzung hat Grundsätze über die Erstellung von Technikfolgenanalysen aufzustellen und diese Grundsätze zum Ausgangspunkt seiner Entscheidung im Einzelfall zu machen.

§ 57²⁾ Mitgliederzahl der Ausschüsse. (1) ¹Das System für eine dem § 12 entsprechende Zusammensetzung der Ausschüsse und die Zahl der Mitglieder bestimmt der Bundestag. ²Jedes Mitglied des Bundestages soll grundsätzlich einem Ausschuß angehören.

(2) ¹Die Fraktionen benennen die Ausschußmitglieder und deren Stellvertreter. ²Der Präsident benennt fraktionslose Mitglieder des Bundestages als beratende Ausschußmitglieder.

(3) Der Präsident gibt die erstmalig benannten Mitglieder und die späteren Änderungen dem Bundestag bekannt.

(4) Zur Unterstützung der Mitglieder kann die Teilnahme eines Fraktionsmitarbeiters jeder Fraktion zu den Ausschußsitzungen zugelassen werden.

§ 58 Bestimmung des Vorsitzenden und seines Stellvertreters. Die Ausschüsse bestimmen ihre Vorsitzenden und deren Stellvertreter nach den Vereinbarungen im Ältestenrat.

§ 59 Rechte und Pflichten des Vorsitzenden. (1) Dem Vorsitzenden obliegt die Vorbereitung, Einberufung und Leitung der Ausschußsitzungen sowie die Durchführung der Ausschußbeschlüsse.

¹⁾ *§ 56a eingef. durch Bek. v. 12. 11.* 1990 (BGBl. I S. 2555).
²⁾ § 57 Abs. 1 Satz 2, Abs. 2 Satz 2 u. Abs. 4 angef. durch Bek. v. 18. 12. 1989 (BGBl. I S. 2442).

(2) Der Vorsitzende erteilt das Wort in der Reihenfolge der Wortmeldungen unter Berücksichtigung des Grundsatzes des § 28 Abs. 1 Satz 2.

(3) Sitzungsteilnehmer, die nicht Mitglieder des Bundestages sind, und Zuhörer unterstehen während der Sitzung der Ordnungsgewalt des Vorsitzenden.

(4) Ist der ordnungsgemäße Ablauf einer Sitzung nicht mehr gewährleistet, kann der Vorsitzende die Sitzung unterbrechen oder im Einvernehmen mit den Fraktionen im Ausschuß beenden.

§ 60 Einberufung der Ausschußsitzungen. (1) Der Vorsitzende kann im Rahmen der vom Ältestenrat festgelegten Tagungsmöglichkeiten für Ausschüsse (Zeitplan) Ausschußsitzungen selbständig einberufen, es sei denn, daß der Ausschuß im Einzelfall etwas anderes beschließt.

(2) Der Vorsitzende ist zur Einberufung zum nächstmöglichen Termin innerhalb des Zeitplanes verpflichtet, wenn es eine Fraktion im Ausschuß oder mindestens ein Drittel der Mitglieder des Ausschusses unter Angabe der Tagesordnung verlangt.

(3) Zur Einberufung einer Sitzung außerhalb des Zeitplanes oder außerhalb des ständigen Sitzungsortes des Bundestages ist der Vorsitzende nur berechtigt, wenn ein entsprechendes Verlangen einer Fraktion oder von fünf vom Hundert der Mitglieder des Bundestages oder ein einstimmiger Beschluß des Ausschusses vorliegt und die Genehmigung des Präsidenten erteilt worden ist.

§ 61[1] Tagesordnung der Ausschüsse. (1) [1] Termin und Tagesordnung werden vom Vorsitzenden festgesetzt, es sei denn, daß der Ausschuß vorher darüber beschließt. [2] Die Tagesordnung soll den Ausschußmitgliedern in der Regel drei Tage vor der Sitzung zugeleitet werden.

(2) Der Ausschuß kann die Tagesordnung mit Mehrheit ändern, erweitern kann er sie nur, wenn nicht eine Fraktion oder ein Drittel der Ausschußmitglieder widerspricht.

(3) Die Tagesordnung jeder Ausschußsitzung ist mit Angabe des Ortes, des Termins und, soweit vereinbart, der Dauer der Sitzung den beteiligten Bundesministerien und dem Bundesrat mitzuteilen.

§ 62[2] Aufgaben der Ausschüsse. (1) [1] Die Ausschüsse sind zu baldiger Erledigung der ihnen überwiesenen Aufgaben verpflichtet. [2] Als vorbereitende Beschlußorgane des Bundestages haben sie die Pflicht, dem Bundestag bestimmte Beschlüsse zu empfehlen, die sich nur auf die ihnen überwiesenen Vorlagen oder mit diesen in unmittelbarem Sachzusammenhang stehenden Fragen beziehen dürfen. [3] Sie können sich jedoch mit anderen Fragen aus ihrem Geschäftsbereich befassen; mit Angelegenheiten der Europäischen Union, die ihre Zuständigkeit betreffen, sollen sie sich auch unabhängig von Überweisungen zeitnah befassen. [4] Weitergehende Rechte, die einzelnen Ausschüssen durch Grundgesetz[3], Bundesgesetz, in dieser Geschäftsordnung oder durch Beschluß des Bundestages übertragen sind, bleiben unberührt.

[1] § 61 Abs. 1 Satz 2 angef. und Abs. 2 neu gef. durch Bek. v. 18. 12. 1989 (BGBl. I S. 2442).
[2] § 62 Abs. 1 Satz 3 neu gef. mWv 5. 6. 2008 durch Bek. v. 29. 7. 2008 (BGBl. I S. 1712).
[3] Nr. 1.

(2) [1] Zehn Sitzungswochen nach Überweisung einer Vorlage können eine Fraktion oder fünf vom Hundert der Mitglieder des Bundestages verlangen, daß der Ausschuß durch den Vorsitzenden oder Berichterstatter dem Bundestag einen Bericht über den Stand der Beratungen erstattet. [2] Wenn sie es verlangen, ist der Bericht auf die Tagesordnung des Bundestages zu setzen.

§ 63 Federführender Ausschuß. (1) Den Bericht an den Bundestag gemäß § 66 kann nur der federführende Ausschuß erstatten.

(2) [1] Werden Vorlagen an mehrere Ausschüsse überwiesen (§ 80), sollen die beteiligten Ausschüsse mit dem federführenden Ausschuß eine angemessene Frist zur Übermittlung ihrer Stellungnahme vereinbaren. [2] Werden nicht innerhalb der vereinbarten Frist dem federführenden Ausschuß die Stellungnahmen vorgelegt oder kommt eine Vereinbarung über eine Frist nicht zustande, kann der federführende Ausschuß dem Bundestag Bericht erstatten, frühestens jedoch in der vierten auf die Überweisung folgenden Sitzungswoche.

§ 64 Verhandlungsgegenstände. (1) Verhandlungsgegenstände sind die dem Ausschuß überwiesenen Vorlagen und Fragen aus dem Geschäftsbereich des Ausschusses (§ 62 Abs. 1 Satz 3).

(2) [1] Sind dem Ausschuß mehrere Vorlagen zum selben Gegenstand überwiesen, beschließt der Ausschuß, welche Vorlage als Verhandlungsgegenstand für seine Beschlußempfehlung an den Bundestag dienen soll. [2] Andere Vorlagen zum selben Gegenstand können, auch wenn sie bei der Beratung nicht oder nur teilweise berücksichtigt wurden, für erledigt erklärt werden. [3] Wird der Erledigterklärung von einer Fraktion im Ausschuß widersprochen, muß über die Vorlagen abgestimmt werden. [4] Die Beschlußempfehlung, die Vorlagen für erledigt zu erklären oder abzulehnen, ist dem Bundestag vorzulegen.

§ 65 Berichterstatterbenennung. Vorbehaltlich der Entscheidung des Ausschusses benennt der Vorsitzende einen oder mehrere Berichterstatter für jeden Verhandlungsgegenstand.

§ 66 Berichterstattung. (1) [1] Ausschußberichte an den Bundestag über Vorlagen sind in der Regel schriftlich zu erstatten. [2] Sie können mündlich ergänzt werden.

(2) [1] Die Berichte müssen die Beschlußempfehlung des federführenden Ausschusses mit Begründung sowie die Ansicht der Minderheit und die Stellungnahmen der beteiligten Ausschüsse enthalten. [2] Wenn kommunale Spitzenverbände im Rahmen des § 69 Abs. 5 Stellung genommen haben, müssen, sofern Informationssitzungen nach § 70 Abs. 1 stattgefunden haben, sollen die dargelegten Auffassungen in ihren wesentlichen Punkten im Bericht wiedergegeben werden.

§ 67 Beschlußfähigkeit im Ausschuß. [1] Der Ausschuß ist beschlußfähig, wenn die Mehrheit der Mitglieder anwesend ist. [2] Er gilt solange als beschlußfähig, wie nicht vor einer Abstimmung ein Mitglied verlangt, die Beschlußfähigkeit durch Auszählen festzustellen. [3] Der Vorsitzende

kann die Abstimmung, vor der die Feststellung der Beschlußfähigkeit verlangt wurde, auf bestimmte Zeit verschieben und, wenn kein Widerspruch erfolgt, die Aussprache fortsetzen oder einen anderen Tagesordnungspunkt aufrufen. [4] Ist nach Feststellung der Beschlußunfähigkeit die Sitzung auf bestimmte Zeit unterbrochen worden und nach Wiedereröffnung die Beschlußfähigkeit noch nicht gegeben, gilt Satz 3.

§ 68 Herbeirufung eines Mitgliedes der Bundesregierung zu den Ausschußsitzungen. [1] Das Recht des Ausschusses, die Anwesenheit eines Mitgliedes der Bundesregierung zu verlangen, gilt auch, wenn es in einer öffentlichen Sitzung gehört werden soll. [2] Über einen entsprechenden Antrag ist in nichtöffentlicher Sitzung zu entscheiden.

§ 69[1] Nichtöffentliche Ausschußsitzungen. (1) [1] Die Beratungen der Ausschüsse sind grundsätzlich nicht öffentlich. [2] Der Ausschuß kann beschließen, für einen bestimmten Verhandlungsgegenstand oder Teile desselben die Öffentlichkeit zuzulassen. [3] Die Öffentlichkeit einer Sitzung ist hergestellt, wenn der Presse und sonstigen Zuhörern im Rahmen der Raumverhältnisse der Zutritt gestattet wird.

(2) [1] An den nichtöffentlichen Ausschußsitzungen können Mitglieder des Bundestages, die dem Ausschuß nicht angehören, als Zuhörer teilnehmen, es sei denn, daß der Bundestag bei der Einsetzung der Ausschüsse beschließt, das Zutrittsrecht für einzelne Ausschüsse auf die ordentlichen Mitglieder und deren namentlich benannte Stellvertreter zu beschränken. [2] Diese Beschränkung kann nachträglich für die Beratung bestimmter Fragen aus dem Geschäftsbereich der Ausschüsse erfolgen. [3] Die Ausschüsse können für bestimmte Verhandlungsgegenstände im Einzelfall Ausnahmen von der Beschränkung des Zutrittsrechts beschließen.

(3) [1] Berät ein Ausschuß, dessen Verhandlungen nicht vertraulich sind, Vorlagen von Mitgliedern des Bundestages, so ist dem Erstunterzeichner, wenn er nicht Mitglied des Ausschusses ist, die Tagesordnung zuzuleiten. [2] Er kann insoweit mit beratender Stimme an der Sitzung teilnehmen oder sich von einem der anderen Antragsteller vertreten lassen. [3] In besonderen Fällen soll der Ausschuß auch andere Mitglieder des Bundestages zu seinen Verhandlungen mit beratender Stimme hinzuziehen oder zulassen.

(4) [1] Vorbehaltlich gesetzlicher Beschränkungen des Zutrittsrechts haben die Fraktionsvorsitzenden beratende Stimme in allen Ausschüssen und Sonderausschüssen (§ 54). [2] Sie können ein Mitglied ihrer Fraktion beauftragen, sie zu vertreten.

(5) [1] Berät der Ausschuss einen ihm federführend überwiesenen Gesetzentwurf, durch den wesentliche Belange von Gemeinden und Gemeindeverbänden berührt werden, ist den auf Bundesebene bestehenden kommunalen Spitzenverbänden vor Beschlussfassung im Ausschuss Gelegenheit zur Stellungnahme zu geben. [2] Wesentliche Belange im Sinne des Satzes 1 werden durch Gesetze berührt, die ganz oder teilweise von den Gemeinden oder Gemeindeverbänden auszuführen sind, ihre öffentlichen Finanzen unmittelbar betreffen oder auf ihre Verwaltungsorganisation einwirken. [3] Von der Bestim-

[1] § 69 Abs. 3 Satz 3 neu gef. und Abs. 6 geänd. durch Bek. v. 18. 12. 1989 (BGBl. I S. 2442); Abs. 5 Sätze 1 und 2 neu gef. mWv 7. 5. 2012 durch Bek. v. 7. 5. 2012 (BGBl. I S. 1119).

mung des Satzes 1 kann bei Regierungsvorlagen abgesehen werden, wenn aus der Begründung der Vorlagen die Auffassungen der kommunalen Spitzenverbände ersichtlich sind. [4] Die Rechte des Ausschusses aus § 70 Abs. 1 bleiben unberührt.

(6) Ist bei Ausschußsitzungen die Teilnahme auf die ordentlichen Mitglieder und deren namentlich benannte Stellvertreter beschränkt, kann einer der Antragsteller, der nicht Mitglied des Ausschusses ist, zur Begründung der Vorlage teilnehmen.

(7) Für die Beratung einer VS der Geheimhaltungsgrade VS-VERTRAULICH und höher gelten die Bestimmungen der Geheimschutzordnung des Deutschen Bundestages.

(8) Beraten mehrere Ausschüsse in gemeinsamer Sitzung über denselben Verhandlungsgegenstand, stimmen die Ausschüsse getrennt ab.

§ 69 a[1] **Erweiterte öffentliche Ausschußberatungen.** (1) [1] Die Ausschüsse sollen im Benehmen mit dem Ältestenrat und im Einvernehmen mit den mitberatenden Ausschüssen als Schlußberatung der überwiesenen Vorlagen öffentliche Aussprachen durchführen, in denen die Beschlußempfehlung und der Bericht des federführenden Ausschusses beschlossen wird. [2] Der Vorsitzende des federführenden Ausschusses beruft die Sitzung im Einvernehmen mit den mitberatenden Ausschüssen ein. [3] Die Tagesordnung wird den Mitgliedern des Bundestages, dem Bundesrat und der Bundesregierung mitgeteilt.

(2) [1] Der federführende Ausschuß legt Gestaltung und Dauer der Aussprache im Einvernehmen mit den mitberatenden Ausschüssen fest. [2] Der Vorsitzende des federführenden Ausschusses leitet die Sitzung. [3] Er hat die dem Präsidenten im Rahmen von Plenarsitzungen zur Verfügung stehenden Rechte zur Aufrechterhaltung der Ordnung mit Ausnahme der Rechte nach § 38.

(3) [1] Soweit nicht anders beschlossen ist, erteilt der Vorsitzende das Wort nach Maßgabe von § 59 Abs. 2. [2] Will der Vorsitzende sich als Redner an der Aussprache beteiligen, so hat er während dieser Zeit den Vorsitz abzugeben. [3] Rederecht und das Recht, Anträge zur Sache zu stellen, haben alle Mitglieder des Bundestages. [4] Anträge zur Geschäftsordnung können nur von den Mitgliedern des federführenden Ausschusses, deren Stellvertretern sowie beratenden Mitgliedern dieses Ausschusses gestellt werden.

(4) Stimmberechtigt sind die Mitglieder des federführenden Ausschusses, im Falle der Stellvertretung deren Stellvertreter.

(5) [1] Hat der federführende Ausschuß eine Erweiterte öffentliche Ausschußberatung beschlossen, kann ein Viertel seiner Mitglieder verlangen, daß die Vorlage statt dessen vom Bundestag in einer allgemeinen Aussprache beraten wird. [2] Eine Vorlage, zu der eine Erweiterte öffentliche Ausschußberatung stattgefunden hat, kann ohne besondere Vereinbarung im Ältestenrat nicht Gegenstand einer nochmaligen Aussprache im Plenum sein. [3] Der federführende Ausschuß kann jedoch eine nochmalige Befassung im Plenum verlangen, wobei sich die Befassung auf eine Berichterstattung aus dem Ausschuß durch einen Sprecher zu beschränken hat. [4] Der Sprecher hat die verschiedenen im Ausschuß vertretenen Positionen innerhalb von fünf Minuten darzulegen.

[1] § 69 a eingef. durch Bek. v. 30. 9. 1995 (BGBl. I S. 1246).

§ 70[1]) Öffentliche Anhörungssitzungen. (1) [1] Zur Information über einen Gegenstand seiner Beratung kann ein Ausschuß öffentliche Anhörungen von Sachverständigen, Interessenvertretern und anderen Auskunftspersonen vornehmen. [2] Bei überwiesenen Vorlagen ist der federführende Ausschuß auf Verlangen eines Viertels seiner Mitglieder dazu verpflichtet; bei nicht überwiesenen Verhandlungsgegenständen im Rahmen des § 62 Abs. 1 Satz 3 erfolgt eine Anhörung auf Beschluß des Ausschusses. [3] Die Beschlußfassung ist nur zulässig, wenn ein entsprechender Antrag auf der Tagesordnung des Ausschusses steht.

(2) [1] Wird gemäß Absatz 1 die Durchführung einer Anhörung von einer Minderheit der Mitglieder des Ausschusses verlangt, müssen die von ihr benannten Auskunftspersonen gehört werden. [2] Beschließt der Ausschuß eine Begrenzung der Anzahl der anzuhörenden Personen, kann von der Minderheit nur der ihrem Stärkeverhältnis im Ausschuß entsprechende Anteil an der Gesamtzahl der anzuhörenden Auskunftspersonen benannt werden.

(3) [1] Der mitberatende Ausschuß kann beschließen, im Einvernehmen mit dem federführenden Ausschuß eine Anhörung durchzuführen, soweit der federführende Ausschuß von der Möglichkeit des Absatzes 1 keinen Gebrauch macht oder seine Anhörung auf Teilfragen der Vorlage, die nur seinen Geschäftsbereich betreffen, beschränkt. [2] Dem federführenden Ausschuß sind Ort und Termin sowie der zu hörende Personenkreis mitzuteilen. [3] Mitglieder des federführenden Ausschusses haben während der Anhörung Fragerecht; dieses kann im Einvernehmen mit dem federführenden Ausschuß auf einzelne seiner Mitglieder beschränkt werden.

(4) [1] Betrifft die Anhörung durch den federführenden Ausschuss Gesetzentwürfe gemäß § 69 Absatz 5 Satz 1, ist den auf Bundesebene bestehenden kommunalen Spitzenverbänden Gelegenheit zur Teilnahme an der Anhörung zu geben, wobei eine Anrechnung nach Absatz 2 Satz 2 unterbleibt. [2] § 69 Absatz 5 Satz 3 gilt entsprechend.

(5) [1] Der Ausschuß kann in eine allgemeine Aussprache mit den Auskunftspersonen eintreten, soweit dies zur Klärung des Sachverhalts erforderlich ist. [2] Hierbei ist die Redezeit zu begrenzen. [3] Der Ausschuß kann einzelne seiner Mitglieder beauftragen, die Anhörung durchzuführen; dabei ist jede im Ausschuß vertretene Fraktion zu berücksichtigen.

(6) [1] Zur Vorbereitung einer öffentlichen Anhörung soll der Ausschuß den Auskunftspersonen die jeweilige Fragestellung übermitteln. [2] Er kann sie um Einreichung einer schriftlichen Stellungnahme bitten.

(7) Ersatz von Auslagen an Sachverständige und Auskunftspersonen erfolgt nur auf Grund von Ladungen durch Beschluß des Ausschusses mit vorheriger Zustimmung des Präsidenten.

(8) Die Absätze 1 bis 7 gelten auch für Anhörungen in nichtöffentlicher Sitzung.

§ 71[2]) Antragstellung im Ausschuß, Schluß der Aussprache. (1) [1] Antragsberechtigt sind die Ausschußmitglieder, deren Stellvertreter im Falle der

[1]) § 70 Abs. 4 eingef., bish. Abs. 4–7 werden Abs. 5–8, neuer Abs. 8 geänd. mWv 7. 5. 2012 durch Bek. v. 7. 5. 2012 (BGBl. I S. 1119).

[2]) § 71 Abs. 1 Satz 1 neu gef. durch Bek. v. 12. 11. 1990 (BGBl. I S. 2555); Abs. 2 eingef., bish. Abs. 2 wird Abs. 3 durch Bek. v. 30. 9. 1995 (BGBl. I S. 1246).

Vertretung eines Ausschußmitgliedes aus ihrer Fraktion sowie beratende Ausschußmitglieder. [2] Ein schriftlicher Antrag eines nicht anwesenden Mitgliedes des Ausschusses darf nur zur Abstimmung gestellt werden, wenn ein anwesendes stimmberechtigtes Mitglied ihn übernimmt.

(2) [1] Mitglieder des Bundestages, die nicht Ausschußmitglieder sind, können Änderungsanträge zu überwiesenen Vorlagen an den federführenden Ausschuß stellen. [2] Die Antragsteller können insoweit außerhalb des Verfahrens nach § 69 a mit beratender Stimme an der Sitzung des Ausschusses teilnehmen.

(3) Ein Antrag auf Schluß der Aussprache darf frühestens zur Abstimmung gestellt werden, wenn jede Fraktion Gelegenheit hatte, zur Sache zu sprechen und von der jeweiligen Fraktionsauffassung abweichende Meinungen vorgetragen werden konnten.

§ 72 Abstimmung außerhalb einer Sitzung. [1] Der Ausschuß kann den Vorsitzenden einstimmig ermächtigen, außerhalb der Sitzungswochen über bestimmte Fragen in besonderen Eilfällen eine schriftliche Abstimmung durchführen zu lassen. [2] Macht der Ausschuß von dieser Möglichkeit Gebrauch, hat der Vorsitzende den Mitgliedern des Ausschusses den Entwurf einer Beschlußempfehlung zuzuleiten, über die innerhalb einer bestimmten Frist in entsprechender Anwendung des § 46 Satz 1 abgestimmt werden kann. [3] Eine schriftliche Abstimmung entfällt, wenn eine Sitzung des Ausschusses auf Grund der Bestimmungen des § 60 Abs. 2 oder 3 stattfindet.

§ 73 Ausschußprotokolle. (1) [1] Über jede Ausschußsitzung ist ein schriftliches Protokoll anzufertigen. [2] Es muß mindestens alle Anträge und die Beschlüsse des Ausschusses enthalten. [3] Stenographische Aufnahmen von Ausschußsitzungen bedürfen der Genehmigung des Präsidenten.

(2) [1] Protokolle über nichtöffentliche Sitzungen der Ausschüsse (§ 69 Abs. 1 Satz 1) sind grundsätzlich keine Verschlußsachen im Sinne der Geheimschutzordnung (vgl. § 2 Abs. 5 GSO). [2] Soweit sie der Öffentlichkeit nicht ohne weiteres zugänglich sein sollen, sind sie vom Ausschuß mit einem entsprechenden Vermerk zu versehen; die Einzelheiten werden in den nach Absatz 3 zu erlassenen Richtlinien geregelt. [3] Protokolle von öffentlichen Sitzungen (§ 69 Abs. 1 Satz 2, § 70 Abs. 1) dürfen diesen Vermerk nicht tragen.

(3) Für die Behandlung der Protokolle erläßt der Präsident im Benehmen mit dem Präsidium besondere Richtlinien.

§ 74 Anwendbarkeit der Bestimmungen der Geschäftsordnung. Soweit die Verfahrensregeln für die Ausschüsse nichts anderes bestimmen, gelten für Ausschüsse und Enquete-Kommissionen die übrigen Bestimmungen der Geschäftsordnung, mit Ausnahme des § 126, entsprechend.

(Fortsetzung nächste Seite)

VIII. Vorlagen und ihre Behandlung

§ 75[1]) **Vorlagen.** (1) Folgende Vorlagen können als Verhandlungsgegenstand auf die Tagesordnung des Bundestages gesetzt werden (selbständige Vorlagen):
a) Gesetzentwürfe,
b) Beschlußempfehlungen des Ausschusses nach Artikel 77 Abs. 2 des Grundgesetzes[2]) (Vermittlungsausschuß),
c) Anträge auf Zurückweisung von Einsprüchen des Bundesrates,
d) Anträge,
e) Berichte und Materialien zur Unterrichtung des Bundestages (Unterrichtungen),
f) Große Anfragen an die Bundesregierung und ihre Beantwortung,
g) Wahlvorschläge, soweit sie als Drucksachen verteilt worden sind,
h) Beschlußempfehlungen und Berichte in Wahlprüfungs-, Immunitäts- und Geschäftsordnungsangelegenheiten,
i) Beschlußempfehlungen und Berichte über Petitionen,
j) Beschlußempfehlungen und Berichte des Rechtsausschusses über Streitsachen vor dem Bundesverfassungsgericht,
k) Beschlußempfehlungen und Berichte von Untersuchungsausschüssen,
l) Zwischenberichte der Ausschüsse,
m) Rechtsverordnungen, soweit sie aufgrund gesetzlicher Grundlagen dem Bundestag zuzuleiten sind.

(2) Vorlagen zu Verhandlungsgegenständen sind (unselbständige Vorlagen):
a) Beschlußempfehlungen und Berichte der Ausschüsse,
b) Änderungsanträge,
c) Entschließungsanträge zu Gesetzentwürfen, Unterrichtungen, Regierungserklärungen, Großen Anfragen, Entschließungen des Europäischen Parlaments, Unionsdokumente, Stabilitätsvorlagen und Rechtsverordnungen.

(3) Als Vorlagen im Sinne des § 76 gelten auch Kleine Anfragen; sie können nicht als Verhandlungsgegenstand auf die Tagesordnung gesetzt werden.

§ 76 Vorlagen von Mitgliedern des Bundestages. (1) Vorlagen von Mitgliedern des Bundestages (§ 75) müssen von einer Fraktion oder von fünf vom Hundert der Mitglieder des Bundestages unterzeichnet sein, es sei denn, daß die Geschäftsordnung etwas anderes vorschreibt oder zuläßt.

(2) Gesetzentwürfe müssen, Anträge können mit einer kurzen Begründung versehen werden.

§ 77[3]) **Behandlung der Vorlagen.** (1) [1] Vorlagen werden an die Mitglieder des Bundestages, des Bundesrates und an die Bundesministerien in der Regel auf elektronischem Weg verteilt. [2] Eine Verteilung in Papierform ist weiterhin zulässig.

(2) [1] Bei Vorlagen gemäß § 75 Abs. 1 Buchstabe e, die der Unterrichtung des Bundestages dienen (Berichte, Denkschriften, Programme, Gutachten,

[1]) § 75 Abs. 2 Buchst. c geänd. mWv 8. 7. 2010 durch Bek. v. 16. 7. 2010 (BGBl. I S. 1041).
[2]) Nr. **1.**
[3]) § 77 Abs. 1 neu gef., Abs. 2 Satz 1 geänd. mWv 22. 10. 2013 durch Bek. v. 2. 7. 2013 (BGBl. I S. 2167).

Nachweisungen und ähnliches), kann der Präsident, soweit sie nicht auf gesetzlichen Vorschriften oder Beschlüssen des Bundestages beruhen, im Benehmen mit dem Ältestenrat ganz oder teilweise von der Verteilung absehen. [2] In diesen Fällen wird der Eingang dieser Vorlagen und im Benehmen mit dem Ältestenrat die Art ihrer Behandlung als amtliche Mitteilung durch den Präsidenten bekanntgegeben. [3] Sie werden als Übersicht in einer Drucksache zusammengestellt, in der auch anzugeben ist, in welchen Räumen des Bundestages die Vorlagen eingesehen werden können.

§ 78[1] Beratungen. (1) [1] Gesetzentwürfe werden in drei Beratungen, Verträge mit auswärtigen Staaten und ähnliche Verträge, welche die politischen Beziehungen des Bundes regeln oder sich auf Gegenstände der Bundesgesetzgebung beziehen (Artikel 59 Abs. 2 des Grundgesetzes[2]), grundsätzlich in zwei Beratungen und nur auf Beschluß des Bundestages in drei Beratungen, alle anderen Vorlagen grundsätzlich in einer Beratung behandelt. [2] Für Nachtragshaushaltsvorlagen gilt § 95 Abs. 1 Satz 6.

(2) [1] Anträge können ohne Aussprache einem Ausschuß überwiesen werden. [2] Auch wenn sie nicht verteilt sind, kann über sie abgestimmt werden, es sei denn, daß von einer Fraktion oder von anwesenden fünf vom Hundert der Mitglieder des Bundestages widersprochen wird. [3] Im übrigen gelten für Anträge sinngemäß die Vorschriften über die Beratung von Gesetzentwürfen.

(3) Werden Vorlagen gemäß Absatz 1 in zwei Beratungen behandelt, so finden für die Schlußberatung neben den Bestimmungen für die zweite Beratung (§§ 81, 82 und 83 Abs. 3) die Bestimmung über die Schlußabstimmung (§ 86) entsprechende Anwendung.

(4) Werden Vorlagen in einer Beratung behandelt, findet für Änderungsanträge § 82 Abs. 1 Satz 2 Anwendung.

(5) Soweit die Geschäftsordnung nichts anderes vorschreibt oder zuläßt, beginnen die Beratungen der Vorlagen frühestens am dritten Tage nach Verteilung der Drucksachen (§ 123).

(6) [1] Wird im Ältestenrat vorab vereinbart, anstelle einer Aussprache die schriftlichen Redetexte zu Protokoll zu nehmen, werden die betreffenden Punkte in der Tagesordnung kenntlich gemacht. [2] Eine Aussprache findet abweichend davon statt, wenn sie bis 18 Uhr des Vortages von einer Fraktion oder von fünf vom Hundert der Mitglieder des Bundestages verlangt wird. [3] Je Fraktion kann im Regelfall ein Redebeitrag in angemessenem Umfang zu Protokoll gegeben werden. [4] Der Umfang je Fraktion soll sich an den auf die Fraktionen entfallenden Redezeiten bei einer Aussprache von 30 Minuten orientieren. [5] Die Redetexte sollen dem Sitzungsvorstand spätestens bis zum Aufruf des Tagesordnungspunktes vorliegen.

§ 79[3] Erste Beratung von Gesetzentwürfen. [1] In der ersten Beratung findet eine allgemeine Aussprache nur statt, wenn es vom Ältestenrat empfohlen, bis zum Aufruf des betreffenden Punktes der Tagesordnung von einer Fraktion oder von anwesenden fünf vom Hundert der Mitglieder des Bundes-

[1] § 78 Abs. 6 angef. m Wv 2. 7. 2009 durch Bek. v. 6. 7. 2009 (BGBl. I S. 2128).
[2] Nr. 1.
[3] § 79 Satz 1 neu gef. durch Bek. v. 12. 11. 1990 (BGBl. I S. 2555).

tages verlangt oder gemäß § 80 Abs. 4 beschlossen wird. [2] In der Aussprache werden nur die Grundsätze der Vorlagen besprochen. [3] Sachanträge dürfen nicht gestellt werden.

§ 80[1]**) Überweisung an einen Ausschuß.** (1) [1] Am Schluß der ersten Beratung wird der Gesetzentwurf vorbehaltlich einer abweichenden Entscheidung gemäß Absatz 2 einem Ausschuß überwiesen; er kann nur in besonderen Fällen gleichzeitig mehreren Ausschüssen überwiesen werden, wobei der federführende Ausschuß zu bestimmen ist. [2] Weitere Ausschüsse können sich im Benehmen mit dem federführenden Ausschuß an der Beratung bestimmter Fragen der Vorlage gutachtlich beteiligen.

(2) [1] Auf Antrag einer Fraktion oder von fünf vom Hundert der Mitglieder des Bundestages kann der Bundestag mit einer Zweidrittelmehrheit der anwesenden Mitglieder beschließen, ohne Ausschußüberweisung in die zweite Beratung einzutreten. [2] Für den Antrag gilt die Frist des § 20 Abs. 2 Satz 3. [3] Bei Finanzvorlagen soll vor Eintritt in die zweite Beratung dem Haushaltsausschuß Gelegenheit gegeben werden, die Vorlage gemäß § 96 Abs. 4 zu prüfen. [4] Die Fristenregelung des § 96 Abs. 8 Satz 2 findet keine Anwendung.

(3) [1] Vorlagen gemäß § 75 Abs. 1 Buchstabe e kann der Präsident, ohne sie auf die Tagesordnung zu setzen, nach Vereinbarung im Ältestenrat einem Ausschuß überweisen. [2] Eine Berichterstattung an den Bundestag erfolgt nur, wenn der Ausschuß einen über die Kenntnisnahme hinausgehenden Beschluß empfehlen will. [3] Erhebt der Haushaltsausschuß gegen eine Unionsvorlage (§ 93), deren Finanzierung nicht durch den jeweiligen jährlichen Eigenmittelansatz der Europäischen Union gedeckt ist oder erkennbar nicht gedeckt sein wird, Bedenken zu ihrer Vereinbarkeit mit dem laufenden oder mit künftigen Haushalten des Bundes, hat der federführende Ausschuß Bericht zu erstatten.

(4) [1] Vorlagen, die nach Vereinbarung im Ältestenrat im vereinfachten Verfahren behandelt werden sollen, werden in einem gemeinsamen Tagesordnungspunkt zusammengefaßt. [2] Über die Überweisung dieser Vorlagen wird ohne Aussprache in einer einzigen Abstimmung insgesamt abgestimmt. [3] Wird die Teilung der Abstimmung beantragt (§ 47), bedarf es einer Abtrennung der Abstimmung über den Überweisungsvorschlag zu einer Vorlage nicht, falls dem Antrag eines Mitglieds des Bundestages zur Änderung des Überweisungsvorschlags des Ältestenrats nicht widersprochen wird. [4] Wird zu einer Vorlage, für die das vereinfachte Verfahren vorgesehen ist, von einem Mitglied des Bundestages die Aussprache beantragt, ist über diesen Antrag zuerst abzustimmen. [5] Findet der Antrag die Mehrheit, wird die betroffene Vorlage als Zusatzpunkt auf die Tagesordnung der laufenden Sitzungswoche gesetzt.

§ 80 a[2]**) Überprüfung von Gesetzentwürfen auf sprachliche Richtigkeit und Verständlichkeit.** (1) [1] Ein beim Bundestag eingerichteter oder angesiedelter Redaktionsstab soll auf Beschluss des federführenden Ausschusses einen Gesetzentwurf auf sprachliche Richtigkeit und Verständlichkeit prüfen und bei Bedarf Empfehlungen an den Ausschuss richten. [2] Der federführende

[1]) § 80 Abs. 3 Satz 2 angef., bish. Wortlaut wird Satz 1 durch Bek. v. 17. 3. 1982 (BGBl. I S. 400); Abs. 4 angef. durch Bek. v. 12. 11. 1990 (BGBl. I S. 2555); Abs. 3 Satz 3 angef. durch Bek. v. 17. 3. 1997 (BGBl. I S. 747).

[2]) § 80 a eingef. mWv 2. 7. 2009 durch Bek. v. 6. 7. 2009 (BGBl. I S. 2128).

Ausschuss kann den Redaktionsstab im gesamten Verlauf seines Beratungsverfahrens hinzuziehen und um Prüfung bitten. [3] Dies gilt insbesondere für die Prüfung von Änderungsanträgen, deren Annahme zu erwarten ist.

(2) Darüber hinaus bietet der Redaktionsstab auch sonstige sprachliche Beratung an.

§ 81 Zweite Beratung von Gesetzentwürfen. (1) [1] Die zweite Beratung wird mit einer allgemeinen Aussprache eröffnet, wenn sie vom Ältestenrat empfohlen oder von einer Fraktion oder von anwesenden fünf vom Hundert der Mitglieder des Bundestages verlangt wird. [2] Sie beginnt am zweiten Tage nach Verteilung der Beschlußempfehlung und des Ausschußberichts, früher nur, wenn auf Antrag einer Fraktion oder von fünf vom Hundert der Mitglieder des Bundestages zwei Drittel der anwesenden Mitglieder des Bundestages es beschließen; bei Gesetzentwürfen der Bundesregierung, die für dringlich erklärt worden sind (Artikel 81 des Grundgesetzes[1])), kann die Fristverkürzung mit der Mehrheit der Mitglieder des Bundestages beschlossen werden. [3] Für den Antrag gilt die Frist des § 20 Abs. 2 Satz 3.

(2) [1] Über jede selbständige Bestimmung wird der Reihenfolge nach und zuletzt über Einleitung und Überschrift die Aussprache eröffnet und geschlossen. [2] Nach Schluß der Aussprache über jede Einzelbestimmung wird abgestimmt.

(3) Auf Beschluß des Bundestages kann die Reihenfolge geändert, die Aussprache über mehrere Einzelbestimmungen verbunden oder über Teile einer Einzelbestimmung oder über verschiedene Änderungsanträge zu demselben Gegenstand getrennt werden.

(4) [1] Über mehrere oder alle Teile eines Gesetzentwurfs kann gemeinsam abgestimmt werden. [2] Über Verträge mit auswärtigen Staaten und ähnliche Verträge gemäß Artikel 59 Abs. 2 des Grundgesetzes wird im ganzen abgestimmt.

§ 82 Änderungsanträge und Zurückverweisung in zweiter Beratung.

(1) [1] Änderungen zu Gesetzentwürfen in zweiter Beratung können beantragt werden, solange die Beratung des Gegenstandes, auf den sie sich beziehen, noch nicht abgeschlossen ist. [2] Die Anträge müssen von mindestens einem Mitglied des Bundestages unterzeichnet sein und können mit einer kurzen Begründung versehen werden; wenn sie noch nicht verteilt sind, werden sie verlesen.

(2) Zu Verträgen mit auswärtigen Staaten und ähnlichen Verträgen, welche die politischen Beziehungen des Bundes regeln oder sich auf Gegenstände der Bundesgesetzgebung beziehen (Artikel 59 Abs. 2 des Grundgesetzes[1])), sind Änderungsanträge nicht zulässig.

(3) Solange nicht die letzte Einzelabstimmung erledigt ist, kann die Vorlage ganz oder teilweise auch an einen anderen Ausschuß zurückverwiesen werden; dies gilt auch für bereits beratene Teile.

§ 83 Zusammenstellung der Änderungen. (1) Wurden in der zweiten Beratung Änderungen beschlossen, so läßt sie der Präsident zusammenstellen.

[1]) Nr. 1.

(2) Die Beschlüsse der zweiten bilden die Grundlage der dritten Beratung.

(3) Sind in der zweiten Beratung alle Teile eines Gesetzentwurfs abgelehnt worden, so ist die Vorlage abgelehnt und jede weitere Beratung unterbleibt.

§ 84 Dritte Beratung von Gesetzentwürfen. [1] Die dritte Beratung erfolgt,

a) wenn in zweiter Beratung keine Änderungen beschlossen worden sind, anschließend,

b) wenn Änderungen beschlossen sind, am zweiten Tage nach Verteilung der Drucksachen mit den beschlossenen Änderungen, früher nur, wenn auf Antrag einer Fraktion oder von fünf vom Hundert der Mitglieder des Bundestages zwei Drittel der anwesenden Mitglieder des Bundestages es beschließen; bei Gesetzentwürfen der Bundesregierung, die für dringlich erklärt worden sind (Artikel 81 des Grundgesetzes[1])), kann die Fristverkürzung mit der Mehrheit der Mitglieder des Bundestages beschlossen werden. Für den Antrag gilt die Frist des § 20 Abs. 2 Satz 3.

[2] Sie beginnt mit einer allgemeinen Aussprache nur dann, wenn in zweiter Beratung keine allgemeine Aussprache stattgefunden hat und sie vom Ältestenrat empfohlen oder von anwesenden fünf vom Hundert der Mitglieder des Bundestages verlangt wird.

§ 85 Änderungsanträge und Zurückverweisung in dritter Beratung.

(1) [1] Änderungsanträge zu Gesetzentwürfen in dritter Beratung müssen von einer Fraktion oder von fünf vom Hundert der Mitglieder des Bundestages unterzeichnet sein und können mit einer kurzen Begründung versehen werden. [2] Sie dürfen sich nur auf diejenigen Bestimmungen beziehen, zu denen in zweiter Beratung Änderungen beschlossen wurden. [3] Die Einzelberatung ist auf diese Bestimmungen beschränkt.

(2) [1] Vor der Schlußabstimmung kann die Vorlage ganz oder teilweise auch an einen anderen Ausschuß zurückverwiesen werden; § 80 Abs. 1 findet Anwendung. [2] Schlägt der Ausschuß Änderungen gegenüber den Beschlüssen des Bundestages in zweiter Beratung vor, wird die Beschlußempfehlung erneut in zweiter Beratung behandelt.

§ 86 Schlußabstimmung. [1] Nach Schluß der dritten Beratung wird über den Gesetzentwurf abgestimmt. [2] Sind die Beschlüsse der zweiten Beratung unverändert geblieben, so folgt die Schlußabstimmung unmittelbar. [3] Wurden Änderungen vorgenommen, so muß die Schlußabstimmung auf Verlangen einer Fraktion oder von anwesenden fünf vom Hundert der Mitglieder des Bundestages ausgesetzt werden, bis die Beschlüsse zusammengestellt und verteilt sind. [4] Über Verträge mit auswärtigen Staaten und ähnliche Verträge findet keine besondere Schlußabstimmung statt.

§ 87 Verfahren zu Artikel 113 des Grundgesetzes. (1) [1] Macht die Bundesregierung von Artikel 113 Abs. 1 Satz 3 des Grundgesetzes[1]) Gebrauch, so ist die Beschlußfassung auszusetzen. [2] Der Gesetzentwurf darf frühestens nach Eingang der Stellungnahme der Bundesregierung oder sechs Wochen nach

[1]) Nr. 1.

Zugang des Verlangens der Bundesregierung beim Bundestagspräsidenten auf die Tagesordnung gesetzt werden.

(2) Verlangt die Bundesregierung nach Artikel 113 Abs. 2 des Grundgesetzes, daß der Bundestag erneut Beschluß faßt, gilt der Gesetzentwurf als an den federführenden Ausschuß und an den Haushaltsausschuß zurückverwiesen.

(3) ¹ Ist das beschlossene Gesetz dem Bundesrat gemäß § 122 bereits zugeleitet worden, hat der Präsident den Bundesrat von dem Verlangen der Bundesregierung in Kenntnis zu setzen. ² In diesem Falle gilt die Zuleitung als nicht erfolgt.

§ 88 Behandlung von Entschließungsanträgen. (1) ¹ Über Entschließungsanträge (§ 75 Abs. 2 Buchstabe c) wird nach der Schlußabstimmung über den Verhandlungsgegenstand oder, wenn keine Schlußabstimmung möglich ist, nach Schluß der Aussprache abgestimmt. ² Über Entschließungsanträge zu Teilen des Haushaltsplanes kann während der dritten Beratung abgestimmt werden.

(2) ¹ Entschließungsanträge können einem Ausschuß nur überwiesen werden, wenn die Antragsteller nicht widersprechen. ² Auf Verlangen einer Fraktion oder von anwesenden fünf vom Hundert der Mitglieder des Bundestages ist die Abstimmung auf den nächsten Sitzungstag zu verschieben.

§ 89 Einberufung des Vermittlungsausschusses. Auf Antrag einer Fraktion oder von fünf vom Hundert der Mitglieder des Bundestages kann der Bundestag beschließen, zu Gesetzen, die der Zustimmung des Bundesrates bedürfen, die Einberufung des Vermittlungsausschusses zu verlangen (Artikel 77 Abs. 2 Satz 4 des Grundgesetzes¹), § 75 Abs. 1 Buchstabe d).

§ 90²) Beratung von Beschlußempfehlungen des Vermittlungsausschusses. (1) Sieht der Einigungsvorschlag des Vermittlungsausschusses eine Änderung des vom Bundestag beschlossenen Gesetzes vor, gilt für die Behandlung des Einigungsvorschlages im Bundestag § 10 der Geschäftsordnung des Vermittlungsausschusses³).

(2) ¹ Die Beratung der Beschlussempfehlung des Vermittlungsausschusses beginnt am zweiten Tag nach der Verteilung als Drucksache, früher nur, wenn auf Antrag einer Fraktion oder von fünf vom Hundert der Mitglieder des Bundestages zwei Drittel der anwesenden Mitglieder des Bundestages es beschließen. ² Für den Antrag gilt die Frist des § 20 Absatz 2 Satz 3.

§ 91 Einspruch des Bundesrates. ¹ Über den Antrag auf Zurückweisung eines Einspruchs des Bundesrates gegen ein vom Bundestag beschlossenes Gesetz (Artikel 77 Abs. 4 des Grundgesetzes¹)) wird ohne Begründung und Aussprache abgestimmt. ² Vor der Abstimmung können lediglich Erklärungen abgegeben werden. ³ Über den Antrag wird durch Zählung der Stimmen gemäß § 51 abgestimmt, wenn nicht namentliche Abstimmung verlangt wird (§ 52).

§ 92 Rechtsverordnungen. ¹ Rechtsverordnungen der Bundesregierung, die der Zustimmung des Bundestages bedürfen oder deren Auf-

¹⁾ Nr. **1.**
²⁾ § 90 bish. Wortlaut wird Abs. 1, Abs. 2 angef. m Wv 16. 12. 2010 durch Bek. v. 17. 12. 2010 (BGBl. I S. 2199).
³⁾ Nr. **36.**

hebung der Bundestag innerhalb einer bestimmten Frist verlangen kann, überweist der Präsident im Benehmen mit dem Ältestenrat unmittelbar an die zuständigen Ausschüsse. [2] Dabei hat er eine Frist zu bestimmen, innerhalb der der federführende Ausschuß dem Bundestag einen Bericht vorzulegen hat. [3] Der Bericht des Ausschusses ist auf die Tagesordnung der nächsten Sitzung des Bundestages zu setzen. [4] Legt der Ausschuß diesen Bericht nicht rechtzeitig vor, ist die Vorlage auch ohne Ausschußbericht zur Beschlußfassung auf die Tagesordnung der nächsten Sitzung des Bundestages zu setzen.

§ 93[1] Zuleitung und Überweisung von Unionsdokumenten. (1) Dokumente, Berichte, Unterrichtungen, Mitteilungen und sonstige Informationen in Angelegenheiten der Europäischen Union, die dem Bundestag von der Bundesregierung oder Organen der Europäischen Union übermittelt werden, sowie Unterrichtungen des Europäischen Parlaments (Unionsdokumente) dienen dem Bundestag als Grundlage zur Wahrnehmung seiner Rechte aus Artikel 23 des Grundgesetzes[2] und zur Mitwirkung in Angelegenheiten der Europäischen Union.

(2) Ein Verzicht gegenüber der Bundesregierung auf die Zuleitung von Unionsdokumenten scheidet bei Widerspruch einer Fraktion oder von fünf vom Hundert der Mitglieder des Bundestages aus.

(3) [1] Unionsdokumente, die Vorhaben oder Unterrichtungen im Sinne der §§ 5 und 7 des Gesetzes über die Zusammenarbeit von Bundesregierung und Deutschem Bundestag in Angelegenheiten der Europäischen Union sowie Entschließungen des Europäischen Parlaments beinhalten, kommen für eine Überweisung grundsätzlich in Betracht. [2] Bei Vorbereitung der Überweisungsentscheidung wird die Beratungsrelevanz des Dokuments in Abstimmung mit den Fraktionen bewertet (Priorisierung). [3] Andere Unionsdokumente werden in geeigneter Form für eine Kenntnisnahme angeboten; auf Verlangen einer Fraktion oder von fünf vom Hundert der Mitglieder des Bundestages findet auch insoweit eine Überweisung statt.

(4) [1] Die zuständigen Ausschüsse können Unionsdokumente, die ihnen nicht oder noch nicht überwiesen sind, zum Verhandlungsgegenstand erklären. [2] Die Ausschüsse haben dem Vorsitzenden des Ausschusses für die Angelegenheiten der Europäischen Union anzuzeigen, welche Unionsdokumente sie zum Verhandlungsgegenstand erklärt haben.

(5) [1] Der Vorsitzende des Ausschusses für die Angelegenheiten der Europäischen Union legt dem Präsidenten in Abstimmung mit den anderen Ausschüssen einen Überweisungsvorschlag für die eingegangenen Unionsdokumente und für die von den Ausschüssen zum Verhandlungsgegenstand erklärten Unionsdokumente vor. [2] Der Präsident überweist die Unionsdokumente im Benehmen mit den Fraktionen unverzüglich an einen Ausschuss federführend und an andere Ausschüsse zur Mitberatung. [3] Wird der vorgesehenen oder erfolgten Überweisung von einem Ausschuss oder einer Fraktion widersprochen, entscheidet der Ältestenrat.

[1] § 93 neu gef. mWv 5.6.2008 durch Bek. v. 29.7.2008 (BGBl. I S. 1712); Überschrift, Abs. 3 Satz 3, Abs. 6 Satz 2 und Abs. 7 Satz 2 geänd., Abs. 3 Satz 1 neu gef., Abs. 8 angef. mWv 8.7.2010 durch Bek. v. 16.7.2010 (BGBl. I S. 1041); Abs. 3 Satz 1 und Abs. 8 geänd. mWv 1.6.2017 durch Beschl. v. 1.6.2017 (BGBl. I S. 1877).
[2] Nr. 1.

(6) [1] Die Titel der überwiesenen Unionsdokumente werden in eine Sammelübersicht aufgenommen, die verteilt wird und aus der ersichtlich ist, welchen Ausschüssen die Vorlagen überwiesen worden sind. [2] Unionsdokumente im Sinne des Absatzes 3 Satz 1, zu denen von keiner Fraktion eine Beratungsrelevanz angemeldet bzw. eine Überweisung vorgeschlagen wird, werden in der Sammelübersicht gesondert aufgeführt.

(7) [1] Ein Unionsdokument wird als Bundestagsdrucksache verteilt, wenn es der Vorsitzende des Ausschusses für die Angelegenheiten der Europäischen Union bei seinem Überweisungsvorschlag vorsieht oder wenn der federführende Ausschuss eine über die Kenntnisnahme hinausgehende Beschlussempfehlung vorlegt. [2] Andere als in Absatz 3 Satz 1 aufgeführte Unionsdokumente werden nicht als Bundestagsdrucksache verteilt; bezieht sich eine Beschlussempfehlung auf ein derartiges Unionsdokument, wird unter Wahrung der Vertraulichkeit nur über dessen wesentlichen Inhalt berichtet.

(8) Schriftliche Unterrichtungen der Bundesregierung nach § 8 Absatz 5 des Gesetzes über die Zusammenarbeit von Bundesregierung und Deutschem Bundestag in Angelegenheiten der Europäischen Union müssen auf Verlangen einer Fraktion oder von fünf vom Hundert der Mitglieder des Bundestages innerhalb von drei Sitzungswochen nach Eingang auf die Tagesordnung der Sitzung des Bundestages gesetzt und beraten werden.

§ 93a[1]**) Ausschussberatung von Unionsdokumenten.** (1) [1] Bei der Beratung von Unionsdokumenten prüfen die Ausschüsse auch die Einhaltung der Grundsätze der Subsidiarität und Verhältnismäßigkeit. [2] Wird beabsichtigt, insoweit eine Verletzung zu rügen, ist unverzüglich der Ausschuss für die Angelegenheiten der Europäischen Union zu informieren, um diesem zunächst Gelegenheit zur Stellungnahme zu geben. [3] Beabsichtigt der federführende Ausschuss nur eine Kenntnisnahme, ist dennoch dem Bundestag zu berichten, falls der Ausschuss für die Angelegenheiten der Europäischen Union Bedenken wegen einer Verletzung der Grundsätze der Subsidiarität und Verhältnismäßigkeit geltend macht. [4] Die Ausschüsse berücksichtigen bei ihrer Beschlussfassung die auf der Ebene der Europäischen Union maßgeblichen Fristvorgaben.

(2) [1] Die Ausschüsse können ihren Beratungen und einer Beschlussempfehlung ein Folgedokument zu dem ihnen überwiesenen Unionsdokument zugrunde legen. [2] Ebenso kann ein federführender Ausschuss wiederholt eine Beschlussempfehlung vorlegen, insbesondere um neueren Entwicklungen Rechnung zu tragen. [3] Die mitberatenden Ausschüsse sind zu unterrichten und erhalten Gelegenheit, innerhalb einer vom federführenden Ausschuss festgelegten Frist eine bereits abgegebene Stellungnahme zu ergänzen oder erneut eine Stellungnahme abzugeben.

(3) [1] Ein für ein bestimmtes Unionsdokument federführender Ausschuss ist auch nach Abgabe einer Stellungnahme des Bundestages für die Behandlung eines Bemühens der Bundesregierung zur Erzielung eines Einvernehmens mit dem Bundestag nach Einlegung eines Parlamentsvorbehalts zuständig. [2] Ab-

[1]) § 93a eingef. durch Bek. v. 16.12.1994 (BGBl. 1995 I S. 11) und neu gef. mWv 5.6.2008 *durch Bek. v. 29.7.2008 (BGBl. I S. 1712)*; Überschrift geänd., Abs. 1 Satz 2 *neu gef.*, Satz 4 angef., Abs. 4 eingef., bish. Abs. 4 und 5 werden Abs. 5 und 6 mWv 8.7.2010 durch Bek. v. 16.7. 2010 (BGBl. I S. 1041); Abs. 4 geänd. mWv 1.6.2017 durch Beschl. v. 1.6.2017 (BGBl. I S. 1877).

satz 2 Satz 3 gilt entsprechend. [3] Der federführende Ausschuss hat dem Bundestag eine erneute Beschlussempfehlung vorzulegen.

(4) Absatz 3 gilt entsprechend für das Einvernehmen zwischen Bundestag und Bundesregierung über die Aufnahme von Verhandlungen über Beitritte und Vertragsänderungen nach § 9 des Gesetzes über die Zusammenarbeit von Bundesregierung und Deutschem Bundestag in Angelegenheiten der Europäischen Union.

(5) [1] Die Ausschüsse können Mitglieder des Europäischen Parlaments sowie Mitglieder des Rates und der Kommission der Europäischen Union oder deren Beauftragte zu ihren Beratungen in Europaangelegenheiten hinzuziehen. [2] Sie können Unionsdokumente gemeinsam mit Ausschüssen des Europäischen Parlaments gleicher Zuständigkeit beraten.

(6) Die Ausschüsse können zur Vorbereitung von Entscheidungen über Unionsdokumente Delegationen zu einem Ausschuss des Europäischen Parlaments mit gleicher Zuständigkeit oder zu anderen Organen der Europäischen Union entsenden.

§ 93b[1]) Ausschuss für die Angelegenheiten der Europäischen Union.

(1) Dem gemäß Artikel 45 des Grundgesetzes[2]) vom Bundestag zu bestellenden Ausschuss für die Angelegenheiten der Europäischen Union obliegt nach Maßgabe der Geschäftsordnung und der Beschlüsse des Bundestages die Behandlung der Unionsdokumente gemäß § 93 Abs. 1.

(2) [1] Der Bundestag kann auf Antrag einer Fraktion oder von fünf vom Hundert der Mitglieder des Bundestages den Ausschuss für die Angelegenheiten der Europäischen Union ermächtigen, zu bestimmt bezeichneten Unionsdokumenten oder hierauf bezogenen Vorlagen die Rechte des Bundestages gemäß Artikel 23 des Grundgesetzes gegenüber der Bundesregierung sowie die Rechte, die dem Bundestag in den vertraglichen Grundlagen der Europäischen Union eingeräumt sind, wahrzunehmen. [2] Soweit die Rechte im Integrationsverantwortungsgesetz ausgestaltet sind, kommt eine Ermächtigung nur in Betracht, wenn die Beteiligung des Bundestages nicht in der Form eines Gesetzes erfolgen muss. [3] Auch ohne eine Ermächtigung nach Satz 1 kann der Ausschuss für die Angelegenheiten der Europäischen Union die Rechte des Bundestages gemäß Satz 1 gegenüber der Bundesregierung wahrnehmen, sofern nicht einer der beteiligten Ausschüsse widerspricht. [4] Satz 3 gilt nicht im Bereich der Gemeinsamen Außen- und Sicherheitspolitik sowie für Beschlüsse nach § 9 Absatz 1 des Integrationsverantwortungsgesetzes[3]). [5] Die Rechte des Bundestages nach Artikel 45 Satz 3 des Grundgesetzes kann er nach Maßgabe der nachfolgenden Regelungen wahrnehmen. [6] Das Recht des Bundestages, über eine Angelegenheit der Europäischen Union jederzeit selbst zu beschließen, bleibt unberührt.

(3) [1] Der Ausschuss für die Angelegenheiten der Europäischen Union hat im Falle einer Ermächtigung gemäß *Absatz 2 Satz 1* vor der Abgabe einer Stellungnahme gegenüber der Bundesregierung zu dem Unionsdokument

[1]) § 93b eingef. mWv 5.6.2008 durch Bek. v. 29.7.2008 (BGBl. I S. 1712); Abs. 2 neu gef., Abs. 4 Satz 1 geänd. mWv 8.7.2010 durch Bek. v. 16.7.2010 (BGBl. I S. 1041); Abs. 9 aufgeh. mWv 1.6.2017 durch Beschl. v. 1.6.2017 (BGBl. I S. 1877).
[2]) Nr. **1**.
[3]) Nr. **98**.

eine Stellungnahme der beteiligten Ausschüsse einzuholen. [2] Will er von der Stellungnahme eines oder mehrerer Ausschüsse abweichen, soll eine gemeinsame Sitzung mit den mitberatenden Ausschüssen anberaumt werden. [3] In eilbedürftigen Fällen können die Vorsitzenden der mitberatenden Ausschüsse entsprechend § 72 Satz 2 schriftlich abstimmen lassen.

(4) [1] Will der Ausschuss für die Angelegenheiten der Europäischen Union von seinem Recht gemäß Absatz 2 Satz 3 Gebrauch machen, gilt für das Verfahren Absatz 3 entsprechend. [2] Ein federführender Ausschuss kann unter Angabe einer Begründung verlangen, dass der Ausschuss für die Angelegenheiten der Europäischen Union prüft, ob er von seinem Recht gemäß Absatz 2 Satz 2 Gebrauch macht; bei Ablehnung gilt Absatz 6 entsprechend. [3] Mitberatende Ausschüsse sind zu beteiligen, wenn der federführende und der Ausschuss für die Angelegenheiten der Europäischen Union dies für erforderlich halten; Absatz 3 Satz 3 gilt entsprechend.

(5) Zur Einberufung einer Sitzung des Ausschusses für die Angelegenheiten der Europäischen Union außerhalb des Zeitplanes oder außerhalb des ständigen Sitzungsortes des Bundestages ist der Vorsitzende des Ausschusses abweichend von § 60 auch berechtigt, wenn es die Terminplanung der zuständigen Organe der Europäischen Union erfordert und die Genehmigung des Präsidenten erteilt worden ist.

(6) [1] Über den Inhalt und die Begründung der vom Ausschuss für die Angelegenheiten der Europäischen Union beschlossenen Stellungnahme gegenüber der Bundesregierung zu einem Unionsdokument erstattet der Ausschuss für die Angelegenheiten der Europäischen Union einen Bericht, der als Bundestagsdrucksache verteilt wird und innerhalb von drei Sitzungswochen nach der Verteilung auf die Tagesordnung zu setzen ist. [2] Eine Aussprache findet jedoch nur statt, wenn diese von einer Fraktion oder von anwesenden fünf vom Hundert der Mitglieder des Bundestages verlangt wird.

(7) Der Ausschuss für die Angelegenheiten der Europäischen Union kann bei einem Unionsdokument, das ihm zur Mitberatung überwiesen worden ist, Änderungsanträge zur Beschlussempfehlung des federführenden Ausschusses stellen; der Änderungsantrag muss bis spätestens 18 Uhr des Vortages der Beratung der Beschlussempfehlung zu dem Unionsdokument dem Präsidenten vorgelegt werden.

(8) [1] Zu den Sitzungen des Ausschusses für die Angelegenheiten der Europäischen Union erhalten deutsche Mitglieder des Europäischen Parlaments Zutritt; weitere deutsche Mitglieder des Europäischen Parlaments sind als Vertreter zur Teilnahme berechtigt. [2] Die mitwirkungsberechtigten Mitglieder des Europäischen Parlaments werden vom Präsidenten des Deutschen Bundestages auf Vorschlag der Fraktionen des Bundestages, aus deren Parteien deutsche Mitglieder in das Europäische Parlament gewählt worden sind, bis zur Neuwahl des Europäischen Parlaments, längstens bis zum Ende der Wahlperiode des Deutschen Bundestages berufen. [3] Die berufenen Mitglieder des Europäischen Parlaments sind befugt, die Beratung von Verhandlungsgegenständen anzuregen sowie während der Beratungen des Ausschusses für die Angelegenheiten der Europäischen Union Auskünfte zu erteilen und Stellung zu nehmen.

§ 93c[1]) **Subsidiaritätsrüge.** Die Entscheidung, gemäß Artikel 6 des Protokolls über die Anwendung der Grundsätze der Subsidiarität und der Verhältnismäßigkeit eine Subsidiaritätsrüge zu erheben, wird grundsätzlich vom Bundestag getroffen; nach Maßgabe des § 93b Absatz 2 bis 4 kann hierüber auch der Ausschuss für die Angelegenheiten der Europäischen Union entscheiden.

§ 93d[2]) **Subsidiaritätsklage.** (1) [1] Beschließt der Bundestag die Erhebung einer Klage nach Artikel 8 des Protokolls über die Anwendung der Grundsätze der Subsidiarität und der Verhältnismäßigkeit (Subsidiaritätsklage), ist für deren Durchführung einschließlich der Prozessführung vor dem Europäischen Gerichtshof der Ausschuss für die Angelegenheiten der Europäischen Union zuständig. [2] Dies schließt die Formulierung der Klageschrift und die Benennung eines Prozessbevollmächtigten ein, falls dies nicht bereits durch den Bundestag beschlossen wurde.

(2) [1] Verlangt mindestens ein Viertel der Mitglieder des Bundestages die Erhebung der Klage (Artikel 23 Absatz 1a Satz 2 des Grundgesetzes[3])), ist der Antrag so rechtzeitig zu stellen, dass innerhalb der Klagefrist eine angemessene Beratung im Bundestag gesichert ist. [2] Der Antrag hat mindestens die wesentlichen Klagegründe zu benennen. [3] Absatz 1 gilt mit der Maßgabe, dass die Benennung eines Prozessbevollmächtigten im Einvernehmen mit den Antragstellern erfolgt und bei der Formulierung der Klageschrift sowie der Durchführung des Klageverfahrens die Antragsteller angemessen zu beteiligen sind. [4] Diese haben einen Bevollmächtigten zu benennen. [5] § 69 Absatz 3 Satz 3 ist anzuwenden.

(3) [1] Abweichende Auffassungen, die gemäß § 12 Absatz 1 Satz 2 des Integrationsverantwortungsgesetzes[4]) von mindestens einem Viertel der Mitglieder des Bundestages vertreten werden, sind ebenfalls in die Klageschrift aufzunehmen. [2] Absatz 2 Satz 3 zweiter Halbsatz, Satz 4 und 5 gilt entsprechend.

(4) [1] Fällt der Ablauf der Frist für die Einreichung einer Subsidiaritätsklage auf einen Zeitpunkt außerhalb des Zeitplanes des Bundestages, ist der Ausschuss für die Angelegenheiten der Europäischen Union zur Erhebung der Klage ermächtigt, sofern nicht der Bundestag zuvor hierüber entschieden hat. [2] § 93b Absatz 2 Satz 3 gilt entsprechend.

§ 94 Stabilitätsvorlagen. [1] Vorlagen der Bundesregierung gemäß § 8 Abs. 1 des Gesetzes zur Förderung der Stabilität und des Wachstums der Wirtschaft[5]) (Stabilitätsvorlagen) werden vom Präsidenten unmittelbar dem Haushaltsausschuß überwiesen. [2] Der Haushaltsausschuß hat die Vorlage spätestens innerhalb der auf den Eingang der Stellungnahme des Bundesrates folgenden Sitzungswoche zu beraten. [3] Der Bericht des Haushaltsausschusses ist spätestens einen Tag vor Ablauf von vier Wochen nach Eingang der Vorlage beim Bundestag auf die Tagesordnung zu setzen. [4] Hat der Haushaltsausschuß

[1]) §§ 93c und 93d eingef. mWv 8.7.2010 durch Bek. v. 16.7.2010 (BGBl. I S. 1041).
[2]) §§ 93c, 93d eingef. mWv 8.7.2010 durch Bek. v. 16.7.2010 (BGBl. I S. 1041).
[3]) Nr. 1.
[4]) Nr. 98.
[5]) Nr. 720.

bis zu diesem Zeitpunkt keine Beschlußempfehlung vorgelegt, ist die Vorlage ohne Ausschußbericht auf die Tagesordnung der nächsten Sitzung des Bundestages zu setzen. [5] Änderungsanträge zu Stabilitätsvorlagen dürfen nur auf eine Kürzung der Ausgaben gerichtet sein (§ 42 der Bundeshaushaltsordnung[1])).

§ 95 Haushaltsvorlagen. (1) [1] Haushaltsvorlagen sind der Entwurf des Haushaltsgesetzes und des Haushaltsplans, Änderungsvorlagen zu diesen Entwürfen (Ergänzungsvorlagen), Vorlagen zur Änderung des Haushaltsgesetzes und des Haushaltsplans (Nachtragshaushaltsvorlagen) sowie sonstige den Haushalt betreffende Vorlagen. [2] Alle Haushaltsvorlagen sind dem Haushaltsausschuß zu überweisen; auf ihr Verlangen sind die Fachausschüsse gutachtlich zu hören. [3] § 63 Abs. 2 gilt entsprechend. [4] Der Haushaltsausschuß soll die Stellungnahmen der beteiligten Ausschüsse wiedergeben. [5] Ergänzungsvorlagen überweist der Präsident grundsätzlich ohne erste Beratung. [6] Nachtragshaushaltsvorlagen können auf Vorschlag des Ältestenrates durch den Präsidenten ohne erste Beratung überwiesen und in einer Beratung abschließend behandelt werden.

(2) Die zweite Beratung des Entwurfs des Haushaltsgesetzes und des Haushaltsplans darf frühestens sechs Wochen, die abschließende Beratung von Nachtragshaushaltsvorlagen frühestens drei Wochen nach Zuleitung erfolgen, es sei denn, die Stellungnahme des Bundesrates geht vor Ablauf der in Artikel 110 Abs. 3 des Grundgesetzes[2]) vorgesehenen Frist ein.

(3) Für die abschließende Beratung von Nachtragshaushaltsvorlagen findet neben den Bestimmungen für die zweite Beratung (§§ 81, 82) die Bestimmung über die Schlußabstimmung (§ 86) entsprechende Anwendung.

(4) [1] Nachtragshaushaltsvorlagen hat der Haushaltsausschuß spätestens innerhalb der auf den Eingang der Stellungnahme des Bundesrates folgenden Sitzungswoche zu beraten. [2] Der Bericht des Ausschusses ist auf die Tagesordnung der nächsten Sitzung des Bundestages zu setzen. [3] Hat der Ausschuß seine Beratungen nicht innerhalb der Frist abgeschlossen, ist die Vorlage ohne Ausschußbericht auf die Tagesordnung der nächsten Sitzung des Bundestages zu setzen.

§ 96 Finanzvorlagen. (1) [1] Finanzvorlagen sind alle Vorlagen, die wegen ihrer grundsätzlichen Bedeutung oder ihres finanziellen Umfangs geeignet sind, auf die öffentlichen Finanzen des Bundes oder der Länder erheblich einzuwirken und die nicht Haushaltsvorlagen im Sinne des § 95 sind. [2] Bei Zweifeln über den Charakter der Vorlagen entscheidet der Bundestag nach Anhörung des Haushaltsausschusses.

(2) [1] Finanzvorlagen werden nach der ersten Beratung dem Haushaltsausschuß und dem Fachausschuß überwiesen. [2] Werden Gesetzentwürfe durch die Annahme eines Änderungsantrags im Ausschuß zu Finanzvorlagen, hat der Ausschuß den Präsidenten hiervon in Kenntnis zu setzen. [3] Dieser überweist die vom Ausschuß beschlossene Fassung dem Haushaltsausschuß; die Überweisung kann mit einer Fristsetzung verbunden sein.

[1]) Nr. **700**.
[2]) Nr. **1**.

(3) [1] Finanzvorlagen von Mitgliedern des Bundestages müssen in der Begründung die finanziellen Auswirkungen darlegen. [2] Der Präsident gibt der Bundesregierung Gelegenheit, innerhalb von vier Wochen zu den Auswirkungen auf die öffentlichen Finanzen des Bundes und der Länder Stellung zu nehmen. [3] Der Bericht des Haushaltsausschusses darf erst nach Eingang der Stellungnahme der Bundesregierung oder nach vier Wochen auf die Tagesordnung gesetzt werden.

(4) [1] Soweit die Finanzvorlage auf die öffentlichen Finanzen des Bundes einwirkt, prüft der Haushaltsausschuß ihre Vereinbarkeit mit dem laufenden Haushalt und künftigen Haushalten. [2] Ergibt die Prüfung des Haushaltsausschusses, daß die Vorlage Auswirkungen auf den laufenden Haushalt hat, legt er zugleich mit dem Bericht an den Bundestag einen Vorschlag zur Deckung der Mindereinnahmen oder Mehrausgaben vor; hat sie Auswirkungen auf die künftigen Haushalte, äußert sich der

(Fortsetzung nächstes Blatt)

§ 100 Große Anfragen. [1] Große Anfragen an die Bundesregierung (§ 75 Abs. 1 Buchstabe f) sind dem Präsidenten einzureichen; sie müssen kurz und bestimmt gefaßt sein und können mit einer kurzen Begründung versehen werden. [2] Wird in der Begründung auf andere Materialien verwiesen, findet § 77 Abs. 2 entsprechende Anwendung.

§ 101 Beantwortung und Beratung von Großen Anfragen. [1] Der Präsident teilt der Bundesregierung die Große Anfrage mit und fordert zur Erklärung auf, ob und wann sie antworten werde. [2] Nach Eingang der Antwort wird die Große Anfrage auf die Tagesordnung gesetzt. [3] Die Beratung muß erfolgen, wenn sie von einer Fraktion oder von fünf vom Hundert der Mitglieder des Bundestages verlangt wird.

§ 102 Ablehnung der Beantwortung der Großen Anfragen. [1] Lehnt die Bundesregierung überhaupt oder für die nächsten drei Wochen die Beantwortung der Großen Anfrage ab, so kann der Bundestag die Große Anfrage zur Beratung auf die Tagesordnung setzen. [2] Sie muß erfolgen, wenn sie von einer Fraktion oder von fünf vom Hundert der Mitglieder des Bundestages verlangt wird. [3] Vor der Aussprache kann einer der Anfragenden das Wort zu einer zusätzlichen mündlichen Begründung erhalten.

§ 103 Beschränkung der Beratung über Große Anfragen. [1] Gehen Große Anfragen so zahlreich ein, daß sie die ordnungsgemäße Erledigung der Geschäfte gefährden, so kann der Bundestag zeitweilig die Beratungen darüber auf einen bestimmten wöchentlichen Sitzungstag beschränken. [2] Auch in diesem Falle kann der Bundestag die Beratung über einzelne Große Anfragen an einem anderen Sitzungstag beschließen.

§ 104 Kleine Anfragen. (1) [1] In Kleinen Anfragen (§ 75 Abs. 3) kann von der Bundesregierung Auskunft über bestimmt bezeichnete Bereiche verlangt werden. [2] Die Fragen sind dem Präsidenten einzureichen; sie dürfen keine unsachlichen Feststellungen oder Wertungen enthalten. [3] Eine kurze Begründung kann angefügt werden.

(2) Der Präsident fordert die Bundesregierung auf, die Fragen innerhalb von vierzehn Tagen schriftlich zu beantworten; er kann diese Frist im Benehmen mit dem Fragesteller verlängern.

§ 105 Fragen einzelner Mitglieder des Bundestages. [1] Jedes Mitglied des Bundestages ist berechtigt, kurze Einzelfragen zur mündlichen oder schriftlichen Beantwortung an die Bundesregierung zu richten. [2] Das Nähere wird in Richtlinien geregelt (Anlage 4).

§ 106[1]) *Aktuelle Stunde* und Befragung der Bundesregierung.

(1) Für die Aussprache über ein bestimmt bezeichnetes Thema von allgemeinem aktuellen Interesse in Kurzbeiträgen von fünf Minuten (Aktuelle Stunde) gelten, soweit diese Geschäftsordnung nichts anderes vorschreibt, die Richtlinien (Anlage 5).

[1]) § 106 Überschrift neu gef. und Abs. 2 angef. durch Bek. v. 12.11.1990 (BGBl. I S. 2555); Abs. 2 Satz 1 geänd. mWv 1.3.2019 durch GeschO v. 1.3.2019 (BGBl. I S. 197).

(2) [1] In Sitzungswochen findet eine Befragung der Bundesregierung statt, bei der die Mitglieder des Bundestages Fragen von aktuellem Interesse an die Bundesregierung im Rahmen ihrer Verantwortlichkeit stellen können. [2] Das Nähere wird in Richtlinien geregelt (Anlage 7).

§ 107 [1)] **Immunitätsangelegenheiten.** (1) Ersuchen in Immunitätsangelegenheiten sind vom Präsidenten unmittelbar an den Ausschuß für Wahlprüfung, Immunität und Geschäftsordnung weiterzuleiten.

(2) Dieser hat Grundsätze über die Behandlung von Ersuchen auf Aufhebung der Immunität von Mitgliedern des Bundestages aufzustellen (Anlage 6) und diese Grundsätze zum Ausgangspunkt seiner in Einzelfällen zu erarbeitenden Beschlußempfehlungen an den Bundestag zu machen.

(3) [1] Die Beratung über eine Beschlußempfehlung ist an Fristen nicht gebunden. [2] Sie soll frühestens am dritten Tage nach Verteilung der Vorlage (§ 75 Abs. 1 Buchstabe h) beginnen. [3] Ist die Beschlußempfehlung noch nicht verteilt, wird sie verlesen.

(4) Vor der Konstituierung des Ausschusses für Wahlprüfung, Immunität und Geschäftsordnung kann der Präsident dem Bundestag in Immunitätsangelegenheiten unmittelbar eine Beschlußempfehlung vorlegen.

IX. Behandlung von Petitionen

§ 108 **Zuständigkeit des Petitionsausschusses.** (1) [1] Dem gemäß Artikel 45c des Grundgesetzes [2)] vom Bundestag zu bestellenden Petitionsausschuß obliegt die Behandlung der nach Artikel 17 des Grundgesetzes an den Bundestag gerichteten Bitten und Beschwerden. [2] Aufgaben und Befugnisse des Wehrbeauftragten des Bundestages bleiben unberührt.

(2) Soweit sich aus dem Gesetz über die Befugnisse des Petitionsausschusses des Deutschen Bundestages nichts anderes ergibt, werden die Petitionen gemäß den nachfolgenden Bestimmungen behandelt.

§ 109 **Überweisung der Petitionen.** (1) [1] Der Präsident überweist die Petitionen an den Petitionsausschuß. [2] Dieser holt eine Stellungnahme der Fachausschüsse ein, wenn die Petitionen einen Gegenstand der Beratung in diesen Fachausschüssen betreffen.

(2) Mitglieder des Bundestages, die eine Petition überreichen, sind auf ihr Verlangen zu den Ausschußverhandlungen mit beratender Stimme zuzuziehen.

§ 110 **Rechte des Petitionsausschusses.** (1) Der Petitionsausschuß hat Grundsätze [3)] über die Behandlung von Bitten und Beschwerden

[1)] § 107 Abs. 3 und 4 angef. durch Bek. v. 9.12.1987 (BGBl. I S. 2677).
[2)] Nr. **1**.
[3)] Siehe die Bek. der Grundsätze des Petitionsausschusses über die Behandlung von Bitten und *Beschwerden v. 8.3. 1989 (BAnz. Nr. 97 S. 2637)*, zuletzt geändert mWv 1. 1. 2012 durch Beschluss vom 9. 11. 2011; für die 18. Wahlperiode übernommen durch den Beschluss vom 15. 1. 2014 (www.bundestag.de).

aufzustellen und diese Grundsätze zum Ausgangspunkt seiner Entscheidung im Einzelfall zu machen.

(2) Soweit Ersuchen um Aktenvorlage, Auskunft oder Zutritt zu Einrichtungen unmittelbar an Behörden des Bundes, bundesunmittelbare Körperschaften, Anstalten und Stiftungen des öffentlichen Rechts gerichtet werden, ist das zuständige Mitglied der Bundesregierung zu verständigen.

(3) Von der Anhörung des Petenten, Zeugen oder Sachverständigen ist das zuständige Mitglied der Bundesregierung rechtzeitig zu unterrichten.

§ 111 Übertragung von Befugnissen auf einzelne Mitglieder des Petitionsausschusses. [1] Die Übertragung von Befugnissen nach dem Gesetz nach Artikel 45c des Grundgesetzes[1] auf eines oder mehrere seiner Mitglieder muß der Petitionsausschuß im Einzelfall beschließen. [2] Inhalt und Umfang der Übertragung sind im Beschluß zu bestimmen.

§ 112[2] Beschlußempfehlung und Bericht des Petitionsausschusses.

(1) [1] Der Bericht über die vom Petitionsausschuß behandelten Petitionen wird mit einer Beschlußempfehlung dem Bundestag in einer Sammelübersicht vorgelegt. [2] Der Bericht soll monatlich vorgelegt werden. [3] Darüber hinaus erstattet der Petitionsausschuß dem Bundestag jährlich einen schriftlichen Bericht über seine Tätigkeit.

(2) [1] Die Berichte werden verteilt und innerhalb von drei Sitzungswochen nach der Verteilung auf die Tagesordnung gesetzt; sie können vom Berichterstatter mündlich ergänzt werden. [2] Eine Aussprache findet jedoch nur statt, wenn diese von einer Fraktion oder von anwesenden fünf vom Hundert der Mitglieder des Bundestages verlangt wird.

(3) [1] Den Einsendern wird die Art der Erledigung ihrer Petition mitgeteilt. [2] Diese Mitteilung soll mit Gründen versehen sein.

X. Der Wehrbeauftragte des Bundestages

§ 113 Wahl des Wehrbeauftragten. Die Wahl des Wehrbeauftragten erfolgt mit verdeckten Stimmzetteln (§ 49).

§ 114 Berichte des Wehrbeauftragten. (1) Die Berichte des Wehrbeauftragten überweist der Präsident dem Verteidigungsausschuß, es sei denn, daß eine Fraktion oder fünf vom Hundert der Mitglieder des Bundestages verlangen, ihn auf die Tagesordnung zu setzen.

(2) Der Verteidigungsausschuß hat dem Bundestag Bericht zu erstatten.

§ 115 Beratung der Berichte des Wehrbeauftragten. (1) Der Präsident erteilt dem Wehrbeauftragten in der Aussprache über die von ihm vorgelegten Berichte das Wort, wenn es von einer Fraktion oder von anwesenden fünf vom Hundert der Mitglieder des Bundestages verlangt worden ist.

[1] Nr. 1.
[2] § 112 Abs. 2 Satz 1 geänd. mWv 22. 10. 2013 durch Bek. v. 2. 7. 2013 (BGBl. I S. 2167).

(2) Die Herbeirufung des Wehrbeauftragten zu den Sitzungen des Bundestages kann von einer Fraktion oder von anwesenden fünf vom Hundert der Mitglieder des Bundestages verlangt werden; Absatz 1 findet entsprechende Anwendung.

XI. Beurkundung und Vollzug der Beschlüsse des Bundestages

§ 116 Plenarprotokolle. (1) Über jede Sitzung wird ein Stenographischer Bericht (Plenarprotokoll) angefertigt.

(2) Die Plenarprotokolle werden an die Mitglieder des Bundestages verteilt.

(3) Alle anderen Aufnahmen der Verhandlungen des Bundestages, z.B. Tonbandaufnahmen, sind im Parlamentsarchiv niederzulegen.

§ 117 Prüfung der Niederschrift durch den Redner. [1] Jeder Redner erhält die Niederschrift seiner Rede zur Prüfung. [2] Sie ist innerhalb von zwei Stunden an den Stenographischen Dienst zurückzugeben. [3] Die Niederschrift wird in Druck gegeben, wenn der Redner sie nicht fristgerecht zurückgibt. [4] Niederschriften von Reden dürfen vor ihrer Prüfung durch den Redner einem anderen als dem Präsidenten nur mit Zustimmung des Redners zur Einsicht überlassen werden.

§ 118 Korrektur der Niederschrift. (1) [1] Durch Korrekturen, die der Redner an der Niederschrift vornimmt, darf der Sinn der Rede oder ihrer einzelnen Teile nicht geändert werden. [2] Ergeben sich hinsichtlich der Zulässigkeit einer Korrektur Zweifel und wird keine Verständigung zwischen dem Redner und dem Leiter des Stenographischen Dienstes erzielt, so ist die Entscheidung des amtierenden Präsidenten einzuholen.

(2) Der Präsident kann alle Beweismittel heranziehen.

§ 119 Niederschrift von Zwischenrufen. (1) Ein Zwischenruf, der in die Niederschrift aufgenommen worden ist, wird Bestandteil des Plenarprotokolls, es sei denn, daß er mit Zustimmung des Präsidenten und der Beteiligten gestrichen wird.

(2) Ein Zwischenruf, der dem Präsidenten entgangen ist, kann auch noch in der nächsten Sitzung gerügt werden.

§ 120 Beurkundung der Beschlüsse. [1] Außer dem Plenarprotokoll wird über jede Sitzung ein Beschlußprotokoll (Amtliches Protokoll) gefertigt, das vom Präsidenten unterzeichnet wird. [2] Das Amtliche Protokoll wird an die Mitglieder des Bundestages verteilt und gilt als genehmigt, wenn bis zu dem auf die Verteilung folgenden Sitzungstag kein Einspruch erhoben wird.

§ 121 Einspruch gegen das Amtliche Protokoll. [1] Wird gegen das Amtliche Protokoll Einspruch erhoben und dieser nicht durch die Erklärung der Schriftführer erledigt, so befragt der Präsident den Bundestag. [2] Wird der Einspruch für begründet erachtet, so ist die neue Fassung der beanstandeten Stelle dem nächsten Amtlichen Protokoll beizufügen.

§ 122 Übersendung beschlossener Gesetze. (1) Der Präsident des Bundestages übersendet das beschlossene Gesetz unverzüglich dem Bundesrat (Artikel 77 Abs. 1 Satz 2 des Grundgesetzes[1])).

(2) Je einen Abdruck des Gesetzesbeschlusses übersendet der Präsident an den Bundeskanzler und an den federführenden Minister und teilt dabei mit, wann die Zuleitung des beschlossenen Gesetzes an den Bundesrat nach Artikel 77 Abs. 1 Satz 2 des Grundgesetzes erfolgt ist.

(3) [1] Werden vor Übersendung nach Absatz 1 in der vom Bundestag in der Schlußabstimmung angenommenen Fassung des Gesetzes Druckfehler oder andere offenbare Unrichtigkeiten festgestellt, kann der Präsident im Einvernehmen mit dem federführenden Ausschuß eine Berichtigung veranlassen. [2] Ist das Gesetz gemäß Absatz 1 bereits übersandt, macht der Präsident nach Einwilligung des federführenden Ausschusses den Präsidenten des Bundesrates auf die Druckfehler oder andere offenbare Unrichtigkeiten mit der Bitte aufmerksam, sie im weiteren Gesetzgebungsverfahren zu berichtigen. [3] Von dieser Bitte ist dem Bundeskanzler und dem federführenden Minister Mitteilung zu machen.

§ 122a[2]) Elektronische Dokumente. (1) Soweit für die Einbringung von Vorlagen Schriftform vorgesehen ist, genügt dieser Form die Aufzeichnung als elektronisches Dokument, wenn dieses für die weitere Bearbeitung geeignet ist.

(2) [1] Das Dokument muss mit einer elektronischen Signatur nach dem Signaturgesetz versehen sein. [2] Das Nähere regeln Ausführungsbestimmungen, die vom Ältestenrat zu erlassen sind.

§ 123[3]) Fristberechnung. (1) Bei Fristen wird der Tag der Verteilung der Drucksache nicht eingerechnet; sie gilt als verteilt, wenn sie für die Mitglieder des Bundestages elektronisch abrufbar oder in ihre Fächer verteilt worden ist.

(2) Die Fristen gelten auch dann als gewahrt, wenn infolge technischer Schwierigkeiten oder aus zufälligen Gründen für einzelne Mitglieder des Bundestages eine Drucksache erst nach der allgemeinen Verteilung elektronisch abrufbar oder in ihre Fächer verteilt worden ist.

§ 124 Wahrung der Frist. [1] Bei Berechnung einer Frist, innerhalb der eine Erklärung gegenüber dem Bundestag abzugeben oder eine Leistung zu bewirken ist, wird der Tag, an dem die Erklärung oder Leistung erfolgt, nicht mitgerechnet. [2] Ist danach die Erklärung oder Leistung an einem Sonnabend, Sonntag oder einem am Sitz des Bundestages gesetzlich anerkannten Feiertag zu bewirken, so tritt an dessen Stelle der nächstfolgende Werktag. [3] Die Erklärung oder Leistung ist während der üblichen Dienststunden, spätestens aber um 18 Uhr, zu bewirken.

§ 125 Unerledigte Gegenstände. [1] Am Ende der Wahlperiode des Bundestages gelten alle Vorlagen als erledigt. [2] Dies gilt nicht für Petitionen und für Vorlagen, die keiner Beschlußfassung bedürfen.

XII. Abweichungen und Auslegung dieser Geschäftsordnung

§ 126 Abweichungen von dieser Geschäftsordnung. Abweichungen von den Vorschriften dieser Geschäftsordnung können im einzelnen Fall mit Zwei-

[1]) Nr. **1.**
[2]) § 122a eingef. mWv 28.2.2005 durch Bek. v. 28.2.2005 (BGBl. I S. 668).
[3]) § 123 neu gef. mWv 22.10.2013 durch Beschl. v. 6.6.2013 (BGBl. I S. 2167).

drittelmehrheit der anwesenden Mitglieder des Bundestages beschlossen werden, wenn die Bestimmungen des Grundgesetzes[1]) dem nicht entgegenstehen.

§ 126a[2]) **Besondere Anwendung der Geschäftsordnung auf Grund der allgemeinen Beeinträchtigung durch COVID-19.** (1) Der Deutsche Bundestag ist abweichend von § 45 Absatz 1 beschlussfähig, wenn mehr als ein Viertel der Mitglieder im Sitzungssaal anwesend ist.

(2) Ein Ausschuss ist abweichend von § 67 beschlussfähig, wenn mehr als ein Viertel der Mitglieder an der Sitzung teilnehmen oder über elektronische Kommunikationsmittel an den Beratungen teilnehmen können.

(3) Die Ausschüsse, einschließlich des Ausschusses für Wahlprüfung, Immunität und Geschäftsordnung, können ihren Vorsitzenden auch in Sitzungswochen entsprechend § 72 zu Abstimmungen außerhalb einer Sitzung ermächtigen, für Abstimmungen und Beschlussfassungen können in Abweichung von § 48 Absatz 1 Satz 1 auch elektronische Kommunikationsmittel genutzt werden.

(4) Öffentliche Ausschussberatungen und öffentliche Anhörungssitzungen können auch so durchgeführt werden, dass der Öffentlichkeit Zugang ausschließlich durch elektronische Übermittlungswege gewährt wird.

(5) [1] § 126a findet ab 31. März 2021 keine Anwendung mehr. [2] Vor diesem Datum kann die Regelung jederzeit durch Beschluss des Deutschen Bundestages aufgehoben werden.

§ 127 Auslegung dieser Geschäftsordnung. (1) [1] Während einer Sitzung des Bundestages auftretende Zweifel über die Auslegung dieser Geschäftsordnung entscheidet der Präsident für den Einzelfall. [2] Im übrigen obliegt die Auslegung dieser Geschäftsordnung dem Ausschuß für Wahlprüfung, Immunität und Geschäftsordnung; der Präsident, ein Ausschuß, eine Fraktion, ein Viertel der Mitglieder des Ausschusses für Wahlprüfung, Immunität und Geschäftsordnung oder fünf vom Hundert der Mitglieder des Bundestages können verlangen, daß die Auslegung dem Bundestag zur Entscheidung vorgelegt wird.

(2) Wird ein entsprechendes Verlangen gemäß Absatz 1 Satz 2 nicht vorgebracht, entscheidet der Ausschuß für Wahlprüfung, Immunität und Geschäftsordnung, in welcher Form seine Auslegung bekanntzumachen ist.

§ 128 Rechte des Ausschusses für Wahlprüfung, Immunität und Geschäftsordnung. Der Ausschuß für Wahlprüfung, Immunität und Geschäftsordnung kann Fragen aus seinem Geschäftsbereich beraten und dem Bundestag Empfehlungen unterbreiten (§ 75 Abs. 1 Buchstabe h).

[1]) Nr. 1.
[2]) § 126a eingef. mWv 25.3.2020 durch Beschl. v. 25.3.2020 (BGBl. I S. 764); Abs. 5 geänd. mWv 17.9.2020 durch Beschl. v. 17.9.2020 (BGBl. I S. 2067).

Anlage 1

Verhaltensregeln für Mitglieder des Deutschen Bundestages[1]

§ 1[2] **Anzeigepflicht.** (1) Ein Mitglied des Bundestages ist verpflichtet, dem Präsidenten aus der Zeit vor seiner Mitgliedschaft im Bundestag schriftlich oder in Textform anzuzeigen

1. die zuletzt ausgeübte Berufstätigkeit;

2. Tätigkeiten als Mitglied eines Vorstandes, Aufsichtsrates, Verwaltungsrates, Beirates oder eines sonstigen Gremiums einer Gesellschaft oder eines in einer anderen Rechtsform betriebenen Unternehmens;

3. Tätigkeiten als Mitglied eines Vorstandes, Aufsichtsrates, Verwaltungsrates, Beirates oder eines sonstigen Gremiums einer Körperschaft oder Anstalt des öffentlichen Rechts.

(2) Ein Mitglied des Bundestages ist zusätzlich verpflichtet, dem Präsidenten schriftlich oder in Textform die folgenden Tätigkeiten und Verträge, die während der Mitgliedschaft im Bundestag ausgeübt oder aufgenommen werden bzw. wirksam sind, anzuzeigen:

1. entgeltliche Tätigkeiten neben dem Mandat, die selbstständig oder im Rahmen eines Anstellungsverhältnisses ausgeübt werden. Darunter fallen z.B. die Fortsetzung einer vor der Mitgliedschaft ausgeübten Berufstätigkeit sowie Beratungs-, Vertretungs-, Gutachter-, publizistische und Vortragstätigkeiten. Die Anzeigepflicht für die Erstattung von Gutachten, für publizistische und Vortragstätigkeiten entfällt, wenn die Höhe der jeweils vereinbarten Einkünfte den Betrag von 1 000 Euro einmalig oder regelmäßig im Monat oder von 10 000 Euro im Jahr nicht übersteigt. Sie entfällt ferner für die Tätigkeit als Mitglied der Bundesregierung, als Parlamentarischer Staatssekretär und als Staatsminister. Für das Jahr der Bundestagswahl werden die Zeiträume der jeweils endenden Wahlperiode und der neuen Wahlperiode getrennt voneinander behandelt.

2. Tätigkeiten als Mitglied eines Vorstandes, Aufsichtsrates, Verwaltungsrates, Beirates oder sonstigen Gremiums einer Gesellschaft oder eines in einer anderen Rechtsform betriebenen Unternehmens;

3. Tätigkeiten als Mitglied eines Vorstandes, Aufsichtsrates, Verwaltungsrates, Beirates oder eines sonstigen Gremiums einer Körperschaft oder Anstalt des öffentlichen Rechts;

4. Tätigkeiten als Mitglied eines Vorstandes oder eines sonstigen leitenden oder beratenden Gremiums eines Vereins, Verbandes oder einer ähnlichen Organisation sowie einer Stiftung mit nicht ausschließlich lokaler Bedeutung;

5. das Bestehen bzw. der Abschluss von Vereinbarungen, wonach dem Mitglied des Bundestages während oder nach Beendigung der Mitgliedschaft bestimmte Tätigkeiten übertragen oder Vermögensvorteile zugewendet werden sollen;

[1] Siehe hierzu auch die Bek. der Ausführungsbestimmungen zu den Verhaltensregeln für Mitglieder des Deutschen Bundestages v. 18.6.2013 (BGBl. I S. 1645).
[2] Anl. 1 § 1 neu gef. durch Bek. v. 18.12.1986 (BGBl. 1987 I S. 147); Abs. 1 Nr. 1, Abs. 2 einl. Satzteil und Nr. 1 und 4 bis 6 und Abs. 3 neu gef., Abs. 1 Nr. 4 und Abs. 2 Nr. 7 bis 9 aufgeh., Abs. 4 eingef. sowie Abs. 6 angef., bish. Abs. 4 wird Abs. 5 und Sätze 2 und 3 angef. mWv 18.10.2005 durch Bek. v. 12.7.2005 (BGBl. I S. 2512); Abs. 2 Nr. 1 geänd. mWv 22.10.2013 durch Bek. v. 18.6.2013 (BGBl. I S. 1644); Abs. 1 einl. Satzteil geänd., Abs. 2 Satz 1 einl. Satzteil und Nr. 1 geänd., Abs. 3 Satz 1 geänd., Satz 3 angef. mWv 19.11.2020 durch Beschl. v. 7.10.2020 (BGBl. I S. 2563 iVm Bek. v. 1.12.2020, BGBl. I S. 2988).

6. Beteiligungen an Kapital- oder Personengesellschaften, wenn dadurch ein wesentlicher wirtschaftlicher Einfluss auf ein Unternehmen begründet wird. Die Grenzen der Anzeigepflicht legt der Präsident in den gemäß Absatz 4 zu erlassenden Ausführungsbestimmungen fest.

(3) ¹Bei einer Tätigkeit und einem Vertrag, die gemäß Absatz 2 Nr. 1 bis 5 anzeigepflichtig sind, ist auch die Höhe der jeweiligen Einkünfte anzugeben, wenn diese einmalig oder regelmäßig im Monat den Betrag von 1 000 Euro oder im Jahr den Betrag von 10 000 Euro übersteigen. ²Zu Grunde zu legen sind hierbei die für eine Tätigkeit zu zahlenden Bruttobeträge unter Einschluss von Entschädigungs-, Ausgleichs- und Sachleistungen. ³Tatsächlich entstandene Aufwendungen, die zur Durchführung der Tätigkeit durch den Vertragspartner oder Arbeitgeber erstattet werden, gelten nicht als Einkünfte.

(4) Der Präsident erlässt Ausführungsbestimmungen über Inhalt und Umfang der Anzeigepflicht, nachdem er dem Präsidium und den Fraktionsvorsitzenden Gelegenheit zur Stellungnahme gegeben hat.

(5) ¹Die Anzeigepflicht umfaßt nicht die Mitteilung von Tatsachen über Dritte, für die der Abgeordnete gesetzliche Zeugnisverweigerungsrechte oder Verschwiegenheitspflichten geltend machen kann. ²Der Präsident kann in diesen Fällen in den Ausführungsbestimmungen festlegen, dass die Anzeigepflicht so zu erfüllen ist, dass die in Satz 1 genannten Rechte nicht verletzt werden. ³Hierzu kann er insbesondere vorsehen, dass statt der Angaben zum Auftraggeber eine Branchenbezeichnung anzugeben ist.

(6) Anzeigen nach den Verhaltensregeln sind innerhalb einer Frist von drei Monaten nach Erwerb der Mitgliedschaft im Deutschen Bundestag sowie nach Eintritt von Änderungen oder Ergänzungen während der Wahlperiode dem Präsidenten einzureichen.

§ 2¹⁾ Rechtsanwälte. (1) Mitglieder des Bundestages, die gegen Entgelt gerichtlich oder außergerichtlich für die Bundesrepublik Deutschland auftreten, haben dem Präsidenten die Übernahme der Vertretung anzuzeigen, wenn das Honorar einen vom Präsidenten festgelegten Mindestbetrag übersteigt.

(2) Mitglieder des Bundestages, die gegen Entgelt zur Besorgung fremder Angelegenheiten gerichtlich oder außergerichtlich gegen die Bundesrepublik Deutschland auftreten, haben dem Präsidenten die Übernahme der Vertretung anzuzeigen, wenn das Honorar einen vom Präsidenten festgelegten Mindestbetrag übersteigt.

(3) Absätze 1 und 2 gelten entsprechend bei gerichtlichem oder außergerichtlichem Auftreten insbesondere für oder gegen bundesunmittelbare Körperschaften, Anstalten oder Stiftungen des öffentlichen Rechts.

§ 3²⁾ Veröffentlichung. ¹Die Angaben gemäß § 1 Abs. 1 Nr. 1 und Abs. 2 Nr. 1 bis 6 werden auf den Internetseiten des Deutschen Bundestages veröffentlicht. ²Die Angaben gemäß § 1 Abs. 3 über Einkünfte werden in der Form veröffentlicht, dass bezogen auf jeden einzelnen veröffentlichten Sachverhalt jeweils eine von zehn Einkommensstufen ausgewiesen wird. ³Die Stufe 1 erfasst einmalige oder regelmäßige monatliche Einkünfte einer Größenordnung von über 1 000 bis

¹⁾ Anl. 1 § 2 neu gef. durch Bek. v. 18.12.1986 (BGBl. 1987 I S. 147).
²⁾ Anl. 1 § 3 neu gef. mWv 18.10.2005 durch Bek. v. 12.7.2005 (BGBl. I S. 2512); Satz 2 geänd., Satz 3 neu gef. mWv 22.10.2013 durch Bek. v. 18.6.2013 (BGBl. I S. 1644); Sätze 1 und 3 geänd. mWv 19.11. 2020 durch Beschl. v. 7.10.2020 (BGBl. I S. 2563 iVm Bek. v. 1.12.2020, BGBl. I S. 2988).

3 500 Euro, die Stufe 2 Einkünfte bis 7 000 Euro, die Stufe 3 Einkünfte bis 15 000 Euro, die Stufe 4 Einkünfte bis 30 000 Euro, die Stufe 5 Einkünfte bis 50 000 Euro, die Stufe 6 Einkünfte bis 75 000 Euro, die Stufe 7 Einkünfte bis 100 000 Euro, die Stufe 8 Einkünfte bis 150 000 Euro, die Stufe 9 Einkünfte bis 250 000 Euro und die Stufe 10 Einkünfte über 250 000 Euro. [4] Regelmäßige monatliche Einkünfte werden als solche gekennzeichnet. [5] Werden innerhalb eines Kalenderjahres unregelmäßige Einkünfte zu einer Tätigkeit angezeigt, wird die Jahressumme gebildet und die Einkommensstufe mit der Jahreszahl veröffentlicht.

§ 4[1) Spenden. (1) Ein Mitglied des Bundestages hat über Geldspenden und geldwerte Zuwendungen aller Art (Spenden), die ihm für seine politische Tätigkeit zur Verfügung gestellt werden, gesondert Rechnung zu führen.

(2) Eine Spende, deren Wert in einem Kalenderjahr 5 000 Euro übersteigt, ist unter Angabe des Namens und der Anschrift des Spenders sowie der Gesamthöhe dem Präsidenten anzuzeigen.

(3) Spenden sind, soweit sie in einem Kalenderjahr einzeln oder bei mehreren Spenden desselben Spenders zusammen den Wert von 10 000 Euro übersteigen, vom Präsidenten unter Angabe ihrer Höhe und Herkunft auf den Internetseiten des Deutschen Bundestages zu veröffentlichen.

(4) Für Spenden an ein Mitglied des Bundestages finden § 25 Abs. 2 und 4 des Gesetzes über die politischen Parteien[2)] entsprechende Anwendung.

(5) Geldwerte Zuwendungen

1. aus Anlass der Wahrnehmung interparlamentarischer oder internationaler Beziehungen,

2. zur Teilnahme an Veranstaltungen zur politischen Information, zur Darstellung der Standpunkte des Deutschen Bundestages oder seiner Fraktionen oder als Repräsentant des Deutschen Bundestages

gelten nicht als Spenden im Sinne dieser Vorschrift; sie sind jedoch entsprechend Absatz 2 anzuzeigen und nach Maßgabe von Absatz 3 zu veröffentlichen.

(6) [1] Geldwerte Zuwendungen, die ein Mitglied des Bundestages als Gastgeschenk in Bezug auf sein Mandat erhält, müssen dem Präsidenten angezeigt und ausgehändigt werden; das Mitglied kann beantragen, das Gastgeschenk gegen Bezahlung des Gegenwertes an die Bundeskasse zu behalten. [2] Einer Anzeige bedarf es nicht, wenn der materielle Wert des Gastgeschenks einen Betrag nicht übersteigt, der in den Ausführungsbestimmungen des Präsidenten festgelegt wird (§ 1 Absatz 4).

(7) Der Präsident entscheidet über die Verwendung angezeigter Gastgeschenke und rechtswidrig angenommener Spenden.

(8) Anzeigen nach dieser Vorschrift sind schriftlich oder in Textform zu übermitteln.

[1)] Anl. 1 § 4 neu gef. durch Bek. v. 30.9.1995 (BGBl. I S. 1246); Abs. 2, 3 und 4 geänd. mWv 1.10. 2002 durch Bek. v. 17.9.2002 (BGBl. I S. 3759); Abs. 5 Buchst. b geänd. mWv 18.10.2005 durch Bek. v. 12.7.2005 (BGBl. I S. 2512); Abs. 3 und 4 geänd., Abs. 5 neu gef., Abs. 6 eingef., bish. Abs. 6 wird Abs. 7 mWv 22.10.2013 durch Bek. v. 18.6.2013 (BGBl. I S. 1644); Abs. 3 und 7 geänd., Abs. 8 angef. mWv 19.11.2020 durch Beschl. v. 7.10.2020 (BGBl. I S. 2563 iVm Bek. v. 1.12.2020, BGBl. I S. 2988).
[2)] Nr. **58**.

§ 5[1) Missbräuchliche Hinweise auf die Mitgliedschaft. [1] Missbräuchliche Hinweise auf die Mitgliedschaft im Bundestag in beruflichen oder geschäftlichen Angelegenheiten sind unzulässig. [2] Hinweise auf die Mitgliedschaft im Bundestag sind missbräuchlich, wenn sie geeignet sind, aufgrund der Mitgliedschaft im Deutschen Bundestag einen Vorteil in beruflichen oder geschäftlichen Angelegenheiten zu erzeugen.

§ 6[2) Interessenverknüpfung im Ausschuß. Ein Mitglied des Bundestages, das entgeltlich mit einem Gegenstand beschäftigt ist, der in einem Ausschuß des Bundestages zur Beratung ansteht, hat als Mitglied dieses Ausschusses vor der Beratung eine Interessenverknüpfung offenzulegen, soweit sie nicht aus den gemäß § 3 veröffentlichten Angaben ersichtlich ist.

§ 7[3) Rückfrage. In Zweifelsfragen ist das Mitglied des Bundestages verpflichtet, sich durch Rückfragen beim Präsidenten über den Inhalt seiner Pflichten nach diesen Verhaltensregeln zu vergewissern.

§ 8[4) Verfahren. (1) Bestehen Anhaltspunkte dafür, dass ein Mitglied des Bundestages seine Pflichten nach den Verhaltensregeln oder Regeln der Mitarbeiterbeschäftigung nach § 12 Abs. 3a des Abgeordnetengesetzes[5) verletzt hat (Pflichtverstoß), kann der Präsident von dem betroffenen Mitglied ergänzende Auskünfte zur Erläuterung und Aufklärung des Sachverhalts verlangen und den Vorsitzenden der Fraktion, der dieses Mitglied angehört, um Stellungnahme bitten.

(2) [1] Ergibt sich nach der Überzeugung des Präsidenten, dass ein minder schwerer Fall bzw. leichte Fahrlässigkeit vorliegt (z.B. Überschreitung von Anzeigefristen), wird das betreffende Mitglied ermahnt. [2] Ansonsten teilt der Präsident das Ergebnis der Überprüfung dem Präsidium und den Vorsitzenden der Fraktionen mit. [3] Das Präsidium stellt nach Anhörung des betroffenen Mitglieds fest, ob ein Pflichtverstoß vorliegt. [4] Die Feststellung des Präsidiums, dass ein Mitglied des Bundestages gegen Pflichten verstoßen hat, wird unbeschadet weiterer Sanktionen nach § 12 Abs. 3a sowie § 44a des Abgeordnetengesetzes als Drucksache veröffentlicht. [5] Die Feststellung, dass kein Pflichtverstoß vorliegt, wird auf Wunsch des Mitglieds des Bundestages veröffentlicht.

(3) [1] Bestehen Anhaltspunkte für einen Pflichtverstoß gegen ein Mitglied des Präsidiums oder gegen einen Fraktionsvorsitzenden, nimmt das betroffene Mitglied des Bundestages an Sitzungen im Rahmen dieses Verfahrens nicht teil. [2] Anstelle eines betroffenen Fraktionsvorsitzenden wird sein Stellvertreter gemäß Absatz 1 angehört und gemäß Absatz 2 unterrichtet. [3] Bestehen Anhaltspunkte dafür, dass der Präsident gegen Pflichten verstoßen hat, hat sein Stellvertreter nach den Vorschriften der Absätze 1 und 2 zu verfahren.

[1) Anl. 1 § 5 neu gef. mWv 19.11.2020 durch Beschl. v. 7.10.2020 (BGBl. I S. 2563 iVm Bek. v. 1.12.2020, BGBl. I S. 2988).
[2) Anl. 1 § 6 neu gef. durch Bek. v. 18.12.1986 (BGBl. 1987 I S. 147); geänd. mWv 18.10.2005 durch Bek. v. 12.7.2005 (BGBl. I S. 2512).
[3) Anl. 1 § 7 neu gef. durch Bek. v. 18.12.1986 (BGBl. 1987 I S. 147); geänd. mWv 18.10.2005 durch Bek. v. 12.7.2005 (BGBl. I S. 2512).
[4) Anl. 1 § 8 neu gef. mWv 18.10.2005 durch Bek. v. 12.7.2005 (BGBl. I S. 2512); Abs. 1 neu gef., Abs. 2 Sätze 3–5 geänd., Abs. 3 Sätze 1 und 3 geänd., Abs. 4 Satz 1 neu gef., Abs. 5 Sätze 1 und 5–9 geänd. mWv 19.11.2020 durch Beschl. v. 7.10.2020 (BGBl. I S. 2563 iVm Bek. v. 1.12.2020, BGBl. I S. 2988).
[5) Nr. **48**.

(4) [1] Das Präsidium kann gemäß § 12 Abs. 3a Satz 2 oder § 44a Abs. 4 Satz 2 des Abgeordnetengesetzes nach erneuter Anhörung ein Ordnungsgeld festsetzen. [2] Die Höhe des Ordnungsgeldes bemisst sich nach der Schwere des Einzelfalles und nach dem Grad des Verschuldens. [3] Es kann bis zur Höhe der Hälfte der jährlichen Abgeordnetenentschädigung festgesetzt werden. [4] Der Präsident führt die Festsetzung aus. [5] Auf Wunsch des betreffenden Mitglieds kann eine Ratenzahlung vereinbart werden. [6] § 31 Satz 3 und 4 des Abgeordnetengesetzes gilt entsprechend.

(5) [1] In Fällen des § 12 Abs. 3a und des § 44a Abs. 3 des Abgeordnetengesetzes leitet der Präsident nach Anhörung des betroffenen Mitglieds eine Prüfung in tatsächlicher und rechtlicher Hinsicht ein. [2] Dabei ist bei der Prüfung auf Vorliegen einer angemessenen Gegenleistung im Sinne des § 44a Abs. 2 Satz 3 des Abgeordnetengesetzes auf die Verkehrsüblichkeit abzustellen; hilfsweise ist entscheidend, ob Leistung und Gegenleistung offensichtlich außer Verhältnis stehen. [3] Maßnahmen nach diesem Absatz setzen voraus, dass der Erhalt der Zuwendung oder des Vermögensvorteils nicht länger als drei Jahre zurückliegt. [4] Der Präsident kann von dem Mitglied ergänzende Auskünfte zur Erläuterung und Aufklärung des Sachverhalts verlangen und den Vorsitzenden der Fraktion, der dieses Mitglied angehört, um Stellungnahme bitten. [5] Ergibt sich nach der Überzeugung des Präsidenten, dass eine unzulässige Zuwendung nach § 44a Abs. 2 des Abgeordnetengesetzes oder ein Fall des § 12 Abs. 3a des Abgeordnetengesetzes vorliegt, teilt er das Ergebnis der Überprüfung dem Präsidium und den Vorsitzenden der Fraktionen mit. [6] Das Präsidium stellt nach Anhörung des betroffenen Mitglieds fest, ob ein Verstoß gegen § 44a Abs. 2 des Abgeordnetengesetzes oder gegen Regeln der Mitarbeiterbeschäftigung vorliegt. [7] Der Präsident macht Ansprüche nach § 12 Abs. 3a und den Anspruch gemäß § 44a Abs. 3 des Abgeordnetengesetzes durch Verwaltungsakt geltend. [8] Die Feststellung, dass ein Mitglied des Bundestages seine Pflichten nach dem Abgeordnetengesetz verletzt hat, wird unbeschadet weiterer Sanktionen nach § 12 Abs. 3a und § 44a des Abgeordnetengesetzes als Drucksache veröffentlicht. [9] Die Feststellung, dass kein Verstoß vorliegt, wird auf Wunsch des Mitglieds des Bundestages veröffentlicht. [10] Absatz 3 gilt entsprechend.

§ 9[1] *(aufgehoben).*

Anlage 2
Registrierung von Verbänden und deren Vertreter

(1) Der Präsident des Bundestages führt eine öffentliche Liste, in der alle Verbände, die Interessen gegenüber dem Bundestag oder der Bundesregierung vertreten, eingetragen werden.

(2) Eine Anhörung ihrer Vertreter findet nur statt, wenn sie sich in diese Liste eingetragen haben und dabei folgende Angaben gemacht haben:

Name und Sitz des Verbandes

Zusammensetzung von Vorstand und Geschäftsführung

Interessenbereich des Verbandes

Mitgliederzahl

Namen der Verbandsvertreter sowie

Anschrift der Geschäftsstelle am Sitz von Bundestag und Bundesregierung

[1] Anl. 1 § 9 aufgeh. mWv 18.10.2005 durch Bek. v. 12.7.2005 (BGBl. I S. 2512).

(Fortsetzung nächstes Blatt)

(3) Hausausweise für Interessenvertreter werden nur ausgestellt, wenn die Angaben nach Absatz 2 gemacht wurden.

(4) Die Eintragung in die Liste begründet keinen Anspruch auf Anhörung oder Ausstellung eines Hausausweises.

(5) Die Liste ist vom Präsidenten jährlich im Bundesanzeiger zu veröffentlichen.

Anlage 3

Geheimschutzordnung des Deutschen Bundestages

§ 1 Anwendungsbereich. (1) [1] Diese Geheimschutzordnung gilt für Verschlußsachen (VS), die innerhalb des Bundestages entstehen oder dem Bundestag, seinen Ausschüssen oder Mitgliedern des Bundestages zugeleitet wurden. [2] Die für die Ausschüsse geltenden Vorschriften finden Anwendung auf andere Gremien, die vom Bundestag bzw. den Ausschüssen eingesetzt sind oder auf gesetzlicher Grundlage beruhen.

(2) VS sind Angelegenheiten aller Art, die durch besondere Sicherheitsmaßnahmen gegen die Kenntnis durch Unbefugte geschützt werden müssen.

(3) [1] VS können alle Formen der Darstellung von Kenntnissen und Erkenntnissen sein. [2] Zwischenmaterial (z.B. Vorentwürfe, Aufzeichnungen auf Tonträger, Stenogramme, Kohlepapier, Schablonen, Fehldrucke, u.Ü. auch Löschpapier) ist wie eine VS zu behandeln.

§ 2 Geheimhaltungsgrade. (1) VS werden je nach dem Schutz, dessen sie bedürfen, in folgende Geheimhaltungsgrade eingestuft:

STRENG GEHEIM	Abkürzung: str. geh.
GEHEIM	Abkürzung: geh.
VS-VERTRAULICH	Abkürzung: VS-Vertr.
VS-NUR FÜR DEN DIENSTGEBRAUCH	Abkürzung: VS-NfD

(2) Als STRENG GEHEIM eingestuft werden VS, deren Kenntnis durch Unbefugte den Bestand der Bundesrepublik Deutschland oder eines ihrer Länder gefährden würde.

(3) Als GEHEIM eingestuft werden VS, deren Kenntnis durch Unbefugte die Sicherheit der Bundesrepublik Deutschland oder eines ihrer Länder gefährden, ihren Interessen oder ihrem Ansehen schweren Schaden zufügen oder für einen fremden Staat von großem Vorteil sein würde.

(4) Als VS-VERTRAULICH eingestuft werden VS, deren Kenntnis durch Unbefugte den Interessen oder dem Ansehen der Bundesrepublik Deutschland oder eines ihrer Länder abträglich oder für einen fremden Staat von Vorteil sein könnte.

(5) [1] VS, die nicht unter die Geheimhaltungsgrade STRENG GEHEIM, GEHEIM oder VS-VERTRAULICH fallen, aber nicht für die Öffentlichkeit bestimmt sind, erhalten den Geheimhaltungsgrad VS-NUR FÜR DEN DIENSTGEBRAUCH. [2] Protokolle über nichtöffentliche Sitzungen der Aus-

schüsse (§ 69 Abs. 1 Satz 1 GO-BT[1]) sind grundsätzlich keine Verschluß-
sachen im Sinne der Geheimschutzordnung des Bundestages (§ 73 GO-BT).

(6) Die Kennzeichnung von VS erfolgt unter entsprechender Anwendung
der Verschlußsachenanweisung für die Bundesbehörden.

§ 2 a[2] **Private Geheimnisse.** (1) Als GEHEIM können auch wichtige Ge-
schäfts-, Betriebs-, Erfindungs-, Steuer- oder sonstige private Geheimnisse
oder Umstände des persönlichen Lebensbereichs eingestuft werden, deren
Kenntnis durch Unbefugte dem Berechtigten schweren Schaden zufügen
würde.

(2) Als VERTRAULICH können die in Absatz 1 bezeichneten Geheim-
nisse oder Umstände eingestuft werden, deren Kenntnis durch Unbefugte
dem Interesse des Berechtigten abträglich sein könnte.

§ 3 Wahl und Änderung der Geheimhaltungsgrade. (1) [1] Von Geheim-
einstufungen ist nur der unbedingt notwendige Gebrauch zu machen. [2] VS
sind nicht höher einzustufen, als es ihr Inhalt erfordert.

(2) [1] Den Geheimhaltungsgrad der VS bestimmt die herausgebende Stelle.
[2] Sie teilt die Änderung oder Aufhebung des Geheimhaltungsgrades einer VS
dem Empfänger schriftlich mit.

(3) Herausgebende Stelle im Sinne des Absatzes 2 sind bei VS, die innerhalb
des Bundestages entstehen,

a) der Präsident,

b) die Vorsitzenden der Ausschüsse,

c) weitere vom Präsidenten ermächtigte Stellen.

§ 3 a[3] **Einsichtnahme in Verschlusssachen.** [1] Verschlusssachen der Ge-
heimhaltungsgrade Streng geheim oder Geheim dürfen nur in den Räumen
der Geheimregistratur eingesehen werden. [2] Abweichend hiervon können
Verschlusssachen Mitgliedern von Untersuchungsausschüssen sowie von Gre-
mien, die auf Grund rechtlicher Grundlage regelmäßig geheim tagen, zur
Einsichtnahme in ihren Büroräumen ausgegeben werden, sofern diese mit
VS-Verwahrgelassen ausgestattet und die Verschlusssachen dem Bundestag
zum Zwecke der Auftragserledigung dieses Gremiums zugeleitet worden sind.
[3] Satz 2 gilt für Personen entsprechend, die vom Präsidenten hierzu ermächtigt
werden.

§ 4[4] **Kenntnis und Weitergabe einer VS.** (1) Über den Inhalt einer VS
des Geheimhaltungsgrades VS-VERTRAULICH und höher darf nicht umfas-
sender und früher unterrichtet werden, als dies aus Gründen der parlamentari-
schen Arbeit unerläßlich ist.

(2) Im Rahmen des Absatzes 1 darf ein Mitglied des Bundestages, dem eine
VS des Geheimhaltungsgrades VS-VERTRAULICH und höher zugänglich

[1] Nr. **35**.
[2] Anl. 3 § 2 a eingef. mWv 30. 5. 2001 durch Bek. v. 30. 5. 2001 (BGBl. I S. 1203).
[3] Anl. 3 § 3 a eingef. mWv 12. 3. 2013 durch Bek. v. 12. 3. 2013 (BGBl. I S. 548).
[4] Anl. 3 § 4 Abs. 3 Satz 2 angef., bish. Wortlaut wird Satz 1 mWv 30. 5. 2001 durch Bek. v.
30. 5. 2001 (BGBl. I S. 1203).

gemacht worden ist, andere Mitglieder des Bundestages davon in Kenntnis setzen.

(3) [1] Fraktionsangestellten und Mitarbeitern von Mitgliedern des Bundestages dürfen VS des Geheimhaltungsgrades VS-VERTRAULICH und höher in diesem Rahmen nur zugänglich gemacht werden, wenn sie vom Präsidenten zum Umgang mit VS ermächtigt und zur Geheimhaltung förmlich verpflichtet sind. [2] Satz 1 gilt für einen Ermittlungsbeauftragten gemäß § 10 des Untersuchungsausschussgesetzes[1]) und seine Hilfskräfte entsprechend.

(4) Anderen Personen dürfen VS des Geheimhaltungsgrades VS-VERTRAULICH und höher nur mit Zustimmung der herausgebenden Stelle zugänglich gemacht werden, wenn sie zum Umgang mit VS ermächtigt und zur Geheimhaltung förmlich verpflichtet sind.

§ 5 Ferngespräche über VS. [1] Über Angelegenheiten des Geheimhaltungsgrades VS-VERTRAULICH oder höher dürfen Ferngespräche nur in außergewöhnlichen und dringenden Fällen geführt werden. [2] In diesen Fällen sind die Gespräche so vorsichtig zu führen, daß der Sachverhalt Dritten nicht verständlich wird. [3] Ist der Gesprächspartner nicht mit Sicherheit festzustellen, so ist ein Kontrollanruf erforderlich.

§ 6 Herstellung von Duplikaten. [1] Der Empfänger von VS der Geheimhaltungsgrade VS-VERTRAULICH und höher darf weitere Exemplare (Abschriften, Abdrucke, Ablichtungen und dergleichen) sowie Auszüge nur von der Geheimregistratur herstellen lassen; für VS des Geheimhaltungsgrades STRENG GEHEIM ist außerdem die Zustimmung der herausgebenden Stelle erforderlich. [2] Sie sind wie die Original-VS zu behandeln.

§ 7 Behandlung von VS in Ausschüssen. (1) [1] Die Ausschüsse können für einen Beratungsgegenstand oder für Teile desselben einen Geheimhaltungsgrad beschließen (§ 69 Abs. 7 GO-BT[2])). [2] Wird über VS der Geheimhaltungsgrade VS-VERTRAULICH und höher beraten, führt der Vorsitzende die entsprechende Beschlußfassung unverzüglich in derselben Sitzung herbei und stellt vor Beginn der Beratungen fest, daß sich keine unbefugten Personen im Sitzungssaal aufhalten.

(2) [1] Bei Beratungen über STRENG GEHEIM- oder GEHEIM-Angelegenheiten dürfen nur die Beschlüsse protokolliert werden. [2] Der Ausschuß kann beschließen, daß die Beratungen dem Inhalt nach festgehalten werden; in diesem Fall hat er über Auflage und Verteilung der Protokolle zu beschließen.

(3) [1] Bei Beratungen über VS-VERTRAULICH-Angelegenheiten kann ein Protokoll angefertigt werden; Absatz 2 Satz 2 zweiter Halbsatz gilt entsprechend. [2] Der Ausschuß kann jedoch beschließen, daß nur die Beschlüsse festgehalten werden.

(4) [1] Werden VS des Geheimhaltungsgrades VS-VERTRAULICH oder höher einem Ausschuß zugeleitet, dürfen sie nur in der Sitzung und längstens für deren Dauer ausgegeben werden. [2] Bei Unterbrechung der Sitzung kann die Rückgabe unterbleiben, wenn die Überwachung des Sitzungsraumes

[1]) Nr. **6**.
[2]) Nr. **35**.

durch die Hausinspektion sichergestellt ist. [3] Der Ausschußvorsitzende kann bestimmen, daß VS der Geheimhaltungsgrade GEHEIM und VS-VER-TRAULICH an die Berichterstatter des Ausschusses und in besonderen Fällen anderen Mitgliedern des Ausschusses bis zum Abschluß der Ausschußberatungen über den Beratungsgegenstand, auf den sich die VS bezieht, ausgegeben und in den dafür zulässigen VS-Behältnissen aufbewahrt werden.

(5) Für VS des Geheimhaltungsgrades VS-VERTRAULICH kann der Ausschuß in Fällen des Absatzes 4 anders beschließen.

(6) [1] VS des Geheimhaltungsgrades VS-VERTRAULICH und GEHEIM können, sofern sie im Ausschuß entstanden sind, mit Genehmigung des Ausschußvorsitzenden nach Registrierung in der Geheimregistratur in den dafür vorgesehenen VS-Behältnissen des Ausschusses zeitweilig aufbewahrt werden. [2] Sie sind an die Geheimregistratur zurückzugeben, sobald sie im Ausschuß nicht mehr benötigt werden.

(7) Stellt sich erst im Laufe oder am Schluß der Beratungen heraus, daß die Beratungen als VS-VERTRAULICH oder höher zu bewerten sind, kann der Ausschuß die erforderlichen Sicherheitsmaßnahmen nachträglich beschließen.

§ 8 Registrierung und Verwaltung von VS. (1) Werden VS der Geheimhaltungsgrade VS-VERTRAULICH oder höher dem Bundestag, seinen Ausschüssen oder Mitgliedern des Bundestages zugeleitet, sind sie, soweit sie nicht über die Geheimregistratur geleitet worden sind, grundsätzlich dieser zur Registrierung und Verwaltung zuzuleiten.

(2) Im Bundestag entstehende VS der Geheimhaltungsgrade VS-VER-TRAULICH und höher sind grundsätzlich ebenfalls der Geheimregistratur zur Registrierung und Verwaltung zuzuleiten.

(3) Der Empfang von VS des Geheimhaltungsgrades VS-VERTRAULICH oder höher ist schriftlich zu bestätigen.

(4) VS der Geheimhaltungsgrade VS-VERTRAULICH und höher sind in der Geheimregistratur oder den hierfür vom Präsidenten bestimmten Räumen aufzubewahren.

(5) VS des Geheimhaltungsgrades VS-NUR FÜR DEN DIENST-GEBRAUCH sind unter Verschluß aufzubewahren; dieses ist nicht notwendig, wenn sie in Räumen aufbewahrt werden, zu denen Außenstehende keinen Zugang haben.

§ 9 Vernichtung von VS. [1] VS einschließlich des im Bundestag entstehenden Zwischenmaterials sind, wenn sie nicht mehr benötigt werden, der Geheimregistratur zuzuleiten. [2] Soweit die VS nicht aufzubewahren sind, werden sie durch die Geheimregistratur vernichtet.

§ 10 Weiterleitung von VS. (1) [1] VS der Geheimhaltungsgrade STRENG GEHEIM und GEHEIM sind bei Beförderung innerhalb des Hauses grundsätzlich über die Geheimregistratur zu leiten. [2] Sie dürfen nur durch entsprechend ermächtigte Personen weitergeleitet werden. [3] Ist aus dringendem Grund eine Von-Hand-zu-Hand-Übergabe erfolgt, ist die Geheimregistratur nachträglich in Kenntnis zu setzen.

(2) VS des Geheimhaltungsgrades VS-VERTRAULICH können unter Benachrichtigung der Geheimregistratur von Hand zu Hand an zum Empfang berechtigte Personen weitergegeben werden.

(3) Die Versendung von VS der Geheimhaltungsgrade VS-VERTRAULICH und höher wird von der Geheimregistratur nach den Bestimmungen der Verschlußsachenanweisung für die Bundesbehörden vorgenommen.

§ 11 Mitnahme von VS. (1) [1] Die Mitnahme von VS der Geheimhaltungsgrade STRENG GEHEIM und GEHEIM aus den der Verwaltung des Bundestages unterstehenden Räumen ist unzulässig. [2] Der Präsident kann die Mitnahme zulassen, wenn unabweisbare Gründe dies erfordern. [3] Er legt gleichzeitig fest, wie die VS zu befördern sind.

(2) [1] Bei der Mitnahme von VS der Geheimhaltungsgrade VS-VERTRAULICH oder höher ist für die ununterbrochene sichere Aufbewahrung zu sorgen. [2] Steht für die Geheimhaltungsgrade STRENG GEHEIM oder GEHEIM kein Stahlschrank mit Kombinations- und Sicherheitsschloß zur Verfügung, muß der Inhaber die VS ständig bei sich führen. [3] Die Zurücklassung in Kraftwagen, die Verwahrung in Hotelsafes oder auf Bahnhöfen und dergleichen ist unzulässig. [4] Bei Aufenthalten im Ausland ist die VS nach Möglichkeit bei den deutschen Vertretungen aufzubewahren.

(3) In der Öffentlichkeit dürfen VS der Geheimhaltungsgrade VS-VERTRAULICH oder höher nicht gelesen und erörtert werden.

§ 12 Mitteilungspflicht. Jeder Verdacht, jede Wahrnehmung oder jeder Vorfall, der auf Anbahnungsversuche fremder Nachrichtendienste oder darauf schließen läßt, daß Unbefugte Kenntnis vom Inhalt von VS erhalten haben, sowie der Verlust von VS der Geheimhaltungsgrade VS-VERTRAULICH oder höher oder der Verlust von Sicherheitsschlüsseln ist unverzüglich dem Präsidenten oder dem Geheimschutzbeauftragten der Verwaltung des Deutschen Bundestages mitzuteilen.

§ 13 Ausführungsbestimmungen. Der Präsident ist ermächtigt, Ausführungsbestimmungen zu erlassen.

Anlage 4[1)]

Richtlinien für die Fragestunde und für die schriftlichen Einzelfragen

I. Fragerecht

1. In jeder Sitzungswoche wird eine Fragestunde mit einer Dauer von höchstens 90 Minuten durchgeführt.

[1)] Anl. 4 geänd. durch Bek. v. 18.12.1989 (BGBl. I S. 2442); geänd. durch Bek. v. 30.9.1995 (BGBl. I S. 1246); geänd. mWv 1.3.2019 durch GeschO v. 1.3.2019 (BGBl. I S. 197).

Jedes Mitglied des Bundestages ist berechtigt, für die Fragestunden einer Sitzungswoche bis zu zwei Fragen zur mündlichen Beantwortung an die Bundesregierung zu richten. Die Fragen müssen kurz gefaßt sein und eine kurze Beantwortung ermöglichen. Sie dürfen keine unsachlichen Feststellungen oder Wertungen enthalten. Jede Frage darf in zwei Unterfragen unterteilt sein. Die Fragen werden nach den Geschäftsbereichen der Bundesregierung in einer Drucksache zusammengestellt. Der Präsident bestimmt, in welcher Reihenfolge die Geschäftsbereiche aufgerufen werden.

2. Zulässig sind Fragen aus den Bereichen, für die die Bundesregierung unmittelbar oder mittelbar verantwortlich ist.

Fragen, die einen Tagesordnungspunkt der laufenden Sitzungswoche betreffen, werden schriftlich beantwortet. Das gilt nicht, wenn für den Tagesordnungspunkt auf Begründung und Aussprache verzichtet wird.

Fragen von offenbar lokaler Bedeutung werden vom Präsidenten zur schriftlichen Beantwortung der Bundesregierung übermittelt. Nummern 14 und 15 finden Anwendung.

3. Der Fragesteller ist berechtigt, bis zu zwei Zusatzfragen zu stellen, wenn die Frage mündlich beantwortet wird. Für Zusatzfragen gilt Nummer 1 Abs. 3 entsprechend.

4. Der Präsident soll weitere Zusatzfragen durch andere Mitglieder des Bundestages zulassen, soweit dadurch die ordnungsgemäße Abwicklung der Fragestunde nicht gefährdet wird.

5. Zusatzfragen, die nicht in einem unmittelbaren Zusammenhang mit der Hauptfrage stehen, weist der Präsident zurück.

II. Die Einreichung der Fragen

6. Die Fragen sind dem Präsidenten (Parlamentssekretariat) in vierfacher Ausfertigung einzureichen.

7. Fragen werden erst in die Drucksache zur Fragestunde aufgenommen, wenn sie der Nummer 1 Abs. 3 und Nummer 2 Abs. 1 entsprechen.

8. Mündliche Fragen müssen vor der Sitzungswoche bis Freitag, 10.00 Uhr, beim Präsidenten und bis Freitag, 12.00 Uhr, bei der Bundesregierung vorliegen.

III. Durchführung der Fragestunde

9. Der Präsident ruft die Nummer der Frage und den Namen des Fragestellers auf. Fragen dürfen nur beantwortet werden, wenn der Fragesteller anwesend ist. Ist der Fragesteller nicht anwesend, wird seine Frage nur dann schriftlich beantwortet, wenn er bis zum Aufruf des Geschäftsbereichs beim Präsidenten um schriftliche Beantwortung gebeten hat.

10. Ist der zuständige Bundesminister oder sein Vertreter nicht anwesend, so kann der Fragesteller verlangen, daß seine Fragen zu Beginn der Fragestunde aufgerufen werden, in der der Bundesminister oder sein Vertreter anwesend ist; sein Fragerecht darf hierdurch nicht eingeschränkt werden.

11. Fragen, die in den Fragestunden einer Woche aus Zeitmangel nicht beantwortet werden, beantwortet die Bundesregierung schriftlich, sofern der Fragesteller nicht vor Schluß der letzten Fragestunde einer Woche gegenüber dem Sitzungsvorstand seine Fragen zurückzieht. Die schriftlichen Antworten werden in den Anhang zum Plenarprotokoll aufgenommen.

IV. Schriftliche Fragen

12. Jedes Mitglied des Bundestages ist berechtigt, in jedem Monat bis zu vier Fragen zur schriftlichen Beantwortung an die Bundesregierung zu richten. Für die Zulässigkeit der Fragen gilt die Nummer 1 Abs. 3 und Nummer 2 Abs. 1 entsprechend.

13. Die Fragen werden von der Bundesregierung binnen einer Woche nach Eingang beim Bundeskanzleramt beantwortet.
Die während einer Woche eingegangenen Antworten werden in der folgenden Woche zusammen mit den Fragen in einer Drucksache veröffentlicht.

14. Ist die Antwort nicht innerhalb der Wochenfrist beim Präsidenten (Parlamentssekretariat) eingegangen, kann der Fragesteller verlangen, daß seine Frage in der ersten Fragestunde der Sitzungswoche, die auf den Fristablauf folgt, zur mündlichen Beantwortung aufgerufen wird.
Das Verlangen ist bis spätestens 12.00 Uhr des Vortages der Fragestunde beim Präsidenten (Parlamentssekretariat) geltend zu machen. Ist die Frage inzwischen schriftlich beantwortet, kann der Fragesteller nur fragen, warum die Antwort nicht innerhalb der Wochenfrist gegeben wurde.

15. Fragen aufgrund der Nummer 14 werden auf sonstige mündliche Fragen für diese Sitzungswoche nicht angerechnet. Sie werden zu Beginn der Fragestunde aufgerufen. Zu einer Frage aufgrund der Nummer 14 kann nur der Fragesteller Zusatzfragen stellen.

Anlage 5[1]

Richtlinien für Aussprachen zu Themen von allgemeinem aktuellem Interesse

I. Voraussetzungen der Aktuellen Stunde

1. Eine Aktuelle Stunde (§ 106) findet statt, wenn sie
 a) im Ältestenrat vereinbart wurde,
 b) von einer Fraktion oder von anwesenden fünf vom Hundert der Mitglieder des Bundestages zu der Antwort der Bundesregierung auf eine mündliche Anfrage oder

[1] Anl. 5 geänd. durch Bek. v. 12.11.1990 (BGBl. I S. 2555).

 c) unabhängig von einer für die Fragestunde eingereichten Frage von einer Fraktion oder von fünf vom Hundert der Mitglieder des Bundestages verlangt wird.

2. a) Die Aussprache nach I. 1. b) muß unmittelbar nach Schluß der Fragestunde verlangt und durchgeführt werden.

 b) Das Verlangen auf eine Aussprache [I. 1. c)] ist dem Präsidenten unter Angabe des Themas bis spätestens 12.00 Uhr des Vortages vorzulegen. Ist die Tagesordnung bereits verteilt, wird ihre Ergänzung durch den Präsidenten mitgeteilt.

II. Rangfolge der Aussprache

3. An einem Sitzungstag des Bundestages wird nur eine Aussprache durchgeführt.

4. Ist eine Aussprache vereinbart worden [I. 1. a)], kann eine weitere Aussprache für diesen Sitzungstag nicht verlangt werden.

5. Eine Aussprache, die unabhängig von einer für die Fragestunde eingereichten Frage verlangt wird [I. 1. c)], wird auf den nachfolgenden Sitzungstag vertagt, wenn für einen Sitzungstag eine Aussprache zu der Antwort der Bundesregierung auf eine mündliche Anfrage [I. 1. b)] verlangt wird. Die vertagte Aussprache geht dann den anderen Möglichkeiten zur Aussprache vor.

III. Dauer und Redeordnung der Aussprache

6. (1) Die Aussprache dauert höchstens eine Stunde. Sprechen weniger Mitglieder einer Fraktion, als aus deren Mitte das Wort erhalten können, verkürzt sich die Aussprache um die ihnen zustehende Redezeit.

 (2) Die von Mitgliedern der Bundesregierung, des Bundesrates oder ihren Beauftragten in Anspruch genommene Redezeit bleibt unberücksichtigt. Überschreitet die von Mitgliedern der Bundesregierung, des Bundesrates oder ihren Beauftragten in Anspruch genommene Redezeit dreißig Minuten, so verlängert sich die Dauer der Aussprache um dreißig Minuten.

 (3) Ergreift ein Mitglied der Bundesregierung, des Bundesrates oder einer ihrer Beauftragten nach Ablauf der vorgeschriebenen Dauer der Aussprache oder in der Aussprache so spät das Wort, daß eine Erwiderung von fünf Minuten nicht mehr möglich ist, so erhält auf Verlangen einer Fraktion oder von anwesenden fünf vom Hundert der Mitglieder des Bundestages erneut je ein Sprecher der Fraktionen das Wort. Bei einer Aussprache auf Verlangen erhält als erster Redner eines der Mitglieder des Bundestages das Wort, die die Aussprache verlangt haben [I. 1. b) und c)].

7. (1) Der einzelne Redner darf nicht länger als fünf Minuten sprechen. Spricht ein Redner kürzer als fünf Minuten, verkürzt sich die Aussprache um die nicht in Anspruch genommene Redezeit.

 (2) Spricht ein Mitglied der Bundesregierung, des Bundesrates oder einer ihrer Beauftragten länger als zehn Minuten, so findet § 44 Abs. 3 Anwendung.

8. Für die Reihenfolge der Worterteilung gilt § 28 mit der Maßgabe, daß die Aussprache von einem der Mitglieder eröffnet wird, die die Aussprache verlangt haben.

9. Anträge zur Sache können nicht gestellt werden.

Anlage 6[1)2)]

Grundsätze in Immunitätsangelegenheiten und in Fällen der Genehmigung gemäß § 50 Abs. 3 StPO und § 382 Abs. 3 ZPO sowie bei Ermächtigungen gemäß § 90b Abs. 2, § 194 Abs. 4 StGB[3)]

A. Grundsätze in Immunitätsangelegenheiten

1. Antragsberechtigung

Berechtigt zur Stellung eines Antrages auf Aufhebung der Immunität sind

a) die Staatsanwaltschaften, Gerichte, Ehren- und Berufsgerichte öffentlich-rechtlichen Charakters sowie berufsständische Einrichtungen, die kraft Gesetzes Standesaufsicht ausüben,

b) im Privatklageverfahren das Gericht, bevor es nach § 383 StPO[4)] das Hauptverfahren eröffnet,

c) der Gläubiger im Vollstreckungsverfahren, soweit das Gericht nicht auch ohne dessen Antrag tätig werden kann,

d) der Ausschuß für Wahlprüfung, Immunität und Geschäftsordnung.

2. Mitteilung an den Präsidenten des Bundestages und Einreichen der Anträge

a) Hat der Bundestag für die Dauer einer Wahlperiode die Durchführung von Ermittlungsverfahren gegen Mitglieder des Bundestages wegen Straftaten genehmigt, so ist vor der Einleitung eines Ermittlungsverfahrens dem Präsidenten des Bundestages und, soweit nicht Gründe der Wahrheitsfindung entgegenstehen, dem betroffenen Mitglied des Bundestages Mitteilung zu machen; unterbleibt eine Mitteilung an das Mitglied des Bundestages, so ist der Präsident auch hiervon unter Angabe der Gründe zu unterrichten. Das Recht des Bundestages, die Aussetzung des Verfahrens zu verlangen (Artikel 46 Abs. 4 des Grundgesetzes[5)]), bleibt unberührt.

[1)] Anl. 6 geänd. durch Bek. v. 9.12.1987 (BGBl. I S. 2677); geänd. durch Bek. v. 28.6.1988 (BGBl. I S. 1009); geänd. durch Bek. v. 12.2.1998 (BGBl. I S. 428); geänd. mWv 15.7.2002 durch Bek. v. 15.7.2002 (BGBl. I S. 3012).
[2)] *Der Beschluss des Deutschen Bundestages* betr. Aufhebung der Immunität von Mitgliedern des Bundestages (Anl. 6 GO-BT), zuletzt geänd. laut Bek. vom 15.7.2002 (BGBl. I S. 3012), ist mit der GO in der 1. Sitzung des Deutschen Bundestages am 24.10.2017 für die 19. Wahlperiode übernommen worden; siehe Bek. über die Übernahme des Beschlusses des Deutschen Bundestages betr. Aufhebung der Immunität von Mitgliedern des Bundestages und der Grundsätze in Immunitätsangelegenheiten v. 19.3.2018 (BGBl. I S. 409).
[3)] **Amtl. Anm.:** Die Grundsätze gemäß § 107 Abs. 2 werden vom Ausschuß für Wahlprüfung, Immunität und Geschäftsordnung jeweils zu Beginn einer Wahlperiode beschlossen.
[4)] **Schönfelder Nr. 90.**
[5)] Nr. 1.

b) Die Staatsanwaltschaften und Gerichte richten ihre Anträge an den Präsidenten des Bundestages auf dem Dienstweg über den Bundesminister der Justiz, der sie mit der Bitte vorlegt, eine Entscheidung herbeizuführen, ob die Genehmigung zur Strafverfolgung oder Beschränkung der persönlichen Freiheit eines Mitgliedes des Bundestages oder der sonst beabsichtigten Maßnahme erteilt wird.

c) Der Gläubiger (Nummer 1 Buchstabe c) kann seinen Antrag unmittelbar an den Bundestag richten.

3. Stellung der betroffenen Mitglieder des Bundestages

In Immunitätsangelegenheiten soll das betroffene Mitglied des Bundestages im Bundestag das Wort zur Sache nicht erhalten; von ihm gestellte Anträge auf Aufhebung seiner Immunität bleiben unberücksichtigt. Der Ausschuss für Wahlprüfung, Immunität und Geschäftsordnung kann auf Antrag einer Fraktion im Ausschuss dem betroffenen Mitglied Gelegenheit zur Äußerung geben.

4. Entscheidungen in Immunitätsangelegenheiten

Das Immunitätsrecht bezweckt vornehmlich, die Arbeits- und Funktionsfähigkeit des Bundestages sicherzustellen; der einzelne Abgeordnete hat einen Anspruch auf eine von sachfremden, willkürlichen Motiven freie Entscheidung. Die Entscheidung über die Aufhebung oder Wiederherstellung der Immunität trifft der Bundestag in eigener Verantwortung unter Abwägung der Belange des Parlaments und der anderen hoheitlichen Gewalten unter Berücksichtigung der Belange des betroffenen Abgeordneten. In eine Beweiswürdigung wird nicht eingetreten; die Entscheidung beinhaltet keine Feststellung von Recht oder Unrecht, Schuld oder Nichtschuld.

5. Beleidigungen politischen Charakters

Beleidigungen politischen Charakters sollen in der Regel nicht zur Aufhebung der Immunität führen.

Die Staatsanwaltschaft darf zur Vorbereitung einer Entscheidung darüber, ob ein Antrag auf Entscheidung über die Genehmigung zur Durchführung eines Strafverfahrens gestellt werden soll, dem Mitglied des Bundestages die Anschuldigung mitteilen und ihm anheimstellen, hierzu Stellung zu nehmen. Feststellungen der Staatsanwaltschaften über die Persönlichkeit des Anzeigeerstatters sowie über andere für die Beurteilung der Ernsthaftigkeit einer Anzeige wichtige Umstände bedeuten kein „zur Verantwortung ziehen" im Sinne des Artikels 46 Abs. 2 des Grundgesetzes[1].

Artikel 46 Abs. 1 des Grundgesetzes[1] bestimmt, daß ein Mitglied des Bundestages wegen einer Abstimmung oder einer Äußerung, die es im Bundestag oder in einem seiner Ausschüsse getan hat, gerichtlich oder dienstlich nicht zur Verantwortung gezogen werden kann, mit Ausnahme bei verleumderischen Beleidigungen (Indemnität). Das bedeutet aber, daß es z.B. wegen einfacher Beleidigung, die im Parlament erfolgt ist, nicht strafrechtlich verfolgt werden kann. Hieraus wird der Grundsatz hergeleitet, daß bei einfachen Beleidigungen, die außerhalb des Bundestages vorgekommen sind, auch die Immunität nicht aufgehoben werden soll, soweit die Beleidigung politischen Charakters ist und keine Verleumdung darstellt. Als „außerhalb des Bundes-

[1] Nr. **1**.

tages" gilt auch eine beleidigende Äußerung, die ein Mitglied des Bundestages als Zeuge vor einem Untersuchungsausschuß getan hat, da das Mitglied des Bundestages hier jedem anderen Staatsbürger, der als Zeuge vernommen wird, gleichgestellt ist.

6. Festnahme eines Mitgliedes des Bundestages bei Begehung der Tat

Bei Festnahme eines Mitgliedes des Bundestages bei Begehung der Tat oder im Laufe des folgenden Tages bedarf die Durchführung des Strafverfahrens oder eine Verhaftung, soweit sie bis spätestens „im Laufe des folgenden Tages" erfolgt, keiner Genehmigung (Artikel 46 Abs. 2 des Grundgesetzes[1]).

Eine erneute Vorführung oder Verhaftung nach vorheriger Freilassung und Verstreichen des der Tat folgenden Tages bedarf dann wieder der Genehmigung des Bundestages; denn hierin liegt eine Beschränkung der persönlichen Freiheit (Artikel 46 Abs. 2 des Grundgesetzes[1]), die in keinem Zusammenhang mit der Festnahme „auf frischer Tat" steht.

7. Verhaftung eines Mitgliedes des Bundestages

a) Die für die Dauer einer Wahlperiode erteilte Genehmigung zur Durchführung von Ermittlungsverfahren gegen Mitglieder des Bundestages wegen Straftaten sowie die Genehmigung zur Erhebung der öffentlichen Klage wegen einer Straftat umfaßt nicht zugleich auch die Genehmigung zur Verhaftung (Artikel 46 Abs. 2 des Grundgesetzes[1]) oder zwangsweisen Vorführung.

b) Unter Verhaftung (Artikel 46 Abs. 2 des Grundgesetzes[1]) ist nur die Untersuchungshaft zu verstehen; die Verhaftung zur Strafvollstreckung bedarf wieder einer besonderen Genehmigung.

c) Die Genehmigung zur Verhaftung schließt die Genehmigung zur zwangsweisen Vorführung ein.

d) Die Genehmigung zur zwangsweisen Vorführung schließt nicht die Genehmigung zur Verhaftung ein.

8. Vollstreckung von Freiheitsstrafen oder von Erzwingungshaft (§§ 96, 97 OWiG[2])

Die Genehmigung zur Erhebung der öffentlichen Klage wegen einer Straftat berechtigt nicht zur Vollstreckung einer Freiheitsstrafe.

Die Vollstreckung einer Freiheitsstrafe oder einer Erzwingungshaft (§§ 96, 97 OWiG[2]) bedürfen der Genehmigung des Bundestages. Zur Vereinfachung des Geschäftsganges ist der Ausschuss für Wahlprüfung, Immunität und Geschäftsordnung beauftragt, eine Vorentscheidung über die Genehmigung der Vollstreckung zu treffen, bei Freiheitsstrafen jedoch nur, soweit nicht auf eine höhere Freiheitsstrafe als drei Monate erkannt ist, oder bei einer Gesamtstrafenbildung (§§ 53 bis 55 StGB[3], § 460 StPO[4]) keine der erkannten Einzelstrafen drei Monate übersteigt.

[1] Nr. 1.
[2] **Schönfelder Nr. 94.**
[3] **Schönfelder Nr. 85.**
[4] **Schönfelder Nr. 90.**

9. Disziplinarverfahren

Die Aufhebung der Immunität zur Durchführung eines Disziplinarverfahrens gilt nicht zur Durchführung eines Strafverfahrens durch die Staatsanwaltschaft wegen des gleichen Sachverhalts. Umgekehrt gilt die Aufhebung der Immunität zur Durchführung eines Strafverfahrens nicht für die Durchführung eines Disziplinarverfahrens.
Die Vollsteckung von Disziplinarmaßnahmen bedarf keiner erneuten Genehmigung des Bundestages.

10. Ehren- und Berufsgerichtsverfahren

Verfahren vor Ehren- und Berufsgerichten, die öffentlich-rechtlichen Charakter haben, können nur nach Aufhebung der Immunität durchgeführt werden.

11. Verfahren bei Verkehrsdelikten

Bei Verkehrsdelikten soll die Genehmigung grundsätzlich erteilt werden. Zur Vereinfachung des Geschäftsganges ist der Ausschuß für Wahlprüfung, Immunität und Geschäftsordnung beauftragt, bei allen Fällen von Verkehrsdelikten eine Vorentscheidung zu treffen.

12. Verfahren bei Bagatellsachen

Bei Anträgen, die nach Auffassung des Ausschusses für Wahlprüfung, Immunität und Geschäftsordnung eine Bagatellsache zum Gegenstand haben, ist der Ausschuß beauftragt, eine Vorentscheidung (Nummer 13) zu treffen.

13. Vereinfachtes Verfahren (Vorentscheidungen)

Hat der Ausschuß auf Grund der ihm erteilten Ermächtigung (Nummern 8, 11, 12, B. und C.) eine Vorentscheidung getroffen, wird diese dem Bundestag durch den Präsidenten schriftlich mitgeteilt, ohne auf die Tagesordnung gesetzt zu werden. Sie gilt als Entscheidung des Bundestages, wenn nicht innerhalb von sieben Tagen nach Mitteilung Widerspruch erhoben wird.

14. Genehmigungspflicht in besonderen Fällen

Die Genehmigung des Bundestages ist erforderlich:

a) Zur Vollstreckung von Ordnungshaft zur Erzwingung einer Unterlassung oder Duldung (§ 890 ZPO[1]).
 Wird in einem Urteil oder einer einstweiligen Verfügung, gerichtet auf eine Unterlassung oder Duldung, für den Fall der Zuwiderhandlung eine Strafe angedroht, so stellt die Androhung die Festsetzung einer Norm dar. Die Prüfung, ob diese Norm, die den Schuldner zur künftigen Erfüllung der Unterlassungspflicht anhalten soll, verletzt ist, bedeutet daher ein „zur Verantwortung ziehen" im Sinne des Artikels 46 Abs. 2 des Grundgesetzes[2] wegen Verletzung „einer mit Strafe bedrohten Handlung". Dabei ist es unerheblich, ob in dem Verfahren Ordnungshaft oder -geld angestrebt wird.

b) Zur Vollstreckung der Haft zur Erzwingung der eidesstattlichen Versicherung des Schuldners (§ 901 ZPO[1]).

[1] **Schönfelder Nr. 100.**
[2] Nr. **1**.

Da lediglich die Vollstreckung des Haftbefehls eine Beschränkung der persönlichen Freiheit im Sinne des Artikels 46 Abs. 2 des Grundgesetzes[1] ist und daher der Genehmigung des Deutschen Bundestages bedarf, steht der Ausschuß für Wahlprüfung, Immunität und Geschäftsordnung auf dem Standpunkt, daß die Durchführung des Verfahrens zur Erzwingung der eidesstattlichen Versicherung gegen ein Mitglied des Bundestages als Schuldner und auch die Anordnung der Haft durch das Gericht zur Erzwingung der Leistung der eidesstattlichen Versicherung noch kein „zur Verantwortung ziehen" bedeuten und daher keiner Genehmigung des Deutschen Bundestages bedürfen.

c) Zur Vollstreckung der Ordnungshaft oder zur zwangsweisen Vorführung wegen Ausbleibens als Zeuge (§ 51 StPO[2] und § 380 ZPO[3]).

d) Zur Vollstreckung der Ordnungshaft oder der Haft wegen grundloser Zeugnisverweigerung (§ 70 StPO[2] und § 390 ZPO[3]).

e) Zur Vollstreckung der Zwangshaft zur Erwirkung unvertretbarer Handlungen (§ 888 ZPO[3]).

f) Zur Vollstreckung der Haft oder sonstigen Freiheitsbeschränkung zur Vollziehung des persönlichen Sicherheitsarrestes (§ 933 ZPO[3]).

g) Zur Vollstreckung der Ordnungshaft wegen Ungebühr (§ 178 GVG[4]).

h) Zur zwangsweisen Vorführung des Schuldners und zur Vollstreckung der Haft im Insolvenzverfahren (§ 21 Abs. 3 und § 98 Abs. 2 InsO[5]).

i) Zur einstweiligen Unterbringung in einer Heil- oder Pflegeanstalt (§ 126a StPO[2]).

j) Zu freiheitsentziehenden Maßregeln der Besserung und Sicherung (§§ 61 ff. StGB[6]).

k) Zur zwangsweisen Vorführung (§§ 134, 230, 236, 329 und 387 StPO[2]).

l) Zur Verhaftung auf Grund Haftbefehls nach §§ 114, 125, 230, 236 oder 329 StPO[2].

15. Schutzmaßnahmen nach dem Infektionsschutzgesetz

Schutzmaßnahmen nach dem Infektionsschutzgesetz[7] haben notstandsähnlichen Charakter. Maßnahmen nach den §§ 29 ff. des Infektionsschutzgesetzes[7] bedürfen daher, gleichgültig, ob sie zum Schutz gegen das Mitglied des Bundestages oder zum Schutz des Mitgliedes des Bundestages gegen andere notwendig werden, nicht der Aufhebung der Immunität.

Die zuständigen Behörden sind jedoch verpflichtet, den Präsidenten des Deutschen Bundestages unverzüglich über die gegen ein Mitglied des Bundestages angeordneten Maßnahmen zu unterrichten. Der Ausschuss für Wahlprüfung, Immunität und Geschäftsordnung ist berechtigt, zu prüfen oder prüfen zu lassen, ob es sich um nach dem Infektionsschutzgesetz[7] gerechtfertigte Maßnahmen handelt. Hält er sie nicht oder nicht mehr für erforder-

[1] Nr. 1.
[2] **Schönfelder Nr. 90.**
[3] **Schönfelder Nr. 100.**
[4] **Schönfelder Nr. 95.**
[5] **Schönfelder Nr. 110.**
[6] **Schönfelder Nr. 85.**
[7] **Sartorius ErgBd. Nr. 285.**

lich, so kann der Ausschuß im Wege der Vorentscheidung die Aussetzung der angeordneten Maßnahmen verlangen. Kann der Ausschuß innerhalb von zwei Tagen nach Eingang einer Mitteilung der zuständigen Behörden nicht zusammentreten, so hat der Präsident des Bundestages insoweit die Rechte des Ausschusses für Wahlprüfung, Immunität und Geschäftsordnung. Er hat den Ausschuß unverzüglich über seine Entscheidung in Kenntnis zu setzen.

16. Anhängige Strafverfahren

Bei Übernahme des Abgeordnetenmandats anhängige Strafverfahren sowie jede angeordnete Haft, Vollstreckung einer Freiheitsstrafe oder sonstige Beschränkung der persönlichen Freiheit (vgl. Nummer 14) sind von Amts wegen auszusetzen.

Soll ein Verfahren fortgesetzt werden, so ist vorher eine Entscheidung des Bundestages einzuholen, soweit nicht bereits die Genehmigung zur Durchführung von Ermittlungsverfahren wegen einer Straftat erteilt ist.

17. Behandlung von Amnestiefällen

Der Ausschuß für Wahlprüfung, Immunität und Geschäftsordnung ist ermächtigt, in allen Fällen, in denen eine gerichtliche Strafverfolgung gegen ein Mitglied des Bundestages infolge einer bereits ausgesprochenen Amnestie nicht zur Durchführung kommen würde, die gerichtliche Einstellung des Verfahrens auf Grund der Amnestie dadurch zu ermöglichen, daß er in solchen Fällen erklärt, der Bundestag werde gegen die Anwendung des Straffreiheitsgesetzes keine Einwendungen erheben. Solche Fälle bedürfen nicht der Vorlage an das Plenum des Bundestages.

B. Ermächtigung zur Strafverfolgung nach § 90b Abs. 2, § 194 Abs. 4 StGB

Die Ermächtigung zur Strafverfolgung nach § 90b Abs. 2 StGB[1] – verfassungsfeindliche Verunglimpfung des Bundestages – sowie nach § 194 Abs. 4 StGB[1] – Beleidigung des Bundestages – kann im Wege der Vorentscheidung gemäß Nummer 13 der Grundsätze in Immunitätsangelegenheiten erteilt werden. Die Staatsanwaltschaften richten ihre Anträge nach Maßgabe der Richtlinien für das Strafverfahren und das Bußgeldverfahren an den Bundesminister der Justiz, der sie mit der Bitte vorlegt, eine Entscheidung herbeizuführen, ob die Ermächtigung zur Strafverfolgung nach § 90b Abs. 2 oder § 194 Abs. 4 StGB[1] erteilt wird.

C. Genehmigung zur Zeugenvernehmung nach § 50 Abs. 3 StPO und § 382 Abs. 3 ZPO

Die Genehmigung zu einer Abweichung von § 50 Abs. 1 StPO[2] und § 382 Abs. 2 ZPO[3], wonach die Mitglieder des Bundestages am Sitz der Versammlung zu vernehmen sind, kann im Wege der Vorentscheidung gemäß Nummer 13 der Grundsätze in Immunitätsangelegenheiten erteilt werden. Die Staatsanwaltschaften und Gerichte richten ihre Anträge unmittelbar an den

[1] *Schönfelder Nr. 85.*
[2] Schönfelder Nr. 90.
[3] Schönfelder Nr. 100.

Präsidenten des Bundestages. Einer Genehmigung bedarf es nicht, wenn der Termin zur Vernehmung außerhalb der Sitzungswochen des Bundestages liegt.

Beschluß des Deutschen Bundestages betr. Aufhebung der Immunität von Mitgliedern des Bundestages[1]

1. Der Deutsche Bundestag genehmigt bis zum Ablauf dieser Wahlperiode die Durchführung von Ermittlungsverfahren gegen Mitglieder des Bundestages wegen Straftaten, es sei denn, dass es sich um Beleidigungen (§§ 185, 186, 187a Abs. 1, § 188 Abs. 1 StGB[2]) politischen Charakters handelt.
 Vor Einleitung eines Ermittlungsverfahrens ist dem Präsidenten des Deutschen Bundestages und, soweit nicht Gründe der Wahrheitsfindung entgegenstehen, dem betroffenen Mitglied des Bundestages Mitteilung zu machen; unterbleibt eine Mitteilung an das Mitglied des Bundestages, so ist der Präsident auch hiervon unter Angabe der Gründe zu unterrichten. Das Recht des Deutschen Bundestages, die Aussetzung des Verfahrens zu verlangen (Artikel 46 Abs. 4 GG[3]), bleibt unberührt.
 Das Ermittlungsverfahren darf im Einzelfall frühestens 48 Stunden nach Zugang der Mitteilung beim Präsidenten des Deutschen Bundestages eingeleitet werden. Bei der Berechnung der Frist werden Sonntage, allgemeine Feiertage und Sonnabende nicht mitgerechnet. Der Präsident des Deutschen Bundestages kann im Einvernehmen mit dem Vorsitzenden des Ausschusses für Wahlprüfung, Immunität und Geschäftsordnung die Frist angemessen verlängern.

2. Diese Genehmigung umfaßt nicht
 a) die Erhebung der öffentlichen Klage wegen einer Straftat und den Antrag auf Erlass eines Strafbefehls,
 b) im Verfahren nach dem Gesetz über Ordnungswidrigkeiten[4] den Hinweis des Gerichts, daß über die Tat auch auf Grund eines Strafgesetzes entschieden werden kann (§ 81 Abs. 1 Satz 2 OWiG),
 c) freiheitsentziehende und freiheitsbeschränkende Maßnahmen im Ermittlungsverfahren,
 d) die Fortsetzung eines Ermittlungsverfahrens, zu dem der Bundestag in der vorausgegangenen Wahlperiode die Aussetzung der Ermittlungen gemäß Artikel 46 Abs. 4 des Grundgesetzes verlangt hat.

3. Zur Vereinfachung des Geschäftsganges wird der Ausschuß für Wahlprüfung, Immunität und Geschäftsordnung beauftragt, bei Verkehrsdelikten eine Vorentscheidung über die Genehmigung in den Fällen der Nummer 2 zu treffen.
 Dasselbe gilt für Straftaten, die nach Auffassung des Ausschusses für Wahlprüfung, Immunität und Geschäftsordnung als Bagatellangelegenheiten zu betrachten sind.
 Die Ermächtigung zur Strafverfolgung gemäß § 90b StGB – verfassungsfeindliche Verunglimpfung des Deutschen Bundestages – sowie § 194 Abs. 4

[1] **Amtl. Anm.:** Dieser Beschluß wird jeweils zu Beginn einer Wahlperiode vom Deutschen Bundestag übernommen.
[2] **Schönfelder Nr. 85.**
[3] Nr. 1.
[4] **Schönfelder Nr. 94.**

StGB – Beleidigung des Deutschen Bundestages – kann im Wege der Vorentscheidung erteilt werden.

Ist zu Beginn einer Wahlperiode die Fortsetzung eines Strafverfahrens gegen ein Mitglied des Bundestages zu genehmigen, gegen das der vorhergehende Bundestag die Durchführung dieses Strafverfahrens bereits genehmigt hat, kann im Wege der Vorentscheidung verfahren werden.

4. Die Vollstreckung einer Freiheitsstrafe oder einer Erzwingungshaft (§§ 96, 97 OWiG) bedürfen der Genehmigung des Deutschen Bundestages. Zur Vereinfachung des Geschäftsganges wird der Ausschuss für Wahlprüfung, Immunität und Geschäftsordnung beauftragt, eine Vorentscheidung über die Genehmigung der Vollstreckung zu treffen, bei Freiheitsstrafen nur, soweit nicht auf eine höhere Freiheitsstrafe als drei Monate erkannt ist oder bei einer Gesamtstrafenbildung (§§ 53 bis 55 StGB, § 460 StPO[1])) keine der erkannten Einzelstrafen drei Monate übersteigt.

5. Ist der Vollzug einer angeordneten Durchsuchung oder Beschlagnahme gegen ein Mitglied des Bundestages genehmigt, ist der Präsident beauftragt, die Genehmigung mit der Auflage zu verbinden, daß beim Vollzug der Zwangsmaßnahme ein anderes Mitglied des Bundestages und – falls die Vollstreckung in Räumen des Bundestages erfolgen soll – ein zusätzlicher Vertreter des Präsidenten anwesend sind; das Mitglied des Bundestages benennt der Präsident im Benehmen mit dem Vorsitzenden der Fraktion des Mitgliedes des Bundestages, gegen das der Vollzug von Zwangsmaßnahmen genehmigt ist.

6. Der Ausschuß für Wahlprüfung, Immunität und Geschäftsordnung kann im Wege der Vorentscheidung das Verlangen des Bundestages auf Aussetzung eines Verfahrens gemäß Artikel 46 Abs. 4 des Grundgesetzes herbeiführen.

7. Bei Vorentscheidungen werden die Beschlüsse des Ausschusses dem Bundestag durch den Präsidenten schriftlich mitgeteilt, ohne auf die Tagesordnung gesetzt zu werden. Sie gelten als Entscheidung des Deutschen Bundestages, wenn nicht innerhalb von sieben Tagen nach Mitteilung schriftlich beim Präsidenten Widerspruch erhoben wird.

Anlage 7[2])

Richtlinien für die Befragung der Bundesregierung

1. Eine Befragung der Bundesregierung findet in Sitzungswochen mittwochs um 13.00 Uhr statt. Die Befragung dauert in der Regel 60 Minuten. Der Präsident kann die Befragung um bis zu 15 Minuten verlängern. Die Fragestunde verkürzt sich um die Verlängerungszeit.

2. Die Bundesregierung übermittelt den Fraktionen die Tagesordnung des Kabinetts, nachdem diese festgestellt worden ist.

[1]) **Schönfelder Nr. 90.**
[2]) Anl. 7 neu gef. mWv 1.3.2019 durch GeschO v. 1.3.2019 (BGBl. I S. 197).

3. Die Mitglieder des Bundestages können an die Bundesregierung Fragen von aktuellem Interesse im Rahmen ihrer Verantwortlichkeit stellen. Die Fragen können durch Bemerkungen eingeleitet werden. Sie müssen kurz gefasst sein und kurze Antworten ermöglichen. Zu jeder Frage ist eine Nachfrage durch den Fragesteller möglich.

4. An der Befragung nimmt mindestens ein Mitglied der Bundesregierung nach einer zuvor festgelegten Reihenfolge teil. Dieses Mitglied der Bundesregierung antwortet vorrangig. Fragen zu den Fachthemen anderer Bundesministerien können durch weitere anwesende Mitglieder der Bundesregierung oder durch Parlamentarische Staatssekretäre des zuständigen Bundesministeriums beantwortet werden.

5. Zu Beginn der Befragung erhält ein Mitglied der Bundesregierung auf Verlangen für bis zu fünf Minuten das Wort zu einleitenden Ausführungen.

6. Der Präsident erteilt das Wort unter Berücksichtigung der Regeln des § 28 Absatz 1 der Geschäftsordnung des Bundestages[1]. In einem ersten Abschnitt sollen Fragen zum Bericht und zum Geschäftsbereich des turnusgemäß anwesenden Mitglieds der Bundesregierung aufgerufen werden, gefolgt von Fragen zu den vorangegangenen Kabinettssitzungen und allgemeinen Fragen.

7. Dreimal jährlich findet zu dem Termin der Regierungsbefragung eine Befragung des Bundeskanzlers statt. Die Befragung soll in den letzten Sitzungswochen vor Ostern, vor der Sommerpause und vor Weihnachten stattfinden. Die Befragung dauert 60 Minuten. Eine Verlängerung ist nicht möglich. Im Übrigen gelten die vorstehenden Regelungen entsprechend.

Anlage 8[2]
(aufgehoben)

[1] Nr. 35.
[2] Anl. 8 aufgeh. mWv 8.7.2010 durch Bek. v. 16.7.2010 (BGBl. I S. 1041).

36. Gemeinsame Geschäftsordnung des Bundestages und des Bundesrates für den Ausschuß nach Artikel 77 des Grundgesetzes (Vermittlungsausschuß)

Vom 19. April 1951

Bek. v. 5. 5. 1951 (BGBl. II S. 103), geänd. durch Bek. v. 11. 2. 1970 (BGBl. I S. 184), Bek. v. 12. 11. 1990 (BGBl. I S. 2557), Bek. v. 16. 5. 1995 (BGBl. I S. 742) u. Bek. v. 30. 4. 2003 (BGBl. I S. 677)

FNA 1101-2

Zur Ausführung des Artikels 77 des Grundgesetzes hat der Bundestag mit Zustimmung des Bundesrates für den Vermittlungsausschuß die folgende Geschäftsordnung beschlossen:

§ 1[1] **Ständige Mitglieder.** Bundestag und Bundesrat entsenden je 16 ihrer Mitglieder, die den ständigen Vermittlungsausschuß bilden.

§ 2 Vorsitz. Der Ausschuß wählt je ein Mitglied des Bundestages und des Bundesrates, die im Vorsitz vierteljährlich sich abwechseln und einander vertreten.

§ 3 Vertretung. ¹Für jedes Mitglied ist sein Vertreter zu bestellen. ²Auch die Vertreter müssen Mitglieder der entsendenden Körperschaft sein. ³Sie dürfen an den Sitzungen nur teilnehmen, soweit eine Vertretung notwendig ist.

§ 4 Wechsel der Mitglieder und Stellvertreter. Die Mitglieder und ihre Stellvertreter können abberufen werden, jedoch ist der Wechsel eines Mitgliedes oder seines Stellvertreters im Wege der Abberufung nur viermal innerhalb der gleichen Wahlperiode des Bundestages zulässig.

§ 5 Bundesregierung. Die Mitglieder der Bundesregierung haben das Recht und auf Beschluß des Ausschusses die Pflicht, an den Sitzungen teilzunehmen.

§ 6 Teilnahme anderer Personen. Anderen Personen kann die Teilnahme an den Sitzungen nur durch Beschluß des Ausschusses gestattet werden.

§ 7[2] **Beschlußfähigkeit.** (1) Der Ausschuß ist beschlußfähig, wenn die Mitglieder unter Mitteilung der Tagesordnung mit einer Frist von

[1] § 1 geänd. durch Bek. v. 12. 11. 1990 (BGBl. I S. 2557).
[2] § 7 Abs. 1 u. 3 geänd. durch Bek. v. 12. 11. 1990 (BGBl. I S. 2557), Abs. 2 neugef. durch Bek. v. 30. 4. 2003 (BGBl. I S. 677).

mindestens fünf Tagen geladen und mindestens zwölf Mitglieder anwesend sind.

(2) Die Ladungsfrist beginnt mit der Abgabe der Ladung bei den für die Postverteilung zuständigen Stellen von Bundestag und Bundesrat.

(3) Ein Einigungsvorschlag kann nur beschlossen werden, wenn mindestens je sieben Mitglieder des Bundestages und des Bundesrates anwesend sind.

§ 8 Mehrheit. Der Ausschuß faßt seine Beschlüsse mit der Mehrheit der Stimmen seiner anwesenden Mitglieder.

§ 9 Unterausschüsse. Der Ausschuß kann Unterausschüsse einsetzen.

§ 10[1] Verfahren im Bundestag. (1) [1] Ein Einigungsvorschlag auf Änderung oder Aufhebung des vom Bundestag beschlossenen Gesetzes ist alsbald auf die Tagesordnung des Bundestages zu setzen. [2] Ein vom Ausschuß bestimmtes Mitglied berichtet im Bundestag und im Bundesrat.

(2) [1] Der Bundestag stimmt nur über den Einigungsvorschlag ab. [2] Zu dem Vorschlag können vor der Abstimmung Erklärungen abgegeben werden. [3] Ein anderer Antrag zur Sache ist nicht zulässig.

(3) [1] Sieht der Einigungsvorschlag mehrere Änderungen des Gesetzesbeschlusses vor, so ist in ihm zu bestimmen, ob und inwieweit im Bundestag über Änderungen gemeinsam abzustimmen ist. [2] Enthält der Einigungsvorschlag Änderungen des Grundgesetzes, ist über jede Abweichung des Einigungsvorschlages vom Wortlaut des vom Bundestag gemäß Artikel 79 Abs. 2 des Grundgesetzes beschlossenen Gesetzes einzeln abzustimmen. [3] Erfolgt eine Einzelabstimmung über mehrere Änderungen, so ist eine Schlußabstimmung über den Einigungsvorschlag im ganzen erforderlich.

§ 11[2] Verfahren im Falle eines Einigungsvorschlages auf Bestätigung des Gesetzesbeschlusses. [1] Sieht der Einigungsvorschlag eine Bestätigung des vom Bundestag beschlossenen Gesetzes vor, so bedarf es keiner erneuten Beschlußfassung durch den Bundestag. [2] Der Vorsitzende des Ausschusses hat den Vorschlag unverzüglich dem Präsidenten des Bundestages und des Bundesrates mitzuteilen.

§ 12[2] Abschluß des Verfahrens. (1) Wird in der zweiten wegen der gleichen Sache einberufenen Sitzung ein Einigungsvorschlag nicht beschlossen, so kann jedes Mitglied den Abschluß des Verfahrens beantragen.

(2) Das Verfahren ist abgeschlossen, wenn in der folgenden Sitzung sich keine Mehrheit für einen Einigungsvorschlag findet.

(3) Auf andere Weise kann das Verfahren ohne Einigungsvorschlag nicht abgeschlossen werden.

(4) Der Vorsitzende hat den Abschluß des Verfahrens festzustellen und unverzüglich dem Präsidenten des Bundestages und des Bundesrates mitzuteilen.

[1] § 10 Abs. 3 Satz 2 eingef. durch Bek. v. 16. 5. 1995 (BGBl. I S. 742).
[2] § 11 Satz 2 und § 12 Abs. 4 geänd. durch Bek. v. 11. 2. 1970 (BGBl. I S. 184).

§ 13 Außerkrafttreten. Diese Geschäftsordnung tritt, wenn Bundestag oder Bundesrat ihre Aufhebung beschließen, sechs Monate nach der Beschlußfassung außer Kraft, es sei denn, daß der Bundestag vorher mit Zustimmung des Bundesrates eine Änderung beschließt.

37. Geschäftsordnung des Bundesrates

In der Fassung der Bekanntmachung vom 26. November 1993[1]

(BGBl. I S. 2007), geänd. durch Bek. v. 25. 11. 1994 (BGBl. I S. 3736), Bek. v. 31. 5. 2002 (BGBl. I S. 1908), Bek. v. 22. 9. 2006 (BGBl. I S. 2176) und Bek. v. 8. 6. 2007 (BGBl. I S. 1057)

FNA 1102-1

Inhaltsübersicht

[1] Neubekanntmachung der Geschäftsordnung des Bundesrates vom 10. 6. 1988 (BGBl. I S. 857) in der seit 26. 11. 1993 geltenden Fassung.

I. Allgemeine Bestimmungen

Artikel 50 GG

Durch den Bundesrat wirken die Länder bei der Gesetzgebung und Verwaltung des Bundes und in Angelegenheiten der Europäischen Union mit.

Artikel 51 GG

[1] Der Bundesrat besteht aus Mitgliedern der Regierungen der Länder, die sie bestellen und abberufen. [2] Sie können durch andere Mitglieder ihrer Regierungen vertreten werden.

[3] Jedes Land hat mindestens drei Stimmen, Länder mit mehr als zwei Millionen Einwohnern haben vier, Länder mit mehr als sechs Millionen Einwohnern fünf, Länder mit mehr als sieben Millionen Einwohner sechs Stimmen.

[4] Jedes Land kann so viele Mitglieder entsenden, wie es Stimmen hat. [5] Die Stimmen eines Landes können nur einheitlich und nur durch anwesende Mitglieder oder deren Vertreter abgegeben werden.

§ 1 Mitglieder. Die Regierungen der Länder teilen dem Präsidenten des Bundesrates die Namen der Mitglieder des Bundesrates, den Zeitpunkt ihrer Bestellung als Mitglieder des Bundesrates und der Landesregierungen und den Zeitpunkt des Erlöschens ihrer Mitgliedschaft mit.

§ 2 Inkompatibilität. [1] Die Mitglieder des Bundesrates dürfen nicht gleichzeitig dem Bundestag angehören. [2] Wird ein Mitglied des Bundes-

rates in den Bundestag gewählt, so muß es dem Präsidenten des Bundesrates in angemessener Frist mitteilen, welches der beiden Ämter es niederlegt.

§ 3 Geschäftsjahr. Das Geschäftsjahr des Bundesrates beginnt am 1. November eines jeden Jahres und endet am 31. Oktober des folgenden Jahres.

§ 4 Ausweise, Fahrkarten. (1) [1]Jedes Mitglied erhält vom Bundesrat einen Ausweis über seine Eigenschaft als Bundesratsmitglied. [2]Die Mitglieder des Bundesrates erhalten außerdem Fahrkarten für die Bundesbahn und die Bundespost.

(2) Ausweise und Fahrkarten sind eine Woche nach Erlöschen der Mitgliedschaft zurückzugeben.

II. Organe und Einrichtungen des Bundesrates

Artikel 52 Abs. 1 GG

Der Bundesrat wählt seinen Präsidenten auf ein Jahr.

§ 5[1] Wahl des Präsidenten und der Vizepräsidenten. (1) Der Bundesrat wählt ohne Aussprache für ein Jahr aus seinen Mitgliedern einen Präsidenten und zwei Vizepräsidenten.

(2) Endet das Amt des Präsidenten oder eines Vizepräsidenten vorzeitig, so soll innerhalb von vier Wochen eine Nachwahl stattfinden.

§ 6[2] Stellung des Präsidenten. (1) [1]Der Präsident vertritt die Bundesrepublik Deutschland in allen Angelegenheiten des Bundesrates. [2]Er ist oberste Dienstbehörde für die Beamten des Bundesrates.

(2) Beamte des höheren Dienstes werden mit vorheriger Zustimmung des Ständigen Beirats, der Direktor und Stellvertretende Direktor mit vorheriger Zustimmung des Bundesrates vom Präsidenten eingestellt, befördert, entlassen und in den Ruhestand versetzt; gleiches gilt für die Einstellung, Höhergruppierung und Entlassung der Angestellten von Vergütungsgruppe BAT II a an aufwärts.

(3) Der Präsident übt das Hausrecht[3] für die der Verwaltung des Bundesrates unterstehenden Gebäude, Gebäudeteile und Grundstücke aus.

§ 7[1] Stellung der Vizepräsidenten. (1) [1]Die Vizepräsidenten vertreten den Präsidenten im Falle seiner Verhinderung oder bei vorzeitiger Beendigung seines Amtes nach Maßgabe ihrer Reihenfolge. [2]Ein Fall der Verhinderung liegt auch vor, solange der Präsident des Bundesrates nach Artikel 57 des Grundgesetzes die Befugnisse des Bundespräsidenten wahrnimmt.

[1] § 5 Abs. 1 u. § 7 Abs. 2 geänd. mWv 1. 11. 2007 durch Bek. v. 8. 6. 2007 (BGBl. I S. 1057).
[2] § 6 Abs. 2 neugef. durch Bek. v. 25. 11. 1994 (BGBl. I S. 3736).
[3] Siehe die Hausordnung für das Sekretariat des Bundesrates v. 2. 10. 2002 (BGBl. I S. 3964).

(2) Die Vizepräsidenten beraten und unterstützen den Präsidenten bei der Erledigung seiner Aufgaben.

§ 8[1] Präsidium. (1) Der Präsident und die Vizepräsidenten bilden das Präsidium.

(2) [1]Das Präsidium stellt nach Beratung im Ständigen Beirat den Entwurf des Haushaltsplanes für den Bundesrat auf. [2]Es entscheidet über die inneren Angelegenheiten des Bundesrates, soweit die Befugnis zur Entscheidung weder dem Bundesrat vorbehalten ist noch dem Präsidenten obliegt. [3]Der Bundesrat kann das Präsidium mit der Ausführung seiner Beschlüsse beauftragen.

(3) [1]Der Präsident beruft das Präsidium ein und leitet dessen Sitzungen. [2]Er hat das Präsidium einzuberufen, wenn ein Vizepräsident es verlangt.

(4) In dringenden Fällen kann der Präsident Beschlüsse des Präsidiums im Wege der Umfrage herbeiführen.

(5) [1]Über jede Sitzung des Präsidiums ist eine Niederschrift zu fertigen. [2]Diese muß mindestens die Namen der Teilnehmer, die Anträge, das Ergebnis der Beratungen und bei Beschlüssen das Stimmverhältnis enthalten.

§ 9[2] Ständiger Beirat. (1) [1]Beim Präsidium besteht ein Ständiger Beirat. [2]Ihm gehören die Bevollmächtigten der Länder an. [3]Er tritt in der Regel einmal wöchentlich zusammen.

(2) [1]Der Ständige Beirat berät und unterstützt den Präsidenten und das Präsidium bei der Vorbereitung der Sitzungen und der Führung der Verwaltungsgeschäfte des Bundesrates. [2]Er entscheidet in den in § 6 Abs. 2 genannten Personalangelegenheiten. [3]Seine Beschlüsse werden in einer Niederschrift aufgenommen.

(3) [1]Der Ständige Beirat wirkt bei der Aufrechterhaltung der laufenden Verbindung zwischen Bundesrat und Bundesregierung mit. [2]Der für die Angelegenheiten des Bundesrates und der Länder zuständige Bundesminister kann insoweit an den Sitzungen des Ständigen Beirates teilnehmen und muß jederzeit gehört werden.

(4) Der Direktor des Bundesrates nimmt an den Sitzungen des Ständigen Beirates teil.

(5) Der Vorsitz im Ständigen Beirat steht in folgender Reihenfolge zu:
1. einem Mitglied des Präsidiums,
2. dem Bevollmächtigten, der zugleich Mitglied des Bundesrates ist,
3. jedem anderen Bevollmächtigten.

(6) Kommen nach Absatz 5 Nr. 2 oder 3 mehrere Personen als Vorsitzende in Betracht, so führt das Mitglied des Ständigen Beirates den Vorsitz, das ihm ohne Unterbrechung am längsten angehört.

§ 10 Schriftführer. (1) Der Bundesrat wählt aus seinen Mitgliedern für jedes Geschäftsjahr zwei Schriftführer.

(2) [1]Ein Schriftführer unterstützt den Präsidenten in der Sitzung. [2]Sind beide Schriftführer zu einer Sitzung des Bundesrates nicht erschie-

[1] § 8 Abs. 4 aufgeh., bish. Abs. 5 u. 6 werden Abs. 4 u. 5 durch Bek. v. 8. 6. 2007 (BGBl. I S. 1057).
[2] § 9 Abs. 2 neugef. durch Bek. v. 25. 11. 1994 (BGBl. I S. 3736).

nen, so bestellt der Präsident ein anderes Mitglied des Bundesrates für diese Sitzung zum Schriftführer.

Artikel 52 Abs. 4 GG

Den Ausschüssen des Bundesrates können andere Mitglieder oder Beauftragte der Regierungen der Länder angehören.

§ 11 Ausschüsse. (1) [1] Der Bundesrat bildet ständige Ausschüsse. [2] Er kann für besondere Angelegenheiten weitere Ausschüsse einsetzen.

(2) Die Länder sind in jedem Ausschuß durch ein Mitglied des Bundesrates, ein anderes Mitglied oder einen Beauftragten ihrer Regierung vertreten.

(3) [1] Die Regierungen der Länder teilen dem Präsidenten den Zeitpunkt der Bestellung und Abberufung der Ausschußmitglieder schriftlich mit. [2] Diese Mitteilungen werden den Ausschüssen bekanntgegeben.

(4) [1] Absatz 3 Satz 1 gilt auch für die Entsendung der Mitglieder des Vermittlungsausschusses. [2] Der Präsident oder in seinem Auftrag der Direktor des Bundesrates teilt die Namen der Mitglieder und der Stellvertreter dem Vorsitzenden des Vermittlungsausschusses mit.

§ 12 Wahl der Vorsitzenden der Ausschüsse. (1) [1] Der Bundesrat wählt für jedes Geschäftsjahr die Vorsitzenden der Ausschüsse aus deren Mitgliedern. [2] Die Ausschüsse sollen vor der Wahl gehört werden.

(2) Die Ausschüsse wählen aus ihren Mitgliedern stellvertretende Vorsitzende.

(3) Endet das Amt eines Vorsitzenden oder eines stellvertretenden Vorsitzenden vorzeitig, so soll für den Rest seiner Amtszeit ein Nachfolger gewählt werden.

§ 13 Vertreter des Bundesrates in anderen Organen. Bestellt der Bundesrat Mitglieder von Organen einer juristischen Person des öffentlichen oder des privaten Rechts, von Beiräten einer Dienststelle der Bundesregierung, von Verwaltungsräten oder ähnlichen Einrichtungen, so können der Bundesrat oder seine Ausschüsse verlangen, daß diese Mitglieder über ihre Tätigkeit berichten.

§ 14[1] Sekretariat. (1) Beim Bundesrat besteht ein Sekretariat, dem alle Bediensteten des Bundesrates angehören.

(2) [1] Der Direktor des Bundesrates leitet das Sekretariat im Auftrag des Präsidenten mit Unterstützung des Stellvertretenden Direktors. [2] Der Direktor unterstützt den Präsidenten bei der Führung seiner Amtsgeschäfte.

III. Die Sitzungen des Bundesrates
1. Vorbereitung der Sitzungen

Artikel 52 Abs. 2 GG

[1] Der Präsident beruft den Bundesrat ein. [2] Er hat ihn einzuberufen, wenn die Vertreter von mindestens zwei Ländern oder die Bundesregierung es verlangen.

[1] § 14 Abs. 2 neugef. durch Bek. v. 31. 5. 2002 (BGBl. I S. 1908).

§ 15 Einberufung und Bekanntgabe. (1) Der Präsident hat den Bundesrat unverzüglich einzuberufen, wenn ein Land oder die Bundesregierung es verlangt.

(2) ¹Der Präsident bereitet die Sitzungen vor. ²Zur Vorbereitung der Sitzungen werden die zu beratenden Vorlagen in vorläufigen Tagesordnungen zusammengestellt.

(3) Die vorläufige Tagesordnung, die Vorlagen sowie die Niederschriften und Empfehlungen der Ausschüsse sollen den Vertretungen der Länder so früh wie möglich zugestellt werden.

(4) Kann die Zustellung nicht spätestens am sechsten Tag vor der Sitzung erfolgen, so sind die vorläufige Tagesordnung, die Vorlagen und die Berichte der beteiligten Ausschüsse den Vertretungen der Länder und gleichzeitig den Mitgliedern des Bundesrates unmittelbar zuzustellen.

(5) ¹Ort, Zeit und die vorläufige Tagesordnung jeder Sitzung werden der Bundesregierung mitgeteilt. ²Die Sitzungen des Bundesrates werden durch Anschlag im Sitzungsgebäude bekanntgegeben.

§ 16 Anwesenheitsliste. Für jede Sitzung des Bundesrates wird eine Anwesenheitsliste ausgelegt, in die sich die Teilnehmer der Sitzung eintragen.

2. Allgemeine Verfahrensgrundsätze

Artikel 52 Abs. 3 Satz 3 und 4 GG
¹Er (der Bundesrat) verhandelt öffentlich. ²Die Öffentlichkeit kann ausgeschlossen werden.

§ 17 Ausschluß der Öffentlichkeit. (1) ¹Über den Ausschluß der Öffentlichkeit für einen Beratungsgegenstand wird in nichtöffentlicher Sitzung beraten und beschlossen. ²Die Wiederherstellung der Öffentlichkeit ist bekanntzugeben.

(2) Die Verhandlungen in nichtöffentlicher Sitzung sind vertraulich, soweit der Bundesrat nichts anderes beschließt.

Artikel 53 Satz 1 und 2 GG
¹Die Mitglieder der Bundesregierung haben das Recht und auf Verlangen die Pflicht, an den Verhandlungen des Bundesrates und seiner Ausschüsse teilzunehmen. ²Sie müssen jederzeit gehört werden.

§ 18 Teilnahme an den Verhandlungen. (1) An den Verhandlungen des Bundesrates können auch die Berichterstatter des Vermittlungsausschusses und die Staatssekretäre des Bundes teilnehmen; andere Personen nur, wenn der Präsident dies zuläßt.

(2) Zur Unterstützung der Mitglieder des Bundesrates und der Bundesregierung sowie der anderen Teilnehmer an den Verhandlungen können Beauftragte der Länder und des Bundes zugezogen werden.

Artikel 53 Satz 3 GG
Der Bundesrat ist von der Bundesregierung über die Führung der Geschäfte auf dem laufenden zu halten.

§ 19 Fragerecht. (1) Jedes Mitglied des Bundesrates kann in der Sitzung zu den Gegenständen der Tagesordnung Fragen an die Bundesregierung oder deren Mitglieder richten.

(2) ¹Jedes Land kann außerdem an die Bundesregierung Fragen stellen, die nicht im Zusammenhang mit einem Gegenstand der Tagesordnung stehen. ²Diese Fragen sind dem Präsidenten spätestens zwei Wochen vor der Sitzung, in der sie beantwortet werden sollen, schriftlich mitzuteilen. ³Der Präsident leitet sie an die Bundesregierung weiter und setzt sie auf die Tagesordnung.

(3) ¹Die Fragen nach Absatz 2 sollen zu Beginn der dafür vorgesehenen Sitzung behandelt werden. ²Das fragestellende Land kann seine Frage mündlich begründen. ³Auf Antrag des fragestellenden Landes stellt der Präsident fest, ob die Frage von der Mehrheit des Bundesrates übernommen wird.

(4) ¹Bezieht sich die Frage auf einen Gegenstand, hinsichtlich dessen die Bundesregierung nach Artikel 53 Satz 3 des Grundgesetzes verpflichtet ist, den Bundesrat auf dem laufenden zu halten, so ist auf Verlangen der Bundesregierung die Öffentlichkeit für die Dauer der Behandlung der Frage auszuschließen. ² § 17 findet entsprechende Anwendung.

(5) ¹Die Behandlung einer Frage in der Sitzung unterbleibt, wenn sich das fragestellende Land mit schriftlicher Beantwortung einverstanden erklärt hat. ²Die Antwort der Bundesregierung ist allen Ländern mitzuteilen.

§ 20 Leitung der Sitzung. (1) Der Präsident leitet die Sitzungen des Bundesrates.

(2) Sind Präsident und Vizepräsidenten gleichzeitig verhindert, eine Sitzung zu leiten, so übernimmt der dem Lebensalter nach älteste Regierungschef die Leitung der Sitzung.

§ 21 Beteiligung des Präsidenten an den Verhandlungen. Beabsichtigt der Präsident, sich als Redner an den Verhandlungen zu beteiligen, so gibt er für diese Zeit die Leitung der Sitzung ab.

§ 22 Ordnungsgewalt des Präsidenten. (1) Sitzungsteilnehmer, die nicht Mitglieder des Bundesrates sind, und Zuhörer unterstehen der Ordnungsgewalt des Präsidenten.

(2) ¹Wer auf den Tribünen Beifall oder Mißbilligung äußert oder Ordnung und Anstand verletzt, kann auf Anordnung des Präsidenten sofort entfernt werden. ²Der Präsident kann die Tribüne wegen störender Unruhe räumen lassen.

3. Der Geschäftsgang im Bundesrat

§ 23 Feststellung und Durchführung der Tagesordnung. (1) Der Präsident gibt zu Beginn der Sitzung Änderungen in der Zusammensetzung des Bundesrates bekannt.

(2) ¹Vor Eintritt in die Verhandlungen stellt der Bundesrat durch Beschluß die Tagesordnung fest. ² § 19 Abs. 2 Satz 3 bleibt unberührt.

(3) Hat ein Land unter Berufung auf seine Rechte aus § 15 Abs. 1 spätestens zwei Wochen vor der Sitzung verlangt, daß ein Beratungsgegenstand auf die Tagesordnung gesetzt wird, so muß diesem Verlangen entsprochen werden, wenn das Land nicht auf die Behandlung in dieser Sitzung verzichtet.

(4) Sind die Vorlage, die vorläufige Tagesordnung oder die Empfehlungen der Ausschüsse bezüglich eines Gegenstandes nicht spätestens am sechsten Tag vor der Sitzung gemäß § 15 Abs. 3 zugestellt worden, so darf dieser Gegenstand nicht auf die Tagesordnung gesetzt werden, wenn ein Land widerspricht, es sei denn, daß eine für die Beschlußfassung des Bundesrates vorgesehene gesetzliche Frist in weniger als sieben Tagen abläuft oder daß es sich um einen Eilfall gemäß § 45 d Abs. 1 handelt.

(5) Über Gegenstände, die nicht auf der Tagesordnung stehen, darf nicht verhandelt oder beschlossen werden, wenn ein Land widerspricht.

§ 24 Verhandlungen. Der Präsident soll darauf hinwirken, daß unabhängig von der Berichterstattung der Ausschüsse bei Beratungsgegenständen von allgemeinem Interesse oder von besonderer Bedeutung die Gründe dargelegt werden, die für die Entscheidung über die Ausschußempfehlungen oder Anträge von Bedeutung sind.

§ 25 Berichterstattung. (1) Die Ausschüsse sollen in der Sitzung des Bundesrates über Beratungsgegenstände von wesentlicher Bedeutung mündlich berichten.

(2) [1] Die Berichte müssen die Beratungen in den Ausschüssen objektiv wiedergeben, sollen sich aber auf die politisch bedeutsamen Ergebnisse beschränken. [2] Über fachliche oder rechtstechnische Beratungen und deren Ergebnis kann mit Zustimmung des Präsidenten ein schriftlicher Bericht unter Verzicht auf seinen Vortrag zu dem Bericht über die Sitzung gegeben werden.

§ 26 Anträge und Empfehlungen. (1) Jedes Land hat das Recht, im Bundesrat Anträge zu stellen.

(2) Das Präsidium kann Anträge zu den inneren Angelegenheiten des Bundesrates stellen.

(3) [1] Die Ausschüsse legen dem Bundesrat zu den ihnen überwiesenen Beratungsgegenständen Empfehlungen vor. [2] Empfiehlt ein Ausschuß dem Bundesrat die Änderung oder Ablehnung einer Vorlage, so hat er eine Begründung mit vorzulegen.

Artikel 51 Abs. 2 GG

Jedes Land hat mindestens drei Stimmen, Länder mit mehr als zwei Millionen Einwohnern haben vier, Länder mit mehr als sechs Millionen Einwohnern fünf, Länder mit mehr als sieben Millionen Einwohnern sechs Stimmen.

§ 27 Anzahl der Stimmen. Die Anzahl der Stimmen, die dem Land nach Artikel 51 Abs. 2 des Grundgesetzes zusteht, bemißt sich *nach den* Ergebnissen der amtlichen Bevölkerungsfortschreibung, sofern nicht die Ergebnisse einer amtlichen Volkszählung vorliegen.

Artikel 52 Abs. 3 Satz 1 GG

 Der Bundesrat faßt seine Beschlüsse mit mindestens der Mehrheit seiner Stimmen.

§ 28 Beschlußfähigkeit.

(1) Der Bundesrat ist beschlußfähig, wenn die Mehrheit seiner Stimmen vertreten ist.

(2) Bei Beschlußunfähigkeit hat der Präsident die Sitzung aufzuheben und den Zeitpunkt der nächsten Sitzung bekanntzugeben.

(3) Bei der Beschlußfassung des Bundesrates gemäß Artikel 37, Artikel 84 Abs. 3 und 4 und Artikel 91 Abs. 2 des Grundgesetzes ist das betroffene Land stimmberechtigt.

Artikel 51 Abs. 3 Satz 2 GG

 Die Stimmen eines Landes können nur einheitlich und nur durch anwesende Mitglieder oder deren Vertreter abgegeben werden.

§ 29 Abstimmung.

(1) [1] Abgestimmt wird durch Handaufheben. [2] Auf Verlangen eines Landes wird durch Aufruf der Länder abgestimmt. [3] Die Länder werden in alphabetischer Reihenfolge aufgerufen.

(2) [1] Soweit eine Abstimmung über die Empfehlungen der Ausschüsse nicht beantragt ist und keine einander widersprechenden Empfehlungen, keine Anträge oder Wortmeldungen vorliegen, kann der Präsident feststellen, daß der Bundesrat gemäß den Empfehlungen der Ausschüsse beschlossen hat; er kann die Abstimmung über mehrere Beratungsgegenstände zusammenfassen. [2] Satz 1 gilt für die Feststellung der Tagesordnung nach § 23 Abs. 2 entsprechend.

(3) [1] Der Präsident kann die Abstimmung über einen Gegenstand der Tagesordnung oder dazu vorliegende Anträge bis spätestens zum Schluß der Sitzung zurückstellen. [2] Die Abstimmung muß zurückgestellt werden, wenn mindestens zwei Länder es verlangen.

§ 30 Abstimmungsregeln.

(1) [1] Im Gesetzgebungsverfahren nach den Artikeln 76 bis 78 des Grundgesetzes sind die Abstimmungsfragen so zu fassen, daß sich aus der Abstimmung zweifelsfrei ergibt, ob der Bundesrat mit der Mehrheit seiner Stimmen beschlossen hat,

eine Gesetzesvorlage beim Bundestag einzubringen (Artikel 76 Abs. 1 des Grundgesetzes),

zu einer Gesetzesvorlage der Bundesregierung Stellung zu nehmen und welchen Inhalt diese Stellungnahme hat (Artikel 76 Abs. 2 des Grundgesetzes),

einem vom Bundestag beschlossenen Gesetz zuzustimmen (Artikel 78 des Grundgesetzes),

wegen eines vom Bundestag beschlossenen Gesetzes die Einberufung des Vermittlungsausschusses zu verlangen (Artikel 77 Abs. 2 Satz 1 des Grundgesetzes),

gegen ein vom Bundestag beschlossenes Gesetz Einspruch einzulegen oder ihn zurückzunehmen (Artikel 77 Abs. 3 Satz 1 und Artikel 78 des Grundgesetzes).

[2] Auch in allen anderen Fällen, in denen eine Zustimmung des Bundesrates erforderlich ist, muß die Abstimmung eindeutig ergeben, ob der

Bundesrat mit der Mehrheit seiner Stimmen die Zustimmung erteilt. [3] Mit der Abstimmung über die Erteilung der Zustimmung wird über Anträge, die Zustimmung zu verweigern, mitentschieden.

(2) [1] Sind zu demselben Gegenstand mehrere Anträge gestellt, so ist über den weitestgehenden Antrag zuerst abzustimmen. [2] Entscheidend ist der Grad der Abweichung von der Vorlage. [3] In Zweifelsfällen entscheidet der Bundesrat. [4] Bei zustimmungsbedürftigen Gesetzen ist über einen Antrag gemäß Artikel 77 Abs. 2 Satz 1 des Grundgesetzes vor der Beschlußfassung über die Zustimmung abzustimmen.

(3) Absatz 1 Satz 3 und Absatz 2 gelten für die Empfehlungen der Ausschüsse entsprechend.

§ 31 Verfahren bei Beschlüssen nach Artikel 77 Abs. 2 Satz 1 des Grundgesetzes. [1] Im Verfahren nach Artikel 77 Abs. 2 Satz 1 des Grundgesetzes stellt der Präsident, sofern über mehrere Anrufungsgründe zu einem Gesetz abzustimmen ist, zunächst allgemein fest, ob eine Mehrheit für die Anrufung des Vermittlungsausschusses vorhanden ist. [2] Ist dies der Fall, so läßt er über die Einzelanträge beraten und abstimmen. [3] Anschließend kann er nach erneuter Beratung darüber abstimmen lassen, ob der Vermittlungsausschuß[1)] unter Zugrundelegung aller gefaßten Einzelbeschlüsse angerufen werden soll; er hat abstimmen zu lassen, wenn ein Land es verlangt.

§ 32 Wirksamwerden der Beschlüsse. [1] Die Beschlüsse des Bundesrates werden mit dem Ende der Sitzung wirksam. [2] Über Gegenstände, deren Behandlung abgeschlossen ist, darf nicht erneut beraten und abgestimmt werden, wenn ein Land widerspricht.

Artikel 43 Abs. 2 GG

[1] Die Mitglieder des Bundesrates und der Bundesregierung sowie ihre Beauftragten haben zu allen Sitzungen des Bundestages und seiner Ausschüsse Zutritt. [2] Sie müssen jederzeit gehört werden.

§ 33 Teilnahme an den Verhandlungen des Bundestages. [1] Der Bundesrat kann seine Mitglieder beauftragen, seine Beschlüsse im Bundestag und in dessen Ausschüssen zu vertreten. [2] Die Ausschüsse können Vorschläge hierzu machen.

§ 34 Sitzungsbericht. (1) Über die Sitzungen des Bundesrates wird ein wörtlicher Bericht aufgenommen.

(2) [1] Der Bericht ist vertraulich, soweit die Verhandlungen vertraulich sind (§ 17 Abs. 2). [2] Der Bundesrat kann bestimmen, daß über eine nichtöffentliche Sitzung ein Bericht nicht aufgenommen wird.

(3) [1] Der Bericht gilt als genehmigt, wenn nicht innerhalb von zwei Wochen nach seiner Ausgabe Einspruch beim Präsidenten eingelegt wird. [2] Gibt der Präsident dem Einspruch nicht statt, so entscheidet der Bundesrat.

[1)] Siehe auch die Geschäftsordnung des Vermittlungsausschusses v. 19. 4. 1951 (Nr. **36**).

§ 35 Vereinfachtes Verfahren. Bei Vorlagen, die dem Bundesrat lediglich zur Kenntnisnahme zugeleitet werden, gelten die Empfehlungen der zuständigen Ausschüsse, der Bundesrat möge von der Vorlage Kenntnis nehmen oder gegen die Vorlage keine Bedenken erheben, als Stellungnahme des Bundesrates, sofern bis zur nächsten Sitzung des Bundesrates kein Land den Antrag auf Behandlung dieser Vorlage stellt.

IV. Das Verfahren in den Ausschüssen

§ 36 Zuweisung der Vorlagen. (1) [1] Der Präsident weist die Vorlagen den zuständigen Ausschüssen zu und bestimmt den federführenden Ausschuß. [2] Die Beteiligung mehrerer Ausschüsse an der Beratung einer Vorlage soll möglichst beschränkt werden. [3] Der Präsident kann den Direktor des Bundesrates mit der Zuweisung der Vorlagen und der Bestimmung des federführenden Ausschusses beauftragen.

(2) Der Präsident hat Vorlagen eines Landes auf dessen Verlangen unmittelbar auf die vorläufige Tagesordnung des Bundesrates zu setzen.

§ 37 Tagungsort, Öffentlichkeit, Anwesenheitsliste. (1) [1] Die Ausschüsse tagen am Sitz des Bundesrates. [2] Ausnahmen bedürfen der vorherigen Zustimmung des Präsidenten. [3] Für die Bekanntgabe der Sitzungen gilt § 15 Abs. 5 entsprechend.

(2) [1] Die Sitzungen der Ausschüsse sind nicht öffentlich. [2] Die Verhandlungen sind vertraulich, soweit der Ausschuß nichts anderes beschließt.

(3) Für jede Ausschußsitzung wird eine Anwesenheitsliste ausgelegt, in die sich die Teilnehmer der Sitzung eintragen.

§ 38 Einberufung, Leitung, Tagesordnung. (1) [1] Der Vorsitzende beruft den Ausschuß ein. [2] Er hat ihn unverzüglich einzuberufen, wenn ein Ausschußmitglied es verlangt. [3] Der Vorsitzende bereitet die Sitzungen des Ausschusses vor und leitet sie.

(2) [1] Die Tagesordnung wird den Vertretungen der Länder so früh wie möglich, spätestens am sechsten Tag vor der Sitzung zugestellt. [2] Kann diese Frist nicht eingehalten werden, so ist die Tagesordnung den Vertretungen der Länder und gleichzeitig fernschriftlich den Mitgliedern des Ausschusses mitzuteilen.

(3) Soweit der Ausschuß nicht federführend ist, soll die Tagesordnung den Zweck der Beratung der einzelnen Gegenstände angeben.

§ 39 Beratung. (1) Die Ausschüsse bereiten die Beschlußfassung des Bundesrates vor.

(2) Der Präsident kann die Ausschüsse mit der Ausarbeitung gutachtlicher Stellungnahmen beauftragen.

(3) [1] Mehrere Ausschüsse können gemeinsam beraten. [2] Ist ein Beratungsgegenstand für die Fachgebiete mehrerer Ausschüsse von gleicher Bedeutung, so kann der Präsident gemeinsame Beratung anordnen.

(4) Die Ausschüsse können Unterausschüsse einsetzen.

(5) Die Ausschüsse sollen ihre Beratungen am achten Tag vor der nächsten Sitzung des Bundesrates abgeschlossen haben.

Artikel 53 Satz 1 und 2 GG

[1] Die Mitglieder der Bundesregierung haben das Recht und auf Verlangen die Pflicht, an den Verhandlungen des Bundesrates und seiner Ausschüsse teilzunehmen. [2] Sie müssen jederzeit gehört werden.

§ 40 Teilnahme und Fragerecht.

(1) Mitglieder des Bundesrates und Beauftragte der Landesregierungen, die nicht Mitglieder der Ausschüsse sind, sowie Beauftragte der Bundesregierung können an den Verhandlungen der Ausschüsse und Unterausschüsse ohne Stimmrecht teilnehmen.

(2) In den Sitzungen können die Mitglieder der Ausschüsse sowie die Beauftragten der Landesregierungen an die Mitglieder der Bundesregierung und deren Beauftragte Fragen stellen.

(3) Die Ausschüsse können Sachverständige oder andere Personen, deren Teilnahme sie für erforderlich halten, anhören.

§ 41 Berichterstattung im Ausschuß.

[1] Der Ausschuß bestellt, soweit dies für seine Beratungen erforderlich ist, für die einzelnen Beratungsgegenstände Berichterstatter. [2] Die Berichte werden mündlich erstattet, soweit der Ausschuß nichts anderes beschließt.

§ 42 Beschlüsse.

(1) Die Ausschüsse sind beschlußfähig, wenn mehr als die Hälfte der Länder vertreten ist.

(2) Jedes Land hat in den Ausschüssen eine Stimme.

(3) Die Ausschüsse fassen ihre Beschlüsse mit einfacher Mehrheit.

§ 43 Umfrageverfahren.

[1] Hält der Vorsitzende die mündliche Beratung einer Vorlage für entbehrlich, so kann die Stellungnahme der Mitglieder des Ausschusses im Wege der Umfrage eingeholt werden. [2] Die Umfrage soll so frühzeitig erfolgen, daß auf Antrag eines Landes noch rechtzeitig eine Sitzung einberufen werden kann.

§ 44 Sitzungsniederschrift.

(1) [1] Über jede Sitzung eines Ausschusses fertigt der Sekretär eine Niederschrift. [2] Diese muß mindestens die Namen der Teilnehmer, die Anträge, das Ergebnis der Beratungen und bei Beschlüssen das Stimmverhältnis sowie das Abstimmungsergebnis nach Ländern enthalten. [3] Die Aufschlüsselung des Abstimmungsergebnisses nach Ländern in einer Niederschrift über eine Sitzung eines Unterausschusses kann unterbleiben, wenn der Unterausschuß im Einzelfall entsprechend beschließt.

(2) Die Niederschrift ist vertraulich, soweit nicht der Ausschuß gemäß § 37 Abs. 2 Satz 2 die Vertraulichkeit der Verhandlungen aufgehoben hat.

(3) Der Wortlaut der von einem Ausschuß gefaßten Beschlüsse und die dazu formulierten Begründungen können der Öffentlichkeit zugänglich gemacht werden, soweit der Ausschuß nichts anderes beschließt.

§ 45 Mitteilung der Empfehlungen der Ausschüsse. Der Sekretär des federführenden Ausschusses stellt die Empfehlungen der Ausschüsse zu jeder Vorlage zusammen und leitet sie den Vertretungen der Länder zu.

IVa. Das Verfahren in Angelegenheiten der Europäischen Union

Artikel 23 Abs. 2, 4 bis 6 GG

(2) [1] In Angelegenheiten der Europäischen Union wirken der Bundestag und durch den Bundesrat die Länder mit. [2] Die Bundesregierung hat den Bundestag und den Bundesrat umfassend und zum frühestmöglichen Zeitpunkt zu unterrichten.

(4) Der Bundesrat ist an der Willensbildung des Bundes zu beteiligen, soweit er an einer entsprechenden innerstaatlichen Maßnahme mitzuwirken hätte oder soweit die Länder innerstaatlich zuständig wären.

(5) [1] Soweit in einem Bereich ausschließlicher Zuständigkeit des Bundes Interessen der Länder berührt sind oder soweit im übrigen der Bund das Recht zur Gesetzgebung hat, berücksichtigt die Bundesregierung die Stellungnahme des Bundesrates. [2] Wenn im Schwerpunkt Gesetzgebungsbefugnisse der Länder, die Einrichtung ihrer Behörden oder ihre Verwaltungsverfahren betroffen sind, ist bei der Willensbildung des Bundes insoweit die Auffassung des Bundesrates maßgeblich zu berücksichtigen; dabei ist die gesamtstaatliche Verantwortung des Bundes zu wahren. [3] In Angelegenheiten, die zu Ausgabenerhöhungen oder Einnahmeminderungen für den Bund führen könnten, ist die Zustimmung der Bundesregierung erforderlich.

(6) [1] Wenn im Schwerpunkt ausschließliche Gesetzgebungsbefugnisse der Länder betroffen sind, soll die Wahrnehmung der Rechte, die der Bundesrepublik Deutschland als Mitgliedstaat der Europäischen Union zustehen, vom Bund auf einen vom Bundesrat benannten Vertreter der Länder übertragen werden. [2] Die Wahrnehmung der Rechte erfolgt unter Beteiligung und in Abstimmung mit der Bundesregierung; dabei ist die gesamtstaatliche Verantwortung des Bundes zu wahren.

§ 2 EUZBLG

(1) Die Bundesregierung unterrichtet den Bundesrat unbeschadet des Artikels 2 des Gesetzes zu den Verträgen vom 25. März 1957 zur Gründung der Europäischen Wirtschaftsgemeinschaft und der Europäischen Atomgemeinschaft vom 27. Juli 1957 (BGBl. II S. 753) umfassend und zum frühestmöglichen Zeitpunkt über alle Vorhaben im Rahmen der Europäischen Union, die für die Länder von Interesse sein könnten.

§ 45a Zuweisung von Unterrichtungen über Vorhaben im Rahmen der Europäischen Union an die Ausschüsse. (1) [1] Der Präsident wählt aus den Unterrichtungen über Vorhaben im Rahmen der Europäischen Union diejenigen aus, welche für eine Beratung im Bundesrat in Betracht kommen, und weist sie den Ausschüssen zu. [2] Der Präsident kann den Direktor mit der Auswahl und der Zuweisung der Unterrichtungen beauftragen. [3] Jedes Land und jeder Ausschuß können verlangen, daß weitere Unterrichtungen den Ausschüssen zugewiesen werden.

(2) [1] Die Beteiligung mehrerer Ausschüsse an der Beratung einer Unterrichtung soll möglichst beschränkt werden. [2] Dies gilt insbesondere für Unterrichtungen, deren Eilbedürftigkeit (§ 45d Abs. 2) bereits zum Zeitpunkt der Zuweisung absehbar ist.

(3) [1] Die Zuweisung wirkt bis zum Abschluß des Vorhabens in der Europäischen Union. [2] Sind mehrere Ausschüsse beteiligt, so sollen diese

ihre Beratungen über Empfehlungen an den Bundesrat oder die Europa-
kammer zeitlich abgestimmt durchführen, soweit dies möglich ist.

(4) Die beteiligten Ausschüsse haben während des Entscheidungsver-
fahrens in den Gremien der Europäischen Union die Aufgabe, die
Vertreter der Länder fachlich zu begleiten, zu den Stellungnahmen des
Bundesrates die Erfolgskontrolle durchzuführen und dem Bundesrat
etwa notwendige Folgebeschlüsse vorzuschlagen.

Artikel 52 Abs. 3 a GG

Für Angelegenheiten der Europäischen Union kann der Bundesrat eine Europakammer
bilden, deren Beschlüsse als Beschlüsse des Bundesrates gelten; Artikel 51 Abs. 2 und 3
Satz 2 gilt entsprechend.

§ 45 b[1] Europakammer. (1) Der Bundesrat bildet eine Europa-
kammer, deren Beschlüsse als Beschlüsse des Bundesrates gelten.

(2) [1]Jedes Land entsendet ein Mitglied oder ein stellvertretendes Mit-
glied des Bundesrates als Mitglied in die Europakammer. [2]Seine weite-
ren Mitglieder und stellvertretenden Mitglieder des Bundesrates sind
stellvertretende Mitglieder der Europakammer.

(3) [1]Die Regierungen der Länder teilen dem Präsidenten den Zeit-
punkt der Bestellung und Abberufung des Mitgliedes der Europakam-
mer schriftlich mit. [2]Die Mitteilung wird der Europakammer bekannt-
gegeben.

§ 45 c[2] Vorsitzende der Europakammer. (1) Der Bundesrat
wählt ohne Aussprache den Vorsitzenden, den ersten und den zweiten
stellvertretenden Vorsitzenden der Europakammer für ein Jahr aus der
Mitte der Mitglieder der Europakammer.

(2) Endet das Amt eines Vorsitzenden oder eines stellvertretenden
Vorsitzenden vorzeitig, so soll für den Rest seiner Amtszeit ein Nach-
folger gewählt werden.

§ 3 EUZBLG

Vor der Festlegung der Verhandlungsposition zu einem Vorhaben der Europäischen
Union gibt die Bundesregierung dem Bundesrat rechtzeitig Gelegenheit zur Stellungnahme
binnen angemessener Frist, soweit Interessen der Länder berührt sind.

§ 4 Abs. 1 EUZBLG

Soweit der Bundesrat an einer entsprechenden innerstaatlichen Maßnahme mitzuwirken
hätte, oder soweit die Länder innerstaatlich zuständig wären, beteiligt die Bundesregie-
rung vom Bundesrat benannte Vertreter der Länder an Beratungen zur Festlegung der Verhand-
lungsposition zu dem Vorhaben.

§ 5 EUZBLG

(1) Soweit in einem Bereich ausschließlicher Zuständigkeit des Bundes Interessen der
Länder berührt sind oder soweit im übrigen der Bund das Recht zur Gesetzgebung hat, be-
rücksichtigt die Bundesregierung die Stellungnahme des Bundesrates bei der Festlegung der
Verhandlungsposition zu dem Vorhaben.

(2) [1]Wenn bei einem Vorhaben im Schwerpunkt Gesetzgebungsbefugnisse der Länder
betroffen sind und der Bund kein Recht zur Gesetzgebung hat oder ein Vorhaben im
Schwerpunkt die Einrichtung der Behörden der Länder oder ihre Verwaltungsverfahren be-

[1] § 45 b Abs. 1 Satz 2 aufgeh. durch Bek. v. 22. 9. 2006 (BGBl. I S. 2176).
[2] § 45 c Abs. 1 geänd. mWv 1. 11. 2007 durch Bek. v. 8. 6. 2007 (BGBl. I S. 1057).

trifft, ist insoweit bei der Festlegung der Verhandlungsposition durch die Bundesregierung die Stellungnahme des Bundesrates maßgeblich zu berücksichtigen; im übrigen gilt Absatz 1. [2] Die gesamtstaatliche Verantwortung des Bundes, einschließlich außen-, verteidigungs- und integrationspolitisch zu bewertender Fragen, ist zu wahren. [3] Stimmt die Auffassung der Bundesregierung nicht mit der Stellungnahme des Bundesrates überein, ist ein Einvernehmen anzustreben. [4] Zur Herbeiführung dieses Einvernehmens erfolgt erneute Beratung der Bundesregierung mit Vertretern der Länder. [5] Kommt ein Einvernehmen nicht zustande und bestätigt der Bundesrat daraufhin seine Auffassung mit einem mit zwei Dritteln seiner Stimmen gefaßten Beschluß, so ist die Auffassung des Bundesrates maßgebend. [6] Die Zustimmung der Bundesregierung ist erforderlich, wenn Entscheidungen zu Ausgabenerhöhungen oder Einnahmeminderungen des Bundes führen können.

(3) Vor der Zustimmung zu Vorhaben, die auf Artikel 235 EWG-Vertrag gestützt werden, stellt die Bundesregierung das Einvernehmen mit dem Bundesrat her, soweit dessen Zustimmung nach innerstaatlichem Recht erforderlich wäre oder soweit die Länder zuständig wären.

§ 6 Abs. 1 Satz 1 und Abs. 2 Satz 1 und 2 EUZBLG

(1) Bei einem Vorhaben, bei dem der Bundesrat an einer entsprechenden innerstaatlichen Maßnahme mitzuwirken hätte oder bei dem die Länder innerstaatlich zuständig wären oder das sonst wesentliche Interessen der Länder berührt, zieht die Bundesregierung auf Verlangen Vertreter der Länder zu den Verhandlungen in den Beratungsgremien der Kommission und des Rates hinzu, soweit ihr dies möglich ist.

(2) [1] Bei einem Vorhaben, das im Schwerpunkt ausschließliche Gesetzgebungsbefugnisse der Länder betrifft, soll die Bundesregierung die Verhandlungsführung in den Beratungsgremien der Kommission und des Rates und bei Ratstagungen in der Zusammensetzung der Minister auf einen Vertreter der Länder übertragen. [2] Für diese Ratstagungen kann vom Bundesrat nur ein Mitglied einer Landesregierung im Ministerrang benannt werden.

§ 7 EUZBLG

(1) [1] Die Bundesregierung macht auf Verlangen des Bundesrates unbeschadet eigener Klagerechte der Länder von den im Vertrag über die Europäische Union vorgesehenen Klagemöglichkeiten Gebrauch, soweit die Länder durch ein Handeln oder Unterlassen von Organen der Union in Bereichen ihrer Gesetzgebungsbefugnisse betroffen sind und der Bund kein Recht zur Gesetzgebung hat. [2] Dabei ist die gesamtstaatliche Verantwortung des Bundes, einschließlich außen-, verteidigungs- und integrationspolitisch zu bewertender Fragen, zu wahren.

(2) Absatz 1 gilt entsprechend, wenn die Bundesregierung im Verfahren vor dem Europäischen Gerichtshof Gelegenheit zur Stellungnahme hat.

(3) Hinsichtlich der Prozeßführung vor dem Europäischen Gerichtshof stellt die Bundesregierung in den in den Absätzen 1 und 2 genannten Fällen sowie für Vertragsverletzungsverfahren, in denen die Bundesrepublik Deutschland Partei ist, mit dem Bundesrat Einvernehmen her, soweit Gesetzgebungsbefugnisse der Länder betroffen sind und der Bund kein Recht zur Gesetzgebung hat.

§ 45 d Zuständigkeit der Europakammer. (1) Die Europakammer ist in Eilfällen oder bei zu wahrender Vertraulichkeit nach Zuweisung eines Beratungsgegenstandes zuständig für die Wahrnehmung der Mitwirkungsrechte des Bundesrates in Angelegenheiten der Europäischen Union.

(2) Ein Eilfall liegt vor, wenn die Beschlußfassung des Bundesrates im Hinblick auf den Beratungsstand in den Gremien der Europäischen Union keinen Aufschub bis zur nächsten bereits einberufenen Sitzung des Bundesrates duldet.

(3) Ein Fall, in dem die Vertraulichkeit zu wahren ist, kann insbesondere vorliegen, wenn

1. dies in einschlägigen Vorschriften der Europäischen Union vorgesehen ist;

2. die Bundesregierung die vertrauliche Behandlung des Beratungsgegenstandes für erforderlich erklärt;

3. ein Land oder ein Ausschuß die vertrauliche Behandlung eines Beratungsgegenstandes anregen.

(4) [1]Stellt der Präsident fest, daß die Zuständigkeit der Europakammer gegeben ist, weist er dieser den betreffenden Beratungsgegenstand zu, wenn er nicht den Bundesrat einberuft. [2]Der Präsident kann den Direktor damit beauftragen, im Einvernehmen mit dem Vorsitzenden des Ausschusses für Fragen der Europäischen Union Beratungsgegenstände der Europakammer zuzuweisen.

(5) Die Zuweisung eines Beratungsgegenstandes an die Europakammer steht bis zu deren Beschlußfassung der Beratung in den Ausschüssen und der Verhandlung und Beschlußfassung durch den Bundesrat nicht entgegen.

§ 45 e Vorbereitung der Sitzungen der Europakammer. (1) Die Sitzungen der Europakammer sollen durch die Ausschüsse vorbereitet werden, soweit dies zeitlich möglich ist.

(2) [1]Der Vorsitzende beruft die Europakammer ein, wenn ihr Zusammentreffen erforderlich wird. [2]Jedes Land kann die Einberufung der Europakammer zu einer ihr zugewiesenen Vorlage verlangen.

(3) [1]Die Einberufungsfrist beträgt eine Woche. [2]Sie kann in Eilfällen so verkürzt werden, wie es der Beratungsstand erfordert. [3]Die Einberufung erfolgt durch Übermittlung der vorläufigen Tagesordnung.

§ 45 f Öffentlichkeit. (1) [1]Die Europakammer verhandelt öffentlich. [2]Die Öffentlichkeit kann ausgeschlossen werden. [3]Soweit die Zuständigkeit der Europakammer auf der Wahrung der Vertraulichkeit beruht, beschließt sie über den Ausschluß der Öffentlichkeit. [4]Im übrigen ist § 17 entsprechend anzuwenden.

(2) Die Beschlüsse der Europakammer und ihre Begründungen werden veröffentlicht, soweit die Europakammer nichts anderes beschließt.

§ 45 g Teilnahme an den Verhandlungen. An den Verhandlungen der Europakammer können auch Mitglieder und Beauftragte der Bundesregierung und Beauftragte der Landesregierungen teilnehmen; andere Personen nur, soweit der Vorsitzende dies zuläßt.

§ 45 h[1) Beschlussfassung. (1) Zur Stimmabgabe in der Europakammer sind die Mitglieder und stellvertretenden Mitglieder der Europakammer berechtigt.

(2) [1]Die Europakammer ist beschlußfähig, wenn die Mehrheit ihrer Stimmen vertreten ist. [2]Bei Beschlußunfähigkeit hat der Vorsitzende die Sitzung aufzuheben.

[1) § 45 h Überschr. neugef., Abs. 1 Sätze 1 u. 2 aufgeh., bish. Satz 3 wird Satz 1 u neugef. durch Bek. v. 22. 9. 2006 (BGBl. I S. 2176).

(3) Die Europakammer faßt ihre Beschlüsse mit mindestens der Mehrheit ihrer Stimmen.

§ 45 i[1) Umfrageverfahren. (1) [1]Hält der Vorsitzende die mündliche Beratung einer EU-Vorlage für entbehrlich, kann die Beschlussfassung im Wege der Umfrage herbeigeführt werden. [2]Über die Umfrage ist ein Bericht zu fertigen.

(2) Wird die Sitzung der Europakammer wegen Beschlussunfähigkeit aufgehoben, leitet der Vorsitzende ein Umfrageverfahren ein.

(3) Außer im Fall des Absatzes 2 kann jedes Land der Beschlussfassung im Umfrageverfahren widersprechen.

§ 45 j Sitzungsbericht. [1]Über die Sitzungen der Europakammer ist eine Niederschrift zu fertigen. [2]Diese muß mindestens die Namen der Teilnehmer, die Anträge und das Ergebnis der Beratungen enthalten. [3]Der Bericht ist vertraulich, soweit die Verhandlungen vertraulich sind (§ 45 f Abs. 1 Satz 2 bis 4).

§ 45 k Anwendung von Verfahrensvorschriften. § 15 Abs. 3 und 5, §§ 16, 18 Abs. 2, § 19 Abs. 1, §§ 22, 23 Abs. 2 Satz 1 und Abs. 5, § 26 Abs. 3, §§ 29, 30 und 32 sind entsprechend anzuwenden.

§ 451[1) Vertreter der Länder. (1) [1]Benennt der Bundesrat Vertreter zu Verhandlungen über Vorhaben im Rahmen der Europäischen Union, so sind diese Vertreter an Beschlüsse des Bundesrates gebunden. [2]Das den Vertreter stellende Land soll auf weitere Beschlüsse hinwirken, sofern im Hinblick auf den Fortgang der Verhandlungen hierzu Anlaß besteht. [3]Auch jedes andere Land kann weitere Beschlüsse beantragen. [4]Das gleiche kann ein Ausschuß empfehlen, dem der entsprechende Beratungsgegenstand zugewiesen ist.

(2) [1]Die Vertreter berichten unverzüglich im Anschluß an eine Sitzung des jeweiligen Gremiums über die die Länder insbesondere interessierenden Gesichtspunkte. [2]Die Berichte werden in der Regel schriftlich erstattet. [3]Die Vertreter berichten darüber hinaus, wenn im Hinblick auf die Verhandlungen erneuter Beratungsbedarf besteht, oder wenn ein Land oder ein beteiligter Ausschuß dies verlangen.

V. Schlußbestimmungen

Artikel 51 Abs. 1 GG

[1]Der Bundesrat besteht aus Mitgliedern der Regierungen der Länder, die sie bestellen und abberufen. [2]Sie können durch andere Mitglieder ihrer Regierungen vertreten werden.

Artikel 52 Abs. 4 GG

Den Ausschüssen des Bundesrates können andere Mitglieder oder Beauftragte der Regierungen der Länder angehören.

[1) § 45 i eingef., bish. § 45 i wird § 451 durch Bek. v. 22. 9. 2006 (BGBl. I S. 2176).

§ 46 Stellvertreter. Mitglieder des Bundesrates und seiner Ausschüsse im Sinne dieser Geschäftsordnung sind auch die stellvertretenden Mitglieder.

§ 47 Auslegung der Geschäftsordnung. (1) Während einer Sitzung entscheidet der Präsident Meinungsverschiedenheiten über die Auslegung der Geschäftsordnung für diese Sitzung.

(2) Im übrigen entscheidet auf Verlangen des Präsidenten oder eines Landes der Bundesrat.

§ 48 Abweichung von der Geschäftsordnung. Will der Bundesrat im einzelnen Fall von der Geschäftsordnung abweichen, so bedarf es eines einstimmigen Beschlusses.

§ 49 Inkrafttreten.[1] [1]Diese Geschäftsordnung tritt am 1. Oktober 1966 in Kraft. [2]Gleichzeitig tritt die Geschäftsordnung des Bundesrates vom 31. Juli 1953 (Bundesgesetzbl. II S. 527) außer Kraft.

[1] **Amtl. Anm.:** Diese Vorschrift betrifft das Inkrafttreten der Geschäftsordnung in der damals gültigen Fassung.

38. Geschäftsordnung der Bundesregierung

Vom 11. Mai 1951

(GMBl. S. 137), geänd. durch Bek. v. 29. 3. 1967 (GMBl. S. 130), Bek. v. 12. 9. 1967 (GMBl. S. 430), Bek. v. 6. 1. 1970 (GMBl. S. 14), Bek. v. 23. 1. 1970 (GMBl. S. 50), Bek. v. 29. 4. 1976 (GMBl. S. 174), Bek. v. 12. 7. 1976 (GMBl. S. 354), Bek. v. 17. 7. 1987 (GMBl. S. 382) und Bek. v. 21. 11. 2002 (GMBl. S. 848)

Die Bundesregierung hat nach Artikel 65 des Grundgesetzes folgende, von dem Bundespräsidenten genehmigte Geschäftsordnung beschlossen:

I. Der Bundeskanzler

§ 1 [Bestimmung der Richtlinien der Politik] (1) ¹Der Bundeskanzler bestimmt die Richtlinien der inneren und äußeren Politik. ²Diese sind für die Bundesminister verbindlich und von ihnen in ihrem Geschäftsbereich selbständig und unter eigener Verantwortung zu verwirklichen. ³In Zweifelsfällen ist die Entscheidung des Bundeskanzlers einzuholen.

(2) Der Bundeskanzler hat das Recht und die Pflicht, auf die Durchführung der Richtlinien zu achten.

§ 2 [Einheitlichkeit der Geschäftsführung] Neben der Bestimmung der Richtlinien der Politik hat der Bundeskanzler auch auf die Einheitlichkeit der Geschäftsführung in der Bundesregierung hinzuwirken.

§ 3 [Unterrichtung des Bundeskanzlers] Der Bundeskanzler ist aus dem Geschäftsbereich der einzelnen Bundesminister über Maßnahmen und Vorhaben zu unterrichten, die für die Bestimmung der Richtlinien der Politik und die Leitung der Geschäfte der Bundesregierung von Bedeutung sind.

§ 4 [Erweiterung und Änderung der Richtlinien] Hält ein Bundesminister eine Erweiterung oder Änderung der Richtlinien der Politik für erforderlich, so hat er dem Bundeskanzler unter Angabe der Gründe hiervon Mitteilung zu machen und seine Entscheidung zu erbitten.

§ 5 [Unterrichtung des Bundespräsidenten] Der Bundeskanzler unterrichtet den Bundespräsidenten laufend über seine Politik und die Geschäftsführung der einzelnen Bundesminister durch Übersendung der wesentlichen Unterlagen, durch schriftliche Berichte über Angelegenheiten von besonderer Bedeutung sowie nach Bedarf durch persönlichen Vortrag.

§ 6 [Leitung der Geschäfte der Bundesregierung] Der Bundeskanzler leitet die Geschäfte der Bundesregierung nach Maßgabe des IV. Abschnittes.

§ 7 [Staatssekretär des Bundeskanzleramtes] (1) Der Staatssekretär des Bundeskanzleramtes nimmt zugleich die Geschäfte eines Staatssekretärs der Bundesregierung wahr.

(2) ¹Er kann die an den Bundeskanzler gerichteten oder ihm von dem Bundespräsidenten überwiesenen Schreiben unmittelbar an den zuständigen Bundesminister weiterleiten. ²Empfiehlt der zuständige Bundesminister eine Beantwortung durch den Bundeskanzler, so legt er dem Bundeskanzler einen entsprechenden Entwurf vor.

II. Stellvertretung des Bundeskanzlers

§ 8 [Vertretung des Bundeskanzlers] ¹Ist der Bundeskanzler an der Wahrnehmung der Geschäfte allgemein verhindert, so vertritt ihn der gemäß Artikel 69 des Grundgesetzes zu seinem Stellvertreter ernannte Bundesminister in seinem gesamten Geschäftsbereich. ²Im übrigen kann der Bundeskanzler den Umfang seiner Vertretung näher bestimmen.

III. Die Bundesminister

§ 9 [Geschäftsbereich der Bundesminister] ¹Der Geschäftsbereich der einzelnen Bundesminister wird in den Grundzügen durch den Bundeskanzler[1]) festgelegt. ²Bei Überschneidungen und sich daraus ergebenden Meinungsverschiedenheiten zwischen den einzelnen Bundesministern entscheidet die Bundesregierung durch Beschluß.

§ 10 [Empfang von Deputationen] (1) ¹Abordnungen (Deputationen) sollen in der Regel nur von dem federführenden Fachminister oder seinem Vertreter empfangen werden. ²Sie sind vorher um Angabe des Verhandlungsgegenstandes zu ersuchen. Erscheint ein gemeinsamer Empfang angezeigt, so benachrichtigt der angegangene Bundesminister die außer ihm noch in Frage kommenden Bundesminister.

(2) Der Bundeskanzler empfängt Abordnungen nur in besonderen Fällen.

§ 11[2]) [Verhandlungen mit dem Ausland] (1) Mitglieder und Vertreter auswärtiger Regierungen sowie Vertreter zwischenstaatlicher Einrichtungen sollen nur nach vorherigem Benehmen mit dem Auswärtigen Amt empfangen werden.

(2) Verhandlungen mit dem Ausland oder im Ausland dürfen nur mit Zustimmung des Auswärtigen Amtes, auf sein Verlangen auch nur unter seiner Mitwirkung geführt werden.

[1]) Siehe den Organisationserlass der Bundeskanzlerin v. 22. 11. 2005 (BGBl. S. 3197).
[2]) § 11 Abs. 3 aufgeh. durch Bek. v. 21. 11. 2002 (GMBl. S. 848).

§ 12 [Äußerungen in der Öffentlichkeit] Äußerungen eines Bundesministers, die in der Öffentlichkeit erfolgen oder für die Öffentlichkeit bestimmt sind, müssen mit den vom Bundeskanzler gegebenen Richtlinien der Politik in Einklang stehen.

§ 13 [Abwesenheit] (1) [1]Jeder Bundesminister macht, bevor er den Sitz der Bundesregierung länger als 1 Tag verläßt, dem Bundeskanzler Mitteilung. [2]Bei Abwesenheit von mehr als 3 Tagen und bei Auslandsreisen ist das Einvernehmen mit dem Bundeskanzler herzustellen.

(2) Zur Annahme von Einladungen in das Ausland ist die Zustimmung des Bundeskanzlers erforderlich.

(3) Bevor ein Bundesminister den Sitz der Bundesregierung verläßt, gibt er dem Bundeskanzler die Anschrift an, unter der er während seiner Abwesenheit zu erreichen ist.

§ 14[1] [Vertretung] (1) Ist ein Bundesminister verhindert, so wird er in der Regierung durch den dazu bestimmten Bundesminister vertreten.

(2) [1]Für Erklärungen vor dem Bundestag, vor dem Bundesrat und in den Sitzungen der Bundesregierung wird der Bundesminister durch den Parlamentarischen Staatssekretär vertreten. [2]Der Bundesminister kann für Einzelfälle anordnen, daß solche Erklärungen durch den Staatssekretär abgegeben werden.

(3) Als Leiter einer obersten Bundesbehörde wird ein Bundesminister im Falle seiner Verhinderung durch den Staatssekretär und in dem Aufgabenbereich, der dem Parlamentarischen Staatssekretär nach § 14a übertragen worden ist, sowie in den von ihm bestimmten Einzelfällen von diesem vertreten.

§ 14a[1] [Aufgaben der Parlamentarischen Staatssekretäre] Der Bundesminister bestimmt im einzelnen, welche Aufgaben der Parlamentarische Staatssekretär wahrnehmen soll.

IV. Die Bundesregierung

§ 15[2] [Gegenstände der Beratung und Beschlußfassung] (1) Der Bundesregierung sind zur Beratung und Beschlußfassung zu unterbreiten alle Angelegenheiten von allgemeiner innen- oder außenpolitischer, wirtschaftlicher, sozialer, finanzieller oder kultureller Bedeutung, insbesondere

a) *alle Gesetzentwürfe,*

b) alle Entwürfe von Verordnungen der Bundesregierung,

c) sonstige Verordnungsentwürfe, wenn sie von besonderer politischer Bedeutung sind,

[1] §§ 14 u. 14a neugef. durch Bek. v. 6. 1. 1970 (GMBl. S. 14).
[2] § 15 Abs. 1 Buchst. f neugef. durch Bek. v. 23. 1. 1970 (GMBl. S. 50), Abs. 2 geänd. durch Bek. v. 29. 4. 1976 (GMBl. S. 174).

d) die Stellungnahme des Bundesrates zu den Vorlagen der Bundesregierung,

e) alle Angelegenheiten, für welche Grundgesetz oder Gesetz dieses vorschreiben,

f) Meinungsverschiedenheiten zwischen verschiedenen Bundesministern; Meinungsverschiedenheiten über die Entwürfe der Finanzplanung, des Haushaltsgesetzes und des Haushaltsplans, wenn es sich um Angelegenheiten von grundsätzlicher Bedeutung für den betroffenen Bundesminister oder erheblicher finanzieller Bedeutung handelt.

(2) Ihr sind außerdem zu unterbreiten:

a) Vorschläge zur Ernennung von Beamten, die jederzeit in den einstweiligen Ruhestand versetzt werden können, von sonstigen Beamten, die nach der Besoldungsordnung feste Gehälter beziehen, sowie von Ministerialräten und Ministerialbeamten gleichen Ranges,

b) Vorschläge zur Einstellung oder Eingruppierung von Angestellten bei obersten Bundesbehörden nach Vergütungsgruppe I BAT oder zur Vereinbarung einer höheren Vergütung,

c) zur Beratung ohne Beschlußfassung: Vorschläge für die Zustimmung des zuständigen Bundesministers zur Ernennung von Richtern bei den obersten Gerichtshöfen des Bundes.

§ 15a[1] [Angelegenheiten von frauenpolitischer Bedeutung]

(1) Im Einvernehmen mit dem Bundeskanzler kann die Bundesministerin für Familie, Senioren, Frauen und Jugend verlangen, daß Angelegenheiten von frauenpolitischer Bedeutung der Bundesregierung zur Beratung und Beschlußfassung unterbreitet werden, auch wenn diese zum Geschäftsbereich eines anderen Bundesministers gehören; die Vorlage an die Bundesregierung erfolgt durch den federführenden Bundesminister.

(2) [1]In Angelegenheiten von besonderer frauenpolitischer Bedeutung kann die Bundesministerin für Familie, Senioren, Frauen und Jugend im Benehmen mit dem federführenden Bundesminister Gesetzesvorhaben vor Bundestag und Bundesrat einschließlich deren Ausschüsse neben dem federführenden Bundesminister vertreten. [2]§ 15 Abs. 1 Buchstabe f, §§ 17 und 28 bleiben unberührt.

(3) Entsprechendes gilt in verbraucherschutzpolitischen Angelegenheiten für die Bundesministerin für Verbraucherschutz, Ernährung und Landwirtschaft.

§ 16 [Beratung unter den Bundesministerien] (1) Alle Angelegenheiten, die der Bundesregierung unterbreitet werden, sind vorher zwischen den beteiligten Bundesministerien zu beraten, sofern nicht im Einzelfalle die Dringlichkeit der Entscheidung eine Ausnahme notwendig macht.

(2) Die bei den Beratungen strittig gebliebenen Punkte sind in dem Anschreiben an den Staatssekretär des Bundeskanzleramtes (§ 21 Abs. 2)

[1] § 15a eingef. durch Bek. v. 17. 7. 1987 (GMBl. S. 382), Abs. 1 u. Abs. 2 Satz 1 geänd., Abs. 3 angef. durch Bek. v. 21. 11. 2002 (GMBl. S. 848).

oder in sonst geeigneter Weise mit kurzer Begründung der vorgeschlagenen Lösung aufzuführen.

(3) [1] Bei der Vorlage von Gesetzentwürfen ist mitzuteilen, daß die Ausführung des Gesetzes Bund, Länder und Gemeinden nicht mit Kosten belastet oder, wenn dies der Fall ist, ob der Bundesminister der Finanzen nach Kenntnis von dem Plane des Gesetzes Widerspruch erhoben hat. [2] Fehlt der Vermerk, so sorgt der Staatssekretär des Bundeskanzleramtes dafür, daß er nachgeholt wird.

(4) Ist keine mündliche Erörterung im Kabinett erforderlich, so ist bei der Vorlage zu bemerken, daß ein Beschluß auf schriftlichem Wege ausreichen wird (§ 20 Abs. 2).

§ 17 [Meinungsverschiedenheiten]

(1) Meinungsverschiedenheiten zwischen den Bundesministern sind der Bundesregierung erst zu unterbreiten, wenn ein persönlicher Verständigungsversuch zwischen den beteiligten Bundesministern oder im Falle ihrer Behinderung zwischen ihren Vertretern ohne Erfolg geblieben ist.

(2) Der Bundeskanzler kann Meinungsverschiedenheiten vor der Beratung im Kabinett zunächst in einer Ministerbesprechung mit den beteiligten Bundesministern unter seinem Vorsitz erörtern.

§ 18[1) [Ernennung von Beamten und Einstellung von Angestellten]

(1) Vorschläge zur Ernennung von Beamten und zur Einstellung oder Eingruppierung von Angestellten sind in den Fällen des § 15 Abs. 2 Buchstabe a und b vor jeder entscheidenden oder verpflichtenden Maßnahme oder Mitteilung der Bundesregierung zu unterbreiten; im übrigen sind, sofern es sich um Beamte des höheren Dienstes (Besoldungsgruppe A 13 BBesO[2)] und höher) und die ihnen gleichgestellten Angestellten in den Ministerien handelt, Ernennungen, Einstellungen und Eingruppierungen dem Bundeskanzler nachträglich zur Kenntnis mitzuteilen.

(2) Ernennungen dürfen erst nach Vollziehung der Urkunde durch den Bundespräsidenten veröffentlicht werden.

§ 19[3) [Beendigung von Beamtenverhältnissen]

[1] Soll ein Beamter der Besoldungsgruppe B 9 BBesO[2)] oder höherer Besoldungsgruppen entlassen, in den einstweiligen Ruhestand oder in den Ruhestand versetzt werden, so ist vor entscheidenden und verpflichtenden Maßnahmen oder Mitteilungen die Stellungnahme des Bundeskanzlers einzuholen. [2] Alsdann ist vor solchen Maßnahmen oder Mitteilungen die Angelegenheit dem Bundespräsidenten zur Entscheidung zu unterbreiten.

§ 20 [Beschlussfassung]

(1) Die Bundesregierung faßt ihre Beschlüsse in der Regel in gemeinschaftlicher Sitzung.

(2) [1] Ist die mündliche Beratung einer Angelegenheit nicht erforderlich so soll der Staatssekretär des Bundeskanzleramtes die Zustimmung der Mitglieder der Bundesregierung auf schriftlichem Wege einholen (Umlaufsache). [2] Bestehen

[1)] § 18 Abs. 1 neu gef. durch Bek. v. 29. 4. 1976 (GMBl S. 174).
[2)] Siehe die Anl. I zum BundesbesoldungsG (Nr. 230).
[3)] § 19 Satz 1 geänd. durch Bek. v. 29. 4. 1976 (GMBl S. 174).

über die Notwendigkeit einer mündlichen Beratung Zweifel, so hat er die Entscheidung des Bundeskanzlers herbeizuführen.

§ 21[1] [Einberufung und Vorbereitung der Sitzungen] (1) [1]Die Sitzungen der Bundesregierung werden durch den Staatssekretär des Bundeskanzleramtes nach näherer Anweisung des Bundeskanzlers festgesetzt. [2]Er veranlaßt die Einladung zu den Sitzungen unter Beifügung einer Tagesordnung.

(2) Die von den Bundesministern vorgelegten Entwürfe und Ausführungen sind dem Staatssekretär des Bundeskanzleramtes in der gewünschten Zahl von Abdrucken einzureichen; sie sind gleichzeitig sämtlichen Bundesministern und dem Chef des Bundespräsidialamtes unmittelbar zuzuleiten.

(3) [1]Die Übersendung von Kabinettsvorlagen hat so zeitig zu erfolgen, daß für eine sachliche Prüfung vor der Beratung noch ausreichend Zeit bleibt. [2]Zwischen der Zustellung der Vorlage an den Staatssekretär des Bundeskanzleramtes und die Bundesminister und der Beratung soll mindestens eine Woche liegen. [3]Handelt es sich um umfangreichere Gesetzesvorlagen oder sonstige Vorlagen von weittragender Bedeutung und ist die Frist nicht eingehalten, so ist auf Antrag von zwei Bundesministern oder deren Vertretern die Angelegenheit von der Tagesordnung abzusetzen, es sei denn, daß der Bundeskanzler die sofortige Beratung für notwendig hält.

(4) Die Bundesministerin für Familie, Senioren, Frauen und Jugend oder *dessen*[2] Vertreter kann die Absetzung von der Tagesordnung verlangen, wenn es sich um eine frauenpolitische Angelegenheit von besonderer Tragweite handelt und *er*[3] bei der Vorbereitung der Kabinettvorlage nicht hinreichend beteiligt worden ist, es sei denn, daß der Bundeskanzler die sofortige Beratung für notwendig hält.

§ 22 [Vorsitz, Beginn und Vertraulichkeit der Sitzungen] (1) [1]Die Sitzungen der Bundesregierung finden unter dem Vorsitz des Bundeskanzlers, im Falle seiner Behinderung unter dem Vorsitz des Stellvertreters des Bundeskanzlers statt. [2]Ist auch der Stellvertreter verhindert, so führt den Vorsitz der vom Bundeskanzler oder seinem Stellvertreter besonders bezeichnete Bundesminister oder mangels solcher Bezeichnungen der Bundesminister, der am längsten ununterbrochen der Bundesregierung angehört; bei mehreren Bundesministern mit gleicher Amtszeit übernimmt den Vorsitz der an Lebensjahren älteste Bundesminister.

(2) [1]Die Sitzungen beginnen pünktlich zu der in der Einladung angegebenen Zeit. [2]Behinderte Bundesminister haben für ihre Vertretung zu sorgen.

(3) [1]Die Sitzungen der Bundesregierung sind vertraulich. [2]Insbesondere sind Mitteilungen über Ausführungen einzelner Bundesminister, über das Stimmenverhältnis und über den Inhalt der Niederschrift ohne besondere Ermächtigung des Bundeskanzlers unzulässig.

(Fortsetzung nächstes Blatt)

[1] § 21 Abs. 4 angef. durch Bek. v. 17. 7. 1987 (GMBl S. 382); Abs. 4 geänd. mWv 1. 11. 2002 durch Bek. v. 22. 10. 2002 (GMBl S. 848).
[2] Richtig wohl: „deren".
[3] Richtig wohl: „sie".

§ 23[1] [Teilnahme] (1) An den Sitzungen der Bundesregierung nehmen außer den Bundesministern und dem Chef des Bundeskanzleramtes sowie dem Parlamentarischen Staatssekretär beim Bundeskanzler regelmäßig teil:

der Chef des Bundespräsidialamtes,

der Bundespressechef,

der Persönliche Referent des Bundeskanzlers,

der Schriftführer.

(2) [1] Ist der Bundesminister an der Teilnahme an einer Sitzung der Bundesregierung verhindert, so nimmt für ihn der Parlamentarische Staatssekretär an der Sitzung teil. [2] Der Bundesminister kann für Einzelfälle anordnen, daß der Staatssekretär an der Sitzung teilnimmt.

(3) [1] Hält ein Bundesminister die Zuziehung eines Beamten seines Ministeriums außer dem Staatssekretär für erwünscht, so hat er dies unter Benennung des Beamten schriftlich anzuzeigen. [2] Über die Zulassung zur Sitzung entscheidet der Vorsitzende. [3] Der Beamte nimmt an der Sitzung nur für die Dauer der Verhandlungen über den Punkt, zu dem er zugezogen ist, teil.

(4) Der Bundeskanzler kann die Sitzung auf die Bundesminister beschränken.

§ 24 [Beschlussfähigkeit] (1) Die Bundesregierung ist beschlußfähig, wenn einschließlich des Vorsitzenden die Hälfte der Bundesminister anwesend ist.

(2) [1] Die Bundesregierung faßt ihre Beschlüsse mit Stimmenmehrheit. [2] Bei Stimmengleichheit entscheidet die Stimme des Vorsitzenden.

§ 25 [Wortlaut der Beschlüsse] Der Wortlaut der Beschlüsse der Bundesregierung wird von dem Vorsitzenden jeweils im Anschluß an die mündliche Beratung eines Gegenstandes festgelegt.

§ 26[2] [Widerspruch] (1) [1] Beschließt die Bundesregierung in einer Frage von finanzieller Bedeutung gegen oder ohne die Stimme des Bundesministers der Finanzen, so kann dieser gegen den Beschluß ausdrücklich Widerspruch erheben. [2] Wird Widerspruch nach Satz 1 oder in gesetzlich vorgesehenen Fällen erhoben, so ist über die Angelegenheit in einer weiteren Sitzung der Bundesregierung erneut abzustimmen. [3] Die Durchführung der Angelegenheit, der der Bundesminister der Finanzen widersprochen hat, muß unterbleiben, wenn sie nicht in der neuen Abstimmung in Anwesenheit des Bundesministers der Finanzen oder seines Vertreters von der Mehrheit sämtlicher Bundesminister beschlossen wird und der Bundeskanzler mit der Mehrheit gestimmt hat.

(2) Entsprechendes gilt, wenn der Bundesminister der Justiz oder der Bundesminister des Innern gegen einen Gesetz- oder Verordnungsentwurf oder eine Maßnahme der Bundesregierung wegen ihrer Unvereinbarkeit mit geltendem Recht Widerspruch erhebt.

[1] § 23 neu gef. durch Bek. v. 12. 9. 1967 (GMBl S. 430); Abs. 2 neu gef. durch Bek. v. 6. 1. 1970 (GMBl S. 14).
[2] § 26 Abs. 1 Sätze 1 und 2 neu gef. durch Bek. v. 23. 1. 1970 (GMBl S. 50).

§ 27 [Niederschrift] (1) [1]Über die Sitzungen der Bundesregierung wird eine Niederschrift aufgenommen, die von dem Schriftführer unterzeichnet wird. [2]Eine Abschrift der Niederschrift wird den Bundesministern umgehend zugesandt. [3]Der Chef des Bundespräsidialamtes und der Bundespressechef erhalten nachrichtlich eine Abschrift der Niederschrift.

(2) Die Niederschrift gilt als genehmigt, wenn die beteiligten Bundesminister nicht innerhalb 3 Tagen nach ihrer Zustellung Einwendungen gegen den Inhalt oder die Fassung erheben.

(3) In Zweifelsfällen ist die Angelegenheit nochmals der Bundesregierung zu unterbreiten.

§ 28 [Vertretung der Regierungsvorlagen] (1) Die von der Bundesregierung beschlossenen Vorlagen werden den gesetzgebenden Körperschaften durch den Bundeskanzler zugeleitet und vor ihnen durch den in der Sache zuständigen Bundesminister vertreten.

(2) [1]Die Vertretung hat einheitlich zu erfolgen, auch wenn einzelne Bundesminister anderer Auffassung sein sollten. [2]Gegen die Auffassung der Bundesregierung zu wirken, ist den Bundesministern nicht gestattet.

(3) [1]Bevor das Einverständnis mit wesentlichen Änderungen einer Gesetzesvorlage im Bundestag oder Bundesrat oder in den Ausschüssen erklärt wird, ist die Bundesregierung zu befragen. [2]Ist dies aus Zeitmangel nicht möglich und doch eine Stellungnahme geboten, so soll wenigstens eine Einigung mit den erreichbaren Ministerien gesucht werden.

§ 29 [Gegenzeichnung] (1) [1]Gesetze sind dem Bundespräsidenten erst nach der Gegenzeichnung durch den Bundeskanzler und den zuständigen Bundesminister zur Vollziehung vorzulegen. [2]Berührt der Inhalt des Gesetzes den Geschäftsbereich mehrerer Bundesminister, so zeichnen diese in der Regel auch die Ausfertigung.

(2) [1]Verfügungen und Anordnungen sind dem Bundespräsidenten erst nach der Gegenzeichnung durch den zuständigen Bundesminister zur Vollziehung vorzulegen. [2]Absatz 1 Satz 2 gilt entsprechend.

§ 30 [Unterzeichnung von Verordnungen] (1) [1]Verordnungen der Bundesregierung werden nach Gegenzeichnung durch den zuständigen Fachminister vom Bundeskanzler gezeichnet. [2]Sonstige Verordnungen werden – auch wenn sie der Bundesregierung vorgelegen haben – grundsätzlich von dem zuständigen Bundesminister allein gezeichnet.

(2) Unter der ausdrücklichen Bezeichnung „Die Bundesregierung" sollen – abgesehen von Fällen besonderer Ermächtigung durch die Bundesregierung – nur der Bundeskanzler oder mit ihm der zuständige oder alle Bundesminister zeichnen.

§ 31 [Einladung von Mitgliedern der Landesregierungen] Die präsidierenden Mitglieder der Landesregierungen sollen mehrmals im Jahre persönlich zu gemeinsamen Besprechungen mit der Bundesregierung vom Bundeskanzler eingeladen werden, um wichtige politische, wirtschaftliche, soziale und *finanzielle* Fragen zu erörtern und in persönlicher Fühlungnahme zu einer verständnisvollen einheitlichen Politik in Bund und Ländern beizutragen.

39. Geschäftsordnung für den Gemeinsamen Ausschuß

Vom 23. Juli 1969

(BGBl. I S. 1102), geänd. durch Bek. v. 25. 3. 1991 (BGBl. I S. 868) und Bek. v. 20. 7. 1993 (BGBl. I S. 1500)

BGBl. III/FNA 1101–6

Zur Ausführung des Artikels 53a des Grundgesetzes[1] hat der Bundestag mit Zustimmung des Bundesrates für den Gemeinsamen Ausschuß die folgende Geschäftsordnung beschlossen:

I. Abschnitt. Zusammensetzung und Einberufung

§ 1[2] Zusammensetzung. (1) Der Gemeinsame Ausschuß besteht aus 32 vom Bundestag aus seiner Mitte bestimmten Abgeordneten und 16 Mitgliedern des Bundesrates.

(2) Für die Mitglieder des Gemeinsamen Ausschusses sind in gleicher Anzahl Stellvertreter aus den Reihen der Mitglieder des Bundestages und des Bundesrates zu bestimmen.

(3) [1]Kann der Gemeinsame Ausschuß auch unter Einbeziehung der Stellvertreter nicht mehr vollzählig zusammentreten, so wird die Zahl der Abgeordneten des Bundestages entsprechend dem Stärkeverhältnis der Fraktionen nach deren Vorschlägen aus den anwesenden oder erreichbaren Abgeordneten ergänzt. [2]Der Vorsitzende ersucht für diesen Fall die betroffenen Landesregierungen, weitere Mitglieder zu bestimmen.

§ 2 Bestimmung der Mitglieder des Bundestages. (1) [1]Die dem Gemeinsamen Ausschuß angehörenden Abgeordneten und ihre Stellvertreter werden zu Beginn jeder Wahlperiode vom Bundestag durch Beschluß entsprechend dem Stärkeverhältnis der Fraktionen bis zu einer erneuten Bestellung bestimmt. [2]Jede Fraktion schlägt aus ihren Reihen eine entsprechende Anzahl von Mitgliedern und Stellvertretern vor.

(2) [1]Der Präsident des Bundestages ist von Amts wegen Mitglied des Gemeinsamen Ausschusses. [2]Er ist der Fraktion, der er angehört, anzurechnen.

§ 3 Ausscheiden von Abgeordneten. Ein dem Gemeinsamen Ausschuß angehörender Abgeordneter scheidet aus diesem zu dem Zeitpunkt aus, zu dem er den Verzicht auf seine Mitgliedschaft im Gemeinsamen Ausschuß dem Präsidenten des Bundestages gegenüber erklärt, die Mitgliedschaft im Bundestag verliert oder aus der Fraktion ausscheidet, die ihn vorgeschlagen hat.

[1] Nr. 1.
[2] § 1 Abs. 1 geänd. durch Bek. v. 25. 3. 1991 (BGBl. I S. 868).

§ 4 Bestimmung der Mitglieder des Bundesrates. (1) ¹Jede Landesregierung bestimmt aus ihren Mitgliedern und stellvertretenden Mitgliedern des Bundesrates eines zum Mitglied des Gemeinsamen Ausschusses und weitere Mitglieder zu Stellvertretern. ²Sie teilt diese und jeden Wechsel dem Präsidenten des Bundesrates mit.

(2) Der Präsident des Bundesrates teilt dem Präsidenten des Bundestages die vom Bundesrat entsandten Mitglieder, deren Stellvertreter und jeden Wechsel mit.

§ 5 Rechte der Vertreter. (1) Die Stellvertreter haben die gleichen Rechte und Pflichten wie die Mitglieder des Gemeinsamen Ausschusses; Stimm- und Antragsrecht haben sie nur im Falle der Vertretung.

(2) ¹Die vom Bundestag bestimmten Stellvertreter können nur Mitglieder ihrer Fraktion vertreten. ²Die Stellvertreter treten in der Reihenfolge ein, in der sie von der Fraktion vorgeschlagen worden sind.

§ 6 Präsenzpflicht. (1) Die Mitglieder des Gemeinsamen Ausschusses und die Stellvertreter haben sicherzustellen, daß sie jederzeit durch den Präsidenten des Bundestages erreichbar sind und auch an kurzfristig einberufenen Sitzungen des Gemeinsamen Ausschusses teilnehmen können.

(2) Das Nähere regeln die Präsidenten des Bundestages und des Bundesrates jeweils für ihren Bereich.

§ 7 Vorsitz des Gemeinsamen Ausschusses. (1) Der Präsident des Bundestages ist Vorsitzender des Gemeinsamen Ausschusses.

(2) ¹Der Gemeinsame Ausschuß wählt ein Mitglied, das dem Bundesrat angehört, zum ersten stellvertretenden Vorsitzenden. ²Der Gemeinsame Ausschuß kann weitere stellvertretende Vorsitzende wählen.

(3) Die Stellvertreter vertreten den Vorsitzenden nach Maßgabe ihrer Reihenfolge.

§ 8¹⁾ Einberufung. (1) Der Vorsitzende beruft den Gemeinsamen Ausschuß zu Informationssitzungen (Artikel 53a Abs. 2 des Grundgesetzes) ein.

(2) Der Vorsitzende hat den Gemeinsamen Ausschuß einzuberufen, wenn der Bundespräsident, der Bundeskanzler oder sechs Mitglieder des Gemeinsamen Ausschusses es verlangen oder wenn die Voraussetzungen des Artikels 115a Abs. 2 des Grundgesetzes²⁾ vorliegen.

(3) Der Vorsitzende des Gemeinsamen Ausschusses unterrichtet die Bundesregierung unverzüglich über die Einberufung.

§ 9 Feststellung nach Artikel 115a Abs. 2 und 115e Abs. 1 des Grundgesetzes. Der Gemeinsame Ausschuß soll eine Feststellung nach Artikel 115a Abs. 2 oder *Artikel 115e Abs. 1* des Grundgesetzes²⁾ erst treffen, nachdem der amtierende Präsident des Bundestages mitge-

¹⁾ § 8 neugef. durch Bek. v. 20. 7. 1993 (BGBl. I S. 1500).
²⁾ Nr. **1.**

teilt hat, daß einem rechtzeitigen Zusammentritt des Bundestages unüberwindliche Hindernisse entgegenstehen oder daß dieser nicht beschlußfähig ist.

II. Abschnitt. Verfahrensbestimmungen

§ 10[1] Nichtöffentlichkeit. [1] Die Beratungen des gemeinsamen Ausschusses sind nicht öffentlich. [2] § 69 Abs. 2 Satz 1 und Abs. 7 der Geschäftsordnung des Bundestages,[2] die Geheimschutzordnung des Bundestages[3] und die Ausführungsbestimmungen dazu finden entsprechende Anwendung.

§ 11 Teilnahme an den Sitzungen. (1) Der Bundespräsident hat das Recht, an allen Sitzungen des Gemeinsamen Ausschusses teilzunehmen.

(2) [1] Die Mitglieder der Bundesregierung haben das Recht und auf Beschluß des Ausschusses die Pflicht, an allen Sitzungen des Gemeinsamen Ausschusses teilzunehmen. [2] Sie müssen jederzeit gehört werden.

(3) [1] Hat der Gemeinsame Ausschuß nach § 10 geheime Beratung beschlossen, können nur die Mitglieder und die Stellvertreter an der Sitzung teilnehmen. [2] Dasselbe gilt für Informationssitzungen (Artikel 53 a Abs. 2 des Grundgesetzes[4]).

(4) Der Gemeinsame Ausschuß kann anderen Personen die Teilnahme an seinen Sitzungen gestatten.

§ 12 Beschlußfähigkeit. Der Gemeinsame Ausschuß ist beschlußfähig, wenn mehr als die Hälfte der Mitglieder oder der Stellvertreter anwesend ist.

§ 13 Beschlußmehrheiten. (1) Der Gemeinsame Ausschuß faßt seine Beschlüsse mit der Mehrheit der abgegebenen Stimmen, soweit nicht das Grundgesetz etwas anderes bestimmt.

(2) Bei Schlußabstimmungen über Gesetze ist das Ergebnis der Abstimmung durch Zählen der Stimmen festzustellen.

§ 14 Beratung von Gesetzentwürfen. [1] Gesetzentwürfe werden in einer Beratung verabschiedet. [2] Mindestens sechs Mitglieder können verlangen, daß die Beratung um mindestens zwölf Stunden ausgesetzt wird, es sei denn, daß die Mehrheit der Mitglieder des Gemeinsamen Ausschusses die sofortige Beratung beschließt. [3] Beschlossene Gesetze leitet der Vorsitzende unverzüglich dem Bundeskanzler zu.

§ 15 Wahlen. Wahlen werden mit verdeckten Stimmzetteln durchgeführt.

[1] § 10 Satz 2 Verweisung geänd. durch Bek. v. 25. 3. 1991 (BGBl. I S. 868).
[2] Nr. 35.
[3] Abgedruckt als Anl. 3 zur GO des Bundestages (Nr. 35).
[4] Nr. 1.

§ 16 Anträge nach Artikel 115h Abs. 2 des Grundgesetzes (Mißtrauensvotum). Ein Antrag nach Artikel 115h Abs. 2 Satz 2 des Grundgesetzes[1] muß von mindestens neun Mitgliedern des Gemeinsamen Ausschusses gestellt werden.

§ 17 Sitzungsprotokolle. (1) [1]Über jede Sitzung des Gemeinsamen Ausschusses wird ein Protokoll angefertigt, das mindestens die Anträge und die Beschlüsse enthalten und den wesentlichen Verlauf der Beratung wiedergeben muß. [2]Das Protokoll wird vom Vorsitzenden unterzeichnet. [3]Es liegt während der der Unterzeichnung folgenden Sitzung zur Einsicht auf und gilt als genehmigt, wenn bis zum Schluß dieser Sitzung kein Einspruch erhoben wird. [4]Die Geheimschutzordnung des Bundestages[2] findet entsprechende Anwendung.

(2) Über Einsprüche gegen das Protokoll entscheidet der Gemeinsame Ausschuß.

§ 18 Anwendbarkeit der Geschäftsordnung des Bundestages. (1) Im übrigen finden auf das Verfahren des Ausschusses die Vorschriften der Geschäftsordnung des Bundestages[3] über das Verfahren im Bundestag entsprechende Anwendung.

(2) Können nach den nach Absatz 1 anwendbaren Vorschriften der Geschäftsordnung des Bundestages bestimmte Rechte nur von einer Mehrzahl von Mitgliedern ausgeübt werden, so können diese Rechte im Gemeinsamen Ausschuß von zwei Mitgliedern ausgeübt werden.

§ 19 Änderung der Geschäftsordnung und Abweichungen von der Geschäftsordnung. Ist die Feststellung nach Artikel 115e Abs. 1 des Grundgesetzes[1] getroffen, kann der Gemeinsame Ausschuß diese Geschäftsordnung ändern und im Einzelfall mit einer Mehrheit von zwei Dritteln seiner Mitglieder von den Bestimmungen dieser Geschäftsordnung abweichen.

[1] Nr. **1**.
[2] Abgedruckt als Anl. 3 zur GO des Bundestages (Nr. **35**).
[3] Nr. **35**.

40. Gesetz über das Bundesverfassungsgericht (Bundesverfassungsgerichtsgesetz – BVerfGG)

In der Fassung der Bekanntmachung vom 11. August 1993[1]

(BGBl. I S. 1473)

FNA 1104-1

geänd. durch Art. 1 G zur Änd. des BundesverfassungsgerichtsG und des G über das Amtsgehalt der Mitglieder des Bundesverfassungsgerichts v. 16.7.1998 (BGBl. I S. 1823), Art. 3 § 3 G zur Beendigung der Diskriminierung gleichgeschlechtlicher Gemeinschaften: Lebenspartnerschaften v. 16.2.2001 (BGBl. I S. 266), Art. 8 Abs. 1 G zur Umstellung des Kostenrechts und der SteuerberatergebührenVO auf Euro v. 27.4.2001 (BGBl. I S. 751), Art. 11 SGB IX – Rehabilitation und Teilhabe behinderter Menschen – v. 19.6.2001 (BGBl. I S. 1046), Art. 1 Sechstes ÄndG v. 22.8.2002 (BGBl. I S. 3386), Art. 1 Siebtes ÄndG v. 13.12.2003 (BGBl. I S. 2546), Art. 5 Abs. 2 G zur Überarbeitung des Lebenspartnerschaftsrechts v. 15.12.2004 (BGBl. I S. 3396), Art. 1 Föderalismusreform-BegleitG v. 5.9.2006 (BGBl. I S. 2098), Art. 7 Abs. 12 G zur Stärkung der Selbstverwaltung der Rechtsanwaltschaft v. 26.3.2007 (BGBl. I S. 358), Art. 5 Zweites G über die Bereinigung von Bundesrecht im Zuständigkeitsbereich des BMJ v. 23.11.2007 (BGBl. I S. 2614), Art. 15 Abs. 5 DienstrechtsneuordnungsG v. 5.2.2009 (BGBl. I S. 160), Art. 2 G zur Fortentwicklung der parlamentarischen Kontrolle der Nachrichtendienste des Bundes v. 29.7.2009 (BGBl. I S. 2346), Art. 2 G zur Umsetzung der GrundGÄnd. für die Ratifizierung des Vertrags von Lissabon v. 1.12.2009 (BGBl. I S. 3822), Art. 11 G zur Umsetzung der DienstleistungsRL in der Justiz und zur Änd. weiterer Vorschriften v. 22.12.2010 (BGBl. I S. 2248), Art. 2 G über den Rechtsschutz bei überlangen Gerichtsverfahren und strafrechtlichen Ermittlungsverfahren v. 24.11.2011 (BGBl. I S. 2302), Art. 3 G zur Verbesserung des Rechtsschutzes in Wahlsachen v. 12.7.2012 (BGBl. I S. 1501), Art. 1 ÄndG v. 29.8.2013 (BGBl. I S. 3463), Art. 1 Neuntes ÄndG v. 24.6.2015 (BGBl. I S. 973), Art. 8 Zehnte ZuständigkeitsanpassungsVO v. 31.8.2015 (BGBl. I S. 1474), Art. 1 G zum Ausschluss verfassungsfeindlicher Parteien von der Parteienfinanzierung v. 18.7.2017 (BGBl. I S. 2730), Art. 2 G über die Erweiterung der Medienöffentlichkeit in Gerichtsverfahren v. 8.10.2017 (BGBl. I S. 3546) und Art. 4 G zur Umsetzung der RL (EU) 2016/680 im Strafverfahren sowie zur Anpassung datenschutzrechtl. Bestimmungen an die VO (EU) 2016/679 v. 20.11.2019 (BGBl. I S. 1724)

Nichtamtliche Gliederungsübersicht

[1] Neubekanntmachung des BVerfGG idF der Bek. v. 12.12.1985 (BGBl. I S. 2229) in der ab 11.8. 1993 geltenden Fassung.

I. Teil. Verfassung und Zuständigkeit des Bundesverfassungsgerichts

§ 1 [Stellung und Sitz des Gerichts] (1) Das Bundesverfassungsgericht ist ein allen übrigen Verfassungsorganen gegenüber selbständiger und unabhängiger Gerichtshof des Bundes.

(2) Der Sitz des Bundesverfassungsgerichts ist Karlsruhe.

(3) Das Bundesverfassungsgericht gibt sich eine Geschäftsordnung, die das Plenum beschließt.

§ 2 [Senate] (1) Das Bundesverfassungsgericht besteht aus zwei Senaten.

(2) In jeden Senat werden acht Richter gewählt.

(3) [1] Drei Richter jedes Senats werden aus der Zahl der Richter an den obersten Gerichtshöfen des Bundes gewählt. [2] Gewählt werden sollen nur Richter, die wenigstens drei Jahre an einem obersten Gerichtshof des Bundes tätig gewesen sind.

§ 3[1] [Qualifikation für das Richteramt] (1) Die Richter müssen das 40. Lebensjahr vollendet haben, zum Bundestag wählbar sein und sich schriftlich bereit erklärt haben, Mitglied des Bundesverfassungsgerichts zu werden.

(2) Sie müssen die Befähigung zum Richteramt nach dem Deutschen Richtergesetz[2] besitzen oder bis zum 3. Oktober 1990 in dem in Artikel 3 des Einigungsvertrages genannten Gebiet die Befähigung als Diplomjurist erworben haben und nach Maßgabe des Einigungsvertrages einen gesetzlich geregelten juristischen Beruf aufnehmen dürfen.

(3) [1] Sie können weder dem Bundestag, dem Bundesrat, der Bundesregierung noch den entsprechenden Organen eines Landes angehören. [2] Mit ihrer Ernennung scheiden sie aus solchen Organen aus.

[1] § 3 Abs. 2 geänd. mWv 30.11.2007 durch G v. 23.11.2007 (BGBl. I S. 2614).
[2] **Schönfelder ErgBd. Nr. 97.**

(4) [1] Mit der richterlichen Tätigkeit ist eine andere berufliche Tätigkeit als die eines Lehrers des Rechts an einer deutschen Hochschule unvereinbar. [2] Die Tätigkeit als Richter des Bundesverfassungsgerichts geht der Tätigkeit als Hochschullehrer vor.

§ 4 [Amtszeit] (1) Die Amtszeit der Richter dauert zwölf Jahre, längstens bis zur Altersgrenze.

(2) Eine anschließende oder spätere Wiederwahl der Richter ist ausgeschlossen.

(Fortsetzung nächstes Blatt)

(3) Altersgrenze ist das Ende des Monats, in dem der Richter das 68. Lebensjahr vollendet.

(4) Nach Ablauf der Amtszeit führen die Richter ihre Amtsgeschäfte bis zur Ernennung des Nachfolgers fort.

§ 5 [Wahlorgane] (1) [1] Die Richter jedes Senats werden je zur Hälfte vom Bundestag und vom Bundesrat gewählt. [2] Von den aus der Zahl der Richter an den obersten Gerichtshöfen des Bundes zu berufenden Richtern werden einer von dem einen, zwei von dem anderen Wahlorgan, von den übrigen Richtern drei von dem einen, zwei von dem anderen Wahlorgan in die Senate gewählt.

(2) Die Richter werden frühestens drei Monate vor Ablauf der Amtszeit ihrer Vorgänger oder, wenn der Bundestag in dieser Zeit aufgelöst ist, innerhalb eines Monats nach dem ersten Zusammentritt des Bundestages gewählt.

(3) Scheidet ein Richter vorzeitig aus, so wird der Nachfolger innerhalb eines Monats von demselben Bundesorgan gewählt, das den ausgeschiedenen Richter gewählt hat.

§ 6[1]) [Wahlverfahren im Bundestag] (1) [1] Die vom Bundestag zu berufenden Richter werden auf Vorschlag des Wahlausschusses nach Absatz 2 ohne Aussprache mit verdeckten Stimmzetteln gewählt. [2] Zum Richter ist gewählt, wer eine Mehrheit von zwei Dritteln der abgegebenen Stimmen, mindestens die Mehrheit der Stimmen der Mitglieder des Bundestages auf sich vereinigt.

(2) [1] Der Bundestag wählt nach den Regeln der Verhältniswahl einen Wahlausschuß für die Richter des Bundesverfassungsgerichts, der aus zwölf Mitgliedern des Bundestages besteht. [2] Jede Fraktion kann einen Vorschlag einbringen. [3] Aus den Summen der für jeden Vorschlag abgegebenen Stimmen wird nach dem Höchstzahlverfahren (d'Hondt) die Zahl der auf jeden Vorschlag gewählten Mitglieder errechnet. [4] Gewählt sind die Mitglieder in der Reihenfolge, in der ihr Name auf dem Vorschlag erscheint. [5] Scheidet ein Mitglied des Wahlausschusses aus oder ist es verhindert, so wird es durch das nächste auf der gleichen Liste vorgeschlagene Mitglied ersetzt.

(3) Das älteste Mitglied des Wahlausschusses beruft die Mitglieder des Wahlausschusses unverzüglich unter Einhaltung einer Ladungsfrist von einer Woche ein und leitet die Sitzung, die fortgesetzt wird, bis Vorschläge über alle zu wählenden Richter beschlossen sind.

(4) Die Mitglieder des Wahlausschusses sind zur Verschwiegenheit über die ihnen durch ihre Tätigkeit im Wahlausschuß bekanntgewordenen persönlichen Verhältnisse der Bewerber sowie über die hierzu im Wahlausschuß gepflogenen Erörterungen und über die Abstimmung verpflichtet.

(5) Ein Wahlvorschlag wird mit mindestens acht Stimmen der Mitglieder des Wahlausschusses beschlossen.

§ 7 [Wahlverfahren im Bundesrat] Die vom Bundesrat zu berufenden Richter werden mit zwei Dritteln der Stimmen des Bundesrates gewählt.

[1]) § 6 Abs. 1 und 5 neu gef., Abs. 3 geänd. mWv 30.6.2015 durch G v. 24.6.2015 (BGBl. I S. 973).

§ 7a [Wahlverfahren in besonderen Fällen] (1) Kommt innerhalb von zwei Monaten nach dem Ablauf der Amtszeit oder dem vorzeitigen Ausscheiden eines Richters die Wahl eines Nachfolgers auf Grund der Vorschriften des § 6 nicht zustande, so hat das älteste Mitglied des Wahlausschusses unverzüglich das Bundesverfassungsgericht aufzufordern, Vorschläge für die Wahl zu machen.

(2) [1] Das Plenum des Bundesverfassungsgerichts beschließt mit einfacher Mehrheit, wer zur Wahl als Richter vorgeschlagen wird. [2] Ist nur ein Richter zu wählen, so hat das Bundesverfassungsgericht drei Personen vorzuschlagen; sind gleichzeitig mehrere Richter zu wählen, so hat das Bundesverfassungsgericht doppelt so viele Personen vorzuschlagen, als Richter zu wählen sind. [3] § 16 Abs. 2 gilt entsprechend.

(3) Ist der Richter vom Bundesrat zu wählen, so gelten die Absätze 1 und 2 mit der Maßgabe, daß an die Stelle des ältesten Mitglieds des Wahlausschusses der Präsident des Bundesrates oder sein Stellvertreter tritt.

(4) Das Recht des Wahlorgans, einen nicht vom Bundesverfassungsgericht Vorgeschlagenen zu wählen, bleibt unberührt.

§ 8[1] [Vorschlagslisten] (1) Das Bundesministerium der Justiz und für Verbaucherschutz stellt eine Liste aller Bundesrichter auf, die die Voraussetzungen des § 3 Abs. 1 und 2 erfüllen.

(2) Das Bundesministerium der Justiz und für Verbaucherschutz führt eine weitere Liste, in die alle Personen aufzunehmen sind, die von einer Fraktion des Bundestages, der Bundesregierung oder einer Landesregierung für das Amt eines Richters am Bundesverfassungsgericht vorgeschlagen werden und die die Voraussetzungen des § 3 Abs. 1 und 2 erfüllen.

(3) Die Listen sind laufend zu ergänzen und spätestens eine Woche vor einer Wahl den Präsidenten des Bundestages und des Bundesrates zuzuleiten.

§ 9 [Wahl des Präsidenten und seines Stellvertreters] (1) [1] Bundestag und Bundesrat wählen im Wechsel den Präsidenten des Bundesverfassungsgerichts und den Vizepräsidenten. [2] Der Vizepräsident ist aus dem Senat zu wählen, dem der Präsident nicht angehört.

(2) Bei der ersten Wahl wählt der Bundestag den Präsidenten, der Bundesrat den Vizepräsidenten.

(3) Die Vorschriften der §§ 6 und 7 gelten entsprechend.

§ 10 [Ernennung des Gewählten] Der Bundespräsident ernennt die Gewählten.

§ 11 [Vereidigung der Richter] (1) [1] Die Richter des Bundesverfassungsgerichts leisten bei Antritt ihres Amtes vor dem Bundespräsidenten folgenden Eid:

„Ich schwöre, daß ich als gerechter Richter allezeit das Grundgesetz[2] der Bundesrepublik Deutschland getreulich wahren und meine richterlichen

[1] § 8 Abs. 1 und 2 geänd. mWv 8.9.2015 durch VO v. 31.8.2015 (BGBl. I S. 1474).
[2] Nr. 1.

Pflichten gegenüber jedermann gewissenhaft erfüllen werde. So wahr mir Gott helfe."

2 Wird der Eid durch eine Richterin geleistet, so treten an die Stelle der Worte „als gerechter Richter" die Worte „als gerechte Richterin".

(2) Bekennt sich der Richter zu einer Religionsgemeinschaft, deren Angehörigen das Gesetz die Verwendung einer anderen Beteuerungsformel gestattet, so kann er diese gebrauchen.

(3) Der Eid kann auch ohne religiöse Beteuerungsformel geleistet werden.

§ 12 [Recht auf jederzeitige Entlassung] 1 Die Richter des Bundesverfassungsgerichts können jederzeit ihre Entlassung aus dem Amt beantragen. 2 Der Bundespräsident hat die Entlassung auszusprechen.

§ 13[1]) [Zuständigkeit des Gerichts] Das Bundesverfassungsgericht entscheidet

1. über die Verwirkung von Grundrechten (Artikel 18 des Grundgesetzes[2])),

2. über die Verfassungswidrigkeit von Parteien (Artikel 21 Abs. 2 des Grundgesetzes),

2a. über den Ausschluss von Parteien von staatlicher Finanzierung (Artikel 21 Absatz 3 des Grundgesetzes),

3. über Beschwerden gegen Entscheidungen des Bundestages, die die Gültigkeit einer Wahl oder den Erwerb oder Verlust der Mitgliedschaft eines Abgeordneten beim Bundestag betreffen (Artikel 41 Abs. 2 des Grundgesetzes),

3a. über Beschwerden von Vereinigungen gegen ihre Nichtanerkennung als Partei für die Wahl zum Bundestag (Artikel 93 Absatz 1 Nummer 4c des Grundgesetzes),

4. über Anklagen des Bundestages oder des Bundesrates gegen den Bundespräsidenten (Artikel 61 des Grundgesetzes),

5. über die Auslegung des Grundgesetzes aus Anlaß von Streitigkeiten über den Umfang der Rechte und Pflichten eines obersten Bundesorgans oder anderer Beteiligter, die durch das Grundgesetz oder in der Geschäftsordnung eines obersten Bundesorgans mit eigenen Rechten ausgestattet sind (Artikel 93 Abs. 1 Nr. 1 des Grundgesetzes),

6. bei Meinungsverschiedenheiten oder Zweifeln über die förmliche oder sachliche Vereinbarkeit von Bundesrecht oder Landesrecht mit dem Grundgesetz oder die Vereinbarkeit von Landesrecht mit sonstigem Bundesrecht auf Antrag der Bundesregierung, einer Landesregierung oder eines Viertels der Mitglieder des Bundestages (Artikel 93 Abs. 1 Nr. 2 des Grundgesetzes),

[1]) § 13 Nr. 6a eingef. durch G v. 16.7.1998 (BGBl. I S. 1823); einl. Satzteil geänd. und Nr. 11a eingef. mWv 30.8.2002 durch G v. 22.8.2002 (BGBl. I S. 3386); Nr. 6b eingef. und Nr. 15 geänd. mWv 12.9.2006 durch G v. 5.9.2006 (BGBl. I S. 2098); Nr. 6 geänd. mWv 4.12.2009 durch G v. 1.12.2009 (BGBl. I S. 3822); Nr. 3a eingef. mWv 19.7.2012 durch G v. 12.7.2012 (BGBl. I S. 1501); Nr. 2a eingef. mWv 29.7.2017 durch G v. 18.7.2017 (BGBl. I S. 2730).
[2]) Nr. **1**.

6a. bei Meinungsverschiedenheiten, ob ein Gesetz den Voraussetzungen des Artikels 72 Abs. 2 des Grundgesetzes entspricht, auf Antrag des Bundesrates, einer Landesregierung oder der Volksvertretung eines Landes (Artikel 93 Abs. 1 Nr. 2a des Grundgesetzes),

6b. darüber, ob im Falle des Artikels 72 Abs. 4 die Erforderlichkeit für eine bundesgesetzliche Regelung nach Artikel 72 Abs. 2 nicht mehr besteht oder Bundesrecht in den Fällen des Artikels 125a Abs. 2 Satz 1 nicht mehr erlassen werden könnte, auf Antrag des Bundesrates, einer Landesregierung oder der Volksvertretung eines Landes (Artikel 93 Abs. 2 des Grundgesetzes),

7. bei Meinungsverschiedenheiten über Rechte und Pflichten des Bundes und der Länder, insbesondere bei der Ausführung von Bundesrecht durch die Länder und bei der Ausübung der Bundesaufsicht (Artikel 93 Abs. 1 Nr. 3 und Artikel 84 Abs. 4 Satz 2 des Grundgesetzes),

8. in anderen öffentlich-rechtlichen Streitigkeiten zwischen dem Bund und den Ländern, zwischen verschiedenen Ländern oder innerhalb eines Landes, soweit nicht ein anderer Rechtsweg gegeben ist (Artikel 93 Abs. 1 Nr. 4 des Grundgesetzes),

8a. über Verfassungsbeschwerden (Artikel 93 Abs. 1 Nr. 4a und 4b des Grundgesetzes),

9. über Richteranklagen gegen Bundesrichter und Landesrichter (Artikel 98 Abs. 2 und 5 des Grundgesetzes),

10. über Verfassungsstreitigkeiten innerhalb eines Landes, wenn diese Entscheidung durch Landesgesetz dem Bundesverfassungsgericht zugewiesen ist (Artikel 99 des Grundgesetzes),

11. über die Vereinbarkeit eines Bundesgesetzes oder eines Landesgesetzes mit dem Grundgesetz oder die Vereinbarkeit eines Landesgesetzes oder sonstigen Landesrechts mit einem Bundesgesetz auf Antrag eines Gerichts (Artikel 100 Abs. 1 des Grundgesetzes),

11a. über die Vereinbarkeit eines Beschlusses des Deutschen Bundestages zur Einsetzung eines Untersuchungsausschusses mit dem Grundgesetz auf Vorlage nach § 36 Abs. 2 des Untersuchungsausschussgesetzes[1]),

12. bei Zweifeln darüber, ob eine Regel des Völkerrechts Bestandteil des Bundesrechts ist und ob sie unmittelbar Rechte und Pflichten für den einzelnen erzeugt, auf Antrag des Gerichts (Artikel 100 Abs. 2 des Grundgesetzes),

13. wenn das Verfassungsgericht eines Landes bei der Auslegung des Grundgesetzes von einer Entscheidung des Bundesverfassungsgerichts oder des Verfassungsgerichts eines anderen Landes abweichen will, auf Antrag dieses Verfassungsgerichts (Artikel 100 Abs. 3 des Grundgesetzes),

14. bei Meinungsverschiedenheiten über das Fortgelten von Recht als Bundesrecht (Artikel 126 des Grundgesetzes),

15. in den ihm sonst durch Bundesgesetz zugewiesenen Fällen (Artikel 93 Abs. 3 des Grundgesetzes).

[1]) Nr. **6**.

§ 14[1] **[Zuständigkeit der Senate]** (1) [1] Der Erste Senat des Bundesverfassungsgerichts ist zuständig für Normenkontrollverfahren (§ 13 Nr. 6 und 11), in denen überwiegend die Unvereinbarkeit einer Vorschrift mit Grundrechten oder Rechten aus den Artikeln 33, 101, 103 und 104 des Grundgesetzes[2] geltend gemacht wird, sowie für Verfassungsbeschwerden mit Ausnahme der Verfassungsbeschwerden nach § 91 und der Verfassungsbeschwerden aus dem Bereich des Wahlrechts. [2] Das Gleiche gilt, wenn eine Landesregierung zusammen mit einem Normenkontrollantrag (§ 13 Nr. 6) nach Satz 1 einen Antrag nach § 13 Nr. 6a oder 6b stellt.

(2) Der Zweite Senat des Bundesverfassungsgerichts ist zuständig in den Fällen des § 13 Nr. 1 bis 5, 6a bis 9, 11a, 12 und 14, ferner für Normenkontrollverfahren und Verfassungsbeschwerden, die nicht dem Ersten Senat zugewiesen sind.

(3) In den Fällen des § 13 Nr. 10 und 13 bestimmt sich die Zuständigkeit der Senate nach der Regel der Absätze 1 und 2.

(4)[3] [1] Das Plenum des Bundesverfassungsgerichts kann mit Wirkung vom Beginn des nächsten Geschäftsjahres die Zuständigkeit der Senate abweichend von den Absätzen 1 bis 3 regeln, wenn dies infolge einer nicht nur vorübergehenden Überlastung eines Senats unabweisbar geworden ist. [2] Die Regelung gilt auch für anhängige Verfahren, bei denen noch keine mündliche Verhandlung oder Beratung der Entscheidung stattgefunden hat. [3] Der Beschluß wird im Bundesgesetzblatt bekanntgemacht.

(5) [1] Wenn zweifelhaft ist, welcher Senat für ein Verfahren zuständig ist, so entscheidet darüber ein Ausschuß, der aus dem Präsidenten, dem Vizepräsidenten und vier Richtern besteht, von denen je zwei von jedem Senat für die Dauer des Geschäftsjahres berufen werden. [2] Bei Stimmengleichheit gibt die Stimme des Vorsitzenden den Ausschlag.

§ 15[4] **[Vorsitz und Beschlussfähigkeit]** (1) [1] Der Präsident des Bundesverfassungsgerichts und der Vizepräsident führen den Vorsitz in ihrem Senat. [2] Sie werden von dem dienstältesten, bei gleichem Dienstalter von dem lebensältesten anwesenden Richter des Senats vertreten.

(2) [1] Jeder Senat ist beschlußfähig, wenn mindestens sechs Richter anwesend sind. [2] Ist ein Senat in einem Verfahren von besonderer Dringlichkeit nicht beschlußfähig, ordnet der Vorsitzende ein Losverfahren an, durch das so lange Richter des anderen Senats als Vertreter bestimmt werden, bis die Mindestzahl erreicht ist. [3] Die Vorsitzenden der Senate können nicht als Vertreter bestimmt werden. [4] Das Nähere regelt die Geschäftsordnung.

(3) [1] Nach Beginn der Beratung einer Sache können weitere Richter nicht hinzutreten. [2] Wird der Senat beschlußunfähig, muß die Beratung nach seiner Ergänzung neu begonnen werden.

(4) [1] Im Verfahren gemäß § 13 Nummer 1, 2, 2a, 4 und 9 bedarf es zu einer dem Antragsgegner nachteiligen Entscheidung in jedem Fall einer Mehrheit von

[1] § 14 Abs. 2 geänd. durch G v. 16.7.1998 (BGBl. I S. 1823); Abs. 1 Satz 2 angef., Abs. 2 geänd. mWv 19.12.2003 durch G v. 13.12.2003 (BGBl. I S. 2546); Abs. 1 Satz 2 geänd. mWv 12.9.2006 durch G v. 5.9.2006 (BGBl. I S. 2098).
[2] Nr. 1.
[3] Siehe hierzu den Beschl. des Plenums des BVerfG v. 24.11.2015 (BGBl. 2016 I S. 118), zuletzt geänd. durch Beschl. v. 17.11.2020 (BGBl. I S. 3090); abgedruckt als nichtamtlicher Anhang nach § 107.
[4] § 15 Abs. 3 eingef., bish. Abs. 3 wird Abs. 4 durch G v. 16.7.1998 (BGBl. I S. 1823); Abs. 4 Satz 1 geänd. mWv 29.7.2017 durch G v. 18.7.2017 (BGBl. I S. 2730).

zwei Dritteln der Mitglieder des Senats. [2]Im übrigen entscheidet die Mehrheit der an der Entscheidung mitwirkenden Mitglieder des Senats, soweit nicht das Gesetz etwas anderes bestimmt. [3]Bei Stimmengleichheit kann ein Verstoß gegen das Grundgesetz[1] oder sonstiges Bundesrecht nicht festgestellt werden.

§ 15a [Berufung von Kammern; Verteilung der Verfassungsbeschwerden] (1) [1]Die Senate berufen für die Dauer eines Geschäftsjahres mehrere Kammern. [2]Jede Kammer besteht aus drei Richtern. [3]Die Zusammensetzung einer Kammer soll nicht länger als drei Jahre unverändert bleiben.

(2) Der Senat beschließt vor Beginn eines Geschäftsjahres für dessen Dauer die Verteilung der Anträge nach § 80 und der Verfassungsbeschwerden nach den §§ 90 und 91 auf die Berichterstatter, die Zahl und Zusammensetzung der Kammern sowie die Vertretung ihrer Mitglieder.

§ 16 [Plenarentscheidungen] (1) Will ein Senat in einer Rechtsfrage von der in einer Entscheidung des anderen Senats enthaltenen Rechtsauffassung abweichen, so entscheidet darüber das Plenum des Bundesverfassungsgerichts.

(2) Es ist beschlußfähig, wenn von jedem Senat zwei Drittel seiner Richter anwesend sind.

II. Teil.[2] Verfassungsgerichtliches Verfahren

Erster Abschnitt.[3] Allgemeine Verfahrensvorschriften

§ 17 [Anwendung von Vorschriften des Gerichtsverfassungsgesetzes]

Soweit in diesem Gesetz nichts anderes bestimmt ist, sind hinsichtlich der Öffentlichkeit, der Sitzungspolizei, der Gerichtssprache, der Beratung und Abstimmung die Vorschriften der Titel 14 bis 16 des Gerichtsverfassungsgesetzes[4] entsprechend anzuwenden.

§ 17a[5] [Zulässigkeit von Ton- und Fernseh-Rundfunkaufnahmen]

(1) [1]Die Verhandlung vor dem Bundesverfassungsgericht einschließlich der Verkündung von Entscheidungen ist öffentlich. [2]Ton- und Fernseh-Rundfunkaufnahmen sowie Ton- und Filmaufnahmen zum Zwecke der öffentlichen Vorführung oder der Veröffentlichung ihres Inhalts sind nur zulässig

1. in der mündlichen Verhandlung, bis das Gericht die Anwesenheit der Beteiligten festgestellt hat,

2. bei der öffentlichen Verkündung von Entscheidungen.

(Fortsetzung nächstes Blatt)

[1] Nr. 1.
[2] *II. Teil Überschrift* neu gef. durch G v. 16.7.1998 (BGBl. I S. 1823).
[3] II. Teil 1. Abschnitt Überschrift eingef. durch G v. 16.7.1998 (BGBl. I S. 1823).
[4] **Schönfelder Nr. 95.**
[5] § 17a neu gef. mWv 18.4.2018 durch G v. 8.10.2017 (BGBl. I S. 3546).

³ Die Tonübertragung in einen Arbeitsraum für Personen, die für Presse, Hörfunk, Fernsehen oder für andere Medien berichten, kann durch Anordnung des oder der Vorsitzenden zugelassen werden.

(2) Zur Wahrung schutzwürdiger Interessen der Beteiligten oder Dritter sowie eines ordnungsgemäßen Ablaufs des Verfahrens kann der oder die Vorsitzende die Aufnahmen nach Absatz 1 Satz 2 oder deren Übertragung sowie die Übertragung nach Absatz 1 Satz 3 ganz oder teilweise untersagen oder von der Einhaltung von Auflagen abhängig machen.

(3) ¹ Tonaufnahmen der Verhandlung vor dem Bundesverfassungsgericht einschließlich der Verkündung von Entscheidungen können zu wissenschaftlichen und historischen Zwecken durch Senatsbeschluss zugelassen werden, wenn es sich um ein Verfahren von herausragender zeitgeschichtlicher Bedeutung für die Bundesrepublik Deutschland handelt. ² Zur Wahrung schutzwürdiger Interessen der Beteiligten oder Dritter oder zur Wahrung eines ordnungsgemäßen Ablaufs des Verfahrens können die Aufnahmen durch den Vorsitzenden oder die Vorsitzende teilweise untersagt werden. ³ Die Aufnahmen sind nicht zu den Akten zu nehmen und dürfen weder herausgegeben noch für Zwecke des aufgenommenen oder eines anderen Verfahrens genutzt oder verwertet werden. ⁴ Die Aufnahmen sind vom Gericht nach Abschluss des Verfahrens dem Bundesarchiv zur Übernahme anzubieten, das nach dem Bundesarchivgesetz festzustellen hat, ob den Aufnahmen ein bleibender Wert zukommt. ⁵ Nimmt das Bundesarchiv die Aufnahmen nicht an, sind die Aufnahmen durch das Gericht zu löschen. ⁶ § 25a Satz 2 bleibt unberührt.

(4) Gegen die Anordnungen des oder der Vorsitzenden kann der Senat angerufen werden.

§ 18¹⁾ [Ausschließung eines Richters] (1) Ein Richter des Bundesverfassungsgerichts ist von der Ausübung seines Richteramtes ausgeschlossen, wenn er

1. an der Sache beteiligt oder mit einem Beteiligten verheiratet ist oder war, eine Lebenspartnerschaft führt oder führte, in gerader Linie verwandt oder verschwägert oder in der Seitenlinie bis zum dritten Grade verwandt oder bis zum zweiten Grade verschwägert ist oder

2. in derselben Sache bereits von Amts oder Berufs wegen tätig gewesen ist.

(2) Beteiligt ist nicht, wer auf Grund seines Familienstandes, seines Berufs, seiner Abstammung, seiner Zugehörigkeit zu einer politischen Partei oder aus einem ähnlich allgemeinen Gesichtspunkt am Ausgang des Verfahrens interessiert ist.

(3) Als Tätigkeit im Sinne des Absatzes 1 Nr. 2 gilt nicht

1. die Mitwirkung im Gesetzgebungsverfahren,

2. *die Äußerung* einer wissenschaftlichen Meinung zu einer Rechtsfrage, die für das Verfahren bedeutsam sein kann.

§ 19 [Ablehnung eines Richters wegen Besorgnis der Befangenheit; Bestimmung eines Vertreters] (1) Wird ein Richter des Bundesverfassungsgerichts wegen Besorgnis der Befangenheit abgelehnt, so entscheidet das

¹⁾ § 18 Abs. 1 Nr. 1 geänd. mWv 1.1.2005 durch G v. 15.12.2004 (BGBl. I S. 3396).

Gericht unter Ausschluß des Abgelehnten; bei Stimmengleichheit gibt die Stimme des Vorsitzenden den Ausschlag.

(2) [1] Die Ablehnung ist zu begründen. [2] Der Abgelehnte hat sich dazu zu äußern. [3] Die Ablehnung ist unbeachtlich, wenn sie nicht spätestens zu Beginn der mündlichen Verhandlung erklärt wird.

(3) Erklärt sich ein Richter, der nicht abgelehnt ist, selbst für befangen, so gilt Absatz 1 entsprechend.

(4) [1] Hat das Bundesverfassungsgericht die Ablehnung oder Selbstablehnung eines Richters für begründet erklärt, wird durch Los ein Richter des anderen Senats als Vertreter bestimmt. [2] Die Vorsitzenden der Senate können nicht als Vertreter bestimmt werden. [3] Das Nähere regelt die Geschäftsordnung.

§ 20 [Akteneinsicht] Die Beteiligten haben das Recht der Akteneinsicht.

§ 21 [Wahrung von Terminen durch Beauftragte von Personengruppen] Wenn das Verfahren von einer Personengruppe oder gegen eine Personengruppe beantragt wird, kann das Bundesverfassungsgericht anordnen, daß sie ihre Rechte, insbesondere das Recht auf Anwesenheit im Termin, durch einen oder mehrere Beauftragte wahrnehmen läßt.

§ 22[1]) [Prozessvertretung] (1) [1] Die Beteiligten können sich in jeder Lage des Verfahrens durch einen Rechtsanwalt oder einen Rechtslehrer an einer staatlichen oder staatlich anerkannten Hochschule eines Mitgliedstaates der Europäischen Union, eines anderen Vertragsstaates des Abkommens über den Europäischen Wirtschaftsraum oder der Schweiz, der die Befähigung zum Richteramt besitzt, als Bevollmächtigten vertreten lassen; in der mündlichen Verhandlung vor dem Bundesverfassungsgericht müssen sie sich in dieser Weise vertreten lassen. [2] Gesetzgebende Körperschaften und Teile von ihnen, die in der Verfassung oder in der Geschäftsordnung mit eigenen Rechten ausgestattet sind, können sich auch durch ihre Mitglieder vertreten lassen. [3] Der Bund, die Länder und ihre Verfassungsorgane können sich außerdem durch ihre Beamten vertreten lassen, soweit sie die Befähigung zum Richteramt besitzen oder auf Grund der vorgeschriebenen Staatsprüfungen die Befähigung zum höheren Verwaltungsdienst erworben haben. [4] Das Bundesverfassungsgericht kann auch eine andere Person als Beistand eines Beteiligten zulassen.

(2) [1] Die Vollmacht ist schriftlich zu erteilen. [2] Sie muß sich ausdrücklich auf das Verfahren beziehen.

(3) Ist ein Bevollmächtigter bestellt, so sind alle Mitteilungen des Gerichts an ihn zu richten.

§ 23[2)] [Einleitung des Verfahrens] (1) [1] Anträge, die das Verfahren einleiten, sind schriftlich beim Bundesverfassungsgericht einzureichen. [2] Sie sind zu begründen; die erforderlichen Beweismittel sind anzugeben.

[1]) § 22 Abs. 1 Satz 1 erster Halbs. geänd. mWv 1.6.2007 durch G v. 26.3.2007 (BGBl. I S. 358); Abs. 1 Satz 1 neu gef. mWv 28.12.2010 durch G v. 22.12.2010 (BGBl. I S. 2248).
[2]) § 23 Abs. 2 neu gef. durch G v. 16.7.1998 (BGBl. I S. 1823).

(2) Der Vorsitzende oder, wenn eine Entscheidung nach § 93c in Betracht kommt, der Berichterstatter stellt den Antrag dem Antragsgegner, den übrigen Beteiligten sowie den Dritten, denen nach § 27a Gelegenheit zur Stellungnahme gegeben wird, unverzüglich mit der Aufforderung zu, sich binnen einer zu bestimmenden Frist dazu zu äußern.

(3) Der Vorsitzende oder der Berichterstatter kann jedem Beteiligten aufgeben, binnen einer zu bestimmenden Frist die erforderliche Zahl von Abschriften seiner Schriftsätze und der angegriffenen Entscheidungen für das Gericht und für die übrigen Beteiligten nachzureichen.

§ 24 [A-Limine-Abweisung] [1] Unzulässige oder offensichtlich unbegründete Anträge können durch einstimmigen Beschluß des Gerichts verworfen werden. [2] Der Beschluß bedarf keiner weiteren Begründung, wenn der Antragsteller vorher auf die Bedenken gegen die Zulässigkeit oder Begründetheit seines Antrags hingewiesen worden ist.

§ 25 [Grundsätze mündlicher Verhandlung; Urteil, Beschluss]
(1) Das Bundesverfassungsgericht entscheidet, soweit nichts anderes bestimmt ist, auf Grund mündlicher Verhandlung, es sei denn, daß alle Beteiligten ausdrücklich auf sie verzichten.

(Fortsetzung nächstes Blatt)

(2) Die Entscheidung auf Grund mündlicher Verhandlung ergeht als Urteil, die Entscheidung ohne mündliche Verhandlung als Beschluß.

(3) Teil- und Zwischenentscheidungen sind zulässig.

(4) Die Entscheidungen des Bundesverfassungsgerichts ergehen „im Namen des Volkes".

§ 25a [Protokoll und Tonbandaufnahme] [1] Über die mündliche Verhandlung wird ein Protokoll geführt. [2] Darüber hinaus wird sie in einer Tonbandaufnahme festgehalten; das Nähere regelt die Geschäftsordnung.

§ 26 [Beweiserhebung] (1) [1] Das Bundesverfassungsgericht erhebt den zur Erforschung der Wahrheit erforderlichen Beweis. [2] Es kann damit außerhalb der mündlichen Verhandlung ein Mitglied des Gerichts beauftragen oder mit Begrenzung auf bestimmte Tatsachen und Personen ein anderes Gericht darum ersuchen.

(2) Auf Grund eines Beschlusses mit einer Mehrheit von zwei Dritteln der Stimmen des Gerichts kann die Beiziehung einzelner Urkunden unterbleiben, wenn ihre Verwendung mit der Staatssicherheit unvereinbar ist.

§ 27 [Rechts- und Amtshilfe] [1] Alle Gerichte und Verwaltungsbehörden leisten dem Bundesverfassungsgericht Rechts- und Amtshilfe. [2] Fordert das Bundesverfassungsgericht Akten eines Ausgangsverfahrens an, werden ihm diese unmittelbar vorgelegt.

§ 27a[1] [Stellungnahme durch sachkundige Dritte] Das Bundesverfassungsgericht kann sachkundigen Dritten Gelegenheit zur Stellungnahme geben.

§ 28[2] [Zeugen und Sachverständige] (1) Für die Vernehmung von Zeugen und Sachverständigen gelten in den Fällen des § 13 Nummer 1, 2, 2a, 4 und 9 die Vorschriften der Strafprozeßordnung[3], in den übrigen Fällen die Vorschriften der Zivilprozeßordnung[4] entsprechend.

(2) [1] Soweit ein Zeuge oder Sachverständiger nur mit Genehmigung einer vorgesetzten Stelle vernommen werden darf, kann diese Genehmigung nur verweigert werden, wenn es das Wohl des Bundes oder eines Landes erfordert. [2] Der Zeuge oder Sachverständige kann sich nicht auf seine Schweigepflicht berufen, wenn das Bundesverfassungsgericht mit einer Mehrheit von zwei Dritteln der Stimmen die Verweigerung der Aussagegenehmigung für unbegründet erklärt.

§ 29 [Beweistermin] [1] Die Beteiligten werden von allen Beweisterminen benachrichtigt und können der Beweisaufnahme beiwohnen. [2] Sie können an Zeugen und Sachverständige Fragen richten. [3] Wird eine Frage beanstandet, so entscheidet das Gericht.

[1] § 27a eingef. durch G v. 16.7.1998 (BGBl. I S. 1823).
[2] § 28 Abs. 1 geänd. mWv 29.7.2017 durch G v. 18.7.2017 (BGBl. I S. 2730).
[3] **Schönfelder Nr. 90.**
[4] **Schönfelder Nr. 100.**

§ 30 [Form der Verkündung und Entscheidung] (1) [1] Das Bundesverfassungsgericht entscheidet in geheimer Beratung nach seiner freien, aus dem Inhalt der Verhandlung und dem Ergebnis der Beweisaufnahme geschöpften Überzeugung. [2] Die Entscheidung ist schriftlich abzufassen, zu begründen und von den Richtern, die bei ihr mitgewirkt haben, zu unterzeichnen. [3] Sie ist sodann, wenn eine mündliche Verhandlung stattgefunden hat, unter Mitteilung der wesentlichen Entscheidungsgründe öffentlich zu verkünden. [4] Der Termin zur Verkündung einer Entscheidung kann in der mündlichen Verhandlung bekanntgegeben oder nach Abschluß der Beratungen festgelegt werden; in diesem Fall ist er den Beteiligten unverzüglich mitzuteilen. [5] Zwischen dem Abschluß der mündlichen Verhandlung und der Verkündung der Entscheidung sollen nicht mehr als drei Monate liegen. [6] Der Termin kann durch Beschluß des Bundesverfassungsgerichts verlegt werden.

(2) [1] Ein Richter kann seine in der Beratung vertretene abweichende Meinung zu der Entscheidung oder zu deren Begründung in einem Sondervotum niederlegen; das Sondervotum ist der Entscheidung anzuschließen. [2] Die Senate können in ihren Entscheidungen das Stimmenverhältnis mitteilen. [3] Das Nähere regelt die Geschäftsordnung.

(3) Alle Entscheidungen sind den Beteiligten bekanntzugeben.

§ 31[1) [Verbindlichkeit der Entscheidungen] (1) Die Entscheidungen des Bundesverfassungsgerichts binden die Verfassungsorgane des Bundes und der Länder sowie alle Gerichte und Behörden.

(2) [1] In den Fällen des § 13 Nr. 6, 6a, 11, 12 und 14 hat die Entscheidung des Bundesverfassungsgerichts Gesetzeskraft. [2] Das gilt auch in den Fällen des § 13 Nr. 8a, wenn das Bundesverfassungsgericht ein Gesetz als mit dem Grundgesetz[2) vereinbar oder unvereinbar oder für nichtig erklärt. [3] Soweit ein Gesetz als mit dem Grundgesetz oder sonstigem Bundesrecht vereinbar oder unvereinbar oder für nichtig erklärt wird, ist die Entscheidungsformel durch das Bundesministerium der Justiz und für Verbraucherschutz im Bundesgesetzblatt zu veröffentlichen. [4] Entsprechendes gilt für die Entscheidungsformel in den Fällen des § 13 Nr. 12 und 14.

§ 32 [Einstweilige Anordnungen] (1) Das Bundesverfassungsgericht kann im Streitfall einen Zustand durch einstweilige Anordnung vorläufig regeln, wenn dies zur Abwehr schwerer Nachteile, zur Verhinderung drohender Gewalt oder aus einem anderen wichtigen Grund zum gemeinen Wohl dringend geboten ist.

(2) [1] Die einstweilige Anordnung kann ohne mündliche Verhandlung ergehen. [2] Bei besonderer Dringlichkeit kann das Bundesverfassungsgericht davon absehen, den am Verfahren zur Hauptsache Beteiligten, zum Beitritt Berechtigten oder Äußerungsberechtigten Gelegenheit zur Stellungnahme zu geben.

(3) Wird die einstweilige Anordnung durch Beschluß erlassen oder abgelehnt, so kann Widerspruch erhoben werden. [2] Das gilt nicht für den Be-

[1) *§ 31 Abs. 2 Satz 1 geänd. mWv 19.12.2003 durch G v. 13.12.2003* (BGBl. I S. 2546); Abs. 2 Satz 3 geänd. mWv 8.9.2015 durch VO v. 31.8.2015 (BGBl. I S. 1474).
[2) Nr. 1.

schwerdeführer im Verfahren der Verfassungsbeschwerde. ³ Über den Widerspruch entscheidet das Bundesverfassungsgericht nach mündlicher Verhandlung. ⁴ Diese muß binnen zwei Wochen nach dem Eingang der Begründung des Widerspruchs stattfinden.

(4) ¹ Der Widerspruch gegen die einstweilige Anordnung hat keine aufschiebende Wirkung. ² Das Bundesverfassungsgericht kann die Vollziehung der einstweiligen Anordnung aussetzen.

(5) ¹ Das Bundesverfassungsgericht kann die Entscheidung über die einstweilige Anordnung oder über den Widerspruch ohne Begründung bekanntgeben. ² In diesem Fall ist die Begründung den Beteiligten gesondert zu übermitteln.

(6) ¹ Die einstweilige Anordnung tritt nach sechs Monaten außer Kraft. ² Sie kann mit einer Mehrheit von zwei Dritteln der Stimmen wiederholt werden.

(7) ¹ Ist ein Senat nicht beschlußfähig, so kann die einstweilige Anordnung bei besonderer Dringlichkeit erlassen werden, wenn mindestens drei Richter anwesend sind und der Beschluß einstimmig gefaßt wird. ² Sie tritt nach einem Monat außer Kraft. ³ Wird sie durch den Senat bestätigt, so tritt sie sechs Monate nach ihrem Erlaß außer Kraft.

§ 33 [Aussetzung des Verfahrens] (1) Das Bundesverfassungsgericht kann sein Verfahren bis zur Erledigung eines bei einem anderen Gericht anhängigen Verfahrens aussetzen, wenn für seine Entscheidung die Feststellungen oder die Entscheidung dieses anderen Gerichts von Bedeutung sein können.

(2) Das Bundesverfassungsgericht kann seiner Entscheidung die tatsächlichen Feststellungen eines rechtskräftigen Urteils zugrunde legen, das in einem Verfahren ergangen ist, in dem die Wahrheit von Amts wegen zu erforschen ist.

§ 34¹⁾ [Kosten des Verfahrens; Auferlegung einer Gebühr] (1) Das Verfahren des Bundesverfassungsgerichts ist kostenfrei.

(2) Das Bundesverfassungsgericht kann eine Gebühr bis zu 2 600 Euro auferlegen, wenn die Einlegung der Verfassungsbeschwerde oder der Beschwerde nach Artikel 41 Abs. 2 des Grundgesetzes²⁾ einen Mißbrauch darstellt oder wenn ein Antrag auf Erlaß einer einstweiligen Anordnung (§ 32) mißbräuchlich gestellt ist.

(3) Für die Einziehung der Gebühr gilt § 59 Abs. 1 der Bundeshaushaltsordnung³⁾ entsprechend.

§ 34a [Erstattung der Auslagen] (1) Erweist sich der Antrag auf Verwirkung der Grundrechte (§ 13 Nr. 1), die Anklage gegen den Bundespräsidenten (§ 13 Nr. 4) oder einen Richter (§ 13 Nr. 9) als unbegründet, so sind dem Antragsgegner oder dem Angeklagten die notwendigen Auslagen einschließlich der Kosten der Verteidigung zu ersetzen.

(2) Erweist sich eine Verfassungsbeschwerde als begründet, so sind dem Beschwerdeführer die notwendigen Auslagen ganz oder teilweise zu erstatten.

(3) In den übrigen Fällen kann das Bundesverfassungsgericht volle oder teilweise Erstattung der Auslagen anordnen.

¹⁾ § 34 Abs. 2 geänd. mWv 1.1.2002 durch G v. 27.4.2001 (BGBl. I S. 751).
²⁾ Nr. **1**.
³⁾ Nr. **700**.

§ 35 [Regelung der Vollstreckung] Das Bundesverfassungsgericht kann in seiner Entscheidung bestimmen, wer sie vollstreckt; es kann auch im Einzelfall die Art und Weise der Vollstreckung regeln.

Zweiter Abschnitt.[1)] Akteneinsicht außerhalb des Verfahrens

§ 35a[2)] [Auskunft über personenbezogene Daten] [1] Betreffen außerhalb des Verfahrens gestellte Anträge auf Auskunft aus oder Einsicht in Akten des Bundesverfassungsgerichts personenbezogene Daten, so gelten die allgemeinen datenschutzrechtlichen Vorschriften, soweit die nachfolgenden Bestimmungen keine abweichende Regelung treffen. [2] Übermittelt das Bundesverfassungsgericht einer öffentlichen Stelle auf deren Ersuchen personenbezogenen Daten, so trägt die öffentliche Stelle die Verantwortung für die Zulässigkeit der Übermittlung. [3] In diesem Fall prüft das Bundesverfassungsgericht nur, ob das Übermittlungsersuchen im Rahmen der Aufgaben der ersuchenden Stelle liegt, es sei denn, dass besonderer Anlass zur Prüfung der Zulässigkeit der Übermittlung besteht.

§ 35b[3)] [Zur Einsicht Berechtigte; Auskunft aus beigezogenen Akten; Versendung von Akten] (1) [1] Auskunft aus oder Einsicht in Akten des Bundesverfassungsgerichts kann gewährt werden

1. öffentlichen Stellen, soweit dies für Zwecke der Rechtspflege erforderlich ist oder die in § 23 Absatz 1 Nummer 2 bis 5 des Bundesdatenschutzgesetzes[4)] genannten Voraussetzungen vorliegen oder soweit dies zur Durchführung wissenschaftlicher Forschung erforderlich ist, das wissenschaftliche Interesse an der Durchführung des Forschungsvorhabens das Interesse des Betroffenen an dem Ausschluss der Zweckänderung erheblich überwiegt und der Zweck der Forschung auf andere Weise nicht oder nur mit unverhältnismäßigem Aufwand erreicht werden kann,

2. Privatpersonen und anderen nichtöffentlichen Stellen einschließlich früherer Beteiligter nach Abschluss ihres Verfahrens, soweit sie ein berechtigtes Interesse darlegen und die datenschutzrechtlichen Belange Dritter gewahrt bleiben.

[2] Einer Unterrichtung des Betroffenen von der Übermittlung seiner Daten bedarf es nicht; die Erteilung der Auskunft und die Gewährung der Akteneinsicht sind in der Akte zu vermerken. [3] Auskunft oder Akteneinsicht kann auch gewährt werden, soweit der Betroffene eingewilligt hat.

(2) Akteneinsicht kann nur gewährt werden, wenn unter Angabe von Gründen dargelegt wird, daß die Erteilung einer Auskunft zur Erfüllung der Aufgaben der die Akteneinsicht begehrenden öffentlichen Stelle (Absatz 1 Satz 1 Nummer 1) oder zur Wahrnehmung des berechtigten Interesses der die Akteneinsicht begehrenden Privatperson oder anderen nicht-öffentlichen Stelle (Absatz 1 Satz 1 Nummer 2) nicht ausreichen würde oder die Erteilung einer Auskunft einen unverhältnismäßigen Aufwand erfordern würde.

[1)] II. Teil 2. Abschnitt (§§ 35a bis 35c) eingef. durch G v. 16.7.1998 (BGBl. I S. 1823).
[2)] § 35a eingef. durch G v. 16.7.1998 (BGBl. I S. 1823); Satz 1 geänd., Sätze 2 und 3 angef. mWv 26.11. 2019 durch G v. 20.11.2019 (BGBl. I S. 1724).
[3)] § 35b eingef. durch G v. 16.7.1998 (BGBl. I S. 1823); Abs. 5–7 angef. mWv 4.9.2013 durch G v. 29.8.2013 (BGBl. I S. 3463); Abs. 1 Satz 1 neu gef., Satz 2 eingef., bish. Satz 2 wird Satz 3, Abs. 2 geänd. mWv 26.11.2019 durch G v. 20.11.2019 (BGBl. I S. 1724).
[4)] Nr. 245.

(3) Aus beigezogenen Akten, die nicht Aktenbestandteil sind, dürfen Auskünfte nur erteilt werden, wenn der Antragsteller die Zustimmung der Stelle nachweist, um deren Akten es sich handelt; gleiches gilt für die Akteneinsicht.

(4) ¹Die Akten des Bundesverfassungsgerichts werden nicht übersandt. ²An öffentliche Stellen können sie übersandt werden, wenn diesen gemäß Absatz 2 Akteneinsicht gewährt werden kann oder wenn einer Privatperson auf Grund besonderer Umstände dort Akteneinsicht gewährt werden soll.

(5) ¹Für die Einsicht in die Akten des Bundesverfassungsgerichts, die beim Bundesarchiv oder durch das Bundesarchiv als Zwischenarchivgut aufbewahrt werden, gelten nach Ablauf von 30 Jahren die archivgesetzlichen Regelungen. ²Für Entwürfe von Urteilen, Beschlüssen und Verfügungen, Arbeiten zu ihrer Vorbereitung und Dokumente, die Abstimmungen betreffen, gilt dies nach Ablauf von 60 Jahren. ³Das Bundesverfassungsgericht behält für das abgegebene Schriftgut, das beim Bundesarchiv aufbewahrt wird, zu gerichtsinternen und prozessualen Zwecken das jederzeitige und vorrangige Rückgriffsrecht. ⁴Zu diesem Zweck ist es ihm auf Anforderung umgehend zu übersenden.

(6) Die Akten zu Kammerentscheidungen, die nicht zur Veröffentlichung bestimmt sind, einschließlich der Entwürfe von Beschlüssen und Verfügungen, Arbeiten zu ihrer Vorbereitung und Dokumente, die Abstimmungen betreffen, können mit Einverständnis des Bundesarchivs nach Ablauf von 30 Jahren vernichtet werden.

(7) Die Akten zu den im Allgemeinen Register eingetragenen Vorgängen, die nicht in das Verfahrensregister übertragen worden sind, können mit Einverständnis des Bundesarchivs fünf Jahre nach der letzten die Sache betreffenden Verfügung vernichtet werden.

§ 35c¹⁾ [Nutzung personenbezogener Daten für andere Verfahren]

Das Bundesverfassungsgericht darf in einem verfassungsgerichtlichen Verfahren zu den Akten gelangte personenbezogene Daten für ein anderes verfassungsgerichtliches Verfahren verarbeiten.

III. Teil.²⁾ Einzelne Verfahrensarten

Erster Abschnitt. Verfahren in den Fällen des § 13 Nr. 1 [Verwirkung von Grundrechten]

§ 36 [Antragsberechtigte] Der Antrag auf Entscheidung gemäß Artikel 18 Satz 2 des Grundgesetzes³⁾ kann vom Bundestag, von der Bundesregierung oder von einer Landesregierung gestellt werden.

§ 37 [Vorverfahren] Das Bundesverfassungsgericht gibt dem Antragsgegner Gelegenheit zur Äußerung binnen einer zu bestimmenden Frist und beschließt dann, ob der Antrag als unzulässig oder als nicht hinreichend begründet zurückzuweisen oder ob die Verhandlung durchzuführen ist.

¹⁾ § 35c eingef. durch G v. 16.7.1998 (BGBl. I S. 1823); geänd. mWv 26.11.2019 durch G v. 20.11.2019 (BGBl. I S. 1724).
²⁾ III. Teil Überschrift neu gef. durch G v. 16.7.1998 (BGBl. I S. 1823).
³⁾ Nr. 1.

§ 38 [Beschlagnahme und Durchsuchung] (1) Nach Eingang des Antrags kann das Bundesverfassungsgericht eine Beschlagnahme oder Durchsuchung nach den Vorschriften der Strafprozeßordnung[1] anordnen.

(2) [1] Das Bundesverfassungsgericht kann zur Vorbereitung der mündlichen Verhandlung eine Voruntersuchung anordnen. [2] Die Durchführung der Voruntersuchung ist einem Richter des nicht zur Entscheidung in der Hauptsache zuständigen Senats zu übertragen.

§ 39 [Entscheidung über Verwirkung von Grundrechten] (1) [1] Erweist sich der Antrag als begründet, so stellt das Bundesverfassungsgericht fest, welche Grundrechte der Antragsgegner verwirkt hat. [2] Es kann die Verwirkung auf einen bestimmten Zeitraum, mindestens auf ein Jahr, befristen. [3] Es kann dem Antragsgegner auch nach Art und Dauer genau bezeichnete Beschränkungen auferlegen, soweit sie nicht andere als die verwirkten Grundrechte beeinträchtigen. [4] Insoweit bedürfen die Verwaltungsbehörden zum Einschreiten gegen den Antragsgegner keiner weiteren gesetzlichen Grundlage.

(2) Das Bundesverfassungsgericht kann dem Antragsgegner auf die Dauer der Verwirkung der Grundrechte das Wahlrecht, die Wählbarkeit und die Fähigkeit zur Bekleidung öffentlicher Ämter aberkennen und bei juristischen Personen ihre Auflösung anordnen.

§ 40 [Aufhebung der Verwirkung] [1] Ist die Verwirkung zeitlich nicht befristet oder für einen längeren Zeitraum als ein Jahr ausgesprochen, so kann das Bundesverfassungsgericht, wenn seit dem Ausspruch der Verwirkung zwei Jahre verflossen sind, auf Antrag des früheren Antragstellers oder Antragsgegners die Verwirkung ganz oder teilweise aufheben oder die Dauer der Verwirkung abkürzen. [2] Der Antrag kann wiederholt werden, wenn seit der letzten Entscheidung des Bundesverfassungsgerichts ein Jahr verstrichen ist.

§ 41 [Wiederholung eines Antrags] Hat das Bundesverfassungsgericht über einen Antrag sachlich entschieden, so kann er gegen denselben Antragsgegner nur wiederholt werden, wenn er auf neue Tatsachen gestützt wird.

§ 42 (weggefallen)

Zweiter Abschnitt.[2] Verfahren in den Fällen des § 13 Nummer 2 und 2a [Parteiverbot]

§ 43[3] [Antragsberechtigte] (1) [1] Der Antrag auf Entscheidung, ob eine Partei verfassungswidrig (Artikel 21 Absatz 2 des Grundgesetzes[4]) oder von staatlicher Finanzierung ausgeschlossen ist (Artikel 21 Absatz 3 des Grundgesetzes), kann von dem Bundestag, dem Bundesrat oder von der Bundesregierung gestellt werden. [2] Der Antrag auf Entscheidung über den Ausschluss

(Fortsetzung nächstes Blatt)

[1] **Schönfelder Nr. 90.**
[2] 2. Abschnitt Überschrift geänd. mWv 29.7.2017 durch G v. 18.7.2017 (BGBl. I S. 2730).
[3] § 43 Abs. 1 neu gef. mWv 29.7.2017 durch G v. 18.7.2017 (BGBl. I S. 2730).
[4] Nr. 1.

von staatlicher Finanzierung kann hilfsweise zu einem Antrag auf Entscheidung, ob eine Partei verfassungswidrig ist, gestellt werden.

(2) Eine Landesregierung kann den Antrag nur gegen eine Partei stellen, deren Organisation sich auf das Gebiet ihres Landes beschränkt.

§ 44 [Vertretung der Partei] [1] Die Vertretung der Partei bestimmt sich nach den gesetzlichen Vorschriften, hilfsweise nach ihrer Satzung. [2] Sind die Vertretungsberechtigten nicht feststellbar oder nicht vorhanden oder haben sie nach Eingang des Antrags beim Bundesverfassungsgericht gewechselt, so gelten als vertretungsberechtigt diejenigen Personen, die die Geschäfte der Partei während der Tätigkeit, die den Antrag veranlaßt hat, zuletzt tatsächlich geführt haben.

§ 45 [Vorverfahren] Das Bundesverfassungsgericht gibt dem Vertretungsberechtigten (§ 44) Gelegenheit zur Äußerung binnen einer zu bestimmenden Frist und beschließt dann, ob der Antrag als unzulässig oder als nicht hinreichend begründet zurückzuweisen oder ob die Verhandlung durchzuführen ist.

§ 46[1]) [Entscheidung über Verfassungswidrigkeit einer politischen Partei] (1) Erweist sich der Antrag auf Entscheidung gemäß Artikel 21 Absatz 2 des Grundgesetzes[2]) als begründet, so stellt das Bundesverfassungsgericht fest, daß die politische Partei verfassungswidrig ist.

(2) Die Feststellung kann auf einen rechtlich oder organisatorisch selbständigen Teil einer Partei beschränkt werden.

(3) [1] Mit der Feststellung ist die Auflösung der Partei oder des selbständigen Teiles der Partei und das Verbot, eine Ersatzorganisation zu schaffen, zu verbinden. [2] Das Bundesverfassungsgericht kann in diesem Fall außerdem die Einziehung des Vermögens der Partei oder des selbständigen Teiles der Partei zugunsten des Bundes oder des Landes zu gemeinnützigen Zwecken aussprechen.

§ 46a[3]) [Entscheidung über den Ausschluss von der staatlichen Parteienfinanzierung] (1) [1] Erweist sich der Antrag auf Entscheidung gemäß Artikel 21 Absatz 3 des Grundgesetzes[2]) als begründet, so stellt das Bundesverfassungsgericht fest, dass die Partei für sechs Jahre von der staatlichen Finanzierung nach § 18 des Parteiengesetzes[4]) ausgeschlossen ist. [2] Die Feststellung ist auf Ersatzparteien zu erstrecken. [3] Dass eine Partei die Bestrebungen einer nach Satz 1 von der staatlichen Finanzierung ausgeschlossenen Partei als Ersatzpartei an deren Stelle weiter verfolgt oder fortführt, stellt das Bundesverfassungsgericht entsprechend Satz 1 fest. [4] Die Feststellung erfolgt auf Antrag eines Berechtigten nach § 43 Absatz 1 Satz 1; § 45 ist auf das Verfahren nicht anzuwenden.

(2) [1] Beantragt einer der Antragsberechtigten spätestens sechs Monate vor Ablauf der Frist nach Absatz 1 Satz 1 ihre Verlängerung, bleibt die Partei bis

[1]) § 46 Abs. 1 geänd. mWv 29.7.2017 durch G v. 18.7.2017 (BGBl. I S. 2730).
[2]) Nr. 1.
[3]) § 46a eingef. mWv 29.7.2017 durch G v. 18.7.2017 (BGBl. I S. 2730).
[4]) Nr. 58.

zur Entscheidung über diesen Antrag von staatlicher Finanzierung ausgeschlossen. [2] § 45 ist auf das Verfahren nicht anzuwenden. [3] Das Bundesverfassungsgericht kann ohne mündliche Verhandlung entscheiden. [4] Für die Entscheidung gilt Absatz 1 entsprechend. [5] Erneute Verlängerungsanträge sind statthaft.

§ 47 [Beschlagnahme, Durchsuchung] Die Vorschriften der §§ 38 und 41 gelten entsprechend.

Dritter Abschnitt. Verfahren in den Fällen des § 13 Nr. 3 [Wahlprüfung]

§ 48[1) [Zulässigkeit des Antrags] (1) Die Beschwerde gegen den Beschluß des Bundestages über die Gültigkeit einer Wahl, die Verletzung von Rechten bei der Vorbereitung oder Durchführung der Wahl, soweit sie der Wahlprüfung nach Artikel 41 des Grundgesetzes[2)] unterliegen, oder den Verlust der Mitgliedschaft im Bundestag kann der Abgeordnete, dessen Mitgliedschaft bestritten ist, eine wahlberechtigte Person oder eine Gruppe von wahlberechtigten Personen, deren Einspruch vom Bundestag verworfen worden ist, eine Fraktion oder eine Minderheit des Bundestages, die wenigstens ein Zehntel der gesetzlichen Mitgliederzahl umfaßt, binnen einer Frist von zwei Monaten seit der Beschlußfassung des Bundestages beim Bundesverfassungsgericht erheben; die Beschwerde ist innerhalb dieser Frist zu begründen.

(2) Das Bundesverfassungsgericht kann von einer mündlichen Verhandlung absehen, wenn von ihr keine weitere Förderung des Verfahrens zu erwarten ist.

(3) Erweist sich bei Prüfung der Beschwerde einer wahlberechtigten Person oder einer Gruppe von wahlberechtigten Personen, dass deren Rechte verletzt wurden, stellt das Bundesverfassungsgericht diese Verletzung fest, wenn es nicht die Wahl für ungültig erklärt.

Vierter Abschnitt. Verfahren in den Fällen des § 13 Nr. 4 [Präsidentenanklage]

§ 49 [Anklageschrift] (1) Die Anklage gegen den Bundespräsidenten wegen vorsätzlicher Verletzung des Grundgesetzes[2)] oder eines ande-

(Fortsetzung nächstes Blatt)

[1)] § 48 Abs. 1 geänd., Abs. 2 aufgeh., bish. Abs. 3 wird Abs. 2, Abs. 3 angef. mWv 19.7.2012 durch G v. 12.7.2012 (BGBl. I S. 1501).
[2)] Nr. 1.

ren Bundesgesetzes wird durch Einreichung einer Anklageschrift beim Bundesverfassungsgericht erhoben.

(2) Auf Grund des Beschlusses einer der beiden gesetzgebenden Körperschaften (Artikel 61 Abs. 1 des Grundgesetzes) fertigt deren Präsident die Anklageschrift und übersendet sie binnen eines Monats dem Bundesverfassungsgericht.

(3) [1] Die Anklageschrift muß die Handlung oder Unterlassung, wegen der die Anklage erhoben wird, die Beweismittel und die Bestimmung der Verfassung oder des Gesetzes, die verletzt sein soll, bezeichnen. [2] Sie muß die Feststellung enthalten, daß der Beschluß auf Erhebung der Anklage mit der Mehrheit von zwei Dritteln der gesetzlichen Mitgliederzahl des Bundestages oder von zwei Dritteln der Stimmen des Bundesrates gefaßt worden ist.

§ 50 [Frist für Anklageerhebung] Die Anklage kann nur binnen drei Monaten, nachdem der ihr zugrunde liegende Sachverhalt der antragsberechtigten Körperschaft bekannt geworden ist, erhoben werden.

§ 51 [Durchführung des Verfahrens] Die Einleitung und Durchführung des Verfahrens wird durch den Rücktritt des Bundespräsidenten, durch sein Ausscheiden aus dem Amt oder durch Auflösung des Bundestages oder den Ablauf seiner Wahlperiode nicht berührt.

§ 52 [Zurücknahme der Anklage] (1) [1] Die Anklage kann bis zur Verkündung des Urteils auf Grund eines Beschlusses der antragstellenden Körperschaft zurückgenommen werden. [2] Der Beschluß bedarf der Zustimmung der Mehrheit der gesetzlichen Mitgliederzahl des Bundestages oder der Mehrheit der Stimmen des Bundesrates.

(2) Die Anklage wird vom Präsidenten der antragstellenden Körperschaft durch Übersendung einer Ausfertigung des Beschlusses an das Bundesverfassungsgericht zurückgenommen.

(3) Die Zurücknahme der Anklage wird unwirksam, wenn ihr der Bundespräsident binnen eines Monats widerspricht.

§ 53 [Einstweilige Anordnung] Das Bundesverfassungsgericht kann nach Erhebung der Anklage durch einstweilige Anordnung bestimmen, daß der Bundespräsident an der Ausübung seines Amtes verhindert ist.

§ 54 [Voruntersuchung] (1) Das Bundesverfassungsgericht kann zur Vorbereitung der mündlichen Verhandlung eine Voruntersuchung anordnen; es muß sie anordnen, wenn der Vertreter der Anklage oder der Bundespräsident sie beantragt.

(2) Die Durchführung der Voruntersuchung ist einem Richter des nicht zur Entscheidung in der Hauptsache zuständigen Senats zu übertragen.

§ 55 [Mündliche Verhandlung] (1) Das Bundesverfassungsgericht entscheidet auf Grund mündlicher Verhandlung.

(2) [1] Zur Verhandlung ist der Bundespräsident zu laden. [2] Dabei ist er darauf hinzuweisen, daß ohne ihn verhandelt wird, wenn er unentschuldigt ausbleibt oder ohne ausreichenden Grund sich vorzeitig entfernt.

(3) In der Verhandlung trägt der Beauftragte der antragstellenden Körperschaft zunächst die Anklage vor.

(4) Sodann erhält der Bundespräsident Gelegenheit, sich zur Anklage zu erklären.

(5) Hierauf findet die Beweiserhebung statt.

(6) [1] Zum Schluß wird der Vertreter der Anklage mit seinem Antrag und der Bundespräsident mit seiner Verteidigung gehört. [2] Er hat das letzte Wort.

§ 56 [Urteil] (1) Das Bundesverfassungsgericht stellt im Urteil fest, ob der Bundespräsident einer vorsätzlichen Verletzung des Grundgesetzes[1] oder eines genau zu bezeichnenden Bundesgesetzes schuldig ist.

(2) [1] Im Falle der Verurteilung kann das Bundesverfassungsgericht den Bundespräsidenten seines Amtes für verlustig erklären. [2] Mit der Verkündung des Urteils tritt der Amtsverlust ein.

§ 57 [Ausfertigung des Urteils] Eine Ausfertigung des Urteils samt Gründen ist dem Bundestag, dem Bundesrat und der Bundesregierung zu übersenden.

Fünfter Abschnitt. Verfahren in den Fällen des § 13 Nr. 9 [Richteranklage]

§ 58 [Richteranklage] (1) Stellt der Bundestag gegen einen Bundesrichter den Antrag nach Artikel 98 Abs. 2 des Grundgesetzes[1], so sind die Vorschriften der §§ 49 bis 55 mit Ausnahme des § 49 Abs. 3 Satz 2, der §§ 50 und 52 Abs. 1 Satz 2 entsprechend anzuwenden.

(2) [1] Wird dem Bundesrichter ein Verstoß im Amt vorgeworfen, so beschließt der Bundestag nicht vor rechtskräftiger Beendigung des gerichtlichen Verfahrens oder, wenn vorher wegen desselben Verstoßes ein förmliches Disziplinarverfahren eingeleitet worden ist, nicht vor der Eröffnung dieses Verfahrens. [2] Nach Ablauf von sechs Monaten seit der rechtskräftigen Beendigung des gerichtlichen Verfahrens, in dem der Bundesrichter sich des Verstoßes schuldig gemacht haben soll, ist der Antrag nicht mehr zulässig.

(3) Abgesehen von den Fällen des Absatzes 2 ist ein Antrag gemäß Absatz 1 nicht mehr zulässig, wenn seit dem Verstoß zwei Jahre verflossen sind.

(4) Der Antrag wird vor dem Bundesverfassungsgericht von einem Beauftragten des Bundestages vertreten.

§ 59 [Urteil] (1) Das Bundesverfassungsgericht erkennt auf eine der im Artikel 98 Abs. 2 des Grundgesetzes[1] vorgesehenen Maßnahmen oder auf Freispruch.

(2) Erkennt das Bundesverfassungsgericht auf Entlassung, so tritt der Amtsverlust mit der Verkündung des Urteils ein.

(3) Wird auf Versetzung in ein anderes Amt oder in den Ruhestand erkannt, so obliegt der Vollzug der für die Entlassung des Bundesrichters zuständigen Stelle.

(4) Eine Ausfertigung des Urteils mit Gründen ist dem Bundespräsidenten, dem Bundestag und der Bundesregierung zu übersenden.

§ 60 [Aussetzung eines Disziplinarverfahrens] [1] Solange ein Verfahren vor dem Bundesverfassungsgericht anhängig ist, wird das wegen desselben Sachverhalts bei einem Disziplinargericht anhängige Verfahren ausgesetzt. [2] Erkennt das Bundesverfassungsgericht auf Entlassung aus dem Amt oder auf Anordnung der Versetzung in ein anderes Amt oder in den Ruhestand, so wird das Disziplinarverfahren eingestellt; im anderen Falle wird es fortgesetzt.

[1] Nr. 1.

§ 61[1] **[Wiederaufnahme des Verfahrens]** (1) [1]Die Wiederaufnahme des Verfahrens findet nur zugunsten des Verurteilten und nur auf seinen Antrag oder nach seinem Tode auf Antrag seines Ehegatten, Lebenspartners oder eines seiner Abkömmlinge unter den Voraussetzungen der §§ 359 und 364 der Strafprozeßordnung[2] statt. [2]In dem Antrag müssen der gesetzliche Grund der Wiederaufnahme sowie die Beweismittel angegeben werden. [3]Durch den Antrag auf Wiederaufnahme wird die Wirksamkeit des Urteils nicht gehemmt.

(2) [1]Über die Zulassung des Antrages entscheidet das Bundesverfassungsgericht ohne mündliche Verhandlung. [2]Die Vorschriften der §§ 368, 369 Abs. 1, 2 und 4 und der §§ 370 und 371 Abs. 1 bis 3 der Strafprozeßordnung gelten entsprechend.

(3) In der erneuten Hauptverhandlung ist entweder das frühere Urteil aufrechtzuerhalten oder auf eine mildere Maßnahme oder auf Freispruch zu erkennen.

§ 62 [Verfahren gegen Landesrichter] Soweit gemäß Artikel 98 Abs. 5 Satz 2 des Grundgesetzes[3] fortgeltendes Landesverfassungsrecht nichts Abweichendes bestimmt, gelten die Vorschriften dieses Abschnitts auch, wenn das Gesetz eines Landes für Landesrichter eine dem Artikel 98 Abs. 2 des Grundgesetzes entsprechende Regelung trifft.

Sechster Abschnitt. Verfahren in den Fällen des § 13 Nr. 5 [Organstreitigkeiten]

§ 63 [Antragsteller und Antragsgegner] Antragsteller und Antragsgegner können nur sein: der Bundespräsident, der Bundestag, der Bundesrat, die Bundesregierung und die im Grundgesetz[3] oder in den Geschäftsordnungen des Bundestages[4] und des Bundesrates[5] mit eigenen Rechten ausgestatteten Teile dieser Organe.

§ 64 [Antragsbefugnis] (1) Der Antrag ist nur zulässig, wenn der Antragsteller geltend macht, daß er oder das Organ, dem er angehört, durch eine Maßnahme oder Unterlassung des Antragsgegners in seinen ihm durch das Grundgesetz[3] übertragenen Rechten und Pflichten verletzt oder unmittelbar gefährdet ist.

(2) Im Antrag ist die Bestimmung des Grundgesetzes zu bezeichnen, gegen die durch die beanstandete Maßnahme oder Unterlassung des Antragsgegners verstoßen wird.

(3) Der Antrag muß binnen sechs Monaten, nachdem die beanstandete Maßnahme oder Unterlassung dem Antragsteller bekannt geworden ist, gestellt werden.

(4) Soweit die Frist bei Inkrafttreten dieses Gesetzes verstrichen ist, kann der Antrag noch binnen drei Monaten nach Inkrafttreten gestellt werden.

§ 65 *[Beitritt zum Verfahren]* (1) Dem Antragsteller und dem Antragsgegner können in jeder Lage des Verfahrens andere in § 63 genannte Antragsberechtigte beitreten, wenn die Entscheidung auch für die Abgrenzung ihrer Zuständigkeiten von Bedeutung ist.

[1] § 61 Abs. 1 Satz 1 geänd. mWv 1.8.2001 durch G v. 16.2.2001 (BGBl. I S. 266).
[2] **Schönfelder Nr. 90.**
[3] Nr. 1.
[4] Nr. 35.
[5] Nr. 37.

(2) Das Bundesverfassungsgericht gibt von der Einleitung des Verfahrens dem Bundespräsidenten, dem Bundestag, dem Bundesrat und der Bundesregierung Kenntnis.

§ 66 [Verbindung und Trennung von Verfahren] Das Bundesverfassungsgericht kann anhängige Verfahren verbinden und verbundene trennen.

§ 66a[1) [Entscheidung nach dem Untersuchungsausschussgesetz] [1] In Verfahren nach § 13 Nr. 5 in Verbindung mit § 2 Abs. 3 des Untersuchungsausschussgesetzes[2)] sowie in Verfahren nach § 18 Abs. 3 des Untersuchungsausschussgesetzes, auch in Verbindung mit den §§ 19 und 23 Abs. 2 des Untersuchungsausschussgesetzes, kann das Bundesverfassungsgericht ohne mündliche Verhandlung entscheiden. [2] Gleiches gilt bei Anträgen gemäß § 14 des Gesetzes über die parlamentarische Kontrolle nachrichtendienstlicher Tätigkeit des Bundes[3)] in Verbindung mit § 63.

§ 67 [Entscheidung] [1] Das Bundesverfassungsgericht stellt in seiner Entscheidung fest, ob die beanstandete Maßnahme oder Unterlassung des Antragsgegners gegen eine Bestimmung des Grundgesetzes[4)] verstößt. [2] Die Bestimmung ist zu bezeichnen. [3] Das Bundesverfassungsgericht kann in der Entscheidungsformel zugleich eine für die Auslegung der Bestimmung des Grundgesetzes erhebliche Rechtsfrage entscheiden, von der die Feststellung gemäß Satz 1 abhängt.

Siebenter Abschnitt. Verfahren in den Fällen des § 13 Nr. 7 [Streitigkeiten zwischen Bund und Ländern]

§ 68 [Antragsteller und Antragsgegner] Antragsteller und Antragsgegner können nur sein:
für den Bund die Bundesregierung,
für ein Land die Landesregierung.

§ 69 [Verweisung auf Organstreitigkeiten] Die Vorschriften der §§ 64 bis 67 gelten entsprechend.

§ 70 [Anfechtungsfrist] Der Beschluß des Bundesrates nach Artikel 84 Abs. 4 Satz 1 des Grundgesetzes[4)] kann nur binnen eines Monats nach der Beschlußfassung angefochten werden.

Achter Abschnitt. Verfahren in den Fällen des § 13 Nr. 8 [Andere öffentlich-rechtliche Streitigkeiten zwischen dem Bund und den Ländern, zwischen verschiedenen Ländern oder innerhalb eines Landes]

§ 71 [Antragsteller und Antragsgegner] (1) Antragsteller und Antragsgegner können nur sein

1. bei öffentlich-rechtlichen Streitigkeiten gemäß Artikel 93 Abs. 1 Nr. 4 des Grundgesetzes[4)] zwischen dem Bund und den Ländern:
 die Bundesregierung und die Landesregierungen;

[1)] § 66a eingef. mWv 30.8.2002 durch G v. 22.8.2002 (BGBl. I S. 3386); Satz 2 angef. mWv 4.8.2009 durch G v. 29.7.2009 (BGBl. I S. 2346).
[2)] Nr. 6.
[3)] Nr. 81.
[4)] Nr. 1.

2. bei öffentlich-rechtlichen Streitigkeiten gemäß Artikel 93 Abs. 1 Nr. 4 des Grundgesetzes zwischen den Ländern: die Landesregierungen;

3. bei öffentlich-rechtlichen Streitigkeiten gemäß Artikel 93 Abs. 1 Nr. 4 des Grundgesetzes innerhalb eines Landes: die obersten Organe des Landes und die in der Landesverfassung oder in der Geschäftsordnung eines obersten Organs des Landes mit eigenen Rechten ausgestatteten Teile dieser Organe, wenn sie durch den Streitgegenstand in ihren Rechten oder Zuständigkeiten unmittelbar berührt sind.

(2) Die Vorschrift des § 64 Abs. 3 gilt entsprechend.

§ 72 [Entscheidung] (1) Das Bundesverfassungsgericht kann in seiner Entscheidung erkennen auf

1. die Zulässigkeit oder Unzulässigkeit einer Maßnahme,

2. die Verpflichtung des Antragsgegners, eine Maßnahme zu unterlassen, rückgängig zu machen, durchzuführen oder zu dulden,

3. die Verpflichtung, eine Leistung zu erbringen.

(2) [1]In dem Verfahren nach § 71 Abs. 1 Nr. 3 stellt das Bundesverfassungsgericht fest, ob die beanstandete Maßnahme oder Unterlassung des Antragsgegners gegen eine Bestimmung der Landesverfassung verstößt. [2]Die Vorschriften des § 67 Satz 2 und 3 gelten entsprechend.

Neunter Abschnitt. Verfahren in den Fällen des § 13 Nr. 10 [Verfassungsstreitigkeiten innerhalb eines Landes]

§ 73 [Beteiligte] (1) An einer Verfassungsstreitigkeit innerhalb eines Landes können nur die obersten Organe dieses Landes und die in der Landesverfassung oder in der Geschäftsordnung eines obersten Organs des Landes mit eigenen Rechten ausgestatteten Teile dieser Organe beteiligt sein.

(2) Die Vorschrift des § 64 Abs. 3 gilt entsprechend, sofern das Landesrecht nichts anderes bestimmt.

§ 74 [Entscheidung] Bestimmt das Landesrecht nicht, welchen Inhalt und welche Wirkung die Entscheidung des Bundesverfassungsgerichts haben kann, so gilt § 72 Abs. 2 entsprechend.

§ 75 [Verfahren] Für das Verfahren gelten die allgemeinen Vorschriften des II. Teiles dieses Gesetzes entsprechend.

Zehnter Abschnitt.[1] Verfahren in den Fällen des § 13 Nr. 6 und 6a [Abstrakte Normenkontrolle]

§ 76[2] [Zulässigkeit des Antrags] (1) Der Antrag der Bundesregierung, einer Landesregierung oder eines Viertels der Mitglieder des Bundestages gemäß Artikel 93 Abs. 1 Nr. 2 des Grundgesetzes[3] ist nur zulässig, wenn der Antragsteller Bundes- oder Landesrecht

[1] III. Teil 10. Abschnitt Überschrift neu gef. durch G v. 16.7.1998 (BGBl. I S. 1823).
[2] § 76 Abs. 1 geänd., Abs. 2 angef. durch G v. 16.7.1998 (BGBl. I S. 1823); Abs. 1 einl. Satzteil geänd. mWv 4.12.2009 durch G v. 1.12.2009 (BGBl. I S. 3822).
[3] Nr. 1.

1. wegen seiner förmlichen oder sachlichen Unvereinbarkeit mit dem Grundgesetz oder dem sonstigen Bundesrecht für nichtig hält oder
2. für gültig hält, nachdem ein Gericht, eine Verwaltungsbehörde oder ein Organ des Bundes oder eines Landes das Recht als unvereinbar mit dem Grundgesetz oder sonstigem Bundesrecht nicht angewendet hat.

(2) Der Antrag des Bundesrates, einer Landesregierung oder der Volksvertretung eines Landes gemäß Artikel 93 Abs. 1 Nr. 2a des Grundgesetzes ist nur zulässig, wenn der Antragsteller ein Bundesgesetz wegen Nichterfüllung der Voraussetzungen des Artikels 72 Abs. 2 des Grundgesetzes für nichtig hält; der Antrag kann auch darauf gestützt werden, daß der Antragsteller das Bundesgesetz wegen Nichterfüllung der Voraussetzungen des *Artikels 75 Abs. 2*[1] des Grundgesetzes für nichtig hält.

§ 77[2] **[Äußerungsberechtigte Bundes- und Landesorgane]** Das Bundesverfassungsgericht gibt

1. in den Fällen des § 76 Abs. 1 dem Bundestag, dem Bundesrat, der Bundesregierung, bei Meinungsverschiedenheiten über die Gültigkeit von Bundesrecht auch den Landesregierungen und bei Meinungsverschiedenheiten über die Gültigkeit einer landesrechtlichen Norm der Volksvertretung und der Regierung des Landes, in dem die Norm verkündet wurde,
2. in den Fällen des § 76 Abs. 2 dem Bundestag, dem Bundesrat, der Bundesregierung sowie den Volksvertretungen und Regierungen der Länder

binnen einer zu bestimmenden Frist Gelegenheit zur Äußerung.

§ 78 [Nichtigerklärung von Gesetzen] [1] Kommt das Bundesverfassungsgericht zu der Überzeugung, daß Bundesrecht mit dem Grundgesetz[3] oder Landesrecht mit dem Grundgesetz oder dem sonstigen Bundesrecht unvereinbar ist, so erklärt es das Gesetz für nichtig. [2] Sind weitere Bestimmungen des gleichen Gesetzes aus denselben Gründen mit dem Grundgesetz oder sonstigem Bundesrecht unvereinbar, so kann sie das Bundesverfassungsgericht gleichfalls für nichtig erklären.

§ 79 [Wirkung der Entscheidung] (1) Gegen ein rechtskräftiges Strafurteil, das auf einer mit dem Grundgesetz[3] für unvereinbar oder nach § 78 für nichtig erklärten Norm oder auf der Auslegung einer Norm beruht, die vom Bundesverfassungsgericht für unvereinbar mit dem Grundgesetz erklärt worden ist, ist die Wiederaufnahme des Verfahrens nach den Vorschriften der Strafprozeßordnung[4] zulässig.

(2) [1] Im übrigen bleiben vorbehaltlich der Vorschrift des § 95 Abs. 2 oder einer besonderen gesetzlichen Regelung die nicht mehr anfechtbaren Entscheidungen, die auf einer gemäß § 78 für nichtig erklärten Norm beruhen, unberührt. [2] Die Vollstreckung aus einer solchen Entscheidung ist unzulässig. [3] Soweit die Zwangsvollstreckung nach den Vorschriften der Zivilprozeßordnung[5] durchzuführen ist, gilt die Vorschrift des § 767 der Zivilprozeßordnung entsprechend. [4] Ansprüche aus ungerechtfertigter Bereicherung sind ausgeschlossen.

[1] **Aufgehoben mWv 1.9.2006** *durch G v. 28.8.2006 (BGBl. I S. 2034).*
[2] *§ 77 neu gef. durch G v. 16.7.1998 (BGBl. I S. 1823).*
[3] Nr. 1.
[4] **Schönfelder Nr. 90.**
[5] **Schönfelder Nr. 100.**

Elfter Abschnitt.[1] **Verfahren in den Fällen des § 13 Nr. 11 und 11a [Nachprüfung von Gesetzen; Nachprüfung von Beschlüssen zur Einsetzung eines Untersuchungsausschusses]**

§ 80 [Vorlage – Beschluss] (1) Sind die Voraussetzungen des Artikels 100 Abs. 1 des Grundgesetzes[2] gegeben, so holen die Gerichte unmittelbar die Entscheidung des Bundesverfassungsgerichts ein.

(2) [1]Die Begründung muß angeben, inwiefern von der Gültigkeit der Rechtsvorschrift die Entscheidung des Gerichts abhängig ist und mit welcher übergeordneten Rechtsnorm sie unvereinbar ist. [2]Die Akten sind beizufügen.

(3) Der Antrag des Gerichts ist unabhängig von der Rüge der Nichtigkeit der Rechtsvorschrift durch einen Prozeßbeteiligten.

§ 81 [Entscheidung über die Rechtsfrage] Das Bundesverfassungsgericht entscheidet nur über die Rechtsfrage.

§ 81a [Feststellung der Unzulässigkeit eines Antrags] [1]Die Kammer kann durch einstimmigen Beschluß die Unzulässigkeit eines Antrages nach § 80 feststellen. [2]Die Entscheidung bleibt dem Senat vorbehalten, wenn der Antrag von einem Landesverfassungsgericht oder von einem obersten Gerichtshof des Bundes gestellt wird.

§ 82 [Beitritts- und Äußerungsberechtigte] (1) Die Vorschriften der §§ 77 bis 79 gelten entsprechend.

(2) Die in § 77 genannten Verfassungsorgane können in jeder Lage des Verfahrens beitreten.

(3) Das Bundesverfassungsgericht gibt auch den Beteiligten des Verfahrens vor dem Gericht, das den Antrag gestellt hat, Gelegenheit zur Äußerung; es lädt sie zur mündlichen Verhandlung und erteilt den anwesenden Prozeßbevollmächtigten das Wort.

(4) [1]Das Bundesverfassungsgericht kann oberste Gerichtshöfe des Bundes oder oberste Landesgerichte um die Mitteilung ersuchen, wie und auf Grund welcher Erwägungen sie das Grundgesetz[2] in der streitigen Frage bisher ausgelegt haben, ob und wie sie die in ihrer Gültigkeit streitige Rechtsvorschrift in ihrer Rechtsprechung angewandt haben und welche damit zusammenhängenden Rechtsfragen zur Entscheidung anstehen. [2]Es kann sie ferner ersuchen, ihre Erwägungen zu einer für die Entscheidung erheblichen Rechtsfrage darzulegen. [3]Das Bundesverfassungsgericht gibt den Äußerungsberechtigten Kenntnis von der Stellungnahme.

§ 82a[3] **[Verfahren nach dem Untersuchungsausschussgesetz]** (1) Die §§ 80 bis 82 gelten vorbehaltlich der Absätze 2 und 3 sinngemäß für die Überprüfung der Vereinbarkeit eines Beschlusses des Deutschen Bundestages zur Einsetzung eines Untersuchungsausschusses mit dem Grundgesetz[2] auf Vorlage nach § 36 Abs. 2 des Untersuchungsausschussgesetzes[4].

(2) [1]Äußerungsberechtigt sind der Bundestag und die qualifizierte Minderheit nach Artikel 44 Abs. 1 des Grundgesetzes, auf deren Antrag der Einsetzungsbeschluss beruht. [2]Ferner kann das Bundesverfassungsgericht der Bundesregie-

[1] III. Teil 11. Abschnitt Überschrift neu gef. mWv 30.8.2002 durch G v. 22.8.2002 (BGBl. I S. 3386).
[2] Nr. **1**.
[3] § 82a eingef. mWv 30.8.2002 durch G v. 22.8.2002 (BGBl. I S. 3386).
[4] Nr. **6**.

rung, dem Bundesrat, Landesregierungen, der qualifizierten Minderheit nach § 18 Abs. 3 des Untersuchungsausschussgesetzes und Personen Gelegenheit zur Äußerung geben, soweit sie von dem Einsetzungsbeschluss berührt sind.

(3) Das Bundesverfassungsgericht kann ohne mündliche Verhandlung entscheiden.

Zwölfter Abschnitt. Verfahren in den Fällen des § 13 Nr. 12
[Nachprüfung von Völkerrecht]

§ 83 [Entscheidung; Beitritt des Bundestages, des Bundesrates, der Bundesregierung zum Verfahren] (1) Das Bundesverfassungsgericht stellt in den Fällen des Artikels 100 Abs. 2 des Grundgesetzes[1)] in seiner Entscheidung fest, ob die Regel des Völkerrechts Bestandteil des Bundesrechts ist und ob sie unmittelbar Rechte und Pflichten für den einzelnen erzeugt.

(2) [1]Das Bundesverfassungsgericht hat vorher dem Bundestag, dem Bundesrat und der Bundesregierung Gelegenheit zur Äußerung binnen einer zu bestimmenden Frist zu geben. [2]Sie können in jeder Lage des Verfahrens beitreten.

§ 84 [Entsprechende Geltung anderer Verfahrensvorschriften] Die Vorschriften der §§ 80 und 82 Abs. 3 gelten entsprechend.

Dreizehnter Abschnitt. Verfahren in den Fällen des § 13 Nr. 13
[Vorlagebeschluss eines Landesverfassungsgerichts]

§ 85 [Verfahren; Entscheidung] (1) Ist die Entscheidung des Bundesverfassungsgerichts gemäß Artikel 100 Abs. 3 Satz 1 des Grundgesetzes[1)] einzuholen, so legt das Verfassungsgericht des Landes unter Darlegung seiner Rechtsauffassung die Akten vor.

(2) Das Bundesverfassungsgericht gibt dem Bundesrat, der Bundesregierung und, wenn es von einer Entscheidung des Verfassungsgerichts eines Landes abweichen will, diesem Gericht Gelegenheit zur Äußerung binnen einer zu bestimmenden Frist.

(3) Das Bundesverfassungsgericht entscheidet nur über die Rechtsfrage.

Vierzehnter Abschnitt. Verfahren in den Fällen des § 13 Nr. 14
[Fortgeltung von Recht als Bundesrecht]

§ 86 [Antragsberechtigte] (1) Antragsberechtigt sind der Bundestag, der Bundesrat, die Bundesregierung und die Landesregierungen.

(2) Wenn in einem gerichtlichen Verfahren streitig und erheblich ist, ob ein Gesetz als Bundesrecht fortgilt, so hat das Gericht in sinngemäßer Anwendung des § 80 die Entscheidung des Bundesverfassungsgerichts einzuholen.

§ 87 [Zulässigkeit des Antrags] (1) Der Antrag des Bundesrates, der Bundesregierung oder einer Landesregierung ist nur zulässig, wenn von der Entscheidung die Zulässigkeit einer bereits vollzogenen oder unmittelbar bevorstehenden Maßnahme eines Bundesorgans, einer Bundesbehörde oder des Organs oder der Behörde eines Landes abhängig ist.

(2) *Aus der Begründung des Antrags muß* sich das Vorliegen der in Absatz 1 bezeichneten Voraussetzung ergeben.

[1)] Nr. **1**.

§ 88 [Beitritt anderer Beteiligter] Die Vorschrift des § 82 gilt entsprechend.

§ 89 [Entscheidung] Das Bundesverfassungsgericht spricht aus, ob das Gesetz ganz oder teilweise in dem gesamten Bundesgebiet oder einem bestimmten Teil des Bundesgebiets als Bundesrecht fortgilt.

Fünfzehnter Abschnitt. Verfahren in den Fällen des § 13 Nr. 8a
[Verfassungsbeschwerde]

§ 90 [Aktivlegitimation] (1) Jedermann kann mit der Behauptung, durch die öffentliche Gewalt in einem seiner Grundrechte oder in einem seiner in Artikel 20 Abs. 4, Artikel 33, 38, 101, 103 und 104 des Grundgesetzes[1)] enthaltenen Rechte verletzt zu sein, die Verfassungsbeschwerde zum Bundesverfassungsgericht erheben.

(2) [1]Ist gegen die Verletzung der Rechtsweg zulässig, so kann die Verfassungsbeschwerde erst nach Erschöpfung des Rechtswegs erhoben werden. [2]Das Bundesverfassungsgericht kann jedoch über eine vor Erschöpfung des Rechtswegs eingelegte Verfassungsbeschwerde sofort entscheiden, wenn sie von allgemeiner Bedeutung ist oder wenn dem Beschwerdeführer ein schwerer und unabwendbarer Nachteil entstünde, falls er zunächst auf den Rechtsweg verwiesen würde.

(3) Das Recht, eine Verfassungsbeschwerde an das Landesverfassungsgericht nach dem Recht der Landesverfassung zu erheben, bleibt unberührt.

§ 91 [Aktivlegitimation der Gemeinden] [1]Gemeinden und Gemeindeverbände können die Verfassungsbeschwerde mit der Behauptung erheben, daß ein Gesetz des Bundes oder des Landes die Vorschrift des Artikels 28 des Grundgesetzes[1)] verletzt. [2]Die Verfassungsbeschwerde zum Bundesverfassungsgericht ist ausgeschlossen, soweit eine Beschwerde wegen Verletzung des Rechtes auf Selbstverwaltung nach dem Rechte des Landes beim Landesverfassungsgericht erhoben werden kann.

§ 91a (weggefallen)

§ 92 [Begründung der Beschwerde] In der Begründung der Beschwerde sind das Recht, das verletzt sein soll, und die Handlung oder Unterlassung des Organs oder der Behörde, durch die der Beschwerdeführer sich verletzt fühlt, zu bezeichnen.

§ 93 [Einlegungsfrist] (1) [1]Die Verfassungsbeschwerde ist binnen eines Monats zu erheben und zu begründen. [2]Die Frist beginnt mit der Zustellung oder formlosen Mitteilung der in vollständiger Form abgefaßten Entscheidung, wenn diese nach den maßgebenden verfahrensrechtlichen Vorschriften von Amts wegen vorzunehmen ist. [3]In anderen Fällen beginnt die Frist mit der Verkündung der Entscheidung oder, wenn diese nicht zu verkünden ist, mit ihrer sonstigen Bekanntgabe an den Beschwerdeführer; wird dabei dem Beschwerdeführer eine Abschrift der Entscheidung in vollständiger Form nicht erteilt, so wird die Frist des Satzes 1 dadurch unterbrochen, daß der Beschwerdeführer schriftlich oder zu Protokoll der Geschäftsstelle die Erteilung einer in vollständiger Form abgefaßten Entscheidung beantragt. [4]Die Unterbrechung dauert fort, bis die Entscheidung in vollständiger Form dem Beschwerdeführer von dem Gericht erteilt oder von Amts wegen oder von einem an dem Verfahren Beteiligten zugestellt wird.

[1)] Nr. 1.

(2) [1] War ein Beschwerdeführer ohne Verschulden verhindert, diese Frist einzuhalten, ist ihm auf Antrag Wiedereinsetzung in den vorigen Stand zu gewähren. [2] Der Antrag ist binnen zwei Wochen nach Wegfall des Hindernisses zu stellen. [3] Die Tatsachen zur Begründung des Antrags sind bei der Antragstellung oder im Verfahren über den Antrag glaubhaft zu machen. [4] Innerhalb der Antragsfrist ist die versäumte Rechtshandlung nachzuholen; ist dies geschehen, kann die Wiedereinsetzung auch ohne Antrag gewährt werden. [5] Nach einem Jahr seit dem Ende der versäumten Frist ist der Antrag unzulässig. [6] Das Verschulden des Bevollmächtigten steht dem Verschulden eines Beschwerdeführers gleich.

(3) Richtet sich die Verfassungsbeschwerde gegen ein Gesetz oder gegen einen sonstigen Hoheitsakt, gegen den ein Rechtsweg nicht offensteht, so kann die Verfassungsbeschwerde nur binnen eines Jahres seit dem Inkrafttreten des Gesetzes oder dem Erlaß des Hoheitsaktes erhoben werden.

(4) Ist ein Gesetz vor dem 1. April 1951 in Kraft getreten, so kann die Verfassungsbeschwerde bis zum 1. April 1952 erhoben werden.

§ 93a [Annahme zur Entscheidung] (1) Die Verfassungsbeschwerde bedarf der Annahme zur Entscheidung.

(2) Sie ist zur Entscheidung anzunehmen,

a) soweit ihr grundsätzliche verfassungsrechtliche Bedeutung zukommt,

(Fortsetzung nächstes Blatt)

b) wenn es zur Durchsetzung der in § 90 Abs. 1 genannten Rechte angezeigt ist; dies kann auch der Fall sein, wenn dem Beschwerdeführer durch die Versagung der Entscheidung zur Sache ein besonders schwerer Nachteil entsteht.

§ 93 b [Befugnisse der Kammer] [1] Die Kammer kann die Annahme der Verfassungsbeschwerde ablehnen oder die Verfassungsbeschwerde im Falle des § 93 c zur Entscheidung annehmen. [2] Im übrigen entscheidet der Senat über die Annahme.

§ 93 c [Stattgabe der Beschwerde durch die Kammer] (1) [1] Liegen die Voraussetzungen des § 93 a Abs. 2 Buchstabe b vor und ist die für die Beurteilung der Verfassungsbeschwerde maßgebliche verfassungsrechtliche Frage durch das Bundesverfassungsgericht bereits entschieden, kann die Kammer der Verfassungsbeschwerde stattgeben, wenn sie offensichtlich begründet ist. [2] Der Beschluß steht einer Entscheidung des Senats gleich. [3] Eine Entscheidung, die mit der Wirkung des § 31 Abs. 2 ausspricht, daß ein Gesetz mit dem Grundgesetz[1)] oder sonstigem Bundesrecht unvereinbar oder nichtig ist, bleibt dem Senat vorbehalten.

(2) Auf das Verfahren finden § 94 Abs. 2 und 3 und § 95 Abs. 1 und 2 Anwendung.

§ 93 d [Verfahren vor der Kammer] (1) [1] Die Entscheidung nach § 93 b und § 93 c ergeht ohne mündliche Verhandlung. [2] Sie ist unanfechtbar. [3] Die Ablehnung der Annahme der Verfassungsbeschwerde bedarf keiner Begründung.

(2) [1] Solange und soweit der Senat nicht über die Annahme der Verfassungsbeschwerde entschieden hat, kann die Kammer alle das Verfassungsbeschwerdeverfahren betreffenden Entscheidungen erlassen. [2] Eine einstweilige Anordnung, mit der die Anwendung eines Gesetzes ganz oder teilweise ausgesetzt wird, kann nur der Senat treffen; § 32 Abs. 7 bleibt unberührt. [3] Der Senat entscheidet auch in den Fällen des § 32 Abs. 3.

(3) [1] Die Entscheidungen der Kammer ergehen durch einstimmigen Beschluß. [2] Die Annahme durch den Senat ist beschlossen, wenn mindestens drei Richter ihr zustimmen.

§ 94 [Anhörung Dritter] (1) Das Bundesverfassungsgericht gibt dem Verfassungsorgan des Bundes oder des Landes, dessen Handlung oder Unterlassung in der Verfassungsbeschwerde beanstandet wird, Gelegenheit, sich binnen einer zu bestimmenden Frist zu äußern.

(2) Ging die Handlung oder Unterlassung von einem Minister oder einer Behörde des Bundes oder des Landes aus, so ist dem zuständigen Minister Gelegenheit zur Äußerung zu geben.

(3) Richtet sich die Verfassungsbeschwerde gegen eine gerichtliche Entscheidung, so gibt das Bundesverfassungsgericht auch dem durch die Entscheidung Begünstigten Gelegenheit zur Äußerung.

[1)] Nr. 1.

(4) Richtet sich die Verfassungsbeschwerde unmittelbar oder mittelbar gegen ein Gesetz, so ist § 77 entsprechend anzuwenden.

(5) [1] Die in den Absätzen 1, 2 und 4 genannten Verfassungsorgane können dem Verfahren beitreten. [2] Das Bundesverfassungsgericht kann von mündlicher Verhandlung absehen, wenn von ihr keine weitere Förderung des Verfahrens zu erwarten ist und die zur Äußerung berechtigten Verfassungsorgane, die dem Verfahren beigetreten sind, auf mündliche Verhandlung verzichten.

§ 95 [Entscheidung] (1) [1] Wird der Verfassungsbeschwerde stattgegeben, so ist in der Entscheidung festzustellen, welche Vorschrift des Grundgesetzes[1] und durch welche Handlung oder Unterlassung sie verletzt wurde. [2] Das Bundesverfassungsgericht kann zugleich aussprechen, daß auch jede Wiederholung der beanstandeten Maßnahme das Grundgesetz verletzt.

(2) Wird der Verfassungsbeschwerde gegen eine Entscheidung stattgegeben, so hebt das Bundesverfassungsgericht die Entscheidung auf, in den Fällen des § 90 Abs. 2 Satz 1 verweist es die Sache an ein zuständiges Gericht zurück.

(3) [1] Wird der Verfassungsbeschwerde gegen ein Gesetz stattgegeben, so ist das Gesetz für nichtig zu erklären. [2] Das gleiche gilt, wenn der Verfassungsbeschwerde gemäß Absatz 2 stattgegeben wird, weil die aufgehobene Entscheidung auf einem verfassungswidrigen Gesetz beruht. [3] Die Vorschrift des § 79 gilt entsprechend.

§ 95 a (weggefallen)

Sechzehnter Abschnitt.[2] **Verfahren in den Fällen des § 13 Nr. 6 b [Prüfung der Erforderlichkeit von Bundesrecht]**

§ 96[3] **[Verfahren in den Fällen des § 13 Nr. 6 b]** (1) Aus der Begründung eines Antrags nach Artikel 93 Abs. 2 Satz 1 des Grundgesetzes[1] muss sich das Vorliegen der in Artikel 93 Abs. 2 Satz 3 des Grundgesetzes bezeichneten Voraussetzung ergeben.

(2) Das Bundesverfassungsgericht gibt den anderen Antragsberechtigten sowie dem Bundestag und der Bundesregierung binnen einer zu bestimmenden Frist Gelegenheit zur Äußerung.

(3) Ein Äußerungsberechtigter nach Absatz 2 kann in jeder Lage des Verfahrens beitreten.

Siebzehnter Abschnitt.[4] **Verfahren in den Fällen des § 13 Nummer 3 a**

§ 96 a[4] **[Beschwerdeberechtigte; Fristen]** (1) Beschwerdeberechtigt sind Vereinigungen und Parteien, denen die Anerkennung als wahlvorschlagsberechtigte Partei nach § 18 Absatz 4 des Bundeswahlgesetzes[5] versagt wurde.

[1] Nr. **1**.
[2] 16. Abschn. (bish. § 97) neu gef. mWv 12. 9. 2006 durch G v. 5. 9. 2006 (BGBl. I S. 2098).
[3] 16. Abschn. (bish. § 97) neu gef. mWv 12. 9. 2006 durch G v. 5. 9. 2006 (BGBl. I S. 2098); *bish. § 97 wird § 96 m*Wv 19. 7. 2012 durch G v. 12. 7. 2012 (BGBl. I S. 1501).
[4] 17. Abschn. (§§ 96 a–96 d) eingef. mWv 19. 7. 2012 durch G v. 12. 7. 2012 (BGBl. I S. 1501).
[5] Nr. **30**.

(2) Die Beschwerde ist binnen einer Frist von vier Tagen nach Bekanntgabe der Entscheidung in der Sitzung des Bundeswahlausschusses nach § 18 Absatz 4 Satz 2 des Bundeswahlgesetzes zu erheben und zu begründen.

(3) § 32 findet keine Anwendung.

§ 96 b[1) [Anhörung des Bundeswahlauschusses] Dem Bundeswahlausschuss ist Gelegenheit zur Äußerung zu geben.

§ 96 c[1) [Entscheidung ohne mündliche Verhandlung] Das Bundesverfassungsgericht kann ohne Durchführung einer mündlichen Verhandlung entscheiden.

§ 96 d[1) [Entscheidungsbekanntgabe ohne Begründung] [1] Das Bundesverfassungsgericht kann seine Entscheidung ohne Begründung bekanntgeben. [2] In diesem Fall ist die Begründung der Beschwerdeführerin und dem Bundeswahlausschuss gesondert zu übermitteln.

§ 97[2) *(nicht mehr belegt)*

IV. Teil.[3) Verzögerungsbeschwerde

§ 97 a[3) [Angemessenheit der Verfahrensdauer] (1) [1] Wer infolge unangemessener Dauer eines Verfahrens vor dem Bundesverfassungsgericht als Verfahrensbeteiligter oder als Beteiligter in einem zur Herbeiführung einer Entscheidung des Bundesverfassungsgerichts ausgesetzten Verfahren einen Nachteil erleidet, wird angemessen entschädigt. [2] Die Angemessenheit der Verfahrensdauer richtet sich nach den Umständen des Einzelfalles unter Berücksichtigung der Aufgaben und der Stellung des Bundesverfassungsgerichts.

(2) [1] Ein Nachteil, der nicht Vermögensnachteil ist, wird vermutet, wenn ein Verfahren vor dem Bundesverfassungsgericht unangemessen lange gedauert hat. [2] Hierfür kann Entschädigung nur beansprucht werden, soweit nicht nach den Umständen des Einzelfalles Wiedergutmachung auf andere Weise, insbesondere durch die Feststellung der Unangemessenheit der Verfahrensdauer, ausreichend ist. [3] Die Entschädigung gemäß Satz 2 beträgt 1 200 Euro für jedes Jahr der Verzögerung. [4] Ist der Betrag gemäß Satz 3 nach den Umständen des Einzelfalles unbillig, kann das Bundesverfassungsgericht einen höheren oder niedrigeren Betrag festsetzen.

§ 97 b[3) [Verzögerungsbeschwerde, Verzögerungsrüge] (1) [1] Über Entschädigung und Wiedergutmachung wird auf Grund einer Beschwerde zum Bundesverfassungsgericht entschieden (Verzögerungsbeschwerde). [2] Die Verzögerungsbeschwerde ist nur zulässig, wenn der Beschwerdeführer beim Bundesverfassungsgericht die Dauer des Verfahrens gerügt hat (Verzögerungsrüge). [3] Die Verzögerungsrüge ist schriftlich und unter Darlegung der Umstände, die die Unangemessenheit der Verfahrensdauer begründen, einzulegen. [4] Sie ist

[1) 17. Abschn. (§§ 96 a–96 d) eingef. mWv 19. 7. 2012 durch G v. 12. 7. 2012 (BGBl. I S. 1501).
[2) Bish. § 97 wird § 96 mWv 19. 7. 2012 durch G v. 12. 7. 2012 (BGBl. I S. 1501).
[3) IV. Teil (§§ 97 a–97 e) eingef. mWv 3. 12. 2011 durch G v. 24. 11. 2011 (BGBl. I S. 2302).

frühestens zwölf Monate nach Eingang des Verfahrens beim Bundesverfassungsgericht zulässig. [5] Einer Bescheidung der Verzögerungsrüge bedarf es nicht.

(2) [1] Die Verzögerungsbeschwerde kann frühestens sechs Monate nach Erheben einer Verzögerungsrüge erhoben werden; ist eine Entscheidung des Bundesverfassungsgerichts ergangen oder das Verfahren anderweitig erledigt worden, ist die Verzögerungsbeschwerde binnen drei Monaten zu erheben. [2] Sie ist schriftlich einzulegen und gleichzeitig zu begründen. [3] Bis zur rechtskräftigen Entscheidung über die Verzögerungsbeschwerde ist der Anspruch nicht übertragbar.

§ 97 c[1]) [Zuständigkeit] (1) [1] Über die Verzögerungsbeschwerde entscheidet die Beschwerdekammer, in die das Plenum zwei Richter aus jedem Senat beruft. [2] Die regelmäßige Amtszeit beträgt zwei Jahre.

(2) Für den Fall, dass der Berichterstatter des beanstandeten Verfahrens Mitglied der Beschwerdekammer ist, ist er von der Mitwirkung am Beschwerdeverfahren ausgeschlossen.

(3) Das Nähere, insbesondere die Bestimmung des Vorsitzes und die Gewährleistung eines kontinuierlichen Nachrückens für ausscheidende Kammermitglieder sowie die Vertretung in der Kammer, regelt die Geschäftsordnung.

§ 97 d[1]) [Stellungnahme] (1) Der Berichterstatter des beanstandeten Verfahrens soll binnen eines Monats nach Eingang der Begründung der Verzögerungsbeschwerde eine Stellungnahme vorlegen.

(2) [1] Die Beschwerdekammer entscheidet mit Mehrheit. [2] Bei Stimmengleichheit gilt die Verzögerungsbeschwerde als zurückgewiesen. [3] Die Beschwerdekammer entscheidet ohne mündliche Verhandlung. [4] Der Beschluss über die Verzögerungsbeschwerde bedarf keiner Begründung.

(3) Die Entscheidung ist unanfechtbar.

§ 97 e[1]) [Geltungsdauer] [1] Die §§ 97 a bis 97 d gelten auch für Verfahren, die am 3. Dezember 2011 bereits anhängig waren, sowie für abgeschlossene Verfahren, deren Dauer am 3. Dezember 2011 Gegenstand einer Beschwerde beim Europäischen Gerichtshof für Menschenrechte ist oder noch werden kann. [2] Für abgeschlossene Verfahren nach Satz 1 gilt § 97 b Absatz 1 Satz 2 bis 5 nicht; § 97 b Absatz 2 gilt mit der Maßgabe, dass die Verzögerungsbeschwerde sofort erhoben werden kann und spätestens am 3. März 2012 erhoben werden muss.

V. Teil.[2]) Schlußvorschriften

§ 98[3]) [Versetzung in den Ruhestand] (1) Ein Richter des Bundesverfassungsgerichts tritt mit Ablauf der Amtszeit (§ 4 Abs. 1, 3 und 4) in den Ruhestand.

[1]) IV. Teil (§§ 97 a–97 e) eingef. mWv 3. 12. 2011 durch G v. 24. 11. 2011 (BGBl. I S. 2302).
[2]) Bish. IV. Teil wird V. Teil mWv 3. 12. 2011 durch G v. 24. 11. 2011 (BGBl. I S. 2302).
[3]) § 98 Abs. 3 Nr. 2 geänd. mWv 1. 7. 2001 durch G v. 19. 6. 2001 (BGBl. I S. 1046).

(2) Ein Richter des Bundesverfassungsgerichts ist bei dauernder Dienstunfähigkeit in den Ruhestand zu versetzen.

(3) Ein Richter des Bundesverfassungsgerichts ist auf Antrag ohne Nachweis der Dienstunfähigkeit in den Ruhestand zu versetzen, wenn er sein Amt als Richter des Bundesverfassungsgerichts wenigstens sechs Jahre bekleidet hat und wenn er

1. das 65. Lebensjahr vollendet hat oder

2. schwerbehinderter Mensch im Sinne des § 2 Abs. 2 des Neunten Buches Sozialgesetzbuch[1]) ist und das 60. Lebensjahr vollendet hat.

(4) In den Fällen des Absatzes 3 gilt § 4 Abs. 4 sinngemäß.

(5) [1] Ein Richter im Ruhestand erhält Ruhegehalt. [2] Das Ruhegehalt wird auf der Grundlage der Bezüge berechnet, die dem Richter nach dem Gesetz über das Amtsgehalt der Mitglieder des Bundesverfassungsgerichts[2]) zuletzt zugestanden haben. [3] Entsprechendes gilt für die Hinterbliebenenversorgung.

(6) § 70 des Beamtenversorgungsgesetzes[3]) gilt entsprechend.

§ 99 (weggefallen)

§ 100 [Übergangsgeld] (1) [1] Endet das Amt eines Richters des Bundesverfassungsgerichts nach § 12, so erhält er, wenn er sein Amt wenigstens zwei Jahre bekleidet hat, für die Dauer eines Jahres ein Übergangsgeld in Höhe seiner Bezüge nach Maßgabe des Gesetzes über das Amtsgehalt der Mitglieder des Bundesverfassungsgerichts[2]). [2] Dies gilt nicht für den Fall des Eintritts in den Ruhestand nach § 98.

(2) Die Hinterbliebenen eines früheren Richters des Bundesverfassungsgerichts, der zur Zeit seines Todes Übergangsgeld bezog, erhalten Sterbegeld sowie für den Rest der Bezugsdauer des Übergangsgeldes Witwen- und Waisengeld; Sterbegeld, Witwen- und Waisengeld werden aus dem Übergangsgeld berechnet.

§ 101 [Ausscheiden aus dem bisherigen Amt] (1) [1] Ein zum Richter des Bundesverfassungsgerichts gewählter Beamter oder Richter scheidet vorbehaltlich der Vorschrift des § 70 des Deutschen Richtergesetzes[4]) mit der Ernennung aus seinem bisherigen Amt aus. [2] Für die Dauer des Amtes als Richter des Bundesverfassungsgerichts ruhen die in dem Dienstverhältnis als Beamter oder Richter begründeten Rechte und Pflichten. [3] Bei unfallverletzten Beamten oder Richtern bleibt der Anspruch auf das Heilverfahren unberührt.

(2) [1] Endet das Amt als Richter des Bundesverfassungsgerichts, so tritt der Beamte oder Richter, wenn ihm kein anderes Amt übertragen wird, aus seinem Dienstverhältnis als Beamter oder Richter in den Ruhestand und erhält das Ruhegehalt, das er in seinem früheren Amt unter Hinzurechnung der Dienstzeit als Richter des Bundesverfassungsgerichts erhalten hätte. [2] Soweit es sich um Beamte oder Richter handelt, die nicht Bundesbeamte oder

[1]) **Gewerberecht Nr. 750.**
[2]) **Bundesbeamtengesetze Nr. 142.**
[3]) **Nr. 155.**
[4]) **Schönfelder ErgBd. Nr. 97.**

Bundesrichter sind, erstattet der Bund dem Dienstherrn das Ruhegehalt sowie die Hinterbliebenenbezüge.

(3) [1] Die Absätze 1 und 2 gelten nicht für beamtete Lehrer des Rechts an einer deutschen Hochschule. [2] Für die Dauer ihres Amtes als Richter am Bundesverfassungsgericht ruhen grundsätzlich ihre Pflichten aus dem Dienstverhältnis als Hochschullehrer. [3] Von den Dienstbezügen aus dem Dienstverhältnis als Hochschullehrer werden zwei Drittel auf die ihnen als Richter des Bundesverfassungsgerichts zustehenden Bezüge angerechnet. [4] Der Bund erstattet dem Dienstherrn des Hochschullehrers die durch seine Vertretung erwachsenen tatsächlichen Ausgaben bis zur Höhe der angerechneten Beträge.

§ 102 [Verhältnis mehrerer Bezüge] (1) Steht einem früheren Richter des Bundesverfassungsgerichts ein Anspruch auf Ruhegehalt nach § 101 zu, so ruht dieser Anspruch für den Zeitraum, für den ihm Ruhegehalt oder Übergangsgeld nach § 98 oder § 100 zu zahlen ist, bis zur Höhe des Betrages dieser Bezüge.

(2) Wird ein früherer Richter des Bundesverfassungsgerichts, der Übergangsgeld nach § 100 bezieht, im öffentlichen Dienst wiederverwendet, so wird das Einkommen aus dieser Verwendung auf das Übergangsgeld angerechnet.

(3) Bezieht ein früherer Richter des Bundesverfassungsgerichts Dienstbezüge, Emeritenbezüge oder Ruhegehalt aus einem vor oder während seiner Amtszeit als Bundesverfassungsrichter begründeten Dienstverhältnis als Hochschullehrer, so ruhen neben den Dienstbezügen das Ruhegeld oder das Übergangsgeld aus dem Richteramt insoweit, als sie zusammen das um den nach § 101 Abs. 3 Satz 3 anrechnungsfreien Betrag erhöhte Amtsgehalt übersteigen; neben den Emeritenbezügen oder dem Ruhegehalt aus dem Dienstverhältnis als Hochschullehrer werden das Ruhegeld oder das Übergangsgeld aus dem Richteramt bis zur Erreichung des Ruhegehalts gewährt, das sich unter Zugrundelegung der gesamten ruhegehaltfähigen Dienstzeit und des Amtsgehalts zuzüglich des anrechnungsfreien Betrages nach § 101 Abs. 3 Satz 3 ergibt.

(4) [1] Die Absätze 1 bis 3 gelten entsprechend für die Hinterbliebenen. [2] § 54 Abs. 3 und Abs. 4 Satz 2 des Beamtenversorgungsgesetzes[1]) gilt sinngemäß.

§ 103[2]) [Anwendung der Vorschriften für Bundesrichter] [1] Soweit in den §§ 98 bis 102 nichts anderes bestimmt ist, finden auf die Richter des Bundesverfassungsgerichts die für Bundesrichter geltenden versorgungsrechtlichen und beihilferechtlichen Vorschriften Anwendung; Zeiten einer Tätigkeit, die für die Wahrnehmung des Amts des Richters des Bundesverfassungsgerichts dienlich ist, sind Zeiten im Sinne des § 11 Abs. 1 Nr. 3 Buchstabe a des Beamtenversorgungsgesetzes[1]). [2] Die versorgungsrechtlichen Entscheidungen trifft der Präsident des Bundesverfassungsgerichts.

[1]) Nr. **155**.
[2]) § 103 Satz 1 geänd. mWv 12. 2. 2009 durch G v. 5. 2. 2009 (BGBl. I S. 160).

§ 104 [Rechtsanwälte und Notare als Richter am Bundesverfassungsgericht] (1) Wird ein Rechtsanwalt zum Richter am Bundesverfassungsgericht ernannt, so ruhen seine Rechte aus der Zulassung für die Dauer seines Amtes.

(2) Wird ein Notar zum Richter am Bundesverfassungsgericht ernannt, so gilt § 101 Abs. 1 Satz 2 entsprechend.

§ 105 [Versetzung in den Ruhestand bzw. Entlassung von Richtern am Bundesverfassungsgericht] (1) Das Bundesverfassungsgericht kann den Bundespräsidenten ermächtigen,

1. wegen dauernder Dienstunfähigkeit einen Richter des Bundesverfassungsgerichts in den Ruhestand zu versetzen;

2. einen Richter des Bundesverfassungsgerichts zu entlassen, wenn er wegen einer entehrenden Handlung oder zu einer Freiheitsstrafe von mehr als sechs Monaten rechtskräftig verurteilt worden ist oder wenn er sich einer so groben Pflichtverletzung schuldig gemacht hat, daß sein Verbleiben im Amt ausgeschlossen ist.

(2) Über die Einleitung des Verfahrens nach Absatz 1 entscheidet das Plenum des Bundesverfassungsgerichts.

(3) Die allgemeinen Verfahrensvorschriften sowie die Vorschriften des § 54 Abs. 1 und § 55 Abs. 1, 2, 4 bis 6 gelten entsprechend.

(4) Die Ermächtigung nach Absatz 1 bedarf der Zustimmung von zwei Dritteln der Mitglieder des Gerichts.

(5) [1]Nach Einleitung des Verfahrens gemäß Absatz 2 kann das Plenum des Bundesverfassungsgerichts den Richter vorläufig seines Amtes entheben. [2]Das gleiche gilt, wenn gegen den Richter wegen einer Straftat das Hauptverfahren eröffnet worden ist. [3]Die vorläufige Enthebung vom Amt bedarf der Zustimmung von zwei Dritteln der Mitglieder des Gerichts.

(6) Mit der Entlassung nach Absatz 1 Nr. 2 verliert der Richter alle Ansprüche aus seinem Amt.

§ 106 (Inkrafttreten)

§ 107 (weggefallen)

<div align="center">

Nichtamtlicher Anhang zu § 14 Abs. 4:
Beschluss des Plenums des Bundesverfassungsgerichts vom 24. November 2015
gemäß § 14 Absatz 4 des Gesetzes über das Bundesverfassungsgericht

Vom 24. November 2015
zuletzt geänd. durch Beschl. v. 17.11.2020 (BGBl. I S. 3090)
FNA 1104-1-1-5

</div>

Das Plenum des Bundesverfassungsgerichts hat am 24. November 2015 gemäß § 14 Absatz 4 des Gesetzes über das Bundesverfassungsgericht[1] in der Fassung der Bekanntmachung vom 11. August 1993 (BGBl. I S. 1473), das zuletzt durch Artikel 8 der Verordnung vom 31. August 2015 (BGBl. I S. 1474) geändert worden ist, beschlossen:

A.[2] [Zuständigkeit des Zweiten Senats]

Mit Wirkung vom 1. Januar 2016 ist abweichend von § 14 Absatz 1 bis 3 des Gesetzes über das Bundesverfassungsgericht[1] der Zweite Senat des Bundesverfassungsgerichts auch zuständig:

[1] Nr. 40.
[2] Abschnitt A Nr. II und III. neu gef. mWv 1.1.2017 durch Beschl. v. 22.11.2016 (BGBl. I S. 2929); Nr. II und III. neu gef. mWv 1.1.2018 durch Beschl. v. 21.11.2017 (BGBl. 2018 I S. 115); Nr. II und III. ➔

I. Für Normenkontrollverfahren (§ 13 Nummer 6 und Nummer 11 BVerfGG) und Verfassungsbeschwerden aus den Rechtsbereichen

 1. des Asylrechts;

 2. des Aufenthaltsrechts und der internationalen Rechtshilfe in Strafsachen;

 3. des Staatsangehörigkeitsrechts;

 4. des öffentlichen Dienstes und der Dienstverhältnisse zu Religionsgesellschaften, deren Recht dem Recht des öffentlichen Dienstes nachgebildet ist, einschließlich des jeweiligen Disziplinarrechts;

 5. des Wehr- und Ersatzdienstes einschließlich des diesen Bereich betreffenden Disziplinarrechts;

 6. des Strafrechts und des Strafverfahrensrechts mit Ausnahme von Verfahren, in denen Fragen der Auslegung und Anwendung des Artikels 5 oder des Artikels 8 GG[1]) überwiegen;

 7. des Vollzugs von Untersuchungs- und Strafhaft und von freiheitsentziehenden Maßregeln der Sicherung und Besserung sowie der Anordnung und des Vollzugs anderer Freiheitsentziehungen;

 8. des Bußgeldverfahrens;

 9. des Einkommensteuerrechts einschließlich des Kirchensteuerrechts.

II. Für Normenkontrollverfahren und Verfassungsbeschwerden, die in dem Geschäftsjahr 2021 eingehen, aus den Rechtsbereichen

 1. des Vertriebenenrechts;

 2. des Körperschaftsteuerrechts und des Umwandlungssteuerrechts;

 3. des Waffenrechts;

 4. des Petitionsrechts;

 5. des Rechts der Zwangsversteigerung und Zwangsvollstreckung (soweit es sich nicht um Erkenntnisverfahren handelt);

 6. des Insolvenzrechts (ausgenommen Verfahren, in denen eine Verletzung von Artikel 12 GG gerügt wird);

 7. des Wohnungseigentumsrechts;

 8. des Kaufrechts;

 9. des Dienst- und Werkvertragsrechts mit Ausnahme des Anwaltsvertragsrechts;

 10. des Rechts des Versicherungswesens und

 11. des sonstigen Deliktsrechts.

III. Für Verfassungsbeschwerden, die ab dem Geschäftsjahr 2021 eingehen, aus dem Bereich der Zivilgerichtsbarkeit **mit Ausnahme** der Rechtsbereiche (einschließlich der dazugehörigen Amtshaftungs-, Kostenrechts-, Prozesskostenhilfe-, Beratungshilfe- und Verzögerungsverfahren sowie Verfahren zu Befangenheitsanträgen):

 1. allgemeines Persönlichkeitsrecht;

 2. Recht der Glaubens- und Bekenntnisfreiheit (Artikel 4 Absatz 1 und 2 GG);

 3. Recht der freien Meinungsäußerung, Informations-, Rundfunk- und Pressefreiheit (Artikel 5 GG);

 4. Familienrecht (einschließlich Betreuungs-, Namens-, Personenstands- und Transsexuellenrecht);

 5. Recht des geistigen Eigentums;

 6. Recht des Datenschutzes;

 7. Kunst- und Wissenschaftsfreiheit (Artikel 5 Absatz 3 GG);

 8. Versammlungsfreiheit (Artikel 8 GG);

 9. Vereinigungsfreiheit (Artikel 9 GG);

 10. Recht der selbständig und vorwiegend persönlich ausgeübten Berufe (einschließlich Recht der berufsständischen Versorgungseinrichtungen);

 11. Erbrecht;

 12. Mietrecht;

(*Fortsetzung der Anm. von voriger Seite*)
neu gef. mWv 1.1.2019 durch Beschl. v. 20.11.2018 (BGBl. 2019 I S. 44); Nr. II. und III. neu gef. mWv 1.1.2020 durch Beschl. v. 3.12.2019 (BGBl. 2020 I S. 112).
 [1]) Nr. **1**.

13. Wettbewerbsrecht;

14. grundstücks- und unternehmensbezogene Vermögensfragen im Zusammenhang mit der Herstellung der Deutschen Einheit;

15. Bau- und Bodenrecht einschließlich Erschließungs- und Enteignungsrecht;

16. Gesellschaftsrecht einschließlich Genossenschaftsrecht;

17. Bank-, Börsen- und Wertpapierrecht;

18. Kreditrecht einschließlich des Rechts der Sicherungen;

19. Recht der Finanzmarktstabilisierung einschließlich Enteignungen;

20. Regulierungsrecht;

21. Anwaltsvertragsrecht;

22. wirtschaftsrechtliche Fragen der gesetzlichen Krankenversicherung;

23. Vollstreckung öffentlich-rechtlicher Forderungen.

IV. Im Übrigen für Normenkontrollverfahren und Verfassungsbeschwerden

1. bei denen die Auslegung und Anwendung von Völkerrecht oder der Artikel 23, 24 und 59 GG, mit Ausnahme der einzelnen menschenrechtlichen Gewährleistungen, überwiegen;

2. bei denen andere Fragen als solche der Auslegung und Anwendung der Artikel 1 bis 17, 19, 101 und 103 Absatz 1 GG (auch in Verbindung mit dem Rechtsstaatsprinzip) überwiegen.

B. [Anhängige Verfahren]

Für bis zum 31. Dezember 2015 anhängig werdende Verfahren bleibt es bei der bisherigen Senatszuständigkeit.

C. [Außerkrafttreten des Beschlusses vom 15.11.1993]

Der Beschluss des Bundesverfassungsgerichts vom 15. November 1993 (BGBl. I S. 2492), der zuletzt durch Beschluss des Plenums vom 19. November 2014 (BGBl. 2015 I S. 24) geändert worden ist, tritt mit Ablauf des 31. Dezember 2015 außer Kraft.

45. Gesetz über die Rechtsverhältnisse der Mitglieder der Bundesregierung (Bundesministergesetz – BMinG)[1]

In der Fassung der Bekanntmachung vom 27. Juli 1971[2]

(BGBl. I S. 1166)

FNA 1103–1

geänd. durch Art. VII Siebentes G zur Änd. beamtenrechtlicher und besoldungsrechtlicher Vorschriften v. 20.12.1974 (BGBl. I S. 3716), Art. V Siebentes G über die Erhöhung von Dienst- und Versorgungsbezügen in Bund und Ländern v. 20.10.1979 (BGBl. I S. 357), Art. 3 Elftes G zur Änd. des AbgeordnetenG v. 18.12.1989 (BGBl. I S. 2210), Art. 4 G zur Änd. des BeamtenversorgungsG und sonstiger dienst- und versorgungsrechtlicher Vorschriften v. 18.12.1989 (BGBl. I S. 2218), Art. 1 Zweites ÄndG v. 5.12.1997 (BGBl. I S. 2851), Art. 3 VersorgungsÄndG 2001 v. 20.12.2001 (BGBl. I S. 3926), Art. 6 Drittes VerwaltungsverfahrensrechtsÄndG v. 21.8.2002 (BGBl. I S. 3322), Art. 3 AnpassungsausschlussG v. 15.12.2004 (BGBl. I S. 3390), Art. 1 Drittes ÄndG v. 23.10.2008 (BGBl. I S. 2018), Art. 1 G zur Änd. des BundesministerG und des G über die Rechtsverhältnisse der Parlamentarischen Staatssekretäre v. 17.7.2015 (BGBl. I S. 1322) und Art. 7 Elfte ZuständigkeitsanpassungsVO v. 19.6.2020 (BGBl. I S. 1328)

§ 1 [Öffentlich-rechtliches Amtsverhältnis] Die Mitglieder der Bundesregierung stehen nach Maßgabe dieses Gesetzes zum Bund in einem öffentlich-rechtlichen Amtsverhältnis.

§ 2[3] [Ernennungsurkunde und Beginn des Amtsverhältnisses]

(1) [1]Die Mitglieder der Bundesregierung erhalten eine vom Bundespräsidenten vollzogene Urkunde über ihre Ernennung. [2]Die Urkunde für die Bundesminister ist vom Bundeskanzler gegenzuzeichnen; die Urkunde für den Bundeskanzler bedarf keiner Gegenzeichnung. [3]Eine Ernennung in elektronischer Form ist ausgeschlossen.

(2) Das Amtsverhältnis beginnt mit der Aushändigung der Urkunde oder, falls der Eid vorher geleistet worden ist (§ 3), mit der Vereidigung.

(3) In der Urkunde für die Bundesminister soll der übertragene Geschäftszweig angegeben sein.

§ 3 [Eidesleistung] Die Mitglieder der Bundesregierung leisten bei der Übernahme ihres Amtes vor dem Bundestag den in Artikel 56 des Grundgesetzes[4] vorgesehenen Eid.

§ 4 [Unzulässigkeit der Mitgliedschaft bei einer Landesregierung]

Ein Mitglied der Bundesregierung kann nicht zugleich Mitglied einer Landesregierung sein.

§ 5 *[Verbot einer anderen Berufsausübung]* (1) [1]Die Mitglieder der Bundesregierung dürfen neben ihrem Amt kein anderes besoldetes Amt, kein Gewerbe und keinen Beruf ausüben. Sie dürfen während ihrer Amtszeit auch

[1] Überschr. geänd. mWv 25.7.2015 durch G v. 17.7.2015 (BGBl. I S. 1322).
[2] Neubekanntmachung des BundesministerG v. 17.6.1953 (BGBl. I S. 407) in der ab 1.8.1971 geltenden Fassung.
[3] § 2 Abs. 1 Satz 3 angef. mWv 1.2.2003 durch G v. 21.8.2002 (BGBl. I S. 3322).
[4] Nr. 1.

nicht dem Vorstand, Aufsichtsrat oder Verwaltungsrat eines auf Erwerb gerichteten Unternehmens angehören oder gegen Entgelt als Schiedsrichter tätig sein oder außergerichtliche Gutachten abgeben. [2]Der Bundestag kann Ausnahmen von dem Verbot der Zugehörigkeit zu einem Aufsichtsrat oder Verwaltungsrat zulassen.

(2) [1]Die Mitglieder der Bundesregierung sollen während ihrer Amtszeit kein öffentliches Ehrenamt bekleiden. [2]Die Bundesregierung kann hiervon Ausnahmen zulassen.

(3) [1]Die Mitglieder und ehemaligen Mitglieder der Bundesregierung haben dieser über Geschenke Mitteilung zu machen, die sie in bezug auf ihr Amt erhalten. [2]Die Bundesregierung entscheidet über die Verwendung der Geschenke.

§ 6[1]) [Geheimhaltungspflicht] (1) [1]Die Mitglieder der Bundesregierung sind, auch nach Beendigung ihres Amtsverhältnisses, verpflichtet, über die ihnen amtlich bekannt gewordenen Angelegenheiten Verschwiegenheit zu bewahren. [2]Dies gilt nicht für Mitteilungen im dienstlichen Verkehr oder über Tatsachen, die offenkundig sind oder ihrer Bedeutung nach keiner Geheimhaltung bedürfen.

(2) Die Mitglieder der Bundesregierung dürfen, auch wenn sie nicht mehr im Amt sind, über solche Angelegenheiten ohne Genehmigung der Bundesregierung weder vor Gericht noch außergerichtlich aussagen oder Erklärungen abgeben.

(3) Unberührt bleibt die gesetzlich begründete Pflicht, Straftaten anzuzeigen und bei Gefährdung der freiheitlichen demokratischen Grundordnung für deren Erhaltung einzutreten.

§ 6a[2]) [Anzeigepflicht einer Erwerbstätigkeit oder sonstigen Beschäftigung] (1) [1]Mitglieder der Bundesregierung, die beabsichtigen, innerhalb der ersten 18 Monate nach ihrem Ausscheiden aus dem Amt eine Erwerbstätigkeit oder sonstige Beschäftigung außerhalb des öffentlichen Dienstes aufzunehmen, haben dies der Bundesregierung schriftlich anzuzeigen. [2]Satz 1 gilt für ehemalige Mitglieder der Bundesregierung entsprechend.

(2) [1]Die Anzeigepflicht entsteht, sobald ein Mitglied oder ehemaliges Mitglied der Bundesregierung mit Vorbereitungen für die Aufnahme einer Beschäftigung beginnt oder ihm eine Beschäftigung in Aussicht gestellt wird. [2]Die Anzeige soll mindestens einen Monat vor Aufnahme der Tätigkeit erfolgen. [3]Wird die Frist nicht eingehalten, kann die Bundesregierung die Aufnahme der Tätigkeit bis zur Dauer von höchstens einem Monat vorläufig untersagen.

§ 6b[2]) [Untersagung der Erwerbstätigkeit oder sonstigen Beschäftigung] (1) [1]Die Bundesregierung kann die Erwerbstätigkeit oder sonstige Beschäftigung für die Zeit der ersten 18 Monate nach dem Ausscheiden aus dem Amt ganz oder teilweise untersagen, soweit zu besorgen ist, dass durch die Beschäftigung öffentliche Interessen beeinträchtigt werden. [2]Von einer Beeinträchtigung ist insbesondere dann auszugehen, wenn die angestrebte Beschäftigung

[1]) § 6 Abs. 3 geänd. durch G v. 2.3.1974 (BGBl. I S. 469).
[2]) §§ 6a und 6b eingef. mWv 25.7.2015 durch G v. 17.7.2015 (BGBl. I S. 1322).

1. in Angelegenheiten oder Bereichen ausgeübt werden soll, in denen das ehemalige Mitglied der Bundesregierung während seiner Amtszeit tätig war, oder
2. das Vertrauen der Allgemeinheit in die Integrität der Bundesregierung beeinträchtigen kann.

[3] Die Untersagung ist zu begründen.

(2) [1] Eine Untersagung soll in der Regel die Dauer von einem Jahr nicht überschreiten. [2] In Fällen, in denen öffentliche Interessen schwer beeinträchtigt wären, kann eine Untersagung für die Dauer von bis zu 18 Monaten ausgesprochen werden.

(3) [1] Die Bundesregierung trifft ihre Entscheidung über eine Untersagung auf Empfehlung eines aus drei Mitgliedern bestehenden beratenden Gremiums. [2] Das beratende Gremium hat seine Empfehlung zu begründen. [3] Es gibt seine Empfehlung nicht öffentlich ab.

(4) Die Entscheidung ist unter Mitteilung der Empfehlung des beratenden Gremiums zu veröffentlichen.

§ 6c[1) [Mitglieder des beratenden Gremiums] (1) [1] Die Mitglieder des beratenden Gremiums sollen Funktionen an der Spitze staatlicher oder gesellschaftlicher Institutionen wahrgenommen haben oder über Erfahrungen in einem wichtigen politischen Amt verfügen. [2] Sie werden auf Vorschlag der Bundesregierung jeweils zu Beginn einer Wahlperiode des Deutschen Bundestages vom Bundespräsidenten berufen und sind ehrenamtlich tätig.

(2) Die Mitglieder des beratenden Gremiums sind auch nach ihrem Ausscheiden zur Verschwiegenheit über die ihnen bei oder bei Gelegenheit ihrer Tätigkeit bekannt gewordenen Angelegenheiten verpflichtet.

(3) [1] Die Mitglieder des beratenden Gremiums erhalten eine pauschale Entschädigung sowie Ersatz ihrer Reisekosten. [2] Diese werden vom Chef des Bundeskanzleramtes im Einvernehmen mit dem Bundesministerium des Innern, für Bau und Heimat festgesetzt.

(4) [1] Die Mitglieder des beratenden Gremiums üben ihre Tätigkeit so lange aus, bis neue Mitglieder nach Absatz 1 Satz 2 berufen worden sind. [2] Wiederberufungen sind zulässig.

(5) Für die Erfüllung seiner Aufgabe ist dem beratenden Gremium das notwendige Personal und die notwendige Sachausstattung zur Verfügung zu stellen.

§ 6d[2) [Übergangsgeld] Wird die Aufnahme einer Erwerbstätigkeit oder sonstigen Beschäftigung nach § 6b Absatz 1 Satz 1 untersagt, so wird das Übergangsgeld für die Dauer der Untersagung gewährt, sofern sich nicht aus § 14 Absatz 2 Satz 1 ein weitergehender Anspruch ergibt.

§ 7 [Genehmigung zur Zeugenaussage und Gutachtenerstattung]

(1) Die Genehmigung, als Zeuge auszusagen, soll nur versagt werden, wenn die Aussage dem Wohle des Bundes oder eines deutschen Landes Nachteile

[1) § 6c eingef. mWv 25.7.2015 durch G v. 17.7.2015 (BGBl. I S. 1322); Abs. 3 Satz 2 geänd. mWv 27.6.2020 durch VO v. 19.6.2020 (BGBl. I S. 1328).
[2) § 6d eingef. mWv 25.7.2015 durch G v. 17.7.2015 (BGBl. I S. 1322).

bereiten oder die Erfüllung öffentlicher Aufgaben ernstlich gefährden oder erheblich erschweren würde.

(2) Die Genehmigung, ein Gutachten zu erstatten, kann versagt werden, wenn die Erstattung den dienstlichen Interessen Nachteile bereiten würde.

(3) § 28 des Gesetzes über das Bundesverfassungsgericht[1] in der Fassung der Bekanntmachung vom 3. Februar 1971 (Bundesgesetzbl. I S. 105) bleibt unberührt.

§ 8 [Unzulässigkeit eines Disziplinarverfahrens] Ein Disziplinarverfahren gegen Mitglieder der Bundesregierung findet nicht statt.

§ 9 [Beendigung des Amtsverhältnisses] (1) Das Amtsverhältnis der Mitglieder der Bundesregierung endet

1. mit der Entlassung des Bundeskanzlers, wenn der Bundestag ihm nach Artikel 67 des Grundgesetzes[2] das Mißtrauen ausgesprochen hat,
2. mit dem Zusammentritt eines neuen Bundestages,
3. mit jeder anderen Erledigung des Amtes des Bundeskanzlers.

(2) [1]Das Amtsverhältnis der einzelnen Bundesminister endet außerdem mit ihrer Entlassung. [2]Die Bundesminister können jederzeit entlassen werden und ihre Entlassung jederzeit verlangen.

§ 10 [Beendigungsurkunde] [1]Im Falle der Beendigung des Amtsverhältnisses der Mitglieder der Bundesregierung finden die Vorschriften des § 2 Abs. 1 entsprechende Anwendung. [2]Eine Entlassung wird mit der Aushändigung der Urkunde wirksam; die Aushändigung kann durch amtliche Veröffentlichung ersetzt werden.

§ 11[3] [Amtsbezüge] (1) [1]Die Mitglieder der Bundesregierung erhalten vom Beginn des Kalendermonats an, in dem das Amtsverhältnis beginnt, bis zum Schluß des Kalendermonats, in dem das Amtsverhältnis endet, folgende Amtsbezüge:

a) ein Amtsgehalt, und zwar
 der Bundeskanzler in Höhe von einzweidrittel,
 die Bundesminister in Höhe von eineindrittel
 des Grundgehalts der Besoldungsgruppe B 11 einschließlich zum Grundgehalt allgemein gewährter Zulagen,

b) einen Ortszuschlag in Höhe von eineindrittel des in der Besoldungsgruppe B 11 zustehenden Ortszuschlags,

c) eine Dienstaufwandsentschädigung,
 und zwar der Bundeskanzler von jährlich 24 000 DM,
 die Bundesminister von jährlich 7 200 DM,

d) bei Unmöglichkeit der Verlegung des eigenen Hausstandes nach dem Sitz der Bundesregierung für die Dauer seiner Fortführung am bisherigen Wohnort eine Entschädigung von jährlich 3 600 DM.

[1] Nr. **40.**
[2] Nr. **1.**
[3] § 11 Abs. 1 Satz 2 aufgeh., bish. Satz 3 wird Satz 2 durch G v. 20.12.1974 (BGBl. I S. 3716).

[2] Die Amtsbezüge werden monatlich im voraus gezahlt.

(2) [1] Für den gleichen Zeitraum werden Amtsbezüge nur einmal gewährt. [2] Sind die Bezüge nicht gleich hoch, so stehen die höheren Bezüge zu.

(3) Wird ein Mitglied der Bundesregierung nach Artikel 69 Abs. 3 des Grundgesetzes[1] ersucht, die Geschäfte weiterzuführen, so werden die Amtsbezüge bis zum Schluß des Kalendermonats weitergewährt, in dem die Geschäftsführung endet.

(4) *§ 83a des Bundesbeamtengesetzes*[2] einschließlich der dazu ergangenen Übergangsvorschriften und § 87a des Bundesbeamtengesetzes[3] sind sinngemäß anzuwenden.

§ 12[4] **[Amtswohnungen und Entschädigungen]** (1) [1] Der Bundeskanzler hat Anspruch auf eine Amtswohnung mit Ausstattung. [2] Den Bundesministern kann eine Amtswohnung zugewiesen werden. [3] Ist eine Amtswohnung zur Verfügung gestellt, entfällt der Ortszuschlag (§ 11 Abs. 1 Buchstabe b).

(2) [1] Die Mitglieder der Bundesregierung, die eine Amtswohnung bezogen haben, sind berechtigt, sie nach Beendigung des Amtsverhältnisses noch für die Dauer von drei Monaten unter denselben Bedingungen wie bisher zu benutzen, es sei denn, daß ihnen schon früher eine angemessene Wohnung nachgewiesen wird. [2] Der Monat, in dem das Amtsverhältnis endet, wird hierbei nicht mitgerechnet.

(3) Den Mitgliedern der Bundesregierung werden für die infolge ihrer Ernennung oder der Beendigung ihres Amtsverhältnisses erforderlich werdenden Umzüge Entschädigungen gewährt.

(4) Bei amtlicher Tätigkeit außerhalb des Sitzes der Bundesregierung erhalten sie Tagegelder und Entschädigungen für Reisekosten.

(5) Die weiteren Bestimmungen[5] über Amtswohnungen, Umzugskostenentschädigung, Tagegelder und Entschädigung für Reisekosten erläßt das Bundesministerium des Innern, für Bau und Heimat nach gutachtlicher Äußerung des Präsidenten des Bundesrechnungshofes.

(6) Mitglieder der Bundesregierung und Versorgungsempfänger nach diesem Gesetz erhalten, soweit kein Anspruch nach § 27 des Abgeordnetengesetzes[6] besteht, Beihilfe in sinngemäßer Anwendung der für Bundesbeamte geltenden Vorschriften.

§ 13 [Versorgung nach Beendigung des Amtsverhältnisses] (1) Die Mitglieder der Bundesregierung und ihre Hinterbliebenen erhalten nach Beendigung des Amtsverhältnisses Versorgung nach den Vorschriften der §§ 14 bis 17.

[1] Nr. **1**.
[2] § 83a BundesbeamtenG aufgeh. mWv 1.7.1975 durch G v. 23.5.1975 (BGBl. I S. 1173); siehe nunmehr § 8 BundesbesoldungsG (Nr. **230**).
[3] Nr. **160**.
[4] § 12 Abs. 6 angef. mWv 29.10.2008 durch G v. 23.10.2008 (BGBl. I S. 2018); Abs. 5 geänd. mWv 27.6.2020 durch VO v. 19.6.2020 (BGBl. I S. 1328).
[5] Siehe hierzu die Bestimmungen über Amtswohnungen, Umzugskostenentschädigung, Tagegelder und Entschädigung für Reisekosten der Mitglieder der Bundesregierung v. 10.11.1953 (BGBl. I S. 1545), zuletzt geänd. durch G v. 19.6.2001 (BGBl. I S. 1149).
[6] Nr. **48**.

(2) Soweit nichts anderes bestimmt ist, sind die für die Bundesbeamten geltenden versorgungsrechtlichen Vorschriften sinngemäß anzuwenden.

§ 14[1) **[Übergangsgeld]** (1) Ein ehemaliges Mitglied der Bundesregierung erhält von dem Zeitpunkt an, in dem seine Amtsbezüge aufhören, Übergangsgeld.

(2) [1]Das Übergangsgeld wird für die gleiche Anzahl von Monaten gezahlt, für die der Berechtigte ohne Unterbrechung Amtsbezüge als Mitglied der Bundesregierung erhalten hat, jedoch mindestens für sechs Monate und höchstens für zwei Jahre. [2]Treffen Übergangsgeld und Ruhegehalt nach § 15 oder § 17 zusammen, wird das Übergangsgeld um das Ruhegehalt gemindert,

(Fortsetzung nächstes Blatt)

[1) § 14 Abs. 5 angef. durch G v. 24.7.1974 (BGBl. I S. 1538); Abs. 3 Satz 2 aufgeh., bish. Satz 3 wird *Satz 2 durch G v. 20.12.1974 (BGBl. I S. 3716); Abs.* 2 Satz 2 neu gef. und Abs. 6 angef. durch G v. 5.12.1997 (BGBl. I S. 2851); Abs. 2 Satz 1 geänd. mWv 29.10.2008 durch G v. 23.10.2008 (BGBl. I S. 2018).

bevor auf das Übergangsgeld und das Ruhegehalt sonstige Anrechnungs- und Ruhensvorschriften angewandt werden.

(3) [1] Als Übergangsgeld werden gewährt

1. für die ersten drei Monate das Amtsgehalt und der Ortszuschlag in voller Höhe,

2. für den Rest der Bezugsdauer die Hälfte dieser Bezüge. [2] Das Übergangsgeld wird monatlich im voraus gezahlt.

(4) [1] Bei mehreren unterbrochenen Amtszeiten eines Mitgliedes der Bundesregierung wird das Übergangsgeld für jede zusammenhängende Amtszeit besonders berechnet. [2] Wird ein ehemaliges Mitglied der Bundesregierung vor Ablauf der Zeit, für die ihm Übergangsgeld zusteht, wieder ernannt, so wird nach der Wiederentlassung an Stelle des sich aus der späteren Amtszeit ergebenden Übergangsgeldes das frühere Übergangsgeld gewährt, wenn dieses noch für eine längere Dauer zustand als das Übergangsgeld aus der späteren Amtszeit. [3] Die Höhe des früheren Übergangsgeldes bestimmt sich für die auf die Wiederentlassung folgenden ersten sechs Monate nach Absatz 3 Nr. 1 und 2, und zwar stets nach den Amtsbezügen des letzten Amtes, für die anschließende Zeit jedoch nur dann, wenn das letzte Amt höher war als das frühere Amt.

(5) [1] Die Absätze 2 und 4 gelten bei einem Wechsel zwischen dem Amt eines Mitgliedes der Bundesregierung und dem eines Parlamentarischen Staatssekretärs bei einem Mitglied der Bundesregierung entsprechend. [2] Eine Zeit im Amt eines Parlamentarischen Staatssekretärs vor dem 15. Dezember 1972 wird nicht berücksichtigt.

(6) Auf das nach Anwendung sonstiger Anrechnungs- und Ruhensvorschriften verbleibende Übergangsgeld werden ab dem zweiten Monat alle Erwerbseinkünfte aus einer privaten Berufstätigkeit angerechnet.

§ 15[1]) **[Ruhegehalt]** (1) [1] Ein ehemaliges Mitglied der Bundesregierung hat von dem Zeitpunkt an, in dem die Amtsbezüge aufhören, Anspruch auf Ruhegehalt, wenn es der Bundesregierung mindestens vier Jahre angehört hat; eine Zeit im Amt eines Parlamentarischen Staatssekretärs bei einem Mitglied der Bundesregierung sowie Zeiten einer vorausgegangenen Mitgliedschaft in einer Landesregierung, die zu keinem Anspruch auf Versorgung nach Landesrecht geführt haben wird berücksichtigt. [2] Bei einer Beendigung des Amtsverhältnisses aus den in § 9 Abs. 1 Nr. 1 und 3 genannten Gründen oder im Falle einer Auflösung des Bundestages und einer ununterbrochenen Zugehörigkeit zur Bundesregierung von mehr als zwei Jahren gilt dies als Amtszeit von vier Jahren.

(2) Ruhegehaltfähig ist die Zeit der Mitgliedschaft in der Bundesregierung, *im Amt* eines Parlamentarischen Staatssekretärs bei einem Mitglied der Bundesregierung und einer vorausgegangenen Mitgliedschaft in einer Landesregierung.

[1]) § 15 geänd. durch G v. 24. 7. 1974 (BGBl. I S. 1538); Abs. 3 Sätze 1 und 3 geänd., Sätze 3 und 4 angef., Abs. 4 Satz 2 und Abs. 5 Satz 1 geänd. mWv 1. 1. 1992 durch G v. 18. 12. 1989 (BGBl. I S. 2218); Abs. 3 Sätze 1 und 2 geänd., Abs. 3 Sätze 3 und 4 aufgeh. mWv 1. 1. 2003 durch G v. 20. 12. 2001 (BGBl. I S. 3926); Abs. 1 Satz 1 geänd., Satz 2 und Abs. 3 neu gef., Abs. 3 a eingef., Abs. 4 Satz 2 geänd. mWv 29. 10. 2008 durch G v. 23. 10. 2008 (BGBl. I S. 2018).

(3) [1] Der Anspruch auf Ruhegehalt ruht bis zum Ende des Monats, in dem
1. die für Beamte geltende Regelaltersgrenze erreicht oder
2. das Ruhegehalt auf Antrag vorzeitig ab Vollendung des 60. Lebensjahres in Anspruch genommen
wird. [2] Das Ruhegehalt beträgt nach Vollendung einer Amtszeit von vier Jahren 27,74 vom Hundert des Amtsgehalts und des Ortszuschlags. [3] Es steigt mit jedem weiteren Amtsjahr um 2,39167 vom Hundert bis zum Höchstsatz von 71,75 vom Hundert. [4] In den Fällen des Satzes 1 Nr. 2 vermindert sich das Ruhegehalt um 3,6 vom Hundert für jedes Jahr, um das das ehemalige Mitglied der Bundesregierung das Ruhegehalt vor Ende des Monats, in dem es die für Beamte geltende Regelaltersgrenze erreicht, vorzeitig in Anspruch nimmt. [5] Die Minderung des Ruhegehalts darf 14,4 vom Hundert nicht überschreiten.

(3 a) [1] Ein ehemaliges Mitglied der Bundesregierung, das die Voraussetzung des Absatzes 1 nicht erfüllt, wird auf Antrag in sinngemäßer Anwendung der Vorschriften des Sechsten Buches Sozialgesetzbuch[1] über die Nachversicherung für die Dauer seiner Amtszeit nachversichert. [2] Dies gilt nicht, wenn und soweit die Amtszeit in einer öffentlich-rechtlichen Versicherung oder in einer Versorgung nach dienstrechtlichen Grundsätzen berücksichtigt ist oder berücksichtigt wird.

(4) [1] Eine Zeit im Amt eines Parlamentarischen Staatssekretärs bei einem Mitglied der Bundesregierung vor dem 15. Dezember 1972 wird bei der Anwendung der Absätze 1 und 2 nicht berücksichtigt. [2] Bei der Berechnung der Amtszeit nach Absatz 1 und Absatz 3 Satz 2 gilt ein Rest von mehr als zweihundertdreiundsiebzig Tagen als volles Amtsjahr.

(5) [1] Hat ein Mitglied der Bundesregierung bei Ausübung seines Amtes oder im Zusammenhang mit seiner Amtsführung ohne sein Verschulden eine Gesundheitsschädigung erlitten, die seine Arbeitskraft dauernd und so wesentlich beeinträchtigt, daß es nach Beendigung des Amtsverhältnisses zur Übernahme seiner früheren Tätigkeit oder einer ihr gleichwertigen Beschäftigung nicht mehr in der Lage ist, so erhält es auch ohne das Vorliegen der Voraussetzungen nach Absatz 1 lebenslänglich Ruhegehalt in Höhe von mindestens neunundzwanzig vom Hundert des Amtsgehalts und des Ortszuschlags. [2] Die Bundesregierung stellt fest, ob die Voraussetzungen vorliegen.

§ 16[2) **[Hinterbliebenenversorgung]** [1] Die Hinterbliebenen eines Mitgliedes der Bundesregierung erhalten Hinterbliebenenversorgung (§ 13 Abs. 2). [2] § 15 Abs. 1 gilt nicht für die Versorgung der Hinterbliebenen eines Mitgliedes der Bundesregierung; der Bemessung ihrer Versorgung ist ein Ruhegehalt in Höhe von mindestens fünfunddreißig vom Hundert des Amtsgehalts und des Ortszuschlags zugrunde zu legen. [3] Satz 1 gilt auch für die Hinterbliebenen eines ehemaligen Mitgliedes der Bundesregierung, das zur Zeit seines Todes einen Anspruch auf Ruhegehalt hatte.

[1]) **Aichberger, SGB Nr. 6.**
[2]) § 16 Abs. 2 aufgeh. mWv 20. 12. 1990 durch G v. 18. 12. 1989 (BGBl. I S. 2210).

§ 16 a[1]) [Überbrückungsgeld] (1) [1] Die Hinterbliebenen eines Mitglieds der Bundesregierung erhalten ein Überbrückungsgeld in Höhe des Amtsgehalts und des Ortszuschlages. [2] Das Überbrückungsgeld beträgt bei einer Amtszeit von mindestens vier Jahren das Eineinhalbfache des Amtsgehalts und des Ortszuschlages. [3] Sind Hinterbliebene nicht vorhanden, wird sonstigen Personen, die die Kosten der letzten Krankheit oder der Bestattung getragen haben, das Überbrückungsgeld bis zur Höhe ihrer Aufwendungen gewährt.

(2) Das gleiche gilt beim Tod eines ehemaligen Mitglieds der Bundesregierung, das die Voraussetzungen des § 15 Abs. 1 Satz 1 erfüllt und noch kein Ruhegehalt erhält.

(3) Die Hinterbliebenen eines ehemaligen Mitglieds der Bundesregierung, das zur Zeit seines Todes Übergangsgeld bezog, ohne Anspruch auf Ruhegehalt zu haben, erhalten ein Überbrückungsgeld in Höhe des Eineinhalbfachen des Übergangsgeldes im Sterbemonat sowie für den Rest der Bezugsdauer des Übergangsgeldes Witwen- und Waisengeld; das Witwen- und Waisengeld wird aus dem Übergangsgeld nach § 14 Abs. 3 Nr. 2 berechnet.

(4) Wird Überbrückungsgeld nach den Absätzen 1 bis 3 gezahlt, entfallen Leistungen nach den für die Bundesbeamten geltenden versorgungsrechtlichen Vorschriften aus Anlaß des Todes.

§ 17 [Unfallfürsorge] (1) Wird ein Mitglied der Bundesregierung durch einen Dienstunfall verletzt, so wird ihm und seinen Hinterbliebenen Unfallfürsorge gewährt.

(2) Unfälle aus Anlaß einer aus politischen Rücksichten erfolgten Teilnahme an Veranstaltungen gelten im Zweifel als Dienstunfälle.

(3) Die Unfallfürsorge besteht

1. in einem Heilverfahren für den Verletzten,
2. in einem Ruhegehalt, wenn das Mitglied der Bundesregierung dienstunfähig geworden ist und sein Amtsverhältnis endet,
3. in einer Hinterbliebenenversorgung, wenn das Mitglied der Bundesregierung infolge des Unfalls verstorben ist.

§ 18 [Ausscheiden und Wiedereintritt in das Beamtenverhältnis]

(1) [1] Wird ein Beamter oder Richter des Bundes zum Mitglied der Bundesregierung ernannt, so scheidet er mit dem Beginn des Amtsverhältnisses (§ 2 Abs. 2) aus seinem Amt als Beamter oder Richter aus. [2] Für die Dauer der Mitgliedschaft ruhen die in dem Dienstverhältnis begründeten Rechte und Pflichten mit Ausnahme der Pflicht zur Amtsverschwiegenheit und des Verbots der Annahme von Belohnungen oder Geschenken. [3] Bei unfallverletzten Beamten oder Richtern bleibt der Anspruch auf das Heilverfahren unberührt.

(2) Endet das Amtsverhältnis als Mitglied der Bundesregierung, so tritt der Beamte oder Richter, wenn ihm nicht innerhalb dreier Monate mit seinem Einverständnis ein anderes Amt übertragen wird, mit Ablauf dieser Frist aus dem Dienstverhältnis als Beamter oder Richter in den Ruhestand und erhält das Ruhegehalt, das er in seinem früheren Amt unter Hinzurechnung der Amtszeit als Mitglied der Bundesregierung verdient hätte.

[1]) § 16 a eingef. mWv 20. 12. 1990 durch G v. 18. 12. 1989 (BGBl. I S. 2210).

(3) [1] Die Absätze 1 und 2 gelten entsprechend für die zu Mitgliedern der Bundesregierung ernannten Beamten oder Richter eines Landes, einer Gemeinde (Gemeindeverbandes) oder einer sonstigen Körperschaft, Anstalt oder Stiftung des öffentlichen Rechts. [2] Das Ruhegehalt wird vom Bund übernommen. [3] Entsprechendes gilt für die Hinterbliebenenbezüge.

(4) Scheidet ein Mitglied einer Landesregierung wegen der Übernahme des Amtes als Mitglied der Bundesregierung (§ 4) aus und steht ihm aus seinem Amtsverhältnis als Mitglied einer Landesregierung ein Anspruch auf Versorgung zu, so wird diese vom Bund übernommen.

§ 19 [Ruhen anderweitigen Einkommens aus öffentlichem Dienst]
Bezieht ein Mitglied der Bundesregierung für einen Zeitraum, für den Amtsbezüge (§ 11) zu zahlen sind, ein Einkommen aus einer Verwendung im öffentlichen Dienst, so ruht der Anspruch auf dieses Einkommen bis zur Höhe des Betrages der Amtsbezüge.

§ 20[1] [Ruhen des Ruhegehalts und der Versorgungsbezüge] (1) Steht
einem Mitglied oder einem ehemaligen Mitglied der Bundesregierung auf Grund eines früheren Dienstverhältnisses als Beamter oder Richter oder eines früheren Amtsverhältnisses als Landesminister (§ 18 Abs. 4) ein Anspruch auf Ruhegehalt oder auf eine ruhegehaltähnliche Versorgung zu, so ruht dieser Anspruch für einen Zeitraum, für den Amtsbezüge (§ 11), Übergangsgeld oder Ruhegehalt aus dem Amtsverhältnis (§§ 14, 15, 17) zu zahlen sind, bis zur Höhe des Betrages dieser Bezüge.

(2) [1] Wird ein ehemaliges Mitglied der Bundesregierung, das Übergangsgeld oder Ruhegehalt aus dem Amtsverhältnis bezieht, im öffentlichen Dienst wiederverwendet, so erhält es diese Bezüge nur insoweit, als das Einkommen aus der Verwendung hinter dem für denselben Zeitraum zustehenden Übergangsgeld oder Ruhegehalt zurückbleibt. [2] Das gleiche gilt für ein Ruhegehalt oder eine ruhegehaltähnliche Versorgung auf Grund der Wiederverwendung.

(2 a) [1] Ruhegehalt wird neben Erwerbs- und Erwerbsersatzeinkommen, das nicht nach Absatz 2 berücksichtigt wird, oder neben Renten nur in der Höhe gewährt, die sich bei sinngemäßer Anwendung der §§ 53 und 55 des Beamtenversorgungsgesetzes[2] ergibt. [2] § 55 des Beamtenversorgungsgesetzes ist mit der Maßgabe anzuwenden, dass an die Stelle der Höchstgrenze nach § 55 Abs. 2 Satz 1 Nr. 1 des Beamtenversorgungsgesetzes ein sich unter Berücksichtigung des Höchstsatzes nach § 15 Abs. 3 Satz 3 ergebendes Ruhegehalt tritt; § 21 a Abs. 5 Satz 1 dieses Gesetzes sowie § 69 e Abs. 3 Satz 3 des Beamtenversorgungsgesetzes gelten entsprechend. [3] Auf das Übergangsgeld nach § 14 ist § 55 des Beamtenversorgungsgesetzes ab dem zweiten Monat mit der Maßgabe anzuwenden, dass an die Stelle der Höchstgrenze des § 55

[1] § 20 Abs. 1 geänd. durch G v. 24. 7. 1974 (BGBl. I S. 1538); Abs. 3 Satz 2 angef. mWv 1. 11. 1977 durch G v. 20. 3. 1979 (BGBl. I S. 357); Abs. 5 angef. mWv 1. 1. 1992 durch G v. 18. 12. 1989 (BGBl. I S. 2218); Abs. 2 a eingef., Abs. 3 Satz 1 geänd., Abs. 5 aufgeh. mWv 29. 10. 2008 durch G v. 23. 10. 2008 (BGBl. I S. 2018). Beachte Art. VIII § 1 Abs. 2 G v. 20. 3. 1979, wonach die Änderungen auch für die Zeit vor dem 1. 11. 1977 gelten, wenn der Anspruch auf eine sich hiernach ergebende Versorgung vor diesem Zeitpunkt geltend gemacht und darüber nicht auf *Grund des damals geltenden Rechts* bereits eine nicht mehr anfechtbare Entscheidung getroffen wurde.

[2] Nr. **155**.

Abs. 2 Satz 1 Nr. 1 des Beamtenversorgungsgesetzes der jeweilige Betrag nach § 14 Abs. 3 Satz 1 oder der nach Anwendung des § 14 Abs. 2 Satz 2 sich ergebende Betrag tritt. [4] Der sich nach Anwendung der Sätze 1 und 2 ergebende Ruhensbetrag darf zusammen mit dem Anrechnungsbetrag nach § 14 Abs. 6 und dem Ruhensbetrag nach Satz 3 die nach Satz 1 zu berücksichtigenden Leistungen nicht übersteigen. [5] Die Sätze 1 bis 4 sind nur auf Versorgungsfälle anzuwenden, denen ein nach dem 21. November 2005 begründetes öffentlich-rechtliches Amtsverhältnis zugrunde liegt.

(3) [1] Die Absätze 1 bis 2 a finden auf die Hinterbliebenen (§ 16) entsprechende Anwendung. [2] § 54 Abs. 3 und Abs. 4 Satz 2 des Beamtenversorgungsgesetzes gilt sinngemäß.

(4) Für ein ehemaliges Mitglied der Bundesregierung oder seine Hinterbliebenen gilt § 160 b des Bundesbeamtengesetzes[1] einschließlich der dazu ergangenen Übergangsvorschriften sinngemäß.

§ 21[2] [Ehemalige Mitglieder des Verwaltungsrates des Vereinigten Wirtschaftsgebietes] (1) Die Vorschriften dieses Gesetzes finden auf die ehemaligen Mitglieder des Verwaltungsrates des Vereinigten Wirtschaftsgebietes (den Vorsitzenden des Verwaltungsrates und die Direktoren der Verwaltungen) entsprechende Anwendung.

(2) Ist ein ehemaliges Mitglied des Verwaltungsrates des Vereinigten Wirtschaftsgebietes im unmittelbaren Anschluß an seine Amtszeit zum Mitglied der Bundesregierung ernannt worden, so gelten die Amtszeiten als Mitglied des Verwaltungsrates und als Mitglied der Bundesregierung im Sinne des § 15 Abs. 1 bis 4 als einheitliche Amtszeit.

(3) Dieses Gesetz ist auf die Mitglieder des Ministerrats der ehemaligen Deutschen Demokratischen Republik, die diesem im Zeitraum ab dem 12. April 1990 angehört haben, mit folgenden Maßgaben anzuwenden:
[1] Das Ruhegehalt wird vom Ende des Monats, in dem das ehemalige Mitglied des Ministerrats das 55. Lebensjahr vollendet hat, gewährt. [2] Es beträgt für die Zeit der Zugehörigkeit zum Ministerrat in dem Zeitraum ab dem 12. April 1990 für

1. den Ministerpräsidenten fünf vom Hundert des Amtsgehalts und des Ortszuschlags des Bundeskanzlers,

2. die Minister fünf vom Hundert des Amtsgehalts und des Ortszuschlags eines Bundesministers

nach § 11 in Verbindung mit dem Gesetz über die Nichtanpassung von Amtsgehalt und Ortszuschlag der Mitglieder der Bundesregierung und der Parlamentarischen Staatssekretäre. [3] § 20 Abs. 2 a ist nur hinsichtlich der Berücksichtigung von Renten anzuwenden. [4] Versorgungsbezüge werden auf Antrag ab dem 1. November 2008 gewährt. [5] Die Sätze 1 bis 5 gelten nicht, wenn der Berechtigte oder derjenige, von dem er seine Berechtigung herleitet, gegen die Grundsätze der Menschlichkeit und Rechtsstaatlichkeit verstoßen oder in schwerwiegendem Maße die Stellung zum eigenen Vorteil oder Nachteil anderer missbraucht hat.

[1] Nr. **160**.

[2] § 21 Abs. 3 und 4 angef. mWv 29. 10. 2008 durch G v. 23. 10. 2008 (BGBl. I S. 2018).

(4) Für ehemalige Mitglieder der Bundesregierung, die die Voraussetzungen des Absatzes 3 erfüllen, gilt die Zeit der Zugehörigkeit zum Ministerrat als volles Amtsjahr.

§ 21 a[1) [Ehemalige Mitglieder der Bundesregierung] (1) Die Rechtsverhältnisse der am 1. Januar 1992 vorhandenen ehemaligen Mitglieder der Bundesregierung sowie der Hinterbliebenen eines ehemaligen Mitgliedes der Bundesregierung regeln sich nach dem bis zum 31. Dezember 1991 geltenden Recht mit folgenden Maßgaben:

1. § 20 Abs. 5 in der vor dem 29. Oktober 2008 geltenden Fassung findet Anwendung. Dies gilt nicht, solange eine am 31. Dezember 1991 über diesen Zeitpunkt hinaus bestehende Beschäftigung oder Tätigkeit eines ehemaligen Mitgliedes der Bundesregierung andauert.

2. Die Rechtsverhältnisse der Hinterbliebenen eines ehemaligen Mitgliedes der Bundesregierung, das nach dem 31. Dezember 1991 verstorben ist, regeln sich nach den ab dem 1. Januar 1992 geltenden Vorschriften, jedoch unter Zugrundelegung des bisherigen Ruhegehaltes.

(2) Besteht ein Amtsverhältnis über den 31. Dezember 1991 hinaus fort und hat zu diesem Zeitpunkt eine Mitgliedschaft in der Bundesregierung einschließlich einer Zeit im Amt eines Parlamentarischen Staatssekretärs bei einem Mitglied der Bundesregierung insgesamt mindestens zwei Jahre bestanden, so gilt § 15 Abs. 3 in der bis zum 31. Dezember 1991 geltenden Fassung.

(3) Wird ein ehemaliges Mitglied der Bundesregierung nach dem 31. Dezember 1991 erneut Mitglied der Bundesregierung, bleibt der nach Absatz 1 oder Absatz 2 dem früheren Ruhegehalt zugrunde gelegte Vomhundertsatz gewahrt, wenn der Vomhundertsatz für das neue Ruhegehalt hinter dem Vomhundertsatz für das frühere Ruhegehalt zurückbleibt.

(4) Hat das Amtsverhältnis als Mitglied der Bundesregierung vor dem Inkrafttreten des Zweiten Gesetzes zur Änderung des Bundesministergesetzes vom 5. Dezember 1997 (BGBl. I S. 2851) geendet, findet § 14 in der bis zu diesem Zeitpunkt geltenden Fassung Anwendung.

(5) [1] Für Versorgungsfälle, in denen die Voraussetzungen des § 15 Abs. 1 vor dem Inkrafttreten der achten auf den 31. Dezember 2002 folgenden Anpassung der Versorgungsbezüge aus der Besoldungsgruppe B 11 nach § 70 des Beamtenversorgungsgesetzes[2] eingetreten sind, gilt unbeschadet der Absätze 1 bis 3 § 15 Abs. 3 Satz 1 und 2 in der bis zum 31. Dezember 2002 geltenden Fassung. [2] § 69 e Abs. 3 Satz 1 und 5 und Abs. 4 des Beamtenversorgungsgesetzes ist entsprechend anzuwenden; dies gilt nicht für den gemäß § 15 Abs. 3 Satz 2 nach vier Jahren Amtszeit erreichten und den in § 15 Abs. 5 Satz 1 festgelegten Mindestruhegehaltssatz sowie den in § 21 Abs. 3 festgelegten Ruhegehaltssatz und das danach ermittelte Ruhegehalt. [3] Auf die Rechtsverhältnisse derjenigen ehemaligen Mitglieder der Bundesregierung, deren Amtszeit vor dem 23. November 2005 geendet hat und die danach

[1] § 21 a eingef. mWv 1. 1. 1992 durch G v. 18. 12. 1989 (BGBl. I S. 2218); Abs. 4 angef. durch G v. 5. 12. 1997 (BGBl. I S. 2851); Abs. 5 angef. mWv 1. 1. 2003 durch G v. 20. 12. 2001 (BGBl. I S. 3926); Abs. 5 Satz 2 geänd. mWv 1. 1. 2005 durch G v. 15. 12. 2004 (BGBl. I S. 3390); Abs. 1 *Satz 1 Nr. 1 geänd., Abs. 5 Satz 2 neu gef.*, Sätze 3–5 angef. mWv 29. 10. 2008 durch G v. 23. 10. 2008 (BGBl. I S. 2018).
[2] Nr. **155**.

nicht wieder Mitglieder der Bundesregierung geworden sind, sind § 14 Abs. 2, § 15 und § 20 Abs. 5 in der vor dem 29. Oktober 2008 geltenden Fassung anzuwenden. [4] Auf die Rechtsverhältnisse derjenigen ehemaligen Mitglieder der Bundesregierung, die der Bundesregierung in Zeiträumen sowohl vor als auch nach dem 22. November 2005 angehört haben, ist § 15 in der vor dem 29. Oktober 2008 geltenden Fassung anzuwenden; dabei werden bis zum Ende des Monats, in dem sie die für Beamte geltende Regelaltersgrenze erreichen, Amtszeiten und Amtsverhältnisse nach dem 22. November 2005 nicht berücksichtigt. [5] Satz 4 gilt nicht, wenn am 22. November 2005 ein Anspruch auf Ruhegehalt nach diesem Gesetz nicht gegeben war.

§ 22[1] **[Erlaß von Verwaltungsvorschriften]** Das Bundesministerium des Innern, für Bau und Heimat wird ermächtigt, die zur Durchführung dieses Gesetzes erforderlichen Verwaltungsvorschriften zu erlassen.

§ 23 *(gegenstandslos)*

§ 24[2] **[Inkrafttreten]** (1) Dieses Gesetz tritt mit Wirkung vom 20. September 1949, § 11 jedoch erst vom 1. April 1953 ab in Kraft.

(2) Für die Zeit vor dem 1. April 1953 verbleibt es bei den geleisteten Zahlungen.

[1] § 22 geänd. mWv 27.6.2020 durch VO v. 19.6.2020 (BGBl. I S. 1328).
[2] **Amtl. Anm.:** Die Vorschrift betrifft das Inkrafttreten des Gesetzes in der ursprünglichen Fassung vom 17. Juni 1953. Der Zeitpunkt des Inkrafttretens der späteren Änderungen ergibt sich aus den in der vorangestellten Bekanntmachung näher bezeichneten Vorschriften.

48. Gesetz über die Rechtsverhältnisse der Mitglieder des Deutschen Bundestages (Abgeordnetengesetz – AbgG)

In der Fassung der Bekanntmachung vom 21. Februar 1996[1]

(BGBl. I S. 326)

FNA 1101-8

geänd. durch Art. 4 G zum Inkraftsetzen der 2. Stufe der Pflegeversicherung v. 31.5.1996 (BGBl. I S. 718), Art. 1 20. ÄndG v. 19.6.1996 (BGBl. I S. 843), Art. 18 RentenreformG 1999 v. 16.12.1997 (BGBl. I S. 2998, aufgeh. durch Art. 22 G v. 20.12.2000, BGBl. I S. 1827), Art. 1 20. ÄndG v. 20.7.2000 (BGBl. I S. 1037, ber. 2002 I S. 4029), Art. 1 22. ÄndG v. 19.12.2000 (BGBl. I S. 1754), Art. 13 G zur Reform der Renten wegen verminderter Erwerbsfähigkeit v. 20.12.2000 (BGBl. I S. 1827), Art. 3 § 2 Lebenspartnerschafts-EinführungsG v. 16.2.2001 (BGBl. I S. 266), Art. 1 23. ÄndG v. 10.11.2001 (BGBl. I S. 2990, ber. 2002 I S. 4029), Art. 4 Fünftes HochschulrahmenG-ÄndG v. 16.2.2002 (BGBl. I S. 693, nichtig gem. Urt. des BVerfG v. 27.7.2004 – 2 BvF 2/02 –), Art. 1 24. ÄndG v. 25.3.2004 (BGBl. I S. 459), Art. 12 G zur Organisationsreform in der gesetzlichen Rentenversicherung v. 9.12.2004 (BGBl. I S. 3242), Art. 5 Abs. 1 G zur Überarbeitung des Lebenspartnerschaftsrechts v. 15.12.2004 (BGBl. I S. 3396), Art. 1 25. ÄndG v. 21.12.2004 (BGBl. I S. 3590), Art. 4 G zur Änd. dienst- und arbeitsrechtlicher Vorschriften im Hochschulbereich v. 27.12.2004 (BGBl. I S. 3835), Art. 1 26. ÄndG v. 22.8.2005 (BGBl. I S. 2482, 3007), Art. 1 27. ÄndG v. 22.12.2007 (BGBl. I S. 3212), Art. 3 G zur Änd. des Wahl- und Abgeordnetenrechts v. 17.3.2008 (BGBl. I S. 394), Art. 2 22. G zur Änd. des EuAbgG und 28. G zur Änd. des AbgG v. 23.10.2008 (BGBl. I S. 2020), Art. 12a DienstrechtsneuordnungsG v. 5.2.2009 (BGBl. I S. 160), Art. 7 G zur Strukturreform des Versorgungsausgleichs v. 3.4.2009 (BGBl. I S. 700), Art. 2 G zur Änd. des ParteienG und des AbgeordnetenG v. 23.8.2011 (BGBl. I S. 1748, ber. S. 3141), 29. ÄndG v. 8.11.2011 (BGBl. I S. 2218), Art. 1 30. G zur Änd. des AbgeordnetenG und 23. G zur Änd. des EuropaabgeordnetenG v. 11.7.2014 (BGBl. I S. 906 iVm Bek. v. 26.10.2017, BGBl. I S. 3737), Art. 12 G zur Änd. des VersorgungsrücklageG und weiterer dienstrechtlicher Vorschriften v. 5.1.2017 (BGBl. I S. 17), Art. 2 AnpassungsverfahrensaussetzungsG 2020 v. 27.5.2020 (BGBl. I S. 1161) und Art. 1 31. ÄndG v. 14.11. 2020 (BGBl. I S. 2394)

Erster Abschnitt. Erwerb und Verlust der Mitgliedschaft im Bundestag

§ 1[2] **Erwerb und Verlust der Mitgliedschaft im Bundestag.** Erwerb und Verlust der Mitgliedschaft im Bundestag regeln sich nach den Vorschriften des Bundeswahlgesetzes[3].

Zweiter Abschnitt. Mitgliedschaft im Bundestag und Beruf

§ 2[4] **Schutz der freien Mandatsausübung.** (1) Niemand darf gehindert werden, sich um ein Mandat im Bundestag zu bewerben, es zu erwerben, anzunehmen oder auszuüben.

(2) Benachteiligungen am Arbeitsplatz im Zusammenhang mit der Bewerbung um ein Mandat sowie dem Erwerb, der Annahme und Ausübung eines Mandats sind unzulässig.

(3) [1]Eine Kündigung oder Entlassung wegen des Erwerbs, der Annahme oder Ausübung des Mandats ist unzulässig. [2]Eine Kündigung ist im übrigen nur aus

[1] Neubekanntmachung des AbgG v. 18.2.1977 (BGBl. I S. 297) in der ab 22.12.1995 geltenden Fassung.

[2] § 1 neu gef. durch G v. 19.6.1996 (BGBl. I S. 843).

[3] Nr. **30**.

[4] § 2 Abs. 1, 2 und Abs. 3 Satz 1 geänd. mWv 21.3.2008 durch G v. 17.3.2008 (BGBl. I S. 394).

wichtigem Grunde zulässig. [3]Der Kündigungsschutz beginnt mit der Aufstellung des Bewerbers durch das dafür zuständige Organ der Partei oder mit der Einreichung des Wahlvorschlags. [4]Er gilt ein Jahr nach Beendigung des Mandats fort.

§ 3 Wahlvorbereitungsurlaub.
[1]Einem Bewerber um einen Sitz im Bundestag ist zur Vorbereitung seiner Wahl innerhalb der letzten zwei Monate vor dem Wahltag auf Antrag Urlaub von bis zu zwei Monaten zu gewähren. [2]Ein Anspruch auf Fortzahlung seiner Bezüge besteht für die Dauer der Beurlaubung nicht.

§ 4[1]) Berufs- und Betriebszeiten.
(1) Die Zeit der Mitgliedschaft im Bundestag ist nach Beendigung des Mandats auf die Berufs- und Betriebszugehörigkeit anzurechnen.

(2) Im Rahmen einer bestehenden betrieblichen oder überbetrieblichen Altersorgung wird die Anrechnung nach Absatz 1 nur im Hinblick auf die Erfüllung der Unverfallbarkeitsfristen des § 1 des Gesetzes zur Verbesserung der betrieblichen Altersversorgung[2]) vorgenommen.

Dritter Abschnitt. Rechtsstellung der in den Bundestag gewählten Angehörigen des öffentlichen Dienstes

§ 5[3]) Ruhen der Rechte und Pflichten aus einem öffentlich-rechtlichen Dienstverhältnis.
(1) [1]Die Rechte und Pflichten aus dem Dienstverhältnis eines in den Bundestag gewählten Beamten mit Dienstbezügen ruhen vom Tage der Feststellung des Bundeswahlausschusses (§ 42 Abs. 2 Satz 1 des Bundeswahlgesetzes[4])) oder der Annahme des Mandats für die Dauer der Mitgliedschaft mit Ausnahme der Pflicht zur Amtsverschwiegenheit und des Verbots der Annahme von Belohnungen und Geschenken. [2]Das gleiche gilt, wenn ein Mitglied des Bundestages in ein solches Dienstverhältnis berufen wird, von dem Tage an, mit dem seine Ernennung wirksam wird. [3]Der Beamte hat das Recht, seine Amts- oder Dienstbezeichnung mit dem Zusatz „außer Dienst" („a.D.") zu führen. [4]Bei unfallverletzten Beamten bleiben die Ansprüche auf das Heilverfahren und einen Unfallausgleich unberührt. [5]Satz 1 gilt längstens bis zum Eintritt oder bis zur Versetzung in den Ruhestand.

(2) Für den in den einstweiligen Ruhestand versetzten Beamten gilt Absatz 1 längstens bis zum Eintritt oder bis zur Versetzung in den dauernden Ruhestand sinngemäß.

(3) [1]Einem in den Bundestag gewählten Beamten auf Widerruf im Vorbereitungsdienst ist auf seinen Antrag Urlaub ohne Anwärterbezüge zu gewähren. [2]Wird der Beamte nach Bestehen der Laufbahnprüfung zum Beamten auf Probe ernannt, so ruhen seine Rechte und Pflichten aus diesem Dienstverhältnis nach Absatz 1 von dem Tage an, mit dem die Ernennung wirksam wird.

§ 6 Wiederverwendung nach Beendigung des Mandats.
(1) [1]Nach der Beendigung der Mitgliedschaft im Bundestag ruhen die in dem Dienstverhältnis eines Beamten begründeten Rechte und Pflichten für längstens weitere sechs Monate. [2]Der Beamte ist auf seinen Antrag, der binnen drei Monaten seit der Beendigung

[1]) § 4 Abs. 2 neu gef. durch G v. 19.6.1996 (BGBl. I S. 843); Abs. 2 geänd. mWv 26.7.2000 durch G v. 20.7.2000 (BGBl. I S. 1037).
[2]) **Nipperdey I, Arbeitsrecht Nr. 180.**
[3]) § 5 Abs. 1 Satz 1 geänd. mWv 21.3.2008 durch G v. 17.3.2008 (BGBl. I S. 394).
[4]) Nr. 30.

der Mitgliedschaft zu stellen ist, spätestens drei Monate nach Antragstellung wieder in das frühere Dienstverhältnis zurückzuführen. [3] Das ihm zu übertragende Amt muß derselben oder einer gleichwertigen Laufbahn angehören wie das zuletzt bekleidete Amt und mit mindestens demselben Endgrundgehalt ausgestattet sein. [4] Vom Tage der Antragstellung an erhält er die Dienstbezüge des zuletzt bekleideten Amtes.

(2) [1] Stellt der Beamte nicht binnen drei Monaten seit der Beendigung der Mitgliedschaft im Bundestag einen Antrag nach Absatz 1, so ruhen die in dem Dienstverhältnis begründeten Rechte und Pflichten (§ 5 Abs. 1) weiter bis zum Eintritt oder bis zur Versetzung in den Ruhestand. [2] Die oberste Dienstbehörde kann den Beamten jedoch, wenn er weder dem Bundestag mindestens zwei Wahlperioden angehört noch bei Beendigung der Mitgliedschaft im Bundestag das 55. Lebensjahr vollendet hat, unter Übertragung eines Amtes im Sinne des Absatzes 1 Satz 3 wieder in das frühere Dienstverhältnis zurückführen; lehnt der Beamte die Rückführung ab oder folgt er ihr nicht, so ist er zu entlassen. [3] Satz 2 ist nicht anzuwenden, wenn der Beamte während der Dauer seiner Mitgliedschaft im Bundestag Mitglied der Bundesregierung gewesen ist.

§ 7[1] Dienstzeiten im öffentlichen Dienst. (1) Abweichend von § 27 Abs. 3 Satz 3 des Bundesbesoldungsgesetzes[2] und unbeschadet des § 23 Abs. 5 verzögert die Zeit der Mitgliedschaft im Bundestag den Aufstieg eines Bundesbeamten in den Grundgehaltsstufen in dem Umfang, der sich bei entsprechender Anwendung des § 28 Abs. 1 und 2 des Bundesbesoldungsgesetzes in der bis zum 30. Juni 2009 geltenden Fassung ergibt.

(2) [1] Wird der Beamte nicht nach § 6 in das frühere Dienstverhältnis zurückgeführt, so wird das Besoldungsdienstalter um die Zeit nach Beendigung der Mitgliedschaft im Bundestag bis zum Eintritt des Versorgungsfalles hinausgeschoben. [2] Wird der Bundesbeamte nicht nach § 6 in das frühere Dienstverhältnis zurückgeführt, verbleibt er bis zum Eintritt des Versorgungsfalles in der sich nach Absatz 1 ergebenden Stufe des Grundgehaltes.

(3) [1] Die Zeit der Mitgliedschaft im Bundestag gilt unbeschadet der Regelung des § 23 Abs. 5 nicht als Dienstzeit im Sinne des Versorgungsrechts. [2] Das gleiche gilt für die Zeit nach der Beendigung der Mitgliedschaft im Bundestag, wenn der Beamte nicht nach § 6 in das frühere Dienstverhältnis zurückgeführt wird.

(4) Nach Beendigung der Mitgliedschaft im Bundestag ist die Zeit der Mitgliedschaft auf laufbahnrechtliche Dienstzeiten, mit Ausnahme der Probezeit, anzurechnen.

(5) Nach Beendigung der Mitgliedschaft im Bundestag ist die Zeit der Mitgliedschaft auf Dienst- und Beschäftigungszeiten bei Arbeitnehmern des öffentlichen Dienstes anzurechnen; im Rahmen einer bestehenden zusätzlichen Alters- und Hinterbliebenenversorgung gilt dies nur im Hinblick auf Vorschriften, die die Anwartschaft oder den Anspruch dem Grunde nach regeln.

§ 8 Beamte auf Zeit, Richter, Soldaten und Angestellte des öffentlichen Dienstes. (1) Die §§ 5 bis 7 gelten für Richter, Berufssoldaten und Soldaten auf Zeit entsprechend.

[1] § 7 Abs. 1 neu gef., Abs. 2 Satz 2 angef. mWv 12.2.2009 durch G v. 5.2.2009 (BGBl. I S. 160).
[2] Nr. 230.

(2) Die Rechte und Pflichten aus dem Dienstverhältnis eines Soldaten auf Zeit ruhen längstens für die Dauer der Verpflichtungszeit und eines Beamten auf Zeit längstens für die Zeit, für die er in das Beamtenverhältnis berufen worden ist.

(3) [1] Absatz 2 und die Vorschriften der §§ 5, 6 und 7 Abs. 1 bis 4 gelten sinngemäß für Angestellte des öffentlichen Dienstes. [2] Öffentlicher Dienst im Sinne dieser Vorschrift ist die Tätigkeit im Dienste des Bundes, eines Landes, einer Gemeinde oder anderer Körperschaften, Anstalten oder Stiftungen des öffentlichen Rechts oder ihrer Verbände mit Ausnahme der öffentlich-rechtlichen Religionsgesellschaften und ihrer Verbände.

§ 9[1] Hochschullehrer. (1) Für die Rechtsstellung der in den Deutschen Bundestag gewählten Hochschullehrer im Sinne des § 42 des Hochschulrahmengesetzes[2] findet § 6 mit der Maßgabe Anwendung, dass sie in ihrem bisherigen Amt an der gleichen Hochschule wiederverwendet werden müssen.

(2) [1] Hochschullehrer können eine Tätigkeit in Forschung und Lehre sowie die Betreuung von Doktoranden und Habilitanden während der Mitgliedschaft im Bundestag wahrnehmen. [2] Die Vergütung für diese Tätigkeit ist entsprechend den tatsächlich erbrachten Leistungen zu bemessen. [3] Die Vergütung darf 25 vom Hundert der Bezüge, die aus dem Dienstverhältnis als Hochschullehrer zu zahlen wären, nicht übersteigen. [4] Im Übrigen sind die für Bundesbeamte geltenden Vorschriften anzuwenden.

§ 10 Wahlbeamte auf Zeit. Die Länder können durch Gesetz für Wahlbeamte auf Zeit von § 6 abweichende Regelungen treffen.

Vierter Abschnitt. Leistungen an Mitglieder des Bundestages

§ 11[3] Abgeordnetenentschädigung. (1) [1] Die monatliche Entschädigung eines Mitglieds des Deutschen Bundestages orientiert sich an den Bezügen eines Richters an einem obersten Gerichtshof des Bundes (Besoldungsgruppe R 6 gemäß der Anlage IV des Bundesbesoldungsgesetzes[4] mit Zulage für Richter und Staatsanwälte bei obersten Gerichtshöfen des Bundes). [2] Die Abgeordnetenentschädigung beträgt 10 083,47 Euro. [3] Für die Anpassung der Entschädigung gilt das in den Absätzen 4 und 5 geregelte Verfahren.

(2) Der Präsident erhält eine monatliche Amtszulage in Höhe eines Monatsbetrages nach Absatz 1, seine Stellvertreter in Höhe der Hälfte des Monatsbetrages nach Absatz 1 und die Vorsitzenden der Ausschüsse, der Untersuchungsausschüsse, der Enquete-Kommissionen sowie des Parlamentarischen Kontrollgremiums in Höhe von 15 vom Hundert des Monatsbetrages nach Absatz 1.

(3) Der Auszahlungsbetrag der Abgeordnetenentschädigung und der Amtszulage vermindert sich in Ansehung der zu den Kosten in Pflegefällen nach § 27 gewährten Zuschüsse vom 1. Januar 1995 an um ein Dreihundertfünfundsechzigstel.

(4) [1] Die monatliche Entschädigung nach Absatz 1 wird jährlich zum 1. Juli angepasst. [2] Grundlage ist die Entwicklung des vom Statistischen Bundesamt er-

[1] § 9 neu gef. mWv 31.12.2004 durch G v. 27.12.2004 (BGBl. I S. 3835).
[2] Nr. **500**.
[3] § 11 neu gef. mWv 16.7.2014 durch G v. 11.7.2014 (BGBl. I S. 906); Abs. 2 geänd. mWv 11.1.2017 durch G v. 5.1.2017 (BGBl. I S. 17); Abs. 1 Satz 2, Abs. 4 Satz 1 geänd. mWv 6.6.2020 durch G v. 27.5. 2020 (BGBl. I S. 1161).
[4] Nr. **230**.

mittelten Nominallohnindex, den der Präsident des Statistischen Bundesamtes jährlich bis zum 31. März an den Präsidenten des Deutschen Bundestages übermittelt. [3] Dieser veröffentlicht den angepassten Betrag der Entschädigung in einer Bundestagsdrucksache.

(5) [1] Das Anpassungsverfahren nach Absatz 4 bleibt für eine neue Wahlperiode nur wirksam, wenn der Deutsche Bundestag innerhalb von drei Monaten nach der konstituierenden Sitzung einen entsprechenden Beschluss fasst. [2] Wird innerhalb dieser Frist kein Beschluss gefasst, gilt für die Entschädigung der letzte nach Absatz 4 ermittelte Betrag, bis der Deutsche Bundestag das Anpassungsverfahren in einem Gesetz bestätigt oder ändert.

§ 12[1]) Amtsausstattung. (1) [1] Ein Mitglied des Bundestages erhält zur Abgeltung seiner durch das Mandat veranlaßten Aufwendungen eine Amtsausstattung als Aufwandsentschädigung. [2] Die Amtsausstattung umfaßt Geld- und Sachleistungen.

(2) [1] Ein Mitglied des Bundestages erhält eine monatliche Kostenpauschale für den Ausgleich insbesondere von

1. Bürokosten zur Einrichtung und Unterhaltung von Wahlkreisbüros außerhalb des Sitzes des Deutschen Bundestages, einschließlich Miete und Nebenkosten, Inventar und Büromaterial, Literatur und Medien sowie Porto,

2. Mehraufwendungen am Sitz des Bundestages und bei Reisen mit Ausnahme von Auslandsdienstreisen,

3. Fahrtkosten für Fahrten in Ausübung des Mandats innerhalb der Bundesrepublik Deutschland unbeschadet der Regelungen in den §§ 16 und 17 und

4. sonstigen Kosten für andere mandatsbedingte Kosten (Repräsentation, Einladungen, Wahlkreisbetreuung usw.), die auch sonst nicht aus dem der Lebensführung dienenden beruflichen Einkommen zu bestreiten sind.

[2] Die Kostenpauschale[2)] wird zum 1. Januar eines jeden Jahres der Entwicklung der allgemeinen Lebenshaltungsausgaben aller privaten Haushalte im vorvergangenen Kalenderjahr angepaßt. [3] Das Nähere über die Höhe der am tatsächlichen Aufwand orientierten pauschalierten Einzelansätze und die Anpassung regeln das Haushaltsgesetz und Ausführungsbestimmungen, die vom Ältestenrat zu erlassen sind.

(3) [1] Ein Mitglied des Bundestages erhält Aufwendungen für die Beschäftigung von Mitarbeitern zur Unterstützung bei der Erledigung seiner parlamentarischen Arbeit gegen Nachweis ersetzt. [2] Der Ersatzanspruch ist nicht auf ein anderes Mitglied des Bundestages übertragbar. [3] Der Ersatz von Aufwendungen für Arbeitsverträge mit Mitarbeitern, die mit dem Mitglied des Bundestages verwandt, verheiratet oder verschwägert sind oder waren, ist grundsätzlich unzulässig. [4] Entsprechendes gilt für den Ersatz von Aufwendungen für Arbeitsverträge mit Lebenspartnern oder früheren Lebenspartnern eines Mitglieds des Bundestages. [5] Einzelheiten über den Umfang und die Voraussetzungen für den Ersatz von Aufwendungen, über nicht abdingbare Mindestvorschriften für den Arbeitsvertrag

[1)] § 12 Abs. 2 Satz 2 geänd. und Satz 4 aufgeh. durch G v. 19.6.1996 (BGBl. I S. 843); Abs. 4 neu gef. und Abs. 5 aufgeh., bish. Abs. 6 und 7 werden Abs. 5 und 6 mWv 1.1.2000 durch G v. 20.7.2000 (BGBl. I S. 1037); Abs. 3 Satz 4 eingef., bish. Sätze 4–8 werden Sätze 5–9 mWv 1.8.2001 durch G v. 16.2.2001 (BGBl. I S. 266); Abs. 5 geänd. mWv 1.1.2002 und Abs. 2 Satz 1 Nr. 1 neu gef. mWv 17.10.2002 durch G v. 10.11.2001 (BGBl. I S. 2990); Abs. 3a eingef. mWv 19.11.2020 durch G v. 14.11.2020 (BGBl. I S. 2394).

[2)] Ab dem 1.1.2020 beträgt die Kostenpauschale gem. Abgeordnetenpauschale-Bekanntmachung 2020 v. 21.10.2019 (BAnz AT 12.11.2019 B1) 4 497,62 €, ab dem 1.1.2021 gem. Abgeordnetenpauschale-Bekanntmachung 2021 v. 28.9.2020 (BAnz AT 02.11.2020 B1) 4 560,59 €.

und sonstige Fragen regeln das Haushaltsgesetz und die vom Ältestenrat zu erlassenden Ausführungsbestimmungen. [6] Die Abrechnung der Gehälter und anderen Aufwendungen für Mitarbeiter erfolgt durch die Verwaltung des Bundestages. [7] Eine Haftung des Bundestages gegenüber Dritten ist ausgeschlossen. [8] Die Mitarbeiter sind nicht Angehörige des öffentlichen Dienstes. [9] Es bestehen keine arbeitsrechtlichen Beziehungen zwischen den Mitarbeitern und der Verwaltung des Bundestages.

(3a) [1] Ausgeschlossen ist die Erstattung für Tätigkeiten der Mitarbeiter, die nicht der Unterstützung bei der Erledigung der parlamentarischen Arbeit dienen und deshalb nicht in der Arbeitszeit ausgeübt werden dürfen. [2] Das Präsidium kann gegen ein Mitglied des Bundestages, das hiergegen verstößt, ein Ordnungsgeld bis zur Höhe der Hälfte der jährlichen Abgeordnetenentschädigung festsetzen. [3] Der Präsident macht das Ordnungsgeld durch Verwaltungsakt geltend. [4] § 31 bleibt unberührt. [5] Das Nähere bestimmen die Verhaltensregeln nach § 44b.

(4) [1] Zur Amtsausstattung gehören auch

1. die Bereitstellung eines eingerichteten Büros am Sitz des Bundestages,

2. die Benutzung von Verkehrsmitteln gemäß § 16,

3. die Benutzung der Dienstfahrzeuge des Bundestages,

4. die Bereitstellung und Nutzung des gemeinsamen Informations- und Kommunikationssystems des Bundestages und

5. sonstige Leistungen des Bundestages.

[2] Das Nähere regeln das Haushaltsgesetz und Ausführungsbestimmungen, die vom Ältestenrat zu erlassen sind.

(5) Der Präsident des Bundestages erhält eine monatliche Amtsaufwandsentschädigung von 1 023 Euro, seine Stellvertreter erhalten eine monatliche Amtsaufwandsentschädigung von 307 Euro.

(6) Ein Mitglied des Bundestages, dem ein Dienstwagen des Bundes zur ausschließlichen Verfügung steht, erhält eine um 25 vom Hundert verminderte Kostenpauschale.

(Fortsetzung nächstes Blatt)

§ 13 Wegfall des Anspruchs auf Aufwandsentschädigungen. Ein Mitglied des Bundestages, das im letzten Vierteljahr der Wahlperiode in den Bundestag eintritt, hat keinen Anspruch auf die Leistungen nach § 12 Abs. 2 und 3, wenn der Bundestag seine Tätigkeit bereits abgeschlossen hat.

§ 14[1] Kürzung der Kostenpauschale. (1) [1] An jedem Sitzungstag wird eine Anwesenheitsliste ausgelegt. [2] Der Präsident bestimmt im Benehmen mit dem Ältestenrat, welche Tage als Sitzungstage gelten und in welcher Zeit die Anwesenheitsliste ausgelegt wird. [3] Trägt sich ein Mitglied des Bundestages nicht in die Anwesenheitsliste ein, werden ihm 100 Euro von der Kostenpauschale einbehalten. [4] Der einzubehaltende Betrag erhöht sich auf 200 Euro, wenn ein Mitglied an einem Plenarsitzungstag sich nicht in die Anwesenheitsliste eingetragen hat und nicht beurlaubt war. [5] Der Kürzungsbetrag verringert sich auf 20 Euro, wenn ein Mitglied des Bundestages einen Aufenthalt in einem Krankenhaus oder in einem Sanatorium oder die Arbeitsunfähigkeit ärztlich nachweist. [6] Während der Mutterschutzfristen infolge Schwangerschaft oder wenn ein Mitglied des Bundestages ein ärztlich nachgewiesen erkranktes, in seinem Haushalt lebendes Kind, das das 14. Lebensjahr noch nicht vollendet hat, mangels anderer im Haushalt dafür zur Verfügung stehender Aufsichtspersonen persönlich betreuen muss, führt die Nichteintragung in die Anwesenheitsliste nicht zu einer Kürzung der Kostenpauschale. [7] Die Eintragung in die Anwesenheitsliste wird vom Zeitpunkt der Auslegung an ersetzt durch Amtieren als Präsident oder als Schriftführer, durch protokollierte Wortmeldung in einer Sitzung des Deutschen Bundestages, durch Teilnahme an einer namentlichen Abstimmung oder einer Wahl mit Namensaufruf, durch Eintragung in die Anwesenheitsliste eines Ausschusses oder eines sonstigen Gremiums des Bundestages, durch Wortmeldungen in einem Ausschuss oder einem sonstigen Gremium des Bundestages, durch Eintragung in die Anwesenheitsliste des Ältestenrates oder durch eine für den Sitzungstag genehmigte und durchgeführte Dienstreise.

(2) [1] Einem Mitglied des Bundestages, das an einer namentlichen Abstimmung oder einer Wahl mit Namensaufruf nicht teilnimmt, werden 100 Euro von der monatlichen Kostenpauschale abgezogen. [2] Das gilt nicht, wenn der Präsident das Mitglied beurlaubt hat, ein Abzug nach Absatz 1 erfolgt oder in den Fällen des Absatzes 1 Satz 6.

§ 15[2] Bezug anderer Tage- oder Sitzungsgelder. [1] Bezieht ein Mitglied des Bundestages an einem Tag, an dem es sich in die Anwesenheitsliste des Bundestages eingetragen hat, Tage- oder Sitzungsgelder aus anderen öffentlichen Kassen, so werden 20 Euro von der monatlichen Kostenpauschale einbehalten, jedoch nicht mehr als die aus anderen öffentlichen Kassen geleisteten Tage- oder Sitzungsgelder. [2] Das gleiche gilt für Auslandsdienstreisen, die auf einen Sitzungstag fallen.

[1] § 14 neu gef. mWv 1. 1. 2002 durch G v. 10. 11. 2001 (BGBl. I S. 2990); Abs. 1 Satz 7 geänd. mWv 1. 1. 2008 durch G v. 22. 12. 2007 (BGBl. I S. 3212); Abs. 1 Sätze 3 und 4, Abs. 2 Satz 1 geänd. mWv 16. 7. 2014 durch G v. 11. 7. 2014 (BGBl. I S. 906).
[2] § 15 Satz 1 geänd. mWv 1. 1. 2002 durch G v. 10. 11. 2001 (BGBl. I S. 2990).

§ 16[1]) **Freifahrtberechtigung und Erstattung von Fahrkosten.** (1) [1]Ein Mitglied des Bundestages hat das Recht auf freie Benutzung aller Verkehrsmittel der Deutschen Bahn AG. [2]Benutzt es in Ausübung des Mandats im Inland Flugzeuge, Schlafwagen oder sonstige schienengebundene Beförderungsmittel außerhalb des öffentlichen Personennahverkehrs, so werden die Kosten bis zur höchsten Klasse gegen Nachweis erstattet.

(2) [1]Für die Dauer der Berechtigung zur Freifahrt darf ein Mitglied des Bundestages die Erstattung von Fahrkosten der Deutschen Bahn AG für Reisen im Inland von anderer Seite nicht annehmen. [2]Dies gilt auch für Teilstrecken im Inland anläßlich einer Auslandsreise und wenn Kosten für die Benutzung von Flugzeugen oder Schlafwagen nach Absatz 1 erstattet werden.

§ 17[2]) **Dienstreisen.** (1) Dienstreisen bedürfen der vorherigen Zustimmung des Präsidenten.

(2) [1]Bei Inlandsdienstreisen gelten die Tagegelder durch die Kostenpauschale als abgegolten. [2]Ein Mitglied des Bundestages erhält jedoch in entsprechender Anwendung des Bundesreisekostengesetzes[3]) auf Antrag Übernachtungsgeld sowie Fahrkostenerstattung. [3]Weist ein Mitglied des Bundestages einen außergewöhnlichen Aufwand nach, der aus dem Übernachtungsgeld nicht gedeckt werden kann, so wird der unvermeidbare Mehrbetrag erstattet.

(3) [1]Bei Auslandsdienstreisen erhält ein Mitglied auf Antrag Tage- und Übernachtungsgeld. [2]Ferner werden erstattet:

– bei Benutzung der Eisenbahn die Fahrkosten von der Bundesgrenze zum Zielort und zurück sowie Schlafwagenkosten gegen Nachweis,

– bei Benutzung von Linienflugzeugen die nachgewiesenen Kosten zum Zielort und zurück,

– notwendige Fahrkosten anderer Beförderungsmittel.

(4) [1]Auf Antrag wird in den Fällen der Absätze 2 und 3 an Stelle der Fahrkostenerstattung Wegstreckenentschädigung gewährt. [2]Sie darf die Höhe der Kosten, die bei Flugzeugbenutzung nach § 16 Abs. 1 oder § 17 Abs. 3 zu erstatten wären, nicht überschreiten. [3]Die Höhe der Wegstreckenentschädigung wird vom Ältestenrat festgesetzt.

(5) Soweit vom Ältestenrat nichts anderes bestimmt ist, finden im übrigen die Vorschriften des Bundesreisekostengesetzes in der jeweils gültigen Fassung sinngemäß Anwendung.

Fünfter Abschnitt. Leistungen an ehemalige Mitglieder des Bundestages und ihre Hinterbliebenen

§ 18[4]) **Übergangsgeld.** (1) [1]Ein ausscheidendes Mitglied mit einer Mitgliedschaft von mindestens einem Jahr erhält Übergangsgeld. [2]Das Übergangsgeld wird in Höhe der Abgeordnetenentschädigung nach § 11 Abs. 1 für jedes Jahr der Mitgliedschaft einen Monat geleistet, höchstens jedoch 18 Monate

[1]) § 16 Abs. 1 Satz 2 geänd. mWv 1. 1. 2008 durch G v. 22. 12. 2007 (BGBl. I S. 3212).
[2]) § 17 Abs. 2 Satz 2 geänd. mWv 26. 7. 2000 durch G v. 20. 7. 2000 (BGBl. I S. 1037).
[3]) Nr. 235.
[4]) § 18 Abs. 5 geänd. mWv 16. 7. 2014 durch G v. 11. 7. 2014 (BGBl. I S. 906).

lang. [3] Zeiten einer früheren Mitgliedschaft im Bundestag, für die bereits Übergangsgeld gezahlt worden ist, bleiben unberücksichtigt. [4] Eine Mitgliedschaft im Bundestag von mehr als einem halben Jahr gilt als volles Jahr bei der Berechnung nach Satz 2.

(2) [1] Ab dem zweiten Monat nach dem Ausscheiden aus dem Bundestag werden alle Erwerbs- und Versorgungseinkünfte auf das Übergangsgeld angerechnet. [2] Eine Anrechnung der Bezüge aus der Mitgliedschaft im Europäischen Parlament entfällt, wenn bereits seitens des Europäischen Parlaments die Anrechnung des Übergangsgeldes auf die dortigen Bezüge bestimmt ist.

(3) [1] Auf Antrag ist das Übergangsgeld nach Absatz 1 in einer Summe oder monatlich zum halben Betrag für den doppelten Zeitraum zu zahlen. [2] Absatz 1 Satz 3 gilt entsprechend.

(4) [1] Tritt das ehemalige Mitglied wieder in den Bundestag ein, ruht bei monatlicher Zahlung der Anspruch nach Absatz 1. [2] Wurde das ehemalige Mitglied in einer Summe abgefunden, ist der Betrag, der bei monatlicher Zahlung ruhen würde, zu erstatten. [3] Der Präsident bestimmt, in welchen Teilbeträgen zu erstatten ist.

(5) Stirbt ein ehemaliges Mitglied, werden die Leistungen nach Absatz 1 an den überlebenden Ehegatten, die eingetragene Lebenspartnerin/den eingetragenen Lebenspartner, die leiblichen Abkömmlinge sowie die als Kind angenommenen Kinder fortgesetzt oder ihnen belassen, wenn Versorgungsansprüche nach diesem Gesetz nicht entstehen.

(6) Ein ehemaliges Mitglied, das dem Europäischen Parlament angehört, kann den Anspruch auf Übergangsgeld erst nach seinem Ausscheiden aus dem Europäischen Parlament geltend machen.

(7) [1] Absatz 1 gilt nicht, wenn das Mitglied die Mitgliedschaft im Bundestag auf Grund des § 15 Abs. 2 Nr. 2 des Bundeswahlgesetzes[1] verliert. [2] Der Präsident kann die Zahlungen aussetzen, wenn ein Verfahren zu erwarten ist, das die Folgen nach § 15 Abs. 2 Nr. 2 des Bundeswahlgesetzes nach sich zieht.

§ 19[2] Anspruch auf Altersentschädigung. (1) Ein Mitglied erhält nach seinem Ausscheiden eine Altersentschädigung, wenn es das 67. Lebensjahr vollendet und dem Bundestag mindestens ein Jahr angehört hat.

(2) [1] Mitglieder des Bundestages, die vor dem 1. Januar 1947 geboren sind, erreichen die Altersgrenze mit Vollendung des 65. Lebensjahres. [2] Für Mitglieder des Bundestages, die nach dem 31. Dezember 1946 geboren sind, wird die Altersgrenze wie folgt angehoben:

Geburtsjahr	Anhebung um Monate	auf Alter	
		Jahr	Monat
1947	1	65	1
1948	2	65	2
1949	3	65	3

[1] Nr. **30**.
[2] § 19 neu gef. mWv 1.1.2008 durch G v. 22.12.2007 (BGBl. I S. 3212); Abs. 3 Satz 2 aufgeh., bish. Satz 3 wird Satz 2, Abs. 4 angef. mWv 24.10.2017 durch G v. 11.7.2014 (BGBl. I S. 906).

Geburtsjahr	Anhebung um Monate	auf Alter	
		Jahr	Monat
1950	4	65	4
1951	5	65	5
1952	6	65	6
1953	7	65	7
1954	8	65	8
1955	9	65	9
1956	10	65	10
1957	11	65	11
1958	12	66	0
1959	14	66	2
1960	16	66	4
1961	18	66	6
1962	20	66	8
1963	22	66	10.

(3) ¹ Gehörte ein ausgeschiedenes Mitglied dem Bundestag mehrmals mit Unterbrechung an, so sind die Zeitabschnitte zusammenzurechnen. ² § 18 Abs. 1 Satz 4 gilt entsprechend.

(4) ¹ Auf Antrag kann die Altersentschädigung vorzeitig ab Vollendung des 63. Lebensjahres in Anspruch genommen werden. ² Die Altersentschädigung vermindert sich in diesem Fall um 0,3 vom Hundert für jeden Monat, für den die Altersentschädigung vor dem in den Absätzen 1 und 2 genannten Zeitpunkt in Anspruch genommen wird. ³ Anrechnungen nach § 29 erfolgen bezogen auf den nach Satz 2 verminderten Betrag der Altersentschädigung.

§ 20¹⁾ Höhe der Altersentschädigung. ¹ Die Altersentschädigung bemißt sich nach der monatlichen Abgeordnetenentschädigung (§ 11 Abs. 1). ² Der Steigerungssatz beträgt vom 1. Januar 2008 an für jedes Jahr der Mitgliedschaft je 2,5 vom Hundert der Abgeordnetenentschädigung nach § 11 Abs. 1. ³ Der Höchstbemessungssatz der Altersentschädigung beträgt 65 vom Hundert. ⁴ Die Zeit der Wahrnehmung der Ämter des Präsidenten und seiner Stellvertreter wird der Berechnung der Altersentschädigung nach den Sätzen 1 und 2 mit der Abgeordnetenentschädigung nach § 11 Abs. 1 einschließlich der Amtszulage zugrunde gelegt. ⁵ § 18 Abs. 1 Satz 4 gilt entsprechend.

¹⁾ § 20 Satz 4 neu gef. durch G v. 19.6.1996 (BGBl. I S. 843); Satz 2 neu gef. und Satz 3 eingef., bish. Sätze 3 und 4 werden Sätze 4 und 5 sowie Satz 5 neu gef. mWv 1.1.2008 durch G v. 22.12.2007 (BGBl. I S. 3212); Satz 3 geänd. mWv 24.10.2017 durch G v. 11.7.2014 (BGBl. I S. 906).

§ 21[1] Berücksichtigung von Zeiten in anderen Parlamenten.

(1) [1] Zeiten der Mitgliedschaft im Parlament eines Landes der Bundesrepublik Deutschland gelten auf Antrag als Zeiten der Mitgliedschaft im Sinne des § 19. [2] Werden dadurch die Voraussetzungen für einen Anspruch nach diesem Gesetz erfüllt, so wird Altersentschädigung gezahlt.

(Fortsetzung nächstes Blatt)

[1] § 21 Überschrift neu gef. durch G v. 19.6.1996 (BGBl. I S. 843).

(2) Für die Höhe der Altersentschädigung gilt § 20 für jedes Jahr der tatsächlichen Mitgliedschaft im Bundestag entsprechend.

(3) [1] Zeiten der Mitgliedschaft in der Volkskammer der ehemaligen Deutschen Demokratischen Republik ab Annahme des Mandats nach den Wahlen zur 10. Volkskammer bis zum 2. Oktober 1990 gelten auf Antrag, der bis zum 30. Juni 1996 bei dem Präsidenten des Bundestages eingegangen sein muß (Ausschlußfrist), als Mitgliedszeit im Bundestag. [2] § 18 Abs. 1 Satz 4 gilt entsprechend. [3] Bei einer Antragstellung nach Satz 1 sind die während der dort genannten Zeit der Volkskammerzugehörigkeit auf Grund dieser Mitgliedschaft begründeten Rentenanwartschaften und -ansprüche rückabzuwickeln.

§ 22[1]) Gesundheitsschäden. (1) [1] Hat ein Mitglied während seiner Zugehörigkeit zum Bundestag ohne sein grobes Verschulden Gesundheitsschäden erlitten, die seine Arbeitskraft dauernd und so wesentlich beeinträchtigen, daß es sein Mandat und bei seinem Ausscheiden aus dem Bundestag die bei seiner Wahl zum Bundestag ausgeübte oder eine andere zumutbare Tätigkeit nicht mehr ausüben kann, so erhält es unabhängig von den in § 19 vorgesehenen Voraussetzungen auf Antrag vom Monat der Antragstellung an eine Altersentschädigung, deren Höhe sich nach § 20 richtet, mindestens jedoch dreißig vom Hundert der Abgeordnetenentschädigung nach § 11 Abs. 1. [2] Ist der Gesundheitsschaden infolge eines Unfalls eingetreten, so erhöht sich der Bemessungssatz nach § 20 um 20 vom Hundert bis höchstens zum Höchstbemessungssatz der Altersentschädigung.

(2) Erleidet ein ehemaliges Mitglied des Bundestages, das unabhängig vom Lebensalter die Voraussetzung der Mitgliedschaftsdauer nach § 19 erfüllt, Gesundheitsschäden im Sinne des Absatzes 1, so erhält es Altersentschädigung, deren Höhe sich nach § 20 richtet.

(3) [1] Die Gesundheitsschädigung ist durch das Gutachten einer öffentlich-rechtliche Krankenanstalt nachzuweisen. [2] Das Gutachten wird ersetzt durch den Bescheid über Rente wegen Erwerbsminderung, Berufs- oder Erwerbsunfähigkeit oder durch den Bescheid über Dienstunfähigkeit im Sinne des Beamtenrechts.

§ 23[2]) Versorgungsabfindung. (1) [1] Ein Mitglied, das bei seinem Ausscheiden weder eine Anwartschaft noch einen Anspruch auf Altersentschädigung nach den §§ 19 bis 22 erworben hat, erhält für die Zeit der Zugehörigkeit zum Bundestag auf Antrag eine Versorgungsabfindung. [2] Sie wird für jeden angefangenen Monat der Mitgliedschaft im Bundestag in Höhe des für diesen Monat jeweils geltenden Höchstbeitrages zur allgemeinen Rentenversicherung zuzüglich 20 vom Hundert dieses Höchstbeitrages gezahlt.

(2) Mitglieder, die die Voraussetzungen des Absatzes 1 erfüllen, können an Stelle der Versorgungsabfindung auch beantragen, in sinngemäßer Anwendung der Vorschriften des Sechsten Buches Sozialgesetzbuch[3]) über die Nach-

[1]) § 22 Abs. 3 Satz 2 geänd. mWv 1. 1. 2001 durch G v. 20. 12. 2000 (BGBl. I S. 1827); Abs. 1 Satz 1 geänd. mWv 29. 10. 2008 durch G v. 23. 10. 2008 (BGBl. I S. 2020).
[2]) § 23 Abs. 7 eingef., bish. Abs. 7 und 8 werden Abs. 8 und 9 mWv 26. 7. 2000 durch G v. 20. 7. 2000 (BGBl. I S. 1037); Abs. 1 Satz 2 geänd. mWv 1. 1. 2005 durch G v. 9. 12. 2004 (BGBl. I S. 3242).
[3]) **Aichberger, SGB Nr. 6.**

versicherung für die Dauer ihrer Mitgliedschaft im Bundestag nachversichert zu werden.

(3) Der Absatz 2 gilt entsprechend für eine zusätzliche Alters- und Hinterbliebenenversorgung.

(4) Der Absatz 2 ist nicht anzuwenden, wenn und soweit die Zeit der Mitgliedschaft im Bundestag in einer öffentlich-rechtlichen Versicherung oder in einer Versorgung nach dienstrechtlichen Grundsätzen berücksichtigt ist oder berücksichtigt wird.

(5) Anstelle der Versorgungsabfindung nach Absatz 1 wird die Zeit der Mitgliedschaft im Bundestag auf Antrag als Dienstzeit im Sinne des Besoldungs- und Versorgungsrechts der Beamten, Richter und Soldaten berücksichtigt.

(6) Hat ein Mitglied einen Antrag nach Absatz 1 bis 3 oder Absatz 5 gestellt, so beginnen im Falle des Wiedereintritts in den Bundestag die Fristen für die Mitgliedschaftsdauer nach § 19 erneut zu laufen.

(7) Hat ein ausgeschiedenes Mitglied bis zu seinem Tod keinen Antrag auf Versorgungsabfindung gestellt, können sein überlebender Ehegatte oder, soweit ein solcher nicht vorhanden ist, die leiblichen oder die als Kind angenommenen Kinder einen Antrag nach Absatz 1 stellen.

(8) Die Absätze 2 und 4 gelten entsprechend für ein ausscheidendes Mitglied des Parlaments eines Landes, soweit landesrechtliche Vorschriften eine Versorgungsabfindung im Sinne des Absatzes 1 vorsehen.

(9) Verliert ein Mitglied des Parlaments eines Landes die Mitgliedschaft, ohne daß für die Zeit der Mitgliedschaft Anspruch oder Anwartschaft auf eine einmalige oder laufende Versorgung auf Grund seiner Parlamentszugehörigkeit besteht, so gelten die Absätze 2 und 4 entsprechend.

§ 24[1]) **Überbrückungsgeld für Hinterbliebene.** (1) [1]Die Hinterbliebenen eines Mitglieds des Bundestages erhalten die noch nicht abgerechneten Leistungen nach diesem Gesetz, soweit sie im Zeitpunkt des Todes fällig waren. [2]Der überlebende Ehegatte, die eingetragene Lebenspartnerin/der eingetragene Lebenspartner und die Abkömmlinge erhalten ein Überbrückungsgeld in Höhe einer Abgeordnetenentschädigung nach § 11 Abs. 1. [3]Das Überbrückungsgeld beträgt bei einer Dauer der Mitgliedschaft von mehr als acht Jahren oder mehr als zwei Wahlperioden das Eineinhalbfache der Abgeordnetenentschädigung nach § 11 Abs. 1. [4]Sind Hinterbliebene im Sinne des Satzes 2 nicht vorhanden, wird sonstigen Personen, die die Kosten der letzten Krankheit getragen haben, das Überbrückungsgeld bis zur Höhe ihrer Aufwendungen gewährt. [5]Der Auszahlungsbetrag des Überbrückungsgeldes vermindert sich vom 31. März 2004 an um 1 050 Euro.

(2) Das gleiche gilt beim Tod eines ehemaligen Mitglieds des Bundestages, das die Voraussetzungen der Mitgliedschaftsdauer nach § 19 erfüllt und noch keine Altersentschädigung erhält.

[1]) § 24 Abs. 1 Satz 4 aufgeh., bish. Satz 5 wird Satz 4 mWv 26. 7. 2000 durch G v. 20. 7. 2000 (BGBl. I S. 1037); Abs. 1 Satz 4 geänd. und Satz 5 angef. mWv 1. 4. 2004 durch G v. 25. 3. 2004 (BGBl. I S. 459); Abs. 1 Satz 2 geänd. mWv 16. 7. 2014 durch G v. 11. 7. 2014 (BGBl. I S. 906).

§ 25[1] **Hinterbliebenenversorgung.** (1) Der überlebende Ehegatte oder Lebenspartner eines Mitglieds oder ehemaligen Mitglieds des Bundestages erhält 60 vom Hundert der Altersentschädigung, sofern der Verstorbene im Zeitpunkt seines Todes Anspruch auf Altersentschädigung hatte oder die Voraussetzungen für die Gewährung einer Altersentschädigung erfüllte.

(2) Der überlebende Ehegatte oder Lebenspartner eines Mitglieds oder ehemaligen Mitglieds des Bundestages, das unabhängig vom Lebensalter die Voraussetzung der Mitgliedschaftsdauer nach § 19 erfüllt, erhält 60 vom Hundert der Altersentschädigung, deren Höhe sich nach § 20 bestimmt.

(3) [1]Die leiblichen und die als Kind angenommenen Kinder eines ehemaligen Mitglieds, das zur Zeit seines Todes Altersentschädigung erhalten hätte, eines verstorbenen Mitglieds oder eines verstorbenen Empfängers von Altersentschädigung erhalten Waisengeld. [2]Es beträgt für die Vollwaise 20 und die Halbwaise 12 vom Hundert der Altersentschädigung nach den Absätzen 1 und 2.

(4) Beim Tode eines Mitglieds des Bundestages, das dem Bundestag weniger als 14 Jahre angehört hat, erhalten der überlebende Ehegatte oder Lebenspartner 60 vom Hundert, die Vollwaise 20 vom Hundert und die Halbwaise 12 vom Hundert der Altersentschädigung für eine Mitgliedschaft von 13 Jahren.

§ 25a[2] **Versorgungsausgleich.** (1) Anrechte auf Altersentschädigung werden intern geteilt.

(2) Für die Durchführung gilt das Gesetz über die interne Teilung beamtenversorgungsrechtlicher Ansprüche von Bundesbeamtinnen und Bundesbeamten im Versorgungsausgleich (Bundesversorgungsteilungsgesetz) entsprechend.

(3) Die Bewertung der Altersentschädigung erfolgt nach § 39 des Versorgungsausgleichsgesetzes[3] (unmittelbare Bewertung).

§ 25b[4] **Maßnahmen zur Kostendämpfung bei Versorgungsansprüchen.**

(1) [1]Unter den in § 25 genannten Voraussetzungen erhält der überlebende Ehegatte oder Lebenspartner 55 vom Hundert der jeweiligen Altersentschädigung. [2]Das gilt nicht für vor dem 28. Dezember 2004 geschlossene Ehen oder Lebenspartnerschaften, wenn zu diesem Zeitpunkt mindestens ein Ehegatte oder Lebenspartner das 40. Lebensjahr vollendet hatte.

(2) Leistungen nach den §§ 18, 19, 21, 22 und 25 werden bei Anspruchsberechtigten nach § 27 Abs. 1 um den hälftigen Prozentsatz nach § 55 Abs. 1 Satz 1 des Elften Buches Sozialgesetzbuch[5] der Jahresbezüge, höchstens jedoch um den hälftigen Prozentsatz nach § 55 Abs. 1 Satz 1 des Elften Buches Sozialgesetzbuch der Beitragsbemessungsgrenze in der Pflegeversicherung (§ 55 Abs. 2 des Elften Buches Sozialgesetzbuch) gemindert.

(3) Ab der ersten nach dem 28. Dezember 2004 folgenden Anpassung der Abgeordnetenentschädigung nach § 11 Abs. 1 wird der der Berechnung der Altersentschädigung zugrunde liegende, bis zum 31. Dezember 2007 erworbene Bemes-

[1] § 25 Abs. 1, 2 und 4 geänd. mWv 1.1.2005 durch G v. 15.12.2004 (BGBl. I S. 3396).
[2] § 25a neu gef. mWv 1.9.2009 durch G v. 3.4.2009 (BGBl. I S. 700).
[3] **Schönfelder Nr. 48.**
[4] § 25b eingef. mWv 28.12.2004 durch G v. 21.12.2004 (BGBl. I S. 3590); Abs. 3 und 5 geänd. mWv 1.1.2008 durch G v. 22.12.2007 (BGBl. I S. 3212); Abs. 1 Sätze 1 und 2 geänd. mWv 19.11.2020 durch G v. 14.11.2020 (BGBl. I S. 2394).
[5] **Aichberger, SGB Nr. 11.**

sungssatz nach § 20 bis zur vierten Anpassung einschließlich um den Faktor 0,5 gekürzt.

(4) Ab der ersten nach dem 28. Dezember 2004 folgenden Anpassung des fiktiven Bemessungsbetrages nach § 35a Abs. 2 Satz 3 wird der der Berechnung der Altersentschädigung nach dem Fünften und Neunten Abschnitt in der bis zum 22. Dezember 1995 geltenden Fassung zugrunde liegende Bemessungssatz nach § 20 bis zur achten Anpassung einschließlich um den Faktor 0,5 gekürzt.

(5) Für Mitglieder, die dem Bundestag ab der 16. Wahlperiode angehören, gilt bis zur Vollendung des in § 19 Abs. 1 und 2 jeweils genannten Alters § 29 Abs. 3 auch für private Erwerbseinkünfte entsprechend.

§ 26[1]) **Anwendung beamtenrechtlicher Vorschriften.** [1]Soweit in diesem Gesetz nichts anderes bestimmt ist, sind die für die Bundesbeamten geltenden versorgungsrechtlichen Vorschriften sinngemäß anzuwenden. [2]Für den Begriff der Verwendung im öffentlichen Dienst im Sinne dieses Abschnitts gilt § 53 Abs. 8 des Beamtenversorgungsgesetzes[2]) entsprechend.

Sechster Abschnitt.[3]) **Zuschuss zu den Kosten in Krankheits-, Pflege- und Geburtsfällen, Unterstützungen**

§ 27[4]) **Zuschuss zu den Kosten in Krankheits-, Pflege- und Geburtsfällen.**

(1) [1]Die Mitglieder des Bundestages erhalten einen Zuschuss zu den notwendigen Kosten in Krankheits-, Pflege- und Geburtsfällen in sinngemäßer Anwendung der für Bundesbeamte geltenden Vorschriften. [2]Das gilt auch für Versorgungsempfänger nach diesem Gesetz, soweit nicht auf Grund eines Dienstverhältnisses oder der Mitgliedschaft in einer anderen gesetzgebenden Körperschaft ein Anspruch auf Beihilfe besteht und auf den Anspruch nach diesem Gesetz gegenüber dem Bundestag schriftlich verzichtet wurde.

(2) [1]Anstelle des Anspruchs auf den Zuschuß nach Absatz 1 erhalten die Mitglieder und Versorgungsempfänger einen Zuschuß zu ihren Krankenversicherungsbeiträgen, wenn der Arbeitgeber keine Beiträge nach § 249 des Fünften Buches Sozialgesetzbuch[5]) zahlt oder kein Anspruch auf einen Beitragszuschuß nach § 257 des Fünften Buches Sozialgesetzbuch besteht. [2]Mitglieder der gesetzlichen Krankenversicherung, die eine Rente aus der gesetzlichen Rentenversicherung beziehen und entweder den darauf entfallenden Krankenversicherungsbeitrag nach § 249a des Fünften Buches Sozialgesetzbuch nicht zur Hälfte tragen oder gemäß § 106 des Sechsten Buches Sozialgesetzbuch[6]) einen Beitragszuschuß beziehen, erhalten für diesen rentenbezogenen Krankenversicherungsbeitrag keinen Zuschuß. [3]Als Zuschuss ist die Hälfte des aus eigenen Mitteln geleisteten Krankenversicherungsbeitrages in Anlehnung an § 249 des Fünften Buches Sozialgesetzbuch zu zahlen. [4]Besteht die Mitgliedschaft nicht ausschließlich in einer gesetzlichen Krankenkasse gemäß § 4

[1]) § 26 Satz 2 neu gef. durch G v. 19.6.1996 (BGBl. I S. 843); Satz 2 geänd. mWv 26.7.2000 durch G v. 20.7.2000 (BGBl. I S. 1037).
[2]) Nr. **155**.
[3]) 6. Abschnitt Überschrift neu gef. mWv 1.4.2004 durch G v. 25.3.2004 (BGBl. I S. 459).
[4]) § 27 Überschrift und Abs. 1 Satz 1 neu gef., Satz 3 aufgeh. sowie Abs. 3 geänd. mWv 1.4.2004 durch G v. 25.3.2004 (BGBl. I S. 459); Abs. 4 Satz 1 geänd. mWv 21.3.2008 durch G v. 17.3.2008 (BGBl. I S. 394); Abs. 2 Sätze 3 und 4 neu gef., Abs. 3 Satz 2 angef. mWv 16.7.2014 durch G v. 11.7.2014 (BGBl. I S. 906); Abs. 4 Satz 2 geänd. mWv 19.11.2020 durch G v. 14.11.2020 (BGBl. I S. 2394).
[5]) Aichberger, SGB Nr. 5.
[6]) Aichberger, SGB Nr. 6.

13

des Fünften Buches Sozialgesetzbuch, beträgt der Zuschuss höchstens die Hälfte des Beitrages nach § 249 des Fünften Buches Sozialgesetzbuch.

(3) [1] Der Anspruch auf den Zuschuß zu den Krankenversicherungsbeiträgen nach Absatz 2 schließt bei Mitgliedern des Bundestages ein den Anspruch auf einen Zuschuß in Höhe der Hälfte des aus eigenen Mitteln geleisteten Pflegeversicherungsbeitrages, höchstens jedoch die Hälfte des Höchstbeitrages der sozialen Pflegeversicherung. [2] Der Zuschuss umfasst nicht den Beitragszuschlag für Kinderlose nach § 55 des Elften Buches Sozialgesetzbuch[1]).

(4) [1] Die Entscheidung darüber, ob das Mitglied anstelle der Leistungen nach Absatz 1 den Zuschuß nach Absatz 2 in Anspruch nehmen will, ist innerhalb von vier Monaten nach Feststellung des Bundeswahlausschusses (§ 42 Abs. 2 Satz 1 des Bundeswahlgesetzes[2])) oder Annahme des Mandats dem Präsidenten des Bundestages mitzuteilen; die Entscheidung ist für die Dauer der Wahlperiode unwiderruflich. [2] Versorgungsempfänger haben die Entscheidung innerhalb von vier Monaten nach Bekanntgabe des Versorgungsbescheides dem Präsidenten mitzuteilen; sie bleiben an diese Entscheidung gebunden.

§ 28 Unterstützungen. Der Präsident kann in besonderen Fällen einem Mitglied des Bundestages einmalige Unterstützungen, einem ausgeschiedenen Mitglied und seinen Hinterbliebenen einmalige Unterstützungen und laufende Unterhaltszuschüsse gewähren.

Siebenter Abschnitt. Anrechnung beim Zusammentreffen mehrerer Bezüge aus öffentlichen Kassen

§ 29[3]) Anrechnung beim Zusammentreffen mehrerer Bezüge aus öffentlichen Kassen. (1) [1] Hat ein Mitglied des Bundestages neben der Abgeordnetenentschädigung nach § 11 Anspruch auf Einkommen aus einem Amtsverhältnis oder aus der Verwendung im öffentlichen Dienst, so wird die Abgeordnetenentschädigung nach § 11 um 50 vom Hundert gekürzt; der Kürzungsbetrag darf jedoch 30 vom Hundert des Einkommens nicht übersteigen. [2] Entsprechendes gilt für ein Einkommen aus einem Amtsverhältnis oder einer Verwendung im öffentlichen Dienst einer zwischen- oder überstaatlichen Einrichtung. [3] Die Abgeordnetenentschädigung ruht in voller Höhe neben einer Entschädigung nach dem Abgeordnetengesetz eines Landes. [4] Eine Berücksichtigung der in den Sätzen 2 und 3 genannten Bezüge entfällt dann, wenn die Anrechnung der Bezüge beziehungsweise das Ruhen der Entschädigung für die Ausübung des Landtagsmandats bereits durch landesrechtliche Vorschriften oder seitens der zwischen- oder überstaatlichen Einrichtung bestimmt wird.

(2) [1] Versorgungsansprüche aus einem Amtsverhältnis oder aus einer Verwendung im öffentlichen Dienst ruhen neben der Abgeordnetenentschädigung nach § 11 *Abs. 1* um 80 vom Hundert, höchstens jedoch in Höhe der Abgeordnetenentschädigung nach § 11 Abs. 1 und 3. [2] Entsprechendes gilt in Höhe von 50 vom Hundert

[1]) **Aichberger, SGB Nr. 11.**
[2]) Nr. **30.**
[3]) § 29 Abs. 2 Satz 2, Abs. 4 Satz 3 und Abs. 9 geänd., Abs. 2 Satz 3 angef. sowie Abs. 5 und 6 neu gef. mWv 26.7.2000, Abs. 1 Satz 4 aufgeh., bish. Satz 5 wird Satz 4 und geänd. und Abs. 2 neu gef. mWv 17.10. 2002 durch G v. 20.7.2000 (BGBl. I S. 1037); Abs. 7 Satz 2 neu gef. mWv 28.12.2004 durch G v. 21.12. 2004 (BGBl. I S. 3590); Abs. 2 Sätze 2 und 4 geänd. mWv 16.7.2014 durch G v. 11.7.2014 (BGBl. I S. 906); Abs. 7 Satz 2 geänd. mWv 19.11.2020 durch G v. 14.11.2020 (BGBl. I S. 2394).

für Renten im Sinne des § 55 Abs. 1 Satz 2 des Beamtenversorgungsgesetzes [1] mit Ausnahme von Renten aus einer freiwilligen Pflichtversicherung auf Antrag gemäß § 4 Abs. 2 des Sechsten Buches Sozialgesetzbuch [2]; § 55 Abs. 3 und 4 des Beamtenversorgungsgesetzes ist sinngemäß anzuwenden. [3] Das nach Anwendung sonstiger Anrechnungs- und Ruhensvorschriften verbleibende Übergangsgeld nach dem Gesetz über die Rechtsverhältnisse der Mitglieder der Bundesregierung [3] und nach dem Gesetz über die Rechtsverhältnisse der Parlamentarischen Staatssekretäre [4] ruht neben der Abgeordnetenentschädigung nach § 11 ab dem zweiten Monat nach dem Ausscheiden aus dem Amt. [4] Beruht ein Versorgungsanspruch nach Satz 1 oder 2 auf Landesrecht, so tritt an die Stelle des Ruhens des Versorgungsanspruches das Ruhen der Abgeordnetenentschädigung um den sich aus Satz 1 oder Satz 2 ergebenden Betrag. [5] Entsprechendes gilt für Versorgungsansprüche aus einem Amtsverhältnis beziehungsweise einer Verwendung im öffentlichen Dienst einer zwischen- oder überstaatlichen Einrichtung.

(3) [1] Versorgungsansprüche nach diesem Gesetz ruhen neben dem Einkommen aus einem Amtsverhältnis oder einer Verwendung im öffentlichen Dienst um 50 vom Hundert des Betrages, um den sie und das Einkommen die Abgeordnetenentschädigung nach § 11 Abs. 1 übersteigen. [2] Entsprechendes gilt für ein Einkommen aus einem Amtsverhältnis oder einer Verwendung im öffentlichen Dienst einer zwischen- oder überstaatlichen Einrichtung.

(4) [1] Versorgungsansprüche nach diesem Gesetz ruhen neben Versorgungsbezügen aus einem Amtsverhältnis oder aus einer Verwendung im öffentlichen Dienst um 50 vom Hundert des Betrages, um den sie und die Versorgungsbezüge aus dem Amtsverhältnis oder der Verwendung im öffentlichen Dienst die Abgeordnetenentschädigung nach § 11 Abs. 1 übersteigen. [2] Entsprechendes gilt beim Bezug einer Versorgung aus einem Amtsverhältnis oder einer Verwendung im öffentlichen Dienst einer zwischen- oder überstaatlichen Einrichtung. [3] In gleicher Weise angerechnet werden Renten im Sinne des § 55 Abs. 1 Satz 2 des Beamtenversorgungsgesetzes mit Ausnahme von Renten aus einer freiwilligen Pflichtversicherung auf Antrag gemäß § 4 Abs. 2 des Sechsten Buches Sozialgesetzbuch; § 55 Abs. 1 Satz 4 und 5, Abs. 3, 4 und 8 des Beamtenversorgungsgesetzes gilt entsprechend.

(5) Versorgungsbezüge nach diesem Gesetz ruhen neben der Entschädigung aus der Mitgliedschaft im Bundestag, im Europäischen Parlament oder im Parlament eines Landes in Höhe des Betrages, um den diese Bezüge die Abgeordnetenentschädigung nach § 11 Abs. 1 übersteigen.

(6) [1] Versorgungsbezüge nach diesem Gesetz ruhen neben Versorgungsbezügen aus der Mitgliedschaft im Bundestag oder im Parlament eines Landes in Höhe des Betrages, um den diese Bezüge die Höchstversorgungsbezüge nach diesem Gesetz übersteigen. [2] Versorgungsbezüge nach diesem Gesetz ruhen bis zur Höhe der Versorgung des Europäischen Parlaments, soweit nicht bereits seitens des Europäischen Parlaments die Anrechnung der Versorgung nach diesem Gesetz auf die dortige Versorgung bestimmt ist.

(7) [1] Die Versorgungsbezüge mit Ausnahme der Renten gemäß Absatz 4 Satz 3 werden nur mit dem Teil in die Anrechnung einbezogen, der nicht auf eigenen Beiträgen beruht. [2] Die Absätze 1 bis 4 sind nicht auf Leistungen auf Grund landesrechtlicher oder tarifvertraglicher Regelungen zu Jahressonderzahlungen anzuwen-

[1] Nr. **155**.
[2] **Aichberger,** SGB Nr. 6.
[3] Nr. **45**.
[4] Nr. **47**.

den. ³Bei Anwendung der Absätze 1 bis 4 sind Aufwandsentschädigungen, Unfallausgleich, Urlaubsgelder und einmalige Zahlungen außer Betracht zu lassen.

(8) Bei den Anrechnungsgrenzen der Absätze 3 bis 6 wird die Amtszulage nach § 11 Abs. 2 entsprechend berücksichtigt.

(9) Die Verwendung im öffentlichen Dienst und die nach dieser Vorschrift erfaßten zwischen- oder überstaatlichen Einrichtungen bestimmen sich nach § 53 Abs. 8 des Beamtenversorgungsgesetzes und den hierzu erlassenen Vorschriften.

Achter Abschnitt. Gemeinsame Vorschriften

§ 30[1] *(aufgehoben)*

§ 31 Verzicht, Übertragbarkeit. ¹Ein Verzicht auf die Abgeordnetenentschädigung nach § 11 und auf die Leistungen nach § 12 sowie nach dem Fünften Abschnitt mit Ausnahme des § 18 ist unzulässig. ²Die Ansprüche aus § 12 sind nicht übertragbar. ³Der Anspruch auf Abgeordnetenentschädigung nach § 11 ist nur bis zur Hälfte übertragbar. ⁴Im übrigen gelten die Vorschriften der §§ 850 ff. der Zivilprozeßordnung[2].

§ 32[3] **Beginn und Ende der Ansprüche, Zahlungsvorschriften.** (1) ¹Die in den §§ 11, 12, 16, 27 und 28 geregelten Ansprüche entstehen mit dem Tag der Feststellung des Bundeswahlausschusses (§ 42 Abs. 2 Satz 1 des Bundeswahlgesetzes[4]) oder im Fall des § 45 Abs. 3 des Bundeswahlgesetzes mit dem Tag der Annahme des Mandats, auch wenn die Wahlperiode des letzten Bundestages noch nicht abgelaufen ist. ²Mandatsbezogene Aufwendungen, die einem gewählten Wahlkreisbewerber oder einem gewählten Landeslistenbewerber zwischen dem Wahltag und dem Tag der Feststellung des Bundeswahlausschusses (§ 42 Abs. 2 Satz 1 des Bundeswahlgesetzes) oder im Fall des § 45 Abs. 3 des Bundeswahlgesetzes mit dem Tag der Annahme des Mandats im Hinblick auf den Zusammentritt des neuen Bundestages entstehen, werden ebenfalls erstattet.

(2) ¹Ausgeschiedene Mitglieder erhalten die Abgeordnetenentschädigung nach § 11 bis zum Ende des Monats, in dem sie ausgeschieden sind, und die Geldleistungen nach § 12 Abs. 2 bis zum Ende des darauf folgenden Monats. ²Die Rechte nach § 16 erlöschen 14 Tage nach dem Ausscheiden aus dem Bundestag.

(3) ¹Die Aufwendungen für die Beschäftigung von Mitarbeitern werden bis zum Ende des Monats ersetzt, in dem die Wahlperiode endet. ²Scheidet ein Mitglied während der Wahlperiode aus, werden die Aufwendungen für die Beschäftigung von Mitarbeitern längstens bis zum Ende des fünften Monats nach dem Ausscheiden ersetzt, es sei denn, das Arbeitsverhältnis wird zu einem früheren Zeitpunkt beendet.

(4) Die Altersentschädigung wird vom Ersten des auf das anspruchsbegründende Ereignis folgenden Monats bis zum Ablauf des Monats gewährt, in dem der Berechtigte stirbt.

(5) Der Anspruch auf Altersentschädigung ruht während der Zeit, für die ein Anspruch auf Übergangsgeld besteht.

[1] § 30 aufgeh. mWv 16.7.2014 durch G v. 11.7.2014 (BGBl. I S. 906).
[2] **Schönfelder Nr. 100.**
[3] § 32 Abs. 1 Satz 2 angef., Abs. 3 neu gef. mWv 26.7.2000 durch G v. 20.7.2000 (BGBl. I S. 1037); Abs. 1 Sätze 1 und 2 geänd. mWv 21.3.2008 durch G v. 17.3.2008 (BGBl. I S. 394); Abs. 8 Satz 2 geänd. mWv 19.11.2020 durch G v. 14.11.2020 (BGBl. I S. 2394).
[4] Nr. 30.

(6) [1] Altersentschädigung nach diesem Gesetz wird nicht gezahlt, wenn das Mitglied oder das ehemalige Mitglied seine Mitgliedschaft im Bundestag auf Grund des § 15 Abs. 2 Nr. 2 des Bundeswahlgesetzes verliert oder verlieren würde. [2] Für die Zeit der Mitgliedschaft im Bundestag gilt § 23.

(7) Für Mitglieder, die nach Inkrafttreten dieses Gesetzes aus dem Bundestag ausscheiden, gilt § 27 für die Dauer des Anspruchs auf Übergangsgeld nach § 18, mindestens jedoch für die Dauer von sechs Monaten.

(8) [1] Die Abgeordnetenentschädigung nach § 11 und die Geldleistungen nach § 12 Abs. 2 und den §§ 20 bis 27 werden monatlich im voraus gezahlt. [2] Ist nur ein Teil zu leisten, so wird für jeden Kalendertag ein Dreißigstel gezahlt.

§ 33[1]) *(aufgehoben)*

§ 34[2]) **Ausführungsbestimmungen.** (1) Soweit durch Bundesgesetz dazu ermächtigt, kann der Ältestenrat Ausführungsbestimmungen zur Rechtsstellung der Mitglieder des Bundestages erlassen, die vom Präsidenten veröffentlicht werden.

(2) Der Ältestenrat kann allgemeine Verwaltungsvorschriften zu diesem Gesetz erlassen.

(3) Der Präsident veröffentlicht den Betrag der Kostenpauschale.

Neunter Abschnitt. Übergangsregelungen

§ 35[3]) **Übergangsregelung zum Elften Änderungsgesetz.** (1) [1] Versorgungsansprüche und Versorgungsanwartschaften, die vor dem Inkrafttreten des Elften Änderungsgesetzes entstanden sind, bleiben unberührt. [2] § 29 Abs. 4 findet Anwendung. [3] Die Sätze 1 und 2 gelten entsprechend für die Hinterbliebenen eines Empfängers von Altersentschädigung, wenn dieser nach Inkrafttreten des Elften Änderungsgesetzes verstirbt.

(2) [1] Versorgungsansprüche und Versorgungsanwartschaften ehemaliger Mitglieder des Bundestages, die die Voraussetzungen der Mitgliedschaftsdauer vor Inkrafttreten des Elften Änderungsgesetzes erfüllen, und ihrer Hinterbliebenen richten sich nach bisherigem Recht. [2] § 29 Abs. 4 findet Anwendung. [3] Die Sätze 1 und 2 gelten entsprechend für Mitglieder des Bundestages, die vor Inkrafttreten des Elften Änderungsgesetzes dem Bundestag oder einem Landtag angehören, sowie für ihre Hinterbliebenen.

(3) [1] Ehemalige Mitglieder des Bundestages, die nach Inkrafttreten des Elften Änderungsgesetzes erneut in den Bundestag eintreten und die Voraussetzungen der §§ 19 und 21 in der bisherigen Fassung erfüllen, erhalten Altersentschädigung nach bisherigem Recht mit der Maßgabe, daß für jedes Jahr der Mitgliedschaft nach Inkrafttreten des Elften Änderungsgesetzes 4 vom Hundert der Entschädigung nach § 11 Abs. 1 bis zum Erreichen der Höchstaltersentschädigung gewährt werden. [2] § 29 Abs. 4 findet Anwendung. [3] Die Sätze 1 und 2 gelten für Hinterbliebene entsprechend.

(4) Die sich nach Absatz 1 bis 3 ergebende Versorgungsanwartschaft nach bisherigem Recht wird der Berechnung des Versorgungsanspruchs zugrunde gelegt, wenn sie höher ist als die Versorgungsanwartschaft, die sich nach diesem Gesetz ergibt.

[1]) § 33 aufgeh. mWv 16.7.2014 durch G v. 11.7.2014 (BGBl. I S. 906).
[2]) § 34 Abs. 1 und 3 geänd. mWv 19.11.2020 durch G v. 14.11.2020 (BGBl. I S. 2394).
[3]) § 35 Abs. 2 Satz 1 und Abs. 4 geänd. mWv 26.7.2000 durch G v. 20.7.2000 (BGBl. I S. 1037).

§ 35a[1]) **Übergangsregelungen zum Neunzehnten Änderungsgesetz.**
(1) [1]Für Mitglieder, die am 22. Dezember 1995 dem Bundestag angehören, ehemalige Mitglieder des Bundestages und ihre Hinterbliebenen gelten die Regelungen des Fünften und des Neunten Abschnitts in der bis zum 22. Dezember 1995 geltenden Fassung fort. [2]§ 25b Abs. 1, 2 und 5 gilt entsprechend.

(2) [1]Statt der Abgeordnetenentschädigung nach § 11 gilt in den Fällen des Absatzes 1 ein fiktiver Bemessungsbetrag. [2]Für das Übergangsgeld wird der Bemessungsbetrag auf 5 301 Euro festgesetzt. [3]Der fiktive Bemessungsbetrag für die Altersentschädigung wird mit Wirkung vom 1. Juli 2000 auf 11 683 Deutsche Mark, vom 1. Januar 2001 auf 11 868 Deutsche Mark, vom 1. Januar 2002 auf 6 165 Euro, vom 1. Januar 2003 auf 6 263 Euro, vom 1. Januar 2008 auf 6 411 Euro, vom 1. Januar 2009 auf 6 555 Euro, vom 1. Januar 2012 auf 6 805 Euro, vom 1. Januar 2013 auf 7 055 Euro, vom 1. Juli 2014 auf 7 410 Euro und vom 1. Januar 2015 auf 7 765 Euro festgesetzt. [4]Für spätere Anpassungen wird der Anpassungsfaktor anhand des in § 11 Absatz 4 und 5 geregelten Verfahrens ermittelt.

(3) Bei der Anwendung des § 29 auf Versorgungsansprüche nach diesem Gesetz wird in den Fällen des Absatzes 1 statt der Abgeordnetenentschädigung nach § 11 ebenfalls der fiktive Bemessungsbetrag für die Altersentschädigung nach Absatz 2 zugrunde gelegt.

(4) [1]Mitglieder des 13. Deutschen Bundestages, auf die Absatz 1 Anwendung findet, können sich bis zu ihrem Ausscheiden aus dem Bundestag für eine Anwendung der Regelungen des Fünften Abschnitts in der Fassung des Neunzehnten Änderungsgesetzes entscheiden. [2]Die Entscheidung ist bindend. [3]Verstirbt das Mitglied vor Ausübung des Wahlrechts, findet die jeweils günstigere Fassung Anwendung.

§ 35b[2]) **Übergangsregelungen zum Siebenundzwanzigsten Änderungsgesetz.** (1) [1]Auf alle bis zum 31. Dezember 2007 entstandenen Ansprüche und Anwartschaften von Mitgliedern des Bundestages, ehemaligen Mitgliedern und ihren Hinterbliebenen finden die Regelungen des Fünften und des Neunten Abschnitts in der bis zum 31. Dezember 2007 geltenden Fassung Anwendung. [2]§ 19 Abs. 1 und 2, § 20 Satz 3 und § 25b Abs. 3 gelten entsprechend.

(2) [1]Statt der Abgeordnetenentschädigung nach § 11 gilt in den Fällen des Absatzes 1 ein gesonderter fiktiver Bemessungsbetrag. [2]Dieser fiktive Bemessungsbetrag wird mit Wirkung vom 1. Januar 2008 auf 7 174 Euro, vom 1. Januar 2009 auf 7 335 Euro, vom 1. Januar 2012 auf 7 615 Euro, vom 1. Januar 2013 auf 7 895 Euro, vom 1. Juli 2014 auf 8 292 Euro und vom 1. Januar 2015 auf 8 689 Euro festgesetzt. [3]§ 35a bleibt unberührt. [4]Für spätere Anpassungen wird der Anpassungsfaktor anhand des in § 11 Absatz 4 und 5 geregelten Verfahrens ermittelt.

(3) Bei der Berechnung von Ansprüchen und Anwartschaften von Mitgliedern des 16. Deutschen Bundestages gemäß Absatz 1 findet die Mindestzeit nach § 19 in der bis zum Inkrafttreten des Siebenundzwanzigsten Änderungsgesetzes geltenden Fassung keine Anwendung.

[1]) § 35a Abs. 2 Satz 3 neu gef. mWv 23.12.2000 durch G v. 19.12.2000 (BGBl. I S. 1754); Abs. 2 Satz 2 neu gef. und Satz 3 geänd. mWv 1.1.2002 durch G v. 10.11.2001 (BGBl. I S. 2990); Abs. 1 Satz 2 angef. mWv 28.12.2004 durch G v. 21.12.2004 (BGBl. I S. 3590); Abs. 2 Satz 3 geänd. mWv 1.1.2008 durch G v. 22.12.2007 (BGBl. I S. 3212); Abs. 2 Satz 3 geänd. mWv 27.8.2011 durch G v. 23.8.2011 (BGBl. I S. 1748); Abs. 2 Satz 3 geänd., Satz 4 neu gef. mWv 16.7.2014 durch G v. 11.7.2014 (BGBl. I S. 906).
[2]) § 35b eingef. mWv 1.1.2008 durch G v. 22.12.2007 (BGBl. I S. 3212); Abs. 2 Satz 2 neu gef. mWv 27.8.2011 durch G v. 23.8.2011 (BGBl. I S. 1748); Abs. 2 Satz 2 geänd., Satz 4 neu gef. mWv 16.7.2014 durch G v. 11.7.2014 (BGBl. I S. 906).

(4) [1] Bei der Anwendung des § 29 auf Versorgungsansprüche nach diesem Gesetz wird in den Fällen des Absatzes 1 statt der Abgeordnetenentschädigung nach § 11 ebenfalls der fiktive Bemessungsbetrag für die Altersentschädigung nach Absatz 2 zugrunde gelegt. [2] In den Fällen, in denen sich die Versorgungsansprüche aus solchen des neuen Rechts und solchen nach Absatz 1 zusammensetzen, ist jeweils der Betrag zugrunde zu legen, der sich unter Berücksichtigung des jeweiligen prozentualen Verhältnisses ergibt, mit dem die Versorgung auf der Grundlage des fiktiven Berechnungsbetrages nach Absatz 2 und der Entschädigung nach § 11 errechnet wird.

§ 35c[1] Übergangsregelungen zum Dreißigsten Änderungsgesetz. [1] Auf alle

bis zum Tag der ersten Sitzung des 19. Deutschen Bundestages entstandenen Ansprüche und Anwartschaften von Mitgliedern des Deutschen Bundestages, ehemaligen Mitgliedern und ihren Hinterbliebenen finden die Regelungen des Fünften und des Neunten Abschnitts in der bis zum Tag der ersten Sitzung des 19. Deutschen Bundestages geltenden Fassung Anwendung. [2] Die §§ 35a und 35b bleiben unberührt.

§ 36 Übergangsregelung für die Angehörigen des öffentlichen Dienstes.

(1) [1] Der auf Grund des Gesetzes über die Rechtsstellung der in den ersten Deutschen Bundestag gewählten Angehörigen des öffentlichen Dienstes vom 11. Mai 1951 (BGBl. I S. 297) oder des Gesetzes über die Rechtsstellung der in den Deutschen Bundestag gewählten Angehörigen des öffentlichen Dienstes vom 4. August 1953 (BGBl. I S. 777), zuletzt geändert durch das Gesetz vom 21. August 1961 (BGBl. I S. 1557), sowie einer entsprechenden Regelung eines Landes in den Ruhestand getretene Beamte, der in den achten Bundestag gewählt worden ist oder in einen späteren Bundestag gewählt wird, gilt mit dem Tage der Annahme der Wahl, frühestens jedoch mit dem Inkrafttreten dieses Gesetzes, wieder als in das Beamtenverhältnis unter gleichzeitigem Ruhen der Rechte und Pflichten (§ 5 Abs. 1) berufen, sofern er die allgemeinen Voraussetzungen für die Berufung in das Beamtenverhältnis noch erfüllt. [2] Im übrigen bleiben die bis zum Inkrafttreten dieses Gesetzes nach den §§ 4 und 4a letzter Satz des Gesetzes über die Rechtsstellung der in den deutschen Bundestag gewählten Angehörigen des öffentlichen Dienstes vom 4. August 1953 begründeten Ansprüche erhalten.

(2) Absatz 1 gilt entsprechend für Richter, Berufssoldaten und Soldaten auf Zeit sowie sinngemäß für Angestellte des öffentlichen Dienstes.

(3) Für ehemalige Mitglieder des Bundestages bleiben die nach dem Gesetz über die Rechtsstellung der in den Deutschen Bundestag gewählten Angehörigen des öffentlichen Dienstes vom 4. August 1953 begründeten Rechte erhalten.

§ 37 Versorgung vor 1968 ausgeschiedener Mitglieder. Der Präsident ge-

währt auf Antrag einem ehemaligen Mitglied, das vor dem 1. Januar 1968 aus dem Bundestag ausgeschieden ist, sowie seinen Hinterbliebenen vom Ersten des Monats der Antragstellung an Leistungen aus der Alters- und Hinterbliebenenversorgung nach dem Diätengesetz 1968 vom 3. Mai 1968 (BGBl. I S. 334), zuletzt geändert durch Artikel VIII des Gesetzes vom 18. Februar 1977 (BGBl. I S. 297).

§ 38 Versorgung für Zeiten vor Inkrafttreten dieses Gesetzes. (1) Ein Mit-

glied des Bundestages, das in der Zeit vom 1. Januar 1968 bis zum Inkrafttreten

[1] § 35c eingef. mWv 16.7.2014 durch G v. 11.7.2014 (BGBl. I S. 906).

dieses Gesetzes ausgeschieden ist, und seine Hinterbliebenen erhalten Versorgung nach dem Diätengesetz 1968.

(2) Ein Mitglied des Bundestages, das dem Bundestag bereits vor Inkrafttreten dieses Gesetzes angehört hat und erst nach seinem Inkrafttreten aus dem Bundestag ausscheidet, erhält Altersentschädigung nach diesem Gesetz; dabei wird die Zeit der Mitgliedschaft vor Inkrafttreten dieses Gesetzes berücksichtigt.

(3) [1] Anstelle der Altersentschädigung nach Absatz 2 werden auf Antrag die nach § 4 des Diätengesetzes 1968 geleisteten eigenen Beiträge zur Alters- und Hinterbliebenenversorgung zinslos erstattet. [2] In diesem Falle bleiben die Zeiten der Mitgliedschaft im Bundestag vor Inkrafttreten dieses Gesetzes bei der Festsetzung der Altersentschädigung nach diesem Gesetz unberücksichtigt. [3] Im Falle des § 23 wird nur die halbe Versorgungsabfindung gezahlt.

(4) [1] Anstelle der Altersentschädigung nach Absatz 2 erhält ein Mitglied des Bundestages, das die Voraussetzungen des § 5 Abs. 1 und des § 7a Abs. 1 des Diätengesetzes 1968 erfüllt, für die Zeit der Mitgliedschaft im Bundestag vor Inkrafttreten dieses Gesetzes auf Antrag Ruhegeld nach dem Diätengesetz 1968; für die Zeit nach Inkrafttreten dieses Gesetzes wird Altersentschädigung nach diesem Gesetz mit der Maßgabe gewährt, daß für jedes Jahr der Mitgliedschaft 5 vom Hundert der Entschädigung nach § 11 Abs. 1 gezahlt werden. [2] Die anrechenbaren Zeiten vor und nach Inkrafttreten dieses Gesetzes dürfen 16 Jahre nicht übersteigen. [3] Das gleiche gilt für Hinterbliebene.

(5) Der Antrag gemäß den Absätzen 3 und 4 ist innerhalb von sechs Monaten nach Inkrafttreten dieses Gesetzes beim Präsidenten des Bundestages zu stellen.

§ 38a [Versorgung vor 1977 ausgeschiedener Mitglieder] (1) [1] Versorgungsempfänger nach den §§ 37 und 38 Abs. 1 erhalten anstelle ihrer bisherigen Versorgung auf Antrag Versorgung nach dem Fünften Abschnitt. [2] Das gleiche gilt für ehemalige Mitglieder, die dem Bundestag vor Inkrafttreten dieses Gesetzes mindestens sechs Jahre angehört haben und ihre Hinterbliebenen. [3] § 18 Abs. 1 letzter Satz gilt entsprechend.

(2) [1] Für ehemalige Mitglieder, die vor dem 1. April 1977 aus dem Bundestag ausgeschieden sind und danach wieder eintreten, gilt § 38 Abs. 4 entsprechend. [2] Der Antrag ist innerhalb von sechs Monaten nach dem Wiedereintritt in den Deutschen Bundestag beim Präsidenten des Bundestages zu stellen. [3] Das gleiche gilt für Hinterbliebene.

§ 38b Hinterbliebenenversorgung bei Tod während der Mitgliedschaft im Bundestag. Hinterbliebene nach § 25 Abs. 4, deren Versorgungsfall in der Zeit vom 1. April 1977 bis zum Inkrafttreten des Siebten Änderungsgesetzes eingetreten ist, erhalten auf Antrag vom Ersten des Monats der Antragstellung an Versorgung nach § 25 Abs. 4.

§ 39 Anrechnung früherer Versorgungsbezüge. (1) Versorgungsbezüge nach dem Diätengesetz 1968 werden gemäß § 10 Diätengesetz 1968 nicht in die Anrechnung nach § 29 Abs. 3 und 4 einbezogen.

(2) [1] Versorgungsbezüge nach dem Diätengesetz 1968 werden neben einer Entschädigung oder einer Versorgung aus der Mitgliedschaft in einem Landtag (§ 29 Abs. 5 und 6) nur mit dem Teil in die Anrechnung einbezogen, der nicht auf eigenen Beiträgen beruht. [2] Angerechnete Zeiten nach § 21 des Diätengesetzes 1968 gelten als Beitragszeiten.

§ 40 Gekürzte Versorgungsabfindung. [1] Für Zeiten der Mitgliedschaft unter der Geltung des Diätengesetzes 1968 wird die halbe Versorgungsabfindung nach § 23 gezahlt. [2] In diesem Falle werden eigene Beiträge zur Versicherung nach § 4 des Diätengesetzes 1968 auf Antrag erstattet.

§ 41 Fortsetzung der Todesfallversicherung. Die bei Inkrafttreten dieses Gesetzes bestehende Todesfallversicherung wird mit der Maßgabe fortgesetzt, daß die zu zahlende Altersentschädigung und das Witwengeld entsprechend der Zahl und der Höhe der seit dem 1. Januar 1968 geleisteten monatlichen Beiträge der Versicherungsnehmerin zu der Todesfallversicherung gekürzt werden.

§ 42 Umwandlung oder Auflösung der Todesfallversicherung. (1) Ein Mitglied oder ehemaliges Mitglied des Bundestages, das sich nach § 20 des Diätengesetzes 1968 für die Fortsetzung der Versicherung auf Bundeskosten entschieden hat, kann die Todesfallversicherung umwandeln oder auflösen.

(2) Im Falle der Umwandlung besteht die Möglichkeit der Fortsetzung auf eigene Kosten oder der beitragsfreien Versicherung mit der Maßgabe, daß die zu zahlende Altersentschädigung und das Witwengeld entsprechend der Zahl und der Höhe der von der Versicherungsnehmerin in der Zeit vom 1. Januar 1968 bis zum Ablauf des Monats der Umwandlung oder bis zur Gewährung von Altersentschädigung geleisteten Beiträge gekürzt wird.

(3) Bei Auflösung der Versicherung wird dem Versicherten der auf eigenen Beiträgen beruhende Rückkaufswert erstattet.

§ 43 Weiterzahlung des Übergangsgeldes. Ein ehemaliges Mitglied des Bundestages, das beim Inkrafttreten dieses Gesetzes Aufwandsentschädigung nach dem Diätengesetz 1968 bezieht, behält diesen Anspruch.

§ 44 Anrechnung von Zeiten für das Übergangsgeld. Zeiten der Mitgliedschaft im Bundestag, die vor Inkrafttreten dieses Gesetzes liegen, werden bei der Berechnung des Zeitraumes, für den Übergangsgeld zu zahlen ist, berücksichtigt.

Zehnter Abschnitt. Unabhängigkeit des Abgeordneten

§ 44a[1) Ausübung des Mandats. (1) [1] Die Ausübung des Mandats steht im Mittelpunkt der Tätigkeit eines Mitglieds des Bundestages. [2] Unbeschadet dieser Verpflichtung bleiben Tätigkeiten beruflicher oder anderer Art neben dem Mandat grundsätzlich zulässig.

(2) [1] Für die Ausübung des Mandats darf ein Mitglied des Bundestages keine anderen als die gesetzlich vorgesehenen Zuwendungen oder andere Vermögensvorteile annehmen. [2] Unzulässig ist insbesondere die Annahme von Geld oder von geldwerten Zuwendungen, die nur deshalb gewährt werden, weil dafür die Vertretung und Durchsetzung der Interessen des Leistenden im Bundestag erwartet wird. [3] Unzulässig ist ferner die Annahme von Geld oder von geldwerten Zuwendungen, wenn diese Leistung ohne angemessene Gegenleistung des Mitglieds des Bundestages gewährt wird. [4] Die Entgegennahme von Spenden bleibt unberührt.

(3) [1] Nach Absatz 2 unzulässige Zuwendungen oder Vermögensvorteile oder ihr Gegenwert sind dem Haushalt des Bundes zuzuführen. [2] Der Präsident macht den

[1)] § 44a eingef. mWv 18.10.2005 durch G v. 22.8.2005 (BGBl. I S. 2482); Abs. 5 angef. mWv 8.12.2011 durch G v. 8.11.2011 (BGBl. I S. 2218); Abs. 4 Satz 2 geänd. mWv 19.11.2020 durch G v. 14.11.2020 (BGBl. I S. 2394).

Anspruch durch Verwaltungsakt geltend, soweit der Erhalt der Zuwendung oder des Vermögensvorteils nicht länger als drei Jahre zurückliegt. [3] Der Anspruch wird durch einen Verlust der Mitgliedschaft im Bundestag nicht berührt. [4] Das Nähere bestimmen die Verhaltensregeln nach § 44b.

(4) [1] Tätigkeiten vor Übernahme des Mandats sowie Tätigkeiten und Einkünfte neben dem Mandat, die auf für die Ausübung des Mandats bedeutsame Interessenverknüpfungen hinweisen können, sind nach Maßgabe der Verhaltensregeln (§ 44b) anzuzeigen und zu veröffentlichen. [2] Werden anzeigepflichtige Tätigkeiten, Spenden oder Einkünfte nicht angezeigt oder wird gegen die Pflichten aus Absatz 2 verstoßen, kann das Präsidium ein Ordnungsgeld bis zur Höhe der Hälfte der jährlichen Abgeordnetenentschädigung festsetzen. [3] Der Präsident macht das Ordnungsgeld durch Verwaltungsakt geltend. [4] § 31 bleibt unberührt. [5] Das Nähere bestimmen die Verhaltensregeln nach § 44b.

(5) [1] Wegen einer nicht nur geringfügigen Verletzung der Ordnung oder der Würde des Bundestages bei dessen Sitzungen kann der Präsident gegen ein Mitglied des Bundestages ein Ordnungsgeld in Höhe von 1 000 Euro festsetzen. [2] Im Wiederholungsfall erhöht sich das Ordnungsgeld auf 2 000 Euro. [3] Bei gröblicher Verletzung der Ordnung oder der Würde des Bundestages kann das Mitglied für die Dauer der Sitzung aus dem Saal verwiesen und bis zu 30 Sitzungstage von der Teilnahme an Sitzungen des Bundestages und seiner Gremien ausgeschlossen werden. [4] Das Nähere regelt die Geschäftsordnung des Bundestages.

§ 44b[1] **Verhaltensregeln.** Der Bundestag gibt sich Verhaltensregeln[2], die insbesondere Bestimmungen enthalten müssen über

1. die Fälle einer Pflicht zur Anzeige von Tätigkeiten vor der Mitgliedschaft im Bundestag sowie von Tätigkeiten neben dem Mandat;
2. die Fälle einer Pflicht zur Anzeige der Art und Höhe der Einkünfte neben dem Mandat oberhalb festgelegter Mindestbeträge;
3. die Pflicht zur Rechnungsführung und zur Anzeige von Spenden oberhalb festgelegter Mindestbeträge sowie Annahmeverbote und Ablieferungspflichten in den in den Verhaltensregeln näher bestimmten Fällen;
4. die Veröffentlichung von Angaben im Internet;
5. das Verfahren sowie die Befugnisse und Pflichten des Präsidiums und des Präsidenten bei Verstößen gegen Regeln der Mitarbeiterbeschäftigung nach § 12 Absatz 3a und Entscheidungen nach § 44a Abs. 3 und 4.

§ 44c[3] **Überprüfung auf Tätigkeit oder politische Verantwortung für das Ministerium für Staatssicherheit/Amt für Nationale Sicherheit der ehemaligen Deutschen Demokratischen Republik.** (1) Mitglieder des Bundestages können beim Präsidenten schriftlich die Überprüfung auf eine hauptamtliche oder inoffizielle Tätigkeit oder politische Verantwortung für den Staatssicherheitsdienst der ehemaligen Deutschen Demokratischen Republik beantragen.

(2) Eine Überprüfung findet ohne Zustimmung statt, wenn der Ausschuß für Wahlprüfung, Immunität und Geschäftsordnung das Vorliegen von konkreten Anhaltspunkten für den Verdacht einer solchen Tätigkeit oder Verantwortung festgestellt hat.

[1] Bish. § 44a wird § 44b und neu gef. mWv 18.10.2005 durch G v. 22.8.2005 (BGBl. I S. 2482); Nr. 4 und 5 geänd. mWv 19.11.2020 durch G v. 14.11.2020 (BGBl. I S. 2394).
[2] Siehe Anl. 1 Geschäftsordnung des Deutschen Bundestages (Nr. **35**).
[3] Bish. § 44b wird § 44c mWv 18.10.2005 durch G v. 22.8.2005 (BGBl. I S. 2482).

(3) Das Verfahren wird in den Fällen der Absätze 1 und 2 vom Ausschuß für Wahlprüfung, Immunität und Geschäftsordnung durchgeführt.

(4) Das Verfahren zur Feststellung einer Tätigkeit oder Verantwortung für das Ministerium für Staatssicherheit/ Amt für Nationale Sicherheit der ehemaligen Deutschen Demokratischen Republik legt der Deutsche Bundestag in Richtlinien fest.

§ 44d[1] **Verschwiegenheitspflicht und Aussagegenehmigung.** (1) Die Abgeordneten des Deutschen Bundestages dürfen, auch nach Beendigung ihres Mandats, ohne Genehmigung weder vor Gericht noch außergerichtlich Aussagen oder Erklärungen abgeben über Angelegenheiten, die auf Grund eines Gesetzes oder nach den Bestimmungen der Geschäftsordnung des Deutschen Bundestages[2] der Verschwiegenheit unterliegen.

(2) [1]Die Genehmigung erteilt der Präsident des Deutschen Bundestages. [2]Sind Stellen außerhalb des Deutschen Bundestages an der Entstehung der geheimzuhaltenden Angelegenheiten beteiligt gewesen, kann die Genehmigung nur im Einvernehmen mit ihnen erteilt werden.

(3) Die Genehmigung darf nur versagt werden, wenn die Aussage oder Erklärung dem Wohl des Bundes oder eines Landes Nachteile bereiten oder die Erfüllung öffentlicher Aufgaben ernstlich gefährden oder erheblich erschweren würde.

Elfter Abschnitt. Fraktionen

§ 45 Fraktionsbildung. (1) Mitglieder des Bundestages können sich zu Fraktionen zusammenschließen.

(2) Das Nähere regelt die Geschäftsordnung des Deutschen Bundestages[2].

§ 46 Rechtsstellung. (1) Die Fraktionen sind rechtsfähige Vereinigungen von Abgeordneten im Deutschen Bundestag.

(2) Die Fraktionen können klagen und verklagt werden.

(3) Die Fraktionen sind nicht Teil der öffentlichen Verwaltung; sie üben keine öffentliche Gewalt aus.

§ 47 Aufgaben. (1) Die Fraktionen wirken an der Erfüllung der Aufgaben des Deutschen Bundestages mit.

(2) Die Fraktionen können mit Fraktionen anderer Parlamente und parlamentarischen Einrichtungen national und international zusammenarbeiten.

(3) Die Fraktionen und ihre Mitglieder können die Öffentlichkeit über ihre Tätigkeit unterrichten.

§ 48 Organisation. (1) Die Fraktionen sind verpflichtet, ihre Organisation und Arbeitsweise auf den Grundsätzen der parlamentarischen Demokratie aufzubauen und an diesen auszurichten.

(2) Die Fraktionen geben sich eine eigene Geschäftsordnung.

[1] Bish. § 44c wird § 44d mWv 18.10.2005 durch G v. 22.8.2005 (BGBl. I S. 2482).
[2] Nr. **35**.

§ 49 Geheimhaltungspflicht der Fraktionsangestellten. (1) [1]Angestellte der Fraktionen sind, auch nach Beendigung ihres Beschäftigungsverhältnisses, verpflichtet, über die ihnen bei ihrer Tätigkeit bekanntgewordenen Angelegenheiten Verschwiegenheit zu bewahren. [2]Dies gilt nicht für Tatsachen, die offenkundig sind oder ihrer Bedeutung nach keiner Geheimhaltung bedürfen.

(2) [1]Angestellte der Fraktionen dürfen, auch nach Beendigung ihres Beschäftigungsverhältnisses, ohne Genehmigung über solche Angelegenheiten weder vor Gericht noch außergerichtlich aussagen oder Erklärungen abgeben. [2]Die Genehmigung erteilt der jeweilige Fraktionsvorsitzende.

(3) Unberührt bleibt die gesetzlich begründete Pflicht, Straftaten anzuzeigen und bei Gefährdung der freiheitlich demokratischen Grundordnung für deren Erhaltung einzutreten.

§ 50 Geld- und Sachleistungen. (1) Die Fraktionen haben zur Erfüllung ihrer Aufgaben Anspruch auf Geld- und Sachleistungen aus dem Bundeshaushalt.

(2) [1]Die Geldleistungen setzen sich aus einem Grundbetrag für jede Fraktion, aus einem Betrag für jedes Mitglied und einem weiteren Zuschlag für jede Fraktion, die nicht die Bundesregierung trägt (Oppositionszuschlag), zusammen. [2]Die Höhe dieser Beträge und des Oppositionszuschlages legt der Bundestag jährlich fest. [3]Dazu erstattet der Präsident dem Bundestag im Benehmen mit dem Ältestenrat jeweils bis zum 30. September einen Bericht über die Angemessenheit der Beträge und des Oppositionszuschlages und legt zugleich einen Anpassungsvorschlag vor.

(3) Die Sachleistungen werden nach Maßgabe des Haushaltsgesetzes zur Nutzung erbracht.

(4) [1]Leistungen nach Absatz 1 dürfen die Fraktionen nur für Aufgaben verwenden, die ihnen nach dem Grundgesetz, diesem Gesetz und der Geschäftsordnung des Deutschen Bundestages obliegen. [2]Eine Verwendung für Parteiaufgaben ist unzulässig.

(5) Geldleistungen nach Absatz 1 können auf neue Rechnung vorgetragen werden.

§ 51 Haushalts- und Wirtschaftsführung, Buchführung. (1) Einzelheiten der Haushalts- und Wirtschaftsführung werden in Ausführungsbestimmungen geregelt, die der Ältestenrat nach Anhörung des Bundesrechnungshofes erläßt.

(2) [1]Die Fraktionen haben Bücher über ihre rechnungslegungspflichtigen Einnahmen und Ausgaben sowie über ihr Vermögen zu führen. [2]Dabei ist nach den Grundsätzen ordnungsgemäßer Buchführung unter Berücksichtigung des Gesetzeszwecks zu verfahren.

(3) Aus den Geldleistungen nach § 50 Abs. 1 beschaffte Gegenstände sind, wenn sie nicht zum kurzfristigen Verbrauch bestimmt oder nur von geringem Wert sind, zu kennzeichnen und in einem Nachweis aufzuführen.

(4) Die Rechnungsunterlagen sind fünf Jahre aufzubewahren.

§ 52 Rechnungslegung. (1) Die Fraktionen haben über die Herkunft und die Verwendung der Mittel, die ihnen innerhalb eines Kalenderjahres (Rechnungsjahr) gemäß § 50 Abs. 1 zugeflossen sind, öffentlich Rechenschaft zu geben.

(2) Die Rechnung ist wie folgt zu gliedern:

1. Einnahmen:

 a) Geldleistungen nach § 50 Abs. 1,

 b) sonstige Einnahmen;

2. Ausgaben:

 a) Summe der Leistungen an Fraktionsmitglieder für die Wahrnehmung besonderer Funktionen in der Fraktion,

 b) Summe der Personalausgaben für Fraktionsmitarbeiterinnen und -mitarbeiter,

 c) Ausgaben für Veranstaltungen,

 d) Sachverständigen-, Gerichts- und ähnliche Kosten,

 e) Ausgaben für die Zusammenarbeit mit Fraktionen anderer Parlamente,

 f) Ausgaben für die Öffentlichkeitsarbeit,

 g) Ausgaben des laufenden Geschäftsbetriebes,

 h) Ausgaben für Investitionen sowie

 i) sonstige Ausgaben.

(3) [1]Die Rechnung muß das Vermögen, das mit Mitteln gemäß § 50 Abs. 1 erworben wurde, die Rücklagen, die aus diesen Mitteln gebildet werden, sowie die Forderungen und die Verbindlichkeiten ausweisen. [2]Die Vermögensrechnung gliedert sich wie folgt:

1. Aktivseite:

 a) Geldbestände,

 b) sonstige Vermögensgegenstände,

 c) Rechnungsabgrenzung;

2. Passivseite:

 a) Rücklagen,

 b) Rückstellungen,

 c) Verbindlichkeiten gegenüber Kreditinstituten,

 d) sonstige Verbindlichkeiten,

 e) Rechnungsabgrenzung.

(4) [1]Die Rechnung muß von einem im Benehmen mit dem Bundesrechnungshof bestellten Abschlußprüfer (Wirtschaftsprüfer oder Wirtschaftsprüfungsgesellschaft) auf die Einhaltung der Anforderungen der Absätze 2 und 3 geprüft werden und einen entsprechenden Prüfungsvermerk aufweisen. [2]Die geprüfte Rechnung ist dem Präsidenten oder der *Präsidentin des Deutschen Bundestages* spätestens bis zum Ende des sechsten Monats nach Ablauf des Kalenderjahres oder des Monats vorzulegen, in dem die Geldleistungen nach § 50 Abs. 1 letztmals gezahlt wurden.

[3] Der Präsident oder die Präsidentin des Deutschen Bundestages können die Frist aus besonderen Gründen bis zu drei Monaten verlängern. [4] Die geprüfte Rechnung wird als Bundestags-Drucksache verteilt.

(5) Solange eine Fraktion mit der Rechnungslegung in Verzug ist, sind Geld- und Sachleistungen nach § 50 Abs. 1 zurückzubehalten.

§ 53 Rechnungsprüfung. (1) Der Bundesrechnungshof prüft die Rechnung sowie die den Fraktionen nach § 50 Abs. 1 zur Verfügung gestellten Geld- und Sachleistungen auf ihre wirtschaftliche und ordnungsgemäße Verwendung nach Maßgabe der Ausführungsbestimmungen gemäß § 51 Abs. 1.

(2) [1] Bei der Prüfung sind die Rechtsstellung und die Aufgaben der Fraktionen zu beachten. [2] Die politische Erforderlichkeit einer Maßnahme der Fraktionen ist nicht Gegenstand der Prüfung.

§ 54 Beendigung der Rechtsstellung und Liquidation. (1) Die Rechtsstellung nach § 46 entfällt

1. bei Erlöschen des Fraktionsstatus,

2. bei Auflösung der Fraktion,

3. mit dem Ende der Wahlperiode.

(2) [1] In den Fällen des Absatzes 1 Nr. 1 und 2 findet eine Liquidation statt. [2] Die Fraktion gilt bis zur Beendigung der Liquidation als fortbestehend, soweit der Zweck der Liquidation dies erfordert. [3] Die Liquidation erfolgt durch den Vorstand, soweit die Geschäftsordnung der Fraktion nichts anderes bestimmt.

(3) [1] Die Liquidatoren haben die laufenden Geschäfte zu beenden, die Forderungen einzuziehen und die Gläubiger zu befriedigen. [2] Sie sind berechtigt, zu diesem Zweck neue Geschäfte einzugehen und das Vermögen in Geld umzusetzen. [3] Die Zweckbindung gemäß § 50 Abs. 4 ist zu beachten. [4] Fällt den Liquidatoren bei der Durchführung der Liquidation ein Verschulden zur Last, so haften sie für den daraus entstehenden Schaden gegenüber den Gläubigern als Gesamtschuldner.

(4) [1] Soweit nach der Beendigung der Liquidation nach § 50 Abs. 1 gewährte Geldleistungen verbleiben, sind diese an den Bundeshaushalt zurückzuführen. [2] Das gleiche gilt für Vermögenswerte, die mit diesen Geldern angeschafft worden sind. [3] Die Sachleistungen nach § 50 Abs. 3 sind derjenigen Stelle zurückzugeben, die die Sachleistung erbracht hat.

(5) [1] Das verbleibende Vermögen der Fraktion ist dem Anfallsberechtigten zu überlassen. [2] Anfallsberechtigt sind die in der Geschäftsordnung der Fraktion bestimmten Personen oder Stellen.

(6) [1] Maßnahmen nach den Absätzen 4 und 5 dürfen erst vorgenommen werden, wenn seit dem Ereignis, das zum Verlust der Rechtsstellung nach § 46 geführt hat, sechs Monate verstrichen sind. [2] Die Sicherung der Gläubiger hat nach § 52 des Bürgerlichen Gesetzbuchs[1]) zu erfolgen.

(7) [1] Im Falle des Absatzes 1 Nr. 3 findet eine Liquidation nicht statt, wenn sich innerhalb von 30 Tagen nach Beginn der neuen Wahlperiode eine Fraktion konstituiert, deren Mitglieder einer Partei angehören, die durch eine

[1]) Schönfelder Nr. 20.

Fraktion in der abgelaufenen Wahlperiode im Deutschen Bundestag vertreten war und die sich zur Nachfolgefraktion erklärt. [2] In diesem Falle ist die neu konstituierte Fraktion die Rechtsnachfolgerin der alten Fraktion.

Zwölfter Abschnitt. [1] *(aufgehoben)*

[1] Zwölfter Abschnitt (§ 55) aufgeh. mWv 29. 10. 2008 durch G v. 23. 10. 2008 (BGBl. I S. 2020).

52. Anordnung über die deutschen Flaggen

Vom 13. November 1996

(BGBl. I S. 1729), geänd. durch Art. 1 AO v. 22. 11. 2005 (BGBl. I S. 3181)

FNA 1130–7

Auf Vorschlag der Bundesregierung bestimme ich zur Form und Führung der deutschen Flaggen:

I.

1. Die Bundesflagge besteht aus drei gleich breiten Querstreifen, oben schwarz, in der Mitte rot, unten goldfarben, Verhältnis der Höhe zur Länge des Flaggentuches wie 3 zu 5. Die Bundesflagge kann auch in Form eines Banners geführt werden. Das Banner besteht aus drei gleich breiten Längsstreifen, links schwarz, in der Mitte rot, rechts goldfarben.

2. Die Standarte des Bundespräsidenten oder der Bundespräsidentin ist ein gleichseitiges, rotgerändertes, goldfarbenes Rechteck, darin der Bundesadler, schwebend, nach der Stange gewendet, Verhältnis der Breite des roten Randes zur Höhe der Standarte wie 1 zu 12.

3. Die Dienstflagge der Bundesbehörden (Bundesdienstflagge) hat die gleichen Querstreifen wie die Bundesflagge darauf, etwas nach der Stange hin verschoben, in den schwarzen und den goldfarbenen Streifen je bis zu einem Fünftel übergreifend, den Bundesschild, den Adler nach der Stange gewendet, Verhältnis der Höhe zur Länge des Flaggentuches wie 3 zu 5. Wird die Bundesdienstflagge in Bannerform verwendet, ist der Bundesschild, den Adler zum schwarzen Streifen hin gewendet, parallel zu den Längsstreifen ausgerichtet, etwas nach der Stange hin verschoben, in den schwarzen und den goldfarbenen Teil je bis zu einem Fünftel übergreifend.

4. Die Muster zu den Nummern 1 bis 3 sind in Anhang 1 wiedergegeben.

II.

Alle Stellen des Bundes führen die Bundesdienstflagge. Der Bundespräsident oder die Bundespräsidentin führt die Standarte am jeweiligen Amtssitz. Dienstgebäude des Bundes können mit der Bundesflagge oder mit der Bundesdienstflagge beflaggt werden; dies gilt auch für Wasserfahrzeuge im öffentlichen Dienst des Bundes.

III.

An Dienstkraftfahrzeugen können bei dienstlichen Fahrten die in den Anhängen 2[1] und 3[1] beschriebenen Flaggen geführt werden,

[1] Hier nicht abgedruckt.

wenn sich der Amtsinhaber oder die Amtsinhaberin oder in den in Nummer 2 des Anhangs 2[1] bezeichneten Fällen der Stellvertreter oder die Stellvertreterin im Fahrzeug befindet. Die Flagge ist am rechten Kotflügel anzubringen.

IV.

Über Änderungen des Anhangs 2 sowie bei Zweifeln hinsichtlich der Berechtigung zum Führen der Bundesdienstflagge oder des anzuwendenden Musters nach Anhang 3[1] entscheidet das Bundesministerium des Innern im Benehmen mit dem jeweils zuständigen Verfassungsorgan oder Bundesministerium.

V.[2]

1. Die Führung der Bundesdienstflagge an Dienstkraftfahrzeugen der deutschen Vertretungen im Ausland regelt das Auswärtige Amt.
2. Die Flaggenführung bei der Bundeswehr und bei der Bundespolizei wird besonders geregelt.

VI.

Diese Anordnung tritt am Tage nach der Verkündung in Kraft. Gleichzeitig treten die Anordnung über die deutschen Flaggen vom 7. Juni 1950 (BGBl. S. 205) und der Erlaß zur Ausführung der Anordnung über die deutschen Flaggen vom 14. April 1964 (BGBl. I S. 285) außer Kraft.

[1] Hier nicht abgedruckt.
[2] Abschn. V Nr. 2 geänd. durch AO v. 22. 11. 2005 (BGBl. I S. 3181).

Flaggen der Bundesrepublik Deutschland

Standarte des Bundespräsidenten

Bundesflagge

Bundesdienstflagge

Bundesflagge in Bannerform

Bundesdienstflagge in Bannerform

Flaggen der Bundesrepublik Deutschland

58. Gesetz über die politischen Parteien (Parteiengesetz)

In der Fassung der Bekanntmachung vom 31. Januar 1994[1]

(BGBl. I S. 149)

FNA 112-1

geänd. durch Art. 28 G zur Ergänzung des JahressteuerG 1996 und zur Änd. anderer Gesetze v. 18.12. 1995 (BGBl. I S. 1959), Art. 12 JustizmitteilungsG v. 18.6.1997 (BGBl. I S. 1430), Art. 1 Siebtes ÄndG v. 17.2.1999 (BGBl. I S. 146), Art. 1, 2 Achtes ÄndG v. 28.6.2002 (BGBl. I S. 2268), Art. 3 Achtes ÄndG v. 28.6.2002 (BGBl. I S. 2268, aufgeh. durch Art. 1 Neuntes ÄndG v. 22.12.2004 (BGBl. I S. 3673)), Art. 2 Neuntes ÄndG v. 22.12.2004 (BGBl. I S. 3673), Art. 5a G zur Erleichterung elektronischer Anmeldungen zum Vereinsregister und anderer vereinsrechtlicher Änd. v. 24.9. 2009 (BGBl. I S. 3145), Art. 1 G zur Änd. des ParteienG und des AbgeordnetenG v. 23.8.2011 (BGBl. I S. 1748, ber. S. 3141), Art. 1 Zehntes ÄndG v. 22.12.2015 (BGBl. I S. 2563), Art. 2 G zum Ausschluss verfassungsfeindlicher Parteien von der Parteienfinanzierung v. 18.7.2017 (BGBl. I S. 2730), Art. 1 G zur Änd. des ParteienG und anderer Gesetze v. 10.7.2018 (BGBl. I S. 1116) und Art. 13 Elfte ZuständigkeitsanpassungsVO v. 19.6.2020 (BGBl. I S. 1328)

Erster Abschnitt. Allgemeine Bestimmungen

§ 1 Verfassungsrechtliche Stellung und Aufgaben der Parteien.

(1) [1]Die Parteien sind ein verfassungsrechtlich notwendiger Bestandteil der freiheitlichen demokratischen Grundordnung. [2]Sie erfüllen mit ihrer freien, dauernden Mitwirkung an der politischen Willensbildung des Volkes eine ihnen nach dem Grundgesetz[2] obliegende und von ihm verbürgte öffentliche Aufgabe.

(2) Die Parteien wirken an der Bildung des politischen Willens des Volkes auf allen Gebieten des öffentlichen Lebens mit, indem sie insbesondere auf die Gestaltung der öffentlichen Meinung Einfluß nehmen, die politische Bildung anregen und vertiefen, die aktive Teilnahme der Bürger am politischen Leben fördern, zur Übernahme öffentlicher Verantwortung befähigte Bürger heranbilden, sich durch Aufstellung von Bewerbern an den Wahlen in Bund, Ländern und Gemeinden beteiligen, auf die politische Entwicklung in Parlament und Regierung Einfluß nehmen, die von ihnen erarbeiteten politischen Ziele in den Prozeß der staatlichen Willensbildung einführen und für eine ständige lebendige Verbindung zwischen dem Volk und den Staatsorganen sorgen.

(3) Die Parteien legen ihre Ziele in politischen Programmen nieder.

(4) Die Parteien verwenden ihre Mittel ausschließlich für die ihnen nach dem Grundgesetz und diesem Gesetz obliegenden Aufgaben.

§ 2[3] Begriff der Partei. (1) [1]Parteien sind Vereinigungen von Bürgern, die dauernd oder für längere Zeit für den Bereich des Bundes oder eines Landes auf die politische Willensbildung Einfluß nehmen und an der Vertretung des Volkes im Deutschen Bundestag oder einem Landtag mitwirken wollen, wenn sie nach dem Gesamtbild der tatsächlichen Verhältnisse, insbesondere nach Umfang und Festigkeit ihrer Organisation, nach der Zahl ihrer Mitglieder und nach ihrem Hervortreten in der Öffentlichkeit eine ausreichende Gewähr für

[1] Neubekanntmachung des ParteiG idF der Bek. v. 3.3.1989 (BGBl. I S. 327) in der ab 1.1.1994 geltenden Fassung.

[2] Nr. 1.

[3] § 2 Abs. 2 Satz 2 angef. mWv 1.1.2016 durch G v. 22.12.2015 (BGBl. I S. 2563).

die Ernsthaftigkeit dieser Zielsetzung bieten. ²Mitglieder einer Partei können nur natürliche Personen sein.

(2) ¹Eine Vereinigung verliert ihre Rechtsstellung als Partei, wenn sie sechs Jahre lang weder an einer Bundestagswahl noch an einer Landtagswahl mit eigenen Wahlvorschlägen teilgenommen hat. ²Gleiches gilt, wenn eine Vereinigung sechs Jahre lang entgegen der Pflicht zur öffentlichen Rechenschaftslegung gemäß § 23 keinen Rechenschaftsbericht eingereicht hat; § 19a Absatz 3 Satz 5 gilt entsprechend.

(3) Politische Vereinigungen sind nicht Parteien, wenn

1. ihre Mitglieder oder die Mitglieder ihres Vorstandes in der Mehrheit Ausländer sind oder
2. ihr Sitz oder ihre Geschäftsleitung sich außerhalb des Geltungsbereichs dieses Gesetzes befindet.

§ 3 Aktiv- und Passivlegitimation. ¹Die Partei kann unter ihrem Namen klagen und verklagt werden. ²Das gleiche gilt für ihre Gebietsverbände der jeweils höchsten Stufe, sofern die Satzung der Partei nichts anderes bestimmt.

§ 4 Name. (1) ¹Der Name einer Partei muß sich von dem Namen einer bereits bestehenden Partei deutlich unterscheiden; das gleiche gilt für Kurzbezeichnungen. ²In der Wahlwerbung und im Wahlverfahren darf nur der satzungsmäßige Name oder dessen Kurzbezeichnung geführt werden; Zusatzbezeichnungen können weggelassen werden.

(2) ¹Gebietsverbände führen den Namen der Partei unter Zusatz ihrer Organisationsstellung. ²Der Zusatz für Gebietsverbände ist nur an nachfolgender Stelle zulässig. ³In der allgemeinen Werbung und in der Wahlwerbung kann der Zusatz weggelassen werden.

(3) ¹Gebietsverbände, die aus der Partei ausscheiden, verlieren das Recht, den Namen der Partei weiterzuführen. ²Ein neu gewählter Name darf nicht in einem bloßen Zusatz zu dem bisherigen Namen bestehen. ³Entsprechendes gilt für Kurzbezeichnungen.

§ 5 Gleichbehandlung. (1) ¹Wenn ein Träger öffentlicher Gewalt den Parteien Einrichtungen zur Verfügung stellt oder andere öffentliche Leistungen gewährt, sollen alle Parteien gleichbehandelt werden. ²Der Umfang der Gewährung kann nach der Bedeutung der Parteien bis zu dem für die Erreichung ihres Zweckes erforderlichen Mindestmaß abgestuft werden. ³Die Bedeutung der Parteien bemißt sich insbesondere auch nach den Ergebnissen vorausgegangener Wahlen zu Volksvertretungen. ⁴Für eine Partei, die im Bundestag in Fraktionsstärke vertreten ist, muß der Umfang der Gewährung mindestens halb so groß wie für jede andere Partei sein.

(2) Für die Gewährung öffentlicher Leistungen in Zusammenhang mit einer Wahl gilt Absatz 1 während der Dauer des Wahlkampfes nur für Parteien, die Wahlvorschläge eingereicht haben.

(3) Öffentliche Leistungen nach Absatz 1 können an bestimmte sachliche, von allen Parteien zu erfüllende Voraussetzungen gebunden werden.

(4) Der Vierte Abschnitt bleibt unberührt.

Zweiter Abschnitt. Innere Ordnung

§ 6 Satzung und Programm. (1) [1] Die Partei muß eine schriftliche Satzung und ein schriftliches Programm haben. [2] Die Gebietsverbände regeln ihre Angelegenheiten durch eigene Satzungen, soweit die Satzung des jeweils nächsthöheren Gebietsverbandes hierüber keine Vorschriften enthält.

(2) Die Satzungen müssen Bestimmungen enthalten über

1. Namen sowie Kurzbezeichnung, sofern eine solche verwandt wird, Sitz und Tätigkeitsgebiet der Partei,
2. Aufnahme und Austritt der Mitglieder,
3. Rechte und Pflichten der Mitglieder,
4. zulässige Ordnungsmaßnahmen gegen Mitglieder und ihren Ausschluß (§ 10 Abs. 3 bis 5),
5. zulässige Ordnungsmaßnahmen gegen Gebietsverbände,
6. allgemeine Gliederung der Partei,
7. Zusammensetzung und Befugnisse des Vorstandes und der übrigen Organe,
8. der Beschlußfassung durch die Mitglieder- und Vertreterversammlungen nach § 9 vorbehaltene Angelegenheiten,
9. Voraussetzung, Form und Frist der Einberufung der Mitglieder- und Vertreterversammlungen sowie Beurkundung der Beschlüsse,
10. Gebietsverbände und Organe, die zur Einreichung (Unterzeichnung) von Wahlvorschlägen für Wahlen zu Volksvertretungen befugt sind, soweit hierüber keine gesetzlichen Vorschriften bestehen,
11. eine Urabstimmung der Mitglieder und das Verfahren, wenn der Parteitag die Auflösung der Partei oder des Gebietsverbandes oder die Verschmelzung mit anderen Parteien nach § 9 Abs. 3 beschlossen hat. Der Beschluß gilt nach dem Ergebnis der Urabstimmung als bestätigt, geändert oder aufgehoben,
12. Form und Inhalt einer Finanzordnung, die den Vorschriften des Fünften Abschnittes dieses Gesetzes genügt.

(3) [1] Der Vorstand hat dem Bundeswahlleiter

1. Satzung und Programm der Partei,
2. Namen der Vorstandsmitglieder der Partei und der Landesverbände mit Angabe ihrer Funktionen,
3. Auflösung der Partei oder eines Landesverbandes

mitzuteilen. [2] Änderungen zu Satz 1 Nr. 1 und 2 sind bis zum 31. Dezember des jeweiligen Kalenderjahres anzuzeigen. [3] Die Unterlagen können beim Bundeswahlleiter von jedermann eingesehen werden. [4] Abschriften dieser Unterlagen sind auf Anforderung gebührenfrei zu erteilen.

(4) Bei Parteien, deren Organisation sich auf das Gebiet eines Landes beschränkt (Landesparteien), gelten die in diesem Gesetz für die Partei getroffenen Regelungen für den Landesverband.

§ 7 Gliederung. (1) [1] Die Parteien gliedern sich in Gebietsverbände. [2] Größe und Umfang der Gebietsverbände werden durch die Satzung festgelegt. [3] Die

gebietliche Gliederung muß soweit ausgebaut sein, daß den einzelnen Mitgliedern eine angemessene Mitwirkung an der Willensbildung der Partei möglich ist. [4] Beschränkt sich die Organisation einer Partei auf das Gebiet eines Stadtstaates, braucht sie keine Gebietsverbände zu bilden; sie ist Partei im Sinne dieses Gesetzes. [5] Organisatorische Zusammenschlüsse mehrerer Gebietsverbände, die den verbandsmäßigen Aufbau der Parteiorganisation nicht wesentlich beeinträchtigen, sind zulässig.

(2) Soweit in einer Partei Landesverbände nicht bestehen, gelten die in diesem Gesetz für Landesverbände getroffenen Regelungen für die der Partei folgenden nächstniedrigen Gebietsverbände.

§ 8 Organe. (1) [1] Mitgliederversammlung und Vorstand sind notwendige Organe der Partei und der Gebietsverbände. [2] Durch die Satzung kann bestimmt werden, daß in den überörtlichen Verbänden an die Stelle der Mitgliederversammlung eine Vertreterversammlung tritt, deren Mitglieder für höchstens zwei Jahre durch Mitglieder- oder Vertreterversammlungen der nachgeordneten Verbände gewählt werden. [3] Landesparteien ohne Gebietsverbände (§ 7 Abs. 1 Satz 4) können die Mitgliederversammlung durch eine Vertreterversammlung ersetzen, wenn sie mehr als 250 Mitglieder haben. [4] Vertreterversammlungen können auch für Ortsverbände von mehr als 250 Mitgliedern oder mit großer räumlicher Ausdehnung gebildet werden.

(2) [1] Die Satzung kann weitere der Willensbildung des jeweiligen Gebietsverbandes dienende Einrichtungen (Organe) vorsehen. [2] Sie sind in der Satzung ausdrücklich als solche zu bezeichnen.

§ 9 Mitglieder- und Vertreterversammlung (Parteitag, Hauptversammlung). (1) [1] Die Mitglieder- oder Vertreterversammlung (Parteitag, Hauptversammlung) ist das oberste Organ des jeweiligen Gebietsverbandes. [2] Sie führt bei Gebietsverbänden höherer Stufen die Bezeichnung „Parteitag", bei Gebietsverbänden der untersten Stufe die Bezeichnung „Hauptversammlung"; die nachfolgenden Bestimmungen über den Parteitag gelten auch für die Hauptversammlung. [3] Die Parteitage treten mindestens in jedem zweiten Kalenderjahr einmal zusammen.

(2) Vorstandsmitglieder, Mitglieder anderer Organe des Gebietsverbandes sowie Angehörige des im § 11 Abs. 2 genannten Personenkreises können einer Vertreterversammlung kraft Satzung angehören, dürfen aber in diesem Fall nur bis zu einem Fünftel der satzungsmäßigen Gesamtzahl der Versammlungsmitglieder mit Stimmrecht ausgestattet sein.

(3) Der Parteitag beschließt im Rahmen der Zuständigkeiten des Gebietsverbandes innerhalb der Partei über die Parteiprogramme, die Satzung, die Beitragsordnung, die Schiedsgerichtsordnung, die Auflösung sowie die Verschmelzung mit anderen Parteien.

(4) Der Parteitag wählt den Vorsitzenden des Gebietsverbandes, seine Stellvertreter und die übrigen Mitglieder des Vorstandes, die Mitglieder etwaiger anderer Organe und die Vertreter in den Organen höherer Gebietsverbände, soweit in diesem Gesetz nichts anderes zugelassen ist.

(5) [1] Der Parteitag nimmt mindestens alle zwei Jahre einen Tätigkeitsbericht des Vorstandes entgegen und faßt über ihn Beschluß. [2] Der finanzielle Teil des

Berichts ist vor der Berichterstattung durch Rechnungsprüfer, die von dem Parteitag gewählt werden, zu überprüfen.

§ 10 Rechte der Mitglieder. (1) [1] Die zuständigen Organe der Partei entscheiden nach näherer Bestimmung der Satzung frei über die Aufnahme von Mitgliedern. [2] Die Ablehnung eines Aufnahmeantrages braucht nicht begründet zu werden. [3] Allgemeine, auch befristete Aufnahmesperren sind nicht zulässig. [4] Personen, die infolge Richterspruchs die Wählbarkeit oder das Wahlrecht nicht besitzen, können nicht Mitglieder einer Partei sein.

(2) [1] Die Mitglieder der Partei und die Vertreter in den Parteiorganen haben gleiches Stimmrecht. [2] Die Ausübung des Stimmrechts kann nach näherer Bestimmung der Satzung davon abhängig gemacht werden, daß das Mitglied seine Beitragspflicht erfüllt hat. [3] Das Mitglied ist jederzeit zum sofortigen Austritt aus der Partei berechtigt.

(3) [1] In der Satzung sind Bestimmungen zu treffen über

1. die zulässigen Ordnungsmaßnahmen gegen Mitglieder,
2. die Gründe, die zu Ordnungsmaßnahmen berechtigen,
3. die Parteiorgane, die die Ordnungsmaßnahmen anordnen können.

[2] Im Falle der Enthebung von Parteiämtern oder der Aberkennung der Fähigkeit zu ihrer Bekleidung ist der Beschluß zu begründen.

(4) Ein Mitglied kann nur dann aus der Partei ausgeschlossen werden, wenn es vorsätzlich gegen die Satzung oder erheblich gegen Grundsätze oder Ordnung der Partei verstößt und ihr damit schweren Schaden zufügt.

(5) [1] Über den Ausschluß entscheidet das nach der Schiedsgerichtsordnung zuständige Schiedsgericht. [2] Die Berufung an ein Schiedsgericht höherer Stufe ist zu gewährleisten. [3] Die Entscheidungen sind schriftlich zu begründen. [4] In dringenden und schwerwiegenden Fällen, die sofortiges Eingreifen erfordern, kann der Vorstand der Partei oder eines Gebietsverbandes ein Mitglied von der Ausübung seiner Rechte bis zur Entscheidung des Schiedsgerichts ausschließen.

§ 11 [1] Vorstand. (1) [1] Der Vorstand wird mindestens in jedem zweiten Kalenderjahr gewählt. [2] Er muß aus mindestens drei Mitgliedern bestehen.

(2) [1] Dem Vorstand können Abgeordnete und andere Persönlichkeiten aus der Partei kraft Satzung angehören, wenn sie ihr Amt oder ihr Mandat aus einer Wahl erhalten haben. [2] Der Anteil der nicht nach § 9 Abs. 4 gewählten Mitglieder darf ein Fünftel der Gesamtzahl der Vorstandsmitglieder nicht übersteigen. [3] Vorsitzender und Schatzmeister einer Partei dürfen nicht in einer der Partei nahestehenden politischen Stiftung vergleichbare Funktionen ausüben.

(3) [1] Der Vorstand leitet den Gebietsverband und führt dessen Geschäfte nach Gesetz und Satzung sowie den Beschlüssen der ihm übergeordneten Organe. [2] Er vertritt den Gebietsverband gemäß § 26 Absatz 1 Satz 2 und 3 des Bürgerlichen Gesetzbuchs[2], soweit nicht die Satzung eine abweichende Regelung trifft.

(4) [1] Zur Durchführung der Beschlüsse des Vorstandes sowie zur Erledigung der laufenden und der besonders dringlichen Vorstandsgeschäfte kann aus der

[1] § 11 Abs. 3 Satz 2 geänd. mWv 30. 9. 2009 durch G v. 24. 9. 2009 (BGBl. I S. 3145).
[2] **Schönfelder Nr. 20.**

Mitte des Vorstandes ein geschäftsführender Vorstand (Präsidium) gebildet werden. [2] Seine Mitglieder können auch vom Vorstand gewählt oder durch die Satzung bestimmt werden.

§ 12 Allgemeine Parteiausschüsse. (1) Die Mitglieder von allgemeinen Parteiausschüssen und ähnlichen Einrichtungen, die nach der Satzung umfassende Zuständigkeiten für die Beratung oder Entscheidung politischer und organisatorischer Fragen der Partei besitzen, können auch von nachgeordneten Gebietsverbänden gewählt werden.

(2) [1] Der Vorstand und Angehörige des in § 11 Abs. 2 genannten Personenkreises können einem solchen Organ kraft Satzung angehören. [2] Der Anteil der nicht gewählten Mitglieder darf ein Drittel der Gesamtmitgliederzahl des Organs nicht übersteigen; er kann um weitere Mitglieder mit nur beratender Stimme erhöht werden, muß jedoch auch dann noch unter der Hälfte der Gesamtmitgliederzahl des Organs liegen.

(3) Das Amt der gewählten Mitglieder der in Absatz 1 genannten Organe dauert höchstens zwei Jahre.

§ 13 Zusammensetzung der Vertreterversammlungen. [1] Die Zusammensetzung einer Vertreterversammlung oder eines sonstigen Organs, das ganz oder zum Teil aus Vertretern von Gebietsverbänden besteht, ist in der Satzung festzulegen. [2] Die Zahl der Vertreter des Gebietsverbandes ist in erster Linie nach der Zahl der vertretenen Mitglieder zu bemessen. [3] Die Satzung kann bestimmen, daß die restliche Zahl der Vertreter, höchstens die Hälfte der Gesamtzahl, nach dem Verhältnis der im Bereich des Gebietsverbandes bei vorausgegangenen Wahlen zu Volksvertretungen erzielten Wählerstimmen auf die Gebietsverbände aufgeschlüsselt wird. [4] Die Ausübung des Stimmrechts kann von der Erfüllung der Beitragspflicht des Gebietsverbandes abhängig gemacht werden.

§ 14 Parteischiedsgerichte. (1) [1] Zur Schlichtung und Entscheidung von Streitigkeiten der Partei oder eines Gebietsverbandes mit einzelnen Mitgliedern und Streitigkeiten über Auslegung und Anwendung der Satzung sind zumindest bei der Partei und den Gebietsverbänden der jeweils höchsten Stufe Schiedsgerichte zu bilden. [2] Für mehrere Gebietsverbände der Kreisstufe können gemeinsame Schiedsgerichte gebildet werden.

(2) [1] Die Mitglieder der Schiedsgerichte werden für höchstens vier Jahre gewählt. [2] Sie dürfen nicht Mitglied eines Vorstandes der Partei oder eines Gebietsverbandes sein, in einem Dienstverhältnis zu der Partei oder einem Gebietsverband stehen oder von ihnen regelmäßige Einkünfte beziehen. [3] Sie sind unabhängig und an Weisungen nicht gebunden.

(3) Die Satzung kann vorsehen, daß die Schiedsgerichte allgemein oder im Einzelfall mit Beisitzern besetzt werden, die von den Streitteilen paritätisch benannt werden.

(4) Für die Tätigkeit des Schiedsgerichts ist eine Schiedsgerichtsordnung zu erlassen, die den Beteiligten rechtliches Gehör, ein gerechtes Verfahren und die Ablehnung eines Mitglieds des Schiedsgerichts wegen Befangenheit gewährleistet.

§ 15 Willensbildung in den Organen. (1) Die Organe fassen ihre Beschlüsse mit einfacher Stimmenmehrheit, soweit nicht durch Gesetz oder Satzung erhöhte Stimmenmehrheit vorgeschrieben ist.

(2) [1] Die Wahlen der Vorstandsmitglieder und der Vertreter zu Vertreterversammlungen und zu Organen höherer Gebietsverbände sind geheim. [2] Bei den übrigen Wahlen kann offen abgestimmt werden, wenn sich auf Befragen kein Widerspruch erhebt.

(3) [1] Das Antragsrecht ist so zu gestalten, daß eine demokratische Willensbildung gewährleistet bleibt, insbesondere auch Minderheiten ihre Vorschläge ausreichend zur Erörterung bringen können. [2] In den Versammlungen höherer Gebietsverbände ist mindestens den Vertretern der Gebietsverbände der beiden nächstniedrigen Stufen ein Antragsrecht einzuräumen. [3] Bei Wahlen und Abstimmungen ist eine Bindung an Beschlüsse anderer Organe unzulässig.

§ 16 Maßnahmen gegen Gebietsverbände. (1) [1] Die Auflösung und der Ausschluß nachgeordneter Gebietsverbände sowie die Amtsenthebung ganzer Organe derselben sind nur wegen schwerwiegender Verstöße gegen die Grundsätze oder die Ordnung der Partei zulässig. [2] In der Satzung ist zu bestimmen,

1. aus welchen Gründen die Maßnahmen zulässig sind,

2. welcher übergeordnete Gebietsverband und welches Organ dieses Verbandes sie treffen können.

(2) [1] Der Vorstand der Partei oder eines übergeordneten Gebietsverbandes bedarf für eine Maßnahme nach Absatz 1 der Bestätigung durch ein höheres Organ. [2] Die Maßnahme tritt außer Kraft, wenn die Bestätigung nicht auf dem nächsten Parteitag ausgesprochen wird.

(3) Gegen Maßnahmen nach Absatz 1 ist die Anrufung eines Schiedsgerichts zuzulassen.

Dritter Abschnitt. Aufstellung von Wahlbewerbern

§ 17 Aufstellung von Wahlbewerbern. [1] Die Aufstellung von Bewerbern für Wahlen zu Volksvertretungen muß in geheimer Abstimmung erfolgen. [2] Die Aufstellung regeln die Wahlgesetze und die Satzungen der Parteien.

Vierter Abschnitt. Staatliche Finanzierung

§ 18[1] Grundsätze und Umfang der staatlichen Finanzierung. (1) [1] Die Parteien erhalten Mittel als Teilfinanzierung der allgemein ihnen nach dem Grundgesetz[2] obliegenden Tätigkeit. [2] Maßstäbe für die Verteilung der staatli-

[1] § 18 neu gef. mWv 1.7.2002 durch G v. 28.6.2002 (BGBl. I S. 2268); Abs. 1 Satz 2 und Abs. 4 Satz 1 geänd. sowie Abs. 6 Satz 3 und Abs. 7 neu gef. mWv 29.12.2004 durch G v. 22.12.2004 (BGBl. I S. 3673); Abs. 2 neu gef., Abs. 6 aufgeh., bish. Abs. 7 und 8 werden Abs. 6 und 7 mWv 27.8.2011 durch G v. 23.8.2011 (BGBl. I S. 1748); Abs. 3 Satz 1 Nr. 1–3 und Satz 2 geänd., Satz 3 angef. mWv 1.1.2016 durch G v. 22.12.2015 (BGBl. I S. 2563); Abs. 7 Satz 2 angef. mWv 29.7.2017 durch G v. 18.7.2017 (BGBl. I S. 2730); Abs. 2 Sätze 1 und 2 geänd. mWv 14.7.2018 durch G v. 10.7.2018 (BGBl. I S. 1116).

[2] Nr. 1.

chen Mittel bilden der Erfolg, den eine Partei bei den Wählern bei Europa-, Bundestags- und Landtagswahlen erzielt, die Summe ihrer Mitglieds- und Mandatsträgerbeiträge sowie der Umfang der von ihr eingeworbenen Spenden.

(2) [1] Das jährliche Gesamtvolumen staatlicher Mittel, das allen Parteien höchstens ausgezahlt werden darf, beträgt für die im Jahr 2019 vorzunehmende Festsetzung 190 Millionen Euro (absolute Obergrenze). [2] Die absolute Obergrenze erhöht sich jährlich um den Prozentsatz, abgerundet auf ein Zehntel Prozent, um den sich der Preisindex der für eine Partei typischen Ausgaben im dem Anspruchsjahr vorangegangenen Jahr erhöht hat. [3] Grundlage des Preisindexes ist zu einem Wägungsanteil von 70 Prozent der allgemeine Verbraucherpreisindex und von 30 Prozent der Index der tariflichen Monatsgehälter der Arbeiter und Angestellten bei Gebietskörperschaften. [4] Der Präsident des Statistischen Bundesamtes legt dem Deutschen Bundestag hierzu bis spätestens 30. April jedes Jahres einen Bericht über die Entwicklung des Preisindexes bezogen auf das vorangegangene Jahr vor. [5] Der Bundestagspräsident veröffentlicht bis spätestens 31. Mai jedes Jahres die sich aus der Steigerung ergebende Summe der absoluten Obergrenze, abgerundet auf volle Eurobeträge, als Bundestagsdrucksache.

(3) [1] Die Parteien erhalten jährlich im Rahmen der staatlichen Teilfinanzierung

1. 0,83 Euro für jede für ihre jeweilige Liste abgegebene gültige Stimme oder

2. 0,83 Euro für jede für sie in einem Wahl- oder Stimmkreis abgegebene gültige Stimme, wenn in einem Land eine Liste für diese Partei nicht zugelassen war, und

3. 0,45 Euro für jeden Euro, den sie als Zuwendung (eingezahlter Mitglieds- oder Mandatsträgerbeitrag oder rechtmäßig erlangte Spende) erhalten haben; dabei werden nur Zuwendungen bis zu 3 300 Euro je natürliche Person berücksichtigt.

[2] Die Parteien erhalten abweichend von den Nummern 1 und 2 für die von ihnen jeweils erzielten bis zu vier Millionen gültigen Stimmen 1 Euro je Stimme. [3] Die in Satz 1 Nummer 1 und 2 sowie in Satz 2 genannten Beträge erhöhen sich ab dem Jahr 2017 entsprechend Absatz 2 Satz 2 bis 5.

(4) [1] Anspruch auf staatliche Mittel gemäß Absatz 3 Nr. 1 und 3 haben Parteien, die nach dem endgültigen Wahlergebnis der jeweils letzten Europa- oder Bundestagswahl mindestens 0,5 vom Hundert oder einer Landtagswahl 1,0 vom Hundert der für die Listen abgegebenen gültigen Stimmen erreicht haben; für Zahlungen nach Absatz 3 Satz 1 Nr. 1 und Satz 2 muss die Partei diese Voraussetzungen bei der jeweiligen Wahl erfüllen. [2] Anspruch auf die staatlichen Mittel gemäß Absatz 3 Nr. 2 haben Parteien, die nach dem endgültigen Wahlergebnis 10 vom Hundert der in einem Wahl- oder Stimmkreis abgegebenen gültigen Stimmen erreicht haben. [3] Die Sätze 1 und 2 gelten nicht für Parteien nationaler Minderheiten.

(5) [1] Die Höhe der staatlichen Teilfinanzierung darf bei einer Partei die Summe der Einnahmen nach § 24 Abs. 4 Nr. 1 bis 7 nicht überschreiten (relative Obergrenze). [2] Die Summe der Finanzierung aller Parteien darf die absolute Obergrenze nicht überschreiten.

(6) Der Bundespräsident kann eine Kommission unabhängiger Sachverständiger zu Fragen der Parteienfinanzierung berufen.

(7) [1] Löst sich eine Partei auf oder wird sie verboten, scheidet sie ab dem Zeitpunkt der Auflösung aus der staatlichen Teilfinanzierung aus. [2] Gleiches gilt bei einer Feststellung des Bundesverfassungsgerichts nach § 46a des Bundesverfassungsgerichtsgesetzes[1)] ab dem Zeitpunkt der Entscheidung.

§ 19[2)] Antragstellung für die staatliche Teilfinanzierung. (1) [1] Die Festsetzung und die Auszahlung der staatlichen Mittel für das Anspruchsjahr im Sinne des Gesetzes sind von den Parteien schriftlich zum 30. September des Anspruchsjahres beim Präsidenten des Deutschen Bundestages zu beantragen. [2] Der Antrag muss von einem für die Finanzen nach der Satzung zuständigen Vorstandsmitglied der Partei gestellt sein und die zustellungsfähige Anschrift sowie eine Bankverbindung enthalten. [3] Ein einheitlicher Antrag des Bundesverbandes für die Gesamtpartei genügt. [4] Teilanträge sind zulässig. [5] Wurden staatliche Mittel zugunsten einer Partei bereits für das dem Anspruchsjahr vorausgehende Jahr festgesetzt, erfolgt die Festsetzung durch den Präsidenten des Deutschen Bundestages ohne weiteren Antrag. [6] Änderungen, die das Festsetzungsverfahren betreffen, hat die Partei dem Präsidenten des Deutschen Bundestages unverzüglich mitzuteilen. [7] Unterbleibt eine solche Mitteilung, haftet die Partei.

(2) [1] Der Antrag auf Abschlagszahlungen ist schriftlich bei dem Präsidenten des Deutschen Bundestages bis zum 15. des jeweils der nächsten Abschlagszahlung vorangehenden Monats zu stellen. [2] Er kann für mehrere Abschläge des Jahres gleichzeitig gestellt werden. [3] Absatz 1 Sätze 5 bis 7 gilt entsprechend.

§ 19a[3)] Festsetzungsverfahren. (1) [1] Der Präsident des Deutschen Bundestages setzt jährlich zum 15. Februar die Höhe der staatlichen Mittel für jede anspruchsberechtigte Partei für das vorangegangene Jahr (Anspruchsjahr) fest. [2] Er darf staatliche Mittel für eine Partei nach den §§ 18 und 19a nur auf Grund eines Rechenschaftsberichts festsetzen und auszahlen, der den Vorschriften des Fünften Abschnitts entspricht. [3] Leitet der Präsident des Deutschen Bundestages bezüglich eines fristgerecht eingereichten Rechenschaftsberichts das Verfahren nach § 23a Abs. 2 vor der Festsetzung ein, setzt er die staatlichen Mittel für diese Partei auf der Grundlage ihres Rechenschaftsberichts nur vorläufig fest und zahlt sie gegen Sicherheitsleistung in Höhe möglicher Zahlungsverpflichtungen der Partei (§§ 31a bis 31c) aus. [4] Nach Abschluss des Verfahrens trifft er eine endgültige Festsetzung.

(2) [1] Berechnungsgrundlage für die Festsetzung der Höhe der staatlichen Mittel sind die von den anspruchsberechtigten Parteien bis einschließlich 31. Dezember des Anspruchsjahres erzielten gültigen Stimmen bei der jeweils letzten Europa- und Bundestagswahl sowie der jeweils letzten Landtagswahl und die in den Rechenschaftsberichten veröffentlichten Zuwendungen (§ 18 Abs. 3 Satz 1 Nr. 3) des jeweils vorangegangenen Jahres (Rechenschaftsjahr). [2] Der Präsident *des Deutschen Bundestages* fasst die erzielten, nach § 18 Abs. 4 berücksichtigungsfähigen, gültigen Stimmen jeder Partei in einem Stimmenkonto zusammen und schreibt dieses fort.

[1)] Nr. **40.**

[2)] § 19 neu gef. mWv 1.7.2002 durch G v. 28.6.2002 (BGBl. I S. 2268).

[3)] § 19a eingef. mWv 1.7.2002 durch G v. 28.6.2002 (BGBl. I S. 2268); Abs. 5 Satz 1 neu gef. mWv 27.8.2011 durch G v. 23.8.2011 (BGBl. I S. 1748); Abs. 4 Satz 2 angef., neuer Satz 1 geänd. mWv 1.1. 2016 durch G v. 22.12.2015 (BGBl. I S. 2563).

(3) [1] Die Partei hat ihren Rechenschaftsbericht bis zum 30. September des dem Rechenschaftsjahr folgenden Jahres beim Präsidenten des Deutschen Bundestages einzureichen. [2] Der Präsident des Deutschen Bundestages kann die Frist um bis zu drei Monate verlängern. [3] Reicht eine Partei ihren Rechenschaftsbericht nicht fristgerecht ein, verliert sie endgültig den auf Zuwendungen bezogenen Anspruch auf staatliche Mittel (Verfall des Zuwendungsanteils). [4] Hat eine Partei ihren Rechenschaftsbericht bis zum 31. Dezember des dem Anspruchsjahr folgenden Jahres nicht eingereicht, verliert sie endgültig den Anspruch auf staatliche Mittel für das Anspruchsjahr (Verfall des Wählerstimmenanteils). [5] Die Fristen werden unabhängig von der inhaltlichen Richtigkeit gewahrt, wenn der Rechenschaftsbericht der in § 24 vorgegebenen Gliederung entspricht und den Prüfungsvermerk gemäß § 30 Abs. 2 trägt. [6] Die Festsetzungen und Zahlungen an die übrigen Parteien bleiben unverändert.

(4) [1] Der Berechnung der relativen Obergrenze (§ 18 Absatz 5) sind die in den Rechenschaftsberichten des Rechenschaftsjahres veröffentlichten Einnahmen nach § 24 Absatz 4 Nummer 1 bis 7 zugrunde zu legen. [2] Dabei sind Einnahmen aus Unternehmenstätigkeit (§ 24 Absatz 4 Nummer 5) nur in Höhe des nach Abzug der Ausgaben (§ 24 Absatz 5 Nummer 2 Buchstabe f) verbleibenden Betrages zu berücksichtigen.

(5) [1] Bei der Festsetzung ist zunächst für jede Partei die relative Obergrenze (§ 18 Absatz 5) und sodann die absolute Obergrenze (§ 18 Absatz 2) einzuhalten. [2] Überschreitet die Summe der errechneten staatlichen Mittel die absolute Obergrenze, besteht der Anspruch der Parteien auf staatliche Mittel nur in der Höhe, der ihrem Anteil an diesem Betrag entspricht.

(6) [1] Die Auszahlung der staatlichen Mittel für die bei Landtagswahlen erzielten gültigen Stimmen erfolgt an den jeweiligen Landesverband der Partei in Höhe von 0,50 Euro je Stimme; etwaige Kürzungen nach Absatz 5 bleiben außer Betracht, soweit diese bei den vom Bund zu leistenden Auszahlungen (§ 21 Abs. 1 Satz 1 Alternative 2) vorgenommen werden können. [2] Die Auszahlung der übrigen staatlichen Mittel erfolgt an den Bundesverband der Partei, bei Landesparteien an den Landesverband.

§ 20[1) Abschlagszahlungen. (1) [1] Den anspruchsberechtigten Parteien sind Abschlagszahlungen auf den vom Präsidenten des Deutschen Bundestages festzusetzenden Betrag zu gewähren. [2] Berechnungsgrundlage sind die für das vorangegangene Jahr für jede Partei festgesetzten Mittel. [3] Die Abschlagszahlungen sind zum 15. Februar, zum 15. Mai, zum 15. August und zum 15. November zu zahlen; sie dürfen jeweils 25 vom Hundert der Gesamtsumme der für das Vorjahr für die jeweilige Partei festgesetzten Mittel nicht überschreiten. [4] Liegen Anhaltspunkte dafür vor, dass es zu einer Rückzahlungsverpflichtung kommen könnte, kann die Gewährung von einer Sicherheitsleistung abhängig gemacht werden.

(2) [1] Die Abschlagszahlungen sind von den Parteien unverzüglich zurückzuzahlen, soweit sie den festgesetzten Betrag überschreiten oder ein Anspruch nicht entstanden ist. [2] Ergibt sich aus der Festsetzung eine Überzahlung, stellt der Präsident des Deutschen Bundestages den Rückforderungsanspruch mit dem die Festsetzung umfassenden Verwaltungsakt fest und verrechnet diesen Betrag unmittelbar.

(3) § 19a Abs. 6 gilt entsprechend.

[1)] § 20 neu gef. mWv 1.7.2002 durch G v. 28.6.2002 (BGBl. I S. 2268).

§ 21[1]**) Bereitstellung von Bundesmitteln und Auszahlungsverfahren sowie Prüfung durch den Bundesrechnungshof.** (1) [1] Die Mittel nach den §§ 18 und 20 werden im Falle des § 19 a Abs. 6 Satz 1 von den Ländern, im übrigen vom Bund durch den Präsidenten des Deutschen Bundestages an die Parteien ausgezahlt. [2] Der Präsident des Deutschen Bundestages teilt den Ländern die auf die Landesverbände der Parteien entfallenden Beträge verbindlich mit.

(2) Der Bundesrechnungshof prüft, ob der Präsident des Deutschen Bundestages als mittelverwaltende Stelle die staatlichen Mittel entsprechend den Vorschriften dieses Abschnitts festgesetzt und ausgezahlt hat, sowie die ordnungsgemäße Durchführung der Verfahren gemäß § 23 a.

§ 22 Parteiinterner Finanzausgleich. Die Bundesverbände der Parteien haben für einen angemessenen Finanzausgleich für ihre Landesverbände Sorge zu tragen.

Fünfter Abschnitt. Rechenschaftslegung

§ 23[2]**) Pflicht zur öffentlichen Rechenschaftslegung.** (1) [1] Der Vorstand der Partei hat über die Herkunft und die Verwendung der Mittel sowie über das Vermögen der Partei zum Ende des Kalenderjahres (Rechnungsjahr) in einem Rechenschaftsbericht wahrheitsgemäß und nach bestem Wissen und Gewissen öffentlich Rechenschaft zu geben. [2] Der Rechenschaftsbericht soll vor der Zuleitung an den Präsidenten des Deutschen Bundestages im Vorstand der Partei beraten werden. [3] Der Bundesvorstand der Partei sowie die Vorstände der Landesverbände und die Vorstände der den Landesverbänden vergleichbaren Gebietsverbände sind jeweils für ihre Rechenschaftslegung verantwortlich. [4] Ihre Rechenschaftsberichte werden vom Vorsitzenden und einem vom Parteitag gewählten für die Finanzangelegenheiten zuständigen Vorstandsmitglied oder von einem für die Finanzangelegenheiten nach der Satzung zuständigen Gremium gewählten Vorstandsmitglied unterzeichnet. [5] Diese für die Finanzangelegenheiten zuständigen Vorstandsmitglieder versichern mit ihrer Unterschrift, dass die Angaben in ihren Rechenschaftsberichten nach bestem Wissen und Gewissen wahrheitsgemäß gemacht worden sind. [6] Der Rechenschaftsbericht der Gesamtpartei wird von einem vom Parteitag gewählten für die Finanzangelegenheiten zuständigen Vorstandsmitglied des Bundesvorstandes oder von einem für die Finanzangelegenheiten nach der Satzung zuständigen Gremium gewählten Mitglied des Bundesvorstandes zusammengefügt und unterzeichnet.

(2) [1] Der Rechenschaftsbericht muss von einem Wirtschaftsprüfer oder einer Wirtschaftsprüfungsgesellschaft nach den Vorschriften der §§ 29 bis 31 geprüft werden. [2] Bei Parteien, die die Voraussetzungen des § 18 Abs. 4 Satz 1 erster Halbsatz nicht erfüllen, kann der Rechenschaftsbericht auch von einem vereidigten Buchprüfer oder einer Buchprüfungsgesellschaft geprüft werden. [3] Er ist entsprechend der Frist nach § 19 a Abs. 3 Satz 1 erster Halbsatz beim Prä-

[1]) § 21 Abs. 1 Satz 1 geänd. mWv 1. 7. 2002 durch G v. 28. 6. 2002 (BGBl. I S. 2268); Überschr. und Abs. 2 neu gef. mWv 1. 1. 2003 durch G v. 28. 6. 2002 (BGBl. I S. 2268).
[2]) § 23 neu gef. mWv 1. 1. 2003 durch G v. 28. 6. 2002 (BGBl. I S. 2268).

sidenten des Deutschen Bundestages einzureichen und von diesem als Bundestagsdrucksache zu verteilen. ⁴Erfüllt eine Partei die Voraussetzungen des § 18 Abs. 4 Satz 1 erster Halbsatz nicht und verfügt sie im Rechnungsjahr weder über Einnahmen noch über ein Vermögen von mehr als 5 000 Euro, kann sie bei dem Präsidenten des Deutschen Bundestages einen ungeprüften Rechenschaftsbericht einreichen. ⁵Der Präsident des Deutschen Bundestages kann untestiert eingereichte Rechenschaftsberichte veröffentlichen. ⁶Der Rechenschaftsbericht der Partei ist dem jeweils auf seine Veröffentlichung folgenden Bundesparteitag zur Erörterung vorzulegen.

(3) ¹Der Präsident des Deutschen Bundestages prüft gemäß § 23 a, ob der Rechenschaftsbericht den Vorschriften des Fünften Abschnitts entspricht. ²Das Ergebnis der Prüfung ist in dem Bericht nach Absatz 4 aufzunehmen.

(4) ¹Der Präsident des Deutschen Bundestages erstattet dem Deutschen Bundestag alle zwei Jahre über die Entwicklung der Parteienfinanzen sowie über die Rechenschaftsberichte der Parteien Bericht. ²Zusätzlich erstellt er vergleichende jährliche Kurzübersichten über die Einnahmen und Ausgaben sowie über die Vermögensverhältnisse der Parteien. ³Die Berichte werden als Bundestagsdrucksache verteilt.

§ 23 a¹⁾ Prüfung des Rechenschaftsberichts. (1) ¹Der Präsident des Deutschen Bundestages prüft den vorgelegten Rechenschaftsbericht auf formale und inhaltliche Richtigkeit. ²Er stellt fest, ob der Rechenschaftsbericht den Vorschriften des Fünften Abschnitts entspricht. ³Eine erneute Prüfung ist nur vor Ablauf der in § 24 Abs. 2 bestimmten Frist zulässig.

(2) ¹Liegen dem Präsidenten des Deutschen Bundestages konkrete Anhaltspunkte dafür vor, dass im Rechenschaftsbericht einer Partei enthaltene Angaben unrichtig sind, gibt dieser der betroffenen Partei Gelegenheit zur Stellungnahme. ²Er kann von der Partei die Bestätigung der Richtigkeit ihrer Stellungnahme durch ihren Wirtschaftsprüfer oder ihre Wirtschaftsprüfungsgesellschaft, ihren vereidigten Buchprüfer oder ihre Buchprüfungsgesellschaft verlangen.

(3) ¹Räumt die nach Absatz 2 verlangte Stellungnahme die dem Präsidenten des Deutschen Bundestages vorliegenden konkreten Anhaltspunkte für Unrichtigkeiten im Rechenschaftsbericht nicht aus, kann der Präsident des Deutschen Bundestages im Einvernehmen mit der Partei einen Wirtschaftsprüfer oder eine Wirtschaftsprüfungsgesellschaft seiner Wahl mit der Prüfung beauftragen, ob der Rechenschaftsbericht der Partei den Vorschriften des Fünften Abschnitts entspricht. ²Die Partei hat dem vom Präsidenten des Deutschen Bundestages bestellten Wirtschaftsprüfer Zugang und Einsicht in die zur Prüfung erforderlichen Unterlagen und Belege zu gewähren. ³Die Kosten dieses Verfahrens trägt der Präsident des Deutschen Bundestages.

(4) ¹Nach Abschluss des Verfahrens erlässt der Präsident des Deutschen Bundestages einen Bescheid, in dem er gegebenenfalls Unrichtigkeiten des Rechenschaftsberichts feststellt und die Höhe des den unrichtigen Angaben entsprechenden Betrages festsetzt. ²In dem Bescheid ist anzugeben, ob die Unrichtigkeit auf der Verletzung der Vorschriften über die Einnahme- und

¹⁾ § 23 a neu gef. mWv 1. 1. 2003 durch G v. 28. 6. 2002 (BGBl. I S. 2268); Abs. 4 Satz 1 geänd. mWv 29. 12. 2004 durch G v. 22. 12. 2004 (BGBl. I S. 3673).

Ausgaberechnung, der Vermögensbilanz oder des Erläuterungsteils (§ 24 Abs. 7) beruht.

(5) [1] Eine Partei, in deren Rechenschaftsbericht unrichtige Angaben enthalten sind, hat den Rechenschaftsbericht zu berichtigen und nach Entscheidung des Präsidenten des Deutschen Bundestages teilweise oder ganz neu abzugeben. [2] Dieser ist von einem Wirtschaftsprüfer oder einer Wirtschaftsprüfungsgesellschaft, einem vereidigten Buchprüfer oder einer Buchprüfungsgesellschaft durch einen Vermerk zu bestätigen. [3] Übersteigt der zu berichtigende Betrag im Einzelfall nicht 10 000 Euro und im Rechnungsjahr je Partei nicht 50 000 Euro, kann abweichend von den Sätzen 1 und 2 die Berichtigung im Rechenschaftsbericht für das folgende Jahr vorgenommen werden.

(6) Berichtigte Rechenschaftsberichte sind ganz oder teilweise als Bundestagsdrucksache zu veröffentlichen.

(7) [1] Die im Rahmen dieses Verfahrens gewonnenen Erkenntnisse, die nicht die Rechnungslegung der Partei selbst betreffen, dürfen nicht veröffentlicht oder anderen staatlichen Stellen der Bundesrepublik Deutschland zugeleitet werden. [2] Sie müssen vom Präsidenten nach Beendigung der Prüfung unverzüglich vernichtet werden.

§ 23 b[1]) Anzeigepflicht bei Unrichtigkeiten im Rechenschaftsbericht.

(1) Erlangt eine Partei Kenntnis von Unrichtigkeiten in ihrem bereits frist- und formgerecht beim Präsidenten des Deutschen Bundestages eingereichten Rechenschaftsbericht, hat sie diese unverzüglich dem Präsidenten des Deutschen Bundestages schriftlich anzuzeigen.

(2) [1] Bei einer von der Partei angezeigten Unrichtigkeit unterliegt die Partei nicht den Rechtsfolgen des § 31 b oder des § 31 c, wenn im Zeitpunkt des Eingangs der Anzeige konkrete Anhaltspunkte für diese unrichtigen Angaben öffentlich nicht bekannt waren oder weder dem Präsidenten des Deutschen Bundestages vorgelegen haben noch in einem amtlichen Verfahren entdeckt waren und die Partei den Sachverhalt umfassend offen legt und korrigiert. [2] Die zu Unrecht erlangten Finanzvorteile sind innerhalb einer vom Präsidenten des Deutschen Bundestages gesetzten Frist an diesen abzuführen.

(3) § 23 a Abs. 5 und 6 gilt entsprechend.

§ 24[2]) Rechenschaftsbericht. (1) [1] Der Rechenschaftsbericht besteht aus einer Ergebnisrechnung auf der Grundlage einer den Vorschriften dieses Gesetzes entsprechenden Einnahmen- und Ausgabenrechnung, einer damit verbundenen Vermögensbilanz sowie einem Erläuterungsteil. [2] Er gibt unter Beachtung der Grundsätze ordnungsmäßiger Buchführung entsprechend den tatsächlichen Verhältnissen Auskunft über die Herkunft und Verwendung der Mittel sowie über das Vermögen der Partei.

[1]) § 23 b eingef. mWv 1. 7. 2002 durch G v. 28. 6. 2002 (BGBl. I S. 2268).
[2]) § 24 neu gef. mWv 1. 1. 2003 durch G v. 28. 6. 2002 (BGBl. I S. 2268); Abs. 1, Abs. 2 Satz 1 und Abs. 4 Nr. 6 Nr. 2 Buchst. B neu gef., Abs. 6 Nr. 1 Buchst. B geänd. sowie Abs. 7 Nr. 1 aufgeh., bish. Nr. 2–4 werden Nr. 1–3 mWv 1. 1. 2004 durch G v. 22. 12. 2004 (BGBl. I S. 3673); Abs. 9 Nr. 5 neu gef. mWv 27. 8. 2011 durch G v. 23. 8. 2011 (BGBl. I S. 1748); Abs. 4 Nr. 5 geänd., Nr. 5 a eingef., Abs. 5 Nr. 2 Buchst. f eingef., bish. Buchst. f wird Buchst. g mWv 1. 1. 2016 durch G v. 22. 12. 2015 (BGBl. I S. 2563).

(2) [1] Die für alle Kaufleute geltenden handelsrechtlichen Vorschriften über die Rechnungslegung, insbesondere zu Ansatz und Bewertung von Vermögensgegenständen, sind entsprechend anzuwenden, soweit dieses Gesetz nichts anderes vorschreibt. [2] Rechnungsunterlagen, Bücher, Bilanzen und Rechenschaftsberichte sind zehn Jahre aufzubewahren. [3] Die Aufbewahrungsfrist beginnt mit Ablauf des Rechnungsjahres.

(3) [1] In den Rechenschaftsbericht der Gesamtpartei sind die Rechenschaftsberichte jeweils getrennt nach Bundesverband und Landesverband sowie die Rechenschaftsberichte der nachgeordneten Gebietsverbände je Landesverband aufzunehmen. [2] Die Landesverbände und die ihnen nachgeordneten Gebietsverbände haben ihren Rechenschaftsberichten eine lückenlose Aufstellung aller Zuwendungen je Zuwender mit Namen und Anschrift beizufügen. [3] Der Bundesverband hat diese Aufstellungen zur Ermittlung der jährlichen Gesamthöhe der Zuwendungen je Zuwender zusammenzufassen. [4] Die Landesverbände haben die Teilberichte der ihnen nachgeordneten Gebietsverbände gesammelt bei ihren Rechenschaftsunterlagen aufzubewahren.

(4) Die Einnahmerechnung umfasst:

1. Mitgliedsbeiträge,

2. Mandatsträgerbeiträge und ähnliche regelmäßige Beiträge,

3. Spenden von natürlichen Personen,

4. Spenden von juristischen Personen,

5. Einnahmen aus Unternehmenstätigkeit,

5 a. Einnahmen aus Beteiligungen,

6. Einnahmen aus sonstigem Vermögen,

7. Einnahmen aus Veranstaltungen, Vertrieb von Druckschriften und Veröffentlichungen und sonstiger mit Einnahmen verbundener Tätigkeit,

8. staatliche Mittel,

9. sonstige Einnahmen,

10. Zuschüsse von Gliederungen und

11. Gesamteinnahmen nach den Nummern 1 bis 10.

(5) Die Ausgaberechnung umfasst:

1. Personalausgaben,

2. Sachausgaben

 a) des laufenden Geschäftsbetriebes,

 b) für allgemeine politische Arbeit,

 c) für Wahlkämpfe,

 d) für die Vermögensverwaltung einschließlich sich hieraus ergebender Zinsen,

 e) sonstige Zinsen,

 f) Ausgaben im Rahmen einer Unternehmenstätigkeit,

 g) sonstige Ausgaben,

3. Zuschüsse an Gliederungen und

4. Gesamtausgaben nach den Nummern 1 bis 3.

(6) Die Vermögensbilanz umfasst:
1. Besitzposten:
 A. Anlagevermögen:
 I. Sachanlagen:
 1. Haus- und Grundvermögen,
 2. Geschäftsstellenausstattung,
 II. Finanzanlagen:
 1. Beteiligungen an Unternehmen,
 2. sonstige Finanzanlagen;
 B. Umlaufvermögen:
 I. Forderungen an Gliederungen,
 II. Forderungen aus der staatlichen Teilfinanzierung,
 III. Geldbestände,
 IV. sonstige Vermögensgegenstände;
 C. Gesamtbesitzposten (Summe aus A und B);
2. Schuldposten:
 A. Rückstellungen:
 I. Pensionsverpflichtungen,
 II. sonstige Rückstellungen;
 B. Verbindlichkeiten:
 I. Verbindlichkeiten gegenüber Gliederungen,
 II. Rückzahlungsverpflichtungen aus der staatlichen Teilfinanzierung,
 III. Verbindlichkeiten gegenüber Kreditinstituten,
 IV. Verbindlichkeiten gegenüber sonstigen Darlehensgebern,
 V. sonstige Verbindlichkeiten;
 C. Gesamte Schuldposten (Summe von A und B);
3. Reinvermögen (positiv oder negativ).
 (7) Der Vermögensbilanz ist ein Erläuterungsteil hinzuzufügen, der insbesondere folgende Punkte umfassen muss:
1. Auflistung der Beteiligungen nach Absatz 6 Nr. 1 A II 1 sowie deren im Jahresabschluss aufgeführten unmittelbaren und mittelbaren Beteiligungen, jeweils mit Name und Sitz sowie unter Angabe des Anteils und der Höhe des Nominalkapitals; außerdem sind die Höhe des Anteils am Kapital, das Eigenkapital und das Ergebnis des letzten Geschäftsjahres dieser Unternehmen anzugeben, für das ein Jahresabschluss vorliegt. Die im Jahresabschluss dieser Unternehmen aufgeführten Beteiligungen sind mit den Angaben aus dem Jahresabschluss zu übernehmen. Beteiligungen im Sinne dieses Gesetzes sind Anteile gemäß § 271 Abs. 1 des Handelsgesetzbuchs[1]);
2. Benennung der Hauptprodukte von Medienunternehmen, soweit Beteiligungen an diesen bestehen;

[1]) **Schönfelder Nr. 50.**

3. im Abstand von fünf Jahren eine Bewertung des Haus- und Grundvermögens und der Beteiligungen an Unternehmen nach dem Bewertungsgesetz (Haus- und Grundvermögen nach §§ 145 ff. des Bewertungsgesetzes).

(8) Im Rechenschaftsbericht sind die Summe der Zuwendungen natürlicher Personen bis zu 3 300 Euro je Person sowie die Summe der Zuwendungen natürlicher Personen, soweit sie den Betrag von 3 300 Euro übersteigen, gesondert auszuweisen.

(9) [1] Dem Rechenschaftsbericht ist eine Zusammenfassung voranzustellen:

1. Einnahmen der Gesamtpartei gemäß Absatz 4 Nr. 1 bis 9 und deren Summe,

2. Ausgaben der Gesamtpartei gemäß Absatz 5 Nr. 1 und 2 und deren Summe,

3. Überschuss- oder Defizitausweis,

4. Besitzposten der Gesamtpartei gemäß Absatz 6 Nr. 1 A I und II und B II bis IV und deren Summe,

5. Schuldposten der Gesamtpartei gemäß Absatz 6 Nummer 2 A I und II und B II bis V und deren Summe,

6. Reinvermögen der Gesamtpartei (positiv oder negativ),

7. Gesamteinnahmen, Gesamtausgaben, Überschüsse oder Defizite sowie Reinvermögen der drei Gliederungsebenen Bundesverband, Landesverbände und der ihnen nachgeordneten Gebietsverbände.

[2] Neben den absoluten Beträgen zu den Nummern 1 und 2 ist der Vomhundertsatz der Einnahmensumme nach Nummer 1 und der Ausgabensumme nach Nummer 2 auszuweisen. [3] Zum Vergleich sind die Vorjahresbeträge anzugeben.

(10) Die Anzahl der Mitglieder zum 31. Dezember des Rechnungsjahres ist zu verzeichnen.

(11) Die Partei kann dem Rechenschaftsbericht zusätzliche Erläuterungen beifügen.

(12) [1] Öffentliche Zuschüsse, die den politischen Jugendorganisationen zweckgebunden zugewendet werden, bleiben bei der Ermittlung der absoluten Obergrenze unberücksichtigt. [2] Sie sind im Rechenschaftsbericht der jeweiligen Partei nachrichtlich auszuweisen und bleiben bei der Einnahme- und Ausgaberechnung der Partei unberücksichtigt.

§ 25[1]) **Spenden.** (1) [1] Parteien sind berechtigt, Spenden anzunehmen. [2] Bis zu einem Betrag von 1 000 Euro kann eine Spende mittels Bargeld erfolgen. [3] Parteimitglieder, die Empfänger von Spenden an die Partei sind, haben diese unverzüglich an ein für Finanzangelegenheiten von der Partei satzungsmäßig bestimmtes Vorstandsmitglied weiterzuleiten. [4] Spenden sind von einer Partei erlangt, wenn sie in den Verfügungsbereich eines für die Finanzangelegenheiten zuständigen Vorstandsmitglieds oder eines hauptamtlichen Mitarbeiters der Partei gelangt sind; unverzüglich nach ihrem Eingang an den Spender zurückgeleitete Spenden gelten als nicht von der Partei erlangt.

(2) Von der Befugnis der Parteien, Spenden anzunehmen ausgeschlossen sind:

[1]) § 25 neu gef. mWv 1. 7. 2002 durch G v. 28. 6. 2002 (BGBl. I S. 2268); Abs. 3 Satz 1 geänd. mWv 1. 1. 2016 durch G v. 22. 12. 2015 (BGBl. I S. 2563).

1. Spenden von öffentlich-rechtlichen Körperschaften, Parlamentsfraktionen und -gruppen sowie von Fraktionen und Gruppen von kommunalen Vertretungen;

2. Spenden von politischen Stiftungen, Körperschaften, Personenvereinigungen und Vermögensmassen, die nach der Satzung, dem Stiftungsgeschäft oder der sonstigen Verfassung und nach der tatsächlichen Geschäftsführung ausschließlich und unmittelbar gemeinnützigen, mildtätigen oder kirchlichen Zwecken dienen (§§ 51 bis 68 der Abgabenordnung);

3. Spenden von außerhalb des Geltungsbereiches dieses Gesetzes, es sei denn, dass

 a) diese Spenden aus dem Vermögen eines Deutschen im Sinne des Grundgesetzes[1), eines Bürgers der Europäischen Union oder eines Wirtschaftsunternehmens, dessen Anteile sich zu mehr als 50 vom Hundert im Eigentum von Deutschen im Sinne des Grundgesetzes oder eines Bürgers der Europäischen Union befinden oder dessen Hauptsitz in einem Mitgliedstaat der Europäischen Union ist, unmittelbar einer Partei zufließen,

 b) es sich um Spenden an Parteien nationaler Minderheiten in ihrer angestammten Heimat handelt, die diesen aus Staaten zugewendet werden, die an die Bundesrepublik Deutschland angrenzen und in denen Angehörige ihrer Volkszugehörigkeit leben oder

 c) es sich um eine Spende eines Ausländers von nicht mehr als 1 000 Euro handelt;

4. Spenden von Berufsverbänden, die diesen mit der Maßgabe zugewandt wurden, sie an eine politische Partei weiterzuleiten;

5. Spenden von Unternehmen, die ganz oder teilweise im Eigentum der öffentlichen Hand stehen oder die von ihr verwaltet oder betrieben werden, sofern die direkte Beteiligung der öffentlichen Hand 25 vom Hundert übersteigt;

6. Spenden, soweit sie im Einzelfall mehr als 500 Euro betragen und deren Spender nicht feststellbar sind, oder bei denen es sich erkennbar um die Weiterleitung einer Spende eines nicht genannten Dritten handelt;

7. Spenden, die der Partei erkennbar in Erwartung oder als Gegenleistung eines bestimmten wirtschaftlichen oder politischen Vorteils gewährt werden;

8. Spenden, die von einem Dritten gegen ein von der Partei zu zahlendes Entgelt eingeworben werden, das 25 vom Hundert des Wertes der eingeworbenen Spende übersteigt.

(3) [1] Spenden, Mitgliedsbeiträge und Mandatsträgerbeiträge an eine Partei oder einen oder mehrere ihrer Gebietsverbände, deren Gesamtwert in einem Kalenderjahr (Rechnungsjahr) 10 000 Euro übersteigt, sind unter Angabe des Namens und der Anschrift des Zuwenders sowie der Gesamthöhe der Zuwendung im Rechenschaftsbericht zu verzeichnen. [2] Spenden, die im Einzelfall die Höhe von 50 000 Euro übersteigen, sind dem Präsidenten des Deutschen Bundestages unverzüglich anzuzeigen. [3] Dieser veröffentlicht die Zuwendung unter Angabe des Zuwenders zeitnah als Bundestagsdrucksache.

[1] Nr. 1.

(4) Nach Absatz 2 unzulässige Spenden sind von der Partei unverzüglich, spätestens mit Einreichung des Rechenschaftsberichts für das betreffende Jahr (§ 19 a Abs. 3) an den Präsidenten des Deutschen Bundestages weiterzuleiten.

§ 26[1]) Begriff der Einnahme.

(1) [1] Einnahme ist, soweit für einzelne Einnahmearten (§ 24 Abs. 4) nichts besonderes gilt, jede von der Partei erlangte Geld- oder geldwerte Leistung. [2] Als Einnahmen gelten auch die Freistellung von üblicherweise entstehenden Verbindlichkeiten, die Übernahme von Veranstaltungen und Maßnahmen durch andere, mit denen ausdrücklich für eine Partei geworben wird, die Auflösung von Rückstellungen sowie Wertaufholungen im Anlagevermögen.

(2) Alle Einnahmen sind mit ihrem vollen Betrag an der für sie vorgesehenen Stelle einzusetzen und in der Vermögensbilanz zu berücksichtigen.

(3) Wirtschaftsgüter, die nicht in Geld bestehen, sind mit den im gewöhnlichen Geschäftsverkehr für gleiche oder vergleichbare Leistungen üblicherweise zu zahlenden Preisen anzusetzen.

(4) [1] Die ehrenamtliche Mitarbeit in Parteien erfolgt grundsätzlich unentgeltlich. [2] Sach-, Werk- und Dienstleistungen, die Parteien außerhalb eines Geschäftsbetriebes üblicherweise unentgeltlich zur Verfügung gestellt werden, bleiben als Einnahmen unberücksichtigt. [3] Ein Kostenersatz bleibt hiervon unberührt.

(5) Beiträge und staatliche Mittel, die von vornherein für eine schlüsselmäßige Verteilung unter mehrere Gebietsverbände bestimmt sind, werden bei der Stelle ausgewiesen, bei der sie endgültig verbleiben.

§ 26 a[2]) Begriff der Ausgabe.

(1) [1] Ausgabe ist, soweit für einzelne Ausgabearten (§ 24 Abs. 5) nichts Besonderes gilt, auch jede von der Partei erbrachte Geldleistung oder geldwerte Leistung sowie die Nutzung von Einnahmen nach § 26 Abs. 1 Satz 2, die die Partei erlangt hat. [2] Als Ausgabe gelten auch planmäßige und außerplanmäßige Abschreibungen auf Vermögensgegenstände und die Bildung von Rückstellungen.

(2) § 26 Abs. 2 gilt entsprechend.

(3) Vermögensgegenstände sind zum Zeitpunkt einer Veräußerung mit ihrem Buchwert als Ausgaben zu erfassen.

(4) Ausgaben aus der internen Verrechnung zwischen Gliederungen sind bei der Gliederung zu erfassen, von der sie wirtschaftlich getragen werden.

§ 27[3]) Einzelne Einnahmearten.

(1) [1] Mitgliedsbeiträge sind nur solche regelmäßigen Geldleistungen, die ein Mitglied auf Grund satzungsrechtlicher Vorschriften entrichtet. [2] Mandatsträgerbeiträge sind regelmäßige Geldleistungen, die ein Inhaber eines öffentlichen Wahlamtes (Mandatsträger) über seinen Mitgliedsbeitrag hinaus leistet. [3] Spenden sind darüber hinausgehende Zahlun-

[1]) § 26 Abs. 1, 4 und 5 neu gef. sowie Abs. 2 Satz 2 aufgeh., bish. Satz 1 wird alleiniger Wortlaut mWv 1. 1. 2003 durch G v. 28. 6. 2002 (BGBl. I S. 2268); Abs. 1 Satz 2 und Abs. 5 neu gef. sowie Abs. 2 geänd. mWv 1. 1. 2004 durch G v. 22. 12. 2004 (BGBl. I S. 3673); Abs. 4 Satz 2 geänd. mWv 1. 1. 2016 durch G v. 22. 12. 2015 (BGBl. I S. 2563).

[2]) § 26 a eingef. mWv 1. 1. 2004 durch G v. 22. 12. 2004 (BGBl. I S. 3673).

[3]) § 27 neu gef. mWv 1. 1. 2003 durch G v. 28. 6. 2002 (BGBl. I S. 2268); Abs. 1 Satz 4 geänd. mWv 1. 1. 2016 durch G v. 22. 12. 2015 (BGBl. I S. 2563).

gen. [4] Dazu gehören auch Sonderumlagen und Sammlungen sowie geldwerte Zuwendungen aller Art, sofern sie nicht üblicherweise unentgeltlich Parteien außerhalb eines Geschäftsbetriebes zur Verfügung gestellt werden oder eine hierfür dennoch vereinbarte Vergütung an die Partei zurückgeleitet oder auf eine solche Vergütung verzichtet wird.

(2) [1] Sonstige Einnahmen nach § 24 Abs. 4 Nr. 9 sind aufzugliedern und zu erläutern, wenn sie bei einer der in § 24 Abs. 3 aufgeführten Gliederungen mehr als 2 vom Hundert der Summe der Einnahmen nach § 24 Abs. 4 Nr. 1 bis 6 ausmachen. [2] Darüber hinaus sind Einnahmen, die im Einzelfall die Summe von 10 000 Euro übersteigen, offen zu legen. [3] Erbschaften und Vermächtnisse sind unter Angabe ihrer Höhe, des Namens und der letzten Anschrift des Erblassers im Rechenschaftsbericht zu verzeichnen, soweit der Gesamtwert 10 000 Euro übersteigt.

§ 28[1] **Vermögensbilanz.** (1) In der Vermögensbilanz sind Vermögensgegenstände mit einem Anschaffungswert von im Einzelfall mehr als 5 000 Euro (inklusive Umsatzsteuer) aufzuführen.

(2) [1] Vermögensgegenstände sind mit den Anschaffungs- und Herstellungskosten vermindert um planmäßige Abschreibungen anzusetzen. [2] Im Bereich des Haus- und Grundvermögens erfolgen keine planmäßigen Abschreibungen.

(3) [1] Gliederungen unterhalb der Landesverbände können Einnahmen und Ausgaben im Jahr des Zu- beziehungsweise Abflusses verbuchen, auch wenn die jeweilige Forderung beziehungsweise Verbindlichkeiten bereits im Vorjahr entstanden sind. [2] Die §§ 249 bis 251 des Handelsgesetzbuchs[2] können für die Aufstellung der Rechenschaftsberichte dieser Gliederungen unbeachtet bleiben.

§ 29[3] **Prüfung des Rechenschaftsberichts.** (1) [1] Die Prüfung nach § 23 Abs. 2 Satz 1 erstreckt sich auf die Bundespartei, ihre Landesverbände sowie nach Wahl des Prüfers auf mindestens zehn nachgeordnete Gebietsverbände. [2] In die Prüfung ist die Buchführung einzubeziehen. [3] Die Prüfung hat sich darauf zu erstrecken, ob die gesetzlichen Vorschriften beachtet worden sind. [4] Die Prüfung ist so anzulegen, dass Unrichtigkeiten und Verstöße gegen die gesetzlichen Vorschriften bei gewissenhafter Berufsausübung erkannt werden.

(2) [1] Der Prüfer kann von den Vorständen und den von ihnen dazu ermächtigten Personen alle Aufklärungen und Nachweise verlangen, welche die sorgfältige Erfüllung seiner Prüfungspflicht erfordert. [2] Es ist ihm insoweit auch zu gestatten, die Unterlagen für die Zusammenstellung des Rechenschaftsberichts, die Bücher und Schriftstücke sowie die Kassen- und Vermögensbestände zu prüfen.

(3) [1] Der Vorstand des zu prüfenden Gebietsverbandes hat dem Prüfer schriftlich zu versichern, daß in dem Rechenschaftsbericht alle rechenschaftspflichtigen Einnahmen, Ausgaben und Vermögenswerte erfaßt sind. [2] Auf die Versicherung der Vorstände nachgeordneter Gebietsverbände kann Bezug ge-

[1] § 28 neu gef. mWv 1. 1. 2003 durch G v. 28. 6. 2002 (BGBl. I S. 2268); Abs. 3 angef. mWv 1. 1. 2004 durch G v. 22. 12. 2004 (BGBl. I S. 3673).
[2] **Schönfelder Nr. 50.**
[3] § 29 Abs. 1 neu gef. mWv 1. 1. 2003 durch G v. 28. 6. 2002 (BGBl. I S. 2268).

nommen werden. ³ Es genügt die Versicherung des für die Finanzangelegenheiten zuständigen Vorstandsmitgliedes.

§ 30¹⁾ Prüfungsbericht und Prüfungsvermerk. (1) Das Ergebnis der Prüfung ist in einem schriftlichen Prüfungsbericht niederzulegen, der dem Vorstand der Partei und dem Vorstand des geprüften Gebietsverbandes zu übergeben ist.

(2) ¹ Sind nach dem abschließenden Ergebnis der Prüfung keine Einwendungen zu erheben, so hat der Prüfer durch einen Vermerk zu bestätigen, daß nach pflichtgemäßer Prüfung auf Grund der Bücher und Schriften der Partei sowie der von den Vorständen erteilten Aufklärungen und Nachweise der Rechenschaftsbericht in dem geprüften Umfang (§ 29 Abs. 1) den Vorschriften dieses Gesetzes entspricht. ² Sind Einwendungen zu erheben, so hat der Prüfer in seinem Prüfungsvermerk die Bestätigung zu versagen oder einzuschränken. ³ Die geprüften Gebietsverbände sind im Prüfungsvermerk namhaft zu machen.

(3) Der Prüfungsvermerk ist auf dem einzureichenden Rechenschaftsbericht anzubringen und in vollem Wortlaut nach § 23 Abs. 2 Satz 3 mit zu veröffentlichen.

§ 31²⁾ Prüfer. (1) Ein Wirtschaftsprüfer oder vereidigter Buchprüfer darf nicht Prüfer sein, wenn er

1. ein Amt oder eine Funktion in der Partei oder für die Partei ausübt, oder in den letzten drei Jahren ausgeübt hat;

2. bei der Führung der Bücher oder der Aufstellung des zu prüfenden Rechenschaftsberichts über die Prüfungstätigkeit hinaus mitgewirkt hat;

3. gesetzlicher Vertreter, Arbeitnehmer, Mitglied des Aufsichtsrats oder Gesellschafter einer juristischen oder natürlichen Person oder einer Personengesellschaft oder Inhaber eines Unternehmens ist, sofern die juristische oder natürliche Person, die Personengesellschaft oder einer ihrer Gesellschafter oder das Einzelunternehmen nach Nummer 2 nicht Prüfer der Partei sein darf;

4. bei der Prüfung eine Person beschäftigt, die nach Nummer 1 bis 3 nicht Prüfer sein darf.

(2) Eine Wirtschaftsprüfungsgesellschaft oder Buchprüfungsgesellschaft darf nicht Prüfer sein, wenn

1. sie nach Absatz 1 Nr. 3 als Gesellschafter einer juristischen Person oder einer Personengesellschaft oder nach Absatz 1 Nr. 2 oder 4 nicht Prüfer sein darf;

2. einer ihrer gesetzlichen Vertreter oder einer ihrer Gesellschafter nach Absatz 1 Nr. 2 oder 3 nicht Prüfer sein darf.

(3) ¹ Die Prüfer, ihre Gehilfen und die bei der Prüfung mitwirkenden gesetzlichen Vertreter einer Prüfungsgesellschaft sind zu gewissenhafter und unparteiischer Wahrnehmung ihrer Aufgaben und zur Verschwiegenheit verpflichtet. ² § 323 des Handelsgesetzbuchs³⁾ gilt entsprechend.

¹⁾ § 30 Abs. 3 geänd. mWv 1. 1. 2003 durch G v. 28. 6. 2002 (BGBl. I S. 2268).
²⁾ § 31 neu gef. mWv 1. 7. 2002 durch G v. 28. 6. 2002 (BGBl. I S. 2268); Abs. 3 Satz 2 angef., bish. Wortlaut wird Satz 1 mWv 29. 12. 2004 durch G v. 22. 12. 2004 (BGBl. I S. 3673).
³⁾ **Schönfelder Nr. 50.**

Sechster Abschnitt.[1] Verfahren bei unrichtigen Rechenschaftsberichten sowie Strafvorschriften

§ 31a[1] Rückforderung der staatlichen Finanzierung. (1) [1]Soweit im Rechenschaftsbericht Zuwendungen (§ 18 Abs. 3 Satz 1 Nr. 3) zu Unrecht ausgewiesen worden sind und dadurch der Betrag der der Partei zustehenden staatlichen Mittel unrichtig festgesetzt worden ist, nimmt der Präsident des Deutschen Bundestages die gemäß § 19a Abs. 1 erfolgte Festsetzung der staatlichen Mittel zurück. [2]Dies gilt nicht, wenn die Berichtigung im Rechenschaftsbericht für das folgende Jahr erfolgt (§ 23a Abs. 5 Satz 3). [3]§ 48 Abs. 2 des Verwaltungsverfahrensgesetzes[2] findet keine Anwendung.

(2) Nach Ablauf der in § 24 Abs. 2 bestimmten Frist ist die Rücknahme ausgeschlossen.

(3) [1]Mit der Rücknahme setzt der Präsident des Deutschen Bundestages den von der Partei zu erstattenden Betrag durch Verwaltungsakt fest. [2]Ergibt sich im Zuge der weiteren staatlichen Finanzierung eine Verrechnungslage, ist der Unterschiedsbetrag mit der nächsten Abschlagszahlung an die Partei zu verrechnen.

(4) Die Festsetzungen und Zahlungen an die übrigen Parteien bleiben unverändert.

(5) Die Parteien sollen in die Satzungen Regelungen für den Fall aufnehmen, dass Maßnahmen nach Absatz 1 durch Landesverbände oder diesen nachgeordnete Gebietsverbände verursacht werden.

§ 31b[3] Unrichtigkeit des Rechenschaftsberichts. [1]Stellt der Präsident des Deutschen Bundestages im Rahmen seiner Prüfung nach § 23a Unrichtigkeiten im Rechenschaftsbericht fest, entsteht gegen die Partei ein Anspruch in Höhe des Zweifachen des den unrichtigen Angaben entsprechenden Betrages, soweit kein Fall des § 31c vorliegt. [2]Betreffen Unrichtigkeiten in der Vermögensbilanz oder im Erläuterungsteil das Haus- und Grundvermögen oder Beteiligungen an Unternehmen, beträgt der Anspruch 10 vom Hundert der nicht aufgeführten oder der unrichtig angegebenen Vermögenswerte. [3]Der Präsident stellt die Verpflichtung der Partei zur Zahlung des Betrages durch Verwaltungsakt fest. [4]§ 31a Abs. 2 bis 5 gilt entsprechend.

§ 31c[4] Rechtswidrig erlangte oder nicht veröffentlichte Spenden. [1]Hat eine Partei Spenden unter Verstoß gegen § 25 Abs. 2 angenommen und nicht gemäß § 25 Abs. 4 an den Präsidenten des Deutschen Bundestages weitergeleitet, entsteht gegen sie ein Anspruch in Höhe des Dreifachen des rechtswidrig erlangten Betrages; bereits abgeführte Spenden werden angerechnet. [2]Hat eine Partei Spenden nicht den Vorschriften dieses Gesetzes entsprechend im Rechenschaftsbericht veröffentlicht (§ 25 Abs. 3), entsteht gegen sie ein Anspruch in Höhe des Zweifachen des nicht den Vorschriften dieses

[1] 6. Abschnitt (§§ 31a und 31d) eingef. mWv 1.7.2002 durch G v. 28.6.2002 (BGBl. I S. 2268).
[2] Nr. **100**.
[3] § 31b eingef. mWv 1.1.2003 durch G v. 28.6.2002 (BGBl. I S. 2268).
[4] § 31c eingef. mWv 1.1.2003 durch G v. 28.6.2002 (BGBl. I S. 2268); Überschrift neu gef. mWv 29.12.2004 durch G v. 22.12.2004 (BGBl. I S. 3673); Abs. 2 aufgeh. mWv 1.1.2016 durch G v. 22.12.2015 (BGBl. I S. 2563).

Gesetzes entsprechend veröffentlichten Betrages. [3] Der Präsident stellt die Verpflichtung der Partei zur Zahlung des Betrages durch Verwaltungsakt fest. [4] § 31a Abs. 2 bis 5 gilt entsprechend.

§ 31d[1] Strafvorschriften. (1) [1] Wer in der Absicht, die Herkunft oder die Verwendung der Mittel der Partei oder des Vermögens zu verschleiern oder die öffentliche Rechenschaftslegung zu umgehen,

1. unrichtige Angaben über die Einnahmen oder über das Vermögen der Partei in einem beim Präsidenten des Deutschen Bundestages eingereichten Rechenschaftsbericht bewirkt oder einen unrichtigen Rechenschaftsbericht beim Präsidenten des Deutschen Bundestages einreicht oder

2. als Empfänger eine Spende in Teilbeträge zerlegt und verbucht oder verbuchen lässt oder

3. entgegen § 25 Abs. 1 Satz 3 eine Spende nicht weiterleitet,

wird mit Freiheitsstrafe bis zu drei Jahren oder mit Geldstrafe bestraft. [2] Nach Satz 1 wird nicht bestraft, wer unter den Voraussetzungen des § 23b Abs. 2 eine Selbstanzeige nach § 23b Abs. 1 für die Partei abgibt oder an der Abgabe mitwirkt.

(2) [1] Mit Freiheitsstrafe bis zu drei Jahren oder mit Geldstrafe wird bestraft, wer als Prüfer oder Gehilfe eines Prüfers über das Ergebnis der Prüfung eines Rechenschaftsberichts unrichtig berichtet, im Prüfungsbericht erhebliche Umstände verschweigt oder einen inhaltlich unrichtigen Bestätigungsvermerk erteilt. [2] Handelt der Täter gegen Entgelt oder in der Absicht, sich oder einen anderen zu bereichern oder einen anderen zu schädigen, so ist die Strafe Freiheitsstrafe bis zu fünf Jahren oder Geldstrafe.

Siebenter Abschnitt.[2] Vollzug des Verbots verfassungswidriger Parteien

§ 32[3] Vollstreckung. (1) [1] Wird eine Partei oder eine Teilorganisation einer Partei nach Artikel 21 Abs. 2 des Grundgesetzes[4] für verfassungswidrig erklärt, so treffen die von den Landesregierungen bestimmten Behörden im Rahmen der Gesetze alle Maßnahmen, die zur Vollstreckung des Urteils und etwaiger zusätzlicher Vollstreckungsregelungen des Bundesverfassungsgerichts erforderlich sind. [2] Die obersten Landesbehörden haben zu diesem Zweck unbeschränktes Weisungsrecht gegenüber den Behörden und Dienststellen des Landes, die für die Wahrung der öffentlichen Sicherheit oder Ordnung zuständig sind.

(2) Erstreckt sich die Organisation oder die Tätigkeit der Partei oder des für verfassungswidrig erklärten Teils der Partei über das Gebiet eines Landes hinaus, so trifft das Bundesministerium des Innern, für Bau und Heimat die für eine einheitliche Vollstreckung erforderlichen Anordnungen.

[1] 6. Abschnitt (§§ 31a und 31d) eingef. mWv 1.7.2002 durch G v. 28.6.2002 (BGBl. I S. 2268).
[2] *Bish. 6. Abschnitt wird 7. Abschnitt* mWv 1.7.2002 durch G v. 28.6.2002 (BGBl. I S. 2268).
[3] § 32 Abs. 2 und 5 Satz 2 geänd. mWv 27.6.2020 durch VO v. 19.6.2020 (BGBl. I S. 1328).
[4] Nr. 1.

(3) Das Bundesverfassungsgericht kann die Vollstreckung nach § 35 des Gesetzes über das Bundesverfassungsgericht[1] abweichend von den Vorschriften der Absätze 1 und 2 regeln.

(4) [1] Widerspruch und Anfechtungsklage gegen Vollstreckungsmaßnahmen haben keine aufschiebende Wirkung. [2] Betrifft ein verwaltungsgerichtliches Verfahren eine Frage, die für die Vollstreckung des Urteils von grundsätzlicher Bedeutung ist, so ist das Verfahren auszusetzen und die Entscheidung des Bundesverfassungsgerichts einzuholen. [3] Das Bundesverfassungsgericht entscheidet auch über Einwendungen gegen die Art und Weise der Durchführung der von ihm angeordneten besonderen Vollstreckungsmaßnahmen.

(5) [1] Im Falle der Vermögenseinziehung werden die §§ 10 bis 13 des Vereinsgesetzes[2] vom 5. August 1964 (BGBl. I S. 593) entsprechend angewendet. [2] Verbotsbehörde ist die oberste Landesbehörde, im Fall des Absatzes 2 das Bundesministerium des Innern, für Bau und Heimat.

§ 33 Verbot von Ersatzorganisationen. (1) Es ist verboten, Organisationen zu bilden, die verfassungswidrige Bestrebungen einer nach Artikel 21 Abs. 2 des Grundgesetzes[3] in Verbindung mit § 46 des Gesetzes über das Bundesverfassungsgericht[1] verbotenen Partei an deren Stelle weiter verfolgen (Ersatzorganisation) oder bestehende Organisationen als Ersatzorganisationen fortzuführen.

(2) Ist die Ersatzorganisation eine Partei, die bereits vor dem Verbot der ursprünglichen Partei bestanden hat oder im Bundestag oder in einem Landtag vertreten ist, so stellt das Bundesverfassungsgericht fest, daß es sich um eine verbotene Ersatzorganisation handelt; die §§ 38, 41, 43, 44 und 46 Abs. 3 des Gesetzes über das Bundesverfassungsgericht und § 32 dieses Gesetzes gelten entsprechend.

(3) Auf andere Parteien und auf Vereine im Sinne des § 2 des Vereinsgesetzes[2], die Ersatzorganisationen einer verbotenen Partei sind, wird § 8 Abs. 2 des Vereinsgesetzes entsprechend angewandt.

Achter Abschnitt.[4] Schlußbestimmungen

§ 34 (Änderung des Einkommensteuergesetzes)

§ 35 (Änderung des Körperschaftsteuergesetzes)

§ 36 (Anwendung steuerrechtlicher Vorschriften)

§ 37[5] Nichtanwendbarkeit einer Vorschrift des Bürgerlichen Gesetzbuchs. § 54 Satz 2 des Bürgerlichen Gesetzbuchs[6] wird bei Parteien nicht angewandt.

[1] Nr. **40**.
[2] Nr. **425**.
[3] Nr. **1**.
[4] Bish. 7. Abschnitt wird 8. Abschnitt mWv 1.7.2002 durch G v. 28.6.2002 (BGBl. I S. 2268).
[5] § 37 neu gef. mWv 1.7.2002 durch G v. 28.6.2002 (BGBl. I S. 2268).
[6] **Schönfelder Nr. 20.**

§ 38[1]) **Zwangsmittel.** (1) [1]Der Bundeswahlleiter kann den Vorstand der Partei zur Vornahme der Handlungen nach § 6 Abs. 3 durch ein Zwangsgeld anhalten. [2]Die Vorschriften des Verwaltungs-Vollstreckungsgesetzes[2]) gelten sinngemäß; der Bundeswahlleiter handelt insoweit als Vollstreckungs- und Vollzugsbehörde. [3]Die Höhe des Zwangsgeldes beträgt mindestens 250 Euro und höchstens 1 500 Euro.

(2) [1]Der Präsident des Deutschen Bundestages kann den Vorstand der Partei zur Einreichung eines Rechenschaftsberichts, der den Vorschriften des Fünften Abschnitts entspricht, durch ein Zwangsgeld anhalten. [2]Die Vorschriften des Verwaltungs-Vollstreckungsgesetzes gelten sinngemäß; der Präsident des Deutschen Bundestages handelt insoweit als Vollstreckungs- und Vollzugsbehörde. [3]Die Höhe des Zwangsgeldes beträgt mindestens 500 Euro und höchstens 10 000 Euro.

§ 39[3]) **Abschluss- und Übergangsregelungen.** (1) Landesgesetzliche Regelungen auf der Grundlage des bis zum 1. Januar 1994 geltenden § 22 Satz 1 dieses Gesetzes haben keine Geltung mehr.

(2) [1]Für die Berechnung der staatlichen Mittel nach § 18 Abs. 3 Nr. 3 sowie für die Errechnung der relativen Obergrenze sind bei den Festsetzungen für die Jahre 2003 und 2004 der Ausweis der Zuwendungen in den Rechenschaftsberichten gemäß § 24 Abs. 2 Nr. 1 und 2 dieses Gesetzes in der bis zum Ablauf des 31. Dezember 2002 geltenden Fassung zugrunde zu legen. [2]Gleiches gilt für die Erstellung der Rechenschaftsberichte über das Jahr 2002.

(3) [1]§ 23a Abs. 3 findet auf die Prüfung von Rechenschaftsberichten ab dem Rechenschaftsjahr 2002 Anwendung. [2]Rechenschaftsberichte für das Jahr 2003 können auf der Grundlage der §§ 24, 26, 26a und 28 in ihrer ab 1. Januar 2004 geltenden Fassung erstellt werden.

(4) [1]Sind bei der erstmaligen Anwendung des § 28 Abs. 2 in seiner ab 1. Januar 2003 geltenden Fassung die Anschaffungs- oder Herstellungskosten eines Vermögensgegenstandes nicht ohne unverhältnismäßige Kosten oder Verzögerungen feststellbar, so dürfen die Buchwerte dieser Vermögensgegenstände aus dem Rechenschaftsbericht für das Rechnungsjahr 2002 als ursprüngliche Anschaffungs- oder Herstellungskosten übernommen und fortgeführt werden. [2]Dasselbe gilt für Vermögensgegenstände, bei denen nach § 28 Abs. 2 keine planmäßigen Abschreibungen vorzunehmen sind, sofern die Buchwerte nach handelsrechtlichen Grundlagen ermittelt worden sind. [3]Im Erläuterungsteil ist hierauf hinzuweisen.

(Fortsetzung nächstes Blatt)

[1]) § 38 Satz 3 geänd. mWv 1.7.2002 durch G v. 28.6.2002 (BGBl. I S. 2268); Überschrift geänd., Abs. 2 angef. mWv 1.1.2016 durch G v. 22.12.2015 (BGBl. I S. 2563).
[2]) Nr. 112.
[3]) § 39 neu gef. mWv 1.7.2002 durch G v. 28.6.2002 (BGBl. I S. 2268); Abs. 3 Satz 2 und Abs. 4 angef. mWv 29.12.2004 durch G v. 22.12.2004 (BGBl. I S. 3673); Abs. 5 angef. mWv 1.1.2016 durch G v. 22.12.2015 (BGBl. I S. 2563).

(5) [1] § 2 Absatz 2 Satz 2 findet auf in der Frist des § 19 a Absatz 3 Satz 1 und 2 einzureichende Rechenschaftsberichte ab dem Rechenschaftsjahr 2016 Anwendung. [2] § 19 a Absatz 4 Satz 2 findet auf in der Frist des § 19 a Absatz 3 Satz 1 und 2 einzureichende Rechenschaftsberichte ab dem Rechenschaftsjahr 2015 Anwendung. [3] Für die Berechnung des Gesamtwertes der Zuwendungen nach § 25 Absatz 3 Satz 1 sind für das Rechenschaftsjahr 2015 Zuwendungen gemäß § 25 Absatz 3 Satz 1 in der bis zum Ablauf des 31. Dezember 2015 geltenden Fassung zugrunde zu legen.

§ 40[1] *(aufgehoben)*

§ 41 (Inkrafttreten)

[1] § 40 aufgeh. mWv 1. 7. 2002 durch G v. 28. 6. 2002 (BGBl. I S. 2268).

60. Gesetz über Titel, Orden und Ehrenzeichen

Vom 26. Juli 1957

(BGBl. I S. 844)

FNA 1132-1

geänd. durch Art. 5 OrdnungswidrigkeitenG v. 24.5.1968 (BGBl. I S. 503), Art. 16 Erstes G zur Reform des Strafrechts (1. StrRG) v. 25.6.1969 (BGBl. I S. 645), Art. 33 EinführungsG zum Strafgesetzbuch (EGStGB) v. 2.3.1974 (BGBl. I S. 469), Art. 33 Erstes RechtsbereinigungsG v. 24.4.1986 (BGBl. I S. 560), Vertrag vom 31. August 1990 zwischen der Bundesrepublik Deutschland und der Deutschen Demokratischen Republik über die Herstellung der Einheit Deutschlands v. 31.8.1990 (BGBl. II S. 885), JustizmitteilungsG und G zur Änd. kostenrechtlicher Vorschriften und anderer Gesetze (JuMiG) v. 18.6.1997 (BGBl. I S. 1430), Art. 10 Erstes G über die Bereinigung von Bundesrecht im Zuständigkeitsbereich des BMI v. 19.2.2006 (BGBl. I S. 334) und Art. 14 Elfte ZuständigkeitsanpassungsVO v. 19.6.2020 (BGBl. I S. 1328)

Der Bundestag hat mit Zustimmung des Bundesrates das folgende Gesetz beschlossen:

Erster Abschnitt. Grundsätze für die Verleihung von Titeln, Orden und Ehrenzeichen

§ 1 Grundsatz. (1) Für besondere Verdienste um die Bundesrepublik Deutschland können Titel, Orden und Ehrenzeichen des Bundes nach Maßgabe dieses Gesetzes verliehen werden.

(2) Die Befugnisse der Länder, Titel, Orden und Ehrenzeichen zu verleihen, werden duch dieses Gesetz nicht berührt.

§ 2 Titel. (1) [1] Titel werden durch den Bundespräsidenten verliehen, soweit gesetzlich nichts anderes bestimmt ist. [2] Die Bezeichnung der Titel und die Voraussetzungen ihrer Verleihung werden durch Gesetz festgelegt.

(2) Akademische Grade sowie Amts– und Berufsbezeichnungen werden durch dieses Gesetz nicht berührt.

§ 3 Orden und Ehrenzeichen [1)2)]. (1) [1] Orden und Ehrenzeichen können nur vom Bundespräsidenten oder mit seiner Genehmigung gestiftet und verliehen werden. [2] Der Stiftungserlaß sowie die Genehmigung sind im Bundesgesetzblatt zu verkünden.

(2) Auszeichnungen für sportliche Leistungen können durch den Bundespräsidenten als Ehrenzeichen im Sinne dieses Gesetzes anerkannt werden.

(3) [1] Die mit einer öffentlichen Dienststellung oder akademischer Würde verbundenen äußeren Abzeichen werden durch dieses Gesetz nicht berührt. [2] Das gleiche gilt für Abzeichen, die lediglich die Zugehörigkeit zu einer Vereinigung, die Teilnahme an einer Versammlung oder sonstigen Veranstaltung kennzeichnen oder als Anerkennung für eine Leistung oder für eine Geld-

[1)] Siehe hierzu ua den Erl. über die Stiftung des „Verdienstordens der Bundesrepublik Deutschland" v. 7.9.1951 (BGBl. I S. 831) mit Statut v. 8.12.1955 (BGBl. I S. 749), zuletzt geänd. durch Erlass v. 29.1.1979 (BGBl. I S. 142) idF v. 8.12.1955 (BGBl. I S. 749, geänd. durch Erl. v. 29.1.1979, BGBl. I S. 142), den Erlaß über die Stiftung des „Ehrenzeichens der Bundeswehr" v. 29.10.1980 (BGBl. I S. 2053) v. 29.10.1980 (BGBl. I S. 2053) und den Erlass über die Anerkennung als Ehrenzeichen v. 10.10.2014 (BGBl. I S. 1619).

[2)] Zu von der DDR verliehenen Auszeichnungen siehe Anm. zu § 16.

spende bestimmt sind, sofern sie nicht nach ihrer äußeren Form oder Trageweise den nach Absatz 1 gestifteten oder nach Absatz 2 und § 6 anerkannten Orden und Ehrenzeichen zum Verwechseln ähnlich sind.

§ 4[1] Entziehung. (1) [1]Erweist sich ein Beliehener durch sein Verhalten, insbesondere durch Begehen einer entehrenden Straftat, des verliehenen Titels oder der verliehenen Auszeichnung unwürdig oder wird ein solches Verhalten nachträglich bekannt, so kann ihm der Verleihungsberechtigte den Titel oder die Auszeichnung entziehen und die Einziehung der Verleihungsurkunde anordnen. [2]Für Klagen gegen die Entziehung eines Titels oder einer Auszeichnung und die Einziehung der Verleihungsurkunde ist der Verwaltungsrechtsweg gegeben. [3]Soweit Anordnungen des Bundespräsidenten angefochten werden, ist die Klage gegen den Bundesminister des Innern, für Bau und Heimat zu richten.

(2) Erkennt ein Gericht
1. auf eine Freiheitsstrafe von mindestens einem Jahr wegen eines Verbrechens,
2. auf eine Freiheitsstrafe von mindestens sechs Monaten wegen einer vorsätzlichen Tat, die nach den Vorschriften über Friedensverrat, Hochverrat, Gefährdung des demokratischen Rechtsstaates, Landesverrat oder Gefährdung der äußeren Sicherheit strafbar ist, oder
3. auf Aberkennung der Fähigkeit, öffentliche Ämter zu bekleiden,

und ergibt sich aus dem Strafurteil, daß der Verurteilte Inhaber von Titeln, Orden oder Ehrenzeichen ist, die nach dem 8. Mai 1945 verliehen worden sind, so teilt die Strafverfolgungs- oder Strafvollstreckungsbehörde die Verurteilung mit, sobald sie rechtskräftig ist.

(3) [1]Die Mitteilung ist zu richten
1. bei Titeln, Orden oder Ehrenzeichen, die von einer Stelle innerhalb des Geltungsbereichs dieses Gesetzes verliehen worden sind, an den Verleihungsberechtigten,
2. bei Titeln, Orden oder Ehrenzeichen, die von einem ausländischen Staatsoberhaupt, einer ausländischen Regierung oder einer anderen Stelle außerhalb des Geltungsbereichs dieses Gesetzes verliehen worden sind, an das Bundespräsidialamt.

[2]Die Mitteilung umfaßt den Urteilstenor sowie den verliehenen Titel oder die verliehene Auszeichnung. [3]Der Empfänger der Mitteilung kann auch die Mitteilung der Urteilsgründe verlangen, soweit die Mitteilung des Urteilstenors für seine Entscheidung nicht ausreicht.

§ 5[2] Genehmigung der Annahme. (1) [1]Ein Deutscher darf Titel, Orden und Ehrenzeichen von einem ausländischen Staatsoberhaupt oder einer ausländischen Regierung nur mit Genehmigung des Bundespräsidenten annehmen. [2]Dieser Genehmigung bedarf auch, wer nach dem 8. Mai 1945 einen ausländischen Titel, einen ausländischen Orden oder ein ausländisches Ehrenzeichen erhalten hat und den Titel zu führen oder die Auszeichnung zu tragen be-

[1] § 4 Satz 4 aufgeh. durch G v. 25.6.1969 (BGBl. I S. 645), bish. Wortlaut wird Abs. 1, Abs. 2 und Abs. 3 angef. durch G v. 18.6.1997 (BGBl. I S. 1430); Abs. 1 Satz 3 geänd. mWv 27.6.2020 durch VO v. 19.6.2020 (BGBl. I S. 1328).
[2] § 5 Abs. 1 letzter Halbsatz geänd. durch G v. 25.6.1969 (BGBl. I S. 645).

absichtigt. [3]Die Genehmigung kann widerrufen werden; § 4 Satz 2 und 3 gilt entsprechend.

(2) Das gleiche gilt für die Annahme von Titeln, Orden und Ehrenzeichen, die von anderen Stellen außerhalb des Geltungsbereichs dieses Gesetzes verliehen werden.

Zweiter Abschnitt. Besondere Vorschriften für früher verliehene Orden und Ehrenzeichen[1)]

§ 6[2)] Früher verliehene Auszeichnungen. (1) Außer den nach Maßgabe dieses Gesetzes verliehenen Orden und Ehrenzeichen dürfen getragen werden

1. Orden und Ehrenzeichen, die von einem Landesherrn, dem Kaiser, einer Landesregierung, der Reichsregierung, dem Reichspräsidenten und dem Bundespräsidenten oder mit deren Genehmigung gestiftet worden sind, sowie das Schlesische Bewährungsabzeichen (Schlesischer Adler) und das Baltenkreuz. Soweit die Auszeichnungen in der Zeit vom 30. Januar 1933 bis zum 8. Mai 1945 mit nationalsozialistischen Emblemen verliehen worden sind, dürfen sie nur in der ursprünglichen Form getragen werden;

2. Orden und Ehrenzeichen, die vom 1. August 1934 bis zum 31. August 1939 für Verdienste um die Olympischen Spiele 1936, um den Luftschutz, das Feuerwehrwesen und das Grubenwehrwesen gestiftet worden sind, sowie die in dieser Zeit gestifteten Dienstauszeichnungen und Treudienstehrenzeichen. Sie dürfen nur ohne nationalsozialistische Embleme getragen werden; für ihre Form sind die von der Bundesregierung bestimmten und im Bundesministerium des Innern, für Bau und Heimat verwahrten Muster[*)] maßgebend;

3. Orden und Ehrenzeichen, die vom 1. September 1939 bis zum 8. Mai 1945 von den zuständigen deutschen Stellen für Verdienste im zweiten Weltkrieg gestiftet worden sind, einschließlich der Waffenabzeichen und des Verwundetenabzeichens. Nummer 2 Satz 2 gilt entsprechend;

4. Orden und Ehrenzeichen, die von einem ausländischen Staatsoberhaupt oder einer ausländischen Regierung verliehen worden sind, wenn die Annahme genehmigt worden ist. Das gleiche gilt für Auszeichnungen ehemals verbündeter Länder für Verdienste im ersten und zweiten Weltkrieg, auch soweit eine Genehmigung zur Annahme nicht erteilt oder widerrufen worden ist.

(2) [1]Orden und Ehrenzeichen, die in Absatz 1 nicht aufgeführt sind, sowie Abzeichen mit nationalsozialistischen Emblemen dürfen nicht getragen werden. [2]Sie dürfen weder hergestellt noch angeboten, feilgehalten, verkauft oder sonst in Verkehr gebracht werden.

(3) [1]*Der Bundespräsident kann die Berechtigung, Auszeichnungen ehemals verbündeter Länder für Verdienste im ersten und zweiten Weltkrieg zu tragen (Absatz 1 Nr. 4 Satz 2), entziehen.* [2]§ 4 Satz 2 und 3 gilt entsprechend.

[1)] Zu von der DDR verliehenen Auszeichnungen siehe Anm. zu § 16.
[2)] § 6 Abs. 3 Satz 2 geänd. durch G v. 25.6.1969 (BGBl. I S. 645); Abs. 1 Nr. 2 Satz 2 und Fußnote geänd. mWv 27.6.2020 durch VO v. 19.6.2020 (BGBl. I S. 1328).
[*)] **Amtl. Anm.:** Muster und Herstellungsvorschriften können vom Bundesministerium des Innern, für Bau und Heimat bezogen werden.

§ 7[1] Verwundetenabzeichen des zweiten Weltkrieges. (1) Das Verwundetenabzeichen des zweiten Weltkrieges kann von jedem, der eine Verletzung durch Kriegseinwirkungen nachweisen kann, in der Stufe getragen werden, die in der Verordnung über die Stiftung eines Verwundetenabzeichens vom 1. September 1939 (Reichsgesetzbl. I S. 1577) und den hierzu ergangenen Ausführungsbestimmungen nach Anzahl oder Schwere der Verwundungen oder Beschädigungen vorgesehen ist.

(2) Der Bundesminister des Innern, für Bau und Heimat wird ermächtigt, durch Rechtsverordnung[2] mit Zustimmung des Bundesrates zu bestimmen, wie der Nachweis der Verwundungen oder Beschädigungen zu führen ist.

Dritter Abschnitt. Besitznachweis

§ 8 Verleihungsurkunde, Besitzzeugnis. Orden und Ehrenzeichen dürfen, soweit §§ 7 und 10 nicht Abweichungen zulassen, nur getragen werden, wenn sie von der zur Verleihung befugten Stelle ordnungsgemäß verliehen worden sind und der Beliehene hierüber, soweit die Stiftungsurkunde nichts Gegenteiliges bestimmt, eine Verleihungsurkunde, ein Besitzzeugnis oder ein vorläufiges Besitzzeugnis innehat.

§ 9[3] Ersatzurkunde. (1) Soweit Verleihungsurkunden oder Besitzzeugnisse über Orden und Ehrenzeichen, die vor dem 8. Mai 1945 verliehen wurden, verlorengegangen sind, ist für den Berechtigten auf Antrag, sofern nicht auf Grund der vorhandenen Unterlagen eine Zweitausfertigung der Verleihungsurkunde oder des Besitzzeugnisses ausgestellt werden kann, eine Bescheinigung darüber auszustellen, daß der Antragsteller die Verleihung der betreffenden Auszeichnung glaubhaft nachgewiesen hat (Ersatzurkunde).

(2) [1] Voraussetzung für die Ausstellung einer Ersatzurkunde gemäß Absatz 1 ist, daß die Verleihung der Auszeichnung nachgewiesen wird. [2] Die Art des Nachweises und das Verfahren der Ausstellung einer Ersatzurkunde regelt der Bundesminister des Innern, für Bau und Heimat durch Rechtsverordnung[2], die der Zustimmung des Bundesrates bedarf.

(3) Die Ersatzurkunde nach Absatz 1 hat im Rechtsverkehr dieselbe Wirkung wie die Verleihungsurkunde oder das Besitzzeugnis.

(4) Die Länder bestimmen die für die Ausstellung von Ersatzurkunden zuständigen Behörden.

§ 10[4] Sonderbestimmungen für vor dem 8. Mai 1945 verliehene Auszeichnungen. (1) [1] Als Besitznachweis für Orden und Ehrenzeichen, die vor dem 8. Mai 1945 verliehen worden sind, gilt auch die ordnungsgemäße Eintragung der Verleihung in den Militärdienstzeitbescheinigungen, Wehrpässen und Soldbüchern sowie in anderen Militärpapieren mit Beglaubigungsvermerk. [2] Der Bundesminister des Innern, für Bau und Heimat wird ermächtigt, durch Rechtsverordnung[2], die der Zustimmung des Bundesrates bedarf, zu bestim-

[1] § 7 Abs. 2 geänd. mWv 27.6.2020 durch VO v. 19.6.2020 (BGBl. I S. 1328).
[2] Siehe hierzu ua die VO über den Besitznachweis für Orden und Ehrenzeichen und den Nachweis für Verwundungen und Beschädigungen v. 6.5.1959 (BGBl. I S. 247), zuletzt geänd. durch VO v. 19.6.2020 (BGBl. I S. 1328).
[3] § 9 Abs. 2 Satz 2 geänd. mWv 27.6.2020 durch VO v. 19.6.2020 (BGBl. I S. 1328).
[4] § 10 Abs. 1 Satz 2 geänd. mWv 27.6.2020 durch VO v. 19.6.2020 (BGBl. I S. 1328).

men, daß auch Bescheinigungen anderer Art als Besitznachweis gelten, und die Stellen zu bezeichnen, die solche Bescheinigungen ausstellen; er kann dabei bestimmen, daß für die Ausstellung von Bescheinigungen durch Bundesbehörden Gebühren erhoben werden, die im Einzelfall höchstens zehn Deutsche Mark betragen dürfen.

(2) Sind Verleihungsurkunden, Besitzzeugnisse oder andere in Absatz 1 genannte Besitznachweise für Orden und Ehrenzeichen, die vor dem 8. Mai 1945 verliehen worden sind, verlorengegangen, so dürfen diese Auszeichnungen auch ohne Besitzzeugnis getragen werden, wenn die Verleihung in anderer Weise nachgewiesen werden kann.

Vierter Abschnitt. Ehrensold

§ 11[1] *(aufgehoben)*

Fünfter Abschnitt. Gemeinsame Bestimmungen

§ 12 Trageweise. (1) Orden und Ehrenzeichen sowie sonstige Auszeichnungen, die am Bande zu tragen sind, werden an der Ordensschnalle auf der linken Brustseite von rechts nach links in folgender Reihenfolge angebracht:

1. Verdienstorden der Bundesrepublik Deutschland,

2. Rettungsmedaille am Bande,

3. Eisernes Kreuz 1914,

4. Eisernes Kreuz 1939,

5. Orden und Ehrenzeichen für Verdienste im ersten Weltkrieg in der Reihenfolge ihrer Verleihung,

6. Ehrenkreuz des ersten Weltkrieges,

7. Kriegsverdienstkreuz 1939,

8. sonstige Auszeichnungen für Verdienste im zweiten Weltkrieg in der Reihenfolge ihrer Verleihung,

9. weitere deutsche Auszeichnungen in der Reihenfolge ihrer Verleihung,

10. staatlich genehmigte Auszeichnungen in der Reihenfolge ihrer Verleihung,

11. ausländische Auszeichnungen in der Reihenfolge ihres Klassenverhältnisses.

(2) Für die Trageweise von Orden, Ehrenzeichen sowie sonstigen Auszeichnungen, die nach dem Stiftungserlaß am Schulterband, am Hals oder ohne Band auf der Brust getragen werden, bleiben die Bestimmungen der Stiftungserlasse maßgebend.

(3) Orden und Ehrenzeichen dürfen auch in verkleinerter Form getragen werden.

[1] § 11 aufgeh. mWv 23.2.2006 durch G v. 19.2.2006 (BGBl. I S. 334).

§ 13 Rückgabe von Orden und Ehrenzeichen. (1) Orden und Ehrenzeichen verbleiben nach dem Tode des Inhabers im Besitz der Hinterbliebenen, soweit im Stiftungserlaß nichts anderes bestimmt ist.

(2) Ausländische Orden und Ehrenzeichen werden von dieser Vorschrift nicht berührt.

§ 14[1) Vertrieb. (1) Orden und Ehrenzeichen – auch in verkleinerter Form – und die dazugehörigen Bänder dürfen Privatpersonen gegen Entgelt nur nach Vorlegung eines ordnungsmäßigen Nachweises (§§ 8, 9) überlassen werden.

(2) [1]Absatz 1 gilt nicht für Orden und Ehrenzeichen, die vor dem 8. Mai 1945 verliehen worden sind (§ 10). [2]Die zuständige Landesbehörde kann darüber hinaus demjenigen, der ein berechtigtes Interesse nachweist, eine Genehmigung zum Erwerb auch der übrigen Orden und Ehrenzeichen ohne Vorlegung eines nach §§ 8 und 9 erforderlichen Besitznachweises erteilen.

Sechster Abschnitt.[2) Bußgeld– und Schlußbestimmungen

§ 15[3) Ordnungswidrigkeiten. (1) Ordnungswidrig handelt, wer

1. unbefugt inländische oder ausländische Orden oder Ehrenzeichen, auch in verkleinerter Form, oder dazugehörige Bänder trägt oder

2. eine Auszeichnung, die in § 6 nicht aufgeführt ist, oder ein dazugehöriges Band öffentlich trägt.

(Fortsetzung nächstes Blatt)

[1]) § 14 Abs. 1 aufgeh., bish. Abs. 2 wurde Abs. 1 u. neugef., bish. Abs. 3 wurde Abs. 2 und geänd. durch G v. 24.4.1986 (BGBl. I S. 560).
[2]) Überschrift neugef. durch G v. 2.3.1974 (BGBl. I S. 469).
[3]) *Bish. §§ 15 bis 16a werden durch neuen § 15 ersetzt durch G v. 2.3.1974 (BGBl. I S. 469), § 15 Abs. 2 Nr. 1 aufgeh., bish. Nr. 2 wird Nr. 1 und neugef., bish. Nrn. 3 und 4 werden Nrn. 2 und 3, Abs. 5 geänd. durch G v. 24.4.1986 (BGBl. I S. 560).

(2) Ordnungswidrig handelt auch, wer

1. entgegen § 14 Abs. 1 Orden, Ehrenzeichen oder dazugehörige Bänder einer Privatperson überläßt,

2. eine Auszeichnung, die in § 6 nicht aufgeführt ist, oder ein dazugehöriges Band herstellt oder in Verkehr bringt oder

3. Abzeichen mit nationalsozialistischen Emblemen herstellt.

(3) Den in den Ansätzen 1 und 2 genannten Auszeichnungen oder Bändern stehen solche gleich, die ihnen zum Verwechseln ähnlich sind.

(4) Die Ordnungswidrigkeit kann mit einer Geldbuße bis zu zehntausend Deutsche Mark geahndet werden.

(5) Gegenstände, auf die sich die Ordnungswidrigkeit bezieht, und Gegenstände, die zur Herstellung der in Absatz 2 Nr. 2 oder 3 genannten Auszeichnungen, Bänder oder Abzeichen gebraucht worden oder bestimmt gewesen sind, können eingezogen werden.

§ 16.[1) · 2)] [1] Bis zum Zeitpunkt des Wirksamwerdens des Beitritts bestehende Ansprüche aus verliehenen staatlichen Auszeichnungen der Deutschen Demokratischen Republik sind erloschen. [2] Ansprüche aus solchen Auszeichnungen können vom Zeitpunkt des Wirksamwerdens des Beitritts an nicht mehr geltend gemacht werden.

§ 16a.[1)] *(aufgehoben)*

§ 17.[3)] *(hier nicht abgedruckt)*

§ 18 Berlin–Klausel. *(gegenstandslos)*

§ 19 Inkrafttreten. Das Gesetz tritt am Tage nach seiner Verkündung,[4)] § 11 mit Wirkung vom 1. Oktober 1956 in Kraft.

[1)] §§ 16 u. 16a aufgeh. durch G v. 2. 3. 1974 (BGBl. I S. 469).

[2)] § 16 erneut eingef. durch EVertr. v. 31. 8. 1990 (BGBl. II S. 889, 910).
Siehe hierzu den Protokollvermerk der Bundesrepublik Deutschland und der Deutschen Demokratischen Republik im Einigungsvertrag:
„Von der Deutschen Demokratischen Republik verliehene Auszeichnungen können weiter geführt oder getragen werden, es sei denn, daß dadurch der ordre public der Bundesrepublik Deutschland verletzt wird. Das gleiche gilt für von der Deutschen Demokratischen Republik zur Annahme genehmigte ausländische Auszeichnungen."

[3)] § 17 Aufhebungsvorschrift.

[4)] Das Gesetz wurde am 5. 8. 1957 verkündet.

70. Gesetz über die Verkündung von Rechtsverordnungen und Bekanntmachungen (Verkündungs- und Bekanntmachungsgesetz – VkBkmG) [1)2)]

Vom 30. Januar 1950
(BGBl. I S. 23)

FNA 114-1

geänd. durch Art. 8 Drittes RechtsbereinigungsG v. 28.6.1990 (BGBl. I S. 1221), Art. 4 Elftes LuftverkehrsG-ÄndG v. 25.8.1998 (BGBl. I S. 2432, ber. S. 3127), Art. 4 Siebente ZuständigkeitsanpassungsVO v. 29.10.2001 (BGBl. I S. 2785), Art. 6 Neunte ZuständigkeitsanpassungsVO v. 31.10.2006 (BGBl. I S. 2407), Art. 1 G zur Änd. von Vorschriften über Verkündung und Bekanntmachungen sowie der ZPO, des EGZPO und der AO v. 22.12.2011 (BGBl. I S. 3044), Art. 10 Zehnte ZuständigkeitsanpassungsVO v. 31.8.2015 (BGBl. I S. 1474), Art. 1 WSV-ZuständigkeitsanpassungsG v. 24.5.2016 (BGBl. I S. 1217), Art. 11 Abs. 1 eIDAS-DurchführungsG v. 18.7.2017 (BGBl. I S. 2745) und Art. 3 G zur Änd. beförderungsrechtlicher Vorschriften im Eisenbahnbereich v. 11.6. 2019 (BGBl. I S. 754)

Der Bundestag hat das folgende Gesetz beschlossen:

Abschnitt 1[3)]. Verkündungen und Bekanntmachungen des Bundes

§ 1[4)] Amtliche Verkündungs- und Bekanntmachungsorgane des Bundes. (1) Neben dem Bundesgesetzblatt dienen der Bundesanzeiger und das Verkehrsblatt der Verkündung von Rechtsverordnungen des Bundes sowie der Veröffentlichung amtlicher Bekanntmachungen.

(2) Die Herausgabe eigener Bekanntmachungsorgane durch die Behörden des Bundes für Bekanntmachungen innerhalb ihres Zuständigkeitsbereichs bleibt unberührt.

§ 2[5)] Verkündung von Rechtsverordnungen. (1) Rechtsverordnungen des Bundes werden im Bundesgesetzblatt oder im Bundesanzeiger verkündet; sie werden vorbehaltlich anderer gesetzlicher Regelung im Bundesanzeiger verkündet, wenn der Verordnungsgeber feststellt, dass ihr unverzügliches Inkrafttreten wegen Gefahr im Verzug oder zur Durchführung oder Umsetzung von Rechtsakten der Europäischen Union erforderlich ist[6)].

[1)] Titel geänd. mWv 1.4.2012 durch G v. 22.12.2011 (BGBl. I S. 3044).
[2)] Siehe auch das G über vereinfachte Verkündungen und Bekanntgaben (Nr. **71**).
[3)] Überschrift eingef. mWv 1.4.2012 durch G v. 22.12.2011 (BGBl. I S. 3044).
[4)] § 1 eingef. mWv 1.4.2012 durch G v. 22.12.2011 (BGBl. I S. 3044); Abs. 1 geänd. mWv 1.9.2019 durch G v. 11.6.2019 (BGBl. I S. 754).
[5)] Früherer § 1 Abs. 2 geänd. durch G v. 25.8.1998 (BGBl. I S. 2432); Abs. 2 geänd. mWv 7.11.2001 durch VO v. 29.10.2001 (BGBl. I S. 2785); Abs. 2 geänd. mWv 8.11.2006 durch VO v. 31.10.2006 (BGBl. I S. 2407); bish. § 1 wird § 2, Überschrift und Abs. 2 eingef., Abs. 1 neu gef., bish. Abs. 2 wird Abs. 3 und geänd. mWv 1.4.2012 durch G v. 22.12.2011 (BGBl. I S. 3044); Abs. 2 geänd. mWv 1.6.2016 durch G v. 24.5.2016 (BGBl. I S. 1217).
[6)] Abweichend von § 2 Abs. 1 können Rechtsverordnungen nach dem Direktzahlungen-Durchführungsgesetz v. 9.7.2014 (BGBl. I S. 897), zuletzt geänd. durch G v. 21.10.2016 (BGBl. I S. 2370) im Bundesanzeiger verkündet werden, vgl. § 28 dieses G.

(2) Rechtsverordnungen der Wasserstraßen- und Schifffahrtsverwaltung des Bundes können im Verkehrsblatt verkündet werden.

(3) Auf Rechtsverordnungen, die im Bundesanzeiger oder im Verkehrsblatt verkündet werden, ist unter Angabe der Stelle ihrer Veröffentlichung und des Tages ihres Inkrafttretens nachrichtlich im Bundesgesetzblatt hinzuweisen.

§ 3[1] Verkündung von Verkehrstarifen. (1) Die vom Bundesministerium für Verkehr und digitale Infrastruktur festgesetzten oder genehmigten Verkehrstarife einschließlich der Tarife der Spedition und Lagerei und der Abgabentarife der Schiffahrt können im Verkehrsblatt verkündet werden.

(2) Der volle Wortlaut des Tarifes braucht nicht verkündet zu werden, sofern die genaue Bezeichnung des Tarifes, seine letzte Änderung, die Bezugsquelle und das Datum des Inkrafttretens sowie bei einem befristeten Tarif das Datum des Außerkrafttretens verkündet werden.

§ 4[2] Inkrafttreten der Rechtsverordnungen und Verkehrstarife.

(1) Rechtsverordnungen treten, falls sie nichts anderes bestimmen, mit dem vierzehnten Tag nach Ablauf des Tages in Kraft, an dem sie im Verkündungsorgan veröffentlicht worden sind.

(2) Zu dem gleichen Zeitpunkt treten auch Verkehrstarife in Kraft, falls nichts anderes bestimmt ist.

Abschnitt 2[3]. Verkündungen und Bekanntmachungen im Bundesanzeiger

§ 5[4] Bundesanzeiger. (1) [1]Der Bundesanzeiger wird vom Bundesministerium der Justiz und für Verbraucherschutz elektronisch herausgegeben. [2]Er ist im Internet unter der Adresse www.bundesanzeiger.de vollständig und dauerhaft zur Abfrage bereitzuhalten. [3]Jede Veröffentlichung des Bundesanzeigers weist auf diese Adresse hin.

(2) [1]Der Bundesanzeiger enthält einen amtlichen Teil. [2]Der amtliche Teil ist bestimmt für

1. die Verkündung von Rechtsverordnungen nach § 2 Absatz 1;
2. sonstige amtliche Bekanntmachungen, Ausschreibungen und Hinweise der Behörden des Bundes und der Länder.

[1] Früherer § 2 Abs. 3 neu gef. durch G v. 28.6.1990 (BGBl. I S. 1221); Abs. 2 neu gef. durch G v. 25.8.1998 (BGBl. I S. 2432); Abs. 2 geänd. mWv 7.11.2001 durch VO v. 29.10.2001 (BGBl. I S. 2785); Abs. 2 geänd. mWv 8.11.2006 durch VO v. 31.10.2006 (BGBl. I S. 2407); bish. § 2 wird § 3, Überschrift eingef., Abs. 2 und 3 geänd. mWv 1.4.2012 durch G v. 22.12.2011 (BGBl. I S. 3044); Abs. 2 geänd. mWv 8.9.2015 durch VO v. 31.8.2015 (BGBl. I S. 1474); Abs. 1 aufgeh., bish. Abs. 2 und 3 werden Abs. 1 und 2, Abs. 1 geänd. mWv 1.9.2019 durch G v. 11.6.2019 (BGBl. I S. 754).
[2] Bish. § 3 wird § 4, Überschrift eingef., Abs. 1 und 2 geänd. mWv 1.4.2012 durch G v. 22.12.2011 (BGBl. I S. 3044).
[3] Überschrift eingef. mWv 1.4.2012 durch G v. 22.12.2011 (BGBl. I S. 3044).
[4] § 5 neu gef. mWv 1.4.2012 durch G v. 22.12.2011 (BGBl. I S. 3044); Abs. 1 Satz 1 geänd. mWv 8.9.2015 durch VO v. 31.8.2015 (BGBl. I S. 1474).

[3] Der Bundesanzeiger kann weitere Teile für andere Bekanntmachungen enthalten.

§ 6[1) Zugang zum Bundesanzeiger. (1) Der amtliche Teil des Bundesanzeigers ist für jedermann jederzeit frei zugänglich.

(2) Veröffentlichungen im amtlichen Teil des Bundesanzeigers können von jedermann unentgeltlich ausgedruckt und gespeichert werden.

(3) [1] Ausdrucke einzelner Veröffentlichungen des Bundesanzeigers können gegen angemessenes Entgelt beim Betreiber des Bundesanzeigers bezogen werden. [2] Auf die Bezugsmöglichkeit ist im Bundesanzeiger deutlich hinzuweisen.

(4) Im Bundesanzeiger ist ein kostenfreier Dienst anzubieten, der Nutzer über neu erscheinende Ausgaben des amtlichen Teils des Bundesanzeigers und deren Inhalt sowie über das Erscheinen gedruckter Anlagenbände und deren Bezugsmöglichkeit gemäß Absatz 3 selbsttätig elektronisch informiert; Nutzer haben hierfür lediglich die Adresse ihres elektronischen Postfachs anzugeben.

§ 7[2) Sicherheitsanforderungen. (1) Der Verkündung im Bundesanzeiger müssen Dokumente zugrunde gelegt werden, aus denen sich die Ausfertigung durch den Verordnungsgeber eindeutig ergibt.

(2) [1] Zur Verkündung oder Bekanntmachung im amtlichen Teil des Bundesanzeigers muss ein Dokument in einem ständig und dauerhaft verfügbaren und lesbaren Format vorgelegt werden. [2] Die inhaltliche Übereinstimmung eines solchen Dokuments mit der Ausfertigung der Rechtsverordnung oder mit dem der Bekanntmachung zugrunde liegenden Original muss gewährleistet sein. [3] Nachträgliche inhaltliche Veränderungen eines Dokuments nach Satz 1 sind unzulässig; durch technische Vorkehrungen muss sichergestellt sein, dass solche Veränderungen zuverlässig erkennbar sind.

(3) [1] Sobald ein Dokument nach Absatz 2 verkündet oder bekannt gemacht ist, muss es zeitnah in einem gesonderten, nicht für die Allgemeinheit zugänglichen informationstechnischen System archiviert werden. [2] Die Archivierung muss den Verkündungs- oder Bekanntmachungszeitpunkt dokumentieren. [3] § 15 des Vertrauensdienstegesetzes gilt für die archivierten Dokumente entsprechend.

§ 8[3) Ersatzverkündung, Ersatzbekanntmachung. (1) Ist die elektronische Bereitstellung oder Bereithaltung des Bundesanzeigers nicht nur kurzzeitig unmöglich, müssen Verkündungen und Bekanntmachungen auf andere dauerhaft allgemein zugängliche Weise erfolgen (Ersatzverkündung, Ersatzbekanntmachung); § 7 gilt entsprechend.

(2) [1] Im Fall des Absatzes 1 kann der Bundesanzeiger in gedruckter Form herausgegeben werden. [2] Er ist nach einem zuvor vom Bundesministerium der Justiz und für Verbraucherschutz im Bundesanzeiger bekannt gemachten

[1)] § 6 angef. mWv 1.4.2012 durch G v. 22.12.2011 (BGBl. I S. 3044).
[2)] § 7 angef. mWv 1.4.2012 durch G v. 22.12.2011 (BGBl. I S. 3044); Abs. 3 Satz 3 geänd. mWv 29.7.2017 durch G v. 18.7.2017 (BGBl. I S. 2745).
[3)] § 8 angef. mWv 1.4.2012 durch G v. 22.12.2011 (BGBl. I S. 3044); Abs. 2 Satz 2 geänd. mWv 8.9.2015 durch VO v. 31.8.2015 (BGBl. I S. 1474).

Verteiler an Bibliotheken und Behörden zu verbreiten. [3] Im Bundesgesetzblatt ist unverzüglich bekannt zu machen,

1. dass der Bundesanzeiger in gedruckter Form herausgegeben wird,

2. wann die Unmöglichkeit nach Absatz 1 eingetreten ist und

3. an welche Bibliotheken und Behörden der Bundesanzeiger verteilt wird.

(3) [1] Rechtsverordnungen sind unter Hinweis auf die Fundstelle der Ersatzverkündung in die nächste elektronische Ausgabe des amtlichen Teils des Bundesanzeigers als nicht amtliche Fassung aufzunehmen. [2] Auf Ersatzbekanntmachungen ist in der nächsten elektronischen Ausgabe des Bundesanzeigers in geeigneter Weise hinzuweisen.

(4) [1] Für den Einzelbezug des ersatzweise ausgegebenen Bundesanzeigers in gedruckter Form gilt § 6 Absatz 3 entsprechend. [2] Der Dienst nach § 6 Absatz 4 ist möglichst aufrechtzuerhalten.

§ 9[1] Verordnungsermächtigung. [1] Das Bundesministerium der Justiz und für Verbraucherschutz wird ermächtigt, durch Rechtsverordnung ohne Zustimmung des Bundesrates Näheres zum Verfahren der Verkündungen und der Bekanntmachungen im amtlichen Teil des Bundesanzeigers, zu den Anforderungen an die Archivierung und zur Archivierung sowie Sicherheitsanforderungen für die Verkündung und Bekanntmachung festzulegen. [2] Gleiches gilt für die Ersatzverkündung und Ersatzbekanntmachung.

Abschnitt 3.[2] Sonstige Bestimmungen

§ 10[3] Ergänzende Verkündungen und Bekanntmachungen. (1) [1] Bestandteile einer Rechtsverordnung, die in dem Verkündungs- oder Bekanntmachungsorgan nicht oder nur mit unverhältnismäßigem Aufwand in einer Weise dargestellt werden können, die den genauen Inhalt hinreichend deutlich offenbart, können anstelle der Verkündung im amtlichen Verkündungs- oder Bekanntmachungsorgan bei mindestens einer bestimmten Stelle der Bundesverwaltung zu jedermanns Einsicht während der Dienstzeit ausgelegt werden. [2] Die Auslegung setzt voraus, dass in der Rechtsverordnung

1. der Inhalt der Bestandteile beschrieben ist sowie

2. Ort und Zeit der Auslegung genau bezeichnet sind.

(2) [1] Bestandteile nach Absatz 1 können gegen angemessenes Entgelt bezogen werden. [2] Auf die Bezugsmöglichkeit ist im Verkündungs- oder Bekanntmachungsorgan hinzuweisen.

(3) Die Absätze 1 und 2 gelten für amtliche Bekanntmachungen entsprechend.

[1] § 9 angef. mWv 30.12.2011 durch G v. 22.12.2011 (BGBl. I S. 3044); Satz 1 geänd. mWv 8.9. *2015 durch VO v. 31.8.2015 (BGBl. I S. 1474).*
[2] Überschrift eingef. mWv 1.4.2012 durch G v. 22.12.2011 (BGBl. I S. 3044).
[3] § 10 angef. mWv 1.4.2012 durch G v. 22.12.2011 (BGBl. I S. 3044).

§ 11[1) Berichtigungen. (1) Werden Druckfehler oder offensichtliche Unrichtigkeiten in Verkündungen oder Bekanntmachungen berichtigt, ist die Berichtigung in dem amtlichen Verkündungs- oder Bekanntmachungsorgan bekannt zu machen, in dem die Verkündung oder Bekanntmachung erfolgt ist.

(2) [1]Die Berichtigung einer Verkündung oder Bekanntmachung im amtlichen Teil des Bundesanzeigers durch Überschreiben oder sonstige Veränderung des ursprünglich veröffentlichten Dokuments ist ausgeschlossen. [2]Dem Dokument, das berichtigt wird, soll ein Hinweis hinzugefügt werden, der über die Fundstelle der Berichtigung informiert.

§ 12[1) Übergangsvorschrift. [1]Der elektronische Bundesanzeiger wird in den Bundesanzeiger überführt. [2]Die Internetadresse www.ebundesanzeiger.de ist mindestens bis zum 1. Juni 2012 aufrechtzuerhalten.

[1) §§ 11, 12 angef. mWv 1.4.2012 durch G v. 22.12.2011 (BGBl. I S. 3044).

71. Gesetz über vereinfachte Verkündungen und Bekanntgaben

Vom 18. Juli 1975

(BGBl. I S. 1919)

FNA 114-7

geänd. durch Art. 6 Zehntes LuftverkehrsG-ÄndG v. 23. 7. 1992 (BGBl. I S. 1370), Art. 3 G zur Errichtung eines Bundesaufsichtsamtes für Flugsicherung und zur Änd. und Anpassung weiterer Vorschriften v. 29. 7. 2009 (BGBl. I S. 2424), Art. 2 Abs. 1 G zur Änd. von Vorschriften über Verkündung und Bekanntmachungen sowie der ZPO, des EGZPO und der AO v. 22. 12. 2011 (BGBl. I S. 3044) und Art. 2 WSV-ZuständigkeitsanpassungsG v. 24. 5. 2016 (BGBl. I S. 1217)

Der Bundestag hat das folgende Gesetz beschlossen:

§ 1 [1]) **[Zulässigkeit vereinfachter Verkündungen oder Bekanntgaben]**
(1) [1] Eine vereinfachte Verkündung oder Bekanntgabe ist in den Fällen des § 2 zulässig, wenn eine Verkündung oder Bekanntgabe im Bundesgesetzblatt nicht oder nicht rechtzeitig möglich ist. [2] Dies gilt auch, soweit für Rechtsverordnungen das Verkündungs- und Bekanntmachungsgesetz [2]) andere Verkündungsarten zuläßt.

(2) Die Verkündung oder Bekanntgabe ist in der in Absatz 1 genannten Form nachzuholen, sobald die Umstände es zulassen.

§ 2 [Voraussetzungen] Eine vereinfachte Verkündung oder Bekanntgabe findet unter den Voraussetzungen des § 1 Abs. 1 in folgenden Fällen statt:

1. Verkündung der Feststellung des Verteidigungsfalles (Artikel 115 a Abs. 1 und 3 des Grundgesetzes – GG –[3]));
2. Bekanntgabe des Zeitpunktes des Eintritts des Verteidigungsfalles (Artikel 115 a Abs. 4 Satz 2 GG);
3. Verkündung von Bundesgesetzen im Verteidigungsfall (Artikel 115 d Abs. 3 GG),
4. Verkündung von Rechtsverordnungen des Bundes im Verteidigungsfall und in den Fällen des Artikels 80 a Abs. 1 und 3 GG;
5. Bekanntgabe von Beschlüssen des Bundestages nach Artikel 80 a Abs. 1 GG;
6. Bekanntgabe von Beschlüssen internationaler Organe und Entscheidungen der Bundesregierung bei der Anwendung des Artikels 80 a Abs. 3 Satz 1 GG.

§ 3[4]) **[Möglichkeiten]** (1) [1] Eine vereinfachte Verkündung oder Bekanntgabe kann erfolgen
1. im Rundfunk (Hörfunk, Fernsehen),

[1]) § 1 Abs. 1 Satz 2 geänd. mWv 1. 4. 2012 durch G v. 22. 12. 2011 (BGBl. I S. 3044).
[2]) Nr. **70**.
[3]) Nr. **1**.
[4]) § 3 Abs. 3 Satz 1 Nr. 3 und Satz 2 geänd. durch G v. 23. 7. 1992 (BGBl. I S. 1370); Abs. 3 Satz 1 einl. Satzteil, Nr. 3 und Satz 2 geänd. mWv 4. 8. 2009 durch G v. 29. 7. 2009 (BGBl. I S. 2424); Abs. 3 Satz 1 Nr. 2 und Satz 2 geänd. mWv 1. 6. 2016 durch G v. 24. 5. 2016 (BGBl. I S. 1217).

2. in der Tagespresse,

3. durch Aushang an den für amtliche Bekanntmachungen vorgesehenen Stellen bei den Verwaltungen der Gemeinden und Landkreise oder durch eine andere allgemeine Bekanntmachung für das Gebiet einer Gemeinde oder eines Landkreises.

[2] Das Recht des Bundespräsidenten, für seinen Zuständigkeitsbereich andere Arten der vereinfachten Verkündung oder Bekanntgabe vorzusehen, bleibt unberührt.

(2) Macht die für die Verkündung oder Bekanntgabe zuständige Stelle (Artikel 82 Abs. 1, Artikel 115 a Abs. 3 und 4 GG[1]; § 5) von mehreren der in Absatz 1 genannten Möglichkeiten Gebrauch, so wird die Verkündung oder Bekanntgabe durch die zuerst durchgeführte Maßnahme bewirkt.

(3) [1] In dringenden Fällen können, soweit eine Verkündung nach Absatz 1 nicht rechtzeitig möglich ist, Vorschriften in Rechtsverordnungen

1. für die Eisenbahnen durch Aushang bei den Bundesbahndirektionen,

2. für die Eigentümer, Besitzer und Führer von See- und Binnenschiffen durch Aushang bei der Generaldirektion Wasserstraßen und Schifffahrt und

3. für die Eigentümer, Besitzer und Führer von Luftfahrzeugen durch Aushang bei dem Bundesaufsichtsamt für Flugsicherung

verkündet werden. [2] Die nach Satz 1 verkündeten Vorschriften sind in den Fällen der Nummer 2 bei den der Generaldirektion Wasserstraßen und Schifffahrt unmittelbar nachgeordneten Behörden, in den Fällen der Nummer 3 bei der Flugsicherungsorganisation unverzüglich durch Aushang bekanntzumachen.

§ 4 [Zeitpunkt; Widerspruch und Anfechtungsklage] (1) Wer über eine Einrichtung oder Anlage verfügt, die zu einer Verkündung oder Bekanntgabe in der in § 3 Abs. 1 oder Abs. 3 Satz 1 vorgesehenen Weise geeignet ist, hat auf Anordnung der zuständigen Stelle in den in § 2 bezeichneten Fällen Verkündungen und Bekanntgaben durchzuführen.

(2) [1] Die Verkündung oder Bekanntgabe im Rundfunk (§ 3 Abs. 1 Nr. 1) muß unverzüglich, jedenfalls innerhalb der nächsten zwölf Stunden nach Eingang der Anordnung, vorgenommen werden. [2] Sie muß innerhalb der darauffolgenden vierundzwanzig Stunden zweimal wiederholt werden, und zwar jeweils zu Uhrzeiten, zu denen unter den gegebenen Umständen damit zu rechnen ist, daß ein beträchtlicher Teil der Teilnehmer die Sendung empfängt. [3] Sind in der Anordnung bestimmte Uhrzeiten angegeben, zu denen die Verkündung oder Bekanntgabe vorzunehmen ist, so sind diese maßgebend. [4] Ist ein Gesetz oder eine Verordnung in einer Kurzfassung verabschiedet worden, so braucht nur diese verkündet zu werden, wenn die zuständige Stelle nicht etwas anderes anordnet. [5] Auf besondere Anordnung sind die zu verkündenden Texte so zu verlesen oder als Schriftbild zu zeigen, daß die Teilnehmer in der Lage sind, sie mit- oder abzuschreiben. [6] Verantwortlich für die Erfüllung der Verpflichtungen sind bei Rundfunkanstalten die Intendanten oder diejenigen, die deren Funktionen ausüben.

(3) [1] Die Verkündung oder Bekanntgabe in der Tagespresse (§ 3 Abs. 1 Nr. 2) *muß in oder gleichzeitig mit der nächsten, spätestens aber der über-*

[1] Nr. **1**.

nächsten nach Eingang der Anordnung erscheinenden Ausgabe des jeweiligen Presseorgans vorgenommen werden, und zwar mindestens in derselben Auflagenhöhe, in der das Presseorgan im Zeitpunkt der Anordnung erscheint. [2] Verantwortlich für die Erfüllung dieser Verpflichtungen sind die Verleger, Herausgeber und Chefredakteure oder diejenigen, die deren Funktionen ausüben.

(4) [1] Die Verkündung oder Bekanntgabe durch Aushang oder durch sonstige allgemeine Bekanntmachung (§ 3 Abs. 1 Nr. 3 und Abs. 3 Satz 1) ist unverzüglich vorzunehmen. [2] Die Dauer des Aushangs soll mindestens eine Woche betragen; die Verkündung oder Bekanntgabe gilt jedoch mit dem Aushang als bewirkt.

(5) [1] Erfolgt eine vereinfachte Verkündung oder Bekanntgabe lediglich nach § 3 Abs. 1 Nr. 2 und 3 und Abs. 3 Satz 1, so ist auf Anordnung der zuständigen Stelle im Rundfunk auf den Gegenstand sowie auf Art und Zeitpunkt der Verkündung oder Bekanntgabe hinzuweisen. [2] Absatz 2 Satz 1 bis 3 und 6 gilt entsprechend.

(6) Widerspruch und Anfechtungsklage gegen Anordnungen nach dieser Vorschrift haben keine aufschiebende Wirkung.

§ 5 [Bekanntgabe von Beschlüssen] [1] Die Bekanntgabe der in § 2 Nr. 5 und 6 genannten Beschlüsse erfolgt durch die Bundesregierung oder einen von ihr bestimmten Bundesminister; sie ist unverzüglich vorzunehmen. [2] Der genaue Zeitpunkt der Beschlußfassung ist anzugeben. [3] Beschlüsse internationaler Organe brauchen nicht in ihrem vollen Wortlaut veröffentlicht zu werden; erforderlich ist lediglich ein allgemeiner Hinweis auf einen derartigen Beschluß. [4] Die anwendbaren Rechtsvorschriften müssen in jedem Fall genau bezeichnet werden.

§ 6 [Nichtanwendung verkündeter Rechtsvorschriften] Wenn feststeht, daß während des Verteidigungsfalles wegen besonderer Umstände Verkündungsmaßnahmen Gebiete im Geltungsbereich dieses Gesetzes, die mindestens einen Landkreis oder eine kreisfreie Stadt umfassen, nicht erreicht haben, so sind die verkündeten Rechtsvorschriften insoweit bis zu dem Zeitpunkt, zu dem eine Verkündungsmaßnahme diese Gebiete erreicht hat, nicht anzuwenden.

§ 7 [Aufwendungsersatz] Die Rechtsträger der Presseorgane können von der Bundesrepublik Deutschland nach Maßgabe des § 670 des Bürgerlichen Gesetzbuchs[1)] Ersatz der Aufwendungen verlangen, die sie auf Grund von Anordnungen nach diesem Gesetz gemacht haben.

§ 8 [Strafvorschriften] (1) Wer vorsätzlich oder fahrlässig entgegen § 4 eine Verkündung oder Bekanntgabe nicht, nicht richtig, nicht fristgemäß oder nicht in der vorgeschriebenen Weise durchführt oder wiederholt, wird mit Freiheitsstrafe bis zu einem Jahr oder mit Geldstrafe bestraft.

(2) Ebenso wird bestraft, wer als Hilfsperson vorsätzlich oder fahrlässig eine ihm übertragene Aufgabe nicht, nicht richtig oder nicht rechtzeitig erfüllt und

[1)] **Schönfelder** Nr. 20.

dadurch eine fristgemäße Verkündung oder Bekanntgabe oder deren Wiederholung verhindert.

§ 9 [Inkrafttreten] Dieses Gesetz tritt am Tage nach der Verkündung[1] in Kraft.

[1] Verkündet am 23. 7. 1975.

80. Gesetz über die Zusammenarbeit des Bundes und der Länder in Angelegenheiten des Verfassungsschutzes und über das Bundesamt für Verfassungsschutz (Bundesverfassungsschutzgesetz – BVerfSchG)[1]

Vom 20. Dezember 1990

(BGBl. I S. 2954)

FNA 12-4

geänd. durch § 38 Abs. 2 SicherheitsüberprüfungsG v. 20.4.1994 (BGBl. I S. 867), Art. 4 G zur Änd. von Vorschr. über parlamentarische Gremien v. 17.6.1999 (BGBl. I S. 1334), Art. 11 StrafverfahrensÄndG 1999 v. 2.8.2000 (BGBl. I S. 1253), Art. 2 G zur Änd. des BundesdatenschutzG und anderer G v. 18.5. 2001 (BGBl. I S. 904), Art. 3 Abs. 2 G zur Neuregelung von Beschränkungen des Brief-, Post- und Fernmeldegeheimnisses v. 26.6.2001 (BGBl. I S. 1254, ber. S. 2298), Art. 1 G zur Bekämpfung des internationalen Terrorismus v. 9.1.2002 (BGBl. I S. 361), Art. 9 ZollfahndungsneuregelungsG v. 16.8. 2002 (BGBl. I S. 3202), Art. 2 G zur Umbenennung des Bundesgrenzschutzes in Bundespolizei v. 21.6. 2005 (BGBl. I S. 1818), Art. 2 Gemeinsame-Dateien-G v. 22.12.2006 (BGBl. I S. 3409), Art. 1 und Art. 10 Abs. 1 TerrorismusbekämpfungsergänzungsG v. 5.1.2007 (BGBl. I S. 2, Art. 10 Abs. 1 aufgeh. durch G v. 3.12.2020, BGBl. I S. 2667), Art. 6 Abs. 1 G zur Umsetzung aufenthalts- und asylrechtl. Richtlinien der EU v. 19.8.2007 (BGBl. I S. 1970), § 32 SatellitendatensicherheitsG v. 23.11.2007 (BGBl. I S. 2590), Art. 6 FGG-ReformG v. 17.12.2008 (BGBl. I S. 2586), Art. 3 SIS-II-G v. 6.6.2009[2] (BGBl. I S. 1226), Art. 3 Abs. 2 G zur Fortentwicklung der parlamentarischen Kontrolle der Nachrichtendienste des Bundes v. 29.7.2009 (BGBl. I S. 2346), Art. 1a Erstes G zur Änd. des Artikel 10-Gs v. 31.7. 2009 (BGBl. I S. 2499), Art. 1 G zur Änd. des BundesverfassungsschutzG v. 7.12.2011 (BGBl. I S. 2576), Art. 2 G zur Verbesserung der Bekämpfung des Rechtsextremismus v. 20.8.2012 (BGBl. I S. 1798), Art. 6 G zur Änd. des TelekommunikationsG und zur Neuregelung der Bestandsdatenauskunft v. 20.6.2013 (BGBl. I S. 1602), Art. 1 G zur Verbesserung der Zusammenarbeit im Bereich des Verfassungsschutzes v. 17.11.2015 (BGBl. I S. 1938), Art. 1 G zum besseren Informationsaustausch bei der Bekämpfung des internationalen Terrorismus v. 26.7.2016 (BGBl. I S. 1818), Art. 4 Digitale Hochgeschwindigkeitsnetze-Gesetz v. 4.11.2016 (BGBl. I S. 2473), Art. 2 Abs. 1 Erstes G zur Änd. des SicherheitsüberprüfungsG v. 16.6.2017 (BGBl. I S. 1634), Art. 2 Datenschutz-Anpassungs- und -Umsetzungsgesetz EU v. 30.6.2017 (BGBl. I S. 2097), Art. 16 Elfte ZuständigkeitsanpassungsVO v. 19.6.2020 (BGBl. I S. 1328) und Beschluss des BVerfG – 1 BvR 1873/13, 1 BvR 2618/13 – v. 27.5.2020 (BGBl. I S. 1931)

Erster Abschnitt. Zusammenarbeit, Aufgaben der Verfassungsschutzbehörden

§ 1 Zusammenarbeitspflicht. (1) Der Verfassungsschutz dient dem Schutz der freiheitlichen demokratischen Grundordnung, des Bestandes und der Sicherheit des Bundes und der Länder.

(2) Der Bund und die Länder sind verpflichtet, in Angelegenheiten des Verfassungsschutzes zusammenzuarbeiten.

(3) Die Zusammenarbeit besteht auch in gegenseitiger Unterstützung und Hilfeleistung.

§ 2[3] Verfassungsschutzbehörden. (1) [1] Für die Zusammenarbeit des Bundes mit den Ländern unterhält der Bund ein Bundesamt für Verfassungsschutz als

[1] Verkündet als Art. 2 des G zur Fortentwicklung der Datenverarbeitung und des Datenschutzes v. 20.12.1990 (BGBl. I S. 2954); Inkrafttreten gem. Art. 6 Abs. 1 dieses G am 30.12.1990.

[2] Zum Inkrafttreten der Änderung siehe die Bekanntmachung über das Inkrafttreten von Teilen des SIS-II-Gesetzes v. 2.4.2013 (BGBl. I S. 727).

[3] § 2 Abs. 1 Satz 2 geänd. mWv 11.1.2007 durch G v. 5.1.2007 (BGBl. I S. 2); Abs. 2 Satz 2 angef. mWv 21.11.2015 durch G v. 17.11.2015 (BGBl. I S. 1938); Abs. 1 Satz 2 geänd. mWv 27.6.2020 durch VO v. 19.6.2020 (BGBl. I S. 1328).

Bundesoberbehörde. [2] Es untersteht dem Bundesministerium des Innern, für Bau und Heimat. [3] Das Bundesamt für Verfassungsschutz darf einer polizeilichen Dienststelle nicht angegliedert werden.

(2) [1] Für die Zusammenarbeit der Länder mit dem Bund und der Länder untereinander unterhält jedes Land eine Behörde zur Bearbeitung von Angelegenheiten des Verfassungsschutzes. [2] Mehrere Länder können eine gemeinsame Behörde unterhalten.

§ 3[1] **Aufgaben der Verfassungsschutzbehörden.** (1) Aufgabe der Verfassungsschutzbehörden des Bundes und der Länder ist die Sammlung und Auswertung von Informationen, insbesondere von sach- und personenbezogenen Auskünften, Nachrichten und Unterlagen, über

1. Bestrebungen, die gegen die freiheitliche demokratische Grundordnung, den Bestand oder die Sicherheit des Bundes oder eines Landes gerichtet sind oder eine ungesetzliche Beeinträchtigung der Amtsführung der Verfassungsorgane des Bundes oder eines Landes oder ihrer Mitglieder zum Ziele haben,

2. sicherheitsgefährdende oder geheimdienstliche Tätigkeiten im Geltungsbereich dieses Gesetzes für eine fremde Macht,

3. Bestrebungen im Geltungsbereich dieses Gesetzes, die durch Anwendung von Gewalt oder darauf gerichtete Vorbereitungshandlungen auswärtige Belange der Bundesrepublik Deutschland gefährden,

4. Bestrebungen im Geltungsbereich dieses Gesetzes, die gegen den Gedanken der Völkerverständigung (Artikel 9 Abs. 2 des Grundgesetzes[2]), insbesondere gegen das friedliche Zusammenleben der Völker (Artikel 26 Abs. 1 des Grundgesetzes) gerichtet sind.

(2) [1] Die Verfassungsschutzbehörden des Bundes und der Länder wirken mit

1. bei der Sicherheitsüberprüfung von Personen, denen im öffentlichen Interesse geheimhaltungsbedürftige Tatsachen, Gegenstände oder Erkenntnisse anvertraut werden, die Zugang dazu erhalten sollen oder ihn sich verschaffen können,

2. bei der Sicherheitsüberprüfung von Personen, die an sicherheitsempfindlichen Stellen von lebens- oder verteidigungswichtigen Einrichtungen beschäftigt sind oder werden sollen,

3. bei technischen Sicherheitsmaßnahmen zum Schutz von im öffentlichen Interesse geheimhaltungsbedürftigen Tatsachen, Gegenständen oder Erkenntnissen gegen die Kenntnisnahme durch Unbefugte,

4. bei der Überprüfung von Personen in sonstigen gesetzlich bestimmten Fällen,

5. bei der Geheimschutzbetreuung von nichtöffentlichen Stellen durch den Bund oder durch ein Land.

[2] Die Befugnisse des Bundesamtes für Verfassungsschutz bei der Mitwirkung nach Satz 1 Nr. 1, 2 und 4 sind im Sicherheitsüberprüfungsgesetz[3] vom 20. April 1994 (BGBl. I S. 867) geregelt. [3] Bei der Mitwirkung nach Satz 1 Nummer 5 ist das Bundesamt für Verfassungsschutz zur sicherheitsmäßigen Bewertung der Angaben

[1] § 3 Abs. 2 Satz 2 neu gef., Sätze 3 und 4 aufgeh. durch G v. 20.4.1994 (BGBl. I S. 867); Abs. 1 Nr. 3 und Abs. 2 Satz 2 geänd., Abs. 1 Nr. 4 angef. mWv 1.1.2002 durch G v. 9.1.2002 (BGBl. I S. 361); Abs. 2 Satz 1 Nr. 3 und Satz 2 geänd., Satz 1 Nr. 4 angef. mWv 1.12.2007 durch G v. 23.11.2007 (BGBl. I S. 2590); Abs. 2 Satz 1 Nr. 4 geänd., Nr. 5 sowie Sätze 3 und 4 angef. mWv 21.6.2017 durch G v. 16.6. 2017 (BGBl. I S. 1634).

[2] Nr. **1.**

[3] **Sartorius III Nr. 810.**

der nichtöffentlichen Stelle unter Berücksichtigung der Erkenntnisse der Verfassungsschutzbehörden des Bundes und der Länder befugt. [4]Sofern es im Einzelfall erforderlich erscheint, können bei der Mitwirkung nach Satz 1 Nummer 5 zusätzlich die Nachrichtendienste des Bundes sowie ausländische öffentliche Stellen um Übermittlung und Bewertung vorhandener Erkenntnisse und um Bewertung übermittelter Erkenntnisse ersucht werden.

(3) Die Verfassungsschutzbehörden sind an die allgemeinen Rechtsvorschriften gebunden (Artikel 20 des Grundgesetzes).

§ 4 Begriffsbestimmungen. (1) [1]Im Sinne dieses Gesetzes sind

a) Bestrebungen gegen den Bestand des Bundes oder eines Landes solche politisch bestimmten, ziel- und zweckgerichteten Verhaltensweisen in einem oder für einen Personenzusammenschluß, der darauf gerichtet ist, die Freiheit des Bundes oder eines Landes von fremder Herrschaft aufzuheben, ihre staatliche Einheit zu beseitigen oder ein zu ihm gehörendes Gebiet abzutrennen;

b) Bestrebungen gegen die Sicherheit des Bundes oder eines Landes solche politisch bestimmten, ziel- und zweckgerichteten Verhaltensweisen in einem oder für einen Personenzusammenschluß, der darauf gerichtet ist, den Bund, Länder oder deren Einrichtungen in ihrer Funktionsfähigkeit erheblich zu beeinträchtigen;

c) Bestrebungen gegen die freiheitliche demokratische Grundordnung solche politisch bestimmten, ziel- und zweckgerichteten Verhaltensweisen in einem oder für einen Personenzusammenschluß, der darauf gerichtet ist, einen der in Absatz 2 genannten Verfassungsgrundsätze zu beseitigen oder außer Geltung zu setzen.

[2]Für einen Personenzusammenschluß handelt, wer ihn in seinen Bestrebungen nachdrücklich unterstützt. [3]Voraussetzung für die Sammlung und Auswertung von Informationen im Sinne des § 3 Abs. 1 ist das Vorliegen tatsächlicher Anhaltspunkte. [4]Verhaltensweisen von Einzelpersonen, die nicht in einem oder für einen Personenzusammenschluß handeln, sind Bestrebungen im Sinne dieses Gesetzes, wenn sie auf Anwendung von Gewalt gerichtet sind oder aufgrund ihrer Wirkungsweise geeignet sind, ein Schutzgut dieses Gesetzes erheblich zu beschädigen.

(2) Zur freiheitlichen demokratischen Grundordnung im Sinne dieses Gesetzes zählen:

a) das Recht des Volkes, die Staatsgewalt in Wahlen und Abstimmungen und durch besondere Organe der Gesetzgebung, der vollziehenden Gewalt und der Rechtsprechung auszuüben und die Volksvertretung in allgemeiner, unmittelbarer, freier, gleicher und geheimer Wahl zu wählen,

b) die Bindung der Gesetzgebung an die verfassungsmäßige Ordnung und die Bindung der vollziehenden Gewalt und der Rechtsprechung an Gesetz und Recht,

c) das Recht auf Bildung und Ausübung einer parlamentarischen Opposition,

d) die Ablösbarkeit der Regierung und ihre Verantwortlichkeit gegenüber der Volksvertretung,

e) die Unabhängigkeit der Gerichte,

f) der Ausschluß jeder Gewalt- und Willkürherrschaft und

g) die im Grundgesetz[1]) konkretisierten Menschenrechte.

[1]) Nr. 1.

§ 5[1]) **Zuständigkeiten des Bundesamtes für Verfassungsschutz.** (1) [1]Das Bundesamt für Verfassungsschutz darf in einem Lande im Benehmen mit der Landesbehörde für Verfassungsschutz Informationen, Auskünfte, Nachrichten und Unterlagen im Sinne des § 3 sammeln. [2]Bei Bestrebungen und Tätigkeiten im Sinne des § 3 Abs. 1 Nr. 1 bis 4 ist Voraussetzung, daß

1. sie sich ganz oder teilweise gegen den Bund richten,

2. sie darauf gerichtet sind, Gewalt anzuwenden, Gewaltanwendung vorzubereiten, zu unterstützen oder zu befürworten,

3. sie sich über den Bereich eines Landes hinaus erstrecken,

4. sie auswärtige Belange der Bundesrepublik Deutschland berühren oder

5. eine Landesbehörde für Verfassungsschutz das Bundesamt für Verfassungsschutz um ein Tätigwerden ersucht.

[3]Das Benehmen kann für eine Reihe gleichgelagerter Fälle hergestellt werden.

(2) [1]Das Bundesamt für Verfassungsschutz wertet unbeschadet der Auswertungsverpflichtungen der Landesbehörden für Verfassungsschutz zentral alle Erkenntnisse über Bestrebungen und Tätigkeiten im Sinne des § 3 Absatz 1 aus. [2]Es unterrichtet die Landesbehörden für Verfassungsschutz nach § 6 Absatz 1, insbesondere durch Querschnittsauswertungen in Form von Struktur- und Methodikberichten sowie regelmäßig durch bundesweite Lageberichte zu den wesentlichen Phänomenbereichen unter Berücksichtigung der entsprechenden Landeslageberichte.

(3) [1]Das Bundesamt für Verfassungsschutz koordiniert die Zusammenarbeit der Verfassungsschutzbehörden. [2]Die Koordinierung schließt insbesondere die Vereinbarung von

1. einheitlichen Vorschriften zur Gewährleistung der Zusammenarbeitsfähigkeit,

2. allgemeinen Arbeitsschwerpunkten und arbeitsteiliger Durchführung der Aufgaben sowie

3. Relevanzkriterien für Übermittlungen nach § 6 Absatz 1

ein.

(4) Das Bundesamt für Verfassungsschutz unterstützt als Zentralstelle die Landesbehörden für Verfassungsschutz bei der Erfüllung ihrer Aufgaben nach § 3 insbesondere durch

1. Bereitstellung des nachrichtendienstlichen Informationssystems (§ 6 Absatz 2),

2. zentrale Einrichtungen im Bereich besonderer technischer und fachlicher Fähigkeiten,

3. Erforschung und Entwicklung von Methoden und Arbeitsweisen im Verfassungsschutz und

4. Fortbildung in speziellen Arbeitsbereichen.

(5) [1]Dem Bundesamt für Verfassungsschutz obliegt der für Aufgaben nach § 3 erforderliche Dienstverkehr mit zuständigen öffentlichen Stellen anderer Staaten. [2]Die Landesbehörden für Verfassungsschutz können solchen Dienstverkehr führen

1. mit den Dienststellen der in der Bundesrepublik Deutschland stationierten Streitkräfte,

[1]) § 5 Abs. 2 Satz 2 geänd. mWv 1.1.2002 durch G v. 9.1.2002 (BGBl. I S. 361); Überschrift neu gef., Abs. 1 aufgeh., bish. Abs. 2 wird Abs. 1 und Satz 2 Nr. 2 eingef., bish. Nr. 2–4 werden Nr. 3–5, Abs. 2 eingef., Abs. 3 neu gef., Abs. 4 und 5 angef. mWv 21.11.2015 durch G v. 17.11.2015 (BGBl. I S. 1938).

2. mit den Nachrichtendiensten angrenzender Nachbarstaaten in regionalen Angelegenheiten oder

3. im Einvernehmen mit dem Bundesamt für Verfassungsschutz.

§ 6[1]) Gegenseitige Unterrichtung der Verfassungsschutzbehörden.

(1) [1]Die Landesbehörden für Verfassungsschutz und das Bundesamt für Verfassungsschutz übermitteln sich unverzüglich die für ihre Aufgaben relevanten Informationen, einschließlich der Erkenntnisse ihrer Auswertungen. [2]Wenn eine übermittelnde Behörde sich dies vorbehält, dürfen die übermittelten Daten nur mit ihrer Zustimmung an Stellen außerhalb der Behörden für Verfassungsschutz übermittelt werden.

(2) [1]Die Verfassungsschutzbehörden sind verpflichtet, beim Bundesamt für Verfassungsschutz zur Erfüllung der Unterrichtungspflichten nach Absatz 1 gemeinsame Dateien zu führen, die sie im automatisierten Verfahren nutzen. [2]Die Speicherung personenbezogener Daten ist nur unter den Voraussetzungen der §§ 10 und 11 zulässig. [3]Der Abruf im automatisierten Verfahren durch andere Stellen ist nicht zulässig; § 3 Absatz 3 Satz 2 des MAD-Gesetzes[2]) bleibt unberührt. [4]Die Verantwortung einer speichernden Stelle im Sinne der allgemeinen Vorschriften des Datenschutzrechts trägt jede Verfassungsschutzbehörde nur für die von ihr eingegebenen Daten; nur sie darf diese Daten verändern, die Verarbeitung einschränken oder löschen. [5]Die eingebende Stelle muss feststellbar sein. [6]Eine Abfrage von Daten ist nur zulässig, soweit dies zur Erfüllung von Aufgaben, mit denen der Abfragende unmittelbar betraut ist, erforderlich ist. [7]Die Zugriffsberechtigung auf Daten, die nicht zum Auffinden von Akten und der dazu notwendigen Identifizierung von Personen erforderlich sind, ist auf Personen zu beschränken, die mit der Erfassung von Daten oder Analysen betraut sind. [8]Die Zugriffsberechtigung auf Unterlagen, die gespeicherte Angaben belegen, ist zudem auf Personen zu beschränken, die unmittelbar mit Arbeiten in diesem Anwendungsgebiet betraut sind.

(3) [1]Das Bundesamt für Verfassungsschutz trifft für die gemeinsamen Dateien die technischen und organisatorischen Maßnahmen entsprechend § 64 des Bundesdatenschutzgesetzes[3]). [2]Es hat bei jedem Zugriff für Zwecke der Datenschutzkontrolle den Zeitpunkt, die Angaben, die die Feststellung der abgefragten Datensätze ermöglichen, sowie die abfragende Stelle zu protokollieren. [3]Die Auswertung der Protokolldaten hat nach dem Stand der Technik zu gewährleisten. [4]Die protokollierten Daten dürfen nur für Zwecke der Datenschutzkontrolle, der Datensicherung oder zur Sicherstellung eines ordnungsgemäßen Betriebs der Datenverarbeitungsanlage verwendet werden. [5]Die Protokolldaten sind am Ende des Kalenderjahres, das dem Jahr der Protokollierung folgt, zu löschen.

§ 7 Weisungsrechte des Bundes.
Die Bundesregierung kann, wenn ein Angriff auf die verfassungsmäßige Ordnung des Bundes erfolgt, den obersten Landesbehörden die für die Zusammenarbeit der Länder mit dem Bund auf dem Gebiete des Verfassungsschutzes erforderlichen Weisungen erteilen.

[1]) § 6 neu gef. mWv 21.11.2015 durch G v. 17.11.2015 (BGBl. I S. 1938); Abs. 2 Satz 4, Abs. 3 Satz 1 geänd. mWv 25.5.2018 durch G v. 30.6.2017 (BGBl. I S. 2097).
[2]) **Sartorius III Nr. 806.**
[3]) Nr. 245.

Zweiter Abschnitt. Bundesamt für Verfassungsschutz

§ 8[1] Befugnisse des Bundesamtes für Verfassungsschutz. (1) [1] Das Bundesamt für Verfassungsschutz darf die zur Erfüllung seiner Aufgaben erforderlichen Informationen einschließlich personenbezogener Daten verarbeiten, soweit nicht die anzuwendenden Bestimmungen des Bundesdatenschutzgesetzes[2] oder besondere Regelungen in diesem Gesetz entgegenstehen; die Verarbeitung ist auch zulässig, wenn der Betroffene eingewilligt hat. [2] Ein Ersuchen des Bundesamtes für Verfassungsschutz um Übermittlung personenbezogener Daten darf nur diejenigen personenbezogenen Daten enthalten, die für die Erteilung der Auskunft unerlässlich sind. [3] Schutzwürdige Interessen des Betroffenen dürfen nur in unvermeidbarem Umfang beeinträchtigt werden.

(2) [1] Das Bundesamt für Verfassungsschutz darf Methoden, Gegenstände und Instrumente zur heimlichen Informationsbeschaffung, wie den Einsatz von Vertrauensleuten und Gewährspersonen, Observationen, Bild- und Tonaufzeichnungen, Tarnpapiere und Tarnkennzeichen anwenden. [2] In Individualrechte darf nur nach Maßgabe besonderer Befugnisse eingegriffen werden. [3] Im Übrigen darf die Anwendung eines Mittels gemäß Satz 1 keinen Nachteil herbeiführen, der erkennbar außer Verhältnis zur Bedeutung des aufzuklärenden Sachverhalts steht. [4] Die Mittel nach Satz 1 sind in einer Dienstvorschrift zu benennen, die auch die Zuständigkeit für die Anordnung solcher Informationsbeschaffungen und das Nähere zu Satz 3 regelt. [5] Die Dienstvorschrift bedarf der Zustimmung des Bundesministeriums des Innern, für Bau und Heimat, das das Parlamentarische Kontrollgremium unterrichtet.

(3) Polizeiliche Befugnisse oder Weisungsbefugnisse stehen dem Bundesamt für Verfassungsschutz nicht zu; es darf die Polizei auch nicht im Wege der Amtshilfe um Maßnahmen ersuchen, zu denen es selbst nicht befugt ist.

(4) [1] Werden personenbezogene Daten beim Betroffenen mit seiner Kenntnis erhoben, so ist der Erhebungszweck anzugeben. [2] Der Betroffene ist auf die Freiwilligkeit seiner Angaben hinzuweisen.

(5) [1] Von mehreren geeigneten Maßnahmen hat das Bundesamt für Verfassungsschutz diejenige zu wählen, die den Betroffenen voraussichtlich am wenigsten beeinträchtigt. [2] Eine Maßnahme darf keinen Nachteil herbeiführen, der erkennbar außer Verhältnis zu dem beabsichtigten Erfolg steht.

§ 8a[3] Besondere Auskunftsverlangen. (1) Das Bundesamt für Verfassungsschutz darf im Einzelfall bei denjenigen, die geschäftsmäßig Teledienste erbringen oder daran mitwirken, Auskunft über Daten einholen, die für die Begründung,

[1] § 8 Abs. 4 Satz 2 neu gef. durch G v. 20.4.1994 (BGBl. I S. 867); Abs. 2 Satz 3 geänd. durch G v. 17.6.1999 (BGBl. I S. 1334); Abs. 1 Sätze 2 und 3 angef., bish. Wortlaut wird Satz 1 sowie Abs. 5–12 angef., bish. Abs. 5 wird Abs. 13 mWv 1.1.2002 durch G v. 9.1.2002 (BGBl. I S. 361); Abs. 2 Satz 3 geänd. und Abs. 5–12 aufgeh., bish. Abs. 13 wird Abs. 5 mWv 11.1.2007 durch G v. 5.1.2007 (BGBl. I S. 2); Abs. 2 Sätze 2 und 3 eingef., bish. Sätze 2 und 3 werden Sätze 4 und 5 und neuer Satz 4 neu gef., neuer Satz 5 geänd. mWv 21.11.2015 durch G v. 17.11.2015 (BGBl. I S. 1938); Abs. 1 Satz 1 neu gef. mWv 25.5.2018 durch G v. 30.6.2017 (BGBl. I S. 2097); Abs. 2 Satz 5 geänd. mWv 27.6.2020 durch VO v. 19.6.2020 (BGBl. I S. 1328).
[2] *Nr. 245.*
[3] § 8a eingef. mWv 11.1.2007 durch G v. 5.1.2007 (BGBl. I S. 2); Abs. 6 Satz 2 Halbs. 2 geänd. mWv 4.8.2009 durch G v. 29.7.2009 (BGBl. I S. 2346); Abs. 1, Abs. 2 Satz 1 Nr. 1 und abschl. Satzteil geänd., Nr. 3 aufgeh., Abs. 2a eingef., Abs. 3 einl. Satzteil, Nr. 1 und Nr. 2 Buchst. a und b geänd., Abs. 4–9 aufgeh. mWv 10.1.2012 durch G v. 7.12.2011 (BGBl. I S. 2576).

inhaltliche Ausgestaltung, Änderung oder Beendigung eines Vertragsverhältnisses über Teledienste (Bestandsdaten) gespeichert worden sind, soweit dies zur Sammlung und Auswertung von Informationen erforderlich ist und tatsächliche Anhaltspunkte für schwerwiegende Gefahren für die in § 3 Absatz 1 genannten Schutzgüter vorliegen.

(2) [1] Das Bundesamt für Verfassungsschutz darf im Einzelfall Auskunft einholen bei

1. Luftfahrtunternehmen sowie Betreibern von Computerreservierungssystemen und Globalen Distributionssystemen für Flüge zu Namen und Anschriften des Kunden sowie zur Inanspruchnahme und den Umständen von Transportleistungen, insbesondere zum Zeitpunkt von Abfertigung und Abflug und zum Buchungsweg,

2. Kreditinstituten, Finanzdienstleistungsinstituten und Finanzunternehmen zu Konten, Konteninhabern und sonstigen Berechtigten sowie weiteren am Zahlungsverkehr Beteiligten und zu Geldbewegungen und Geldanlagen, insbesondere über Kontostand und Zahlungsein- und -ausgänge,

3. *(aufgehoben)*

4. denjenigen, die geschäftsmäßig Telekommunikationsdienste erbringen oder daran mitwirken, zu Verkehrsdaten nach § 96 Abs. 1 Nr. 1 bis 4 des Telekommunikationsgesetzes[1]) und sonstigen zum Aufbau und zur Aufrechterhaltung der Telekommunikation notwendigen Verkehrsdaten und

5. denjenigen, die geschäftsmäßig Teledienste erbringen oder daran mitwirken, zu
 a) Merkmalen zur Identifikation des Nutzers eines Teledienstes,
 b) Angaben über Beginn und Ende sowie über den Umfang der jeweiligen Nutzung und
 c) Angaben über die vom Nutzer in Anspruch genommenen Teledienste,

soweit dies zur Sammlung und Auswertung von Informationen erforderlich ist und Tatsachen die Annahme rechtfertigen, dass schwerwiegende Gefahren für die in § 3 Abs. 1 genannten Schutzgüter vorliegen. [2] Im Falle des § 3 Abs. 1 Nr. 1 gilt dies nur für Bestrebungen, die bezwecken oder auf Grund ihrer Wirkungsweise geeignet sind,

1. zu Hass oder Willkürmaßnahmen gegen Teile der Bevölkerung aufzustacheln oder deren Menschenwürde durch Beschimpfen, böswilliges Verächtlichmachen oder Verleumden anzugreifen und dadurch die Bereitschaft zur Anwendung von Gewalt zu fördern und den öffentlichen Frieden zu stören oder

2. Gewalt anzuwenden oder vorzubereiten, einschließlich dem Befürworten, Hervorrufen oder Unterstützen von Gewaltanwendung, auch durch Unterstützen von Vereinigungen, die Anschläge gegen Personen oder Sachen veranlassen, befürworten oder androhen.

(2a) [1] Soweit dies zur Sammlung und Auswertung von Informationen erforderlich ist und Tatsachen die Annahme rechtfertigen, dass schwerwiegende Gefahren für die in § 3 Absatz 1 genannten Schutzgüter vorliegen, darf das Bundesamt für Verfassungsschutz im Einzelfall das Bundeszentralamt für Steuern ersuchen, bei den Kreditinstituten die in § 93b Absatz 1 der Abgabenordnung bezeichneten Daten abzurufen. [2] § 93 Absatz 9 der Abgabenordnung findet keine Anwendung.

(3) Anordnungen nach den Absätzen 2 und 2a dürfen sich nur gegen Personen richten, bei denen

[1]) **Sartorius ErgBd. Nr. 920.**

1. tatsächliche Anhaltspunkte dafür vorliegen, dass sie die schwerwiegenden Gefahren nach den Absätzen 2 oder 2a nachdrücklich fördern, oder

2. auf Grund bestimmter Tatsachen anzunehmen ist

 a) bei Auskünften nach Absatz 2 Satz 1 Nr. 1, 2 und 5 sowie nach Absatz 2a, dass sie die Leistung für eine Person nach Nummer 1 in Anspruch nehmen, oder

 b) bei Auskünften nach Absatz 2 Satz 1 Nummer 4, dass sie für eine Person nach Nummer 1 bestimmte oder von ihr herrührende Mitteilungen entgegennehmen oder weitergeben, oder dass eine Person nach Nummer 1 ihren Anschluss benutzt.

§ 8b[1]) Verfahrensregelungen zu besonderen Auskunftsverlangen.

(1) [1]Anordnungen nach § 8a Absatz 2 und 2a werden vom Behördenleiter oder seinem Vertreter beantragt; der Antrag ist schriftlich zu stellen und zu begründen. [2]Zuständig für die Anordnungen ist das Bundesministerium des Innern, für Bau und Heimat. [3]Die Anordnung einer Auskunft über künftig anfallende Daten ist auf höchstens drei Monate zu befristen. [4]Die Verlängerung dieser Anordnung um jeweils nicht mehr als drei Monate ist auf Antrag zulässig, soweit die Voraussetzungen der Anordnung fortbestehen. [5]Auf die Anordnung der Verlängerung finden die Sätze 1 und 2 Anwendung.

(2) [1]Über Anordnungen nach § 8a Absatz 2 und 2a unterrichtet das Bundesministerium des Innern, für Bau und Heimat monatlich die G 10-Kommission (§ 1 Absatz 2 des Artikel 10-Gesetzes[2])) vor deren Vollzug. [2]Bei Gefahr im Verzug kann es den Vollzug der Entscheidung auch bereits vor der Unterrichtung der G 10-Kommission anordnen. [3]Die G 10-Kommission prüft von Amts wegen oder auf Grund von Beschwerden die Zulässigkeit und Notwendigkeit der Einholung von Auskünften. [4]§ 15 Absatz 5 des Artikel 10-Gesetzes ist mit der Maßgabe entsprechend anzuwenden, dass die Kontrollbefugnis der Kommission sich auf die gesamte Verarbeitung der nach § 8a Absatz 2 und 2a erlangten personenbezogenen Daten erstreckt. [5]Entscheidungen über Auskünfte, welche die G 10-Kommission für unzulässig oder nicht notwendig erklärt, hat das Bundesministerium des Innern, für Bau und Heimat unverzüglich aufzuheben. [6]Die Daten unterliegen in diesem Falle einem absoluten Verwendungsverbot und sind unverzüglich zu löschen. [7]Für die Verarbeitung der nach § 8a Absatz 2 und 2a erhobenen Daten ist § 4 des Artikel 10-Gesetzes entsprechend anzuwenden.

(3) [1]Das Bundesministerium des Innern, für Bau und Heimat unterrichtet im Abstand von höchstens sechs Monaten das Parlamentarische Kontrollgremium über Anordnungen nach § 8a Absatz 2 und 2a; dabei ist insbesondere ein Überblick über Anlass, Umfang, Dauer, Ergebnis und Kosten der im Berichtszeitraum durchgeführten Maßnahmen zu geben. [2]Das Gremium erstattet dem Deutschen Bundestag jährlich einen Bericht über die Durchführung sowie Art, Umfang und Anordnungsgründe der Maßnahmen; dabei sind die Grundsätze des § 10 Absatz 1 des Kontrollgremiumgesetzes[3]) zu beachten.

[1]) § 8b eingef. mWv 10.1.2012 durch G v. 7.12.2011 (BGBl. I S. 2576); Abs. 8 Satz 1 geänd. mWv 10.11.2016 *durch* G *v.* 4.11.2016 *(BGBl.* I *S.* 2473); Abs. 2 Satz 4 geänd. mWv 25.5.2018 durch G v. 30.6.2017 (BGBl. I S. 2097); Satz 2, Abs. 2 Sätze 1 und 5, Abs. 3 Satz 1 und Abs. 8 Satz 1 geänd. mWv 27.6.2020 durch VO v. 19.6.2020 (BGBl. I S. 1328).

[2]) Nr. **7.**

[3]) Nr. **81.**

(4) [1]Anordnungen sind dem Verpflichteten insoweit schriftlich mitzuteilen, als dies erforderlich ist, um ihm die Erfüllung seiner Verpflichtung zu ermöglichen. [2]Anordnungen und übermittelte Daten dürfen dem Betroffenen oder Dritten vom Verpflichteten nicht mitgeteilt werden.

(5) [1]Dem Verpflichteten ist es verboten, allein auf Grund einer Anordnung nach § 8a Absatz 1 oder 2 einseitige Handlungen vorzunehmen, die für den Betroffenen nachteilig sind und die über die Erteilung der Auskunft hinausgehen, insbesondere bestehende Verträge oder Geschäftsverbindungen zu beenden, ihren Umfang zu beschränken oder ein Entgelt zu erheben oder zu erhöhen. [2]Die Anordnung ist mit dem ausdrücklichen Hinweis auf dieses Verbot und darauf zu verbinden, dass das Auskunftsersuchen nicht die Aussage beinhaltet, dass sich die betroffene Person rechtswidrig verhalten hat oder ein darauf gerichteter Verdacht bestehen müsse.

(6) Die in § 8a Absatz 1 und 2 Satz 1 genannten Stellen sind verpflichtet, die Auskunft unverzüglich, vollständig, richtig und in dem Format zu erteilen, das durch die auf Grund von Absatz 8 Satz 1 bis 3 erlassene Rechtsverordnung oder in den in Absatz 8 Satz 4 und 5 bezeichneten Rechtsvorschriften vorgeschrieben ist.

(7) [1]Für Anordnungen nach § 8a findet § 12 Absatz 1 des Artikel 10-Gesetzes entsprechende Anwendung, mit der Maßgabe, dass § 12 Absatz 1 Satz 5 des Artikel 10-Gesetzes nur für Maßnahmen nach § 8a Absatz 1 und 2 Satz 1 Nummer 4 und 5 Anwendung findet. [2]Wurden personenbezogene Daten an eine andere Stelle übermittelt, erfolgt die Mitteilung im Benehmen mit dieser.

(8) [1]Das Bundesministerium des Innern, für Bau und Heimat wird ermächtigt, durch Rechtsverordnung im Einvernehmen mit dem Bundeskanzleramt, dem Bundesministerium für Wirtschaft und Energie, dem Bundesministerium für Verkehr und digitale Infrastruktur, dem Bundesministerium der Justiz und für Verbraucherschutz und dem Bundesministerium der Verteidigung ohne Zustimmung des Bundesrates zu bestimmen, dass Auskünfte nach § 8a Absatz 1 und 2 mit Ausnahme der Auskünfte nach § 8a Absatz 2 Satz 1 Nummer 4, auch soweit andere Vorschriften hierauf verweisen, ganz oder teilweise auf maschinell verwertbaren Datenträgern oder durch Datenfernübertragung übermittelt werden müssen. [2]Dabei können insbesondere geregelt werden

1. die Voraussetzungen für die Anwendung des Verfahrens,

2. das Nähere über Form, Inhalt, Verarbeitung und Sicherung der zu übermittelnden Daten,

3. die Art und Weise der Übermittlung der Daten,

4. die Zuständigkeit für die Entgegennahme der zu übermittelnden Daten,

5. der Umfang und die Form der für dieses Verfahren erforderlichen besonderen Erklärungspflichten des Auskunftspflichtigen und

6. Tatbestände und Bemessung einer auf Grund der Auskunftserteilung an Verpflichtete zu leistenden Aufwandsentschädigung.

[3]Zur Regelung der Datenübermittlung kann in der Rechtsverordnung auf Veröffentlichungen sachverständiger Stellen verwiesen werden; hierbei sind das Datum der Veröffentlichung, die Bezugsquelle und eine Stelle zu bezeichnen, bei der die Veröffentlichung archivmäßig gesichert niedergelegt ist. [4]Die Vorgaben für die Erteilung von Auskünften nach § 8a Absatz 2 Satz 1 Nummer 4, insbesondere ob und in welchem Umfang die Verpflichteten hierfür Vorkehrungen für die technische und organisatorische Umsetzung der Auskunftsverpflichtung zu treffen

haben, bestimmen sich nach § 110 des Telekommunikationsgesetzes[1] und der dazu erlassenen Rechtsverordnung. [5]Die technischen Einzelheiten, die zur Auskunftserteilung sowie zur Gestaltung des Übergabepunktes zu den berechtigten Stellen erforderlich sind, insbesondere das technische Format für die Übermittlung derartiger Auskunftsverlangen an die Verpflichteten und die Rückübermittlung der zugehörigen Auskünfte an die berechtigten Stellen, richten sich nach den Festlegungen in der Technischen Richtlinie nach § 110 Absatz 3 des Telekommunikationsgesetzes.

(9) Für die Erteilung von Auskünften nach § 8a Absatz 2 Satz 1 Nummer 4 hat der Verpflichtete Anspruch auf Entschädigung entsprechend § 23 des Justizvergütungs- und -entschädigungsgesetzes[2].

(10) [1]Die Befugnisse nach § 8a Absatz 2 Satz 1 Nummer 4 und 5 stehen den Verfassungsschutzbehörden der Länder nur dann zu, wenn das Verfahren sowie die Beteiligung der G 10-Kommission, die Verarbeitung der erhobenen Daten und die Mitteilung an den Betroffenen gleichwertig wie in Absatz 2 und ferner eine Absatz 3 gleichwertige parlamentarische Kontrolle sowie eine Verpflichtung zur Berichterstattung über die durchgeführten Maßnahmen an das Parlamentarische Kontrollgremium des Bundes unter entsprechender Anwendung des Absatzes 3 Satz 1 zweiter Halbsatz für dessen Berichte nach Absatz 3 Satz 2 durch den Landesgesetzgeber geregelt ist. [2]Die Verpflichtungen zur gleichwertigen parlamentarischen Kontrolle nach Absatz 3 gelten auch für die Befugnisse nach § 8a Absatz 2 Satz 1 Nummer 1 und 2. [3]Landesrecht kann für Auskünfte an die jeweilige Verfassungsschutzbehörde des Landes Regelungen vorsehen, die dem Absatz 5 entsprechen, und die auf Grund von Absatz 8 Satz 1 bis 3 erlassene Rechtsverordnung sowie die Vorgaben nach Absatz 8 Satz 4 und 5 für solche Auskünfte für anwendbar erklären.

§ 8c[3] Einschränkungen eines Grundrechts. Das Grundrecht des Fernmeldegeheimnisses (Artikel 10 des Grundgesetzes[4]) wird nach Maßgabe des § 8a Absatz 2 Satz 1 Nummer 4 und 5 und Absatz 3 sowie des § 8b Absatz 1, 2, 4 bis 8 und 10 eingeschränkt.

§ 8d[5] Weitere Auskunftsverlangen. (1) [1]*Soweit dies zur Erfüllung der Aufgaben des Bundesamts für Verfassungsschutz erforderlich ist, darf von demjenigen, der geschäftsmäßig Telekommunikationsdienste erbringt oder daran mitwirkt, Auskunft über die nach den §§ 95 und 111 des Telekommunikationsgesetzes[1] erhobenen Daten verlangt werden (§ 113 Absatz 1 Satz 1 des Telekommunikationsgesetzes).[6]* [2]*Bezieht sich das Auskunftsverlangen nach Satz 1 auf Daten, mittels derer der Zugriff auf Endgeräte oder auf Speichereinrichtungen, die in diesen Endgeräten oder hiervon räumlich getrennt eingesetzt werden, geschützt wird (§ 113 Absatz 1 Satz 2 des Telekommunikationsgesetzes), darf die Auskunft nur verlangt werden, wenn die gesetzlichen Voraussetzungen für die Nutzung der Daten vorliegen.*

[1] **Sartorius ErgBd. Nr. 920.**
[2] **Schönfelder Nr. 116.**
[3] § 8c eingef. mWv 10.1.2012 durch G v. 7.12.2011 (BGBl. I S. 2576).
[4] Nr. **1.**
[5] § 8d eingef. mWv 1.7.2013 durch G v. 20.6.2013 (BGBl. I S. 1602).
[6] § 8d Abs. 1 Satz 1 und Abs. 2 Satz 1 ist gem. Beschluss des BVerfG v. 27.5.2020 (BGBl. I S. 1931) mit Art. 2 Abs. 1 iVm Art. 1 Abs. 1 und Art. 10 Abs. 1 GG (Nr. **1**) unvereinbar. Bis zur Neuregelung, längstens jedoch bis 31.12.2021, bleibt die für mit dem GG unvereinbar erklärte Vorschrift weiter anwendbar.

(2) ¹ *Die Auskunft nach Absatz 1 darf auch anhand einer zu einem bestimmten Zeitpunkt zugewiesenen Internetprotokoll-Adresse verlangt werden (§ 113 Absatz 1 Satz 3 des Telekommunikationsgesetzes).*[1] ² *Für Auskunftsverlangen nach Absatz 1 Satz 2 gilt § 8b Absatz 1 Satz 1 und 2 und Absatz 2 entsprechend.*

(3) ¹ Die betroffene Person ist in den Fällen des Absatzes 1 Satz 2 und des Absatzes 2 Satz 1 über die Beauskunftung zu benachrichtigen. ² Die Benachrichtigung erfolgt, soweit und sobald eine Gefährdung des Zwecks der Auskunft und der Eintritt übergreifender Nachteile für das Wohl des Bundes oder eines Landes ausgeschlossen werden können. ³ Sie unterbleibt, wenn ihr überwiegende schutzwürdige Belange Dritter oder der betroffenen Person selbst entgegenstehen. ⁴ Wird die Benachrichtigung nach Satz 2 zurückgestellt oder nach Satz 3 von ihr abgesehen, sind die Gründe aktenkundig zu machen.

(4) Auf Grund eines Auskunftsverlangens nach Absatz 1 oder 2 hat derjenige, der geschäftsmäßig Telekommunikationsdienste erbringt oder daran mitwirkt, die zur Auskunftserteilung erforderlichen Daten unverzüglich, vollständig und richtig zu übermitteln.

(5) Das Bundesamt für Verfassungsschutz hat für ihm erteilte Auskünfte eine Entschädigung zu gewähren, deren Umfang sich nach § 23 und Anlage 3 des Justizvergütungs- und -entschädigungsgesetzes[2] bemisst; die Vorschriften über die Verjährung in § 2 Absatz 1 und 4 des Justizvergütungs- und -entschädigungsgesetzes finden entsprechend Anwendung

(6) Das Grundrecht des Fernmeldegeheimnisses (Artikel 10 des Grundgesetzes[3]) wird nach Maßgabe des Absatzes 2 eingeschränkt.

§ 9[4] Besondere Formen der Datenerhebung. (1) ¹ Das Bundesamt für Verfassungsschutz darf Informationen, insbesondere personenbezogene Daten, mit den Mitteln gemäß § 8 Abs. 2 erheben, wenn Tatsachen die Annahme rechtfertigen, daß

1. auf diese Weise Erkenntnisse über Bestrebungen oder Tätigkeiten nach § 3 Abs. 1 oder die zur Erforschung solcher Erkenntnisse erforderlichen Quellen gewonnen werden können oder

2. dies zum Schutz der Mitarbeiter, Einrichtungen, Gegenstände und Quellen des Bundesamtes für Verfassungsschutz gegen sicherheitsgefährdende oder geheimdienstliche Tätigkeiten erforderlich ist.

² Die Erhebung nach Satz 1 ist unzulässig, wenn die Erforschung des Sachverhalts auf andere, den Betroffenen weniger beeinträchtigende Weise möglich ist; eine geringere Beeinträchtigung ist in der Regel anzunehmen, wenn die Information aus allgemein zugänglichen Quellen oder durch eine Auskunft nach § 18 Abs. 3

[1] § 8d Abs. 1 Satz 1 und Abs. 2 Satz 1 ist gem. Beschluss des BVerfG v. 27.5.2020 (BGBl. I S. 1931) mit Art. 2 Abs. 1 iVm Art. 1 Abs. 1 und Art. 10 Abs. 1 GG (Nr. 1) unvereinbar. Bis zur Neuregelung, längstens jedoch bis 31.12.2021, bleibt die für mit dem GG unvereinbar erklärte Vorschrift weiter anwendbar.
[2] **Schönfelder Nr. 116.**
[3] Nr. 1.
[4] § 9 Abs. 3 Satz 1 Nr. 2 geänd. durch G v. 17.6.1999 (BGBl. I S. 1334); Abs. 2 Sätze 3–6 angef. mWv 1.11.2000 durch G v. 2.8.2000 (BGBl. I S. 1253); Abs. 3 Satz 2 geänd. mWv 29.6.2001 durch G v. 26.6. 2001 (BGBl. I S. 1254); Abs. 2 Sätze 7–13 angef., Abs. 3 Satz 2 aufgeh. und Abs. 4 eingef. mWv 1.1.2002 durch G v. 9.1.2002 (BGBl. I S. 361); Abs. 4 neu gef. mWv 11.1.2007 durch G v. 5.1.2007 (BGBl. I S. 2); Abs. 2 Satz 6 geänd. mWv 1.9.2009 durch G v. 17.12.2008 (BGBl. I S. 2586); Abs. 2 Sätze 8–11 aufgeh., bish. Sätze 12 und 13 werden Sätze 8 und 9, Abs. 4 Satz 7 neu gef., Satz 8 aufgeh. mWv 10.1.2012 durch G v. 7.12.2011 (BGBl. I S. 2576).

gewonnen werden kann. [3]Die Anwendung eines Mittels gemäß § 8 Abs. 2 darf nicht erkennbar außer Verhältnis zur Bedeutung des aufzuklärenden Sachverhaltes stehen. [4]Die Maßnahme ist unverzüglich zu beenden, wenn ihr Zweck erreicht ist oder sich Anhaltspunkte dafür ergeben, daß er nicht oder nicht auf diese Weise erreicht werden kann.

(2) [1]Das in einer Wohnung nicht öffentlich gesprochene Wort darf mit technischen Mitteln nur heimlich mitgehört oder aufgezeichnet werden, wenn es im Einzelfall zur Abwehr einer gegenwärtigen gemeinen Gefahr oder einer gegenwärtigen Lebensgefahr für einzelne Personen unerläßlich ist und geeignete polizeiliche Hilfe für das bedrohte Rechtsgut nicht rechtzeitig erlangt werden kann. [2]Satz 1 gilt entsprechend für einen verdeckten Einsatz technischer Mittel zur Anfertigung von Bildaufnahmen und Bildaufzeichnungen. [3]Maßnahmen nach den Sätzen 1 und 2 werden durch den Präsidenten des Bundesamtes für Verfassungsschutz oder seinen Vertreter angeordnet, wenn eine richterliche Entscheidung nicht rechtzeitig herbeigeführt werden kann. [4]Die richterliche Entscheidung ist unverzüglich nachzuholen. [5]Zuständig ist das Amtsgericht, in dessen Bezirk das Bundesamt für Verfassungsschutz seinen Sitz hat. [6]Für das Verfahren gelten die Vorschriften des Gesetzes über das Verfahren in Familiensachen und in den Angelegenheiten der freiwilligen Gerichtsbarkeit[1]) entsprechend. [7]Die erhobenen Informationen dürfen nur nach Maßgabe des § 4 Abs. 4 des Artikel 10-Gesetzes[2]) verwendet werden. [8]§ 4 Abs. 6 des Artikel 10-Gesetzes gilt entsprechend. [9]Das Grundrecht der Unverletzlichkeit der Wohnung (Artikel 13 des Grundgesetzes[3])) wird insoweit eingeschränkt.

(3) Bei Erhebungen nach Absatz 2 und solchen nach Absatz 1, die in ihrer Art und Schwere einer Beschränkung des Brief-, Post- und Fernmeldegeheimnisses gleichkommen, wozu insbesondere das Abhören und Aufzeichnen des nicht öffentlich gesprochenen Wortes mit dem verdeckten Einsatz technischer Mittel gehören, ist

1. der Eingriff nach seiner Beendigung dem Betroffenen mitzuteilen, sobald eine Gefährdung des Zweckes des Eingriffs ausgeschlossen werden kann, und

2. das Parlamentarische Kontrollgremium zu unterrichten.

(4) [1]Das Bundesamt für Verfassungsschutz darf unter den Voraussetzungen des § 8a Abs. 2 technische Mittel zur Ermittlung des Standortes eines aktiv geschalteten Mobilfunkendgerätes oder zur Ermittlung der Geräte- oder Kartennummer einsetzen. [2]Die Maßnahme ist nur zulässig, wenn ohne Einsatz technischer Mittel nach Satz 1 die Ermittlung des Standortes oder die Ermittlung der Geräte- oder Kartennummer aussichtslos oder wesentlich erschwert ist. [3]Sie darf sich nur gegen die in § 8a Abs. 3 Nr. 1 und 2 Buchstabe b bezeichneten Personen richten. [4]Für die Verarbeitung der Daten ist § 4 des Artikel 10-Gesetzes entsprechend anzuwenden. [5]Personenbezogene Daten eines Dritten dürfen anlässlich solcher Maßnahmen nur erhoben werden, wenn dies aus technischen Gründen zur Erreichung des Zweckes nach Satz 1 unvermeidbar ist. [6]Sie unterliegen einem absoluten Verwendungsverbot und sind nach Beendigung der Maßnahme unverzüglich zu löschen. [7]§ 8b Absatz 1 bis 3 und 7 Satz 1 gilt entsprechend.

[1]) **Schönfelder Nr. 112.**
[2]) Nr. 7.
[3]) Nr. 1.

§ 9a[1] Verdeckte Mitarbeiter. (1) [1]Das Bundesamt für Verfassungsschutz darf eigene Mitarbeiter unter einer ihnen verliehenen und auf Dauer angelegten Legende (Verdeckte Mitarbeiter) zur Aufklärung von Bestrebungen unter den Voraussetzungen des § 9 Absatz 1 einsetzen. [2]Ein dauerhafter Einsatz zur Aufklärung von Bestrebungen nach § 3 Absatz 1 Nummer 1 und 4 ist nur bei Bestrebungen von erheblicher Bedeutung zulässig, insbesondere wenn sie darauf gerichtet sind, Gewalt anzuwenden oder Gewaltanwendung vorzubereiten.

(2) [1]Verdeckte Mitarbeiter dürfen weder zur Gründung von Bestrebungen nach § 3 Absatz 1 Nummer 1, 3 oder 4 noch zur steuernden Einflussnahme auf derartige Bestrebungen eingesetzt werden. [2]Sie dürfen in solchen Personenzusammenschlüssen oder für solche Personenzusammenschlüsse, einschließlich strafbare Vereinigungen, tätig werden, um deren Bestrebungen aufzuklären. [3]Im Übrigen ist im Einsatz eine Beteiligung an Bestrebungen zulässig, wenn sie

1. nicht in Individualrechte eingreift,
2. von den an den Bestrebungen Beteiligten derart erwartet wird, dass sie zur Gewinnung und Sicherung der Informationszugänge unumgänglich ist und
3. nicht außer Verhältnis zur Bedeutung des aufzuklärenden Sachverhalts steht.

[4]Sofern zureichende tatsächliche Anhaltspunkte dafür bestehen, dass Verdeckte Mitarbeiter rechtswidrig einen Straftatbestand von erheblicher Bedeutung verwirklicht haben, soll der Einsatz unverzüglich beendet und die Strafverfolgungsbehörde unterrichtet werden. [5]Über Ausnahmen nach Satz 4 entscheidet der Behördenleiter oder sein Vertreter.

(3) [1]Die Staatsanwaltschaft kann von der Verfolgung von im Einsatz begangenen Vergehen absehen oder eine bereits erhobene Klage in jeder Lage des Verfahrens zurücknehmen und das Verfahren einstellen, wenn

1. der Einsatz zur Aufklärung von Bestrebungen erfolgte, die auf die Begehung von in § 3 Absatz 1 des Artikel 10-Gesetzes[2] bezeichneten Straftaten gerichtet sind, und
2. die Tat von an den Bestrebungen Beteiligten derart erwartet wurde, dass sie zur Gewinnung und Sicherung der Informationszugänge unumgänglich war.

[2]Dabei ist das Verhältnis der Bedeutung der Aufklärung der Bestrebungen zur Schwere der begangenen Straftat und Schuld des Täters zu berücksichtigen. [3]Ein Absehen von der Verfolgung ist ausgeschlossen, wenn eine höhere Strafe als ein Jahr Freiheitsstrafe zu erwarten ist. [4]Ein Absehen von der Verfolgung ist darüber hinaus stets ausgeschlossen, wenn zu erwarten ist, dass die Strafe nicht zur Bewährung ausgesetzt werden würde. [5]Die Sätze 1 bis 4 gelten auch in Fällen der Landesbehörden für Verfassungsschutz.

§ 9b[3] Vertrauensleute. (1) [1]Für den Einsatz von Privatpersonen, deren planmäßige, dauerhafte Zusammenarbeit mit dem Bundesamt für Verfassungsschutz Dritten nicht bekannt ist (Vertrauensleute), ist § 9a entsprechend anzuwenden. [2]Die Bundesregierung trägt dem Parlamentarischen Kontrollgremium mindestens einmal im Jahr einen Lagebericht zum Einsatz von Vertrauensleuten vor.

[1] § 9a eingef. mWv 21.11.2015 durch G v. 17.11.2015 (BGBl. I S. 1938).
[2] Nr. 7.
[3] § 9b eingef. mWv 21.11.2015 durch G v. 17.11.2015 (BGBl. I S. 1938).

(2) ¹Über die Verpflichtung von Vertrauensleuten entscheidet der Behördenleiter oder sein Vertreter. ²Als Vertrauensleute dürfen Personen nicht angeworben und eingesetzt werden, die

1. nicht voll geschäftsfähig, insbesondere minderjährig sind,
2. von den Geld- oder Sachzuwendungen für die Tätigkeit auf Dauer als alleinige Lebensgrundlage abhängen würden,
3. an einem Aussteigerprogramm teilnehmen,
4. Mitglied des Europäischen Parlaments, des Deutschen Bundestages, eines Landesparlaments oder Mitarbeiter eines solchen Mitglieds sind oder
5. im Bundeszentralregister mit einer Verurteilung wegen eines Verbrechens oder zu einer Freiheitsstrafe, deren Vollstreckung nicht zur Bewährung ausgesetzt worden ist, eingetragen sind.

³Der Behördenleiter kann eine Ausnahme von Nummer 5 zulassen, wenn die Verurteilung nicht als Täter eines Totschlags (§§ 212, 213 des Strafgesetzbuches¹⁾) oder einer allein mit lebenslanger Haft bedrohten Straftat erfolgt ist und der Einsatz zur Aufklärung von Bestrebungen, die auf die Begehung von in § 3 Absatz 1 des Artikel 10-Gesetzes²⁾ bezeichneten Straftaten gerichtet sind, unerlässlich ist. ⁴Im Falle einer Ausnahme nach Satz 3 ist der Einsatz nach höchstens sechs Monaten zu beenden, wenn er zur Erforschung der in Satz 3 genannten Bestrebungen nicht zureichend gewichtig beigetragen hat. ⁵Auch im Weiteren ist die Qualität der gelieferten Informationen fortlaufend zu bewerten.

§ 10³⁾ Speicherung, Veränderung und Nutzung personenbezogener Daten. (1) Das Bundesamt für Verfassungsschutz darf zur Erfüllung seiner Aufgaben personenbezogene Daten in Dateien speichern, verändern und nutzen, wenn

1. tatsächliche Anhaltspunkte für Bestrebungen oder Tätigkeiten nach § 3 Abs. 1 vorliegen,
2. dies für die Erforschung und Bewertung von Bestrebungen oder Tätigkeiten nach § 3 Abs. 1 erforderlich ist oder
3. das Bundesamt für Verfassungsschutz nach § 3 Abs. 2 tätig wird.

(2) ¹Unterlagen, die nach Absatz 1 gespeicherte Angaben belegen, dürfen auch gespeichert werden, wenn in ihnen weitere personenbezogene Daten Dritter enthalten sind. ²Eine Abfrage von Daten Dritter ist unzulässig.

(3) Das Bundesamt für Verfassungsschutz hat die Speicherungsdauer auf das für seine Aufgabenerfüllung erforderliche Maß zu beschränken.

§ 11⁴⁾ Speicherung, Veränderung und Nutzung personenbezogener Daten von Minderjährigen. (1) ¹Das Bundesamt für Verfassungsschutz darf unter den Voraussetzungen des § 10 Daten über Minderjährige vor Vollendung des 14. Lebensjahres in zu ihrer Person geführten Akten nur speichern, verändern und nutzen, wenn tatsächliche Anhaltspunkte dafür bestehen, dass der Minderjährige eine der in § 3 Abs. 1 des Artikel 10-Gesetzes²⁾ genannten Straftaten plant, begeht

¹⁾ **Schönfelder Nr. 85.**
²⁾ Nr. **7.**
³⁾ *§ 10 Abs. 2 aufgeh. durch G v. 20.4.1994 (BGBl. I S. 867); Abs. 2 neu gef. mWv 21.11.2015 durch G v. 17.11.2015 (BGBl. I S. 1938).*
⁴⁾ § 11 Abs. 1 Satz 1 geänd. mWv 29.6.2001 durch G v. 26.6.2001 (BGBl. I S. 1254, ber. S. 2298); Abs. 1 neu gef. mWv 5.8.2009 durch G v. 31.7.2009 (BGBl. I S. 2499); Abs. 1 Sätze 1 und 2 geänd., Satz 3 aufgeh., Abs. 2 neu gef. mWv 30.7.2016 durch G v. 26.7.2016 (BGBl. I S. 1818).

oder begangen hat. [2] In Dateien ist eine Speicherung von Daten oder über das Verhalten Minderjähriger vor Vollendung des 14. Lebensjahres nicht zulässig.

(2) [1] In Dateien oder zu ihrer Person geführten Akten gespeicherte Daten über Minderjährige vor Vollendung des 16. Lebensjahres sind spätestens nach zwei Jahren zu löschen, es sei denn, dass weitere Erkenntnisse nach § 3 Absatz 1 angefallen sind. [2] In Dateien oder zu ihrer Person geführten Akten gespeicherte Daten über Minderjährige ab Vollendung des 16. Lebensjahres sind nach zwei Jahren auf die Erforderlichkeit der Speicherung zu überprüfen und spätestens nach fünf Jahren zu löschen, es sei denn, dass nach Eintritt der Volljährigkeit weitere Erkenntnisse nach § 3 Absatz 1 angefallen sind.

§ 12[1] Berichtigung, Löschung und Verarbeitungseinschränkung personenbezogener Daten in Dateien. (1) Das Bundesamt für Verfassungsschutz hat die in Dateien gespeicherten personenbezogenen Daten zu berichtigen, wenn sie unrichtig sind.

(2) [1] Das Bundesamt für Verfassungsschutz hat die in Dateien gespeicherten personenbezogenen Daten zu löschen, wenn ihre Speicherung unzulässig war oder ihre Kenntnis für die Aufgabenerfüllung nicht mehr erforderlich ist. [2] Die Löschung unterbleibt, wenn Grund zu der Annahme besteht, daß durch sie schutzwürdige Interessen des Betroffenen beeinträchtigt würden. [3] In diesem Falle ist die Verarbeitung einzuschränken. [4] Sie dürfen nur noch mit Einwilligung des Betroffenen übermittelt werden.

(3) [1] Das Bundesamt für Verfassungsschutz prüft bei der Einzelfallbearbeitung und nach festgesetzten Fristen, spätestens nach fünf Jahren, ob gespeicherte personenbezogene Daten zu berichtigen oder zu löschen sind. [2] Gespeicherte personenbezogene Daten über Bestrebungen nach § 3 Absatz 1 Nummer 1, 3 und 4 sind spätestens zehn Jahre nach dem Zeitpunkt der letzten gespeicherten relevanten Information zu löschen, es sei denn, die zuständige Abteilungsleitung oder deren Vertretung trifft im Einzelfall ausnahmsweise eine andere Entscheidung.

(4) Personenbezogene Daten, die ausschließlich zu Zwecken der Datenschutzkontrolle, der Datensicherung oder zur Sicherstellung eines ordnungsgemäßen Betriebes einer Datenverarbeitungsanlage gespeichert werden, dürfen nur für diese Zwecke verwendet werden.

§ 13[2] Verwendung und Berichtigung personenbezogener Daten in Akten. (1) Stellt das Bundesamt für Verfassungsschutz fest, daß in Akten gespeicherte personenbezogene Daten unrichtig sind oder wird ihre Richtigkeit von dem Betroffenen bestritten, so ist dies in der Akte zu vermerken oder auf sonstige Weise festzuhalten.

(2) [1] Das Bundesamt für Verfassungsschutz hat die Verarbeitung personenbezogener Daten einzuschränken, wenn es im Einzelfall feststellt, dass ohne die Einschränkung schutzwürdige Interessen des Betroffenen beeinträchtigt würden und die Daten für seine künftige Aufgabenerfüllung nicht mehr erforderlich sind. [2] Verarbeitungseingeschränkte Daten sind mit einem entsprechenden Vermerk zu

[1] § 12 Abs. 3 Satz 2 neu gef. mWv 1.1.2002 durch G v. 9.1.2002 (BGBl. I S. 361); Abs. 3 Satz 2 geänd. mWv 10.1.2012 durch G v. 7.12.2011 (BGBl. I S. 2576); Abs. 3 Satz 2 geänd. mWv 21.11.2015 durch G v. 17.11.2015 (BGBl. I S. 1938); Überschrift geänd., Abs. 2 Satz 3 neu gef. mWv 25.5.2018 durch G v. 30.6.2017 (BGBl. I S. 2097).
[2] § 13 Überschrift neu gef., Abs. 3 und 4 angef. mWv 21.11.2015 durch G v. 17.11.2015 (BGBl. I S. 1938); Abs. 2 und Abs. 3 Sätze 5 und 6 neu gef. mWv 25.5.2018 durch G v. 30.6.2017 (BGBl. I S. 2097).

versehen; sie dürfen nicht mehr genutzt oder übermittelt werden. [3] Eine Aufhebung der Einschränkung ist möglich, wenn ihre Voraussetzungen nachträglich entfallen.

(3) [1] Eine Akte ist zu vernichten, wenn sie insgesamt zur Erfüllung der Aufgaben des Bundesamtes für Verfassungsschutz nicht oder nicht mehr erforderlich ist. [2] Die Erforderlichkeit ist bei der Einzelfallbearbeitung und nach festgesetzten Fristen, spätestens nach fünf Jahren, zu prüfen. [3] Für die Vernichtung einer Akte, die zu einer Person im Sinne des § 10 Absatz 1 Nummer 1 geführt wird, gilt § 12 Absatz 3 Satz 2 entsprechend. [4] Eine Vernichtung unterbleibt, wenn Grund zu der Annahme besteht, dass durch sie schutzwürdige Interessen des Betroffenen beeinträchtigt würden. [5] In diesem Fall ist die Verarbeitung der in der Akte gespeicherten personenbezogenen Daten einzuschränken und mit einem entsprechenden Vermerk zu versehen. [6] Sie dürfen nur für die Interessen nach Satz 4 verarbeitet werden oder wenn es zur Abwehr einer erheblichen Gefahr unerlässlich ist. [7] Eine Vernichtung der Akte erfolgt nicht, wenn sie nach den Vorschriften des Bundesarchivgesetzes[1] dem Bundesarchiv zur Übernahme anzubieten und zu übergeben ist.

(4) [1] Akten oder Auszüge aus Akten dürfen auch in elektronischer Form geführt werden. [2] Insoweit kommen die Regelungen über die Verwendung und Berichtigung personenbezogener Daten in Akten zur Anwendung. [3] Eine Abfrage personenbezogener Daten ist insoweit nur zulässig, wenn die Voraussetzungen des § 10 Absatz 1 Nummer 1 und 2 oder § 11 Absatz 1 Satz 3 vorliegen. [4] Der automatisierte Abgleich dieser personenbezogenen Daten ist nur beschränkt auf Akten eng umgrenzter Anwendungsgebiete zulässig. [5] Bei jeder Abfrage sind für Zwecke der Datenschutzkontrolle der Zeitpunkt, die Angaben, die die Feststellung der abgefragten Daten ermöglichen, sowie Angaben zur Feststellung des Abfragenden zu protokollieren. [6] Die protokollierten Daten dürfen nur für Zwecke der Datenschutzkontrolle, der Datensicherung oder zur Sicherstellung eines ordnungsgemäßen Betriebs der Datenverarbeitungsanlage verwendet werden. [7] Die Protokolldaten sind am Ende des Kalenderjahres, das dem Jahr der Protokollierung folgt, zu löschen.

§ 14[2] Dateianordnungen. (1) [1] Für jede automatisierte Datei beim Bundesamt für Verfassungsschutz nach § 6 oder § 10 sind in einer Dateianordnung, die der Zustimmung des Bundesministeriums des Innern, für Bau und Heimat bedarf, festzulegen:

1. Bezeichnung der Datei,
2. Zweck der Datei,
3. Voraussetzung der Speicherung, Übermittlung und Nutzung (betroffener Personenkreis, Arten der Daten),
4. Anlieferung oder Eingabe,
5. Zugangsberechtigung,
6. Überprüfungsfristen, Speicherungsdauer,
7. Protokollierung.

[1] **Sartorius III Nr. 834.**
[2] *§ 14 Abs. 1 Satz 1 einl. Satzteil geänd. mWv 11.1.2007 durch G v. 5.1.2007 (BGBl. I S. 2); Abs. 1 Satz 2 geänd. mWv 5.8.2009 durch G v. 31.7.2009 (BGBl. I S. 2499); Abs. 3 neu gef. mWv 21.11.2015 durch G v. 17.11.2015 (BGBl. I S. 1938); Abs. 1 Satz 3 angef. mWv 25.5.2018 durch G v. 30.6.2017 (BGBl. I S. 2097); Abs. 1 Satz 1 einl. Satzteil geänd. mWv 27.6.2020 durch VO v. 19.6.2020 (BGBl. I S. 1328).*

[2] Der Bundesbeauftragte für den Datenschutz und die Informationsfreiheit ist vor Erlaß einer Dateianordnung anzuhören. [3] Das Bundesamt für Verfassungsschutz führt ein Verzeichnis der geltenden Dateianordnungen.

(2) [1] Die Speicherung personenbezogener Daten ist auf das erforderliche Maß zu beschränken. [2] In angemessenen Abständen ist die Notwendigkeit der Weiterführung oder Änderung der Dateien zu überprüfen.

(3) [1] Ist im Hinblick auf die Dringlichkeit der Aufgabenerfüllung die vorherige Mitwirkung der in Absatz 1 genannten Stellen nicht möglich, so kann das Bundesamt für Verfassungsschutz eine Sofortanordnung treffen. [2] Das Verfahren nach Absatz 1 ist unverzüglich nachzuholen.

§ 15[1] Auskunft an den Betroffenen. (1) [1] Das Bundesamt für Verfassungsschutz erteilt dem Betroffenen über zu seiner Person gespeicherte Daten auf Antrag unentgeltlich Auskunft, soweit er hierzu auf einen konkreten Sachverhalt hinweist und ein besonderes Interesse an einer Auskunft darlegt. [2] Zu personenbezogenen Daten in Akten erstreckt sich die Auskunft auf alle Daten, die über eine Speicherung gemäß § 10 Absatz 1 auffindbar sind.

(2) [1] Die Auskunftserteilung unterbleibt, soweit

1. eine Gefährdung der Aufgabenerfüllung durch die Auskunftserteilung zu besorgen ist,

2. durch die Auskunftserteilung Quellen gefährdet sein können oder die Ausforschung des Erkenntnisstandes oder der Arbeitsweise des Bundesamtes für Verfassungsschutz zu befürchten ist,

3. die Auskunft die öffentliche Sicherheit gefährden oder sonst dem Wohl des Bundes oder eines Landes Nachteile bereiten würde oder

4. die Daten oder die Tatsache der Speicherung nach einer Rechtsvorschrift oder ihrem Wesen nach, insbesondere wegen der überwiegenden berechtigten Interessen eines Dritten, geheimgehalten werden müssen.

[2] Die Entscheidung trifft der Behördenleiter oder ein von ihm besonders beauftragter Mitarbeiter.

(3) Die Auskunftsverpflichtung erstreckt sich nicht auf die Herkunft der Daten und die Empfänger von Übermittlungen.

(4) [1] Die Ablehnung der Auskunftserteilung bedarf keiner Begründung, soweit dadurch der Zweck der Auskunftsverweigerung gefährdet würde. [2] Die Gründe der Auskunftsverweigerung sind aktenkundig zu machen. [3] Wird die Auskunftserteilung abgelehnt, ist der Betroffene auf die Rechtsgrundlage für das Fehlen der Begründung und darauf hinzuweisen, daß er sich an den Bundesbeauftragten für den Datenschutz wenden kann. [4] Dem Bundesbeauftragten für den Datenschutz ist auf sein Verlangen Auskunft zu erteilen, soweit nicht das Bundesministerium des Innern, für Bau und Heimat im Einzelfall feststellt, daß dadurch die Sicherheit des Bundes oder eines Landes gefährdet würde. [5] Mitteilungen des Bundesbeauftragten an den Betroffenen dürfen keine Rückschlüsse auf den Erkenntnisstand des Bundesamtes für Verfassungsschutz zulassen, sofern es nicht einer weitergehenden Auskunft zustimmt.

[1] § 15 Abs. 4 Satz 4 geänd. mWv 11.1.2007 durch G v. 5.1.2007 (BGBl. I S. 2); Abs. 1 Satz 2 angef. mWv 21.11.2015 durch G v. 17.11.2015 (BGBl. I S. 1938); Abs. 4 Satz 4 geänd. mWv 27.6.2020 durch VO v. 19.6.2020 (BGBl. I S. 1328).

§ 16[1] Verfassungsschutz durch Aufklärung der Öffentlichkeit. (1) Das Bundesamt für Verfassungsschutz informiert die Öffentlichkeit über Bestrebungen und Tätigkeiten nach § 3 Absatz 1, soweit hinreichend gewichtige tatsächliche Anhaltspunkte hierfür vorliegen, sowie über präventiven Wirtschaftsschutz.

(2) ¹Das Bundesministerium des Innern, für Bau und Heimat informiert die Öffentlichkeit über Bestrebungen und Tätigkeiten nach § 3 Absatz 1, soweit hinreichend gewichtige tatsächliche Anhaltspunkte hierfür vorliegen, mindestens einmal jährlich in einem zusammenfassenden Bericht insbesondere zu aktuellen Entwicklungen. ²In dem Bericht sind die Zuschüsse des Bundeshaushaltes an das Bundesamt für Verfassungsschutz und den Militärischen Abschirmdienst sowie die jeweilige Gesamtzahl ihrer Bediensteten anzugeben.

(3) Bei der Information nach den Absätzen 1 und 2 dürfen auch personenbezogene Daten bekanntgegeben werden, wenn die Bekanntgabe für das Verständnis des Zusammenhanges oder der Darstellung von Organisationen oder unorganisierten Gruppierungen erforderlich ist und die Interessen der Allgemeinheit das schutzwürdige Interesse des Betroffenen überwiegen.

Dritter Abschnitt. Übermittlungsvorschriften

§ 17[2] Zulässigkeit von Ersuchen. (1) Wird nach den Bestimmungen dieses Abschnittes um Übermittlung von personenbezogenen Daten ersucht, dürfen nur die Daten übermittelt werden, die bei der ersuchten Behörde bekannt sind oder aus allgemein zugänglichen Quellen entnommen werden können.

(2) ¹Absatz 1 gilt nicht für besondere Ersuchen der Verfassungsschutzbehörden, des Militärischen Abschirmdienstes und des Bundesnachrichtendienstes um solche Daten, die bei der Wahrnehmung grenzpolizeilicher Aufgaben bekannt werden. ²Die Zulässigkeit dieser besonderen Ersuchen und ihre Erledigung regelt das Bundesministerium des Innern, für Bau und Heimat im Benehmen mit dem Bundeskanzleramt und dem Bundesministerium der Verteidigung in einer Dienstanweisung. ³Es unterrichtet das Parlamentarische Kontrollgremium über ihren Erlaß und erforderliche Änderungen. ⁴Satz 2 und 3 gilt nicht für die besonderen Ersuchen zwischen Behörden desselben Bundeslandes.

(3) ¹Soweit dies für die Erfüllung der Aufgaben des Bundesamtes für Verfassungsschutz, des Militärischen Abschirmdienstes und des Bundesnachrichtendienstes erforderlich ist, können diese Behörden eine Person oder eine in Artikel 36 Abs. 1 des Beschlusses 2007/533/JI des Rates vom 12. Juni 2007 über die Einrichtung, den Betrieb und die Nutzung des Schengener Informationssystems der zweiten Generation (SIS II) genannte Sache im polizeilichen Informationssystem zur Mitteilung über das Antreffen ausschreiben, wenn die Voraussetzungen des Artikels 36 Abs. 3 des Beschlusses 2007/533/JI des Rates sowie tatsächliche Anhaltspunkte für einen grenzüberschreitenden Verkehr vorliegen. ²Im Falle des Antreffens kann die um Mitteilung ersuchte Stelle der ausschreibenden Behörde

[1] § 16 Abs. 1 und 2 Satz 1 geänd. mWv 11.1.2007 durch G v. 5.1.2007 (BGBl. I S. 2); Überschrift, Abs. 1 und Abs. 2 Satz 1 neu gef., Satz 2 aufgeh., bish. Satz 3 wird Satz 2, Abs. 2 angef. mWv 21.11.2015 durch G v. 17.11.2015 (BGBl. I S. 1938); Abs. 2 Satz 1 geänd. mWv 27.6.2020 durch VO v. 19.6.2020 (BGBl. I S. 1328).

[2] § 17 Abs. 2 Satz 3 geänd. durch G v. 17.6.1999 (BGBl. I S. 1334); Abs. 2 Sätze 2 und 3 geänd. sowie Abs. 3 angef. mWv 11.1.2007 durch G v. 5.1.2007 (BGBl. I S. 2); Abs. 3 Sätze 1 und 2 geänd. mWv 9.4. 2013 durch G v. 6.6.2009 (BGBl. I S. 1226); Abs. 3 Satz 6 geänd. mWv 21.11.2015 durch G v. 17.11. 2015 (BGBl. I S. 1938); Abs. 2 Satz 2 und Abs. 3 Satz 6 geänd. mWv 27.6.2020 durch VO v. 19.6.2020 (BGBl. I S. 1328).

Informationen gemäß Artikel 37 des Beschlusses 2007/533/JI des Rates übermitteln. [3] Ausschreibungen ordnet der Behördenleiter, sein Vertreter oder ein dazu besonders beauftragter Bediensteter, der die Befähigung zum Richteramt hat, an. [4] Die Ausschreibung ist auf höchstens sechs Monate zu befristen und kann wiederholt angeordnet werden. [5] Liegen die Voraussetzungen für die Ausschreibung nicht mehr vor, ist der Zweck der Maßnahme erreicht oder zeigt sich, dass er nicht erreicht werden kann, ist die Ausschreibung unverzüglich zu löschen. [6] § 8b Absatz 3 gilt mit der Maßgabe entsprechend, dass an die Stelle des Bundesministeriums des Innern, für Bau und Heimat für Ausschreibungen durch den Militärischen Abschirmdienst das Bundesministerium der Verteidigung und für Ausschreibungen durch den Bundesnachrichtendienst das Bundeskanzleramt tritt.

§ 18[1] **Übermittlung von Informationen an die Verfassungsschutzbehörden.** (1) [1] Die Behörden des Bundes und der bundesunmittelbaren juristischen Personen des öffentlichen Rechts unterrichten von sich aus das Bundesamt für Verfassungsschutz oder die Verfassungsschutzbehörde des Landes über die ihnen bekanntgewordenen Tatsachen, die sicherheitsgefährdende oder geheimdienstliche Tätigkeiten für eine fremde Macht oder Bestrebungen im Geltungsbereich dieses Gesetzes erkennen lassen, die durch Anwendung von Gewalt oder darauf gerichtete Vorbereitungshandlungen gegen die in § 3 Abs. 1 Nr. 1, 3 und 4 genannten Schutzgüter gerichtet sind. [2] Über Satz 1 hinausgehende Unterrichtungspflichten nach dem Gesetz über den Militärischen Abschirmdienst oder dem Gesetz über den Bundesnachrichtendienst[2] bleiben unberührt.

(1a) [1] Das Bundesamt für Migration und Flüchtlinge übermittelt von sich aus dem Bundesamt für Verfassungsschutz, die Ausländerbehörden eines Landes übermitteln von sich aus der Verfassungsschutzbehörde des Landes ihnen bekannt gewordene Informationen einschließlich personenbezogener Daten über Bestrebungen oder Tätigkeiten nach § 3 Abs. 1, wenn tatsächliche Anhaltspunkte dafür vorliegen, dass die Übermittlung für die Erfüllung der Aufgaben der Verfassungsschutzbehörde erforderlich ist. [2] Die Übermittlung dieser personenbezogenen Daten an ausländische öffentliche Stellen sowie an über- und zwischenstaatliche Stellen nach § 19 Abs. 3 unterbleibt auch dann, wenn überwiegende schutzwürdige Belange Dritter entgegenstehen. [3] Vor einer Übermittlung nach § 19 Abs. 3 ist das Bundesamt für Migration und Flüchtlinge zu beteiligen. [4] Für diese Übermittlungen des Bundesamtes für Verfassungsschutz gilt § 8b Absatz 3 entsprechend. [5] Die Zuständigkeit und das Verfahren für die Entscheidung des Bundesamtes für Migration und Flüchtlinge zu Übermittlungen nach Satz 1 sind in einer Dienstvorschrift zu regeln, die der Zustimmung des Bundesministeriums des Innern, für Bau und Heimat bedarf.

[1] § 18 Abs. 6 Sätze 1 und 2 geänd. mWv 29.6.2001 durch G v. 26.6.2001 (BGBl. I S. 1254, ber. S. 2298); Abs. 1 Satz 1, Abs. 2 Satz 1 und Abs. 4 geänd., Abs. 1a eingef. mWv 1.1.2002 durch G v. 9.1. 2002 (BGBl. I S. 361); Abs. 1 Satz 1 und Abs. 2 Satz 1 geänd. mWv 24.8.2002 durch G v. 16.8.2002 (BGBl. I S. 3202); Abs. 1 Satz 1 und Abs. 2 Satz 1 geänd. mWv 1.7.2005 durch G v. 21.6.2005 (BGBl. I S. 1818); Abs. 1a Satz 2 neu gef., Sätze 3 und 4 angef. mWv 11.1.2007 durch G v. 5.1.2007 (BGBl. I S. 2); Abs. 1a Satz 1 geänd. mWv 28.8.2007 durch G v. 19.8.2007 (BGBl. I S. 1970); Abs. 3a eingef., Abs. 6 Satz 1 geänd. mWv 5.8.2009 durch G v. 31.7.2009 (BGBl. I S. 2499); Abs. 1a Satz 5 angef. mWv 10.1. 2012 durch G v. 7.12.2011 (BGBl. I S. 2576); Abs. 1 Satz 1 geänd., Satz 3 aufgeh., Abs. 1a Satz 4 geänd., Abs. 1b eingef., Abs. 2 Satz 1 neu gef., Satz 2 aufgeh., Abs. 6 Satz 1 geänd. mWv 21.11.2015 durch G v. 17.11.2015 (BGBl. I S. 1938); Abs. 1a Satz 2 geänd. mWv 27.6.2020 durch VO v. 19.6.2020 (BGBl. I S. 1328).
[2] **Sartorius III Nr. 805.**

(1b) [1] Die Staatsanwaltschaften und, vorbehaltlich der staatsanwaltschaftlichen Sachleitungsbefugnis, die Polizeien, die Behörden des Zollfahndungsdienstes sowie andere Zolldienststellen, soweit diese Aufgaben nach dem Bundespolizeigesetz[1] wahrnehmen, unterrichten von sich aus das Bundesamt für Verfassungsschutz oder die Verfassungsschutzbehörde des Landes über alle ihnen bekanntgewordenen Informationen einschließlich personenbezogener Daten über Bestrebungen und Tätigkeiten nach § 3 Absatz 1, wenn tatsächliche Anhaltspunkte dafür bestehen, dass die Übermittlung für die Erfüllung der Aufgaben der Verfassungsschutzbehörde erforderlich ist. [2] Auf die Übermittlung von Informationen zwischen Behörden desselben Bundeslandes findet Satz 1 keine Anwendung.

(2) Der Bundesnachrichtendienst darf von sich aus dem Bundesamt für Verfassungsschutz oder der Verfassungsschutzbehörde des Landes auch alle anderen ihm bekanntgewordenen Informationen einschließlich personenbezogener Daten über Bestrebungen nach § 3 Absatz 1 übermitteln, wenn tatsächliche Anhaltspunkte dafür bestehen, dass die Übermittlung für die Erfüllung der Aufgaben der Verfassungsschutzbehörde erforderlich ist.

(3) [1] Das Bundesamt für Verfassungsschutz darf zur Erfüllung seiner Aufgaben die Staatsanwaltschaften und, vorbehaltlich der staatsanwaltschaftlichen Sachleitungsbefugnis, die Polizeien sowie andere Behörden um Übermittlung der zur Erfüllung seiner Aufgaben erforderlichen Informationen einschließlich personenbezogener Daten ersuchen, wenn sie nicht aus allgemein zugänglichen Quellen oder nur mit übermäßigem Aufwand oder nur durch eine den Betroffenen stärker belastende Maßnahme erhoben werden können. [2] Unter den gleichen Voraussetzungen dürfen Verfassungsschutzbehörden der Länder

1. Behörden des Bundes und der bundesunmittelbaren juristischen Personen des öffentlichen Rechts,

2. Staatsanwaltschaften und, vorbehaltlich der staatsanwaltschaftlichen Sachleitungsbefugnis, Polizeien des Bundes und anderer Länder um die Übermittlung solcher Informationen ersuchen.

(3a) [1] Das Bundesamt für Verfassungsschutz und die Verfassungsschutzbehörden der Länder dürfen zur Erfüllung ihrer Aufgaben die Finanzbehörden um Auskunft ersuchen, ob eine Körperschaft, Personenvereinigung oder Vermögensmasse die Voraussetzungen des § 5 Abs. 1 Nr. 9 des Körperschaftsteuergesetzes erfüllt. [2] Die Finanzbehörden haben der ersuchenden Behörde die Auskunft nach Satz 1 zu erteilen.

(4) Würde durch die Übermittlung nach Absatz 3 Satz 1 der Zweck der Maßnahme gefährdet oder der Betroffene unverhältnismäßig beeinträchtigt, darf das Bundesamt für Verfassungsschutz bei der Wahrnehmung der Aufgaben nach § 3 Abs. 1 Nr. 2 bis 4 sowie bei der Beobachtung terroristischer Bestrebungen amtliche Register einsehen.

(5) [1] Die Ersuchen nach Absatz 3 sind aktenkundig zu machen. [2] Über die Einsichtnahme nach Absatz 4 hat das Bundesamt für Verfassungsschutz einen Nachweis zu führen, aus dem der Zweck und die Veranlassung, die ersuchte Behörde und die Aktenfundstelle hervorgehen; die Nachweise sind gesondert aufzubewahren, gegen unberechtigten Zugriff zu sichern und am Ende des Kalenderjahres, das dem Jahr ihrer Erstellung folgt, zu vernichten.

[1] Nr. **90**.

(6) ¹Die Übermittlung personenbezogener Daten, die auf Grund einer Maßnahme nach § 100a der Strafprozeßordnung¹⁾ bekanntgeworden sind, ist nach den Vorschriften der Absätze 1b und 3 nur zulässig, wenn tatsächliche Anhaltspunkte dafür bestehen, daß jemand eine der in § 3 Abs. 1 des Artikel 10-Gesetzes²⁾ genannten Straftaten plant, begeht oder begangen hat. ²Auf die einer Verfassungsschutzbehörde nach Satz 1 übermittelten Kenntnisse und Unterlagen findet § 4 Abs. 1 und 4 des Artikel 10-Gesetzes entsprechende Anwendung.

§ 19³⁾ Übermittlung personenbezogener Daten durch das Bundesamt für Verfassungsschutz.

(1) ¹Das Bundesamt für Verfassungsschutz darf personenbezogene Daten, die mit den Mitteln nach § 8 Absatz 2 erhoben worden sind, an die Staatsanwaltschaften, die Finanzbehörden nach § 386 Absatz 1 der Abgabenordnung, die Polizeien, die mit der Steuerfahndung betrauten Dienststellen der Landesfinanzbehörden, die Behörden des Zollfahndungsdienstes sowie andere Zolldienststellen, soweit diese Aufgaben nach dem Bundespolizeigesetz⁴⁾ wahrnehmen, übermitteln, soweit dies erforderlich ist zur

1. Erfüllung eigener Aufgaben der Informationsgewinnung (§ 8 Absatz 1 Satz 2 und 3),

2. Abwehr einer im Einzelfall bestehenden Gefahr für den Bestand oder die Sicherheit des Bundes oder eines Landes oder für Leib, Leben, Gesundheit oder Freiheit einer Person oder für Sachen von erheblichem Wert, deren Erhaltung im öffentlichen Interesse geboten ist,

3. Verhinderung oder sonstigen Verhütung von Straftaten von erheblicher Bedeutung oder

4. Verfolgung von Straftaten von erheblicher Bedeutung;

§ 20 bleibt unberührt. ²Im Übrigen darf es an inländische öffentliche Stellen personenbezogene Daten übermitteln, wenn dies zur Erfüllung seiner Aufgaben erforderlich ist oder der Empfänger die Daten zum Schutz der freiheitlichen demokratischen Grundordnung oder sonst für erhebliche Zwecke der öffentlichen Sicherheit benötigt. ³Der Empfänger darf die übermittelten Daten, soweit gesetzlich nichts anderes bestimmt ist, nur zu dem Zweck verwenden, zu dem sie ihm übermittelt wurden.

(2) Das Bundesamt für Verfassungsschutz darf personenbezogene Daten an Dienststellen der Stationierungsstreitkräfte übermitteln, soweit die Bundesrepublik Deutschland dazu im Rahmen von Artikel 3 des Zusatzabkommens zu dem Abkommen zwischen den Parteien des Nordatlantikvertrages über die Rechtsstellung ihrer Truppen hinsichtlich der in der Bundesrepublik Deutschland stationierten ausländischen Truppen vom 3. August 1959 (BGBl. 1961 II S. 1183, 1218) verpflichtet ist.

(3) ¹Das Bundesamt für Verfassungsschutz darf personenbezogene Daten an ausländische öffentliche Stellen sowie an über- und zwischenstaatliche Stellen übermitteln, wenn die Übermittlung zur Erfüllung seiner Aufgaben oder zur

¹⁾ **Schönfelder Nr. 90.**
²⁾ Nr. 7.
³⁾ § 19 Abs. 4 neu gef. mWv 1.1.2002 durch G v. 9.1.2002 (BGBl. I S. 361); Abs. 1 Satz 1 geänd., Abs. 4 Satz 8 aufgeh. und Abs. 5 angef. mWv 11.1.2007 durch G v. 5.1.2007 (BGBl. I S. 2); Abs. 5 neu gef. mWv 10.1.2012 durch G v. 7.12.2011 (BGBl. I S. 2576); Abs. 1 Satz 1 neu gef., Satz 2 eingef., bish. Satz 2 wird Satz 3 mWv 21.11.2015 durch G v. 17.11.2015 (BGBl. I S. 1938); Abs. 4 Satz 2 geänd. mWv 27.6. 2020 durch VO v. 19.6.2020 (BGBl. I S. 1328).
⁴⁾ Nr. 90.

Wahrung erheblicher Sicherheitsinteressen des Empfängers erforderlich ist. ²Die Übermittlung unterbleibt, wenn auswärtige Belange der Bundesrepublik Deutschland oder überwiegende schutzwürdige Interessen des Betroffenen entgegenstehen. ³Die Übermittlung ist aktenkundig zu machen. ⁴Der Empfänger ist darauf hinzuweisen, daß die übermittelten Daten nur zu dem Zweck verwendet werden dürfen, zu dem sie ihm übermittelt wurden, und das Bundesamt für Verfassungsschutz sich vorbehält, um Auskunft über die vorgenommene Verwendung der Daten zu bitten.

(4) ¹Personenbezogene Daten dürfen an andere Stellen nur übermittelt werden, wenn dies zum Schutz der freiheitlichen demokratischen Grundordnung, des Bestandes oder der Sicherheit des Bundes oder eines Landes oder zur Gewährleistung der Sicherheit von lebens- oder verteidigungswichtigen Einrichtungen nach § 1 Abs. 4 des Sicherheitsüberprüfungsgesetzes[1]) erforderlich ist. ²Übermittlungen nach Satz 1 bedürfen der vorherigen Zustimmung durch das Bundesministerium des Innern, für Bau und Heimat. ³Das Bundesamt für Verfassungsschutz führt einen Nachweis über den Zweck, die Veranlassung, die Aktenfundstelle und die Empfänger der Übermittlungen nach Satz 1. ⁴Die Nachweise sind gesondert aufzubewahren, gegen unberechtigten Zugriff zu sichern und am Ende des Kalenderjahres, das dem Jahr ihrer Erstellung folgt, zu vernichten. ⁵Der Empfänger darf die übermittelten Daten nur zu dem Zweck verwenden, zu dem sie ihm übermittelt worden sind. ⁶Der Empfänger ist auf die Verwendungsbeschränkung und darauf hinzuweisen, dass das Bundesamt für Verfassungsschutz sich vorbehält, um Auskunft über die Verwendung der Daten zu bitten. ⁷Die Übermittlung der personenbezogenen Daten ist dem Betroffenen durch das Bundesamt für Verfassungsschutz mitzuteilen, sobald eine Gefährdung seiner Aufgabenerfüllung durch die Mitteilung nicht mehr zu besorgen ist.

(5) ¹Absatz 4 findet keine Anwendung, wenn personenbezogene Daten zum Zweck von Datenerhebungen nach § 8 Absatz 1 Satz 2 an Stellen übermittelt werden, von denen die Daten erhoben werden, oder die daran mitwirken. ²Hiervon abweichend findet Absatz 4 Satz 5 und 6 in Fällen Anwendung, in denen die Datenerhebung nicht mit den in § 8 Absatz 2 bezeichneten Mitteln erfolgt.

§ 20 Übermittlung von Informationen durch das Bundesamt für Verfassungsschutz an Strafverfolgungs- und Sicherheitsbehörden in Angelegenheiten des Staats- und Verfassungsschutzes. (1) ¹Das Bundesamt für Verfassungsschutz übermittelt den Staatsanwaltschaften und, vorbehaltlich der staatsanwaltschaftlichen Sachleitungsbefugnis, den Polizeien von sich aus die ihm bekanntgewordenen Informationen einschließlich personenbezogener Daten, wenn tatsächliche Anhaltspunkte dafür bestehen, daß die Übermittlung zur Verhinderung oder Verfolgung von Staatsschutzdelikten erforderlich ist. ²Delikte nach Satz 1 sind die in §§ 74a und 120 im Gerichtsverfassungsgesetzes[2]) genannten Straftaten sowie sonstige Straftaten, bei denen auf Grund ihrer Zielsetzung, des Motivs des Täters oder dessen Verbindung zu einer Organisation tatsächliche Anhaltspunkte dafür vorliegen, daß sie gegen die in Artikel 73 Nr. 10 Buchstabe b oder c des Grundgesetzes[3]) genannten Schutzgüter gerichtet sind. ³Das Bundesamt für Verfassungsschutz übermittelt dem Bundesnachrichtendienst von sich aus die ihm bekanntgewordenen Informationen einschließlich personenbezogener Daten,

¹) **Sartorius III Nr. 810.**
²) **Schönfelder Nr. 95.**
³) **Nr. 1.**

wenn tatsächliche Anhaltspunkte dafür bestehen, daß die Übermittlung für die Erfüllung der gesetzlichen Aufgaben des Empfängers erforderlich ist.

(2) [1] Die Polizeien dürfen zur Verhinderung von Staatsschutzdelikten nach Absatz 1 Satz 2 das Bundesamt für Verfassungsschutz um Übermittlung der erforderlichen Informationen einschließlich personenbezogener Daten ersuchen. [2] Der Bundesnachrichtendienst darf zur Erfüllung seiner Aufgaben das Bundesamt für Verfassungsschutz um die Übermittlung der erforderlichen Informationen einschließlich personenbezogener Daten ersuchen.

§ 21 Übermittlung von Informationen durch die Verfassungsschutzbehörden der Länder an Strafverfolgungs- und Sicherheitsbehörden in Angelegenheiten des Staats- und Verfassungsschutzes. (1) [1] Die Verfassungsschutzbehörden der Länder übermitteln den Staatsanwaltschaften und, vorbehaltlich der staatsanwaltschaftlichen Sachleitungsbefugnis, den Polizeien Informationen einschließlich personenbezogener Daten unter den Voraussetzungen des § 20 Abs. 1 Satz 1 und 2 sowie Abs. 2 Satz 1. [2] Auf die Übermittlung von Informationen zwischen Behörden desselben Bundeslandes findet Satz 1 keine Anwendung.

(2) Die Verfassungsschutzbehörden der Länder übermitteln dem Bundesnachrichtendienst und dem Militärischen Abschirmdienst Informationen einschließlich personenbezogener Daten unter den Voraussetzungen des § 20 Abs. 1 Satz 3 sowie Abs. 2 Satz 2.

§ 22[1]) Übermittlung von Informationen durch die Staatsanwaltschaften und Polizeien an den Militärischen Abschirmdienst. Für die Übermittlung von Informationen einschließlich personenbezogener Daten durch die Staatsanwaltschaften und, vorbehaltlich der staatsanwaltschaftlichen Sachleitungsbefugnis, die Polizeien, die Behörden des Zollfahndungsdienstes sowie andere Zolldienststellen, soweit diese Aufgaben nach dem Bundespolizeigesetz[2]) wahrnehmen, an den Militärischen Abschirmdienst findet § 18 entsprechende Anwendung.

§ 22a[3]) Projektbezogene gemeinsame Dateien. (1) [1] Das Bundesamt für Verfassungsschutz kann für die Dauer einer befristeten projektbezogenen Zusammenarbeit mit den Landesbehörden für Verfassungsschutz, dem Militärischen Abschirmdienst, dem Bundesnachrichtendienst, den Polizeibehörden des Bundes und der Länder und dem Zollkriminalamt eine gemeinsame Datei errichten. [2] Die projektbezogene Zusammenarbeit bezweckt nach Maßgabe der Aufgaben und Befugnisse der in Satz 1 genannten Behörden den Austausch und die gemeinsame Auswertung von Erkenntnissen zu Bestrebungen, die durch Anwendung von Gewalt oder darauf gerichtete Vorbereitungshandlungen gegen die in § 3 Abs. 1 Nr. 1 bis 4 genannten Schutzgüter gerichtet sind. [3] Personenbezogene Daten zu Bestrebungen nach Satz 2 dürfen unter Einsatz der gemeinsamen Datei durch die an der projektbezogenen Zusammenarbeit beteiligten Behörden im Rahmen ihrer Befugnisse verwendet werden, soweit dies in diesem Zusammenhang zur Erfüllung ihrer Aufgaben erforderlich ist. [4] Bei der weiteren Verwendung der personenbezo-

[1]) § 22 geänd. mWv 24.8.2002 durch G v. 16.8.2002 (BGBl. I S. 3202); geänd. mWv 1.7.2005 durch G v. 21.6.2005 (BGBl. I S. 1818).
[2]) Nr. **90**.
[3]) § 22a eingef. mWv 31.12.2006 durch G v. 22.12.2006 (BGBl. I S. 3409); Abs. 3 Satz 1 und Abs. 6 Satz 4 geänd. mWv 21.11.2015 durch G v. 17.11.2015 (BGBl. I S. 1938); Abs. 4 Satz 2 neu gef. mWv 30.7.2016 durch G v. 26.7.2016 (BGBl. I S. 1818); Abs. 5, Abs. 6 Satz 1 Nr. 9 geänd. mWv 25.5.2018 durch G v. 30.6.2017 (BGBl. I S. 2097); Abs. 6 Satz 2 geänd. mWv 27.6.2020 durch VO v. 19.6.2020 (BGBl. I S. 1328).

genen Daten finden für die beteiligten Behörden die jeweils für sie geltenden Vorschriften über die Verwendung von Daten Anwendung.

(2) [1] Für die Eingabe personenbezogener Daten in die gemeinsame Datei gelten die jeweiligen Übermittlungsvorschriften zugunsten der an der Zusammenarbeit beteiligten Behörden entsprechend mit der Maßgabe, dass die Eingabe nur zulässig ist, wenn die Daten allen an der projektbezogenen Zusammenarbeit teilnehmenden Behörden übermittelt werden dürfen. [2] Eine Eingabe ist ferner nur zulässig, wenn die Behörde, die die Daten eingegeben hat, die Daten auch in eigene Dateien speichern darf. [3] Die Behörde, die die Daten eingegeben hat, hat die Daten zu kennzeichnen.

(3) [1] Für die Führung einer projektbezogenen gemeinsamen Datei gelten § 6 Absatz 2 Satz 4 und 5 und Absatz 3 Satz 1 und § 14 Abs. 2 entsprechend. [2] § 15 ist mit der Maßgabe anzuwenden, dass das Bundesamt für Verfassungsschutz die Auskunft im Einvernehmen mit der Behörde erteilt, die die datenschutzrecht-

(Fortsetzung nächstes Blatt)

liche Verantwortung nach Satz 1 trägt und die beteiligte Behörde die Zulässigkeit der Auskunftserteilung nach den für sie geltenden Bestimmungen prüft.

(4) [1] Die gemeinsame Datei nach Absatz 1 ist auf höchstens zwei Jahre zu befristen. [2] Die Frist kann um zwei Jahre und danach um ein weiteres Jahr verlängert werden, wenn das Ziel der projektbezogenen Zusammenarbeit bei Projektende noch nicht erreicht worden ist und die Datei weiterhin für die Erreichung des Ziels erforderlich ist.

(5) Für die Berichtigung, Verarbeitungseinschränkung und Löschung der Daten zu einer Person durch die Behörde, die die Daten eingegeben hat, gelten die jeweiligen, für sie anwendbaren Vorschriften über die Berichtigung, Sperrung und Löschung der Daten entsprechend.

(6) [1] Das Bundesamt für Verfassungsschutz hat für die gemeinsame Datei in einer Dateianordnung die Angaben nach § 14 Abs. 1 Satz 1 Nr. 1 bis 7 sowie weiter festzulegen:

1. die Rechtsgrundlage der Datei,

2. die Art der zu speichernden personenbezogenen Daten,

3. die Arten der personenbezogenen Daten, die der Erschließung der Datei dienen,

4. Voraussetzungen, unter denen in der Datei gespeicherte personenbezogene Daten an welche Empfänger und in welchen Verfahren übermittelt werden,

5. im Einvernehmen mit den an der projektbezogenen Zusammenarbeit teilnehmenden Behörden deren jeweilige Organisationseinheiten, die zur Eingabe und zum Abruf befugt sind,

6. die umgehende Unterrichtung der eingebenden Behörde über Anhaltspunkte für die Unrichtigkeit eingegebener Daten durch die an der gemeinsamen Datei beteiligten Behörden sowie die Prüfung und erforderlichenfalls die unverzügliche Änderung, Berichtigung oder Löschung dieser Daten durch die Behörde, die die Daten eingegeben hat,

7. die Möglichkeit der ergänzenden Eingabe weiterer Daten zu den bereits über eine Person gespeicherten Daten durch die an der gemeinsamen Datei beteiligten Behörden,

8. die Protokollierung des Zeitpunkts, der Angaben zur Feststellung des aufgerufenen Datensatzes sowie der für den Abruf verantwortlichen Behörde bei jedem Abruf aus der gemeinsamen Datei durch das Bundesamt für Verfassungsschutz für Zwecke der Datenschutzkontrolle einschließlich der Zweckbestimmung der Protokolldaten sowie deren Löschfrist und

9. die Zuständigkeit des Bundesamtes für Verfassungsschutz für Schadensersatzansprüche des Betroffenen entsprechend § 83 des Bundesdatenschutzgesetzes[1].

[2] Die Dateianordnung bedarf der Zustimmung des Bundesministeriums des Innern, für Bau und Heimat sowie der für die Fachaufsicht über die beteiligten Behörden zuständigen obersten Bundes- oder Landesbehörden. [3] Der Bundesbeauftragte für den Datenschutz und die Informationsfreiheit ist vor Erlass einer Dateianordnung anzuhören. [4] § 6 Absatz 2 Satz 6 gilt entsprechend.

[1] Nr. **245**.

§ 22b[1]) Errichtung gemeinsamer Dateien mit ausländischen Nachrichtendiensten. (1) Das Bundesamt für Verfassungsschutz kann für die Zusammenarbeit mit ausländischen öffentlichen Stellen, die mit nachrichtendienstlichen Aufgaben betraut sind (ausländische Nachrichtendienste), zur Erforschung von Bestrebungen oder Tätigkeiten, die sich auf bestimmte Ereignisse oder Personenkreise beziehen, gemeinsame Dateien einrichten, wenn

1. die Erforschung von erheblichem Sicherheitsinteresse für die Bundesrepublik Deutschland und den jeweils teilnehmenden Staat ist,
2. in den teilnehmenden Staaten die Einhaltung grundlegender rechtsstaatlicher Prinzipien gewährleistet ist,
3. die Festlegungen und Zusagen nach Absatz 5 Satz 1 verlässlich sind und
4. das Bundesministerium des Innern, für Bau und Heimat zugestimmt hat.

(2) ¹Der Nachrichtendienst eines Staates, der weder unmittelbar an die Bundesrepublik Deutschland angrenzt noch Mitgliedstaat der Europäischen Union oder des Nordatlantikvertrages ist, kann darüber hinaus nur teilnehmen, wenn besondere Sicherheitsinteressen dies erfordern. ²Dies ist der Fall, wenn Bestrebungen oder Tätigkeiten erforscht werden, die auf die Begehung von schwerwiegenden Straftaten gegen den Bestand oder die Sicherheit eines Staates oder einer internationalen Organisation gerichtet sind. ³Schwerwiegende Straftaten sind die in § 3 Absatz 1 des Artikel 10-Gesetzes[2]) genannten Straftaten. ⁴Die Teilnahme eines solchen ausländischen Nachrichtendienstes bedarf der Zustimmung der Bundesministerin oder des Bundesministers des Innern, für Bau und Heimat.

(3) ¹Die Datei dient der Feststellung, ob zu Personen, Objekten oder Ereignissen bei einem der beteiligten Nachrichtendienste Informationen vorhanden sind. ²Hierzu kann die Datei solche personenbezogene Daten enthalten, die zum Auffinden der Informationen und der dazu notwendigen Identifizierung von Personen erforderlich sind. ³Im Falle eines Treffers wird lediglich derjenige ausländische Nachrichtendienst angezeigt, der die Daten eingegeben hat.

(4) ¹Die Datei kann auch dem Austausch und der gemeinsamen Auswertung von Informationen und Erkenntnissen dienen, wenn dies zur Wahrung besonderer Sicherheitsinteressen (Absatz 2 Satz 2) erforderlich ist. ²Hierzu kann sie die zur Erforschung und Bewertung solcher Bestrebungen oder Tätigkeiten erforderlichen Daten enthalten und zu diesem Zweck genutzt werden.

(5) ¹Die Ziele der Zusammenarbeit und das Nähere der Datenverwendung sind vor Beginn der Zusammenarbeit zwischen den teilnehmenden Nachrichtendiensten zur Gewährleistung eines angemessenen Datenschutzniveaus und zum Ausschluss unangemessener Verwendung schriftlich festzulegen, insbesondere:

1. Zweck der Datei,
2. Voraussetzungen der Verwendungen von Daten,
3. Prüfung und erforderlichenfalls unverzügliche Änderung, Berichtigung und Löschung von Daten,
4. Zusage,

¹) § 22b eingef. mWv 30.7.2016 durch G v. 26.7.2016 (BGBl. I S. 1818); Abs. 7 Sätze 1 und 2 neu gef. mWv 25.5.2018 durch G v. 30.6.2017 (BGBl. I S. 2097); Abs. 1 Nr. 4 und Abs. 2 Satz 4 geänd. mWv 27.6.2020 durch VO v. 19.6.2020 (BGBl. I S. 1328).
²) Nr. **7**.

a) die Daten ohne Zustimmung des eingebenden Nachrichtendienstes nicht für einen anderen Zweck als den nach Nummer 1 zu verwenden oder an Dritte zu übermitteln,

b) Auskunft über die Verwendung der Daten zu geben, die vom Auskunft erbittenden Nachrichtendienst eingegeben worden sind.

[2] § 14 gilt mit der Maßgabe, dass die Festlegungen auf das Bundesamt für Verfassungsschutz beschränkt sind und der Dateianordnung die Festlegung nach Satz 1 als Anlage beizufügen ist.

(6) [1] Das Bundesamt für Verfassungsschutz darf personenbezogene Daten in der gemeinsamen Datei entsprechend § 10 Absatz 1 und 3, § 11 Absatz 1 eingeben, wenn es die Daten allen teilnehmenden ausländischen Nachrichtendiensten übermitteln darf. [2] Für die vom Bundesamt für Verfassungsschutz eingegebenen Daten gelten für die Veränderung und Nutzung § 10 Absatz 1 und § 11 Absatz 1 und für die Überprüfung, Berichtigung, Löschung und Sperrung § 11 Absatz 2 und § 12 Absatz 1 bis 3 entsprechend. [3] Für die Verantwortung des an der Datei teilnehmenden Nachrichtendienstes gilt § 6 Absatz 2 Satz 4 und 5 entsprechend.

(7) [1] Das Bundesamt für Verfassungsschutz trifft für die Dateien die technischen und organisatorischen Maßnahmen entsprechend § 64 des Bundesdatenschutzgesetzes[1]. [2] § 6 Absatz 3 Satz 2 bis 5 und § 26a gelten nur für die vom Bundesamt für Verfassungsschutz eingegebenen Daten sowie dessen Abrufe. [3] Das Bundesamt für Verfassungsschutz erteilt dem Betroffenen entsprechend § 15 Auskunft nur zu den vom Bundesamt für Verfassungsschutz eingegebenen Daten.

§ 22c[2] Teilnahme an gemeinsamen Dateien mit ausländischen Nachrichtendiensten. [1] Das Bundesamt für Verfassungsschutz darf an gemeinsamen Dateien, die von ausländischen Nachrichtendiensten errichtet sind, teilnehmen. [2] § 22b Absatz 1 bis 4 und 6 gilt entsprechend. [3] Dabei gilt § 22b Absatz 1 Nummer 3 mit der Maßgabe, dass verlässlich zuzusagen ist, dass

1. die vom Bundesamt für Verfassungsschutz eingegebenen Daten ohne dessen Zustimmung nicht an Dritte übermittelt werden dürfen und nur zu dem Zweck verwendet werden dürfen, zu dem sie in die Datei eingegeben wurden, und

2. das Bundesamt für Verfassungsschutz auf Ersuchen Auskunft über die vorgenommene Verwendung der Daten erhält.

[4] Das Bundesamt für Verfassungsschutz erteilt über die von ihm eingegebenen Daten entsprechend § 15 Auskunft.

§ 23 Übermittlungsverbote. Die Übermittlung nach den Vorschriften dieses Abschnitts unterbleibt, wenn

1. für die übermittelnde Stelle erkennbar ist, daß unter Berücksichtigung der Art der Informationen und ihrer Erhebung die schutzwürdigen Interessen des Betroffenen das Allgemeininteresse an der Übermittlung überwiegen,

2. überwiegende Sicherheitsinteressen dies erfordern oder

[1] Nr. 245.
[2] § 22c eingef. mWv 30.7.2016 durch G v. 26.7.2016 (BGBl. I S. 1818).

3. besondere gesetzliche Übermittlungsregelungen entgegenstehen; die Verpflichtung zur Wahrung gesetzlicher Geheimhaltungspflichten oder von Berufs- oder besonderen Amtsgeheimnissen, die nicht auf gesetzlichen Vorschriften beruhen, bleibt unberührt.

§ 24[1] Minderjährigenschutz. (1) [1]Informationen einschließlich personenbezogener Daten über das Verhalten Minderjähriger dürfen nach den Vorschriften dieses Gesetzes übermittelt werden, solange die Voraussetzungen der Speicherung nach § 11 Abs. 1 Satz 1 erfüllt sind. [2]Liegen diese Voraussetzungen nicht mehr vor, bleibt eine Übermittlung nur zulässig, wenn sie zur Abwehr einer erheblichen Gefahr oder zur Verfolgung einer Straftat von erheblicher Bedeutung erforderlich ist.

(2) [1]Informationen einschließlich personenbezogener Daten über das Verhalten Minderjähriger vor Vollendung des 16. Lebensjahres dürfen nach den Vorschriften dieses Gesetzes nicht an ausländische sowie über- oder zwischenstaatliche Stellen übermittelt werden. [2]Abweichend hiervon dürfen Informationen einschließlich personenbezogener Daten über das Verhalten Minderjähriger, die das 14. Lebensjahr vollendet haben, übermittelt werden, wenn nach den Umständen des Einzelfalls nicht ausgeschlossen werden kann, dass die Übermittlung zur Abwehr einer erheblichen Gefahr für Leib oder Leben einer Person erforderlich ist oder tatsächliche Anhaltspunkte dafür vorliegen, dass die Übermittlung zur Verfolgung einer der in § 3 Abs. 1 des Artikel 10-Gesetzes[2] genannten Straftaten erforderlich ist.

§ 25[3] Pflichten des Empfängers. [1]Der Empfänger prüft, ob die nach den Vorschriften dieses Gesetzes übermittelten personenbezogenen Daten für die Erfüllung seiner Aufgaben erforderlich sind. [2]Ergibt die Prüfung, daß sie nicht erforderlich sind, hat er die Unterlagen zu vernichten. [3]Die Vernichtung kann unterbleiben, wenn die Trennung von anderen Informationen, die zur Erfüllung der Aufgaben erforderlich sind, nicht oder nur mit unvertretbarem Aufwand möglich ist; in diesem Fall ist die Verarbeitung der Daten einzuschränken.

§ 26 Nachberichtspflicht. Erweisen sich personenbezogene Daten nach ihrer Übermittlung nach den Vorschriften dieses Gesetzes als unvollständig oder unrichtig, so sind sie unverzüglich gegenüber dem Empfänger zu berichtigen, es sei denn, daß dies für die Beurteilung eines Sachverhalts ohne Bedeutung ist.

Vierter Abschnitt. Schlußvorschriften

26a[4] Unabhängige Datenschutzkontrolle. (1) Jedermann kann sich an die Bundesbeauftragte oder den Bundesbeauftragten für den Datenschutz und die Informationsfreiheit wenden, wenn er der Ansicht ist, bei der Verarbeitung seiner personenbezogenen Daten durch das Bundesamt für Verfassungsschutz in seinen Rechten verletzt worden zu sein.

[1] § 24 Abs. 1 Satz 1 geänd., Abs. 2 neu gef. mWv 5.8.2009 durch G v. 31.7.2009 (BGBl. I S. 2499).
[2] Nr. **7**.
[3] § 25 Satz 3 neu gef. mWv 25.5.2018 durch G v. 30.6.2017 (BGBl. I S. 2097).
[4] § 26a eingef. mWv 25.5.2018 durch G v. 30.6.2017 (BGBl. I S. 2097); Abs. 3 Satz 3 geänd. mWv 27.6.2020 durch VO v. 19.6.2020 (BGBl. I S. 1328).

(2) [1] Die oder der Bundesbeauftragte für den Datenschutz und die Informationsfreiheit kontrolliert beim Bundesamt für Verfassungsschutz die Einhaltung der Vorschriften über den Datenschutz. [2] Soweit die Einhaltung von Vorschriften der Kontrolle durch die G 10-Kommission unterliegt, unterliegt sie nicht der Kontrolle durch die Bundesbeauftragte oder den Bundesbeauftragten für den Datenschutz und die Informationsfreiheit, es sei denn, die G 10-Kommission ersucht die Bundesbeauftragte oder den Bundesbeauftragten für den Datenschutz und die Informationsfreiheit, die Einhaltung der Vorschriften über den Datenschutz bei bestimmten Vorgängen oder in bestimmten Bereichen zu kontrollieren und ausschließlich ihr darüber zu berichten.

(3) [1] Das Bundesamt für Verfassungsschutz ist verpflichtet, die Bundesbeauftragte oder den Bundesbeauftragten für den Datenschutz und die Informationsfreiheit und ihre oder seine schriftlich besonders Beauftragten bei der Erfüllung ihrer oder seiner Aufgaben zu unterstützen. [2] Den in Satz 1 genannten Personen ist dabei insbesondere

1. Auskunft zu ihren Fragen sowie Einsicht in alle Unterlagen, insbesondere in die gespeicherten Daten und in die Datenverarbeitungsprogramme, zu gewähren, die im Zusammenhang mit der Kontrolle nach Absatz 2 stehen,

2. jederzeit Zutritt in alle Diensträume zu gewähren.

[3] Dies gilt nicht, soweit das Bundesministerium des Innern, für Bau und Heimat im Einzelfall feststellt, dass die Auskunft oder Einsicht die Sicherheit des Bundes oder eines Landes gefährden würde.

(4) [1] Die Absätze 1 bis 3 gelten ohne Beschränkung auf die Erfüllung der Aufgaben nach § 3. [2] Sie gelten entsprechend für die Verarbeitung personenbezogener Daten durch andere Stellen, wenn diese der Erfüllung der Aufgaben von Verfassungsschutzbehörden nach § 3 dient. [3] § 16 Absatz 1 und 4 des Bundesdatenschutzgesetzes[1)] findet keine Anwendung.

27[2)] **Anwendung des Bundesdatenschutzgesetzes.** Bei der Erfüllung der Aufgaben nach § 3 durch das Bundesamt für Verfassungsschutz findet das Bundesdatenschutzgesetz[1)] wie folgt Anwendung:

1. § 1 Absatz 8, die §§ 4, 16 Absatz 1 und 4 und die §§ 17 bis 21 sowie § 85 finden keine Anwendung,

2. die §§ 46, 51 Absatz 1 bis 4 und die §§ 52 bis 54, 62, 64, 83, 84 sind entsprechend anzuwenden.

[1)] Nr. **245**.
[2)] § 27 neu gef. mWv 25.5.2018 durch G v. 30.6.2017 (BGBl. I S. 2097).

81. Gesetz über die parlamentarische Kontrolle nachrichtendienstlicher Tätigkeit des Bundes (Kontrollgremiumgesetz – PKGrG)[1]

Vom 29. Juli 2009

(BGBl. I S. 2346)

FNA 12-12

geänd. durch Art. 1 G zur weiteren Fortentwicklung der parlamentarischen Kontrolle der Nachrichtendienste des Bundes v. 30.11.2016 (BGBl. I S. 2746), Art. 13 G zur Änd. des VersorgungsrücklageG und weiterer dienstrechtlicher Vorschriften v. 5.1.2017 (BGBl. I S. 17) und Art. 13b Besoldungsstrukturenmodernisierungsgesetz v. 9.12.2019 (BGBl. I S. 2053)

§ 1 Kontrollrahmen. (1) Die Bundesregierung unterliegt hinsichtlich der Tätigkeit des Bundesamtes für Verfassungsschutz, des Militärischen Abschirmdienstes und des Bundesnachrichtendienstes der Kontrolle durch das Parlamentarische Kontrollgremium.

(2) Die Rechte des Deutschen Bundestages, seiner Ausschüsse und der Kommission nach dem Artikel 10-Gesetz[2] bleiben unberührt.

§ 2[3] Mitgliedschaft. (1) Der Deutsche Bundestag wählt zu Beginn jeder Wahlperiode die Mitglieder des Parlamentarischen Kontrollgremiums aus seiner Mitte.

(2) Er bestimmt die Zahl der Mitglieder, die Zusammensetzung und die Arbeitsweise des Parlamentarischen Kontrollgremiums.

(3) Gewählt ist, wer die Stimmen der Mehrheit der Mitglieder des Deutschen Bundestages auf sich vereint.

(4) ¹Scheidet ein Mitglied aus dem Deutschen Bundestag oder seiner Fraktion aus oder wird es Mitglied der Bundesregierung oder Parlamentarischer Staatssekretär, so verliert es seine Mitgliedschaft im Parlamentarischen Kontrollgremium; § 3 Absatz 4 bleibt unberührt. ²Für dieses Mitglied ist unverzüglich ein neues Mitglied zu wählen; das Gleiche gilt, wenn ein Mitglied aus dem Parlamentarischen Kontrollgremium ausscheidet.

§ 3[4] Zusammentritt. (1) ¹Das Parlamentarische Kontrollgremium tritt mindestens einmal im Vierteljahr zusammen. ²Es wählt eine Vorsitzende oder einen Vorsitzenden und deren oder dessen Stellvertreterin oder Stellvertreter. ³Es gibt sich eine Geschäftsordnung.

(2) Jedes Mitglied kann die Einberufung und die Unterrichtung des Parlamentarischen Kontrollgremiums verlangen.

[1] Verkündet als Art. 1 des G zur Fortentwicklung der parlamentarischen Kontrolle der Nachrichtendienste des Bundes v. 29.7.2009 (BGBl. I S. 2346); Inkrafttreten gem. Art. 4 Satz 1 dieses G am 4.8.2009.
[2] Nr. 7.
[3] § 2 Abs. 4 Satz 1 geänd. mWv 1.1.2020 durch G v. 9.12.2019 (BGBl. I S. 2053).
[4] § 3 Abs. 1 Satz 2 eingef., bish. Satz 2 wird Satz 3, Abs. 3 eingef., bish. Abs. 3 wird Abs. 4 mWv 7.12.2016 durch G v. 30.11.2016 (BGBl. I S. 2746).

(3) ¹Beschlüsse des Parlamentarischen Kontrollgremiums können außerhalb der Sitzungen im schriftlichen oder elektronischen Umlaufverfahren gefasst werden, sofern keine geheimhaltungsbedürftigen Sachverhalte betroffen sind. ²Einzelheiten regelt die Geschäftsordnung.

(4) Das Parlamentarische Kontrollgremium übt seine Tätigkeit auch über das Ende einer Wahlperiode des Deutschen Bundestages hinaus so lange aus, bis der nachfolgende Deutsche Bundestag gemäß § 2 entschieden hat.

§ 4¹⁾ Pflicht der Bundesregierung zur Unterrichtung. (1) ¹Die Bundesregierung unterrichtet das Parlamentarische Kontrollgremium umfassend über die allgemeine Tätigkeit der in § 1 Absatz 1 genannten Behörden und über Vorgänge von besonderer Bedeutung. ²Vorgänge von besonderer Bedeutung sind insbesondere

1. wesentliche Änderungen im Lagebild der äußeren und inneren Sicherheit,
2. behördeninterne Vorgänge mit erheblichen Auswirkungen auf die Aufgabenerfüllung,
3. Einzelvorkommnisse, die Gegenstand politischer Diskussionen oder öffentlicher Berichterstattung sind.

³Auf Verlangen des Parlamentarischen Kontrollgremiums hat die Bundesregierung auch über sonstige Vorgänge zu berichten.

(2) Die politische Verantwortung der Bundesregierung für die in § 1 genannten Behörden bleibt unberührt.

§ 5²⁾ Befugnisse des Kontrollgremiums, Amtshilfe. (1) ¹Soweit sein Recht auf Kontrolle reicht, kann das Parlamentarische Kontrollgremium von der Bundesregierung und den in § 1 genannten Behörden verlangen, Akten oder andere in amtlicher Verwahrung befindliche Schriftstücke, gegebenenfalls auch im Original, herauszugeben und in Dateien gespeicherte Daten zu übermitteln. ²Ihm ist jederzeit Zutritt zu sämtlichen Dienststellen der in § 1 genannten Behörden zu gewähren.

(2) ¹Es kann Angehörige der Nachrichtendienste, Mitarbeiter und Mitglieder der Bundesregierung sowie Beschäftigte anderer Bundesbehörden nach Unterrichtung der Bundesregierung befragen oder von ihnen schriftliche Auskünfte einholen. ²Die anzuhörenden Personen sind verpflichtet, vollständige und wahrheitsgemäße Angaben zu machen.

(3) Den Verlangen des Parlamentarischen Kontrollgremiums hat die Bundesregierung unverzüglich zu entsprechen.

(4) ¹Gerichte und Behörden sind zur Rechts- und Amtshilfe, insbesondere zur Vorlage von Akten und Übermittlung von Dateien, verpflichtet. ²Soweit personenbezogene Daten betroffen sind, dürfen diese nur für Zwecke des Parlamentarischen Kontrollgremiums übermittelt und genutzt werden.

§ 5a³⁾ Ständiger Bevollmächtigter. (1) Das Parlamentarische Kontrollgremium wird durch regelmäßige und einzelfallbezogene Untersuchungen einer

¹⁾ § 4 Abs. 1 Satz 2 eingef., bish. Satz 2 wird Satz 3 mWv 7.12.2016 durch G v. 30.11.2016 (BGBl. I S. 2746).
²⁾ § 5 Abs. 1 Satz 1 geänd., Satz 2 angef. mWv 7.12.2016 durch G v. 30.11.2016 (BGBl. I S. 2746).
³⁾ § 5a eingef. mWv 7.12.2016 durch G v. 30.11.2016 (BGBl. I S. 2746).

oder eines Ständigen Bevollmächtigten des Parlamentarischen Kontrollgremiums (die oder der Ständige Bevollmächtigte) unterstützt.

(2) [1] Die oder der Ständige Bevollmächtigte wird auf Weisung des Parlamentarischen Kontrollgremiums zur Prüfung von Sachverhalten tätig. [2] Die oder der Ständige Bevollmächtigte wird zur Erfüllung ihrer oder seiner Aufträge nach Satz 1 im Rahmen der Vorgaben des Parlamentarischen Kontrollgremiums nach pflichtgemäßem Ermessen tätig. [3] § 5 gilt entsprechend.

(3) [1] Das Vertrauensgremium nach § 10a der Bundeshaushaltsordnung[1]) kann im Benehmen mit dem Parlamentarischen Kontrollgremium Aufträge an die Ständige Bevollmächtigte oder den Ständigen Bevollmächtigten erteilen, soweit sein Recht auf Kontrolle nach der Bundeshaushaltsordnung reicht. [2] Absatz 2 Satz 2 und 3 gilt entsprechend.

(4) [1] Die oder der Ständige Bevollmächtigte bereitet die Sitzungen des Parlamentarischen Kontrollgremiums und dessen Berichte an das Plenum des Deutschen Bundestages vor. [2] Sie oder er nimmt regelmäßig an den Sitzungen des Parlamentarischen Kontrollgremiums, der Kommission nach dem Artikel 10-Gesetz[2]) und des Vertrauensgremiums nach § 10a der Bundeshaushaltsordnung teil.

(5) Die oder der Ständige Bevollmächtigte soll dem Parlamentarischen Kontrollgremium bei jeder Sitzung über die Ergebnisse ihrer oder seiner Untersuchungen und ihre oder seine sonstige Tätigkeit berichten.

(6) Das Parlamentarische Kontrollgremium erlässt Richtlinien für die Tätigkeit der oder des Ständigen Bevollmächtigten.

§ 5b[3]) Ernennung und Rechtsstellung. (1) [1] Die oder der Ständige Bevollmächtigte wird auf Vorschlag des Parlamentarischen Kontrollgremiums von der Präsidentin oder dem Präsidenten des Deutschen Bundestages für die Dauer von fünf Jahren ernannt. [2] Einmalig ist eine Wiederernennung zulässig. [3] An dem Vorschlag für die Ernennung einer oder eines Ständigen Bevollmächtigten wirken die gemäß § 9 Absatz 1 Satz 2 anwesenden Mitglieder des Vertrauensgremiums mit. [4] Der Vorschlag ist beschlossen, wenn die Mehrheit der Mitglieder des Kontrollgremiums ihm zustimmt.

(2) Zur oder zum Ständigen Bevollmächtigten ernannt werden kann nur, wer mindestens das 35. Lebensjahr vollendet hat, die Befähigung zum Richteramt oder zum höheren nichttechnischen Verwaltungsdienst hat sowie zum Umgang mit Verschlusssachen ermächtigt und förmlich zur Geheimhaltung verpflichtet wurde.

(3) [1] Die oder der Ständige Bevollmächtigte ist Ministerialdirektorin oder Ministerialdirektor beim Deutschen Bundestag. [2] Das Amtsverhältnis beginnt mit der Aushändigung der Ernennungsurkunde durch die Präsidentin oder den Präsidenten des Deutschen Bundestages. [3] Die oder der Ständige Bevollmächtigte leistet ein Amtseid. [4] Das Amtsverhältnis endet mit Ablauf der Amtszeit oder mit der Entbindung von ihren oder seinen Aufgaben jeweils durch Aushändigung der entsprechenden Urkunde durch die Präsidentin oder den Prä-

[1]) Nr. **700**.
[2]) Nr. **7**.
[3]) § 5b eingef. mWv 7.12.2016 durch G v. 30.11.2016 (BGBl. I S. 2746); Abs. 2 Sätze 2 und 3 aufgeh., Abs. 3 und 4 neu gef., Abs. 5 aufgeh., bish. Abs. 6 wird Abs. 5 mWv 1.1.2020 durch G v. 9.12.2019 (BGBl. I S. 2053).

sidenten des Deutschen Bundestages. [5] Die oder der Ständige Bevollmächtigte unterliegt hinsichtlich der Führung ihrer oder seiner Dienstgeschäfte ausschließlich den Weisungen des Parlamentarischen Kontrollgremiums (§ 5a).

(4) [1] Die Präsidentin oder der Präsident des Deutschen Bundestages entbindet die oder den Ständigen Bevollmächtigten von ihren oder seinen Aufgaben und versetzt sie oder ihn entsprechend § 54 des Bundesbeamtengesetzes[1]) bei Ablauf der Amtszeit in den einstweiligen Ruhestand. [2] Dasselbe gilt, wenn die oder der Ständige Bevollmächtigte oder das Parlamentarische Kontrollgremium darum ersuchen; das Ersuchen müssen wenigstens drei Viertel der Mitglieder des Parlamentarischen Kontrollgremiums beschließen.

(5) [1] Über die Erteilung einer Genehmigung, als Zeugin oder Zeuge auszusagen, entscheidet die Präsidentin oder der Präsident des Deutschen Bundestages im Einvernehmen mit dem Parlamentarischen Kontrollgremium. [2] Die Genehmigung soll ihr oder ihm nur versagt werden, wenn die Aussage dem Wohl des Bundes oder eines deutschen Landes Nachteile bereiten oder die Erfüllung öffentlicher Aufgaben ernstlich gefährden oder erheblich erschweren würde. [3] Die Genehmigung, ein Gutachten zu erstatten, kann versagt werden, wenn die Erstattung den dienstlichen Interessen Nachteile bereiten würde. [4] § 28 des Bundesverfassungsgerichtsgesetzes[2]) bleibt unberührt.

§ 6[3]) Umfang der Unterrichtungspflicht, Verweigerung der Unterrichtung. (1) [1] Die Verpflichtung der Bundesregierung nach den §§ 4 und 5 erstreckt sich nur auf Informationen und Gegenstände, die der Verfügungsberechtigung der Nachrichtendienste des Bundes unterliegen. [2] Soweit diese nicht besteht, informiert die Bundesregierung das Parlamentarische Kontrollgremium. [3] Auf Verlangen des Parlamentarischen Kontrollgremiums ergreift die Bundesregierung geeignete Maßnahmen, um das Parlamentarische Kontrollgremium über diese Informationen und Gegenstände unterrichten zu dürfen.

(2). [1] Soweit dies aus zwingenden Gründen des Nachrichtenzugangs oder aus Gründen des Schutzes von Persönlichkeitsrechten Dritter notwendig ist oder wenn der Kernbereich der exekutiven Eigenverantwortung betroffen ist, kann die Bundesregierung sowohl die Unterrichtung nach § 4 als auch die Erfüllung von Verlangen nach § 5 Absatz 1 verweigern sowie den in § 5 Absatz 2 genannten Personen untersagen, Auskunft zu erteilen. [2] Macht die Bundesregierung von diesen Rechten Gebrauch, so hat das für den betroffenen Nachrichtendienst zuständige Mitglied der Bundesregierung (§ 2 Absatz 1 Satz 2 des Bundesverfassungsschutzgesetzes[4]), § 1 Absatz 1 Satz 1 des MAD-Gesetzes[5]), § 1 Absatz 1 Satz 1 des BND-Gesetzes[6])) dies dem Parlamentarischen Kontrollgremium zu begründen.

§ 7 Beauftragung eines Sachverständigen. (1) [1] Das Parlamentarische Kontrollgremium kann mit der Mehrheit von zwei Dritteln seiner Mitglieder nach Anhörung der Bundesregierung im Einzelfall einen Sachverständigen beauftragen, zur Wahrnehmung seiner Kontrollaufgaben Untersuchungen

[1]) Nr. **160.**
[2]) Nr. **40.**
[3]) § 6 Abs. 1 Sätze 2 und 3 angef. mWv 7.12.2016 durch G v. 30.11.2016 (BGBl. I S. 2746).
[4]) Nr. **80.**
[5]) **Wehrrecht Nr. 805.**
[6]) **Sartorius III Nr. 805.**

durchzuführen. [2] Der Sachverständige hat dem Parlamentarischen Kontrollgremium über das Ergebnis seiner Untersuchungen zu berichten; die §§ 5, 6 und 10 Absatz 1 gelten entsprechend.

(2) [1] Das Parlamentarische Kontrollgremium kann mit Mehrheit von zwei Dritteln seiner Mitglieder entscheiden, dass dem Deutschen Bundestag ein schriftlicher Bericht zu den Untersuchungen erstattet wird. [2] Der Bericht hat den Gang des Verfahrens, die ermittelten Tatsachen und das Ergebnis der Untersuchungen wiederzugeben. [3] § 10 gilt entsprechend.

(3) Der Bericht darf auch personenbezogene Daten enthalten, soweit dies für eine nachvollziehbare Darstellung der Untersuchung und des Ergebnisses erforderlich ist und die Betroffenen entweder in die Veröffentlichung eingewilligt haben oder das öffentliche Interesse an der Bekanntgabe gegenüber den Belangen der Betroffenen überwiegt.

§ 8[1] Eingaben. (1) [1] Angehörigen der Nachrichtendienste ist es gestattet, sich in dienstlichen Angelegenheiten sowie bei innerdienstlichen Missständen, jedoch nicht im eigenen oder Interesse anderer Angehöriger dieser Behörden, ohne Einhaltung des Dienstweges unmittelbar an das Parlamentarische Kontrollgremium zu wenden. [2] Wegen der Tatsache der Eingabe dürfen sie nicht dienstlich gemaßregelt oder benachteiligt werden. [3] Das Parlamentarische Kontrollgremium übermittelt die Eingaben der Bundesregierung zur Stellungnahme. [4] Es gibt den Namen der mitteilenden Person nur bekannt, soweit dies für eine Aufklärung des Sachverhalts erforderlich ist.

(2) An den Deutschen Bundestag gerichtete Eingaben von Bürgern über ein sie betreffendes Verhalten der in § 1 Absatz 1 genannten Behörden können dem Parlamentarischen Kontrollgremium zur Kenntnis gegeben werden.

§ 9 Mitberatung. (1) [1] Der Vorsitzende, sein Stellvertreter und ein beauftragtes Mitglied können an den Sitzungen des Vertrauensgremiums nach § 10a der Bundeshaushaltsordnung[2] mitberatend teilnehmen. [2] In gleicher Weise haben der Vorsitzende des Vertrauensgremiums nach § 10a der Bundeshaushaltsordnung, sein Stellvertreter und ein beauftragtes Mitglied die Möglichkeit, mitberatend an den Sitzungen des Parlamentarischen Kontrollgremiums teilzunehmen.

(2) [1] Die Entwürfe der jährlichen Wirtschaftspläne der Dienste werden dem Parlamentarischen Kontrollgremium zur Mitberatung überwiesen. [2] Die Bundesregierung unterrichtet das Parlamentarische Kontrollgremium über den Vollzug der Wirtschaftspläne im Haushaltsjahr. [3] Bei den Beratungen der Wirtschaftspläne der Dienste und deren Vollzug können die Mitglieder wechselseitig mitberatend an den Sitzungen beider Gremien teilnehmen.

§ 10[3] Geheime Beratungen, Bewertungen, Sondervoten. (1) [1] Die Beratungen des Parlamentarischen Kontrollgremiums sind geheim. [2] Die Mitglieder des Gremiums und die an den Sitzungen teilnehmenden Mitglieder des Vertrauensgremiums nach § 10a der Bundeshaushaltsordnung[2] sowie die oder

[1] § 8 Abs. 1 neu gef. mWv 7.12.2016 durch G v. 30.11.2016 (BGBl. I S. 2746).
[2] Nr. 700.
[3] § 10 Abs. 1 Satz 2 geänd., Abs. 3 eingef., bish. Abs. 3 wird Abs. 4, Abs. 5 angef. mWv 7.12.2016 durch G v. 30.11.2016 (BGBl. I S. 2746).

der Ständige Bevollmächtigte sind zur Geheimhaltung der Angelegenheiten verpflichtet, die ihnen bei ihrer Tätigkeit im Parlamentarischen Kontrollgremium bekannt geworden sind. [3] Dies gilt auch für die Zeit nach ihrem Ausscheiden aus beiden Gremien. [4] Das Gleiche gilt für Angelegenheiten, die den Mitgliedern des Parlamentarischen Kontrollgremiums anlässlich der Teilnahme an Sitzungen des Vertrauensgremiums nach § 10a der Bundeshaushaltsordnung bekannt geworden sind.

(2) [1] Absatz 1 gilt nicht für Bewertungen bestimmter Vorgänge, wenn eine Mehrheit von zwei Dritteln der anwesenden Mitglieder des Parlamentarischen Kontrollgremiums ihre vorherige Zustimmung erteilt hat. [2] In diesem Fall ist es jedem einzelnen Mitglied des Gremiums erlaubt, eine abweichende Bewertung (Sondervotum) zu veröffentlichen.

(3) Das Parlamentarische Kontrollgremium führt einmal jährlich eine öffentliche Anhörung der Präsidentinnen und Präsidenten der Nachrichtendienste des Bundes durch.

(4) Soweit für die Bewertung des Gremiums oder die Abgabe von Sondervoten eine Sachverhaltsdarstellung erforderlich ist, sind die Belange des Geheimschutzes zu beachten.

(5) [1] Das Parlamentarische Kontrollgremium kann Berichte einer oder eines Sachverständigen nach § 7 unter Wahrung des Geheimschutzes an andere parlamentarische Gremien zur Kontrolle der Nachrichtendienste im Bund und in den Ländern sowie an parlamentarische Untersuchungsausschüsse des Deutschen Bundestages oder eines Landtages übermitteln. [2] Sofern darin als Verschlusssachen eingestufte Informationen enthalten sind, ist eine Übermittlung nur mit Zustimmung der Stelle, die die Informationen übermittelt hat, zulässig.

§ 11 Unterstützung der Mitglieder durch eigene Mitarbeiter. (1) [1] Die Mitglieder des Parlamentarischen Kontrollgremiums haben das Recht, zur Unterstützung ihrer Arbeit Mitarbeiter ihrer Fraktion nach Anhörung der Bundesregierung mit Zustimmung des Kontrollgremiums zu benennen. [2] Voraussetzung für diese Tätigkeit ist die Ermächtigung zum Umgang mit Verschlusssachen und die förmliche Verpflichtung zur Geheimhaltung.

(2) [1] Die benannten Mitarbeiterinnen und Mitarbeiter sind befugt, die vom Gremium beigezogenen Akten und Dateien einzusehen und die Beratungsgegenstände des Parlamentarischen Kontrollgremiums mit den Mitgliedern des Gremiums zu erörtern. [2] Sie haben grundsätzlich keinen Zutritt zu den Sitzungen des Kontrollgremiums. [3] Das Gremium kann im Einzelfall mit Mehrheit von zwei Dritteln seiner Mitglieder beschließen, dass Mitarbeiter der Fraktionen an bestimmten Sitzungen teilnehmen können. [4] § 10 Absatz 1 gilt entsprechend.

§ 12[1]) Beschäftigte des Kontrollgremiums. (1) [1] Dem Parlamentarischen Kontrollgremium werden zur Unterstützung im erforderlichen Umfang Beschäftigte der Bundestagsverwaltung beigegeben. [2] Die oder den Ständigen Bevollmächtigten unterstützt eine Unterabteilungsleiterin oder ein Unterabteilungsleiter. [3] Die dafür zur Verfügung zu stellende Personal- und Sachausstattung ist im Einzelplan des Deutschen Bundestages in einem gesonderten

[1]) § 12 neu gef. mWv 7.12.2016 durch G v. 30.11.2016 (BGBl. I S. 2746); Abs. 1 Satz 2 neu gef. mWv 1.1.2020 durch G v. 9.12.2019 (BGBl. I S. 2053).

Kapitel für die parlamentarische Kontrolle der Nachrichtendienste auszuweisen. [4]Für die Beschäftigten gelten § 10 Absatz 1 und § 11 Absatz 1 Satz 2 entsprechend.

(2) [1]Die oder der Ständige Bevollmächtigte ist Vorgesetzte oder Vorgesetzter der dem Gremium beigegebenen Beschäftigten. [2]Dies gilt auch für diejenigen Beschäftigten, die der Kommission nach dem Artikel 10-Gesetz[1)] beigegeben sind.

(3) [1]Die Aufträge für die Beschäftigten werden im Einzelfall durch Weisungen des Parlamentarischen Kontrollgremiums, in organisatorischen Fragen und in Eilfällen durch die Vorsitzende oder den Vorsitzenden sowie darüber hinaus – im Rahmen der Vorgaben des Parlamentarischen Kontrollgremiums – durch die Ständige Bevollmächtigte oder den Ständigen Bevollmächtigten erteilt. [2]Für die Beschäftigten gilt § 5 nach Maßgabe der Weisungen entsprechend.

§ 12a[2)] Übergangsregelung. Bei der Berechnung der Amtszeit nach § 5b Absatz 1 Satz 1 ist der bisher in dem Amt als die oder der Ständige Bevollmächtigte in einem öffentlich-rechtlichen Amtsverhältnis verbrachte Zeitraum anzurechnen.

§ 13 Berichterstattung. [1]Das Parlamentarische Kontrollgremium erstattet dem Deutschen Bundestag Bericht über seine bisherige Kontrolltätigkeit, mindestens in der Mitte und am Ende jeder Wahlperiode. [2]Dabei nimmt es auch dazu Stellung, ob die Bundesregierung gegenüber dem Gremium ihren Pflichten, insbesondere ihrer Unterrichtungspflicht zu Vorgängen von besonderer Bedeutung, nachgekommen ist.

§ 14 Gerichtliche Zuständigkeit. Das Bundesverfassungsgericht entscheidet über Streitigkeiten zwischen dem Parlamentarischen Kontrollgremium und der Bundesregierung auf Antrag der Bundesregierung oder von mindestens zwei Dritteln der Mitglieder des Parlamentarischen Kontrollgremiums.

[1)] Nr. 7.
[2)] § 12a neu gef. mWv 1.1.2020 durch G v. 9.12.2019 (BGBl. I S. 2053).

82. Gesetz zur Errichtung einer standardisierten zentralen Antiterrordatei von Polizeibehörden und Nachrichtendiensten von Bund und Ländern (Antiterrordateigesetz – ATDG)[1)]

Vom 22. Dezember 2006

(BGBl. I S. 3409)

FNA 12-11

geänd. durch Art. 5 G zur Änd. des BundespolizeiG und anderer G v. 26.2.2008 (BGBl. I S. 215), Nr. 1, Nr. 2 und Nr. 3 BVerfG, Entsch. v. 24.4.2013 – 1 BvR 1215/07 – v. 24.4.2013 (BGBl. I S. 1270), Art. 1 G zur Änd. des AntiterrordateiG und anderer Gesetze v. 18.12.2014 (BGBl. I S. 2318, ber. BGBl. I 2016, S. 48), Art. 3 G zur Neustrukturierung des BundeskriminalamtG v. 1.6.2017 (BGBl. I S. 1354), Art. 10 G zur effektiveren und praxistauglicheren Ausgestaltung des Strafverfahrens v. 17.8.2017 (BGBl. I S. 3202), Art. 4 Zweites Datenschutz-Anpassungs- und UmsetzungsG EU v. 20.11.2019 (BGBl. I S. 1626) und Art. 22 Elfte ZuständigkeitsanpassungsVO v. 19.6.2020 (BGBl. I S. 1328)

§ 1[2)] Antiterrordatei. (1) Das Bundeskriminalamt, die in der Rechtsverordnung nach § 58 Abs. 1 des Bundespolizeigesetzes bestimmte Bundespolizeibehörde, die Landeskriminalämter, die Verfassungsschutzbehörden des Bundes und der Länder, der Militärische Abschirmdienst, der Bundesnachrichtendienst und das Zollkriminalamt (beteiligte Behörden) führen beim Bundeskriminalamt zur Erfüllung ihrer jeweiligen gesetzlichen Aufgaben zur Aufklärung oder Bekämpfung des internationalen Terrorismus mit Bezug zur Bundesrepublik Deutschland eine gemeinsame standardisierte zentrale Antiterrordatei (Antiterrordatei).

(2) Der Bundesminister des Innern, für Bau und Heimat kann, bei Landesbehörden auf Ersuchen des jeweils zuständigen Landes, durch Rechtsverordnung weitere Polizeivollzugsbehörden als beteiligte Behörden zur Teilnahme an der Antiterrordatei berechtigen, soweit

1. diesen Aufgaben zur Bekämpfung des internationalen Terrorismus mit Bezug zur Bundesrepublik Deutschland nicht nur im Einzelfall besonders zugewiesen sind und

2. ihr Zugriff auf die Antiterrordatei für die Wahrnehmung der Aufgaben nach Nummer 1 erforderlich und dies unter Berücksichtigung der schutzwürdigen Interessen der Betroffenen und der Sicherheitsinteressen der beteiligten Behörden angemessen ist.

§ 2[3)] Inhalt der Antiterrordatei und Speicherungspflicht. [1]Die beteiligten Behörden sind verpflichtet, bereits erhobene Daten nach § 3 Abs. 1 in der

[1)] Verkündet als Art. 1 G zur Errichtung gemeinsamer Dateien von Polizeibehörden und Nachrichtendiensten des Bundes und der Länder (Gemeinsame-Dateien-Gesetz) v. 22.12.2006 (BGBl. I S. 3409, geänd. durch G v. 18.12.2014, BGBl. I S. 2318); Inkrafttreten gem. Art. 5 Abs. 1 dieses G am 31.12.2006.

[2)] § 1 Abs. 1 geänd. mWv 1.3.2008 durch G v. 26.2.2008 (BGBl. I S. 215); Abs. 2 neu gef. mWv 1.1.2015 durch G v. 18.12.2014 (BGBl. I S. 2318); Abs. 2 einl. Satzteil geänd. mWv 27.6.2020 durch VO v. 19.6.2020 (BGBl. I S. 1328).

[3)] § 2 Satz 1 Nr. 1 neu gef., Nr. 2 geänd., Nr. 3 aufgeh., bish. Nr. 4 wird Nr. 3 mWv 1.1.2015 durch G v. 18.12.2014 (BGBl. I S. 2318).

Antiterrordatei zu speichern, wenn sie gemäß den für sie geltenden Rechtsvorschriften über polizeiliche oder nachrichtendienstliche Erkenntnisse (Erkenntnisse) verfügen, aus denen sich tatsächliche Anhaltspunkte dafür ergeben, dass die Daten sich beziehen auf

1. Personen, die

a) einer terroristischen Vereinigung nach § 129a des Strafgesetzbuchs[1], die einen internationalen Bezug aufweist, oder einer terroristischen Vereinigung nach § 129a in Verbindung mit § 129b Absatz 1 Satz 1 des Strafgesetzbuchs mit Bezug zur Bundesrepublik Deutschland angehören oder diese unterstützen,

b) einer Gruppierung, die eine Vereinigung nach Buchstabe a unterstützt, angehören oder

c) eine Gruppierung nach Buchstabe b willentlich in Kenntnis der den Terrorismus unterstützenden Aktivität der Gruppierung unterstützen,

2. Personen, die rechtswidrig Gewalt als Mittel zur Durchsetzung international ausgerichteter politischer oder religiöser Belange anwenden oder eine solche Gewaltanwendung unterstützen, vorbereiten oder durch ihre Tätigkeiten, insbesondere durch Befürworten solcher Gewaltanwendungen, vorsätzlich hervorrufen, oder

3. a) Vereinigungen, Gruppierungen, Stiftungen oder Unternehmen,

b) Sachen, Bankverbindungen, Anschriften, Telekommunikationsanschlüsse, Telekommunikationsendgeräte, Internetseiten oder Adressen für elektronische Post,

bei denen tatsächliche Anhaltspunkte die Annahme begründen, dass sie im Zusammenhang mit einer Person nach Nummer 1 oder Nummer 2 stehen und durch sie Hinweise für die Aufklärung oder Bekämpfung des internationalen Terrorismus gewonnen werden können,

und die Kenntnis der Daten für die Aufklärung oder Bekämpfung des internationalen Terrorismus mit Bezug zur Bundesrepublik Deutschland erforderlich ist. [2]Satz 1 gilt nur für Daten, die die beteiligten Behörden nach den für sie geltenden Rechtsvorschriften automatisiert verarbeiten dürfen.

§ 3[2] Zu speichernde Datenarten. (1) In der Antiterrordatei werden, soweit vorhanden, folgende Datenarten gespeichert:

1. zu Personen nach § 2 Satz 1 Nummer 1 und 2

a) der Familienname, die Vornamen, frühere Namen, andere Namen, Aliaspersonalien, abweichende Namensschreibweisen, das Geschlecht, das Geburtsdatum, der Geburtsort, der Geburtsstaat, aktuelle und frühere Staatsangehörigkeiten, gegenwärtige und frühere Anschriften, besondere körperliche Merkmale, Sprachen, Dialekte, Lichtbilder, die Bezeichnung der Fallgruppe nach § 2 und, soweit keine anderen gesetzlichen Bestimmungen entgegenstehen und dies zur Identifizierung einer Person erforderlich ist, Angaben zu Identitätspapieren (Grunddaten),

[1] **Schönfelder Nr. 85.**
[2] § 3 Abs. 1 Nr. 1 Einleitung, Buchst. a, Buchst. b Einleitung und Doppelbuchst. oo, qq und rr geänd., *Doppelbuchst. ss* angef., Abs. 1 Nr. 2 geänd., Abs. 2 eingef., bish. Abs. 2 wird Abs. 3, Abs. 4 angef. mWv 1.1.2015 durch G v. 18.12.2014 (BGBl. I S. 2318); Abs. 1 Nr. 1 Buchst. b, Doppelbuchst. rr geänd. mWv 26.11.2019 durch G v. 20.11.2019 (BGBl. I S. 1626).

b) folgende weitere Datenarten (erweiterte Grunddaten):

aa) eigene oder von ihnen genutzte Telekommunikationsanschlüsse und Telekommunikationsendgeräte,

bb) Adressen für elektronische Post,

cc) Bankverbindungen,

dd) Schließfächer,

ee) auf die Person zugelassene oder von ihr genutzte Fahrzeuge,

ff) Familienstand,

gg) Volkszugehörigkeit,

hh) Angaben zur Religionszugehörigkeit, soweit diese im Einzelfall zur Aufklärung oder Bekämpfung des internationalen Terrorismus erforderlich sind,

ii) besondere Fähigkeiten, die nach den auf bestimmten Tatsachen beruhenden Erkenntnissen der beteiligten Behörden der Vorbereitung und Durchführung terroristischer Straftaten nach § 129a Abs. 1 und 2 des Strafgesetzbuchs[1] dienen können, insbesondere besondere Kenntnisse und Fertigkeiten in der Herstellung oder im Umgang mit Sprengstoffen oder Waffen,

jj) Angaben zum Schulabschluss, zur berufsqualifizierenden Ausbildung und zum ausgeübten Beruf,

kk) Angaben zu einer gegenwärtigen oder früheren Tätigkeit in einer lebenswichtigen Einrichtung im Sinne des § 1 Abs. 5 des Sicherheitsüberprüfungsgesetzes[2] oder einer Verkehrs- oder Versorgungsanlage oder -einrichtung, einem öffentlichen Verkehrsmittel oder Amtsgebäude,

ll) Angaben zur Gefährlichkeit, insbesondere Waffenbesitz oder zur Gewaltbereitschaft der Person,

mm) Fahr- und Flugerlaubnisse,

nn) besuchte Orte oder Gebiete, an oder in denen sich in § 2 Satz 1 Nr. 1 und 2 genannte Personen treffen,

oo) Kontaktpersonen zu den jeweiligen Personen nach § 2 Satz 1 Nr. 1 Buchstabe a oder Nr. 2,

pp) die Bezeichnung der konkreten Vereinigung oder Gruppierung nach § 2 Satz 1 Nr. 1 Buchstabe a oder b,

qq) der Tag, an dem das letzte Ereignis eingetreten ist, das die Speicherung der Erkenntnisse begründet,

rr) auf tatsächlichen Anhaltspunkten beruhende zusammenfassende besondere Bemerkungen, ergänzende Hinweise und Bewertungen zu Grunddaten und erweiterten Grunddaten, die bereits in Dateisystemen der beteiligten Behörden gespeichert sind, sofern dies im Einzelfall nach pflichtgemäßem Ermessen geboten und zur Aufklärung oder Bekämpfung des internationalen Terrorismus unerlässlich ist, und

[1] **Schönfelder Nr. 85.**
[2] **Wehrrecht Nr. 807.**

ss) von der Person betriebene oder maßgeblich zum Zweck ihrer Aktivitäten nach § 2 Satz 1 Nummer 1 oder Nummer 2 genutzte Internetseiten,

2. Angaben zur Identifizierung der in § 2 Satz 1 Nummer 3 genannten Vereinigungen, Gruppierungen, Stiftungen, Unternehmen, Sachen, Bankverbindungen, Anschriften, Telekommunikationsanschlüsse, Telekommunikationsendgeräte, Internetseiten oder Adressen für elektronische Post, mit Ausnahme weiterer personenbezogener Daten, und

3. zu den jeweiligen Daten nach den Nummern 1 und 2 die Angabe der Behörde, die über die Erkenntnisse verfügt, sowie das zugehörige Aktenzeichen oder sonstige Geschäftszeichen und, soweit vorhanden, die jeweilige Einstufung als Verschlusssache.

(2) ¹Kontaktpersonen nach Absatz 1 Nummer 1 Buchstabe b Doppelbuchstabe oo sind Personen, bei denen tatsächliche Anhaltspunkte vorliegen, dass sie mit den in § 2 Satz 1 Nummer 1 Buchstabe a oder Nummer 2 genannten Personen nicht nur flüchtig oder in zufälligem Kontakt in Verbindung stehen und durch sie weiterführende Hinweise für die Aufklärung oder Bekämpfung des internationalen Terrorismus zu erwarten sind. ²Angaben zu Kontaktpersonen dürfen ausschließlich als erweiterte Grunddaten nach Absatz 1 Nummer 1 Buchstabe b Doppelbuchstabe oo mit folgenden Datenarten zur Identifizierung und Kontaktaufnahme gespeichert werden: der Familienname, die Vornamen, frühere Namen, andere Namen, Aliaspersonalien, abweichende Namensschreibweisen, das Geschlecht, das Geburtsdatum, der Geburtsort, der Geburtsstaat, die aktuelle Staatsangehörigkeit, die gegenwärtige Anschrift, Lichtbilder, eigene oder von ihnen genutzte Telekommunikationsanschlüsse sowie Adressen für elektronische Post, sonstige Angaben zur beruflichen Erreichbarkeit.

(3) Soweit zu speichernde Daten aufgrund einer anderen Rechtsvorschrift zu kennzeichnen sind, ist diese Kennzeichnung bei der Speicherung der Daten in der Antiterrordatei aufrechtzuerhalten.

(4) ¹Das Bundeskriminalamt legt die Kriterien und Kategorien für die zu speichernden Datenarten in den Fällen des Absatzes 1 Nummer 1 Buchstabe b Doppelbuchstabe gg, hh, ii, kk und nn in einer Verwaltungsvorschrift fest. ²Diese ist in der jeweils aktuellen Fassung im Bundesanzeiger zu veröffentlichen. ³Das Bundeskriminalamt kann Kriterien für die zu speichernden Datenarten in den weiteren Fällen des Absatzes 1 in derselben Verwaltungsvorschrift vorsehen.

§ 4¹⁾ Beschränkte und verdeckte Speicherung. (1) ¹Soweit besondere Geheimhaltungsinteressen oder besonders schutzwürdige Interessen des Betroffenen dies ausnahmsweise erfordern, darf eine beteiligte Behörde entweder von einer Speicherung der in § 3 Abs. 1 Nr. 1 Buchstabe b genannten erweiterten Grunddaten ganz oder teilweise absehen (beschränkte Speicherung) oder alle jeweiligen Daten zu in § 2 genannten Personen, Vereinigungen, Gruppierungen, Stiftungen, Unternehmen, Sachen, Bankverbindungen, Anschriften, Telekommunikationsanschlüssen, Telekommunikationsendgeräte, Internetseiten

¹⁾ *§ 4 Abs. 3 angef. mWv 1.1.2015 durch G v. 18.12.2014* (BGBl. I S. 2318, ber. 2016 S. 48); Abs. 3 Satz 1 Nr. 1, 2, 4 und 5 geänd. mWv 25.5.2018 durch G v. 1.6.2017 (BGBl. I S. 1354); Abs. 3 Satz 1 Nr. 2 geänd. mWv 24.8.2017 durch G v. 17.8.2017 (BGBl. I S. 3202).

oder Adressen für elektronische Post in der Weise eingeben, dass die anderen beteiligten Behörden im Falle einer Abfrage die Speicherung der Daten nicht erkennen und keinen Zugriff auf die gespeicherten Daten erhalten (verdeckte Speicherung). [2] Über beschränkte und verdeckte Speicherungen entscheidet der jeweilige Behördenleiter oder ein von ihm besonders beauftragter Beamter des höheren Dienstes.

(2) [1] Sind Daten, auf die sich eine Abfrage bezieht, verdeckt gespeichert, wird die Behörde, die die Daten eingegeben hat, automatisiert durch Übermittlung aller Anfragedaten über die Abfrage unterrichtet und hat unverzüglich mit der abfragenden Behörde Kontakt aufzunehmen, um zu klären, ob Erkenntnisse nach § 7 übermittelt werden können. [2] Die Behörde, die die Daten eingegeben hat, sieht von einer Kontaktaufnahme nur ab, wenn Geheimhaltungsinteressen auch nach den Umständen des Einzelfalls überwiegen. [3] Die wesentlichen Gründe für die Entscheidung nach Satz 2 sind zu dokumentieren. [4] Die übermittelten Anfragedaten sowie die Dokumentation nach Satz 3 sind spätestens zu löschen oder zu vernichten, wenn die verdeckt gespeicherten Daten zu löschen sind.

(3) [1] Personenbezogene Daten, die durch

1. Maßnahmen nach § 100a der Strafprozessordnung[1]) oder § 51 des Bundeskriminalamtgesetzes,

2. Maßnahmen nach den §§ 100b und 100c der Strafprozessordnung oder § 46 des Bundeskriminalamtgesetzes,

3. Maßnahmen nach § 99 der Strafprozessordnung,

4. Maßnahmen nach § 49 des Bundeskriminalamtgesetzes,

5. Maßnahmen innerhalb von Wohnungen nach § 34 des Bundeskriminalamtgesetzes,

6. Beschränkungen nach § 1 Absatz 1 des Artikel 10-Gesetzes[2]),

7. Maßnahmen nach § 9 Absatz 2 des Bundesverfassungsschutzgesetzes[3]),

8. Maßnahmen nach § 22a oder § 32a des Zollfahndungsdienstgesetzes,

9. Maßnahmen nach § 23a des Zollfahndungsdienstgesetzes oder

durch Maßnahmen nach entsprechenden landesrechtlichen Regelungen erlangt wurden, sind verdeckt zu speichern. [2] Sofern zu einer Person nach § 2 Satz 1 Nummer 1 und 2 oder einer Angabe nach § 2 Satz 1 Nummer 3 sowohl Daten nach Satz 1 als auch andere Daten zu speichern sind, müssen nur die Daten nach Satz 1 verdeckt gespeichert werden oder kann die einstellende Behörde von der Speicherung der Daten nach Satz 1 absehen (beschränkte Speicherung).

§ 5[4]) Zugriff auf die Daten. (1) [1] Die beteiligten Behörden dürfen die in der *Antiterrordatei* gespeicherten Daten im automatisierten Verfahren nutzen, soweit dies zur Erfüllung der jeweiligen Aufgaben zur Aufklärung oder Bekämp-

[1]) **Schönfelder Nr. 90.**
[2]) Nr. 7.
[3]) Nr. 80.
[4]) § 5 Abs. 1 Satz 2 Nr. 1 Buchst. b geänd., Sätze 5 und 6 angef. mWv 1.1.2015 durch G v. 18.12. 2014 (BGBl. I S. 2318); Abs. 2 Satz 7 geänd. mWv 26.11.2019 durch G v. 20.11.2019 (BGBl. I S. 1626).

fung des internationalen Terrorismus erforderlich ist. [2] Im Falle eines Treffers erhält die abfragende Behörde Zugriff

1. a) bei einer Abfrage zu Personen auf die zu ihnen gespeicherten Grunddaten oder

b) bei einer Abfrage zu Vereinigungen, Gruppierungen, Stiftungen, Unternehmen, Sachen, Bankverbindungen, Anschriften, Telekommunikationsanschlüssen, Telekommunikationsendgeräten, Internetseiten oder Adressen für elektronische Post nach § 2 Satz 1 Nummer 3 auf die dazu gespeicherten Daten, und

2. auf die Daten nach § 3 Abs. 1 Nr. 3.

[3] Auf die zu Personen gespeicherten erweiterten Grunddaten kann die abfragende Behörde im Falle eines Treffers Zugriff erhalten, wenn die Behörde, die die Daten eingegeben hat, dies im Einzelfall auf Ersuchen gewährt. [4] Die Entscheidung hierüber richtet sich nach den jeweils geltenden Übermittlungsvorschriften. [5] Wenn die abfragende Behörde ohne Angabe eines Namens nach § 3 Absatz 1 Nummer 1 Buchstabe a mittels Angaben in den erweiterten Grunddaten sucht, erhält sie im Falle eines Treffers lediglich Zugriff auf die Daten nach § 3 Absatz 1 Nummer 3. [6] Satz 5 gilt entsprechend, wenn die Suche trotz Angabe eines Namens mehrere Treffer erzeugt.

(2) [1] Die abfragende Behörde darf im Falle eines Treffers unmittelbar auf die erweiterten Grunddaten zugreifen, wenn dies aufgrund bestimmter Tatsachen zur Abwehr einer gegenwärtigen Gefahr für Leib, Leben, Gesundheit oder Freiheit einer Person oder für Sachen von erheblichem Wert, deren Erhaltung im öffentlichen Interesse geboten ist, unerlässlich ist und die Datenübermittlung aufgrund eines Ersuchens nicht rechtzeitig erfolgen kann (Eilfall). [2] Ob ein Eilfall vorliegt, entscheidet der Behördenleiter oder ein von ihm besonders beauftragter Beamter des höheren Dienstes. [3] Die Entscheidung und ihre Gründe sind zu dokumentieren. [4] Der Zugriff ist unter Hinweis auf die Entscheidung nach Satz 3 zu protokollieren. [5] Die Behörde, die die Daten eingegeben hat, muss unverzüglich um nachträgliche Zustimmung ersucht werden. [6] Wird die nachträgliche Zustimmung verweigert, ist die weitere Verwendung dieser Daten unzulässig. [7] Die abfragende Behörde hat die Daten unverzüglich zu löschen oder nach § 11 Abs. 3 in ihrer Verarbeitung einzuschränken. [8] Sind die Daten einem Dritten übermittelt worden, ist dieser unverzüglich darauf hinzuweisen, dass die weitere Verwendung der Daten unzulässig ist.

(3) Innerhalb der beteiligten Behörden erhalten ausschließlich hierzu ermächtigte Personen Zugriff auf die Antiterrordatei.

(4) Bei jeder Abfrage müssen der Zweck und die Dringlichkeit angegeben und dokumentiert werden und erkennbar sein.

§ 6[1] Weitere Verwendung der Daten. (1) [1] Die abfragende Behörde darf die Daten, auf die sie Zugriff erhalten hat, nur zur Prüfung, ob der Treffer der gesuchten Person oder der gesuchten Angabe nach § 2 Satz 1 Nummer 3 zuzuordnen ist, für ein Ersuchen um Übermittlung von Erkenntnissen zur Wahrnehmung ihrer jeweiligen Aufgabe zur Aufklärung oder Bekämpfung des internationalen Terrorismus und zu den Zwecken nach § 6a verwenden. [2] Eine

[1] § 6 Abs. 1 Satz 1 und Abs. 3 Satz 2 geänd. mWv 1.1.2015 durch G v. 18.12.2014 (BGBl. I S. 2318).

Verwendung zu einem anderen Zweck als zur Wahrnehmung ihrer jeweiligen Aufgabe zur Aufklärung oder Bekämpfung des internationalen Terrorismus ist nur zulässig, soweit

1. dies zur Verfolgung einer besonders schweren Straftat oder zur Abwehr einer Gefahr für Leib, Leben, Gesundheit oder Freiheit einer Person erforderlich ist, und

2. die Behörde, die die Daten eingegeben hat, der Verwendung zustimmt.

(2) Im Eilfall darf die abfragende Behörde die Daten, auf die sie Zugriff erhalten hat, nur verwenden, soweit dies zur Abwehr der gegenwärtigen Gefahr nach § 5 Abs. 2 Satz 1 im Zusammenhang mit der Bekämpfung des internationalen Terrorismus unerlässlich ist.

(3) [1] Im Falle einer Verwendung nach Absatz 1 Satz 2 oder Absatz 2 sind die Daten zu kennzeichnen. [2] Nach einer Übermittlung ist die Kennzeichnung durch den Empfänger aufrechtzuerhalten; Gleiches gilt für Kennzeichnungen nach § 3 Absatz 3.

(4) [1] Soweit das Bundeskriminalamt und die Landeskriminalämter auf Ersuchen oder im Auftrag des Generalbundesanwalts die Antiterrordatei nutzen, übermitteln sie die Daten, auf die sie Zugriff erhalten haben, dem Generalbundesanwalt für die Zwecke der Strafverfolgung. [2] Der Generalbundesanwalt darf die Daten für Ersuchen nach Absatz 1 Satz 1 verwenden. [3] § 487 Abs. 3 der Strafprozessordnung[1] gilt entsprechend.

§ 6a[2] **Erweiterte projektbezogene Datennutzung.** (1) Eine beteiligte Behörde des Bundes darf zur Erfüllung ihrer gesetzlichen Aufgaben die in der Datei nach § 3 gespeicherten Datenarten mit Ausnahme der nach § 4 verdeckt gespeicherten Daten erweitert nutzen, soweit dies im Rahmen eines bestimmten einzelfallbezogenen Projekts zur Sammlung und Auswertung von Informationen über eine internationale terroristische Bestrebung, bei der bestimmte Tatsachen die Annahme rechtfertigen, dass Straftaten des internationalen Terrorismus nach den §§ 129a, 129b und 211 des Strafgesetzbuchs[3] begangen werden sollen und dadurch Gefahren für Leib, Leben oder Freiheit von Personen drohen, im Einzelfall erforderlich ist, um weitere Zusammenhänge des Einzelfalls aufzuklären.

(2) [1] Eine beteiligte Behörde des Bundes darf zur Erfüllung ihrer gesetzlichen Aufgaben die in der Datei nach § 3 gespeicherten Datenarten mit Ausnahme der nach § 4 verdeckt gespeicherten Daten erweitert nutzen, soweit dies im Rahmen eines bestimmten einzelfallbezogenen Projekts für die Verfolgung qualifizierter Straftaten des internationalen Terrorismus im Einzelfall erforderlich ist, um weitere Zusammenhänge des Einzelfalls aufzuklären. [2] Qualifizierte Straftaten des internationalen Terrorismus sind Taten des internationalen Terrorismus, die einen Straftatbestand nach den §§ 89a, 89b, 91, 102, 129a, 129b, 211 oder 212 des Strafgesetzbuchs erfüllen.

(3) [1] Eine beteiligte Behörde des Bundes darf zur Erfüllung ihrer gesetzlichen Aufgaben die in der Datei nach § 3 gespeicherten Datenarten mit Ausnahme der nach § 4 verdeckt gespeicherten Daten erweitert nutzen, soweit dies im

[1] **Schönfelder Nr. 90.**
[2] § 6a eingef. mWv 1.1.2015 durch G v. 18.12.2014 (BGBl. I S. 2318).
[3] **Schönfelder Nr. 85.**

Rahmen eines bestimmten einzelfallbezogenen Projekts für die Verhinderung von qualifizierten Straftaten des internationalen Terrorismus erforderlich ist, um weitere Zusammenhänge des Einzelfalls aufzuklären, und Tatsachen die Annahme rechtfertigen, dass eine solche Straftat begangen werden soll. [2] Absatz 2 Satz 2 gilt entsprechend.

(4) Ein Projekt ist eine gegenständlich abgrenzbare und auf bestimmte Zeiträume bezogene Aufgabe, der durch die Gefahr oder den drohenden Schaden, die am Sachverhalt beteiligten Personen, die Zielsetzung der Aufgabe oder deren Folgewirkungen eine besondere Bedeutung zukommt.

(5) [1] Eine erweiterte Nutzung sind das Herstellen von Zusammenhängen zwischen Personen, Personengruppierungen, Institutionen, Objekten und Sachen, der Ausschluss von unbedeutenden Informationen und Erkenntnissen, die Zuordnung eingehender Informationen zu bekannten Sachverhalten sowie die statistische Auswertung der gespeicherten Daten. [2] Hierzu dürfen die beteiligten Behörden des Bundes Daten auch mittels

1. phonetischer oder unvollständiger Daten,

2. der Suche über eine Mehrzahl von Datenfeldern,

3. der Verknüpfung von Personen, Institutionen, Organisationen, Sachen oder

4. der zeitlichen Eingrenzung der Suchkriterien

aus der Datei abfragen sowie räumliche und sonstige Beziehungen zwischen Personen und Zusammenhänge zwischen Personen, Personengruppierungen, Institutionen, Objekten und Sachen darstellen sowie die Suchkriterien gewichten.

(6) [1] Die Zugriffsberechtigung ist im Rahmen der projektbezogenen erweiterten Nutzung auf die Personen zu beschränken, die unmittelbar mit Arbeiten auf diesem Anwendungsgebiet betraut sind. [2] Die projektbezogene erweiterte Nutzung der Datei ist auf höchstens zwei Jahre zu befristen. [3] Die Frist kann zweimalig um jeweils bis zu einem Jahr verlängert werden, wenn die Voraussetzungen für die projektbezogene erweiterte Datennutzung fortbestehen und sich aus den mit dem Projekt gewonnenen Erkenntnissen das Bedürfnis für eine Fortführung des Projekts ergibt.

(7) [1] Projektbezogene Datennutzungen dürfen nur auf Antrag angeordnet werden. [2] Der Antrag ist durch den Behördenleiter oder seinen Stellvertreter schriftlich zu stellen und zu begründen. [3] Er muss alle für die Anordnung erforderlichen Angaben enthalten. [4] Zuständig für die Anordnung ist die die Fachaufsicht über die antragstellende Behörde führende oberste Bundesbehörde. [5] Die Anordnung ergeht schriftlich. [6] In ihr sind der Grund der für die projektbezogene erweiterte Datennutzung erforderlichen Datenarten nach § 3, der Funktionsumfang und die Dauer der projektbezogenen erweiterten Datennutzung anzugeben. [7] Der Funktionsumfang der projektbezogenen erweiterten Datennutzung ist auf das zur Erreichung des Projektziels erforderliche Maß zu beschränken. [8] Die Anordnung ist zu begründen. [9] Aus der Begründung müssen sich die in den Absätzen 1 bis 3 genannten Voraussetzungen ergeben, insbesondere, dass die projektbezogene erweiterte Nutzung erforderlich ist, um weitere Zusammenhänge aufzuklären. [10] Die anordnende Behörde hält Antrag und Anordnung für datenschutzrechtliche Kontrollzwecke ~~zwei Jahre~~, mindestens jedoch für die Dauer der projektbezogenen erweiterten Nutzung vor.

(8) [1] Eine nach Absatz 7 angeordnete erweiterte Nutzung darf nur mit Zustimmung der G 10-Kommission (§ 15 Absatz 1 bis 4 des Artikel 10-Gesetzes[1]) vollzogen werden. [2] Bei Gefahr im Verzug kann die nach Absatz 7 Satz 4 zuständige Behörde den Vollzug auch bereits vor der Zustimmung der Kommission anordnen. [3] Anordnungen, die die Kommission für unzulässig oder nicht notwendig erklärt, hat die nach Absatz 7 Satz 4 zuständige Behörde unverzüglich aufzuheben. [4] Die aus der erweiterten Datennutzung gewonnenen Daten und Erkenntnisse unterliegen in diesem Fall einem absoluten Verwendungsverbot und sind unverzüglich zu löschen.

(9) Für Verlängerungen nach Absatz 6 Satz 3 gelten die Absätze 7 und 8 entsprechend.

(10) [1] Die alleinige datenschutzrechtliche Verantwortung für die Durchführung des Projekts trägt die antragstellende Behörde. [2] Die Übermittlung von aus einem Projekt gewonnenen Erkenntnissen richtet sich nach den allgemeinen Übermittlungsvorschriften. [3] § 6 Absatz 4 Satz 1 gilt für aus einem Projekt nach Absatz 1 gewonnene Erkenntnisse entsprechend.

(11) [1] Die nach § 1 Absatz 1 berechtigten Landesbehörden sind nach Maßgabe landesrechtlicher Regelungen, die den Vorgaben der Absätze 1 bis 10 entsprechen, befugt, die in der Datei nach § 3 gespeicherten Datenarten mit Ausnahme der nach § 4 verdeckt gespeicherten Daten zu den in den Absätzen 1 bis 3 genannten Zwecken erweitert zu nutzen. [2] Satz 1 gilt auch für Landesbehörden, die durch eine Rechtsverordnung nach § 1 Absatz 2 zur Teilnahme an der Datei berechtigt werden.

§ 7 Übermittlung von Erkenntnissen. Die Übermittlung von Erkenntnissen aufgrund eines Ersuchens nach § 6 Abs. 1 Satz 1 zwischen den beteiligten Behörden richtet sich nach den jeweils geltenden Übermittlungsvorschriften.

§ 8[2]**) Datenschutzrechtliche Verantwortung.** (1) [1] Die datenschutzrechtliche Verantwortung für die in der Antiterrordatei gespeicherten Daten, namentlich für die Rechtmäßigkeit der Erhebung, die Zulässigkeit der Eingabe sowie die Richtigkeit und Aktualität der Daten trägt die Behörde, die die Daten eingegeben hat. [2] Die Behörde, die die Daten eingegeben hat, muss erkennbar sein. [3] Die Verantwortung für die Zulässigkeit der Abfrage trägt die abfragende Behörde.

(2) Nur die Behörde, die die Daten eingegeben hat, darf diese Daten ändern, berichtigen, in ihrer Verarbeitung einschränken oder löschen.

(3) Hat eine Behörde Anhaltspunkte dafür, dass Daten, die eine andere Behörde eingegeben hat, unrichtig sind, teilt sie dies umgehend der Behörde, die die Daten eingegeben hat, mit, die diese Mitteilung unverzüglich prüft und erforderlichenfalls die Daten unverzüglich berichtigt.

§ 9[3]**) Protokollierung, technische und organisatorische Maßnahmen.**
(1) [1] Das Bundeskriminalamt hat bei jedem Zugriff für Zwecke der Datenschutzkontrolle den Zeitpunkt, die Angaben, die die Feststellung der aufgerufe-

[1] Nr. **7**.
[2] § 8 Abs. 2 geänd. mWv 26.11.2019 durch G v. 20.11.2019 (BGBl. I S. 1626).
[3] § 9 Abs. 1 Satz 3 geänd., Abs. 3 angef. mWv 1.1.2015 durch G v. 18.12.2014 (BGBl. I S. 2318); Abs. 2 geänd. mWv 26.11.2019 durch G v. 20.11.2019 (BGBl. I S. 1626).

nen Datensätze ermöglichen, sowie die für den Zugriff verantwortliche Behörde und den Zugriffszweck nach § 5 Abs. 4 zu protokollieren. [2] Die Protokolldaten dürfen nur verwendet werden, soweit ihre Kenntnis für Zwecke der Datenschutzkontrolle, der Datensicherung, zur Sicherstellung eines ordnungsgemäßen Betriebs der Datenverarbeitungsanlage oder zum Nachweis der Kenntnisnahme bei Verschlusssachen erforderlich ist. [3] Die ausschließlich für Zwecke nach Satz 1 gespeicherten Protokolldaten sind nach zwei Jahren zu löschen.

(2) Das Bundeskriminalamt hat die nach § 64 des Bundesdatenschutzgesetzes[1] erforderlichen technischen und organisatorischen Maßnahmen zu treffen.

(3) [1] Das Bundeskriminalamt berichtet dem Deutschen Bundestag alle drei Jahre, erstmalig zum 1. August 2017, über den Datenbestand und die Nutzung der Antiterrordatei. [2] Der Bericht ist zeitgleich mit der Zuleitung an den Deutschen Bundestag über den Internetauftritt des Bundeskriminalamts zu veröffentlichen.

§ 10[2] Datenschutzrechtliche Kontrolle, Auskunft an den Betroffenen.

(1) [1] Die Kontrolle der Durchführung des Datenschutzes obliegt nach § 9 Absatz 1 des Bundesdatenschutzgesetzes[1] der oder dem Bundesbeauftragten für den Datenschutz und die Informationsfreiheit. [2] Die von den Ländern in die Antiterrordatei eingegebenen Datensätze können auch von den jeweiligen Landesbeauftragten für den Datenschutz im Zusammenhang mit der Wahrnehmung ihrer Prüfungsaufgaben in den Ländern kontrolliert werden, soweit die Länder nach § 8 Absatz 1 verantwortlich sind. [3] Die oder der Bundesbeauftragte für den Datenschutz und die Informationsfreiheit arbeitet insoweit mit den Landesbeauftragten für den Datenschutz zusammen.

(2) Die in Absatz 1 genannten Stellen sind im Rahmen ihrer jeweiligen Zuständigkeiten verpflichtet, mindestens alle zwei Jahre die Durchführung des Datenschutzes zu kontrollieren.

(3) [1] Über die nicht verdeckt gespeicherten Daten erteilt das Bundeskriminalamt die Auskunft nach § 57 des Bundesdatenschutzgesetzes im Einvernehmen mit der Behörde, die die datenschutzrechtliche Verantwortung nach § 8 Abs. 1 Satz 1 trägt und die Zulässigkeit der Auskunftserteilung nach den für sie geltenden Rechtsvorschriften prüft. [2] Die Auskunft zu verdeckt gespeicherten Daten richtet sich nach den für die Behörde, die die Daten eingegeben hat, geltenden Rechtsvorschriften.

§ 11[3] Berichtigung, Löschung und Einschränkung der Verarbeitung von Daten. (1) Unrichtige Daten sind zu berichtigen.

(2) [1] Personenbezogene Daten sind zu löschen, wenn ihre Speicherung unzulässig ist oder ihre Kenntnis für die Aufklärung oder Bekämpfung des internationalen Terrorismus nicht mehr erforderlich ist. [2] Sie sind spätestens zu

[1] Nr. **245**.
[2] § 10 Abs. 1 Satz 2 neu gef., Satz 3 angef., Abs. 2 eingef., bish. Abs. 2 wird Abs. 3 mWv 1.1.2015 durch G v. 18.12.2014 (BGBl. I S. 2318); Abs. 1 Sätze 1 und 3, Abs. 3 Satz 1 geänd. mWv 26.11.2019 *durch G v. 20.11.2019 (BGBl. I S. 1626).*
[3] § 11 Überschrift und Abs. 3 Sätze 1 und 2 geänd. mWv 26.11.2019 durch G v. 20.11.2019 (BGBl. I S. 1626).

löschen, wenn die zugehörigen Erkenntnisse nach den für die beteiligten Behörden jeweils geltenden Rechtsvorschriften zu löschen sind.

(3) [1] An die Stelle einer Löschung tritt eine Einschränkung der Verarbeitung, wenn Grund zu der Annahme besteht, dass durch die Löschung schutzwürdige Interessen eines Betroffenen beeinträchtigt würden. [2] In der Verarbeitung eingeschränkte Daten dürfen nur für den Zweck abgerufen und genutzt werden, für den die Löschung unterblieben ist; sie dürfen auch abgerufen und genutzt werden, soweit dies zum Schutz besonders hochwertiger Rechtsgüter unerlässlich ist und die Aufklärung des Sachverhalts ansonsten aussichtslos oder wesentlich erschwert wäre oder der Betroffene einwilligt.

(4) Die eingebenden Behörden prüfen nach den Fristen, die für die Erkenntnisdaten gelten, und bei der Einzelfallbearbeitung, ob personenbezogene Daten zu berichtigen oder zu löschen sind.

§ 12[1]) **Festlegungen für die gemeinsame Datei.** [1] Das Bundeskriminalamt hat für die gemeinsame Datei im Einvernehmen mit den beteiligten Behörden Einzelheiten festzulegen zu:

1. den Bereichen des erfassten internationalen Terrorismus mit Bezug zur Bundesrepublik Deutschland,
2. den weiteren beteiligten Polizeivollzugsbehörden nach § 1 Abs. 2,
3. der Art der zu speichernden Daten nach § 3 Abs. 1,
4. der Eingabe der zu speichernden Daten,
5. den zugriffsberechtigten Organisationseinheiten der beteiligten Behörden,
6. den Einteilungen der Zwecke und der Dringlichkeit einer Abfrage und
7. der Protokollierung.

[2] Die Festlegungen bedürfen der Zustimmung des Bundesministeriums des Innern, für Bau und Heimat, des Bundeskanzleramts, des Bundesministeriums der Verteidigung, des Bundesministeriums der Finanzen und der für die beteiligten Behörden der Länder zuständigen obersten Landesbehörden. [3] Die oder der Bundesbeauftragte für den Datenschutz und die Informationsfreiheit ist vor den Festlegungen anzuhören.

§ 13 Einschränkung von Grundrechten. Die Grundrechte des Brief-, Post- und Fernmeldegeheimnisses (Artikel 10 des Grundgesetzes[2])) und der Unverletzlichkeit der Wohnung (Artikel 13 des Grundgesetzes) werden nach Maßgabe dieses Gesetzes eingeschränkt.

[1]) § 12 Überschrift neu gef., Sätze 1–3 geänd. mWv 26.11.2019 durch G v. 20.11.2019 (BGBl. I S. 1626); Satz 2 geänd. mWv 27.6.2020 durch VO v. 19.6.2020 (BGBl. I S. 1328).
[2]) Nr. **1.**

90. Gesetz über die Bundespolizei (Bundespolizeigesetz – BPolG) [1)2)]

Vom 19. Oktober 1994

(BGBl. I S. 2978)

FNA 13-7-2

geänd. durch Art. 3 BundeskriminalamtG v. 7.7.1997 (BGBl. I S. 1650), Art. 1 Erstes ÄndG v. 25.8.1998 (BGBl. I S. 2486, geänd.2003 I S. 2770 und 2007 I S. 1142), Art. 4 Abs. 3 G zur Änd. von Vorschr. über parlamentar. Gremien v. 17.6.1999 (BGBl. I S. 1334), Art. 1 HaushaltssanierungsG v. 22.12.1999 (BGBl. I S. 2534), Art. 6 BundesdatenschutzG-ÄndG v. 18.5.2001 (BGBl. I S. 904), Art. 6 TerrorismusbekämpfungsG v. 9.1.2002 (BGBl. I S. 361), Art. 11 Nr. 3 ZuwanderungsG v. 20.6.2002 (BGBl. I S. 1946, nichtig gem. Urt. des BVerfG v. 18.12.2002 – 2 BvF 1/02 –), Art. 10 Abs. 1 Zweites Schadensersatzrechts-ÄndG v. 19.7.2002 (BGBl. I S. 2674), Art. 4 Abs. 2 KostenrechtsmodernisierungsG v. 5.5.2004 (BGBl. I S. 718), Art. 11 Nr. 3 ZuwanderungsG v. 30.7.2004 (BGBl. I S. 1950), Art. 12g Abs. 1 Erstes JustizmodernisierungsG v. 24.8.2004 (BGBl. I S. 2198), Art. 3 Luftsicherheitsaufgaben-NeuregelungsG v. 11.1.2005 (BGBl. I S. 78), Art. 1 G zur Umbenennung des Bundesgrenzschutzes in Bundespolizei v. 21.6.2005 (BGBl. I S. 1818), Art. 8 Neunte ZuständigkeitsanpassungsVO v. 31.10.2006 (BGBl. I S. 2407), Art. 3 Zweites G zur Änd. des FinanzverwaltungsG und anderer G v. 13.12.2007 (BGBl. I S. 2897), Art. 1 Drittes ÄndG v. 22.12.2007 (BGBl. I S. 3214, geänd. 2008 I S. 215), Art. 1 G zur Änd. des Bundespolizeigesetzes und anderer Gesetze v. 26.2.2008 (BGBl. I S. 215), Art. 7 FGG-ReformG v. 17.12.2008 (BGBl. I S. 2586), Art. 2 G zur Umsetzung des Beschlusses des Rates 2008/615/JI vom 23. Juni 2008 zur Vertiefung der grenzüberschreitenden Zusammenarbeit, insbesondere zur Bekämpfung des Terrorismus und der grenzüberschreitenden Kriminalität v. 31.7.2009 (BGBl. I S. 2507), Art. 4 G über die Vereinfachung des Austauschs von Informationen und Erkenntnissen zwischen den Strafverfolgungsbehörden der Mitgliedstaaten der EU v. 21.7.2012 (BGBl. I S. 1566), Art. 4 G zur Änd. des TelekommunikationsG und zur Neuregelung der Bestandsdatenauskunft v. 20.6.2013 (BGBl. I S. 1602), Art. 14 Zehnte ZuständigkeitsanpassungsVO v. 31.8.2015 (BGBl. I S. 1474), Art. 14 Nr. 9 AsylverfahrensbeschleunigungsG v. 20.10.2015 (BGBl. I S. 1722), Art. 3 G zum besseren Informationsaustausch bei der Bekämpfung des internationalen Terrorismus v. 26.7.2016 (BGBl. I S. 1818), Art. 2 Erstes G zur Änd. des LuftsicherheitsG v. 23.2.2017 (BGBl. I S. 298), Art. 5 Abs. 1 G zur Neuregelung des Bundesarchivrechts v. 10.3.2017 (BGBl. I S. 410), Art. 2 G zur Einbeziehung der Bundespolizei in den Anwendungsbereich des BundesgebührenG v. 10.3.2017 (BGBl. I S. 417), Art. 1 G zur Verbesserung der Fahndung bei besonderen Gefahrenlagen und zum Schutz von Beamtinnen und Beamten der Bundespolizei durch den Einsatz von mobiler Videotechnik v. 5.5.2017 (BGBl. I S. 1066), Art. 26 Abs. 1 G zur Umsetzung der RL (EU) 2016/680 im Strafverfahren sowie zur Anp. datenschutzrechtl. Bestimmungen an die VO (EU) 2016/679 v. 20.11.2019 (BGBl. I S. 1724), Art. 26 Elfte ZuständigkeitsanpassungsVO v. 19.6.2020 (BGBl. I S. 1328) und Beschluss des BVerfG – 1 BvR 1873/13, 1 BvR 2618/13 – v. 27.5.2020 (BGBl. I S. 1931)

Inhaltsübersicht[3)]

Abschnitt 1. Aufgaben und Verwendungen

[1)] Verkündet als Art. 1 BundesgrenzschutzneuregelungsG v. 19.10.1994 (BGBl. I S. 2978); Inkrafttreten gem. Art. 3 Abs. 1 Satz 1 dieses G am 1.11.1994.

[2)] Überschr. neu gef. mWv 1.7.2005 durch G v. 21.6.2005 (BGBl. I S. 1818); bis 30.6.2005: „Gesetz über den Bundesgrenzschutz (Bundesgrenzschutzgesetz – BGSG)".

[3)] Inhaltsübersicht geänd. mWv 1.7.2005 durch G v. 21.6.2005 (BGBl. I S. 1818); geänd. mWv 26.7.2012 durch G v. 21.7.2012 (BGBl. I S. 1566); geänd. mWv 16.5.2017 durch G v. 5.5.2017 (BGBl. I S. 1066).

Die Inhaltsübersicht wurde redaktionell an die Änderungen durch G v. 9.1.2002 (BGBl. I S. 361), G v. 22.12.2007 (BGBl. I S. 3214), G v. 20.6.2013 (BGBl. I S. 1602), G v. 26.7.2016 (BGBl. I S. 1818) und G v. 10.3.2017 (BGBl. I S. 417) angepasst.

2

Abschnitt 1. Aufgaben und Verwendungen

§ 1[1)] **Allgemeines.** (1) [1]Die Bundespolizei wird in bundeseigener Verwaltung geführt. [2]Sie ist eine Polizei des Bundes im Geschäftsbereich des Bundesministeriums des Innern, für Bau und Heimat.

(2) Der Bundespolizei obliegen die Aufgaben, die ihr entweder durch dieses Gesetz übertragen werden oder ihr bis zum 1. November 1994 durch ein anderes Bundesgesetz oder auf Grund eines Bundesgesetzes zugewiesen worden sind.

(3) [1]Die Bundespolizei sichert ihre Behörden, Verbände, Einheiten und sonstigen Einrichtungen gegen Gefahren, die die Durchführung ihrer Aufgaben beeinträchtigen, in eigener Zuständigkeit. [2]Die Sicherung beschränkt sich auf die in Satz 1 bezeichneten Einrichtungen sowie auf die Grundstücke, auf denen diese Einrichtungen untergebracht sind.

(4) Der Schutz privater Rechte obliegt der Bundespolizei im Rahmen ihrer Aufgaben nur dann, wenn gerichtlicher Schutz nicht rechtzeitig zu erlangen ist und ohne Hilfe der Bundespolizei die Verwirklichung des Rechts vereitelt oder wesentlich erschwert würde.

(5) Die der Bundespolizei obliegenden Aufgaben der Gefahrenabwehr umfassen auch die Verhütung von Straftaten nach Maßgabe dieses Gesetzes.

[1)] § 1 Abs. 1 Sätze 1 und 2, Abs. 2, Abs. 3 Satz 1, Abs. 4 und 5, Abs. 6 Satz 1 und Abs. 7 geänd. mWv 1.7.2005 durch G v. 21.6.2005 (BGBl. I S. 1818); Abs. 1 Satz 2 geänd. mWv 27.6.2020 durch VO v. 19.6.2020 (BGBl. I S. 1328).

(6) [1] Werden bei der Erfüllung von Aufgaben der Bundespolizei Zuständigkeiten anderer Behörden des Bundes oder der Länder berührt, handeln die Bundespolizeibehörden im Benehmen mit den zuständigen Behörden. [2] Ist dies nicht möglich, weil Gefahr im Verzug ist, sind die zuständigen Behörden über die getroffenen Maßnahmen unverzüglich zu unterrichten.

(7) Die Zuständigkeit der Polizei des Landes bleibt auch in den in Absatz 3 sowie in den in den §§ 2 bis 5 bezeichneten räumlichen Zuständigkeitsbereichen der Bundespolizei unberührt.

§ 2[1) Grenzschutz. (1) Der Bundespolizei obliegt der grenzpolizeiliche Schutz des Bundesgebietes (Grenzschutz), soweit nicht ein Land im Einvernehmen mit dem Bund Aufgaben des grenzpolizeilichen Einzeldienstes mit eigenen Kräften wahrnimmt.

(2) [1] Der Grenzschutz umfaßt

1. die polizeiliche Überwachung der Grenzen,
2. die polizeiliche Kontrolle des grenzüberschreitenden Verkehrs einschließlich
 a) der Überprüfung der Grenzübertrittspapiere und der Berechtigung zum Grenzübertritt,
 b) der Grenzfahndung,
 c) der Abwehr von Gefahren,
3. im Grenzgebiet bis zu einer Tiefe von 30 Kilometern und von der seewärtigen Begrenzung an bis zu einer Tiefe von 50 Kilometern die Abwehr von Gefahren, die die Sicherheit der Grenze beeinträchtigen.

[2] Das Bundesministerium des Innern, für Bau und Heimat wird ermächtigt, zur Sicherung des Grenzraumes das in Satz 1 Nr. 3 bezeichnete Gebiet von der seewärtigen Begrenzung an durch Rechtsverordnung mit Zustimmung des Bundesrates auszudehnen, soweit die Grenzüberwachung im deutschen Küstengebiet dies erfordert. [3] In der Rechtsverordnung ist der Verlauf der rückwärtigen Begrenzungslinie des erweiterten Grenzgebietes genau zu bezeichnen. [4] Von der seewärtigen Begrenzung an darf diese Linie eine Tiefe von 80 Kilometern nicht überschreiten.

(3) [1] Das Einvernehmen nach Absatz 1 ist in einer schriftlichen Vereinbarung zwischen dem Bundesministerium des Innern, für Bau und Heimat und dem beteiligten Land herzustellen, die im Bundesanzeiger bekanntzugeben ist. [2] In der Vereinbarung ist die Zusammenarbeit zwischen der Bundespolizei und der Polizei des Landes zu regeln.

(4) Nimmt die Polizei eines Landes Aufgaben nach Absatz 1 im Einvernehmen mit dem Bund mit eigenen Kräften wahr, richtet sich die Durchführung der Aufgaben nach dem für die Polizei des Landes geltenden Recht.

§ 3[2) Bahnpolizei. (1) Die Bundespolizei hat die Aufgabe, auf dem Gebiet der Bahnanlagen der Eisenbahnen des Bundes Gefahren für die öffentliche Sicherheit oder Ordnung abzuwehren, die

[1) § 2 Abs. 2 Sätze 2–4 angef., bish. Wortlaut wird Satz 1 und Nr. 3 neu gef. mWv 1.1.2002 durch G v. 9.1.2002 (BGBl. I S. 361); Abs. 1 und Abs. 3 Satz 2 geänd. mWv 1.7.2005 durch G v. 21.6.2005 (BGBl. I S. 1818); Abs. 2 Satz 2 und Abs. 3 Satz 1 geänd. mWv 27.6.2020 durch VO v. 19.6.2020 *(BGBl. I S. 1328).*

[2) § 3 Abs. 2 angef., bish. Wortlaut wird Abs. 1 mWv 1.1.2000 durch G v. 22.12.1999 (BGBl. I S. 2534); Abs. 1 einl. Satzteil sowie Abs. 2 Sätze 1, 2 und 5 geänd. mWv 1.7.2005 durch G v. 21.6.2005

1. den Benutzern, den Anlagen oder dem Betrieb der Bahn drohen oder
2. beim Betrieb der Bahn entstehen oder von den Bahnanlagen ausgehen.

(2) ¹Die durch die Erfüllung der Aufgaben nach Absatz 1 begünstigten Verkehrsunternehmen sind verpflichtet, der Bundespolizei für die erlangten Vorteile einen angemessenen Ausgleich zu leisten. ²Das Bundesministerium des Innern, für Bau und Heimat wird ermächtigt, durch Rechtsverordnung¹⁾ im Einvernehmen mit dem Bundesministerium für Verkehr und digitale Infrastruktur für den zu leistenden Ausgleich einen Prozentsatz festzusetzen, der 50 Prozent des Gesamtaufwandes der Bundespolizei für die Erfüllung der Aufgaben nach Absatz 1 nicht überschreiten darf. ³Dabei sind insbesondere die erlangten Vorteile und die wirtschaftliche Leistungsfähigkeit des Verkehrsunternehmens zu berücksichtigen. ⁴Sind mehrere Verkehrsunternehmen begünstigt, ist für jedes Unternehmen nach Maßgabe des Satzes 3 gesondert ein Prozentsatz festzusetzen, die Summe dieser Prozentsätze darf 50 Prozent des Gesamtaufwandes nicht überschreiten. ⁵Die Ausgleichsbeträge werden durch die in der Rechtsverordnung nach § 58 Abs. 1 bestimmte Bundespolizeibehörde erhoben.

§ 4²⁾ Luftsicherheit. ¹Der Bundespolizei obliegt der Schutz vor Angriffen auf die Sicherheit des Luftverkehrs nach den §§ 3, 5, 9 Absatz 1a und § 10a Absatz 2 des Luftsicherheitsgesetzes³⁾, soweit diese Aufgaben nach § 16 Absatz 3a und 3b des Luftsicherheitsgesetzes in bundeseigener Verwaltung ausgeführt werden. ²In den Fällen des § 16 Absatz 3b des Luftsicherheitsgesetzes gilt dies nur, soweit ihr die Aufgaben durch das Bundesministerium für Verkehr und digitale Infrastruktur im Einvernehmen mit dem Bundesministerium des Innern, für Bau und Heimat übertragen worden sind.

§ 4a⁴⁾ Sicherheitsmaßnahmen an Bord von Luftfahrzeugen. ¹Die Bundespolizei kann zur Aufrechterhaltung oder Wiederherstellung der Sicherheit oder Ordnung an Bord deutscher Luftfahrzeuge eingesetzt werden. ²§ 12 Abs. 1 Satz 1 des Luftsicherheitsgesetzes³⁾ bleibt unberührt. ³Maßnahmen nach Satz 1 müssen stets im Einklang mit den Anforderungen an die Sicherheit des Luftfahrzeugs und der Passagiere stehen und sind daher grundsätzlich in enger Abstimmung mit dem Luftfahrzeugführer zu treffen.

§ 5⁵⁾ Schutz von Bundesorganen. (1) ¹Die Bundespolizei kann Verfassungsorgane des Bundes und Bundesministerien gegen Gefahren, die die Durchführung ihrer Aufgaben beeinträchtigen, schützen, wenn diese darum ersuchen und

(Fortsetzung der Anm. von voriger Seite)
(BGBl. I S. 1818); Abs. 2 Satz 2 geänd. mWv 8.11.2006 durch VO v. 31.10.2006 (BGBl. I S. 2407); Abs. 2 Satz 5 geänd. mWv 1.3.2008 durch G v. 26.2.2008 (BGBl. I S. 215); Abs. 2 Satz 2 geänd. mWv 8.9.2015 durch VO v. 31.8.2015 (BGBl. I S. 1474); Abs. 2 Satz 2 geänd. mWv 27.6.2020 durch VO v. 19.6.2020 (BGBl. I S. 1328).
¹⁾ Siehe die VO zur Festsetzung des Ausgleichs für die Erfüllung bahnpolizeil. Aufgaben der Bundespolizei v. 6.12.2000 (BGBl. I S. 1683), geänd. durch G v. 21.6.2005 (BGBl. I S. 1818).
²⁾ § 4 neu gef. mWv 4.3.2017 durch G v. 23.2.2017 (BGBl. I S. 298).; Satz 2 geänd. mWv 27.6.2020 durch VO v. 19.6.2020 (BGBl. I S. 1328)
³⁾ Sartorius ErgBd. Nr. 976.
⁴⁾ § 4a eingef. mWv 1.1.2002 durch G v. 9.1.2002 (BGBl. I S. 361); Satz 2 geänd. mWv 15.1.2005 durch G v. 11.1.2005 (BGBl. I S. 78); Satz 1 geänd. mWv 1.7.2005 durch G v. 21.6.2005 (BGBl. I S. 1818).
⁵⁾ § 5 Abs. 1 Sätze 1 und 2 und Abs. 2 geänd. mWv 1.7.2005 durch G v. 21.6.2005 (BGBl. I S. 1818); Abs. 1 Sätze 1 und 2 geänd. mWv 27.6.2020 durch VO v. 19.6.2020 (BGBl. I S. 1328).

Einvernehmen zwischen dem Bundesministerium des Innern, für Bau und Heimat und dem beteiligten Land besteht, daß deren angemessener Schutz anderweitig nicht gewährleistet werden kann. ²Über die Übernahme des Schutzes durch die Bundespolizei entscheidet das Bundesministerium des Innern, für Bau und Heimat. ³Die Übernahme ist im Bundesanzeiger bekanntzugeben.

(2) Der Schutz durch die Bundespolizei beschränkt sich auf die Grundstücke, auf denen die Verfassungsorgane oder die Bundesministerien ihren Amtssitz haben.

§ 6[1] Aufgaben auf See. ¹Unbeschadet der Zuständigkeit anderer Behörden oder der Streitkräfte hat die Bundespolizei auf See außerhalb des deutschen Küstenmeers die Maßnahmen zu treffen, zu denen die Bundesrepublik Deutschland nach dem Völkerrecht befugt ist. ²Dies gilt nicht für Maßnahmen, die durch Rechtsvorschriften des Bundes anderen Behörden oder Dienststellen zugewiesen oder die ausschließlich Kriegsschiffen vorbehalten sind.

§ 7[2] Aufgaben im Notstands- und Verteidigungsfall. (1) Setzt die Bundesregierung die Bundespolizei nach Artikel 91 Abs. 2 des Grundgesetzes[3] zur Abwehr einer drohenden Gefahr für den Bestand oder die freiheitliche demokratische Grundordnung des Bundes oder eines Landes ein, so hat die Bundespolizei bei diesem Einsatz Gefahren von der Allgemeinheit oder dem einzelnen abzuwehren.

(2) Absatz 1 gilt entsprechend, wenn die Bundespolizei nach Artikel 115f Abs. 1 Nr. 1 oder nach Artikel 115i Abs. 1 des Grundgesetzes eingesetzt wird.

§ 8[4] Verwendung im Ausland. (1) ¹Die Bundespolizei kann zur Mitwirkung an polizeilichen oder anderen nichtmilitärischen Aufgaben im Rahmen von internationalen Maßnahmen auf Ersuchen und unter Verantwortung

1. der Vereinten Nationen
2. einer regionalen Abmachung oder Einrichtung gemäß Kapitel VIII der Charta der Vereinten Nationen, der die Bundesrepublik Deutschland angehört,
3. der Europäischen Union oder
4. der Westeuropäischen Union

im Ausland verwendet werden. ²Die Verwendung der Bundespolizei darf nicht gegen den Willen des Staates erfolgen, auf dessen Hoheitsgebiet die Maßnahme stattfinden soll. ³Die Entscheidung über die Verwendung nach Satz 1 trifft die Bundesregierung. ⁴Der Deutsche Bundestag ist über die beabsichtigte Verwendung zu unterrichten. ⁵Er kann durch Beschluß verlangen, daß die Verwendung beendet wird.

(2) ¹Die Bundespolizei kann ferner im Einzelfall zur Rettung von Personen aus einer gegenwärtigen Gefahr für Leib oder Leben im Ausland verwendet werden. ²Die Verwendung ist nur für humanitäre Zwecke oder zur Wahrnehmung dringender Interessen der Bundesrepublik Deutschland und im Einvernehmen mit dem Staat, auf dessen Hoheitsgebiet die Maßnahme stattfinden soll,

[1] § 6 Satz 1 geänd. mWv 1.7.2005 durch G v. 21.6.2005 (BGBl. I S. 1818).
[2] § 7 Abs. 1 und 2 geänd. mWv 1.7.2005 durch G v. 21.6.2005 (BGBl. I S. 1818).
[3] Nr. 1.
[4] *§ 8 Abs. 1 Satz 1 einl. Satzteil und Satz 2, Abs. 2 Satz 1 und Abs. 3 geänd. mWv 1.7.2005 durch G v.* 21.6.2005 (BGBl. I S. 1818); Abs. 2 Satz 3 geänd. mWv 27.6.2020 durch VO v. 19.6.2020 (BGBl. I S. 1328).

zulässig. [3] Die Entscheidung trifft der Bundesminister des Innern, für Bau und Heimat im Einvernehmen mit dem Auswärtigen Amt.

(3) Die Wahrnehmung der in den Absätzen 1 und 2 bezeichneten Aufgaben durch die Bundespolizei richtet sich nach den dafür geltenden völkerrechtlichen Vereinbarungen oder den auf Grund solcher Vereinbarungen getroffenen Regelungen.

§ 9[1] Verwendung zur Unterstützung anderer Bundesbehörden.

(1) [1] Die Bundespolizei unterstützt

1. den Präsidenten des Deutschen Bundestages bei der Wahrnehmung des Hausrechts und der Polizeigewalt im Gebäude des Bundestages,

2. das Auswärtige Amt bei der Wahrnehmung von Aufgaben zum Schutz deutscher Auslandsvertretungen,

3. das Bundeskriminalamt bei der Wahrnehmung seiner Schutzaufgaben nach § 5 des Bundeskriminalamtgesetzes[2].

[2] Die Unterstützung durch die Bundespolizei richtet sich nach dem für die unterstützte Stelle maßgebenden Recht.

(2) [1] Die Entscheidung über die Unterstützung nach Absatz 1 trifft das Bundesministerium des Innern, für Bau und Heimat. [2] Die Polizeivollzugsbeamten der Bundespolizei unterliegen bei Wahrnehmung dieser Unterstützungsaufgaben den fachlichen Weisungen der unterstützten Stelle. [3] Übernimmt die Bundespolizei im Rahmen des Absatzes 1 Nr. 3 Aufgaben zur eigenständigen Wahrnehmung, richtet das Bundeskriminalamt seine fachlichen Weisungen an die von der Bundespolizei hierfür benannte Stelle.

(3) Die Verpflichtung zur Amtshilfe bleibt unberührt.

§ 10[3] Verwendung zur Unterstützung des Bundesamtes für Verfassungsschutz auf dem Gebiet der Funktechnik.

(1) Die Bundespolizei nimmt für das Bundesamt für Verfassungsschutz auf dessen Anforderung Aufgaben nach § 3 Abs. 1 des Bundesverfassungsschutzgesetzes[4] auf dem Gebiet der Funktechnik und funkbetrieblichen Auswertung wahr, soweit der Funkverkehr nicht dem Fernmeldegeheimnis unterliegt, durch

1. Erfassung des Betriebs von Funkanlagen durch fremde Nachrichtendienste oder die vom Bundesamt für Verfassungsschutz beobachteten Personenzusammenschlüsse und Einzelpersonen,

2. funkbetriebliche Auswertung der Funkverkehre fremder Nachrichtendienste oder der vom Bundesamt für Verfassungsschutz beobachteten Personenzusammenschlüsse und Einzelpersonen,

3. funkbetriebliche Auswertung von Unterlagen, Geräten und Aufzeichnungen, die bei dem Betrieb von Funkanlagen durch fremde Nachrichtendienste oder

[1] § 9 Abs. 1 Satz 1 Nr. 3 neu gef. durch G v. 7.7.1997 (BGBl. I S. 1650); Abs. 1 Satz 1 einl. Satzteil und Satz 2 sowie Abs. 2 Sätze 2 und 3 geänd. mWv 1.7.2005 durch G v. 21.6.2005 (BGBl. I S. 1818); Abs. 2 Satz 1 geänd. mWv 27.6.2020 durch VO v. 19.6.2020 (BGBl. I S. 1328).

[2] Nr. **450**.

[3] § 10 Abs. 3 geänd. durch G v. 17.6.1999 (BGBl. I S. 1334); Abs. 1 einl. Satzteil, Abs. 2 Sätze 2–4 und Abs. 3 geänd. mWv 1.7.2005 durch G v. 21.6.2005 (BGBl. I S. 1818); Abs. 3 geänd. mWv 27.6.2020 durch VO v. 19.6.2020 (BGBl. I S. 1328).

[4] Nr. **80**.

die vom Bundesamt für Verfassungsschutz beobachteten Personenzusammen-
schlüsse und Einzelpersonen verwendet werden.

(2) [1] Die Wahrnehmung der Aufgaben nach Absatz 1 richtet sich nach dem
Bundesverfassungsschutzgesetz; sie darf nicht mit der Erfüllung polizeilicher
Aufgaben verbunden werden. [2] Die Bundespolizei darf Befugnisse des Bundes-
amtes für Verfassungsschutz nur so weit in Anspruch nehmen, als dies zur Wahr-
nehmung dieser Aufgaben erforderlich ist. [3] Sie darf die bei der Aufgabenwahr-
nehmung nach Absatz 1 erlangten personenbezogenen Daten nur für den dort
bezeichneten Zweck verwenden. [4] Die Daten dürfen bei der Bundespolizei nur
solange aufbewahrt werden, wie dies zur Aufgabenwahrnehmung nach Absatz 1
erforderlich ist.

(3) Das Bundesministerium des Innern, für Bau und Heimat regelt die Einzel-
heiten der Aufgabenwahrnehmung nach Absatz 1, insbesondere Art und Umfang
der Aufgaben sowie die erforderliche technische und organisatorische Abgren-
zung zu den sonstigen Aufgabenbereichen der Bundespolizei, in einer Dienst-
anweisung und unterrichtet hierüber sowie über erforderliche Änderungen das
Parlamentarische Kontrollgremium.

§ 11 [1] **Verwendung zur Unterstützung eines Landes.** (1) Die Bundespoli-
zei kann zur Unterstützung eines Landes verwendet werden

1. zur Aufrechterhaltung oder Wiederherstellung der öffentlichen Sicherheit
 oder Ordnung in Fällen von besonderer Bedeutung nach Artikel 35 Abs. 2
 Satz 1 des Grundgesetzes [2],
2. zur Hilfe bei einer Naturkatastrophe oder bei einem besonders schweren
 Unglücksfall nach Artikel 35 Abs. 2 Satz 2 und Abs. 3 des Grundgesetzes,
3. zur Abwehr einer drohenden Gefahr für den Bestand oder die freiheitliche
 demokratische Grundordnung des Bundes oder eines Landes nach Artikel 91
 Abs. 1 des Grundgesetzes,

soweit das Land ohne diese Unterstützung eine Aufgabe nicht oder nur unter
erheblichen Schwierigkeiten erfüllen kann.

(2) [1] Die Unterstützung eines Landes durch die Bundespolizei nach Absatz 1
richtet sich nach dem für das Land geltenden Recht. [2] Vorbehaltlich des Arti-
kels 35 Abs. 3 des Grundgesetzes unterliegt die Bundespolizei dabei den fachli-
chen Weisungen des Landes.

(3) [1] Die Entscheidung über eine Verwendung der Bundespolizei nach Absatz 1
trifft im Fall des Artikels 35 Abs. 3 des Grundgesetzes die Bundesregierung, im
übrigen das Bundesministerium des Innern, für Bau und Heimat auf Anforde-
rung des Landes. [2] Das Bundesministerium des Innern, für Bau und Heimat kann
seine Entscheidungsbefugnis in bestimmten Fällen durch Verwaltungsvorschrift
auf eine Bundespolizeibehörde übertragen.

(4) [1] Einer Anforderung der Bundespolizei ist zu entsprechen, soweit nicht
eine Verwendung der Bundespolizei für Bundesaufgaben dringender ist als die
Unterstützung des Landes. [2] Die Anforderung soll alle für die Entscheidung
wesentlichen Merkmale des Einsatzauftrages enthalten. [3] Die durch eine Unter-

[1] § 11 Abs. 1 einl. Satzteil, Abs. 2 Sätze 1 und 2, Abs. 3 Sätze 1 und 2, Abs. 4 Satz 1 geänd. mWv
1.7.2005 durch G v. 21.6.2005 (BGBl. I S. 1818); Abs. 3 Satz 2 geänd. mWv 1.3.2008 durch G v. 26.2.
2008 (BGBl. I S. 215); Abs. 3 Sätze 1 und 2 geänd. mWv 27.6.2020 durch VO v. 19.6.2020 (BGBl. I
S. 1328).
[2] Nr. **1**.

stützung eines Landes nach Absatz 1 entstehenden Mehrkosten trägt das Land, sofern nicht im Einzelfall aus besonderen Gründen in einer Verwaltungsvereinbarung etwas anderes bestimmt wird.

(5) Die Verpflichtung zur Amtshilfe bleibt unberührt.

§ 12[1]) **Verfolgung von Straftaten.** (1) [1]Die Bundespolizei nimmt die polizeilichen Aufgaben auf dem Gebiet der Strafverfolgung (§§ 161, 163 der Strafprozeßordnung[2])) wahr, soweit der Verdacht eines Vergehens (§ 12 Abs. 2 des Strafgesetzbuches[3])) besteht, das

1. gegen die Sicherheit der Grenze oder die Durchführung ihrer Aufgaben nach § 2 gerichtet ist,

2. nach den Vorschriften des Paßgesetzes[4]), des Aufenthaltsgesetzes[5]) oder des Asylgesetzes[6]) zu verfolgen ist, soweit es durch den Grenzübertritt oder in unmittelbarem Zusammenhang mit diesem begangen wurde,

3. einen Grenzübertritt mittels Täuschung, Drohung, Gewalt oder auf sonst rechtswidrige Weise ermöglichen soll, soweit es bei der Kontrolle des grenzüberschreitenden Verkehrs festgestellt wird,

4. das Verbringen einer Sache über die Grenze ohne behördliche Erlaubnis als gesetzliches Tatbestandsmerkmal der Strafvorschrift verwirklicht, sofern der Bundespolizei durch oder auf Grund eines Gesetzes die Aufgabe der Überwachung des Verbringungsverbotes zugewiesen ist,

5. auf dem Gebiet der Bahnanlagen der Eisenbahnen des Bundes begangen wurde und gegen die Sicherheit eines Benutzers, der Anlagen oder des Betriebes der Bahn gerichtet ist oder das Vermögen der Bahn oder ihr anvertrautes Vermögen betrifft,

6. dem deutschen Strafrecht unterliegt und Strafverfolgungsmaßnahmen auf See außerhalb des deutschen Küstenmeers im Rahmen des § 6 erforderlich macht,

darüber hinaus, soweit der Verdacht eines Verbrechens nach Nummer 2 oder nach § 315 Abs. 3 Nr. 1 des Strafgesetzbuches besteht sowie in Fällen der Nummer 6. [2]Das Bundesministerium des Innern, für Bau und Heimat bestimmt das Nähere über die unter Satz 1 fallenden Straftaten durch Rechtsverordnung im Einvernehmen mit dem Bundesministerium der Justiz und für Verbraucherschutz und mit Zustimmung des Bundesrates. [3]Soweit Satz 1 Nr. 4 betroffen ist, ist auch das Einvernehmen mit dem Bundesministerium der Finanzen herzustellen.

(2) [1]Die Bundespolizei ist vorbehaltlich besonderer gesetzlicher Zuständigkeitsregelungen für die polizeilichen Aufgaben auf dem Gebiet der Strafverfolgung in den Fällen des Absatzes 1 örtlich zuständig, wenn die Straftat in ihrem

[1]) § 12 Abs. 1 Satz 1 Nr. 2 geänd. mWv 1.1.2005 durch G v. 30.7.2004 (BGBl. I S. 1950); Abs. 5 Satz 1 geänd. mWv 1.9.2004 durch G v. 24.8.2004 (BGBl. I S. 2198); Abs. 1 Satz 1 einl. Satzteil, Nr. 1 und Nr. 4, Abs. 2 Sätze 1 und 3, Abs. 3 Sätze 2 und 3, Abs. 4 und Abs. 5 Satz 1 geänd. mWv 1.7.2005 durch G v. 21.6.2005 (BGBl. I S. 1818); Abs. 2 Satz 1 geänd. mWv 1.3.2008 durch G v. 26.2.2008 (BGBl. I S. 215); Abs. 1 Satz 2 geänd. mWv 8.9.2015 durch VO v. 31.8.2015 (BGBl. I S. 1474); Abs. 1 Satz 1 Nr. 2 (im BGBl. wohl irrtümlich: „Nr. 1") geänd. mWv 24.10.2015 durch G v. 20.10.2015 (BGBl. I S. 1722); Abs. 1 Satz 2 geänd. mWv 27.6.2020 durch VO v. 19.6.2020 (BGBl. I S. 1328).

[2]) **Schönfelder Nr. 90.**
[3]) **Schönfelder Nr. 85.**
[4]) Nr. **250.**
[5]) Nr. **565.**
[6]) Nr. **567.**

räumlichen Zuständigkeitsbereich (§ 1 Abs. 7) begangen wurde. [2]Im übrigen bleibt die Zuständigkeit anderer Polizeibehörden für die Strafverfolgung auch in den Fällen des Absatzes 1 unberührt. [3]Die Staatsanwaltschaft kann im Benehmen mit der Bundespolizei die Ermittlungen einer anderen sonst zuständigen Polizeibehörde übertragen.

(3) [1]Bei Straftaten, die nicht dem Absatz 1 unterfallen, ist die Sache unverzüglich an die zuständige Strafverfolgungsbehörde abzugeben. [2]Die Verpflichtung der Bundespolizei nach § 163 Abs. 1 der Strafprozeßordnung, alle keinen Aufschub gestattenden Anordnungen zu treffen, um die Verdunkelung der Sache zu verhüten, bleibt unberührt. [3]Die Sätze 1 und 2 gelten für Straftaten im Sinne des Absatzes 1 entsprechend, wenn diese im Zusammenhang mit weiteren Straftaten stehen und das Schwergewicht der Straftaten insgesamt außerhalb der Zuständigkeit der Bundespolizei liegt oder wenn bei Straftaten außerhalb des Küstenmeeres nach Absatz 1 Satz 1 Nr. 6 oder Absatz 1 Satz 1 letzter Halbsatz Ermittlungshandlungen im deutschen Hoheitsgebiet erforderlich sind. [4]Die Staatsanwaltschaft kann in Zweifelsfällen die zuständige Polizeibehörde bestimmen.

(4) Sind Ermittlungshandlungen außerhalb der in § 1 Abs. 7 bezeichneten Bereiche erforderlich, trifft die Bundespolizei ihre Maßnahmen im Benehmen mit der Polizei des Landes.

(5) [1]Die Beamten im Polizeivollzugsdienst der Bundespolizei, die mindestens vier Jahre dem Polizeivollzugsdienst angehören, sind Ermittlungspersonen der Staatsanwaltschaft (§ 152 des Gerichtsverfassungsgesetzes[1]) und haben die Rechte und Pflichten der Polizeibeamten nach der Strafprozeßordnung. [2]In den Fällen des Absatzes 1 Satz 1 Nr. 6 und des Absatzes 1 Satz 1 letzter Halbsatz gelten auf See außerhalb des deutschen Küstenmeers bei der Verfolgung von Straftaten zur Erfüllung völkerrechtlicher Verpflichtungen oder zur Wahrnehmung völkerrechtlicher Befugnisse die Vorschriften der Strafprozeßordnung entsprechend.

§ 13[2] Verfolgung und Ahndung von Ordnungswidrigkeiten. (1) [1]Die Bundespolizei nimmt im Rahmen der ihr obliegenden Aufgaben die polizeilichen Aufgaben nach dem Gesetz über Ordnungswidrigkeiten[3] wahr. [2]§ 12 Abs. 2 Satz 1 und 2 sowie Abs. 4 gilt entsprechend.

(2) Verwaltungsbehörde im Sinne des § 36 Abs. 1 Nr. 1 des Gesetzes über Ordnungswidrigkeiten ist für Ordnungswidrigkeiten nach den §§ 111 und 113 des Gesetzes über Ordnungswidrigkeiten, die im Aufgabenbereich der Bundespolizei begangen wurden, die in der Rechtsverordnung nach § 58 Abs. 1 bestimmte Bundespolizeibehörde.

(Fortsetzung nächstes Blatt)

[1] **Schönfelder Nr. 95.**
[2] § 13 Abs. 1 Satz 1 sowie Abs. 2 und 3 geänd. mWv 1.7.2005 durch G v. 21.6.2005 (BGBl. I S. 1818); Abs. 2 geänd. mWv 1.3.2008 durch G v. 26.2.2008 (BGBl. I S. 215).
[3] **Schönfelder Nr. 94.**

(3) Die durch oder auf Grund anderer Bundesgesetze übertragene Zuständigkeit von Bundespolizeibehörden für die Verfolgung und Ahndung von Ordnungswidrigkeiten als Verwaltungsbehörde im Sinne des § 36 Abs. 1 Nr. 1 und 2 des Gesetzes über Ordnungswidrigkeiten bleibt unberührt.

(4) Die Beamten im Polizeivollzugsdienst der Bundespolizei, die mindestens vier Jahre dem Polizeivollzugsdienst angehören, sind im Rahmen ihrer Aufgaben ermächtigt, Verwarnungen zu erteilen und Verwarnungsgelder zu erheben.

Abschnitt 2. Befugnisse

Unterabschnitt 1. Allgemeine Befugnisse und allgemeine Vorschriften

§ 14[1] Allgemeine Befugnisse. (1) Die Bundespolizei kann zur Erfüllung ihrer Aufgaben nach den §§ 1 bis 7 die notwendigen Maßnahmen treffen, um eine Gefahr abzuwehren, soweit nicht dieses Gesetz die Befugnisse der Bundespolizei besonders regelt.

(2) [1] Gefahr im Sinne dieses Abschnitts ist eine im Einzelfall bestehende Gefahr für die öffentliche Sicherheit oder Ordnung im Bereich der Aufgaben, die der Bundespolizei nach den §§ 1 bis 7 obliegen. [2] Eine erhebliche Gefahr im Sinne dieses Abschnitts ist eine Gefahr für ein bedeutsames Rechtsgut, wie Bestand des Staates, Leben, Gesundheit, Freiheit, wesentliche Vermögenswerte oder andere strafrechtlich geschützte Güter von erheblicher Bedeutung für die Allgemeinheit.

(3) [1] Zur Erfüllung der Aufgaben, die der Bundespolizei durch andere Rechtsvorschriften des Bundes zugewiesen sind, hat sie die dort vorgesehenen Befugnisse. [2] Soweit solche Rechtsvorschriften Befugnisse nicht oder nicht abschließend regeln, hat die Bundespolizei die Befugnisse, die ihr nach diesem Gesetz zustehen. [3] Satz 2 gilt auch für die Befugnisse der Bundespolizei im Rahmen der Aufgaben zum Schutz vor Angriffen auf die Sicherheit des Luftverkehrs nach § 4, soweit § 5 des Luftsicherheitsgesetzes[2] keine Regelungen enthält.

§ 15 Grundsatz der Verhältnismäßigkeit. (1) Von mehreren möglichen und geeigneten Maßnahmen ist diejenige zu treffen, die den einzelnen und die Allgemeinheit voraussichtlich am wenigsten beeinträchtigt.

(2) Eine Maßnahme darf nicht zu einem Nachteil führen, der zu dem erstrebten Erfolg erkennbar außer Verhältnis steht.

(3) Eine Maßnahme ist nur solange zulässig, bis ihr Zweck erreicht ist oder sich zeigt, daß er nicht erreicht werden kann.

§ 16[3] Ermessen, Wahl der Mittel. (1) Die Bundespolizei trifft ihre Maßnahmen nach pflichtgemäßem Ermessen.

[1] § 14 Abs. 3 Satz 3 geänd. mWv 15.1.2005 durch G v. 11.1.2005 (BGBl. I S. 78); Abs. 1, Abs. 2 Satz 1 und Abs. 3 Sätze 1–3 geänd. mWv 1.7.2005 durch G v. 21.6.2005 (BGBl. I S. 1818); Abs. 3 Satz 3 geänd. mWv 1.3.2008 durch G v. 26.2.2008 (BGBl. I S. 215).
[2] **Sartorius ErgBd. Nr. 976.**
[3] § 16 Abs. 1 geänd. mWv 1.7.2005 durch G v. 21.6.2005 (BGBl. I S. 1818).

(2) [1]Kommen zur Abwehr einer Gefahr mehrere Mittel in Betracht, so genügt es, wenn eines davon bestimmt wird. [2]Dem Betroffenen ist auf Antrag zu gestatten, ein anderes ebenso wirksames Mittel anzuwenden, sofern die Allgemeinheit dadurch nicht stärker beeinträchtigt wird.

§ 17 Verantwortlichkeit für das Verhalten von Personen. (1) Verursacht eine Person eine Gefahr, so sind die Maßnahmen gegen sie zu richten.

(2) [1]Ist die Person noch nicht vierzehn Jahre alt, so können die Maßnahmen auch gegen die Person gerichtet werden, die zur Aufsicht über sie verpflichtet ist. [2]Ist für die Person ein Betreuer bestellt, so können die Maßnahmen auch gegen den Betreuer im Rahmen seines Aufgabenbereichs gerichtet werden.

(3) Verursacht eine Person, die zu einer Verrichtung bestellt ist, die Gefahr in Ausführung der Verrichtung, so können Maßnahmen auch gegen die Person gerichtet werden, die andere zu der Verrichtung bestellt hat.

§ 18 Verantwortlichkeit für das Verhalten von Tieren oder den Zustand von Sachen. (1) [1]Geht von einem Tier oder einer Sache eine Gefahr aus, so sind die Maßnahmen gegen den Inhaber der tatsächlichen Gewalt zu richten. [2]Die nachfolgenden für Sachen geltenden Vorschriften sind auf Tiere entsprechend anzuwenden.

(2) [1]Maßnahmen können auch gegen den Eigentümer oder einen anderen Berechtigten gerichtet werden. [2]Dies gilt nicht, wenn der Inhaber der tatsächlichen Gewalt diese ohne den Willen des Eigentümers oder Berechtigten ausübt.

(3) Geht die Gefahr von einer herrenlosen Sache aus, so können die Maßnahmen gegen denjenigen gerichtet werden, der das Eigentum an der Sache aufgegeben hat.

§ 19[1) Unmittelbare Ausführung einer Maßnahme. [1]Die Bundespolizei kann eine Maßnahme selbst oder durch einen Beauftragten unmittelbar ausführen, wenn der Zweck der Maßnahme durch Inanspruchnahme der nach § 17 oder § 18 Verantwortlichen nicht oder nicht rechtzeitig erreicht werden kann. [2]Der von der Maßnahme Betroffene ist unverzüglich zu unterrichten.

(Fortsetzung nächstes Blatt)

[1)] § 19 Abs. 1 Satz 1 und Abs. 2 Satz 1 geänd. mWv 1.7.2005 durch G v. 21.6.2005 (BGBl. I S. 1818); Abs. 2 aufgeh. mWv 1.10.2019 durch G v. 10.3.2017 (BGBl. I S. 417).

§ 20[1) Inanspruchnahme nicht verantwortlicher Personen.
(1) [1]Die Bundespolizei kann Maßnahmen gegen andere Personen als die nach § 17 oder § 18 Verantwortlichen richten, wenn

1. eine gegenwärtige erhebliche Gefahr abzuwehren ist,
2. Maßnahmen gegen die nach § 17 oder § 18 Verantwortlichen nicht oder nicht rechtzeitig möglich sind oder keinen Erfolg versprechen,
3. der Bundesgrenzschutz die Gefahr nicht oder nicht rechtzeitig selbst oder durch einen Beauftragten abwehren kann und
4. die Personen ohne erhebliche eigene Gefährdung und ohne Verletzung höherwertiger Pflichten in Anspruch genommen werden können.

[2]Die Maßnahmen dürfen nur aufrechterhalten werden, solange die Abwehr der Gefahr nicht auf andere Weise möglich ist.

(2) Die Bundespolizei kann ferner Maßnahmen gegen andere Personen als die nach § 17 oder § 18 Verantwortlichen richten, soweit sich dies aus den nachfolgenden Vorschriften dieses Abschnitts ergibt.

Unterabschnitt 2. Besondere Befugnisse

Teil 1. Datenerhebung

§ 21[1) Erhebung personenbezogener Daten. (1) Die Bundespolizei kann, sofern in diesem Abschnitt nichts anderes bestimmt ist, personenbezogene Daten erheben, soweit dies zur Erfüllung einer *ihr* obliegenden Aufgabe erforderlich ist.

(2) Zur Verhütung von Straftaten ist eine Erhebung personenbezogener Daten nur zulässig, soweit Tatsachen die Annahme rechtfertigen, daß

1. die Person Straftaten im Sinne des § 12 Abs. 1 mit erheblicher Bedeutung begehen will und die Daten zur Verhütung solcher Straftaten erforderlich sind oder
2. die Person mit einer in Nummer 1 genannten Person in einer Weise in Verbindung steht oder eine solche Verbindung hergestellt wird, die erwarten läßt, daß die Maßnahme zur Verhütung von Straftaten im Sinne der Nummer 1 führen wird und dies auf andere Weise aussichtslos oder wesentlich erschwert wäre.

(3) [1]Personenbezogene Daten sind offen und beim Betroffenen zu erheben. [2]Sie können bei anderen öffentlichen oder bei nicht-öffentlichen Stellen erhoben werden, wenn die Erhebung beim Betroffenen nicht möglich ist oder durch sie die Erfüllung der der Bundespolizei obliegenden Aufgaben gefährdet oder erheblich erschwert würde. [3]Eine Datenerhebung, die nicht als Maßnahme der Bundespolizei erkennbar sein soll, ist nur zulässig, wenn auf andere Weise die Erfül-

[1) § 20 Abs. 1 Satz 1, Abs. 2 u. § 21 Abs. 1, 3 Sätze 2 u. 3, Abs. 4 Satz 2 geänd. durch G v. 21. 6. 2005 (BGBl. I S. 1818).

lung der der Bundespolizei obliegenden Aufgaben erheblich gefährdet wird oder wenn anzunehmen ist, daß dies dem überwiegenden Interesse der betroffenen Person entspricht.

(4) ¹Werden personenbezogene Daten beim Betroffenen oder bei nicht-öffentlichen Stellen erhoben, sind diese auf Verlangen auf dem Umfang ihrer Auskunftspflicht und auf die Rechtsgrundlage der Datenerhebung hinzuweisen. ²Der Hinweis kann unterbleiben, wenn durch ihn die Erfüllung der Aufgaben der Bundespolizei gefährdet oder erheblich erschwert würde. ³Sofern eine Auskunftspflicht nicht besteht, ist auf die Freiwilligkeit der Auskunft hinzuweisen.

§ 22¹⁾ Befragung und Auskunftspflicht. (1) ¹Die Bundespolizei kann eine Person befragen, wenn Tatsachen die Annahme rechtfertigen, daß die Person sachdienliche Angaben für die Erfüllung einer bestimmten der Bundespolizei obliegenden Aufgabe machen kann. ²Zum Zwecke der Befragung kann die Person angehalten werden. ³Auf Verlangen hat die Person mitgeführte Ausweispapiere zur Prüfung auszuhändigen.

(1 a) Zur Verhinderung oder Unterbindung unerlaubter Einreise in das Bundesgebiet kann die Bundespolizei in Zügen und auf dem Gebiet der Bahnanlagen der Eisenbahnen des Bundes (§ 3), soweit auf Grund von Lageerkenntnissen oder grenzpolizeilicher Erfahrung anzunehmen ist, daß diese zur unerlaubten Einreise genutzt werden, sowie in einer dem Luftverkehr dienenden Anlage oder Einrichtung eines Verkehrsflughafens (§ 4) mit grenzüberschreitendem Verkehr jede Person kurzzeitig anhalten, befragen und verlangen, daß mitgeführte Ausweispapiere oder Grenzübertrittspapiere zur Prüfung ausgehändigt werden, sowie mitgeführte Sachen in Augenschein nehmen.

(2) ¹Die befragte Person ist verpflichtet, Namen, Vornamen, Tag und Ort der Geburt, Wohnanschrift und Staatsangehörigkeit anzugeben, soweit dies zur Erfüllung der Aufgaben der Bundespolizei erforderlich ist. ²Eine weitergehende Auskunftspflicht besteht nur für die nach den §§ 17 und 18 Verantwortlichen und unter den Voraussetzungen des § 20 Abs. 1 für die dort bezeichneten Personen, sowie für die Personen, für die gesetzliche Handlungspflichten bestehen, soweit die Auskunft zur Abwehr einer Gefahr erforderlich ist.

(3) ¹Unter den in den §§ 52 bis 55 der Strafprozeßordnung bezeichneten Voraussetzungen ist der Betroffene zur Verweigerung der Auskunft berechtigt. ²Dies gilt nicht, soweit die Auskunft zur Abwehr einer Gefahr für Leib, Leben oder Freiheit einer Person erforderlich ist. ³Die betroffene Person ist über ihr Recht zur Verweigerung der Auskunft zu belehren. ⁴Auskünfte, die gemäß Satz 2 erlangt wurden, dürfen nur für den dort bezeichneten Zweck verwendet werden.

¹⁾ § 22 Abs. 1 a eingef. durch G v. 25. 8. 1998 (BGBl. I S. 2486, BGBl. 2003 I S. 2770, BGBl. 2007 I S. 1142), Abs. 1 Satz 3 angef. durch G v. 9. 1. 2002 (BGBl. I S. 361), Abs. 1 Satz 1, Abs. 1 a u. Abs. 2 Satz 1 geänd. durch G v. 21. 6. 2005 (BGBl. I S. 1818).

(4) [1] § 136a der Strafprozeßordnung gilt entsprechend. [2] § 12 des Verwaltungsvollstreckungsgesetzes[1] findet keine Anwendung.

§ 22a[2] Erhebung von Telekommunikationsdaten. (1) [1] *Soweit dies für die Erforschung des Sachverhalts oder die Ermittlung des Aufenthaltsortes einer Person nach Maßgabe von § 21 Absatz 1 und 2 erforderlich ist, darf von demjenigen, der geschäftsmäßig Telekommunikationsdienste erbringt oder daran mitwirkt, Auskunft über die nach den §§ 95 und 111 des Telekommunikationsgesetzes[3] erhobenen Daten verlangt werden (§ 113 Absatz 1 Satz 1 des Telekommunikationsgesetzes).[4]* [2] *Bezieht sich das Auskunftsverlangen nach Satz 1 auf Daten, mittels derer der Zugriff auf Endgeräte oder auf Speichereinrichtungen, die in diesen Endgeräten oder hiervon räumlich getrennt eingesetzt werden, geschützt wird (§ 113 Absatz 1 Satz 2 des Telekommunikationsgesetzes), darf die Auskunft nur verlangt werden, wenn die gesetzlichen Voraussetzungen für die Nutzung der Daten vorliegen.*

(2)[5] Die Auskunft nach Absatz 1 darf auch anhand einer zu einem bestimmten Zeitpunkt zugewiesenen Internetprotokoll-Adresse verlangt werden (§ 113 Absatz 1 Satz 3 des Telekommunikationsgesetzes).

(3) [1] Auskunftsverlangen nach Absatz 1 Satz 2 dürfen nur auf Antrag des Leiters der in der Rechtsverordnung nach § 58 Absatz 1 bestimmten Bundespolizeibehörde oder seines Vertreters durch das Gericht angeordnet werden. [2] Bei Gefahr im Verzug kann die Anordnung durch den Leiter der in der Rechtsverordnung nach § 58 Absatz 1 bestimmten Bundespolizeibehörde oder seinen Vertreter getroffen werden. [3] In diesem Fall ist die gerichtliche Entscheidung unverzüglich nachzuholen. [4] Die Sätze 1 bis 3 finden keine Anwendung, wenn der Betroffene vom Auskunftsverlangen bereits Kenntnis hat oder haben muss oder wenn die Nutzung der Daten bereits durch eine gerichtliche Entscheidung gestattet wird. [5] Das Vorliegen der Voraussetzungen nach Satz 4 ist aktenkundig zu machen. [6] § 28 Absatz 3 Satz 5 und 6 gilt entsprechend.

(4) [1] Die betroffene Person ist in den Fällen des Absatzes 1 Satz 2 und des Absatzes 2 über die Beauskunftung zu benachrichtigen. [2] Die Benachrichtigung erfolgt, soweit und sobald hierdurch der Zweck der Auskunft nicht vereitelt wird. [3] Sie unterbleibt, wenn ihr überwiegende schutzwürdige Belange Dritter oder der betroffenen Person selbst entgegenstehen. [4] Wird die Benachrichtigung nach Satz 2 zurückgestellt oder nach Satz 3 von ihr abgesehen, sind die Gründe aktenkundig zu machen.

(5) [1] Auf Grund eines Auskunftsverlangens nach Absatz 1 oder 2 hat derjenige, der geschäftsmäßig Telekommunikationsdienste erbringt oder daran mitwirkt, die zur Auskunftserteilung erforderlichen Daten unverzüglich zu übermitteln. [2] Für die Entschädigung der Diensteanbieter ist § 23 des Justizvergütungs- und -entschädigungsgesetzes[6] entsprechend anzuwenden.

[1] Nr. **112.**
[2] § 22a eingef. mWv 1.7.2013 durch G v. 20.6.2013 (BGBl. I S. 1602).
[3] **Sartorius ErgBd. Nr. 920.**
[4] § 22a Abs. 1 Satz 1, soweit er nicht auf § 21 Abs. 2 Nr. 2 verweist, ist gem. Beschluss des BVerfG v. 27.5.2020 (BGBl. I S. 1931) mit Art. 2 Abs. 1 iVm Art. 1 Abs. 1 und Art. 10 Abs. 1 GG (Nr. 1) unvereinbar. Bis zur Neuregelung, längstens jedoch bis 31.12.2021, bleibt die für mit dem Grundgesetz unvereinbar erklärte Vorschrift weiter anwendbar.
[5] § 22a Abs. 2 ist gem. Beschluss des BVerfG v. 27.5.2020 (BGBl. I S. 1931) mit Art. 2 Abs. 1 iVm Art. 1 Abs. 1 und Art. 10 Abs. 1 GG (Nr. **1**) unvereinbar. Bis zur Neuregelung, längstens jedoch bis 31.12. 2021, bleibt die für mit dem Grundgesetz unvereinbar erklärte Vorschrift weiter anwendbar.
[6] **Schönfelder Nr. 116.**

§ 23[1]) **Identitätsfeststellung und Prüfung von Berechtigungsscheinen.**

(1) Die Bundespolizei kann die Identität einer Person feststellen

1. zur Abwehr einer Gefahr,

2. zur polizeilichen Kontrolle des grenzüberschreitenden Verkehrs,

3. im Grenzgebiet bis zu einer Tiefe von dreißig Kilometern zur Verhinderung oder Unterbindung unerlaubter Einreise in das Bundesgebiet oder zur Verhütung von Straftaten im Sinne des § 12 Abs. 1 Nr. 1 bis 4,

4. wenn die Person sich in einer Einrichtung der Bundespolizei (§ 1 Abs. 3), einer Anlage oder Einrichtung der Eisenbahnen des Bundes (§ 3), einer dem Luftverkehr dienenden Anlage oder Einrichtung eines Verkehrsflughafens (§ 4), dem Amtssitz eines Verfassungsorgans oder eines Bundesministeriums (§ 5) oder an einer Grenzübergangsstelle (§ 61) oder in unmittelbarer Nähe hiervon aufhält und Tatsachen die Annahme rechtfertigen, daß dort Straftaten begangen werden sollen, durch die in oder an diesen Objekten befindliche Personen oder diese Objekte selbst unmittelbar gefährdet sind, und die Feststellung der Identität auf Grund der Gefährdungslage oder auf die Person bezogener Anhaltspunkte erforderlich ist, oder

5. zum Schutz privater Rechte.

(1a) Das in Absatz 1 Nr. 3 genannte Grenzgebiet erstreckt sich im Küstengebiet von der seewärtigen Begrenzung an bis zu einer Tiefe von 50 Kilometern; darüber hinaus nur nach Maßgabe der Rechtsverordnung zu § 2 Abs. 2 Satz 2

(2) Zur Erfüllung der Aufgaben nach § 7 kann die Bundespolizei ferner die Identität einer Person feststellen, wenn sie

1. sich an einem Ort aufhält, in bezug auf den Tatsachen die Annahme rechtfertigen, daß dort

 a) Personen Straftaten verabreden, vorbereiten oder verüben oder

 b) sich Straftäter verbergen,

2. sich in einer Verkehrs- oder Versorgungsanlage oder -einrichtung, einem öffentlichen Verkehrsmittel, Amtsgebäude oder einem anderen besonders gefährdeten Objekt oder in unmittelbarer Nähe hiervon aufhält und Tatsachen die Annahme rechtfertigen, daß dort Straftaten begangen werden sollen, durch die in oder an diesen Objekten befindliche Personen oder diese Objekte selbst unmittelbar gefährdet sind, und die Feststellung der Identität auf Grund der Gefährdungslage oder auf die Person bezogener Anhaltspunkte erforderlich ist, oder

3. an einer Kontrollstelle angetroffen wird, die von der Bundespolizei eingerichtet worden ist, um

 a) Straftaten von erheblicher Bedeutung oder

 b) Straftaten im Sinne des § 27 des Versammlungsgesetzes[2])

zu verhindern, für deren Begehung Tatsachen sprechen.

(Fortsetzung nächstes Blatt)

[1]) *§ 23 Abs. 1 neu gef. durch G v. 25.8.1998 (BGBl. I S. 2486); Abs. 1a eingef. mWv 1.1.2002 durch G v. 9.1.2002 (BGBl. I S. 361); Abs. 1 einl. Satzteil und Nr. 4, Abs. 2 einl. Satzteil und Nr. 3 einl. Satzteil, Abs. 3 Sätze 1–3, Abs. 4 sowie Abs. 5 Satz 1 geänd. mWv 1.7.2005 durch G v. 21.6.2005 (BGBl. I S. 1818).*
[2]) Nr. **435**.

(3) ¹ Die Bundespolizei kann zur Feststellung der Identität die erforderlichen Maßnahmen treffen. ² Sie kann den Betroffenen insbesondere anhalten, ihn nach seinen Personalien befragen und verlangen, daß er Ausweispapiere zur Prüfung aushändigt. ³ Bei der polizeilichen Kontrolle des grenzüberschreitenden Verkehrs kann die Bundespolizei ferner verlangen, daß der Betroffene Grenzübertrittspapiere vorlegt. ⁴ Der Betroffene kann festgehalten und zur Dienststelle mitgenommen werden, wenn seine Identität oder seine Berechtigung zum Grenzübertritt auf andere Weise nicht oder nur unter erheblichen Schwierigkeiten festgestellt werden kann. ⁵ Unter den Voraussetzungen des Satzes 4 können der Betroffene sowie die von ihm mitgeführten Sachen nach Gegenständen, die der Identitätsfeststellung dienen, durchsucht werden.

(4) Die Bundespolizei kann, soweit es zur Erfüllung ihrer Aufgaben erforderlich ist, verlangen, daß Berechtigungsscheine, Bescheinigungen, Nachweise oder sonstige Urkunden zur Prüfung ausgehändigt werden, wenn der Betroffene auf Grund einer Rechtsvorschrift verpflichtet ist, diese Urkunden mitzuführen.

(5) ¹ Die Bundespolizei kann verlangen, daß sich Personen ausweisen, die eine Einrichtung der Bundespolizei (§ 1 Abs. 3) oder den Amtssitz eines Verfassungsorganes oder eines Bundesministeriums (§ 5) betreten wollen oder darin angetroffen werden. ² Von den in Satz 1 bezeichneten Personen mitgeführte Sachen können bei der Einlaßkontrolle durchsucht werden, wenn dies auf Grund der Gefährdungslage oder auf die Person bezogener Anhaltspunkte erforderlich ist.

§ 24¹⁾ Erkennungsdienstliche Maßnahmen. (1) Die Bundespolizei kann erkennungsdienstliche Maßnahmen vornehmen, wenn

1. eine nach § 23 Abs. 1 oder 2 zulässige Identitätsfeststellung auf andere Weise nicht oder nur unter erheblichen Schwierigkeiten möglich ist oder

2. dies zur Verhütung von Straftaten im Sinne des § 12 Abs. 1 erforderlich ist, weil der Betroffene verdächtig ist, eine solche Straftat begangen zu haben und wegen der Art oder Ausführung der Tat die Gefahr einer Wiederholung besteht.

(2) ¹ Ist in den Fällen des Absatzes 1 Nr. 1 die Identität festgestellt, sind die im Zusammenhang mit der Feststellung angefallenen Unterlagen zu vernichten, es sei denn, ihre weitere Aufbewahrung ist nach Absatz 1 Nr. 2 erforderlich oder nach anderen Rechtsvorschriften zulässig. ² Sind die Unterlagen an andere Stellen übermittelt worden, sind diese über die erfolgte Vernichtung zu unterrichten.

(3) Erkennungsdienstliche Maßnahmen sind insbesondere

1. die Abnahme von Finger- und Handflächenabdrücken,

2. die Aufnahme von Lichtbildern einschließlich Bildaufzeichnungen,

3. die Feststellungen äußerer körperlicher Merkmale,

4. Messungen und

5. mit Wissen des Betroffenen erfolgte Stimmaufzeichnungen.

¹⁾ § 24 Abs. 1 einl. Satzteil geänd. mWv 1.7.2005 durch G v. 21.6.2005 (BGBl. I S. 1818).

§ 25[1] Vorladung. (1) Die Bundespolizei kann eine Person schriftlich oder mündlich vorladen, wenn

1. Tatsachen die Annahme rechtfertigen, daß die Person sachdienliche Angaben machen kann, die für die Erfüllung einer bestimmten der Bundespolizei obliegenden Aufgabe erforderlich sind, oder

2. dies zur Durchführung erkennungsdienstlicher Maßnahmen erforderlich ist.

(2) [1] Bei der Vorladung ist deren Grund anzugeben. [2] Bei der Festsetzung des Zeitpunkts soll auf den Beruf und die sonstigen Lebensverhältnisse des Betroffenen Rücksicht genommen werden.

(3) Leistet ein Betroffener der Vorladung ohne hinreichenden Grund keine Folge, kann sie zwangsweise durchgesetzt werden, wenn

1. die Angaben zur Abwehr einer Gefahr für Leib, Leben oder Freiheit einer Person erforderlich sind, oder

2. dies zur Durchführung erkennungsdienstlicher Maßnahmen erforderlich ist.

(4) Für die Entschädigung oder Vergütung von Personen, die auf Vorladung als Zeugen erscheinen oder die als Sachverständige herangezogen werden, gilt das Justizvergütungs- und -entschädigungsgesetz[2] entsprechend.

§ 26[3] Datenerhebung bei öffentlichen Veranstaltungen oder Ansammlungen. (1) [1] Die Bundespolizei kann bei oder im Zusammenhang mit öffentlichen Veranstaltungen oder Ansammlungen an der Grenze oder den in § 23 Abs. 1 Nr. 4 bezeichneten Objekten personenbezogene Daten auch durch Anfertigung von Bild- und Tonaufzeichnungen von Teilnehmern erheben, wenn Tatsachen die Annahme rechtfertigen, daß bei oder im Zusammenhang mit einer solchen Veranstaltung oder Ansammlung erhebliche Gefahren für die öffentliche Sicherheit an der Grenze oder die Sicherheit der in § 23 Abs. 1 Nr. 4 bezeichneten Objekten entstehen. [2] Die Erhebung kann auch durchgeführt werden, wenn Dritte unvermeidbar betroffen werden.

(2) In den Fällen des § 7 hat die Bundespolizei die in Absatz 1 bezeichneten Befugnisse bei oder im Zusammenhang mit öffentlichen Veranstaltungen oder Ansammlungen auch außerhalb der in Absatz 1 Satz 1 bezeichneten Örtlichkeiten und Objekte, wenn Tatsachen die Annahme rechtfertigen, daß bei oder im Zusammenhang mit öffentlichen Veranstaltungen oder Ansammlungen Ordnungswidrigkeiten von erheblicher Bedeutung oder Straftaten begangen werden.

(3) [1] Nach den Absätzen 1 und 2 entstandene Aufzeichnungen sowie daraus gefertigte Unterlagen sind unverzüglich nach Beendigung der Veranstaltung oder Ansammlung zu vernichten, soweit sie nicht benötigt werden

1. zur Verfolgung einer Ordnungswidrigkeit von erheblicher Bedeutung oder einer Straftat oder

2. zur Verhütung von Straftaten bei oder im Zusammenhang mit Versammlungen, öffentlichen Veranstaltungen oder Ansammlungen, weil die betroffene Person verdächtig ist, solche Straftaten vorbereitet oder begangen zu haben

[1] § 25 Abs. 4 geänd. mWv 1.7.2004 durch G v. 5.5.2004 (BGBl. I S. 718); Abs. 1 einl. Satzteil und Nr. 1 geänd. mWv 1.7.2005 durch G v. 21.6.2005 (BGBl. I S. 1818).
[2] *Schönfelder Nr. 116.*
[3] § 26 Abs. 1 Satz 1 geänd. durch G v. 25.8.1998 (BGBl. I S. 2486); Abs. 1 Satz 1 und Abs. 2 geänd. mWv 1.7.2005 durch G v. 21.6.2005 (BGBl. I S. 1818).

und deshalb Grund zu der Annahme besteht, daß sie auch künftig solche Straftaten begehen wird. [2] Die Vernichtung kann ferner unterbleiben, wenn eine Störung der öffentlichen Sicherheit bei oder im Zusammenhang mit der Veranstaltung oder Ansammlung eingetreten ist und die Aufzeichnungen ausschließlich zum Zwecke der polizeilichen Aus- und Fortbildung oder zur befristeten Dokumentation des polizeilichen Handelns verwendet werden. [3] Personenbezogene Daten sind zum frühestmöglichen Zeitpunkt zu anonymisieren. [4] Sofern eine Anonymisierung nicht möglich ist, sind Aufzeichnungen, die ausschließlich zum Zweck der Dokumentation verwendet werden, nach spätestens zwei Monaten zu vernichten.

(4) Die §§ 12 a und 19 a des Versammlungsgesetzes[1)] bleiben unberührt.

§ 27[2)] Selbsttätige Bildaufnahme- und Bildaufzeichnungsgeräte.
[1] Die Bundespolizei kann selbsttätige Bildaufnahme- und Bildaufzeichnungsgeräte einsetzen, um

1. unerlaubte Grenzübertritte oder Gefahren für die Sicherheit an der Grenze oder

2. Gefahren für die in § 23 Abs. 1 Nr. 4 bezeichneten Objekte oder für dort befindliche Personen oder Sachen

zu erkennen. [2] In den Fällen des Satzes 1 Nr. 2 muß der Einsatz derartiger Geräte erkennbar sein. [3] Werden auf diese Weise personenbezogene Daten aufgezeichnet, sind diese Aufzeichnungen in den Fällen des Satzes 1 Nr. 1 spätestens nach zwei Tagen und in den Fällen des Satzes 1 Nr. 2 spätestens nach 30 Tagen zu vernichten, soweit sie nicht zur Abwehr einer gegenwärtigen Gefahr oder zur Verfolgung einer Straftat oder Ordnungswidrigkeit benötigt werden.

§ 27 a[3)] Mobile Bild- und Tonaufzeichnungsgeräte. (1) Die Bundespolizei kann an öffentlich zugänglichen Orten personenbezogene Daten durch die offene Anfertigung von Bild- und Tonaufzeichnungen mittels körpernah getragener Bild- und Tonaufzeichnungsgeräte erheben, wenn tatsächliche Anhaltspunkte bestehen, dass dies erforderlich ist

1. zum Schutz von Beamtinnen und Beamten der Bundespolizei oder Dritten gegen eine Gefahr für Leib, Leben, Freiheit oder Eigentum oder

2. zur Verfolgung von

 a) Straftaten oder

 b) Ordnungswidrigkeiten von auch im Einzelfall erheblicher Bedeutung.

(2) [1] Die Erhebung personenbezogener Daten kann auch dann erfolgen, wenn *Dritte* unvermeidbar betroffen sind. [2] Auf Maßnahmen nach Absatz 1 ist in geeigneter Form hinzuweisen; bei Gefahr im Verzug kann der Hinweis unterbleiben.

[1)] Nr. **435**.
[2)] § 27 Satz 1 Nr. 2 geänd. durch G v. 25. 8. 1998 (BGBl. I S. 2486); Satz 1 einl. Satzteil geänd. mWv 1. 7. 2005 durch G v. 21. 6. 2005 (BGBl. I S. 1818); Satz 3 geänd. mWv 1. 4. 2008 durch G v. 22. 12. 2007 (BGBl. I S. 3214).
[3)] § 27 a eingef. mWv 16. 5. 2017 durch G v. 5. 5. 2017 (BGBl. I S. 1066).

(3) [1] Die Bild- und Tonaufzeichnungsgeräte dürfen im Bereitschaftsbetrieb in ihrem Zwischenspeicher kurzzeitig Daten erfassen. [2] Diese Daten sind automatisch nach höchstens 30 Sekunden spurenlos zu löschen, es sei denn, es erfolgt eine Aufnahme nach Absatz 1. [3] In diesem Fall dürfen die nach Satz 1 erfassten Daten bis zu einer Dauer von 30 Sekunden vor dem Beginn der Aufzeichnung nach Absatz 1 gespeichert werden.

(4) [1] Werden nach Absatz 1 personenbezogene Daten aufgezeichnet, sind die Bild- und Tonaufzeichnungen 30 Tage aufzubewahren. [2] Im Anschluss sind die Aufzeichnungen unverzüglich zu vernichten, soweit sie nicht benötigt werden

1. für die Verfolgung von
 a) Straftaten oder
 b) Ordnungswidrigkeiten von auch im Einzelfall erheblicher Bedeutung,
2. im Einzelfall zur Gefahrenabwehr oder
3. im Einzelfall, insbesondere auf Verlangen des Betroffenen, für die Überprüfung der Rechtmäßigkeit von aufgezeichneten polizeilichen Maßnahmen.

[3] Aufzeichnungen, die aus den in Satz 2 Nummer 2 aufgeführten Gründen nicht vernichtet wurden, sind in jedem Fall spätestens nach Ablauf von sechs Monaten nach ihrer Entstehung zu vernichten, es sei denn, sie werden inzwischen für Zwecke des Satzes 2 Nummer 1 Buchstabe a oder Nummer 3 benötigt.

§ 27 b[1]) **Anlassbezogene automatische Kennzeichenerfassung.** (1) Die Bundespolizei kann zur Erfüllung ihrer Aufgaben nach § 2 Absatz 2 im öffentlichen Verkehrsraum vorübergehend und nicht flächendeckend die Kennzeichen von Fahrzeugen ohne Wissen der Person durch den Einsatz technischer Mittel automatisch erheben, wenn

1. dies zur Abwehr einer gegenwärtigen Gefahr für Leib, Leben oder Freiheit einer Person erforderlich ist,
2. dies auf Grund von tatsächlichen Anhaltspunkten für Straftaten von erheblicher Bedeutung, die gegen die Sicherheit der Grenze gerichtet sind, erfolgt oder
3. eine Person oder ein Fahrzeug durch die Bundespolizei oder eine andere Behörde ausgeschrieben wurde und die Begehung einer Straftat von erheblicher Bedeutung durch diese Person oder mittels des ausgeschriebenen Fahrzeugs unmittelbar bevorsteht oder andauert.

(2) Die nach Absatz 1 erhobenen Daten können mit dem Fahndungsbestand nach § 34 Absatz 1 Satz 2 automatisch abgeglichen werden.

(3) [1] Im Trefferfall ist unverzüglich die Übereinstimmung zwischen den erfassten Daten und den Daten aus dem Fahndungsbestand zu überprüfen. [2] Die übereinstimmenden Daten können verarbeitet und zusammen mit den gewonnenen Erkenntnissen an die ausschreibende Stelle übermittelt werden.

(4) Liegt kein Treffer vor, sind die Daten sofort und spurenlos zu löschen.

[1]) § 27 b eingef. mWv 16. 5. 2017 durch G v. 5. 5. 2017 (BGBl. I S. 1066).

(5) Sofern der Abgleich der erhobenen Daten mit dem Fahndungsbestand nach § 34 Absatz 1 Satz 2 zwar einen Treffer ergibt, die Ausschreibung im Fahndungsbestand jedoch nicht im Zusammenhang mit der Verfolgung der Zwecke des Absatzes 1 Nummer 1 bis 3 steht, sind die Daten sofort und spurenlos zu löschen, es sei denn, sie werden benötigt, um die Begehung einer Straftat von erheblicher Bedeutung zu verfolgen.

§ 27 c[1] **Gesprächsaufzeichnung.** (1) Die Bundespolizei kann bei Einsatzleitstellen eingehende Telefonanrufe aufzeichnen, soweit dies zur Erfüllung ihrer Aufgaben notwendig ist.

(2) Die Aufzeichnungen sind sofort und spurenlos zu löschen, sobald sie nicht mehr zur Aufgabenerfüllung erforderlich sind, spätestens jedoch nach 30 Tagen, es sei denn, sie werden im Einzelfall zur Verfolgung von Straftaten oder zur Gefahrenabwehr weiter benötigt.

§ 28[2] **Besondere Mittel der Datenerhebung.** (1) [1] Die Bundespolizei kann unter Beachtung des § 70 Satz 2 personenbezogene Daten mit den besonderen Mitteln nach Absatz 2 erheben über

1. die nach § 17 oder § 18 Verantwortlichen oder unter den Voraussetzungen des § 20 Abs. 1 über die dort bezeichneten Personen zur Abwehr einer Gefahr für den Bestand oder die Sicherheit des Staates oder für Leib, Leben oder Freiheit einer Person oder für Sachen von erheblichem Wert, deren Erhaltung im öffentlichen Interesse geboten ist, oder

2. die in § 21 Abs. 2 bezeichneten Personen zur Verhütung von Straftaten im Sinne des § 12 Abs. 1 mit erheblicher Bedeutung, wenn Tatsachen die Annahme rechtfertigen, daß eine solche Straftat gewerbs-, gewohnheits-, bandenmäßig oder von einer kriminellen Vereinigung begangen werden soll,

und die Abwehr der Gefahr oder die Verhütung der Straftat auf andere Weise aussichtslos ist oder wesentlich erschwert würde. [2] Die Erhebung kann auch durchgeführt werden, wenn Dritte unvermeidbar betroffen werden.

(2) Besondere Mittel der Datenerhebung sind

1. die planmäßig angelegte Beobachtung einer Person, die durchgehend länger als vierundzwanzig Stunden dauern oder an mehr als zwei Tagen stattfinden soll (längerfristige Observation),

2. der Einsatz technischer Mittel in einer für den Betroffenen nicht erkennbaren Weise

 a) zur Anfertigung von Bildaufnahmen oder -aufzeichnungen,

 b) zum Abhören oder Aufzeichnen des nicht öffentlich gesprochenen Wortes,

[1] § 27 c eingef. mWv 16. 5. 2017 durch G v. 5. 5. 2017 (BGBl. I S. 1066).
[2] § 28 Abs. 1 Satz 1 einl. Satzteil, Abs. 2 Nr. 3, Abs. 3 Sätze 1 und 5 sowie Abs. 5 Satz 2 geänd. mWv 1. 7. 2005 durch G v. 21. 6. 2005 (BGBl. I S. 1818); Abs. 3 Sätze 1 und 5 geänd. mWv 1. 3. 2008 durch G v. 26. 2. 2008 (BGBl. I S. 215); Abs. 3 Satz 6 geänd. mWv 1. 9. 2009 durch G v. 17. 12. 2008 (BGBl. I S. 2586); Abs. 2 Nr. 2 Buchst. b und Nr. 3 geänd., Nr. 4 angef., Abs. 3 a eingef., Abs. 6–9 angef. mWv 30. 7. 2016 durch G v. 26. 7. 2016 (BGBl. I S. 1818).

3. der Einsatz von Personen, die nicht der Bundespolizei angehören und
deren Zusammenarbeit mit der Bundespolizei Dritten nicht bekannt ist
und

4. der Einsatz von Polizeivollzugsbeamten unter einer ihnen auf Dauer ange-
legten Legende (Verdeckter Ermittler).

(3) [1] Der Einsatz von besonderen Mitteln nach Absatz 2 darf, außer bei
Gefahr im Verzug, nur durch den Leiter der in der Rechtsverordnung nach
§ 58 Abs. 1 *bestimmte*[1]) Bundespolizeibehörde oder seinen Vertreter angeord-
net werden. [2] Die Anordnung ist unter Angabe der maßgeblichen Gründe
aktenkundig zu machen und auf höchstens einen Monat zu befristen. [3] Die
Verlängerung der Maßnahme bedarf einer neuen Anordnung. [4] Die Entschei-
dung über die Verlängerung der Maßnahme darf in Fällen des Absatzes 2
Nr. 1 und 2 Buchstabe b nur durch den Richter getroffen werden. [5] Zustän-
dig ist das Amtsgericht, in dessen Bezirk die Bundespolizeibehörde nach
Satz 1 ihren Sitz hat. [6] Für das Verfahren gelten die Vorschriften des Geset-
zes über das Verfahren in Familiensachen und in den Angelegenheiten der frei-
willigen Gerichtsbarkeit[2]) entsprechend.

(3a) [1] Maßnahmen nach Absatz 2 Nummer 4, die sich gegen eine be-
stimmte Person richten oder bei denen der Verdeckte Ermittler eine Woh-
nung betritt, die nicht allgemein zugänglich ist, dürfen nur durch das Gericht
angeordnet werden. [2] Bei Gefahr im Verzug dürfen Maßnahmen nach Satz 1
durch den Präsidenten des Bundespolizeipräsidiums, seinen Vertreter oder
durch den Leiter einer Abteilung des Bundespolizeipräsidiums angeordnet
werden. [3] In diesem Fall ist die gerichtliche Entscheidung unverzüglich nach-
zuholen. [4] Soweit die Anordnung nicht binnen drei Tagen durch das Gericht
bestätigt wird, tritt sie außer Kraft. [5] Die Anordnung ist unter Angabe der
maßgeblichen Gründe aktenkundig zu machen und auf höchstens drei Mona-
te zu befristen. [6] Die Verlängerung einer Maßnahme um jeweils einen Monat
ist bei erneuter Anordnung durch ein Gericht möglich. [7] Zuständig ist das
Amtsgericht, in dessen Bezirk das Bundespolizeipräsidium seinen Sitz hat.
[8] Absatz 3 Satz 6 gilt entsprechend.

(4) Unterlagen, die durch Maßnahmen der in Absatz 2 genannten Art erlangt
worden sind, sind unverzüglich zu vernichten, soweit sie für den der Anordnung
zugrunde liegenden Zweck oder nach Maßgabe der Strafprozeßordnung[3]) zur
Verfolgung einer Straftat nicht oder nicht mehr erforderlich sind.

(5) [1] Nach Abschluß der in Absatz 2 Nr. 1 und 2 Buchstabe b bezeichne-
ten Maßnahmen ist die Person, gegen die die Maßnahme angeordnet worden
ist, zu unterrichten, sobald dies ohne Gefährdung des Zwecks der Maßnahme
oder der öffentlichen Sicherheit geschehen kann. [2] Die Unterrichtung durch
die Bundespolizei unterbleibt, wenn wegen des auslösenden Sachverhalts ein
strafrechtliches Ermittlungsverfahren gegen den Betroffenen durchgeführt
wird und durch die Unterrichtung der Untersuchungszweck gefährdet würde; die Entscheidung trifft die Staatsanwaltschaft.

(6) [1] Verdeckte Ermittler dürfen unter einer Legende

1. zur Erfüllung ihres Auftrages am Rechtsverkehr teilnehmen und

[1]) *Richtig wohl: „bestimmten“.*
[2]) **Schönfelder Nr. 112.**
[3]) **Schönfelder Nr. 90.**

2. mit Einverständnis des Berechtigten dessen Wohnung betreten; das Einverständnis darf nicht durch ein über die Nutzung der Legende hinausgehendes Vortäuschen eines Zutrittsrechts herbeigeführt werden.

[2] Soweit es für den Aufbau und die Aufrechterhaltung der Legende von Verdeckten Ermittlern unerlässlich ist, dürfen entsprechende Urkunden hergestellt, verändert oder gebraucht werden.

(7) [1] Über eine Maßnahme nach Absatz 2 Nummer 4 sind zu benachrichtigen

1. die Zielperson,

2. die erheblich mitbetroffenen Personen sowie

3. die Personen, deren nicht allgemein zugängliche Wohnung der Verdeckte Ermittler betreten hat.

[2] Die Benachrichtigung unterbleibt, wenn ihr überwiegende schutzwürdige Belange einer betroffenen Person entgegenstehen. [3] Nachforschungen zur Feststellung der Identität einer in Satz 1 bezeichneten Person sind nur vorzunehmen, wenn dies unter Berücksichtigung der Eingriffsintensität der Maßnahme gegenüber dieser Person, des Aufwands für die Feststellung ihrer Identität sowie der daraus für diese oder andere Personen folgenden Beeinträchtigungen geboten ist.

(8) [1] Die Benachrichtigung über eine Maßnahme nach Absatz 2 Nummer 4 erfolgt, sobald dies möglich ist ohne Gefährdung

1. des Zwecks der Maßnahme,

2. des Bestandes des Staates,

3. von Leib, Leben oder Freiheit einer Person,

4. von Sachen von bedeutendem Wert, deren Erhaltung im öffentlichen Interesse geboten ist, oder

5. der Möglichkeit der weiteren Verwendung des Verdeckten Ermittlers.

[2] Wird wegen des zugrunde liegenden Sachverhaltes ein strafrechtliches Ermittlungsverfahren geführt, erfolgt die Benachrichtigung durch die Strafverfolgungsbehörde entsprechend den Vorschriften des Strafverfahrensrechts. [3] Wird die Benachrichtigung aus einem der vorgenannten Gründe zurückgestellt, ist dies aktenkundig zu machen.

(9) [1] Erfolgt die nach Absatz 8 zurückgestellte Benachrichtigung nicht binnen zwölf Monaten nach Beendigung der Maßnahme, bedarf die weitere Zurückstellung der gerichtlichen Zustimmung. [2] Das Gericht bestimmt die Dauer der weiteren Zurückstellung, jedoch nicht länger als zwölf Monate. [3] Verlängerungen der Zurückstellungsdauer sind zulässig. [4] Fünf Jahre nach Beendigung der Maßnahme kann mit gerichtlicher Zustimmung endgültig von der Benachrichtigung abgesehen werden, wenn die Voraussetzungen für die Benachrichtigung mit an Sicherheit grenzender Wahrscheinlichkeit auch in Zukunft nicht eintreten werden.

§ 28a[1]**) Einsatz technischer Mittel zur Eigensicherung.** (1) Werden Verdeckte Ermittler im Rahmen der Gefahrenabwehr nach § 28 Absatz 2 Nummer 4 oder aus Gründen der Strafverfolgung tätig, dürfen, soweit dies zur Abwehr von

[1]) § 28a eingef. mWv 30.7.2016 durch G v. 26.7.2016 (BGBl. I S. 1818); Abs. 4 Satz 1 geänd. mWv 26.11.2019 durch G v. 20.11.2019 (BGBl. I S. 1724).

Gefahren für deren Leib, Leben oder Freiheit unerlässlich ist, ohne Wissen der Betroffenen im Beisein oder in unmittelbarem zeitlichen Zusammenhang mit dem Einsatz des Verdeckten Ermittlers das innerhalb oder außerhalb einer Wohnung nicht öffentlich gesprochene Wort mit technischen Mitteln abgehört, aufgezeichnet und Lichtbilder sowie Bildaufzeichnungen hergestellt werden.

(2) [1] Ist der Kernbereich privater Lebensgestaltung betroffen, ist die Maßnahme unverzüglich zu unterbrechen, sobald dies ohne Gefährdung des Verdeckten Ermittlers möglich ist. [2] Bereits erfasste Daten, die den Kernbereich privater Lebensgestaltung betreffen, sind unverzüglich zu löschen. [3] Erkenntnisse über solche Vorgänge dürfen nicht verwertet werden. [4] Die Tatsache der Erfassung der Daten und ihrer Löschung ist aktenkundig zu machen. [5] Diese Daten dürfen ausschließlich zu Zwecken der Datenschutzkontrolle verwendet werden. [6] Sie sind zu löschen, wenn sie für diese Zwecke nicht mehr erforderlich sind, spätestens jedoch am Ende des zweiten Kalenderjahres, das dem Jahr der Dokumentierung folgt.

(3) [1] Maßnahmen nach Absatz 1 dürfen nur durch den Präsidenten des Bundespolizeipräsidiums, seinen Vertreter oder durch den Leiter einer Abteilung des Bundespolizeipräsidiums angeordnet werden. [2] Bei Gefahr im Verzug dürfen Maßnahmen auch durch Beamte des höheren Dienstes des Bundespolizeipräsidiums angeordnet werden.

(4) [1] Die Zulässigkeit der Verwendung von personenbezogenen Daten, die durch den Einsatz technischer Mittel zur Eigensicherung erlangt werden, richtet sich für Zwecke der Strafverfolgung nach der Strafprozessordnung[1]. [2] Im Übrigen dürfen diese Daten außer für die in Absatz 1 genannten Zwecke nur zur Gefahrenabwehr verwendet werden. [3] Wurden diese Daten in oder aus einer Wohnung erlangt, so ist die Verwendung zur Gefahrenabwehr nur zulässig nach Feststellung der Rechtmäßigkeit der Maßnahme durch das Amtsgericht, in dessen Bezirk das Bundespolizeipräsidium seinen Sitz hat; bei Gefahr im Verzug ist die gerichtliche Entscheidung unverzüglich nachzuholen.

(5) [1] Nach Abschluss der Maßnahme sind die nach Absatz 1 hergestellten Aufzeichnungen unverzüglich zu löschen, es sei denn, sie werden für die in Absatz 4 genannten Zwecke noch benötigt. [2] § 28 Absatz 7 bis 9 gilt entsprechend.

Teil 2. Datenverarbeitung und Datennutzung

§ 29[2] Speicherung, Veränderung und Nutzung personenbezogener Daten. (1) [1] Die Bundespolizei kann personenbezogene Daten speichern, verändern und nutzen, soweit dies zur Erfüllung ihrer jeweiligen Aufgabe erforderlich ist. [2] Sie kann ferner personenbezogene Daten speichern, verändern und nutzen, soweit dies zur Erledigung besonderer Ersuchen nach § 17 Abs. 2 des Bundesverfassungsschutzgesetzes[3] erforderlich ist. [3] Die Speicherung, Veränderung und Nutzung darf nur für den Zweck erfolgen, für den

(Fortsetzung nächstes Blatt)

[1] **Schönfelder Nr. 90.**
[2] *§ 29 Abs. 1 Sätze 1, 2 und 4, Abs. 2 Satz 1, Satz 2 einl. Satzteil und Nr. 2, Satz 3 einl. Satzteil, Abs. 3 Satz 1, Abs. 5 Satz 1 sowie Abs. 6 Satz 1 geänd. mWv 1.7.2005 durch G v. 21.6.2005 (BGBl. I S. 1818).*
[3] Nr. **80.**

die Daten erlangt worden sind. ⁴Die Speicherung, Veränderung und Nutzung für einen anderen Zweck ist zulässig, soweit die Bundespolizei die Daten für diesen Zweck nach diesem Gesetz oder einer anderen Rechtsvorschrift erheben dürfte. ⁵Sind personenbezogene Daten mit den besonderen Mitteln des § 28 Abs. 2 erhoben worden, ist ihre Verwendung für einen anderen Zweck nur zulässig, soweit dies zur Abwehr einer erheblichen Gefahr erforderlich ist; die Vorschriften der Strafprozeßordnung¹⁾ bleiben unberührt.

(2) ¹Die Bundespolizei kann, soweit gesetzlich nichts anderes bestimmt ist, personenbezogene Daten, die sie bei Wahrnehmung der polizeilichen Aufgaben auf dem Gebiet der Strafverfolgung über eine einer Straftat verdächtige Person erlangt hat, in Dateien speichern, verändern und nutzen, soweit dies zur Abwehr von Gefahren im Rahmen der der Bundespolizei obliegenden Aufgaben oder für Zwecke künftiger Strafverfahren wegen Straftaten im Sinne des § 12 Abs. 1 erforderlich ist. ²Nach Maßgabe des Satzes 1 kann die Bundespolizei

1. die Personendaten und, soweit erforderlich, andere zur Identifizierung geeignete Merkmale,

2. die kriminalaktenführende Dienststelle der Bundespolizei und die Kriminalaktennummer,

3. die Tatzeiten und Tatorte und

4. die Tatvorwürfe durch Angabe der gesetzlichen Vorschriften und die nähere Bezeichnung der Straftaten

in Dateien speichern, verändern und nutzen. ³Weitere personenbezogene Daten kann die Bundespolizei nach Satz 1 nur speichern, verändern und nutzen, soweit dies erforderlich ist,

1. zur Eigensicherung von Beamten oder zum Schutz des Betroffenen oder

2. weil wegen der Art oder Ausführung der Tat, der Persönlichkeit des Betroffenen oder sonstiger Erkenntnisse Grund zu der Annahme besteht, daß weitere Strafverfahren gegen ihn wegen Straftaten im Sinne des § 12 Abs. 1 zu führen sind.

⁴Wird der Beschuldigte rechtskräftig freigesprochen, die Eröffnung des Hauptverfahrens gegen ihn unanfechtbar abgelehnt oder das Verfahren nicht nur vorläufig eingestellt, ist die Speicherung, Veränderung und Nutzung unzulässig, wenn sich aus den Gründen der Entscheidung ergibt, daß er die Tat nicht oder nicht rechtswidrig begangen hat.

(3) ¹Die Bundespolizei kann personenbezogene Daten solcher Personen, die bei einer künftigen Strafverfolgung als Zeugen in Betracht kommen, sowie von den in § 21 Abs. 2 Nr. 2 bezeichneten Personen, Hinweisgebern und sonstigen Auskunftspersonen außer zur Abwehr einer Gefahr nur dann in Dateien speichern, verändern und nutzen, wenn Anhaltspunkte dafür vorliegen, daß dies zur Verhütung von Straftaten im Sinne des § 12 Abs. 1 mit erheblicher Bedeutung oder für Zwecke künftiger Strafverfahren wegen solcher Straftaten erforderlich ist. ²Die Speicherung nach Satz 1 ist zu beschränken auf die in Absatz 2 Satz 2 Nr. 1 und 2 bezeichneten Daten sowie auf die Angabe, in welcher Eigenschaft der Person und in bezug auf welchen Sachverhalt die

¹⁾ **Schönfelder Nr. 90.**

Speicherung der Daten erfolgt. [3]Personenbezogene Daten über Zeugen nach Satz 1 dürfen nur mit Einwilligung des Betroffenen gespeichert werden.

(4) Werden Bewertungen in Dateien gespeichert, muß feststellbar sein, bei welcher Stelle die Unterlagen geführt werden, die der Bewertung zugrunde liegen.

(5) [1]Die Bundespolizei kann personenbezogene Daten zur Vorgangsverwaltung oder zur befristeten Dokumentation des polizeilichen Handelns speichern und ausschließlich zu diesem Zweck nutzen. [2]Die Absätze 1 bis 3 finden keine Anwendung.

(6) [1]Die Bundespolizei kann nach den Absätzen 1 bis 5 gespeicherte personenbezogene Daten zur polizeilichen Aus- und Fortbildung nutzen. [2]Die Daten sind zum frühestmöglichen Zeitpunkt zu anonymisieren. [3]Die Anonymisierung kann unterbleiben, wenn sie nur mit unverhältnismäßigem Aufwand möglich ist oder der Aus- und Fortbildungszweck mit anonymisierten Daten nicht erreicht werden kann und jeweils die berechtigten Interessen des Betroffenen an der Geheimhaltung der Daten nicht offensichtlich überwiegen.

§ 30[1) Ausschreibung zur Fahndung. (1) [1]Die Bundespolizei kann personenbezogene Daten, insbesondere die Personalien einer Person, das amtliche Kennzeichen des von ihr benutzten oder eingesetzten Kraftfahrzeuges und, soweit gesetzlich nichts anderes bestimmt ist, die Seriennummer des von ihr verwendeten Ausweisdokuments oder Sichtvermerks ausschreiben und hierfür in einer für die Grenzfahndung geführten Datei speichern (Ausschreibung zur Grenzfahndung). [2]Das Bundesministerium des Innern, für Bau und Heimat bestimmt das Nähere über die Art der Daten, die nach Satz 1 bei der Ausschreibung zur Grenzfahndung gespeichert werden dürfen, durch Rechtsverordnung.

(2) Die Ausschreibung zur Grenzfahndung ist zulässig zum Zwecke

1. der Ingewahrsamnahme, wenn die Person nach § 39 in Gewahrsam genommen werden kann, ihr Aufenthalt nicht bekannt ist und angenommen werden kann, daß sie bei der Kontrolle des grenzüberschreitenden Verkehrs angetroffen wird,

2. der grenzpolizeilichen Überprüfung, wenn Tatsachen die Annahme rechtfertigen, daß die Überprüfung der Person bei der Kontrolle des grenzüberschreitenden Verkehrs erforderlich ist, um

 a) eine erhebliche Gefahr abzuwehren,

 b) begründete Zweifel an der Berechtigung der Person zum Grenzübertritt auszuräumen oder zu bestätigen oder

 c) das Antreffen der als vermißt geltenden Person festzustellen, oder

3. der Zurückweisung oder Ausreiseuntersagung, sofern diese Maßnahmen auf Grund ausländerrechtlicher Rechtsvorschriften zulässig sind.

(3) [1]Die Bundespolizei kann auf Veranlassung einer anderen öffentlichen Stelle eine Person oder eine Sache zur Grenzfahndung zu den in Absatz 2 bezeichneten Zwecken ausschreiben, wenn die veranlassende Stelle nach dem

[1) § 30 Abs. 1 Satz 1, Abs. 3 Satz 1, Abs. 4 Satz 1 und Abs. 5 geänd. mWv 1.7.2005 durch G v. 21.6. *2005 (BGBl. I S. 1818); Abs. 4 Satz 1 geänd. mWv 1.3.2008 durch G v. 26.2.2008 (BGBl. I S. 215);* Abs. 5 geänd. mWv 16.5.2017 durch G v. 5.5.2017 (BGBl. I S. 1066); Abs. 1 Satz 2 geänd. mWv 27.6.2020 durch VO v. 19.6.2020 (BGBl. I S. 1328).

für sie geltenden Recht befugt ist, die mit der Ausschreibung bezweckte Maßnahme vorzunehmen oder durch eine Polizeibehörde vornehmen zu lassen. [2] Die veranlassende Stelle trägt die Verantwortung für die Zulässigkeit der Maßnahme. [3] Sie hat die bezweckte Maßnahme sowie Umfang und Dauer der Ausschreibung zu bezeichnen.

(4) [1] Die Speicherung in der für die Grenzfahndung geführten Datei erfolgt durch die in der Rechtsverordnung nach § 58 Abs. 1 bestimmte Bundespolizeibehörde. [2] Die Berechtigung zum Abruf von Daten im automatisierten Verfahren aus der für die Grenzfahndung geführten Datei darf nur den mit der Wahrnehmung der polizeilichen Kontrollen des grenzüberschreitenden Verkehrs beauftragten Behörden eingeräumt werden.

(5) Die Bundespolizei kann ferner personenbezogene Daten der in Absatz 1 bezeichneten Art im automatisierten Verfahren in den Fahndungsbestand des polizeilichen Informationssystems zum Zwecke der Einreiseverweigerung, Ingewahrsamnahme, Aufenthaltsermittlung oder Überprüfung der Person eingeben, wenn sie nach den Vorschriften dieses Gesetzes befugt ist, die mit der Ausschreibung bezweckte Maßnahme selbst vorzunehmen oder durch eine zum Abruf der Daten im automatisierten Verfahren berechtigte Stelle vornehmen zu lassen.

§ 31[1] **Ausschreibung zur grenzpolizeilichen Beobachtung.** (1) [1] Die Bundespolizei kann personenbezogene Daten der in § 30 Abs. 1 Satz 1 bezeichneten Art ausschreiben und hierfür in der für die Grenzfahndung geführten Datei speichern, damit die mit der Wahrnehmung der polizeilichen Kontrolle des grenzüberschreitenden Verkehrs beauftragten Behörden Erkenntnisse über Ort und Zeit des Antreffens der Person, etwaiger Begleiter, des Kraftfahrzeugs und des Führers des Kraftfahrzeugs sowie über Reiseweg und Reiseziel, mitgeführte Sachen und Umstände des Antreffens melden, wenn diese bei Gelegenheit der grenzpolizeilichen Kontrolle festgestellt werden (Ausschreibung zur grenzpolizeilichen Beobachtung). [2] Das Bundesministerium des Innern, für Bau und Heimat bestimmt das Nähere über die Art der Daten, die nach Satz 1 bei der Ausschreibung zur grenzpolizeilichen Beobachtung gespeichert werden dürfen, durch Rechtsverordnung.

(2) Die Ausschreibung zur grenzpolizeilichen Beobachtung ist nur zulässig, wenn

1. die Gesamtwürdigung der Person und ihrer bisher begangenen Straftaten erwarten läßt, daß sie auch künftig Straftaten im Sinne des § 12 Abs. 1 mit erheblicher Bedeutung begehen wird, oder

2. Tatsachen die Annahme rechtfertigen, daß die Person solche Straftaten begehen wird,

und die grenzpolizeiliche Beobachtung zur Verhütung dieser Straftaten erforderlich ist.

(3) [1] Die Ausschreibung zur grenzpolizeilichen Beobachtung darf nur durch den Leiter der in der Rechtsverordnung nach § 58 Abs. 1 bestimmten Bundes-

[1] § 31 Abs. 1 Satz 1, Abs. 3 Satz 1, Abs. 4 Satz 5 und Abs. 7 Satz 1 geänd. mWv 1.7.2005 durch G v. 21.6.2005 (BGBl. I S. 1818); Abs. 3 Satz 1, Abs. 4 Satz 5 und Abs. 7 Satz 1 geänd. mWv 1.3.2008 durch G v. 26.2.2008 (BGBl. I S. 215); Abs. 1 Satz 2 geänd. mWv 27.6.2020 durch VO v. 19.6.2020 (BGBl. I S. 1328).

polizeibehörde oder seinen Vertreter angeordnet werden. [2]Die Anordnung ist unter Angabe der maßgeblichen Gründe aktenkundig zu machen.

(4) [1]Die Anordnung ist auf höchstens sechs Monate zu befristen. [2]Spätestens nach Ablauf von drei Monaten ist zu prüfen, ob die Voraussetzungen für die Anordnung noch bestehen. [3]Das Ergebnis dieser Prüfung ist aktenkundig zu machen. [4]Die Verlängerung der Laufzeit über insgesamt sechs Monate hinaus bedarf einer richterlichen Anordnung. [5]Zuständig ist das Amtsgericht, in dessen Bezirk die Bundespolizeibehörde nach Absatz 3 Satz 1 ihren Sitz hat. [6]§ 28 Abs. 3 Satz 6 findet Anwendung.

(5) Liegen die Voraussetzungen für die Anordnung nicht mehr vor, ist der Zweck der Maßnahme erreicht oder zeigt sich, daß er nicht mehr erreicht werden kann, ist die Ausschreibung unverzüglich zu löschen.

(6) § 30 Abs. 4 findet Anwendung.

(7) [1]Soweit in besonderen Ersuchen nach § 17 Abs. 2 des Bundesverfassungsschutzgesetzes[1)] Personen benannt sind, können deren Daten entsprechend Absatz 1 für Meldungen an die ersuchende Behörde durch die in der Rechtsverordnung nach § 58 Abs. 1 bestimmte Bundespolizeibehörde ausgeschrieben und hierfür in der für die Grenzfahndung geführten Datei gespeichert werden; § 30 Abs. 4 Satz 2 findet Anwendung. [2]Die Ausschreibungen sind auf höchstens sechs Monate zu befristen. [3]Die Verlängerung der Laufzeit bedarf eines erneuten Ersuchens.

§ 31a[2)] Übermittlung von Fluggastdaten. (1) [1]Zum Zwecke der Erfüllung der Aufgaben nach § 2 Abs. 2 Satz 1 Nr. 2 und § 12 Abs. 1 Satz 1 Nr. 1 bis 3 haben Luftfahrtunternehmen, die Fluggäste über die Schengen-Außengrenzen in das Bundesgebiet befördern, auf Anordnung der in der Rechtsverordnung nach § 58 Abs. 1 bestimmten Bundespolizeibehörde die in Absatz 3 genannten Daten in den von den Fluggästen mitgeführten Dokumenten zu erheben. [2]Sobald die Annahme der Fluggäste für den betreffenden Flug geschlossen ist, haben die Luftfahrtunternehmen die erhobenen Daten unverzüglich an die die in der Rechtsverordnung nach § 58 Abs. 1 bestimmte Bundespolizeibehörde zu übermitteln.

(2) [1]Anordnung und Übermittlung erfolgen mittels Datenfernübertragung; das Datenformat legt die in der Rechtsverordnung nach § 58 Abs. 1 bestimmte Bundespolizeibehörde fest. [2]Eine Übermittlung auf anderem Weg ist ausnahmsweise nur zulässig, wenn eine Datenfernübertragung im Einzelfall nicht gelingt.

(3) [1]Für den betreffenden Flug ist die Gesamtzahl der beförderten Fluggäste zu übermitteln. [2]Ferner sind für jeden Fluggast folgende Daten zu erheben und zu übermitteln:

1. der Familienname und die Vornamen,
2. das Geburtsdatum,
3. das Geschlecht,
4. die Staatsangehörigkeit,
5. die Nummer und die Art des mitgeführten Reisedokuments,

[1)] Nr. 80.
[2)] § 31a eingef. mWv 1.4.2008 durch G v. 22.12.2007 (BGBl. I S. 3214, geänd. durch G v. 26.2. 2008, BGBl. I S. 215).

6. die Nummer und der ausstellende Staat des erforderlichen Aufenthaltstitels oder Flughafentransitvisums,

7. die für die Einreise in das Bundesgebiet vorgesehene Grenzübergangsstelle,

8. die Flugnummer,

9. die planmäßige Abflug- und Ankunftszeit und

10. der ursprüngliche Abflugort sowie die gebuchte Flugroute, soweit sich dies aus den vorgelegten oder vorhandenen Buchungsunterlagen ergibt.

(4) Bei der Annahme haben die Luftfahrtunternehmen die Fluggäste jeweils darüber zu informieren, dass die vorgenannten Daten zum Zwecke der Grenzkontrolle der der in der Rechtsverordnung nach § 58 Abs. 1 bestimmten Bundespolizeibehörde vorab elektronisch übermittelt und nach Maßgabe des Absatzes 5 gespeichert werden.

(Fortsetzung nächstes Blatt)

(5) ¹ Die Daten werden bei den Luftfahrtunternehmen 24 Stunden nach ihrer Übermittlung gelöscht. ² Die bei der in der Rechtsverordnung nach § 58 Abs. 1 bestimmten Bundespolizeibehörde eingegangenen Daten werden 24 Stunden nach der Einreise der Fluggäste des betreffenden Fluges gelöscht, sofern sie nicht zur Erfüllung von Aufgaben nach § 2 Abs. 2 Satz 1 Nr. 2 und § 12 Abs. 1 Satz 1 Nr. 1 bis 3 benötigt werden.

(6) Die §§ 63 und 64 des Aufenthaltsgesetzes¹⁾ bleiben unberührt.

§ 32²⁾ Übermittlung personenbezogener Daten. (1) ¹ Die Bundespolizei kann Behörden des Polizeivollzugsdienstes und, wenn sie Aufgaben nach § 2 Abs. 2 oder Aufgaben auf dem Gebiet der Strafverfolgung wahrnehmen, Behörden der Zollverwaltung personenbezogene Daten übermitteln, soweit dies zur Erfüllung polizeilicher Aufgaben erforderlich ist. ² Dies gilt auch für die Übermittlung personenbezogener Daten zwischen den Behörden der Bundespolizei.

(2) Die Bundespolizei kann personenbezogene Daten an andere inländische öffentliche Stellen übermitteln, soweit dies erforderlich ist zur
1. Erfüllung einer ihr obliegenden Aufgabe,
2. Abwehr von Gefahren,
3. Abwehr einer schwerwiegenden Beeinträchtigung der Rechte einzelner,
4. Verfolgung von Straftaten oder Ordnungswidrigkeiten, zur Strafvollstreckung und zum Strafvollzug oder
5. Erledigung besonderer Ersuchen nach § 17 Abs. 2 des Bundesverfassungsschutzgesetzes³⁾.

(3) Die Bundespolizei kann personenbezogene Daten an öffentliche Stellen anderer Staaten sowie an über- oder zwischenstaatliche Stellen übermitteln, soweit dies erforderlich ist zur
1. Erfüllung einer ihr obliegenden Aufgabe oder
2. Abwehr einer erheblichen Gefahr oder zur Verhütung von Straftaten mit erheblicher Bedeutung durch den Empfänger.

(4) Die Bundespolizei kann personenbezogene Daten an nicht-öffentliche Stellen übermitteln, soweit dies unerläßlich ist zur
1. Erfüllung einer ihr obliegenden Aufgabe oder
2. Abwehr einer schwerwiegenden Beeinträchtigung der Rechte einzelner.

(5) Besondere Rechtsvorschriften über die Übermittlung personenbezogener Daten bleiben unberührt.

§ 32 a⁴⁾ Übermittlung personenbezogener Daten an Mitgliedstaaten der Europäischen Union. (1) ¹ Auf ein Ersuchen einer Polizeibehörde oder einer sonstigen für die Verhütung und Verfolgung von Straftaten zuständigen öffentlichen Stelle eines Mitgliedstaates der Europäischen Union kann die Bundespolizei personenbezogene Daten zum Zweck der Verhütung von Straftaten übermitteln. ² Für die Übermittlung dieser Daten gelten die Vorschriften über die Datenübermittlung im innerstaatlichen Bereich entsprechend.

¹⁾ Nr. **565**.
²⁾ § 32 Abs. 1 Sätze 1 und 2 sowie Abs. 2–4 jeweils einl. Satzteil und Nr. 1 geänd. mWv 1. 7. 2005 durch G v. 21. 6. 2005 (BGBl. I S. 1818); Abs. 2 einl. Satzteil geänd. mWv 26. 7. 2012 durch G v. 21. 7. 2012 (BGBl. I S. 1566).
³⁾ Nr. **80**.
⁴⁾ § 32 a eingef. mWv 26. 7. 2012 durch G v. 21. 7. 2012 (BGBl. I S. 1566).

(2) Die Übermittlung personenbezogener Daten nach Absatz 1 ist nur zulässig, wenn das Ersuchen mindestens folgende Angaben enthält:

1. die Bezeichnung und die Anschrift der ersuchenden Behörde,

2. die Bezeichnung der Straftat, zu deren Verhütung die Daten benötigt werden,

3. die Beschreibung des Sachverhalts, der dem Ersuchen zugrunde liegt,

4. die Benennung des Zwecks, zu dem die Daten erbeten werden,

5. den Zusammenhang zwischen dem Zweck, zu dem die Informationen oder Erkenntnisse erbeten werden, und der Person, auf die sich diese Informationen beziehen,

6. Einzelheiten zur Identität der betroffenen Person, sofern sich das Ersuchen auf eine bekannte Person bezieht, und

7. Gründe für die Annahme, dass sachdienliche Informationen und Erkenntnisse im Inland vorliegen.

(3) [1] Die Bundespolizei kann auch ohne Ersuchen personenbezogene Daten an eine Polizeibehörde oder eine sonstige für die Verhütung und Verfolgung von Straftaten zuständige öffentliche Stelle eines Mitgliedstaates der Europäischen Union übermitteln, wenn im Einzelfall die Gefahr der Begehung einer Straftat im Sinne des Artikels 2 Absatz 2 des Rahmenbeschlusses 2002/584/JI des Rates vom 13. Juni 2002 über den Europäischen Haftbefehl und die Übergabeverfahren zwischen den Mitgliedstaaten (ABl. L 190 vom 18. 7. 2002, S. 1), der zuletzt durch den Rahmenbeschluss 2009/299/JI (ABl. L 81 vom 27. 3. 2009, S. 24) geändert worden ist, besteht und konkrete Anhaltspunkte dafür vorliegen, dass die Übermittlung dieser personenbezogenen Daten dazu beitragen könnte, eine solche Straftat zu verhindern. [2] Für die Übermittlung dieser Daten gelten die Vorschriften über die Datenübermittlung im innerstaatlichen Bereich entsprechend.

(4) Die Zulässigkeit der Übermittlung personenbezogener Daten durch die Bundespolizei an eine Polizeibehörde oder eine sonstige für die Verhütung und Verfolgung von Straftaten zuständige öffentliche Stelle eines Mitgliedstaates der Europäischen Union auf der Grundlage von § 32 Absatz 3 oder besonderer völkerrechtlicher Vereinbarungen bleibt unberührt.

(5) Als Polizeibehörde oder sonstige für die Verhütung und Verfolgung von Straftaten zuständige öffentliche Stelle eines Mitgliedstaates der Europäischen Union im Sinne der Absätze 1 und 3 gilt jede Stelle, die von diesem Staat gemäß Artikel 2 Buchstabe a des Rahmenbeschlusses 2006/960/JI des Rates vom 18. Dezember 2006 über die Vereinfachung des Austauschs von Informationen und Erkenntnissen zwischen den Strafverfolgungsbehörden der Mitgliedstaaten der Europäischen Union (ABl. L 386 vom 29. 12. 2006, S. 89, L 75 vom 15. 3. 2007, S. 26) benannt wurde.

(6) Die Absätze 1 bis 5 finden auch Anwendung auf die Übermittlung von personenbezogenen Daten an Polizeibehörden oder sonstige für die Verhütung und Verfolgung von Straftaten zuständige öffentliche Stellen eines Schengen-assoziierten Staates im Sinne von § 91 Absatz 3 des Gesetzes über die internationale Rechtshilfe in Strafsachen[1]).

[1]) **Schönfelder ErgBd. Nr. 90 h.**

§ 33[1] Ergänzende Regelungen für die Übermittlung. (1) [1] Die Verantwortung für die Zulässigkeit der Übermittlung trägt die Bundespolizei. [2] Erfolgt die Übermittlung auf Grund eines Ersuchens einer öffentlichen Stelle der Bundesrepublik Deutschland, trägt diese die Verantwortung. [3] In diesem Fall prüft die Bundespolizei nur, ob das Ersuchen im Rahmen der Aufgaben des Empfängers liegt, es sei denn, daß besonderer Anlaß zur Prüfung der Zulässigkeit der Übermittlung besteht.

(2) [1] Die Bundespolizei hat Anlaß, Inhalt, Empfänger und Tag der Übermittlung festzuhalten. [2] In Fällen des § 32 Abs. 4 hat die Bundespolizei einen Nachweis zu führen, aus dem die in Satz 1 bezeichneten Angaben sowie die Aktenfundstelle ersichtlich sind. [3] Die Nachweise sind gesondert aufzubewahren, gegen unberechtigten Zugriff zu sichern und am Ende des Kalenderjahres, das dem Jahr ihrer Erstellung folgt, zu vernichten. [4] Die Vernichtung unterbleibt, solange der Nachweis für Zwecke der Datenschutzkontrolle benötigt wird oder Grund zu der Annahme besteht, daß im Fall einer Vernichtung schutzwürdige Interessen des Betroffenen beeinträchtigt würden. [5] § 35 Abs. 6 Satz 2 gilt entsprechend.

(3) [1] Die Übermittlung unterbleibt, wenn für die Bundespolizei erkennbar ist, daß unter Berücksichtigung der Art der Daten und ihrer Erhebung die schutzwürdigen Interessen des Betroffenen das Allgemeininteresse an der Übermittlung überwiegen. [2] Die Übermittlung in den in § 32 Absatz 3 bezeichneten Fällen unterbleibt ferner, soweit, auch unter Berücksichtigung des besonderen öffentlichen Interesses an der Datenübermittlung, im Einzelfall schutzwürdige Interessen der betroffenen Person an dem Ausschluss der Übermittlung überwiegen. [3] Zu den schutzwürdigen Interessen der betroffenen Person gehört auch das Vorhandensein eines angemessenen Datenschutzniveaus im Empfängerstaat. [4] Die schutzwürdigen Interessen der betroffenen Person können auch dadurch gewahrt werden, dass der Empfängerstaat oder die empfangende zwischen- oder überstaatliche Stelle im Einzelfall einen angemessenen Schutz der übermittelten Daten garantiert. [5] Werden Bewertungen übermittelt, muß für den Empfänger feststellbar sein, bei welcher Stelle die Unterlagen geführt werden, die der Bewertung zugrunde liegen.

(3 a) Die Datenübermittlung nach § 32 a Absatz 1 und 3 unterbleibt über die in Absatz 3 genannten Gründe hinaus auch dann, wenn

1. hierdurch wesentliche Sicherheitsinteressen des Bundes oder der Länder beeinträchtigt würden,

2. die Übermittlung der Daten zu den in Artikel 6 des Vertrages über die Europäische Union enthaltenen Grundsätzen in Widerspruch stünde,

3. die zu übermittelnden Daten bei der ersuchten Behörde nicht vorhanden sind und nur durch das Ergreifen von Zwangsmaßnahmen erlangt werden können oder

4. die Übermittlung der Daten unverhältnismäßig wäre oder die Daten für die Zwecke, für die sie übermittelt werden sollen, nicht erforderlich sind.

[1] § 33 Abs. 1 Sätze 1 und 3, Abs. 2 Sätze 1 und 2, Abs. 3 Satz 1, Abs. 6 Sätze 2–4, Abs. 7 Satz 1 sowie Abs. 8 Sätze 1 und 4 geänd. mWv 1. 7. 2005 durch G v. 21. 6. 2005 (BGBl. I S. 1818); Abs. 3 Satz 2 neu gef., Sätze 3 und 4 eingef., bish. Satz 3 wird Satz 5, Abs. 3 a und 3 b eingef. mWv 26. 7. 2012 durch G v. 21. 7. 2012 (BGBl. I S. 1566); Abs. 8 Satz 3 geänd. mWv 1. 7. 2013 durch G v. 20. 6. 2013 (BGBl. I S. 1602).

(3 b) Die Datenübermittlung nach § 32 a Absatz 1 und 3 kann darüber hinaus auch dann unterbleiben, wenn

1. die zu übermittelnden Daten bei der Bundespolizei nicht vorhanden sind, jedoch ohne das Ergreifen von Zwangsmaßnahmen erlangt werden können,
2. hierdurch der Erfolg laufender Ermittlungen oder Leib, Leben oder Freiheit einer Person gefährdet würde oder
3. die Tat, zu deren Verhütung die Daten übermittelt werden sollen, nach deutschem Recht mit einer Freiheitsstrafe von im Höchstmaß einem Jahr oder weniger bedroht ist.

(4) [1] Sind mit personenbezogenen Daten, die nach § 32 Abs. 1 und 2 übermittelt werden dürfen, weitere personenbezogene Daten des Betroffenen oder eines Dritten in Akten so verbunden, daß eine Trennung nicht oder nur mit unverhältnismäßigem Aufwand möglich ist, so ist die Übermittlung auch dieser Daten zulässig, soweit nicht berechtigte Interessen des Betroffenen oder eines Dritten an der Geheimhaltung offensichtlich überwiegen. [2] Eine Verwendung dieser Daten ist unzulässig.

(5) [1] In den Fällen des § 32 Abs. 2 bis 4 darf die Übermittlung von Daten, die § 41 oder § 61 des Bundeszentralregistergesetzes[1]) unterfallen, nicht zu einer Erweiterung des Kreises der dort bezeichneten Stellen führen. [2] Die Verwertungsverbote nach den §§ 51, 52 und 63 des Bundeszentralregistergesetzes sind zu beachten.

(6) [1] Der Empfänger darf die übermittelten personenbezogenen Daten nur für den Zweck verwenden, zu dessen Erfüllung sie ihm übermittelt worden sind. [2] Die Bundespolizei hat bei Übermittlungen nach § 32 Abs. 3 und 4 den Empfänger darauf hinzuweisen. [3] In den in § 32 Abs. 3 bezeichneten Fällen ist ihm der bei der Bundespolizei vorgesehene Löschungszeitpunkt mitzuteilen. [4] Eine Verwendung für andere Zweck ist zulässig, soweit die Daten auch für diesen Zweck hätten übermittelt werden dürfen und in den in § 32 Abs. 3 und 4 bezeichneten Fällen die Bundespolizei zugestimmt hat.

(7) [1] Die Einrichtung eines automatisierten Verfahrens, das die Übermittlung personenbezogener Daten aus einer von der Bundespolizei geführten Datei durch Abruf ermöglicht, ist nach Maßgabe des § 10 Abs. 2 bis 4 des Bundesdatenschutzgesetzes[2]) zulässig, soweit diese Form der Datenübermittlung unter Berücksichtigung der schutzwürdigen Interessen der Betroffenen wegen der Vielzahl der Übermittlungen oder wegen ihrer besonderen Eilbedürftigkeit angemessen ist. [2] Die Berechtigung zum Abruf darf, soweit gesetzlich nichts anderes bestimmt ist, nur den in § 32 Abs. 1 bezeichneten Stellen eingeräumt werden.

(8) [1] Erfolgt die Einrichtung eines automatisierten Abrufverfahrens nach Absatz 7 für eine Laufzeit von mehr als drei Monaten, hat die Bundespolizei bei durchschnittlich jedem zehnten Abruf für Zwecke der Datenschutzkontrolle den Zeitpunkt, die Angaben, die die Feststellung der abgerufenen Datensätze ermöglichen, sowie die für den Abruf verantwortliche Dienststelle zu protokollieren. [2] Die protokollierten Daten dürfen nur für Zwecke der Datenschutzkontrolle, der Datensicherung oder zur Sicherstellung eines ordnungsgemäßen Betriebs der Datenverarbeitungsanlage verwendet werden, es

[1]) **Schönfelder Nr. 92.**
[2]) Nr. 245.

sei denn, es liegen Anhaltspunkte dafür vor, daß ohne ihre Verwendung die Verhinderung oder Verfolgung einer schwerwiegenden Straftat gegen Leib, Leben oder Freiheit einer Person aussichtslos oder wesentlich erschwert wäre. [3] Die Protokolldaten sind nach zwölf Monaten zu löschen. [4] Die Bundespolizei trifft die technischen und organisatorischen Maßnahmen nach § 9 des Bundesdatenschutzgesetzes.

§ 33a[1] Verwendung von nach dem Rahmenbeschluss 2006/960/JI des Rates übermittelten Daten. (1) [1] Daten, die nach dem Rahmenbeschluss 2006/960/JI an die Bundespolizei übermittelt worden sind, dürfen nur für die Zwecke, für die sie übermittelt wurden, oder zur Abwehr einer gegenwärtigen und erheblichen Gefahr für die öffentliche Sicherheit verwendet werden. [2] Für einen anderen Zweck oder als Beweismittel in einem gerichtlichen Verfahren dürfen sie nur verwendet werden, wenn der übermittelnde Staat zugestimmt hat. [3] Von dem übermittelnden Staat für die Verwendung der Daten gestellte Bedingungen sind zu beachten.

(2) Die Bundespolizei erteilt dem übermittelnden Staat auf dessen Ersuchen zu Zwecken der Datenschutzkontrolle Auskunft darüber, wie die übermittelten Daten verwendet wurden.

§ 34[2] Abgleich personenbezogener Daten. (1) [1] Die Bundespolizei kann personenbezogene Daten mit dem Inhalt von Dateien abgleichen, die sie zur Erfüllung der ihr obliegenden Aufgaben führt oder für die sie Berechtigung zum Abruf hat,

1. zur polizeilichen Kontrolle des grenzüberschreitenden Verkehrs oder,
2. wenn Grund zu der Annahme besteht, daß dies zur Erfüllung einer sonstigen Aufgabe der Bundespolizei erforderlich ist.

[2] Die Bundespolizei kann ferner im Rahmen ihrer Aufgabenerfüllung erlangte personenbezogene Daten mit dem Fahndungsbestand abgleichen. [3] Der Betroffene kann für die Dauer des Abgleichs angehalten werden.

(2) Rechtsvorschriften über den Datenabgleich in anderen Fällen bleiben unberührt.

§ 35[3] Berichtigung, Löschung und Sperrung personenbezogener Daten. (1) [1] Die Bundespolizei hat in Dateien gespeicherte personenbezogene Daten zu berichtigen, wenn sie unrichtig sind. [2] Stellt sie die Unrichtigkeit personenbezogener Daten in Akten fest, ist dies in der Akte zu vermerken oder auf sonstige Weise festzuhalten. [3] Bestreitet der Betroffene die Richtigkeit gespeicherter Daten und läßt sich weder die Richtigkeit noch die Unrichtigkeit feststellen, sind die Daten entsprechend zu kennzeichnen.

(2) Die Bundespolizei hat in Dateien gespeicherte personenbezogene Daten zu löschen, wenn

1. die Speicherung der Daten unzulässig ist oder

[1] § 33a eingef. mWv 26.7.2012 durch G v. 21.7.2012 (BGBl. I S. 1566).
[2] § 34 Abs. 1 Satz 1 einl. Satzteil und Nr. 2 sowie Satz 2 geänd. mWv 1.7.2005 durch G v. 21.6.2005 (BGBl. I S. 1818).
[3] § 35 Abs. 1 Sätze 1 und 2, Abs. 2 einl. Satzteil und Nr. 2 sowie Abs. 5 Sätze 1 und 2 geänd. mWv 1.7.2005 durch G v. 21.6.2005 (BGBl. I S. 1818); Abs. 9 geänd. mWv 16.3.2017 durch G v. 10.3.2017 (BGBl. I S. 410).

2. bei der nach bestimmten Fristen vorzunehmenden Überprüfung oder aus Anlaß einer Einzelfallbearbeitung festgestellt wird, daß die Kenntnis der Daten zur Erfüllung der der Bundespolizei obliegenden Aufgaben nicht mehr erforderlich ist.

(3) [1] Die in Absatz 2 Nr. 2 bezeichneten Fristen sind in der Errichtungsanordnung (§ 36) festzulegen. [2] Sie dürfen bei Erwachsenen zehn Jahre, bei Jugendlichen fünf Jahre und bei Kindern zwei Jahre nicht überschreiten, wobei nach Zweck der Speicherung sowie Art und Schwere des Sachverhalts zu unterscheiden ist. [3] Die Fristen beginnen mit dem Tag, an dem das letzte Ereignis eingetreten ist, das zur Speicherung geführt hat, jedoch nicht vor Entlassung des Betroffenen aus einer Justizvollzugsanstalt oder Beendigung einer mit Freiheitsentziehung verbundenen Maßregel der Besserung und Sicherung.

(4) [1] Personenbezogene Daten der in § 21 Abs. 2 Nr. 2 bezeichneten Personen, Hinweisgeber und sonstiger Auskunftspersonen können nur für die Dauer eines Jahres gespeichert werden. [2] Die Speicherung für jeweils ein weiteres Jahr ist zulässig, soweit die Voraussetzungen des § 29 Abs. 3 weiterhin vorliegen. [3] Die maßgeblichen Gründe für die Aufrechterhaltung der Speicherung sind aktenkundig zu machen. [4] Die Speicherung darf insgesamt drei Jahre nicht überschreiten.

(5) [1] Stellt die Bundespolizei einen Löschungsgrund gemäß Absatz 2 bei personenbezogenen Daten in Akten fest, hat sie die Daten durch Anbringen eines entsprechenden Vermerks zu sperren. [2] Die Akte ist zu vernichten, wenn sie insgesamt zur Erfüllung der Aufgaben der Bundespolizei nicht mehr erforderlich ist.

(6) [1] Die Löschung und Vernichtung unterbleiben, wenn

1. Grund zu der Annahme besteht, daß anderenfalls schutzwürdige Interessen des Betroffenen beeinträchtigt würden,

2. die Daten für laufende Forschungsarbeiten benötigt werden oder

3. eine Löschung wegen der besonderen Art der Speicherung oder eine Vernichtung der Akte nicht oder nur mit unverhältnismäßigem Aufwand möglich ist.

[2] In diesen Fällen sind die Daten zu sperren und die Unterlagen mit einem entsprechenden Sperrvermerk zu versehen. [3] Für Fälle des Satzes 1 Nr. 2 gilt § 29 Abs. 6 Satz 2 entsprechend.

(7) Gesperrte Daten dürfen nur für den Zweck verwendet werden, für den sie gesperrt worden sind oder soweit dies zur Behebung einer bestehenden Beweisnot oder zur Abwehr einer erheblichen Gefahr unerläßlich ist.

(8) Wird festgestellt, daß unrichtige, wegen Unzulässigkeit der Speicherung zu löschende oder zu sperrende personenbezogene Daten übermittelt worden sind, ist dem Empfänger die Berichtigung, Löschung oder Sperrung mitzuteilen, wenn dies zur Wahrung schutzwürdiger Interessen des Betroffenen erforderlich ist.

(9) Anstelle der Löschung und Vernichtung nach Absatz 2 Nr. 2 und Absatz 5 Satz 2 sind die Datenträger an das zuständige Archiv abzugeben, sofern diesen Unterlagen bleibender Wert im Sinne des § 1 Nummer 10 des Bundesarchivgesetzes zukommt.

§ 36[1] **Errichtungsanordnung.** (1) Die Bundespolizei hat für jede zur Erfüllung der Aufgaben nach den §§ 1 bis 7 geführte automatisierte Datei mit personenbezogenen Daten in einer Errichtungsanordnung, die der Zustimmung des Bundesministeriums des Innern, für Bau und Heimat bedarf, festzulegen:

1. Bezeichnung der Datei,
2. Rechtsgrundlage und Zweck der Datei,
3. Personenkreis, über den Daten gespeichert werden,
4. Arten der zu speichernden personenbezogenen Daten,
5. Arten der personenbezogenen Daten, die der Erschließung der Datei dienen,
6. Anlieferung oder Eingabe der zu speichernden Daten,
7. Voraussetzungen, unter denen gespeicherte personenbezogene Daten an welche Empfänger und in welchem Verfahren übermittelt werden,
8. Prüffristen und Speicherungsdauer,
9. Protokollierung.

(2) [1]Vor Erlaß der Errichtungsanordnung ist der Bundesbeauftragte für den Datenschutz anzuhören. [2]Die Errichtungsanordnung kann vorläufig ergehen, wenn wegen der Dringlichkeit der Aufgabenerfüllung die vorherige Anhörung nicht möglich ist.

(3) In angemessenen Abständen ist die Notwendigkeit der Weiterführung oder Änderung der Dateien zu überprüfen.

§ 37[2] **Geltung des Bundesdatenschutzgesetzes.** Bei der Erfüllung der der Bundespolizei nach den §§ 1 bis 7 obliegenden Aufgaben finden § 3 Abs. 2 und 8 Satz 1, § 4 Abs. 2 und 3, §§ 4b, 4c, 10 Abs. 1, §§ 13, 14 Abs. 1, 2 und 5, §§ 15, 16, 18 Abs. 2 Satz 2 und 3 sowie §§ 19a und 20 des Bundesdatenschutzgesetzes[3] keine Anwendung.

Teil 3. Platzverweisung, Gewahrsam, Durchsuchung

§ 38[4] **Platzverweisung.** Die Bundespolizei kann zur Abwehr einer Gefahr eine Person vorübergehend von einem Ort verweisen oder ihr vorübergehend das Betreten eines Ortes verbieten.

§ 39[5] **Gewahrsam.** (1) Die Bundespolizei kann eine Person in Gewahrsam nehmen, wenn dies

1. zum Schutz der Person gegen eine Gefahr für Leib oder Leben erforderlich ist, insbesondere weil die Person sich erkennbar in einem die freie Willensbestimmung ausschließenden Zustand oder sonst in hilfloser Lage befindet,
2. unerläßlich ist, um eine Platzverweisung nach § 38 durchzusetzen, oder

[1] § 36 Abs. 1 einl. Satzteil geänd. mWv 1.7.2005 durch G v. 21.6.2005 (BGBl. I S. 1818); Abs. 1 einl. Satzteil geänd. mWv 27.6.2020 durch VO v. 19.6.2020 (BGBl. I S. 1328).
[2] § 37 neu gef. mWv 23.5.2001 durch G v. 18.5.2001 (BGBl. I S. 904); geänd. mWv 1.7.2005 durch G v. 21.6.2005 (BGBl. I S. 1818).
[3] Nr. **245**.
[4] § 38 geänd. mWv 1.7.2005 durch G v. 21.6.2005 (BGBl. I S. 1818).
[5] § 39 Abs. 1 einl. Satzteil und Abs. 2–4 geänd. mWv 1.7.2005 durch G v. 21.6.2005 (BGBl. I S. 1818).

3. unerläßlich ist, um die unmittelbar bevorstehende Begehung oder Fortsetzung einer Straftat oder einer Ordnungswidrigkeit von erheblicher Bedeutung für die Allgemeinheit zu verhindern.

(2) Die Bundespolizei kann Minderjährige, die der Obhut des Personensorgeberechtigten widerrechtlich entzogen wurden oder sich dieser entzogen haben, in Gewahrsam nehmen, damit sie dem Sorgeberechtigten oder dem Jugendamt zugeführt werden können.

(3) Die Bundespolizei kann eine Person, die aus dem Vollzug von Untersuchungshaft, Freiheitsstrafen, Jugendstrafen oder freiheitsentziehenden Maßregeln der Besserung und Sicherung entwichen ist oder sich sonst ohne Erlaubnis außerhalb der Justizvollzugsanstalt oder einer Anstalt nach den §§ 63 und 64 des Strafgesetzbuches[1] aufhält, in Gewahrsam nehmen, damit sie in die Anstalt zurückgebracht werden kann.

(4) Die Bundespolizei kann eine Person in Gewahrsam nehmen, um einem Ersuchen, das eine Freiheitsentziehung zum Inhalt hat, nachzukommen.

§ 40[2] Richterliche Entscheidung. (1) Wird eine Person auf Grund des § 23 Abs. 3 Satz 4, § 25 Abs. 3, § 39 Abs. 1 oder 2 oder § 43 Abs. 5 festgehalten, hat die Bundespolizei unverzüglich eine richterliche Entscheidung über Zulässigkeit und Fortdauer der Freiheitsentziehung herbeizuführen, es sei denn, die Herbeiführung der richterlichen Entscheidung würde voraussichtlich längere Zeit in Anspruch nehmen, als zur Durchführung der Maßnahme notwendig wäre.

(2) [1]Für die Entscheidung nach Absatz 1 ist das Amtsgericht zuständig, in dessen Bezirk die Person festgehalten wird. [2]Das Verfahren richtet sich nach Buch 7 des Gesetzes über das Verfahren in Familiensachen und in den Angelegenheiten der freiwilligen Gerichtsbarkeit[3].

(3) [1]Im Fall des § 39 Abs. 4 hat die ersuchende Behörde der Bundespolizei mit dem Ersuchen auch die richterliche Entscheidung über die Zulässigkeit der Freiheitsentziehung vorzulegen. [2]Ist eine vorherige richterliche Entscheidung nicht ergangen, hat die Bundespolizei die festgehaltene Person zu entlassen, wenn die ersuchende Behörde diese nicht übernimmt oder die richterliche Entscheidung nicht unverzüglich nachträglich beantragt.

§ 41[4] Behandlung festgehaltener Personen. (1) Wird eine Person auf Grund des § 23 Abs. 3 Satz 4, § 25 Abs. 3, § 39 oder § 43 Abs. 5 festgehalten, sind ihr unverzüglich der Grund dieser Maßnahme und die zulässigen Rechtsbehelfe bekanntzugeben.

(2) [1]Der festgehaltenen Person ist unverzüglich Gelegenheit zu geben, einen Angehörigen oder eine Person ihres Vertrauens zu benachrichtigen, soweit dadurch der Zweck der Freiheitsentziehung nicht gefährdet wird. [2]Die Bundespolizei hat die Benachrichtigung zu übernehmen, wenn die festgehaltene Person nicht in der Lage ist, von dem Recht nach Satz 1 Gebrauch zu machen und die Benachrichtigung ihrem mutmaßlichen Willen nicht wider-

(Fortsetzung nächstes Blatt)

[1] **Schönfelder Nr. 85.**
[2] § 40 Abs. 1 und Abs. 3 Sätze 1 und 2 geänd. mWv 1.7.2005 durch G v. 21.6.2005 (BGBl. I S. 1818); *Abs. 2 Satz 2 neu gef. mWv 1.9.2009 durch G v. 17.12.2008 (BGBl. I S. 2586).*
[3] **Schönfelder Nr. 112.**
[4] § 41 Abs. 2 Satz 2 geänd. mWv 1.7.2005 durch G v. 21.6.2005 (BGBl. I S. 1818).

spricht. [3] Ist die festgehaltene Person minderjährig oder ist für sie ein Betreuer bestellt, so ist in jedem Falle unverzüglich derjenige zu benachrichtigen, dem die Sorge für die Person oder die Betreuung der Person nach dem ihm übertragenen Aufgabenkreis obliegt. [4] Die Benachrichtigungspflicht bei einer richterlichen Freiheitsentziehung bleibt unberührt.

(3) [1] Die festgehaltene Person soll gesondert, insbesondere ohne ihre Einwilligung nicht in demselben Raum mit Straf- oder Untersuchungsgefangenen untergebracht werden. [2] Männer und Frauen sollen getrennt untergebracht werden. [3] Der festgehaltenen Person dürfen nur solche Beschränkungen auferlegt werden, die der Zweck der Freiheitsentziehung oder die Ordnung im Gewahrsam erfordert.

§ 42 Dauer der Freiheitsentziehung. (1) [1] Die festgehaltene Person ist zu entlassen,

1. sobald der Grund für die Maßnahme weggefallen ist,
2. wenn die Fortdauer der Freiheitsentziehung durch richterliche Entscheidung für unzulässig erklärt wird,
3. in jedem Falle spätestens bis zum Ende des Tages nach dem Ergreifen, wenn nicht vorher die Fortdauer der Freiheitsentziehung durch richterliche Entscheidung angeordnet ist.

[2] Die Fortdauer der Freiheitsentziehung kann auf Grund dieses Gesetzes nur in den Fällen des § 39 Abs. 1 Nr. 3 durch richterliche Entscheidung angeordnet werden, wenn eine Straftat nach den §§ 125, 125 a des Strafgesetzbuches[1]) oder eine gemeinschaftlich begangene Nötigung nach § 240 des Strafgesetzbuches begangen worden ist und Anhaltspunkte dafür vorliegen, daß der Betroffene sich an einer solchen Straftat beteiligt hat oder beteiligen wollte und ohne die Freiheitsentziehung eine Fortsetzung dieser Verhaltensweise zu erwarten ist. [3] In der Entscheidung ist die höchstzulässige Dauer der Freiheitsentziehung zu bestimmen; sie darf nicht mehr als vier Tage betragen.

(2) Eine Freiheitsentziehung zum Zwecke der Feststellung der Identität darf die Dauer von insgesamt zwölf Stunden nicht überschreiten.

§ 43[2]) Durchsuchung von Personen. (1) Die Bundespolizei kann außer in den Fällen des § 23 Abs. 3 Satz 5 eine Person durchsuchen, wenn

(Fortsetzung nächstes Blatt)

[1]) **Schönfelder Nr. 85.**
[2]) § 43 Abs. 1 Nr. 4 geänd. durch G v. 25. 8. 1998 (BGBl. I S. 2486); Abs. 1 und 2 jeweils einl. Satzteil sowie Abs. 3 geänd. mWv 1. 7. 2005 durch G v. 21. 6. 2005 (BGBl. I S. 1818).

1. sie nach diesem Gesetz oder anderen Rechtsvorschriften festgehalten werden kann,
2. Tatsachen die Annahme rechtfertigen, daß sie Sachen mit sich führt, die sichergestellt werden dürfen,
3. sie sich erkennbar in einem die freie Willensbestimmung ausschließenden Zustand oder sonst in hilfloser Lage befindet oder
4. sie sich in einem Objekt im Sinne des § 23 Abs. 1 Nr. 4 oder in dessen unmittelbarer Nähe aufhält und Tatsachen die Annahme rechtfertigen, daß dort Straftaten begangen werden sollen, durch die in oder an diesen Objekten befindliche Personen oder diese Objekte selbst unmittelbar gefährdet sind, und die Durchsuchung auf Grund der Gefährdungslage oder auf die Person bezogener Anhaltspunkte erforderlich ist.

(2) Zur Erfüllung der Aufgaben nach § 7 kann die Bundespolizei ferner eine Person durchsuchen, wenn sie

1. sich an einem der in § 23 Abs. 2 Nr. 1 bezeichneten Orte aufhält oder
2. sich in einem Objekt im Sinne des § 23 Abs. 2 Nr. 2 oder in dessen unmittelbarer Nähe aufhält und Tatsachen die Annahme rechtfertigen, daß in oder an diesen Objekten Straftaten begangen werden sollen, durch die in oder an diesen Objekten befindliche Personen oder diese Objekte selbst unmittelbar gefährdet sind, und die Durchsuchung auf Grund der Gefährdungslage oder auf die Person bezogener Anhaltspunkte erforderlich ist.

(3) Die Bundespolizei kann eine Person, deren Identität nach diesem Gesetz oder anderen Rechtsvorschriften festgestellt werden soll, nach Waffen, Explosionsmitteln und anderen gefährlichen Gegenständen durchsuchen, wenn dies nach den Umständen zum Schutz des Beamten der Bundespolizei, der Person selbst oder eines Dritten gegen eine Gefahr für Leib oder Leben erforderlich ist.

(4) Personen dürfen nur von Personen gleichen Geschlechts oder von Ärzten durchsucht werden; dies gilt nicht, wenn die sofortige Durchsuchung zum Schutz gegen eine Gefahr für Leib oder Leben erforderlich ist.

(5) Die Person kann festgehalten und zur Dienststelle mitgenommen werden, wenn die Durchsuchung auf andere Weise nicht oder nur unter erheblichen Schwierigkeiten durchgeführt werden kann.

§ 44[1] **Durchsuchung von Sachen.** (1) Die Bundespolizei kann außer in den Fällen des § 23 Abs. 3 Satz 5 und Abs. 5 Satz 2 eine Sache durchsuchen, wenn

1. sie von einer Person mitgeführt wird, die nach § 43 durchsucht werden darf,
2. Tatsachen die Annahme rechtfertigen, daß sich in ihr eine Person befindet, die

[1] § 44 Abs. 1 Nr. 4 Verweisung geänd., Abs. 2 eingef., bish. Abs. 2 u. 3 werden Abs. 3 u. 4 durch G v. 25. 8. 1998 (BGBl. I S. 2486), Abs. 2 Satz 2 angef. durch G v. 9. 1. 2002 (BGBl. I S. 361), Abs. 1 u. 3 Einleitungssatz u. Abs. 2 Satz 1 geänd. durch G v. 21. 6. 2005 (BGBl. I S. 1818).

a) in Gewahrsam genommen werden darf,

b) widerrechtlich festgehalten wird oder

c) hilflos ist,

3. Tatsachen die Annahme rechtfertigen, daß sich in ihr eine andere Sache befindet, die sichergestellt werden darf, oder

4. sie sich in einem Objekt im Sinne des § 23 Abs. 1 Nr. 4 oder in dessen unmittelbarer Nähe befindet und Tatsachen die Annahme rechtfertigen, daß in oder an diesen Objekten Straftaten begangen werden sollen, durch die in oder an diesen Objekten befindliche Personen oder diese Objekte selbst unmittelbar gefährdet sind, und die Durchsuchung auf Grund der Gefährdungslage oder auf die Sache bezogener Anhaltspunkte erforderlich ist.

(2) ¹Im Grenzgebiet bis zu einer Tiefe von dreißig Kilometern kann die Bundespolizei eine Sache auch zur Verhinderung oder Unterbindung unerlaubter Einreise in das Bundesgebiet oder zur Verhütung von Straftaten im Sinne des § 12 Abs. 1 Nr. 1 bis 4 durchsuchen. ²Das in Satz 1 genannte Grenzgebiet erstreckt sich im Küstengebiet von der seewärtigen Begrenzung an bis zu einer Tiefe von 50 Kilometern; darüber hinaus nur nach Maßgabe der Rechtsverordnung zu § 2 Abs. 2 Satz 2.

(3) Zur Erfüllung der Aufgaben nach § 7 kann die Bundespolizei ferner eine Sache durchsuchen, wenn

1. sie sich an einem der in § 23 Abs. 2 Nr. 1 bezeichneten Orte befindet,

2. sie sich in einem Objekt im Sinne des § 23 Abs. 2 Nr. 2 oder in dessen unmittelbarer Nähe befindet und Tatsachen die Annahme rechtfertigen, daß dort Straftaten begangen werden sollen, durch die in oder an diesen Objekten befindliche Personen oder diese Objekte selbst unmittelbar gefährdet sind, und die Durchsuchung auf Grund der Gefährdungslage oder auf die Sache bezogener Anhaltspunkte erforderlich ist, oder

3. es sich um ein Land-, Wasser- oder Luftfahrzeug handelt, in dem sich eine Person befindet, deren Identität nach § 23 Abs. 2 Nr. 3 festgestellt werden darf; die Durchsuchung kann sich auch auf die in dem Fahrzeug enthaltenen Sachen erstrecken.

(4) ¹Bei der Durchsuchung von Sachen hat der Inhaber der tatsächlichen Gewalt das Recht, anwesend zu sein. ²Ist er abwesend, so soll sein Vertreter oder ein anderer Zeuge hinzugezogen werden. ³Dem Inhaber der tatsächlichen Gewalt ist auf Verlangen eine Bescheinigung über die Durchsuchung und ihren Grund zu erteilen.

§ 45¹⁾ Betreten und Durchsuchung von Wohnungen. (1) ¹Die Bundespolizei kann eine Wohnung ohne Einwilligung des Inhabers betreten und durchsuchen, wenn

¹⁾ § 45 Abs. 3 Nr. 3 geänd. mWv 1. 1. 2005 durch G v. 30. 7. 2004 (BGBl. I S. 1950), Abs. 1 Satz 1 u. 4 Einleitungssatz u. Abs. 5 geänd. durch G v. 21. 6. 2005 (BGBl. I S. 1818).

1. Tatsachen die Annahme rechtfertigen, daß sich in ihr eine Person befindet, die nach § 25 Abs. 3 vorgeführt oder nach § 39 in Gewahrsam genommen werden darf,

2. Tatsachen die Annahme rechtfertigen, daß sich in ihr eine Sache befindet, die nach § 47 Nr. 1 sichergestellt werden darf, oder

3. dies zur Abwehr einer gegenwärtigen Gefahr für Leib, Leben oder Freiheit einer Person oder für Sachen von bedeutendem Wert erforderlich ist.

[2] Die Wohnung umfaßt die Wohn- und Nebenräume, Arbeits-, Betriebs- und Geschäftsräume sowie anderes befriedetes Besitztum.

(2) Während der Nachtzeit (§ 104 Abs. 3 der Strafprozeßordnung[1]) ist das Betreten und Durchsuchen einer Wohnung nur in den Fällen des Absatzes 1 Nr. 3 zulässig.

(3) Wohnungen dürfen jedoch zur Verhütung oder Unterbindung unerlaubter Einreise in das Bundesgebiet jederzeit betreten werden, wenn Tatsachen die Annahme rechtfertigen, daß dort erfahrungsgemäß

1. Personen Straftaten im Sinne des § 12 Abs. 1 Nr. 2 und 3 verabreden, vorbereiten oder verüben,

2. sich Personen verbergen, die solche Straftaten begangen haben, oder

3. sich Personen ohne erforderlichen Aufenthaltstitel treffen.

(4) Zur Erfüllung der Aufgaben nach § 7 kann die Bundespolizei Wohnungen zur Abwehr dringender Gefahren jederzeit betreten, wenn Tatsachen die Annahme rechtfertigen, daß dort erfahrungsgemäß

1. Personen Straftaten verabreden, vorbereiten, verüben oder

2. sich Straftäter verbergen.

(5) Arbeits-, Betriebs- und Geschäftsräume sowie andere Räume und Grundstücke, die der Öffentlichkeit zugänglich sind, dürfen zum Zwecke der Gefahrenabwehr im Rahmen der der Bundespolizei zugewiesenen Aufgaben während der Arbeits-, Geschäfts- oder Aufenthaltszeit betreten werden.

§ 46[2] **Verfahren bei der Durchsuchung von Wohnungen.** (1) [1] Durchsuchungen dürfen, außer bei Gefahr im Verzug, nur durch den Richter angeordnet werden. [2] Zuständig ist das Amtsgericht, in dessen Bezirk die Wohnung liegt. [3] Für das Verfahren gelten die Vorschriften des Gesetzes über das Verfahren in Familiensachen und in den Angelegenheiten der freiwilligen Gerichtsbarkeit entsprechend.

(2) [1] Bei der Durchsuchung einer Wohnung hat der Wohnungsinhaber das Recht, anwesend zu sein. [2] Ist er abwesend, so ist, wenn möglich, sein Vertreter oder ein erwachsener Angehöriger, Hausgenosse oder Nachbar hinzuzuziehen.

(3) Dem Wohnungsinhaber oder seinem Vertreter ist der Grund der Durchsuchung unverzüglich bekanntzugeben, soweit dadurch der Zweck der Maßnahmen nicht gefährdet wird.

(4) [1] Über die Durchsuchung ist eine Niederschrift zu fertigen. [2] Sie muß die verantwortliche Dienststelle, Grund, Zeit und Ort der Durchsuchung

[1] **Schönfelder Nr. 90.**
[2] § 46 Abs. 1 Satz 3 geänd. mWv 1. 9. 2009 durch G v. 17. 12. 2008 (BGBl. I S. 2586).

enthalten. [3] Die Niederschrift ist von einem durchsuchenden Beamten und dem Wohnungsinhaber oder der zugezogenen Person zu unterzeichnen. [4] Wird die Unterschrift verweigert, so ist hierüber ein Vermerk aufzunehmen. [5] Dem Wohnungsinhaber oder seinem Vertreter ist auf Verlangen eine Abschrift der Niederschrift auszuhändigen.

(5) Ist die Anfertigung der Niederschrift oder die Aushändigung einer Abschrift nach den besonderen Umständen des Falles nicht möglich oder würde sie den Zweck der Durchsuchung gefährden, so sind dem Wohnungsinhaber oder der hinzugezogenen Person lediglich die Durchsuchung unter Angabe der verantwortlichen Dienststelle sowie Zeit und Ort der Durchsuchung schriftlich zu bestätigen.

Teil 4. Ergänzende Vorschriften

§ 47[1] Sicherstellung. Die Bundespolizei kann eine Sache sicherstellen,

1. um eine gegenwärtige Gefahr abzuwehren,

2. um den Eigentümer oder den rechtmäßigen Inhaber der tatsächlichen Gewalt vor Verlust oder Beschädigung einer Sache zu schützen oder

3. wenn sie von einer Person mitgeführt wird, die nach diesem Gesetz oder anderen Rechtsvorschriften festgehalten wird, und die Sache verwendet werden kann, um

 a) sich zu töten oder zu verletzen,

 b) Leben oder Gesundheit anderer zu schädigen,

 c) fremde Sachen zu beschädigen oder

 d) sich oder einem anderen die Flucht zu ermöglichen oder zu erleichtern.

§ 48[2] Verwahrung. (1) [1] Sichergestellte Sachen sind in Verwahrung zu nehmen. [2] Läßt die Beschaffenheit der Sachen das nicht zu oder erscheint die Verwahrung bei der Bundespolizei unzweckmäßig, sind die Sachen auf andere geeignete Weise aufzubewahren oder zu sichern. [3] In diesem Falle kann die Verwahrung auch einem Dritten übertragen werden.

(2) [1] Dem Betroffenen ist eine Bescheinigung auszustellen, die den Grund der Sicherstellung erkennen läßt und die sichergestellten Sachen bezeichnet. [2] Kann nach den Umständen des Falles eine Bescheinigung nicht ausgestellt werden, so ist über die Sicherstellung eine Niederschrift aufzunehmen, die auch erkennen läßt, warum eine Bescheinigung nicht ausgestellt worden ist. [3] Der Eigentümer oder der rechtmäßige Inhaber der tatsächlichen Gewalt ist unverzüglich zu unterrichten.

[1] § 47 eital. Satzteil geänd. mWv 1. 7. 2005 durch G v. 21. 6. 2005 (BGBl. 1 S. 1818).
[2] § 48 Abs. 1 Satz 2 und Abs. 3 Satz 1 geänd. mWv 1. 7. 2005 durch G v. 21. 6. 2005 (BGBl. I S. 1818).

(3) [1] Wird eine sichergestellte Sache verwahrt, so hat die Bundespolizei nach Möglichkeit Wertminderungen vorzubeugen. [2] Das gilt nicht, wenn die Sache durch den Dritten auf Verlangen eines Berechtigten verwahrt wird.

(4) Die verwahrten Sachen sind zu verzeichnen und so zu kennzeichnen, daß Verwechslungen vermieden werden.

§ 49 Verwertung, Vernichtung. (1) Die Verwertung einer sichergestellten Sache ist zulässig, wenn

1. ihr Verderb oder eine wesentliche Wertminderung droht,

2. ihre Verwahrung, Pflege oder Erhaltung mit unverhältnismäßig hohen Kosten oder Schwierigkeiten verbunden ist,

3. sie infolge ihrer Beschaffenheit nicht so verwahrt werden kann, daß weitere Gefahren für die öffentliche Sicherheit oder Ordnung ausgeschlossen sind,

4. sie nach einer Frist von einem Jahr nicht an einen Berechtigten herausgegeben werden kann, ohne daß die Voraussetzungen der Sicherstellung erneut eintreten würden, oder

5. der Berechtigte sie nicht innerhalb einer ausreichend bemessenen Frist abholt, obwohl ihm eine Mitteilung über die Frist mit dem Hinweis zugestellt worden ist, daß die Sache verwertet wird, wenn sie nicht innerhalb der Frist abgeholt wird.

(2) [1] Der Betroffene, der Eigentümer und andere Personen, denen ein Recht an der Sache zusteht, sollen vor der Verwertung gehört werden. [2] Die Anordnung sowie Zeit und Ort der Verwertung sind ihnen mitzuteilen, soweit die Umstände und der Zweck der Maßnahmen es erlauben.

(3) [1] Die Sache wird durch öffentliche Versteigerung verwertet; § 979 Abs. 1 des Bürgerlichen Gesetzbuchs[1] gilt entsprechend. [2] Bleibt die Versteigerung erfolglos, erscheint sie von vornherein aussichtslos oder würden die Kosten der Versteigerung voraussichtlich den zu erwartenden Erlös übersteigen, so kann die Sache freihändig verkauft werden. [3] Der Erlös tritt an die Stelle der verwerteten Sache. [4] Läßt sich innerhalb angemessener Frist kein Käufer finden, so kann die Sache einem gemeinnützigen Zweck zugeführt werden.

(4) [1] Sichergestellte Sachen können unbrauchbar gemacht oder vernichtet werden, wenn

1. im Falle einer Verwertung die Gründe, die zu ihrer Sicherstellung berechtigten, fortbestehen oder Sicherstellungsgründe erneut entstehen würden oder

2. die Verwertung aus anderen Gründen nicht möglich ist.

[2] Absatz 2 gilt entsprechend.

§ 50[2] Herausgabe sichergestellter Sachen oder des Erlöses, Gebühren und Auslagen. (1) [1] Sobald die Voraussetzungen für die Sicherstellung weggefallen sind, sind die Sachen an denjenigen herauszugeben, bei dem sie sichergestellt worden sind. [2] Ist die Herausgabe an ihn nicht möglich, können sie an einen anderen herausgegeben werden, der seine Berechtigung glaubhaft macht.

[1] **Schönfelder Nr. 20.**
[2] § 50 Überschrift geänd., Abs. 3 neu gef. mWv 1.10.2019 durch G v. 10.3.2017 (BGBl. I S. 417).

[3] Die Herausgabe ist ausgeschlossen, wenn dadurch erneut die Voraussetzungen für eine Sicherstellung eintreten würden.

(2) [1] Sind die Sachen verwertet worden, ist der Erlös herauszugeben. [2] Ist ein Berechtigter nicht vorhanden oder nicht zu ermitteln, ist der Erlös nach den Vorschriften des Bürgerlichen Gesetzbuchs[1] zu hinterlegen. [3] Der Anspruch auf Herausgabe des Erlöses erlischt drei Jahre nach Ablauf des Jahres, in dem die Sache verwertet worden ist.

(3) [1] Die Herausgabe der Sache kann davon abhängig gemacht werden, ob die Gebühren und Auslagen gezahlt worden sind, die für die Sicherstellung und Verwahrung der Sache erhoben werden. [2] Ist eine Sache verwertet worden, können die Gebühren und Auslagen aus dem Erlös gedeckt werden.

(4) § 983 des Bürgerlichen Gesetzbuchs bleibt unberührt.

Abschnitt 3. Schadensausgleich

§ 51[2] Zum Ausgleich verpflichtende Tatbestände. (1) Erleidet jemand
1. infolge einer rechtmäßigen Inanspruchnahme nach § 20 Abs. 1 oder
2. durch eine Maßnahme auf Grund des § 62 Abs. 1
einen Schaden, so ist ihm ein angemessener Ausgleich zu gewähren.

(2) Absatz 1 gilt entsprechend, wenn jemand
1. infolge einer rechtswidrigen Maßnahme oder
2. als unbeteiligter Dritter
bei der Erfüllung von Aufgaben der Bundespolizei einen Schaden erleidet.

(3) Der Ausgleich des Schadens wird auch Personen gewährt,
1. die mit Zustimmung der zuständigen Behörde freiwillig bei der Erfüllung von Aufgaben der Bundespolizei mitgewirkt oder Sachen zur Verfügung gestellt haben,
2. die nach § 63 Abs. 2 zu Hilfspolizeibeamten bestellt worden sind
und dadurch einen Schaden erlitten haben.

(4) Weitergehende Ersatzansprüche, insbesondere aus Amtspflichtverletzung, bleiben unberührt.

§ 52[3] Inhalt, Art und Umfang des Ausgleichs. (1) [1] Der Ausgleich nach § 51 wird grundsätzlich nur für Vermögensschaden ge-

(Fortsetzung nächstes Blatt)

[1] Schönfelder Nr. 20.
[2] § 51 Abs. 2 abschl. Satzteil und Abs. 3 Nr. 1 geänd. mWv 1.7.2005 durch G v. 21.6.2005 (BGBl. 1 S. 1818).
[3] § 52 Abs. 2 neu gef. mWv 1.8.2002 durch G v. 19.7.2002 (BGBl. I S. 2674).

währt. [2] Für entgangenen Gewinn, der über den Ausfall des gewöhnlichen Verdienstes oder Nutzungsentgeltes hinausgeht, und für Nachteile, die nicht in unmittelbarem Zusammenhang mit der behördlichen Maßnahme stehen, ist ein Ausgleich nur zu gewähren, wenn und soweit dies zur Abwendung unbilliger Härten geboten erscheint.

(2) Bei einer Verletzung des Körpers, der Gesundheit oder der Freiheit ist auch der Schaden, der nicht Vermögensschaden ist, durch eine billige Entschädigung auszugleichen.

(3) [1] Der Ausgleich wird in Geld gewährt. [2] Hat die zum Ausgleich verpflichtende Maßnahme die Aufhebung oder Minderung der Erwerbsfähigkeit oder eine Vermehrung der Bedürfnisse oder den Verlust oder die Beeinträchtigung eines Rechtes auf Unterhalt zur Folge, so ist der Ausgleich durch Entrichtung einer Rente zu gewähren. [3] § 760 des Bürgerlichen Gesetzbuchs[1]) ist anzuwenden. [4] Statt der Rente kann eine Abfindung in Kapital verlangt werden, wenn ein wichtiger Grund vorliegt. [5] Der Anspruch wird nicht dadurch ausgeschlossen, daß ein anderer dem Geschädigten Unterhalt zu gewähren hat.

(4) Stehen dem Geschädigten Ansprüche gegen Dritte zu, so ist, soweit diese Ansprüche nach dem Inhalt und Umfang dem Ausgleichsanspruch entsprechen, der Ausgleich nur gegen Abtretung dieser Ansprüche zu gewähren.

(5) [1] Bei der Bemessung des Ausgleichs sind alle Umstände zu berücksichtigen, insbesondere Art und Vorhersehbarkeit des Schadens und ob der Geschädigte oder sein Vermögen durch die Maßnahme der Behörde geschützt worden ist. [2] Haben Umstände, die der Geschädigte zu vertreten hat, auf die Entstehung oder Verschlimmerung des Schadens eingewirkt, so hängt die Verpflichtung zum Ausgleich sowie der Umfang des Ausgleichs insbesondere davon ab, inwieweit der Schaden vorwiegend von dem Geschädigten oder durch die Behörde verursacht worden ist.

§ 53 Ausgleich im Todesfall. (1) Im Falle der Tötung sind im Rahmen des § 52 Abs. 5 die Kosten der Bestattung demjenigen auszugleichen, dem die Verpflichtung obliegt, diese Kosten zu tragen.

(2) [1] Stand der Getötete zur Zeit der Verletzung zu einem Dritten in einem Verhältnis, auf Grund dessen er diesem gegenüber kraft Gesetzes unterhaltspflichtig war oder unterhaltspflichtig werden konnte, und ist dem Dritten infolge der Tötung das Recht auf den Unterhalt entzogen, so kann der Dritte im Rahmen des § 52 Abs. 5 insoweit einen angemessenen Ausgleich verlangen, als der Getötete während der mutmaßlichen Dauer seines Lebens zur Gewährung des Unterhalts verpflichtet gewesen wäre. [2] § 52 Abs. 3 Satz 3 bis 5 ist entsprechend anzuwenden. [3] Der Ausgleich kann auch dann verlangt werden, wenn der Dritte zur Zeit der Verletzung gezeugt, aber noch nicht geboren war.

§ 54 Verjährung des Ausgleichsanspruchs. Der Anspruch auf den Ausgleich verjährt in drei Jahren von dem Zeitpunkt an, in welchem der Geschädigte, im Falle des § 53 der Anspruchsberechtigte, von dem Schaden und dem zum Ausgleich Verpflichteten Kenntnis erlangt, ohne Rücksicht auf diese Kenntnis in dreißig Jahren von dem Eintritt des schädigenden Ereignisses an.

[1]) Schönfelder Nr. 20.

§ 55 Ausgleichspflichtiger, Ersatzansprüche. (1) [1] Ausgleichspflichtig ist die Bundesrepublik Deutschland. [2] Dies gilt auch für Amtshandlungen eines Beamten der Polizei des Landes gemäß § 64 Abs. 1.

(2) [1] Die Bundesrepublik Deutschland kann von den nach den §§ 17 und 18 verantwortlichen Personen Ersatz ihrer Aufwendungen verlangen, wenn sie auf Grund des § 51 Abs. 1, Abs. 2 Nr. 2 oder Abs. 3 einen Ausgleich gewährt hat. [2] Sind mehrere Personen nebeneinander verantwortlich, so haften sie als Gesamtschuldner.

(3) Wurde ein Ausgleich auf Grund einer Amtshandlung eines Beamten der Polizei des Landes gemäß § 64 Abs. 1 nur wegen der Art und Weise der Durchführung einer Maßnahme gewährt, so kann die Bundesrepublik Deutschland von dem Land, in dessen Dienst der Beamte steht, Ersatz ihrer Aufwendungen verlangen, es sei denn, daß sie selbst die Verantwortung für die Art und Weise der Durchführung trägt.

§ 56 Rechtsweg. Für Ansprüche auf Schadensausgleich ist der ordentliche Rechtsweg, für Ansprüche auf Aufwendungsersatz nach § 55 Abs. 2 und 3 der Verwaltungsrechtsweg gegeben.

Abschnitt 4. Organisation und Zuständigkeiten

§ 57[1]) Bundespolizeibehörden. (1) Bundespolizeibehörden sind das Bundespolizeipräsidium, die Bundespolizeidirektionen und die Bundespolizeiakademie.

(2) [1] Dem Bundespolizeipräsidium als Oberbehörde unterstehen die Bundespolizeidirektionen als Unterbehörden und die Bundespolizeiakademie. [2] Das Bundespolizeipräsidium untersteht dem Bundesministerium des Innern, für Bau und Heimat unmittelbar.

(3) *(aufgehoben)*

(4) Die Bundespolizeiakademie ist die zentrale Aus- und Fortbildungsstätte der Bundespolizei.

(5) Zahl und Sitz der Bundespolizeibehörden bestimmt das Bundesministerium des Innern, für Bau und Heimat, den Sitz nach Anhörung des beteiligten Landes.

(6) Die zahlenmäßige Stärke der Bundespolizei ergibt sich aus dem Haushaltsplan.

§ 58[2]) Sachliche und örtliche Zuständigkeit. (1) Das Bundesministerium des Innern, für Bau und Heimat regelt durch Rechtsverordnung[3]) die sachliche und örtliche Zuständigkeit der einzelnen Bundespolizeibehörden.

[1]) § 57 Überschrift, Abs. 1, Abs. 2 Sätze 1–3, Abs. 3 Satz 1, Satz 2 einl. Satzteil und Nr. 2, Satz 3, Abs. 4 Satz 1 sowie Abs. 5 und 6 geänd. mWv 1.7.2005 durch G v. 21.6.2005 (BGBl. I S. 1818); Abs. 1 geänd., Abs. 2 neu gef. sowie Abs. 3 und 4 bish. Satz 1 wird alleiniger Wortlaut mWv 1.3.2008 durch G v. 26.2.2008 (BGBl. I S. 215); Abs. 2 Satz 2 und Abs. 5 geänd. mWv 27.6.2020 durch VO v. 19.6.2020 (BGBl. I S. 1328).
[2]) § 58 Abs. 1, Abs. 2 Satz 1 und Abs. 3 geänd. mWv 1.7.2005 durch G v. 21.6.2005 (BGBl. I S. 1818); Abs. 1 geänd. mWv 27.6.2020 durch VO v. 19.6.2020 (BGBl. I S. 1328).
[3]) Siehe die VO über die Zuständigkeit der Bundespolizeibehörden v. 22.2.2008 (BGBl. I S. 250), zuletzt geänd. durch VO v. 19.6.2020 (BGBl. I S. 1328).

(2) ¹Beamte der Bundespolizei können Amtshandlungen im gesamten Zuständigkeitsbereich der Bundespolizei vornehmen. ²Sie sollen in der Regel im Zuständigkeitsbereich ihrer Behörde tätig werden.

(3) Beamte der Bundespolizei können die Verfolgung eines Flüchtigen auch über die in § 1 Abs. 7 und § 6 bezeichneten räumlichen Zuständigkeitsbereiche der Bundespolizei hinaus fortsetzen und den Flüchtigen ergreifen.

§ 59¹⁾ Verbandspolizeiliche Aufgabenwahrnehmung. (1) Die Bundespolizei setzt Kräfte der Verbände und Einheiten der Bundespolizei vornehmlich für Maßnahmen ein, die den Einsatz geschlossener Verbände oder Einheiten erfordern.

(2) Erfordert die Abwehr einer Gefahr im Zuständigkeitsbereich der Bundespolizei den Einsatz geschlossener Verbände oder Einheiten, sind die erforderlichen Maßnahmen im Benehmen mit der Polizei des Landes zu treffen.

§ 60²⁾ Einsatz von Hubschraubern. ¹Die Bundespolizei verfügt nach Maßgabe des Haushaltsplans über Hubschrauber als polizeiliches Einsatz- und Transportmittel sowie zur Beförderung von Mitgliedern der Verfassungsorgane des Bundes, Angehörigen der Bundesregierung und deren Gästen. ²Das Bundesministerium des Innern, für Bau und Heimat bestimmt durch Verwaltungsvorschrift Voraussetzungen und Verfahren für die Beförderung von Personen durch Hubschrauber der Bundespolizei, soweit es sich nicht um die Verwendung von Hubschraubern als polizeiliches Einsatz- und Transportmittel handelt.

§ 61³⁾ Grenzübergangsstellen, Grenzerlaubnis. (1) ¹Das Bundesministerium des Innern, für Bau und Heimat entscheidet im Benehmen mit dem Bundesministerium der Finanzen über die Zulassung und Schließung von Grenzübergangsstellen. ²Es gibt diese Entscheidungen im Bundesanzeiger bekannt.

(2) Die Bundespolizei setzt im Benehmen mit dem Hauptzollamt die Verkehrsstunden für die einzelnen Grenzübergangsstellen entsprechend dem Verkehrsbedürfnis fest und *machen*⁴⁾ sie durch Aushang an der Grenzübergangsstelle bekannt.

(3) ¹Die Bundespolizei kann Personen oder Personengruppen die Erlaubnis erteilen, die Grenze außerhalb der zugelassenen Grenzübergangsstellen, außerhalb der festgesetzten Verkehrsstunden oder mit anderen als den zugelassenen Verkehrsarten zu überschreiten, wenn ein besonderes Bedürfnis dafür besteht und öffentliche Belange nicht entgegenstehen. ²Die Grenzerlaubnis kann unter

¹⁾ § 59 Abs. 1 und Abs. 2 Sätze 1 und 2 geänd. mWv 1.7.2005 durch G v. 21.6.2005 (BGBl. I S. *1818); Abs. 1 geänd. und Abs. 2 Satz 1 aufgeh., bish. Satz 2 wird alleiniger Wortlaut und geänd.* mWv 1.3.2008 durch G v. 26.2.2008 (BGBl. I S. 215); Überschrift geänd. mWv 26.7.2012 durch G v. 21.7.2012 (BGBl. I S. 1566).
²⁾ § 60 Sätze 1 und 2 geänd. mWv 1.7.2005 durch G v. 21.6.2005 (BGBl. I S. 1818); Satz 2 geänd. mWv 27.6.2020 durch VO v. 19.6.2020 (BGBl. I S. 1328).
³⁾ § 61 Abs. 2, Abs. 3 Satz 1 sowie Abs. 4 und 5 geänd. mWv 1.7.2005 durch G v. 21.6.2005 (BGBl. I S. 1818); Abs. 2 geänd. mWv 1.1.2008 durch G v. 13.12.2007 (BGBl. I S. 2897); Abs. 2, Abs. 3 Satz 1 sowie Abs. 4 und 5 geänd. mWv 1.3.2008 durch G v. 26.2.2008 (BGBl. I S. 215); Abs. 1 Satz 1 geänd. mWv 27.6.2020 durch VO v. 19.6.2020 (BGBl. I S. 1328).
⁴⁾ Richtig wohl: „macht".

Bedingungen erteilt und auch nachträglich mit Auflagen versehen und befristet werden; sie kann jederzeit widerrufen werden.

(4) Soweit ein Land im Einvernehmen mit dem Bund Aufgaben des grenzpolizeilichen Einzeldienstes mit eigenen Kräften wahrnimmt, kann in der Vereinbarung gemäß § 2 Abs. 3 bestimmt werden, daß Behörden oder Dienststellen der Polizei des Landes anstelle der Bundespolizei nach den Absätzen 2 und 3 tätig werden.

(5) Soweit der Zollverwaltung Aufgaben nach § 2 durch Rechtsverordnung nach § 68 Satz 1 zur Ausübung übertragen sind, kann in der Rechtsverordnung bestimmt werden, daß Behörden der Zollverwaltung anstelle der Bundespolizei nach Absatz 3 tätig werden.

§ 62[1] Unterstützungspflichten. (1) Die Bundespolizei kann, soweit es zur Wahrnehmung ihrer Aufgaben nach § 2 erforderlich ist,

1. Grundstücke mit Ausnahme von Gebäuden betreten und befahren,

2. verlangen, daß Grundstückseigentümer und -besitzer einen Grenzpfad freilassen, an Einfriedungen Durchlässe oder Übergänge einrichten, Wassergräben überbrücken oder das Anbringen von Grenzmarkierungen oder Warnhinweisen dulden,

3. auf eigene Kosten Grenzmarkierungen oder Warnhinweise setzen, Grenzpfade, Durchlässe, Übergänge oder Brücken einrichten oder verbessern.

(2) Die im grenzüberschreitenden Reiseverkehr tätigen Verkehrsunternehmen sowie die Betreiber von Unternehmen, auf deren Betriebsgelände die Bundespolizei Aufgaben nach den §§ 2 bis 4a wahrzunehmen hat, sind verpflichtet,

1. den mit der Wahrnehmung dieser Aufgaben betrauten Beamten den Zutritt zu ihren Anlagen und Beförderungsmitteln unentgeltlich zu gestatten,

2. sie bei der Wahrnehmung dieser Aufgaben unentgeltlich zu befördern,

3. den für die Wahrnehmung dieser Aufgaben zuständigen Dienststellen Fahr- und Flugpläne sowie die tatsächlichen Verkehrsbewegungen rechtzeitig und unentgeltlich mitzuteilen.

(3) [1]Die in Absatz 2 genannten Unternehmen stellen den für die Wahrnehmung der Aufgaben nach den §§ 2 bis 4a zuständigen Dienststellen der Bundespolizei die erforderlichen Diensträume sowie Parkplätze für die Dienstkraftfahrzeuge zur Verfügung und halten diese Einrichtungen in gutem Zustand. [2]Die Bundespolizei vergütet den Unternehmen auf Antrag ihre Selbstkosten, soweit sie diese Einrichtungen nicht ohnehin benötigen. [3]Soweit ein Aufwand über das Maß hinausgeht, das für Einrichtungen der Bundespolizei üblich ist, wird er nicht vergütet.

(4) [1]Die Bundespolizei kann von den in Absatz 2 genannten Unternehmen weitere Einrichtungen und Leistungen verlangen, die mit der Wahrnehmung von Aufgaben der Bundespolizei nach den §§ 2 bis 4a zusammenhängen und die ihnen nach den Umständen zugemutet werden können. [2]§ 8 Abs. 1 Satz 1

[1] § 62 Abs. 4 Satz 2 geänd. durch G v. 7.7.1997 (BGBl. I S. 1650); Abs. 2 einl. Satzteil, Abs. 3 Satz 1 *und Abs. 4 Satz 1 geänd. m Wv 1.1.2002 durch G v. 9.1.2002* (BGBl. I S. 361); Abs. 4 Satz 2 geänd. mWv 15.1.2005 durch G v. 11.1.2005 (BGBl. I S. 78); Abs. 1 und 2 jeweils einl. Satzteil, Abs. 3 Sätze 1–3, Abs. 4 Satz 1 sowie Abs. 5 geänd. mWv 1.7.2005 durch G v. 21.6.2005 (BGBl. I S. 1818).

Nr. 1 zweiter Halbsatz des Luftsicherheitsgesetzes[1] bleibt unberührt. [3]Die in Absatz 2 genannten Unternehmen können dafür Vergütung ihrer Selbstkosten verlangen.

(5) Für die von der Bundespolizei zu zahlende Vergütung kann eine Pauschale vereinbart werden.

(6) Verkehrsverwaltungen des Bundes gelten als Unternehmen im Sinne der vorstehenden Absätze.

§ 63[2] Vollzugsdienst, Hilfspolizeibeamte. (1) Tätigkeiten des Vollzugsdienstes in der Bundespolizei sind in der Regel Polizeivollzugsbeamten zu übertragen.

(2) [1]Die Bundespolizei kann geeignete Personen zur Wahrnehmung bestimmter Aufgaben

1. bei der Überwachung der Grenzen und bei der Kontrolle des grenzüberschreitenden Verkehrs (§ 2 Abs. 2 Nr. 1 und 2),

2. bei der Abwehr von Gefahren auf dem Gebiet der Bahnanlagen der Eisenbahnen des Bundes (§ 3),

3. zum Schutz vor Angriffen auf die Sicherheit des Luftverkehrs (§ 4) oder

4. zum Schutz von Verfassungsorganen des Bundes und Bundesministerien (§ 5) sowie zur Sicherung von Einrichtungen der Bundespolizei (§ 1 Abs. 3)

zu Hilfspolizeibeamten bestellen, soweit hierfür ein Bedürfnis besteht. [2]Die Bestellung kann jederzeit widerrufen werden.

(3) [1]Die Hilfspolizeibeamten haben im Rahmen der ihnen übertragenen Aufgaben die Befugnisse von Beamten der Bundespolizei. [2]Sie sind jedoch nicht befugt, unmittelbaren Zwang nach den §§ 9 bis 14 des Gesetzes über den unmittelbaren Zwang[3] bei Ausübung öffentlicher Gewalt durch Vollzugsbeamte des Bundes anzuwenden.

(4) Das Bundesministerium des Innern, für Bau und Heimat bestimmt die für die Aufsicht über die Hilfspolizeibeamten und ihre Bestellung zuständigen Bundespolizeibehörden.

§ 64[4] Amtshandlungen von Polizeivollzugsbeamten der Länder sowie von Vollzugsbeamten anderer Bundesbehörden oder anderer Staaten im Zuständigkeitsbereich der Bundespolizei. (1) [1]Polizeivollzugsbeamte eines Landes können Amtshandlungen zur Wahrnehmung von Aufgaben der Bundespolizei vornehmen

1. auf Anforderung oder mit Zustimmung der zuständigen Bundespolizeibehörde,

2. zur Abwehr einer gegenwärtigen Gefahr, zur Verfolgung von Straftaten im Sinne des § 12 Abs. 1 auf frischer Tat sowie zur Verfolgung und Wiederergreifung von aus dem Gewahrsam der Bundespolizei Entwichenen, wenn

[1] **Sartorius ErgBd. Nr. 976.**
[2] § 63 Abs. 1, Abs. 2 einl. Satzteil und Nr. 4, Abs. 3 Satz 1 sowie Abs. 4 geänd. mWv 1.7.2005 durch G v. 21.6.2005 (BGBl. I S. 1818); Abs. 4 geänd. mWv 27.6.2020 durch VO v. 19.6.2020 (BGBl. I S. 1328).
[3] **Nr. 115.**
[4] § 64 Überschrift, Abs. 1 Satz 1 einl. Satzteil und Nr. 1 und 2, Satz 2, Abs. 3 Sätze 2–4 sowie Abs. 4 Sätze 1 und 3 geänd. mWv 1.7.2005 durch G v. 21.6.2005 (BGBl. I S. 1818); Abs. 4 Sätze 1 und 2 geänd. mWv 5.8.2009 durch G v. 31.7.2009 (BGBl. I S. 2507).

die zuständige Bundespolizeibehörde die erforderlichen Maßnahmen nicht rechtzeitig treffen kann.

[2] In den Fällen der Nummer 2 ist die zuständige Bundespolizeibehörde unverzüglich zu unterrichten.

(2) Werden Polizeivollzugsbeamte eines Landes nach Absatz 1 tätig, so richten sich ihre Befugnisse nach dem für die Polizei des Landes geltenden Recht.

(3) [1] Absatz 1 gilt für Vollzugsbeamte anderer Bundesbehörden entsprechend. [2] Die Vollzugsbeamten haben insoweit dieselben Befugnisse wie die Bundespolizei. [3] Ihre Maßnahmen gelten als Maßnahmen der Bundespolizei. [4] Sie unterliegen insoweit den Weisungen der zuständigen Bundespolizeibehörde.

(4) [1] Vollzugsbeamte anderer Staaten mit polizeilichen Aufgaben können im Zuständigkeitsbereich der Bundespolizei Amtshandlungen vornehmen, soweit völkerrechtliche Vereinbarungen oder der Beschluss des Rates 2008/615/JI vom 23. Juni 2008 zur Vertiefung der grenzüberschreitenden Kriminalität (ABl. L 210 vom 6.8.2008, S. 1) dies vorsehen. [2] Die Ausübung hoheitlicher Befugnisse durch Vollzugsbeamte anderer Staaten nach Satz 1 ist nur auf Grund eines völkerrechtlichen Vertrages, der der Mitwirkung der gesetzgebenden Körperschaften gemäß Artikel 59 Abs. 2 des Grundgesetzes[1]) bedarf oder auf Grund des Beschlusses des Rates 2008/615/JI vom 23. Juni 2008 (ABl. L 210 vom 6.8.2008, S. 1), zulässig. [3] Vollzugsbeamte anderer Staaten der Europäischen Union können im Einvernehmen mit den zuständigen Stellen des anderen Staates nach Maßgabe der für die Bestellung von Hilfspolizeibeamten geltenden Vorschriften des § 63 Abs. 2 bis 4 mit Aufgaben des Vollzugsdienstes in der Bundespolizei betraut werden.

§ 65[2]) Amtshandlungen von Beamten der Bundespolizei im Zuständigkeitsbereich eines Landes oder Tätigkeiten in anderen Staaten.

(1) Polizeivollzugsbeamte der Bundespolizei dürfen im Zuständigkeitsbereich eines Landes tätig werden, wenn das jeweilige Landesrecht es vorsieht.

(2) Polizeivollzugsbeamte der Bundespolizei dürfen außerhalb der Bundesrepublik Deutschland tätig werden, soweit völkerrechtliche Vereinbarungen oder der Beschluss des Rates 2008/615/JI vom 23. Juni 2008 (ABl. L 210 vom 6.8.2008, S. 1) dies vorsehen oder das Bundesministerium des Innern, für Bau und Heimat im Einvernehmen mit den zuständigen Stellen des anderen Staates einer Tätigkeit von Beamten der Bundespolizei im Ausland allgemein oder im Einzelfall zustimmt.

§ 66[3]) Amtshandlungen von Beamten der Zollverwaltung im Zuständigkeitsbereich der Bundespolizei. (1) Das Bundesministerium des Innern, für Bau und Heimat kann im Einvernehmen mit dem Bundesministerium der Finanzen Beamte der Zollverwaltung mit der Wahrnehmung von Aufgaben der polizeilichen Kontrolle des grenzüberschreitenden Verkehrs (§ 2 Abs. 2 Nr. 2)

[1]) Nr. **1**.
[2]) § 65 Überschrift sowie Abs. 1 und 2 geänd. mWv 1.7.2005 durch G v. 21.6.2005 (BGBl. I S. 1818); Abs. 2 geänd. mWv 5.8.2009 durch G v. 31.7.2009 (BGBl. I S. 2507); Abs. 2 geänd. mWv *27.6.2020 durch VO v. 19.6.2020 (BGBl. I S. 1328)*.
[3]) § 66 Überschrift und Abs. 2 Sätze 1–3 geänd. mWv 1.7.2005 durch G v. 21.6.2005 (BGBl. I S. 1818); Abs. 1 und 2 Satz 3 geänd. mWv 27.6.2020 durch VO v. 19.6.2020 (BGBl. I S. 1328).

an einzelnen Grenzübergangsstellen betrauen, soweit dadurch die Abfertigung des grenzüberschreitenden Reiseverkehrs vereinfacht wird.

(2) [1] Nehmen Beamte der Zollverwaltung Aufgaben nach Absatz 1 wahr, so haben sie dieselben Befugnisse wie Beamte der Bundespolizei. [2] Ihre Maßnahmen gelten als Maßnahmen der Bundespolizei. [3] Das Bundesministerium des Innern, für Bau und Heimat und die nachgeordneten Bundespolizeibehörden üben ihnen gegenüber insoweit die Fachaufsicht aus.

§ 67[1]) **Amtshandlungen von Beamten der Bundespolizei im Zuständigkeitsbereich der Zollverwaltung.** (1) Das Bundesministerium der Finanzen kann im Einvernehmen mit dem Bundesministerium des Innern, für Bau und Heimat Beamte der Bundespolizei mit der Wahrnehmung von Aufgaben der Zollverwaltung an einzelnen Grenzzollstellen betrauen, soweit dadurch die Abfertigung des grenzüberschreitenden Reiseverkehrs vereinfacht wird.

(2) [1] Nehmen Beamte der Bundespolizei Aufgaben nach Absatz 1 wahr, so haben sie dieselben Befugnisse wie Beamte der Zollverwaltung. [2] Ihre Maßnahmen gelten als Maßnahmen der Zollverwaltung. [3] Das Bundesministerium der Finanzen und die nachgeordneten Zolldienststellen üben ihnen gegenüber insoweit die Fachaufsicht aus.

§ 68[2]) **Wahrnehmung von Aufgaben durch die Zollverwaltung.** [1] Das Bundesministerium des Innern, für Bau und Heimat kann im Einvernehmen mit dem Bundesministerium der Finanzen durch Rechtsverordnung auf die Zollverwaltung zur Ausübung übertragen

1. die polizeiliche Kontrolle des grenzüberschreitenden Verkehrs (§ 2 Abs. 2 Nr. 2) an einzelnen Grenzübergangsstellen,

2. sonstige Aufgaben nach § 2.

[2] Nimmt die Zollverwaltung Aufgaben nach Satz 1 wahr, gilt § 66 Abs. 2 entsprechend.

Abschnitt 5. Schlußbestimmungen

§ 69[3]) **Verwaltungsvorschriften.** Das Bundesministerium des Innern, für Bau und Heimat erläßt die zur Durchführung dieses Gesetzes im Bereich der Bundesverwaltung erforderlichen allgemeinen Verwaltungsvorschriften.

§ 69a[4]) **Bußgeldvorschriften.** (1) Ordnungswidrig handelt, wer vorsätzlich oder fahrlässig einer vollziehbaren Anordnung nach § 31a Abs. 1 zuwiderhandelt.

(2) Die Ordnungswidrigkeit kann mit einer Geldbuße bis zu fünfzigtausend Euro geahndet werden.

(3) [1] Verwaltungsbehörde im Sinne des § 36 Abs. 1 Nr. 1 des Gesetzes über Ordnungswidrigkeiten[5]) ist die in der Rechtsverordnung nach § 58 Abs. 1

[1]) § 67 Überschrift sowie Abs. 1 und Abs. 2 Satz 1 geänd. mWv 1.7.2005 durch G v. 21.6.2005 (BGBl. I S. 1818); Abs. 1 geänd. mWv 27.6.2020 durch VO v. 19.6.2020 (BGBl. I S. 1328).
[2]) § 68 Satz 1 einl. Satzteil geänd. mWv 27.6.2020 durch VO v. 19.6.2020 (BGBl. I S. 1328).
[3]) § 69 geänd. mWv 27.6.2020 durch VO v. 19.6.2020 (BGBl. I S. 1328).
[4]) § 69a eingef. mWv 1.4.2008 durch G v. 22.12.2007 (BGBl. I S. 3214), geänd. durch G v. 26.2.2008, BGBl. I S. 215).
[5]) **Schönfelder Nr. 94.**

bestimmte Bundespolizeibehörde. ²Sie teilt dem Luftfahrt-Bundesamt die Verhängung eines Bußgeldes nach Absatz 1 mit.

§ 70¹⁾ Einschränkung von Grundrechten. ¹Die Grundrechte der körperlichen Unversehrtheit (Artikel 2 Abs. 2 Satz 1 des Grundgesetzes²⁾), der Freiheit der Person (Artikel 2 Abs. 2 Satz 2 des Grundgesetzes), des Fernmeldegeheimnisses (Artikel 10 des Grundgesetzes) und der Freizügigkeit (Artikel 11 Abs. 1 des Grundgesetzes) werden nach Maßgabe dieses Gesetzes eingeschränkt. ²Das Grundrecht der Unverletzlichkeit der Wohnung (Artikel 13 des Grundgesetzes) wird durch die §§ 28a, 45 und 46 eingeschränkt.

¹⁾ § 70 Satz 1 geänd. mWv 1.7.2013 durch G v. 20.6.2013 (BGBl. I S. 1602); Satz 2 geänd. mWv 30.7.2016 durch G v. 26.7.2016 (BGBl. I S. 1818).
²⁾ Nr. **1**.

96. Gesetz über die Zusammenarbeit von Bundesregierung und Deutschem Bundestag in Angelegenheiten der Europäischen Union (EUZBBG)

Vom 4. Juli 2013
(BGBl. I S. 2170)
FNA 170-10

Der Bundestag hat das folgende Gesetz beschlossen:

§ 1 Mitwirkung des Bundestages. (1) [1] In Angelegenheiten der Europäischen Union wirkt der Bundestag an der Willensbildung des Bundes mit und hat das Recht zur Stellungnahme. [2] Die Bundesregierung hat ihn umfassend und zum frühestmöglichen Zeitpunkt zu unterrichten.

(2) [1] Angelegenheiten der Europäischen Union im Sinne von Artikel 23 des Grundgesetzes[1] sind insbesondere Vertragsänderungen und entsprechende Änderungen auf der Ebene des Primärrechts sowie Rechtsetzungsakte der Europäischen Union. [2] Um eine Angelegenheit der Europäischen Union handelt es sich auch bei völkerrechtlichen Verträgen und intergouvernementalen Vereinbarungen, wenn sie in einem Ergänzungs- oder sonstigen besonderen Näheverhältnis zum Recht der Europäischen Union stehen.

§ 2 Ausschuss für die Angelegenheiten der Europäischen Union. [1] Der Bundestag bestellt einen Ausschuss für die Angelegenheiten der Europäischen Union. [2] Der Bundestag kann den Ausschuss ermächtigen, für ihn Stellungnahmen abzugeben. [3] Er kann ihn ermächtigen, die Rechte des Bundestages gemäß Artikel 23 des Grundgesetzes[1] gegenüber der Bundesregierung wahrzunehmen. [4] Er kann ihn auch ermächtigen, die Rechte wahrzunehmen, die dem Bundestag in den vertraglichen Grundlagen der Europäischen Union eingeräumt sind.

§ 3 Grundsätze der Unterrichtung. (1) [1] Die Bundesregierung unterrichtet den Bundestag in Angelegenheiten der Europäischen Union umfassend, zum frühestmöglichen Zeitpunkt und fortlaufend. [2] Diese Unterrichtung erfolgt grundsätzlich schriftlich durch die Weiterleitung von Dokumenten oder die Abgabe von eigenen Berichten der Bundesregierung, darüber hinaus mündlich. [3] Der mündlichen Unterrichtung kommt lediglich eine ergänzende und erläuternde Funktion zu. [4] Die Bundesregierung stellt sicher, dass diese Unterrichtung die Befassung des Bundestages ermöglicht.

(2) [1] Die Unterrichtung erstreckt sich insbesondere auf die Willensbildung der Bundesregierung, die Vorbereitung und den Verlauf der Beratungen innerhalb der Organe der Europäischen Union, die Stellungnahmen des Europäischen Parlaments, der Europäischen Kommission und der anderen

[1] Nr. 1.

Mitgliedstaaten der Europäischen Union sowie die getroffenen Entscheidungen. [2] Dies gilt auch für alle vorbereitenden Gremien und Arbeitsgruppen.

(3) [1] Die Pflicht zur Unterrichtung umfasst auch die Vorbereitung und den Verlauf der Beratungen der informellen Ministertreffen, des Eurogipfels, der Eurogruppe sowie vergleichbarer Institutionen, die auf Grund völkerrechtlicher Verträge und sonstiger Vereinbarungen, die in einem Ergänzungs- oder sonstigen besonderen Näheverhältnis zum Recht der Europäischen Union stehen, zusammentreten. [2] Dies gilt auch für alle vorbereitenden Gremien und Arbeitsgruppen.

(4) Der Kernbereich exekutiver Eigenverantwortung der Bundesregierung bleibt von den Unterrichtungspflichten unberührt.

(5) Der Bundestag kann auf einzelne Unterrichtungen verzichten, es sei denn, dass eine Fraktion oder fünf Prozent der Mitglieder des Bundestages widersprechen.

§ 4 Übersendung von Dokumenten und Berichtspflichten. (1) [1] Die Unterrichtung des Bundestages nach § 3 erfolgt insbesondere durch Übersendung von allen bei der Bundesregierung eingehenden

1. Dokumenten

a) der Organe der Europäischen Union, der informellen Ministertreffen, des Ausschusses der Ständigen Vertreter und sonstiger Ausschüsse und Arbeitsgruppen des Rates,

b) des Eurogipfels, der Eurogruppe und vergleichbarer Institutionen, die auf der Grundlage von völkerrechtlichen Verträgen und sonstigen Vereinbarungen, die in einem Ergänzungs- oder sonstigen besonderen Näheverhältnis zum Recht der Europäischen Union stehen, zusammentreten,

c) aller die Institutionen nach den Buchstaben a und b vorbereitenden Gremien und Arbeitsgruppen;

2. Berichten der Ständigen Vertretung der Bundesrepublik Deutschland bei der Europäischen Union beziehungsweise der Bundesregierung zu

a) Sitzungen der in Nummer 1 genannten Institutionen,

b) Sitzungen des Europäischen Parlaments und seiner Ausschüsse,

c) Einberufungen, Verhandlungen und Ergebnissen von Trilogen,

d) Beschlüssen der Europäischen Kommission.

[2] Der Bundestag muss bereits im Voraus und so rechtzeitig informiert werden, dass er sich über den Gegenstand der Sitzungen sowie die Position der Bundesregierung eine Meinung bilden und auf die Verhandlungslinie und das Abstimmungsverhalten der Bundesregierung Einfluss nehmen kann. [3] Berichte über Sitzungen müssen zumindest die von der Bundesregierung und von anderen Staaten vertretenen Positionen, den Verlauf der Verhandlungen und Zwischen- und Endergebnisse darstellen sowie über eingelegte Parlamentsvorbehalte unterrichten.

(2) [1] Die Bundesregierung übersendet dem Bundestag zudem

1. Dokumente und Informationen über Initiativen, Stellungnahmen, Konsultationsbeiträge, Programmentwürfe und Erläuterungen der Bundesregierung für Organe der Europäischen Union, informelle Ministertreffen sowie den Eurogipfel, die Eurogruppe und vergleichbare Institutionen auf der Grundlage von völkerrechtlichen Verträgen und sonstigen Vereinbarungen,

die in einem Ergänzungs- oder sonstigen besonderen Näheverhältnis zum Recht der Europäischen Union stehen,

2. entsprechende Initiativen, Stellungnahmen, Konsultationsbeiträge und Erläuterungen der Regierungen von Mitgliedstaaten der Europäischen Union,

3. entsprechende Initiativen, Stellungnahmen, Konsultationsbeiträge und Erläuterungen des Bundesrates und der Länder sowie

4. Sammelweisungen für den deutschen Vertreter im Ausschuss der Ständigen Vertreter.

[2] Dies gilt auch für alle vorbereitenden Gremien und Arbeitsgruppen.

(3) Die Bundesregierung gibt Auskunft über ihr vorliegende inoffizielle Dokumente zu Angelegenheiten der Europäischen Union und stellt diese auf Anforderung frühestmöglich zur Verfügung.

(4) [1] Vor Tagungen des Europäischen Rates, des Rates, der informellen Ministertreffen, des Eurogipfels, der Eurogruppe und vergleichbarer Institutionen auf der Grundlage von völkerrechtlichen Verträgen und sonstigen Vereinbarungen, die in einem Ergänzungs- oder sonstigen besonderen Näheverhältnis zum Recht der Europäischen Union stehen, unterrichtet die Bundesregierung den Bundestag schriftlich und mündlich zu jedem Beratungsgegenstand. [2] Diese Unterrichtung umfasst die Grundzüge des Sach- und Verhandlungsstandes sowie die Verhandlungslinie der Bundesregierung sowie deren Initiativen. [3] Nach den Tagungen unterrichtet die Bundesregierung schriftlich und mündlich über die Ergebnisse.

(5) Die Bundesregierung übersendet dem Bundestag regelmäßig, mindestens vierteljährlich, Frühwarnberichte über aktuelle politische Entwicklungen in Angelegenheiten der Europäischen Union.

(6) Die Bundesregierung unterrichtet den Bundestag ferner

1. über die Einleitung von Vertragsverletzungsverfahren nach den Artikeln 258 und 260 des Vertrags über die Arbeitsweise der Europäischen Union[1]) durch Übermittlung von Mahnschreiben und mit Gründen versehenen Stellungnahmen sowie erläuternden Informationen und Dokumenten, insbesondere der Antwortschreiben der Bundesregierung, soweit diese Verfahren die ausgebliebene, unvollständige oder fehlerhafte Umsetzung von Richtlinien durch den Bund betreffen,

2. über Verfahren vor dem Gerichtshof der Europäischen Union, bei denen die Bundesrepublik Deutschland Verfahrensbeteiligte ist. Zu Verfahren, an denen sich die Bundesregierung beteiligt, übermittelt sie die entsprechenden Dokumente, und

3. auf Anforderung über weitere Verfahren vor dem Gerichtshof der Europäischen Union und übermittelt die entsprechenden Dokumente, soweit sie ihr vorliegen.

§ 5 Vorhaben der Europäischen Union. (1) Vorhaben der Europäischen Union (Vorhaben) im Sinne dieses Gesetzes sind insbesondere

1. Vorschläge und Initiativen für Beschlüsse zur Aufnahme von Verhandlungen zu Änderungen der vertraglichen Grundlagen der Europäischen Union,

[1]) Nr. **1001**.

2. Vorschläge und Initiativen für Beschlüsse zur Aufnahme von Verhandlungen zur Vorbereitung von Beitritten zur Europäischen Union,

3. Vorschläge und Initiativen für Beschlüsse gemäß Artikel 140 Absatz 2 des Vertrages über die Arbeitsweise der Europäischen Union[1]) zur Einführung des Euro,

4. Vorschläge für Gesetzgebungsakte der Europäischen Union,

5. Verhandlungsmandate für die Europäische Kommission zu Verhandlungen über völkerrechtliche Verträge der Europäischen Union,

6. Beratungsgegenstände, Initiativen sowie Verhandlungsmandate und Verhandlungsrichtlinien für die Europäische Kommission im Rahmen der gemeinsamen Handelspolitik und der Welthandelsrunden,

7. Mitteilungen, Stellungnahmen, Grün- und Weißbücher sowie Empfehlungen der Europäischen Kommission,

8. Berichte, Aktionspläne und Politische Programme der Organe der Europäischen Union,

9. Interinstitutionelle Vereinbarungen der Organe der Europäischen Union,

10. Haushalts- und Finanzplanung der Europäischen Union,

11. Entwürfe zu völkerrechtlichen Verträgen und sonstigen Vereinbarungen, wenn sie in einem Ergänzungs- oder sonstigen besonderen Näheverhältnis zum Recht der Europäischen Union stehen,

12. Beratungsgegenstände, Vorschläge und Initiativen, die im Rahmen von völkerrechtlichen Verträgen und Vereinbarungen im Sinne von Nummer 11 behandelt werden.

(2) Vorhaben im Sinne dieses Gesetzes sind auch Vorschläge und Initiativen der Europäischen Union, bei denen eine Mitwirkung des Bundestages nach dem Integrationsverantwortungsgesetz[2]) vom 22. September 2009 (BGBl. I S. 3022) in der jeweils geltenden Fassung erforderlich ist.

(3) Für Angelegenheiten

1. des Europäischen Stabilitätsmechanismus gelten unbeschadet der §§ 1 bis 4 die Bestimmungen des ESM-Finanzierungsgesetzes vom 13. September 2012 (BGBl. I S. 1918) in der jeweils geltenden Fassung,

2. der Europäischen Finanzstabilisierungsfazilität gelten unbeschadet der §§ 1 bis 4 die Bestimmungen des Stabilisierungsmechanismusgesetzes vom 22. Mai 2010 (BGBl. I S. 627) in der jeweils geltenden Fassung,

3. der Gemeinsamen Außen- und Sicherheitspolitik und der Gemeinsamen Sicherheits- und Verteidigungspolitik gilt § 7.

§ 6 Förmliche Zuleitung, Berichtsbogen und Umfassende Bewertung, Abschluss von EU-Gesetzgebungsverfahren. (1) [1]Die Bundesregierung übersendet dem Bundestag alle Vorhaben mit einem Zuleitungsschreiben (förmliche Zuleitung). [2]Das Zuleitungsschreiben enthält auf der Grundlage des zuzuleitenden Dokuments die folgenden Hinweise:

[1]) Nr. **1001**.
[2]) Nr. **98**.

1. den wesentlichen Inhalt und die Zielsetzung des Vorhabens,
2. das Datum des Erscheinens des betreffenden Dokuments in deutscher Sprache,
3. die Rechtsgrundlage,
4. das anzuwendende Verfahren und
5. die Benennung des federführenden Bundesministeriums.

(2) ¹Die Bundesregierung übermittelt binnen zwei Wochen nach förmlicher Zuleitung eines Vorhabens einen Bericht gemäß der Anlage (Berichtsbogen). ²Dieser enthält insbesondere die Bewertung des Vorhabens hinsichtlich seiner Vereinbarkeit mit den Grundsätzen der Subsidiarität und der Verhältnismäßigkeit.

(3) ¹Zu Vorschlägen für Gesetzgebungsakte der Europäischen Union übermittelt die Bundesregierung zudem binnen zwei Wochen nach Überweisung an die Ausschüsse des Bundestages, spätestens jedoch zu Beginn der Beratungen in den Ratsgremien, eine Umfassende Bewertung. ²Neben Angaben zur Zuständigkeit der Europäischen Union zum Erlass des vorgeschlagenen Gesetzgebungsaktes und zu dessen Vereinbarkeit mit den Grundsätzen der Subsidiarität und Verhältnismäßigkeit enthält diese Bewertung im Rahmen einer umfassenden Abschätzung der Folgen für die Bundesrepublik Deutschland Aussagen insbesondere in rechtlicher, wirtschaftlicher, finanzieller, sozialer und ökologischer Hinsicht zu Regelungsinhalt, Alternativen, Kosten, Verwaltungsaufwand und Umsetzungsbedarf. ³Zu anderen Vorhaben im Sinne von § 5 Absatz 1 erfolgt die Erstellung einer entsprechenden Umfassenden Bewertung nur auf Anforderung.

(4) ¹Bei eilbedürftigen Vorhaben verkürzen sich die Fristen der Absätze 2 und 3 so, dass eine rechtzeitige Unterrichtung und die Gelegenheit zur Stellungnahme nach § 8 Absatz 1 Satz 1 für den Bundestag gewährleistet sind. ²Ist eine besonders umfangreiche Bewertung erforderlich, kann die Frist verlängert werden.

(5) Darüber hinaus erstellt die Bundesregierung zu besonders komplexen oder bedeutsamen Vorhaben auf Anforderung vertiefende Berichte.

(6) Die Bundesregierung unterrichtet den Bundestag über den Abschluss eines Gesetzgebungsverfahrens der Europäischen Union; diese Unterrichtung enthält auch eine Bewertung, ob die Bundesregierung den Gesetzgebungsakt mit den Grundsätzen der Subsidiarität und Verhältnismäßigkeit für vereinbar hält; bei Richtlinien informiert die Bundesregierung über die zu berücksichtigenden Fristen für die innerstaatliche Umsetzung und den Umsetzungsbedarf.

§ 7 Gemeinsame Außen- und Sicherheitspolitik und Gemeinsame Sicherheits- und Verteidigungspolitik. (1) ¹Im Bereich der Gemeinsamen Außen- und Sicherheitspolitik und der Gemeinsamen Sicherheits- und Verteidigungspolitik unterrichtet die Bundesregierung umfassend, fortlaufend und zum frühestmöglichen Zeitpunkt. ²Die Unterrichtung erfolgt in der Regel schriftlich. ³Sie umfasst die Zuleitung einer Übersicht über die absehbar zur Beratung anstehenden Rechtsakte, deren Bewertung und eine Einschätzung über den weiteren Beratungsverlauf. ⁴Über Tagungen des Europäischen Rates und des Rates, die Beschlüsse und Schlussfolgerungen im Bereich der Gemeinsamen Außen- und Sicherheitspolitik und der Gemeinsamen Sicherheits- und Verteidigungspolitik zum Gegenstand haben, gilt § 4 Absatz 4 entsprechend.

(2) [1] Ergänzend leitet die Bundesregierung dem Bundestag auf Anforderung Dokumente von grundsätzlicher Bedeutung nach Maßgabe des § 6 Absatz 1 zu. [2] § 6 Absatz 2 gilt entsprechend.

(3) Zudem unterrichtet die Bundesregierung fortlaufend und zeitnah mündlich über alle relevanten Entwicklungen im Bereich der Gemeinsamen Außen- und Sicherheitspolitik und der Gemeinsamen Sicherheits- und Verteidigungspolitik.

(4) Über die Sitzungen des Politischen und Sicherheitspolitischen Komitees unterrichtet die Bundesregierung die zuständigen Ausschüsse des Bundestages mündlich.

§ 8 Stellungnahmen des Bundestages. (1) [1] Vor ihrer Mitwirkung an Vorhaben gibt die Bundesregierung dem Bundestag Gelegenheit zur Stellungnahme. [2] Hierzu übermittelt die Bundesregierung dem Bundestag fortlaufend aktualisierte Informationen über den Beratungsablauf, die es ermöglichen, den für eine Stellungnahme geeigneten Zeitpunkt zu bestimmen, und teilt mit, bis zu welchem Zeitpunkt auf Grund des Beratungsverlaufs eine Stellungnahme angemessen erscheint.

(2) [1] Gibt der Bundestag eine Stellungnahme ab, legt die Bundesregierung diese ihren Verhandlungen zugrunde. [2] Die Bundesregierung unterrichtet fortlaufend über die Berücksichtigung der Stellungnahme in den Verhandlungen.

(3) [1] Der Bundestag kann seine Stellungnahme im Verlauf der Beratung des Vorhabens anpassen und ergänzen. [2] Absatz 2 Satz 1 gilt entsprechend.

(4) [1] Macht der Bundestag von der Gelegenheit zur Stellungnahme gemäß Artikel 23 Absatz 3 Satz 1 des Grundgesetzes[1)] Gebrauch, legt die Bundesregierung in den Verhandlungen einen Parlamentsvorbehalt ein, wenn der Beschluss des Bundestages in einem seiner wesentlichen Belange nicht durchsetzbar ist. [2] Die Bundesregierung unterrichtet den Bundestag in einem gesonderten Bericht unverzüglich darüber. [3] Dieser Bericht muss der Form und dem Inhalt nach angemessen sein, um eine Beratung in den Gremien des Bundestages zu ermöglichen. [4] Vor der abschließenden Entscheidung bemüht sich die Bundesregierung, Einvernehmen mit dem Bundestag herzustellen. [5] Dies gilt auch dann, wenn der Bundestag bei Vorhaben der Europäischen Union zu Fragen der kommunalen Daseinsvorsorge Stellung nimmt. [6] Das Recht der Bundesregierung, in Kenntnis der Stellungnahme des Bundestages aus wichtigen außen- oder integrationspolitischen Gründen abweichende Entscheidungen zu treffen, bleibt unberührt.

(5) [1] Nach der abschließenden Beschlussfassung unterrichtet die Bundesregierung den Bundestag unverzüglich schriftlich, insbesondere über die Durchsetzung seiner Stellungnahme. [2] Sollten nicht alle Belange der Stellungnahme berücksichtigt worden sein, benennt die Bundesregierung auch die Gründe hierfür. [3] Auf Verlangen eines Viertels der Mitglieder des Bundestages erläutert die Bundesregierung diese Gründe im Rahmen einer Plenardebatte.

[1)] Nr. 1.

§ 9 Aufnahme von Verhandlungen über Beitritte und Vertragsänderungen. (1) Mit der Unterrichtung über Vorschläge und Initiativen für Beschlüsse zur Aufnahme von Verhandlungen

1. zur Vorbereitung eines Beitritts zur Europäischen Union oder

2. zu Änderungen der vertraglichen Grundlagen der Europäischen Union

weist die Bundesregierung den Bundestag auf sein Recht zur Stellungnahme nach § 8 hin.

(2) [1] Vor der abschließenden Entscheidung im Rat oder im Europäischen Rat soll die Bundesregierung Einvernehmen mit dem Bundestag herstellen. [2] Das Recht der Bundesregierung, in Kenntnis der Stellungnahme des Bundestages aus wichtigen außen- oder integrationspolitischen Gründen abweichende Entscheidungen zu treffen, bleibt unberührt.

§ 9 a Einführung des Euro in einem Mitgliedstaat. (1) Mit der Unterrichtung über Vorschläge und Initiativen für Beschlüsse des Rates gemäß Artikel 140 Absatz 2 des Vertrages über die Arbeitsweise der Europäischen Union[1]) zur Einführung des Euro in einem weiteren Mitgliedstaat weist die Bundesregierung den Bundestag auf sein Recht zur Stellungnahme nach § 8 hin.

(2) [1] Vor der abschließenden Entscheidung im Rat soll die Bundesregierung mit dem Bundestag Einvernehmen herstellen. [2] Das Recht der Bundesregierung, in Kenntnis der Stellungnahme des Bundestages aus wichtigen außen- oder integrationspolitischen Gründen abweichende Entscheidungen zu treffen, bleibt unberührt.

§ 10 Zugang zu Datenbanken, vertrauliche Behandlung von Dokumenten. (1) Die Bundesregierung eröffnet dem Bundestag im Rahmen der Datenschutzvorschriften Zugang zu Dokumentendatenbanken der Europäischen Union, die ihr zugänglich sind.

(2) [1] Die Dokumente der Europäischen Union werden grundsätzlich offen weitergegeben. [2] Die Sicherheitseinstufung der Organe der Europäischen Union über eine besondere Vertraulichkeit wird vom Bundestag beachtet. [3] Eine für diese Dokumente oder für andere im Rahmen dieses Gesetzes an den Bundestag zu übermittelnden Informationen, Berichte und Mitteilungen eventuell erforderliche nationale Einstufung als vertraulich wird vor Versendung von der Bundesregierung vorgenommen und vom Bundestag beachtet. [4] Die Gründe für die Einstufung sind auf Anforderung zu erläutern.

(3) Dem besonderen Schutzbedürfnis laufender vertraulicher Verhandlungen trägt der Bundestag durch eine vertrauliche Behandlung Rechnung.

§ 11 Verbindungsbüro des Bundestages. (1) [1] Der Bundestag kann über ein Verbindungsbüro unmittelbare Kontakte zu Einrichtungen der Europäischen Union pflegen, soweit dies der Wahrnehmung seiner Mitwirkungsrechte in Angelegenheiten der Europäischen Union dient. [2] Die Fraktionen des Bundestages entsenden Vertreter in das Verbindungsbüro.

[1]) Nr. **1001**.

(2) Die Bundesregierung unterstützt über die Ständige Vertretung der Bundesrepublik Deutschland bei der Europäischen Union und die bilaterale Botschaft der Bundesrepublik Deutschland beim Königreich Belgien das Verbindungsbüro des Bundestages im Hinblick auf seine fachlichen Aufgaben.

§ 12 Inkrafttreten, Außerkrafttreten. [1] Dieses Gesetz tritt am Tag nach der Verkündung[1]) in Kraft. [2] Gleichzeitig tritt das Gesetz über die Zusammenarbeit von Bundesregierung und Deutschem Bundestag in Angelegenheiten der Europäischen Union vom 12. März 1993 (BGBl. I S. 311, 1780), das zuletzt durch Artikel 2 des Gesetzes vom 13. September 2012 (BGBl. 2012 II S. 1006) geändert worden ist, außer Kraft.

Anlage
(zu § 6 Absatz 2)

(Anlage hier nicht abgedruckt)

[1]) Verkündet am 12. 7. 2013.

97. Gesetz über die Zusammenarbeit von Bund und Ländern in Angelegenheiten der Europäischen Union

Vom 12. März 1993

(BGBl. I S. 313)

FNA 170-3

geänd. durch Art. 2 Abs. 2 G über die Ausweitung und Stärkung der Rechte des BT und des BR in Angelegenheiten der EU v. 17. 11. 2005 (BGBl. I S. 3178, aufgeh. durch BGBl. I S. 3022), Art. 2 Föderalismusreform-BegleitG v. 5. 9. 2006 (BGBl. I S. 2098) und Art. 1 ÄndG v. 22. 9. 2009 (BGBl. I S. 3031)

Der Bundestag hat mit Zustimmung des Bundesrates das folgende Gesetz beschlossen:

§ 1 [Mitwirkung durch Bundesrat] In Angelegenheiten der Europäischen Union wirken die Länder durch den Bundesrat mit.

§ 2 [Umfassende und frühzeitige Unterrichtung des Bundesrates] Die Bundesregierung unterrichtet den Bundesrat unbeschadet des Artikels 2 des Gesetzes zu den Verträgen vom 25. März 1957 zur Gründung der Europäischen Wirtschaftsgemeinschaft und der Europäischen Atomgemeinschaft vom 27. Juli 1957 (BGBl. II S. 753) umfassend und zum frühestmöglichen Zeitpunkt über alle Vorhaben im Rahmen der Europäischen Union, die für die Länder von Interesse sein könnten.

§ 3 [Gelegenheit zur Stellungnahme] Vor der Festlegung der Verhandlungsposition zu einem Vorhaben der Europäischen Union gibt die Bundesregierung dem Bundesrat rechtzeitig Gelegenheit zur Stellungnahme binnen angemessener Frist, soweit Interessen der Länder berührt sind.

§ 4 [Beteiligung von Ländervertretern an Beratungen der Bundesregierung] (1) Soweit der Bundesrat an einer entsprechenden innerstaatlichen Maßnahme mitzuwirken hätte oder soweit die Länder innerstaatlich zuständig wären, beteiligt die Bundesregierung vom Bundesrat benannte Vertreter der Länder an Beratungen zur Festlegung der Verhandlungsposition zu dem Vorhaben.

(2) ¹Gegenstand der Beratungen nach Absatz 1 ist auch die Anwendung der §§ 5 und 6 auf das Vorhaben. ²Dabei ist zwischen Bund und Ländern ein Einvernehmen anzustreben.

§ 5¹⁾ [Berücksichtigung der Stellungnahme des Bundesrates] (1) Soweit in einem Bereich ausschließlicher Zuständigkeiten des Bundes Interessen der Länder berührt sind oder soweit im übrigen der Bund das Recht zur

¹⁾ § 5 Abs. 3 aufgeh. mWv 25. 9. 2009 durch G v. 22. 9. 2009 (BGBl. I S. 3031).

Gesetzgebung hat, berücksichtigt die Bundesregierung die Stellungnahme des Bundesrates bei der Festlegung der Verhandlungsposition zu dem Vorhaben.

(2) [1] Wenn bei einem Vorhaben im Schwerpunkt Gesetzgebungsbefugnisse der Länder betroffen sind und der Bund kein Recht zur Gesetzgebung hat oder ein Vorhaben im Schwerpunkt die Einrichtung der Behörden der Länder oder ihre Verwaltungsverfahren betrifft, ist insoweit bei Festlegung der Verhandlungsposition durch die Bundesregierung die Stellungnahme des Bundesrates maßgeblich zu berücksichtigen; im übrigen gilt Absatz 1. [2] Die gesamtstaatliche Verantwortung des Bundes, einschließlich außen-, verteidigungs- und integrationspolitisch zu bewertender Fragen, ist zu wahren. [3] Stimmt die Auffassung der Bundesregierung nicht mit der Stellungnahme des Bundesrates überein, ist ein Einvernehmen anzustreben. [4] Zur Herbeiführung dieses Einvernehmens erfolgt erneute Beratung der Bundesregierung mit Vertretern der Länder. [5] Kommt ein Einvernehmen nicht zustande und bestätigt der Bundesrat daraufhin seine Auffassung mit einem mit zwei Dritteln seiner Stimmen gefaßten Beschluß, so ist die Auffassung des Bundesrates maßgebend. [6] Die Zustimmung der Bundesregierung ist erforderlich, wenn Entscheidungen zu Ausgabenerhöhungen oder Einnahmeminderungen für den Bund führen können.

§ 6[1]) **[Beteiligung von Ländervertretern an Verhandlungen in Beratungsgremien der Kommission und des Rates]** (1) [1] Bei einem Vorhaben, bei dem der Bundesrat an einer entsprechenden innerstaatlichen Maßnahme mitzuwirken hätte oder bei dem die Länder innerstaatlich zuständig wären oder das sonst wesentliche Interessen der Länder berührt, zieht die Bundesregierung auf Verlangen Vertreter der Länder zu den Verhandlungen in den Beratungsgremien der Kommission und des Rates hinzu, soweit ihr dies möglich ist. [2] Die Verhandlungsführung liegt bei der Bundesregierung; Vertreter der Länder können mit Zustimmung der Verhandlungsführung Erklärungen abgeben.

(2) [1] Wenn im Schwerpunkt ausschließliche Gesetzgebungsbefugnisse der Länder auf den Gebieten der schulischen Bildung, der Kultur oder des Rundfunks betroffen sind, überträgt die Bundesregierung die Verhandlungsführung in den Beratungsgremien der Kommission und des Rates und bei Ratstagungen in der Zusammensetzung der Minister auf einen Vertreter der Länder. [2] Für diese Ratstagungen kann vom Bundesrat nur ein Mitglied einer Landesregierung im Ministerrang benannt werden. [3] Die Ausübung der Rechte durch den Vertreter der Länder erfolgt unter Teilnahme von und in Abstimmung mit dem Vertreter der Bundesregierung. [4] Die Abstimmung der Verhandlungsposition mit dem Vertreter der Bundesregierung im Hinblick auf eine sich ändernde Verhandlungslage erfolgt entsprechend den für die interne Willensbildung geltenden Regeln und Kriterien. [5] Der Bundesrat kann für Ratstagungen in der Zusammensetzung der Minister, bei denen Vorhaben behandelt werden, die nicht im Schwerpunkt ausschließliche Gesetzgebungsbefugnisse der Länder in den Bereichen schulische Bildung, Kultur oder Rundfunk, jedoch sonstige ausschließliche Gesetzgebungsbefugnisse der Länder betreffen, als Vertreter der Länder Mitglieder von Landesregierungen im Ministerrang benennen, die berechtigt sind, in Abstimmung mit dem Vertreter der Bundesregierung Erklärungen abzugeben. [6] Betrifft ein Vorhaben aus-

[1]) § 6 Abs. 2 neu gef. mWv 12. 9. 2006 durch G v. 5. 9. 2006 (BGBl. I S. 2098).

schließliche Gesetzgebungsbefugnisse der Länder, jedoch nicht im Schwerpunkt die Bereiche schulische Bildung, Kultur oder Rundfunk, so übt die Bundesregierung die Verhandlungsführung in den Beratungsgremien der Kommission und des Rates und bei Ratstagungen in der Zusammensetzung der Minister in Abstimmung mit dem Vertreter der Länder aus.

(3) [1] Absatz 2 gilt nicht für Rechte, die der Bundesrepublik Deutschland als Vorsitz im Rat zustehen. [2] Bei der Ausübung dieser Rechte setzt sich die Bundesregierung, soweit Vorhaben im Sinne des Absatzes 2 Satz 1 betroffen sind, mit dem Vertreter der Länder ins Benehmen.

(4) Auf Tagesordnungspunkte der Ratstagungen, die der Rat ohne Aussprache genehmigt, findet Absatz 2 keine Anwendung, wenn diese Behandlung mit dem Vertreter der Länder abgestimmt worden ist.

§ 7[1]) **[Klageerhebung im Interesse der Länder]** (1) [1] Die Bundesregierung macht auf Verlangen des Bundesrates unbeschadet eigener Klagerechte der Länder von dem im Vertrag über die Europäische Union vorgesehenen Klagemöglichkeiten Gebrauch, soweit die Länder durch ein Handeln oder Unterlassen von Organen der Union in Bereichen ihrer Gesetzgebungsbefugnisse betroffen sind und der Bund kein Recht zur Gesetzgebung hat. [2] Dabei ist die gesamtstaatliche Verantwortung des Bundes, einschließlich außen-, verteidigungs- und integrationspolitisch zu bewertender Fragen, zu wahren.

(2) Absatz 1 gilt entsprechend, wenn die Bundesregierung im Verfahren vor dem Europäischen Gerichtshof Gelegenheit zur Stellungnahme hat.

(3) Hinsichtlich der Prozeßführung vor dem Europäischen Gerichtshof stellt die Bundesregierung in den in den Absätzen 1 und 2 genannten Fällen sowie für Vertragsverletzungsverfahren, in denen die Bundesrepublik Deutschland Partei ist, mit dem Bundesrat Einvernehmen her, soweit Gesetzgebungsbefugnisse der Länder betroffen sind und der Bund kein Recht zur Gesetzgebung hat.

(4) [1] Über die Einlegung des zulässigen Rechtsmittels beim Europäischen Gerichtshof gegen eine länderübergreifende Finanzkorrektur der Europäischen Gemeinschaften stellt die Bundesregierung mit den betroffenen Ländern Einvernehmen her. [2] Wird das Einvernehmen nicht erzielt, ist die Bundesregierung auf ausdrückliches Verlangen betroffener Länder zur Einlegung des Rechtsmittels verpflichtet. [3] In diesem Fall werden die Kosten des Rechtsmittelverfahrens von den Ländern getragen, welche die Einlegung des Rechtsmittels verlangt haben.

§ 8 [Befugnisse und Status der Länderbüros] [1] Die Länder können unmittelbar zu Einrichtungen der Europäischen Union ständige Verbindungen unterhalten, soweit dies zur Erfüllung ihrer staatlichen Befugnisse und Aufgaben nach dem Grundgesetz dient. [2] Die Länderbüros erhalten keinen diplomatischen Status. [3] Stellung und Aufgaben der Ständigen Vertretung in Brüssel als Vertretung der Bundesrepublik Deutschland bei den Europäischen Gemeinschaften gelten uneingeschränkt auch in den Fällen, in denen die Wahrnehmung der Rechte, die der Bundesrepublik Deutschland als Mitgliedstaat der Europäischen Union zustehen, auf einen Vertreter der Länder übertragen wird.

[1]) § 7 Abs. 4 angef. mWv 12. 9. 2006 durch G v. 5. 9. 2006 (BGBl. I S. 2098).

3

§ 9[1]) **[Vereinbarung zwischen Bund und Ländern]** [1] Einzelheiten der Unterrichtung und Beteiligung der Länder nach diesem Gesetz sowie nach dem Integrationsverantwortungsgesetz[2]) vom 22. September 2009 (BGBl. I S. 3022) sind in der Anlage geregelt. [2] Weitere Einzelheiten bleiben einer Vereinbarung zwischen Bund und Ländern vorbehalten.

§ 10[1]) **[Wahrung der Rechte von Gemeinden und Gemeindeverbänden]** (1) Bei Vorhaben der Europäischen Union ist das Recht der Gemeinden und Gemeindeverbände zur Regelung der Angelegenheiten der örtlichen Gemeinschaft zu wahren und sind ihre Belange zu schützen.

(2) [1] Nimmt der Bundesrat bei Vorhaben der Europäischen Union zu Fragen der kommunalen Daseinsvorsorge Stellung, ist die Stellungnahme von der Bundesregierung unter den Voraussetzungen des § 5 zu berücksichtigen. [2] Die Beteiligungsrechte des Bundesrates gemäß § 5 Absatz 2 bleiben unberührt.

§ 11 [Geltungsbereich] Dieses Gesetz gilt nicht für der Bereich der Gemeinsamen Außen- und Sicherheitspolitik der Europäischen Union.

§ 12 [Geltungsbereich] Dieses Gesetz gilt auch für Vorhaben, die auf Beschlüsse des Rates und der im Rat vereinigten Vertreter der Regierungen der Mitgliedstaaten gerichtet sind.

§ 13 [Erweiterte Mitwirkungsbefugnisse] Die in § 9 genannte Vereinbarung kann weitere Fälle vorsehen, in denen die Länder entsprechend diesem Gesetz mitwirken.

§ 14[3]) **[Ländervertreter, Gemeindevertreter]** (1) [1] Vor der Zustimmung zu einem Beschluss über die Zusammensetzung des Ausschusses der Regionen nach Artikel 305 Absatz 2 des Vertrags über die Arbeitsweise der Europäischen Union[4]) stellt die Bundesregierung das Einvernehmen mit dem Bundesrat her. [2] Die gesamtstaatliche Verantwortung des Bundes ist zu wahren.

(2) [1] Die Bundesregierung schlägt dem Rat als Mitglieder des Ausschusses der Regionen und deren Stellvertreter die von den Ländern benannten Vertreter vor. [2] Die Länder regeln ein Beteiligungsverfahren für die Gemeinden und Gemeindeverbände, das sichert, daß diese auf Vorschlag der kommunalen Spitzenverbände mit drei gewählten Vertretern im Regionalausschuß vertreten sind.

§ 15 [Außerkrafttreten] Artikel 2 des Gesetzes vom 19. Dezember 1986 zur Einheitlichen Europäischen Akte vom 28. Februar 1986 (BGBl. II S. 1102) tritt mit Inkrafttreten dieses Gesetzes außer Kraft.

§ 16 [Inkrafttreten] [1] Dieses Gesetz tritt mit dem Tage der Gründung der Europäischen Union in Kraft.[5]) [2] Dieser Tag ist im Bundesgesetzblatt bekanntzugeben. [3] Abweichend von Satz 1 tritt § 5 Abs. 3 am 1. Januar 1993 in Kraft.

[1]) §§ 9 und 10 neu gef. mWv 25. 9. 2009 durch G v. 22. 9. 2009 (BGBl. I S. 3031).
[2]) Nr. **98**.
[3]) § 14 Abs. 1 eingef., bish. Wortlaut wird Abs. 2 mWv 25. 9. 2009 durch G v. 22. 9. 2009 *(BGBl. I S. 3031).*
[4]) Nr. **1001**.
[5]) Inkrafttreten gemäß Bek. v. 25. 10. 1993 (BGBl. I S. 1780) am 1. 11. 1993.

Anlage[1])
(zu § 9)

[Einzelheiten der Unterrichtung und Beteiligung der Länder]

I. Allgemeine Bestimmungen

1. Die Regierungen von Bund und Ländern stellen durch geeignete institutionelle und organisatorische Vorkehrungen sicher, dass die Handlungsfähigkeit der Bundesrepublik Deutschland und eine flexible Verhandlungsführung in Angelegenheiten der Europäischen Union gewährleistet sind. Bund und Länder setzen sich bei Gesprächen auf Ebene der Europäischen Union nicht in Widerspruch zu abgestimmten Positionen. Im Sinne einer Frühwarnung unterrichten Bund und Länder einander über Entwicklungen in Angelegenheiten der Europäischen Union, die in beidseitigem Interesse liegen.

2. Die Informations- und Mitwirkungsrechte der Länder im Hinblick auf Vorhaben der Europäischen Union beschränken sich nicht auf rechtsverbindliche Handlungsinstrumente der Europäischen Union, sondern erstrecken sich auch auf Grünbücher, Weißbücher, Aktionsprogramme, Mitteilungen und Empfehlungen. Vorhaben sind auch so genannte Gemischte Beschlüsse und die Vorbereitung und der Abschluss völkerrechtlicher Abkommen.

3. Unterrichtet die Bundesregierung den Bundestag oder die deutschen Mitglieder des Europäischen Parlaments schriftlich über Vorhaben der Europäischen Union in Bereichen, in denen die Länder die Verhandlungsführung haben, erfolgt diese Unterrichtung in Absprache mit den vom Bundesrat benannten Vertretern der Länder.

II. Unterrichtung des Bundesrates

1. Die Bundesregierung unterrichtet den Bundesrat nach Maßgabe dieses Gesetzes umfassend, zum frühestmöglichen Zeitpunkt, fortlaufend und in der Regel schriftlich über alle Vorhaben, die für die Länder von Interesse sein könnten. Dies geschieht insbesondere durch Übersendung von der Bundesregierung vorliegenden

 a) Dokumenten

 aa) der Europäischen Kommission, soweit sie an den Rat gerichtet oder der Bundesregierung auf sonstige Weise offiziell zugänglich gemacht worden sind. Die Bundesregierung trägt dafür Sorge, dass bei Vorhaben, die ausschließliche Gesetzgebungsmaterien der Länder betreffen oder deren wesentliche Interessen berühren, dem Bundesrat auch der Bundesregierung vorliegende vorbereitende Papiere der Kommission zur Verfügung gestellt werden, die für die Meinungsbildung des Bundesrates von Bedeutung sein können. Dies gilt auch für inoffizielle Dokumente (so genannte „non papers");

 bb) des Europäischen Rates, des Rates, der informellen Ministertreffen und der Ratsgremien.

 b) Berichten und Mitteilungen von Organen der Europäischen Union über Sitzungen

 aa) des Europäischen Rates, des Rates und der informellen Ministertreffen;

 bb) des Ausschusses der Ständigen Vertreter und sonstiger Ausschüsse oder Arbeitsgruppen des Rates;

 cc) der Beratungsgremien bei der Europäischen Kommission.

 c) Berichten der Ständigen Vertretung der Bundesrepublik Deutschland bei der Europäischen Union über

 aa) Sitzungen des Rates und der Ratsgruppen (einschließlich der Berichte über Sitzungen der Freunde der Präsidentschaft sowie der Antici-Gruppe), der informellen Ministertreffen und des Ausschusses der Ständigen Vertreter;

 bb) Sitzungen des Europäischen Parlaments und seiner Ausschüsse;

 cc) Entscheidungen der Europäischen Kommission;

 dd) geplante Rechtsakte.

 Die Empfänger haben dafür Sorge zu tragen, dass diese Berichte nur an einen begrenzten Personenkreis in den jeweils zuständigen obersten Landesbehörden weitergeleitet werden.

[1]) Anl. angef. mWv 25. 9. 2009 durch G v. 22. 9. 2009 (BGBl. I S. 3031).

 d) Dokumenten und Informationen über Initiativen, Stellungnahmen und Erläuterungen der Bundesregierung für Organe der Europäischen Union, einschließlich der Sammelweisung für den deutschen Vertreter im Ausschuss der Ständigen Vertreter sowie Initiativen der Regierungen von Mitgliedstaaten der Europäischen Union gegenüber Rat und Europäischer Kommission, die der Bundesregierung offiziell zugänglich gemacht werden und die für die Meinungsbildung der Länder von Bedeutung sind.

Die Unterrichtung umfasst auch Vorhaben, die auf Beschlüsse der im Rat vereinigten Vertreter der Regierungen der Mitgliedstaaten gerichtet sind.

Im Übrigen erfolgt die Unterrichtung mündlich.

2. Mit der Unterrichtung nach § 2 und nach dieser Anlage übermittelt die Bundesregierung dem Bundesrat die Angaben der Europäischen Kommission und die ihr vorliegenden Angaben der Mitgliedstaaten im Rahmen der Gesetzesfolgenabschätzung zu den Folgen des Vorhabens insbesondere in rechtlicher, wirtschaftlicher, finanzieller, sozialer und ökologischer Hinsicht.

3. Die Berichtsbögen zu Vorhaben der Europäischen Union und die Umfassenden Bewertungen zu Gesetzgebungsakten, die dem Bundestag nach § 7 des Gesetzes über die Zusammenarbeit von Bundesregierung und Deutschem Bundestag in Angelegenheiten der Europäischen Union[1] übermittelt werden, lässt die Bundesregierung dem Bundesrat gleichzeitig zukommen.

4. Die Ministerien des Bundes und der Länder eröffnen sich untereinander und dem Bundesrat im Rahmen der geltenden Datenschutzvorschriften Zugang zu ressortübergreifenden Dokumentendatenbanken zu Vorhaben im Rahmen der Europäischen Union. Die Bundesregierung wird sich bemühen, dass Dokumentendatenbanken der Europäischen Union, die den Regierungen der Mitgliedstaaten zugänglich sind, auch dem Bundesrat und den Regierungen der Länder zugänglich gemacht werden. Einzelheiten müssen gesondert geregelt werden.

5. Die Dokumente der Europäischen Union werden grundsätzlich offen weitergegeben. Die Sicherheitseinstufung der Organe der Europäischen Union über eine besondere Vertraulichkeit wird vom Bundesrat beachtet. Eine für diese Dokumente oder für andere im Rahmen dieses Gesetzes an den Bundesrat zu übermittelnde Informationen, Berichte und Mitteilungen eventuell erforderliche nationale Einstufung als vertraulich wird vor Versendung von der Bundesregierung vorgenommen und vom Bundesrat beachtet. Die Gründe für die Einstufung sind auf Anforderung zu erläutern.

III. Vorbereitende Beratungen

1. Die Bundesregierung lädt die Ländervertreter zu Beratungen zur Festlegung der Verhandlungsposition zu Vorhaben ein, soweit der Bundesrat an einer entsprechenden innerstaatlichen Maßnahme mitzuwirken hätte oder soweit die Länder innerstaatlich zuständig wären. Dabei soll auch Einvernehmen über die Anwendung von den §§ 5 und 6 auf ein Vorhaben angestrebt werden.

2. Bei der Einordnung eines Vorhabens unter die Regelungen dieses Gesetzes ist auf den konkreten Inhalt der Vorlage der Europäischen Union abzustellen. Die Zuordnung der Zuständigkeit des Bundes oder der Länder folgt aus der innerstaatlichen Kompetenzordnung.

Bei Beurteilung der Frage, ob bei einem Vorhaben der Bund im nationalen Bereich das Recht zur Gesetzgebung hat, ist in den in Artikel 72 Absatz 2 des Grundgesetzes[2] genannten Gebieten der konkurrierenden Gesetzgebung auch darauf abzustellen, ob eine Erforderlichkeit bundesgesetzlicher Regelung im Sinne von Artikel 72 Absatz 2 des Grundgesetzes bestehen würde.

In den Bereichen, in denen die Länder das Recht der Abweichungsgesetzgebung nach Artikel 72 Absatz 3 des Grundgesetzes haben, berücksichtigt die Bundesregierung die Stellungnahme des Bundesrates bei der Festlegung der Verhandlungsposition. Stimmt die Auffassung der Bundesregierung nicht mit der Stellungnahme des Bundesrates überein, unterrichtet die Bundesregierung den Bundesrat und lädt die vom Bundesrat benannten Ländervertreter zur Beratung ein, um eine übereinstimmende Haltung anzustreben.

Hinsichtlich der Regelungsschwerpunkts des Vorhabens ist darauf abzustellen, ob eine Materie im Mittelpunkt des Vorhabens steht oder ganz überwiegend Regelungsgegenstand ist. Das ist nicht nur quantitativ bestimmbar, sondern auch das Ergebnis einer qualitativen Beurteilung.

Stimmt die Auffassung der Bundesregierung darüber, ob bei einem Vorhaben der Europäischen Union im Schwerpunkt Gesetzgebungsbefugnisse der Länder, die Einrichtung ihrer Behörden oder ihre Verwaltungsverfahren betroffen sind, nicht mit der Haltung des Bundesrates überein,

[1] Nr. **96**.
[2] Nr. **1**.

unterrichtet die Bundesregierung den Bundesrat und lädt unverzüglich die vom Bundesrat benannten Ländervertreter zur Beratung ein, um eine übereinstimmende Haltung zu erzielen.

3. In den Fällen, in denen innerstaatlich eine Zusammenarbeit von Bund und Ländern vorgesehen ist, ist bei der Festlegung der Verhandlungsposition – auch auf Ebene der Europäischen Union – ein gemeinsames Vorgehen anzustreben; Bund und Länder streben im Bereich der Forschungspolitik entsprechend der Regelung des Artikels 91 b des Grundgesetzes[1] auch im Rahmen der Europäischen Union ein gemeinsames Vorgehen an. Entsprechend wird bei Festlegung der Verhandlungsposition verfahren, wenn der Regelungsschwerpunkt des Vorhabens nur schwer feststellbar ist.

4. Bund und Länder nutzen regelmäßige Sitzungen des Ausschusses für Fragen der Europäischen Union des Bundesrates – bei Bedarf beziehungsweise Verlangen einer Seite auch in politischer Besetzung – zu einem frühzeitigen Austausch über aktuelle Entwicklungen auf Ebene der Europäischen Union. Die Willensbildung der Länder bleibt dem Bundesratsverfahren vorbehalten. Ein neuer Sachstand auf Ebene der Europäischen Union kann eine erneute Befassung erforderlich machen.

IV. Stellungnahme des Bundesrates

1. Um die rechtzeitige Abgabe einer Stellungnahme zu ermöglichen, informiert die Bundesregierung den Bundesrat bei allen Vorhaben, die Interessen der Länder berühren, über den zeitlichen Rahmen der Behandlung in den Ratsgremien.
Je nach Verhandlungslage teilt die Bundesregierung dem Bundesrat auch mit, bis zu welchem Zeitpunkt eine Stellungnahme wegen der sich aus dem Verfahrensablauf der Europäischen Union ergebenden zeitlichen Vorgaben noch berücksichtigt werden kann.
Ist aus Sicht der Bundesregierung bereits im Vorfeld von Vorhaben der Europäischen Union die Einbringung einer deutschen Position angezeigt, fordert die Bundesregierung den Bundesrat auf, Stellung zu nehmen.

2. Der Bundesrat kann seine Stellungnahme im Verlauf der Beratung des Vorhabens in den Gremien der Europäischen Union anpassen und ergänzen. Zu diesem Zweck unterrichtet die Bundesregierung den Bundesrat durch ständige Kontakte – in einer der Sache jeweils angemessenen Form – und weist darauf hin, wenn sich die Beschlussgrundlage wesentlich geändert hat und deshalb eine aktualisierte Stellungnahme des Bundesrates erforderlich ist.

3. Stimmt in den Fällen von § 5 Absatz 2 die Auffassung der Bundesregierung nicht mit der Stellungnahme des Bundesrates überein, unterrichtet sie den Bundesrat und lädt unverzüglich die vom Bundesrat benannten Ländervertreter zur erneuten Beratung ein, um möglichst Einvernehmen zu erzielen. Die Länder weisen darauf hin, dass das Einvernehmen gegebenenfalls unter den Vorbehalt einer Beschlussfassung des Bundesrates zu stellen ist. Kommt dieses Einvernehmen nicht zustande, beschließt der Bundesrat unverzüglich darüber, ob seine Stellungnahme aufrechterhalten wird.

4. Weicht die Bundesregierung von einer Stellungnahme des Bundesrates ab, so teilt sie auf Verlangen des Bundesrates nach Abschluss eines Vorhabens die maßgeblichen Gründe mit.

V. Umsetzung von Recht der Europäischen Union

1. Die Bundesregierung nimmt im Interesse einer rechtzeitigen Ergreifung der erforderlichen Verfahrensschritte für Rechtsakte der Europäischen Union, für deren Umsetzung ausschließlich die Länder zuständig sind, sowie für Rechtsakte der Europäischen Union, die von Bund und Ländern durch jeweils eigene Umsetzungsmaßnahmen gemeinsam umzusetzen sind, frühzeitig Kontakt mit den Ländern auf. Die Bundesregierung lässt die Listen mit dem aktuellen Stand der umzusetzenden Rechtsakte, die sie dem Bundestag übermittelt, dem Bundesrat gleichzeitig zukommen.

2. Die Bundesregierung unterrichtet den Bundesrat über die Einleitung von Vertragsverletzungsverfahren nach den Artikeln 258, 260 des Vertrags über die Arbeitsweise der Europäischen Union[2] durch Übermittlung von Mahnschreiben und mit Gründen versehenen Stellungnahmen, soweit diese Verfahren die Nichtumsetzung von Richtlinien durch ein Land oder mehrere Länder betreffen. In diesen Fällen fertigt die Bundesregierung ihre Stellungnahmen in Abstimmung mit den betroffenen Ländern.

[1] Nr. **1**.
[2] Nr. **1001**.

VI. Verfahren vor den Europäischen Gerichten

1. Im Hinblick auf die hier zu wahrenden Verfahrensfristen unterrichtet die Bundesregierung den Bundesrat unverzüglich von allen Dokumenten und Informationen über Verfahren vor dem Europäischen Gerichtshof und dem Gericht erster Instanz, an denen die Bundesregierung beteiligt ist. Dies gilt auch für Urteile zu Verfahren, an denen sich die Bundesregierung beteiligt.

2. Macht die Bundesregierung bei Vorliegen der Voraussetzungen von § 7 Absatz 1 auf Beschluss des Bundesrates von den im Vertrag über die Europäische Union und im Vertrag über die Arbeitsweise der Europäischen Union vorgesehenen Klagemöglichkeiten Gebrauch, so fertigt sie die Klageschrift in Abstimmung mit den Ländern. Von den Ländern wird hierfür rechtzeitig eine ausführliche Stellungnahme zur Sache zur Verfügung gestellt. Die Prozessführung erfolgt in Abstimmung mit den Ländern.
 Entsprechendes gilt, wenn die Bundesregierung das zulässige Rechtsmittel beim Europäischen Gerichtshof gegen eine länderübergreifende Finanzkorrektur der Europäischen Union in Einvernehmen mit den betroffenen Ländern oder auf ausdrückliches Verlangen betroffener Länder nach § 7 Absatz 4 einlegt. Bei Vertragsverletzungsverfahren gegen die Bundesrepublik Deutschland, bei denen eine Haftung eines oder mehrerer Länder gegenüber dem Bund nach Artikel 104a Absatz 6 Satz 1 des Grundgesetzes[1] in Betracht kommt, erfolgt die Prozessführung insoweit ebenfalls in Abstimmung mit den Ländern.

3. Nummer 2 gilt entsprechend, wenn die Bundesregierung in Verfahren vor dem Europäischen Gerichtshof Gelegenheit zur Stellungnahme hat.

VII. Vertragsrevision, Beitritt und Assoziierungsverhandlungen der Europäischen Union

1. Hinsichtlich des Artikels 48 des Vertrags über die Europäische Union gilt: Beabsichtigt der Rat, einen Beschluss zur Aufnahme von Verhandlungen zu Änderungen der vertraglichen Grundlagen der Europäischen Union zu fassen, informiert die Bundesregierung den Bundesrat und unterrichtet über ihre Willensbildung.
 Der Bundesrat wird über die Verhandlungen unterrichtet, soweit Länderinteressen betroffen sein könnten. Das gilt auch für den Fall, dass die Verhandlungen wiederum von Persönlichen Beauftragen geführt werden sollten.
 Die Bundesregierung berücksichtigt die Stellungnahme des Bundesrates bei den Verhandlungen in entsprechender Anwendung von § 5.
 Die Länder können mit einem Beobachter – maximal zwei Beobachtern, falls ausschließliche Länderkompetenzen betroffen sind – an Ressortgesprächen zur Vorbereitung der Regierungskonferenzen sowie – soweit möglich von Fall zu Fall – an den Regierungskonferenzen selbst teilnehmen.

2. Hinsichtlich des Artikels 49 des Vertrags über die Europäische Union gilt: Beabsichtigt der Rat, einen Beschluss zur Aufnahme von Verhandlungen zur Vorbereitung von Beitritten zur Europäischen Union zu fassen, informiert die Bundesregierung den Bundesrat und unterrichtet über ihre Willensbildung.
 Der Bundesrat wird über die Verhandlungen unterrichtet, soweit Länderinteressen betroffen sein könnten. Die Bundesregierung informiert auf Wunsch den Ausschuss für Fragen der Europäischen Union des Bundesrates über die Entwicklung von Beitrittsverhandlungen.
 Die Bundesregierung berücksichtigt die Stellungnahme des Bundesrates bei den Verhandlungen in entsprechender Anwendung von § 5.
 Die Länder können mit einem Ländervertreter an Ressortabstimmungen der Verhandlungsposition sowie – soweit möglich – an der Ratsarbeitsgruppe „Erweiterung" teilnehmen, wenn der konkret zu behandelnde Fragenbereich die ausschließliche Gesetzgebungskompetenz der Länder oder deren wesentliche Interessen berührt.

3. Hinsichtlich des Artikels 217 des Vertrags über die Arbeitsweise der Europäischen Union[2] sowie für die Abkommen nach Artikel 207 Absatz 3 des Vertrags über die Arbeitsweise der Europäischen Union gelten die Regelungen dieses Gesetzes mit der Ausnahme, dass sich die Teilnahme des Ländervertreters an den Verhandlungen in der Ratsgruppe zur Aushandlung des Mandats für die Kommission beschränkt.

[1] Nr. **1**.
[2] Nr. **1001**.

98. Gesetz über die Wahrnehmung der Integrationsverantwortung des Bundestages und des Bundesrates in Angelegenheiten der Europäischen Union (Integrationsverantwortungsgesetz – IntVG)[1]

Vom 22. September 2009
(BGBl. I S. 3022)

FNA 170-9

geänd. durch Art. 1 G zur Umsetzung der GrundGänderungen für die Ratifizierung des Vertrags von Lissabon v. 1. 12. 2009 (BGBl. I S. 3822)

§ 1 Integrationsverantwortung. (1) Der Bundestag und der Bundesrat nehmen in Angelegenheiten der Europäischen Union ihre Integrationsverantwortung insbesondere nach Maßgabe der folgenden Bestimmungen wahr.

(2) Der Bundestag und der Bundesrat sollen über Vorlagen nach diesem Gesetz in angemessener Frist beraten und Beschluss fassen und dabei die für die Beschlussfassung auf der Ebene der Europäischen Union maßgeblichen Fristvorgaben berücksichtigen.

§ 2 Vereinfachtes Vertragsänderungsverfahren. Eine Zustimmung der Bundesrepublik Deutschland zu einem Beschluss des Europäischen Rates gemäß Artikel 48 Absatz 6 Unterabsatz 2 und 3 des Vertrags über die Europäische Union erfolgt durch ein Gesetz gemäß Artikel 23 Absatz 1 des Grundgesetzes[2].

§ 3 Besonderes Vertragsänderungsverfahren. (1) Eine Zustimmung der Bundesrepublik Deutschland zu einem Beschluss des Rates gemäß Artikel 218 Absatz 8 Unterabsatz 2 Satz 2 oder gemäß Artikel 311 Absatz 3 des Vertrags über die Arbeitsweise der Europäischen Union[3] erfolgt durch ein Gesetz gemäß Artikel 23 Absatz 1 des Grundgesetzes.

(2) Absatz 1 gilt auch für Bestimmungen, die der Rat gemäß Artikel 25 Absatz 2, Artikel 223 Absatz 1 Unterabsatz 2 oder Artikel 262 des Vertrags über die Arbeitsweise der Europäischen Union erlässt.

(3) [1] Der deutsche Vertreter im Europäischen Rat darf einem Beschlussvorschlag gemäß Artikel 42 Absatz 2 Unterabsatz 1 Satz 2 des Vertrags über die Europäische Union nur zustimmen oder sich bei einer Beschlussfassung enthalten, nachdem der Bundestag hierzu einen Beschluss gefasst hat. [2] Einen entsprechenden Antrag im Bundestag kann auch die Bundesregierung stellen. [3] Ohne einen solchen Beschluss des Bundestages muss der deutsche Vertreter im Europäischen Rat den Beschlussvorschlag ablehnen. [4] Nachdem ein Beschluss des Europäischen Rates gemäß Artikel 42 Absatz 2 Unterabsatz 1 Satz 2 des Vertrags über die Europäische Union gefasst worden ist, erfolgt eine

[1] Verkündet als Art. 1 G v. 22. 9. 2009 (BGBl. I S. 3022); Inkrafttreten gem. Art. 4 dieses G am 25. 9. 2009.
[2] Nr. 1.
[3] Nr. 1001.

Zustimmung der Bundesrepublik Deutschland durch ein Gesetz gemäß Artikel 23 Absatz 1 des Grundgesetzes.

§ 4 Brückenklauseln. (1) [1] Der deutsche Vertreter im Europäischen Rat darf einem Beschlussvorschlag gemäß Artikel 48 Absatz 7 Unterabsatz 1 Satz 1 oder Unterabsatz 2 des Vertrags über die Europäische Union nur zustimmen oder sich bei einer Beschlussfassung enthalten, nachdem hierzu ein Gesetz gemäß Artikel 23 Absatz 1 des Grundgesetzes in Kraft getreten ist. [2] Ohne ein solches Gesetz muss der deutsche Vertreter im Europäischen Rat den Beschlussvorschlag ablehnen.

(2) [1] Der deutsche Vertreter im Rat darf einem Beschlussvorschlag gemäß Artikel 81 Absatz 3 Unterabsatz 2 des Vertrags über die Arbeitsweise der Europäischen Union nur zustimmen oder sich bei einer Beschlussfassung enthalten, nachdem hierzu ein Gesetz gemäß Artikel 23 Absatz 1 des Grundgesetzes in Kraft getreten ist. [2] Ohne ein solches Gesetz muss der deutsche Vertreter im Rat den Beschlussvorschlag ablehnen.

§ 5 Zustimmung im Europäischen Rat bei besonderen Brückenklauseln. (1) [1] Der deutsche Vertreter im Europäischen Rat darf einem Beschlussvorschlag gemäß Artikel 31 Absatz 3 des Vertrags über die Europäische Union oder gemäß Artikel 312 Absatz 2 Unterabsatz 2 des Vertrags über die Arbeitsweise der Europäischen Union nur zustimmen oder sich bei einer Beschlussfassung enthalten, nachdem der Bundestag hierzu einen Beschluss gefasst hat. [2] Einen entsprechenden Antrag im Bundestag kann auch die Bundesregierung stellen. [3] Ohne einen solchen Beschluss des Bundestages muss der deutsche Vertreter im Europäischen Rat den Beschlussvorschlag ablehnen.

(2) Zusätzlich zu dem Beschluss des Bundestages muss der Bundesrat einen entsprechenden Beschluss gefasst haben, wenn Gebiete betroffen sind,
1. für welche eine Gesetzgebungszuständigkeit des Bundes nicht besteht,
2. für welche die Länder gemäß Artikel 72 Absatz 2 des Grundgesetzes das Recht zur Gesetzgebung haben,
3. für welche die Länder gemäß Artikel 72 Absatz 3 oder Artikel 84 Absatz 1 des Grundgesetzes abweichende Regelungen treffen können oder
4. deren Regelung durch ein Bundesgesetz der Zustimmung des Bundesrates bedarf.

§ 6 Zustimmung im Rat bei besonderen Brückenklauseln. (1) [1] Der deutsche Vertreter im Rat darf einem Beschlussvorschlag gemäß Artikel 153 Absatz 2 Unterabsatz 4, Artikel 192 Absatz 2 Unterabsatz 2 oder Artikel 333 Absatz 1 oder Absatz 2 des Vertrags über die Arbeitsweise der Europäischen Union nur zustimmen oder sich bei einer Beschlussfassung enthalten, nachdem der Bundestag hierzu einen Beschluss gefasst hat. [2] § 5 Absatz 1 Satz 2 und 3 gilt entsprechend.

(2) § 5 Absatz 2 gilt entsprechend.

§ 7 Kompetenzerweiterungsklauseln. (1) [1] Der deutsche Vertreter im Rat darf einem Beschlussvorschlag gemäß Artikel 83 Absatz 1 Unterabsatz 3 oder *Artikel 86 Absatz* 4 des Vertrags über die Arbeitsweise der Europäischen Union nur zustimmen oder sich bei einer Beschlussfassung enthalten, nach-

dem hierzu ein Gesetz gemäß Artikel 23 Absatz 1 des Grundgesetzes in Kraft getreten ist. [2] Ohne ein solches Gesetz muss der deutsche Vertreter im Rat den Beschlussvorschlag ablehnen.

(2) Absatz 1 gilt entsprechend für Satzungsänderungen gemäß Artikel 308 Absatz 3 des Vertrags über die Arbeitsweise der Europäischen Union.

§ 8 Flexibilitätsklausel. [1] Der deutsche Vertreter im Rat darf einem Vorschlag zum Erlass von Vorschriften gemäß Artikel 352 des Vertrags über die Arbeitsweise der Europäischen Union nur zustimmen oder sich bei einer Beschlussfassung enthalten, nachdem hierzu ein Gesetz gemäß Artikel 23 Absatz 1 des Grundgesetzes in Kraft getreten ist. [2] Ohne ein solches Gesetz muss der deutsche Vertreter im Rat den Vorschlag zum Erlass von Vorschriften ablehnen.

§ 9 Notbremsemechanismus. (1) Der deutsche Vertreter im Rat muss in den Fällen des Artikels 48 Absatz 2 Satz 1, des Artikels 82 Absatz 3 Unterabsatz 1 Satz 1 und des Artikels 83 Absatz 3 Unterabsatz 1 Satz 1 des Vertrags über die Arbeitsweise der Europäischen Union beantragen, den Europäischen Rat zu befassen, wenn der Bundestag ihn hierzu durch einen Beschluss angewiesen hat.

(2) Wenn im Schwerpunkt Gebiete im Sinne des § 5 Absatz 2 betroffen sind, muss der deutsche Vertreter im Rat einen Antrag nach Absatz 1 auch dann stellen, wenn ein entsprechender Beschluss des Bundesrates vorliegt.

§ 10 Ablehnungsrecht bei Brückenklauseln. (1) Für die Ablehnung einer Initiative des Europäischen Rates gemäß Artikel 48 Absatz 7 Unterabsatz 3 des Vertrags über die Europäische Union gilt:

1. Wenn bei einer Initiative im Schwerpunkt ausschließliche Gesetzgebungszuständigkeiten des Bundes betroffen sind, kann der Bundestag die Ablehnung der Initiative beschließen.

2. In allen anderen Fällen kann der Bundestag oder der Bundesrat die Ablehnung der Initiative beschließen.

(2) Der Präsident des Bundestages oder der Präsident des Bundesrates unterrichtet die Präsidenten der zuständigen Organe der Europäischen Union über die Ablehnung der Initiative und setzt die Bundesregierung darüber in Kenntnis.

(3) Die Absätze 1 und 2 gelten entsprechend für einen Vorschlag der Europäischen Kommission für einen Beschluss des Rates gemäß Artikel 81 Absatz 3 Unterabsatz 3 des Vertrags über die Arbeitsweise der Europäischen Union.

§ 11 Subsidiaritätsrüge. (1) Der Bundestag und der Bundesrat können in ihren Geschäftsordnungen regeln, wie eine Entscheidung über die Abgabe einer begründeten Stellungnahme gemäß Artikel 6 des Protokolls über die Anwendung der Grundsätze der Subsidiarität und der Verhältnismäßigkeit herbeizuführen ist.

(2) Der Präsident des Bundestages oder der Präsident des Bundesrates übermittelt die begründete Stellungnahme an die Präsidenten der zuständigen

Organe der Europäischen Union und setzt die Bundesregierung darüber in Kenntnis.

§ 12[1] **Subsidiaritätsklage.** (1) [1] Auf Antrag eines Viertels seiner Mitglieder ist der Bundestag verpflichtet, eine Klage gemäß Artikel 8 des Protokolls über die Anwendung der Grundsätze der Subsidiarität und der Verhältnismäßigkeit zu erheben. [2] Auf Antrag eines Viertels seiner Mitglieder, die die Erhebung der Klage nicht stützen, ist deren Auffassung in der Klageschrift deutlich zu machen.

(2) Der Bundesrat kann in seiner Geschäftsordnung regeln, wie ein Beschluss über die Erhebung einer Klage gemäß Absatz 1 herbeizuführen ist.

(3) Die Bundesregierung übermittelt die Klage im Namen des Organs, das über ihre Erhebung gemäß Absatz 1 oder gemäß Absatz 2 beschlossen hat, unverzüglich an den Gerichtshof der Europäischen Union.

(4) Das Organ, das die Erhebung der Klage gemäß Absatz 1 oder gemäß Absatz 2 beschlossen hat, übernimmt die Prozessführung vor dem Gerichtshof der Europäischen Union.

(5) Wird im Bundestag oder im Bundesrat ein Antrag zur Erhebung einer Klage gemäß Absatz 1 oder gemäß Absatz 2 gestellt, so kann das andere Organ eine Stellungnahme abgeben.

§ 13[2] **Unterrichtung.** (1) [1] Die Bundesregierung hat den Bundestag und den Bundesrat in Angelegenheiten dieses Gesetzes umfassend, zum frühestmöglichen Zeitpunkt, fortlaufend und in der Regel schriftlich zu unterrichten. [2] Einzelheiten der Unterrichtungspflichten aufgrund des Gesetzes über die Zusammenarbeit von Bundesregierung und Deutschem Bundestag in Angelegenheiten der Europäischen Union[3] vom 12. März 1993 (BGBl. I S. 311), das durch Artikel 2 Absatz 1 des Gesetzes vom 17. November 2005 (BGBl. I S. 3178) geändert worden ist, des Gesetzes über die Zusammenarbeit von Bund und Ländern in Angelegenheiten der Europäischen Union[4] vom 12. März 1993 (BGBl. I S. 313, 1780), das zuletzt durch Artikel 2 des Gesetzes vom 5. September 2006 (BGBl. I S. 2098) geändert worden ist, und anderer Regelungen bleiben unberührt.

(2) [1] Die Bundesregierung unterrichtet den Bundestag und den Bundesrat, wenn der Rat in Vorbereitung einer Initiative des Europäischen Rates nach Artikel 48 Absatz 7 des Vertrags über die Europäische Union befasst wird. [2] Das Gleiche gilt, wenn der Europäische Rat eine derartige Initiative ergriffen hat. [3] Die Bundesregierung unterrichtet den Bundestag und den Bundesrat über einen Vorschlag der Europäischen Kommission nach Artikel 81 Absatz 3 Unterabsatz 2 des Vertrags über die Arbeitsweise der Europäischen Union.

(3) [1] Die Bundesregierung übermittelt dem Bundestag und dem Bundesrat binnen zwei Wochen nach Zuleitung von Initiativen, Vorschlägen oder Beschlüssen, auf die sich die vorstehenden Bestimmungen beziehen, eine ausführliche Erläuterung der Folgen für die vertraglichen Grundlagen der Euro-

[1] § 12 eingef. mWv 4. 12. 2009 durch G v. 1. 12. 2009 (BGBl. I S. 3822).
[2] Bish. § 12 wird § 13 und Abs. 7 angef. mWv 4. 12. 2009 durch G v. 1. 12. 2009 (BGBl. I S. 3822).
[3] Nr. **96**.
[4] Nr. **97**.

4

100. Verwaltungsverfahrensgesetz (VwVfG) [1][2]

In der Fassung der Bekanntmachung vom 23. Januar 2003[3]
(BGBl. I S. 102)

FNA 201-6

geänd. durch Art. 4 Abs. 8 KostenrechtsmodernisierungsG v. 5.5.2004 (BGBl. I S. 718), Art. 1 Viertes G zur Änd. verwaltungsverfahrensrechtlicher Vorschriften v. 11.12.2008 (BGBl. I S. 2418), Art. 10 FGG-ReformG v. 17.12.2008 (BGBl. I S. 2586), Art. 4a G zur Umsetzung der DienstleistungsRL im Gewerberecht und in weiteren Rechtsvorschriften v. 17.7.2009 (BGBl. I S. 2091), Art. 4 G zur Modernisierung von Verfahren im anwaltlichen und notariellen Berufsrecht, zur Errichtung einer Schlichtungsstelle der Rechtsanwaltschaft sowie zur Änd. sonstiger Vorschriften v. 30.7.2009 (BGBl. I S. 2449), Art. 2 Abs. 1 G zur Modernisierung von Verfahren im patentanwaltlichen Berufsrecht v. 14.8.2009 (BGBl. I S. 2827), Art. 1 Planfeststellungsverfahren-VereinheitlichungsG v. 31.5.2013 (BGBl. I S. 1388), Art. 3 G zur Förderung der elektronischen Verwaltung sowie zur Änd. weiterer Vorschriften v. 25.7.2013 (BGBl. I S. 2749), Art. 1 G zur Bereinigung des Rechts der Lebenspartner v. 20.11.2015 (BGBl. I S. 2010), Art. 20 G zur Modernisierung des Besteuerungsverfahrens v. 18.7.2016 (BGBl. I S. 1679), Art. 5 G zum Abbau verzichtbarer Anordnungen der Schriftform im Verwaltungsrecht des Bundes v. 29.3.2017 (BGBl. I S. 626), Art. 11 Abs. 2 eIDAS-DurchführungsG v. 18.7.2017 (BGBl. I S. 2745), Art. 7 G zur Umsetzung des G zur Einführung des Rechts auf Eheschließung für Personen gleichen Geschlechts v. 18.12.2018 (BGBl. I S. 2639) und Art. 5 Abs. 25 G zur Einführung einer Karte für Unionsbürger und Angehörige

[1] Siehe zum Verwaltungsverfahren auch die folgenden Vorschriften der Länder:
- **Baden-Württemberg:** LandesverwaltungsverfahrensG – LVwVfG idF der Bek. v. 12.4.2005 (GBl. S. 350), zuletzt geänd. durch G v. 15.10.2020 (GBl. S. 913)
- **Bayern:** Bayerisches VerwaltungsverfahrensG – BayVwVfG v. 23.12.1976 (BayRS II S. 213), zuletzt geänd. durch G v. 25.3.2020 (GVBl. S. 174)
- **Berlin:** G über das Verfahren der Berliner Verwaltung v. 21.4.2016 (GVBl. S. 218), zuletzt geänd. durch G v. 17.12.2020 (GVBl. S. 1485)
- **Brandenburg:** VerwaltungsverfahrensG für das Land Brandenburg – VwVfGBbg v. 7.7.2009 (GVBl. I S. 262, 264), zuletzt geänd. durch G v. 8.5.2018 (GVBl. I Nr. 8)
- **Bremen:** Bremisches VerwaltungsverfahrensG – BremVwVfG idF der Bek. v. 9.5.2003 (Brem.GBl. S. 219), zuletzt geänd. durch G v. 27.1.2015 (Brem.GBl. S. 15)
- **Hamburg:** Hamburgisches VerwaltungsverfahrensG – HmbVwVfG v. 9.11.1977 (HmbGVBl. S. 333, ber. 1977 S. 402), zuletzt geänd. durch G v. 18.3.2020 (HmbGVBl. S. 171)
- **Hessen:** Hessisches VerwaltungsverfahrensG – HVwVfG idF der Bek. v. 15.1.2010 (GVBl. I S. 18), zuletzt geänd. durch G v. 12.9.2018 (GVBl. S. 570)
- **Mecklenburg-Vorpommern:** LandesverwaltungsverfahrensG – VwVfG M-V idF der Bek. v. 6.5.2020 (GVOBl. M-V S. 410)
- **Niedersachsen:** Niedersächsisches VerwaltungsverfahrensG – NVwVfG v. 3.12.1976 (Nds. GVBl. S. 311), zuletzt geänd. durch G v. 24.9.2009 (Nds. GVBl. S. 361)
- **Nordrhein-Westfalen:** VerwaltungsverfahrensG für das Land Nordrhein-Westfalen – VwVfG. NRW. idF der Bek. v. 12.11.1999 (GV. NRW. S. 602), zuletzt geänd. durch G v. 17.5.2018 (GV. NRW. S. 244)
- **Rheinland-Pfalz:** LandesverwaltungsverfahrensG – LVwVfG v. 23.12.1976 (GVBl. S. 308), zuletzt geänd. durch G v. 22.12.2015 (GVBl. S. 487)
- **Saarland:** Saarländisches VerwaltungsverfahrensG – SVwVfG v. 15.12.1976 (Amtsbl. S. 1151), zuletzt geänd. durch G v. 26.8.2020 (Amtsbl. I S. 1058)
- **Sachsen:** Gesetz zur Regelung des Verwaltungsverfahrens- und des Verwaltungszustellungsrechts für den Freistaat Sachsen – SächsVwVfZG v. 19.5.2010 (SächsGVBl. S. 142), geänd. durch G v. 12.7.2013 (SächsGVBl. S. 503)
- **Sachsen-Anhalt:** VerwaltungsverfahrensG Sachsen-Anhalt – VwVfG LSA v. 18.11.2005 (GVBl. LSA S. 698), zuletzt geänd. durch G v. 8.4.2020 (GVBl. LSA S. 134)
- **Schleswig-Holstein:** Allgemeines VerwaltungsG für das Land Schleswig-Holstein – LVwG idF der Bek. v. 2.6.1992 (GVOBl. Schl.-H. S. 243, ber. S. 534), zuletzt geänd. durch G v. 1.9.2020 (GVOBl. Schl.-H. S. 508)
- **Thüringen:** Thüringer VerwaltungsverfahrensG – ThürVwVfG idF der Bek. v. 1.12.2014 (GVBl. S. 685), zuletzt geänd. durch G v. 10.5.2018 (GVBl. S. 212).
[2] Siehe hierzu ua die Belehrung über Rechtsbehelfe nach dem VwVfG v. 12.8.2013 (GMBl S. 1150), geänd. durch Rundschreiben v. 14.3.2018 (GMBl S. 600).
[3] Neubekanntmachung des VwVfG idF der Bek. v. 21.9.1998 (BGBl. I S. 3050) in der ab 1.2.2003 geltenden Fassung.

des Europäischen Wirtschaftsraums mit Funktion zum elektronischen Identitätsnachweis sowie zur Änd. des PersonalausweisG und weiterer Vorschriften[1] v. 21.6.2019 (BGBl. I S. 846, geänd. durch G v. 20.11. 2019, BGBl. I S. 1626)

Inhaltsübersicht[2]

[1] Die Änd. des Inkrafttretens dieses G durch Art. 154a G v. 20.11.2019 (BGBl. I S. 1626) ist unbeacht- lich, da das G bei Erlass des ÄndG bereits in Kraft getreten war.
[2] Inhaltsübersicht geänd. mWv 18.12.2008 durch G v. 11.12.2008 (BGBl. I S. 2418); geänd. mWv 28.12.2009 durch G v. 17.7.2009 (BGBl. I S. 2091); geänd. mWv 7.6.2013 durch G v. 31.5.2013 (BGBl. I S. 1388); geänd. mWv 1.1.2017 durch G v. 18.7.2016 (BGBl. I S. 1679).

Teil I.[1] Anwendungsbereich, örtliche Zuständigkeit, elektronische Kommunikation, Amtshilfe, europäische Verwaltungszusammenarbeit

Abschnitt 1.[2] Anwendungsbereich, örtliche Zuständigkeit, elektronische Kommunikation

§ 1 Anwendungsbereich. (1) Dieses Gesetz gilt für die öffentlich-rechtliche Verwaltungstätigkeit der Behörden

1. des Bundes, der bundesunmittelbaren Körperschaften, Anstalten und Stiftungen des öffentlichen Rechts,

2. der Länder, der Gemeinden und Gemeindeverbände, der sonstigen der Aufsicht des Landes unterstehenden juristischen Personen des öffentlichen Rechts, wenn sie Bundesrecht im Auftrag des Bundes ausführen,

[1] Teil I Überschr. geänd. mWv 28.12.2009 durch G v. 17.7.2009 (BGBl. I S. 2091).
[2] Überschrift Abschnitt 1 eingef. mWv 28.12.2009 durch G v. 17.7.2009 (BGBl. I S. 2091).

soweit nicht Rechtsvorschriften des Bundes inhaltsgleiche oder entgegenstehende Bestimmungen enthalten.

(2) ¹ Dieses Gesetz gilt auch für die öffentlich-rechtliche Verwaltungstätigkeit der in Absatz 1 Nr. 2 bezeichneten Behörden, wenn die Länder Bundesrecht, das Gegenstände der ausschließlichen oder konkurrierenden Gesetzgebung des Bundes betrifft, als eigene Angelegenheit ausführen, soweit nicht Rechtsvorschriften des Bundes inhaltsgleiche oder entgegenstehende Bestimmungen enthalten. ² Für die Ausführung von Bundesgesetzen, die nach Inkrafttreten dieses Gesetzes erlassen werden, gilt dies nur, soweit die Bundesgesetze mit Zustimmung des Bundesrates dieses Gesetz für anwendbar erklären.

(3) Für die Ausführung von Bundesrecht durch die Länder gilt dieses Gesetz nicht, soweit die öffentlich-rechtliche Verwaltungstätigkeit der Behörden landesrechtlich durch ein Verwaltungsverfahrensgesetz geregelt ist.

(4) Behörde im Sinne dieses Gesetzes ist jede Stelle, die Aufgaben der öffentlichen Verwaltung wahrnimmt.

§ 2¹⁾ Ausnahmen vom Anwendungsbereich. (1) Dieses Gesetz gilt nicht für die Tätigkeit der Kirchen, der Religionsgesellschaften und Weltanschauungsgemeinschaften sowie ihrer Verbände und Einrichtungen.

(2) Dieses Gesetz gilt ferner nicht für

1. Verfahren der Bundes- oder Landesfinanzbehörden nach der Abgabenordnung,
2. die Strafverfolgung, die Verfolgung und Ahndung von Ordnungswidrigkeiten, die Rechtshilfe für das Ausland in Straf- und Zivilsachen und, unbeschadet des § 80 Abs. 4, für Maßnahmen des Richterdienstrechts,
3. Verfahren vor dem Deutschen Patent- und Markenamt und den bei diesem errichteten Schiedsstellen,
4. Verfahren nach dem Sozialgesetzbuch,
5. das Recht des Lastenausgleichs,
6. das Recht der Wiedergutmachung.

(3) Für die Tätigkeit

1. der Gerichtsverwaltungen und der Behörden der Justizverwaltung einschließlich der ihrer Aufsicht unterliegenden Körperschaften des öffentlichen Rechts gilt dieses Gesetz nur, soweit die Tätigkeit der Nachprüfung durch die Gerichte der Verwaltungsgerichtsbarkeit oder durch die in verwaltungsrechtlichen Anwalts-, Patentanwalts- und Notarsachen zuständigen Gerichte unterliegt;
2. der Behörden bei Leistungs-, Eignungs- und ähnlichen Prüfungen von Personen gelten nur die §§ 3a bis 13, 20 bis 27, 29 bis 38, 40 bis 52, 79, 80 und 96;
3. der Vertretungen des Bundes im Ausland gilt dieses Gesetz nicht.

§ 3 Örtliche Zuständigkeit. (1) Örtlich zuständig ist

¹⁾ § 2 Abs. 3 Nr. 1 geänd. mWv 1.9.2009 durch G v. 30.7.2009 (BGBl. I S. 2449) und durch G v. 14.8.2009 (BGBl. I S. 2827).

1. in Angelegenheiten, die sich auf unbewegliches Vermögen oder ein orts-
gebundenes Recht oder Rechtsverhältnis beziehen, die Behörde, in deren
Bezirk das Vermögen oder der Ort liegt;
2. in Angelegenheiten, die sich auf den Betrieb eines Unternehmens oder einer
seiner Betriebsstätten, auf die Ausübung eines Berufs oder auf eine andere
dauernde Tätigkeit beziehen, die Behörde, in deren Bezirk das Unterneh-
men oder die Betriebsstätte betrieben oder der Beruf oder die Tätigkeit
ausgeübt wird oder werden soll;
3. in anderen Angelegenheiten, die
 a) eine natürliche Person betreffen, die Behörde, in deren Bezirk die natürli-
 che Person ihren gewöhnlichen Aufenthalt hat oder zuletzt hatte,
 b) eine juristische Person oder eine Vereinigung betreffen, die Behörde, in
 deren Bezirk die juristische Person oder die Vereinigung ihren Sitz hat
 oder zuletzt hatte;
4. in Angelegenheiten, bei denen sich die Zuständigkeit nicht aus den Num-
mern 1 bis 3 ergibt, die Behörde, in deren Bezirk der Anlass für die Amts-
handlung hervortritt.

(2) [1]Sind nach Absatz 1 mehrere Behörden zuständig, so entscheidet die
Behörde, die zuerst mit der Sache befasst worden ist, es sei denn, die gemein-
same fachlich zuständige Aufsichtsbehörde bestimmt, dass eine andere örtlich
zuständige Behörde zu entscheiden hat. [2]Sie kann in den Fällen, in denen eine
gleiche Angelegenheit sich auf mehrere Betriebsstätten eines Betriebs oder
Unternehmens bezieht, eine der nach Absatz 1 Nr. 2 zuständigen Behörden als
gemeinsame zuständige Behörde bestimmen, wenn dies unter Wahrung der
Interessen der Beteiligten zur einheitlichen Entscheidung geboten ist. [3]Diese
Aufsichtsbehörde entscheidet ferner über die örtliche Zuständigkeit, wenn sich
mehrere Behörden für zuständig oder für unzuständig halten oder wenn die
Zuständigkeit aus anderen Gründen zweifelhaft ist. [4]Fehlt eine gemeinsame
Aufsichtsbehörde, so treffen die fachlich zuständigen Aufsichtsbehörden die
Entscheidung gemeinsam.

(3) Ändern sich im Lauf des Verwaltungsverfahrens die die Zuständigkeit
begründenden Umstände, so kann die bisher zuständige Behörde das Verwal-
tungsverfahren fortführen, wenn dies unter Wahrung der Interessen der Betei-
ligten der einfachen und zweckmäßigen Durchführung des Verfahrens dient
und die nunmehr zuständige Behörde zustimmt.

(4) [1]Bei Gefahr im Verzug ist für unaufschiebbare Maßnahmen jede Behörde
örtlich zuständig, in deren Bezirk der Anlass für die Amtshandlung hervortritt.
[2]Die nach Absatz 1 Nr. 1 bis 3 örtlich zuständige Behörde ist unverzüglich zu
unterrichten.

§ 3a[1] **Elektronische Kommunikation.** (1) Die Übermittlung elektro-
nischer Dokumente ist zulässig, soweit der Empfänger hierfür einen Zugang
eröffnet.

(2) [1]Eine durch Rechtsvorschrift angeordnete Schriftform kann, soweit
nicht durch Rechtsvorschrift etwas anderes bestimmt ist, durch die elektro-
nische Form ersetzt werden. [2]Der elektronischen Form genügt ein elektro-

[1] § 3a Abs. 2 neu gef. mWv 1.8.2013, Abs. 2 Satz 4 Nr. 2 und 3 mWv 1.7.2014 durch G v. 25.7.
2013 (BGBl. I S. 2749); Abs. 2 Satz 2 geänd. mWv 29.7.2017 durch G v. 18.7.2017 (BGBl. I S. 2745);
Abs. 2 Satz 5 neu gef. mWv 1.11.2019 durch G v. 21.6.2019 (BGBl. I S. 846).

nisches Dokument, das mit einer qualifizierten elektronischen Signatur versehen ist. [3]Die Signierung mit einem Pseudonym, das die Identifizierung der Person des Signaturschlüsselinhabers nicht unmittelbar durch die Behörde ermöglicht, ist nicht zulässig. [4]Die Schriftform kann auch ersetzt werden

1. durch unmittelbare Abgabe der Erklärung in einem elektronischen Formular, das von der Behörde in einem Eingabegerät oder über öffentlich zugängliche Netze zur Verfügung gestellt wird;

2.[1] bei Anträgen und Anzeigen durch Versendung eines elektronischen Dokuments an die Behörde mit der Versandart nach § 5 Absatz 5 des De-Mail-Gesetzes[2];

3.[1] bei elektronischen Verwaltungsakten oder sonstigen elektronischen Dokumenten der Behörden durch Versendung einer De-Mail-Nachricht nach § 5 Absatz 5 des De-Mail-Gesetzes, bei der die Bestätigung des akkreditierten Diensteanbieters die erlassende Behörde als Nutzer des De-Mail-Kontos erkennen lässt;

4. durch sonstige sichere Verfahren, die durch Rechtsverordnung der Bundesregierung mit Zustimmung des Bundesrates festgelegt werden, welche den Datenübermittler (Absender der Daten) authentifizieren und die Integrität des elektronisch übermittelten Datensatzes sowie die Barrierefreiheit gewährleisten; der IT-Planungsrat gibt Empfehlungen zu geeigneten Verfahren ab.

[5]In den Fällen des Satzes 4 Nummer 1 muss bei einer Eingabe über öffentlich zugängliche Netze ein elektronischer Identitätsnachweis nach § 18 des Personalausweisgesetzes[3], nach § 12 des eID-Karte-Gesetzes oder nach § 78 Absatz 5 des Aufenthaltsgesetzes[4] erfolgen.

(3) [1]Ist ein der Behörde übermitteltes elektronisches Dokument für sie zur Bearbeitung nicht geeignet, teilt sie dies dem Absender unter Angabe der für sie geltenden technischen Rahmenbedingungen unverzüglich mit. [2]Macht ein Empfänger geltend, er könne das von der Behörde übermittelte elektronische Dokument nicht bearbeiten, hat sie es ihm erneut in einem geeigneten elektronischen Format oder als Schriftstück zu übermitteln.

Abschnitt 2.[5] Amtshilfe

§ 4 Amtshilfepflicht. (1) Jede Behörde leistet anderen Behörden auf Ersuchen ergänzende Hilfe (Amtshilfe).

(2) Amtshilfe liegt nicht vor, wenn

1. Behörden einander innerhalb eines bestehenden Weisungsverhältnisses Hilfe leisten;

2. die Hilfeleistung in Handlungen besteht, die der ersuchten Behörde als eigene Aufgabe obliegen.

[1] § 3a Abs. 2 Satz 4 Nr. 2 und 3 sind mWv 1.7.2014 gem. Art. 31 Abs. 2 des G v. 25.7.2013 (BGBl. I S. 2749) in Kraft getreten.
[2] **Sartorius III Nr. 730.**
[3] Nr. 255.
[4] Nr. 565.
[5] Überschrift Abschnitt 2 eingef. mWv 28.12.2009 durch G v. 17.7.2009 (BGBl. I S. 2091).

§ 5 Voraussetzungen und Grenzen der Amtshilfe. (1) Eine Behörde kann um Amtshilfe insbesondere dann ersuchen, wenn sie

1. aus rechtlichen Gründen die Amtshandlung nicht selbst vornehmen kann;
2. aus tatsächlichen Gründen, besonders weil die zur Vornahme der Amtshandlung erforderlichen Dienstkräfte oder Einrichtungen fehlen, die Amtshandlung nicht selbst vornehmen kann;
3. zur Durchführung ihrer Aufgaben auf die Kenntnis von Tatsachen angewiesen ist, die ihr unbekannt sind und die sie selbst nicht ermitteln kann;
4. zur Durchführung ihrer Aufgaben Urkunden oder sonstige Beweismittel benötigt, die sich im Besitz der ersuchten Behörde befinden;
5. die Amtshandlung nur mit wesentlich größerem Aufwand vornehmen könnte als die ersuchte Behörde.

(2) [1] Die ersuchte Behörde darf Hilfe nicht leisten, wenn

1. sie hierzu aus rechtlichen Gründen nicht in der Lage ist;
2. durch die Hilfeleistung dem Wohl des Bundes oder eines Landes erhebliche Nachteile bereitet würden.

[2] Die ersuchte Behörde ist insbesondere zur Vorlage von Urkunden oder Akten sowie zur Erteilung von Auskünften nicht verpflichtet, wenn die Vorgänge nach einem Gesetz oder ihrem Wesen nach geheim gehalten werden müssen.

(3) Die ersuchte Behörde braucht Hilfe nicht zu leisten, wenn

1. eine andere Behörde die Hilfe wesentlich einfacher oder mit wesentlich geringerem Aufwand leisten kann;
2. sie die Hilfe nur mit unverhältnismäßig großem Aufwand leisten könnte;
3. sie unter Berücksichtigung der Aufgaben der ersuchenden Behörde durch die Hilfeleistung die Erfüllung ihrer eigenen Aufgaben ernstlich gefährden würde.

(4) Die ersuchte Behörde darf die Hilfe nicht deshalb verweigern, weil sie das Ersuchen aus anderen als den in Absatz 3 genannten Gründen oder weil sie die mit der Amtshilfe zu verwirklichende Maßnahme für unzweckmäßig hält.

(Fortsetzung nächstes Blatt)

(5) [1] Hält die ersuchte Behörde sich zur Hilfe nicht für verpflichtet, so teilt sie der ersuchenden Behörde ihre Auffassung mit. [2] Besteht diese auf der Amtshilfe, so entscheidet über die Verpflichtung zur Amtshilfe die gemeinsame fachlich zuständige Aufsichtsbehörde oder, sofern eine solche nicht besteht, die für die ersuchte Behörde fachlich zuständige Aufsichtsbehörde.

§ 6 Auswahl der Behörde. Kommen für die Amtshilfe mehrere Behörden in Betracht, so soll nach Möglichkeit eine Behörde der untersten Verwaltungsstufe des Verwaltungszweigs ersucht werden, dem die ersuchende Behörde angehört.

§ 7 Durchführung der Amtshilfe. (1) Die Zulässigkeit der Maßnahme, die durch die Amtshilfe verwirklicht werden soll, richtet sich nach dem für die ersuchende Behörde, die Durchführung der Amtshilfe nach dem für die ersuchte Behörde geltenden Recht.

(2) [1] Die ersuchende Behörde trägt gegenüber der ersuchten Behörde die Verantwortung für die Rechtmäßigkeit der zu treffenden Maßnahme. [2] Die ersuchte Behörde ist für die Durchführung der Amtshilfe verantwortlich.

§ 8 Kosten der Amtshilfe. (1) [1] Die ersuchende Behörde hat der ersuchten Behörde für die Amtshilfe keine Verwaltungsgebühr zu entrichten. [2] Auslagen hat sie der ersuchten Behörde auf Anforderung zu erstatten, wenn sie im Einzelfall 35 Euro übersteigen. [3] Leisten Behörden desselben Rechtsträgers einander Amtshilfe, so werden die Auslagen nicht erstattet.

(2) Nimmt die ersuchte Behörde zur Durchführung der Amtshilfe eine kostenpflichtige Amtshandlung vor, so stehen ihr die von einem Dritten hierfür geschuldeten Kosten (Verwaltungsgebühren, Benutzungsgebühren und Auslagen) zu.

Abschnitt 3.[1] Europäische Verwaltungszusammenarbeit

§ 8 a[1] Grundsätze der Hilfeleistung. (1) Jede Behörde leistet Behörden anderer Mitgliedstaaten der Europäischen Union auf Ersuchen Hilfe, soweit dies nach Maßgabe von Rechtsakten der Europäischen Gemeinschaft geboten ist.

(2) [1] Behörden anderer Mitgliedstaaten der Europäischen Union können um Hilfe ersucht werden, soweit dies nach Maßgabe von Rechtsakten der Europäischen Gemeinschaft zugelassen ist. [2] Um Hilfe ist zu ersuchen, soweit dies nach Maßgabe von Rechtsakten der Europäischen Gemeinschaft geboten ist.

(3) Die §§ 5, 7 und 8 Absatz 2 sind entsprechend anzuwenden, soweit Rechtsakte der Europäischen Gemeinschaft nicht entgegenstehen.

§ 8 b[1] Form und Behandlung der Ersuchen. (1) [1] Ersuchen sind in deutscher Sprache an Behörden anderer Mitgliedstaaten der Europäischen Union zu richten; soweit erforderlich, ist eine Übersetzung beizufügen. [2] Die Ersu-

[1] Abschn. 3 (§§ 8 a–8 e) eingef. mWv 28. 12. 2009 durch G v. 17. 7. 2009 (BGBl. I S. 2091).

chen sind gemäß den gemeinschaftsrechtlichen Vorgaben und unter Angabe des maßgeblichen Rechtsakts zu begründen.

(2) [1] Ersuchen von Behörden anderer Mitgliedstaaten der Europäischen Union dürfen nur erledigt werden, wenn sich ihr Inhalt in deutscher Sprache aus den Akten ergibt. [2] Soweit erforderlich, soll bei Ersuchen in einer anderen Sprache von der ersuchenden Behörde eine Übersetzung verlangt werden.

(3) Ersuchen von Behörden anderer Mitgliedstaaten der Europäischen Union können abgelehnt werden, wenn sie nicht ordnungsgemäß und unter Angabe des maßgeblichen Rechtsakts begründet sind und die erforderliche Begründung nach Aufforderung nicht nachgereicht wird.

(4) [1] Einrichtungen und Hilfsmittel der Kommission zur Behandlung von Ersuchen sollen genutzt werden. [2] Informationen sollen elektronisch übermittelt werden.

§ 8 c[1] **Kosten der Hilfeleistung.** Ersuchende Behörden anderer Mitgliedstaaten der Europäischen Union haben Verwaltungsgebühren oder Auslagen nur zu erstatten, soweit dies nach Maßgabe von Rechtsakten der Europäischen Gemeinschaft verlangt werden kann.

§ 8 d[1] **Mitteilungen von Amts wegen.** (1) [1] Die zuständige Behörde teilt den Behörden anderer Mitgliedstaaten der Europäischen Union und der Kommission Angaben über Sachverhalte und Personen mit, soweit dies nach Maßgabe von Rechtsakten der Europäischen Gemeinschaft geboten ist. [2] Dabei sollen die hierzu eingerichteten Informationsnetze genutzt werden.

(2) Übermittelt eine Behörde Angaben nach Absatz 1 an die Behörde eines anderen Mitgliedstaats der Europäischen Union, unterrichtet sie den Betroffenen über die Tatsache der Übermittlung, soweit Rechtsakte der Europäischen Gemeinschaft dies vorsehen; dabei ist auf die Art der Angaben sowie auf die Zweckbestimmung und die Rechtsgrundlage der Übermittlung hinzuweisen.

§ 8 e[1] **Anwendbarkeit.** [1] Die Regelungen dieses Abschnitts sind mit Inkrafttreten des jeweiligen Rechtsaktes der Europäischen Gemeinschaft, wenn dieser unmittelbare Wirkung entfaltet, im Übrigen mit Ablauf der jeweiligen Umsetzungsfrist anzuwenden. [2] Sie gelten auch im Verhältnis zu den anderen Vertragsstaaten des Abkommens über den Europäischen Wirtschaftsraum, soweit Rechtsakte der Europäischen Gemeinschaft auch auf diese Staaten anzuwenden sind.

Teil II. Allgemeine Vorschriften über das Verwaltungsverfahren

Abschnitt 1. Verfahrensgrundsätze

§ 9 Begriff des Verwaltungsverfahrens. Das Verwaltungsverfahren im Sinne dieses Gesetzes ist die nach außen wirkende Tätigkeit der Behörden, die auf die Prüfung der Voraussetzungen, die Vorbereitung und den Erlass eines Verwaltungsaktes oder auf den Abschluss eines öffentlich-rechtlichen Vertrags

[1] Abschn. 3 (§§ 8 a–8 e) eingef. mWv 28. 12. 2009 durch G v. 17. 7. 2009 (BGBl. I S. 2091).

gerichtet ist; es schließt den Erlass des Verwaltungsaktes oder den Abschluss des öffentlich-rechtlichen Vertrags ein.

§ 10 Nichtförmlichkeit des Verwaltungsverfahrens. [1] Das Verwaltungsverfahren ist an bestimmte Formen nicht gebunden, soweit keine besonderen Rechtsvorschriften für die Form des Verfahrens bestehen. [2] Es ist einfach, zweckmäßig und zügig durchzuführen.

§ 11 Beteiligungsfähigkeit. Fähig, am Verfahren beteiligt zu sein, sind
1. natürliche und juristische Personen,
2. Vereinigungen, soweit ihnen ein Recht zustehen kann,
3. Behörden.

§ 12 Handlungsfähigkeit. (1) Fähig zur Vornahme von Verfahrenshandlungen sind
1. natürliche Personen, die nach bürgerlichem Recht geschäftsfähig sind,
2. natürliche Personen, die nach bürgerlichem Recht in der Geschäftsfähigkeit beschränkt sind, soweit sie für den Gegenstand des Verfahrens durch Vorschriften des bürgerlichen Rechts als geschäftsfähig oder durch Vorschriften des öffentlichen Rechts als handlungsfähig anerkannt sind,
3. juristische Personen und Vereinigungen (§ 11 Nr. 2) durch ihre gesetzlichen Vertreter oder durch besonders Beauftragte,
4. Behörden durch ihre Leiter, deren Vertreter oder Beauftragte.

(2) Betrifft ein Einwilligungsvorbehalt nach § 1903 des Bürgerlichen Gesetzbuchs[1)] den Gegenstand des Verfahrens, so ist ein geschäftsfähiger Betreuter nur insoweit zur Vornahme von Verfahrenshandlungen fähig, als er nach den Vorschriften des bürgerlichen Rechts ohne Einwilligung des Betreuers handeln kann oder durch Vorschriften des öffentlichen Rechts als handlungsfähig anerkannt ist.

(3) Die §§ 53 und 55 der Zivilprozessordnung[2)] gelten entsprechend.

§ 13 Beteiligte. (1) Beteiligte sind
1. Antragsteller und Antragsgegner,
2. diejenigen, an die die Behörde den Verwaltungsakt richten will oder gerichtet hat,
3. diejenigen, mit denen die Behörde einen öffentlich-rechtlichen Vertrag schließen will oder geschlossen hat,
4. diejenigen, die nach Absatz 2 von der Behörde zu dem Verfahren hinzugezogen worden sind.

(2) [1] Die Behörde kann von Amts wegen oder auf Antrag diejenigen, deren rechtliche Interessen durch den Ausgang des Verfahrens berührt werden können, als Beteiligte hinzuziehen. [2] Hat der Ausgang des Verfahrens rechtsgestaltende Wirkung für einen Dritten, so ist dieser auf Antrag als Beteiligter

zu dem Verfahren hinzuzuziehen; soweit er der Behörde bekannt ist, hat diese ihn von der Einleitung des Verfahrens zu benachrichtigen.

(3) Wer anzuhören ist, ohne dass die Voraussetzungen des Absatzes 1 vorliegen, wird dadurch nicht Beteiligter.

§ 14[1] Bevollmächtigte und Beistände. (1) [1] Ein Beteiligter kann sich durch einen Bevollmächtigten vertreten lassen. [2] Die Vollmacht ermächtigt zu allen das Verwaltungsverfahren betreffenden Verfahrenshandlungen, sofern sich aus ihrem Inhalt nicht etwas anderes ergibt. [3] Der Bevollmächtigte hat auf Verlangen seine Vollmacht schriftlich nachzuweisen. [4] Ein Widerruf der Vollmacht wird der Behörde gegenüber erst wirksam, wenn er ihr zugeht.

(2) Die Vollmacht wird weder durch den Tod des Vollmachtgebers noch durch eine Veränderung in seiner Handlungsfähigkeit oder seiner gesetzlichen Vertretung aufgehoben; der Bevollmächtigte hat jedoch, wenn er für den Rechtsnachfolger im Verwaltungsverfahren auftritt, dessen Vollmacht auf Verlangen schriftlich beizubringen.

(3) [1] Ist für das Verfahren ein Bevollmächtigter bestellt, so soll sich die Behörde an ihn wenden. [2] Sie kann sich an den Beteiligten selbst wenden, soweit er zur Mitwirkung verpflichtet ist. [3] Wendet sich die Behörde an den Beteiligten, so soll der Bevollmächtigte verständigt werden. [4] Vorschriften über die Zustellung an Bevollmächtigte bleiben unberührt.

(4) [1] Ein Beteiligter kann zu Verhandlungen und Besprechungen mit einem Beistand erscheinen. [2] Das von dem Beistand Vorgetragene gilt als von dem Beteiligten vorgebracht, soweit dieser nicht unverzüglich widerspricht.

(5) Bevollmächtigte und Beistände sind zurückzuweisen, wenn sie entgegen § 3 des Rechtsdienstleistungsgesetzes[2] Rechtsdienstleistungen erbringen.

(6) [1] Bevollmächtigte und Beistände können vom Vortrag zurückgewiesen werden, wenn sie hierzu ungeeignet sind; vom mündlichen Vortrag können sie nur zurückgewiesen werden, wenn sie zum sachgemäßen Vortrag nicht fähig sind. [2] Nicht zurückgewiesen werden können Personen, die nach § 67 Abs. 2 Satz 1 und 2 Nr. 3 bis 7 der Verwaltungsgerichtsordnung[3] zur Vertretung im verwaltungsgerichtlichen Verfahren befugt sind.

(7) [1] Die Zurückweisung nach den Absätzen 5 und 6 ist auch dem Beteiligten, dessen Bevollmächtiger oder Beistand zurückgewiesen wird, mitzuteilen. [2] Verfahrenshandlungen des zurückgewiesenen Bevollmächtigten oder Beistands, die dieser nach der Zurückweisung vornimmt, sind unwirksam.

§ 15 Bestellung eines Empfangsbevollmächtigten. [1] Ein Beteiligter ohne Wohnsitz oder gewöhnlichen Aufenthalt, Sitz oder Geschäftsleitung im Inland hat der Behörde auf Verlangen innerhalb einer angemessenen Frist einen Empfangsbevollmächtigten im Inland zu benennen. [2] Unterlässt er dies, gilt ein an ihn gerichtetes Schriftstück am siebenten Tage nach der Aufgabe zur Post und ein elektronisch übermitteltes Dokument am dritten Tage nach

[1] § 14 Abs. 5, Abs. 6 Satz 2 neu gef. mWv 18. 12. 2008 durch G v. 11. 12. 2008 (BGBl. I S. 2418).
[2] **Schönfelder ErgBd. Nr. 99.**
[3] Nr. **600.**

der Absendung als zugegangen. [3] Dies gilt nicht, wenn feststeht, dass das Dokument den Empfänger nicht oder zu einem späteren Zeitpunkt erreicht hat. [4] Auf die Rechtsfolgen der Unterlassung ist der Beteiligte hinzuweisen.

§ 16[1] **Bestellung eines Vertreters von Amts wegen.** (1) Ist ein Vertreter nicht vorhanden, so hat das Betreuungsgericht, für einen minderjährigen Beteiligten das Familiengericht auf Ersuchen der Behörde einen geeigneten Vertreter zu bestellen

1. für einen Beteiligten, dessen Person unbekannt ist;
2. für einen abwesenden Beteiligten, dessen Aufenthalt unbekannt ist oder der an der Besorgung seiner Angelegenheiten verhindert ist;
3. für einen Beteiligten ohne Aufenthalt im Inland, wenn er der Aufforderung der Behörde, einen Vertreter zu bestellen, innerhalb der ihm gesetzten Frist nicht nachgekommen ist;
4. für einen Beteiligten, der infolge einer psychischen Krankheit oder körperlichen, geistigen oder seelischen Behinderung nicht in der Lage ist, in dem Verwaltungsverfahren selbst tätig zu werden;
5. bei herrenlosen Sachen, auf die sich das Verfahren bezieht, zur Wahrung der sich in Bezug auf die Sache ergebenden Rechte und Pflichten.

(2) Für die Bestellung des Vertreters ist in den Fällen des Absatzes 1 Nr. 4 das Gericht zuständig, in dessen Bezirk der Beteiligte seinen gewöhnlichen Aufenthalt hat; im Übrigen ist das Gericht zuständig, in dessen Bezirk die ersuchende Behörde ihren Sitz hat.

(3) [1] Der Vertreter hat gegen den Rechtsträger der Behörde, die um seine Bestellung ersucht hat, Anspruch auf eine angemessene Vergütung und auf die Erstattung seiner baren Auslagen. [2] Die Behörde kann von dem Vertretenen Ersatz ihrer Aufwendungen verlangen. [3] Sie bestimmt die Vergütung und stellt die Auslagen und Aufwendungen fest.

(4) Im Übrigen gelten für die Bestellung und für das Amt des Vertreters in den Fällen des Absatzes 1 Nr. 4 die Vorschriften über die Betreuung, in den übrigen Fällen die Vorschriften über die Pflegschaft entsprechend.

§ 17 Vertreter bei gleichförmigen Eingaben. (1) [1] Bei Anträgen und Eingaben, die in einem Verwaltungsverfahren von mehr als 50 Personen auf Unterschriftslisten unterzeichnet oder in Form vervielfältigter gleich lautender Texte eingereicht worden sind (gleichförmige Eingaben), gilt für das Verfahren derjenige Unterzeichner als Vertreter der übrigen Unterzeichner, der darin mit seinem Namen, seinem Beruf und seiner Anschrift als Vertreter bezeichnet ist, soweit er nicht von ihnen als Bevollmächtigter bestellt worden ist. [2] Vertreter kann nur eine natürliche Person sein.

(2) [1] Die Behörde kann gleichförmige Eingaben, die die Angaben nach Absatz 1 Satz 1 nicht deutlich sichtbar auf jeder mit einer Unterschrift versehenen Seite enthalten oder dem Erfordernis des Absatzes 1 Satz 2 nicht entsprechen, unberücksichtigt lassen. [2] Will die Behörde so verfahren, so hat sie dies durch ortsübliche Bekanntmachung mitzuteilen. [3] Die Behörde kann ferner gleichförmige Eingaben insoweit unberücksichtigt lassen, als Unter-

[1] § 16 Abs. 1 und 2 geänd. mWv 1.9.2009 durch G v. 17.12.2008 (BGBl. I S. 2586).

zeichner ihren Namen oder ihre Anschrift nicht oder unleserlich angegeben haben.

(3) [1] Die Vertretungsmacht erlischt, sobald der Vertreter oder der Vertretene dies der Behörde schriftlich erklärt; der Vertreter kann eine solche Erklärung nur hinsichtlich aller Vertretenen abgeben. [2] Gibt der Vertretene eine solche Erklärung ab, so soll er der Behörde zugleich mitteilen, ob er seine Eingabe aufrechterhält und ob er einen Bevollmächtigten bestellt hat.

(4) [1] Endet die Vertretungsmacht des Vertreters, so kann die Behörde die nicht mehr Vertretenen auffordern, innerhalb einer angemessenen Frist einen gemeinsamen Vertreter zu bestellen. [2] Sind mehr als 50 Personen aufzufordern, so kann die Behörde die Aufforderung ortsüblich bekannt machen. [3] Wird der Aufforderung nicht fristgemäß entsprochen, so kann die Behörde von Amts wegen einen gemeinsamen Vertreter bestellen.

§ 18 Vertreter für Beteiligte bei gleichem Interesse. (1) [1] Sind an einem Verwaltungsverfahren mehr als 50 Personen im gleichen Interesse beteiligt, ohne vertreten zu sein, so kann die Behörde sie auffordern, innerhalb einer angemessenen Frist einen gemeinsamen Vertreter zu bestellen, wenn sonst die ordnungsmäßige Durchführung des Verwaltungsverfahrens beeinträchtigt wäre. [2] Kommen sie der Aufforderung nicht fristgemäß nach, so kann die Behörde von Amts wegen einen gemeinsamen Vertreter bestellen. [3] Vertreter kann nur eine natürliche Person sein.

(2) [1] Die Vertretungsmacht erlischt, sobald der Vertreter oder der Vertretene dies der Behörde schriftlich erklärt; der Vertreter kann eine solche Erklärung nur hinsichtlich aller Vertretenen abgeben. [2] Gibt der Vertretene eine solche Erklärung ab, so soll er der Behörde zugleich mitteilen, ob er seine Eingabe aufrechterhält und ob er einen Bevollmächtigten bestellt hat.

§ 19 Gemeinsame Vorschriften für Vertreter bei gleichförmigen Eingaben und bei gleichem Interesse. (1) [1] Der Vertreter hat die Interessen der Vertretenen sorgfältig wahrzunehmen. [2] Er kann alle das Verwaltungsverfahren betreffenden Verfahrenshandlungen vornehmen. [3] An Weisungen ist er nicht gebunden.

(2) § 14 Abs. 5 bis 7 gilt entsprechend.

(3) [1] Der von der Behörde bestellte Vertreter hat gegen deren Rechtsträger Anspruch auf angemessene Vergütung und auf Erstattung seiner baren Auslagen. [2] Die Behörde kann von den Vertretenen zu gleichen Anteilen Ersatz ihrer Aufwendungen verlangen. [3] Sie bestimmt die Vergütung und stellt die Auslagen und Aufwendungen fest.

§ 20[1] Ausgeschlossene Personen. (1) [1] In einem Verwaltungsverfahren darf für eine Behörde nicht tätig werden,

1. wer selbst Beteiligter ist;
2. wer Angehöriger eines Beteiligten ist;

[1] § 20 Abs. 5 Satz 1 Nr. 2a, 6a und Satz 2 Nr. 1a eingef. mWv 7.6.2013 durch G v. 31.5.2013 (BGBl. I S. 1388); Abs. 5 Satz 1 Nr. 1 geänd. mWv 26.11.2015 durch G v. 20.11.2015 (BGBl. I S. 2010); Abs. 5 Satz 1 Nr. 1 geänd. mWv 22.12.2018 durch G v. 18.12.2018 (BGBl. I S. 2639).

ist der Zeitpunkt des Eingangs der Übersetzung maßgebend, soweit sich nicht aus zwischenstaatlichen Vereinbarungen etwas anderes ergibt. [3] Auf diese Rechtsfolge ist bei der Fristsetzung hinzuweisen.

§ 24[1] Untersuchungsgrundsatz. (1) [1] Die Behörde ermittelt den Sachverhalt von Amts wegen. [2] Sie bestimmt Art und Umfang der Ermittlungen; an das Vorbringen und an die Beweisanträge der Beteiligten ist sie nicht gebunden. [3] Setzt die Behörde automatische Einrichtungen zum Erlass von Verwaltungsakten ein, muss sie für den Einzelfall bedeutsame tatsächliche Angaben des Beteiligten berücksichtigen, die im automatischen Verfahren nicht ermittelt würden.

(2) Die Behörde hat alle für den Einzelfall bedeutsamen, auch die für die Beteiligten günstigen Umstände zu berücksichtigen.

(3) Die Behörde darf die Entgegennahme von Erklärungen oder Anträgen, die in ihren Zuständigkeitsbereich fallen, nicht deshalb verweigern, weil sie die Erklärung oder den Antrag in der Sache für unzulässig oder unbegründet hält.

§ 25[2] Beratung, Auskunft, frühe Öffentlichkeitsbeteiligung. (1) [1] Die Behörde soll die Abgabe von Erklärungen, die Stellung von Anträgen oder die Berichtigung von Erklärungen oder Anträgen anregen, wenn diese offensichtlich nur versehentlich oder aus Unkenntnis unterblieben oder unrichtig abgegeben oder gestellt worden sind. [2] Sie erteilt, soweit erforderlich, Auskunft über die den Beteiligten im Verwaltungsverfahren zustehenden Rechte und die ihnen obliegenden Pflichten.

(2) [1] Die Behörde erörtert, soweit erforderlich, bereits vor Stellung eines Antrags mit dem zukünftigen Antragsteller, welche Nachweise und Unterlagen von ihm zu erbringen sind und in welcher Weise das Verfahren beschleunigt werden kann. [2] Soweit es der Verfahrensbeschleunigung dient, soll sie dem Antragsteller nach Eingang des Antrags unverzüglich Auskunft über die voraussichtliche Verfahrensdauer und die Vollständigkeit der Antragsunterlagen geben.

(Fortsetzung nächstes Blatt)

[1] § 24 Abs. 1 Satz 3 angef. mWv 1. 1. 2017 durch G v. 18. 7. 2016 (BGBl. I S. 1679).
[2] § 25 Abs. 2 angef. mWv 18. 12. 2008 durch G v. 11. 12. 2008 (BGBl. I S. 2418); Überschr. geänd., Abs. 3 angef. mWv 7. 6. 2013 durch G v. 31. 5. 2013 (BGBl. I S. 1388).

(3) [1] Die Behörde wirkt darauf hin, dass der Träger bei der Planung von Vorhaben, die nicht nur unwesentliche Auswirkungen auf die Belange einer größeren Zahl von Dritten haben können, die betroffene Öffentlichkeit frühzeitig über die Ziele des Vorhabens, die Mittel, es zu verwirklichen, und die voraussichtlichen Auswirkungen des Vorhabens unterrichtet (frühe Öffentlichkeitsbeteiligung). [2] Die frühe Öffentlichkeitsbeteiligung soll möglichst bereits vor Stellung eines Antrags stattfinden. [3] Der betroffenen Öffentlichkeit soll Gelegenheit zur Äußerung und zur Erörterung gegeben werden. [4] Das Ergebnis der vor Antragstellung durchgeführten frühen Öffentlichkeitsbeteiligung soll der betroffenen Öffentlichkeit und der Behörde spätestens mit der Antragstellung, im Übrigen unverzüglich mitgeteilt werden. [5] Satz 1 gilt nicht, soweit die betroffene Öffentlichkeit bereits nach anderen Rechtsvorschriften vor der Antragstellung zu beteiligen ist. [6] Beteiligungsrechte nach anderen Rechtsvorschriften bleiben unberührt.

§ 26[1] **Beweismittel.** (1) [1] Die Behörde bedient sich der Beweismittel, die sie nach pflichtgemäßem Ermessen zur Ermittlung des Sachverhalts für erforderlich hält. [2] Sie kann insbesondere

1. Auskünfte jeder Art einholen,

2. Beteiligte anhören, Zeugen und Sachverständige vernehmen oder die schriftliche oder elektronische Äußerung von Beteiligten, Sachverständigen und Zeugen einholen,

3. Urkunden und Akten beiziehen,

4. den Augenschein einnehmen.

(2) [1] Die Beteiligten sollen bei der Ermittlung des Sachverhalts mitwirken. [2] Sie sollen insbesondere ihnen bekannte Tatsachen und Beweismittel angeben. [3] Eine weitergehende Pflicht, bei der Ermittlung des Sachverhalts mitzuwirken, insbesondere eine Pflicht zum persönlichen Erscheinen oder zur Aussage, besteht nur, soweit sie durch Rechtsvorschrift besonders vorgesehen ist.

(3) [1] Für Zeugen und Sachverständige besteht eine Pflicht zur Aussage oder zur Erstattung von Gutachten, wenn sie durch Rechtsvorschrift vorgesehen ist. [2] Falls die Behörde Zeugen und Sachverständige herangezogen hat, erhalten sie auf Antrag in entsprechender Anwendung des Justizvergütungs- und -entschädigungsgesetzes[2] eine Entschädigung oder Vergütung.

§ 27 Versicherung an Eides statt. (1) [1] Die Behörde darf bei der Ermittlung des Sachverhalts eine Versicherung an Eides statt nur verlangen und abnehmen, wenn die Abnahme der Versicherung über den betreffenden Gegenstand und in dem betreffenden Verfahren durch Gesetz oder Rechtsverordnung vorgesehen und die Behörde durch Rechtsvorschrift für zuständig erklärt worden ist. [2] Eine Versicherung an Eides statt soll nur gefordert werden, wenn andere Mittel zur Erforschung der Wahrheit nicht vorhanden sind, zu keinem Ergebnis geführt haben oder einen unverhältnismäßigen Aufwand erfordern. [3] Von eidesunfähigen Personen im Sinne des § 393 der Zivilprozessordnung[3] darf eine eidesstattliche Versicherung nicht verlangt werden.

[1] § 26 Abs. 3 Satz 2 geänd. mWv 1. 7. 2004 durch G v. 5. 5. 2004 (BGBl. I S. 718).
[2] **Schönfelder Nr. 116.**
[3] **Schönfelder Nr. 100.**

(2) [1] Wird die Versicherung an Eides statt von einer Behörde zur Niederschrift aufgenommen, so sind zur Aufnahme nur der Behördenleiter, sein allgemeiner Vertreter sowie Angehörige des öffentlichen Dienstes befugt, welche die Befähigung zum Richteramt haben oder die Voraussetzungen des § 110 Satz 1 des Deutschen Richtergesetzes[1]) erfüllen. [2] Andere Angehörige des öffentlichen Dienstes kann der Behördenleiter oder sein allgemeiner Vertreter hierzu allgemein oder im Einzelfall schriftlich ermächtigen.

(3) [1] Die Versicherung besteht darin, dass der Versichernde die Richtigkeit seiner Erklärung über den betreffenden Gegenstand bestätigt und erklärt: „Ich versichere an Eides statt, dass ich nach bestem Wissen die reine Wahrheit gesagt und nichts verschwiegen habe." [2] Bevollmächtigte und Beistände sind berechtigt, an der Aufnahme der Versicherung an Eides statt teilzunehmen.

(4) [1] Vor der Aufnahme der Versicherung an Eides statt ist der Versichernde über die Bedeutung der eidesstattlichen Versicherung und die strafrechtlichen Folgen einer unrichtigen oder unvollständigen eidesstattlichen Versicherung zu belehren. [2] Die Belehrung ist in der Niederschrift zu vermerken.

(5) [1] Die Niederschrift hat ferner die Namen der anwesenden Personen sowie den Ort und den Tag der Niederschrift zu enthalten. [2] Die Niederschrift ist demjenigen, der die eidesstattliche Versicherung abgibt, zur Genehmigung vorzulesen oder auf Verlangen zur Durchsicht vorzulegen. [3] Die erteilte Genehmigung ist zu vermerken und von den Versichernden zu unterschreiben. [4] Die Niederschrift ist sodann von demjenigen, der die Versicherung an Eides statt aufgenommen hat, sowie von dem Schriftführer zu unterschreiben.

§ 27 a[2]) **Öffentliche Bekanntmachung im Internet.** (1) [1] Ist durch Rechtsvorschrift eine öffentliche oder ortsübliche Bekanntmachung angeordnet, soll die Behörde deren Inhalt zusätzlich im Internet veröffentlichen. [2] Dies wird dadurch bewirkt, dass der Inhalt der Bekanntmachung auf einer Internetseite der Behörde oder ihres Verwaltungsträgers zugänglich gemacht wird. [3] Bezieht sich die Bekanntmachung auf zur Einsicht auszulegende Unterlagen, sollen auch diese über das Internet zugänglich gemacht werden. [4] Soweit durch Rechtsvorschrift nichts anderes geregelt ist, ist der Inhalt der zur Einsicht ausgelegten Unterlagen maßgeblich.

(2) In der öffentlichen oder ortsüblichen Bekanntmachung ist die Internetseite anzugeben.

§ 28 Anhörung Beteiligter. (1) Bevor ein Verwaltungsakt erlassen wird, der in Rechte eines Beteiligten eingreift, ist diesem Gelegenheit zu geben, sich zu den für die Entscheidung erheblichen Tatsachen zu äußern.

(2) Von der Anhörung kann abgesehen werden, wenn sie nach den Umständen des Einzelfalls nicht geboten ist, insbesondere wenn

1. eine sofortige Entscheidung wegen Gefahr im Verzug oder im öffentlichen Interesse notwendig erscheint;
2. durch die Anhörung die Einhaltung einer für die Entscheidung maßgeblichen Frist in Frage gestellt würde;

[1]) **Schönfelder ErgBd. Nr. 97.**
[2]) § 27 a eingef. mWv 7. 6. 2013 durch G v. 31. 5. 2013 (BGBl. I S. 1388).

3. von den tatsächlichen Angaben eines Beteiligten, die dieser in einem Antrag oder einer Erklärung gemacht hat, nicht zu seinen Ungunsten abgewichen werden soll;

4. die Behörde eine Allgemeinverfügung oder gleichartige Verwaltungsakte in größerer Zahl oder Verwaltungsakte mit Hilfe automatischer Einrichtungen erlassen will;

5. Maßnahmen in der Verwaltungsvollstreckung getroffen werden sollen.

(3) Eine Anhörung unterbleibt, wenn ihr ein zwingendes öffentliches Interesse entgegensteht.

§ 29 Akteneinsicht durch Beteiligte. (1) [1] Die Behörde hat den Beteiligten Einsicht in die das Verfahren betreffenden Akten zu gestatten, soweit deren Kenntnis zur Geltendmachung oder Verteidigung ihrer rechtlichen Interessen erforderlich ist. [2] Satz 1 gilt bis zum Abschluss des Verwaltungsverfahrens nicht für Entwürfe zu Entscheidungen sowie die Arbeiten zu ihrer unmittelbaren Vorbereitung. [3] Soweit nach den §§ 17 und 18 eine Vertretung stattfindet, haben nur die Vertreter Anspruch auf Akteneinsicht.

(2) Die Behörde ist zur Gestattung der Akteneinsicht nicht verpflichtet, soweit durch sie die ordnungsgemäße Erfüllung der Aufgaben der Behörde beeinträchtigt, das Bekanntwerden des Inhalts der Akten dem Wohle des Bundes oder eines Landes Nachteile bereiten würde oder soweit die Vorgänge nach einem Gesetz oder ihrem Wesen nach, namentlich wegen der berechtigten Interessen der Beteiligten oder dritter Personen, geheim gehalten werden müssen.

(3) [1] Die Akteneinsicht erfolgt bei der Behörde, die die Akten führt. [2] Im Einzelfall kann die Einsicht auch bei einer anderen Behörde oder bei einer diplomatischen oder berufskonsularischen Vertretung der Bundesrepublik Deutschland im Ausland erfolgen; weitere Ausnahmen kann die Behörde, die die Akten führt, gestatten.

§ 30 Geheimhaltung. Die Beteiligten haben Anspruch darauf, dass ihre Geheimnisse, insbesondere die zum persönlichen Lebensbereich gehörenden Geheimnisse sowie die Betriebs- und Geschäftsgeheimnisse, von der Behörde nicht unbefugt offenbart werden.

Abschnitt 2. Fristen, Termine, Wiedereinsetzung

§ 31 Fristen und Termine. (1) Für die Berechnung von Fristen und für die Bestimmung von Terminen gelten die §§ 187 bis 193 des Bürgerlichen Gesetzbuchs[1] entsprechend, soweit nicht durch die Absätze 2 bis 5 etwas anderes bestimmt ist.

(2) Der Lauf einer Frist, die von einer Behörde gesetzt wird, beginnt mit dem Tag, der auf die Bekanntgabe der Frist folgt, außer wenn dem Betroffenen etwas anderes mitgeteilt wird.

(3) [1] Fällt das Ende einer Frist auf einen Sonntag, einen gesetzlichen Feiertag oder einen Sonnabend, so endet die Frist mit dem Ablauf des nächstfolgenden Werktags. [2] Dies gilt nicht, wenn dem Betroffenen unter Hinweis

[1] Schönfelder Nr. 20.

auf diese Vorschrift ein bestimmter Tag als Ende der Frist mitgeteilt worden ist.

(4) Hat eine Behörde Leistungen nur für einen bestimmten Zeitraum zu erbringen, so endet dieser Zeitraum auch dann mit dem Ablauf seines letzten Tages, wenn dieser auf einen Sonntag, einen gesetzlichen Feiertag oder einen Sonnabend fällt.

(5) Der von einer Behörde gesetzte Termin ist auch dann einzuhalten, wenn er auf einen Sonntag, gesetzlichen Feiertag oder Sonnabend fällt.

(6) Ist eine Frist nach Stunden bestimmt, so werden Sonntage, gesetzliche Feiertage oder Sonnabende mitgerechnet.

(7) [1] Fristen, die von einer Behörde gesetzt sind, können verlängert werden. [2] Sind solche Fristen bereits abgelaufen, so können sie rückwirkend verlängert werden, insbesondere wenn es unbillig wäre, die durch den Fristablauf eingetretenen Rechtsfolgen bestehen zu lassen. [3] Die Behörde kann die Verlängerung der Frist nach § 36 mit einer Nebenbestimmung verbinden.

§ 32 Wiedereinsetzung in den vorigen Stand. (1) [1] War jemand ohne Verschulden verhindert, eine gesetzliche Frist einzuhalten, so ist ihm auf Antrag Wiedereinsetzung in den vorigen Stand zu gewähren. [2] Das Verschulden eines Vertreters ist dem Vertretenen zuzurechnen.

(2) [1] Der Antrag ist innerhalb von zwei Wochen nach Wegfall des Hindernisses zu stellen. [2] Die Tatsachen zur Begründung des Antrags sind bei der Antragstellung oder im Verfahren über den Antrag glaubhaft zu machen. [3] Innerhalb der Antragsfrist ist die versäumte Handlung nachzuholen. [4] Ist dies geschehen, so kann Wiedereinsetzung auch ohne Antrag gewährt werden.

(3) Nach einem Jahr seit dem Ende der versäumten Frist kann die Wiedereinsetzung nicht mehr beantragt oder die versäumte Handlung nicht mehr nachgeholt werden, außer wenn dies vor Ablauf der Jahresfrist infolge höherer Gewalt unmöglich war.

(4) Über den Antrag auf Wiedereinsetzung entscheidet die Behörde, die über die versäumte Handlung zu befinden hat.

(5) Die Wiedereinsetzung ist unzulässig, wenn sich aus einer Rechtsvorschrift ergibt, dass sie ausgeschlossen ist.

Abschnitt 3. Amtliche Beglaubigung

§ 33[1] Beglaubigung von Dokumenten. (1) [1] Jede Behörde ist befugt, Abschriften von Urkunden, die sie selbst ausgestellt hat, zu beglaubigen. [2] Darüber hinaus sind die von der Bundesregierung durch Rechtsverordnung[2] bestimmten Behörden im Sinne des § 1 Nr. 1 und die nach Landesrecht zuständigen Behörden befugt, Abschriften zu beglaubigen, wenn die Urschrift von einer Behörde ausgestellt ist oder die Abschrift zur Vorlage bei einer Behörde benötigt wird, sofern nicht durch Rechtsvorschrift die Ertei-

[1] § 33 Abs. 7 angef. mWv 1. 8. 2013 durch G v. 25. 7. 2013 (BGBl. I S. 2749).
[2] Siehe hierzu § 1 der BeglaubigungsVO v. 13. 3. 2003 (BGBl. I S. 361):
„**§ 1 Zu Beglaubigungen befugte Behörden.** Alle Behörden im Sinne des § 1 Abs. 1 Nr. 1 des Verwaltungsverfahrensgesetzes sind befugt, Beglaubigungen nach den §§ 33 und 34 des Verwaltungsverfahrensgesetzes vorzunehmen."

lung beglaubigter Abschriften aus amtlichen Registern und Archiven anderer Behörden ausschließlich vorbehalten ist; die Rechtsverordnung bedarf nicht der Zustimmung des Bundesrates.

(2) Abschriften dürfen nicht beglaubigt werden, wenn Umstände zu der Annahme berechtigen, dass der ursprüngliche Inhalt des Schriftstücks, dessen Abschrift beglaubigt werden soll, geändert worden ist, insbesondere wenn dieses Schriftstück Lücken, Durchstreichungen, Einschaltungen, Änderungen, unleserliche Wörter, Zahlen oder Zeichen, Spuren der Beseitigung von Wörtern, Zahlen und Zeichen enthält oder wenn der Zusammenhang eines aus mehreren Blättern bestehenden Schriftstücks aufgehoben ist.

(3) [1] Eine Abschrift wird beglaubigt durch einen Beglaubigungsvermerk, der unter die Abschrift zu setzen ist. [2] Der Vermerk muss enthalten

1. die genaue Bezeichnung des Schriftstücks, dessen Abschrift beglaubigt wird,

2. die Feststellung, dass die beglaubigte Abschrift mit dem vorgelegten Schriftstück übereinstimmt,

3. den Hinweis, dass die beglaubigte Abschrift nur zur Vorlage bei der angegebenen Behörde erteilt wird, wenn die Urschrift nicht von einer Behörde ausgestellt worden ist,

4. den Ort und den Tag der Beglaubigung, die Unterschrift des für die Beglaubigung zuständigen Bediensteten und das Dienstsiegel.

(4) Die Absätze 1 bis 3 gelten entsprechend für die Beglaubigung von

1. Ablichtungen, Lichtdrucken und ähnlichen in technischen Verfahren hergestellten Vervielfältigungen,

2. auf fototechnischem Wege von Schriftstücken hergestellten Negativen, die bei einer Behörde aufbewahrt werden,

3. Ausdrucken elektronischer Dokumente,

4. elektronischen Dokumenten,

 a) die zur Abbildung eines Schriftstücks hergestellt wurden,

 b) die ein anderes technisches Format als das mit einer qualifizierten elektronischen Signatur verbundene Ausgangsdokument erhalten haben.

(5) [1] Der Beglaubigungsvermerk muss zusätzlich zu den Angaben nach Absatz 3 Satz 2 bei der Beglaubigung

1. des Ausdrucks eines elektronischen Dokuments, das mit einer qualifizierten elektronischen Signatur verbunden ist, die Feststellungen enthalten,

 a) wen die Signaturprüfung als Inhaber der Signatur ausweist,

 b) welchen Zeitpunkt die Signaturprüfung für die Anbringung der Signatur ausweist und

 c) welche Zertifikate mit welchen Daten dieser Signatur zugrunde lagen;

2. eines elektronischen Dokuments den Namen des für die Beglaubigung zuständigen Bediensteten und die Bezeichnung der Behörde, die die Beglaubigung vornimmt, enthalten; die Unterschrift des für die Beglaubigung zuständigen Bediensteten und das Dienstsiegel nach Absatz 3 Satz 2 Nr. 4 werden durch eine dauerhaft überprüfbare qualifizierte elektronische Signatur ersetzt.

[2] Wird ein elektronisches Dokument, das ein anderes technisches Format als das mit einer qualifizierten elektronischen Signatur verbundene Ausgangs-

dokument erhalten hat, nach Satz 1 Nr. 2 beglaubigt, muss der Beglaubigungsvermerk zusätzlich die Feststellungen nach Satz 1 Nr. 1 für das Ausgangsdokument enthalten.

(6) Die nach Absatz 4 hergestellten Dokumente stehen, sofern sie beglaubigt sind, beglaubigten Abschriften gleich.

(7) Jede Behörde soll von Urkunden, die sie selbst ausgestellt hat, auf Verlangen ein elektronisches Dokument nach Absatz 4 Nummer 4 Buchstabe a oder eine elektronische Abschrift fertigen und beglaubigen.

§ 34 Beglaubigung von Unterschriften. (1) [1]Die von der Bundesregierung durch Rechtsverordnung bestimmten Behörden im Sinne des § 1 Abs. 1 Nr. 1 und die nach Landesrecht zuständigen Behörden sind befugt, Unterschriften zu beglaubigen, wenn das unterzeichnete Schriftstück zur Vorlage bei einer Behörde oder bei einer sonstigen Stelle, der auf Grund einer Rechtsvorschrift das unterzeichnete Schriftstück vorzulegen ist, benötigt wird. [2]Dies gilt nicht für

1. Unterschriften ohne zugehörigen Text,
2. Unterschriften, die der öffentlichen Beglaubigung (§ 129 des Bürgerlichen Gesetzbuchs[1])) bedürfen.

(2) Eine Unterschrift soll nur beglaubigt werden, wenn sie in Gegenwart des beglaubigenden Bediensteten vollzogen oder anerkannt wird.

(3) [1]Der Beglaubigungsvermerk ist unmittelbar bei der Unterschrift, die beglaubigt werden soll, anzubringen. [2]Er muss enthalten

1. die Bestätigung, dass die Unterschrift echt ist,
2. die genaue Bezeichnung desjenigen, dessen Unterschrift beglaubigt wird, sowie die Angabe, ob sich der für die Beglaubigung zuständige Bedienstete Gewissheit über diese Person verschafft hat und ob die Unterschrift in seiner Gegenwart vollzogen oder anerkannt worden ist,
3. den Hinweis, dass die Beglaubigung nur zur Vorlage bei der angegebenen Behörde oder Stelle bestimmt ist,
4. den Ort und den Tag der Beglaubigung, die Unterschrift des für die Beglaubigung zuständigen Bediensteten und das Dienstsiegel.

(4) Die Absätze 1 bis 3 gelten für die Beglaubigung von Handzeichen entsprechend.

(5) Die Rechtsverordnungen nach Absatz 1 und 4 bedürfen nicht der Zustimmung des Bundesrates.

Teil III. Verwaltungsakt

Abschnitt 1. Zustandekommen des Verwaltungsaktes

§ 35 Begriff des Verwaltungsaktes. [1]Verwaltungsakt ist jede Verfügung, Entscheidung oder andere hoheitliche Maßnahme, die eine Behörde zur Regelung eines Einzelfalls auf dem Gebiet des öffentlichen Rechts trifft und die auf unmittelbare Rechtswirkung nach außen gerichtet ist. [2]Allgemeinver-

[1]) **Schönfelder Nr. 20.**

fügung ist ein Verwaltungsakt, der sich an einen nach allgemeinen Merkmalen bestimmten oder bestimmbaren Personenkreis richtet oder die öffentlich-rechtliche Eigenschaft einer Sache oder ihre Benutzung durch die Allgemeinheit betrifft.

§ 35 a[1] **Vollständig automatisierter Erlass eines Verwaltungsaktes.**
Ein Verwaltungsakt kann vollständig durch automatische Einrichtungen erlassen werden, sofern dies durch Rechtsvorschrift zugelassen ist und weder ein Ermessen noch ein Beurteilungsspielraum besteht.

§ 36 Nebenbestimmungen zum Verwaltungsakt. (1) Ein Verwaltungsakt, auf den ein Anspruch besteht, darf mit einer Nebenbestimmung nur versehen werden, wenn sie durch Rechtsvorschrift zugelassen ist oder wenn sie sicherstellen soll, dass die gesetzlichen Voraussetzungen des Verwaltungsaktes erfüllt werden.

(2) Unbeschadet des Absatzes 1 darf ein Verwaltungsakt nach pflichtgemäßem Ermessen erlassen werden mit

1. einer Bestimmung, nach der eine Vergünstigung oder Belastung zu einem bestimmten Zeitpunkt beginnt, endet oder für einen bestimmten Zeitraum gilt (Befristung);
2. einer Bestimmung, nach der der Eintritt oder der Wegfall einer Vergünstigung oder einer Belastung von dem ungewissen Eintritt eines zukünftigen Ereignisses abhängt (Bedingung);
3. einem Vorbehalt des Widerrufs

oder verbunden werden mit

4. einer Bestimmung, durch die dem Begünstigten ein Tun, Dulden oder Unterlassen vorgeschrieben wird (Auflage);
5. einem Vorbehalt der nachträglichen Aufnahme, Änderung oder Ergänzung einer Auflage.

(3) Eine Nebenbestimmung darf dem Zweck des Verwaltungsaktes nicht zuwiderlaufen.

§ 37[2] **Bestimmtheit und Form des Verwaltungsaktes; Rechtsbehelfsbelehrung.** (1) Ein Verwaltungsakt muss inhaltlich hinreichend bestimmt sein.

(2) [1] Ein Verwaltungsakt kann schriftlich, elektronisch, mündlich oder in anderer Weise erlassen werden. [2] Ein mündlicher Verwaltungsakt ist schriftlich oder elektronisch zu bestätigen, wenn hieran ein berechtigtes Interesse besteht und der Betroffene dies unverzüglich verlangt. [3] Ein elektronischer Verwaltungsakt ist unter denselben Voraussetzungen schriftlich zu bestätigen; § 3 a Abs. 2 findet insoweit keine Anwendung.

(3) [1] Ein schriftlicher oder elektronischer Verwaltungsakt muss die erlassende Behörde erkennen lassen und die Unterschrift oder die Namenswiedergabe des Behördenleiters, seines Vertreters oder seines Beauftragten enthalten.

[1] § 35 a eingef. mWv 1. 1. 2017 durch G v. 18. 7. 2016 (BGBl. I S. 1679).
[2] § 37 Überschr. geänd., Abs. 6 angef. mWv 7. 6. 2013 durch G v. 31. 5. 2013 (BGBl. I S. 1388); Abs. 3 Satz 3 angef. mWv 1. 8. 2013 durch G v. 25. 7. 2013 (BGBl. I S. 2749).

[2] Wird für einen Verwaltungsakt, für den durch Rechtsvorschrift die Schriftform angeordnet ist, die elektronische Form verwendet, muss auch das der Signatur zugrunde liegende qualifizierte Zertifikat oder ein zugehöriges qualifiziertes Attributzertifikat die erlassende Behörde erkennen lassen. [3] Im Fall des § 3 a Absatz 2 Satz 4 Nummer 3 muss die Bestätigung nach § 5 Absatz 5 des De-Mail-Gesetzes die erlassende Behörde als Nutzer des De-Mail-Kontos erkennen lassen.

(4) Für einen Verwaltungsakt kann für die nach § 3 a Abs. 2 erforderliche Signatur durch Rechtsvorschrift die dauerhafte Überprüfbarkeit vorgeschrieben werden.

(5) [1] Bei einem schriftlichen Verwaltungsakt, der mit Hilfe automatischer Einrichtungen erlassen wird, können abweichend von Absatz 3 Unterschrift und Namenswiedergabe fehlen. [2] Zur Inhaltsangabe können Schlüsselzeichen verwendet werden, wenn derjenige, für den der Verwaltungsakt bestimmt ist oder der von ihm betroffen wird, auf Grund der dazu gegebenen Erläuterungen den Inhalt des Verwaltungsaktes eindeutig erkennen kann.

(6) [1] Einem schriftlichen oder elektronischen Verwaltungsakt, der der Anfechtung unterliegt, ist eine Erklärung beizufügen, durch die der Beteiligte über den Rechtsbehelf, der gegen den Verwaltungsakt gegeben ist, über die Behörde oder das Gericht, bei denen der Rechtsbehelf einzulegen ist, den Sitz und über die einzuhaltende Frist belehrt wird (Rechtsbehelfsbelehrung). [2] Die Rechtsbehelfsbelehrung ist auch der schriftlichen oder elektronischen Bestätigung eines Verwaltungsaktes und der Bescheinigung nach § 42 a Absatz 3 beizufügen.

§ 38 Zusicherung. (1) [1] Eine von der zuständigen Behörde erteilte Zusage, einen bestimmten Verwaltungsakt später zu erlassen oder zu unterlassen (Zusicherung), bedarf zu ihrer Wirksamkeit der schriftlichen Form. [2] Ist vor dem Erlass des zugesicherten Verwaltungsaktes die Anhörung Beteiligter oder die Mitwirkung einer anderen Behörde oder eines Ausschusses auf Grund einer Rechtsvorschrift erforderlich, so darf die Zusicherung erst nach Anhörung der Beteiligten oder nach Mitwirkung dieser Behörde oder des Ausschusses gegeben werden.

(2) Auf die Unwirksamkeit der Zusicherung finden, unbeschadet des Absatzes 1 Satz 1, § 44, auf die Heilung von Mängeln bei der Anhörung Beteiligter und der Mitwirkung anderer Behörden oder Ausschüsse § 45 Abs. 1 Nr. 3 bis 5 sowie Abs. 2, auf die Rücknahme § 48, auf den Widerruf, unbeschadet des Absatzes 3, § 49 entsprechende Anwendung.

(3) Ändert sich nach Abgabe der Zusicherung die Sach- oder Rechtslage derart, dass die Behörde bei Kenntnis der nachträglich eingetretenen Änderung die Zusicherung nicht gegeben hätte oder aus rechtlichen Gründen nicht hätte geben dürfen, ist die Behörde an die Zusicherung nicht mehr gebunden.

§ 39 Begründung des Verwaltungsaktes. (1) [1] Ein schriftlicher oder elektronischer sowie ein schriftlich oder elektronisch bestätigter Verwaltungsakt ist mit einer Begründung zu versehen. [2] In der Begründung sind die wesentlichen tatsächlichen und rechtlichen Gründe mitzuteilen, die die Behörde zu ihrer Entscheidung bewogen haben. [3] Die Begründung von Ermes-

sensentscheidungen soll auch die Gesichtspunkte erkennen lassen, von denen die Behörde bei der Ausübung ihres Ermessens ausgegangen ist.

(2) Einer Begründung bedarf es nicht,

1. soweit die Behörde einem Antrag entspricht oder einer Erklärung folgt und der Verwaltungsakt nicht in Rechte eines anderen eingreift;

2. soweit demjenigen, für den der Verwaltungsakt bestimmt ist oder der von ihm betroffen wird, die Auffassung der Behörde über die Sach- und Rechtslage bereits bekannt oder auch ohne Begründung für ihn ohne weiteres erkennbar ist;

3. wenn die Behörde gleichartige Verwaltungsakte in größerer Zahl oder Verwaltungsakte mit Hilfe automatischer Einrichtungen erlässt und die Begründung nach den Umständen des Einzelfalls nicht geboten ist;

4. wenn sich dies aus einer Rechtsvorschrift ergibt;

5. wenn eine Allgemeinverfügung öffentlich bekannt gegeben wird.

§ 40 Ermessen. Ist die Behörde ermächtigt, nach ihrem Ermessen zu handeln, hat sie ihr Ermessen entsprechend dem Zweck der Ermächtigung auszuüben und die gesetzlichen Grenzen des Ermessens einzuhalten.

§ 41[1] Bekanntgabe des Verwaltungsaktes. (1) [1] Ein Verwaltungsakt ist demjenigen Beteiligten bekannt zu geben, für den er bestimmt ist oder der von ihm betroffen wird. [2] Ist ein Bevollmächtigter bestellt, so kann die Bekanntgabe ihm gegenüber vorgenommen werden.

(2) [1] Ein schriftlicher Verwaltungsakt, der im Inland durch die Post übermittelt wird, gilt am dritten Tag nach der Aufgabe zur Post als bekannt gegeben. [2] Ein Verwaltungsakt, der im Inland oder in das Ausland elektronisch übermittelt wird, gilt am dritten Tag nach der Absendung als bekannt gegeben. [3] Dies gilt nicht, wenn der Verwaltungsakt nicht oder zu einem späteren Zeitpunkt zugegangen ist; im Zweifel hat die Behörde den Zugang des Verwaltungsaktes und den Zeitpunkt des Zugangs nachzuweisen.

(2 a) [1] Mit Einwilligung des Beteiligten kann ein elektronischer Verwaltungsakt dadurch bekannt gegeben werden, dass er vom Beteiligten oder von seinem Bevollmächtigten über öffentlich zugängliche Netze abgerufen wird. [2] Die Behörde hat zu gewährleisten, dass der Abruf nur nach Authentifizierung der berechtigten Person möglich ist und der elektronische Verwaltungsakt von ihr gespeichert werden kann. [3] Der Verwaltungsakt gilt am Tag nach dem Abruf als bekannt gegeben. [4] Wird der Verwaltungsakt nicht innerhalb von zehn Tagen nach Absendung einer Benachrichtigung über die Bereitstellung abgerufen, wird diese beendet. [5] In diesem Fall ist die Bekanntgabe nicht bewirkt; die Möglichkeit einer erneuten Bereitstellung zum Abruf oder der Bekanntgabe auf andere Weise bleibt unberührt.

(3) [1] Ein Verwaltungsakt darf öffentlich bekannt gegeben werden, wenn dies durch Rechtsvorschrift zugelassen ist. [2] Eine Allgemeinverfügung darf auch dann öffentlich bekannt gegeben werden, wenn eine Bekanntgabe an die Beteiligten untunlich ist.

[1] § 41 Abs. 2 Satz 1 neu gef., Satz 2 eingef., bish. Satz 2 wird Satz 3 mWv 18. 12. 2008 durch G v. 11. 12. 2008 (BGBl. I S. 2418); Abs. 2 a eingef. mWv 1. 1. 2017 durch G v. 18. 7. 2016 (BGBl. I S. 1679).

(4) [1] Die öffentliche Bekanntgabe eines schriftlichen oder elektronischen Verwaltungsaktes wird dadurch bewirkt, dass sein verfügender Teil ortsüblich bekannt gemacht wird. [2] In der ortsüblichen Bekanntmachung ist anzugeben, wo der Verwaltungsakt und seine Begründung eingesehen werden können. [3] Der Verwaltungsakt gilt zwei Wochen nach der ortsüblichen Bekanntmachung als bekannt gegeben. [4] In einer Allgemeinverfügung kann ein hiervon abweichender Tag, jedoch frühestens der auf die Bekanntmachung folgende Tag bestimmt werden.

(5) Vorschriften über die Bekanntgabe eines Verwaltungsaktes mittels Zustellung bleiben unberührt.

§ 42 Offenbare Unrichtigkeiten im Verwaltungsakt. [1] Die Behörde kann Schreibfehler, Rechenfehler und ähnliche offenbare Unrichtigkeiten in einem Verwaltungsakt jederzeit berichtigen. [2] Bei berechtigtem Interesse des Beteiligten ist zu berichtigen. [3] Die Behörde ist berechtigt, die Vorlage des Dokuments zu verlangen, das berichtigt werden soll.

§ 42 a[1) Genehmigungsfiktion. (1) [1] Eine beantragte Genehmigung gilt nach Ablauf einer für die Entscheidung festgelegten Frist als erteilt (Genehmigungsfiktion), wenn dies durch Rechtsvorschrift angeordnet und der Antrag hinreichend bestimmt ist. [2] Die Vorschriften über die Bestandskraft von Verwaltungsakten und über das Rechtsbehelfsverfahren gelten entsprechend.

(2) [1] Die Frist nach Absatz 1 Satz 1 beträgt drei Monate, soweit durch Rechtsvorschrift nichts Abweichendes bestimmt ist. [2] Die Frist beginnt mit Eingang der vollständigen Unterlagen. [3] Sie kann einmal angemessen verlängert werden, wenn dies wegen der Schwierigkeit der Angelegenheit gerechtfertigt ist. [4] Die Fristverlängerung ist zu begründen und rechtzeitig mitzuteilen.

(3) Auf Verlangen ist demjenigen, dem der Verwaltungsakt nach § 41 Abs. 1 hätte bekannt gegeben werden müssen, der Eintritt der Genehmigungsfiktion schriftlich zu bescheinigen.

Abschnitt 2. Bestandskraft des Verwaltungsaktes

§ 43 Wirksamkeit des Verwaltungsaktes. (1) [1] Ein Verwaltungsakt wird gegenüber demjenigen, für den er bestimmt ist oder der von ihm betroffen wird, in dem Zeitpunkt wirksam, in dem er ihm bekannt gegeben wird. [2] Der Verwaltungsakt wird mit dem Inhalt wirksam, mit dem er bekannt gegeben wird.

(2) Ein Verwaltungsakt bleibt wirksam, solange und soweit er nicht zurückgenommen, widerrufen, anderweitig aufgehoben oder durch Zeitablauf oder auf andere Weise erledigt ist.

(3) Ein nichtiger Verwaltungsakt ist unwirksam.

§ 44 Nichtigkeit des Verwaltungsaktes. (1) Ein Verwaltungsakt ist nichtig, soweit er an einem besonders schwerwiegenden Fehler leidet und dies bei

[1)] § 42 a eingef. mWv 18. 12. 2008 durch G v. 11. 12. 2008 (BGBl. I S. 2418).

verständiger Würdigung aller in Betracht kommenden Umstände offensichtlich ist.

(2) Ohne Rücksicht auf das Vorliegen der Voraussetzungen des Absatzes 1 ist ein Verwaltungsakt nichtig,

1. der schriftlich oder elektronisch erlassen worden ist, die erlassende Behörde aber nicht erkennen lässt;

2. der nach einer Rechtsvorschrift nur durch die Aushändigung einer Urkunde erlassen werden kann, aber dieser Form nicht genügt;

3. den eine Behörde außerhalb ihrer durch § 3 Abs. 1 Nr. 1 begründeten Zuständigkeit erlassen hat, ohne dazu ermächtigt zu sein;

4. den aus tatsächlichen Gründen niemand ausführen kann;

5. der die Begehung einer rechtswidrigen Tat verlangt, die einen Straf- oder Bußgeldtatbestand verwirklicht;

6. der gegen die guten Sitten verstößt.

(3) Ein Verwaltungsakt ist nicht schon deshalb nichtig, weil

1. Vorschriften über die örtliche Zuständigkeit nicht eingehalten worden sind, außer wenn ein Fall des Absatzes 2 Nr. 3 vorliegt;

2. eine nach § 20 Abs. 1 Satz 1 Nr. 2 bis 6 ausgeschlossene Person mitgewirkt hat;

3. ein durch Rechtsvorschrift zur Mitwirkung berufener Ausschuss den für den Erlass des Verwaltungsaktes vorgeschriebenen Beschluss nicht gefasst hat oder nicht beschlussfähig war;

4. die nach einer Rechtsvorschrift erforderliche Mitwirkung einer anderen Behörde unterblieben ist.

(4) Betrifft die Nichtigkeit nur einen Teil des Verwaltungsaktes, so ist er im Ganzen nichtig, wenn der nichtige Teil so wesentlich ist, dass die Behörde den Verwaltungsakt ohne den nichtigen Teil nicht erlassen hätte.

(5) Die Behörde kann die Nichtigkeit jederzeit von Amts wegen feststellen; auf Antrag ist sie festzustellen, wenn der Antragsteller hieran ein berechtigtes Interesse hat.

(Fortsetzung nächstes Blatt)

§ 45 Heilung von Verfahrens- und Formfehlern. (1) Eine Verletzung von Verfahrens- oder Formvorschriften, die nicht den Verwaltungsakt nach § 44 nichtig macht, ist unbeachtlich, wenn

1. der für den Erlass des Verwaltungsaktes erforderliche Antrag nachträglich gestellt wird;
2. die erforderliche Begründung nachträglich gegeben wird;
3. die erforderliche Anhörung eines Beteiligten nachgeholt wird;
4. der Beschluss eines Ausschusses, dessen Mitwirkung für den Erlass des Verwaltungsaktes erforderlich ist, nachträglich gefasst wird;
5. die erforderliche Mitwirkung einer anderen Behörde nachgeholt wird.

(2) Handlungen nach Absatz 1 können bis zum Abschluss der letzten Tatsacheninstanz eines verwaltungsgerichtlichen Verfahrens nachgeholt werden.

(3) ¹Fehlt einem Verwaltungsakt die erforderliche Begründung oder ist die erforderliche Anhörung eines Beteiligten vor Erlass des Verwaltungsaktes unterblieben und ist dadurch die rechtzeitige Anfechtung des Verwaltungsaktes versäumt worden, so gilt die Versäumung der Rechtsbehelfsfrist als nicht verschuldet. ²Das für die Wiedereinsetzungsfrist nach § 32 Abs. 2 maßgebende Ereignis tritt im Zeitpunkt der Nachholung der unterlassenen Verfahrenshandlung ein.

§ 46 Folgen von Verfahrens- und Formfehlern. Die Aufhebung eines Verwaltungsaktes, der nicht nach § 44 nichtig ist, kann nicht allein deshalb beansprucht werden, weil er unter Verletzung von Vorschriften über das Verfahren, die Form oder die örtliche Zuständigkeit zustande gekommen ist, wenn offensichtlich ist, dass die Verletzung die Entscheidung in der Sache nicht beeinflusst hat.

§ 47 Umdeutung eines fehlerhaften Verwaltungsaktes. (1) Ein fehlerhafter Verwaltungsakt kann in einen anderen Verwaltungsakt umgedeutet werden, wenn er auf das gleiche Ziel gerichtet ist, von der erlassenden Behörde in der geschehenen Verfahrensweise und Form rechtmäßig hätte erlassen werden können und wenn die Voraussetzungen für dessen Erlass erfüllt sind.

(2) ¹Absatz 1 gilt nicht, wenn der Verwaltungsakt, in den der fehlerhafte Verwaltungsakt umzudeuten wäre, der erkennbaren Absicht der erlassenden Behörde widerspräche oder seine Rechtsfolgen für den Betroffenen ungünstiger wären als die des fehlerhaften Verwaltungsaktes. ²Eine Umdeutung ist ferner unzulässig, wenn der fehlerhafte Verwaltungsakt nicht zurückgenommen werden dürfte.

(3) Eine Entscheidung, die nur als gesetzlich gebundene Entscheidung ergehen kann, kann nicht in eine Ermessensentscheidung umgedeutet werden.

(4) § 28 ist entsprechend anzuwenden.

§ 48 Rücknahme eines rechtswidrigen Verwaltungsaktes.
(1) ¹Ein rechtswidriger Verwaltungsakt kann, auch nachdem er unanfechtbar geworden ist, ganz oder teilweise mit Wirkung für die Zu-

kunft oder für die Vergangenheit zurückgenommen werden. ²Ein Verwaltungsakt, der ein Recht oder einen rechtlich erheblichen Vorteil begründet oder bestätigt hat (begünstigender Verwaltungsakt), darf nur unter den Einschränkungen der Absätze 2 bis 4 zurückgenommen werden.

(2) ¹Ein rechtswidriger Verwaltungsakt, der eine einmalige oder laufende Geldleistung oder teilbare Sachleistung gewährt oder hierfür Voraussetzung ist, darf nicht zurückgenommen werden, soweit der Begünstigte auf den Bestand des Verwaltungsaktes vertraut hat und sein Vertrauen unter Abwägung mit dem öffentlichen Interesse an einer Rücknahme schutzwürdig ist. ²Das Vertrauen ist in der Regel schutzwürdig, wenn der Begünstigte gewährte Leistungen verbraucht oder eine Vermögensdisposition getroffen hat, die er nicht mehr oder nur unter unzumutbaren Nachteilen rückgängig machen kann. ³Auf Vertrauen kann sich der Begünstigte nicht berufen, wenn er

1. den Verwaltungsakt durch arglistige Täuschung, Drohung oder Bestechung erwirkt hat;

2. den Verwaltungsakt durch Angaben erwirkt hat, die in wesentlicher Beziehung unrichtig oder unvollständig waren;

3. die Rechtswidrigkeit des Verwaltungsaktes kannte oder infolge grober Fahrlässigkeit nicht kannte.

⁴In den Fällen des Satzes 3 wird der Verwaltungsakt in der Regel mit Wirkung für die Vergangenheit zurückgenommen.

(3) ¹Wird ein rechtswidriger Verwaltungsakt, der nicht unter Absatz 2 fällt, zurückgenommen, so hat die Behörde dem Betroffenen auf Antrag den Vermögensnachteil auszugleichen, den dieser dadurch erleidet, dass er auf den Bestand des Verwaltungsaktes vertraut hat, soweit sein Vertrauen unter Abwägung mit dem öffentlichen Interesse schutzwürdig ist. ²Absatz 2 Satz 3 ist anzuwenden. ³Der Vermögensnachteil ist jedoch nicht über den Betrag des Interesses hinaus zu ersetzen, das der Betroffene an dem Bestand des Verwaltungsaktes hat. ⁴Der auszugleichende Vermögensnachteil wird durch die Behörde festgesetzt. ⁵Der Anspruch kann nur innerhalb eines Jahres geltend gemacht werden; die Frist beginnt, sobald die Behörde den Betroffenen auf sie hingewiesen hat.

(4) ¹Erhält die Behörde von Tatsachen Kenntnis, welche die Rücknahme eines rechtswidrigen Verwaltungsaktes rechtfertigen, so ist die Rücknahme nur innerhalb eines Jahres seit dem Zeitpunkt der Kenntnisnahme zulässig. ²Dies gilt nicht im Falle des Absatzes 2 Satz 3 Nr. 1.

(5) Über die Rücknahme entscheidet nach Unanfechtbarkeit des Verwaltungsaktes die nach § 3 zuständige Behörde; dies gilt auch dann, wenn der zurückzunehmende Verwaltungsakt von einer anderen Behörde erlassen worden ist.

§ 49 Widerruf eines rechtmäßigen Verwaltungsaktes. (1) Ein

rechtmäßiger nicht begünstigender Verwaltungsakt kann, auch nachdem er unanfechtbar geworden ist, ganz oder teilweise mit Wirkung für die Zukunft widerrufen werden, außer wenn ein Verwaltungsakt

gleichen Inhalts erneut erlassen werden müsste oder aus anderen Gründen ein Widerruf unzulässig ist.

(2) [1] Ein rechtmäßiger begünstigender Verwaltungsakt darf, auch nachdem er unanfechtbar geworden ist, ganz oder teilweise mit Wirkung für die Zukunft nur widerrufen werden,

1. wenn der Widerruf durch Rechtsvorschrift zugelassen oder im Verwaltungsakt vorbehalten ist;

2. wenn mit dem Verwaltungsakt eine Auflage verbunden ist und der Begünstigte diese nicht oder nicht innerhalb einer ihm gesetzten Frist erfüllt hat;

3. wenn die Behörde auf Grund nachträglich eingetretener Tatsachen berechtigt wäre, den Verwaltungsakt nicht zu erlassen, und wenn ohne den Widerruf das öffentliche Interesse gefährdet würde;

4. wenn die Behörde auf Grund einer geänderten Rechtsvorschrift berechtigt wäre, den Verwaltungsakt nicht zu erlassen, soweit der Begünstigte von der Vergünstigung noch keinen Gebrauch gemacht oder auf Grund des Verwaltungsaktes noch keine Leistungen empfangen hat, und wenn ohne den Widerruf das öffentliche Interesse gefährdet würde;

5. um schwere Nachteile für das Gemeinwohl zu verhüten oder zu beseitigen.

[2] § 48 Abs. 4 gilt entsprechend.

(3) [1] Ein rechtmäßiger Verwaltungsakt, der eine einmalige oder laufende Geldleistung oder teilbare Sachleistung zur Erfüllung eines bestimmten Zwecks gewährt oder hierfür Voraussetzung ist, kann, auch nachdem er unanfechtbar geworden ist, ganz oder teilweise auch mit Wirkung für die Vergangenheit widerrufen werden,

1. wenn die Leistung nicht, nicht alsbald nach der Erbringung oder nicht mehr für den in dem Verwaltungsakt bestimmten Zweck verwendet wird;

2. wenn mit dem Verwaltungsakt eine Auflage verbunden ist und der Begünstigte diese nicht oder nicht innerhalb einer ihm gesetzten Frist erfüllt hat.

[2] § 48 Abs. 4 gilt entsprechend.

(4) Der widerrufene Verwaltungsakt wird mit dem Wirksamwerden des Widerrufs unwirksam, wenn die Behörde keinen anderen Zeitpunkt bestimmt.

(5) Über den Widerruf entscheidet nach Unanfechtbarkeit des Verwaltungsaktes die nach § 3 zuständige Behörde; dies gilt auch dann, wenn der zu widerrufende Verwaltungsakt von einer anderen Behörde erlassen worden ist.

(6) [1] Wird ein begünstigender Verwaltungsakt in den Fällen des Absatzes 2 Nr. 3 bis 5 widerrufen, so hat die Behörde den Betroffenen auf Antrag für den Vermögensnachteil zu entschädigen, den dieser dadurch erleidet, dass er auf den Bestand des Verwaltungsaktes vertraut hat, soweit sein Vertrauen schutzwürdig ist. [2] § 48 Abs. 3 Satz 3 bis 5 gilt entsprechend. [3] Für Streitigkeiten über die Entschädigung ist der ordentliche Rechtsweg gegeben.

§ 49a Erstattung, Verzinsung. (1) [1]Soweit ein Verwaltungsakt mit Wirkung für die Vergangenheit zurückgenommen oder widerrufen worden oder infolge Eintritts einer auflösenden Bedingung unwirksam geworden ist, sind bereits erbrachte Leistungen zu erstatten. [2]Die zu erstattende Leistung ist durch schriftlichen Verwaltungsakt festzusetzen.

(2) [1]Für den Umfang der Erstattung mit Ausnahme der Verzinsung gelten die Vorschriften des Bürgerlichen Gesetzbuchs über die Herausgabe einer ungerechtfertigten Bereicherung entsprechend. [2]Auf den Wegfall der Bereicherung kann sich der Begünstigte nicht berufen, soweit er die Umstände kannte oder infolge grober Fahrlässigkeit nicht kannte, die zur Rücknahme, zum Widerruf oder zur Unwirksamkeit des Verwaltungsaktes geführt haben.

(3) [1]Der zu erstattende Betrag ist vom Eintritt der Unwirksamkeit des Verwaltungsaktes an mit fünf Prozentpunkten über dem Basiszinssatz jährlich zu verzinsen. [2]Von der Geltendmachung des Zinsanspruchs kann insbesondere dann abgesehen werden, wenn der Begünstigte die Umstände, die zur Rücknahme, zum Widerruf oder zur Unwirksamkeit des Verwaltungsaktes geführt haben, nicht zu vertreten hat und den zu erstattenden Betrag innerhalb der von der Behörde festgesetzten Frist leistet.

(4) [1]Wird eine Leistung nicht alsbald nach der Auszahlung für den bestimmten Zweck verwendet, so können für die Zeit bis zur zweckentsprechenden Verwendung Zinsen nach Absatz 3 Satz 1 verlangt werden. [2]Entsprechendes gilt, soweit eine Leistung in Anspruch genommen wird, obwohl andere Mittel anteilig oder vorrangig einzusetzen sind. [3]§ 49 Abs. 3 Satz 1 Nr. 1 bleibt unberührt.

§ 50 Rücknahme und Widerruf im Rechtsbehelfsverfahren. § 48 Abs. 1 Satz 2 und Abs. 2 bis 4 sowie § 49 Abs. 2 bis 4 und 6 gelten nicht, wenn ein begünstigender Verwaltungsakt, der von einem Dritten angefochten worden ist, während des Vorverfahrens oder während des verwaltungsgerichtlichen Verfahrens aufgehoben wird, soweit dadurch dem Widerspruch oder der Klage abgeholfen wird.

§ 51 Wiederaufgreifen des Verfahrens. (1) Die Behörde hat auf Antrag des Betroffenen über die Aufhebung oder Änderung eines unanfechtbaren Verwaltungsaktes zu entscheiden, wenn

1. sich die dem Verwaltungsakt zugrunde liegende Sach- oder Rechtslage nachträglich zugunsten des Betroffenen geändert hat;

2. neue Beweismittel vorliegen, die eine dem Betroffenen günstigere Entscheidung herbeigeführt haben würden;

3. Wiederaufnahmegründe entsprechend § 580 der Zivilprozessordnung gegeben sind.

(2) Der Antrag ist nur zulässig, wenn der Betroffene ohne grobes Verschulden außerstande war, den Grund für das Wiederaufgreifen in dem früheren Verfahren, insbesondere durch Rechtsbehelf, geltend zu machen.

(3) [1]Der Antrag muss binnen drei Monaten gestellt werden. [2]Die Frist beginnt mit dem Tage, an dem der Betroffene von dem Grund für das Wiederaufgreifen Kenntnis erhalten hat.

(4) Über den Antrag entscheidet die nach § 3 zuständige Behörde; dies gilt auch dann, wenn der Verwaltungsakt, dessen Aufhebung oder Änderung begehrt wird, von einer anderen Behörde erlassen worden ist.

(5) Die Vorschriften des § 48 Abs. 1 Satz 1 und des § 49 Abs. 1 bleiben unberührt.

§ 52 Rückgabe von Urkunden und Sachen. [1]Ist ein Verwaltungsakt unanfechtbar widerrufen oder zurückgenommen oder ist seine Wirksamkeit aus einem anderen Grund nicht oder nicht mehr gegeben, so kann die Behörde die auf Grund dieses Verwaltungsaktes erteilten Urkunden oder Sachen, die zum Nachweis der Rechte aus dem Verwaltungsakt oder zu deren Ausübung bestimmt sind, zurückfordern. [2]Der Inhaber und, sofern er nicht der Besitzer ist, auch der Besitzer dieser Urkunden oder Sachen sind zu ihrer Herausgabe verpflichtet. [3]Der Inhaber oder der Besitzer kann jedoch verlangen, dass ihm die Urkunden oder Sachen wieder ausgehändigt werden, nachdem sie von der Behörde als ungültig gekennzeichnet sind; dies gilt nicht bei Sachen, bei denen eine solche Kennzeichnung nicht oder nicht mit der erforderlichen Offensichtlichkeit oder Dauerhaftigkeit möglich ist.

Abschnitt 3. Verjährungsrechtliche Wirkungen des Verwaltungsaktes

§ 53 Hemmung der Verjährung durch Verwaltungsakt. (1) [1]Ein Verwaltungsakt, der zur Feststellung oder Durchsetzung des Anspruchs eines öffentlich-rechtlichen Rechtsträgers erlassen wird, hemmt die Verjährung dieses Anspruchs. [2]Die Hemmung endet mit Eintritt der Unanfechtbarkeit des Verwaltungsaktes oder sechs Monate nach seiner anderweitigen Erledigung.

(2) [1]Ist ein Verwaltungsakt im Sinne des Absatzes 1 unanfechtbar geworden, beträgt die Verjährungsfrist 30 Jahre. [2]Soweit der Verwaltungsakt einen Anspruch auf künftig fällig werdende regelmäßig wiederkehrende Leistungen zum Inhalt hat, bleibt es bei der für diesen Anspruch geltenden Verjährungsfrist.

Teil IV. Öffentlich-rechtlicher Vertrag

§ 54 Zulässigkeit des öffentlich-rechtlichen Vertrags. [1]Ein Rechtsverhältnis auf dem Gebiet des öffentlichen Rechts kann durch Vertrag begründet, geändert oder aufgehoben werden (öffentlich-rechtlicher Vertrag), soweit Rechtsvorschriften nicht entgegenstehen. [2]Insbesondere kann die Behörde, anstatt einen Verwaltungsakt zu erlassen, einen öffentlich-rechtlichen Vertrag mit demjenigen schließen, an den sie sonst den Verwaltungsakt richten würde.

§ 55 Vergleichsvertrag. Ein öffentlich-rechtlicher Vertrag im Sinne des § 54 Satz 2, durch den eine bei verständiger Würdigung des Sachverhalts oder der Rechtslage bestehende Ungewissheit durch gegenseitiges Nachgeben beseitigt wird (Vergleich), kann geschlossen werden, wenn die Behörde den Abschluss des Vergleichs zur Beseitigung der Ungewissheit nach pflichtgemäßem Ermessen für zweckmäßig hält.

§ 56 Austauschvertrag. (1) ¹Ein öffentlich-rechtlicher Vertrag im Sinne des § 54 Satz 2, in dem sich der Vertragspartner der Behörde zu einer Gegenleistung verpflichtet, kann geschlossen werden, wenn die Gegenleistung für einen bestimmten Zweck im Vertrag vereinbart wird und der Behörde zur Erfüllung ihrer öffentlichen Aufgaben dient. ²Die Gegenleistung muss den gesamten Umständen nach angemessen sein und im sachlichen Zusammenhang mit der vertraglichen Leistung der Behörde stehen.

(2) Besteht auf die Leistung der Behörde ein Anspruch, so kann nur eine solche Gegenleistung vereinbart werden, die bei Erlass eines Verwaltungsaktes Inhalt einer Nebenbestimmung nach § 36 sein könnte.

§ 57 Schriftform. Ein öffentlich-rechtlicher Vertrag ist schriftlich zu schließen, soweit nicht durch Rechtsvorschrift eine andere Form vorgeschrieben ist.

§ 58 Zustimmung von Dritten und Behörden. (1) Ein öffentlich-rechtlicher Vertrag, der in Rechte eines Dritten eingreift, wird erst wirksam, wenn der Dritte schriftlich zustimmt.

(2) Wird anstatt eines Verwaltungsaktes, bei dessen Erlass nach einer Rechtsvorschrift die Genehmigung, die Zustimmung oder das Einvernehmen einer anderen Behörde erforderlich ist, ein Vertrag geschlossen, so wird dieser erst wirksam, nachdem die andere Behörde in der vorgeschriebenen Form mitgewirkt hat.

§ 59 Nichtigkeit des öffentlich-rechtlichen Vertrags. (1) Ein öffentlich-rechtlicher Vertrag ist nichtig, wenn sich die Nichtigkeit aus der entsprechenden Anwendung von Vorschriften des Bürgerlichen Gesetzbuchs ergibt.

(2) Ein Vertrag im Sinne des § 54 Satz 2 ist ferner nichtig, wenn
1. ein Verwaltungsakt mit entsprechendem Inhalt nichtig wäre;
2. ein Verwaltungsakt mit entsprechendem Inhalt nicht nur wegen eines Verfahrens- oder Formfehlers im Sinne des § 46 rechtswidrig wäre und dies den Vertragschließenden bekannt war;
3. die Voraussetzungen zum Abschluss eines Vergleichsvertrags nicht vorlagen und ein Verwaltungsakt mit entsprechendem Inhalt nicht nur wegen eines Verfahrens- oder Formfehlers im Sinne des § 46 rechtswidrig wäre;
4. sich die Behörde eine nach § 56 unzulässige Gegenleistung versprechen lässt.

(3) Betrifft die Nichtigkeit nur einen Teil des Vertrags, so ist er im Ganzen nichtig, wenn nicht anzunehmen ist, dass er auch ohne den nichtigen Teil geschlossen worden wäre.

§ 60 Anpassung und Kündigung in besonderen Fällen. (1) [1]Haben die Verhältnisse, die für die Festsetzung des Vertragsinhalts maßgebend gewesen sind, sich seit Abschluss des Vertrags so wesentlich geändert, dass einer Vertragspartei das Festhalten an der ursprünglichen vertraglichen Regelung nicht zuzumuten ist, so kann diese Vertragspartei eine Anpassung des Vertragsinhalts an die geänderten Verhältnisse verlangen oder, sofern eine Anpassung nicht möglich oder einer Vertragspartei nicht zuzumuten ist, den Vertrag kündigen. [2]Die Behörde kann den Vertrag auch kündigen, um schwere Nachteile für das Gemeinwohl zu verhüten oder zu beseitigen.

(2) [1]Die Kündigung bedarf der Schriftform, soweit nicht durch Rechtsvorschrift eine andere Form vorgeschrieben ist. [2]Sie soll begründet werden.

§ 61 Unterwerfung unter die sofortige Vollstreckung. (1) [1]Jeder Vertragschließende kann sich der sofortigen Vollstreckung aus einem öffentlich-rechtlichen Vertrag im Sinne des § 54 Satz 2 unterwerfen. [2]Die Behörde muss hierbei von dem Behördenleiter, seinem allgemeinen Vertreter oder einem Angehörigen des öffentlichen Dienstes, der die Befähigung zum Richteramt hat oder die Voraussetzungen des § 110 Satz 1 des Deutschen Richtergesetzes[1] erfüllt, vertreten werden.

(2) [1]Auf öffentlich-rechtliche Verträge im Sinne des Absatzes 1 Satz 1 ist das Verwaltungs-Vollstreckungsgesetz[2] des Bundes entsprechend anzuwenden, wenn Vertragschließender eine Behörde im Sinne des § 1 Abs. 1 Nr. 1 ist. [2]Will eine natürliche oder juristische Person des Privatrechts oder eine nichtrechtsfähige Vereinigung die Vollstreckung wegen einer Geldforderung betreiben, so ist § 170 Abs. 1 bis 3 der Verwaltungsgerichtsordnung entsprechend anzuwenden. [3]Richtet sich die Vollstreckung wegen der Erzwingung einer Handlung, Duldung oder Unterlassung gegen eine Behörde im Sinne des § 1 Abs. 1 Nr. 2, so ist § 172 der Verwaltungsgerichtsordnung[3] entsprechend anzuwenden.

§ 62 Ergänzende Anwendung von Vorschriften. [1]Soweit sich aus den §§ 54 bis 61 nichts Abweichendes ergibt, gelten die übrigen Vorschriften dieses Gesetzes. [2]Ergänzend gelten die Vorschriften des Bürgerlichen Gesetzbuchs entsprechend.

Teil V. Besondere Verfahrensarten

Abschnitt 1. Förmliches Verwaltungsverfahren

§ 63 Anwendung der Vorschriften über das förmliche Verwaltungsverfahren. (1) Das förmliche Verwaltungsverfahren nach diesem Gesetz findet statt, wenn es durch Rechtsvorschrift angeordnet ist.

[1] **Schönfelder Ergänzungsband Nr. 97.**
[2] Nr. **112.**
[3] Nr. **600.**

(2) Für das förmliche Verwaltungsverfahren gelten die §§ 64 bis 71 und, soweit sich aus ihnen nichts Abweichendes ergibt, die übrigen Vorschriften dieses Gesetzes.

(3) [1]Die Mitteilung nach § 17 Abs. 2 Satz 2 und die Aufforderung nach § 17 Abs. 4 Satz 2 sind im förmlichen Verwaltungsverfahren öffentlich bekannt zu machen. [2]Die öffentliche Bekanntmachung wird dadurch bewirkt, dass die Behörde die Mitteilung oder die Aufforderung in ihrem amtlichen Veröffentlichungsblatt und außerdem in örtlichen Tageszeitungen, die in dem Bereich verbreitet sind, in dem sich die Entscheidung voraussichtlich auswirken wird, bekannt macht.

§ 64 Form des Antrags. Setzt das förmliche Verwaltungsverfahren einen Antrag voraus, so ist er schriftlich oder zur Niederschrift bei der Behörde zu stellen.

§ 65 Mitwirkung von Zeugen und Sachverständigen. (1) [1]Im förmlichen Verwaltungsverfahren sind Zeugen zur Aussage und Sachverständige zur Erstattung von Gutachten verpflichtet. [2]Die Vorschriften der Zivilprozessordnung über die Pflicht, als Zeuge auszusagen oder als Sachverständiger ein Gutachten zu erstatten, über die Ablehnung von Sachverständigen sowie über die Vernehmung von Angehörigen des öffentlichen Dienstes als Zeugen oder Sachverständige gelten entsprechend.

(2) [1]Verweigern Zeugen oder Sachverständige ohne Vorliegen eines der in den §§ 376, 383 bis 385 und 408 der Zivilprozessordnung[1]) bezeichneten Gründe die Aussage oder die Erstattung des Gutachtens, so kann die Behörde das für den Wohnsitz oder den Aufenthaltsort des Zeugen oder des Sachverständigen zuständige Verwaltungsgericht um die Vernehmung ersuchen. [2]Befindet sich der Wohnsitz oder der Aufenthaltsort des Zeugen oder des Sachverständigen nicht am Sitz eines Verwaltungsgerichts oder einer besonders errichteten Kammer, so kann auch das zuständige Amtsgericht um die Vernehmung ersucht werden. [3]In dem Ersuchen hat die Behörde den Gegenstand der Vernehmung darzulegen sowie die Namen und Anschriften der Beteiligten anzugeben. [4]Das Gericht hat die Beteiligten von den Beweisterminen zu benachrichtigen.

(3) Hält die Behörde mit Rücksicht auf die Bedeutung der Aussage eines Zeugen oder des Gutachtens eines Sachverständigen oder zur Herbeiführung einer wahrheitsgemäßen Aussage die Beeidigung für geboten, so kann sie das nach Absatz 2 zuständige Gericht um die eidliche Vernehmung ersuchen.

(4) Das Gericht entscheidet über die Rechtmäßigkeit einer Verweigerung des Zeugnisses, des Gutachtens oder der Eidesleistung.

(5) Ein Ersuchen nach Absatz 2 oder 3 an das Gericht darf nur von dem Behördenleiter, seinem allgemeinen Vertreter oder einem Angehörigen des öffentlichen Dienstes gestellt werden, der die Befähigung

[1]) **Schönfelder Ergänzungsband Nr. 100.**

zum Richteramt hat oder die Voraussetzungen des § 110 Satz 1 des Deutschen Richtergesetzes[1] erfüllt.

§ 66 Verpflichtung zur Anhörung von Beteiligten. (1) Im förmlichen Verwaltungsverfahren ist den Beteiligten Gelegenheit zu geben, sich vor der Entscheidung zu äußern.

(2) Den Beteiligten ist Gelegenheit zu geben, der Vernehmung von Zeugen und Sachverständigen und der Einnahme des Augenscheins beizuwohnen und hierbei sachdienliche Fragen zu stellen; ein schriftlich oder elektronisch vorliegendes Gutachten soll ihnen zugänglich gemacht werden.

§ 67 Erfordernis der mündlichen Verhandlung. (1) [1] Die Behörde entscheidet nach mündlicher Verhandlung. [2] Hierzu sind die Beteiligten mit angemessener Frist schriftlich zu laden. [3] Bei der Ladung ist darauf hinzuweisen, dass bei Ausbleiben eines Beteiligten auch ohne ihn verhandelt und entschieden werden kann. [4] Sind mehr als 50 Ladungen vorzunehmen, so können sie durch öffentliche Bekanntmachung ersetzt werden. [5] Die öffentliche Bekanntmachung wird dadurch bewirkt, dass der Verhandlungstermin mindestens zwei Wochen vorher im amtlichen Veröffentlichungsblatt der Behörde und außerdem in örtlichen Tageszeitungen, die in dem Bereich verbreitet sind, in dem sich die Entscheidung voraussichtlich auswirken wird, mit dem Hinweis nach Satz 3 bekannt gemacht wird. [6] Maßgebend für die Frist nach Satz 5 ist die Bekanntgabe im amtlichen Veröffentlichungsblatt.

(2) Die Behörde kann ohne mündliche Verhandlung entscheiden, wenn

1. einem Antrag im Einvernehmen mit allen Beteiligten in vollem Umfang entsprochen wird;

2. kein Beteiligter innerhalb einer hierfür gesetzten Frist Einwendungen gegen die vorgesehene Maßnahme erhoben hat;

3. die Behörde den Beteiligten mitgeteilt hat, dass sie beabsichtige, ohne mündliche Verhandlung zu entscheiden, und kein Beteiligter innerhalb einer hierfür gesetzten Frist Einwendungen dagegen erhoben hat;

4. alle Beteiligten auf sie verzichtet haben;

5. wegen Gefahr im Verzug eine sofortige Entscheidung notwendig ist.

(3) Die Behörde soll das Verfahren so fördern, dass es möglichst in einem Verhandlungstermin erledigt werden kann.

§ 68 Verlauf der mündlichen Verhandlung. (1) [1] Die mündliche Verhandlung ist nicht öffentlich. [2] An ihr können Vertreter der Aufsichtsbehörden und Personen, die bei der Behörde zur Ausbildung beschäftigt sind, teilnehmen. [3] Anderen Personen kann der Verhandlungsleiter die Anwesenheit gestatten, wenn kein Beteiligter widerspricht.

(2) [1] Der Verhandlungsleiter hat die Sache mit den Beteiligten zu erörtern. [2] Er hat darauf hinzuwirken, dass unklare Anträge erläutert, sachdienliche Anträge gestellt, ungenügende Angaben ergänzt sowie alle für die Feststellung des Sachverhalts wesentlichen Erklärungen abgegeben werden.

[1] Schönfelder ErgBd. Nr. 97.

(3) [1] Der Verhandlungsleiter ist für die Ordnung verantwortlich. [2] Er kann Personen, die seine Anordnungen nicht befolgen, entfernen lassen. [3] Die Verhandlung kann ohne diese Personen fortgesetzt werden.

(4) [1] Über die mündliche Verhandlung ist eine Niederschrift zu fertigen. [2] Die Niederschrift muss Angaben enthalten über

1. den Ort und den Tag der Verhandlung,

2. die Namen des Verhandlungsleiters, der erschienenen Beteiligten, Zeugen und Sachverständigen,

3. den behandelten Verfahrensgegenstand und die gestellten Anträge,

4. den wesentlichen Inhalt der Aussagen der Zeugen und Sachverständigen,

5. das Ergebnis eines Augenscheins.

[3] Die Niederschrift ist von dem Verhandlungsleiter und, soweit ein Schriftführer hinzugezogen worden ist, auch von diesem zu unterzeichnen. [4] Der Aufnahme in die Verhandlungsniederschrift steht die Aufnahme in eine Schrift gleich, die ihr als Anlage beigefügt und als solche bezeichnet ist; auf die Anlage ist in der Verhandlungsniederschrift hinzuweisen.

§ 69[1]**) Entscheidung.** (1) Die Behörde entscheidet unter Würdigung des Gesamtergebnisses des Verfahrens.

(2) [1] Verwaltungsakte, die das förmliche Verfahren abschließen, sind schriftlich zu erlassen, schriftlich zu begründen und den Beteiligten zuzustellen; in den Fällen des § 39 Abs. 2 Nr. 1 und 3 bedarf es einer Begründung nicht. [2] Ein elektronischer Verwaltungsakt nach Satz 1 ist mit einer dauerhaft überprüfbaren qualifizierten elektronischen Signatur zu versehen. [3] Sind mehr als 50 Zustellungen vorzunehmen, so können sie durch öffentliche Bekanntmachung ersetzt werden. [4] Die öffentliche Bekanntmachung wird dadurch bewirkt, dass der verfügende Teil des Verwaltungsaktes und die Rechtsbehelfsbelehrung im amtlichen Veröffentlichungsblatt der Behörde und außerdem in örtlichen Tageszeitungen bekannt gemacht werden, die in dem Bereich verbreitet sind, in dem sich die Entscheidung voraussichtlich auswirken wird. [5] Der Verwaltungsakt gilt mit dem Tage als zugestellt, an dem seit dem Tage der Bekanntmachung in dem amtlichen Veröffentlichungsblatt zwei Wochen verstrichen sind; hierauf ist in der Bekanntmachung hinzuweisen. [6] Nach der öffentlichen Bekanntmachung kann der Verwaltungsakt bis zum Ablauf der Rechtsbehelfsfrist von den Beteiligten schriftlich oder elektronisch angefordert werden; hierauf ist in der Bekanntmachung gleichfalls hinzuweisen.

(3) [1] Wird das förmliche Verwaltungsverfahren auf andere Weise abgeschlossen, so sind die Beteiligten hiervon zu benachrichtigen. [2] Sind mehr als 50 Benachrichtigungen vorzunehmen, so können sie durch öffentliche Bekanntmachung ersetzt werden; Absatz 2 Satz 4 gilt entsprechend.

§ 70 Anfechtung der Entscheidung. Vor Erhebung einer verwaltungsgerichtlichen Klage, die einen im förmlichen Verwaltungsverfahren erlassenen Verwaltungsakt zum Gegenstand hat, bedarf es keiner Nachprüfung in einem Vorverfahren.

[1]) § 69 Abs. 3 Satz 2 2. Halbs. geänd. mWv 18.12.2008 durch G v. 11.12.2008 (BGBl. I S. 2418).

§ 71 Besondere Vorschriften für das förmliche Verfahren vor Ausschüssen. (1) [1] Findet das förmliche Verwaltungsverfahren vor einem Ausschuss (§ 88) statt, so hat jedes Mitglied das Recht, sachdienliche Fragen zu stellen. [2] Wird eine Frage von einem Beteiligten beanstandet, so entscheidet der Ausschuss über ihre Zulässigkeit.

(2) [1] Bei der Beratung und Abstimmung dürfen nur Ausschussmitglieder zugegen sein, die an der mündlichen Verhandlung teilgenommen haben. [2] Ferner dürfen Personen zugegen sein, die bei der Behörde, bei der der Ausschuss gebildet ist, zur Ausbildung beschäftigt sind, soweit der Vorsitzende ihre Anwesenheit gestattet. [3] Die Abstimmungsergebnisse sind festzuhalten.

(3) [1] Jeder Beteiligte kann ein Mitglied des Ausschusses ablehnen, das in diesem Verwaltungsverfahren nicht tätig werden darf (§ 20) oder bei dem die Besorgnis der Befangenheit besteht (§ 21). [2] Eine Ablehnung vor der mündlichen Verhandlung ist schriftlich oder zur Niederschrift zu erklären. [3] Die Erklärung ist unzulässig, wenn sich der Beteiligte, ohne den ihm bekannten Ablehnungsgrund geltend zu machen, in die mündliche Verhandlung eingelassen hat. [4] Für die Entscheidung über die Ablehnung gilt § 20 Abs. 4 Satz 2 bis 4.

Abschnitt 1 a.[1] Verfahren über eine einheitliche Stelle

§ 71 a[1] Anwendbarkeit. (1) Ist durch Rechtsvorschrift angeordnet, dass ein Verwaltungsverfahren über eine einheitliche Stelle abgewickelt werden kann, so gelten die Vorschriften dieses Abschnitts und, soweit sich aus ihnen nichts Abweichendes ergibt, die übrigen Vorschriften dieses Gesetzes.

(2) Der zuständigen Behörde obliegen die Pflichten aus § 71 b Abs. 3, 4 und 6, § 71 c Abs. 2 und § 71 e auch dann, wenn sich der Antragsteller oder Anzeigepflichtige unmittelbar an die zuständige Behörde wendet.

§ 71 b[1] Verfahren. (1) Die einheitliche Stelle nimmt Anzeigen, Anträge, Willenserklärungen und Unterlagen entgegen und leitet sie unverzüglich an die zuständigen Behörden weiter.

(2) [1] Anzeigen, Anträge, Willenserklärungen und Unterlagen gelten am dritten Tag nach Eingang bei der einheitlichen Stelle als bei der zuständigen Behörde eingegangen. [2] Fristen werden mit Eingang bei der einheitlichen Stelle gewahrt.

(3) [1] Soll durch die Anzeige, den Antrag oder die Abgabe einer Willenserklärung eine Frist in Lauf gesetzt werden, innerhalb deren die zuständige Behörde tätig werden muss, stellt die zuständige Behörde eine Empfangsbestätigung aus. [2] In der Empfangsbestätigung ist das Datum des Eingangs bei der einheitlichen Stelle mitzuteilen und auf die Frist, die Voraussetzungen für den Beginn des Fristlaufs und auf eine an eine Fristablauf geknüpfte Rechtsfolge sowie auf die verfügbaren Rechtsbehelfe hinzuweisen.

(4) [1] Ist die Anzeige oder der Antrag unvollständig, teilt die zuständige Behörde unverzüglich mit, welche Unterlagen nachzureichen sind. [2] Die Mitteilung enthält den Hinweis, dass der Lauf der Frist nach Absatz 3 erst mit

[1] Abschn. 1 a (§§ 71 a–71 e) neu gef. mWv 18. 12. 2008 durch G v. 11. 12. 2008 (BGBl. I S. 2418).

Eingang der vollständigen Unterlagen beginnt. ³ Das Datum des Eingangs der nachgereichten Unterlagen bei der einheitlichen Stelle ist mitzuteilen.

(5) ¹ Soweit die einheitliche Stelle zur Verfahrensabwicklung in Anspruch genommen wird, sollen Mitteilungen der zuständigen Behörde an den Antragsteller oder Anzeigepflichtigen über sie weitergegeben werden. ² Verwaltungsakte werden auf Verlangen desjenigen, an den sich der Verwaltungsakt richtet, von der zuständigen Behörde unmittelbar bekannt gegeben.

(6) ¹ Ein schriftlicher Verwaltungsakt, der durch die Post in das Ausland übermittelt wird, gilt einen Monat nach Aufgabe zur Post als bekannt gegeben. ² § 41 Abs. 2 Satz 3 gilt entsprechend. ³ Von dem Antragsteller oder Anzeigepflichtigen kann nicht nach § 15 verlangt werden, einen Empfangsbevollmächtigten zu bestellen.

§ 71 c¹⁾ Informationspflichten. (1) ¹ Die einheitliche Stelle erteilt auf Anfrage unverzüglich Auskunft über die maßgeblichen Vorschriften, die zuständigen Behörden, den Zugang zu den öffentlichen Registern und Datenbanken, die zustehenden Verfahrensrechte und die Einrichtungen, die den Antragsteller oder Anzeigepflichtigen bei der Aufnahme oder Ausübung seiner Tätigkeit unterstützen. ² Sie teilt unverzüglich mit, wenn eine Anfrage zu unbestimmt ist.

(2) ¹ Die zuständigen Behörden erteilen auf Anfrage unverzüglich Auskunft über die maßgeblichen Vorschriften und deren gewöhnliche Auslegung. ² Nach § 25 erforderliche Anregungen und Auskünfte werden unverzüglich gegeben.

§ 71 d¹⁾ Gegenseitige Unterstützung. ¹ Die einheitliche Stelle und die zuständigen Behörden wirken gemeinsam auf eine ordnungsgemäße und zügige Verfahrensabwicklung hin; alle einheitlichen Stellen und zuständigen Behörden sind hierbei zu unterstützen. ² Die zuständigen Behörden stellen der einheitlichen Stelle insbesondere die erforderlichen Informationen zum Verfahrensstand zur Verfügung.

§ 71 e¹⁾ Elektronisches Verfahren. ¹ Das Verfahren nach diesem Abschnitt wird auf Verlangen in elektronischer Form abgewickelt. ² § 3 a Abs. 2 Satz 2 und 3 und Abs. 3 bleibt unberührt.

Abschnitt 2. Planfeststellungsverfahren

§ 72 Anwendung der Vorschriften über das Planfeststellungsverfahren. (1) Ist ein Planfeststellungsverfahren durch Rechtsvorschrift angeordnet, so gelten hierfür die §§ 73 bis 78 und, soweit sich aus ihnen nichts Abweichendes ergibt, die übrigen Vorschriften dieses Gesetzes; die §§ 51 und 71 a bis 71 e sind nicht anzuwenden, § 29 ist mit der Maßgabe anzuwenden, dass Akteneinsicht nach pflichtgemäßem Ermessen zu gewähren ist.

(2) ¹ Die Mitteilung nach § 17 Abs. 2 Satz 2 und die Aufforderung nach § 17 Abs. 4 Satz 2 sind im Planfeststellungsverfahren öffentlich bekannt zu machen. ² Die öffentliche Bekanntmachung wird dadurch bewirkt, dass die

¹⁾ Abschn. 1 a (§§ 71 a–71 e) neu gef. mWv 18. 12. 2008 durch G v. 11. 12. 2008 (BGBl. I S. 2418).

Behörde die Mitteilung oder die Aufforderung in ihrem amtlichen Veröffentlichungsblatt und außerdem in örtlichen Tageszeitungen, die in dem Bereich verbreitet sind, in dem sich das Vorhaben voraussichtlich auswirken wird, bekannt macht.

§ 73[1) Anhörungsverfahren. (1) [1] Der Träger des Vorhabens hat den Plan der Anhörungsbehörde zur Durchführung des Anhörungsverfahrens einzureichen. [2] Der Plan besteht aus den Zeichnungen und Erläuterungen, die das Vorhaben, seinen Anlass und die von dem Vorhaben betroffenen Grundstücke und Anlagen erkennen lassen.

(2) Innerhalb eines Monats nach Zugang des vollständigen Plans fordert die Anhörungsbehörde die Behörden, deren Aufgabenbereich durch das Vorhaben berührt wird, zur Stellungnahme auf und veranlasst, dass der Plan in den Gemeinden, in denen sich das Vorhaben voraussichtlich auswirken wird, ausgelegt wird.

(3) [1] Die Gemeinden nach Absatz 2 haben den Plan innerhalb von drei Wochen nach Zugang für die Dauer eines Monats zur Einsicht auszulegen. [2] Auf eine Auslegung kann verzichtet werden, wenn der Kreis der Betroffenen und die Vereinigungen nach Absatz 4 Satz 5 bekannt sind und ihnen innerhalb angemessener Frist Gelegenheit gegeben wird, den Plan einzusehen.

(3 a) [1] Die Behörden nach Absatz 2 haben ihre Stellungnahme innerhalb einer von der Anhörungsbehörde zu setzenden Frist abzugeben, die drei Monate nicht überschreiten darf. [2] Stellungnahmen, die nach Ablauf der Frist nach Satz 1 eingehen, sind zu berücksichtigen, wenn der Planfeststellungsbehörde die vorgebrachten Belange bekannt sind oder hätten bekannt sein müssen oder für die Rechtmäßigkeit der Entscheidung von Bedeutung sind; im Übrigen können sie berücksichtigt werden.

(4) [1] Jeder, dessen Belange durch das Vorhaben berührt werden, kann bis zwei Wochen nach Ablauf der Auslegungsfrist schriftlich oder zur Niederschrift bei der Anhörungsbehörde oder bei der Gemeinde Einwendungen gegen den Plan erheben. [2] Im Falle des Absatzes 3 Satz 2 bestimmt die Anhörungsbehörde die Einwendungsfrist. [3] Mit Ablauf der Einwendungsfrist sind alle Einwendungen ausgeschlossen, die nicht auf besonderen privatrechtlichen Titeln beruhen. [4] Hierauf ist in der Bekanntmachung der Auslegung oder bei der Bekanntgabe der Einwendungsfrist hinzuweisen. [5] Vereinigungen, die auf Grund einer Anerkennung nach anderen Rechtsvorschriften befugt sind, Rechtsbehelfe nach der Verwaltungsgerichtsordnung gegen die Entscheidung nach § 74 einzulegen, können innerhalb der Frist nach Satz 1 Stellungnahmen zu dem Plan abgeben. [6] Die Sätze 2 bis 4 gelten entsprechend.

(5) [1] Die Gemeinden, in denen der Plan auszulegen ist, haben die Auslegung vorher ortsüblich bekannt zu machen. [2] In der Bekanntmachung ist darauf hinzuweisen,

1. wo und in welchem Zeitraum der Plan zur Einsicht ausgelegt ist;

[1) § 73 Abs. 2 geänd., Abs. 3 Satz 2, Abs. 3 a Satz 2 neu gef., Abs. 4 Sätze 5 und 6 angef., Abs. 5 Satz 2 Nr. 2 und Nr. 4 Buchst. a geänd., Abs. 6 Satz 1 und 7 neu gef., Satz 3 geänd., Abs. 8 Satz 1 neu gef., Satz 2 geänd. und Abs. 9 neu gef. mWv 7. 6. 2013 durch G v. 31. 5. 2013 (BGBl. I S. 1388).

2. dass etwaige Einwendungen oder Stellungnahmen von Vereinigungen nach Absatz 4 Satz 5 bei den in der Bekanntmachung zu bezeichnenden Stellen innerhalb der Einwendungsfrist vorzubringen sind;

3. dass bei Ausbleiben eines Beteiligten in dem Erörterungstermin auch ohne ihn verhandelt werden kann;

4. dass

a) die Personen, die Einwendungen erhoben haben, oder die Vereinigungen, die Stellungnahmen abgegeben haben, von dem Erörterungstermin durch öffentliche Bekanntmachung benachrichtigt werden können,

b) die Zustellung der Entscheidung über die Einwendungen durch öffentliche Bekanntmachung ersetzt werden kann,

wenn mehr als 50 Benachrichtigungen oder Zustellungen vorzunehmen sind.

[3] Nicht ortsansässige Betroffene, deren Person und Aufenthalt bekannt sind oder sich innerhalb angemessener Frist ermitteln lassen, sollen auf Veranlassung der Anhörungsbehörde von der Auslegung mit dem Hinweis nach Satz 2 benachrichtigt werden.

(6) [1] Nach Ablauf der Einwendungsfrist hat die Anhörungsbehörde die rechtzeitig gegen den Plan erhobenen Einwendungen, die rechtzeitig abgegebenen Stellungnahmen von Vereinigungen nach Absatz 4 Satz 5 sowie die Stellungnahmen der Behörden zu dem Plan mit dem Träger des Vorhabens, den Behörden, den Betroffenen sowie denjenigen, die Einwendungen erhoben oder Stellungnahmen abgegeben haben, zu erörtern. [2] Der Erörterungstermin ist mindestens eine Woche vorher ortsüblich bekannt zu machen. [3] Die Behörden, der Träger des Vorhabens und diejenigen, die Einwendungen erhoben oder Stellungnahmen abgegeben haben, sind von dem Erörterungstermin zu benachrichtigen. [4] Sind außer der Benachrichtigung der Behörden und des Trägers des Vorhabens mehr als 50 Benachrichtigungen vorzunehmen, so können diese Benachrichtigungen durch öffentliche Bekanntmachung ersetzt werden. [5] Die öffentliche Bekanntmachung wird dadurch bewirkt, dass abweichend von Satz 2 der Erörterungstermin im amtlichen Veröffentlichungsblatt der Anhörungsbehörde und außerdem in örtlichen Tageszeitungen bekannt gemacht wird, die in dem Bereich verbreitet sind, in dem sich das Vorhaben voraussichtlich auswirken wird; maßgebend für die Frist nach Satz 2 ist die Bekanntgabe im amtlichen Veröffentlichungsblatt. [6] Im Übrigen gelten für die Erörterung die Vorschriften über die mündliche Verhandlung im förmlichen Verwaltungsverfahren (§ 67 Abs. 1 Satz 3, Abs. 2 Nr. 1 und 4 und Abs. 3, § 68) entsprechend. [7] Die Anhörungsbehörde schließt die Erörterung innerhalb von drei Monaten nach Ablauf der Einwendungsfrist ab.

(7) Abweichend von den Vorschriften des Absatzes 6 Satz 2 bis 5 kann der Erörterungstermin bereits in der Bekanntmachung nach Absatz 5 Satz 2 bestimmt werden.

(8) [1] Soll ein ausgelegter Plan geändert werden und werden dadurch der Aufgabenbereich einer Behörde oder einer Vereinigung nach Absatz 4 Satz 5 oder Belange Dritter erstmals oder stärker als bisher berührt, so ist diesen die Änderung mitzuteilen und ihnen Gelegenheit zu Stellungnahmen und Einwendungen innerhalb von zwei Wochen zu geben; Absatz 4 Satz 3 bis 6 gilt

entsprechend. [2] Wird sich die Änderung voraussichtlich auf das Gebiet einer anderen Gemeinde auswirken, so ist der geänderte Plan in dieser Gemeinde auszulegen; die Absätze 2 bis 6 gelten entsprechend.

(9) Die Anhörungsbehörde gibt zum Ergebnis des Anhörungsverfahrens eine Stellungnahme ab und leitet diese der Planfeststellungsbehörde innerhalb eines Monats nach Abschluss der Erörterung mit dem Plan, den Stellungnahmen der Behörden und der Vereinigungen nach Absatz 4 Satz 5 sowie den nicht erledigten Einwendungen zu.

§ 74[1] Planfeststellungsbeschluss, Plangenehmigung. (1) [1] Die Planfeststellungsbehörde stellt den Plan fest (Planfeststellungsbeschluss). [2] Die Vorschriften über die Entscheidung und die Anfechtung der Entscheidung im förmlichen Verwaltungsverfahren (§§ 69 und 70) sind anzuwenden.

(2) [1] Im Planfeststellungsbeschluss entscheidet die Planfeststellungsbehörde über die Einwendungen, über die bei der Erörterung vor der Anhörungsbehörde keine Einigung erzielt worden ist. [2] Sie hat dem Träger des Vorhabens Vorkehrungen oder die Errichtung und Unterhaltung von Anlagen aufzuerlegen, die zum Wohl der Allgemeinheit oder zur Vermeidung nachteiliger Wirkungen auf Rechte anderer erforderlich sind. [3] Sind solche Vorkehrungen oder Anlagen untunlich oder mit dem Vorhaben unvereinbar, so hat der Betroffene Anspruch auf angemessene Entschädigung in Geld.

(3) Soweit eine abschließende Entscheidung noch nicht möglich ist, ist diese im Planfeststellungsbeschluss vorzubehalten; dem Träger des Vorhabens ist dabei aufzugeben, noch fehlende oder von der Planfeststellungsbehörde bestimmte Unterlagen rechtzeitig vorzulegen.

(4) [1] Der Planfeststellungsbeschluss ist dem Träger des Vorhabens, denjenigen, über deren Einwendungen entschieden worden ist, und den Vereinigungen, über deren Stellungnahmen entschieden worden ist, zuzustellen. [2] Eine Ausfertigung des Beschlusses ist mit einer Rechtsbehelfsbelehrung und einer Ausfertigung des festgestellten Plans in den Gemeinden zwei Wochen zur Einsicht auszulegen; der Ort und die Zeit der Auslegung sind ortsüblich bekannt zu machen. [3] Mit dem Ende der Auslegungsfrist gilt der Beschluss gegenüber den übrigen Betroffenen als zugestellt; darauf ist in der Bekanntmachung hinzuweisen.

(5) [1] Sind außer an den Träger des Vorhabens mehr als 50 Zustellungen nach Absatz 4 vorzunehmen, so können diese Zustellungen durch öffentliche Bekanntmachung ersetzt werden. [2] Die öffentliche Bekanntmachung wird dadurch bewirkt, dass der verfügende Teil des Planfeststellungsbeschlusses, die Rechtsbehelfsbelehrung und ein Hinweis auf die Auslegung nach Absatz 4 Satz 2 im amtlichen Veröffentlichungsblatt der zuständigen Behörde und außerdem in örtlichen Tageszeitungen bekannt gemacht werden, die in dem Bereich verbreitet sind, in dem sich das Vorhaben voraussichtlich auswirken wird; auf Auflagen ist hinzuweisen. [3] Mit dem Ende der Auslegungsfrist gilt der Beschluss den Betroffenen und denjenigen gegenüber, die Einwendungen erhoben haben, als zugestellt; hierauf ist in der Bekanntmachung hinzuweisen. [4] Nach der öffentlichen Bekanntmachung kann

[1] § 74 Abs. 4 Satz 1 neu gef., Abs. 6 Satz 1 Nr. 1 und 2 geänd., Nr. 3 angef., Satz 2 neu gef., Abs. 7 Satz 2 Nr. 1 und 2 geänd., Nr. 3 angef. mWv 7. 6. 2013 durch G v. 31. 5. 2013 (BGBl. I S. 1388); Abs. 5 Satz 4 geänd. mWv 5. 4. 2017 durch G v. 29. 3. 2017 (BGBl. I S. 626).

der Planfeststellungsbeschluss bis zum Ablauf der Rechtsbehelfsfrist von den Betroffenen und von denjenigen, die Einwendungen erhoben haben, schriftlich oder elektronisch angefordert werden; hierauf ist in der Bekanntmachung gleichfalls hinzuweisen.

(6) [1] An Stelle eines Planfeststellungsbeschlusses kann eine Plangenehmigung erteilt werden, wenn

1. Rechte anderer nicht oder nur unwesentlich beeinträchtigt werden oder die Betroffenen sich mit der Inanspruchnahme ihres Eigentums oder eines anderen Rechts schriftlich einverstanden erklärt haben,

2. mit den Trägern öffentlicher Belange, deren Aufgabenbereich berührt wird, das Benehmen hergestellt worden ist und

3. nicht andere Rechtsvorschriften eine Öffentlichkeitsbeteiligung vorschreiben, die den Anforderungen des § 73 Absatz 3 Satz 1 und Absatz 4 bis 7 entsprechen muss.

[2] Die Plangenehmigung hat die Rechtswirkungen der Planfeststellung; auf ihre Erteilung sind die Vorschriften über das Planfeststellungsverfahren nicht anzuwenden; davon ausgenommen sind Absatz 4 Satz 1 und Absatz 5, die entsprechend anzuwenden sind. [3] Vor Erhebung einer verwaltungsgerichtlichen Klage bedarf es keiner Nachprüfung in einem Vorverfahren. [4] § 75 Abs. 4 gilt entsprechend.

(7) [1] Planfeststellung und Plangenehmigung entfallen in Fällen von unwesentlicher Bedeutung. [2] Diese liegen vor, wenn

1. andere öffentliche Belange nicht berührt sind oder die erforderlichen behördlichen Entscheidungen vorliegen und sie dem Plan nicht entgegenstehen,

2. Rechte anderer nicht beeinflusst werden oder mit den vom Plan Betroffenen entsprechende Vereinbarungen getroffen worden sind und

3. nicht andere Rechtsvorschriften eine Öffentlichkeitsbeteiligung vorschreiben, die den Anforderungen des § 73 Absatz 3 Satz 1 und Absatz 4 bis 7 entsprechen muss.

§ 75[1]) Rechtswirkungen der Planfeststellung. (1) [1] Durch die Planfeststellung wird die Zulässigkeit des Vorhabens einschließlich der notwendigen Folgemaßnahmen an anderen Anlagen im Hinblick auf alle von ihm berührten öffentlichen Belange festgestellt; neben der Planfeststellung sind andere behördliche Entscheidungen, insbesondere öffentlich-rechtliche Genehmigungen, Verleihungen, Erlaubnisse, Bewilligungen, Zustimmungen und Planfeststellungen nicht erforderlich. [2] Durch die Planfeststellung werden alle öffentlich-rechtlichen Beziehungen zwischen dem Träger des Vorhabens und den durch den Plan Betroffenen rechtsgestaltend geregelt.

(1 a) [1] Mängel bei der Abwägung der von dem Vorhaben berührten öffentlichen und privaten Belange sind nur erheblich, wenn sie offensichtlich und auf das Abwägungsergebnis von Einfluss gewesen sind. [2] Erhebliche Mängel bei der Abwägung oder eine Verletzung von Verfahrens- oder Formvorschriften führen nur dann zur Aufhebung des Planfeststellungsbeschlusses oder der

[1]) § 75 Abs. 1 a Satz 2 geänd., Abs. 4 Satz 2 angef. mWv 7. 6. 2013 durch G v. 31. 5. 2013 (BGBl. I S. 1388).

Plangenehmigung, wenn sie nicht durch Planergänzung oder durch ein ergänzendes Verfahren behoben werden können; die §§ 45 und 46 bleiben unberührt.

(2) [1] Ist der Planfeststellungsbeschluss unanfechtbar geworden, so sind Ansprüche auf Unterlassung des Vorhabens, auf Beseitigung oder Änderung der Anlagen oder auf Unterlassung ihrer Benutzung ausgeschlossen. [2] Treten nicht voraussehbare Wirkungen des Vorhabens oder der dem festgestellten Plan entsprechenden Anlagen auf das Recht eines anderen erst nach Unanfechtbarkeit des Plans auf, so kann der Betroffene Vorkehrungen oder die Errichtung und Unterhaltung von Anlagen verlangen, welche die nachteiligen Wirkungen ausschließen. [3] Sie sind dem Träger des Vorhabens durch Beschluss der Planfeststellungsbehörde aufzuerlegen. [4] Sind solche Vorkehrungen oder Anlagen untunlich oder mit dem Vorhaben unvereinbar, so richtet sich der Anspruch auf angemessene Entschädigung in Geld. [5] Werden Vorkehrungen oder Anlagen im Sinne des Satzes 2 notwendig, weil nach Abschluss des Planfeststellungsverfahrens auf einem benachbarten Grundstück Veränderungen eingetreten sind, so hat die hierdurch entstehenden Kosten der Eigentümer des benachbarten Grundstücks zu tragen, es sei denn, dass die Veränderungen durch natürliche Ereignisse oder höhere Gewalt verursacht worden sind; Satz 4 ist nicht anzuwenden.

(3) [1] Anträge, mit denen Ansprüche auf Herstellung von Einrichtungen oder auf angemessene Entschädigungen nach Absatz 2 Satz 2 und 4 geltend gemacht werden, sind schriftlich an die Planfeststellungsbehörde zu richten. [2] Sie sind nur innerhalb von drei Jahren nach dem Zeitpunkt zulässig, zu dem der Betroffene von den nachteiligen Wirkungen des dem unanfechtbar festgestellten Plan entsprechenden Vorhabens oder der Anlage Kenntnis erhalten hat; sie sind ausgeschlossen, wenn nach Herstellung des dem Plan entsprechenden Zustands 30 Jahre verstrichen sind.

(4) [1] Wird mit der Durchführung des Plans nicht innerhalb von fünf Jahren nach Eintritt der Unanfechtbarkeit begonnen, so tritt er außer Kraft. [2] Als Beginn der Durchführung des Plans gilt jede erstmals nach außen erkennbare Tätigkeit von mehr als nur geringfügiger Bedeutung zur plangemäßen Verwirklichung des Vorhabens; eine spätere Unterbrechung der Verwirklichung des Vorhabens berührt den Beginn der Durchführung nicht.

§ 76 Planänderungen vor Fertigstellung des Vorhabens. (1) Soll vor Fertigstellung des Vorhabens der festgestellte Plan geändert werden, bedarf es eines neuen Planfeststellungsverfahrens.

(2) Bei Planänderungen von unwesentlicher Bedeutung kann die Planfeststellungsbehörde von einem neuen Planfeststellungsverfahren absehen, wenn die Belange anderer nicht berührt werden oder wenn die Betroffenen der Änderung zugestimmt haben.

(3) Führt die Planfeststellungsbehörde in den Fällen des Absatzes 2 oder in anderen Fällen einer Planänderung von unwesentlicher Bedeutung ein Planfeststellungsverfahren durch, so bedarf es keines Anhörungsverfahrens und keiner öffentlichen Bekanntgabe des Planfeststellungsbeschlusses.

§ 77 Aufhebung des Planfeststellungsbeschlusses. [1] Wird ein Vorhaben, mit dessen Durchführung begonnen worden ist, endgültig aufgegeben, so hat

die Planfeststellungsbehörde den Planfeststellungsbeschluss aufzuheben. [2] In dem Aufhebungsbeschluss sind dem Träger des Vorhabens die Wiederherstellung des früheren Zustands oder geeignete andere Maßnahmen aufzuerlegen, soweit dies zum Wohl der Allgemeinheit oder zur Vermeidung nachteiliger Wirkungen auf Rechte anderer erforderlich ist. [3] Werden solche Maßnahmen notwendig, weil nach Abschluss des Planfeststellungsverfahrens auf einem benachbarten Grundstück Veränderungen eingetreten sind, so kann der Träger des Vorhabens durch Beschluss der Planfeststellungsbehörde zu geeigneten Vorkehrungen verpflichtet werden; die hierdurch entstehenden Kosten hat jedoch der Eigentümer des benachbarten Grundstücks zu tragen, es sei denn, dass die Veränderungen durch natürliche Ereignisse oder höhere Gewalt verursacht worden sind.

§ 78 Zusammentreffen mehrerer Vorhaben. (1) Treffen mehrere selbständige Vorhaben, für deren Durchführung Planfeststellungsverfahren vorgeschrieben sind, derart zusammen, dass für diese Vorhaben oder für Teile von ihnen nur eine einheitliche Entscheidung möglich ist, und ist mindestens eines der Planfeststellungsverfahren bundesrechtlich geregelt, so findet für diese Vorhaben oder für deren Teile nur ein Planfeststellungsverfahren statt.

(2) [1] Zuständigkeiten und Verfahren richten sich nach den Rechtsvorschriften über das Planfeststellungsverfahren, das für diejenige Anlage vorgeschrieben ist, die einen größeren Kreis öffentlich-rechtlicher Beziehungen berührt. [2] Bestehen Zweifel, welche Rechtsvorschrift anzuwenden ist, so entscheidet, falls nach den in Betracht kommenden Rechtsvorschriften mehrere Bundesbehörden in den Geschäftsbereichen mehrerer oberster Bundesbehörden zuständig sind, die Bundesregierung, sonst die zuständige oberste Bundesbehörde. [3] Bestehen Zweifel, welche Rechtsvorschrift anzuwenden ist, und sind nach den in Betracht kommenden Rechtsvorschriften eine Bundesbehörde und eine Landesbehörde zuständig, so führen, falls sich die obersten Bundes- und Landesbehörden nicht einigen, die Bundesregierung und die Landesregierung das Einvernehmen darüber herbei, welche Rechtsvorschrift anzuwenden ist.

Teil VI. Rechtsbehelfsverfahren

§ 79 Rechtsbehelfe gegen Verwaltungsakte. Für förmliche Rechtsbehelfe gegen Verwaltungsakte gelten die Verwaltungsgerichtsordnung[1]) und die zu ihrer Ausführung ergangenen Rechtsvorschriften, soweit nicht durch Gesetz etwas anderes bestimmt ist; im Übrigen gelten die Vorschriften dieses Gesetzes.

§ 80 Erstattung von Kosten im Vorverfahren. (1) [1] Soweit der Widerspruch erfolgreich ist, hat der Rechtsträger, dessen Behörde den angefochtenen Verwaltungsakt erlassen hat, demjenigen, der Widerspruch erhoben hat, die zur zweckentsprechenden Rechtsverfolgung oder Rechtsverteidigung notwendigen Aufwendungen zu erstatten. [2] Dies gilt auch, wenn der Widerspruch nur deshalb keinen Erfolg hat, weil die Verletzung einer Verfahrens-

[1]) Nr. **600**.

oder Formvorschrift nach § 45 unbeachtlich ist. [3] Soweit der Widerspruch erfolglos geblieben ist, hat derjenige, der den Widerspruch eingelegt hat, die zur zweckentsprechenden Rechtsverfolgung oder Rechtsverteidigung notwendigen Aufwendungen der Behörde, die den angefochtenen Verwaltungsakt erlassen hat, zu erstatten; dies gilt nicht, wenn der Widerspruch gegen einen Verwaltungsakt eingelegt wird, der im Rahmen

1. eines bestehenden oder früheren öffentlich-rechtlichen Dienst- oder Amtsverhältnisses oder

2. einer bestehenden oder früheren gesetzlichen Dienstpflicht oder einer Tätigkeit, die an Stelle der gesetzlichen Dienstpflicht geleistet werden kann,

erlassen wurde. [4] Aufwendungen, die durch das Verschulden eines Erstattungsberechtigten entstanden sind, hat dieser selbst zu tragen; das Verschulden eines Vertreters ist dem Vertretenen zuzurechnen.

(2) Die Gebühren und Auslagen eines Rechtsanwalts oder eines sonstigen Bevollmächtigten im Vorverfahren sind erstattungsfähig, wenn die Zuziehung eines Bevollmächtigten notwendig war.

(3) [1] Die Behörde, die die Kostenentscheidung getroffen hat, setzt auf Antrag den Betrag der zu erstattenden Aufwendungen fest; hat ein Ausschuss oder Beirat (§ 73 Abs. 2 der Verwaltungsgerichtsordnung[1])) die Kostenentscheidung getroffen, so obliegt die Kostenfestsetzung der Behörde, bei der der Ausschuss oder Beirat gebildet ist. [2] Die Kosten-

(Fortsetzung nächstes Blatt)

[1]) Nr. **600.**

entscheidung bestimmt auch, ob die Zuziehung eines Rechtsanwalts oder eines sonstigen Bevollmächtigten notwendig war.

(4) Die Absätze 1 bis 3 gelten auch für Vorverfahren bei Maßnahmen des Richterdienstrechts.

Teil VII. Ehrenamtliche Tätigkeit, Ausschüsse

Abschnitt 1. Ehrenamtliche Tätigkeit

§ 81 Anwendung der Vorschriften über die ehrenamtliche Tätigkeit. Für die ehrenamtliche Tätigkeit im Verwaltungsverfahren gelten die §§ 82 bis 87, soweit Rechtsvorschriften nichts Abweichendes bestimmen.

§ 82 Pflicht zu ehrenamtlicher Tätigkeit. Eine Pflicht zur Übernahme ehrenamtlicher Tätigkeit besteht nur, wenn sie durch Rechtsvorschrift vorgesehen ist.

§ 83 Ausübung ehrenamtlicher Tätigkeit. (1) Der ehrenamtlich Tätige hat seine Tätigkeit gewissenhaft und unparteiisch auszuüben.

(2) ¹Bei Übernahme seiner Aufgaben ist er zur gewissenhaften und unparteiischen Tätigkeit und zur Verschwiegenheit besonders zu verpflichten. ²Die Verpflichtung ist aktenkundig zu machen.

§ 84 Verschwiegenheitspflicht. (1) ¹Der ehrenamtlich Tätige hat, auch nach Beendigung seiner ehrenamtlichen Tätigkeit, über die ihm dabei bekannt gewordenen Angelegenheiten Verschwiegenheit zu wahren. ²Dies gilt nicht für Mitteilungen im dienstlichen Verkehr oder über Tatsachen, die offenkundig sind oder ihrer Bedeutung nach keiner Geheimhaltung bedürfen.

(2) Der ehrenamtlich Tätige darf ohne Genehmigung über Angelegenheiten, über die er Verschwiegenheit zu wahren hat, weder vor Gericht noch außergerichtlich aussagen oder Erklärungen abgeben.

(3) Die Genehmigung, als Zeuge auszusagen, darf nur versagt werden, wenn die Aussage dem Wohl des Bundes oder eines Landes Nachteile bereiten oder die Erfüllung öffentlicher Aufgaben ernstlich gefährden oder erheblich erschweren würde.

(4) ¹Ist der ehrenamtlich Tätige Beteiligter in einem gerichtlichen Verfahren oder soll sein Vorbringen der Wahrnehmung seiner berechtigten Interessen dienen, so darf die Genehmigung auch dann, wenn die Voraussetzungen des Absatzes 3 erfüllt sind, nur versagt werden, wenn ein zwingendes öffentliches Interesse dies erfordert. ²Wird sie versagt, so ist dem ehrenamtlich Tätigen der Schutz zu gewähren, den die öffentlichen Interessen zulassen.

(5) Die Genehmigung nach den Absätzen 2 bis 4 erteilt die fachlich zuständige Aufsichtsbehörde der Stelle, die den ehrenamtlich Tätigen berufen hat.

§ 85 Entschädigung. Der ehrenamtlich Tätige hat Anspruch auf Ersatz seiner notwendigen Auslagen und seines Verdienstausfalls.

§ 86 Abberufung. [1] Personen, die zu ehrenamtlicher Tätigkeit herangezogen worden sind, können von der Stelle, die sie berufen hat, abberufen werden, wenn ein wichtiger Grund vorliegt. [2] Ein wichtiger Grund liegt insbesondere vor, wenn der ehrenamtlich Tätige

1. seine Pflicht gröblich verletzt oder sich als unwürdig erwiesen hat,
2. seine Tätigkeit nicht mehr ordnungsgemäß ausüben kann.

§ 87 Ordnungswidrigkeiten. (1) Ordnungswidrig handelt, wer

1. eine ehrenamtliche Tätigkeit nicht übernimmt, obwohl er zur Übernahme verpflichtet ist,
2. eine ehrenamtliche Tätigkeit, zu deren Übernahme er verpflichtet war, ohne anerkennenswerten Grund niederlegt.

(2) Die Ordnungswidrigkeit kann mit einer Geldbuße geahndet werden.

Abschnitt 2. Ausschüsse

§ 88 Anwendung der Vorschriften über Ausschüsse. Für Ausschüsse, Beiräte und andere kollegiale Einrichtungen (Ausschüsse) gelten, wenn sie in einem Verwaltungsverfahren tätig werden, die §§ 89 bis 93, soweit Rechtsvorschriften nichts Abweichendes bestimmen.

§ 89 Ordnung in den Sitzungen. Der Vorsitzende eröffnet, leitet und schließt die Sitzungen; er ist für die Ordnung verantwortlich.

§ 90 Beschlussfähigkeit. (1) [1] Ausschüsse sind beschlussfähig, wenn alle Mitglieder geladen und mehr als die Hälfte, mindestens aber drei der stimmberechtigten Mitglieder anwesend sind. [2] Beschlüsse können auch im schriftlichen Verfahren gefasst werden, wenn kein Mitglied widerspricht.

(2) Ist eine Angelegenheit wegen Beschlussunfähigkeit zurückgestellt worden und wird der Ausschuss zur Behandlung desselben Gegenstands erneut geladen, so ist er ohne Rücksicht auf die Zahl der Erschienenen beschlussfähig, wenn darauf in dieser Ladung hingewiesen worden ist.

§ 91 Beschlussfassung. [1] Beschlüsse werden mit Stimmenmehrheit gefasst. [2] Bei Stimmengleichheit entscheidet die Stimme des Vorsitzenden, wenn er stimmberechtigt ist; sonst gilt Stimmengleichheit als Ablehnung.

§ 92 Wahlen durch Ausschüsse. (1) [1] Gewählt wird, wenn kein Mitglied des Ausschusses widerspricht, durch Zuruf oder Zeichen, sonst durch Stimmzettel. [2] Auf Verlangen eines Mitglieds ist geheim zu wählen.

(2) [1] Gewählt ist, wer von den abgegebenen Stimmen die meisten erhalten hat. [2] Bei Stimmengleichheit entscheidet das vom Leiter der Wahl zu ziehende Los.

(3) [1]Sind mehrere gleichartige Wahlstellen zu besetzen, so ist nach dem Höchstzahlverfahren d'Hondt zu wählen, außer wenn einstimmig etwas anderes beschlossen worden ist. [2]Über die Zuteilung der letzten Wahlstelle entscheidet bei gleicher Höchstzahl das vom Leiter der Wahl zu ziehende Los.

§ 93 Niederschrift. [1]Über die Sitzung ist eine Niederschrift zu fertigen. [2]Die Niederschrift muss Angaben enthalten über

1. den Ort und den Tag der Sitzung,

2. die Namen des Vorsitzenden und der anwesenden Ausschussmitglieder,

3. den behandelten Gegenstand und die gestellten Anträge,

4. die gefassten Beschlüsse,

5. das Ergebnis von Wahlen.

[3]Die Niederschrift ist von dem Vorsitzenden und, soweit ein Schriftführer hinzugezogen worden ist, auch von diesem zu unterzeichnen.

Teil VIII. Schlussvorschriften

§ 94 Übertragung gemeindlicher Aufgaben. [1]Die Landesregierungen können durch Rechtsverordnung die nach den §§ 73 und 74 dieses Gesetzes den Gemeinden obliegenden Aufgaben auf eine andere kommunale Gebietskörperschaft oder eine Verwaltungsgemeinschaft übertragen. [2]Rechtsvorschriften der Länder, die entsprechende Regelungen bereits enthalten, bleiben unberührt.

§ 95 Sonderregelung für Verteidigungsangelegenheiten. [1]Nach Feststellung des Verteidigungsfalles oder des Spannungsfalles kann in Verteidigungsangelegenheiten von der Anhörung Beteiligter (§ 28 Abs. 1), von der schriftlichen Bestätigung (§ 37 Abs. 2 Satz 2) und von der schriftlichen Begründung eines Verwaltungsaktes (§ 39 Abs. 1) abgesehen werden; in diesen Fällen gilt ein Verwaltungsakt abweichend von § 41 Abs. 4 Satz 3 mit dem auf die Bekanntmachung folgenden Tag als bekannt gegeben. [2]Dasselbe gilt für die sonstigen gemäß Artikel 80a des Grundgesetzes[1]) anzuwendenden Rechtsvorschriften.

§ 96 Überleitung von Verfahren. (1) Bereits begonnene Verfahren sind nach den Vorschriften dieses Gesetzes zu Ende zu führen.

(2) Die Zulässigkeit eines Rechtsbehelfs gegen die vor Inkrafttreten dieses Gesetzes ergangenen Entscheidungen richtet sich nach den bisher geltenden Vorschriften.

(3) Fristen, deren Lauf vor Inkrafttreten dieses Gesetzes begonnen hat, werden nach den bisher geltenden Rechtsvorschriften berechnet.

[1]) Nr. 1.

(4) Für die Erstattung von Kosten im Vorverfahren gelten die Vorschriften dieses Gesetzes, wenn das Vorverfahren vor Inkrafttreten dieses Gesetzes noch nicht abgeschlossen worden ist.

§ 97 (weggefallen)

§ 98 (weggefallen)

§ 99 (weggefallen)

§ 100 Landesgesetzliche Regelungen. Die Länder können durch Gesetz

1. eine dem § 16 entsprechende Regelung treffen;
2. bestimmen, dass für Planfeststellungen, die auf Grund landesrechtlicher Vorschriften durchgeführt werden, die Rechtswirkungen des § 75 Abs. 1 Satz 1 auch gegenüber nach Bundesrecht notwendigen Entscheidungen gelten.

§ 101 Stadtstaatenklausel. Die Senate der Länder Berlin, Bremen und Hamburg werden ermächtigt, die örtliche Zuständigkeit abweichend von § 3 dem besonderen Verwaltungsaufbau ihrer Länder entsprechend zu regeln.

§ 102 Übergangsvorschrift zu § 53. Artikel 229 § 6 Abs. 1 bis 4 des Einführungsgesetzes zum Bürgerlichen Gesetzbuche[1] gilt entsprechend bei der Anwendung des § 53 in der seit dem 1. Januar 2002 geltenden Fassung.

§ 103 (Inkrafttreten)

[1] **Schönfelder Nr. 21.**

110. Verwaltungszustellungsgesetz (VwZG) [1)2)]

Vom 12. August 2005
(BGBl. I S. 2354)

FNA 201-9

geänd. durch Art. 6b G zur Modernisierung des GmbH-Rechts und zur Bekämpfung von Missbräuchen v. 23.10.2008 (BGBl. I S. 2026), Art. 9a Viertes G zur Änd. verwaltungsverfahrensrechtl. Vorschriften v. 11.12.2008 (BGBl. I S. 2418), Art. 3 G zur Regelung von De-Mail-Diensten und zur Änd. weiterer Vorschriften v. 28.4.2011 (BGBl. I S. 666), Art. 2 Abs. 2 G zur Änd. von Vorschriften über Verkündung und Bekanntmachungen sowie der ZPO, des EGZPO und der AO v. 22.12.2011 (BGBl. I S. 3044), Art. 17 G zur Förderung des elektronischen Rechtsverkehrs mit den Gerichten v. 10.10.2013 (BGBl. I S. 3786) und Art. 11 Abs. 3 eIDAS-Durchführungsgesetz v. 18.7.2017 (BGBl. I S. 2745)

§ 1 Anwendungsbereich. (1) Die Vorschriften dieses Gesetzes gelten für das Zustellungsverfahren der Bundesbehörden, der bundesunmittelbaren Körperschaften, Anstalten und Stiftungen des öffentlichen Rechts und der Landesfinanzbehörden.

(2) Zugestellt wird, soweit dies durch Rechtsvorschrift oder behördliche Anordnung bestimmt ist.

[1)] Verkündet als Art. 1 G zur Novellierung des Verwaltungszustellungsrechts v. 12.8.2005 (BGBl. I S. 2354); Inkrafttreten gem. Art. 4 Abs. 1 Satz 2 dieses G am 1.2.2006.
[2)] Siehe zur Verwaltungszustellung u.a. auch die folgenden Vorschriften der Länder:
- **Baden-Württemberg:** Verwaltungszustellungsgesetz für Baden-Württemberg – LVwZG v. 3.7.2007 (GBl. S. 293), zuletzt geänd. durch G v. 17.12.2015 (GBl. S. 1191)
- **Bayern:** Bayerisches Verwaltungszustellungs- und Vollstreckungsgesetz (VwZVG) v. 11.11.1970 (BayRS II S. 232), zuletzt geänd. durch V v. 26.3.2019 (GVBl. S. 98)
- **Berlin:** Gesetz über das Verfahren der Berliner Verwaltung v. 21.4.2016 (GVBl. S. 218), zuletzt geänd. durch G v. 12.10.2020 (GVBl. S. 807)
- **Brandenburg:** Verwaltungszustellungsgesetz für das Land Brandenburg (BbgVwZG) v. 18.10.1991 (GVBl. S. 457), zuletzt geänd. durch G v. 28.6.2006 (GVBl. I S. 74)
- **Bremen:** Bremisches Verwaltungszustellungsgesetz (BremVwZG) v. 26.1.2006 (Brem.GBl. S. 49)
- **Hamburg:** Hamburgisches Verwaltungszustellungsgesetz (HmbVwZG) v. 21.6.1954 (BS Hbg I), zuletzt geänd. durch G v. 25.11.2010 (HmbGVBl. S. 614)
- **Hessen:** Hessisches Verwaltungszustellungsgesetz (HessVwZG) v. 14.2.1957 (GVBl. I S. 9), zuletzt geänd. durch G v. 13.12.2012 (GVBl. S. 622)
- **Mecklenburg-Vorpommern:** Verwaltungsverfahrens-, Zustellungs- und Vollstreckungsgesetz des Landes Mecklenburg-Vorpommern (Landesverwaltungsverfahrensgesetz – VwVfG M-V) idF der Bek. v. 6.5.2020 (GVOBl. M-V S. 410)
- **Niedersachsen:** Niedersächsisches Verwaltungszustellungsgesetz (NVwZG) v. 23.2.2006 (Nds. GVBl. S. 72)
- **Nordrhein-Westfalen:** Verwaltungszustellungsgesetz für das Land Nordrhein-Westfalen (Landeszustellungsgesetz – LZG NRW) v. 7.3.2006 (GV. NRW. S. 94), zuletzt geänd. durch G v. 22.3.2018 (GV. NRW. S. 172)
- **Rheinland-Pfalz:** Landesverwaltungszustellungsgesetz (LVwZG) v. 2.3.2006 (GVBl. S. 56), geänd. durch G v. 3.4.2014 (GVBl. S. 34)
- **Saarland:** Saarländisches Verwaltungszustellungsgesetz (SVwZG) v. 13.12.2005 (Amtsbl. 2006 S. 214)
- **Sachsen:** Gesetz zur Regelung des Verwaltungsverfahrens- und des Verwaltungszustellungsrechts für den Freistaat Sachsen (SächsVwVfZG) v. 19.5.2010 (SächsGVBl. S. 142), geänd. durch G v. 12.7.2013 (SächsGVBl. S. 503)
- **Sachsen-Anhalt:** Verwaltungszustellungsgesetz des Landes Sachsen-Anhalt (VwZG-LSA) v. 9.10.1992 (GVBl. LSA S. 715), zuletzt geänd. durch G v. 17.1.2008 (GVBl. LSA S. 2)
- **Schleswig-Holstein:** Allgemeines Verwaltungsgesetz für das Land Schleswig-Holstein (LVwG) idF der Bek. v. 2.6.1992 (GVOBl. Schl.-H. S. 243, ber. S. 534), zuletzt geänd. durch G v. 1.9.2020 (GVOBl. Schl.-H. S. 508)
- **Thüringen:** Thüringer Verwaltungszustellungs- und Vollstreckungsgesetz (ThürVwZVG) idF der Bek. v. 5.2.2009 (GVBl. S. 24), zuletzt geänd. durch G v. 23.9.2015 (GVBl. S. 131)

§ 2[1] **Allgemeines.** (1) Zustellung ist die Bekanntgabe eines schriftlichen oder elektronischen Dokuments in der in diesem Gesetz bestimmten Form.

(2) [1] Die Zustellung wird durch einen Erbringer von Postdienstleistungen (Post), einen nach § 17 des De-Mail-Gesetzes[2] akkreditierten Diensteanbieter oder durch die Behörde ausgeführt. [2] Daneben gelten die in den §§ 9 und 10 geregelten Sonderarten der Zustellung.

(3) [1] Die Behörde hat die Wahl zwischen den einzelnen Zustellungsarten. [2] § 5 Absatz 5 Satz 2 bleibt unberührt.

§ 3 Zustellung durch die Post mit Zustellungsurkunde. (1) Soll durch die Post mit Zustellungsurkunde zugestellt werden, übergibt die Behörde der Post den Zustellungsauftrag, das zuzustellende Dokument in einem verschlossenen Umschlag und einen vorbereiteten Vordruck einer Zustellungsurkunde.

(2) [1] Für die Ausführung der Zustellung gelten die §§ 177 bis 182 der Zivilprozessordnung[3] entsprechend. [2] Im Fall des § 181 Abs. 1 der Zivilprozessordnung kann das zuzustellende Dokument bei einer von der Post dafür bestimmten Stelle am Ort der Zustellung oder am Ort des Amtsgerichts, in dessen Bezirk der Ort der Zustellung liegt, niedergelegt werden oder bei der Behörde, die den Zustellungsauftrag erteilt hat, wenn sie ihren Sitz an einem der vorbezeichneten Orte hat. [3] Für die Zustellungsurkunde, den Zustellungsauftrag, den verschlossenen Umschlag nach Absatz 1 und die schriftliche Mitteilung nach § 181 Abs. 1 Satz 3 der Zivilprozessordnung sind die Vordrucke nach der Zustellungsvordruckverordnung zu verwenden.

§ 4 Zustellung durch die Post mittels Einschreiben. (1) Ein Dokument kann durch die Post mittels Einschreiben durch Übergabe oder mittels Einschreiben mit Rückschein zugestellt werden.

(2) [1] Zum Nachweis der Zustellung genügt der Rückschein. [2] Im Übrigen gilt das Dokument am dritten Tag nach der Aufgabe zur Post als zugestellt, es sei denn, dass es nicht oder zu einem späteren Zeitpunkt zugegangen ist. [3] Im Zweifel hat die Behörde den Zugang und dessen Zeitpunkt nachzuweisen. [4] Der Tag der Aufgabe zur Post ist in den Akten zu vermerken.

§ 5[4] **Zustellung durch die Behörde gegen Empfangsbekenntnis; elektronische Zustellung.** (1) [1] Bei der Zustellung durch die Behörde händigt der zustellende Bedienstete das Dokument dem Empfänger in einem verschlossenen Umschlag aus. [2] Das Dokument kann auch offen ausgehändigt werden, wenn keine schutzwürdigen Interessen des Empfängers entgegenstehen. [3] Der Empfänger hat ein mit dem Datum der Aushändigung versehenes Empfangsbekenntnis zu unterschreiben. [4] Der Bedienstete vermerkt das Datum der Zustellung auf dem Umschlag des auszuhändigenden Dokuments oder bei offener Aushändigung auf dem Dokument selbst.

(Fortsetzung nächstes Blatt)

[1] § 2 Abs. 3 Satz 2 angef. mWv 18.12.2008 durch G v. 11.12.2008 (BGBl. I S. 2418); Abs. 2 Satz 1 geänd., Abs. 3 Satz 2 neu gef. mWv 3.5.2011 durch G v. 28.4.2011 (BGBl. I S. 666).

[2] **Sartorius III Nr. 730.**

[3] **Schönfelder Nr. 100.**

[4] § 5 Abs. 4 Satz 2 aufgeh., Abs. 5 neu gef., Abs. 6 und 7 angef. mWv 18.12.2008 durch G v. 11.12. 2008 (BGBl. I S. 2418); Überschrift, Abs. 5 und 7 Satz 2 und 4 neu gef., Abs. 7 Satz 3 geänd. mWv 3.5. 2011 durch G v. 28.4.2011 (BGBl. I S. 666); Abs. 5 Satz 3 geänd. mWv 29.7.2017 durch G v. 18.7.2017 (BGBl. I S. 2745).

(2) [1] Die §§ 177 bis 181 der Zivilprozessordnung[1)] sind anzuwenden. [2] Zum Nachweis der Zustellung ist in den Akten zu vermerken:

1. im Fall der Ersatzzustellung in der Wohnung, in Geschäftsräumen und Einrichtungen nach § 178 der Zivilprozessordnung der Grund, der diese Art der Zustellung rechtfertigt,

2. im Fall der Zustellung bei verweigerter Annahme nach § 179 der Zivilprozessordnung, wer die Annahme verweigert hat und dass das Dokument am Ort der Zustellung zurückgelassen oder an den Absender zurückgesandt wurde sowie der Zeitpunkt und der Ort der verweigerten Annahme,

3. in den Fällen der Ersatzzustellung nach den §§ 180 und 181 der Zivilprozessordnung der Grund der Ersatzzustellung sowie wann und wo das Dokument in einen Briefkasten eingelegt oder sonst niedergelegt und in welcher Weise die Niederlegung schriftlich mitgeteilt wurde.

[3] Im Fall des § 181 Abs. 1 der Zivilprozessordnung kann das zuzustellende Dokument bei der Behörde, die den Zustellungsauftrag erteilt hat, niedergelegt werden, wenn diese Behörde ihren Sitz am Ort der Zustellung oder am Ort des Amtsgerichts hat, in dessen Bezirk der Ort der Zustellung liegt.

(3) [1] Zur Nachtzeit, an Sonntagen und allgemeinen Feiertagen darf nach den Absätzen 1 und 2 im Inland nur mit schriftlicher oder elektronischer Erlaubnis des Behördenleiters zugestellt werden. [2] Die Nachtzeit umfasst die Stunden von 21 bis 6 Uhr. [3] Die Erlaubnis ist bei der Zustellung abschriftlich mitzuteilen. [4] Eine Zustellung, bei der diese Vorschriften nicht beachtet sind, ist wirksam, wenn die Annahme nicht verweigert wird.

(4) Das Dokument kann an Behörden, Körperschaften, Anstalten und Stiftungen des öffentlichen Rechts, an Rechtsanwälte, Patentanwälte, Notare, Steuerberater, Steuerbevollmächtigte, Wirtschaftsprüfer, vereidigte Buchprüfer, Steuerberatungsgesellschaften, Wirtschaftsprüfungsgesellschaften und Buchprüfungsgesellschaften auch auf andere Weise, auch elektronisch, gegen Empfangsbekenntnis zugestellt werden.

(5) [1] Ein elektronisches Dokument kann im Übrigen unbeschadet des Absatzes 4 elektronisch zugestellt werden, soweit der Empfänger hierfür einen Zugang eröffnet. [2] Es ist elektronisch zuzustellen, wenn auf Grund einer Rechtsvorschrift ein Verfahren auf Verlangen des Empfängers in elektronischer Form abgewickelt wird. [3] Für die Übermittlung ist das Dokument mit einer qualifizierten elektronischen Signatur zu versehen und gegen unbefugte Kenntnisnahme Dritter zu schützen.

(6) [1] Bei der elektronischen Zustellung ist die Übermittlung mit dem Hinweis „Zustellung gegen Empfangsbekenntnis" einzuleiten. [2] Die Übermittlung muss die absendende Behörde, den Namen und die Anschrift des Zustellungsadressaten sowie den Namen des Bediensteten erkennen lassen, der das Dokument zur Übermittlung aufgegeben hat.

(7) [1] Zum Nachweis der Zustellung nach den Absätzen 4 und 5 genügt das mit Datum und Unterschrift versehene Empfangsbekenntnis, das an die Behörde durch die Post oder elektronisch zurückzusenden ist. [2] Ein elektronisches Dokument gilt in den Fällen des Absatzes 5 Satz 2 am dritten Tag nach der Absendung an den vom Empfänger hierfür eröffneten Zugang als zugestellt, wenn der

[1)] Schönfelder Nr. 100.

Behörde nicht spätestens an diesem Tag ein Empfangsbekenntnis nach Satz 1 zugeht. [3] Satz 2 gilt nicht, wenn der Empfänger nachweist, dass das Dokument nicht oder zu einem späteren Zeitpunkt zugegangen ist. [4] Der Empfänger ist in den Fällen des Absatzes 5 Satz 2 vor der Übermittlung über die Rechtsfolgen nach den Sätzen 2 und 3 zu belehren. [5] Zum Nachweis der Zustellung ist von der absendenden Behörde in den Akten zu vermerken, zu welchem Zeitpunkt und an welchen Zugang das Dokument gesendet wurde. [6] Der Empfänger ist über den Eintritt der Zustellungsfiktion nach Satz 2 zu benachrichtigen.

§ 5a[1] Elektronische Zustellung gegen Abholbestätigung über De-Mail-Dienste. (1) [1] Die elektronische Zustellung kann unbeschadet des § 5 Absatz 4 und 5 Satz 1 und 2 durch Übermittlung der nach § 17 des De-Mail-Gesetzes[2] akkreditierten Diensteanbieter gegen Abholbestätigung nach § 5 Absatz 9 des De-Mail-Gesetzes an das De-Mail-Postfach des Empfängers erfolgen. [2] Für die Zustellung nach Satz 1 ist § 5 Absatz 4 und 6 mit der Maßgabe anzuwenden, dass an die Stelle des Empfangsbekenntnisses die Abholbestätigung tritt.

(2) [1] Der nach § 17 des De-Mail-Gesetzes akkreditierte Diensteanbieter hat eine Versandbestätigung nach § 5 Absatz 7 des De-Mail-Gesetzes und eine Abholbestätigung nach § 5 Absatz 9 des De-Mail-Gesetzes zu erzeugen. [2] Er hat diese Bestätigungen unverzüglich der absendenden Behörde zu übermitteln.

(3) [1] Zum Nachweis der elektronischen Zustellung genügt die Abholbestätigung nach § 5 Absatz 9 des De-Mail-Gesetzes. [2] Für diese gelten § 371 Absatz 1 Satz 2 und § 371a Absatz 3 der Zivilprozessordnung[3].

(4) [1] Ein elektronisches Dokument gilt in den Fällen des § 5 Absatz 5 Satz 2 am dritten Tag der Absendung an das De-Mail-Postfach des Empfängers als zugestellt, wenn er dieses Postfach als Zugang eröffnet hat und der Behörde nicht spätestens an diesem Tag eine elektronische Abholbestätigung nach § 5 Absatz 9 des De-Mail-Gesetzes zugeht. [2] Satz 1 gilt nicht, wenn der Empfänger nachweist, dass das Dokument nicht oder zu einem späteren Zeitpunkt zugegangen ist. [3] Der Empfänger ist in den Fällen des § 5 Absatz 5 Satz 2 vor der Übermittlung über die Rechtsfolgen nach den Sätzen 1 und 2 zu belehren. [4] Als Nachweis der Zustellung nach Satz 1 dient die Versandbestätigung nach § 5 Absatz 7 des De-Mail-Gesetzes oder ein Vermerk der absendenden Behörde in den Akten, zu welchem Zeitpunkt und an welches De-Mail-Postfach das Dokument gesendet wurde. [5] Der Empfänger ist über den Eintritt der Zustellungsfiktion nach Satz 1 elektronisch zu benachrichtigen.

§ 6 Zustellung an gesetzliche Vertreter. (1) [1] Bei Geschäftsunfähigen oder beschränkt Geschäftsfähigen ist an ihre gesetzlichen Vertreter zuzustellen. [2] Gleiches gilt bei Personen, für die ein Betreuer bestellt ist, soweit der Aufgabenkreis des Betreuers reicht.

(2) [1] Bei Behörden wird an den Behördenleiter, bei juristischen Personen, nicht rechtsfähigen Personenvereinigungen und Zweckvermögen an ihre gesetzlichen Vertreter zugestellt. [2] § 34 Abs. 2 der Abgabenordnung bleibt unberührt.

[1] § 5a eingef. mWv 3.5.2011 durch G v. 28.4.2011 (BGBl. I S. 666); Abs. 3 Satz 2 geänd. mWv 1.7. 2014 durch G v. 10.10.2013 (BGBl. I S. 3786).
[2] **Sartorius III Nr. 730.**
[3] **Schönfelder Nr. 100.**

(3) Bei mehreren gesetzlichen Vertretern oder Behördenleitern genügt die Zustellung an einen von ihnen.

(4) Der zustellende Bedienstete braucht nicht zu prüfen, ob die Anschrift den Vorschriften der Absätze 1 bis 3 entspricht.

§ 7 Zustellung an Bevollmächtigte. (1) [1] Zustellungen können an den allgemeinen oder für bestimmte Angelegenheiten bestellten Bevollmächtigten gerichtet werden. [2] Sie sind an ihn zu richten, wenn er schriftliche Vollmacht vorgelegt hat. [3] Ist ein Bevollmächtigter für mehrere Beteiligte bestellt, so genügt die Zustellung eines Dokuments an ihn für alle Beteiligten.

(2) Einem Zustellungsbevollmächtigten mehrerer Beteiligter sind so viele Ausfertigungen oder Abschriften zuzustellen, als Beteiligte vorhanden sind.

(3) Auf § 180 Abs. 2 der Abgabenordnung beruhende Regelungen und § 183 der Abgabenordnung bleiben unberührt.

§ 8 Heilung von Zustellungsmängeln. Lässt sich die formgerechte Zustellung eines Dokuments nicht nachweisen oder ist es unter Verletzung zwingender Zustellungsvorschriften zugegangen, gilt es als in dem Zeitpunkt zugestellt, in dem es dem Empfangsberechtigten tatsächlich zugegangen ist, im Fall des § 5 Abs. 5 in dem Zeitpunkt, in dem der Empfänger das Empfangsbekenntnis zurückgesendet hat.

§ 9[1] Zustellung im Ausland. (1) Eine Zustellung im Ausland erfolgt

1. durch Einschreiben mit Rückschein, soweit die Zustellung von Dokumenten unmittelbar durch die Post völkerrechtlich zulässig ist,

2. auf Ersuchen der Behörde durch die Behörden des fremden Staates oder durch die zuständige diplomatische oder konsularische Vertretung der Bundesrepublik Deutschland,

3. auf Ersuchen der Behörde durch das Auswärtige Amt an eine Person, die das Recht der Immunität genießt und zu einer Vertretung der Bundesrepublik Deutschland im Ausland gehört, sowie an Familienangehörige einer solchen Person, wenn diese das Recht der Immunität genießen, oder

4. durch Übermittlung elektronischer Dokumente, soweit dies völkerrechtlich zulässig ist.

(2) [1] Zum Nachweis der Zustellung nach Absatz 1 Nr. 1 genügt der Rückschein. [2] Die Zustellung nach Absatz 1 Nr. 2 und 3 wird durch das Zeugnis der ersuchten Behörde nachgewiesen. [3] Der Nachweis der Zustellung gemäß Absatz 1 Nr. 4 richtet sich nach § 5 Abs. 7 Satz 1 bis 3 und 5 sowie nach § 5a Absatz 3 und 4 Satz 1, 2 und 4.

(3) [1] Die Behörde kann bei der Zustellung nach Absatz 1 Nr. 2 und 3 anordnen, dass die Person, an die zugestellt werden soll, innerhalb einer angemessenen Frist einen Zustellungsbevollmächtigten benennt, der im Inland wohnt oder einen Geschäftsraum hat. [2] Wird kein Zustellungsbevollmächtigter benannt, können spätere Zustellungen bis zur nachträglichen Benennung dadurch bewirkt werden, dass das Dokument unter der Anschrift der Person, an die zugestellt

[1] § 9 Abs. 2 Satz 3 neu gef. mWv 18.12.2008 durch G v. 11.12.2008 (BGBl. I S. 2418); Abs. 1 Nr. 4, Abs. 2 Satz 3 geänd., Abs. 3 Satz 7 angef. mWv 3.5.2011 durch G v. 28.4.2011 (BGBl. I S. 666).

werden soll, zur Post gegeben wird. [3] Das Dokument gilt am siebenten Tag nach Aufgabe zur Post als zugestellt, wenn nicht feststeht, dass es den Empfänger nicht oder zu einem späteren Zeitpunkt erreicht hat. [4] Die Behörde kann eine längere Frist bestimmen. [5] In der Anordnung nach Satz 1 ist auf diese Rechtsfolgen hinzuweisen. [6] Zum Nachweis der Zustellung ist in den Akten zu vermerken, zu welcher Zeit und unter welcher Anschrift das Dokument zur Post gegeben wurde. [7] Ist durch Rechtsvorschrift angeordnet, dass ein Verwaltungsverfahren über eine einheitliche Stelle nach den Vorschriften des Verwaltungsverfahrensgesetzes[1]) abgewickelt werden kann, finden die Sätze 1 bis 6 keine Anwendung.

§ 10[2]) **Öffentliche Zustellung.** (1) [1] Die Zustellung kann durch öffentliche Bekanntmachung erfolgen, wenn

1. der Aufenthaltsort des Empfängers unbekannt ist und eine Zustellung an einen Vertreter oder Zustellungsbevollmächtigten nicht möglich ist,

2. bei juristischen Personen, die zur Anmeldung einer inländischen Geschäftsanschrift zum Handelsregister verpflichtet sind, eine Zustellung weder unter der eingetragenen Anschrift noch unter einer im Handelsregister eingetragenen Anschrift einer für Zustellungen empfangsberechtigten Person oder einer ohne Ermittlungen bekannten anderen inländischen Anschrift möglich ist oder

3. sie im Fall des § 9 nicht möglich ist oder keinen Erfolg verspricht.

[2] Die Anordnung über die öffentliche Zustellung trifft ein zeichnungsberechtigter Bediensteter.

(2) [1] Die öffentliche Zustellung erfolgt durch Bekanntmachung einer Benachrichtigung an der Stelle, die von der Behörde hierfür allgemein bestimmt ist, oder durch Veröffentlichung einer Benachrichtigung im Bundesanzeiger. [2] Die Benachrichtigung muss

1. die Behörde, für die zugestellt wird,

2. den Namen und die letzte bekannte Anschrift des Zustellungsadressaten,

3. das Datum und das Aktenzeichen des Dokuments sowie

4. die Stelle, wo das Dokument eingesehen werden kann,

erkennen lassen. [3] Die Benachrichtigung muss den Hinweis enthalten, dass das Dokument öffentlich zugestellt wird und Fristen in Gang gesetzt werden können, nach deren Ablauf Rechtsverluste drohen können. [4] Bei der Zustellung einer Ladung muss die Benachrichtigung den Hinweis enthalten, dass das Dokument eine Ladung zu einem Termin enthält, dessen Versäumung Rechtsnachteile zur Folge haben kann. [5] In den Akten ist zu vermerken, wann und wie die Benachrichtigung bekannt gemacht wurde. [6] Das Dokument gilt als zugestellt, wenn seit dem Tag der Bekanntmachung der Benachrichtigung zwei Wochen vergangen sind.

[1]) Nr. **100**.
[2]) § 10 Abs. 1 Satz 1 Nr.1 geänd., Nr. 2 neu gef., bish. Nr. 2 wird Nr. 3 mWv 1.11.2008 durch G v. 23.10.2008 (BGBl. I S. 2026); Abs. 2 Satz 1 geänd. mWv 1.4.2012 durch G v. 22.12.2011 (BGBl. I S. 3044).

112. Verwaltungs–Vollstreckungsgesetz (VwVG) [1)2)]

Vom 27. April 1953
(BGBl. I S. 157)

FNA 201-4

geänd. durch § 13 Nr. 3 G über die Kosten der Zwangsvollstreckung nach der ReichsabgabenO v. 12.4.1961 (BGBl. I S. 429), Art. 4 Kostenermächtigungs-ÄndG v. 23.6.1970 (BGBl. I S. 805), Art. 36 EinführungsG zum Strafgesetzbuch v. 2.3.1974 (BGBl. I S. 469), Art. 40 EinführungsG zur AbgabenO v. 14.12.1976 (BGBl. I S. 3341), Art. 2 Abs. 1 Zweite Zwangsvollstreckungsnovelle v. 17.12.1997 (BGBl. I S. 3039), Art. 4 Abs. 1 G zur Reform der Sachaufklärung in der Zwangsvollstreckung v. 29.7.2009 (BGBl. I S. 2258), Art. 1 Sechstes ÄndG v. 25.11.2014 (BGBl. I S. 1770), Art. 15 Abs. 1 EU-Kontopfändungsverordnung-DurchführungsG v. 21.11.2016 (BGBl. I S. 2591), Art. 3 G zur Einbeziehung der Bundespolizei in den Anwendungsbereich des BundesgebührenG v. 10.3.2017 (BGBl. I S. 417), Art. 1 G zur Verbesserung der Sachaufklärung in der Verwaltungsvollstreckung v. 30.6.2017 (BGBl. I S. 2094) und Art. 42 Elfte ZuständigkeitsanpassungsVO v. 19.6.2020 (BGBl. I S. 1328)

Der Bundestag hat mit Zustimmung des Bundesrates das folgende Gesetz beschlossen:

[1)] Zur Anwendbarkeit des VwVG im Rahmen des verwaltungsgerichtl. Verfahrens siehe § 169 VwGO (Nr. **600**).

[2)] Siehe zur Verwaltungsvollstreckung u.a. auch die folgenden Vorschriften der Länder:

- **Baden-Württemberg:** Verwaltungsvollstreckungsgesetz für Baden-Württemberg (LVwVG) v. 12.3.1974 (GBl. S. 93), zuletzt geänd. durch VO v. 23.2.2017 (GBl. S. 99)
- **Bayern:** Bayerisches Verwaltungszustellungs- und Vollstreckungsgesetz (VwZVG) v. 11.11.1970 (BayRS II S. 232), zuletzt geänd. durch V v. 26.3.2019 (GVBl. S. 98)
- **Berlin:** Gesetz über das Verfahren der Berliner Verwaltung v. 21.4.2016 (GVBl. S. 218), geänd. durch G v. 5.7.2018 (GVBl. S. 462)
- **Brandenburg:** Verwaltungsvollstreckungsgesetz für das Land Brandenburg (VwVGBbg) v. 16.5.2013 (GVBl. I Nr. 18), zuletzt geänd. durch G v. 15.10.2018 (GVBl. I Nr. 22)
- **Bremen:** Bremisches Verwaltungsvollstreckungsgesetz – BremVwVG – idF der Bek. v. 1.4.1960 (Brem.GBl. S. 37), zuletzt geänd. durch G v. 2.4.2019 (Brem.GBl. S. 159)
- **Hamburg:** Verwaltungsvollstreckungsgesetz (VwVG) v. 4.12.2012 (HmbGVBl. S. 510), geänd. durch G v. 21.5.2013 (HmbGVBl. S. 210)
- **Hessen:** Hessisches Verwaltungsvollstreckungsgesetz (HessVwVG) idF der Bek. v. 12.12.2008 (GVBl. 2009 I S. 2), zuletzt geänd. durch G v. 12.9.2018 (GVBl. S. 570)
- **Mecklenburg-Vorpommern:** Verwaltungsverfahrens-, Zustellungs- und Vollstreckungsgesetz des Landes Mecklenburg-Vorpommern (Landesverwaltungsverfahrensgesetz – VwVfG M-V) idF der Bek. v. 6.5.2020 (GVOBl. M-V S. 410)
- **Niedersachsen:** Niedersächsisches Verwaltungsvollstreckungsgesetz (NVwVG) idF der Bek. v. 14.11.2019 (Nds. GVBl. S. 316)
- **Nordrhein-Westfalen:** Verwaltungsvollstreckungsgesetz NRW (VwVG NW) idF der Bek. v. 19.2.2003 (GV. NRW. S. 156, ber. S. 570, 2005 S. 818), zuletzt geänd. durch G v. 8.7.2016 (GV. NRW. S. 557)
- **Rheinland-Pfalz:** Landesverwaltungsvollstreckungsgesetz (LVwVG) v. 8.7.1957 (GVBl. S. 101), zuletzt geänd. durch G v. 3.6.2020 (GVBl. S. 209)
- **Saarland:** Saarländisches Verwaltungsvollstreckungsgesetz (SVwVG) v. 27.3.1974 (Amtsbl. S. 430), zuletzt geänd. durch G v. 1.12.2015 (Amtsbl. I S. 913)
- **Sachsen:** Verwaltungsvollstreckungsgesetz für den Freistaat Sachsen (SächsVwVG) idF der Bek. v. 10.9.2003 (SächsGVBl. S. 614, ber. S. 913), zuletzt geänd. durch G v. 5.4.2019 (SächsGVBl. S. 245)
- **Sachsen-Anhalt:** Verwaltungsvollstreckungsgesetz des Landes Sachsen-Anhalt (VwVG LSA) idF der Bek. v. 20.2.2015 (GVBl. LSA S. 50)
- **Schleswig-Holstein:** Allgemeines Verwaltungsgesetz für das Land Schleswig-Holstein (LVwG) idF der Bek. v. 2.6.1992 (GVOBl. Schl.-H. S. 243, ber. S. 534), zuletzt geänd. durch G v. 1.9.2020 (GVOBl. Schl.-H. S. 508)
- **Thüringen:** Thüringer Verwaltungszustellungs- und Vollstreckungsgesetz (ThürVwZVG) idF der Bek. v. 5.2.2009 (GVBl. S. 24), zuletzt geänd. durch G v. 23.9.2015 (GVBl. S. 131)

Erster Abschnitt. Vollstreckung wegen Geldforderungen

§ 1[1] **Vollstreckbare Geldforderungen.** (1) Die öffentlich-rechtlichen Geldforderungen des Bundes und der bundesunmittelbaren juristischen Personen des öffentlichen Rechts werden nach den Bestimmungen dieses Gesetzes im Verwaltungswege vollstreckt.

(2) Ausgenommen sind solche öffentlich-rechtlichen Geldforderungen, die im Wege des Parteistreites vor den Verwaltungsgerichten verfolgt werden oder für die ein anderer Rechtsweg als der Verwaltungsrechtsweg begründet ist.

(3) Die Vorschriften der Abgabenordnung, des Sozialversicherungsrechts einschließlich der Arbeitslosenversicherung und des Justizbeitreibungsgesetzes[2] bleiben unberührt.

§ 2 Vollstreckungsschuldner. (1) Als Vollstreckungsschuldner kann in Anspruch genommen werden,

a) wer eine Leistung als Selbstschuldner schuldet;

b) wer für die Leistung, die ein anderer schuldet, persönlich haftet.

(2) Wer zur Duldung der Zwangsvollstreckung verpflichtet ist, wird dem Vollstreckungsschuldner gleichgestellt, soweit die Duldungspflicht reicht.

§ 3 Vollstreckungsanordnung. (1) Die Vollstreckung wird gegen den Vollstreckungsschuldner durch Vollstreckungsanordnung eingeleitet; eines vollstreckbaren Titels bedarf es nicht.

(2) Voraussetzungen für die Einleitung der Vollstreckung sind:

a) der Leistungsbescheid, durch den der Schuldner zur Leistung aufgefordert worden ist;

b) die Fälligkeit der Leistung;

c) der Ablauf einer Frist von einer Woche seit Bekanntgabe des Leistungsbescheides oder, wenn die Leistung erst danach fällig wird, der Ablauf einer Frist von einer Woche nach Eintritt der Fälligkeit.

(3) Vor Anordnung der Vollstreckung soll der Schuldner ferner mit einer Zahlungsfrist von einer weiteren Woche besonders gemahnt werden.

(4) Die Vollstreckungsanordnung wird von der Behörde erlassen, die den Anspruch geltend machen darf.

§ 4[3] **Vollstreckungsbehörden.** Vollstreckungsbehörden sind:

a) die von einer obersten Bundesbehörde im Einvernehmen mit dem Bundesminister des Innern, für Bau und Heimat bestimmten Behörden des betreffenden Verwaltungszweiges;

(Fortsetzung nächstes Blatt)

[1] § 1 Abs. 3 geänd. durch G v. 14.12.1976 (BGBl. I S. 3341); Abs. 3 geänd. mWv 1.7.2017 durch G v. 21.11.2016 (BGBl. I S. 2591).
[2] **Schönfelder Nr. 122.**
[3] § 4 Buchst. a geänd. mWv 27.6.2020 durch VO v. 19.6.2020 (BGBl. I S. 1328).

b) die Vollstreckungsbehörden der Bundesfinanzverwaltung, wenn eine Bestimmung nach Buchstabe a nicht getroffen worden ist.

§ 5[1] Anzuwendende Vollstreckungsvorschriften. (1) Das Verwaltungszwangsverfahren und der Vollstreckungsschutz richten sich im Falle des § 4 nach den Vorschriften der Abgabenordnung (§§ 77, 249 bis 258, 260, 262 bis 267, 281 bis 317, 318 Abs. 1 bis 4, §§ 319 bis 327).

(2) Wird die Vollstreckung im Wege der Amtshilfe von Organen der Länder vorgenommen, so ist sie nach landesrechtlichen Bestimmungen durchzuführen.

§ 5a[2] Ermittlung des Aufenthaltsorts des Vollstreckungsschuldners.

(1) Ist der Wohnsitz oder der gewöhnliche Aufenthaltsort des Vollstreckungsschuldners nicht durch Anfrage bei der Meldebehörde zu ermitteln, so darf die Vollstreckungsbehörde folgende Angaben erheben:

1. beim Ausländerzentralregister die Angaben zur aktenführenden Ausländerbehörde und die Angaben zum Zuzug oder Fortzug des Vollstreckungsschuldners und bei der Ausländerbehörde, die nach der Auskunft aus dem Ausländerzentralregister aktenführend ist, den Aufenthaltsort des Vollstreckungsschuldners,

2. bei den Trägern der gesetzlichen Rentenversicherung die dort bekannte derzeitige Anschrift und den derzeitigen oder zukünftigen Aufenthaltsort des Vollstreckungsschuldners sowie

3. beim Kraftfahrt-Bundesamt die Halterdaten nach § 35 Absatz 4c Nummer 2 des Straßenverkehrsgesetzes[3].

(2) Die Vollstreckungsbehörde darf die gegenwärtigen Anschriften, den Ort der Hauptniederlassung oder den Sitz des Vollstreckungsschuldners erheben

1. durch Einsicht in das Handels-, Genossenschafts-, Partnerschafts-, Unternehmens- oder Vereinsregister oder

2. durch Einholung der Anschrift bei den nach Landesrecht für die Durchführung der Aufgaben nach § 14 Absatz 1 der Gewerbeordnung[4] zuständigen Behörden.

(3) Nach Absatz 1 Nummer 2 und Absatz 2 erhobene Daten, die innerhalb der letzten drei Monate bei der Vollstreckungsbehörde eingegangen sind, dürfen von der Vollstreckungsbehörde auch einer weiteren Vollstreckungsbehörde übermittelt werden, wenn die Voraussetzungen für die Datenerhebung auch bei der weiteren Vollstreckungsbehörde vorliegen.

(4) [1] Ist der Vollstreckungsschuldner Unionsbürger, so darf die Vollstreckungsbehörde die Daten nach Absatz 1 Nummer 1 nur erheben, wenn ihr tatsächliche Anhaltspunkte für die Vermutung vorliegen, dass bei der betroffenen Person das Nichtbestehen oder der Verlust des Freizügigkeitsrechts festgestellt worden ist. [2] Eine Übermittlung der Daten nach Absatz 1 Nummer 1

[1] § 5 Abs. 1 geänd. durch G v. 14.12.1976 (BGBl. I S. 3341).
[2] § 5a eingef. mWv 6.7.2017 durch G v. 30.6.2017 (BGBl. I S. 2094).
[3] **Schönfelder Nr. 35.**
[4] Nr. **800.**

an die Vollstreckungsbehörde ist ausgeschlossen, wenn der Vollstreckungs-
schuldner ein Unionsbürger ist, für den eine Feststellung des Nichtbestehens
oder des Verlusts des Freizügigkeitsrechts nicht vorliegt.

§ 5b[1) Auskunftsrechte der Vollstreckungsbehörde. (1) Kommt der
Vollstreckungsschuldner seiner Pflicht, eine Vermögensauskunft nach § 5 Ab-
satz 1 dieses Gesetzes in Verbindung mit § 284 Absatz 1 der Abgabenordnung
zu erteilen, nicht nach oder ist bei einer Vollstreckung in die in der Ver-
mögensauskunft angeführten Vermögensgegenstände eine vollständige Befrie-
digung der Forderung, wegen der die Vermögensauskunft verlangt wird,
voraussichtlich nicht zu erwarten, so darf die Vollstreckungsbehörde

1. bei den Trägern der gesetzlichen Rentenversicherung den Namen und die
 Vornamen oder die Firma sowie die Anschriften der derzeitigen Arbeit-
 geber eines versicherungspflichtigen Beschäftigungsverhältnisses des Voll-
 streckungsschuldners erheben und

2. beim Kraftfahrt-Bundesamt die Fahrzeug- und Halterdaten nach § 35 Ab-
 satz 1 Nummer 17 des Straßenverkehrsgesetzes[2)].

(2) Nach Absatz 1 erhobene Daten, die innerhalb der letzten drei Monate
bei der Vollstreckungsbehörde eingegangen sind, dürfen von der Vollstre-
ckungsbehörde auch einer weiteren Vollstreckungsbehörde übermittelt wer-
den, wenn die Voraussetzungen für die Datenerhebung auch bei der weiteren
Vollstreckungsbehörde vorliegen.

Zweiter Abschnitt. Erzwingung von Handlungen, Duldungen oder Unterlassungen

§ 6[3) Zulässigkeit des Verwaltungszwanges. (1) Der Verwaltungsakt, der
auf die Herausgabe einer Sache oder auf die Vornahme einer Handlung oder
auf Duldung oder Unterlassung gerichtet ist, kann mit den Zwangsmitteln
nach § 9 durchgesetzt werden, wenn er unanfechtbar ist oder wenn sein
sofortiger Vollzug angeordnet oder wenn dem Rechtsmittel keine aufschie-
bende Wirkung beigelegt ist.

(2) Der Verwaltungszwang kann ohne vorausgehenden Verwaltungsakt an-
gewendet werden, wenn der sofortige Vollzug zur Verhinderung einer rechts-
widrigen Tat, die einen Straf- oder Bußgeldtatbestand verwirklicht, oder zur
Abwendung einer drohenden Gefahr notwendig ist und die Behörde hierbei
innerhalb ihrer gesetzlichen Befugnisse handelt.

§ 7 Vollzugsbehörden. (1) Ein Verwaltungsakt wird von der Behörde voll-
zogen, die ihn erlassen hat; sie vollzieht auch Beschwerdeentscheidungen.

(2) Die Behörde der unteren Verwaltungsstufe kann für den Einzelfall oder
allgemein mit dem Vollzug beauftragt werden.

[1)] § 5b eingef. m Wv 6.7.2017 durch G v. 30.6.2017 (BGBl. I S. 2094).
[2)] **Schönfelder Nr. 35.**
[3)] § 6 Abs. 2 geänd. durch G v. 2.3.1974 (BGBl. I S. 469).

§ 8 Örtliche Zuständigkeit. Muß eine Zwangsmaßnahme außerhalb des Bezirks der Vollzugsbehörde ausgeführt werden, so hat die entsprechende Bundesbehörde des Bezirks, in dem sie ausgeführt werden soll, auf Ersuchen der Vollzugsbehörde den Verwaltungszwang durchzuführen.

§ 9 Zwangsmittel. (1) Zwangsmittel sind:

a) Ersatzvornahme (§ 10),

b) Zwangsgeld (§ 11),

c) unmittelbarer Zwang (§ 12).

(2) ¹ Das Zwangsmittel muß in einem angemessenen Verhältnis zu seinem Zweck stehen. ² Dabei ist das Zwangsmittel möglichst so zu bestimmen, daß der Betroffene und die Allgemeinheit am wenigsten beeinträchtigt werden.

§ 10 Ersatzvornahme. Wird die Verpflichtung, eine Handlung vorzunehmen, deren Vornahme durch einen anderen möglich ist (vertretbare Handlung), nicht erfüllt, so kann die Vollzugsbehörde einen anderen mit der Vornahme der Handlung auf Kosten des Pflichtigen beauftragen.

§ 11¹⁾ Zwangsgeld. (1) ¹ Kann eine Handlung durch einen anderen nicht vorgenommen werden und hängt sie nur vom Willen des Pflichtigen ab, so kann der Pflichtige zur Vornahme der Handlung durch ein Zwangsgeld angehalten werden. ² Bei vertretbaren Handlungen kann es verhängt werden, wenn die Ersatzvornahme untunlich ist, besonders, wenn der Pflichtige außerstande ist, die Kosten zu tragen, die aus der Ausführung durch einen anderen entstehen.

(2) Das Zwangsgeld ist auch zulässig, wenn der Pflichtige der Verpflichtung zuwiderhandelt, eine Handlung zu dulden oder zu unterlassen.

(3) Die Höhe des Zwangsgeldes beträgt bis zu 25 000 Euro.

§ 12 Unmittelbarer Zwang. Führt die Ersatzvornahme oder das Zwangsgeld nicht zum Ziel oder sind sie untunlich, so kann die Vollzugsbehörde den Pflichtigen zur Handlung, Duldung oder Unterlassung zwingen oder die Handlung selbst vornehmen.

§ 13 Androhung der Zwangsmittel. (1) ¹ Die Zwangsmittel müssen, wenn sie nicht sofort angewendet werden können (§ 6 Abs. 2), schriftlich angedroht werden. ² Hierbei ist für die Erfüllung der Verpflichtung eine Frist zu bestimmen, innerhalb der der Vollzug dem Pflichtigen billigerweise zugemutet werden kann.

(2) ¹ Die Androhung kann mit dem Verwaltungsakt verbunden werden, durch den die Handlung, Duldung oder Unterlassung aufgegeben wird. ² Sie soll mit ihm verbunden werden, wenn der sofortige Vollzug angeordnet oder den Rechtsmitteln keine aufschiebende Wirkung beigelegt ist.

¹⁾ § 11 Abs. 3 geänd. mWv 29.11.2014 durch G v. 25.11.2014 (BGBl. I S. 1770).

(3) [1] Die Androhung muß sich auf ein bestimmtes Zwangsmittel beziehen. [2] Unzulässig ist die gleichzeitige Androhung mehrerer Zwangsmittel und die Androhung, mit der sich die Vollzugsbehörde die Wahl zwischen mehreren Zwangsmitteln vorbehält.

(4) [1] Soll die Handlung auf Kosten des Pflichtigen (Ersatzvornahme) ausgeführt werden, so ist in der Androhung der Kostenbetrag vorläufig zu veranschlagen. [2] Das Recht auf Nachforderung bleibt unberührt, wenn die Ersatzvornahme einen höheren Kostenaufwand verursacht.

(5) Der Betrag des Zwangsgeldes ist in bestimmter Höhe anzudrohen.

(6) [1] Die Zwangsmittel können auch neben einer Strafe oder Geldbuße angedroht und so oft wiederholt und hierbei jeweils erhöht oder gewechselt werden, bis die Verpflichtung erfüllt ist. [2] Eine neue Androhung ist erst dann zulässig, wenn das zunächst angedrohte Zwangsmittel erfolglos ist.

(7) [1] Die Androhung ist zuzustellen. [2] Dies gilt auch dann, wenn sie mit dem zugrunde liegenden Verwaltungsakt verbunden ist und für ihn keine Zustellung vorgeschrieben ist.

§ 14 Festsetzung der Zwangsmittel. [1] Wird die Verpflichtung innerhalb der Frist, die in der Androhung bestimmt ist, nicht erfüllt, so setzt die Vollzugsbehörde das Zwangsmittel fest. [2] Bei sofortigem Vollzug (§ 6 Abs. 2) fällt die Festsetzung weg.

§ 15 Anwendung der Zwangsmittel. (1) Das Zwangsmittel wird der Festsetzung gemäß angewendet.

(2) [1] Leistet der Pflichtige bei der Ersatzvornahme oder bei unmittelbarem Zwang Widerstand, so kann dieser mit Gewalt gebrochen werden. [2] Die Polizei hat auf Verlangen der Vollzugsbehörde Amtshilfe zu leisten.

(3) Der Vollzug ist einzustellen, sobald sein Zweck erreicht ist.

§ 16[1) Ersatzzwangshaft. (1) [1] Ist das Zwangsgeld uneinbringlich, so kann das Verwaltungsgericht auf Antrag der Vollzugsbehörde nach Anhörung des Pflichtigen durch Beschluß Ersatzzwangshaft anordnen, wenn bei Androhung des Zwangsgeldes hierauf hingewiesen worden ist. [2] Das Grundrecht des Artikels 2 Abs. 2 Satz 2 des Grundgesetzes[2) wird insoweit eingeschränkt.

(2) Die Ersatzzwangshaft beträgt mindestens einen Tag, höchstens zwei Wochen.

(3) Die Ersatzzwangshaft ist auf Antrag der Vollzugsbehörde von der Justizverwaltung nach den Bestimmungen der §§ 802g, 802h und 802j Abs. 2 der Zivilprozeßordnung[3) zu vollstrecken.

§ 17 Vollzug gegen Behörden. Gegen Behörden und juristische Personen des öffentlichen Rechts sind Zwangsmittel unzulässig, soweit nicht etwas anderes bestimmt ist.

[1) § 16 Abs. 3 geänd. durch G v. 17.12.1997 (BGBl. I S. 3039); Abs. 3 geänd. mWv 1.1.2013 durch G v. 29.7.2009 (BGBl. I S. 2258).
[2) Nr. 1.
[3) **Schönfelder Nr. 100.**

§ 18 Rechtsmittel. (1) [1] Gegen die Androhung eines Zwangsmittels sind die Rechtsmittel gegeben, die gegen den Verwaltungsakt zulässig sind, dessen Durchsetzung erzwungen werden soll. [2] Ist die Androhung mit dem zugrunde liegenden Verwaltungsakt verbunden, so erstreckt sich das Rechtsmittel zugleich auf den Verwaltungsakt, soweit er nicht bereits Gegenstand eines Rechtsmittel- oder gerichtlichen Verfahrens ist. [3] Ist die Androhung nicht mit dem zugrunde liegenden Verwaltungsakt verbunden oder ist dieser unanfechtbar geworden, so kann die Androhung nur insoweit angefochten werden, als eine Rechtsverletzung durch die Androhung selbst behauptet wird.

(2) Wird ein Zwangsmittel ohne vorausgehenden Verwaltungsakt angewendet (§ 6 Abs. 2), so sind hiergegen die Rechtsmittel zulässig, die gegen Verwaltunsgakte allgemein gegeben sind.

Dritter Abschnitt. Kosten

§ 19[1] Kosten. (1) [1] Für Amtshandlungen nach diesem Gesetz werden Kosten (Gebühren und Auslagen) gemäß § 337 Abs. 1, §§ 338 bis 346 der Abgabenordnung erhoben. [2] Für die Gewährung einer Entschädigung an Auskunftspflichtige, Sachverständige und Treuhänder, gelten §§ 107 und 318 Abs. 5 der Abgabenordnung.

(2) [1] Für die Mahnung nach § 3 Abs. 3 wird eine Mahngebühr erhoben. [2] Sie beträgt ein halbes Prozent des Mahnbetrages, mindestens jedoch 5 Euro und höchstens 150 Euro. [3] Die Mahngebühr wird auf volle Euro aufgerundet.

(3) Soweit die Bundespolizei nach diesem Gesetz tätig wird, werden Gebühren und Auslagen nach dem Bundesgebührengesetz[2] erhoben.

§ 19a[3] Vollstreckungspauschale, Verordnungsermächtigung.

(1) [1] Bundesunmittelbare Körperschaften und Anstalten des öffentlichen Rechts, die den Vollstreckungsbehörden der Bundesfinanzverwaltung nach § 4 Buchstabe b Vollstreckungsanordnungen übermitteln, sind verpflichtet, für jede ab dem 1. Juli 2014 übermittelte Vollstreckungsanordnung einen Pauschalbetrag für bei den Vollstreckungsschuldnern uneinbringliche Gebühren und Auslagen (Vollstreckungspauschale) zu zahlen. [2] Dies gilt nicht für Vollstreckungsanordnungen wegen Geldforderungen nach dem Bundeskindergeldgesetz[4].

(2) Die Vollstreckungspauschale bemisst sich nach dem Gesamtbetrag der im Berechnungszeitraum auf Grund von Vollstreckungsanordnungen der juristischen Personen nach Absatz 1 festgesetzten Gebühren und Auslagen, die bei den Vollstreckungsschuldnern nicht beigetrieben werden konnten, geteilt *durch die Anzahl* aller in diesem Zeitraum von diesen Anordnungsbehörden übermittelten Vollstreckungsanordnungen.

[1] § 19 Abs. 1 neu gef. durch G v. 14.12.1976 (BGBl. I S. 3341); Abs. 2 Satz 2 neu gef., Satz 3 geänd. mWv 29.11.2014 durch G v. 25.11.2014 (BGBl. I S. 1770); Abs. 3 angef. mWv 1.10.2019 durch G v. 10.3.2017 (BGBl. I S. 417).
[2] Nr. **120.**
[3] § 19a eingef. mWv 1.7.2014 durch G v. 25.11.2014 (BGBl. I S. 1770).
[4] **Schönfelder ErgBd. Nr. 45b.**

(3) Das Bundesministerium der Finanzen wird ermächtigt, im Einvernehmen mit dem Bundesministerium für Arbeit und Soziales und dem Bundesministerium für Gesundheit durch Rechtsverordnung, die nicht der Zustimmung des Bundesrates bedarf, die Höhe der Vollstreckungspauschale zu bestimmen sowie den Berechnungszeitraum, die Entstehung und die Fälligkeit der Vollstreckungspauschale, den Abrechnungszeitraum, das Abrechnungsverfahren und die abrechnende Stelle zu regeln.

(4) Die Höhe der Vollstreckungspauschale ist durch das Bundesministerium der Finanzen nach Maßgabe des Absatzes 2 alle drei Jahre zu überprüfen und durch Rechtsverordnung nach Absatz 3 anzupassen, wenn die nach Maßgabe des Absatzes 2 berechnete Vollstreckungspauschale um mehr als 20 Prozent von der Vollstreckungspauschale in der geltenden Fassung abweicht.

(5) Die juristischen Personen nach Absatz 1 sind nicht berechtigt, den Vollstreckungsschuldner mit der Vollstreckungspauschale zu belasten.

Vierter Abschnitt. Übergangs- und Schlußvorschriften

§ 20 Außerkrafttreten früherer Bestimmungen. Soweit die Vollstreckung in Bundesgesetzen abweichend von diesem Gesetz geregelt ist, sind für Bundesbehörden und bundesunmittelbare juristische Personen des öffentlichen Rechts die Bestimmungen dieses Gesetzes anzuwenden; § 1 Abs. 3 bleibt unberührt.

§ 21[1]) *(aufgehoben)*

§ 22 Inkrafttreten. Dieses Gesetz tritt am 1. Mai 1953 in Kraft.

[1]) § 21 aufgeh. mWv 6.7.2017 durch G v. 30.6.2017 (BGBl. I S. 2094).

113. Gesetz zur Regelung des Zugangs zu Informationen des Bundes (Informationsfreiheitsgesetz – IFG)[1]

Vom 5. September 2005

(BGBl. I S. 2722)

FNA 201-10

geänd. durch Art. 2 Abs. 6 G zur Strukturreform des Gebührenrechts des Bundes v. 7.8.2013 (BGBl. I S. 3154), Art. 9 Zweites Datenschutz-Anpassungs- und UmsetzungsG EU v. 20.11.2019 (BGBl. I S. 1626) und Art. 44 Elfte ZuständigkeitsanpassungsVO v. 19.6.2020 (BGBl. I S. 1328)

Der Bundestag hat das folgende Gesetz beschlossen:

§ 1 Grundsatz. (1) ¹Jeder hat nach Maßgabe dieses Gesetzes gegenüber den Behörden des Bundes einen Anspruch auf Zugang zu amtlichen Informationen. ²Für sonstige Bundesorgane und -einrichtungen gilt dieses Gesetz, soweit sie öffentlich-rechtliche Verwaltungsaufgaben wahrnehmen. ³Einer Behörde im Sinne dieser Vorschrift steht eine natürliche Person oder juristische Person des Privatrechts gleich, soweit eine Behörde sich dieser Person zur Erfüllung ihrer öffentlich-rechtlichen Aufgaben bedient.

(2) ¹Die Behörde kann Auskunft erteilen, Akteneinsicht gewähren oder Informationen in sonstiger Weise zur Verfügung stellen. ²Begehrt der Antragsteller eine bestimmte Art des Informationszugangs, so darf dieser nur aus wichtigem Grund auf andere Art gewährt werden. ³Als wichtiger Grund gilt insbesondere ein deutlich höherer Verwaltungsaufwand.

[1] Bislang haben folgende **Länder** Vorschriften zum IFG erlassen:
- **Baden-Württemberg:** Gesetz zur Regelung des Zugangs zu Informationen in Baden-Württemberg (Landesinformationsfreiheitsgesetz – LIFG) v. 17.12.2015 (GBl. S. 1201), geänd. durch G v. 12.6.2018 (GBl. S. 173);
- **Berlin:** Gesetz zur Förderung der Informationsfreiheit im Land Berlin (Berliner Informationsfreiheitsgesetz – IFG) v. 15.10.1999 (GVBl. S. 561), zuletzt geänd. durch G v. 12.10.2020 (GVBl. S. 807);
- **Brandenburg:** Akteneinsichts- und Informationszugangsgesetz (AIG) v. 10.3.1998 (GVBl. I S. 46), zuletzt geänd. durch G v. 8.5.2018 (GVBl. I Nr. 7);
- **Bremen:** Gesetz über die Freiheit des Zugangs zu Informationen für das Land Bremen (Bremer Informationsfreiheitsgesetz – BremIFG) v. 16.5.2006 (Brem.GBl. S. 263), zuletzt geänd. durch G v. 5.3.2019 (Brem.GBl. S. 55);
- **Hamburg:** Hamburgisches Transparenzgesetz (HmbTG) v. 19.6.2012 (HmbGVBl. S. 271), zuletzt geänd. durch G v. 19.12.2019 (HmbGVBl. S. 19);
- **Hessen:** Hessisches Datenschutz- und Informationsfreiheitsgesetz (HDSIG) v. 3.5.2018 (GVBl. S. 82), geänd. durch G v. 12.9.2018 (GVBl. S. 570);
- **Mecklenburg-Vorpommern:** Gesetz zur Regelung des Zugangs zu Informationen für das Land Mecklenburg-Vorpommern (Informationsfreiheitsgesetz – IFG M-V) v. 10.7.2006 (GVOBl. M-V S. 556), zuletzt geänd. durch G v. 22.5.2018 (GVOBl. M-V S. 193);
- **Nordrhein-Westfalen:** Gesetz über die Freiheit des Zugangs zu Informationen für das Land Nordrhein-Westfalen (Informationsfreiheitsgesetz Nordrhein-Westfalen – IFG NRW) v. 27.11.2001 (GV. NRW. S. 806), zuletzt geänd. durch G v. 17.5.2018 (GV. NRW. S. 244);
- **Rheinland-Pfalz:** Landestransparenzgesetz (LTranspG) v. 27.11.2015 (GVBl. S. 383), zuletzt geänd. durch G v. 23.9.2020 (GVBl. S. 461);
- **Saarland:** Saarländisches Informationsfreiheitsgesetz (SIFG) v. 12.7.2006 (Amtsbl. S. 1624), zuletzt geänd. durch G v. 22.8.2018 (Amtsbl. I S. 674);
- **Sachsen-Anhalt:** Informationszugangsgesetz Sachsen-Anhalt (IZG LSA) v. 19.6.2008 (GVBl. LSA S. 242), zuletzt geänd. durch G v. 18.2.2020 (GVBl. LSA S. 25);
- **Schleswig-Holstein** Informationszugangsgesetz für das Land Schleswig-Holstein (IZG-SH) v. 19.1.2012 (GVOBl. Schl.-H. S. 89), zuletzt geänd. durch G v. 19.7.2019 (GVOBl. Schl.-H. S. 310);
- **Thüringen:** Thüringer Transparenzgesetz (ThürTG) v. 10.10.2019 (GVBl. S. 373).

(3) Regelungen in anderen Rechtsvorschriften über den Zugang zu amtlichen Informationen gehen mit Ausnahme des § 29 des Verwaltungsverfahrensgesetzes [1]) und des § 25 des Zehnten Buches Sozialgesetzbuch[2]) vor.

§ 2 Begriffsbestimmungen. Im Sinne dieses Gesetzes ist

1. amtliche Information: jede amtlichen Zwecken dienende Aufzeichnung, unabhängig von der Art ihrer Speicherung. Entwürfe und Notizen, die nicht Bestandteil eines Vorgangs werden sollen, gehören nicht dazu;
2. Dritter: jeder, über den personenbezogene Daten oder sonstige Informationen vorliegen.

§ 3 Schutz von besonderen öffentlichen Belangen. Der Anspruch auf Informationszugang besteht nicht,

1. wenn das Bekanntwerden der Information nachteilige Auswirkungen haben kann auf

 a) internationale Beziehungen,

 b) militärische und sonstige sicherheitsempfindliche Belange der Bundeswehr,

 c) Belange der inneren oder äußeren Sicherheit,

 d) Kontroll- oder Aufsichtsaufgaben der Finanz-, Wettbewerbs- und Regulierungsbehörden,

 e) Angelegenheiten der externen Finanzkontrolle,

 f) Maßnahmen zum Schutz vor unerlaubtem Außenwirtschaftsverkehr,

 g) die Durchführung eines laufenden Gerichtsverfahrens, den Anspruch einer Person auf ein faires Verfahren oder die Durchführung strafrechtlicher, ordnungswidrigkeitsrechtlicher oder disziplinarischer Ermittlungen,

2. wenn das Bekanntwerden der Information die öffentliche Sicherheit gefährden kann,

3. wenn und solange

 a) die notwendige Vertraulichkeit internationaler Verhandlungen oder

 b) die Beratungen von Behörden beeinträchtigt werden,

4. wenn die Information einer durch Rechtsvorschrift oder durch die Allgemeine Verwaltungsvorschrift zum materiellen und organisatorischen Schutz von Verschlusssachen geregelten Geheimhaltungs- oder Vertraulichkeitspflicht oder einem Berufs- oder besonderen Amtsgeheimnis unterliegt,

5. hinsichtlich vorübergehend beigezogener Information einer anderen öffentlichen Stelle, die nicht Bestandteil der eigenen Vorgänge werden soll,

6. wenn das Bekanntwerden der Information geeignet wäre, fiskalische Interessen des Bundes im Wirtschaftsverkehr oder wirtschaftliche Interessen der Sozialversicherungen zu beeinträchtigen,

7. bei vertraulich erhobener oder übermittelter Information, soweit das Interesse des Dritten an einer vertraulichen Behandlung im Zeitpunkt des Antrags auf *Informationszugang* noch fortbesteht,

[1]) Nr. 100.
[2]) **Sartorius ErgBd. Nr. 410.**

8. gegenüber den Nachrichtendiensten sowie den Behörden und sonstigen öffentlichen Stellen des Bundes, soweit sie Aufgaben im Sinne des § 10 Nr. 3 des Sicherheitsüberprüfungsgesetzes[1)] wahrnehmen.

§ 4 Schutz des behördlichen Entscheidungsprozesses. (1) [1]Der Antrag auf Informationszugang soll abgelehnt werden für Entwürfe zu Entscheidungen sowie Arbeiten und Beschlüsse zu ihrer unmittelbaren Vorbereitung, soweit und solange durch die vorzeitige Bekanntgabe der Informationen der Erfolg der Entscheidung oder bevorstehender behördlicher Maßnahmen vereitelt würde. [2]Nicht der unmittelbaren Entscheidungsvorbereitung nach Satz 1 dienen regelmäßig Ergebnisse der Beweiserhebung und Gutachten oder Stellungnahmen Dritter.

(2) Der Antragsteller soll über den Abschluss des jeweiligen Verfahrens informiert werden.

§ 5[2)] Schutz personenbezogener Daten. (1) [1]Zugang zu personenbezogenen Daten darf nur gewährt werden, soweit das Informationsinteresse des Antragstellers das schutzwürdige Interesse des Dritten am Ausschluss des Informationszugangs überwiegt oder der Dritte eingewilligt hat. [2]Besondere Kategorien personenbezogener Daten im Sinne des Artikels 9 Absatz 1 der Verordnung (EU) 2016/679[3)] des Europäischen Parlaments und des Rates vom 27. April 2016 zum Schutz natürlicher Personen bei der Verarbeitung personenbezogener Daten, zum freien Datenverkehr und zur Aufhebung der Richtlinie 95/46/EG (Datenschutz- Grundverordnung) (ABl. L 119 vom 4.5. 2016, S. 1; L 314 vom 22.11.2016, S. 72; L 127 vom 23.5.2018, S. 2) in der jeweils geltenden Fassung dürfen nur übermittelt werden, wenn der Dritte ausdrücklich eingewilligt hat.

(2) Das Informationsinteresse des Antragstellers überwiegt nicht bei Informationen aus Unterlagen, soweit sie mit dem Dienst- oder Amtsverhältnis oder einem Mandat des Dritten in Zusammenhang stehen und bei Informationen, die einem Berufs- oder Amtsgeheimnis unterliegen.

(3) Das Informationsinteresse des Antragstellers überwiegt das schutzwürdige Interesse des Dritten am Ausschluss des Informationszugangs in der Regel dann, wenn sich die Angabe auf Name, Titel, akademischen Grad, Berufs- und Funktionsbezeichnung, Büroanschrift und -telekommunikationsnummer beschränkt und der Dritte als Gutachter, Sachverständiger oder in vergleichbarer Weise eine Stellungnahme in einem Verfahren abgegeben hat.

(4) Name, Titel, akademischer Grad, Berufs- und Funktionsbezeichnung, Büroanschrift und -telekommunikationsnummer von Bearbeitern sind vom Informationszugang nicht ausgeschlossen, soweit sie Ausdruck und Folge der amtlichen Tätigkeit sind und kein Ausnahmetatbestand erfüllt ist.

§ 6 Schutz des geistigen Eigentums und von Betriebs- oder Geschäftsgeheimnissen. [1]Der Anspruch auf Informationszugang besteht nicht, soweit der Schutz geistigen Eigentums entgegensteht. [2]Zugang zu Betriebs- oder Geschäftsgeheimnissen darf nur gewährt werden, soweit der Betroffene eingewilligt hat.

[1)] **Wehrrecht Nr. 807.**
[2)] § 5 Abs. 1 Satz 2 geänd. mWv 26.11.2019 durch G v. 20.11.2019 (BGBl. I S. 1626).
[3)] **Nr. 246.**

§ 7 Antrag und Verfahren. (1) [1]Über den Antrag auf Informationszugang entscheidet die Behörde, die zur Verfügung über die begehrten Informationen berechtigt ist. [2]Im Fall des § 1 Abs. 1 Satz 3 ist der Antrag an die Behörde zu richten, die sich der natürlichen oder juristischen Person des Privatrechts zur Erfüllung ihrer öffentlich-rechtlichen Aufgaben bedient. [3]Betrifft der Antrag Daten Dritter im Sinne von § 5 Abs. 1 und 2 oder § 6, muss er begründet werden. [4]Bei gleichförmigen Anträgen von mehr als 50 Personen gelten die §§ 17 bis 19 des Verwaltungsverfahrensgesetzes[1]) entsprechend.

(2) [1]Besteht ein Anspruch auf Informationszugang zum Teil, ist dem Antrag in dem Umfang stattzugeben, in dem der Informationszugang ohne Preisgabe der geheimhaltungsbedürftigen Informationen oder ohne unverhältnismäßigen Verwaltungsaufwand möglich ist. [2]Entsprechendes gilt, wenn sich der Antragsteller in den Fällen, in denen Belange Dritter berührt sind, mit einer Unkenntlichmachung der diesbezüglichen Informationen einverstanden erklärt.

(3) [1]Auskünfte können mündlich, schriftlich oder elektronisch erteilt werden. [2]Die Behörde ist nicht verpflichtet, die inhaltliche Richtigkeit der Information zu prüfen.

(4) [1]Im Fall der Einsichtnahme in amtliche Informationen kann sich der Antragsteller Notizen machen oder Ablichtungen und Ausdrucke fertigen lassen. [2]§ 6 Satz 1 bleibt unberührt.

(5) [1]Die Information ist dem Antragsteller unter Berücksichtigung seiner Belange unverzüglich zugänglich zu machen. [2]Der Informationszugang soll innerhalb eines Monats erfolgen. [3]§ 8 bleibt unberührt.

§ 8 Verfahren bei Beteiligung Dritter. (1) Die Behörde gibt einem Dritten, dessen Belange durch den Antrag auf Informationszugang berührt sind, schriftlich Gelegenheit zur Stellungnahme innerhalb eines Monats, sofern Anhaltspunkte dafür vorliegen, dass er ein schutzwürdiges Interesse am Ausschluss des Informationszugangs haben kann.

(2) [1]Die Entscheidung nach § 7 Abs. 1 Satz 1 ergeht schriftlich und ist auch dem Dritten bekannt zu geben. [2]Der Informationszugang darf erst erfolgen, wenn die Entscheidung dem Dritten gegenüber bestandskräftig ist oder die sofortige Vollziehung angeordnet worden ist und seit der Bekanntgabe der Anordnung an den Dritten zwei Wochen verstrichen sind. [3]§ 9 Abs. 4 gilt entsprechend.

§ 9 Ablehnung des Antrags; Rechtsweg. (1) Die Bekanntgabe einer Entscheidung, mit der der Antrag ganz oder teilweise abgelehnt wird, hat innerhalb der Frist nach § 7 Abs. 5 Satz 2 zu erfolgen.

(2) Soweit die Behörde den Antrag ganz oder teilweise ablehnt, hat sie mitzuteilen, ob und wann der Informationszugang ganz oder teilweise zu einem späteren Zeitpunkt voraussichtlich möglich ist.

(3) Der Antrag kann abgelehnt werden, wenn der Antragsteller bereits über die begehrten Informationen verfügt oder sich diese in zumutbarer Weise aus allgemein zugänglichen Quellen beschaffen kann.

(4) [1]Gegen die ablehnende Entscheidung sind Widerspruch und Verpflichtungsklage zulässig. [2]Ein Widerspruchsverfahren nach den Vorschriften des

[1]) Nr. **100.**

8. Abschnitts der Verwaltungsgerichtsordnung[1] ist auch dann durchzuführen, wenn die Entscheidung von einer obersten Bundesbehörde getroffen wurde.

§ 10[2] Gebühren und Auslagen. (1) [1] Für individuell zurechenbare öffentliche Leistungen nach diesem Gesetz werden Gebühren und Auslagen erhoben. [2] Dies gilt nicht für die Erteilung einfacher Auskünfte.

(2) Die Gebühren sind auch unter Berücksichtigung des Verwaltungsaufwandes so zu bemessen, dass der Informationszugang nach § 1 wirksam in Anspruch genommen werden kann.

(3) [1] Das Bundesministerium des Innern, für Bau und Heimat wird ermächtigt, für individuell zurechenbare öffentliche Leistungen nach diesem Gesetz die Gebührentatbestände und Gebührensätze durch Rechtsverordnung ohne Zustimmung des Bundesrates zu bestimmen. [2] § 10 des Bundesgebührengesetzes[3] findet keine Anwendung.

§ 11 Veröffentlichungspflichten. (1) Die Behörden sollen Verzeichnisse führen, aus denen sich die vorhandenen Informationssammlungen und -zwecke erkennen lassen.

(2) Organisations- und Aktenpläne ohne Angabe personenbezogener Daten sind nach Maßgabe dieses Gesetzes allgemein zugänglich zu machen.

(3) Die Behörden sollen die in den Absätzen 1 und 2 genannten Pläne und Verzeichnisse sowie weitere geeignete Informationen in elektronischer Form allgemein zugänglich machen.

§ 12[4] Bundesbeauftragter für die Informationsfreiheit. (1) Jeder kann den Bundesbeauftragten für die Informationsfreiheit anrufen, wenn er sein Recht auf Informationszugang nach diesem Gesetz als verletzt ansieht.

(2) Die Aufgabe des Bundesbeauftragten für die Informationsfreiheit wird von dem Bundesbeauftragten für den Datenschutz wahrgenommen.

(3) Die Bestimmungen des Bundesdatenschutzgesetzes[5] in der am 24. Mai 2018 geltenden Fassung über die Kontrollaufgaben des Bundesbeauftragten für den Datenschutz (§ 24 Abs. 1 und 3 bis 5), über Beanstandungen (§ 25 Abs. 1 Satz 1 Nr. 1 und 4, Satz 2 und Abs. 2 und 3) sowie über weitere Aufgaben gemäß § 26 Abs. 1 bis 3 gelten entsprechend.

§ 13 Änderung anderer Vorschriften. *(hier nicht wiedergegeben)*

§ 14 Bericht und Evaluierung. [1] Die Bundesregierung unterrichtet den Deutschen Bundestag zwei Jahre vor Außerkrafttreten über die Anwendung dieses Gesetzes. [2] Der Deutsche Bundestag wird das Gesetz ein Jahr vor Außerkrafttreten auf wissenschaftlicher Grundlage evaluieren.

§ 15 Inkrafttreten. Dieses Gesetz tritt am 1. Januar 2006 in Kraft.

[1] Nr. **600.**
[2] § 10 Abs. 1 Satz 1, Abs. 3 Satz 1 geänd., Satz 2 neu gef. mWv 15.8.2013 durch G v. 7.8.2013 (BGBl. I S. 3154); Abs. 3 Satz 1 geänd. mWv 27.6.2020 durch VO v. 19.6.2020 (BGBl. I S. 1328).
[3] Nr. **120.**
[4] § 12 Abs. 3 geänd. mWv 26.11.2019 durch G v. 20.11.2019 (BGBl. I S. 1626).
[5] **Wehrrecht Nr. 800.**

§ 19 ...

§ 20 ...

§ 21 ...

§ 22 ...

§ 23 ...

§ 24 ...

115. Gesetz über den unmittelbaren Zwang bei Ausübung öffentlicher Gewalt durch Vollzugsbeamte des Bundes (UZwG)

Vom 10. März 1961

(BGBl. I S. 165)

FNA 201-5

geänd. durch Art. 17 Erstes StrafrechtsreformG v. 25.6.1969 (BGBl. I S. 645), Art. 37 und Art. 326 Abs. 5 Nr. 6 EinführungsG zum Strafgesetzbuch v. 2.3.1974 (BGBl. I S. 469, geänd. 1984 I S. 1654), Art. 5 Zehntes LuftverkehrsG-ÄndG v. 23.7.1992 (BGBl. I S. 1370), Art. 6 EisenbahnneuordnungsG v. 27.12.1993 (BGBl. I S. 2378), Art. 3 G zur Reform des Güterkraftverkehrsrechts v. 22.6.1998 (BGBl. I S. 1485), Art. 23 Siebente ZuständigkeitsanpassungsVO v. 29.10.2001 (BGBl. I S. 2785), Art. 28 Neunte ZuständigkeitsanpassungsVO v. 31.10.2006 (BGBl. I S. 2407), Art. 36 Zehnte ZuständigkeitsanpassungsVO v. 31.8.2015 (BGBl. I S. 1474), Art. 4 WSV-ZuständigkeitsanpassungsG v. 24.5.2016 (BGBl. I S. 1217) und Art. 43 Elfte ZuständigkeitsanpassungsVO v. 19.6.2020 (BGBl. I S. 1328)

Inhaltsübersicht

Der Bundestag hat das folgende Gesetz beschlossen:

Erster Abschnitt. Allgemeine Vorschriften über den unmittelbaren Zwang

§ 1 Rechtliche Grundlagen. (1) Die Vollzugsbeamten des Bundes haben bei der in rechtmäßiger Ausübung ihres Dienstes zulässigen Anwendung unmittelbaren Zwanges nach den Vorschriften dieses Gesetzes zu verfahren.

(2) Soweit andere Gesetze Vorschriften über die Art der Anwendung unmittelbaren Zwanges enthalten, bleiben sie unberührt.

§ 2 Begriffsbestimmungen. (1) Unmittelbarer Zwang ist die Einwirkung auf Personen oder Sachen durch körperliche Gewalt, ihre Hilfsmittel und durch Waffen.

(2) Körperliche Gewalt ist jede unmittelbare körperliche Einwirkung auf Personen oder Sachen.

(3) Hilfsmittel der körperlichen Gewalt sind insbesondere Fesseln, Wasserwerfer, technische Sperren, Diensthunde, Dienstpferde und Dienstfahrzeuge.

(4) Waffen sind die dienstlich zugelassenen Hieb- und Schußwaffen, Reizstoffe und Explosivmittel.

§ 3 Einschränkung von Grundrechten. Soweit rechtmäßig unmittelbarer Zwang bei Ausübung öffentlicher Gewalt angewendet wird, werden die in Artikel 2 Abs. 2 Satz 1 und 2, Artikel 13 Abs. 1 des Grundgesetzes für die Bundesrepublik Deutschland[1]) geschützten Grundrechte auf Leben, körperliche Unversehrtheit, Freiheit der Person und Unverletzlichkeit der Wohnung eingeschränkt.

§ 4 Grundsatz der Verhältnismäßigkeit. (1) Die Vollzugsbeamten haben bei der Anwendung unmittelbaren Zwanges unter mehreren möglichen und geeigneten Maßnahmen diejenigen zu treffen, die den einzelnen und die Allgemeinheit am wenigsten beeinträchtigen.

(2) Ein durch eine Maßnahme des unmittelbaren Zwanges zu erwartender Schaden darf nicht erkennbar außer Verhältnis zu dem beabsichtigten Erfolg stehen.

§ 5 Hilfeleistung für Verletzte. Wird unmittelbarer Zwang angewendet, ist Verletzten, soweit es nötig ist und die Lage es zuläßt, Beistand zu leisten und ärztliche Hilfe zu verschaffen.

§ 6[2]) Vollzugsbeamte des Bundes. Vollzugsbeamte des Bundes nach diesem Gesetz sind

(Fortsetzung nächstes Blatt)

[1]) Nr. 1.
[2]) § 6 Nr. 5 aufgeh. durch G v. 23.7.1992 (BGBl. I S. 1370); Nr. 3 aufgeh. durch G v. 27.12.1993 (BGBl. I S. 2378); Nr. 6 neu gef. durch G v. 22.6.1998 (BGBl. I S. 1485); Nr. 4 geänd. mWv 1.6. 2016 durch G v. 24.5.2016 (BGBl. I S. 1217).

1. die Polizeivollzugsbeamten des Bundes (§ 1 des Bundespolizeibeamtenge-setzes[1]) vom 19. Juli 1960 – Bundesgesetzbl. I S. 569);

2. die Beamten des Zollgrenzdienstes (Grenzaufsichtsdienst und Grenzabfer-tigungsdienst), des Zollfahndungsdienstes, des Bewachungs- und Beglei-tungsdienstes und die übrigen Beamten der Bundesfinanzbehörden, die mit Vollzugsaufgaben betraut sind;

3. *(aufgehoben)*

4. die Beamten der Wasserstraßen- und Schifffahrtsverwaltung des Bundes mit strom- und schifffahrtspolizeilichen Befugnissen;

5. *(aufgehoben)*

6. die Beauftragten des Bundesamtes für Güterverkehr, soweit sie mit Über-wachungsaufgaben nach den §§ 11 bis 13 des Güterkraftverkehrsgesetzes betraut sind;

7. die Beamten der Bundesgerichte und der Behörden der Bundesjustizverwal-tung, die mit Vollzugs- und Sicherungsaufgaben betraut sind;

8. andere Personen, die durch die zuständigen Bundesbehörden mit Aufgaben betraut sind, die den unter den Nummern 1 bis 7 aufgeführten Beamten obliegen;

9. die der Dienstgewalt von Bundesbehörden unterstehenden Personen, die mit Aufgaben der Strafverfolgung oder der Verfolgung von Ordnungswidrigkei-ten im Sinne des Gesetzes über Ordnungswidrigkeiten[2] betraut sind, wenn sie sich in Ausübung dieser Tätigkeit im Vollzugsdienst befinden.

§ 7[3] Handeln auf Anordnung. (1) [1]Vollzugsbeamte sind verpflichtet, un-mittelbaren Zwang anzuwenden, der im Vollzugsdienst von ihrem Vorgesetzten oder einer sonst dazu befugten Person angeordnet wird. [2]Dies gilt nicht, wenn die Anordnung die Menschenwürde verletzt oder nicht zu dienstlichen Zwe-cken erteilt worden ist.

(2) [1]Eine Anordnung darf nicht befolgt werden, wenn dadurch eine Straftat begangen würde. [2]Befolgt der Vollzugsbeamte die Anordnung trotzdem, so trifft ihn eine Schuld nur, wenn er erkennt oder wenn es nach den ihm bekannten Umständen offensichtlich ist, daß dadurch eine Straftat begangen wird.

(3) Bedenken gegen die Rechtmäßigkeit der Anordnung hat der Vollzugs-beamte dem Anordnenden gegenüber vorzubringen, soweit das nach den Umständen möglich ist.

(4) § 56 Abs. 2 und 3 des Bundesbeamtengesetzes[4] in der Fassung der Be-kanntmachung vom 17. Juli 1971 (Bundesgesetzbl. I S. 1181) ist nicht an-zuwenden.

[1] Nr. **200**.
[2] **Schönfelder Nr. 94.**
[3] § 7 Abs. 2 Sätze 1 und 2 und Abs. 4 geänd. durch G v. 2. 3. 1974 (BGBl. I S. 469).
[4] Nr. **160**.

Zweiter Abschnitt. Besondere Vorschriften für Fesselung und den Gebrauch von Schußwaffen und Explosivmitteln

§ 8 Fesselung von Personen. Wer im Gewahrsam von Vollzugsbeamten ist, darf gefesselt werden, wenn

1. die Gefahr besteht, daß er die Vollzugsbeamten oder Dritte angreift, oder wenn er Widerstand leistet;
2. er zu fliehen versucht oder wenn bei Würdigung aller Tatsachen, besonders der persönlichen Verhältnisse und der Umstände, die einer Flucht entgegenstehen, zu befürchten ist, daß er sich aus dem Gewahrsam befreien wird;
3. Selbstmordgefahr besteht.

§ 9[1]) Zum Gebrauch von Schußwaffen Berechtigte. Bei Anwendung unmittelbaren Zwanges ist der Gebrauch von Schußwaffen nur gestattet

1. den Polizeivollzugsbeamten des Bundes (§ 1 des Bundespolizeibeamtengesetzes[2]) vom 19. Juli 1960 – Bundesgesetzbl. I S. 569);
2. den Beamten des Grenzaufsichtsdienstes und denen des Grenzabfertigungsdienstes, wenn sie Grenzaufsichtsdienst verrichten, des Zollfahndungsdienstes und des Bewachungs- und Begleitungsdienstes;
3. *(aufgehoben)*
4. den Beamten der Wasserstraßen- und Schifffahrtsverwaltung des Bundes mit strom- und schiffahrtspolizeilichen Befugnissen nach näherer Anweisung des Bundesministeriums für Verkehr und digitale Infrastruktur;
5. *(aufgehoben)*
6. den mit Vollzugs- und Sicherungsaufgaben betrauten Beamten der Bundesgerichte und der Behörden der Bundesjustizverwaltung;
7. anderen Personen, die durch die zuständigen Bundesbehörden mit Aufgaben betraut sind, die den unter den Nummern 1 bis 6 aufgeführten Beamten obliegen;
8. den der Dienstgewalt von Bundesbehörden unterstehenden Personen, die mit Aufgaben der Strafverfolgung betraut sind, wenn sie sich in Ausübung dieser Tätigkeit im Vollzugsdienst befinden.

§ 10[3]) Schußwaffengebrauch gegen Personen. (1) Schußwaffen dürfen gegen einzelne Personen nur gebraucht werden,

1. um die unmittelbar bevorstehende Ausführung oder die Fortsetzung einer rechtswidrigen Tat zu verhindern, die sich den Umständen nach

 a) als ein Verbrechen

 oder

[1]) § 9 Nr. 5 aufgeh. durch G v. 23. 7. 1992 (BGBl. I S. 1370); Nr. 3 aufgeh. durch G v. 27. 12. 1993 (BGBl. I S. 2378); Nr. 4 geänd. mWv 7. 11. 2001 durch VO v. 29. 10. 2001 (BGBl. I S. 2785); Nr. 4 geänd. mWv 8. 11. 2006 durch VO v. 31. 10. 2006 (BGBl. I S. 2407); Nr. 4 geänd. mWv 8. 9. 2015 durch VO v. 31. 8. 2015 (BGBl. I S. 1474); Nr. 4 geänd. mWv 1. 6. 2016 durch G v. 24. 5. 2016 (BGBl. I S. 1217).
[2]) Nr. **200**.
[3]) § 10 Abs. 1 Nr. 1 einl. Satzteil, Nr. 2 Buchst. a und Nr. 3 Buchst. a geänd. durch G v. 2. 3. 1974 (BGBl. I S. 469, geänd. durch G v. 20. 12. 1984, BGBl. I S. 1654).

b) als ein Vergehen, das unter Anwendung oder Mitführung von Schußwaffen oder Sprengstoffen begangen werden soll oder ausgeführt wird, darstellt;

2. um eine Person, die sich der Festnahme oder der Feststellung ihrer Person durch die Flucht zu entziehen versucht, anzuhalten, wenn sie

a) bei einer rechtswidrigen Tat auf frischer Tat betroffen wird, die sich den Umständen nach als ein Verbrechen darstellt oder als ein Vergehen, das unter Anwendung oder Mitführung von Schußwaffen oder Sprengstoffen begangen wird,

b) eines Verbrechens dringend verdächtig ist oder

c) eines Vergehens dringend verdächtig ist und Anhaltspunkte befürchten lassen, daß sie von einer Schußwaffe oder einem Sprengstoff Gebrauch machen werde;

3. zur Vereitlung der Flucht oder zur Wiederergreifung einer Person, die sich in amtlichem Gewahrsam befindet oder befand

a) zur Verbüßung einer Freiheitsstrafe wegen einer Straftat mit Ausnahme des Strafarrestes,

b) zum Vollzug der Unterbringung in der Sicherungsverwahrung,

c) wegen des dringenden Verdachts eines Verbrechens,

d) auf Grund richterlichen Haftbefehls oder

e) sonst wegen des dringenden Verdachts eines Vergehens, wenn zu befürchten ist, daß sie von einer Schußwaffe oder einem Sprengstoff Gebrauch machen werde;

4. gegen eine Person, die mit Gewalt einen Gefangenen oder jemanden, dessen Unterbringung in

a) der Sicherungsverwahrung (§ 66 des Strafgesetzbuches[1]),

b) einem psychiatrischen Krankenhaus (§ 63 des Strafgesetzbuches, § 126 a der Strafprozeßordnung[2]) oder

c) einer Entziehungsanstalt (§ 64 des Strafgesetzbuches, § 126 a der Strafprozeßordnung)

angeordnet ist, aus dem amtlichen Gewahrsam zu befreien versucht.

(2) Schußwaffen dürfen gegen eine Menschenmenge nur dann gebraucht werden, wenn von ihr oder aus ihr heraus Gewalttaten begangen werden oder unmittelbar bevorstehen und Zwangsmaßnahmen gegen einzelne nicht zum Ziele führen oder offensichtlich keinen Erfolg versprechen.

(3) Das Recht zum Gebrauch von Schußwaffen auf Grund anderer gesetzlicher Vorschriften bleibt unberührt.

§ 11 Schußwaffengebrauch im Grenzdienst. (1) [1]Die in § 9 Nr. 1, 2, 7 und 8 genannten Vollzugsbeamten können im Grenzdienst Schußwaffen auch gegen Personen gebrauchen, die sich der wiederholten Weisung, zu halten oder die Überprüfung ihrer Person oder der etwa mitgeführten Beförderungsmittel und Gegenstände zu dulden, durch die Flucht zu entziehen versuchen. [2]Ist

[1] **Schönfelder Nr. 85.**
[2] **Schönfelder Nr. 90.**

anzunehmen, daß die mündliche Weisung nicht verstanden wird, so kann sie durch einen Warnschuß ersetzt werden.

(2) Als Grenzdienst gilt auch die Durchführung von Bundes- und Landesaufgaben, die den in Absatz 1 bezeichneten Personen im Zusammenhang mit dem Grenzdienst übertragen sind.

§ 12 Besondere Vorschriften für den Schußwaffengebrauch.

(1) [1] Schußwaffen dürfen nur gebraucht werden, wenn andere Maßnahmen des unmittelbaren Zwanges erfolglos angewendet sind oder offensichtlich keinen Erfolg versprechen. [2] Gegen Personen ist ihr Gebrauch nur zulässig, wenn der Zweck nicht durch Waffenwirkung gegen Sachen erreicht wird.

(2) [1] Der Zweck des Schußwaffengebrauchs darf nur sein, angriffs- oder fluchtunfähig zu machen. [2] Es ist verboten, zu schießen, wenn durch den Schußwaffengebrauch für die Vollzugsbeamten erkennbar Unbeteiligte mit hoher Wahrscheinlichkeit gefährdet werden, außer wenn es sich beim Einschreiten gegen eine Menschenmenge (§ 10 Abs. 2) nicht vermeiden läßt.

(3) Gegen Personen, die sich dem äußeren Eindruck nach im Kindesalter befinden, dürfen Schußwaffen nicht gebraucht werden.

§ 13 Androhung. (1) [1] Die Anwendung von Schußwaffen ist anzudrohen. [2] Als Androhung gilt auch die Abgabe eines Warnschusses. [3] Einer Menschenmenge gegenüber ist die Androhung zu wiederholen.

(2) Der Einsatz von Wasserwerfern und Dienstfahrzeugen gegen eine Menschenmenge ist anzudrohen.

§ 14 Explosivmittel. Die Vorschriften der §§ 9 bis 13 gelten entsprechend für den Gebrauch von Explosivmitteln.

Dritter Abschnitt. Schlußvorschriften

§ 15 Notstandsfall. (1) Unterstellt die Bundesregierung die Polizei eines Landes oder mehrerer Länder nach Artikel 91 Abs. 2 des Grundgesetzes für die Bundesrepublik Deutschland[1]) ihren Weisungen, so gilt dieses Gesetz auch für die unterstellten Polizeikräfte.

(2) *(gegenstandslos)*

§ 16 Beamtenrechtliche Rahmenvorschrift. Für die Vollzugsbeamten der Länder kann durch Landesgesetz eine dem Grundsatz des § 7 dieses Gesetzes entsprechende Regelung getroffen werden.

§ 17 Vollzugsbeamte im Land Berlin. *(gegenstandslos)*

[1]) Nr. 1.

§ 18[1] **Verwaltungsvorschriften.** Die allgemeinen Verwaltungsvorschriften zu diesem Gesetz erläßt das Bundesministerium des Innern, für Bau und Heimat für seinen Geschäftsbereich; die anderen Bundesministerien erlassen sie für ihre Geschäftsbereiche im Einvernehmen mit dem Bundesministerium des Innern, für Bau und Heimat.

§ 19 Berlin-Klausel. *(gegenstandslos)*

§ 20 Inkrafttreten. (1) Dieses Gesetz tritt am 1. April 1961 in Kraft.

(2) Gleichzeitig tritt das Gesetz über den Waffengebrauch des Grenzaufsichtspersonals der Reichsfinanzverwaltung vom 2. Juli 1921 (Reichsgesetzbl. S. 935) außer Kraft.

[1] § 18 geänd. mWv 7.11.2001 durch VO v. 29.10.2001 (BGBl. I S. 2785); geänd. mWv 27.6.2020 durch VO v. 19.6.2020 (BGBl. I S. 1328).

§ 18 Verwaltungsvorschriften. Die allgemeinen Verwaltungsvorschriften zu diesem Gesetz erläßt das Bundesministerium des Innern, für Bau und Heimat im Einvernehmen mit dem Bundesministerium der...

§ 19 Berlin-Klausel. (gegenstandslos)

§ 20 Inkrafttreten. (1) Dieses Gesetz tritt am 1. April 1961 in Kraft.

(2) Gleichzeitig tritt das Gesetz über den Wiederaufbau ... der Grenzaufsichtspersonal ... für Rechtsunwirksamkeit von ... Juli 1951 (Reichssteuerblatt S. 935) außer Kraft.

117. Gesetz
über die Anwendung unmittelbaren Zwanges und die Ausübung besonderer Befugnisse durch Soldaten der Bundeswehr und verbündeter Streitkräfte sowie zivile Wachpersonen (UZwGBw)[1)]

Vom 12. August 1965

(BGBl. I S. 796), geänd. durch Art. 159 EGStGB v. 2. 3. 1974 (BGBl. I S. 469), Art. 2 G zu dem Vertragswerk über die deutsch-niederländische militärische Zusammenarbeit v. 11. 9. 1998 (BGBl. II S. 2405) und Art. 12 G zur Neuregelung der Telekommunikationsüberwachung und anderer verdeckter Ermittlungsmaßnahmen sowie der Umsetzung der Richtlinie 2006/24/EG v. 21. 12. 2007 (BGBl. I S. 3198)

FNA 55-6

Der Bundestag hat mit Zustimmung des Bundesrates das folgende Gesetz beschlossen:

1. Abschnitt. Allgemeine Vorschriften

§ 1[1)] Berechtigte Personen. (1) Soldaten der Bundeswehr, denen militärische Wach- oder Sicherheitsaufgaben übertragen sind, sind befugt, in rechtmäßiger Erfüllung dieser Aufgaben nach den Vorschriften dieses Gesetzes Personen anzuhalten, zu überprüfen, vorläufig festzunehmen und zu durchsuchen, Sachen sicherzustellen und zu beschlagnahmen und unmittelbaren Zwang gegen Personen und Sachen anzuwenden.

(2) Soldaten verbündeter Streitkräfte, die im Einzelfall mit der Wahrnehmung militärischer Wach- oder Sicherheitsaufgaben betraut werden können, unterstehen vom Bundesminister der Verteidigung bestimmten und diesem für die Wahrnehmung des Wach- oder Sicherheitsdienstes verantwortlichen Vorgesetzten; sie können dann die Befugnisse nach diesem Gesetz ausüben.

(3) ¹Wer, ohne Soldat zu sein, mit militärischen Wachaufgaben der Bundeswehr beauftragt ist (zivile Wachperson), hat in rechtmäßiger Erfüllung dieser Aufgaben die Befugnisse nach diesem Gesetz, soweit sie ihm durch das Bundesministerium der Verteidigung oder eine von diesem bestimmte Stelle übertragen werden. ²Zivile Wachpersonen, denen Befugnisse nach diesem Gesetz übertragen werden, müssen daraufhin überprüft werden, ob sie persönlich zuverlässig, körperlich geeignet und im Wachdienst ausreichend vorgebildet sind sowie gute Kenntnisse der Befugnisse nach diesem Gesetz besitzen. ³Sie sollen das 20. Lebensjahr vollendet und das 65. Lebensjahr nicht überschritten haben.

§ 2[1)] Militärische Bereiche und Sicherheitsbereiche. (1) Militärische Bereiche im Sinne dieses Gesetzes sind Anlagen, Einrichtungen

[1)] Gesetzesüberschrift neugef., § 1 Abs. 2 eingef., bish. Abs. 2 wird Abs. 3 u. geänd. u. § 2 Abs. 2 Satz 1 geänd. durch G v. 11. 9. 1998 (BGBl. II S. 2405).

und Schiffe der Bundeswehr und der verbündeten Streitkräfte in der Bundesrepublik.

(2) ¹Militärische Sicherheitsbereiche im Sinne dieses Gesetzes sind militärische Bereiche (Absatz 1), deren Betreten durch die zuständigen Dienststellen verboten worden ist, und sonstige Örtlichkeiten, die das Bundesministerium der Verteidigung oder eine von ihm bestimmte Stelle vorübergehend gesperrt hat. ²Sonstige Örtlichkeiten dürfen vorübergehend gesperrt werden, wenn dies aus Gründen der militärischen Sicherheit zur Erfüllung dienstlicher Aufgaben der Bundeswehr unerläßlich ist; die nächst erreichbare Polizeidienststelle ist hiervon unverzüglich zu unterrichten. ³Militärische Sicherheitsbereiche müssen entsprechend gekennzeichnet werden.

(3) Die zuständigen Dienststellen der Bundeswehr können zur Wahrung der Sicherheit oder Ordnung in militärischen Sicherheitsbereichen für das Verhalten von Personen allgemeine Anordnungen erlassen und die nach diesem Gesetz befugten Personen ermächtigen, Einzelweisungen zu erteilen.

§ 3¹⁾ Straftaten gegen die Bundeswehr. (1) Straftaten gegen die Bundeswehr im Sinne dieses Gesetzes sind Straftaten gegen

1. Angehörige der Bundeswehr, zivile Wachpersonen oder Angehörige der verbündeten Streitkräfte
 a) während der rechtmäßigen Ausübung ihres Dienstes, wenn die Handlungen die Ausübung des Dienstes stören oder tätliche Angriffe sind,
 b) während ihres Aufenthalts in militärischen Bereichen oder Sicherheitsbereichen (§ 2), wenn die Handlungen tätliche Angriffe sind,
2. militärische Bereiche oder Gegenstände der Bundeswehr oder der verbündeten Streitkräfte in der Bundesrepublik,
3. die militärische Geheimhaltung in der Bundeswehr oder in den verbündeten Streitkräften.

(2) Angehörige der verbündeten Streitkräfte im Sinne des Absatzes 1 sind Soldaten sowie Beamte und mit militärischen Aufgaben, insbesondere mit Wach- oder Sicherheitsaufgaben beauftragte sonstige Zivilbedienstete der verbündeten Streitkräfte in der Bundesrepublik.

2. Abschnitt. Anhalten, Personenüberprüfung, vorläufige Festnahme, Durchsuchung, Beschlagnahme und Voraussetzungen des unmittelbaren Zwanges

§ 4 Anhalten und Personenüberprüfung. (1) Zur Feststellung seiner Person und seiner Berechtigung zum Aufenthalt in einem militärischen Sicherheitsbereich (§ 2 Abs. 2) kann angehalten und überprüft werden, wer

1. sich in einem solchen Bereich aufhält,
2. einen solchen Bereich betreten oder verlassen will.

¹⁾ § 3 Abs. 1 Einleitungssatz geänd. durch G v. 2. 3. 1974 (BGBl. I S. 469).

(2) Angehalten und überprüft werden kann auch, wer unmittelbar nach dem Verlassen des militärischen Sicherheitsbereichs oder dem Versuch, ihn zu betreten, verfolgt wird, wenn den Umständen nach anzunehmen ist, daß er nicht berechtigt ist, sich in diesem Bereich aufzuhalten.

§ 5 Weitere Personenüberprüfung. (1) Wer nach § 4 der Personenüberprüfung unterliegt, kann zum Wachvorgesetzten oder zur nächsten Dienststelle der Bundeswehr gebracht werden, wenn

1. seine Person oder Aufenthaltsberechtigung nicht sofort festgestellt werden kann oder
2. er einer Straftat gegen die Bundeswehr dringend verdächtig ist und Gefahr im Verzuge ist.

(2) ¹Wer nach Absatz 1 zum Wachvorgesetzten oder zu einer Dienststelle der Bundeswehr gebracht worden ist, ist sofort zu überprüfen. ²Er darf nur weiter festgehalten werden, wenn die Voraussetzungen der vorläufigen Festnahme vorliegen und die Festnahme erklärt wird; andernfalls ist er sofort freizulassen.

§ 6 Vorläufige Festnahme. (1) Wer nach § 5 zum Wachvorgesetzten oder zu einer Dienststelle der Bundeswehr gebracht worden ist und einer Straftat gegen die Bundeswehr dringend verdächtig ist, kann bei Gefahr im Verzug vom Wachvorgesetzten oder vom Leiter der Dienststelle oder dessen Beauftragten vorläufig festgenommen werden, wenn die Voraussetzungen eines Haftbefehls oder eines Unterbringungsbefehls nach der Strafprozeßordnung vorliegen.

(2) ¹Der Festgenommene ist, sofern er nicht wieder in Freiheit gesetzt wird, unverzüglich der Polizei zu überstellen. ²Er kann unmittelbar dem Amtsrichter des Bezirks, in dem er festgenommen worden ist, vorgeführt werden, wenn die Frist nach § 128 Abs. 1 Strafprozeßordnung[1] abzulaufen droht oder wenn dies aus Gründen besonderer militärischer Geheimhaltung geboten ist.

§ 7[2] Durchsuchung und Beschlagnahme bei Personenüberprüfung. (1) ¹Wer nach § 4 der Personenüberprüfung unterliegt, kann bei Gefahr im Verzug durchsucht werden, wenn gegen ihn der Verdacht einer Straftat gegen die Bundeswehr besteht und zu vermuten ist, daß die Durchsuchung zur Auffindung von Beweismitteln führen werde. ²Die von einer solchen Person mitgeführten Gegenstände können gleichfalls durchsucht werden.

(2) ¹Im Gewahrsam einer durchsuchten Person stehende Gegenstände können sichergestellt oder vorläufig beschlagnahmt werden, wenn sie durch eine vorsätzliche Straftat gegen die Bundeswehr hervorgebracht oder zur Begehung einer solchen Straftat geeignet sind oder als Beweismittel für die Untersuchung von Bedeutung sein können. ²Die Vorschriften der §§ 96, 97 und 110 Abs. 1 und 2 der Strafprozeßordnung[1] sind anzuwenden.

1) **Schönfelder Nr. 90.**
2) § 7 Abs. 2 Satz 1 geänd. durch G v. 2. 3. 1974 (BGBl. I S. 469), Abs. 2 Satz 2 geänd. durch G v. 21. 12. 2007 (BGBl. I S. 3198).

(3) [1]Sichergestellte oder beschlagnahmte Gegenstände sind unverzüglich, spätestens binnen drei Tagen, der Polizei oder der Staatsanwaltschaft zu übergeben. [2]Die Pflicht zur Weitergabe dieser Gegenstände entfällt, wenn sie der überprüften Person vor Ablauf der Frist zurückgegeben oder zur Verfügung gestellt werden. Gleiches gilt, wenn über diese Gegenstände der Bund oder die verbündeten Streitkräfte in der Bundesrepublik zu verfügen haben. [3]In diesem Fall ist der Polizei oder der Staatsanwaltschaft ein Verzeichnis dieser Gegenstände zu übersenden.

§ 8[1] **Allgemeine Anordnung von Durchsuchungen.** (1) Wenn es aus Gründen militärischer Sicherheit unerläßlich ist, kann das Bundesministerium der Verteidigung oder die von ihm bestimmte Stelle allgemein anordnen, daß bestimmte Personen, die bestimmte militärische Sicherheitsbereiche (§ 2 Abs. 2) betreten oder verlassen, und die von ihnen mitgeführten Gegenstände durchsucht werden.

(2) Eine Anordnung nach Absatz 1 darf nur zur Feststellung von Gegenständen getroffen werden, die durch ein vorsätzliches Verbrechen oder Vergehen gegen die Bundeswehr hervorgebracht oder zur Begehung einer solchen Straftat geeignet sind oder als Beweismittel für die Untersuchung von Bedeutung sein können.

(3) § 7 Abs. 2 und 3 gilt entsprechend.

§ 9 Voraussetzungen des unmittelbaren Zwanges. Unmittelbarer Zwang darf nach Maßgabe der Vorschriften des 3. Abschnittes nur angewandt werden, wenn dies den Umständen nach erforderlich ist und geschieht,

1. um die unmittelbar bevorstehende Ausführung oder die Fortsetzung einer Straftat gegen die Bundeswehr zu verhindern,

2. um sonstige rechtswidrige Störungen der dienstlichen Tätigkeit der Bundeswehr zu beseitigen, wenn sie die Einsatzbereitschaft, Schlagkraft oder Sicherheit der Truppe gefährden,

3. um eine nach diesem Gesetz zulässige Maßnahme oder eine vorläufige Festnahme nach § 127 Abs. 1 der Strafprozeßordnung wegen einer Straftat gegen die Bundeswehr zu erzwingen.

3. Abschnitt. Anwendung des unmittelbaren Zwanges

§ 10 Einzelmaßnahmen des unmittelbaren Zwanges. (1) Unmittelbarer Zwang ist die Einwirkung auf Personen oder Sachen durch körperliche Gewalt, ihre Hilfsmittel und durch Waffen.

(2) Körperliche Gewalt ist jede unmittelbare körperliche Einwirkung auf Personen oder Sachen.

(3) Hilfsmittel der körperlichen Gewalt sind insbesondere Fesseln, technische Sperren und Dienstfahrzeuge.

(4) Waffen sind die dienstlich zugelassenen Hieb- und Schußwaffen, Reizstoffe und Explosivmittel.

[1] § 8 Abs. 1 geänd. durch G v. 11. 9. 1998 (BGBl. II S. 2405).

§ 11 Androhung der Maßnahmen des unmittelbaren Zwanges. Die Anwendung einer Maßnahme des unmittelbaren Zwanges ist anzudrohen, außer wenn es die Lage nicht zuläßt.

§ 12 Grundsatz der Verhältnismäßigkeit. (1) Bei der Anwendung unmittelbaren Zwanges ist von mehreren möglichen und geeigneten Maßnahmen diejenige zu treffen, die den einzelnen und die Allgemeinheit am wenigsten beeinträchtigt.

(2) ¹ Eine Maßnahme des unmittelbaren Zwanges darf nicht durchgeführt werden, wenn der durch sie zu erwartende Schaden erkennbar außer Verhältnis zu dem beabsichtigten Erfolg steht. ² Die Maßnahme darf nur so lange und so weit durchgeführt werden, wie ihr Zweck es erfordert.

§ 13 Hilfeleistung für Verletzte. Wird unmittelbarer Zwang angewandt, ist Verletzten, soweit es nötig ist und die Lage es zuläßt, beizustehen und ärztliche Hilfe zu verschaffen.

§ 14 Fesselung von Personen. Wer der weiteren Überprüfung nach § 5 Abs. 1 unterliegt oder vorläufig festgenommen worden ist, darf gefesselt werden, wenn

1. die Gefahr besteht, daß er Personen angreift, oder wenn er Widerstand leistet,

2. er zu fliehen versucht, oder wenn bei Würdigung aller Tatsachen, besonders der persönlichen Verhältnisse, die einer Flucht entgegenstehen, zu befürchten ist, daß er sich aus dem Gewahrsam befreien wird,

3. Selbstmordgefahr besteht.

§ 15 Schußwaffengebrauch gegen Personen. (1) Schußwaffen dürfen gegen einzelne Personen nur gebraucht werden, wenn dies den Umständen nach erforderlich ist und geschieht,

1. um die unmittelbar bevorstehende Ausführung oder die Fortsetzung einer Straftat gegen die Bundeswehr zu verhindern, die sich darstellt als

 a) Verbrechen,

 b) Vergehen, das unter Anwendung oder Mitführung von Schußwaffen oder Explosivmitteln begangen werden soll oder ausgeführt wird,

 c) tätlicher Angriff gegen Leib oder Leben von Angehörigen der *Bundeswehr*, zivilen Wachpersonen oder Angehörigen der verbündeten Streitkräfte während der rechtmäßigen Ausübung ihres Dienstes oder ihres Aufenthalts in militärischen Bereichen oder Sicherheitsbereichen (§ 2),

 d) vorsätzliche unbefugte Zerstörung, Beschädigung, Veränderung, Unbrauchbarmachung oder Beseitigung eines Wehrmittels oder einer Anlage, einer Einrichtung oder eines Schiffes der Bundeswehr oder der verbündeten Streitkräfte, wenn dadurch die Si-

cherheit der Bundesrepublik Deutschland oder eines Entsende-
staates einer verbündeten Streitkraft oder die Schlagkraft der
deutschen oder der verbündeten Truppe oder Menschenleben
gefährdet werden;

2. um eine Person anzuhalten, die sich der Personenüberprüfung nach
diesem Gesetz trotz wiederholter Weisung, zu halten oder diese
Überprüfung zu dulden, durch Flucht zu entziehen sucht;

3. um eine Person anzuhalten, die sich der vorläufigen Festnahme
durch Flucht zu entziehen sucht, wenn sie bei einer Straftat im Sinne
der Nummer 1 auf frischer Tat getroffen oder verfolgt wird;

4. um eine Person an der Flucht zu hindern oder sofort wiederzuer-
greifen, die sich zur Personenüberprüfung nach § 5 oder wegen
dringenden Verdachts einer Straftat im Sinne der Nummer 1 im
Gewahrsam der Bundeswehr befindet oder befand.

(2) Schußwaffen dürfen gegen eine Menschenmenge nur gebraucht
werden, wenn von ihr oder aus ihr heraus Straftaten gegen die Bundes-
wehr unter Gewaltanwendung begangen werden oder solche Straftaten
unmittelbar bevorstehen und Zwangsmaßnahmen gegen einzelne nicht
zum Ziele führen oder offensichtlich keinen Erfolg versprechen.

§ 16 Besondere Vorschriften für den Schußwaffengebrauch.

(1) [1] Schußwaffen dürfen nur gebraucht werden, wenn andere Maß-
nahmen des unmittelbaren Zwanges erfolglos angewandt sind oder
offensichtlich keinen Erfolg versprechen. [2] Gegen Personen ist ihr
Gebrauch nur zulässig, wenn der Zweck nicht durch Waffenwirkung
gegen Sachen erreicht wird oder offensichtlich keinen Erfolg ver-
spricht.

(2) [1] Zweck des Schußwaffengebrauchs darf nur sein, angriffs- oder
fluchtunfähig zu machen. [2] Es ist verboten, zu schießen, wenn durch
den Schußwaffengebrauch für den Handelnden erkennbar Unbeteiligte
mit hoher Wahrscheinlichkeit gefährdet werden, außer wenn es sich
beim Einschreiten gegen eine Menschenmenge (§ 15 Abs. 2) nicht
vermeiden läßt.

(3) Gegen Personen, die sich dem äußeren Eindruck nach im Kin-
desalter befinden, dürfen Schußwaffen nicht gebraucht werden.

§ 17 Androhung des Schußwaffengebrauchs.

(1) [1] Der Gebrauch
von Schußwaffen ist anzudrohen. [2] Als Androhung gilt auch die Abgabe
eines Warnschusses. [3] Einer Menschenmenge gegenüber ist die Andro-
hung zu wiederholen.

(2) Schußwaffen dürfen ohne Androhung nur in den Fällen des § 15
Abs. 1 Nr. 1 Buchstabe a bis c und nur dann gebraucht werden, wenn
der sofortige Gebrauch ohne Androhung das einzige Mittel ist, um eine
Gefahr für Leib oder Leben eines Menschen oder die Gefahr eines be-
sonders schweren Nachteils für Anlagen, Einrichtungen, Schiffe oder
Wehrmittel der Bundeswehr oder der verbündeten Streitkräfte von be-
deutendem Wert oder für die Sicherheit der Bundesrepublik Deutsch-
land abzuwenden.

§ 18 Explosivmittel. Die Vorschriften der §§ 15 bis 17 gelten entsprechend für den Gebrauch von Explosivmitteln.

4. Abschnitt. Schlußvorschriften

§ 19 Einschränkung von Grundrechten. Die in Artikel 2 Abs. 2 Satz 1 und 2 des Grundgesetzes für die Bundesrepublik Deutschland geschützten Grundrechte auf Leben, körperliche Unversehrtheit und Freiheit der Person werden nach Maßgabe dieses Gesetzes eingeschränkt.

§ 20[1] Entschädigung bei Sperrung sonstiger Örtlichkeiten. (1) Wird durch die vorübergehende Sperrung einer sonstigen Örtlichkeit nach § 2 Abs. 2 Satz 2 die gewöhnliche Nutzung des betroffenen Grundstücks derart beeinträchtigt, daß dadurch eine Ertragsminderung oder ein sonstiger Nutzungsausfall verursacht wird, so ist eine Entschädigung in Geld zu gewähren, die diesen Nachteil angemessen ausgleicht.

(2) Für die Entschädigung nach Absatz 1 gelten die Vorschriften des § 23 Abs. 4, des § 29, des § 32 Abs. 2 und der §§ 34, 49, 58, 61, 62, 64 und 65 des Bundesleistungsgesetzes in der im Bundesgesetzblatt Teil III, Gliederungsnummer 54-1, veröffentlichten bereinigten Fassung, zuletzt geändert durch Artikel 12 Abs. 33 des Postneuordnungsgesetzes vom 14. September 1994 (BGBl. I S. 2325), entsprechend mit der Maßgabe, daß an die Stelle der Anforderungsbehörde die Wehrbereichsverwaltung tritt, in deren Wehrbereich das Grundstück belegen ist. § 58 Abs. 2 gilt mit der Maßgabe, daß das Landgericht, in dessen Bezirk das Grundstück belegen ist, örtlich ausschließlich zuständig ist.

§ 21 Inkrafttreten. Dieses Gesetz tritt drei Monate nach seiner Verkündung[2] in Kraft.

[1] § 20 Abs. 2 Satz 1 Verweisung geänd. durch G v. 11. 9. 1998 (BGBl. II S. 2405).
[2] Das Gesetz wurde am 17. 8. 1965 verkündet.

§ 18 Explosivmittel. Das Verschießen der §§ 16 bis 17 geeignet ist Gebrauch von Explosivmittel.

4. Abschnitt. Schlußvorschriften

§ 19 Einschränkung von Grundrechten. Durch Artikel 3 Abs. ... und 2 des Gesetzes werden für die Bundesrepublik Deutschland ...

§ 20 Anwendung bei Sperrung sonstiger Ordnungskräften. ...

§ 21 Inkrafttreten. Dieses Gesetz tritt ... Monate nach ... Verkündung in Kraft.

120. Gesetz über Gebühren und Auslagen des Bundes (Bundesgebührengesetz – BGebG)[1]

Vom 7. August 2013

(BGBl. I S. 3154)

FNA 202-5

geänd. durch Art. 3 G zur Einführung einer Infrastrukturabgabe für die Benutzung von Bundesfernstraßen v. 8. 6. 2015 (BGBl. I S. 904), Art. 3 AbschlussprüferaufsichtsreformG v. 31. 3. 2016 (BGBl. I S. 518), Art. 1 G zur Aktualisierung der Strukturreform des Gebührenrechts des Bundes v. 18. 7. 2016 (BGBl. I S. 1666) und Art. 1 G zur Einbeziehung der Bundespolizei in den Anwendungsbereich des BundesgebührenG v. 10. 3. 2017 (BGBl. I S. 417)

Inhaltsübersicht

§ 1 Gebührenerhebung. Der Gebührengläubiger erhebt für individuell zurechenbare öffentliche Leistungen vom Gebührenschuldner Gebühren und Auslagen nach Maßgabe dieses Gesetzes und der Gebührenverordnungen nach § 22 Absatz 3 und 4.

§ 2[2] Anwendungsbereich. (1) Dieses Gesetz gilt für die Gebühren und Auslagen öffentlich-rechtlicher Verwaltungstätigkeit der Behörden des Bundes und der bundesunmittelbaren Körperschaften, Anstalten und Stiftungen

[1] Verkündet als Art. 1 G v. 7. 8. 2013 (BGBl. I S. 3154); Inkrafttreten gem. Art. 5 Abs. 1 Satz 1 dieses G am 15. 8. 2013; gem. § 24 BGebG tritt § 23 Abs. 2–8 am 1. 10. 2021 außer Kraft.

[2] § 2 Abs. 2 Satz 2 Nr. 8 geänd. mWv 12. 6. 2015 durch G v. 8. 6. 2015 (BGBl. I S. 904); Abs. 2 Satz 2 Nr. 7 geänd. mWv 17. 6. 2016 durch G v. 31. 3. 2016 (BGBl. I S. 518); Abs. 2 Satz 2 Nr. 4 aufgeh., Nr. 5–8 werden Nr. 4–7 mWv 16. 3. 2017 durch G v. 10. 3. 2017 (BGBl. I S. 417).

des öffentlichen Rechts, soweit dieses Gesetz oder die Gebührenverordnungen nach § 22 Absatz 3 und 4 für individuell zurechenbare öffentliche Leistungen die Erhebung von Gebühren oder die Erstattung von Auslagen vorsehen.

(2) [1] Dieses Gesetz gilt auch für die Erhebung von Gebühren und Auslagen durch die in Absatz 1 genannten Behörden nach anderen Rechtsvorschriften des Bundes, soweit dort nichts anderes bestimmt ist. [2] Es gilt jedoch nicht für individuell zurechenbare öffentliche Leistungen

1. in Verfahren nach der Abgabenordnung,

2. in Verfahren nach dem Sozialgesetzbuch und der Postbeamtenkrankenkasse,

3. der Bundesbehörden der Justiz- und Gerichtsverwaltung sowie des Deutschen Patent- und Markenamts, des Bundeskartellamtes und der Bundesnetzagentur, soweit sie als Regulierungsbehörde im Sinne des Energiewirtschaftsgesetzes[1] auftritt,

4. der Stiftung Preußischer Kulturbesitz, der Akademie der Künste, der Deutschen Nationalbibliothek, der Stiftung zur Aufarbeitung der SED-Diktatur, der Stiftung Jüdisches Museum Berlin, der Stiftung Reichspräsident-Friedrich-Ebert-Gedenkstätte, der Stiftung Bundespräsident-Theodor-Heuss-Haus, der Stiftung Bundeskanzler-Adenauer-Haus und der Museumsstiftung Post und Telekommunikation,

5. des Deutschen Weinfonds und in Verfahren nach der Verordnung über den Klärschlamm-Entschädigungsfonds,

6. nach der Bundesrechtsanwaltsordnung[2], der Patentanwaltsordnung, der Bundesnotarordnung[3], der Wirtschaftsprüferordnung, dem Gesetz zur Einrichtung einer Abschlussprüferaufsichtsstelle beim Bundesamt für Wirtschaft und Ausfuhrkontrolle und dem Steuerberatungsgesetz sowie

7. nach dem Bundesfernstraßengesetz[4], dem Fernstraßenbauprivatfinanzierungsgesetz[5], dem Bundesfernstraßenmautgesetz[6], dem Mautsystemgesetz[7] und dem Infrastrukturabgabengesetz[8].

(3) Dieses Gesetz findet keine Anwendung, soweit das Recht der Europäischen Union die Erhebung von Gebühren oder Auslagen für bestimmte Leistungen ausschließt.

§ 3 Begriffsbestimmungen. (1) Individuell zurechenbare öffentliche Leistungen sind

1. in Ausübung hoheitlicher Befugnisse erbrachte Handlungen,

2. die Ermöglichung der Inanspruchnahme von vom Bund oder von bundesunmittelbaren Körperschaften, Anstalten und Stiftungen unterhaltenen

[1] Nr. 830.
[2] **Schönfelder ErgBd. Nr. 98.**
[3] **Schönfelder ErgBd. Nr. 98 a.**
[4] Nr. 932.
[5] **Sartorius III Nr. 148.**
[6] **Sartorius III Nr. 270.**
[7] **Sartorius III Nr. 271.**
[8] **Sartorius III Nr. 272.**

Einrichtungen und Anlagen sowie von Bundeswasserstraßen, soweit die Ermöglichung der Inanspruchnahme öffentlich-rechtlich geregelt ist,

3. Überwachungsmaßnahmen, Prüfungen und Untersuchungen sowie

4. sonstige Handlungen, die im Rahmen einer öffentlich-rechtlichen Verwaltungstätigkeit erbracht werden,

soweit ihnen Außenwirkung zukommt.

(2) Individuell zurechenbar ist eine Leistung,

1. die beantragt oder sonst willentlich in Anspruch genommen wird,

2. die zugunsten des von der Leistung Betroffenen erbracht wird,

3. die durch den von der Leistung Betroffenen veranlasst wurde oder

4. bei der ein Anknüpfungspunkt im Pflichtenkreis des von der Leistung Betroffenen rechtlich begründet ist; für Stichprobenkontrollen gilt dies nur,

(Fortsetzung nächstes Blatt)

soweit diese nach anderen Gesetzen des Bundes oder Rechtsakten der Europäischen Union besonders angeordnet sind und von dem Gegenstand der Kontrolle eine erhebliche Gefahr ausgeht.

(3) [1] Kosten im Sinne dieses Gesetzes sind solche, die nach betriebswirtschaftlichen Grundsätzen als Einzel- und Gemeinkosten ansatzfähig sind, insbesondere Personal- und Sachkosten sowie kalkulatorische Kosten. [2] Zu den Gemeinkosten zählen auch die Kosten der Rechts- und Fachaufsicht.

(4) Gebühren sind öffentlich-rechtliche Geldleistungen, die der Gebührengläubiger vom Gebührenschuldner für individuell zurechenbare öffentliche Leistungen erhebt.

(5) Auslagen sind nicht von der Gebühr umfasste Kosten, die die Behörde für individuell zurechenbare öffentliche Leistungen im Einzelfall nach § 12 Absatz 1 oder 2 erhebt.

(6) Behörde im Sinne dieses Gesetzes ist jede Stelle, die Aufgaben der öffentlichen Verwaltung wahrnimmt.

§ 4 Entstehung der Gebührenschuld. (1) [1] Die Gebührenschuld entsteht mit Beendigung der individuell zurechenbaren öffentlichen Leistung. [2] Bedarf diese Leistung einer Zustellung, Eröffnung oder sonstigen Bekanntgabe, so gilt dies als deren Beendigung.

(2) Abweichend von Absatz 1 entsteht die Gebührenschuld,
1. wenn ein Antrag oder ein Widerspruch zurückgenommen wird oder sich auf sonstige Weise erledigt, mit der Zurücknahme oder der sonstigen Erledigung und
2. wenn eine individuell zurechenbare öffentliche Leistung aus Gründen, die der Betroffene zu vertreten hat, nicht zum festgesetzten Termin erbracht werden kann oder abgebrochen werden muss, im Zeitpunkt des für die Erbringung der Leistung festgesetzten Termins oder des Abbruchs der Leistung.

§ 5 Gebührengläubiger. Gebührengläubiger ist
1. der Rechtsträger der Behörde, die die individuell zurechenbare öffentliche Leistung erbringt, oder
2. der Beliehene, wenn die individuell zurechenbare öffentliche Leistung von diesem erbracht wird.

§ 6 Gebührenschuldner. (1) Zur Zahlung von Gebühren ist derjenige verpflichtet,
1. dem die öffentliche Leistung individuell zurechenbar ist,
2. der die Gebührenschuld eines anderen durch eine gegenüber der Behörde abgegebene oder ihr mitgeteilte Erklärung übernommen hat oder
3. der für die Gebührenschuld eines anderen kraft Gesetzes haftet.

(2) Mehrere Gebührenschuldner haften als Gesamtschuldner.

§ 7 Sachliche Gebührenfreiheit. Gebühren werden nicht erhoben
1. für mündliche, einfache schriftliche oder elektronische Auskünfte,
2. für einfache Auskünfte aus Registern und Dateien,
3. für einfache elektronische Kopien,
4. in Gnadensachen,

5. bei Dienstaufsichtsbeschwerden,

6. für Maßnahmen der Rechts- und Fachaufsicht gegenüber bundesunmittelbaren Körperschaften, Anstalten und Stiftungen des öffentlichen Rechts,

7. im Rahmen eines bestehenden oder früheren Dienst- oder Amtsverhältnisses,

8. im Rahmen einer bestehenden oder früheren gesetzlichen Dienstpflicht oder einer Tätigkeit, die anstelle der gesetzlichen Dienstpflicht geleistet werden kann,

9. für Entscheidungen im Rahmen der Bewilligung von Geldleistungen sowie für in diesem Zusammenhang erforderliche Abwicklungsmaßnahmen und Durchführungskontrollen,

10. für Entscheidungen über Stundung, Erlass oder Erstattung von Gebühren,

11. für Sachen im Gemeingebrauch, soweit in Gesetzen des Bundes nichts anderes bestimmt ist.

§ 8 Persönliche Gebührenfreiheit. (1) Die Bundesrepublik Deutschland und die bundesunmittelbaren Körperschaften, Anstalten und Stiftungen des öffentlichen Rechts, deren Ausgaben auf Grund gesetzlicher Verpflichtung ganz oder teilweise aus dem Haushalt des Bundes getragen werden, sind von der Zahlung der Gebühren für individuell zurechenbare öffentliche Leistungen befreit.

(2) ¹ Die Länder und die landesunmittelbaren Körperschaften, Anstalten und Stiftungen des öffentlichen Rechts, deren Ausgaben auf Grund gesetzlicher Verpflichtung ganz oder teilweise aus dem Haushalt des Landes getragen werden, sowie die Gemeinden und Gemeindeverbände sind gebührenbefreit, soweit der Empfänger der individuell zurechenbaren öffentlichen Leistung dem Bund ebenfalls Gebührenfreiheit einräumt. ² Nicht befreit sind wirtschaftliche Unternehmen der Länder sowie der Gemeinden und Gemeindeverbände. ³ Der Empfänger der individuell zurechenbaren öffentlichen Leistung hat entsprechende Angaben von Amts wegen zu machen. ⁴ Die Erhebung von Gebühren für die Inanspruchnahme öffentlicher Einrichtungen durch die Behörden des Bundes bleibt durch die Sätze 1 bis 3 unberührt.

(3) ¹ Die Gebührenfreiheit tritt nicht ein, soweit die in Absatz 1 oder 2 Genannten gegenüber der Behörde erklären, dass sie berechtigt sind, die Gebühren Dritten aufzuerlegen oder sonst auf Dritte umzulegen. ² Die in Absatz 1 oder 2 Genannten haben entsprechende Angaben von Amts wegen zu machen.

(4) Abweichend von Absatz 1 oder 2 bleibt die Gebührenpflicht bestehen, wenn die individuell zurechenbare öffentliche Leistung durch folgende Behörden erbracht wird:

1. Bundesanstalt für Geowissenschaften und Rohstoffe,

2. Physikalisch-Technische Bundesanstalt,

3. Bundesanstalt für Materialforschung und -prüfung,

4. Bundessortenamt,

5. Bundesamt für Seeschifffahrt und Hydrographie,

6. Berufsgenossenschaft für Transport und Verkehrswirtschaft,

7. Bundesamt für Strahlenschutz,

8. Akkreditierungsstelle,

9. die in § 31b Absatz 1 des Luftverkehrsgesetzes[1] genannte Flugsicherungs-
organisation sowie das Bundesaufsichtsamt für Flugsicherung im Aufgaben-
bereich der Flugsicherung,

10. Paul-Ehrlich-Institut, mit Ausnahme von individuell zurechenbaren öffent-
lichen Leistungen, die für die Länder, Gemeinden oder Gemeindeverbände
erbracht werden,

11. Bundesinstitut für Arzneimittel und Medizinprodukte, mit Ausnahme von
individuell zurechenbaren öffentlichen Leistungen, die für die Länder,
Gemeinden oder Gemeindeverbände erbracht werden,

12. Bundesarchiv für die Nutzung von Archivgut im Sinne der Bundesarchiv-
Benutzungsverordnung[2].

§ 9 Grundlagen der Gebührenbemessung. (1) [1]Die Gebühr soll die mit
der individuell zurechenbaren öffentlichen Leistung verbundenen Kosten aller
an der Leistung Beteiligten decken, soweit die Kosten nicht als Auslagen nach
§ 12 Absatz 1 oder 2 abzurechnen sind. [2]In die Gebühr sind die mit der
Leistung regelmäßig verbundenen Auslagen einzubeziehen. [3]Zur Ermittlung
der Gebühr nach Satz 1 sind die Kosten im Sinne des § 3 Absatz 3 zu Grunde
zu legen.

(2) Kommt der individuell zurechenbaren öffentlichen Leistung ein in Geld
berechenbarer wirtschaftlicher Wert oder ein in Geld berechenbarer wirtschaft-
licher Nutzen für den von der Leistung Betroffenen zu, kann dieser Wert oder
Nutzen zusätzlich zu den Kosten angemessen berücksichtigt werden.

(3) Die nach Absatz 1 oder 2 bestimmte Gebührenhöhe darf zu der indivi-
duell zurechenbaren öffentlichen Leistung nicht außer Verhältnis stehen und
insbesondere kein wesentliches Hindernis für die Inanspruchnahme der Leis-
tung durch den Gebührenschuldner darstellen.

(4) Aus Gründen des öffentlichen Interesses oder der Billigkeit kann eine
niedrigere Gebühr als die in den Absätzen 1 bis 3 vorgesehene Gebühr oder
eine Gebührenbefreiung bestimmt werden.

(5) Die Behörde kann Gebührenbefreiungen oder -ermäßigungen gewäh-
ren, wenn die Festsetzung der nach den Absätzen 1 bis 4 bestimmten Gebühr
im Einzelfall unbillig wäre.

(6) Unterliegt die individuell zurechenbare öffentliche Leistung der Umsatz-
steuer, kann diese der Gebühr hinzugerechnet werden.

§ 10 Gebühren in besonderen Fällen. (1) [1]Die Gebühren sind nach Maß-
gabe der Absätze 2 bis 7 festzusetzen, wenn

1. ein Antrag abgelehnt oder ein Widerspruch zurückgewiesen wird,

2. ein Verwaltungsakt zurückgenommen oder widerrufen wird,

3. ein Antrag oder ein Widerspruch zurückgenommen wird oder sich auf sons-
tige Weise erledigt,

4. eine individuell zurechenbare öffentliche Leistung aus Gründen, die der
Betroffene zu vertreten hat, nicht zum festgesetzten Termin erbracht werden
kann oder aus diesen Gründen abgebrochen werden muss und

[1] **Sartorius ErgBd. Nr. 975.**
[2] **Sartorius III Nr. 834b.**

5. ein Verwaltungsakt nach Ablauf einer bestimmten Frist auf Grund einer Rechtsvorschrift als erlassen gilt.

[2] Bemessungsgrundlage sind die Kosten nach § 9 Absatz 1. [3] Aus Gründen des öffentlichen Interesses oder der Billigkeit kann eine niedrigere Gebühr oder eine Gebührenbefreiung bestimmt werden.

(2) [1] Wird ein Antrag ganz oder teilweise abgelehnt, ist eine Gebühr bis zu der Höhe zu erheben, die für die beantragte individuell zurechenbare öffentliche Leistung vorgesehen ist. [2] Wird der Antrag allein wegen Unzuständigkeit der Behörde abgelehnt, wird keine Gebühr erhoben.

(3) [1] Für die Entscheidung über einen Widerspruch ist, soweit dieser erfolglos geblieben ist, eine Gebühr bis zu der Höhe zu erheben, die für die angefochtene Leistung vorgesehen ist. [2] Bei einem Widerspruch, der sich allein gegen die Festsetzung von Gebühren und Auslagen richtet, beträgt die Gebühr bis zu 25 Prozent des Betrags, hinsichtlich dessen dem Widerspruch nicht abgeholfen wurde. [3] Hat der Widerspruch nur deshalb keinen Erfolg, weil die Verletzung einer Verfahrens- oder Formvorschrift nach § 45 des Verwaltungsverfahrensgesetzes[1] unbeachtlich ist, wird keine Gebühr erhoben.

(4) Für die Rücknahme oder den Widerruf eines Verwaltungsaktes ist, soweit der Adressat dies zu vertreten hat, eine Gebühr bis zu der Höhe der für den Erlass des Verwaltungsaktes im Zeitpunkt der Rücknahme oder des Widerrufs vorgesehenen Gebühr zu erheben.

(5) [1] Wird ein Antrag zurückgenommen oder erledigt er sich auf sonstige Weise, bevor die individuell zurechenbare öffentliche Leistung vollständig erbracht ist, sind bis zu 75 Prozent der für die Leistung vorgesehenen Gebühr zu erheben. [2] Wird ein Widerspruch zurückgenommen oder erledigt er sich auf sonstige Weise, bevor der Widerspruchsbescheid erlassen ist, beträgt die Gebühr bis zu 75 Prozent des Betrags, der für die angefochtene Leistung festgesetzt wurde. [3] Keine Gebühr ist zu erheben, wenn die Behörde mit der sachlichen Bearbeitung noch nicht begonnen hat, soweit sich aus Absatz 6 nichts anderes ergibt.

(6) Kann eine individuell zurechenbare öffentliche Leistung aus Gründen, die der Betroffene zu vertreten hat, nicht zum festgesetzten Termin erbracht werden oder muss sie aus diesen Gründen abgebrochen werden, ist eine Gebühr bis zur Höhe des für die vollständige Leistung vorgesehenen Betrags zu erheben.

(7) Für einen Verwaltungsakt, der nach Ablauf einer bestimmten Frist auf Grund einer Rechtsvorschrift als erlassen gilt, beträgt die Gebühr bis zu 75 Prozent des Betrags, der für den durch den Ablauf der Frist ersetzten Verwaltungsakt vorgesehen ist.

§ 11 Gebührenarten. Die Gebühren sind wie folgt zu bestimmen:
1. durch feste Sätze (Festgebühren),
2. nach dem Zeitaufwand für die individuell zurechenbare öffentliche Leistung (Zeitgebühren) oder
3. durch Rahmensätze (Rahmengebühren).

[1] Nr. **100**.

§ 12 Auslagen. (1) [1] Kosten, die nicht bereits nach § 9 Absatz 1 Satz 2 in die Gebühr einbezogen sind, werden als Auslagen gesondert in der tatsächlich entstandenen Höhe erhoben für

1. Zeugen, Sachverständige, Umweltgutachter, Dolmetscher oder Übersetzer,
2. Leistungen anderer Behörden und Dritter,
3. Dienstreisen und Dienstgänge,
4. Zustellung oder öffentliche Bekanntmachung und
5. Ausfertigungen und Papierkopien, die auf besonderen Antrag erstellt werden.

[2] Auslagen sind auch dann zu erheben, wenn die individuell zurechenbare öffentliche Leistung nach den §§ 7, 8, 9 Absatz 4 oder 5, § 10 Absatz 2 bis 6 gebührenfrei oder die Gebühr ermäßigt ist.

(2) Abweichend von Absatz 1 kann bestimmt werden, dass

1. bestimmte Auslagen nach Absatz 1 Satz 1 nicht gesondert erhoben werden,
2. auch andere als die in Absatz 1 Satz 1 bezeichneten Auslagen gesondert erhoben werden; dies gilt nicht für einfache elektronische Kopien,
3. Auslagen pauschal oder bis zu einem Höchstbetrag erhoben werden und
4. Auslagen nicht oder nicht in voller Höhe erhoben werden, wenn die individuell zurechenbare öffentliche Leistung gebührenfrei oder die Gebühr ermäßigt ist.

(3) Für Auslagen gelten die §§ 4 bis 6, 9 Absatz 4 bis 6, § 10 Absatz 3 sowie die §§ 13 und 14 sowie die §§ 16 bis 21 entsprechend.

§ 13 Gebührenfestsetzung. (1) [1] Gebühren werden von Amts wegen schriftlich oder elektronisch festgesetzt. [2] Die Gebührenfestsetzung soll zusammen mit der Sachentscheidung erfolgen. [3] Gebühren, die bei richtiger Behandlung der Sache durch die Behörde nicht entstanden wären, werden nicht erhoben.

(2) Bei Festsetzung einer Rahmengebühr nach § 11 Nummer 3 ist § 9 Absatz 1 bis 3 anzuwenden.

(3) [1] Die Festsetzung sowie ihre Aufhebung oder Änderung ist nicht mehr zulässig, wenn die Festsetzungsfrist abgelaufen ist. [2] Die Festsetzungsfrist beträgt vier Jahre. [3] Sie beginnt mit Ablauf des Kalenderjahres, in dem der Gebührenanspruch entstanden ist. [4] Die Festsetzungsfrist läuft nicht ab, solange

1. über einen vor Ablauf der Frist gestellten Antrag auf Aufhebung oder Änderung der Festsetzung oder einen eingelegten Rechtsbehelf nicht unanfechtbar entschieden worden ist oder
2. der Anspruch wegen höherer Gewalt innerhalb der letzten sechs Monate der Festsetzungsfrist nicht verfolgt werden kann.

§ 14 Fälligkeit. Die Gebühr wird zehn Tage nach der Bekanntgabe der Gebührenfestsetzung an den Gebührenschuldner fällig, sofern die Behörde keinen anderen Zeitpunkt festlegt.

§ 15 Vorschusszahlung und Sicherheitsleistung. (1) Die Behörde kann eine individuell zurechenbare öffentliche Leistung, die auf Antrag zu erbringen ist, von der Zahlung eines Vorschusses oder von der Leistung einer Sicherheit bis zur Höhe der voraussichtlich entstehenden Gebühren und Auslagen abhängig machen.

(2) Dem Antragsteller ist eine Frist zur Zahlung des Vorschusses oder zur Leistung der Sicherheit zu setzen.

§ 16 Säumniszuschlag. (1) [1] Werden Gebühren nicht bis zum Ablauf des Fälligkeitstages entrichtet, so ist für jeden angefangenen Monat der Säumnis ein Säumniszuschlag von 1 Prozent des abgerundeten rückständigen Betrags zu entrichten. [2] Der Säumniszuschlag wird nur erhoben, wenn der rückständige Betrag 50 Euro übersteigt und die Säumnis länger als drei Tage beträgt.

(2) Für die Berechnung des Säumniszuschlages ist der rückständige Betrag auf volle 50 Euro abzurunden.

(3) Eine wirksam geleistete Gebühr gilt als entrichtet

1. bei Übergabe oder Übersendung von Zahlungsmitteln am Tag des Eingangs bei der für den Gebührengläubiger zuständigen Kasse (Bundeskasse oder Zahlstelle); bei Hingabe oder Übersendung von Schecks jedoch drei Tage nach dem Tag des Eingangs des Schecks bei der zuständigen Kasse,

2. bei Überweisung oder Einzahlung auf ein Konto der zuständigen Kasse und bei Einzahlung mit Zahlschein oder Postanweisung an dem Tag, an dem der Betrag der Kasse gutgeschrieben wird, oder

3. bei Vorliegen einer Einzugsermächtigung am Fälligkeitstag.

(4) [1] In den Fällen der Gesamtschuld entstehen Säumniszuschläge gegenüber jedem säumigen Gesamtschuldner. [2] Insgesamt ist jedoch kein höherer Säumniszuschlag zu entrichten, als verwirkt worden wäre, wenn die Säumnis nur bei einem Gesamtschuldner eingetreten wäre.

§ 17 Stundung, Niederschlagung und Erlass. Stundung, Niederschlagung und Erlass von festgesetzten Gebühren richten sich nach § 59 der Bundeshaushaltsordnung[1]).

§ 18 Zahlungsverjährung. (1) [1] Der Anspruch auf Zahlung von Gebühren verjährt nach fünf Jahren. [2] Die Verjährung beginnt mit dem Ablauf des Kalenderjahres, in dem der Anspruch erstmals fällig geworden ist.

(2) Die Verjährung ist gehemmt, solange der Anspruch wegen höherer Gewalt innerhalb der letzten sechs Monate der Verjährungsfrist nicht verfolgt werden kann.

§ 19 Unterbrechung der Zahlungsverjährung. (1) Die Verjährung nach § 18 wird unterbrochen durch

1. schriftliche Geltendmachung des Anspruchs,
2. Zahlungsaufschub,
3. Stundung,
4. Aussetzung der Vollziehung,
5. Sicherheitsleistung,
6. Vollstreckungsaufschub,
7. eine Vollstreckungsmaßnahme,
8. Anmeldung im Insolvenzverfahren,

[1]) Nr. **700**.

9. Aufnahme in einen Insolvenzplan oder einen gerichtlichen Schuldenbereinigungsplan,

10. Einbeziehung in ein Verfahren, das die Restschuldbefreiung für den Schuldner zum Ziel hat, oder

11. Ermittlungen des Gläubigers nach dem Wohnsitz oder dem Aufenthaltsort des Gebührenschuldners.

(2) Die Unterbrechung der Verjährung durch eine der in Absatz 1 genannten Maßnahmen dauert fort bis

1. die Stundung, die Aussetzung der Vollziehung oder der Vollstreckungsaufschub beendet ist,

2. bei Sicherheitsleistung, Pfändungspfandrecht, Zwangshypothek oder einem sonstigen Vorzugsrecht auf Befriedigung das entsprechende Recht erloschen ist,

3. das Insolvenzverfahren beendet ist,

4. der Insolvenzplan oder der gerichtliche Schuldenbereinigungsplan erfüllt ist oder hinfällig wird,

5. die Restschuldbefreiung erteilt oder versagt wird oder das Verfahren, das die Restschuldbefreiung zum Ziel hat, vorzeitig beendet wird oder

6. die Ermittlung der Behörde nach dem Wohnsitz oder dem Aufenthalt des Gebührenschuldners beendet ist.

(3) Mit Ablauf des Kalenderjahres, in dem die Unterbrechung endet, beginnt eine neue Verjährungsfrist.

(4) Die Verjährung wird nur in Höhe des Betrags unterbrochen, auf den sich die Unterbrechung bezieht.

§ 20 Rechtsbehelf. (1) ¹Die Gebührenfestsetzung kann zusammen mit der Sachentscheidung oder selbständig angefochten werden. ²Der Rechtsbehelf gegen eine Sachentscheidung erstreckt sich auch auf die Gebührenfestsetzung.

(2) Wird die Gebührenfestsetzung selbständig angefochten, so ist das Rechtsbehelfsverfahren gebührenrechtlich als selbständiges Verfahren zu behandeln.

§ 21 Erstattung. (1) Überzahlte oder zu Unrecht erhobene Gebühren sind unverzüglich zu erstatten, zu Unrecht erhobene Gebühren aber nur, solange ihre Festsetzung noch anfechtbar ist.

(2) Der Erstattungsanspruch erlischt durch Verjährung, wenn er nicht bis zum Ablauf des dritten Kalenderjahres geltend gemacht wird, das auf die Entstehung des Anspruchs folgt; die Verjährung beginnt jedoch nicht vor der Unanfechtbarkeit der Gebührenfestsetzung.

§ 22 Gebührenverordnungen. (1) ¹Durch Gebührenverordnungen nach Absatz 3 und 4 sind für individuell zurechenbare öffentliche Leistungen Gebühren vorzusehen. ²Die Gebühren sind nach Maßgabe des § 9 Absatz 1 bis 4, des § 10 Absatz 1 Satz 3 sowie des § 11 zu bestimmen. ³Für Auslagen gilt § 12 Absatz 2. ⁴Des Weiteren kann die Stelle bestimmt werden, die die Gebühren und Auslagen einzieht.

(2) Soweit ein Rechtsakt der Europäischen Union oder ein völkerrechtlicher Vertrag im Einzelnen inhaltlich bestimmte Vorgaben für die Erhebung von Gebühren und Auslagen enthält, die von diesem Gesetz abweichen, ist die

Erhebung von Gebühren und Auslagen nach Maßgabe des Rechtsaktes oder Vertrages durch Gebührenverordnung nach Absatz 3 oder 4 zu bestimmen.

(3) Die Bundesregierung erlässt ohne Zustimmung des Bundesrates durch Allgemeine Gebührenverordnung folgende Bestimmungen, soweit sie für den Bereich der Bundesverwaltung einheitlich gelten sollen:

1. Vorgaben zur Ermittlung der Gebühr nach § 9 Absatz 1 einschließlich der Bemessung von Zeitgebühren nach § 11 Nummer 2,
2. Gebührenregelungen für Beglaubigungen und Bescheinigungen sowie
3. Pauschalierung von Auslagen nach § 12 Absatz 2 Nummer 3.

(4) ¹Die Bundesministerien erlassen ohne Zustimmung des Bundesrates Besondere Gebührenverordnungen für ihren Zuständigkeitsbereich, soweit keine Regelungen durch die Allgemeine Gebührenverordnung nach Absatz 3 getroffen wurden. ²Regelungen der Besonderen Gebührenverordnungen nach Satz 1 finden keine Anwendung, soweit nach Erlass einer Besonderen Gebührenverordnung inhaltsgleiche oder entgegenstehende Bestimmungen durch die Allgemeine Gebührenverordnung nach Absatz 3 getroffen wurden.

(5) ¹Die durch Gebührenverordnungen nach Absatz 3 oder 4 festgelegten Gebühren sind regelmäßig, mindestens alle fünf Jahre, zu überprüfen und, soweit erforderlich, anzupassen. ²Bei einer Anpassung gelten für eine individuell zurechenbare öffentliche Leistung, die bereits beantragt oder begonnen, aber noch nicht vollständig erbracht wurde, die bisherigen Vorschriften fort, soweit durch Gebührenverordnungen nach Absatz 3 oder 4 nichts anderes bestimmt ist.

§ 23[1)2)] **Übergangsregelung.** (1) Für die Erhebung von Gebühren und Auslagen für eine individuell zurechenbare öffentliche Leistung, die vor dem 15. August 2013 beantragt oder begonnen, aber noch nicht vollständig erbracht wurde, ist das Verwaltungskostengesetz[3)4)] in der bis zum 14. August 2013 geltenden Fassung weiter anzuwenden.

(2) Für die Erhebung von Gebühren und Auslagen durch die in § 2 Absatz 1 genannten Behörden nach Rechtsvorschriften, die vor dem 15. August 2013 erlassen wurden, gilt dieses Gesetz nach Maßgabe der Absätze 3 bis 7.

(3) ¹Soweit nichts anderes bestimmt ist, sind die Gebührensätze so zu bemessen, dass zwischen der den Verwaltungsaufwand berücksichtigenden Höhe der Gebühr einerseits und der Bedeutung, dem wirtschaftlichen Wert oder dem sonstigen Nutzen der individuell zurechenbaren öffentlichen Leistung andererseits ein angemessenes Verhältnis besteht. ²Ist gesetzlich vorgesehen, dass Gebühren nur zur Deckung des Verwaltungsaufwandes erhoben werden, sind die Gebührensätze so zu bemessen, dass die Gebühr die mit der individuell zurechenbaren öffentlichen Leistung verbundenen Kosten nicht übersteigt. ³§ 9 Absatz 1 wird nicht angewendet. ⁴§ 6 des Verwaltungskostengesetzes in der bis zum 14. August 2013 geltenden Fassung[5)] ist weiter anzuwenden.

[1)] § 23 Abs. 8 Satz 1 neu gef. mWv 23. 7. 2016 durch G v. 18. 7. 2016 (BGBl. I S. 1666).
[2)] § 23 Abs. 2–8 treten am 1. 10. 2021 außer Kraft; vgl. § 24 dieses G.
[3)] **Gewerberecht Nr. 940.**
[4)] Siehe nunmehr das Bundesgebührengesetz (BGebG) (Nr. **120**).
[5)] § 6 in der bis zum 14. 8. 2013 geltenden Fassung lautet:
„**§ 6 Kostenermäßigung und Kostenbefreiung.** Für bestimmte Arten von Amtshandlungen können aus Gründen der Billigkeit oder des öffentlichen Interesses Gebührenermäßigung und Auslagenermäßigung sowie Gebührenbefreiung und Auslagenbefreiung vorgesehen oder zugelassen werden."

(4) ¹ Ist die Gebühr nach dem Wert des Gegenstandes zu berechnen, so ist der Wert zum Zeitpunkt der Beendigung der individuell zurechenbaren öffentlichen Leistung maßgeblich. ² Sind Rahmensätze für Gebühren vorgesehen, ist § 9 Absatz 1 des Verwaltungskostengesetzes in der bis zum 14. August 2013¹⁾ geltenden Fassung weiter anzuwenden, soweit nichts anderes bestimmt ist. ³ § 13 Absatz 2 wird nicht angewendet.

(5) ¹ § 10 wird nicht angewendet. ² Für die Ablehnung, Rücknahme oder Erledigung eines Antrags sowie für die Rücknahme oder den Widerruf eines Verwaltungsaktes ist § 15 des Verwaltungskostengesetzes in der bis zum 14. August 2013 geltenden Fassung²⁾ weiter anzuwenden, soweit nichts anderes bestimmt ist. ³ Für die Rückweisung, Zurücknahme oder Erledigung eines Widerspruchs sind die Rechtsvorschriften, die vor dem 15. August 2013 erlassen wurden, weiter anzuwenden.

(6) ¹ § 12 Absatz 1 und 2 wird nicht angewendet. ² Für die Erhebung von Auslagen ist § 10 des Verwaltungskostengesetzes in der bis zum 14. August 2013 geltenden Fassung³⁾ weiter anzuwenden.

¹⁾ § 9 Abs. 1 in der bis zum 14. 8. 2013 geltenden Fassung lautet:

„**§ 9 Gebührenbemessung.** (1) Sind Rahmensätze für Gebühren vorgesehen, so sind bei der Festsetzung der Gebühr im Einzelfall zu berücksichtigen
1. der mit der Amtshandlung verbundene Verwaltungsaufwand, soweit Aufwendungen nicht als Auslagen gesondert berechnet werden, und
2. die Bedeutung, der wirtschaftliche Wert oder der sonstige Nutzen der Amtshandlung für den Gebührenschuldner sowie dessen wirtschaftliche Verhältnisse."

²⁾ § 15 in der bis zum 14. 8. 2013 geltenden Fassung lautet:

„**§ 15 Gebühren in besonderen Fällen.** (1) Wird ein Antrag ausschließlich wegen Unzuständigkeit der Behörde abgelehnt, so wird keine Gebühr erhoben.

(2) Wird ein Antrag auf Vornahme einer Amtshandlung zurückgenommen, nachdem mit der sachlichen Bearbeitung begonnen, die Amtshandlung aber noch nicht beendet ist, oder wird ein Antrag aus anderen Gründen als wegen Unzuständigkeit abgelehnt, oder wird eine Amtshandlung zurückgenommen oder widerrufen, so ermäßigt sich die vorgesehene Gebühr um ein Viertel; sie kann bis zu einem Viertel der vorgesehenen Gebühr ermäßigt oder es kann von ihrer Erhebung abgesehen werden, wenn dies der Billigkeit entspricht."

³⁾ § 10 in der bis zum 14. 8. 2013 geltenden Fassung lautet:

„**§ 10 Auslagen.** (1) Soweit die Auslagen nicht bereits in die Gebühr einbezogen sind und die Erstattung von Auslagen vorgesehen ist, die im Zusammenhang mit einer Amtshandlung entstehen, werden vom Gebührenschuldner folgende Auslagen erhoben:
1. Fernsprechgebühren im Fernverkehr, Telegrafen- und Fernschreibgebühren,
2. Aufwendungen für weitere Ausfertigungen, Abschriften und Auszüge, die auf besonderen Antrag erteilt werden; für die Berechnung der Auslagen gelten die Vorschriften der Nummer 9000 der Anlage 1 des Gerichtskostengesetzes in der jeweils geltenden Fassung,
3. Aufwendungen für Übersetzungen, die auf besonderen Antrag gefertigt werden,
4. Kosten, die durch öffentliche Bekanntmachung entstehen, mit Ausnahme der hierbei erwachsenden Postgebühren,
5. die in entsprechender Anwendung des Justizvergütungs- und -entschädigungsgesetzes zu zahlenden Beträge; erhält ein Sachverständiger auf Grund des § 1 Abs. 2 Satz 2 jenes Gesetzes keine Vergütung, so ist der Betrag zu erheben, der ohne diese Vorschrift nach dem Gesetz zu zahlen wäre.
6. die bei Geschäften außerhalb der Dienststelle den Verwaltungsangehörigen auf Grund gesetzlicher oder vertraglicher Bestimmungen gewährten Vergütungen (Reisekostenvergütung, Auslagenersatz) und die Kosten für die Bereitstellung von Räumen,
7. die Beträge, die anderen in- und ausländischen Behörden, öffentlichen Einrichtungen oder Beamten zustehen; und zwar auch dann, wenn aus Gründen der Gegenseitigkeit, der Verwaltungsvereinfachung und dergleichen an die Behörden, Einrichtungen oder Beamten keine Zahlungen zu leisten sind,
8. die Kosten für die Beförderung von Sachen, mit Ausnahme der hierbei erwachsenden Postgebühren, und die Verwahrung von Sachen."

(Fortsetzung der Anm. auf nächster Seite)

(7) Die §§ 1 bis 22 sowie die Absätze 1 bis 6 gelten nicht für Gebühren und Auslagen des Auswärtigen Amts und der Vertretung des Bundes im Ausland.

(8) [1] Die Absätze 2 bis 7 finden keine Anwendung

1. für die durch Artikel 3 des Gesetzes zur Aktualisierung der Strukturreform des Gebührenrechts des Bundes vom 18. Juli 2016 (BGBl. I S. 1666) geänderten Regelungen nach dem 1. Oktober 2019 und

2. für die durch Artikel 4 des Gesetzes zur Aktualisierung der Strukturreform des Gebührenrechts des Bundes vom 18. Juli 2016 (BGBl. I S. 1666) geänderten Regelungen nach dem 1. Oktober 2021.

[2] Durch Besondere Gebührenverordnung nach § 22 Absatz 4 kann bestimmt werden, dass die Absätze 2 bis 7 bereits zu einem früheren als den in Satz 1 bestimmten Zeitpunkten für den jeweiligen Anwendungsbereich der Besonderen Gebührenverordnung nicht anwendbar sind.

§ 24[1] **Außerkrafttreten.** § 23 Absatz 2 bis 8 tritt am 1. Oktober 2021 außer Kraft.

(Fortsetzung der Anm. von voriger Seite:

„*(2) Die Erstattung der in Absatz 1 aufgeführten Auslagen kann auch verlangt werden, wenn für eine* Amtshandlung Gebührenfreiheit besteht oder von der Gebührenerhebung abgesehen wird."

[1] § 24 geänd. mWv 23. 7. 2016 durch G v. 18. 7. 2016 (BGBl. I S. 1666).

150. Gesetz zur Regelung des Statusrechts der Beamtinnen und Beamten in den Ländern (Beamtenstatusgesetz – BeamtStG)

Vom 17. Juni 2008

(BGBl. I S. 1010)

FNA 2030-1-9

geänd. durch Art. 15 Abs. 16 DienstrechtsneuordnungsG v. 5.2.2009 (BGBl. I S. 160), Art. 6 Abs. 3 G zur Reform der strafrechtlichen Vermögensabschöpfung v. 13.4.2017 (BGBl. I S. 872), Art. 3 G zur Neuregelung des Mutterschutzrechts v. 23.5.2017 (BGBl. I S. 1228), Art. 2 G zu bereichsspezifischen Regelungen der Gesichtsverhüllung und zur Änd. weiterer dienstrechtlicher Vorschriften v. 8.6.2017 (BGBl. I S. 1570), Art. 1 G zur Änd. des BeamtenstatusG und des BundesbeamtenG sowie weiterer dienstrechtlicher Vorschriften v. 29.11.2018 (BGBl. I S. 2232) und Art. 10 Zweites Datenschutz-Anpassungs- und Umsetzungsgesetz EU v. 20.11.2019 (BGBl. I S. 1626)

Der Bundestag hat mit Zustimmung des Bundesrates das folgende Gesetz beschlossen:

Inhaltsübersicht[1]

Abschnitt 1. Allgemeine Vorschriften

Abschnitt 2. Beamtenverhältnis

Abschnitt 3. Länderübergreifender Wechsel und Wechsel in die Bundesverwaltung

Abschnitt 4. Zuweisung einer Tätigkeit bei anderen Einrichtungen

Abschnitt 5. Beendigung des Beamtenverhältnisses

[1] Inhaltsübersicht geänd. mWv 7.12.2018 durch G v. 29.11.2018 (BGBl. I S. 2232).

Abschnitt 1. Allgemeine Vorschriften

§ 1 Geltungsbereich. Dieses Gesetz regelt das Statusrecht der Beamtinnen und Beamten der Länder, Gemeinden und Gemeindeverbände sowie der

sonstigen der Aufsicht eines Landes unterstehenden Körperschaften, Anstalten und Stiftungen des öffentlichen Rechts.

§ 2 Dienstherrnfähigkeit. Das Recht, Beamtinnen und Beamte zu haben, besitzen

1. Länder, Gemeinden und Gemeindeverbände,
2. sonstige Körperschaften, Anstalten und Stiftungen des öffentlichen Rechts, die dieses Recht im Zeitpunkt des Inkrafttretens dieses Gesetzes besitzen oder denen es durch ein Landesgesetz oder aufgrund eines Landesgesetzes verliehen wird.

Abschnitt 2. Beamtenverhältnis

§ 3 Beamtenverhältnis. (1) Beamtinnen und Beamte stehen zu ihrem Dienstherrn in einem öffentlich-rechtlichen Dienst- und Treueverhältnis (Beamtenverhältnis).

(2) Die Berufung in das Beamtenverhältnis ist nur zulässig zur Wahrnehmung

1. hoheitsrechtlicher Aufgaben oder
2. solcher Aufgaben, die aus Gründen der Sicherung des Staates oder des öffentlichen Lebens nicht ausschließlich Personen übertragen werden dürfen, die in einem privatrechtlichen Arbeitsverhältnis stehen.

§ 4 Arten des Beamtenverhältnisses. (1) [1] Das Beamtenverhältnis auf Lebenszeit dient der dauernden Wahrnehmung von Aufgaben nach § 3 Abs. 2. [2] Es bildet die Regel.

(2) Das Beamtenverhältnis auf Zeit dient

a) der befristeten Wahrnehmung von Aufgaben nach § 3 Abs. 2 oder
b) der zunächst befristeten Übertragung eines Amtes mit leitender Funktion.

(3) Das Beamtenverhältnis auf Probe dient der Ableistung einer Probezeit

a) zur späteren Verwendung auf Lebenszeit oder
b) zur Übertragung eines Amtes mit leitender Funktion.

(4) Das Beamtenverhältnis auf Widerruf dient

a) der Ableistung eines Vorbereitungsdienstes oder
b) der nur vorübergehenden Wahrnehmung von Aufgaben nach § 3 Abs. 2.

§ 5 Ehrenbeamtinnen und Ehrenbeamte. (1) Als Ehrenbeamtin oder Ehrenbeamter kann berufen werden, wer Aufgaben im Sinne des § 3 Abs. 2 *unentgeltlich wahrnehmen* soll.

(2) Die Rechtsverhältnisse der Ehrenbeamtinnen und Ehrenbeamten können durch Landesrecht abweichend von den für Beamtinnen und Beamte allgemein geltenden Vorschriften geregelt werden, soweit es deren besondere Rechtsstellung erfordert.

(3) Ein Ehrenbeamtenverhältnis kann nicht in ein Beamtenverhältnis anderer Art, ein solches Beamtenverhältnis nicht in ein Ehrenbeamtenverhältnis umgewandelt werden.

§ 6 Beamtenverhältnis auf Zeit. Für die Rechtsverhältnisse der Beamtinnen auf Zeit und Beamten auf Zeit gelten die Vorschriften für Beamtinnen auf Lebenszeit und Beamte auf Lebenszeit entsprechend, soweit durch Landesrecht nichts anderes bestimmt ist.

§ 7[1] Voraussetzungen des Beamtenverhältnisses. (1) In das Beamtenverhältnis darf nur berufen werden, wer

1. Deutsche oder Deutscher im Sinne des Artikels 116 Absatz 1 des Grundgesetzes[2] ist oder die Staatsangehörigkeit

 a) eines anderen Mitgliedstaates der Europäischen Union oder

 b) eines anderen Vertragsstaates des Abkommens über den Europäischen Wirtschaftsraum oder

 c) eines Drittstaates, dem die Bundesrepublik Deutschland und die Europäische Union vertraglich einen entsprechenden Anspruch auf Anerkennung von Berufsqualifikationen eingeräumt haben,

 besitzt,

2. die Gewähr dafür bietet, jederzeit für die freiheitliche demokratische Grundordnung im Sinne des Grundgesetzes einzutreten, und

3. die nach Landesrecht vorgeschriebene Befähigung besitzt.

(2) Wenn die Aufgaben es erfordern, darf nur eine Deutsche oder ein Deutscher im Sinne des Artikels 116 Absatz 1 des Grundgesetzes in ein Beamtenverhältnis berufen werden.

(3) Ausnahmen von Absatz 1 Nr. 1 und Absatz 2 können nur zugelassen werden, wenn

1. für die Gewinnung der Beamtin oder des Beamten ein dringendes dienstliches Interesse besteht oder

2. bei der Berufung von Hochschullehrerinnen und Hochschullehrern und anderen Mitarbeiterinnen und Mitarbeitern des wissenschaftlichen und künstlerischen Personals in das Beamtenverhältnis andere wichtige Gründe vorliegen.

§ 8 Ernennung. (1) Einer Ernennung bedarf es zur

1. Begründung des Beamtenverhältnisses,

2. Umwandlung des Beamtenverhältnisses in ein solches anderer Art (§ 4),

3. Verleihung eines anderen Amtes mit anderem Grundgehalt oder

4. Verleihung eines anderen Amtes mit anderer Amtsbezeichnung, soweit das Landesrecht dies bestimmt.

(2) [1] Die Ernennung erfolgt durch Aushändigung einer Ernennungsurkunde. [2] In der Urkunde müssen enthalten sein

1. bei der Begründung des Beamtenverhältnisses die Wörter „unter Berufung in das Beamtenverhältnis" mit dem die Art des Beamtenverhältnisses bestimmenden Zusatz „auf Lebenszeit", „auf Probe", „auf Widerruf", „als

[1] § 7 Abs. 1 Nr. 1 einl. Satzteil, Buchst. c und Abs. 2 geänd. mWv 7.12.2018 durch G v. 29.11. 2018 (BGBl. I S. 2232).
[2] Nr. 1.

Ehrenbeamtin" oder „als Ehrenbeamter" oder „auf Zeit" mit der Angabe der Zeitdauer der Berufung,

2. bei der Umwandlung des Beamtenverhältnisses in ein solches anderer Art die diese Art bestimmenden Worte nach Nummer 1 und

3. bei der Verleihung eines Amtes die Amtsbezeichnung.

(3) Mit der Begründung eines Beamtenverhältnisses auf Probe, auf Lebenszeit und auf Zeit wird gleichzeitig ein Amt verliehen.

(4) Eine Ernennung auf einen zurückliegenden Zeitpunkt ist unzulässig und insoweit unwirksam.

§ 9 Kriterien der Ernennung. Ernennungen sind nach Eignung, Befähigung und fachlicher Leistung ohne Rücksicht auf Geschlecht, Abstammung, Rasse oder ethnische Herkunft, Behinderung, Religion oder Weltanschauung, politische Anschauungen, Herkunft, Beziehungen oder sexuelle Identität vorzunehmen.

§ 10 Voraussetzung der Ernennung auf Lebenszeit. ¹Die Ernennung zur Beamtin auf Lebenszeit oder zum Beamten auf Lebenszeit ist nur zulässig, wenn die Beamtin oder der Beamte sich in einer Probezeit von mindestens sechs Monaten und höchstens fünf Jahren bewährt hat. ²Von der Mindestprobezeit können durch Landesrecht Ausnahmen bestimmt werden.

§ 11 Nichtigkeit der Ernennung. (1) Die Ernennung ist nichtig, wenn

1. sie nicht der in § 8 Abs. 2 vorgeschriebenen Form entspricht,

2. sie von einer sachlich unzuständigen Behörde ausgesprochen wurde oder

3. zum Zeitpunkt der Ernennung

a) nach § 7 Abs. 1 Nr. 1 keine Ernennung erfolgen durfte und keine Ausnahme nach § 7 Abs. 3 zugelassen war,

b) nicht die Fähigkeit zur Bekleidung öffentlicher Ämter vorlag oder

c) eine ihr zu Grunde liegende Wahl unwirksam ist.

(2) Die Ernennung ist von Anfang an als wirksam anzusehen, wenn

1. im Fall des Absatzes 1 Nr. 1 aus der Urkunde oder aus dem Akteninhalt eindeutig hervorgeht, dass die für die Ernennung zuständige Stelle ein bestimmtes Beamtenverhältnis begründen oder ein bestehendes Beamtenverhältnis in ein solches anderer Art umwandeln wollte, für das die sonstigen Voraussetzungen vorliegen, und die für die Ernennung zuständige Stelle die Wirksamkeit schriftlich bestätigt; das Gleiche gilt, wenn die Angabe der Zeitdauer fehlt, durch Landesrecht aber die Zeitdauer bestimmt ist,

2. im Fall des Absatzes 1 Nr. 2 die sachlich zuständige Behörde die Ernennung bestätigt oder

3. im Fall des Absatzes 1 Nr. 3 Buchstabe a eine Ausnahme nach § 7 Abs. 3 nachträglich zugelassen wird.

§ 12[1] Rücknahme der Ernennung. (1) Die Ernennung ist mit Wirkung für die Vergangenheit zurückzunehmen, wenn

1. sie durch Zwang, arglistige Täuschung oder Bestechung herbeigeführt wurde,

2. nicht bekannt war, dass die ernannte Person wegen eines Verbrechens oder Vergehens rechtskräftig zu einer Strafe verurteilt war oder wird, das sie für die Berufung in das Beamtenverhältnis nach § 8 Abs. 1 Nr. 1 als unwürdig erscheinen lässt,

3. die Ernennung nach § 7 Abs. 2 nicht erfolgen durfte und eine Ausnahme nach § 7 Abs. 3 nicht zugelassen war und die Ausnahme nicht nachträglich erteilt wird oder

4. eine durch Landesrecht vorgeschriebene Mitwirkung einer unabhängigen Stelle oder einer Aufsichtsbehörde unterblieben ist und nicht nachgeholt wurde.

(2) [1] Die Ernennung soll zurückgenommen werden, wenn nicht bekannt war, dass gegen die ernannte Person in einem Disziplinarverfahren auf Entfernung aus dem Beamtenverhältnis oder auf Aberkennung des Ruhegehalts erkannt worden war. [2] Dies gilt auch, wenn die Entscheidung gegen eine Beamtin oder einen Beamten der Europäischen Union oder eines Staates nach § 7 Abs. 1 Nr. 1 ergangen ist.

Abschnitt 3. Länderübergreifender Wechsel und Wechsel in die Bundesverwaltung

§ 13[2] Grundsatz. Die Vorschriften dieses Abschnitts gelten nur bei landesübergreifender Abordnung, Versetzung und Umbildung von Körperschaften sowie bei einer Abordnung oder Versetzung aus einem Land in die Bundesverwaltung.

§ 14 Abordnung. (1) Beamtinnen und Beamte können aus dienstlichen Gründen vorübergehend ganz oder teilweise zu einer dem übertragenen Amt entsprechenden Tätigkeit in den Bereich eines Dienstherrn eines anderen Landes oder des Bundes abgeordnet werden.

(2) [1] Aus dienstlichen Gründen ist eine Abordnung vorübergehend ganz oder teilweise auch zu einer nicht dem Amt entsprechenden Tätigkeit zulässig, wenn der Beamtin oder dem Beamten die Wahrnehmung der neuen Tätigkeit aufgrund der Vorbildung oder Berufsausbildung zuzumuten ist. [2] Dabei ist auch die Abordnung zu einer Tätigkeit, die nicht einem Amt mit demselben Grundgehalt entspricht, zulässig.

(3) [1] Die Abordnung bedarf der Zustimmung der Beamtin oder des Beamten. [2] Abweichend von Satz 1 ist die Abordnung auch ohne Zustimmung zulässig, wenn die neue Tätigkeit zuzumuten ist und einem Amt mit demselben Grundgehalt entspricht und die Abordnung die Dauer von fünf Jahren nicht übersteigt.

[1] § 12 Abs. 2 Satz 2 geänd. mWv 7.12.2018 durch G v. 29.11.2018 (BGBl. I S. 2232).
[2] § 13 geänd. mWv 7.12.2018 durch G v. 29.11.2018 (BGBl. I S. 2232).

(4) [1] Die Abordnung wird von dem abgebenden im Einverständnis mit dem aufnehmenden Dienstherrn verfügt. [2] Soweit zwischen den Dienstherren nichts anderes vereinbart ist, sind die für den Bereich des aufnehmenden Dienstherrn geltenden Vorschriften über die Pflichten und Rechte der Beamtinnen und Beamten mit Ausnahme der Regelungen über Diensteid, Amtsbezeichnung, Zahlung von Bezügen, Krankenfürsorgeleistungen und Versorgung entsprechend anzuwenden. [3] Die Verpflichtung zur Bezahlung hat auch der Dienstherr, zu dem die Abordnung erfolgt ist.

§ 15 Versetzung. (1) Beamtinnen und Beamte können auf Antrag oder aus dienstlichen Gründen in den Bereich eines Dienstherrn eines anderen Landes oder des Bundes in ein Amt einer Laufbahn versetzt werden, für die sie die Befähigung besitzen.

(2) [1] Eine Versetzung bedarf der Zustimmung der Beamtin oder des Beamten. [2] Abweichend von Satz 1 ist die Versetzung auch ohne Zustimmung zulässig, wenn das neue Amt mit mindestens demselben Grundgehalt verbunden ist wie das bisherige Amt. [3] Stellenzulagen gelten hierbei nicht als Bestandteile des Grundgehalts.

(3) [1] Die Versetzung wird von dem abgebenden im Einverständnis mit dem aufnehmenden Dienstherrn verfügt. [2] Das Beamtenverhältnis wird mit dem neuen Dienstherrn fortgesetzt.

§ 16 Umbildung einer Körperschaft. (1) Beamtinnen und Beamte einer juristischen Person des öffentlichen Rechts mit Dienstherrnfähigkeit (Körperschaft), die vollständig in eine andere Körperschaft eingegliedert wird, treten mit der Umbildung kraft Gesetzes in den Dienst der aufnehmenden Körperschaft über.

(2) [1] Die Beamtinnen und Beamten einer Körperschaft, die vollständig in mehrere andere Körperschaften eingegliedert wird, sind anteilig in den Dienst der aufnehmenden Körperschaften zu übernehmen. [2] Die beteiligten Körperschaften haben innerhalb einer Frist von sechs Monaten nach der Umbildung im Einvernehmen miteinander zu bestimmen, von welchen Körperschaften die einzelnen Beamtinnen und Beamten zu übernehmen sind. [3] Solange eine Beamtin oder ein Beamter nicht übernommen ist, haften alle aufnehmenden Körperschaften für die ihr oder ihm zustehenden Bezüge als Gesamtschuldner.

(3) [1] Die Beamtinnen und Beamten einer Körperschaft, die teilweise in eine oder mehrere andere Körperschaften eingegliedert wird, sind zu einem verhältnismäßigen Teil, bei mehreren Körperschaften anteilig, in den Dienst der aufnehmenden Körperschaften zu übernehmen. [2] Absatz 2 Satz 3 ist entsprechend anzuwenden.

(4) Die Absätze 1 bis 3 gelten entsprechend, wenn eine Körperschaft mit einer oder mehreren anderen Körperschaften zu einer neuen Körperschaft zusammengeschlossen wird, wenn ein oder mehrere Teile verschiedener Körperschaften zu einem oder mehreren neuen Teilen einer Körperschaft zusammengeschlossen werden, wenn aus einer Körperschaft oder aus Teilen einer Körperschaft eine oder mehrere neue Körperschaften gebildet werden, oder wenn Aufgaben einer Körperschaft vollständig oder teilweise auf eine oder mehrere andere Körperschaften übergehen.

§ 17 Rechtsfolgen der Umbildung. (1) Tritt eine Beamtin oder ein Beamter aufgrund des § 16 Abs. 1 kraft Gesetzes in den Dienst einer anderen Körperschaft über oder wird sie oder er aufgrund des § 16 Abs. 2 oder 3 von einer anderen Körperschaft übernommen, wird das Beamtenverhältnis mit dem neuen Dienstherrn fortgesetzt.

(2) Im Fall des § 16 Abs. 1 ist der Beamtin oder dem Beamten von der aufnehmenden oder neuen Körperschaft die Fortsetzung des Beamtenverhältnisses schriftlich zu bestätigen.

(3) [1] In den Fällen des § 16 Abs. 2 und 3 wird die Übernahme von der Körperschaft verfügt, in deren Dienst die Beamtin oder der Beamte treten soll. [2] Die Verfügung wird mit der Zustellung an die Beamtin oder den Beamten wirksam. [3] Die Beamtin oder der Beamte ist verpflichtet, der Übernahmeverfügung Folge zu leisten. [4] Kommt die Beamtin oder der Beamte der Verpflichtung nicht nach, ist sie oder er zu entlassen.

(4) Die Absätze 1 bis 3 gelten entsprechend in den Fällen des § 16 Abs. 4.

§ 18 Rechtsstellung der Beamtinnen und Beamten. (1) [1] Beamtinnen und Beamten, die nach § 16 in den Dienst einer anderen Körperschaft kraft Gesetzes übertreten oder übernommen werden, soll ein gleich zu bewertendes Amt übertragen werden, das ihrem bisherigen Amt nach Bedeutung und Inhalt ohne Rücksicht auf Dienststellung und Dienstalter entspricht. [2] Wenn eine dem bisherigen Amt entsprechende Verwendung nicht möglich ist, kann ihnen auch ein anderes Amt mit geringerem Grundgehalt übertragen werden. [3] Das Grundgehalt muss mindestens dem des Amtes entsprechen, das die Beamtinnen und Beamten vor dem bisherigen Amt innehatten. [4] In diesem Fall dürfen sie neben der neuen Amtsbezeichnung die des früheren Amtes mit dem Zusatz „außer Dienst" („a.D.") führen.

(2) [1] Die aufnehmende oder neue Körperschaft kann, wenn die Zahl der bei ihr nach der Umbildung vorhandenen Beamtinnen und Beamten den tatsächlichen Bedarf übersteigt, innerhalb einer Frist, deren Bestimmung dem Landesrecht vorbehalten bleibt, Beamtinnen und Beamte im Beamtenverhältnis auf Lebenszeit oder auf Zeit in den einstweiligen Ruhestand versetzen, wenn deren Aufgabengebiet von der Umbildung berührt wurde. [2] Bei Beamtinnen auf Zeit und Beamten auf Zeit, die nach Satz 1 in den einstweiligen Ruhestand versetzt sind, endet der einstweilige Ruhestand mit Ablauf der Amtszeit; sie gelten in diesem Zeitpunkt als dauernd in den Ruhestand versetzt, wenn sie bei Verbleiben im Amt mit Ablauf der Amtszeit in den Ruhestand getreten wären.

§ 19 Rechtsstellung der Versorgungsempfängerinnen und Versorgungsempfänger. (1) Die Vorschriften des § 16 Abs. 1 und 2 und des § 17 gelten entsprechend für die im Zeitpunkt der Umbildung bei der abgebenden Körperschaft vorhandenen Versorgungsempfängerinnen und Versorgungsempfänger.

(2) In den Fällen des § 16 Abs. 3 bleiben die Ansprüche der im Zeitpunkt der Umbildung vorhandenen Versorgungsempfängerinnen und Versorgungsempfänger gegenüber der abgebenden Körperschaft bestehen.

(3) Die Absätze 1 und 2 gelten entsprechend in den Fällen des § 16 Abs. 4.

Abschnitt 4. Zuweisung einer Tätigkeit bei anderen Einrichtungen

§ 20 Zuweisung. (1) Beamtinnen und Beamten kann mit ihrer Zustimmung vorübergehend ganz oder teilweise eine ihrem Amt entsprechende Tätigkeit zugewiesen werden

1. bei einer öffentlichen Einrichtung ohne Dienstherrneigenschaft oder bei einer öffentlich-rechtlichen Religionsgemeinschaft im dienstlichen oder öffentlichen Interesse oder

2. bei einer anderen Einrichtung, wenn öffentliche Interessen es erfordern.

(2) Beamtinnen und Beamten einer Dienststelle, die ganz oder teilweise in eine öffentlich-rechtlich organisierte Einrichtung ohne Dienstherrneigenschaft oder eine privatrechtlich organisierte Einrichtung der öffentlichen Hand umgewandelt wird, kann auch ohne ihre Zustimmung ganz oder teilweise eine ihrem Amt entsprechende Tätigkeit bei dieser Einrichtung zugewiesen werden, wenn öffentliche Interessen es erfordern.

(3) Die Rechtsstellung der Beamtinnen und Beamten bleibt unberührt.

Abschnitt 5. Beendigung des Beamtenverhältnisses

§ 21 Beendigungsgründe. Das Beamtenverhältnis endet durch

1. Entlassung,
2. Verlust der Beamtenrechte,
3. Entfernung aus dem Beamtenverhältnis nach den Disziplinargesetzen oder
4. Eintritt oder Versetzung in den Ruhestand.

§ 22[1)] Entlassung kraft Gesetzes. (1) Beamtinnen und Beamte sind entlassen, wenn

1. die Voraussetzungen des § 7 Absatz 1 Nummer 1 nicht mehr vorliegen und eine Ausnahme nach § 7 Absatz 3 auch nachträglich nicht zugelassen wird oder

2. sie die Altersgrenze erreichen und das Beamtenverhältnis nicht durch Eintritt in den Ruhestand endet.

(2) ¹Die Beamtin oder der Beamte ist entlassen, wenn ein öffentlich-rechtliches Dienst- oder Amtsverhältnis zu einem anderen Dienstherrn oder zu einer Einrichtung ohne Dienstherrneigenschaft begründet wird, sofern nicht im Einvernehmen mit dem neuen Dienstherrn oder der Einrichtung die *Fortdauer des Beamtenverhältnisses* neben dem neuen Dienst- oder Amtsverhältnis angeordnet oder durch Landesrecht etwas anderes bestimmt wird. ²Dies gilt nicht für den Eintritt in ein Beamtenverhältnis auf Widerruf oder als Ehrenbeamtin oder Ehrenbeamter.

(3) Die Beamtin oder der Beamte ist mit der Berufung in ein Beamtenverhältnis auf Zeit aus einem anderen Beamtenverhältnis bei demselben

1) § 22 Abs. 1 Nr. 1 neu gef. mWv 7.12.2018 durch G v. 29.11.2018 (BGBl. I S. 2232).

Dienstherrn entlassen, soweit das Landesrecht keine abweichenden Regelungen trifft.

(4) Das Beamtenverhältnis auf Widerruf endet mit Ablauf des Tages der Ablegung oder dem endgültigen Nichtbestehen der für die Laufbahn vorgeschriebenen Prüfung, sofern durch Landesrecht nichts anderes bestimmt ist.

(5) Das Beamtenverhältnis auf Probe in einem Amt mit leitender Funktion endet mit Ablauf der Probezeit oder mit Versetzung zu einem anderen Dienstherrn.

§ 23[1] Entlassung durch Verwaltungsakt. (1) [1]Beamtinnen und Beamte sind zu entlassen, wenn sie

1. den Diensteid oder ein an dessen Stelle vorgeschriebenes Gelöbnis verweigern,
2. nicht in den Ruhestand oder einstweiligen Ruhestand versetzt werden können, weil eine versorgungsrechtliche Wartezeit nicht erfüllt ist,
3. dauernd dienstunfähig sind und das Beamtenverhältnis nicht durch Versetzung in den Ruhestand endet,
4. die Entlassung in schriftlicher Form verlangen oder
5. nach Erreichen der Altersgrenze berufen worden sind.

[2]Im Fall des Satzes 1 Nr. 3 ist § 26 Abs. 2 entsprechend anzuwenden.

(2) Beamtinnen und Beamte können entlassen werden, wenn sie in Fällen des § 7 Abs. 2 die Eigenschaft als Deutsche oder Deutscher im Sinne des Artikels 116 Absatz 1 des Grundgesetzes[2] verlieren.

(3) [1]Beamtinnen auf Probe und Beamte auf Probe können entlassen werden,

1. wenn sie eine Handlung begehen, die im Beamtenverhältnis auf Lebenszeit mindestens eine Kürzung der Dienstbezüge zur Folge hätte,
2. wenn sie sich in der Probezeit nicht bewährt haben oder
3. wenn ihr Aufgabengebiet bei einer Behörde von der Auflösung dieser Behörde oder einer auf landesrechtlicher Vorschrift beruhenden wesentlichen Änderung des Aufbaus oder Verschmelzung dieser Behörde mit einer anderen oder von der Umbildung einer Körperschaft berührt wird und eine andere Verwendung nicht möglich ist.

[2]Im Fall des Satzes 1 Nr. 2 ist § 26 Abs. 2 bei allein mangelnder gesundheitlicher Eignung entsprechend anzuwenden.

(4) [1]Beamtinnen auf Widerruf und Beamte auf Widerruf können jederzeit entlassen werden. [2]Die Gelegenheit zur Beendigung des Vorbereitungsdienstes und zur Ablegung der Prüfung soll gegeben werden.

§ 24 Verlust der Beamtenrechte. (1) [1]Wenn eine Beamtin oder ein Beamter im ordentlichen Strafverfahren durch das Urteil eines deutschen Gerichts

1. wegen einer vorsätzlichen Tat zu einer Freiheitsstrafe von mindestens einem Jahr oder

[1] § 23 Abs. 2 geänd. mWv 7.12.2018 durch G v. 29.11.2018 (BGBl. I S. 2232).
[2] Nr. 1.

2. wegen einer vorsätzlichen Tat, die nach den Vorschriften über Friedens-
verrat, Hochverrat und Gefährdung des demokratischen Rechtsstaates,
Landesverrat und Gefährdung der äußeren Sicherheit oder, soweit sich die
Tat auf eine Diensthandlung im Hauptamt bezieht, Bestechlichkeit, strafbar
ist, zu einer Freiheitsstrafe von mindestens sechs Monaten

verurteilt wird, endet das Beamtenverhältnis mit der Rechtskraft des Urteils.
[2] Entsprechendes gilt, wenn die Fähigkeit zur Bekleidung öffentlicher Ämter
aberkannt wird oder wenn die Beamtin oder der Beamte aufgrund einer
Entscheidung des Bundesverfassungsgerichts nach Artikel 18 des Grundgeset-
zes[1] ein Grundrecht verwirkt hat.

(2) Wird eine Entscheidung, die den Verlust der Beamtenrechte zur Folge
hat, in einem Wiederaufnahmeverfahren aufgehoben, gilt das Beamtenver-
hältnis als nicht unterbrochen.

§ 25 Ruhestand wegen Erreichens der Altersgrenze. Beamtinnen auf
Lebenszeit und Beamte auf Lebenszeit treten nach Erreichen der Altersgrenze
in den Ruhestand.

§ 26[2] Dienstunfähigkeit. (1) [1] Beamtinnen auf Lebenszeit und Beamte auf
Lebenszeit sind in den Ruhestand zu versetzen, wenn sie wegen ihres kör-
perlichen Zustands oder aus gesundheitlichen Gründen zur Erfüllung ihrer
Dienstpflichten dauernd unfähig (dienstunfähig) sind. [2] Als dienstunfähig kann
auch angesehen werden, wer infolge Erkrankung innerhalb eines Zeitraums
von sechs Monaten mehr als drei Monate keinen Dienst getan hat und keine
Aussicht besteht, dass innerhalb einer Frist, deren Bestimmung dem Landes-
recht vorbehalten bleibt, die Dienstfähigkeit wieder voll hergestellt ist. [3] In
den Ruhestand wird nicht versetzt, wer anderweitig verwendbar ist. [4] Für
Gruppen von Beamtinnen und Beamten können besondere Voraussetzungen
für die Dienstunfähigkeit durch Landesrecht geregelt werden.

(2) [1] Eine anderweitige Verwendung ist möglich, wenn der Beamtin oder
dem Beamten ein anderes Amt derselben oder einer anderen Laufbahn über-
tragen werden kann. [2] In den Fällen des Satzes 1 ist die Übertragung eines
anderen Amtes ohne Zustimmung zulässig, wenn das neue Amt zum Bereich
desselben Dienstherrn gehört, es mit mindestens demselben Grundgehalt ver-
bunden ist wie das bisherige Amt und wenn zu erwarten ist, dass die gesund-
heitlichen Anforderungen des neuen Amtes erfüllt werden. [3] Beamtinnen und
Beamte, die nicht die Befähigung für die andere Laufbahn besitzen, haben an
Qualifizierungsmaßnahmen für den Erwerb der neuen Befähigung teilzuneh-
men.

(3) Zur Vermeidung der Versetzung in den Ruhestand kann der Beamtin
oder dem Beamten unter Beibehaltung des übertragenen Amtes ohne Zu-
stimmung auch eine geringerwertige Tätigkeit im Bereich desselben Dienst-
herrn übertragen werden, wenn eine anderweitige Verwendung nicht mög-
lich ist und die Wahrnehmung der neuen Aufgabe unter Berücksichtigung
der bisherigen Tätigkeit zumutbar ist.

[1] Nr. 1.
[2] § 26 Abs. 1 Satz 3 neu gef. mWv 7.12.2018 durch G v. 29.11.2018 (BGBl. I S. 2232).

§ 27 Begrenzte Dienstfähigkeit. (1) Von der Versetzung in den Ruhestand wegen Dienstunfähigkeit soll abgesehen werden, wenn die Beamtin oder der Beamte unter Beibehaltung des übertragenen Amtes die Dienstpflichten noch während mindestens der Hälfte der regelmäßigen Arbeitszeit erfüllen kann (begrenzte Dienstfähigkeit).

(2) [1] Die Arbeitszeit ist entsprechend der begrenzten Dienstfähigkeit herabzusetzen. [2] Mit Zustimmung der Beamtin oder des Beamten ist auch eine Verwendung in einer nicht dem Amt entsprechenden Tätigkeit möglich.

§ 28 Ruhestand bei Beamtenverhältnis auf Probe. (1) Beamtinnen auf Probe und Beamte auf Probe sind in den Ruhestand zu versetzen, wenn sie infolge Krankheit, Verwundung oder sonstiger Beschädigung, die sie sich ohne grobes Verschulden bei Ausübung oder aus Veranlassung des Dienstes zugezogen haben, dienstunfähig geworden sind.

(2) Beamtinnen auf Probe und Beamte auf Probe können in den Ruhestand versetzt werden, wenn sie aus anderen Gründen dienstunfähig geworden sind.

(3) § 26 Abs. 1 Satz 3, Abs. 2 und 3 sowie § 27 sind entsprechend anzuwenden.

§ 29 Wiederherstellung der Dienstfähigkeit. (1) Wird nach der Versetzung in den Ruhestand wegen Dienstunfähigkeit die Dienstfähigkeit wiederhergestellt und beantragt die Ruhestandsbeamtin oder der Ruhestandsbeamte vor Ablauf einer Frist, deren Bestimmung dem Landesrecht vorbehalten bleibt, spätestens zehn Jahre nach der Versetzung in den Ruhestand, eine erneute Berufung in das Beamtenverhältnis, ist diesem Antrag zu entsprechen, falls nicht zwingende dienstliche Gründe entgegenstehen.

(2) [1] Beamtinnen und Beamte, die wegen Dienstunfähigkeit in den Ruhestand versetzt worden sind, können erneut in das Beamtenverhältnis berufen werden, wenn im Dienstbereich des früheren Dienstherrn ein Amt mit mindestens demselben Grundgehalt übertragen werden soll und wenn zu erwarten ist, dass die gesundheitlichen Anforderungen des neuen Amtes erfüllt werden. [2] Beamtinnen und Beamte, die nicht die Befähigung für die andere Laufbahn besitzen, haben an Qualifizierungsmaßnahmen für den Erwerb der neuen Befähigung teilzunehmen. [3] Den wegen Dienstunfähigkeit in den Ruhestand versetzten Beamtinnen und Beamten kann unter Übertragung eines Amtes ihrer früheren Laufbahn nach Satz 1 auch eine geringerwertige Tätigkeit im Bereich desselben Dienstherrn übertragen werden, wenn eine anderweitige Verwendung nicht möglich ist und die Wahrnehmung der neuen Aufgabe unter Berücksichtigung ihrer früheren Tätigkeit zumutbar ist.

(3) Die erneute Berufung in ein Beamtenverhältnis ist auch in den Fällen der begrenzten Dienstfähigkeit möglich.

(4) Beamtinnen und Beamte, die wegen Dienstunfähigkeit in den Ruhestand versetzt worden sind, sind verpflichtet, sich geeigneten und zumutbaren Maßnahmen zur Wiederherstellung ihrer Dienstfähigkeit zu unterziehen; die zuständige Behörde kann ihnen entsprechende Weisungen erteilen.

(5) [1] Die Dienstfähigkeit der Ruhestandsbeamtin oder des Ruhestandsbeamten kann nach Maßgabe des Landesrechts untersucht werden; sie oder er ist verpflichtet, sich nach Weisung der zuständigen Behörde ärztlich unter-

suchen zu lassen. [2] Die Ruhestandsbeamtin oder der Ruhestandsbeamte kann eine solche Untersuchung verlangen, wenn sie oder er einen Antrag nach Absatz 1 zu stellen beabsichtigt.

(6) Bei einer erneuten Berufung gilt das frühere Beamtenverhältnis als fortgesetzt.

§ 30 Einstweiliger Ruhestand. (1) [1] Beamtinnen auf Lebenszeit und Beamte auf Lebenszeit können jederzeit in den einstweiligen Ruhestand versetzt werden, wenn sie ein Amt bekleiden, bei dessen Ausübung sie in fortdauernder Übereinstimmung mit den grundsätzlichen politischen Ansichten und Zielen der Regierung stehen müssen. [2] Die Bestimmung der Ämter nach Satz 1 ist dem Landesrecht vorbehalten.

(2) Beamtinnen und Beamte, die auf Probe ernannt sind und ein Amt im Sinne des Absatzes 1 bekleiden, können jederzeit entlassen werden.

(3) [1] Für den einstweiligen Ruhestand gelten die Vorschriften über den Ruhestand. [2] § 29 Abs. 2 und 6 gilt entsprechend. [3] Der einstweilige Ruhestand endet bei erneuter Berufung in das Beamtenverhältnis auf Lebenszeit auch bei einem anderen Dienstherrn, wenn den Beamtinnen oder Beamten ein Amt verliehen wird, das derselben oder einer gleichwertigen Laufbahn angehört wie das frühere Amt und mit mindestens demselben Grundgehalt verbunden ist.

(4) Erreichen Beamtinnen und Beamte, die in den einstweiligen Ruhestand versetzt sind, die gesetzliche Altersgrenze, gelten sie mit diesem Zeitpunkt als dauernd in den Ruhestand versetzt.

§ 31 Einstweiliger Ruhestand bei Umbildung und Auflösung von Behörden. (1) [1] Bei der Auflösung einer Behörde oder bei einer auf landesrechtlicher Vorschrift beruhenden wesentlichen Änderung des Aufbaus oder bei Verschmelzung einer Behörde mit einer oder mehreren anderen kann eine Beamtin auf Lebenszeit oder ein Beamter auf Lebenszeit in den einstweiligen Ruhestand versetzt werden, wenn das übertragene Aufgabengebiet von der Auflösung oder Umbildung berührt wird und eine Versetzung nach Landesrecht nicht möglich ist. [2] Zusätzliche Voraussetzungen können geregelt werden.

(2) [1] Die erneute Berufung der in den einstweiligen Ruhestand versetzten Beamtin oder des in den einstweiligen Ruhestand versetzten Beamten in ein Beamtenverhältnis ist vorzusehen, wenn ein der bisherigen Tätigkeit entsprechendes Amt zu besetzen ist, für das sie oder er geeignet ist. [2] Für erneute Berufungen nach Satz 1, die weniger als fünf Jahre vor Erreichen der Altersgrenze (§ 25) wirksam werden, können durch Landesrecht abweichende Regelungen getroffen werden.

(3) § 29 Abs. 6 gilt entsprechend.

§ 32 Wartezeit. Die Versetzung in den Ruhestand setzt die Erfüllung einer versorgungsrechtlichen Wartezeit voraus.

Abschnitt 6. Rechtliche Stellung im Beamtenverhältnis

§ 33 Grundpflichten. (1) [1] Beamtinnen und Beamte dienen dem ganzen Volk, nicht einer Partei. [2] Sie haben ihre Aufgaben unparteiisch und gerecht zu erfüllen und ihr Amt zum Wohl der Allgemeinheit zu führen. [3] Beamtinnen und Beamte müssen sich durch ihr gesamtes Verhalten zu der freiheitlichen demokratischen Grundordnung im Sinne des Grundgesetzes[1] bekennen und für deren Erhaltung eintreten.

(2) Beamtinnen und Beamte haben bei politischer Betätigung diejenige Mäßigung und Zurückhaltung zu wahren, die sich aus ihrer Stellung gegenüber der Allgemeinheit und aus der Rücksicht auf die Pflichten ihres Amtes ergibt.

§ 34[2] Wahrnehmung der Aufgaben, Verhalten. [1] Beamtinnen und Beamte haben sich mit vollem persönlichen Einsatz ihrem Beruf zu widmen. [2] Sie haben die übertragenen Aufgaben uneigennützig nach bestem Gewissen wahrzunehmen. [3] Ihr Verhalten innerhalb und außerhalb des Dienstes muss der Achtung und dem Vertrauen gerecht werden, die ihr Beruf erfordert. [4] Sie dürfen ihr Gesicht bei Ausübung des Dienstes oder bei einer Tätigkeit mit unmittelbarem Dienstbezug nicht verhüllen, es sei denn, dienstliche oder gesundheitliche Gründe erfordern dies.

§ 35[3] Folgepflicht. (1) [1] Beamtinnen und Beamte haben ihre Vorgesetzten zu beraten und zu unterstützen. [2] Sie sind verpflichtet, deren dienstliche Anordnungen auszuführen und deren allgemeine Richtlinien zu befolgen. [3] Dies gilt nicht, soweit die Beamtinnen und Beamten nach besonderen gesetzlichen Vorschriften an Weisungen nicht gebunden und nur dem Gesetz unterworfen sind.

(2) Beamtinnen und Beamte haben bei organisatorischen Veränderungen dem Dienstherrn Folge zu leisten.

§ 36[4] Verantwortung für die Rechtmäßigkeit. (1) Beamtinnen und Beamte tragen für die Rechtmäßigkeit ihrer dienstlichen Handlungen die volle persönliche Verantwortung.

(2) [1] Bedenken gegen die Rechtmäßigkeit dienstlicher Anordnungen haben Beamtinnen und Beamte unverzüglich auf dem Dienstweg geltend zu machen. [2] Wird die Anordnung aufrechterhalten, haben sie sich, wenn die Bedenken fortbestehen, an die nächst höhere Vorgesetzte oder den nächst höheren Vorgesetzten zu wenden. [3] Wird die Anordnung bestätigt, müssen die Beamtinnen und Beamten sie ausführen und sind von der eigenen Verantwortung befreit. [4] Dies gilt nicht, wenn das aufgetragene Verhalten die Würde des Menschen verletzt oder strafbar oder ordnungswidrig ist und die

[1] Nr. **1**.
[2] § 34 Satz 4 angef. mWv 15.6.2017 durch G v. 8.6.2017 (BGBl. I S. 1570); Satz 3 neu gef. mWv 7.12.2018 durch G v. 29.11.2018 (BGBl. I S. 2232).
[3] § 35 Überschrift neu gef., Abs. 2 angef. mWv 7.12.2018 durch G v. 29.11.2018 (BGBl. I S. 2232).
[4] § 36 Abs. 3 Satz 2 angef. mWv 7.12.2018 durch G v. 29.11.2018 (BGBl. I S. 2232).

Strafbarkeit oder Ordnungswidrigkeit für die Beamtinnen oder Beamten erkennbar ist. [5] Die Bestätigung hat auf Verlangen schriftlich zu erfolgen.

(3) [1] Wird von den Beamtinnen oder Beamten die sofortige Ausführung der Anordnung verlangt, weil Gefahr im Verzug besteht und die Entscheidung der oder des höheren Vorgesetzten nicht rechtzeitig herbeigeführt werden kann, gilt Absatz 2 Satz 3 und 4 entsprechend. [2] Die Anordnung ist durch die anordnende oder den anordnenden Vorgesetzten schriftlich zu bestätigen, wenn die Beamtin oder der Beamte dies unverzüglich nach Ausführung der Anordnung verlangt.

§ 37 Verschwiegenheitspflicht. (1) [1] Beamtinnen und Beamte haben über die ihnen bei oder bei Gelegenheit ihrer amtlichen Tätigkeit bekannt gewordenen dienstlichen Angelegenheiten Verschwiegenheit zu bewahren. [2] Dies gilt auch über den Bereich eines Dienstherrn hinaus sowie nach Beendigung des Beamtenverhältnisses.

(2) [1] Absatz 1 gilt nicht, soweit

1. Mitteilungen im dienstlichen Verkehr geboten sind,

2. Tatsachen mitgeteilt werden, die offenkundig sind oder ihrer Bedeutung nach keiner Geheimhaltung bedürfen, oder

3. gegenüber der zuständigen obersten Dienstbehörde, einer Strafverfolgungsbehörde oder einer durch Landesrecht bestimmten weiteren Behörde oder außerdienstlichen Stelle ein durch Tatsachen begründeter Verdacht einer Korruptionsstraftat nach den §§ 331 bis 337 des Strafgesetzbuches[1)] angezeigt wird.

[2] Im Übrigen bleiben die gesetzlich begründeten Pflichten, geplante Straftaten anzuzeigen und für die Erhaltung der freiheitlichen demokratischen Grundordnung einzutreten, von Absatz 1 unberührt.

(3) [1] Beamtinnen und Beamte dürfen ohne Genehmigung über Angelegenheiten, für die Absatz 1 gilt, weder vor Gericht noch außergerichtlich aussagen oder Erklärungen abgeben. [2] Die Genehmigung erteilt der Dienstherr oder, wenn das Beamtenverhältnis beendet ist, der letzte Dienstherr. [3] Hat sich der Vorgang, der den Gegenstand der Äußerung bildet, bei einem früheren Dienstherrn ereignet, darf die Genehmigung nur mit dessen Zustimmung erteilt werden. [4] Durch Landesrecht kann bestimmt werden, dass an die Stelle des in den Sätzen 2 und 3 genannten jeweiligen Dienstherrn eine andere Stelle tritt.

(4) [1] Die Genehmigung, als Zeugin oder Zeuge auszusagen, darf nur versagt werden, wenn die Aussage dem Wohl des Bundes oder eines deutschen Landes erhebliche Nachteile bereiten oder die Erfüllung öffentlicher Aufgaben ernstlich gefährden oder erheblich erschweren würde. [2] Durch Landesrecht kann bestimmt werden, dass die Verweigerung der Genehmigung zur Aussage vor Untersuchungsausschüssen des Deutschen Bundestages oder der Volksvertretung eines Landes einer Nachprüfung unterzogen werden kann. [3] Die Genehmigung, ein Gutachten zu erstatten, kann versagt werden, wenn die Erstattung den dienstlichen Interessen Nachteile bereiten würde.

[1)] **Schönfelder Nr. 85.**

(5) [1] Sind Beamtinnen oder Beamte Partei oder Beschuldigte in einem gerichtlichen Verfahren oder soll ihr Vorbringen der Wahrnehmung ihrer berechtigten Interessen dienen, darf die Genehmigung auch dann, wenn die Voraussetzungen des Absatzes 4 Satz 1 erfüllt sind, nur versagt werden, wenn die dienstlichen Rücksichten dies unabweisbar erfordern. [2] Wird sie versagt, ist Beamtinnen oder Beamten der Schutz zu gewähren, den die dienstlichen Rücksichten zulassen.

(6) [1] Beamtinnen und Beamte haben, auch nach Beendigung des Beamtenverhältnisses, auf Verlangen des Dienstherrn oder des letzten Dienstherrn amtliche Schriftstücke, Zeichnungen, bildliche Darstellungen sowie Aufzeichnungen jeder Art über dienstliche Vorgänge, auch soweit es sich um Wiedergaben handelt, herauszugeben. [2] Die gleiche Verpflichtung trifft ihre Hinterbliebenen und Erben.

§ 38 Diensteid. (1) [1] Beamtinnen und Beamte haben einen Diensteid zu leisten. [2] Der Diensteid hat eine Verpflichtung auf das Grundgesetz[1]) zu enthalten.

(2) In den Fällen, in denen Beamtinnen und Beamte erklären, dass sie aus Glaubens- oder Gewissensgründen den Eid nicht leisten wollen, kann für diese an Stelle des Eides ein Gelöbnis zugelassen werden.

(3) In den Fällen, in denen nach § 7 Abs. 3 eine Ausnahme von § 7 Abs. 1 Nr. 1 zugelassen worden ist, kann an Stelle des Eides ein Gelöbnis vorgeschrieben werden.

§ 39 Verbot der Führung der Dienstgeschäfte. [1] Beamtinnen und Beamten kann aus zwingenden dienstlichen Gründen die Führung der Dienstgeschäfte verboten werden. [2] Das Verbot erlischt, wenn nicht bis zum Ablauf von drei Monaten gegen die Beamtin oder den Beamten ein Disziplinarverfahren oder ein sonstiges auf Rücknahme der Ernennung oder auf Beendigung des Beamtenverhältnisses gerichtetes Verfahren eingeleitet worden ist.

§ 40 Nebentätigkeit. [1] Eine Nebentätigkeit ist grundsätzlich anzeigepflichtig. [2] Sie ist unter Erlaubnis- oder Verbotsvorbehalt zu stellen, soweit sie geeignet ist, dienstliche Interessen zu beeinträchtigen.

§ 41 Tätigkeit nach Beendigung des Beamtenverhältnisses. [1] Ruhestandsbeamtinnen und Ruhestandsbeamte sowie frühere Beamtinnen mit Versorgungsbezügen und frühere Beamte mit Versorgungsbezügen haben die Ausübung einer Erwerbstätigkeit oder sonstigen Beschäftigung außerhalb des öffentlichen Dienstes, die mit der dienstlichen Tätigkeit innerhalb eines Zeitraums, dessen Bestimmung dem Landesrecht vorbehalten bleibt, im Zusammenhang steht und durch die dienstliche Interessen beeinträchtigt werden können, anzuzeigen. [2] Die Erwerbstätigkeit oder sonstige Beschäftigung ist zu untersagen, wenn zu besorgen ist, dass durch sie dienstliche Interessen beeinträchtigt werden. [3] Das Verbot endet spätestens mit Ablauf von fünf Jahren nach Beendigung des Beamtenverhältnisses.

[1]) Nr. 1.

§ 42[1] Verbot der Annahme von Belohnungen, Geschenken und sonstigen Vorteilen. (1) [1]Beamtinnen und Beamte dürfen, auch nach Beendigung des Beamtenverhältnisses, keine Belohnungen, Geschenke oder sonstigen Vorteile für sich oder eine dritte Person in Bezug auf ihr Amt fordern, sich versprechen lassen oder annehmen. [2]Ausnahmen bedürfen der Zustimmung ihres gegenwärtigen oder letzten Dienstherrn.

(2) Wer gegen das in Absatz 1 genannte Verbot verstößt, hat das aufgrund des pflichtwidrigen Verhaltens Erlangte auf Verlangen dem Dienstherrn herauszugeben, soweit nicht die Einziehung von Taterträgen angeordnet worden oder es auf andere Weise auf den Staat übergegangen ist.

§ 43 Teilzeitbeschäftigung. Teilzeitbeschäftigung ist zu ermöglichen.

§ 44 Erholungsurlaub. Beamtinnen und Beamten steht jährlicher Erholungsurlaub unter Fortgewährung der Bezüge zu.

§ 45 Fürsorge. [1]Der Dienstherr hat im Rahmen des Dienst- und Treueverhältnisses für das Wohl der Beamtinnen und Beamten und ihrer Familien, auch für die Zeit nach Beendigung des Beamtenverhältnisses, zu sorgen. [2]Er schützt die Beamtinnen und Beamten bei ihrer amtlichen Tätigkeit und in ihrer Stellung.

§ 46[2] Mutterschutz und Elternzeit. Effektiver Mutterschutz und Elternzeit sind zu gewährleisten.

§ 47[3] Nichterfüllung von Pflichten. (1) [1]Beamtinnen und Beamte begehen ein Dienstvergehen, wenn sie schuldhaft die ihnen obliegenden Pflichten verletzen. [2]Ein Verhalten außerhalb des Dienstes ist nur dann ein Dienstvergehen, wenn es nach den Umständen des Einzelfalls in besonderem Maße geeignet ist, das Vertrauen in einer für ihr Amt bedeutsamen Weise zu beeinträchtigen.

(2) [1]Bei Ruhestandsbeamtinnen und Ruhestandsbeamten oder früheren Beamtinnen mit Versorgungsbezügen und früheren Beamten mit Versorgungsbezügen gilt es als Dienstvergehen, wenn sie sich gegen die freiheitliche demokratische Grundordnung im Sinne des Grundgesetzes[4] betätigen oder an Bestrebungen teilnehmen, die darauf abzielen, den Bestand oder die Sicherheit der Bundesrepublik Deutschland zu beeinträchtigen, oder wenn sie schuldhaft gegen die in den §§ 37, 41 und 42 bestimmten Pflichten verstoßen. [2]Bei sonstigen früheren Beamtinnen und früheren Beamten gilt es als Dienstvergehen, wenn sie schuldhaft gegen die in den §§ 37, 41 und 42 bestimmten Pflichten verstoßen. [3]Für Beamtinnen und Beamte nach den Sätzen 1 und 2

(Fortsetzung nächstes Blatt)

[1] § 42 Abs. 2 geänd. mWv 1.7.2017 durch G v. 13.4.2017 (BGBl. I S. 872).
[2] § 46 neu gef. mWv 1.1.2018 durch G v. 23.5.2017 (BGBl. I S. 1228).
[3] § 47 Abs. 2 Satz 1 geänd. mWv 7.12.2018 durch G v. 29.11.2018 (BGBl. I S. 2232).
[4] Nr. 1.

können durch Landesrecht weitere Handlungen festgelegt werden, die als Dienstvergehen gelten.

(3) Das Nähere über die Verfolgung von Dienstvergehen regeln die Disziplinargesetze.

§ 48 Pflicht zum Schadensersatz. [1]Beamtinnen und Beamte, die vorsätzlich oder grob fahrlässig die ihnen obliegenden Pflichten verletzen, haben dem Dienstherrn, dessen Aufgaben sie wahrgenommen haben, den daraus entstehenden Schaden zu ersetzen. [2]Haben mehrere Beamtinnen oder Beamte gemeinsam den Schaden verursacht, haften sie als Gesamtschuldner.

§ 49 Übermittlungen bei Strafverfahren. (1) [1]Das Gericht, die Strafverfolgungs- oder die Strafvollstreckungsbehörde hat in Strafverfahren gegen Beamtinnen und Beamte zur Sicherstellung der erforderlichen dienstrechtlichen Maßnahmen im Fall der Erhebung der öffentlichen Klage

1. die Anklageschrift oder eine an ihre Stelle tretende Antragsschrift,

2. den Antrag auf Erlass eines Strafbefehls und

3. die einen Rechtszug abschließende Entscheidung mit Begründung

zu übermitteln. [2]Ist gegen die Entscheidung ein Rechtsmittel eingelegt worden, ist die Entscheidung unter Hinweis auf das eingelegte Rechtsmittel zu übermitteln. [3]Der Erlass und der Vollzug eines Haftbefehls oder eines Unterbringungsbefehls sind mitzuteilen.

(2) In Verfahren wegen fahrlässig begangener Straftaten werden die in Absatz 1 Satz 1 bestimmten Übermittlungen nur vorgenommen, wenn

1. es sich um schwere Verstöße handelt, namentlich Vergehen der Trunkenheit im Straßenverkehr oder der fahrlässigen Tötung, oder

2. in sonstigen Fällen die Kenntnis der Daten aufgrund der Umstände des Einzelfalls erforderlich ist, um zu prüfen, ob dienstrechtliche Maßnahmen zu ergreifen sind.

(3) [1]Entscheidungen über Verfahrenseinstellungen, die nicht bereits nach Absatz 1 oder 2 zu übermitteln sind, sollen übermittelt werden, wenn die in Absatz 2 Nr. 2 genannten Voraussetzungen erfüllt sind. [2]Dabei ist zu berücksichtigen, wie gesichert die zu übermittelnden Erkenntnisse sind.

(4) [1]Sonstige Tatsachen, die in einem Strafverfahren bekannt werden, dürfen mitgeteilt werden, wenn ihre Kenntnis aufgrund besonderer Umstände des Einzelfalls für dienstrechtliche Maßnahmen gegen eine Beamtin oder einen Beamten erforderlich ist und soweit nicht für die übermittelnde Stelle erkennbar ist, dass schutzwürdige Interessen der Beamtin oder des Beamten an dem Ausschluss der Übermittlung überwiegen. [2]Erforderlich ist die Kenntnis der Daten auch dann, wenn diese Anlass zur Prüfung bieten, ob dienstrechtliche Maßnahmen zu ergreifen sind. [3]Absatz 3 Satz 2 ist entsprechend anzuwenden.

(5) Nach den Absätzen 1 bis 4 übermittelte Daten dürfen auch für die Wahrnehmung der Aufgaben nach dem Sicherheitsüberprüfungsgesetz[1)] oder einem entsprechenden Landesgesetz verwendet werden.

(6) [1]Übermittlungen nach den Absätzen 1 bis 3 sind auch zulässig, soweit sie Daten betreffen, die dem Steuergeheimnis (§ 30 der Abgabenordnung) unter-

[1)] **Wehrrecht Nr. 807.**

liegen. [2]Übermittlungen nach Absatz 4 sind unter den Voraussetzungen des § 30 Abs. 4 Nr. 5 der Abgabenordnung zulässig.

§ 50[1]) **Personalakte.** [1]Für jede Beamtin und jeden Beamten ist eine Personalakte zu führen. [2]Zur Personalakte gehören alle Unterlagen, die die Beamtin oder den Beamten betreffen, soweit sie mit dem Dienstverhältnis in einem unmittelbaren inneren Zusammenhang stehen (Personalaktendaten). [3]Die Personalakte ist vertraulich zu behandeln. [4]Personalaktendaten dürfen ohne Einwilligung der Beamtin oder des Beamten nur für Zwecke der Personalverwaltung oder Personalwirtschaft verarbeitet werden. [5]Für Ausnahmefälle kann landesrechtlich eine von Satz 4 abweichende Verarbeitung vorgesehen werden.

§ 51 Personalvertretung. Die Bildung von Personalvertretungen zum Zweck der vertrauensvollen Zusammenarbeit zwischen der Behördenleitung und dem Personal ist unter Einbeziehung der Beamtinnen und Beamten zu gewährleisten.

§ 52 Mitgliedschaft in Gewerkschaften und Berufsverbänden. [1]Beamtinnen und Beamte haben das Recht, sich in Gewerkschaften oder Berufsverbänden zusammenzuschließen. [2]Sie dürfen wegen Betätigung für ihre Gewerkschaft oder ihren Berufsverband nicht dienstlich gemaßregelt oder benachteiligt werden.

§ 53 Beteiligung der Spitzenorganisationen. [1]Bei der Vorbereitung gesetzlicher Regelungen der beamtenrechtlichen Verhältnisse durch die obersten Landesbehörden sind die Spitzenorganisationen der zuständigen Gewerkschaften und Berufsverbände zu beteiligen. [2]Das Beteiligungsverfahren kann auch durch Vereinbarung ausgestaltet werden.

Abschnitt 7. Rechtsweg

§ 54 Verwaltungsrechtsweg. (1) Für alle Klagen der Beamtinnen, Beamten, Ruhestandsbeamtinnen, Ruhestandsbeamten, früheren Beamtinnen, früheren Beamten und der Hinterbliebenen aus dem Beamtenverhältnis sowie für Klagen des Dienstherrn ist der Verwaltungsrechtsweg gegeben.

(2) [1]Vor allen Klagen ist ein Vorverfahren nach den Vorschriften des 8. Abschnitts der Verwaltungsgerichtsordnung[2]) durchzuführen. [2]Dies gilt auch dann, wenn die Maßnahme von der obersten Dienstbehörde getroffen worden ist. [3]Ein Vorverfahren ist nicht erforderlich, wenn ein Landesgesetz dieses ausdrücklich bestimmt.

(3) [1]Den Widerspruchsbescheid erlässt die oberste Dienstbehörde. [2]Sie kann die Entscheidung für Fälle, in denen sie die Maßnahme nicht selbst getroffen hat, durch allgemeine Anordnung auf andere Behörden übertragen. [3]Die Anordnung ist zu veröffentlichen.

[1]) § 50 Satz 4 neu gef., Satz 5 geänd. mWv 26.11.2019 durch G v. 20.11.2019 (BGBl. I S. 1626).
[2]) Nr. **600**.

(4) Widerspruch und Anfechtungsklage gegen Abordnung oder Versetzung haben keine aufschiebende Wirkung.

Abschnitt 8. Spannungs- und Verteidigungsfall

§ 55 Anwendungsbereich. [1] Beschränkungen, Anordnungen und Verpflichtungen nach den §§ 56 bis 59 sind nur nach Maßgabe des Artikels 80 a des Grundgesetzes[1] zulässig. [2] Sie sind auf Personen im Sinne des § 5 Abs. 1 des Arbeitssicherstellungsgesetzes[2] nicht anzuwenden.

§ 56 Dienstleistung im Verteidigungsfall. (1) Beamtinnen und Beamte können für Zwecke der Verteidigung auch ohne ihre Zustimmung zu einem anderen Dienstherrn abgeordnet oder zur Dienstleistung bei über- oder zwischenstaatlichen zivilen Dienststellen verpflichtet werden.

(2) [1] Beamtinnen und Beamten können für Zwecke der Verteidigung auch Aufgaben übertragen werden, die nicht ihrem Amt oder ihrer Laufbahnbefähigung entsprechen, sofern ihnen die Übernahme nach ihrer Vor- und Ausbildung und im Hinblick auf die Ausnahmesituation zumutbar ist. [2] Aufgaben einer Laufbahn mit geringeren Zugangsvoraussetzungen dürfen ihnen nur übertragen werden, wenn dies aus dienstlichen Gründen unabweisbar ist.

(3) Beamtinnen und Beamte haben bei der Erfüllung der ihnen für Zwecke der Verteidigung übertragenen Aufgaben Gefahren und Erschwernisse auf sich zu nehmen, soweit diese ihnen nach den Umständen und den persönlichen Verhältnissen zugemutet werden können.

(4) Beamtinnen und Beamte sind bei einer Verlegung der Behörde oder Dienststelle auch in das Ausland zur Dienstleistung am neuen Dienstort verpflichtet.

§ 57 Aufschub der Entlassung und des Ruhestands. [1] Die Entlassung der Beamtinnen und Beamten auf ihren Antrag kann für Zwecke der Verteidigung hinausgeschoben werden, wenn dies im öffentlichen Interesse erforderlich ist und der Personalbedarf der öffentlichen Verwaltung im Bereich ihres Dienstherrn auf freiwilliger Grundlage nicht gedeckt werden kann. [2] Satz 1 gilt entsprechend für den Ablauf der Amtszeit bei Beamtenverhältnissen auf Zeit. [3] Der Eintritt der Beamtinnen und Beamten in den Ruhestand nach Erreichen der Altersgrenze und die vorzeitige Versetzung in den Ruhestand auf Antrag ohne Nachweis der Dienstunfähigkeit können unter den Voraussetzungen des Satzes 1 bis zum Ende des Monats hinausgeschoben werden, in dem die für Bundesbeamtinnen und Bundesbeamte geltende Regelaltersgrenze erreicht wird.

§ 58 Erneute Berufung von Ruhestandsbeamtinnen und Ruhestandsbeamten. [1] Ruhestandsbeamtinnen und Ruhestandsbeamte, die die für Bundesbeamtinnen und Bundesbeamte geltende Regelaltersgrenze noch nicht erreicht haben, können für Zwecke der Verteidigung erneut in ein Beamten-

[1] Nr. 1.
[2] G v. 9. 7. 1968 (BGBl. I S. 787), zuletzt geänd. durch G v. 13. 12. 2007 (BGBl. I S. 2904), **Wehrrecht Nr. 1430.**

verhältnis berufen werden, wenn dies im öffentlichen Interesse erforderlich ist und der Personalbedarf der öffentlichen Verwaltung im Bereich ihres bisherigen Dienstherrn auf freiwilliger Grundlage nicht gedeckt werden kann. [2] Das Beamtenverhältnis endet, wenn es nicht vorher beendet wird, mit dem Ende des Monats, in dem die für Bundesbeamtinnen und Bundesbeamte geltende Regelaltersgrenze erreicht wird.

§ 59 Verpflichtung zur Gemeinschaftsunterkunft und Mehrarbeit.
(1) Wenn dienstliche Gründe es erfordern, können Beamtinnen und Beamte für Zwecke der Verteidigung verpflichtet werden, vorübergehend in einer Gemeinschaftsunterkunft zu wohnen und an einer Gemeinschaftsverpflegung teilzunehmen.

(2) [1] Beamtinnen und Beamte sind verpflichtet, für Zwecke der Verteidigung über die regelmäßige Arbeitszeit hinaus ohne besondere Vergütung Dienst zu tun. [2] Für die Mehrbeanspruchung wird ein Freizeitausgleich nur gewährt, soweit es die dienstlichen Erfordernisse gestatten.

Abschnitt 9. Sonderregelungen für Verwendungen im Ausland

§ 60 Verwendungen im Ausland. (1) [1] Beamtinnen und Beamte, die zur Wahrnehmung des ihnen übertragenen Amtes im Ausland oder außerhalb des Deutschen Hoheitsgebiets auf Schiffen oder in Luftfahrzeugen verwendet werden und dabei wegen vom Inland wesentlich abweichender Verhältnisse erhöhten Gefahren ausgesetzt sind, können aus dienstlichen Gründen verpflichtet werden,

1. vorübergehend in einer Gemeinschaftsunterkunft zu wohnen und an einer Gemeinschaftsverpflegung teilzunehmen,

2. Schutzkleidung zu tragen,

3. Dienstkleidung zu tragen und

4. über die regelmäßige Arbeitszeit hinaus ohne besondere Vergütung Dienst zu tun.

[2] In den Fällen des Satzes 1 Nr. 4 wird für die Mehrbeanspruchung ein Freizeitausgleich nur gewährt, soweit es die dienstlichen Erfordernisse gestatten.

(2) Sind nach Absatz 1 verwendete Beamtinnen und Beamte zum Zeitpunkt des vorgesehenen Eintritts in den Ruhestand nach den §§ 25 und 26 oder des vorgesehenen Ablaufs ihrer Amtszeit wegen Verschleppung, Gefangenschaft oder aus sonstigen mit dem Dienst zusammenhängenden Gründen, die sie nicht zu vertreten haben, dem Einflussbereich des Dienstherrn entzogen, verlängert sich das Dienstverhältnis bis zum Ablauf des auf die Beendigung dieses Zustands folgenden Monats.

Abschnitt 10. Sonderregelungen für wissenschaftliches Hochschulpersonal

§ 61 Hochschullehrerinnen und Hochschullehrer. [1] Abweichend von den §§ 14 und 15 können Hochschullehrerinnen und Hochschullehrer nur

mit ihrer Zustimmung in den Bereich eines Dienstherrn eines anderen Landes oder des Bundes abgeordnet oder versetzt werden. [2] Abordnung und Versetzung im Sinne von Satz 1 sind auch ohne Zustimmung der Hochschullehrerinnen oder Hochschullehrer zulässig, wenn die Hochschule oder die Hochschuleinrichtung, an der sie tätig sind, aufgelöst oder mit einer anderen Hochschule zusammengeschlossen wird oder wenn die Studien- oder Fachrichtung, in der sie tätig sind, ganz oder teilweise aufgehoben oder an eine andere Hochschule verlegt wird. [3] In diesen Fällen beschränkt sich eine Mitwirkung der aufnehmenden Hochschule oder Hochschuleinrichtung bei der Einstellung auf eine Anhörung. [4] Die Vorschriften über den einstweiligen Ruhestand sind auf Hochschullehrerinnen und Hochschullehrer nicht anzuwenden.

Abschnitt 11. Schlussvorschriften

§ 62 Folgeänderungen. *(hier nicht wiedergegeben)*

§ 63[1] Inkrafttreten, Außerkrafttreten. (1) [1] Die §§ 25 und 50 treten am Tag nach der Verkündung[2] in Kraft. [2] Gleichzeitig treten die §§ 25 und 26 Abs. 3 sowie die §§ 56 bis 56 f des Beamtenrechtsrahmengesetzes in der Fassung der Bekanntmachung vom 31. März 1999 (BGBl. I S. 654), das zuletzt durch Artikel 2 Abs. 1 des Gesetzes vom 5. Dezember 2006 (BGBl. I S. 2748) geändert worden ist, außer Kraft.

(2) § 62 Abs. 13 und 14 tritt für Bundesbeamtinnen und Bundesbeamte am 12. Februar 2009 in Kraft.

(3) [1] Im Übrigen tritt das Gesetz am 1. April 2009 in Kraft. [2] Gleichzeitig tritt das Beamtenrechtsrahmengesetz mit Ausnahme von Kapitel II und § 135 außer Kraft.

(4) [1] Die Länder können für die Zeit bis zum Inkrafttreten des § 11 Landesregelungen im Sinne dieser Vorschrift in Kraft setzen. [2] In den Ländern, die davon Gebrauch machen, ist § 8 des Beamtenrechtsrahmengesetzes nicht anzuwenden.

[1] § 63 Abs. 2 eingef., bish. Abs. 2 und 3 werden Abs. 3 und 4 mWv 12. 2. 2009 durch G v. 5. 2. 2009 (BGBl. I S. 160).
[2] Verkündet am 19. 6. 2008.

150a. Rahmengesetz zur Vereinheitlichung des Beamtenrechts (Beamtenrechtsrahmengesetz – BRRG)[1])

In der Fassung der Bekanntmachung vom 31. März 1999[2])

(BGBl. I S. 654)

FNA 2030-1

geänd. durch Art. 12 SGB IX – Rehabilitation und Teilhabe behinderter Menschen – v. 19.6.2001 (BGBl. I S. 1046), Art. 2 Bundesdisziplinarrechts-NeuordnungsG v. 9.7.2001 (BGBl. I S. 1510), Art. 4 VersorgungsÄndG 2001 v. 20.12.2001 (BGBl. I S. 3926), Art. 5 Fünftes HochschulrahmenG-ÄndG v. 16.2.2002 (BGBl. I S. 693, nichtig gem. Urt. des BVerfG v. 27.7.2004 – 2 BvF 2/02 –), Art. 2 BesoldungsstrukturG v. 21.6.2002 (BGBl. I S. 2138), Art. 8 Drittes G zur Änd. verwaltungs-verfahrensrechtl. Vorschr. v. 21.8.2002 (BGBl. I S. 3322), Art. 2 G zur wirkungsgleichen Über-tragung von Regelungen der sozialen Pflegeversicherung in das Dienstrecht und zur Änd. sonstiger dienstrechtl. Vorschr. v. 4.11.2004 (BGBl. I S. 2686), Art. 5 G zur Änd. dienst- und arbeitsrechtl. Vorschr. im Hochschulbereich v. 27.12.2004 (BGBl. I S. 3835), Art. 5 G zur Umbenennung des Bundesgrenzschutzes in Bundespolizei v. 21.6.2005 (BGBl. I S. 1818), Art. 2 Abs. 1 Elterngeld-EinführungsG v. 5.12.2006 (BGBl. I S. 2748), §§ 63 Abs. 1 Satz 2 und Abs. 2 Satz 2 BeamtenstatusG v. 17.6.2008 (BGBl. I S. 1010), Art. 15 Abs. 14 DienstrechtsneuordnungsG v. 5.2.2009 (BGBl. I S. 160), Art. 6 G zum Abbau verzichtbarer Anordnungen der Schriftform im Verwaltungsrecht des Bundes v. 29.3.2017 (BGBl. I S. 626) und Art. 6 Abs. 1 G zur Neuregelung des Mutterschutzrechts v. 23.5.2017 (BGBl. I S. 1228)

Inhaltsübersicht[3])

Kapitel I.[4]) *(Vorschriften für die Landesgesetzgebung)*

§§ 1–120[4]) *(aufgehoben)*

[1]) Das BRRG ist gem. § 63 Abs. 2 G v. 17.6.2008 (BGBl. I S. 1010) mit Ausnahme von Kapitel II und § 135 **mWv 1.4.2009 außer Kraft getreten.** Siehe jetzt das BeamtenstatusG.

[2]) Neubekanntmachung des BRRG idF der Bek. v. 27.2.1985 (BGBl. I S. 462) in der ab 1.1.1999 geltenden Fassung.

[3]) Inhaltsübersicht geänd. mWv 31.12.2004 durch G v. 27.12.2004 (BGBl. I S. 3835); sie wurde nichtamtlich an die nachträglichen Änderungen durch G v. 17.6.2008 (BGBl. I S. 1010) angepasst.

[4]) Kap. I (§§ 1–120) aufgeh. mWv 1.4.2009 durch G v. 17.6.2008 (BGBl. I S. 1010).

Kapitel II. Vorschriften, die einheitlich und unmittelbar gelten

Abschnitt I. Allgemeines

§ 121 [Dienstherrnfähigkeit] Das Recht, Beamte zu haben, besitzen außer dem Bund

1. die Länder, die Gemeinden und die Gemeindeverbände,

2. sonstige Körperschaften, Anstalten und Stiftungen des öffentlichen Rechts, die dieses Recht im Zeitpunkt des Inkrafttretens dieses Gesetzes besitzen oder denen es nach diesem Zeitpunkt durch Gesetz, Rechtsverordnung oder Satzung verliehen wird; derartige Satzungen bedürfen der Genehmigung durch eine gesetzlich hierzu ermächtigte Stelle.

§ 122 [Zulassung zum Vorbereitungsdienst; Laufbahnbefähigung]

(1) Die Zulassung zum Vorbereitungsdienst einer Laufbahn darf nicht deshalb abgelehnt werden, weil der Bewerber die für seine Laufbahn vorgeschriebene Vorbildung (§ 13) im Bereich eines anderen Dienstherrn erworben hat.

(2) [1]Wer unter den Voraussetzungen der §§ 13 bis 14c die Befähigung für eine Laufbahn erworben hat, besitzt die Befähigung für entsprechende Laufbahnen bei allen Dienstherren im Geltungsbereich dieses Gesetzes. [2]Das gleiche gilt, wenn die Befähigung auf Grund der Maßgaben in Anlage I Kapitel XIX Sachgebiet A Abschnitt III Nr. 2 Buchstabe c oder Nr. 3 Buchstabe b des Einigungsvertrages[1] vom 31. August 1990 in Verbindung mit Artikel 1 des Gesetzes vom 23. September 1990 (BGBl. 1990 II S. 885, 1141) festgestellt worden ist und der Beamte die laufbahnrechtliche Probezeit erfolgreich abgeleistet hat.

§ 123[2) [Abordnung oder Versetzung zu einem anderen Dienstherrn]

(1) Der Beamte kann nach Maßgabe der §§ 17 und 18 auch über den Bereich des Bundes oder eines Landes hinaus zu einem anderen Dienstherrn im Geltungsbereich dieses Gesetzes abgeordnet oder versetzt werden.

(2) [1]Die Abordnung oder Versetzung wird von dem abgebenden im Einverständnis mit dem aufnehmenden Dienstherrn verfügt; das Einverständnis ist schriftlich oder elektronisch zu erklären. [2]In der Verfügung ist zum Ausdruck zu bringen, daß das Einverständnis vorliegt.

§ 123a[3) [Zuweisung einer vorübergehenden Tätigkeit bei einer öffentlichen Einrichtung außerhalb des BRRG, Zuweisung bei Privatisierung] (1) [1]Dem Beamten kann im dienstlichen oder öffentlichen Interesse mit seiner Zustimmung vorübergehend aus seinem Amt entsprechende Tätigkeit bei einer öffentlichen Einrichtung außerhalb des Anwendungsbereichs dieses Gesetzes zugewiesen werden. [2]Die Zuweisung einer Tätigkeit bei einer anderen Einrichtung ist zulässig, wenn dringende öffentliche Interessen dies erfordern; die Entscheidung trifft die oberste Dienstbehörde.

[1] **Sartorius III Nr. 2.**
[2] § *123 Abs. 2 Satz 1 geänd. m Wv 5.4.2017 durch G v. 29.3.2017 (BGBl. I S. 626).*
[3] § 123a Abs. 2 neu gef. und Abs. 3 Satz 2 aufgeh., bish. Satz 1 wird alleiniger Wortlaut mWv 1.7. 2002 durch G v. 21.6.2002 (BGBl. I S. 2138).

(2) Dem Beamten einer Dienststelle, die ganz oder teilweise in eine öffentlich-rechtlich organisierte Einrichtung ohne Dienstherreneigenschaft oder eine privatrechtlich organisierte Einrichtung der öffentlichen Hand umgewandelt wird, kann auch ohne seine Zustimmung eine seinem Amt entsprechende Tätigkeit bei dieser Einrichtung zugewiesen werden, wenn dringende öffentliche Interessen dies erfordern.

(3) Die Rechtsstellung des Beamten bleibt unberührt.

§ 124 [Verschwiegenheitspflicht; Aussagegenehmigung] § 39 findet auch insoweit Anwendung, als seine Voraussetzungen über den Bereich des Bundes oder eines Landes hinaus gegeben sind.

§ 125[1) [Entlassung bei Ernennung zum Soldaten] [1] Der Beamte ist entlassen, wenn er zum Berufssoldaten oder zum Soldaten auf Zeit ernannt wird. [2] Die Entlassung gilt als Entlassung auf eigenen Antrag.

§ 125a[2) [Polizeivollzugsbeamte auf Widerruf] (1) [1] Bewirbt sich ein Polizeivollzugsbeamter auf Widerruf oder früherer Polizeivollzugsbeamter auf Widerruf, der ein Dienstverhältnis von nicht mehr als drei Jahren eingegangen ist und mindestens zwei Jahre Vollzugsdienst im Bundesgrenzschutz oder in der Bundespolizei geleistet hat, bis zum Ablauf von sechs Monaten nach Beendigung des Dienstverhältnisses als Polizeivollzugsbeamter auf Widerruf um Einstellung als Beamter und wird er in den Vorbereitungsdienst eingestellt, so darf nach Erwerb der Befähigung für die Laufbahn die Anstellung nicht über den Zeitpunkt hinausgeschoben werden, zu dem der Beamte ohne Ableisten eines Vollzugsdienstes bis zur Dauer des Grundwehrdienstes zur Anstellung herangestanden hätte. [2] Das Ableisten der vorgeschriebenen Probezeit wird dadurch nicht berührt. [3] Die Sätze 1 und 2 gelten für Beförderungen sinngemäß, sofern die dienstlichen Leistungen eine Beförderung während der Probezeit rechtfertigen.

(2) [1] Beginnt ein früherer Polizeivollzugsbeamter auf Widerruf, der ein Dienstverhältnis von nicht mehr als drei Jahren eingegangen war und mindestens zwei Jahre Vollzugsdienst im Bundesgrenzschutz oder in der Bundespolizei geleistet hat, im Anschluß an den Vollzugsdienst im Bundesgrenzschutz oder in der Bundespolizei eine für den künftigen Beruf als Beamter oder Richter vorgeschriebene Ausbildung (Hochschul-, Fachschul- oder praktische Ausbildung) oder wird diese durch den Vollzugsdienst im Bundesgrenzschutz oder in der Bundespolizei unterbrochen, so gilt Absatz 1 entsprechend, wenn er sich bis zum Ablauf von sechs Monaten nach Abschluß der Ausbildung um Einstellung als Beamter oder Richter bewirbt und auf Grund dieser Bewerbung eingestellt wird. [2] Dienstzeiten, die Voraussetzung für eine Beförderung sind, beginnen für den unter den Voraussetzungen des Satzes 1 eingestellten Richter *mit dem Zeitpunkt*, zu dem er ohne Ableisten eines Vollzugsdienstes bis zur Dauer des Grundwehrdienstes zur Ernennung auf Lebenszeit herangestanden hätte.

[1] § 125 Abs. 2 Satz 2 geänd. mWv 31.12.2004 durch G v. 27.12.2004 (BGBl. I S. 3835); Abs. 2 aufgeh., Abs. 1 wird alleiniger Wortlaut und Satz 2 aufgeh., bish. Satz 3 wird Satz 2 mWv 12.2.2009 durch G v. 5.2.2009 (BGBl. I S. 160).
[2] § 125a Abs. 1 Satz 1 und Abs. 2 Satz 1 geänd. mWv 1.7.2005 durch G v. 21.6.2005 (BGBl. I S. 1818).

(3) Die Absätze 1 und 2 gelten entsprechend für einen früheren Polizeivollzugsbeamten auf Widerruf, dessen Ausbildung für ein späteres Beamtenverhältnis durch eine festgesetzte mehrjährige Tätigkeit im Arbeitsverhältnis an Stelle des sonst vorgeschriebenen Vorbereitungsdienstes durchgeführt wird.

§ 125b[1] [Änderung der Einstellungsvoraussetzungen während des Mutterschutzes bzw. Erziehungsurlaubs] (1) [1]Haben sich die Anforderungen an die fachliche Eignung für die Einstellung in den öffentlichen Dienst in der Zeit erhöht, in der sich die Bewerbung um Einstellung nur infolge der Geburt oder der Betreuung eines Kindes verzögert hat, und ist die Bewerbung innerhalb von drei Jahren nach der Geburt dieses Kindes oder sechs Monate nach Erfüllung der ausbildungsmäßigen Einstellungsvoraussetzungen erfolgt, so ist der Grad der fachlichen Eignung nach den Anforderungen zu prüfen, die zu einem Zeitpunkt bestanden haben, zu dem die Bewerbung ohne die Geburt oder die Betreuung des Kindes hätte erfolgen können. [2]Führt die Prüfung zu dem Ergebnis, dass der Bewerber ohne diese Verzögerung eingestellt worden wäre, kann er vor anderen Bewerbern eingestellt werden. [3]Die Zahl der Stellen, die diesen Bewerbern in einem Einstellungstermin vorbehalten werden kann, bestimmt sich nach dem zahlenmäßigen Verhältnis der Bewerber mit Verzögerung zu denjenigen ohne eine solche Verzögerung; Bruchteile von Stellen sind zu Gunsten der betroffenen Bewerber aufzurunden. [4]Für die Berechnung des Zeitraums der Verzögerung sind nur die einen Anspruch auf Elternzeit nach § 15 Abs. 1 Satz 1 und Abs. 2 des Bundeselterngeld- und Elternzeitgesetzes[2] begründenden Zeiten sowie bei Frauen zusätzlich die Zeiten nach § 3 des Mutterschutzgesetzes[3] zu berücksichtigen.

(2) [1]Verzögert sich die Bewerbung um Einstellung nur wegen der tatsächlichen Pflege eines nach ärztlichem Gutachten pflegebedürftigen sonstigen nahen Angehörigen im Sinne des § 12 Abs. 2, gilt Absatz 1 Satz 1 bis 3 entsprechend. [2]Der berücksichtigungsfähige Zeitraum beträgt längstens drei Jahre.

§ 125c [Übermittlungen bei Strafverfahren gegen Beamte] (1) [1]Das Gericht, die Strafverfolgungs- oder die Strafvollstreckungsbehörde hat in Strafverfahren gegen Beamte zur Sicherstellung der erforderlichen dienstrechtlichen Maßnahmen im Falle der Erhebung der öffentlichen Klage

1. die Anklageschrift oder eine an ihre Stelle tretende Antragsschrift,

2. den Antrag auf Erlaß eines Strafbefehls und

3. die einen Rechtszug abschließende Entscheidung mit Begründung

zu übermitteln; ist gegen die Entscheidung ein Rechtsmittel eingelegt worden, ist die Entscheidung unter Hinweis auf das eingelegte Rechtsmittel zu übermitteln. [2]Der Erlaß und der Vollzug eines Haftbefehls oder eines Unterbringungsbefehls sind mitzuteilen.

[1] § 125b neu gef. mWv 1.7.2002 durch G v. 21.6.2002 (BGBl. I S. 2138); Abs. 1 Satz 4 geänd. mWv 1.1.2007 durch G v. 5.12.2006 (BGBl. I S. 2748); Abs. 1 Satz 4 geänd. mWv 1.1.2018 durch G v. 23.5.2017 (BGBl. I S. 1228).
[2] **Schönfelder ErgBd. Nr. 45e.**
[3] **Nipperdey I, Arbeitsrecht Nr. 400.**

(2) In Verfahren wegen fahrlässig begangener Straftaten werden die in Absatz 1 Satz 1 bestimmten Übermittlungen nur vorgenommen, wenn

1. es sich um schwere Verstöße, namentlich Vergehen der Trunkenheit im Straßenverkehr oder der fahrlässigen Tötung, handelt oder

2. in sonstigen Fällen die Kenntnis der Daten auf Grund der Umstände des Einzelfalls erforderlich ist, um zu prüfen, ob dienstrechtliche Maßnahmen zu ergreifen sind.

(3) [1] Entscheidungen über Verfahrenseinstellungen, die nicht bereits nach Absatz 1 oder 2 zu übermitteln sind, sollen übermittelt werden, wenn die in Absatz 2 Nr. 2 genannten Voraussetzungen erfüllt sind. [2] Dabei ist zu berücksichtigen, wie gesichert die zu übermittelnden Erkenntnisse sind.

(4) [1] Sonstige Tatsachen, die in einem Strafverfahren bekannt werden, dürfen mitgeteilt werden, wenn ihre Kenntnis auf Grund besonderer Umstände des Einzelfalls für dienstrechtliche Maßnahmen gegen einen Beamten erforderlich ist und soweit nicht für die übermittelnde Stelle erkennbar ist, daß schutzwürdige Interessen des Beamten an dem Ausschluß der Übermittlung überwiegen; erforderlich ist die Kenntnis der Daten auch dann, wenn diese Anlaß zur Prüfung bieten, ob dienstrechtliche Maßnahmen zu ergreifen sind. [2] Absatz 3 Satz 2 ist entsprechend anzuwenden.

(5) Nach den Absätzen 1 bis 4 übermittelte Daten dürfen auch für die Wahrnehmung der Aufgaben nach dem Sicherheitsüberprüfungsgesetz[1] oder einem entsprechenden Landesgesetz verwendet werden.

(6) [1] Übermittlungen nach den Absätzen 1 bis 3 sind auch zulässig, soweit sie Daten betreffen, die dem Steuergeheimnis (§ 30 der Abgabenordnung) unterliegen. [2] Übermittlungen nach Absatz 4 sind unter den Voraussetzungen des § 30 Abs. 4 Nr. 5 der Abgabenordnung zulässig.

(7) Mitteilungen sind an den zuständigen Dienstvorgesetzten oder seinen Vertreter im Amt zu richten und als „Vertrauliche Personalsache" zu kennzeichnen.

Abschnitt II. Rechtsweg

§ 126[2] **[Verwaltungsrechtsweg, Vorverfahren]** (1) Für alle Klagen der Beamten, Ruhestandsbeamten, früheren Beamten und der Hinterbliebenen aus dem Beamtenverhältnis ist der Verwaltungsrechtsweg gegeben.

(2) Für Klagen des Dienstherrn gilt das gleiche.

(3) Für Klagen nach Absatz 1, einschließlich der Leistungs- und Feststellungsklagen, gelten die Vorschriften des 8. Abschnitts der Verwaltungsgerichtsordnung[3] mit folgenden Maßgaben:

1. Eines Vorverfahrens bedarf es auch dann, wenn die Maßnahme von der obersten Dienstbehörde getroffen worden ist.

[1] G v. 20. 4. 1994 (BGBl. I S. 867), zuletzt geänd. durch G v. 26. 2. 2008 (BGBl. I S. 215), **Wehrrecht Nr. 807.**
[2] § 126 Abs. 3 Nr. 1 und Nr. 2 Satz 2 geänd. sowie Nr. 4 angef. mWv 1. 7. 2002 durch G v. 21. 6. 2002 (BGBl. I S. 2138).
[3] Nr. **600.**

2. [1] Den Widerspruchsbescheid erläßt die oberste Dienstbehörde. [2] Sie kann die Entscheidung für Fälle, in denen sie die Maßnahme nicht selbst getroffen hat, durch allgemeine Anordnung[1)] auf andere Behörden übertragen; die Anordnung ist zu veröffentlichen.

3. Widerspruch und Anfechtungsklage gegen die Abordnung oder die Versetzung haben keine aufschiebende Wirkung.

4. Eines Vorverfahrens bedarf es nicht, wenn ein Gesetz dies bestimmt.

§ 127 [Revision] Für die Revision gegen das Urteil eines Oberverwaltungsgerichts über eine Klage aus dem Beamtenverhältnis gilt folgendes:

1. Die Revision ist außer in den Fällen des § 132 Abs. 2 der Verwaltungsgerichtsordnung[2)] zuzulassen, wenn das Urteil von der Entscheidung eines anderen Oberverwaltungsgerichts abweicht und auf dieser Abweichung beruht, solange eine Entscheidung des Bundesverwaltungsgerichts in der Rechtsfrage nicht ergangen ist.

2. Die Revision kann außer auf die Verletzung von Bundesrecht darauf gestützt werden, daß das angefochtene Urteil auf der Verletzung von Landesrecht beruht.

Abschnitt III. Rechtsstellung der Beamten und Versorgungsempfänger bei der Umbildung von Körperschaften

§ 128 [Übertritt oder Übernahme von Beamten und Versorgungsempfängern bei der Umbildung von Körperschaften] (1) Die Beamten einer Körperschaft, die vollständig in eine andere Körperschaft eingegliedert wird, treten mit der Umbildung kraft Gesetzes in den Dienst der aufnehmenden Körperschaft über.

(2) [1] Die Beamten einer Körperschaft, die vollständig in mehrere andere Körperschaften eingegliedert wird, sind anteilig in den Dienst der aufnehmenden Körperschaften zu übernehmen. [2] Die beteiligten Körperschaften haben innerhalb einer Frist von sechs Monaten nach dem Zeitpunkt, in dem die Umbildung vollzogen ist, im Einvernehmen miteinander zu bestimmen, zu welchen Körperschaften die einzelnen Beamten zu übernehmen sind. [3] Solange ein Beamter nicht übernommen ist, haften alle aufnehmenden Körperschaften für die ihm zustehenden Bezüge als Gesamtschuldner.

(3) [1] Die Beamten einer Körperschaft, die teilweise in eine oder mehrere andere Körperschaften eingegliedert wird, sind zu einem verhältnismäßigen Teil, bei mehreren Körperschaften anteilig, in den Dienst der aufnehmenden Körperschaften zu übernehmen. [2] Absatz 2 Satz 2 findet Anwendung.

(4) Die Absätze 1 bis 3 gelten entsprechend, wenn eine Körperschaft mit einer oder mehreren anderen Körperschaften zu einer neuen Körperschaft

[1)] Siehe zB die AO über die Übertragung von Zuständigkeiten für den Erlass von Widerspruchsbescheiden auf dem Gebiet der beamtenrechtl. Versorgung im Dienstbereich des BM für Raumordnung, Bauwesen und Städtebau v. 22. 8. 1977 (BGBl. I S. 1680), im Bereich des BM für Arbeit und Soziales v. 21. 4. 2006 (BGBl. I S. 1162), und die AO zur Übertragung von Zuständigkeiten für den Erlass von Widerspruchsbescheiden und die Vertretung des Dienstherrn bei Klagen aus dem Beamtenverhältnis auf die Einrichtungen im Geschäftsbereich des BM für Wirtschaft und Arbeit v. 28. 2. 2006 (BGBl. I S. 523).
[2)] Nr. **600**.

zusammengeschlossen wird, wenn aus einer Körperschaft oder aus Teilen einer Körperschaft eine oder mehrere neue Körperschaften gebildet werden, oder wenn Aufgaben einer Körperschaft vollständig oder teilweise auf eine oder mehrere andere Körperschaften übergehen.

§ 129[1] [Verfahren bei Übertritt oder Übernahme in den Dienst einer anderen Körperschaft] (1) Tritt ein Beamter auf Grund des § 128 Abs. 1 kraft Gesetzes in den Dienst einer anderen Körperschaft über oder wird er auf Grund des § 128 Abs. 2 oder 3 von einer anderen Körperschaft übernommen, so gilt § 18 Abs. 4 entsprechend.

(2) Im Falle des § 128 Abs. 1 ist dem Beamten von der aufnehmenden oder neuen Körperschaft die Fortsetzung des Beamtenverhältnisses schriftlich, aber nicht in elektronischer Form zu bestätigen.

(3) [1] In den Fällen des § 128 Abs. 2 und 3 wird die Übernahme von der Körperschaft verfügt, in deren Dienst der Beamte treten soll; die Verfügung wird mit der Zustellung an den Beamten wirksam. [2] Der Beamte ist verpflichtet, der Übernahmeverfügung Folge zu leisten; kommt er der Verpflichtung nicht nach, so ist er zu entlassen.

(4) Die Absätze 1 bis 3 gelten entsprechend in den Fällen des § 128 Abs. 4.

§ 130 [Übertragung eines gleich zu bewertenden Amtes; einstweiliger Ruhestand] (1) [1] Dem nach § 128 in den Dienst einer anderen Körperschaft kraft Gesetzes übergetretenen oder von ihr übernommenen Beamten soll ein seinem bisherigen Amt nach Bedeutung und Inhalt ohne Rücksicht auf Dienststellung und Dienstalter gleichzubewertendes Amt übertragen werden. [2] Wenn eine dem bisherigen Amt entsprechende Verwendung nicht möglich ist, finden § 18 Abs. 2 Satz 2 und § 23 Abs. 3 Nr. 3 entsprechende Anwendung. [3] Bei Anwendung des § 18 Abs. 2 Satz 2 darf der Beamte neben der neuen Amtsbezeichnung die des früheren Amtes mit dem Zusatz „außer Dienst" („a.D.") führen.

(2) [1] Die aufnehmende oder neue Körperschaft kann, wenn die Zahl der bei ihr nach der Umbildung vorhandenen Beamten den tatsächlichen Bedarf übersteigt, innerhalb einer Frist von sechs Monaten die entbehrlichen Beamten auf Lebenszeit oder auf Zeit, deren Aufgabengebiet von der Umbildung berührt wurde, in den einstweiligen Ruhestand versetzen. [2] Die Frist des Satzes 1 beginnt im Falle des § 128 Abs. 1 mit dem Übertritt, in den Fällen des § 128 Abs. 2 und 3 mit der Bestimmung derjenigen Beamten, zu deren Übernahme die Körperschaft verpflichtet ist; entsprechendes gilt in den Fällen des § 128 Abs. 4. [3] § 20 Satz 3 findet Anwendung. [4] Bei Beamten auf Zeit, die nach Satz 1 in den einstweiligen Ruhestand versetzt sind, endet der einstweilige Ruhestand mit Ablauf der Amtszeit; sie gelten in diesem Zeitpunkt als *dauernd in den Ruhestand* versetzt, wenn sie bei Verbleiben im Amt mit Ablauf der Amtszeit in den Ruhestand getreten wären.

§ 131 [Ernennung von Beamten bei bevorstehender Umbildung] [1] Ist innerhalb absehbarer Zeit mit einer Umbildung im Sinne des § 128 zu rechnen, so können die obersten Aufsichtsbehörden der beteiligten Körper-

[1] § 129 Abs. 2 geänd. mWv 1. 2. 2003 durch G v. 21. 8. 2002 (BGBl. I S. 3322).

schaften anordnen, daß Beamte, deren Aufgabengebiet von der Umbildung voraussichtlich berührt wird, nur mit ihrer Genehmigung ernannt werden dürfen. [2] Die Anordnung darf höchstens für die Dauer eines Jahres ergehen. [3] Sie ist den beteiligten Körperschaften zuzustellen. [4] Die Genehmigung soll nur versagt werden, wenn durch derartige Ernennungen die Durchführung der nach den §§ 128 bis 130 erforderlichen Maßnahmen wesentlich erschwert würde.

§ **132** [**Umbildung, Versorgungsempfänger**] (1) Die Vorschriften des § 128 Abs. 1 und 2 und des § 129 gelten entsprechend für die im Zeitpunkt der Umbildung bei der abgebenden Körperschaft vorhandenen Versorgungsempfänger.

(2) In den Fällen des § 128 Abs. 3 bleiben die Ansprüche der im Zeitpunkt der Umbildung vorhandenen Versorgungsempfänger gegenüber der abgebenden Körperschaft bestehen.

(3) Die Absätze 1 und 2 gelten entsprechend in den Fällen des § 128 Abs. 4.

§ **133** [**Körperschaft; Begriff**] Als Körperschaft im Sinne der Vorschriften dieses Abschnittes gelten alle juristischen Personen des öffentlichen Rechts mit Dienstherrnfähigkeit (§ 121).

Abschnitt IV. Sonderregelungen für den Spannungs- und Verteidigungsfall

§ **133 a** [**Anwendungsbereich**] [1] Beschränkungen, Anordnungen und Verpflichtungen nach den §§ 133 b bis 133 e sind nur nach Maßgabe des Artikels 80 a des Grundgesetzes[1] zulässig. [2] Sie finden keine Anwendung auf Personen im Sinne des § 5 Abs. 1 des Arbeitssicherstellungsgesetzes[2] vom 9. Juli 1968 (BGBl. I S. 787), zuletzt geändert durch Artikel 32 des Gesetzes vom 18. Dezember 1989 (BGBl. I S. 2261).

§ **133 b** [**Abordnung; Verpflichtung zu anderen nicht laufbahngerechten oder erschwerten Aufgaben; Verlegung des Dienstortes**]

(1) Der Beamte kann für Zwecke der Verteidigung auch ohne seine Zustimmung zu einem anderen Dienstherrn abgeordnet oder zur Dienstleistung bei über- oder zwischenstaatlichen zivilen Dienststellen verpflichtet werden.

(2) [1] Dem Beamten können für Zwecke der Verteidigung auch Aufgaben übertragen werden, die nicht seinem Amt oder seiner Laufbahnbefähigung entsprechen, sofern ihm die Übernahme nach seiner Vor- und Ausbildung und im Hinblick auf die Ausnahmesituation zumutbar ist. [2] Aufgaben einer niedrigeren Laufbahngruppe dürfen ihm nur übertragen werden, wenn dies aus dienstlichen Gründen unabweisbar ist.

(3) Der Beamte hat bei der Erfüllung der ihm für Zwecke der Verteidigung übertragenen Aufgaben Gefahren und Erschwernisse auf sich zu nehmen,

[1] Nr. *1*.
[2] G v. 9. 7. 1968 (BGBl. I S. 787), zuletzt geänd. durch G v. 13. 12. 2007 (BGBl. I S. 2904), **Wehrrecht Nr. 1430.**

soweit diese ihm nach den Umständen und seinen persönlichen Verhältnissen zugemutet werden können.

(4) Der Beamte ist bei einer Verlegung der Behörde oder Dienststelle – auch außerhalb des Geltungsbereiches dieses Gesetzes – zur Dienstleistung am neuen Dienstort verpflichtet.

§ 133 c [Aufschub der Entlassung, des Ruhestandes] [1] Die Entlassung eines Beamten auf seinen Antrag kann für Zwecke der Verteidigung hinausgeschoben werden, wenn dies im öffentlichen Interesse erforderlich ist und der Personalbedarf der öffentlichen Verwaltung im Bereich seines Dienstherrn auf freiwilliger Grundlage nicht gedeckt werden kann. [2] Satz 1 gilt entsprechend für den Ablauf der Amtszeit bei Beamtenverhältnissen auf Zeit. [3] Der Eintritt des Beamten in den Ruhestand nach Erreichen der Altersgrenze und die vorzeitige Versetzung in den Ruhestand auf Antrag ohne Nachweis der Dienstunfähigkeit können unter den Voraussetzungen des Satzes 1 bis zum Ende des Monats hinausgeschoben werden, in dem der Beamte das 65. Lebensjahr vollendet.

§ 133 d [Erneute Berufung von Ruhestandsbeamten unter 65 Jahren] [1] Ein Ruhestandsbeamter, der das 65. Lebensjahr noch nicht vollendet hat, kann für Zwecke der Verteidigung erneut in ein Beamtenverhältnis berufen werden, wenn dies im öffentlichen Interesse erforderlich ist und der Personalbedarf der öffentlichen Verwaltung im Bereich seines bisherigen Dienstherrn auf freiwilliger Grundlage nicht gedeckt werden kann. [2] Das Beamtenverhältnis endet, wenn es nicht vorher beendet wird, mit dem Ende des Monats, in dem der Beamte das 65. Lebensjahr vollendet.

§ 133 e [Verpflichtung zur Gemeinschaftsunterkunft, Teilnahme an Gemeinschaftsverpflegung und zur Mehrarbeit] (1) Wenn dienstliche Gründe es erfordern, kann der Beamte für Zwecke der Verteidigung verpflichtet werden, vorübergehend in Gemeinschaftsunterkunft zu wohnen und an Gemeinschaftsverpflegung teilzunehmen.

(2) [1] Der Beamte ist verpflichtet, für Zwecke der Verteidigung über die regelmäßige Arbeitszeit hinaus ohne besondere Vergütung Dienst zu tun. [2] Für die Mehrbeanspruchung wird ein Freizeitausgleich nur gewährt, soweit es die dienstlichen Erfordernisse gestatten.

Abschnitt V. Sonderregelungen für Verwendungen im Ausland

§ 133 f [Sonderregelungen für Verwendungen im Ausland] (1) Die Vorschriften dieses Abschnitts gelten für Beamte, die zur Wahrnehmung des *ihnen übertragenen Amtes im Ausland* oder außerhalb des Deutschen Hoheitsgebiets auf Schiffen oder in Luftfahrzeugen verwendet werden und dabei wegen vom Inland wesentlich abweichender Verhältnisse erhöhten Gefahren ausgesetzt sind.

(2) [1] Ein gemäß Absatz 1 verwendeter Beamter kann, soweit dienstliche Gründe es erfordern, verpflichtet werden,
1. vorübergehend in einer Gemeinschaftsunterkunft zu wohnen und an einer Gemeinschaftsverpflegung teilzunehmen,

2. Schutzkleidung zu tragen,
3. Dienstkleidung zu tragen,
4. über die regelmäßige Arbeitszeit hinaus ohne besondere Vergütung Dienst zu tun.
[2] In den Fällen der Nummer 4 wird für die Mehrbeanspruchung ein Freizeitausgleich nur gewährt, soweit es die dienstlichen Erfordernisse gestatten.

(3) Der Dienstherr hat darauf hinzuwirken, daß die erforderlichen Maßnahmen zum Schutz und zur Fürsorge für die gemäß Absatz 1 verwendeten Beamten getroffen werden.

(4) Ist ein gemäß Absatz 1 verwendeter Beamter zum Zeitpunkt des vorgesehenen Eintritts in den Ruhestand nach den §§ 25 und 26 oder des vorgesehenen Ablaufs seiner Amtszeit wegen Verschleppung, Gefangenschaft oder aus sonstigen mit dem Dienst zusammenhängenden Gründen, die er nicht zu vertreten hat, dem Einflußbereich des Dienstherrn entzogen, verlängert sich das Dienstverhältnis bis zum Ablauf des auf die Beendigung dieses Zustands folgenden Monats.

Kapitel III.[1] *(Allgemeine Schlußvorschriften)*

§ 134[2] *(aufgehoben)*

§ 135 [Keine Geltung dieses Gesetzes für öffentlich-rechtliche Religionsgesellschaften] [1] Dieses Gesetz gilt nicht für die öffentlich-rechtlichen Religionsgesellschaften und ihre Verbände. [2] Diesen bleibt es überlassen, die Rechtsverhältnisse ihrer Beamten und Seelsorger diesem Gesetz entsprechend zu regeln und die Vorschriften des Kapitels II Abschnitt II für anwendbar zu erklären.

§§ 136–142[2] *(aufgehoben)*

[1] *Kap. III mit Ausnahme von § 135 aufgeh. mWv 1. 4. 2009 durch G v. 17. 6. 2008 (BGBl. I S. 1010).*
[2] §§ 134, 136–142 aufgeh. mWv 1. 4. 2009 durch G v. 17. 6. 2008 (BGBl. I S. 1010).

155. Gesetz über die Versorgung der Beamten und Richter des Bundes (Beamtenversorgungsgesetz – BeamtVG) [1) 2)3)]

In der Fassung der Bekanntmachung vom 24. Februar 2010[4)]

(BGBl. I S. 150)

FNA 2030-25

geänd. durch Art. 4, 4a DienstrechtsneuordnungsG v. 5.2.2009 (BGBl. I S. 160, Art. 4a geänd. durch G v. 19.11.2010, BGBl. I S. 1552, aufgeh. durch G v. 20.12.2011, BGBl. I S. 2842), Art. 2 G zum Versorgungslastenteilungs-Staatsvertrag v. 5.9.2010 (BGBl. I S. 1288 iVm Bek. v. 8.10.2010, BGBl. I S. 1404), Art. 8–10 Bundesbesoldungs- und -versorgungsanpassungsG 2010/2011 v. 19.11.2010 (BGBl. I S. 1552), Art. 14 G zur Einführung eines Bundesfreiwilligendienstes v. 28.4.2011 (BGBl. I S. 687), Art. 2 G zur Übertragung ehebezogener Regelungen im öffentl. Dienstrecht auf Lebenspartnerschaften v. 14.11.2011 (BGBl. I S. 2219), Art. 2 Einsatzversorgungs-VerbesserungsG v. 5.12.2011 (BGBl. I S. 2458), Art. 3, 5 G zur Wiedergewährung der Sonderzahlung v. 20.12.2011 (BGBl. I S. 2842), Art. 4 G zur Unterstützung der Fachkräftegewinnung im Bund und zur Änd. weiterer dienstrechtl. Vorschriften v. 15.3.2012 (BGBl. I S. 462), Art. 5 Bundeswehrreform-BegleitG v. 21.7.2012 (BGBl. I S. 1583), Art. 7–9 Bundesbesoldungs- und -versorgungsanpassungsG 2012/2013 v. 15.8.2012 (BGBl. I S. 1670), Art. 2 abs. 5 G zur Modernisierung des Außenwirtschaftsrechts v. 6.6.2013 (BGBl. I S. 1482), Art. 2 G zur Neuregelung des Professorenbesoldung und zur Änd. weiterer dienstrechtlicher Vorschriften v. 11.6.2013 (BGBl. I S. 1514), Art. 3 G über die Gewährung eines Altersgelds für freiwillig aus dem Bundesdienst ausscheidende Beamte, Richter und Soldaten v. 28.8.2013 (BGBl. I S. 3386), Art. 4, 5 Bundesbesoldungs- und -versorgungsanpassungsG 2014/2015 v. 25.11.2014 (BGBl. I S. 1772), Art. 1 Bundeswehr-AttraktivitätssteigerungsG v. 13.5.2015 (BGBl. I S. 706), Art. 3a Siebtes BesoldungsänderungsG v. 3.12.2015 (BGBl. I S. 2163), Art. 3, 4 Bundesbesoldungs- und -versorgungsanpassungsG 2016/2017 v. 21.11.2016 (BGBl. I S. 2570), Art. 3 G zur Änd. des VersorgungsrücklageG und weiterer dienstrechtlicher Vorschriften v. 5.1.2017 (BGBl. I S. 17), Art. 11 G zu bereichsspezifischen Regelungen der Gesichtsverhüllung und zur Änd. weiterer dienstrechtlicher Vorschriften v. 8.6.2017 (BGBl. I S. 1570), Art. 5–7 Bundesbesoldungs- und -versorgungsanpassungsG 2018/2019/2020 v. 8.11.2018 (BGBl. I S. 1810), Art. 3 G zur Änd. des BeamtenstatusG und des BundesbeamtenG sowie weiterer dienstrechtlicher Vorschriften v. 29.11.2018 (BGBl. I S. 2232), Art. 2 Bundeswehr-EinsatzbereitschaftsstärkungsG v. 4.8.2019 (BGBl. I S. 1147), Art. 9 BesoldungsstrukturenmodernisierungsG v. 9.12.2019 (BGBl. I S. 2053), Art. 43 G zur Regelung des Sozialen Entschädigungsrechts v. 12.12.2019 (BGBl. I S. 2652), Art. 3, 4 Zweites G zur Änd. des BundespersonalvertretungsG und weiterer dienstrechtl. Vorschriften aus Anlass der COVID-19-Pandemie v. 25.5.2020 (BGBl. I S. 1063) und Art. 2 G über eine einmalige Sonderzahlung aus Anlass der COVID-19-Pandemie an Besoldungs- und Wehrsoldempfänger v. 21.12.2020 (BGBl. I S. 3136)

[1)] Die in der Neubekanntmachung v. 24.2.2010 als Fußnoten wiedergegebenen, zum 1.9.2009 in Kraft getretenen Änderungen durch das G v. 3.4.2009 (BGBl. I S. 700) wurden in den laufenden Text übernommen.

[2)] Zur Anwendung in den Ländern siehe § 108.

[3)] Die Änderungen durch das G v. 12.12.2019 (BGBl. I S. 2652) treten erst **mWv 1.1.2024** in Kraft und sind noch nicht im Text berücksichtigt.

[4)] Neubekanntmachung des Beamtenversorgungsgesetzes idF der Bek. v. 16.3.1999 (BGBl. I S. 322) in der ab 1.7.2009 geltenden Fassung.

Inhaltsübersicht[1]

[1] Inhaltsübersicht geänd. mWv 1.1.2010 durch G v. 19.11.2010 (BGBl. I S. 1552); mWv 1.1.2011 durch G v. 5.2.2009 (BGBl. I S. 160); mWv 1.1.2009 durch G v. 14.11.2011 (BGBl. I S. 2219); mWv 25.3.2010 durch G v. 15.3.2012 (BGBl. I S. 462); mWv 26.7.2012 durch G v. 21.7.2012 (BGBl. I S. 1583); mWv 1.1.2013 durch G v. 11.6.2013 (BGBl. I S. 1514); mWv 4.9.2013 durch G v. 28.8.2013 (BGBl. I S. 3386); mWv 23.5.2015 durch G v. 13.5.2015 (BGBl. I S. 706); mWv 1.1.2016 durch G v. 3.12.2015 (BGBl. I S. 2163); mWv 11.1.2017 durch G v. 5.1.2017 (BGBl. I S. 17); mWv 15.6.2017 durch G v. 8.6. 2017 (BGBl. I S. 1570); geänd. mWv 1.1.2020 und mWv 1.7.2020 durch G v. 9.12.2019 (BGBl. I S. 2053); geänd. mWv 1.1.2020 und mWv 1.1.2021 durch G v. 25.5.2020 (BGBl. I S. 1063).

4

1. nichtberufsmäßigen Wehrdienst in der Bundeswehr oder der Nationalen Volksarmee der ehemaligen Deutschen Demokratischen Republik oder einen vergleichbaren zivilen Ersatzdienst oder Polizeivollzugsdienst geleistet hat oder

2. sich insgesamt länger als drei Monate in einem Gewahrsam (§ 1 Absatz 1 Nummer 1 in Verbindung mit § 9 des Häftlingshilfegesetzes in der bis zum 28. Dezember 1991 geltenden Fassung) befunden hat oder

3. sich auf Grund einer Krankheit oder Verwundung als Folge eines Dienstes nach Nummer 1 oder im Sinne des § 8 Absatz 1 im Anschluss an die Entlassung arbeitsunfähig in einer Heilbehandlung befunden hat.

(2) § 6 Absatz 1 Satz 2 Nummer 2, 5 bis 7 und Absatz 2 gilt entsprechend.

§ 10[1] Zeiten im privatrechtlichen Arbeitsverhältnis im öffentlichen Dienst. [1] Als ruhegehaltfähig sollen auch folgende Zeiten berücksichtigt werden, in denen ein Beamter vor der Berufung in das Beamtenverhältnis im privatrechtlichen Arbeitsverhältnis im Dienst eines öffentlich-rechtlichen Dienstherrn ohne von dem Beamten zu vertretende Unterbrechung tätig war, sofern diese Tätigkeit zu seiner Ernennung geführt hat:

1. Zeiten einer hauptberuflichen in der Regel einem Beamten obliegenden oder später einem Beamten übertragenen entgeltlichen Beschäftigung oder

2. Zeiten einer für die Laufbahn des Beamten förderlichen Tätigkeit.

[2] Der Tätigkeit im Dienst eines öffentlich-rechtlichen Dienstherrn steht die Tätigkeit im Dienst von Einrichtungen gleich, die von mehreren der im Satz 1 bezeichneten Dienstherren durch Staatsvertrag oder Verwaltungsabkommen zur Erfüllung oder Koordinierung ihnen obliegender hoheitsrechtlicher Aufgaben geschaffen worden sind. [3] Zeiten mit einer geringeren als der regelmäßigen Arbeitszeit dürfen nur zu dem Teil als ruhegehaltfähig berücksichtigt werden, der dem Verhältnis der tatsächlichen zur regelmäßigen Arbeitszeit entspricht.

§ 11[2] Sonstige Zeiten. Die Zeit, während der ein Beamter vor der Berufung in das Beamtenverhältnis

1. a) als Rechtsanwalt oder Verwaltungsrechtsrat oder als Beamter oder Notar, der ohne Ruhegehaltsberechtigung nur Gebühren bezieht, oder

 b) hauptberuflich im Dienst öffentlich-rechtlicher Religionsgesellschaften oder ihrer Verbände (Artikel 140 des Grundgesetzes[3]) oder im öffentlichen oder nichtöffentlichen Schuldienst oder

 c) hauptberuflich im Dienst der Fraktionen des Bundestages oder der Landtage oder kommunaler Vertretungskörperschaften oder

 d) hauptberuflich im Dienst von kommunalen Spitzenverbänden oder ihren Landesverbänden sowie von Spitzenverbänden der Sozialversicherung oder ihren Landesverbänden

 tätig gewesen ist oder

2. hauptberuflich im ausländischen öffentlichen Dienst gestanden hat oder

[1] § 10 Satz 1 einl. Satzteil geänd. mWv 11.1.2017 durch G v. 5.1.2017 (BGBl. I S. 17).
[2] § 11 einl. Satzteil geänd. mWv 11.1.2017 durch G v. 5.1.2017 (BGBl. I S. 17); Nr. 3 Buchst. b geänd. mWv 1.1.2020 durch G v. 9.12.2019 (BGBl. I S. 2053).
[3] Nr. **1**.

3. a) auf wissenschaftlichem, künstlerischem, technischem oder wirtschaftlichem Gebiet besondere Fachkenntnisse erworben hat, die die notwendige Voraussetzung für die Wahrnehmung seines Amtes bilden, oder

b) als Entwicklungshelfer im Sinne des Entwicklungshelfer-Gesetzes[1] tätig gewesen ist,

kann als ruhegehaltfähige Dienstzeit berücksichtigt werden, die Zeit nach Nummer 1 Buchstabe a und Nummer 3 jedoch höchstens bis zur Hälfte und in der Regel nicht über zehn Jahre hinaus.

§ 12[2] Ausbildungszeiten. (1) [1]Die verbrachte Mindestzeit

1. der außer der allgemeinen Schulbildung vorgeschriebenen Ausbildung (Fachschul-, Hochschul- und praktische Ausbildung, Vorbereitungsdienst, übliche Prüfungszeit),

2. einer praktischen hauptberuflichen Tätigkeit, die für die Übernahme in das Beamtenverhältnis vorgeschrieben ist,

kann als ruhegehaltfähige Dienstzeit berücksichtigt werden, die Zeit einer Fachschulausbildung einschließlich der Prüfungszeit bis zu 1 095 Tagen und die Zeit einer Hochschulausbildung einschließlich der Prüfungszeit bis zu 855 Tagen, insgesamt höchstens bis zu 1 095 Tagen. [2]Wird die allgemeine Schulbildung durch eine andere Art der Ausbildung ersetzt, so steht diese der Schulbildung gleich. [3]Zum Zeitpunkt des Ruhestandseintritts ist das Ruhegehalt unter Berücksichtigung von Hochschulausbildungszeiten nach Satz 1 zu berechnen.

(1a) [1]Ergibt eine Berechnung des Ruhegehalts unter Berücksichtigung von Hochschulausbildungszeiten nach Absatz 1 Satz 1 in der bis zum 11. Februar 2009 geltenden Fassung gegenüber der Ruhegehaltsberechnung nach Absatz 1 Satz 3 einen Differenzbetrag, der größer ist als der Rentenbetrag, der sich durch Vervielfältigung des aktuellen Rentenwertes mit dem Faktor 2,25 ergibt, bleibt es bei der Berechnung des Ruhegehalts unter Berücksichtigung von Hochschulausbildungszeiten nach Absatz 1 Satz 1 in der bis zum 11. Februar 2009 geltenden Fassung, soweit dadurch eine ruhegehaltfähige Gesamtdienstzeit von 40 Jahren nicht überschritten wird. [2]Die der Berechnung nach Satz 1 zugrunde gelegten Hochschulausbildungszeiten sind um die Hochschulausbildungszeiten zu vermindern, die dem Rentenbetrag entsprechen, der sich durch Vervielfältigung des aktuellen Rentenwertes mit dem Faktor 2,25 ergibt.

(2) [1]Für Beamte des Vollzugsdienstes und des Einsatzdienstes der Feuerwehr können verbrachte Zeiten einer praktischen Ausbildung und einer praktischen hauptberuflichen Tätigkeit anstelle einer Berücksichtigung nach Absatz 1 bis zu einer Gesamtzeit von fünf Jahren als ruhegehaltfähige Dienstzeit berücksichtigt werden, wenn sie für die Wahrnehmung des Amtes förderlich sind. [2]Absatz 1 Satz 2 gilt entsprechend.

(3) Hat der Beamte sein Studium nach der Festsetzung von Regelstudienzeiten in dem jeweiligen Studiengang begonnen, kann die tatsächliche Studiendauer nur insoweit berücksichtigt werden, als die Regelstudienzeit einschließlich der Prüfungszeit nicht überschritten ist.

[1] **Aichberger, SGB Nr. 40/10.**
[2] *§ 12 Abs. 1a Satz 1 geänd. mWv 12.2.2009*, Abs. 5 aufgeh. mWv 25.3.2010 durch G v. 15.3.2012 (BGBl. I S. 462); Abs. 1 Satz 1 einl. Satzteil, Abs. 2 Satz 1 geänd. mWv 11.1.2017 durch G v. 5.1.2017 (BGBl. I S. 17).

(4) [1] Bei anderen als Laufbahnbewerbern können Zeiten nach Absatz 1 als ruhegehaltfähig berücksichtigt werden, wenn und soweit sie für Laufbahnbewerber vorgeschrieben sind. [2] Ist eine Laufbahn der Fachrichtung des Beamten bei einem Dienstherrn noch nicht gestaltet, so gilt das Gleiche für solche Zeiten, die bei Gestaltung der Laufbahn mindestens vorgeschrieben werden müssen.

§ 12a Nicht zu berücksichtigende Zeiten. Zeiten nach § 30 des Bundesbesoldungsgesetzes[1)] sind nicht ruhegehaltfähig.

§ 12b[2)] Zeiten in dem in Artikel 3 des Einigungsvertrages genannten Gebiet. (1) [1] Wehrdienstzeiten und vergleichbare Zeiten nach den §§ 8 und 9, Beschäftigungszeiten nach § 10 und sonstige Zeiten nach den §§ 11 und 67 Absatz 2, die der Beamte vor dem 3. Oktober 1990 in dem in Artikel 3 des Einigungsvertrages[3)] genannten Gebiet zurückgelegt hat, werden nicht als ruhegehaltfähige Dienstzeit berücksichtigt, sofern die allgemeine Wartezeit für die gesetzliche Rentenversicherung erfüllt ist und diese Zeiten als rentenrechtliche Zeiten berücksichtigungsfähig sind; Ausbildungszeiten nach § 12 sind nicht ruhegehaltfähig, soweit die allgemeine Wartezeit für die gesetzliche Rentenversicherung erfüllt ist. [2] Rentenrechtliche Zeiten sind auch solche im Sinne des Artikels 2 des Renten-Überleitungsgesetzes[4)].

(2) Sofern die allgemeine Wartezeit für die gesetzliche Rentenversicherung nicht erfüllt ist, können die in Absatz 1 genannten Zeiten im Rahmen der dort genannten Vorschriften insgesamt höchstens bis zu fünf Jahren als ruhegehaltfähig berücksichtigt werden.

§ 13[5)] Zurechnungszeit und Zeit gesundheitsschädigender Verwendung. (1) [1] Ist der Beamte vor Vollendung des sechzigsten Lebensjahres wegen Dienstunfähigkeit in den Ruhestand versetzt worden, wird die Zeit vom Beginn des Ruhestandes bis zum Ablauf des Monats der Vollendung des sechzigsten Lebensjahres, soweit diese nicht nach anderen Vorschriften als ruhegehaltfähig berücksichtigt wird, für die Berechnung des Ruhegehalts der ruhegehaltfähigen Dienstzeit zu zwei Dritteln hinzugerechnet (Zurechnungszeit). [2] Ist der Beamte nach § 46 des Bundesbeamtengesetzes[6)] erneut in das Beamtenverhältnis berufen worden, so wird eine der Berechnung des früheren Ruhegehalts zugrunde gelegene Zurechnungszeit insoweit berücksichtigt, als die Zahl der dem neuen Ruhegehalt zugrunde liegenden Dienstjahre hinter der Zahl der dem früheren Ruhegehalt zugrunde gelegenen Dienstjahre zurückbleibt.

(2) [1] Die Zeit der Verwendung eines Beamten in Ländern, in denen er gesundheitsschädigenden klimatischen Einflüssen ausgesetzt ist, kann bis zum Doppelten als ruhegehaltfähige Dienstzeit berücksichtigt werden, wenn sie

[1)] Nr. **230**.
[2)] § 12b Abs. 1 Satz 1 1. und 2. Halbsatz geänd. mWv 12.2.2009 durch G v. 15.3.2012 (BGBl. 1 S. 462).
[3)] **Sartorius III Nr. 2.**
[4)] **Sartorius III Nr. 550.**
[5)] § 13 Abs. 2 Satz 3 angef. mWv 13.12.2011 durch G v. 5.12.2011 (BGBl. I S. 2458); Abs. 1 Satz 3 aufgeh. mWv 25.3.2010 durch G v. 15.3.2012 (BGBl. I S. 462); Abs. 2 Sätze 1 und 3 geänd. mWv 11.1.2017 durch G v. 5.1.2017 (BGBl. I S. 17); Abs. 1 Satz 1 geänd., Abs. 2 Satz 3 aufgeh., Abs. 3 eingef., bish. Abs. 3 wird Abs. 4 und geänd. mWv 1.1.2020 durch G v. 9.12.2019 (BGBl. I S. 2053).
[6)] Nr. **160**.

ununterbrochen mindestens ein Jahr gedauert hat. [2] Entsprechendes gilt für einen beurlaubten Beamten, dessen Tätigkeit in den in Satz 1 genannten Gebieten öffentlichen Belangen oder dienstlichen Interessen diente, wenn dies spätestens bei Beendigung des Urlaubs anerkannt worden ist.

(3) [1] Zeiten einer besonderen Verwendung im Ausland können bis zum Doppelten als ruhegehaltfähige Dienstzeit berücksichtigt werden, wenn sie

1. einzeln ununterbrochen mindestens 30 Tage gedauert haben und
2. insgesamt mindestens 180 Tage gedauert haben.

[2] Eine besondere Verwendung im Ausland ist eine Verwendung nach § 31a Absatz 1 Satz 2 in der während der Verwendung geltenden Fassung.

(4) Sind sowohl die Voraussetzungen des Absatzes 1 als auch die Voraussetzungen der Absätze 2 und 3 erfüllt, findet nur die für den Beamten günstigere Vorschrift Anwendung.

§ 14[1] Höhe des Ruhegehalts.

(1) [1] Das Ruhegehalt beträgt für jedes Jahr ruhegehaltfähiger Dienstzeit 1,79375 Prozent, insgesamt jedoch höchstens 71,75 Prozent, der ruhegehaltfähigen Dienstbezüge. [2] Bei der Berechnung der Jahre ruhegehaltfähiger Dienstzeit werden unvollständige Jahre als Dezimalzahl angegeben. [3] Dabei wird ein Jahr mit 365 Tagen angesetzt und wird das Ergebnis kaufmännisch auf zwei Dezimalstellen gerundet. [4] Der Ruhegehaltssatz wird ebenfalls kaufmännisch auf zwei Dezimalstellen gerundet.

(2) (weggefallen)

(3) [1] Das Ruhegehalt vermindert sich um 3,6 Prozent für jedes Jahr, um das der Beamte

1. vor Ablauf des Monats, in dem er das 65. Lebensjahr vollendet, nach § 52 Absatz 1 und 2 des Bundesbeamtengesetzes[2] in den Ruhestand versetzt wird,
2. vor Ablauf des Monats, in dem er die für ihn geltende gesetzliche Altersgrenze erreicht, nach § 52 Absatz 3 des Bundesbeamtengesetzes in den Ruhestand versetzt wird,
3. vor Ablauf des Monats, in dem er das 65. Lebensjahr vollendet, wegen Dienstunfähigkeit, die nicht auf einem Dienstunfall beruht, in den Ruhestand versetzt wird;

die Minderung des Ruhegehalts darf 10,8 vom Hundert in den Fällen der Nummern 1 und 3 und 14,4 vom Hundert in den Fällen der Nummer 2 nicht übersteigen. [2] Absatz 1 Satz 2 bis 4 gilt entsprechend. [3] Gilt für den Beamten eine vor der Vollendung des 65. Lebensjahres liegende Altersgrenze, tritt sie in den Fällen des Satzes 1 Nummer 1 und 3 an die Stelle des 65. Lebensjahres. [4] Gilt für den Beamten eine nach Vollendung des 67. Lebensjahres liegende Altersgrenze, wird in den Fällen des Satzes 1 Nummer 2 nur die Zeit bis zum Ablauf des Monats berücksichtigt, in dem der Beamte das 67. Lebensjahr vollendet. [5] In den Fällen des Satzes 1 Nummer 2 ist das Ruhegehalt nicht zu vermindern, wenn der Beamte zum Zeitpunkt des Eintritts in den Ruhestand

[1] § 14 Abs. 4 Satz 4 aufgeh. mWv 25.3.2010 durch G v. 15.3.2012 (BGBl. I S. 462); Abs. 4 Sätze 4 und 5 angef. mWv 11.1.2017 durch G v. 5.1.2017 (BGBl. I S. 17); Abs. 1 neu gef., Abs. 3 Satz 1, Abs. 4 Sätze 1, 2 und Abs. 6 Satz 1 geänd. mWv 1.1.2020, Abs. 3 Sätze 5 und 6 geänd., Abs. 4 Sätze 4 und 5 neu gef. mWv 1.7.2020 durch G v. 9.12.2019 (BGBl. I S. 2053).
[2] Nr. **160**.

das 65. Lebensjahr vollendet und mindestens 45 Jahre mit ruhegehaltfähigen Dienstzeiten nach den §§ 6, 8 bis 10, Zeiten im Sinne des § 6a und nach § 14a Absatz 2 Satz 1 berücksichtigungsfähigen Pflichtbeitragszeiten, soweit sie nicht im Zusammenhang mit Arbeitslosigkeit stehen, und Zeiten nach § 50d sowie Zeiten einer dem Beamten zuzuordnenden Erziehung eines Kindes bis zu dessen vollendetem zehnten Lebensjahr zurückgelegt hat. [6]In den Fällen des Satzes 1 Nummer 3 ist das Ruhegehalt nicht zu vermindern, wenn der Beamte zum Zeitpunkt des Eintritts in den Ruhestand das 63. Lebensjahr vollendet und mindestens 40 Jahre mit ruhegehaltfähigen Dienstzeiten nach den §§ 6, 8 bis 10, Zeiten im Sinne des § 6a und nach § 14a Absatz 2 Satz 1 berücksichtigungsfähigen Pflichtbeitragszeiten, soweit sie nicht im Zusammenhang mit Arbeitslosigkeit stehen, und Zeiten nach § 50d sowie Zeiten einer dem Beamten zuzuordnenden Erziehung eines Kindes bis zu dessen vollendetem zehnten Lebensjahr zurückgelegt hat. [7]Soweit sich bei der Berechnung nach den Sätzen 5 und 6 Zeiten überschneiden, sind diese nur einmal zu berücksichtigen.

(4) [1]Das Ruhegehalt beträgt mindestens fünfunddreißig Prozent der ruhegehaltfähigen Dienstbezüge (§ 5). [2]An die Stelle des Ruhegehalts nach Satz 1 treten, wenn dies günstiger ist, fünfundsechzig Prozent der jeweils ruhegehaltfähigen Dienstbezüge aus der Endstufe der Besoldungsgruppe A 4. [3]Die Mindestversorgung nach Satz 2 erhöht sich um 30,68 Euro für den Ruhestandsbeamten und die Witwe; der Erhöhungsbetrag bleibt bei einer Kürzung nach § 25 außer Betracht. [4]Die Sätze 1 bis 3 sind nicht anzuwenden, wenn der Beamte eine ruhegehaltfähige Dienstzeit nach den §§ 6, 6a, 8 bis 10 und 67 von weniger als fünf Jahren zurückgelegt hat oder das erdiente Ruhegehalt allein wegen fehlender Berücksichtigung von Zeiten nach § 6a als ruhegehaltfähig hinter der Mindestversorgung nach den Sätzen 1 bis 3 zurückbleibt. [5]Satz 4 gilt nicht, wenn in Fällen des § 4 Absatz 1 Satz 1 Nummer 2 der Beamte wegen Dienstunfähigkeit in den Ruhestand versetzt worden ist.

(5) [1]Übersteigt beim Zusammentreffen von Mindestversorgung nach Absatz 4 mit einer Rente nach Anwendung des § 55 die Versorgung das erdiente Ruhegehalt, so ruht die Versorgung bis zur Höhe des Unterschieds zwischen dem erdienten Ruhegehalt und der Mindestversorgung; in den von § 85 erfassten Fällen gilt das nach dieser Vorschrift maßgebliche Ruhegehalt als erdient. [2]Der Erhöhungsbetrag nach Absatz 4 Satz 3 sowie der Unterschiedsbetrag nach § 50 Absatz 1 bleiben bei der Berechnung außer Betracht. [3]Die Summe aus Versorgung und Rente darf nicht hinter dem Betrag der Mindestversorgung zuzüglich des Unterschiedsbetrages nach § 50 Absatz 1 zurückbleiben. [4]Zahlbar bleibt mindestens das erdiente Ruhegehalt zuzüglich des Unterschiedsbetrages nach § 50 Absatz 1. [5]Die Sätze 1 bis 4 gelten entsprechend für Witwen und Waisen.

(6) [1]Bei einem in den einstweiligen Ruhestand versetzten Beamten beträgt das Ruhegehalt für die Dauer der Zeit, die der Beamte das Amt, aus dem er in den einstweiligen Ruhestand versetzt worden ist, innehatte, mindestens für die Dauer von sechs Monaten, längstens für die Dauer von drei Jahren, 71,75 Prozent der ruhegehaltfähigen Dienstbezüge aus der Endstufe der Besoldungsgruppe, in der sich der Beamte zur Zeit seiner Versetzung in den einstweiligen Ruhestand befunden hat. [2]Das erhöhte Ruhegehalt darf die Dienstbezüge, die dem Beamten in diesem Zeitpunkt zustanden, nicht übersteigen; das nach sonstigen Vorschriften ermittelte Ruhegehalt darf nicht unterschritten werden.

§ 14a¹⁾ Vorübergehende Erhöhung des Ruhegehaltssatzes. (1) Der nach § 14 Absatz 1, § 36 Absatz 3 Satz 1, § 66 Absatz 2 und § 85 Absatz 4 berechnete Ruhegehaltssatz erhöht sich vorübergehend, wenn der Beamte vor Erreichen der Regelaltersgrenze nach § 51 Absatz 1 und 2 des Bundesbeamtengesetzes²⁾ in den Ruhestand getreten ist und er

1. bis zum Beginn des Ruhestandes die Wartezeit von 60 Kalendermonaten für eine Rente der gesetzlichen Rentenversicherung erfüllt hat,
2. a) wegen Dienstunfähigkeit im Sinne des § 44 Absatz 1 des Bundesbeamtengesetzes in den Ruhestand versetzt worden ist oder
 b) wegen Erreichens einer besonderen Altersgrenze in den Ruhestand getreten ist,
3. einen Ruhegehaltssatz von 66,97 Prozent noch nicht erreicht hat und
4. kein Erwerbs- oder Erwerbsersatzeinkommen nach § 53 Absatz 7 bezieht, das im Durchschnitt des Kalenderjahres 525 Euro monatlich übersteigt.

(2) ¹Die Erhöhung des Ruhegehaltssatzes beträgt 0,95667 Prozent für je zwölf Kalendermonate der bis zur Erfüllung der Wartezeit (Absatz 1 Nummer 1) anrechnungsfähigen Pflichtbeitragszeiten, soweit sie vor Begründung des Beamtenverhältnisses zurückgelegt worden sind; unberücksichtigt bleiben

1. Pflichtbeitragszeiten, die als ruhegehaltfähig berücksichtigt worden sind,
2. Pflichtbeitragszeiten, für die Leistungen nach § 50e Absatz 1 Satz 1 vorübergehend gewährt werden.

²Die Erhöhung ist kaufmännisch auf zwei Dezimalstellen zu runden; der erhöhte Ruhegehaltssatz darf 66,97 Prozent nicht überschreiten. ³In den Fällen des § 14 Absatz 3 ist der Ruhegehalt, das sich nach Anwendung der Sätze 1 und 2 ergibt, entsprechend zu vermindern. ⁴Für die Berechnung nach Satz 1 wird die Gesamtzahl der Kalendermonate in Jahre umgerechnet. ⁵Dabei werden unvollständige Jahre als Dezimalzahl angegeben. ⁶Das Ergebnis wird kaufmännisch auf zwei Dezimalstellen gerundet.

(3) ¹Die Erhöhung fällt spätestens mit Ablauf des Monats weg, in dem der Ruhestandsbeamte die Regelaltersgrenze nach § 51 Absatz 1 und 2 des Bundesbeamtengesetzes erreicht. ²Sie endet vorher, wenn der Ruhestandsbeamte

1. aus den anrechnungsfähigen Pflichtbeitragszeiten eine Versichertenrente einer inländischen oder ausländischen Alterssicherungseinrichtung bezieht, mit Ablauf des Tages vor dem Beginn der Rente, oder
2. in den Fällen des Absatzes 1 Nummer 2 Buchstabe a nicht mehr dienstunfähig ist, mit Ablauf des Monats, in dem ihm der Wegfall der Erhöhung mitgeteilt wird, oder
3. ein Erwerbseinkommen bezieht, mit Ablauf des Tages vor dem Beginn der Erwerbstätigkeit.

³§ 35 Absatz 3 Satz 2 gilt sinngemäß.

(4) ¹Die Erhöhung des Ruhegehaltssatzes wird auf Antrag vorgenommen. ²Anträge, die innerhalb von drei Monaten nach Eintritt des Beamten in den Ruhestand gestellt werden, gelten als zum Zeitpunkt des Ruhestandseintritts

¹⁾ § 14a Abs. 1 Nr. 4 Satz 2 geänd. mWv 1.1.2013 durch G v. 11.6.2013 (BGBl. I S. 1514); Abs. 1 Nr. 4 neu gef. mWv 1.1.2016; Abs. 2 Satz 1 geänd. mWv 11.1.2017 durch G v. 5.1.2017 (BGBl. I S. 17); Abs. 1 Nr. 3 geänd., Abs. 2 neu gef. mWv 1.1.2020 durch G v. 9.12.2019 (BGBl. I S. 2053).
²⁾ Nr. **160**.

gestellt. [3] Wird der Antrag zu einem späteren Zeitpunkt gestellt, so tritt die Erhöhung vom Beginn des Antragsmonats an ein.

§ 15[1] Unterhaltsbeitrag für entlassene Beamte auf Lebenszeit und auf Probe.

(1) Einem Beamten auf Lebenszeit, der vor Ableistung einer Dienstzeit von fünf Jahren (§ 4 Absatz 1 Satz 1 Nummer 1) wegen Dienstunfähigkeit oder Erreichens der Altersgrenze nach § 32 Absatz 1 Nummer 2 des Bundesbeamtengesetzes[2] entlassen ist, kann auf Antrag ein Unterhaltsbeitrag bis zur Höhe des Ruhegehalts bewilligt werden.

(2) Das Gleiche gilt für einen Beamten auf Probe, der wegen Dienstunfähigkeit oder wegen Erreichens der Altersgrenze entlassen ist (§ 34 Absatz 1 Satz 1 Nummer 3, Absatz 4 des Bundesbeamtengesetzes).

§ 15a[3] Beamte auf Zeit und auf Probe in leitender Funktion.

(1) § 15 ist auf Beamtenverhältnisse auf Zeit und auf Probe in leitender Funktion nicht anzuwenden.

(2) Aus diesen Beamtenverhältnissen auf Probe und auf Zeit ergibt sich kein selbständiger Anspruch auf Versorgung; die Unfallfürsorge bleibt hiervon unberührt.

(Fortsetzung nächstes Blatt)

[1] § 15 Abs. 1 geänd. mWv 11.1.2017 durch G v. 5.1.2017 (BGBl. I S. 17); Abs. 1 und 2 geänd. mWv 1.1.2020 durch G v. 9.12.2019 (BGBl. I S. 2053).
[2] Nr. **160**.
[3] § 15a Überschrift neu gef. mWv 1.1.2020 durch G v. 9.12.2019 (BGBl. I S. 2053).

(3) ¹Tritt ein Beamter auf Zeit nach Ablauf der ersten Amtszeit wieder in sein vorheriges Amt im Beamtenverhältnis auf Lebenszeit oder im Richterverhältnis auf Lebenszeit ein, berechnen sich die ruhegehaltfähigen Dienstbezüge aus dem Beamtenverhältnis auf Lebenszeit oder aus dem Richterverhältnis auf Lebenszeit zuzüglich eines Unterschiedsbetrages zwischen diesen und den Dienstbezügen, die im Beamtenverhältnis auf Zeit ruhegehaltfähig wären. ²Der Unterschiedsbetrag wird gewährt in Höhe eines Viertels, wenn dem Beamten das Amt mindestens fünf Jahre, in Höhe der Hälfte, wenn es mindestens fünf Jahre und zwei Amtszeiten übertragen war.

(4) Tritt der Beamte auf Zeit wegen Erreichens der gesetzlichen Altersgrenze in den Ruhestand, berechnen sich die ruhegehaltfähigen Dienstbezüge aus dem Beamtenverhältnis auf Zeit, wenn dem Beamten das Amt mindestens fünf Jahre übertragen war.

(5) Wird der Beamte auf Zeit während seiner Amtszeit wegen Dienstunfähigkeit in den Ruhestand versetzt, gilt Absatz 4 entsprechend.

Abschnitt 3.[1] Hinterbliebenenversorgung

§ 16 Allgemeines. Die Hinterbliebenenversorgung (§§ 17 bis 28) umfasst
1. Bezüge für den Sterbemonat,
2. Sterbegeld,
3. Witwengeld,
4. Witwenabfindung,
5. Waisengeld,
6. Unterhaltsbeiträge,
7. Witwerversorgung.

§ 17 Bezüge für den Sterbemonat. (1) ¹Den Erben eines verstorbenen Beamten, Ruhestandsbeamten oder entlassenen Beamten verbleiben für den Sterbemonat die Bezüge des Verstorbenen. ²Dies gilt auch für eine für den Sterbemonat gewährte Aufwandsentschädigung.

(2) Die an den Verstorbenen noch nicht gezahlten Teile der Bezüge für den Sterbemonat können statt an die Erben auch an die in § 18 Absatz 1 bezeichneten Hinterbliebenen gezahlt werden.

§ 18[2] Sterbegeld. (1) ¹Beim Tode eines Beamten mit Dienstbezügen oder eines Beamten auf Widerruf im Vorbereitungsdienst erhalten der hinterbliebene Ehegatte und die Abkömmlinge des Beamten Sterbegeld. ²Das Sterbegeld ist in Höhe des Zweifachen der Dienstbezüge oder der Anwärterbezüge des Verstorbenen ausschließlich der Zuschläge für Personen nach § 53 Absatz 4 Nummer 2 des Bundesbesoldungsgesetzes[3], des Auslandsverwendungszuschlags und der Vergütungen in einer Summe zu zahlen; § 5 Absatz 1 Satz 2 und 3 gilt entsprechend. ³Die Sätze 1 und 2 gelten entsprechend beim Tod eines Ruhe-

[1] 3. Abschnitt Überschrift geänd. mWv 1.1.2020 durch G v. 9.12.2019 (BGBl. I S. 2053).
[2] § 18 Abs. 1 Satz 2 geänd. mWv 1.7.2010 durch G v. 5.2.2009 (BGBl. I S. 160); Abs. 1 Satz 1 geänd. mWv 1.1.2009 durch G v. 14.11.2011 (BGBl. I S. 2219).
[3] Nr. 230.

standsbeamten oder eines entlassenen Beamten, der im Sterbemonat einen Unterhaltsbeitrag erhalten hat; an die Stelle der Dienstbezüge tritt das Ruhegehalt oder der Unterhaltsbeitrag zuzüglich des Unterschiedsbetrages nach § 50 Absatz 1.

(2) Sind Anspruchsberechtigte im Sinne des Absatzes 1 nicht vorhanden, ist Sterbegeld auf Antrag zu gewähren

1. Verwandten der aufsteigenden Linie, Geschwistern, Geschwisterkindern sowie Stiefkindern, wenn sie zur Zeit des Todes des Beamten mit diesem in häuslicher Gemeinschaft gelebt haben oder wenn der Verstorbene ganz oder überwiegend ihr Ernährer gewesen ist,

2. sonstigen Personen, die die Kosten der letzten Krankheit oder der Bestattung getragen haben, bis zur Höhe ihrer Aufwendungen, höchstens jedoch in Höhe des Sterbegeldes nach Absatz 1 Satz 2 und 3.

(3) ¹Stirbt eine Witwe oder eine frühere Ehefrau eines Beamten, der im Zeitpunkt des Todes Witwengeld oder ein Unterhaltsbeitrag zustand, so erhalten die in Absatz 1 genannten Kinder Sterbegeld, wenn sie berechtigt sind, Waisengeld oder einen Unterhaltsbeitrag zu beziehen und wenn sie zur Zeit des Todes zur häuslichen Gemeinschaft der Verstorbenen gehört haben. ²Absatz 1 Satz 2 erster Halbsatz gilt entsprechend mit der Maßgabe, dass an die Stelle der Dienstbezüge das Witwengeld oder der Unterhaltsbeitrag tritt.

(4) Sind mehrere gleichberechtigte Personen vorhanden, so ist für die Bestimmung des Zahlungsempfängers die Reihenfolge der Aufzählung in den Absätzen 1 und 2 maßgebend; bei Vorliegen eines wichtigen Grundes kann von dieser Reihenfolge abgewichen oder das Sterbegeld aufgeteilt werden.

§ 19 Witwengeld. (1) ¹Die Witwe eines Beamten auf Lebenszeit, der die Voraussetzungen des § 4 Absatz 1 erfüllt hat, oder eines Ruhestandsbeamten erhält Witwengeld. ²Dies gilt nicht, wenn

1. die Ehe mit dem Verstorbenen nicht mindestens ein Jahr gedauert hat, es sei denn, dass nach den besonderen Umständen des Falles die Annahme nicht gerechtfertigt ist, dass es der alleinige oder überwiegende Zweck der Heirat war, der Witwe eine Versorgung zu verschaffen, oder

2. die Ehe erst nach dem Eintritt des Beamten in den Ruhestand geschlossen worden ist und der Ruhestandsbeamte zur Zeit der Eheschließung die Regelaltersgrenze nach § 51 Absatz 1 und 2 des Bundesbeamtengesetzes¹⁾ bereits erreicht hatte.

(2) Absatz 1 gilt auch für die Witwe eines Beamten auf Probe, der an den Folgen einer Dienstbeschädigung (§ 49 Absatz 1 des Bundesbeamtengesetzes) verstorben ist oder dem die Entscheidung nach § 49 Absatz 2 des Bundesbeamtengesetzes zugestellt war.

§ 20²⁾ Höhe des Witwengeldes. (1) ¹Das Witwengeld beträgt 55 Prozent des Ruhegehalts, das der Verstorbene erhalten hat oder hätte erhalten können, wenn er am Todestage in den Ruhestand getreten wäre. ²Das Witwengeld beträgt nach Anwendung des § 50c mindestens 60 Prozent des Ruhegehaltes

¹⁾ Nr. **160**.
²⁾ § 20 Abs. 1 Sätze 1, 2 und Abs. 2 Sätze 1, 2 geänd. mWv 1.1.2020 durch G v. 9.12.2019 (BGBl. I S. 2053).

nach § 14 Absatz 4 Satz 2; § 14 Absatz 4 Satz 3 ist anzuwenden. [3] § 14 Absatz 6 sowie die §§ 14a und 50e sind nicht anzuwenden. [4] Änderungen des Mindestruhegehalts (§ 14 Absatz 4) sind zu berücksichtigen.

(2) [1] War die Witwe mehr als zwanzig Jahre jünger als der Verstorbene und ist aus der Ehe ein Kind nicht hervorgegangen, so wird das Witwengeld (Absatz 1) für jedes angefangene Jahr des Altersunterschiedes über zwanzig Jahre um fünf Prozent gekürzt, jedoch höchstens um fünfzig Prozent. [2] Nach fünfjähriger Dauer der Ehe werden für jedes angefangene Jahr ihrer weiteren Dauer dem gekürzten Betrag fünf Prozent des Witwengeldes hinzugesetzt, bis der volle Betrag wieder erreicht ist. [3] Das nach Satz 1 errechnete Witwengeld darf nicht hinter dem Mindestwitwengeld (Absatz 1 in Verbindung mit § 14 Absatz 4) zurückbleiben.

(3) Von dem nach Absatz 2 gekürzten Witwengeld ist auch bei der Anwendung des § 25 auszugehen.

§ 21[1]) Witwenabfindung. (1) Eine Witwe, die Anspruch auf Witwengeld oder auf einen Unterhaltsbeitrag hat, erhält im Falle einer Heirat eine Witwenabfindung.

(2) [1] Die Witwenabfindung beträgt das Vierundzwanzigfache des für den Monat, in dem die Witwe heiratet, nach Anwendung der Anrechnungs-, Kürzungs- und Ruhensvorschriften zu zahlenden Betrages des Witwengeldes oder Unterhaltsbeitrages; eine Kürzung nach § 25 und die Anwendung der §§ 53 und 54 Absatz 1 Satz 1 Nummer 3 bleiben jedoch außer Betracht. [2] Die Abfindung ist in einer Summe zu zahlen.

(3) Lebt der Anspruch auf Witwengeld oder auf Unterhaltsbeitrag nach § 61 Absatz 3 wieder auf, so ist die Witwenabfindung, soweit sie für jene Zeit berechnet ist, die dem Wiederaufleben des Anspruchs auf Witwengeld oder Unterhaltsbeitrag liegt, in angemessenen monatlichen Teilbeträgen einzubehalten.

§ 22[2]) Unterhaltsbeitrag für nicht witwengeldberechtigte Witwen und frühere Ehefrauen. (1) [1] In den Fällen des § 19 Absatz 1 Satz 2 Nummer 2 ist, sofern die besonderen Umstände des Falles keine volle oder teilweise Versagung rechtfertigen, ein Unterhaltsbeitrag in Höhe des Witwengeldes zu gewähren. [2] Einkünfte sind in angemessenem Umfang anzurechnen. [3] Verzichtet die Versorgungsberechtigte auf Einkünfte oder wird ihr an deren Stelle eine Kapitalleistung gezahlt, ist der Betrag anzurechnen, der ansonsten zu zahlen wäre; § 55 Absatz 1 Satz 8 und 9 gilt entsprechend.

(2) [1] Der geschiedenen Ehefrau eines verstorbenen Beamten oder Ruhestandsbeamten, die im Falle des Fortbestehens der Ehe Witwengeld erhalten hätte, ist auf Antrag ein Unterhaltsbeitrag insoweit zu gewähren, als sie im *Zeitpunkt des Todes* des Beamten oder Ruhestandsbeamten einen Anspruch auf schuldrechtlichen Versorgungsausgleich nach § 1587f Nummer 2 des Bürgerlichen Gesetzbuchs[3]) in der bis zum 31. August 2009 geltenden

[1]) § 21 Abs. 1, Abs. 2 Satz 1 geänd. mWv 1.1.2009 durch G v. 14.11.2011 (BGBl. I S. 2219); Abs. 2 Satz 1 geänd. mWv 1.1.2020 durch G v. 9.12.2019 (BGBl. I S. 2053).
[2]) § 22 Abs. 1 Satz 2 und Abs. 2 Satz 4 geänd., Abs. 1 Satz 3 neu gef. mWv 1.1.2020 durch G v. 9.12.2019 (BGBl. I S. 2053).
[3]) Schönfelder Nr. 20.

Fassung wegen einer Anwartschaft oder eines Anspruchs nach § 1587a Absatz 2 Nummer 1 des Bürgerlichen Gesetzbuchs in der bis zum 31. August 2009 geltenden Fassung hatte. [2] Der Unterhaltsbeitrag wird jedoch nur gewährt,

1. solange die geschiedene Ehefrau erwerbsgemindert im Sinne des Sechsten Buches Sozialgesetzbuch[1] ist oder mindestens ein waisengeldberechtigtes Kind erzieht oder

2. wenn sie das sechzigste Lebensjahr vollendet hat.

[3] Der Erziehung eines waisengeldberechtigten Kindes steht die Sorge für ein waisengeldberechtigtes Kind mit körperlichen oder geistigen Gebrechen gleich. [4] Der nach Satz 1 festgestellte Betrag ist in einem Prozentsatz des Witwengeldes festzusetzen; der Unterhaltsbeitrag darf fünf Sechstel des entsprechend § 57 gekürzten Witwengeldes nicht übersteigen. [5] § 21 gilt entsprechend.

(3) Absatz 2 gilt entsprechend für die frühere Ehefrau eines verstorbenen Beamten oder Ruhestandsbeamten, deren Ehe mit diesem aufgehoben oder für nichtig erklärt war.

§ 23 Waisengeld. (1) Die Kinder eines verstorbenen Beamten auf Lebenszeit, eines verstorbenen Ruhestandsbeamten oder eines verstorbenen Beamten auf Probe, der an den Folgen einer Dienstbeschädigung (§ 49 Absatz 1 des Bundesbeamtengesetzes[2]) verstorben ist oder dem die Entscheidung nach § 49 Absatz 2 des Bundesbeamtengesetzes zugestellt war, erhalten Waisengeld, wenn der Beamte die Voraussetzungen des § 4 Absatz 1 erfüllt hat.

(2) [1] Kein Waisengeld erhalten die Kinder eines verstorbenen Ruhestandsbeamten, wenn das Kindschaftsverhältnis durch Annahme als Kind begründet wurde und der Ruhestandsbeamte in diesem Zeitpunkt bereits im Ruhestand war und die Regelaltersgrenze nach § 51 Absatz 1 und 2 des Bundesbeamtengesetzes erreicht hatte. [2] Es kann ihnen jedoch ein Unterhaltsbeitrag bis zur Höhe des Waisengeldes bewilligt werden.

§ 24[3] Höhe des Waisengeldes. (1) [1] Das Waisengeld beträgt für die Halbwaise zwölf Prozent und für die Vollwaise zwanzig Prozent des Ruhegehalts, das der Verstorbene erhalten hat oder hätte erhalten können, wenn er am Todestag in den Ruhestand getreten wäre. [2] § 14 Absatz 6 sowie die §§ 14a und 50e sind nicht anzuwenden. [3] Änderungen des Mindestruhegehalts (§ 14 Absatz 4) sind zu berücksichtigen.

(2) Wenn die Mutter des Kindes des Verstorbenen nicht zum Bezuge von Witwengeld berechtigt ist und auch keinen Unterhaltsbeitrag in Höhe des Witwengeldes erhält, wird das Waisengeld nach dem Satz für Vollwaisen gezahlt; es darf zuzüglich des Unterhaltsbeitrages den Betrag des Witwengeldes und des Waisengeldes nach dem Satz für Halbwaisen nicht übersteigen.

(3) Ergeben sich für eine Waise Waisengeldansprüche aus Beamtenverhältnissen mehrerer Personen, wird nur das höchste Waisengeld gezahlt.

[1] **Aichberger,** *SGB* **Nr. 6.**
[2] Nr. **160.**
[3] § 24 Abs. 1 Satz 1 geänd. mWv 1.1.2020 durch G v. 9.12.2019 (BGBl. I S. 2053).

§ 25 Zusammentreffen von Witwengeld, Waisengeld und Unterhaltsbeiträgen. (1) [1] Witwen- und Waisengeld dürfen weder einzeln noch zusammen den Betrag des ihrer Berechnung zugrunde zu legenden Ruhegehalts übersteigen. [2] Ergibt sich an Witwen- und Waisengeld zusammen ein höherer Betrag, so werden die einzelnen Bezüge im gleichen Verhältnis gekürzt.

(2) Nach dem Ausscheiden eines Witwen- oder Waisengeldberechtigten erhöht sich das Witwen- oder Waisengeld der verbleibenden Berechtigten vom Beginn des folgenden Monats an insoweit, als sie nach Absatz 1 noch nicht den vollen Betrag nach § 20 oder § 24 erhalten.

(3) Die Absätze 1 und 2 gelten entsprechend, wenn neben Witwen- oder Waisengeld ein Unterhaltsbeitrag nach § 22 Absatz 2 oder 3 oder § 86 Absatz 1 gewährt wird.

(4) [1] Unterhaltsbeiträge nach § 22 Absatz 1 gelten für die Anwendung der Absätze 1 bis 3 als Witwengeld. [2] Unterhaltsbeiträge nach § 23 Absatz 2 dürfen nur insoweit bewilligt werden, als sie allein oder zusammen mit gesetzlichen Hinterbliebenenbezügen die in Absatz 1 Satz 1 bezeichnete Höchstgrenze nicht übersteigen.

§ 26[1]) Unterhaltsbeitrag für Hinterbliebene von Beamten auf Lebenszeit und auf Probe. (1) Der Witwe, der geschiedenen Ehefrau (§ 22 Absatz 2, 3) und den Kindern eines Beamten, denen nach § 15 ein Unterhaltsbeitrag bewilligt worden ist oder hätte bewilligt werden können, kann auf Antrag die in den §§ 19, 20 und 22 bis 25 vorgesehene Versorgung bis zu der dort bezeichneten Höhe als Unterhaltsbeitrag bewilligt werden.

(2) § 21 gilt entsprechend.

§ 27 Beginn der Zahlungen. (1) [1] Die Zahlung des Witwen- und Waisengeldes sowie eines Unterhaltsbeitrages nach § 22 Absatz 1 oder § 23 Absatz 2 beginnt mit dem Ablauf des Sterbemonats. [2] Kinder, die nach diesem Zeitpunkt geboren werden, erhalten Waisengeld vom Ersten des Geburtsmonats an.

(2) Die Zahlung eines Unterhaltsbeitrages nach § 22 Absatz 2 oder 3 beginnt mit dem Ersten des Monats, in dem der in § 22 Absatz 2 Satz 2 genannten Voraussetzungen eintritt, frühestens jedoch mit Ablauf des Sterbemonats.

(3) Die Absätze 1 und 2 gelten entsprechend für die Zahlung eines Unterhaltsbeitrages nach § 26.

§ 28 Witwerversorgung. [1] Die §§ 19 bis 27 gelten entsprechend für den Witwer oder den geschiedenen Ehemann (§ 22 Absatz 2, 3) einer verstorbenen Beamtin oder Ruhestandsbeamtin. [2] An die Stelle des Witwengeldes im Sinne der Vorschriften dieses Gesetzes tritt das Witwergeld, an die Stelle der Witwe der Witwer.

Abschnitt 4.[2]) Bezüge bei Verschollenheit

§ 29 Zahlung der Bezüge. (1) Ein verschollener Beamter, Ruhestandsbeamter oder sonstiger Versorgungsempfänger erhält die ihm zustehenden

[1]) § 26 Abs. 1 geänd. mWv 11.1.2017 durch G v. 5.1.2017 (BGBl. I S. 17).
[2]) 4. Abschnitt Überschrift geänd. mWv 1.1.2020 durch G v. 9.12.2019 (BGBl. I S. 2053).

Bezüge bis zum Ablauf des Monats, in dem die oberste Dienstbehörde oder die von ihr bestimmte Stelle feststellt, dass sein Ableben mit Wahrscheinlichkeit anzunehmen ist.

(2) [1] Vom Ersten des Monats ab, der dem in Absatz 1 bezeichneten Zeitpunkt folgt, erhalten die Personen, die im Falle des Todes des Verschollenen Witwen- oder Waisengeld erhalten würden oder einen Unterhaltsbeitrag erhalten könnten, diese Bezüge. [2] Die §§ 17 und 18 gelten nicht.

(3) [1] Kehrt der Verschollene zurück, so lebt sein Anspruch auf Bezüge, soweit nicht besondere gesetzliche Gründe entgegenstehen, wieder auf. [2] Nachzahlungen sind längstens für die Dauer eines Jahres zu leisten; die nach Absatz 2 für den gleichen Zeitraum gewährten Bezüge sind anzurechnen.

(4) Ergibt sich, dass bei einem Beamten die Voraussetzungen des § 9 des Bundesbesoldungsgesetzes[1]) vorliegen, so können die nach Absatz 2 gezahlten Bezüge von ihm zurückgefordert werden.

(5) Wird der Verschollene für tot erklärt oder die Todeszeit gerichtlich festgestellt oder eine Sterbeurkunde über den Tod des Verschollenen ausgestellt, so ist die Hinterbliebenenversorgung von dem Ersten des auf die Rechtskraft der gerichtlichen Entscheidung oder die Ausstellung der Sterbeurkunde folgenden Monats ab unter Berücksichtigung des festgestellten Todeszeitpunktes neu festzusetzen.

Abschnitt 5.[2]) Unfallfürsorge

§ 30[3]) Allgemeines. (1) [1] Wird ein Beamter durch einen Dienstunfall verletzt, so wird ihm und seinen Hinterbliebenen Unfallfürsorge gewährt. [2] Unfallfürsorge wird auch dem Kind einer Beamtin gewährt, das durch deren Dienstunfall während der Schwangerschaft unmittelbar geschädigt wurde. [3] Satz 2 gilt auch, wenn die Schädigung durch besondere Einwirkungen verursacht worden ist, die generell geeignet sind, bei der Mutter einen Dienstunfall im Sinne des § 31 Absatz 3 zu verursachen.

(2) [1] Die Unfallfürsorge umfasst

1. Erstattung von Sachschäden und besonderen Aufwendungen (§ 32),

2. Heilverfahren (§§ 33, 34),

3. Unfallausgleich (§ 35),

4. Unfallruhegehalt oder Unterhaltsbeitrag (§§ 36 bis 38),

5. Unfall-Hinterbliebenenversorgung (§§ 39 bis 42),

6. einmalige Unfallentschädigung und einmalige Entschädigung (§ 43),

7. Schadensausgleich in besonderen Fällen (§ 43a),

8. Einsatzversorgung im Sinne des § 31a.

[2] Im Fall von Absatz 1 Satz 2 und 3 erhält das Kind der Beamtin Leistungen nach den Nummern 2 und 3 sowie nach § 38a.

(3) Im Übrigen gelten die allgemeinen Vorschriften.

[1]) Nr. **230**.
[2]) 5. Abschnitt Überschrift geänd. mWv 1.1.2020 durch G v. 9.12.2019 (BGBl. I S. 2053).
[3]) § 30 Abs. 2 Nr. 6 geänd. mWv 11.1.2017 durch G v. 5.1.2017 (BGBl. I S. 17).

§ 31[1] **Dienstunfall.** (1) [1]Dienstunfall ist ein auf äußerer Einwirkung beruhendes, plötzliches, örtlich und zeitlich bestimmbares, einen Körperschaden verursachendes Ereignis, das in Ausübung des Dienstes eingetreten ist. [2]Zum Dienst gehören auch

1. Dienstreisen und die dienstliche Tätigkeit am Bestimmungsort,
2. die Teilnahme an dienstlichen Veranstaltungen und
3. Nebentätigkeiten im öffentlichen Dienst oder in dem ihm gleichstehenden Dienst, zu deren Übernahme der Beamte gemäß § 98 des Bundesbeamtengesetzes[2] verpflichtet ist, oder Nebentätigkeiten, deren Wahrnehmung von ihm im Zusammenhang mit den Dienstgeschäften erwartet wird, sofern der Beamte hierbei nicht in der gesetzlichen Unfallversicherung versichert ist (§ 2 Siebtes Buch Sozialgesetzbuch[3]).

(2) [1]Als Dienst gilt auch das Zurücklegen des mit dem Dienst zusammenhängenden Weges nach und von der Dienststelle; hat der Beamte wegen der Entfernung seiner ständigen Familienwohnung vom Dienstort an diesem oder in dessen Nähe eine Unterkunft, so gilt Halbsatz 1 auch für den Weg von und nach der Familienwohnung. [2]Der Zusammenhang mit dem Dienst gilt als nicht unterbrochen, wenn der Beamte von dem unmittelbaren Wege zwischen der Wohnung und der Dienststelle in vertretbarem Umfang abweicht, weil sein eigenes dem Grunde nach kindergeldberechtigendes Kind wegen seiner oder seines Ehegatten beruflichen Tätigkeit fremder Obhut anvertraut wird oder weil er mit anderen berufstätigen oder in der gesetzlichen Unfallversicherung versicherten Personen gemeinsam ein Fahrzeug für den Weg nach und von der Dienststelle benutzt. [3]Ein Unfall, den der Verletzte bei Durchführung des Heilverfahrens (§ 33) oder auf einem hierzu notwendigen Wege erleidet, gilt als Folge eines Dienstunfalles.

(3) [1]Erkrankt ein Beamter, der wegen der Art seiner dienstlichen Verrichtungen der Gefahr der Erkrankung an einer bestimmten Krankheit besonders ausgesetzt ist, an dieser Krankheit, so gilt die Erkrankung als Dienstunfall, es sei denn, dass der Beamte sich die Krankheit außerhalb des Dienstes zugezogen hat. [2]Die Erkrankung gilt jedoch stets als Dienstunfall, wenn sie durch gesundheitsschädigende Verhältnisse verursacht worden ist, denen der Beamte am Ort seines dienstlich angeordneten Aufenthalts im Ausland besonders ausgesetzt war. [3]Als Krankheiten im Sinne des Satzes 1 kommen die in Anlage 1 zur Berufskrankheiten-Verordnung[4] vom 31. Oktober 1997 (BGBl. I S. 2623) in der jeweils geltenden Fassung genannten Krankheiten mit den dort bezeichneten Maßgaben in Betracht. [4]Für die Feststellung einer Krankheit als Dienstunfall sind auch den Versicherungsschutz nach § 2, § 3 oder § 6 des Siebten Buches Sozialgesetzbuch begründende Tätigkeiten zu berücksichtigen, wenn sie ihrer Art nach geeignet waren, die Krankheit zu verursachen, und die schädigende Einwirkung überwiegend durch dienstliche Verrichtungen nach Satz 1 verursacht worden ist.

[1] § 31 Abs. 1 Satz 1, Abs. 2 Satz 2 geänd. mWv 11.1.2017 durch G v. 5.1.2017 (BGBl. I S. 17); Abs. 3 neu gef. mWv 9.8.2019 durch G v. 4.8.2019 (BGBl. I S. 1147); Abs. 3 Satz 3 neu gef., Abs. 5 geänd. mWv 1.1.2020 durch G v. 9.12.2019 (BGBl. I S. 2053).
[2] Nr. **160.**
[3] **Aichberger, SGB Nr. 7.**
[4] **Aichberger, SGB Nr. 7/10.**

(4) [1]Dem durch Dienstunfall verursachten Körperschaden ist ein Körperschaden gleichzuachten, den ein Beamter außerhalb seines Dienstes erleidet, wenn er im Hinblick auf sein pflichtgemäßes dienstliches Verhalten oder wegen seiner Eigenschaft als Beamter angegriffen wird. [2]Gleichzuachten ist ferner ein Körperschaden, den ein Beamter im Ausland erleidet, wenn er bei Kriegshandlungen, Aufruhr oder Unruhen, denen er am Ort seines dienstlich angeordneten Aufenthaltes im Ausland besonders ausgesetzt war, angegriffen wird.

(5) Unfallfürsorge wie bei einem Dienstunfall kann auch gewährt werden, wenn ein Beamter, der zur Wahrnehmung einer Tätigkeit, die öffentlichen Belangen oder dienstlichen Interessen dient, beurlaubt worden ist und in Ausübung dieser Tätigkeit einen Körperschaden erleidet.

§ 31a[1] Einsatzversorgung.

(1) [1]Unfallfürsorge wie bei einem Dienstunfall wird auch dann gewährt, wenn ein Beamter auf Grund eines in Ausübung des Dienstes eingetretenen Unfalls oder einer derart eingetretenen Erkrankung im Sinne des § 31 bei einer besonderen Verwendung im Ausland eine gesundheitliche Schädigung erleidet (Einsatzunfall). [2]Eine besondere Verwendung im Ausland ist eine Verwendung auf Grund eines Übereinkommens oder einer Vereinbarung mit einer über- oder zwischenstaatlichen Einrichtung oder mit einem auswärtigen Staat im Ausland oder außerhalb des deutschen Hoheitsgebietes auf Schiffen oder in Luftfahrzeugen,

1. für die ein Beschluss der Bundesregierung vorliegt oder
2. die im Rahmen von Maßnahmen nach § 56 Absatz 1 Satz 2 Nummer 4 des Bundesbesoldungsgesetzes[2] stattfindet.

[3]Dem steht eine sonstige Verwendung im Ausland oder außerhalb des deutschen Hoheitsgebietes auf Schiffen oder in Luftfahrzeugen mit vergleichbar gesteigerter Gefährdungslage gleich. [4]Die Verwendung im Sinne der Sätze 2 und 3 beginnt mit dem Eintreffen im Einsatzgebiet und endet mit dem Verlassen des Einsatzgebietes.

(2) Gleiches gilt, wenn bei einem Beamten eine Erkrankung oder ihre Folgen oder ein Unfall auf gesundheitsschädigende oder sonst vom Inland wesentlich abweichende Verhältnisse bei einer Verwendung im Sinne des Absatzes 1 zurückzuführen sind oder wenn eine gesundheitliche Schädigung bei dienstlicher Verwendung im Ausland auf einen Unfall oder eine Erkrankung im Zusammenhang mit einer Verschleppung oder einer Gefangenschaft zurückzuführen ist oder darauf beruht, dass der Beamte aus sonstigen mit dem Dienst zusammenhängenden Gründen dem Einflussbereich des Dienstherrn entzogen ist.

(3) § 31 Absatz 5 gilt entsprechend.

(4) Die Unfallfürsorge ist ausgeschlossen, wenn sich der Beamte vorsätzlich oder grob fahrlässig der Gefährdung ausgesetzt oder die Gründe für eine Verschleppung, Gefangenschaft oder sonstige Einflussbereichsentziehung herbeigeführt hat, es sei denn, dass der Ausschluss für ihn eine unbillige Härte wäre.

[1] § 31a Abs. 1 Satz 1 geänd. mWv 11.1.2017 durch G v. 5.1.2017 (BGBl. I S. 17); Abs. 1 neu gef. mWv 9.8.2019 durch G v. 4.8.2019 (BGBl. I S. 1147); Abs. 1 Satz 2 Nr. 2 geänd. mWv 1.1.2020 durch G v. 9.12.2019 (BGBl. I S. 2053).
[2] Nr. **230**.

§ 32[1) Erstattung von Sachschäden und besonderen Aufwendungen.

[1] Sind bei einem Dienstunfall Kleidungsstücke oder sonstige Gegenstände, die der Beamte zur Dienstausübung oder während der Dienstzeit benötigt und deshalb mit sich geführt hat, beschädigt oder zerstört worden oder abhanden gekommen, so kann dafür Ersatz geleistet werden. [2] Anträge auf Gewährung von Sachschadenersatz nach Satz 1 sind innerhalb einer Ausschlussfrist von drei Monaten zu stellen. [3] Sind durch eine Erste-Hilfe-Leistung nach dem Unfall besondere Kosten entstanden, so ist dem Beamten der nachweisbar notwendige Aufwand zu ersetzen.

§ 33[2) Heilverfahren. (1) Das Heilverfahren umfasst

1. die notwendigen ärztlichen, zahnärztlichen und psychotherapeutischen Maßnahmen,

2. die notwendige Versorgung mit Arznei-, Verband-, Heil- und Hilfsmitteln, mit Geräten zur Selbstbehandlung und zur Selbstkontrolle sowie mit Körperersatzstücken, die den Erfolg der Heilbehandlung sichern oder die Unfallfolgen erleichtern sollen,

3. die notwendigen Krankenhausleistungen,

4. die notwendigen Rehabilitationsmaßnahmen,

5. die notwendige Pflege (§ 34),

6. die notwendige Haushaltshilfe und

7. die notwendigen Fahrten.

(2) Der Verletzte ist verpflichtet, sich einer Krankenhausbehandlung zu unterziehen, wenn sie nach einer Stellungnahme eines durch die Dienstbehörde bestimmten Arztes zur Sicherung des Heilerfolges notwendig ist.

(3) [1] Der Verletzte ist verpflichtet, sich einer ärztlichen Untersuchung und Behandlung zu unterziehen, es sei denn, dass sie mit einer erheblichen Gefahr für Leben oder Gesundheit des Verletzten verbunden ist. [2] Das Gleiche gilt für eine Operation dann, wenn sie keinen erheblichen Eingriff in die körperliche Unversehrtheit bedeutet. [3] Die oberste Dienstbehörde oder die von ihr bestimmte Stelle kann bestimmen, welcher Arzt die Untersuchung oder Behandlung nach Satz 1 durchführt.

(4) [1] Verursachen die Folgen des Dienstunfalles außergewöhnliche Kosten für Kleider- und Wäscheverschleiß, so sind diese in angemessenem Umfang zu ersetzen. [2] Kraftfahrzeughilfe wird gewährt, wenn der Verletzte infolge des Dienstunfalls nicht nur vorübergehend auf die Benutzung eines Kraftfahrzeugs angewiesen ist, um die zur Dienstausübung erforderlichen Wege zurückzulegen. [3] Notwendige Aufwendungen für eine bedarfsgerechte Anpassung des Wohnumfelds werden erstattet, wenn infolge des Dienstunfalls nicht nur vorübergehend die Anpassung vorhandenen oder die Beschaffung bedarfsgerechten Wohnraums erforderlich ist. [4] Ist der Verletzte an den Folgen des Dienstunfalles verstorben, so können auch die Kosten für die Überführung und die Bestattung in angemessener Höhe erstattet werden.

[1) § 32 Satz 1 geänd. mWv 11.1.2017 durch G v. 5.1.2017 (BGBl. I S. 17); Satz 3 geänd. mWv 1.1.2020 durch G v. 9.12.2019 (BGBl. I S. 2053).

[2) § 33 Abs. 1 Nr. 1 und 3 geänd., Nr. 4 und 5 angef., Abs. 2 Sätze 1 und 2, Abs. 3 Satz 1 geänd., Satz 3 angef. mWv 11.1.2017 durch G v. 5.1.2017 (BGBl. I S. 17); Abs. 5 geänd. mWv 1.1.2020 durch G v. 9.12. 2019 (BGBl. I S. 2053); Abs. 1 neu gef., Abs. 2 Satz 1 aufgeh., Abs. 4 Sätze 2 und 3 eingef., bish. Satz 2 wird Satz 4 mWv 29.5.2020 durch G v. 25.5.2020 (BGBl. I S. 1063).

(5) Die Durchführung regelt das Bundesministerium des Innern, für Bau und Heimat im Einvernehmen mit dem Bundesministerium der Finanzen durch Rechtsverordnung[1]).

§ 34[2]) **Pflegekosten und Hilflosigkeitszuschlag.** (1) [1]Ist der Verletzte infolge des Dienstunfalles so hilflos, dass er nicht ohne fremde Hilfe und Pflege auskommen kann, so sind ihm die Kosten einer notwendigen Pflege in angemessenem Umfang zu erstatten. [2]Die Dienstbehörde kann jedoch selbst für die Pflege Sorge tragen.

(2) Nach dem Beginn des Ruhestandes ist dem Verletzten auf Antrag für die Dauer der Hilflosigkeit ein Zuschlag zu dem Unfallruhegehalt bis zum Erreichen der ruhegehaltfähigen Dienstbezüge zu gewähren; die Kostenerstattung nach Absatz 1 entfällt.

§ 35[3]) **Unfallausgleich.** (1) [1]Ist der Verletzte infolge des Dienstunfalles in seiner Erwerbsfähigkeit länger als sechs Monate um mindestens 25 Prozent gemindert, so erhält er, solange dieser Zustand andauert, neben den Dienstbezügen, den Anwärterbezügen oder dem Ruhegehalt einen Unfallausgleich. [2]Dieser wird in Höhe der Grundrente nach § 31 Absatz 1 bis 3 in Verbindung mit § 30 Absatz 1 Satz 2 zweiter Halbsatz des Bundesversorgungsgesetzes[4]) gewährt. [3]Wird die Minderung der Erwerbsfähigkeit bei der Feststellung gestaffelt eingeschätzt, ist der Unfallausgleich in Höhe desjenigen Grades der Minderung der Erwerbsfähigkeit zu zahlen, der wenigstens sechs Monate Bestand hat.

(2) [1]Die Minderung der Erwerbsfähigkeit ist nach der körperlichen Beeinträchtigung im allgemeinen Erwerbsleben zu beurteilen. [2]Hat bei Eintritt des Dienstunfalles eine abschätzbare Minderung der Erwerbsfähigkeit bereits bestanden, so ist für die Berechnung des Unfallausgleichs von der individuellen Erwerbsfähigkeit des Verletzten, die unmittelbar vor dem Eintritt des Dienstunfalles bestand, auszugehen und zu ermitteln, welcher Teil dieser individuellen Erwerbsfähigkeit durch den Dienstunfall gemindert wurde. [3]Beruht die frühere Erwerbsminderung auf einem Dienstunfall, so kann ein einheitlicher Unfallausgleich festgesetzt werden.

(3) [1]Der Unfallausgleich wird neu festgestellt, wenn in den Verhältnissen, die für die Feststellung maßgebend gewesen sind, eine wesentliche Änderung eingetreten ist. [2]Zu diesem Zweck ist der Beamte verpflichtet, sich auf Anordnung der obersten Dienstbehörde durch einen von ihr bestimmten Arzt untersuchen zu lassen; die oberste Dienstbehörde kann diese Befugnis auf andere Stellen übertragen.

(4) Der Unfallausgleich wird auch während einer Beurlaubung ohne Dienstbezüge gewährt.

§ 36[5]) **Unfallruhegehalt.** (1) Ist der Beamte infolge des Dienstunfalles dienstunfähig geworden und deswegen in den Ruhestand versetzt worden, so erhält er Unfallruhegehalt.

[1]) Siehe die HeilverfahrensVO (**Bundesbeamtengesetze Nr. 83**).
[2]) § 34 Abs. 1 Satz 1 geänd. mWv 11.1.2017 durch G v. 5.1.2017 (BGBl. I S. 17).
[3]) § 35 Abs. 1 Satz 2 geänd. mWv 12.2.2009 durch G v. 15.3.2012 (BGBl. I S. 462); Abs. 1 Satz 1 geänd., Satz 2 neu gef., Satz 3 angef., Abs. 2 Satz 4 aufgeh. mWv 11.1.2017 durch G v. 5.1.2017 (BGBl. I S. 17).
[4]) **Wehrrecht Nr. 710.**
[5]) § 36 Abs. 1 neu gef., Abs. 2 und 3 Satz 2 geänd. mWv 11.1.2017 durch G v. 5.1.2017 (BGBl. I S. 17); Abs. 2 und Abs. 3 Sätze 1–3 geänd. mWv 1.1.2020 durch G v. 9.12.2019 (BGBl. I S. 2053).

(2) Für die Berechnung des Unfallruhegehalts eines vor Vollendung des 60. Lebensjahres in den Ruhestand versetzten Beamten wird der ruhegehaltfähigen Dienstzeit nur die Hälfte der Zurechnungszeit nach § 13 Absatz 1 hinzugerechnet; § 13 Absatz 4 gilt entsprechend.

(3) [1] Der Ruhegehaltssatz nach § 14 Absatz 1 erhöht sich um 20 Prozent. [2] Das Unfallruhegehalt beträgt mindestens 66,67 Prozent der ruhegehaltfähigen Dienstbezüge und darf 75 Prozent der ruhegehaltfähigen Dienstbezüge nicht übersteigen. [3] Es darf nicht hinter 75 Prozent der jeweils ruhegehaltfähigen Dienstbezüge aus der Endstufe der Besoldungsgruppe A 4 zurückbleiben; § 14 Absatz 4 Satz 3 gilt entsprechend.

§ 37[1]) **Erhöhtes Unfallruhegehalt.** (1) [1] Setzt sich ein Beamter bei Ausübung einer Diensthandlung einer damit verbundenen besonderen Lebensgefahr aus und erleidet er infolge dieser Gefährdung einen Dienstunfall, so sind bei der Bemessung des Unfallruhegehalts 80 Prozent der ruhegehaltfähigen Dienstbezüge aus der Endstufe der übernächsten Besoldungsgruppe zugrunde zu legen, wenn er infolge dieses Dienstunfalles dienstunfähig geworden und in den Ruhestand versetzt wurde und im Zeitpunkt der Versetzung in den Ruhestand infolge des Dienstunfalles in seiner Erwerbsfähigkeit um mindestens 50 Prozent beschränkt ist. [2] Satz 1 gilt mit der Maßgabe, dass sich für Beamte der Laufbahngruppe des einfachen Dienstes die ruhegehaltfähigen Dienstbezüge mindestens nach der Besoldungsgruppe A 6, für Beamte der Laufbahngruppe des mittleren Dienstes mindestens nach der Besoldungsgruppe A 9, für Beamte der Laufbahngruppe des gehobenen Dienstes mindestens nach der Besoldungsgruppe A 12 und für Beamte der Laufbahngruppe des höheren Dienstes mindestens nach der Besoldungsgruppe A 16 bemessen; die Einteilung in Laufbahngruppen gilt für die Polizeivollzugsbeamten, die sonstigen Beamten des Vollzugsdienstes und die Beamten des Einsatzdienstes der Berufsfeuerwehr entsprechend.

(2) Unfallruhegehalt nach Absatz 1 wird auch gewährt, wenn der Beamte
1. in Ausübung des Dienstes durch einen rechtswidrigen Angriff oder
2. außerhalb seines Dienstes durch einen Angriff im Sinne des § 31 Absatz 4
einen Dienstunfall mit den in Absatz 1 genannten Folgen erleidet.

(3) Unfallruhegehalt nach Absatz 1 wird auch gewährt, wenn ein Beamter einen Einsatzunfall oder ein diesem gleichstehendes Ereignis im Sinne des § 31a erleidet und er infolge des Einsatzunfalls oder des diesem gleichstehenden Ereignisses dienstunfähig geworden und in den Ruhestand versetzt wurde und im Zeitpunkt der Versetzung in den Ruhestand infolge des Einsatzunfalls oder des diesem gleichstehenden Ereignisses in seiner Erwerbsfähigkeit um mindestens 50 Prozent beschränkt ist.

§ 38[2]) **Unterhaltsbeitrag für frühere Beamte und frühere Ruhestandsbeamte.** (1) [1] Ein durch Dienstunfall verletzter früherer Beamter, dessen Beamtenverhältnis nicht durch Eintritt oder Versetzung in den Ruhestand geendet

[1]) § 37 Abs. 1 Satz 1, Abs. 3 geänd. mWv 11.1.2017 durch G v. 5.1.2017 (BGBl. I S. 17); Abs. 1 Satz 1 und Abs. 3 geänd. mWv 1.1.2020 durch G v. 9.12.2019 (BGBl. I S. 2053).
[2]) § 38 Abs. 1 Satz 2 angef. mWv 4.9.2013 durch G v. 28.8.2013 (BGBl. I S. 3386); Abs. 1 Satz 1, Abs. 2 Nr. 1 und 2 geänd. mWv 11.1.2017 durch G v. 5.1.2017 (BGBl. I S. 17); Abs. 2 Nr. 1, 2 und Abs. 5 Satz 2 geänd. mWv 1.1.2020 durch G v. 9.12.2019 (BGBl. I S. 2053).

hat, erhält neben dem Heilverfahren (§§ 33, 34) für die Dauer einer durch den Dienstunfall verursachten Erwerbsbeschränkung einen Unterhaltsbeitrag. [2]Der Anspruch erlischt ab der Gewährung von Altersgeld.

(2) Der Unterhaltsbeitrag beträgt

1. bei völliger Erwerbsunfähigkeit 66,67 Prozent der ruhegehaltfähigen Dienstbezüge nach Absatz 4,

2. bei Minderung der Erwerbsfähigkeit um wenigstens 25 Prozent den der Minderung entsprechenden Teil des Unterhaltsbeitrages nach Nummer 1.

(3) [1]Im Falle des Absatzes 2 Nummer 2 kann der Unterhaltsbeitrag, solange der Verletzte aus Anlass des Unfalles unverschuldet arbeitslos ist, bis auf den Betrag nach Nummer 1 erhöht werden. [2]Bei Hilflosigkeit des Verletzten gilt § 34 entsprechend.

(4) [1]Die ruhegehaltfähigen Dienstbezüge bestimmen sich nach § 5 Absatz 1. [2]Bei einem früheren Beamten auf Widerruf im Vorbereitungsdienst sind die Dienstbezüge zugrunde zu legen, die er bei der Ernennung zum Beamten auf Probe zuerst erhalten hätte; das Gleiche gilt bei einem früheren Polizeivollzugsbeamten auf Widerruf mit Dienstbezügen. [3]Ist der Beamte wegen Dienstunfähigkeit infolge des Dienstunfalles entlassen worden, gilt § 5 Absatz 2 entsprechend. [4]Der Unterhaltsbeitrag für einen früheren Beamten auf Widerruf, der ein Amt bekleidete, das seine Arbeitskraft nur nebenbei beanspruchte, ist nach billigem Ermessen festzusetzen.

(5) [1]Ist der Beamte wegen Dienstunfähigkeit infolge des Dienstunfalles entlassen worden, darf der Unterhaltsbeitrag nach Absatz 2 Nummer 1 nicht hinter dem Mindestunfallruhegehalt (§ 36 Absatz 3 Satz 3) zurückbleiben. [2]Ist der Beamte wegen Dienstunfähigkeit infolge eines Dienstunfalles der in § 37 bezeichneten Art entlassen worden und war er im Zeitpunkt der Entlassung infolge des Dienstunfalles in seiner Erwerbsfähigkeit um mindestens fünfzig Prozent beschränkt, treten an die Stelle des Mindestunfallruhegehalts achtzig Prozent der ruhegehaltfähigen Dienstbezüge aus der Endstufe der Besoldungsgruppe, die sich bei sinngemäßer Anwendung des § 37 ergibt. [3]Absatz 4 Satz 4 gilt entsprechend.

(6) [1]Die Minderung der Erwerbsfähigkeit ist nach der körperlichen Beeinträchtigung im allgemeinen Erwerbsleben zu beurteilen. [2]Zum Zwecke der Nachprüfung des Grades der Minderung der Erwerbsfähigkeit ist der frühere Beamte verpflichtet, sich auf Anordnung der obersten Dienstbehörde durch einen von ihr bestimmten Arzt untersuchen zu lassen; die oberste Dienstbehörde kann diese Befugnis auf andere Stellen übertragen.

(7) Die Absätze 1 bis 6 gelten entsprechend für einen durch Dienstunfall verletzten früheren Ruhestandsbeamten, der seine Rechte als Ruhestandsbeamter verloren hat oder dem das Ruhegehalt aberkannt worden ist.

§ 38a[1]**) Unterhaltsbeitrag bei Schädigung eines ungeborenen Kindes.**

(1) Der Unterhaltsbeitrag wird im Fall des § 30 Absatz 1 Satz 2 und 3 für die Dauer der durch einen Dienstunfall der Mutter verursachten Minderung der Erwerbsfähigkeit gewährt

[1]) § 38a Abs. 1 Nr. 2 geänd. mWv 11.1.2017 durch G v. 5.1.2017 (BGBl. I S. 17); Abs. 1 Nr. 2 und Abs. 3 geänd. mWv 1.1.2020 durch G v. 9.12.2019 (BGBl. I S. 2053).

1. bei Verlust der Erwerbsfähigkeit in Höhe des Mindestunfallwaisengeldes nach § 39 Absatz 1 Nummer 2 in Verbindung mit § 36 Absatz 3 Satz 3,
2. bei Minderung der Erwerbsfähigkeit um mindestens 25 Prozent in Höhe eines der Minderung der Erwerbsfähigkeit entsprechenden Teils des Unterhaltsbeitrages nach Nummer 1.

(2) [1] § 38 Absatz 6 gilt entsprechend. [2] Bei Minderjährigen wird die Minderung der Erwerbsfähigkeit nach den Auswirkungen bemessen, die sich bei Erwachsenen mit gleichem Gesundheitsschaden ergeben würden. [3] Die Sorgeberechtigten sind verpflichtet, Untersuchungen zu ermöglichen.

(3) Der Unterhaltsbeitrag beträgt vor Vollendung des 14. Lebensjahres 30 Prozent, vor Vollendung des 18. Lebensjahres 50 Prozent der Sätze nach Absatz 1.

(4) Der Anspruch auf Unterhaltsbeitrag ruht insoweit, als während einer Heimpflege von mehr als einem Kalendermonat Pflegekosten gemäß § 34 Absatz 1 erstattet werden.

(5) Hat ein Unterhaltsbeitragsberechtigter Anspruch auf Waisengeld nach diesem Gesetz, wird nur der höhere Versorgungsbezug gezahlt.

§ 39[1] Unfall-Hinterbliebenenversorgung. (1) [1] Ist ein Beamter, der Unfallruhegehalt erhalten hätte, oder ein Ruhestandsbeamter, der Unfallruhegehalt bezog, an den Folgen des Dienstunfalles verstorben, so erhalten seine Hinterbliebenen Unfall-Hinterbliebenenversorgung. [2] Für diese gelten folgende besondere Vorschriften:
1. Das Witwengeld beträgt sechzig Prozent des Unfallruhegehalts (§§ 36, 37).
2. [1] Das Waisengeld beträgt für jedes waisengeldberechtigte Kind (§ 23) dreißig Prozent des Unfallruhegehalts. [2] Es wird auch elternlosen Enkeln gewährt, deren Unterhalt zur Zeit des Dienstunfalles ganz oder überwiegend durch den Verstorbenen bestritten wurde.

(2) Ist ein Ruhestandsbeamter, der Unfallruhegehalt bezog, nicht an den Folgen des Dienstunfalles verstorben, so steht den Hinterbliebenen nur Versorgung nach Abschnitt 3 zu; diese Bezüge sind aber unter Zugrundelegung des Unfallruhegehalts zu berechnen.

§ 40[2] Unterhaltsbeitrag für Verwandte der aufsteigenden Linie. [1] Verwandten der aufsteigenden Linie, deren Unterhalt zur Zeit des Dienstunfalles ganz oder überwiegend durch den Verstorbenen (§ 39 Absatz 1) bestritten wurde, ist für die Dauer der Bedürftigkeit ein Unterhaltsbeitrag von zusammen dreißig Prozent des Unfallruhegehalts zu gewähren, mindestens jedoch vierzig Prozent des in § 36 Absatz 3 Satz 3 genannten Betrages. [2] Sind mehrere Personen dieser Art vorhanden, so wird der Unterhaltsbeitrag den Eltern vor den Großeltern gewährt; an die Stelle eines verstorbenen Elternteiles treten dessen Eltern.

[1] § 39 Abs. 1 Satz 2 Nr. 1, 2 und Abs. 2 geänd. mWv 1.1.2020 durch G v. 9.12.2019 (BGBl. I S. 2053).
[2] § 40 Satz 1 geänd. mWv 1.1.2020 durch G v. 9.12.2019 (BGBl. I S. 2053).

§ 41 Unterhaltsbeitrag für Hinterbliebene. (1) Ist in den Fällen des § 38 der frühere Beamte oder der frühere Ruhestandsbeamte an den Folgen des Dienstunfalles verstorben, so erhalten seine Hinterbliebenen einen Unterhaltsbeitrag in Höhe des Witwen- und Waisengeldes, das sich nach den allgemeinen Vorschriften unter Zugrundelegung des Unterhaltsbeitrages nach § 38 Absatz 2 Nummer 1 ergibt.

(2) Ist der frühere Beamte oder der frühere Ruhestandsbeamte nicht an den Folgen des Dienstunfalles verstorben, so kann seinen Hinterbliebenen ein Unterhaltsbeitrag bis zur Höhe des Witwen- und Waisengeldes bewilligt werden, das sich nach den allgemeinen Vorschriften unter Zugrundelegung des Unterhaltsbeitrages ergibt, den der Verstorbene im Zeitpunkt seines Todes bezogen hat.

(3) Für die Hinterbliebenen eines an den Unfallfolgen verstorbenen Beamten gilt Absatz 1 entsprechend, wenn nicht Unfall-Hinterbliebenenversorgung nach § 39 zusteht.

(4) § 21 gilt entsprechend.

§ 42 Höchstgrenzen der Hinterbliebenenversorgung. [1] Die Unfallversorgung der Hinterbliebenen (§§ 39 bis 41) darf insgesamt die Bezüge (Unfallruhegehalt oder Unterhaltsbeitrag) nicht übersteigen, die der Verstorbene erhalten hat oder hätte erhalten können. [2] Abweichend von Satz 1 sind in den Fällen des § 37 als Höchstgrenze mindestens die ruhegehaltfähigen Dienstbezüge aus der Endstufe der übernächsten anstelle der von dem Verstorbenen tatsächlich erreichten Besoldungsgruppe zugrunde zu legen. [3] § 25 ist entsprechend anzuwenden. [4] Der Unfallausgleich (§ 35) sowie der Zuschlag bei Hilflosigkeit (§ 34 Absatz 2) oder bei Arbeitslosigkeit (§ 38 Absatz 3 Satz 1) bleiben sowohl bei der Berechnung des Unterhaltsbeitrages nach § 41 als auch bei der vergleichenden Berechnung nach § 25 außer Betracht.

§ 43[1] Einmalige Unfallentschädigung und einmalige Entschädigung.

(1) Ein Beamter des Bundes, der einen Dienstunfall der in § 37 bezeichneten Art erleidet, erhält eine einmalige Unfallentschädigung von 150 000 Euro, wenn er nach Feststellung der obersten Dienstbehörde oder der von ihr bestimmten Stelle infolge des Unfalls in seiner Erwerbsfähigkeit dauerhaft um wenigstens 50 Prozent beeinträchtigt ist.

(2) Ist ein Beamter des Bundes an den Folgen eines Dienstunfalles der in § 37 bezeichneten Art verstorben und hat er eine einmalige Unfallentschädigung nach Absatz 1 nicht erhalten, wird seinen Hinterbliebenen eine einmalige Unfallentschädigung nach Maßgabe der folgenden Bestimmungen gewährt:

1. Die Witwe sowie die versorgungsberechtigten Kinder erhalten eine Entschädigung in Höhe von insgesamt 100 000 Euro.
2. Sind Anspruchsberechtigte im Sinne der Nummer 1 nicht vorhanden, so erhalten die Eltern und die in Nummer 1 bezeichneten, nicht versorgungsberechtigten Kinder eine Entschädigung in Höhe von insgesamt 40 000 Euro.

[1] § 43 Abs. 1, Abs. 2 Nr. 1–3 geänd. mWv 13.12.2011 durch G v. 5.12.2011 (BGBl. I S. 2458); Abs. 1 geänd. mWv 1.1.2020 durch G v. 9.12.2019 (BGBl. I S. 2053).

3. Sind Anspruchsberechtigte im Sinne der Nummern 1 und 2 nicht vorhanden, so erhalten die Großeltern und Enkel eine Entschädigung in Höhe von insgesamt 20 000 Euro.

(3) [1] Die Absätze 1 und 2 gelten entsprechend, wenn ein Beamter, der

1. als Angehöriger des besonders gefährdeten fliegenden Personals während des Flugdienstes,

2. als Helm- oder Schwimmtaucher während des besonders gefährlichen Tauchdienstes,

3. im Bergrettungsdienst während des Einsatzes und der Ausbildung oder

4. als Angehöriger des besonders gefährdeten Munitionsuntersuchungspersonals während des dienstlichen Umgangs mit Munition oder

5. als Angehöriger eines Verbandes der Bundespolizei für besondere polizeiliche Einsätze bei einer besonders gefährlichen Diensthandlung im Einsatz oder in der Ausbildung dazu oder

6. im Einsatz beim Ein- oder Aushängen von Außenlasten bei einem Drehflügelflugzeug

einen Unfall erleidet, der nur auf die eigentümlichen Verhältnisse des Dienstes nach den Nummern 1 bis 6 zurückzuführen ist. [2] Die Bundesregierung bestimmt durch Rechtsverordnung[1] den Personenkreis des Satzes 1 und die zum Dienst im Sinne des Satzes 1 gehörenden dienstlichen Verrichtungen. [3] Die Sätze 1 und 2 gelten entsprechend für andere Angehörige des öffentlichen Dienstes, zu deren Dienstobliegenheiten Tätigkeiten der in Satz 1 Nummer 1 bis 6 bezeichneten Art gehören.

(4) (weggefallen)

(5) Absatz 1 gilt entsprechend, wenn ein Beamter oder ein anderer Angehöriger des öffentlichen Dienstes einen Einsatzunfall oder ein diesem gleichstehendes Ereignis im Sinne des § 31a erleidet.

(6) Die Hinterbliebenen erhalten eine einmalige Entschädigung nach Maßgabe des Absatzes 2, wenn ein Beamter oder ein anderer Angehöriger des öffentlichen Dienstes an den Folgen eines Einsatzunfalls oder eines diesem gleichstehenden Ereignisses im Sinne des § 31a verstorben ist.

(7) [1] Für die einmalige Entschädigung nach den Absätzen 5 und 6 gelten § 31 Absatz 5 und § 31a Absatz 4 entsprechend. [2] Besteht auf Grund derselben Ursache Anspruch sowohl auf eine einmalige Unfallentschädigung nach den Absätzen 1 bis 3 als auch auf eine einmalige Entschädigung nach Absatz 5 oder 6, wird nur die einmalige Entschädigung gewährt.

§ 43a[2] Schadensausgleich in besonderen Fällen. (1) [1] Schäden, die einem Beamten oder anderen Angehörigen des öffentlichen Dienstes während einer Verwendung im Sinne des § 31a Absatz 1 infolge von besonderen, vom Inland wesentlich abweichenden Verhältnissen, insbesondere infolge von Kriegshandlungen, kriegerischen Ereignissen, Aufruhr, Unruhen oder Naturkatastrophen oder als Folge der Ereignisse nach § 31a Absatz 2 entstehen, werden ihm in angemessenem Umfang ersetzt. [2] Gleiches gilt für Schäden des

[1] Siehe die Beamten-UnfallentschädigungsVO **(Bundesbeamtengesetze Nr. 81).**
[2] § 43a Abs. 3 Satz 3 angef. mWv 13.12.2011 durch G v. 5.12.2011 (BGBl. I S. 2458).

Beamten oder anderen Angehörigen des öffentlichen Dienstes durch einen Gewaltakt gegen staatliche Amtsträger, Einrichtungen oder Maßnahmen, wenn der Beamte oder andere Angehörige des öffentlichen Dienstes von dem Gewaltakt in Ausübung des Dienstes oder wegen seiner Eigenschaft als Beamter oder anderer Angehöriger des öffentlichen Dienstes betroffen ist.

(2) Im Falle einer Verwendung im Sinne des § 31a Absatz 1 wird einem Beamten oder anderen Angehörigen des öffentlichen Dienstes ein angemessener Ausgleich auch für Schäden infolge von Maßnahmen einer ausländischen Regierung, die sich gegen die Bundesrepublik Deutschland richten, gewährt.

(3) [1] Ist ein Beamter oder anderer Angehöriger des öffentlichen Dienstes an den Folgen des schädigenden Ereignisses der in Absatz 1 oder 2 bezeichneten Art verstorben, wird ein angemessener Ausgleich gewährt

1. der Witwe sowie den versorgungsberechtigten Kindern,
2. den Eltern sowie den nicht versorgungsberechtigten Kindern, wenn Hinterbliebene der in Nummer 1 bezeichneten Art nicht vorhanden sind.

[2] Der Ausgleich für ausgefallene Versicherungen wird der natürlichen Person gewährt, die der Beamte oder andere Angehörige des öffentlichen Dienstes im Versicherungsvertrag begünstigt hat. [3] Sind Versicherungsansprüche zur Finanzierung des Erwerbs von Wohneigentum an eine juristische Person abgetreten worden, wird der Ausgleich für die ausgefallene Versicherung an diese juristische Person gezahlt, wenn die Abtretung durch den Beamten dazu gedient hat, eine natürliche Person von Zahlungspflichten auf Grund der Finanzierung des Wohneigentums freizustellen.

(4) [1] Der Schadensausgleich nach den Absätzen 1 bis 3 wird nur einmal gewährt. [2] Wird er auf Grund derselben Ursache nach § 63b des Soldatenversorgungsgesetzes[1)] vorgenommen, sind die Absätze 1 bis 3 nicht anzuwenden.

(5) Die Absätze 1 bis 4 sind auch auf Schäden bei dienstlicher Verwendung im Ausland anzuwenden, die im Zusammenhang mit einer Verschleppung oder einer Gefangenschaft entstanden sind oder darauf beruhen, dass der Geschädigte aus sonstigen mit dem Dienst zusammenhängenden Gründen dem Einflussbereich des Dienstherrn entzogen ist.

(6) Für den Schadensausgleich gelten § 31 Absatz 5 und § 31a Absatz 4 entsprechend.

§ 44 Nichtgewährung von Unfallfürsorge.
(1) Unfallfürsorge wird nicht gewährt, wenn der Verletzte den Dienstunfall vorsätzlich herbeigeführt hat.

(2) [1] Hat der Verletzte eine die Heilbehandlung betreffende Anordnung ohne gesetzlichen oder sonstigen wichtigen Grund nicht befolgt und wird dadurch seine Dienst- oder Erwerbsfähigkeit ungünstig beeinflusst, so kann ihm die oberste Dienstbehörde oder die von ihr bestimmte Stelle die Unfallfürsorge insoweit versagen. [2] Der Verletzte ist auf diese Folgen schriftlich hinzuweisen.

(3) Hinterbliebenenversorgung nach den Unfallfürsorgevorschriften wird im Falle des § 22 Absatz 1 nicht gewährt.

[1)] **Wehrrecht Nr. 700.**

§ 45[1) Meldung und Untersuchungsverfahren. (1) [1]Unfälle, aus denen Unfallfürsorgeansprüche nach diesem Gesetz entstehen können, sind innerhalb einer Ausschlussfrist von zwei Jahren nach dem Eintritt des Unfalles bei dem Dienstvorgesetzten des Verletzten zu melden. [2]§ 32 Satz 2 bleibt unberührt. [3]Die Frist nach Satz 1 gilt auch dann als gewahrt, wenn der Unfall bei der zuständigen Dienstunfallfürsorgestelle gemeldet worden ist.

(2) [1]Nach Ablauf der Ausschlussfrist wird Unfallfürsorge nur gewährt, wenn seit dem Unfall noch nicht zehn Jahre vergangen sind und gleichzeitig glaubhaft gemacht wird, dass mit der Möglichkeit einer den Anspruch auf Unfallfürsorge begründenden Folge des Unfalles nicht habe gerechnet werden können oder dass der Berechtigte durch außerhalb seines Willens liegende Umstände gehindert worden ist, den Unfall zu melden. [2]Die Meldung muss, nachdem mit der Möglichkeit einer den Anspruch auf Unfallfürsorge begründenden Folge des Unfalles gerechnet werden konnte oder das Hindernis für die Meldung weggefallen ist, innerhalb dreier Monate erfolgen. [3]Die Unfallfürsorge wird in diesen Fällen vom Tage der Meldung an gewährt; zur Vermeidung von Härten kann sie auch von einem früheren Zeitpunkt an gewährt werden.

(3) [1]Der Dienstvorgesetzte hat jeden Unfall, der ihm von Amts wegen oder durch die Meldung des verletzten Beamten bekannt wird, unverzüglich zu untersuchen und das Ergebnis der zuständigen Dienstunfallfürsorgestelle mitzuteilen. [2]Die oberste Dienstbehörde oder die von ihr bestimmte Stelle entscheidet, ob ein Dienstunfall vorliegt und ob der Verletzte den Unfall vorsätzlich herbeigeführt hat. [3]Die Entscheidung ist dem Verletzten oder seinen Hinterbliebenen bekanntzugeben.

(4) [1]Unfallfürsorge nach § 30 Absatz 1 Satz 2 wird nur gewährt, wenn der Unfall der Beamtin innerhalb der Fristen nach den Absätzen 1 und 2 gemeldet und als Dienstunfall anerkannt worden ist. [2]Der Anspruch auf Unfallfürsorge nach § 30 Absatz 2 Satz 2 ist innerhalb von zwei Jahren vom Tag der Geburt an von den Sorgeberechtigten geltend zu machen. [3]Absatz 2 gilt mit der Maßgabe, dass die Zehn-Jahres-Frist am Tag der Geburt zu laufen beginnt. [4]Der Antrag muss, nachdem mit der Möglichkeit einer Schädigung durch einen Dienstunfall der Mutter während der Schwangerschaft gerechnet werden konnte oder das Hindernis für den Antrag weggefallen ist, innerhalb von drei Monaten gestellt werden.

§ 46[2) Begrenzung der Unfallfürsorgeansprüche. (1) [1]Der verletzte Beamte und seine Hinterbliebenen haben aus Anlass eines Dienstunfalles gegen den Dienstherrn nur die in den §§ 30 bis 43a geregelten Ansprüche. [2]Ist der Beamte nach dem Dienstunfall in den Dienstbereich eines anderen öffentlich-rechtlichen Dienstherrn versetzt worden, so richten sich die Ansprüche gegen diesen; das Gleiche gilt in den Fällen des gesetzlichen Übertritts oder der *Übernahme* bei der Umbildung von Körperschaften. [3]Satz 2 gilt in den Fällen, in denen der Beamte aus dem Dienstbereich eines öffentlich-rechtlichen Dienstherrn außerhalb des Geltungsbereichs dieses Gesetzes zu einem Dienst-

[1) § 45 Abs. 1 Satz 3 geänd., Abs. 3 Satz 1 neu gef. mWv 11.1.2017 durch G v. 5.1.2017 (BGBl. I S. 17).
[2) § 46 Abs. 2 Satz 1 einl. Satzteil und Satz 2 2. Halbsatz geänd. mWv 12.2.2009 durch G v. 15.3. 2012 (BGBl. I S. 462); Abs. 1 Satz 3 angef. mWv 11.1.2017 durch G v. 5.1.2017 (BGBl. I S. 17); Abs. 2 Satz 2 geänd. mWv 1.1.2020 durch G v. 9.12.2019 (BGBl. I S. 2053).

herrn im Geltungsbereich dieses Gesetzes versetzt wird, mit der Maßgabe, dass dieses Gesetz angewendet wird.

(2) [1] Weitergehende Ansprüche auf Grund allgemeiner gesetzlicher Vorschriften können gegen einen öffentlich-rechtlichen Dienstherrn im Bundesgebiet oder gegen die in seinem Dienst stehenden Personen nur dann geltend gemacht werden, wenn der Dienstunfall

1. durch eine vorsätzliche unerlaubte Handlung einer solchen Person verursacht worden oder

2. bei der Teilnahme am allgemeinen Verkehr eingetreten ist.

[2] Im Fall des Satzes 1 Nummer 2 sind Leistungen, die dem Beamten und seinen Hinterbliebenen nach diesem Gesetz gewährt werden, auf die weitergehenden Ansprüche anzurechnen; der Dienstherr, der Leistungen nach diesem Gesetz gewährt, hat keinen Anspruch auf Ersatz dieser Leistungen gegen einen anderen öffentlich-rechtlichen Dienstherrn im Bundesgebiet.

(3) Ersatzansprüche gegen andere Personen bleiben unberührt.

(4) [1] Auf laufende und einmalige Geldleistungen, die nach diesem Gesetz wegen eines Körper-, Sach- oder Vermögensschadens gewährt werden, sind Geldleistungen anzurechnen, die wegen desselben Schadens von anderer Seite erbracht werden. [2] Hierzu gehören insbesondere Geldleistungen, die von Drittstaaten oder von zwischenstaatlichen oder überstaatlichen Einrichtungen gewährt oder veranlasst werden. [3] Nicht anzurechnen sind Leistungen privater Schadensversicherungen, die auf Beiträgen der Beamten oder anderen Angehörigen des öffentlichen Dienstes beruhen; dies gilt nicht in den Fällen des § 32.

§ 46a (weggefallen)

Abschnitt 6.[1]) Übergangsgeld, Ausgleich

§ 47[2]) Übergangsgeld. (1) [1] Ein Beamter mit Dienstbezügen, der nicht auf eigenen Antrag entlassen wird, erhält als Übergangsgeld nach vollendeter einjähriger Beschäftigungszeit das Einfache und bei längerer Beschäftigungszeit für jedes weitere volle Jahr ihrer Dauer die Hälfte, insgesamt höchstens das Sechsfache der Dienstbezüge (§ 1 Absatz 2 Nummer 1 bis 4 des Bundesbesoldungsgesetzes[3])) des letzten Monats. [2] § 5 Absatz 1 Satz 2 gilt entsprechend. [3] Das Übergangsgeld wird auch dann gewährt, wenn der Beamte im Zeitpunkt der Entlassung ohne Dienstbezüge beurlaubt war. [4] Maßgebend sind die Dienstbezüge, die der Beamte im Zeitpunkt der Entlassung erhalten hätte.

(2) [1] Als Beschäftigungszeit gilt die Zeit ununterbrochener hauptberuflicher entgeltlicher Tätigkeit im Dienste desselben Dienstherrn oder der Verwaltung, deren Aufgaben der Dienstherr übernommen hat, sowie im Falle der Versetzung die entsprechende Zeit im Dienste des früheren Dienstherrn; die vor einer Beurlaubung ohne Dienstbezüge liegende Beschäftigungszeit wird mit berücksichtigt. [2] Zeiten mit einer Ermäßigung der regelmäßigen Arbeitszeit sind nur zu dem Teil anzurechnen, der dem Verhältnis der ermäßigten zur regelmäßigen Arbeitszeit entspricht.

[1]) 6. Abschnitt Überschrift geänd. mWv 1.1.2020 durch G v. 9.12.2019 (BGBl. I S. 2053).
[2]) § 47 Abs. 3 Nr. 1 geänd. mWv 22.3.2012 durch G v. 15.3.2012 (BGBl. I S. 462).
[3]) Nr. 230.

(3) Das Übergangsgeld wird nicht gewährt, wenn

1. der Beamte wegen eines Verhaltens im Sinne der §§ 31, 32 Absatz 1 Nummer 1 und 3, Absatz 2, § 34 Absatz 1 Satz 1 Nummer 1 und § 40 Absatz 2 des Bundesbeamtengesetzes[1] entlassen wird oder
2. ein Unterhaltsbeitrag nach § 15 bewilligt wird oder
3. die Beschäftigungszeit als ruhegehaltfähige Dienstzeit angerechnet wird oder
4. der Beamte mit der Berufung in ein Richterverhältnis oder mit der Ernennung zum Beamten auf Zeit entlassen wird.

(4) [1]Das Übergangsgeld wird in Monatsbeträgen für die der Entlassung folgende Zeit wie die Dienstbezüge gezahlt. [2]Es ist längstens bis zum Ende des Monats zu zahlen, in dem der Beamte die für sein Beamtenverhältnis bestimmte gesetzliche Altersgrenze erreicht hat. [3]Beim Tode des Empfängers ist der noch nicht ausgezahlte Betrag den Hinterbliebenen in einer Summe zu zahlen.

(5) Bezieht der entlassene Beamte Erwerbs- oder Erwerbsersatzeinkommen im Sinne des § 53 Absatz 7, verringert sich das Übergangsgeld um den Betrag dieser Einkünfte.

§ 47a[2] Übergangsgeld für entlassene politische Beamte. (1) [1]Ein Beamter, der aus einem Amt im Sinne des § 54 des Bundesbeamtengesetzes[1] nicht auf eigenen Antrag entlassen wird, erhält ein Übergangsgeld in Höhe von 71,75 Prozent der ruhegehaltfähigen Dienstbezüge aus der Endstufe der Besoldungsgruppe, in der er sich zur Zeit seiner Entlassung befunden hat. [2]§ 4 des Bundesbesoldungsgesetzes[3] gilt entsprechend.

(2) Das Übergangsgeld wird für die Dauer der Zeit, die der Beamte das Amt, aus dem er entlassen worden ist, innehatte, mindestens für die Dauer von sechs Monaten, längstens für die Dauer von drei Jahren, gewährt.

(3) § 47 Absatz 3 Nummer 1 bis 4 und Absatz 4 gilt entsprechend.

(4) Bezieht der entlassene Beamte Erwerbs- oder Erwerbsersatzeinkommen im Sinne des § 53 Absatz 7, so verringern sich die in entsprechender Anwendung des § 4 des Bundesbesoldungsgesetzes fortgezahlten Bezüge und das Übergangsgeld um den Betrag dieser Einkünfte; § 63 Nummer 10 findet keine Anwendung.

§ 48 Ausgleich bei besonderen Altersgrenzen. (1) [1]Beamte des Vollzugsdienstes, Beamte des Einsatzdienstes der Feuerwehr und Beamte im Flugverkehrskontrolldienst, die vor Vollendung des 67. Lebensjahres wegen Erreichens der besonderen Altersgrenze in den Ruhestand treten, erhalten neben dem Ruhegehalt einen Ausgleich in Höhe des Fünffachen der Dienstbezüge (§ 1 Absatz 2 Nummer 1, 3 und 4 des Bundesbesoldungsgesetzes[3]) des letzten Monats, jedoch nicht über 4 091 Euro. [2]Dieser Betrag verringert sich um jeweils ein Fünftel für jedes Jahr, das über die besondere Altersgrenze hinaus abgeleistet wird. [3]§ 5 Absatz 1 Satz 2 gilt entsprechend. [4]Der Ausgleich ist bei Eintritt in den Ruhestand in einer Summe zu zahlen. [5]Der Ausgleich wird nicht neben einer einmaligen (Unfall-)Entschädigung im Sinne des § 43 gewährt.

[1] Nr. **160**.
[2] § 47a Abs. 1 Satz 1 geänd. mWv 1.1.2020 durch G v. 9.12.2019 (BGBl. I S. 2053).
[3] Nr. **230**.

(2) ¹Schwebt zum Zeitpunkt des Eintritts in den Ruhestand gegen den Beamten ein Verfahren auf Rücknahme der Ernennung oder ein Verfahren, das nach § 41 Absatz 1 des Bundesbeamtengesetzes¹⁾ zum Verlust der Beamtenrechte führen könnte, oder ist gegen den Beamten Disziplinarklage erhoben worden, darf der Ausgleich erst nach dem rechtskräftigen Abschluss des Verfahrens und nur gewährt werden, wenn kein Verlust der Versorgungsbezüge eingetreten ist. ²Die disziplinarrechtlichen Vorschriften bleiben unberührt.

(3) Der Ausgleich wird im Falle der Bewilligung von Urlaub bis zum Eintritt in den Ruhestand nach § 95 Absatz 1 Nummer 2 des Bundesbeamtengesetzes nicht gewährt.

Abschnitt 7.²⁾ Gemeinsame Vorschriften

§ 49³⁾ Festsetzung und Zahlung der Versorgungsbezüge, Versorgungsauskunft. (1) ¹Die oberste Dienstbehörde setzt die Versorgungsbezüge fest, bestimmt die Person des Zahlungsempfängers und entscheidet über die Berücksichtigung von Zeiten als ruhegehaltfähige Dienstzeit sowie über die Bewilligung von Versorgungsbezügen auf Grund von Kannvorschriften. ²Sie kann diese Befugnisse im Einvernehmen mit dem Bundesministerium des Innern, für Bau und Heimat auf andere Stellen übertragen.⁴⁾

(2) ¹Entscheidungen über die Bewilligung von Versorgungsbezügen auf Grund von Kannvorschriften dürfen erst beim Eintritt des Versorgungsfalles getroffen werden; vorherige Zusicherungen sind unwirksam. ²Bei der Einstellung eines Beamten des Bundes ist auf Antrag zu entscheiden, ob ruhegehaltfähige Zeiten nach § 10 vorliegen und Zeiten auf Grund der §§ 11 und 12 als ruhegehaltfähig berücksichtigt werden können. ³Satz 2 gilt für die Versetzung eines Beamten von einem anderen Dienstherrn in den Dienst des Bundes entsprechend. ⁴Die Entscheidungen stehen unter dem Vorbehalt des Gleichbleibens der Sach- und Rechtslage, die diesen Entscheidungen zugrunde liegt.

(3) Entscheidungen in versorgungsrechtlichen Angelegenheiten, die eine grundsätzliche, über den Einzelfall hinausgehende Bedeutung haben, sind von dem für das Versorgungsrecht zuständigen Ministerium zu treffen.

(4) Die Versorgungsbezüge sind, soweit nichts anderes bestimmt ist, für die gleichen Zeiträume und im gleichen Zeitpunkt zu zahlen wie die Dienstbezüge der Beamten.

(5) Werden Versorgungsbezüge nach dem Tag der Fälligkeit gezahlt, so besteht kein Anspruch auf Verzugszinsen.

(6) Hat ein Versorgungsberechtigter seinen Wohnsitz oder dauernden Aufenthalt außerhalb des Geltungsbereichs dieses Gesetzes, so kann die oberste Dienstbehörde oder die von ihr bestimmte Stelle die Zahlung der Versorgungs-

¹⁾ Nr. **160.**
²⁾ 7. Abschnitt Überschrift geänd. mWv 1.1.2020 durch G v. 9.12.2019 (BGBl. I S. 2053).
³⁾ § 49 Abs. 7 Satz 2 geänd. mWv 1.9.2013 durch G v. 6.6.2013 (BGBl. I S. 1482); Abs. 2 Satz 2 neu gef., Sätze 3 und 4 angef. mWv 11.1.2017 durch G v. 5.1.2017 (BGBl. I S. 17); Überschrift neu gef., Abs. 1 Satz 2 und Abs. 3 geänd. mWv 1.1.2020 durch G v. 9.12.2019 (BGBl. I S. 2053).
⁴⁾ *Siehe die Beamtenversorgungs-ZuständigkeitsAnO* **(Bundesbeamtengesetze Nr. 80.2)** und die BMVg-Beamtenversorgungs-ZuständigkeitsAnO v. 30.9.2013 (BGBl. I S. 3739), geänd. durch AO v. 3.3.2016 (BGBl. I S. 516).

bezüge von der Bestellung eines Empfangsbevollmächtigten im Geltungsbereich dieses Gesetzes abhängig machen.

(7) [1] Für die Zahlung der Versorgungsbezüge hat der Empfänger auf Verlangen der zuständigen Behörde ein Konto anzugeben oder einzurichten, auf das die Überweisung erfolgen kann. [2] Die Übermittlungskosten mit Ausnahme der Kosten für die Gutschrift auf dem Konto des Empfängers trägt die die Versorgungsbezüge zahlende Stelle; bei einer Überweisung der Versorgungsbezüge auf ein im Ausland geführtes Konto trägt der Versorgungsempfänger die Kosten und die Gefahr der Übermittlung der Versorgungsbezüge sowie die Kosten einer Meldung nach § 11 Absatz 2 des Außenwirtschaftsgesetzes in Verbindung mit einer auf Grund dieser Vorschrift erlassenen Rechtsverordnung. [3] Die Kontoeinrichtungs-, Kontoführungs- oder Buchungsgebühren trägt der Empfänger. [4] Eine Auszahlung auf andere Weise kann nur zugestanden werden, wenn dem Empfänger die Einrichtung oder Benutzung eines Kontos aus wichtigem Grund nicht zugemutet werden kann.

(8) [1] Bei der Berechnung von Versorgungsbezügen sind die sich ergebenden Bruchteile eines Cents unter 0,5 abzurunden und ab 0,5 aufzurunden. [2] Zwischenrechnungen werden jeweils auf zwei Dezimalstellen durchgeführt. [3] Jeder Versorgungsbestandteil ist einzeln zu runden. [4] Abweichend von den Sätzen 1 und 2 sind bei der Berechnung von Leistungen nach den §§ 50a bis 50d die Regelungen des § 121 des Sechsten Buches Sozialgesetzbuch[1] anzuwenden.

(9) Beträge von weniger als fünf Euro sind nur auf Verlangen des Empfangsberechtigten auszuzahlen.

(10) [1] Die zuständige Dienstbehörde hat dem Beamten auf schriftlichen Antrag eine Auskunft zum Anspruch auf Versorgungsbezüge nach der Sach- und Rechtslage zum Zeitpunkt der Antragstellung zu erteilen. [2] Die Auskunft steht unter dem Vorbehalt künftiger Sach- und Rechtsänderungen sowie der Richtigkeit und Vollständigkeit der zugrunde liegenden Daten.

§ 50[2] Familienzuschlag und Ausgleichsbetrag. (1) [1] Auf den Familienzuschlag finden die für die Beamten geltenden Vorschriften des Besoldungsrechts Anwendung. [2] Der Unterschiedsbetrag zwischen Stufe 1 und der nach dem Besoldungsrecht in Betracht kommenden Stufe des Familienzuschlags wird nach Anwendung des Faktors nach § 5 Absatz 1 Satz 1 neben dem Ruhegehalt gezahlt. [3] Er wird unter Berücksichtigung der nach den Verhältnissen des Beamten oder Ruhestandsbeamten für die Stufen des Familienzuschlags in Betracht kommenden Kinder neben dem Witwengeld gezahlt, soweit die Witwe Anspruch auf Kindergeld für diese Kinder hat oder ohne Berücksichtigung der §§ 64, 65 des Einkommensteuergesetzes oder der §§ 3, 4 des Bundeskindergeldgesetzes[3] haben würde; soweit hiernach ein Anspruch auf den Unterschiedsbetrag nicht besteht, wird er neben dem Waisengeld gezahlt, wenn die Waise bei den Stufen des Familienzuschlags zu berücksichtigen ist oder zu berücksichtigen wäre, wenn der Beamte oder Ruhestandsbeamte noch lebte. [4] Sind mehrere Anspruchsberechtigte vorhanden, wird der

[1] **Aichberger, SGB Nr. 6.**
[2] § 50 Überschr. neu gef., Abs. 4 und 5 aufgeh. mWv 1.1.2011 durch G v. 5.2.2009 (BGBl. I S. 160); Abs. 1 Satz 1 geänd., Satz 2 neu gef., Satz 5 angef. mWv 1.1.2020 durch G v. 9.12.2019 (BGBl. I S. 2053).
[3] **Schönfelder ErgBd. Nr. 45b.**

Unterschiedsbetrag auf die Anspruchsberechtigten nach der Zahl der auf sie entfallenden Kinder zu gleichen Teilen aufgeteilt. [5] § 40 Absatz 7 des Bundesbesoldungsgesetzes[1] gilt entsprechend.

(2) (weggefallen)

(3) [1] Neben dem Waisengeld wird ein Ausgleichsbetrag gezahlt, der dem Betrag für das erste Kind nach § 66 Absatz 1 des Einkommensteuergesetzes entspricht, wenn in der Person der Waise die Voraussetzungen des § 32 Absatz 1 bis 5 des Einkommensteuergesetzes erfüllt sind, Ausschlussgründe nach § 65 des Einkommensteuergesetzes nicht vorliegen, keine Person vorhanden ist, die nach § 62 des Einkommensteuergesetzes oder nach § 1 des Bundeskindergeldgesetzes anspruchsberechtigt ist, und die Waise keinen Anspruch auf Kindergeld nach § 1 Absatz 2 des Bundeskindergeldgesetzes hat. [2] Der Ausgleichsbetrag gilt für die Anwendung der §§ 53 und 54 nicht als Versorgungsbezug. [3] Im Falle des § 54 wird er nur zu den neuen Versorgungsbezügen gezahlt.

§ 50a[2] **Kindererziehungszuschlag.** (1) [1] Hat ein Beamter ein nach dem 31. Dezember 1991 geborenes Kind erzogen, erhöht sich sein Ruhegehalt für jeden Monat einer ihm zuzuordnenden Kindererziehungszeit um einen Kindererziehungszuschlag. [2] Dies gilt nicht, wenn der Beamte wegen der Erziehung des Kindes in der gesetzlichen Rentenversicherung versicherungspflichtig (§ 3 Satz 1 Nummer 1 Sechstes Buch Sozialgesetzbuch[3]) war und die allgemeine Wartezeit für eine Rente der gesetzlichen Rentenversicherung erfüllt ist.

(2) [1] Die Kindererziehungszeit beginnt nach Ablauf des Monats der Geburt und endet nach 36 Kalendermonaten, spätestens jedoch mit dem Ablauf des Monats, in dem die Erziehung endet. [2] Wird während dieses Zeitraums vom erziehenden Elternteil ein weiteres Kind erzogen, für das ihm eine Kindererziehungszeit zuzuordnen ist, wird die Kindererziehungszeit für dieses und jedes weitere Kind um die Anzahl der Kalendermonate der gleichzeitigen Erziehung verlängert.

(3) Für die Zuordnung der Kindererziehungszeit zu einem Elternteil (§ 56 Absatz 1 Satz 1 Nummer 3 und Absatz 3 Nummer 2 und 3 Erstes Buch Sozialgesetzbuch[4]) gilt § 56 Absatz 2 des Sechsten Buches Sozialgesetzbuch entsprechend.

(4) Die Höhe des Kindererziehungszuschlags entspricht für jeden Monat der Kindererziehungszeit dem in § 70 Absatz 2 Satz 1 des Sechsten Buches Sozialgesetzbuch bestimmten Bruchteil des aktuellen Rentenwerts.

(5) [1] Der um den Kindererziehungszuschlag erhöhte Betrag, der sich unter Berücksichtigung der ruhegehaltfähigen Dienstbezüge und der auf die Kindererziehungszeit entfallenden ruhegehaltfähigen Dienstzeit als Ruhegehalt ergeben würde, darf die Höchstgrenze nicht übersteigen. [2] Als Höchstgrenze gilt der Betrag, der sich unter Berücksichtigung des aktuellen Rentenwerts nach dem Sechsten Buch Sozialgesetzbuch und des auf die Jahre der Kindererziehungszeit entfallenden Höchstwerts an Entgeltpunkten in der Rentenversicherung nach Anlage 2b zum Sechsten Buch Sozialgesetzbuch als Rente ergeben würde.

[1] Nr. **230**.
[2] *§ 50a Abs. 8 Satz 2 geänd. m Wv 1.7.2014 durch G v. 5.1.2017 (BGBl. I S. 17).*
[3] **Aichberger, SGB Nr. 6.**
[4] **Sartorius ErgBd. Nr. 401.**

(6) Das um den Kindererziehungszuschlag erhöhte Ruhegehalt darf nicht höher sein als das Ruhegehalt, das sich unter Berücksichtigung des Höchstruhegehaltssatzes und der ruhegehaltfähigen Dienstbezüge aus der Endstufe der Besoldungsgruppe, aus der sich das Ruhegehalt berechnet, ergeben würde.

(7) [1] Für die Anwendung des § 14 Absatz 3 sowie von Ruhens-, Kürzungs- und Anrechnungsvorschriften gilt der Kindererziehungszuschlag als Teil des Ruhegehalts. [2] Auf das Mindestruhegehalt ist die Erhöhung nach Absatz 1 nicht anzuwenden.

(8) [1] Hat ein Beamter vor der Berufung in ein Beamtenverhältnis ein vor dem 1. Januar 1992 geborenes Kind erzogen, gelten die Absätze 1 bis 7 entsprechend mit der Maßgabe, dass die Kindererziehungszeit zwölf Kalendermonate nach Ablauf des Monats der Geburt endet. [2] § 249 des Sechsten Buches Sozialgesetzbuch in der bis zum 30. Juni 2014 geltenden Fassung und § 249a des Sechsten Buches Sozialgesetzbuch gelten entsprechend.

§ 50b Kindererziehungsergänzungszuschlag. (1) [1] Das Ruhegehalt erhöht sich um einen Kindererziehungsergänzungszuschlag, wenn

1. nach dem 31. Dezember 1991 liegende Zeiten der Erziehung eines Kindes bis zur Vollendung des zehnten Lebensjahres oder Zeiten der nichterwerbsmäßigen Pflege eines pflegebedürftigen Kindes (§ 3 Sechstes Buch Sozialgesetzbuch[1)]) bis zur Vollendung des 18. Lebensjahres

 a) mit entsprechenden Zeiten für ein anderes Kind zusammentreffen oder

 b) mit Zeiten im Beamtenverhältnis, die als ruhegehaltfähig berücksichtigt werden, oder Zeiten nach § 50d Absatz 1 Satz 1 zusammentreffen,

2. für diese Zeiten kein Anspruch nach § 70 Absatz 3a Satz 2 des Sechsten Buches Sozialgesetzbuch besteht und

3. dem Beamten die Zeiten nach § 50a Absatz 3 zuzuordnen sind.

[2] Der Kindererziehungsergänzungszuschlag wird nicht für Zeiten gewährt, für die ein Kindererziehungszuschlag zusteht.

(2) Die Höhe des Kindererziehungsergänzungszuschlags entspricht für jeden angefangenen Monat, in dem die Voraussetzungen nach Absatz 1 erfüllt waren,

1. im Fall von Absatz 1 Nummer 1 Buchstabe a dem in § 70 Absatz 3a Satz 2 Buchstabe b des Sechsten Buches Sozialgesetzbuch bestimmten Bruchteil des aktuellen Rentenwerts,

2. im Fall von Absatz 1 Nummer 1 Buchstabe b einem Bruchteil in Höhe von 0,0208 des aktuellen Rentenwerts.

(3) [1] § 50a Absatz 5 gilt entsprechend mit der Maßgabe, dass in Satz 1 neben den Kindererziehungszuschlag der Kindererziehungsergänzungszuschlag und eine Leistung nach § 50d Absatz 1 sowie bei der Ermittlung der Höchstgrenze an die Stelle des in Satz 2 genannten Höchstwerts an Entgeltpunkten für jeden Monat der Zeiten nach den §§ 50a und 50b der in § 70 Absatz 2 Satz 1 des Sechsten Buches Sozialgesetzbuch bestimmte Bruchteil des aktuellen Rentenwerts tritt. [2] § 50a Absatz 6 und 7 gilt entsprechend.

[1)] **Aichberger,** SGB Nr. 6.

§ 50c[1] Kinderzuschlag zum Witwengeld. (1) [1]Das Witwengeld nach § 20 Absatz 1 erhöht sich für jeden Monat einer nach § 50a Absatz 3 zuzuordnenden Kindererziehungszeit bis zum Ablauf des Monats, in dem das Kind das dritte Lebensjahr vollendet hat, um einen Kinderzuschlag. [2]Der Zuschlag ist Bestandteil der Versorgung. [3]Satz 1 gilt nicht bei Bezügen nach § 20 Absatz 1 in Verbindung mit § 14 Absatz 4 Satz 2.

(2) [1]War die Kindererziehungszeit dem vor Vollendung des dritten Lebensjahres des Kindes Verstorbenen zugeordnet, erhalten Witwen und Witwer den Kinderzuschlag anteilig mindestens für die Zeit, die bis zum Ablauf des Monats, in dem das Kind das dritte Lebensjahr vollendet hat, fehlt. [2]Stirbt ein Beamter vor der Geburt des Kindes, sind der Berechnung des Kinderzuschlags 36 Kalendermonate zugrunde zu legen, wenn das Kind innerhalb von 300 Tagen nach dem Tod geboren wird. [3]Ist das Kind später geboren, wird der Zuschlag erst nach Ablauf des in § 50a Absatz 2 Satz 1 genannten Zeitraums gewährt. [4]Verstirbt das Kind vor der Vollendung des dritten Lebensjahres, ist der Kinderzuschlag anteilig zu gewähren.

(3) Die Höhe des Kinderzuschlags entspricht für jeden Monat der Kindererziehungszeit, in dem die Voraussetzungen des Absatzes 1 erfüllt waren, 55 Prozent des in § 78a Absatz 1 Satz 3 des Sechsten Buches Sozialgesetzbuch[2] bestimmten Bruchteils des aktuellen Rentenwerts.

(4) § 50a Absatz 7 Satz 1 gilt entsprechend.

§ 50d Pflege- und Kinderpflegeergänzungszuschlag. (1) [1]War ein Beamter nach § 3 Satz 1 Nummer 1a des Sechsten Buches Sozialgesetzbuch[2] versicherungspflichtig, weil er einen Pflegebedürftigen nicht erwerbsmäßig gepflegt hat, erhält er für die Zeit der Pflege einen Pflegezuschlag zum Ruhegehalt. [2]Dies gilt nicht, wenn die allgemeine Wartezeit in der gesetzlichen Rentenversicherung erfüllt ist.

(2) [1]Hat ein Beamter ein ihm nach § 50a Absatz 3 zuzuordnendes pflegebedürftiges Kind nicht erwerbsmäßig gepflegt (§ 3 Sechstes Buch Sozialgesetzbuch), erhält er neben dem Pflegezuschlag einen Kinderpflegeergänzungszuschlag. [2]Dieser wird längstens für die Zeit bis zur Vollendung des 18. Lebensjahres des pflegebedürftigen Kindes und nicht neben einem Kindererziehungsergänzungszuschlag oder einer Leistung nach § 70 Absatz 3a des Sechsten Buches Sozialgesetzbuch gewährt.

(3) [1]Die Höhe des Pflegezuschlags ergibt sich aus der Vervielfältigung der nach § 166 Absatz 2 in Verbindung mit § 70 Absatz 1 des Sechsten Buches Sozialgesetzbuch für die Zeit der Pflege ermittelten Entgeltpunkte mit dem aktuellen Rentenwert. [2]Die Höhe des Kinderpflegeergänzungszuschlags ergibt sich aus dem in § 70 Absatz 3a Satz 2 Buchstabe a und Satz 3 des Sechsten Buches Sozialgesetzbuch bestimmten Bruchteil des aktuellen Rentenwerts.

(4) [1]§ 50a Absatz 5 bis 7 gilt entsprechend. [2]§ 50a Absatz 5 gilt bei der Anwendung des Absatzes 2 mit der Maßgabe, dass bei der Ermittlung der Höchstgrenze an die Stelle des in Satz 2 genannten Höchstwerts an Entgeltpunkten für jeden Monat berücksichtigungsfähiger Kinderpflegezeit der in

[1] § 50c Abs. 3 geänd. mWv 1.1.2020 durch G v. 9.12.2019 (BGBl. I S. 2053).
[2] **Aichberger, SGB Nr. 6.**

§ 70 Absatz 2 Satz 1 des Sechsten Buches Sozialgesetzbuch bestimmte Bruchteil des aktuellen Rentenwerts tritt.

§ 50e[1] Vorübergehende Gewährung von Zuschlägen.

(1) [1]Versorgungsempfänger, die vor Erreichen der Regelaltersgrenze nach § 51 Absatz 1 und 2 des Bundesbeamtengesetzes[2] in den Ruhestand treten, erhalten vorübergehend Leistungen entsprechend den §§ 50a, 50b und 50d, wenn

1. bis zum Beginn des Ruhestandes die allgemeine Wartezeit für eine Rente der gesetzlichen Rentenversicherung erfüllt ist,

2. a) sie wegen Dienstunfähigkeit im Sinne des § 44 Absatz 1 des Bundesbeamtengesetzes in den Ruhestand versetzt worden sind oder

 b) sie wegen Erreichens einer besonderen Altersgrenze in den Ruhestand getreten sind,

3. entsprechende Leistungen nach dem Sechsten Buch Sozialgesetzbuch[3] dem Grunde nach zustehen, jedoch vor dem Erreichen der maßgebenden Altersgrenze noch nicht gewährt werden,

4. sie einen Ruhegehaltssatz von 66,97 Prozent noch nicht erreicht haben,

5. sie kein Erwerbs- oder Erwerbsersatzeinkommen nach § 53 Absatz 7 beziehen, das im Durchschnitt des Kalenderjahres 525 Euro monatlich übersteigt.

[2]Durch die Leistung nach Satz 1 darf der Betrag nicht überschritten werden, der sich bei Berechnung des Ruhegehalts mit einem Ruhegehaltssatz von 66,97 Prozent ergibt.

(2) [1]Die Leistung entfällt spätestens mit Ablauf des Monats, in dem der Versorgungsempfänger die Regelaltersgrenze nach § 51 Absatz 1 und 2 des Bundesbeamtengesetzes erreicht. [2]Sie endet vorher, wenn der Versorgungsempfänger

1. eine Versichertenrente der gesetzlichen Rentenversicherung bezieht, mit Ablauf des Tages vor dem Beginn der Rente, oder

2. ein Erwerbseinkommen (§ 53 Absatz 7 Satz 1 und 2) bezieht, das im Durchschnitt des Kalenderjahres 525 Euro monatlich übersteigt, mit Ablauf des Tages vor Beginn der Erwerbstätigkeit.

(3) [1]Die Leistung wird auf Antrag gewährt. [2]Anträge, die innerhalb von drei Monaten nach Eintritt des Beamten in den Ruhestand gestellt werden, gelten als zum Zeitpunkt des Ruhestandseintritts gestellt. [3]Wird der Antrag zu einem späteren Zeitpunkt gestellt, so wird die Leistung vom Beginn des Antragsmonats an gewährt.

[1] § 50e Abs. 1 Satz 1 Nr. 5 und Abs. 2 Satz Nr. 2 geänd. mWv 1.1.2013 durch G v. 11.6.2013 (BGBl. I S. 1514); Abs. 1 Satz 1 Nr 5 neu gef., Abs. 2 Satz 2 Nr. 2 geänd. mWv 1.1.2016 durch G v. 5.1.2017 (BGBl. I S. 17); Abs. 1 Satz 1 Nr. 4 und Satz 2 geänd. mWv 1.1.2020 durch G v. 9.12.2019 (BGBl. I S. 2053).
[2] Nr. 160.
[3] **Aichberger,** SGB Nr. 6.

§ 50f[1][2] **Abzug für Pflegeleistungen.** [1]Die zu zahlenden Versorgungsbezüge vermindern sich um den hälftigen Prozentsatz nach § 55 Absatz 1 Satz 1 des Elften Buches Sozialgesetzbuch[3]. [2]Versorgungsbezüge nach Satz 1 sind

1. Ruhegehalt, Witwengeld, Waisengeld, Unterhaltsbeitrag zuzüglich des Unterschiedsbetrages nach § 50 Absatz 1 Satz 2 bis 4,
2. Leistungen nach § 4 Absatz 2 Nummer 3 bis 7 des Gesetzes über die Gewährung einer jährlichen Sonderzuwendung in der Fassung der Bekanntmachung vom 15. Dezember 1998 (BGBl. I S. 3642), das zuletzt durch Artikel 18 des Gesetzes vom 10. September 2003 (BGBl. I S. 1798) geändert worden ist.

[3]Die Verminderung darf den Betrag, der sich aus dem hälftigen Prozentsatz nach § 55 Absatz 1 Satz 1 des Elften Buches Sozialgesetzbuch des zwölften Teils der jährlichen Beitragsbemessungsgrenze in der Pflegeversicherung (§ 55 Absatz 2 des Elften Buches Sozialgesetzbuch) errechnet, nicht übersteigen.

§ 51 Abtretung, Verpfändung, Aufrechnungs- und Zurückbehaltungsrecht. (1) Ansprüche auf Versorgungsbezüge können, wenn gesetzlich nichts anderes bestimmt ist, nur insoweit abgetreten oder verpfändet werden, als sie der Pfändung unterliegen.

(2) [1]Gegenüber Ansprüchen auf Versorgungsbezüge kann der Dienstherr ein Aufrechnungs- oder Zurückbehaltungsrecht nur in Höhe des pfändbaren Teils der Versorgungsbezüge geltend machen. [2]Dies gilt nicht, soweit gegen den Versorgungsberechtigten ein Anspruch auf Schadenersatz wegen vorsätzlicher unerlaubter Handlung besteht.

(3) [1]Ansprüche auf Sterbegeld (§ 18), auf Erstattung der Kosten des Heilverfahrens (§ 33) und der Pflege (§ 34), auf Unfallausgleich (§ 35) sowie auf eine einmalige Unfallentschädigung (§ 43) und auf Schadensausgleich in besonderen Fällen (§ 43a) können weder gepfändet noch abgetreten noch verpfändet werden. [2]Forderungen des Dienstherrn gegen den Verstorbenen aus Vorschuss- oder Darlehensgewährungen sowie aus Überzahlungen von Dienst- oder Versorgungsbezügen können auf das Sterbegeld angerechnet werden.

§ 52 Rückforderung von Versorgungsbezügen. (1) Wird ein Versorgungsberechtigter durch eine gesetzliche Änderung seiner Versorgungsbezüge mit rückwirkender Kraft schlechter gestellt, so sind die Unterschiedsbeträge nicht zu erstatten.

(2) [1]Im Übrigen regelt sich die Rückforderung zuviel gezahlter Versorgungsbezüge nach den Vorschriften des Bürgerlichen Gesetzbuchs[4] über die Herausgabe einer ungerechtfertigten Bereicherung, soweit gesetzlich nichts anderes bestimmt ist. [2]Der Kenntnis des Mangels des rechtlichen Grundes der Zahlung steht es gleich, wenn der Mangel so offensichtlich war, dass der Empfänger ihn hätte erkennen müssen. [3]Von der Rückforderung kann aus Billigkeitsgründen mit Zustimmung der obersten Dienstbehörde oder der von ihr bestimmten Stelle ganz oder teilweise abgesehen werden.

[1] § 50f Satz 2 Nr. 2 aufgeh., bish. Nr. 3 wird Nr. 2 und geänd. mWv 22.3.2012 durch G v. 15.3.2012 (BGBl. I S. 462); Sätze 1 und 3 geänd. mWv 1.1.2020 durch G v. 9.12.2019 (BGBl. I S. 2053).
[2] *Siehe hierzu auch die Durchführungshinweise des BMI* **(Bundesbeamtengesetze Nr. 80.4)**.
[3] **Aichberger, SGB Nr. 11.**
[4] **Schönfelder Nr. 20.**

(3) [1] Die Rückforderung von Beträgen von weniger als fünf Euro unterbleibt. [2] Treffen mehrere Einzelbeträge zusammen, gilt die Grenze für die Gesamtrückforderung.

(4) § 118 Absatz 3 bis 5 des Sechsten Buches Sozialgesetzbuch[1]) gilt entsprechend.

§ 53[2]) Zusammentreffen von Versorgungsbezügen mit Erwerbs- und Erwerbsersatzeinkommen. (1) [1] Bezieht ein Versorgungsberechtigter Erwerbs- oder Erwerbsersatzeinkommen (Absatz 7), erhält er daneben seine Versorgungsbezüge nur bis zum Erreichen der in Absatz 2 bezeichneten Höchstgrenze. [2] Satz 1 ist nicht auf Empfänger von Waisengeld anzuwenden.

(2) Als Höchstgrenze gelten

1. für Ruhestandsbeamte und Witwen die ruhegehaltfähigen Dienstbezüge aus der Endstufe der Besoldungsgruppe, aus der sich das Ruhegehalt berechnet, mindestens ein Betrag in Höhe des Eineinhalbfachen der jeweils ruhegehaltfähigen Dienstbezüge aus der Endstufe der Besoldungsgruppe A 4, zuzüglich des jeweils zustehenden Unterschiedsbetrages nach § 50 Absatz 1,

2. *(aufgehoben)*

3. für Ruhestandsbeamte, die wegen Dienstunfähigkeit, die nicht auf einem Dienstunfall beruht, oder nach § 52 Absatz 1 und 2 des Bundesbeamtengesetzes[3]) in den Ruhestand getreten sind, bis zum Ablauf des Monats, in dem die Regelaltersgrenze nach § 51 Absatz 1 und 2 des Bundesbeamtengesetzes erreicht wird, 71,75 Prozent der ruhegehaltfähigen Dienstbezüge aus der Endstufe der Besoldungsgruppe, aus der sich das Ruhegehalt berechnet, mindestens ein Betrag in Höhe von 71,75 Prozent des Eineinhalbfachen der jeweils ruhegehaltfähigen Dienstbezüge aus der Endstufe der Besoldungsgruppe A 4, zuzüglich des jeweils zustehenden Unterschiedsbetrages nach § 50 Absatz 1 sowie eines Betrages von monatlich 525 Euro.

(3) (weggefallen)

(4) (weggefallen)

(5) [1] Dem Versorgungsberechtigten ist mindestens ein Betrag in Höhe von 20 Prozent seines jeweiligen Versorgungsbezuges (§ 2) zu belassen. [2] Satz 1 gilt nicht beim Bezug von Verwendungseinkommen, das mindestens aus derselben Besoldungsgruppe oder einer vergleichbaren Entgeltgruppe berechnet wird, aus der sich auch die ruhegehaltfähigen Dienstbezüge bestimmen. [3] Für sonstiges in der Höhe vergleichbares Verwendungseinkommen gelten Satz 2 und Absatz 7 Satz 4 entsprechend.

(6) [1] Bei der Ruhensberechnung für einen früheren Beamten oder früheren Ruhestandsbeamten, der Anspruch auf Versorgung nach § 38 hat, ist mindestens ein Betrag als Versorgung zu belassen, der unter Berücksichtigung seiner Minderung der Erwerbsfähigkeit infolge des Dienstunfalles dem Unfallaus-

[1]) **Aichberger, SGB Nr. 6.**
[2]) § 53 Abs. 2 Nr. 3 geänd. mWv 1.1.2013 durch G v. 11.6.2013 (BGBl. I S. 1514); Abs. 7 Satz 5 neu gef. mWv 1.1.2016 durch G v. 3.12.2015 (BGBl. I S. 2163); Abs. 1 Satz 2 angef., Abs. 2 Nr. 2 aufgeh., Nr. 3 und Abs. 5 Satz 3 geänd., Abs. 7 Sätze 2, 4 und 5 neu gef. mWv 1.1.2016 durch G v. 5.1.2017 (BGBl. I S. 17); Abs. 2 Nr. 3, Abs. 5 Sätze 1 und 2, Abs. 6 Satz 2 und Abs. 8 Satz 4 und Abs. 10 geänd. mWv 1.1.2020 durch G v. 9.12.2019 (BGBl. I S. 2053).
[3]) Nr. 160.

gleich entspricht. [2] Dies gilt nicht, wenn die Minderung der Erwerbsfähigkeit weniger als 25 Prozent beträgt oder wegen desselben Unfalls Grundrente nach dem Bundesversorgungsgesetz[1]) zusteht.

(7) [1] Erwerbseinkommen sind Einkünfte aus nichtselbständiger Arbeit einschließlich Abfindungen, aus selbständiger Arbeit sowie aus Gewerbebetrieb und aus Land- und Forstwirtschaft. [2] Nicht als Erwerbseinkommen gelten

1. Aufwandsentschädigungen,

2. im Rahmen der Einkunftsarten nach Satz 1 anerkannte Betriebsausgaben und Werbungskosten nach dem Einkommensteuergesetz,

3. Jubiläumszuwendungen,

4. ein Unfallausgleich nach § 35,

5. steuerfreie Einnahmen für Leistungen zur Grundpflege oder hauswirtschaftlichen Versorgung nach § 3 Nummer 36 des Einkommensteuergesetzes,

6. Einkünfte aus Tätigkeiten, die nach Art und Umfang Nebentätigkeiten im Sinne des § 100 Absatz 1 Nummer 2 des Bundesbeamtengesetzes entsprechen,

7. als Einmalzahlung gewährte Leistungsbezüge im Sinne der Bundesleistungsbesoldungsverordnung[2]) und des § 18 (Bund) des Tarifvertrags für den öffentlichen Dienst und vergleichbare Leistungen aus einer Beschäftigung im öffentlichen Dienst sowie

8. Bezüge nach den §§ 52 bis 56 des Bundesbesoldungsgesetzes[3]), wenn ein Versorgungsberechtigter auf Grund seiner Verwendung außerhalb des Geltungsbereiches des Grundgesetzes[4]) ein Einkommen nach Absatz 8 bezieht.

[3] Erwerbsersatzeinkommen sind Leistungen, die auf Grund oder in entsprechender Anwendung öffentlich-rechtlicher Vorschriften kurzfristig erbracht werden, um Erwerbseinkommen zu ersetzen. [4] Erwerbseinkommen wird in den Monaten des Zusammentreffens mit Versorgungsbezügen mit einem Zwölftel des im Kalenderjahr erzielten Einkommens angerechnet. [5] Erwerbsersatzeinkommen werden im Zuflussmonat angerechnet.

(8) [1] Nach Ablauf des Monats, in dem der Versorgungsberechtigte die Regelaltersgrenze nach § 51 Absatz 1 und 2 des Bundesbeamtengesetzes erreicht, gelten die Absätze 1 bis 7 nur für Erwerbseinkommen aus einer Verwendung im öffentlichen Dienst (Verwendungseinkommen). [2] Dies ist jede Beschäftigung im Dienst von Körperschaften, Anstalten und Stiftungen des deutschen öffentlichen Rechts oder ihrer Verbände; ausgenommen ist die Beschäftigung bei öffentlich-rechtlichen Religionsgesellschaften oder ihren Verbänden. [3] Der Verwendung im öffentlichen Dienst steht gleich die Verwendung im öffentlichen Dienst einer zwischenstaatlichen oder überstaatlichen Einrichtung, an der eine Körperschaft oder ein Verband im Sinne des Satzes 2 durch Zahlung von Beiträgen oder Zuschüssen oder in anderer Weise beteiligt ist. [4] Ob die Voraussetzungen zutreffen, entscheidet auf Antrag der zuständigen Stelle oder des Versorgungsberechtigten das Bundesministerium des Innern, für Bau und Heimat.

[1]) **Wehrrecht Nr. 710.**
[2]) *Bundesbeamtengesetze Nr. 53q.*
[3]) Nr. 230.
[4]) Nr. 1.

(9) [1]Bezieht ein Wahlbeamter auf Zeit im Ruhestand neben seinen Versorgungsbezügen Verwendungseinkommen nach Absatz 8, findet anstelle der Absätze 1 bis 8 § 53 in der bis zum 31. Dezember 1998 geltenden Fassung Anwendung. [2]Satz 1 gilt entsprechend für Hinterbliebene.

(10) Bezieht ein Beamter im einstweiligen Ruhestand Erwerbs- und Erwerbsersatzeinkommen nach Absatz 7, das nicht Verwendungseinkommen nach Absatz 8 ist, ruhen die Versorgungsbezüge um fünfzig Prozent des Betrages, um den sie und das Einkommen die Höchstgrenze übersteigen.

§ 53a[1]) Zusammentreffen von Versorgungsbezügen mit Altersgeld, Witwenaltersgeld oder Waisenaltersgeld. [1]Bezieht ein Versorgungsempfänger Altersgeld, Witwenaltersgeld oder Waisenaltersgeld nach dem Altersgeldgesetz[2]) vom 28. August 2013 (BGBl. I S. 3386) oder eine vergleichbare Alterssicherungsleistung, ruhen seine Versorgungsbezüge nach Anwendung des § 55 in Höhe des jeweiligen Betrages des Altersgelds, Witwenaltersgelds oder Waisenaltersgelds. [2]Satz 1 gilt nicht beim Bezug einer Mindestversorgung nach § 14 Absatz 4. [3]Beim Zusammentreffen von Ruhegehalt mit Witwenaltersgeld wird mindestens ein Betrag in Höhe des Ruhegehalts zuzüglich 20 Prozent des Witwenaltersgelds gezahlt. [4]Beim Zusammentreffen von Witwen- oder Witwergeld mit Altersgeld wird mindestens ein Betrag in Höhe des Altersgelds zuzüglich 20 Prozent des Witwen- oder Witwergelds gezahlt.

§ 54[3]) Zusammentreffen mehrerer Versorgungsbezüge. (1) [1]Erhalten aus einer Verwendung im öffentlichen Dienst (§ 53 Absatz 8) an neuen Versorgungsbezügen

1. ein Ruhestandsbeamter Ruhegehalt oder eine ähnliche Versorgung,
2. eine Witwe oder Waise aus der Verwendung des verstorbenen Beamten oder Ruhestandsbeamten Witwengeld, Waisengeld oder eine ähnliche Versorgung,
3. eine Witwe Ruhegehalt oder eine ähnliche Versorgung,

so sind neben den neuen Versorgungsbezügen die früheren Versorgungsbezüge nur bis zum Erreichen der in Absatz 2 bezeichneten Höchstgrenze zu zahlen. [2]Dabei darf die Gesamtversorgung nicht hinter der früheren Versorgung zurückbleiben.

(2) [1]Als Höchstgrenze gelten

1. für Ruhestandsbeamte (Absatz 1 Satz 1 Nummer 1) das Ruhegehalt, das sich unter Zugrundelegung der gesamten ruhegehaltfähigen Dienstzeit und der ruhegehaltfähigen Dienstbezüge aus der Endstufe der Besoldungsgruppe, aus der sich das frühere Ruhegehalt berechnet, ergibt, zuzüglich des Unterschiedsbetrages nach § 50 Absatz 1,
2. für Witwen und Waisen (Absatz 1 Satz 1 Nummer 2) das Witwen- oder Waisengeld, das sich aus dem Ruhegehalt nach Nummer 1 ergibt, zuzüglich des Unterschiedsbetrages nach § 50 Absatz 1,

[1]) § 53a neu gef. mWv 4.9.2013 durch G v. 28.8.2013 (BGBl. I S. 3386); Sätze 3 und 4 geänd. mWv 1.1.2020 durch G v. 9.12.2019 (BGBl. I S. 2053).
[2]) **Bundesbeamtengesetze Nr. 100.**
[3]) § 54 Abs. 4 Satz 1 geänd. mWv 1.1.2016 durch G v. 5.1.2017 (BGBl. I S. 17); Abs. 2 Satz 1 Nr. 1–3, Sätze 3 und 5, Abs. 3, Abs. 4 Satz 2 geänd. mWv 1.1.2020 durch G v. 9.12.2019 (BGBl. I S. 2053).

3. für Witwen (Absatz 1 Satz 1 Nummer 3) 71,75 Prozent, in den Fällen des § 36 75 Prozent, in den Fällen des § 37 80 Prozent, der ruhegehaltfähigen Dienstbezüge aus der Endstufe der Besoldungsgruppe, aus der sich das dem Witwengeld zugrunde liegende Ruhegehalt bemisst, zuzüglich des Unterschiedsbetrages nach § 50 Absatz 1.

[2]Ist bei einem an der Ruhensregelung nach Satz 1 Nummer 1 oder 2 beteiligten Versorgungsbezug das Ruhegehalt nach § 14 Absatz 3 gemindert, ist das für die Höchstgrenze maßgebende Ruhegehalt in sinngemäßer Anwendung dieser Vorschrift festzusetzen. [3]Ist bei der Ruhensregelung nach Satz 1 Nummer 3 das dem Witwengeld zugrunde liegende Ruhegehalt nach § 14 Absatz 3 gemindert, ist die Höchstgrenze entsprechend dieser Vorschrift zu berechnen, wobei dem zu vermindernden Ruhegehalt mindestens ein Ruhegehaltssatz von 71,75 Prozent zugrunde zu legen ist. [4]Ist bei einem an der Ruhensregelung nach Satz 1 Nummer 1 oder 2 beteiligten Versorgungsbezug der Ruhegehaltssatz nach § 14 Absatz 1 Satz 1 Halbsatz 2 oder 3 dieses Gesetzes in der bis zum 31. Dezember 1991 geltenden Fassung gemindert, ist der für die Höchstgrenze maßgebende Ruhegehaltssatz in sinngemäßer Anwendung dieser Vorschrift festzusetzen. [5]Ist bei der Ruhensregelung nach Satz 1 Nummer 3 der Ruhegehaltssatz des dem Witwengeld zugrunde liegenden Ruhegehalts nach § 14 Absatz 1 Satz 1 Halbsatz 2 oder 3 dieses Gesetzes in der bis zum 31. Dezember 1991 geltenden Fassung gemindert, ist die Höchstgrenze entsprechend dieser Vorschrift zu berechnen, wobei der zu vermindernde Ruhegehaltssatz mindestens 71,75 Prozent beträgt.

(3) Im Falle des Absatzes 1 Nummer 3 ist neben dem neuen Versorgungsbezug mindestens ein Betrag in Höhe von 20 Prozent des früheren Versorgungsbezuges zu belassen.

(4) [1]Erwirbt ein Ruhestandsbeamter einen Anspruch auf Witwer- oder Witwengeld oder eine ähnliche Versorgung, so erhält er daneben sein Ruhegehalt zuzüglich des Unterschiedsbetrages nach § 50 Absatz 1 nur bis zum Erreichen der in Absatz 2 Satz 1 Nummer 3 sowie Satz 3 und 5 bezeichneten Höchstgrenze; beruht das Witwengeld, das Witwergeld oder die ähnliche Versorgung auf dem Recht eines anderen Dienstherrn und gewährt dieser eine einmalige Sonderzahlung, so ist die monatliche Höchstgrenze um ein Zwölftel der tatsächlich an die Witwe oder den Witwer gewährten Sonderzahlung zu erhöhen. [2]Die Gesamtbezüge dürfen nicht hinter seinem Ruhegehalt zuzüglich des Unterschiedsbetrages nach § 50 Absatz 1 sowie eines Betrages in Höhe von 20 Prozent des neuen Versorgungsbezuges zurückbleiben.

(5) § 53 Absatz 6 gilt entsprechend.

§ 55[1)] Zusammentreffen von Versorgungsbezügen mit Renten.

(1) [1]Versorgungsbezüge werden neben Renten nur bis zum Erreichen der in Absatz 2 bezeichneten Höchstgrenze gezahlt. [2]Als Renten gelten

1. Renten aus den gesetzlichen Rentenversicherungen,

[1)] § 55 Abs. 1 Satz 9 geänd. mWv 1.1.2009, Satz 7 geänd. mWv 1.9.2009 durch G v. 19.11.2010 (BGBl. I S. 1552); Abs. 1 Satz 4 neu gef., Abs. 2 Satz 1 Nr. 1 Buchst. b geänd., Abs. 8 Satz 2 angef. mWv 11.1.2017 durch G v. 5.1.2017 (BGBl. I S. 17); Abs. 1 Satz 2 Nr. 1a eingef. mWv 15.6.2017 *durch G v. 8.6.2017 (BGBl. I S. 1570); Abs. 1 Satz 2 Nr. 3, Sätze 3, 4 und 7 geänd. mWv 1.1.2020*, Abs. 1 Sätze 8 und 9 neu gef., Abs. 2 Satz 1 Nr. 1 Buchst. b geänd. mWv 1.7.2020 durch G v. 9.12. 2019 (BGBl. I S. 2053).

1a. Renten nach dem Gesetz über die Alterssicherung der Landwirte[1],

2. Renten aus einer zusätzlichen Alters- oder Hinterbliebenenversorgung für Angehörige des öffentlichen Dienstes,

3. Renten aus der gesetzlichen Unfallversicherung, wobei für den Ruhegehaltsempfänger ein dem Unfallausgleich (§ 35) entsprechender Betrag unberücksichtigt bleibt; bei einer Minderung der Erwerbsfähigkeit um 20 Prozent bleiben zwei Drittel der Mindestgrundrente nach dem Bundesversorgungsgesetz[2], bei einer Minderung der Erwerbsfähigkeit um 10 Prozent ein Drittel der Mindestgrundrente nach dem Bundesversorgungsgesetz unberücksichtigt,

4. Leistungen aus einer berufsständischen Versorgungseinrichtung oder aus einer befreienden Lebensversicherung, zu denen der Arbeitgeber auf Grund eines Beschäftigungsverhältnisses im öffentlichen Dienst mindestens die Hälfte der Beiträge oder Zuschüsse in dieser Höhe geleistet hat.

[3] Wird eine Rente im Sinne des Satzes 2 nicht beantragt oder auf sie verzichtet oder wird an deren Stelle eine Kapitalleistung gezahlt, so tritt an die Stelle der Rente der Betrag, der vom Leistungsträger ansonsten zu zahlen wäre. [4] Erfolgt die Zahlung eines Kapitalbetrages, weil kein Anspruch auf eine laufende Rente besteht, so ist der Betrag zugrunde zu legen, der sich bei einer Verrentung der einmaligen Zahlung ergibt. [5] Dies gilt nicht, wenn der Ruhestandsbeamte innerhalb von drei Monaten nach Zufluss den Kapitalbetrag zuzüglich der hierauf gewährten Zinsen an den Dienstherrn abführt. [6] Zu den Renten und den Leistungen nach Nummer 4 rechnet nicht der Kinderzuschuss. [7] Renten, Rentenerhöhungen und Rentenminderungen, die auf § 1587b des Bürgerlichen Gesetzbuchs[3] oder § 1 des Gesetzes zur Regelung von Härten im Versorgungsausgleich, jeweils in der bis zum 31. August 2009 geltenden Fassung, beruhen, sowie übertragene Anrechte nach Maßgabe des Versorgungsausgleichsgesetzes[4] und Zuschläge oder Abschläge beim Rentensplitting unter Ehegatten nach § 76c des Sechsten Buches Sozialgesetzbuch[5] bleiben unberücksichtigt. [8] Der Verrentungsbetrag nach Satz 4 berechnet sich nach folgender Formel:

$$EP \times aRW = VrB.$$

[9] In dieser Formel bedeutet:

EP: Entgeltpunkte, die sich ergeben durch Multiplikation des Kapitalbetrages in Euro mit dem für dessen Auszahlungsjahr maßgeblichen Faktor zur Umrechnung von Kapitalwerten in Entgeltpunkte nach § 187 Absatz 3 des Sechsten Buches Sozialgesetzbuch und anschließende Division durch Euro; die Entgeltpunkte werden kaufmännisch auf vier Dezimalstellen gerundet;

aRW: aktueller Rentenwert in Euro,

VrB: Verrentungsbetrag in Euro.

(2) [1] Als Höchstgrenze gelten

[1] **Aichberger, SGB Nr. 30/10.**
[2] **Wehrrecht Nr. 710.**
[3] **Schönfelder Nr. 20.**
[4] **Schönfelder Nr. 48.**
[5] **Aichberger, SGB Nr. 6.**

1. für Ruhestandsbeamte der Betrag, der sich als Ruhegehalt zuzüglich des Unterschiedsbetrages nach § 50 Absatz 1 ergeben würde, wenn der Berechnung zugrunde gelegt werden

 a) bei den ruhegehaltfähigen Dienstbezügen die Endstufe der Besoldungsgruppe, aus der sich das Ruhegehalt berechnet,

 b) als ruhegehaltfähige Dienstzeit die Zeit vom vollendeten siebzehnten Lebensjahr bis zum Eintritt des Versorgungsfalles abzüglich von Zeiten nach § 12a und nicht ruhegehaltfähiger Zeiten im Sinne des § 6a, zuzüglich ruhegehaltfähiger Dienstzeiten vor Vollendung des 17. Lebensjahres sowie der Zeiten, um die sich die ruhegehaltfähige Dienstzeit erhöht, und der bei der Rente berücksichtigten Zeiten einer rentenversicherungspflichtigen Beschäftigung oder Tätigkeit nach Eintritt des Versorgungsfalles,

2. für Witwen der Betrag, der sich als Witwengeld zuzüglich des Unterschiedsbetrages nach § 50 Absatz 1, für Waisen der Betrag, der sich als Waisengeld zuzüglich des Unterschiedsbetrages nach § 50 Absatz 1, wenn dieser neben dem Waisengeld gezahlt wird, aus dem Ruhegehalt nach Nummer 1 ergeben würde.

[2]Ist bei einem an der Ruhensregelung beteiligten Versorgungsbezug das Ruhegehalt nach § 14 Absatz 3 gemindert, ist das für die Höchstgrenze maßgebende Ruhegehalt in sinngemäßer Anwendung dieser Vorschrift festzusetzen. [3]Ist bei einem an der Ruhensregelung beteiligten Versorgungsbezug der Ruhegehaltssatz nach § 14 Absatz 1 Satz 1 Halbsatz 2 oder 3 dieses Gesetzes in der bis zum 31. Dezember 1991 geltenden Fassung gemindert, ist der für die Höchstgrenze maßgebende Ruhegehaltssatz in sinngemäßer Anwendung dieser Vorschrift festzusetzen.

(3) Als Renten im Sinne des Absatzes 1 gelten nicht

1. bei Ruhestandsbeamten (Absatz 2 Nummer 1) Hinterbliebenenrenten aus einer Beschäftigung oder Tätigkeit des Ehegatten,

2. bei Witwen und Waisen (Absatz 2 Nummer 2) Renten auf Grund einer eigenen Beschäftigung oder Tätigkeit.

(4) [1]Bei Anwendung der Absätze 1 und 2 bleibt außer Ansatz der Teil der Rente (Absatz 1), der

1. dem Verhältnis der Versicherungsjahre auf Grund freiwilliger Weiterversicherung oder Selbstversicherung zu den gesamten Versicherungsjahren oder, wenn sich die Rente nach Werteinheiten berechnet, dem Verhältnis der Werteinheiten für freiwillige Beiträge zu der Summe der Werteinheiten für freiwillige Beiträge, Pflichtbeiträge, Ersatzzeiten und Ausfallzeiten oder, wenn sich die Rente nach Entgeltpunkten berechnet, dem Verhältnis der Entgeltpunkte für freiwillige Beiträge zu der Summe der Entgeltpunkte für freiwillige Beiträge, Pflichtbeiträge, Ersatzzeiten, Zurechnungszeiten und Anrechnungszeiten entspricht,

2. auf einer Höherversicherung beruht.

[2]Dies gilt nicht, soweit der Arbeitgeber mindestens die Hälfte der Beiträge oder Zuschüsse in dieser Höhe geleistet hat.

(5) Bei Anwendung des § 53 ist von der nach Anwendung der Absätze 1 bis 4 verbleibenden Gesamtversorgung auszugehen.

(6) [1] Beim Zusammentreffen von zwei Versorgungsbezügen mit einer Rente ist zunächst der neuere Versorgungsbezug nach den Absätzen 1 bis 4 und danach der frühere Versorgungsbezug unter Berücksichtigung des gekürzten neueren Versorgungsbezuges nach § 54 zu regeln. [2] Der hiernach gekürzte frühere Versorgungsbezug ist unter Berücksichtigung des gekürzten neueren Versorgungsbezuges nach den Absätzen 1 bis 4 zu regeln; für die Berechnung der Höchstgrenze nach Absatz 2 ist hierbei die Zeit bis zum Eintritt des neueren Versorgungsfalles zu berücksichtigen.

(7) § 53 Absatz 6 gilt entsprechend.

(8) [1] Den in Absatz 1 bezeichneten Renten stehen entsprechende wiederkehrende Geldleistungen gleich, die auf Grund der Zugehörigkeit zu Zusatz- oder Sonderversorgungssystemen der ehemaligen Deutschen Demokratischen Republik geleistet werden oder die von einem ausländischen Versicherungsträger oder einem für das Bundesrepublik Deutschland wirksamen zwischen- oder überstaatlichen Abkommen gewährt werden. [2] Für die Umrechnung von Renten ausländischer Versorgungträger gilt § 17a Absatz 1 des Vierten Buches Sozialgesetzbuch[1] entsprechend.

§ 56[2] **Zusammentreffen von Versorgungsbezügen mit einer laufenden Alterssicherungsleistung aus zwischenstaatlicher oder überstaatlicher Verwendung.** (1) Steht einem Ruhestandsbeamten auf Grund einer Verwendung im öffentlichen Dienst einer zwischenstaatlichen oder überstaatlichen Einrichtung von dieser Einrichtung eine laufende Alterssicherungsleistung zu und ist die Zeit dieser Verwendung nach § 6a Absatz 1 ruhegehaltfähig, ruht sein deutsches Ruhegehalt in Höhe des in Absatz 2 bezeichneten Betrages.

(2) [1] Das Ruhegehalt ruht nach Anwendung von § 14 Absatz 3 in Höhe der aus einer Verwendung bei der zwischenstaatlichen oder überstaatlichen Einrichtung zustehenden laufenden Alterssicherungsleistung. [2] Beruht diese Leistung auch auf Zeiten nach Beginn des Ruhestandes, bleibt die laufende Alterssicherungsleistung in Höhe des auf die Dauer der Verwendung nach Beginn des Ruhestandes entfallenden Anteils unberücksichtigt; § 14 Absatz 1 Satz 2 und 3 gilt entsprechend. [3] Bei der Anwendung des Satzes 1 werden auch Ansprüche auf Alterssicherungsleistungen berücksichtigt, die der Beamte während der Zeit erworben hat, ohne ein Amt bei der zwischenstaatlichen oder überstaatlichen Einrichtung auszuüben, dort einen Anspruch auf Vergütung oder sonstige Entschädigung hat. [4] Satz 3 gilt entsprechend für nach dem Ausscheiden aus dem Dienst einer zwischenstaatlichen oder überstaatlichen Einrichtung erworbene und bei der Berechnung der Alterssicherungsleistung berücksichtigte Ansprüche. [5] Ist die Alterssicherungsleistung durch Teilkapitalisierung, Aufrechnung oder in anderer Form verringert worden, ist bei der Anwendung der Sätze 1 und 2 der ungekürzt zustehende Betrag zugrunde zu legen. [6] Satz 5 gilt entsprechend, sofern der Beamte oder Ruhestandsbeamte auf die laufende Alterssicherungsleistung verzichtet oder diese nicht beantragt. [7] Auf freiwilligen Beiträgen beruhende Anteile, einschließlich darauf entfallender Erträge, bleiben außer Betracht.

(3) Absatz 2 gilt ungeachtet der Ruhegehaltfähigkeit einer Verwendungszeit nach § 6a entsprechend, wenn der Ruhestandsbeamte Anspruch auf Invalidi-

[1] **Aichberger, SGB Nr. 4.**
[2] § 56 neu gef. mWv 1.7.2020 durch G v. 9.12.2019 (BGBl. I S. 2053).

tätspension aus seinem Amt bei der zwischenstaatlichen oder überstaatlichen Einrichtung hat.

(4) [1]Steht der Witwe oder den Waisen eines Beamten oder Ruhestandsbeamten eine laufende Alterssicherungsleistung der zwischenstaatlichen oder überstaatlichen Einrichtung für Hinterbliebene zu und ist die Zeit der Verwendung des Beamten nach § 6a Absatz 1 ruhegehaltfähig, ruhen das deutsche Witwengeld und Waisengeld in Höhe der Alterssicherungsleistung der zwischenstaatlichen oder überstaatlichen Einrichtung. [2]Absatz 2 Satz 2 bis 7 und Absatz 3 gelten entsprechend.

(5) Der sich nach den Absätzen 1 bis 4 ergebende Ruhensbetrag ist von den nach Anwendung der §§ 53 bis 55 verbleibenden Versorgungsbezügen abzuziehen.

§ 57[1]) Kürzung der Versorgungsbezüge nach der Ehescheidung.

(1) [1]Sind durch Entscheidung des Familiengerichts

1. Anwartschaften in einer gesetzlichen Rentenversicherung nach § 1587b Absatz 2 des Bürgerlichen Gesetzbuchs[2]) in der bis zum 31. August 2009 geltenden Fassung oder

2. Anrechte nach dem Versorgungsausgleichsgesetz[3])

übertragen oder begründet worden, werden nach Wirksamkeit dieser Entscheidung die Versorgungsbezüge der ausgleichspflichtigen Person und ihrer Hinterbliebenen nach Anwendung von Ruhens-, Kürzungs- und Anrechnungsvor-

(Fortsetzung nächstes Blatt)

[1]) § 57 Abs. 1 Satz 1 Nr. 2, Sätze 2, 3, Abs. 2 Sätze 1, 2 und Abs. 5 geänd. mWv 1.1.2020 durch G *v. 9.12.2019 (BGBl. I S. 2053).*
[2]) **Schönfelder Nr. 20.**
[3]) **Schönfelder Nr. 48.**

schriften um den nach Absatz 2 oder Absatz 3 berechneten Betrag gekürzt. [2]Das Ruhegehalt, das die ausgleichspflichtige Person im Zeitpunkt der Wirksamkeit der Entscheidung des Familiengerichts über den Versorgungsausgleich erhält, wird erst gekürzt, wenn aus der Versicherung der ausgleichsberechtigten Person eine Rente zu gewähren ist; dies gilt nur, wenn der Anspruch auf Ruhegehalt vor dem 1. September 2009 entstanden und das Verfahren über den Versorgungsausgleich zu diesem Zeitpunkt eingeleitet worden ist. [3]Das einer Vollwaise zu gewährende Waisengeld wird nicht gekürzt, wenn nach dem Recht der gesetzlichen Rentenversicherungen die Voraussetzungen für die Gewährung einer Waisenrente aus der Versicherung der ausgleichsberechtigten Person nicht erfüllt sind.

(2) [1]Der Kürzungsbetrag für das Ruhegehalt berechnet sich aus dem Monatsbetrag der durch die Entscheidung des Familiengerichts begründeten Anwartschaften oder übertragenen Anrechte; in den Fällen des § 10 Absatz 2 des Versorgungsausgleichsgesetzes berechnet sich der Kürzungsbetrag aus dem sich nach Verrechnung ergebenden Monatsbetrag. [2]Der Monatsbetrag erhöht oder vermindert sich bei einem Beamten um die Vomhundertsätze der nach dem Ende der Ehezeit bis zum Zeitpunkt des Eintritts in den Ruhestand eingetretenen Erhöhungen oder Verminderungen der beamtenrechtlichen Versorgungsbezüge, die in festen Beträgen festgesetzt sind. [3]Vom Zeitpunkt des Eintritts in den Ruhestand an, bei einem Ruhestandsbeamten vom Tag nach dem Ende der Ehezeit an, erhöht oder vermindert sich der Kürzungsbetrag in dem Verhältnis, in dem sich das Ruhegehalt vor Anwendung von Ruhens-, Kürzungs- und Anrechnungsvorschriften durch Anpassung der Versorgungsbezüge erhöht oder vermindert.

(3) Der Kürzungsbetrag für das Witwen- und Waisengeld berechnet sich aus dem Kürzungsbetrag nach Absatz 2 für das Ruhegehalt, das der Beamte erhalten hat oder hätte erhalten können, wenn er am Todestag in den Ruhestand getreten wäre, nach den Anteilssätzen des Witwen- oder Waisengeldes.

(4) Ein Unterhaltsbeitrag nach § 22 Absatz 2 oder 3 oder nach entsprechendem bisherigen Recht und eine Abfindungsrente nach bisherigem Recht werden nicht gekürzt.

(5) In den Fällen des Absatzes 1 Satz 2 und des § 5 des Gesetzes zur Regelung von Härten im Versorgungsausgleich vom 21. Februar 1983 in der bis zum 31. August 2009 geltenden Fassung steht die Zahlung des Ruhegehalts der ausgleichspflichtigen Person für den Fall rückwirkender oder erst nachträglich bekanntwerdender Rentengewährung an die ausgleichsberechtigte Person oder deren Hinterbliebene unter dem Vorbehalt der Rückforderung.

§ 58[1]**) Abwendung der Kürzung der Versorgungsbezüge.** (1) Die Kürzung der Versorgungsbezüge nach § 57 kann von dem Beamten oder Ruhestandsbeamten ganz oder teilweise durch Zahlung eines Kapitalbetrages an den Dienstherrn abgewendet werden.

(2) [1]Als voller Kapitalbetrag wird der Betrag angesetzt, der aufgrund der Entscheidung des Familiengerichts zu leisten gewesen wäre, erhöht oder vermindert um die Prozentsätze der nach dem Ende der Ehezeit bis zum Tag der Zahlung des Kapitalbetrages eingetretenen Erhöhungen oder Verminderungen

[1]) § 58 Abs. 2 Sätze 1 und 2 geänd. mWv 11.1.2017 durch G v. 5.1.2017 (BGBl. I S. 17); Abs. 2 Satz 1 geänd. mWv 1.1.2020 durch G v. 9.12.2019 (BGBl. I S. 2053).

der beamtenrechtlichen Versorgungsbezüge, die in festen Beträgen festgesetzt sind. [2]Vom Zeitpunkt des Eintritts in den Ruhestand an, bei einem Ruhestandsbeamten vom Tage nach dem Ende der Ehezeit an, erhöht oder vermindert sich der Kapitalbetrag in dem Verhältnis, in dem sich das Ruhegehalt vor Anwendung von Ruhens-, Kürzungs- und Anrechnungsvorschriften durch Anpassung der Versorgungsbezüge erhöht oder vermindert.

(3) Bei teilweiser Zahlung vermindert sich die Kürzung der Versorgungsbezüge in dem entsprechenden Verhältnis; der Betrag der teilweisen Zahlung soll den Monatsbetrag der Dienstbezüge des Beamten oder des Ruhegehalts des Ruhestandsbeamten nicht unterschreiten.

(4) Ergeht nach der Scheidung eine Entscheidung zur Abänderung des Wertausgleichs und sind Zahlungen nach Absatz 1 erfolgt, sind im Umfang der Abänderung zu viel gezahlte Beiträge unter Anrechnung der nach § 57 anteilig errechneten Kürzungsbeträge zurückzuzahlen.

§ 59 Erlöschen der Versorgungsbezüge wegen Verurteilung. (1) [1]Ein Ruhestandsbeamter,

1. gegen den wegen einer vor Beendigung des Beamtenverhältnisses begangenen Tat eine Entscheidung ergangen ist, die nach § 41 Absatz 1 des Bundesbeamtengesetzes[1]) zum Verlust der Beamtenrechte geführt hätte, oder

2. der wegen einer nach Beendigung des Beamtenverhältnisses begangenen Tat durch ein deutsches Gericht im Geltungsbereich dieses Gesetzes im ordentlichen Strafverfahren

 a) wegen einer vorsätzlichen Tat zu Freiheitsstrafe von mindestens zwei Jahren oder

 b) wegen einer vorsätzlichen Tat, die nach den Vorschriften über Friedensverrat, Hochverrat, Gefährdung des demokratischen Rechtsstaates oder Landesverrat und Gefährdung der äußeren Sicherheit strafbar ist, zu Freiheitsstrafe von mindestens sechs Monaten

verurteilt worden ist,

verliert mit der Rechtskraft der Entscheidung seine Rechte als Ruhestandsbeamter. [2]Entsprechendes gilt, wenn der Ruhestandsbeamte auf Grund einer Entscheidung des Bundesverfassungsgerichts gemäß Artikel 18 des Grundgesetzes[2]) ein Grundrecht verwirkt hat.

(2) Die §§ 42 und 43 des Bundesbeamtengesetzes sind entsprechend anzuwenden.

§ 60 Erlöschen der Versorgungsbezüge bei Ablehnung einer erneuten Berufung. [1]Kommt ein Ruhestandsbeamter entgegen den Vorschriften des § 46 Absatz 1 und des § 57 des Bundesbeamtengesetzes[1]) einer erneuten Berufung in das Beamtenverhältnis schuldhaft nicht nach, obwohl er auf die Folgen eines solchen Verhaltens schriftlich hingewiesen worden ist, so verliert er für diese Zeit seine Versorgungsbezüge. [2]Die oberste Dienstbehörde stellt den Verlust der Versorgungsbezüge fest. [3]Eine disziplinarrechtliche Verfolgung wird dadurch nicht ausgeschlossen.

[1]) Nr. 160.
[2]) Nr. 1.

§ 61[1] Erlöschen der Witwen- und Waisenversorgung. (1) [1]Der Anspruch der Witwen und Waisen auf Versorgungsbezüge erlischt

1. für jeden Berechtigten mit dem Ende des Monats, in dem er stirbt,

2. für jede Witwe außerdem mit dem Ende des Monats, in dem sie heiratet,

3. für jede Waise außerdem mit dem Ende des Monats, in dem sie das achtzehnte Lebensjahr vollendet,

4. für jeden Berechtigten, der durch ein deutsches Gericht im Geltungsbereich dieses Gesetzes im ordentlichen Strafverfahren wegen eines Verbrechens zu Freiheitsstrafe von mindestens zwei Jahren oder wegen einer vorsätzlichen Tat, die nach den Vorschriften über Friedensverrat, Hochverrat, Gefährdung des demokratischen Rechtsstaates oder Landesverrat und Gefährdung der äußeren Sicherheit strafbar ist, zu Freiheitsstrafe von mindestens sechs Monaten verurteilt worden ist, mit der Rechtskraft des Urteils.

[2]Entsprechendes gilt, wenn der Berechtigte auf Grund einer Entscheidung des Bundesverfassungsgerichts gemäß Artikel 18 des Grundgesetzes[2] ein Grundrecht verwirkt hat. [3]In den Fällen des Satzes 1 Nummer 4 und des Satzes 2 gilt § 41 sinngemäß. [4]Die §§ 42 und 43 des Bundesbeamtengesetzes[3] finden entsprechende Anwendung.

(2) [1]Waisengeld wird nach Vollendung des 18. Lebensjahres auf Antrag gewährt, wenn die Waise

1. das 27. Lebensjahr noch nicht vollendet hat und

 a) sich in Schulausbildung oder Berufsausbildung befindet,

 b) sich in einer Übergangszeit von höchstens vier Kalendermonaten befindet, die zwischen zwei Ausbildungsabschnitten oder zwischen einem Ausbildungsabschnitt und der Ableistung des gesetzlichen Wehr- oder Zivildienstes oder der Ableistung eines freiwilligen Dienstes im Sinne des Buchstaben c liegt, oder

 c) einen freiwilligen Dienst im Sinne des § 32 Absatz 4 Satz 1 Nummer 2 Buchstabe d des Einkommensteuergesetzes leistet;

2. wegen körperlicher, geistiger oder seelischer Behinderung außerstande ist, sich selbst zu unterhalten; Waisengeld wird auch über das 27. Lebensjahr hinaus gewährt, wenn

 a) die Behinderung vor Vollendung des 27. Lebensjahres eingetreten ist und

 b) die Waise ledig oder verwitwet ist oder ihr Ehegatte oder früherer Ehegatte ihr keinen ausreichenden Unterhalt leisten kann oder dem Grunde nach nicht unterhaltspflichtig ist und sie auch nicht unterhält.

[2]In den Fällen des Satzes 1 Nummer 1 Buchstabe a und b sowie Nummer 2 erhöht sich die jeweilige Altersgrenze für eine Waise, die einen in § 32 Absatz 5 Satz 1 Nummer 1 oder 2 des Einkommensteuergesetzes genannten Dienst oder *eine* in § 32 Absatz 5 Satz 1 Nummer 3 des Einkommensteuergesetzes genannte Tätigkeit ausgeübt hat, um den Zeitraum, der der Dauer des jeweiligen Dienstes oder der jeweiligen Tätigkeit entspricht. [3]Die Altersgrenze erhöht sich

[1] § 61 Abs. 2 Satz 4 angef. mWv 3.5.2011 durch G v. 28.4.2011 (BGBl. I S. 687); Abs. 1 Satz 1 Nr. 2, Abs. 3 Satz 1 geänd. mWv 1.1.2009 durch G v. 14.11.2011 (BGBl. I S. 2219); Abs. 2 neu gef. mWv 11.1.2017 durch G v. 5.1.2017 (BGBl. I S. 17).

[2] Nr. **1**.

[3] Nr. **160**.

jedoch höchstens um die Dauer des inländischen gesetzlichen Grundwehr-
dienstes oder bei anerkannten Kriegsdienstverweigerern um die Dauer des
inländischen gesetzlichen Zivildienstes. [4] Die Ableistung eines freiwilligen
Dienstes im Sinne des Satzes 1 Nummer 1 Buchstabe c ist kein gleichgestellter
Dienst im Sinne des Satzes 2. [5] In den Fällen des Satzes 1 Nummer 2 wird
Waisengeld ungeachtet der Höhe eines eigenen Einkommens dem Grunde
nach gewährt. [6] Soweit ein eigenes Einkommen der Waise jedoch das Zweifa-
che des Mindestvollwaisengeldes nach § 14 Absatz 4 Satz 2 in Verbindung mit
§ 24 Absatz 1 übersteigt, wird es zur Hälfte auf das Waisengeld zuzüglich des
Unterschiedsbetrages nach § 50 Absatz 1 angerechnet.

(3) [1] Hat eine Witwe geheiratet und wird die Ehe aufgelöst, so lebt der
Anspruch auf Witwengeld wieder auf; ein von der Witwe infolge Auflösung
der Ehe erworbener neuer Versorgungs-, Unterhalts- oder Rentenanspruch ist
auf das Witwengeld und den Unterschiedsbetrag nach § 50 Absatz 1 anzurech-
nen. [2] Wird eine in Satz 1 genannte Leistung nicht beantragt oder wird auf sie
verzichtet oder wird an ihrer Stelle eine Abfindung, Kapitalleistung oder
Beitragserstattung gezahlt, ist der Betrag anzurechnen, der ansonsten zu zahlen
wäre. [3] Der Auflösung der Ehe steht die Nichtigerklärung gleich.

§ 62[1]) Anzeigepflicht. (1) Die Beschäftigungsstelle hat der die Versorgungs-
bezüge anweisenden Stelle (Regelungsbehörde) jede Verwendung eines Ver-
sorgungsberechtigten unter Angabe der gewährten Bezüge, ebenso jede spätere
Änderung der Bezüge oder die Zahlungseinstellung sowie die Gewährung
einer Versorgung unverzüglich anzuzeigen.

(2) [1] Der Versorgungsberechtigte ist verpflichtet, der Regelungsbehörde

1. die Verlegung des Wohnsitzes,
2. den Bezug und jede Änderung von Einkünften nach den §§ 10, 14 Absatz 5,
 §§ 14a, 22 Absatz 1 Satz 2 und §§ 47, 47a sowie den §§ 53 bis 56 und 61
 Absatz 2,
3. die Witwe auch die Heirat (§ 61 Absatz 1 Satz 1 Nummer 2) sowie im Falle
 der Auflösung dieser Ehe den Erwerb und jede Änderung eines neuen
 Versorgungs-, Unterhalts- oder Rentenanspruchs (§ 61 Absatz 3 Satz 1
 zweiter Halbsatz),
4. die Begründung eines neuen öffentlich-rechtlichen Dienstverhältnisses oder
 eines privatrechtlichen Arbeitsverhältnisses im öffentlichen Dienst in den
 Fällen des § 47 Absatz 5 und des § 47a,
5. die Erfüllung der allgemeinen Wartezeit nach dem Sechsten Buch Sozialge-
 setzbuch[2])

unverzüglich anzuzeigen. [2] Auf Verlangen der Regelungsbehörde ist der Ver-
sorgungsberechtigte verpflichtet, Nachweise vorzulegen oder der Erteilung
erforderlicher Nachweise oder Auskünfte, die für die Versorgungsbezüge er-
heblich sind, durch Dritte zuzustimmen. [3] Die Regelungsbehörde oder die für
das Bezügezahlungsverfahren zuständige Stelle darf diejenigen Daten übermit-

[1]) § 62 Abs. 2 Satz 1 Nr. 3 geänd. mWv 1.1.2009 durch G v. 14.11.2011 (BGBl. I S. 2219); Abs. 1
geänd., Abs. 2 Satz 1 einl. Satzteil geänd., Satz 3 angef., Abs. 3 Satz 1 geänd. mWv 22.3.2012 durch G
v. 15.3.2012 (BGBl. I S. 462); Abs. 2 Satz 1 Nr. 5 geänd., Abs. 2a eingef. mWv 11.1.2017 durch G v.
5.1.2017 (BGBl. I S. 17); Abs. 2a Satz 1 geänd., Abs. 4 angef. mWv 1.1.2020 durch G v. 9.12.2019
(BGBl. I S. 2053).
[2]) **Aichberger, SGB Nr. 6.**

teln, die für Datenübermittlungen nach § 69 Absatz 1 Nummer 1 und 2 des Zehnten Buches Sozialgesetzbuch[1] oder nach § 151 des Sechsten Buches Sozialgesetzbuch erforderlich sind.

(2a) [1] Wer Dienstunfallfürsorgeleistungen nach Abschnitt 5 beantragt oder erhält, hat gegenüber der obersten Dienstbehörde oder der von ihr bestimmten Stelle alle Tatsachen anzugeben, die für die Leistung erheblich sind. [2] Absatz 2 Satz 2 gilt entsprechend.

(3) [1] Kommt ein Versorgungsberechtigter der ihm nach Absatz 2 Satz 1 Nummer 2 und 3 auferlegten Verpflichtung schuldhaft nicht nach, so kann ihm die Versorgung ganz oder teilweise auf Zeit oder Dauer entzogen werden. [2] Beim Vorliegen besonderer Verhältnisse kann die Versorgung ganz oder teilweise wieder zuerkannt werden. [3] Die Entscheidung trifft die oberste Dienstbehörde oder die von ihr bestimmte Stelle.

(4) Solange ein Versorgungsberechtigter der Verpflichtung nach Absatz 2 Nummer 1 schuldhaft nicht nachkommt, kann die Auszahlung der Versorgungsbezüge vorübergehend ausgesetzt werden.

§ 62a[2] **Versorgungsbericht, Mitteilungspflichten.** (1) Die Bundesregierung soll dem Deutschen Bundestag in jeder Wahlperiode einen Bericht über die jeweils im Vorjahr erbrachten Versorgungsleistungen im öffentlichen Dienst, über die Entwicklung der Sondervermögen nach dem Versorgungsrücklagegesetz[3] sowie über Vorausberechnungen der zumindest in den nächsten 30 Jahren zu erwartenden Versorgungsleistungen vorlegen.

(2) [1] Öffentliche Stellen im Sinne des § 2 Absatz 1 und 2 des Bundesdatenschutzgesetzes[4], die Dienstvorgesetzte im Sinne des § 3 Absatz 2 des Bundesbeamtengesetzes[5] sind, übermitteln dem Bundesministerium des Innern, für Bau und Heimat die für die Erstellung des Berichtes erforderlichen Daten

1. zu den Gründen der Dienstunfähigkeit nach Hauptdiagnoseklassen und

2. zur Person und letzten Beschäftigung des Betroffenen, die zur statistischen Auswertung erforderlich sind.

[2] Soweit entsprechende Daten nicht vorliegen, können bei anderen als den in Satz 1 genannten Stellen, insbesondere solchen, die mit der ärztlichen Begutachtung beauftragt wurden, Angaben zu Gründen einer Versetzung in den Ruhestand erhoben werden.

§ 63[6] **Gleichstellungen.** Für die Anwendung dieses Abschnitts gelten

1. ein Unterhaltsbeitrag nach § 15 als Ruhegehalt,

2. ein Unterhaltsbeitrag nach § 38 als Ruhegehalt, außer für die Anwendung des § 59,

3. ein Unterhaltsbeitrag nach § 26 als Witwen- oder Waisengeld,

[1] **Sartorius ErgBd. Nr. 410.**
[2] § 62a neu gef. mWv 11.1.2017 durch G v. 5.1.2017 (BGBl. I S. 17); Abs. 2 Satz 1 geänd. mWv 1.1.2020 durch G v. 9.12.2019 (BGBl. I S. 2053).
[3] **Bundesbeamtengesetze Nr. 90.**
[4] Nr. 245.
[5] Nr. 160.
[6] Überschrift neu gef., einl. Satzteil geänd. mWv 1.1.2020 durch G v. 9.12.2019 (BGBl. I S. 2053).

4. ein Unterhaltsbeitrag nach den §§ 41 und 61 Absatz 1 Satz 3 als Witwen- oder Waisengeld, außer für die Anwendung des § 61 Absatz 1 Satz 1 Nummer 4 und Satz 2,

5. ein Unterhaltsbeitrag nach § 22 Absatz 1 und § 40 als Witwengeld,

6. ein Unterhaltsbeitrag nach § 22 Absatz 2 oder 3 als Witwengeld, außer für die Anwendung des § 57,

7. ein Unterhaltsbeitrag nach § 23 Absatz 2 als Waisengeld,

7a. ein Unterhaltsbeitrag nach § 38a als Waisengeld,

8. ein Unterhaltsbeitrag nach § 43 des Bundesbeamtengesetzes[1]), den §§ 59 und 61 Absatz 1 Satz 4 und § 68 als Ruhegehalt, Witwen- oder Waisengeld,

9. die Bezüge der nach § 32 des Deutschen Richtergesetzes[2]) oder einer entsprechenden gesetzlichen Vorschrift nicht im Amt befindlichen Richter und Mitglieder einer obersten Rechnungsprüfungsbehörde als Ruhegehalt,

10. die Bezüge, die nach oder entsprechend § 4 Absatz 1 Satz 1 des Bundesbesoldungsgesetzes[3]) gewährt werden, als Ruhegehalt;

die Empfänger dieser Versorgungsbezüge gelten als Ruhestandsbeamte, Witwen oder Waisen.

Abschnitt 8.[4]) Sondervorschriften

§ 64 Entzug von Hinterbliebenenversorgung. (1) [1]Die oberste Dienstbehörde kann Empfängern von Hinterbliebenenversorgung die Versorgungsbezüge auf Zeit teilweise oder ganz entziehen, wenn sie sich gegen die freiheitliche demokratische Grundordnung im Sinne des Grundgesetzes[5]) betätigt haben; § 41 gilt sinngemäß. [2]Die diese Maßnahme rechtfertigenden Tatsachen sind in einem Untersuchungsverfahren festzustellen, in dem die eidliche Vernehmung von Zeugen und Sachverständigen zulässig und der Versorgungsberechtigte zu hören ist.

(2) § 61 Absatz 1 Satz 1 Nummer 4 und Satz 2 bleibt unberührt.

§ 65 Nichtberücksichtigung der Versorgungsbezüge. [1]Werden Versorgungsberechtigte im öffentlichen Dienst (§ 53 Absatz 8) verwendet, so sind ihre Bezüge aus dieser Beschäftigung ohne Rücksicht auf die Versorgungsbezüge zu bemessen. [2]Das Gleiche gilt für eine auf Grund der Beschäftigung zu gewährende Versorgung.

Abschnitt 9.[6]) Versorgung besonderer Beamtengruppen

§ 66[7]) Beamte auf Zeit. (1) Für die Versorgung der Beamten auf Zeit und ihrer Hinterbliebenen gelten die Vorschriften für die Versorgung der Beamten

[1]) Nr. **160.**
[2]) **Schönfelder** ErgBd. **Nr. 97.**
[3]) Nr. **230.**
[4]) 8. Abschnitt Überschrift geänd. mWv 1.1.2020 durch G v. 9.12.2019 (BGBl. I S. 2053).
[5]) Nr. **1.**
[6]) 9. Abschnitt Überschrift geänd. mWv 1.1.2020 durch G v. 9.12.2019 (BGBl. I S. 2053).
[7]) § 66 Abs. 2 Satz 1 geänd. mWv 1.1.2020 durch G v. 9.12.2019 (BGBl. I S. 2053).

auf Lebenszeit und ihrer Hinterbliebenen entsprechend, soweit in diesem Gesetz nichts anderes bestimmt ist.

(2) [1] Für Beamte auf Zeit, die eine ruhegehaltfähige Dienstzeit von zehn Jahren zurückgelegt haben, beträgt das Ruhegehalt, wenn es für sie günstiger ist, nach einer Amtszeit von acht Jahren als Beamter auf Zeit 33,48345 Prozent der ruhegehaltfähigen Dienstbezüge und steigt mit jedem weiteren vollen Amtsjahr als Beamter auf Zeit um 1,91333 Prozent der ruhegehaltfähigen Dienstbezüge bis zum Höchstruhegehaltssatz von 71,75 Prozent. [2] Als Amtszeit rechnet hierbei auch die Zeit bis zur Dauer von fünf Jahren, die ein Beamter auf Zeit im einstweiligen Ruhestand zurückgelegt hat. [3] § 14 Absatz 3 findet Anwendung. [4] Die Sätze 1 bis 3 finden auf zu Beamten auf Zeit ernannte Militärgeistliche keine Anwendung.

(3) Ein Übergangsgeld nach § 47 wird nicht gewährt, wenn der Beamte auf Zeit einer gesetzlichen Verpflichtung, sein Amt nach Ablauf der Amtszeit unter erneuter Berufung in das Beamtenverhältnis weiterzuführen, nicht nachkommt.

(4) [1] Führt der Beamte auf Zeit nach Ablauf seiner Amtszeit sein bisheriges Amt unter erneuter Berufung als Beamter auf Zeit für die folgende Amtszeit weiter, gilt für die Anwendung dieses Gesetzes das Beamtenverhältnis als nicht unterbrochen. [2] Satz 1 gilt entsprechend für Beamte auf Zeit, die aus ihrem bisherigen Amt ohne Unterbrechung in ein vergleichbares oder höherwertiges Amt unter erneuter Berufung als Beamter auf Zeit gewählt werden.

(5) Wird ein Beamter auf Zeit wegen Dienstunfähigkeit entlassen, gelten die §§ 15 und 26 entsprechend.

§ 67 Professoren an Hochschulen, Hochschuldozenten, Oberassistenten, Oberingenieure, Wissenschaftliche und Künstlerische Assistenten mit Bezügen nach § 77 Absatz 2 des Bundesbesoldungsgesetzes sowie Professoren und hauptberufliche Leiter und Mitglieder von Leitungsgremien an Hochschulen mit Bezügen nach der Bundesbesoldungsordnung W.

(1) [1] Für die Versorgung der zu Beamten ernannten Professoren an Hochschulen, Hochschuldozenten, Oberassistenten, Oberingenieure, Wissenschaftlichen und Künstlerischen Assistenten mit Bezügen nach § 77 Absatz 2 des Bundesbesoldungsgesetzes[1]) und ihrer Hinterbliebenen gelten die Vorschriften dieses Gesetzes, soweit nachfolgend nichts anderes bestimmt ist. [2] Satz 1 gilt auch für die Versorgung der zu Beamten ernannten Professoren und der hauptberuflichen Leiter und Mitglieder von Leitungsgremien an Hochschulen mit Bezügen nach der Bundesbesoldungsordnung W und ihre Hinterbliebenen.

(2) [1] Ruhegehaltfähig ist auch die Zeit, in der die Professoren, Hochschuldozenten, Oberassistenten, Oberingenieure, Wissenschaftlichen und Künstlerischen Assistenten nach der Habilitation dem Lehrkörper einer Hochschule angehört haben. [2] Als ruhegehaltfähig gilt auch die zur Vorbereitung für die Promotion benötigte Zeit bis zu zwei Jahren. [3] Die in einer Habilitationsordnung vorgeschriebene Mindestzeit für die Erbringung der Habilitationsleistungen oder sonstiger gleichwertiger wissenschaftlicher Leistungen kann als ruhegehaltfähige Dienstzeit berücksichtigt werden; soweit die Habilitationsordnung eine Mindestdauer nicht vorschreibt, sind bis zu drei Jahre berücksichtigungs-

[1]) Nr. 230.

fähig. [4]Die nach erfolgreichem Abschluss eines Hochschulstudiums vor der Ernennung zum Professor, Hochschuldozenten, Oberassistenten, Oberingenieur, Wissenschaftlichen und Künstlerischen Assistenten liegende Zeit einer hauptberuflichen Tätigkeit, in der besondere Fachkenntnisse erworben wurden, die für die Wahrnehmung des Amtes förderlich sind, soll im Falle des § 44 Absatz 1 Nummer 4 Buchstabe c des Hochschulrahmengesetzes[1]) als ruhegehaltfähig berücksichtigt werden; im Übrigen kann sie bis zu fünf Jahren in vollem Umfang, darüber hinaus bis zur Hälfte als ruhegehaltfähig berücksichtigt werden. [5]Zeiten nach Satz 4 können in der Regel insgesamt nicht über zehn Jahre hinaus als ruhegehaltfähig berücksichtigt werden. [6]Zeiten mit einer geringeren als der regelmäßigen Arbeitszeit dürfen nur bis zu dem Teil als ruhegehaltfähig berücksichtigt werden, der dem Verhältnis der tatsächlichen zur regelmäßigen Arbeitszeit entspricht.

(3) [1]Über die Ruhegehaltfähigkeit von Zeiten nach Absatz 2 sowie auf Grund der §§ 10 bis 12 soll in der Regel bei der Berufung in das Beamtenverhältnis entschieden werden. [2]Diese Entscheidungen stehen unter dem Vorbehalt eines Gleichbleibens der Rechtslage, die ihnen zugrunde liegt.

(4) Für Hochschuldozenten, Oberassistenten, Oberingenieure, Wissenschaftliche und Künstlerische Assistenten beträgt das Übergangsgeld abweichend von § 47 Absatz 1 Satz 1 für ein Jahr Dienstzeit das Einfache, insgesamt höchstens das Sechsfache der Dienstbezüge (§ 1 Absatz 2 Nummer 1 bis 4 des Bundesbesoldungsgesetzes) des letzten Monats.

§ 68[2]) Ehrenbeamte. [1]Erleidet der Ehrenbeamte einen Dienstunfall (§ 31), so hat er Anspruch auf ein Heilverfahren (§ 33). [2]Außerdem kann ihm Ersatz von Sachschäden (§ 32) und von der obersten Dienstbehörde oder der von ihr bestimmten Stelle im Einvernehmen mit dem Bundesministerium des Innern, für Bau und Heimat ein nach billigem Ermessen festzusetzender Unterhaltsbeitrag bewilligt werden. [3]Das Gleiche gilt für seine Hinterbliebenen.

Abschnitt 10.[3]) Übergangsvorschriften

§ 69[4]) Anwendung bisherigen und neuen Rechts für am 1. Januar 1977 vorhandene Versorgungsempfänger. (1) Die Rechtsverhältnisse der am 1. Januar 1992 vorhandenen Ruhestandsbeamten, entpflichteten Hochschullehrer, Witwen, Waisen und sonstigen Versorgungsempfänger regeln sich, sofern der Versorgungsfall oder die Entpflichtung vor dem 1. Januar 1977 eingetreten oder wirksam geworden ist, nach dem bis zum 31. Dezember 1976 geltenden Recht mit folgenden Maßgaben:

1. Die Witwenabfindung richtet sich nach diesem Gesetz.

2. [1]Die §§ 3, 9, 22 Absatz 1 Satz 2 und 3, die §§ 33, 34, 42 Satz 2, die §§ 49 bis 50a, 51, 52, 55 Absatz 1 Satz 7 und Absatz 2 bis 8, die §§ 55 bis 65, 69e Absatz 3, 4 und 7 sowie § 70 dieses Gesetzes sind anzuwenden. [2]§ 6 Absatz 1 Satz 5, § 10 Absatz 2, § 14a Absatz 1, 3 und 4, § 55 Absatz 1 Satz 1 und 2

[1]) Nr. **500**.
[2]) § 68 Satz 2 geänd. mWv 11.1.2017 durch G v. 5.1.2017 (BGBl. I S. 17); Satz 2 geänd. mWv 1.1. 2020 durch G v. 9.12.2019 (BGBl. I S. 2053).
[3]) 10. Abschnitt Überschrift neu gef. mWv 1.1.2020 durch G v. 9.12.2019 (BGBl. I S. 2053).
[4]) § 69 Abs. 4 Satz 2 geänd. mWv 1.1.2020 durch G v. 9.12.2019 (BGBl. I S. 2053).

und § 56 sind in der bis zum 31. Dezember 1991 geltenden Fassung anzuwenden. [3] § 14a Absatz 2 Satz 1 bis 3, § 53 Absatz 1, 2 Nummer 1 bis 3 erste Höchstgrenzenalternative, Absatz 3 bis 10 sowie § 54 sind in der am 1. Januar 2002 geltenden Fassung anzuwenden; § 53 Absatz 2 Nummer 3 zweite Höchstgrenzenalternative dieses Gesetzes ist mit der Maßgabe anzuwenden, dass an die Stelle der Zahl „71,75" die Zahl „75" tritt. [4] In den Fällen der §§ 140 und 141a des Bundesbeamtengesetzes[1]) in der Fassung vom 28. Juli 1972 (BGBl. I S. 1288) oder des entsprechenden Landesrechts richten sich die ruhegehaltfähigen Dienstbezüge und der Ruhegehaltssatz nach den §§ 36 und 37 in der bis zum 31. Dezember 1991 geltenden Fassung; § 69e Absatz 3 und 4 ist in diesen Fällen nicht anzuwenden. [5] Satz 4 Halbsatz 2 gilt entsprechend für die Bezüge der entpflichteten Hochschullehrer sowie für die von den §§ 181a und 181b des Bundesbeamtengesetzes in der Fassung vom 28. Juli 1972 (BGBl. I S. 1288) oder entsprechenden landesrechtlichen Vorschriften erfassten Versorgungsempfänger. [6] Ist in den Fällen des § 54 dieses Gesetzes die Ruhensregelung nach dem bis zum 31. Dezember 1976 geltenden Recht für den Versorgungsempfänger günstiger, verbleibt es dabei, solange eine weitere Versorgung besteht. [7] Solange ein über den 1. Januar 1999 hinaus bestehendes Beschäftigungsverhältnis andauert, finden, wenn dies für den Versorgungsempfänger günstiger ist, die §§ 53 und 53a in der bis zum 31. Dezember 1998 geltenden Fassung, längstens für weitere sieben Jahre vom 1. Januar 1999 an, mit folgenden Maßgaben Anwendung:

a) Ist in den Fällen des § 53 die Ruhensregelung nach dem bis zum 31. Dezember 1976 geltenden Recht für den Versorgungsempfänger günstiger, verbleibt es dabei, solange ein über den 31. Dezember 1976 hinaus bestehendes Beschäftigungsverhältnis andauert.

b) Ist in den Fällen des § 53 die Ruhensregelung nach dem bis zum 31. Dezember 1991 geltenden Recht günstiger, verbleibt es dabei, solange ein über den 31. Dezember 1991 hinaus bestehendes Beschäftigungsverhältnis andauert.

c) Bei der Anwendung des § 53a Absatz 1 Satz 1 treten an die Stelle der dort genannten Vorschriften die entsprechenden Vorschriften des bis zum 31. Dezember 1976 geltenden Rechts.

d) § 53a gilt nicht, solange eine am 31. Dezember 1991 über diesen Zeitpunkt hinaus bestehende Beschäftigung oder Tätigkeit eines Ruhestandsbeamten andauert.

3. Die Mindestversorgungsbezüge (§ 14 Absatz 4 Satz 2 und 3) und die Mindestunfallversorgungsbezüge bestimmen sich nach diesem Gesetz.

4. [1] Als Ruhegehalt im Sinne der §§ 53 bis 58, 62 und 65 gelten auch die Bezüge der entpflichteten beamteten Hochschullehrer; die Empfänger dieser Bezüge gelten als Ruhestandsbeamte. [2] Die Bezüge der entpflichteten beamteten Hochschullehrer gelten unter Hinzurechnung des Entpflichteten zustehenden, mindestens des zuletzt zugesicherten Vorlesungsgeldes (Kolleggeldpauschale) als Höchstgrenze im Sinne des § 53 Absatz 2 Nummer 1 und 3 dieses Gesetzes und als ruhegehaltfähige Dienstbezüge im Sinne des § 53a Absatz 2 in der bis zum 31. Dezember 1998 geltenden Fassung. [3] § 65

[1]) Nr. **160**.

gilt nicht für entpflichtete Hochschullehrer, die die Aufgaben der von ihnen bis zur Entpflichtung innegehabten Stelle vertretungsweise wahrnehmen.

5. [1] Die Rechtsverhältnisse der Hinterbliebenen eines Ruhestandsbeamten, der nach dem 31. Dezember 1976 und vor dem 1. Januar 1992 verstorben ist, richten sich nach diesem Gesetz in der bis zum 31. Dezember 1991 geltenden Fassung, jedoch unter Zugrundelegung des bisherigen Ruhegehalts; § 22 Absatz 1 Satz 2 und § 55 Absatz 4 finden in der ab 1. Januar 1992 geltenden Fassung dieses Gesetzes Anwendung. [2] § 53 findet Anwendung. [3] § 53 findet, wenn dies für den Versorgungsempfänger günstiger ist, in der bis zum 31. Dezember 1998 geltenden Fassung, längstens für weitere sieben Jahre vom 1. Januar 1999 an, Anwendung, solange ein über den 1. Januar 1999 hinaus bestehendes Beschäftigungsverhältnis andauert. [4] § 53 findet, wenn dies für den Versorgungsempfänger günstiger ist, in der bis zum 31. Dezember 1991 geltenden Fassung Anwendung, solange ein über den 31. Dezember 1991 hinaus bestehendes Beschäftigungsverhältnis, längstens für weitere sieben Jahre vom 1. Januar 1999 an, andauert. [5] § 26 dieses Gesetzes ist auch auf Hinterbliebene eines früheren Beamten auf Lebenszeit oder auf Widerruf anwendbar, dem nach dem bis zum 31. Dezember 1976 geltenden Recht ein Unterhaltsbeitrag bewilligt war oder hätte bewilligt werden können. [6] Für die Hinterbliebenen eines entpflichteten Hochschullehrers, der nach dem 31. Dezember 1976 und vor dem 1. Januar 1992 verstorben ist, gilt § 91 Absatz 2 Nummer 3 in der bis zum 31. Dezember 1991 geltenden Fassung entsprechend.

6. [1] Die Rechtsverhältnisse der Hinterbliebenen eines Ruhestandsbeamten, der nach dem 31. Dezember 1991 verstorben ist, regeln sich nach diesem Gesetz, jedoch unter Zugrundelegung des bisherigen Ruhegehalts; § 56 findet in der bis zum 31. Dezember 1991 geltenden Fassung Anwendung. [2] Für die Hinterbliebenen eines entpflichteten Hochschullehrers, der nach dem 31. Dezember 1991 verstorben ist, gilt § 91 Absatz 2 Nummer 3 entsprechend.

(2) [1] Für die am 1. Januar 1977 vorhandenen früheren Beamten, früheren Ruhestandsbeamten und ihre Hinterbliebenen gelten die §§ 38, 41 und 61 Absatz 1 Satz 3; § 82 findet in der bis zum 31. Dezember 1991 geltenden Fassung Anwendung. [2] Für eine sich danach ergebende Versorgung gelten die Vorschriften des Absatzes 1, wobei § 38 Absatz 4 Satz 3 und § 38 Absatz 5 anzuwenden sind.

(3) [1] Haben nach bisherigem Recht Versorgungsbezüge nicht zugestanden, werden Zahlungen nur auf Antrag gewährt, und zwar vom Ersten des Monats, in dem der Antrag gestellt worden ist. [2] Anträge, die bis zum 31. Dezember 1977 gestellt werden, gelten als am 1. Januar 1977 gestellt.

(4) [1] Absatz 1 Nummer 2 Satz 3 ist mit dem Inkrafttreten der achten auf den 31. Dezember 2002 folgenden Anpassung nach § 70 nicht mehr anzuwenden. [2] Ab dem genannten Zeitpunkt sind § 14a Absatz 1 Satz 1 Nummer 3 und Absatz 2 Satz 1 bis 3 sowie die §§ 53 und 54 dieses Gesetzes anzuwenden; bei der Anwendung von § 56 Absatz 1 Satz 1 in der bis zum 31. Dezember 1991 geltenden Fassung gilt § 69e Absatz 4 für die Verminderung der Prozentsätze entsprechend.

§ 69a[1] **Anwendung bisherigen und neuen Rechts für am 1. Januar 1992 vorhandene Versorgungsempfänger.** Die Rechtsverhältnisse der am 1. Januar 1992 vorhandenen Ruhestandsbeamten, entpflichteten Hochschullehrer, Witwen, Waisen und sonstigen Versorgungsempfänger regeln sich, sofern der Versorgungsfall oder die Entpflichtung nach dem 31. Dezember 1976 eingetreten oder wirksam geworden ist, nach dem bis zum 31. Dezember 1991 geltenden Recht mit folgenden Maßgaben:

1. [1]§ 22 Absatz 1 Satz 2 und 3, § 42 Satz 2, die §§ 49, 50, 50a, 52, 55 Absatz 1 Satz 7 und Absatz 2 bis 8 sowie die §§ 57, 58, 61, 62 und 69e Absatz 3, 4, 6 und 7 dieses Gesetzes sind anzuwenden. [2]§ 14a Absatz 2 Satz 1 bis 3, § 53 Absatz 1, 2 Nummer 1 bis 3 erste Höchstgrenzenalternative, Absatz 3 bis 10 sowie § 54 sind in der am 1. Januar 2002 geltenden Fassung anzuwenden. [3]§ 53 Absatz 2 Nummer 3 zweite Höchstgrenzenalternative dieses Gesetzes ist mit der Maßgabe anzuwenden, dass an die Stelle der Zahl „71,75" die Zahl „75" tritt. [4]Auf die von § 82 in der bis zum 31. Dezember 1991 geltenden Fassung erfassten Versorgungsfälle ist § 69e Absatz 3 und 4 nicht anzuwenden.

2. Solange ein über den 1. Januar 1999 hinaus bestehendes Beschäftigungsverhältnis andauert, finden, wenn dies für den Versorgungsempfänger günstiger ist, die §§ 53 und 53a in der bis zum 31. Dezember 1998 geltenden Fassung, längstens für weitere sieben Jahre vom 1. Januar 1999 an, mit folgenden Maßgaben Anwendung:

 a) Ist in den Fällen des § 53 die Ruhensregelung nach dem bis zum 31. Dezember 1991 geltenden Recht günstiger, verbleibt es dabei, solange ein über den 31. Dezember 1991 hinaus bestehendes Beschäftigungsverhältnis andauert.

 b) Bei der Anwendung des § 53a Absatz 1 Satz 1 treten an die Stelle der dort genannten Vorschriften die entsprechenden Vorschriften des bis zum 31. Dezember 1991 geltenden Rechts.

 c) § 53a gilt nicht, solange eine am 31. Dezember 1991 über diesen Zeitpunkt hinaus bestehende Beschäftigung oder Tätigkeit eines Ruhestandsbeamten andauert.

3. [1]Die Rechtsverhältnisse der Hinterbliebenen eines Ruhestandsbeamten, der nach dem 31. Dezember 1991 verstorben ist, regeln sich nach den ab dem 1. Januar 1992 geltenden Vorschriften, jedoch unter Zugrundelegung des bisherigen Ruhegehalts. [2]§ 56 findet in der bis zum 31. Dezember 1991 geltenden Fassung Anwendung. [3]Für die Hinterbliebenen eines entpflichteten Hochschullehrers, der nach dem 31. Dezember 1991 verstorben ist, gilt § 91 Absatz 2 Nummer 3 entsprechend.

4. § 69 Absatz 1 Nummer 3 gilt entsprechend.

5. [1]Nummer 1 Satz 2 und 3 ist mit dem Inkrafttreten der achten auf den 31. Dezember 2002 folgenden Anpassung nach § 70 nicht mehr anzuwenden. [2]Ab dem genannten Zeitpunkt sind § 14a Absatz 1 Satz 1 Nummer 3 und Absatz 2 Satz 1 bis 3 sowie die §§ 53 und 54 dieses Gesetzes anzuwenden. [3]Bei der Anwendung von § 56 Absatz 1 Satz 1 in der bis zum

[1] § 69a Nr. 1 Satz 1 geänd. mWv 22.3.2012 durch G v. 15.3.2012 (BGBl. I S. 462); Nr. 5 Satz 3 geänd. mWv 1.1.2020 durch G v. 9.12.2019 (BGBl. I S. 2053).

31. Dezember 1991 geltenden Fassung gilt § 69e Absatz 4 für die Verringerung der Prozentsätze entsprechend.

§ 69b[1]**) Übergangsregelungen für vor dem 1. Juli 1997 eingetretene Versorgungsfälle.** [1] Für Versorgungsfälle, die vor dem 1. Juli 1997 eingetreten sind, finden § 5 Absatz 2, § 12 Absatz 1 Satz 1, § 13 Absatz 1 Satz 1, § 36 Absatz 2 und § 66 Absatz 7 in der bis zum 30. Juni 1997 geltenden Fassung Anwendung. [2] Satz 1 gilt entsprechend für künftige Hinterbliebene eines vor dem 1. Juli 1997 vorhandenen Versorgungsempfängers. [3] Versorgungsempfänger, die am 28. Februar 1997 einen Erhöhungsbetrag nach § 14 Absatz 2 in der an diesem Tag geltenden Fassung bezogen haben, erhalten diesen weiter mit der Maßgabe, dass sich dieser Erhöhungsbetrag bei der nächsten allgemeinen Erhöhung der Versorgungsbezüge um die Hälfte verringert; die Verringerung darf jedoch die Hälfte der allgemeinen Erhöhung nicht übersteigen. [4] Bei einer weiteren allgemeinen Erhöhung der Versorgungsbezüge entfällt der verbleibende Erhöhungsbetrag. [5] Versorgungsempfänger, die am 30. Juni 1997 einen Anpassungszuschlag gemäß § 71 in der an diesem Tag geltenden Fassung bezogen haben, erhalten diesen in Höhe des zu diesem Zeitpunkt zustehenden Betrages weiter. [6] Künftige Hinterbliebene der in den Sätzen 3 und 5 genannten Versorgungsempfänger erhalten die jeweiligen Beträge entsprechend anteilig.

§ 69c[2]**) Übergangsregelungen für vor dem 1. Januar 1999 eingetretene Versorgungsfälle und für am 1. Januar 1999 vorhandene Beamte.**

(1) [1] Für Versorgungsfälle, die vor dem 1. Januar 1999 eingetreten sind, finden § 4 Absatz 1 Satz 1 Nummer 3, § 5 Absatz 3 bis 5, die §§ 7, 14 Absatz 6 sowie die §§ 43 und 66 Absatz 6 in der bis zum 31. Dezember 1998 geltenden Fassung Anwendung. [2] Satz 1 gilt entsprechend für künftige Hinterbliebene eines vor dem 1. Januar 1999 vorhandenen Versorgungsempfängers.

(2) Für Beamte, die vor dem 1. Januar 2001 befördert worden sind oder denen ein anderes Amt mit höherem Endgrundgehalt verliehen worden ist, findet § 5 Absatz 3 bis 5 in der bis zum 31. Dezember 1998 geltenden Fassung Anwendung.

(3) Für Beamte, denen erstmals vor dem 1. Januar 1999 ein Amt im Sinne des § 36 des Bundesbeamtengesetzes[3]) in der bis zum 31. Dezember 1998 geltenden Fassung oder des entsprechenden Landesrechts übertragen worden war, finden § 4 Absatz 1 Satz 1 Nummer 3, die §§ 7 und 14 Absatz 6 in der bis zum 31. Dezember 1998 geltenden Fassung Anwendung.

(4) [1] Die §§ 53 und 53a in der bis zum 31. Dezember 1998 geltenden Fassung finden, wenn dies für den Versorgungsempfänger günstiger ist, längstens für weitere sieben Jahre vom 1. Januar 1999 an, Anwendung, solange eine am 31. Dezember 1998 über diesen Zeitpunkt hinaus ausgeübte Beschäftigung oder Tätigkeit des Versorgungsempfängers andauert. [2] Im Falle des Satzes 1 sind ebenfalls anzuwenden § 2 Absatz 5 Satz 4, Absatz 7 und 8 des Gesetzes zur Übernahme der Beamten und Arbeitnehmer der Bundesanstalt für Flugsicherung vom 23. Juli 1992 (BGBl. I S. 1370, 1376) in der bis zum 31. Dezember

[1]) § 69b Überschr. geänd., Abs. 1 aufgeh., bish. Abs. 2 wird alleiniger Wortlaut mWv 25.3.2010 *durch G v. 15.3.2012 (BGBl. I S. 462).*
[2]) § 69c Abs. 5 aufgeh. mWv 1.7.2020 durch G v. 9.12.2019 (BGBl. I S. 2053).
[3]) Nr. **160.**

1998 geltenden Fassung sowie § 2 Absatz 3 des Bundeswehrbeamtenanpassungsgesetzes vom 20. Dezember 1991 (BGBl. I S. 2378) in der bis zum 31. Dezember 1997 geltenden Fassung und § 2 Absatz 3 des Gesetzes zur Verbesserung der personellen Struktur in der Bundeszollverwaltung vom 11. Dezember 1990 (BGBl. I S. 2682, 2690) in der bis zum 31. Dezember 1995 geltenden Fassung.

§ 69d[1] Übergangsregelungen für vor dem 1. Januar 2001 eingetretene Versorgungsfälle und für am 1. Januar 2001 vorhandene Beamte und Versorgungsempfänger. (1) [1]Auf Versorgungsfälle, die vor dem 1. Januar 2001 eingetreten sind, sind § 13 Absatz 1 Satz 1, § 14 Absatz 3 und § 36 Absatz 2 in der bis zum 31. Dezember 2000 geltenden Fassung anzuwenden; § 85a ist in der bis zum 31. Dezember 2000 geltenden Fassung anzuwenden, wenn dies für den Versorgungsempfänger günstiger ist. [2]Satz 1 gilt entsprechend für künftige Hinterbliebene eines vor dem 1. Januar 2001 vorhandenen Versorgungsempfängers.

(2) [1]Für am 1. Januar 2001 vorhandene Wahlbeamte auf Zeit im Ruhestand, deren Beschäftigungsverhältnis über den 1. Januar 2001 hinaus andauert, gilt § 53a in der bis zum 31. Dezember 2000 geltenden Fassung längstens bis zum 31. Dezember 2007, wenn dies für den Versorgungsempfänger günstiger ist als die Anwendung des § 53 Absatz 10. [2]Für am 1. Januar 1992 vorhandene Wahlbeamte auf Zeit im Ruhestand bleibt § 69a unberührt.

(3) Für am 1. Januar 2001 vorhandene Beamte, die bis zum 31. Dezember 2003 wegen Dienstunfähigkeit in den Ruhestand versetzt werden, gilt Folgendes:

1. § 14 Absatz 3 ist mit folgenden Maßgaben anzuwenden:

Zeitpunkt der Versetzung in den Ruhestand	Minderung des Ruhegehalts für jedes Jahr des vorgezogenen Ruhestandes (Prozent)	Höchstsatz der Gesamtminderung des Ruhegehalts (Prozent)
vor dem 1.1.2002	1,8	3,6
vor dem 1.1.2003	2,4	7,2
vor dem 1.1.2004	3,0	10,8

2. § 13 Absatz 1 Satz 1 ist mit folgenden Maßgaben anzuwenden:

Zeitpunkt der Versetzung in den Ruhestand	Umfang der Berücksichtigung als Zurechnungszeit in Zwölfteln
vor dem 1.1.2002	5
vor dem 1.1.2003	6
vor dem 1.1.2004	7

(4) Für am 1. Januar 2001 vorhandene Beamte, die vor dem 1. Januar 1942 geboren sind, wegen Dienstunfähigkeit in den Ruhestand versetzt werden und zu diesem Zeitpunkt mindestens 40 Jahre ruhegehaltfähige Dienstzeit nach § 6, § 8 oder § 9 zurückgelegt haben, gilt Absatz 1 entsprechend.

[1] § 69d Abs. 3 Nr. 1 geänd. mWv 1.1.2020 durch G v. 9.12.2019 (BGBl. I S. 2053).

(5) Auf am 1. Januar 2001 vorhandene Beamte, die bis zum 16. November 1950 geboren und am 16. November 2000 schwerbehindert im Sinne des § 2 Absatz 2 des Neunten Buches Sozialgesetzbuch sind sowie nach § 52 Absatz 1 und 2 des Bundesbeamtengesetzes[1)] in den Ruhestand versetzt werden, ist § 14 Absatz 3 nicht anzuwenden.

§ 69e[2)] **Übergangsregelungen aus Anlass des Versorgungsänderungsgesetzes 2001 sowie des Dienstrechtsneuordnungsgesetzes.** (1) Die Rechtsverhältnisse der am 1. Januar 2002 vorhandenen Ruhestandsbeamten, entpflichteten Hochschullehrer, Witwen, Waisen und sonstigen Versorgungsempfänger regeln sich nach dem bis zum 31. Dezember 2001 geltenden Recht mit folgenden Maßgaben:

1. Die Absätze 3, 4, 6 und 7, § 22 Absatz 1 Satz 3, § 42 Satz 2, die §§ 49 bis 50a, 50b, 50d bis 50f, 52, 54 Absatz 1 Satz 2, § 55 Absatz 1 Satz 3 bis 7 sowie die §§ 57, 58, 61, 62 und 85 Absatz 11 dieses Gesetzes sind anzuwenden. Artikel 11 des Gesetzes zur Änderung des Beamtenversorgungsgesetzes, des Soldatenversorgungsgesetzes sowie sonstiger versorgungsrechtlicher Vorschriften vom 20. September 1994 (BGBl. I S. 2442) bleibt unberührt.

2. § 14a Absatz 1 Satz 1 Nummer 3 und Absatz 2 Satz 1 bis 3, § 53 Absatz 1, 2 Nummer 1 bis 3 erste Höchstgrenzenalternative, Absatz 3, 4, 5 Satz 1 und Absatz 6 bis 10 sowie § 54 Absatz 2 bis 5 sind in der am 1. Januar 2002 geltenden Fassung anzuwenden. § 50e Absatz 1 dieses Gesetzes ist mit der Maßgabe anzuwenden, dass an die Stelle der Zahl „66,97" die Zahl „70" tritt. § 53 Absatz 2 Nummer 3 zweite Höchstgrenzenalternative dieses Gesetzes ist mit der Maßgabe anzuwenden, dass an die Stelle der Zahl

(Fortsetzung nächstes Blatt)

[1)] Nr. **160**.
[2)] § 69e *Abs. 1 Nr. 1 Satz 1* geänd. mWv 1.1.2010 durch G v. 19.11.2010 (BGBl. I S. 1552); Abs. 1 Nr. 2 Sätze 1 und 5 geänd. mWv 12.2.2009, Abs. 1 Nr. 1 Satz 1 geänd. mWv 22.3.2012 durch G v. 15.3.2012 (BGBl. I S. 462).

„71,75" die Zahl „75" tritt. Die Sätze 1 bis 3 sind mit dem Inkrafttreten der achten auf den 31. Dezember 2002 folgenden Anpassung nach § 70 nicht mehr anzuwenden. Ab dem genannten Zeitpunkt sind § 14a Absatz 1 Satz 1 Nummer 3 und Absatz 2 Satz 1 bis 3 sowie *die*[1] § 53 Absatz 1, 2, 5 Satz 1 und Absatz 6 bis 10 sowie § 54 dieses Gesetzes anzuwenden.

3. Mit dem Inkrafttreten der achten auf den 31. Dezember 2002 folgenden Anpassung nach § 70 ist § 56 Absatz 1 und 6 in der bis zum 31. Dezember 2001 geltenden Fassung mit der Maßgabe anzuwenden, dass an die Stelle der Zahl „1,875" die Zahl „1,79375" sowie an die Stelle der Zahl „2,5" die Zahl „2,39167" tritt. § 69c Absatz 5 bleibt unberührt.

(2) [1] Auf Versorgungsfälle, die nach dem 31. Dezember 2001 eintreten, sind § 14 Absatz 1 und 6, § 14a Absatz 1 Satz 1 Nummer 3 und Absatz 2, § 47a Absatz 1, die §§ 50e und 53 Absatz 2 Nummer 3 erste Höchstgrenzenalternative, § 54 Absatz 2 sowie § 66 Absatz 2 und 8 in der bis zum 31. Dezember 2002 geltenden Fassung anzuwenden. [2] § 50e Absatz 1 dieses Gesetzes ist mit der Maßgabe anzuwenden, dass an die Stelle der Zahl „66,97" jeweils die Zahl „70" tritt. [3] § 53 Absatz 2 Nummer 3 zweite Höchstgrenzenalternative dieses Gesetzes ist mit der Maßgabe anzuwenden, dass an die Stelle der Zahl „71,75" die Zahl „75" tritt. [4] § 56 Absatz 1 und 6 ist mit der Maßgabe anzuwenden, dass an die Stelle der Zahl „1,79375" die Zahl „1,875" sowie an die Stelle der Zahl „2,39167" die Zahl „2,5" tritt. [5] Die Sätze 1 bis 4 sind mit dem Inkrafttreten der achten auf den 31. Dezember 2002 folgenden Anpassung nach § 70 nicht mehr anzuwenden.

(3) [1] Ab der ersten auf den 31. Dezember 2002 folgenden Anpassung nach § 70 werden die der Berechnung der Versorgungsbezüge zugrunde liegenden ruhegehaltfähigen Dienstbezüge bis zur siebten Anpassung nach § 70 durch einen Anpassungsfaktor nach Maßgabe der folgenden Tabelle vermindert:

Anpassung nach dem 31. Dezember 2002	Anpassungsfaktor
1.	0,99458
2.	0,98917
3.	0,98375
4.	0,97833
5.	0,97292
6.	0,96750
7.	0,96208

[2] Dies gilt nicht für das Ruhegehalt, das durch Anwendung des § 14 Absatz 4 Satz 1 und 2 und § 91 Absatz 2 Nummer 1 ermittelt ist. [3] Für Versorgungsbezüge, deren Berechnung ein Ortszuschlag nach dem Bundesbesoldungsgesetz[2] in der bis zum 30. Juni 1997 geltenden Fassung nicht zugrunde liegt, und für Versorgungsbezüge, die in festen Beträgen festgesetzt sind, sowie bei der Anwendung von Ruhensvorschriften (§§ 53 bis 56) gelten die Sätze 1

[1] Wortlaut amtlich.
[2] Nr. **230**.

und 2 entsprechend. [4] Zu den ruhegehaltfähigen Dienstbezügen im Sinne des Satzes 1 gehören auch die Anpassungszuschläge, der Strukturausgleich sowie Erhöhungszuschläge nach den Artikeln 5 und 6 des Siebenten Gesetzes zur Änderung des Bundesbesoldungsgesetzes vom 15. April 1970 (BGBl. I S. 339). [5] Für die von den Erhöhungen 2003/2004 nach § 71 ausgenommenen Versorgungsempfänger beginnt die Verminderung nach Satz 1 am 1. Januar 2005 mit dem dritten Anpassungsfaktor.

(4) [1] In Versorgungsfällen, die vor der achten auf den 31. Dezember 2002 folgenden Anpassung nach § 70 eingetreten sind, wird der den Versorgungsbezügen zugrunde liegende Ruhegehaltssatz mit dem Inkrafttreten und vor dem Vollzug der achten Anpassung nach § 70 mit dem Faktor 0,95667 vervielfältigt; § 14 Absatz 1 Satz 2 und 3 ist anzuwenden. [2] Der nach Satz 1 verminderte Ruhegehaltssatz gilt als neu festgesetzt. [3] Er ist ab dem Tag der achten Anpassung nach § 70 der Berechnung der Versorgungsbezüge zugrunde zu legen. [4] Satz 1 gilt nicht für das Ruhegehalt, das durch Anwendung des § 14 Absatz 4 Satz 1 und 2 und § 91 Absatz 2 Nummer 1 ermittelt ist.

(4a) Für die Verteilung der Versorgungslasten bei Beamten und Richtern, die vor dem 1. Januar 2002 in den Dienst eines anderen Dienstherrn übernommen worden sind, gilt § 107b Absatz 1 in der bis zum 31. Dezember 2001 geltenden Fassung.

(5) [1] § 19 Absatz 1 Satz 2 Nummer 1 ist in der bis zum 31. Dezember 2001 geltenden Fassung anzuwenden, wenn die Ehe vor dem 1. Januar 2002 geschlossen wurde. [2] § 20 Absatz 1 Satz 1 ist in der bis zum 31. Dezember 2001 geltenden Fassung anzuwenden, wenn die Ehe vor dem 1. Januar 2002 geschlossen wurde und mindestens ein Ehegatte vor dem 2. Januar 1962 geboren ist. [3] § 50c ist in diesen Fällen nicht anzuwenden.

(6) [1] In den Fällen des § 36 Absatz 3 gilt unbeschadet des § 85 der § 14 Absatz 1 Satz 1 in der bis zum 31. Dezember 2002 geltenden Fassung. [2] In den Fällen des Satzes 1 sowie des § 37 sind die Absätze 3, 4 und 7 sowie § 85 Absatz 11 nicht anzuwenden.

(7) Die Wirkungen der Minderungen der der Berechnung der Versorgungsbezüge zugrunde liegenden ruhegehaltfähigen Dienstbezüge sind bis zum 31. Dezember 2011 unter Berücksichtigung der allgemeinen Entwicklung der Alterssicherungssysteme und der Situation in den öffentlich-rechtlichen Versorgungssystemen sowie der Entwicklung der allgemeinen wirtschaftlichen und finanziellen Verhältnisse zu prüfen.

§ 69f[1] Übergangsregelungen zur Berücksichtigung von Hochschulausbildungszeiten. (1) Auf Versorgungsfälle, die vor dem 12. Februar 2009 eingetreten sind, ist § 12 Absatz 1 Satz 1 in der bis zum 11. Februar 2009 geltenden Fassung anzuwenden.

(2) Für Versorgungsfälle, die nach dem 11. Februar 2009 und bis zum 31. Dezember 2012 eintreten, ist § 12 Absatz 1 Satz 1 in der bis zum 11. Februar 2009 geltenden Fassung mit der Maßgabe anzuwenden, dass sich die danach höchstens anrechenbare Zeit einer Hochschulausbildung für jeden nach diesem Tag beginnenden Kalendermonat bis einschließlich des Kalendermonats, in dem der Versorgungsfall eintritt, um jeweils fünf Tage vermindert.

[1] Siehe hierzu auch die Durchführungshinweise des BMI **(Bundesbeamtengesetze Nr. 80.5)**.

§ 69g[1)2)] **Versorgungsüberleitungsregelungen aus Anlass des Dienstrechtsneuordnungsgesetzes.** (1) Für Versorgungsfälle, die vor dem 1. Juli 2009 eingetreten sind, gilt Folgendes:

1. § 5 Absatz 1 dieses Gesetzes ist mit folgenden Maßgaben anzuwenden:

 a) § 2 Absatz 1 Satz 1 sowie Absatz 2 Satz 1, 2 und 4 des Besoldungsüberleitungsgesetzes[3)] gilt entsprechend. Die Zuordnung im Sinne des § 2 Absatz 3 des Besoldungsüberleitungsgesetzes erfolgt innerhalb der Besoldungsgruppe, aus der sich das Ruhegehalt berechnet, zu dem Betrag der Stufe, der dem Betrag nach § 2 Absatz 2 Satz 1, 2 und 4 des Besoldungsüberleitungsgesetzes entspricht oder unmittelbar darunter liegt. Liegt der zugeordnete Betrag nach Satz 2 unter dem Betrag nach § 2 Absatz 2 Satz 1, 2 und 4 des Besoldungsüberleitungsgesetzes, wird in Höhe der Differenz ein Überleitungsbetrag als ruhegehaltfähiger Dienstbezug gewährt. Der Überleitungsbetrag ist bei allgemeinen Erhöhungen oder Verminderungen der Versorgungsbezüge nach § 70 entsprechend anzupassen. Der Überleitungsbetrag gehört zu den der Bemessung nach § 2 der Zweiten Besoldungs-Übergangsverordnung zugrunde zu legenden Dienstbezügen. Auf die ruhegehaltfähigen Dienstbezüge nach Satz 1, die nicht von Satz 2 erfasst werden, ist § 2 Absatz 2 Satz 2 des Besoldungsüberleitungsgesetzes entsprechend anzuwenden.

 b) Für Versorgungsbezüge, deren Berechnung ruhegehaltfähige Dienstbezüge nach der Bundesbesoldungsordnung B zugrunde liegen, gelten die Beträge nach § 20 Absatz 2 des Bundesbesoldungsgesetzes.

 c) Für die nicht von den Buchstaben a und b erfassten ruhegehaltfähigen Dienstbezüge mit Ausnahme des Familienzuschlags der Stufe 1 gilt § 2 Absatz 2 Satz 2 des Besoldungsüberleitungsgesetzes entsprechend. Zu den ruhegehaltfähigen Dienstbezügen nach Satz 1 gehören auch die Anpassungszuschläge, der Strukturausgleich sowie Erhöhungszuschläge nach den Artikeln 5 und 6 des Siebenten Gesetzes zur Änderung des Bundesbesoldungsgesetzes vom 15. April 1970 (BGBl. I S. 339).

2. *(aufgehoben)*

3. Für Versorgungsbezüge, die in festen Beträgen festgesetzt sind, gelten § 2 Absatz 2 Satz 2 des Besoldungsüberleitungsgesetzes sowie der Faktor nach § 5 Absatz 1 Satz 1 entsprechend.

(2) Für Versorgungsfälle, die ab dem 1. Juli 2009 eintreten, gilt Folgendes:

1. § 5 Absatz 1 ist für Beamte, die aus einer zugeordneten Überleitungsstufe nach § 2 Absatz 3 des Besoldungsüberleitungsgesetzes in den Ruhestand treten oder versetzt werden, mit folgenden Maßgaben anzuwenden: Ruhegehaltfähig ist das Grundgehalt der Stufe, die unmittelbar unter der nach § 2 Absatz 3 des Besoldungsüberleitungsgesetzes zugeordneten Überleitungsstufe liegt. In Höhe der Differenz zu dem Betrag der Überleitungsstufe nach Satz 1 wird ein Überleitungsbetrag als ruhegehaltfähiger Dienstbezug gewährt. Absatz 1 Nummer 1 Buchstabe a Satz 4 und 5 ist anzuwenden.

[1)] § 69g Abs. 3 angef. mWv 1.1.2012 durch G v. 20.12.2011 (BGBl. I S. 2842); Abs. 1 Nr. 2 aufgeh., Abs. 2 Nr. 2 und Abs. 3 geänd. mWv 1.1.2020 durch G v. 9.12.2019 (BGBl. I S. 2053).
[2)] Siehe hierzu auch die Durchführungshinweise des BMI **(Bundesbeamtengesetze Nr. 80.4)**.
[3)] **Bundesbeamtengesetze Nr. 52A.**

2. Absatz 1 Nummer 3 gilt entsprechend.

(3) Für Versorgungsfälle, die vor dem 1. Januar 2012 eingetreten sind, werden die Bezüge und Bezügebestandteile nach den Absätzen 1 und 2 mit Ausnahme der Bezüge nach Absatz 1 Nummer 1 Buchstabe b und Nummer 2 sowie nach Absatz 2 Nummer 2 in Verbindung mit Absatz 1 Nummer 2 um 2,44 Prozent erhöht.

§ 69h [1)2)] **Übergangsregelungen zur Anhebung des Ruhestandseintrittsalters.** (1) Für Beamte, die nach dem 11. Februar 2009 nach § 52 Absatz 1 und 2 des Bundesbeamtengesetzes[3)] in den Ruhestand versetzt werden, ist § 14 Absatz 3 mit folgenden Maßgaben anzuwenden:

1. An die Stelle der Vollendung des 65. Lebensjahres tritt, wenn sie vor dem 1. Januar 1952 geboren sind, die Vollendung des 63. Lebensjahres.
2. An die Stelle der Vollendung des 65. Lebensjahres tritt, wenn sie nach dem 31. Dezember 1951 und vor dem 1. Januar 1964 geboren sind, das Erreichen folgenden Lebensalters:

Geburtsdatum bis	Lebensalter	
	Jahr	Monat
31. Januar 1952	63	1
29. Februar 1952	63	2
31. März 1952	63	3
30. April 1952	63	4
31. Mai 1952	63	5
31. Dezember 1952	63	6
31. Dezember 1953	63	7
31. Dezember 1954	63	8
31. Dezember 1955	63	9
31. Dezember 1956	63	10
31. Dezember 1957	63	11
31. Dezember 1958	64	0
31. Dezember 1959	64	2
31. Dezember 1960	64	4
31. Dezember 1961	64	6
31. Dezember 1962	64	8
31. Dezember 1963	64	10

[1)] § 69h Abs. 1 Nr. 3 und Abs. 2 Nr. 3 geänd. mWv 1.1.2010 durch G v. 19.11.2010 (BGBl. I S. 1552).
[2)] Siehe hierzu auch die Durchführungshinweise des BMI **(Bundesbeamtengesetze Nr. 80.5)**.
[3)] Nr. **160**.

3. Für am 12. Februar 2009 vorhandene Beamte, die vor dem 1. Januar 1955 geboren sind, deren Schwerbehinderung im Sinne des § 2 Absatz 2 des Neunten Buches Sozialgesetzbuch bis zum 31. Dezember 2006 anerkannt und denen Altersteilzeit nach § 93 Absatz 1 des Bundesbeamtengesetzes bewilligt wurde, sowie für Beamte, die nach den §§ 52 und 93 Absatz 2 Satz 3 des Bundesbeamtengesetzes in den Ruhestand versetzt werden, gilt § 14 Absatz 3 in der bis zum 11. Februar 2009 geltenden Fassung.

(2) Für Beamte, die nach dem 11. Februar 2009 nach § 52 Absatz 3 des Bundesbeamtengesetzes in den Ruhestand versetzt werden, ist § 14 Absatz 3 Satz 1 Nummer 2 mit folgenden Maßgaben anzuwenden:

1. An die Stelle des Erreichens der gesetzlichen Altersgrenze tritt, wenn sie vor dem 1. Januar 1949 geboren sind, die Vollendung des 65. Lebensjahres.

2. An die Stelle des Erreichens der gesetzlichen Altersgrenze tritt, wenn sie nach dem 31. Dezember 1948 und vor dem 1. Januar 1950 geboren sind, das Erreichen folgenden Lebensalters:

Geburtsdatum bis	Lebensalter	
	Jahr	Monat
31. Januar 1949	65	1
28. Februar 1949	65	2
31. Dezember 1949	65	3

3. Für am 12. Februar 2009 vorhandene Beamte, die vor dem 1. Januar 1955 geboren sind und denen Altersteilzeit nach § 93 Absatz 1 des Bundesbeamtengesetzes bewilligt wurde, tritt an die Stelle des Erreichens der für den Beamten geltenden gesetzlichen Altersgrenze die Vollendung des 65. Lebensjahres.

(3) Für Beamte, die nach dem 11. Februar 2009 wegen Dienstunfähigkeit, die nicht auf einem Dienstunfall beruht, in den Ruhestand versetzt werden, ist § 14 Absatz 3 mit folgenden Maßgaben anzuwenden:

1. An die Stelle der Vollendung des 65. Lebensjahres tritt, wenn sie vor dem 1. Januar 2012 in den Ruhestand versetzt werden, die Vollendung des 63. Lebensjahres.

2. An die Stelle der Vollendung des 65. Lebensjahres tritt, wenn sie nach dem 31. Dezember 2011 und vor dem 1. Januar 2024 in den Ruhestand versetzt werden, das Erreichen folgenden Lebensalters:

Zeitpunkt der Versetzung in den Ruhestand vor dem	Lebensalter	
	Jahr	Monat
1. Februar 2012	63	1
1. März 2012	63	2
1. April 2012	63	3
1. Mai 2012	63	4
1. Juni 2012	63	5

Zeitpunkt der Versetzung in den Ruhestand vor dem	Lebensalter	
	Jahr	Monat
1. Januar 2013	63	6
1. Januar 2014	63	7
1. Januar 2015	63	8
1. Januar 2016	63	9
1. Januar 2017	63	10
1. Januar 2018	63	11
1. Januar 2019	64	0
1. Januar 2020	64	2
1. Januar 2021	64	4
1. Januar 2022	64	6
1. Januar 2023	64	8
1. Januar 2024	64	10

3. Für Beamte, die vor dem 1. Januar 2024 in den Ruhestand versetzt werden, gilt § 14 Absatz 3 Satz 6 mit der Maßgabe, dass an die Stelle der Zahl „40" die Zahl „35" tritt.

§ 69i[1]**) Übergangsregelung aus Anlass des Einsatzversorgungs-Verbesserungsgesetzes und des Bundeswehr-Attraktivitätssteigerungsgesetzes.** [1] Ist der Anspruch nach § 43 in der Zeit vom 1. November 1991 bis zum 12. Dezember 2011 entstanden, beträgt die Unfallentschädigung

1. im Fall des § 43 Absatz 1 150 000 Euro,
2. im Fall des § 43 Absatz 2 Nummer 1 100 000 Euro,
3. im Fall des § 43 Absatz 2 Nummer 2 40 000 Euro,
4. im Fall des § 43 Absatz 2 Nummer 3 20 000 Euro.

[2] Aus gleichem Anlass bereits gewährte Leistungen nach § 43 sind anzurechnen.

§ 69j[2]**) Übergangsregelung aus Anlass des Professorenbesoldungsneuregelungsgesetzes.** [1] Die ruhegehaltfähigen Dienstbezüge nach § 5 Absatz 1 Satz 1 Nummer 1 und 4 der Professoren sowie der hauptberuflichen Leiter von Hochschulen und Mitglieder von Leitungsgremien an Hochschulen, die vor dem 1. Januar 2013 aus einem Amt der Besoldungsgruppe W 2 oder W 3 in den Ruhestand versetzt worden sind, werden neu festgesetzt. [2] § 77a des Bundesbesoldungsgesetzes[3]) gilt entsprechend. [3] Die ruhegehaltfähigen Dienstbezüge nach Satz 1 sind nach Maßgabe des Satzes 2 zusammen mindestens in der Höhe festzusetzen, in der sie auf der Grundlage des bis zum 31. Dezember

[1]) § 69i eingef. mWv 26.7.2012 durch G v. 21.7.2012 (BGBl. I S. 1583); Überschrift und Satz 1 einl. Satzteil geänd. mWv 23.5.2015 durch G v. 13.5.2015 (BGBl. I S. 706).
[2]) § 69j angef. mWv 1.1.2013 durch G v. 11.6.2013 (BGBl. I S. 1514).
[3]) Nr. **230**.

2012 geltenden Rechts festgesetzt worden sind. [4] Für Hinterbliebene gelten die Sätze 1 bis 3 entsprechend.

§ 69k[1]) **Übergangsregelung aus Anlass des Gesetzes zur Änderung des Versorgungsrücklagegesetzes und weiterer dienstrechtlicher Vorschriften.** [1] Für Versorgungsfälle, die vor dem 11. Januar 2017 eingetreten sind, sind § 6 Absatz 1 Satz 2 Nummer 1, § 8 Absatz 1, § 9 Absatz 1, § 10 Satz 1, den §§ 11, 12 Absatz 1 Satz 1 und Absatz 2, § 13 Absatz 2 Satz 1 und 3, § 14a Absatz 2 Satz 1, § 38 Absatz 2 Nummer 2 und § 55 Absatz 2 in der bis zum 10. Januar 2017 geltenden Fassung anzuwenden. [2] Satz 1 gilt entsprechend für künftige Hinterbliebene eines vor dem 11. Januar 2017 vorhandenen Versorgungsempfängers.

§ 69l[2]) **Übergangsregelung zu § 55.** [1] § 55 Absatz 1 Satz 2 Nummer 1a gilt nicht für Versorgungsfälle, die am 14. Juni 2017 vorhanden waren. [2] Für Versorgungsfälle, die nach dem 14. Juni 2017 eintreten, sind Renten nach dem Gesetz über die Alterssicherung der Landwirte[3]) mit der Maßgabe zu berücksichtigen, dass der Teil der Rente nach dem Gesetz über die Alterssicherung der Landwirte außer Ansatz bleibt, der auf rentenrechtlichen Zeiten beruht, die bis zum 14. Juni 2017 zurückgelegt worden sind.

§ 69m[4]) **Übergangsregelung aus Anlass des Besoldungsstrukturenmodernisierungsgesetzes.** (1) [1] § 6a findet auf am 30. Juni 2020 vorhandene Beamte Anwendung, wenn eine Verwendung im Sinne des § 6a Absatz 1 vor dem 1. Juli 2020

1. begonnen hat und über diesen Zeitpunkt hinaus andauert oder

2. bereits beendet war und der Beamte auf Grund dieser Verwendung einen Anspruch auf eine laufende Alterssicherungsleistung hat oder

3. bereits beendet war und der Beamte auf Grund dieser Verwendung einen Anspruch auf eine Alterssicherungsleistung in Form eines Kapitalbetrages (§ 6a Absatz 2) hat mit den Maßgaben, dass

 a) abweichend von § 6a Absatz 3 Satz 1 der Kapitalbetrag vom Beginn des auf die Beendigung der Verwendung folgenden Monats bis zum 30. Juni 2020 zu verzinsen ist und

 b) der Antrag nach § 6a Absatz 4 Satz 1 bis zum 31. Januar 2022 gestellt werden kann.

[2] Die Zeit einer vor dem 1. Juli 2020 bereits beendeten Verwendung im Dienst einer zwischenstaatlichen oder überstaatlichen Einrichtung ist ungeachtet des § 6a ruhegehaltfähig, sofern die für diese Zeit zustehende Alterssicherungsleistung im Sinne des § 6a Absatz 2 bereits vor dem 1. Juli 2020 an den Dienstherrn abgeführt worden ist.

(2) [1] Für am 30. Juni 2020 vorhandene Versorgungsempfänger gilt vorbehaltlich von *Satz 2* die bisherige Rechtslage weiter, insbesondere sind § 6 Absatz 3 Nummer 4, § 7 Satz 1 Nummer 1 Buchstabe b, § 55 Absatz 1 Satz 8 und 9, die

[1]) § 69k angef. mWv 11.1.2017 durch G v. 5.1.2017 (BGBl. I S. 17); Satz 1 geänd. mWv 11.1.2017 durch G v. 8.6.2017 (BGBl. I S. 1570).

[2]) § 69l angef. mWv 15.6.2017 durch G v. 8.6.2017 (BGBl. I S. 1570).

[3]) **Aichberger, SGB Nr. 30/10.**

[4]) § 69m angef. mWv 1.7.2020, Abs. 3 angef. mWv 1.9.2020 durch G v. 9.12.2019 (BGBl. I S. 2053).

§§ 56, 69c Absatz 5 sowie § 85 Absatz 6 Satz 2 bis 4 in der bis zum 30. Juni 2020 geltenden Fassung weiter anzuwenden; dabei bleiben § 69 Absatz 1 Nummer 2 Satz 2, Nummer 4 Satz 1, Nummer 6 Satz 1, Absatz 4 Satz 2, § 69a Nummer 3 Satz 2, Nummer 5 Satz 3 und § 69e Absatz 1 Nummer 3 Satz 1 unberührt. [2] Versorgungsempfänger nach Satz 1, deren Ruhensbetrag mittels Höchstgrenzenberechnung nach § 56 Absatz 1 Satz 1 in Verbindung mit Absatz 2 in einer ab dem 1. Oktober 1994 anzuwendenden Fassung bestimmt wird, können einmalig für die Zukunft beantragen, dass ihr Ruhegehalt in Höhe von 1,79375 Prozent der ruhegehaltfähigen Dienstbezüge für jedes Jahr einer Verwendung im öffentlichen Dienst einer zwischenstaatlichen oder überstaatlichen Einrichtung ruht; der Unterschiedsbetrag nach § 50 Absatz 1 ruht für jedes Jahr einer Verwendung im öffentlichen Dienst einer zwischenstaatlichen oder überstaatlichen Einrichtung in Höhe von 2,5 Prozent. [3] Bei der Anwendung von Satz 2 ist § 69c Absatz 5 Satz 1 bis 4 in der bis zum 30. Juni 2020 geltenden Fassung vorrangig zu berücksichtigen. [4] Dienstzeiten, die über volle Jahre hinausgehen, sind einzubeziehen; § 14 Absatz 1 Satz 2 und 3 gilt entsprechend. [5] Zeiten ab Beginn des Ruhestandes sind nicht zu berücksichtigen, es sei denn, sie führen zu einer Erhöhung des Ruhegehaltssatzes. [6] Die zuständige Behörde erteilt auf schriftlichen oder elektronischen Antrag Auskunft zur Höhe des Ruhensbetrages nach Satz 2 zu dem nach Satz 7 oder 8 maßgeblichen Zeitpunkt. [7] Anträge, die bis zum 31. Juli 2021 gestellt werden, gelten als zum 1. Juli 2020 gestellt. [8] Wird der Antrag später gestellt, tritt die Änderung mit Beginn des Antragsmonats ein. [9] Vor dem Änderungszeitpunkt entstandene Ruhensbeträge bleiben unberührt. [10] Die Sätze 1 bis 9 gelten entsprechend für künftige Hinterbliebene eines vor dem 1. Juli 2020 vorhandenen Ruhestandsbeamten.

(3) [1] Für am 31. August 2020 vorhandene Ruhestandsbeamte, bei denen eine ruhegehaltfähige Zeit nach § 85 Absatz 7 in der bis zum 31. August 2020 geltenden Fassung berücksichtigt worden ist, ist § 50a auf schriftlichen oder elektronischen Antrag anzuwenden. [2] Dem Antrag ist stattzugeben, wenn am 1. September 2020 das Ruhegehalt ohne Zeiten nach § 85 Absatz 7 Satz 1 in der bis zum 31. August 2020 geltenden Fassung zusammen mit dem Kindererziehungszuschlag nach § 50a Absatz 1 in Verbindung mit Absatz 2 Satz 1 Nummer 1 sowie Absatz 5 und 6 dieses Gesetzes das Ruhegehalt übersteigt, das sich unter Berücksichtigung des § 85 Absatz 7 in der bis zum 31. August 2020 geltenden Fassung ergibt. [3] Anträge, die innerhalb von drei Monaten ab dem 1. September 2020 gestellt werden, gelten als zum 1. September 2020 gestellt. [4] Wird der Antrag zu einem späteren Zeitpunkt gestellt, tritt die Änderung mit Beginn des Antragsmonats ein. [5] Wurde dem Antrag stattgegeben, ist § 85 Absatz 7 in der bis zum 31. August 2020 geltenden Fassung ab dem Zeitpunkt der Gewährung eines Kindererziehungszuschlags nach § 50a nicht mehr anzuwenden. [6] Die Sätze 1 bis 5 gelten entsprechend für vor dem 1. September 2020 vorhandene Hinterbliebene.

Abschnitt 11.[1] Anpassung der Versorgungsbezüge

§ 70 Allgemeine Anpassung. (1) Werden die Dienstbezüge der Besoldungsberechtigten allgemein erhöht oder vermindert, sind von demselben

[1] 11. Abschnitt Überschrift geänd. mWv 1.1.2020 durch G v. 9.12.2019 (BGBl. I S. 2053).

Zeitpunkt an die Versorgungsbezüge durch Bundesgesetz entsprechend zu regeln.

(2) Als allgemeine Änderung der Dienstbezüge im Sinne des Absatzes 1 gelten auch die Neufassung der Grundgehaltstabelle mit unterschiedlicher Änderung der Grundgehaltssätze und die allgemeine Erhöhung oder Verminderung der Dienstbezüge um feste Beträge.

§ 71[1] **Erhöhung der Versorgungsbezüge.** (1) [1] Bei Versorgungsempfängern gilt die Erhöhung nach § 14 Absatz 2 des Bundesbesoldungsgesetzes[2] entsprechend für die

1. in § 5 Absatz 1 Satz 1 Nummer 1 und § 69g Absatz 1 Nummer 1 Buchstabe a Satz 3 dieses Gesetzes sowie in § 84 Nummer 1, 3 und 4 des Bundesbesoldungsgesetzes genannten Bezügebestandteile,

2. Leistungsbezüge nach § 5 Absatz 1 Satz 1 Nummer 4, soweit sie nach den auf Grund des § 33 Absatz 4 des Bundesbesoldungsgesetzes erlassenen Rechtsverordnungen an den regelmäßigen Besoldungsanpassungen teilnehmen,

3. den Versorgungsbezügen zugrunde liegenden Grundvergütungen,

4. den Versorgungsbezügen zugrunde liegenden Grundgehältern nach fortgeltenden oder früheren Besoldungsordnungen.

[2] Satz 1 gilt entsprechend für Empfänger von Versorgungsbezügen der weggefallenen Besoldungsgruppen A 1 und A 2.

(2) [1] Versorgungsbezüge, deren Berechnung ein Ortszuschlag nach dem Bundesbesoldungsgesetz in der bis zum 30. Juni 1997 geltenden Fassung nicht zugrunde liegt, werden ab 1. März 2020 um 0,96 Prozent erhöht, wenn der Versorgungsfall vor dem 1. Juli 1997 eingetreten ist. [2] Satz 1 gilt entsprechend für

1. Hinterbliebene eines vor dem 1. Juli 1997 vorhandenen Versorgungsempfängers,

2. Versorgungsbezüge, die in festen Beträgen festgesetzt sind,

3. den Betrag nach Artikel 13 § 2 Absatz 4 des Fünften Gesetzes zur Änderung besoldungsrechtlicher Vorschriften vom 28. Mai 1990 (BGBl. I S. 967).

§ 72[3] *(aufgehoben)*

§§ 73–76 (weggefallen)

[1] § 71 Abs. 2 Satz 1 und Abs. 3 geänd. mWv 1.1.2010, mWv 1.1.2011 und mWv 1.8.2011 durch G v. 19.11.2010 (BGBl. I S. 1552); Abs. 2 Satz 1 und Abs. 3 geänd. mWv 1.3.2012, mWv 1.1.2013 und mWv 1.8.2013 durch G v. 15.8.2012 (BGBl. I S. 1670); Abs. 2 neu gef., Abs. 3 geänd. mWv 1.3. 2014 , Abs. 1 Satz 1 geänd., Abs. 2 neu gef., Abs. 3 geänd. mWv 1.3.2015 durch G v. 25.11.2014 (BGBl. I S. 1772); Abs. 2 Satz 1 und Abs. 3 geänd. mWv 1.3.2016 und mWv 1.2.2017 durch G v. 21.11.2016 (BGBl. I S. 2570); Abs. 1 Satz 1 neu gef., Abs. 2 Satz 1 geänd., Abs. 3 aufgeh. mWv 1.3. 2018, Abs. 2 Satz 1 geänd. mWv 1.4.2019 und mWv 1.3.2020 durch G v. 8.11.2018 (BGBl. I S. 1810); Abs. 2 Satz 1 geänd. mWv 1.1.2020, Abs. 1 Satz 2 geänd. mWv 1.3.2020 durch G v. 9.12.2019 (BGBl. I S. 2053).
[2] Nr. **230.**
[3] § 72 aufgeh. mWv 1.1.2010 durch G v. 19.11.2010 (BGBl. I S. 1552).

<center>**Abschnitt 12.**[1] (weggefallen)</center>

§§ 77–83 (weggefallen)

<center>**Abschnitt 13.**[2] **Übergangsvorschriften alten Rechts**</center>

§ 84[3] **Ruhegehaltfähige Dienstzeit.** [1]Für am 1. Januar 1977 vorhandene Beamte können zum Ausgleich von Härten Zeiten, die nach dem bis zum 31. Dezember 1976 geltenden Recht ruhegehaltfähig waren, als ruhegehaltfähig galten oder als ruhegehaltfähig berücksichtigt werden konnten und vor dem 1. Januar 1977 zurückgelegt worden sind, im Anwendungsbereich des bis zum 31. Dezember 1976 geltenden Rechts als ruhegehaltfähig berücksichtigt werden. [2]Die Entscheidung trifft das Bundesministerium des Innern, für Bau und Heimat.

§ 85[4] **Ruhegehaltssatz für am 31. Dezember 1991 vorhandene Beamte.** (1) [1]Hat das Beamtenverhältnis, aus dem der Beamte in den Ruhestand tritt, oder ein unmittelbar vorangehendes anderes öffentlich-rechtliches Dienstverhältnis bereits am 31. Dezember 1991 bestanden, bleibt der zu diesem Zeitpunkt erreichte Ruhegehaltssatz gewahrt. [2]Dabei richtet sich die Berechnung der ruhegehaltfähigen Dienstzeit und des Ruhegehaltssatzes nach dem bis zum 31. Dezember 1991 geltenden Recht; § 14 Absatz 1 Satz 1 Halbsatz 2 und 3 findet hierbei keine Anwendung. [3]Der sich nach den Sätzen 1 und 2 ergebende Ruhegehaltssatz steigt mit jedem Jahr, das vom 1. Januar 1992 an nach dem von diesem Zeitpunkt an geltenden Recht als ruhegehaltfähige Dienstzeit zurückgelegt wird, um ein Prozent der ruhegehaltfähigen Dienstbezüge bis zum Höchstsatz von fünfundsiebzig Prozent; insoweit gilt § 14 Absatz 1 Satz 2 und 3 entsprechend. [4]Bei der Anwendung von Satz 3 bleiben Zeiten bis zur Vollendung einer zehnjährigen ruhegehaltfähigen Dienstzeit außer Betracht; § 13 Absatz 1 findet in der bis zum 31. Dezember 1991 geltenden Fassung Anwendung. [5]§ 14 Absatz 3 findet Anwendung.

(2) Für die Beamten auf Zeit, deren Beamtenverhältnis über den 31. Dezember 1991 hinaus fortbesteht, ist § 66 Absatz 2, 4 und 6 in der bis zum 31. Dezember 1991 geltenden Fassung anzuwenden.

(3) [1]Hat das Beamtenverhältnis, aus dem der Beamte in den Ruhestand tritt, oder ein unmittelbar vorangehendes anderes öffentlich-rechtliches Dienstverhältnis bereits am 31. Dezember 1991 bestanden und erreicht der Beamte vor dem 1. Januar 2002 die für ihn jeweils maßgebende gesetzliche Altersgrenze, so richtet sich die Berechnung der ruhegehaltfähigen Dienstzeit und des Ruhegehaltssatzes nach dem bis zum 31. Dezember 1991 geltenden Recht. [2]Satz 1 gilt entsprechend, wenn ein von dieser Vorschrift erfasster Beamter vor dem Zeitpunkt des Erreichens der jeweils maßgebenden gesetzlichen Altersgrenze wegen Dienstunfähigkeit oder auf Antrag in den Ruhestand versetzt wird oder verstirbt.

[1] 12. Abschnitt Überschrift geänd. mWv 1.1.2020 durch G v. 9.12.2019 (BGBl. I S. 2053).
[2] 13. Abschnitt Überschrift geänd. mWv 1.1.2020 durch G v. 9.12.2019 (BGBl. I S. 2053).
[3] § 84 Satz 2 geänd. mWv 1.1.2020 durch G v. 9.12.2019 (BGBl. I S. 2053).
[4] *§ 85 Abs. 12 angef. mWv 22.3.2012 durch G v. 15.3.2012 (BGBl. I S. 462); Abs. 1 Satz 3, Abs. 5 und Abs. 11 geänd. mWv 1.1.2020, Abs. 6 Sätze 2–4 aufgeh., bish. Satz 5 wird Satz 2 mWv 1.7.2020, Abs. 7 aufgeh. mWv 1.9.2020 durch G v. 9.12.2019 (BGBl. I S. 2053).*

(4) [1]Der sich nach Absatz 1, 2 oder 3 ergebende Ruhegehaltssatz wird der Berechnung des Ruhegehalts zugrunde gelegt, wenn er höher ist als der Ruhegehaltssatz, der sich nach diesem Gesetz für die gesamte ruhegehaltfähige Dienstzeit ergibt. [2]Der sich nach Absatz 1 ergebende Ruhegehaltssatz darf den Ruhegehaltssatz, der sich nach dem bis zum 31. Dezember 1991 geltenden Recht ergäbe, nicht übersteigen.

(5) Hat das Beamtenverhältnis, aus dem der Beamte in den Ruhestand tritt, oder ein unmittelbar vorangehendes anderes öffentlich-rechtliches Dienstverhältnis bereits am 31. Dezember 1991 bestanden, ist § 14 Absatz 3 mit folgenden Maßgaben anzuwenden:

Bei Erreichen der Altersgrenze nach § 42 Absatz 4 Satz 1 Nummer 2 des Bundesbeamtengesetzes oder entsprechendem Landesrecht	beträgt der Prozentsatz der Minderung für jedes Jahr
vor dem 1. Januar 1998	0,0,
nach dem 31. Dezember 1997	0,6,
nach dem 31. Dezember 1998	1,2,
nach dem 31. Dezember 1999	1,8,
nach dem 31. Dezember 2000	2,4,
nach dem 31. Dezember 2001	3,0,
nach dem 31. Dezember 2002	3,6.

(6) [1]Errechnet sich der Ruhegehaltssatz nach Absatz 1 in Verbindung mit Absatz 4 Satz 2 Absatz 2 oder 3, ist entsprechend diesen Vorschriften auch der Ruhegehaltssatz für die Höchstgrenze nach § 54 Absatz 2 und § 55 Absatz 2 zu berechnen. [2]§ 14 Absatz 1 Satz 2 bis 4 gilt entsprechend.

(7) *(aufgehoben)*

(8) Auf die am 31. Dezember 1991 vorhandenen Beamten, denen auf Grund eines bis zu diesem Zeitpunkt erlittenen Dienstunfalles ein Unfallausgleich gewährt wird, findet § 35 in der bis zum 31. Dezember 1991 geltenden Fassung Anwendung.

(9) Bei der Anwendung der Absätze 1 und 3 bleibt der am 31. Dezember 1991 erreichte Ruhegehaltssatz auch dann gewahrt, wenn dem Beamtenverhältnis, aus dem der Beamte in den Ruhestand tritt, mehrere öffentlich-rechtliche Dienstverhältnisse in unmittelbarem zeitlichen Zusammenhang mit dem

(Fortsetzung nächstes Blatt)

am 31. Dezember 1991 bestehenden öffentlich-rechtlichen Dienstverhältnis vorangegangen sind.

(10) Einem öffentlich-rechtlichen Dienstverhältnis steht ein Beschäftigungsverhältnis im Sinne des § 5 Absatz 1 Nummer 2 und des § 6 Absatz 1 Nummer 2 des Sechsten Buches Sozialgesetzbuch[1]) gleich.

(11) Für den nach den Absätzen 1 bis 4 ermittelten Ruhegehaltssatz sowie die in Absatz 6 Satz 2 genannten Prozentsätze gilt § 69e Absatz 4 entsprechend.

(12) Die §§ 12a und 12b sind anzuwenden.

§ 85a Erneute Berufung in das Beamtenverhältnis. [1]Bei einem nach § 46 oder § 57 des Bundesbeamtengesetzes[2]) erneut in das Beamtenverhältnis berufenen Beamten bleibt der am Tag vor der erneuten Berufung in das Beamtenverhältnis vor Anwendung von Ruhens-, Kürzungs- und Anrechnungsvorschriften zustehende Betrag des Ruhegehalts gewahrt. [2]Tritt der Beamte erneut in den Ruhestand, wird die ruhegehaltfähige Dienstzeit und das Ruhegehalt nach dem im Zeitpunkt der Zurruhesetzung geltenden Recht berechnet. [3]Bei der Anwendung des § 85 Absatz 1 und 3 gilt die Zeit des Ruhestandes nicht als Unterbrechung des Beamtenverhältnisses; die Zeit im Ruhestand ist nicht ruhegehaltfähig. [4]Das höhere Ruhegehalt wird gezahlt.

§ 86 Hinterbliebenenversorgung. (1) Die Gewährung von Unterhaltsbeiträgen an geschiedene Ehegatten richtet sich nach den bis zum 31. Dezember 1976 geltenden beamtenrechtlichen Vorschriften, wenn die Ehe vor dem 1. Juli 1977 geschieden, aufgehoben oder für nichtig erklärt worden ist.

(2) [1]Die Vorschrift des § 19 Absatz 1 Satz 2 Nummer 2 über den Ausschluss von Witwengeld findet keine Anwendung, wenn die Ehe am 1. Januar 1977 bestanden und das bis zu diesem Zeitpunkt geltende Landesrecht den Ausschlussgrund nicht enthalten hat. [2]An die Stelle des fünfundsechzigsten Lebensjahres in § 19 Absatz 1 Satz 2 Nummer 2 tritt ein in der bis zum 31. Dezember 1976 geltenden landesrechtlichen Vorschrift vorgesehenes höheres Lebensalter, wenn die Ehe am 1. Januar 1977 bestanden hat.

(3) Die Vorschriften über die Kürzung des Witwengeldes bei großem Altersunterschied der Ehegatten (§ 20 Absatz 2) finden keine Anwendung, wenn die Ehe am 1. Januar 1977 bestanden und das bis zu diesem Zeitpunkt für den Beamten oder Ruhestandsbeamten geltende Landesrecht entsprechende Kürzungsvorschriften nicht enthalten hat.

(4) Die Vorschrift des § 22 Absatz 2 in der bis zum 31. Juli 1989 geltenden Fassung findet Anwendung, wenn ein Scheidungsverfahren bis zum 31. Juli 1989 rechtshängig geworden ist oder die Parteien bis zum 31. Juli 1989 eine Vereinbarung nach § 1587o des Bürgerlichen Gesetzbuchs[3]) in der bis zum 31. August 2009 geltenden Fassung getroffen haben.

§ 87 Unfallfürsorge. (1) Für die am 1. Januar 1977 vorhandenen Beamten steht ein vor diesem Zeitpunkt erlittener Dienstunfall im Sinne des bisherigen Bundes- oder Landesrechts dem Dienstunfall im Sinne dieses Gesetzes gleich.

[1]) **Aichberger, SGB Nr. 6.**
[2]) **Nr. 160.**
[3]) **Schönfelder Nr. 20.**

(2) Bis zum Erlass der Rechtsverordnungen nach § 31 Absatz 3, § 33 Absatz 5 und § 43 Absatz 3 gelten die bisherigen Verordnungen des Bundes und der Länder weiter, soweit dieses Gesetz dem nicht entgegensteht.

(3) Eine Entschädigung aus einer Unfallversicherung, für die der Dienstherr die Beiträge gezahlt hat, ist auf die Unfallentschädigung nach § 43 Absatz 3 anzurechnen.

§ 88 Abfindung. (1) Bei der Entlassung einer verheirateten Beamtin bis zum 31. August 1977 finden die bisherigen Vorschriften über die Abfindung nach § 152 des Bundesbeamtengesetzes[1] oder dem entsprechenden bisherigen Landesrecht weiter Anwendung.

(2) [1]Eine erneut in das Beamtenverhältnis berufene Beamtin kann eine früher erhaltene Abfindung an ihren neuen Dienstherrn zurückzahlen. [2]Hierbei sind anstelle der Dienstbezüge, die der Abfindung zugrunde lagen, die Dienstbezüge nach § 1 Absatz 2 Nummer 1 bis 4 des Bundesbesoldungsgesetzes[2] nach der Besoldungsgruppe des vor der Abfindung innegehabten Amtes zugrunde zu legen, die sich ergeben würden, wenn die im Zeitpunkt der erneuten Berufung in das Beamtenverhältnis maßgebenden Grundgehalts- und Familienzuschlagssätze im Monat vor der Entlassung gegolten hätten. [3]Der Antrag auf Rückzahlung ist innerhalb einer Ausschlussfrist von zwei Jahren nach Inkrafttreten dieses Gesetzes, bei erneuter Berufung in das Beamtenverhältnis auf Lebenszeit nach dem Inkrafttreten dieses Gesetzes innerhalb einer Ausschlussfrist von zwei Jahren nach der Berufung in das Beamtenverhältnis auf Lebenszeit zu stellen. [4]Eine teilweise Rückzahlung der Abfindung ist nicht zulässig. [5]Nach der Rückzahlung werden die Zeiten vor der Entlassung aus dem früheren Dienstverhältnis besoldungs- und versorgungsrechtlich so behandelt, als wäre eine Abfindung nicht gewährt worden. [6]Satz 5 gilt entsprechend, wenn eine Beamtin bei erneuter Berufung in das Beamtenverhältnis innerhalb der Ausschlussfrist nach Satz 3 auf eine zugesicherte aber noch nicht gezahlte Abfindungsrente verzichtet.

§ 89 (weggefallen)

§ 90[3] Zusammentreffen von Versorgungsbezügen mit Versorgung aus zwischenstaatlicher und überstaatlicher Verwendung. (1) Bei der Anwendung des § 56 Absatz 1 bleibt die Zeit, die ein Beamter oder Ruhestandsbeamter vor dem 1. Juli 1968 im Dienst einer zwischenstaatlichen oder überstaatlichen Einrichtung tätig war, bis zu sechs Jahren außer Betracht.

(2) Auf die am 1. Juli 1968 vorhandenen Versorgungsempfänger findet § 56 Absatz 1 Satz 3 mit der Maßgabe Anwendung, dass ihnen zwölf Prozent der ruhegehaltfähigen Dienstbezüge als Versorgung verbleiben.

(3) Hat ein Beamter oder Versorgungsempfänger vor dem 1. Juli 1968 bei seinem Ausscheiden aus dem öffentlichen Dienst einer zwischenstaatlichen oder überstaatlichen Einrichtung anstelle einer Versorgung einen Kapitalbetrag als Abfindung oder Zahlung aus einem Versorgungsfonds erhalten, sind Absatz 1, § 56 Absatz 3 und § 69c Absatz 5 anzuwenden.

[1] Nr. *160*.
[2] Nr. **230**.
[3] § 90 Abs. 2 geänd. mWv 1.1.2020 durch G v. 9.12.2019 (BGBl. I S. 2053).

§ 91 Hochschullehrer, Wissenschaftliche Assistenten und Lektoren.

(1) [1] Auf die Versorgung der Hochschullehrer, Wissenschaftlichen Assistenten und Lektoren im Sinne des Kapitels I Abschnitt V, 3. Titel des Beamtenrechtsrahmengesetzes [1] in der vor dem Inkrafttreten des Hochschulrahmengesetzes [2] geltenden Fassung, die nicht als Professoren oder als Hochschulassistenten übernommen worden sind, und ihrer Hinterbliebenen finden die für Beamte auf Lebenszeit, auf Probe oder auf Widerruf geltenden Vorschriften dieses Gesetzes nach Maßgabe der bis zum 31. Dezember 1976 geltenden landesrechtlichen Vorschriften Anwendung. [2] § 67 Absatz 2 Satz 1 gilt entsprechend.

(2) Für Professoren, die nach dem 31. Dezember 1976 von ihren amtlichen Pflichten entbunden werden (Entpflichtung), und ihre Hinterbliebenen gilt Folgendes:

1. [1] Die §§ 53 bis 58, 62 und 65 finden Anwendung; hierbei gelten die Bezüge der entpflichteten Professoren als Ruhegehalt, die Empfänger als Ruhestandsbeamte. [2] § 65 gilt nicht für entpflichtete Hochschullehrer, die die Aufgaben der von ihnen bis zur Entpflichtung innegehabten Stelle vertretungsweise wahrnehmen.

2. Die Bezüge der entpflichteten Professoren gelten unter Hinzurechnung des dem Entpflichteten zustehenden, mindestens des zuletzt vor einer Überleitung nach dem nach § 72 des Hochschulrahmengesetzes erlassenen Landesgesetz zugesicherten Vorlesungsgeldes (Kolleggeldpauschale) als Höchstgrenze im Sinne des § 53 Absatz 2 Nummer 1 und 3 dieses Gesetzes sowie als ruhegehaltfähige Dienstbezüge im Sinne des § 53a Absatz 2 in der bis zum 31. Dezember 1998 geltenden Fassung.

3. [1] Für die Versorgung der Hinterbliebenen eines entpflichteten Hochschullehrers gilt dieses Gesetz mit der Maßgabe, dass sich die Bemessung des den Hinterbliebenenbezügen zugrunde zu legenden Ruhegehalts sowie die Bemessung des Sterbe-, Witwen- und Waisengeldes der Hinterbliebenen nach dem vor dem 1. Januar 1977 geltenden Landesrecht bestimmt. [2] Für die Anwendung des § 19 Absatz 1 Satz 2 Nummer 2 und des § 23 Absatz 2 gelten die entpflichteten Professoren als Ruhestandsbeamte.

4. [1] Für Professoren, die unter § 76 Absatz 4 des Hochschulrahmengesetzes fallen, wird abweichend von Nummer 2 das Vorlesungsgeld (Kolleggeldpauschale), das ihnen beim Fortbestand ihres letzten Beamtenverhältnisses als Professor im Landesdienst vor der Annahme des Beamtenverhältnisses an einer Hochschule der Bundeswehr zuletzt zugesichert worden wäre, der Höchstgrenze im Sinne des § 53 Absatz 2 Nummer 1 und 3 dieses Gesetzes sowie den ruhegehaltfähigen Dienstbezügen im Sinne des § 53a Absatz 2 in der bis zum 31. Dezember 1998 geltenden Fassung hinzugerechnet. [2] Für ihre Hinterbliebenen gilt in den Fällen der Nummer 3 das Landesrecht, das für das Beamtenverhältnis als Professor im Landesdienst maßgebend war.

(3) Die Versorgung der Hinterbliebenen eines nach dem nach § 72 des Hochschulrahmengesetzes erlassenen Landesgesetz übergeleiteten Professors, der einen Antrag nach § 76 Absatz 2 des Hochschulrahmengesetzes nicht

[1] Nr. **150a**.
[2] Nr. **500**.

gestellt hat, regelt sich nach § 67 dieses Gesetzes, wenn der Professor vor der Entpflichtung verstorben ist.

§§ 92–104 (weggefallen)

Abschnitt 14.[1] Schlussvorschriften

§ 105 Außerkrafttreten. [1] Soweit Rechtsvorschriften den Vorschriften dieses Gesetzes entsprechen oder widersprechen, treten sie mit dem Inkrafttreten dieses Gesetzes außer Kraft. [2] Dies gilt nicht für die nachstehenden Vorschriften in der beim Inkrafttreten dieses Gesetzes geltenden Fassung:

1. § 27 Absatz 2 des Landesbesoldungsgesetzes Baden-Württemberg,
2. Artikel 77 Absatz 2, Artikel 77a, 123 des Gesetzes über kommunale Wahlbeamte des Landes Bayern,
3. § 191 des Landesbeamtengesetzes Berlin,
4. § 209 des Hamburgischen Beamtengesetzes,
5. Landesgesetze und Verwaltungsvereinbarungen über die Anwendung der Ruhensvorschriften bei Verwendung im Dienst öffentlich-rechtlicher Religionsgesellschaften und ihrer Verbände oder bei Ersatzschulen,
6. Vorschriften über die Rechtsstellung der in den Bundestag oder den Landtag gewählten Beamten und Richter; solche Vorschriften können auch nach Inkrafttreten dieses Gesetzes noch erlassen werden.

§ 106 Verweisung auf aufgehobene Vorschriften. Soweit in Gesetzen und Verordnungen auf Vorschriften oder Bezeichnungen verwiesen wird, die durch dieses Gesetz außer Kraft treten oder aufgehoben werden, treten an ihre Stelle die entsprechenden Vorschriften oder die Bezeichnungen dieses Gesetzes.

§ 107[2] Ermächtigung zum Erlass von Rechtsverordnungen und Verwaltungsvorschriften. [1] Rechtsverordnungen nach diesem Gesetz bedürfen nicht der Zustimmung des Bundesrates. [2] Die zur Durchführung dieses Gesetzes erforderlichen allgemeinen Verwaltungsvorschriften erlässt das Bundesministerium des Innern, für Bau und Heimat im Einvernehmen mit dem Bundesministerium der Finanzen.[3]

§ 107a Überleitungsregelungen aus Anlass der Herstellung der Einheit Deutschlands. [1] Die Bundesregierung wird ermächtigt, durch Rechtsverordnung[4], die bis zum 31. Dezember 2009 zu erlassen ist, für die Beamtenversorgung Übergangsregelungen zu bestimmen, die den besonderen Verhältnissen in dem in Artikel 3 des Einigungsvertrages[5] genannten Gebiet Rechnung tragen. [2] Diese Verordnungsermächtigung erstreckt sich insbesondere auf Berechnungsgrundlagen, Höhe von Versorgungsleistungen und Ruhensregelungen abweichend von diesem Gesetz.

[1] Bish. 15. Abschnitt (§§ 105–109) wird 14. Abschnitt mWv 1.1.2020 durch G v. 9.12.2019 (BGBl. I S. 2053).
[2] § 107 Satz 2 geänd. mWv 1.1.2020 durch G v. 9.12.2019 (BGBl. I S. 2053).
[3] Siehe die BeamtenversorgungsG-VwV **(Bundesbeamtengesetze Nr. 80.1).**
[4] Siehe die Beamtenversorgungs-ÜbergangsVO **(Bundesbeamtengesetze Nr. 80a).**
[5] **Sartorius III Nr. 2.**

§ 107b[1] **Verteilung der Versorgungslasten.** (1) [1]Wird ein Beamter oder Richter im Einvernehmen mit seinem Dienstherrn in den Dienst eines anderen Dienstherrn übernommen, so tragen der aufnehmende Dienstherr und der abgebende Dienstherr bei Eintritt des Versorgungsfalles die Versorgungsbezüge anteilig nach Maßgabe der Absätze 2 bis 5, wenn der Beamte oder Richter bereits auf Lebenszeit ernannt worden ist und dem abgebenden Dienstherrn nach Ablegung der Laufbahnprüfung oder Feststellung der Befähigung mindestens fünf Jahre zur Dienstleistung zur Verfügung stand; dies gilt nicht für Beamte auf Zeit sowie für Beamte, die beim aufnehmenden Dienstherrn in ein Beamtenverhältnis auf Zeit berufen werden. [2]Bei einem bundesübergreifenden Dienstherrenwechsel gilt Satz 1 nur, wenn der Versorgungsfall vor dem Inkrafttreten des Versorgungslastenteilungs-Staatsvertrags[2][3] für den Bund eingetreten ist. [3]In diesem Fall ist § 10 des Versorgungslastenteilungs-Staatsvertrags anzuwenden.

(2) [1]Versorgungsbezüge im Sinne des Absatzes 1 Satz 1 sind alle regelmäßig wiederkehrenden Leistungen aus dem Beamten- oder Richterverhältnis, die mit oder nach Eintritt des Versorgungsfalles fällig werden. [2]Ist dem Beamten oder Richter aus Anlass oder nach der Übernahme vom aufnehmenden Dienstherrn ein höherwertiges Amt verliehen worden, so bemisst sich der Anteil des abgebenden Dienstherrn so, wie wenn der Beamte oder Richter in dem beim abgebenden Dienstherrn zuletzt bekleideten Amt verblieben wäre. [3]Entsprechendes gilt für Berufungsgewinne im Hochschulbereich und für Zulagen für die Wahrnehmung einer höherwertigen Funktion.

(3) Wird der übernommene Beamte oder Richter vom aufnehmenden Dienstherrn in den einstweiligen Ruhestand versetzt, beginnt die Versorgungslastenbeteiligung des abgebenden Dienstherrn erst mit der Antragsaltersgrenze (§ 52 Absatz 3 des Bundesbeamtengesetzes[4]) des Beamten oder Richters, spätestens jedoch mit Einsetzen der Hinterbliebenenversorgung.

(4) [1]Die Versorgungsbezüge werden in dem Verhältnis der beim abgebenden Dienstherrn abgeleisteten ruhegehaltfähigen Dienstzeiten zu den beim aufnehmenden Dienstherrn abgeleisteten ruhegehaltfähigen Dienstzeiten aufgeteilt, dabei bleiben Ausbildungszeiten (z.B. Studium, Vorbereitungsdienst) unberücksichtigt; Zeiten einer Beurlaubung, für die der beurlaubende Dienstherr die Ruhegehaltfähigkeit anerkannt oder zugesichert hat, stehen den bei ihm abgeleisteten ruhegehaltfähigen Dienstzeiten gleich. [2]Im Falle des Absatzes 3 wird die Zeit im einstweiligen Ruhestand, soweit sie ruhegehaltfähig ist, zu Lasten des aufnehmenden Dienstherrn berücksichtigt. [3]Zeiten, für die der Beamte oder Richter vor der Übernahme bereits zum aufnehmenden Dienstherrn abgeordnet war, gelten als beim abgebenden Dienstherrn abgeleistete Dienstzeiten.

[1] § 107b Abs. 1 Sätze 2 und 3 angef., Abs. 2 Satz 1 geänd. mWv 1.1.2011 durch G v. 5.9.2010 *(BGBl. I S. 1288 iVm Bek.* v. 8.10.2010, BGBl. I S. 1404); Abs. 3 geänd. mWv 4.9.2013 durch G v. 28.8.2013 (BGBl. I S. 3386); Abs. 6 angef. mWv 1.1.2011 durch G v. 5.1.2017 (BGBl. I S. 17); Abs. 1 Satz 1 geänd. mWv 1.1.2020 durch G v. 9.12.2019 (BGBl. I S. 2053).
[2] **Bundesbeamtengesetze Nr. 95.**
[3] Der Versorgungslastenteilungs-Staatsvertrag **(Bundesbeamtengesetze Nr. 95)** ist am 1.1.2011 für den Bund (vgl. Bek. v. 8.10.2010, BGBl. I S. 1404) und alle Länder in Kraft getreten; siehe auch die BMI-Rdschr. D4 – 223 320/13 **(Bundesbeamtengesetze Nr. 95.1)**, D4 – 30301/38#2 **(Bundesbeamtengesetze Nr. 95.2)**, D4 – 30300/32#1 v. 22.7.2015 (GMBl S. 1055) und D4 – 30301/44#2 **(Bundesbeamtengesetze Nr. 95.4)**.
[4] Nr. **160**.

(5) ¹Der aufnehmende Dienstherr hat die vollen Versorgungsbezüge auszuzahlen. ²Ihm steht gegen den abgebenden Dienstherrn ein Anspruch auf die in den Absätzen 2 und 4 genannten Versorgungsanteile zu. ³Zahlt an Stelle des aufnehmenden Dienstherrn eine Versorgungskasse die Versorgungsbezüge aus, hat der aufnehmende Dienstherr den ihm nach Satz 2 erstatteten Betrag an die Versorgungskasse abzuführen.

(6)¹⁾ ¹Ist ein Dienstherr zur Zahlung einer Abfindung nach Abschnitt 2 des Versorgungslastenteilungs-Staatsvertrages verpflichtet und hat zuvor bereits ein Dienstherrenwechsel im Sinne von Absatz 1 Satz 1 von einem anderen Dienstherrn nach § 2 des Bundesbeamtengesetzes stattgefunden, so hat der frühere Dienstherr dem abgebenden Dienstherrn die zu zahlende Abfindung vorbehaltlich des § 17 des Versorgungsrücklagegesetzes²⁾ anteilig nach den bei ihm zurückgelegten Dienstzeiten zu erstatten. ²Absatz 2 Satz 2 sowie § 6 Absatz 1 des Versorgungslastenteilungs-Staatsvertrages gelten entsprechend.

§ 107c Verteilung der Versorgungslasten bei erneuter Berufung in ein öffentlich-rechtliches Dienstverhältnis in dem in Artikel 3 des Einigungsvertrages genannten Gebiet. Erwirbt ein Ruhestandsbeamter oder Richter im Ruhestand eines Dienstherrn im Gebiet der Bundesrepublik Deutschland nach dem Stand vom 2. Oktober 1990 auf Grund einer zwischen dem 3. Oktober 1990 und dem 31. Dezember 1999 erfolgten Berufung in ein öffentlich-rechtliches Dienstverhältnis bei einem Dienstherrn in dem in Artikel 3 des Einigungsvertrages³⁾ genannten Gebiet gegen diesen einen weiteren Versorgungsanspruch, so erstattet der frühere Dienstherr dem neuen Dienstherrn die Versorgungsbezüge in dem Umfang, in dem die beim früheren Dienstherrn entstandenen Versorgungsansprüche infolge der Ruhensvorschrift des § 54 nicht zur Auszahlung gelangen, sofern der Ruhestandsbeamte oder Richter im Ruhestand im Zeitpunkt der Berufung in das neue öffentlichrechtliche Dienstverhältnis das fünfzigste Lebensjahr vollendet hatte.

§ 107d⁴⁾ Befristete Ausnahme für Verwendungseinkommen. ¹Für Ruhestandsbeamte, die ein Verwendungseinkommen aus einer Beschäftigung erzielen, die unmittelbar oder mittelbar

1. im Zusammenhang steht mit der Aufnahme, Betreuung oder Rückführung von Flüchtlingen und ihren Angehörigen oder

2. der Durchführung von migrationsspezifischen Sicherheitsaufgaben im Ausland dient,

beträgt die Höchstgrenze nach § 53 Absatz 2 Nummer 1 erste Alternative bis zum 31. Dezember 2023 120 Prozent der ruhegehaltfähigen Dienstbezüge aus der Endstufe der Besoldungsgruppe, aus der sich das Ruhegehalt berechnet, zuzüglich des jeweils zustehenden Unterschiedsbetrages nach § 50 Absatz 1. ²Satz 1 gilt für Beamte, die wegen Dienstunfähigkeit oder nach § 52 des Bundesbeamtengesetzes⁵⁾ in den Ruhestand versetzt worden sind, erst nach

¹⁾ Siehe hierzu Art. 14 Abs. 2 Satz 2 G v. 5.1.2017 (BGBl. I S. 17): „Bereits abgeschlossene Vereinbarungen zur Verteilung der Versorgungslasten bleiben unberührt.".
²⁾ **Bundesbeamtengesetze Nr. 90.**
³⁾ **Sartorius III Nr. 2.**
⁴⁾ § 107d neu gef. mWv 1.1.2019 durch G v. 29.11.2018 (BGBl. I S. 2232).
⁵⁾ **Nr. 160.**

Ablauf des Monats, in dem sie die Regelaltersgrenze nach § 51 Absatz 1 und 2 des Bundesbeamtengesetzes erreicht haben.

§ **107e**[1] *(aufgehoben)*

§ **108 Anwendungsbereich in den Ländern.** (1) Für die Beamten der Länder, der Gemeinden, der Gemeindeverbände sowie der sonstigen der Aufsicht eines Landes unterstehenden Körperschaften, Anstalten und Stiftungen des öffentlichen Rechts gilt das Beamtenversorgungsgesetz in der bis zum 31. August 2006 geltenden Fassung, soweit es nicht durch Landesrecht ersetzt wurde.[2]

(2) Nach Maßgabe des Deutschen Richtergesetzes[3] ist auf die Versorgung der Richter der Länder das Beamtenversorgungsgesetz in der bis zum 31. August 2006 geltenden Fassung entsprechend anzuwenden, soweit nichts anderes bestimmt ist.

§ **109** (Inkrafttreten)

[1] § 107e aufgeh. mWv 1.1.2021 durch G v. 25.5.2020 (BGBl. I S. 1063).
[2] Siehe die versorgungsrechtlichen Regelungen der Länder:
– **Baden-Württemberg:** LandesbeamtenversorgungsG v. 9.11.2010 (GBl. S. 793, 911), zuletzt geänd. durch G v. 15.10.2020 (GBl. S. 914)
– **Bayern:** Bayerisches BeamtenversorgungsG v. 5.8.2010 (GVBl. S. 410, 528, 764), zuletzt geänd. durch G v. 19.3.2020 (GVBl. S. 153)
– **Berlin:** Beamtenversorgungs-ÜberleitungsG v. 21.6.2011 (GVBl. S. 266)
– **Brandenburg:** Brandenburgisches BeamtenversorgungsG v. 20.11.2013 (GVBl. I Nr. 32, 77), zuletzt geänd. durch G v. 19.6.2019 (GVBl. I Nr. 39)
– **Bremen:** Bremisches BeamtenversorgungsG v. 4.11.2014 (Brem.GBl. S. 458), zuletzt geänd. durch G v. 14.7.2020 (Brem.GBl. S. 671)
– **Hamburg:** Hamburgisches BeamtenversorgungsG v. 26.1.2010 (HmbGVBl. S. 23, 72), zuletzt geänd. durch G v. 19.12.2019 (HmbGVBl. S. 527)
– **Hessen:** Hessisches BeamtenversorgungsG v. 27.5.2013 (GVBl. S. 218, 312), zuletzt geänd. durch G v. 23.6.2020 (GVBl. S. 430)
– **Mecklenburg-Vorpommern:** LandesbeamtenversorgungsG idF der Bek. v. 8.3.2012 (GVOBl. M-V S. 26), zuletzt geänd. durch G v. 19.11.2019 (GVOBl. M-V S. 678)
– **Niedersachsen:** Niedersächsisches BeamtenversorgungsG idF der Bek. v. 2.4.2013 (Nds. GVBl. S. 73), zuletzt geänd. durch G v. 19.12.2019 (Nds. GVBl. S. 451)
– **Nordrhein-Westfalen:** Beamtenversorgungs-ÜberleitungsG v. 16.5.2013 (GV. NRW. S. 234, 238), geänd. durch G v. 16.5.2013 (GV. NRW. S. 234)
– **Rheinland-Pfalz:** LandesbeamtenversorgungsG v. 18.6.2013 (GVBl. S. 157, 208), zuletzt geänd. durch G v. 23.9.2020 (GVBl. S. 516)
– **Saarland:** vgl. § 2 Saarländisches BeamtenversorgungsG v. 14.5.2008 (Amtsbl. 1062), zuletzt geänd. durch G v. 8.12.2020 (Amtsbl. I S. 1341)
– **Sachsen:** Sächsisches BeamtenversorgungsG v. 18.12.2013 (SächsGVBl. S. 970, 1045), zuletzt geänd. durch G v. 25.6.2019 (SächsGVBl. S. 496)
– **Sachsen-Anhalt:** LandesbeamtenversorgungsG v. 13.6.2018 (GVBl. LSA S. 72, 78), zuletzt geänd. durch G v. 11.10.2019 (GVBl. LSA S. 290)
– **Schleswig-Holstein:** BeamtenversorgungsG Schleswig-Holstein v. 26.1.2012 (GVOBl. Schl.-H. S. 153), zuletzt geänd. durch G v. 8.9.2020 (GVOBl. Schl.-H. S. 516)
– **Thüringen:** Thüringer BeamtenversorgungsG v. 22.6.2011 (GVBl. S. 99), zuletzt geänd. durch G v. 30.7.2019 (GVBl. S. 298)
[3] **Schönfelder ErgBd. Nr. 97.**

160. Bundesbeamtengesetz (BBG)[1)]

Vom 5. Februar 2009

(BGBl. I S. 160)

FNA 2030-2-30

geänd. durch Art. 11 Bundesbesoldungs- und -versorgungsanpassungsG 2010/2011 v. 19.11.2010 (BGBl. I S. 1552), Art. 13 G zur Einführung eines Bundesfreiwilligendienstes v. 28.4.2011 (BGBl. I S. 687), Art. 1 G zur Übertragung ehebezogener Regelungen im öffentl. Dienstrecht auf Lebenspartnerschaften v. 14.11.2011 (BGBl. I S. 2219), Art. 7 G zur Verbesserung der Feststellung und Anerkennung im Ausland erworbener Berufsqualifikationen v. 6.12.2011 (BGBl. I S. 2515), Art. 2 G zur Unterstützung der Fachkräftegewinnung im Bund und zur Änd. weiterer dienstrechtl. Vorschriften v. 15.3.2012 (BGBl. I S. 462), Art. 4 Bundeswehrreform-BegleitG v. 21.7.2012 (BGBl. I S. 1583), Art. 1 G zur Familienpflegezeit und zum flexibleren Eintritt in den Ruhestand für Beamtinnen und Beamte des Bundes v. 3.7.2013 (BGBl. I S. 1978), Art. 2 Abs. 8, Art. 3 Abs. 4 G zur Strukturreform des Gebührenrechts des Bundes v. 7.8.2013 (BGBl. I S. 3154, geänd. durch G v. 18.7.2016 BGBl. I S. 1666), Art. 2 G über die Gewährung eines Altersgelds für freiwillig aus dem Bundesdienst ausscheidende Beamte, Richter und Soldaten v. 28.8.2013 (BGBl. I S. 3386), Art. 1 G zur Änderung des BundesbeamtenG und weiterer dienstrechtlicher Vorschriften v. 6.3.2015 (BGBl. I S. 250), Art. 7 G zur Verbesserung der Zusammenarbeit im Bereich des Verfassungsschutzes v. 17.11.2015 (BGBl. I S. 1938), Art. 2 G zur Neuorganisation der Zollverwaltung v. 3.12.2015 (BGBl. I S. 2178), Art. 3 Abs. 3 G zur Aktualisierung der Strukturreform des Gebührenrechts des Bundes v. 18.7.2016 (BGBl. I S. 1666), Art. 1 G zur besseren Vereinbarkeit von Familie, Pflege und Beruf für Beamtinnen und Beamte des Bundes und Soldatinnen und Soldaten sowie zur Änd. weiterer dienstrechtlicher Vorschriften v. 19.10.2016 (BGBl. I S. 2362), Art. 5 Bundesbesoldungs- und -versorgungsanpassungsG 2016/2017 v. 21.11.2016 (BGBl. I S. 2570), Art. 5 Abs. 2 G zur Neuregelung des Bundesarchivrechts v. 10.3.2017 (BGBl. I S. 410), Art. 9 G zum Abbau verzichtbarer Anordnungen der Schriftform im Verwaltungsrecht des Bundes v. 29.3.2017 (BGBl. I S. 626), Art. 6 Abs. 4 G zur Reform der strafrechtlichen Vermögensabschöpfung v. 13.4.2017 (BGBl. I S. 872), Art. 2 G zur Neuregelung des Mutterschutzrechts v. 23.5.2017 (BGBl. I S. 1228), Art. 1 G zu bereichsspezifischen Regelungen der Gesichtsverhüllung und zur Änd. weiterer dienstrechtlicher Vorschriften v. 8.6.2017 (BGBl. I S. 1570), Art. 8 Bundesbesoldungs- und -versorgungsanpassungsG 2018/2019/2020 v. 8.11. 2018 (BGBl. I S. 1810), Art. 2 G zur Änd. des BeamtenstatusG und des BundesbeamtenG sowie weiterer dienstrechtlicher Vorschriften v. 29.11.2018 (BGBl. I S. 2232) und Art. 11 Zweites Datenschutz-Anpassungs- und UmsetzungsG EU v. 20.11.2019 (BGBl. I S. 1626)

Inhaltsübersicht[2)]

Abschnitt 1. Allgemeine Vorschriften

Abschnitt 2. Beamtenverhältnis

[1)] Verkündet als Art. 1 DienstrechtsneuordnungsG v. 5.2.2009 (BGBl. I S. 160); Inkrafttreten gem. Art. 17 Abs. 11 dieses G am 12.2.2009.
[2)] Inhaltsübersicht geänd. mWv 1.4.2012 durch G v. 6.12.2011 (BGBl. I S. 2515); geänd. mWv 11.7.2013 durch G v. 3.7.2013 (BGBl. I S. 1978); geänd. mWv 14.3.2015 durch G v. 6.3.2015 (BGBl. I S. 250); geänd. mWv 28.10.2016 durch G v. 19.10.2016 (BGBl. I S. 2362); geänd. mWv 26.11.2019 durch G v. 20.11.2019 (BGBl. I S. 1626).

Abschnitt 1. Allgemeine Vorschriften

§ 1 Geltungsbereich. Dieses Gesetz gilt für die Beamtinnen und Beamten des Bundes, soweit nicht gesetzlich etwas anderes bestimmt ist.

§ 2[1] Dienstherrnfähigkeit. Das Recht, Beamtinnen und Beamte zu haben, besitzen der Bund sowie bundesunmittelbare Körperschaften, Anstalten und Stiftungen des öffentlichen Rechts, die dieses Recht zum Zeitpunkt des Inkrafttretens dieses Gesetzes besitzen oder denen es danach durch Gesetz oder aufgrund eines Gesetzes verliehen wird.

§ 3 Begriffsbestimmungen. (1) Oberste Dienstbehörde der Beamtin oder des Beamten ist die oberste Behörde eines Dienstherrn, in deren Geschäftsbereich die Beamtin oder der Beamte ein Amt wahrnimmt.

(2) Dienstvorgesetzte oder Dienstvorgesetzter ist, wer für beamtenrechtliche Entscheidungen über die persönlichen Angelegenheiten der ihr oder ihm nachgeordneten Beamtinnen und Beamten zuständig ist.

(3) Vorgesetzte oder Vorgesetzter ist, wer dienstliche Anordnungen erteilen darf.

(4) Die Dienstvorgesetzten- und Vorgesetzteneigenschaft bestimmt sich nach dem Aufbau der Verwaltung.

Abschnitt 2. Beamtenverhältnis

§ 4 Beamtenverhältnis. Beamtinnen und Beamte stehen zu ihrem Dienstherrn in einem öffentlich-rechtlichen Dienst- und Treueverhältnis (Beamtenverhältnis).

§ 5 Zulässigkeit des Beamtenverhältnisses. Die Berufung in das Beamtenverhältnis ist nur zulässig zur Wahrnehmung

1. hoheitsrechtlicher Aufgaben oder
2. von Aufgaben, die zur Sicherung des Staates oder des öffentlichen Lebens nicht ausschließlich Personen übertragen werden dürfen, die in einem privatrechtlichen Arbeitsverhältnis stehen.

§ 6 Arten des Beamtenverhältnisses. (1) [1]Das Beamtenverhältnis auf Lebenszeit dient der dauernden Wahrnehmung von Aufgaben nach § 5. [2]Es bildet die Regel.

(2) [1]Das Beamtenverhältnis auf Zeit ist in gesetzlich besonders bestimmten Fällen zulässig und dient der befristeten Wahrnehmung von Aufgaben nach § 5. [2]Für das Beamtenverhältnis auf Zeit gelten die Vorschriften über das Beamtenverhältnis auf Lebenszeit entsprechend, soweit nicht gesetzlich etwas anderes bestimmt ist.

(3) Das Beamtenverhältnis auf Probe dient der Ableistung einer Probezeit

[1] § 2 geänd. mWv 14.3.2015 durch G v. 6.3.2015 (BGBl. I S. 250).

1. zur späteren Verwendung auf Lebenszeit oder
2. zur Übertragung eines Amtes mit leitender Funktion.

(4) Das Beamtenverhältnis auf Widerruf dient
1. der Ableistung eines Vorbereitungsdienstes oder
2. der vorübergehenden Wahrnehmung von Aufgaben nach § 5.

(5) ¹Das Ehrenbeamtenverhältnis dient der unentgeltlichen Wahrnehmung von Aufgaben nach § 5. ²Es kann nicht in ein Beamtenverhältnis anderer Art und ein solches kann nicht in ein Ehrenbeamtenverhältnis umgewandelt werden.

§ 7[1)] **Voraussetzungen des Beamtenverhältnisses.** (1) In das Beamtenverhältnis darf berufen werden, wer
1. Deutsche oder Deutscher im Sinne des Artikels 116 Absatz 1 des Grundgesetzes[2)] ist oder die Staatsangehörigkeit
 a) eines anderen Mitgliedstaates der Europäischen Union oder
 b) eines anderen Vertragsstaates des Abkommens über den Europäischen Wirtschaftsraum oder
 c) eines Drittstaates, dem die Bundesrepublik Deutschland und die Europäische Union vertraglich einen entsprechenden Anspruch auf Anerkennung der Berufsqualifikationen eingeräumt haben,
 besitzt,
2. die Gewähr dafür bietet, jederzeit für die freiheitliche demokratische Grundordnung im Sinne des Grundgesetzes einzutreten, und
3. a) die für die entsprechende Laufbahn vorgeschriebene Vorbildung besitzt oder
 b) die erforderliche Befähigung durch Lebens- und Berufserfahrung erworben hat.

(2) Wenn die Aufgaben es erfordern, darf nur eine Deutsche oder ein Deutscher im Sinne des Artikels 116 Absatz 1 des Grundgesetzes in ein Beamtenverhältnis berufen werden.

(3) Das Bundesministerium des Innern, für Bau und Heimat kann Ausnahmen von Absatz 1 Nr. 1 und Absatz 2 zulassen, wenn für die Berufung der Beamtin oder des Beamten ein dringendes dienstliches Bedürfnis besteht.

§ 8[3)] **Stellenausschreibung.** (1) ¹Zu besetzende Stellen sind auszuschreiben. ²Bei der Einstellung von Bewerberinnen und Bewerbern muss die Ausschreibung öffentlich sein. ³Ausnahmen von den Sätzen 1 und 2 kann die Bundesregierung durch Rechtsverordnung regeln.

(2) ¹Die Art der Ausschreibung regelt die oberste Dienstbehörde nach Maßgabe des § 6 des Bundesgleichstellungsgesetzes[4)]. ²Sie kann diese Befugnis auf unmittelbar nachgeordnete Behörden übertragen.

[1)] § 7 Abs. 1 Nr. 1 geänd. mWv 14.3.2015 durch G v. 6.3.2015 (BGBl. I S. 250); Abs. 2 und 3 geänd. mWv 7.12.2018 durch G v. 29.11.2018 (BGBl. I S. 2232).
[2)] Nr. 1.
[3)] § 8 Abs. 2 Satz 2 angef. mWv 28.10.2016 durch G v. 19.10.2016 (BGBl. I S. 2362).
[4)] **Bundesbeamtengesetze Nr. 3.**

§ 9 Auswahlkriterien. [1] Die Auswahl der Bewerberinnen und Bewerber richtet sich nach Eignung, Befähigung und fachlicher Leistung ohne Rücksicht auf Geschlecht, Abstammung, Rasse oder ethnische Herkunft, Behinderung, Religion oder Weltanschauung, politische Anschauungen, Herkunft, Beziehungen oder sexuelle Identität. [2] Dem stehen gesetzliche Maßnahmen zur Durchsetzung der tatsächlichen Gleichstellung im Erwerbsleben, insbesondere Quotenregelungen mit Einzelfallprüfung sowie zur Förderung schwerbehinderter Menschen nicht entgegen.

§ 10 Ernennung. (1) Einer Ernennung bedarf es zur

1. Begründung des Beamtenverhältnisses,

2. Umwandlung des Beamtenverhältnisses in ein solches anderer Art,

3. Verleihung eines anderen Amtes mit anderem Endgrundgehalt und anderer Amtsbezeichnung oder

4. Verleihung eines anderen Amtes mit anderer Amtsbezeichnung beim Wechsel der Laufbahngruppe.

(2) [1] Die Ernennung erfolgt durch Aushändigung einer Ernennungsurkunde. [2] In der Urkunde müssen enthalten sein

1. bei der Begründung des Beamtenverhältnisses die Wörter „unter Berufung in das Beamtenverhältnis" mit dem die Art des Beamtenverhältnisses bestimmenden Zusatz „auf Lebenszeit", „auf Probe", „auf Widerruf" oder „als Ehrenbeamtin" oder „als Ehrenbeamter" oder „auf Zeit" mit der Angabe der Zeitdauer der Berufung,

2. bei der Umwandlung des Beamtenverhältnisses in ein solches anderer Art die diese Art bestimmenden Wörter nach Nummer 1 und

3. bei der Verleihung eines Amtes die Amtsbezeichnung.

(3) Mit der Begründung eines Beamtenverhältnisses auf Probe, auf Lebenszeit und auf Zeit wird gleichzeitig ein Amt verliehen.

§ 11 Voraussetzungen der Ernennung auf Lebenszeit. (1) [1] Zur Beamtin auf Lebenszeit oder zum Beamten auf Lebenszeit darf nur ernannt werden, wer

1. die in § 7 bezeichneten Voraussetzungen erfüllt und

2. sich in einer Probezeit in vollem Umfang bewährt hat.

[2] Für die Feststellung der Bewährung gilt ein strenger Maßstab. [3] Die Probezeit dauert mindestens drei Jahre. [4] Die Anrechnung einer gleichwertigen Tätigkeit kann bis zu einer Mindestprobezeit von einem Jahr vorgesehen werden. [5] Die Bundesregierung regelt durch Rechtsverordnung die Einzelheiten, insbesondere die Kriterien und das Verfahren der Bewährungsfeststellung, die Anrechnung von Zeiten sowie Ausnahmen von der Probezeit einschließlich der Mindestprobezeit.

(2) [1] Ein Beamtenverhältnis auf Probe ist spätestens nach fünf Jahren in ein solches auf Lebenszeit umzuwandeln, wenn die beamtenrechtlichen Voraussetzungen hierfür erfüllt sind. [2] Die Frist verlängert sich um die Zeit, um die sich die Probezeit wegen Elternzeit oder einer Beurlaubung unter Wegfall der Besoldung verlängert.

§ **11a**[1]) **Ableisten eines Vorbereitungsdienstes durch Beamtinnen auf Lebenszeit und Beamte auf Lebenszeit.** (1) Eine Beamtin auf Lebenszeit oder ein Beamter auf Lebenszeit kann zur Ableistung eines fachspezifischen Vorbereitungsdienstes des Bundes zur Erlangung der Befähigung für eine höhere Laufbahn oder für eine andere Laufbahn derselben oder einer höheren Laufbahngruppe zur Beamtin auf Widerruf oder zum Beamten auf Widerruf ernannt werden, wenn die Dienstbehörde die Fortdauer des Beamtenverhältnisses auf Lebenszeit neben dem Beamtenverhältnis auf Widerruf anordnet.

(2) Hat eine Beamtin auf Lebenszeit oder ein Beamter auf Lebenszeit den Vorbereitungsdienst nach Absatz 1 abgeschlossen, kann sie oder er zur Ableistung einer Probezeit für die neue Laufbahn zur Beamtin auf Probe oder zum Beamten auf Probe ernannt werden, wenn die bisherige Dienstbehörde im Einvernehmen mit der neuen Dienstbehörde die Fortdauer des Beamtenverhältnisses auf Lebenszeit neben dem Beamtenverhältnis auf Probe anordnet.

(3) Für die Dauer des Vorbereitungsdienstes und der Probezeit ruhen die Rechte und Pflichten aus dem im Beamtenverhältnis auf Lebenszeit übertragenen Amt.

(4) Vorschriften über den Wechsel in eine andere Laufbahn derselben Laufbahngruppe bleiben unberührt.

§ **12 Zuständigkeit und Wirksamwerden der Ernennung.** (1) Die Bundespräsidentin oder der Bundespräsident oder eine von ihr oder ihm bestimmte Stelle[2]) ernennt die Beamtinnen und Beamten, soweit gesetzlich nichts anderes bestimmt ist.

(2) [1]Die Ernennung wird mit dem Tag der Aushändigung der Ernennungsurkunde wirksam, wenn nicht in der Urkunde ausdrücklich ein späterer Zeitpunkt bestimmt ist. [2]Eine Ernennung auf einen zurückliegenden Zeitpunkt ist unzulässig und insoweit unwirksam.

(3) Mit der Ernennung erlischt ein privatrechtliches Arbeitsverhältnis zum Dienstherrn.

§ **13**[3]) **Nichtigkeit der Ernennung.** (1) Die Ernennung ist nichtig, wenn
1. sie nicht der in § 10 Abs. 2 vorgeschriebenen Form entspricht,
2. sie von einer sachlich unzuständigen Behörde ausgesprochen wurde oder
3. zum Zeitpunkt der Ernennung
 a) nach § 7 Abs. 1 Nr. 1 keine Ernennung erfolgen durfte und keine Ausnahme nach § 7 Abs. 3 zugelassen war oder
 b) die Fähigkeit zur Wahrnehmung öffentlicher Ämter nicht vorlag.

(2) Die Ernennung ist von Anfang an als wirksam anzusehen, wenn
1. im Fall des Absatzes 1 Nummer 1 aus der Urkunde oder aus dem Akteninhalt eindeutig hervorgeht, dass die für die Ernennung zuständige Stelle ein bestimmtes Beamtenverhältnis begründen oder ein bestehendes Beamtenver-

[1]) § 11a eingef. mWv 28.10.2016 durch G v. 19.10.2016 (BGBl. I S. 2362).
[2]) Siehe hierzu die AnO des Bundespräsidenten über die Ernennung und Entlassung der Beamtinnen, Beamten, Richterinnen und Richter des Bundes **(Bundesbeamtengesetze Nr. 10)** mit Durchführungsbestimmungen **(Bundesbeamtengesetze Nr. 10.1).**
[3]) § 13 Abs. 2 Nr. 1 neu gef. mWv 22.3.2012 durch G v. 15.3.2012 (BGBl. I S. 462).

hältnis in ein solches anderer Art umwandeln wollte, für das die sonstigen Voraussetzungen vorliegen, und die oder der Dienstvorgesetzte dies schriftlich festgestellt hat; das Gleiche gilt, wenn die Angabe der Dauer fehlt, die Dauer aber durch Rechtsvorschrift bestimmt ist,

2. im Fall des Absatzes 1 Nr. 2 die sachlich zuständige Behörde die Ernennung bestätigt oder

3. im Fall des Absatzes 1 Nr. 3 Buchstabe a eine Ausnahme nach § 7 Abs. 3 nachträglich zugelassen wird.

§ 14[1] **Rücknahme der Ernennung.** (1) Die Ernennung ist mit Wirkung auch für die Vergangenheit zurückzunehmen, wenn

1. sie durch Zwang, arglistige Täuschung oder Bestechung herbeigeführt wurde,

2. dem Dienstherrn nicht bekannt war, dass die ernannte Person wegen einer Straftat rechtskräftig verurteilt ist und deswegen für die Berufung in das Beamtenverhältnis als unwürdig erscheint, oder

3. die Ernennung nach § 7 Abs. 2 nicht erfolgen durfte und eine Ausnahme nach § 7 Abs. 3 nicht zugelassen war und eine Ausnahme nicht nachträglich zugelassen wird.

(2) [1] Die Ernennung soll zurückgenommen werden, wenn dem Dienstherrn nicht bekannt war, dass gegen die ernannte Person in einem Disziplinarverfahren auf Entfernung aus dem Beamtenverhältnis oder auf Aberkennung des Ruhegehalts erkannt worden war. [2] Dies gilt auch, wenn die Entscheidung gegen eine Beamtin oder einen Beamten der Europäischen Union oder eines Staates nach § 7 Abs. 1 Nr. 1 ergangen ist.

(3) [1] Die oberste Dienstbehörde nimmt die Ernennung innerhalb von sechs Monaten zurück, nachdem sie von ihr und dem Grund der Rücknahme Kenntnis erlangt hat. [2] Der Rücknahmebescheid wird der Beamtin oder dem Beamten zugestellt.

§ 15 Rechtsfolgen nichtiger oder zurückgenommener Ernennungen.
[1] Ist die erstmalige Ernennung nichtig oder zurückgenommen worden, hat die oder der Dienstvorgesetzte jede weitere Wahrnehmung der Dienstgeschäfte zu verbieten. [2] Bei Nichtigkeit ist das Verbot erst dann auszusprechen, wenn die sachlich zuständige Behörde es abgelehnt hat, die Ernennung zu bestätigen, oder die Ausnahme nach § 7 Abs. 3 nicht nachträglich zugelassen wird. [3] Die bis zu dem Verbot oder bis zur Zustellung der Erklärung der Rücknahme vorgenommenen Amtshandlungen sind in gleicher Weise gültig, wie wenn eine Beamtin oder ein Beamter sie ausgeführt hätte. [4] Die gezahlte Besoldung kann belassen werden.

Abschnitt 3. Laufbahnen

§ 16 Laufbahn. (1) Eine Laufbahn umfasst alle Ämter, die verwandte und gleichwertige Vor- und Ausbildungen voraussetzen.

[1] § 14 Abs. 2 Satz 2 geänd. mWv 22.3.2012 durch G v. 15.3.2012 (BGBl. I S. 462).

(2) ^1Die Befähigung für die Laufbahn, in die eingestellt, gewechselt oder von einem anderen Dienstherrn versetzt werden soll, ist festzustellen und der Beamtin oder dem Beamten schriftlich mitzuteilen. ^2Gleiches gilt, wenn die Beamtin oder der Beamte infolge der Umbildung einer Körperschaft übernommen wird oder kraft Gesetzes in den Dienst der aufnehmenden Körperschaft übertritt.

§ 17$^{1)}$ Zulassung zu den Laufbahnen.

(1) Für die Zulassung zu den Laufbahnen werden die Bildungsgänge und ihre Abschlüsse den Laufbahnen unter Berücksichtigung der mit der Laufbahn verbundenen Anforderungen zugeordnet.

(2) Für die Zulassung zu den Laufbahnen des einfachen Dienstes sind mindestens zu fordern

1. als Bildungsvoraussetzung
 a) der erfolgreiche Besuch einer Hauptschule oder
 b) ein als gleichwertig anerkannter Bildungsstand und
2. als sonstige Voraussetzung
 a) ein Vorbereitungsdienst oder
 b) eine abgeschlossene Berufsausbildung.

(3) Für die Zulassung zu den Laufbahnen des mittleren Dienstes sind mindestens zu fordern

1. als Bildungsvoraussetzung
 a) der Abschluss einer Realschule oder
 b) der erfolgreiche Besuch einer Hauptschule und eine abgeschlossene Berufsausbildung oder
 c) der erfolgreiche Besuch einer Hauptschule und eine Ausbildung in einem öffentlich-rechtlichen Ausbildungsverhältnis oder
 d) ein als gleichwertig anerkannter Bildungsstand und
2. als sonstige Voraussetzung
 a) ein mit einer Laufbahnprüfung abgeschlossener Vorbereitungsdienst oder
 b) eine inhaltliche dessen Anforderungen entsprechende abgeschlossene Berufsausbildung oder
 c) eine abgeschlossene Berufsausbildung und eine hauptberufliche Tätigkeit.

(4) Für die Zulassung zu den Laufbahnen des gehobenen Dienstes sind mindestens zu fordern

1. als Bildungsvoraussetzung
 a) eine zu einem Hochschulstudium berechtigende Schulbildung oder
 b) ein als gleichwertig anerkannter Bildungsstand und
2. als sonstige Voraussetzung
 a) ein mit einer Laufbahnprüfung abgeschlossener Vorbereitungsdienst oder

$^{1)}$ § 17 Abs. 2–5 jeweils einl. Satzteil geänd. mWv 22.3.2012 durch G v. 15.3.2012 (BGBl. I S. 462); Abs. 5 Nr. 2 Buchst. b eingef., bish. Buchst. b wird Buchst. c mWv 14.3.2015 durch G v. 6.3.2015 (BGBl. I S. 250).

 b) ein inhaltlich dessen Anforderungen entsprechendes mit einem Bachelor abgeschlossenes Hochschulstudium oder ein gleichwertiger Abschluss oder

 c) ein mit einem Bachelor abgeschlossenes Hochschulstudium oder ein gleichwertiger Abschluss und eine hauptberufliche Tätigkeit.

(5) Für die Zulassung zu den Laufbahnen des höheren Dienstes sind mindestens zu fordern

1. als Bildungsvoraussetzung

 a) ein mit einem Master abgeschlossenes Hochschulstudium oder

 b) ein gleichwertiger Abschluss und

2. als sonstige Voraussetzung

 a) ein mit einer Laufbahnprüfung abgeschlossener Vorbereitungsdienst oder

 b) eine inhaltlich dem Vorbereitungsdienst entsprechende Ausbildung und eine inhaltlich der Laufbahnprüfung entsprechende Prüfung oder

 c) eine hauptberufliche Tätigkeit.

(6) Vor- und Ausbildung, Prüfung sowie sonstige Voraussetzungen müssen geeignet sein, die Befähigung für die Laufbahn zu vermitteln.

(7) Die Bundesregierung kann durch Rechtsverordnung[1] Ausnahmen von den Absätzen 2 bis 5 zulassen.

§ 18[2] Anerkennung der Laufbahnbefähigung aufgrund der Richtlinie 2005/36/EG und aufgrund in Drittstaaten erworbener Berufsqualifikationen. (1) Die Laufbahnbefähigung kann auch aufgrund

1. der Richtlinie 2005/36/EG des Europäischen Parlaments und des Rates vom 7. September 2005 über die Anerkennung von Berufsqualifikationen (ABl. L 255 vom 30.9.2005, S. 22, L 271 vom 16.10.2007, S. 18, L 93 vom 4.4.2008, S. 28, L 33 vom 3.2.2009, S. 49), die zuletzt durch die Richtlinie 2013/55/EU (ABl. L 354 vom 28.12.2013, S. 132) geändert worden ist,

2. eines mit einem Drittstaat geschlossenen Vertrages, in dem die Bundesrepublik Deutschland und die Europäische Union einen entsprechenden Anspruch auf Anerkennung der Berufsqualifikationen eingeräumt haben, oder

3. einer auf eine Tätigkeit in einer öffentlichen Verwaltung vorbereitenden Berufsqualifikation, die in einem von § 7 Absatz 1 Nummer 1 Buchstabe c nicht erfassten Drittstaat erworben worden ist,

anerkannt werden.

(2) Die deutsche Sprache muss in dem für die Wahrnehmung der Aufgaben der Laufbahn erforderlichen Maß beherrscht werden.

[1] Siehe die BundeslaufbahnVO (Nr. **180**) und die dazu erlassene Allg. Verwaltungsvorschrift **(Bundesbeamtengesetze Nr. 12.1)**.
[2] § 18 Überschrift neu gef., Abs. 1 Nr. 1 neu gef., Nr. 2 geänd., Nr. 3 und Abs. 5 angef. mWv 1.4. 2012 durch G v. 6.12.2011 (BGBl. I S. 2515); Abs. 3 geänd. mWv 15.8.2013 durch G v. 7.8.2013 (BGBl. I S. 3154); Abs. 1 Nr. 1 geänd. mWv 14.3.2015 durch G v. 6.3.2015 (BGBl. I S. 250); Abs. 3 aufgeh., bish. Abs. 4 wird Abs. 3 und geänd., bish. Abs. 5 wird Abs. 4 mWv 1.10.2019 durch G v. 18.7.2016 (BGBl. I S. 1666); Abs. 5 geänd. mWv 28.10.2016 durch G v. 19.10.2016 (BGBl. I S. 2362); Abs. 4 geänd. mWv 7.12.2018 durch G v. 29.11.2018 (BGBl. I S. 2232).

(3) Das Bundesministerium des Innern, für Bau und Heimat wird ermächtigt, durch Rechtsverordnung[1] die Voraussetzungen und das Verfahren der Anerkennung zu bestimmen.

(4) Das Berufsqualifikationsfeststellungsgesetz findet mit Ausnahme des § 12 Absatz 5 Satz 2 und des § 17 keine Anwendung.

§ 19 Andere Bewerberinnen und andere Bewerber. Der Bundespersonalausschuss oder ein von ihm bestimmter unabhängiger Ausschuss stellt fest, wer die Befähigung für eine Laufbahn ohne die vorgeschriebene Vorbildung durch Lebens- und Berufserfahrung erworben hat.

§ 20[2] Einstellung. [1]Die Einstellung in ein höheres Amt als das Eingangsamt der Laufbahn ist zulässig bei entsprechenden beruflichen Erfahrungen oder sonstigen Qualifikationen, die zusätzlich zu den Abschlüssen und beruflichen Erfahrungen, die für die Anerkennung der Laufbahnbefähigung erforderlich sind, erworben wurden. [2]Das Nähere regelt die Bundesregierung durch Rechtsverordnung[3].

§ 21 Dienstliche Beurteilung. [1]Eignung, Befähigung und fachliche Leistung der Beamtinnen und Beamten sind regelmäßig zu beurteilen. [2]Ausnahmen von der Beurteilungspflicht kann die Bundesregierung durch Rechtsverordnung regeln.

§ 22[4] Beförderungen. (1) [1]Für Beförderungen gelten die Grundsätze des § 9. [2]Erfolgt die Auswahlentscheidung auf der Grundlage dienstlicher Beurteilungen, darf das Ende des letzten Beurteilungszeitraums zum Zeitpunkt der Auswahlentscheidung höchstens drei Jahre zurückliegen.

(2) Beförderungen, die mit einer höherwertigen Funktion verbunden sind, setzen eine mindestens sechsmonatige Erprobungszeit voraus.

(3) Ämter, die nach der Gestaltung der Laufbahn regelmäßig zu durchlaufen sind, dürfen nicht übersprungen werden.

(4) Eine Beförderung ist unzulässig vor Ablauf eines Jahres
1. seit der Einstellung in das Beamtenverhältnis auf Probe oder
2. a) seit der Einstellung in das Beamtenverhältnis auf Lebenszeit oder
 b) seit der letzten Beförderung,
es sei denn, das bisherige Amt musste nicht regelmäßig durchlaufen werden.

(Fortsetzung nächstes Blatt)

[1] Siehe die LaufbahnbefähigungsanerkennungsVO (**Bundesbeamtengesetze Nr. 13**).
[2] § 20 Satz 1 geänd. mWv 14.3.2015 durch G v. 6.3.2015 (BGBl. I S. 250).
[3] Siehe die BundeslaufbahnVO (Nr. **180**) und die dazu erlassene Allg. Verwaltungsvorschrift (**Bundesbeamtengesetze Nr. 12.1**).
[4] § 22 Abs. 4 Nr. 2 neu gef. mWv 22.3.2012 durch G v. 15.3.2012 (BGBl. I S. 462).

(5) [1] Vor dem Wechsel in ein Amt einer höheren Laufbahngruppe ist eine entsprechende Qualifikation durch eine Prüfung nachzuweisen. [2] Die Voraussetzungen und das Verfahren regelt die Bundesregierung durch Rechtsverordnung.

(6) Der Bundespersonalausschuss kann Ausnahmen von den Absätzen 2 bis 4 zulassen, wenn sie die Bundesregierung nicht durch Rechtsverordnung regelt.

§ 23[1] Beförderungssperre zwischen zwei Mandaten. [1] Legen Beamtinnen oder Beamte, deren Rechte und Pflichten aus dem Beamtenverhältnis ruhen oder die ohne Besoldung beurlaubt sind, ihr Mandat im Europäischen Parlament, im Deutschen Bundestag oder in der gesetzgebenden Körperschaft eines Landes nieder und bewerben sie sich zu diesem Zeitpunkt erneut um ein Mandat, ist die Übertragung eines anderen Amtes mit höherem Endgrundgehalt und die Übertragung eines anderen Amtes beim Wechsel der Laufbahngruppe nicht zulässig. [2] Satz 1 gilt entsprechend für die Zeit zwischen zwei Wahlperioden.

§ 24[2] Führungsämter auf Probe. (1) [1] Ein Amt mit leitender Funktion wird zunächst im Beamtenverhältnis auf Probe übertragen. [2] Die regelmäßige Probezeit beträgt zwei Jahre. [3] Die oberste Dienstbehörde kann eine Verkürzung zulassen, wenn vor Ablauf der Probezeit eine höherwertige Funktion übertragen wird oder die Funktion als ständige Vertretung der Amtsinhaberin oder des Amtsinhabers mindestens sechs Monate tatsächlich wahrgenommen wurde. [4] Die Mindestprobezeit beträgt ein Jahr. [5] Angerechnet werden können Zeiten, in denen die leitende Funktion oder eine gleichwertige Funktion als Beamtin oder Beamter der Bundesbesoldungsordnungen B, W oder R oder der früheren Bundesbesoldungsordnung C oder entsprechender Landesbesoldungsordnungen oder als Richterin oder Richter bereits übertragen war. [6] Eine Verlängerung der Probezeit ist nicht zulässig, es sei denn, wegen Elternzeit könnte die Mindestprobezeit nicht geleistet werden. [7] Bei Beurlaubungen im dienstlichen Interesse kann von der Probezeit abgesehen werden. [8] § 22 Abs. 2 und 4 Nr. 1 ist nicht anzuwenden.

(2) [1] In ein Amt mit leitender Funktion darf berufen werden, wer

1. sich in einem Beamtenverhältnis auf Lebenszeit befindet und

2. in dieses Amt auch als Beamtin auf Lebenszeit oder Beamter auf Lebenszeit berufen werden könnte.

[2] Mit der Ernennung ruhen für die Dauer der Probezeit die Rechte und Pflichten aus dem zuletzt im Beamtenverhältnis auf Lebenszeit übertragenen Amt mit Ausnahme der Pflicht zur Verschwiegenheit und des Verbotes der Annahme von Belohnungen, Geschenken und sonstigen Vorteilen. [3] Das Beamtenverhältnis auf Lebenszeit besteht fort. [4] Dienstvergehen, die mit Bezug auf das Beamtenverhältnis auf Lebenszeit oder das Beamtenverhältnis auf Probe begangen worden sind, werden so verfolgt, als stünde die Beamtin oder der Beamte nur im Beamtenverhältnis auf Lebenszeit.

[1] § 23 Satz 1 geänd. mWv 14. 3. 2015 durch G v. 6. 3. 2015 (BGBl. I S. 250).
[2] § 24 Abs. 1 Satz 5 geänd. mWv 14. 3. 2015 durch G v. 6. 3. 2015 (BGBl. I S. 250); Abs. 1 Satz 5 neu gef. mWv 28. 10. 2016 durch G v. 19. 10. 2016 (BGBl. I S. 2362).

(3) ¹ Der Bundespersonalausschuss kann Ausnahmen von Absatz 2 Satz 1 zulassen, wenn sie die Bundesregierung nicht durch Rechtsverordnung regelt. ² Besteht nur ein Beamtenverhältnis auf Probe nach Absatz 1, beträgt die regelmäßige Probezeit drei Jahre und die Mindestprobezeit zwei Jahre. ³ Die für die Beamtinnen auf Probe und Beamten auf Probe geltenden Vorschriften des Bundesdisziplinargesetzes¹⁾ bleiben unberührt.

(4) ¹ Mit erfolgreichem Abschluss der Probezeit soll das Amt nach Absatz 1 auf Dauer im Beamtenverhältnis auf Lebenszeit übertragen werden. ² Eine erneute Berufung in ein Beamtenverhältnis auf Probe zur Übertragung dieses Amtes innerhalb eines Jahres ist nicht zulässig. ³ Wird das Amt nicht auf Dauer übertragen, erlischt der Anspruch auf Besoldung aus diesem Amt. ⁴ Weiter gehende Ansprüche bestehen nicht.

(5) ¹ Ämter im Sinne des Absatzes 1 sind die Ämter der Besoldungsgruppen B 6 bis B 9 in obersten Bundesbehörden sowie die der Besoldungsordnung B angehörenden Ämter der Leiterinnen und Leiter der übrigen Bundesbehörden sowie der bundesunmittelbaren Körperschaften, Anstalten und Stiftungen des öffentlichen Rechts, wenn sie keine richterliche Unabhängigkeit besitzen. ² Ausgenommen sind das Amt der Direktorin und des Direktors beim Bundesverfassungsgericht sowie die den Funktionen der stellvertretenden Direktorin und des stellvertretenden Direktors des Bundesrates zugeordneten Ämter.

(6) ¹ Beamtinnen und Beamte führen während ihrer Amtszeit im Dienst nur die Amtsbezeichnung des ihnen nach Absatz 1 übertragenen Amtes. ² Sie dürfen nur diese auch außerhalb des Dienstes führen. ³ Wird ihnen das Amt nach Absatz 1 nicht auf Dauer übertragen, dürfen sie die Amtsbezeichnung nach Satz 1 nach dem Ausscheiden aus dem Beamtenverhältnis auf Probe nicht weiterführen.

§ 25 Benachteiligungsverbote. ¹ Schwangerschaft, Mutterschutz und Elternzeit dürfen sich bei der Einstellung und dem beruflichen Fortkommen nicht nachteilig auswirken. ² Dies gilt auch für Teilzeit, Telearbeit und familienbedingte Beurlaubung, wenn nicht zwingende sachliche Gründe vorliegen.

§ 26²⁾ Rechtsverordnung über Laufbahnen. (1) Die Bundesregierung wird ermächtigt, durch Rechtsverordnung³⁾ nach Maßgabe der §§ 16 bis 25
1. allgemeine Vorschriften über die Laufbahnen und Vorbereitungsdienste der Beamtinnen und Beamten und
2. besondere Vorschriften für die einzelnen Laufbahnen und Vorbereitungsdienste
zu erlassen.

(2) Die Bundesregierung kann die Befugnis nach Absatz 1 Nr. 2 durch Rechtsverordnung obersten Dienstbehörden übertragen.

¹⁾ Nr. **220.**
²⁾ § 26 Abs. 1 Nr. 2 geänd. mWv 14. 3. 2015 durch G v. 6. 3. 2015 (BGBl. I S. 250).
³⁾ Siehe die BundeslaufbahnVO (Nr. **180**) sowie die VOen über die Laufbahn, Ausbildung und Prüfung für den höheren Auswärtigen Dienst v. 15. 6. 2004 (BGBl. I S. 1088), zuletzt geänd. durch VO v. 4. 12. 2016 (BGBl. I S. 2853), für den gehobenen Auswärtigen Dienst v. 8. 7. 2004 (BGBl. I S. 1591), zuletzt geänd. durch VO v. 4. 12. 2016 (BGBl. I S. 2853) und für den mittleren Auswärtigen Dienst v. 28. 7. 2004 (BGBl. I S. 1939), zuletzt geänd. durch VO v. 4. 12. 2016 (BGBl. I S. 2853).

Abschnitt 4. Abordnung, Versetzung und Zuweisung

§ 27¹⁾ Abordnung. (1) ¹Eine Abordnung ist die vorübergehende Übertragung einer dem Amt der Beamtin oder des Beamten entsprechenden Tätigkeit bei einer anderen Dienststelle desselben oder eines anderen Dienstherrn unter Beibehaltung der Zugehörigkeit zur bisherigen Dienststelle. ²Die Abordnung kann ganz oder teilweise erfolgen.

(2) ¹Eine Abordnung ist ganz oder teilweise aus dienstlichen Gründen auch zu einer nicht dem bisherigen Amt entsprechenden Tätigkeit möglich, wenn die Wahrnehmung der neuen Tätigkeit aufgrund der Vorbildung oder Berufsausbildung zumutbar ist. ²Dabei ist auch die Abordnung zu einer Tätigkeit zulässig, die nicht einem Amt mit demselben Endgrundgehalt entspricht.

(3) ¹Die Abordnung bedarf der Zustimmung der Beamtin oder des Beamten, wenn sie

1. im Fall des Absatzes 2 länger als zwei Jahre dauert oder

2. zu einem anderen Dienstherrn erfolgt.

²Die Abordnung zu einem anderen Dienstherrn ist ohne Zustimmung zulässig, wenn die Tätigkeit einem Amt mit demselben Endgrundgehalt auch einer anderen Laufbahn entspricht und nicht länger als fünf Jahre dauert.

(4) ¹Die Abordnung zu einem anderen Dienstherrn wird von dem abgebenden im Einverständnis mit dem aufnehmenden Dienstherrn verfügt. ²Das Einverständnis ist schriftlich oder elektronisch zu erklären.

(5) Werden Beamtinnen und Beamte des Bundes zu einem Land, einer Gemeinde, einem Gemeindeverband oder einer sonstigen nicht der Bundesaufsicht unterstehenden Körperschaft, Anstalt oder Stiftung des öffentlichen Rechts zur vorübergehenden Beschäftigung abgeordnet, sind, soweit zwischen den Dienstherren nichts anderes vereinbart ist, die für den Bereich des aufnehmenden Dienstherrn geltenden Vorschriften über die Pflichten und Rechte der Beamtinnen und Beamten entsprechend anzuwenden mit Ausnahme der Regelungen über Diensteid, Amtsbezeichnung, Zahlung von Bezügen, Krankenfürsorgeleistungen und Versorgung.

(6) Die Verpflichtung zur Zahlung der Besoldung hat auch der Dienstherr, zu dem die Abordnung erfolgt ist.

§ 28²⁾ Versetzung. (1) Eine Versetzung ist die auf Dauer angelegte Übertragung eines anderen Amtes bei einer anderen Dienststelle bei demselben oder einem anderen Dienstherrn.

(2) Eine Versetzung ist auf Antrag der Beamtin oder des Beamten oder aus dienstlichen Gründen ohne ihre oder seine Zustimmung zulässig, wenn das Amt mit mindestens demselben Endgrundgehalt verbunden ist wie das bisherige Amt, und die Tätigkeit aufgrund der Vorbildung oder Berufsausbildung zumutbar ist.

(3) ¹Bei der Auflösung oder einer wesentlichen Änderung des Aufbaus oder der Aufgaben einer Behörde oder der Verschmelzung von Behörden können

¹⁾ § 27 Abs. 6 aufgeh., bish. Abs. 7 wird Abs. 6 mWv 22. 3. 2012 durch G v. 15. 3. 2012 (BGBl. I S. 462); Abs. 4 Satz 2 geänd. mWv 5. 4. 2017 durch G v. 29. 3. 2017 (BGBl. I S. 626).
²⁾ § 28 Abs. 5 Satz 2 geänd. mWv 5. 4. 2017 durch G v. 29. 3. 2017 (BGBl. I S. 626).

Beamtinnen und Beamte, deren Aufgabengebiet davon berührt wird, ohne ihre Zustimmung in ein anderes Amt derselben oder einer anderen Laufbahn mit geringerem Endgrundgehalt im Bereich desselben Dienstherrn versetzt werden, wenn eine dem bisherigen Amt entsprechende Verwendung nicht möglich ist. [2] Das Endgrundgehalt muss mindestens dem des Amtes entsprechen, das die Beamtin oder der Beamte vor dem bisherigen Amt wahrgenommen hat. [3] Beamtinnen und Beamte sind verpflichtet, an Qualifizierungsmaßnahmen zum Erwerb der Befähigung für eine andere Laufbahn teilzunehmen.

(4) Im Übrigen bedarf die Versetzung der Zustimmung der Beamtin oder des Beamten.

(5) [1] Die Versetzung zu einem anderen Dienstherrn wird von dem abgebenden im Einverständnis mit dem aufnehmenden Dienstherrn verfügt. [2] Das Einverständnis ist schriftlich oder elektronisch zu erklären.

§ 29 Zuweisung. (1) [1] Beamtinnen und Beamten kann mit ihrer Zustimmung vorübergehend ganz oder teilweise eine ihrem Amt entsprechende Tätigkeit

1. bei einer öffentlichen Einrichtung ohne Dienstherrnfähigkeit im dienstlichen oder öffentlichen Interesse oder

2. bei einer anderen Einrichtung, wenn ein öffentliches Interesse es erfordert,

zugewiesen werden. [2] Die Entscheidung trifft die oberste Dienstbehörde oder eine von ihr bestimmte Stelle.

(2) Beamtinnen und Beamten einer Dienststelle, die ganz oder teilweise in eine öffentlich-rechtlich organisierte Einrichtung ohne Dienstherrnfähigkeit oder eine privatrechtlich organisierte Einrichtung der öffentlichen Hand umgewandelt wird, kann auch ohne ihre Zustimmung eine ihrem Amt entsprechende Tätigkeit bei dieser Einrichtung zugewiesen werden, wenn öffentliche Interessen es erfordern.

(3) Die Rechtsstellung der Beamtinnen und Beamten bleibt unberührt.

Abschnitt 5. Beendigung des Beamtenverhältnisses

Unterabschnitt 1. Entlassung

§ 30 Beendigungsgründe. Das Beamtenverhältnis endet durch

1. Entlassung,

2. Verlust der Beamtenrechte,

3. Entfernung aus dem Beamtenverhältnis nach dem Bundesdisziplinargesetz[1) oder

4. Eintritt oder Versetzung in den Ruhestand.

§ 31[2)] Entlassung kraft Gesetzes. (1) [1] Beamtinnen und Beamte sind entlassen, wenn

[1)] Nr. 220.
[2)] § 31 Abs. 1 Nr. 2 Satz 2 aufgeh., Satz 2 angef., Abs. 2 Satz 1 geänd., Satz 2 aufgeh. mWv 14. 3. 2015 durch G v. 6. 3. 2015 (BGBl. I S. 250); Abs. 1 Satz 1 Nr. 1 und 2 geänd., Nr. 3 und Abs. 2 Satz 2 angef. mWv 28. 10. 2016 durch G v. 19. 10. 2016 (BGBl. I S. 2362).

1. die Voraussetzungen des § 7 Abs. 1 Nr. 1 nicht mehr vorliegen und eine Ausnahme nach § 7 Abs. 3 auch nachträglich nicht zugelassen wird,

2. sie in ein öffentlich-rechtliches Dienst- oder Amtsverhältnis zu einem anderen Dienstherrn oder zu einer Einrichtung ohne Dienstherrnfähigkeit nach deutschem Recht treten oder zur Berufssoldatin, zum Berufssoldaten, zur Soldatin auf Zeit oder zum Soldaten auf Zeit ernannt werden, sofern gesetzlich nichts anderes bestimmt ist oder

3. sie in den Fällen des § 11 a Absatz 2 eine Probezeit für die neue Laufbahn abgeleistet haben und in der neuen Laufbahn zu Beamtinnen auf Lebenszeit oder zu Beamten auf Lebenszeit ernannt sind.

² Satz 1 Nummer 2 gilt nicht, wenn

1. die Beamtin oder der Beamte in ein Beamtenverhältnis auf Widerruf oder in ein Ehrenbeamtenverhältnis eintritt oder

2. die oberste Dienstbehörde nach ihrem Ermessen die Fortdauer des Beamtenverhältnisses angeordnet hat, bevor die Beamtin oder der Beamte in das Dienst oder Amtsverhältnis zu dem anderen Dienstherrn oder der Einrichtung eingetreten ist; bei Dienstherren im Sinne des Beamtenstatusgesetzes[1] kann die Fortdauer nur mit deren Einvernehmen angeordnet werden.

(2) ¹ Die oberste Dienstbehörde entscheidet darüber, ob die Voraussetzungen des Absatzes 1 Satz 1 vorliegen, und stellt den Tag der Beendigung des Beamtenverhältnisses fest. ² Die oberste Dienstbehörde kann diese Aufgaben auf unmittelbar nachgeordnete Behörden übertragen.

§ 32[2] Entlassung aus zwingenden Gründen. (1) Beamtinnen und Beamte sind zu entlassen, wenn sie

1. den Diensteid oder ein an dessen Stelle vorgeschriebenes Gelöbnis verweigern,

2. nicht in den Ruhestand oder einstweiligen Ruhestand versetzt werden können, weil eine versorgungsrechtliche Wartezeit nicht erfüllt ist, oder

3. zur Zeit der Ernennung Inhaberin oder Inhaber eines Amtes, das kraft Gesetzes mit dem Mandat unvereinbar ist, Mitglied des Deutschen Bundestags oder des Europäischen Parlaments waren und nicht innerhalb der von der obersten Dienstbehörde gesetzten angemessenen Frist ihr Mandat niederlegen.

(2) Beamtinnen und Beamte können entlassen werden, wenn sie in den Fällen des § 7 Abs. 2 die Eigenschaft als Deutsche oder Deutscher im Sinne des Artikels 116 Absatz 1 des Grundgesetzes[3] verlieren.

§ 33 Entlassung auf Verlangen. (1) ¹ Beamtinnen und Beamte sind zu entlassen, wenn sie gegenüber der zuständigen Behörde schriftlich ihre Entlassung verlangen. ² Die Erklärung kann, solange die Entlassungsverfügung noch nicht zugegangen ist, innerhalb von zwei Wochen nach Zugang bei der zuständigen Behörde zurückgenommen werden, mit Zustimmung der zuständigen Behörde auch nach Ablauf dieser Frist.

[1] Nr. 150.
[2] § 32 Abs. 2 geänd. mWv 14. 3. 2015 durch G v. 6. 3. 2015 (BGBl. I S. 250).
[3] Nr. 1.

(2) ¹ Die Entlassung kann jederzeit verlangt werden. ² Sie ist für den beantragten Zeitpunkt auszusprechen. ³ Sie kann jedoch so lange hinausgeschoben werden, bis die Beamtin oder der Beamte die ihr oder ihm übertragenen Aufgaben ordnungsgemäß erledigt hat, längstens drei Monate.

§ 34 Entlassung von Beamtinnen auf Probe und Beamten auf Probe.
(1) ¹ Beamtinnen auf Probe und Beamte auf Probe im Sinne des § 6 Abs. 3 Satz 1 können außerdem entlassen werden, wenn einer der folgenden Entlassungsgründe vorliegt:

1. ein Verhalten, das im Beamtenverhältnis auf Lebenszeit mindestens eine Kürzung der Dienstbezüge zur Folge hätte,

2. fehlende Bewährung im Sinne des § 11 Abs. 1 Satz 1 Nr. 2,

3. Dienstunfähigkeit, ohne dass eine Versetzung in den Ruhestand erfolgt ist, oder

4. Auflösung oder wesentliche Änderung des Aufbaus oder der Aufgaben der Beschäftigungsbehörde oder deren Verschmelzung mit einer anderen Behörde, wenn das übertragene Aufgabengebiet davon berührt wird und eine anderweitige Verwendung nicht möglich ist.

² Im Fall des Satzes 1 Nr. 2 ist bei allein mangelnder gesundheitlicher Eignung und im Fall der Nummer 3 eine anderweitige Verwendung entsprechend zu prüfen.

(2) ¹ Die Frist für die Entlassung beträgt bei einer Beschäftigungszeit

1. bis zum Ablauf von drei Monaten zwei Wochen zum Monatsschluss und

2. von mehr als drei Monaten sechs Wochen zum Schluss eines Kalendervierteljahres.

² Als Beschäftigungszeit gilt die Zeit ununterbrochener Tätigkeit im Beamtenverhältnis auf Probe im Bereich derselben obersten Dienstbehörde.

(3) ¹ Im Falle des Absatzes 1 Nr. 1 ist eine Entlassung ohne Einhaltung einer Frist möglich. ² Die §§ 21 bis 29 des Bundesdisziplinargesetzes¹⁾ sind entsprechend anzuwenden.

(4) Beamtinnen auf Probe und Beamte auf Probe sind mit dem Ende des Monats entlassen, in dem sie die im Beamtenverhältnis auf Lebenszeit geltende Altersgrenze erreichen.

§ 35 Entlassung von Beamtinnen und Beamten in Führungsämtern auf Probe. ¹ Beamtinnen und Beamte in Ämtern mit leitender Funktion sind

1. mit Ablauf der Probezeit nach § 24 Abs. 1,

2. mit Beendigung des Beamtenverhältnisses auf Lebenszeit,

3. mit Versetzung zu einem anderen Dienstherrn,

4. mit Festsetzung mindestens einer Kürzung der Dienstbezüge als Disziplinarmaßnahme oder

5. in den Fällen, in denen nur ein Beamtenverhältnis auf Probe besteht, mit Ende des Monats, in dem sie die im Beamtenverhältnis auf Lebenszeit geltende Altersgrenze erreichen,

¹⁾ Nr. **220.**

aus dem Beamtenverhältnis auf Probe nach § 24 Abs. 1 entlassen. [2] Die §§ 31 bis 33 bleiben unberührt. [3] § 34 Abs. 1 gilt entsprechend.

§ 36 Entlassung von politischen Beamtinnen auf Probe und politischen Beamten auf Probe. Politische Beamtinnen und politische Beamte, die sich in einem Beamtenverhältnis auf Probe befinden, können jederzeit aus diesem entlassen werden.

§ 37 Entlassung von Beamtinnen auf Widerruf und Beamten auf Widerruf. (1) [1] Beamtinnen auf Widerruf und Beamte auf Widerruf können jederzeit entlassen werden. [2] Die Entlassung ist ohne Einhaltung einer Frist möglich. [3] § 34 Abs. 4 gilt entsprechend.

(2) [1] Beamtinnen auf Widerruf und Beamten auf Widerruf im Vorbereitungsdienst soll Gelegenheit gegeben werden, den Vorbereitungsdienst abzuleisten und die Prüfung abzulegen. [2] Sie sind mit Ablauf des Tages aus dem Beamtenverhältnis entlassen, an dem ihnen

1. das Bestehen oder endgültige Nichtbestehen der Prüfung oder

2. das endgültige Nichtbestehen einer vorgeschriebenen Zwischenprüfung

bekannt gegeben wird.

§ 38[1] Verfahren der Entlassung. [1] Soweit gesetzlich nichts anderes bestimmt ist, wird die Entlassung von der Stelle schriftlich verfügt, die für die Ernennung zuständig wäre. [2] Die Entlassung wird im Fall des § 32 Abs. 1 Nr. 1 mit der Zustellung, im Übrigen mit dem Ablauf des Monats wirksam, der auf den Monat folgt, in dem der Beamtin oder dem Beamten die Entlassungsverfügung zugestellt wird.

§ 39[2] Folgen der Entlassung. [1] Nach der Entlassung besteht kein Anspruch auf Besoldung und Versorgung, soweit gesetzlich nichts anderes bestimmt ist. [2] Die oberste Dienstbehörde kann die Erlaubnis erteilen, die Amtsbezeichnung mit dem Zusatz „außer Dienst" oder „a.D." sowie die im Zusammenhang mit dem Amt verliehenen Titel zu führen. [3] Die Erlaubnis kann zurückgenommen werden, wenn die frühere Beamtin oder der frühere Beamte sich ihrer als nicht würdig erweist. [4] Die oberste Dienstbehörde kann die Befugnis nach den Sätzen 2 und 3 auf nachgeordnete Behörden übertragen.

§ 40[3] Ausscheiden bei Wahlen oder Übernahme politischer Ämter.

(1) [1] Beamtinnen und Beamte müssen aus ihrem Amt ausscheiden, wenn sie die Wahl zum Europäischen Parlament oder zum Deutschen Bundestag annehmen. [2] Das Nähere bestimmt ein Gesetz. [3] Für Beamtinnen und Beamte, *die in die gesetzgebende Körperschaft eines Landes gewählt worden sind und deren Amt kraft Gesetzes mit dem Mandat unvereinbar ist, gelten die für in*

[1] Siehe hierzu auch die AnO des Bundespräsidenten über die Ernennung und Entlassung der Beamtinnen, Beamten, Richterinnen und Richter des Bundes **(Bundesbeamtengesetze Nr. 10)** mit Durchführungsbestimmungen **(Bundesbeamtengesetze Nr. 10.1).**
[2] § 39 Satz 4 angef. mWv 14. 3. 2015 durch G v. 6. 3. 2015 (BGBl. I S. 250).
[3] § 40 Abs. 1 Satz 1 und Abs. 3 Satz 1 geänd. mWv 14. 3. 2015 durch G v. 6. 3. 2015 (BGBl. I S. 250).

den Deutschen Bundestag gewählte Beamtinnen und Beamte maßgebenden Vorschriften der §§ 5 bis 7, 8 Abs. 2, der §§ 9, 23 Abs. 5 und des § 36 Abs. 1 des Abgeordnetengesetzes[1] entsprechend.

(2) [1] Werden Beamtinnen oder Beamte zum Mitglied der Regierung eines Landes ernannt, gilt § 18 Abs. 1 und 2 des Bundesministergesetzes[2] entsprechend. [2] Dies gilt auch für den Eintritt in ein Amtsverhältnis, das dem Parlamentarischer Staatssekretärinnen oder Parlamentarischer Staatssekretäre im Sinne des Gesetzes über die Rechtsverhältnisse der Parlamentarischen Staatssekretäre entspricht.

(3) [1] Bei Eintritt in ein kommunales Wahlbeamtenverhältnis auf Zeit ist § 31 Abs. 1 Satz 1 Nr. 2 nicht anzuwenden. [2] Die Rechte und Pflichten aus dem zuletzt im Beamtenverhältnis wahrgenommenen Amt ruhen für die Dauer des Wahlbeamtenverhältnisses mit Ausnahme der Pflicht zur Verschwiegenheit und des Verbotes der Annahme von Belohnungen, Geschenken und sonstigen Vorteilen. [3] Beamtinnen und Beamte kehren nach Beendigung ihrer Amtszeit unter Übertragung ihres letzten Amtes in ihr Dienstverhältnis zurück, sofern sie zu diesem Zeitpunkt noch nicht die für sie geltende Altersgrenze erreicht haben. [4] Die Beamtinnen und Beamten erhalten nach Beendigung des Wahlbeamtenverhältnisses die Besoldung aus dem zuletzt im Beamtenverhältnis des Bundes wahrgenommenen Amt. [5] Wird der Rückkehr nach Beendigung des Wahlbeamtenverhältnisses abgelehnt oder ihr nicht gefolgt, sind sie zu entlassen. [6] Die Entlassung wird von der Stelle schriftlich verfügt, die für die Ernennung zuständig wäre. [7] Die Entlassung tritt mit dem Ablauf des Monats ein, der auf den Monat folgt, in dem die Entlassungsverfügung zugestellt wird.

§ 41 Verlust der Beamtenrechte. (1) [1] Werden Beamtinnen oder Beamte im ordentlichen Strafverfahren durch das Urteil eines deutschen Gerichts

1. wegen einer vorsätzlichen Tat zu einer Freiheitsstrafe von mindestens einem Jahr oder

2. wegen einer vorsätzlichen Tat, die nach den Vorschriften über Friedensverrat, Hochverrat, Gefährdung des demokratischen Rechtsstaates oder Landesverrat und Gefährdung der äußeren Sicherheit oder, soweit sich die Tat auf eine Diensthandlung im Hauptamt bezieht, Bestechlichkeit strafbar ist, zu einer Freiheitsstrafe von mindestens sechs Monaten

verurteilt, endet das Beamtenverhältnis mit der Rechtskraft des Urteils. [2] Entsprechendes gilt, wenn die Fähigkeit zur Wahrnehmung öffentlicher Ämter aberkannt wird oder wenn Beamtinnen oder Beamte aufgrund einer Entscheidung des Bundesverfassungsgerichts nach Artikel 18 des Grundgesetzes[3] ein Grundrecht verwirkt haben.

(2) [1] Nach Beendigung des Beamtenverhältnisses nach Absatz 1 besteht kein Anspruch auf Besoldung und Versorgung, soweit gesetzlich nichts anderes bestimmt ist. [2] Die Amtsbezeichnung und die im Zusammenhang mit dem Amt verliehenen Titel dürfen nicht weiter geführt werden.

[1] Nr. **48**.
[2] Nr. **45**.
[3] Nr. **1**.

§ 42 Wirkung eines Wiederaufnahmeverfahrens. (1) ¹Wird eine Entscheidung, die den Verlust der Beamtenrechte bewirkt hat, im Wiederaufnahmeverfahren durch eine Entscheidung ersetzt, die diese Wirkung nicht hat, gilt das Beamtenverhältnis als nicht unterbrochen. ²Beamtinnen und Beamte haben, sofern sie die Altersgrenze noch nicht erreicht haben und dienstfähig sind, Anspruch auf Übertragung eines Amtes derselben oder einer mindestens gleichwertigen Laufbahn wie ihr bisheriges Amt und mit mindestens demselben Endgrundgehalt. ³Bis zur Übertragung des neuen Amtes erhalten sie die Besoldung, die ihnen aus ihrem bisherigen Amt zugestanden hätte.

(2) ¹Ist aufgrund des im Wiederaufnahmeverfahren festgestellten Sachverhalts oder aufgrund eines rechtskräftigen Strafurteils, das nach der früheren Entscheidung ergangen ist, ein Disziplinarverfahren mit dem Ziel der Entfernung aus dem Beamtenverhältnis eingeleitet worden, verliert die Beamtin oder der Beamte die ihr oder ihm nach Absatz 1 zustehenden Ansprüche, wenn auf Entfernung aus dem Beamtenverhältnis erkannt wird. ²Bis zur Rechtskraft der Entscheidung können die Ansprüche nicht geltend gemacht werden.

(3) Absatz 2 gilt entsprechend in Fällen der Entlassung von Beamtinnen auf Probe und Beamten auf Probe oder von Beamtinnen auf Widerruf und Beamten auf Widerruf wegen eines Verhaltens im Sinne des § 34 Abs. 1 Nr. 1.

(4) ¹Auf die Besoldung nach Absatz 1 Satz 3 wird ein anderes Arbeitseinkommen oder ein Unterhaltsbeitrag angerechnet. ²Die Beamtinnen und Beamten sind hierüber zur Auskunft verpflichtet.

§ 43¹⁾ Gnadenrecht. ¹Der Bundespräsidentin oder dem Bundespräsidenten oder der von ihr oder ihm bestimmten Stelle steht hinsichtlich des Verlustes der Beamtenrechte das Gnadenrecht zu. ²Wird im Gnadenweg der Verlust der Beamtenrechte in vollem Umfang beseitigt, gilt ab diesem Zeitpunkt § 42 entsprechend.

Unterabschnitt 2.²⁾ Dienstunfähigkeit

§ 44³⁾ Dienstunfähigkeit. (1) ¹Die Beamtin auf Lebenszeit oder der Beamte auf Lebenszeit ist in den Ruhestand zu versetzen, wenn sie oder er wegen des körperlichen Zustandes oder aus gesundheitlichen Gründen zur Erfüllung der Dienstpflichten dauernd unfähig (dienstunfähig) ist. ²Als dienstunfähig kann auch angesehen werden, wer infolge Erkrankung innerhalb von sechs Monaten mehr als drei Monate keinen Dienst getan hat, wenn keine Aussicht besteht, dass innerhalb weiterer sechs Monate die Dienstfähigkeit wieder voll hergestellt ist. ³In den Ruhestand wird nicht versetzt, wer anderweitig verwendbar ist.

¹⁾ Siehe hierzu die AnO des Bundespräsidenten über die Ausübung des Begnadigungsrechts des Bundes (Nr. **615**).
²⁾ Siehe hierzu die BMI-Rundschreiben – D1 – 30101/5#1 – **(Bundesbeamtengesetze Nr. 1.2)** und – D1 – 210 173/3 – **(Bundesbeamtengesetze Nr. 1.4)**.
³⁾ § 44 Abs. 4 Sätze 2 und 3 neu gef. mWv 14. 3. 2015 durch G v. 6. 3. 2015 (BGBl. I S. 250).

(2) [1] Eine anderweitige Verwendung ist möglich, wenn ein anderes Amt, auch einer anderen Laufbahn, übertragen werden kann. [2] Die Übertragung eines anderen Amtes ohne Zustimmung ist zulässig, wenn das neue Amt zum Bereich desselben Dienstherrn gehört, es mit mindestens demselben Endgrundgehalt verbunden ist wie das bisherige Amt und zu erwarten ist, dass die Beamtin oder der Beamte den gesundheitlichen Anforderungen des neuen Amtes genügt.

(3) Zur Vermeidung der Versetzung in den Ruhestand kann einer Beamtin oder einem Beamten unter Beibehaltung des übertragenen Amtes ohne Zustimmung auch eine geringerwertige Tätigkeit übertragen werden, wenn eine anderweitige Verwendung nicht möglich und die Wahrnehmung der neuen Aufgabe unter Berücksichtigung der bisherigen Tätigkeit zumutbar ist.

(4) [1] Zur Vermeidung einer Versetzung in den Ruhestand kann die Beamtin oder der Beamte nach dem Erwerb der Befähigung für eine neue Laufbahn auch ohne Zustimmung in ein Amt dieser Laufbahn mit geringerem Endgrundgehalt versetzt werden, wenn eine dem bisherigen Amt entsprechende Verwendung nicht möglich und die Wahrnehmung der neuen Aufgabe unter Berücksichtigung der bisherigen Tätigkeit zumutbar ist. [2] Das neue Amt muss derselben Laufbahngruppe zugeordnet sein wie das derzeitige Amt. [3] Für die Übertragung bedarf es keiner Ernennung.

(5) Die Beamtin oder der Beamte, die oder der nicht die Befähigung für eine andere Laufbahn besitzt, ist verpflichtet, an Qualifizierungsmaßnahmen für den Erwerb der neuen Befähigung teilzunehmen.

(6) Bestehen Zweifel über die Dienstunfähigkeit, besteht die Verpflichtung, sich nach Weisung der Behörde ärztlich untersuchen und, falls dies aus amtsärztlicher Sicht für erforderlich gehalten wird, auch beobachten zu lassen.

(7) Gesetzliche Vorschriften, die für einzelne Gruppen von Beamtinnen und Beamten andere Voraussetzungen für die Beurteilung der Dienstunfähigkeit bestimmen, bleiben unberührt.

§ 45[1] Begrenzte Dienstfähigkeit. (1) [1] Von der Versetzung in den Ruhestand wegen Dienstunfähigkeit ist abzusehen, wenn die Beamtin oder der Beamte unter Beibehaltung des übertragenen Amtes die Dienstpflichten noch während mindestens der Hälfte der regelmäßigen Arbeitszeit erfüllen kann (begrenzte Dienstfähigkeit). [2] Von der begrenzten Dienstfähigkeit soll abgesehen werden, wenn der Beamtin oder dem Beamten nach § 44 Abs. 2 oder 3 ein anderes Amt oder eine geringerwertige Tätigkeit übertragen werden kann.

(2) [1] Die Arbeitszeit ist entsprechend der begrenzten Dienstfähigkeit zu verkürzen. [2] Mit Zustimmung der Beamtin oder des Beamten ist auch eine Verwendung in einer nicht dem Amt entsprechenden Tätigkeit möglich.

(3) [1] Die für die Ernennung zuständige Behörde entscheidet über die Feststellung der begrenzten Dienstfähigkeit. [2] Für das Verfahren gelten die Vorschriften über die Dienstunfähigkeit entsprechend.

[1] Siehe hierzu das BMI-Rundschreiben – D1 – 30101/5#6 – **(Bundesbeamtengesetze Nr. 1.3)**.

§ 46[1] Wiederherstellung der Dienstfähigkeit. (1) [1] Beamtinnen und Beamte, die wegen Dienstunfähigkeit in den Ruhestand versetzt wurden, sind verpflichtet, einer erneuten Berufung in das Beamtenverhältnis Folge zu leisten, wenn ihnen im Dienstbereich ihres früheren Dienstherrn ein Amt ihrer früheren oder einer anderen Laufbahn mit mindestens demselben Endgrundgehalt übertragen werden soll und zu erwarten ist, dass sie den gesundheitlichen Anforderungen des neuen Amtes genügen. [2] Der Dienstherr ist verpflichtet, in regelmäßigen Abständen das Vorliegen der Voraussetzungen für die Dienstunfähigkeit zu überprüfen, es sei denn, nach den Umständen des Einzelfalls kommt eine erneute Berufung in das Beamtenverhältnis nicht in Betracht.

(2) Beamtinnen und Beamten, die wegen Dienstunfähigkeit in den Ruhestand versetzt wurden, kann ferner unter Übertragung eines Amtes ihrer früheren Laufbahn nach Absatz 1 auch eine geringerwertige Tätigkeit übertragen werden, wenn eine anderweitige Verwendung nicht möglich ist und ihnen die Wahrnehmung der neuen Aufgabe unter Berücksichtigung ihrer früheren Tätigkeit zumutbar ist.

(3) Beamtinnen und Beamte, die nicht die Befähigung für die andere Laufbahn besitzen, haben an Qualifizierungsmaßnahmen für den Erwerb der neuen Befähigung teilzunehmen.

(4) [1] Beamtinnen und Beamte sind verpflichtet, zur Wiederherstellung ihrer Dienstfähigkeit an geeigneten und zumutbaren gesundheitlichen und beruflichen Rehabilitationsmaßnahmen teilzunehmen. [2] Diese Verpflichtung gilt auch zur Vermeidung einer drohenden Dienstunfähigkeit. [3] Vor der Versetzung in den Ruhestand sind sie auf diese Pflicht hinzuweisen, es sei denn, nach den Umständen des Einzelfalls kommt eine erneute Berufung in das Beamtenverhältnis nicht in Betracht. [4] Der Dienstherr hat, sofern keine anderen Ansprüche bestehen, die Kosten für diese gesundheitlichen und beruflichen Rehabilitationsmaßnahmen zu tragen.

(5) Beantragen Beamtinnen oder Beamte nach Wiederherstellung ihrer Dienstfähigkeit die erneute Berufung in das Beamtenverhältnis, ist diesem Antrag zu entsprechen, falls nicht zwingende dienstliche Gründe entgegenstehen.

(6) Die erneute Berufung in ein Beamtenverhältnis ist auch in den Fällen der begrenzten Dienstfähigkeit möglich.

(7) [1] Zur Prüfung ihrer Dienstfähigkeit sind Beamtinnen und Beamte verpflichtet, sich nach Weisung der Behörde ärztlich untersuchen zu lassen. [2] Sie können eine solche Untersuchung verlangen, wenn sie einen Antrag auf erneute Berufung in das Beamtenverhältnis stellen.

(8) Bei einer erneuten Berufung gilt das frühere Beamtenverhältnis als fortgesetzt.

§ 47[2] Verfahren bei Dienstunfähigkeit. (1) [1] Hält die oder der Dienstvorgesetzte die Beamtin oder den Beamten aufgrund eines ärztlichen Gutachtens über den Gesundheitszustand für dienstunfähig und ist eine anderweitige Verwendung nicht möglich oder liegen die Voraussetzungen für die begrenzte Dienstfähigkeit nicht vor, teilt sie oder er der Beamtin oder dem

[1] § 46 Abs. 4 Satz 4 geänd. mWv 28.10.2016 durch G v. 19.10.2016 (BGBl. I S. 2362).
[2] § 47 Abs. 2 Satz 2 geänd., Satz 3 angef. mWv 14.3.2015 durch G v. 6.3.2015 (BGBl. I S. 250).

Beamten mit, dass die Versetzung in den Ruhestand beabsichtigt ist. [2] Dabei sind die Gründe für die Versetzung in den Ruhestand anzugeben.

(2) [1] Die Beamtin oder der Beamte kann innerhalb eines Monats Einwendungen erheben. [2] Danach entscheidet die für die Ernennung zuständige Behörde über die Versetzung in den Ruhestand mit Zustimmung der obersten Dienstbehörde oder der von ihr bestimmten Stelle, soweit gesetzlich nichts anderes bestimmt ist. [3] Die oberste Dienstbehörde kann bestimmen, dass ihre Zustimmung nicht erforderlich ist.

(3) [1] Die Versetzungsverfügung ist der Beamtin oder dem Beamten schriftlich zuzustellen. [2] Sie kann bis zum Beginn des Ruhestands zurückgenommen werden.

(4) [1] Der Ruhestand beginnt mit dem Ende des Monats, in dem die Versetzung in den Ruhestand der Beamtin oder dem Beamten bekannt gegeben worden ist. [2] Zu diesem Zeitpunkt wird die Besoldung einbehalten, die das Ruhegehalt übersteigt.

§ 48[1] Ärztliche Untersuchung. (1) [1] In den Fällen der §§ 44 bis 47 kann die zuständige Behörde die ärztliche Untersuchung nur einer Amtsärztin oder einem Amtsarzt übertragen oder einer Ärztin oder einem Arzt, die oder der als Gutachterin oder Gutachter nach Satz 2 zugelassen ist. [2] Die oberste Dienstbehörde bestimmt, welche Ärztin oder welcher Arzt mit der Fertigung von Gutachten beauftragt werden kann. [3] Sie kann diese Befugnis auf nachgeordnete Behörden übertragen.

(2) [1] Die Ärztin oder der Arzt teilt der Behörde auf Anforderung im Einzelfall die tragenden Gründe des Gutachtens mit, soweit deren Kenntnis für die Behörde unter Beachtung des Grundsatzes der Verhältnismäßigkeit für die von ihr zu treffende Entscheidung erforderlich ist. [2] Diese Mitteilung ist in einem gesonderten und versiegelten Umschlag zu übersenden und versiegelt zur Personalakte zu nehmen. [3] Sie darf nur für die Entscheidung der in Absatz 1 genannten Fälle verwendet werden.

(3) [1] Zu Beginn der Untersuchung ist die Beamtin oder der Beamte auf deren Zweck und die Mitteilungspflicht nach Absatz 2 hinzuweisen. [2] Die Ärztin oder der Arzt übermittelt der Beamtin oder dem Beamten oder, soweit dem ärztliche Gründe entgegenstehen, einer oder einem Bevollmächtigten ein Doppel der Mitteilung nach Absatz 2.

§ 49 Ruhestand beim Beamtenverhältnis auf Probe wegen Dienstunfähigkeit. (1) Beamtinnen auf Probe und Beamte auf Probe sind in den Ruhestand zu versetzen, wenn sie infolge Krankheit, Verwundung oder sonstiger Beschädigung, die sie sich ohne grobes Verschulden bei Ausübung oder aus Veranlassung des Dienstes zugezogen haben, dienstunfähig geworden sind.

(2) [1] Beamtinnen auf Probe und Beamte auf Probe können in den Ruhestand versetzt werden, wenn sie aus anderen Gründen dienstunfähig geworden sind. [2] Die Entscheidung trifft die oberste Dienstbehörde. [3] Die Befugnis kann auf andere Behörden übertragen werden.

(3) Die §§ 44 bis 48 mit Ausnahme des § 44 Abs. 4 sind entsprechend anzuwenden.

[1] § 48 Abs. 1 Satz 1 geänd. mWv 7.12.2018 durch G v. 29.11.2018 (BGBl. I S. 2232).

Unterabschnitt 3. Ruhestand

§ 50 Wartezeit. Der Eintritt in den Ruhestand setzt eine versorgungsrechtliche Wartezeit voraus, soweit gesetzlich nichts anderes bestimmt ist.

§ 51 Ruhestand wegen Erreichens der Altersgrenze. (1) [1] Beamtinnen auf Lebenszeit und Beamte auf Lebenszeit treten mit dem Ende des Monats in den Ruhestand, in dem sie die für sie jeweils geltende Altersgrenze erreichen. [2] Die Altersgrenze wird in der Regel mit Vollendung des 67. Lebensjahres erreicht (Regelaltersgrenze), soweit nicht gesetzlich eine andere Altersgrenze (besondere Altersgrenze) bestimmt ist.

(2) [1] Beamtinnen auf Lebenszeit und Beamte auf Lebenszeit, die vor dem 1. Januar 1947 geboren sind, erreichen die Regelaltersgrenze mit Vollendung des 65. Lebensjahres. [2] Für Beamtinnen auf Lebenszeit und Beamte auf Lebenszeit, die nach dem 31. Dezember 1946 geboren sind, wird die Regelaltersgrenze wie folgt angehoben:

Geburtsjahr	Anhebung um Monate	Altersgrenze	
		Jahr	Monat
1947	1	65	1
1948	2	65	2
1949	3	65	3
1950	4	65	4
1951	5	65	5
1952	6	65	6
1953	7	65	7
1954	8	65	8
1955	9	65	9
1956	10	65	10
1957	11	65	11
1958	12	66	0
1959	14	66	2
1960	16	66	4
1961	18	66	6
1962	20	66	8
1963	22	66	10

(3) [1] Beamtinnen auf Lebenszeit und Beamte auf Lebenszeit im Feuerwehrdienst der Bundeswehr treten mit dem Ende des Monats in den Ruhestand, in dem sie das 62. Lebensjahr vollenden. [2] Dies gilt auch für Beamtinnen auf Lebenszeit und Beamte auf Lebenszeit in den Laufbahnen des feuerwehrtechnischen Dienstes, die 22 Jahre im Feuerwehrdienst beschäftigt waren. [3] Beam-

tinnen und Beamte im Sinne der Sätze 1 und 2 treten mit dem Ende des Monats in den Ruhestand, in dem sie das 60. Lebensjahr vollenden, wenn sie vor dem 1. Januar 1952 geboren sind. [4] Für Beamtinnen und Beamte im Sinne der Sätze 1 und 2, die nach dem 31. Dezember 1951 geboren sind, wird die Altersgrenze wie folgt angehoben:

Geburtsjahr Geburtsmonat	Anhebung um Monate	Altersgrenze	
		Jahr	Monat
1952			
Januar	1	60	1
Februar	2	60	2
März	3	60	3
April	4	60	4
Mai	5	60	5
Juni–Dezember	6	60	6
1953	7	60	7
1954	8	60	8
1955	9	60	9
1956	10	60	10
1957	11	60	11
1958	12	61	0
1959	14	61	2
1960	16	61	4
1961	18	61	6
1962	20	61	8
1963	22	61	10

(4) [1] Wer die Regelaltersgrenze oder eine gesetzlich bestimmte besondere Altersgrenze erreicht hat, darf nicht zur Beamtin oder zum Beamten ernannt werden. [2] Wer trotzdem ernannt worden ist, ist zu entlassen.

§ 52 Ruhestand auf Antrag. (1) Beamtinnen auf Lebenszeit und Beamte auf Lebenszeit können auf ihren Antrag in den Ruhestand versetzt werden, wenn

1. sie das 62. Lebensjahr vollendet haben und

2. schwerbehindert im Sinne des § 2 Abs. 2 des Neunten Buches Sozialgesetzbuch[1]) sind.

(2) [1] Beamtinnen auf Lebenszeit und Beamte auf Lebenszeit, die schwerbehindert im Sinne des § 2 Abs. 2 des Neunten Buches Sozialgesetzbuch sind und vor dem 1. Januar 1952 geboren sind, können auf ihren Antrag in den Ruhestand versetzt werden, wenn sie das 60. Lebensjahr vollendet haben.

[1]) **Gewerberecht Nr. 750.**

[2] Für Beamtinnen auf Lebenszeit und Beamte auf Lebenszeit, die schwerbehindert im Sinne des § 2 Abs. 2 des Neunten Buches Sozialgesetzbuch sind und nach dem 31. Dezember 1951 geboren sind, wird die Altersgrenze wie folgt angehoben:

Geburtsjahr Geburtsmonat	Anhebung um Monate	Altersgrenze	
		Jahr	Monat
1952			
Januar	1	60	1
Februar	2	60	2
März	3	60	3
April	4	60	4
Mai	5	60	5
Juni–Dezember	6	60	6
1953	7	60	7
1954	8	60	8
1955	9	60	9
1956	10	60	10
1957	11	60	11
1958	12	61	0
1959	14	61	2
1960	16	61	4
1961	18	61	6
1962	20	61	8
1963	22	61	10

(3) Beamtinnen auf Lebenszeit und Beamte auf Lebenszeit können auf ihren Antrag in den Ruhestand versetzt werden, wenn sie das 63. Lebensjahr vollendet haben.

§ 53[1]) **Hinausschieben des Eintritts in den Ruhestand.** (1) [1] Auf Antrag der Beamtin oder des Beamten kann der Eintritt in den Ruhestand bis zu drei Jahre hinausgeschoben werden, wenn

1. dies im dienstlichen Interesse liegt und

2. *die Arbeitszeit* mindestens die Hälfte der regelmäßigen wöchentlichen Arbeitszeit beträgt.

[1]) § 53 Abs. 4 bis 6 angef. mWv 1.1.2011 durch G v. 19.11.2010 (BGBl. I S. 1552); Überschr., Abs. 1 und 2 neu gef., Abs. 1a und b eingef. mWv 11.7.2013 durch G v. 3.7.2013 (BGBl. I S. 1978); Abs. 1a Nr. 2 geänd., Abs. 2 Satz 1 neu gef. mWv 14.3.2015 durch G v. 6.3.2015 (BGBl. I S. 250); Abs. 1a Satz 1 Nr. 1 neu gef., Nr. 2 und Satz 2 geänd. mWv 28.10.2016 durch G v. 19.10.2016 (BGBl. I S. 2362); Abs. 4 Satz 4 geänd. mWv 1.3.2016 durch G v. 21.11.2016 (BGBl. I S. 2570); Abs. 4 Satz 4 geänd. mWv 1.1.2019 durch G v. 8.11.2018 (BGBl. I S. 1810).

2 Der Antrag ist spätestens sechs Monate vor dem Eintritt in den Ruhestand zu stellen. 3 Unter den gleichen Voraussetzungen kann der Eintritt in den Ruhestand bei einer besonderen Altersgrenze um bis zu drei Jahre hinausgeschoben werden.

(1a) 1 Dem Antrag nach Absatz 1 ist zu entsprechen, wenn

1. die Beamtin oder der Beamte familienbedingt

 a) teilzeitbeschäftigt oder beurlaubt nach § 92 gewesen ist,

 b) Familienpflegezeit nach § 92a in Anspruch genommen hat oder

 c) Pflegezeit nach § 92b in Anspruch genommen hat,

2. das Ruhegehalt, das sie oder er bei Eintritt in den Ruhestand wegen Erreichens der Altersgrenze erhalten würde, nicht die Höchstgrenze erreicht,

3. die Arbeitszeit mindestens die Hälfte der regelmäßigen wöchentlichen Arbeitszeit beträgt und

4. dienstliche Belange einem Hinausschieben nicht entgegenstehen.

2 Den familienbedingten Abwesenheitszeiten nach Satz 1 Nummer 1 stehen entsprechende Zeiten im Beamten- oder Richterverhältnis oder als Tarifbeschäftigte beim Bund oder bei einem anderen Dienstherrn oder bei einem öffentlichen Arbeitgeber gleich. 3 Der Eintritt in den Ruhestand kann höchstens um die Dauer der familienbedingten Teilzeitbeschäftigung oder Beurlaubung oder Familienpflegezeit hinausgeschoben werden.

(1b) Dienstliche Belange stehen einem Hinausschieben des Eintritts in den Ruhestand insbesondere dann entgegen, wenn

1. die bisher wahrgenommenen Aufgaben wegfallen,

2. Planstellen eingespart werden sollen,

3. die Beamtin oder der Beamte in einem Planstellenabbaubereich beschäftigt ist,

4. die Aufgabe, die die Beamtin oder der Beamte wahrnimmt, einem festen Rotationsprinzip unterliegt,

5. andere personalwirtschaftliche Gründe gegen eine Weiterbeschäftigung sprechen oder

6. zu erwarten ist, dass sie oder er den Anforderungen des Dienstes nicht mehr gewachsen ist.

(2) 1 Der Eintritt in den Ruhestand kann im Einzelfall mit Zustimmung der Beamtin oder des Beamten um höchstens drei Jahre hinausgeschoben werden, wenn

1. die Dienstgeschäfte nur durch diese Beamtin oder diesen Beamten fortgeführt werden können und

2. die Arbeitszeit der Beamtin oder des Beamten mindestens die Hälfte der regelmäßigen Arbeitszeit beträgt.

2 Das Gleiche gilt bei einer besonderen Altersgrenze.

(3) Die Absätze 1 und 2 gelten im Beamtenverhältnis auf Probe nach § 24 entsprechend.

(4) 1 Auf Antrag der Beamtin oder des Beamten kann der Eintritt in den Ruhestand bei Vorliegen eines dienstlichen Interesses um höchstens zwei Jahre hinausgeschoben werden. 2 Das gilt nur, wenn für einen Zeitraum von

höchstens zwei Jahren vor Beginn des Monats, in dem die jeweils geltende Regelaltersgrenze oder die besondere Altersgrenze erreicht wird, und höchstens zwei Jahre danach Teilzeitbeschäftigung mit der Hälfte der regelmäßigen Arbeitszeit bewilligt wird. [3] Die Zeiträume vor und nach der jeweils geltenden Regelaltersgrenze oder der besonderen Altersgrenze müssen gleich lang sein. [4] Sie muss vor dem 1. Januar 2021 beginnen. [5] Eine Bewilligung nach § 9 Absatz 2 der Arbeitszeitverordnung[1]) ist nicht möglich. [6] Der Antrag ist spätestens sechs Monate vor dem Zeitpunkt zu stellen, zu dem die Teilzeitbeschäftigung beginnen soll.

(5) [1] Dem Antrag nach Absatz 4 darf nur entsprochen werden, wenn die Beamtin oder der Beamte sich verpflichtet, während des Bewilligungszeitraumes berufliche Verpflichtungen außerhalb des Beamtenverhältnisses nur in dem Umfang einzugehen, in dem Vollzeitbeschäftigten die Ausübung von Nebentätigkeiten gestattet ist. [2] Ausnahmen hiervon sind nur zulässig, soweit dies mit dem Beamtenverhältnis vereinbar ist. [3] Dabei ist von der regelmäßigen wöchentlichen Arbeitszeit für Vollzeitbeschäftigte auszugehen. [4] Wird der Verpflichtung nach Satz 1 schuldhaft nicht nachgekommen, soll die Bewilligung mit Wirkung für die Zukunft widerrufen werden.

(6) [1] Die Bewilligung nach Absatz 4 darf außer in den Fällen des Absatzes 5 Satz 4 mit Wirkung für die Zukunft nur widerrufen werden, wenn der Beamtin oder dem Beamten die Teilzeitbeschäftigung nicht mehr zugemutet werden kann. [2] Wird die Bewilligung widerrufen, nach dem die Regelaltersgrenze oder die besondere Altersgrenze erreicht worden ist, tritt die Beamtin oder der Beamte mit dem Ende des Monats in den Ruhestand, in dem der Widerruf bekannt gegeben worden ist. [3] Die Vorschriften über die Beendigung des Beamtenverhältnisses wegen Dienstunfähigkeit und die Feststellung der begrenzten Dienstfähigkeit bleiben unberührt.

§ 54[2]) Einstweiliger Ruhestand.

(1) Die Bundespräsidentin oder der Bundespräsident kann jederzeit die nachfolgend genannten politischen Beamtinnen und politischen Beamten in den einstweiligen Ruhestand versetzen, wenn sie Beamtinnen auf Lebenszeit oder Beamte auf Lebenszeit sind:

1. Staatssekretärinnen und Staatssekretäre sowie Ministerialdirektorinnen und Ministerialdirektoren,

2. sonstige Beamtinnen und Beamte des höheren Dienstes im auswärtigen Dienst von der Besoldungsgruppe B 3 an aufwärts sowie Botschafterinnen und Botschafter in der Besoldungsgruppe A 16,

3. Beamtinnen und Beamte des höheren Dienstes des Militärischen Abschirmdienstes, des Bundesamtes für Verfassungsschutz und des Bundesnachrichtendienstes von der Besoldungsgruppe B 6 an aufwärts,

4. *die Chefin oder den Chef* des Presse- und Informationsamtes der Bundesregierung, deren oder dessen Stellvertretung und die Stellvertretende Sprecherin oder den Stellvertretenden Sprecher der Bundesregierung,

[1]) Nr. **170**.
[2]) § 54 Abs. 1 Nr. 6 aufgeh. mWv 3.5.2011 durch G v. 28.4.2011 (BGBl. I S. 687); Abs. 1 Nr. 7 und 8 geänd., Nr. 9–11 angef. mWv 26.7.2012 durch G v. 21.7.2012 (BGBl. I S. 1583); Abs. 1 Nr. 3 geänd. mWv 21.11.2015 durch G v. 17.11.2015 (BGBl. I S. 1938); Abs. 1 Nr. 10 und 11 geänd., Nr. 12 angef. mWv 1.1.2016 durch G v. 3.12.2015 (BGBl. I S. 2178).

5. die Generalbundesanwältin oder den Generalbundesanwalt beim Bundesgerichtshof,

6. *(aufgehoben)*

7. die Präsidentin oder den Präsidenten des Bundeskriminalamtes,

8. die Präsidentin oder den Präsidenten des Bundespolizeipräsidiums,

9. die Präsidentin oder den Präsidenten des Bundesamtes für das Personalmanagement der Bundeswehr

10. die Präsidentin oder den Präsidenten des Bundesamtes für Ausrüstung, Informationstechnik und Nutzung der Bundeswehr,

11. die Präsidentin oder den Präsidenten des Bundesamtes für Infrastruktur, Umweltschutz und Dienstleistungen der Bundeswehr und

12. die Präsidentin oder den Präsidenten der Generalzolldirektion.

(2) Gesetzliche Vorschriften, nach denen andere politische Beamtinnen und politische Beamte in den einstweiligen Ruhestand versetzt werden können, bleiben unberührt.

§ 55 Einstweiliger Ruhestand bei organisatorischen Veränderungen. [1] Im Fall der Auflösung oder einer wesentlichen Änderung des Aufbaus oder der Aufgaben einer Behörde oder der Verschmelzung von Behörden können Beamtinnen auf Lebenszeit und Beamte auf Lebenszeit, deren Aufgabengebiet davon betroffen ist und die ein Amt der Bundesbesoldungsordnung B[1]) wahrnehmen, in den einstweiligen Ruhestand versetzt werden, wenn durch die organisatorische Änderung eine ihrem Amt entsprechende Planstelle eingespart wird und eine Versetzung nicht möglich ist. [2] Frei werdende Planstellen sollen den in den einstweiligen Ruhestand versetzten Beamtinnen und Beamten, die dafür geeignet sind, vorbehalten werden.

§ 56 Beginn des einstweiligen Ruhestands. [1] Wenn nicht im Einzelfall ausdrücklich ein späterer Zeitpunkt festgesetzt wird, beginnt der einstweilige Ruhestand mit dem Zeitpunkt, zu dem die Versetzung in den einstweiligen Ruhestand der Beamtin oder dem Beamten bekannt gegeben wird, spätestens jedoch mit dem Ende des dritten Monats, der auf den Monat der Bekanntgabe folgt. [2] Die Verfügung kann bis zum Beginn des Ruhestands zurückgenommen werden.

§ 57 Erneute Berufung. Die in den einstweiligen Ruhestand versetzten Beamtinnen und Beamten sind verpflichtet, einer erneuten Berufung in das Beamtenverhältnis auf Lebenszeit Folge zu leisten, wenn ihnen im Dienstbereich ihres früheren Dienstherrn ein Amt mit mindestens demselben Endgrundgehalt verliehen werden soll.

§ 58 Ende des einstweiligen Ruhestands. (1) Der einstweilige Ruhestand endet bei erneuter Berufung in das Beamtenverhältnis auf Lebenszeit.

(2) Die in den einstweiligen Ruhestand versetzten Beamtinnen und Beamten gelten mit Erreichen der Regelaltersgrenze als dauernd in den Ruhestand versetzt.

[1]) Nr. **230**.

§ 59 Zuständigkeit bei Versetzung in den Ruhestand. [1] Die Versetzung in den Ruhestand wird von der für die Ernennung zuständigen Stelle verfügt, soweit gesetzlich nichts anderes bestimmt ist. [2] Die Versetzungsverfügung ist der Beamtin oder dem Beamten schriftlich zuzustellen. [3] Sie kann bis zum Beginn des Ruhestands zurückgenommen werden.

Abschnitt 6. Rechtliche Stellung im Beamtenverhältnis

Unterabschnitt 1. Allgemeine Pflichten und Rechte

§ 60[1] Grundpflichten. (1) [1] Beamtinnen und Beamte dienen dem ganzen Volk, nicht einer Partei. [2] Sie haben ihre Aufgaben unparteiisch und gerecht zu erfüllen und ihr Amt zum Wohl der Allgemeinheit zu führen. [3] Beamtinnen und Beamte müssen sich durch ihr gesamtes Verhalten zu der freiheitlich-demokratischen Grundordnung im Sinne des Grundgesetzes[2] bekennen und für deren Erhaltung eintreten.

(2) Beamtinnen und Beamte haben bei politischer Betätigung diejenige Mäßigung und Zurückhaltung zu wahren, die sich aus ihrer Stellung gegenüber der Allgemeinheit und aus der Rücksicht auf die Pflichten ihres Amtes ergeben.

§ 61[3] Wahrnehmung der Aufgaben, Verhalten. (1) [1] Beamtinnen und Beamte haben sich mit vollem persönlichem Einsatz ihrem Beruf zu widmen. [2] Sie haben das ihnen übertragene Amt uneigennützig nach bestem Gewissen wahrzunehmen. [3] Ihr Verhalten innerhalb und außerhalb des Dienstes muss der Achtung und dem Vertrauen gerecht werden, die ihr Beruf erfordert. [4] Sie dürfen ihr Gesicht bei Ausübung des Dienstes oder bei einer Tätigkeit mit unmittelbarem Dienstbezug nicht verhüllen, es sei denn, dienstliche oder gesundheitliche Gründe erfordern dies.

(2) Beamtinnen und Beamte sind verpflichtet, an Maßnahmen der dienstlichen Qualifizierung zur Erhaltung oder Fortentwicklung ihrer Kenntnisse und Fähigkeiten teilzunehmen.

§ 62 Folgepflicht. (1) [1] Beamtinnen und Beamte haben ihre Vorgesetzten zu beraten und zu unterstützen. [2] Sie sind verpflichtet, deren dienstliche Anordnungen auszuführen und deren allgemeine Richtlinien zu befolgen. [3] Dies gilt nicht, soweit die Beamtinnen und Beamten nach besonderen gesetzlichen Vorschriften an Weisungen nicht gebunden und nur dem Gesetz unterworfen sind.

(2) Beamtinnen und Beamte haben bei organisatorischen Veränderungen dem Dienstherrn Folge zu leisten.

[1] § 60 Abs. 1 Satz 2 neu gef. mWv 7.12.2018 durch G v. 29.11.2018 (BGBl. I S. 2232).
[2] Nr. 1.
[3] § 61 Abs. 1 Satz 4 angef. mWv 15.6.2017 durch G v. 8.6.2017 (BGBl. I S. 1570).

§ 63[1)] **Verantwortung für die Rechtmäßigkeit.** (1) Beamtinnen und Beamte tragen für die Rechtmäßigkeit ihrer dienstlichen Handlungen die volle persönliche Verantwortung.

(2) [1] Bedenken gegen die Rechtmäßigkeit dienstlicher Anordnungen haben Beamtinnen und Beamte unverzüglich bei der oder dem unmittelbaren Vorgesetzten geltend zu machen. [2] Wird die Anordnung aufrechterhalten, haben sie sich, wenn ihre Bedenken gegen deren Rechtmäßigkeit fortbestehen, an die nächsthöhere Vorgesetzte oder den nächsthöheren Vorgesetzten zu wenden. [3] Wird die Anordnung bestätigt, müssen die Beamtinnen und Beamten sie ausführen und sind von der eigenen Verantwortung befreit. [4] Dies gilt nicht, wenn das aufgetragene Verhalten die Würde des Menschen verletzt oder strafbar oder ordnungswidrig ist und die Strafbarkeit oder Ordnungswidrigkeit für die Beamtinnen und Beamten erkennbar ist. [5] Die Bestätigung hat auf Verlangen schriftlich zu erfolgen.

(3) [1] Verlangt eine Vorgesetzte oder ein Vorgesetzter die sofortige Ausführung der Anordnung, weil Gefahr im Verzug ist und die Entscheidung der oder des höheren Vorgesetzten nicht rechtzeitig herbeigeführt werden kann, gilt Absatz 2 Satz 3 und 4 entsprechend. [2] Die Anordnung ist durch die anordnende oder den anordnenden Vorgesetzten schriftlich zu bestätigen, wenn die Beamtin oder der Beamte dies unverzüglich nach Ausführung der Anordnung verlangt.

§ 64 Eidespflicht, Eidesformel. (1) Beamtinnen und Beamte haben folgenden Diensteid zu leisten: „Ich schwöre, das Grundgesetz und alle in der Bundesrepublik Deutschland geltenden Gesetze zu wahren und meine Amtspflichten gewissenhaft zu erfüllen, so wahr mir Gott helfe."

(2) Der Eid kann auch ohne die Worte „so wahr mir Gott helfe" geleistet werden.

(3) Lehnt eine Beamtin oder ein Beamter aus Glaubens- oder Gewissensgründen die Ablegung des vorgeschriebenen Eides ab, können an Stelle der Worte „Ich schwöre" die Worte „Ich gelobe" oder eine andere Beteuerungsformel gesprochen werden.

(4) [1] In den Fällen, in denen nach § 7 Abs. 3 eine Ausnahme von § 7 Abs. 1 Nr. 1 zugelassen worden ist, kann von einer Eidesleistung abgesehen werden. [2] Sofern gesetzlich nichts anderes bestimmt ist, hat die Beamtin oder der Beamte in diesen Fällen zu geloben, ihre oder seine Amtspflichten gewissenhaft zu erfüllen.

§ 65 Befreiung von Amtshandlungen. (1) Beamtinnen und Beamte sind von Amtshandlungen zu befreien, die sich gegen sie selbst oder Angehörige richten würden, zu deren Gunsten ihnen wegen familienrechtlicher Beziehungen im Strafverfahren das Zeugnisverweigerungsrecht zusteht.

(2) Gesetzliche Vorschriften, nach denen Beamtinnen oder Beamte von einzelnen Amtshandlungen ausgeschlossen sind, bleiben unberührt.

[1)] § 63 Abs. 3 Satz 1 geänd., Satz 2 angef. mWv 7.12.2018 durch G v. 29.11.2018 (BGBl. I S. 2232).

§ 66 Verbot der Führung der Dienstgeschäfte. [1] Die oberste Dienstbehörde oder die von ihr bestimmte Behörde kann einer Beamtin oder einem Beamten aus zwingenden dienstlichen Gründen die Führung der Dienstgeschäfte verbieten. [2] Das Verbot erlischt, wenn nicht bis zum Ablauf von drei Monaten gegen die Beamtin oder den Beamten ein Disziplinarverfahren oder ein sonstiges auf Rücknahme der Ernennung oder auf Beendigung des Beamtenverhältnisses gerichtetes Verfahren eingeleitet worden ist.

§ 67 Verschwiegenheitspflicht. (1) [1] Beamtinnen und Beamte haben über die ihnen bei oder bei Gelegenheit ihrer amtlichen Tätigkeit bekannt gewordenen dienstlichen Angelegenheiten Verschwiegenheit zu bewahren. [2] Dies gilt auch über den Bereich eines Dienstherrn hinaus sowie nach Beendigung des Beamtenverhältnisses.

(2) [1] Absatz 1 gilt nicht, soweit

1. Mitteilungen im dienstlichen Verkehr geboten sind,

2. Tatsachen mitgeteilt werden, die offenkundig sind oder ihrer Bedeutung nach keiner Geheimhaltung bedürfen, oder

3. gegenüber der zuständigen obersten Dienstbehörde, einer Strafverfolgungsbehörde oder einer von der obersten Dienstbehörde bestimmten weiteren Behörde oder außerdienstlichen Stelle ein durch Tatsachen begründeter Verdacht einer Korruptionsstraftat nach den §§ 331 bis 337 des Strafgesetzbuches[1] angezeigt wird.

[2] Im Übrigen bleiben die gesetzlich begründeten Pflichten, geplante Straftaten anzuzeigen und für die Erhaltung der freiheitlichen demokratischen Grundordnung einzutreten, von Absatz 1 unberührt.

(3) [1] Beamtinnen und Beamte dürfen ohne Genehmigung über Angelegenheiten nach Absatz 1 weder vor Gericht noch außergerichtlich aussagen oder Erklärungen abgeben. [2] Die Genehmigung erteilt die oder der Dienstvorgesetzte oder, wenn das Beamtenverhältnis beendet ist, die oder der letzte Dienstvorgesetzte. [3] Hat sich der Vorgang, der den Gegenstand der Äußerung bildet, bei einem früheren Dienstherrn ereignet, darf die Genehmigung nur mit dessen Zustimmung erteilt werden.

(4) [1] Beamtinnen und Beamte haben, auch nach Beendigung des Beamtenverhältnisses, auf Verlangen der oder des Dienstvorgesetzten oder der oder des letzten Dienstvorgesetzten amtliche Schriftstücke, Zeichnungen, bildliche Darstellungen sowie Aufzeichnungen jeder Art über dienstliche Vorgänge, auch soweit es sich um Wiedergaben handelt, herauszugeben. [2] Entsprechendes gilt für ihre Hinterbliebenen und Erben.

§ 68 Versagung der Aussagegenehmigung. (1) Die Genehmigung, als *Zeugin oder Zeuge* auszusagen, darf nur versagt werden, wenn die Aussage dem Wohle des Bundes oder eines deutschen Landes Nachteile bereiten oder die Erfüllung öffentlicher Aufgaben ernstlich gefährden oder erheblich erschweren würde.

(2) [1] Sind Beamtinnen oder Beamte Partei oder Beschuldigte in einem gerichtlichen Verfahren oder soll ihr Vorbringen der Wahrnehmung ihrer

[1] **Schönfelder Nr. 85.**

berechtigten Interessen dienen, darf die Genehmigung auch dann, wenn die Voraussetzungen des Absatzes 1 erfüllt sind, nur versagt werden, wenn die dienstlichen Rücksichten dies unabweisbar erfordern. [2] Wird die Genehmigung versagt, haben die oder der Dienstvorgesetzte der Beamtin oder dem Beamten den Schutz zu gewähren, den die dienstlichen Rücksichten zulassen.

(3) [1] Über die Versagung der Genehmigung entscheidet die oberste Dienstbehörde. [2] Sie kann diese Befugnis auf andere Behörden übertragen.

§ 69 Gutachtenerstattung. [1] Die Genehmigung, ein Gutachten zu erstatten, kann versagt werden, wenn die Erstattung den dienstlichen Interessen Nachteile bereiten würde. [2] § 68 Abs. 3 gilt entsprechend.

§ 70 Auskünfte an die Medien. Die Leitung der Behörde entscheidet, wer den Medien Auskünfte erteilt.

§ 71[1)2)] Verbot der Annahme von Belohnungen, Geschenken und sonstigen Vorteilen. (1) [1] Beamtinnen und Beamte dürfen, auch nach Beendigung des Beamtenverhältnisses, keine Belohnungen, Geschenke oder sonstigen Vorteile für sich oder einen Dritten in Bezug auf ihr Amt fordern, sich versprechen lassen oder annehmen. [2] Ausnahmen bedürfen der Zustimmung der obersten oder der letzten obersten Dienstbehörde. [3] Die Befugnis zur Zustimmung kann auf andere Behörden übertragen werden.

(2) [1] Wer gegen das in Absatz 1 genannte Verbot verstößt, hat auf Verlangen das aufgrund des pflichtwidrigen Verhaltens Erlangte dem Dienstherrn herauszugeben, soweit nicht im Strafverfahren die Einziehung von Taterträgen angeordnet worden oder es auf andere Weise auf den Staat übergegangen ist. [2] Für den Umfang des Herausgabeanspruchs gelten die Vorschriften des Bürgerlichen Gesetzbuches[3)] über die Herausgabe einer ungerechtfertigten Bereicherung entsprechend. [3] Die Herausgabepflicht nach Satz 1 umfasst auch die Pflicht, dem Dienstherrn Auskunft über Art, Umfang und Verbleib des Erlangten zu geben.

§ 72 Wahl der Wohnung. (1) Beamtinnen und Beamte haben ihre Wohnung so zu nehmen, dass die ordnungsmäßige Wahrnehmung ihrer Dienstgeschäfte nicht beeinträchtigt wird.

(2) Die oder der Dienstvorgesetzte kann, wenn die dienstlichen Verhältnisse es erfordern, anweisen, dass die Wohnung innerhalb einer bestimmten Entfernung von der Dienststelle zu nehmen oder eine Dienstwohnung zu beziehen ist.

§ 73 Aufenthaltspflicht. Wenn besondere dienstliche Verhältnisse es dringend erfordern, kann die Beamtin oder der Beamte angewiesen werden, sich während der dienstfreien Zeit in erreichbarer Nähe des Dienstortes aufzuhalten.

[1)] § 71 Abs. 2 Satz 1 geänd. mWv 1.7.2017 durch G v. 13.4.2017 (BGBl. I S. 872).
[2)] Siehe hierzu das RdSchr. des BMI zum Verbot der Annahme von Belohnungen oder Geschenken in der Bundesverwaltung (**Bundesbeamtengesetze Nr. 1.1**).
[3)] **Schönfelder Nr. 20.**

§ 74 Dienstkleidung. Die Bundespräsidentin oder der Bundespräsident oder die von ihr oder ihm bestimmte Stelle erlässt die Bestimmungen über Dienstkleidung, die bei Wahrnehmung des Amtes üblich oder erforderlich ist.

§ 75 Pflicht zum Schadensersatz. (1) [1] Beamtinnen und Beamte, die vorsätzlich oder grob fahrlässig die ihnen obliegenden Pflichten verletzt haben, haben dem Dienstherrn, dessen Aufgaben sie wahrgenommen haben, den daraus entstehenden Schaden zu ersetzen. [2] Haben zwei oder mehr Beamtinnen und Beamte gemeinsam den Schaden verursacht, haften sie gesamtschuldnerisch.

(2) Hat der Dienstherr Dritten Schadensersatz geleistet, gilt als Zeitpunkt, zu dem der Dienstherr Kenntnis im Sinne der Verjährungsvorschriften des Bürgerlichen Gesetzbuches[1] erlangt, der Zeitpunkt, zu dem der Ersatzanspruch gegenüber Dritten vom Dienstherrn anerkannt oder dem Dienstherrn gegenüber rechtskräftig festgestellt wird.

(3) Leistet die Beamtin oder der Beamte dem Dienstherrn Ersatz und hat dieser einen Ersatzanspruch gegen Dritte, geht der Ersatzanspruch auf sie oder ihn über.

§ 76 Übergang eines Schadensersatzanspruchs gegen Dritte. [1] Werden Beamtinnen, Beamte, Versorgungsberechtigte oder ihre Angehörigen körperlich verletzt oder getötet, geht ein gesetzlicher Schadensersatzanspruch, der diesen Personen infolge der Körperverletzung oder der Tötung gegen Dritte zusteht, insoweit auf den Dienstherrn über, als dieser während einer auf der Körperverletzung beruhenden Aufhebung der Dienstfähigkeit oder infolge der Körperverletzung oder der Tötung zur Gewährung von Leistungen verpflichtet ist. [2] Ist eine Versorgungskasse zur Gewährung der Versorgung verpflichtet, geht der Anspruch auf sie über. [3] Der Übergang des Anspruchs kann nicht zum Nachteil der Verletzten oder der Hinterbliebenen geltend gemacht werden.

§ 77[2] Nichterfüllung von Pflichten. (1) [1] Beamtinnen und Beamte begehen ein Dienstvergehen, wenn sie schuldhaft die ihnen obliegenden Pflichten verletzen. [2] Außerhalb des Dienstes ist dieses nur dann ein Dienstvergehen, wenn die Pflichtverletzung nach den Umständen des Einzelfalls in besonderem Maße geeignet ist, das Vertrauen in einer für ihr Amt oder das Ansehen des Beamtentums bedeutsamen Weise zu beeinträchtigen.

(2) [1] Bei Ruhestandsbeamtinnen und Ruhestandsbeamten sowie früheren Beamtinnen mit Versorgungsbezügen und früheren Beamten mit Versorgungsbezügen gilt es als Dienstvergehen, wenn sie

1. sich gegen die freiheitliche demokratische Grundordnung im Sinne des Grundgesetzes[3] betätigen,

2. an Bestrebungen teilnehmen, die darauf abzielen, den Bestand oder die Sicherheit der Bundesrepublik Deutschland zu beeinträchtigen,

[1] **Schönfelder Nr. 20.**
[2] § 77 Abs. 2 Nr. 4 neu gef. mWv 11.7.2013 durch G v. 3.7.2013 (BGBl. I S. 1978); Abs. 2 Satz 2 angef. mWv 4.9.2013 durch G v. 28.8.2013 (BGBl. I S. 3386).
[3] Nr. 1.

3. gegen die Verschwiegenheitspflicht, gegen die Anzeigepflicht oder das Verbot einer Tätigkeit nach Beendigung des Beamtenverhältnisses oder gegen das Verbot der Annahme von Belohnungen, Geschenken und sonstigen Vorteilen verstoßen oder

4. einer Verpflichtung nach § 46 Absatz 1, 2, 4 oder 7 oder § 57 schuldhaft nicht nachkommen.

[2] Satz 1 Nummer 1 bis 3 gilt auch für frühere Beamtinnen mit Anspruch auf Altersgeld und frühere Beamte mit Anspruch auf Altersgeld.

(3) Die Verfolgung von Dienstvergehen richtet sich nach dem Bundesdisziplinargesetz[1].

§ 78 Fürsorgepflicht des Dienstherrn. [1] Der Dienstherr hat im Rahmen des Dienst- und Treueverhältnisses für das Wohl der Beamtinnen und Beamten und ihrer Familien, auch für die Zeit nach Beendigung des Beamtenverhältnisses, zu sorgen. [2] Er schützt die Beamtinnen und Beamten bei ihrer amtlichen Tätigkeit und in ihrer Stellung.

§ 78a[2] Zahlung durch den Dienstherrn bei Schmerzensgeldansprüchen. (1) [1] Hat eine Beamtin oder ein Beamter wegen einer vorsätzlichen Verletzung des Körpers, der Gesundheit, der Freiheit oder der sexuellen Selbstbestimmung, die ihr oder ihm wegen ihrer oder seiner Eigenschaft als Amtsträgerin oder Amtsträger zugefügt worden ist, einen durch ein rechtskräftiges Endurteil eines deutschen Gerichts festgestellten Anspruch auf Schmerzensgeld gegen einen Dritten, so soll der Dienstherr auf Antrag die Zahlung auf diesen Anspruch bis zur Höhe des zuerkannten Schmerzensgeldanspruchs übernehmen, sofern dies zur Vermeidung einer unbilligen Härte notwendig ist. [2] Der rechtskräftigen Feststellung steht ein nicht oder nicht mehr widerruflicher Vergleich nach § 794 Absatz 1 Nummer 1 der Zivilprozessordnung[3] gleich, wenn er der Höhe nach angemessen ist.

(2) Eine unbillige Härte liegt insbesondere vor, wenn ein Versuch der Vollstreckung in das Vermögen nicht zu einer vollständigen Befriedigung der Beamtin oder des Beamten geführt hat, sofern der Betrag, hinsichtlich dessen die Beamtin oder der Beamte nicht befriedigt wurde, mindestens 250 Euro erreicht.

(3) Der Dienstherr kann die Zahlung nach Absatz 1 ablehnen, wenn aufgrund desselben Sachverhalts eine einmalige Unfallentschädigung (§ 43 des Beamtenversorgungsgesetzes[4]) oder ein Unfallausgleich (§ 35 des Beamtenversorgungsgesetzes) gezahlt wird.

(4) [1] Der Antrag nach Absatz 1 kann innerhalb einer Ausschlussfrist von zwei Jahren nach Eintritt der Rechtskraft des Urteils nach Absatz 1 Satz 1 oder nach Eintritt der Unwiderruflichkeit des Vergleichs nach Absatz 1 Satz 2 schriftlich oder elektronisch gestellt werden. [2] Dem Antrag ist ein Nachweis des Vollstreckungsversuches beizufügen. [3] Die Entscheidung trifft die oberste Dienstbehörde oder die von ihr bestimmte Behörde. [4] Für Versorgungsemp-

[1] Nr. **220**.
[2] § 78a eingef. mWv 28.10.2016 durch G v. 19.10.2016 (BGBl. I S. 2362).
[3] **Schönfelder Nr. 100.**
[4] Nr. **155**.

fängerinnen und Versorgungsempfänger ist die für die Zahlung der Versorgungsbezüge verantwortliche Behörde zuständig. [5] Soweit der Dienstherr die Zahlung übernommen hat, gehen Ansprüche gegen Dritte auf ihn über. [6] Der Übergang der Ansprüche kann nicht zum Nachteil der oder des Geschädigten geltend gemacht werden.

(5) Absatz 1 ist nicht anzuwenden auf Schmerzensgeldansprüche, die im Wege des Urkundenprozesses nach den §§ 592 bis 600 der Zivilprozessordnung festgestellt worden sind.

§ 79[1] Mutterschutz, Elternzeit und Jugendarbeitsschutz. (1) [1] Die Bundesregierung regelt durch Rechtsverordnung[2] die der Eigenart des öffentlichen Dienstes entsprechende Anwendung der Vorschriften des Mutterschutzgesetzes[3] auf Beamtinnen. [2] Diese Rechtsverordnung stellt für Beamtinnen hinsichtlich Inhalt, Art und Umfang den Schutz sicher, der Frauen nach dem Mutterschutzgesetz gewährleistet wird. [3] Für die Kontrolle und Überwachung der Einhaltung der dem Gesundheitsschutz dienenden mutterschutzrechtlichen Vorschriften gilt § 29 des Mutterschutzgesetzes entsprechend.

(2) [1] Die Bundesregierung regelt durch Rechtsverordnung die der Eigenart des öffentlichen Dienstes entsprechende Anwendung der Vorschriften des Bundeselterngeld- und Elternzeitgesetzes[4] über die Elternzeit auf Beamtinnen und Beamte. [2] Das Bundesministerium des Innern, für Bau und Heimat kann in den Fällen des Artikels 91 Absatz 2 Satz 1 und des Artikels 115f Absatz 1 Nummer 1 des Grundgesetzes[5] den Anspruch auf Elternzeit für Polizeivollzugsbeamtinnen und Polizeivollzugsbeamte in der Bundespolizei aus zwingenden Gründen der inneren Sicherheit ausschließen oder einschränken.

(3) [1] Das Jugendarbeitsschutzgesetz[6] gilt für jugendliche Beamtinnen und jugendliche Beamte entsprechend. [2] Die Bundesregierung kann durch Rechtsverordnung Ausnahmen von den Vorschriften des Jugendarbeitsschutzgesetzes für jugendliche Polizeivollzugsbeamtinnen und jugendliche Polizeivollzugsbeamte bestimmen, soweit diese aufgrund der Eigenart des Polizeivollzugsdienstes oder aus Gründen der inneren Sicherheit erforderlich sind.

§ 80[7] Beihilfe in Krankheits-, Pflege- und Geburtsfällen. (1) [1] Beihilfe erhalten:

1. Beamtinnen und Beamte, die Anspruch auf Besoldung haben oder die Elternzeit in Anspruch nehmen,

2. Versorgungsempfängerinnen und Versorgungsempfänger, die Anspruch auf Versorgungsbezüge haben,

[1] § 79 neu gef. mWv 1.1.2018 durch G v. 23.5.2017 (BGBl. I S. 1228); Abs. 2 Satz 2 geänd. mWv 7.12.2018 durch G v. 29.11.2018 (BGBl. I S. 2232).
[2] Siehe die Mutterschutz- und ElternzeitVO (Nr. **171**).
[3] **Schönfelder ErgBd. Nr. 79.**
[4] **Schönfelder ErgBd. Nr. 45e.**
[5] Nr. **1.**
[6] **Gewerberecht Nr. 745.**
[7] § 80 neu gef. mWv 28.10.2016 durch G v. 19.10.2016 (BGBl. I S. 2362); Abs. 6 Satz 1 geänd. mWv 7.12.2018 durch G v. 29.11.2018 (BGBl. I S. 2232).

3. frühere Beamtinnen und frühere Beamte für den Zeitraum, in dem sie einen Unterhaltsbeitrag oder Übergangsgeld nach dem Beamtenversorgungsgesetz[1]) beziehen,

4. frühere Beamtinnen auf Zeit und frühere Beamte auf Zeit für den Zeitraum, in dem sie Übergangsgeld nach dem Beamtenversorgungsgesetz beziehen.

[2] Satz 1 gilt auch, wenn Bezüge aufgrund der Anwendung von Ruhens- oder Anrechnungsvorschriften nicht gezahlt werden.

(2) [1] Beihilfe wird auch gewährt für Aufwendungen

1. der Ehegattin oder des Ehegatten, der Lebenspartnerin oder des Lebenspartners, die oder der kein zur wirtschaftlichen Selbständigkeit führendes Einkommen hat, und

2. der Kinder, die beim Familienzuschlag nach dem Bundesbesoldungsgesetz[2]) berücksichtigungsfähig sind.

[2] Satz 1 Nummer 2 gilt nicht für Kinder, die Waisengeld nach § 23 des Beamtenversorgungsgesetzes erhalten.

(3) [1] Beihilfefähig sind grundsätzlich nur notwendige und wirtschaftlich angemessene Aufwendungen

1. in Krankheits- und Pflegefällen,

2. für die Behandlung von Behinderungen,

3. für die Früherkennung von Krankheiten und für Schutzimpfungen,

4. in Geburtsfällen, für eine künstliche Befruchtung, für Maßnahmen zur Empfängnisregelung und -verhütung sowie in Ausnahmefällen bei Sterilisation und Schwangerschaftsabbruch sowie

5. bei Organspenden.

(4) [1] Beihilfe kann nur gewährt werden

1. als mindestens 50-prozentige Erstattung der beihilfefähigen Aufwendungen,

2. in Pflegefällen auch in Form einer Pauschale, deren Höhe sich am tatsächlichen Versorgungsaufwand orientiert, oder

3. im Wege der Beteiligung an den Kosten individueller Leistungen von Leistungserbringerinnen oder Leistungserbringern.

[2] Beihilfe darf nur gewährt werden, soweit sie zusammen mit anderen aus demselben Anlass zu gewährenden Leistungen die dem Grunde nach beihilfefähigen Aufwendungen nicht überschreitet. [3] Nicht beihilfefähig sind Aufwendungen beihilfeberechtigter Polizeivollzugsbeamtinnen und Polizeivollzugsbeamter der Bundespolizei, denen Leistungen nach § 70 Absatz 2 des Bundesbesoldungsgesetzes zustehen.

(5) [1] Steht einer beihilfeberechtigten oder berücksichtigungsfähigen Person gegen eine Leistungserbringerin oder einen Leistungserbringer wegen einer unrichtigen Abrechnung ein Anspruch auf Erstattung oder Schadensersatz zu, kann der Dienstherr durch schriftliche oder elektronische Anzeige gegenüber der Leistungserbringerin oder dem Leistungserbringer bewirken, dass der

[1]) Nr. **155**.
[2]) Nr. **230**.

Anspruch insoweit auf ihn übergeht, als er aufgrund der unrichtigen Abrechnung zu hohe Beihilfeleistungen erbracht hat. [2] Satz 1 gilt für den Anspruch gegen eine Abrechnungsstelle der Leistungserbringerin oder des Leistungserbringers entsprechend.

(6) [1] Das Bundesministerium des Innern, für Bau und Heimat regelt im Einvernehmen mit dem Auswärtigen Amt, dem Bundesministerium der Finanzen, dem Bundesministerium der Verteidigung und dem Bundesministerium für Gesundheit durch Rechtsverordnung[1] ohne Zustimmung des Bundesrates die näheren Einzelheiten, insbesondere zu den beihilfeberechtigten und berücksichtigungsfähigen Personen sowie zu Inhalt und Umfang der Beihilfen. [2] In der Rechtsverordnung können unter anderem vorgesehen werden:

1. Höchstbeträge,
2. in Anlehnung an das Fünfte Buch Sozialgesetzbuch[2]
 a) der Ausschluss der Beihilfefähigkeit von Aufwendungen für Untersuchungen, Behandlungen, Arznei-, Heil- und Hilfsmittel, deren diagnostischer oder therapeutischer Nutzen nicht nach dem allgemein anerkannten Stand der medizinischen Erkenntnisse nachgewiesen ist,
 b) der Ausschluss der Beihilfefähigkeit von Aufwendungen für Arznei-, Heil- und Hilfsmittel, die zur Behandlung geringfügiger Erkrankungen bestimmt sind und deren Kosten geringfügig oder der allgemeinen Lebenshaltung zuzurechnen sind,
 c) die Beschränkung der Beihilfefähigkeit von Aufwendungen für Untersuchungen und Behandlungen, Arznei-, Heil- und Hilfsmittel, Geräte zur Selbstbehandlung und Körperersatzstücke, Krankenhausleistungen, häusliche Krankenpflege, Familien- und Haushaltshilfen, Fahrt- und Unterkunftskosten, Anschlussheil- und Suchtbehandlungen sowie für Rehabilitationsmaßnahmen auf bestimmte Personengruppen, Umstände oder Indikationen,
3. Eigenbehalte,
4. Belastungsgrenzen und
5. die Beihilfefähigkeit von Aufwendungen für Präventionsmaßnahmen zur Verhinderung und Verminderung von Krankheitsrisiken.

§ 81[3)][4)] **Reisekosten.** (1) [1] Beamtinnen und Beamte erhalten die notwendigen Kosten einer dienstlich veranlassten Reise (Dienstreise) vergütet. [2] Die Reisekostenvergütung umfasst die Fahrt- und Flugkosten, eine Wegstreckenentschädigung, Tage- und Übernachtungsgelder, Reisebeihilfen für Familienheimfahrten sowie sonstige Kosten, die durch die Reise veranlasst sind.

(2) [1] Die Einzelheiten zu Art und Umfang der Reisekostenvergütung sowie *die Grundsätze des Abrechnungsverfahrens* regelt die Bundesregierung durch

[1)] Siehe die BundesbeihilfeVO **(Bundesbeamtengesetze Nr. 48)** und die dazu erlassene Allg. Verwaltungsvorschrift **(Bundesbeamtengesetze Nr. 48.1).**
[2)] **Aichberger, SGB Nr. 5.**
[3)] § 81 Abs. 3 Satz 1 geänd. mWv 7.12.2018 durch G v. 29.11.2018 (BGBl. I S. 2232).
[4)] Siehe hierzu das BundesreisekostenG (Nr. **235**) und die dazu erlassene Allg. Verwaltungsvorschrift **(Bundesbeamtengesetze Nr. 56.1)** sowie die AuslandsreisekostenVO **(Bundesbeamtengesetze Nr. 56a)** und die dazu erlassene Allg. Verwaltungsvorschrift.

Rechtsverordnung. [2] Bei der Bemessung der Reisekostenvergütung können Höchstgrenzen oder Pauschalen für eine Erstattung festgesetzt und abweichende Regelungen für besondere Fälle getroffen werden.

(3) [1] Für Reisen nach Absatz 1 im oder in das Ausland sowie vom Ausland in das Inland (Auslandsdienstreisen) kann das Bundesministerium des Innern, für Bau und Heimat im Einvernehmen mit dem Auswärtigen Amt, dem Bundesministerium der Verteidigung und dem Bundesministerium der Finanzen durch Rechtsverordnung abweichende Vorschriften erlassen. [2] Dazu gehören die Anordnung und Genehmigung von Dienstreisen sowie der Umfang der Reisekostenvergütung einschließlich zusätzlich zu erstattender notwendiger Kosten, die der Erreichung des Zwecks von Auslandsdienstreisen dienen und die die besonderen Verhältnisse im Ausland berücksichtigen.

§ 82[1)2)] **Umzugskosten.** (1) [1] Beamtinnen und Beamte sowie ihre Hinterbliebenen erhalten die notwendigen Kosten für einen Umzug vergütet (Umzugskostenvergütung), wenn die Übernahme der Umzugskosten zugesagt worden ist. [2] Die Umzugskostenzusage kann bei einem dienstlich veranlassten Umzug oder in besonderen Fällen gegeben werden. [3] Die Umzugskostenvergütung umfasst

1. Beförderungsauslagen,
2. Reisekosten,
3. Trennungsgeld,
4. Mietentschädigung und
5. sonstige Auslagen.

(2) [1] Die Einzelheiten zu Art und Umfang der Umzugskostenvergütung sowie die Grundsätze des Abrechnungsverfahrens regelt die Bundesregierung durch Rechtsverordnung. [2] Bei der Bemessung der Umzugskostenvergütung können Höchstgrenzen oder Pauschalen für eine Erstattung festgesetzt und abweichende Regelungen für besondere Fälle getroffen werden.

(3) Für Umzüge nach Absatz 1 im oder in das Ausland sowie aus dem Ausland in das Inland (Auslandsumzüge) kann das Auswärtige Amt im Einvernehmen mit dem Bundesministerium des Innern, für Bau und Heimat, dem Bundesministerium der Verteidigung und dem Bundesministerium der Finanzen durch Rechtsverordnung[3)] abweichende Vorschriften zur Umzugskostenvergütung erlassen, soweit die besonderen Bedürfnisse des Auslandsdienstes und die besonderen Verhältnisse im Ausland es erfordern.

§ 83[4)5)] **Trennungsgeld.** (1) [1] Beamtinnen und Beamte, die an einen Ort außerhalb des Dienst- oder Wohnortes abgeordnet, versetzt, zugewiesen oder aufgrund einer anderen personellen Maßnahme an einem Ort außerhalb ihres bisherigen Dienst- oder Wohnortes beschäftigt werden, erhalten die notwen-

[1)] § 82 Abs. 3 geänd. mWv 7.12.2018 durch G v. 29.11.2018 (BGBl. I S. 2232).
[2)] Siehe hierzu das BundesumzugskostenG **(Bundesbeamtengesetze Nr. 58)** und die dazu erlassene Allg. Verwaltungsvorschrift **(Bundesbeamtengesetze Nr. 58.1)**.
[3)] Siehe die AuslandsumzugskostenVO **(Bundesbeamtengesetze Nr. 58c)**.
[4)] § 83 Abs. 4 geänd. mWv 7.12.2018 durch G v. 29.11.2018 (BGBl. I S. 2232).
[5)] Siehe hierzu die TrennungsgeldVO **(Bundesbeamtengesetze Nr. 58b)** und die Auslandstrennungsgeld VO **(Bundesbeamtengesetze Nr. 58d)**.

digen Kosten erstattet, die durch die häusliche Trennung oder in besonderen Fällen entstehen (Trennungsgeld). [2] Dabei sind die häuslichen Ersparnisse zu berücksichtigen.

(2) Werden Beamtinnen auf Widerruf und Beamte auf Widerruf im Vorbereitungsdienst zum Zwecke ihrer Ausbildung einer Ausbildungsstelle an einen anderen Ort als dem bisherigen Dienst- oder Wohnort zugewiesen, können ihnen die dadurch entstehenden notwendigen Mehrausgaben ganz oder teilweise erstattet werden.

(3) [1] Die Einzelheiten zu Art und Umfang des Trennungsgeldes und der Gewährung von Reisebeihilfen für Familienheimfahrten sowie die Grundsätze des Abrechnungsverfahrens regelt die Bundesregierung durch Rechtsverordnung. [2] Bei der Bemessung des Trennungsgeldes und der Reisebeihilfen für Familienheimfahrten können Höchstgrenzen und Pauschalen für eine Erstattung festgesetzt und abweichende Regelungen für besondere Fälle getroffen werden.

(4) Für Maßnahmen nach Absatz 1 im oder in das Ausland sowie vom Ausland in das Inland kann das Auswärtige Amt im Einvernehmen mit dem Bundesministerium des Innern, für Bau und Heimat, dem Bundesministerium der Verteidigung und dem Bundesministerium der Finanzen durch Rechtsverordnung abweichende Vorschriften zu Trennungsgeld und Reisebeihilfen für Familienheimfahrten erlassen, soweit die besonderen Bedürfnisse des Auslandsdienstes und die besonderen Verhältnisse im Ausland es erfordern.

§ 84 Jubiläumszuwendung. [1] Beamtinnen und Beamten wird bei Dienstjubiläen eine Zuwendung gewährt. [2] Das Nähere regelt die Bundesregierung durch Rechtsverordnung[1].

(Fortsetzung nächstes Blatt)

[1] Siehe die DienstjubiläumsVO **(Bundesbeamtengesetze Nr. 54b)**.

§ 84 a[1]**) Rückforderung zu viel gezahlter Geldleistungen.** [1] Die Rückforderung zu viel gezahlter Geldleistungen, die der Dienstherr auf Grund beamtenrechtlicher Vorschriften geleistet hat, richtet sich nach den Vorschriften des Bürgerlichen Gesetzbuchs[2]) über die Herausgabe einer ungerechtfertigten Bereicherung. [2] Der Kenntnis des Mangels des rechtlichen Grundes der Zahlung steht es gleich, wenn der Mangel so offensichtlich war, dass die Empfängerin oder der Empfänger ihn hätte erkennen müssen. [3] Von der Rückforderung kann aus Billigkeitsgründen mit Zustimmung der obersten Dienstbehörde oder der von ihr bestimmten Stelle ganz oder teilweise abgesehen werden.

§ 85 Dienstzeugnis. [1] Beamtinnen und Beamten wird auf Antrag ein Dienstzeugnis über Art und Dauer der von ihnen wahrgenommenen Ämter erteilt, wenn sie daran ein berechtigtes Interesse haben oder das Beamtenverhältnis beendet ist. [2] Das Dienstzeugnis muss auf Verlangen auch über die ausgeübte Tätigkeit und die erbrachten Leistungen Auskunft geben.

§ 86 Amtsbezeichnungen. (1) Die Bundespräsidentin oder der Bundespräsident oder eine von ihr oder ihm bestimmte Stelle setzt die Amtsbezeichnungen fest, soweit gesetzlich nichts anderes bestimmt ist.

(2) [1] Beamtinnen und Beamte führen im Dienst die Amtsbezeichnung des ihnen übertragenen Amtes. [2] Sie dürfen sie auch außerhalb des Dienstes führen. [3] Nach dem Wechsel in ein anderes Amt dürfen sie die bisherige Amtsbezeichnung nicht mehr führen. [4] Ist das neue Amt mit einem niedrigeren Endgrundgehalt verbunden, darf neben der neuen Amtsbezeichnung die des früheren Amtes mit dem Zusatz „außer Dienst" oder „a.D." geführt werden.

(3) [1] Ruhestandsbeamtinnen und Ruhestandsbeamte dürfen die ihnen bei der Versetzung in den Ruhestand zustehende Amtsbezeichnung mit dem Zusatz „außer Dienst" oder „a.D." und die im Zusammenhang mit dem Amt verliehenen Titel weiter führen. [2] Ändert sich die Bezeichnung des früheren Amtes, darf die geänderte Amtsbezeichnung geführt werden.

Unterabschnitt 2. Arbeitszeit

§ 87 Arbeitszeit. (1) Die regelmäßige Arbeitszeit darf wöchentlich im Durchschnitt 44 Stunden nicht überschreiten.

(2) Soweit Bereitschaftsdienst besteht, kann die Arbeitszeit entsprechend den dienstlichen Bedürfnissen verlängert werden.

(3) [1] Das Nähere zur Regelung der Arbeitszeit, insbesondere zur Dauer, zu Möglichkeiten ihrer flexiblen Ausgestaltung und zur Kontrolle ihrer Einhaltung, regelt die Bundesregierung durch Rechtsverordnung[3]). [2] Eine Kontrolle der Einhaltung der Arbeitszeit mittels automatisierter Datenverarbeitungssysteme ist zulässig, soweit diese Systeme eine Mitwirkung der Beamtinnen und Beamten erfordern. [3] Die erhobenen Daten dürfen nur für Zwecke der Arbeitszeitkontrolle, der Wahrung arbeitsschutzrechtlicher Bestimmungen

[1]) § 84 a eingef. mWv 14. 3. 2015 durch G v. 6. 3. 2015 (BGBl. I S. 250).
[2]) **Schönfelder Nr. 20.**
[3]) Siehe die ArbeitszeitVO (Nr. **170**).

und des gezielten Personaleinsatzes verwendet werden, soweit dies zur Aufgabenwahrnehmung der jeweils zuständigen Stelle erforderlich ist. ⁴ In der Rechtsverordnung sind Löschfristen für die erhobenen Daten vorzusehen.

§ 88 Mehrarbeit. ¹ Beamtinnen und Beamte sind verpflichtet, ohne Vergütung über die regelmäßige wöchentliche Arbeitszeit hinaus Dienst zu tun, wenn zwingende dienstliche Verhältnisse dies erfordern und sich die Mehrarbeit auf Ausnahmefälle beschränkt. ² Werden sie durch eine dienstlich angeordnete oder genehmigte Mehrarbeit mehr als fünf Stunden im Monat über die regelmäßige Arbeitszeit beansprucht, ist ihnen innerhalb eines Jahres für die Mehrarbeit, die sie über die regelmäßige Arbeitszeit hinaus leisten, entsprechende Dienstbefreiung zu gewähren. ³ Bei Teilzeitbeschäftigung sind die fünf Stunden anteilig zu kürzen. ⁴ Ist die Dienstbefreiung aus zwingenden dienstlichen Gründen nicht möglich, können Beamtinnen und Beamte in Besoldungsgruppen mit aufsteigenden Gehältern eine Vergütung[1] erhalten.

§ 89[2] **Erholungsurlaub.** ¹ Beamtinnen und Beamten steht jährlich ein Erholungsurlaub unter Fortgewährung der Besoldung zu. ² Die Bewilligung, die Dauer und die Abgeltung des Erholungsurlaubs regelt die Bundesregierung durch Rechtsverordnung[3]. ³ Die Dauer des zusätzlichen Urlaubs für in das Ausland entsandte Beamtinnen und Beamte des Auswärtigen Dienstes regelt das Gesetz über den Auswärtigen Dienst[4].

§ 90[5] **Urlaub aus anderen Anlässen, Mandatsträgerinnen und Mandatsträger.** (1) Die Bundesregierung regelt durch Rechtsverordnung[6] die Bewilligung von Urlaub aus anderen Anlässen und bestimmt, inwieweit die Besoldung während eines solchen Urlaubs fortbesteht.

(2) Stimmen Beamtinnen und Beamte ihrer Aufstellung als Bewerberinnen oder Bewerber für die Wahl zum Europäischen Parlament oder zum Deutschen Bundestag oder zu der gesetzgebenden Körperschaft eines Landes zu, ist ihnen auf Antrag innerhalb der letzten zwei Monate vor dem Wahltag der zur Vorbereitung ihrer Wahl erforderliche Urlaub unter Wegfall der Besoldung zu gewähren.

(3) ¹ Beamtinnen und Beamten, die in die gesetzgebende Körperschaft eines Landes gewählt worden sind und deren Rechte und Pflichten aus dem Beamtenverhältnis nicht nach § 40 Abs. 1 ruhen, ist zur Ausübung des Mandats auf Antrag

1. Teilzeitbeschäftigung im Umfang von mindestens 30 Prozent der regelmäßigen Arbeitszeit zu bewilligen oder

2. ein Urlaub unter Wegfall der Besoldung zu gewähren.

1) Siehe hierzu die BundesmehrarbeitsvergütungsVO **(Bundesbeamtengesetze Nr. 53)**.
2) § 89 Satz 2 geänd. mWv 14. 3. 2015 durch G v. 6. 3. 2015 (BGBl. I S. 250).
3) Siehe die ErholungsurlaubsVO (Nr. 172).
4) **Bundesbeamtengesetze Nr. 130.**
5) § 90 Abs. 2 geänd. mWv 14. 3. 2015 durch G v. 6. 3. 2015 (BGBl. I S. 250); Abs. 3 Satz 1 Nr. 1 geänd. mWv 28. 10. 2016 durch G v. 19. 10. 2016 (BGBl. I S. 2362).
6) Siehe die SonderurlaubsVO (Nr. 173).

[2] Der Antrag soll jeweils für den Zeitraum von mindestens sechs Monaten gestellt werden. [3] § 23 Abs. 5 des Abgeordnetengesetzes[1] ist entsprechend anzuwenden. [4] Auf Beamtinnen und Beamte, denen nach Satz 1 Nr. 2 Urlaub unter Wegfall der Besoldung gewährt wird, ist § 7 Abs. 1, 3 und 4 des Abgeordnetengesetzes entsprechend anzuwenden.

(4) [1] Für die Tätigkeit als Mitglied einer kommunalen Vertretung, eines nach Kommunalverfassungsrecht gebildeten Ausschusses oder vergleichbarer Einrichtungen in Gemeindebezirken ist Beamtinnen und Beamten der erforderliche Urlaub unter Fortzahlung der Besoldung zu gewähren. [2] Satz 1 gilt auch für die von einer kommunalen Vertretung gewählten ehrenamtlichen Mitglieder von Ausschüssen, die aufgrund eines Gesetzes gebildet worden sind.

§ 91 Teilzeit. (1) Beamtinnen und Beamten, die Anspruch auf Besoldung haben, kann auf Antrag Teilzeitbeschäftigung bis zur Hälfte der regelmäßigen Arbeitszeit und bis zur jeweils beantragten Dauer bewilligt werden, soweit dienstliche Belange dem nicht entgegenstehen.

(2) [1] Dem Antrag nach Absatz 1 darf nur entsprochen werden, wenn die Beamtinnen und Beamten sich verpflichten, während des Bewilligungszeitraumes außerhalb des Beamtenverhältnisses berufliche Verpflichtungen nur in dem Umfang einzugehen, der den Vollzeitbeschäftigten für die Ausübung von Nebentätigkeiten gestattet ist. [2] Ausnahmen hiervon sind nur zulässig, soweit dies mit dem Beamtenverhältnis vereinbar ist. [3] Dabei ist von der regelmäßigen wöchentlichen Arbeitszeit ohne Rücksicht auf die Bewilligung von Teilzeitbeschäftigung auszugehen. [4] Wird die Verpflichtung nach Satz 1 schuldhaft verletzt, soll die Bewilligung widerrufen werden.

(3) [1] Die zuständige Dienstbehörde kann nachträglich die Dauer der Teilzeitbeschäftigung beschränken oder den Umfang der zu leistenden Arbeitszeit erhöhen, soweit zwingende dienstliche Belange dies erfordern. [2] Sie soll eine Änderung des Umfangs der Teilzeitbeschäftigung oder den Übergang zur Vollzeitbeschäftigung zulassen, wenn der Beamtin oder dem Beamten die Teilzeitbeschäftigung im bisherigen Umfang nicht mehr zugemutet werden kann und dienstliche Belange dem nicht entgegenstehen.

§ 92[2] Familienbedingte Teilzeit, familienbedingte Beurlaubung.

(1) [1] Beamtinnen und Beamten, die Anspruch auf Besoldung haben, wird auf Antrag Teilzeitbeschäftigung oder Urlaub ohne Besoldung bewilligt, wenn

1. sie

a) mindestens ein Kind, das das 18. Lebensjahr noch nicht vollendet hat, tatsächlich betreuen oder pflegen oder

b) eine sonstige Angehörige oder einen sonstigen Angehörigen tatsächlich betreuen oder pflegen, die oder der pflegebedürftig ist nach einer Bescheinigung der Pflegekasse oder des Medizinischen Dienstes der Krankenversicherung, nach einer entsprechenden Bescheinigung einer pri-

[1] Nr. **48.**
[2] § 92 Abs. 1 neu gef. mWv 22. 3. 2012 durch G v. 15. 3. 2012 (BGBl. I S. 462); Abs. 1 Satz 1 Nr. 1 Buchst. b und Abs. 5 Satz 1 geänd. mWv 11. 7. 2013 durch G v. 3. 7. 2013 (BGBl. I S. 1978); Überschrift und Abs. 1 neu gef. mWv 28. 10. 2016 durch G v. 19. 10. 2016 (BGBl. I S. 2362).

vaten Pflegeversicherung oder nach einem ärztlichen Gutachten oder an einer Erkrankung nach § 3 Absatz 6 Satz 1 des Pflegezeitgesetzes[1] leidet, und

2. keine zwingenden dienstlichen Belange entgegenstehen.

[2] § 91 Absatz 3 Satz 1 gilt entsprechend. [3] Teilzeitbeschäftigung, Familienpflegezeiten und Pflegezeiten mit weniger als der Hälfte der regelmäßigen wöchentlichen Arbeitszeit oder Urlaub ohne Besoldung dürfen zusammen nicht länger als 15 Jahre dauern. [4] Ausnahmen hiervon sind in besonders begründeten Fällen zulässig.

(2) [1] Die Dienststelle muss die Ablehnung von Anträgen im Einzelnen begründen. [2] Bei Beamtinnen und Beamten im Schul- und Hochschuldienst kann der Bewilligungszeitraum bis zum Ende des laufenden Schulhalbjahres oder Semesters ausgedehnt werden. [3] Der Antrag auf Verlängerung einer Beurlaubung ist spätestens sechs Monate vor Ablauf der genehmigten Beurlaubung zu stellen.

(3) Während einer Freistellung vom Dienst nach Absatz 1 dürfen nur solche Nebentätigkeiten genehmigt werden, die dem Zweck der Freistellung nicht zuwiderlaufen.

(4) [1] Die zuständige Dienststelle kann eine Rückkehr aus dem Urlaub zulassen, wenn die Fortsetzung des Urlaubs nicht zumutbar ist und dienstliche Belange dem nicht entgegenstehen. [2] Teilzeitbeschäftigte mit Familienpflichten, die eine Vollzeitbeschäftigung beantragen, und Beurlaubte mit Familienpflichten, die eine vorzeitige Rückkehr aus der Beurlaubung beantragen, müssen bei der Besetzung von Vollzeitstellen unter Beachtung des Leistungsprinzips und der Regelungen des Bundesgleichstellungsgesetzes[2] vorrangig berücksichtigt werden.

(5) [1] Während der Zeit der Beurlaubung nach Absatz 1 besteht ein Anspruch auf Leistungen der Krankheitsfürsorge in entsprechender Anwendung der Beihilferegelungen für Beamtinnen mit Anspruch auf Besoldung und Beamte mit Anspruch auf Besoldung. [2] Dies gilt nicht, wenn die Beamtin oder der Beamte berücksichtigungsfähige Angehörige oder berücksichtigungsfähiger Angehöriger einer oder eines Beihilfeberechtigten wird oder in der gesetzlichen Krankenversicherung nach § 10 Abs. 1 des Fünften Buches Sozialgesetzbuch[3] versichert ist. [3] Beamtinnen und Beamte, die die Voraussetzungen des § 3 Abs. 1 des Pflegezeitgesetzes erfüllen, erhalten für die Dauer der Pflegezeit nach § 4 des Pflegezeitgesetzes Leistungen entsprechend § 44 a Abs. 1 des Elften Buches Sozialgesetzbuch[4].

(6) [1] Die Dienststelle hat durch geeignete Maßnahmen den aus familiären Gründen Beurlaubten die Verbindung zum Beruf und den beruflichen Wiedereinstieg zu erleichtern. [2] Dazu gehören das Angebot von Urlaubs- und Krankheitsvertretungen, ihre rechtzeitige Unterrichtung über das Fortbildungsprogramm und das Angebot der Teilnahme an der Fortbildung während oder nach der Beurlaubung. [3] Die Teilnahme an einer Fortbildungsveranstaltung während der Beurlaubung begründet einen Anspruch auf bezahlte

[1] **Aichberger, SGB Nr. 11/10.**
[2] **Bundesbeamtengesetze Nr. 3.**
[3] **Aichberger, SGB Nr. 5.**
[4] **Aichberger, SGB Nr. 11.**

Dienstbefreiung nach Ende der Beurlaubung. [4] Die Dauer der bezahlten Dienstbefreiung richtet sich nach der Dauer der Fortbildung. [5] Mit den Beurlaubten sind rechtzeitig vor Ablauf einer Beurlaubung Beratungsgespräche zu führen, in denen sie über die Möglichkeiten ihrer Beschäftigung nach der Beurlaubung informiert werden.

§ 92a[1] **Familienpflegezeit mit Vorschuss.** (1) Beamtinnen und Beamten, die Anspruch auf Besoldung haben, wird auf Antrag für längstens 24 Monate Teilzeitbeschäftigung mit einer regelmäßigen wöchentlichen Arbeitszeit von mindestens 15 Stunden als Familienpflegezeit bewilligt, wenn

1. sie eine nahe Angehörige oder einen nahen Angehörigen nach § 7 Absatz 3 des Pflegezeitgesetzes[2] tatsächlich betreuen oder pflegen, die oder der pflegebedürftig ist nach einer Bescheinigung der Pflegekasse oder des Medizinischen Dienstes der Krankenversicherung, einer entsprechenden Bescheinigung einer privaten Pflegeversicherung oder einem ärztlichen Gutachten oder an einer Erkrankung nach § 3 Absatz 6 Satz 1 des Pflegezeitgesetzes leidet, und

2. keine dringenden dienstlichen Belange entgegenstehen.

(2) Ist die Familienpflegezeit für weniger als 24 Monate bewilligt worden, kann sie nachträglich bis zur Dauer von 24 Monaten verlängert werden.

(3) Familienpflegezeit und Pflegezeit dürfen zusammen nicht länger als 24 Monate je pflegebedürftigen nahen Angehörigen dauern.

(4) Die Beamtin oder der Beamte hat jede Änderung der Tatsachen mitzuteilen, die für die Bewilligung maßgeblich sind.

(5) Liegen die Voraussetzungen für die Bewilligung der Familienpflegezeit nicht mehr vor, so ist die Bewilligung zu widerrufen, und zwar mit Ablauf des zweiten Monats, der auf den Wegfall der Voraussetzungen folgt.

(6) Ist der Beamtin oder dem Beamten die Teilzeitbeschäftigung im bisherigen Umfang nicht mehr zumutbar, ist die Bewilligung zu widerrufen, wenn keine dringenden dienstlichen Belange entgegenstehen.

§ 92b[3] **Pflegezeit mit Vorschuss.** (1) Unter den Voraussetzungen des § 92a Absatz 1 wird auf Antrag für längstens sechs Monate Teilzeitbeschäftigung mit einer regelmäßigen wöchentlichen Arbeitszeit von weniger als 15 Stunden oder Urlaub ohne Besoldung als Pflegezeit bewilligt.

(2) Ist die Pflegezeit für weniger als sechs Monate bewilligt worden, kann sie nachträglich bis zur Dauer von sechs Monaten verlängert werden.

(3) § 92 Absatz 5 und § 92a Absatz 3 bis 6 gelten entsprechend.

[1] § 92a neu gef. mWv 28.10.2016 durch G v. 19.10.2016 (BGBl. I S. 2362).
[2] **Aichberger, SGB Nr. 11/10.**
[3] § 92b eingef. mWv 28.10.2016 durch G v. 19.10.2016 (BGBl. I S. 2362).

§ 93[1]**) Altersteilzeit.** (1) Beamtinnen und Beamten, die Anspruch auf Besoldung haben, kann auf Antrag, der sich auf die Zeit bis zum Beginn des Ruhestands erstrecken muss, Teilzeitbeschäftigung als Altersteilzeit mit der Hälfte der bisherigen Arbeitszeit, höchstens der Hälfte der in den letzten zwei Jahren vor Beginn der Altersteilzeit durchschnittlich zu leistenden Arbeitszeit, bewilligt werden, wenn

1. a) sie das 60. Lebensjahr vollendet haben,

 b) das 55. Lebensjahr vollendet haben und zum Zeitpunkt der Antragstellung schwerbehindert im Sinne des § 2 Abs. 2 des Neunten Buches Sozialgesetzbuch sind oder

 c) das 55. Lebensjahr vollendet haben und in einem besonders festgelegten Stellenabbaubereich beschäftigt sind

und

2. sie in den letzten fünf Jahren vor Beginn der Altersteilzeit drei Jahre mindestens teilzeitbeschäftigt waren,

3. die Altersteilzeit vor dem 1. Januar 2010 beginnt und

4. dringende dienstliche Belange dem nicht entgegenstehen.

(2) [1]Beamtinnen und Beamten kann Altersteilzeit in Form der Blockbildung im Sinne des § 9 der Arbeitszeitverordnung[2]) nach Maßgabe des Absatzes 1 bewilligt werden, wenn sie

1. das 60. Lebensjahr vollendet haben und bei vorheriger Teilzeitbeschäftigung die Zeiten der Freistellung von der Arbeit in der Weise zusammengefasst werden, dass zuvor mit mindestens der Hälfte der regelmäßigen Arbeitszeit, im Fall des § 92 Abs. 1, der §§ 92a, 92b oder bei Teilzeitbeschäftigung während der Elternzeit mindestens im Umfang der bisherigen Teilzeitbeschäftigung Dienst geleistet wird, wobei geringfügige Unterschreitungen des notwendigen Umfangs der Arbeitszeit unberücksichtigt bleiben, oder

2. die Voraussetzungen des Absatzes 1 Nr. 1 Buchstabe c vorliegen. [2]Beamtinnen auf Lebenszeit und Beamte auf Lebenszeit, denen vor dem 1. Januar 2010 Altersteilzeitbeschäftigung in Form der Blockbildung im Sinne des § 9 der Arbeitszeitverordnung bewilligt worden ist, erreichen die Altersgrenze mit Vollendung des 65. Lebensjahres. [3]Beim Ruhestand auf Antrag nach § 52 bleibt es bei der Altersgrenze nach § 42 Abs. 4 des Bundesbeamtengesetzes in der bis zum 11. Februar 2009 geltenden Fassung.

(3) [1]Beamtinnen und Beamten, die Anspruch auf Besoldung haben, kann auf Antrag, Teilzeitbeschäftigung als Altersteilzeit mit der Hälfte der bisherigen Arbeitszeit, höchstens der Hälfte der in den letzten zwei Jahren vor Beginn der Altersteilzeit durchschnittlich zu leistenden Arbeitszeit bewilligt werden, wenn

[1]) § 93 Abs. 3–5 eingef., bish. Abs. 3 und 4 werden Abs. 6 und 7 mWv 1.1.2011 durch G v. 19.11. 2010 (BGBl. I S. 1552); Abs. 2 Satz 1 Nr. 1 geänd., Satz 2 neu gef. mWv 11.7.2013 durch G v. 3.7. 2013 (BGBl. I S. 1978); Abs. 2 Satz 1 Nr. 1 geänd. mWv 28.10.2016 durch G v. 19.10.2016 (BGBl. I S. 2362); Abs. 3 Satz 1 Nr. 3 geänd. mWv 1.3.2016 durch G v. 21.11.2016 (BGBl. I S. 2570); Abs. 3 Satz 1 Nr. 3 geänd. mWv 1.1.2019 durch G v. 8.11.2018 (BGBl. I S. 1810); Abs. 5 geänd. mWv 7.12. 2018 durch G v. 29.11.2018 (BGBl. I S. 2232).
[2]) Nr. **170**.

1. sie bei Beginn der Altersteilzeit das 60. Lebensjahr vollendet haben,
2. sie in den letzten fünf Jahren vor Beginn der Altersteilzeit drei Jahre mindestens teilzeitbeschäftigt waren,
3. die Altersteilzeit vor dem 1. Januar 2021 beginnt,
4. sie in einem festgelegten Restrukturierungs- oder Stellenabbaubereich beschäftigt sind und
5. dienstliche Belange dem nicht entgegenstehen.

[2] Der Antrag muss sich auf die gesamte Zeit bis zum Eintritt in den Ruhestand erstrecken. [3] Altersteilzeit nach Satz 1 kann auch im Blockmodell nach § 9 Absatz 2 der Arbeitszeitverordnung bewilligt werden.

(4) [1] Beamtinnen und Beamten ist unter den Voraussetzungen des Absatzes 3 Satz 1 mit Ausnahme des Satzes 1 Nummer 4 und 5 Altersteilzeit im Rahmen einer Quote von 2,5 Prozent der Beamtinnen und Beamten der obersten Dienstbehörden einschließlich ihrer Geschäftsbereiche zu bewilligen. [2] Die Bewilligung von Altersteilzeit ist ausgeschlossen, wenn diese Quote durch die Altersteilzeitverhältnisse nach Satz 1 und den Absätzen 1 bis 3 ausgeschöpft ist oder der Bewilligung dienstliche Belange entgegenstehen.

(5) Das Bundesministerium des Innern, für Bau und Heimat regelt im Einvernehmen mit dem Bundesministerium der Finanzen durch Rechtsverordnung[1] die Einzelheiten der Altersteilzeitbewilligung, insbesondere die Festlegung der Restrukturierungs- und Stellenabbaubereiche nach Absatz 3 Satz 1 Nummer 4 und die Verteilung der Quote nach Absatz 4.

(6) Änderungen der regelmäßigen wöchentlichen Arbeitszeit nach den Arbeitszeitregelungen gelten für die zu leistende Arbeitszeit entsprechend.

(7) § 91 Abs. 2 gilt entsprechend.

§ 94 Hinweispflicht. Wird eine Verkürzung der Arbeitszeit oder eine langfristige Beurlaubung beantragt, sind die Beamtinnen und Beamten auf die Folgen verkürzter Arbeitszeit oder langfristiger Beurlaubungen hinzuweisen, insbesondere auf die Folgen für Ansprüche aufgrund beamtenrechtlicher Regelungen sowie auf die Möglichkeit einer Befristung mit Verlängerung und deren Folgen.

§ 95[2] Beurlaubung ohne Besoldung. (1) Beamtinnen und Beamten, die Anspruch auf Besoldung haben, kann in Bereichen, in denen wegen der Arbeitsmarktsituation ein außergewöhnlicher Überhang an Bewerberinnen und Bewerbern besteht und deshalb ein dringendes öffentliches Interesse daran besteht, verstärkt Bewerberinnen und Bewerber im öffentlichen Dienst zu beschäftigen, auf Antrag Urlaub ohne Besoldung

1. bis zur Dauer von insgesamt sechs Jahren oder
2. für einen Zeitraum, der sich bis zum Beginn des Ruhestands erstrecken muss

bewilligt werden, wenn dienstliche Belange dem nicht entgegenstehen.

[1] Siehe die BeamtenaltersteilzeitVO **(Bundesbeamtengesetze Nr. 63)** sowie die Durchführungshinweise des BMI **(Bundesbeamtengesetze Nr. 63.1)**.
[2] § 95 Abs. 4 Satz 1 geänd. mWv 22.3.2012 durch G v. 15.3.2012 (BGBl. I S. 462).

(2) Beamtinnen und Beamten, die Anspruch auf Besoldung haben, kann in Bereichen, in denen ein Stellenüberhang abgebaut werden soll, auf Antrag Urlaub ohne Besoldung bewilligt werden, wenn dienstliche Belange dem nicht entgegenstehen.

(3) [1] Dem Antrag nach den Absätzen 1 und 2 darf nur entsprochen werden, wenn die Beamtinnen und Beamten erklären, während der Dauer des Bewilligungszeitraums auf die Ausübung genehmigungspflichtiger Nebentätigkeiten zu verzichten und nicht genehmigungspflichtige Nebentätigkeiten nur in dem Umfang auszuüben, wie sie bei Vollzeitbeschäftigung ohne Verletzung dienstlicher Pflichten ausgeübt werden könnten. [2] Wird diese Verpflichtung schuldhaft verletzt, soll die Bewilligung widerrufen werden. [3] Die zuständige Dienstbehörde darf trotz der Erklärung der Beamtinnen oder Beamten nach Satz 1 Nebentätigkeiten genehmigen, soweit sie dem Zweck der Bewilligung des Urlaubs nicht zuwiderlaufen. [4] Sie kann eine Rückkehr aus dem Urlaub zulassen, wenn der Beamtin oder dem Beamten die Fortsetzung des Urlaubs nicht zugemutet werden kann und dienstliche Belange dem nicht entgegenstehen.

(4) [1] Urlaub nach den Absätzen 1 und 2 darf, auch im Zusammenhang mit Urlaub oder Teilzeitbeschäftigung mit weniger als der Hälfte der regelmäßigen Arbeitszeit nach § 92 Abs. 1, die Dauer von 15 Jahren nicht überschreiten. [2] Bei Beamtinnen im Schul- und Hochschuldienst und Beamten im Schul- und Hochschuldienst kann der Bewilligungszeitraum bis zum Ende des laufenden Schulhalbjahres oder Semesters ausgedehnt werden. [3] In den Fällen des Absatzes 1 Nr. 2 ist Satz 1 nicht anzuwenden, wenn es den Beamtinnen und Beamten nicht mehr zuzumuten ist, zur Voll- oder Teilzeitbeschäftigung zurückzukehren.

(5) In den Fällen, in denen nach § 72e Abs. 1 Nr. 2 und Abs. 4 des Bundesbeamtengesetzes in der bis zum 11. Februar 2009 geltenden Fassung Urlaub ohne Dienstbezüge bis zum Beginn des Ruhestands bewilligt worden ist, gilt § 93 Abs. 2 Satz 2 entsprechend.

§ 96 Fernbleiben vom Dienst. (1) [1] Beamtinnen und Beamte dürfen dem Dienst nicht ohne Genehmigung ihrer Dienstvorgesetzten fernbleiben. [2] Dienstunfähigkeit infolge von Krankheit ist auf Verlangen nachzuweisen.[1]

(2) Verliert die Beamtin oder der Beamte wegen unentschuldigten Fernbleibens vom Dienst nach dem Bundesbesoldungsgesetz[2] den Anspruch auf Besoldung, wird dadurch die Durchführung eines Disziplinarverfahrens nicht ausgeschlossen.

Unterabschnitt 3. Nebentätigkeit

§ 97 Begriffsbestimmungen. (1) Nebentätigkeit ist die Wahrnehmung eines Nebenamtes oder die Ausübung einer Nebenbeschäftigung.

[1] Siehe hierzu das Rundschreiben des BMI – D1 – 210 173/3 – (**Bundesbeamtengesetze Nr. 1.4**).
[2] Nr. 230.

(2) Nebenamt ist ein nicht zu einem Hauptamt gehörender Kreis von Aufgaben, der aufgrund eines öffentlich-rechtlichen Dienst- oder Amtsverhältnisses wahrgenommen wird.

(3) Nebenbeschäftigung ist jede sonstige, nicht zu einem Hauptamt gehörende Tätigkeit innerhalb oder außerhalb des öffentlichen Dienstes.

(4) Als Nebentätigkeit gilt nicht die Wahrnehmung öffentlicher Ehrenämter sowie einer unentgeltlichen Vormundschaft, Betreuung oder Pflegschaft.

§ 98 Nebentätigkeit im öffentlichen Dienst. Beamtinnen und Beamte sind verpflichtet, auf Verlangen ihrer Dienstbehörde eine Nebentätigkeit im öffentlichen Dienst auszuüben, sofern diese Tätigkeit ihrer Vorbildung oder Berufsausbildung entspricht und sie nicht über Gebühr in Anspruch nimmt.

(Fortsetzung nächstes Blatt)

§ 99[1] Genehmigungspflichtige Nebentätigkeiten. (1) [1]Beamtinnen und Beamte bedürfen zur Ausübung jeder entgeltlichen Nebentätigkeit, mit Ausnahme der in § 100 Abs. 1 abschließend aufgeführten, der vorherigen Genehmigung, soweit sie nicht nach § 98 zu ihrer Ausübung verpflichtet sind. [2]Gleiches gilt für folgende unentgeltliche Nebentätigkeiten:

1. Wahrnehmung eines Nebenamtes,

2. gewerbliche oder freiberufliche Tätigkeiten oder die Mitarbeit bei einer dieser Tätigkeiten und

3. Eintritt in ein Organ eines Unternehmens mit Ausnahme einer Genossenschaft.

(2) [1]Die Genehmigung ist zu versagen, wenn zu besorgen ist, dass durch die Nebentätigkeit dienstliche Interessen beeinträchtigt werden. [2]Ein solcher Versagungsgrund liegt insbesondere vor, wenn die Nebentätigkeit

1. nach Art und Umfang die Arbeitskraft so stark in Anspruch nimmt, dass die ordnungsgemäße Erfüllung der dienstlichen Pflichten behindert werden kann,

2. die Beamtin oder den Beamten in einen Widerstreit mit den dienstlichen Pflichten bringen kann,

3. in einer Angelegenheit ausgeübt wird, in der die Behörde, der die Beamtin oder der Beamte angehört, tätig wird oder tätig werden kann,

4. die Unparteilichkeit oder Unbefangenheit der Beamtin oder des Beamten beeinflussen kann,

5. zu einer wesentlichen Einschränkung der künftigen dienstlichen Verwendbarkeit der Beamtin oder des Beamten führen kann oder

6. dem Ansehen der öffentlichen Verwaltung abträglich sein kann.

[3]Ein solcher Versagungsgrund liegt in der Regel auch vor, wenn sich die Nebentätigkeit wegen gewerbsmäßiger Dienst- oder Arbeitsleistung oder sonst nach Art, Umfang, Dauer oder Häufigkeit als Ausübung eines Zweitberufs darstellt.

(3) [1]Die Voraussetzung des Absatzes 2 Satz 2 Nr. 1 gilt in der Regel als erfüllt, wenn die zeitliche Beanspruchung durch eine oder mehrere Nebentätigkeiten in der Woche ein Fünftel der regelmäßigen wöchentlichen Arbeitszeit überschreitet. [2]Bei begrenzter Dienstfähigkeit ist ein Fünftel der nach § 45 Abs. 2 Satz 1 verkürzten Arbeitzeit zugrunde zu legen. [3]Soweit der Gesamtbetrag der Vergütung für eine oder mehrere Nebentätigkeiten 40 Prozent des jährlichen Endgrundgehalts des Amtes der Beamtin oder des Beamten übersteigt, liegt ein Versagungsgrund vor. [4]Die Dienstbehörde kann Ausnahmen zulassen, wenn die Beamtin oder der Beamte durch Angabe bestimmter Tatsachen nachweist, dass die zeitliche Beanspruchung ein Fünftel der regelmäßigen wöchentlichen Arbeitszeit nicht übersteigt oder die Versagung unter Berücksichtigung der Umstände des Einzelfalls nicht angemessen wäre. [5]Bei Anwendung der Sätze 1 bis 4 sind genehmigungs- und anzeigepflichtige Nebentätigkeiten zusammen zu berücksichtigen.

(4) [1]Die Genehmigung ist auf längstens fünf Jahre zu befristen. [2]Sie kann mit Auflagen und Bedingungen versehen werden. [3]Ergibt sich eine Beeinträchtigung dienstlicher Interessen nach Erteilung der Genehmigung, ist diese zu widerrufen.

[1] § 99 Abs. 5 Satz 5 geänd. mWv 5. 4. 2017 durch G v. 29. 3. 2017 (BGBl. I S. 626).

(5) [1] Die Genehmigung erteilt die oberste Dienstbehörde. [2] Sie kann diese Zuständigkeit auf nachgeordnete Behörden übertragen. [3] Anträge auf Erteilung einer Genehmigung sowie Entscheidungen über diese Anträge bedürfen der Schriftform. [4] Die Beamtin oder der Beamte hat dabei die für die Entscheidung erforderlichen Nachweise zu führen, insbesondere über Art und Umfang der Nebentätigkeit sowie die Entgelte und geldwerten Vorteile hieraus. [5] Jede Änderung ist unverzüglich schriftlich oder elektronisch anzuzeigen.

§ 100[1] Nicht genehmigungspflichtige Nebentätigkeiten. (1) Nicht genehmigungspflichtig sind

1. die Verwaltung eigenen oder der Nutznießung der Beamtin oder des Beamten unterliegenden Vermögens,

2. schriftstellerische, wissenschaftliche, künstlerische oder Vortragstätigkeiten,

3. mit Lehr- oder Forschungsaufgaben zusammenhängende selbstständige Gutachtertätigkeiten von Lehrerinnen und Lehrern an öffentlichen Hochschulen und an Hochschulen der Bundeswehr sowie von Beamtinnen und Beamten an wissenschaftlichen Instituten und Anstalten und

4. Tätigkeiten zur Wahrung von Berufsinteressen in Gewerkschaften oder Berufsverbänden oder in Selbsthilfeeinrichtungen der Beamtinnen und Beamten.

(2) [1] Tätigkeiten nach Absatz 1 Nr. 2 und 3 sowie eine Tätigkeit in Selbsthilfeeinrichtungen nach Absatz 1 Nr. 4 sind der Dienstbehörde schriftlich oder elektronisch vor ihrer Aufnahme anzuzeigen, wenn für sie ein Entgelt oder ein geldwerter Vorteil geleistet wird. [2] Hierbei sind insbesondere Art und Umfang der Nebentätigkeit sowie die voraussichtliche Höhe der Entgelte und geldwerten Vorteile anzugeben. [3] Jede Änderung ist unverzüglich schriftlich oder elektronisch mitzuteilen.

(3) Die Dienstbehörde kann aus begründetem Anlass verlangen, dass über eine ausgeübte nicht genehmigungspflichtige Nebentätigkeit schriftlich oder elektronisch Auskunft erteilt wird, insbesondere über deren Art und Umfang.

(4) Eine nicht genehmigungspflichtige Nebentätigkeit ist ganz oder teilweise zu untersagen, wenn die Beamtin oder der Beamte bei ihrer Ausübung dienstliche Pflichten verletzt.

§ 101[2] Ausübung von Nebentätigkeiten. (1) [1] Nebentätigkeiten dürfen nur außerhalb der Arbeitszeit ausgeübt werden, es sei denn, sie werden auf Verlangen der oder des Dienstvorgesetzten ausgeübt oder es besteht ein dienstliches Interesse an der Ausübung der Nebentätigkeit. [2] Das dienstliche Interesse ist aktenkundig zu machen. [3] Ausnahmen dürfen nur in besonders begründeten Fällen, insbesondere im öffentlichen Interesse, auf schriftlichen oder elektronischen Antrag zugelassen werden, wenn dienstliche Gründe dem nicht entgegenstehen und die versäumte Arbeitszeit nachgeleistet wird.

(2) [1] Bei der Ausübung von Nebentätigkeiten dürfen Einrichtungen, Personal oder Material des Dienstherrn nur bei Vorliegen eines öffentlichen oder wissenschaftlichen Interesses mit dessen Genehmigung und gegen Entrichtung eines angemessenen Entgelts in Anspruch genommen werden. [2] Das Entgelt ist nach

[1] § 100 Abs. 2 Sätze 1, 3 und Abs. 3 geänd. mWv 5. 4. 2017 durch G v. 29. 3. 2017 (BGBl. I S. 626).
[2] § 101 Abs. 1 Satz 3 geänd. mWv 5. 4. 2017 durch G v. 29. 3. 2017 (BGBl. I S. 626).

den dem Dienstherrn entstehenden Kosten zu bemessen und muss den besonderen Vorteil berücksichtigen, der der Beamtin oder dem Beamten durch die Inanspruchnahme entsteht.

§ 102 Regressanspruch für die Haftung aus angeordneter Nebentätigkeit. [1] Beamtinnen und Beamte, die aus einer auf Verlangen, Vorschlag oder Veranlassung der oder des Dienstvorgesetzten ausgeübten Tätigkeit im Vorstand, Aufsichtsrat, Verwaltungsrat oder in einem sonstigen Organ einer Gesellschaft, Genossenschaft oder eines in einer anderen Rechtsform betriebenen Unternehmens haftbar gemacht werden, haben gegen den Dienstherrn Anspruch auf Ersatz des ihnen entstandenen Schadens. [2] Ist der Schaden vorsätzlich oder grob fahrlässig herbeigeführt, ist der Dienstherr nur dann ersatzpflichtig, wenn die Beamtin oder der Beamte auf Verlangen der oder des Vorgesetzten gehandelt hat.

§ 103 Erlöschen der mit dem Hauptamt verbundenen Nebentätigkeit. Endet das Beamtenverhältnis, enden, wenn im Einzelfall nichts anderes bestimmt wird, auch die Nebenämter und Nebenbeschäftigungen, die im Zusammenhang mit dem Hauptamt übertragen sind oder die auf Verlangen, Vorschlag oder Veranlassung der oder des Dienstvorgesetzten ausgeübt worden sind.

§ 104 Erlass ausführender Rechtsverordnungen. [1] Die zur Ausführung der §§ 97 bis 103 notwendigen weiteren Vorschriften zu Nebentätigkeiten von Beamtinnen und Beamten erlässt die Bundesregierung durch Rechtsverordnung[1]. [2] In ihr kann bestimmt werden,

1. welche Tätigkeiten als öffentlicher Dienst im Sinne dieser Vorschriften anzusehen sind oder ihm gleichstehen,
2. ob und inwieweit eine im öffentlichen Dienst ausgeübte oder auf Verlangen, Vorschlag oder Veranlassung der oder des Dienstvorgesetzten ausgeübte Nebentätigkeit vergütet wird oder eine Vergütung abzuführen ist,
3. unter welchen Voraussetzungen die Beamtin oder der Beamte zur Ausübung von Nebentätigkeiten Einrichtungen, Personal oder Material des Dienstherrn in Anspruch nehmen darf und in welcher Höhe hierfür ein Entgelt an den Dienstherrn zu entrichten ist; das Entgelt kann pauschaliert in einem Prozentsatz des aus der Nebentätigkeit erzielten Bruttoeinkommens festgelegt werden und bei unentgeltlich ausgeübter Nebentätigkeit entfallen,
4. dass die Beamtin oder der Beamte verpflichtet werden kann, nach Ablauf eines jeden Kalenderjahres der oder dem Dienstvorgesetzten die ihr oder ihm zugeflossenen Entgelte und geldwerten Vorteile aus Nebentätigkeiten anzugeben.

§ 105[2] Anzeigepflicht nach Beendigung des Beamtenverhältnisses.

(1) [1] Ruhestandsbeamtinnen, Ruhestandsbeamte, frühere Beamtinnen mit Versorgungsbezügen und frühere Beamte mit Versorgungsbezügen haben eine

[1] Siehe hierzu die BundesnebentätigkeitsVO (Nr. **177**) sowie die VO über die Nebentätigkeit der Richter im Bundesdienst **(Bundesbeamtengesetze Nr. 21a)**.
[2] § 105 Abs. 1 Satz 3 angef. mWv 4.9.2013 durch G v. 28.8.2013 (BGBl. I S. 3386); Abs. 1 Satz 1 geänd. mWv 5.4.2017 durch G v. 29.3.2017 (BGBl. I S. 626).

Erwerbstätigkeit oder sonstige Beschäftigung außerhalb des öffentlichen Dienstes, die mit ihrer dienstlichen Tätigkeit in den letzten fünf Jahren vor Beendigung des Beamtenverhältnisses im Zusammenhang steht und durch die dienstliche Interessen beeinträchtigt werden können, vor ihrer Aufnahme schriftlich oder elektronisch anzuzeigen. [2] Die Anzeigepflicht endet, wenn die Beamtinnen und Beamten mit Erreichen der Regelaltersgrenze in den Ruhestand treten, drei Jahre, im Übrigen fünf Jahre nach Beendigung des Beamtenverhältnisses. [3] Die Sätze 1 und 2 gelten auch für frühere Beamtinnen mit Anspruch auf Altersgeld und frühere Beamte mit Anspruch auf Altersgeld.

(2) [1] Die Erwerbstätigkeit oder sonstige Beschäftigung ist zu untersagen, soweit zu besorgen ist, dass durch sie dienstliche Interessen beeinträchtigt werden. [2] Die Untersagung ist für den Zeitraum bis zum Ende der Anzeigepflicht auszusprechen, es sei denn, die Voraussetzungen für eine Untersagung liegen nur für einen kürzeren Zeitraum vor.

(3) [1] Zuständig ist die letzte oberste Dienstbehörde. [2] Sie kann ihre Zuständigkeit auf nachgeordnete Behörden übertragen.

Unterabschnitt 4. Personalaktenrecht

§ **106**[1]) **Personalakte.** (1) [1] Für jede Beamtin und jeden Beamten ist eine Personalakte zu führen. [2] Sie ist vertraulich zu behandeln und durch technische und organisatorische Maßnahmen nach den Artikeln 24, 25 und 32 der Verordnung (EU) 2016/679[2]) des Europäischen Parlaments und des Rates vom 27. April 2016 zum Schutz natürlicher Personen bei der Verarbeitung personenbezogener Daten, zum freien Datenverkehr und zur Aufhebung der Richtlinie 95/46/EG (Datenschutz-Grundverordnung) (ABl. L 119 vom 4.5. 2016, S. 1; L 314 vom 22.11.2016, S. 72; L 127 vom 23.5.2018, S. 2) in der jeweils geltenden Fassung vor unbefugter Einsichtnahme zu schützen. [3] Die Akte kann in Teilen oder vollständig automatisiert geführt werden. [4] Zur Personalakte gehören alle Unterlagen, die die Beamtin oder den Beamten betreffen, soweit sie mit ihrem oder seinem Dienstverhältnis in einem unmittelbaren inneren Zusammenhang stehen (Personalaktendaten). [5] Andere Unterlagen dürfen in die Personalakte nicht aufgenommen werden. [6] Nicht Bestandteil der Personalakte sind Unterlagen, die besonderen, von der Person und dem Dienstverhältnis sachlich zu trennenden Zwecken dienen, insbesondere Prüfungs-, Sicherheits- und Kindergeldakten. [7] Kindergeldakten können mit Besoldungs- und Versorgungsakten verbunden geführt werden, wenn diese von der übrigen Personalakte getrennt sind und von einer von der Personalverwaltung getrennten Organisationseinheit bearbeitet werden.

(2) [1] Die Personalakte kann nach sachlichen Gesichtspunkten in Grundakte und Teilakten gegliedert werden. [2] Teilakten können bei der für den betreffenden Aufgabenbereich zuständigen Behörde geführt werden. [3] Nebenakten (Unterlagen, die sich auch in der Grundakte oder in Teilakten befinden) dürfen nur geführt werden, wenn die personalverwaltende Behörde nicht zugleich Beschäftigungsbehörde ist oder wenn mehrere personalverwaltende Behörden für die Beamtin oder den Beamten zuständig sind; sie dürfen nur solche Unterlagen enthalten, deren Kenntnis zur rechtmäßigen Aufgabenerledigung der betreffen-

[1]) § 106 Abs. 2 Satz 5 geänd. mWv 5.4.2017 durch G v. 29.3.2017 (BGBl. I S. 626); Abs. 1 Satz 2, Abs. 2 Satz 5 und Abs. 3 neu gef. mWv 26.11.2019 durch G v. 20.11.2019 (BGBl. I S. 1626).
[2]) Nr. **246**.

den Behörde erforderlich ist. [4] In die Grundakte ist ein vollständiges Verzeichnis aller Teil- und Nebenakten aufzunehmen. [5] Wird die Personalakte weder vollständig in Schriftform noch vollständig elektronisch geführt, so muss sich aus dem Verzeichnis nach Satz 4 ergeben, welche Teile der Personalakte in welcher Form geführt werden.

(3) Personalaktendaten dürfen ohne Einwilligung der Beamtin oder des Beamten nur für Zwecke der Personalverwaltung oder der Personalwirtschaft verarbeitet werden.

(4) Der Dienstherr darf personenbezogene Daten über Bewerberinnen, Bewerber, Beamtinnen und Beamte sowie über ehemalige Beamtinnen und ehemalige Beamte nur erheben, soweit dies zur Begründung, Durchführung, Beendigung oder Abwicklung des Dienstverhältnisses oder zur Durchführung organisatorischer, personeller oder sozialer Maßnahmen, insbesondere zu Zwecken der Personalplanung oder des Personaleinsatzes, erforderlich ist oder eine Rechtsvorschrift dies erlaubt.

§ 107[1) **Zugang zur Personalakte.** (1) [1] Zugang zur Personalakte dürfen nur Beschäftigte haben, die im Rahmen der Personalverwaltung mit der Bearbeitung von Personalangelegenheiten beauftragt sind, und nur soweit dies zu Zwecken der Personalverwaltung oder der Personalwirtschaft erforderlich ist. [2] Zugang zu Personalaktendaten darf auch Beschäftigten, die Aufgaben des ärztlichen Dienstes wahrnehmen, gewährt werden, soweit die Kenntnis der Daten zur Erfüllung ihrer Aufgaben erforderlich ist. [3] Zugang zu entscheidungsrelevanten Teilen der Personalakte haben auch Gleichstellungsbeauftragte, soweit dies zur Wahrnehmung ihrer Aufgaben erforderlich ist.

(2) [1] Den mit Angelegenheiten der Innenrevision beauftragten Beschäftigten ist Einsicht in die Personalakte zu gewähren, soweit sie die zur Erfüllung ihrer Aufgaben erforderlichen Erkenntnisse nicht durch eine in sonstiger Weise erteilte Auskunft aus der Personalakte gewinnen können. [2] Jede Einsichtnahme nach Satz 1 ist zu dokumentieren.

§ 108[2) **Beihilfeakte.** (1) [1] Unterlagen über Beihilfen sind als Teilakte zu führen. [2] Diese ist von der übrigen Personalakte getrennt aufzubewahren. [3] Sie soll in einer von der übrigen Personalverwaltung getrennten Organisationseinheit bearbeitet werden. [4] Zugang sollen nur Beschäftigte dieser Organisationseinheit haben.

(2) [1] Personenbezogene Daten dürfen ohne Einwilligung für Beihilfezwecke verarbeitet werden, soweit die Daten für diese Zwecke erforderlich sind; Näheres regelt die Rechtsverordnung nach § 80 Absatz 6. [2] Für andere Zwecke dürfen personenbezogene Daten aus der Beihilfeakte verarbeitet werden, wenn sie erforderlich sind

1. für die *Einleitung* oder *Durchführung* eines behördlichen oder gerichtlichen Verfahrens, das im Zusammenhang mit einem Beihilfeantrag steht, oder

[1) § 107 Abs. 1 Satz 2 eingef., bish. Satz 2 wird Satz 3 mWv 14.3.2015 durch G v. 6.3.2015 (BGBl. I S. 250); Abs. 2 neu gef. mWv 26.11.2019 durch G v. 20.11.2019 (BGBl. I S. 1626).
[2) § 108 Abs. 3 angef. mWv 22.3.2012 durch G v. 15.3.2012 (BGBl. I S. 462); Abs. 1 Sätze 5 und 6 aufgeh., Abs. 2 und 3 eingef., bish. Abs. 2 wird Abs. 4 und Satz 1 neu gef., bish. Abs. 3 wird Abs. 5 und Satz 3 geänd. mWv 14.3.2015 durch G v. 6.3.2015 (BGBl. I S. 250); Abs. 2 neu gef., Abs. 4 Satz 1 geänd. mWv 26.11.2019 durch G v. 20.11.2019 (BGBl. I S. 1626).

2. zur Abwehr erheblicher Nachteile für das Gemeinwohl, zur Abwehr einer sonst unmittelbar drohenden Gefahr für die öffentliche Sicherheit oder zur Abwehr einer schwerwiegenden Beeinträchtigung der Rechte einer anderen Person.

(3) Die Absätze 1 und 2 gelten entsprechend für Unterlagen über Heilfürsorge und Heilverfahren.

(4) [1] Personenbezogene Daten aus der Beihilfeakte dürfen ohne Einwilligung genutzt oder an eine andere Behörde übermittelt werden, soweit sie für die Festsetzung und Berechnung der Besoldung oder Versorgung oder für die Prüfung der Kindergeldberechtigung erforderlich sind. [2] Dies gilt auch für Daten aus der Besoldungsakte und der Versorgungsakte, soweit sie für die Festsetzung und Berechnung der Beihilfe erforderlich sind.

(5) [1] Die Beihilfebearbeitung sowie die Führung der Beihilfeakte können mit Zustimmung der obersten Dienstbehörde auf eine andere Stelle des Bundes übertragen werden. [2] Dieser Stelle dürfen personenbezogene Daten, einschließlich Gesundheitsangaben, übermittelt werden, soweit deren Kenntnis für die Beihilfebearbeitung erforderlich ist. [3] Die Absätze 1 bis 3 sind für diese Stelle anzuwenden.

§ 109[1] Anhörung.
[1] Beamtinnen und Beamte sind zu Beschwerden, Behauptungen und Bewertungen, die für sie ungünstig sind oder ihnen nachteilig werden können, vor deren Aufnahme in die Personalakte zu hören, soweit die Anhörung nicht nach anderen Rechtsvorschriften erfolgt. [2] Ihre Äußerungen sind zur Personalakte zu nehmen.

§ 110[2] Auskunft.
(1) [1] Das Recht der Beamtin oder des Beamten auf Auskunft gemäß Artikel 15 der Verordnung (EU) 2016/679[3] umfasst auch das Recht auf Einsicht in die vollständige Personalakte. [2] Dies gilt auch nach Beendigung des Beamtenverhältnisses. [3] Soweit keine dienstlichen Gründe entgegenstehen, werden Kopien oder Ausdrucke aus der Personalakte angefertigt. [4] Der Beamtin oder dem Beamten ist auf Verlangen ein Ausdruck der Personalaktendaten zu überlassen, die zu ihrer oder seiner Person automatisiert gespeichert sind.

(2) [1] Die Beamtin oder der Beamte hat ein Recht auf Auskunft auch über personenbezogene Daten über sie oder ihn, die in anderen Akten enthalten sind und für ihr oder sein Dienstverhältnis verarbeitet werden, soweit gesetzlich nichts anderes bestimmt ist. [2] Das Recht auf Auskunft umfasst auch das Recht auf Einsicht in die Akten. [3] Keine Einsicht wird gewährt, soweit die anderen Akten personenbezogene Daten Dritter oder geheimhaltungsbedürftige nicht personenbezogene Daten enthalten, die mit den Daten der Beamtin oder des Beamten derart verbunden sind, dass eine Trennung nicht oder nur mit unverhältnismäßig großem Aufwand möglich ist. [4] Nicht der Auskunft unterliegen Sicherheitsakten.

(3) [1] Bevollmächtigten der Beamtin oder des Beamten ist Auskunft aus der Personalakte zu erteilen, soweit dienstliche Gründe nicht entgegenstehen. [2] Das

[1] § 109 Überschrift neu gef. mWv 26.11.2019 durch G v. 20.11.2019 (BGBl. I S. 1626).
[2] § 110 neu gef. mWv 26.11.2019 durch G v. 20.11.2019 (BGBl. I S. 1626).
[3] Nr. 246.

Recht auf Auskunft umfasst auch das Recht auf Einsicht in die vollständige Personalakte. ³Entsprechendes gilt für Hinterbliebene der Beamtin oder des Beamten und für Bevollmächtigte der Hinterbliebenen, wenn ein berechtigtes Interesse glaubhaft gemacht wird.

(4) Für Fälle der Einsichtnahme bestimmt die aktenführende Behörde, wo die Einsicht gewährt wird.

§ 111[1]) Übermittlung von Personalaktendaten und Auskünfte an Dritte.

(1) ¹Ohne Einwilligung der Beamtin oder des Beamten ist es zulässig, die Personalakte der obersten Dienstbehörde oder einer im Rahmen der Dienstaufsicht weisungsbefugten Behörde zu übermitteln, soweit dies für Zwecke der Personalverwaltung oder Personalwirtschaft erforderlich ist. ²Das Gleiche gilt für Behörden desselben Geschäftsbereichs, soweit die Übermittlung zur Vorbereitung oder Durchführung einer Personalentscheidung notwendig ist, sowie für Behörden eines anderen Geschäftsbereichs desselben Dienstherrn, soweit diese an einer Personalentscheidung mitzuwirken haben. ³Einer Ärztin oder einem Arzt, die oder der im Auftrag der personalverwaltenden Behörde ein medizinisches Gutachten erstellt, darf die Personalakte ebenfalls ohne Einwilligung übermittelt werden. ⁴Für Auskünfte aus der Personalakte gelten die Sätze 1 bis 3 entsprechend. ⁵Soweit eine Auskunft ausreicht, ist von einer Übermittlung abzusehen.

(2) ¹Auskünfte an Dritte dürfen ohne Einwilligung der Beamtin oder des Beamten erteilt werden, wenn dies zwingend erforderlich ist

1. für die Abwehr einer erheblichen Beeinträchtigung des Gemeinwohls oder

2. für den Schutz berechtigter, höherrangiger Interessen der oder des Dritten.

²In diesen Fällen wird keine Akteneinsicht gewährt. ³Inhalt und Empfängerin oder Empfänger der Auskunft sind der Beamtin oder dem Beamten schriftlich mitzuteilen.

§ 111a[2]) Verarbeitung von Personalaktendaten im Auftrag.

(1) ¹Die Erteilung eines Auftrags zur Verarbeitung von Personalaktendaten einschließlich der Inanspruchnahme einer weiteren Auftragsverarbeiterin oder eines weiteren Auftragsverarbeiters im Sinne des Artikels 28 der Verordnung (EU) 2016/679[3]) ist nur zulässig, wenn

1. die dort genannten Voraussetzungen vorliegen und

2. die oberste Dienstbehörde der Auftragserteilung zugestimmt hat.

²Die personalverwaltende Behörde hat die Einhaltung der beamten- und datenschutzrechtlichen Vorschriften durch die Auftragsverarbeiterin oder den Auftragsverarbeiter regelmäßig zu kontrollieren.

(2) Eine *nichtöffentliche Stelle* darf nur beauftragt werden, wenn

[1]) § 111 Abs. 2 eingef., bish. Abs. 2 wird Abs. 3 mWv 14.3.2015 durch G v. 6.3.2015 (BGBl. I S. 250); Überschrift neu gef., Abs. 1 Sätze 1, 2, 3, 5 geänd., Abs. 2 aufgeh., bish. Abs. 3 wird Abs. 2 und Sätze 1 und 2 neu gef. mWv 26.11.2019 durch G v. 20.11.2019 (BGBl. I S. 1626).
[2]) § 111a eingef. mWv 14.3.2015 durch G v. 6.3.2015 (BGBl. I S. 250); neu gef. mWv 26.11.2019 durch G v. 20.11.2019 (BGBl. I S. 1626).
[3]) Nr. **246.**

1. bei der personalverwaltenden Behörde sonst Störungen im Geschäftsablauf auftreten können oder die Auftragsverarbeiterin oder der Auftragsverarbeiter die übertragenen Aufgaben erheblich kostengünstiger erledigen kann und
2. die bei der Auftragsverarbeiterin oder dem Auftragsverarbeiter zur Verarbeitung der Personalaktendaten befugten Personen besonders auf den Schutz der Personalaktendaten verpflichtet sind.

§ 111b[1] Aufgabenübertragung. (1) [1]Soweit gesetzlich nichts anderes bestimmt ist, darf die personalverwaltende Behörde mit Zustimmung der obersten Bundesbehörde Aufgaben, die ihr gegenüber Bewerberinnen und Bewerbern, Beamtinnen und Beamten sowie gegenüber ehemaligen Beamtinnen und Beamten obliegen, auf eine andere öffentliche Stelle im Sinne des § 2 Absatz 1 und 3 des Bundesdatenschutzgesetzes[2] übertragen. [2] Die oberste Bundesbehörde kann die Zuständigkeit für die Entscheidung über die Zustimmung auf die oberste Dienstbehörde übertragen.

(2) Soweit es zur Erfüllung der übertragenen Aufgaben erforderlich ist, darf die personalverwaltende Stelle der Stelle, der sie Aufgaben übertragen hat,
1. personenbezogene Daten von Bewerberinnen und Bewerbern sowie Personalaktendaten von Beamtinnen und Beamten und ehemaligen Beamtinnen und Beamten übermitteln und
2. die Führung der Personalakte übertragen.

(3) [1]Auf Vereinigungen des privaten Rechts von öffentlichen Stellen des Bundes dürfen Aufgaben nur mit Zustimmung der obersten Dienstbehörde und nur dann übertragen werden, wenn die Vereinigungen die Voraussetzungen des § 2 Absatz 3 Satz 1 des Bundesdatenschutzgesetzes erfüllen. [2]§ 2 Absatz 5 des Bundesdatenschutzgesetzes gilt insoweit nicht.

§ 112 Entfernung von Unterlagen. (1) [1]Unterlagen über Beschwerden, Behauptungen und Bewertungen, auf die § 16 Abs. 3 und 4 Satz 1 des Bundesdisziplinargesetzes[3] nicht anzuwenden ist, sind,
1. falls sie sich als unbegründet oder falsch erwiesen haben, mit Zustimmung der Beamtin oder des Beamten unverzüglich aus der Personalakte zu entfernen und zu vernichten, oder
2. falls sie für die Beamtin oder den Beamten ungünstig sind oder ihr oder ihm nachteilig werden können, auf Antrag nach drei Jahren zu entfernen und zu vernichten; dies gilt nicht für dienstliche Beurteilungen.

[2]Die Frist nach Satz 1 Nr. 2 wird durch erneute Sachverhalte im Sinne dieser Vorschrift oder durch die Einleitung eines Straf- oder Disziplinarverfahrens unterbrochen. [3]Stellt sich der erneute Vorwurf als unbegründet oder falsch heraus, gilt die Frist als nicht unterbrochen.

(2) [1]Mitteilungen in Strafsachen, soweit sie nicht Bestandteil einer Disziplinarakte sind, sowie Auskünfte aus dem Bundeszentralregister sind mit Zustimmung der Beamtin oder des Beamten nach zwei Jahren zu entfernen und zu vernichten. [2]Absatz 1 Satz 2 und 3 gilt entsprechend.

[1] § 111b eingef. mWv 26.11.2019 durch G v. 20.11.2019 (BGBl. I S. 1626).
[2] Nr. **245.**
[3] Nr. **220.**

§ 113[1] **Aufbewahrungsfrist.** (1) [1]Personalakten sind nach ihrem Abschluss von der personalaktenführenden Behörde fünf Jahre aufzubewahren. [2]Personalakten sind abgeschlossen,

1. wenn die Beamtin oder der Beamte ohne Versorgungsansprüche aus dem öffentlichen Dienst ausgeschieden ist, mit Ablauf des Jahres des Erreichens der Regelaltersgrenze, in den Fällen des § 41 oder des § 10 des Bundesdisziplinargesetzes[2] jedoch erst, wenn mögliche Versorgungsempfängerinnen und Versorgungsempfänger nicht mehr vorhanden sind,

2. wenn die Beamtin oder der Beamte ohne versorgungsberechtigte oder altersgeldberechtigte Hinterbliebene verstorben ist, mit Ablauf des Todesjahres oder,

3. wenn nach dem Tod der Beamtin oder des Beamten versorgungsberechtigte oder altersgeldberechtigte Hinterbliebene vorhanden sind, mit Ablauf des Jahres, in dem die letzte Versorgungsverpflichtung entfallen ist.

[3]Kann der nach Satz 2 Nr. 2 und 3 maßgebliche Zeitpunkt nicht festgestellt werden, ist § 11 Absatz 2 Satz 2 und 3 des Bundesarchivgesetzes[3] entsprechend anzuwenden.

(2) [1]Unterlagen über Beihilfen, Heilfürsorge, Heilverfahren, Unterstützungen, Erkrankungen, Umzugs- und Reisekosten sind fünf Jahre, Unterlagen über Erholungsurlaub sind drei Jahre nach Ablauf des Jahres aufzubewahren, in dem die Bearbeitung des einzelnen Vorgangs abgeschlossen wurde. [2]Für zahlungsbegründende Unterlagen nach Satz 1 beträgt die Aufbewahrungsfrist sechs Jahre. [3]Unterlagen, aus denen die Art einer Erkrankung ersichtlich ist, sind unverzüglich zurückzugeben oder zu vernichten, wenn sie für den Zweck, zu dem sie vorgelegt worden sind, nicht mehr benötigt werden. [4]Als Zweck, zu dem die Unterlagen vorgelegt worden sind, gelten auch Verfahren, mit denen Rabatte oder Erstattungen geltend gemacht werden.

(3) [1]Versorgungsakten und Altersgeldakten sind zehn Jahre nach Ablauf des Jahres aufzubewahren, in dem die letzte Versorgungszahlung oder Altersgeld- oder Hinterbliebenenaltersgeldzahlung geleistet worden ist. [2]Besteht die Möglichkeit eines Wiederauflebens des Anspruchs, sind die Akten 30 Jahre aufzubewahren.

(4) Die Personalakten sind nach Ablauf der Aufbewahrungsfrist zu vernichten, sofern sie nicht nach den §§ 5 bis 7 des Bundesarchivgesetzes vom Bundesarchiv oder einem Landesarchiv übernommen werden.

§ 114 Automatisierte Verarbeitung von Personalaktendaten. (1) [1]Personalaktendaten dürfen nur für Zwecke der Personalverwaltung oder der Personalwirtschaft automatisiert verarbeitet werden. [2]Ihre Übermittlung ist nur nach Maßgabe des § 111 zulässig. [3]Ein automatisierter Datenabruf durch andere Behörden ist unzulässig, soweit durch besondere Rechtsvorschrift nichts anderes bestimmt ist.

(Fortsetzung nächstes Blatt)

[1] § 113 Abs. 2 Satz 3 geänd., Satz 4 angef. mWv 22.3.2012 durch G v. 15.3.2012 (BGBl. I S. 462); Abs. 1 Satz 2 Nr. 1–3 und Abs. 3 Satz 1 geänd. mWv 14.3.2015 durch G v. 6.3.2015 (BGBl. I S. 250); Abs. 1 Satz 3 und Abs. 4 geänd. mWv 16.3.2017 durch G v. 10.3.2017 (BGBl. I S. 410).
[2] Nr. **220**.
[3] **Sartorius III Nr. 834**.

(2) Personalaktendaten im Sinne des § 108 dürfen nur im Rahmen ihrer Zweckbestimmung und nur von den übrigen Personaldateien technisch und organisatorisch getrennt automatisiert verarbeitet werden.

(3) Von den Unterlagen über medizinische oder psychologische Untersuchungen und Tests dürfen im Rahmen der Personalverwaltung nur die Ergebnisse automatisiert verarbeitet werden, soweit sie die Eignung betreffen und ihre Verwendung dem Schutz der Beamtin oder des Beamten dient.

(4) Beamtenrechtliche Entscheidungen dürfen nicht ausschließlich auf eine automatisierte Verarbeitung personenbezogener Daten gestützt werden, die der Bewertung einzelner Persönlichkeitsmerkmale dienen.

(5) [1] Bei erstmaliger Speicherung ist der Beamtin oder dem Beamten die Art der zu ihrer oder seiner Person nach Absatz 1 gespeicherten Daten mitzuteilen, bei wesentlichen Änderungen sind sie zu benachrichtigen. [2] Ferner sind die Verarbeitungs- und Nutzungsformen automatisierter Personalverwaltungsverfahren zu dokumentieren und einschließlich des jeweiligen Verwendungszweckes sowie der regelmäßigen Empfänger und des Inhalts automatisierter Datenübermittlung allgemein bekannt zu geben.

§ 115 Übermittlungen in Strafverfahren. (1) [1] Das Gericht, die Strafverfolgungs- oder die Strafvollstreckungsbehörde hat in Strafverfahren gegen Beamtinnen und Beamte zur Sicherstellung der erforderlichen dienstrechtlichen Maßnahmen im Fall der Erhebung der öffentlichen Klage

1. die Anklageschrift oder eine an ihre Stelle tretende Antragsschrift,

2. den Antrag auf Erlass eines Strafbefehls und

3. die einen Rechtszug abschließende Entscheidung mit Begründung

zu übermitteln. [2] Ist gegen die Entscheidung ein Rechtsmittel eingelegt worden, ist die Entscheidung unter Hinweis auf das eingelegte Rechtsmittel zu übermitteln. [3] Der Erlass und der Vollzug eines Haftbefehls oder eines Unterbringungsbefehls sind mitzuteilen.

(2) In Verfahren wegen fahrlässig begangener Straftaten werden die in Absatz 1 Satz 1 bestimmten Übermittlungen nur vorgenommen, wenn

1. es sich um schwere Verstöße handelt, namentlich Vergehen der Trunkenheit im Straßenverkehr oder der fahrlässigen Tötung, oder

2. in sonstigen Fällen die Kenntnis der Daten aufgrund der Umstände des Einzelfalls erforderlich ist, um zu prüfen, ob dienstrechtliche Maßnahmen zu ergreifen sind.

(3) [1] Entscheidungen über Verfahrenseinstellungen, die nicht bereits nach Absatz 1 oder 2 zu übermitteln sind, sollen übermittelt werden, wenn die in Absatz 2 Nr. 2 genannten Voraussetzungen erfüllt sind. [2] Dabei ist zu berücksichtigen, wie gesichert die Erkenntnisse sind, die der zu übermittelnden Entscheidung *zugrunde liegen*.

(4) [1] Sonstige Tatsachen, die in einem Strafverfahren bekannt werden, dürfen mitgeteilt werden, wenn ihre Kenntnis aufgrund besonderer Umstände des Einzelfalls für dienstrechtliche Maßnahmen gegen eine Beamtin oder einen Beamten erforderlich ist und soweit nicht für die übermittelnde Stelle erkennbar ist, dass schutzwürdige Interessen der Beamtin oder des Beamten an dem Ausschluss der Übermittlung überwiegen. [2] Erforderlich ist die Kenntnis der Daten auch dann, wenn diese Anlass zur Prüfung bieten, ob

dienstrechtliche Maßnahmen zu ergreifen sind. ³ Absatz 3 Satz 2 ist entsprechend anzuwenden.

(5) Nach den Absätzen 1 bis 4 übermittelte Daten dürfen auch für die Wahrnehmung der Aufgaben nach dem Sicherheitsüberprüfungsgesetz¹⁾ oder einem entsprechenden Gesetz verwendet werden.

(6) ¹ Übermittlungen nach den Absätzen 1 bis 3 sind auch zulässig, soweit sie Daten betreffen, die dem Steuergeheimnis (§ 30 der Abgabenordnung) unterliegen. ² Übermittlungen nach Absatz 4 sind unter den Voraussetzungen des § 30 Abs. 4 Nr. 5 der Abgabenordnung zulässig.

(7) Mitteilungen sind an die zuständigen Dienstvorgesetzten oder deren Vertretung im Amt zu richten und als „Vertrauliche Personalsache" zu kennzeichnen.

Abschnitt 7. Beamtenvertretung

§ 116 **Mitgliedschaft in Gewerkschaften und Berufsverbänden.**

(1) ¹ Beamtinnen und Beamte haben das Recht, sich in Gewerkschaften oder Berufsverbänden zusammenzuschließen. ² Sie können die für sie zuständigen Gewerkschaften oder Berufsverbände mit ihrer Vertretung beauftragen, soweit gesetzlich nichts anderes bestimmt ist.

(2) Keine Beamtin und kein Beamter darf wegen Betätigung für eine Gewerkschaft oder einen Berufsverband dienstlich gemaßregelt oder benachteiligt werden.

§ 117 **Personalvertretung.** ¹ Die Personalvertretung der Beamtinnen und Beamten ist zu gewährleisten. ² Das Nähere wird durch Gesetz²⁾ geregelt.

§ 118 **Beteiligung der Spitzenorganisationen.** Die Spitzenorganisationen der zuständigen Gewerkschaften sind bei der Vorbereitung allgemeiner Regelungen der beamtenrechtlichen Verhältnisse zu beteiligen.

Abschnitt 8. Bundespersonalausschuss

§ 119 **Aufgaben.** (1) ¹ Der Bundespersonalausschuss dient der einheitlichen Handhabung beamtenrechtlicher Ausnahmevorschriften. ² Weitere als die in diesem Gesetz vorgesehenen Aufgaben können ihm durch Rechtsverordnung der Bundesregierung übertragen werden.

(2) Der Bundespersonalausschuss übt seine Tätigkeit unabhängig und in eigener Verantwortung aus.

§ 120³⁾ **Mitglieder.** (1) Der Bundespersonalausschuss besteht aus acht ordentlichen und acht stellvertretenden Mitgliedern.

¹⁾ **Wehrrecht Nr. 807.**
²⁾ Siehe das BundespersonalvertretungsG (Nr. 240).
³⁾ § 120 Abs. 2 Satz 1, Abs. 3 und 4 geänd. mWv 7.12.2018 durch G v. 29.11.2018 (BGBl. I S. 2232).

(2) ¹Ständige ordentliche Mitglieder sind die Präsidentin des Bundesrechnungshofes oder der Präsident des Bundesrechnungshofes als Vorsitzende oder Vorsitzender und die Leiterin der Dienstrechtsabteilung oder der Leiter der Dienstrechtsabteilung des Bundesministeriums des Innern, für Bau und Heimat. ²Nichtständige ordentliche Mitglieder sind die Leiterinnen der Zentralabteilungen und Leiter der Zentralabteilungen von zwei anderen obersten Bundesbehörden und vier weitere Beamtinnen und Beamte des Bundes. ³Stellvertretende Mitglieder sind je eine Beamtin oder ein Beamter des Bundes der in Satz 1 genannten Behörden, die Leiterinnen der Zentralabteilungen und Leiter der Zentralabteilungen von zwei weiteren obersten Bundesbehörden sowie vier weitere Beamtinnen oder Beamte des Bundes.

(3) Die nichtständigen ordentlichen Mitglieder sowie die stellvertretenden Mitglieder werden von der Bundespräsidentin oder vom Bundespräsidenten auf Vorschlag der Bundesministerin des Innern, für Bau und Heimat oder des Bundesministers des Innern, für Bau und Heimat für die Dauer von vier Jahren bestellt, davon vier ordentliche und vier stellvertretende Mitglieder aufgrund einer Benennung durch die Spitzenorganisationen der zuständigen Gewerkschaften.

(4) Der Bundespersonalausschuss wird zur Durchführung seiner Aufgaben durch eine Geschäftsstelle im Bundesministerium des Innern, für Bau und Heimat unterstützt.

§ 121¹⁾ **Rechtsstellung der Mitglieder.** Die Dienstaufsicht über die Mitglieder des Bundespersonalausschusses führt im Auftrag der Bundesregierung die Bundesministerin des Innern, für Bau und Heimat oder der Bundesminister des Innern, für Bau und Heimat mit folgenden Maßgaben:

1. Die Mitglieder des Bundespersonalausschusses sind unabhängig und nur dem Gesetz unterworfen. Sie dürfen wegen ihrer Tätigkeit weder dienstlich gemaßregelt noch benachteiligt werden.

2. Sie scheiden aus ihrem Amt als Mitglied des Bundespersonalausschusses aus
 a) durch Zeitablauf,
 b) durch Ausscheiden aus dem Hauptamt oder aus der Behörde, die für ihre Mitgliedschaft maßgeblich sind,
 c) durch Beendigung des Beamtenverhältnisses oder
 d) unter den gleichen Voraussetzungen, unter denen Mitglieder einer Kammer oder eines Senats für Disziplinarsachen wegen einer rechtskräftigen Entscheidung in einem Straf- oder Disziplinarverfahren ihr Amt verlieren; § 66 ist nicht anzuwenden.

§ 122 Geschäftsordnung. Der Bundespersonalausschuss gibt sich eine Geschäftsordnung²⁾.

§ 123 Sitzungen und Beschlüsse. (1) ¹Die Sitzungen des Bundespersonalausschusses sind nicht öffentlich. ²Der Bundespersonalausschuss kann von den Verwaltungen beauftragten Personen sowie Dritten die Anwesenheit bei der Verhandlung gestatten.

¹⁾ § 121 einl. Satzteil geänd. mWv 7.12.2018 durch G v. 29.11.2018 (BGBl. I S. 2232).
²⁾ **Bundesbeamtengesetze Nr. 70.**

(2) [1] Die oder der Vorsitzende des Bundespersonalausschusses oder die oder der stellvertretende Vorsitzende des Bundespersonalausschusses leitet die Sitzungen. [2] Sind beide verhindert, tritt an ihre Stelle das dienstälteste Mitglied.

(3) Die von den Verwaltungen beauftragten Personen sind auf Verlangen zu hören.

(4) [1] Beschlüsse werden mit Stimmenmehrheit gefasst. [2] Zur Beschlussfähigkeit ist die Anwesenheit von mindestens sechs Mitgliedern erforderlich. [3] Bei Stimmengleichheit entscheidet die Stimme der oder des Vorsitzenden.

(5) [1] Beschlüsse des Bundespersonalausschusses sind bekannt zu machen, soweit sie allgemeine Bedeutung haben. [2] Art und Umfang regelt die Geschäftsordnung.

(6) Soweit dem Bundespersonalausschuss eine Entscheidungsbefugnis eingeräumt ist, binden seine Beschlüsse die beteiligten Verwaltungen.

§ 124 Beweiserhebung, Auskünfte und Amtshilfe. (1) Der Bundespersonalausschuss kann zur Durchführung seiner Aufgaben in entsprechender Anwendung der Vorschriften der Verwaltungsgerichtsordnung[1]) Beweise erheben.

(2) [1] Die beteiligten Verwaltungen haben dem Bundespersonalausschuss auf Verlangen Auskünfte zu erteilen und Akten vorzulegen, soweit dies zur Durchführung seiner Aufgaben erforderlich ist. [2] Alle Dienststellen haben dem Bundespersonalausschuss unentgeltlich Amtshilfe zu leisten.

Abschnitt 9. Beschwerdeweg und Rechtsschutz

§ 125 Dienstweg bei Anträgen und Beschwerden. (1) [1] Beamtinnen und Beamte können Anträge und Beschwerden vorbringen. [2] Hierbei ist der Dienstweg einzuhalten. [3] Der Beschwerdeweg bis zur obersten Dienstbehörde steht offen.

(2) Richtet sich die Beschwerde gegen die unmittelbare Vorgesetzte oder den unmittelbaren Vorgesetzten, kann sie bei der oder dem nächsthöheren Vorgesetzten unmittelbar eingereicht werden.

§ 126 Verwaltungsrechtsweg. (1) Für alle Klagen der Beamtinnen, Beamten, Ruhestandsbeamtinnen, Ruhestandsbeamten, früheren Beamtinnen, früheren Beamten und der Hinterbliebenen aus dem Beamtenverhältnis sowie für Klagen des Dienstherrn ist der Verwaltungsrechtsweg gegeben.

(2) [1] Vor allen Klagen ist ein Vorverfahren nach den Vorschriften des 8. Abschnitts der Verwaltungsgerichtsordnung[1]) durchzuführen. [2] Dies gilt auch dann, wenn die Maßnahme von der obersten Dienstbehörde getroffen worden ist.

(3) [1] Den Widerspruchsbescheid erlässt die oberste Dienstbehörde. [2] Sie kann die Entscheidung für Fälle, in denen sie die Maßnahme nicht selbst getroffen hat, durch allgemeine Anordnung anderen Behörden übertragen. [3] Die Anordnung ist zu veröffentlichen.

[1]) Nr. 600.

(4) Widerspruch und Anfechtungsklage gegen die Abordnung oder die Versetzung haben keine aufschiebende Wirkung.

§ 127[1] Vertretung des Dienstherrn. (1) [1] Bei Klagen aus dem Beamtenverhältnis wird der Dienstherr durch die oberste Dienstbehörde vertreten, der die Beamtin oder der Beamte untersteht oder bei der Beendigung des Beamtenverhältnisses unterstanden hat. [2] Bei Ansprüchen nach den §§ 53 bis 61 des Beamtenversorgungsgesetzes[2] wird der Dienstherr durch die oberste Dienstbehörde vertreten, deren sachlicher Weisung die Regelungsbehörde untersteht.

(2) Besteht die oberste Dienstbehörde nicht mehr und ist eine andere Dienstbehörde nicht bestimmt, tritt an ihre Stelle das Bundesministerium des Innern, für Bau und Heimat.

(3) [1] Die oberste Dienstbehörde kann die Vertretung durch eine allgemeine Anordnung anderen Behörden übertragen. [2] Die Anordnung ist im Bundesgesetzblatt zu veröffentlichen.

§ 128 Zustellung von Verfügungen und Entscheidungen. [1] Verfügungen und Entscheidungen, die Beamtinnen und Beamten oder Versorgungsberechtigten nach den Vorschriften dieses Gesetzes bekannt zu geben sind, sind zuzustellen, wenn durch sie eine Frist in Lauf gesetzt wird oder Rechte der Beamtin oder des Beamten oder der Versorgungsberechtigten durch sie berührt werden. [2] Soweit gesetzlich nichts anderes bestimmt ist, richtet sich die Zustellung nach den Vorschriften des Verwaltungszustellungsgesetzes[3].

Abschnitt 10. Besondere Rechtsverhältnisse

§ 129[4] Beamtinnen und Beamte oberster Bundesorgane. [1] Die Beamtinnen und Beamten des Bundestages, des Bundesrates und des Bundesverfassungsgerichtes sind Beamtinnen und Beamte des Bundes. [2] Die Ernennung, Entlassung und Versetzung in den Ruhestand werden durch die Präsidentin oder den Präsidenten des Bundestages, die Präsidentin oder den Präsidenten des Bundesrates oder durch die Präsidentin oder den Präsidenten des Bundesverfassungsgerichtes vorgenommen. [3] Diese sind jeweils die oberste Dienstbehörde.

§ 130 Wissenschaftliches und leitendes Personal der Hochschulen des Bundes. (1) Die beamteten Leiterinnen und beamteten Leiter, die beamteten hauptberuflichen Mitglieder von Leitungsgremien sowie die zum wissenschaftlichen Personal zählenden Beamtinnen und Beamten einer Hochschule des Bundes, die nach Landesrecht die Eigenschaft einer staatlich anerkannten Hochschule erhalten hat und deren Personal im Dienst des Bundes steht, stehen in einem Beamtenverhältnis zum Bund.

[1] § 127 Abs. 2 geänd. mWv 7.12.2018 durch G v. 29.11.2018 (BGBl. I S. 2232).
[2] Nr. 155.
[3] Nr. 110.
[4] § 129 Abs. 2 aufgeh. mWv 28.10.2016 durch G v. 19.10.2016 (BGBl. I S. 2362).

(2) Das wissenschaftliche Personal dieser Hochschulen besteht insbesondere aus den Hochschullehrerinnen und Hochschullehrern (Professorinnen und Professoren, Juniorprofessorinnen und Juniorprofessoren), den wissenschaftlichen Mitarbeiterinnen und wissenschaftlichen Mitarbeitern sowie den Lehrkräften für besondere Aufgaben.

(3) Die Hochschullehrerinnen und Hochschullehrer nehmen die ihrer Hochschule jeweils obliegenden Aufgaben in Wissenschaft, Forschung, Lehre und Weiterbildung in ihren Fächern nach näherer Ausgestaltung ihres Dienstverhältnisses selbstständig wahr.

(4) [1] Professuren und Juniorprofessuren sind öffentlich auszuschreiben. [2] Von einer Ausschreibung kann abgesehen werden, wenn

1. ein bereits bestehendes Beamtenverhältnis auf Zeit auf derselben Professur in ein Beamtenverhältnis auf Lebenszeit umgewandelt oder

2. eine Juniorprofessorin oder ein Juniorprofessor der eigenen Hochschule berufen

werden soll.

(5) [1] Wissenschaftliche Mitarbeiterinnen und wissenschaftliche Mitarbeiter sind die Beamtinnen und Beamten, denen wissenschaftliche Dienstleistungen obliegen. [2] In begründeten Fällen kann ihnen auch die selbstständige Wahrnehmung von Aufgaben in Forschung und Lehre übertragen werden.

(6) Lehrkräfte für besondere Aufgaben sind, soweit sie nicht in einem privatrechtlichen Dienstverhältnis stehen, Beamtinnen und Beamte, die auch ohne Erfüllung der Einstellungsvoraussetzungen für Hochschullehrerinnen und Hochschullehrer beschäftigt werden können, sofern überwiegend die Vermittlung praktischer Fähigkeiten und Kenntnisse erforderlich ist.

§ 131 Einstellungsvoraussetzungen für Hochschullehrerinnen und Hochschullehrer sowie wissenschaftliche Mitarbeiterinnen und wissenschaftliche Mitarbeiter. (1) Einstellungsvoraussetzungen für Professorinnen und Professoren sind neben den allgemeinen dienstrechtlichen Voraussetzungen

1. ein abgeschlossenes Hochschulstudium,

2. die pädagogische Eignung,

3. eine besondere Befähigung zu wissenschaftlicher Arbeit, die in der Regel durch die Qualität einer Promotion nachgewiesen wird, und

4. je nach den Anforderungen der Stelle

 a) zusätzliche wissenschaftliche Leistungen oder

 b) besondere Leistungen bei der Anwendung oder Entwicklung wissenschaftlicher Erkenntnisse und Methoden in einer mehrjährigen beruflichen Praxis.

(2) [1] Einstellungsvoraussetzungen für Juniorprofessorinnen und Juniorprofessoren sind neben den allgemeinen dienstrechtlichen Voraussetzungen

1. ein abgeschlossenes Hochschulstudium,

2. die pädagogische Eignung und

3. eine besondere Befähigung zu wissenschaftlicher Arbeit, die in der Regel durch die herausragende Qualität einer Promotion nachgewiesen wird.

[2] Sofern vor oder nach der Promotion ein Beschäftigungsverhältnis als wissenschaftliche Mitarbeiterin oder wissenschaftlicher Mitarbeiter bestand, sollen Promotions- und Beschäftigungsphase zusammen nicht mehr als sechs Jahre betragen haben. [3] Verlängerungen aufgrund von Zeiten eines mutterschutzrechtlichen Beschäftigungsverbots, Inanspruchnahme von Elternzeit, Beurlaubung oder Herabsetzung der Arbeitszeit wegen Betreuung oder Pflege eines Kindes unter 18 Jahren oder einer oder eines pflegebedürftigen sonstigen Angehörigen sowie einer Freistellung bleiben hierbei unberücksichtigt. [4] Auf die Zeiten nach Satz 2 sind alle befristeten Arbeitsverhältnisse mit mehr als einem Viertel der regelmäßigen Arbeitszeit, die mit einer deutschen Hochschule oder einer Forschungseinrichtung abgeschlossen wurden, sowie entsprechende Beamtenverhältnisse auf Zeit und privatrechtliche Dienstverhältnisse anzurechnen.

(3) Einstellungsvoraussetzung für wissenschaftliche Mitarbeiterinnen und wissenschaftliche Mitarbeiter ist neben den allgemeinen dienstrechtlichen Voraussetzungen ein abgeschlossenes Hochschulstudium.

§ 132[1] Dienstrechtliche Stellung des hauptberuflichen wissenschaftlichen und leitenden Personals der Hochschulen. (1) [1] Professorinnen und Professoren werden, soweit kein privatrechtliches Dienstverhältnis begründet wird, bei erstmaliger Berufung in das Professorenverhältnis für sechs Jahre zu Beamtinnen auf Zeit und Beamten auf Zeit ernannt. [2] Abweichend hiervon ist die sofortige Begründung eines Beamtenverhältnisses auf Lebenszeit möglich, wenn

1. Bewerberinnen und Bewerber für ein Professorenamt sonst nicht gewonnen werden können oder

2. eine Juniorprofessorin oder ein Juniorprofessor der eigenen Hochschule berufen wird.

[3] Werden Professorinnen oder Professoren aus einem Beamtenverhältnis auf Lebenszeit berufen, ruht dieses Rechtsverhältnis mit allen Rechten und Pflichten für die Dauer des Beamtenverhältnisses auf Zeit. [4] Davon ausgenommen sind die Pflicht zur Verschwiegenheit und das Verbot, Belohnungen, Geschenke und sonstige Vorteile anzunehmen. [5] Nach frühestens drei Jahren kann das Beamtenverhältnis auf Zeit in ein solches auf Lebenszeit umgewandelt werden, wenn die Hochschule zuvor ein Bewertungsverfahren mit positivem Ergebnis durchgeführt hat. [6] Erfolgt keine Umwandlung in ein Beamtenverhältnis auf Lebenszeit, sind die Professorinnen und Professoren mit Ablauf ihrer Amtszeit oder Erreichen der Altersgrenze aus dem Beamtenverhältnis auf Zeit entlassen. [7] Eine einmalige erneute Berufung in ein Beamtenverhältnis auf Zeit auf derselben Professur ist zulässig.

(2) [1] Juniorprofessorinnen und Juniorprofessoren werden, soweit kein privatrechtliches Dienstverhältnis begründet wird, für drei Jahre zu Beamtinnen auf Zeit oder Beamten auf Zeit ernannt. [2] Das Beamtenverhältnis soll im Laufe des dritten Jahres um weitere drei Jahre verlängert werden, wenn die Juniorprofessorin oder der Juniorprofessor sich als Hochschullehrerin oder Hochschullehrer bewährt hat. [3] Anderenfalls kann es um bis zu einem Jahr

[1] § 132 Abs. 5 und Abs. 7 Satz 2 geänd. mWv 11. 7. 2013 durch G v. 3. 7. 2013 (BGBl. I S. 1978); Abs. 1 Sätze 3 und 4 eingef., bish. Sätze 3–5 werden Sätze 5–7, Abs. 5 geänd., Abs. 8 Satz 4 neu gef. mWv 28. 10. 2016 durch G v. 19. 10. 2016 (BGBl. I S. 2362).

verlängert werden. [4] Eine weitere Verlängerung ist, abgesehen von den Fällen des Absatzes 5, nicht zulässig. [5] Dies gilt auch für eine erneute Einstellung als Juniorprofessorin oder Juniorprofessor.

(3) [1] Wissenschaftliche Mitarbeiterinnen und wissenschaftliche Mitarbeiter, deren Stelle eine befristete Beschäftigung vorsieht, werden, soweit kein privatrechtliches Dienstverhältnis begründet wird, für die Dauer von drei Jahren zu Beamtinnen auf Zeit und Beamten auf Zeit ernannt. [2] Eine einmalige Verlängerung des Beamtenverhältnisses auf Zeit um weitere drei Jahre ist zulässig.

(4) Für beamtete Hochschuldozentinnen und beamtete Hochschuldozenten gelten die §§ 42 und 48 d, für beamtete Oberassistentinnen, beamtete Oberassistenten, beamtete Oberingenieurinnen und beamtete Oberingenieure die §§ 42 und 48 b und für beamtete wissenschaftliche und künstlerische Assistentinnen und Assistenten die §§ 42 und 48 des Hochschulrahmengesetzes[1]) in der bis zum 30. Dezember 2004 geltenden Fassung entsprechend.

(5) Soweit Hochschullehrerinnen und Hochschullehrer oder wissenschaftliche Mitarbeiterinnen und wissenschaftliche Mitarbeiter Beamtinnen auf Zeit und Beamte auf Zeit sind, ist das Dienstverhältnis, sofern dienstliche Gründe dem nicht entgegenstehen, auf Antrag der Beamtin oder des Beamten um Zeiten eines mutterschutzrechtlichen Beschäftigungsverbots und der Inanspruchnahme von Elternzeit sowie, von bis zu drei Jahren, um Zeiten einer familienbedingten Teilzeit oder Beurlaubung nach § 92 und um Zeiten einer Familienpflegezeit nach § 92 a oder um Zeiten einer Pflegezeit nach § 92 b zu verlängern.

(6) [1] Der Eintritt einer Professorin oder eines Professors in den Ruhestand wegen Erreichens der Altersgrenze wird zum Ende des Semesters oder Trimesters wirksam, in dem die Regelaltersgrenze erreicht wird. [2] Eine Versetzung in den Ruhestand auf Antrag soll zum Ende des Semesters oder Trimesters ausgesprochen werden, es sei denn, dass gesundheitliche Gründe dem entgegenstehen. [3] Eine Entlassung aus dem Beamtenverhältnis auf Antrag kann bis zum Ende des Semesters oder Trimesters hinausgeschoben werden, wenn dienstliche Belange dies erfordern.

(7) [1] Auf Antrag der Professorin oder des Professors kann der Eintritt in den Ruhestand insgesamt bis zum Ende des Monats, in dem das 75. Lebensjahr vollendet wird, hinausgeschoben werden, wenn dies wegen der besonderen wissenschaftlichen Leistungen im Einzelfall im dienstlichen Interesse liegt. [2] § 53 Abs. 1 Satz 2 gilt entsprechend.

(8) [1] Beamtete Leiterinnen und beamtete Leiter und beamtete hauptberufliche Mitglieder von Leitungsgremien werden für sechs Jahre in ein Beamtenverhältnis auf Zeit berufen. [2] Sie sind mit Ablauf ihrer Amtszeit oder Erreichen der Regelaltersgrenze aus diesem Beamtenverhältnis entlassen. [3] Abweichend von Satz 2 treten sie mit Ablauf ihrer Amtszeit oder mit Erreichen der Regelaltersgrenze in den Ruhestand, wenn sie

1. eine Dienstzeit von insgesamt mindestens zehn Jahren in Beamtenverhältnissen oder in einem Dienstverhältnis als Berufssoldatin oder Berufssoldat mit Anspruch auf Besoldung zurückgelegt haben oder

[1]) Nr. **500**.

2. aus einem Beamtenverhältnis auf Lebenszeit oder aus einem Dienstverhältnis als Berufssoldatin oder Berufssoldat in ein Beamtenverhältnis auf Zeit berufen worden waren.

[4] Handelt es sich in den Fällen des Satzes 3 Nummer 2 um ein Beamtenverhältnis auf Lebenszeit zum Bund, so gilt Absatz 1 Satz 3 und 4 entsprechend.

(9) [1] Die Vorschriften über die Laufbahnen und über den einstweiligen Ruhestand sowie die §§ 87 und 88 sind auf Hochschullehrerinnen und Hochschullehrer nicht anzuwenden. [2] Erfordert der Aufgabenbereich einer Hochschuleinrichtung eine regelmäßige oder planmäßige Anwesenheit, kann die oberste Dienstbehörde die §§ 87 und 88 für bestimmte Gruppen von Beamtinnen und Beamten für anwendbar erklären.

(10) [1] Hochschullehrerinnen und Hochschullehrer können nur mit ihrer Zustimmung abgeordnet oder versetzt werden. [2] Bei der Auflösung, der Verschmelzung oder einer wesentlichen Änderung des Aufbaues oder der Aufgaben von staatlich anerkannten Hochschulen des Bundes, deren Ausbildungsgänge ausschließlich auf den öffentlichen Dienst ausgerichtet sind, gilt § 28 Abs. 3 für beamtete Professorinnen, Professoren, Juniorprofessorinnen, Juniorprofessoren sowie Hochschuldozentinnen und Hochschuldozenten entsprechend.

§ 133 Ehrenbeamtinnen und Ehrenbeamte. (1) Für Ehrenbeamtinnen und Ehrenbeamte nach § 6 Abs. 5 gelten die Vorschriften dieses Gesetzes mit folgenden Maßgaben:

1. Nach Erreichen der Regelaltersgrenze können Ehrenbeamtinnen und Ehrenbeamte verabschiedet werden. Sie sind zu verabschieden, wenn die sonstigen Voraussetzungen für die Versetzung einer Beamtin oder eines Beamten in den Ruhestand gegeben sind.

2. Nicht anzuwenden sind die §§ 28, 53 Abs. 2, §§ 72, 76, 87, 88, 97 bis 101 und 104, auf Honorarkonsularbeamtinnen und Honorarkonsularbeamte, außerdem § 7 Abs. 1 Nr. 1.

(2) Die Unfallfürsorge für Ehrenbeamtinnen und Ehrenbeamte und ihre Hinterbliebenen richtet sich nach § 68 des Beamtenversorgungsgesetzes[1].

(3) Im Übrigen regeln sich die Rechtsverhältnisse nach den besonderen für die einzelnen Gruppen der Ehrenbeamtinnen und Ehrenbeamten geltenden Vorschriften.

Abschnitt 11. Umbildung von Körperschaften

§ 134 Umbildung einer Körperschaft. (1) Beamtinnen und Beamte einer juristischen Person des öffentlichen Rechts mit Dienstherrnfähigkeit (Körperschaft), die vollständig in eine andere Körperschaft eingegliedert wird, treten mit der Umbildung kraft Gesetzes in den Dienst der aufnehmenden Körperschaft über.

[1] Nr. 155.

(2) [1] Beamtinnen und Beamte einer Körperschaft, die vollständig in mehrere andere Körperschaften eingegliedert wird, sind anteilig in den Dienst der aufnehmenden Körperschaften zu übernehmen. [2] Die beteiligten Körperschaften haben innerhalb einer Frist von sechs Monaten nach dem Zeitpunkt, in dem die Umbildung vollzogen ist, im Einvernehmen miteinander zu bestimmen, von welchen Körperschaften die einzelnen Beamtinnen und Beamten zu übernehmen sind. [3] Solange die Übernahme nicht erfolgt ist, haften alle beteiligten Körperschaften für die zustehenden Bezüge als Gesamtschuldner.

(3) [1] Beamtinnen und Beamte einer Körperschaft, die teilweise in eine oder mehrere andere Körperschaften eingegliedert wird, sind zu einem verhältnismäßigen Teil, bei mehreren Körperschaften anteilig, in den Dienst der aufnehmenden Körperschaften zu übernehmen. [2] Absatz 2 Satz 2 findet Anwendung.

(4) Die Absätze 1 bis 3 gelten entsprechend, wenn eine Körperschaft mit einer oder mehreren anderen Körperschaften zu einer neuen Körperschaft zusammengeschlossen wird, wenn aus einer Körperschaft oder aus Teilen einer Körperschaft eine oder mehrere neue Körperschaften gebildet werden oder wenn Aufgaben einer Körperschaft vollständig oder teilweise auf eine oder mehrere andere Körperschaften übergehen.

§ 135 Rechtsfolgen der Umbildung. (1) Tritt eine Beamtin oder ein Beamter aufgrund des § 134 Abs. 1 kraft Gesetzes in den Dienst einer anderen Körperschaft über oder wird sie oder er aufgrund des § 134 Abs. 2 oder 3 von einer anderen Körperschaft übernommen, wird das Beamtenverhältnis mit dem neuen Dienstherrn fortgesetzt.

(2) Im Fall des § 134 Abs. 1 ist der Beamtin oder dem Beamten von der aufnehmenden oder neuen Körperschaft die Fortsetzung des Beamtenverhältnisses schriftlich zu bestätigen.

(3) [1] In den Fällen des § 134 Abs. 2 und 3 wird die Übernahme von der Körperschaft verfügt, in deren Dienst die Beamtin oder der Beamte treten soll. [2] Die Verfügung wird mit der Zustellung an die Beamtin oder den Beamten wirksam. [3] Die Beamtin oder der Beamte ist verpflichtet, der Verfügung Folge zu leisten. [4] Kommt sie oder er der Verpflichtung nicht nach, wird sie oder er entlassen.

(4) Die Absätze 1 bis 3 gelten entsprechend in den Fällen des § 134 Abs. 4.

§ 136[1) Rechtsstellung der Beamtinnen und Beamten. (1) [1] Den nach § 134 in den Dienst einer anderen Körperschaft übergetretenen oder von ihr übernommenen Beamtinnen und Beamten soll ein dem bisherigen Amt nach Bedeutung und Inhalt gleich zu bewertendes Amt übertragen werden. [2] Wenn eine dem bisherigen Amt entsprechende Verwendung nicht möglich ist, sind § 28 Abs. 3 und § 34 Abs. 1 Satz 1 Nr. 4 entsprechend anzuwenden. [3] Bei Anwendung des § 28 Abs. 3 darf die Beamtin oder der Beamte neben der neuen Amtsbezeichnung die des früheren Amtes mit dem Zusatz „außer Dienst" oder „a.D." führen.

1) § 136 Abs. 1 Satz 2 geänd. mWv 14. 3. 2015 durch G v. 6. 3. 2015 (BGBl. I S. 250).

(2) [1] Die aufnehmende oder neue Körperschaft kann, wenn die Zahl der bei ihr nach der Umbildung vorhandenen Beamtinnen und Beamten den tatsächlichen Bedarf übersteigt, innerhalb einer Frist von sechs Monaten die entbehrlichen Beamtinnen auf Lebenszeit oder auf Zeit oder die Beamten auf Lebenszeit oder auf Zeit, deren Aufgabengebiet von der Umbildung berührt wurde, in den einstweiligen Ruhestand versetzen. [2] Die Frist des Satzes 1 beginnt im Falle des § 134 Abs. 1 mit dem Übertritt, in den Fällen des § 134 Abs. 2 und 3 mit der Bestimmung derjenigen Beamtinnen und Beamten, zu deren Übernahme die Körperschaft verpflichtet ist. [3] Entsprechendes gilt in den Fällen des § 134 Abs. 4. [4] § 55 Satz 2 ist anzuwenden. [5] Bei Beamtinnen auf Zeit und Beamten auf Zeit, die nach Satz 1 in den einstweiligen Ruhestand versetzt sind, endet der einstweilige Ruhestand mit Ablauf der Amtszeit. [6] Sie gelten zu diesem Zeitpunkt als dauernd in den Ruhestand versetzt, wenn sie bei Verbleiben im Amt mit Ablauf der Amtszeit in den Ruhestand getreten wären.

§ 137 Rechtsstellung der Versorgungsempfängerinnen und Versorgungsempfänger. (1) Die Vorschriften des § 134 Abs. 1 und 2 und des § 135 gelten entsprechend für die zum Zeitpunkt der Umbildung bei der abgebenden Körperschaft vorhandenen Versorgungsempfängerinnen und Versorgungsempfänger.

(2) In den Fällen des § 134 Abs. 3 bleiben die Ansprüche der zum Zeitpunkt der Umbildung vorhandenen Versorgungsempfängerinnen und Versorgungsempfänger gegenüber der abgebenden Körperschaft bestehen.

(3) Die Absätze 1 und 2 gelten entsprechend in den Fällen des § 134 Abs. 4.

Abschnitt 12. Spannungs- und Verteidigungsfall, Verwendungen im Ausland

§ 138 Anwendungsbereich. [1] Beschränkungen, Anordnungen und Verpflichtungen nach den §§ 139 bis 142 sind nur nach Maßgabe des Artikels 80a des Grundgesetzes[1] zulässig. [2] Sie sind auf Personen im Sinne des § 5 Abs. 1 des Arbeitssicherstellungsgesetzes[2] nicht anzuwenden.

§ 139 Dienstleistung im Verteidigungsfall. (1) Beamtinnen und Beamte können für Zwecke der Verteidigung auch ohne ihre Zustimmung zu einem anderen Dienstherrn abgeordnet oder zur Dienstleistung bei über- oder zwischenstaatlichen zivilen Dienststellen verpflichtet werden.

(2) [1] Beamtinnen und Beamten können für Zwecke der Verteidigung auch Aufgaben übertragen werden, die nicht ihrem Amt oder ihrer Laufbahnbefähigung entsprechen, sofern ihnen die Übernahme nach ihrer Vor- und Ausbildung und im Hinblick auf die Ausnahmesituation zumutbar ist. [2] Aufgaben einer Laufbahn mit geringeren Zugangsvoraussetzungen dürfen ihnen nur übertragen werden, wenn dies aus dienstlichen Gründen unabweisbar ist.

[1] Nr. 1.
[2] **Wehrrecht Nr. 1430.**

(3) Beamtinnen und Beamte haben bei der Erfüllung der ihnen für Zwecke der Verteidigung übertragenen Aufgaben Gefahren und Erschwernisse auf sich zu nehmen, soweit diese ihnen nach den Umständen und den persönlichen Verhältnissen zugemutet werden können.

(4) Beamtinnen und Beamte sind bei einer Verlegung ihrer Behörde oder Dienststelle auch in das Ausland zur Dienstleistung am neuen Dienstort verpflichtet.

§ 140 Aufschub der Entlassung und des Ruhestands. [1] Die Entlassung der Beamtinnen und Beamten auf ihren Antrag kann für Zwecke der Verteidigung hinausgeschoben werden, wenn dies im öffentlichen Interesse erforderlich ist und der Personalbedarf der öffentlichen Verwaltung im Bereich ihres Dienstherrn auf freiwilliger Grundlage nicht gedeckt werden kann. [2] Satz 1 gilt entsprechend für den Ablauf der Amtszeit bei Beamtenverhältnissen auf Zeit. [3] Der Eintritt in den Ruhestand nach Erreichen der Altersgrenze und die vorzeitige Versetzung in den Ruhestand auf Antrag ohne Nachweis der Dienstunfähigkeit können unter den Voraussetzungen des Satzes 1 bis zum Ende des Monats hinausgeschoben werden, in dem die Regelaltersgrenze erreicht wird.

§ 141 Erneute Berufung von Ruhestandsbeamtinnen und Ruhestandsbeamten. [1] Ruhestandsbeamtinnen und Ruhestandsbeamte, die die Regelaltersgrenze noch nicht erreicht haben, können für Zwecke der Verteidigung erneut in ein Beamtenverhältnis berufen werden, wenn dies im öffentlichen Interesse erforderlich ist und der Personalbedarf der öffentlichen Verwaltung im Bereich ihres bisherigen Dienstherrn auf freiwilliger Grundlage nicht gedeckt werden kann. [2] Das Beamtenverhältnis endet, wenn es nicht vorher beendet wird, mit dem Ende des Monats, in dem die Regelaltersgrenze erreicht wird.

§ 142 Verpflichtung zur Gemeinschaftsunterkunft und Mehrarbeit.
(1) Wenn dienstliche Gründe es erfordern, können Beamtinnen und Beamte für Zwecke der Verteidigung verpflichtet werden, vorübergehend in einer Gemeinschaftsunterkunft zu wohnen und an einer Gemeinschaftsverpflegung teilzunehmen.

(2) [1] Beamtinnen und Beamte sind verpflichtet, für Zwecke der Verteidigung über die regelmäßige Arbeitszeit hinaus ohne besondere Vergütung Dienst zu tun. [2] Für die Mehrbeanspruchung wird ein Freizeitausgleich nur gewährt, soweit es die dienstlichen Erfordernisse gestatten.

§ 143 Verwendungen im Ausland. (1) [1] Beamtinnen und Beamte, die zur Wahrnehmung des ihnen übertragenen Amts im Ausland oder außerhalb des deutschen Hoheitsgebiets auf Schiffen oder in Luftfahrzeugen verwendet werden und dabei wegen vom Inland wesentlich abweichender Verhältnisse erhöhten Gefahren ausgesetzt sind, können aus dienstlichen Gründen verpflichtet werden,
1. vorübergehend in einer Gemeinschaftsunterkunft zu wohnen und an einer Gemeinschaftsverpflegung teilzunehmen,
2. Schutzkleidung zu tragen,

3. Dienstkleidung zu tragen und

4. über die regelmäßige Arbeitszeit hinaus ohne besondere Vergütung Dienst zu tun.

[2] In den Fällen des Satzes 1 Nr. 4 wird für die Mehrbeanspruchung ein Freizeitausgleich nur gewährt, soweit es die dienstlichen Erfordernisse gestatten.

(2) Sind nach Absatz 1 verwendete Beamtinnen und Beamte zum Zeitpunkt des vorgesehenen Eintritts in den Ruhestand nach den §§ 44, 51 und 53 oder des vorgesehenen Ablaufs ihrer Amtszeit wegen Verschleppung, Gefangenschaft oder aus sonstigen mit dem Dienst zusammenhängenden Gründen, die sie nicht zu vertreten haben, dem Einflussbereich des Dienstherrn entzogen, verlängert sich das Beamtenverhältnis bis zum Ablauf des auf die Beendigung dieses Zustands folgenden Monats.

Abschnitt 13. Übergangs- und Schlussvorschriften

§ 144 Entscheidungsrecht oberster Bundesbehörden. (1) [1] Ist eine bundesunmittelbare Körperschaft, Anstalt oder Stiftung des öffentlichen Rechts Dienstherr einer Beamtin oder eines Beamten, kann die für die Aufsicht zuständige oberste Bundesbehörde in den Fällen, in denen nach diesem Gesetz oder dem Beamtenversorgungsgesetz[1] die oberste Dienstbehörde die Entscheidung hat, sich diese Entscheidung vorbehalten oder die Entscheidung von ihrer vorherigen Zustimmung abhängig machen. [2] Sie kann auch verbindliche Grundsätze für die Entscheidung aufstellen.

(2) Für bundesunmittelbare Körperschaften, Anstalten und Stiftungen des öffentlichen Rechts, die Behörden nicht besitzen, tritt an deren Stelle für die in diesem Gesetz oder dem Beamtenversorgungsgesetz einer Behörde übertragenen oder zu übertragenden Zuständigkeiten die zuständige Verwaltungsstelle.

§ 145[2] Rechtsverordnungen, Durchführungsvorschriften.

(1) Rechtsverordnungen nach diesem Gesetz bedürfen nicht der Zustimmung des Bundesrates.

(2) Die zur Durchführung dieses Gesetzes und der auf Grund dieses Gesetzes erlassenen Rechtsverordnungen erforderlichen allgemeinen Verwaltungsvorschriften erlässt das Bundesministerium des Innern, für Bau und Heimat, soweit dieses Gesetz nichts anderes bestimmt.

§ 146 Öffentlich-rechtliche Religionsgesellschaften. [1] Dieses Gesetz gilt nicht für die öffentlich-rechtlichen Religionsgesellschaften und ihre Verbände. [2] Diesen bleibt es überlassen, die Rechtsverhältnisse ihrer Beamtinnen und Beamten *und Seelsorgerinnen* und Seelsorger diesem Gesetz *entsprechend* zu regeln oder Vorschriften dieses Gesetzes für anwendbar zu erklären.

[1] Nr. **155.**
[2] § 145 Abs. 2 geänd. mWv 14.3.2015 durch G v. 6.3.2015 (BGBl. I S. 250); Abs. 2 geänd. mWv 7.12.2018 durch G v. 29.11.2018 (BGBl. I S. 2232).

§ 147[1] **Übergangsregelungen.** (1) [1]Für Beamtinnen und Beamte, die vor Inkrafttreten dieses Gesetzes in ein Beamtenverhältnis auf Probe berufen worden sind, sind anstelle des § 10 Abs. 1 und 3 und des § 11 der § 6 Abs. 1 und der § 9 des Bundesbeamtengesetzes in der Fassung der Bekanntmachung vom 31. März 1999 (BGBl. I S. 675) in der bis zum 11. Februar 2009 geltenden Fassung anzuwenden. [2]Abweichend von Satz 1 werden Beamtinnen und Beamte, die vor dem 12. Februar 2009 in ein Beamtenverhältnis auf Probe berufen worden sind, auf Antrag in ein Beamtenverhältnis auf Lebenszeit berufen, wenn

1. sie sich in der Probezeit in vollem Umfang bewährt haben und

2. seit der Berufung in das Beamtenverhältnis auf Probe mindestens drei Jahre vergangen sind.

(2) Die Bundesregierung überprüft die Anhebung der Altersgrenzen nach den §§ 51 und 52 unter Beachtung des Berichts nach § 154 Abs. 4 des Sechsten Buches Sozialgesetzbuch[2].

[1] § 147 Abs. 2 Satz 2 angef. mWv 22.3.2012 durch G v. 15.3.2012 (BGBl. I S. 462); Abs. 1 aufgeh., bish. Abs. 2 und 3 werden Abs. 1 und 2 mWv 28.10.2016 durch G v. 19.10.2016 (BGBl. I S. 2362).
[2] **Aichberger, SGB Nr. 6.**

170. Verordnung über die Arbeitszeit der Beamtinnen und Beamten des Bundes (Arbeitszeitverordnung – AZV) [1][2]

Vom 23. Februar 2006

(BGBl. I S. 427)

FNA 2030-2-29

geänd. durch Art. 1 VO zur Änd. arbeitszeit- und urlaubsrechtlicher Vorschriften v. 13.8.2008 (BGBl. I S. 1684, geänd. durch VO v. 14.9.2012, BGBl. I S. 2017), Art. 1 Erste ÄndVO v. 16.12.2010 (BAnz. S. 4262, geänd. durch VO v. 11.12.2014, BGBl. I S. 2191), Art. 2 VO zur Änd. arbeitszeitrechtlicher Vorschriften v. 14.9.2012 (BGBl. I S. 2017, geänd. durch G v. 8.6.2017, BGBl. I S. 1570 und durch VO v. 8.1.2020, BGBl. I S. 27), Art. 4 VO zur Änd. von Vorschriften für Dienst zu wechselnden Zeiten v. 20.8.2013 (BGBl. I S. 3286), Art. 1 Zweite ÄndVO v. 11.12.2014 (BGBl. I S. 2191), Art. 8 G zum Abbau verzichtbarer Anordnungen der Schriftform im Verwaltungsrecht des Bundes v. 29.3.2017 (BGBl. I S. 626), Art. 49 Elfte ZuständigkeitsanpassungsVO v. 19.6.2020 (BGBl. I S. 1328) und Art. 1, 2 VO zur Weiterentwicklung dienstrechtl. Regelungen zu Arbeitszeit und Sonderurlaub v. 17.12.2020 (BGBl. I S. 3011)

§ 1 Geltungsbereich. [1]Diese Verordnung gilt für alle Beamtinnen und Beamten des Bundes, soweit nicht besondere Arbeitszeitregelungen gelten. [2]Sie gilt nicht für Ehrenbeamtinnen und Ehrenbeamte. [3]Für Beamtinnen auf Widerruf und Beamte auf Widerruf ist zu bestimmen, ob und inwieweit die Vorschriften dieser Verordnung anzuwenden sind.

§ 2[3] Begriffsbestimmungen. Im Sinne dieser Verordnung ist

1. Abrechnungszeitraum bei Gleitzeit der Zeitraum, in dem ein Über- oder Unterschreiten der regelmäßigen wöchentlichen Arbeitszeit auszugleichen ist,

2. Arbeitsplatz grundsätzlich die Dienststelle oder ein von der oder dem Dienstvorgesetzten bestimmter Ort, an dem Dienst zu leisten ist,

3. Arbeitstag grundsätzlich der Werktag,

4. Bereitschaftsdienst die Pflicht, sich, ohne ständig zur Dienstleistung verpflichtet zu sein, an einer vom Dienstherrn bestimmten Stelle aufzuhalten, um im Bedarfsfall den Dienst aufzunehmen, wenn dabei Zeiten ohne Arbeitsleistung überwiegen,

5. Blockmodell die Zusammenfassung der Freistellung von der Arbeit bis zu fünf Jahren bei Teilzeitbeschäftigung,

6. Funktionszeit der Teil der regelmäßigen täglichen Arbeitszeit, in dem der Dienstbetrieb durch Absprache der Beamtinnen und Beamten sichergestellt wird,

7. *Gleitzeit die Arbeitszeit*, bei der Beamtinnen und Beamte Beginn und Ende der täglichen Arbeitszeit in gewissen Grenzen selbst bestimmen können,

[1] Verkündet als Art. 1 VO zur Neuordnung der Arbeitszeit der Beamtinnen und Beamten des Bundes und zur Änd. anderer VOen v. 23.2.2006 (BGBl. I S. 427); Inkrafttreten gem. Art. 5 Satz 1 dieser VO am 1.3.2006. Diese VO wurde erlassen auf Grund von § 72 Abs. 4, § 80 Nr. 1 sowie § 89 Abs. 1 Satz 2 und Abs. 2 Satz 1 BBG (Nr. **160**) iVm § 46 DRiG **(Schönfelder ErgBd. Nr. 97).**

[2] Die Änderungen durch die VO v. 17.12.2020 (BGBl. I S. 3011) treten teilweise erst **mWv 1.8.2021** in Kraft und sind insoweit noch nicht im Text berücksichtigt.

[3] § 2 neu gef. mWv 1.1.2021 durch VO v. 17.12.2020 (BGBl. I S. 3011).

8. Gleittag ein mit Zustimmung der oder des unmittelbaren Vorgesetzten gewährter ganztägiger Zeitausgleich im Abrechnungszeitraum bei Gleitzeit, dabei gelten tägliche Arbeitszeiten von weniger als zwei Stunden als Gleittag,

9. Kernarbeitszeit der Teil der regelmäßigen täglichen Arbeitszeit, in dem grundsätzlich alle Beamtinnen und Beamten in der Dienststelle anwesend sein müssen,

10. Langzeitkonto ein personenbezogenes Arbeitszeitkonto, auf dem durch erhöhten Arbeitsanfall bedingte Zeitguthaben für Freistellungszeiten angespart werden können,

11. Nachtdienst ein Dienst, der zwischen 20 Uhr und 6 Uhr zu leisten ist,

12. regelmäßige wöchentliche Arbeitszeit die innerhalb von zwölf Monaten durchschnittlich zu erbringende wöchentliche Arbeitszeit,

13. Reisezeit die Zeit ohne Wartezeit (Nummer 17), die die Beamtin oder der Beamte benötigt für den Weg zwischen

 a) der Wohnung oder der Dienststätte und der Stelle des auswärtigen Dienstgeschäfts oder der auswärtigen Unterkunft (Anreise),

 b) der Stelle des auswärtigen Dienstgeschäfts oder der auswärtigen Unterkunft und der Stelle eines weiteren auswärtigen Dienstgeschäfts oder einer weiteren auswärtigen Unterkunft,

 c) der Stelle des auswärtigen Dienstgeschäfts oder der auswärtigen Unterkunft und der Wohnung oder der Dienststätte (Abreise),

14. Rufbereitschaft die Pflicht, sich außerhalb des Arbeitsplatzes bereitzuhalten, um bei Bedarf sofort zu Dienstleistungen abgerufen werden zu können,

15. Ruhepause der Zeitraum, in dem Beamtinnen und Beamte keinen Dienst leisten,

16. Schichtdienst der Dienst nach einem Schichtplan, der einen regelmäßigen Wechsel der täglichen Arbeitszeit in Zeitabschnitten von längstens einem Monat vorsieht,

17. Wartezeit eine während einer Dienstreise anfallende Zeit ohne Dienstleistung zwischen

 a) dem Ende der Anreise und dem Beginn der dienstlichen Tätigkeit,

 b) dem Ende der dienstlichen Tätigkeit an einem Tag und dem Beginn der dienstlichen Tätigkeit an einem anderen Tag,

 c) dem Ende der dienstlichen Tätigkeit und dem Beginn der Abreise.

§ 3[1]) Regelmäßige wöchentliche Arbeitszeit. (1) [1]Die regelmäßige wöchentliche Arbeitszeit beträgt 41 Stunden. [2]Schwerbehinderte Beamtinnen und schwerbehinderte Beamte können eine Verkürzung der regelmäßigen wöchentlichen Arbeitszeit auf 40 Stunden beantragen. [3]Gleiches gilt für Beamtinnen und Beamte,

1. die für ein Kind unter zwölf Jahren Kindergeld erhalten,

2. die eine nahe Angehörige oder einen nahen Angehörigen nach § 7 Absatz 3 des Pflegezeitgesetzes[2]) im eigenen Haushalt oder im eigenen Haushalt der oder des nahen Angehörigen tatsächlich betreut oder pflegt, die oder der

[1]) § 3 Abs. 1 Satz 3 Nr. 2 neu gef. mWv 19.12.2014 durch VO v. 11.12.2014 (BGBl. I S. 2191); Abs. 1 Satz 3 Nr. 2 neu gef. mWv 1.1.2021 durch VO v. 17.12.2020 (BGBl. I S. 3011).
[2]) **Aichberger, SGB Nr. 11/10.**

a) pflegebedürftig ist und die Pflegebedürftigkeit nach § 18 des Elften Buches Sozialgesetzbuch[1]) durch eine Bescheinigung der Pflegekasse, des Medizinischen Dienstes der Krankenversicherung, nach einer entsprechenden Bescheinigung einer privaten Pflegeversicherung oder nach einem ärztlichen Gutachten festgestellt worden ist oder

b) an einer durch ein ärztliches Zeugnis nachgewiesenen Erkrankung nach § 3 Absatz 6 Satz 1 des Pflegezeitgesetzes leidet.

[4]Die Verkürzung beginnt bei Vorliegen der Voraussetzungen mit Beginn des Monats der Antragstellung und endet mit Ablauf des Monats, in dem ihre Voraussetzungen nicht mehr vorliegen. [5]§ 116 Abs. 1 des Neunten Buches Sozialgesetzbuch bleibt unberührt. [6]Die Beamtinnen und Beamten sind verpflichtet, jede Änderung unverzüglich anzuzeigen und auf Verlangen entsprechende Nachweise zu erbringen. [7]Bei Teilzeitbeschäftigung wird die regelmäßige wöchentliche Arbeitszeit nach den Sätzen 1 bis 3 entsprechend dem Umfang der bewilligten Teilzeitbeschäftigung verkürzt.

(2) [1]Die regelmäßige wöchentliche Arbeitszeit wird bei Vollzeitbeschäftigung und Teilzeitbeschäftigung mit einer Ermäßigung der Arbeitszeit um weniger als 10 Prozent auf Montag bis Freitag verteilt. [2]Aus dienstlichen Gründen kann sie auf sechs Tage verteilt werden.

(3) [1]Die regelmäßige wöchentliche Arbeitszeit verkürzt sich für jeden gesetzlich anerkannten Feiertag sowie für Heiligabend und Silvester um die darauf entfallende Arbeitszeit. [2]Im selben Umfang wird die Arbeitszeit für Beamtinnen und Beamte, die im Schichtdienst eingesetzt sind, verkürzt. [3]Hierbei bleibt unberücksichtigt, ob und wie lange an diesen Tagen tatsächlich Dienst geleistet werden muss.

(4) Die regelmäßige wöchentliche Arbeitszeit kann ausnahmsweise verkürzt werden, soweit besondere Bedürfnisse dies erfordern.

(5) Ist ein Ausgleich der regelmäßigen wöchentlichen Arbeitszeit innerhalb von zwölf Monaten aufgrund zwingender dienstlicher Verhältnisse nicht möglich, darf die durchschnittliche Arbeitszeit hierbei 48 Stunden im Siebentageszeitraum nicht überschreiten.

§ 4[2]) Regelmäßige tägliche Arbeitszeit. [1]Die regelmäßige tägliche Arbeitszeit sowie deren Beginn und Ende sind festzulegen. [2]Hierbei dürfen 13 Stunden einschließlich der Pausen nicht überschritten werden. [3]Bei Teilzeitbeschäftigung ist die regelmäßige tägliche Arbeitszeit individuell festzulegen.

§ 5[3]) Ruhepausen und Ruhezeit. (1) [1]Die Arbeit ist spätestens nach 6 Stunden durch eine Ruhepause von mindestens 30 Minuten zu unterbrechen. [2]Nach mehr als 9 Stunden beträgt die Ruhepause mindestens 45 Minuten. [3]Ruhepausen können in Zeitabschnitte von *jeweils* 15 Minuten aufgeteilt werden.

(2) [1]Ruhepausen werden nicht auf die Arbeitszeit angerechnet, es sei denn, dass

1. die Voraussetzungen des § 17a der Erschwerniszulagenverordnung[4]) mit der Maßgabe erfüllt sind, dass im Kalendermonat mindestens 35 Nachtdienststunden geleistet werden, oder

[1]) **Aichberger, SGB Nr. 11.**
[2]) § 4 Satz 3 geänd: mWv 19.12.2014 durch VO v. 11.12.2014 (BGBl. I S. 2191).
[3]) § 5 neu gef. mWv 19.12.2014 durch VO v. 11.12.2014 (BGBl. I S. 2191).
[4]) **Bundesbeamtengesetze Nr. 53a.**

2. die zuständige Behörde die Anrechnung bei operativen Tätigkeiten in Einsatz-
bereichen, in denen die ständige Einsatzfähigkeit gewährleistet werden muss,
zum Ausgleich der damit verbundenen Belastungen zulässt.
²Bei Teilzeitbeschäftigung verringern sich die nach Satz 1 Nummer 1 erforderli-
chen Nachtdienststunden entsprechend dem Verhältnis zwischen der ermäßigten
und der regelmäßigen wöchentlichen Arbeitszeit.

(3) ¹Pro 24-Stunden-Zeitraum ist eine Mindestruhezeit von 11 zusammenhän-
genden Stunden zu gewähren. ²Pro 7-Tage-Zeitraum ist zusätzlich eine Mindest-
ruhezeit von 24 zusammenhängenden Stunden zu gewähren. ³Für die Ruhezeit
nach Satz 2 gilt ein Bezugszeitraum von 14 Tagen. ⁴Von den Regelungen in den
Sätzen 1 bis 3 können Ausnahmen zugelassen werden, wenn dienstliche Belange
im Sinne des Artikels 17 Absatz 3 Buchstabe c und e sowie Absatz 4 der Richtlinie
2003/88/EG¹⁾ des Europäischen Parlaments und des Rates vom 4. November
2003 über bestimmte Aspekte der Arbeitszeitgestaltung (ABl. L 299 vom 18.11.
2003, S. 9) dies erfordern.

§ 6²⁾ Dienstfreie Tage. (1) ¹Sonnabend, Heiligabend und Silvester sind grund-
sätzlich dienstfrei. ²Soweit dienstliche Gründe es erfordern, kann an diesen Tagen
und an Sonntagen und gesetzlich anerkannten Feiertagen Dienst angeordnet
werden.

(2) Mit Zustimmung der obersten Dienstbehörde und der oder des unmittel-
baren Vorgesetzten kann die Beamtin oder der Beamte freiwillig sonnabends
Dienst leisten.

§ 7³⁾ Gleitzeit. (1) ¹Soweit dienstliche Gründe nicht entgegenstehen, kann die
oberste Dienstbehörde Gleitzeit ermöglichen. ²Die zur Erfüllung der Aufgaben
jeweils erforderliche dienstliche Anwesenheit der Beamtinnen und Beamten ist
durch diese und ihre Vorgesetzten sicherzustellen.

(2) Die höchstzulässige tägliche Arbeitszeit sowie der früheste Dienstbeginn und
das späteste Dienstende sind festzulegen.

(3) ¹Es sind Kernarbeitszeiten oder Funktionszeiten festzulegen. ²Soweit dienst-
liche Gründe es zulassen, kann auf eine solche Festlegung verzichtet werden.
³Über die Kernarbeitszeit oder Funktionszeit hinaus ist die dienstliche Anwesen-
heit der Beamtinnen und Beamten durch diese und ihre Vorgesetzten sicherzustel-
len, soweit die Erfüllung der Aufgaben dies erfordert. ⁴Die Kernarbeitszeit ist bei
Teilzeitbeschäftigung individuell festzulegen.

(4) ¹Unterschreitungen der regelmäßigen wöchentlichen Arbeitszeit sind bis zu
höchstens 40 Stunden zulässig. ²Ein Über- oder Unterschreiten der regelmäßigen
wöchentlichen Arbeitszeit ist grundsätzlich innerhalb des Abrechnungszeitraums
auszugleichen. ³Abrechnungszeitraum ist das Kalenderjahr oder ein anderer fest-
gelegter Zeitraum von höchstens zwölf Monaten. ⁴In den nächsten Abrechnungs-
zeitraum dürfen höchstens 40 Stunden übertragen werden.

(5) ¹Bei automatisierter Zeiterfassung kommen bis zu zwölf Gleittage in Be-
tracht. ²Wenn es dienstlichen Belangen förderlich oder nach den dienstlichen
Verhältnissen zweckmäßig ist, können bis zu 24 Gleittage zugelassen werden.
³Es kann festgelegt werden, dass an bestimmten Tagen allgemein kein Dienst zu

¹⁾ **Nipperdey I,** *Arbeitsrecht* Nr. 893.
²⁾ § 6 Abs. 2 Satz 2 aufgeh. mWv *1.1.2021 durch* VO v. 17.12.2020 (BGBl. I S. 3011).
³⁾ § 7 Überschrift neu gef., Abs. 1 Satz 1 geänd., Abs. *4 Satz 3* eingef., bish. Satz 3 wird Satz 4 mWv
1.1.2021 durch VO v. 17.12.2020 (BGBl. I S. 3011).

weiteres Zeitguthaben angespart werden. [2] Das Langzeitkonto bleibt bei der bisherigen Dienststelle bestehen.

(2) [1] In den Fällen der Versetzung oder der Beendigung des Beamtenverhältnisses ist das Zeitguthaben grundsätzlich bei derjenigen Dienststelle auszugleichen, bei der es erworben worden ist. [2] Diese Dienststelle soll den Ausgleich gegebenenfalls durch Anordnung ermöglichen.

(3) [1] Im Fall einer Versetzung kann im Einvernehmen mit der Dienststelle, zu der die Beamtin oder der Beamte versetzt wird, ein Zeitguthaben übertragen werden, sofern diese Dienststelle ebenfalls Langzeitkonten führt. [2] Ein Anspruch auf Übertragung des Zeitguthabens besteht nicht.

§ 8[1) Schichtdienst. [1] Sind die Dienststunden so festgelegt, dass die regelmäßige tägliche Arbeitszeit von Beamtinnen oder Beamten überschritten wird, sind sie durch Schichtdienst einzuhalten. [2] Von Schichtdienst soll abgesehen werden, wenn die Überschreitung im Rahmen der Gleitzeit ausgeglichen werden kann.

§ 9 Zusammenfassung der Freistellung von der Arbeit bei Teilzeitbeschäftigung. (1) [1] Wenn dienstliche Gründe nicht entgegenstehen, kann bei Teilzeitbeschäftigung die Zeit einer Freistellung bis zu drei Monaten zusammengefasst werden. [2] Wird die Freistellung an das Ende der bewilligten Teilzeitbeschäftigung gelegt, darf sie bis zu einem Jahr zusammengefasst werden.

(2) Eine Teilzeitbeschäftigung, die sich auf die Zeit bis zum Beginn des Ruhestandes erstreckt, kann im Blockmodell bewilligt werden, wenn die Freistellung an das Ende der bewilligten Teilzeitbeschäftigung gelegt wird und zwingende dienstliche Gründe nicht entgegenstehen.

§ 10 Arbeitsplatz. Bei mobilem Arbeiten kann von der Dienstleistungspflicht am Arbeitsplatz abgewichen werden, soweit dienstliche Gründe nicht entgegenstehen.

§ 11[2) Dienstreisen. (1) [1] Bei Dienstreisen ist die Zeit zur Erledigung von Dienstgeschäften außerhalb der Dienststätte Arbeitszeit. [2] Bei ganz- oder mehrtägigen Dienstreisen gilt die regelmäßige Arbeitszeit des jeweiligen Tages als geleistet. [3] Reisezeiten und Wartezeiten sind keine Arbeitszeit. [4] Sie werden jedoch als Arbeitszeit berücksichtigt, soweit

1. sie innerhalb der regelmäßigen täglichen Arbeitszeit anfallen oder
2. die Arbeitszeit innerhalb eines Tages durch Dienstreisen unterbrochen wird.

(2) [1] Bei Teilzeitbeschäftigung wird die Dauer der Dienstreise bis zur Länge der regelmäßigen täglichen Arbeitszeit für Vollzeitbeschäftigung zugrunde gelegt. [2] Fällt eine Dienstreise bei Teilzeitbeschäftigung auf einen nach dem jeweiligen Arbeitszeitmodell dienstfreien Montag bis Freitag, kann dieser Tag mit einem anderen Tag zeitnah getauscht werden.

(3) [1] Bei Dienstreisen, die über die regelmäßige tägliche Arbeitszeit hinausgehen, ist ein Freizeitausgleich in Höhe von einem Drittel der nicht anrechenbaren Reisezeiten zu gewähren. [2] Dies gilt auch für Reisezeiten an Sonnabenden, Sonntagen oder gesetzlichen Feiertagen. [3] Bei Gleitzeit wird ein Drittel der nicht anrechenbaren Reisezeiten dem Gleitzeitkonto gutgeschrieben. [4] Die tatsächlichen

[1)] § 8 Satz 2 geänd. mWv 1.1.2021 durch VO v. 17.12.2020 (BGBl. I S. 3011).
[2)] § 11 Abs. 2 Satz 1 geänd. mWv 19.12.2014 durch VO v. 11.12.2014 (BGBl. I S. 2191); Abs. 1 Satz 3 und Abs. 3 neu gef. mWv 1.3.2021 durch VO v. 17.12.2020 (BGBl. I S. 3011).

Reisezeiten sind von der Beamtin oder dem Beamten anzuzeigen. [5]Auf Verlangen sind Nachweise über die Reisezeiten vorzulegen. [6]Wird die Dienstreise von der Wohnung angetreten oder beendet, darf höchstens die Reisezeit berücksichtigt werden, die bei einer Abreise von oder der Ankunft an der Dienststätte angefallen wäre. [7]Reisezeiten sind keine Mehrarbeit im Sinne der §§ 88 und 143 Absatz 1 Satz 1 Nummer 4 des Bundesbeamtengesetzes[1]). [8]Absatz 2 Satz 1 gilt entsprechend. [9]Wird eine Dienstreise mit einer privaten Reise oder einer privaten Fahrt verbunden, so wird für die auf den betroffenen Reiseweg entfallene Reisezeit kein Freizeitausgleich nach Satz 1 gewährt.

§ 12[2]) Rufbereitschaft. [1]Zeiten der Rufbereitschaft sind keine Arbeitszeit. [2]Hat die Beamtin oder der Beamte jedoch über die Arbeitszeit hinaus mehr als zehn Stunden im Kalendermonat Rufbereitschaft, wird innerhalb von zwölf Monaten ein Achtel der über zehn Stunden hinausgehenden Zeit bei feststehender Arbeitszeit als Freizeitausgleich gewährt und bei Gleitzeit dem Gleitzeitkonto gutgeschrieben, soweit nicht zwingende dienstliche Gründe entgegenstehen.

§ 13[3]) Bereitschaftsdienst. (1) [1]Bei Bereitschaftsdienst kann die regelmäßige tägliche Arbeitszeit und die regelmäßige wöchentliche Arbeitszeit entsprechend den dienstlichen Bedürfnissen angemessen verlängert werden. [2]Hierbei darf in einem Bezugszeitraum von zwölf Monaten die durchschnittliche Arbeitszeit 48 Stunden im Siebentagezeitraum nicht überschreiten.

(2) [1]Unter Beachtung der allgemeinen Grundsätze der Sicherheit der Beschäftigten und des Gesundheitsschutzes kann die Arbeitszeit auf bis zu 54 Stunden im Siebentagezeitraum verlängert werden, wenn hierfür ein zwingendes dienstliches Bedürfnis besteht und sich die Beamtin oder der Beamte zu der Verlängerung der Arbeitszeit schriftlich oder elektronisch bereit erklärt. [2]Beamtinnen und Beamten, die sich zu der Verlängerung der Arbeitszeit nicht bereit erklären, dürfen daraus keine Nachteile entstehen. [3]Die Erklärung kann mit einer Frist von sechs Monaten widerrufen werden. [4]Die Beamtinnen und Beamten sind auf die Widerrufsmöglichkeiten schriftlich oder elektronisch hinzuweisen.

(3) [1]Die Dienstbehörden führen Listen der Beamtinnen und Beamten, die eine nach Absatz 2 Satz 1 verlängerte Arbeitszeit leisten. [2]Die Listen sind zwei Jahre nach ihrer Erstellung aufzubewahren und den zuständigen Behörden auf Ersuchen zur Verfügung zu stellen. [3]Auf Ersuchen sind die zuständigen Behörden über diese Beamtinnen und Beamten zu unterrichten. [4]Nach Ablauf der Aufbewahrungsfrist sind die Listen zu vernichten.

§ 14 Nachtdienst. (1) [1]Die Gestaltung von Nachtdienst muss der besonderen Beanspruchung der Arbeitskraft Rechnung tragen. [2]Dabei darf die Arbeitszeit in einem Bezugszeitraum von zwölf Monaten im Durchschnitt acht Stunden pro 24-Stunden-Zeitraum nicht überschreiten.

(2) Ist die Arbeit mit besonderen Gefahren oder einer erheblichen körperlichen oder geistigen Anspannung verbunden, darf in einem 24-Stunden-Zeitraum, in dem der Nachtdienst verrichtet wird, die Arbeitszeit nicht mehr als acht Stunden betragen.

[1]) Nr. **160**.
[2]) § 12 Satz 2 geänd. mWv 1.1.2021 durch VO v. 17.12.2020 (BGBl. I S. 3011).
[3]) § 13 Abs. 2 und 3 angef. mWv 1.9.2008 durch VO v. 13.8.2008 (BGBl. I S. 1684); Abs. 2 Sätze 1 und 4 geänd. mWv 5.4.2017 durch G v. 29.3.2017 (BGBl. I S. 626); Abs. 2 und 3 neu gef. mWv 1.1.2020 durch VO v. 17.12.2020 (BGBl. I S. 3011).

§ 15 Ausnahmen bei spezifischen Tätigkeiten. [1] Soweit Besonderheiten bestimmter spezifischer Tätigkeiten, die dem Schutz der Bevölkerung oder des Allgemeinwohls zur Abwehr schwerwiegender kollektiver Gefahrensituationen dienen, der Anwendung von Regelungen dieser Verordnung zwingend entgegenstehen, kann von dieser Verordnung abgewichen werden. [2] In diesen Ausnahmefällen ist gleichwohl dafür Sorge zu tragen, dass unter Berücksichtigung der Ziele der Richtlinie 89/391/EWG des Rates vom 12. Juni 1989 über die Durchführung von Maßnahmen zur Verbesserung der Sicherheit und des Gesundheitsschutzes der Arbeitnehmer bei der Arbeit (ABl. EG Nr. L 183 S. 1) eine größtmögliche Sicherheit und ein größtmöglicher Gesundheitsschutz der Beamtinnen und Beamten gewährleistet ist.

§ 16 Zuständigkeit. [1] Zuständige Behörde im Sinne dieser Verordnung ist die oberste Dienstbehörde, soweit nichts Abweichendes bestimmt ist. [2] Die oberste Dienstbehörde kann ihre Befugnisse nach dieser Verordnung auf andere Behörden übertragen. [3] Die für Teilzeitbeschäftigung notwendigen individuellen Festsetzungen trifft die Dienstbehörde.

§ 17[1] Übergangsvorschrift zu Langzeitkonten. Für einen Übergangszeitraum bis zum 31. Juli 2021 können die Dienststellen den Beamtinnen und Beamten, die bereits ein Langzeitkonto eingerichtet haben, das Ansparen von Zeitguthaben auf der Grundlage des § 7a Absatz 2 der Arbeitszeitverordnung[2] in der bis zum 31. Dezember 2020 geltenden Fassung gestatten.

[1] § 17 angef. mWv 1.1.2021 durch VO v. 17.12.2020 (BGBl. I S. 3011).
[2] Nr. **170**.

171. Verordnung über den Mutterschutz für Beamtinnen des Bundes und die Elternzeit für Beamtinnen und Beamte des Bundes (Mutterschutz- und Elternzeitverordnung – MuSchEltZV)[1]

Vom 12. Februar 2009

(BGBl. I S. 320)

FNA 2030-2-30-2

geänd. durch Art. 9 Abs. 1 G zur Neuregelung der Professorenbesoldung und zur Änd. weiterer dienstrechtlicher Vorschriften v. 11.6.2013 (BGBl. I S. 1514), Art. 3 G zur Einführung des Elterngeld Plus mit Partnerschaftsbonus und einer flexibleren Elternzeit im BEEG v. 18.12.2014 (BGBl. I S. 2325), Art. 9 G zur besseren Vereinbarkeit von Familie, Pflege und Beruf für Beamtinnen und Beamte des Bundes und Soldatinnen und Soldaten sowie zur Änd. weiterer dienstrechtlicher Vorschriften v. 19.10.2016 (BGBl. I S. 2362), Art. 1 ÄndVO v. 9.2.2018 (BGBl. I S. 198) und Art. 2 G für Maßnahmen im Elterngeld aus Anlass der COVID-19-Pandemie v. 20.5.2020 (BGBl. I S. 1061)

Abschnitt 1.[2] Mutterschutz

§ 1[2] **Allgemeines.** Für den Mutterschutz von Personen in einem Beamtenverhältnis beim Bund sowie bei bundesunmittelbaren Körperschaften, Anstalten und Stiftungen des öffentlichen Rechts gelten die §§ 2 bis 5.

§ 2[2] **Anwendung des Mutterschutzgesetzes.** (1) [1]Die folgenden Vorschriften des Mutterschutzgesetzes[3] sind entsprechend anzuwenden:

1. zu Begriffsbestimmungen (§ 2 Absatz 1 Satz 1, Absatz 3 Satz 1 und Absatz 4 des Mutterschutzgesetzes),

2. zur Gestaltung der Arbeitsbedingungen (§§ 9, 10 Absatz 1 und 2, §§ 11, 12, 13 Absatz 1 Nummer 1 des Mutterschutzgesetzes),

3. zum Arbeitsplatzwechsel (§ 13 Absatz 1 Nummer 2 des Mutterschutzgesetzes),

4. zur Dokumentation und Information durch den Arbeitgeber (§ 14 des Mutterschutzgesetzes),

5. zu Beschäftigungsverboten (§§ 3 bis 6, 10 Absatz 3, § 13 Absatz 1 Nummer 3 und § 16 des Mutterschutzgesetzes),

6. zu Mitteilungen und Nachweisen über die Schwangerschaft und das Stillen (§ 15 des Mutterschutzgesetzes),

7. zur Freistellung für Untersuchungen und zum Stillen (§ 7 des Mutterschutzgesetzes),

8. zu den Mitteilungs- und Aufbewahrungspflichten des Arbeitgebers (§ 27 Absatz 1 bis 5 des Mutterschutzgesetzes) sowie

[1] Verkündet als Art. 1 VO v. 12.2.2009 (BGBl. I S. 320); Inkrafttreten gem. Art. 4 dieser VO am 14.2.2009. Die VO wurde erlassen auf Grund des § 79 Abs. 1 Satz 1 BBG (Nr. **160**) iVm § 46 DRiG (**Schönfelder ErgBd. Nr. 97**).
[2] Abschnitt 1 (§§ 1–5) neu gef. mWv 1.1.2018 durch VO v. 9.2.2018 (BGBl. I S. 198).
[3] **Schönfelder ErgBd. Nr. 79.**

9. zum behördlichen Genehmigungsverfahren für eine Beschäftigung zwischen 20 und 22 Uhr (§ 28 des Mutterschutzgesetzes). [2] Andere Arbeitsschutzvorschriften bleiben unberührt.

(2) In jeder Dienststelle, bei der regelmäßig mehr als drei Personen tätig sind, sind ein Abdruck des Mutterschutzgesetzes sowie ein Abdruck dieser Verordnung an geeigneter Stelle zur Einsicht auszulegen, auszuhändigen oder in einem elektronischen Informationssystem jederzeit zugänglich zu machen.

§ 3[1] Besoldung bei Beschäftigungsverbot, Untersuchungen und Stillen. (1) [1] Durch die mutterschutzrechtlichen Beschäftigungsverbote wird die Zahlung der Dienst- und Anwärterbezüge, mit Ausnahme des Verbots der Mehrarbeit, nicht berührt (§§ 3 bis 6, 10 Absatz 3, § 13 Absatz 1 Nummer 3 und § 16 des Mutterschutzgesetzes). [2] Dies gilt auch für das Dienstversäumnis wegen ärztlicher Untersuchungen bei Schwangerschaft und Mutterschaft sowie während des Stillens (§ 7 des Mutterschutzgesetzes).

(2) Im Fall der vorzeitigen Beendigung einer Elternzeit nach § 16 Absatz 3 Satz 3 des Bundeselterngeld- und Elternzeitgesetzes[2] richtet sich die Höhe der Dienst- und Anwärterbezüge nach dem Beschäftigungsumfang vor der Elternzeit oder während der Elternzeit, wobei die höheren Bezüge maßgeblich sind.

(3) Bemessungsgrundlage für die Zahlung von Erschwerniszulagen nach der Erschwerniszulagenverordnung[3] sowie für die Vergütung nach der Vollstreckungsvergütungsverordnung[4] in der Fassung der Bekanntmachung vom 6. Januar 2003 (BGBl. I S. 8) in der jeweils geltenden Fassung ist der Durchschnitt der Zulagen und der Vergütungen der letzten drei Monate vor Beginn des Monats, in dem die Schwangerschaft eingetreten ist.

§ 4[5] Entlassung während der Schwangerschaft, nach einer Fehlgeburt und nach der Entbindung. (1) [1] Während der Schwangerschaft, bis zum Ablauf von vier Monaten nach einer Fehlgeburt nach der zwölften Schwangerschaftswoche und bis zum Ende der Schutzfrist nach der Entbindung, mindestens bis zum Ablauf von vier Monaten nach der Entbindung, darf die Entlassung von Beamtinnen auf Probe und von Beamtinnen auf Widerruf gegen ihren Willen nicht ausgesprochen werden, wenn der oder dem Dienstvorgesetzten die Schwangerschaft, die Fehlgeburt nach der zwölften Schwangerschaftswoche oder die Entbindung bekannt ist. [2] Eine ohne diese Kenntnis ergangene Entlassungsverfügung ist zurückzunehmen, wenn innerhalb von zwei Wochen nach ihrer Zustellung der oder dem Dienstvorgesetzten die Schwangerschaft, die Fehlgeburt nach der zwölften Schwangerschaftswoche oder die Entbindung mitgeteilt wird. [3] Das Überschreiten dieser Frist ist unbeachtlich, wenn dies auf einem von der Beamtin nicht zu vertretenden Grund beruht und die Mitteilung über die Schwangerschaft, die Fehlgeburt oder die Entbindung unverzüglich nachgeholt wird. [4] Die Sätze 1 bis 3 gelten entsprechend für Vorbereitungsmaßnahmen des Dienstherrn, die er im Hinblick auf eine Entlassung einer Beamtin trifft.

[1] Abschnitt 1 (§§ 1–5) neu gef. mWv 1.1.2018 durch VO v. 9.2.2018 (BGBl. I S. 198).
[2] **Schönfelder ErgBd. Nr. 45e.**
[3] **Bundesbeamtengesetze Nr. 53a.**
[4] *Bundesbeamtengesetze Nr. 53g.*
[5] Abschnitt 1 (§§ 1–5) neu gef. mWv 1.1.2018, § 4 Abs. 2 und 3 angef. mWv 16.2.2018 durch VO v. 9.2.2018 (BGBl. I S. 198).

(2) Die oberste Dienstbehörde kann in besonderen Fällen, die nicht mit dem Zustand der Beamtin in der Schwangerschaft, nach einer Fehlgeburt nach der zwölften Schwangerschaftswoche oder nach der Entbindung in Zusammenhang stehen, ausnahmsweise die Entlassung für zulässig erklären.

(3) Die §§ 31, 32, 34 Absatz 4, § 35 Satz 1, letzterer vorbehaltlich der Fälle des § 24 Absatz 3, sowie die §§ 36 und 37 Absatz 1 Satz 3 des Bundesbeamtengesetzes[1] bleiben unberührt.

§ 5[2] Zuschuss bei Beschäftigungsverbot während einer Elternzeit.

[1] Beamtinnen erhalten einen Zuschuss von 13 Euro für jeden Kalendertag eines Beschäftigungsverbots in den letzten sechs Wochen vor der Entbindung und eines Beschäftigungsverbots nach der Entbindung – einschließlich des Entbindungstages –, der in eine Elternzeit fällt. [2] Dies gilt nicht, wenn sie während der Elternzeit teilzeitbeschäftigt sind. [3] Der Zuschuss ist auf 210 Euro begrenzt, wenn die Dienst- oder Anwärterbezüge ohne die mit Rücksicht auf den Familienstand gewährten Zuschläge und ohne Leistungen nach Abschnitt 5 des Bundesbesoldungsgesetzes[3] die Versicherungspflichtgrenze in der gesetzlichen Krankenversicherung überschreiten oder überschreiten würden.

Abschnitt 2. Elternzeit

§ 6[4] Anwendung des Bundeselterngeld- und Elternzeitgesetzes.
Beamtinnen und Beamte haben Anspruch auf Elternzeit ohne Dienst- oder Anwärterbezüge entsprechend des § 15 Absatz 1 bis 3 sowie der §§ 16 und 28 Absatz 1 Satz 1 des Bundeselterngeld- und Elternzeitgesetzes[5].

§ 7[6] Teilzeitbeschäftigung während der Elternzeit.
(1) Während der Elternzeit ist Beamtinnen und Beamten, die Anspruch auf Dienst- oder Anwärterbezüge haben, auf Antrag eine Teilzeitbeschäftigung bei ihrem Dienstherrn bis zu 30 Wochenstunden im Durchschnitt eines Monats zu bewilligen, wenn zwingende dienstliche Belange nicht entgegenstehen.

(2) [1] Mit Genehmigung der zuständigen Dienstbehörde darf während der Elternzeit auch eine Teilzeitbeschäftigung außerhalb des Beamtenverhältnisses in dem in Absatz 1 genannten Umfang ausgeübt werden. [2] Die Genehmigung kann nur innerhalb von vier Wochen ab Antragstellung versagt werden, wenn dringende dienstliche Belange entgegenstehen. [3] Sie ist zu versagen, wenn einer der in § 99 Absatz 2 Satz 2 Nummer 2 bis 6 des Bundesbeamtengesetzes[1] genannten Gründe vorliegt.

§ 8[7] Entlassung während der Elternzeit.
(1) [1] Während der Elternzeit darf die Entlassung von Beamtinnen und Beamten auf Probe und von Beamtinnen

[1] Nr. **160**.
[2] Abschnitt 1 (§§ 1–5) neu gef. mWv 1.1.2018 durch VO v. 9.2.2018 (BGBl. I S. 198).
[3] Nr. **230**.
[4] § 6 neu gef. mWv 1.1.2018 durch VO v. 9.2.2018 (BGBl. I S. 198); geänd. mWv 1.3.2020 durch G v. 20.5.2020 (BGBl. I S. 1061).
[5] **Schönfelder ErgBd. Nr. 45e**.
[6] § 7 Abs. 1 geänd. mWv 1.1.2018 durch VO v. 9.2.2018 (BGBl. I S. 198).
[7] § 8 Abs. 2 Satz 2 angef. mWv 28.10.2016 durch G v. 19.10.2016 (BGBl. I S. 2362); Abs. 2 und 3 neu gef. mWv 16.2.2018 durch VO v. 9.2.2018 (BGBl. I S. 198).

und Beamten auf Widerruf gegen ihren Willen nicht ausgesprochen werden. [2]Dies gilt nicht für Zeiten einer Teilzeitbeschäftigung nach § 7 Absatz 1.

(2) In besonderen Fällen kann die oberste Dienstbehörde die Entlassung ausnahmsweise für zulässig erklären.

(3) § 4 Absatz 3 gilt entsprechend.

§ 9[1] Erstattung von Krankenversicherungsbeiträgen. (1) [1]Beamtinnen und Beamten werden für die Dauer der Elternzeit die Beiträge für ihre Kranken- und Pflegeversicherung bis zu monatlich 31 Euro erstattet, wenn ihre Dienst- oder Anwärterbezüge vor Beginn der Elternzeit die Versicherungspflichtgrenze in der gesetzlichen Krankenversicherung nicht überschritten haben oder überschritten hätten. [2]Hierbei werden die mit Rücksicht auf den Familienstand gewährten Zuschläge sowie Leistungen nach Abschnitt 5 des Bundesbesoldungsgesetzes[2] nicht berücksichtigt. [3]Nehmen die Eltern gemeinsam Elternzeit, steht die Beitragserstattung nur dem Elternteil zu, bei dem das Kind im Familienzuschlag berücksichtigt wird oder berücksichtigt werden soll.

(2) [1]Für die Zeit, für die sie Elterngeld nach § 4 des Bundeselterngeld- und Elternzeitgesetzes[3] beziehen, werden Beamtinnen und Beamten mit Dienstbezügen bis einschließlich der Besoldungsgruppe A 8 sowie Beamtinnen und Beamten mit Anwärterbezügen auf Antrag die Beiträge für die Kranken- und Pflegeversicherung über die Erstattung nach Absatz 1 hinaus in voller Höhe erstattet, soweit sie auf einen auf den Beihilfebemessungssatz abgestimmten Prozenttarif oder einen die jeweilige Beihilfe ergänzenden Tarif einschließlich etwaiger darin enthaltener Altersrückstellungen entfallen. [2]Für andere Monate einer Elternzeit wird die Beitragserstattung nach Satz 1 weitergezahlt, solange keine Beschäftigung mit mindestens der Hälfte der regelmäßigen Arbeitszeit ausgeübt wird.

(3) Die Absätze 1 und 2 gelten entsprechend für auf die Beamtin oder den Beamten entfallende Beiträge für die freiwillige gesetzliche Krankenversicherung und Pflegeversicherung.

§ 10 Sonderregelung für Richterinnen und Richter im Bundesdienst.

Während der Elternzeit ist eine Teilzeitbeschäftigung als Richterin oder Richter von mindestens der Hälfte bis zu drei Vierteln des regelmäßigen Dienstes zulässig.

Abschnitt 3. Übergangs- und Schlussvorschriften

§ 11[4] Übergangsvorschrift. Auf die vor dem 14. Februar 2009 geborenen Kinder oder auf die vor diesem Zeitpunkt mit dem Ziel der Adoption aufgenommenen Kinder ist § 1 Absatz 2 Satz 2 und 3 der Elternzeitverordnung in der bis zum 13. Februar 2009 geltenden Fassung anzuwenden.

[1] § 9 Abs. 1 Satz 2 geänd. mWv 1.8.2013 durch G v. 11.6.2013 (BGBl. I S. 1514).
[2] Nr. *230*.
[3] **Schönfelder ErgBd. Nr. 45e.**
[4] § 11 Abs. 1 aufgeh. mWv 1.1.2018 durch VO v. 9.2.2018 (BGBl. I S. 198).

172. Verordnung über den Erholungsurlaub der Beamtinnen, Beamten, Richterinnen und Richter des Bundes (Erholungsurlaubsverordnung – EUrlV)[1]

In der Fassung der Bekanntmachung vom 11. November 2004[2]

(BGBl. I S. 2831)

FNA 2030-2-3

geänd. durch Art. 7 G zur Änd. dienst- und arbeitsrechtl. Vorschriften im Hochschulbereich v. 27.12. 2004 (BGBl. I S. 3835), Art. 3 VO zur Neuordnung der Arbeitszeit der Beamtinnen und Beamten des Bundes und zur Änd. anderer VO v. 23.2.2006 (BGBl. I S. 427), Art. 1 Elfte ÄndVO v. 27.4.2007 (BGBl. I S. 604), Art. 2 VO zur Änd. arbeitszeit- und urlaubsrechtl. Vorschriften v. 13.8.2008 (BGBl. I S. 1684), Art. 1 Zwölfte ÄndVO v. 21.7.2009 (BGBl. I S. 2104), Art. 1 Dreizehnte ÄndVO v. 6.12. 2012 (BGBl. I S. 2568), Art. 3 VO zur Änd. von Vorschriften für Dienst zu wechselnden Zeiten v. 20.8.2013 (BGBl. I S. 3286), Art. 1 Vierzehnte ÄndVO v. 24.11.2014 (BGBl. I S. 1797), Art. 6 G zur Änderung des BundesbeamtenG und weiterer dienstrechtlicher Vorschriften v. 6.3.2015 (BGBl. I S. 250), Art. 2 Siebtes BesoldungsänderungsG v. 3.12.2015 (BGBl. I S. 2163) und Art. 47 Elfte ZuständigkeitsanpassungsVO v. 19.6.2020 (BGBl. I S. 1328)

§ 1[3] Urlaubsjahr. [1]Urlaubsjahr ist das Kalenderjahr. [2]Für die bei den Postnachfolgeunternehmen beschäftigten Beamtinnen und Beamten kann die oberste Dienstbehörde eine abweichende Regelung treffen.

§ 2[4] Gewährleistung des Dienstbetriebes. (1) Der beantragte Urlaub ist nach den folgenden Vorschriften zu erteilen, sofern die ordnungsmäßige Erledigung der Dienstgeschäfte gewährleistet ist; Stellvertretungskosten sind möglichst zu vermeiden.

(2) [1]Der Erholungsurlaub kann geteilt gewährt werden, soweit dadurch der Urlaubszweck nicht gefährdet wird. [2]Es werden nur ganze Arbeitstage Erholungsurlaub gewährt.

§§ 3, 4[5] *(aufgehoben)*

§ 5[6] Urlaubsdauer. (1) Der Erholungsurlaub beträgt für Beamtinnen und Beamte, deren regelmäßige Arbeitszeit auf 5 Tage in der Kalenderwoche verteilt ist, für jedes Urlaubsjahr 30 Arbeitstage.

[1] Die VO wurde erlassen auf Grund von § 89 Abs. 1 Satz 2 BBG (Nr. **160**) iVm § 46 DRiG **(Schönfelder ErgBd. Nr. 97)**.
[2] Neubekanntmachung der ErholungsurlaubsVO idF der Bek. v. 17.7.2001 (BGBl. I S. 1671) in der ab 1.1.2005 geltenden Fassung.
[3] § 1 Satz 2 geänd. mWv 29.11.2014 durch VO v. 24.11.2014 (BGBl. I S. 1797).
[4] § 2 Abs. 2 Satz 2 angef. mWv 29.11.2014 durch VO v. 24.11.2014 (BGBl. I S. 1797).
[5] §§ 3, 4 aufgeh. mWv 29.11.2014 durch VO v. 24.11.2014 (BGBl. I S. 1797).
[6] § 5 Abs. 5 Satz 2 2. Halbs. angeh. Abs. 7 Satz 1 neu gef. mWv 1.3.2006 durch VO v. 23.2. 2006 (BGBl. I S. 427); Abs. 3 Nr. 2 geänd. mWv 1.9.2008 durch VO v. 13.8.2008 (BGBl. I S. 1684); Abs. 6 Satz 2 geänd., Sätze 3 und 4 angef. mWv 1.1.2009 durch VO v. 21.7.2009 (BGBl. I S. 2104); Abs. 1 neu gef. mWv 14.12.2012 durch VO v. 6.12.2012 (BGBl. I S. 2568); Abs. 1 neu gef., Abs. 4 Satz 2 geänd., Abs. 5 Satz 4 aufgeh., Abs. 5a wird Abs. 6, Abs. 7 eingef., bish. Abs. 6 wird Abs. 8 und Sätze 1 und 2 geänd., Satz 3 neu gef., Satz 4 aufgeh., bish. Abs. 7 wird Abs. 9 mWv 29.11.2014, Abs. 2 Satz 2 aufgeh. mWv 1.1.2015 durch VO v. 24.11.2014 (BGBl. I S. 1797).

(2) Beamtinnen und Beamten steht für jeden vollen Monat der Dienstleistungspflicht ein Zwölftel des Jahresurlaubs nach Absatz 1 zu, wenn
1. sie im Laufe des Urlaubsjahres in den öffentlichen Dienst eingetreten sind,
2. ein Urlaub ohne Besoldung durch Aufnahme des Dienstes vorübergehend unterbrochen wird oder
3. das Beamtenverhältnis im Laufe des Urlaubsjahres endet.

(3) ¹Der Jahresurlaub nach Absatz 1 wird für jeden vollen Kalendermonat
1. eines Urlaubs ohne Besoldung oder
2. einer Freistellung von der Arbeit nach § 9 der Arbeitszeitverordnung¹⁾
um ein Zwölftel gekürzt.

(4) ¹Arbeitstage im Sinne dieser Verordnung sind alle Kalendertage, an denen die Beamtin oder der Beamte Dienst zu leisten hat. ²Endet ein Dienst erst am folgenden Kalendertag, gilt als Arbeitstag nur der Kalendertag, an dem der Dienst begonnen hat. ³Ein nach Absatz 1 als Erholungsurlaub zustehender Arbeitstag entspricht einem Fünftel der jeweiligen regelmäßigen Arbeitszeit der Beamtin oder des Beamten; ändert sich deren Dauer im Laufe eines Monats, ist die höhere Dauer für den ganzen Monat anzusetzen.

(5) ¹Ist die regelmäßige Arbeitszeit im Durchschnitt des Urlaubsjahres auf mehr oder weniger als fünf Tage in der Kalenderwoche verteilt, ist der Urlaubsanspruch nach Absatz 1 entsprechend umzurechnen. ²Bei der Umrechnung auf eine Sechs-Tage-Woche gelten alle Kalendertage, die nicht Sonntage sind, als Arbeitstage; ausgenommen sind gesetzlich anerkannte Feiertage, Heiligabend und Silvester, soweit diese zu einer Verminderung der regelmäßigen Arbeitszeit führen. ³In Verwaltungen, in denen die Verteilung der regelmäßigen Arbeitszeit häufig wechselt, kann der Erholungsurlaub generell auf der Grundlage einer Sechs-Tage-Woche berechnet werden.

(6) Die Dienststelle kann den Erholungsurlaub einschließlich eines Zusatzurlaubs nach Stunden berechnen.

(7) Ergeben sich bei der Berechnung des Urlaubsanspruchs Bruchteile eines Tages oder einer Stunde, wird kaufmännisch gerundet.

(8) ¹In einem Urlaubsjahr zu viel gewährter Erholungsurlaub ist so bald wie möglich durch Anrechnung auf einen neuen Urlaubsanspruch auszugleichen. ²Soweit Beamtinnen oder Beamte den ihnen zustehenden Erholungsurlaub vor dem Beginn eines Urlaubs ohne Besoldung oder vor Beginn der mutterschutzrechtlichen Beschäftigungsverbote nicht in Anspruch genommen haben, ist der Resturlaub nach dem Ende dieses Urlaubs ohne Besoldung oder dieser Schutzfristen dem Erholungsurlaub des laufenden Urlaubsjahres hinzuzufügen. ³Der übertragene Resturlaub kann in vollem Umfang nach § 7a angespart werden, soweit der Beamtin oder dem Beamten für das Kalenderjahr, in dem der Urlaubsanspruch entstanden ist, die Personensorge für ein Kind unter zwölf Jahren zusteht.

(9) ¹Für Professorinnen und Professoren sowie Juniorprofessorinnen und Juniorprofessoren an Hochschulen und Lehrerinnen und Lehrer an Bundeswehrfachschulen wird der Anspruch auf Erholungsurlaub durch die vorlesungs- oder unterrichtsfreie Zeit abgegolten. ²Bei einer Erkrankung während der vorlesungs- oder unterrichtsfreien Zeit gilt § 9 entsprechend. ³Bleiben wegen

¹⁾ Nr. **170.**

einer dienstlichen Inanspruchnahme oder einer Erkrankung die vorlesungs-
oder unterrichtsfreien Tage hinter der Zahl der zustehenden Urlaubstage zu-
rück, so ist insoweit Erholungsurlaub außerhalb der vorlesungs- oder unter-
richtsfreien Zeit zu gewähren.

§ 5a[1] Urlaubsdauer bei Übergang zu Teilzeit. (1) [1]Verringert sich bei
einem Übergang von Vollzeit- zu Teilzeitbeschäftigung die Zahl der wöchent-
lichen Arbeitstage, so bleibt der bis dahin erworbene Erholungsurlaubsanspruch
in Höhe des unionsrechtlich gewährleisteten Mindesturlaubsanspruchs (Arti-
kel 7 Absatz 1 der Richtlinie 2003/88/EG[2] des Europäischen Parlaments und
des Rates vom 4. November 2003 über bestimmte Aspekte der Arbeitszeit-
gestaltung [ABl. L 299 vom 18.11.2003, S. 9]) unberührt, soweit er aus einem
der folgenden Gründe nicht erfüllt werden konnte:

1. Ablehnung oder Widerruf des Erholungsurlaubs,
2. durch ein ärztliches Zeugnis nachgewiesene Dienstunfähigkeit infolge von
 Krankheit (§ 96 Absatz 1 Satz 2 des Bundesbeamtengesetzes[3]),
3. Beschäftigungsverbot nach § 3 Absatz 1 des Mutterschutzgesetzes[4] in Ver-
 bindung mit § 1 Absatz 1 Satz 1 Nummer 2 der Mutterschutz- und Eltern-
 zeitverordnung[5]),
4. Dienstunfähigkeit nach § 44 des Bundesbeamtengesetzes,
5. begrenzte Dienstfähigkeit nach § 45 des Bundesbeamtengesetzes.

[2]Satz 1 Nummer 4 findet nur Anwendung, wenn eine erneute Berufung in das
Beamtenverhältnis nach § 46 des Bundesbeamtengesetzes erfolgt.

(2) [1]Der Urlaubsanspruch, der über den Urlaubsanspruch hinausgeht, der
nach Absatz 1 unberührt bleibt, ist ab dem Zeitpunkt des Übergangs im selben
Verhältnis zu verringern wie die Zahl der wöchentlichen Arbeitstage. [2]Das gilt
nicht, wenn der Erholungsurlaub nach Stunden berechnet wird.

**§ 6[6] Anrechnung und Übertragung von Urlaub aus anderen Beschäfti-
gungsverhältnissen.** (1) [1]Erholungsurlaub, den die Beamtin oder der Beamte
in einem anderen Beschäftigungsverhältnis für das laufende Urlaubsjahr in
Anspruch genommen hat, ist auf den Erholungsurlaub anzurechnen. [2]Erho-
lungsurlaub aus vorangegangenen Urlaubsjahren wird nicht angerechnet.

(2) Erholungsurlaub, den die Beamtin oder der Beamte in einem anderen
Beschäftigungsverhältnis während einer Beurlaubung ohne Besoldung aus vo-
rangegangenen Urlaubsjahren erworben und nicht in Anspruch genommen
hat, wird nicht übertragen.

§ 7[7] Inanspruchnahme von Urlaub; Verfall des Urlaubs. (1) Der Urlaub
soll grundsätzlich im Urlaubsjahr in Anspruch genommen werden.

[1] § 5a eingef. mWv 29.11.2014 durch VO v. 24.11.2014 (BGBl. I S. 1797); Abs. 1 Satz 1 einl.
Satzteil neu gef. mWv 29.11.2014 durch G v. 3.12.2015 (BGBl. I S. 2163).
[2] **Nipperdey I, Arbeitsrecht Nr. 893.**
[3] Nr. **160**.
[4] **Schönfelder ErgBd. Nr. 79.**
[5] Nr. **171**.
[6] § 6 neu gef. mWv 29.11.2014 durch VO v. 24.11.2014 (BGBl. I S. 1797).
[7] § 7 neu gef. mWv 29.11.2014 durch VO v. 24.11.2014 (BGBl. I S. 1797); Abs. 3 neu gef. mWv
29.11.2014 durch G v. 3.12.2015 (BGBl. I S. 2163); Abs. 4 geänd. mWv 27.6.2020 durch VO v. 19.6.
2020 (BGBl. I S. 1328).

(2) Vorbehaltlich des Absatzes 3 verfällt Urlaub, der nicht innerhalb von zwölf Monaten nach dem Ende des Urlaubsjahres in Anspruch genommen worden ist.

(3) Soweit der Erholungsurlaub in Höhe des unionsrechtlich gewährleisteten Mindesturlaubsanspruchs (Artikel 7 Absatz 1 der Richtlinie 2003/88/EG[1)]) wegen vorübergehender Dienstunfähigkeit nicht genommen wird, verfällt er spätestens mit Ablauf von 15 Monaten nach dem Ende des Urlaubsjahres.

(4) Für die bei den Postnachfolgeunternehmen beschäftigten Beamtinnen und Beamten kann die oberste Dienstbehörde mit Zustimmung des Bundesministeriums des Innern, für Bau und Heimat und des Bundesministeriums der Finanzen Regelungen treffen, die von den Absätzen 2 und 3 abweichen.

§ 7a[2)] Urlaubsansparung zur Kinderbetreuung.

(1) Beamtinnen und Beamte können auf Antrag den Erholungsurlaub nach § 5 Abs. 1, der einen Zeitraum von vier Wochen übersteigt, ansparen, solange ihnen für mindestens ein Kind unter zwölf Jahren die Personensorge zusteht.

(2) [1]Der angesparte Erholungsurlaub wird dem Erholungsurlaub des zwölften Urlaubsjahres ab der Geburt des letzten Kindes hinzugefügt, soweit er noch nicht abgewickelt ist. [2]Eine zusammenhängende Inanspruchnahme des angesparten Erholungsurlaubs von mehr als 30 Arbeitstagen soll mindestens drei Monate vorher beantragt werden. [3]Bei der Urlaubsgewährung sind dienstliche Belange zu berücksichtigen.

(3) [1]Der angesparte Erholungsurlaub ist nach Stunden zu berechnen. [2]Bei der Berechnung ist die wöchentliche Arbeitszeit in dem Urlaubsjahr maßgeblich, aus dem Urlaub angespart werden soll.

§ 8 Widerruf und Verlegung.

(1) [1]Erholungsurlaub kann ausnahmsweise widerrufen werden, wenn bei Abwesenheit der Beamtin oder des Beamten die ordnungsmäßige Erledigung der Dienstgeschäfte nicht gewährleistet wäre. [2]Mehraufwendungen, die der Beamtin oder dem Beamten durch den Widerruf entstehen, werden nach den Bestimmungen des Reisekostenrechts ersetzt.

(2) Wünscht die Beamtin oder der Beamte aus wichtigen Gründen den Urlaub hinauszuschieben oder abzubrechen, so ist dem Wunsche zu entsprechen, wenn dies mit den Erfordernissen des Dienstes vereinbar ist und die Arbeitskraft der Beamtin oder des Beamten dadurch nicht gefährdet wird.

§ 9 Erkrankung.

(1) [1]Werden Beamtinnen oder Beamte während ihres Urlaubs durch Krankheit dienstunfähig und zeigen sie dies unverzüglich an, wird ihnen die Zeit der Dienstunfähigkeit nicht auf den Erholungsurlaub angerechnet. [2]Die Dienstunfähigkeit ist durch ein ärztliches, auf Verlangen durch ein amts- oder vertrauensärztliches Zeugnis nachzuweisen.

(2) Für die Inanspruchnahme von Urlaub wegen der Erkrankung über die bewilligte Zeit hinaus bedarf es einer neuen Bewilligung.

[1)] *Nipperdey I, Arbeitsrecht Nr. 893.*
[2)] § 7a Abs. 2 Satz 1 geänd. mWv 14.12.2012 durch VO v. 6.12.2012 (BGBl. I S. 2568); Abs. 3 Satz 2 angef. mWv 29.11.2014 durch VO v. 24.11.2014 (BGBl. I S. 1797).

4

§ 10[1)] **Abgeltung.** (1) Soweit der Erholungsurlaub in Höhe des unionsrechtlich gewährleisteten Mindesturlaubsanspruchs (Artikel 7 Absatz 1 der Richtlinie 2003/88/EG[2)]) vor Beendigung des Beamtenverhältnisses wegen vorübergehender Dienstunfähigkeit nicht genommen worden ist, wird er abgegolten.

(2) Im Urlaubsjahr bereits genommener Erholungsurlaub oder Zusatzurlaub ist auf den unionsrechtlich gewährleisteten Mindesturlaubsanspruch (Artikel 7 Absatz 1 der Richtlinie 2003/88/EG) anzurechnen, unabhängig davon, zu welchem Zeitpunkt der Anspruch entstanden ist.

(3) [1]Die Höhe des Abgeltungsbetrages bemisst sich nach dem Durchschnitt der Bruttobesoldung für die letzten drei Monate vor Beendigung des Beamtenverhältnisses. [2]Bruttobesoldung sind die Dienstbezüge (§ 1 Absatz 2 des Bundesbesoldungsgesetzes[3)]), die während eines Erholungsurlaubs weitergezahlt worden wären.

(4) Der Abgeltungsanspruch verjährt innerhalb der regelmäßigen Verjährungsfrist von drei Jahren, beginnend mit dem Ende des Urlaubsjahres, in dem das Beamtenverhältnis beendet wird.

§ 11 *(weggefallen)*

§ 12[4)] **Zusatzurlaub.** (1) [1]Beamtinnen und Beamte haben Anspruch auf einen halben Arbeitstag zusätzlichen Erholungsurlaub (Zusatzurlaub) im Kalendermonat, wenn sie

1. zu wechselnden Zeiten zum Dienst herangezogen werden und

2. im Kalendermonat mindestens 35 Stunden Dienst in der Zeit zwischen 20 Uhr und 6 Uhr (Nachtdienststunden) leisten.

[2]Dienst zu wechselnden Zeiten wird geleistet, wenn mindestens viermal im Kalendermonat die Differenz zwischen den Anfangsuhrzeiten zweier Dienste mindestens 7 und höchstens 17 Stunden beträgt. [3]Bereitschaftsdienst gilt nicht als Dienst im Sinne dieser Vorschrift. [4]Geleistete Nachtdienststunden, die nicht für einen halben Arbeitstag Zusatzurlaub ausreichen, und Nachtdienststunden, die in einem Kalendermonat über 35 Nachtdienststunden hinaus geleistet worden sind, werden jeweils in den folgenden Kalendermonat übertragen. [5]Der Übertrag ist auf 70 Nachtdienststunden begrenzt. [6]Im Urlaubsjahr werden bis zu sechs Arbeitstage Zusatzurlaub gewährt. [7]Es werden nur ganze Arbeitstage Zusatzurlaub gewährt. [8]Absatz 5 bleibt unberührt. [9]§ 5 Absatz 5 ist nicht anzuwenden.

(2) [1]Soweit Beamtinnen und Beamte die Voraussetzungen des Absatzes 1 Satz 1 nicht erfüllen, erhalten sie für jeweils 100 geleistete Nachtdienststunden einen Arbeitstag Zusatzurlaub. [2]Im Urlaubsjahr werden bis zu sechs Arbeitstage Zusatzurlaub gewährt. [3]Nachtdienststunden, die nicht durch die Gewährung eines Arbeitstages Zusatzurlaub abgegolten sind, und Nachtdienststunden, die in einem Urlaubsjahr über 600 Nachtdienststunden hinaus geleistet worden

[1)] § 10 neu gef. mWv 14.3.2015 durch G v. 6.3.2015 (BGBl. I S. 250); Abs. 1 und 2 neu gef. mWv 14.3.2015 durch G v. 3.12.2015 (BGBl. I S. 2163).
[2)] **Nipperdey I, Arbeitsrecht Nr. 893.**
[3)] Nr. **230.**
[4)] § 12 neu gef. mWv 1.1.2014 durch VO v. 20.8.2013 (BGBl. I S. 3286); Abs. 1 Satz 1 einl. Satzteil, Satz 7, Abs. 5 Nr. 1 und 2 geänd., Abs. 3 Satz 4 neu gef. mWv 29.11.2014 durch VO v. 24.11.2014 (BGBl. I S. 1797).

sind, werden in das folgende Urlaubsjahr übertragen. [4] Der Übertrag ist auf 100 Nachtdienststunden begrenzt. [5] Absatz 5 bleibt unberührt. [6] § 5 Absatz 5 ist nicht anzuwenden.

(3) [1] Bei Teilzeitbeschäftigung verringern sich die für die Gewährung von Zusatzurlaub erforderlichen Nachtdienststunden entsprechend dem Verhältnis zwischen der ermäßigten und der regelmäßigen wöchentlichen Arbeitszeit. [2] § 5 Absatz 4 Satz 3 gilt entsprechend. [3] Der Zusatzurlaub ist nach Stunden zu berechnen. [4] Für die Umrechnung entspricht ein als Zusatzurlaub zustehender Arbeitstag der ermäßigten wöchentlichen Arbeitszeit, geteilt durch die Zahl der Wochentage, auf die die ermäßigte Arbeitszeit verteilt ist.

(4) [1] Die Absätze 1 und 2 sind nebeneinander anzuwenden. [2] Der Zusatzurlaub darf insgesamt sechs Arbeitstage je Urlaubsjahr nicht überschreiten. [3] Am Ende des Urlaubsjahres werden übertragene Nachtdienststunden nach Absatz 1 auf übertragene Nachtdienststunden nach Absatz 2 angerechnet, sofern sich hieraus ein Anspruch auf einen weiteren Arbeitstag Zusatzurlaub ergibt und der Anspruch auf maximal sechs Arbeitstage Zusatzurlaub im Urlaubsjahr noch nicht ausgeschöpft ist. [4] Absatz 5 bleibt unberührt.

(5) Der Zusatzurlaub nach den Absätzen 1 und 2 erhöht sich

1. für Beamtinnen und Beamte, die das 50. Lebensjahr im Laufe des Urlaubsjahres vollenden, um einen Arbeitstag,

2. für Beamtinnen und Beamte, die das 60. Lebensjahr im Laufe des Urlaubsjahres vollenden, um einen weiteren Arbeitstag.

§ 13[1] Sonderregelungen für ehemals bundeseigene Unternehmen.

(1) Für den Bereich der Deutschen Bahn Aktiengesellschaft oder einer Gesellschaft, die ausgegliedert worden ist nach § 2 Absatz 1 und § 3 Absatz 3 des Deutsche Bahn Gründungsgesetzes vom 27. Dezember 1993 (BGBl. I S. 2378, 2386), das zuletzt durch Artikel 307 der Verordnung vom 31. Oktober 2006 (BGBl. I S. 2407) geändert worden ist, kann die oberste Dienstbehörde von der Anwendung des § 12 Absatz 1 absehen.

(2) Für Beamtinnen und Beamte, die bei den Postnachfolgeunternehmen beschäftigt sind, kann die oberste Dienstbehörde

1. statt des Zusatzurlaubs Freischichten in entsprechendem Umfang gewähren oder

2. von der Anwendung des § 12 Absatz 1 absehen.

§ 14[1] Zusatzurlaub für Beamtinnen und Beamte in besonderen Verwendungen. [1] Der Zusatzurlaub für Dienst zu wechselnden Zeiten wird nicht gewährt

1. Beamtinnen und Beamten der Feuerwehr oder des Wachdienstes, wenn sie nach einem Schichtplan eingesetzt sind, der für den Regelfall Schichten von 24 Stunden Dauer vorsieht,

2. Beamtinnen und Beamten, die sich zwischen Dienstende und nächstem Dienstbeginn an Bord von ruhenden Schiffen oder auf ruhenden schwimmenden Geräten bereithalten,

[1] §§ 13 und 14 neu gef. mWv 1.1.2014 durch VO v. 20.8.2013 (BGBl. I S. 3286).

3. Beamtinnen und Beamten, die an Bord von Schiffen oder auf schwimmenden Geräten zur Bord- und Hafenwache oder zur Ankerwache eingesetzt sind.

[2] Dauert mindestens ein Viertel der Schichten, die Beamtinnen und Beamte der Feuerwehr oder des Wachdienstes leisten, weniger als 24, aber mehr als 11 Stunden, erhalten sie für je fünf Monate Schichtdienst im Urlaubsjahr einen Arbeitstag Zusatzurlaub; § 12 Absatz 5 ist nicht anzuwenden.

§ 15 Geltungsbereich. Diese Verordnung gilt auch für die Richterinnen und Richter des Bundes und die Beamtinnen und Beamten der nach Artikel 130 des Grundgesetzes[1] der Bundesregierung unterstehenden Verwaltungsorgane und Einrichtungen.

§ 16[2] Auslandsverwendung. (1) [1] Für im Ausland tätige Beamtinnen und Beamte, die nicht dem Auswärtigen Dienst angehören, gilt die Heimaturlaubsverordnung[3] entsprechend. [2] Soweit Beamtinnen und Beamte an Dienstorten nach § 1 der Heimaturlaubsverordnung vom 3. Juni 2002 (BGBl. I S. 1784), die zuletzt durch Artikel 1 der Verordnung vom 15. Juni 2010 (BGBl. I S. 792) geändert worden ist, tätig sind, die nicht in der Allgemeinen Verwaltungsvorschrift über zusätzliche Urlaubstage für Beamtinnen und Beamte des Auswärtigen Dienstes an ausländischen Dienstorten erfasst sind, setzt das Bundesministerium des Innern, für Bau und Heimat den Zusatzurlaub im Einvernehmen mit dem Auswärtigen Amt fest.

(2) Im Ausland tätige schwerbehinderte Beamtinnen und Beamte erhalten einen Zusatzurlaub von fünf Arbeitstagen im Jahr; bei Verteilung der regelmäßigen Arbeitszeit auf mehr oder weniger als fünf Arbeitstage in der Kalenderwoche erhöht oder vermindert sich der Zusatzurlaub entsprechend.

§ 17[4] *(aufgehoben)*

[1] Nr. 1.
[2] § 16 Abs. 1 Satz 2 neu gef. mWv 14.12.2012 durch VO v. 6.12.2012 (BGBl. I S. 2568); Abs. 1 Satz 2 geänd. mWv 27.6.2020 durch VO v. 19.6.2020 (BGBl. I S. 1328).
[3] **Bundesbeamtengesetze Nr. 60.**
[4] § 17 aufgeh. mWv 29.11.2014 durch VO v. 24.11.2014 (BGBl. I S. 1797).

173. Verordnung über den Sonderurlaub für Bundesbeamtinnen und Bundesbeamte sowie für Richterinnen und Richter des Bundes (Sonderurlaubsverordnung – SUrlV)[1)]

Vom 1. Juni 2016
(BGBl. I S. 1284)

FNA 2030-2-30-5

geänd. durch Art. 44 G zur Regelung des Sozialen Entschädigungsrechts v. 12.12.2019 (BGBl. I S. 2652), Art. 51 Elfte ZuständigkeitsanpassungsVO v. 19.6.2020 (BGBl. I S. 1328) und Art. 3, 4 VO zur Weiterentwicklung dienstrechtl. Regelungen zu Arbeitszeit und Sonderurlaub v. 17.12.2020 (BGBl. I S. 3011)

Auf Grund des § 90 Absatz 1 des Bundesbeamtengesetzes[2)] vom 5. Februar 2009 (BGBl. I S. 160) verordnet die Bundesregierung:

Inhaltsübersicht

§ 1 Geltungsbereich. (1) [1]Diese Verordnung gilt für die Beamtinnen und Beamten des Bundes. [2]Für die Richterinnen und Richter im Bundesdienst gilt diese Verordnung nach § 46 des Deutschen Richtergesetzes[3)] entsprechend.

[1)] Die Änderung durch G v. 12.12.2019 (BGBl. I S. 2652) tritt erst **mWv 1.1.2024** in Kraft und ist im Text noch nicht berücksichtigt.
[2)] Nr. **160.**
[3)] Schönfelder ErgBd. **Nr. 97.**

(2) Ansprüche auf Sonderurlaub für Beamtinnen und Beamte des Bundes sowie Richterinnen und Richter des Bundes, die sich aus anderen Rechtsvorschriften ergeben, bleiben unberührt.

§ 2 Zuständigkeit. Die Entscheidung über die Gewährung von Sonderurlaub trifft – außer in den Fällen des § 22 Absatz 1 Satz 2 und Absatz 3 Satz 2 – die personalverwaltende Dienstbehörde.

§ 3 Voraussetzungen. Sonderurlaub wird nur gewährt, wenn
1. der Anlass, für den der Sonderurlaub beantragt wurde, nicht außerhalb der Arbeitszeit wahrgenommen oder erledigt werden kann,
2. dienstliche Gründe nicht entgegenstehen und
3. die jeweiligen Voraussetzungen der §§ 5 bis 22 erfüllt sind.

§ 4 Dauer. Die in den folgenden Vorschriften bestimmte Urlaubsdauer verlängert sich um erforderliche Reisezeiten.

§ 5 Sonderurlaub zur Ausübung staatsbürgerlicher Rechte und zur Erfüllung staatsbürgerlicher Pflichten. Sonderurlaub unter Fortzahlung der Besoldung ist zu gewähren
1. für die Teilnahme an öffentlichen Wahlen und Abstimmungen,
2. zur Wahrnehmung amtlicher, insbesondere gerichtlicher, staatsanwaltschaftlicher oder polizeilicher Termine, sofern sie nicht durch private Angelegenheiten der Beamtin oder des Beamten veranlasst sind, oder
3. zur Ausübung einer ehrenamtlichen Tätigkeit oder eines öffentlichen Ehrenamtes, wenn die Übernahme der Tätigkeit auf einer gesetzlichen Vorschrift beruht.

§ 6 Sonderurlaub zur Ausübung einer Tätigkeit in öffentlichen zwischenstaatlichen oder überstaatlichen Einrichtungen oder in einer öffentlichen Einrichtung eines Mitgliedstaates der Europäischen Union. (1) [1] Sonderurlaub unter Wegfall der Besoldung ist zu gewähren bei Entsendung für eine hauptberufliche Tätigkeit
1. in einer öffentlichen zwischenstaatlichen oder überstaatlichen Einrichtung,
2. in der Verwaltung eines Mitgliedstaates der Europäischen Union oder
3. in einer öffentlichen Einrichtung eines Mitgliedstaates der Europäischen Union.
[2] Die Dauer des Sonderurlaubs richtet sich nach der Dauer der Entsendung.

(2) Sonderurlaub von bis zu einem Jahr unter Wegfall der Besoldung ist auch für die Wahrnehmung einer hauptberuflichen Tätigkeit nach Absatz 1 Satz 1 zu gewähren, wenn die Beamtin oder der Beamte zu dieser hauptberuflichen Tätigkeit nicht entsandt wird.

§ 7 Sonderurlaub zur Wahrnehmung von Aufgaben der Entwicklungszusammenarbeit. Zur Wahrnehmung von Aufgaben der Entwicklungszusammenarbeit sind bis zu fünf Jahre Sonderurlaub unter Wegfall der Besoldung zu gewähren.

§ 8[1] Sonderurlaub im Rahmen des Aufstiegs in eine Laufbahn des gehobenen oder höheren Dienstes. Mit Zustimmung des Bundesministeriums des Innern, für Bau und Heimat ist Sonderurlaub unter Fortzahlung der Besoldung zu gewähren, wenn Beamtinnen oder Beamte im Rahmen eines Aufstiegs in eine Laufbahn des gehobenen oder des höheren Dienstes nach § 39 Absatz 1 der Bundeslaufbahnverordnung[2] an Studiengängen außerhalb der Hochschulen des Bundes teilnehmen.

§ 9[3] Sonderurlaub für Aus- oder Fortbildung. (1) Je Kalenderjahr sind insgesamt jeweils bis zu fünf Arbeitstage Sonderurlaub unter Fortzahlung der Besoldung zu gewähren

1. für die Teilnahme an wissenschaftlichen Tagungen sowie an beruflichen Aus- und Fortbildungsveranstaltungen, die von staatlichen oder kommunalen Stellen durchgeführt werden, wenn die Teilnahme für die dienstliche Tätigkeit von Nutzen ist,

2. zum Ablegen von Abschlussprüfungen nach einer Aus- oder Fortbildung im Sinne der Nummer 1 und bei Verwaltungs- und Wirtschaftsakademien zum Ablegen von Abschlussprüfungen,

3. für die Teilnahme an Lehrgängen, die der Ausbildung zur Jugendgruppenleiterin oder zum Jugendgruppenleiter dienen, oder

4. für die Tätigkeit als ehrenamtliche Jugendgruppenleiterin oder ehrenamtlicher Jugendgruppenleiter bei Lehrgängen oder Veranstaltungen, wenn diese von Trägern der öffentlichen Jugendhilfe oder anerkannten Trägern der freien Jugendhilfe (§ 75 des Achten Buches Sozialgesetzbuch) durchgeführt werden.

(2) ¹Für die Teilnahme an förderungswürdigen staatspolitischen Bildungsveranstaltungen sind bis zu zehn Arbeitstage Sonderurlaub unter Fortzahlung der Besoldung zu gewähren. ²Wird die Bildungsveranstaltung nicht von einer staatlichen Stelle durchgeführt, so gilt dies nur, wenn die Bundeszentrale für politische Bildung die Förderungswürdigkeit anerkannt hat; das Nähere regelt das Bundesministerium des Innern, für Bau und Heimat.

(3) Weiterer Sonderurlaub nach Absatz 2 darf frühestens zwei Jahre nach Beendigung des letzten Sonderurlaubs nach Absatz 2 gewährt werden.

§ 10 Sonderurlaub für fremdsprachliche Aus- oder Fortbildung.

(1) ¹Für eine fremdsprachliche Aus- oder Fortbildung in einem Land, in dem die zu erlernende Sprache gesprochen wird, sind bis zu drei Monate Sonderurlaub unter Fortzahlung der Besoldung zu gewähren. ²Die Aus- oder Fortbildung muss im dienstlichen Interesse liegen.

(2) Weiterer Sonderurlaub nach Absatz 1 darf frühestens zwei Jahre nach Beendigung des letzten Sonderurlaubs nach Absatz 1 gewährt werden.

§ 11 Sonderurlaub für Zwecke der militärischen und zivilen Verteidigung. (1) Für die Teilnahme an Ausbildungsveranstaltungen von Organisationen der zivilen Verteidigung ist je Kalenderjahr bis zu zehn Arbeitstage Sonderurlaub unter Fortzahlung der Besoldung zu gewähren.

[1] § 8 geänd. mWv 27.6.2020 durch VO v. 19.6.2020 (BGBl. I S. 1328).
[2] Nr. **180**.
[3] § 9 Abs. 2 Satz 2 geänd. mWv 27.6.2020 durch VO v. 19.6.2020 (BGBl. I S. 1328).

(2) Für die Teilnahme an dienstlichen Veranstaltungen im Sinne des § 81 Absatz 1 des Soldatengesetzes[1] oder für die Dauer eines Einsatzes als Mitglied einer Organisation der zivilen Verteidigung ist Sonderurlaub unter Fortzahlung der Besoldung zu gewähren.

(3) Sonderurlaub unter Fortzahlung der Besoldung ist bei Vorliegen eines dringenden öffentlichen Interesses zu gewähren, für die Dauer der Heranziehung

1. zum Feuerlöschdienst einschließlich der von den örtlichen Wehrleitungen angeordneten Übungen,
2. zum Wasserwehr- oder Deichdienst einschließlich der von den örtlichen Wehrleitungen angeordneten Übungen oder
3. zum Bergwacht- oder Seenotrettungsdienst zwecks Rettung von Menschenleben und zum freiwilligen Sanitätsdienst.

§ 12 Sonderurlaub für vereinspolitische Zwecke. (1) Einer Beamtin oder einem Beamten, die oder der als Mitglied des Vorstandes einer überörtlichen Selbsthilfeorganisation zur Betreuung behinderter oder suchtkranker Personen an auf Bundes- oder Landesebene stattfindenden Arbeitstagungen solcher Organisationen teilnimmt, sind je Kalenderjahr bis zu fünf Arbeitstage Sonderurlaub unter Fortzahlung der Besoldung zu gewähren.

(2) Je Kalenderjahr sind bis zu fünf Arbeitstage Sonderurlaub unter Fortzahlung der Besoldung auch zu gewähren für die Teilnahme

1. an Sitzungen eines überörtlichen Parteivorstandes, dem die Beamtin oder der Beamte angehört, oder
2. an Bundes-, Landes- oder Bezirksparteitagen, wenn die Beamtin oder der Beamte als Mitglied eines Parteivorstandes oder als Delegierte oder Delegierter teilnimmt.

§ 13 Sonderurlaub zur Ableistung von Freiwilligendiensten. Bis zu zwei Jahre Sonderurlaub unter Wegfall der Besoldung sind zu gewähren, wenn eine Beamtin oder ein Beamter

1. ein freiwilliges soziales Jahr nach § 3 oder § 6 des Jugendfreiwilligendienstegesetzes[2],
2. ein freiwilliges ökologisches Jahr nach § 4 oder § 6 des Jugendfreiwilligendienstegesetzes oder
3. einen Bundesfreiwilligendienst nach dem Bundesfreiwilligendienstgesetz[3]

ableistet.

§ 14 Sonderurlaub für eine Ausbildung zur Schwesternhelferin oder zum Pflegediensthelfer. Für eine Ausbildung zur Schwesternhelferin oder zum Pflegediensthelfer ist Sonderurlaub unter Fortzahlung der Besoldung für die Dauer eines geschlossenen Lehrganges, höchstens jedoch für 20 Arbeitstage im Kalenderjahr, zu gewähren.

§ 15 Sonderurlaub für gewerkschaftliche Zwecke. Sonderurlaub von jeweils bis zu fünf Arbeitstagen im Kalenderjahr unter Fortzahlung der Besoldung ist zu gewähren für die Teilnahme

[1] **Sartorius III Nr. 850.**
[2] Nr. **390.**
[3] Nr. **627.**

1. an Sitzungen eines überörtlichen Gewerkschafts- oder Berufsverbandsvorstandes, dem die Beamtin oder der Beamte angehört, oder
2. an Tagungen von Gewerkschaften oder Berufsverbänden auf internationaler Ebene, auf Bundes- oder Landesebene oder, sofern es keine Landesebene gibt, auf Bezirksebene, wenn die Beamtin oder der Beamte als Mitglied eines Gewerkschafts- oder Berufsverbandsvorstandes oder als Delegierte oder Delegierter teilnimmt.

§ 16 Sonderurlaub für kirchliche Zwecke. Sonderurlaub von bis zu fünf Arbeitstagen im Kalenderjahr unter Fortzahlung der Besoldung ist zu gewähren für die Teilnahme

1. an Sitzungen der Verfassungsorgane oder an Sitzungen überörtlicher Verwaltungsgremien der Kirchen oder der sonstigen öffentlich-rechtlichen Religionsgesellschaften, wenn die Beamtin oder der Beamte dem Verfassungsorgan oder dem Gremium angehört,
2. an Tagungen der Kirchen oder der öffentlich-rechtlichen Religionsgesellschaften, wenn die Beamtin oder der Beamte auf Anforderung der Kirchenleitung oder der obersten Leitung der Religionsgesellschaft als Delegierte oder Delegierter oder als Mitglied eines Verwaltungsgremiums der Kirche oder der Religionsgesellschaft teilnimmt, oder
3. an Veranstaltungen des Deutschen Evangelischen Kirchentages, des Deutschen Katholikentages, des Ökumenischen Kirchentages oder des Weltjugendtages.

§ 17 Sonderurlaub für sportliche Zwecke. (1) [1]Sonderurlaub unter Fortzahlung der Besoldung ist zu gewähren

1. für die Teilnahme als aktive Sportlerin oder aktiver Sportler an
 a) Olympischen Spielen, Paralympischen Spielen, Deaflympischen Spielen, Welt- und Europameisterschaften und den dazugehörigen Vorbereitungswettkämpfen auf Bundesebene sowie den für die Qualifikation erforderlichen sonstigen internationalen Länderwettkämpfen,
 b) Weltcup- und Europacup-Veranstaltungen sowie Europapokal-Wettbewerben,
 wenn die Beamtin oder der Beamte von einem dem Deutschen Olympischen Sportbund angeschlossenen Verband als aktive Sportlerin oder aktiver Sportler benannt worden ist,
2. für die Teilnahme an Kongressen und Vorstandssitzungen internationaler Sportverbände, denen der Deutsche Olympische Sportbund oder ein ihm angeschlossener Sportverband angehört, an Mitgliederversammlungen und Vorstandssitzungen des Deutschen Olympischen Sportbundes und ihm angeschlossener Sportverbände auf Bundesebene sowie an Vorstandssitzungen solcher Verbände *auf Landesebene,* wenn die Beamtin oder der Beamte dem Gremium angehört.

[2]Im Fall des Satzes 1 Nummer 2 werden bis zu fünf Arbeitstage *Sonderurlaub* gewährt.

(2) [1]Sonderurlaub unter Fortzahlung der Besoldung ist auch Beamtinnen und Beamten zu gewähren, deren Teilnahme für den sportlichen Einsatz der Sportlerinnen und Sportler oder der Mannschaft bei Veranstaltungen im Sinne des Absatzes 1 dringend erforderlich ist. [2]Eine entsprechende Bescheinigung von einem dem Deutschen Olympischen Sportbund angeschlossenen Verband oder Verein ist vorzulegen.

§ 18[1] Sonderurlaub für Familienheimfahrten. (1) [1]Beamtinnen und Beamten, die Trennungsgeld nach der Trennungsgeldverordnung[2] erhalten, ist für Familienheimfahrten Sonderurlaub unter Fortzahlung der Besoldung zu gewähren, wenn die Beamtinnen oder Beamten

1. mit ihrem Ehegatten oder ihrer Ehegattin oder ihrer Lebenspartnerin oder ihrem Lebenspartner im Sinn des Lebenspartnerschaftsgesetzes[3] in häuslicher Gemeinschaft leben oder
2. mit einer oder einem Verwandten bis zum vierten Grad, einer oder einem Verschwägerten bis zum zweiten Grad, einem Pflegekind oder Pflegeeltern in häuslicher Gemeinschaft leben und ihnen auf Grund gesetzlicher oder sittlicher Verpflichtung nicht nur vorübergehend Unterkunft und Unterhalt ganz oder überwiegend gewähren.

[2]Als Sonderurlaub wird im Kalenderjahr innerhalb eines Zeitraums von zwei Monaten ein Arbeitstag gewährt.

(2) Sonderurlaub wird nur gewährt, wenn

1. die regelmäßige Arbeitszeit auf mindestens fünf Arbeitstage in der Woche verteilt ist und
2. die kürzeste Reisestrecke zwischen der Wohnung der Familie und dem Ort der Dienstleistung an jedem Arbeitstag nach Nummer 1 mindestens 150 Kilometer beträgt.

(3) Der Beginn des Sonderurlaubs ist mit den dienstlichen Bedürfnissen abzustimmen.

(4) [1]Beamtinnen und Beamten, die im Ausland tätig sind, ist für jede Heimfahrt, für die sie eine Reisebeihilfe nach § 13 Absatz 1 der Auslandstrennungsgeldverordnung[4] erhalten, Sonderurlaub unter Fortzahlung der Besoldung zu gewähren. [2]Sonderurlaub kann für bis zu drei Arbeitstage pro Heimfahrt gewährt werden. [3]Für Heimfahrten dürfen pro Kalenderjahr höchstens zwölf Arbeitstage Sonderurlaub gewährt werden.

(5) Für die bei den Postnachfolgeunternehmen beschäftigten Beamtinnen und Beamten kann die oberste Dienstbehörde im Einvernehmen mit dem Bundesministerium der Finanzen von Absatz 1 abweichende Regelungen treffen.

§ 19[5] Sonderurlaub aus dienstlichen Anlässen. (1) Sonderurlaub unter Fortzahlung der Besoldung ist im nachstehend angegebenen Umfang zu gewähren:

1. zwei Arbeitstage für einen Wohnortwechsel aus dienstlichem Anlass,
2. drei Arbeitstage für einen Umzug ins Ausland oder aus dem Ausland ins Inland aus dienstlichem Anlass,
3. ein Arbeitstag aus Anlass des 25-, 40- und 50-jährigen Dienstjubiläums.

(2) [1]Für die im Bereich der Deutschen Bahn Aktiengesellschaft sowie einer nach § 2 Absatz 1 und § 3 Absatz 3 des Deutsche Bahn Gründungsgesetzes ausgegliederten Gesellschaft beschäftigten Beamtinnen und Beamten kann die oberste Dienstbehörde im Einvernehmen mit dem Bundesministerium des Innern,

[1] § 18 Abs. 1 Satz 1 neu gef. mWv 1.6.2020, Abs. 2 Nr. 2 neu gef. mWv 24.12.2020 und Abs. 4 neu gef. mWv 1.1.2021 durch VO v. 17.12.2020 (BGBl. I S. 3011).
[2] *Bundesbeamtengesetze Nr. 58b.*
[3] Schönfelder ErgBd. Nr. 43.
[4] Bundesbeamtengesetze Nr. 58d.
[5] § 19 Abs. 2 Satz 1 geänd. mWv 27.6.2020 durch VO v. 19.6.2020 (BGBl. I S. 1328).

für Bau und Heimat von Absatz 1 abweichende Regelungen treffen. [2] Für die bei den Postnachfolgeunternehmen beschäftigten Beamtinnen und Beamten kann die oberste Dienstbehörde im Einvernehmen mit dem Bundesministerium der Finanzen von Absatz 1 abweichende Regelungen treffen.

§ 20 Sonderurlaub aus medizinischen Anlässen. (1) Sonderurlaub unter Fortzahlung der Besoldung ist zu gewähren für die Dauer der notwendigen Abwesenheit

1. einer amts-, vertrauens- oder versorgungsärztlich angeordneten Untersuchung,
2. einer kurzfristigen Behandlung einschließlich der Anpassung, Wiederherstellung oder Erneuerung von Körperersatzstücken oder
3. einer ärztlich verordneten sonstigen Behandlung.

(2) Sonderurlaub unter Fortzahlung der Besoldung ist zu gewähren

1. für eine stationäre oder ambulante Rehabilitationsmaßnahme,
2. für eine Maßnahme der medizinischen Rehabilitation für Mütter und Väter nach § 41 des Fünften Buches Sozialgesetzbuch[1],
3. für die Betreuung eines Kindes unter zwölf Jahren während einer Rehabilitationsmaßnahme als medizinisch notwendig anerkannte Begleitperson,
4. für eine ärztlich verordnete familienorientierte Rehabilitation im Fall einer Krebs-, Herz- oder Mukoviszidoserkrankung eines Kindes oder für ein Kind, dessen Zustand im Fall einer Operation am Herzen oder einer Organtransplantation eine solche Maßnahme erfordert,
5. für ärztlich verordneten Rehabilitationssport oder Funktionstraining in Gruppen nach § 44 Absatz 1 Nummer 3 und 4 des Neunten Buches Sozialgesetzbuch oder
6. für die Durchführung einer Badekur nach § 11 Absatz 2 des Bundesversorgungsgesetzes[2].

(3) [1] Sonderurlaub nach Absatz 2 Nummer 1 bis 3 wird nur bei Vorlage des Anerkennungsbescheids der Beihilfefestsetzungsstelle oder des Bescheids der Krankenkasse über die Gewährung der Rehabilitationsleistung gewährt. [2] Die Maßnahmen müssen entsprechend den darin genannten Festlegungen zur Behandlung und zum Behandlungsort durchgeführt werden.

(4) [1] Die Notwendigkeit der Maßnahmen nach Absatz 2 Nummer 1 bis 3 muss durch eine ärztliche Bescheinigung nachgewiesen werden. [2] Die Notwendigkeit der Maßnahme nach Absatz 2 Nummer 4 muss durch ein Zeugnis des behandelnden Arztes in der Klinik nachgewiesen werden.

(5) Dauer und Häufigkeit des Sonderurlaubs nach Absatz 2 Nummer 1 bis 4 und 6 bestimmen sich nach § 35 Absatz 2 Satz 2 Nummer 5 und § 36 Absatz 2 der Bundesbeihilfeverordnung[3].

§ 21[4] Sonderurlaub aus persönlichen Anlässen. (1) Sonderurlaub unter Fortzahlung der Besoldung ist wie folgt zu gewähren:

[1] **Aichberger, SGB Nr. 5.**
[2] **Aichberger, SGB Nr. 20/10.**
[3] **Bundesbeamtengesetze Nr. 48.**
[4] § 21 Abs. 4 einl. Satzteil und Abs. 5 geänd. mWv 27.6.2020 durch VO v. 19.6.2020 (BGBl. I S. 1328); Abs. 1 Nr. 6a und Abs. 2a–2c eingef. mWv 15.10.2020 und aufgeh. mWv 1.1.2021 durch VO v. 17.12.2020 (BGBl. I S. 3011).

	Anlass	Urlaubsdauer
1.	Niederkunft der Ehefrau, der Lebenspartnerin oder der mit der Beamtin oder dem Beamten in ehe- oder lebenspartnerschaftsähnlicher Gemeinschaft lebenden Lebensgefährtin	ein Arbeitstag
2.	Tod der Ehefrau oder des Ehemanns, der Lebenspartnerin oder des Lebenspartners, eines Kindes oder eines Elternteils der Beamtin oder des Beamten	zwei Arbeitstage
3.	bei ärztlich bescheinigter Erkrankung und bei ärztlicher Bescheinigung über die Notwendigkeit zur Pflege, Beaufsichtigung oder Betreuung einer oder eines im Haushalt der Beamtin oder des Beamten lebenden Angehörigen im Sinne des § 20 Absatz 5 Satz 1 des Verwaltungsverfahrensgesetzes	ein Arbeitstag im Urlaubsjahr
4.	bei ärztlich bescheinigter Erkrankung und bei ärztlicher Bescheinigung über die Notwendigkeit zur Pflege, Beaufsichtigung oder Betreuung eines Kindes der Beamtin oder des Beamten, das noch nicht zwölf Jahre alt ist, oder eines behinderten und auf Hilfe angewiesenen Kindes	für jedes Kind bis zu vier Arbeitstage im Urlaubsjahr
5.	Erkrankung der Betreuungsperson eines Kindes der Beamtin oder des Beamten, das noch nicht acht Jahre alt ist oder wegen körperlicher, geistiger oder seelischer Behinderung auf Hilfe angewiesen ist	bis zu vier Arbeitstage im Urlaubsjahr
6.	Fälle, in denen für einen nahen Angehörigen im Sinne des § 7 Absatz 3 des Pflegezeitgesetzes in einer akut auftretenden Pflegesituation eine bedarfsgerechte Pflege organisiert oder eine pflegerische Versorgung sichergestellt werden muss, nach Verlangen unter Vorlage einer ärztlichen Bescheinigung über die Pflegebedürftigkeit im Sinne des § 14 Absatz 1 des Elften Buches Sozialgesetzbuch	für jede pflegebedürftige Person bis zu neun Arbeitstage
7.	Spende von Organen und Geweben, die nach § 8 des Transplantationsgesetzes erfolgt, oder für eine Blutspende zur Separation von Blutstammzellen oder anderer Blutbestandteile im Sinne des § 1 des Transfusionsgesetzes, soweit eine ärztliche Bescheinigung vorgelegt wird	Dauer der notwendigen Abwesenheit

(2) In den Fällen des Absatzes 1 Nummer 4 darf die Dauer des gewährten Sonderurlaubs bei Beamtinnen und Beamten, deren Dienstbezüge oder Anwärterbezüge nicht die Jahresarbeitsentgeltgrenze nach § 6 Absatz 6 des Fünften Buches Sozialgesetzbuch[1]) überschreiten, bis zu 75 Prozent der Arbeitstage betragen, die in § 45 Absatz 2 Satz 1 und 2 des Fünften Buches Sozialgesetzbuch für eine Freistellung von der Arbeitsleistung vorgesehen sind.

(3) [1] In den Fällen des Absatzes 1 Nummer 3 bis 5 können auch halbe Sonderurlaubstage gewährt werden. [2] Ein halber Sonderurlaubstag entspricht der Hälfte der für den jeweiligen Arbeitstag festgesetzten regelmäßigen Arbeitszeit.

(4) Die oberste Dienstbehörde kann im Einvernehmen mit dem Bundesministerium des Innern, für Bau und Heimat von den Absätzen 1 bis 3 abweichende Regelungen treffen für Beamtinnen und Beamte, die beschäftigt sind

1. im Bereich der Deutschen Bahn Aktiengesellschaft,

2. bei einer Gesellschaft, die nach § 2 Absatz 1 und § 3 Absatz 3 Satz 2 des Deutsche Bahn Gründungsgesetzes ausgegliedert worden ist.

(5) Für die bei den Postnachfolgeunternehmen beschäftigten Beamtinnen und Beamten kann die oberste Dienstbehörde im Einvernehmen mit dem Bundesministerium der Finanzen und dem Bundesministerium des Innern, für Bau und Heimat von den Absätzen 1 bis 3 abweichende Regelungen treffen.

§ 22[2]) Sonderurlaub in anderen Fällen. (1) [1] Sonderurlaub unter Wegfall der Besoldung kann gewährt werden, wenn ein wichtiger Grund vorliegt. [2] Für mehr als drei Monate *kann Sonderurlaub unter Wegfall der Besoldung nur in besonders*

[1]) **Aichberger, SGB Nr. 5.**
[2]) § 22 Abs. 2 und Abs. 3 Satz 3 geänd. mWv 27.6.2020 durch VO v. 19.6.2020 (BGBl. I S. 1328).

begründeten Fällen und nur durch die oberste Dienstbehörde oder die von ihr bestimmte unmittelbar nachgeordnete Behörde genehmigt werden.

(2) Mit Zustimmung des Bundesministeriums des Innern, für Bau und Heimat kann Sonderurlaub aus wichtigen persönlichen Gründen auch unter Fortzahlung der Besoldung gewährt werden.

(3) ¹Für einen in den §§ 5 bis 21 nicht genannten Zweck kann Beamtinnen und Beamten Sonderurlaub unter Fortzahlung der Besoldung gewährt werden, wenn der Sonderurlaub auch dienstlichen Zwecken dient. ²Sonderurlaub unter Fortzahlung der Besoldung für mehr als zwei Wochen bedarf der Zustimmung der obersten Dienstbehörde oder der von ihr bestimmten unmittelbar nachgeordneten Behörde. ³Sonderurlaub für mehr als sechs Monate bedarf der Zustimmung des Bundesministeriums des Innern, für Bau und Heimat.

§ 23 Verfahren. ¹Der Sonderurlaub ist unverzüglich nach Bekanntwerden des Anlasses zu beantragen. ²Sonderurlaub nach § 21 ist zeitnah zu beantragen.

§ 24 Widerruf. Die Genehmigung von Sonderurlaub ist zu widerrufen, wenn

1. zwingende dienstliche Gründe dies erfordern,
2. der Sonderurlaub zu einem anderen als dem genehmigten Zweck verwendet wird,
3. andere Gründe, die die Beamtin oder der Beamte zu vertreten hat, den Widerruf erfordern.

§ 25 Ersatz von Mehraufwendungen. (1) Folgende Mehraufwendungen werden der Beamtin oder dem Beamten nach den Bestimmungen des Reisekostenrechts ersetzt:

1. Mehraufwendungen, die durch den Widerruf der Genehmigung von Sonderurlaub nach § 24 Nummer 1 entstehen,
2. Mehraufwendungen, die anlässlich der Wiederaufnahme des Dienstes nach einem Sonderurlaub zur Ausübung einer Tätigkeit in öffentlichen zwischenstaatlichen oder überstaatlichen Einrichtungen (§ 6 Absatz 1 Satz 1) oder nach einem Sonderurlaub zur Wahrnehmung von Aufgaben der Entwicklungszusammenarbeit (§ 7) entstehen, wenn die oberste Dienstbehörde oder die von ihr bestimmte Stelle spätestens bei Beendigung des Sonderurlaubs schriftlich anerkannt hat, dass der Sonderurlaub dienstlichen Interessen oder öffentlichen Belangen diente.

(2) Zuwendungen, die die Beamtin oder der Beamte von anderer Seite zur Deckung der Aufwendungen erhalten hat, sind anzurechnen.

§ 26 Besoldung. (1) Zur Besoldung im Sinne dieser Verordnung gehören die in § 1 Absatz 2 und 3 des Bundesbesoldungsgesetzes¹⁾ genannten Bezüge.

(2) ¹Erhält die Beamtin oder der Beamte in den Fällen des § 10 oder des § 22 Absatz 3 Zuwendungen von anderer Seite, so ist die Besoldung entsprechend zu kürzen. ²Das gilt nicht, wenn der Wert der Zuwendungen gering ist.

(3) Dauert der Sonderurlaub unter Wegfall der Besoldung nicht länger als einen Monat, bleibt der Anspruch auf Beihilfe oder auf Heilfürsorge nach § 70 Absatz 2 des Bundesbesoldungsgesetzes unberührt.

¹⁾ Nr. 230.

§ 27 Inkrafttreten, Außerkrafttreten. [1]Diese Verordnung tritt am Tag nach der Verkündung[1] in Kraft. [2]Gleichzeitig tritt die Sonderurlaubsverordnung in der Fassung der Bekanntmachung vom 11. November 2004 (BGBl. I S. 2836), die zuletzt durch Artikel 15 Absatz 22 des Gesetzes vom 5. Februar 2009 (BGBl. I S. 160) geändert worden ist, außer Kraft.

[1] Verkündet am 8.6.2016.

177. Verordnung über die Nebentätigkeit der Bundesbeamten, Berufssoldaten und Soldaten auf Zeit (Bundesnebentätigkeitsverordnung – BNV)[1)]

In der Fassung der Bekanntmachung vom 12. November 1987[2)]

(BGBl. I S. 2376)

FNA 2030-2-9

geänd. durch Art. 5 Sechstes Euro-EinführungsG v. 3. 12. 2001 (BGBl. I S. 3306), Art. 15 Abs. 21 DienstrechtsneuordnungsG v. 5. 2. 2009 (BGBl. I S. 160), Art. 8 G zur besseren Vereinbarkeit von Familie, Pflege und Beruf für Beamtinnen und Beamte des Bundes und Soldatinnen und Soldaten sowie zur Änd. weiterer dienstrechtlicher Vorschriften v. 19. 10. 2016 (BGBl. I S. 2362) und Art. 7 G zum Abbau verzichtbarer Anordnungen der Schriftform im Verwaltungsrecht des Bundes v. 29. 3. 2017 (BGBl. I S. 626)

Erster Abschnitt. Ausübung von Nebentätigkeiten

§ 1[3)] *(aufgehoben)*

§ 2 Nebentätigkeit im öffentlichen Dienst. (1) Nebentätigkeit im öffentlichen Dienst ist jede für den Bund, ein Land oder andere Körperschaften, Anstalten oder Stiftungen des öffentlichen Rechts im Bundesgebiet (einschließlich des Landes Berlin) oder für Verbände von solchen ausgeübte Nebentätigkeit; ausgenommen ist eine Nebentätigkeit für öffentlich-rechtliche Religionsgesellschaften oder deren Verbände.

(2) Einer Nebentätigkeit im öffentlichen Dienst steht gleich eine Nebentätigkeit für

1. Vereinigungen, Einrichtungen oder Unternehmen, deren Kapital (Grund- oder Stammkapital) sich unmittelbar oder mittelbar ganz oder überwiegend in öffentlicher Hand befindet oder die fortlaufend ganz oder überwiegend aus öffentlichen Mitteln unterhalten werden,

2. zwischenstaatliche oder überstaatliche Einrichtungen, an denen eine juristische Person oder ein Verband im Sinne des Absatzes 1 Halbsatz 1 durch Zahlung von Beiträgen oder Zuschüssen oder in anderer Weise beteiligt ist,

3. natürliche oder juristische Personen, die der Wahrung von Belangen einer juristischen Person oder eines Verbandes im Sinne des Absatzes 1 Halbsatz 1 dient.

§ 3 Zulässigkeit von Nebentätigkeiten im Bundesdienst. [1]Aufgaben, die für den Bund oder bundesunmittelbare Körperschaften, Anstalten oder Stiftungen des öffentlichen Rechts wahrgenommen werden, sind grundsätzlich in ein Hauptamt einzuordnen. [2]Sie sollen nicht als Nebentätigkeit zugelassen werden, wenn sie mit dem Hauptamt in Zusammenhang stehen.

[1)] Die VO wurde erlassen auf Grund von § 69 BBG und § 20 Abs. 4 iVm § 72 Abs. 1 Nr. 1 SoldatenG.

[2)] Neubekanntmachung der BundesnebentätigkeitsVO idF der Bek. v. 28. 8. 1974 (BGBl. I S. 2117) in der ab 1. 1. 1988 geltenden Fassung.

[3)] § 1 aufgeh. mWv 12. 2. 2009 durch G v. 5. 2. 2009 (BGBl. I S. 160).

§ 4 Vergütung. (1) Vergütung für eine Nebentätigkeit ist jede Gegenleistung in Geld oder geldwerten Vorteilen, auch wenn kein Rechtsanspruch auf sie besteht.

(2) Als Vergütung im Sinne des Absatzes 1 gelten nicht

1. der Ersatz von Fahrkosten sowie Tagegelder bis zur Höhe des Betrages, den die Reisekostenvorschriften für Beamte in der höchsten Reisekostenstufe für den vollen Kalendertag vorsehen, oder, sofern bei Anwendung dieser Vorschriften ein Zuschuß zustehen würde, bis zur Höhe des Gesamtbetrages; Entsprechendes gilt für Übernachtungsgelder,

2. der Ersatz sonstiger barer Auslagen, wenn keine Pauschalierung vorgenommen wird.

(3) Pauschalierte Aufwandsentschädigungen sind in vollem Umfang, Tage- und Übernachtungsgelder insoweit, als sie die Beträge nach Absatz 2 Nr. 1 übersteigen, als Vergütung anzusehen.

§ 5[1] Allgemeine Erteilung, Widerruf der Genehmigung. (1) [1]Die zur Übernahme einer oder mehrerer Nebenbeschäftigungen gegen Vergütung erforderliche Genehmigung gilt allgemein als erteilt, wenn die Nebenbeschäftigungen insgesamt geringen Umfang haben, außerhalb der Dienstzeit ausgeübt werden und kein gesetzlicher Versagungsgrund vorliegt. [2]Der Umfang einer oder mehrerer Nebenbeschäftigungen ist als gering anzusehen, wenn die Vergütung hierfür insgesamt 100 Euro im Monat nicht übersteigt und die zeitliche Beanspruchung durch eine oder mehrere Nebenbeschäftigungen in der Woche ein Fünftel der regelmäßigen wöchentlichen Arbeitszeit nicht überschreitet. [3]In diesen Fällen ist die Nebenbeschäftigung dem Dienstvorgesetzten anzuzeigen, es sei denn, daß es sich um eine einmalige, gelegentliche Nebenbeschäftigung handelt.

(2) Eine als genehmigt geltende Nebenbeschäftigung ist zu untersagen, wenn ihre Ausübung dienstliche Interessen beeinträchtigt.

(3) Wird eine Genehmigung widerrufen oder eine als genehmigt geltende Nebenbeschäftigung oder eine nicht genehmigungspflichtige Nebentätigkeit untersagt, so soll dem Beamten eine angemessene Frist zur Abwicklung der Nebentätigkeit eingeräumt werden, soweit die dienstlichen Interessen dies gestatten.

§ 6[2] Vergütungen für Nebentätigkeiten und Ablieferungspflicht.
(1) [1]Für eine Nebentätigkeit im Bundesdienst (§ 3) wird grundsätzlich eine Vergütung nicht gewährt. [2]Ausnahmen können zugelassen werden für

1. Gutachtertätigkeiten und schriftstellerische Tätigkeiten,

2. Tätigkeiten, deren unentgeltliche Ausübung dem Beamten nicht zugemutet werden kann.

[3]Wird der Beamte für die Nebentätigkeit entsprechend entlastet, darf eine Vergütung nicht gewährt werden.

(2) [1]Werden Vergütungen nach Absatz 1 Satz 2 gewährt, so dürfen sie im Kalenderjahr insgesamt nicht übersteigen

[1] § 5 Abs. 1 Satz 2 geänd. mWv 1. 1. 2002 durch G v. 3. 12. 2001 (BGBl. I S. 3306).
[2] § 6 Abs. 2 Satz 1 neu gef. mWv 1. 1. 2002 durch G v. 3. 12. 2001 (BGBl. I S. 3306).

für Beamte in den Besoldungsgruppen	Euro (Bruttobetrag)
A 1 bis A 8	3 700
A 9 bis A 12	4 300
A 13 bis A 16, B 1, C 1, C 2 bis C 3, R 1 und R 2	4 900
B 2 bis B 5, C 4, R 3 bis R 5	5 500
ab B 6, ab R 6	6 100.

[2] Innerhalb des Höchstbetrages ist die Vergütung nach dem Umfang und der Bedeutung der Nebentätigkeit abzustufen. [3] Mit Ausnahme von Tage- und Übernachtungsgeldern dürfen Auslagen nicht pauschaliert werden.

(3) [1] Erhält ein Beamter Vergütungen für eine oder mehrere Nebentätigkeiten im Bundesdienst oder für sonstige Nebentätigkeiten, die er im öffentlichen oder in dem ihm gleichstehenden Dienst oder auf Verlangen, Vorschlag oder Veranlassung seines Dienstvorgesetzten ausübt, so hat er sie insoweit an seinen Dienstherrn im Hauptamt abzuliefern, als sie für die in einem Kalenderjahr ausgeübten Tätigkeiten die in Absatz 2 Satz 1 genannten Bruttobeträge übersteigen. [2] Vor der Ermittlung des abzuliefernden Betrages sind von den Vergütungen abzusetzen die im Zusammenhang mit der Nebentätigkeit entstandenen Aufwendungen für

1. Fahrkosten sowie Unterkunft und Verpflegung bis zur Höhe der in § 4 Abs. 2 Nr. 1 genannten Beträge,

2. die Inanspruchnahme von Einrichtungen, Personal oder Material des Dienstherrn (einschließlich Vorteilsausgleich),

3. sonstige Hilfeleistungen und selbst beschafftes Material.

[3] Voraussetzung ist, daß der Beamte für diese Aufwendungen keinen Auslagenersatz erhalten hat.

(4) Vergütungen im Sinne des Absatzes 3 sind abzuliefern, sobald sie den Betrag übersteigen, der dem Beamten zu belassen ist.

(5) Die Verpflichtungen nach den Absätzen 3 und 4 treffen auch Ruhestandsbeamte und frühere Beamte insoweit, als die Vergütungen für vor der Beendigung des Beamtenverhältnisses ausgeübte Nebentätigkeiten gewährt sind.

§ 7 Ausnahmen von § 6. § 6 ist mit Ausnahme des Absatzes 1 Satz 3 nicht anzuwenden auf Vergütungen für

1. Lehr-, Unterrichts-, Vortrags- oder Prüfungstätigkeiten,

2. Tätigkeiten als gerichtlicher oder staatsanwaltschaftlicher Sachverständiger,

3. Tätigkeiten auf dem Gebiet der wissenschaftlichen Forschung,

4. Gutachtertätigkeiten von Ärzten, Zahnärzten oder Tierärzten für Versicherungsträger oder für andere juristische Personen des öffentlichen Rechts sowie ärztliche, zahnärztliche oder tierärztliche Verrichtungen dieser Personen, für die nach den Gebührenordnungen Gebühren zu zahlen sind,

5. Tätigkeiten, die während eines unter Wegfall der Besoldung gewährten Urlaubs ausgeübt werden.

§ 8[1) Abrechnung über die Vergütung aus Nebentätigkeiten. [1]Die Beamten haben nach Ablauf eines jeden Kalenderjahres ihrem Dienstvorgesetzten eine Abrechnung über die ihnen zugeflossenen Vergütungen im Sinne des § 6 vorzulegen, wenn die Vergütungen 500 Euro (brutto) im Kalenderjahr übersteigen. [2]In den Fällen des § 6 Abs. 5 sind auch Ruhestandsbeamte und frühere Beamte hierzu verpflichtet.

Zweiter Abschnitt. Inanspruchnahme von Einrichtungen, Personal oder Material des Dienstherrn

§ 9 Genehmigungspflicht. (1) Der Beamte bedarf der vorherigen schriftlichen Genehmigung seiner obersten Dienstbehörde oder der von ihr beauftragten Behörde, wenn er bei der Ausübung einer Nebentätigkeit Einrichtungen, Personal oder Material seines Dienstherrn in Anspruch nehmen will.

(2) [1]Einrichtungen sind die sächlichen Mittel, insbesondere die Diensträume und deren Ausstattung einschließlich Apparate und Instrumente, mit Ausnahme von Bibliotheken. [2]Material sind die verbrauchbaren Sachen und die Energie.

(3) [1]Aus Anlaß der Mitwirkung an der Nebentätigkeit darf Mehrarbeit, Bereitschaftsdienst oder Rufbereitschaft nicht angeordnet, genehmigt und vergütet werden. [2]Vereinbarungen über eine private Mitarbeit außerhalb der Dienstzeit bleiben unberührt.

(4) [1]Die Genehmigung darf nur erteilt werden, wenn ein öffentliches oder wissenschaftliches Interesse an der Ausübung der Nebentätigkeit besteht. [2]Die Genehmigung ist widerruflich; sie kann befristet werden. [3]In dem Genehmigungsbescheid ist der Umfang der zugelassenen Inanspruchnahme anzugeben. [4]Die Genehmigung darf nur unter der Auflage erteilt werden, daß ein Entgelt für die Inanspruchnahme von Einrichtungen, Personal oder Material gezahlt wird; § 10 Abs. 1 Satz 2 bleibt unberührt.

§ 10[2) Grundsätze für die Bemessung des Entgelts. (1) [1]Für die Inanspruchnahme von Einrichtungen, Personal oder Material des Dienstherrn hat der Beamte ein angemessenes Entgelt zu entrichten. [2]Auf die Entrichtung eines Entgelts kann verzichtet werden

1. bei einer unentgeltlichen Nebentätigkeit,

2. wenn die Nebentätigkeit auf Verlangen, Vorschlag oder Veranlassung des Dienstvorgesetzten ausgeübt wird oder

3. wenn der Betrag 100 Euro im Kalenderjahr nicht übersteigt.

(2) Die Höhe des Entgelts richtet sich nach den Grundsätzen der Kostendeckung und des Vorteilsausgleichs.

(3) Nehmen mehrere Beamte Einrichtungen, Personal oder Material des Dienstherrn gemeinschaftlich in Anspruch, sind sie als Gesamtschuldner zur Entrichtung des Entgelts verpflichtet.

[1)] § 8 Satz 1 geänd. mWv 1. 1. 2002 durch G v. 3. 12. 2001 (BGBl. I S. 3306).
[2)] § 10 Abs. 1 Satz 2 Nr. 3 geänd. mWv 1. 1. 2002 durch G v. 3. 12. 2001 (BGBl. I S. 3306).

§ 11[1) Allgemeines Entgelt. (1) [1]Das Entgelt außerhalb des in § 12 geregelten Bereichs wird pauschaliert nach einem Vomhundertsatz der für die Nebentätigkeit bezogenen (Brutto-)Vergütung bemessen. [2]Es beträgt im Regelfall

5 v.H.	für die Inanspruchnahme von Einrichtungen,
10 v.H.	für die Inanspruchnahme von Personal,
5 v.H.	für den Verbrauch von Material,
10 v.H.	für den durch die Inanspruchnahme von Einrichtungen, Personal oder Material erwachsenen wirtschaftlichen Vorteil.

(2) Die oberste Dienstbehörde kann im Einvernehmen mit dem Bundesminister der Finanzen abweichend von Absatz 1 Gebührenordnungen und sonstige allgemeine Kostentarife, soweit sie die entstandenen Kosten abdecken und Vorteile ausgleichen, für anwendbar erklären; das gleiche gilt für die Aufsichtsbehörde der Träger der Sozialversicherung, soweit der zuständige Fachminister ihr diese Befugnis übertragen hat.

(3) Wird die Nebentätigkeit unentgeltlich ausgeübt, ohne daß auf ein Entgelt nach § 10 Abs. 1 Satz 2 Nr. 1 verzichtet wird, so bemißt sich die Höhe des Entgelts nach dem Wert der Inanspruchnahme von Personal, Einrichtungen oder Material; das Entgelt für den wirtschaftlichen Vorteil entfällt.

(4) [1]Wird nachgewiesen, daß das nach den Vomhundertsätzen des Absatzes 1 berechnete Entgelt offensichtlich um mehr als 25 v.H. niedriger oder höher ist als es dem Wert der Inanspruchnahme entspricht, so ist es von Amts wegen oder auf Antrag des Beamten nach dem Wert

1. der anteiligen Kosten für die Beschaffung, Unterhaltung und Verwaltung der benutzten Einrichtungen,

2. der anteiligen Kosten für das in Anspruch genommene Personal einschließlich der Personalnebenkosten und der Gemeinkosten,

3. der Beschaffungs- und anteiligen Verwaltungskosten für das Material,

4. des durch die Bereitstellung von Einrichtungen, Personal oder Material erwachsenen wirtschaftlichen Vorteils des Beamten (Vorteilsausgleich)

festzusetzen. [2]Der Beamte muß den Nachweis innerhalb einer Ausschlußfrist von drei Monaten nach Festsetzung des Entgelts erbringen. [3]Die Entscheidung trifft die oberste Dienstbehörde. [4]Sie kann diese Befugnis auf unmittelbar nachgeordnete Behörden übertragen.

§ 12[2) Entgelt für ärztliche und zahnärztliche Nebentätigkeiten.

(1) [1]Das Entgelt (Kostenerstattung und Vorteilsausgleich) für ärztliche und zahnärztliche Nebentätigkeiten in Krankenhäusern und in den sanitätsdienstlichen Einrichtungen der Bundeswehr ist zu pauschalieren, soweit in den Absätzen 2 und 3 nichts anderes bestimmt oder zugelassen wird. [2]Für ärztliche und zahnärztliche Nebentätigkeiten in anderen Tätigkeitsbereichen richtet sich die Höhe des Entgelts nach den allgemeinen Bestimmungen des § 11.

[1) § 11 Abs. 4 Satz 4 angef. mWv 28. 10. 2016 durch G v. 19. 10. 2016 (BGBl. I S. 2362).
[2) § 12 Abs. 3 Satz 1 geänd. mWv 1. 1. 2002 durch G v. 3. 12. 2001 (BGBl. I S. 3306).

(2) ¹ Die Höhe der Kostenerstattung bemißt sich nach den vom zuständigen Fachminister zu erlassenden Bestimmungen, die den Grundsätzen der Kostendeckung entsprechen müssen; für die Träger der Sozialversicherung kann die Regelungsbefugnis der Aufsichtsbehörde übertragen werden. ² Soweit Ärzte oder Zahnärzte für die in Absatz 1 Satz 1 genannten Tätigkeiten bereits nach Rechtsvorschriften des Bundes eine den Grundsätzen der Kostendeckung entsprechende Kostenerstattung leisten, entfällt eine Kostenerstattung nach Satz 1.

(3) ¹ Der Vorteilsausgleich beträgt 20 vom Hundert der im Kalenderjahr aus der Nebentätigkeit erzielten Einnahmen bis 100 000 Euro, die dem Beamten nach Abzug der nach Absatz 2 zu erstattenden Kosten verbleiben, und 30 vom Hundert von dem darüber hinausgehenden Mehrbetrag. ² Bei einem Honorarverzicht ist ein Vorteilsausgleich nicht zu entrichten.

§ 13¹⁾ Festsetzung des Entgelts. (1) ¹ Das zu zahlende Entgelt wird von der für die Genehmigung nach § 9 Abs. 1 zuständigen oder der von ihr mit seiner Berechnung beauftragten Stelle nach dem Ende der Inanspruchnahme, mindestens jedoch halbjährlich festgesetzt. ² Ist die Höhe des Entgelts bereits im Zeitpunkt der Genehmigung zu übersehen, so soll das Entgelt zugleich mit der Genehmigung festgesetzt werden. ³ Das Entgelt wird einen Monat nach der Festsetzung fällig, im Falle des Satzes 2 einen Monat nach dem Ende der Inanspruchnahme, mindestens jedoch halbjährlich.

(2) ¹ Der Beamte ist verpflichtet, das Ende der Inanspruchnahme der nach § 9 Abs. 1 zuständigen Stelle unverzüglich schriftlich oder elektronisch anzuzeigen. ² Er hat die für die Berechnung des Entgelts notwendigen Aufzeichnungen zu führen und mit den zur Glaubhaftmachung notwendigen Belegen unverzüglich nach Beendigung, bei fortlaufender Inanspruchnahme mindestens halbjährlich vorzulegen. ³ Diese Unterlagen sind fünf Jahre, vom Tage der Festsetzung des Entgelts an gerechnet, aufzubewahren.

Dritter Abschnitt. Geltungsbereich; Berlin-Klausel; Inkrafttreten

§ 14 Geltung für Berufssoldaten und Soldaten auf Zeit. Diese Verordnung gilt für Berufssoldaten und Soldaten auf Zeit entsprechend.

§ 15²⁾ *(aufgehoben)*

§ 16 (Inkrafttreten)

¹⁾ § 13 Abs. 2 Satz 1 geänd. mWv 5. 4. 2017 durch G v. 29. 3. 2017 (BGBl. I S. 626).
²⁾ § 15 aufgeh. mWv 12. 2. 2009 durch G v. 5. 2. 2009 (BGBl. I S. 160).

180. Verordnung über die Laufbahnen der Bundesbeamtinnen und Bundesbeamten (Bundeslaufbahnverordnung – BLV)[1)]

Vom 12. Februar 2009

(BGBl. I S. 284)

FNA 2030-7-3-1

geänd. durch Art. 1 Erste ÄndVO v. 20.2.2013 (BGBl. I S. 316), Art. 16 Abs. 16 Bundesunfallkassen-NeuorganisationsG v. 19.10.2013 (BGBl. I S. 3836), Art. 3 HaushaltsbegleitG 2014 v. 11.8.2014 (BGBl. I S. 1346), Art. 38 Zehnte ZuständigkeitsanpassungsVO v. 31.8.2015 (BGBl. I S. 1474), Art. 1 WSV-ZuständigkeitsanpassungsVO v. 2.6.2016 (BGBl. I S. 1257), Art. 1 Zweite ÄndVO v. 15.8.2016 (BGBl. I S. 1981), Art. 7 G zur besseren Vereinbarkeit von Familie, Pflege und Beruf für Beamtinnen und Beamte des Bundes und Soldatinnen und Soldaten sowie zur Änd. weiterer dienstrechtlicher Vorschriften v. 19.10.2016 (BGBl. I S. 2362), Art. 1 VO zur Änd. der BundeslaufbahnVO und anderer laufbahnrechtlicher Vorschriften v. 18.1.2017 (BGBl. I S. 89, ber. S. 406), Art. 2 VO zur Änd. dienstrechtl. Verordnungen aus Anlass des BesoldungsstrukturenmodernisierungsG v. 8.1.2020 (BGBl. I S. 27), Art. 56 Elfte ZuständigkeitsanpassungsVO v. 19.6.2020 (BGBl. I S. 1328) und Art. 1 Dritte ÄndVO v. 15.9.2020 (BGBl. I S. 1990)

Auf Grund des § 8 Absatz 1 Satz 3, § 11 Absatz 1 Satz 5, § 17 Absatz 7, § 20 Satz 2, § 21 Satz 2, § 22 Absatz 5 Satz 2 und des § 26 des Bundesbeamtengesetzes[2)] vom 5. Februar 2009 (BGBl. I S. 160) verordnet die Bundesregierung:

Inhaltsübersicht[3)]

Abschnitt 1. Allgemeines

[1)] Siehe hierzu auch die Allgemeine Verwaltungsvorschrift des BMI (**Bundesbeamtengesetze Nr. 12.1**).
[2)] Nr. **160**.
[3)] Inhaltsübersicht geänd. mWv 23.8.2016 durch VO v. 15.8.2016 (BGBl. I S. 1981); geänd. mWv 27.1.2017 durch VO v. 18.1.2017 (BGBl. I S. 89).

Abschnitt 1. Allgemeines

§ 1 Geltungsbereich. Diese Verordnung gilt für die Beamtinnen und Beamten des Bundes, soweit nicht gesetzlich etwas anderes bestimmt ist.

§ 2 Begriffsbestimmungen. (1) Einstellung ist eine Ernennung unter Begründung eines Beamtenverhältnisses.

(2) Eignung erfasst insbesondere Persönlichkeit und charakterliche Eigenschaften, die für ein bestimmtes Amt von Bedeutung sind.

(3) Befähigung umfasst die Fähigkeiten, Kenntnisse, Fertigkeiten und sonstigen Eigenschaften, die für die dienstliche Verwendung wesentlich sind.

(4) Die fachliche Leistung ist insbesondere nach den Arbeitsergebnissen, der praktischen Arbeitsweise, dem Arbeitsverhalten und für Beamtinnen oder Beamte, die bereits Vorgesetzte sind, nach dem Führungsverhalten zu beurteilen.

(5) Hauptberuflich ist eine Tätigkeit, wenn sie entgeltlich ist, gewolltermaßen den Schwerpunkt der beruflichen Tätigkeit darstellt, in der Regel den überwiegenden Teil der Arbeitskraft beansprucht und dem durch Ausbildung und Berufswahl geprägten Berufsbild entspricht oder nahekommt.

(6) Probezeit ist die Zeit in einem Beamtenverhältnis auf Probe, in der sich die Beamtinnen und Beamten nach Erwerb der Laufbahnbefähigung zur späteren Verwendung auf Lebenszeit oder zur Übertragung eines Amtes mit leitender Funktion bewähren sollen.

(7) Erprobungszeit ist die Zeit, in der die Beamtin oder der Beamte die Eignung für einen höher bewerteten Dienstposten nachzuweisen hat.

(8) [1]Beförderung ist die Verleihung eines anderen Amtes mit höherem Endgrundgehalt. [2]Sie erfolgt in den Fällen, in denen die Amtsbezeichnung wechselt, durch Ernennung.

§ 3 Leistungsgrundsatz. Laufbahnrechtliche Entscheidungen sind nach Eignung, Befähigung und fachlicher Leistung unter Berücksichtigung des § 9 des Bundesbeamtengesetzes[1] und des § 9 des Bundesgleichstellungsgesetzes[2] zu treffen.

§ 4 Stellenausschreibungspflicht. (1) [1]Zu besetzende Stellen sind außer in den Fällen des Absatzes 2 auszuschreiben. [2]Der Einstellung von Bewerberinnen und Bewerbern muss eine öffentliche Ausschreibung vorausgehen. [3]§ 6 des Bundesgleichstellungsgesetzes[2] ist zu berücksichtigen.

(2) Die Pflicht zur Stellenausschreibung nach Absatz 1 gilt nicht
1. für Stellen der Staatssekretärinnen und Staatssekretäre, Abteilungsleiterinnen und Abteilungsleiter in den Bundesministerien und im Bundestag, sonstigen politischen Beamtinnen und Beamten, Leitungen der anderen obersten Bundesbehörden und Leiterinnen und Leiter der den Bundesministerien unmittelbar nachgeordneten Behörden sowie der bundes-

[1] Nr. 160.
[2] **Bundesbeamtengesetze Nr. 3.**

unmittelbaren Körperschaften, Anstalten und Stiftungen des öffentlichen Rechts,

2. für Stellen der persönlichen Referentinnen und Referenten der Leiterinnen und Leiter der obersten Bundesbehörden sowie der beamteten und Parlamentarischen Staatssekretärinnen und Staatssekretäre,

3. für Stellen, die mit Beamtinnen und Beamten unmittelbar nach Abschluss ihres Vorbereitungsdienstes oder eines Aufstiegsverfahrens besetzt werden,

4. für Stellen, die durch Versetzung nach vorangegangener Abordnung, nach Übertritt oder Übernahme von Beamtinnen und Beamten besetzt werden,

5. für Stellen, die zur Vermeidung der Versetzung in den Ruhestand wegen Dienstunfähigkeit oder zur erneuten Berufung in das Beamtenverhältnis nach Wiederherstellung der Dienstfähigkeit besetzt werden,

6. für Stellen des einfachen Dienstes, für die Bewerberinnen und Bewerber von der Bundesagentur für Arbeit vermittelt werden können.

(3) Von einer Stellenausschreibung kann abgesehen werden

1. allgemein oder in Einzelfällen, wenn Gründe der Personalplanung oder des Personaleinsatzes entgegenstehen und es sich nicht um Einstellungen handelt,

2. in besonderen Einzelfällen auch bei einer Einstellung aus den in Nummer 1 genannten Gründen.

§ 5 Schwerbehinderte Menschen. (1) Von schwerbehinderten Menschen darf nur das Mindestmaß an körperlicher Eignung verlangt werden.

(2) In Prüfungsverfahren im Sinne dieser Verordnung sind für schwerbehinderte Menschen Erleichterungen vorzusehen, die ihrer Behinderung angemessen sind.

(3) Bei der Beurteilung der Leistung schwerbehinderter Menschen ist eine etwaige Einschränkung der Arbeits- und Verwendungsfähigkeit wegen der Behinderung zu berücksichtigen.

Abschnitt 2. Einstellung von Bewerberinnen und Bewerbern

Unterabschnitt 1. Gemeinsame Vorschriften

§ 6[1) Gestaltung der Laufbahnen. (1) [1]Die Laufbahnen sind den Laufbahngruppen des einfachen, mittleren, gehobenen und höheren Dienstes zugeordnet. [2]Die Zugehörigkeit einer Laufbahn zu einer Laufbahngruppe richtet sich nach dem im Bundesbesoldungsgesetz[2) bestimmten Eingangsamt.

(2) In den Laufbahngruppen können folgende Laufbahnen eingerichtet werden:

1. der nichttechnische Verwaltungsdienst,

2. der technische Verwaltungsdienst,

3. der sprach- und kulturwissenschaftliche Dienst,

[1)] § 6 Abs. 2 Nr. 5 neu gef., Nr. 7 und 8 geänd., Nr. 9 aufgeh. mWv 27. 1. 2017 durch VO v. 18. 1. 2017 (BGBl. I S. 89).
[2)] Nr. **230**.

4. der naturwissenschaftliche Dienst,

5. der agrar-, forst- und ernährungswissenschaftliche sowie tierärztliche Dienst,

6. der ärztliche und gesundheitswissenschaftliche Dienst,

7. der sportwissenschaftliche Dienst und

8. der kunstwissenschaftliche Dienst.

§ 7 Laufbahnbefähigung. Bewerberinnen und Bewerber erlangen die Laufbahnbefähigung

1. durch erfolgreichen Abschluss eines fachspezifischen Vorbereitungsdienstes oder eines Aufstiegsverfahrens des Bundes oder

2. durch Anerkennung, wenn sie

a) die für die entsprechende Laufbahn vorgeschriebene Vorbildung oder

b) die erforderliche Befähigung durch Lebens- und Berufserfahrung

außerhalb eines Vorbereitungsdienstes oder eines Aufstiegsverfahrens des Bundes erworben haben.

§ 8 Feststellung der Laufbahnbefähigung. (1) ¹Besitzen Bewerberinnen oder Bewerber die für die entsprechende Laufbahn vorgeschriebene Vorbildung, erkennt die zuständige oberste Dienstbehörde die Laufbahnbefähigung an. ²Sie kann diese Befugnis auf andere Behörden übertragen.

(2) Haben Bewerberinnen oder Bewerber die erforderliche Befähigung durch Lebens- und Berufserfahrung erworben, erkennt der Bundespersonalausschuss oder ein von ihm zu bestimmender unabhängiger Ausschuss die Laufbahnbefähigung an.

(3) ¹Im Anschluss an das Anerkennungsverfahren nach Absatz 1 oder 2 teilt die zuständige oberste Dienstbehörde der Bewerberin oder dem Bewerber die Feststellung der Laufbahnbefähigung schriftlich mit. ²Sie kann diese Befugnis auf andere Behörden übertragen. ³Die Laufbahn und das Datum des Befähigungserwerbs sind in der Mitteilung zu bezeichnen.

§ 9¹⁾ Ämter der Laufbahnen. (1) ¹Die zu den Laufbahnen gehörenden Ämter sowie die dazugehörigen Amtsbezeichnungen ergeben sich aus Anlage 1²⁾. ²Für die Dauer einer Tätigkeit im Auswärtigen Dienst können die Amtsbezeichnungen des Auswärtigen Dienstes verliehen werden.

(2) Die Ämter der Bundesbesoldungsordnung A sind regelmäßig zu durchlaufen.

Unterabschnitt 2. Vorbereitungsdienste

§ 10³⁾ Einrichtung von Vorbereitungsdiensten. (1) Die Befugnis nach § 26 Absatz 2 des Bundesbeamtengesetzes⁴⁾ wird für die in Anlage 2²⁾ ge-

¹⁾ § 9 Abs. 1 Satz 2 angef. mWv 26. 2. 2013 durch VO v. 20. 2. 2013 (BGBl. I S. 316).
²⁾ Anlagen hier nicht abgedruckt.
³⁾ § 10 Abs. 1 neu gef. mWv 26. 2. 2013 durch VO v. 20. 2. 2013 (BGBl. I S. 316).
⁴⁾ Nr. **160.**

nannten fachspezifischen Vorbereitungsdienste den dort genannten obersten Dienstbehörden übertragen.

(2) [1] Die Rechtsverordnungen nach Absatz 1 müssen insbesondere Inhalt und Dauer der Vorbereitungsdienste sowie die Prüfung und das Prüfungsverfahren regeln. [2] Die vorzusehenden Prüfungsnoten ergeben sich aus Anlage 3[1)].

§ 10 a[2)] Auswahlverfahren für die Einstellung in den Vorbereitungsdienst. (1) [1] Voraussetzung für die Einstellung in den Vorbereitungsdienst ist die erfolgreiche Teilnahme an einem Auswahlverfahren. [2] In dem Auswahlverfahren wird die Eignung und Befähigung der Bewerberinnen und Bewerber festgestellt. [3] Dafür können Allgemeinwissen, kognitive, methodische und soziale Fähigkeiten, Intelligenz, Persönlichkeitsmerkmale, Motivation sowie Fachwissen, Sprachkenntnisse, körperliche Fähigkeiten und praktische Fertigkeiten geprüft werden. [4] Die Anforderungen an die Eignung und Befähigung der Bewerberinnen und Bewerber sowie die Auswahlkriterien richten sich nach den Anforderungen des Vorbereitungsdienstes.

(2) [1] Zum Auswahlverfahren wird zugelassen, wer die Voraussetzungen erfüllt, die in der Ausschreibung für die Einstellung in den Vorbereitungsdienst bestimmt sind. [2] Ob diese Voraussetzungen erfüllt werden, wird durch eine Auswertung der Bewerbungsunterlagen festgestellt, insbesondere von Zeugnisnoten, Studienleistungen oder Arbeitszeugnissen. [3] Ferner können Tests zur Erfassung von kognitiver Leistungsfähigkeit, sozialen Fähigkeiten, Persönlichkeitsmerkmalen, Motivation oder Sprachkenntnissen durchgeführt werden. [4] Die Tests können unterstützt durch Informationstechnologie durchgeführt werden.

(3) [1] Übersteigt die Zahl der Bewerberinnen und Bewerber, die die in der Ausschreibung bestimmten Voraussetzungen erfüllen, das Dreifache der für den Vorbereitungsdienst angebotenen Plätze, so kann die Zahl der am Auswahlverfahren Teilnehmenden beschränkt werden. [2] Dabei sind jedoch mindestens dreimal so viele Bewerberinnen und Bewerber zuzulassen, wie Plätze für den Vorbereitungsdienst angeboten werden. [3] Zum Auswahlverfahren wird in diesem Fall zugelassen, wer nach den Bewerbungsunterlagen und etwaigen Tests nach Absatz 2 Satz 3 am besten geeignet ist.

(4) [1] Das Auswahlverfahren besteht aus einem schriftlichen Teil und einem mündlichen Teil, die jeweils aus mehreren Abschnitten bestehen können. [2] Wenn es für die Laufbahn erforderlich ist, können in einem weiteren Teil die körperliche Tauglichkeit oder praktische Fertigkeiten geprüft werden. [3] Ist ein abgeschlossenes Hochschulstudium Voraussetzung für die Einstellung in den Vorbereitungsdienst, kann das Auswahlverfahren nur aus einem mündlichen Teil bestehen. [4] Von den in einem Teil oder in einem Abschnitt erbrachten Leistungen kann die Teilnahme am weiteren Auswahlverfahren abhängig gemacht werden.

(5) [1] Für den schriftlichen Teil ist eines oder eine Kombination der folgenden Auswahlinstrumente anzuwenden:

1. Aufsatz,

[1)] *Anlagen hier nicht abgedruckt.*
[2)] § 10 a eingef. mWv 27. 1. 2017 durch VO v. 18. 1. 2017 (BGBl. I S. 89).

2. Leistungstest,
3. Persönlichkeitstest,
4. Simulationsaufgaben,
5. biographischer Fragebogen.

[2] Bei besonderen Anforderungen einer Laufbahn kann der schriftliche Teil durch weitere Auswahlinstrumente ergänzt werden. [3] Der schriftliche Teil kann unterstützt durch Informationstechnologie durchgeführt werden.

(6) [1] Für den mündlichen Teil ist eines oder eine Kombination der folgenden Auswahlinstrumente anzuwenden:

1. strukturiertes oder halbstrukturiertes Interview,
2. Referat,
3. Präsentation,
4. Simulationsaufgaben,
5. Gruppenaufgaben,
6. Gruppendiskussion,
7. Fachkolloquium.

[2] Bei besonderen Anforderungen einer Laufbahn kann der mündliche Teil durch weitere Auswahlinstrumente ergänzt werden. [3] Der mündliche Teil kann in einer Fremdsprache durchgeführt werden.

(7) [1] Die im Auswahlverfahren erbrachten Leistungen sind nach einem Punkte- oder Notensystem zu bewerten. [2] Es ist eine Rangfolge der geeigneten Bewerberinnen und Bewerber festzulegen. [3] Die Rangfolge ist für die Einstellung in den Vorbereitungsdienst maßgeblich.

(8) In den Rechtsverordnungen nach § 26 Absatz 1 Nummer 2 des Bundesbeamtengesetzes[1] ist zu regeln,

1. welche wesentlichen Anforderungen an die Eignung und Befähigung der Bewerberinnen und Bewerber dem Auswahlverfahren zu Grunde liegen,
2. aus welchen Teilen und Abschnitten das Auswahlverfahren besteht,
3. welche Auswahlinstrumente angewendet werden können,
4. wie die Teile und Abschnitte bei der Gesamtbewertung der im Auswahlverfahren erbrachten Leistungen gewichtet werden,
5. wenn von der Möglichkeit nach Absatz 4 Satz 4 Gebrauch gemacht wird: wovon die weitere Teilnahme abhängig gemacht werden soll,
6. wenn von der Möglichkeit nach Absatz 6 Satz 3 Gebrauch gemacht wird: in welcher Fremdsprache der mündliche Teil durchgeführt werden kann.

§ 11[2] Einstellung in den Vorbereitungsdienst. [1] Die Bewerberinnen und Bewerber werden als Beamtinnen und Beamte auf Widerruf in den Vorbereitungsdienst eingestellt. [2] Sie führen als Dienstbezeichnung die Amtsbezeichnung des Eingangsamts ihrer Laufbahn mit dem Zusatz „Anwärterin" oder „Anwärter", in Laufbahnen des höheren Dienstes die Dienstbezeichnung „Referendarin" oder „Referendar". [3] Die für die Gestaltung des Vorbereitungsdienstes zuständige oberste Dienstbehörde kann im Einvernehmen mit dem

[1] Nr. 160.
[2] § 11 Satz 3 geänd. mWv 27.6.2020 durch VO v. 19.6.2020 (BGBl. I S. 1328).

Bundesministerium des Innern, für Bau und Heimat andere Dienstbezeichnungen festsetzen.

§ 12 Mittlerer Dienst. [1] Ein Vorbereitungsdienst für den mittleren Dienst dauert mindestens ein Jahr, in der Regel jedoch zwei Jahre. [2] Er besteht aus einer fachtheoretischen und einer berufspraktischen Ausbildung.

§ 13[1]) Gehobener Dienst. (1) [1] Ein Vorbereitungsdienst für den gehobenen Dienst dauert in der Regel drei Jahre und besteht aus Fachstudien und berufspraktischen Studienzeiten. [2] Er wird in einem Studiengang, der mit einem Bachelor oder einem Diplomgrad mit dem Zusatz „Fachhochschule", abschließt, an der Hochschule des Bundes für öffentliche Verwaltung oder einer gleichstehenden Hochschuleinrichtung durchgeführt.

(2) [1] Der Vorbereitungsdienst kann auf ein Jahr verkürzt werden, wenn die für die Laufbahnaufgaben erforderlichen wissenschaftlichen und methodischen Grundkenntnisse durch ein mit einem Bachelor abgeschlossenes Hochschulstudium oder durch einen gleichwertigen Abschluss nachgewiesen werden. [2] Zum Erwerb erforderlicher Spezialkenntnisse sind Fachstudien oder Lehrgänge, zum Erwerb erforderlicher berufspraktischer Fähigkeiten und Kenntnisse berufspraktische Studienzeiten und ergänzende Lehrveranstaltungen vorzusehen. [3] Eine Verkürzung lediglich auf Fachstudien oder Lehrgänge ist nicht zulässig.

§ 14 Höherer Dienst. [1] Ein Vorbereitungsdienst für den höheren Dienst dauert mindestens 18 Monate, in der Regel jedoch zwei Jahre. [2] Er vermittelt die für die Laufbahn erforderlichen berufspraktischen Fähigkeiten und Kenntnisse.

§ 15[2]) Verlängerung der Vorbereitungsdienste. (1) [1] Der Vorbereitungsdienst ist nach Anhörung der Referendarinnen, Referendare, Anwärterinnen und Anwärter im Einzelfall zu verlängern, wenn er wegen

1. einer Erkrankung,
2. des Mutterschutzes,
3. einer Elternzeit,
4. der Ableistung eines Wehr-, Zivil-, Bundesfreiwilligen- oder Entwicklungsdienstes, freiwilligen sozialen oder ökologischen Jahres, anderen Dienstes im Ausland, Internationalen Jugendfreiwilligendienstes, Europäischen Freiwilligendienstes, Freiwilligendienstes „weltwärts" des Bundesministeriums für wirtschaftliche Zusammenarbeit und Entwicklung oder Zivilen Friedensdienstes,
5. anderer zwingender Gründe

unterbrochen wurde und durch die Verkürzung von Ausbildungsabschnitten die zielgerechte Fortsetzung des Vorbereitungsdienstes nicht gewährleistet ist.

[1]) § 13 Abs. 2 neu gef. mWv 26.2.2013 durch VO v. 20.2.2013 (BGBl. I S. 316); Abs. 1 Satz 2 und Abs. 2 Satz 1 geänd. mWv 23.8.2016 durch VO v. 15.8.2016 (BGBl. I S. 1981).

[2]) *§ 15 Abs. 1 Satz 1 Nr. 2 und 4 neu gef., Nr. 5 aufgeh., bish. Nr. 6 wird Nr. 5 mWv 26.2.2013 durch VO v. 20.2.2013 (BGBl. I S. 316); Abs. 3 geänd. mWv 23.8.2016 durch VO v. 15.8.2016 (BGBl. I S. 1981).

[2] Dabei können Abweichungen vom Ausbildungs-, Lehr- oder Studienplan zugelassen werden.

(2) Bei Teilzeitbeschäftigung gilt Absatz 1 entsprechend.

(3) Der Vorbereitungsdienst kann in den Fällen des Absatzes 1 Satz 1 Nummer 1 und 5 und bei Teilzeitbeschäftigung höchstens zweimal, insgesamt jedoch nicht mehr als 24 Monate verlängert werden.

§ 16[1] Verkürzung der Vorbereitungsdienste. (1) [1] Der Vorbereitungsdienst kann verkürzt werden, wenn das Erreichen des Ausbildungsziels nicht gefährdet ist und nachgewiesen wird, dass die für die Laufbahnbefähigung erforderlichen Fähigkeiten, Kenntnisse und Fertigkeiten durch

1. eine geeignete, mit einer Prüfung abgeschlossene Berufsausbildung oder

2. gleichwertige, in den Laufbahnen des höheren Dienstes nach Bestehen der ersten Staats- oder Hochschulprüfung ausgeübte hauptberufliche Tätigkeiten

erworben worden sind. [2] Er dauert mindestens sechs Monate. [3] § 15 Absatz 1 Satz 2 gilt entsprechend. [4] Bildungsvoraussetzungen und sonstige Voraussetzungen nach § 17 Absatz 2 bis 5 des Bundesbeamtengesetzes[2] können nicht berücksichtigt werden.

(2) Die Ausbildungs- und Prüfungsordnungen können vorsehen, dass ein erfolgreich abgeschlossener Vorbereitungsdienst für eine Laufbahn auf den Vorbereitungsdienst für die nächsthöhere Laufbahn bis zu sechs Monaten angerechnet werden kann.

§ 17[3] Laufbahnprüfung. (1) [1] Im Rahmen des Vorbereitungsdienstes ist eine Laufbahnprüfung abzulegen. [2] Sie kann in Form von Modulprüfungen durchgeführt werden.

(2) Ist der Vorbereitungsdienst nach § 13 Absatz 2 Satz 1 oder nach § 16 verkürzt worden, sind die Ausbildungsinhalte des geleisteten Vorbereitungsdienstes Gegenstand der Laufbahnprüfung.

(3) [1] Die Laufbahnprüfung kann bei Nichtbestehen einmal wiederholt werden. [2] Dies gilt auch für Modul-, Teil- und Zwischenprüfungen, deren Bestehen Voraussetzung für die Fortsetzung des Vorbereitungsdienstes ist. [3] Abweichend von den Sätzen 1 und 2 kann

1. in Vorbereitungsdiensten, die als Bachelorstudiengänge durchgeführt werden, jeweils in einem Pflichtmodul und in einem Wahlmodul eine nicht bestandene Modulprüfung ein zweites Mal wiederholt werden,

2. in den anderen Vorbereitungsdiensten die oberste Dienstbehörde in begründeten Ausnahmefällen eine zweite Wiederholung der Laufbahnprüfung sowie von Modul-, Teil- und Zwischenprüfungen zulassen.

[4] Die oberste Dienstbehörde kann die Befugnis nach Satz 3 auf unmittelbar nachgeordnete Behörden übertragen.

[1] § 16 Abs. 2 geänd. mWv 23. 8. 2016 durch VO v. 15. 8. 2016 (BGBl. I S. 1981).
[2] Nr. 160.
[3] § 17 Abs. 2 geänd. mWv 23. 8. 2016 durch VO v. 15. 8. 2016 (BGBl. I S. 1981); Abs. 3 Satz 4 angef. mWv 28. 10. 2016 durch G v. 19. 10. 2016 (BGBl. I S. 2362); Abs. 3 Sätze 3 und 4 neu gef. mWv 27. 1. 2017 durch VO v. 18. 1. 2017 (BGBl. I S. 89, ber. S. 406).

Unterabschnitt 3. Anerkennung von Befähigungen

§ 18 Einfacher Dienst. Die Anerkennung der Befähigung für eine Laufbahn des einfachen Dienstes nach § 7 Nummer 2 Buchstabe a setzt neben den Bildungsvoraussetzungen eine abgeschlossene Berufsausbildung voraus, die geeignet ist, die Befähigung für eine Laufbahn des einfachen Dienstes zu vermitteln.

§ 19[1) Mittlerer Dienst. (1) Die Anerkennung der Befähigung für eine Laufbahn des mittleren Dienstes nach § 7 Nummer 2 Buchstabe a setzt neben den Bildungsvoraussetzungen eine abgeschlossene Berufsausbildung voraus, die

1. inhaltlich den Anforderungen eines fachspezifischen Vorbereitungsdienstes entspricht oder

2. zusammen mit einer hauptberuflichen Tätigkeit von mindestens einem Jahr und sechs Monaten geeignet ist, die Befähigung für eine Laufbahn des mittleren Dienstes zu vermitteln.

(2) Eine Ausbildung entspricht inhaltlich den Anforderungen eines fachspezifischen Vorbereitungsdienstes, wenn

1. sie seine wesentlichen Inhalte in gleicher Breite und Tiefe vermittelt hat und

2. die abschließende Prüfung der entsprechenden Laufbahnprüfung gleichwertig ist.

(3) Die hauptberufliche Tätigkeit muss nach Fachrichtung und Schwierigkeit der Tätigkeit einer Beamtin oder eines Beamten derselben Laufbahn entsprechen.

(4) Ermäßigte und regelmäßige Arbeitszeiten sind gleich zu behandeln, soweit nicht zwingende sachliche Gründe entgegenstehen.

§ 20 Gehobener Dienst. [1] Die Anerkennung der Befähigung für eine Laufbahn des gehobenen Dienstes nach § 7 Nummer 2 Buchstabe a setzt einen an einer Hochschule erworbenen Bachelor oder einen gleichwertigen Abschluss voraus, der

1. inhaltlich den Anforderungen eines fachspezifischen Vorbereitungsdienstes entspricht oder

2. zusammen mit einer hauptberuflichen Tätigkeit von mindestens einem Jahr und sechs Monaten geeignet ist, die Befähigung für die entsprechende Laufbahn zu vermitteln.

[2] § 19 Absatz 2 bis 4 gilt entsprechend.

§ 21[2) Höherer Dienst. (1) [1] Die Anerkennung der Befähigung für eine Laufbahn des höheren Dienstes nach § 7 Nummer 2 Buchstabe a setzt voraus:

1. eine inhaltlich den Anforderungen eines fachspezifischen Vorbereitungsdienstes entsprechende Ausbildung oder

[1] *§ 19 Abs. 3 geänd. mWv 27. 1. 2017 durch VO v. 18. 1. 2017 (BGBl. I S. 89).*
[2] *§ 21 Abs. 1 neu gef. mWv 23. 8. 2016 durch VO v. 15. 8. 2016 (BGBl. I S. 1981).*

2. einen an einer Hochschule erworbenen Master oder einen gleichwertigen Abschluss, der zusammen mit einer hauptberuflichen Tätigkeit von mindestens zwei Jahren und sechs Monaten geeignet ist, die Befähigung für die entsprechende Laufbahn zu vermitteln.

² § 19 Absatz 2 bis 4 gilt entsprechend.

(2) Die Laufbahnbefähigung für den höheren nichttechnischen Verwaltungsdienst hat auch, wer die Befähigung zum Richteramt hat.

§ 22 Andere Bewerberinnen und andere Bewerber. (1) Wer nicht die Voraussetzungen des § 7 Nummer 1 oder 2 Buchstabe a erfüllt, darf nur berücksichtigt werden, wenn keine geeigneten Bewerberinnen und Bewerber mit einer Laufbahnbefähigung für die entsprechende Laufbahn zur Verfügung stehen oder die Einstellung von besonderem dienstlichen Interesse ist.

(2) ¹ Nach Absatz 1 berücksichtigte Bewerberinnen und Bewerber müssen durch ihre Lebens- und Berufserfahrung befähigt sein, im Beamtendienst die Aufgaben ihrer künftigen Laufbahn wahrzunehmen. ² Eine bestimmte Vorbildung darf außer im Fall des Absatzes 3 von ihnen nicht gefordert werden.

(3) Ist eine bestimmte Vorbildung, Ausbildung oder Prüfung durch besondere Rechtsvorschrift vorgeschrieben oder nach ihrer Eigenart zwingend erforderlich, ist eine Einstellung nach Absatz 1 nicht möglich.

(4) Das Verfahren zur Feststellung der Laufbahnbefähigung nach § 8 Absatz 2 regelt der Bundespersonalausschuss.

Unterabschnitt 4. Sonderregelungen

§ 23[1] Besondere Qualifikationen und Zeiten. (1) Abweichend von § 17 Absatz 3 Nummer 1 Buchstabe a des Bundesbeamtengesetzes[2] können Beamtinnen und Beamte, die einen Hauptschulabschluss oder einen als gleichwertig anerkannten Bildungsstand besitzen, für eine Laufbahn des mittleren Dienstes zugelassen werden, wenn die abgeschlossene Berufsausbildung und hauptberufliche Tätigkeit geeignet sind, die Befähigung für die Laufbahn des mittleren Dienstes zu vermitteln.

(2) Abweichend von § 17 Absatz 4 Nummer 2 Buchstabe c des Bundesbeamtengesetzes kann für die Zulassung zur Laufbahn des gehobenen nichttechnischen Verwaltungsdienstes für eine Verwendung in der Aufsicht über die Flugsicherung anstelle eines mit einem Bachelor abgeschlossenen Hochschulstudiums auch eine abgeschlossene Ausbildung zur Fluglotsin oder zum Fluglotsen an der Flugsicherungsakademie der DFS Deutsche Flugsicherung GmbH berücksichtigt werden.

(3) Abweichend von § 17 Absatz 4 Nummer 2 Buchstabe c des Bundesbeamtengesetzes kann für die Zulassung zur Laufbahn des gehobenen technischen Verwaltungsdienstes für eine Verwendung

1. in der Überwachung der Flugtüchtigkeit von Luftfahrzeugen,

[1] § 23 Abs. 1 geänd., Abs. 2–5 eingef., bish. Abs. 2–4 werden Abs. 6–8, neuer Abs. 6 geänd. mWv 23. 8. 2016 durch VO v. 15. 8. 2016 (BGBl. I S. 1981); Abs. 4 Satz 1 abschl. Satzteil neu gef. mWv 27. 1. 2017 durch VO v. 18. 1. 2017 (BGBl. I S. 89).
[2] Nr. **160**.

2. in der Überwachung von Luftfahrtunternehmen, Organisationen, die fliegendes Personal ausbilden, und Unternehmen, die Luftfahrtgerät entwickeln, herstellen, instand halten oder ändern, sowie

3. in der Flugunfalluntersuchung

anstelle eines mit einem Bachelor abgeschlossenen Hochschulstudiums auch der Erwerb einer Lizenz für Berufspilotinnen oder -piloten nach der Verordnung (EU) Nr. 1178/2011 der Kommission vom 3. November 2011 zur Festlegung technischer Vorschriften und von Verwaltungsverfahren in Bezug auf das fliegende Personal in der Zivilluftfahrt gemäß der Verordnung (EG) Nr. 216/2008 des Europäischen Parlaments und des Rates (ABl. L 311 vom 25. 11. 2011, S. 1) in der jeweils geltenden Fassung berücksichtigt werden.

(4) [1] Abweichend von § 17 Absatz 5 Nummer 1 Buchstabe a des Bundesbeamtengesetzes kann für die Zulassung zu den Laufbahnen

1. des höheren technischen Verwaltungsdienstes,

2. des höheren sprach- und kulturwissenschaftlichen Dienstes,

3. des höheren naturwissenschaftlichen Dienstes sowie

4. des höheren ärztlichen und gesundheitswissenschaftlichen Dienstes

anstelle eines an einer Hochschule erworbenen Masters ein an einer Hochschule erworbener Bachelor oder ein gleichwertiger Abschluss, jeweils in Verbindung mit einer Promotion oder einer hauptberuflichen Tätigkeit von mindestens zwei Jahren und sechs Monaten, berücksichtigt werden. [2] Die hauptberufliche Tätigkeit muss nach Fachrichtung und Schwierigkeit der Tätigkeit einer Beamtin oder eines Beamten derselben Laufbahn entsprechen.

(5) Abweichend von § 17 Absatz 5 Nummer 1 Buchstabe a des Bundesbeamtengesetzes kann für die Zulassung zur Laufbahn des höheren technischen Verwaltungsdienstes für eine Verwendung

1. in der Überwachung der Flugtüchtigkeit von Luftfahrzeugen,

2. in der Überwachung von Luftfahrtunternehmen, Organisationen, die fliegendes Personal ausbilden, und Unternehmen, die Luftfahrtgerät entwickeln, herstellen, instand halten oder ändern, sowie

3. in der Flugunfalluntersuchung

anstelle eines mit einem Master abgeschlossenen Hochschulstudiums auch der Erwerb einer Lizenz für Verkehrspilotinnen oder -piloten nach der Verordnung (EU) Nr. 1178/2011 der Kommission vom 3. November 2011 zur Festlegung technischer Vorschriften und von Verwaltungsverfahren in Bezug auf das fliegende Personal in der Zivilluftfahrt gemäß der Verordnung (EG) Nr. 216/2008 des Europäischen Parlaments und des Rates (ABl. L 311 vom 25. 11. 2011, S. 1) in der jeweils geltenden Fassung berücksichtigt werden.

(6) Abweichend von § 17 Absatz 4 Nummer 2 Buchstabe c und Absatz 5 Nummer 2 Buchstabe c des Bundesbeamtengesetzes können anstelle von Zeiten einer hauptberuflichen Tätigkeit

1. bei Ärztinnen und Ärzten

 a) Zeiten einer als Pflicht- oder Medizinalassistentin, als Pflicht- oder Medizinalassistent und als Ärztin oder Arzt im Praktikum ausgeübten Tätigkeit oder

 b) Zeiten einer Weiterbildung zum Tropenmediziner,

2. bei Lebensmittelchemikerinnen und Lebensmittelchemikern Zeiten der zusätzlich vorgeschriebenen Ausbildung und

3. bei Wissenschaftlerinnen und Wissenschaftlern Zeiten einer Habilitation anerkannt werden.

(7) Abweichend von § 17 Absatz 5 des Bundesbeamtengesetzes können Beamtinnen und Beamte, die die Voraussetzungen des § 17 Absatz 4 des Bundesbeamtengesetzes erfüllen,

1. im Schulaufsichtsdienst der Bundeswehrfachschulen bis zur Besoldungsgruppe A 15 der Bundesbesoldungsordnung A und

2. als Lehrerinnen und Lehrer an Bundeswehrfachschulen bis zur Besoldungsgruppe A 14 der Bundesbesoldungsordnung A

für die Laufbahn des höheren sprach- und kulturwissenschaftlichen Dienstes zugelassen werden.

(8) Abweichend von § 17 des Bundesbeamtengesetzes können bei Personen, die berufsmäßigen Wehrdienst geleistet haben, anstelle des Vorbereitungsdienstes inhaltlich den Anforderungen eines Vorbereitungsdienstes entsprechende Qualifizierungen berücksichtigt werden.

§ 24[1]**) Zulassung zur höheren Laufbahn bei Besitz einer Berufsausbildung oder einer Hochschulausbildung.** (1) Abweichend von § 17 Absatz 2 bis 5 des Bundesbeamtengesetzes[2]) können Beamtinnen und Beamte, die die für eine höhere Laufbahn erforderliche Berufsausbildung oder Hochschulausbildung besitzen, für eine höhere Laufbahn zugelassen werden, wenn sie an einem für Regelbewerberinnen und Regelbewerber vorgesehenen Auswahlverfahren erfolgreich teilgenommen haben.

(2) Sie verbleiben in ihrem bisherigen beamtenrechtlichen Status, bis sie

1. folgende Voraussetzungen erfüllen:

a) im mittleren Dienst die sonstigen Voraussetzungen nach § 17 Absatz 3 Nummer 2 des Bundesbeamtengesetzes,

b) im gehobenen Dienst die sonstigen Voraussetzungen nach § 17 Absatz 4 Nummer 2 des Bundesbeamtengesetzes und

c) im höheren Dienst die sonstigen Voraussetzungen nach § 17 Absatz 5 Nummer 2 des Bundesbeamtengesetzes und

2. sich nach Erlangung der Befähigung sechs Monate in der neuen Laufbahn bewährt haben.

(3) [1] Nach der Bewährung wird den Beamtinnen und Beamten im Rahmen der besetzbaren Planstellen ein Amt der höheren Laufbahn verliehen. [2] Das erste Beförderungsamt darf frühestens nach Ablauf einer Dienstzeit von einem Jahr seit der ersten Verleihung eines Amtes der höheren Laufbahngruppe verliehen werden.

§ 25[3]**) Einstellung in ein höheres Amt als das Eingangsamt.** (1) [1] Beamtinnen und Beamte können in ein höheres Amt als das Eingangsamt einge-

[1]) § 24 Überschrift neu gef., Abs. 1 geänd., Abs. 2 Nr. 1 neu gef., Abs. 3 angef. mWv 27. 1. 2017 durch VO v. 18. 1. 2017 (BGBl. I S. 89).
[2]) Nr. **160**.
[3]) § 25 neu gef. mWv 23. 8. 2016 durch VO v. 15. 8. 2016 (BGBl. I S. 1981).

stellt werden, wenn die beruflichen Erfahrungen, die zusätzlich zu den Abschlüssen und beruflichen Erfahrungen, die für die Anerkennung der Laufbahnbefähigung erforderlich sind, ihrer Art und Bedeutung nach dem angestrebten Amt gleichwertig sind. [2] Liegen gleichwertige berufliche Erfahrungen nicht vor, muss die besondere Befähigung für das angestrebte Amt der betreffenden Laufbahn durch förderliche Zusatzqualifikationen nachgewiesen werden. [3] Das Beförderungsamt muss nach dem individuellen fiktiven Werdegang erreichbar sein.

(2) Soweit Zeiten nach Absatz 1 auf den Vorbereitungsdienst angerechnet worden sind, können sie nicht berücksichtigt werden.

§ 26 Übernahme von Richterinnen und Richtern. (1) [1] Abweichend von § 25 kann Richterinnen und Richtern, die in die Laufbahn des höheren nichttechnischen Verwaltungsdienstes wechseln, ein Amt der Besoldungsgruppe A 14 der Bundesbesoldungsordnung A nach einem Jahr, ein Amt der Besoldungsgruppe A 15 nach zwei Jahren seit der Ernennung zur Richterin oder zum Richter auf Lebenszeit übertragen werden. [2] Einer Richterin oder einem Richter der Besoldungsgruppe R 2 der Bundesbesoldungsordnung R kann ein Amt der Besoldungsgruppe A 16 der Bundesbesoldungsordnung A übertragen werden.

(2) Absatz 1 gilt für Staatsanwältinnen und Staatsanwälte entsprechend.

§ 27 Ausnahmen für besonders leistungsstarke Beamtinnen und Beamte. (1) Abweichend von § 17 Absatz 3 bis 5 des Bundesbeamtengesetzes[1]) können geeignete Dienstposten des mittleren, gehobenen und höheren Dienstes nach entsprechender Ausschreibung mit Beamtinnen und Beamten besetzt werden, die

1. sich in einer Dienstzeit von mindestens zwanzig Jahren in mindestens zwei Verwendungen bewährt haben,

2. seit mindestens fünf Jahren das Endamt ihrer bisherigen Laufbahn erreicht haben,

3. in den letzten zwei Beurteilungen mit der höchsten oder zweithöchsten Note ihrer Besoldungsgruppe oder Funktionsebene beurteilt worden sind und

4. ein Auswahlverfahren erfolgreich durchlaufen haben.

(2) [1] Geeignet sind vor allem Dienstposten bis zum zweiten Beförderungsamt der jeweiligen Laufbahn, bei denen eine lange berufliche Erfahrung ein wesentliches Merkmal des Anforderungsprofils darstellt. [2] Die obersten Dienstbehörden sind befugt, darüber hinausgehende Anforderungen an die Eignung der Dienstposten in ihrem Zuständigkeitsbereich zu bestimmen.

(3) [1] Die obersten Dienstbehörden bestimmen Auswahlkommissionen, die die Auswahlverfahren durchführen. [2] Sie bestehen in der Regel aus vier Mitgliedern und sollen zu gleichen Teilen mit Frauen und Männern besetzt sein. [3] Die Mitglieder müssen einer höheren Laufbahn als die Bewerberinnen und Bewerber angehören. [4] Sie sind unabhängig und an Weisungen nicht gebunden. [5] In dem Auswahlverfahren wird, gemessen an den Anforderungen

[1]) Nr. **160.**

des zu besetzenden Dienstpostens, die Eignung und Befähigung der Beamtinnen und Beamten überprüft. [6] Eignung und Befähigung sind in einer Vorstellung vor einer Auswahlkommission nachzuweisen, die einen schriftlichen und mündlichen Teil umfasst. [7] Die Auswahlkommission bewertet die Ergebnisse und macht einen Vorschlag für die Besetzung des Dienstpostens. [8] Die obersten Dienstbehörden können ihre Befugnisse auf andere Behörden übertragen.

(4) [1] Den in Absatz 1 genannten Beamtinnen und Beamten wird im Rahmen der besetzbaren Planstellen das Eingangsamt der höheren Laufbahn verliehen. [2] Das erste Beförderungsamt darf frühestens nach Ablauf einer Dienstzeit von einem Jahr seit der ersten Verleihung eines Amtes der höheren Laufbahn, das zweite Beförderungsamt frühestens nach einem weiteren Jahr verliehen werden. [3] Weitere Beförderungen sind ausgeschlossen.

(5) Beamtinnen und Beamte, die nach den Absätzen 1 bis 4 ein Amt einer höheren Laufbahn verliehen bekommen haben, können auch auf anderen geeigneten Dienstposten im Sinne des Absatzes 2 eingesetzt werden.

Abschnitt 3. Berufliche Entwicklung

Unterabschnitt 1. Probezeit

§ 28 Dauer der Probezeit und Feststellung der Bewährung. (1) Die regelmäßige Probezeit dauert drei Jahre.

(2) Die Beamtinnen und Beamten haben sich in der Probezeit in vollem Umfang bewährt, wenn sie nach Eignung, Befähigung und fachlicher Leistung wechselnde Anforderungen ihrer Laufbahn erfüllen können.

(3) Die Beamtinnen und Beamten sind während der Probezeit in mindestens zwei Verwendungsbereichen einzusetzen, wenn nicht dienstliche Gründe entgegenstehen.

(4) [1] Eignung, Befähigung und fachliche Leistung der Beamtinnen und Beamten sind spätestens nach der Hälfte der Probezeit erstmals und vor Ablauf der Probezeit mindestens ein zweites Mal zu beurteilen. [2] Auf besondere Eignungen und auf bestehende Mängel ist in der Beurteilung hinzuweisen.

(5) Kann die Bewährung wegen besonderer Umstände des Einzelfalls bis zum Ablauf der regelmäßigen Probezeit nicht abschließend festgestellt werden, kann die Probezeit verlängert werden.

(6) Beamtinnen und Beamte, die sich in der Probezeit nicht in vollem Umfang bewährt haben, werden spätestens mit Ablauf der Probezeit entlassen.

§ 29[1] Anrechnung hauptberuflicher Tätigkeiten. (1) Hauptberufliche Tätigkeiten, die nach Art und Schwierigkeit mindestens der Tätigkeit in einem Amt der betreffenden Laufbahn entsprechen, können auf die Probezeit angerechnet werden.

(2) Nicht anzurechnen sind hauptberufliche Tätigkeiten,
1. die auf den Vorbereitungsdienst angerechnet worden sind,
2. deren Ausübung Voraussetzung für die Zulassung zur Laufbahn ist oder
3. die nach § 20 des Bundesbeamtengesetzes[2] berücksichtigt worden sind.

[1] § 29 neu gef. mWv 26.2.2013 durch VO v. 20.2.2013 (BGBl. I S. 316).
[2] Nr. **160**.

(3) § 19 Absatz 4 gilt entsprechend.

§ 30[1) Verlängerung der Probezeit. (1) [1]Die Probezeit verlängert sich um die Zeit einer Beurlaubung ohne Besoldung. [2]Dies gilt nicht, wenn die Probezeit wegen einer dienstlichen oder öffentlichen Belangen dienenden Beurlaubung unterbrochen wurde und das Vorliegen dieser Voraussetzung bei Gewährung des Urlaubs von der obersten Dienstbehörde festgestellt worden ist. [3]Die obersten Dienstbehörden bestimmen im Einvernehmen mit dem Bundesministerium des Innern, für Bau und Heimat, unter welchen Voraussetzungen dienstliche oder öffentliche Belange anerkannt werden können.

(2) [1]Die Probezeit wird nicht verlängert durch Zeiten

1. des Mutterschutzes,
2. einer Teilzeitbeschäftigung,
3. einer Kinderbetreuung bis zu drei Jahren pro Kind,
4. der tatsächlichen Pflege von nach ärztlichem Gutachten pflegebedürftigen nahen Angehörigen im Sinne des § 7 Absatz 3 des Pflegezeitgesetzes[2)] bis zu drei Jahren pro Angehöriger oder Angehörigem sowie
5. einer Beurlaubung nach § 24 Absatz 2 des Gesetzes über den Auswärtigen Dienst[3)] bis zu drei Jahren.

[2]§ 19 Absatz 4 gilt entsprechend.

§ 31 Mindestprobezeit. (1) Unabhängig von den §§ 29 und 30 muss jede Beamtin oder jeder Beamte die Mindestprobezeit von einem Jahr leisten.

(2) Die Probezeit einschließlich der Mindestprobezeit kann ganz oder teilweise entfallen, wenn die nach § 29 anrechenbare Tätigkeit

1. im berufsmäßigen Wehrdienst,
2. in der für die Bewährungsfeststellung zuständigen obersten Dienstbehörde oder deren Dienstbereich oder
3. in einem Beamtenverhältnis der Besoldungsgruppe W oder C

ausgeübt worden ist.

Unterabschnitt 2. Beförderung

§ 32 Voraussetzungen einer Beförderung. Eine Beamtin oder ein Beamter kann befördert werden, wenn

1. sie oder er nach Eignung, Befähigung und fachlicher Leistung ausgewählt worden ist,
2. im Fall der Übertragung einer höherwertigen Funktion die Eignung in einer Erprobungszeit nachgewiesen wurde und
3. kein Beförderungsverbot vorliegt.

[1)] § 30 Abs. 2 Satz 1 Nr. 4 geänd. mWv 27.1.2017 durch VO v. 18.1.2017 (BGBl. I S. 89); Abs. 1 Satz 3 *geänd. mWv 27.6.2020 durch VO v. 19.6.2020 (BGBl. I S. 1328).*
[2)] **Aichberger, SGB Nr. 11/10.**
[3)] **Bundesbeamtengesetze Nr. 130.**

§ 33[1] Auswahlentscheidungen. (1) [1] Feststellungen über Eignung, Befähigung und fachliche Leistung sind in der Regel auf der Grundlage aktueller dienstlicher Beurteilungen zu treffen. [2] Frühere Beurteilungen sind zusätzlich zu berücksichtigen und vor Hilfskriterien heranzuziehen. [3] Zur Überprüfung der Erfüllung von Anforderungen, zu denen die dienstlichen Beurteilungen keinen Aufschluss geben, können eignungsdiagnostische Instrumente eingesetzt werden. [4] Die §§ 8 und 9 des Bundesgleichstellungsgesetzes[2] sind zu beachten.

(2) [1] Erfolgreich absolvierte Tätigkeiten in einer öffentlichen zwischenstaatlichen oder überstaatlichen Einrichtung, in der Verwaltung eines Mitgliedstaats der Europäischen Union oder in einer öffentlichen Einrichtung eines Mitgliedstaats der Europäischen Union während einer Beurlaubung nach § 6 Absatz 1 der Sonderurlaubsverordnung[3] sind besonders zu berücksichtigen. [2] Langjährige Leistungen, die wechselnden Anforderungen gleichmäßig gerecht geworden sind, sind angemessen zu berücksichtigen.

(2 a) [1] Beamtinnen und Beamte, die zur Ausübung einer gleichwertigen hauptberuflichen Tätigkeit bei einer Fraktion des Deutschen Bundestages, eines Landtages oder des Europäischen Parlaments beurlaubt sind, sind in entsprechender Anwendung des § 21 des Bundesbeamtengesetzes[4] von der Fraktion zu beurteilen. [2] § 50 Absatz 2 findet in diesen Fällen keine Anwendung. [3] Der Zeitpunkt der Erstellung der Beurteilung richtet sich nach dem Regelbeurteilungsdurchgang der beurlaubenden Dienststelle.

(3) [1] Liegt keine aktuelle dienstliche Beurteilung vor, ist jedenfalls in folgenden Fällen die letzte regelmäßige dienstliche Beurteilung unter Berücksichtigung der Entwicklung vergleichbarer Beamtinnen und Beamten fiktiv fortzuschreiben:

1. bei Beurlaubungen nach § 6 Absatz 1 der Sonderurlaubsverordnung zur Ausübung einer gleichwertigen hauptberuflichen Tätigkeit, wenn die Vergleichbarkeit der Beurteilung der öffentlichen zwischenstaatlichen oder überstaatlichen Einrichtung, der Verwaltung eines Mitgliedstaats der Europäischen Union oder der öffentlichen Einrichtung eines Mitgliedstaats der Europäischen Union mit der dienstlichen Beurteilung nicht gegeben ist,

2. bei Elternzeit mit vollständiger Freistellung von der dienstlichen Tätigkeit und

3. bei Freistellungen von der dienstlichen Tätigkeit wegen einer Mitgliedschaft im Personalrat, als Vertrauensperson der schwerbehinderten Menschen oder als Gleichstellungsbeauftragte, wenn die dienstliche Tätigkeit weniger als 25 Prozent der Arbeitszeit beansprucht.

[2] In den Fällen des Satzes 1 Nummer 1 sollen für die fiktive Fortschreibung auch Beurteilungen der aufnehmenden Stelle herangezogen werden.

[1] § 33 Abs. 3 Satz 2 angef., Abs. 4 Sätze 1 und 3 neu gef., Satz 4 angef. mWv 26. 2. 2013 durch VO v. 20. 2. 2013 (BGBl. I S. 316); Abs. 2 a eingef., Abs. 3 Satz 1 Nr. 2 aufgeh., bish. Nr. 3 und 4 werden Nr. 2 und 3 und Satz 2 geänd. mWv 16. 8. 2014 durch G v. 11. 8. 2014 (BGBl. I S. 1346); Abs. 1 Satz 3 eingef., bish. Satz 3 wird Satz 4, Abs. 2 Satz 1 und Abs. 3 Satz 1 Nr. 1 neu gef. mWv 27. 1. 2017 durch VO v. 18. 1. 2017 (BGBl. I S. 89).
[2] **Bundesbeamtengesetze Nr. 3.**
[3] Nr. **173**.
[4] Nr. **160**.

(4) ¹Haben sich Vorbereitungsdienst und Probezeit um Zeiten verlängert, in denen ein Dienst nach § 15 Absatz 1 Satz 1 Nummer 4 abgeleistet worden ist, sind die sich daraus ergebenden zeitlichen Verzögerungen angemessen auszugleichen. ²Zu diesem Zweck kann während der Probezeit befördert werden, wenn die sonstigen Voraussetzungen des § 32 vorliegen. ³Die Sätze 1 und 2 gelten entsprechend für eine Person, die einen der in § 15 Absatz 1 Satz 1 Nummer 4 genannten Dienste abgeleistet und

1. sich innerhalb von sechs Monaten nach Beendigung des Dienstes um Einstellung beworben hat,

2. im Anschluss an den Dienst einen Ausbildungsgang zum Erwerb eines berufsqualifizierenden Abschlusses begonnen und sich innerhalb von sechs Monaten nach Erwerb des Abschlusses um Einstellung beworben hat,

3. im Anschluss an den Dienst einen Ausbildungsgang zum Erwerb eines berufsqualifizierenden Abschlusses begonnen und im Anschluss an den Erwerb des berufsqualifizierenden Abschlusses eine hauptberufliche Tätigkeit nach den §§ 19 bis 21 begonnen und sich innerhalb von sechs Monaten nach Ableistung der vorgeschriebenen Tätigkeit um Einstellung beworben hat oder

4. im Anschluss an den Dienst eine hauptberufliche Tätigkeit nach den §§ 19 bis 21 begonnen und sich innerhalb von sechs Monaten nach Ableistung der vorgeschriebenen Tätigkeit um Einstellung beworben hat

und auf Grund der Bewerbung eingestellt worden ist. ⁴Nicht auszugleichen sind Zeiten eines Dienstes nach § 15 Absatz 1 Satz 1 Nummer 4, wenn diese als Voraussetzung für die Zulassung zur Laufbahn oder nach § 20 des Bundesbeamtengesetzes berücksichtigt oder auf die Probezeit angerechnet worden sind.

§ 34¹⁾ Erprobungszeit. (1) ¹Die Erprobungszeit beträgt mindestens sechs Monate und soll ein Jahr nicht überschreiten. ²§ 19 Absatz 4 gilt entsprechend.

(2) ¹Die in § 33 Absatz 3 genannten Zeiten und Erprobungszeiten auf einem anderen Dienstposten gleicher Bewertung gelten als geleistete Erprobungszeit, wenn die Beamtin oder der Beamte bei Berücksichtigung sämtlicher Erkenntnisse die Erprobung aller Voraussicht nach erfolgreich absolviert hätte. ²Gleiches gilt für Zeiten, in denen während einer Beurlaubung gleichwertige Tätigkeiten in einer Forschungseinrichtung ausgeübt worden sind.

(3) Kann die Eignung nicht festgestellt werden, ist von der dauerhaften Übertragung des Dienstpostens abzusehen oder die Übertragung zu widerrufen.

Unterabschnitt 3. Aufstieg

§ 35²⁾ Aufstieg in die nächsthöhere Laufbahn. (1) ¹Der Aufstieg in die nächsthöhere Laufbahn erfolgt nach erfolgreichem Abschluss des Aufstiegsverfahrens. ²Dieser setzt neben der erfolgreichen Teilnahme an einem Auswahlverfahren Folgendes voraus:

¹⁾ *§ 34 Abs. 2 Satz 2* angef. mWv 26. 2. 2013 durch VO v. 20. 2. 2013 (BGBl. I S. 316).
²⁾ § 35 Abs. 1 Satz 2 neu gef. mWv 27. 1. 2017 durch VO v. 18. 1. 2017 (BGBl. I S. 89).

1. beim Aufstieg in den mittleren Dienst: den erfolgreichen Abschluss eines fachspezifischen Vorbereitungsdienstes oder einer fachspezifischen Qualifizierung,

2. beim Aufstieg in den gehobenen Dienst: den erfolgreichen Abschluss eines fachspezifischen Vorbereitungsdienstes, einer fachspezifischen Qualifizierung oder eines Hochschulstudiums sowie eine berufspraktische Einführung in die Laufbahn des gehobenen Dienstes und

3. beim Aufstieg in den höheren Dienst: den erfolgreichen Abschluss eines fachspezifischen Vorbereitungsdienstes oder eines Hochschulstudiums sowie eine berufspraktische Einführung in die Laufbahn des höheren Dienstes.

(2) [1] Bei der Auswahl und Gestaltung der Aufstiegsverfahren sind die Benachteiligungsverbote des § 25 des Bundesbeamtengesetzes[1] zu beachten. [2] Berufsbegleitende und modularisierte Aufstiegsverfahren sind anzubieten, sofern dienstliche Gründe nicht entgegenstehen. [3] Die Bundesakademie für öffentliche Verwaltung unterstützt die obersten Dienstbehörden bei der Ermittlung geeigneter Studiengänge und der Entwicklung familienfreundlicher Konzepte.

§ 36[2] Auswahlverfahren für den Aufstieg. (1) [1] Vor der Durchführung eines Auswahlverfahrens geben die obersten Dienstbehörden in einer Ausschreibung bekannt, welche fachspezifischen Vorbereitungsdienste, Studiengänge oder sonstigen Qualifizierungen für den Aufstieg angeboten werden. [2] Sie können diese Befugnis auf andere Behörden übertragen.

(2) [1] Voraussetzung für die Zulassung zum Auswahlverfahren ist, dass sich die Bewerberinnen und Bewerber nach Ablauf der Probezeit in einer Dienstzeit von mindestens drei Jahren bewährt und bei Ablauf der Ausschreibungsfrist das 58. Lebensjahr noch nicht vollendet haben. [2] Voraussetzung für die Zulassung zum Auswahlverfahren für die fachspezifische Qualifizierung für den Aufstieg in den gehobenen Dienst ist neben den in Satz 1 genannten Voraussetzungen, dass die Bewerberinnen und Bewerber bei Ablauf der Ausschreibungsfrist

1. das zweite Beförderungsamt erreicht haben und

2. in der letzten dienstlichen Beurteilung mit der höchsten oder zweithöchsten Note ihrer Besoldungsgruppe oder Funktionsebene beurteilt worden sind.

[3] Ist das zweite Beförderungsamt das Endamt der Laufbahn, ist abweichend von Satz 2 Nummer 1 Voraussetzung für die Zulassung zum Auswahlverfahren, dass die Bewerberinnen und Bewerber bei Ablauf der Ausschreibungsfrist seit mindestens drei Jahren das erste Beförderungsamt erreicht haben. [4] § 19 Absatz 4 gilt entsprechend.

(3) [1] Die obersten Dienstbehörden bestimmen Auswahlkommissionen, die die Auswahlverfahren durchführen. [2] Sie können diese Befugnis auf unmittel-

[1] Nr. **160.**
[2] § 36 Abs. 3 Satz 2 geänd. mWv 23. 8. 2016 durch VO v. 15. 8. 2016 (BGBl. I S. 1981); Abs. 3 Satz 2 eingef., bish. Sätze 2–5 werden Sätze 3–6 mWv 28. 10. 2016 durch G v. 19. 10. 2016 (BGBl. I S. 2362); Überschrift neu gef., Abs. 2 Satz 1 geänd., Sätze 2 und 3 eingef., bish. Satz 2 wird Satz 4 mWv 27. 1. 2017 durch VO v. 18. 1. 2017 (BGBl. I S. 89).

bar nachgeordnete Behörden übertragen. ³ Die Bundesakademie für öffentliche Verwaltung, die Hochschule des Bundes oder das Bundesverwaltungsamt können mit der Durchführung der Auswahlverfahren betraut werden. ⁴ Die Auswahlkommissionen bestehen in der Regel aus vier Mitgliedern und sollen zu gleichen Teilen mit Frauen und Männern besetzt sein. ⁵ Die Mitglieder müssen einer höheren Laufbahn als die Bewerberinnen und Bewerber angehören. ⁶ Sie sind unabhängig und an Weisungen nicht gebunden.

(4) ¹ In dem Auswahlverfahren wird, gemessen an den Anforderungen der künftigen Laufbahnaufgaben, die Eignung und Befähigung der Beamtinnen und Beamten überprüft. ² Sie sind mindestens in einer Vorstellung vor einer Auswahlkommission nachzuweisen. ³ Beim Aufstieg in eine Laufbahn des gehobenen oder des höheren Dienstes sind auch schriftliche Aufgaben zu bearbeiten. ⁴ Die Auswahlkommission bewertet die Ergebnisse. ⁵ Sie kann die weitere Vorstellung vor der Auswahlkommission von den in den schriftlichen Aufgaben erzielten Ergebnissen abhängig machen. ⁶ Für jedes Auswahlverfahren ist eine Rangfolge der erfolgreichen Bewerberinnen und Bewerber festzulegen. ⁷ Die Teilnahme ist erfolglos, wenn sie nicht mit ausreichendem Ergebnis abgeschlossen wurde.

(5) Die zuständige Dienstbehörde kann auf der Grundlage der dienstlichen Beurteilungen und sonstiger Anforderungen eine Vorauswahl für die Teilnahme am Auswahlverfahren treffen.

(6) ¹ Über die Zulassung zum Aufstieg entscheidet die oberste Dienstbehörde unter Berücksichtigung des Vorschlags der Auswahlkommission. ² Sie kann diese Befugnis auf eine andere Behörde übertragen.

§ 37 Teilnahme an Vorbereitungsdiensten. (1) Nehmen die Beamtinnen und Beamten nach erfolgreichem Auswahlverfahren an einem fachspezifischen Vorbereitungsdienst teil, sind die für die Referendarinnen, Referendare, Anwärterinnen und Anwärter im fachspezifischen Vorbereitungsdienst geltenden Bestimmungen zu Ausbildung und Prüfung entsprechend anzuwenden.

(2) Ist der Vorbereitungsdienst auf eine berufspraktische Studienzeit beschränkt, regeln die Ausbildungs- und Prüfungsordnungen die Voraussetzungen des Aufstiegs.

§ 38¹⁾ Fachspezifische Qualifizierungen. (1) Fachspezifische Qualifizierungen dauern

1. für den Aufstieg in den mittleren Dienst mindestens ein Jahr und sechs Monate und

2. für den Aufstieg in den gehobenen Dienst mindestens zwei Jahre.

(2) ¹ Die fachtheoretische Ausbildung soll für den Aufstieg in den mittleren Dienst sechs Monate und für den Aufstieg in den gehobenen Dienst acht Monate nicht unterschreiten. ² Sie kann für den Aufstieg in den gehobenen Dienst zum Teil berufsbegleitend durchgeführt werden. ³ Die fachtheoreti-

¹⁾ § 38 Abs. 4 Satz 2 geänd. mWv 28. 10. 2016 durch G v. 19. 10. 2016 (BGBl. I S. 2362); Abs. 1, Abs. 2 Sätze 1 und 2 neu gef., Satz 3 eingef., bish. Sätze 3 und 4 werden Sätze 4 und 5, Abs. 3 Sätze 1 und 3 geänd. mWv 27. 1. 2017 durch VO v. 18. 1. 2017 (BGBl. I S. 89).

sche Ausbildung vermittelt entsprechend den Anforderungen der Laufbahn Folgendes:

1. fachspezifische Kenntnisse und Fähigkeiten sowie

2. Kenntnisse und Fähigkeiten auf folgenden Gebieten:

 a) Verfassungs- und Europarecht,

 b) allgemeines Verwaltungsrecht,

 c) Recht des öffentlichen Dienstes,

 d) Haushaltsrecht,

 e) bürgerliches Recht,

 f) Organisation der Bundesverwaltung,

 g) Aufgaben des öffentlichen Dienstes sowie

 h) wirtschaftliches Verwaltungshandeln.

[4] Die Teilnahme an der fachtheoretischen Ausbildung ist durch Leistungsnachweise zu belegen. [5] Leistungsnachweise, die vor Beginn des Aufstiegsverfahrens erworben wurden, können auf Antrag angerechnet werden.

(3) [1] Während der berufspraktischen Einführung werden die Aufgaben der nächsthöheren Laufbahn wahrgenommen. [2] Sie schließt mit einer dienstlichen Beurteilung ab, aus der hervorgeht, ob sich die Beamtin oder der Beamte in der nächsthöheren Laufbahn bewährt hat. [3] Beim Aufstieg in den mittleren Dienst kann die berufspraktische Einführung um höchstens sechs Monate verkürzt werden, wenn die Beamtinnen und Beamten während ihrer bisherigen Tätigkeit hinreichende für die neue Laufbahn qualifizierende Kenntnisse erworben haben.

(4) [1] Der Bundespersonalausschuss oder ein von ihm beauftragter unabhängiger Ausschuss stellt nach einer Vorstellung der Beamtin oder des Beamten fest, ob die fachspezifische Qualifizierung erfolgreich abgeschlossen ist. [2] Mit Zustimmung des Bundespersonalausschusses kann die oberste Dienstbehörde oder können von ihr bestimmte unmittelbar nachgeordnete Behörden das Feststellungsverfahren selbst regeln und durchführen. [3] Das Feststellungsverfahren kann einmal wiederholt werden.

§ 39[1) Teilnahme an Hochschulausbildungen. (1) Die Aufstiegsausbildung kann auch außerhalb eines fachspezifischen Vorbereitungsdienstes in einem Studiengang an einer Hochschule erfolgen, wenn hierfür ein dienstliches Interesse besteht.

(2) Die Laufbahnbefähigung für den gehobenen Dienst setzt ein mit einem Bachelor abgeschlossenes Hochschulstudium oder einen gleichwertigen Abschluss sowie eine berufspraktische Einführung von einem Jahr in der nächsthöheren Laufbahn voraus.

(3) Die Laufbahnbefähigung für den höheren Dienst setzt ein mit einem Master abgeschlossenes Hochschulstudium oder einen gleichwertigen Abschluss sowie eine berufspraktische Einführung von einem Jahr in der nächsthöheren Laufbahn voraus.

1) § 39 Abs. 6 angef. mWv 26. 2. 2013 durch VO v. 20. 2. 2013 (BGBl. I S. 316).

(4) Die berufspraktische Einführung schließt mit einer dienstlichen Beurteilung ab, aus der hervorgeht, ob sich die Beamtin oder der Beamte in der nächsthöheren Laufbahn bewährt hat.

(5) Das Aufstiegsverfahren kann auf die berufspraktische Einführung von einem Jahr beschränkt werden, wenn die Beamtin oder der Beamte die in der Ausschreibung geforderte Hochschulausbildung und das Auswahlverfahren nach § 36 erfolgreich durchlaufen hat.

(6) Die obersten Dienstbehörden können für den Aufstieg Studiengänge einrichten und für diese durch Rechtsverordnung besondere Vorschriften erlassen.

§ 40 Übertragung eines Amtes der neuen Laufbahn. [1] Nach Erwerb der Befähigung für die höhere Laufbahn wird den Beamtinnen und Beamten im Rahmen der besetzbaren Planstellen ein Amt der neuen Laufbahn verliehen. [2] Das erste Beförderungsamt darf frühestens nach Ablauf einer Dienstzeit von einem Jahr seit der ersten Verleihung eines Amtes der höheren Laufbahngruppe verliehen werden.

§ 41 Erstattung der Kosten einer Aufstiegsausbildung. [1] Hat eine Beamtin oder ein Beamter an einer fachspezifischen Qualifizierung oder an einer Hochschulausbildung teilgenommen, muss sie oder er im Fall einer Entlassung die vom Dienstherrn getragenen Kosten der fachspezifischen Qualifizierung oder der Hochschulausbildung erstatten, wenn sie oder er nicht eine Dienstzeit von der dreifachen Dauer der fachspezifischen Qualifizierung oder des Studiums geleistet hat. [2] Auf die Erstattung kann ganz oder teilweise verzichtet werden, wenn sie für die Beamtin oder den Beamten eine besondere Härte bedeuten würde.

Unterabschnitt 4. Sonstiges

§ 42[1) Laufbahnwechsel. (1) Der Wechsel in eine andere Laufbahn derselben Laufbahngruppe ist aus dienstlichen Gründen zulässig, wenn die Beamtin oder der Beamte die Befähigung für die andere Laufbahn besitzt.

(2) [1] Der Erwerb der Befähigung für die andere Laufbahn setzt eine Qualifizierung voraus, die

1. im einfachen Dienst drei Monate,
2. im mittleren Dienst ein Jahr und
3. im gehobenen und höheren Dienst ein Jahr und sechs Monate

nicht unterschreiten darf. [2] Während der Qualifizierung müssen der Beamtin oder dem Beamten die für die Laufbahn erforderlichen Fach-, Methoden- und sozialen Kompetenzen vermittelt werden.

§ 43 Wechsel von Wissenschaftlerinnen und Wissenschaftlern. Wenn sie die Befähigung für die vorgesehene Laufbahn besitzen, können Beamtinnen und Beamten der Besoldungsgruppe

[1) § 42 Abs. 2 Satz 3 aufgeh. mWv 27. 1. 2017 durch VO v. 18. 1. 2017 (BGBl. I S. 89).

1. W1 oder C1 der Bundesbesoldungsordnungen W oder C Ämter der Besoldungsgruppe A 13 der Bundesbesoldungsordnung A,

2. W2 oder C2 der Bundesbesoldungsordnungen W oder C nach vier Jahren Ämter der Besoldungsgruppe A 14 der Bundesbesoldungsordnung A,

3. W2 oder C2 der Bundesbesoldungsordnungen W oder C nach fünf Jahren Ämter der Besoldungsgruppe A 15 der Bundesbesoldungsordnung A,

4. W2 oder C3 der Bundesbesoldungsordnungen W oder C nach sechs Jahren Ämter der Besoldungsgruppen A16 oder B2 der Bundesbesoldungsordnungen A und B,

5. W3 oder C4 der Bundesbesoldungsordnungen W oder C nach sieben Jahren Ämter der Besoldungsgruppen B3 oder B4 der Bundesbesoldungsordnung B

übertragen werden.

§ 44 Wechsel von einem anderen Dienstherrn. (1) Beim Wechsel von Beamtinnen und Beamten und früheren Beamtinnen und Beamten anderer Dienstherren in ein Beamtenverhältnis beim Bund sowie bei sonstigen bundesunmittelbaren Körperschaften, Anstalten und Stiftungen des öffentlichen Rechts sind die §§ 6 bis 9 und die §§ 18 bis 27 entsprechend anzuwenden.

(2) Die Probezeit gilt als geleistet, soweit sich die Beamtin oder der Beamte bei anderen Dienstherren nach Erwerb der Laufbahnbefähigung in einer gleichwertigen Laufbahn bewährt hat.

§ 45[1] Internationale Verwendungen. [1] Erfolgreich absolvierte hauptberufliche Tätigkeiten in einer öffentlichen zwischenstaatlichen oder überstaatlichen Einrichtung, in der Verwaltung eines Mitgliedstaats der Europäischen Union oder in einer öffentlichen Einrichtung eines Mitgliedstaats der Europäischen Union während einer Beurlaubung nach § 6 Absatz 1 der Sonderurlaubsverordnung[2] sind besonders zu berücksichtigen, wenn Erfahrungen und Kenntnisse im internationalen Bereich für den Dienstposten wesentlich sind. [2] Sie dürfen sich im Übrigen nicht nachteilig auf das berufliche Fortkommen der Beamtinnen und Beamten auswirken.

Abschnitt 4. Personalentwicklung und Qualifizierung

§ 46 Personalentwicklung. (1) [1] Als Grundlage für die Personalentwicklung sind Personalentwicklungskonzepte zu erstellen. [2] Über die Gestaltung entscheidet die oberste Dienstbehörde. [3] Sie kann diese Befugnis auf andere Behörden übertragen.

(2) [1] Im Rahmen der Personalentwicklungskonzepte sind Eignung, Befähigung und fachliche Leistung durch Personalführungs- und Personalentwicklungsmaßnahmen zu erhalten und zu fördern. [2] Dazu gehören zum Beispiel

1. die dienstliche Qualifizierung,

2. die Führungskräfteentwicklung,

[1] § 45 Satz 1 neu gef. mWv 27. 1. 2017 durch VO v. 18. 1. 2017 (BGBl. I S. 89).
[2] Nr. **173.**

3. Kooperationsgespräche,

4. die dienstliche Beurteilung,

5. Zielvereinbarungen,

6. die Einschätzung der Vorgesetzten durch ihre Mitarbeiterinnen und Mitarbeiter sowie

7. ein die Fähigkeiten und Kenntnisse erweiternder regelmäßiger Wechsel der Verwendung, insbesondere auch in Tätigkeiten bei internationalen Organisationen.

§ 47[1]) **Dienstliche Qualifizierung.** (1) [1] Die dienstliche Qualifizierung ist zu fördern. [2] Qualifizierungsmaßnahmen sind insbesondere

1. die Erhaltung und Fortentwicklung der Fach-, Methoden- und sozialen Kompetenzen für die Aufgaben des übertragenen Dienstpostens und

2. der Erwerb ergänzender Qualifikationen für höher bewertete Dienstposten und für die Wahrnehmung von Führungsaufgaben.

[3] Die dienstliche Qualifizierung wird durch zentral organisierte Fortbildungsmaßnahmen der Bundesregierung geregelt, soweit sie nicht besonderen Fortbildungseinrichtungen einzelner oberster Dienstbehörden obliegt. [4] Die Bundesakademie für öffentliche Verwaltung unterstützt die Behörden bei der Entwicklung von Personalentwicklungskonzepten und bei der Durchführung von Qualifizierungsmaßnahmen.

(2) Die Beamtinnen und Beamten sind verpflichtet, an dienstlichen Qualifizierungen nach Absatz 1 Satz 2 Nummer 1 teilzunehmen.

(3) [1] Den Beamtinnen und Beamten soll ihrer Eignung entsprechend Gelegenheit gegeben werden, an dienstlichen Qualifizierungen nach Absatz 1 Nummer 2 teilzunehmen, sofern das dienstliche Interesse gegeben ist. [2] Die Beamtinnen und Beamten können von der oder dem zuständigen Vorgesetzten vorgeschlagen werden oder sich selbst bewerben.

(4) [1] Bei der Gestaltung von Qualifizierungsmaßnahmen ist die besondere Situation der Beamtinnen und Beamten mit Familienpflichten, mit Teilzeitbeschäftigung und Telearbeitsplätzen zu berücksichtigen. [2] Insbesondere ist die gleichberechtigte Teilnahme an Qualifizierungsmaßnahmen zu ermöglichen, wenn nicht zwingende sachliche Gründe entgegenstehen. [3] Die Bundesakademie für öffentliche Verwaltung unterstützt die obersten Dienstbehörden bei der Entwicklung und Fortschreibung dieser Qualifizierungsmaßnahmen.

(5) [1] Beamtinnen und Beamte, die durch Qualifizierung ihre Fähigkeiten und fachlichen Kenntnisse nachweislich wesentlich gesteigert haben, sollen gefördert werden. [2] Vor allem ist ihnen nach Möglichkeit Gelegenheit zu geben, in Abstimmung mit der Dienstbehörde ihre Fachkenntnisse in höher bewerteten Dienstgeschäften anzuwenden und hierbei ihre besondere fachliche Eignung nachzuweisen.

[1]) § 47 Abs. 2 geänd. mWv 26. 2. 2013 durch VO v. 20. 2. 2013 (BGBl. I S. 316).

Abschnitt 5. Dienstliche Beurteilung

§ 48 Regelbeurteilung, Anlassbeurteilung. (1) Eignung, Befähigung und fachliche Leistung der Beamtin oder des Beamten sind regelmäßig spätestens alle drei Jahre oder wenn es die dienstlichen oder persönlichen Verhältnisse erfordern zu beurteilen.

(2) [1] Ausnahmen von der regelmäßigen Beurteilung können zugelassen werden, wenn eine dienstliche Beurteilung nicht zweckmäßig ist. [2] Dies ist insbesondere während der laufbahnrechtlichen Probezeit und in herausgehobenen Führungsfunktionen der Fall. [3] Die §§ 28 bis 31 bleiben unberührt.

§ 49 Inhalt der dienstlichen Beurteilung. (1) In der dienstlichen Beurteilung sind die fachliche Leistung der Beamtin oder des Beamten nachvollziehbar darzustellen sowie Eignung und Befähigung einzuschätzen.

(2) [1] Die fachliche Leistung ist insbesondere nach den Arbeitsergebnissen, der praktischen Arbeitsweise, dem Arbeitsverhalten und für Beamtinnen oder Beamte, die bereits Vorgesetzte sind, nach dem Führungsverhalten zu beurteilen. [2] Soweit Zielvereinbarungen getroffen werden, soll der Grad der Zielerreichung in die Gesamtwertung der dienstlichen Beurteilung einfließen.

(3) [1] Die Beurteilung schließt mit einem Gesamturteil und einem Vorschlag für die weitere dienstliche Verwendung. [2] Sie bewertet die Eignung für Leitungs- und Führungsaufgaben, wenn entsprechende Aufgaben wahrgenommen werden, und kann eine Aussage über die Eignung für Aufgaben der nächsthöheren Laufbahn enthalten.

§ 50[1]) Beurteilungsverfahren und Beurteilungsmaßstab. (1) [1] Die dienstlichen Beurteilungen erfolgen nach einem einheitlichen Beurteilungsmaßstab unter Berücksichtigung der Anforderungen des Amtes und in der Regel von mindestens zwei Personen. [2] Einzelheiten des Beurteilungsverfahrens, insbesondere die Zahl der Beurteilerinnen und Beurteiler sowie gegebenenfalls die Rolle und Verantwortlichkeit mitwirkender Berichterstatterinnen und Berichterstatter, regeln die obersten Dienstbehörden in den Beurteilungsrichtlinien. [3] Sie können diese Befugnis auf andere Behörden übertragen.

(2) [1] Der Anteil der Beamtinnen und Beamten einer Besoldungsgruppe oder einer Funktionsebene, die beurteilt werden, soll bei der höchsten Note zehn Prozent und bei der zweithöchsten Note zwanzig Prozent nicht überschreiten. [2] Im Interesse der Einzelfallgerechtigkeit ist eine Überschreitung um jeweils bis zu fünf Prozentpunkte möglich. [3] Ist die Bildung von Richtwerten wegen zu geringer Fallzahlen nicht möglich, sind die dienstlichen Beurteilungen in geeigneter Weise entsprechend zu differenzieren.

(3) [1] Die dienstliche Beurteilung ist der Beamtin oder dem Beamten in ihrem vollen Wortlaut zu eröffnen und mit ihr oder ihm zu besprechen. [2] Die Eröffnung ist aktenkundig zu machen und mit der Beurteilung zu den Personalakten zu nehmen.

[1]) § 50 Abs. 1 Satz 1 neu gef., Abs. 2 Satz 2 geänd. mWv 26.2.2013 durch VO v. 20.2.2013 (BGBl. I S. 316); Abs. 1 Satz 2 neu gef. mWv 23.8.2016 durch VO v. 15.8.2016 (BGBl. I S. 1981).

(4) ¹ Das Ergebnis eines Beurteilungsdurchgangs soll den Beurteilten in Form eines Notenspiegels in geeigneter Weise bekannt gegeben werden. ² Hierbei soll der Anteil an Frauen, Männern, Teilzeit- und Telearbeitskräften und schwerbehinderten Menschen jeweils gesondert ausgewiesen werden, wenn die Anonymität der Beurteilungen gewahrt bleibt.

Abschnitt 6. Übergangs- und Schlussvorschriften

§ 51¹⁾ Überleitung der Beamtinnen und Beamten. (1) ¹ Beamtinnen und Beamte, die sich beim Inkrafttreten dieser Rechtsverordnung bereits in einer Laufbahn befinden, die in § 35 Absatz 8 oder den Anlagen 1 bis 5 der Bundeslaufbahnverordnung in der Fassung der Bekanntmachung vom 2. Juli 2002 (BGBl. I S. 2459, 2671), die zuletzt durch Artikel 15 Absatz 28 des Gesetzes vom 5. Februar 2009 (BGBl. I S. 160) geändert worden ist, genannt wird, besitzen die Befähigung für die in § 6 dieser Rechtsverordnung aufgeführte entsprechende Laufbahn. ² Welche Laufbahnen sich entsprechen, ist in Anlage 4²⁾ festgelegt. ³ Im Übrigen besitzen sie die Befähigung für eine in § 6 dieser Rechtsverordnung aufgeführte Laufbahn, die ihrer Fachrichtung entspricht.

(2) Beamtinnen und Beamte, die sich bei Inkrafttreten dieser Rechtsverordnung in Laufbahnen des Post- und Fernmeldedienstes oder der ehemaligen Bundesanstalt für Flugsicherung befinden, besitzen auch die Befähigung für eine in § 6 dieser Rechtsverordnung aufgeführte Laufbahn, die ihrer Fachrichtung entspricht.

(3) Beamtinnen und Beamte, die sich am 26. Januar 2017 in den Laufbahnen des tierärztlichen Dienstes befinden, besitzen die Befähigung für die Laufbahn des agrar-, forst- und ernährungswissenschaftlichen sowie tierärztlichen Dienstes in ihrer bisherigen Laufbahngruppe.

(4) Amtsbezeichnungen, die beim Inkrafttreten dieser Rechtsverordnung geführt werden, können bis zur Übertragung eines anderen Amtes weitergeführt werden.

(5) Beamtinnen und Beamte, die am 1. März 2020 die Amtsbezeichnung Oberamtsgehilfin/Oberamtsgehilfe oder Wachtmeisterin/Wachtmeister führen, können diese bis zur Übertragung eines anderen Amtes weiterführen.

§ 52³⁾ Vorbereitungsdienste. (1) ¹ Die in Anlage 2²⁾ aufgeführten obersten Dienstbehörden erlassen nach § 10 die den jeweiligen fachspezifischen Vorbereitungsdienst regelnden Rechtsverordnungen bis zum 31. Dezember 2018. ² Bis zum Inkrafttreten der jeweiligen fachspezifischen Vorbereitungsdienst regelnden Rechtsverordnungen sind die entsprechend geltenden Laufbahn-, Ausbildungs- und Prüfungsordnungen, die aufgrund des § 2 Absatz 4 der Bundeslaufbahnverordnung in der Fassung der Bekanntmachung vom 2. Juli 2002 (BGBl. I S. 2459, 2671), die zuletzt durch Artikel 15 Absatz 28 des Gesetzes vom 5. Februar 2009 (BGBl. I S. 160) geändert worden

¹⁾ § 51 Abs. 3 eingef., bish. Abs. 3 wird Abs. 4 mWv 27.1.2017 durch VO v. 18.1.2017 (BGBl. I *S. 89); Abs. 5 angef. mWv 1.3.2020 durch VO v. 8.1.2020 (BGBl. I S. 27).*
²⁾ Anlagen hier nicht abgedruckt.
³⁾ § 52 Abs. 1 Satz 1 geänd. mWv 23.8.2016 durch VO v. 15.8.2016 (BGBl. I S. 1981).

ist, erlassen wurden, in ihrer jeweils geltenden Fassung mit Ausnahme der Regelungen zu den Ämtern der Laufbahn weiter anzuwenden.

(2) Auf Beamtinnen und Beamte, deren Vorbereitungsdienst vor dem Inkrafttreten dieser Rechtsverordnung begonnen hat, ist unabhängig vom Inkrafttreten der entsprechenden Rechtsverordnung nach Absatz 1 Satz 1 die Laufbahn-, Ausbildungs- und Prüfungsordnung weiter anzuwenden, die aufgrund des § 2 Absatz 4 der Bundeslaufbahnverordnung in der Fassung der Bekanntmachung vom 2. Juli 2002 (BGBl. I S. 2459, 2671), die zuletzt durch Artikel 15 Absatz 28 des Gesetzes vom 5. Februar 2009 (BGBl. I S. 160) geändert worden ist, erlassen wurde.

§ 53[1] **Beamtenverhältnis auf Probe.** (1) Für Beamtinnen und Beamte, die vor dem 12. Februar 2009 in ein Beamtenverhältnis auf Probe berufen worden sind, gelten anstelle der §§ 28 bis 31 die §§ 7 bis 10 und § 44 Absatz 1 Nummer 2 und 3 der Bundeslaufbahnverordnung in der Fassung der Bekanntmachung vom 2. Juli 2002 (BGBl. I S. 2459, 2671), die zuletzt durch Artikel 15 Absatz 28 des Gesetzes vom 5. Februar 2009 (BGBl. I S. 160) geändert worden ist, mit der Maßgabe, dass sich die Probezeit nicht durch Mutterschutz, Elternzeit und Teilzeit verlängert und § 19 Absatz 4 entsprechend anzuwenden ist.

(2) Auf Beamtinnen und Beamte, die vor dem 26. Februar 2013 in ein Beamtenverhältnis auf Probe berufen worden sind, ist § 29 in seiner bis dahin geltenden Fassung anzuwenden.

§ 54[2] **Aufstieg.** (1) Auf Beamtinnen und Beamte, die bis zum 31. Dezember 2015 nach § 54 Absatz 2 Satz 1 der bis zum 26. Januar 2017 geltenden Fassung erfolgreich an einer Vorauswahl für die Teilnahme am Auswahlverfahren für den Aufstieg teilgenommen haben oder die zum Aufstieg zugelassen worden sind, sind die §§ 33 bis 33 b der Bundeslaufbahnverordnung in der Fassung der Bekanntmachung vom 2. Juli 2002 (BGBl. I S. 2459, 2671), die zuletzt durch Artikel 15 Absatz 28 des Gesetzes vom 5. Februar 2009 (BGBl. I S. 160) geändert worden ist, weiterhin anzuwenden.

(2) [1] Auf Beamtinnen und Beamte, die die Befähigung nach den §§ 23, 29 und 33 a der Bundeslaufbahnverordnung in der bis zum 9. Juli 2002 geltenden Fassung erworben haben, sind die §§ 23, 29 und 33 a der Bundeslaufbahnverordnung in der bis zum 9. Juli 2002 geltenden Fassung anzuwenden. [2] Abweichend von § 23 Absatz 2 Satz 2 und 3, § 29 Absatz 2 Satz 2 und 3 und § 33 a Absatz 2 Satz 2 und 3 der Bundeslaufbahnverordnung in der bis zum 9. Juli 2002 geltenden Fassung können Ämter der Besoldungsgruppe A9, A13 oder A16 der Bundesbesoldungsordnung A ohne Befähigungserweiterung zugeordnet werden.

(3) Auf Beamtinnen und Beamte, die zum Zeitpunkt des Inkrafttretens dieser Verordnung nach § 5 a der Bundeslaufbahnverordnung in der Fassung der Bekanntmachung vom 2. Juli 2002 (BGBl. I S. 2459, 2671), die zuletzt durch Artikel 15 Absatz 28 des Gesetzes vom 5. Februar 2009 (BGBl. I

[1] § 53 Abs. 3 angef. mWv 26. 2. 2013 durch VO v. 20. 2. 2013 (BGBl. I S. 316); Abs. 2 aufgeh., bish. Abs. 3 wird Abs. 2 mWv 28. 10. 2016 durch G v. 19. 10. 2016 (BGBl. I S. 2362).
[2] § 54 Abs. 1 neu gef., Abs. 2 aufgeh., bish. Abs. 3 und 4 werden Abs. 2 und 3 mWv 27. 1. 2017 durch VO v. 18. 1. 2017 (BGBl. I S. 89).

S. 160) geändert worden ist, erfolgreich an dem für Regelbewerberinnen und Regelbewerber vorgesehenen Auswahlverfahren teilgenommen haben, ist anstelle des § 39 Absatz 5 dieser Verordnung der § 5 a der Bundeslaufbahnverordnung in der Fassung der Bekanntmachung vom 2. Juli 2002 (BGBl. I S. 2459, 2671), die zuletzt durch Artikel 15 Absatz 28 des Gesetzes vom 5. Februar 2009 (BGBl. I S. 160) geändert worden ist, anzuwenden.

§ 55[1] Übergangsregelung zu § 27. Auf Beamtinnen und Beamte, die zum Zeitpunkt des Inkrafttretens dieser Verordnung die Voraussetzungen des § 27 Absatz 1 Nummer 1 und 2 erfüllen, ist § 27 Absatz 1 Nummer 3 bis zum 31. Dezember 2019 mit der Maßgabe anzuwenden, dass anstelle der letzten zwei Beurteilungen eine Anlassbeurteilung erstellt werden kann.

§ 56 Folgeänderungen. *(hier nicht wiedergegeben)*

§ 57 Inkrafttreten, Außerkrafttreten. (1) Diese Verordnung tritt vorbehaltlich des Absatzes 2 am Tag nach der Verkündung[2] in Kraft.

(2) § 29 Absatz 3 Nummer 4 tritt am 1. Juli 2009 in Kraft.

(3) Am Tag nach der Verkündung treten außer Kraft:

1. die Bundeslaufbahnverordnung in der Fassung der Bekanntmachung vom 2. Juli 2002 (BGBl. I S. 2459, 2671), die zuletzt durch Artikel 15 Absatz 28 des Gesetzes vom 5. Februar 2009 (BGBl. I S. 160) geändert worden ist,

2. die Verordnung über die Laufbahn und Ausbildung für den Amtsgehilfendienst in der Bundeswehrverwaltung vom 13. März 2002 (BGBl. I S. 1073), die durch Artikel 3 Absatz 52 des Gesetzes vom 19. Februar 2007 (BGBl. I S. 122) geändert worden ist,

3. die Verordnung über die Laufbahn und Ausbildung für den einfachen Lagerverwaltungsdienst in der Bundeswehrverwaltung vom 13. März 2002 (BGBl. I S. 1077), die durch Artikel 3 Absatz 53 des Gesetzes vom 19. Februar 2007 (BGBl. I S. 122) geändert worden ist, und

4. die Verordnung über die Laufbahnen des gehobenen und höheren Fachschuldienstes an Bundeswehrfachschulen vom 29. April 2002 (BGBl. I S. 1674).

Anlagen 1–4
(Anlagen hier nicht abgedruckt)

[1] § 55 neu gef. mWv 23. 8. 2016 durch VO v. 15. 8. 2016 (BGBl. I S. 1981).
[2] Verkündet am 13. 2. 2009.

200. Bundespolizeibeamtengesetz (BPolBG)[1]

In der Fassung der Bekanntmachung vom 3. Juni 1976[2]

(BGBl. I S. 1357)

FNA 2030–6

geänd. durch § 94 BeamtenversorgungsG v. 24.8.1976 (BGBl. I S. 2485), Art. 3 Bundesbesoldungs- und -versorgungsanpassungsG 1988 v. 20.12.1988 (BGBl. I S. 2363), Art. 8 ReformG v. 24.2.1997 (BGBl. I S. 322), Art. 3 VersorgungsreformG 1998 v. 29.6.1998 (BGBl. I S. 1666), Art. 7 G zur Umbenennung des Bundesgrenzschutzes in Bundespolizei v. 21.6.2005 (BGBl. I S. 1818), Art. 24 Erstes G über die Bereinigung von Bundesrecht im Zuständigkeitsbereich des BMI v. 19.2.2006 (BGBl. I S. 334), Art. 6 DienstrechtsneuordnungsG v. 5.2.2009 (BGBl. I S. 160), Art. 3 G zur Unterstützung der Fachkräftegewinnung im Bund und zur Änd. weiterer dienstrechtl. Vorschriften v. 15.3.2012 (BGBl. I S. 462), Art. 4 G zur besseren Vereinbarkeit von Familie, Pflege und Beruf für Beamtinnen und Beamte des Bundes und Soldatinnen und Soldaten sowie zur Änd. weiterer dienstrechtlicher Vorschriften v. 19.10.2016 (BGBl. I S. 2362), Art. 12 G zu bereichsspezifischen Regelungen der Gesichtsverhüllung und zur Änd. weiterer dienstrechtlicher Vorschriften v. 8.6.2017 (BGBl. I S. 1570) und Art. 52 Elfte ZuständigkeitsanpassungsVO v. 19.6.2020 (BGBl. I S. 1328)

Abschnitt I. Gemeinsame Vorschriften

§ 1[3] Anwendungsbereich. (1) [1] Dieses Gesetz gilt für die Polizeivollzugsbeamten in der Bundespolizei, im kriminalpolizeilichen Vollzugsdienst des Bundes und für den Inspekteur der Bereitschaftspolizeien der Länder. [2] Polizeivollzugsbeamte im Sinne des Satzes 1 sind die mit polizeilichen Aufgaben betrauten und zur Anwendung unmittelbaren Zwanges befugten Beamten; welche dieser Beamtengruppen im einzelnen dazu gehören, bestimmt das Bundesministerium des Innern, für Bau und Heimat durch Rechtsverordnung[4].

(2) Dieses Gesetz gilt auch für die Polizeivollzugsbeamten beim Deutschen Bundestag.

§ 2 Anwendung beamtenrechtlicher Vorschriften. Auf die Polizeivollzugsbeamten finden die für Bundesbeamte allgemein geltenden Vorschriften Anwendung, soweit in diesem Gesetz nichts anderes bestimmt ist.

§ 3[5] Laufbahnen. (1) Für die in § 1 bezeichneten Polizeivollzugsbeamten bestehen folgende Laufbahnen:

1. in der Bundespolizei:

 a) die Laufbahn des mittleren Polizeivollzugsdienstes,

 b) die Laufbahn des gehobenen Polizeivollzugsdienstes,

[1] Verkündet als Art. 1 G über die Personalstruktur des Bundesgrenzschutzes v. 3.6.1976 (BGBl. I S. 1357); Inkrafttreten gem. Art. 5 dieses G am 1.7.1976.
[2] *Neubekanntmachung des BPolBG idF der Bek. v. 12.2.1972 (BGBl. I S. 165) in der ab 1.7.1976 geltenden Fassung.*
[3] § 1 Abs. 1 Satz 1 geänd. mWv 1.7.2005 durch G v. 21.6.2005 (BGBl. I S. 1818); Abs. 1 Satz 2 geänd. mWv 27.6.2020 durch VO v. 19.6.2020 (BGBl. I S. 1328).
[4] Siehe die VO zu § 1 Abs. 1 des BPolBG **(Bundesbeamtengesetze Nr. 121).**
[5] § 3 Abs. 1 Nr. 3 Buchst. b geänd. und Buchst. c angef. sowie Abs. 2 neu gef. durch G v. 29.6.1998 (BGBl. I S. 1666); Abs. 1 Nr. 1 einl. Satzteil geänd. mWv 1.7.2005 durch G v. 21.6.2005 (BGBl. I S. 1818); Abs. 2 Satz 2 eingef., bish. Satz 2 wird Satz 3 mWv der 28.10.2016 durch G v. 19.10.2016 (BGBl. I S. 2362); Abs. 2 Satz 3 geänd. mWv 27.6.2020 durch VO v. 19.6.2020 (BGBl. I S. 1328).

c) die Laufbahn des höheren Polizeivollzugsdienstes;
2. im kriminalpolizeilichen Vollzugsdienst des Bundes:
 a) die Laufbahn des gehobenen Kriminaldienstes,
 b) die Laufbahn des höheren Kriminaldienstes;
3. beim Deutschen Bundestag:
 a) die Laufbahn des mittleren Polizeivollzugsdienstes,
 b) die Laufbahn des gehobenen Polizeivollzugsdienstes,
 c) die Laufbahn des höheren Polizeivollzugsdienstes.

(2) ¹Die Bundesregierung wird ermächtigt, die allgemeinen Vorschriften über die Laufbahnen durch Rechtsverordnung¹⁾ ohne Zustimmung des Bundesrates zu erlassen. ²Insbesondere soll Folgendes geregelt werden:
1. die Gestaltung der Laufbahnen, einschließlich der regelmäßig zu durchlaufenden Ämter,
2. der Erwerb der Laufbahnbefähigung,
3. Altersgrenzen für die Einstellung in einen Vorbereitungsdienst,
4. die Voraussetzungen und das Verfahren für den Aufstieg,
5. die Voraussetzungen für den Laufbahnwechsel,
6. Grundsätze der Fortbildung.

³Das Bundesministerium des Innern, für Bau und Heimat wird ermächtigt, durch Rechtsverordnung²⁾ ohne Zustimmung des Bundesrates die besonderen Vorschriften für die in Absatz 1 Nr. 1 und 2 genannten Laufbahnen (Laufbahn-, Ausbildungs- und Prüfungsordnungen) zu erlassen.

§ 4³⁾ Polizeidienstunfähigkeit. (1) Der Polizeivollzugsbeamte ist dienstunfähig, wenn er den besonderen gesundheitlichen Anforderungen für den Polizeivollzugsdienst nicht mehr genügt und nicht zu erwarten ist, daß er seine volle Verwendungsfähigkeit innerhalb zweier Jahre wiedererlangt (Polizeidienstunfähigkeit), es sei denn, die auszuübende Funktion erfordert bei Beamten auf Lebenszeit diese besonderen gesundheitlichen Anforderungen auf Dauer nicht mehr uneingeschränkt.

(2) Die Polizeidienstunfähigkeit wird durch den Dienstvorgesetzten auf Grund des Gutachtens eines Amtsarztes oder eines beamteten Ärztes, in der Bundespolizei eines beamteten Bundespolizeiarztes, festgestellt.

(3) Die Bundesregierung kann jährlich bestimmen, in welchem Umfang für die nach § 44 Abs. 2 bis 5 des Bundesbeamtengesetzes⁴⁾ anderweitig zu verwendenden Polizeivollzugsbeamten freie, frei werdende und neu geschaffene Planstellen für Beamte des mittleren, des gehobenen und des höheren Dienstes beim Bund und bei den bundesunmittelbaren Körperschaften, Anstalten und Stiftungen des öffentlichen Rechts vorbehalten werden.

¹⁾ Siehe die Bundespolizei-LaufbahnVO **(Bundesbeamtengesetze Nr. 12b)**, die KriminallaufbahnVO **(Bundesbeamtengesetze Nr. 12a)** und die VO über die Laufbahnen des Polizeivollzugsdienstes beim Deutschen Bundestag v. 20.8.2013 (BGBl. I S. 3282).
²⁾ Siehe die Höherer Kriminaldienst-AusbildungsVO v. 15.1.2011 (BGBl. I S. 43).
³⁾ § 4 Abs. 1 geänd. und Abs. 3 angef. durch G v. 24.2.1997 (BGBl. I S. 322); Abs. 2 geänd. mWv 1.7.2005 durch G v. 21.6.2005 (BGBl. I S. 1818); Abs. 3 geänd. mWv 12.2.2009 durch G v. 5.2.2009 (BGBl. I S. 160).
⁴⁾ Nr. **160.**

§ 5[1) Altersgrenze. (1) Polizeivollzugsbeamte auf Lebenszeit treten mit dem Ende des Monats in den Ruhestand, in dem sie das 62. Lebensjahr vollenden.

(2) [1]Polizeivollzugsbeamte auf Lebenszeit, die vor dem 1. Januar 1952 geboren sind, treten mit dem Ende des Monats in den Ruhestand, in dem sie das 60. Lebensjahr vollenden. [2]Für Polizeivollzugsbeamte, die nach dem 31. Dezember 1951 geboren sind, wird die Altersgrenze wie folgt angehoben:

Geburtsjahr Geburtsmonat	Anhebung um Monate	Altersgrenze	
		Jahr	Monat
1952			
Januar	1	60	1
Februar	2	60	2
März	3	60	3
April	4	60	4
Mai	5	60	5
Juni–Dezember	6	60	6
1953	7	60	7
1954	8	60	8
1955	9	60	9
1956	10	60	10
1957	11	60	11
1958	12	61	0
1959	14	61	2
1960	16	61	4
1961	18	61	6
1962	20	61	8
1963	22	61	10

(3) § 147 Absatz 2 des Bundesbeamtengesetzes[2)] gilt entsprechend.

§ 6[3) *(aufgehoben)*

Abschnitt II.[4)] Polizeivollzugsbeamte in der Bundespolizei

§ 7[5)] Ausbildung. Die Polizeivollzugsbeamten erhalten eine Ausbildung, die sie für eine Verwendung im Polizeivollzugsdienst in der Bundespolizei und in den entsprechenden Laufbahnen des Polizeivollzugsdienstes der Länder befähigen soll.

[1)] § 5 neu gef. mWv 12.2.2009 durch G v. 5.2.2009 (BGBl. I S. 160); Abs. 3 geänd. mWv 15.6. 2017 durch G v. 8.6.2017 (BGBl. I S. 1570).
[2)] Nr. **160.**
[3)] § 6 aufgeh. durch G v. 24.8.1976 (BGBl. I S. 2485).
[4)] Abschn. II Überschr. geänd. mWv 1.7.2005 durch G v. 21.6.2005 (BGBl. I S. 1818).
[5)] § 7 geänd. mWv 1.7.2005 durch G v. 21.6.2005 (BGBl. I S. 1818).

§ 8[1]) **Versetzung.** (1) Die Versetzung eines Beamten, der noch nicht zehn Dienstjahre seit seiner Einstellung in der Bundespolizei vollendet hat, in den Polizeivollzugsdienst eines Landes bedarf nicht der Zustimmung des Beamten, wenn ein dienstliches Bedürfnis an der Versetzung besteht und das neue Amt einer gleichwertigen Laufbahn angehört wie das bisherige Amt und mit mindestens demselben Endgrundgehalt verbunden ist; zum Endgrundgehalt gehören auch Amtszulagen und ruhegehaltfähige Stellenzulagen.

(2) [1] Der Polizeivollzugsbeamte kann auch in ein Amt einer Laufbahn außerhalb des Polizeivollzugsdienstes im öffentlichen Dienst des Bundes oder einer bundesunmittelbaren Körperschaft, Anstalt oder Stiftung des öffentlichen Rechts versetzt werden, wenn er es beantragt oder ein dienstliches Bedürfnis besteht und wenn er die Befähigung für diese Laufbahn besitzt. [2] Besitzt er die Befähigung nicht, hat er die ihm gebotene Gelegenheit wahrzunehmen, während seiner Zugehörigkeit zur Bundespolizei die ergänzenden Kenntnisse und Fähigkeiten zu erwerben und die Befähigung durch erfolgreiche Unterweisung in den Aufgaben der neuen Laufbahn nachzuweisen. [3] Die für die Gestaltung der neuen Laufbahn zuständige oberste Dienstbehörde trifft im Einvernehmen mit dem Bundesministerium des Innern, für Bau und Heimat Regelungen für die Unterweisung und für die Feststellung ihres erfolgreichen Abschlusses. [4] § 28 Abs. 3 Satz 3 des Bundesbeamtengesetzes[2]) bleibt unberührt.

(3) Der Beamte ist vor einer Versetzung nach Absatz 1 oder 2 zu hören.

§ 9 Stellenvorbehalt. Die Bundesregierung kann jährlich bestimmen, in welchem Umfange Beamten der Laufbahn des mittleren Polizeivollzugsdienstes in der Regel bis zur Besoldungsgruppe A 7 der Bundesbesoldungsordnung[3]) freie, frei werdende und neu geschaffene Planstellen für Beamte des mittleren Dienstes beim Bund und bei den bundesunmittelbaren Körperschaften, Anstalten und Stiftungen des öffentlichen Rechts vorbehalten werden.

§ 10 Wohnen in Gemeinschaftsunterkunft und Teilnahme an der Gemeinschaftsverpflegung. (1) Die Polizeivollzugsbeamten, die noch nicht fünf Dienstjahre abgeleistet oder noch nicht das fünfundzwanzigste Lebensjahr vollendet haben, sind auf Anordnung des Dienstvorgesetzten verpflichtet, in einer Gemeinschaftsunterkunft zu wohnen und an einer Gemeinschaftsverpflegung teilzunehmen.

(2) Andere als in Absatz 1 bezeichnete Polizeivollzugsbeamte können aus Anlaß besonderer Einsätze sowie bei der Teilnahme an Lehrgängen und Übungen zum Wohnen in einer Gemeinschaftsunterkunft und zur Teilnahme an einer Gemeinschaftsverpflegung vorübergehend verpflichtet werden.

§ 11[4]) **Freizeitausgleich bei Einsätzen und Übungen.** [1] Bei Einsätzen und bei Übungen von Verbänden, Einheiten oder Teileinheiten der Bundespolizei von einer Dauer von mehr als einem Tag wird anstelle einer Dienstbefreiung

[1]) § 8 Abs. 1 und Abs. 2 Satz 2 geänd. mWv 1.7.2005 durch G v. 21.6.2005 (BGBl. I S. 1818); Abs. 2 Satz 4 geänd. mWv 12.2.2009 durch G v. 5.2.2009 (BGBl. 2008 I S. 160); Abs. 2 Satz 3 geänd. mWv 27.6.2020 durch VO v. 19.6.2020 (BGBl. I S. 1328).
[2]) Nr. **160**.
[3]) Siehe Anl. I BBesG (Nr. **230**).
[4]) § 11 neu gef. durch G v. 20.12.1988 (BGBl. I S. 2363); Satz 1 geänd. mWv 1.7.2005 durch G v. 21.6.2005 (BGBl. I S. 1818); Satz 1 geänd. mWv 12.2.2009 durch G v. 5.2.2009 (BGBl. I S. 160); Satz 2 geänd. mWv 27.6.2020 durch VO v. 19.6.2020 (BGBl. I S. 1328).

nach den §§ 87 und 88 des Bundesbeamtengesetzes[1] ein einheitlicher Freizeitausgleich festgesetzt, der die Dauer des Einsatzes oder der Übung und die damit verbundene dienstliche Beanspruchung angemessen berücksichtigen muß. [2]Die Entscheidung trifft das Bundesministerium des Innern, für Bau und Heimat oder die von ihm bestimmte Dienststelle. [3]Der Freizeitausgleich soll gewährt werden, sobald die dienstlichen Verhältnisse es zulassen, möglichst innerhalb von drei Monaten.

§ 12[2] Erstattung der Kosten eines Studiums. [1]Hat ein Polizeivollzugsbeamter, der sich zum Eintritt in die Bundespolizei verpflichtet hat, auf Grund dieser Verpflichtung vor oder nach seiner Einstellung einen Studienplatz an einer Hochschule erlangt, so muß er die vom Dienstherrn getragenen Kosten des Studiums erstatten, wenn er entlassen wird, bevor er eine Dienstzeit von der dreifachen Dauer des Studiums abgeleistet hat; dies gilt nicht, wenn er wegen Polizeidienstunfähigkeit entlassen wird, die nicht auf eigenes grobes Verschulden zurückzuführen ist. [2]Auf die Erstattung kann ganz oder teilweise verzichtet werden, wenn sie für den Beamten eine besondere Härte bedeuten würde.

§ 12a[3] Erstattung der Kosten einer Fortbildung. (1) Endet das Beamtenverhältnis innerhalb von vier Jahren nach Abschluss einer Fortbildungsmaßnahme, so hat die ehemalige Beamtin oder der ehemalige Beamte die Kosten einer Fortbildung nach Maßgabe der folgenden Absätze zu erstatten, wenn die Fortbildungsmaßnahme insgesamt vier Wochen überschritten hat, die Kosten je Fortbildungstag 500 Euro überstiegen haben und das durch die Fortbildung erworbene Fachwissen außerhalb des bisherigen Tätigkeitsbereichs einsetzbar ist.

(2) [1]Zu erstatten sind die für die Fortbildungsmaßnahme angefallenen Kosten mit Ausnahme der Reisekosten und des Trennungsgeldes. [2]Der Erstattungsbetrag mindert sich für jedes volle Jahr, das die ehemalige Beamtin oder der ehemalige Beamte seit Abschluss der Fortbildungsmaßnahme bei ihrem oder seinem bisherigen Dienstherrn Dienst geleistet hat, um ein Viertel. [3]Der Erstattungsbetrag wird vom bisherigen Dienstherrn durch schriftlichen Bescheid zur Erstattung festgesetzt und einen Monat nach Bekanntgabe des Bescheids fällig.

(3) [1]Auf die Erstattung kann ganz oder teilweise verzichtet werden, wenn sie eine besondere Härte für die ehemalige Beamtin oder den ehemaligen Beamten bedeuten würde. [2]Dies ist insbesondere anzunehmen bei einer Beendigung des Beamtenverhältnisses wegen Dienstunfähigkeit der ehemaligen Beamtin oder des ehemaligen Beamten, die nicht auf eigenes grobes Verschulden zurückzuführen ist.

(4) Die Entscheidung trifft die oberste Dienstbehörde der ehemaligen Beamtin oder des ehemaligen Beamten.

[1] Nr. **160**.
[2] § 12 Satz 1 geänd. mWv 1.7.2005 durch G v. 21.6.2005 (BGBl. I S. 1818).
[3] § 12a eingef. mWv 22.3.2012 durch G v. 15.3.2012 (BGBl. I S. 462).

Abschnitt III. Übergangs- und Schlußvorschriften

§ 13[1] *(aufgehoben)*

§ 14 Verweisungen und Bezeichnungen in anderen Vorschriften.

Wird in anderen Vorschriften auf Vorschriften und Bezeichnungen verwiesen, die durch dieses Gesetz geändert worden oder weggefallen sind, treten an ihre Stelle die Vorschriften und Bezeichnungen nach den geänderten Vorschriften.

§ 15[2] Verwaltungsvorschriften.

Das Bundesministerium des Innern, für Bau und Heimat erläßt die zur Durchführung dieses Gesetzes erforderlichen allgemeinen Verwaltungsvorschriften.

[1] § 13 aufgeh. mWv 12.2.2009 durch G v. 5.2.2009 (BGBl. I S. 160).
[2] § 15 geänd. mWv 27.6.2020 durch VO v. 19.6.2020 (BGBl. I S. 1328).

210. Gesetz über die Haftung des Reichs für seine Beamten[1]

Vom 22. Mai 1910

(RGBl. S. 798), geänd. durch G v. 30. 6. 1933 (RGBl. I S. 433) und Art. 6 AuslandsverwendungsG – AuslVG – v. 28. 7. 1993 (BGBl. I S. 1394)

BGBl. III/FNA 2030–9

§ 1.[2] (1) Verletzt ein *Reichsbeamter* in Ausübung der ihm anvertrauten öffentlichen Gewalt vorsätzlich oder fahrlässig die ihm einem Dritten gegenüber obliegende Amtspflicht, so trifft die im § 839 des Bürgerlichen Gesetzbuchs[3] bestimmte Verantwortlichkeit an Stelle des Beamten das Reich.

(2) Ist die Verantwortlichkeit des Beamten deshalb ausgeschlossen, weil er den Schaden im Zustand der Bewußtlosigkeit oder in einem die freie Willensbestimmung ausschließenden Zustand krankhafter Störung der Geistestätigkeit verursacht hat, so hat gleichwohl das Reich den Schaden zu ersetzen, wie wenn dem Beamten Fahrlässigkeit zur Last fiele, jedoch nur insoweit, als die Billigkeit die Schadloshaltung erfordert.

(3) Personen des Soldatenstandes *mit Ausnahme derjenigen des Königlich Bayerischen Kontingents* stehen im Sinne dieses Gesetzes den *Reichsbeamten* gleich.

§ 2.[4]

§ 3. (1) Für die Ansprüche, welche auf Grund dieses Gesetzes gegen das Reich erhoben werden, sind die Landgerichte ohne Rücksicht auf den Wert des Streitgegenstandes ausschließlich zuständig.

(2) In bürgerlichen Rechtsstreitigkeiten, in welchen durch Klage oder Widerklage ein Anspruch auf Grund dieses Gesetzes geltend gemacht ist, wird die Verhandlung und Entscheidung letzter Instanz im Sinne des § 8 des Einführungsgesetzes zum Gerichtsverfassungsgesetze dem Bundesgerichtshof[5] zugewiesen.

§ 4.[6]

§ 5. Die Vorschriften dieses Gesetzes finden keine Anwendung:
1. soweit es sich um das Verhalten solcher Beamten handelt, die, abgesehen von der Entschädigung für Dienstaufwand, auf den Bezug von Gebühren angewiesen sind;

[1] Beachte hierzu auch Art. 34 GG (Nr. **1**).
[2] § 1 Abs. 1 geänd. durch G v. 30. 6. 1933 (RGBl. I S. 433).
[3] **Schönfelder Nr. 20.**
[4] Anstelle von § 2 siehe nunmehr § 78 Abs. 2 und 3 BBG (Nr. **160**).
[5] Bundesgerichtshof anstelle von Reichsgericht gem. Art. 8 Abschn. 3 Nr. 88 G v. 12. 9. 1950 (BGBl. S. 455).
[6] **Amtl. Anm.** in BGBl. III 2030–9: Gegenstandslos infolge Wegfalls der vorausgesetzten Schutzgebiete und Konsulargerichtsbezirke.

2. soweit es sich um das Verhalten eines mit Angelegenheiten des auswärtigen Dienstes befaßten Beamten handelt und dieses Verhalten nach einer amtlichen Erklärung des *Reichskanzlers* politischen oder internationalen Rücksichten entsprochen hat.

§ 6. Unberührt bleiben die Vorschriften anderer Reichsgesetze, soweit sie für bestimmte Fälle die Haftung des Reichs über einen gewissen Umfang hinaus ausschließen.

§ 7.[1] (1) [1]Die Bundesregierung kann zur Herstellung der Gegenseitigkeit durch Rechtsverordnung bestimmen, daß einem ausländischen Staat und seinen Angehörigen, die im Geltungsbereich dieses Gesetzes keinen Wohnsitz oder ständigen Aufenthalt haben, Ansprüche aus diesem Gesetz nicht zustehen, wenn der Bundesrepublik Deutschland oder Deutschen nach dem ausländischen Recht bei vergleichbaren Schädigungen kein gleichwertiger Schadensausgleich von dem ausländischen Staat geleistet wird. [2]Angehörigen eines ausländischen Staates stehen juristische Personen sowie Gesellschaften und Vereinigungen des bürgerlichen Rechts oder des Handelsrechts gleich; an die Stelle des Wohnsitzes oder des ständigen Aufenthaltsortes tritt bei ihnen der tatsächliche und, wenn ein solcher bestimmt ist, der satzungsmäßige Sitz.

(2) Absatz 1 gilt nicht für die Mitgliedstaaten der Europäischen Gemeinschaften und ihre Angehörigen und für die sonstigen Fälle, in denen kraft des Rechts der Europäischen Gemeinschaften eine Gleichbehandlung mit Deutschen erfolgen muß.

[1] § 7 neugef. durch G v. 28. 7. 1993 (BGBl. I S. 1394).

220. Bundesdisziplinargesetz (BDG)[1]

Vom 9. Juli 2001
(BGBl. I S. 1510)

FNA 2031-4

geänd. durch Art. 33 Nr. 1 G zur Einführung des Euro in RechtspflegeG und in Gesetzen des Straf- und Ordnungswidrigkeitenrechts v. 13.12.2001 (BGBl. I S. 3574), Art. 7 VersorgungsÄndG 2001 v. 20.12.2001 (BGBl. I S. 3926), Art. 5 Abs. 7 G zur Überarbeitung des Lebenspartnerschaftsrechts v. 15.12.2004 (BGBl. I S. 3396), Art. 11 Streitkräftereserve-NeuordnungsG v. 22.4.2005 (BGBl. I S. 1106), Art. 15 Abs. 1 WehrrechtsänderungsG 2008 v. 31.7.2008 (BGBl. I S. 1629), Art. 12b DienstrechtsneuordnungsG v. 5.2.2009 (BGBl. I S. 160), Art. 3 G zur Übertragung ehebezogener Regelungen im öffentl. Dienstrecht auf Lebenspartnerschaften v. 14.11.2011 (BGBl. I S. 2219), Art. 4 G über die Besetzung der großen Straf- und Jugendkammern in der Hauptverhandlung und zur Änd. weiterer gerichtsverfassungsrechtl. Vorschriften sowie des BundesdisziplinarG v. 6.12.2011 (BGBl. I S. 2554), Art. 3 Abs. 6 G zur Strukturreform des Gebührenrechts des Bundes v. 7.8.2013 (BGBl. I S. 3154, geänd. durch G v. 18.7.2016 BGBl. I S. 1666), Art. 4 G über die Gewährung eines Altersgelds für freiwillig aus dem Bundesdienst ausscheidende Beamte, Richter und Soldaten v. 28.8.2013 (BGBl. I S. 3386), Art. 8 G zur Änderung des BundesbeamtenG und weiterer dienstrechtlicher Vorschriften v. 6.3.2015 (BGBl. I S. 250), Art. 3 Abs. 5 G zur Aktualisierung der Strukturreform des Gebührenrechts des Bundes v. 18.7.2016 (BGBl. I S. 1666), Art. 3 G zur besseren Vereinbarkeit von Familie, Pflege und Beruf für Beamtinnen und Beamte des Bundes und Soldatinnen und Soldaten sowie zur Änd. weiterer dienstrechtlicher Vorschriften v. 19.10.2016 (BGBl. I S. 2362) und Art. 62 Elfte ZuständigkeitsanpassungsVO v. 19.6.2020 (BGBl. I S. 1328)

Inhaltsübersicht[2]

Teil 1. Allgemeine Bestimmungen

Teil 2. Disziplinarmaßnahmen

Teil 3. Behördliches Disziplinarverfahren

Kapitel 1. Einleitung, Ausdehnung und Beschränkung

[1] Verkündet als Art. 1 G zur Neuordnung des Bundesdisziplinarrechts v. 9.7.2001 (BGBl. I S. 1510); Inkrafttreten gem. Art. 27 Abs. 1 Satz 3 dieses G am 1.1.2002.

[2] Inhaltsübersicht geänd. mWv 12.2.2009 durch G v. 5.2.2009 (BGBl. I S. 160); geänd. mWv 28.10.2016 durch G v. 19.10.2016 (BGBl. I S. 2362).

Teil 1. Allgemeine Bestimmungen

§ 1[1]) Persönlicher Geltungsbereich. [1]Dieses Gesetz gilt für Beamte und Ruhestandsbeamte im Sinne des Bundesbeamtengesetzes[2]). [2]Frühere Beamte, die Unterhaltsbeiträge nach den Bestimmungen des Beamtenversorgungsgesetzes[3]) oder entsprechender früherer Regelungen beziehen, gelten bis zum Ende dieses Bezuges als Ruhestandsbeamte, ihre Bezüge als Ruhegehalt. [3]Frühere Beamte mit Anspruch auf Altersgeld gelten, auch soweit der Anspruch ruht, als Ruhestandsbeamte; das Altersgeld gilt als Ruhegehalt.

[1]) § 1 Satz 3 angef. mWv 4.9.2013 durch G v. 28.8.2013 (BGBl. I S. 3386).
[2]) Nr. **160**.
[3]) Nr. **155**.

§ 2[1) Sachlicher Geltungsbereich. (1) Dieses Gesetz gilt für die

1. von Beamten während ihres Beamtenverhältnisses begangenen Dienstvergehen (§ 77 Abs. 1 des Bundesbeamtengesetzes[2)) und

2. von Ruhestandsbeamten

 a) während ihres Beamtenverhältnisses begangenen Dienstvergehen (§ 77 Abs. 1 des Bundesbeamtengesetzes) und

 b) nach Eintritt in den Ruhestand begangenen als Dienstvergehen geltenden Handlungen (§ 77 Abs. 2 des Bundesbeamtengesetzes).

(2) [1] Für Beamte und Ruhestandsbeamte, die früher in einem anderen Dienstverhältnis als Beamte, Richter, Berufssoldaten oder Soldaten auf Zeit gestanden haben, gilt dieses Gesetz auch wegen solcher Dienstvergehen, die sie in dem früheren Dienstverhältnis oder als Versorgungsberechtigte aus einem solchen Dienstverhältnis begangen haben; auch bei den aus einem solchen Dienstverhältnis Ausgeschiedenen und Entlassenen gelten Handlungen, die in § 77 Abs. 2 des Bundesbeamtengesetzes bezeichnet sind, als Dienstvergehen. [2] Ein Wechsel des Dienstherrn steht der Anwendung dieses Gesetzes nicht entgegen.

(3) Für Beamte, die Wehrdienst im Rahmen einer Wehrübung, einer Übung, einer besonderen Auslandsverwendung, einer Hilfeleistung im Innern oder einer Hilfeleistung im Ausland leisten, gilt dieses Gesetz auch wegen solcher Dienstvergehen, die während des Wehrdienstes begangen wurden, wenn das Verhalten sowohl soldatenrechtlich als auch beamtenrechtlich ein Dienstvergehen darstellt.

§ 3 Ergänzende Anwendung des Verwaltungsverfahrensgesetzes und der Verwaltungsgerichtsordnung. Zur Ergänzung dieses Gesetzes sind die Bestimmungen des Verwaltungsverfahrensgesetzes[3) und der Verwaltungsgerichtsordnung[4) entsprechend anzuwenden, soweit sie nicht zu den Bestimmungen dieses Gesetzes in Widerspruch stehen oder soweit nicht in diesem Gesetz etwas anderes bestimmt ist.

§ 4 Gebot der Beschleunigung. Disziplinarverfahren sind beschleunigt durchzuführen.

Teil 2. Disziplinarmaßnahmen

§ 5[5) Arten der Disziplinarmaßnahmen. (1) Disziplinarmaßnahmen gegen Beamte sind:

1. Verweis (§ 6)

2. Geldbuße (§ 7)

3. Kürzung der Dienstbezüge (§ 8)

[1) § 2 Abs. 3 neu gef. mWv 30.4.2005 durch G v. 22.4.2005 (BGBl. I S. 1106); Abs. 3 geänd. mWv 9.8.2008 durch G v. 31.7.2008 (BGBl. I S. 1629).
[2) Nr. **160**.
[3) Nr. **100**.
[4) Nr. **600**.
[5) § 5 Abs. 3 Satz 2 geänd. mWv 12.2.2009 durch G v. 5.2.2009 (BGBl. I S. 160).

4. Zurückstufung (§ 9) und
5. Entfernung aus dem Beamtenverhältnis (§ 10).

(2) Disziplinarmaßnahmen gegen Ruhestandsbeamte sind:
1. Kürzung des Ruhegehalts (§ 11) und
2. Aberkennung des Ruhegehalts (§ 12).

(Fortsetzung nächstes Blatt)

(3) [1] Beamten auf Probe und Beamten auf Widerruf können nur Verweise erteilt und Geldbußen auferlegt werden. [2] Für die Entlassung von Beamten auf Probe und Beamten auf Widerruf wegen eines Dienstvergehens gelten § 34 Abs. 1 Nr. 1 und Abs. 3 sowie § 37 des Bundesbeamtengesetzes[1].

§ 6 Verweis. [1] Der Verweis ist der schriftliche Tadel eines bestimmten Verhaltens des Beamten. [2] Missbilligende Äußerungen (Zurechtweisungen, Ermahnungen oder Rügen), die nicht ausdrücklich als Verweis bezeichnet werden, sind keine Disziplinarmaßnahmen.

§ 7 Geldbuße. [1] Die Geldbuße kann bis zur Höhe der monatlichen Dienst- oder Anwärterbezüge des Beamten auferlegt werden. [2] Hat der Beamte keine Dienst- oder Anwärterbezüge, darf die Geldbuße bis zu dem Betrag von 500 Euro auferlegt werden.

§ 8 Kürzung der Dienstbezüge. (1) [1] Die Kürzung der Dienstbezüge ist die bruchteilmäßige Verminderung der monatlichen Dienstbezüge des Beamten um höchstens ein Fünftel auf längstens drei Jahre. [2] Sie erstreckt sich auf alle Ämter, die der Beamte bei Eintritt der Unanfechtbarkeit der Entscheidung inne hat. [3] Hat der Beamte aus einem früheren öffentlich-rechtlichen Dienstverhältnis einen Versorgungsanspruch erworben, bleibt dieser von der Kürzung der Dienstbezüge unberührt.

(2) [1] Die Kürzung der Dienstbezüge beginnt mit dem Kalendermonat, der auf den Eintritt der Unanfechtbarkeit der Entscheidung folgt. [2] Tritt der Beamte vor Eintritt der Unanfechtbarkeit der Entscheidung in den Ruhestand, gilt eine entsprechende Kürzung des Ruhegehalts (§ 11) als festgesetzt. [3] Tritt der Beamte während der Dauer der Kürzung der Dienstbezüge in den Ruhestand, wird sein Ruhegehalt entsprechend wie die Dienstbezüge für denselben Zeitraum gekürzt. [4] Sterbegeld sowie Witwen- und Waisengeld werden nicht gekürzt.

(3) [1] Die Kürzung der Dienstbezüge wird gehemmt, solange der Beamte ohne Dienstbezüge beurlaubt ist. [2] Er kann jedoch für die Dauer seiner Beurlaubung den Kürzungsbetrag monatlich vorab an den Dienstherrn entrichten; die Dauer der Kürzung der Dienstbezüge nach der Beendigung der Beurlaubung verringert sich entsprechend.

(4) [1] Solange seine Dienstbezüge gekürzt werden, darf der Beamte nicht befördert werden. [2] Der Zeitraum kann in der Entscheidung abgekürzt werden, sofern dies im Hinblick auf die Dauer des Disziplinarverfahrens angezeigt ist.

(5) [1] Die Rechtsfolgen der Kürzung der Dienstbezüge erstrecken sich auch auf ein neues Beamtenverhältnis. [2] Hierbei steht bei Anwendung des Absatzes 4 die Einstellung oder Anstellung in einem höheren als dem bisherigen Amt der Beförderung gleich.

§ 9 Zurückstufung. (1) [1] Die Zurückstufung ist die Versetzung des Beamten in ein Amt derselben Laufbahn mit geringerem Endgrundgehalt. [2] Der Beamte verliert alle Rechte aus seinem bisherigen Amt einschließlich der

[1] Nr. 160.

damit verbundenen Dienstbezüge und der Befugnis, die bisherige Amtsbezeichnung zu führen. [3] Soweit in der Entscheidung nichts anderes bestimmt ist, enden mit der Zurückstufung auch die Ehrenämter und die Nebentätigkeiten, die der Beamte im Zusammenhang mit dem bisherigen Amt oder auf Verlangen, Vorschlag oder Veranlassung seines Dienstvorgesetzten übernommen hat.

(2) [1] Die Dienstbezüge aus dem neuen Amt werden von dem Kalendermonat an gezahlt, der dem Eintritt der Unanfechtbarkeit der Entscheidung folgt. [2] Tritt der Beamte vor Eintritt der Unanfechtbarkeit der Entscheidung in den Ruhestand, erhält er Versorgungsbezüge nach der in der Entscheidung bestimmten Besoldungsgruppe.

(3) [1] Der Beamte darf frühestens fünf Jahre nach Eintritt der Unanfechtbarkeit der Entscheidung befördert werden. [2] Der Zeitraum kann in der Entscheidung verkürzt werden, sofern dies im Hinblick auf die Dauer des Disziplinarverfahrens angezeigt ist.

(4) [1] Die Rechtsfolgen der Zurückstufung erstrecken sich auch auf ein neues Beamtenverhältnis. [2] Hierbei steht im Hinblick auf Absatz 3 die Einstellung oder Anstellung in einem höheren Amt als dem, in welches der Beamte zurückgestuft wurde, der Beförderung gleich.

§ 10 Entfernung aus dem Beamtenverhältnis. (1) [1] Mit der Entfernung aus dem Beamtenverhältnis endet das Dienstverhältnis. [2] Der Beamte verliert den Anspruch auf Diensbezüge und Versorgung sowie die Befugnis, die Amtsbezeichnung und die im Zusammenhang mit dem Amt verliehenen Titel zu führen und die Dienstkleidung zu tragen.

(2) [1] Die Zahlung der Dienstbezüge wird mit dem Ende des Kalendermonats eingestellt, in dem die Entscheidung unanfechtbar wird. [2] Tritt der Beamte in den Ruhestand, bevor die Entscheidung über die Entfernung aus dem Beamtenverhältnis unanfechtbar wird, gilt die Entscheidung als Aberkennung des Ruhegehalts.

(3) [1] Der aus dem Beamtenverhältnis entfernte Beamte erhält für die Dauer von sechs Monaten einen Unterhaltsbeitrag in Höhe von 50 Prozent der Dienstbezüge, die ihm bei Eintritt der Unanfechtbarkeit der Entscheidung zustehen; eine Einbehaltung von Dienstbezügen nach § 38 Abs. 2 bleibt unberücksichtigt. [2] Die Gewährung des Unterhaltsbeitrags kann in der Entscheidung ganz oder teilweise ausgeschlossen werden, soweit der Beamte ihrer nicht würdig oder den erkennbaren Umständen nach nicht bedürftig ist. [3] Sie kann in der Entscheidung über sechs Monate hinaus verlängert werden, soweit dies notwendig ist, um eine unbillige Härte zu vermeiden; der Beamte hat die Umstände glaubhaft zu machen. [4] Für die Zahlung des Unterhaltsbeitrags gelten die besonderen Regelungen des § 79.

(4) Die Entfernung aus dem Beamtenverhältnis und ihre Rechtsfolgen erstrecken sich auf alle Ämter, die der Beamte bei Eintritt der Unanfechtbarkeit der Entscheidung inne hat.

(5) Wird ein Beamter, der früher in einem anderen Dienstverhältnis im Bundesdienst gestanden hat, aus dem Beamtenverhältnis entfernt, verliert er auch die Ansprüche aus dem früheren Dienstverhältnis, wenn diese Disziplinarmaßnahme wegen eines Dienstvergehens ausgesprochen wird, das in dem früheren Dienstverhältnis begangen wurde.

(6) Ist ein Beamter aus dem Beamtenverhältnis entfernt worden, darf er nicht wieder zum Beamten ernannt werden; es soll auch kein anderes Beschäftigungsverhältnis begründet werden.

§ 11 Kürzung des Ruhegehalts. [1] Die Kürzung des Ruhegehalts ist die bruchteilmäßige Verminderung des monatlichen Ruhegehalts des Ruhestandsbeamten um höchstens ein Fünftel auf längstens drei Jahre. [2] § 8 Abs. 1 Satz 2 und 3 sowie Abs. 2 Satz 1 und 4 gilt entsprechend.

§ 12 Aberkennung des Ruhegehalts. (1) Mit der Aberkennung des Ruhegehalts verliert der Ruhestandsbeamte den Anspruch auf Versorgung einschließlich der Hinterbliebenenversorgung und die Befugnis, die Amtsbezeichnung und die Titel zu führen, die im Zusammenhang mit dem früheren Amt verliehen wurden.

(2) [1] Nach der Aberkennung des Ruhegehalts erhält der Ruhestandsbeamte bis zur Gewährung einer Rente auf Grund einer Nachversicherung, längstens jedoch für die Dauer von sechs Monaten, einen Unterhaltsbeitrag in Höhe von 70 Prozent des Ruhegehalts, das ihm bei Eintritt der Unanfechtbarkeit der Entscheidung zusteht; eine Kürzung des Ruhegehalts nach § 38 Abs. 3 bleibt unberücksichtigt. [2] § 10 Abs. 3 Satz 2 bis 4 gilt entsprechend.

(3) Die Aberkennung des Ruhegehalts und ihre Rechtsfolgen erstrecken sich auf alle Ämter, die der Ruhestandsbeamte bei Eintritt in den Ruhestand inne gehabt hat.

(4) § 10 Abs. 2 Satz 1 sowie Abs. 5 und 6 gilt entsprechend.

§ 13 Bemessung der Disziplinarmaßnahme. (1) [1] Die Entscheidung über eine Disziplinarmaßnahme ergeht nach pflichtgemäßem Ermessen. [2] Die Disziplinarmaßnahme ist nach der Schwere des Dienstvergehens zu bemessen. [3] Das Persönlichkeitsbild des Beamten ist angemessen zu berücksichtigen. [4] Ferner soll berücksichtigt werden, in welchem Umfang der Beamte das Vertrauen des Dienstherrn oder der Allgemeinheit beeinträchtigt hat.

(2) [1] Ein Beamter, der durch ein schweres Dienstvergehen das Vertrauen des Dienstherrn oder der Allgemeinheit endgültig verloren hat, ist aus dem Beamtenverhältnis zu entfernen. [2] Dem Ruhestandsbeamten wird das Ruhegehalt aberkannt, wenn er als noch im Dienst befindlicher Beamter aus dem Beamtenverhältnis hätte entfernt werden müssen.

§ 14[1] Zulässigkeit von Disziplinarmaßnahmen nach Straf- oder Bußgeldverfahren. (1) Ist gegen einen Beamten im Straf- oder Bußgeldverfahren unanfechtbar eine Strafe, Geldbuße oder Ordnungsmaßnahme verhängt worden oder kann eine Tat nach § 153a Abs. 1 Satz 5 oder Abs. 2 *Satz 2 der Strafprozessordnung*[2] nach der Erfüllung von Auflagen und Weisungen nicht mehr als Vergehen verfolgt werden, darf wegen desselben Sachverhalts

1. ein Verweis, eine Geldbuße oder eine Kürzung des Ruhegehalts nicht ausgesprochen werden,

[1] § 14 Abs. 1 Nr. 2 geänd. mWv 12. 2. 2009 durch G v. 5. 2. 2009 (BGBl. I S. 160).
[2] **Schönfelder Nr. 90.**

2. eine Kürzung der Dienstbezüge nur ausgesprochen werden, wenn dies zusätzlich erforderlich ist, um den Beamten zur Pflichterfüllung anzuhalten.

(2) Ist der Beamte im Straf- oder Bußgeldverfahren rechtskräftig freigesprochen worden, darf wegen des Sachverhalts, der Gegenstand der gerichtlichen Entscheidung gewesen ist, eine Disziplinarmaßnahme nur ausgesprochen werden, wenn dieser Sachverhalt ein Dienstvergehen darstellt, ohne den Tatbestand einer Straf- oder Bußgeldvorschrift zu erfüllen.

§ 15[1] Disziplinarmaßnahmeverbot wegen Zeitablaufs.

(1) Sind seit der Vollendung eines Dienstvergehens mehr als zwei Jahre vergangen, darf ein Verweis nicht mehr erteilt werden.

(2) Sind seit der Vollendung eines Dienstvergehens mehr als drei Jahre vergangen, darf eine Geldbuße, eine Kürzung der Dienstbezüge oder eine Kürzung des Ruhegehalts nicht mehr ausgesprochen werden.

(3) Sind seit der Vollendung eines Dienstvergehens mehr als sieben Jahre vergangen, darf auf Zurückstufung nicht mehr erkannt werden.

(4) Die Fristen der Absätze 1 bis 3 werden durch die Einleitung oder Ausdehnung des Disziplinarverfahrens, die Erhebung der Disziplinarklage, die Erhebung der Nachtragsdisziplinarklage oder die Anordnung oder Ausdehnung von Ermittlungen gegen Beamte auf Probe und Beamte auf Widerruf nach § 34 Abs. 3 Satz 2 und § 37 Abs. 1 in Verbindung mit § 34 Abs. 3 Satz 2 des Bundesbeamtengesetzes[2] unterbrochen.

(5) [1] Die Fristen der Absätze 1 bis 3 sind für die Dauer des Widerspruchsverfahrens, des gerichtlichen Disziplinarverfahrens, für die Dauer einer Aussetzung des Disziplinarverfahrens nach § 22 oder für die Dauer der Mitwirkung des Personalrats gehemmt. [2] Ist vor Ablauf der Frist wegen desselben Sachverhalts ein Straf- oder Bußgeldverfahren eingeleitet oder eine Klage aus dem Beamtenverhältnis erhoben worden, ist die Frist für die Dauer dieses Verfahrens gehemmt.

§ 16[3] Verwertungsverbot, Entfernung aus der Personalakte.

(1) [1] Ein Verweis darf nach zwei Jahren, eine Geldbuße, eine Kürzung der Dienstbezüge und eine Kürzung des Ruhegehalts dürfen nach drei Jahren und eine Zurückstufung darf nach sieben Jahren bei weiteren Disziplinarmaßnahmen und bei sonstigen Personalmaßnahmen nicht mehr berücksichtigt werden (Verwertungsverbot). [2] Der Beamte gilt nach dem Eintritt des Verwertungsverbots als von der Disziplinarmaßnahme nicht betroffen.

(2) [1] Die Frist für das Verwertungsverbot beginnt, sobald die Entscheidung über die Disziplinarmaßnahme unanfechtbar ist. [2] Sie endet nicht, solange ein gegen den Beamten eingeleitetes Straf- oder Disziplinarverfahren nicht unanfechtbar abgeschlossen ist, eine andere Disziplinarmaßnahme berücksichtigt werden darf, eine Entscheidung über die Kürzung der Dienstbezüge noch nicht vollstreckt ist oder ein gerichtliches Verfahren über die Beendigung des

[1] § 15 Abs. 4 geänd. mWv 12. 2. 2009 durch G v. 5. 2. 2009 (BGBl. I S. 160).
[2] Nr. **160**.
[3] § 16 Abs. 1 Satz 1 und Abs. 5 geänd., Abs. 3 Sätze 2 und 3 eingef., bish. Sätze 2–4 werden Sätze 3–5, neuer Satz 6 neu gef. mWv 12. 2. 2009 durch G v. 5. 2. 2009 (BGBl. I S. 160).

Beamtenverhältnisses oder über die Geltendmachung von Schadenersatz gegen den Beamten anhängig ist.

(3) [1] Eintragungen in der Personalakte über die Disziplinarmaßnahme sind nach Eintritt des Verwertungsverbots von Amts wegen zu entfernen und zu vernichten. [2] Das Rubrum und die Entscheidungsformel einer abschließenden gerichtlichen Entscheidung, mit der auf eine Zurückstufung erkannt wurde, verbleiben in der Personalakte. [3] Dabei sind die Bezeichnung weiterer Beteiligter und der Bevollmächtigten, die Namender Richter sowie die Kostenentscheidung unkenntlich zu machen. [4] Auf Antrag des Beamten unterbleibt die Entfernung oder erfolgt eine gesonderte Aufbewahrung. [5] Der Antrag ist innerhalb eines Monats zu stellen, nachdem dem Beamten die bevorstehende Entfernung mitgeteilt und er auf sein Antragsrecht und die Antragsfrist hingewiesen worden ist. [6] Wird der Antrag gestellt oder verbleiben Rubrum und Entscheidungsformel einer abschließendengerichtlichen Entscheidung nach Satz 2 in der Personalakte, ist das Verwertungsverbot bei den Eintragungen zu vermerken.

(4) [1] Die Absätze 1 bis 3 gelten entsprechend für Disziplinarvorgänge, die nicht zu einer Disziplinarmaßnahme geführt haben. [2] Die Frist für das Verwertungsverbot beträgt, wenn das Disziplinarverfahren nach § 32 Abs. 1 Nr. 1 eingestellt wird, drei Monate und im Übrigen zwei Jahre. [3] Die Frist beginnt mit dem Eintritt der Unanfechtbarkeit der Entscheidung, die das Disziplinarverfahren abschließt, im Übrigen mit dem Tag, an dem der Dienstvorgesetzte, der für die Einleitung des Disziplinarverfahrens zuständig ist, zureichende tatsächliche Anhaltspunkte erhält, die den Verdacht eines Dienstvergehens rechtfertigen.

(5) Auf die Entfernung und Vernichtung von Disziplinarvorgängen, die zu einer missbilligenden Äußerung geführt haben, findet § 112 Abs. 1 Satz 1 Nr. 2, Satz 2 und 3 des Bundesbeamtengesetzes[1] Anwendung.

Teil 3. Behördliches Disziplinarverfahren

Kapitel 1. Einleitung, Ausdehnung und Beschränkung

§ 17[2] **Einleitung von Amts wegen.** (1) [1] Liegen zureichende tatsächliche Anhaltspunkte vor, die den Verdacht eines Dienstvergehens rechtfertigen, hat der Dienstvorgesetzte die Dienstpflicht, ein Disziplinarverfahren einzuleiten. [2] Der höhere Dienstvorgesetzte und die oberste Dienstbehörde stellen im Rahmen ihrer Aufsicht die Erfüllung dieser Pflicht sicher; sie können das Disziplinarverfahren jederzeit an sich ziehen. [3] Die Einleitung ist aktenkundig zu machen.

(2) [1] Ist zu erwarten, dass nach den §§ 14 und 15 eine Disziplinarmaßnahme *nicht in Betracht* kommt, wird ein Disziplinarverfahren nicht eingeleitet. [2] Die Gründe sind aktenkundig zu machen und dem Beamten bekannt zu geben.

(3) [1] Hat ein Beamter zwei oder mehrere Ämter inne, die nicht im Verhältnis von Haupt- zu Nebenamt stehen, und beabsichtigt der Dienstvorgesetzte, zu dessen Geschäftsbereich eines dieser Ämter gehört, ein Diszipli-

[1] Nr. **160**.
[2] § 17 Abs. 2 Satz 1 neu gef. mWv 12. 2. 2009 durch G v. 5. 2. 2009 (BGBl. I S. 160).

narverfahren gegen ihn einzuleiten, teilt er dies den Dienstvorgesetzten mit, die für die anderen Ämter zuständig sind. [2] Ein weiteres Disziplinarverfahren kann gegen den Beamten wegen desselben Sachverhalts nicht eingeleitet werden. [3] Hat ein Beamter zwei oder mehrere Ämter inne, die im Verhältnis von Haupt- zu Nebenamt stehen, kann nur der Dienstvorgesetzte ein Disziplinarverfahren gegen ihn einleiten, der für das Hauptamt zuständig ist.

(4) [1] Die Zuständigkeiten nach den Absätzen 1 bis 3 werden durch eine Beurlaubung, eine Abordnung oder eine Zuweisung nicht berührt. [2] Bei einer Abordnung geht die aus Absatz 1 sich ergebende Pflicht hinsichtlich der während der Abordnung begangenen Dienstvergehen auf den neuen Dienstvorgesetzten über, soweit dieser nicht ihre Ausübung den anderen Dienstvorgesetzten überlässt oder soweit nichts anderes bestimmt ist.

§ 18 Einleitung auf Antrag des Beamten. (1) Der Beamte kann bei dem Dienstvorgesetzten oder dem höheren Dienstvorgesetzten die Einleitung eines Disziplinarverfahrens gegen sich selbst beantragen, um sich von dem Verdacht eines Dienstvergehens zu entlasten.

(2) [1] Der Antrag darf nur abgelehnt werden, wenn keine zureichenden tatsächlichen Anhaltspunkte vorliegen, die den Verdacht eines Dienstvergehens rechtfertigen. [2] Die Entscheidung ist dem Beamten mitzuteilen.

(3) § 17 Abs. 1 Satz 2 zweiter Halbsatz und Satz 3 sowie Abs. 3 und 4 gilt entsprechend.

§ 19 Ausdehnung und Beschränkung. (1) [1] Das Disziplinarverfahren kann bis zum Erlass einer Entscheidung nach den §§ 32 bis 34 auf neue Handlungen ausgedehnt werden, die den Verdacht eines Dienstvergehens rechtfertigen. [2] Die Ausdehnung ist aktenkundig zu machen.

(2) [1] Das Disziplinarverfahren kann bis zum Erlass einer Entscheidung nach den §§ 32 bis 34 oder eines Widerspruchsbescheids nach § 42 beschränkt werden, indem solche Handlungen ausgeschieden werden, die für die Art und Höhe der zu erwartenden Disziplinarmaßnahme voraussichtlich nicht ins Gewicht fallen. [2] Die Beschränkung ist aktenkundig zu machen. [3] Die ausgeschiedenen Handlungen können nicht wieder in das Disziplinarverfahren einbezogen werden, es sei denn, die Voraussetzungen für die Beschränkung entfallen nachträglich. [4] Werden die ausgeschiedenen Handlungen nicht wieder einbezogen, können sie nach dem unanfechtbaren Abschluss des Disziplinarverfahrens nicht Gegenstand eines neuen Disziplinarverfahrens sein.

Kapitel 2. Durchführung

§ 20 Unterrichtung, Belehrung und Anhörung des Beamten. (1) [1] Der Beamte ist über die Einleitung des Disziplinarverfahrens unverzüglich zu unterrichten, sobald dies ohne Gefährdung der Aufklärung des Sachverhalts möglich ist. [2] Hierbei ist ihm zu eröffnen, welches Dienstvergehen ihm zur Last gelegt wird. [3] Er ist gleichzeitig darauf hinzuweisen, dass es ihm freisteht, sich mündlich oder schriftlich zu äußern oder nicht zur Sache auszusagen und *sich jederzeit* eines Bevollmächtigten oder Beistands zu bedienen.

(2) [1] Für die Abgabe einer schriftlichen Äußerung wird dem Beamten eine Frist von einem Monat und für die Abgabe der Erklärung, sich mündlich

äußern zu wollen, eine Frist von zwei Wochen gesetzt. [2] Hat der Beamte rechtzeitig erklärt, sich mündlich äußern zu wollen, ist die Anhörung innerhalb von drei Wochen nach Eingang der Erklärung durchzuführen. [3] Ist der Beamte aus zwingenden Gründen gehindert, eine Frist nach Satz 1 einzuhalten oder einer Ladung zur mündlichen Verhandlung Folge zu leisten, und hat er dies unverzüglich mitgeteilt, ist die maßgebliche Frist zu verlängern oder er erneut zu laden. [4] Die Fristsetzungen und Ladungen sind dem Beamten zuzustellen.

(3) Ist die nach Absatz 1 Satz 2 und 3 vorgeschriebene Belehrung unterblieben oder unrichtig erfolgt, darf die Aussage des Beamten nicht zu seinem Nachteil verwertet werden.

§ 21 Pflicht zur Durchführung von Ermittlungen, Ausnahmen.

(1) [1] Zur Aufklärung des Sachverhalts sind die erforderlichen Ermittlungen durchzuführen. [2] Dabei sind die belastenden, die entlastenden und die Umstände zu ermitteln, die für die Bemessung einer Disziplinarmaßnahme bedeutsam sind. [3] Der höhere Dienstvorgesetzte und die oberste Dienstbehörde können die Ermittlungen an sich ziehen.

(2) [1] Von Ermittlungen ist abzusehen, soweit der Sachverhalt auf Grund der tatsächlichen Feststellungen eines rechtskräftigen Urteils im Straf- oder Bußgeldverfahren oder im verwaltungsgerichtlichen Verfahren, durch das nach § 9 des Bundesbesoldungsgesetzes[1] über den Verlust der Besoldung bei schuldhaftem Fernbleiben vom Dienst entschieden worden ist, feststeht. [2] Von Ermittlungen kann auch abgesehen werden, soweit der Sachverhalt auf sonstige Weise aufgeklärt ist, insbesondere nach der Durchführung eines anderen gesetzlich geordneten Verfahrens.

§ 22 Zusammentreffen von Disziplinarverfahren mit Strafverfahren oder anderen Verfahren, Aussetzung. (1) [1] Ist gegen den Beamten wegen des Sachverhalts, der dem Disziplinarverfahren zugrunde liegt, im Strafverfahren die öffentliche Klage erhoben worden, wird das Disziplinarverfahren ausgesetzt. [2] Die Aussetzung unterbleibt, wenn keine begründeten Zweifel am Sachverhalt bestehen oder wenn im Strafverfahren aus Gründen nicht verhandelt werden kann, die in der Person des Beamten liegen.

(2) Das nach Absatz 1 Satz 1 ausgesetzte Disziplinarverfahren ist unverzüglich fortzusetzen, wenn die Voraussetzungen des Absatzes 1 Satz 2 nachträglich eintreten, spätestens mit dem rechtskräftigen Abschluss des Strafverfahrens.

(3) [1] Das Disziplinarverfahren kann auch ausgesetzt werden, wenn in einem anderen gesetzlich geordneten Verfahren über eine Frage zu entscheiden ist, deren Beurteilung für die Entscheidung im Disziplinarverfahren von wesentlicher Bedeutung ist. [2] Absatz 1 Satz 2 und Absatz 2 gelten entsprechend.

§ 23 Bindung an tatsächliche Feststellungen aus Strafverfahren oder anderen Verfahren. (1) Die tatsächlichen Feststellungen eines rechtskräftigen Urteils im Straf- oder Bußgeldverfahren oder im verwaltungsgerichtlichen Verfahren, durch das nach § 9 des Bundesbesoldungsgesetzes[1] über den Ver-

[1] Nr. 230.

lust der Besoldung bei schuldhaftem Fernbleiben vom Dienst entschieden worden ist, sind im Disziplinarverfahren, das denselben Sachverhalt zum Gegenstand hat, bindend.

(2) Die in einem anderen gesetzlich geordneten Verfahren getroffenen tatsächlichen Feststellungen sind nicht bindend, können aber der Entscheidung im Disziplinarverfahren ohne nochmalige Prüfung zugrunde gelegt werden.

§ 24 Beweiserhebung. (1) [1] Die erforderlichen Beweise sind zu erheben. [2] Hierbei können insbesondere

1. schriftliche dienstliche Auskünfte eingeholt werden,

2. Zeugen und Sachverständige vernommen oder ihre schriftliche Äußerung eingeholt werden,

3. Urkunden und Akten beigezogen sowie

4. der Augenschein eingenommen werden.

(2) Niederschriften über Aussagen von Personen, die schon in einem anderen gesetzlich geordneten Verfahren vernommen worden sind, sowie Niederschriften über einen richterlichen Augenschein können ohne erneute Beweiserhebung verwertet werden.

(3) [1] Über einen Beweisantrag des Beamten ist nach pflichtgemäßem Ermessen zu entscheiden. [2] Dem Beweisantrag ist stattzugeben, soweit er für die Tat- oder Schuldfrage oder für die Bemessung der Art und Höhe einer Disziplinarmaßnahme von Bedeutung sein kann.

(4) [1] Dem Beamten ist Gelegenheit zu geben, an der Vernehmung von Zeugen und Sachverständigen sowie an der Einnahme des Augenscheins teilzunehmen und hierbei sachdienliche Fragen zu stellen. [2] Er kann von der Teilnahme ausgeschlossen werden, soweit dies aus wichtigen Gründen, insbesondere mit Rücksicht auf den Zweck der Ermittlungen oder zum Schutz der Rechte Dritter, erforderlich ist. [3] Ein schriftliches Gutachten ist ihm zugänglich zu machen, soweit nicht zwingende Gründe dem entgegenstehen.

§ 25 Zeugen und Sachverständige. (1) [1] Zeugen sind zur Aussage und Sachverständige zur Erstattung von Gutachten verpflichtet. [2] Die Bestimmungen der Strafprozeßordnung über die Pflicht, als Zeuge auszusagen oder als Sachverständiger ein Gutachten zu erstatten, über die Ablehnung von Sachverständigen sowie über die Vernehmung von Angehörigen des öffentlichen Dienstes als Zeugen oder Sachverständige gelten entsprechend.

(2) [1] Verweigern Zeugen oder Sachverständige ohne Vorliegen eines der in den §§ 52 bis 55 und 76 der Strafprozeßordnung[1] bezeichneten Gründe die Aussage oder die Erstattung des Gutachtens, kann das Gericht um die Vernehmung ersucht werden. [2] In dem Ersuchen sind der Gegenstand der Vernehmung darzulegen sowie die Namen und Anschriften der Beteiligten anzugeben. [3] Das Gericht entscheidet über die Rechtmäßigkeit der Verweigerung der Aussage oder der Erstattung des Gutachtens.

[1] **Schönfelder Nr. 90.**

(3) Ein Ersuchen nach Absatz 2 darf nur von dem Dienstvorgesetzten, seinem allgemeinen Vertreter oder einem beauftragten Beschäftigten gestellt werden, der die Befähigung zum Richteramt hat.

§ 26 Herausgabe von Unterlagen. [1] Der Beamte hat Schriftstücke, Zeichnungen, bildliche Darstellungen und Aufzeichnungen einschließlich technischer Aufzeichnungen, die einen dienstlichen Bezug aufweisen, auf Verlangen für das Disziplinarverfahren zur Verfügung zu stellen. [2] Das Gericht kann die Herausgabe auf Antrag durch Beschluss anordnen und sie durch die Festsetzung von Zwangsgeld erzwingen; für den Antrag gilt § 25 Abs. 3 entsprechend. [3] Der Beschluss ist unanfechtbar.

§ 27 Beschlagnahmen und Durchsuchungen. (1) [1] Das Gericht kann auf Antrag durch Beschluss Beschlagnahmen und Durchsuchungen anordnen; § 25 Abs. 3 gilt entsprechend. [2] Die Anordnung darf nur getroffen werden, wenn der Beamte des ihm zur Last gelegten Dienstvergehens dringend verdächtig ist und die Maßnahme zu der Bedeutung der Sache und der zu erwartenden Disziplinarmaßnahme nicht außer Verhältnis steht. [3] Die Bestimmungen der Strafprozessordnung[1]) über Beschlagnahmen und Durchsuchungen gelten entsprechend, soweit nicht in diesem Gesetz etwas anderes bestimmt ist.

(2) Die Maßnahmen nach Absatz 1 dürfen nur durch die nach der Strafprozessordnung dazu berufenen Behörden durchgeführt werden.

(3) Durch Absatz 1 wird das Grundrecht der Unverletzlichkeit der Wohnung (Artikel 13 Abs. 1 des Grundgesetzes[2])) eingeschränkt.

§ 28 Protokoll. [1] Über Anhörungen des Beamten und Beweiserhebungen sind Protokolle aufzunehmen; § 168 a der Strafprozessordnung[1]) gilt entsprechend. [2] Bei der Einholung von schriftlichen dienstlichen Auskünften sowie der Beiziehung von Urkunden und Akten genügt die Aufnahme eines Aktenvermerks.

§ 29 Innerdienstliche Informationen. (1) Die Vorlage von Personalakten und anderen Behördenunterlagen mit personenbezogenen Daten sowie die Erteilung von Auskünften aus diesen Akten und Unterlagen an die mit Disziplinarvorgängen befassten Stellen und die Verarbeitung oder Nutzung der so erhobenen personenbezogenen Daten im Disziplinarverfahren sind, soweit nicht andere Rechtsvorschriften dem entgegenstehen, auch gegen den Willen des Beamten oder anderer Betroffener zulässig, wenn und soweit die Durchführung des Disziplinarverfahrens dies erfordert und überwiegende Belange des Beamten, anderer Betroffener oder der ersuchten Stellen nicht entgegenstehen.

(2) Zwischen den Dienststellen eines oder verschiedener Dienstherrn sowie zwischen den Teilen einer Dienststelle sind Mitteilungen über Disziplinarverfahren, über Tatsachen aus Disziplinarverfahren und über Entscheidungen der Disziplinarorgane sowie die Vorlage hierüber geführter Akten zulässig, wenn und soweit dies zur Durchführung des Disziplinarverfahrens, im

[1]) **Schönfelder Nr. 90.**
[2]) Nr. 1.

Hinblick auf die künftige Übertragung von Aufgaben oder Ämtern an den Beamten oder im Einzelfall aus besonderen dienstlichen Gründen unter Berücksichtigung der Belange des Beamten oder anderer Betroffener erforderlich ist.

§ 29 a¹⁾ Informationen nach Maßgabe des Artikels 56 a der Richtlinie 2005/36/EG. ¹ Nach Maßgabe des Artikels 56 a der Richtlinie 2005/36/EG des Europäischen Parlaments und des Rates vom 7. September 2005 über die Anerkennung von Berufsqualifikationen (ABl. L 255 vom 30. 9. 2005, S. 22, L 271 vom 16. 10. 2007, S. 18, L 93 vom 4. 4. 2008, S. 28, L 33 vom 3. 2. 2009, S. 49), die zuletzt durch die Richtlinie 2013/55/EU (ABl. L 354 vom 28. 12. 2013, S. 132) geändert worden ist, unterrichten die Dienststellen die zuständigen Behörden der Mitgliedstaaten der Europäischen Union über Entscheidungen der Disziplinarorgane über die

1. Entfernung aus dem Beamtenverhältnis nach § 5 Absatz 1 Nummer 5 in Verbindung mit § 10 Absatz 1,

2. Einstellung eines Disziplinarverfahrens, wenn das Disziplinarverfahren wegen Beendigung des Beamtenverhältnisses nach § 41 Absatz 1 des Bundesbeamtengesetzes²⁾ nicht zu Ende geführt wird, und

3. Einstellung eines Disziplinarverfahrens, wenn die Beamtin oder der Beamte auf Verlangen nach § 33 des Bundesbeamtengesetzes aus dem Beamtenverhältnis entlassen wird und das Disziplinarverfahren voraussichtlich zur Entfernung aus dem Beamtenverhältnis geführt hätte.

² Der Zeitraum nach Artikel 56 a Absatz 2 Satz 2 Buchstabe e der Richtlinie 2005/36/EG nach Satz 1 ist der Zeitraum bis zum Erreichen der für die jeweilige Laufbahn maßgeblichen gesetzlichen Altersgrenze für den Eintritt in den Ruhestand, längstens jedoch 15 Jahre.

§ 30 Abschließende Anhörung. ¹ Nach der Beendigung der Ermittlungen ist dem Beamten Gelegenheit zu geben, sich abschließend zu äußern; § 20 Abs. 2 gilt entsprechend. ² Die Anhörung kann unterbleiben, wenn das Disziplinarverfahren nach § 32 Abs. 2 Nr. 2 oder 3 eingestellt werden soll.

§ 31 Abgabe des Disziplinarverfahrens. ¹ Hält der Dienstvorgesetzte nach dem Ergebnis der Anhörungen und Ermittlungen seine Befugnisse nach den §§ 32 bis 34 nicht für ausreichend, so führt er die Entscheidung des höheren Dienstvorgesetzten oder der obersten Dienstbehörde herbei. ² Der höhere Dienstvorgesetzte oder die oberste Dienstbehörde können das Disziplinarverfahren an den Dienstvorgesetzten zurückgeben, wenn sie weitere Ermittlungen für geboten oder dessen Befugnisse für ausreichend halten.

Kapitel 3. Abschlussentscheidung

§ 32 Einstellungsverfügung. (1) Das Disziplinarverfahren wird eingestellt, wenn

1. ein Dienstvergehen nicht erwiesen ist,

¹⁾ § 29 a eingef. mWv 28. 10. 2016 durch G v. 19. 10. 2016 (BGBl. I S. 2362).
²⁾ Nr. **160**.

2. ein Dienstvergehen zwar erwiesen ist, eine Disziplinarmaßnahme jedoch nicht angezeigt erscheint,
3. nach § 14 oder § 15 eine Disziplinarmaßnahme nicht ausgesprochen werden darf oder
4. das Disziplinarverfahren oder eine Disziplinarmaßnahme aus sonstigen Gründen unzulässig ist.

(2) Das Disziplinarverfahren wird ferner eingestellt, wenn
1. der Beamte stirbt,
2. das Beamtenverhältnis durch Entlassung, Verlust der Beamtenrechte oder Entfernung endet oder
3. bei einem Ruhestandsbeamten die Folgen einer gerichtlichen Entscheidung nach § 59 Abs. 1 des Beamtenversorgungsgesetzes[1] eintreten.

(3) Die Einstellungsverfügung ist zu begründen und zuzustellen.

§ 33 Disziplinarverfügung. (1) Ist ein Verweis, eine Geldbuße, eine Kürzung der Dienstbezüge oder eine Kürzung des Ruhegehalts angezeigt, wird eine solche Maßnahme durch Disziplinarverfügung ausgesprochen.

(2) Jeder Dienstvorgesetzte ist zu Verweisen und Geldbußen gegen die ihm unterstellten Beamten befugt.

(3) Kürzungen der Dienstbezüge können festsetzen:
1. die oberste Dienstbehörde bis zum Höchstmaß und
2. die der obersten Dienstbehörde unmittelbar nachgeordneten Dienstvorgesetzten bis zu einer Kürzung um ein Fünftel der Dienstbezüge auf zwei Jahre.

(4) Kürzungen des Ruhegehalts bis zum Höchstmaß kann der nach § 84 zur Ausübung der Disziplinarbefugnisse zuständige Dienstvorgesetzte festsetzen.

(5) Die oberste Dienstbehörde kann ihre Befugnisse nach Absatz 3 Nr. 1 durch allgemeine Anordnung ganz oder teilweise auf nachgeordnete Dienstvorgesetzte übertragen; die Anordnung ist im Bundesgesetzblatt zu veröffentlichen.

(6) Die Disziplinarverfügung ist zu begründen und zuzustellen.

§ 34 Erhebung der Disziplinarklage. (1) Soll gegen den Beamten auf Zurückstufung, auf Entfernung aus dem Beamtenverhältnis oder auf Aberkennung des Ruhegehalts erkannt werden, ist gegen ihn Disziplinarklage zu erheben.

(2) [1]Die Disziplinarklage wird bei Beamten durch die oberste Dienstbehörde, bei Ruhestandsbeamten durch den nach § 84 zur Ausübung der Disziplinarbefugnisse zuständigen Dienstvorgesetzten erhoben. [2]Die oberste Dienstbehörde kann ihre Befugnis nach Satz 1 durch allgemeine Anordnung ganz oder teilweise auf nachgeordnete Dienstvorgesetzte übertragen; die Anordnung ist im Bundesgesetzblatt zu veröffentlichen. [3]§ 17 Abs. 1 Satz 2 zweiter Halbsatz sowie Abs. 3 und 4 gilt entsprechend.

[1] Nr. 155.

§ 35 Grenzen der erneuten Ausübung der Disziplinarbefugnisse.
(1) [1]Die Einstellungsverfügung und die Disziplinarverfügung sind dem höheren Dienstvorgesetzten unverzüglich zuzuleiten. [2]Hält dieser seine Befugnisse nach den Absätzen 2 und 3 nicht für ausreichend, hat er die Einstellungsverfügung oder die Disziplinarverfügung unverzüglich der obersten Dienstbehörde zuzuleiten. [3]Die oberste Dienstbehörde kann das Disziplinarverfahren an den höheren Dienstvorgesetzten zurückgeben, wenn sie weitere Ermittlungen für geboten oder seine Befugnisse für ausreichend hält.

(2) [1]Der höhere Dienstvorgesetzte oder die oberste Dienstbehörde kann ungeachtet einer Einstellung des Disziplinarverfahrens nach § 32 Abs. 1 im Rahmen ihrer Zuständigkeiten wegen desselben Sachverhalts eine Disziplinarverfügung erlassen oder Disziplinarklage erheben. [2]Eine Entscheidung nach Satz 1 ist nur innerhalb von drei Monaten nach der Zustellung der Einstellungsverfügung zulässig, es sei denn, es ergibt wegen desselben Sachverhalts ein rechtskräftiges Urteil auf Grund von tatsächlichen Feststellungen, die von denjenigen tatsächlichen Feststellungen, auf denen die Entscheidung beruht, abweichen.

(3) [1]Der höhere Dienstvorgesetzte oder die oberste Dienstbehörde kann eine Disziplinarverfügung eines nachgeordneten Dienstvorgesetzten, die oberste Dienstbehörde auch eine von ihr selbst erlassene Disziplinarverfügung jederzeit aufheben. [2]Sie können im Rahmen ihrer Zuständigkeiten in der Sache neu entscheiden oder Disziplinarklage erheben. [3]Eine Verschärfung der Disziplinarmaßnahme nach Art oder Höhe oder die Erhebung der Disziplinarklage ist nur innerhalb von drei Monaten nach der Zustellung der Disziplinarverfügung zulässig, es sei denn, es ergibt wegen desselben Sachverhalts ein rechtskräftiges Urteil auf Grund von tatsächlichen Feststellungen, die von denjenigen tatsächlichen Feststellungen, auf denen die Entscheidung beruht, abweichen.

§ 36 Verfahren bei nachträglicher Entscheidung im Straf- oder Bußgeldverfahren. (1) Ergeht nach dem Eintritt der Unanfechtbarkeit der Disziplinarverfügung in einem Straf- oder Bußgeldverfahren, das wegen desselben Sachverhalts eingeleitet worden ist, unanfechtbar eine Entscheidung, nach der gemäß § 14 die Disziplinarmaßnahme nicht zulässig wäre, ist die Disziplinarverfügung auf Antrag des Beamten von dem Dienstvorgesetzten, der sie erlassen hat, aufzuheben und das Disziplinarverfahren einzustellen.

(2) [1]Die Antragsfrist beträgt drei Monate. [2]Sie beginnt mit dem Tag, an dem der Beamte von der in Absatz 1 bezeichneten Entscheidung Kenntnis erhalten hat.

§ 37[1]) Kostentragungspflicht. (1) [1]Dem Beamten, gegen den eine Disziplinarmaßnahme verhängt wird, können die entstandenen Auslagen auferlegt werden. [2]Bildet das Dienstvergehen, das dem Beamten zur Last gelegt wird, nur zum Teil die Grundlage für die Disziplinarverfügung oder sind durch Ermittlungen, deren Ergebnis zugunsten des Beamten ausgefallen ist, besondere Kosten entstanden, können ihm die Auslagen nur in verhältnismäßigem Umfang auferlegt werden.

[1]) § 37 Abs. 5 aufgeh. mWv 1.10.2019 durch G v. 18.7.2016 (BGBl. I S. 1666).

(2) [1] Wird das Disziplinarverfahren eingestellt, trägt der Dienstherr die entstandenen Auslagen. [2] Erfolgt die Einstellung trotz Vorliegens eines Dienstvergehens, können die Auslagen dem Beamten auferlegt oder im Verhältnis geteilt werden.

(3) Bei einem Antrag nach § 36 gilt im Falle der Ablehnung des Antrags Absatz 1 und im Falle seiner Stattgabe Absatz 2 entsprechend.

(4) [1] Soweit der Dienstherr die entstandenen Auslagen trägt, hat er dem Beamten auch die Aufwendungen zu erstatten, die zur zweckentsprechenden Rechtsverfolgung notwendig waren. [2] Hat sich der Beamte eines Bevollmächtigten oder Beistands bedient, sind auch dessen Gebühren und Auslagen erstattungsfähig. [3] Aufwendungen, die durch das Verschulden des Beamten entstanden sind, hat dieser selbst zu tragen; das Verschulden eines Vertreters ist ihm zuzurechnen.

Kapitel 4. Vorläufige Dienstenthebung und Einbehaltung von Bezügen

§ 38[1] Zulässigkeit. (1) [1] Die für die Erhebung der Disziplinarklage zuständige Behörde kann einen Beamten gleichzeitig mit oder nach der Einleitung des Disziplinarverfahrens vorläufig des Dienstes entheben, wenn im Disziplinarverfahren voraussichtlich auf Entfernung aus dem Beamtenverhältnis oder auf Aberkennung des Ruhegehalts erkannt werden wird oder wenn bei einem Beamten auf Probe oder einem Beamten auf Widerruf voraussichtlich eine Entlassung nach § 5 Abs. 3 Satz 2 dieses Gesetzes in Verbindung mit § 34 Abs. 1 Satz 1 Nr. 1 oder § 37 Abs. 1 Satz 1 des Bundesbeamtengesetzes[2] erfolgen wird. [2] Sie kann den Beamten außerdem vorläufig des Dienstes entheben, wenn durch sein Verbleiben im Dienst der Dienstbetrieb oder die Ermittlungen wesentlich beeinträchtigt würden und die vorläufige Dienstenthebung zu der Bedeutung der Sache und der zu erwartenden Disziplinarmaßnahme nicht außer Verhältnis steht.

(2) [1] Die für die Erhebung der Disziplinarklage zuständige Behörde kann gleichzeitig mit oder nach der vorläufigen Dienstenthebung anordnen, dass dem Beamten bis zu 50 Prozent der monatlichen Dienst- oder Anwärterbezüge einbehalten werden, wenn im Disziplinarverfahren voraussichtlich auf Entfernung aus dem Beamtenverhältnis oder auf Aberkennung des Ruhegehalts erkannt werden wird. [2] Das Gleiche gilt, wenn der Beamte im Beamtenverhältnis auf Probe oder auf Widerruf voraussichtlich nach § 5 Abs. 3 Satz 2 dieses Gesetzes in Verbindung mit § 34 Abs. 1 Satz 1 Nr. 1 oder § 37 Abs. 1 Satz 1 des Bundesbeamtengesetzes entlassen werden wird.

(3) Die für die Erhebung der Disziplinarklage zuständige Behörde kann gleichzeitig mit oder nach der Einleitung des Disziplinarverfahrens anordnen, dass dem Ruhestandsbeamten bis zu 30 Prozent des Ruhegehalts einbehalten werden, wenn im Disziplinarverfahren voraussichtlich auf Aberkennung des Ruhegehalts erkannt werden wird.

(4) Die für die Erhebung der Disziplinarklage zuständige Behörde kann die vorläufige Dienstenthebung, die Einbehaltung von Dienst- oder Anwärterbe-

[1] § 38 Abs. 1 Satz 1 geänd., Abs. 2 Satz 2 angef. mWv 12.2.2009 durch G v. 5.2.2009 (BGBl. I S. 160).
[2] Nr. **160**.

zügen sowie die Einbehaltung von Ruhegehalt jederzeit ganz oder teilweise aufheben.

§ 39 Rechtswirkungen. (1) [1] Die vorläufige Dienstenthebung wird mit der Zustellung, die Einbehaltung von Bezügen mit dem auf die Zustellung folgenden Fälligkeitstag wirksam und vollziehbar. [2] Sie erstrecken sich auf alle Ämter, die der Beamte inne hat.

(2) Für die Dauer der vorläufigen Dienstenthebung ruhen die im Zusammenhang mit dem Amt entstandenen Ansprüche auf Aufwandsentschädigung.

(3) [1] Wird der Beamte vorläufig des Dienstes enthoben, während er schuldhaft dem Dienst fernbleibt, dauert der nach § 9 des Bundesbesoldungsgesetzes[1]) begründete Verlust der Bezüge fort. [2] Er endet mit dem Zeitpunkt, zu dem der Beamte seinen Dienst aufgenommen hätte, wenn er hieran nicht durch die vorläufige Dienstenthebung gehindert worden wäre. [3] Der Zeitpunkt ist von der für die Erhebung der Disziplinarklage zuständigen Behörde festzustellen und dem Beamten mitzuteilen.

(4) Die vorläufige Dienstenthebung und die Einbehaltung von Bezügen enden mit dem rechtskräftigen Abschluss des Disziplinarverfahrens.

§ 40[2]) Verfall und Nachzahlung der einbehaltenen Beträge. (1) Die nach § 38 Abs. 2 und 3 einbehaltenen Bezüge verfallen, wenn

1. im Disziplinarverfahren auf Entfernung aus dem Beamtenverhältnis oder auf Aberkennung des Ruhegehalts erkannt worden oder eine Entlassung nach § 5 Abs. 3 Satz 2 dieses Gesetzes in Verbindung mit § 34 Abs. 1 Satz 1 Nr. 1 oder § 37 Abs. 1 Satz 1 des Bundesbeamtengesetzes[3]) erfolgt ist,

2. in einem wegen desselben Sachverhalts eingeleiteten Strafverfahren eine Strafe verhängt worden ist, die den Verlust der Rechte als Beamter oder Ruhestandsbeamter zur Folge hat,

3. das Disziplinarverfahren auf Grund des § 32 Abs. 1 Nr. 3 eingestellt worden ist und ein neues Disziplinarverfahren, das innerhalb von drei Monaten nach der Einstellung wegen desselben Sachverhalts eingeleitet worden ist, zur Entfernung aus dem Beamtenverhältnis oder zur Aberkennung des Ruhegehalts geführt hat oder

4. das Disziplinarverfahren aus den Gründen des § 32 Abs. 2 Nr. 2 oder 3 eingestellt worden ist und die für die Erhebung der Disziplinarklage zuständige Behörde (§ 34 Abs. 2) festgestellt hat, dass die Entfernung aus dem Beamtenverhältnis oder die Aberkennung des Ruhegehalts gerechtfertigt gewesen wäre.

(2) [1] Wird das Disziplinarverfahren auf andere Weise als in den Fällen des Absatzes 1 unanfechtbar abgeschlossen, sind die nach § 38 Abs. 2 und 3 einbehaltenen Bezüge nachzuzahlen. [2] Auf die nachzuzahlenden Dienstbezüge können Einkünfte aus genehmigungspflichtigen Nebentätigkeiten (§ 99 des Bundesbeamtengesetzes) angerechnet werden, die der Beamte aus Anlass der vorläufigen Dienstenthebung ausgeübt hat, wenn eine Disziplinarmaßnahme

[1]) Nr. **230**.
[2]) § 40 Abs. 1 Nr. 1, 3 und 4 sowie Abs. 2 Satz 2 geänd. mWv 12.2.2009 durch G v. 5.2.2009 (BGBl. I S. 160).
[3]) Nr. **160**.

verhängt worden ist oder die für die Erhebung der Disziplinarklage zuständige Behörde feststellt, dass ein Dienstvergehen erwiesen ist. [3]Der Beamte ist verpflichtet, über die Höhe solcher Einkünfte Auskunft zu geben.

Kapitel 5. Widerspruchsverfahren

§ 41 Erforderlichkeit, Form und Frist des Widerspruchs. (1) [1]Vor der Erhebung der Klage des Beamten ist ein Widerspruchsverfahren durchzuführen. [2]Ein Widerspruchsverfahren findet nicht statt, wenn die angefochtene Entscheidung durch die oberste Dienstbehörde erlassen worden ist.

(2) Für die Form und die Frist des Widerspruchs gilt § 70 der Verwaltungsgerichtsordnung[1]).

§ 42 Widerspruchsbescheid. (1) [1]Der Widerspruchsbescheid wird durch die oberste Dienstbehörde, bei Ruhestandsbeamten durch den nach § 84 zuständigen Dienstvorgesetzten erlassen. [2]Die oberste Dienstbehörde kann ihre Zuständigkeit nach Satz 1 durch allgemeine Anordnung ganz oder teilweise auf nachgeordnete Behörden übertragen; die Anordnung ist im Bundesgesetzblatt zu veröffentlichen.

(2) [1]In dem Widerspruchsbescheid darf die angefochtene Entscheidung nicht zum Nachteil des Beamten abgeändert werden. [2]Die Befugnis, eine abweichende Entscheidung nach § 35 Abs. 3 zu treffen, bleibt unberührt.

§ 43 Grenzen der erneuten Ausübung der Disziplinarbefugnisse. [1]Der Widerspruchsbescheid ist der obersten Dienstbehörde unverzüglich zuzuleiten. [2]Diese kann den Widerspruchsbescheid, durch den über eine Disziplinarverfügung entschieden worden ist, jederzeit aufheben. [3]Sie kann in der Sache neu entscheiden oder Disziplinarklage erheben. [4]Eine Verschärfung der Disziplinarmaßnahme nach Art oder Höhe oder die Erhebung der Disziplinarklage ist nur innerhalb von drei Monaten nach der Zustellung des Widerspruchsbescheids zulässig, es sei denn, es ergeht wegen desselben Sachverhalts ein rechtskräftiges Urteil auf Grund von tatsächlichen Feststellungen, die von denjenigen tatsächlichen Feststellungen, auf denen die Entscheidung beruht, abweichen.

§ 44[2]) Kostentragungspflicht. (1) [1]Im Widerspruchsverfahren trägt der unterliegende Teil die entstandenen Auslagen. [2]Hat der Widerspruch teilweise Erfolg, sind die Auslagen im Verhältnis zu teilen. [3]Wird eine Disziplinarverfügung trotz des Vorliegens eines Dienstvergehens aufgehoben, können die Auslagen ganz oder teilweise dem Beamten auferlegt werden.

(2) Nimmt der Beamte den Widerspruch zurück, trägt er die entstandenen Auslagen.

(3) Erledigt sich das Widerspruchsverfahren in der Hauptsache auf andere Weise, ist über die entstandenen Auslagen nach billigem Ermessen zu entscheiden.

(4) § 37 Abs. 4 gilt entsprechend.

[1]) Nr. **600**.
[2]) § 44 Abs. 4 geänd. mWv 1.10.2019 durch G v. 18.7.2016 (BGBl. I S. 1666).

Teil 4. Gerichtliches Disziplinarverfahren

Kapitel 1. Disziplinargerichtsbarkeit

§ 45 Zuständigkeit der Verwaltungsgerichtsbarkeit. [1] Die Aufgaben der Disziplinargerichtsbarkeit nach diesem Gesetz nehmen die Gerichte der Verwaltungsgerichtsbarkeit wahr. [2] Hierzu werden bei den Verwaltungsgerichten Kammern und bei den Oberverwaltungsgerichten Senate für Disziplinarsachen gebildet. [3] Die Landesgesetzgebung kann die Zuweisung der in Satz 1 genannten Aufgaben an ein Gericht für die Bezirke mehrerer Gerichte anordnen. [4] Soweit nach Landesrecht für Verfahren nach dem Landesdisziplinargesetz ein Gericht für die Bezirke mehrerer Gerichte zuständig ist, ist dieses Gericht, wenn nichts anderes bestimmt wird, auch für die in Satz 1 genannten Aufgaben zuständig. [5] § 50 Abs. 1 Nr. 4 der Verwaltungsgerichtsordnung[1]) bleibt unberührt.

§ 46 Kammer für Disziplinarsachen. (1) [1] Die Kammer für Disziplinarsachen entscheidet in der Besetzung von drei Richtern und zwei Beamtenbeisitzern als ehrenamtlichen Richtern, wenn nicht ein Einzelrichter entscheidet. [2] An Beschlüssen außerhalb der mündlichen Verhandlung und an Gerichtsbescheiden wirken die Beamtenbeisitzer nicht mit. [3] Einer der Beamtenbeisitzer soll dem Verwaltungszweig und der Laufbahngruppe des Beamten angehören, gegen den sich das Disziplinarverfahren richtet.

(2) [1] Für die Übertragung des Rechtsstreits auf den Einzelrichter gilt § 6 der Verwaltungsgerichtsordnung[1]). [2] In dem Verfahren der Disziplinarklage ist eine Übertragung auf den Einzelrichter ausgeschlossen.

(3) [1] Der Vorsitzende der Kammer für Disziplinarsachen entscheidet, wenn die Entscheidung im vorbereitenden Verfahren ergeht,

1. bei Zurücknahme der Klage, des Antrags oder eines Rechtsmittels,

2. bei Erledigung des gerichtlichen Disziplinarverfahrens in der Hauptsache und

3. über die Kosten.

[2] Ist ein Berichterstatter bestellt, entscheidet er anstelle des Vorsitzenden.

(4) [1] Die Landesgesetzgebung kann die Besetzung der Kammer für Disziplinarsachen abweichend von den Absätzen 1 bis 3 regeln. [2] Soweit nach Landesrecht für die Verfahren nach dem Landesdisziplinargesetz eine andere Besetzung der Kammer für Disziplinarsachen vorgesehen ist, gilt diese Besetzung, wenn nichts anderes bestimmt wird, auch für die gerichtlichen Verfahren nach diesem Gesetz.

§ 47[2]) Beamtenbeisitzer. (1) [1] Die Beamtenbeisitzer müssen auf Lebenszeit ernannte Beamte im Bundesdienst sein und bei ihrer Auswahl oder Bestellung ihren dienstlichen Wohnsitz (§ 15 des Bundesbesoldungsgesetzes[3])) im Bezirk des zuständigen Verwaltungsgerichts haben. [2] Ist einem Verwaltungsgericht die

[1]) Nr. **600**.
[2]) § 47 Abs. 1 Satz 1 und Abs. 3 geänd., Abs. 2 neu gef. mWv 12.2.2009 durch G v. 5.2.2009 (BGBl. I S. 160).
[3]) Nr. **230**.

Zuständigkeit für die Bezirke mehrerer Verwaltungsgerichte übertragen, müssen die Beamtenbeisitzer ihren dienstlichen Wohnsitz in einem dieser Bezirke haben.

(2) Die §§ 20 bis 29 und 34 der Verwaltungsgerichtsordnung[1] sind vorbehaltlich des § 50 Abs. 3 auf die Beamtenbeisitzer nicht anzuwenden.

(3) Das Verfahren zur Auswahl oder Bestellung der Beamtenbeisitzer bestimmt sich nach Landesrecht.

§ 48[2] Ausschluss von der Ausübung des Richteramts. (1) Ein Richter oder Beamtenbeisitzer ist von der Ausübung des Richteramts kraft Gesetzes ausgeschlossen, wenn er

1. durch das Dienstvergehen verletzt ist,

2. Ehegatte, Lebenspartner oder gesetzlicher Vertreter des Beamten oder des Verletzten ist oder war,

3. mit dem Beamten oder dem Verletzten in gerader Linie verwandt oder verschwägert oder in der Seitenlinie bis zum dritten Grad verwandt oder bis zum zweiten Grad verschwägert ist oder war,

(Fortsetzung nächstes Blatt)

[1] Nr. **600**.
[2] § 48 Abs. 1 Nr. 2 geänd. mWv 1.1.2005 durch G v. 15.12.2004 (BGBl. I S. 3396).

4. in dem Disziplinarverfahren gegen den Beamten tätig war oder als Zeuge gehört wurde oder als Sachverständiger ein Gutachten erstattet hat,

5. in einem wegen desselben Sachverhalts eingeleiteten Straf- oder Bußgeldverfahren gegen den Beamten beteiligt war,

6. Dienstvorgesetzter des Beamten ist oder war oder bei einem Dienstvorgesetzten des Beamten mit der Bearbeitung von Personalangelegenheiten des Beamten befasst ist oder

7. als Mitglied einer Personalvertretung in dem Disziplinarverfahren gegen den Beamten mitgewirkt hat.

(2) Ein Beamtenbeisitzer ist auch ausgeschlossen, wenn er der Dienststelle des Beamten angehört.

§ 49 Nichtheranziehung eines Beamtenbeisitzers. Ein Beamtenbeisitzer, gegen den Disziplinarklage oder wegen einer vorsätzlich begangenen Straftat die öffentliche Klage erhoben oder der Erlass eines Strafbefehls beantragt oder dem die Führung seiner Dienstgeschäfte verboten worden ist, darf während dieser Verfahren oder für die Dauer des Verbots zur Ausübung seines Amts nicht herangezogen werden.

§ 50[1) Entbindung vom Amt des Beamtenbeisitzers. (1) Der Beamtenbeisitzer ist von seinem Amt zu entbinden, wenn

1. er im Strafverfahren rechtskräftig zu einer Freiheitsstrafe verurteilt worden ist,

2. im Disziplinarverfahren gegen ihn unanfechtbar eine Disziplinarmaßnahme mit Ausnahme eines Verweises ausgesprochen worden ist,

3. er in ein Amt außerhalb der Bezirke, für die das Gericht zuständig ist, versetzt wird,

4. das Beamtenverhältnis endet oder

5. die Voraussetzungen für das Amt des Beamtenbeisitzers nach § 47 Abs. 1 bei ihrer Auswahl oder Bestellung nicht vorlagen.

(2) In besonderen Härtefällen kann der Beamtenbeisitzer auch auf Antrag von der weiteren Ausübung des Amts entbunden werden.

(3) Für die Entscheidung gilt § 24 Abs. 3 der Verwaltungsgerichtsordnung[2) entsprechend.

§ 51 Senate für Disziplinarsachen. (1) Für den Senat für Disziplinarsachen des Oberverwaltungsgerichts gelten § 46 Abs. 1 und 3 sowie die §§ 47 bis 50 entsprechend.

(2) Für das Bundesverwaltungsgericht gilt § 48 Abs. 1 entsprechend.

[1) § 50 Abs. 1 Nr. 3 und 4 geänd., Nr. 5 und Abs. 3 angef. mWv 12. 2. 2009 durch G v. 5. 2. 2009 (BGBl. I S. 160).
[2) Nr. **600**.

Kapitel 2. Disziplinarverfahren vor dem Verwaltungsgericht

Abschnitt 1. Klageverfahren

§ 52 Klageerhebung, Form und Frist der Klage. (1) [1] Die Disziplinarklage ist schriftlich zu erheben. [2] Die Klageschrift muss den persönlichen und beruflichen Werdegang des Beamten, den bisherigen Gang des Disziplinarverfahrens, die Tatsachen, in denen ein Dienstvergehen gesehen wird, und die anderen Tatsachen und Beweismittel, die für die Entscheidung bedeutsam sind, geordnet darstellen. [3] Liegen die Voraussetzungen des § 23 Abs. 1 vor, kann wegen der Tatsachen, in denen ein Dienstvergehen gesehen wird, auf die bindenden Feststellungen der ihnen zugrunde liegenden Urteile verwiesen werden.

(2) [1] Für die Form und Frist der übrigen Klagen gelten die §§ 74, 75 und 81 der Verwaltungsgerichtsordnung[1]. [2] Der Lauf der Frist des § 75 Satz 2 der Verwaltungsgerichtsordnung ist gehemmt, solange das Disziplinarverfahren nach § 22 ausgesetzt ist.

§ 53 Nachtragsdisziplinarklage. (1) Neue Handlungen, die nicht Gegenstand einer anhängigen Disziplinarklage sind, können nur durch Erhebung einer Nachtragsdisziplinarklage in das Disziplinarverfahren einbezogen werden.

(2) [1] Hält der Dienstherr die Einbeziehung neuer Handlungen für angezeigt, teilt er dies dem Gericht unter Angabe der konkreten Anhaltspunkte mit, die den Verdacht eines Dienstvergehens rechtfertigen. [2] Das Gericht setzt das Disziplinarverfahren vorbehaltlich des Absatzes 3 aus und bestimmt eine Frist, bis zu der die Nachtragsdisziplinarklage erhoben werden kann. [3] Die Frist kann auf einen vor ihrem Ablauf gestellten Antrag des Dienstherrn verlängert werden, wenn dieser sie aus Gründen, die er nicht zu vertreten hat, voraussichtlich nicht einhalten kann. [4] Die Fristsetzung und ihre Verlängerung erfolgen durch Beschluss. [5] Der Beschluss ist unanfechtbar.

(3) [1] Das Gericht kann von einer Aussetzung des Disziplinarverfahrens nach Absatz 2 absehen, wenn die neuen Handlungen für die Art und Höhe der zu erwartenden Disziplinarmaßnahme voraussichtlich nicht ins Gewicht fallen oder ihre Einbeziehung das Disziplinarverfahren erheblich verzögern würde; Absatz 2 Satz 4 und 5 gilt entsprechend. [2] Ungeachtet einer Fortsetzung des Disziplinarverfahrens nach Satz 1 kann wegen der neuen Handlungen bis zur Zustellung der Ladung zur mündlichen Verhandlung oder bis zur Zustellung eines Beschlusses nach § 59 Nachtragsdisziplinarklage erhoben werden. [3] Die neuen Handlungen können auch Gegenstand eines neuen Disziplinarverfahrens sein.

(4) Wird innerhalb der nach Absatz 2 bestimmten Frist nicht Nachtragsdisziplinarklage erhoben, setzt das Gericht das Disziplinarverfahren ohne Einbeziehung der neuen Handlungen fort; Absatz 3 Satz 2 und 3 gilt entsprechend.

§ 54 Belehrung der Beamten. Der Beamte ist durch den Vorsitzenden gleichzeitig mit der Zustellung der Disziplinarklage oder der Nachtragsdisziplinarklage auf die Fristen des § 55 Abs. 1 und des § 58 Abs. 2 sowie auf die Folgen der Fristversäumung hinzuweisen.

[1] Nr. **600**.

§ 55 Mängel des behördlichen Disziplinarverfahrens oder der Klageschrift. (1) Bei einer Disziplinarklage hat der Beamte wesentliche Mängel des behördlichen Disziplinarverfahrens oder der Klageschrift innerhalb zweier Monate nach Zustellung der Klage oder der Nachtragsdisziplinarklage geltend zu machen.

(2) Wesentliche Mängel, die nicht oder nicht innerhalb der Frist des Absatzes 1 geltend gemacht werden, kann das Gericht unberücksichtigt lassen, wenn ihre Berücksichtigung nach seiner freien Überzeugung die Erledigung des Disziplinarverfahrens verzögern würde und der Beamte über die Folgen der Fristversäumung belehrt worden ist; dies gilt nicht, wenn der Beamte zwingede Gründe für die Verspätung glaubhaft macht.

(3) [1] Das Gericht kann dem Dienstherrn zur Beseitigung eines wesentlichen Mangels, den der Beamte rechtzeitig geltend gemacht hat oder dessen Berücksichtigung es unabhängig davon für angezeigt hält, eine Frist setzen. [2] § 53 Abs. 2 Satz 3 bis 5 gilt entsprechend. [3] Wird der Mangel innerhalb der Frist nicht beseitigt, wird das Disziplinarverfahren durch Beschluss des Gerichts eingestellt.

(4) Die rechtskräftige Einstellung nach Absatz 3 steht einem rechtskräftigen Urteil gleich.

§ 56 Beschränkung des Disziplinarverfahrens. [1] Das Gericht kann das Disziplinarverfahren beschränken, indem es solche Handlungen ausscheidet, die für die Art und Höhe der zu erwartenden Disziplinarmaßnahme nicht oder voraussichtlich nicht ins Gewicht fallen. [2] Die ausgeschiedenen Handlungen können nicht wieder in das Disziplinarverfahren einbezogen werden, es sei denn, die Voraussetzungen für die Beschränkung entfallen nachträglich. [3] Werden die ausgeschiedenen Handlungen nicht wieder einbezogen, können sie nach dem unanfechtbaren Abschluss des Disziplinarverfahrens nicht Gegenstand eines neuen Disziplinarverfahrens sein.

§ 57[1) Bindung an tatsächliche Feststellungen aus anderen Verfahren.

(1) [1] Die tatsächlichen Feststellungen eines rechtskräftigen Urteils im Straf- oder Bußgeldverfahren oder im verwaltungsgerichtlichen Verfahren, durch das nach § 9 des Bundesbesoldungsgesetzes[2) über den Verlust der Besoldung bei schuldhaftem Fernbleiben vom Dienst entschieden worden ist, sind im Disziplinarverfahren, das denselben Sachverhalt zum Gegenstand hat, für das Gericht bindend. [2] Es hat jedoch die erneute Prüfung solcher Feststellungen zu beschließen, die offenkundig unrichtig sind.

(2) Die in einem anderen gesetzlich geordneten Verfahren getroffenen tatsächlichen Feststellungen sind nicht bindend, können aber der Entscheidung ohne erneute Prüfung zugrunde gelegt werden.

§ 58 Beweisaufnahme. (1) Das Gericht erhebt die erforderlichen Beweise.

(2) [1] Bei einer Disziplinarklage sind Beweisanträge von dem Dienstherrn in der Klageschrift und von dem Beamten innerhalb zweier Monate nach Zustellung der Klage oder der Nachtragsdisziplinarklage zu stellen. [2] Ein verspä-

[1) § 57 Abs. 1 Satz 1 geänd. durch G v. 13. 12. 2001 (BGBl. I S. 3574).
[2) Nr. 230.

teter Antrag kann abgelehnt werden, wenn seine Berücksichtigung nach der freien Überzeugung des Gerichts die Erledigung des Disziplinarverfahrens verzögern würde und der Beamte über die Folgen der Fristversäumung belehrt worden ist; dies gilt nicht, wenn zwingende Gründe für die Verspätung glaubhaft gemacht werden.

(3) Die Bestimmungen der Strafprozessordnung[1] über die Pflicht, als Zeuge auszusagen oder als Sachverständiger ein Gutachten zu erstatten, über die Ablehnung von Sachverständigen sowie über die Vernehmung von Angehörigen des öffentlichen Dienstes als Zeugen und Sachverständige gelten entsprechend.

§ 59 Entscheidung durch Beschluss. (1) [1] Bei einer Disziplinarklage kann das Gericht, auch nach der Eröffnung der mündlichen Verhandlung, mit Zustimmung der Beteiligten durch Beschluss

1. auf die erforderliche Disziplinarmaßnahme (§ 5) erkennen, wenn nur ein Verweis, eine Geldbuße, eine Kürzung der Dienstbezüge oder eine Kürzung des Ruhegehalts verwirkt ist, oder

2. die Disziplinarklage abweisen.

[2] Zur Erklärung der Zustimmung kann den Beteiligten von dem Gericht, dem Vorsitzenden oder dem Berichterstatter eine Frist gesetzt werden, nach deren Ablauf die Zustimmung als erteilt gilt, wenn nicht ein Beteiligter widersprochen hat.

(2) Der rechtskräftige Beschluss nach Absatz 1 steht einem rechtskräftigen Urteil gleich.

§ 60 Mündliche Verhandlung, Entscheidung durch Urteil. (1) [1] Das Gericht entscheidet über die Klage, wenn das Disziplinarverfahren nicht auf andere Weise abgeschlossen wird, auf Grund mündlicher Verhandlung durch Urteil. [2] § 106 der Verwaltungsgerichtsordnung[2] wird nicht angewandt.

(2) [1] Bei einer Disziplinarklage dürfen nur die Handlungen zum Gegenstand der Urteilsfindung gemacht werden, die dem Beamten in der Klage oder der Nachtragsdisziplinarklage als Dienstvergehen zur Last gelegt werden. [2] Das Gericht kann in dem Urteil

1. auf die erforderliche Disziplinarmaßnahme (§ 5) erkennen oder

2. die Disziplinarklage abweisen.

(3) Bei der Klage gegen eine Disziplinarverfügung prüft das Gericht neben der Rechtmäßigkeit auch die Zweckmäßigkeit der angefochtenen Entscheidung.

§ 61 Grenzen der erneuten Ausübung der Disziplinarbefugnisse.

(1) Soweit der Dienstherr die Disziplinarklage zurückgenommen hat, können die ihr zugrunde liegenden Handlungen nicht mehr Gegenstand eines Disziplinarverfahrens sein.

(2) [1] Hat das Gericht unanfechtbar über die Klage gegen eine Disziplinarverfügung entschieden, ist hinsichtlich der dieser Entscheidung zugrunde liegenden Handlungen eine erneute Ausübung der Disziplinarbefugnisse nur

[1] **Schönfelder** Nr. 90.
[2] Nr. 600.

wegen solcher erheblicher Tatsachen und Beweismittel zulässig, die keinen Eingang in das gerichtliche Disziplinarverfahren gefunden haben. [2] Eine Verschärfung der Disziplinarmaßnahme nach Art oder Höhe oder die Erhebung der Disziplinarklage ist nur innerhalb von drei Monaten nach der Zustellung des Urteils zulässig, es sei denn, es ergeht wegen desselben Sachverhalts ein rechtskräftiges Urteil auf Grund von tatsächlichen Feststellungen, die von denjenigen tatsächlichen Feststellungen, auf denen die Entscheidung beruht, abweichen.

Abschnitt 2. Besondere Verfahren

§ 62 Antrag auf gerichtliche Fristsetzung. (1) [1] Ist ein behördliches Disziplinarverfahren nicht innerhalb von sechs Monaten seit der Einleitung durch Einstellung, durch Erlass einer Disziplinarverfügung oder durch Erhebung der Disziplinarklage abgeschlossen worden, kann der Beamte bei dem Gericht die gerichtliche Bestimmung einer Frist zum Abschluss des Disziplinarverfahrens beantragen. [2] Die Frist des Satzes 1 ist gehemmt, solange das Disziplinarverfahren nach § 22 ausgesetzt ist.

(2) [1] Liegt ein zureichender Grund für den fehlenden Abschluss des behördlichen Disziplinarverfahrens innerhalb von sechs Monaten nicht vor, bestimmt das Gericht eine Frist, in der es abzuschließen ist. [2] Anderenfalls lehnt es den Antrag ab. [3] § 53 Abs. 2 Satz 3 bis 5 gilt entsprechend.

(3) Wird das behördliche Disziplinarverfahren innerhalb der nach Absatz 2 bestimmten Frist nicht abgeschlossen, ist es durch Beschluss des Gerichts einzustellen.

(4) Der rechtskräftige Beschluss nach Absatz 3 steht einem rechtskräftigen Urteil gleich.

§ 63 Antrag auf Aussetzung der vorläufigen Dienstenthebung und der Einbehaltung von Bezügen. (1) [1] Der Beamte kann die Aussetzung der vorläufigen Dienstenthebung und die Einbehaltung von Dienst- oder Anwärterbezügen beim Gericht beantragen; Gleiches gilt für den Ruhestandsbeamten bezüglich der Einbehaltung von Ruhegehalt. [2] Der Antrag ist bei dem Oberverwaltungsgericht zu stellen, wenn bei ihm in derselben Sache ein Disziplinarverfahren anhängig ist.

(2) Die vorläufige Dienstenthebung und die Einbehaltung von Bezügen sind auszusetzen, wenn ernstliche Zweifel an ihrer Rechtmäßigkeit bestehen.

(3) Für die Änderung oder Aufhebung von Beschlüssen über Anträge nach Absatz 1 gilt § 80 Abs. 7 der Verwaltungsgerichtsordnung[1)] entsprechend.

Kapitel 3. Disziplinarverfahren vor dem Oberverwaltungsgericht

Abschnitt 1. Berufung

§ 64[2)] Statthaftigkeit, Form und Frist der Berufung. (1) [1] Gegen das Urteil des Verwaltungsgerichts über eine Disziplinarklage steht den Beteiligten die Berufung an das Oberverwaltungsgericht zu. [2] Die Berufung ist bei dem

[1)] Nr. **600.**
[2)] § 64 Abs. 2 Satz 1 geänd., Satz 2 neu gef. mWv 12. 2. 2009 durch G v. 5. 2. 2009 (BGBl. I S. 160).

Verwaltungsgericht innerhalb eines Monats nach Zustellung des vollständigen Urteils schriftlich einzulegen und zu begründen. [3] Die Begründungsfrist kann auf einen vor ihrem Ablauf gestellten Antrag von dem Vorsitzenden verlängert werden. [4] Die Begründung muss einen bestimmten Antrag sowie die im Einzelnen anzuführenden Gründe der Anfechtung (Berufungsgründe) enthalten. [5] Mangelt es an einem dieser Erfordernisse, ist die Berufung unzulässig.

(2) [1] Im Übrigen steht den Beteiligten die Berufung gegen das Urteil des Verwaltungsgerichts nur zu, wenn sie von dem Verwaltungsgericht oder dem Oberverwaltungsgericht zugelassen wird. [2] Die §§ 124 und 124a der Verwaltungsgerichtsordnung[1] sind anzuwenden.

§ 65 Berufungsverfahren. (1) [1] Für das Berufungsverfahren gelten die Bestimmungen über das Disziplinarverfahren vor dem Verwaltungsgericht entsprechend, soweit sich aus diesem Gesetz nichts anderes ergibt. [2] Die §§ 53 und 54 werden nicht angewandt.

(2) Wesentliche Mängel des behördlichen Disziplinarverfahrens, die nach § 55 Abs. 2 unberücksichtigt bleiben durften, bleiben auch im Berufungsverfahren unberücksichtigt.

(3) [1] Ein Beweisantrag, der vor dem Verwaltungsgericht nicht innerhalb der Frist des § 58 Abs. 2 gestellt worden ist, kann abgelehnt werden, wenn seine Berücksichtigung nach der freien Überzeugung des Oberverwaltungsgerichts die Erledigung des Disziplinarverfahrens verzögern würde und der Beamte im ersten Rechtszug über die Folgen der Fristversäumung belehrt worden ist; dies gilt nicht, wenn zwingende Gründe für die Verspätung glaubhaft gemacht werden. [2] Beweisanträge, die das Verwaltungsgericht zu Recht abgelehnt hat, bleiben auch im Berufungsverfahren ausgeschlossen.

(4) Die durch das Verwaltungsgericht erhobenen Beweise können der Entscheidung ohne erneute Beweisaufnahme zugrunde gelegt werden.

§ 66 Mündliche Verhandlung, Entscheidung durch Urteil. [1] Das Oberverwaltungsgericht entscheidet über die Berufung, wenn das Disziplinarverfahren nicht auf andere Weise abgeschlossen wird, auf Grund mündlicher Verhandlung durch Urteil. [2] § 106 der Verwaltungsgerichtsordnung[1] wird nicht angewandt.

Abschnitt 2. Beschwerde

§ 67[2] Statthaftigkeit, Form und Frist der Beschwerde. (1) Für die Statthaftigkeit, Form und Frist der Beschwerde gelten die §§ 146 und 147 der Verwaltungsgerichtsordnung[1].

(2) Gegen Beschlüsse des Verwaltungsgerichts, durch die nach § 59 Abs. 1 über eine Disziplinarklage entschieden wird, kann die Beschwerde nur auf das Fehlen der Zustimmung der Beteiligten gestützt werden.

(3) Für das Beschwerdeverfahren gegen Beschlüsse des Verwaltungsgerichts über eine Aussetzung nach § 63 gilt § 146 Abs. 4 der Verwaltungsgerichtsordnung entsprechend.

[1] Nr. **600**.
[2] § 67 Abs. 3 neu gef. mWv 12. 2. 2009 durch G v. 5. 2. 2009 (BGBl. I S. 160).

§ 68 Entscheidung des Oberverwaltungsgerichts. Das Oberverwaltungsgericht entscheidet über die Beschwerde durch Beschluss.

Kapitel 4. Disziplinarverfahren vor dem Bundesverwaltungsgericht

§ 69[1] Form, Frist und Zulassung der Revision. Für die Zulassung der Revision, für die Form und Frist der Einlegung der Revision und der Einlegung der Beschwerde gegen ihre Nichtzulassung sowie für die Revisionsgründe gelten die §§ 132, 133, 137 bis 139 der Verwaltungsgerichtsordnung[2].

§ 70 Revisionsverfahren, Entscheidung über die Revision. (1) Für das Revisionsverfahren gelten die Bestimmungen über das Disziplinarverfahren vor dem Oberverwaltungsgericht entsprechend.

(2) Für die Entscheidung über die Revision gelten die §§ 143 und 144 der Verwaltungsgerichtsordnung[2].

Kapitel 5. Wiederaufnahme des gerichtlichen Disziplinarverfahrens

§ 71[3] Wiederaufnahmegründe. (1) Die Wiederaufnahme des durch rechtskräftiges Urteil abgeschlossenen Disziplinarverfahrens ist zulässig, wenn

1. in dem Urteil eine Disziplinarmaßnahme ausgesprochen worden ist, die nach Art oder Höhe im Gesetz nicht vorgesehen ist,

2. Tatsachen oder Beweismittel beigebracht werden, die erheblich und neu sind,

3. das Urteil auf dem Inhalt einer unechten oder verfälschten Urkunde oder auf einem vorsätzlich oder fahrlässig falsch abgegebenen Zeugnis oder Gutachten beruht,

4. ein Urteil, auf dessen tatsächlichen Feststellungen das Urteil im Disziplinarverfahren beruht, durch ein anderes rechtskräftiges Urteil aufgehoben worden ist,

5. an dem Urteil ein Richter oder Beamtenbeisitzer mitgewirkt hat, der sich in dieser Sache der strafbaren Verletzung einer Amtspflicht schuldig gemacht hat,

6. an dem Urteil ein Richter oder Beamtenbeisitzer mitgewirkt hat, der von der Ausübung des Richteramts kraft Gesetzes ausgeschlossen war, es sei denn, dass die Gründe für den gesetzlichen Ausschluss bereits erfolglos geltend gemacht worden waren,

7. der Beamte nachträglich glaubhaft ein Dienstvergehen eingesteht, das in dem Disziplinarverfahren nicht hat festgestellt werden können, oder

8. im Verfahren der Disziplinarklage nach dessen rechtskräftigem Abschluss in einem wegen desselben Sachverhalts eingeleiteten Straf- oder Bußgeldverfahren unanfechtbar eine Entscheidung ergeht, nach der gemäß § 14 die Disziplinarmaßnahme nicht zulässig wäre.

[1] § 69 geänd. mWv 12. 2. 2009 durch G v. 5. 2. 2009 (BGBl. I S. 160).
[2] Nr. **600**.
[3] § 71 Abs. 1 einl. Satzteil geänd. mWv 12. 2. 2009 durch G v. 5. 2. 2009 (BGBl. I S. 160).

(2) [1] Erheblich im Sinne des Absatzes 1 Nr. 2 sind Tatsachen und Beweismittel, wenn sie allein oder in Verbindung mit den früher getroffenen Feststellungen geeignet sind, eine andere Entscheidung zu begründen, die Ziel der Wiederaufnahme des Disziplinarverfahrens sein kann. [2] Neu im Sinne des Absatzes 1 Nr. 2 sind Tatsachen und Beweismittel, die dem Gericht bei seiner Entscheidung nicht bekannt gewesen sind. [3] Ergeht nach Eintritt der Rechtskraft des Urteils im Disziplinarverfahren in einem wegen desselben Sachverhalts eingeleiteten Straf- oder Bußgeldverfahren ein rechtskräftiges Urteil auf Grund von tatsächlichen Feststellungen, die von denjenigen tatsächlichen Feststellungen des Urteils im Disziplinarverfahren abweichen, auf denen es beruht, gelten die abweichenden Feststellungen des Urteils im Straf- oder Bußgeldverfahren als neue Tatsachen im Sinne des Absatzes 1 Nr. 2.

(3) In den Fällen des Absatzes 1 Nr. 3 und 5 ist die Wiederaufnahme des Disziplinarverfahrens nur zulässig, wenn wegen der behaupteten Handlung eine rechtskräftige strafgerichtliche Verurteilung erfolgt ist oder wenn ein strafgerichtliches Verfahren aus anderen Gründen als wegen Mangels an Beweisen nicht eingeleitet oder nicht durchgeführt werden kann.

§ 72 Unzulässigkeit der Wiederaufnahme. (1) Die Wiederaufnahme des durch rechtskräftiges Urteil abgeschlossenen Disziplinarverfahrens ist unzulässig, wenn nach dem Eintritt der Rechtskraft

1. ein Urteil im Straf- oder Bußgeldverfahren ergangen ist, das sich auf denselben Sachverhalt gründet und diesen ebenso würdigt, solange dieses Urteil nicht rechtskräftig aufgehoben worden ist, oder

2. ein Urteil im Strafverfahren ergangen ist, durch das der Verurteilte sein Amt oder seinen Anspruch auf Ruhegehalt verloren hat oder ihn verloren hätte, wenn er noch im Dienst gewesen wäre oder Ruhegehalt bezogen hätte.

(2) Die Wiederaufnahme des Disziplinarverfahrens zuungunsten des Beamten ist außerdem unzulässig, wenn seit dem Eintritt der Rechtskraft des Urteils drei Jahre vergangen sind.

§ 73 Frist, Verfahren. (1) [1] Der Antrag auf Wiederaufnahme des Disziplinarverfahrens muss bei dem Gericht, dessen Entscheidung angefochten wird, binnen drei Monaten schriftlich oder zur Niederschrift des Urkundsbeamten der Geschäftsstelle eingereicht werden. [2] Die Frist beginnt mit dem Tag, an dem der Antragsberechtigte von dem Grund für die Wiederaufnahme Kenntnis erhalten hat. [3] In dem Antrag ist das angefochtene Urteil zu bezeichnen und anzugeben, inwieweit es angefochten wird und welche Änderungen beantragt werden; die Anträge sind unter Bezeichnung der Beweismittel zu begründen.

(2) Für das weitere Verfahren gelten die Bestimmungen über das gerichtliche Disziplinarverfahren entsprechend, soweit sich aus diesem Gesetz nichts anderes ergibt.

§ 74 Entscheidung durch Beschluss. (1) Das Gericht kann den Antrag, auch nach der Eröffnung der mündlichen Verhandlung, durch Beschluss verwerfen, wenn es die gesetzlichen Voraussetzungen für seine Zulassung nicht für gegeben oder ihn für offensichtlich unbegründet hält.

(2) ¹ Das Gericht kann vor der Eröffnung der mündlichen Verhandlung mit Zustimmung der zuständigen Behörde durch Beschluss das angefochtene Urteil aufheben und die Disziplinarklage abweisen oder die Disziplinarverfügung aufheben. ² Der Beschluss ist unanfechtbar.

(3) Der rechtskräftige Beschluss nach Absatz 1 sowie der Beschluss nach Absatz 2 stehen einem rechtskräftigen Urteil gleich.

§ 75 Mündliche Verhandlung, Entscheidung des Gerichts. (1) Das Gericht entscheidet, wenn das Wiederaufnahmeverfahren nicht auf andere Weise abgeschlossen wird, auf Grund mündlicher Verhandlung durch Urteil.

(2) Gegen das Urteil des Verwaltungsgerichts und des Oberverwaltungsgerichts kann das in dem jeweiligen Verfahren statthafte Rechtsmittel eingelegt werden.

§ 76¹⁾ Rechtswirkungen, Entschädigung. (1) ¹ Wird in einem Wiederaufnahmeverfahren das angefochtene Urteil zugunsten des Beamten aufgehoben, erhält dieser von dem Eintritt der Rechtskraft des aufgehobenen Urteils an die Rechtsstellung, die er erhalten hätte, wenn das aufgehobene Urteil der Entscheidung entsprochen hätte, die im Wiederaufnahmeverfahren ergangen ist. ² Wurde in dem aufgehobenen Urteil auf Entfernung aus dem Beamtenverhältnis oder auf Aberkennung des Ruhegehalts erkannt, gilt § 42 des Bundesbeamtengesetzes²⁾ entsprechend.

(2) ¹ Der Beamte und die Personen, denen er kraft Gesetzes unterhaltspflichtig ist, können im Falle des Absatzes 1 neben den hiernach nachträglich zu gewährenden Bezügen in entsprechender Anwendung des Gesetzes über die Entschädigung für Strafverfolgungsmaßnahmen³⁾ vom 8. März 1971 (BGBl. I S. 157) in der jeweils geltenden Fassung Ersatz des sonstigen Schadens vom Dienstherrn verlangen. ² Der Anspruch ist innerhalb von drei Monaten nach dem rechtskräftigen Abschluss des Wiederaufnahmeverfahrens bei der für die Erhebung der Disziplinarklage zuständigen Behörde geltend zu machen.

Kapitel 6.⁴⁾ Kosten

§ 77⁵⁾ Kostentragung und erstattungsfähige Kosten. (1) Für die Kostentragungspflicht der Beteiligten und die Erstattungsfähigkeit von Kosten gelten die Bestimmungen der Verwaltungsgerichtsordnung⁶⁾ entsprechend, sofern sich aus den nachfolgenden Vorschriften nichts anderes ergibt.

(2) Wird eine Disziplinarverfügung trotz Vorliegens eines Dienstvergehens aufgehoben, können die Kosten ganz oder teilweise dem Beamten auferlegt werden.

¹⁾ § 76 Abs. 1 Satz 2 geänd. mWv 12. 2. 2009 durch G v. 5. 2. 2009 (BGBl. I S. 160).
²⁾ Nr. **160**.
³⁾ **Schönfelder ErgBd. Nr. 93.**
⁴⁾ Überschr. Teil 4 Kap. 6 neu gef. mWv 12. 2. 2009 durch G v. 5. 2. 2009 (BGBl. I S. 160).
⁵⁾ § 77 neu gef. mWv 12. 2. 2009 durch G v. 5. 2. 2009 (BGBl. I S. 160).
⁶⁾ Nr. **600**.

(3) In Verfahren über den Antrag auf gerichtliche Fristsetzung (§ 62) hat das Gericht zugleich mit der Entscheidung über den Fristsetzungsantrag über die Kosten des Verfahrens zu befinden.

(4) Kosten im Sinne dieser Vorschrift sind auch die Kosten des behördlichen Disziplinarverfahrens.

§ 78[1] **Gerichtskosten.** [1] In gerichtlichen Disziplinarverfahren werden Gebühren nach dem Gebührenverzeichnis der Anlage zu diesem Gesetz erhoben. [2] Im Übrigen sind die für Kosten in Verfahren vor den Gerichten der Verwaltungsgerichtsbarkeit geltenden Vorschriften des Gerichtskostengesetzes[2] entsprechend anzuwenden.

Teil 5. Unterhaltsbeitrag, Unterhaltsleistung und Begnadigung

§ 79 Unterhaltsbeitrag bei Entfernung aus dem Beamtenverhältnis oder bei Aberkennung des Ruhegehalts. (1) Die Zahlung des Unterhaltsbeitrags nach § 10 Abs. 3 oder § 12 Abs. 2 beginnt, soweit in der Entscheidung nichts anderes bestimmt ist, zum Zeitpunkt des Verlusts der Dienstbezüge oder des Ruhegehalts.

(2) [1] Die Zahlung des Unterhaltsbeitrags nach § 12 Abs. 2 steht unter dem Vorbehalt der Rückforderung, wenn für denselben Zeitraum eine Rente auf Grund der Nachversicherung gewährt wird. [2] Zur Sicherung des Rückforderungsanspruchs hat der Ruhestandsbeamte eine entsprechende Abtretungserklärung abzugeben.

(3) Das Gericht kann in der Entscheidung bestimmen, dass der Unterhaltsbeitrag ganz oder teilweise an Personen gezahlt wird, zu deren Unterhalt der Beamte oder Ruhestandsbeamte verpflichtet ist; nach Rechtskraft der Entscheidung kann dies die oberste Dienstbehörde bestimmen.

(4) [1] Auf den Unterhaltsbeitrag werden Erwerbs- und Erwerbsersatzeinkommen im Sinne des § 18 a Abs. 2 sowie Abs. 3 Satz 1 und 2 des Vierten Buches Sozialgesetzbuch[3] angerechnet. [2] Der frühere Beamte oder frühere Ruhestandsbeamte ist verpflichtet, der obersten Dienstbehörde alle Änderungen in seinen Verhältnissen, die für die Zahlung des Unterhaltsbeitrags bedeutsam sein können, unverzüglich anzuzeigen. [3] Kommt er dieser Pflicht schuldhaft nicht nach, kann ihm der Unterhaltsbeitrag ganz oder teilweise mit Wirkung für die Vergangenheit entzogen werden. [4] Die Entscheidung trifft die oberste Dienstbehörde.

(5) Der Anspruch auf den Unterhaltsbeitrag erlischt, wenn der Betroffene wieder in ein öffentlich-rechtliches Amts- oder Dienstverhältnis berufen wird.

[1] § 78 neu gef. mWv 12. 2. 2009 durch G v. 5. 2. 2009 (BGBl. 1 S. 160).
[2] **Schönfelder Nr. 115.**
[3] **Aichberger, SGB Nr. 4.**

§ 80[1] Unterhaltsleistung bei Mithilfe zur Aufdeckung von Straftaten.

(1) [1] Im Falle der Entfernung aus dem Beamtenverhältnis oder der Aberkennung des Ruhegehalts kann die zuletzt zuständige oberste Dienstbehörde dem ehemaligen Beamten oder ehemaligen Ruhestandsbeamten, der gegen das Verbot der Annahme von Belohnungen oder Geschenken verstoßen hat, die Gewährung einer monatlichen Unterhaltsleistung zusagen, wenn er sein Wissen über Tatsachen offenbart hat, deren Kenntnis dazu beigetragen hat, Straftaten, insbesondere nach den §§ 331 bis 335 des Strafgesetzbuches[2], zu verhindern oder über seinen eigenen Tatbeitrag hinaus aufzuklären. [2] Die Nachversicherung ist durchzuführen.

(2) [1] Die Unterhaltsleistung ist als Prozentsatz der Anwartschaft auf eine Altersrente, die sich aus der Nachversicherung ergibt, oder einer entsprechenden Leistung aus der berufsständischen Alterssicherung mit folgenden Maßgaben festzusetzen:

1. Die Unterhaltsleistung darf die Höhe der Rentenanwartschaft aus der Nachversicherung nicht erreichen;

2. Unterhaltsleistung und Rentenanwartschaft aus der Nachversicherung dürfen zusammen den Betrag nicht übersteigen, der sich als Ruhegehalt nach § 14 Abs. 1 des Beamtenversorgungsgesetzes[3] ergäbe.

[2] Die Höchstgrenzen nach Satz 1 gelten auch für die Zeit des Bezugs der Unterhaltsleistung; an die Stelle der Rentenanwartschaft aus der Nachversicherung tritt die anteilige Rente.

(3) Die Zahlung der Unterhaltsleistung an den früheren Beamten kann erst erfolgen, wenn dieser das 65. Lebensjahr vollendet hat oder eine Rente wegen Erwerbs- oder Berufsunfähigkeit aus der gesetzlichen Rentenversicherung oder eine entsprechende Leistung aus der berufsständischen Versorgung erhält.

(4) [1] Der Anspruch auf die Unterhaltsleistung erlischt bei erneutem Eintritt in den öffentlichen Dienst sowie in den Fällen, die bei einem Ruhestandsbeamten das Erlöschen der Versorgungsbezüge nach § 59 des Beamtenversorgungsgesetzes zur Folge hätten. [2] Der hinterbliebene Ehegatte oder Lebenspartner erhält 55 Prozent der Unterhaltsleistung, wenn zum Zeitpunkt der Entfernung aus dem Beamtenverhältnis oder der Aberkennung des Ruhegehalts die Ehe oder Lebenspartnerschaft bereits bestanden hatte.

§ 81[4] Begnadigung.

(1) [1] Dem Bundespräsidenten steht das Begnadigungsrecht in Disziplinarsachen nach diesem Gesetz zu. [2] Er kann es anderen Stellen übertragen.

(2) Wird die Entfernung aus dem Beamtenverhältnis oder die Aberkennung des Ruhegehalts im Gnadenweg aufgehoben, gilt § 43 Satz 2 des Bundesbeamtengesetzes[5] entsprechend.

[1] § 80 Abs. 4 Satz 2 geänd. mWv 2.1.2002 durch G v. 20.12.2001 (BGBl. I S. 3926); Abs. 4 Satz 2 geänd. mWv 12.2.2009 durch G v. 5.2.2009 (BGBl. I S. 160); Abs. 4 Satz 2 geänd. mWv 1.1.2009 durch G v. 14.11.2011 (BGBl. I S. 2219).
[2] **Schönfelder Nr. 85.**
[3] Nr. 155.
[4] § 81 Abs. 2 geänd. mWv 12.2.2009 durch G v. 5.2.2009 (BGBl. I S. 160).
[5] Nr. 160.

Teil 6. Besondere Bestimmungen für einzelne Beamtengruppen und für Ruhestandsbeamte

§ 82[1]) **Polizeivollzugsbeamte des Bundes.** Das Bundesministerium des Innern, für Bau und Heimat bestimmt durch Rechtsverordnung[2]), welche Vorgesetzten der Polizeivollzugsbeamten des Bundes als Dienstvorgesetzte im Sinne des § 33 Abs. 2, Abs. 3 Nr. 2 und Abs. 5 gelten.

§ 83[3]) **Beamte der bundesunmittelbaren Körperschaften, Anstalten und Stiftungen des öffentlichen Rechts.** (1) [1]Das für die Aufsicht zuständige Bundesministerium gilt im Sinne dieses Gesetzes als oberste Dienstbehörde der Beamten der bundesunmittelbaren Körperschaften, Anstalten und Stiftungen des öffentlichen Rechts. [2]Es kann durch Rechtsverordnung im Einvernehmen mit dem Bundesministerium des Innern, für Bau und Heimat seine Befugnisse auf nachgeordnete Behörden übertragen und bestimmen, wer als nachgeordnete Behörde, Dienstvorgesetzter und höherer Dienstvorgesetzter im Sinne dieses Gesetzes anzusehen ist. [3]Es kann durch Rechtsverordnung im Einvernehmen mit dem Bundesministerium des Innern, für Bau und Heimat darüber hinaus die Zuständigkeit für Verweise, Geldbußen und Kürzungen der Dienstbezüge abweichend von § 33 regeln.

(2) Für die in Absatz 1 bezeichneten Körperschaften, Anstalten und Stiftungen des öffentlichen Rechts gilt § 144 Abs. 2 des Bundesbeamtengesetzes[4]) entsprechend.

§ 84[5]) **Ausübung der Disziplinarbefugnisse bei Ruhestandsbeamten.** [1]Bei Ruhestandsbeamten werden die Disziplinarbefugnisse durch die zum Zeitpunkt des Eintritts in den Ruhestand zuständige oberste Dienstbehörde ausgeübt. [2]Diese kann ihre Befugnisse durch allgemeine Anordnung ganz oder teilweise auf nachgeordnete Dienstvorgesetzte übertragen; die Anordnung ist im Bundesgesetzblatt zu veröffentlichen. [3]Besteht die zuständige oberste Dienstbehörde nicht mehr, bestimmt das Bundesministerium des Innern, für Bau und Heimat, welche Behörde zuständig ist.

Teil 7. Übergangs- und Schlussbestimmungen

§ 85[6]) **Übergangsbestimmungen.** (1) [1]Die nach bisherigem Recht eingeleiteten Disziplinarverfahren werden in der Lage, in der sie sich bei Inkrafttreten dieses Gesetzes befinden, nach diesem Gesetz fortgeführt, soweit in den Absätzen 2 bis 7 nichts Abweichendes bestimmt ist. [2]Maßnahmen, die nach bisherigem Recht getroffen worden sind, bleiben rechtswirksam.

[1]) § 82 geänd. mWv 27.6.2020 durch VO v. 19.6.2020 (BGBl. I S. 1328).
[2]) Siehe die VO zu § 82 BDG v. 24.6.2020 (BGBl. I S. 1517).
[3]) § 83 Abs. 2 geänd. mWv 12.2.2009 durch G v. 5.2.2009 (BGBl. I S. 160); Abs. 1 Sätze 2 und 3 geänd. mWv 27.6.2020 durch VO v. 19.6.2020 (BGBl. I S. 1328).
[4]) Nr. **160**.
[5]) § 84 Satz 3 geänd. mWv 27.6.2020 durch VO v. 19.6.2020 (BGBl. I S. 1328).
[6]) § 85 Abs. 9 geänd., Abs. 11 angef. mWv 12.2.2009 durch G v. 5.2.2009 (BGBl. I S. 160); Abs. 1 Satz 1 geänd., *Abs. 11 eingef., bish.* Abs. 11 wird Abs. 12 mWv 1.1.2012 durch G v. 6.12.2011 (BGBl. I S. 2554); Abs. 1 Satz 1 geänd., Abs. 3 Satz 2, Abs. 5–7 und Abs. 11 aufgeh., bish. Abs. 8–10 werden Abs. 5–7, bish. Abs. 12 wird Abs. 8 mWv 1.5.2015 durch G v. 6.3.2015 (BGBl. I S. 250).

(2) Die folgenden Disziplinarmaßnahmen nach bisherigem Recht stehen folgenden Disziplinarmaßnahmen nach diesem Gesetz gleich:

1. die Gehaltskürzung der Kürzung der Dienstbezüge,
2. die Versetzung in ein Amt derselben Laufbahn mit geringerem Endgrundgehalt der Zurückstufung und
3. die Entfernung aus dem Dienst der Entfernung aus dem Beamtenverhältnis.

(3) Vor dem Inkrafttreten dieses Gesetzes eingeleitete förmliche Disziplinarverfahren werden nach bisherigem Recht fortgeführt.

(4) [1] Die Behörde des Bundesdisziplinaranwalts wird mit Ablauf des 31. Dezember 2003 aufgelöst. [2] Ab diesem Zeitpunkt fertigt die Einleitungsbehörde in den Fällen von Absatz 3 die Anschuldigungsschrift; die Vorschriften der Bundesdisziplinarordnung sind nicht anzuwenden, soweit sie den Bundesdisziplinaranwalt betreffen.

(5) [1] Für die Wiederaufnahme von Disziplinarverfahren, die vor dem Inkrafttreten dieses Gesetzes rechtskräftig abgeschlossen worden sind, gilt bis zum Ablauf des 31. Dezember 2003 Abschnitt IV der Bundesdisziplinarordnung. [2] Ab diesem Zeitpunkt gelten die Bestimmungen dieses Gesetzes.

(6) Die nach bisherigem Recht in einem Disziplinarverfahren ergangenen Entscheidungen sind nach bisherigem Recht zu vollstrecken, wenn sie unanfechtbar geworden sind.

(7) [1] Die Frist für das Verwertungsverbot und ihre Berechnung für die Disziplinarmaßnahmen, die vor dem Inkrafttreten dieses Gesetzes verhängt worden sind, bestimmen sich nach diesem Gesetz. [2] Dies gilt nicht, wenn die Frist und ihre Berechnung nach bisherigem Recht für den Beamten günstiger ist.

(8) [1] Gebühren nach § 78 Satz 1 werden nur für die nach dem 31. Dezember 2009 anhängig werdenden gerichtlichen Verfahren erhoben. [2] Dies gilt nicht im Verfahren über ein Rechtsmittel, das nach dem 31. Dezember 2009 eingelegt worden ist.

§ 86[1] Verwaltungsvorschriften. Die zur Durchführung dieses Gesetzes erforderlichen Verwaltungsvorschriften erlässt das Bundesministerium des Innern, für Bau und Heimat; die Verwaltungsvorschriften sind im Gemeinsamen Ministerialblatt zu veröffentlichen.

(Fortsetzung nächstes Blatt)

[1] § 86 geänd. mWv 27.6.2020 durch VO v. 19.6.2020 (BGBl. I S. 1328).

Anlage[1]
(zu § 78)

Gebührenverzeichnis

Gliederung

Abschnitt 1 Klageverfahren erster Instanz
Abschnitt 2 Zulassung und Durchführung der Berufung
Abschnitt 3 Revision
Abschnitt 4 Besondere Verfahren
Abschnitt 5 Rüge wegen Verletzung des Anspruchs auf rechtliches Gehör
Abschnitt 6 Beschwerde

Nr.	Gebührentatbestand	Gebührenbetrag oder Satz der jeweiligen Gebühr 10 bis 17
Vorbemerkung: Das Verfahren über den Antrag auf Wiederaufnahme gilt als neuer Rechtszug.		
	Abschnitt 1 **Klageverfahren erster Instanz**	
	Verfahren über eine Disziplinarklage mit dem Antrag auf	
10	– Entfernung aus dem Beamtenverhältnis	360,00 €
11	– Aberkennung des Ruhegehalts	360,00 €
12	– Zurückstufung ...	240,00 €
	Verfahren über die Klage gegen eine Disziplinarverfügung, in der als Disziplinarmaßnahme ausgesprochen worden ist	
13	– Kürzung der Dienstbezüge	180,00 €
14	– Kürzung des Ruhegehalts	180,00 €
15	– Geldbuße ...	120,00 €
16	– Verweis ..	60,00 €
17	Verfahren über die Klage gegen eine Disziplinarverfügung, wenn nur eine Kostenentscheidung in der Disziplinarverfügung angegriffen wird, oder gegen eine Einstellungsverfügung (§ 32 BDG)	60,00 €
18	Beendigung des gesamten Verfahrens durch 1. Zurücknahme der Klage a) vor dem Schluss der mündlichen Verhandlung oder b) wenn eine solche nicht stattfindet, vor Ablauf des Tages, an dem die Entscheidung in der Hauptsache der Geschäftsstelle übermittelt wird, oder 2. Erledigungserklärungen, wenn keine Entscheidung über die Kosten ergeht oder die Entscheidung einer zuvor mitgeteilten Einigung über die Kostentragung oder der Kostenübernahmeerklärung eines Beteiligten folgt:	
	Die Gebühren 10 bis 17 ermäßigen sich auf	0,5
	Die Gebühr ermäßigt sich auch, wenn mehrere Ermäßigungstatbestände erfüllt sind.	

[1] Anl. angef. mWv 12. 2. 2009 durch G v. 5. 2. 2009 (BGBl. I S. 160).

Nr.	Gebührentatbestand	Gebührenbetrag oder Satz der jeweiligen Gebühr 10 bis 17
	Abschnitt 2	
	Zulassung und Durchführung der Berufung	
20	Verfahren über die Zulassung der Berufung:	
	Soweit der Antrag abgelehnt wird	1,0
21	Verfahren über die Zulassung der Berufung:	
	Soweit der Antrag zurückgenommen oder das Verfahren durch anderweitige Erledigung beendet wird	0,5
	Die Gebühr entsteht nicht, soweit die Berufung zugelassen wird.	
22	Verfahren über die Berufung im Allgemeinen	1,5
23	Beendigung des gesamten Verfahrens durch Zurücknahme der Berufung oder der Klage, bevor die Schrift zur Begründung der Berufung bei Gericht eingegangen ist:	
	Die Gebühr 22 ermäßigt sich auf	0,5
	Erledigungserklärungen stehen der Zurücknahme gleich, wenn keine Entscheidung über die Kosten ergeht oder die Entscheidung einer zuvor mitgeteilten Einigung der Beteiligten über die Kostentragung oder der Kostenübernahmeerklärung eines Beteiligten folgt.	
24	Beendigung des gesamten Verfahrens, wenn nicht Nummer 23 erfüllt ist, durch	
	1. Zurücknahme der Berufung oder der Klage	
	a) vor dem Schluss der mündlichen Verhandlung oder	
	b) wenn eine solche nicht stattfindet, vor Ablauf des Tages, an dem die Entscheidung in der Hauptsache der Geschäftsstelle übermittelt wird, oder	
	2. Erledigungserklärungen, wenn keine Entscheidung über die Kosten ergeht oder die Entscheidung einer zuvor mitgeteilten Einigung der Beteiligten über die Kostentragung oder der Kostenübernahmeerklärung eines Beteiligten folgt:	
	Die Gebühr 22 ermäßigt sich auf	1,0
	Die Gebühr ermäßigt sich auch, wenn mehrere Ermäßigungstatbestände erfüllt sind.	
	Abschnitt 3	
	Revision	
30	Verfahren über die Revision im Allgemeinen	2,0
31	Beendigung des gesamten Verfahrens durch Zurücknahme der Revision oder der Klage, bevor die Schrift zur Begründung der Revision bei Gericht eingegangen ist:	
	Die Gebühr 30 ermäßigt sich auf	1,0
	Erledigungserklärungen stehen der Zurücknahme gleich, wenn keine Entscheidung über die Kosten ergeht oder die Entscheidung einer zuvor mitgeteilten Einigung der Beteiligten über die Kostentragung oder der Kostenübernahmeerklärung eines Beteiligten folgt.	
32	Beendigung des gesamten Verfahrens, wenn nicht Nummer 31 erfüllt ist, durch	
	1. Zurücknahme der Revision oder der Klage	
	a) vor dem Schluss der mündlichen Verhandlung oder	
	b) *wenn eine solche* nicht stattfindet, vor Ablauf des Tages, an dem die Entscheidung in der Hauptsache der Geschäftsstelle übermittelt wird, oder	

Nr.	Gebührentatbestand	Gebührenbetrag oder Satz der jeweiligen Gebühr 10 bis 17
	2. Erledigungserklärungen, wenn keine Entscheidung über die Kosten ergeht oder die Entscheidung einer zuvor mitgeteilten Einigung der Beteiligten über die Kostentragung oder der Kostenübernahmeerklärung eines Beteiligten folgt:	
	Die Gebühr 30 ermäßigt sich auf	1,5
	Die Gebühr ermäßigt sich auch, wenn mehrere Ermäßigungstatbestände erfüllt sind.	

Nr.	Gebührentatbestand	Gebührenbetrag oder Satz der jeweiligen Gebühr 40 und 41
	Abschnitt 4 **Besondere Verfahren**	
40	Verfahren über den Antrag auf Aussetzung der vorläufigen Dienstenthebung und der Einbehaltung von Bezügen	180,00 €
41	Verfahren über den Antrag auf gerichtliche Festsetzung einer Frist zum Abschluss des Disziplinarverfahrens einschließlich der Einstellung des Disziplinarverfahrens nach fruchtlosem Ablauf der Frist ...	60,00 €
42	Beendigung des gesamten Verfahrens durch	
	1. Zurücknahme des Antrags	
	a) vor dem Schluss der mündlichen Verhandlung oder	
	b) wenn eine solche nicht stattfindet, vor Ablauf des Tages, an dem die Entscheidung über den Antrag der Geschäftsstelle übermittelt wird, oder	
	2. Erledigungserklärungen, wenn keine Entscheidung über die Kosten ergeht oder die Entscheidung einer zuvor mitgeteilten Einigung der Beteiligten über die Kostentragung oder der Kostenübernahmeerklärung eines Beteiligten folgt:	
	Die Gebühren 40 und 41 ermäßigen sich auf	0,5
	Die Gebühr ermäßigt sich auch, wenn mehrere Ermäßigungstatbestände erfüllt sind.	
	Abschnitt 5 **Rüge wegen Verletzung des Anspruchs auf rechtliches Gehör**	
50	Verfahren über die Rüge wegen Verletzung des Anspruchs auf rechtliches Gehör:	
	Die Rüge wird in vollem Umfang verworfen oder zurückgewiesen	50,00 €

Nr.	Gebührentatbestand	Gebührenbetrag oder Satz der jeweiligen Gebühr 10 bis 17 und 40
	Abschnitt 6 **Beschwerde**	
60	Verfahren über die Beschwerde gegen die Entscheidung über den Antrag auf Aussetzung der vorläufigen Dienstenthebung und der Einbehaltung von Bezügen	1,5
61	Verfahren über die Beschwerde gegen eine Entscheidung in der Hauptsache durch Beschluss nach § 59 BDG	1,5
62	Verfahren über die Beschwerde gegen die Nichtzulassung der Revision: Die Beschwerde wird verworfen oder zurückgewiesen	1,5
63	Beendigung des gesamten Verfahrens durch	
	1. Zurücknahme der Beschwerde, der Klage oder des Antrags	
	a) vor dem Schluss der mündlichen Verhandlung oder	
	b) wenn eine solche nicht stattfindet, vor Ablauf des Tages, an dem die Entscheidung über die Beschwerde der Geschäftsstelle übermittelt wird, oder	
	2. Erledigungserklärungen, wenn keine Entscheidung über die Kosten ergeht oder die Entscheidung einer zuvor mitgeteilten Einigung der Beteiligten über die Kostentragung oder der Kostenübernahmeerklärung eines Beteiligten folgt:	
	Die Gebühren 60 bis 62 ermäßigen sich auf	0,75
	Die Gebühr ermäßigt sich auch, wenn mehrere Ermäßigungstatbestände erfüllt sind.	
64	Verfahren über nicht besonders aufgeführte Beschwerden im disziplinargerichtlichen Verfahren, die nicht nach anderen Vorschriften gebührenfrei sind:	
	Die Beschwerde wird verworfen oder zurückgewiesen	50,00 €

230. Bundesbesoldungsgesetz [1)2)]

In der Fassung der Bekanntmachung vom 19. Juni 2009[3)]

(BGBl. I S. 1434)

FNA 2032-1

geänd. durch Art. 2, 2a DienstrechtsneuordnungsG v. 5.2.2009 (BGBl. I S. 160; Art. 2a geänd. durch G v. 19.11.2010, BGBl. I S. 1552, aufgeh. durch G v. 20.12.2011, BGBl. I S. 2842), Art. 8 G zur Änd. des SGB IV, zur Errichtung einer Versorgungsausgleichskasse und anderer Gesetze v. 15.7.2009 (BGBl. I S. 1939), Art. 2 G zur Änd. arzneimittelrechtl. und anderer Vorschriften v. 17.7.2009 (BGBl. I S. 1990), Art. 2 Nr. 2 Erstes G zur Änd. des G zur Regelung der Rechtsverhältnisse der Helfer der Bundesanstalt Technisches Hilfswerk v. 29.7.2009 (BGBl. I S. 2350), Art. 4 G zur Errichtung eines Bundesaufsichtsamtes für Flugsicherung und zur Änd. und Anpassung weiterer Vorschriften v. 29.7.2009 (BGBl. I S. 2424), Art. 2 Abs. 7 G zur Weiterentwicklung der Organisation der Grundsicherung für Arbeitsuchende v. 3.8. 2010 (BGBl. I S. 1112), Art. 1–4 BBVAnpG 2010/2011 v. 19.11.2010 (BGBl. I S. 1552), Art. 11 Wehrrechtsänderungsgesetz 2011 v. 28.4.2011 (BGBl. I S. 678), Art. 15 G zur Einführung eines Bundesfreiwilligendienstes v. 28.4.2011 (BGBl. I S. 687), Art. 4 G zur Übertragung ehebezogener Regelungen im öffentl. Dienstrecht auf Lebenspartnerschaften v. 14.11.2011 (BGBl. I S. 2219), Art. 9a G zur Umsetzung der RL 2010/78/EU im Hinblick auf die Errichtung des Europäischen Finanzaufsichtssystems v. 4.12. 2011 (BGBl. I S. 2427), Art. 1, 5 G zur Wiedergewährung der Sonderzahlung v. 20.12.2011 (BGBl. I S. 2842), Art. 28 G zur Verbesserung der Eingliederungschancen am Arbeitsmarkt v. 20.12.2011 (BGBl. I S. 2854), Urt. des BVerfG – 2 BvL 4/10 – v. 14.2.2012 (BGBl. I S. 459), Art. 1 G zur Unterstützung der Fachkräftegewinnung im Bund und zur Änd. weiterer dienstrechtl. Vorschriften v. 15.3.2012 (BGBl. I S. 462, ber. S. 1489), Art. 7 Bundeswehrreform-BegleitG v. 21.7.2012 (BGBl. I S. 1583), Art. 1–3 BBVAnpG 2012/2013 v. 15.8.2012 (BGBl. I S. 1670), Beschl. des BVerfG – 2 BvR 1397/09 – v. 19.6. 2012 (BGBl. I S. 1770), Art. 1 G zur Neuregelung der Professorenbesoldung und zur Änd. weiterer dienstrechtlicher Vorschriften v. 11.6.2013 (BGBl. I S. 1514), Art. 2 G zur Familienpflegezeit und zum flexibleren Eintritt in den Ruhestand für Beamtinnen und Beamte des Bundes v. 3.7.2013 (BGBl. I S. 1978), Art. 5 Abs. 3 G zur Suche und Auswahl eines Standortes für ein Endlager für Wärme entwickelnde radioaktive Abfälle und zur Änd. anderer Gesetze v. 23.7.2013 (BGBl. I S. 2553), Art. 13–13c Bundesunfallkassen-NeuorganisationsG v. 19.10.2013 (BGBl. I S. 3836), Art. 1, 2 BBVAnpG 2014/2015 v. 25.11.2014 (BGBl. I S. 1772), Art. 2–5 G zur Änderung des BundesbeamtenG und weiterer dienstrechtlicher Vorschriften v. 6.3.2015 (BGBl. I S. 250), Art. 2 Bundeswehr-AttraktivitätssteigerungsG v. 13.5.2015 (BGBl. I S. 706), Art. 6 IT-Sicherheitsgesetz v. 17.7.2015 (BGBl. I S. 1324), Art. 43 Zehnte ZuständigkeitsanpassungsVO v. 31.8.2015 (BGBl. I S. 1474), Art. 8 G zur Verbesserung der Zusammenarbeit im Bereich des Verfassungsschutzes v. 17.11.2015 (BGBl. I S. 1938), Art. 1 Siebtes BesoldungsänderungsG v. 3.12.2015 (BGBl. I S. 2163), Art. 3 G zur Neuorganisation der Zollverwaltung v. 3.12. 2015 (BGBl. I S. 2178), Art. 26 WSV-ZuständigkeitsanpassungsG v. 24.5.2016 (BGBl. I S. 1217), Art. 2 G zur besseren Vereinbarkeit von Familie, Pflege und Beruf für Beamtinnen und Beamte des Bundes und Soldatinnen und Soldaten sowie zur Änd. weiterer dienstrechtlicher Vorschriften v. 19.10.2016 (BGBl. I S. 2362), Art. 1, 2 Bundesbesoldungs- und -versorgungsanpassungsG 2016/2017 v. 21.11.2016 (BGBl. I S. 2570), Art. 6 G zur Änd. des VersorgungsrücklageG und weiterer dienstrechtlicher Vorschriften v. 5.1. 2017 (BGBl. I S. 17), Art. 4 Branntweinmonopolverwaltung-AuflösungsG v. 10.3.2017 (BGBl. I S. 420), Art. 33 G zum Abbau verzichtbarer Anordnungen der Schriftform im Verwaltungsrecht des Bundes v. 29.3.2017 (BGBl. I S. 626), Art. 13–15 G zu bereichsspezifischen Regelungen der Gesichtsverhüllung und zur Änd. weiterer dienstrechtlicher Vorschriften v. 8.6.2017 (BGBl. I S. 1570), Art. 12 G zur Umsetzung der 4. EU-GeldwäscheRL, zur Ausführung der EU-GeldtransferVO und zur Neuorganisation der Zentralstelle für Finanztransaktionsuntersuchungen v. 23.6.2017 (BGBl. I S. 1822), Art. 1–4 Bundesbesoldungs- und -versorgungsanpassungsG 2018/2019/2020 v. 8.11.2018 (BGBl. I S. 1810), Art. 3 G zur *Änd. des ZensusvorbereitungsG 2021 und* Zweiten Dopingopfer-HilfeG sowie BundesbesoldungsG v. 27.11.2018 (BGBl. I S. 2010), Art. 4 G zur Änd. des BeamtenstatusG und des BundesbeamtenG sowie weiterer dienstrechtlicher Vorschriften v. 29.11.2018 (BGBl. I S. 2232), Art. 1, 2 BesoldungsstrukturenmodernisierungsG v. 9.12.2019 (BGBl. I S. 2053), Art. 3 G zur Modernisierung des Versicherungsteuerrechts und zur Änd. dienstrechtlicher Vorschriften v. 3.12.2020 (BGBl. I S. 2659), Art. 2 G über die

[1)] Zur Anwendung in den Ländern siehe § 85.
[2)] Siehe auch die hierzu erlassene Allgemeine Verwaltungsvorschrift **(Bundesbeamtengesetze Nr. 52.1)**.
[3)] Neubekanntmachung des Bundesbesoldungsgesetzes idF der Bek. v. 6.8.2002 (BGBl. I S. 3020) in der ab 1.7.2009 geltenden Fassung.

Umwandlung des Informationstechnikzentrums Bund in eine nichtrechtsfähige Anstalt des öffentl. Rechts und zur Änd. weiterer Vorschriften v. 7.12.2020 (BGBl. I S. 2756) und Art. 1 G über eine einmalige Sonderzahlung aus Anlass der COVID-19-Pandemie an Besoldungs- und Wehrsoldempfänger v. 21.12. 2020 (BGBl. I S. 3136)

Inhaltsübersicht[1]

Abschnitt 1. Allgemeine Vorschriften

[1] Inhaltsübersicht neu gef. mWv 1.8.2013 durch G v. 11.6.2013 (BGBl. I S. 1514); geänd. mWv 11.7. 2013 durch G v. 3.7.2013 (BGBl. I S. 1978); geänd. mWv 14.3.2015 durch G v. 6.3.2015 (BGBl. I S. 250\); geänd. mWv 23. 5.2015, mWv 1. 12.2015 und mWv 1.5.2018 durch G v. 13.5.2015 (BGBl. I S. 706); geänd. mWv 1.1.2016 durch G v. 3.12.2015 (BGBl. I S. 2163); geänd. mWv 28.10.2016 durch G v. 19.10.2016 (BGBl. I S. 2362); geänd. mWv 1.6.2017 und mWv 1.1.2020 durch G v. 8.6.2017 (BGBl. I S. 1570); geänd. mWv 1.1.2020 durch G v. 9.12.2019 (BGBl. I S. 2053); teilweise redaktionell angepasst.

Abschnitt 1. Allgemeine Vorschriften

§ 1 [1] **Anwendungsbereich** (1) Dieses Gesetz regelt die Besoldung der

1. Beamten des Bundes; ausgenommen sind Ehrenbeamte,
2. Richter des Bundes; ausgenommen sind ehrenamtliche Richter,
3. Berufssoldaten und Soldaten auf Zeit.

(2) Zur Besoldung gehören folgende Dienstbezüge:

[1] § 1 Abs. 2 Nr. 6 geänd. mWv 1.7.2010 durch G v. 5.2.2009 (BGBl. I S. 160); Abs. 3 Nr. 2 aufgeh., bish. *Nr. 3 wird Nr. 2* mWv 1.1.2012 durch G v. 20.12.2011 (BGBl. I S. 2842); Überschrift neu gef. mWv 22.3.2012 durch G v. 15.3.2012 (BGBl. I S. 462); Abs. 2 Nr. 2 geänd. mWv 1.1.2013 durch G v. 11.6.2013 (BGBl. I S. 1514).

1. Grundgehalt,
2. Leistungsbezüge für Professoren sowie hauptberufliche Leiter von Hochschulen und Mitglieder von Leitungsgremien an Hochschulen,
3. Familienzuschlag,
4. Zulagen,
5. Vergütungen,
6. Auslandsbesoldung.

(3) Zur Besoldung gehören ferner folgende sonstige Bezüge:
1. Anwärterbezüge,
2. vermögenswirksame Leistungen.

(4) Dieses Gesetz gilt nicht für die öffentlich-rechtlichen Religionsgesellschaften und ihre Verbände.

§ 2 Regelung durch Gesetz. (1) Die Besoldung der Beamten, Richter und Soldaten wird durch Gesetz geregelt.

(2) [1] Zusicherungen, Vereinbarungen und Vergleiche, die dem Beamten, Richter oder Soldaten eine höhere als die ihm gesetzlich zustehende Besoldung verschaffen sollen, sind unwirksam. [2] Das Gleiche gilt für Versicherungsverträge, die zu diesem Zweck abgeschlossen werden.

(3) Der Beamte, Richter oder Soldat kann auf die ihm gesetzlich zustehende Besoldung weder ganz noch teilweise verzichten; ausgenommen sind die vermögenswirksamen Leistungen.

§ 3 Anspruch auf Besoldung. (1) [1] Die Beamten, Richter und Soldaten haben Anspruch auf Besoldung. [2] Der Anspruch entsteht mit dem Tag, an dem ihre Ernennung, Versetzung, Übernahme oder ihr Übertritt in den Dienst des Bundes wirksam wird. [3] Bedarf es zur Verleihung eines Amtes mit anderem Endgrundgehalt (Grundgehalt) keiner Ernennung oder wird der Beamte, Richter oder Soldat rückwirkend in eine Planstelle eingewiesen, so entsteht der Anspruch mit dem Tag, der in der Einweisungsverfügung bestimmt ist.

(2) Der Anspruch auf Besoldung endet mit Ablauf des Tages, an dem der Beamte, Richter oder Soldat aus dem Dienstverhältnis ausscheidet, soweit gesetzlich nichts anderes bestimmt ist.

(3) Besteht der Anspruch auf Besoldung nicht für einen vollen Kalendermonat, so wird nur der Teil der Bezüge gezahlt, der auf den Anspruchszeitraum entfällt, soweit gesetzlich nichts Anderes bestimmt ist.

(4) [1] Die Dienstbezüge nach § 1 Absatz 2 Nr. 1 bis 3 werden monatlich im Voraus gezahlt. [2] Die anderen Bezüge werden monatlich im Voraus gezahlt, soweit nichts Anderes bestimmt ist.

(5) Werden Bezüge nach dem Tag der Fälligkeit gezahlt, so besteht kein Anspruch auf Verzugszinsen.

(6) [1] Bei der Berechnung von Bezügen nach § 1 sind die sich ergebenden Bruchteile eines Cents unter 0,5 abzurunden und Bruchteile von 0,5 und mehr aufzurunden. [2] Zwischenrechnungen werden jeweils auf zwei Dezimalstellen durchgeführt. [3] Jeder Bezügebestandteil ist einzeln zu runden.

§ **3a**[1] *(aufgehoben)*

§ **4**[2] **Weitergewährung der Besoldung bei Versetzung in den einstweiligen Ruhestand.** (1) [1] Der in den einstweiligen Ruhestand versetzte Beamte, Richter oder Soldat erhält für den Monat, in dem ihm die Versetzung in den einstweiligen Ruhestand mitgeteilt worden ist, und für die folgenden drei Monate die Bezüge weiter, die ihm am Tag vor der Versetzung zustanden; Änderungen beim Familienzuschlag sind zu berücksichtigen. [2] Aufwandsentschädigungen werden nur bis zum Beginn des einstweiligen Ruhestandes gezahlt.

(2) [1] Bezieht der in den einstweiligen Ruhestand versetzte Beamte, Richter oder Soldat Einkünfte aus einer Verwendung im Dienst eines öffentlich-rechtlichen Dienstherrn (§ 29 Absatz 1) oder eines Verbandes, dessen Mitglieder öffentlich-rechtliche Dienstherren sind, so werden die Bezüge um den Betrag dieser Einkünfte verringert. [2] Dem Dienst bei einem öffentlich-rechtlichen Dienstherrn steht gleich die Tätigkeit im Dienst einer zwischenstaatlichen oder überstaatlichen Einrichtung, an der ein öffentlich-rechtlicher Dienstherr oder ein Verband, dessen Mitglieder öffentlich-rechtliche Dienstherren sind, durch Zahlung von Beiträgen oder Zuschüssen oder in anderer Weise beteiligt ist. [3] Die Entscheidung, ob die Voraussetzungen erfüllt sind, trifft das Bundesministerium des Innern, für Bau und Heimat oder die von ihm bestimmte Stelle.

§ **5 Besoldung bei mehreren Hauptämtern.** [1] Hat der Beamte, Richter oder Soldat mit Genehmigung der obersten Dienstbehörde gleichzeitig mehrere besoldete Hauptämter inne, so wird die Besoldung aus dem Amt mit den höheren Dienstbezügen gewährt, soweit gesetzlich nichts Anderes bestimmt ist. [2] Sind für die Ämter Dienstbezüge in gleicher Höhe vorgesehen, so werden die Dienstbezüge aus dem ihm zuerst übertragenen Amt gezahlt, soweit gesetzlich nichts anderes bestimmt ist.

§ **6**[3] **Besoldung bei Teilzeitbeschäftigung.** (1) [1] Bei Teilzeitbeschäftigung werden die Dienstbezüge und die Anwärterbezüge im gleichen Verhältnis wie die Arbeitszeit gekürzt. [2] Dies gilt nicht für Bezüge, die während eines Erholungsurlaubs gezahlt werden, soweit der Urlaubsanspruch in Höhe des unionsrechtlich gewährleisteten Mindesturlaubsanspruchs (Artikel 7 Absatz 1 der Richtlinie 2003/88/EG[4] des Europäischen Parlaments und des Rates vom 4. November 2003 über bestimmte Aspekte der Arbeitszeitgestaltung [ABl. L 299 vom 18.11.2003, S. 9]) während einer Vollzeitbeschäftigung erworben wurde, aber aus den in § 5a Absatz 1 Satz 1 der Erholungsurlaubsverordnung[5] genannten Gründen während dieser Zeit nicht erfüllt werden konnte.

[1] § 3a aufgeh. mWv 1.1.2020 durch G v. 9.12.2019 (BGBl. I S. 2053).
[2] § 4 Abs. 2 Satz 3 geänd. mWv 1.1.2020 durch G v. 9.12.2019 (BGBl. I S. 2053).
[3] § 6 Abs. 3 und 4 angef. mWv 1.1.2011 durch G v. 19.11.2010 (BGBl. I S. 1552); Abs. 2 Sätze 2, 3 und 5, Abs. 3 Satz 1 und Abs. 4 Satz 1 geänd. mWv 1.8.2013 durch G v. 11.6.2013 (BGBl. I S. 1514); Abs. 4 Satz 1 geänd., Satz 2 aufgeh. mWv 11.7.2013 durch G v. 3.7.2013 (BGBl. I S. 1978); Abs. 1 Satz 2 angef. mWv 29.11.2014 durch G v. 3.12.2015 (BGBl. I S. 2163); Abs. 1a eingef., Abs. 2 Satz 2 geänd., Satz 5 neu gef., Abs. 3 Satz 1 und 4 geänd. mWv 1.1.2020 durch G v. 9.12.2019 (*BGBl. I S. 2053*).
[4] **Nipperdey I, Arbeitsrecht Nr. 893.**
[5] Nr. **172.**

(1a) [1] Abweichend von Absatz 1 Satz 1 werden bei einer Teilzeitbeschäftigung nach § 9 der Arbeitszeitverordnung [1] oder nach § 9 der Soldatenteilzeitbeschäftigungsverordnung [2] die folgenden Bezüge entsprechend der tatsächlich geleisteten Arbeitszeit gewährt:

1. steuerfreie Bezüge,
2. Vergütungen und
3. Stellen- und Erschwerniszulagen, deren Voraussetzung die tatsächliche Verwendung in dem zulagefähigen Bereich oder die Ausübung der zulageberechtigenden Tätigkeit ist.

[2] Bei der Ermittlung der Mieteigenbelastung nach § 54 Absatz 1 sind die Dienstbezüge maßgeblich, die entsprechend der tatsächlich geleisteten Arbeitszeit zustünden. [3] § 2a der Altersteilzeitzuschlagsverordnung [3] in der Fassung der Bekanntmachung vom 23. August 2001 (BGBl. I S. 2239) gilt entsprechend.

(2) [1] Die Bundesregierung wird ermächtigt, durch Rechtsverordnung [4] bei Altersteilzeit nach § 93 des Bundesbeamtengesetzes [5] sowie nach entsprechenden Bestimmungen für Richter die Gewährung eines nichtruhegehaltfähigen Zuschlags zur Besoldung zu regeln. [2] Zuschlag und Besoldung dürfen zusammen 83 Prozent der Nettobesoldung nicht überschreiten, die nach der bisherigen Arbeitszeit, die für die Bemessung der ermäßigten Arbeitszeit während der Altersteilzeit zugrunde gelegt worden ist, zustehen würde; § 6a ist zu berücksichtigen. [3] Abweichend von Satz 2 dürfen Zuschlag und Besoldung im Geschäftsbereich des Bundesministeriums der Verteidigung zusammen 88 Prozent betragen, wenn Dienstposten infolge von Strukturmaßnahmen auf Grund der Neuausrichtung der Bundeswehr wegfallen. [4] Für den Fall der vorzeitigen Beendigung der Altersteilzeit ist ein Ausgleich zu regeln. [5] Absatz 1a Satz 1 und 2 gilt entsprechend.

(3) [1] Abweichend von Absatz 2 sowie den §§ 1 und 2 der Altersteilzeitzuschlagsverordnung wird in den Fällen des § 93 Absatz 3 und 4 des Bundesbeamtengesetzes zusätzlich zur Besoldung nach Absatz 1 ein nicht ruhegehaltfähiger Zuschlag in Höhe von 20 Prozent der Dienstbezüge gewährt, die entsprechend der während der Altersteilzeit ermäßigten Arbeitszeit zustehen; § 6a ist zu berücksichtigen. [2] Dienstbezüge im Sinne des Satzes 1 sind das Grundgehalt, der Familienzuschlag, Amtszulagen, Stellenzulagen, Zuschüsse zum Grundgehalt für Professoren an Hochschulen, die bei der Deutschen Bundesbank gewährte Bankzulage, Überleitungszulagen und Ausgleichszulagen, die wegen des Wegfalls oder der Verminderung solcher Bezüge zustehen. [3] Bezüge, die nicht der anteiligen Kürzung nach Absatz 1 unterliegen, bleiben unberücksichtigt. [4] Absatz 1a Satz 1 und 2 gilt entsprechend. [5] Für den Fall, dass die Altersteilzeit vorzeitig beendet wird, ist § 2a der Altersteilzeitzuschlagsverordnung entsprechend anzuwenden.

(4) Im Fall des § 53 Absatz 4 des Bundesbeamtengesetzes wird zusätzlich zur Besoldung nach Absatz 1 ein nicht ruhegehaltfähiger Zuschlag in Höhe von 50 Prozent desjenigen nicht um einen Versorgungsabschlag geminderten Ruhe-

[1] Nr. **170.**
[2] **Wehrrecht Nr. 235.**
[3] **Bundesbeamtengesetze Nr. 53k.**
[4] Siehe die AltersteilzeitzuschlagsVO **(Bundesbeamtengesetze Nr. 53k)**.
[5] Nr. **160.**

gehaltes gewährt, das bei einer Versetzung in den Ruhestand am Tag vor dem Beginn der Teilzeitbeschäftigung zustünde.

§ 6a[1]**) Besoldung bei begrenzter Dienstfähigkeit.** (1) Bei begrenzter Dienstfähigkeit (§ 45 des Bundesbeamtengesetzes[2])) erhält der Beamte oder Richter Dienstbezüge entsprechend § 6 Absatz 1.

(2) ¹Begrenzt Dienstfähige erhalten zusätzlich zu den Dienstbezügen nach Absatz 1 einen nicht ruhegehaltfähigen Zuschlag. ²Der Zuschlag beträgt 50 Prozent des Unterschiedsbetrages zwischen den nach Absatz 1 gekürzten Dienstbezügen und den Dienstbezügen, die bei einer Vollzeitbeschäftigung zustünden.

(3) Wird die Arbeitszeit auf Grund einer Teilzeitbeschäftigung zusätzlich reduziert, verringert sich der Zuschlag nach Absatz 2 entsprechend dem Verhältnis zwischen der wegen begrenzter Dienstfähigkeit verringerten Arbeitszeit und der insgesamt reduzierten Arbeitszeit.

(4) Dienstbezüge im Sinne des Absatzes 1 sind

1. das Grundgehalt,

2. der Familienzuschlag,

3. Amts- und Stellenzulagen,

4. Überleitungs- und Ausgleichszulagen,

5. Zuschüsse und Leistungsbezüge für Professoren sowie hauptberufliche Leiter an Hochschulen und Mitglieder von Leitungsgremien an Hochschulen.

(5) Der Zuschlag nach Absatz 2 wird nicht gewährt neben einem Zuschlag

1. nach § 6 Absatz 2 in Verbindung mit der Altersteilzeitzuschlagsverordnung[3]),

2. nach § 6 Absatz 3 oder Absatz 4,

3. nach § 7a,

4. nach § 2 der Telekom-Beamtenalterteilzeitverordnung[4]) oder

5. nach § 2 der Postbeamtenalterteilzeitverordnung[5]).

§ 7[6]**) Vorschuss während der Familienpflegezeit und Pflegezeit, Verordnungsermächtigung.** (1) ¹Während einer Familienpflegezeit nach § 92a des Bundesbeamtengesetzes[2]) und einer Pflegezeit nach § 92b des Bundesbeamtengesetzes wird ein Vorschuss gewährt. ²Dieser Vorschuss wird zusätzlich zu den Dienstbezügen nach § 6 Absatz 1 gewährt. ³Der Vorschuss ist nach Ablauf der Familienpflegezeit oder Pflegezeit mit den laufenden Dienstbezügen zu verrechnen oder in einer Summe zurückzuzahlen.

(2) Ein Vorschuss wird nicht gewährt, wenn für eine frühere Familienpflegezeit oder Pflegezeit zusammen die Höchstdauer von 24 Monaten ausgeschöpft und der gezahlte Vorschuss noch nicht vollständig zurückgezahlt worden ist.

[1]) § 6a eingef. mWv 1.1.2020 durch G v. 9.12.2019 (BGBl. I S. 2053).
[2]) Nr. 160.
[3]) **Bundesbeamtengesetze Nr. 53k.**
[4]) **Bundesbeamtengesetze Nr. 63a.**
[5]) **Bundesbeamtengesetze Nr. 63b.**
[6]) § 7 eingef. mWv 11.7.2013 durch G v. 3.7.2013 (BGBl. I S. 1978); Überschrift und Abs. 1 neu gef., Abs. 2 eingef., bish. Abs. 2 wird Abs. 3, Abs. 4 angef. mWv 28.10.2016 durch G v. 19.10.2016 (BGBl. I S. 2362).

(3) Die Einzelheiten der Gewährung, Verrechnung und Rückzahlung des Vorschusses regelt die Bundesregierung durch Rechtsverordnung.[1]

(4) Für die Familienpflegezeit nach § 30a Absatz 6 des Soldatengesetzes[2] und die Pflegezeit nach § 30a Absatz 7 des Soldatengesetzes gelten die Absätze 1 bis 3 entsprechend.

§ 7a[3] Zuschläge bei Hinausschieben des Eintritts in den Ruhestand.

(1) [1] Bei einem Hinausschieben des Eintritts in den Ruhestand nach § 53 Absatz 1 bis 3 des Bundesbeamtengesetzes[4] oder nach § 44 Absatz 1 des Soldatengesetzes[2] wird ein Zuschlag gewährt. [2] Der Zuschlag wird nicht neben einem Zuschlag nach § 6 Absatz 2 in Verbindung mit der Altersteilzeitzuschlagsverordnung[5] und nicht neben einem Zuschlag nach § 6 Absatz 3 gewährt. [3] Der Zuschlag beträgt 10 Prozent des Grundgehalts und ist nicht ruhegehaltfähig. [4] Er wird erst gewährt ab Beginn des Kalendermonats, der auf den Zeitpunkt des Erreichens der gesetzlichen Altersgrenze folgt und wenn der Höchstsatz des Ruhegehalts nach § 14 Absatz 1 des Beamtenversorgungsgesetzes[6] oder nach § 26 Absatz 1 des Soldatenversorgungsgesetzes[7] erreicht ist. [5] Wird der Höchstruhegehaltssatz im Zeitraum des Hinausschiebens erreicht, wird der Zuschlag ab dem Beginn des folgenden Kalendermonats gewährt.

(2) [1] Ein weiterer, nicht ruhegehaltfähiger Zuschlag in Höhe von 5 Prozent des Grundgehalts wird gewährt, wenn die oberste Dienstbehörde oder die von ihr bestimmte Stelle entscheidet, dass die Funktion zur Herbeiführung eines im besonderen öffentlichen Interesse liegenden unaufschiebbaren und zeitgebundenen Ergebnisses im Inland wahrgenommen werden muss. [2] Absatz 1 Satz 2 gilt entsprechend. [3] Der Zuschlag wird ab dem Kalendermonat gewährt, der auf den Zeitpunkt des Erreichens der gesetzlichen Altersgrenze folgt. [4] Er wird unabhängig davon gewährt, ob der Höchstsatz des Ruhegehalts nach § 14 Absatz 1 des Beamtenversorgungsgesetzes oder nach § 26 Absatz 1 des Soldatenversorgungsgesetzes erreicht ist.

(3) [1] Bei einer Teilzeitbeschäftigung bei Hinausschieben des Eintritts in den Ruhestand nach § 53 Absatz 1 bis 3 des Bundesbeamtengesetzes wird ein nicht ruhegehaltfähiger Zuschlag gewährt, dessen Bemessungsgrundlage das Ruhegehalt ist, das bei Versetzung in den Ruhestand wegen Erreichens der gesetzlichen Altersgrenze zugestanden hätte. [2] Absatz 1 Satz 2 gilt entsprechend. [3] Die Höhe des Zuschlags entspricht dem Teil des erdienten Ruhegehalts, der sich aus dem Verhältnis der Freistellung zur regelmäßigen Arbeitszeit ergibt. [4] Die Zuschläge nach den Absätzen 1 und 2 bleiben hiervon unberührt.

§ 7b[8] *(aufgehoben)*

[1] Siehe die Beamten-Pflegezeitvorschuss-VO (**Bundesbeamtengesetze Nr. 52e**).
[2] **Wehrrecht Nr. 200.**
[3] *§ 7a eingef. mWv 11.7.2013 durch G v. 3.7.2013* (BGBl. I S. 1978); Abs. 1 Satz 1 geänd., Satz 2 eingef., bish. Sätze 2–4 werden Sätze 3–5, Abs. 2 Satz 1 geänd., Satz 2 eingef., bish. Sätze 2 und 3 werden Sätze 3 und 4 mWv 14.3.2015 durch G v. 6.3.2015 (BGBl. I S. 250); Überschrift, Abs. 1 Sätze 1 und 4 geänd., Abs. 2 eingef., bish. Abs. 2 wird Abs. 3 und Satz 4 neu gef. mWv 1.1.2020 durch G v. 9.12.2019 (BGBl. I S. 2053).
[4] Nr. **160**.
[5] **Bundesbeamtengesetze Nr. 53k.**
[6] Nr. **155**.
[7] **Wehrrecht Nr. 700.**
[8] § 7b aufgeh. mWv 1.1.2020 durch G v. 9.12.2019 (BGBl. I S. 2053).

§ 8[1]) Kürzung der Besoldung bei Gewährung einer Versorgung durch eine zwischenstaatliche oder überstaatliche Einrichtung. (1) [1] Erhält ein Beamter, Richter oder Soldat aus der Verwendung im öffentlichen Dienst einer zwischenstaatlichen oder überstaatlichen Einrichtung eine Versorgung, werden seine Dienstbezüge gekürzt. [2] Die Kürzung beträgt 1,79375 Prozent für jedes im zwischenstaatlichen oder überstaatlichen Dienst vollendete Jahr; ihm verbleiben jedoch mindestens 40 Prozent seiner Dienstbezüge. [3] Erhält er als Invaliditätspension die Höchstversorgung aus seinem Amt bei der zwischenstaatlichen oder überstaatlichen Einrichtung, werden die Dienstbezüge um 60 Prozent gekürzt. [4] Der Kürzungsbetrag darf die von der zwischenstaatlichen oder überstaatlichen Einrichtung gewährte Versorgung nicht übersteigen.

(2) [1] Als Zeit im zwischenstaatlichen oder überstaatlichen Dienst wird auch die Zeit gerechnet, in welcher der Beamte, Richter oder Soldat ohne Ausübung eines Amtes bei einer zwischenstaatlichen oder überstaatlichen Einrichtung einen Anspruch auf Vergütung oder sonstige Entschädigung hat und Ruhegehaltsansprüche erwirbt. [2] Entsprechendes gilt für Zeiten nach dem Ausscheiden aus dem Dienst einer zwischenstaatlichen oder überstaatlichen Einrichtung, die dort bei der Berechnung des Ruhegehalts wie Dienstzeiten berücksichtigt werden.

(3) Dienstbezüge im Sinne des Absatzes 1 sind das Grundgehalt, der Familienzuschlag, Amtszulagen, ruhegehaltfähige Stellenzulagen und ruhegehaltfähige Leistungsbezüge für Professoren sowie hauptberufliche Leiter von Hochschulen und Mitglieder von Leitungsgremien an Hochschulen.

§ 9 Verlust der Besoldung bei schuldhaftem Fernbleiben vom Dienst.
[1] Bleibt der Beamte, Richter oder Soldat ohne Genehmigung schuldhaft dem Dienst fern, so verliert er für die Zeit des Fernbleibens seine Bezüge. [2] Dies gilt auch bei einem Fernbleiben vom Dienst für Teile eines Tages. [3] Der Verlust der Bezüge ist festzustellen.

§ 9a[2]) Anrechnung anderer Einkünfte auf die Besoldung. (1) [1] Haben Beamte, Richter oder Soldaten Anspruch auf Besoldung für eine Zeit, in der sie nicht zur Dienstleistung verpflichtet waren, kann ein infolge der unterbliebenen Dienstleistung für diesen Zeitraum erzieltes anderes Einkommen auf die Besoldung angerechnet werden. [2] Der Beamte, Richter oder Soldat ist zur Auskunft verpflichtet. [3] In den Fällen einer vorläufigen Dienstenthebung auf Grund eines Disziplinarverfahrens gelten die besonderen Vorschriften des Disziplinarrechts.

(2) [1] Erhält ein Beamter oder Richter aus einer Verwendung nach § 29 des Bundesbeamtengesetzes[3]) anderweitig Bezüge, werden diese auf die Besoldung angerechnet. [2] In besonderen Fällen kann die oberste Dienstbehörde von der Anrechnung ganz oder teilweise absehen, soweit die im Kalenderjahr gezahlten anderweitigen Bezüge den Betrag eines Anfangsgrundgehaltes der jeweiligen Besoldungsgruppe nicht übersteigen. [3] Darüber hinaus kann die oberste Dienstbehörde im Einvernehmen mit dem Bundesministerium des Innern, für Bau

[1]) § 8 Abs. 3 geänd. mWv 1.1.2013, Abs. 1 Sätze 2 und 3 geänd. mWv 1.8.2013 durch G v. 11.6.2013 (BGBl. I S. 1514); Abs. 3 geänd. mWv 1.1.2020 durch G v. 9.12.2019 (BGBl. I S. 2053).
[2]) § 9a Abs. 2 Satz 3 geänd. mWv 1.1.2020 durch G v. 9.12.2019 (BGBl. I S. 2053).
[3]) Nr. **160**.

und Heimat in besonderen Fällen von der Anrechnung ganz oder teilweise absehen. [4] Die Sätze 1 bis 3 gelten entsprechend für Soldaten.

§ 10 Anrechnung von Sachbezügen auf die Besoldung. Erhält ein Beamter, Richter oder Soldat Sachbezüge, so werden diese unter Berücksichtigung ihres wirtschaftlichen Wertes mit einem angemessenen Betrag auf die Besoldung angerechnet, soweit nichts anderes bestimmt ist.

§ 11 Abtretung von Bezügen, Verpfändung, Aufrechnungs- und Zurückbehaltungsrecht. (1) Der Beamte, Richter oder Soldat kann, wenn gesetzlich nichts Anderes bestimmt ist, Ansprüche auf Bezüge nur abtreten oder verpfänden, soweit sie der Pfändung unterliegen.

(2) [1] Gegenüber Ansprüchen auf Bezüge kann der Dienstherr ein Aufrechnungs- oder Zurückbehaltungsrecht nur in Höhe des pfändbaren Teils der Bezüge geltend machen. [2] Dies gilt nicht, soweit gegen den Beamten, Richter oder Soldaten ein Anspruch auf Schadenersatz wegen vorsätzlicher unerlaubter Handlung besteht.

§ 12[1] Rückforderung von Bezügen. (1) Wird ein Beamter, Richter oder Soldat durch eine gesetzliche Änderung seiner Bezüge einschließlich der Einreihung seines Amtes in die Besoldungsgruppen der Besoldungsordnungen rückwirkend schlechter gestellt, so sind die Unterschiedsbeträge nicht zu erstatten.

(2) [1] Im Übrigen regelt sich die Rückforderung zuviel gezahlter Bezüge nach den Vorschriften des Bürgerlichen Gesetzbuchs[2] über die Herausgabe einer ungerechtfertigten Bereicherung, soweit gesetzlich nichts Anderes bestimmt ist. [2] Der Kenntnis des Mangels des rechtlichen Grundes der Zahlung steht es gleich, wenn der Mangel so offensichtlich war, dass der Empfänger ihn hätte erkennen müssen. [3] Von der Rückforderung kann aus Billigkeitsgründen mit Zustimmung der obersten Dienstbehörde oder der von ihr bestimmten Stelle ganz oder teilweise abgesehen werden.

(3) [1] Geldleistungen, die für die Zeit nach dem Tode des Beamten, Richters oder Soldaten auf ein Konto bei einem Geldinstitut überwiesen wurden, gelten als unter Vorbehalt erbracht. [2] Das Geldinstitut hat sie der überweisenden Stelle zurück, wenn diese sie als zu Unrecht erbracht zurückfordert. [3] Eine Verpflichtung zur Rücküberweisung besteht nicht, soweit über den entsprechenden Betrag bei Eingang der Rückforderung bereits anderweitig verfügt wurde, es sei denn, dass die Rücküberweisung aus einem Guthaben erfolgen kann. [4] Das Geldinstitut darf den überwiesenen Betrag nicht zur Befriedigung eigener Forderungen verwenden.

(4) [1] Soweit Geldleistungen für die Zeit nach dem Tode des Beamten, Richters oder Soldaten zu Unrecht erbracht worden sind, haben die Personen, die die Geldleistung in Empfang genommen oder über den entsprechenden Betrag verfügt haben, diesen Betrag der überweisenden Stelle zu erstatten, sofern er nicht nach Absatz 3 von dem Geldinstitut zurücküberwiesen wird. [2] Ein Geldinstitut, das eine Rücküberweisung mit dem Hinweis abgelehnt hat, dass über den entsprechenden Betrag bereits anderweitig verfügt wurde, hat der überweisenden Stelle auf Verlangen Namen und Anschrift der Personen, die über den Betrag verfügt haben,

[1] § 12 Abs. 1 geänd. mWv 1.1.2020 durch G v. 9.12.2019 (BGBl. I S. 2053).
[2] **Schönfelder Nr. 20.**

11

und etwaiger neuer Kontoinhaber zu benennen. [3] Ein Anspruch gegen die Erben bleibt unberührt.

§ 13[1] Ausgleichszulage für den Wegfall von Stellenzulagen.

(1) [1] Der Wegfall einer Stellenzulage aus dienstlichen Gründen, die nicht vom Beamten, Richter oder Soldaten zu vertreten sind, wird ausgeglichen, wenn die Stellenzulage zuvor in einem Zeitraum von sieben Jahren insgesamt mindestens fünf Jahre zugestanden hat. [2] Die Ausgleichszulage wird auf den Betrag festgesetzt, der am Tag vor dem Wegfall zugestanden hat. [3] Jeweils nach Ablauf eines Jahres vermindert sich die Ausgleichszulage ab Beginn des Folgemonats um 20 Prozent des nach Satz 2 maßgebenden Betrages. [4] Erhöhen sich die Dienstbezüge wegen des Anspruchs auf eine Stellenzulage, wird diese auf die Ausgleichszulage angerechnet. [5] Zeiten des Bezugs von Stellenzulagen, die bereits zu einem Anspruch auf eine Ausgleichszulage geführt haben, bleiben für weitere Ausgleichsansprüche unberücksichtigt.

(2) Bestand innerhalb des Zeitraumes nach Absatz 1 Satz 1 ein Anspruch auf mehrere Stellenzulagen für einen Gesamtzeitraum von mindestens fünf Jahren, ohne dass eine der Stellenzulagen allein für fünf Jahre zugestanden hat, gilt Absatz 1 mit der Maßgabe, dass die Stellenzulage mit dem jeweils niedrigsten Betrag ausgeglichen wird.

(3) Ist eine Stellenzulage infolge einer Versetzung nach § 28 Absatz 3 des Bundesbeamtengesetzes[2] weggefallen, gilt Absatz 1 mit der Maßgabe, dass sich der Zeitraum des Bezugs der Stellenzulage nach Absatz 1 Satz 1 und Absatz 2 Satz 1 auf zwei Jahre verkürzt.

(4) Die Absätze 1 bis 3 gelten entsprechend, wenn ein Ruhegehaltempfänger erneut in ein Beamten-, Richter- oder Soldatenverhältnis berufen wird oder wenn im unmittelbaren Zusammenhang mit einem Verwendungswechsel eine zuvor gewährte Stellenzulage nur noch mit einem geringeren Betrag zusteht und die jeweilige Zulagenvorschrift keinen anderweitigen Ausgleich vorsieht.

§ 14[3] Anpassung der Besoldung.

(1) Die Besoldung wird entsprechend der Entwicklung der allgemeinen wirtschaftlichen und finanziellen Verhältnisse und unter Berücksichtigung der mit den Dienstaufgaben verbundenen Verantwortung durch Gesetz regelmäßig angepasst.

[1] § 13 Abs. 1 Satz 3 geänd. mWv 1.8.2013 durch G v. 11.6.2013 (BGBl. I S. 1514); Abs. 1 Satz 5 geänd., Abs. 3 neu gef. mWv 1.1.2020 durch G v. 9.12.2019 (BGBl. I S. 2053).

[2] Nr. **160.**

[3] § 14 Abs. 2 neu gef. mWv 1.1.2010, geänd. mWv 1.1.2011, geänd. mWv 1.8.2011, Abs. 3 angef. mWv 1.1.2010, neu gef. mWv 1.7.2010, geänd. mWv 1.1.2011, geänd. mWv 1.8.2011 durch G v. 19.11. 2010 (BGBl. I S. 1552); Abs. 1 geänd., Abs. 2 und 3 aufgeh. mWv 1.1.2012 durch G v. 20.12.2011 (BGBl. I S. 2842); Abs. 2–4 angef. mWv 1.3.2012, Abs. 2 einl. und abschl. Satzteil, Abs. 3 einl. Satzteil, Nr. 1 und 2 geänd. mWv 1.1.2013 und Abs. 2, 3, jeweils einl. Satzteil, Abs. 4 geänd. mWv 1.8.2013 durch G v. 15.8.2012 (BGBl. I S. 1670); Abs. 2 und 3 geänd. mWv 1.8.2013 durch G v. 11.6.2013 (BGBl. I S. 1514); Abs. 2 einl. und abschl. Satzteil geänd. und Satz 2 angef., Abs. 3 einl. Satzteil, Nr. 1 und 2 und Satz 2 geänd. mWv 1.3.2014, Abs. 2 einl. und abschl. Satzteil geänd. und Satz 2 aufgeh., Abs. 3 einl. Satzteil, Nr. 1 und 2 geänd. und Satz 2 aufgeh., Abs. 4 geänd. mWv 1.3.2015 durch G v. 25.11.2014 (BGBl. I S. 1772); Abs. 2 einl. Satzteil, Abs. 3 einl. Satzteil und Abs. 4 geänd. mWv 1.3.2016, Abs. 2 einl. und abschl. Satzteil, Abs. 3 einl. Satzteil, Nr. 1 und 2 und Abs. 4 geänd. mWv 1.2.2017 durch G v. 21.11.2016 (BGBl. I S. 2570); Abs. 2 einl. und abschl. Satzteil, Abs. 3 einl. Satzteil, Nr. 1 und 2 und Abs. 4 geänd., Abs. 5 angef. mWv 1.3.2018, Abs. 4 geänd., Abs. 5 aufgeh. mWv 1.3. 2019, Abs. 2 einl. und abschl. Satzteil, Abs. 3 einl. Satzteil, Nr. 1 und 2 geänd. mWv 1.4.2019 und mWv 1.3.2020 durch G v. 8.11.2018 (BGBl. I S. 1810); Abs. 2 Nr. 2 geänd., Abs. 4 aufgeh. mWv 1.3.2020 durch G v. 9.12.2019 (BGBl. I S. 2053); Abs. 4 angef. mWv 25.10.2020 durch G v. 21.12.2020 (BGBl. I S. 3136).

(2) Ab 1. März 2020 gelten unter Berücksichtigung einer Erhöhung
1. des Grundgehaltes,
2. des Familienzuschlages mit Ausnahme der Erhöhungsbeträge für die Besoldungsgruppen A 3 bis A 5,
3. der Amtszulagen
um jeweils 1,06 Prozent die Monatsbeträge der Anlagen IV, V und IX dieses Gesetzes.

(3) Ab 1. März 2020 gelten für den Auslandszuschlag unter Berücksichtigung einer Erhöhung
1. der Ober- und Untergrenzen der Grundgehaltsspannen um 1,06 Prozent und
2. der Monatsbeträge der Zonenstufen um 0,85 Prozent
die Monatsbeträge der Anlage VI.

(4) [1] Zur Abmilderung der zusätzlichen Belastung durch die COVID-19-Pandemie im Jahr 2020 wird Beamten und Soldaten eine einmalige Sonderzahlung gewährt. [2] Die Höhe der Sonderzahlung beträgt

1.	für die Besoldungsgruppen A 3 bis A 8	600 Euro,
2.	für die Besoldungsgruppen A 9 bis A 12	400 Euro,
3.	für die Besoldungsgruppen A 13 bis A 15	300 Euro,
4.	für Anwärter	200 Euro.

[3] Die Zahlung wird nur gewährt, wenn
1. das Dienstverhältnis am 1. Oktober 2020 bestanden hat und
2. mindestens an einem Tag zwischen dem 1. März 2020 und dem 31. Oktober 2020 ein Anspruch auf Dienstbezüge aus einem Amt der Besoldungsgruppen A 3 bis A 15 oder auf Anwärterbezüge bestanden hat.
[4] § 6 Absatz 1 und § 6a Absatz 1 und 3 gelten entsprechend. [5] Maßgebend sind jeweils die Verhältnisse am 1. Oktober 2020. [6] Die Zahlung wird jedem Berechtigten nur einmal gewährt; ihr steht eine entsprechende Leistung aus einem anderen Rechtsverhältnis im öffentlichen Dienst des Bundes gleich. [7] Die Zahlung bleibt bei der Berechnung der Zuschläge nach § 6 Absatz 2 bis 4 und § 6a Absatz 2 sowie bei sonstigen Bezügen unberücksichtigt.

§ 14a[1) Versorgungsrücklage. (1) [1] Um die Versorgungsleistungen angesichts der demographischen Veränderungen und des Anstiegs der Zahl der Versorgungsempfänger sicherzustellen, wird eine Versorgungsrücklage als Sondervermögen aus der Verminderung der Besoldungs- und Versorgungserhöhungen nach Absatz 2 gebildet. [2] Dafür werden bis zum 31. Dezember 2024 Erhöhungen der Besoldung und Versorgung vermindert.

(2) [1] Jede Erhöhung nach § 14 Absatz 1 wird um 0,2 Prozentpunkte vermindert. [2] Werden Besoldung und Versorgung durch dasselbe Gesetz zeitlich gestaffelt erhöht, erfolgt die Verminderung nur bei der ersten Erhöhung. [3] Die Unterschiedsbeträge gegenüber den nicht nach Satz 1 verminderten Erhöhungen werden der Versorgungsrücklage des Bundes zugeführt. [4] Die Mittel der Versorgungsrücklage dürfen nur zur Finanzierung der Versorgungsausgaben verwendet werden.

[1)] § 14a neu gef. mWv 1.1.2018 durch G v. 5.1.2017 (BGBl. I S. 17).

(3) Die Unterschiedsbeträge nach Absatz 2 und 50 Prozent der Verminderung der Versorgungsausgaben durch das Versorgungsänderungsgesetz 2001 vom 20. Dezember 2001 (BGBl. I S. 3926) werden der Versorgungsrücklage jährlich, letztmalig in 2031, zugeführt.

(4) Das Nähere, insbesondere die Verwaltung und Anlage des Sondervermögens, wird durch ein besonderes Gesetz[1] geregelt.

§ 15 Dienstlicher Wohnsitz. (1) [1] Dienstlicher Wohnsitz des Beamten oder Richters ist der Ort, an dem die Behörde oder ständige Dienststelle ihren Sitz hat. [2] Dienstlicher Wohnsitz des Soldaten ist sein Standort.

(2) [1] Die oberste Dienstbehörde kann als dienstlichen Wohnsitz anweisen:

1. den Ort, der Mittelpunkt der dienstlichen Tätigkeit des Beamten, Richters oder Soldaten ist,

2. den Ort, in dem der Beamte, Richter oder Soldat mit Zustimmung der vorgesetzten Dienststelle wohnt,

3. einen Ort im Inland, wenn der Beamte oder Soldat im Ausland an der deutschen Grenze beschäftigt ist.

[2] Sie kann diese Befugnis auf nachgeordnete Stellen übertragen.

§ 16 Amt, Dienstgrad. Soweit in Vorschriften dieses Gesetzes auf das Amt verwiesen wird, steht dem Amt der Dienstgrad des Soldaten gleich.

§ 17[2] Aufwandsentschädigungen. [1] Aufwandsentschädigungen dürfen nur gewährt werden, wenn und soweit aus dienstlicher Veranlassung finanzielle Aufwendungen entstehen, deren Übernahme dem Beamten, Richter oder Soldaten nicht zugemutet werden kann, und der Haushaltsplan Mittel zur Verfügung stellt. [2] Aufwandsentschädigungen in festen Beträgen sind nur zulässig, wenn auf Grund tatsächlicher Anhaltspunkte oder tatsächlicher Erhebungen nachvollziehbar ist, dass und in welcher Höhe dienstbezogene finanzielle Aufwendungen typischerweise entstehen; sie werden im Einvernehmen mit dem Bundesministerium des Innern, für Bau und Heimat festgesetzt.

§ 17a[3] Zahlungsweise. [1] Für die Zahlung der Besoldung nach § 1 Absatz 2 und 3 und von Aufwandsentschädigungen nach § 17 hat der Empfänger auf Verlangen der zuständigen Behörde ein Konto anzugeben, für das die Verordnung (EU) Nr. 260/2012 des Europäischen Parlaments und des Rates vom 14. März 2012 zur Festlegung der technischen Vorschriften und der Geschäftsanforderungen für Überweisungen und Lastschriften in Euro und zur Änderung der Verordnung (EG) Nr. 924/2009 (ABl. L 94 vom 30.3.2012, S. 22) gilt. [2] Die Übermittlungskosten mit Ausnahme der Kosten für die Gutschrift auf dem Konto des Empfängers trägt der Dienstherr, die Kontoeinrichtungs-, Kontoführungs- oder Buchungsgebühren trägt der Empfänger. [3] Eine Auszahlung auf andere Weise kann nur zugestanden werden, wenn dem Empfänger die Einrichtung oder Benutzung eines Kontos aus wichtigem Grund nicht zugemutet werden kann.

[1] Siehe das VersorgungsrücklageG (**Bundesbeamtengesetze Nr. 90**).
[2] § 17 Satz 2 geänd. mWv 1.1.2020 durch G v. 9.12.2019 (BGBl. I S. 2053).
[3] § 17a Satz 1 geänd. mWv 1.8.2013 durch G v. 11.6.2013 (BGBl. I S. 1514).

§ 17b[1]) **Lebenspartnerschaft.** [1]Die Vorschriften dieses Gesetzes, die sich auf das Bestehen oder das frühere Bestehen einer Ehe beziehen, gelten entsprechend für das Bestehen oder das frühere Bestehen einer Lebenspartnerschaft. [2]Die Vorschriften dieses Gesetzes, die sich auf den Ehegatten beziehen, gelten entsprechend für den Lebenspartner.

Abschnitt 2. Grundgehalt, Leistungsbezüge an Hochschulen

Unterabschnitt 1. Allgemeine Grundsätze

§ 18[2]) **Grundsatz der funktionsgerechten Besoldung.** (1) [1]Die Funktionen der Beamten und Soldaten sind nach den mit ihnen verbundenen Anforderungen sachgerecht zu bewerten und Ämtern zuzuordnen. [2]Eine Funktion kann bis zu drei Ämtern einer Laufbahngruppe, in obersten Bundesbehörden

(Fortsetzung nächstes Blatt)

[1]) § 17b angef. mWv 1.1.2009 durch G v. 14.11.2011 (BGBl. I S. 2219).
[2]) § 18 Satz 1 geänd., Satz 2 neu gef. und Satz 3 angef. mWv 1.1.2013 durch G v. 11.6.2013 (BGBl. I S. 1514); Abs. 2 angef. mWv 1.1.2020 durch G v. 9.12.2019 (BGBl. I S. 2053).

Abschnitt 2. Grundgehalt, Leistungsbezüge an Hochschulen

Unterabschnitt 1. Allgemeine Grundsätze

allen Ämtern einer Laufbahngruppe zugeordnet werden. [3]Bei Soldaten gilt dies in der Laufbahngruppe der Mannschaften für alle Dienstgrade und in der Laufbahngruppe der Unteroffiziere für bis zu vier Dienstgrade.

(2) [1]Abweichend von Absatz 1 Satz 1 und 2 kann in der Bundesbesoldungsordnung B jede Funktion nur einem Amt zugeordnet werden. [2]Für die Zuordnung zu einem Amt, das eine Grundamtsbezeichnung trägt, bedarf die zuständige oberste Bundesbehörde des Einvernehmens des Bundesministeriums des Innern, für Bau und Heimat und des Bundesministeriums der Finanzen.

§ 19[1] Bestimmung des Grundgehaltes nach dem Amt. (1) [1]Das Grundgehalt des Beamten, Richters oder Soldaten bestimmt sich nach der Besoldungsgruppe des ihm verliehenen Amtes. [2]Ist ein Amt noch nicht in einer Bundesbesoldungsordnung enthalten oder ist es mehreren Besoldungsgruppen zugeordnet, bestimmt sich das Grundgehalt nach der Besoldungsgruppe, die in der Einweisungsverfügung bestimmt ist; die Einweisung bedarf bei Körperschaften, Anstalten und Stiftungen des öffentlichen Rechts in den Fällen, in denen das Amt in einer Bundesbesoldungsordnung noch nicht enthalten ist, der Zustimmung der obersten Rechtsaufsichtsbehörde im Einvernehmen mit dem Bundesministerium des Innern, für Bau und Heimat. [3]Ist dem Beamten oder Richter noch kein Amt verliehen worden, so bestimmt sich das Grundgehalt des Beamten nach der Besoldungsgruppe seines Eingangsamtes, das Grundgehalt des Richters und des Staatsanwalts nach der Besoldungsgruppe R 1; soweit die Einstellung in einem anderen als dem Eingangsamt erfolgt ist, bestimmt sich das Grundgehalt nach der entsprechenden Besoldungsgruppe.

(2) Ist einem Amt gesetzlich eine Funktion zugeordnet oder richtet sich die Zuordnung eines Amtes zu einer Besoldungsgruppe einschließlich der Gewährung von Amtszulagen nach einem gesetzlich festgelegten Bewertungsmaßstab, insbesondere nach der Zahl der Planstellen, so gibt die Erfüllung dieser Voraussetzungen allein keinen Anspruch auf die Besoldung aus diesem Amt.

§ 19a[2] Besoldung bei Verleihung eines anderen Amtes. [1]Verringert sich während eines Dienstverhältnisses nach § 1 Absatz 1 das Grundgehalt durch Verleihung eines anderen Amtes aus Gründen, die nicht vom Beamten, Richter oder Soldaten zu vertreten sind, ist abweichend von § 19 das Grundgehalt zu zahlen, das dem Besoldungsempfänger bei einem Verbleiben in dem bisherigen Amt zugestanden hätte. [2]Satz 1 gilt entsprechend bei einem Wechsel eines Beamten in das Dienstverhältnis eines Richters oder bei einem Wechsel eines Richters in das Dienstverhältnis eines Beamten. [3]Veränderungen in der Bewertung des bisherigen Amtes bleiben unberücksichtigt. [4]Die Sätze 1 und 2 gelten entsprechend für Amtszulagen, auch bei Übertragung einer anderen Funktion. [5]Die Sätze 1 bis 3 gelten nicht im Fall des § 24 Absatz 6 Satz 3 des Bundesbeamtengesetzes[3] sowie im Fall der Übertragung eines Amtes in einem Dienstverhältnis auf Zeit.

[1] § 19 Abs. 1 Satz 2 geänd. mWv 1.8.2013 durch G v. 11.6.2013 (BGBl. I S. 1514); Abs. 1 Satz 2 geänd. mWv 1.1.2020 durch G v. 9.12.2019 (BGBl. I S. 2053).
[2] Bish. § 19a ersetzt durch §§ 19a, 19b mWv 22.3.2012 durch G v. 15.3.2012 (BGBl. I S. 462); Satz 1 geänd. mWv 1.8.2013 durch G v. 11.6.2013 (BGBl. I S. 1514).
[3] Nr. **160.**

§ 19b[1]**) Besoldung bei Wechsel in den Dienst des Bundes.** (1) [1]Verringert sich auf Grund einer Versetzung, die auf Antrag erfolgt, die Summe aus dem Grundgehalt, den grundgehaltsergänzenden Zulagen und der auf diese Beträge entfallenden Sonderzahlung, ist eine Ausgleichszulage zu gewähren. [2]Dies gilt nicht für einen Wechsel in die Besoldungsgruppe W 2 oder W 3.

(2) [1]Die Ausgleichszulage bemisst sich nach dem Unterschied zwischen den Summen nach Absatz 1 in der bisherigen Verwendung und in der neuen Verwendung zum Zeitpunkt der Versetzung. [2]Sie verringert sich bei jeder Erhöhung des Grundgehaltes um ein Drittel des Erhöhungsbetrages.

(3) [1]Bei einer Versetzung aus dienstlichen Gründen, einer Übernahme oder einem Übertritt gelten die Absätze 1 und 2 entsprechend. [2]Zur Bestimmung der Ausgleichszulage ist in diesen Fällen auch eine in der bisherigen Verwendung nach Landesrecht gewährte Ausgleichszulage oder eine andere Leistung einzubeziehen, die für die Verringerung von Grundgehalt und grundgehaltsergänzenden Zulagen zustand. [3]Die Ausgleichszulage nach den Sätzen 1 und 2 ist ruhegehaltfähig, soweit sie ruhegehaltfähige Dienstbezüge ausgleicht. [4]Als Bestandteil der Versorgungsbezüge verringert sie sich bei jeder auf das Grundgehalt bezogenen Erhöhung der Versorgungsbezüge um ein Drittel des Erhöhungsbetrages.

(4) Die Absätze 1 bis 3 gelten entsprechend beim Eintritt eines Richters in ein Dienstverhältnis nach § 1 Absatz 1 Nummer 1.

Unterabschnitt 2.[2]) Beamte und Soldaten

§ 20[3]**) Bundesbesoldungsordnungen A und B.** (1) [1]Die Ämter der Beamten und Soldaten und ihre Besoldungsgruppen werden in Bundesbesoldungsordnungen geregelt. [2]Dabei sind die Ämter nach ihrer Wertigkeit unter Berücksichtigung der gemeinsamen Belange aller Dienstherren den Besoldungsgruppen zuzuordnen.

(2) [1]Die Bundesbesoldungsordnung A − aufsteigende Gehälter − und die Bundesbesoldungsordnung B − feste Gehälter − sind Anlage I. [2]Die Grundgehaltssätze der Besoldungsgruppen sind in Anlage IV ausgewiesen.

§§ 21, 22 (weggefallen)

§ 23[4]**) Eingangsämter für Beamte.** (1) Die Eingangsämter für Beamte sind folgenden Besoldungsgruppen zuzuweisen:
1. in Laufbahnen des einfachen Dienstes der Besoldungsgruppe A 3 oder A 4,
2. in Laufbahnen

[1]) Bish. § 19a ersetzt durch §§ 19a, 19b mWv 22.3.2012 durch G v. 15.3.2012 (BGBl. I S. 462); Abs. 1 Satz 1 geänd., Satz 2 und Abs. 4 angef. mWv 1.8.2013 durch G v. 11.6.2013 (BGBl. I S. 1514); Abs. 1 Satz 2 geänd. mWv 1.1.2020 durch G v. 9.12.2019 (BGBl. I S. 2053).
[2]) Unterabschnitt 2 Überschrift neu gef. mWv 1.8.2013 durch G v. 11.6.2013 (BGBl. I S. 1514).
[3]) § 20 Abs. 1 Satz 2 angef., Abs. 2 Satz 3 aufgeh. mWv 1.1.2013, Überschrift neu gef. mWv 1.8.2013 durch G v. 11.6.2013 (BGBl. I S. 1514); Abs. 2 Satz 2 geänd. mWv 1.1.2020 durch G v. 9.12.2019 (BGBl. I S. 2053).
[4]) § 23 Abs. 2 neu gef. mWv 22.3.2012 durch G v. 15.3.2012 (BGBl. I S. 462); Abs. 2 Satz 3 geänd. mWv 1.8.2013 durch G v. 11.6.2013 (BGBl. I S. 1514); Abs. 1 Nr. 2 neu gef., Abs. 2 Satz 1 geänd., Satz 2 neu gef. und Satz 3 aufgeh. mWv 1.1.2020, Abs. 1 Nr. 1 geänd. mWv 1.3.2020 durch G v. 9.12.2019 (BGBl. I S. 2053).

a) des mittleren nichttechnischen Dienstes der Besoldungsgruppe A 6,
b) des mittleren technischen Dienstes der Besoldungsgruppe A 6 oder A 7,
c) des mittleren nichttechnischen Dienstes bei der Zollverwaltung der Besoldungsgruppe A 7,
3. in Laufbahnen des gehobenen Dienstes der Besoldungsgruppe A 9,
4. in Laufbahnen des höheren Dienstes der Besoldungsgruppe A 13.

(2) ¹Soweit für die Zulassung zu den Laufbahnen des gehobenen technischen Verwaltungsdienstes oder des gehobenen naturwissenschaftlichen Dienstes ein mit einem Bachelor abgeschlossenes Hochschulstudium oder ein gleichwertiger Abschluss gefordert wird, ist das Eingangsamt für Beamte mit einem solchen Abschluss der Besoldungsgruppe A 10 oder A 11 zuzuweisen. ²Dies gilt auch für Beamte in technischen Fachverwendungen in Sonderlaufbahnen des gehobenen Dienstes mit einem Abschluss in einem ingenieurwissenschaftlichen oder einem naturwissenschaftlichen Studiengang oder in einem Studiengang, bei dem Inhalte aus den Bereichen der Informatik oder der Informationstechnik überwiegen.

§ 24¹⁾ Eingangsamt für Beamte in besonderen Laufbahnen. (1) ¹Das Eingangsamt in Sonderlaufbahnen, bei denen
1. die Ausbildung mit einer gegenüber dem nichttechnischen oder technischen Verwaltungsdienst besonders gestalteten Prüfung abgeschlossen wird oder die Ablegung einer zusätzlichen Prüfung vorgeschrieben ist und
2. im Eingangsamt Anforderungen gestellt werden, die bei sachgerechter Bewertung zwingend die Zuweisung des Eingangsamtes zu einer anderen Besoldungsgruppe als nach § 23 erfordern,

kann der höheren Besoldungsgruppe zugewiesen werden, in die gleichwertige Ämter eingereiht sind. ²Die Festlegung als Eingangsamt ist in den Bundesbesoldungsordnungen zu kennzeichnen.

(2) Das Eingangsamt in Laufbahnen des einfachen Dienstes kann, wenn die Voraussetzung des Absatzes 1 Satz 1 Nummer 2 erfüllt ist, der höheren Besoldungsgruppe zugewiesen werden, in die gleichwertige Ämter eingereiht sind.

§§ 25, 26²⁾ *(aufgehoben)*

§ 27³⁾ Bemessung des Grundgehaltes. (1) ¹Das Grundgehalt wird, soweit nicht gesetzlich etwas Anderes bestimmt ist, nach Stufen bemessen. ²Dabei erfolgt der Aufstieg in eine nächsthöhere Stufe nach bestimmten Dienstzeiten, in denen anforderungsgerechte Leistungen erbracht wurden (Erfahrungszeiten).

¹⁾ § 24 Abs. 1 Satz 2 geänd. mWv 1.8.2013 durch G v. 11.6.2013 (BGBl. I S. 1514).
²⁾ § 25 aufgeh. mWv 1.1.2013 durch G v. 11.6.2013 (BGBl. I S. 1514), § 26 aufgeh. mWv 1.1.2020 durch G v. 9.12.2019 (BGBl. I S. 2053)..
³⁾ § 27 Abs. 2 Satz 4 neu gef., Abs. 4 Satz 1 2. Halbsatz angef. mWv 22.3.2012 durch G v. 15.3. 2012 (BGBl. I S. 462); Abs. 7 Satz 2 geänd. mWv 1.8.2013 durch G v. 11.6.2013 (BGBl. I S. 1514); Abs. 2 Satz 1 neu gef., Abs. 3 Satz 2 neu gef., Satz 3 geänd., Abs. 4 aufgeh., Abs. 5–10 werden Abs. 4–9, neue Abs. 7 Satz 1 und Abs. 9 Satz 2 geänd. mWv 1.1.2016 durch G v. 3.12.2015 (BGBl. I S. 2163).

(2) [1] Mit der ersten Ernennung mit Anspruch auf Dienstbezüge im Anwendungsbereich dieses Gesetzes wird ein Grundgehalt der Stufe 1 festgesetzt, soweit nicht Erfahrungszeiten nach § 28 Absatz 1 bis 3 anerkannt werden. [2] Die Stufe wird mit Wirkung vom Ersten des Monats festgesetzt, in dem die Ernennung wirksam wird. [3] Die Stufenfestsetzung ist dem Beamten oder Soldaten schriftlich mitzuteilen. [4] Die Sätze 1 bis 3 gelten entsprechend für
1. die Versetzung, die Übernahme und den Übertritt in den Dienst des Bundes,
2. den Wechsel aus einem Amt der Bundesbesoldungsordnungen B, R, W oder C in ein Amt der Bundesbesoldungsordnung A sowie
3. die Einstellung eines ehemaligen Beamten, Richters, Berufssoldaten oder Soldaten auf Zeit in ein Amt der Bundesbesoldungsordnung A.

(3) [1] Das Grundgehalt steigt nach Erfahrungszeiten von zwei Jahren in der Stufe 1, von jeweils drei Jahren in den Stufen 2 bis 4 und von jeweils vier Jahren in den Stufen 5 bis 7. [2] Abweichend von Satz 1 beträgt die Erfahrungszeit in den Stufen 5 bis 7 bei Beamten in den Laufbahnen des einfachen Dienstes und bei Soldaten in den Laufbahnen der Mannschaften jeweils drei Jahre. [3] Zeiten ohne Anspruch auf Dienstbezüge verzögern den Aufstieg um diese Zeiten, soweit in § 28 Absatz 5 nicht etwas anderes bestimmt ist. [4] Die Zeiten sind auf volle Monate abzurunden.

(4) [1] Wird festgestellt, dass die Leistungen des Beamten oder Soldaten nicht den mit dem Amt verbundenen Anforderungen entsprechen, verbleibt er in seiner bisherigen Stufe des Grundgehaltes. [2] Die Feststellung nach Satz 1 erfolgt auf der Grundlage einer geeigneten Leistungseinschätzung. [3] Ist die Leistungseinschätzung älter als zwölf Monate, ist ergänzend eine aktuelle Leistungseinschätzung zu erstellen. [4] Für die Feststellung nach Satz 1 können nur Leistungen berücksichtigt werden, auf die vor der Feststellung hingewiesen wurde.

(5) [1] Wird auf der Grundlage einer weiteren Leistungseinschätzung festgestellt, dass die Leistungen des Beamten oder Soldaten wieder den mit dem Amt verbundenen Anforderungen entsprechen, erfolgt der Aufstieg in die nächsthöhere Stufe am ersten Tag des Monats, in dem diese Feststellung erfolgt. [2] Wird in der Folgezeit festgestellt, dass der Beamte oder Soldat Leistungen erbringt, die die mit dem Amt verbundenen Anforderungen erheblich übersteigen, gilt der von dieser Feststellung erfasste Zeitraum nicht nur als laufende Erfahrungszeit, sondern wird zusätzlich so angerechnet, dass er für die Zukunft die Wirkung eines früheren Verbleibens in der Stufe entsprechend mindert oder aufhebt. [3] Die für diese Anrechnung zu berücksichtigenden Zeiten sind auf volle Monate abzurunden. [4] Maßgebender Zeitpunkt ist der Erste des Monats, in dem die entsprechende Feststellung erfolgt.

(6) [1] Bei dauerhaft herausragenden Leistungen kann Beamten und Soldaten der Bundesbesoldungsordnung A für den Zeitraum bis zum Erreichen der nächsten Stufe das Grundgehalt der nächsthöheren Stufe gezahlt werden (Leistungsstufe). [2] Die Zahl der in einem Kalenderjahr bei einem Dienstherrn vergebenen Leistungsstufen darf 15 Prozent der Zahl der bei dem Dienstherrn vorhandenen Beamten und Soldaten der Bundesbesoldungsordnung A, die das Endgrundgehalt noch nicht erreicht haben, nicht übersteigen. [3] Die Bundesregierung wird ermächtigt, nähere Regelungen durch Rechtsverordnung[1]) zu

[1]) Siehe die BundesleistungsbesoldungsVO **(Bundesbeamtengesetze Nr. 53q)** und die dazu erlassenen Durchführungshinweise des BMI **(Bundesbeamtengesetze Nr. 53q.1)**.

treffen. [4] In der Rechtsverordnung kann zugelassen werden, dass bei Dienstherren mit weniger als sieben Beamten im Sinne des Satzes 2 in jedem Kalenderjahr einem Beamten die Leistungsstufe gewährt wird.

(7) [1] Die Entscheidung nach den Absätzen 4 bis 6 trifft die zuständige oberste Dienstbehörde oder die von ihr bestimmte Stelle. [2] Sie ist dem Beamten oder Soldaten schriftlich mitzuteilen. [3] Widerspruch, Beschwerde nach der Wehrbeschwerdeordnung und Anfechtungsklage haben keine aufschiebende Wirkung.

(8) In der Probezeit nach § 11 Absatz 1 des Bundesbeamtengesetzes[1)] erfolgt das Aufsteigen in den Stufen entsprechend den in Absatz 3 genannten Zeiträumen.

(9) [1] Der Beamte oder Soldat verbleibt in seiner bisherigen Stufe, solange er vorläufig des Dienstes enthoben ist. [2] Führt ein Disziplinarverfahren nicht zur Entfernung aus dem Dienst oder endet das Dienstverhältnis nicht durch Entlassung auf Antrag des Beamten oder Soldaten oder infolge strafgerichtlicher Verurteilung, regelt sich das Aufsteigen im Zeitraum seiner vorläufigen Dienstenthebung nach Absatz 3.

§ 28[2)] Berücksichtigungsfähige Zeiten. (1) [1] Beamten und Soldaten werden bei der ersten Stufenfestsetzung als Erfahrungszeiten im Sinne des § 27 Absatz 2 anerkannt:

1. Zeiten einer gleichwertigen hauptberuflichen Tätigkeit außerhalb eines Soldatenverhältnisses, die für Beamte nicht Voraussetzung für den Erwerb der Laufbahnbefähigung oder für Soldaten nicht Voraussetzung für die Einstellung mit einem Dienstgrad einer Besoldungsgruppe bis A 13 sind,
2. Zeiten als Berufssoldat oder Soldat auf Zeit,
3. Zeiten von mindestens vier Monaten und insgesamt höchstens zwei Jahren, in denen Wehrdienst, soweit er nicht unter Nummer 2 fällt, Zivildienst, Bundesfreiwilligendienst, Entwicklungsdienst oder ein freiwilliges soziales oder ökologisches Jahr geleistet wurde,
4. Verfolgungszeiten nach dem Beruflichen Rehabilitierungsgesetz[3)], soweit eine Erwerbstätigkeit, die einem Dienst bei einem öffentlich-rechtlichen Dienstherrn (§ 29) entspricht, nicht ausgeübt werden konnte.

[2] Mit Zustimmung des Bundesministeriums des Innern, für Bau und Heimat kann hiervon abgewichen werden, wenn für die Zulassung zu einer Laufbahn besondere Voraussetzungen gelten. [3] Zeiten nach Satz 1 werden durch Unterbrechungszeiten nach Absatz 5 Nummer 2 bis 5 nicht vermindert. [4] Erfahrungszeiten nach Satz 1 stehen gleich:

[1)] Nr. **160.**
[2)] § 28 Abs. 1 Satz 1 Nr. 1 geänd., Nr. 2 neu gef., Satz 2 eingef., bish. Sätze 2–7 werden Sätze 3–8, neue Sätze 4–8 geänd., Abs. 2 Nr. 1 neu gef., Nr. 2 aufgeh., bish. Nr. 3–6 werden Nr. 2–5, Abs. 3 geänd. mWv 22.3.2012 durch G v. 15.3.2012 (BGBl. I S. 462); Abs. 1 Satz 7 eingef., bish. Sätze 7 und 8 werden Sätze 8 und 9 mWv 1.8.2013 durch G v. 11.6.2013 (BGBl. I S. 1514); Abs. 1 Satz 1 einl. Satzteil geänd., Nr. 1–3 neu gef., Sätze 2–4 eingef., Sätze 5–9 aufgeh., Abs. 2–4 eingef., bish. Abs. 2 wird Abs. 5 und Nr. 1 geänd., bish. Abs. 3 wird Abs. 6 und geänd. mWv 1.1.2016 durch G v. 3.12. 2015 (BGBl. I S. 2163); Abs. 2 Satz 4 geänd. mWv 1.1.2016 durch G v. 5.1.2017 (BGBl. I S. 17); Abs. 5 Nr. 2 geänd. mWv 5.4.2017 durch G v. 29.3.2017 (BGBl. I S. 626); Abs. 1 Sätze 1 und 2 geänd. mWv 1.1.2020 durch G v. 9.12.2019 (BGBl. I S. 2053).
[3)] **Aichberger, SGB Nr. 6/23.**

1. Zeiten einer Kinderbetreuung von bis zu drei Jahren für jedes Kind (Kinderbetreuungszeiten),

2. Zeiten der tatsächlichen Pflege von Eltern, Schwiegereltern, Ehegatten, Geschwistern oder Kindern, die nach ärztlichem Gutachten pflegebedürftig sind, von bis zu drei Jahren für jeden dieser Angehörigen (Pflegezeiten).

(2) ¹Beamten können weitere hauptberufliche Zeiten, die nicht Voraussetzung für den Erwerb der Laufbahnbefähigung sind, ganz oder teilweise anerkannt werden, soweit diese für die Verwendung förderlich sind. ²Wird für die Einstellung ein mit einem Master abgeschlossenes Hochschulstudium oder ein gleichwertiger Abschluss vorausgesetzt, sind Beamten dafür zwei Jahre als Erfahrungszeit anzuerkennen. ³Zusätzliche Qualifikationen, die nicht im Rahmen von hauptberuflichen Zeiten erworben wurden, können Beamten in besonderen Einzelfällen, insbesondere zur Deckung des Personalbedarfs, mit bis zu drei Jahren als Erfahrungszeit im Sinne des § 27 Absatz 3 anerkannt werden. ⁴Die Entscheidungen nach den Sätzen 1 und 3 trifft die oberste Dienstbehörde oder die von ihr bestimmte Stelle. ⁵Absatz 1 Satz 2 und 3 gilt entsprechend.

(3) ¹Werden Soldaten auf Grund ihrer beruflichen Qualifikation mit einem höheren Dienstgrad eingestellt, können entsprechend den jeweiligen Einstellungsvoraussetzungen als Erfahrungszeiten anerkannt werden:

1. in der Laufbahngruppe der Unteroffiziere für die Einstellung mit einem Dienstgrad einer Besoldungsgruppe bis A 7 höchstens vier Jahre und

2. in der Laufbahngruppe der Offiziere für die Einstellung mit einem Dienstgrad einer Besoldungsgruppe bis A 13 höchstens sechs Jahre.

²Im Übrigen können hauptberufliche Zeiten ganz oder teilweise als Erfahrungszeiten anerkannt werden, soweit diese für die Verwendung förderlich sind. ³Absatz 2 Satz 3 gilt entsprechend.

(4) ¹Derselbe Zeitraum kann nur einmal anerkannt werden. ²Die Zeiten nach den Absätzen 1 bis 3 sind zu addieren und danach auf volle Monate aufzurunden.

(5) Abweichend von § 27 Absatz 3 Satz 3 wird der Aufstieg in den Stufen durch folgende Zeiten nicht verzögert:

1. Kinderbetreuungs- und Pflegezeiten nach Absatz 1 Satz 4,

2. Zeiten einer Beurlaubung ohne Dienstbezüge, die nach gesetzlichen Bestimmungen dienstlichen Interessen dient; dies gilt auch, wenn durch die oberste Dienstbehörde oder die von ihr bestimmte Stelle schriftlich oder elektronisch anerkannt ist, dass der Urlaub dienstlichen Interessen oder öffentlichen Belangen dient,

3. Zeiten, die nach dem Arbeitsplatzschutzgesetz¹⁾ nicht zu dienstlichen Nachteilen führen dürfen,

4. Zeiten einer Eignungsübung nach dem Eignungsübungsgesetz²⁾ und

5. Zeiten, die in einem kommunalen Wahlbeamtenverhältnis erbracht wurden.

¹⁾ **Wehrrecht Nr. 470.**
²⁾ **Wehrrecht Nr. 770.**

(6) Zeiten, die nach § 28 Absatz 3 Nummer 1 oder 2 des Bundesbesoldungsgesetzes in der bis zum 30. Juni 2009 geltenden Fassung berücksichtigt wurden, werden auf die Zeiten nach Absatz 5 Nummer 1 angerechnet.

§ 29[1) **Öffentlich-rechtliche Dienstherren.** (1) Öffentlich-rechtliche Dienstherren im Sinne dieses Gesetzes sind der Bund, die Länder, die Gemeinden (Gemeindeverbände) und andere Körperschaften, Anstalten und Stiftungen des öffentlichen Rechts mit Ausnahme der öffentlich-rechtlichen Religionsgesellschaften und ihrer Verbände.

(2) Der Tätigkeit im Dienst eines öffentlich-rechtlichen Dienstherrn stehen gleich:

1. die gleichartige Tätigkeit

 a) im öffentlichen Dienst eines Organs, einer Einrichtung oder eines Mitgliedstaats der Europäischen Union oder

 b) bei einer öffentlichen zwischenstaatlichen oder überstaatlichen Einrichtung oder Verwaltung und

2. die von volksdeutschen Vertriebenen und Spätaussiedlern ausgeübte gleichartige Tätigkeit im Dienst eines öffentlich-rechtlichen Dienstherrn ihres Herkunftslandes.

§ 30[2) **Nicht zu berücksichtigende Dienstzeiten.** (1) [1] § 28 Absatz 1 bis 3 gilt nicht für Zeiten einer Tätigkeit für das Ministerium für Staatssicherheit oder das Amt für Nationale Sicherheit. [2] Dies gilt auch für Zeiten, die vor einer solchen Tätigkeit zurückgelegt worden sind. [3] Satz 1 gilt auch für Zeiten einer Tätigkeit als Angehöriger der Grenztruppen der ehemaligen Deutschen Demokratischen Republik.

(2) [1] Absatz 1 Satz 1 und 2 gilt auch für Zeiten einer Tätigkeit, die auf Grund einer besonderen persönlichen Nähe zum System der ehemaligen Deutschen Demokratischen Republik übertragen war. [2] Das Vorliegen dieser Voraussetzung wird insbesondere widerlegbar vermutet, wenn der Beamte oder Soldat

1. vor oder bei Übertragung der Tätigkeit eine hauptamtliche oder hervorgehobene ehrenamtliche Funktion in der Sozialistischen Einheitspartei Deutschlands, dem Freien Deutschen Gewerkschaftsbund, der Freien Deutschen Jugend oder einer vergleichbaren systemunterstützenden Partei oder Organisation innehatte oder

2. als mittlere oder obere Führungskraft in zentralen Staatsorganen, als obere Führungskraft beim Rat eines Bezirkes, als Vorsitzender des Rates eines Kreises oder einer kreisfreien Stadt oder in einer vergleichbaren Funktion tätig war oder

3. hauptamtlich Lehrender an den Bildungseinrichtungen der staatstragenden Parteien oder einer Massen- oder gesellschaftlichen Organisation war oder

4. Absolvent der Akademie für Staat und Recht oder einer vergleichbaren Bildungseinrichtung war.

[1) § 29 Abs. 2 Nr. 1 neu gef. mWv 1.8.2013 durch G v. 11.6.2013 (BGBl. I S. 1514).
[2) § 30 Abs. 1 Satz 1 geänd. mWv 1.8.2013 durch G v. 11.6.2013 (BGBl. I S. 1514); Abs. 1 Satz 2 geänd. mWv 1.1.2016 durch G v. 3.12.2015 (BGBl. I S. 2163).

§ 31 (weggefallen)

Unterabschnitt 3.[1] Professoren sowie hauptberufliche Leiter von Hochschulen und Mitglieder von Leitungsgremien an Hochschulen

§ 32[2)3] **Bundesbesoldungsordnung W.** [1] Die Ämter der Professoren und ihre Besoldungsgruppen sind in der Bundesbesoldungsordnung W (Anlage II) geregelt. [2] Die Grundgehaltssätze sind in Anlage IV ausgewiesen. [3] Die Sätze 1 und 2 gelten auch für hauptberufliche Leiter von Hochschulen und Mitglieder von Leitungsgremien an Hochschulen, die nicht Professoren sind, soweit ihre Ämter nicht Besoldungsgruppen der Bundesbesoldungsordnungen A und B zugewiesen sind.

§ 32a[4] **Bemessung des Grundgehaltes.** (1) [1] Das Grundgehalt wird, soweit nicht gesetzlich etwas Anderes bestimmt ist, nach Stufen bemessen. [2] Dabei erfolgt der Aufstieg in eine nächsthöhere Stufe nach bestimmten Dienstzeiten, in denen anforderungsgerechte Leistungen erbracht wurden (Erfahrungszeiten).

(2) [1] Mit der Ernennung zum Professor mit Anspruch auf Dienstbezüge wird in der Besoldungsgruppe W 2 oder W 3 ein Grundgehalt der Stufe 1 festgesetzt, soweit nicht Erfahrungszeiten nach § 32b Absatz 1 anerkannt werden. [2] Die Stufe wird mit Wirkung vom Ersten des Monats festgesetzt, in dem die Ernennung wirksam wird. [3] Die Sätze 1 und 2 gelten entsprechend für

1. die in § 27 Absatz 2 Satz 4 Nummer 1 genannten Fälle,

2. den Wechsel aus einem Amt der Bundesbesoldungsordnungen A, B, C oder R oder der Besoldungsgruppe W 1.

(3) Das Grundgehalt steigt nach Erfahrungszeiten von jeweils sieben Jahren in den Stufen 1 und 2.

(4) [1] Zeiten ohne Anspruch auf Dienstbezüge verzögern den Aufstieg in den Stufen um diese Zeiten, soweit in § 32b nicht etwas Anderes bestimmt ist. [2] Die Zeiten sind auf volle Monate abzurunden.

(5) [1] § 27 Absatz 4, 5 und 6 Satz 1 und 2 gilt entsprechend. [2] Die Besonderheiten der Hochschulen sind zu berücksichtigen. [3] Die in § 33 Absatz 4 genannten Stellen werden ermächtigt, nach dem dort bestimmten Verfahren nähere Regelungen durch Rechtsverordnung zu treffen.

(6) [1] Die Entscheidung nach Absatz 2 trifft die oberste Dienstbehörde oder die von ihr bestimmte Stelle. [2] Die Entscheidung nach § 27 Absatz 4, 5 und 6 Satz 1 und 2 in Verbindung mit Absatz 5 Satz 1 trifft die Hochschule. [3] Satz 2 gilt nicht für Entscheidungen, die die Hochschulleitung betreffen; mit Ausnahme der Bewertung der wissenschaftlichen Leistung trifft diese Entscheidungen die oberste Dienstbehörde. [4] Entscheidungen nach den Sätzen 1 bis 3 sind dem Professor und dem hauptamtlichen Mitglied der Hochschulleitung schriftlich mitzuteilen. [5] Gegen die Entscheidung nach § 27 Absatz 4, 5 und 6

[1] Unterabschnitt 3 Überschrift neu gef. mWv 1.8.2013 durch G v. 11.6.2013 (BGBl. I S. 1514).
[2] § 32 Satz 3 geänd. mWv 1.1.2013 durch G v. 11.6.2013 (BGBl. I S. 1514); Satz 2 geänd. mWv 1.1.2020 durch G v. 9.12.2019 (BGBl. I S. 2053).
[3] *Zur Fortgeltung der Bundesbesoldungsordnung C siehe* § 77.
[4] § 32a eingef. mWv 1.1.2013 durch G v. 11.6.2013 (BGBl. I S. 1514); Abs. 5 Satz 1, Abs. 6 Sätze 2 und 5 geänd. mWv 1.1.2016 durch G v. 3.12.2015 (BGBl. I S. 2163).

Satz 1 und 2 in Verbindung mit Absatz 5 Satz 1 haben Widerspruch und Anfechtungsklage keine aufschiebende Wirkung.

§ 32b[1] Berücksichtigungsfähige Zeiten. (1) [1]Bei der ersten Stufenfestsetzung werden als Erfahrungszeiten anerkannt:

1. Zeiten einer hauptberuflichen Tätigkeit an einer deutschen staatlichen Hochschule als

 a) Professor oder Vertretungsprofessor,

 b) Mitglied der Hochschulleitung oder Dekan,

2. Zeiten einer hauptberuflichen Tätigkeit als Professor oder Vertretungsprofessor

 a) an einer deutschen staatlich anerkannten Hochschule,

 b) an einer ausländischen Hochschule,

sofern die Hochschule an die Berufung von Professoren und Vertretungsprofessoren Anforderungen stellt, die denen nach § 131 des Bundesbeamtengesetzes[2] entsprechen.

[2]Zeiten einer hauptberuflichen wissenschaftlichen Tätigkeit an einer öffentlich geförderten in- oder ausländischen Forschungseinrichtung oder bei einer internationalen Forschungsorganisation können als Erfahrungszeiten anerkannt werden, wenn die Tätigkeit derjenigen eines in die Besoldungsgruppe W 2 oder W 3 eingestuften Professors gleichwertig ist und die Einrichtung oder Organisation an die Berufung Anforderungen stellt, die denen nach § 131 des Bundesbeamtengesetzes entsprechen. [3]Zeiten als Juniorprofessor werden nicht anerkannt. [4]Zeiten nach den Sätzen 1 und 2 werden durch Zeiten nach Absatz 2 nicht vermindert und werden auf volle Monate aufgerundet.

(2) Abweichend von § 32a Absatz 4 wird der Aufstieg in den Stufen durch Zeiten nach § 28 Absatz 5 nicht verzögert.

§ 33[3] Leistungsbezüge. (1) [1]In den Besoldungsgruppen W 2 und W 3 werden nach Maßgabe der nachfolgenden Vorschriften neben dem als Mindestbezug gewährten Grundgehalt variable Leistungsbezüge vergeben:

1. aus Anlass von Berufungs- und Bleibeverhandlungen,

2. für besondere Leistungen in Forschung, Lehre, Kunst, Weiterbildung und Nachwuchsförderung sowie

3. für die Wahrnehmung von Funktionen oder besonderen Aufgaben im Rahmen der Hochschulselbstverwaltung oder der Hochschulleitung.

[2]Leistungsbezüge nach Satz 1 Nummer 1 und 2 können befristet oder unbefristet sowie als Einmalzahlung vergeben werden. [3]Leistungsbezüge nach Satz 1

[1] § 32b eingef. mWv 1.1.2013 durch G v. 11.6.2013 (BGBl. I S. 1514); Abs. 2 geänd. mWv 1.1.2016 durch G v. 3.12.2015 (BGBl. I S. 2163).
[2] Nr. **160**.
[3] § 33 Abs. 5 geänd. mWv 1.1.2012 durch G v. 20.12.2011 (BGBl. I S. 2842); Abs. 2 neu gef., Abs. 3 Satz 1 geänd., Abs. 5 aufgeh. mWv 1.1.2013, Abs. 3 Satz 3, Abs. 4 Satz 1 Nr. 2 und 3 geänd. mWv 1.8.2013 durch G v. 11.6.2013 (BGBl. I S. 1514); Abs. 4 Satz 1 geänd. mWv 1.1.2016 durch G v. 3.12.2015 (BGBl. I S. 2163); Abs. 4 neu gef. mWv 1.1.2020 durch G v. 9.12.2019 (BGBl. I S. 2053).

Nummer 3 werden für die Dauer der Wahrnehmung der Funktion oder Aufgabe gewährt.

(2) [1] Leistungsbezüge dürfen den Unterschiedsbetrag zwischen den Grundgehältern der Besoldungsgruppe W 3 und der Besoldungsgruppe B 10 übersteigen, wenn

1. dies erforderlich ist, um den Professor aus dem Bereich außerhalb der deutschen Hochschulen zu gewinnen oder um die Abwanderung des Professors in diesen Bereich abzuwenden,

2. der Professor bereits Leistungsbezüge erhält, die den Unterschiedsbetrag zwischen den Grundgehältern der Besoldungsgruppe W 3 und der Besoldungsgruppe B 10 übersteigen, und dies erforderlich ist, um den Professor für eine andere deutsche Hochschule zu gewinnen oder um seine Abwanderung an eine andere deutsche Hochschule zu verhindern,

3. die Anwendung des § 77a zu einer Überschreitung des Unterschiedsbetrages führt.

[2] Satz 1 gilt entsprechend für hauptberufliche Leiter von Hochschulen und Mitglieder von Leitungsgremien an Hochschulen, die nicht Professor sind.

(3) [1] Leistungsbezüge nach Absatz 1 Satz 1 Nummer 1 und 2 sind bis zur Höhe von zusammen 22 Prozent des jeweiligen Grundgehalts ruhegehaltfähig, soweit sie unbefristet gewährt und jeweils mindestens zwei Jahre bezogen worden sind; werden sie befristet gewährt, können sie bei wiederholter Vergabe für ruhegehaltfähig erklärt werden. [2] Für Leistungsbezüge nach Absatz 1 Satz 1 Nummer 3 gilt § 15a des Beamtenversorgungsgesetzes[1]) entsprechend mit der Maßgabe, dass der Betrag der Leistungsbezüge als Unterschiedsbetrag gilt. [3] Leistungsbezüge nach Absatz 1 Satz 1 Nummer 1 und 2 können über den Prozentsatz nach Satz 1 hinaus für ruhegehaltfähig erklärt werden. [4] Treffen ruhegehaltfähige Leistungsbezüge nach Absatz 1 Satz 1 Nummer 1 und 2 mit solchen nach Absatz 1 Satz 1 Nummer 3 zusammen, die vor Beginn des Bemessungszeitraumes nach Satz 1 vergeben worden sind, wird nur der bei der Berechnung des Ruhegehalts für den Beamten günstigere Betrag als ruhegehaltfähiger Dienstbezug berücksichtigt.

(4) [1] Das Nähere zur Gewährung der Leistungsbezüge regeln durch Rechtsverordnung ohne Zustimmung des Bundesrates

1. das Bundesministerium der Verteidigung für seinen Geschäftsbereich,

2. das Bundesministerium des Innern, für Bau und Heimat im Einvernehmen mit dem für den jeweiligen Fachbereich zuständigen Bundesministerium für die Fachbereiche der Hochschule des Bundes für öffentliche Verwaltung sowie

3. das Bundesministerium für Arbeit und Soziales im Einvernehmen mit dem Bundesministerium des Innern, für Bau und Heimat für die Hochschule der Bundesagentur für Arbeit.

[2] Insbesondere sind Bestimmungen zu treffen

1. über das Vergabeverfahren, über die Zuständigkeit für die Vergabe sowie über die Voraussetzungen und die Kriterien der Vergabe,

[1]) Nr. 155.

2. zur Ruhegehaltfähigkeit unbefristet gewährter Leistungsbezüge, die 22 Prozent des jeweiligen Grundgehalts übersteigen (Absatz 3 Satz 3), und von befristet gewährten Leistungsbezügen (Absatz 3 Satz 1 zweiter Halbsatz) sowie

3. über die Erhöhung oder Verminderung von Leistungsbezügen aus Anlass von Besoldungsanpassungen nach § 14.

§ 34[1] *(aufgehoben)*

§ 35[2] **Forschungs- und Lehrzulage.** [1]Das Bundesministerium der Verteidigung für seinen Bereich, das Bundesministerium des Innern, für Bau und Heimat im Einvernehmen mit den für die jeweiligen Fachbereiche zuständigen Bundesministerien für die Hochschule des Bundes für öffentliche Verwaltung sowie das Bundesministerium für Arbeit und Soziales im Einvernehmen mit dem Bundesministerium des Innern, für Bau und Heimat für die Hochschule der Bundesagentur für Arbeit können durch Rechtsverordnung vorsehen, dass an Professoren, die Mittel privater Dritter für Forschungsvorhaben oder Lehrvorhaben der Hochschule einwerben und diese Vorhaben durchführen, für die Dauer des Drittmittelflusses aus diesen Mitteln eine nicht ruhegehaltfähige Zulage vergeben werden kann. [2]Eine Zulage für die Durchführung von Lehrvorhaben darf nur vergeben werden, wenn die entsprechende Lehrtätigkeit des Professors nicht auf seine Regellehrverpflichtung angerechnet wird. [3]Das Bundesministerium für Arbeit und Soziales kann im Einvernehmen mit dem Bundesministerium des Innern, für Bau und Heimat die Befugnis nach Satz 1 auf den Vorstand der Bundesagentur für Arbeit durch Rechtsverordnung übertragen; Rechtsverordnungen, die auf Grund der Übertragung vom Vorstand der Bundesagentur für Arbeit erlassen werden, bedürfen des Einvernehmens mit dem Bundesministerium für Arbeit und Soziales und dem Bundesministerium des Innern, für Bau und Heimat.

§ 36 (weggefallen)

Unterabschnitt 4.[3] **Richter und Staatsanwälte**

§ 37[4] **Bundesbesoldungsordnung R.** [1]Die Ämter der Richter und Staatsanwälte, mit Ausnahme der Ämter der Vertreter des öffentlichen Interesses bei den Gerichten der Verwaltungsgerichtsbarkeit, und ihre Besoldungsgruppen sind in der Bundesbesoldungsordnung R (Anlage III) geregelt. [2]Die Grundgehaltssätze der Besoldungsgruppen sind in Anlage IV ausgewiesen.

[1] § 34 aufgeh. mWv 1.1.2013 durch G v. 11.6.2013 (BGBl. I S. 1514).
[2] § 35 Satz 1 geänd. mWv 1.1.2016 durch G v. 3.12.2015 (BGBl. I S. 2163); Sätze 1 und 3 geänd. mWv 1.1.2020 durch G v. 9.12.2019 (BGBl. I S. 2053).
[3] Unterabschnitt 4 Überschrift neu gef. mWv 1.8.2013 durch G v. 11.6.2013 (BGBl. I S. 1514).
[4] § 37 Überschrift neu gef. mWv 1.8.2013 durch G v. 11.6.2013 (BGBl. I S. 1514); Satz 2 geänd. mWv 1.1.2020 durch G v. 9.12.2019 (BGBl. I S. 2053).

§ 38[1] **Bemessung des Grundgehaltes.** (1) [1] Das Grundgehalt wird, soweit gesetzlich nichts Anderes bestimmt ist, nach Stufen bemessen. [2] Das Aufsteigen in den Stufen erfolgt entsprechend den in § 27 Absatz 3 Satz 1 genannten Zeiträumen. [3] Zeiten ohne Anspruch auf Dienstbezüge verzögern den Aufstieg um diese Zeiten; die Zeiten sind auf volle Monate abzurunden.

(2) [1] Mit der ersten Ernennung mit Anspruch auf Dienstbezüge im Anwendungsbereich dieses Gesetzes wird grundsätzlich ein Grundgehalt der Stufe 1 festgesetzt, soweit nicht nach Absatz 3 Zeiten anerkannt werden. [2] Die Stufe wird mit Wirkung vom Ersten des Monats festgesetzt, in dem die Ernennung wirksam wird; die Stufenfestsetzung ist dem Richter oder Staatsanwalt schriftlich mitzuteilen. [3] Die Sätze 1 und 2 gelten entsprechend für

1. die Versetzung, die Übernahme und den Übertritt in den Dienst des Bundes,

2. den Wechsel aus einem Amt der Bundesbesoldungsordnungen A, B, W oder C in ein Amt der Bundesbesoldungsordnung R sowie

3. die Einstellung eines ehemaligen Beamten, Richters, Berufssoldaten oder Soldaten auf Zeit in ein Amt der Bundesbesoldungsordnung R.

(3) Die §§ 28 und 30 sind entsprechend anzuwenden.

(4) [1] Der Anspruch auf das Aufsteigen in den Stufen ruht für die Dauer einer vorläufigen Dienstenthebung. [2] Führt ein Disziplinarverfahren zur Entfernung aus dem Dienst oder endet das Dienstverhältnis durch Entlassung auf Antrag des Richters oder Staatsanwaltes oder infolge strafgerichtlicher Verurteilung, so erlischt der Anspruch auch für die Zeit des Ruhens.

Abschnitt 3. Familienzuschlag

§ 39 Grundlage des Familienzuschlages. (1) [1] Der Familienzuschlag wird nach der Anlage V gewährt. [2] Seine Höhe richtet sich nach der Besoldungsgruppe und der Stufe, die den Familienverhältnissen des Beamten, Richters oder Soldaten entspricht. [3] Für Beamte auf Widerruf im Vorbereitungsdienst (Anwärter) ist die Besoldungsgruppe des Eingangsamtes maßgebend, in das der Anwärter nach Abschluss des Vorbereitungsdienstes unmittelbar eintritt.

(2) [1] Bei ledigen Beamten oder Soldaten, die auf Grund dienstlicher Verpflichtungen in einer Gemeinschaftsunterkunft wohnen, wird der in Anlage V ausgebrachte Betrag auf das Grundgehalt angerechnet. [2] Steht ihnen Kindergeld nach dem Einkommensteuergesetz oder nach dem Bundeskindergeldgesetz[2] zu oder würde es ihnen ohne Berücksichtigung des § 64 oder § 65 des Einkommensteuergesetzes oder des § 3 oder § 4 des Bundeskindergeldgesetzes zustehen, so erhalten sie zusätzlich den Unterschiedsbetrag zwischen der Stufe 1 und der Stufe des Familienzuschlages, der der Anzahl der Kinder entspricht. [3] § 40 Absatz 5 gilt entsprechend.

[1] § 38 Abs. 2 Satz 3 neu gef., Abs. 3 Satz 2 geänd. mWv 22.3.2012 durch G v. 15.3.2012 (BGBl. I S. 462); Überschrift geänd. mWv 1.8.2013 durch G v. 11.6.2013 (BGBl. I S. 1514); Abs. 3 Satz 2 geänd. mWv 1.1.2016 durch G v. 3.12.2015 (BGBl. I S. 2163); Abs. 3 Satz 2 aufgeh. mWv 1.1.2020 durch G v. 9.12.2019 (BGBl. I S. 2053).

[2] **Schönfelder ErgBd. Nr. 45b.**

§ 40[1] Stufen des Familienzuschlages. (1) [1] Zur Stufe 1 gehören:

1. verheiratete Beamte, Richter und Soldaten,

2. verwitwete Beamte, Richter und Soldaten,

3. geschiedene Beamte, Richter und Soldaten sowie Beamte, Richter und Soldaten, deren Ehe aufgehoben oder für nichtig erklärt ist, wenn sie dem früheren Ehegatten aus der letzten Ehe zum Unterhalt verpflichtet sind,

4. andere Beamte, Richter und Soldaten, die ein Kind nicht nur vorübergehend in ihre Wohnung aufgenommen haben, für das ihnen Kindergeld nach dem Einkommensteuergesetz oder nach dem Bundeskindergeldgesetz zusteht oder ohne Berücksichtigung der §§ 64 und 65 des Einkommensteuergesetzes oder der §§ 3 und 4 des Bundeskindergeldgesetzes[2] zustehen würde, sowie andere Beamte, Richter und Soldaten, die eine Person nicht nur vorübergehend in ihre Wohnung aufgenommen haben, weil sie aus beruflichen oder gesundheitlichen Gründen ihrer Hilfe bedürfen.

[2] Als in die Wohnung aufgenommen gilt ein Kind auch dann, wenn der Beamte, Richter oder Soldat es auf seine Kosten anderweitig untergebracht hat, ohne dass dadurch die häusliche Verbindung mit ihm aufgehoben werden soll. [3] Beanspruchen mehrere nach Satz 1 Nummer 4 Anspruchsberechtigte, Angestellte im öffentlichen Dienst oder auf Grund einer Tätigkeit im öffentlichen Dienst Versorgungsberechtigte wegen der Aufnahme einer Person oder mehrerer Personen in die gemeinsam bewohnte Wohnung einen Familienzuschlag der Stufe 1 oder eine entsprechende Leistung, wird der Betrag der Stufe 1 des für den Beamten, Richter oder Soldaten maßgebenden Familienzuschlages nach der Zahl der Berechtigten anteilig gewährt. [4] Satz 3 gilt entsprechend, wenn bei dauernd getrennt lebenden Eltern ein Kind in die Wohnungen beider Elternteile aufgenommen worden ist.

(2) [1] Zur Stufe 2 und den folgenden Stufen gehören die Beamten, Richter und Soldaten der Stufe 1, denen Kindergeld nach dem Einkommensteuergesetz oder nach dem Bundeskindergeldgesetz zusteht oder ohne Berücksichtigung des § 64 oder § 65 des Einkommensteuergesetzes oder des § 3 oder § 4 des Bundeskindergeldgesetzes zustehen würde. [2] Zur Stufe 2 und den folgenden Stufen gehören auch die Beamten, Richter und Soldaten der Stufe 1, die Kinder ihres Lebenspartners in ihren Haushalt aufgenommen haben, wenn andere Beamte, Richter oder Soldaten der Stufe 1 bei sonst gleichem Sachverhalt zur Stufe 2 oder einer der folgenden Stufen gehörten. [3] Die Stufe richtet sich nach der Anzahl der berücksichtigungsfähigen Kinder.

(3) [1] Ledige und geschiedene Beamte, Richter und Soldaten sowie Beamte, Richter und Soldaten, deren Ehe aufgehoben oder für nichtig erklärt ist, denen Kindergeld nach dem Einkommensteuergesetz oder nach dem Bundeskindergeldgesetz zusteht oder ohne Berücksichtigung des § 64 oder § 65 des Einkommensteuergesetzes oder des § 3 oder § 4 des Bundeskindergeldgesetzes zustehen würde, erhalten zusätzlich zum Grundgehalt den Unterschiedsbetrag zwischen der Stufe 1 und der Stufe des Familienzuschlages, der der Anzahl der

[1] § 40 Abs. 2 Satz 2 eingef., bish. Satz 2 wird Satz 3, Abs. 3 Satz 2 eingef., bish. Satz 2 wird Satz 3 mWv 1.1.2009 durch G v. 14.11.2011 (BGBl. I S. 2219); Abs. 1 neu gef., Abs. 2 Satz 2 und Abs. 3 Satz 2 geänd. mWv 22.3.2012 durch G v. 15.3.2012 (BGBl. I S. 462); Abs. 1 Satz 4 angef., Abs. 4 Satz 1 eingef. mWv 1.1.2016 durch G v. 3.12.2015 (BGBl. I S. 2163).
[2] **Schönfelder ErgBd. Nr. 45b.**

berücksichtigungsfähigen Kinder entspricht. [2]Dies gilt auch für Beamte, Richter und Soldaten, deren Lebenspartnerschaft aufgehoben worden ist und die Kinder ihres früheren Lebenspartners in ihren Haushalt aufgenommen haben, wenn Beamte, Richter oder Soldaten, die geschieden sind oder deren Ehe aufgehoben oder für nichtig erklärt ist, bei sonst gleichem Sachverhalt den Unterschiedsbetrag erhielten. [3]Absatz 5 gilt entsprechend.

(4) [1]Steht der Ehegatte eines Beamten, Richters oder Soldaten als Beamter, Richter, Soldat oder Angestellter im öffentlichen Dienst oder ist er auf Grund einer Tätigkeit im öffentlichen Dienst nach beamtenrechtlichen Grundsätzen versorgungsberechtigt und stünde ihm ebenfalls der Familienzuschlag der Stufe 1 oder einer der folgenden Stufen oder eine entsprechende Leistung in Höhe von mindestens der Hälfte der Stufe 1 des Familienzuschlages zu, so erhält der Beamte, Richter oder Soldat den Betrag der Stufe 1 des für ihn maßgebenden Familienzuschlages zur Hälfte; dies gilt auch für die Zeit, für die der Ehegatte Mutterschaftsgeld bezieht. [2]§ 6 findet auf den Betrag keine Anwendung, wenn einer der Ehegatten vollbeschäftigt oder nach beamtenrechtlichen Grundsätzen versorgungsberechtigt ist oder beide Ehegatten in Teilzeit beschäftigt sind und dabei zusammen mindestens die regelmäßige Arbeitszeit bei Vollzeitbeschäftigung erreichen.

(5) [1]Stünde neben dem Beamten, Richter oder Soldaten einer anderen Person, die im öffentlichen Dienst steht oder auf Grund einer Tätigkeit im öffentlichen Dienst nach beamtenrechtlichen Grundsätzen oder nach einer Ruhelohnordnung versorgungsberechtigt ist, der Familienzuschlag nach Stufe 2 oder einer der folgenden Stufen zu, so wird der auf das Kind entfallende Betrag des Familienzuschlages dem Beamten, Richter oder Soldaten gewährt, wenn und soweit ihm das Kindergeld nach dem Einkommensteuergesetz oder nach dem Bundeskindergeldgesetz gewährt wird oder ohne Berücksichtigung des § 65 des Einkommensteuergesetzes oder des § 4 des Bundeskindergeldgesetzes vorrangig zu gewähren wäre; dem Familienzuschlag nach Stufe 2 oder einer der folgenden Stufen stehen der Sozialzuschlag nach den Tarifverträgen für Arbeiter des öffentlichen Dienstes, eine sonstige entsprechende Leistung oder das Mutterschaftsgeld gleich. [2]Auf das Kind entfällt derjenige Betrag, der sich aus der für die Anwendung des Einkommensteuergesetzes oder des Bundeskindergeldgesetzes maßgebenden Reihenfolge der Kinder ergibt. [3]§ 6 findet auf den Betrag keine Anwendung, wenn einer der Anspruchsberechtigten im Sinne des Satzes 1 vollbeschäftigt oder nach beamtenrechtlichen Grundsätzen versorgungsberechtigt ist oder mehrere Anspruchsberechtigte in Teilzeit beschäftigt sind und dabei zusammen mindestens die regelmäßige Arbeitszeit bei Vollzeitbeschäftigung erreichen.

(6) [1]Öffentlicher Dienst im Sinne der Absätze 1, 4 und 5 ist die Tätigkeit im Dienste des Bundes, eines Landes, einer Gemeinde oder anderer Körperschaften, Anstalten und Stiftungen des öffentlichen Rechts oder der Verbände von solchen; ausgenommen ist die Tätigkeit bei öffentlich-rechtlichen Religionsgesellschaften oder ihren Verbänden, sofern nicht die organisatorisch selbständigen Einrichtungen, insbesondere die Schulen, Hochschulen, Krankenhäusern, Kindergärten, Altersheimen, die Voraussetzungen des Satzes 3 erfüllt sind. [2]Dem öffentlichen Dienst steht die Tätigkeit im Dienst einer zwischenstaatlichen oder überstaatlichen Einrichtung gleich, an der der Bund oder eine der in Satz 1 bezeichneten Körperschaften oder einer der dort bezeichneten Verbände durch Zahlung von Beiträgen oder Zuschüssen oder in anderer Weise beteiligt

ist. [3] Dem öffentlichen Dienst steht ferner gleich die Tätigkeit im Dienst eines sonstigen Arbeitgebers, der die für den öffentlichen Dienst geltenden Tarifverträge oder Tarifverträge wesentlich gleichen Inhaltes oder die darin oder in Besoldungsgesetzen über Familienzuschläge oder Sozialzuschläge getroffenen Regelungen oder vergleichbare Regelungen anwendet, wenn der Bund oder eine der in Satz 1 bezeichneten Körperschaften oder Verbände durch Zahlung von Beiträgen oder Zuschüssen oder in anderer Weise beteiligt ist. [4] Die Entscheidung, ob die Voraussetzungen erfüllt sind, trifft das Bundesministerium des Innern oder die von ihm bestimmte Stelle.

(7) Die Bezügestellen des öffentlichen Dienstes (Absatz 6) dürfen die zur Durchführung dieser Vorschrift erforderlichen personenbezogenen Daten erheben und untereinander austauschen.

§ 41 Änderung des Familienzuschlages. [1] Der Familienzuschlag wird vom Ersten des Monats an gezahlt, in den das hierfür maßgebende Ereignis fällt. [2] Er wird nicht mehr gezahlt für den Monat, in dem die Anspruchsvoraussetzungen an keinem Tage vorgelegen haben. [3] Die Sätze 1 und 2 gelten entsprechend für die Zahlung von Teilbeträgen der Stufen des Familienzuschlages.

Abschnitt 4.[1]) Zulagen, Prämien, Zuschläge, Vergütungen

§ 42[2]) Amtszulagen und Stellenzulagen. (1) [1] Für herausgehobene Funktionen können Amtszulagen und Stellenzulagen vorgesehen werden. [2] Sie dürfen 75 Prozent des Unterschiedsbetrages zwischen dem Endgrundgehalt der Besoldungsgruppe des Beamten, Richters oder Soldaten und dem Endgrundgehalt der nächsthöheren Besoldungsgruppe nicht übersteigen, soweit gesetzlich nichts Anderes bestimmt ist.

(2) [1] Die Amtszulagen sind unwiderruflich und ruhegehaltfähig. [2] Sie gelten als Bestandteil des Grundgehaltes.

(3) [1] Die Stellenzulagen dürfen nur für die Dauer der Wahrnehmung der herausgehobenen Funktionen gewährt werden. [2] Wird dem Beamten, Richter oder Soldaten vorübergehend eine andere Funktion übertragen, die zur Herbeiführung eines im besonderen öffentlichen Interesse liegenden unaufschiebbaren und zeitgebundenen Ergebnisses im Inland wahrgenommen werden muss, wird für die Dauer ihrer Wahrnehmung die Stellenzulage weiter gewährt; sie wird für höchstens drei Monate auch weiter gewährt, wenn die vorübergehende Übertragung einer anderen Funktion zur Sicherung der Funktionsfähigkeit des Behördenbereichs, in dem der Beamte, Richter oder Soldat eingesetzt wird, dringend erforderlich ist. [3] Daneben wird eine Stellenzulage für diese andere Funktion nur in der Höhe des Mehrbetrages gewährt. [4] Die Entscheidung, ob die Voraussetzungen des Satzes 2 vorliegen, trifft die oberste Dienstbehörde oder die von ihr bestimmte Stelle.

(4) Die Stellenzulagen sind widerruflich und nur ruhegehaltfähig, wenn dies gesetzlich bestimmt ist.

[1]) 4. Abschnitt Überschrift neu gef. mWv 22.3.2012 durch G v. 15.3.2012 (BGBl. I S. 462).
[2]) § 42 Abs. 1 Satz 2 geänd. mWv 1.8.2013 durch G v. 11.6.2013 (BGBl. I S. 1514).

§ 42a[1] **Prämien und Zulagen für besondere Leistungen.** (1) Die Bundesregierung wird ermächtigt, durch Rechtsverordnung[2] die Gewährung von Leistungsprämien (Einmalzahlungen) und Leistungszulagen zur Abgeltung herausragender besonderer Leistungen folgender Besoldungsempfänger in Besoldungsgruppen mit aufsteigenden Gehältern zu regeln:

1. Beamte und Soldaten,

2. Richter, die ihr Amt nicht ausüben,

3. Staatsanwälte.

(2) [1]Die Gesamtzahl der in einem Kalenderjahr bei einem Dienstherrn vergebenen Leistungsprämien und Leistungszulagen darf 15 Prozent der Zahl der bei dem Dienstherrn vorhandenen Besoldungsempfänger nach Absatz 1 nicht übersteigen. [2]Die Überschreitung des Prozentsatzes nach Satz 1 ist in dem Umfang zulässig, in dem von der Möglichkeit der Vergabe von Leistungsstufen nach § 27 Absatz 6 Satz 2 kein Gebrauch gemacht wird. [3]In der Verordnung kann zugelassen werden, dass bei Dienstherren mit weniger als sieben Besoldungsempfängern in jedem Kalenderjahr einem Besoldungsempfänger eine Leistungsprämie oder eine Leistungszulage gewährt werden kann. [4]Leistungsprämien und Leistungszulagen sind nicht ruhegehaltfähig; erneute Bewilligungen sind möglich. [5]Die Zahlung von Leistungszulagen ist zu befristen; bei Leistungsabfall sind sie zu widerrufen. [6]Leistungsprämien dürfen das Anfangsgrundgehalt der Besoldungsgruppe des Besoldungsempfängers, Leistungszulagen dürfen monatlich 7 Prozent des Anfangsgrundgehaltes nicht übersteigen. [7]Die Entscheidung über die Bewilligung trifft die zuständige oberste Dienstbehörde oder die von ihr bestimmte Stelle.

(3) [1]In der Verordnung sind Anrechnungs- oder Ausschlussvorschriften zu Zahlungen, die aus demselben Anlass geleistet werden, vorzusehen. [2]In der Verordnung kann vorgesehen werden, dass Leistungsprämien und Leistungszulagen, die an mehrere *Besoldungsempfänger*[3] wegen ihrer wesentlichen Beteiligung an einer durch enges arbeitsteiliges Zusammenwirken erbrachten Leistung vergeben werden, zusammen nur als eine Leistungsprämie oder Leistungszulage im Sinne des Absatzes 2 Satz 1 gelten. [3]Leistungsprämien und Leistungszulagen nach Satz 2 dürfen zusammen 250 Prozent des in Absatz 2 Satz 6 geregelten Umfangs nicht übersteigen; maßgeblich ist die höchste Besoldungsgruppe der an der Leistung wesentlich beteiligten Besoldungsempfänger. [4]Für Teilprämien und Teilzulagen, die sich nach den Sätzen 2 und 3 für die einzelnen Besoldungsempfänger ergeben, gilt Absatz 2 Satz 6 entsprechend. [5]Bei Übertragung eines anderen Amtes mit höherem Endgrundgehalt (Grundgehalt) oder bei Gewährung einer Amtszulage können in der Verordnung Anrechnungs- oder Ausschlussvorschriften zu Leistungszulagen vorgesehen werden.

(4) [1]Bis zur Festlegung eines höheren Prozentsatzes entspricht das Vergabebudget für die jeweiligen Leistungsbezahlungsinstrumente mindestens 0,3 Pro-

[1] § 42a Abs. 1, Abs. 2 Sätze 1, 2 und 6, Abs. 3 Satz 3 und Abs. 4 Satz 1 geänd. mWv 1.8.2013 durch G v. 11.6.2013 (BGBl. I S. 1514); Abs. 1 neu gef., Abs. 2 Sätze 1–3, 6, Abs. 3 Sätze 2–4 geänd. mWv 1.1.2016 durch G v. 3.12.2015 (BGBl. I S. 2163).

[2] Siehe die **BundesleistungsbesoldungsVO (Bundesbeamtengesetze Nr. 53q)** und die dazu erlassenen Durchführungshinweise des BMI **(Bundesbeamtengesetze Nr. 53q.1)**.

[3] *Die Änderungsanweisung im G v. 3.12.2015 (BGBl. I S. 2163) bzgl. § 42a Abs. 3 Satz 1 [die Wörter „Beamte oder Soldaten" werden durch das Wort „Besoldungsempfänger" ersetzt], ist nicht durchführbar und bezieht sich wohl auf Abs. 3 Satz 2.*

zent der Ausgaben für die Besoldung im jeweiligen Haushalt. [2] Im Bundeshaushalt werden hiervon jährlich zentral veranschlagte Mittel in Höhe von 31 Millionen Euro zur Verfügung gestellt. [3] Für die Ermittlung der Besoldungsausgaben wird jeweils das vorangegangene Kalenderjahr zugrunde gelegt. [4] Das Vergabebudget ist zweckentsprechend zu verwenden und jährlich vollständig auszuzahlen.

§ 42b[1] Prämie für besondere Einsatzbereitschaft. (1) Einem Beamten oder Soldaten kann für seine Verwendung bei der Herbeiführung eines im besonderen öffentlichen Interesse liegenden unaufschiebbaren und zeitgebundenen Ergebnisses im Inland eine Prämie gewährt werden.

(2) [1] Die Prämie beträgt

1. für eine Verwendung von bis zu sechs Monaten bis zu 3 000 Euro,
2. für eine weitere, darüber hinausgehende Verwendung halbjährlich bis zu 1 500 Euro.

[2] Die Höhe der Prämie bemisst sich nach der Dauer der Verwendung, der Bedeutung des Ergebnisses für das öffentliche Interesse sowie der Herausforderung für den Beamten oder Soldaten. [3] Die Auszahlung erfolgt nach erfolgreichem Abschluss der Verwendung. [4] Im Fall des Satzes 1 Nummer 2 kann die Auszahlung halbjährlich erfolgen.

(3) Die Entscheidung über die Gewährung der Prämie trifft die oberste Dienstbehörde im Einvernehmen mit dem Bundesministerium des Innern, für Bau und Heimat und dem Bundesministerium der Finanzen.

(4) Die Absätze 1 bis 3 gelten auch für Beamte auf Widerruf.

§ 43[2] Personalgewinnungs- und Personalbindungsprämie. (1) [1] Einem zu gewinnenden Beamten oder Berufssoldaten kann eine nicht ruhegehaltfähige Personalgewinnungsprämie gewährt werden,

1. um einen oder mehrere gleichartige Dienstposten anforderungsgerecht besetzen zu können oder
2. um sicherzustellen, dass Funktionen in von den obersten Dienstbehörden bestimmten Verwendungsbereichen wahrgenommen werden können.

[2] Der Entscheidung kann eine prognostizierte Bewerberlage zugrunde gelegt werden.

(2) [1] Die Prämie wird für höchstens 48 Monate gewährt. [2] Sie wird in einem Betrag gezahlt. [3] Abweichend davon kann die Prämie in Teilbeträgen für mindestens sechs Monate gezahlt werden. [4] Nach der Erstgewährung kann die Prämie zweimal wiederholt gewährt werden, wenn – unterstellt, dass der Beamte oder Berufssoldat noch nicht gewonnen wurde – die Voraussetzungen des Absatzes 1 Satz 1 wieder oder immer noch vorlägen. [5] Der Gewährungszeitraum endet spätestens mit dem Erreichen der Altersgrenze nach § 51 Absatz 1 bis 3 des Bundesbeamtengesetzes[3] oder nach § 45 Absatz 1 des Soldatengesetzes[4].

[1] § 42b eingef. mWv 1.1.2020 durch G v. 9.12.2019 (BGBl. I S. 2053).
[2] § 43 neu gef. mWv 1.1.2020 durch G v. 9.12.2019 (BGBl. I S. 2053).
[3] Nr. **160**.
[4] **Wehrrecht Nr. 200.**

(3) [1] Die Prämie kann für jeden Monat der erstmaligen Gewährung bis zu 30 Prozent des Grundgehalts der jeweiligen Besoldungsgruppe betragen; bei Beamten und Berufssoldaten der Besoldungsgruppen der Bundesbesoldungsordnung A ist das jeweilige Anfangsgrundgehalt zugrunde zu legen. [2] Die Höhe der Prämie sowie Beginn und Ende des Gewährungszeitraums sind festzusetzen. [3] Bei wiederholter Gewährung der Prämie verringert sich der Höchstbetrag nach Satz 1 erster Halbsatz jeweils um ein Drittel.

(4) [1] Im dringenden dienstlichen Interesse kann eine nicht ruhegehaltfähige Personalbindungsprämie gewährt werden, um die Abwanderung eines Beamten oder Berufssoldaten aus dem Bundesdienst zu verhindern, wenn das Einstellungsangebot eines anderen Dienstherrn oder eines anderen Arbeitgebers vorliegt. [2] Absatz 1 Satz 2, Absatz 2 Satz 1 und 2 sowie Absatz 3 Satz 2 gelten entsprechend. [3] Die Höhe der Prämie kann für jeden Monat des Gewährungszeitraums bis zu 50 Prozent der Differenz zwischen dem Grundgehalt zum Zeitpunkt der Prämiengewährung und dem Gehalt des Einstellungsangebots, höchstens 75 Prozent des Grundgehalts zum Zeitpunkt der Prämiengewährung, betragen.

(5) [1] Berufssoldaten kann eine nicht ruhegehaltfähige Personalbindungsprämie auch gewährt werden, um eine längere als die eingeplante Verweildauer auf dem Dienstposten oder in dem Verwendungsbereich zu ermöglichen. [2] In diesem Fall ist die Prämie nach Absatz 3 Satz 1 zu bemessen. [3] Absatz 1 Satz 2 sowie die Absätze 2 und 3 Satz 2 gelten entsprechend.

(6) [1] Der Beamte oder Berufssoldat, dem die Prämie gewährt worden ist, ist verpflichtet, für den Gewährungszeitraum auf dem jeweiligen Dienstposten zu verbleiben oder eine Funktion im jeweiligen Verwendungsbereich wahrzunehmen. [2] Der Gewährungszeitraum wird durch Unterbrechungen, die zusammengerechnet länger als ein Zwölftel des Gewährungszeitraums andauern, entsprechend verlängert. [3] Wird die Verpflichtung nach Satz 1 nicht erfüllt, ist die Prämie in voller Höhe zurückzuzahlen. [4] Von der Rückforderung kann aus Billigkeitsgründen abgesehen werden, wenn die Verpflichtung nach Satz 1 aus Gründen, die der Beamte oder Berufssoldat nicht zu vertreten hat, nicht erfüllt werden kann. [5] Von der Rückforderung ist abzusehen, wenn der Beamte oder Berufssoldat stirbt oder wegen Dienstunfähigkeit in den Ruhestand versetzt wird.

(7) Die Prämie wird nicht gewährt neben

1. einer Prämie für Angehörige der Spezialkräfte der Bundeswehr nach § 43a,

2. einer Verpflichtungsprämie für Soldaten auf Zeit nach § 44, soweit die Personalgewinnungs- oder Personalbindungsprämie die Verpflichtungsprämie nicht übersteigt,

3. einem Zuschlag nach § 53 Absatz 1 Satz 5 zur Sicherung einer anforderungsgerechten Besetzung von Dienstposten im Ausland sowie

4. einer Auslandsverpflichtungsprämie nach § 57 Absatz 1.

(8) Die Ausgaben für die Prämien eines Dienstherrn dürfen 0,5 Prozent der im jeweiligen Einzelplan veranschlagten jährlichen Besoldungsausgaben, zuzüglich der im Rahmen einer flexibilisierten Haushaltsführung für diesen Zweck erwirtschafteten Mittel, nicht überschreiten.

(9) Die Entscheidungen nach dieser Vorschrift trifft die oberste Dienstbehörde oder die von ihr bestimmte Stelle.

§ 43a[1] Prämien für Angehörige der Spezialkräfte der Bundeswehr.

(1) Wer als Kommandosoldat oder als Kampfschwimmer für Einsatzaufgaben der Spezialkräfte der Bundeswehr verwendet oder für eine solche Verwendung ausgebildet wird, erhält Prämien nach Maßgabe der Absätze 2 bis 4.

(2) [1]Eine Prämie in Höhe von einmalig 5 000 Euro erhält, wer ab dem 1. April 2008 ein Auswahlverfahren bei den Spezialkräften der Bundeswehr für eine Verwendung im Sinne des Absatzes 1 bestanden hat und ausgebildet wird. [2]Der Anspruch entsteht mit Beginn dieser Ausbildung. [3]Er erlischt rückwirkend, wenn die Ausbildung aus Gründen, die der Soldat zu vertreten hat, endet, bevor der Anspruch auf eine Prämie nach Absatz 3 entstanden ist.

(3) [1]Eine Prämie in Höhe von einmalig 11 000 Euro erhält, wer die Ausbildung für Einsatzaufgaben der Spezialkräfte der Bundeswehr erfolgreich abgeschlossen hat und entsprechend verwendet wird. [2]Der Anspruch entsteht mit Beginn der Verwendung. [3]Er erlischt rückwirkend, wenn die Verwendung aus Gründen, die der Soldat zu vertreten hat, vor Ablauf von sechs Jahren seit Beginn der Ausbildung für eine Verwendung nach Absatz 1 endet. [4]Satz 3 gilt entsprechend, wenn diese Verwendung aus Gründen, die der Soldat zu vertreten hat, für einen Zeitraum von mehr als drei Monaten unterbrochen und dadurch die Verwendungsdauer von insgesamt sechs Jahren nicht erreicht wird.

(4) [1]Eine Prämie in Höhe von 7 000 Euro pro Jahr erhält, wer über sechs Jahre hinaus für Einsatzaufgaben der Spezialkräfte der Bundeswehr zur Verfügung steht. [2]Der Zeitraum von sechs Jahren rechnet ab dem Beginn der Ausbildung für eine Verwendung nach Absatz 1. [3]Der Anspruch entsteht zu Beginn des siebten oder eines jeden weiteren Jahres der Verwendung. [4]Besteht die Verwendung aus Gründen, die der Soldat zu vertreten hat, nicht während des gesamten Jahres, steht nur der Teil der Prämie zu, der der Verwendungsdauer entspricht.

§ 43b[2] *(aufgehoben)*

§ 44[3] Verpflichtungsprämie für Soldaten auf Zeit.
(1) Einem Soldaten auf Zeit, der in vom Bundesministerium der Verteidigung bestimmten Verwendungsbereichen mit Personalmangel verwendet wird, kann zur Sicherstellung der Funktionsfähigkeit des Verwendungsbereichs eine Verpflichtungsprämie gewährt werden

1. bei der Begründung eines Dienstverhältnisses,

2. bei der Weiterverpflichtung eines Soldaten auf Zeit oder

3. bei einem bestehenden Dienstverhältnis, um einen Dienstposten anforderungsgerecht besetzen zu können.

(2) *Ein Personalmangel in einem Verwendungsbereich liegt vor, wenn die* personellen Zielvorgaben, die sich aus der militärischen Personalbedarfsplanung ergeben, seit mindestens sechs Monaten zu nicht mehr als 90 Prozent erfüllt

[1] Bish. § 43 wird § 43a und Abs. 8 geänd. mWv 22.3.2012 durch G v. 15.3.2012 (BGBl. I S. 462); Abs. 9 aufgeh. mWv 1.1.2016 durch G v. 3.12.2015 (BGBl. I S. 2163); Abs. 2 Satz 1 und Abs. 3 Satz 1 und Abs. 4 Satz 1 geänd., Abs. 5–8 aufgeh. mWv 1.1.2020 durch G v. 9.12.2019 (BGBl. I S. 2053).

[2] § 43b aufgeh. mWv 1.1.2020 durch G v. 9.12.2019 (BGBl. I S. 2053).

[3] § 44 neu gef. mWv 1.1.2020 durch G v. 9.12.2019 (BGBl. I S. 2053).

werden können und keine Anhaltspunkte dafür vorliegen, dass dieser Schwellenwert innerhalb der nächsten 24 Monate überschritten wird.

(3) [1] Die Prämie kann für jedes Jahr der Gewährung bis zum Zweifachen des Anfangsgrundgehalts der jeweiligen Besoldungsgruppe betragen. [2] Für die personelle Einsatzbereitschaft der Bundeswehr besonders relevantes Schlüsselpersonal kann die Prämie bis zum Dreieinhalbfachen des Anfangsgrundgehalts der jeweiligen Besoldungsgruppe betragen. [3] Die Höhe der Prämie sowie Beginn und Ende des Gewährungszeitraums sind festzusetzen.

(4) [1] Die Prämie wird frühestens nach Ablauf einer Dienstzeit von sechs Monaten gezahlt. [2] Die für die Prämienbemessung maßgebliche Dienstzeit bemisst sich unter Ausschluss der nach § 40 Absatz 6 des Soldatengesetzes[1]) in der Dienstzeitfestsetzung eingerechneten Zeiten. [3] Wird die Dienstzeit stufenweise festgesetzt, wird die Prämie anteilig entsprechend der jeweils festgesetzten Dienstzeit gewährt.

(5) [1] Mit Gewährung der Prämie besteht für den Soldaten auf Zeit die Verpflichtung, mindestens für den Gewährungszeitraum im Dienst zu verbleiben. [2] Unterbrechungen, die zusammengerechnet länger als ein Zwölftel des Gewährungszeitraums andauern, verlängern den Gewährungszeitraum entsprechend. [3] Erfüllt der Soldat auf Zeit die Verpflichtung nicht, so hat er die Prämie in voller Höhe zurückzuzahlen. [4] Von der Rückforderung kann aus Billigkeitsgründen abgesehen werden, wenn die Verpflichtung nach Satz 1 aus Gründen, die vom Soldaten auf Zeit nicht zu vertreten sind, nicht erfüllt werden kann. [5] Von der Rückforderung ist abzusehen, wenn der Soldat auf Zeit stirbt oder wegen Dienstunfähigkeit entlassen wird.

(6) [1] Die Prämie wird nicht gewährt neben

1. einer Prämie für Angehörige der Spezialkräfte der Bundeswehr nach § 43a sowie

2. einem Zuschlag nach § 53 Absatz 1 Satz 5 zur Sicherung einer anforderungsgerechten Besetzung von Dienstposten im Ausland.

[2] Prämien nach Absatz 1 Nummer 1 bis 3 können nebeneinander gewährt werden, soweit sie insgesamt den Höchstbetrag nach Absatz 3 Satz 2 nicht übersteigen.

(7) [1] Entscheidungen nach den Absätzen 1 und 3 bis 6, insbesondere über eine Staffelung der Prämienbeträge in den Fällen des Absatzes 1, trifft das Bundesministerium der Verteidigung oder die von ihm bestimmte Stelle. [2] Dabei sind insbesondere die für den Verwendungsbereich geforderten Qualifikationen, der Personalmangel sowie der Gewährungszeitraum zu berücksichtigen.

§ 45[2]) **Zulage für die Wahrnehmung befristeter Funktionen.** (1) [1] Wird einem Beamten oder Soldaten eine herausgehobene Funktion befristet übertragen, kann er eine Zulage zu seinen Dienstbezügen erhalten. [2] Satz 1 gilt entsprechend für die Übertragung einer herausgehobenen Funktion, die üblicherweise nur befristet wahrgenommen wird. [3] Die Zulage kann ab dem siebten Monat der ununterbrochenen Wahrnehmung bis zu einer Dauer von höchstens fünf Jahren gezahlt werden.

[1]) **Wehrrecht Nr. 200.**
[2]) § 45 Abs. 1 Satz 1 geänd. mWv 1.1.2016 durch G v. 3.12.2015 (BGBl. I S. 2163).

(2) [1] Die Zulage wird bis zur Höhe des Unterschiedsbetrages zwischen dem Grundgehalt seiner Besoldungsgruppe und dem Grundgehalt der Besoldungsgruppe, der die Wertigkeit der wahrgenommenen Funktion entspricht, höchstens jedoch der dritten folgenden Besoldungsgruppe, gewährt. [2] Die Zulage vermindert sich bei jeder Beförderung um den jeweiligen Erhöhungsbetrag. [3] § 13 findet keine Anwendung.

(3) Die Entscheidung über die Zahlung der Zulage trifft im Rahmen haushaltsrechtlicher Bestimmungen die oberste Dienstbehörde.

§ 46[1] *(aufgehoben)*

§ 47[2] **Zulagen für besondere Erschwernisse.** (1) [1] Die Bundesregierung wird ermächtigt, durch Rechtsverordnung[3] die Gewährung von Zulagen zur Abgeltung besonderer, bei der Bewertung des Amtes oder bei der Regelung der Anwärterbezüge nicht berücksichtigter Erschwernisse (Erschwerniszulagen) zu regeln. [2] Die Zulagen sind widerruflich und nichtruhegehaltfähig. [3] Es kann bestimmt werden, inwieweit mit der Gewährung von Erschwerniszulagen ein besonderer Aufwand des Beamten, Richters oder Soldaten mit abgegolten ist.

(2) Die Bundesregierung kann die Befugnis zur Regelung der Abgeltung besonderer Erschwernisse, die durch Dienst zu wechselnden Zeiten entstehen, durch Rechtsverordnung übertragen

1. für Beamte des Bundeseisenbahnvermögens, die der Deutsche Bahn Aktiengesellschaft oder einer nach § 2 Absatz 1 und § 3 Absatz 3 des Deutsche Bahn Gründungsgesetzes vom 27. Dezember 1993 (BGBl. I S. 2378, 2386) ausgegliederten Gesellschaft zugewiesen sind, auf das Bundesministerium für Verkehr und digitale Infrastruktur, das die Regelung im Einvernehmen mit dem Bundesministerium der Finanzen und dem Bundesministerium des Innern, für Bau und Heimat trifft, und

2. für Beamte, die bei einem Postnachfolgeunternehmen beschäftigt sind, auf das Bundesministerium der Finanzen, das die Regelung nach Anhörung des Vorstands des Postnachfolgeunternehmens im Einvernehmen mit dem Bundesministerium des Innern, für Bau und Heimat trifft.

§ 48 **Mehrarbeitsvergütung.** (1) [1] Die Bundesregierung wird ermächtigt, durch Rechtsverordnung[4] die Gewährung einer Mehrarbeitsvergütung (§ 88 des Bundesbeamtengesetzes[5]) für Beamte zu regeln, soweit die Mehrarbeit nicht durch Dienstbefreiung ausgeglichen wird. [2] Die Vergütung darf nur für Beamte in Bereichen vorgesehen werden, in denen nach Art der Dienstverrichtung eine Mehrarbeit messbar ist. [3] Die Höhe der Vergütung ist nach dem Umfang der tatsächlich geleisteten Mehrarbeit festzusetzen. [4] Sie ist unter Zusammenfassung von Besoldungsgruppen zu staffeln; für Teilzeitbeschäftigte können abweichende Regelungen getroffen werden.

[1] § 46 aufgeh. mWv 1.1.2016 durch G v. 3.12.2015 (BGBl. I S. 2163).
[2] § 47 Abs. 2 angef. mWv 1.8.2013 durch G v. 11.6.2013 (BGBl. I S. 1514); Abs. 2 Nr. 1 geänd. mWv 8.9.2015 durch VO v. 31.8.2015 (BGBl. I S. 1474); Abs. 2 Nr. 1 und 2 geänd. mWv 1.1.2020 durch G v. 9.12.2019 (BGBl. I S. 2053).
[3] Siehe die ErschwerniszulagenVO **(Bundesbeamtengesetze Nr. 53a).**
[4] Siehe die BundesmehrarbeitsvergütungsVO **(Bundesbeamtengesetze Nr. 53).**
[5] Nr. 160.

(2) Die Bundesregierung wird ermächtigt, durch Rechtsverordnung die Gewährung einer Ausgleichszahlung in Höhe der zum Zeitpunkt des Ausgleichsanspruchs geltenden Sätze der Mehrarbeitsvergütung für Beamte zu regeln, bei denen ein Arbeitszeitausgleich aus einer langfristigen ungleichmäßigen Verteilung der Arbeitszeit, während der eine von der für sie jeweils geltenden regelmäßigen Arbeitszeit abweichende Arbeitszeit festgelegt wurde, nicht oder nur teilweise möglich ist.

§ 49[1]) Vergütung für Vollziehungsbeamte in der Bundesfinanzverwaltung; Verordnungsermächtigung. (1) [1]Das Bundesministerium der Finanzen wird ermächtigt, durch Rechtsverordnung im Einvernehmen mit dem Bundesministerium des Innern, für Bau und Heimat die Gewährung einer Vergütung für Beamte zu regeln, die als Vollziehungsbeamte in der Bundesfinanzverwaltung tätig sind. [2]Die Rechtsverordnung bedarf nicht der Zustimmung des Bundesrates.

(2) In der Rechtsverordnung ist zu regeln, welche Vollstreckungshandlungen vergütet werden.

(3) [1]Die Höhe der Vergütung kann bemessen werden
1. nach den Beträgen, die durch Vollstreckungshandlungen vereinnahmt werden,
2. nach der Art der vorgenommenen Vollstreckungshandlungen,
3. nach der Zahl der vorgenommenen Vollstreckungshandlungen.
[2]Für das Kalenderjahr oder den Kalendermonat können Höchstbeträge bestimmt werden.

(4) In der Rechtsverordnung kann bestimmt werden, inwieweit mit der Vergütung ein besonderer Aufwand des Beamten mit abgegolten ist.

§ 50[2]) Mehrarbeitsvergütung für Soldaten. [1]Das Bundesministerium des Innern, für Bau und Heimat wird ermächtigt, durch Rechtsverordnung im Einvernehmen mit dem Bundesministerium der Verteidigung und dem Bundesministerium der Finanzen in Fällen, in denen die regelmäßige wöchentliche Arbeitszeit gilt, die Gewährung einer Mehrarbeitsvergütung für Soldaten zu regeln, soweit die Mehrarbeit nicht durch Dienstbefreiung ausgeglichen wird. [2]Die Vergütung darf nur für Soldaten in Bereichen vorgesehen werden, in denen nach der Art der Dienstverrichtung eine Mehrarbeit messbar ist. [3]Die Höhe der Vergütung ist nach dem Umfang der tatsächlich geleisteten Mehrarbeit festzusetzen. [4]Sie ist unter Zusammenfassung von Besoldungsgruppen zu staffeln; für Teilzeitbeschäftigte können abweichende Regelungen getroffen werden.

[1]) § 49 neu gef. mWv 1.1.2020 durch G v. 9.12.2019 (BGBl. I S. 2053).
[2]) § 50 neu gef. mWv 1.12.2015 durch G v. 13.5.2015 (BGBl. I S. 706); Satz 1 geänd. Änderungsanweisung: „Absatz 1 Satz 1"] geänd. mWv 1.1.2016 durch G v. 3.12.2015 (BGBl. I S. 2163); Satz 1 geänd. mWv 1.1.2020 durch G v. 9.12.2019 (BGBl. I S. 2053).

§ 50a[1] Vergütung für Soldaten mit besonderer zeitlicher Belastung.
(1) Soldaten mit Dienstbezügen nach der Bundesbesoldungsordnung A erhalten für tatsächlich geleistete Dienste in den in § 30c Absatz 4 des Soldatengesetzes[2] genannten Fällen eine Vergütung, soweit ein über einen dienstfreien Tag im Kalendermonat hinausgehender zeitlicher Ausgleich nicht gewährt werden kann.

(2) Die Vergütung beträgt 91 Euro für jeden Tag, für den keine Freistellung vom Dienst gewährt werden kann.

(3) Die Vergütung wird nicht gewährt
1. neben Auslandsbesoldung nach Abschnitt 5,
2. für Dienst, der als erzieherische Maßnahme angeordnet worden ist, sowie für Dienst, der während der Vollstreckung von gerichtlicher Freiheitsentziehung, Disziplinararrest oder Ausgangsbeschränkung geleistet worden ist,
3. im Spannungs- oder Verteidigungsfall,
4. für Dienst im Bereitschaftsfall.

§ 50b[3] Vergütung für Bereitschaftsdienst und Rufbereitschaft im Sanitätsdienst in Bundeswehrkrankenhäusern. (1) Das Bundesministerium des Innern, für Bau und Heimat wird ermächtigt, durch Rechtsverordnung im Einvernehmen mit dem Bundesministerium der Verteidigung und dem Bundesministerium der Finanzen die Gewährung einer Vergütung für Beamte und Soldaten im Sanitätsdienst in Bundeswehrkrankenhäusern mit Dienstbezügen nach der Bundesbesoldungsordnung A zu regeln für Zeiten
1. eines Bereitschaftsdienstes außerhalb der regelmäßigen Arbeitszeit,
2. einer Rufbereitschaft,
3. einer tatsächlichen Inanspruchnahme während einer Rufbereitschaft.

(2) [1]Zeiten eines Bereitschaftsdienstes werden entsprechend der durchschnittlich anfallenden tatsächlichen Inanspruchnahme pauschal berücksichtigt. [2]Zeiten einer Rufbereitschaft, die 10 Stunden im Kalendermonat übersteigen, werden zu einem Achtel berücksichtigt. [3]Zeiten einer tatsächlichen Inanspruchnahme während einer Rufbereitschaft werden vollständig berücksichtigt. [4]Zeiten einer Tätigkeit, für die Gebühren nach der Gebührenordnung für Ärzte oder der Gebührenordnung für Zahnärzte berechnet werden können, bleiben unberücksichtigt.

§ 50c[4] Vergütung für Beamte im Einsatzdienst der Bundeswehrfeuerwehren. (1) [1]Beamte, die im Einsatzdienst der Bundeswehrfeuerwehren verwendet werden und deren regelmäßige wöchentliche Arbeitszeit 48 Stunden beträgt, erhalten für jeden geleisteten Dienst von mehr als 10 Stunden eine *Vergütung*, wenn sie sich zu einer Verlängerung der regelmäßigen wöchentlichen Arbeitszeit auf bis zu 54 Stunden im Siebentagezeitraum schriftlich oder

[1] § 50a neu gef. mWv 1.1.2020 durch G v. 9.12.2019 (BGBl. I S. 2053).
[2] **Wehrrecht Nr. 200.**
[3] § 50b eingef. mWv 1.1.2011 durch G v. 15.3.2012 (BGBl. I S. 462); Überschrift und Abs. 1 einl. Satzteil geänd. mWv 1.1.2016 durch G v. 3.12.2015 (BGBl. I S. 2163); Abs. 1 geänd. mWv 1.1.2019 durch G v. 9.12.2019 (BGBl. I S. 2053).
[4] § 50c eingef. mWv 1.1.2020 durch G v. 9.12.2019 (BGBl. I S. 2053).

elektronisch bereit erklärt haben und die über 48 Stunden hinausgehende wöchentliche Arbeitszeit nicht durch Freizeit ausgeglichen werden kann. [2]Die Vergütung beträgt bei einer durchschnittlichen Arbeitszeit von 54 Stunden im Siebentageszeitraum

1. für einen Dienst von mehr als 10 Stunden 25,50 Euro,
2. für einen Dienst von 24 Stunden 51 Euro.

(2) [1]Bei einer geringeren durchschnittlichen wöchentlichen Arbeitszeit werden die Beträge nach Absatz 1 Satz 2 anteilig gewährt, und zwar entsprechend dem Teil der durchschnittlichen wöchentlichen Arbeitszeit, der über 48 Stunden hinausgeht. [2]Dabei ist die durchschnittliche wöchentliche Arbeitszeit in einem Kalendermonat auf volle Stunden zu runden. [3]Bei einem Bruchteil von mindestens 30 Minuten wird aufgerundet; ansonsten wird abgerundet.

§ 51 Andere Zulagen und Vergütungen. [1]Andere als die in diesem Abschnitt geregelten Zulagen und Vergütungen dürfen nur gewährt werden, soweit dies gesetzlich bestimmt ist. [2]Vergütungen für Nebentätigkeiten im öffentlichen Dienst bleiben unberührt.

Abschnitt 5. Auslandsbesoldung[1)]

§ 52[2)] Auslandsdienstbezüge. (1) [1]Auslandsdienstbezüge werden gezahlt bei dienstlichem und tatsächlichem Wohnsitz im Ausland (ausländischer Dienstort), der nicht einer Tätigkeit im Grenzverkehr und nicht einer besonderen Verwendung im Ausland dient (allgemeine Verwendung im Ausland). [2]Sie setzen sich zusammen aus Auslandszuschlag und Mietzuschuss.

(2) [1]Die Auslandsdienstbezüge werden bei Umsetzung oder Versetzung zwischen dem Inland und dem Ausland vom Tag nach dem Eintreffen am ausländischen Dienstort bis zum Tag vor der Abreise aus diesem Ort gezahlt. [2]Bei Umsetzung oder Versetzung im Ausland werden sie bis zum Tag des Eintreffens am neuen Dienstort nach den für den bisherigen Dienstort maßgebenden Sätzen gezahlt.

(3) [1]Die Absätze 1 und 2 gelten entsprechend, wenn der Beamte, Richter oder Soldat für einen Zeitraum von mehr als drei Monaten vom Inland ins Ausland oder im Ausland abgeordnet oder kommandiert ist. [2]Der Abordnung kann eine Verwendung im Ausland nach § 29 des Bundesbeamtengesetzes[3)] gleichgestellt werden. [3]Absatz 1 Satz 1 gilt nicht

1. bei einer Abordnung oder Kommandierung vom Ausland in das Inland für mehr als drei Monate,

2. bei einer Abordnung oder Kommandierung vom Ausland in das Inland für bis zu drei Monate, wenn die Voraussetzungen des Satzes 1 nicht erfüllt sind,

3. wenn der Besoldungsempfänger nach der Abordnung oder Kommandierung vom Ausland in das Inland nicht mehr in das Ausland zurückkehrt.

[1)] 5. Abschnitt Überschrift neu gef. mWv 1.7.2010 durch G v. 5.2.2009 (BGBl. I S. 160).
[2)] § 52 neu gef. mWv 1.7.2010 durch G v. 5.2.2009 (BGBl. I S. 160); Abs. 3 Satz 1 geänd., Satz 4 angef. mWv 22.3.2012 durch G v. 15.3.2012 (BGBl. I S. 462); Abs. 3 Satz 3 neu gef. und Satz 4 geänd. mWv 1.1.2020 durch G v. 9.12.2019 (BGBl. I S. 2053).
[3)] Nr. 160.

[4] Die oberste Dienstbehörde kann im Einvernehmen mit dem Bundesministerium des Innern, für Bau und Heimat Ausnahmen von den Sätzen 1 und 2 zulassen.

(4) [1] Beamte, Richter und Soldaten, denen für ihre Person das Grundgehalt einer höheren Besoldungsgruppe als der für ihr Amt im Ausland vorgesehenen zusteht, erhalten die Auslandsdienstbezüge nur nach der niedrigeren Besoldungsgruppe. [2] Das Grundgehalt der niedrigeren Besoldungsgruppe und der entsprechende Familienzuschlag werden auch dem Kaufkraftausgleich zugrunde gelegt.

§ 53[1] Auslandszuschlag.

(1) [1] Der Auslandszuschlag gilt materiellen Mehraufwand sowie allgemeine und dienstortbezogene immaterielle Belastungen der allgemeinen Verwendung im Ausland ab. [2] Er bemisst sich nach der Höhe des Mehraufwands und der Belastungen, zusammengefasst in Dienstortstufen, sowie des zustehenden Grundgehalts, darüber hinaus nach der Anzahl der berücksichtigungsfähigen Personen sowie der Bereitstellung von Gemeinschaftsunterkunft oder -verpflegung oder entsprechenden Geldleistungen. [3] Der Ermittlung des materiellen Mehraufwands und der dienstortbezogenen immateriellen Belastungen werden standardisierte Dienstortbewertungen im Verhältnis zum Sitz der Bundesregierung zugrunde gelegt. [4] Die allgemeinen immateriellen Belastungen des Auslandsdienstes werden dienstortunabhängig abgegolten. [5] Bei außergewöhnlichen materiellen Mehraufwendungen oder immateriellen Belastungen kann die oberste Dienstbehörde zur Abgeltung dieser Mehraufwendungen oder Belastungen oder zur Sicherung einer anforderungsgerechten Besetzung von Dienstposten im Ausland im Einvernehmen mit dem Auswärtigen Amt, dem Bundesministerium des Innern, für Bau und Heimat und dem Bundesministerium der Finanzen befristet einen Zuschlag in Höhe von bis zu 700 Euro monatlich im Verwaltungswege festsetzen.

(2) [1] Der Auslandszuschlag für den Beamten, Richter oder Soldaten wird nach der Tabelle in Anlage VI.1 gezahlt. [2] Bei der ersten neben dem Beamten, Richter oder Soldaten berücksichtigungsfähigen Person nach Absatz 4 Nr. 1 oder 3 erhöht sich der Betrag um 40 Prozent. [3] Für alle anderen berücksichtigungsfähigen Personen wird jeweils ein Zuschlag nach der Tabelle in Anlage VI.2 gezahlt. [4] Wird dem Beamten, Richter oder Soldaten Gemeinschaftsunterkunft oder Gemeinschaftsverpflegung bereitgestellt, so verringert sich der Betrag nach den Sätzen 1 und 2 auf 85 Prozent. [5] Werden sowohl Gemeinschaftsunterkunft als auch Gemeinschaftsverpflegung bereitgestellt, so verringert sich der Betrag nach den Sätzen 1 und 2 auf 70 Prozent. [6] Die Sätze 4 und 5 gelten auch, wenn entsprechende Geldleistungen gezahlt werden.

[1] § 53 neu gef. mWv 1.7.2010 durch G v. 5.2.2009 (BGBl. I S. 160); Abs. 4 Nr. 1 und 2 geänd., Nr. 2a eingef. mWv 1.7.2010 durch G v. 14.11.2011 (BGBl. I S. 2219); Abs. 1 Satz 5, Abs. 4 Nr. 2 Buchst. c und Nr. 3 geänd. mWv 22.3.2012 durch G v. 15.3.2012 (BGBl. I S. 462); Abs. 2 Sätze 2 und 4, Abs. 4 Nr. 1, Abs. 5 Satz 1 und Abs. 6 Sätze 1 und 3 geänd. mWv 1.8.2013 durch G v. 11.6. 2013 (BGBl. I S. 1514); Abs. 4 Nr. 2 einl. Satzteil geänd. mWv 9.12.2014, Abs. 3 Satz 1 geänd. mWv 1.1.2016 durch G v. 3.12.2015 (BGBl. I S. 2163); Abs. 1 Sätze 3 und 4 neu gef. mWv 1.7.2018 durch G v. 5.1.2017 (BGBl. I S. 17); Abs. 1 Satz 5 geänd., Abs. 2 Sätze 4 und 5 neu gef., Satz 6 angef., Abs. 4 Nr. 2 geänd., Nr. 2a aufgeh., Abs. 5 Satz 1 geänd., Satz 2 aufgeh., bish. Satz 3 wird Satz 2, Abs. 6 Satz 1 geänd., Sätze 3 und 4 neu gef., Sätze 5 und 6 angef., Abs. 7 geänd. mWv 1.1.2020 durch G v. 9.12.2019 (BGBl. I S. 2053).

(3) [1] Hat eine berücksichtigungsfähige Person ebenfalls Anspruch auf Auslandsdienstbezüge gegen einen öffentlich-rechtlichen Dienstherrn (§ 29 Abs. 1) oder einen Verband, dessen Mitglieder öffentlich-rechtliche Dienstherren sind, wird der Auslandszuschlag für jeden Berechtigten nach der Tabelle in Anlage VI.1 gezahlt. [2] § 4 Abs. 2 Satz 2 und 3 ist anzuwenden. [3] Bei ermäßigter regelmäßiger Arbeitszeit erhalten beide Berechtigte zusammen mindestens den Auslandszuschlag eines Berechtigten mit einer berücksichtigungsfähigen Person, der zustünde, wenn die von beiden geleistete Arbeitszeit von einem der Berechtigten allein geleistet würde. [4] Für jede weitere berücksichtigungsfähige Person wird einem der Berechtigten ein Zuschlag nach Tabelle VI.2 gewährt. [5] Die Zahlung wird an denjenigen geleistet, den die beiden bestimmen oder dem die weitere berücksichtigungsfähige Person zuzuordnen ist; ist der Empfänger danach nicht bestimmbar, erhält jeder Berechtigte die Hälfte des Zuschlags.

(4) Im Auslandszuschlag berücksichtigungsfähige Personen sind:

1. Ehegatten, die mit dem Beamten, Richter oder Soldaten am ausländischen Dienstort eine gemeinsame Wohnung haben und sich überwiegend dort aufhalten,

2. Kinder, für die dem Beamten, Richter oder Soldaten Kindergeld nach den Vorschriften des Einkommensteuergesetzes zusteht oder ohne Berücksichtigung des § 63 Absatz 1 Satz 6, des § 64 oder des § 65 des Einkommensteuergesetzes zustehen würde und

 a) die sich nicht nur vorübergehend im Ausland aufhalten,

 b) die sich nicht nur vorübergehend im Inland aufhalten, wenn dort kein Haushalt eines Elternteils besteht, der für das Kind bis zum Erreichen der Volljährigkeit sorgeberechtigt ist oder war, oder

 c) die sich in der Übergangszeit zwischen zwei Ausbildungsabschnitten befinden, wenn und soweit sich der Beginn des nächsten Ausbildungsabschnitts durch die Auslandsverwendung des Beamten, Richters oder Soldaten verzögert hat, ungeachtet der zeitlichen Beschränkung nach § 63 Absatz 1 Satz 2 in Verbindung mit § 32 Absatz 4 Satz 1 Nummer 2 Buchstabe b des Einkommensteuergesetzes, höchstens jedoch für ein Jahr; diese Kinder sind auch beim Familienzuschlag zu berücksichtigen,

3. Personen, denen der Beamte, Richter oder Soldat in seiner Wohnung am ausländischen Dienstort nicht nur vorübergehend Unterkunft und Unterhalt gewährt, weil er gesetzlich oder sittlich dazu verpflichtet ist oder aus beruflichen oder gesundheitlichen Gründen ihrer Hilfe bedarf; dies gilt bei gesetzlicher oder sittlicher Verpflichtung zur Unterhaltsgewährung nicht, wenn für den Unterhalt der aufgenommenen Person Mittel zur Verfügung stehen, die den in § 8 Absatz 1 Nummer 1 des Vierten Buches Sozialgesetzbuch[1]) genannten Monatsbetrag übersteigen.

(5) [1] Begründet eine berücksichtigungsfähige Person im Sinne des Absatzes 4 Nummer 1 oder 3 erst später einen Wohnsitz am ausländischen Dienstort oder gibt sie ihn vorzeitig auf, werden ab dem Eintreffen rückwirkend bis zum Beginn der Verwendung des Beamten, Richters oder Soldaten oder ab dem Auszug aus der gemeinsamen Wohnung bis zum Ende der Verwendung 70

[1]) **Aichberger, SGB Nr. 4.**

Prozent des für diese Person geltenden Satzes gewährt, längstens jedoch für sechs Monate. [2] Stirbt eine im ausländischen Haushalt lebende berücksichtigungsfähige Person, wird sie beim Auslandszuschlag bis zum Ende der Verwendung weiter berücksichtigt, längstens jedoch für zwölf Monate.

(6) [1] Empfängern von Auslandsdienstbezügen, für die das Gesetz über den Auswärtigen Dienst gilt, wird unter Berücksichtigung des § 29 jenes Gesetzes ein um 4 Prozent ihrer Dienstbezüge im Ausland erhöhter Auslandszuschlag gezahlt. [2] Dies gilt bei nur befristeter Verwendung im Auswärtigen Dienst nach Ablauf des sechsten Jahres der Verwendung im Ausland; Unterbrechungen von weniger als fünf Jahren sind unschädlich. [3] Verheirateten Empfängern von Auslandsdienstbezügen, für die das Gesetz über den Auswärtigen Dienst gilt, kann unter Berücksichtigung des § 29 des genannten Gesetzes ein um bis zu 18,6 Prozent ihres Grundgehalts, höchstens jedoch um bis zu 18,6 Prozent des Grundgehalts aus der Endstufe der Besoldungsgruppe A 14 erhöhter Auslandszuschlag gezahlt werden, der zum Aufbau einer eigenständigen Altersvorsorge des Ehegatten zu verwenden ist; Erwerbseinkommen des Ehegatten wird berücksichtigt. [4] Voraussetzung der Gewährung ist, dass der Nachweis der Verwendung im Sinne des Satzes 3 nach Maßgabe der Auslandszuschlagsverordnung[1]) erbracht wird. [5] Abweichend von den Sätzen 3 und 4 kann Empfängern von Auslandsdienstbezügen mit Ehegatten mit ausschließlich ausländischer Staatsangehörigkeit, die keinen Verwendungsnachweis erbringen, ein um bis zu 6 Prozent ihrer Dienstbezüge im Ausland erhöhter Auslandszuschlag gezahlt werden. [6] Für Personen im Sinne des Absatzes 4 Nummer 3 kann dem Besoldungsempfänger unter entsprechender Berücksichtigung des § 29 des Gesetzes über den Auswärtigen Dienst[2]) ein um bis zu 6 Prozent seiner Dienstbezüge im Ausland erhöhter Auslandszuschlag gezahlt werden, soweit der Besoldungsempfänger nicht bereits einen Zuschlag nach Satz 3 erhält; Erwerbseinkommen dieser Personen wird berücksichtigt.

(7) Das Auswärtige Amt regelt die Einzelheiten des Auslandszuschlags einschließlich dessen Erhöhung nach Absatz 6 Satz 3 sowie die Zuteilung der Dienstorte zu den Stufen des Auslandszuschlags durch Rechtsverordnung[3]) im Einvernehmen mit dem Bundesministerium des Innern, für Bau und Heimat, dem Bundesministerium der Finanzen und dem Bundesministerium der Verteidigung.

§ 54[4]) Mietzuschuss. (1) [1] Der Mietzuschuss wird gewährt, wenn die Miete für den als notwendig anerkannten leeren Wohnraum (zuschussfähige Miete) 18 Prozent der Summe aus Grundgehalt, Familienzuschlag der Stufe 1, Amts-, Stellen-, Ausgleichs- und Überleitungszulagen mit Ausnahme des Kaufkraftausgleichs übersteigt. [2] Der Mietzuschuss beträgt 90 Prozent des Mehrbetrages.

[1]) **Bundesbeamtengesetze Nr. 53b.**
[2]) **Bundesbeamtengesetze Nr. 130.**
[3]) Siehe die AuslandszuschlagsVO (**Bundesbeamtengesetze Nr. 53b**).
[4]) § 54 aufgeh., bish. § 57 wird § 54 und Abs. 2 Satz 1 geänd. mWv 1.7.2010 durch G v. 5.2.2009 (BGBl. I S. 160); Abs. 3 Satz 3 neu gef., Satz 4 angef. mWv 25.11.2011 durch G v. 14.11.2011 (BGBl. I S. 2219); Abs. 1 Sätze 1–3 eingef., Abs. 2 eingef., bish. Abs. 2 wird Abs. 3 und Sätze 2 und 3 geänd., bish. Abs. 3 wird Abs. 4 und Satz 2 geänd., bish. Abs. 4 wird Abs. 5 mWv 1.8.2013 durch G v. 11.6.2013 (BGBl. I S. 1514); Abs. 1 Satz 4 angef. mWv 1.12.2015 durch G v. 5.1.2017 (BGBl. I S. 17); Abs. 1 Satz 3 Nr. 1 geänd. mWv 1.3.2020 durch G v. 9.12.2019 (BGBl. I S. 2053).

³ Beträgt die Mieteigenbelastung

1. bei Beamten und Soldaten in den Besoldungsgruppen A 3 bis A 8 mehr als 20 Prozent,

2. bei Beamten und Soldaten in den Besoldungsgruppen A 9 und höher sowie bei Richtern mehr als 22 Prozent

der Bezüge nach Satz 1, so wird der volle Mehrbetrag als Mietzuschuss erstattet. ⁴ Der Mietzuschuss wird nicht gewährt, solange ein Anspruch auf Kostenerstattung nach der Auslandsumzugskostenverordnung¹⁾ besteht.

(2) ¹ Bei einem Empfänger von Auslandsdienstbezügen, für das das Gesetz über den Auswärtigen Dienst²⁾ nicht gilt, wird bei der Ermittlung der zuschussfähigen Miete im Sinne von Absatz 1 Satz 1 die vom Auswärtigen Amt festgelegte Mietobergrenze oder, wenn keine Mietobergrenze festgelegt wurde, die im Einzelfall anerkannte Miete zugrunde gelegt. ² Die nach Satz 1 festgelegte Mietobergrenze oder die im Einzelfall anerkannte Miete wird um 20 Prozent vermindert.

(3) ¹ Erwirbt oder errichtet der Beamte, Richter oder Soldat oder eine beim Auslandszuschlag berücksichtigte Person ein Eigenheim oder eine Eigentumswohnung, so kann, wenn dienstliche Interessen nicht entgegenstehen, ein Zuschuss in sinngemäßer Anwendung des Absatzes 1 gewährt werden. ² Anstelle der Miete treten 0,65 Prozent des Kaufpreises, der auf den als notwendig anerkannten leeren Wohnraum entfällt. ³ Der Zuschuss beträgt höchstens 0,3 Prozent des anerkannten Kaufpreises; er darf jedoch den Betrag des Mietzuschusses nach Absatz 1 bei Zugrundelegung einer Miete nach den ortsüblichen Sätzen für vergleichbare Objekte nicht übersteigen. ⁴ Nebenkosten bleiben unberücksichtigt.

(4) ¹ Hat der Beamte, Richter oder Soldat mit seinem Ehegatten am ausländischen Dienstort eine gemeinsame Wohnung inne und erhält der Ehegatte ebenfalls Auslandsdienstbezüge nach § 52 Absatz 1 oder 3 oder Arbeitsentgelt in entsprechender Anwendung des § 52 Absatz 1 oder 3, so wird nur ein Mietzuschuss gewährt. ² Der Berechnung des Prozentsatzes nach Absatz 1 Satz 1 sind die Dienstbezüge und das entsprechende Arbeitsentgelt beider Ehegatten zugrunde zu legen. ³ Der Mietzuschuss wird dem Ehegatten gezahlt, den die Ehegatten bestimmen. ⁴ Treffen sie keine Bestimmung, erhält jeder Ehegatte die Hälfte des Mietzuschusses; § 6 ist nicht anzuwenden.

(5) Inhaber von Dienstwohnungen im Ausland erhalten keinen Mietzuschuss.

§ 55³⁾ Kaufkraftausgleich.

(1) ¹ Entspricht bei einer allgemeinen Verwendung im Ausland die Kaufkraft der Besoldung am ausländischen Dienstort nicht der Kaufkraft der Besoldung am Sitz der Bundesregierung, ist der Unterschied durch Zu- oder Abschläge auszugleichen (Kaufkraftausgleich). ² Beim Mietzuschuss sowie beim Auslandszuschlag für im Inland lebende Kinder wird ein Kaufkraftausgleich nicht vorgenommen.

¹⁾ **Bundesbeamtengesetze Nr. 58c.**
²⁾ **Bundesbeamtengesetze Nr. 130.**
³⁾ § 55 neu gef. mWv 1.7.2010 durch G v. 5.2.2009 (BGBl. I S. 160); Abs. 3 Satz 2 geänd. mWv 22.3.2012 durch G v. 15.3.2012 (BGBl. I S. 462); Abs. 2 Satz 1 und Abs. 3 Sätze 2 und 3 geänd. mWv 1.8.2013 durch G v. 11.6.2013 (BGBl. I S. 1514); Abs. 4 geänd. mWv 1.1.2020 durch G v. 9.12.2019 (BGBl. I S. 2053).

(2) [1] Das Statistische Bundesamt ermittelt für den einzelnen Dienstort nach einer wissenschaftlichen Berechnungsmethode auf Grund eines Preisvergleichs und des Wechselkurses zwischen den Währungen den Prozentsatz, um den die Lebenshaltungskosten am ausländischen Dienstort höher oder niedriger sind als am Sitz der Bundesregierung (Teuerungsziffer). [2] Die Teuerungsziffern sind vom Statistischen Bundesamt bekannt zu machen.

(3) [1] Der Kaufkraftausgleich wird anhand der Teuerungsziffer festgesetzt. [2] Die Berechnungsgrundlage beträgt 60 Prozent des Grundgehaltes, der Anwärterbezüge, des Familienzuschlags, des Auslandszuschlags sowie der Zulagen und Vergütungen, deren jeweilige besondere Voraussetzungen auch bei Verwendung im Ausland vorliegen. [3] Abweichend hiervon beträgt die Berechnungsgrundlage 100 Prozent bei Anwärtern, die bei einer von ihnen selbst ausgewählten Stelle im Ausland ausgebildet werden.

(4) Die Einzelheiten zur Festsetzung des Kaufkraftausgleichs regelt das Auswärtige Amt im Einvernehmen mit dem Bundesministerium des Innern, für Bau und Heimat und dem Bundesministerium der Finanzen, hinsichtlich der Bundeswehrstandorte im Ausland auch im Einvernehmen mit dem Bundesministerium der Verteidigung, durch allgemeine Verwaltungsvorschrift.

§ 56[1]) Auslandsverwendungszuschlag.

(1) [1] Auslandsverwendungszuschlag wird gezahlt bei einer Verwendung im Rahmen einer humanitären oder unterstützenden Maßnahme, die auf Grund eines Übereinkommens, eines Vertrages oder einer Vereinbarung mit einer zwischenstaatlichen oder überstaatlichen Einrichtung oder mit einem auswärtigen Staat im Ausland oder außerhalb des deutschen Hoheitsgebietes auf Schiffen oder in Luftfahrzeugen stattfindet (besondere Verwendung im Ausland). [2] Dies gilt für

1. Verwendungen auf Beschluss der Bundesregierung,
2. Einsätze des Technischen Hilfswerks im Ausland nach § 1 Absatz 2 Nummer 2 des THW-Gesetzes, wenn zwischen dem Bundesministerium des Innern, für Bau und Heimat und dem Auswärtigen Amt Einvernehmen über das Vorliegen einer Verwendung nach Satz 1 besteht,
3. humanitäre Hilfsdienste und Hilfsleistungen der Streitkräfte nach § 2 Absatz 2 Satz 3 des Parlamentsbeteiligungsgesetzes[2]), wenn zwischen dem Bundesministerium der Verteidigung und dem Auswärtigen Amt Einvernehmen über das Vorliegen einer Verwendung nach Satz 1 besteht,
4. Maßnahmen der Streitkräfte, die keine humanitären Hilfsdienste oder Hilfsleistungen nach § 2 Absatz 2 Satz 3 des Parlamentsbeteiligungsgesetzes sind, wenn zwischen dem Bundesministerium der Verteidigung und dem Auswärtigen Amt Einvernehmen über das Vorliegen einer Verwendung nach Satz 1 besteht, oder

[1]) § 56 aufgeh., bish. § 58a wird § 56 mWv 1.7.2010 durch G v. 5.2.2009 (BGBl. I S. 160); Abs. 1 Satz 2 neu gef., Abs. 2 Satz 8 2. Halbsatz angef. mWv 1.8.2013 durch G v. 11.6.2013 (BGBl. I S. 1514); Abs. 1 Satz 2 neu gef. mWv 1.6.2017 durch G v. 8.6.2017 (BGBl. I S. 1570); Abs. 1 neu gef., Abs. 2 eingef., bish. Abs. 2 wird Abs. 3, Sätze 3 und 4 geänd., Satz 6 eingef., bish. Sätze 6–8 werden Sätze 7–9, bish. Abs. 3 wird Abs. 4 und Satz 1 geänd., bish. Abs. 4 wird Abs. 5, bish. Abs. 5 wird Abs. 6 und geänd. mWv 1.1.2020 durch G v. 9.12.2019 (BGBl. I S. 2053).

[2]) **Wehrrecht Nr. 125.**

5. Einsätze der Bundespolizei nach den §§ 8 und 65 des Bundespolizeigesetzes[1], einschließlich der in diesem Rahmen und zu diesem Zweck abgeordneten oder zugewiesenen Beamten anderer Verwaltungen, des Bundesamtes für Migration und Flüchtlinge, des Bundeskriminalamtes und des Bundesamtes für Verfassungsschutz, wenn zwischen dem Bundesministerium des Innern, für Bau und Heimat und dem Auswärtigen Amt Einvernehmen über das Vorliegen einer Verwendung nach Satz 1 besteht.

[3] Satz 1 gilt entsprechend für eine Verwendung im Ausland oder außerhalb des deutschen Hoheitsgebietes auf Schiffen oder in Luftfahrzeugen, die ausschließlich dazu dient, eine besondere Verwendung im Ausland

1. unmittelbar vorzubereiten oder
2. unmittelbar im Anschluss endgültig abzuschließen, soweit dies wegen unvorhersehbarer Umstände nicht innerhalb der geplanten Dauer der besonderen Verwendung im Ausland möglich ist.

(2) [1] Auslandsverwendungszuschlag wird auch gezahlt für eine besondere Verwendung im Ausland, die mit außergewöhnlichen Risiken und Gefährdungen verbunden ist. [2] Dies gilt für

1. Angehörige der Spezialkräfte der Bundeswehr sowie Soldaten, die zur unmittelbaren Unterstützung der Spezialkräfte der Bundeswehr in dieser besonderen Verwendung im Ausland unter entsprechenden Belastungen eingesetzt werden, wenn das Bundesministerium der Verteidigung eine Maßnahme als entsprechende Verwendung festgelegt hat.
2. Angehörige der GSG 9 der Bundespolizei sowie Beamte, die zur unmittelbaren Unterstützung der GSG 9 der Bundespolizei in dieser besonderen Verwendung im Ausland unter entsprechenden Belastungen eingesetzt werden, wenn das Bundesministerium des Innern, für Bau und Heimat eine Maßnahme als entsprechende Verwendung festgelegt hat.

(3) [1] Der Auslandsverwendungszuschlag gilt alle materiellen Mehraufwendungen und immateriellen Belastungen der besonderen Verwendung im Ausland mit Ausnahme der nach deutschem Reisekostenrecht zustehenden Reisekostenvergütung ab. [2] Dazu gehören insbesondere Mehraufwendungen auf Grund besonders schwieriger Bedingungen im Rahmen der Verwendung oder Belastungen durch Unterbringung in provisorischen Unterkünften sowie Belastungen durch eine spezifische Bedrohung der Mission oder deren Durchführung in einem Konfliktgebiet. [3] Er wird für jeden Tag der Verwendung gewährt und bei einer Verwendung nach Absatz 1 als einheitlicher Tagessatz abgestuft nach dem Umfang der Mehraufwendungen und Belastungen für jede Verwendung festgesetzt. [4] Der Tagessatz der höchsten Stufe beträgt 145 Euro. [5] Dauert die Verwendung im Einzelfall weniger als 15 Tage, kann der Satz der nächst niedrigeren Stufe ausgezahlt werden. [6] In den Fällen des Absatzes 2 wird der Tagessatz der höchsten Stufe gewährt. [7] Die endgültige Abrechnung erfolgt nach Abschluss der Verwendung. [8] Abschlagszahlungen können monatlich im Voraus geleistet werden. [9] Ein Anspruch auf Auslandsdienstbezüge an einem anderen ausländischen Dienstort bleibt unberührt; auf den Auslandsverwendungszuschlag wird jedoch auf Grund der geringeren Aufwendungen und

[1] Nr. **90**.

Belastungen am bisherigen ausländischen Dienstort pauschaliert ein Anteil des Auslandszuschlags nach § 53 angerechnet.

(4) [1] Steht Beamten, Richtern oder Soldaten ein Auslandsverwendungszuschlag aus einer Verwendung nach Absatz 1 an einem ausländischen Dienstort zu und befindet sich ein anderer Beamter, Richter oder Soldat an diesem Ort auf Dienstreise, gelten für Letzteren ab dem 15. Tag der Dienstreise rückwirkend ab dem Tag der Ankunft am ausländischen Dienstort die Vorschriften über den Auslandsverwendungszuschlag entsprechend. [2] Das gilt nur, wenn die Dienstreise hinsichtlich der Mehraufwendungen und Belastungen einer Verwendung nach Absatz 1 entspricht. [3] Ist der Beamte, Richter oder Soldat wegen Verschleppung, Gefangenschaft oder aus sonstigen mit dem Dienst zusammenhängenden Gründen, die er nicht zu vertreten hat, dem Einflussbereich des Dienstherrn entzogen, werden für diesen Zeitraum Aufwandsentschädigungen und Zulagen, die zum Zeitpunkt des Eintritts des Ereignisses zustanden, weiter gewährt; daneben steht ihm Auslandsverwendungszuschlag nach dem Tagessatz der höchsten Stufe zu.

(5) [1] Werden von einem auswärtigen Staat oder einer über- oder zwischenstaatlichen Einrichtung Leistungen für eine besondere Verwendung gewährt, sind diese, soweit damit nicht Reisekosten abgegolten werden, in vollem Umfang auf den Auslandsverwendungszuschlag anzurechnen. [2] Die Anrechnung erfolgt jeweils bezogen auf einen Kalendermonat. [3] § 9a Abs. 2 ist nicht anzuwenden.

(6) Das Bundesministerium des Innern, für Bau und Heimat regelt die Einzelheiten des Auslandsverwendungszuschlags im Einvernehmen mit dem Auswärtigen Amt, dem Bundesministerium der Finanzen und dem Bundesministerium der Verteidigung durch Rechtsverordnung[1].

§ 57[2] Auslandsverpflichtungsprämie.
(1) [1] Einem Beamten, der sich verpflichtet hat, im Rahmen einer besonderen Verwendung im Ausland mindestens zwei Wochen Dienst zu leisten, kann eine Auslandsverpflichtungsprämie gewährt werden, wenn

1. es sich um eine Verwendung nach § 56 Absatz 1 Satz 2 Nummer 5 handelt und

2. die Verwendung im Rahmen einer über- oder zwischenstaatlichen Zusammenarbeit oder im Rahmen einer Mission der Europäischen Union oder einer internationalen Organisation erfolgt und

3. die Europäische Union oder eine internationale Organisation Mitgliedern einer von ihr in denselben Staat entsandten Mission für materielle Mehraufwendungen und immaterielle Belastungen sowie für Reisekosten höhere auslandsbezogene Gesamtleistungen gewährt.

[2] Der Höchstbetrag der Prämie entspricht dem Unterschiedsbetrag zur höheren auslandsbezogenen Gesamtleistung im auf die Verpflichtung folgenden Verwendungszeitraum.

(2) [1] Für die Zahlung der Prämie gilt § 56 Absatz 2 Satz 6 und 7 entsprechend. [2] Die Prämie darf nur gezahlt werden, wenn während der Mindestver-

[1] Siehe die AuslandsverwendungszuschlagsVO **(Bundesbeamtengesetze Nr. 53d)**.
[2] § 57 eingef. mWv 1.6.2011 durch G v. 15.3.2012 (BGBl. I S. 462); Abs. 1 Satz 1 neu gef., Satz 3 aufgeh., Abs. 2 Satz 2 neu gef. mWv 1.1.2020 durch G v. 9.12.2019 (BGBl. I S. 2053).

pflichtungszeit ununterbrochen Anspruch auf Auslandsverwendungszuschlag bestand. [3] Wird dieser Zeitraum aus Gründen nicht erreicht, die vom Beamten nicht zu vertreten sind, gilt § 3 Absatz 3 entsprechend.

§ 58[1] **Zulage für Kanzler an großen Botschaften.** (1) Einem Beamten des Auswärtigen Dienstes der Besoldungsgruppe A 13 wird während der Dauer seiner Verwendung als Kanzler an einer Auslandsvertretung eine Zulage gewährt, wenn

1. der Leiter der Auslandsvertretung in die Besoldungsgruppe B 9 eingestuft ist oder

2. er die Geschäfte des Inneren Dienstes mehrerer Vertretungen leitet und der Leiter mindestens einer dieser Auslandsvertretungen in die Besoldungsgruppe B 6 eingestuft ist.

(2) [1] Die Zulage beträgt

1. für Kanzler an den Botschaften in London, Moskau, Paris, Peking und Washington sowie an den Ständigen Vertretungen bei der Europäischen Union in Brüssel und bei den Vereinten Nationen in New York 35 Prozent des Auslandszuschlags nach Anlage VI.1 Grundgehaltsspanne 9 Zonenstufe 13,

2. für Kanzler an den übrigen Auslandsvertretungen 15 Prozent des Auslandszuschlags nach Anlage VI.1 Grundgehaltsspanne 9 Zonenstufe 13. [2] Sie wird nicht neben einer Zulage nach § 45 gewährt.

Abschnitt 6. Anwärterbezüge

§ 59[2] **Anwärterbezüge.** (1) Beamte auf Widerruf im Vorbereitungsdienst (Anwärter) erhalten Anwärterbezüge.

(2) [1] Zu den Anwärterbezügen gehören der Anwärtergrundbetrag, der Anwärtererhöhungsbetrag und die Anwärtersonderzuschläge. [2] Daneben werden der Familienzuschlag und die vermögenswirksamen Leistungen gewährt. [3] Zulagen und Vergütungen werden nur gewährt, wenn dies gesetzlich besonders bestimmt ist.

(3) [1] Anwärter mit dienstlichem Wohnsitz im Ausland erhalten zusätzlich Bezüge entsprechend der Auslandsbesoldung. [2] Der Berechnung des Mietzuschusses sind der Anwärtergrundbetrag, der Familienzuschlag der Stufe 1, der Anwärtererhöhungsbetrag und der Anwärtersonderzuschlag zugrunde zu legen.

(4) [1] Absatz 3 gilt nicht für Anwärter, die bei einer von ihnen selbst gewählten Stelle im Ausland ausgebildet werden. [2] § 55 gilt mit der Maßgabe, dass mindestens die Bezüge nach Absatz 2 verbleiben.

(5) Für Anwärter, die im Rahmen ihres Vorbereitungsdienstes ein Studium ableisten, kann die Gewährung der Anwärterbezüge von der Erfüllung von Auflagen abhängig gemacht werden.

[1] § 58 neu gef. mWv 1.1.2020 durch G v. 9.12.2019 (BGBl. I S. 2053).
[2] § 59 Abs. 3 Satz 1 und Abs. 4 Satz 2 geänd. mWv 1.7.2010 durch G v. 5.2.2009 (BGBl. I S. 160); Abs. 2 Satz 2 geänd. mWv 1.1.2012 durch G v. 20.12.2011 (BGBl. I S. 2842); Abs. 2 Satz 1 und Abs. 3 Satz 2 geänd. mWv 1.1.2020 durch G v. 9.12.2019 (BGBl. I S. 2053).

§ 60[1) Anwärterbezüge nach Ablegung der Zwischenprüfung oder der Laufbahnprüfung. [1]Nach Ablegung der Zwischenprüfung oder der Laufbahnprüfung wird die Besoldung bis zum Ende des laufenden Monats weitergewährt, wenn das Beamtenverhältnis des Anwärters kraft Rechtsvorschrift oder allgemeiner Verwaltungsanordnung endet

1. mit dem endgültigen Nichtbestehen der Zwischenprüfung,
2. mit dem Bestehen oder endgültigen Nichtbestehen der Laufbahnprüfung.

[2]Wird bereits vor diesem Zeitpunkt ein Anspruch auf Bezüge aus einer hauptberuflichen Tätigkeit bei einem öffentlich-rechtlichen Dienstherrn (§ 29 Absatz 1) oder bei einer Ersatzschule erworben, so wird die Besoldung nur bis zum Tage vor Beginn dieses Anspruchs belassen.

§ 61[2) Anwärtergrundbetrag. Der Anwärtergrundbetrag bemisst sich nach Anlage VIII.

§ 62[3) Anwärtererhöhungsbetrag. Anwärter, deren Zulassung zum Vorbereitungsdienst das Bestehen der erweiterten Sicherheitsüberprüfung mit Sicherheitsermittlungen nach § 10 Nummer 3 des Sicherheitsüberprüfungsgesetzes[4) vorausgesetzt hat, erhalten einen Anwärtererhöhungsbetrag in Höhe von 10 Prozent des Anwärtergrundbetrages.

§ 63[5) Anwärtersonderzuschläge. (1) [1]Besteht ein Mangel an qualifizierten Bewerbern, kann die oberste Dienstbehörde Anwärtersonderzuschläge gewähren. [2]Sofern das Anfangsgrundgehalt des Eingangsamtes der Laufbahn durch die Gewährung der Anwärtersonderzuschläge nicht erreicht wird, können Anwärtersonderzuschläge von bis zu 90 Prozent des Anwärtergrundbetrages gewährt werden. [3]Anwärtern, denen ein Anwärtererhöhungsbetrag nach § 62 zusteht, können Anwärtersonderzuschläge unter der Voraussetzung, dass das Anfangsgrundgehalt des Eingangsamtes der Laufbahn nicht erreicht wird, von bis zu 80 Prozent des Anwärtergrundbetrages gewährt werden.

(2) Anspruch auf Anwärtersonderzuschläge besteht nur, wenn der Anwärter

1. nicht vor dem Abschluss des Vorbereitungsdienstes oder wegen schuldhaften Nichtbestehens der Laufbahnprüfung ausscheidet und
2. unmittelbar im Anschluss an das Bestehen der Laufbahnprüfung für mindestens fünf Jahre als Beamter des Bundes oder als Soldat tätig ist.

(3) [1]Werden die in Absatz 2 genannten Voraussetzungen aus Gründen, die der Beamte oder frühere Beamte zu vertreten hat, nicht erfüllt, ist der Anwärtersonderzuschlag in voller Höhe zurückzuzahlen. [2]§ 12 bleibt unberührt.

§ 64 (weggefallen)

[1) § 60 Überschrift geänd., Satz 1 neu gef., Satz 2 geänd. mWv 1.1.2020 durch G v. 9.12.2019 (BGBl. I S. 2053).
[2) § 61 geänd. mWv 1.1.2020 durch G v. 9.12.2019 (BGBl. I S. 2053).
[3) § 62 neu gef. mWv 1.1.2020 durch G v. 9.12.2019 (BGBl. I S. 2053).
[4) **Wehrrecht Nr. 807.**
[5) § 63 Abs. 1 Satz 2 geänd. mWv 1.8.2013 durch G v. 11.6.2013 (BGBl. I S. 1514); Abs. 1 Satz 1 geänd., Satz 2 neu gef., Satz 3 angef., Abs. 2 Nr. 2 neu gef., Abs. 3 Satz 2 aufgeh., bish. Satz 3 wird Satz 2 mWv 1.1.2020 durch G v. 9.12.2019 (BGBl. I S. 2053).

§ 65[1] Anrechnung anderer Einkünfte. (1) [1] Erhalten Anwärter ein Entgelt für eine Nebentätigkeit innerhalb oder für eine genehmigungspflichtige Nebentätigkeit außerhalb des öffentlichen Dienstes, so wird das Entgelt auf die Anwärterbezüge angerechnet, soweit es diese übersteigt. [2] Als Anwärtergrundbetrag werden jedoch mindestens 30 Prozent des Anfangsgrundgehaltes der Eingangsbesoldungsgruppe der Laufbahn gewährt.

(2) Hat der Anwärter einen arbeitsrechtlichen Anspruch auf ein Entgelt für eine in den Ausbildungsrichtlinien vorgeschriebene Tätigkeit außerhalb des öffentlichen Dienstes, so wird das Entgelt auf die Anwärterbezüge angerechnet, soweit die Summe von Entgelt, Anwärterbezügen und Familienzuschlag die Summe von Grundgehalt und Familienzuschlag übersteigt, die einem Beamten mit gleichem Familienstand im Eingangsamt der entsprechenden Laufbahn in der ersten Stufe zusteht.

(3) Übt ein Anwärter gleichzeitig eine Tätigkeit im öffentlichen Dienst mit mindestens der Hälfte der dafür geltenden regelmäßigen Arbeitszeit aus, gilt § 5 entsprechend.

§ 66[2] Kürzung der Anwärterbezüge. (1) Die oberste Dienstbehörde oder die von ihr bestimmte Stelle kann den Anwärtergrundbetrag bis auf 30 Prozent des Grundgehaltes, das einem Beamten der entsprechenden Laufbahn in der ersten Stufe zusteht, herabsetzen, wenn der Anwärter die vorgeschriebene Laufbahnprüfung nicht bestanden hat oder sich die Ausbildung aus einem vom Anwärter zu vertretenden Grunde verzögert.

(2) Von der Kürzung ist abzusehen

1. bei Verlängerung des Vorbereitungsdienstes infolge genehmigten Fernbleibens oder Rücktritts von der Prüfung,

2. in besonderen Härtefällen.

(3) Wird eine Zwischenprüfung nicht bestanden oder ein sonstiger Leistungsnachweis nicht erbracht, so ist die Kürzung auf den sich daraus ergebenden Zeitraum der Verlängerung des Vorbereitungsdienstes zu beschränken.

Abschnitt 7. (weggefallen)

§§ 67, 68 (weggefallen)

Abschnitt 8.[3] Dienstkleidung, Heilfürsorge, Unterkunft

§ 69[4] Dienstkleidung und Unterkunft für Soldaten. (1) Soldaten werden die Dienstkleidung und die Ausrüstung unentgeltlich bereitgestellt.

(2) [1] Das Bundesministerium der Verteidigung kann bestimmen, dass Offiziere, deren Restdienstzeit am Tage ihrer Ernennung zum Offizier mehr als zwölf Monate beträgt, Teile der Dienstkleidung, die nicht zur Einsatz- und Arbeitsausstattung gehören, selbst zu beschaffen haben. [2] Diesen Offizieren wird ein einmaliger Zuschuss zu den Kosten der von ihnen zu beschaffenden Dienst-

[1] § 65 Abs. 1 Satz 2 geänd. mWv 1.8.2013 durch G v. 11.6.2013 (BGBl. I S. 1514).
[2] § 66 Abs. 1 geänd. mWv 1.8.2013 durch G v. 11.6.2013 (BGBl. I S. 1514).
[3] Abschnitt 8 Überschrift neu gef. mWv 23.5.2015 durch G v. 13.5.2015 (BGBl. I S. 706).
[4] § 69 neu gef. mWv 1.1.2020 durch G v. 9.12.2019 (BGBl. I S. 2053).

kleidung und für deren besondere Abnutzung eine Entschädigung gewährt. [3] Der Zuschuss kann ausgeschiedenen ehemaligen Offizieren beim Wiedereintritt in die Bundeswehr erneut gewährt werden.

(3) [1] Das Bundesministerium der Verteidigung kann bestimmen, dass Berufssoldaten und Soldaten auf Zeit, die nicht den Laufbahnen der Offiziere angehören, auf Antrag einen Zuschuss zu den Kosten der Beschaffung der Ausgehuniform erhalten können, wenn

1. sie auf mindestens acht Jahre verpflichtet sind und
2. noch mindestens vier Jahre im Dienst verbleiben.

[2] Nach Ablauf von fünf Jahren kann der Zuschuss erneut gewährt werden.

(4) Die Zahlungen nach Absatz 2 Satz 2 und 3 sowie Absatz 3 sollen an eine vom Bundesministerium der Verteidigung bestimmte Kleiderkasse geleistet werden, die sie treuhänderisch für die Soldaten verwaltet.

(5) [1] Tragen Soldaten auf dienstliche Anordnung im Dienst statt Dienstkleidung eigene Zivilkleidung, erhalten sie für deren besondere Abnutzung eine Entschädigung. [2] Offiziere erhalten die Entschädigung nur, solange sie keine Entschädigung nach Absatz 2 Satz 2 erhalten.

(6) Für Soldaten, die auf Grund dienstlicher Anordnung verpflichtet sind, in Gemeinschaftsunterkunft zu wohnen, wird die Unterkunft unentgeltlich bereitgestellt.

(7) [1] Soldaten werden die notwendigen Kosten für die Fahrten zur Unterkunft und zurück erstattet. [2] Das Nähere bestimmt das Bundesministerium der Verteidigung durch allgemeine Verwaltungsvorschrift.

(8) Die allgemeinen Verwaltungsvorschriften zu den Absätzen 1 bis 5 erlässt das Bundesministerium der Verteidigung im Einvernehmen mit dem Bundesministerium des Innern, für Bau und Heimat.

§ 69a[1] Heilfürsorge für Soldaten.

(1) [1] Soldaten, die Anspruch auf Besoldung oder auf ein Ausbildungsgeld nach § 30 Absatz 2 des Soldatengesetzes[2] haben, wird Heilfürsorge in Form der unentgeltlichen truppenärztlichen Versorgung gewährt; dies gilt auch während der Zeit einer Beurlaubung nach § 28 Absatz 5 des Soldatengesetzes, sofern die Soldaten nicht Anspruch auf Familienhilfe nach § 10 des Fünften Buches Sozialgesetzbuch[3] haben, oder während der Zeit einer Beurlaubung nach § 28 Absatz 7 oder § 30a Absatz 7 des Soldatengesetzes. [2] Soldaten, die eine Wehrdienstbeschädigung erlitten haben, erhalten Leistungen im Rahmen der Heilbehandlung nach dem Bundesversorgungsgesetz, wenn diese für die Soldaten günstiger sind.

(2) Kann der Anspruch auf unentgeltliche truppenärztliche Versorgung nicht durch medizinische Einrichtungen der Bundeswehr erfüllt werden, können auf Veranlassung von Ärzten oder Zahnärzten der Bundeswehr oder im Notfall Erbringer medizinischer Leistungen außerhalb der Bundeswehr in Anspruch genommen werden.

[1] § 69a eingef. mWv 1.1.2016 durch G v. 3.12.2015 (BGBl. I S. 2163); Abs. 1 Satz 1 geänd. mWv 28.10.2016 durch G v. 19.10.2016 (BGBl. I S. 2362).
[2] **Wehrrecht Nr. 200.**
[3] **Aichberger, SGB Nr. 5.**

(3) [1]Die unentgeltliche truppenärztliche Versorgung umfasst grundsätzlich nur medizinisch notwendige und wirtschaftlich angemessene Leistungen

1. in Krankheitsfällen,
2. zur Vorbeugung gegen Krankheiten oder Behinderungen und zur medizinischen Rehabilitation,
3. zur Früherkennung von Krankheiten,
4. zur Durchführung von Schutzimpfungen und sonstigen medizinischen Prophylaxemaßnahmen sowie
5. bei Schwangerschaft, Entbindung und nicht rechtswidrigem Schwangerschaftsabbruch.

[2]Diese Leistungen müssen mindestens den nach dem Fünften Buch Sozialgesetzbuch zu gewährenden Leistungen entsprechen. [3]Die besonderen Anforderungen an die Erhaltung oder Wiederherstellung der Dienst- und Verwendungsfähigkeit der Soldaten sind zu berücksichtigen.

(4) Kosten für eine künstliche Befruchtung werden in entsprechender Anwendung des § 27a des Fünften Buches Sozialgesetzbuch übernommen.

(5) Die unentgeltliche truppenärztliche Versorgung umfasst nicht:
1. medizinische Maßnahmen, die keine Heilbehandlung darstellen,
2. Leistungen von Heilpraktikern.

(6) Bei Pflegebedürftigkeit werden ergänzend zu den Leistungen der Pflegeversicherung nach dem Elften Buch Sozialgesetzbuch[1)] Leistungen in derselben Höhe gewährt.

(7) Die näheren Einzelheiten der unentgeltlichen truppenärztlichen Versorgung regelt das Bundesministerium der Verteidigung durch Rechtsverordnung im Einvernehmen mit dem Bundesministerium des Innern und dem Bundesministerium der Finanzen.

§ 70[2)] Dienstkleidung, Heilfürsorge, Unterkunft für Polizeivollzugsbeamte der Bundespolizei.

(1) [1]Beamten des Polizeivollzugsdienstes der Bundespolizei werden die Ausrüstung und die Dienstkleidung unentgeltlich bereitgestellt. [2]Abweichend hiervon kann das Bundesministerium des Innern, für Bau und Heimat bestimmen, dass Beamte des gehobenen und des höheren Polizeivollzugsdienstes der Bundespolizei Dienstkleidung, die nicht zur Einsatz- und Arbeitsausstattung gehört, selbst zu beschaffen haben. [3]Ihnen wird für die zu beschaffende Dienstkleidung ein einmaliger Bekleidungszuschuss und für deren besondere Abnutzung eine Entschädigung gewährt. [4]Der Zuschuss und die Entschädigung nach Satz 3 sollen an eine vom Bundesministerium des Innern, für Bau und Heimat bestimmte Kleiderkasse geleistet werden. [5]Das Nähere zu den Sätzen 2 bis 4 regelt das Bundesministerium des Innern, für Bau und Heimat durch allgemeine Verwaltungsvorschrift. [6]Die Sätze 1 bis 4 gelten für Verwaltungsbeamte der Bundespolizei, soweit sie zum Tragen von Dienstkleidung verpflichtet werden, entsprechend.

[1)] **Aichberger, SGB Nr. 11.**
[2)] § 70 Abs. 2 neu gef. mWv 1.8.2013 durch G v. 11.6.2013 (BGBl. I S. 1514); Abs. 1 neu gef. *mWv 23.5.2015 durch G v. 13.5.2015 (BGBl. I S. 706)*; Abs. 2 Satz 2 Nr. 1 und 2 geänd. mWv 28.10.2016 durch G v. 19.10.2016 (BGBl. I S. 2362); Abs. 1 Sätze 2, 4, 5 und Abs. 2 Satz 3 geänd. mWv 1.1.2020 durch G v. 9.12.2019 (BGBl. I S. 2053).

(2) ¹Den Polizeivollzugsbeamten der Bundespolizei wird Heilfürsorge gewährt. ²Dies gilt auch

1. während der Inanspruchnahme von Elternzeit und während der Zeit einer Beurlaubung nach § 92 Absatz 1 oder § 92b Absatz 1 des Bundesbeamtengesetzes ¹⁾, sofern die Beamten nicht nach § 10 des Fünften Buches Sozialgesetzbuch²⁾ familienversichert sind, sowie

2. in den Fällen des § 26 Absatz 3 der Sonderurlaubsverordnung³⁾.

³Das Nähere regelt das Bundesministerium des Innern, für Bau und Heimat in Anlehnung an das Fünfte Buch Sozialgesetzbuch und das Elfte Buch Sozialgesetzbuch⁴⁾ durch Rechtsverordnung im Einvernehmen mit dem Bundesministerium der Finanzen.

(3) Für Polizeivollzugsbeamte der Bundespolizei, die auf Grund dienstlicher Verpflichtung in Gemeinschaftsunterkunft wohnen, wird die Unterkunft unentgeltlich bereitgestellt.

§ 70a⁵⁾ Dienstkleidung für Beamte. (1) Beamten, die zum Tragen von Dienstkleidung verpflichtet sind, wird diese unentgeltlich bereitgestellt.

(2) Beamten der Zollverwaltung, die zur Teilnahme am Dienstsport verpflichtet sind, wird für die dienstlich bedingte Abnutzung privater Sportbekleidung eine Abnutzungsentschädigung gewährt.

(3) Das Nähere regelt das jeweils zuständige Bundesministerium im Einvernehmen mit dem Bundesministerium des Innern, für Bau und Heimat durch allgemeine Verwaltungsvorschrift.

Abschnitt 9. Übergangs- und Schlussvorschriften

§ 71⁶⁾ Rechtsverordnungen, allgemeine Verwaltungsvorschriften.

(1) Rechtsverordnungen nach diesem Gesetz bedürfen nicht der Zustimmung des Bundesrates.

(2) ¹Allgemeine Verwaltungsvorschriften erlässt das Bundesministerium des Innern, für Bau und Heimat, wenn gesetzlich nichts Anderes bestimmt ist.⁷⁾ ²Soweit die Besoldung der Richter und Staatsanwälte berührt ist, erlässt sie das Bundesministerium des Innern, für Bau und Heimat im Einvernehmen mit dem Bundesministerium der Justiz und für Verbraucherschutz. ³Soweit die Besoldung der Soldaten berührt ist, erlässt sie das Bundesministerium des Innern, für Bau und Heimat im Einvernehmen mit dem Bundesministerium der Verteidigung.

¹⁾ Nr. **160.**
²⁾ **Aichberger, SGB Nr. 5.**
³⁾ Nr. **173.**
⁴⁾ **Aichberger, SGB Nr. 11.**
⁵⁾ § 70a neu gef. mWv 1.1.2020 durch G v. 9.12.2019 (BGBl. I S. 2053).
⁶⁾ § 71 Abs. 2 Satz 2 geänd. mWv 8.9.2015 durch VO v. 31.8.2015 (BGBl. I S. 1474); Überschrift und Abs. 2 Sätze 1–3 geänd. mWv 1.1.2020 durch G v. 9.12.2019 (BGBl. I S. 2053).
⁷⁾ Siehe die Allgemeine Verwaltungsvorschrift zum Bundesbesoldungsgesetz (BBesGVwV) **(Bundesbeamtengesetze Nr. 52.1).**

§ 72[1]) Übergangsregelung zu den §§ 43, 43b und 44. (1) § 43 Absatz 6 und 7 in der bis zum 31. Dezember 2019 geltenden Fassung ist auf Personalgewinnungszuschläge, die nach § 43 bis zum 31. Dezember 2019 gewährt wurden, weiterhin anzuwenden.

(2) § 43b Absatz 4 in der bis zum 31. Dezember 2019 geltenden Fassung ist bei Soldaten, die eine Verpflichtungsprämie nach § 43b bis zum 31. Dezember 2019 erhalten haben, weiterhin anzuwenden.

(3) § 44 Absatz 5 und 6 in der bis zum 31. Dezember 2019 geltenden Fassung ist auf Personalbindungszuschläge, die nach § 44 bis zum 31. Dezember 2019 gewährt wurden, weiterhin anzuwenden.

§ 72a[2]) *(aufgehoben)*

§ 73[3]) Übergangsregelung bei Gewährung einer Versorgung durch eine zwischenstaatliche oder überstaatliche Einrichtung. [1] Bei Zeiten im Sinne des § 8 Absatz 1 Satz 1, die bis zum 31. Dezember 1991 zurückgelegt sind, ist § 8 in der bis zu diesem Zeitpunkt geltenden Fassung anzuwenden. [2] Für Zeiten ab dem 1. Januar 1992 bis zum 31. Dezember 2002 beträgt die Kürzung nach § 8 Absatz 1 Satz 2 1,875 Prozent. [3] Für Zeiten ab dem 1. Januar 2003 ist der Prozentsatz des § 8 Absatz 1 Satz 2 vervielfältigt mit dem jeweiligen in § 69e Absatz 3 und 4 des Beamtenversorgungsgesetzes[4]) genannten Faktor anzuwenden.

§ 74[5]) Übergangsregelung zu den Änderungen der Anlage I durch das Besoldungsstrukturenmodernisierungsgesetz. Amtsbezeichnungen, die mit dem Inkrafttreten des Besoldungsstrukturenmodernisierungsgesetzes wegfallen, werden weitergeführt.

§ 74a[6]) Übergangsregelung aus Anlass der Übertragung ehebezogener Regelungen im öffentlichen Dienstrecht auf Lebenspartnerschaften.

(1) Für Beamte, Richter und Soldaten in Lebenspartnerschaften gelten für die Zeit vom 1. Januar 2009 bis zum 30. Juni 2010 folgende Übergangsregelungen:

1. Für den Auslandszuschlag gelten § 55 und die Anlagen VIa bis VIh sowie die Rechtsverordnung nach § 55 Absatz 5 Satz 4 in der bis zum 30. Juni 2010 geltenden Fassung entsprechend, soweit sie sich auf das Bestehen oder das frühere Bestehen einer Ehe oder auf den Ehegatten beziehen.

2. Anspruch auf Auslandskinderzuschlag nach § 56 in der bis zum 30. Juni 2010 geltenden Fassung haben auch Beamte, Richter und Soldaten, die während dieses Zeitraums Kinder ihres Lebenspartners in ihren Haushalt aufgenommen hatten; § 32 Absatz 3 bis 5 des Einkommensteuergesetzes gilt entsprechend.

[1]) § 72 neu gef. mWv 1.1.2020 durch G v. 9.12.2019 (BGBl. I S. 2053).
[2]) § 72a aufgeh. mWv 1.1.2020 durch G v. 9.12.2019 (BGBl. I S. 2053).
[3]) § 73 aufgeh., bish. § 73a wird § 73 und Sätze 2 und 3 geänd. mWv 1.8.2013 durch G v. 11.6.2013 (BGBl. I S. 1514).
[4]) Nr. **155.**
[5]) *§ 74 neu gef. mWv 1.1.2020 durch G v. 9.12.2019 (BGBl. I S. 2053).*
[6]) § 74a eingef. mWv 25.11.2011 durch G v. 14.11.2011 (BGBl. I S. 2219); Abs. 2 Satz 1 geänd., Abs. 3 angef. mWv 1.8.2013 durch G v. 11.6.2013 (BGBl. I S. 1514).

3. Für den Mietzuschuss gilt § 57 in der bis zum 30. Juni 2010 geltenden Fassung, soweit er sich auf den Ehegatten bezieht, mit folgenden Maßgaben entsprechend: Der Mietzuschuss wird dem Lebenspartner gezahlt, den die Lebenspartner bestimmen. Treffen sie keine Bestimmung, erhält jeder Lebenspartner die Hälfte des Mietzuschusses; § 6 ist nicht anzuwenden.

(2) [1] Für Beamte, Richter und Soldaten in Lebenspartnerschaften gilt für die Zeit vom 1. Juli 2010 bis zum 24. November 2011 § 54 Absatz 3 in der bis zum 31. Juli 2013 geltenden Fassung, soweit er sich auf den Ehegatten bezieht, mit folgenden Maßgaben entsprechend: Der Mietzuschuss wird dem Lebenspartner gezahlt, den die Lebenspartner bestimmen. [2] Treffen sie keine Bestimmung, erhält jeder Lebenspartner die Hälfte des Mietzuschusses; § 6 ist nicht anzuwenden.

(3) [1] Beamten, Richtern und Soldaten in Lebenspartnerschaften, die vor dem 1. Januar 2009 einen Anspruch auf Familienzuschlag geltend gemacht haben, über den noch nicht abschließend entschieden worden ist, wird der Familienzuschlag rückwirkend gezahlt. [2] Die Zahlung erfolgt ab dem Beginn des Haushaltsjahres, in dem der Anspruch geltend gemacht worden ist, frühestens jedoch ab dem Monat, in dem die Lebenspartnerschaft begründet wurde. [3] Für die Nachzahlung ist die jeweils geltende Fassung der Anlage V anzuwenden.

§ 75[1] Übergangszahlung. (1) [1] Das Bundesministerium des Innern, für Bau und Heimat wird ermächtigt, durch Rechtsverordnung[2] die Gewährung einer Übergangszahlung für Beamte des einfachen und mittleren Dienstes zu regeln, die nach einer hauptberuflichen Tätigkeit in der Bundesverwaltung von mindestens einem Jahr vom Arbeitnehmerverhältnis in das Beamtenverhältnis übernommen worden sind und deren Nettobezüge danach geringer als die zuletzt im Arbeitnehmerverhältnis gewährten sind. [2] Eine Übergangszahlung darf nur für Beamte in Laufbahnen vorgesehen werden, in denen der Nachwuchs in erheblichem Umfang aus dem Arbeitnehmerverhältnis gewonnen wird. [3] Die Laufbahnen werden in der Rechtsverordnung festgelegt.

(2) [1] Die Höhe der Übergangszahlung ist das Dreizehnfache des Betrages, um den die Nettobezüge nach der Übernahme in das Beamtenverhältnis geringer sind als die Nettobezüge, die zuletzt im Arbeitnehmerverhältnis gewährt worden sind, höchstens jedoch 1 533,88 Euro. [2] Beträgt die Verringerung monatlich bis 5,11 Euro, wird eine Übergangszahlung nicht gewährt. [3] Es wird bestimmt, wie die Verringerung der Nettobezüge zu ermitteln ist, insbesondere in welchem Umfang Lohn- und Besoldungsbestandteile in den einzelnen Bereichen bei der Vergleichsberechnung zu berücksichtigen sind. [4] Die Übergangszahlung ist zurückzuzahlen, wenn der Beamte vor Ablauf eines Jahres aus dem Beamtenverhältnis ausscheidet und er dies zu vertreten hat.

§ 76[3] Konkurrenzregelung beim Grundgehalt für den vom Besoldungsüberleitungsgesetz erfassten Personenkreis. [1] Ansprüche auf Grundgehalt nach Anlage IV sind neben Ansprüchen auf Grundgehalt nach den Anlagen 1 oder 2 des Besoldungsüberleitungsgesetzes[4] ausgeschlossen. [2] Der

[1] § 75 Abs. 1 Satz 1 geänd. mWv 1.1.2020 durch G v. 9.12.2019 (BGBl. I S. 2053).
[2] Siehe die ÜbergangszahlungsVO **(Bundesbeamtengesetze Nr. 53f)**.
[3] § 76 Sätze 1 und 2 geänd. mWv 1.1.2020 durch G v. 9.12.2019 (BGBl. I S. 2053).
[4] **Bundesbeamtengesetze Nr. 52A.**

Anspruch auf Grundgehalt nach Anlage IV entsteht erst mit der endgültigen Zuordnung zu oder dem endgültigen Erreichen einer Stufe des Grundgehaltes nach den Vorschriften des Besoldungsüberleitungsgesetzes. [3] Bis zu diesem Zeitpunkt besteht ein Anspruch auf Grundgehalt nach den Anlagen 1 oder 2 des Besoldungsüberleitungsgesetzes.

§ 77[1]) **Übergangsvorschriften aus Anlass des Professorenbesoldungsreformgesetzes.** (1) [1] Für Professoren der Bundesbesoldungsordnung C, die am Tag des Inkrafttretens der auf Grund § 33 Absatz 4 zu erlassenden Regelungen oder, soweit diese Regelungen bis zum 31. Dezember 2004 noch nicht erlassen sind, am 1. Januar 2005 im Amt befindlich sind, finden § 1 Absatz 2 Nummer 2, § 8 Absatz 3, § 13 Absatz 1 Satz 5, Absatz 4 Satz 1, der 3. Unterabschnitt im 2. Abschnitt, §§ 43, 50, die Anlagen I und II und die Hochschulleitungs-Stellenzulagenverordnung in der bis zum 22. Februar 2002 geltenden Fassung sowie die Anlagen IV und IX nach Maßgabe des Bundesbesoldungs- und -versorgungsanpassungsgesetzes 2000 vom 19. April 2001 (BGBl. I S. 618) sowie unter Berücksichtigung der weiteren Anpassungen der Besoldung nach § 14 und mit der Maßgabe, dass die Beträge der Tabellen der dortigen Anlagen IV und IX um 2,5 Prozent ab dem 1. Juli 2009 und um weitere 2,44 Prozent ab dem 1. Januar 2012 erhöht werden, Anwendung; eine Erhöhung von Dienstbezügen durch die Gewährung von Zuschüssen nach § 1 Absatz 2 Nummer 2 in der bis zum 22. Februar 2002 geltenden Fassung ist ausgeschlossen. [2] Abweichend von Satz 1 finden im Fall einer Berufung auf eine höherwertige Professur an der gleichen Hochschule oder einer Berufung an eine andere Hochschule oder auf Antrag des Beamten § 1 Absatz 2 Nummer 2, § 8 Absatz 3, der 3. Unterabschnitt im 2. Abschnitt, die §§ 43 und 50 und die Anlagen I, II und IV in der nach dem 23. Februar 2002 jeweils geltenden Fassung mit der Maßgabe Anwendung, dass Professoren der Besoldungsgruppe C 4 ein Amt der Besoldungsgruppe W 3 und Professoren der Besoldungsgruppen C 2 und C 3 ein Amt der Besoldungsgruppe W 2 oder W 3 übertragen wird. [3] Der Antrag des Beamten ist unwiderruflich. [4] In den Fällen des Satzes 2 finden die §§ 13 und 19a keine Anwendung. [5] Für Beamte, die bei den Postnachfolgeunternehmen beschäftigt sind, sind die Sätze 2 bis 4 nicht anzuwenden.

(2) Für die Hochschuldozenten, Oberassistenten, Oberingenieure und wissenschaftlichen Assistenten, die am Tag des Inkrafttretens der auf Grund § 33 Absatz 4 zu erlassenden Regelungen, oder, soweit diese Regelungen bis zum 31. Dezember 2004 noch nicht erlassen sind, am 1. Januar 2005 im Amt befindlich sind, sind der 3. Unterabschnitt im 2. Abschnitt sowie Anlage II in der bis zum 22. Februar 2002 geltenden Fassung sowie die Anlagen IV und IX nach Maßgabe des Bundesbesoldungs- und -versorgungsanpassungsgesetzes 2000 vom 19. April 2001 (BGBl. I S. 618) sowie unter Berücksichtigung der weiteren Anpassungen der Besoldung nach § 14 und mit der Maßgabe, dass die Beträge der Tabellen der dortigen Anlagen IV und IX um 2,5 Prozent ab dem

[1]) § 77 Abs. 1 Satz 1 und Abs. 2 geänd. mWv 1.1.2011 durch G v. 5.2.2009 (BGBl. I S. 160, insoweit geänd. durch G v. 19.11.2010, BGBl. I S. 1552); Abs. 1 Satz 1 und Abs. 2 geänd. mWv 1.1. *2012 durch G v. 20.12.2011 (BGBl. I S. 2842);* Abs. 1 Satz 5 angef. mWv 1.1.2013, Abs. 1 Satz 1 und Abs. 2 geänd., Abs. 3 aufgeh. mWv 1.8.2013 durch G v. 11.6.2013 (BGBl. I S. 1514); Abs. 2 und 4 geänd. mWv 1.1.2020 durch G v. 9.12.2019 (BGBl. I S. 2053).

1. Juli 2009 und um weitere 2,44 Prozent ab dem 1. Januar 2012 erhöht werden, anzuwenden.

(3) *(aufgehoben)*

(4) Das Bundesministerium des Innern, für Bau und Heimat macht die nach den Absätzen 1 und 2 durch Anpassungen erhöhten Bezüge im Bundesgesetzblatt bekannt.[1]

§ 77a[2] **Übergangsregelung aus Anlass des Professorenbesoldungsneuregelungsgesetzes.** (1) [1] Professoren sowie hauptberufliche Leiter von Hochschulen und Mitglieder von Leitungsgremien an Hochschulen, die am 31. Dezember 2012 der Besoldungsgruppe W 2 oder W 3 angehört haben, werden auf der Grundlage des an diesem Tag maßgeblichen Amtes den Stufen des Grundgehaltes nach Anlage IV in der ab 1. Januar 2013 geltenden Fassung unter Anerkennung von berücksichtigungsfähigen Zeiten nach § 32b zugeordnet. [2] Satz 1 gilt entsprechend für Beurlaubte ohne Anspruch auf Dienstbezüge. [3] Bei der Zuordnung sind die berücksichtigungsfähigen Zeiten zugrunde zu legen, die bei einer Beendigung der Beurlaubung am 31. Dezember 2012 anzuerkennen gewesen wären. [4] Die Sätze 2 und 3 gelten entsprechend in den Fällen der §§ 40 und 46 des Bundesbeamtengesetzes[3]. [5] § 32a Absatz 6 Satz 1 und 4 gilt entsprechend.

(2) [1] Monatlich gewährte Leistungsbezüge, die nach § 33 Absatz 1 Satz 1 Nummer 1 am 1. Januar 2013 zugestanden haben, verringern sich um die Differenz zwischen dem am 1. Januar 2013 auf Grund des Professorenbesoldungsneuregelungsgesetzes vom 11. Juni 2013 (BGBl. I S. 1514) zustehenden Grundgehalt und dem Grundgehalt, das an diesem Tag nach § 14 Absatz 2 in der Fassung des Artikels 2 des Bundesbesoldungs- und -versorgungsanpassungsgesetzes 2012/2013 vom 15. August 2012 (BGBl. I S. 1670) zugestanden hat. [2] Dabei sind mindestens 30 Prozent der Leistungsbezüge zu belassen. [3] Stehen mehrere Leistungsbezüge nach Satz 1 zu, werden sie in folgender Reihenfolge verringert, bis die Differenz erreicht ist:

1. unbefristete Leistungsbezüge,

2. befristete ruhegehaltfähige Leistungsbezüge,

3. sonstige befristete Leistungsbezüge.

[4] Stehen innerhalb der Kategorien nach Satz 3 mehrere Leistungsbezüge zu, werden zunächst die Leistungsbezüge verringert, die zu einem früheren Zeitpunkt vergeben worden sind; bei wiederholter Vergabe befristeter Leistungsbezüge ist insoweit auf den Zeitpunkt der erstmaligen Vergabe abzustellen. [5] Am gleichen Tag gewährte Leistungsbezüge verringern sich anteilig.

(3) [1] Für monatliche Leistungsbezüge nach § 33 Absatz 1 Satz 1 Nummer 1, die in der Zeit vom 1. Januar 2013 bis zum 19. Juni 2013 erstmalig oder erneut gewährt worden sind oder über deren Vergabe in diesem Zeitraum entschieden worden ist, gilt Absatz 2 entsprechend. [2] Die Verringerung tritt am Tag der erstmaligen oder erneuten Gewährung der Leistungsbezüge ein.

[1] Siehe die Bekanntmachung des BMI **(Bundesbeamtengesetze Nr. 52d)**.
[2] § 77a eingef. mWv 1.1.2013 durch G v. 11.6.2013 (BGBl. I S. 1514); Abs. 1 Satz 1 und Abs. 5 Satz 2 geänd. mWv 1.1.2020 durch G v. 9.12.2019 (BGBl. I S. 2053).
[3] Nr. **160**.

(4) Bei einem Aufstieg in den Stufen sind die nach den Absätzen 2 und 3 verringerten Leistungsbezüge um die Differenz zwischen den Stufen zu verringern, soweit dadurch der Mindestbehalt nach Absatz 2 Satz 2 nicht unterschritten wird.

(5) [1] § 33 Absatz 3 Satz 1 gilt auch für Leistungsbezüge nach § 33 Absatz 1 Satz 1 Nummer 1 und 2, die am 1. Januar 2013 zugestanden haben, die in der Zeit vom 1. Januar 2013 bis zum 19. Juni 2013 erstmalig oder erneut gewährt worden sind oder über deren Vergabe in diesem Zeitraum entschieden worden ist. [2] Für Professoren sowie hauptberufliche Leiter von Hochschulen und Mitglieder von Leitungsgremien an Hochschulen, die am 31. Dezember 2012 der Besoldungsgruppe W 2 oder W 3 angehört haben und vor Erreichen der Stufe 3 des Grundgehaltes nach Anlage IV in den Ruhestand versetzt werden, sind bei den ruhegehaltfähigen Bezügen unter Anwendung der §§ 32 und 33 in der bis zum 31. Dezember 2012 geltenden Fassung nach Maßgabe des Artikels 2 des Bundesbesoldungs- und -versorgungsanpassungsgesetzes 2012/2013 vom 15. August 2012 (BGBl. I S. 1670) mindestens zugrunde zu legen

1. das Grundgehalt, das am 1. Januar 2013 zugestanden hat, und

2. der Teil der Leistungsbezüge, der am 1. Januar 2013 ruhegehaltfähig gewesen ist.

(6) [1] Sind monatliche Leistungsbezüge bis zum 19. Juni 2013 nach § 33 Absatz 3 Satz 3 für ruhegehaltfähig erklärt worden, wird der sich nach dieser Erklärung ergebende Prozentsatz zur Bestimmung der Ruhegehaltfähigkeit der von der Verringerung nach den Absätzen 2 bis 4 nicht erfassten Leistungsbezüge durch einen ruhegehaltfähigen Betrag ersetzt. [2] Der Betrag bemisst sich nach der Differenz zwischen dem am 1. Januar 2013 auf Grund des Professorenbesoldungsneuregelungsgesetzes vom 11. Juni 2013 (BGBl. I S. 1514) zustehenden Grundgehalt und der Summe der ruhegehaltfähigen Bezüge nach Absatz 5 Satz 2, die an diesem Tag unter Anwendung der §§ 32 und 33 in der bis zum 31. Dezember 2012 geltenden Fassung nach Maßgabe des Artikels 2 des Bundesbesoldungs- und -versorgungsanpassungsgesetzes 2012/2013 vom 15. August 2012 (BGBl. I S. 1670) zugestanden haben. [3] Der Betrag nimmt an Anpassungen der Besoldung nach § 14 teil.

§ 78[1]) **Übergangsregelung für Beamte bei den Postnachfolgeunternehmen.** (1) [1] Für Beamte, die bei den Postnachfolgeunternehmen beschäftigt sind, sind die Beträge des Grundgehaltes nach Anlage IV, des Familienzuschlags nach Anlage V und der Amts- und Stellenzulagen nach Anlage IX mit dem Faktor 0,9524 zu multiplizieren. [2] Die Beträge des Grundgehaltes in den Besoldungsgruppen A 2 bis A 8 sind vor der Multiplikation um 10,42 Euro zu vermindern. [3] Es werden aber mindestens die zuletzt geltenden Beträge gezahlt.

(2) Das Bundesministerium des Innern, für Bau und Heimat macht die Beträge nach Absatz 1 in der jeweils geltenden Fassung im Bundesgesetzblatt bekannt.[2])

§ 79[3]) *(aufgehoben)*

[1]) § 78 Abs. 1 Satz 1 geänd., Satz 3 angef. mWv 1.1.2012 durch G v. 20.12.2011 (BGBl. I S. 2842); *Abs. 2 geänd. mWv 1.1.2020 durch G v. 9.12.2019 (BGBl. I S. 2053).*
[2]) Siehe die Bekanntmachung des BMI **(Bundesbeamtengesetze Nr. 52d)**.
[3]) § 79 aufgeh. mWv 1.1.2020 durch G v. 8.6.2017 (BGBl. I S. 1570).

§ 80 Übergangsregelung für beihilfeberechtigte Polizeivollzugsbeamte der Bundespolizei. [1]Polizeivollzugsbeamten der Bundespolizei, die am 1. Januar 1993 Beihilfe nach den Beihilfevorschriften des Bundes erhalten, wird diese weiterhin gewährt. [2]Auf Antrag erhalten sie an Stelle der Beihilfe Heilfürsorge nach § 70 Abs. 2. [3]Der Antrag ist unwiderruflich.

§ 80a[1] Übergangsregelung für Verpflichtungsprämien für Soldaten auf Zeit aus Anlass des Bundeswehrreform-Begleitgesetzes. § 85a Absatz 4 in der bis zum 31. Dezember 2012 geltenden Fassung ist auf Verpflichtungsprämien, die nach § 85a in der Zeit vom 1. Januar 2011 bis zum 31. Dezember 2012 gewährt wurden, weiterhin anzuwenden.

§ 80b[2] Übergangsregelung zum Auslandsverwendungszuschlag. Beamten und Soldaten, die am 31. Mai 2017 eine Vergütung nach § 50a oder Auslandsdienstbezüge nach § 52 beziehen, werden diese bis zur Beendigung ihrer jeweiligen Verwendung weitergewährt, soweit dies für die Betroffenen günstiger ist als die Gewährung des Auslandsverwendungszuschlags nach § 56 in der ab dem 1. Juni 2017 geltenden Fassung.

§ 81 Übergangsregelungen bei Zulagenänderungen aus Anlass des Versorgungsreformgesetzes 1998. [1]Soweit durch das Versorgungsreformgesetz 1998 die Ruhegehaltfähigkeit von Zulagen wegfällt oder Zulagen, die der Berechtigte bezogen hat, nicht mehr zu den ruhegehaltfähigen Dienstbezügen gehören, sind für Empfänger von Dienstbezügen, die bis zum 31. Dezember 2007 in den Ruhestand treten oder versetzt werden, die bisherigen Vorschriften über die Ruhegehaltfähigkeit in der bis zum 31. Dezember 1998 geltenden Fassung weiter anzuwenden, für Empfänger von Dienstbezügen der Besoldungsgruppen A 1 bis A 9 bei einer Zurruhesetzung bis zum 31. Dezember 2010. [2]Dies gilt nicht, wenn die Zulage nach dem 1. Januar 1999 erstmals gewährt wird.

§ 82[3] Übergangsregelungen aus Anlass des Siebten Besoldungsänderungsgesetzes. (1) [1]Die am 31. Dezember 2015 vorhandenen Beamten und Soldaten setzen ihren Stufenaufstieg ab dem 1. Januar 2016 mit ihrer bis dahin erworbenen Stufe und der darin erbrachten Erfahrungszeit fort. [2]Hat ein Soldat am 31. Dezember 2015 die für die jeweilige Stufe nach § 27 Absatz 3 Satz 1 erforderliche Erfahrungszeit erbracht, erreicht er am 1. Januar 2016 die jeweils nächsthöhere Erfahrungsstufe. [3]Abweichend von Satz 1 werden die darüber hinausgehenden, in der bisherigen Stufe erbrachten Erfahrungszeiten nicht angerechnet.

(2) Für Soldaten, die sich am 31. Dezember 2015 in Stufe 1 oder Stufe 2 befinden, beträgt die maßgebliche Erfahrungszeit in Stufe 2 abweichend von § 27 Absatz 3 Satz 1 zwei Jahre und drei Monate.

[1] § 80a eingef. mWv 1.1.2013 durch G v. 21.7.2012 (BGBl. I S. 1583).
[2] § 80b eingef. mWv 1.6.2017 durch G v. 8.6.2017 (BGBl. I S. 1570).
[3] § 82 neu gef. mWv 1.1.2016 durch G v. 3.12.2015 (BGBl. I S. 2163); Abs. 1 Satz 1 geänd. mWv 1.1.2016 durch G v. 5.1.2017 (BGBl. I S. 17); Abs. 1 Satz 1 geänd. mWv 1.1.2020 durch G v. 9.12. 2019 (BGBl. I S. 2053).

§ 83[1]) **Übergangsregelung für Ausgleichszulagen.** § 19a gilt entsprechend, wenn ein Anspruch auf eine ruhegehaltfähige Ausgleichszulage wegen der Verringerung oder des Verlustes einer Amtszulage während eines Dienstverhältnisses nach § 1 Absatz 1 bis zum 30. Juni 2009 entstanden ist, und in den Fällen des § 2 Absatz 6 des Besoldungsüberleitungsgesetzes[2]).

§ 83a[3]) **Übergangsregelung für die Besoldung bei Verleihung eines anderen Amtes oder bei Wechsel in den Dienst des Bundes.** (1) Der Anspruch nach § 19a Satz 2 besteht ab dem 1. März 2012 auch für Wechsel in der Zeit vom 1. Juli 2009 bis zum 21. März 2012.

(2) ¹Für Beamte, Richter und Soldaten, die in der Zeit vom 1. Juli 2009 bis zum 21. März 2012 auf Grund einer Versetzung, einer Übernahme oder eines Übertritts in den Dienst des Bundes gewechselt sind, ist § 19b mit der Maßgabe anzuwenden, dass eine Ausgleichszulage ab dem 1. März 2012 gewährt wird. ²Sie wird in der Höhe gewährt, die sich am 22. März 2012 ergäbe, wenn die Zulage bereits seit dem Wechsel in den Dienst des Bundes zugestanden hätte.

§ 84 Anpassung von Bezügen nach fortgeltendem Recht. Die Anpassung nach § 14 Absatz 2 gilt entsprechend für

1. die Grundgehaltssätze (Gehaltssätze) in den Regelungen über künftig wegfallende Ämter,

2. die Amtszulagen in Überleitungsvorschriften oder Regelungen über künftig wegfallende Ämter,

3. die in festen Beträgen ausgewiesenen Zuschüsse zum Grundgehalt nach den Vorbemerkungen Nummer 1 und 2 sowie die allgemeine Stellenzulage nach Vorbemerkung Nummer 2b der Anlage II in der bis zum 22. Februar 2002 geltenden Fassung,

4. die Beträge der Amtszulagen nach Anlage 2 der Verordnung zur Überleitung in die im Zweiten Gesetz zur Vereinheitlichung und Neuregelung des Besoldungsrechts in Bund und Ländern geregelten Ämter und über die künftig wegfallenden Ämter vom 1. Oktober 1975 (BGBl. I S. 2608), geändert durch Artikel 9 des Gesetzes vom 24. März 1997 (BGBl. I S. 590).

[1]) § 83 Abs. 3 geänd. mWv 1.1.2011 durch G v. 5.2.2009 (BGBl. I S. 160, insoweit geänd. durch G v. 19.11.2010, BGBl. I S. 1552); Überschrift und Abs. 3 geänd. mWv 1.1.2012 durch G v. 20.12.2011 *(BGBl. I S. 2842); Abs. 2 und 3 aufgeh. mWv 11.1.2017 durch G v. 5.1.2017* (BGBl. I S. 17).
[2]) **Bundesbeamtengesetze Nr. 52A.**
[3]) § 83a eingef. mWv 22.3.2012 durch G v. 15.3.2012 (BGBl. I S. 462).

§ 85[1) Anwendungsbereich in den Ländern. Für die Beamten und Richter der Länder, der Gemeinden, der Gemeindeverbände sowie der sonstigen der Aufsicht eines Landes unterstehenden Körperschaften, Anstalten und Stiftungen des öffentlichen Rechts gilt das Bundesbesoldungsgesetz in der bis zum 31. August 2006 geltenden Fassung, soweit nichts Anderes bestimmt ist.[2)

[1) § 85 aufgeh., bish. § 86 wird § 85 mWv 1.8.2013 durch G v. 11.6.2013 (BGBl. I S. 1514).

[2) Siehe die besoldungsrechtlichen Regelungen der Länder:
- **Baden-Württemberg:** LandesbesoldungsG v. 9.11.2010 (GBl. S. 793, 826), zuletzt geänd. durch G v. 17.12.2020 (GBl. S. 1204)
- **Bayern:** Bayerisches BesoldungsG v. 5.8.2010 (GVBl. S. 410, 764), zuletzt geänd. durch G v. 23.12. 2020 (GVBl. S. 683)
- **Berlin:** vgl. § 1b LandesbesoldungsG v. 9.4.1996 (GVBl. S. 160, ber. S. 463), zuletzt geänd. durch G v. 17.12.2020 (GVBl. S. 1479)
- **Brandenburg:** Brandenburgisches BesoldungsG v. 20.11.2013 (GVBl. I Nr. 32, 2, ber. Nr. 34), zuletzt geänd. durch Bek. v. 25.6.2019 (GVBl. I Nr. 46, ber. Nr 47, Nr. 48)
- **Bremen:** Bremisches BesoldungsG v. 20.12.2016 (Brem.GBl. S. 924), zuletzt geänd. durch Bek. v. 20.10.2020 (Brem.GBl. S. 1172)
- **Hamburg:** Hamburgisches BesoldungsG v. 26.1.2010 (HmbGVBl. S. 23), zuletzt geänd. durch G v. 19.12.2019 (HmbGVBl. S. 527)
- **Hessen:** Hessisches BesoldungsG v. 27.5.2013 (GVBl. S. 218; 256, ber. S. 508), zuletzt geänd. durch G v. 23.6.2020 (GVBl. S. 430)
- **Mecklenburg-Vorpommern:** BesoldungsüberleitungsG v. 4.7.2011 (GVOBl. M-V S. 376) iVm Bek. v. 12.3.2013 (GVOBl. M-V S. 182)
- **Niedersachsen:** Niedersächsisches BesoldungsG v. 20.12.2016 (Nds. GVBl. S. 308, ber. 2017 S. 64), zuletzt geänd. durch G v. 10.12.2020 (Nds. GVBl. S. 496)
- **Nordrhein-Westfalen:** LandesbesoldungsG v. 14.6.2016 (GV. NRW. S. 310, 339), zuletzt geänd. durch G v. 17.12.2020 (GV. NRW. S. 1238)
- **Rheinland-Pfalz:** LandesbesoldungsG v. 18.6.2013 (GVBl. S. 157, 158), zuletzt geänd. durch G v. 23.9.2020 (GVBl. S. 535)
- **Saarland:** vgl. § 1 Abs. 2 Saarländisches BesoldungsG idF der Bek. v. 10.1.1989 (Amtsbl. S. 301), zuletzt geänd. durch G v. 20.11.2019 (Amtsbl. I S. 1055)
- **Sachsen:** Sächsisches BesoldungsG v. 18.12.2013 (SächsGVBl. S. 970, 1005), zuletzt geänd. durch G v. 20.8.2019 (SächsGVBl. S. 662)
- **Sachsen-Anhalt:** LandesbesoldungsG v. 8.2.2011 (GVBl. LSA S. 68), zuletzt geänd. durch G v. 2.7. 2020 (GVBl. LSA S. 334)
- **Schleswig-Holstein:** BesoldungsG Schleswig-Holstein v. 26.1.2012 (GVOBl. Schl.-H. S. 153), zuletzt geänd. durch G v. 8.9.2020 (GVOBl. Schl.-H. S. 516)
- **Thüringen:** Thüringer BesoldungsG idF der Bek. v. 18.1.2016 (GVBl. S. 1, ber. S. 166, 202), zuletzt geänd. durch G v. 21.12.2020 (GVBl. S. 655)

Anlage I[1)]
(zu § 20 Absatz 2 Satz 1)

Bundesbesoldungsordnungen A und B

Vorbemerkungen[2)]

I. Allgemeine Vorbemerkungen

1.[3)] Amtsbezeichnungen

(1) Weibliche Beamte führen die Amtsbezeichnung soweit möglich in der weiblichen Form.

(2) [1]Die in den Bundesbesoldungsordnungen A und B gesperrt gedruckten Amtsbezeichnungen sind Grundamtsbezeichnungen. [2]Den Grundamtsbezeichnungen können Zusätze beigefügt werden, die hinweisen auf

1. den Dienstherrn oder den Verwaltungsbereich,

2. die Laufbahn,

3. die Fachrichtung.

[3]Die Grundamtsbezeichnungen „Rat", „Oberrat", „Direktor", „Leitender Direktor", „Direktor und Professor", „Erster Direktor", „Oberdirektor", „Präsident" und „Präsident und Professor" dürfen nur in Verbindung mit einem Zusatz nach Satz 2 verliehen werden.

(3) [1]Über die Beifügung der Zusätze zu den Grundamtsbezeichnungen entscheidet das Bundesministerium des Innern, für Bau und Heimat im Einvernehmen mit dem Bundesministerium der Finanzen. [2]Das Bundesministerium des Innern, für Bau und Heimat macht die Zusätze zu den Grundamtsbezeichnungen jährlich zum 1. März im Gemeinsamen Ministerialblatt bekannt.

(4) [1]Die Regelungen in der Bundesbesoldungsordnung A für Ämter des mittleren, gehobenen und höheren Polizeivollzugsdienstes – mit Ausnahme des kriminalpolizeilichen Vollzugsdienstes – gelten auch für die Polizeivollzugsbeamten beim Deutschen Bundestag. [2]Diese führen die Amtsbezeichnungen des Polizeivollzugsdienstes mit dem Zusatz „beim Deutschen Bundestag".

2. „Direktor und Professor" in den Besoldungsgruppen B 1, B 2 und B 3

[1]Die Ämter „Direktor und Professor" in den Besoldungsgruppen B 1, B 2 und B 3 dürfen nur an Beamte verliehen werden, denen in wissenschaftlichen Forschungseinrichtungen oder in Dienststellen und Einrichtungen mit eigenen wissenschaftlichen Forschungsbereichen überwiegend wissenschaftliche Forschungsaufgaben obliegen. [2]Dienststellen und Einrichtungen mit eigenen wissenschaftlichen Forschungsbereichen sind:

[1)] Anl. I neu gef. mWv 1.8.2013 durch G v. 11.6.2013 (BGBl. I S. 1514).
[2)] Vorbemerkung Nr. 6 und Nr. 11 geänd. mWv 1.1.2015, Nr. 4 neu gef. mWv 1.6.2015 durch G v. 13.5.2015 (BGBl. I S. 706); Nr. 5, 6, 6a, 8a, 9, 9a und 11 geänd., Nr. 8c eingef. mWv 1.1.2016 durch G v. 3.12.2015 (BGBl. I S. 2163); Nr. 6a geänd. mWv 11.1.2017 durch G v. 5.1.2017 (BGBl. I S. 17); Nr. 13 geänd. mWv 26.6.2017 durch G v. 23.6.2017 (BGBl. I S. 1822); Nr. 8c geänd. mWv 1.1.2019 durch G v. 29.11.2018 (BGBl. I S. 2232); Nr. 1, 2, 2a, 5a, 6, 6a, 7, 8, 8a, 8b, 9, 10, 13 geänd., Nr. 4, 9a, 11, 15–17 neu gef., Nr. 18 und 19 angef., Nr. 3a aufgeh. mWv 1.1.2020 durch G v. 9.12.2019 (BGBl. I S. 2053).
[3)] Siehe hierzu auch das BMI-Rundschreiben – D3 – 30200/101#6 – **(Bundesbeamtengesetze Nr. 52.7).**

Bundesagentur für Arbeit

Bundesamt für Bauwesen und Raumordnung

Bundesamt für Naturschutz

Bundesamt für Seeschifffahrt und Hydrographie

Bundesamt für Strahlenschutz

Bundesamt für Verbraucherschutz und Lebensmittelsicherheit

Bundesanstalt für Arbeitsschutz und Arbeitsmedizin

Bundesanstalt für Geowissenschaften und Rohstoffe

Bundesanstalt für Materialforschung und -prüfung

Bundesanstalt für Straßenwesen

Bundesinstitut für Arzneimittel und Medizinprodukte

Bundesinstitut für Risikobewertung

Bundesinstitut für Sportwissenschaft

Bundeskriminalamt

Deutscher Wetterdienst

Eisenbahn-Bundesamt

Friedrich-Loeffler-Institut, Bundesforschungsinstitut für Tiergesundheit

Johann Heinrich von Thünen-Institut, Bundesforschungsinstitut für Ländliche Räume, Wald und Fischerei

Julius Kühn-Institut, Bundesforschungsinstitut für Kulturpflanzen

Max Rubner-Institut, Bundesforschungsinstitut für Ernährung und Lebensmittel

Paul-Ehrlich-Institut

Physikalisch-Technische Bundesanstalt

Robert Koch-Institut

Umweltbundesamt

Wehrtechnische Dienststelle für Schiffe und Marinewaffen, Maritime Technologie und Forschung

Wehrwissenschaftliches Institut für Werk- und Betriebsstoffe.

2a. Leiter von unteren Verwaltungsbehörden und Leiter von allgemeinbildenden oder beruflichen Schulen

¹Die Ämter der Leiter von unteren Verwaltungsbehörden mit einem beim jeweiligen Dienstherrn örtlich begrenzten Zuständigkeitsbereich sowie die Ämter der Leiter von allgemeinbildenden oder beruflichen Schulen dürfen nur in Besoldungsgruppen der Bundesbesoldungsordnung A eingestuft werden. ²Die Ämter der Leiter besonders bedeutender und zugleich besonders großer unterer Verwaltungsbehörden der Zollverwaltung dürfen auch in Besoldungsgruppen der Bundesbesoldungsordnung B eingestuft werden.

3. Zuordnung von Funktionen zu den Ämtern

Den Grundamtsbezeichnungen beigefügte Zusätze bezeichnen die Funktionen, die diesen Ämtern zugeordnet werden können, nicht abschließend.

II. Stellenzulagen

4. Zulage für militärische Führungsfunktionen

(1) Eine Stellenzulage nach Anlage IX erhalten Soldaten in Besoldungsgruppen bis A 14 in einer Verwendung

1. als Kompaniechef oder in vergleichbarer Führungs- oder Ausbildungsfunktion,
2. als Zugführer oder in vergleichbarer Führungs- oder Ausbildungsfunktion,
3. als Gruppenführer oder in vergleichbarer Führungs- oder Ausbildungsfunktion,
4. als Truppführer oder in vergleichbarer Führungs- oder Ausbildungsfunktion,
5. mit Weisungsrecht gegenüber Zivilpersonen in der Funktion als Vertreter des Bundes als Arbeitgeber im Sinne der Gewerbeordnung.

(2) Sofern mehrere Voraussetzungen des Absatzes 1 gleichzeitig erfüllt sind, wird nur die höhere Zulage gewährt.

(3) Die Zulage nach Absatz 1 wird neben einer anderen Stellenzulage nur gewährt, soweit sie diese übersteigt.

(4) Das Nähere regelt das Bundesministerium der Verteidigung im Einvernehmen mit dem Bundesministerium des Innern, für Bau und Heimat durch allgemeine Verwaltungsvorschrift.

4a. Zulage für Soldaten als Kompaniefeldwebel

Soldaten der Besoldungsgruppen A 7 bis A 9 erhalten als Kompaniefeldwebel eine Stellenzulage nach Anlage IX.

5. Zulage für flugzeugtechnisches Personal, flugsicherungstechnisches Personal der militärischen Flugsicherung und technisches Personal des Einsatzführungsdienstes

(1) Eine Stellenzulage nach Anlage IX erhalten Beamte und Soldaten als erster Spezialist oder in höherwertigen Funktionen in einer Verwendung als

1. flugzeugtechnisches Personal,
2. flugsicherungstechnisches Personal der militärischen Flugsicherung und als technisches Personal des Einsatzführungsdienstes,
3. hauptamtliches Personal zentraler Ausbildungseinrichtungen, das nach einer Verwendung gemäß Nummer 1 oder Nummer 2 Beamte und Soldaten für solche Verwendungen ausbildet.

(2) Die Stellenzulage wird neben einer Stellenzulage nach den Nummern 4, 6, 6a oder 9a nur gewährt, soweit sie diese übersteigt.

5a. Zulage für Beamte und Soldaten im militärischen Flugsicherungsbetriebsdienst, Einsatzführungsdienst und Geoinformationsdienst der Bundeswehr

(1) Eine Stellenzulage nach Anlage IX erhalten Beamte und Soldaten, die im militärischen Flugsicherungsbetriebsdienst, im Einsatzführungsdienst und im Geoinformationsdienst der Bundeswehr verwendet werden

1. als Flugsicherungskontrollpersonal in

 a) *Flugsicherungssektoren,*
 b) Flugsicherungsstellen,

c) einer Lehrtätigkeit an einer Schule,

2. als Flugdatenbearbeitungspersonal in Flugsicherungssektoren,

3. als Flugberatungspersonal in
 a) Flugsicherungsstellen,
 b) zentralen Stellen des Flugberatungsdienstes,
 c) einer Lehrtätigkeit an einer Schule,

4. als Betriebspersonal des Einsatzführungsdienstes
 a) mit erfolgreich abgeschlossenem Lehrgang Radarleitung/Einsatzführungs-
 offizier,
 b) ohne Lehrgang Radarleitung/Einsatzführungsoffizier
 aa) im Einsatzdienst in Luftverteidigungsanlagen,
 bb) in einer Lehrtätigkeit im Einsatzführungsdienst,

5. in Stabs-, Fach- und Truppenführerfunktionen – nicht jedoch bei einer
 obersten Bundesbehörde – sowie als Ausbildungspersonal der militärischen
 Flugsicherung oder des Einsatzführungsdienstes,

6. im Flugwetterberatungsdienst oder im Wetterbeobachtungsdienst auf Flug-
 plätzen mit Flugbetrieb der Bundeswehr oder in den zentralen Geoinforma-
 tionsberatungsstellen.

(2) Die Stellenzulage wird neben einer Stellenzulage nach den Nummern 6,
8, 9 oder 9a nur gewährt, soweit sie diese übersteigt.

(3) Die allgemeinen Verwaltungsvorschriften erlässt das Bundesministerium
der Verteidigung im Einvernehmen mit dem Bundesministerium des Innern,
für Bau und Heimat.

6. Zulage für Beamte und Soldaten in fliegerischer Verwendung

(1) [1] Eine Stellenzulage nach Anlage IX erhalten Beamte und Soldaten in
Besoldungsgruppen der Bundesbesoldungsordnung A, wenn sie verwendet
werden

1. als Luftfahrzeugführer mit der Erlaubnis zum Führen ein- oder zweisitziger
 strahlgetriebener Kampf- oder Schulflugzeuge oder als Waffensystemoffizier
 mit der Erlaubnis zum Einsatz auf zweisitzigen strahlgetriebenen Kampf-
 oder Schulflugzeugen,

2. als Luftfahrzeugführer mit der Erlaubnis zum Führen sonstiger strahlgetrie-
 bener Flugzeuge oder sonstiger Luftfahrzeuge oder als Luftfahrzeugoperati-
 onsoffizier,

3. als Steuerer mit der Erlaubnis und Berechtigung zum Führen und Bedienen
 unbemannter Luftfahrtgeräte, die nach Instrumentenflugregeln geführt und
 bedient werden müssen,

4. als *Flugtechniker* in der Bundespolizei oder als sonstige ständige Luftfahr-
 zeugbesatzungsangehörige in der Bundeswehr.

[2] Die Stellenzulage erhöht sich um den Betrag nach Anlage IX für verantwort-
liche Luftfahrzeugführer, die mit der Berechtigung eines Kommandanten auf
Flugzeugen verwendet werden, für die eine Mindestbesatzung von zwei Luft-
fahrzeugführern vorgeschrieben ist. [3] Die Erhöhung gilt bis zum 31. Dezember
2023.

(2) [1] Die zuletzt nach Absatz 1 Satz 1 gewährte Stellenzulage wird nach Beendigung der Verwendung, auch über die Besoldungsgruppe A 16 hinaus, für fünf Jahre weitergewährt, wenn der Beamte oder Soldat

1. mindestens fünf Jahre in einer Tätigkeit nach Absatz 1 verwendet worden ist oder

2. bei der Verwendung nach Absatz 1 einen Dienstunfall im Flugdienst oder eine durch die Besonderheiten dieser Verwendung bedingte gesundheitliche Schädigung erlitten hat, die die weitere Verwendung nach Absatz 1 ausschließen.

[2] Der Fünfjahreszeitraum verlängert sich bei Soldaten, die zur Erhaltung ihres fliegerischen Könnens verpflichtet sind, um zwei Drittel des Verpflichtungszeitraumes, höchstens jedoch um drei Jahre. [3] Danach verringert sich die Stellenzulage auf 50 Prozent.

(3) [1] Hat der Beamte oder Soldat einen Anspruch auf eine Stellenzulage nach Absatz 2 und wechselt er in eine weitere Verwendung, mit der ein Anspruch auf eine geringere Stellenzulage nach Absatz 1 verbunden ist, so erhält er zusätzlich zu der geringeren Stellenzulage den Unterschiedsbetrag zu der Stellenzulage nach Absatz 2. [2] Nach Beendigung der weiteren Verwendung wird die Stellenzulage nach Absatz 2 Satz 1 und 2 nur weitergewährt, soweit sie noch nicht vor der weiteren Verwendung bezogen und auch nicht während der weiteren Verwendung durch den Unterschiedsbetrag zwischen der geringeren Stellenzulage und der Stellenzulage nach Absatz 2 abgegolten worden ist. [3] Der Berechnung der Stellenzulage nach Absatz 2 Satz 3 wird die höhere Stellenzulage zugrunde gelegt.

(4) Eine Stellenzulage nach Absatz 1 Satz 1 ist in Höhe von 50 Prozent ruhegehaltfähig, wenn

1. sie mindestens fünf Jahre bezogen worden ist oder

2. das Dienstverhältnis beendet worden ist

a) durch Tod oder

b) durch Dienstunfähigkeit infolge eines durch die Verwendung erlittenen Dienstunfalls oder einer durch die Besonderheiten dieser Verwendung bedingten gesundheitlichen Schädigung.

(5) [1] Die Stellenzulage wird neben einer Stellenzulage nach Nummer 8 nur gewährt, soweit sie diese übersteigt. [2] Abweichend von Satz 1 wird die Stellenzulage nach Absatz 1 neben einer Stellenzulage nach Nummer 8 gewährt, soweit sie deren Hälfte übersteigt.

(6) [1] Der Erwerb der Berechtigung nach Absatz 1 Satz 2 wird durch allgemeine Verwaltungsvorschrift des Bundesministeriums der Verteidigung geregelt. [2] Im Übrigen erlässt die oberste Dienstbehörde die allgemeinen Verwaltungsvorschriften im Einvernehmen mit dem Bundesministerium des Innern, für Bau und Heimat.

6a. Zulage für Beamte und Soldaten als Luftfahrttechnisches Prüfpersonal und freigabeberechtigtes Personal

(1) Beamte und Soldaten erhalten eine Stellenzulage nach Anlage IX, wenn sie eine der folgenden Qualifikationen besitzen und entsprechend der Qualifikation verwendet werden:

1. die Erlaubnis als Nachprüfer von Luftfahrtgerät,

2. die Erlaubnis als Prüfer von Luftfahrtgerät,

3. die Berechtigung der Kategorie B oder Kategorie C zur Freigabe von Luftfahrzeugen oder Komponenten nach der Verordnung (EU) Nr. 1321/2014 der Kommission vom 26. November 2014 über die Aufrechterhaltung der Lufttüchtigkeit von Luftfahrzeugen und luftfahrttechnischen Erzeugnissen, Teilen und Ausrüstungen und die Erteilung von Genehmigungen für Organisationen und Personen, die diese Tätigkeiten ausführen (ABl. L 362 vom 17.12.2014, S. 1),

4. die Erlaubnis zur Prüfung der Lufttüchtigkeit,

5. die Berechtigung als Prüfer für zerstörungsfreie Prüfungen von Luftfahrzeugen, Luftfahrtgeräten und Zusatzausrüstungen mit Zertifizierung nach DIN EN 4179, Ausgabe März 2017, in Verbindung mit den für den Geschäftsbereich des Bundesministeriums der Verteidigung geltenden Zulassungsvorschriften.

(2) Die Stellenzulage wird neben einer Stellenzulage nach Nummer 4, 5a oder 9a nur gewährt, soweit sie diese übersteigt.

7. Zulage für Beamte und Soldaten bei obersten Behörden sowie bei obersten Gerichtshöfen des Bundes

(1) Beamte und Soldaten erhalten, wenn sie bei obersten Bundesbehörden oder bei obersten Gerichtshöfen des Bundes verwendet werden, eine Stellenzulage nach Anlage IX.

(2) [1]Die Stellenzulage wird nicht neben der bei der Deutschen Bundesbank gewährten Bankzulage und neben Auslandsdienstbezügen oder Auslandsverwendungszuschlag nach Abschnitt 5 gewährt. [2]Die Stellenzulage wird neben Stellenzulagen nach den Nummern 6, 6a, 8 bis 9, 10 und 15 bis 19 nur gewährt, soweit sie diese übersteigt.

(3) Beamte und Soldaten erhalten während der Verwendung bei obersten Behörden eines Landes, das für die Beamten bei seinen obersten Behörden eine Regelung entsprechend Absatz 1 getroffen hat, die Stellenzulage in der nach dem Besoldungsrecht dieses Landes bestimmten Höhe.

8. Zulage für Beamte und Soldaten bei den Nachrichtendiensten

(1) Beamte und Soldaten erhalten, wenn sie bei den Nachrichtendiensten des Bundes oder der Länder verwendet werden, eine Stellenzulage nach Anlage IX.

(2) Nachrichtendienste sind der Bundesnachrichtendienst, das Bundesamt für den Militärischen Abschirmdienst, das Bundesamt für Verfassungsschutz sowie die Einrichtungen für Verfassungsschutz der Länder.

8a. Zulage für Beamte der Bundeswehr und Soldaten in der Fernmelde- und elektronischen Aufklärung, der satellitengestützten abbildenden Aufklärung oder der Luftbildauswertung

(1) [1]Beamte der Bundeswehr und Soldaten erhalten eine Stellenzulage nach Anlage IX, wenn sie verwendet werden in

1. der Fernmelde- und elektronischen Aufklärung,

2. der satellitengestützten abbildenden Aufklärung oder

3. der Luftbildauswertung.

²Die Zulage erhalten unter den gleichen Voraussetzungen auch Beamte auf Widerruf, die einen Vorbereitungsdienst ableisten.

(2) Durch die Stellenzulage werden die mit dem Dienst allgemein verbundenen Erschwernisse und Aufwendungen mit abgegolten.

(3) Die Stellenzulage wird neben einer Stellenzulage nach den Nummern 5, 5a, 6, 6a oder 8 nur gewährt, soweit sie diese übersteigt.

8b. Zulage für Beamte bei dem Bundesamt für Sicherheit in der Informationstechnik und bei der Zentralen Stelle für Informationstechnik im Sicherheitsbereich

(1) Beamte erhalten eine Stellenzulage nach Anlage IX, wenn sie verwendet werden

1. beim Bundesamt für Sicherheit in der Informationstechnik oder
2. bei der Zentralen Stelle für Informationstechnik im Sicherheitsbereich.

(2) Die Stellenzulage wird neben einer Stellenzulage nach Nummer 9 nur gewährt, soweit sie diese übersteigt.

8c. Zulage für Beamte und Soldaten bei dem Bundesamt für Migration und Flüchtlinge

(1) Beamte und Soldaten erhalten, wenn sie bei dem Bundesamt für Migration und Flüchtlinge verwendet werden, bis zum 31. Dezember 2023 eine Stellenzulage nach Anlage IX.

(2) Durch die Stellenzulage werden die mit dem Dienst allgemein verbundenen Erschwernisse und Aufwendungen mit abgegolten.

9. Zulage für Beamte und Soldaten mit vollzugspolizeilichen Aufgaben

(1) Eine Stellenzulage nach Anlage IX erhalten, soweit ihnen Dienstbezüge nach der Bundesbesoldungsordnung A zustehen,

1. Polizeivollzugsbeamte,
2. Feldjäger,
3. Beamte der Zollverwaltung, die

a) in der Grenzabfertigung verwendet werden,

b) in einem Bereich verwendet werden, in dem gemäß Bestimmung des Bundesministeriums der Finanzen typischerweise vollzugspolizeilich geprägte Tätigkeiten wahrgenommen werden, oder

c) mit vollzugspolizeilichen Aufgaben betraut sind.

(2) Eine Zulage nach Absatz 1 erhalten unter den gleichen Voraussetzungen auch Beamte auf Widerruf, die einen Vorbereitungsdienst ableisten.

(3) Die Stellenzulage wird nicht neben einer Stellenzulage nach Nummer 8 gewährt.

(4) Durch die Stellenzulage werden die Besonderheiten des jeweiligen Dienstes, insbesondere der mit dem Posten- und Streifendienst sowie dem Nachtdienst verbundene Aufwand sowie der Aufwand für Verzehr mit abgegolten.

9a. Zulage im maritimen Bereich

(1) ¹Eine Stellenzulage nach Anlage IX erhalten Beamte der Bundeswehr und Soldaten, wenn sie verwendet werden

1. als Angehörige einer Besatzung in Dienst gestellter seegehender Schiffe der Marine oder anderer Seestreitkräfte,
2. als Angehörige einer Besatzung in Dienst gestellter U-Boote der Marine oder anderer Seestreitkräfte oder
3. als Kampfschwimmer oder Minentaucher mit gültigem Kampfschwimmer- oder Minentaucherschein auf einer Stelle des Stellenplans, die eine Kampfschwimmer- oder Minentaucherausbildung voraussetzt.

[2] Sind gleichzeitig mehrere Tatbestände nach Satz 1 Nummer 1 bis 3 erfüllt, wird nur die höhere Zulage gewährt.

(2) [1] Die Stellenzulage nach Absatz 1 Satz 1 Nummer 1 oder Nummer 2 erhalten auch Beamte der Bundeswehr und Soldaten, die auf Grund einer Abordnung oder einer Kommandierung Aufgaben an Bord eines seegehenden Schiffes oder U-Bootes der Marine oder anderer Streitkräfte zu erfüllen haben, ohne zur Besatzung zu gehören. [2] Ist dieses Schiff oder U-Boot noch nicht in Dienst gestellt, steht die Zulage ab dem Tag der Zugehörigkeit zur Fahrmannschaft für die Dauer der Verwendung zu. [3] Absatz 1 Satz 2 gilt entsprechend.

(3) Eine Stellenzulage nach Anlage IX erhalten auch Beamte und Soldaten in einer Verwendung als

1. Angehörige einer Besatzung anderer seegehender Schiffe, die überwiegend zusammenhängend mehrstündig seewärts der in § 1 der Flaggenrechtsverordnung festgelegten Grenzen der Seefahrt verwendet werden,
2. Angehörige einer Besatzung anderer, als der unter Nummer 1 genannter seegehender Schiffe,
3. Taucher für den maritimen Einsatz.

(4) Die Stellenzulage wird neben einer anderen Stellenzulage, mit Ausnahme der Stellenzulage nach Nummer 4a oder Nummer 9, nur gewährt, soweit sie diese übersteigt.

(5) Das Nähere kann die oberste Bundesbehörde durch allgemeine Verwaltungsvorschriften im Einvernehmen mit dem Bundesministerium des Innern, für Bau und Heimat und dem Bundesministerium der Finanzen regeln.

10. Zulage für Beamte und Soldaten im Einsatzdienst der Feuerwehr

(1) [1] Beamte und Soldaten der Bundesbesoldungsordnung A, die im Einsatzdienst der Feuerwehr verwendet werden, erhalten eine Stellenzulage nach Anlage IX. [2] Die Zulage erhalten unter den gleichen Voraussetzungen auch Beamte auf Widerruf, die Vorbereitungsdienst leisten.

(2) Die Zulage erhält auch hauptamtliches feuerwehrdiensttaugliches Personal zentraler Ausbildungseinrichtungen der Bundeswehr, das nach einer Verwendung nach Absatz 1

1. Beamte und Soldaten für den Einsatzdienst der Feuerwehr ausbildet oder
2. in der unmittelbaren Unterstützung der Ausbildung für den Einsatzdienst der Feuerwehr verwendet wird.

(3) Durch die Stellenzulage nach Absatz 1 werden die Besonderheiten des Einsatzdienstes der Feuerwehr, insbesondere der mit dem Nachtdienst verbundene Aufwand sowie der Aufwand für Verzehr mit abgegolten.

11. Zulage für Beamte der Bundeswehr als Gebietsärzte sowie für Soldaten als Rettungsmediziner oder als Gebietsärzte

(1) Eine Stellenzulage nach Anlage IX erhalten bis zum 31. Dezember 2023

1. Beamte der Bundeswehr der Besoldungsgruppen A 13 bis A 16 mit der Approbation als Arzt, die die Weiterbildung zum Gebietsarzt erfolgreich abgeschlossen haben und in diesem Fachgebiet in einer kurativen Sanitätseinrichtung der Bundeswehr verwendet werden,

2. Soldaten der Besoldungsgruppen A 13 bis A 16 als Sanitätsoffiziere mit der Approbation als Arzt, die

 a) über die Zusatzqualifikation Rettungsmedizin verfügen und dienstlich zur Erhaltung dieser Qualifikation verpflichtet sind oder

 b) die Weiterbildung zum Gebietsarzt erfolgreich abgeschlossen haben und in diesem Fachgebiet verwendet werden.

(2) Bei gleichzeitigem Vorliegen der Voraussetzungen nach Absatz 1 Nummer 2 Buchstabe a und b wird die Stellenzulage nur einmal gewährt.

(3) Den Erwerb und die Erhaltung der Zusatzqualifikation Rettungsmedizin regelt das Bundesministerium der Verteidigung durch allgemeine Verwaltungsvorschrift.

12. Zulage für Beamte mit Meisterprüfung oder Abschlussprüfung als staatlich geprüfter Techniker

Beamte in Laufbahnen des mittleren Dienstes, in denen die Meisterprüfung oder die Abschlussprüfung als staatlich geprüfter Techniker vorgeschrieben ist, erhalten, wenn sie die Prüfung bestanden haben, eine Stellenzulage nach Anlage IX.

13. Zulage für Beamte im Außendienst der Steuerprüfung oder der Zollfahndung sowie bei der Zentralstelle für Finanztransaktionsuntersuchungen

(1) Beamte des mittleren Dienstes und des gehobenen Dienstes in der Steuerverwaltung und der Zollverwaltung erhalten für die Zeit ihrer Verwendung im Außendienst der Steuerprüfung oder der Zollfahndung eine Stellenzulage nach Anlage IX.

(2) [1] Beamte, die bei der Zentralstelle für Finanztransaktionsuntersuchungen verwendet werden, erhalten eine Stellenzulage nach Anlage IX. [2] Mit der Zulage werden die mit der Tätigkeit allgemein verbundenen Aufwendungen abgegolten.

(3) Die Stellenzulage nach Absatz 1 oder Absatz 2 wird neben einer Stellenzulage nach Nummer 9 nur gewährt, soweit sie diese übersteigt.

(4) Die allgemeinen Verwaltungsvorschriften erlässt das Bundesministerium der Finanzen im Einvernehmen mit dem Bundesministerium des Innern, für Bau und Heimat.

14. Zulage für Flugsicherungslotsen

(1) Beamte des gehobenen Dienstes in den Besoldungsgruppen A 9 bis A 11 und Soldaten in diesen Besoldungsgruppen erhalten im Flugsicherungskontrolldienst eine Stellenzulage nach Anlage IX.

(2) Die Stellenzulage wird nicht neben einer Stellenzulage nach den Nummern 6a bis 10 gewährt.

15. Zulage für Beamte beim Bundeskriminalamt, bei der Bundespolizei und der Zollverwaltung

(1) [1]Beamte erhalten eine Stellenzulage nach Anlage IX, wenn sie verwendet werden

1. im Bundeskriminalamt,
2. in der Bundespolizei oder
3. in der Zollverwaltung

 a) im Zollkriminalamt oder

 b) in einer örtlichen Behörde der Zollverwaltung in Bereichen, in denen typischerweise Außendienst oder gefährdungsrelevante Tätigkeiten wahrgenommen werden.

[2]Die Bereiche nach Satz 1 Nummer 3 Buchstabe b bestimmt das Bundesministerium der Finanzen durch allgemeine Verwaltungsvorschrift.

(2) Die Zulage wird nicht neben einer Stellenzulage nach Nummer 9 oder Nummer 13 gewährt.

(3) Mit der Zulage werden auch die mit der Tätigkeit allgemein verbundenen Aufwendungen abgegolten.

16. Zulage für Beamte und Soldaten der Cyberverteidigung bei der Bundeswehr

(1) Eine Stellenzulage nach Anlage IX erhalten Beamte und Soldaten der Bundeswehr in Besoldungsgruppen der Bundesbesoldungsordnung A, wenn sie verwendet werden

1. für Computernetzwerkoperationen im Rahmen der Cyberverteidigung,
2. für die Entwicklung und Bereitstellung informationstechnischer Systeme und Verfahren für die Aufgaben nach Nummer 1 oder
3. für die Aus- und Fortbildung für Aufgaben nach Nummer 1.

(2) Für denselben Zeitraum wird die Zulage nur einmal gewährt.

(3) Die Stellenzulage wird neben einer anderen Stellenzulage nur gewährt, soweit sie diese übersteigt.

(4) Die allgemeinen Verwaltungsvorschriften erlässt das Bundesministerium der Verteidigung.

17. Zulage für Beamte bei der Bundesanstalt für den Digitalfunk der Behörden und Organisationen mit Sicherheitsaufgaben und beim Informationstechnikzentrum Bund

(1) Beamte erhalten eine Stellenzulage nach Anlage IX, wenn sie verwendet werden

1. bei der Bundesanstalt für den Digitalfunk der Behörden und Organisationen mit Sicherheitsaufgaben oder
2. beim Informationstechnikzentrum Bund.

(2) Die Stellenzulage wird neben einer anderen Stellenzulage nur gewährt, soweit sie diese übersteigt.

18. Zulage für Beamte der Bundeswehr und Soldaten in Verwendungen zur Aufrechterhaltung und Sicherstellung des IT-Betriebs und der IT-Infrastruktur der Bundeswehr

(1) Eine Stellenzulage nach Anlage IX erhalten Beamte der Bundeswehr und Soldaten, die bei zentralen Einrichtungen des Geschäftsbereichs des Bundesministeriums der Verteidigung unmittelbar für die Aufrechterhaltung und Sicherstellung des IT-Betriebs und der IT-Infrastruktur der Bundeswehr verwendet werden.

(2) Die Stellenzulage wird nicht neben einer Stellenzulage nach Nummer 8a, 8b oder 16 gewährt.

(3) Die allgemeinen Verwaltungsvorschriften erlässt das Bundesministerium der Verteidigung.

19. Zulage für Beamte der Zentrale der Bundesagentur für Arbeit

¹Beamte, die in der Zentrale der Bundesagentur für Arbeit verwendet werden, erhalten eine Zulage nach Anlage IX. ²Mit der Zulage werden auch die mit der Tätigkeit allgemein verbundenen Aufwendungen abgegolten.

Bundesbesoldungsordnung A

Besoldungsgruppe A 2¹⁾

(aufgehoben)

Besoldungsgruppe A 3²⁾

Hauptamtsgehilfe
Oberaufseher*¹⁾
Oberschaffner*¹⁾
Oberwachtmeister*¹⁾*²⁾

Grenadier, Jäger, Panzerschütze, Panzergrenadier, Panzerjäger, Kanonier, Panzerkanonier, Pionier, Panzerpionier, Funker, Panzerfunker, Schütze, Flieger, Sanitätssoldat, Matrose

Gefreiter*³⁾

*¹⁾ **Amtl. Anm.:** Erhält eine Amtszulage nach Anlage IX.
*²⁾ **Amtl. Anm.:** Beamte im Justizdienst erhalten eine Amtszulage nach Anlage IX. Neben der Amtszulage steht eine Amtszulage nach Fußnote 1 nicht zu.
*³⁾ **Amtl. Anm.:** Erhält eine Amtszulage nach Anlage IX.

Besoldungsgruppe A 4

A m t s m e i s t e r
H a u p t a u f s e h e r *¹⁾
H a u p t s c h a f f n e r *¹⁾
H a u p t w a c h t m e i s t e r *¹⁾*²⁾
O b e r w a r t *¹⁾*³⁾

¹⁾ *BesGr. A 2* aufgeh. mWv 1.3.2020 durch G v. 9.12.2019 (BGBl. I S. 2053).
²⁾ BesGr. A 3 neu gef. mWv 1.3.2020 durch G v. 9.12.2019 (BGBl. I S. 2053).

Obergefreiter
Hauptgefreiter[*4]

[*1] **Amtl. Anm.:** Erhält eine Amtszulage nach Anlage IX.
[*2] **Amtl. Anm.:** Beamte im Justizdienst erhalten eine Amtszulage nach Anlage IX. Neben der Amtszulage steht eine Amtszulage nach der Fußnote 1 nicht zu.
[*3] **Amtl. Anm.:** Als Eingangsamt.
[*4] **Amtl. Anm.:** Erhält eine Amtszulage nach Anlage IX.

Besoldungsgruppe A 5[1]

Betriebsassistent [*1] [*2]
Erster Hauptwachtmeister [*1] [*2] [*3]
Hauptwart [*1] [*2]
Oberamtsmeister [*2]

Stabsgefreiter
Oberstabsgefreiter[*1]
Unteroffizier
Maat
Fahnenjunker
Seekadett

[*1] **Amtl. Anm.:** Erhält eine Amtszulage nach Anlage IX.
[*2] **Amtl. Anm.:** Soweit nicht in der Besoldungsgruppe A 6.
[*3] **Amtl. Anm.:** Beamte im Justizdienst erhalten eine Amtszulage nach Anlage IX. Neben der Amtszulage steht eine Amtszulage nach der Fußnote 1 nicht zu.

Besoldungsgruppe A 6[2]

Betriebsassistent[*1]
Erster Hauptwachtmeister [*1] [*2]
Hauptwart [*1]
Oberamtsmeister [*1]
Sekretär [*3]
Korporal
Stabskorporal[*5]

Stabsunteroffizier[*4]
Obermaat[*4]

[*1] **Amtl. Anm.:** Soweit nicht in der Besoldungsgruppe A 5.
[*2] **Amtl. Anm.:** Beamte im Justizdienst erhalten eine Amtszulage nach Anlage IX.

[1] BesGr. A 5 geänd. mWv 1.6.2015 durch G v. 13.5.2015 (BGBl. I S. 706).
[2] BesGr. A 6 geänd. mWv 1.6.2015 durch G v. 13.5.2015 (BGBl. I S. 706); geänd. mWv 1.1.2020 durch G v. 9.12.2019 (BGBl. I S. 2053).

*3) **Amtl. Anm.:** Als Eingangsamt.
*4) **Amtl. Anm.:** Soweit nicht in der Besoldungsgruppe A 7.
*5) **Amtl. Anm.:** Erhält eine Amtszulage nach Anlage IX.

Besoldungsgruppe A 7

Brandmeister*1)
Oberlokomotivführer*2)
O b e r s e k r e t ä r *3)
O b e r w e r k m e i s t e r *2)
Polizeimeister*1)

Stabsunteroffizier*4)
Obermaat*4)
Feldwebel
Bootsmann
Fähnrich
Fähnrich zur See
Oberfeldwebel*5)
Oberbootsmann*5)

*1) **Amtl. Anm.:** Als Eingangsamt.
*2) **Amtl. Anm.:** Auch als Eingangsamt.
*3) **Amtl. Anm.:** Auch als Eingangsamt für Laufbahnen des mittleren technischen Dienstes.
*4) **Amtl. Anm.:** Soweit nicht in der Besoldungsgruppe A 6.
*5) **Amtl. Anm.:** Erhält eine Amtszulage nach Anlage IX.

Besoldungsgruppe A 8

Hauptlokomotivführer
H a u p t s e k r e t ä r
H a u p t w e r k m e i s t e r
Oberbrandmeister
Polizeiobermeister

Hauptfeldwebel*1)
Hauptbootsmann*1)
Oberfähnrich*1)
Oberfähnrich zur See*1)

*1) **Amtl. Anm.:** Erhält eine Amtszulage nach Anlage IX.

Besoldungsgruppe A 9[1]

A m t s i n s p e k t o r *1)

[1] *BesGr. A 9 geänd. mWv 1.1.2016 durch G v. 3.12.2015 (BGBl. I S. 2163); geänd. mWv 1.1.2020 durch G v. 9.12.2019 (BGBl. I S. 2053).*

B e t r i e b s i n s p e k t o r *1)
Hauptbrandmeister*1)
I n s p e k t o r
Kapitän
Konsulatssekretär
Kriminalkommissar
Polizeihauptmeister*1)
Polizeikommissar

Stabsfeldwebel
Stabsbootsmann
Oberstabsfeldwebel*)
Oberstabsbootsmann*)
Leutnant
Leutnant zur See

***1) Amtl. Anm.**: Für Funktionen, die sich von denen der Besoldungsgruppe A 9 abheben, können nach Maßgabe sachgerechter Bewertung jeweils bis zu 30 Prozent der Planstellen mit einer Amtszulage nach Anlage IX ausgestattet werden.
***) Amtl. Anm.**: Beamte und Soldaten in Funktionen, die sich von denen der Besoldungsgruppe A 9 abheben, können eine Amtszulage nach Anlage IX erhalten.

Besoldungsgruppe A 10*1)

Konsulatssekretär Erster Klasse
Kriminaloberkommissar
O b e r i n s p e k t o r
Polizeioberkommissar
Seekapitän

Oberleutnant
Oberleutnant zur See

***1) Amtl. Anm.**: Auch als Eingangsamt (siehe § 23 Absatz 2).

Besoldungsgruppe A 11*1)

A m t m a n n
Kanzler*2)
Kriminalhauptkommissar*3)
Polizeihauptkommissar*3)
Seeoberkapitän

Hauptmann*3)

Kapitänleutnant*3)

*1) **Amtl. Anm.:** Auch als Eingangsamt (siehe § 23 Absatz 2).
*2) **Amtl. Anm.:** Im Auswärtigen Dienst.
*3) **Amtl. Anm.:** Soweit nicht in der Besoldungsgruppe A 12.

Besoldungsgruppe A 12

A m t s r a t
Kanzler Erster Klasse*1) *2)
Kriminalhauptkommissar*3)
Polizeihauptkommissar*3)
Rechnungsrat
 – als Prüfungsbeamter beim Bundesrechnungshof –
Seehauptkapitän*1)

Hauptmann*3)
Kapitänleutnant*3)

*1) **Amtl. Anm.:** Soweit nicht in der Besoldungsgruppe A 13.
*2) **Amtl. Anm.:** Im Auswärtigen Dienst.
*3) **Amtl. Anm.:** Soweit nicht in der Besoldungsgruppe A 11.

Besoldungsgruppe A 13*1) 1)

Akademischer Rat
 – als wissenschaftlicher Mitarbeiter an einer Hochschule –
Erster Kriminalhauptkommissar
Erster Polizeihauptkommissar
Kanzler Erster Klasse*3) *4)
Konsul
Kustos
Legationsrat
O b e r a m t s r a t
Oberrechnungsrat
 – als Prüfungsbeamter beim Bundesrechnungshof –
P f a r r e r *5)
R a t
Seehauptkapitän*3)
Fachschuloberlehrer*6) *7) *8)
Studienrat
 – im höheren Dienst –*9)

1) *BesGr. A 13* geänd. mWv 1.8.2013 durch G v. 6.3.2015 (BGBl. I S. 250); mWv 1.1.2017 durch G v. 5.1.2017 (BGBl. I S. 17); geänd. mWv 1.1.2020 durch G v. 9.12.2019 (BGBl. I S. 2053).

Stabshauptmann
Stabskapitänleutnant
Major
Korvettenkapitän
Stabsapotheker
Stabsarzt
Stabsveterinär

*1) **Amtl. Anm.**: Beamte des gehobenen Dienstes in Funktionen, die sich von denen der Besoldungsgruppe A 13 abheben, können eine Amtszulage nach Anlage IX erhalten.
*2) **Amtl. Anm.**: *(aufgehoben)*
*3) **Amtl. Anm.**: Soweit nicht in der Besoldungsgruppe A 12.
*4) **Amtl. Anm.**: Im Auswärtigen Dienst.
*5) **Amtl. Anm.**: Soweit nicht in der Besoldungsgruppe A 14.
*6) **Amtl. Anm.**: Mit der Befähigung für das Lehramt an Realschulen.
*7) **Amtl. Anm.**: Erhält als der ständige Vertreter eines Fachschuldirektors oder als Fachvorsteher eine Amtszulage nach Anlage IX.
*8) **Amtl. Anm.**: Als Eingangsamt.
*9) **Amtl. Anm.**: Mit der Befähigung für das Lehramt an Gymnasien oder beruflichen Schulen.

Besoldungsgruppe A 14[1]

Akademischer Oberrat
 – als wissenschaftlicher Mitarbeiter an einer Hochschule –
Konsul Erster Klasse
Legationsrat Erster Klasse*2)
Oberkustos
O b e r r a t
P f a r r e r *4)
Fachschuldirektor
 – als Leiter einer Bundeswehrfachschule mit Lehrgängen, die zu einem Abschluss führen, der dem der Realschule entspricht –*5)
Fachschuloberlehrer
 – als der ständige Vertreter des Direktors einer Fachschule als Leiter einer Fachschule mit beruflichem Unterricht mit bis zu 360 Unterrichtsteilnehmern –*6) *7)
 – als Stufenleiter Sekundarstufe I bei einer Bundeswehrfachschule –*6)
Oberstudienrat
 – im höheren Dienst –*8)
Regierungsschulrat
 – im Schulaufsichtsdienst –

Oberstleutnant*3)

1) BesGr. A 14 geänd. mWv 1.1.2020 durch G v. 9.12.2019 (BGBl. I S. 2053).

Fregattenkapitän*3)
Oberstabsapotheker
Oberstabsarzt
Oberstabsveterinär

*1) **Amtl. Anm.:** *(aufgehoben)*
*2) **Amtl. Anm.:** Führt während der Verwendung als Leiter einer Botschaft oder Gesandtschaft die Amtsbezeichnung „Botschafter" oder „Gesandter".
*3) **Amtl. Anm.:** Soweit nicht in der Besoldungsgruppe A 15.
*4) **Amtl. Anm.:** Soweit nicht in der Besoldungsgruppe A 13.
*5) **Amtl. Anm.:** Erhält eine Amtszulage nach Anlage IX.
*6) **Amtl. Anm.:** Mit der Befähigung für das Lehramt an Realschulen.
*7) **Amtl. Anm.:** Bei Schulen mit Teilzeitunterricht rechnen 2,5 Unterrichtsteilnehmer mit Teilzeitunterricht als einer.
*8) **Amtl. Anm.:** Mit der Befähigung für das Lehramt an Gymnasien oder beruflichen Schulen

Besoldungsgruppe A 15[1)]

Akademischer Direktor
 – als wissenschaftlicher Mitarbeiter an einer Hochschule –
Botschafter*1)
Botschaftsrat
Bundesbankdirektor*2)
D e k a n
D i r e k t o r *3)
Generalkonsul*4)
Gesandter*4)
Hauptkustos
Museumsdirektor und Professor
Vortragender Legationsrat
Direktor einer Fachschule
 – als Leiter einer Fachschule mit beruflichem Unterricht mit bis zu 360 Unterrichtsteilnehmern –*8) *9)
Regierungsschuldirektor
 – als Dezernent (Referent) im Schulaufsichtsdienst –
Studiendirektor
 – im höheren Dienst
 als der ständige Vertreter des Leiters einer Fachschule mit beruflichem Unterricht mit mehr als 360 Unterrichtsteilnehmern,*8) *9)
 zur Koordinierung schulfachlicher Aufgaben –

Oberstleutnant*7) *10)
Fregattenkapitän*7) *10)
Oberfeldapotheker

1) BesGr. A 15 geänd. mWv 1.1.2020 durch G v. 9.12.2019 (BGBl. I S. 2053).

Flottillenapotheker
Oberfeldarzt
Flottillenarzt
Oberfeldveterinär

*¹⁾ **Amtl. Anm.**: Soweit nicht in den Besoldungsgruppen A 16, B 3, B 6, B 9.
*²⁾ **Amtl. Anm.**: Soweit nicht in den Besoldungsgruppen A 16, B 3, B 5, B 6, B 9.
*³⁾ **Amtl. Anm.**: Soweit nicht in den Besoldungsgruppen A 16, B 2, B 3, B 4, B 6, B 7, B 8, B 9.
Prüfer als Gruppenleiter beim Deutschen Patent- und Markenamt erhalten eine Amtszulage nach Anlage IX.
*⁴⁾ **Amtl. Anm.**: Soweit nicht in den Besoldungsgruppen A 16, B 3, B 6.
*⁵⁾ **Amtl. Anm.**: *(aufgehoben)*
*⁶⁾ **Amtl. Anm.**: *(aufgehoben)*
*⁷⁾ **Amtl. Anm.**: Soweit nicht in der Besoldungsgruppe A 14.
*⁸⁾ **Amtl. Anm.**: Erhält eine Amtszulage nach Anlage IX.
*⁹⁾ **Amtl. Anm.**: Bei Schulen mit Teilzeitunterricht rechnen 2,5 Unterrichtsteilnehmer mit Teilzeitunterricht als einer.
*¹⁰⁾ **Amtl. Anm.**: Auf herausgehobenen Dienstposten.

Besoldungsgruppe A 16[1)]

Abteilungsdirektor
Abteilungspräsident
Botschafter*¹⁾
Botschaftsrat Erster Klasse
Bundesbankdirektor*²⁾
D i r e k t o r *³⁾
Generalkonsul*⁴⁾
Gesandter*⁴⁾
Leitender Akademischer Direktor
– als wissenschaftlicher Mitarbeiter an einer Hochschule –*⁵⁾

Leitender Dekan
Leitender Direktor*⁶⁾
Ministerialrat
– bei einer obersten Bundesbehörde oder beim Bundeseisenbahnvermögen –*⁷⁾

Museumsdirektor und Professor
Vortragender Legationsrat Erster Klasse*⁷⁾
Leitender Regierungsschuldirektor
– als Dezernent (Referent) im Schulaufsichtsdienst –

Oberstudiendirektor
– im höheren Dienst als Leiter einer *Fachschule mit beruflichem* Unterricht mit mehr als 360 Unterrichtsteilnehmern –*⁸⁾

Oberst*⁹⁾
Kapitän zur See*⁹⁾

¹⁾ BesGr. A 16 neu gef. mWv 1.1.2020 durch G v. 9.12.2019 (BGBl. I S. 2053).

Oberstapotheker[*9]
Flottenapotheker[*9]
Oberstarzt[*9]
Flottenarzt[*9]
Oberstveterinär[*9]

[*1] **Amtl. Anm.:** Soweit nicht in den Besoldungsgruppen A 15, B 3, B 6, B 9.
[*2] **Amtl. Anm.:** Soweit nicht in den Besoldungsgruppen A 15, B 3, B 5, B 6, B 9.
[*3] **Amtl. Anm.:** Soweit nicht in den Besoldungsgruppen A 15, B 2, B 3, B 4, B 5, B 6, B 7, B 8, B 9.
[*4] **Amtl. Anm.:** Soweit nicht in den Besoldungsgruppen A 15, B 3, B 6.
[*5] **Amtl. Anm.:** Nur in Stellen von besonderer Bedeutung.
[*6] **Amtl. Anm.:** Für die Leiter von besonders großen und besonders bedeutenden unteren Verwaltungsbehörden sowie die Leiter von Mittelbehörden oder Oberbehörden können nach Maßgabe des Haushalts Planstellen mit einer Amtszulage nach Anlage IX ausgestattet werden.
[*7] **Amtl. Anm.:** Soweit nicht in der Besoldungsgruppe B 3.
[*8] **Amtl. Anm.:** Bei Schulen mit Teilzeitunterricht rechnen 2,5 Unterrichtsteilnehmer mit Teilzeitunterricht als einer.
[*9] **Amtl. Anm.:** Soweit nicht in den Besoldungsgruppen B 2, B 3.

Bundesbesoldungsordnung B[1]

Besoldungsgruppe B 1

D i r e k t o r u n d P r o f e s s o r[*1]

[*1] **Amtl. Anm.:** Soweit nicht in den Besoldungsgruppen B 2, B 3, B 5, B 6.

Besoldungsgruppe B 2

Abteilungsdirektor, Abteilungspräsident
– als Leiter einer großen und bedeutenden Abteilung
bei einer Mittel- oder Oberbehörde,
bei einer sonstigen Dienststelle oder Einrichtung, wenn deren Leiter mindestens in die Besoldungsgruppe B 5 eingestuft ist –

D i r e k t o r[*1]
D i r e k t o r u n d P r o f e s s o r[*2]

Vizepräsident
– bei einer Dienststelle oder sonstigen Einrichtung, wenn der Leiter in die Besoldungsgruppe B 5 eingestuft ist –[*3]

Oberst[*4]
Kapitän zur See[*4]
Oberstapotheker[*4]
Oberstarzt[*4]
Flottenarzt[*4]
Oberstveterinär[*4]

[*1] **Amtl. Anm.:** Soweit nicht in den Besoldungsgruppen A 15, A 16, B 3, B 4, B 5, B 6, B 7, B 8, B 9.

[1] Besoldungsordnung B neu gef. mWv 1.1.2020 durch G v. 9.12.2019 (BGBl. I S. 2053).

*2) **Amtl. Anm.**: Soweit nicht in den Besoldungsgruppen B 1, B 3, B 5, B 6.
*3) **Amtl. Anm.**: Der Amtsbezeichnung kann ein Zusatz beigefügt werden, der auf die Dienststelle oder sonstige Einrichtung hinweist, der der Amtsinhaber angehört. Der Zusatz „und Professor" darf beigefügt werden, wenn der Leiter der Dienststelle oder sonstigen Einrichtung diesen Zusatz in der Amtsbezeichnung führt.
*4) **Amtl. Anm.**: Soweit nicht in den Besoldungsgruppen A 16, B 3.

Besoldungsgruppe B 3

Abteilungsdirektor, Abteilungspräsident
– als der ständige Vertreter eines Direktionspräsidenten bei der Generalzolldirektion –
– als Leiter der Zentralabteilung des Bundesinstituts für Berufsbildung –
– als Leiter der Zentralstelle für Finanztransaktionsuntersuchungen bei der Generalzolldirektion –
– beim Bundesamt für den Militärischen Abschirmdienst –
– beim Informationstechnikzentrum Bund –
– beim Bundeszentralamt für Steuern –
– als Leiter einer großen Abteilung bei einer wissenschaftlichen Forschungseinrichtung, wenn der Leiter mindestens in die Besoldungsgruppe B 7 eingestuft ist –

Abteilungsdirektor bei der Deutschen Rentenversicherung Bund
– als Leiter einer besonders großen und besonders bedeutenden Abteilung –

Abteilungsdirektor bei der Deutschen Rentenversicherung Knappschaft-Bahn-See
– als Leiter einer besonders großen und besonders bedeutenden Abteilung –

Abteilungspräsident beim Bundesversicherungsamt
– als Leiter einer besonders großen und besonders bedeutenden Abteilung –

Botschafter*1)
Bundesbankdirektor*2)
D i r e k t o r *3)
D i r e k t o r u n d P r o f e s s o r *4)
Generalkonsul*5)
Gesandter*5)
Kurator der Museumsstiftung Post und Telekommunikation
Leitender Postdirektor
– bei der Bundesanstalt für Post und Telekommunikation Deutsche Bundespost –
– bei der Deutschen Post AG –
– bei der DB Privat- und Firmenkundenbank AG –
– bei der Deutschen Telekom AG –

Ministerialrat
– bei einer obersten Bundesbehörde oder beim Bundeseisenbahnvermögen –*6) *7)
– als Mitglied des Bundesrechnungshofes –

Vizepräsident

– bei einer Dienststelle oder sonstigen Einrichtung, wenn der Leiter in die Besoldungsgruppe B 6 eingestuft ist –*8)

Vortragender Legationsrat Erster Klasse*6)

Oberst*9)

Kapitän zur See*9)

Oberstapotheker*9)

Flottenapotheker*9)

Oberstarzt*9)

Flottenarzt*9)

Oberstveterinär*9)

*1) **Amtl. Anm.:** Soweit nicht in den Besoldungsgruppen A 15, A 16, B 6, B 9.

*2) **Amtl. Anm.:** Soweit nicht in den Besoldungsgruppen A 15, A 16, B 5, B 6, B 9.

*3) **Amtl. Anm.:** Soweit nicht in den Besoldungsgruppen A 15, A 16, B 2, B 4, B 5, B 6, B 7, B 8, B 9.

*4) **Amtl. Anm.:** Soweit nicht in den Besoldungsgruppen B 1, B 2, B 5, B 6.

*5) **Amtl. Anm.:** Soweit nicht in den Besoldungsgruppen A 15, A 16, B 6.

*6) **Amtl. Anm.:** Soweit nicht in der Besoldungsgruppe A 16.

*7) **Amtl. Anm.:** Der Leiter des Präsidialbüros des Präsidenten des Deutschen Bundestages erhält eine Stellenzulage in Höhe des Unterschiedsbetrages zwischen dem Grundgehalt der Besoldungsgruppe B 3 und dem Grundgehalt der Besoldungsgruppe B 6.

*8) **Amtl. Anm.:** Der Amtsbezeichnung kann ein Zusatz beigefügt werden, der auf die Dienststelle oder sonstige Einrichtung hinweist, der der Amtsinhaber angehört. Der Zusatz „und Professor“ darf beigefügt werden, wenn der Leiter der Dienststelle oder sonstigen Einrichtung diesen Zusatz in der Amtsbezeichnung führt.

*9) **Amtl. Anm.:** Soweit nicht in den Besoldungsgruppen A 16, B 2.

Besoldungsgruppe B 4

D i r e k t o r *1)

E r s t e r D i r e k t o r *2)

Leitender Direktor des Marinearsenals

P r ä s i d e n t *3)

Vizepräsident

– bei einer Dienststelle oder sonstigen Einrichtung, wenn der Leiter in die Besoldungsgruppe B 7 eingestuft ist –*4)

*1) **Amtl. Anm.:** Soweit nicht in den Besoldungsgruppen A 15, A 16, B 2, B 3, B 6, B 7, B 8, B 9.

*2) **Amtl. Anm.:** Soweit nicht in den Besoldungsgruppen B 5, B 6.

*3) **Amtl. Anm.:** Soweit nicht in den Besoldungsgruppen B 5, B 6, B 7, B 8, B 9.

*4) **Amtl. Anm.:** Der Amtsbezeichnung kann ein Zusatz beigefügt werden, der auf die Dienststelle oder sonstige Einrichtung hinweist, der der Amtsinhaber angehört. Der Zusatz „und Professor“ darf beigefügt werden, wenn der Leiter der Dienststelle oder sonstigen Einrichtung diesen Zusatz in der Amtsbezeichnung führt.

Besoldungsgruppe B 5

Bundesbankdirektor*1)

D i r e k t o r *2)

D i r e k t o r u n d P r o f e s s o r *3)

Erster Direktor[*4]

Generaldirektor der Staatsbibliothek der Stiftung Preußischer Kulturbesitz

Generaldirektor und Professor der Staatlichen Museen der Stiftung Preußischer Kulturbesitz

Inspekteur der Bereitschaftspolizeien der Länder

Oberdirektor[*5]

Präsident[*6]

Präsident und Professor[*7]

Vizepräsident, Vizedirektor

– bei einer Dienststelle oder sonstigen Einrichtung, wenn der Leiter in die Besoldungsgruppe B 8 eingestuft ist –[*8]

[*1] **Amtl. Anm.:** Soweit nicht in den Besoldungsgruppen A 15, A 16, B 3, B 6, B 9.

[*2] **Amtl. Anm.:** Soweit nicht in den Besoldungsgruppen A 15, A 16, B 2, B 3, B 4, B 6, B 7, B 8, B 9.

[*3] **Amtl. Anm.:** Soweit nicht in den Besoldungsgruppen B 1, B 2, B 3, B 6.

[*4] **Amtl. Anm.:** Soweit nicht in den Besoldungsgruppen B 4, B 6, B 8.

[*5] **Amtl. Anm.:** Soweit nicht in den Besoldungsgruppen B 6, B 7.

[*6] **Amtl. Anm.:** Soweit nicht in den Besoldungsgruppen B 4, B 6, B 7, B 8, B 9.

[*7] **Amtl. Anm.:** Soweit nicht in den Besoldungsgruppen B 6, B 7, B 8.

[*8] **Amtl. Anm.:** Der Amtsbezeichnung kann ein Zusatz beigefügt werden, der auf die Dienststelle oder sonstige Einrichtung hinweist, der der Amtsinhaber angehört. Der Zusatz „und Professor" darf beigefügt werden, wenn der Leiter der Dienststelle oder sonstigen Einrichtung diesen Zusatz in der Amtsbezeichnung führt.

Besoldungsgruppe B 6

Botschafter[*1]

Bundesbankdirektor[*2]

Bundeswehrdisziplinaranwalt

Direktionspräsident bei der Generalzolldirektion

Direktor[*3]

Direktor und Professor[*4]

Erster Direktor[*5]

Generaldirektor der Deutschen Nationalbibliothek

Generalkonsul[*6]

Gesandter[*6]

Militärgeneraldekan

Militärgeneralvikar

Ministerialdirigent

– bei einer obersten Bundesbehörde
 als Leiter einer Abteilung,[*7]
 als Leiter einer Unterabteilung,[*8]
 als der ständige Vertreter eines in die Besoldungsgruppe B 9 eingestuften Abteilungsleiters, soweit kein Unterabteilungsleiter vorhanden ist –[*8]

– beim Bundespräsidialamt und beim Bundeskanzleramt als Leiter einer auf Dauer eingerichteten Gruppe –

Oberdirektor[*9]

Präsident *10)
Präsident und Professor *11)
Vizepräsident
– bei einer Dienststelle oder sonstigen Einrichtung, wenn der Leiter in die Besoldungsgruppe B 9 eingestuft ist – *12)
– beim Bundesamt für den Militärischen Abschirmdienst –

Brigadegeneral
Flottillenadmiral
Generalapotheker
Generalarzt
Admiralarzt

*1) **Amtl. Anm.:** Soweit nicht in den Besoldungsgruppen A 15, A 16, B 3, B 9.
*2) **Amtl. Anm.:** Soweit nicht in den Besoldungsgruppen A 15, A 16, B 3, B 5, B 9.
*3) **Amtl. Anm.:** Soweit nicht in den Besoldungsgruppen A 15, A 16, B 2, B 3, B 4, B 5, B 7, B 8, B 9.
*4) **Amtl. Anm.:** Soweit nicht in den Besoldungsgruppen B 1, B 2, B 3, B 5.
*5) **Amtl. Anm.:** Soweit nicht in den Besoldungsgruppen B 4, B 5, B 8.
*6) **Amtl. Anm.:** Soweit nicht in den Besoldungsgruppen A 15, A 16, B 3.
*7) **Amtl. Anm.:** Soweit die Funktion nicht dem Amt des Ministerialdirektors in die Besoldungsgruppe B 9 zugeordnet ist.
*8) **Amtl. Anm.:** Soweit die Funktion nicht dem Amt des Ministerialrats in die Besoldungsgruppe B 3 zugeordnet ist.
*9) **Amtl. Anm.:** Soweit nicht in den Besoldungsgruppen B 5, B 7.
*10) **Amtl. Anm.:** Soweit nicht in den Besoldungsgruppen B 4, B 5, B 7, B 8, B 9.
*11) **Amtl. Anm.:** Soweit nicht in den Besoldungsgruppen B 5, B 7, B 8.
*12) **Amtl. Anm.:** Der Amtsbezeichnung kann ein Zusatz beigefügt werden, der auf die Dienststelle oder sonstige Einrichtung hinweist, der der Amtsinhaber angehört.

Besoldungsgruppe B 7

Direktor *1)
Ministerialdirigent
– im Bundesministerium der Verteidigung als ständiger Vertreter des Leiters einer großen oder bedeutenden Abteilung oder als Leiter des Stabes Organisation und Revision –

Oberdirektor *2)
Präsident *3)
Präsident und Professor *4)
Vizepräsident
– der Generalzolldirektion –
– eines Amtes der Bundeswehr, dessen Leiter in die Besoldungsgruppe B 9 eingestuft ist –

Generalmajor
Konteradmiral
Generalstabsarzt

Admiralstabsarzt

*1) **Amtl. Anm.**: Soweit nicht in den Besoldungsgruppen A 15, A 16, B 2, B 3, B 4, B 6, B 8, B 9; nur bei Trägern der Sozialversicherung.
*2) **Amtl. Anm.**: Für höchstens einen Geschäftsführer, dessen Funktion sich von denen der Geschäftsführer in den Besoldungsgruppen B 5, B 6 abhebt.
*3) **Amtl. Anm.**: Soweit nicht in den Besoldungsgruppen B 4, B 5, B 6, B 8, B 9.
*4) **Amtl. Anm.**: Soweit nicht in den Besoldungsgruppen B 5, B 6, B 8.

Besoldungsgruppe B 8[1)]

D i r e k t o r *1)
E r s t e r D i r e k t o r *2)
P r ä s i d e n t *3)
P r ä s i d e n t u n d P r o f e s s o r *4)

*1) **Amtl. Anm.**: Soweit nicht in den Besoldungsgruppen A 15, A 16, B 2, B 3, B 4, B 6, B 7, B 9; nur bei Trägern der Sozialversicherung.
*2) **Amtl. Anm.**: Soweit nicht in den Besoldungsgruppen B 4, B 5, B 6.
*3) **Amtl. Anm.**: Soweit nicht in den Besoldungsgruppen B 4, B 5, B 6, B 7, B 9.
*4) **Amtl. Anm.**: Soweit nicht in den Besoldungsgruppen B 5, B 6, B 7.

Besoldungsgruppe B 9

Botschafter*1)
Bundesbankdirektor*2)
Direktor beim Bundesverfassungsgericht
Ministerialdirektor
– bei einer obersten Bundesbehörde als Leiter einer Abteilung –*3)
P r ä s i d e n t *4)
Vizepräsident des Bundesrechnungshofes
Generalleutnant
Vizeadmiral
Generaloberstabsarzt
Admiraloberstabsarzt

*1) **Amtl. Anm.**: Soweit nicht in den Besoldungsgruppen A 15, A 16, B 3, B 6.
*2) **Amtl. Anm.**: Soweit nicht in den Besoldungsgruppen A 15, A 16, B 3, B 5, B 6.
*3) **Amtl. Anm.**: Soweit die Funktion nicht dem Amt des Ministerialdirigenten in Besoldungsgruppe B 6 zugeordnet ist. Auch in der Funktion einer übergeordneten Leitung mehrerer Abteilungen.
*4) **Amtl. Anm.**: Soweit nicht in den Besoldungsgruppen B 4, B 5, B 6, B 7, B 8.

Besoldungsgruppe B 10

Ministerialdirektor
– als Stellvertretender Chef des Presse- und Informationsamtes der Bundesregierung –
– als Stellvertretender Sprecher der Bundesregierung –
– als der leitende Beamte beim Beauftragten der Bundesregierung für Kultur und Medien –

[1)] BesGr. B 8 geänd. mWv 1.1.2021 durch G v. 7.12.2020 (BGBl. I S. 2756).

Präsident der Deutschen Rentenversicherung Bund
General*[1]
Admiral*[1]

*[1] **Amtl. Anm.**: Erhält als Generalinspekteur der Bundeswehr eine Amtszulage nach Anlage IX.

Besoldungsgruppe B 11

Präsident des Bundesrechnungshofes
Staatssekretär

Anlage II[1]
(zu § 32 Satz 1)

Bundesbesoldungsordnung W

Vorbemerkungen

1. Zulagen

(1) [1] Für Professoren, die bei obersten Bundesbehörden oder bei obersten Gerichtshöfen des Bundes verwendet werden, gilt die Nummer 7 der Vorbemerkungen zu den Bundesbesoldungsordnungen A und B mit der Maßgabe entsprechend, dass sich die Zulage in der Besoldungsgruppe W 1 nach dem Endgrundgehalt der Besoldungsgruppe A 13 und in den Besoldungsgruppen W 2 und W 3 nach dem Grundgehalt der Besoldungsgruppe B 3 berechnet. [2] Bei Professoren, denen bei ihrer Verwendung bei obersten Bundesbehörden oder bei obersten Gerichtshöfen des Bundes ein zweites Hauptamt als Beamter oder Richter übertragen worden ist, richtet sich die Stellenzulage nach dem zweiten Hauptamt. [3] Die für das zweite Hauptamt maßgebende Besoldungsgruppe bestimmt sich nach der in Anlage IX für die Beamten, Richter und Soldaten bei obersten Behörden und obersten Gerichtshöfen des Bundes getroffenen Regelung.

(2) Professoren der Besoldungsgruppe W 1 erhalten, wenn sie sich als Hochschullehrer bewährt haben (§ 132 Absatz 2 Satz 2 des Bundesbeamtengesetzes[2]), ab dem Zeitpunkt der ersten Verlängerung des Beamtenverhältnisses auf Zeit eine nicht ruhegehaltfähige Zulage in Höhe von monatlich 273,00 Euro.

2. Dienstbezüge für Professoren als Richter

[1] Professoren an einer Hochschule, die zugleich das Amt eines Richters der Besoldungsgruppen R 1 oder R 2 ausüben, erhalten, solange sie beide Ämter bekleiden, die Dienstbezüge aus ihrem Amt als Professor und eine nicht ruhegehaltfähige Zulage. [2] Die Zulage beträgt, wenn der Professor ein Amt der

(Fortsetzung nächstes Blatt)

[1] Anl. II neu gef. mWv 1.8.2013 durch G v. 11.6.2013 (BGBl. I S. 1514).
[2] Nr. **160**.

Besoldungsgruppe R 1 ausübt, monatlich 205,54 Euro, wenn er ein Amt der Besoldungsgruppe R 2 ausübt, monatlich 230,08 Euro.

3. Amtsbezeichnungen

Weibliche Beamte führen die Amtsbezeichnung in der weiblichen Form.

Besoldungsgruppe W 1

Professor als Juniorprofessor[*1)]

[*1)] **Amtl. Anm.:** Nach § 131 Absatz 2 des Bundesbeamtengesetzes an einer Universität oder gleichgestellten Hochschule.

Besoldungsgruppe W 2[1)]

Professor[*1)]
Universitätsprofessor[*1)]
Präsident der ...[*1) *2) *3)]
Vizepräsident der ...[*1) *2) *3)]
Kanzler der ...[*1) *2) *3)]

[*1)] **Amtl. Anm.:** Soweit nicht in der Besoldungsgruppe W 3.
[*2)] **Amtl. Anm.:** Der Amtsbezeichnung ist ein Zusatz beizufügen, der auf die Hochschule hinweist, der der Amtsinhaber angehört.
[*3)] **Amtl. Anm.:** Soweit nicht in Besoldungsgruppen der Bundesbesoldungsordnungen A und B (§ 32 Satz 3).

Besoldungsgruppe W 3[2)]

Professor[*1)]
Universitätsprofessor[*1)]
Präsident der ...[*1) *2) *3)]
Vizepräsident der ...[*1) *2) *3)]
Kanzler der ...[*1) *2) *3)]

[*1)] **Amtl. Anm.:** Soweit nicht in der Besoldungsgruppe W 2.
[*2)] **Amtl. Anm.:** Der Amtsbezeichnung ist ein Zusatz beizufügen, der auf die Hochschule hinweist, der der Amtsinhaber angehört.
[*3)] **Amtl. Anm.:** Soweit nicht in Besoldungsgruppen der Bundesbesoldungsordnungen A und B (§ 32 Satz 3).

[1)] BesGr. W 2 geänd. mWv 1.1.2016 durch G v. 3.12.2015 (BGBl. I S. 2163).
[2)] BesGr. W 3 geänd. mWv 1.1.2016 durch G v. 3.12.2015 (BGBl. I S. 2163).

Anlage III[1)]
(zu § 37 Satz 1)

Bundesbesoldungsordnung R

Vorbemerkungen

1. Amtsbezeichnungen

Weibliche Richter und Staatsanwälte führen die Amtsbezeichnungen in der weiblichen Form.

2. Zulage für Richter und Staatsanwälte bei obersten Gerichtshöfen des Bundes sowie bei obersten Behörden

(1) Richter und Staatsanwälte erhalten, wenn sie bei obersten Gerichtshöfen des Bundes oder obersten Bundesbehörden verwendet werden, eine Stellenzulage nach Anlage IX.

(2) [1]Die Stellenzulage wird nicht neben der bei der Deutschen Bundesbank gewährten Bankzulage und neben Auslandsdienstbezügen oder Auslandsverwendungszuschlag nach Abschnitt 5 gewährt. [2]Sie wird neben einer Zulage nach Nummer 8 der Vorbemerkungen zu den Bundesbesoldungsordnungen A und B nur gewährt, soweit sie diese übersteigt.

(3) Richter und Staatsanwälte erhalten während der Verwendung bei obersten Behörden eines Landes, das für die Richter und Staatsanwälte für die Verwendung bei seinen obersten Behörden eine Stellenzulage vorsieht, die Stellenzulage in der nach dem Besoldungsrecht dieses Landes bestimmten Höhe.

Besoldungsgruppe R 1[2)]

(aufgehoben)

Besoldungsgruppe R 2

Richter am Bundespatentgericht
Vorsitzender Richter am Truppendienstgericht
Vizepräsident des Truppendienstgerichts[*1)]
Staatsanwalt beim Bundesgerichtshof

[*1)] **Amtl. Anm.:** Erhält als der ständige Vertreter des Präsidenten eine Amtszulage nach Anlage IX.

Besoldungsgruppe R 3

Vorsitzender Richter am Bundespatentgericht
Präsident des Truppendienstgerichts
Oberstaatsanwalt beim Bundesgerichtshof

[1)] *Anl. III* neu gef. mWv 1.8.2013 durch G v. 11.6.2013 (BGBl. I S. 1514).
[2)] BesGr. R 1 aufgeh. mWv 1.1.2020 durch G v. 9.12.2019 (BGBl. I S. 2053).

Besoldungsgruppe R 4[1)]

(aufgehoben)

Besoldungsgruppe R 5[2)]

Vizepräsident des Bundespatentgerichts

Besoldungsgruppe R 6

Richter am Bundesarbeitsgericht
Richter am Bundesfinanzhof
Richter am Bundesgerichtshof
Richter am Bundessozialgericht
Richter am Bundesverwaltungsgericht
Bundesanwalt beim Bundesgerichtshof

Besoldungsgruppe R 7[3)]

Bundesanwalt beim Bundesgerichtshof
– als Abteilungsleiter bei der Bundesanwaltschaft
– als der ständige Vertreter des Generalbundesanwalts

[*1)] **Amtl. Anm.:** Erhält eine Amtszulage nach Anlage IX.

Besoldungsgruppe R 8

Vorsitzender Richter am Bundesarbeitsgericht
Vorsitzender Richter am Bundesfinanzhof
Vorsitzender Richter am Bundesgerichtshof
Vorsitzender Richter am Bundessozialgericht
Vorsitzender Richter am Bundesverwaltungsgericht
Präsident des Bundespatentgerichts
Vizepräsident des Bundesarbeitsgerichts[*1)]
Vizepräsident des Bundesfinanzhofs[*1)]
Vizepräsident des Bundesgerichtshofs[*1)]
Vizepräsident des Bundessozialgerichts[*1)]
Vizepräsident des Bundesverwaltungsgerichts[*1)]

[*1)] **Amtl. Anm.:** Erhält eine Amtszulage nach Anlage IX.

Besoldungsgruppe R 9

Generalbundesanwalt beim Bundesgerichtshof

[1)] BesGr. R 4 aufgeh. mWv 1.1.2020 durch G v. 9.12.2019 (BGBl. I S. 2053).
[2)] BesGr. R 5 neu gef. mWv 1.1.2020 durch G v. 9.12.2019 (BGBl. I S. 2053).
[3)] BesGr. R 7 neu gef. mWv 1.1.2020 durch G v. 9.12.2019 (BGBl. I S. 2053).

Besoldungsgruppe R 10

Präsident des Bundesarbeitsgerichts
Präsident des Bundesfinanzhofs
Präsident des Bundesgerichtshofs
Präsident des Bundessozialgerichts
Präsident des Bundesverwaltungsgerichts

Anlage IV [1)2)]
(zu § 20 Absatz 2 Satz 2, § 32 Satz 2, § 37 Satz 2)
gültig ab 1. März 2020

Grundgehalt

1. Bundesbesoldungsordnung A

Besol-dungs-gruppe	Grundgehalt (Monatsbetrag in Euro)							
	Stufe 1	Stufe 2	Stufe 3	Stufe 4	Stufe 5	Stufe 6	Stufe 7	Stufe 8
A 3	2 301,21	2 353,13	2 405,07	2 446,88	2 488,68	2 530,48	2 572,30	2 614,10
A 4	2 349,36	2 411,41	2 473,48	2 522,89	2 572,30	2 621,71	2 671,10	2 716,73
A 5	2 367,07	2 444,34	2 506,40	2 567,24	2 628,06	2 690,14	2 750,92	2 810,47
A 6	2 417,74	2 507,71	2 598,89	2 668,57	2 740,79	2 810,47	2 887,74	2 954,88
A 7	2 538,10	2 617,92	2 723,09	2 830,73	2 935,88	3 042,50	3 122,12	3 201,92
A 8	2 685,05	2 781,34	2 916,87	3 053,72	3 190,51	3 285,53	3 381,81	3 476,83
A 9	2 897,87	2 992,89	3 142,39	3 294,40	3 443,86	3 545,48	3 651,19	3 754,27
A 10	3 101,83	3 232,31	3 421,09	3 610,70	3 803,84	3 938,26	4 072,64	4 207,09
A 11	3 545,48	3 745,12	3 943,47	4 143,12	4 280,13	4 417,15	4 554,17	4 691,22
A 12	3 801,25	4 037,44	4 274,93	4 511,11	4 675,53	4 837,33	5 000,45	5 166,19
A 13	4 457,62	4 679,45	4 899,96	5 121,81	5 274,49	5 428,48	5 581,13	5 731,10
A 14	4 584,18	4 869,95	5 157,05	5 442,81	5 639,84	5 838,22	6 035,24	6 233,61
A 15	5 603,31	5 861,70	6 058,73	6 255,79	6 452,84	6 648,57	6 844,31	7 038,72
A 16	6 181,40	6 481,55	6 708,59	6 935,65	7 161,40	7 389,78	7 616,82	7 841,28

Erhöhungsbeträge für die Besoldungsgruppen A 5, A 6, A 9 und A 10

Das Grundgehalt erhöht sich in den Besoldungsgruppen A 5 und A 6

– für Beamte des mittleren Dienstes sowie

– für Soldaten in der Laufbahngruppe der Unteroffiziere sowie für Fahnenjunker und Seekadetten

um 23,19 Euro.

Es erhöht sich in den Besoldungsgruppen A 9 und A 10

– für Beamte des gehobenen Dienstes sowie

– für Offiziere

um 10,12 Euro.

[1)] Anl. IV neu gef. mWv 1.3.2020 durch G v. 9.12.2019 (BGBl. I S. 2053).
[2)] Zu den Beträgen des Grundgehalts für Beamtinnen und Beamte bei den Postnachfolgeunternehmen siehe die Bek. nach § 78 BBesG (**Bundesbeamtengesetze Nr. 52d**).

Beträge für die weggefallene Besoldungsgruppe A 2

Die Beträge für die weggefallene Besoldungsgruppe A 2 macht das Bundesministerium des Innern, für Bau und Heimat im Bundesgesetzblatt bekannt.[1]

2. Bundesbesoldungsordnung B

Besoldungsgruppe	Grundgehalt (Monatbetrag in Euro)
B 1	7 038,72
B 2	8 176,63
B 3	8 658,13
B 4	9 161,83
B 5	9 739,93
B 6	10 289,32
B 7	10 819,10
B 8	11 373,67
B 9	12 061,37
B 10	14 197,53
B 11	14 808,25

3. Bundesbesoldungsordnung W

Besoldungsgrup-pe	Grundgehalt (Monatsbetrag in Euro)		
W 1	4 898,68		
	Stufe 1	Stufe 2	Stufe 3
W 2	6 085,88	6 443,88	6 801,88
W 3	6 801,88	7 279,20	7 756,53

4. Bundesbesoldungsordnung R

Besol-dungsgrup-pe	Grundgehalt (Monatbetrag in Euro)							
	Stufe 1	Stufe 2	Stufe 3	Stufe 4	Stufe 5	Stufe 6	Stufe 7	Stufe 8
R 2	5 416,70	5 694,68	5 971,33	6 349,75	6 730,76	7 110,51	7 491,56	7 872,60
R 3	8 658,13							
R 5	9 739,93							
R 6	10 289,32							
R 7	10 819,10							
R 8	11 373,67							
R 9	12 061,37							
R 10	14 808,25							

Beträge für die weggefallenen Besoldungsgruppen R 1 und R 4

Die Beträge für die weggefallenen Besoldungsgruppen R 1 und R 4 macht das Bundesministerium des Innern, für Bau und Heimat im Bundesgesetzblatt bekannt.[1]

[1] Siehe die Bekanntmachung (**Bundesbeamtengesetze Nr. 52d.2**) des BMI.

Anlage V [1)2)]
(zu § 39 Absatz 1 Satz 1)
gültig ab 1. März 2020

Familienzuschlag

(Monatsbetrag in Euro)

Stufe 1 (§ 40 Absatz 1)	Stufe 2 (§ 40 Absatz 2)
149,36	277,02

Der Familienzuschlag der Stufe 2 erhöht sich für das zweite zu berücksichtigende Kind um 127,66 Euro, für das dritte und jedes weitere zu berücksichtigende Kind um 397,74 Euro.

Erhöhungsbeträge für die Besoldungsgruppen A 3 bis A 5

Der Familienzuschlag der Stufe 2 erhöht sich für das erste zu berücksichtigende Kind in den Besoldungsgruppen A 3 bis A 5 um 5,37 Euro, ab Stufe 3 für jedes weitere zu berücksichtigende Kind

– in der Besoldungsgruppe A 3 um 26,84 Euro,
– in der Besoldungsgruppe A 4 um 21,47 Euro und
– in der Besoldungsgruppe A 5 um 16,10 Euro.

Soweit dadurch im Einzelfall die Besoldung hinter derjenigen aus einer niedrigeren Besoldungsgruppe zurückbleibt, wird der Unterschiedsbetrag zusätzlich gewährt.

Anrechnungsbetrag nach § 39 Absatz 2 Satz 1

– Besoldungsgruppen A 3 bis A 8: 125,82 Euro
– Besoldungsgruppen A 9 bis A 12: 133,56 Euro

(Fortsetzung nächstes Blatt)

[1)] *Anl. V neu gef. mWv 1.3.2020 durch G v. 9.12.2019 (BGBl. I S. 2053).*
[2)] Zu den Beträgen des Familienzuschlags für Beamtinnen und Beamte bei den Postnachfolgeunternehmen siehe die Bek. nach § 78 BBesG **(Bundesbeamtengesetze Nr. 52d)**.

Anlage VI[1]
(zu § 53 Absatz 2 Satz 1 und 3 sowie Absatz 3 Satz 1 und 4)
gültig ab 1. März 2020

Auslandszuschlag

(Anlage hier nicht abgedruckt)

Anlage VII
(weggefallen)

Anlage VIII[2]
(zu § 61)
gültig ab 1. August 2020

Anwärtergrundbetrag

Laufbahnen	Grundbetrag (Monatsbetrag in Euro)
des einfachen Dienstes	1 196,40
des mittleren Dienstes	1 268,99
des gehobenen Dienstes	1 511,86
des höheren Dienstes	2 317,52

Anlage IX [3)4)]
(zu den Anlagen I und III)
gültig ab 1. März 2020

Zulagen

– in der Reihenfolge der Gesetzesstellen –

	Dem Grunde nach geregelt in	Zulagenberechtigter Personenkreis, soweit nicht bereits in Anlage I oder Anlage III geregelt	Monatsbetrag in Euro/Prozentsatz
	1	2	3
1	**Anlage I (Bundesbesoldungsordnungen A und B)**		
2	Vorbemerkung		
3		Stellenzulagen	
4	Nummer 4 Absatz 1 Nummer 1		150,00
5	Nummer 2		130,00
6	Nummer 3, 4 und 5		100,00
7	Nummer 4a		135,00
8	Nummer 5	Mannschaften, Unteroffiziere/Beamte der Besoldungsgruppen A 5 und A 6	53,00

[1] Anl. VI neu gef. mWv 1.3.2020 durch G v. 8.11.2018 (BGBl. I S. 1810).
[2] Anl. VIII neu gef. mWv 1.8.2020 durch G v. 3.12.2020 (BGBl. I S. 2659).
[3] Anl. IX neu gef. mWv 1.3.2020 durch G v. 9.12.2019 (BGBl. I S. 2053).
[4] Zu den entsprechenden Beträgen für Beamtinnen und Beamte bei den Postnachfolgeunternehmen siehe die Bek. nach § 78 BBesG **(Bundesbeamtengesetze Nr. 52d.1)**.

	Dem Grunde nach geregelt in	Zulagenberechtigter Personenkreis, soweit nicht bereits in Anlage I oder Anlage III geregelt	Monatsbetrag in Euro/Prozentsatz
	1	2	3
9		Unteroffiziere/Beamte der Besoldungsgruppen A 7 bis A 9	75,00
10		Offiziere/Beamte des gehobenen und höheren Dienstes	113,00
11	Nummer 5a		
12	Absatz 1		
13	Nummer 1		
14	Buchstabe a	Beamte des mittleren Dienstes und Unteroffiziere der Besoldungsgruppen A 5 bis A 9	308,00
15		Beamte des gehobenen Dienstes, Offiziere der Besoldungsgruppen A 9 bis A 12 sowie Offiziere des militärfachlichen Dienstes der Besoldungsgruppe A 13	340,00
16	Buchstabe b	Beamte des mittleren Dienstes und Unteroffiziere der Besoldungsgruppen A 5 bis A 9	263,00
17		Beamte des gehobenen Dienstes, Offiziere der Besoldungsgruppen A 9 bis A 12 sowie Offiziere des militärfachlichen Dienstes der Besoldungsgruppe A 13	295,00
18	Buchstabe c	Beamte des gehobenen und des höheren Dienstes, Offiziere der Besoldungsgruppen A 9 bis A 12, Offiziere des militärfachlichen Dienstes der Besoldungsgruppe A 13 und Offiziere des Truppendienstes der Besoldungsgruppen A 13 und höher	340,00
19	Nummer 2 und 3	Beamte des mittleren Dienstes und Unteroffiziere der Besoldungsgruppen A 5 bis A 9	212,00
20		Beamte des gehobenen Dienstes, Offiziere der Besoldungsgruppen A 9 bis A 12 sowie Offiziere des militärfachlichen Dienstes der Besoldungsgruppe A 13	237,00
21	Nummer 4		
22	Buchstabe a	Beamte und Soldaten mit Radarleit-Jagdlizenz	340,00
23		Beamte des mittleren und des gehobenen Dienstes, Unteroffiziere der Besoldungsgruppen A 5 bis A 9, Offiziere der Besoldungsgruppen A 9 bis A 12 sowie Offiziere des militärfachlichen Dienstes der Besoldungsgruppe A 13 ohne Radarleit-Jagdlizenz	263,00
24	Buchstabe b	Beamte des mittleren und des gehobenen Dienstes, Unteroffiziere der Besoldungsgruppen A 5 bis A 9, Offiziere der Besoldungsgruppen A 9 bis A 12 sowie	212,00

	Dem Grunde nach geregelt in	Zulagenberechtigter Personenkreis, soweit nicht bereits in Anlage I oder Anlage III geregelt	Monatsbetrag in Euro/Prozentsatz
	1	2	3
		Offiziere des militärfachlichen Dienstes der Besoldungsgruppe A 13	
25	Nummer 5 und 6	Beamte des mittleren Dienstes und Unteroffiziere der Besoldungsgruppen A 5 bis A 9	135,00
26		Beamte des gehobenen Dienstes, Offiziere der Besoldungsgruppen A 9 bis A 12 sowie Offiziere des militärfachlichen Dienstes der Besoldungsgruppe A 13	212,00
27		Beamte des höheren Dienstes und Offiziere des Truppendienstes der Besoldungsgruppen A 13 und höher	295,00
28	Nummer 6		
29	Absatz 1 Satz 1		
30	Nummer 1		680,00
31	Nummer 2		540,00
32	Nummer 3		475,00
33	Nummer 4		435,00
34	Absatz 1 Satz 2		615,00
35	Nummer 6a		150,00
36	Nummer 7	Beamte und Soldaten der Besoldungsgruppe(n)	
37		− A 3 bis A 5	165,00
38		− A 6 bis A 9	220,00
39		− A 10 bis A 13	275,00
40		− A 14, A 15, B 1	330,00
41		− A 16, B 2 bis B 4	400,00
42		− B 5 bis B 7	470,00
43		− B 8 bis B 10	540,00
44		− B 11	610,00
45	Nummer 8	Beamte der Besoldungsgruppen	
46		− A 3 bis A 5	150,00
47		− A 6 bis A 9	200,00
48		− A 10 bis A 13	250,00
49		− A 14 und höher	300,00
50	Nummer 8a	Beamte und Soldaten der Besoldungsgruppen	
51		− A 3 bis A 5	103,00
52		− A 6 bis A 9	141,00
53		− A 10 bis A 13	174,00
54		− A 14 und höher	206,00

	Dem Grunde nach geregelt in	Zulagenberechtigter Personenkreis, soweit nicht bereits in Anlage I oder Anlage III geregelt	Monatsbetrag in Euro/Prozentsatz
	1	2	3
55		Anwärter der Laufbahngruppe	
56		– des mittleren Dienstes	75,00
57		– des gehobenen Dienstes	99,00
58		– des höheren Dienstes	122,00
59	Nummer 8b	Beamte der Besoldungsgruppen	
60		– A 3 bis A 5	120,00
61		– A 6 bis A 9	160,00
62		– A 10 bis A 13	200,00
63		– A 14 und höher	240,00
64	Nummer 8c	Beamte und Soldaten der Besoldungsgruppen	
65		– A 3 bis A 5	85,00
66		– A 6 bis A 9	110,00
67		– A 10 bis A 13	125,00
68		– A 14 und höher	140,00
69	Nummer 9	Beamte und Soldaten nach einer Dienstzeit von	
70		– einem Jahr	95,00
71		– zwei Jahren	190,00
72	Nummer 9a		
73	Absatz 1		
74	Nummer 1		350,00
75	Nummer 2		700,00
76	Nummer 3		225,00
77	Absatz 3		
78	Nummer 1		136,00
79	Nummer 2 und 3		76,00
80	Nummer 10	Beamte und Soldaten nach einer Dienstzeit von	
81		– einem Jahr	95,00
82		– zwei Jahren	190,00
83	Nummer 11		
84	Absatz 1		
85	Nummer 1		415,00
86	Nummer 2		615,00
87	Nummer 12		55,00
88	Nummer 13		
89	Absatz 1	Beamte des mittleren Dienstes	110,00

	Dem Grunde nach geregelt in		Zulagenberechtigter Personenkreis, soweit nicht bereits in Anlage I oder Anlage III geregelt	Monatsbetrag in Euro/Prozentsatz
	1		2	3
90			Beamte des gehobenen Dienstes	160,00
91	Absatz 2 Satz 1		Beamte der Besoldungsgruppen	
92			− A 6 bis A 9	200,00
93			− A 10 bis A 13	210,00
94			− A 14 bis A 16	220,00
95	Nummer 14			35,00
96	Nummer 15		Beamte der Besoldungsgruppen	
97			− A 3 bis A 5	70,00
98			− A 6 bis A 9	90,00
99			− A 10 bis A 13	110,00
100			− A 14 und höher	140,00
101	Nummer 16		Beamte und Soldaten der Besoldungsgruppen	
102			− A 3 bis A 5	150,00
103			− A 6 bis A 9	200,00
104			− A 10 bis A 13	250,00
105			− A 14 und höher	300,00
106	Nummer 17		Beamte der Besoldungsgruppen	
107			− A 3 bis A 5	96,00
108			− A 6 bis A 9	128,00
109			− A 10 bis A 13	160,00
110			− A 14 und höher	192,00
111	Nummer 18		Beamte und Soldaten der Besoldungsgruppen	
112			− A 3 bis A 5	96,00
113			− A 6 bis A 9	128,00
114			− A 10 bis A 13	160,00
115			− A 14 und höher	192,00
116	Nummer 19		Beamte der Besoldungsgruppen	
117			− A 3 bis A 5	20,00
118			− A 6 bis A 9	40,00
119			− A 10 bis A 13	60,00
120			− A 14 und höher	80,00
121			A m t s z u l a g e n	
122	Besoldungsgruppe	Fußnote(n)		
123	A 3	1		43,37

	Dem Grunde nach geregelt in		Zulagenberechtigter Personenkreis, soweit nicht bereits in Anlage I oder Anlage III geregelt	Monatsbetrag in Euro/Prozentsatz
	1		2	3
124		2		80,00
125		3		40,39
126	A 4	1		43,37
127		2		80,00
128		4		8,72
129	A 5	1		43,37
130		3		80,00
131	A 6	2, 5		43,37
132	A 7	5		53,86
133	A 8	1		69,39
134	A 9	1		322,88
135	A 13	1		328,12
136		7		149,98
137	A 14	5		224,96
138	A 15	3		299,93
139		8		224,96
140	A 16	6		251,58
141	B 10	1		519,86
142	**Anlage III** (Bundesbesoldungsordnung R)			
143			S t e l l e n z u l a g e	
144	Vorbemerkung			
145	Nummer 2		Richter und Staatsanwälte der Besoldungsgruppe(n)	
146			– R 1	330,00
147			– R 2 bis R 4	400,00
148			– R 5 bis R 7	470,00
149			– R 8 und höher	540,00
150			A m t s z u l a g e n	
151	Besoldungsgruppe	Fußnote		
152	R 2	1		248,73
153	R 7	1		369,88
154	R 8	1		497,35

Bekanntmachung nach § 77 Absatz 4 und § 78 Absatz 2 des Bundesbesoldungsgesetzes sowie nach § 5a Absatz 2 und § 6 Absatz 3 des Besoldungsüberleitungsgesetzes

Vom 13. November 2018
(BGBl. I S. 1905)
FNA 2032-26-10

– Auszug –

Nach

– § 77 Absatz 4 und § 78 Absatz 2 des Bundesbesoldungsgesetzes[1] in der Fassung der Bekanntmachung vom 19. Juni 2009 (BGBl. I S. 1434) sowie

– § 5a Absatz 2 und § 6 Absatz 3 des Besoldungsüberleitungsgesetzes[2], von denen § 5a Absatz 2 durch Artikel 3 des Gesetzes vom 25. November 2014 (BGBl. I S. 1772) eingefügt worden ist,

jeweils in Verbindung mit § 1 Absatz 2 des Zuständigkeitsanpassungsgesetzes vom 16. August 2002 (BGBl. I S. 3165) und dem Organisationserlass vom 14. März 2018 (BGBl. I S. 374), werden bekannt gemacht:

1. als Anhang 1 die ab 1. März 2018, ab 1. April 2019 und ab 1. März 2020 geltenden Beträge des Grundgehalts nach der fortgeltenden Bundesbesoldungsordnung C,

2. als Anhang 2[3] die ab 1. März 2018, ab 1. April 2019 und ab 1. März 2020 für Beamtinnen und Beamte bei den Postnachfolgeunternehmen geltenden Beträge des Grundgehalts nach Anlage IV, des Familienzuschlages nach Anlage V sowie der Amts- und Stellenzulagen nach Anlage IX des Bundesbesoldungsgesetzes[1],

3. als Anhang 3[3] die ab 1. März 2018, ab 1. April 2019 und ab 1. März 2020 geltenden Beträge des Grundgehalts nach den Anlagen 1 und 2 des Besoldungsüberleitungsgesetzes[2],

4. als Anhang 4[3] die ab 1. März 2018, ab 1. April 2019 und ab 1. März 2020 für Beamtinnen und Beamte bei den Postnachfolgeunternehmen geltenden Beträge des Grundgehalts nach Anlage 1 des Besoldungsüberleitungsgesetzes[2].

[1] Nr. **230**.
[2] **Bundesbeamtengesetze Nr. 52A.**
[3] Anhänge 2–4 hier nicht abgedruckt.

Gültig ab 1. März 2020

Bundesbesoldungsordnung C

Grundgehaltssätze
(Monatbetrag in Euro)

Besoldungs-gruppe	Stufe														
	1	2	3	4	5	6	7	8	9	10	11	12	13	14	15
C 1	3 887,02	4 021,04	4 154,95	4 288,98	4 422,97	4 556,95	4 690,91	4 824,87	4 958,87	5 092,84	5 226,81	5 360,83	5 494,78	5 628,76	5 762,78
C 2	3 895,40	4 108,91	4 322,43	4 535,96	4 749,48	4 963,01	5 176,53	5 390,04	5 603,55	5 817,08	6 030,54	6 244,09	6 457,59	6 671,14	6 884,65
C 3	4 282,29	4 524,06	4 765,86	5 007,60	5 249,38	5 491,16	5 732,88	5 974,64	6 216,42	6 458,21	6 699,97	6 941,74	7 183,52	7 425,24	7 667,03
C 4	5 420,48	5 663,53	5 906,57	6 149,61	6 392,67	6 635,70	6 878,71	7 121,74	7 364,75	7 607,80	7 850,85	8 093,84	8 336,90	8 579,93	8 822,95

Zulagen
– in der Reihenfolge der Gesetzesstellen –

Dem Grunde nach geregelt in	Monatsbetrag in Euro/Prozentsatz
Bundesbesoldungsordnung C Vorbemerkungen Nummer 2b	100,99
Bundesbesoldungsordnung C Vorbemerkungen Nummer 3 Die Zulage beträgt für Beamte der Besoldungs-gruppe(n)	12,5 Prozent des End-grundgehalts oder, bei festen Gehältern, des Grundgehalts der Be-soldungsgruppe[1]
C 1	A 13
C 2	A 15
C 3 und C 4	B 3

Dem Grunde nach geregelt in	Monatsbetrag in Euro/Prozentsatz
Bundesbesoldungsordnung C Vorbemerkungen Nummer 5 wenn ein Amt ausgeübt wird der Besoldungsgruppe R 1 der Besoldungsgruppe R 2	215,82 241,58
Besoldungsgruppe R 1 Besoldungsgruppe R 2 C 2	Fußnote 1
	109,54

1) Nach Maßgabe des Artikels 1 § 5 des Haushaltsstrukturgesetzes vom 18. Dezember 1975 (BGBl. I S. 3091).

235. Bundesreisekostengesetz (BRKG)[1)]

Vom 26. Mai 2005

(BGBl. I S. 1418)

FNA 2032-28

geänd. durch § 62 Abs. 7 BeamtenstatusG v. 17.6.2008 (BGBl. I S. 1010), Art. 15 Abs. 51 Dienst-
rechtsneuordnungsG v. 5.2.2009 (BGBl. I S. 160), Art. 3 G zur Änd. und Vereinfachung der Unter-
nehmensbesteuerung und des steuerlichen Reisekostenrechts v. 20.2.2013 (BGBl. I S. 285) und
Art. 68 Elfte ZuständigkeitsanpassungsVO v. 19.6.2020 (BGBl. I S. 1328)

§ 1 Geltungsbereich. (1) Dieses Gesetz regelt Art und Umfang der Reise-
kostenvergütung der Beamtinnen, Beamten, Richterinnen und Richter des
Bundes sowie der Soldatinnen und Soldaten und der in den Bundesdienst
abgeordneten Beamtinnen, Beamten, Richterinnen und Richter.

(2) Die Reisekostenvergütung umfasst

1. die Fahrt- und Flugkostenerstattung (§ 4),

2. die Wegstreckenentschädigung (§ 5),

3. das Tagegeld (§ 6),

4. das Übernachtungsgeld (§ 7),

5. die Auslagenerstattung bei längerem Aufenthalt am Geschäftsort (§ 8),

6. die Aufwands- und Pauschvergütung (§ 9) sowie

7. die Erstattung sonstiger Kosten (§ 10).

§ 2 Dienstreisen. (1) [1]Dienstreisen sind Reisen zur Erledigung von Dienst-
geschäften außerhalb der Dienststätte. [2]Sie müssen, mit Ausnahme von Dienst-
reisen am Dienst- oder Wohnort, schriftlich oder elektronisch angeordnet oder
genehmigt worden sein, es sei denn, dass eine Anordnung oder Genehmigung
nach dem Amt der Dienstreisenden oder dem Wesen des Dienstgeschäfts nicht
in Betracht kommt. [3]Dienstreisen sollen nur durchgeführt werden, wenn sie
aus dienstlichen Gründen notwendig sind. [4]Dienstreisen sind auch Reisen aus
Anlass der Versetzung, Abordnung oder Kommandierung.

(2) Die Dauer der Dienstreise bestimmt sich nach der Abreise und Ankunft
an der Wohnung, es sei denn, die Dienstreise beginnt oder endet an der Dienst-
stätte.

§ 3 Anspruch auf Reisekostenvergütung. (1) [1]Dienstreisende erhalten auf
Antrag eine Vergütung der dienstlich veranlassten notwendigen Reisekosten.
[2]Der Anspruch auf Reisekostenvergütung erlischt, wenn sie nicht innerhalb
einer Ausschlussfrist von sechs Monaten nach Beendigung der Dienstreise
schriftlich oder elektronisch beantragt wird. [3]Die zuständigen Stellen können
bis zum *Ablauf von sechs* Monaten nach Antragstellung die Vorlage der maß-
geblichen Kostenbelege verlangen. [4]Werden diese Belege auf Anforderung
nicht innerhalb von drei Monaten vorgelegt, kann der Vergütungsantrag inso-
weit abgelehnt werden.

[1)] Verkündet als Art. 1 G zur Reform des Reisekostenrechts v. 26.5.2005 (BGBl. I S. 1418) v. 26.5.
2005 (BGBl. I S. 1418); Inkrafttreten gem. Art. 18 Abs. 1 Satz 1 dieses G v. 26.5.2005 (BGBl. I
S. 1418) am 1.9.2005.

(2) Leistungen, die Dienstreisende ihres Amtes wegen von dritter Seite aus Anlass einer Dienstreise erhalten, sind auf die Reisekostenvergütung anzurechnen.

(3) [1] Bei Dienstreisen für eine auf Veranlassung der zuständigen Behörde ausgeübte Nebentätigkeit haben Dienstreisende nur Anspruch auf Reisekostenvergütung, die nicht von anderer Stelle zu übernehmen ist. [2] Das gilt auch dann, wenn Dienstreisende auf ihren Anspruch gegen diese Stelle verzichtet haben.

§ 4 Fahrt- und Flugkostenerstattung. (1) [1] Entstandene Kosten für Fahrten auf dem Land- oder Wasserweg mit regelmäßig verkehrenden Beförderungsmitteln werden bis zur Höhe der niedrigsten Beförderungsklasse erstattet. [2] Für Bahnfahrten von mindestens zwei Stunden können die entstandenen Fahrtkosten der nächsthöheren Klasse erstattet werden. [3] Wurde aus dienstlichen oder wirtschaftlichen Gründen ein Flugzeug benutzt, werden die Kosten der niedrigsten Flugklasse erstattet. [4] Kosten einer höheren Klasse regelmäßig verkehrender Beförderungsmittel können erstattet werden, wenn dienstliche Gründe dies im Einzelfall oder allgemein erfordern.

(2) [1] Mögliche Fahrpreisermäßigungen sind zu berücksichtigen. [2] Fahrtkosten werden nicht erstattet, wenn eine unentgeltliche Beförderungsmöglichkeit genutzt werden kann.

(3) Dienstreisenden, denen für Bahnfahrten die Kosten der niedrigsten Beförderungsklasse zu erstatten wären, werden bei einem Grad der Behinderung von mindestens 50 die Kosten der nächsthöheren Klasse erstattet.

(4) Wurde aus triftigem Grund ein Mietwagen oder ein Taxi benutzt, werden die entstandenen notwendigen Kosten erstattet.

§ 5 Wegstreckenentschädigung. (1) [1] Für Fahrten mit anderen als den in § 4 genannten Beförderungsmitteln wird eine Wegstreckenentschädigung gewährt. [2] Sie beträgt bei Benutzung eines Kraftfahrzeuges oder eines anderen motorbetriebenen Fahrzeuges 20 Cent je Kilometer zurückgelegter Strecke, höchstens jedoch 130 Euro. [3] Die oberste Bundesbehörde kann den Höchstbetrag auf 150 Euro festsetzen, wenn dienstliche Gründe dies im Einzelfall oder allgemein erfordern.

(2) [1] Besteht an der Benutzung eines Kraftwagens ein erhebliches dienstliches Interesse, beträgt die Wegstreckenentschädigung 30 Cent je Kilometer zurückgelegter Strecke. [2] Das erhebliche dienstliche Interesse muss vor Antritt der Dienstreise in der Anordnung oder Genehmigung schriftlich oder elektronisch festgestellt werden.

(3) Benutzen Dienstreisende zur Erledigung von Dienstgeschäften regelmäßig ein Fahrrad, wird Wegstreckenentschädigung nach Maßgabe einer allgemeinen Verwaltungsvorschrift gemäß § 16 gewährt.

(4) Eine Wegstreckenentschädigung wird Dienstreisenden nicht gewährt, wenn sie

1. eine vom Dienstherrn unentgeltlich zur Verfügung gestellte Beförderungsmöglichkeit nutzen konnten oder

2. von anderen Dienstreisenden des Bundes oder eines anderen Dienstherrn in einem Kraftwagen mitgenommen wurden.

§ 6[1) Tagegeld. (1) [1] Als Ersatz von Mehraufwendungen für Verpflegung erhalten Dienstreisende ein Tagegeld. [2] Die Höhe des Tagegeldes bemisst sich nach der Verpflegungspauschale zur Abgeltung tatsächlich entstandener, beruflich veranlasster Mehraufwendungen im Inland nach dem Einkommensteuergesetz. [3] Besteht zwischen der Dienststätte oder der Wohnung und der Stelle, an der das Dienstgeschäft erledigt wird, nur eine geringe Entfernung, wird Tagegeld nicht gewährt.

(2) [1] Erhalten Dienstreisende ihres Amtes wegen unentgeltlich Verpflegung, werden von dem zustehenden Tagegeld für das Frühstück 20 Prozent und für das Mittag- und Abendessen je 40 Prozent des Tagegeldes für einen vollen Kalendertag einbehalten. [2] Gleiches gilt, wenn das Entgelt für Verpflegung in den erstattungsfähigen Fahrt-, Übernachtungs- oder Nebenkosten enthalten ist. [3] Die Sätze 1 und 2 sind auch dann anzuwenden, wenn Dienstreisende ihres Amtes wegen unentgeltlich bereitgestellte Verpflegung ohne triftigen Grund nicht in Anspruch nehmen. [4] Die oberste Dienstbehörde kann in besonderen Fällen niedrigere Einbehaltungssätze zulassen.

§ 7 Übernachtungsgeld. (1) [1] Für eine notwendige Übernachtung erhalten Dienstreisende pauschal 20 Euro. [2] Höhere Übernachtungskosten werden erstattet, soweit sie notwendig sind.

(2) Übernachtungsgeld wird nicht gewährt

1. für die Dauer der Benutzung von Beförderungsmitteln,
2. bei Dienstreisen am oder zum Wohnort für die Dauer des Aufenthalts an diesem Ort,
3. bei unentgeltlicher Bereitstellung einer Unterkunft des Amtes wegen, auch wenn diese Unterkunft ohne triftigen Grund nicht genutzt wird, und
4. in den Fällen, in denen das Entgelt für die Unterkunft in den erstattungsfähigen Fahrt- oder sonstigen Kosten enthalten ist, es sei denn, dass eine Übernachtung aufgrund einer zu frühen Ankunft am Geschäftsort oder einer zu späten Abfahrt von diesem zusätzlich erforderlich wird.

§ 8 Auslagenerstattung bei längerem Aufenthalt am Geschäftsort.
[1] Dauert der dienstlich veranlasste Aufenthalt an demselben auswärtigen Geschäftsort länger als 14 Tage, wird vom 15. Tag an ein um 50 Prozent ermäßigtes Tagegeld gewährt; in besonderen Fällen kann die oberste Dienstbehörde oder die von ihr ermächtigte Behörde auf eine Ermäßigung des Tagegeldes verzichten. [2] Notwendige Übernachtungskosten werden erstattet; ein pauschales Übernachtungsgeld nach § 7 Abs. 1 wird nicht gewährt. [3] Als Reisebeihilfe für Heimfahrten werden für jeweils 14 Tage des Aufenthalts am Geschäftsort je nach benutztem Beförderungsmittel Fahrt- oder Flugkosten bis zur Höhe des in § 4 Abs. 1 Satz 1 oder 3 oder in § 5 Abs. 1 genannten Betrages gewährt. [4] Wird der Geschäftsort aufgrund von Heimfahrten verlassen, wird für die Zeit des Aufenthalts in der Wohnung Tagegeld nicht gewährt.

§ 9 Aufwands- und Pauschvergütung. (1) [1] Dienstreisende, denen erfahrungsgemäß geringerer Aufwand für Verpflegung oder Unterkunft als allgemein üblich entsteht, erhalten nach näherer Bestimmung der obersten Dienstbehörde oder der von ihr ermächtigten Behörde anstelle von Tagegeld,

[1) § 6 Abs. 1 Satz 2 neu gef. mWv 1.1.2014 durch G v. 20.2.2013 (BGBl. I S. 285).

Übernachtungsgeld und Auslagenerstattung nach § 8 Satz 1 und 2 eine entsprechende Aufwandsvergütung. [2] Diese kann auch nach Stundensätzen bemessen werden.

(2) Die oberste Dienstbehörde oder die von ihr ermächtigte Behörde kann für regelmäßige oder gleichartige Dienstreisen anstelle der Reisekostenvergütung oder einzelner ihrer Bestandteile eine Pauschvergütung gewähren, die nach dem Durchschnitt der in einem bestimmten Zeitraum sonst anfallenden Reisekostenvergütungen zu bemessen ist.

§ 10 Erstattung sonstiger Kosten. (1) Zur Erledigung des Dienstgeschäfts notwendige Auslagen, die nicht nach den §§ 4 bis 9 zu erstatten sind, werden als Nebenkosten erstattet.

(2) Entfällt eine Dienstreise aus einem von der oder dem Bediensteten nicht zu vertretenden Grund, werden durch die Vorbereitung entstandene, nach diesem Gesetz abzugeltende Auslagen erstattet.

§ 11 Bemessung der Reisekostenvergütung in besonderen Fällen.

(1) [1] Für Dienstreisen aus Anlass der Versetzung, Abordnung oder Kommandierung wird das Tagegeld für die Zeit bis zur Ankunft am neuen Dienstort gewährt; im Übrigen gilt § 2 Abs. 2. [2] Das Tagegeld wird für die Zeit bis zum Ablauf des Ankunftstages gewährt, wenn dem Dienstreisenden vom nächsten Tag an Trennungsreise- oder Trennungstagegeld zusteht; daneben wird Übernachtungsgeld (§ 7) gewährt. [3] Für Dienstreisen im Sinne des Satzes 1 wird das Tagegeld vom Beginn des Abfahrtstages an gewährt, wenn für den vorhergehenden Tag Trennungsreise- oder Trennungstagegeld gewährt wird. [4] Für ein- und zweitägige Abordnungen oder Kommandierungen ist bei der Festsetzung der Reisekostenvergütung abweichend von den Sätzen 1 bis 3 die gesamte Dauer der Abwesenheit von der Wohnung oder bisherigen Dienststätte zugrunde zu legen.

(2) [1] Für Reisen aus Anlass der Einstellung kann Reisekostenvergütung wie für Dienstreisen gewährt werden; Absatz 1 ist entsprechend anzuwenden. [2] Die Reisekostenvergütung darf dabei nicht höher sein als der Betrag, der für eine Dienstreise von der Wohnung zur Dienststätte zu erstatten wäre.

(3) [1] Reisekostenvergütung kann ferner gewährt werden

1. für Einstellungsreisen vor dem Wirksamwerden der Ernennung zur Beamtin, zum Beamten, zur Richterin, zum Richter, zur Soldatin oder zum Soldaten und

2. für Reisen aus Anlass des Ausscheidens aus dem Dienst wegen Ablaufs der Dienstzeit oder wegen Dienstunfähigkeit von Beamtinnen und Beamten auf Widerruf, von Soldatinnen und Soldaten auf Zeit oder von Soldaten, die aufgrund der Wehrpflicht Wehrdienst leisten; dies gilt für Reisen in das Ausland nur bis zum inländischen Grenzort oder dem inländischen Flughafen, von dem die Flugreise angetreten wird.

[2] Die Absätze 1 und 2 Satz 2 gelten entsprechend.

(4) Für Reisen zum Zwecke der Ausbildung oder Fortbildung, die teilweise im dienstlichen Interesse liegen, können mit Zustimmung der obersten Dienstbehörde oder der von ihr ermächtigten Behörde entstandene Kosten bis zur Höhe der für Dienstreisen zustehenden Reisekostenvergütung erstattet werden.

(5) Übernachten Dienstreisende in ihrer außerhalb des Geschäftsorts gelegenen Wohnung, wird für jede Hin- und Rückfahrt aus Anlass einer Übernachtung als Ersatz der Fahrtauslagen ein Betrag in Höhe der Übernachtungspauschale nach § 7 gewährt.

§ 12 Erkrankung während einer Dienstreise. [1]Erkranken Dienstreisende und werden sie in ein Krankenhaus aufgenommen, werden für jeden vollen Kalendertag des Krankenhausaufenthalts die notwendigen Auslagen für die Unterkunft am Geschäftsort erstattet. [2]Für eine Besuchsreise einer oder eines Angehörigen aus Anlass einer durch ärztliche Bescheinigung nachgewiesenen lebensgefährlichen Erkrankung der oder des Dienstreisenden werden Fahrtauslagen gemäß § 4 Abs. 1 Satz 1 und 3 oder § 5 Abs. 1 erstattet.

§ 13 Verbindung von Dienstreisen mit privaten Reisen. (1) [1]Werden Dienstreisen mit privaten Reisen verbunden, wird die Reisekostenvergütung so bemessen, als ob nur die Dienstreise durchgeführt worden wäre. [2]Die Reisekostenvergütung nach Satz 1 darf die sich nach dem tatsächlichen Reiseverlauf ergebende nicht übersteigen. [3]Werden Dienstreisen mit einem Urlaub von mehr als fünf Arbeitstagen verbunden, werden nur die zusätzlich für die Erledigung des Dienstgeschäfts entstehenden Kosten als Fahrtauslagen entsprechend den §§ 4 und 5 erstattet; Tage- und Übernachtungsgeld wird für die Dauer des Dienstgeschäfts sowie für die zusätzliche Reisezeit gewährt.

(2) [1]Wird in besonderen Fällen angeordnet oder genehmigt, dass die Dienstreise an einem vorübergehenden Aufenthaltsort anzutreten oder zu beenden ist, wird die Reisekostenvergütung abweichend von Absatz 1 nach der Abreise von oder der Ankunft an diesem Ort bemessen. [2]Entsprechendes gilt, wenn in diesen Fällen die Dienstreise an der Wohnung oder Dienststätte beginnt oder endet. [3]Absatz 1 Satz 2 ist entsprechend anzuwenden.

(3) [1]Wird aus dienstlichen Gründen die vorzeitige Beendigung einer Urlaubsreise angeordnet, gilt die Rückreise vom Urlaubsort unmittelbar oder über den Geschäftsort zur Dienststätte als Dienstreise, für die Reisekostenvergütung gewährt wird. [2]Außerdem werden die Fahrtauslagen für die kürzeste Reisestrecke von der Wohnung zum Urlaubsort, an dem die Bediensteten die Anordnung erreicht, im Verhältnis des nicht ausgenutzten Teils der Urlaubsreise zur vorgesehenen Dauer der Urlaubsreise erstattet.

(4) [1]Aufwendungen der Dienstreisenden und der sie begleitenden Personen, die durch die Unterbrechung oder vorzeitige Beendigung einer Urlaubsreise verursacht worden sind, werden in angemessenem Umfang erstattet. [2]Dies gilt auch für Aufwendungen, die aus diesen Gründen nicht ausgenutzt werden konnten; hinsichtlich der Erstattung von Aufwendungen für die Hin- und Rückfahrt ist Absatz 3 Satz 2 sinngemäß anzuwenden.

§ 14[1]) **Auslandsdienstreisen.** (1) Auslandsdienstreisen sind Dienstreisen im oder ins Ausland sowie vom Ausland ins Inland.

(2) Nicht als Auslandsdienstreisen gelten Dienstreisen der im Grenzverkehr tätigen Beamtinnen und Beamten im Bereich ausländischer Lokalgrenzbehörden, zwischen solchen Bereichen und zwischen diesen und dem Inland.

[1]) § 14 Abs. 3 geänd. mWv 27.6.2020 durch VO v. 19.6.2020 (BGBl. I S. 1328).

(3) Das Bundesministerium des Innern, für Bau und Heimat wird ermächtigt, durch Rechtsverordnung wegen der besonderen Verhältnisse abweichende Vorschriften über die Reisekostenvergütung für Auslandsdienstreisen bezüglich der Anordnung und Genehmigung von Dienstreisen, der Fahrt- und Flugkosten, des Auslandstage- und Auslandsübernachtungsgeldes, der Reisebeihilfen, der Kriterien der Erstattung klimabedingter Bekleidung und anderer Nebenkosten zu erlassen.

§ 15[1]) Trennungsgeld.

(1) [1]Beamtinnen, Beamte, Richterinnen und Richter, die an einen Ort außerhalb des Dienst- und Wohnortes ohne Zusage der Umzugskostenvergütung abgeordnet werden, erhalten für die ihnen dadurch entstehenden notwendigen Aufwendungen unter Berücksichtigung der häuslichen Ersparnis ein Trennungsgeld nach einer Rechtsverordnung, die für Abordnungen im Inland das Bundesministerium des Innern, für Bau und Heimat erlässt. [2]Diese Verordnung ist auch anzuwenden für Abordnungen im oder ins Ausland sowie vom Ausland ins Inland, soweit aufgrund der Ermächtigung des Absatzes 2 keine Sonderregelungen ergangen sind. [3]Dasselbe gilt für Kommandierungen von Soldatinnen und Soldaten und die vorübergehende dienstliche Tätigkeit bei einer anderen Stelle als einer Dienststelle. [4]Der Abordnung stehen die Zuweisung nach § 29 des Bundesbeamtengesetzes[2]) oder nach § 20 des Beamtenstatusgesetzes[3]) gleich.

(2) Absatz 1 Satz 1 und 3 gilt entsprechend für Abordnungen ohne Zusage der Umzugskostenvergütung im oder ins Ausland sowie vom Ausland ins Inland, soweit die besonderen Bedürfnisse des Auslandsdienstes und die besonderen Verhältnisse im Ausland es erfordern mit der Maßgabe, dass das Auswärtige Amt die Rechtsverordnung im Einvernehmen mit dem Bundesministerium des Innern, für Bau und Heimat, dem Bundesministerium der Verteidigung und dem Bundesministerium der Finanzen erlässt.

(3) Werden Beamtinnen oder Beamte auf Widerruf im Vorbereitungsdienst zum Zwecke ihrer Ausbildung einer Ausbildungsstelle an einem anderen Ort als dem bisherigen Dienst- und Wohnort zugewiesen, können ihnen die dadurch entstehenden notwendigen Mehrauslagen ganz oder teilweise erstattet werden.

§ 16[4)5]) Verwaltungsvorschriften.

[1]Allgemeine Verwaltungsvorschriften[6]) zu diesem Gesetz erlässt das Bundesministerium des Innern, für Bau und Heimat. [2]Verwaltungsvorschriften zu den Sondervorschriften für die Reisekostenvergütung für Auslandsdienstreisen erlässt das Bundesministerium des Innern, für Bau und Heimat im Einvernehmen mit dem Auswärtigen Amt.

[1]) § 15 Abs. 1 Satz 4 geänd. mWv 12.2.2009 durch G v. 5.2.2009 (BGBl. I S. 160); Abs. 1 Satz 4 geänd. mWv 1.4.2009 durch G v. 17.6.2008 (BGBl. I S. 1010); Abs. 1 Satz 1 und Abs. 2 geänd. mWv 27.6.2020 durch VO v. 19.6.2020 (BGBl. I S. 1328).
[2]) Nr. 160.
[3]) Nr. 150.
[4]) § 16 Sätze 1 und 2 geänd. *mWv 27.6.2020 durch VO v. 19.6.2020* (BGBl. I S. 1328).
[5]) *§ 16 ist gem. Art. 18 Abs. 2 G v. 26.5.2005 (BGBl. I S. 1418) am 1.6.2005 in Kraft getreten.*
[6]) Siehe die AVwV zum BRKG **(Bundesbeamtengesetze Nr. 56.1)**.

240. Bundespersonalvertretungsgesetz (BPersVG)[1]

Vom 15. März 1974

(BGBl. I S. 693)

FNA 2035-4

geänd. durch Art. 287 Nr. 4 StGB–EinführungsG v. 2.3.1974 (BGBl. I S. 469), Art. 3 G zur Änd. des SoldatenG und des Vertrauensmänner–WahlG v. 25.4.1975 (BGBl. I S. 1005), Art. 5 Drittes G zur Änd. dienstrechtlicher Vorschriften v. 10.5.1980 (BGBl. I S. 561), Art. 5 Fünftes G zur Änd. dienstrechtlicher Vorschriften v. 25.7.1984 (BGBl. I S. 998), Art. 4 Erstes SchwerbehindertenG–ÄndG v. 24.7.1986 (BGBl. I S. 1110), Art. 1 ÄndG v. 18.12.1987 (BGBl. I S. 2746), Art. 1 G zur Bildung von Jugend- und Auszubildendenvertretungen in den Verwaltungen v. 13.7.1988 (BGBl. I S. 1037), Art. 4 Abs. 2 PoststrukturG v. 8.6.1989 (BGBl. I S. 1026), Art. 1 ÄndG v. 10.7.1989 (BGBl. I S. 1380, ber. S. 1473), Art. 4 Fünftes G zur Änd. besoldungsrechtlicher Vorschriften v. 28.5.1990 (BGBl. I S. 967), Art. 3 Nr. 5 BeteiligungsG v. 16.1.1991 (BGBl. I S. 47), Art. 3 Zehntes G zur Änd. dienstrechtlicher Vorschriften v. 20.12.1993 (BGBl. I S. 2136), Art. 6 Abs. 20 EisenbahnneuordnungsG v. 27.12.1993 (BGBl. I S. 2378), Art. 6 Zweites GleichberechtigungsG v. 24.6.1994 (BGBl. I S. 1406), Art. 12 Abs. 13 PostneuordnungsG v. 14.9.1994 (BGBl. I S. 2325), Art. 2 § 3 BundesgrenzschutzneuregelungsG v. 19.10.1994 (BGBl. I S. 2978), Art. 9 Unfallversicherungs–EinordnungsG v. 7.8.1996 (BGBl. I S. 1254), Art. 2 Abs. 2 Erstes SoldatenbeteiligungsG–ÄndG v. 20.2.1997 (BGBl. I S. 298), Art. 12 Abs. 2 ReformG v. 24.2.1997 (BGBl. I S. 322), Art. 2 § 1 G über den deutschen Auslandsrundfunk v. 16.12.1997 (BGBl. I S. 3094), Art. 9 Bundesdisziplinarrechts–NeuordnungsG v. 9.7.2001 (BGBl. I S. 1510), Art. 17 Drittes G für moderne Dienstleistungen am Arbeitsmarkt v. 23.12.2003 (BGBl. I S. 2848), Art. 3a G zur wirkungsgleichen Übertragung von Regelungen der sozialen Pflegeversicherung in das Dienstrecht und zur Änd. sonstiger dienstrechtl. Vorschriften v. 4.11.2004 (BGBl. I S. 2686), Art. 5 G zur Reform des Reisekostenrechts v. 26.5.2005 (BGBl. I S. 1418), Art. 11 G zur Reorganisation des Bundesgrenzschutzes in Bundespolizei v. 21.6. 2005 (BGBl. I S. 1818), Art. 8 G zur Reorganisation der Bundesanstalt für Post und Telekommunikation Deutsche Bundespost und zur Änd. anderer G v. 14.9.2005 (BGBl. I S. 2746), Art. 3 Abs. 4 G zur Umsetzung europäischer RLn zur Verwirklichung des Grundsatzes der Gleichbehandlung v. 14.8. 2006 (BGBl. I S. 1897), Art. 7 DienstrechtsneuordnungsG v. 5.2.2009 (BGBl. I S. 160), Art. 3 Abs. 2 G zur Familienpflegezeit und zum flexibleren Eintritt in den Ruhestand für Beamtinnen und Beamte des Bundes v. 3.7.2013 (BGBl. I S. 1978), Art. 2 G zur Änd. soldatenbeteiligungs- und personalvertretungsrechtlicher Vorschriften v. 29.8.2016 (BGBl. I S. 2065), Art. 10 Abs. 2 G zur besseren Vereinbarkeit von Familie, Pflege und Beruf für Beamtinnen und Beamte des Bundes und Soldatinnen und Soldaten sowie zur Änd. weiterer dienstrechtlicher Vorschriften v. 19.10.2016 (BGBl. I S. 2362), Art. 7 PflegeberufereformG v. 17.7.2017 (BGBl. I S. 2581) und Art. 1, 2 Zweites G zur Änd. des BPersVG und weiterer dienstrechtl. Vorschriften aus Anlass der COVID-19-Pandemie v. 25.5.2020 (BGBl. I S. 1063)

Inhaltsübersicht

[1] Die Änderungen durch das G v. 25.5.2020 (BGBl. I S. 1063) treten teilweise erst **mWv 1.4.2021** in Kraft und sind insoweit noch nicht im Text berücksichtigt.

Erster Teil. Personalvertretungen im Bundesdienst[1]

Erstes Kapitel. Allgemeine Vorschriften

§ 1 [Errichtung von Personalvertretungen] [1] In den Verwaltungen des Bundes und der bundesunmittelbaren Körperschaften, Anstalten und Stiftungen des öffentlichen Rechts sowie in den Gerichten des Bundes werden Personalvertretungen gebildet. [2] Zu den Verwaltungen im Sinne dieses Gesetzes gehören auch die Betriebsverwaltungen.

§ 2 [Stellung der Gewerkschaften und Vereinigungen der Arbeitgeber]

(1) Dienststelle und Personalvertretung arbeiten unter Beachtung der Gesetze und Tarifverträge vertrauensvoll und im Zusammenwirken mit den in der Dienststelle vertretenen Gewerkschaften und Arbeitgebervereinigungen zum Wohle der Beschäftigten und zur Erfüllung der der Dienststelle obliegenden Aufgaben zusammen.

(2) Zur Wahrnehmung der in diesem Gesetz genannten Aufgaben und Befugnisse der in der Dienststelle vertretenen Gewerkschaften ist deren Beauftragten nach Unterrichtung des Dienststellenleiters oder seines Vertreters Zugang zu der Dienststelle zu gewähren, soweit dem nicht unumgängliche Notwendigkeiten des Dienstablaufs, zwingende Sicherheitsvorschriften oder der Schutz von Dienstgeheimnissen entgegenstehen.

(3) Die Aufgaben der Gewerkschaften und der Vereinigungen der Arbeitgeber, insbesondere die Wahrnehmung der Interessen ihrer Mitglieder, werden durch dieses Gesetz nicht berührt.

§ 3 [Unabdingbarkeit des Personalvertretungsrechts] Durch Tarifvertrag kann das Personalvertretungsrecht nicht abweichend von diesem Gesetz geregelt werden.

§ 4[2] [Begriff des Beschäftigten im öffentlichen Dienst] (1) Beschäftigte im öffentlichen Dienst im Sinne dieses Gesetzes sind die Beamten und Arbeitnehmer einschließlich der zu ihrer Berufsausbildung Beschäftigten sowie Rich-

[1] Für den Bereich der Bundeswehr siehe § 91 SoldatenG **(Wehrrecht Nr. 200)**.
[2] § 4 Abs. 1 und Abs. 3 Sätze 1 und 2 geänd., Abs. 4 aufgeh. mWv 1.10.2005 durch G v. 14.9.2005 (BGBl. I S. 2746).

Arbeitnehmer gelten auch Beschäftigte, die sich in einer beruflichen Ausbildung befinden.

(4) *(aufgehoben)*

(5) Als Beschäftigte im Sinne dieses Gesetzes gelten nicht

1. Personen, deren Beschäftigung überwiegend durch Beweggründe karitativer oder religiöser Art bestimmt ist,

2. Personen, die überwiegend zu ihrer Heilung, Wiedereingewöhnung, sittlichen Besserung oder Erziehung beschäftigt werden.

§ 5[1] **[Bildung von Gruppen]** [1] Die Beamten und Arbeitnehmer bilden je eine Gruppe. [2] Die in § 4 Abs. 1 bezeichneten Richter treten zur Gruppe der Beamten.

§ 6 [Begriff der Dienststelle] (1) Dienststellen im Sinne dieses Gesetzes sind die einzelnen Behörden, Verwaltungsstellen und Betriebe der in § 1 genannten Verwaltungen sowie die Gerichte.

(2) [1] Die einer Behörde der Mittelstufe unmittelbar nachgeordnete Behörde bildet mit den ihr nachgeordneten Stellen eine Dienststelle; dies gilt nicht, soweit auch die weiter nachgeordneten Stellen im Verwaltungsaufbau nach Aufgabenbereich und Organisation selbständig sind. [2] Behörden der Mittelstufe im Sinne dieses Gesetzes sind die der obersten Dienstbehörde unmittelbar nachgeordneten Behörden, denen andere Dienststellen nachgeordnet sind.

(3) [1] Nebenstellen und Teile einer Dienststelle, die räumlich weit von dieser entfernt liegen, gelten als selbständige Dienststellen, wenn die Mehrheit ihrer wahlberechtigten Beschäftigten dies in geheimer Abstimmung beschließt. [2] Der Beschluß ist für die folgende Wahl und die Amtszeit der aus ihr hervorgehenden Personalvertretung wirksam.

(4) Bei gemeinsamen Dienststellen des Bundes und anderer Körperschaften gelten nur die im Bundesdienst Beschäftigten als zur Dienststelle gehörig.

§ 7[2] **[Dienststellenleiter]** [1] Für die Dienststelle handelt ihr Leiter. [2] Er kann sich bei Verhinderung durch seinen ständigen Vertreter vertreten lassen. [3] Bei obersten Dienstbehörden kann er auch den Leiter der Abteilung für Personal- und Verwaltungsangelegenheiten, bei Bundesoberbehörden ohne nachgeordnete Dienststellen und bei Behörden der Mittelstufe auch den jeweils entsprechenden Abteilungsleiter zu seinem Vertreter bestimmen. [4] Das gleiche gilt für sonstige Beauftragte, sofern der Personalrat sich mit dieser Beauftragung einverstanden erklärt.

§ 8 [Verbot der Behinderung der Arbeit des Personalrats] Personen, die Aufgaben oder Befugnisse nach diesem Gesetz wahrnehmen, dürfen darin nicht behindert und wegen ihrer Tätigkeit nicht benachteiligt oder begünstigt werden; dies gilt auch für ihre berufliche Entwicklung.

[1] § 5 Satz 1 geänd. mWv 1.10.2005 durch G v. 14.9.2005 (BGBl. I S. 2746).
[2] § 7 Satz 4 angef. durch G v. 10.7.1989 (BGBl. I S. 1380).

§ 9[1] **[Übernahme eines Auszubildenden]** (1) Beabsichtigt der Arbeitgeber, einen in einem Berufsausbildungsverhältnis nach dem Berufsbildungsgesetz[2], dem Krankenpflegegesetz, dem Pflegeberufegesetz[3] oder dem Hebammengesetz[4] stehenden Beschäftigten (Auszubildenden), der Mitglied einer Personalvertretung oder einer Jugend- und Auszubildendenvertretung ist, nach erfolgreicher Beendigung des Berufsausbildungsverhältnisses nicht in ein Arbeitsverhältnis auf unbestimmte Zeit zu übernehmen, so hat er dies drei Monate vor Beendigung des Berufsausbildungsverhältnisses dem Auszubildenden schriftlich mitzuteilen.

(2) Verlangt ein in Absatz 1 genannter Auszubildender innerhalb der letzten drei Monate vor Beendigung des Berufsausbildungsverhältnisses schriftlich vom Arbeitgeber seine Weiterbeschäftigung, so gilt zwischen dem Auszubildenden und dem Arbeitgeber im Anschluß an das erfolgreiche Berufsausbildungsverhältnis ein Arbeitsverhältnis auf unbestimmte Zeit als begründet.

(3) Die Absätze 1 und 2 gelten auch, wenn das Berufsausbildungsverhältnis vor Ablauf eines Jahres nach Beendigung der Amtszeit der Personalvertretung oder der Jugend- und Auszubildendenvertretung erfolgreich endet.

(4) [1] Der Arbeitgeber kann spätestens bis zum Ablauf von zwei Wochen nach Beendigung des Berufsausbildungsverhältnisses beim Verwaltungsgericht beantragen,

1. festzustellen, daß ein Arbeitsverhältnis nach den Absätzen 2 oder 3 nicht begründet wird, oder

2. das bereits nach den Absätzen 2 oder 3 begründete Arbeitsverhältnis aufzulösen,

wenn Tatsachen vorliegen, auf Grund derer dem Arbeitgeber unter Berücksichtigung aller Umstände die Weiterbeschäftigung nicht zugemutet werden kann. [2] In dem Verfahren vor dem Verwaltungsgericht ist die Personalvertretung, bei einem Mitglied der Jugend- und Auszubildendenvertretung auch diese beteiligt.

(5) Die Absätze 2 bis 4 sind unabhängig davon anzuwenden, ob der Arbeitgeber seiner Mitteilungspflicht nach Absatz 1 nachgekommen ist.

§ 10[5] **[Geheimhaltungspflicht]** (1) [1] Personen, die Aufgaben oder Befugnisse nach diesem Gesetz wahrnehmen oder wahrgenommen haben, haben über die ihnen dabei bekanntgewordenen Angelegenheiten und Tatsachen Stillschweigen zu bewahren. [2] Abgesehen von den Fällen des § 68 Abs. 2 Satz 3 und des § 93 gilt die Schweigepflicht nicht für Mitglieder der Personalvertretung und der Jugend- und Auszubildendenvertretung gegenüber den übrigen Mitgliedern der Vertretung und für die in Satz 1 bezeichneten Personen gegenüber der zuständigen Personalvertretung; sie entfällt ferner gegenüber der vorgesetzten Dienststelle, der bei ihr gebildeten Stufenvertretung und gegenüber dem Gesamtpersonalrat. [3] Satz 2 gilt auch für die Anrufung der Einigungsstelle.

(Fortsetzung nächstes Blatt)

[1] § 9 Abs. 1 und 3, Abs. 4 Satz 2 geänd. durch G v. 13.7.1988 (BGBl. I S. 1037); Abs. 1 geänd. mWv 1.1.2020 durch G v. 17.7.2017 (BGBl. I S. 2581).
[2] **Sartorius ErgBd. Nr. 422.**
[3] *Nipperdey I, Arbeitsrecht Nr. 416.*
[4] **Gewerberecht Nr. 225.**
[5] § 10 Abs. 1 Satz 2 geänd. durch G v. 13.7.1988 (BGBl. I S. 1037).

(2) Die Schweigepflicht besteht nicht für Angelegenheiten oder Tatsachen, die offenkundig sind oder ihrer Bedeutung nach keiner Geheimhaltung bedürfen.

§ 11 [Unfall in Wahrnehmung dieses Gesetzes] Erleidet ein Beamter anläßlich der Wahrnehmung von Rechten oder Erfüllung von Pflichten nach diesem Gesetz einen Unfall, der im Sinne der beamtenrechtlichen Unfallfürsorgevorschriften ein Dienstunfall wäre, so sind diese Vorschriften entsprechend anzuwenden.

Zweites Kapitel. Personalrat, Stufenvertretung, Gesamtpersonalrat, Personalversammlung

Erster Abschnitt. Wahl und Zusammensetzung des Personalrates

§ 12 [Bildung von Personalräten] (1) In allen Dienststellen, die in der Regel mindestens fünf Wahlberechtigte beschäftigen, von denen drei wählbar sind, werden Personalräte gebildet.

(2) Dienststellen, bei denen die Voraussetzungen des Absatzes 1 nicht gegeben sind, werden von der übergeordneten Dienststelle im Einvernehmen mit der Stufenvertretung einer benachbarten Dienststelle zugeteilt.

§ 13[1) [Wahlberechtigung] (1) [1]Wahlberechtigt sind alle Beschäftigten, die am Wahltage das 18. Lebensjahr vollendet haben, es sei denn, daß sie infolge Richterspruchs das Recht, in öffentlichen Angelegenheiten zu wählen oder zu stimmen, nicht besitzen. [2]Beschäftigte, die am Wahltage seit mehr als sechs Monaten unter Wegfall der Bezüge beurlaubt sind, sind nicht wahlberechtigt.

(2) [1]Wer zu einer Dienststelle abgeordnet ist, wird in ihr wahlberechtigt, sobald die Abordnung länger als drei Monate gedauert hat; im gleichen Zeitpunkt verliert er das Wahlrecht bei der alten Dienststelle. [2]Das gilt nicht für Beschäftigte, die als Mitglieder einer Stufenvertretung oder des Gesamtpersonalrates freigestellt sind. [3]Satz 1 gilt ferner nicht, wenn feststeht, daß der Beschäftigte binnen weiterer sechs Monate in die alte Dienststelle zurückkehren wird. [4]Hinsichtlich des Verlustes des Wahlrechts bei der alten Dienststelle gelten die Sätze 1 und 3 entsprechend in Fällen einer Zuweisung nach § 29 des Bundesbeamtengesetzes[2)] oder auf Grund entsprechender arbeitsvertraglicher Vereinbarung.

(3) Beamte im Vorbereitungsdienst und Beschäftigte in entsprechender Berufsausbildung sind nur bei ihrer Stammbehörde wahlberechtigt.

§ 14[3) [Wählbarkeit] (1) [1]Wählbar sind alle Wahlberechtigten, die am Wahltage
1. seit sechs Monaten dem Geschäftsbereich ihrer obersten Dienstbehörde angehören und
2. seit einem Jahr in öffentlichen Verwaltungen oder von diesen geführten Betrieben beschäftigt sind.

[1)] § 13 Abs. 2 Satz 4 angef. durch G v. 28.5.1990 (BGBl. I S. 967); Abs. 2 Satz 4 geänd. mWv 12.2. 2009 durch G v. 5.2.2009 (BGBl. I S. 160).
[2)] Nr. **160**.
[3)] § 14 Abs. 2 Satz 1 aufgeh., bish. Satz 2 wird alleiniger Wortlaut mWv 1.1.2005 durch G v. 4.11. 2004 (BGBl. I S. 2686).

²Nicht wählbar ist, wer infolge Richterspruchs die Fähigkeit, Rechte aus öffentlichen Wahlen zu erlangen, nicht besitzt.

(2) Die in § 13 Abs. 3 genannten Personen sind nicht in eine Stufenvertretung wählbar.

(3) Nicht wählbar sind für die Personalvertretung ihrer Dienststelle die in § 7 genannten Personen sowie Beschäftigte, die zu selbständigen Entscheidungen in Personalangelegenheiten der Dienststelle befugt sind.

§ 15 [Entfallen von Wählbarkeitsvoraussetzungen] (1) Besteht die oberste Dienstbehörde oder die Dienststelle weniger als ein Jahr, so bedarf es für die Wählbarkeit nicht der Voraussetzung des § 14 Abs. 1 Nr. 1.

(2) Die Voraussetzung des § 14 Abs. 1 Nr. 2 entfällt, wenn nicht mindestens fünfmal so viel wählbare Beschäftigte jeder Gruppe vorhanden wären, als nach den §§ 16 und 17 zu wählen sind.

§ 16 [Zahl der Personalratsmitglieder] (1) ¹Der Personalrat besteht in Dienststellen mit in der Regel

5 bis 20 wahlberechtigten Beschäftigten	aus einer Person,
21 Wahlberechtigten bis 50 Beschäftigten	aus drei Mitgliedern,
51 bis 150 Beschäftigten	aus fünf Mitgliedern,
151 bis 300 Beschäftigten	aus sieben Mitgliedern,
301 bis 600 Beschäftigten	aus neun Mitgliedern,
601 bis 1 000 Beschäftigten	aus elf Mitgliedern.

²Die Zahl der Mitglieder erhöht sich in Dienststellen mit 1 001 bis 5 000 Beschäftigten um je fünf für je weitere angefangene 1 000, mit 5 001 und mehr Beschäftigten um je zwei für je weitere angefangene 2 000.

(2) Die Höchstzahl der Mitglieder beträgt einunddreißig.

§ 17 [Zahlenmäßiges Verhältnis der einzelnen Gruppen im Personalrat] (1) ¹Sind in der Dienststelle Angehörige verschiedener Gruppen beschäftigt, so muß jede Gruppe entsprechend ihrer Stärke im Personalrat vertreten sein, wenn dieser aus mindestens drei Mitgliedern besteht. ²Bei gleicher Stärke der Gruppen entscheidet das Los. ³Macht eine Gruppe von ihrem Recht, im Personalrat vertreten zu sein, keinen Gebrauch, so verliert sie ihren Anspruch auf Vertretung.

(2) Der Wahlvorstand errechnet die Verteilung der Sitze auf die Gruppen nach den Grundsätzen der Verhältniswahl.

(3) Eine Gruppe erhält mindestens

bei weniger als 51 Gruppenangehörigen	einen Vertreter,
bei 51 bis 200 Gruppenangehörigen	zwei Vertreter,
bei 201 bis 600 Gruppenangehörigen	drei Vertreter,
bei 601 bis 1 000 Gruppenangehörigen	vier Vertreter,
bei 1 001 bis 3 000 Gruppenangehörigen	fünf Vertreter,
bei 3 001 und mehr Gruppenangehörigen	sechs Vertreter.

(4) [1] Ein Personalrat, für den in § 16 Abs. 1 drei Mitglieder vorgesehen sind, besteht aus vier Mitgliedern, wenn eine Gruppe mindestens ebensoviel Beschäftigte zählt wie die beiden anderen Gruppen zusammen. [2] Das vierte Mitglied steht der stärksten Gruppe zu.

(5) [1] Eine Gruppe, der in der Regel nicht mehr als fünf Beschäftigte angehören, erhält nur dann eine Vertretung, wenn sie mindestens ein Zwanzigstel der Beschäftigten der Dienststelle umfaßt. [2] Erhält sie keine Vertretung und findet Gruppenwahl statt, so kann sich jeder Angehörige dieser Gruppe durch Erklärung gegenüber dem Wahlvorstand einer anderen Gruppe anschließen.

(6) Der Personalrat soll sich aus Vertretern der verschiedenen Beschäftigungsarten zusammensetzen.

(7) Die Geschlechter sollen im Personalrat entsprechend dem Zahlenverhältnis vertreten sein.

§ 18 [Abweichende Verteilung der Personalratssitze] (1) Die Verteilung der Mitglieder des Personalrates auf die Gruppen kann abweichend von § 17 geordnet werden, wenn jede Gruppe dies vor der Neuwahl in getrennter geheimer Abstimmung beschließt.

(2) [1] Für jede Gruppe können auch Angehörige anderer Gruppen vorgeschlagen werden. [2] Die Gewählten gelten als Vertreter derjenigen Gruppe, für die sie vorgeschlagen worden sind. [3] Satz 2 gilt auch für Ersatzmitglieder.

§ 19[1]) [Wahlvorschriften] (1) Der Personalrat wird in geheimer und unmittelbarer Wahl gewählt.

(2) [1] Besteht der Personalrat aus mehr als einer Person, so wählen die Beamten und Arbeitnehmer ihre Vertreter (§ 17) je in getrennten Wahlgängen, es sei denn, daß die wahlberechtigten Angehörigen jeder Gruppe vor der Neuwahl in getrennten geheimen Abstimmungen die gemeinsame Wahl beschließen. [2] Der Beschluß bedarf der Mehrheit der Stimmen aller Wahlberechtigten jeder Gruppe.

(3) [1] Die Wahl wird nach den Grundsätzen der Verhältniswahl durchgeführt. [2] Wird nur ein Wahlvorschlag eingereicht, so findet Personenwahl statt. [3] In Dienststellen, deren Personalrat aus einer Person besteht, wird dieser mit einfacher Stimmenmehrheit gewählt. [4] Das gleiche gilt für Gruppen, denen nur ein Vertreter im Personalrat zusteht.

(4) [1] Zur Wahl des Personalrates können die wahlberechtigten Beschäftigten und die in der Dienststelle vertretenen Gewerkschaften Wahlvorschläge machen. [2] Jeder Wahlvorschlag der Beschäftigten muß von mindestens einem Zwanzigstel der wahlberechtigten Gruppenangehörigen, jedoch mindestens von drei Wahlberechtigten unterzeichnet sein. [3] In jedem Fall genügt die Unterzeichnung durch 50 wahlberechtigte Gruppenangehörige. [4] Die nach § 14 Abs. 3 nicht wählbaren Beschäftigten dürfen keine Wahlvorschläge machen oder unterzeichnen.

(5) Ist gemeinsame Wahl beschlossen worden, so muß jeder Wahlvorschlag der Beschäftigten von mindestens einem Zwanzigstel der wahlberechtigten Beschäftigten unterzeichnet sein; Absatz 4 Satz 2 bis 4 gilt entsprechend.

[1]) § 19 Abs. 4 und 5 neu gef., Abs. 9 angef. durch G v. 10.7.1989 (BGBl. I S. 1380); Abs. 2 Satz 1 geänd. mWv 1.10.2005 durch G v. 14.9.2005 (BGBl. I S. 2746).

(6) ¹ Werden bei gemeinsamer Wahl für eine Gruppe gruppenfremde Bewerber vorgeschlagen, muß der Wahlvorschlag von mindestens einem Zehntel der wahlberechtigten Angehörigen der Gruppe unterzeichnet sein, für die sie vorgeschlagen sind. ² Absatz 4 Satz 3, 4 gilt entsprechend.

(7) Jeder Beschäftigte kann nur auf einem Wahlvorschlag benannt werden.

(8) ¹ Besteht in einer Dienststelle kein Personalrat, so können die in der Dienststelle vertretenen Gewerkschaften zur Wahl des Personalrates Wahlvorschläge machen. ² Auf diese Wahlvorschläge sind die Absätze 4 bis 6 nicht anzuwenden.

(9) ¹ Jeder Wahlvorschlag einer Gewerkschaft muß von zwei Beauftragten unterzeichnet sein; die Beauftragten müssen Beschäftigte der Dienststelle sein und einer in der Dienststelle vertretenen Gewerkschaft angehören. ² Bei Zweifeln an der Beauftragung kann der Wahlvorstand verlangen, daß die Gewerkschaft die Beauftragung bestätigt.

§ 20¹⁾ [Bestellung oder Wahl des Wahlvorstands] (1) ¹ Spätestens acht Wochen vor Ablauf der Amtszeit bestellt der Personalrat drei Wahlberechtigte als Wahlvorstand und einen von ihnen als Vorsitzenden. ² Sind in der Dienststelle Angehörige verschiedener Gruppen beschäftigt, so muß jede Gruppe im Wahlvorstand vertreten sein. ³ Hat die Dienststelle weibliche und männliche Beschäftigte, sollen dem Wahlvorstand Frauen und Männer angehören. ⁴ Je ein Beauftragter der in der Dienststelle vertretenen Gewerkschaften ist berechtigt, an den Sitzungen des Wahlvorstandes mit beratender Stimme teilzunehmen.

(2) ¹ Besteht sechs Wochen vor Ablauf der Amtszeit des Personalrates kein Wahlvorstand, so beruft der Leiter der Dienststelle auf Antrag von mindestens drei Wahlberechtigten oder einer in der Dienststelle vertretenen Gewerkschaft eine Personalversammlung zur Wahl des Wahlvorstandes ein. ² Absatz 1 gilt entsprechend. ³ Die Personalversammlung wählt sich einen Versammlungsleiter.

§ 21 [Wahl des Wahlvorstands] ¹ Besteht in einer Dienststelle, die die Voraussetzungen des § 12 erfüllt, kein Personalrat, so beruft der Leiter der Dienststelle eine Personalversammlung zur Wahl des Wahlvorstandes ein. ² § 20 Abs. 2 Satz 3 gilt entsprechend.

§ 22 [Bestellung des Wahlvorstands durch den Dienststellenleiter]
Findet eine Personalversammlung (§ 20 Abs. 2, § 21) nicht statt oder wählt die Personalversammlung keinen Wahlvorstand, so bestellt ihn der Leiter der Dienststelle auf Antrag von mindestens drei Wahlberechtigten oder einer in der Dienststelle vertretenen Gewerkschaft.

§ 23 [Vorbereitung und Durchführung der Wahl] (1) ¹ Der Wahlvorstand hat die Wahl unverzüglich einzuleiten; sie soll spätestens nach sechs Wochen stattfinden. ² Kommt der Wahlvorstand dieser Verpflichtung nicht nach, so beruft der Leiter der Dienststelle auf Antrag von mindestens drei Wahlberechtigten oder einer in der Dienststelle vertretenen Gewerkschaft eine Personalversammlung zur Wahl eines neuen Wahlvorstandes ein. ³ § 20 Abs. 2 Satz 3 und § 22 gelten entsprechend.

¹⁾ § 20 Abs. 1 Satz 3 eingef., bish. Satz 3 wird Satz 4 durch G v. 24.6.1994 (BGBl. I S. 1406).

(2) [1] Unverzüglich nach Abschluß der Wahl nimmt der Wahlvorstand öffentlich die Auszählung der Stimmen vor, stellt deren Ergebnis in einer Niederschrift fest und gibt es den Angehörigen der Dienststelle durch Aushang bekannt. [2] Dem Dienststellenleiter und den in der Dienststelle vertretenen Gewerkschaften ist eine Abschrift der Niederschrift zu übersenden.

§ 24 [Wahlschutz und Wahlkosten] (1) [1] Niemand darf die Wahl des Personalrates behindern oder in einer gegen die guten Sitten verstoßenden Weise beeinflussen. [2] Insbesondere darf kein Wahlberechtigter in der Ausübung des aktiven und passiven Wahlrechts beschränkt werden. [3] § 47 Abs. 1, 2 Satz 1 und 2 gilt für Mitglieder des Wahlvorstandes und Wahlbewerber entsprechend.

(2) [1] Die Kosten der Wahl trägt die Dienststelle. [2] Notwendige Versäumnis von Arbeitszeit infolge der Ausübung des Wahlrechts, der Teilnahme an den in den §§ 20 bis 23 genannten Personalversammlungen oder der Betätigung im Wahlvorstand hat keine Minderung der Dienstbezüge oder des Arbeitsentgeltes zur Folge. [3] Für die Mitglieder des Wahlvorstandes gelten § 44 Abs. 1 Satz 2 und § 46 Abs. 2 Satz 2 entsprechend.

§ 25 [Wahlanfechtung] Mindestens drei Wahlberechtigte, jede in der Dienststelle vertretene Gewerkschaft oder der Leiter der Dienststelle können binnen einer Frist von zwölf Arbeitstagen, vom Tage der Bekanntgabe des Wahlergebnisses an gerechnet, die Wahl beim Verwaltungsgericht anfechten, wenn gegen wesentliche Vorschriften über das Wahlrecht, die Wählbarkeit oder das Wahlverfahren verstoßen worden und eine Berichtigung nicht erfolgt ist, es sei denn, daß durch den Verstoß das Wahlergebnis nicht geändert oder beeinflußt werden konnte.

Zweiter Abschnitt. Amtszeit des Personalrates

§ 26 [1)2)] **[Amtszeit]** [1] Die regelmäßige Amtszeit des Personalrates beträgt vier Jahre. [2] Die Amtszeit beginnt mit dem Tage der Wahl oder, wenn zu diesem Zeitpunkt noch ein Personalrat besteht, mit dem Ablauf seiner Amtszeit. [3] Sie endet spätestens am 31. Mai des Jahres, in dem nach § 27 Abs. 1 die regelmäßigen Personalratswahlen stattfinden.

§ 26a [3)] **[Personalratswahlen im Jahr 2020]** [1] Für die Personalratswahlen im Jahr 2020 gilt § 26 Satz 2 mit der Maßgabe, dass die Amtszeit des Personalrats mit der Konstituierung beginnt. [2] Ist am Tage des Ablaufs der regelmäßigen Amtszeit des Personalrates ein neuer Personalrat noch nicht gewählt oder konstituiert, führt der Personalrat die Geschäfte weiter, bis der neue Personalrat gewählt und zu seiner ersten Sitzung zusammengetreten ist, längstens jedoch bis zum Ablauf des 31. März 2021. [3] Dies gilt entsprechend für die Jugend- und Auszubildendenvertretungen.

§ 27 [4)2)] **[Zeitpunkt der Personalratswahl]** (1) Die regelmäßigen Personalratswahlen finden alle vier Jahre in der Zeit vom 1. März bis 31. Mai statt.

(2) Außerhalb dieser Zeit ist der Personalrat zu wählen, wenn

[1)] § 26 Satz 1 geänd. durch G v. 10.7.1989 (BGBl. I S. 1380).
[2)] Beachte hierzu auch § 116b.
[3)] § 26a eingef. mWv 1.3.2020 durch G v. 25.5.2020 (BGBl. I S. 1063).
[4)] § 27 Abs. 1 und Abs. 2 Nr. 1 geänd. durch G v. 10.7.1989 (BGBl. I S. 1380).

1. mit Ablauf von vierundzwanzig Monaten, vom Tage der Wahl gerechnet, die Zahl der regelmäßig Beschäftigten um die Hälfte, mindestens aber um 50 gestiegen oder gesunken ist oder

2. die Gesamtzahl der Mitglieder des Personalrates auch nach Eintreten sämtlicher Ersatzmitglieder um mehr als ein Viertel der vorgeschriebenen Zahl gesunken ist oder

3. der Personalrat mit der Mehrheit seiner Mitglieder seinen Rücktritt beschlossen hat oder

4. der Personalrat durch gerichtliche Entscheidung aufgelöst ist oder

5. in der Dienststelle kein Personalrat besteht.

(3) In den Fällen des Absatzes 2 Nr. 1 bis 3 führt der Personalrat die Geschäfte weiter, bis der neue Personalrat gewählt ist.

(4) Ist eine in der Dienststelle vorhandene Gruppe, die bisher im Personalrat vertreten war, durch kein Mitglied des Personalrates mehr vertreten, so wählt diese Gruppe neue Mitglieder.

(5) [1] Hat außerhalb des für die regelmäßigen Personalratswahlen festgelegten Zeitraumes eine Personalratswahl stattgefunden, so ist der Personalrat in dem auf die Wahl folgenden nächsten Zeitraum der regelmäßigen Personalratswahlen neu zu wählen. [2] Hat die Amtszeit des Personalrates zu Beginn des für die regelmäßigen Personalratswahlen festgelegten Zeitraumes noch nicht ein Jahr betragen, so ist der Personalrat in dem übernächsten Zeitraum der regelmäßigen Personalratswahlen neu zu wählen.

§ 28 [Ausschluss eines Personalratsmitgliedes, Auflösung des Personalrats] (1) [1] Auf Antrag eines Viertels der Wahlberechtigten oder einer in der Dienststelle vertretenen Gewerkschaft kann das Verwaltungsgericht den Ausschluß eines Mitgliedes aus dem Personalrat oder die Auflösung des Personalrates wegen grober Vernachlässigung seiner gesetzlichen Befugnisse oder wegen grober Verletzung seiner gesetzlichen Pflichten beschließen. [2] Der Personalrat kann aus den gleichen Gründen den Ausschluß eines Mitgliedes beantragen. [3] Der Leiter der Dienststelle kann den Ausschluß eines Mitgliedes aus dem Personalrat oder die Auflösung des Personalrates wegen grober Verletzung seiner gesetzlichen Pflichten beantragen.

(2) [1] Ist der Personalrat aufgelöst, so setzt der Vorsitzende der Fachkammer des Verwaltungsgerichtes einen Wahlvorstand ein. [2] Dieser hat unverzüglich eine Neuwahl einzuleiten. [3] Bis zur Neuwahl nimmt der Wahlvorstand die dem Personalrat nach diesem Gesetz zustehenden Befugnisse und Pflichten wahr.

§ 29[1]) [Erlöschen der Mitgliedschaft] (1) Die Mitgliedschaft im Personalrat erlischt durch

1. Ablauf der Amtszeit,

2. Niederlegung des Amtes,

3. Beendigung des Dienstverhältnisses,

4. Ausscheiden aus der Dienststelle,

5. Verlust der Wählbarkeit mit Ausnahme der Fälle des § 14 Abs. 2 Satz 1,

6. gerichtliche Entscheidung nach § 28,

[1]) § 29 Abs. 1 Nr. 5 neu gef. durch G v. 24.6.1994 (BGBl. I S. 1406).

7. Feststellung nach Ablauf der in § 25 bezeichneten Frist, daß der Gewählte nicht wählbar war.

(2) Die Mitgliedschaft im Personalrat wird durch einen Wechsel der Gruppenzugehörigkeit eines Mitgliedes nicht berührt; dieses bleibt Vertreter der Gruppe, die es gewählt hat.

§ 30 [Ruhen der Mitgliedschaft] Die Mitgliedschaft eines Beamten im Personalrat ruht, solange ihm die Führung der Dienstgeschäfte verboten oder er wegen eines gegen ihn schwebenden Disziplinarverfahrens vorläufig des Dienstes enthoben ist.

§ 31 [Nachrücken von Ersatzmitgliedern] (1) [1]Scheidet ein Mitglied aus dem Personalrat aus, so tritt ein Ersatzmitglied ein. [2]Das gleiche gilt, wenn ein Mitglied des Personalrates zeitweilig verhindert ist.

(2) [1]Die Ersatzmitglieder werden der Reihe nach aus den nicht gewählten Beschäftigten derjenigen Vorschlagslisten entnommen, denen die zu ersetzenden Mitglieder angehören. [2]Ist das ausgeschiedene oder verhinderte Mitglied mit einfacher Stimmenmehrheit gewählt, so tritt der nicht gewählte Beschäftigte mit der nächsthöheren Stimmzahl als Ersatzmitglied ein.

(3) § 29 Abs. 2 gilt entsprechend bei einem Wechsel der Gruppenzugehörigkeit vor dem Eintritt des Ersatzmitgliedes in den Personalrat.

(4) Im Falle des § 27 Abs. 2 Nr. 4 treten Ersatzmitglieder nicht ein.

Dritter Abschnitt. Geschäftsführung des Personalrates

§ 32 [Vorsitzender] (1) [1]Der Personalrat bildet aus seiner Mitte den Vorstand. [2]Diesem muß ein Mitglied jeder im Personalrat vertretenen Gruppe angehören. [3]Die Vertreter jeder Gruppe wählen das auf sie entfallende Vorstandsmitglied. [4]Der Vorstand führt die laufenden Geschäfte.

(2) [1]Der Personalrat bestimmt mit einfacher Mehrheit, welches Vorstandsmitglied den Vorsitz übernimmt. [2]Er bestimmt zugleich die Vertretung des Vorsitzenden durch seine Stellvertreter. [3]Dabei sind die Gruppen zu berücksichtigen, denen der Vorsitzende nicht angehört, es sei denn, daß die Vertreter dieser Gruppen darauf verzichten.

(3) [1]Der Vorsitzende vertritt den Personalrat im Rahmen der von diesem gefaßten Beschlüsse. [2]In Angelegenheiten, die nur eine Gruppe betreffen, vertritt der Vorsitzende, wenn er nicht selbst dieser Gruppe angehört, gemeinsam mit einem der Gruppe angehörenden Vorstandsmitglied den Personalrat.

§ 33 [Wahl von weiteren Personalratsmitgliedern] [1]Hat der Personalrat elf oder mehr Mitglieder, so wählt er aus seiner Mitte mit einfacher Stimmenmehrheit zwei weitere Mitglieder in den Vorstand. [2]Sind Mitglieder des Personalrates aus Wahlvorschlagslisten mit verschiedenen Bezeichnungen gewählt worden und sind im Vorstand Mitglieder aus derjenigen Liste nicht vertreten, die die zweitgrößte Anzahl, mindestens jedoch ein Drittel aller von den Angehörigen der Dienststelle abgegebenen Stimmen erhalten hat, so ist eines der weiteren Vorstandsmitglieder aus dieser Liste zu wählen.

§ 34[1] **[Frist für die vorgeschriebenen Wahlen]** (1) Spätestens sechs Arbeitstage nach dem Wahltage hat der Wahlvorstand die Mitglieder des Personalrates zur Vornahme der vorgeschriebenen Wahlen einzuberufen und die Sitzung zu leiten, bis der Personalrat aus seiner Mitte einen Wahlleiter bestellt hat.

(2) [1] Die weiteren Sitzungen beraumt der Vorsitzende des Personalrates an. [2] Er setzt die Tagesordnung fest und leitet die Verhandlung. [3] Der Vorsitzende hat die Mitglieder des Personalrates zu den Sitzungen rechtzeitig unter Mitteilung der Tagesordnung zu laden. [4] Satz 3 gilt auch für die Ladung der Schwerbehindertenvertretung, der Mitglieder der Jugend- und Auszubildendenvertretung und der Vertreter der nichtständig Beschäftigten, soweit sie ein Recht auf Teilnahme an der Sitzung haben.

(3) Auf Antrag eines Viertels der Mitglieder des Personalrates, der Mehrheit der Vertreter einer Gruppe, des Leiters der Dienststelle, in Angelegenheiten, die besonders schwerschädigte Beschäftigte betreffen, des Vertrauensmannes der Schwerbeschädigten oder in Angelegenheiten, die besonders die in § 57 genannten Beschäftigten betreffen, der Mehrheit der Mitglieder der Jugend- und Auszubildendenvertretung hat der Vorsitzende eine Sitzung anzuberaumen und den Gegenstand, dessen Beratung beantragt ist, auf die Tagesordnung zu setzen.

(4) Der Leiter der Dienststelle nimmt an den Sitzungen, die auf sein Verlangen anberaumt sind, und an den Sitzungen, zu denen er ausdrücklich eingeladen ist, teil.

§ 35 [Personalratssitzungen] [1] Die Sitzungen des Personalrates sind nicht öffentlich; sie finden in der Regel während der Arbeitszeit statt. [2] Der Personalrat hat bei der Anberaumung seiner Sitzungen auf die dienstlichen Erfordernisse Rücksicht zu nehmen. [3] Der Leiter der Dienststelle ist vom Zeitpunkt der Sitzung vorher zu verständigen.

§ 36 [Teilnahme von Gewerkschaften] Auf Antrag von einem Viertel der Mitglieder oder der Mehrheit einer Gruppe des Personalrates kann ein Beauftragter einer im Personalrat vertretenen Gewerkschaft an den Sitzungen beratend teilnehmen; in diesem Falle sind der Zeitpunkt der Sitzung und die Tagesordnung der Gewerkschaft rechtzeitig mitzuteilen.

§ 37[2] **[Beschlüsse des Personalrats]** (1) [1] Die Beschlüsse des Personalrates werden mit einfacher Stimmenmehrheit der anwesenden Mitglieder gefaßt. [2] Stimmenthaltung gilt als Ablehnung. [3] Bei Stimmengleichheit ist ein Antrag abgelehnt.

(2) Der Personalrat ist nur beschlußfähig, wenn mindestens die Hälfte seiner Mitglieder anwesend ist; Stellvertretung durch Ersatzmitglieder ist zulässig.

(3) [1] Personalratsmitglieder können mittels Video- oder Telefonkonferenzen an Sitzungen teilnehmen, wenn

1. vorhandene Einrichtungen genutzt werden, die durch die Dienststelle zur dienstlichen Nutzung freigegeben sind,

[1] § 34 Abs. 2 Satz 4 geänd. *durch G v. 24.7.1986 (BGBl. I S. 1110);* Abs. 2 Satz 4 und Abs. 3 geänd. *durch G v. 13.7.1988 (BGBl. I S. 1037).*
[2] § 37 Abs. 3 angef. mWv 1.3.2020 durch G v. 25.5.2020 (BGBl. I S. 1063).

2. vorbehaltlich einer abweichenden Regelung in der Geschäftsordnung kein Mitglied des Personalrates unverzüglich nach Bekanntgabe der Absicht zur Durchführung der Sitzung mittels Video- oder Telefonkonferenz diesen Verfahren gegenüber dem Vorsitzenden widerspricht und

3. der Personalrat geeignete organisatorische Maßnahmen trifft, um sicherzustellen, dass Dritte vom Inhalt der Sitzung keine Kenntnis nehmen können.

² Eine Aufzeichnung ist unzulässig. ³ Personalratsmitglieder, die mittels Video- oder Telefonkonferenz an Sitzungen teilnehmen, gelten als anwesend. ⁴ § 41 Absatz 1 Satz 3 findet mit der Maßgabe Anwendung, dass der Vorsitzende vor Beginn der Beratung die zugeschalteten Personalratsmitglieder feststellt und in die Anwesenheitsliste einträgt.

§ 38[1)] **[Angelegenheiten der einzelnen Gruppen]** (1) Über die gemeinsamen Angelegenheiten der Beamten und Arbeitnehmer wird vom Personalrat gemeinsam beraten und beschlossen.

(2) ¹ In Angelegenheiten, die lediglich die Angehörigen einer Gruppe betreffen, sind nach gemeinsamer Beratung im Personalrat nur die Vertreter dieser Gruppe zur Beschlußfassung berufen. ² Dies gilt nicht für eine Gruppe, die im Personalrat nicht vertreten ist.

(3) Absatz 2 gilt entsprechend für Angelegenheiten, die lediglich die Angehörigen zweier Gruppen betreffen.

§ 39[2)] **[Aussetzung von Personalratsbeschlüssen]** (1) ¹ Erachtet die Mehrheit der Vertreter einer Gruppe oder der Jugend- und Auszubildendenvertretung einen Beschluß des Personalrates als eine erhebliche Beeinträchtigung wichtiger Interessen der durch sie vertretenen Beschäftigten, so ist auf ihren Antrag der Beschluß auf die Dauer von sechs Arbeitstagen vom Zeitpunkt der Beschlußfassung an auszusetzen. ² In dieser Frist soll, gegebenenfalls mit Hilfe der unter den Mitgliedern des Personalrates oder der Jugend- und Auszubildendenvertretung vertretenen Gewerkschaften, eine Verständigung versucht werden. ³ Die Aussetzung eines Beschlusses nach Satz 1 hat keine Verlängerung einer Frist zur Folge.

(2) ¹ Nach Ablauf der Frist ist über die Angelegenheit neu zu beschließen. ² Wird der erste Beschluß bestätigt, so kann der Antrag auf Aussetzung nicht wiederholt werden.

(3) Die Absätze 1 und 2 gelten entsprechend, wenn die Schwerbehindertenvertretung einen Beschluß des Personalrates als eine erhebliche Beeinträchtigung wichtiger Interessen des Schwerbeschädigten erachtet.

§ 40[3)] **[Teilnahme der Jugend- und Auszubildendenvertreter, der Schwerbehindertenvertretung und der Vertreter der nicht ständig Beschäftigten]** (1) ¹ Ein Vertreter der Jugend- und Auszubildendenvertretung, der von dieser benannt wird, und die Schwerbehindertenvertretung können an allen Sitzungen des Personalrates beratend teilnehmen. ² An der Behandlung

¹⁾ § 38 Abs. 1 geänd. mWv 1.10.2005 durch G v. 14.9.2005 (BGBl. I S. 2746).
²⁾ § 39 Abs. 3 geänd. durch G v. 24.7.1986 (BGBl. I S. 1110); Abs. 1 Sätze 1 und 2 geänd. durch G v. 13.7.1988 (BGBl. I S. 1037).
³⁾ § 40 Abs. 1 Satz 1 geänd. durch G v. 24.7.1986 (BGBl. I S. 1110); Abs. 1 Sätze 1 bis 3 geänd. durch G v. 13.7.1988 (BGBl. I S. 1037).

von Angelegenheiten, die besonders die in § 57 genannten Beschäftigten betreffen, kann die gesamte Jugend- und Auszubildendenvertretung beratend teilnehmen. [3] Bei Beschlüssen des Personalrates, die überwiegend die in § 57 genannten Beschäftigten betreffen, haben die Jugend- und Auszubildendenvertreter Stimmrecht.

(2) An der Behandlung von Angelegenheiten, die besonders die nichtständig Beschäftigten betreffen, können die in § 65 Abs. 1 bezeichneten Vertreter mit beratender Stimme teilnehmen.

§ 41 [Sitzungsprotokoll] (1) [1] Über jede Verhandlung des Personalrates ist eine Niederschrift aufzunehmen, die mindestens den Wortlaut der Beschlüsse und die Stimmenmehrheit, mit der sie gefaßt sind, enthält. [2] Die Niederschrift ist von dem Vorsitzenden und einem weiteren Mitglied zu unterzeichnen. [3] Der Niederschrift ist eine Anwesenheitsliste beizufügen, in die sich jeder Teilnehmer eigenhändig einzutragen hat.

(2) [1] Haben der Leiter der Dienststelle oder Beauftragte von Gewerkschaften an der Sitzung teilgenommen, so ist ihnen der entsprechende Teil der Niederschrift abschriftlich zuzuleiten. [2] Einwendungen gegen die Niederschrift sind unverzüglich schriftlich zu erheben und der Niederschrift beizufügen.

§ 42 [Geschäftsordnung] Sonstige Bestimmungen über die Geschäftsführung können in einer Geschäftsordnung getroffen werden, die der Personalrat mit der Mehrheit der Stimmen seiner Mitglieder beschließt.

§ 43[1] [Sprechstunden des Personalrats] (1) [1] Der Personalrat kann Sprechstunden während der Arbeitszeit einrichten. [2] Zeit und Ort bestimmt er im Einvernehmen mit dem Leiter der Dienststelle.

(2) [1] Die Sprechstunde kann mittels Videokonferenz abgehalten werden, wenn

1. vorhandene Einrichtungen genutzt werden, die durch die Dienststelle zur dienstlichen Nutzung freigegeben sind,
2. dies in der Geschäftsordnung des Personalrates vorgesehen ist und
3. der Personalrat geeignete organisatorische Maßnahmen trifft, um sicherzustellen, dass Dritte vom Inhalt der Sprechstunde keine Kenntnis nehmen können.

[2] Eine Aufzeichnung ist unzulässig.

§ 44[2] [Kosten und Sachaufwand des Personalrats] (1) [1] Die durch die Tätigkeit des Personalrates entstehenden Kosten trägt die Dienststelle. [2] Mitglieder des Personalrates erhalten bei Reisen, die zur Erfüllung ihrer Aufgaben notwendig sind, Reisekostenvergütungen nach dem Bundesreisekostengesetz[3].

(2) Für die Sitzungen, die Sprechstunden und die laufende Geschäftsführung hat die Dienststelle in erforderlichem Umfang Räume, den Geschäftsbedarf und Büropersonal zur Verfügung zu stellen.

(3) Dem Personalrat werden in allen Dienststellen geeignete Plätze für Bekanntmachungen und Anschläge zur Verfügung gestellt.

[1] *§ 43 Abs. 2 angef. mWv 1.3.2020 durch G v. 25.5.2020 (BGBl. I S. 1063).*
[2] *§ 44 Abs. 1 Satz 2 geänd. mWv 1.9.2005 durch G v. 26.5.2005 (BGBl. I S. 1418).*
[3] Nr. **235**.

§ 45 [Umlageverbot] Der Personalrat darf für seine Zwecke von den Beschäftigten keine Beiträge erheben oder annehmen.

Vierter Abschnitt. Rechtsstellung der Personalratsmitglieder

§ 46[1) [Ehrenamtliche Tätigkeit, Arbeitsversäumnis, Freistellung]

(1) Die Mitglieder des Personalrates führen ihr Amt unentgeltlich als Ehrenamt.

(2) [1]Versäumnis von Arbeitszeit, die zur ordnungsgemäßen Durchführung der Aufgaben des Personalrates erforderlich ist, hat keine Minderung der Dienstbezüge oder des Arbeitsentgeltes zur Folge. [2]Werden Personalratsmitglieder durch die Erfüllung ihrer Aufgaben über die regelmäßige Arbeitszeit hinaus beansprucht, so ist ihnen Dienstbefreiung in entsprechendem Umfang zu gewähren.

(3) [1]Mitglieder des Personalrates sind von ihrer dienstlichen Tätigkeit freizustellen, wenn und soweit es nach Umfang und Art der Dienststelle zur ordnungsgemäßen Durchführung ihrer Aufgaben erforderlich ist. [2]Bei der Auswahl der freizustellenden Mitglieder hat der Personalrat zunächst die nach § 32 Abs. 1 gewählten Vorstandsmitglieder, sodann die nach § 33 gewählten Ergänzungsmitglieder und schließlich weitere Mitglieder zu berücksichtigen. [3]Bei weiteren Freistellungen sind die auf die einzelnen Wahlvorschlagslisten entfallenden Stimmen im Wege des Höchstzahlverfahrens zu berücksichtigen, wenn die Wahl des Personalrates nach den Grundsätzen der Verhältniswahl durchgeführt (§ 19 Abs. 3 Satz 1) wurde; dabei sind die nach Satz 2 freigestellten Vorstandsmitglieder von den auf jede Wahlvorschlagsliste entfallenden Freistellungen abzuziehen. [4]Im Falle der Personenwahl (§ 19 Abs. 3 Satz 2) bestimmt sich die Rangfolge der weiteren freizustellenden Mitglieder nach der Zahl der für sie bei der Wahl zum Personalrat abgegebenen Stimmen. [5]Sind die Mitglieder der im Personalrat vertretenen Gruppen teils nach den Grundsätzen der Verhältniswahl, teils im Wege der Personenwahl gewählt worden, sind bei weiteren Freistellungen die Gruppen entsprechend der Zahl ihrer Mitglieder nach dem Höchstzahlverfahren zu berücksichtigen; innerhalb der Gruppen bestimmen sich die weiteren Freistellungen in diesem Fall je nach Wahlverfahren in entsprechender Anwendung des Satzes 3 und nach Satz 4. [6]Die Freistellung darf nicht zur Beeinträchtigung des beruflichen Werdegangs führen.

(4) [1]Von ihrer dienstlichen Tätigkeit sind nach Absatz 3 ganz freizustellen in Dienststellen mit in der Regel

300 bis	600 Beschäftigten	ein Mitglied,
601 bis	1 000 Beschäftigten	zwei Mitglieder,
1 001 bis	2 000 Beschäftigten	drei Mitglieder,
2 001 bis	3 000 Beschäftigten	vier Mitglieder,
3 001 bis	4 000 Beschäftigten	fünf Mitglieder,
4 001 bis	5 000 Beschäftigten	sechs Mitglieder,
5 001 bis	6 000 Beschäftigten	sieben Mitglieder,
6 001 bis	7 000 Beschäftigten	acht Mitglieder,

[1)] § 46 Abs. 7 Satz 2 geänd. durch G v. 13.7.1988 (BGBl. I S. 1037); Abs. 3 neu gef. durch G v. 10.7.1989 (BGBl. I S. 1380).

7 001 bis 8 000 Beschäftigten	neun Mitglieder,
8 001 bis 9 000 Beschäftigten	zehn Mitglieder,
9 001 bis 10 000 Beschäftigten	elf Mitglieder.

[2] In Dienststellen mit mehr als 10 000 Beschäftigten ist für je angefangene weitere 2 000 Beschäftigte ein weiteres Mitglied freizustellen. [3] Von den Sätzen 1 und 2 kann im Einvernehmen zwischen Personalrat und Dienststellenleiter abgewichen werden.

(5) [1] Die von ihrer dienstlichen Tätigkeit ganz freigestellten Personalratsmitglieder erhalten eine monatliche Aufwandsentschädigung. [2] Nur teilweise, aber mindestens für die Hälfte der regelmäßigen Arbeitszeit

(Fortsetzung nächstes Blatt)

freigestellte Personalratsmitglieder erhalten die Hälfte der Aufwands-
entschädigung nach Satz 1. [3]Die Bundesregierung bestimmt durch
Rechtsverordnung,[1] die nicht der Zustimmung des Bundesrates bedarf,
die Höhe der Aufwandsentschädigung.

(6) Die Mitglieder des Personalrates sind unter Fortzahlung der Be-
züge für die Teilnahme an Schulungs- und Bildungsveranstaltungen
vom Dienst freizustellen, soweit diese Kenntnisse vermitteln, die für die
Tätigkeit im Personalrat erforderlich sind.

(7) Unbeschadet des Absatzes 6 hat jedes Mitglied des Personalrates
während seiner regelmäßigen Amtszeit Anspruch auf Freistellung vom
Dienst unter Fortzahlung der Bezüge für insgesamt drei Wochen zur
Teilnahme an Schulungs- und Bildungsveranstaltungen, die von der
Bundeszentrale für politische Bildung als geeignet anerkannt sind. [2]Be-
schäftigte, die erstmals das Amt eines Personalratsmitgliedes überneh-
men und nicht zuvor Jugend- und Auszubildendenvertreter gewesen
sind, haben einen Anspruch nach Satz 1 für insgesamt vier Wochen.

**§ 47 [Außerordentliche Kündigung und Versetzung von Per-
sonalratsmitgliedern]** (1) [1]Die außerordentliche Kündigung von
Mitgliedern des Personalrates, die in einem Arbeitsverhältnis stehen,
bedarf der Zustimmung des Personalrates. [2]Verweigert der Personalrat
seine Zustimmung oder äußert er sich nicht innerhalb von drei Arbeits-
tagen nach Eingang des Antrages, so kann das Verwaltungsgericht sie
auf Antrag des Dienststellenleiters ersetzen, wenn die außerordentliche
Kündigung unter Berücksichtigung aller Umstände gerechtfertigt ist.
[3]In dem Verfahren vor dem Verwaltungsgericht ist der betroffene
Arbeitnehmer Beteiligter.

(2) [1]Mitglieder des Personalrates dürfen gegen ihren Willen nur
versetzt oder abgeordnet werden, wenn dies auch unter Berücksichti-
gung der Mitgliedschaft im Personalrat aus wichtigen dienstlichen
Gründen unvermeidbar ist. [2]Als Versetzung im Sinne des Satzes 1 gilt
auch die mit einem Wechsel des Dienstortes verbundene Umsetzung in
derselben Dienststelle; das Einzugsgebiet im Sinne des Umzugskosten-
rechts gehört zum Dienstort. [3]Die Versetzung oder Abordnung von
Mitgliedern des Personalrates bedarf der Zustimmung des Personal-
rates.

(3) [1]Für Beamte im Vorbereitungsdienst und Beschäftigte in entspre-
chender Berufsausbildung gelten die Absätze 1, 2 und die §§ 15, 16 des
Kündigungsschutzgesetzes nicht. Absätze 1 und 2 gelten ferner nicht
bei der Versetzung oder Abordnung dieser Beschäftigten zu einer ande-
ren Dienststelle im Anschluß an das Ausbildungsverhältnis. [2]Die Mit-
gliedschaft der in Satz 1 bezeichneten Beschäftigten im Personalrat
ruht unbeschadet des § 29, solange sie entsprechend den Erfordernissen
ihrer Ausbildung zu einer anderen Dienststelle versetzt oder abgeordnet
sind.

[1] Siehe VO über die Höhe der Aufwandsentschädigung für vom Dienst freigestellte Per-
sonalvertretungsmitglieder v. 18. 7. 1974 (BGBl. I S. 1499, geänd. durch G v. 3. 12. 2001,
BGBl. I S. 3306).

Fünfter Abschnitt. Personalversammlung

§ 48 [Zusammensetzung der Personalversammlung] (1) [1]Die Personalversammlung besteht aus den Beschäftigten der Dienststelle. [2]Sie wird vom Vorsitzenden des Personalrates geleitet. [3]Sie ist nicht öffentlich.

(2) Kann nach den dienstlichen Verhältnissen eine gemeinsame Versammlung aller Beschäftigten nicht stattfinden, so sind Teilversammlungen abzuhalten.

§ 49 [Ordentliche und außerordentliche Personalversammlung] (1) Der Personalrat hat einmal in jedem Kalenderhalbjahr in einer Personalversammlung einen Tätigkeitsbericht zu erstatten.

(2) Der Personalrat ist berechtigt und auf Wunsch des Leiters der Dienststelle oder eines Viertels der wahlberechtigten Beschäftigten verpflichtet, eine Personalversammlung einzuberufen und den Gegenstand, dessen Beratung beantragt ist, auf die Tagesordnung zu setzen.

(3) Auf Antrag einer in der Dienststelle vertretenen Gewerkschaft muß der Personalrat vor Ablauf von zwölf Arbeitstagen nach Eingang des Antrages eine Personalversammlung nach Absatz 1 einberufen, wenn im vorhergegangenen Kalenderhalbjahr keine Personalversammlung und keine Teilversammlung durchgeführt worden sind.

§ 50 [Zeitpunkt und Verdienstausfall] [1]Die in § 49 Abs. 1 bezeichneten und die auf Wunsch des Leiters der Dienststelle einberufenen Personalversammlungen finden während der Arbeitszeit statt, soweit nicht die dienstlichen Verhältnisse eine andere Regelung erfordern. [2]Die Teilnahme an der Personalversammlung hat keine Minderung der Dienstbezüge oder des Arbeitsentgeltes zur Folge. [3]Soweit in den Fällen des Satzes 1 Personalversammlungen aus dienstlichen Gründen außerhalb der Arbeitszeit stattfinden müssen, ist den Teilnehmern Dienstbefreiung in entsprechendem Umfang zu gewähren. [4]Fahrkosten, die durch die Teilnahme an Personalversammlungen nach Satz 1 entstehen, werden in entsprechender Anwendung des Bundesreisekostengesetzes erstattet.

(2) [1]Andere Personalversammlungen finden außerhalb der Arbeitszeit statt. [2]Hiervon kann im Einvernehmen mit dem Leiter der Dienststelle abgewichen werden.

§ 51[1] [Themen der Personalversammlung] [1]Die Personalversammlung kann dem Personalrat Anträge unterbreiten und zu seinen Beschlüssen Stellung nehmen. [2]Sie darf alle Angelegenheiten behandeln, die die Dienststelle oder ihre Beschäftigten unmittelbar betreffen, insbesondere Tarif-, Besoldungs- und Sozialangelegenheiten sowie Fragen der Frauenförderung und der Vereinbarkeit von Familie und Beruf.

[1] § 51 Satz 2 neugef. durch G v. 24. 6. 1994 (BGBl. I S. 1406).

3 § 66 Abs. 2 und § 67 Abs. 1 Satz 3 gelten für die Personalversammlung entsprechend.

§ 52 [Beauftragte der Verbände] (1) 1Beauftragte aller in der Dienststelle vertretenen Gewerkschaften und ein Beauftragter der Arbeitgebervereinigung, der die Dienststelle angehört, sind berechtigt, mit beratender Stimme an der Personalversammlung teilzunehmen. 2Der Personalrat hat die Einberufung der Personalversammlung den in Satz 1 genannten Gewerkschaften und der Arbeitgebervereinigung mitzuteilen. 3Ein beauftragtes Mitglied der Stufenvertretung oder des Gesamtpersonalrates sowie ein Beauftragter der Dienststelle, bei der die Stufenvertretung besteht, können an der Personalversammlung teilnehmen.

(2) 1Der Leiter der Dienststelle kann an der Personalversammlung teilnehmen. 2An Versammlungen, die auf seinen Wunsch einberufen sind oder zu denen er ausdrücklich eingeladen ist, hat er teilzunehmen.

**Sechster Abschnitt. Stufenvertretungen
und Gesamtpersonalrat**

§ 53 [Bildung von Stufenvertretungen] (1) Für den Geschäftsbereich mehrstufiger Verwaltungen werden bei den Behörden der Mittelstufe Bezirkspersonalräte, bei den obersten Dienstbehörden Hauptpersonalräte gebildet.

(2) Die Mitglieder des Bezirkspersonalrates werden von den zum Geschäftsbereich der Behörde der Mittelstufe, die Mitglieder des Hauptpersonalrates von den zum Geschäftsbereich der obersten Dienstbehörde gehörenden Beschäftigten gewählt.

(3) 1Die §§ 12 bis 16, § 17 Abs. 1, 2, 6 und 7, §§ 18 bis 21 und 23 bis 25 gelten entsprechend. 2§ 14 Abs. 3 gilt nur für die Beschäftigten der Dienststelle, bei der die Stufenvertretung zu errichten ist. 3Eine Personalversammlung zur Bestellung des Bezirks- oder Hauptwahlvorstandes findet nicht statt. 4An ihrer Stelle übt der Leiter der Dienststelle, bei der die Stufenvertretung zu errichten ist, die Befugnisse zur Bestellung des Wahlvorstandes nach § 20 Abs. 2, §§ 21 und 23 aus.

(4) Werden in einer Verwaltung die Personalräte und Stufenvertretungen gleichzeitig gewählt, so führen die bei den Dienststellen bestehenden Wahlvorstände die Wahlen der Stufenvertretung im Auftrage des Bezirks- oder Hauptwahlvorstandes durch; andernfalls bestellen auf sein Ersuchen die Personalräte oder, wenn solche nicht bestehen, die Leiter der Dienststelle die örtlichen Wahlvorstände für die Wahl der Stufenvertretungen.

(5) 1In den Stufenvertretungen erhält jede Gruppe mindestens einen Vertreter. 2Besteht die Stufenvertretung aus mehr als neun Mitgliedern, erhält jede Gruppe mindestens zwei Vertreter. 3§ 17 Abs. 5 gilt entsprechend.

§ 54 [Amtszeit, Geschäftsführung und Rechtsstellung der Stufenvertretungen] (1) Für die Stufenvertretungen gelten die §§ 26 bis 39, 40 Abs. 1, §§ 41, 42, 44, 45, 46 Abs. 1 bis 3 und 5 bis 7, § 47 entsprechend, soweit in Absatz 2 nichts anderes bestimmt ist.

(2) § 34 Abs. 1 gilt mit der Maßgabe, daß die Mitglieder der Stufenvertretung spätestens zwölf Arbeitstage nach dem Wahltag einzuberufen sind.

§ 55 [Gesamtpersonalrat] In den Fällen des § 6 Abs. 3 wird neben den einzelnen Personalräten ein Gesamtpersonalrat gebildet.

§ 56 [Wahl und Amtszeit des Gesamtpersonalrates] Für den Gesamtpersonalrat gelten § 53 Abs. 2 und 3 und § 54 Abs. 1 Halbsatz 1 entsprechend.

Drittes Kapitel. Jugend- und Auszubildendenvertretung, Jugend- und Auszubildendenversammlung[1)]

§ 57[1)] [Errichtung der Jugend- und Auszubildendenvertretung] In Dienststellen, bei denen Personalvertretungen gebildet sind und denen in der Regel mindestens fünf Beschäftigte angehören, die das 18. Lebensjahr noch nicht vollendet haben (jugendliche Beschäftigte) oder die sich in einer beruflichen Ausbildung befinden und das 25. Lebensjahr noch nicht vollendet haben, werden Jugend- und Auszubildendenvertretungen gebildet.

§ 58[1)] [Wahlberechtigung und Wählbarkeit] (1) [1]Wahlberechtigt sind alle in § 57 genannten Beschäftigten. [2]§ 13 Abs. 1 gilt entsprechend.

(2) [1]Wählbar sind Beschäftigte, die am Wahltage noch nicht das 26. Lebensjahr vollendet haben. [2]§ 14 Abs. 1 Satz 1 Nr. 1, Satz 2, Abs. 2 und 3 gilt entsprechend.

§ 59[1)] [Zahl der Jugend- und Auszubildendenvertreter, Zusammensetzung der Jugend- und Auszubildendenvertretung] (1) Die Jugend- und Auszubildendenvertretung besteht in Dienststellen mit in der Regel

5 bis 20 der in § 57 genannten Beschäftigten aus einem Jugend- und Auszubildendenvertreter,

21 bis 50 der in § 57 genannten Beschäftigten aus drei Jugend- und Auszubildendenvertretern,

51 bis 200 der in § 57 genannten Beschäftigten aus fünf Jugend- und Auszubildendenvertretern,

201 bis 300 der in § 57 genannten Beschäftigten aus sieben Jugend- und Auszubildendenvertretern,

[1)] Kapitelüberschrift, § 57 u. § 58 Abs. 1 neugef. u. § 59 Abs. 1 bis 3 geänd. durch G v. 13. 7. 1988 (BGBl. I S. 1037).

301 bis 1000 der in § 57 genannten Beschäftigten aus elf Jugend- und Auszubildendenvertretern,

mehr als 1000 der in § 57 genannten Beschäftigten aus fünfzehn Jugend- und Auszubildendenvertretern.

(2) Die Jugend- und Auszubildendenvertretung soll sich aus Vertretern der verschiedenen Beschäftigungsarten der der Dienststelle angehörenden, in § 57 genannten Beschäftigten zusammensetzen.

(3) Die Geschlechter sollen in der Jugend- und Auszubildendenvertretung entsprechend ihrem Zahlenverhältnis vertreten sein.

§ 60[1) [Wahlvorschriften] (1) [1]Der Personalrat bestimmt den Wahlvorstand und seinen Vorsitzenden. [2]§ 19 Abs. 1, 3, 4 Satz 1, Abs. 5, 7 und 9, § 20 Abs. 1 Satz 3 und 4, § 24 Abs. 1 Satz 1 und 2, Abs. 2 und § 25 gelten entsprechend.

(2) [1]Die regelmäßige Amtszeit der Jugend- und Auszubildendenvertretung beträgt zwei Jahre. [2]Sie beginnt mit dem Tage der Wahl oder, wenn zu diesem Zeitpunkt noch eine Jugend- und Auszubildendenvertretung besteht, mit dem Ablauf ihrer Amtszeit. [3]Die regelmäßigen Wahlen der Jugend- und Auszubildendenvertretung finden alle zwei Jahre in der Zeit vom 1. März bis 31. Mai statt. [4]Die Amtszeit endet spätestens am 31. Mai des Jahres, in dem nach Satz 3 die regelmäßigen Wahlen der Jugend- und Auszubildendenvertretung stattfinden. [5]Für die Wahl der Jugend- und Auszubildendenvertretung außerhalb des Zeitraums für die regelmäßigen Wahlen gilt § 27 Abs. 2 Nr. 2 bis 5, Abs. 3 und 5 entsprechend.

(3) Besteht die Jugend- und Auszubildendenvertretung aus drei oder mehr Mitgliedern, so wählt sie aus ihrer Mitte einen Vorsitzenden und dessen Stellvertreter.

(4) Die §§ 28 bis 31 gelten entsprechend.

§ 61[2) [Allgemeine Aufgaben] (1) Die Jugend- und Auszubildendenvertretung hat folgende allgemeine Aufgaben:

1. Maßnahmen, die den in § 57 genannten Beschäftigten dienen, insbesondere in Fragen der Berufsbildung, beim Personalrat zu beantragen,

2. darüber zu wachen, daß die zugunsten der in § 57 genannten Beschäftigten geltenden Gesetze, Verordnungen, Unfallverhütungsvorschriften, Tarifverträge, Dienstvereinbarungen und Verwaltungsanordnungen durchgeführt werden,

3. Anregungen und Beschwerden von in § 57 genannten Beschäftigten, insbesondere in Fragen der Berufsbildung, entgegenzunehmen und, falls sie berechtigt erscheinen, beim Personalrat auf eine Erledigung hinzuwirken; die Jugend- und Auszubildendenvertretung hat die be-

[1]) § 60 Abs. 2 neugef., Abs. 3 geänd. u. Abs. 4 angef. durch G v. 13. 7. 1988 (BGBl. I S. 1037), Abs. 1 Satz 2 neugef. durch G v. 10. 7. 1989 (BGBl. I S. 1380), geänd. durch G v. 24. 6. 1994 (BGBl. I S. 1406).
[2]) § 61 geänd. durch G v. 13. 7. 1988 (BGBl. I S. 1037).

troffenen in § 57 genannten Beschäftigten über den Stand und das Ergebnis der Verhandlungen zu informieren.

(2) Die Zusammenarbeit der Jugend- und Auszubildendenvertretung mit dem Personalrat bestimmt sich nach § 34 Abs. 3, §§ 39 und 40 Abs. 1.

(3) ¹ Zur Durchführung ihrer Aufgaben ist die Jugend- und Auszubildendenvertretung durch den Personalrat rechtzeitig und umfassend zu unterrichten. ² Die Jugend- und Auszubildendenvertretung kann verlangen, daß ihr der Personalrat die zur Durchführung ihrer Aufgaben erforderlichen Unterlagen zur Verfügung stellt.

(4) Der Personalrat hat die Jugend- und Auszubildendenvertretung zu den Besprechungen zwischen Dienststellenleiter und Personalrat nach § 66 Abs. 1 beizuziehen, wenn Angelegenheiten behandelt werden, die besonders in § 57 genannte Beschäftigte betreffen.

(5) ¹ Die Jugend- und Auszubildendenvertretung kann nach Verständigung des Personalrates Sitzungen abhalten; § 34 Abs. 1, 2 gilt sinngemäß. ² An den Sitzungen der Jugend- und Auszubildendenvertretung kann ein vom Personalrat beauftragtes Personalratsmitglied teilnehmen.

§ 62¹⁾ [Geschäftsführung] ¹ Für die Jugend- und Auszubildendenvertretung gelten die §§ 43 bis 45, § 46 Abs. 1, 2, 3 Satz 1 und 6, Abs. 6, 7 und § 67 Abs. 1 Satz 3 sinngemäß. ² § 47 gilt entsprechend mit der Maßgabe, daß die außerordentliche Kündigung, die Versetzung und die Abordnung von Mitgliedern der Jugend- und Auszubildendenvertretung der Zustimmung des Personalrates bedürfen. ³ Für Mitglieder des Wahlvorstandes und Wahlbewerber gilt § 47 Abs. 1, 2 Satz 1 und 2 entsprechend.

§ 63²⁾ [Ordentliche und außerordentliche Jugend- und Auszubildendenversammlung] ¹ Die Jugend- und Auszubildendenvertretung hat einmal in jedem Kalenderjahr eine Jugend- und Auszubildendenversammlung durchzuführen. ² Diese soll möglichst unmittelbar vor oder nach einer ordentlichen Personalversammlung stattfinden. ³ Sie wird vom Vorsitzenden der Jugend- und Auszubildendenvertretung geleitet. ⁴ Der Personalratsvorsitzende oder ein vom Personalrat beauftragtes anderes Mitglied soll an der Jugend- und Auszubildendenversammlung teilnehmen. ⁵ Die für die Personalversammlung geltenden Vorschriften sind sinngemäß anzuwenden. ⁶ Außer der in Satz 1 bezeichneten Jugend- und Auszubildendenversammlung kann eine weitere, nicht auf Wunsch des Leiters der Dienststelle einberufene Versammlung während der Arbeitszeit stattfinden.

§ 64²⁾ [Bildung von Jugend- und Auszubildendenstufenvertretungen] (1) ¹ Für den Geschäftsbereich mehrstufiger Verwaltungen werden, soweit Stufenvertretungen bestehen, bei den Behörden der

¹⁾ § 62 geänd. durch G v. 13. 7. 1988 (BGBl. I S. 1037), Satz 1 neugef. durch G v. 10. 7. 1989 (BGBl. I S. 1380).
²⁾ § 63 geänd. u. § 64 neugef. durch G v. 13. 7. 1988 (BGBl. I S. 1037).

Mittelstufen Bezirks-Jugend- und Auszubildendenvertretungen und bei den obersten Dienstbehörden Haupt-Jugend- und Auszubildendenvertretungen gebildet. ²Für die Jugend- und Auszubildendenstufenvertretungen gelten § 53 Abs. 2 und 4 sowie die §§ 57 bis 62 entsprechend.

(2) ¹In den Fällen des § 6 Abs. 3 wird neben den einzelnen Jugend- und Auszubildendenvertretungen eine Gesamt-Jugend- und Auszubildendenvertretung gebildet. ²Absatz 1 Satz 2 gilt entsprechend.

Viertes Kapitel. Vertretung der nichtständig Beschäftigten

§ 65. (1) ¹Steigt während der Amtszeit des Personalrates die Zahl der Beschäftigten vorübergehend um mehr als 20 Personen, die voraussichtlich nur für einen Zeitraum von höchstens sechs Monaten beschäftigt werden, so wählen die nichtständig Beschäftigten in geheimer Wahl

bei 21 bis 50 nichtständig Beschäftigten	einen Vertreter,
bei 51 bis 100 nichtständig Beschäftigten	zwei Vertreter,
bei mehr als 100 nichtständig Beschäftigten	drei Vertreter.

²Der Personalrat bestimmt den Wahlvorstand und seinen Vorsitzenden. ³Im übrigen gelten für die Wahl der Vertreter § 13 Abs. 1 und 3, §§ 14, 17 Abs. 6 und 7, §§ 19, 24 Abs. 1 Satz 1 und 2, Abs. 2 und § 25 mit Ausnahme der Vorschriften über die Dauer der Zugehörigkeit zum Ge-

(Fortsetzung nächstes Blatt)

schäftsbereich der obersten Dienstbehörde und zum öffentlichen Dienst entsprechend.

(2) ¹Die Amtszeit der in Absatz 1 bezeichneten Vertreter endet mit Ablauf des für die Beschäftigung der nichtständig Beschäftigten vorgesehenen Zeitraums oder mit Wegfall der Voraussetzungen für ihre Wahl. ²§ 26 Satz 2, § 27 Abs. 2 Nr. 2 bis 4, Abs. 3 und §§ 28 bis 31 gelten entsprechend.

(3) Für die in Absatz 1 bezeichneten Vertreter gelten §§ 43 bis 45, § 46 Abs. 1, 2, 3 Satz 1 und § 67 Abs. 1 Satz 3 sinngemäß.

(4) An den Sitzungen des Personalrates nehmen die in Absatz 1 bezeichneten Vertreter nach Maßgabe des § 40 Abs. 2 teil.

Fünftes Kapitel. Beteiligung der Personalvertretung

Erster Abschnitt. Allgemeines

§ 66 [Grundsätze für die Zusammenarbeit] (1) Der Leiter der Dienststelle und die Personalvertretung sollen mindestens einmal im Monat zu Besprechungen zusammentreten. In ihnen soll auch die Gestaltung des Dienstbetriebes behandelt werden, insbesondere alle Vorgänge, die die Beschäftigten wesentlich berühren. Sie haben über strittige Fragen mit dem ernsten Willen zur Einigung zu verhandeln und Vorschläge für die Beilegung von Meinungsverschiedenheiten zu machen.

(2) ¹Dienststelle und Personalvertretung haben alles zu unterlassen, was geeignet ist, die Arbeit und den Frieden der Dienststelle zu beeinträchtigen. ²Insbesondere dürfen Dienststelle und Personalvertretung keine Maßnahmen des Arbeitskampfes gegeneinander durchführen. ³Arbeitskämpfe tariffähiger Parteien werden hierdurch nicht berührt.

(3) Außenstehende Stellen dürfen erst angerufen werden, wenn eine Einigung in der Dienststelle nicht erzielt worden ist.

§ 67¹⁾ [Grundsätze für die Behandlung der Beschäftigten]
(1) ¹Dienststelle und Personalvertretung haben darüber zu wachen, dass alle Angehörigen der Dienststelle nach Recht und Billigkeit behandelt werden, insbesondere, dass jede Benachteiligung von Personen aus Gründen ihrer Rasse oder wegen ihrer ethnischen Herkunft, ihrer Abstammung oder sonstigen Herkunft, ihrer Nationalität, ihrer Religion oder Weltanschauung, ihrer Behinderung, ihres Alters, ihrer politischen oder gewerkschaftlichen Betätigung oder Einstellung oder wegen ihres Geschlechts oder ihrer sexuellen Identität unterbleibt. ²Dabei müssen sie sich so verhalten, dass das Vertrauen der Verwaltungsangehörigen in die Objektivität und Neutralität ihrer Amtsführung nicht beeinträchtigt wird. ³Der Leiter der Dienststelle und die Personalvertretung haben jede parteipolitische Betätigung in der Dienststelle zu unterlassen; die Behandlung von Tarif-, Besoldungs- und Sozialangelegenheiten wird hierdurch nicht berührt.

(2) Beschäftigte, die Aufgaben nach diesem Gesetz wahrnehmen, werden dadurch in der Betätigung für ihre Gewerkschaft auch in der Dienststelle nicht beschränkt.

¹⁾ § 67 Abs. 1 Satz 1 neugef. durch G v. 14. 8. 2006 (BGBl. I S. 1897).

(3) Die Personalvertretung hat sich für die Wahrung der Vereinigungsfreiheit der Beschäftigten einzusetzen.

§ 68¹⁾ [Allgemeine Aufgaben] (1) Die Personalvertretung hat folgende allgemeine Aufgaben:

1. Maßnahmen, die der Dienststelle und ihren Angehörigen dienen, zu beantragen,

2. darüber zu wachen, daß die zugunsten der Beschäftigten geltenden Gesetze, Verordnungen, Tarifverträge, Dienstvereinbarungen und Verwaltungsanordnungen durchgeführt werden,

3. Anregungen und Beschwerden von Beschäftigten entgegenzunehmen und, falls sie berechtigt erscheinen, durch Verhandlung mit dem Leiter der Dienststelle auf ihre Erledigung hinzuwirken,

4. die Eingliederung und berufliche Entwicklung Schwerbeschädigter und sonstiger schutzbedürftiger, insbesondere älterer Personen zu fördern,

5. Maßnahmen zur beruflichen Förderung Schwerbeschädigter zu beantragen,

5a. die Durchsetzung der tatsächlichen Gleichberechtigung von Frauen und Männern insbesondere bei der Einstellung, Beschäftigung, Aus-, Fort- und Weiterbildung und dem beruflichen Aufstieg, zu fördern,

6. die Eingliederung ausländischer Beschäftigter in die Dienststelle und das Verständnis zwischen ihnen und den deutschen Beschäftigten zu fördern,

7. mit der Jugend- und Auszubildendenvertretung zur Förderung der Belange der in § 57 genannten Beschäftigten eng zusammenzuarbeiten.

(2) ¹Die Personalvertretung ist zur Durchführung ihrer Aufgaben rechtzeitig und umfassend zu unterrichten. ²Ihr sind die hierfür erforderlichen Unterlagen vorzulegen. ³Personalakten dürfen nur mit Zustimmung des Beschäftigten und nur von den von ihm bestimmten Mitgliedern der Personalvertretung eingesehen werden. ⁴Dienstliche Beurteilungen sind auf Verlangen des Beschäftigten der Personalvertretung zur Kenntnis zu bringen.

Zweiter Abschnitt. Formen und Verfahren der Mitbestimmung und Mitwirkung

§ 69²⁾ [Einholung der Zustimmung des Personalrats] (1) Soweit eine Maßnahme der Mitbestimmung des Personalrates unterliegt, kann sie nur mit seiner Zustimmung getroffen werden.

(2) ¹Der Leiter der Dienststelle unterrichtet den Personalrat von der beabsichtigten Maßnahme und beantragt seine Zustimmung. ²Der Personalrat kann verlangen, daß der Leiter der Dienststelle die beabsichtigte Maßnahme begründet; der Personalrat kann außer in Personalangelegenheiten auch eine schriftliche Begründung verlangen. ³Der Beschluß des Personalrates über die beantragte Zustimmung ist dem Leiter

¹⁾ § 68 Abs. 1 Nr. 7 geänd. durch G v. 13. 7. 1988 (BGBl. I S. 1037), Nr. 5a eingef. durch G v. 24. 6. 1994 (BGBl. I S. 1406).
²⁾ § 69 Abs. 2 Satz 2 neugef. u. Satz 3 geänd. durch G v. 10. 7. 1989 (BGBl. I S. 1380), Abs. 4 Satz 5 aufgeh. durch G v. 16. 12. 1997 (BGBl. I S. 3094).

der Dienststelle innerhalb von zehn Arbeitstagen mitzuteilen. [4] In dringenden Fällen kann der Leiter der Dienststelle diese Frist auf drei Arbeitstage abkürzen. [5] Die Maßnahme gilt als gebilligt, wenn nicht der Personalrat innerhalb der genannten Frist die Zustimmung unter Angabe der Gründe schriftlich verweigert. [6] Soweit dabei Beschwerden oder Behauptungen tatsächlicher Art vorgetragen werden, die für einen Beschäftigten ungünstig sind oder ihm nachteilig werden können, ist dem Beschäftigten Gelegenheit zur Äußerung zu geben; die Äußerung ist aktenkundig zu machen.

(3) [1] Kommt eine Einigung nicht zustande, so kann der Leiter der Dienststelle oder der Personalrat die Angelegenheit binnen sechs Arbeitstagen auf dem Dienstwege den übergeordneten Dienststellen, bei denen Stufenvertretungen bestehen, vorlegen. [2] In Körperschaften, Anstalten oder Stiftungen des öffentlichen Rechtes ist als oberste Dienstbehörde das in ihrer Verfassung für die Geschäftsführung vorgesehene oberste Organ anzurufen. [3] In Zweifelsfällen bestimmt die zuständige oberste Bundesbehörde die anzurufende Stelle. [4] Absatz 2 gilt entsprechend. Legt der Leiter der Dienststelle die Angelegenheit nach Satz 1 der übergeordneten Dienststelle vor, teilt er dies dem Personalrat unter Angabe der Gründe mit.

(4) [1] Ergibt sich zwischen der obersten Dienstbehörde und der bei ihr bestehenden zuständigen Personalvertretung keine Einigung, so entscheidet die Einigungsstelle (§ 71); in den Fällen des § 77 Abs. 2 stellt sie fest, ob ein Grund zur Verweigerung der Zustimmung vorliegt. [2] Die Einigungsstelle soll binnen zwei Monaten nach der Erklärung eines Beteiligten, die Entscheidung der Einigungsstelle herbeiführen zu wollen, entscheiden. [3] In den Fällen der §§ 76, 85 Abs. 1 Nr. 7 beschließt die Einigungsstelle, wenn sie sich nicht der Auffassung der obersten Dienstbehörde anschließt, eine Empfehlung an diese. [4] Die oberste Dienstbehörde entscheidet sodann endgültig.

(5) [1] Der Leiter der Dienststelle kann bei Maßnahmen, die der Natur der Sache nach keinen Aufschub dulden, bis zur endgültigen Entscheidung vorläufige Regelungen treffen. [2] Er hat dem Personalrat die vorläufige Regelung mitzuteilen und zu begründen und unverzüglich das Verfahren nach den Absätzen 2 bis 4 einzuleiten oder fortzusetzen.

§ 70 [Vorschlagsrecht des Personalrats] (1) [1] Beantragt der Personalrat eine Maßnahme, die nach § 75 Abs. 3 Nr. 1 bis 6 und 11 bis 17 seiner Mitbestimmung unterliegt, so hat er sie schriftlich dem Leiter der Dienststelle vorzuschlagen. [2] Entspricht dieser dem Antrag nicht, so bestimmt sich das weitere Verfahren nach § 69 Abs. 3 und 4.

(2) [1] Beantragt der Personalrat eine Maßnahme, die nach anderen als den in Absatz 1 Satz 1 bezeichneten Vorschriften seiner Mitbestimmung unterliegt, so hat er sie schriftlich dem Leiter der Dienststelle vorzuschlagen. [2] Entspricht dieser dem Antrag nicht, so bestimmt sich das weitere Verfahren nach § 69 Abs. 3; die oberste Dienstbehörde entscheidet endgültig.

§ 71¹⁾ **[Einigungsstelle]** (1) ¹Die Einigungsstelle wird bei der obersten Dienstbehörde gebildet. ²Sie besteht aus je drei Beisitzern, die von der obersten Dienstbehörde und der bei ihr bestehenden zuständigen Personalvertretung bestellt werden, und einem unparteiischen Vorsitzenden, auf dessen Person sich beide Seiten einigen. ³Unter den Beisitzern, die von der Personalvertretung bestellt werden, muß sich je ein Beamter und ein Arbeitnehmer befinden, es sei denn, die Angelegenheit betrifft lediglich die Beamten oder die im Arbeitsverhältnis stehenden Beschäftigten. ⁴Kommt eine Einigung über die Person des Vorsitzenden nicht zustande, so bestellt ihn der Präsident des Bundesverwaltungsgerichts.

(2) ¹Die Verhandlung ist nicht öffentlich. ²Der obersten Dienstbehörde und der zuständigen Personalvertretung ist Gelegenheit zur mündlichen Äußerung zu geben. ³Im Einvernehmen mit den Beteiligten kann die Äußerung schriftlich erfolgen.

(3) ¹Die Einigungsstelle entscheidet durch Beschluß. ²Sie kann den Anträgen der Beteiligten auch teilweise entsprechen. ³Der Beschluß wird mit Stimmenmehrheit gefaßt. ⁴Er muß sich im Rahmen der geltenden Rechtsvorschriften, insbesondere des Haushaltsgesetzes, halten.

(4) ¹Der Beschluß ist den Beteiligten zuzustellen. ²Er bindet, abgesehen von den Fällen des § 69 Abs. 4 Sätze 3, 5 die Beteiligten, soweit er eine Entscheidung im Sinne des Absatzes 3 enthält.

§ 72²⁾ **[Konsultationspflicht]** (1) Soweit der Personalrat an Entscheidungen mitwirkt, ist die beabsichtigte Maßnahme vor der Durchführung mit dem Ziele einer Verständigung rechtzeitig und eingehend mit ihm zu erörtern.

(2) ¹Äußert sich der Personalrat nicht innerhalb von zehn Arbeitstagen oder hält er bei Erörterung seine Einwendungen oder Vorschläge nicht aufrecht, so gilt die beabsichtigte Maßnahme als gebilligt. ²Erhebt der Personalrat Einwendungen, so hat er dem Leiter der Dienststelle die Gründe mitzuteilen. ³§ 69 Abs. 2 Satz 6 gilt entsprechend.

(3) Entspricht die Dienststelle den Einwendungen des Personalrates nicht oder nicht in vollem Umfange, so teilt sie dem Personalrat ihre Entscheidung unter Angabe der Gründe schriftlich mit.

(4) ¹Der Personalrat einer nachgeordneten Dienststelle kann die Angelegenheit binnen drei Arbeitstagen nach Zugang der Mitteilung auf dem Dienstwege den übergeordneten Dienststellen, bei denen Stufenvertretungen bestehen, mit dem Antrag auf Entscheidung vorlegen. ²Diese entscheiden nach Verhandlung mit der bei ihnen bestehenden Stufenvertretung. ³§ 69 Abs. 3 Sätze 2, 3 gilt entsprechend. ⁴Eine Abschrift seines Antrages leitet der Personalrat seiner Dienststelle zu.

(5) Ist ein Antrag gemäß Absatz 4 gestellt, so ist die beabsichtigte Maßnahme bis zur Entscheidung der angerufenen Dienststelle auszusetzen.

(6) § 69 Abs. 5 gilt entsprechend.

¹⁾ § 71 Abs. 1 Satz 3 geänd. durch G v. 14. 9. 2005 (BGBl. I S. 2746).
²⁾ § 72 Abs. 2 Satz 1 geänd. durch G v. 10. 7. 1989 (BGBl. I S. 1380).

§ 73 [Dienstvereinbarungen] (1) [1] Dienstvereinbarungen sind zulässig, soweit sie dieses Gesetz ausdrücklich vorsieht. [2] Sie werden durch Dienststelle und Personalrat gemeinsam beschlossen, sind schriftlich niederzulegen, von beiden Seiten zu unterzeichnen und in geeigneter Weise bekanntzumachen.

(2) Dienstvereinbarungen, die für einen größeren Bereich gelten, gehen den Dienstvereinbarungen für einen kleineren Bereich vor.

§ 74 [Durchführung von Entscheidungen] (1) Entscheidungen, an denen der Personalrat beteiligt war, führt die Dienststelle durch, es sei denn, daß im Einzelfall etwas anderes vereinbart ist.

(2) Der Personalrat darf nicht durch einseitige Handlungen in den Dienstbetrieb eingreifen.

Dritter Abschnitt. Angelegenheiten, in denen der Personalrat zu beteiligen ist

§ 75[1) [Mitbestimmung in Angelegenheiten der Angestellten und Arbeiter und in sonstigen allgemeinen Angelegenheiten] (1) Der Personalrat hat mitzubestimmen in Personalangelegenheiten der Arbeitnehmer bei

1. Einstellung,
2. Übertragung einer höher oder niedriger zu bewertenden Tätigkeit, Höher- oder Rückgruppierung, Eingruppierung,
3. Versetzung zu einer anderen Dienststelle,
 Umsetzung innerhalb der Dienststelle, wenn sie mit einem Wechsel des Dienstortes verbunden ist (das Einzugsgebiet im Sinne des Umzugskostenrechts gehört zum Dienstort),
4. Abordnung für eine Dauer von mehr als drei Monaten,
4 a. Zuweisung entsprechend § 29 des Bundesbeamtengesetzes[2)] für eine Dauer von mehr als drei Monaten,
5. Weiterbeschäftigung über die Altersgrenze hinaus,
6. Anordnungen, welche die Freiheit in der Wahl der Wohnung beschränken,
7. Versagung oder Widerruf der Genehmigung einer Nebentätigkeit.

(2) [1] Der Personalrat hat mitzubestimmen in sozialen Angelegenheiten bei

1. Gewährung von Unterstützungen, Vorschüssen, Darlehen und entsprechenden sozialen Zuwendungen,
2. Zuweisung und Kündigung von Wohnungen, über die die Dienststelle verfügt, sowie der allgemeinen Festsetzung der Nutzungsbedingungen,
3. Zuweisung von Dienst- und Pachtland und Festsetzung der Nutzungsbedingungen.

[2] Hat ein Beschäftigter eine Leistung nach Nummer 1 beantragt, wird der Personalrat nur auf seinen Antrag beteiligt; auf Verlangen des Antragstellers bestimmt nur der Vorstand des Personalrates mit. [3] Die Dienststelle hat dem

[1)] § 75 Abs. 1 Nr. 4 a eingef. durch G v. 28. 5. 1990 (BGBl. I S. 967); Abs. 1 einl. Satzteil und Abs. 3 Nr. 6–10 geänd. mWv 1. 10. 2005 durch G v. 14. 9. 2005 (BGBl. I S. 2746); Abs. 1 Nr. 4 a geänd. mWv 12. 2. 2009 durch G v. 5. 2. 2009 (BGBl. I S. 160).
[2)] Nr. **160**.

Personalrat nach Abschluß jedes Kalendervierteljahres einen Überblick über die Unterstützungen und entsprechenden sozialen Zuwendungen zu geben. [4] Dabei sind die Anträge und die Leistungen gegenüberzustellen. [5] Auskunft über die von den Antragstellern angeführten Gründe wird hierbei nicht erteilt.

(3) Der Personalrat hat, soweit eine gesetzliche oder tarifliche Regelung nicht besteht, gegebenenfalls durch Abschluß von Dienstvereinbarungen mitzubestimmen über

1. Beginn und Ende der täglichen Arbeitszeit und der Pausen sowie die Verteilung der Arbeitszeit auf die einzelnen Wochentage,

2. Zeit, Ort und Art der Auszahlung der Dienstbezüge und Arbeitsentgelte,

3. Aufstellung des Urlaubsplanes, Festsetzung der zeitlichen Lage des Erholungsurlaubs für einzelne Beschäftigte, wenn zwischen dem Dienststellenleiter und den beteiligten Beschäftigten kein Einverständnis erzielt wird,

4. Fragen der Lohngestaltung innerhalb der Dienststelle, insbesondere die Aufstellung von Entlohnungsgrundsätzen, die Einführung und Anwendung von neuen Entlohnungsmethoden und deren Änderung sowie die Festsetzung der Akkord- und Prämiensätze und vergleichbarer leistungsbezogener Entgelte, einschließlich der Geldfaktoren,

5. Errichtung, Verwaltung und Auflösung von Sozialeinrichtungen ohne Rücksicht auf ihre Rechtsform,

6. Durchführung der Berufsausbildung bei Arbeitnehmern,

7. Auswahl der Teilnehmer an Fortbildungsveranstaltungen für Arbeitnehmer,

8. Inhalt von Personalfragebogen für Arbeitnehmer,

9. Beurteilungsrichtlinien für Arbeitnehmer,

10. Bestellung von Vertrauens- oder Betriebsärzten als Arbeitnehmer,

11. Maßnahmen zur Verhütung von Dienst- und Arbeitsunfällen und sonstigen Gesundheitsschädigungen,

12. Grundsätze über die Bewertung von anerkannten Vorschlägen im Rahmen des betrieblichen Vorschlagwesens,

13. Aufstellung von Sozialplänen einschließlich Plänen für Umschulungen zum Ausgleich oder zur Milderung von wirtschaftlichen Nachteilen, die dem Beschäftigten infolge von Rationalisierungsmaßnahmen entstehen,

14. Absehen von der Ausschreibung von Dienstposten, die besetzt werden sollen,

15. Regelung der Ordnung in der Dienststelle und des Verhaltens der Beschäftigten,

16. Gestaltung der Arbeitsplätze,

17. Einführung und Anwendung technischer Einrichtungen, die dazu bestimmt sind, das Verhalten oder die Leistung der Beschäftigten zu überwachen.

(4) Muß für Gruppen von Beschäftigten die tägliche Arbeitszeit (Absatz 3 Nr. 1) nach Erfordernissen, die die Dienststelle nicht voraussehen kann, unregelmäßig und kurzfristig festgesetzt werden, so beschränkt sich die Mit-

bestimmung auf die Grundsätze für die Aufstellung der Dienstpläne, insbesondere für die Anordnung von Dienstbereitschaft, Mehrarbeit und Überstunden.

(5) ¹ Arbeitsentgelte und sonstige Arbeitsbedingungen, die durch Tarifvertrag geregelt sind oder üblicherweise geregelt werden, können nicht Gegenstand einer Dienstvereinbarung (Absatz 3) sein. ² Dies gilt nicht, wenn ein Tarifvertrag den Abschluß ergänzender Dienstvereinbarungen ausdrücklich zuläßt.

§ 76¹⁾ [Mitbestimmung in Angelegenheiten der Beamten und in sonstigen allgemeinen Angelegenheiten] (1) Der Personalrat hat mitzubestimmen in Personalangelegenheiten der Beamten bei

1. Einstellung, Anstellung,

2. Beförderung, Übertragung eines anderen Amtes mit höherem Endgrundgehalt ohne Änderung der Amtsbezeichnung, Verleihung eines anderen Amtes mit anderer Amtsbezeichnung beim Wechsel der Laufbahngruppe, Laufbahnwechsel,

3. Übertragung einer höher oder niedriger zu bewertenden Tätigkeit,

4. Versetzung zu einer anderen Dienststelle, Umsetzung innerhalb der Dienststelle, wenn sie mit einem Wechsel des Dienstortes verbunden ist (das Einzugsgebiet im Sinne des Umzugskostenrechts gehört zum Dienstort),

5. Abordnung für eine Dauer von mehr als drei Monaten,

5 a. Zuweisung nach § 29 des Bundesbeamtengesetzes²⁾ für eine Dauer von mehr als drei Monaten,

6. Anordnungen, welche die Freiheit in der Wahl der Wohnung beschränken,

7. Versagung oder Widerruf der Genehmigung einer Nebentätigkeit,

8. Ablehnung eines Antrages nach den §§ 91, 92, 92 a, 92 b oder § 95 des Bundesbeamtengesetzes auf Teilzeitbeschäftigung, Ermäßigung der regelmäßigen Arbeitszeit oder Urlaub,

9. Hinausschiebung des Eintritts in den Ruhestand wegen Erreichens der Altersgrenze.

(2) ¹ Der Personalrat hat, soweit eine gesetzliche oder tarifliche Regelung nicht besteht, gegebenenfalls durch Abschluß von Dienstvereinbarungen mitzubestimmen über

1. Auswahl der Teilnehmer an Fortbildungsveranstaltungen für Beamte,

2. Inhalt von Personalfragebogen für Beamte,

3. Beurteilungsrichtlinien für Beamte,

4. Bestellung von Vertrauens- oder Betriebsärzten als Beamte,

5. Maßnahmen zur Hebung der Arbeitsleistung und Erleichterung des Arbeitsablaufs,

6. *allgemeine Fragen der Fortbildung der Beschäftigten,*

¹⁾ § 76 Abs. 1 Nr. 8 neu gef. durch G v. 25. 7. 1984 (BGBl. I S. 998); Abs. 1 Nr. 5 a eingef. durch G v. 28. 5. 1990 (BGBl. I S. 967); Abs. 2 Nr. 9 geänd. und Nr. 10 angef. durch G v. 24. 6. 1994 (BGBl. I S. 1406); Abs. 1 Nr. 8 geänd. durch G v. 24. 2. 1997 (BGBl. I S. 322); Abs. 1 Nr. 5 a und 8 geänd. mWv 12. 2. 2009 durch G v. 5. 2. 2009 (BGBl. I S. 160); Abs. 1 Nr. 8 geänd. mWv 11. 7. 2013 durch G v. 3. 7. 2013 (BGBl. I S. 1978); Abs. 1 Nr. 8 geänd. mWv 28. 10. 2016 durch G v. 19. 10. 2016 (BGBl. I S. 2362).
²⁾ Nr. **160**.

7. Einführung grundlegend neuer Arbeitsmethoden,

8. Erlaß von Richtlinien über die personelle Auswahl bei Einstellungen, Versetzungen, Umgruppierungen und Kündigungen,

9. Geltendmachung von Ersatzansprüchen gegen einen Beschäftigten,

10. Maßnahmen, die der Durchsetzung der tatsächlichen Gleichberechtigung von Frauen und Männern, insbesondere bei der Einstellung, Beschäftigung, Aus-, Fort- und Weiterbildung und dem beruflichen Aufstieg dienen. [2] In den Fällen der Nummer 9 bestimmt der Personalrat nur auf Antrag des Beschäftigten mit; dieser ist von der beabsichtigten Maßnahme rechtzeitig vorher in Kenntnis zu setzen.

§ 77[1]) [Mitbestimmung bei bestimmten Beschäftigtengruppen; Zustimmungsverweigerungsgründe in Personalangelegenheiten] (1) [1] In Personalangelegenheiten der in § 14 Abs. 3 bezeichneten Beschäftigten, der Beamten auf Zeit, der Beschäftigten mit überwiegend wissenschaftlicher oder künstlerischer Tätigkeit bestimmt der Personalrat nach § 75 Abs. 1, § 76 Abs. 1 nur mit, wenn sie es beantragen. [2] § 75 Abs. 1 und 3 Nr. 14, § 76 Abs. 1 gelten nicht für die in § 54 Abs. 1 des Bundesbeamtengesetzes[2]) bezeichneten Beamten und für Beamtenstellen von der Besoldungsgruppe A 16 an aufwärts.

(2) Der Personalrat kann in den Fällen des § 75 Abs. 1 und des § 76 Abs. 1 seine Zustimmung verweigern, wenn

1. die Maßnahme gegen ein Gesetz, eine Verordnung, eine Bestimmung in einem Tarifvertrag, eine gerichtliche Entscheidung, den Frauenförderplan oder eine Verwaltungsanordnung oder gegen eine Richtlinie im Sinne des § 76 Abs. 2 Nr. 8 verstößt oder

2. die durch Tatsachen begründete Besorgnis besteht, daß durch die Maßnahme der betroffene Beschäftigte oder andere Beschäftigte benachteiligt werden, ohne daß dies aus dienstlichen oder persönlichen Gründen gerechtfertigt ist, oder

3. die durch Tatsachen begründete Besorgnis besteht, daß der Beschäftigte oder Bewerber den Frieden in der Dienststelle durch unsoziales oder gesetzwidriges Verhalten stören werde.

§ 78[3]) [Mitwirkung des Personalrats] (1) Der Personalrat wirkt mit bei

1. Vorbereitung von Verwaltungsanordnungen einer Dienststelle für die innerdienstlichen, sozialen und persönlichen Angelegenheiten der Beschäftigten ihres Geschäftsbereiches, wenn nicht nach § 118 des Bundesbeamtengesetzes[2]) die Spitzenorganisationen der zuständigen Gewerkschaften bei der Vorbereitung zu beteiligen sind,

[1]) § 77 Abs. 2 Nr. 1 geänd. durch G v. 24. 6. 1994 (BGBl. I S. 1406); Abs. 1 Satz 2 geänd. mWv 12. 2. 2009 durch G v. 5. 2. 2009 (BGBl. I S. 160).
[2]) Nr. 160.
[3]) § 78 Abs. 1 Nr. 3 geänd. mWv 1. 1. 2002 durch G v. 9. 7. 2001 (BGBl. I S. 1510); Abs. 1 Nr. 1 geänd. mWv 12. 2. 2009 durch G v. 5. 2. 2009 (BGBl. I S. 160).

2. Auflösung, Einschränkung, Verlegung oder Zusammenlegung von Dienststellen oder wesentlichen Teilen von ihnen,
3. Erhebung der Disziplinarklage gegen einen Beamten,
4. Entlassung von Beamten auf Probe oder auf Widerruf, wenn sie die Entlassung nicht selbst beantragt haben,
5. vorzeitiger Versetzung in den Ruhestand.

(2) [1] In den Fällen des Absatzes 1 Nr. 3 bis 5 gilt für die Mitwirkung des Personalrates § 77 Abs. 1 Satz 2 entsprechend. [2] In den Fällen des Absatzes 1 Nr. 3 bis 5 wird der Personalrat nur auf Antrag des Beschäftigten beteiligt; in diesen Fällen ist der Beschäftigte von der beabsichtigten Maßnahme rechtzeitig vorher in Kenntnis zu setzen. [3] Der Personalrat kann bei der Mitwirkung nach Absatz 1 Nr. 3 Einwendungen auf die in § 77 Abs. 2 Nr. 1 und 2 bezeichneten Gründe stützen.

(3) [1] Vor der Weiterleitung von Personalanforderungen zum Haushaltsvoranschlag ist der Personalrat anzuhören. [2] Gibt der Personalrat einer nachgeordneten Dienststelle zu den Personalanforderungen eine Stellungnahme ab, so ist diese mit den Personalanforderungen der übergeordneten Dienststelle vorzulegen. [3] Das gilt entsprechend für die Personalplanung.

(4) Absatz 3 gilt entsprechend für Neu-, Um- und Erweiterungsbauten von Diensträumen.

(5) Vor grundlegenden Änderungen von Arbeitsverfahren und Arbeitsabläufen ist der Personalrat anzuhören.

§ 79[1]) **[Mitwirkung des Personalrats bei Kündigungen]** (1) [1] Der Personalrat wirkt bei der ordentlichen Kündigung durch den Arbeitgeber mit. [2] § 77 Abs. 1 Satz 2 gilt entsprechend. [3] Der Personalrat kann gegen die Kündigung Einwendungen erheben, wenn nach seiner Ansicht

1. bei der Auswahl des zu kündigenden Arbeitnehmers soziale Gesichtspunkte nicht oder nicht ausreichend berücksichtigt worden sind,
2. die Kündigung gegen eine Richtlinie im Sinne des § 76 Abs. 2 Nr. 8 verstößt,
3. der zu kündigende Arbeitnehmer an einem anderen Arbeitsplatz in derselben Dienststelle oder in einer anderen Dienststelle desselben Verwaltungszweiges an demselben Dienstort einschließlich seines Einzugsgebietes weiterbeschäftigt werden kann,
4. die Weiterbeschäftigung des Arbeitnehmers nach zumutbaren Umschulungs- oder Fortbildungsmaßnahmen möglich ist oder
5. die Weiterbeschäftigung des Arbeitnehmers unter geänderten Vertragsbedingungen möglich ist und der Arbeitnehmer sein Einverständnis hiermit *erklärt.*

[4] Wird dem Arbeitnehmer gekündigt, obwohl der Personalrat nach Satz 3 Einwendungen gegen die Kündigung erhoben hat, so ist dem Arbeitnehmer mit der Kündigung eine Abschrift der Stellungnahme des Personalrates zuzuleiten, es sei denn, daß die Stufenvertretung in der Verhandlung nach § 72 Abs. 4 Satz 2 die Einwendungen nicht aufrechterhalten hat.

[1]) § 79 Abs. 3 neu gef. durch G v. 20. 12. 1993 (BGBl. I S. 2136).

(2) [1] Hat der Arbeitnehmer im Falle des Absatzes 1 Satz 4 nach dem Kündigungsschutzgesetz[1]) Klage auf Feststellung erhoben, daß das Arbeitsverhältnis durch die Kündigung nicht aufgelöst ist, so muß der Arbeitgeber auf Verlangen des Arbeitnehmers diesen nach Ablauf der Kündigungsfrist bis zum rechtskräftigen Abschluß des Rechtsstreits bei unveränderten Arbeitsbedingungen weiterbeschäftigen. [2] Auf Antrag des Arbeitgebers kann das Arbeitsgericht ihn durch einstweilige Verfügung von der Verpflichtung zur Weiterbeschäftigung nach Satz 1 entbinden, wenn

1. die Klage des Arbeitnehmers keine hinreichende Aussicht auf Erfolg bietet oder mutwillig erscheint oder

2. die Weiterbeschäftigung des Arbeitnehmers zu einer unzumutbaren wirtschaftlichen Belastung des Arbeitgebers führen würde oder

3. der Widerspruch des Personalrates offensichtlich unbegründet war.

(3) [1] Vor fristlosen Entlassungen und außerordentlichen Kündigungen ist der Personalrat anzuhören. [2] Der Dienststellenleiter hat die beabsichtigte Maßnahme zu begründen. [3] Hat der Personalrat Bedenken, so hat er sie unter Angabe der Gründe dem Dienststellenleiter unverzüglich, spätestens innerhalb von drei Arbeitstagen schriftlich mitzuteilen.

(4) Eine Kündigung ist unwirksam, wenn der Personalrat nicht beteiligt worden ist.

§ 80 [Teilnahme des Personalrats an Prüfungen] An Prüfungen, die eine Dienststelle von den Beschäftigten ihres Bereichs abnimmt, kann ein Mitglied des für diesen Bereich zuständigen Personalrates, das von diesem benannt ist, beratend teilnehmen.

§ 81[2]) [Mitwirkung bei Unfallverhütung] (1) Der Personalrat hat bei der Bekämpfung von Unfall- und Gesundheitsgefahren die für den Arbeitsschutz zuständigen Behörden, die Träger der gesetzlichen Unfallversicherung und die übrigen in Betracht kommenden Stellen durch Anregung, Beratung und Auskunft zu unterstützen und sich für die Durchführung der Vorschriften über den Arbeitsschutz und die Unfallverhütung in der Dienststelle einzusetzen.

(Fortsetzung nächste Seite)

[1] *Schönfelder Nr. 84.*
[2] § 81 Abs. 3 neu gef. und Abs. 5 geänd. mWv 1. 1. 1997 durch G v. 7. 8. 1996 (BGBl. I S. 1254).

(2) ¹Der Dienststellenleiter und die in Absatz 1 genannten Stellen sind verpflichtet, bei allen im Zusammenhang mit dem Arbeitsschutz oder der Unfallverhütung stehenden Besichtigungen und Fragen und bei Unfalluntersuchungen den Personalrat oder die von ihm bestimmten Personalratsmitglieder derjenigen Dienststelle hinzuzuziehen, in der die Besichtigung oder Untersuchung stattfindet. ²Der Dienststellenleiter hat dem Personalrat unverzüglich die den Arbeitsschutz und die Unfallverhütung betreffenden Auflagen und Anordnungen der in Absatz 1 genannten Stellen mitzuteilen.

(3) An Besprechungen des Dienststellenleiters mit den Sicherheitsbeauftragten im Rahmen des § 22 Abs. 2 des Siebten Buches Sozialgesetzbuch nehmen vom Personalrat beauftragte Personalratsmitglieder teil.

(4) Der Personalrat erhält die Niederschriften über Untersuchungen, Besichtigungen und Besprechungen, zu denen er nach den Absätzen 2 und 3 hinzuzuziehen ist.

(5) Der Dienststellenleiter hat dem Personalrat eine Durchschrift der nach § 193 Abs. 5 des Siebten Buches Sozialgesetzbuch vom Personalrat zu unterschreibenden Unfallanzeige oder des nach beamtenrechtlichen Vorschriften zu erstattenden Berichts auszuhändigen.

Vierter Abschnitt. Beteiligung der Stufenvertretungen und des Gesamtpersonalrates

§ 82 [Beteiligung der Stufenvertretung] (1) In Angelegenheiten, in denen die Dienststelle nicht zur Entscheidung befugt ist, ist an Stelle des Personalrates die bei der zuständigen Dienststelle gebildete Stufenvertretung zu beteiligen.

(2) ¹Vor einem Beschluß in Angelegenheiten, die einzelne Beschäftigte oder Dienststellen betreffen, gibt die Stufenvertretung dem Personalrat Gelegenheit zur Äußerung. ²In diesem Falle verdoppeln sich die Fristen der §§ 69 und 72.

(3) Die Absätze 1 und 2 gelten entsprechend für die Verteilung der Zuständigkeit zwischen Personalrat und Gesamtpersonalrat.

(4) Für die Befugnisse und Pflichten der Stufenvertretungen und des Gesamtpersonalrates gelten die §§ 69 bis 81 entsprechend.

(5) Werden im Geschäftsbereich mehrstufiger Verwaltungen personelle oder soziale Maßnahmen von einer Dienststelle getroffen, bei der *keine für eine* Beteiligung an diesen Maßnahmen zuständige Personalvertretung vorgesehen ist, so ist die Stufenvertretung bei der nächsthöheren Dienststelle, zu deren Geschäftsbereich die entscheidende Dienststelle und die von der Entscheidung Betroffenen gehören, zu beteiligen.

Sechstes Kapitel. Gerichtliche Entscheidungen[1]

§ 83[2] **[Rechtsweg]** (1) Die Verwaltungsgerichte, im dritten Rechtszug das Bundesverwaltungsgericht, entscheiden außer in den Fällen der §§ 9, 25, 28 und 47 Abs. 1 über

1. Wahlberechtigung und Wählbarkeit,

2. Wahl und Amtszeit der Personalvertretungen und der in den §§ 57, 65 genannten Vertreter sowie die Zusammensetzung der Personalvertretungen und der Jugend- und Auszubildendenvertretungen,

3. Zuständigkeit, Geschäftsführung und Rechtsstellung der Personalvertretungen und der in den §§ 57, 65 genannten Vertreter,

4. Bestehen oder Nichtbestehen von Dienstvereinbarungen.

(2) Die Vorschriften des Arbeitsgerichtsgesetzes über das Beschlußverfahren gelten entsprechend.

§ 84[3] **[Fachkammern, Fachsenate]** (1) [1]Für die nach diesem Gesetz zu treffenden Entscheidungen sind bei den Verwaltungsgerichten des ersten und zweiten Rechtszuges Fachkammern (Fachsenate) zu bilden. [2]Die Zuständigkeit einer Fachkammer kann auf die Bezirke anderer Gerichte oder Teile von ihnen erstreckt werden.

(2) [1]Die Fachkammer besteht aus einem Vorsitzenden und ehrenamtlichen Richtern. [2]Die ehrenamtlichen Richter müssen Beschäftigte im öffentlichen Dienst des Bundes sein. [3]Sie werden je zur Hälfte durch die Landesregierung oder die von ihr bestimmte Stelle auf Vorschlag

1. der unter den Beschäftigten vertretenen Gewerkschaften und

2. der in § 1 bezeichneten Verwaltungen und Gerichte

berufen. [4]Für die Berufung und Stellung der ehrenamtlichen Richter und ihre Heranziehung zu den Sitzungen gelten die Vorschriften des Arbeitsgerichtsgesetzes über ehrenamtliche Richter entsprechend.

(3) [1]Die Fachkammer wird tätig in der Besetzung mit einem Vorsitzenden und je zwei nach Absatz 2 Satz 3 Nr. 1 und 2 berufenen Beisitzern. [2]Unter den in Absatz 2 Satz 3 Nr. 1 bezeichneten Beisitzern muß sich je ein Beamter und ein Arbeitnehmer befinden.

Siebentes Kapitel. Vorschriften für besondere Verwaltungszweige und die Behandlung von Verschlußsachen

§ 85[4] **[Anwendbarkeit für die Bundespolizei]** (1) Für die Bundespolizei gilt dieses Gesetz mit folgenden Abweichungen:

[1] Siehe hierzu § 190 VwGO (Nr. **600**).
[2] § 83 Abs. 1 Nr. 2 geänd. durch G v. 13. 7. 1988 (BGBl. I S. 1037).
[3] § 84 Abs. 3 Satz 2 geänd. durch G v. 14. 9. 2005 (BGBl. I S. 2746).
[4] § 85 Abs. 1 Nr. 5 geänd. durch G v. 13. 7. 1988 (BGBl. I S. 1037), Abs. 2 Nr. 5 Satz 1 neugef. durch G v. 10. 7. 1989 (BGBl. I S. 1380), Abs. 3 Satz 1 geänd. durch G v. 19. 10. 1994 (BGBl. I S. 2978), Abs. 1 Einleitungssatz, Nrn. 1, 3, 6 u. 7, Abs. 2 Satz 1, Satz 3 Nr. 2 u. 5 geänd. durch G v. 21. 6. 2005 (BGBl. I S. 1818).

1. Die Beschäftigten der Bundespolizeibehörden und der ihnen nachgeordneten Dienststellen wählen Bundespolizeipersonalvertretungen (Bundespolizeipersonalrat, Bundespolizeibezirkspersonalrat, Bundespolizeihauptpersonalrat).

2. Polizeivollzugsbeamte sind nur wahlberechtigt (§ 13 Abs. 1), wenn sie am Wahltag die Grundausbildung bereits beendet haben und nicht bei der Berufung in das Beamtenverhältnis schriftlich erklärt haben, nur eine Dienstzeit von zwei Jahren ableisten zu wollen.

3. In Angelegenheiten, die lediglich die Polizeivollzugsbeamten betreffen, die nach Nummer 2 nicht wahlberechtigt sind, wirkt die Bundespolizeipersonalvertretung mit, wenn ein Vertrauensmann (Absatz 2) dies im Einzelfalle beantragt.

4. Die in Nummer 3 bezeichneten Polizeivollzugsbeamten werden bei der Ermittlung der Zahl der vom Dienst freizustellenden Personalratsmitglieder nach § 46 Abs. 4 nicht berücksichtigt.

5. Die Vorschriften über die Jugend- und Auszubildendenvertretung gelten nicht für die Polizeivollzugsbeamten.

6. Eine Beteiligung der Bundespolizeipersonalvertretung findet nicht statt bei

 a) Anordnungen für Polizeivollzugsbeamte, durch die Einsatz oder Einsatzübungen geregelt werden,

 b) der Einstellung von Polizeivollzugsbeamten für die Grundausbildung.

7. Die Bundespolizeipersonalvertretung bestimmt bei der Berufsförderung von Polizeivollzugsbeamten mit, soweit der Beamte dies beantragt.

(2) ¹ Die Polizeivollzugsbeamten, die nach Absatz 1 Nr. 2 nicht das Wahlrecht zu den Bundespolizeipersonalvertretungen besitzen, wählen in jeder Einheit einen Vertrauensmann und zwei Stellvertreter. ² Einheiten im Sinne des Satzes 1 sind die Hundertschaften oder vergleichbare Einheiten und Dienststellen nach näherer Bestimmung des Bundesministers des Innern. ³ Für die Wahl, die Amtszeit und die Aufgaben des Vertrauensmannes gilt folgendes:

1. Wahlberechtigt und wählbar sind ohne Rücksicht auf ihr Alter die in Satz 1 genannten Polizeivollzugsbeamten; im übrigen gelten § 13 Abs. 1, § 14 Abs. 1 Satz 2 entsprechend.

2. ¹ Der Bundespolizeipersonalrat bestimmt spätestens drei Wochen vor dem unter Nummer 4 Satz 2 genannten Zeitpunkt drei Wahlberechtigte als Wahlvorstand und einen von ihnen als Vorsitzenden. ² Hat der Bundespolizeipersonalrat den Wahlvorstand nicht fristgemäß bestimmt oder besteht in der Dienststelle kein Bundespolizeipersonalrat, so bestellt der Leiter der Dienststelle den Wahlvorstand.

3. ¹ Der Wahlvorstand hat unverzüglich eine Versammlung der Wahlberechtigten einzuberufen. ² In dieser Versammlung ist die Wahl des Vertrauensmannes und seiner Stellvertreter durchzuführen. ³ Gewählt wird durch Handaufheben. ⁴ Widerspricht ein Wahlberechtigter diesem Verfahren, so wird eine geheime Wahl mit Stimmzetteln vorgenommen. ⁵ § 24 gilt entsprechend.

4. ¹ Für die Amtszeit des Vertrauensmannes und seiner Stellvertreter gelten § 29 Abs. 1 Nr. 2, 4, 5 und § 30 entsprechend. ² § 31 Abs. 1, 2 ist mit der Maßgabe anzuwenden, daß eine Neuwahl stattfindet, wenn nach Eintreten beider Stellvertreter kein Vertrauensmann mehr vorhanden ist.

5. [1] Für die Geschäftsführung und Rechtsstellung des Vertrauensmannes gelten § 43 bis 45, 46 Abs. 1, 2, 3 Satz 1 und 6 entsprechend. [2] Für die Aufgaben und Befugnisse des Vertrauensmannes gelten § 2, § 47 Abs. 2, §§ 66 bis 68 entsprechend. [3] In den Fällen des § 75 Abs. 2 Satz 1 Nr. 1, Abs. 3 Nr. 3, 14, 15, § 76 Abs. 1 Nr. 2, 4, 5, Abs. 2 Nr. 1, 5, 6, 9, § 78 Abs. 1 Nr. 4 ist, soweit Polizeivollzugsbeamte, die nach Absatz 1 Nr. 2 nicht das Wahlrecht zu den Bundespolizeipersonalvertretungen besitzen, betroffen sind, der Vertrauensmann rechtzeitig von dem Dienststellenleiter zu hören, in den Fällen des § 76 Abs. 2 Nr. 9, § 78 Abs. 1 Nr. 4 jedoch nur auf Antrag des Betroffenen. [4] Der Vertrauensmann kann an den Sitzungen des Bundespolizeipersonalrates beratend teilnehmen; in den Fällen des Absatzes 1 Nr. 3 hat er im Bundespolizeipersonalrat Stimmrecht.

(3) [1] Die Dienstleistenden (§ 49 Abs. 1 des *Bundesgrenzschutzgesetzes*[1]) vom 18. August 1972 (BGBl. I S. 1834), das zuletzt durch Artikel 3 des Gesetzes vom 19. Oktober 1994 (BGBl. I S. 2978) geändert worden ist), stehen bei der Anwendung dieses Gesetzes den Polizeivollzugsbeamten gleich, die nach Absatz 1 Nr. 2 nicht das Wahlrecht zu den *Bundesgrenzschutzpersonalvertretungen*[2] besitzen; sie wählen gemeinsam mit diesen den Vertrauensmann und dessen Stellvertreter (Absatz 2). [2] Erleidet ein Dienstleistender anläßlich der Wahrnehmung von Rechten oder Erfüllung von Pflichten nach diesem Gesetz durch einen Unfall eine gesundheitliche Schädigung, die eine Grenzschutzdienstbeschädigung wäre, so sind die dafür geltenden Vorschriften entsprechend anzuwenden.

§ 86[3)][4)] **[Anwendbarkeit für den Bundesnachrichtendienst]** Für den Bundesnachrichtendienst gilt dieses Gesetz mit folgenden Abweichungen:

1. [1] Teile und Stellen des Bundesnachrichtendienstes, die nicht zur Zentrale des Bundesnachrichtendienstes gehören, gelten als Dienststellen im Sinne des § 6 Abs. 1. [2] In Zweifelsfällen entscheidet der Leiter des Bundesnachrichtendienstes über die Dienststelleneigenschaft.

2. Die Mitgliedschaft im Personalrat ruht bei Personen, die zu einer sicherheitsempfindlichen Tätigkeit nicht zugelassen sind.

3. [1] Die Personalversammlungen finden nur in den Räumen der Dienststelle statt, sie werden in der Zentrale nur als Teilversammlungen durchgeführt. [2] Über die Abgrenzung entscheidet der Leiter des Bundesnachrichtendienstes. [3] Der Leiter des Bundesnachrichtendienstes kann nach Anhörung des

[1)] Siehe jetzt das Bundespolizeigesetz (Nr. **90**).
[2)] Richtig wohl: „Bundespolizeipersonalvertretungen".
[3)] § 86 Nr. 13 neu gef. durch G v. 16. 1. 1991 (BGBl. I S. 47); Nr. 13 geänd. durch G v. 20. 2. 1997 (BGBl. I S. 298); Nr. 9 neu gef. durch G v. 24. 2. 1997 (BGBl. I S. 322); Nr. 2 neu gef. und Nr. 10 Buchst. a aufgeh., bish. Buchst. b und c werden Buchst. a und b mWv 13. 7. 2001 durch G v. 9. 7. 2001 (BGBl. I S. 1510); Nr. 3 aufgeh., bish. Nr. 4–14 werden Nr. 3–13, Nr. 3 Satz 3 angef., Nr. 5 Satz 1, Nr. 6 und Nr. 7 Satz 2 geänd., Nr. 7 Satz 3 und Nr. 8 neu gef., Nr. 9 Buchst. a geänd., Buchst. c angef., Nr. 11 neu gef., Nr. 12 geänd. mWv 2. 9. 2016 durch G v. 29. 8. 2016 (BGBl. I S. 2065).
[4)] Die Änderungen durch G v. 29. 8. 2016 (BGBl. I S. 2065) sind bis zur erstmaligen Wahl des *Gesamtpersonalrats mit der Maßgabe anzuwenden*, dass dessen Rechte und Pflichten übergangsweise weiter durch den Personalrat der Zentrale wahrgenommen werden (Art. 3 Abs. 3 G v. 29. 8. 2016, BGBl. I S. 2065).

Personalrates bestimmen, dass Personalversammlungen als Vollversammlung durchgeführt werden.

4. Der Leiter der Dienststelle kann nach Anhörung des Personalrates bestimmen, daß Beschäftigte, bei denen dies wegen ihrer dienstlichen Aufgaben zwingend geboten ist, nicht an Personalversammlungen teilnehmen.

5. [1] Die Tagesordnung der Personalversammlung und die in der Personalversammlung sowie im Tätigkeitsbericht zu behandelnden Punkte legt der Personalrat im Benehmen mit dem Leiter der Dienststelle fest. [2] Andere Punkte dürfen nicht behandelt werden. [3] Der Leiter der Dienststelle nimmt an den Personalversammlungen teil.

6. In den Fällen des § 20 Abs. 2, der §§ 21 und 23 sowie des § 28 Absatz 2 bestellt der Leiter der Dienststelle den Wahlvorstand.

7. [1] Die Beschäftigten des Bundesnachrichtendienstes wählen keine Stufenvertretung. [2] Soweit eine Stufenvertretung zuständig ist, ist an ihrer Stelle der Gesamtpersonalrat zu beteiligen. [3] Die Aufgaben der obersten Dienstbehörde nach diesem Gesetz nimmt der Chef des Bundeskanzleramtes wahr.

8. [1] An die Stelle der Mitbestimmung und der Zustimmung tritt die Mitwirkung des Personalrates. [2] Die oberste Dienstbehörde und der Gesamtpersonalrat können durch Dienstvereinbarung ergänzende Regelungen über die Beteiligung der Personalvertretungen im Bundesnachrichtendienst treffen oder jederzeit widerruflich von Regelungen des § 86, ausgenommen die Nummern 2, 7, 10 und 13, abweichen.

9. § 93 ist mit folgender Maßgabe anzuwenden:

 a) Personalvertretungen bei Dienststellen im Sinne der Nummer 1 bilden keine Ausschüsse, an ihre Stelle tritt der Ausschuß des Gesamtpersonalrates.

 b) Der Leiter des Bundesnachrichtendienstes kann außer in den Fällen des § 93 Abs. 5 auch bei Vorliegen besonderer nachrichtendienstlicher Gründe Anordnungen im Sinne des § 93 Abs. 5 treffen oder von einer Beteiligung absehen.

 c) § 93 Absatz 1 Satz 1 ist nur anzuwenden, wenn nicht alle Mitglieder der zuständigen Personalvertretung ermächtigt sind, von Verschlusssachen des entsprechenden Geheimhaltungsgrades Kenntnis zu erhalten.

10. [1] Bei Vorliegen besonderer Sicherheitsvorfälle oder einer besonderen Einsatzsituation, von der der Bundesnachrichtendienst ganz oder teilweise betroffen ist, ruhen die Rechte und Pflichten der zuständigen Personalvertretungen. [2] Beginn und Ende des Ruhens der Befugnisse der Personalvertretung werden jeweils vom Leiter des Bundesnachrichtendienstes im Einvernehmen mit dem Chef des Bundeskanzleramtes festgestellt.

11. [1] § 70 Absatz 1 und § 79 Absatz 2 sind nicht anzuwenden. [2] Die Vorschriften über eine Beteiligung von Vertretern oder Beauftragten der Gewerkschaften und Arbeitgebervereinigungen (§ 20 Absatz 1, die §§ 36 und 39 Absatz 1 sowie § 52) sind nicht anzuwenden. [3] Der Leiter des Bundesnachrichtendienstes kann bestimmen, dass Beauftragte der Gewerkschaften zu einer sicherheitsempfindlichen Tätigkeit zugelassen sein müssen. [4] Der Leiter des Bundesnachrichtendienstes kann die Anwendung des § 12 Absatz 2 ausschließen.

12. Soweit sich aus den Nummern 1 bis 11 nichts anderes ergibt, gelten die §§ 59 bis 63 des Soldatenbeteiligungsgesetzes entsprechend.

13. [1] Für gerichtliche Entscheidungen nach § 83 Abs. 1 ist im ersten und letzten Rechtszug das Bundesverwaltungsgericht zuständig. [2] Im gerichtlichen Verfahren ist § 99 der Verwaltungsgerichtsordnung[1]) entsprechend anzuwenden.

§ 87 [Anwendbarkeit für das Bundesamt für Verfassungsschutz] Für das Bundesamt für Verfassungsschutz gilt dieses Gesetz mit folgenden Abweichungen:

1. Der Leiter des Bundesamtes für Verfassungsschutz kann nach Anhörung des Personalrates bestimmen, daß Beschäftigte, bei denen dies wegen ihrer dienstlichen Aufgaben dringend geboten ist, nicht an Personalversammlungen teilnehmen.

2. Die Vorschriften über eine Beteiligung von Vertretern oder Beauftragten der Gewerkschaften und Arbeitgebervereinigungen (§ 20 Abs. 1, §§ 36, 39 Abs. 1, § 52) sind nicht anzuwenden.

3. Bei der Beteiligung der Stufenvertretung und der Einigungsstelle sind Angelegenheiten, die lediglich Beschäftigte des Bundesamtes für Verfassungsschutz betreffen, wie Verschlußsachen des Geheimhaltungsgrades „VS-VERTRAULICH" zu behandeln (§ 93), soweit nicht die zuständige Stelle etwas anderes bestimmt.

§ 88[2]) [Anwendbarkeit für bundesunmittelbare Körperschaften und Anstalten des öffentlichen Rechts] Für bundesunmittelbare Körperschaften und Anstalten des öffentlichen Rechts im Bereich der Sozialversicherung und für die Bundesagentur für Arbeit gilt dieses Gesetz mit folgenden Abweichungen:

1. Behörden der Mittelstufe im Sinne des § 6 Abs. 2 Satz 2 sind die der Hauptverwaltungsstelle unmittelbar nachgeordneten Dienststellen, denen andere Dienststellen nachgeordnet sind.

2. [1] Abweichend von § 7 Satz 1 handelt für die Körperschaft oder Anstalt der Vorstand, soweit ihm die Entscheidungsbefugnis vorbehalten ist; für die Agenturen für Arbeit und die Regionaldirektionen der Bundesagentur für Arbeit handelt die Geschäftsführung. [2] Der Vorstand oder die Geschäftsführung kann sich durch eines oder mehrere der jeweiligen Mitglieder vertreten lassen. [3] § 7 Satz 3 und 4 bleibt unberührt.

3. [1] Als oberste Dienstbehörde im Sinne des § 69 Abs. 3, 4 und des § 71 gilt der Vorstand. [2] § 69 Abs. 3 Satz 2 ist nicht anzuwenden.

§ 89 [Anwendbarkeit für die Deutsche Bundesbank] Für die Deutsche Bundesbank gilt dieses Gesetz mit folgenden Abweichungen:

1. Als Behörden der Mittelstufe im Sinne des § 6 Abs. 2 Satz 2 gelten die Landeszentralbanken, denen Zweiganstalten unterstehen.

[1]) Nr. 600.
[2]) § 88 Einleitungssatz geänd. und Nr. 2 neu gef. mWv 1. 1. 2004 durch G v. 23. 12. 2003 (BGBl. I S. 2848).

2. [1] Oberste Dienstbehörde ist der Präsident der Deutschen Bundesbank. [2] Der Zentralbankrat gilt als oberste Dienstbehörde, soweit ihm die Entscheidung zusteht, § 69 Abs. 3 Satz 2 ist nicht anzuwenden.

3. [1] Der Zentralbankrat, das Direktorium und der Vorstand einer Landeszentralbank können sich durch eines oder mehrere ihrer Mitglieder vertreten lassen. [2] § 7 Satz 2 bleibt unberührt.

§ 89 a[1] *(aufgehoben)*

§ 90[2] [Sonderbestimmungen für die Rundfunkanstalt „Deutsche Welle"] Für die Rundfunkanstalt des Bundesrechts „Deutsche Welle" gilt dieses Gesetz mit folgenden Abweichungen:

1. [1] Die Einrichtungen der Deutschen Welle am Sitz Köln und die Einrichtungen der Deutschen Welle am Sitz Berlin bilden je eine Dienststelle im Sinne dieses Gesetzes. [2] Diese Aufteilung auf zwei Dienststellen bleibt bei Verlegung des Sitzes von Köln nach Bonn bestehen. [3] Andere Einrichtungen der Deutschen Welle werden vom Intendanten der Deutschen Welle einer Dienststelle zugeteilt. [4] § 6 Abs. 3 findet keine Anwendung.

2. [1] Die Beschäftigten in beiden Dienststellen wählen – neben den örtlichen Personalräten – einen Gesamtpersonalrat. [2] Dieser wirkt bei der Entscheidung nach Nummer 1 Satz 3 mit. [3] Er ist zuständig für die Behandlung dienststellenübergreifender Angelegenheiten. [4] Der Gesamtpersonalrat hat seinen Sitzort am Sitz des Intendanten. [5] Die für den Gesamtpersonalrat maßgebenden Bestimmungen finden im übrigen entsprechende Anwendung.

3. [1] Die Beschäftigten im Sinne des § 57 in beiden Dienststellen wählen – neben den örtlichen Jugend- und Auszubildendenvertretungen – eine Gesamt-Jugend- und Auszubildendenvertretung. [2] Nummer 2 Satz 3 gilt entsprechend. [3] Der Sitzort der Gesamt-Jugend- und Auszubildendenvertretung ist am Sitzort des Gesamtpersonalrats. [4] Die für die Gesamt-Jugend- und Auszubildendenvertretung maßgebenden Bestimmungen finden im übrigen entsprechende Anwendung.

4. [1] Leiter der Dienststelle ist der Intendant. [2] Er gilt als oberste Dienstbehörde im Sinne dieses Gesetzes; § 69 Abs. 3 Satz 2 findet keine Anwendung. [3] § 7 ist entsprechend anzuwenden.

5. [1] Beschäftigte der Deutschen Welle im Sinne dieses Gesetzes sind die durch Arbeitsvertrag unbefristet oder auf Zeit angestellten Beschäftigten der Deutschen Welle einschließlich der zu ihrer Berufsausbildung Beschäftigten. [2] Beschäftigte im Sinne diese Gesetzes sind nicht:

 a) der Intendant, die Direktoren und der Justitiar,

 b) *Personen in einem arbeitnehmerähnlichen Verhältnis, sonstige freie Mit*arbeiter und Personen, die auf Produktionsdauer beschäftigt sind. [3] Beschäftigte, die in einer Einrichtung der Deutschen Welle im Ausland eingesetzt sind, sowie Volontäre sind nicht wählbar.

[1] § 89 a aufgeh. durch G v. 24. 9. 1994 (BGBl. I S. 2325).
[2] § 90 neu gef. durch G v. 16. 12. 1997 (BGBl. I S. 3094).

6. § 44 Abs. 1 Satz 2 findet mit der Maßgabe Anwendung, daß an die Stelle des Bundesreisekostengesetzes[1)] die Reisekostenordnung der Deutschen Welle tritt.

7. a) Bei Beschäftigten, deren Vergütung sich nach der Vergütungsgruppe I des Vergütungstarifvertrags der Deutschen Welle bemißt oder deren Vergütung über der höchsten Vergütungsgruppe liegt, wird der Personalrat in den Fällen des § 75 Abs. 1 und 3 Nr. 14 nicht beteiligt.

b) Bei im Programmbereich Beschäftigten der Vergütungsgruppe II des Vergütungstarifvertrags der Deutschen Welle tritt in Fällen des § 75 Abs. 1 an die Stelle der Mitbestimmung des Personalrats die Mitwirkung.

c) [1] Bei Beschäftigten mit überwiegend wissenschaftlicher oder künstlerischer Tätigkeit sowie bei Beschäftigten, die maßgeblich an der Programmgestaltung beteiligt sind, bestimmt der Personalrat in den Fällen des § 75 Abs. 1 nur mit, wenn sie dies beantragen. [2] § 69 Abs. 4 Satz 3 und 4 gilt entsprechend.

§ 91[2)] [Anwendbarkeit für Dienststellen des Bundes im Ausland]

(1) Für Dienststellen des Bundes im Ausland gilt dieses Gesetz mit folgenden Abweichungen:

1. Ortskräfte sind nicht Beschäftigte im Sinne des § 4.

2. Die Beschäftigten sind nicht in eine Stufenvertretung oder in einen Gesamtpersonalrat bei einer Dienststelle im Inland wählbar.

3. [1] Die nach § 13 wahlberechtigten Beschäftigten im Geschäftsbereich des Auswärtigen Amtes im Ausland ohne die Dienststellen des Deutschen Archäologischen Instituts sind außer zur Wahl des Personalrats ihrer Dienststelle auch zur Wahl des Personalrates des Auswärtigen Amtes wahlberechtigt, jedoch nicht wählbar. [2] Zur Wahl des Hauptpersonalrates des Auswärtigen Amtes sind sie nicht wahlberechtigt. [3] Soweit eine Stufenvertretung zuständig wäre, ist an ihrer Stelle der Personalrat des Auswärtigen Amtes zu beteiligen. [4] § 47 Abs. 2 gilt nicht für die nach Satz 1 zur Wahl des Personalrates des Auswärtigen Amtes wahlberechtigten Beschäftigten.

4. § 47 Abs. 2 gilt für Mitglieder von Personalräten im Geschäftsbereich des Bundesministeriums der Verteidigung im Ausland nur für die Dauer einer regelmäßigen Amtszeit in dem durch § 26 festgelegten Umfang.

5. Für gerichtliche Entscheidungen nach § 83 ist das Verwaltungsgericht zuständig, in dessen Bezirk die oberste Dienstbehörde ihren Sitz hat.

(2) [1] In Dienststellen des Bundes im Ausland, in denen in der Regel mindestens fünf Ortskräfte (Absatz 1 Nr. 1) beschäftigt sind, wählen diese einen Vertrauensmann und höchstens zwei Stellvertreter. [2] Gewählt wird durch Handaufheben; widerspricht ein Wahlberechtigter diesem Verfahren, so wird eine geheime Wahl mit Stimmzetteln vorgenommen. [3] § 24 Abs. 1 Satz 1 und 2, Abs. 2 gilt entsprechend. [4] Die Amtszeit des Vertrauensmannes und seiner Stellvertreter beträgt zwei Jahre; im übrigen gilt § 29 Abs. 1 sinngemäß. [5] § 31 ist mit der Maßgabe anzuwenden, daß eine Neuwahl stattfindet, wenn nach

[1)] Nr. 235.
[2)] § 91 Abs. 1 Nr. 1 geänd. durch G v. 27. 12. 1993 (BGBl. I S. 2378); Abs. 1 Nr. 4 eingef., bish. Nr. 4 wird Nr. 5 mWv 12. 2. 2009 durch G v. 5. 2. 2009 (BGBl. I S. 160).

Eintreten der Stellvertreter kein Vertrauensmann mehr vorhanden ist. [6] Der Vertrauensmann nimmt Anregungen, Anträge und Beschwerden der Ortskräfte in innerdienstlichen, sozialen und persönlichen Angelegenheiten entgegen und vertritt sie gegenüber dem Dienststellenleiter und dem Personalrat. [7] Vor der Beschlußfassung in Angelegenheiten, die die besonderen Interessen der Ortskräfte wesentlich berühren, hat der Personalrat dem Vertrauensmann Gelegenheit zur Äußerung zu geben. [8] Für den Vertrauensmann gelten die §§ 43 bis 45, 46 Abs. 1, 2, 3 Satz 1 und § 67 Abs. 1 Satz 3 sinngemäß,

§ 92[1] **[Anwendbarkeit für den Geschäftsbereich des Bundesministeriums der Verteidigung]** Für den Geschäftsbereich des Bundesministeriums der Verteidigung gilt § 82 Abs. 5 mit folgender Maßgabe:

1. Werden personelle oder soziale Maßnahmen von einer Dienststelle, bei der keine für eine Beteiligung an diesen Maßnahmen zuständige Personalvertretung vorgesehen ist, mit Wirkung für einzelne Beschäftigte einer ihr nicht nachgeordneten Dienststelle getroffen, so ist der Personalrat dieser Dienststelle von deren Leiter zu beteiligen, nachdem zuvor ein Einvernehmen zwischen den Dienststellen über die beabsichtigte Maßnahme hergestellt worden ist.

2. [1] Bei innerdienstlichen oder sozialen Angelegenheiten, die Liegenschaften eines Dienstortes betreffen, wird die Beteiligung durch einen Ausschuss ausgeübt, der bei der für die Entscheidung zuständigen Stelle eingerichtet ist, sofern ein solcher gebildet worden ist und das gesetzlich zuständige Beteiligungsgremium zugestimmt hat. [2] Die Aufgaben und Befugnisse des Dienststellenleiters werden in diesen Fällen durch die für die Entscheidung zuständige Stelle wahrgenommen. [3] Kommt im Beteiligungsverfahren eine Einigung nicht zustande, richtet sich das weitere Verfahren nach § 69 Absatz 3 und 4 oder nach § 72 Absatz 4 und 5.

§ 93 [Beteiligung des Personalrats bei Verschlusssachen] (1) [1] Soweit eine Angelegenheit an der eine Personalvertretung zu beteiligen ist, als Verschlußsache mindestens des Geheimhaltungsgrades „VS-VERTRAULICH" eingestuft ist, tritt an die Stelle der Personalvertretung ein Ausschuß. [2] Dem Ausschuß gehört höchstens je ein in entsprechender Anwendung des § 32 Abs. 1 gewählter Vertreter der im Personalrat vertretenen Gruppen an. [3] Die Mitglieder des Ausschusses müssen nach den dafür geltenden Bestimmungen ermächtigt sein, Kenntnis von Verschlußsachen des in Betracht kommenden Geheimhaltungsgrades zu erhalten. [4] Personalvertretungen bei Dienststellen, die Behörden der Mittelstufe nachgeordnet sind, bilden keinen Ausschuß; an ihre Stelle tritt der Ausschuß des Bezirkspersonalrates.

(2) Wird der zuständige Ausschuß nicht rechtzeitig gebildet, ist der Ausschuß der bei der Dienststelle bestehenden Stufenvertretung oder, wenn dieser nicht rechtzeitig gebildet wird, der Ausschuß der bei der obersten Dienstbehörde bestehenden Stufenvertretung zu beteiligen.

(3) Die Einigungsstelle (§ 71) besteht in den in Absatz 1 Satz 1 bezeichneten Fällen aus je einem Beisitzer, der von der obersten Dienstbehörde und der bei ihr bestehenden zuständigen Personalvertretung bestellt wird, und einem un-

[1] § 92 Einleitungssatz und Nr. 1 geänd. durch G v. 20. 12. 1993 (BGBl. I S. 2136); Nr. 2 neu gef. mWv 2. 9. 2016 durch G v. 29. 8. 2016 (BGBl. I S. 2065).

parteiischen Vorsitzenden, die nach den dafür geltenden Bestimmungen ermächtigt sind, von Verschlußsachen des in Betracht kommenden Geheimhaltungsgrades Kenntnis zu erhalten.

(4) ¹ §§ 40, 82 Abs. 2 und die Vorschriften über die Beteiligung der Gewerkschaften und Arbeitgebervereinigungen in den §§ 36 und 39 Abs. 1 sind nicht anzuwenden. ² Angelegenheiten, die als Verschlußsachen mindestens des Geheimhaltungsgrades „VS-VERTRAULICH" eingestuft sind, werden in der Personalversammlung nicht behandelt.

(5) ¹ Die oberste Dienstbehörde kann anordnen, daß in den Fällen des Absatzes 1 Satz 1 dem Ausschuß und der Einigungsstelle Unterlagen nicht vorgelegt und Auskünfte nicht erteilt werden dürfen, soweit dies zur Vermeidung von Nachteilen für das Wohl der Bundesrepublik Deutschland oder eines ihrer Länder oder auf Grund internationaler Verpflichtungen geboten ist. ² Im Verfahren nach § 83 sind die gesetzlichen Voraussetzungen für die Anordnung glaubhaft zu machen.

Zweiter Teil. Personalvertretungen in den Ländern

Erstes Kapitel. Rahmenvorschriften für die Landesgesetzgebung

§ 94 [Rahmenvorschriften] Für die Gesetzgebung der Länder sind die §§ 95 bis 106 Rahmenvorschriften.

§ 95¹⁾ [Bildung von Personalvertretungen] (1) In den Verwaltungen und Betrieben der Länder, Gemeinden, Gemeindeverbände und der sonstigen nicht bundesunmittelbaren Körperschaften, Anstalten und Stiftungen des öffentlichen Rechts sowie in den Gerichten der Länder werden Personalvertretungen gebildet; für Beamte im Vorbereitungsdienst und Beschäftigte in entsprechender Berufsausbildung, Staatsanwälte, Polizeibeamte und Angehörige von Rundfunk- und Fernsehanstalten sowie von Dienststellen, die bildenden, wissenschaftlichen oder künstlerischen Zwecken dienen, können die Länder eine besondere Regelung unter Beachtung des § 104 vorsehen.

(2) ¹ In den einzelnen Dienststellen ist die Bildung von Jugend- und Auszubildendenvertretungen vorzusehen. ² Einem Vertreter der Jugend- und Auszubildendenvertretung ist die Teilnahme an allen Sitzungen der Personalvertretung mit beratender Stimme zu gestatten. ³ Die Länder haben zu regeln, in welchen Fällen der gesamten Jugend- und Auszubildendenvertretung ein Teilnahmerecht mit beratender Stimme und in welchen Fällen ihr das Stimmrecht in der Personalvertretung einzuräumen ist.

(3) Der Schwerbehindertenvertretung ist die Teilnahme an allen Sitzungen der Personalvertretung zu gestatten.

§ 96 [Gewerkschaften und Arbeitgebervereinigungen] Die Aufgaben der Gewerkschaften und der Vereinigungen der Arbeitgeber werden durch das Personalvertretungsrecht nicht berührt.

¹⁾ § 95 Abs. 3 geänd. durch G v. 24. 7. 1986 (BGBl. I S. 1110); Abs. 2 Sätze 1 bis 3 geänd. durch G v. 13. 7. 1988 (BGBl. I S. 1037).

§ 97 [Unabdingbarkeit des Personalvertretungsrechts] Durch Tarifvertrag oder Dienstvereinbarung darf eine von den gesetzlichen Vorschriften abweichende Regelung des Personalvertretungsrechts nicht zugelassen werden.

§ 98[1] [Wahlvorschriften] (1) Die Personalvertretungen werden in geheimer und unmittelbarer Wahl und bei Vorliegen mehrerer Wahlvorschläge nach den Grundsätzen der Verhältniswahl gewählt.

(2) Sind in einer Dienststelle Angehörige verschiedener Gruppen wahlberechtigt, so wählen die Angehörigen jeder Gruppe ihre Vertreter in getrennten Wahlgängen, sofern

(Fortsetzung nächstes Blatt)

[1] § 98 Abs. 4 angef. durch G v. 24. 6. 1994 (BGBl. I S. 1406); Abs. 2 geänd. mWv 1. 10. 2005 durch G v. 14. 9. 2005 (BGBl. I S. 2746).

nicht die Mehrheit der Wahlberechtigten jeder Gruppe in getrennter geheimer Abstimmung die gemeinsame Wahl beschließt.

(3) Über Angelegenheiten, die nur die Angehörigen einer Gruppe betreffen, kann die Personalvertretung nicht gegen den Willen dieser Gruppe beschließen.

(4) Die Geschlechter sollen in den Personalvertretungen und den Jugend- und Auszubildendenvertretungen entsprechend dem Zahlenverhältnis vertreten sein.

§ 99[1] **[Behinderungsverbot]** (1) Wahl und Tätigkeit der Personalvertretungen und der Jugendvertretungen oder der Jugend- und Auszubildendenvertretungen dürfen nicht behindert oder in einer gegen die guten Sitten verstoßenden Weise beeinflußt werden.

(2) Mitglieder der Personalvertretungen und der Jugendvertretungen oder der Jugend- und Auszubildendenvertretungen dürfen gegen ihren Willen nur versetzt oder abgeordnet werden, wenn dies aus wichtigen dienstlichen Gründen auch unter Berücksichtigung der Mitgliedschaft in der Personalvertretung oder der Jugendvertretung sowie der Jugend- und Auszubildendenvertretung unvermeidbar ist und die Personalvertretung zustimmt.

§ 100 [Ehrenamt] (1) Die Mitglieder der Personalvertretungen führen ihr Amt unentgeltlich als Ehrenamt.

(2) Durch die Wahl und die Tätigkeit der Personalvertretungen dürfen den Beschäftigten wirtschaftliche Nachteile nicht entstehen.

(3) Die durch die Wahl und die Tätigkeit der Personalvertretungen entstehenden Kosten trägt die Verwaltung.

§ 101 [Personalratssitzungen] (1) Die Sitzungen der Personalvertretungen sind nicht öffentlich.

(2) Personen, die Aufgaben oder Befugnisse nach dem Personalvertretungsrecht wahrnehmen oder wahrgenommen haben, haben über die ihnen dabei bekanntgewordenen Angelegenheiten und Tatsachen Stillschweigen zu bewahren.

(3) 1 Den Personalvertretungen sind auf Verlangen die zur Durchführung ihrer Aufgaben erforderlichen Unterlagen zur Verfügung zu stellen. 2 Personalakten dürfen Mitgliedern der Personalvertretungen nur mit Zustimmung des Beschäftigten vorgelegt werden.

§ 102 [Neuwahlen] (1) Die Personalvertretungen sind in angemessenen Zeitabständen neu zu wählen.

(2) 1 Die Personalvertretungen können wegen grober Vernachlässigung ihrer gesetzlichen Befugnisse oder wegen grober Verletzung ihrer gesetzlichen Pflichten durch gerichtliche Entscheidung aufgelöst werden. 2 Das gleiche gilt für den Ausschluß einzelner Mitglieder.

[1] § 99 Abs. 1 u. 2 geänd. durch G v. 13. 7. 1988 (BGBl. I S. 1037).

§ 103 [Aufgaben der Personalvertretungen] Die Personalvertretungen haben darauf hinzuwirken, daß die zugunsten der Beschäftigten geltenden Vorschriften und Bestimmungen durchgeführt werden.

§ 104 [Mitwirkung des Personalrats] [1] Die Personalvertretungen sind in innerdienstlichen, sozialen und personellen Angelegenheiten der Beschäftigten zu beteiligen; dabei soll eine Regelung angestrebt werden, wie sie für Personalvertretungen in Bundesbehörden in diesem Gesetz festgelegt ist. [2] Für den Fall der Nichteinigung zwischen der obersten Dienstbehörde und der zuständigen Personalvertretung in Angelegenheiten, die der Mitbestimmung unterliegen, soll die Entscheidung einer unabhängigen Stelle vorgesehen werden, deren Mitglieder von den Beteiligten bestellt werden. [3] Entscheidungen, die wegen ihrer Auswirkungen auf das Gemeinwesen wesentlicher Bestandteil der Regierungsgewalt sind, insbesondere Entscheidungen

in personellen Angelegenheiten der Beamten,
über die Gestaltung von Lehrveranstaltungen im Rahmen des Vorbereitungsdienstes einschließlich der Auswahl der Lehrpersonen
und in organisatorischen Angelegenheiten,

dürfen jedoch nicht den Stellen entzogen werden, die der Volksvertretung verantwortlich sind.

§ 105 [Diskriminierungsverbot] [1] Die Personalvertretungen haben gemeinsam mit dem Leiter der Dienststelle für eine sachliche und gerechte Behandlung der Angelegenheiten der Beschäftigten zu sorgen. [2] Insbesondere darf kein Beschäftigter wegen seiner Abstammung, Religion, Nationalität, Herkunft, politischen oder gewerkschaftlichen Betätigung oder Einstellung, wegen seines Geschlechtes oder wegen persönlicher Beziehungen bevorzugt oder benachteiligt werden. [3] Der Leiter der Dienststelle und die Personalvertretung haben jede parteipolitische Betätigung in der Dienststelle zu unterlassen; die Behandlung von Tarif-, Besoldungs- und Sozialangelegenheiten wird hierdurch nicht berührt.

§ 106 [Rechtsweg] Zu gerichtlichen Entscheidungen sind die Verwaltungsgerichte berufen.

Zweites Kapitel. Unmittelbar für die Länder geltende Vorschriften

§ 107 [Behinderungsverbot] [1] Personen, die Aufgaben oder Befugnisse nach dem Personalvertretungsrecht wahrnehmen, dürfen darin nicht behindert und wegen ihrer Tätigkeit nicht benachteiligt oder begünstigt werden; dies gilt auch für ihre berufliche Entwicklung. [2] § 9 gilt entsprechend.

§ 108[1] [Kündigungsschutz] (1) [1] Die außerordentliche Kündigung von Mitgliedern der Personalvertretungen, der Jugendvertretungen oder

[1] § 108 Abs. 1 geänd. durch G v. 13. 7. 1988 (BGBl. I S. 1037).

der Jugend- und Auszubildendenvertretungen, der Wahlvorstände sowie von Wahlbewerbern, die in einem Arbeitsverhältnis stehen, bedarf der Zustimmung der zuständigen Personalvertretung. [2] Verweigert die zuständige Personalvertretung ihre Zustimmung oder äußert sie sich nicht innerhalb von drei Arbeitstagen nach Eingang des Antrags, so kann das Verwaltungsgericht sie auf Antrag des Dienststellenleiters ersetzen, wenn die außerordentliche Kündigung unter Berücksichtigung aller Umstände gerechtfertigt ist. [3] In dem Verfahren vor dem Verwaltungsgericht ist der betroffene Arbeitnehmer Beteiligter.

(2) Eine durch den Arbeitgeber ausgesprochene Kündigung des Arbeitsverhältnisses eines Beschäftigten ist unwirksam, wenn die Personalvertretung nicht beteiligt worden ist.

§ 109 [Unfall in Wahrnehmung dieses Gesetzes] Erleidet ein Beamter anläßlich der Wahrnehmung von Rechten oder Erfüllung von Pflichten nach dem Personalvertretungsrecht einen Unfall, der im Sinne der beamtenrechtlichen Unfallfürsorgevorschriften ein Dienstunfall wäre, so finden diese Vorschriften entsprechende Anwendung.

Dritter Teil.[1] Strafvorschriften

§§ 110, 111[2] (aufgehoben)

Vierter Teil. Schlußvorschriften

§ 112 [Geltung für Religionsgemeinschaften] Dieses Gesetz findet keine Anwendung auf Religionsgemeinschaften und ihre karitativen und erzieherischen Einrichtungen ohne Rücksicht auf ihre Rechtsform; ihnen bleibt die selbständige Ordnung eines Personalvertretungsrechtes überlassen.

§ 113[3] [Barrierefreie elektronische Kommunikation] Soweit in diesem Gesetz elektronische Kommunikationsmöglichkeiten eröffnet werden, sind diese auch für Beschäftigte mit Behinderungen barrierefrei zugänglich und nutzbar zu gestalten.

§ 114 *(nicht wiedergegebene Änderungsvorschrift)*

§ 115[4] [Ermächtigung zum Erlass von Wahlordnungen] Die Bundesregierung wird ermächtigt, zur Durchführung der in den §§ 12 bis 25, 55 bis 57, 64, 65, 85 Abs. 2 sowie den §§ 86, 89a und 91 bezeichneten Wahlen durch Rechtsverordnung[5], die nicht der Zustimmung des Bundesrates bedarf, Vorschriften zu erlassen über

1. die Vorbereitung der Wahl, insbesondere die Aufstellung der Wählerlisten und die Errechnung der Vertreterzahl,
2. die Frist für die Einsichtnahme in die Wählerlisten und die Erhebung von Einsprüchen,

[1] Dritter Teil (§§ 110 und 111) aufgeh. durch G v. 2.3.1974 (BGBl. I S. 469).
[2] §§ 110 und 111 aufgeh. durch G v. 2.3.1974 (BGBl. I S. 469).
[3] § 113 neu gef. mWv 1.3.2020 durch G v. 25.5.2020 (BGBl. I S. 1063).
[4] § 115 neu gef. durch G v. 13.7.1988 (BGBl. I S. 1037); einl. Satzteil geänd. durch G v. 10.7.1989 (BGBl. I S. 1380).
[5] Siehe die WahlO zum BPersVG **(Bundesbeamtengesetze Nr. 65a)**.

3. die Vorschlagslisten und die Frist für ihre Einreichung,

4. das Wahlausschreiben und die Fristen für seine Bekanntmachung,

5. die Stimmabgabe,

6. die Feststellung des Wahlergebnisses und die Fristen für seine Bekanntmachung,

7. die Aufbewahrung der Wahlakten.

§ 116 [Erstmalige Wahlen nach diesem Gesetz]

(1) [1] Die ersten Personalratswahlen nach § 27 Abs. 1 und die ersten Wahlen der Jugendvertretung nach § 60 Abs. 2 finden im Jahre 1976 statt. [2] Unbeschadet des Satzes 1 finden im Oktober 1974 Personalratswahlen in den Dienststellen des Bundes im Ausland, im Bundesnachrichtendienst und Wahlen der Jugendvertretungen statt.

(2) [1] Personalvertretungen und Jugendvertretungen, die beim Inkrafttreten dieses Gesetzes bestehen, bleiben bis zur Neuwahl nach Absatz 1, längstens jedoch in den Fällen des Absatzes 1 Satz 1 bis zum 31. Mai 1976, in den Fällen des Absatzes 1 Satz 2 bis zum 31. Oktober 1974 im Amt; § 27 Abs. 2 bis 5 bleibt unberührt. [2] Satz 1 gilt sinngemäß für Obmänner in Dienststellen des Bundes im Ausland und Vertrauensmänner im Bundesnachrichtendienst.

(3) Vertrauensmänner im Bundesgrenzschutz, die beim Inkrafttreten dieses Gesetzes im Amt sind, bleiben bis zur Neuwahl nach § 85 Abs. 2, längstens bis zum 31. Oktober 1974 im Amt.

§ 116a[1] [Erstmalige Wahlen zu den Jugend- und Auszubildendenvertretungen]

(1) [1] Die erstmaligen Wahlen zu den Jugend- und Auszubildendenvertretungen, die an die Stelle der in § 57 in der Fassung des Gesetzes vom 15. März 1974 (BGBl. I S. 693) bezeichneten Jugendvertretungen treten, finden abweichend von § 60 Abs. 2 Satz 3 in der Zeit vom 1. Oktober bis 30. November 1988 statt. [2] Sie finden unabhängig davon statt, seit wann zum Zeitpunkt dieser Wahlen die bestehenden in Satz 1 genannten Jugendvertretungen im Amt sind; § 27 Abs. 5 findet keine entsprechende Anwen-

(Fortsetzung nächstes Blatt)

[1] § 116a eingef. durch G v. 13.7.1988 (BGBl. I S. 1037).

dung. [3] Die Amtszeit der gemäß Satz 1 erstmalig gewählten Jugend- und Auszubildendenvertretungen endet spätestens am 31. Mai 1991; die nächsten regelmäßigen Wahlen finden demgemäß in der Zeit vom 1. März bis 31. Mai 1991 statt.

(2) Die Rechte und Pflichten der bis zum Beginn der Amtszeit der erstmalig gewählten Jugend- und Auszubildendenvertretungen bestehenden in Absatz 1 genannten Jugendvertretungen richten sich im übrigen nach diesem Gesetz in der Fassung des Gesetzes vom 15. März 1974 (BGBl. I S. 693), zuletzt geändert durch Artikel 4 des Gesetzes vom 24. Juli 1986 (BGBl. I S. 1110).

(3) [1] Wahlen zu den in Absatz 1 genannten Jugendvertretungen finden nicht statt, wenn eine der Voraussetzungen für eine solche Wahl in entsprechender Anwendung des § 27 Abs. 2 Nr. 2 bis 5 nach dem Zeitpunkt eintritt, von dem an dieses Gesetz die Bildung von Jugend- und Auszubildendenvertretungen vorsieht. [2] Im übrigen finden Wahlen zu den in Absatz 1 genannten Jugendvertretungen nach dem 31. Juli 1988 nicht statt.

(4) Artikel 1 Satz 2 des Gesetzes vom 18. Dezember 1987 (BGBl. I S. 2746) findet in den in Absatz 3 genannten Fällen keine Anwendung.

(5) [1] Wird eine in Absatz 1 genannte Jugendvertretung durch Gerichtsbeschluß aufgelöst, so findet § 28 Abs. 2 Satz 2 entsprechende Anwendung nur, wenn eine Verpflichtung des Wahlvorstands zur Einleitung von Neuwahlen von Jugendvertretungen unter Beachtung der Regelung nach Absatz 3 besteht. [2] Die Wahrnehmung der Befugnisse und Pflichten der Jugendvertretung durch den Wahlvorstand in entsprechender Anwendung des § 28 Abs. 2 Satz 3 endet mit dem Beginn der Amtszeit der erstmals gewählten Jugend- und Auszubildendenvertretung.

§ 116 b[1]**) [Übergangsvorschrift]** [1] § 26 und § 27 Abs. 1 finden in der auf eine Amtszeit des Personalrats von vier Jahren abstellenden Fassung erstmalig Anwendung auf Personalräte, die nach dem 28. Februar 1991 gewählt werden. [2] Entsprechendes gilt für die auf vierundzwanzig Monate abstellende Vorschrift des § 27 Abs. 2 Nr. 1. [3] Auf vor dem 1. März 1991 gewählte Personalräte finden – unbeschadet des § 27 Abs. 5 – die Vorschriften des § 26, des § 27 Abs. 1 und Abs. 2 Nr. 1 in der Fassung des Gesetzes vom 15. März 1974 (BGBl. I S. 693) Anwendung.

§ 117 [Verweisungen] Soweit in anderen Vorschriften auf Vorschriften verwiesen wird oder Bezeichnungen verwendet werden, die durch dieses Gesetz aufgehoben oder geändert werden, treten an ihre Stelle die entsprechenden Vorschriften dieses Gesetzes.

§ 118 [Berlin-Klausel] *(gegenstandslos)*

[1]) § 116 b eingef. durch G v. 10. 7. 1989 (BGBl. I S. 1380).

§ 119 **[Inkrafttreten]** Dieses Gesetz tritt am 1. April 1974 in Kraft. Gleichzeitig treten das Personalvertretungsgesetz vom 5. August 1955 (Bundesgesetzbl. I S. 477) und das Gesetz über Personalvertretungen im Bundesgrenzschutz vom 16. März 1965 (Bundesgesetzbl. I S. 68), beide Gesetze zuletzt geändert durch das Gesetz vom 13. November 1973 (Bundesgesetzbl. I S. 1613), außer Kraft.

245. Bundesdatenschutzgesetz (BDSG)[1]

Vom 30. Juni 2017

(BGBl. I S. 2097)

FNA 204-4

geänd. durch Art. 12 Zweites Datenschutz-Anpassungs- und Umsetzungsgesetz EU v. 20.11.2019
(BGBl. I S. 1626)

Inhaltsübersicht[2]

[1] Verkündet als Art. 1 des G v. 30.6.2017 (BGBl. I S. 2097); Inkrafttreten gem. Art. 8 Abs. 1 dieses Gesetzes am 25.5.2018.
[2] Inhaltsübersicht geänd. mWv 26.11.2019 durch G v. 20.11.2019 (BGBl. I S. 1626).

Teil 1. Gemeinsame Bestimmungen

Kapitel 1. Anwendungsbereich und Begriffsbestimmungen

§ 1[1]) Anwendungsbereich des Gesetzes. (1) [1]Dieses Gesetz gilt für die Verarbeitung personenbezogener Daten durch

1. öffentliche Stellen des Bundes,

2. öffentliche Stellen der Länder, soweit der Datenschutz nicht durch Landesgesetz geregelt ist und soweit sie

 a) Bundesrecht ausführen oder

[1]) § 1 Abs. 4 Satz 2 Nr. 3, Abs. 6 Satz 1 geänd. mWv 26.11.2019 durch G v. 20.11.2019 (BGBl. I S. 1626).

b) als Organe der Rechtspflege tätig werden und es sich nicht um Verwaltungsangelegenheiten handelt. [2] Für nichtöffentliche Stellen gilt dieses Gesetz für die ganz oder teilweise automatisierte Verarbeitung personenbezogener Daten sowie die nicht automatisierte Verarbeitung personenbezogener Daten, die in einem Dateisystem gespeichert sind oder gespeichert werden sollen, es sei denn, die Verarbeitung durch natürliche Personen erfolgt zur Ausübung ausschließlich persönlicher oder familiärer Tätigkeiten.

(2) [1] Andere Rechtsvorschriften des Bundes über den Datenschutz gehen den Vorschriften dieses Gesetzes vor. [2] Regeln sie einen Sachverhalt, für den dieses Gesetz gilt, nicht oder nicht abschließend, finden die Vorschriften dieses Gesetzes Anwendung. [3] Die Verpflichtung zur Wahrung gesetzlicher Geheimhaltungspflichten oder von Berufs- oder besonderen Amtsgeheimnissen, die nicht auf gesetzlichen Vorschriften beruhen, bleibt unberührt.

(3) Die Vorschriften dieses Gesetzes gehen denen des Verwaltungsverfahrensgesetzes[1] vor, soweit bei der Ermittlung des Sachverhalts personenbezogene Daten verarbeitet werden.

(4) [1] Dieses Gesetz findet Anwendung auf öffentliche Stellen. [2] Auf nichtöffentliche Stellen findet es Anwendung, sofern

1. der Verantwortliche oder Auftragsverarbeiter personenbezogene Daten im Inland verarbeitet,

2. die Verarbeitung personenbezogener Daten im Rahmen der Tätigkeiten einer inländischen Niederlassung des Verantwortlichen oder Auftragsverarbeiters erfolgt oder

3. der Verantwortliche oder Auftragsverarbeiter zwar keine Niederlassung in einem Mitgliedstaat der Europäischen Union oder in einem anderen Vertragsstaat des Abkommens über den Europäischen Wirtschaftsraum hat, er aber in den Anwendungsbereich der Verordnung (EU) 2016/679[2] des Europäischen Parlaments und des Rates vom 27. April 2016 zum Schutz natürlicher Personen bei der Verarbeitung personenbezogener Daten, zum freien Datenverkehr und zur Aufhebung der Richtlinie 95/46/EG (Datenschutz-Grundverordnung) (ABl. L 119 vom 4.5.2016, S. 1; L 314 vom 22.11.2016, S. 72; L 127 vom 23.5.2018, S. 2) in der jeweils geltenden Fassung fällt.

[3] Sofern dieses Gesetz nicht gemäß Satz 2 Anwendung findet, gelten für den Verantwortlichen oder Auftragsverarbeiter nur die §§ 8 bis 21, 39 bis 44.

(5) Die Vorschriften dieses Gesetzes finden keine Anwendung, soweit das Recht der Europäischen Union, im Besonderen die Verordnung (EU) 2016/679 in der jeweils geltenden Fassung, unmittelbar gilt.

(6) [1] Bei Verarbeitungen zu Zwecken gemäß Artikel 2 der Verordnung (EU) 2016/679 stehen die Vertragsstaaten des Abkommens über den Europäischen Wirtschaftsraum den Mitgliedstaaten der Europäischen Union gleich. [2] Andere Staaten gelten insoweit als Drittstaaten.

(7) [1] Bei Verarbeitungen zu Zwecken gemäß Artikel 1 Absatz 1 der Richtlinie (EU) 2016/680 des Europäischen Parlaments und des Rates vom 27. April

[1] Nr. 100.
[2] Nr. 246.

2016 zum Schutz natürlicher Personen bei der Verarbeitung personenbezogener Daten durch die zuständigen Behörden zum Zwecke der Verhütung, Ermittlung, Aufdeckung oder Verfolgung von Straftaten oder der Strafvollstreckung sowie zum freien Datenverkehr und zur Aufhebung des Rahmenbeschlusses 2008/977/JI des Rates (ABl. L 119 vom 4.5.2016, S. 89) stehen die bei der Umsetzung, Anwendung und Entwicklung des Schengen-Besitzstands assoziierten Staaten den Mitgliedstaaten der Europäischen Union gleich. [2] Andere Staaten gelten insoweit als Drittstaaten.

(8) Für Verarbeitungen personenbezogener Daten durch öffentliche Stellen im Rahmen von nicht in die Anwendungsbereiche der Verordnung (EU) 2016/679 und der Richtlinie (EU) 2016/680 fallenden Tätigkeiten finden die Verordnung (EU) 2016/679 und die Teile 1 und 2 dieses Gesetzes entsprechend Anwendung, soweit nicht in diesem Gesetz oder einem anderen Gesetz Abweichendes geregelt ist.

§ 2 Begriffsbestimmungen. (1) Öffentliche Stellen des Bundes sind die Behörden, die Organe der Rechtspflege und andere öffentlich-rechtlich organisierte Einrichtungen des Bundes, der bundesunmittelbaren Körperschaften, der Anstalten und Stiftungen des öffentlichen Rechts sowie deren Vereinigungen ungeachtet ihrer Rechtsform.

(2) Öffentliche Stellen der Länder sind die Behörden, die Organe der Rechtspflege und andere öffentlich-rechtlich organisierte Einrichtungen eines Landes, einer Gemeinde, eines Gemeindeverbandes oder sonstiger der Aufsicht des Landes unterstehender juristischer Personen des öffentlichen Rechts sowie deren Vereinigungen ungeachtet ihrer Rechtsform.

(3) [1] Vereinigungen des privaten Rechts von öffentlichen Stellen des Bundes und der Länder, die Aufgaben der öffentlichen Verwaltung wahrnehmen, gelten ungeachtet der Beteiligung nichtöffentlicher Stellen als öffentliche Stellen des Bundes, wenn

1. sie über den Bereich eines Landes hinaus tätig werden oder
2. dem Bund die absolute Mehrheit der Anteile gehört oder die absolute Mehrheit der Stimmen zusteht.

[2] Andernfalls gelten sie als öffentliche Stellen der Länder.

(4) [1] Nichtöffentliche Stellen sind natürliche und juristische Personen, Gesellschaften und andere Personenvereinigungen des privaten Rechts, soweit sie nicht unter die Absätze 1 bis 3 fallen. [2] Nimmt eine nichtöffentliche Stelle hoheitliche Aufgaben der öffentlichen Verwaltung wahr, ist sie insoweit öffentliche Stelle im Sinne dieses Gesetzes.

(5) [1] Öffentliche Stellen des Bundes gelten als nichtöffentliche Stellen im Sinne dieses Gesetzes, soweit sie als öffentlich-rechtliche Unternehmen am Wettbewerb teilnehmen. [2] Als nichtöffentliche Stellen im Sinne dieses Gesetzes gelten auch öffentliche Stellen der Länder, soweit sie als öffentlich-rechtliche Unternehmen am Wettbewerb teilnehmen, Bundesrecht ausführen und der Datenschutz nicht durch Landesgesetz geregelt ist.

Kapitel 2. Rechtsgrundlagen der Verarbeitung personen-
bezogener Daten

§ 3 Verarbeitung personenbezogener Daten durch öffentliche Stellen.

Die Verarbeitung personenbezogener Daten durch eine öffentliche Stelle ist zulässig, wenn sie zur Erfüllung der in der Zuständigkeit des Verantwortlichen liegenden Aufgabe oder in Ausübung öffentlicher Gewalt, die dem Verantwortlichen übertragen wurde, erforderlich ist.

§ 4[1] Videoüberwachung öffentlich zugänglicher Räume.

(1) [1] Die Beobachtung öffentlich zugänglicher Räume mit optisch-elektronischen Einrichtungen (Videoüberwachung) ist nur zulässig, soweit sie

1. zur Aufgabenerfüllung öffentlicher Stellen,
2. zur Wahrnehmung des Hausrechts oder
3. zur Wahrnehmung berechtigter Interessen für konkret festgelegte Zwecke

erforderlich ist und keine Anhaltspunkte bestehen, dass schutzwürdige Interessen der betroffenen Personen überwiegen. [2] Bei der Videoüberwachung von

1. öffentlich zugänglichen großflächigen Anlagen, wie insbesondere Sport-, Versammlungs- und Vergnügungsstätten, Einkaufszentren oder Parkplätzen, oder
2. Fahrzeugen und öffentlich zugänglichen großflächigen Einrichtungen des öffentlichen Schienen-, Schiffs- und Busverkehrs

gilt der Schutz von Leben, Gesundheit oder Freiheit von dort aufhältigen Personen als ein besonders wichtiges Interesse.

(2) Der Umstand der Beobachtung und der Name und die Kontaktdaten des Verantwortlichen sind durch geeignete Maßnahmen zum frühestmöglichen Zeitpunkt erkennbar zu machen.

(3) [1] Die Speicherung oder Verwendung von nach Absatz 1 erhobenen Daten ist zulässig, wenn sie zum Erreichen des verfolgten Zwecks erforderlich ist und keine Anhaltspunkte bestehen, dass schutzwürdige Interessen der betroffenen Personen überwiegen. [2] Absatz 1 Satz 2 gilt entsprechend. [3] Für einen anderen Zweck dürfen sie nur weiterverarbeitet werden, soweit dies zur Abwehr von Gefahren für die staatliche und öffentliche Sicherheit sowie zur Verfolgung von Straftaten erforderlich ist.

(4) [1] Werden durch Videoüberwachung erhobene Daten einer bestimmten Person zugeordnet, so besteht die Pflicht zur Information der betroffenen Person über die Verarbeitung gemäß den Artikeln 13 und 14 der Verordnung (EU) 2016/679[2]. [2] § 32 gilt entsprechend.

(5) Die Daten sind unverzüglich zu löschen, wenn sie zur Erreichung des Zwecks nicht mehr erforderlich sind oder schutzwürdige Interessen der betroffenen Personen einer weiteren Speicherung entgegenstehen.

[1] § 4 Abs. 1 Satz 1 abschl. Satzteil, Abs. 3 Satz 1 und Abs. 5 geänd. mWv 26.11.2019 durch G v. 20.11.2019 (BGBl. I S. 1626).
[2] Nr. **246**.

6

Kapitel 3. Datenschutzbeauftragte öffentlicher Stellen

§ 5 Benennung. (1) [1]Öffentliche Stellen benennen eine Datenschutzbeauftragte oder einen Datenschutzbeauftragten. [2]Dies gilt auch für öffentliche Stellen nach § 2 Absatz 5, die am Wettbewerb teilnehmen.

(2) Für mehrere öffentliche Stellen kann unter Berücksichtigung ihrer Organisationsstruktur und ihrer Größe eine gemeinsame Datenschutzbeauftragte oder ein gemeinsamer Datenschutzbeauftragter benannt werden.

(3) Die oder der Datenschutzbeauftragte wird auf der Grundlage ihrer oder seiner beruflichen Qualifikation und insbesondere ihres oder seines Fachwissens benannt, das sie oder er auf dem Gebiet des Datenschutzrechts und der Datenschutzpraxis besitzt, sowie auf der Grundlage ihrer oder seiner Fähigkeit zur Erfüllung der in § 7 genannten Aufgaben.

(4) Die oder der Datenschutzbeauftragte kann Beschäftigte oder Beschäftigter der öffentlichen Stelle sein oder ihre oder seine Aufgaben auf der Grundlage eines Dienstleistungsvertrags erfüllen.

(5) Die öffentliche Stelle veröffentlicht die Kontaktdaten der oder des Datenschutzbeauftragten und teilt diese Daten der oder dem Bundesbeauftragten für den Datenschutz und die Informationsfreiheit mit.

§ 6 Stellung. (1) Die öffentliche Stelle stellt sicher, dass die oder der Datenschutzbeauftragte ordnungsgemäß und frühzeitig in alle mit dem Schutz personenbezogener Daten zusammenhängenden Fragen eingebunden wird.

(2) Die öffentliche Stelle unterstützt die Datenschutzbeauftragte oder den Datenschutzbeauftragten bei der Erfüllung ihrer oder seiner Aufgaben gemäß § 7, indem sie die für die Erfüllung dieser Aufgaben erforderlichen Ressourcen und den Zugang zu personenbezogenen Daten und Verarbeitungsvorgängen sowie die zur Erhaltung ihres oder seines Fachwissens erforderlichen Ressourcen zur Verfügung stellt.

(3) [1]Die öffentliche Stelle stellt sicher, dass die oder der Datenschutzbeauftragte bei der Erfüllung ihrer oder seiner Aufgaben keine Anweisungen bezüglich der Ausübung dieser Aufgaben erhält. [2]Die oder der Datenschutzbeauftragte berichtet unmittelbar der höchsten Leitungsebene der öffentlichen Stelle. [3]Die oder der Datenschutzbeauftragte darf von der öffentlichen Stelle wegen der Erfüllung ihrer oder seiner Aufgaben nicht abberufen oder benachteiligt werden.

(4) [1]Die Abberufung der oder des Datenschutzbeauftragten ist nur in entsprechender Anwendung des § 626 des Bürgerlichen Gesetzbuchs[1]) zulässig. [2]Die Kündigung des Arbeitsverhältnisses ist unzulässig, es sei denn, dass Tatsachen vorliegen, welche die öffentliche Stelle zur Kündigung aus wichtigem Grund ohne Einhaltung einer Kündigungsfrist berechtigen. [3]Nach dem Ende der Tätigkeit als Datenschutzbeauftragte oder als Datenschutzbeauftragter ist die Kündigung des Arbeitsverhältnisses innerhalb eines Jahres unzulässig, es sei denn, dass die öffentliche Stelle zur Kündigung aus wichtigem Grund ohne Einhaltung einer Kündigungsfrist berechtigt ist.

(5) [1]Betroffene Personen können die Datenschutzbeauftragte oder den Datenschutzbeauftragten zu allen mit der Verarbeitung ihrer personenbezogenen

[1]) **Schönfelder Nr. 20.**

Daten und mit der Wahrnehmung ihrer Rechte gemäß der Verordnung (EU) 2016/679[1]), diesem Gesetz sowie anderen Rechtsvorschriften über den Datenschutz im Zusammenhang stehenden Fragen zu Rate ziehen. [2]Die oder der Datenschutzbeauftragte ist zur Verschwiegenheit über die Identität der betroffenen Person sowie über Umstände, die Rückschlüsse auf die betroffene Person zulassen, verpflichtet, soweit sie oder er nicht davon durch die betroffene Person befreit wird.

(6) [1]Wenn die oder der Datenschutzbeauftragte bei ihrer oder seiner Tätigkeit Kenntnis von Daten erhält, für die der Leitung oder einer bei der öffentlichen Stelle beschäftigten Person aus beruflichen Gründen ein Zeugnisverweigerungsrecht zusteht, steht dieses Recht auch der oder dem Datenschutzbeauftragten und den ihr oder ihm unterstellten Beschäftigten zu. [2]Über die Ausübung dieses Rechts entscheidet die Person, der das Zeugnisverweigerungsrecht aus beruflichen Gründen zusteht, es sei denn, dass diese Entscheidung in absehbarer Zeit nicht herbeigeführt werden kann. [3]Soweit das Zeugnisverweigerungsrecht der oder des Datenschutzbeauftragten reicht, unterliegen ihre oder seine Akten und andere Dokumente einem Beschlagnahmeverbot.

§ 7 Aufgaben. (1) [1]Der oder dem Datenschutzbeauftragten obliegen neben den in der Verordnung (EU) 2016/679[1]) genannten Aufgaben zumindest folgende Aufgaben:

1. Unterrichtung und Beratung der öffentlichen Stelle und der Beschäftigten, die Verarbeitungen durchführen, hinsichtlich ihrer Pflichten nach diesem Gesetz und sonstigen Vorschriften über den Datenschutz, einschließlich der zur Umsetzung der Richtlinie (EU) 2016/680 erlassenen Rechtsvorschriften;

2. Überwachung der Einhaltung dieses Gesetzes und sonstiger Vorschriften über den Datenschutz, einschließlich der zur Umsetzung der Richtlinie (EU) 2016/680 erlassenen Rechtsvorschriften, sowie der Strategien der öffentlichen Stelle zum Schutz personenbezogener Daten, einschließlich der Zuweisung von Zuständigkeiten, der Sensibilisierung und der Schulung der an den Verarbeitungsvorgängen beteiligten Beschäftigten und der diesbezüglichen Überprüfungen;

3. Beratung im Zusammenhang mit der Datenschutz-Folgenabschätzung und Überwachung ihrer Durchführung gemäß § 67 dieses Gesetzes;

4. Zusammenarbeit mit der Aufsichtsbehörde;

5. Tätigkeit als Anlaufstelle für die Aufsichtsbehörde in mit der Verarbeitung zusammenhängenden Fragen, einschließlich der vorherigen Konsultation gemäß § 69 dieses Gesetzes, und gegebenenfalls Beratung zu allen sonstigen Fragen.

[2]Im Fall einer oder eines bei einem Gericht bestellten Datenschutzbeauftragten beziehen sich diese Aufgaben nicht auf das Handeln des Gerichts im Rahmen seiner justiziellen Tätigkeit.

[1]) Nr. **246**.

(2) [1] Die oder der Datenschutzbeauftragte kann andere Aufgaben und Pflichten wahrnehmen. [2] Die öffentliche Stelle stellt sicher, dass derartige Aufgaben und Pflichten nicht zu einem Interessenkonflikt führen.

(3) Die oder der Datenschutzbeauftragte trägt bei der Erfüllung ihrer oder seiner Aufgaben dem mit den Verarbeitungsvorgängen verbundenen Risiko gebührend Rechnung, wobei sie oder er die Art, den Umfang, die Umstände und die Zwecke der Verarbeitung berücksichtigt.

Kapitel 4. Die oder der Bundesbeauftragte für den Datenschutz und die Informationsfreiheit

§ 8 Errichtung. (1) [1] Die oder der Bundesbeauftragte für den Datenschutz und die Informationsfreiheit (Bundesbeauftragte) ist eine oberste Bundesbehörde. [2] Der Dienstsitz ist Bonn.

(2) Die Beamtinnen und Beamten der oder des Bundesbeauftragten sind Beamtinnen und Beamte des Bundes.

(3) [1] Die oder der Bundesbeauftragte kann Aufgaben der Personalverwaltung und Personalwirtschaft auf andere Stellen des Bundes übertragen, soweit hierdurch die Unabhängigkeit der oder des Bundesbeauftragten nicht beeinträchtigt wird. [2] Diesen Stellen dürfen personenbezogene Daten der Beschäftigten übermittelt werden, soweit deren Kenntnis zur Erfüllung der übertragenen Aufgaben erforderlich ist.

§ 9[1) Zuständigkeit. (1) [1] Die oder der Bundesbeauftragte ist zuständig für die Aufsicht über die öffentlichen Stellen des Bundes, auch soweit sie als öffentlich-rechtliche Unternehmen am Wettbewerb teilnehmen, sowie über Unternehmen, soweit diese für die geschäftsmäßige Erbringung von Telekommunikationsdienstleistungen Daten von natürlichen oder juristischen Personen verarbeiten und sich die Zuständigkeit nicht bereits aus § 115 Absatz 4 des Telekommunikationsgesetzes[2)] ergibt. [2] Die Vorschriften dieses Kapitels gelten auch für Auftragsverarbeiter, soweit sie nichtöffentliche Stellen sind, bei denen dem Bund die Mehrheit der Anteile gehört oder die Mehrheit der Stimmen zusteht und der Auftraggeber eine öffentliche Stelle des Bundes ist.

(2) Die oder der Bundesbeauftragte ist nicht zuständig für die Aufsicht über die von den Bundesgerichten im Rahmen ihrer justiziellen Tätigkeit vorgenommenen Verarbeitungen.

§ 10 Unabhängigkeit. (1) [1] Die oder der Bundesbeauftragte handelt bei der Erfüllung ihrer oder seiner Aufgaben und bei der Ausübung ihrer oder seiner Befugnisse völlig unabhängig. [2] Sie oder er unterliegt weder direkter noch *indirekter* Beeinflussung von außen und ersucht weder um Weisung noch nimmt sie oder er Weisungen entgegen.

(2) Die oder der Bundesbeauftragte unterliegt der Rechnungsprüfung durch den Bundesrechnungshof, soweit hierdurch ihre oder seine Unabhängigkeit nicht beeinträchtigt wird.

[1)] § 9 Abs. 1 Satz 1 neu gef. mWv 26.11.2019 durch G v. 20.11.2019 (BGBl. I S. 1626).
[2)] **Sartorius ErgBd. Nr. 920.**

§ 11 Ernennung und Amtszeit. (1) ¹Der Deutsche Bundestag wählt ohne Aussprache auf Vorschlag der Bundesregierung die Bundesbeauftragte oder den Bundesbeauftragten mit mehr als der Hälfte der gesetzlichen Zahl seiner Mitglieder. ²Die oder der Gewählte ist von der Bundespräsidentin oder dem Bundespräsidenten zu ernennen. ³Die oder der Bundesbeauftragte muss bei ihrer oder seiner Wahl das 35. Lebensjahr vollendet haben. ⁴Sie oder er muss über die für die Erfüllung ihrer oder seiner Aufgaben und Ausübung ihrer oder seiner Befugnisse erforderliche Qualifikation, Erfahrung und Sachkunde insbesondere im Bereich des Schutzes personenbezogener Daten verfügen. ⁵Insbesondere muss die oder der Bundesbeauftragte über durch einschlägige Berufserfahrung erworbene Kenntnisse des Datenschutzrechts verfügen und die Befähigung zum Richteramt oder höheren Verwaltungsdienst haben.

(2) ¹Die oder der Bundesbeauftragte leistet vor der Bundespräsidentin oder dem Bundespräsidenten folgenden Eid: „Ich schwöre, dass ich meine Kraft dem Wohle des deutschen Volkes widmen, seinen Nutzen mehren, Schaden von ihm wenden, das Grundgesetz¹⁾ und die Gesetze des Bundes wahren und verteidigen, meine Pflichten gewissenhaft erfüllen und Gerechtigkeit gegen jedermann üben werde. So wahr mir Gott helfe." ²Der Eid kann auch ohne religiöse Beteuerung geleistet werden.

(3) ¹Die Amtszeit der oder des Bundesbeauftragten beträgt fünf Jahre. ²Einmalige Wiederwahl ist zulässig.

§ 12 Amtsverhältnis. (1) Die oder der Bundesbeauftragte steht nach Maßgabe dieses Gesetzes zum Bund in einem öffentlich-rechtlichen Amtsverhältnis.

(2) ¹Das Amtsverhältnis beginnt mit der Aushändigung der Ernennungsurkunde. ²Es endet mit dem Ablauf der Amtszeit oder mit dem Rücktritt. ³Die Bundespräsidentin oder der Bundespräsident enthebt auf Vorschlag der Präsidentin oder des Präsidenten des Bundestages die Bundesbeauftragte ihres oder den Bundesbeauftragten seines Amtes, wenn die oder der Bundesbeauftragte eine schwere Verfehlung begangen hat oder die Voraussetzungen für die Wahrnehmung ihrer oder seiner Aufgaben nicht mehr erfüllt. ⁴Im Fall der Beendigung des Amtsverhältnisses oder der Amtsenthebung erhält die oder der Bundesbeauftragte eine von der Bundespräsidentin oder dem Bundespräsidenten vollzogene Urkunde. ⁵Eine Amtsenthebung wird mit der Aushändigung der Urkunde wirksam. ⁶Endet das Amtsverhältnis mit Ablauf der Amtszeit, ist die oder der Bundesbeauftragte verpflichtet, auf Ersuchen der Präsidentin oder des Präsidenten des Bundestages die Geschäfte bis zur Ernennung einer Nachfolgerin oder eines Nachfolgers für die Dauer von höchstens sechs Monaten weiterzuführen.

(3) ¹Die Leitende Beamtin oder der Leitende Beamte nimmt die Rechte der oder des Bundesbeauftragten wahr, wenn die oder der Bundesbeauftragte an der Ausübung ihres oder seines Amtes verhindert ist oder wenn ihr oder sein Amtsverhältnis endet und sie oder er nicht zur Weiterführung der Geschäfte verpflichtet ist. ²§ 10 Absatz 1 ist entsprechend anzuwenden.

(4) ¹Die oder der Bundesbeauftragte erhält vom Beginn des Kalendermonats an, in dem das Amtsverhältnis beginnt, bis zum Schluss des Kalendermonats, in dem das Amtsverhältnis endet, im Fall des Absatzes 2 Satz 6 bis zum Ende des

¹⁾ Nr. 1.

Monats, in dem die Geschäftsführung endet, Amtsbezüge in Höhe der Besoldungsgruppe B 11 sowie den Familienzuschlag entsprechend Anlage V des Bundesbesoldungsgesetzes[1]. [2]Das Bundesreisekostengesetz[2] und das Bundesumzugskostengesetz[3] sind entsprechend anzuwenden. [3]Im Übrigen sind § 12 Absatz 6 sowie die §§ 13 bis 20 und 21a Absatz 5 des Bundesministergesetzes[4] mit den Maßgaben anzuwenden, dass an die Stelle der vierjährigen Amtszeit in § 15 Absatz 1 des Bundesministergesetzes eine Amtszeit von fünf Jahren tritt. [4]Abweichend von Satz 3 in Verbindung mit den §§ 15 bis 17 und 21a Absatz 5 des Bundesministergesetzes berechnet sich das Ruhegehalt der oder des Bundesbeauftragten unter Hinzurechnung der Amtszeit als ruhegehaltsfähige Dienstzeit in entsprechender Anwendung des Beamtenversorgungsgesetzes[5], wenn dies günstiger ist und die oder der Bundesbeauftragte sich unmittelbar vor ihrer oder seiner Wahl zur oder zum Bundesbeauftragten als Beamtin oder Beamter oder als Richterin oder Richter mindestens in dem letzten gewöhnlich vor Erreichen der Besoldungsgruppe B 11 zu durchlaufenden Amt befunden hat.

§ 13 Rechte und Pflichten. (1) [1]Die oder der Bundesbeauftragte sieht von allen mit den Aufgaben ihres oder seines Amtes nicht zu vereinbarenden Handlungen ab und übt während ihrer oder seiner Amtszeit keine andere mit ihrem oder seinem Amt nicht zu vereinbarende entgeltliche oder unentgeltliche Tätigkeit aus. [2]Insbesondere darf die oder der Bundesbeauftragte neben ihrem oder seinem Amt kein anderes besoldetes Amt, kein Gewerbe und keinen Beruf ausüben und weder der Leitung oder dem Aufsichtsrat oder Verwaltungsrat eines auf Erwerb gerichteten Unternehmens noch einer Regierung oder einer gesetzgebenden Körperschaft des Bundes oder eines Landes angehören. [3]Sie oder er darf nicht gegen Entgelt außergerichtliche Gutachten abgeben.

(2) [1]Die oder der Bundesbeauftragte hat der Präsidentin oder dem Präsidenten des Bundestages Mitteilung über Geschenke zu machen, die sie oder er in Bezug auf das Amt erhält. [2]Die Präsidentin oder der Präsident des Bundestages entscheidet über die Verwendung der Geschenke. [3]Sie oder er kann Verfahrensvorschriften erlassen.

(3) [1]Die oder der Bundesbeauftragte ist berechtigt, über Personen, die ihr oder ihm in ihrer oder seiner Eigenschaft als Bundesbeauftragte oder Bundesbeauftragter Tatsachen anvertraut haben, sowie über diese Tatsachen selbst das Zeugnis zu verweigern. [2]Dies gilt auch für die Mitarbeiterinnen und Mitarbeiter der oder des Bundesbeauftragten mit der Maßgabe, dass über die Ausübung dieses Rechts die oder der Bundesbeauftragte entscheidet. [3]Soweit das Zeugnisverweigerungsrecht der oder des Bundesbeauftragten reicht, darf die Vorlegung oder Auslieferung von Akten oder anderen Dokumenten von ihr oder ihm nicht gefordert werden.

(4) [1]Die oder der Bundesbeauftragte ist, auch nach Beendigung ihres oder seines Amtsverhältnisses, verpflichtet, über die ihr oder ihm amtlich bekanntgewordenen Angelegenheiten Verschwiegenheit zu bewahren. [2]Dies gilt nicht

[1] Nr. **230**.
[2] Nr. **235**.
[3] **Bundesbeamtengesetze Nr. 58**.
[4] Nr. **45**.
[5] Nr. **155**.

für Mitteilungen im dienstlichen Verkehr oder über Tatsachen, die offenkundig sind oder ihrer Bedeutung nach keiner Geheimhaltung bedürfen. [3] Die oder der Bundesbeauftragte entscheidet nach pflichtgemäßem Ermessen, ob und inwieweit sie oder er über solche Angelegenheiten vor Gericht oder außergerichtlich aussagt oder Erklärungen abgibt; wenn sie oder er nicht mehr im Amt ist, ist die Genehmigung der oder des amtierenden Bundesbeauftragten erforderlich. [4] Unberührt bleibt die gesetzlich begründete Pflicht, Straftaten anzuzeigen und bei einer Gefährdung der freiheitlichen demokratischen Grundordnung für deren Erhaltung einzutreten. [5] Für die Bundesbeauftragte oder den Bundesbeauftragten und ihre oder seine Mitarbeiterinnen und Mitarbeiter gelten die §§ 93, 97 und 105 Absatz 1, § 111 Absatz 5 in Verbindung mit § 105 Absatz 1 sowie § 116 Absatz 1 der Abgabenordnung nicht. [6] Satz 5 findet keine Anwendung, soweit die Finanzbehörden die Kenntnis für die Durchführung eines Verfahrens wegen einer Steuerstraftat sowie eines damit zusammenhängenden Steuerverfahrens benötigen, an deren Verfolgung ein zwingendes öffentliches Interesse besteht, oder soweit es sich um vorsätzlich falsche Angaben der oder des Auskunftspflichtigen oder der für sie oder ihn tätigen Personen handelt. [7] Stellt die oder der Bundesbeauftragte einen Datenschutzverstoß fest, ist sie oder er befugt, diesen anzuzeigen und die betroffene Person hierüber zu informieren.

(5) [1] Die oder der Bundesbeauftragte darf als Zeugin oder Zeuge aussagen, es sei denn, die Aussage würde

1. dem Wohl des Bundes oder eines Landes Nachteile bereiten, insbesondere Nachteile für die Sicherheit der Bundesrepublik Deutschland oder ihre Beziehungen zu anderen Staaten, oder

2. Grundrechte verletzen.

[2] Betrifft die Aussage laufende oder abgeschlossene Vorgänge, die dem Kernbereich exekutiver Eigenverantwortung der Bundesregierung zuzurechnen sind oder sein könnten, darf die oder der Bundesbeauftragte nur im Benehmen mit der Bundesregierung aussagen. [3] § 28 des Bundesverfassungsgerichtsgesetzes[1]) bleibt unberührt.

(6) Die Absätze 3 und 4 Satz 5 bis 7 gelten entsprechend für die öffentlichen Stellen, die für die Kontrolle der Einhaltung der Vorschriften über den Datenschutz in den Ländern zuständig sind.

§ 14 Aufgaben. (1) [1] Die oder der Bundesbeauftragte hat neben den in der Verordnung (EU) 2016/679[2]) genannten Aufgaben die Aufgaben,

1. die Anwendung dieses Gesetzes und sonstiger Vorschriften über den Datenschutz, einschließlich der zur Umsetzung der Richtlinie (EU) 2016/680 erlassenen Rechtsvorschriften, zu überwachen und durchzusetzen,

2. die Öffentlichkeit für die Risiken, Vorschriften, Garantien und Rechte im Zusammenhang mit der Verarbeitung personenbezogener Daten zu sensibilisieren und sie darüber aufzuklären, wobei spezifische Maßnahmen für Kinder besondere Beachtung finden,

3. den Deutschen Bundestag und den Bundesrat, die Bundesregierung und andere Einrichtungen und Gremien über legislative und administrative

[1]) Nr. **40.**
[2]) Nr. **246.**

Maßnahmen zum Schutz der Rechte und Freiheiten natürlicher Personen in Bezug auf die Verarbeitung personenbezogener Daten zu beraten,

4. die Verantwortlichen und die Auftragsverarbeiter für die ihnen aus diesem Gesetz und sonstigen Vorschriften über den Datenschutz, einschließlich den zur Umsetzung der Richtlinie (EU) 2016/680 erlassenen Rechtsvorschriften, entstehenden Pflichten zu sensibilisieren,

5. auf Anfrage jeder betroffenen Person Informationen über die Ausübung ihrer Rechte aufgrund dieses Gesetzes und sonstiger Vorschriften über den Datenschutz, einschließlich der zur Umsetzung der Richtlinie (EU) 2016/680 erlassenen Rechtsvorschriften, zur Verfügung zu stellen und gegebenenfalls zu diesem Zweck mit den Aufsichtsbehörden in anderen Mitgliedstaaten zusammenzuarbeiten,

6. sich mit Beschwerden einer betroffenen Person oder Beschwerden einer Stelle, einer Organisation oder eines Verbandes gemäß Artikel 55 der Richtlinie (EU) 2016/680 zu befassen, den Gegenstand der Beschwerde in angemessenem Umfang zu untersuchen und den Beschwerdeführer innerhalb einer angemessenen Frist über den Fortgang und das Ergebnis der Untersuchung zu unterrichten, insbesondere, wenn eine weitere Untersuchung oder Koordinierung mit einer anderen Aufsichtsbehörde notwendig ist,

7. mit anderen Aufsichtsbehörden zusammenzuarbeiten, auch durch Informationsaustausch, und ihnen Amtshilfe zu leisten, um die einheitliche Anwendung und Durchsetzung dieses Gesetzes und sonstiger Vorschriften über den Datenschutz, einschließlich der zur Umsetzung der Richtlinie (EU) 2016/680 erlassenen Rechtsvorschriften, zu gewährleisten,

8. Untersuchungen über die Anwendung dieses Gesetzes und sonstiger Vorschriften über den Datenschutz, einschließlich der zur Umsetzung der Richtlinie (EU) 2016/680 erlassenen Rechtsvorschriften, durchzuführen, auch auf der Grundlage von Informationen einer anderen Aufsichtsbehörde oder einer anderen Behörde,

9. maßgebliche Entwicklungen zu verfolgen, soweit sie sich auf den Schutz personenbezogener Daten auswirken, insbesondere die Entwicklung der Informations- und Kommunikationstechnologie und der Geschäftspraktiken,

10. Beratung in Bezug auf die in § 69 genannten Verarbeitungsvorgänge zu leisten und

11. Beiträge zur Tätigkeit des Europäischen Datenschutzausschusses zu leisten.

[2] Im Anwendungsbereich der Richtlinie (EU) 2016/680 nimmt die oder der Bundesbeauftragte zudem die Aufgabe nach § 60 wahr.

(2) [1] Zur Erfüllung der in Absatz 1 Satz 1 Nummer 3 genannten Aufgabe kann die oder der Bundesbeauftragte zu allen Fragen, die im Zusammenhang mit dem Schutz personenbezogener Daten stehen, von sich aus oder auf Anfrage Stellungnahmen an den Deutschen Bundestag oder einen seiner Ausschüsse, den Bundesrat, die Bundesregierung, sonstige Einrichtungen und Stellen sowie an die Öffentlichkeit richten. [2] Auf Ersuchen des Deutschen Bundestages, eines seiner Ausschüsse oder der Bundesregierung geht die oder der Bundesbeauftragte ferner Hinweisen auf Angelegenheiten und Vorgänge des Datenschutzes bei den öffentlichen Stellen des Bundes nach.

(3) Die oder der Bundesbeauftragte erleichtert das Einreichen der in Absatz 1 Satz 1 Nummer 6 genannten Beschwerden durch Maßnahmen wie etwa die Bereitstellung eines Beschwerdeformulars, das auch elektronisch ausgefüllt werden kann, ohne dass andere Kommunikationsmittel ausgeschlossen werden.

(4) [1]Die Erfüllung der Aufgaben der oder des Bundesbeauftragten ist für die betroffene Person unentgeltlich. [2]Bei offenkundig unbegründeten oder, insbesondere im Fall von häufiger Wiederholung, exzessiven Anfragen kann die oder der Bundesbeauftragte eine angemessene Gebühr auf der Grundlage der Verwaltungskosten verlangen oder sich weigern, aufgrund der Anfrage tätig zu werden. [3]In diesem Fall trägt die oder der Bundesbeauftragte die Beweislast für den offenkundig unbegründeten oder exzessiven Charakter der Anfrage.

§ 15 Tätigkeitsbericht. [1]Die oder der Bundesbeauftragte erstellt einen Jahresbericht über ihre oder seine Tätigkeit, der eine Liste der Arten der gemeldeten Verstöße und der Arten der getroffenen Maßnahmen, einschließlich der verhängten Sanktionen und der Maßnahmen nach Artikel 58 Absatz 2 der Verordnung (EU) 2016/679[1], enthalten kann. [2]Die oder der Bundesbeauftragte übermittelt den Bericht dem Deutschen Bundestag, dem Bundesrat und der Bundesregierung und macht ihn der Öffentlichkeit, der Europäischen Kommission und dem Europäischen Datenschutzausschuss zugänglich.

§ 16[2] Befugnisse. (1) [1]Die oder der Bundesbeauftragte nimmt im Anwendungsbereich der Verordnung (EU) 2016/679[1] die Befugnisse gemäß Artikel 58 der Verordnung (EU) 2016/679 wahr. [2]Kommt die oder der Bundesbeauftragte zu dem Ergebnis, dass Verstöße gegen die Vorschriften über den Datenschutz oder sonstige Mängel bei der Verarbeitung personenbezogener Daten vorliegen, teilt sie oder er dies der zuständigen Rechts- oder Fachaufsichtsbehörde mit und gibt dieser vor der Ausübung der Befugnisse des Artikels 58 Absatz 2 Buchstabe b bis g, i und j der Verordnung (EU) 2016/679 gegenüber dem Verantwortlichen Gelegenheit zur Stellungnahme innerhalb einer angemessenen Frist. [3]Von der Einräumung der Gelegenheit zur Stellungnahme kann abgesehen werden, wenn eine sofortige Entscheidung wegen Gefahr im Verzug oder im öffentlichen Interesse notwendig erscheint oder ihr ein zwingendes öffentliches Interesse entgegensteht. [4]Die Stellungnahme soll auch eine Darstellung der Maßnahmen enthalten, die aufgrund der Mitteilung der oder des Bundesbeauftragten getroffen worden sind.

(2) [1]Stellt die oder der Bundesbeauftragte bei Datenverarbeitungen durch öffentliche Stellen des Bundes zu Zwecken außerhalb des Anwendungsbereichs der Verordnung (EU) 2016/679 Verstöße gegen die Vorschriften dieses Gesetzes oder gegen andere Vorschriften über den Datenschutz oder sonstige Mängel bei der Verarbeitung oder Nutzung personenbezogener Daten fest, so beanstandet sie oder er dies gegenüber der zuständigen obersten Bundesbehörde und fordert diese zur Stellungnahme innerhalb einer von ihr oder ihm zu bestimmenden Frist auf. [2]Die oder der Bundesbeauftragte kann von einer Beanstandung absehen oder auf eine Stellungnahme verzichten, insbesondere wenn es sich um unerhebliche oder inzwischen beseitigte Mängel handelt.

[1] *Nr. 246.*
[2] § 16 Abs. 3 Satz 1 Nr. 1 geänd., Abs. 4 Satz 2 angef. mWv 26.11.2019 durch G v. 20.11.2019 (BGBl. I S. 1626).

[3] Die Stellungnahme soll auch eine Darstellung der Maßnahmen enthalten, die aufgrund der Beanstandung der oder des Bundesbeauftragten getroffen worden sind. [4] Die oder der Bundesbeauftragte kann den Verantwortlichen auch davor warnen, dass beabsichtigte Verarbeitungsvorgänge voraussichtlich gegen in diesem Gesetz enthaltene und andere auf die jeweilige Datenverarbeitung anzuwendende Vorschriften über den Datenschutz verstoßen.

(3) [1] Die Befugnisse der oder des Bundesbeauftragten erstrecken sich auch auf

1. von ihrer oder seiner Aufsicht unterliegenden Stellen erlangte personenbezogene Daten über den Inhalt und die näheren Umstände des Brief-, Post- und Fernmeldeverkehrs und

2. personenbezogene Daten, die einem besonderen Amtsgeheimnis, insbesondere dem Steuergeheimnis nach § 30 der Abgabenordnung, unterliegen.

[2] Das Grundrecht des Brief-, Post- und Fernmeldegeheimnisses des Artikels 10 des Grundgesetzes[1)] wird insoweit eingeschränkt.

(4) [1] Die öffentlichen Stellen des Bundes sind verpflichtet, der oder dem Bundesbeauftragten und ihren oder seinen Beauftragten

1. jederzeit Zugang zu den Grundstücken und Diensträumen, einschließlich aller Datenverarbeitungsanlagen und -geräte, sowie zu allen personenbezogenen Daten und Informationen, die zur Erfüllung ihrer oder seiner Aufgaben notwendig sind, zu gewähren und

2. alle Informationen, die für die Erfüllung ihrer oder seiner Aufgaben erforderlich sind, bereitzustellen.

[2] Für nichtöffentliche Stellen besteht die Verpflichtung des Satzes 1 Nummer 1 nur während der üblichen Betriebs- und Geschäftszeiten.

(5) [1] Die oder der Bundesbeauftragte wirkt auf die Zusammenarbeit mit den öffentlichen Stellen, die für die Kontrolle der Einhaltung der Vorschriften über den Datenschutz in den Ländern zuständig sind, sowie mit den Aufsichtsbehörden nach § 40 hin. [2] § 40 Absatz 3 Satz 1 zweiter Halbsatz gilt entsprechend.

Kapitel 5. Vertretung im Europäischen Datenschutzausschuss, zentrale Anlaufstelle, Zusammenarbeit der Aufsichtsbehörden des Bundes und der Länder in Angelegenheiten der Europäischen Union

§ 17 Vertretung im Europäischen Datenschutzausschuss, zentrale Anlaufstelle. (1) [1] Gemeinsamer Vertreter im Europäischen Datenschutzausschuss und zentrale Anlaufstelle ist die oder der Bundesbeauftragte (gemeinsamer Vertreter). [2] Als Stellvertreterin oder Stellvertreter des gemeinsamen Vertreters wählt der Bundesrat eine Leiterin oder einen Leiter der Aufsichtsbehörde eines Landes (Stellvertreter). [3] Die Wahl erfolgt für fünf Jahre. [4] Mit dem Ausscheiden aus dem Amt als Leiterin oder Leiter der Aufsichtsbehörde eines Landes endet zugleich die Funktion als Stellvertreter. [5] Wiederwahl ist zulässig.

(2) Der gemeinsame Vertreter überträgt in Angelegenheiten, die die Wahrnehmung einer Aufgabe betreffen, für welche die Länder allein das Recht zur Gesetzgebung haben, oder welche die Einrichtung oder das Verfahren von Landesbehörden betreffen, dem Stellvertreter auf dessen Verlangen die Verhandlungsführung und das Stimmrecht im Europäischen Datenschutzausschuss.

[1)] Nr. 1.

§ 18 Verfahren der Zusammenarbeit der Aufsichtsbehörden des Bundes und der Länder. (1) [1] Die oder der Bundesbeauftragte und die Aufsichtsbehörden der Länder (Aufsichtsbehörden des Bundes und der Länder) arbeiten in Angelegenheiten der Europäischen Union mit dem Ziel einer einheitlichen Anwendung der Verordnung (EU) 2016/679[1]) und der Richtlinie (EU) 2016/680 zusammen. [2] Vor der Übermittlung eines gemeinsamen Standpunktes an die Aufsichtsbehörden der anderen Mitgliedstaaten, die Europäische Kommission oder den Europäischen Datenschutzausschuss geben sich die Aufsichtsbehörden des Bundes und der Länder frühzeitig Gelegenheit zur Stellungnahme. [3] Zu diesem Zweck tauschen sie untereinander alle zweckdienlichen Informationen aus. [4] Die Aufsichtsbehörden des Bundes und der Länder beteiligen nach den Artikeln 85 und 91 der Verordnung (EU) 2016/679 eingerichteten spezifischen Aufsichtsbehörden, sofern diese von der Angelegenheit betroffen sind.

(2) [1] Soweit die Aufsichtsbehörden des Bundes und der Länder kein Einvernehmen über den gemeinsamen Standpunkt erzielen, legen die federführende Behörde oder in Ermangelung einer solchen die gemeinsame Vertreter und sein Stellvertreter einen Vorschlag für einen gemeinsamen Standpunkt vor. [2] Einigen sich der gemeinsame Vertreter und sein Stellvertreter nicht auf einen Vorschlag für einen gemeinsamen Standpunkt, legt in Angelegenheiten, die die Wahrnehmung von Aufgaben betreffen, für welche die Länder allein das Recht der Gesetzgebung haben, oder welche die Einrichtung oder das Verfahren von Landesbehörden betreffen, der Stellvertreter den Vorschlag für einen gemeinsamen Standpunkt fest. [3] In den übrigen Fällen fehlenden Einvernehmens nach Satz 2 legt der gemeinsame Vertreter den Standpunkt fest. [4] Der nach den Sätzen 1 bis 3 vorgeschlagene Standpunkt ist den Verhandlungen zu Grunde zu legen, wenn nicht die Aufsichtsbehörden von Bund und Ländern einen anderen Standpunkt mit einfacher Mehrheit beschließen. [5] Der Bund und jedes Land haben jeweils eine Stimme. [6] Enthaltungen werden nicht gezählt.

(3) [1] Der gemeinsame Vertreter und dessen Stellvertreter sind an den gemeinsamen Standpunkt nach den Absätzen 1 und 2 gebunden und legen unter Beachtung dieses Standpunktes einvernehmlich die jeweilige Verhandlungsführung fest. [2] Sollte ein Einvernehmen nicht erreicht werden, entscheidet in den in § 18 Absatz 2 Satz 2 genannten Angelegenheiten der Stellvertreter über die weitere Verhandlungsführung. [3] In den übrigen Fällen gibt die Stimme des gemeinsamen Vertreters den Ausschlag.

§ 19[2]) Zuständigkeiten. (1) [1] Federführende Aufsichtsbehörde eines Landes im Verfahren der Zusammenarbeit und Kohärenz nach Kapitel VII der Verordnung (EU) 2016/679[1]) ist die Aufsichtsbehörde des Landes, in dem der Verantwortliche oder der Auftragsverarbeiter seine Hauptniederlassung im Sinne des Artikels 4 Nummer 16 der Verordnung (EU) 2016/679 oder seine einzige Niederlassung in der Europäischen Union im Sinne des Artikels 56 Absatz 1 der Verordnung (EU) 2016/679 hat. [2] Im Zuständigkeitsbereich der oder des Bundesbeauftragten gilt Artikel 56 Absatz 1 in Verbindung mit Artikel 4 Nummer 16 der Verordnung (EU) 2016/679 entsprechend. [3] Besteht über die Federführung kein Einvernehmen, findet für die Festlegung der

[1]) Nr. **246**.
[2]) § 19 Abs. 2 Satz 4 angef. mWv 26.11.2019 durch G v. 20.11.2019 (BGBl. I S. 1626).

federführenden Aufsichtsbehörde das Verfahren des § 18 Absatz 2 entsprechende Anwendung.

(2) ¹Die Aufsichtsbehörde, bei der eine betroffene Person Beschwerde eingereicht hat, gibt die Beschwerde an die federführende Aufsichtsbehörde nach Absatz 1, in Ermangelung einer solchen an die Aufsichtsbehörde eines Landes ab, in dem der Verantwortliche oder der Auftragsverarbeiter eine Niederlassung hat. ²Wird eine Beschwerde bei einer sachlich unzuständigen Aufsichtsbehörde eingereicht, gibt diese, sofern eine Abgabe nach Satz 1 nicht in Betracht kommt, die Beschwerde an die Aufsichtsbehörde am Wohnsitz des Beschwerdeführers ab. ³Die empfangende Aufsichtsbehörde gilt als die Aufsichtsbehörde nach Maßgabe des Kapitels VII der Verordnung (EU) 2016/679, bei der die Beschwerde eingereicht worden ist, und kommt den Verpflichtungen aus Artikel 60 Absatz 7 bis 9 und Artikel 65 Absatz 6 der Verordnung (EU) 2016/679 nach. ⁴Im Zuständigkeitsbereich der oder des Bundesbeauftragten gibt die Aufsichtsbehörde, bei der eine Beschwerde eingereicht wurde, diese, sofern eine Abgabe nach Absatz 1 nicht in Betracht kommt, an den Bundesbeauftragten oder die Bundesbeauftragte ab.

Kapitel 6. Rechtsbehelfe

§ 20 Gerichtlicher Rechtsschutz. (1) ¹Für Streitigkeiten zwischen einer natürlichen oder einer juristischen Person und einer Aufsichtsbehörde des Bundes oder eines Landes über Rechte gemäß Artikel 78 Absatz 1 und 2 der Verordnung (EU) 2016/679¹⁾ sowie § 61 ist der Verwaltungsrechtsweg gegeben. ²Satz 1 gilt nicht für Bußgeldverfahren.

(2) Die Verwaltungsgerichtsordnung²⁾ ist nach Maßgabe der Absätze 3 bis 7 anzuwenden.

(3) Für Verfahren nach Absatz 1 Satz 1 ist das Verwaltungsgericht örtlich zuständig, in dessen Bezirk die Aufsichtsbehörde ihren Sitz hat.

(4) In Verfahren nach Absatz 1 Satz 1 ist die Aufsichtsbehörde beteiligungsfähig.

(5) ¹Beteiligte eines Verfahrens nach Absatz 1 Satz 1 sind
1. die natürliche oder juristische Person als Klägerin oder Antragstellerin und
2. die Aufsichtsbehörde als Beklagte oder Antragsgegnerin.
²§ 63 Nummer 3 und 4 der Verwaltungsgerichtordnung bleibt unberührt.

(6) Ein Vorverfahren findet nicht statt.

(7) Die Aufsichtsbehörde darf gegenüber einer Behörde oder deren Rechtsträger nicht die sofortige Vollziehung gemäß § 80 Absatz 2 Satz 1 Nummer 4 der Verwaltungsgerichtsordnung anordnen.

§ 21 Antrag der Aufsichtsbehörde auf gerichtliche Entscheidung bei angenommener Rechtswidrigkeit eines Beschlusses der Europäischen Kommission. (1) Hält eine Aufsichtsbehörde einen Angemessenheitsbeschluss der Europäischen Kommission, einen Beschluss über die Anerkennung von Standardschutzklauseln oder über die Allgemeingültigkeit von genehmigten Verhaltensregeln, auf dessen Gültigkeit es für eine Entscheidung der Aufsichts-

¹⁾ Nr. 246.
²⁾ Nr. 600.

behörde ankommt, für rechtswidrig, so hat die Aufsichtsbehörde ihr Verfahren auszusetzen und einen Antrag auf gerichtliche Entscheidung zu stellen.

(2) ¹Für Verfahren nach Absatz 1 ist der Verwaltungsrechtsweg gegeben. ²Die Verwaltungsgerichtsordnung¹⁾ ist nach Maßgabe der Absätze 3 bis 6 anzuwenden.

(3) Über einen Antrag der Aufsichtsbehörde nach Absatz 1 entscheidet im ersten und letzten Rechtszug das Bundesverwaltungsgericht.

(4) ¹In Verfahren nach Absatz 1 ist die Aufsichtsbehörde beteiligungsfähig. ²An einem Verfahren nach Absatz 1 ist die Aufsichtsbehörde als Antragstellerin beteiligt; § 63 Nummer 3 und 4 der Verwaltungsgerichtsordnung bleibt unberührt. ³Das Bundesverwaltungsgericht kann der Europäischen Kommission Gelegenheit zur Äußerung binnen einer zu bestimmenden Frist geben.

(5) Ist ein Verfahren zur Überprüfung der Gültigkeit eines Beschlusses der Europäischen Kommission nach Absatz 1 bei dem Gerichtshof der Europäischen Union anhängig, so kann das Bundesverwaltungsgericht anordnen, dass die Verhandlung bis zur Erledigung des Verfahrens vor dem Gerichtshof der Europäischen Union auszusetzen sei.

(6) ¹In Verfahren nach Absatz 1 ist § 47 Absatz 5 Satz 1 und Absatz 6 der Verwaltungsgerichtsordnung entsprechend anzuwenden. ²Kommt das Bundesverwaltungsgericht zu der Überzeugung, dass der Beschluss der Europäischen Kommission nach Absatz 1 gültig ist, so stellt es dies in seiner Entscheidung fest. ³Andernfalls legt es die Frage nach der Gültigkeit des Beschlusses gemäß Artikel 267 des Vertrags über die Arbeitsweise der Europäischen Union²⁾ dem Gerichtshof der Europäischen Union zur Entscheidung vor.

Teil 2. Durchführungsbestimmungen für Verarbeitungen zu Zwecken gemäß Artikel 2 der Verordnung (EU) 2016/679

Kapitel 1. Rechtsgrundlagen der Verarbeitung personenbezogener Daten

Abschnitt 1. Verarbeitung besonderer Kategorien personenbezogener Daten und Verarbeitung zu anderen Zwecken

§ 22³⁾ Verarbeitung besonderer Kategorien personenbezogener Daten. (1) Abweichend von Artikel 9 Absatz 1 der Verordnung (EU) 2016/679⁴⁾ ist die Verarbeitung besonderer Kategorien personenbezogener Daten im Sinne des Artikels 9 Absatz 1 der Verordnung (EU) 2016/679 zulässig

1. durch öffentliche und nichtöffentliche Stellen, wenn sie
 a) erforderlich ist, um die aus dem Recht der sozialen Sicherheit und des Sozialschutzes erwachsenden Rechte auszuüben und den diesbezüglichen Pflichten nachzukommen,
 b) zum Zweck der Gesundheitsvorsorge, für die Beurteilung der Arbeitsfähigkeit des Beschäftigten, für die medizinische Diagnostik, die Versor-

¹⁾ Nr. **600**.
²⁾ Nr. **1001**.
³⁾ § 22 Abs. 1 Nr. 1 Buchst. b und c geänd., Buchst. d angef., Nr. 2 neu gef., abschl. Satzteil angef. mWv 26.11.2019 durch G v. 20.11.2019 (BGBl. I S. 1626).
⁴⁾ Nr. **246**.

gung oder Behandlung im Gesundheits- oder Sozialbereich oder für die Verwaltung von Systemen und Diensten im Gesundheits- und Sozialbereich oder aufgrund eines Vertrags der betroffenen Person mit einem Angehörigen eines Gesundheitsberufs erforderlich ist und diese Daten von ärztlichem Personal oder durch sonstige Personen, die einer entsprechenden Geheimhaltungspflicht unterliegen, oder unter deren Verantwortung verarbeitet werden,

c) aus Gründen des öffentlichen Interesses im Bereich der öffentlichen Gesundheit, wie des Schutzes vor schwerwiegenden grenzüberschreitenden Gesundheitsgefahren oder zur Gewährleistung hoher Qualitäts- und Sicherheitsstandards bei der Gesundheitsversorgung und bei Arzneimitteln und Medizinprodukten erforderlich ist; ergänzend zu den in Absatz 2 genannten Maßnahmen sind insbesondere die berufsrechtlichen und strafrechtlichen Vorgaben zur Wahrung des Berufsgeheimnisses einzuhalten, oder

d) aus Gründen eines erheblichen öffentlichen Interesses zwingend erforderlich ist,

2. durch öffentliche Stellen, wenn sie

a) zur Abwehr einer erheblichen Gefahr für die öffentliche Sicherheit erforderlich ist,

b) zur Abwehr erheblicher Nachteile für das Gemeinwohl oder zur Wahrung erheblicher Belange des Gemeinwohls zwingend erforderlich ist oder

c) aus zwingenden Gründen der Verteidigung oder der Erfüllung über- oder zwischenstaatlicher Verpflichtungen einer öffentlichen Stelle des Bundes auf dem Gebiet der Krisenbewältigung oder Konfliktverhinderung oder für humanitäre Maßnahmen erforderlich ist

und soweit die Interessen des Verantwortlichen an der Datenverarbeitung in den Fällen der Nummer 1 Buchstabe d und der Nummer 2 die Interessen der betroffenen Person überwiegen.

(2) [1] In den Fällen des Absatzes 1 sind angemessene und spezifische Maßnahmen zur Wahrung der Interessen der betroffenen Person vorzusehen. [2] Unter Berücksichtigung des Stands der Technik, der Implementierungskosten und der Art, des Umfangs, der Umstände und der Zwecke der Verarbeitung sowie der unterschiedlichen Eintrittswahrscheinlichkeit und Schwere der mit der Verarbeitung verbundenen Risiken für die Rechte und Freiheiten natürlicher Personen können dazu insbesondere gehören:

1. technisch organisatorische Maßnahmen, um sicherzustellen, dass die Verarbeitung gemäß der Verordnung (EU) 2016/679 erfolgt,

2. Maßnahmen, die gewährleisten, dass nachträglich überprüft und festgestellt werden kann, ob und von wem personenbezogene Daten eingegeben, verändert oder entfernt worden sind,

3. Sensibilisierung der an Verarbeitungsvorgängen Beteiligten,

4. Benennung einer oder eines Datenschutzbeauftragten,

5. Beschränkung des Zugangs zu den personenbezogenen Daten innerhalb der verantwortlichen Stelle und von Auftragsverarbeitern,

6. Pseudonymisierung personenbezogener Daten,

7. Verschlüsselung personenbezogener Daten,

8. Sicherstellung der Fähigkeit, Vertraulichkeit, Integrität, Verfügbarkeit und Belastbarkeit der Systeme und Dienste im Zusammenhang mit der Verarbeitung personenbezogener Daten, einschließlich der Fähigkeit, die Verfügbarkeit und den Zugang bei einem physischen oder technischen Zwischenfall rasch wiederherzustellen,

9. zur Gewährleistung der Sicherheit der Verarbeitung die Einrichtung eines Verfahrens zur regelmäßigen Überprüfung, Bewertung und Evaluierung der Wirksamkeit der technischen und organisatorischen Maßnahmen oder

10. spezifische Verfahrensregelungen, die im Fall einer Übermittlung oder Verarbeitung für andere Zwecke die Einhaltung der Vorgaben dieses Gesetzes sowie der Verordnung (EU) 2016/679 sicherstellen.

§ 23 Verarbeitung zu anderen Zwecken durch öffentliche Stellen.
(1) Die Verarbeitung personenbezogener Daten zu einem anderen Zweck als zu demjenigen, zu dem die Daten erhoben wurden, durch öffentliche Stellen im Rahmen ihrer Aufgabenerfüllung ist zulässig, wenn

1. offensichtlich ist, dass sie im Interesse der betroffenen Person liegt und kein Grund zu der Annahme besteht, dass sie in Kenntnis des anderen Zwecks ihre Einwilligung verweigern würde,

2. Angaben der betroffenen Person überprüft werden müssen, weil tatsächliche Anhaltspunkte für deren Unrichtigkeit bestehen,

3. sie zur Abwehr erheblicher Nachteile für das Gemeinwohl oder einer Gefahr für die öffentliche Sicherheit, die Verteidigung oder die nationale Sicherheit, zur Wahrung erheblicher Belange des Gemeinwohls oder zur Sicherung des Steuer- und Zollaufkommens erforderlich ist,

4. sie zur Verfolgung von Straftaten oder Ordnungswidrigkeiten, zur Vollstreckung oder zum Vollzug von Strafen oder Maßnahmen im Sinne des § 11 Absatz 1 Nummer 8 des Strafgesetzbuchs[1] oder von Erziehungsmaßregeln oder Zuchtmitteln im Sinne des Jugendgerichtsgesetzes[2] oder zur Vollstreckung von Geldbußen erforderlich ist,

5. sie zur Abwehr einer schwerwiegenden Beeinträchtigung der Rechte einer anderen Person erforderlich ist oder

6. sie der Wahrnehmung von Aufsichts- und Kontrollbefugnissen, der Rechnungsprüfung oder der Durchführung von Organisationsuntersuchungen des Verantwortlichen dient; dies gilt auch für die Verarbeitung zu Ausbildungs- und Prüfungszwecken durch den Verantwortlichen, soweit schutzwürdige Interessen der betroffenen Person dem nicht entgegenstehen.

(2) Die Verarbeitung besonderer Kategorien personenbezogener Daten im Sinne des Artikels 9 Absatz 1 der Verordnung (EU) 2016/679[3] zu einem anderen Zweck als zu demjenigen, zu dem die Daten erhoben wurden, ist zulässig, wenn die Voraussetzungen des Absatzes 1 und ein Ausnahmetatbestand nach Artikel 9 Absatz 2 der Verordnung (EU) 2016/679 oder nach § 22 vorliegen.

[1] *Schönfelder Nr. 85.*
[2] Schönfelder Nr. 89.
[3] Nr. 246.

§ 24 Verarbeitung zu anderen Zwecken durch nichtöffentliche Stellen. (1) Die Verarbeitung personenbezogener Daten zu einem anderen Zweck als zu demjenigen, zu dem die Daten erhoben wurden, durch nichtöffentliche Stellen ist zulässig, wenn

1. sie zur Abwehr von Gefahren für die staatliche oder öffentliche Sicherheit oder zur Verfolgung von Straftaten erforderlich ist oder

2. sie zur Geltendmachung, Ausübung oder Verteidigung zivilrechtlicher Ansprüche erforderlich ist,

sofern nicht die Interessen der betroffenen Person an dem Ausschluss der Verarbeitung überwiegen.

(2) Die Verarbeitung besonderer Kategorien personenbezogener Daten im Sinne des Artikels 9 Absatz 1 der Verordnung (EU) 2016/679[1)] zu einem anderen Zweck als zu demjenigen, zu dem die Daten erhoben wurden, ist zulässig, wenn die Voraussetzungen des Absatzes 1 und ein Ausnahmetatbestand nach Artikel 9 Absatz 2 der Verordnung (EU) 2016/679 oder nach § 22 vorliegen.

§ 25 Datenübermittlungen durch öffentliche Stellen. (1) [1]Die Übermittlung personenbezogener Daten durch öffentliche Stellen an öffentliche Stellen ist zulässig, wenn sie zur Erfüllung der in der Zuständigkeit der übermittelnden Stelle oder des Dritten, an den die Daten übermittelt werden, liegenden Aufgaben erforderlich ist und die Voraussetzungen vorliegen, die eine Verarbeitung nach § 23 zulassen würden. [2]Der Dritte, an den die Daten übermittelt werden, darf diese nur für den Zweck verarbeiten, zu dessen Erfüllung sie ihm übermittelt werden. [3]Eine Verarbeitung für andere Zwecke ist unter den Voraussetzungen des § 23 zulässig.

(2) [1]Die Übermittlung personenbezogener Daten durch öffentliche Stellen an nichtöffentliche Stellen ist zulässig, wenn

1. sie zur Erfüllung der in der Zuständigkeit der übermittelnden Stelle liegenden Aufgaben erforderlich ist und die Voraussetzungen vorliegen, die eine Verarbeitung nach § 23 zulassen würden,

2. der Dritte, an den die Daten übermittelt werden, ein berechtigtes Interesse an der Kenntnis der zu übermittelnden Daten glaubhaft darlegt und die betroffene Person kein schutzwürdiges Interesse an dem Ausschluss der Übermittlung hat oder

3. es zur Geltendmachung, Ausübung oder Verteidigung rechtlicher Ansprüche erforderlich ist

und der Dritte sich gegenüber der übermittelnden öffentlichen Stelle verpflichtet hat, die Daten nur für den Zweck zu verarbeiten, zu dessen Erfüllung sie ihm übermittelt werden. [2]Eine Verarbeitung für andere Zwecke ist zulässig, wenn eine Übermittlung nach Satz 1 zulässig wäre und die übermittelnde Stelle zugestimmt hat.

(3) Die Übermittlung besonderer Kategorien personenbezogener Daten im Sinne des Artikels 9 Absatz 1 der Verordnung (EU) 2016/679[1)] ist zulässig, wenn die Voraussetzungen des Absatzes 1 oder 2 und ein Ausnahmetatbestand

[1)] Nr. 246.

nach Artikel 9 Absatz 2 der Verordnung (EU) 2016/679 oder nach § 22 vorliegen.

Abschnitt 2. Besondere Verarbeitungssituationen

§ 26[1] Datenverarbeitung für Zwecke des Beschäftigungsverhältnisses.

(1) [1]Personenbezogene Daten von Beschäftigten dürfen für Zwecke des Beschäftigungsverhältnisses verarbeitet werden, wenn dies für die Entscheidung über die Begründung eines Beschäftigungsverhältnisses oder nach Begründung des Beschäftigungsverhältnisses für dessen Durchführung oder Beendigung oder zur Ausübung oder Erfüllung der sich aus einem Gesetz oder einem Tarifvertrag, einer Betriebs- oder Dienstvereinbarung (Kollektivvereinbarung) ergebenden Rechte und Pflichten der Interessenvertretung der Beschäftigten erforderlich ist. [2]Zur Aufdeckung von Straftaten dürfen personenbezogene Daten von Beschäftigten nur dann verarbeitet werden, wenn zu dokumentierende tatsächliche Anhaltspunkte den Verdacht begründen, dass die betroffene Person im Beschäftigungsverhältnis eine Straftat begangen hat, die Verarbeitung zur Aufdeckung erforderlich ist und das schutzwürdige Interesse der oder des Beschäftigten an dem Ausschluss der Verarbeitung nicht überwiegt, insbesondere Art und Ausmaß im Hinblick auf den Anlass nicht unverhältnismäßig sind.

(2) [1]Erfolgt die Verarbeitung personenbezogener Daten von Beschäftigten auf der Grundlage einer Einwilligung, so sind für die Beurteilung der Freiwilligkeit der Einwilligung insbesondere die im Beschäftigungsverhältnis bestehende Abhängigkeit der beschäftigten Person sowie die Umstände, unter denen die Einwilligung erteilt worden ist, zu berücksichtigen. [2]Freiwilligkeit kann insbesondere vorliegen, wenn für die beschäftigte Person ein rechtlicher oder wirtschaftlicher Vorteil erreicht wird oder Arbeitgeber und beschäftigte Person gleichgelagerte Interessen verfolgen. [3]Die Einwilligung hat schriftlich oder elektronisch zu erfolgen, soweit nicht wegen besonderer Umstände eine andere Form angemessen ist. [4]Der Arbeitgeber hat die beschäftigte Person über den Zweck der Datenverarbeitung und über ihr Widerrufsrecht nach Artikel 7 Absatz 3 der Verordnung (EU) 2016/679[2] in Textform aufzuklären.

(3) [1]Abweichend von Artikel 9 Absatz 1 der Verordnung (EU) 2016/679 ist die Verarbeitung besonderer Kategorien personenbezogener Daten im Sinne des Artikels 9 Absatz 1 der Verordnung (EU) 2016/679 für Zwecke des Beschäftigungsverhältnisses zulässig, wenn sie zur Ausübung von Rechten oder zur Erfüllung rechtlicher Pflichten aus dem Arbeitsrecht, dem Recht der sozialen Sicherheit und des Sozialschutzes erforderlich ist und kein Grund zu der Annahme besteht, dass das schutzwürdige Interesse der betroffenen Person an dem Ausschluss der Verarbeitung überwiegt. [2]Absatz 2 gilt auch für die Einwilligung in die Verarbeitung besonderer Kategorien personenbezogener Daten; die Einwilligung muss sich dabei ausdrücklich auf diese Daten beziehen. [3]§ 22 Absatz 2 gilt entsprechend.

(4) [1]Die Verarbeitung personenbezogener Daten, einschließlich besonderer Kategorien personenbezogener Daten von Beschäftigten für Zwecke des Beschäftigungsverhältnisses, ist auf der Grundlage von Kollektivvereinbarungen

[1] § 26 Abs. 2 Satz 3 geänd. mWv 26.11.2019 durch G v. 20.11.2019 (BGBl. I S. 1626).
[2] Nr. **246**.

zulässig. [2] Dabei haben die Verhandlungspartner Artikel 88 Absatz 2 der Verordnung (EU) 2016/679 zu beachten.

(5) Der Verantwortliche muss geeignete Maßnahmen ergreifen, um sicherzustellen, dass insbesondere die in Artikel 5 der Verordnung (EU) 2016/679 dargelegten Grundsätze für die Verarbeitung personenbezogener Daten eingehalten werden.

(6) Die Beteiligungsrechte der Interessenvertretungen der Beschäftigten bleiben unberührt.

(7) Die Absätze 1 bis 6 sind auch anzuwenden, wenn personenbezogene Daten, einschließlich besonderer Kategorien personenbezogener Daten, von Beschäftigten verarbeitet werden, ohne dass sie in einem Dateisystem gespeichert sind oder gespeichert werden sollen.

(8) [1] Beschäftigte im Sinne dieses Gesetzes sind:

1. Arbeitnehmerinnen und Arbeitnehmer, einschließlich der Leiharbeitnehmerinnen und Leiharbeitnehmer im Verhältnis zum Entleiher,

2. zu ihrer Berufsbildung Beschäftigte,

3. Teilnehmerinnen und Teilnehmer an Leistungen zur Teilhabe am Arbeitsleben sowie an Abklärungen der beruflichen Eignung oder Arbeitserprobung (Rehabilitandinnen und Rehabilitanden),

4. in anerkannten Werkstätten für behinderte Menschen Beschäftigte,

5. Freiwillige, die einen Dienst nach dem Jugendfreiwilligendienstegesetz[1] oder dem Bundesfreiwilligendienstgesetz[2] leisten,

(Fortsetzung nächstes Blatt)

[1] Nr. **390**.
[2] Nr. **627**.

6. Personen, die wegen ihrer wirtschaftlichen Unselbständigkeit als arbeitneh-merähnliche Personen anzusehen sind; zu diesen gehören auch die in Heimarbeit Beschäftigten und die ihnen Gleichgestellten,

7. Beamtinnen und Beamte des Bundes, Richterinnen und Richter des Bundes, Soldatinnen und Soldaten sowie Zivildienstleistende.

[2] Bewerberinnen und Bewerber für ein Beschäftigungsverhältnis sowie Personen, deren Beschäftigungsverhältnis beendet ist, gelten als Beschäftigte.

§ 27 Datenverarbeitung zu wissenschaftlichen oder historischen Forschungszwecken und zu statistischen Zwecken. (1) [1] Abweichend von Artikel 9 Absatz 1 der Verordnung (EU) 2016/679 ist die Verarbeitung besonderer Kategorien personenbezogener Daten im Sinne des Artikels 9 Absatz 1 der Verordnung (EU) 2016/679 auch ohne Einwilligung für wissenschaftliche oder historische Forschungszwecke oder für statistische Zwecke zulässig, wenn die Verarbeitung zu diesen Zwecken erforderlich ist und die Interessen des Verantwortlichen an der Verarbeitung die Interessen der betroffenen Person an einem Ausschluss der Verarbeitung erheblich überwiegen. [2] Der Verantwortliche sieht angemessene und spezifische Maßnahmen zur Wahrung der Interessen der betroffenen Person gemäß § 22 Absatz 2 Satz 2 vor.

(2) [1] Die in den Artikeln 15, 16, 18 und 21 der Verordnung (EU) 2016/679 vorgesehenen Rechte der betroffenen Person sind insoweit beschränkt, als diese Rechte voraussichtlich die Verwirklichung der Forschungs- oder Statistikzwecke unmöglich machen oder ernsthaft *beinträchtigen*[1] und die Beschränkung für die Erfüllung der Forschungs- oder Statistikzwecke notwendig ist. [2] Das Recht auf Auskunft gemäß Artikel 15 der Verordnung (EU) 2016/679 besteht darüber hinaus nicht, wenn die Daten für Zwecke der wissenschaftlichen Forschung erforderlich sind und die Auskunftserteilung einen unverhältnismäßigen Aufwand erfordern würde.

(3) [1] Ergänzend zu den in § 22 Absatz 2 genannten Maßnahmen sind zu wissenschaftlichen oder historischen Forschungszwecken oder zu statistischen Zwecken verarbeitete besondere Kategorien personenbezogener Daten im Sinne des Artikels 9 Absatz 1 der Verordnung (EU) 2016/679 zu anonymisieren, sobald dies nach dem Forschungs- oder Statistikzweck möglich ist, es sei denn, berechtigte Interessen der betroffenen Person stehen dem entgegen. [2] Bis dahin sind die Merkmale gesondert zu speichern, mit denen Einzelangaben über persönliche oder sachliche Verhältnisse einer bestimmten oder bestimmbaren Person zugeordnet werden können. [3] Sie dürfen mit den Einzelangaben nur zusammengeführt werden, soweit der Forschungs- oder Statistikzweck dies erfordert.

(4) Der Verantwortliche darf personenbezogene Daten nur veröffentlichen, wenn die betroffene Person eingewilligt hat oder dies für die Darstellung von Forschungsergebnissen über Ereignisse der Zeitgeschichte unerlässlich ist.

§ 28 Datenverarbeitung zu im öffentlichen Interesse liegenden Archivzwecken. (1) [1] Abweichend von Artikel 9 Absatz 1 der Verordnung (EU) 2016/679 ist die Verarbeitung besonderer Kategorien personenbezoge-

[1] Richtig wohl: „beeinträchtigen".

ner Daten im Sinne des Artikels 9 Absatz 1 der Verordnung (EU) 2016/679 zulässig, wenn sie für im öffentlichen Interesse liegende Archivzwecke erforderlich ist. [2] Der Verantwortliche sieht angemessene und spezifische Maßnahmen zur Wahrung der Interessen der betroffenen Person gemäß § 22 Absatz 2 Satz 2 vor.

(2) Das Recht auf Auskunft der betroffenen Person gemäß Artikel 15 der Verordnung (EU) 2016/679 besteht nicht, wenn das Archivgut nicht durch den Namen der Person erschlossen ist oder keine Angaben gemacht werden, die das Auffinden des betreffenden Archivguts mit vertretbarem Verwaltungsaufwand ermöglichen.

(3) [1] Das Recht auf Berichtigung der betroffenen Person gemäß Artikel 16 der Verordnung (EU) 2016/679 besteht nicht, wenn die personenbezogenen Daten zu Archivzwecken im öffentlichen Interesse verarbeitet werden. [2] Bestreitet die betroffene Person die Richtigkeit der personenbezogenen Daten, ist ihr die Möglichkeit einer Gegendarstellung einzuräumen. [3] Das zuständige Archiv ist verpflichtet, die Gegendarstellung den Unterlagen hinzuzufügen.

(4) Die in Artikel 18 Absatz 1 Buchstabe a, b und d, den Artikeln 20 und 21 der Verordnung (EU) 2016/679 vorgesehenen Rechte bestehen nicht, soweit diese Rechte voraussichtlich die Verwirklichung der im öffentlichen Interesse liegenden Archivzwecke unmöglich machen oder ernsthaft beeinträchtigen und die Ausnahmen für die Erfüllung dieser Zwecke erforderlich sind.

§ 29 Rechte der betroffenen Person und aufsichtsbehördliche Befugnisse im Fall von Geheimhaltungspflichten. (1) [1] Die Pflicht zur Information der betroffenen Person gemäß Artikel 14 Absatz 1 bis 4 der Verordnung (EU) 2016/679 besteht ergänzend zu den in Artikel 14 Absatz 5 der Verordnung (EU) 2016/679 genannten Ausnahmen nicht, soweit durch ihre Erfüllung Informationen offenbart würden, die ihrem Wesen nach, insbesondere wegen der überwiegenden berechtigten Interessen eines Dritten, geheim gehalten werden müssen. [2] Das Recht auf Auskunft der betroffenen Person gemäß Artikel 15 der Verordnung (EU) 2016/679 besteht nicht, soweit durch die Auskunft Informationen offenbart würden, die nach einer Rechtsvorschrift oder ihrem Wesen nach, insbesondere wegen der überwiegenden berechtigten Interessen eines Dritten, geheim gehalten werden müssen. [3] Die Pflicht zur Benachrichtigung gemäß Artikel 34 der Verordnung (EU) 2016/679 besteht ergänzend zu der in Artikel 34 Absatz 3 der Verordnung (EU) 2016/679 genannten Ausnahme nicht, soweit durch die Benachrichtigung Informationen offenbart würden, die nach einer Rechtsvorschrift oder ihrem Wesen nach, insbesondere wegen der überwiegenden berechtigten Interessen eines Dritten, geheim gehalten werden müssen. [4] Abweichend von der Ausnahme nach Satz 3 ist die betroffene Person nach Artikel 34 der Verordnung (EU) 2016/679 zu benachrichtigen, wenn die Interessen der betroffenen Person, insbesondere unter Berücksichtigung drohender Schäden, gegenüber dem Geheimhaltungsinteresse überwiegen.

(2) Werden Daten Dritter im Zuge der Aufnahme oder im Rahmen eines Mandatsverhältnisses an einen Berufsgeheimnisträger übermittelt, so besteht die Pflicht der übermittelnden Stelle zur Information der betroffenen Person gemäß Artikel 13 Absatz 3 der Verordnung (EU) 2016/679 nicht, sofern

nicht das Interesse der betroffenen Person an der Informationserteilung überwiegt.

(3) [1] Gegenüber den in § 203 Absatz 1, 2a und 3 des Strafgesetzbuchs[1] genannten Personen oder deren Auftragsverarbeitern bestehen die Untersuchungsbefugnisse der Aufsichtsbehörden gemäß Artikel 58 Absatz 1 Buchstabe e und f der Verordnung (EU) 2016/679 nicht, soweit die Inanspruchnahme der Befugnisse zu einem Verstoß gegen die Geheimhaltungspflichten dieser Personen führen würde. [2] Erlangt eine Aufsichtsbehörde im Rahmen einer Untersuchung Kenntnis von Daten, die einer Geheimhaltungspflicht im Sinne des Satzes 1 unterliegen, gilt die Geheimhaltungspflicht auch für die Aufsichtsbehörde.

§ 30 Verbraucherkredite. (1) Eine Stelle, die geschäftsmäßig personenbezogene Daten, die zur Bewertung der Kreditwürdigkeit von Verbrauchern genutzt werden dürfen, zum Zweck der Übermittlung erhebt, speichert oder verändert, hat Auskunftsverlangen von Darlehensgebern aus anderen Mitgliedstaaten der Europäischen Union genauso zu behandeln wie Auskunftsverlangen inländischer Darlehensgeber.

(2) [1] Wer den Abschluss eines Verbraucherdarlehensvertrags oder eines Vertrags über eine entgeltliche Finanzierungshilfe mit einem Verbraucher infolge einer Auskunft einer Stelle im Sinne des Absatzes 1 ablehnt, hat den Verbraucher unverzüglich hierüber sowie über die erhaltene Auskunft zu unterrichten. [2] Die Unterrichtung unterbleibt, soweit hierdurch die öffentliche Sicherheit oder Ordnung gefährdet würde. [3] § 37 bleibt unberührt.

§ 31 Schutz des Wirtschaftsverkehrs bei Scoring und Bonitätsauskünften. (1) Die Verwendung eines Wahrscheinlichkeitswerts über ein bestimmtes zukünftiges Verhalten einer natürlichen Person zum Zweck der Entscheidung über die Begründung, Durchführung oder Beendigung eines Vertragsverhältnisses mit dieser Person (Scoring) ist nur zulässig, wenn

1. die Vorschriften des Datenschutzrechts eingehalten wurden,
2. die zur Berechnung des Wahrscheinlichkeitswerts genutzten Daten unter Zugrundelegung eines wissenschaftlich anerkannten mathematisch-statistischen Verfahrens nachweisbar für die Berechnung der Wahrscheinlichkeit des bestimmten Verhaltens erheblich sind,
3. für die Berechnung des Wahrscheinlichkeitswerts nicht ausschließlich Anschriftendaten genutzt wurden und
4. im Fall der Nutzung von Anschriftendaten die betroffene Person vor Berechnung des Wahrscheinlichkeitswerts über die vorgesehene Nutzung dieser Daten unterrichtet worden ist; die Unterrichtung ist zu dokumentieren.

(2) [1] Die Verwendung eines von Auskunfteien ermittelten Wahrscheinlichkeitswerts über die Zahlungsfähig- und Zahlungswilligkeit einer natürlichen Person ist im Fall der Einbeziehung von Informationen über Forderungen nur zulässig, soweit die Voraussetzungen nach Absatz 1 vorliegen und nur solche Forderungen über eine geschuldete Leistung, die trotz Fälligkeit nicht erbracht worden ist, berücksichtigt werden,

[1] **Schönfelder Nr. 85.**

1. die durch ein rechtskräftiges oder für vorläufig vollstreckbar erklärtes Urteil festgestellt worden sind oder für die ein Schuldtitel nach § 794 der Zivilprozessordnung[1] vorliegt,

2. die nach § 178 der Insolvenzordnung[2] festgestellt und nicht vom Schuldner im Prüfungstermin bestritten worden sind,

3. die der Schuldner ausdrücklich anerkannt hat,

4. bei denen

 a) der Schuldner nach Eintritt der Fälligkeit der Forderung mindestens zweimal schriftlich gemahnt worden ist,

 b) die erste Mahnung mindestens vier Wochen zurückliegt,

 c) der Schuldner zuvor, jedoch frühestens bei der ersten Mahnung, über eine mögliche Berücksichtigung durch eine Auskunftei unterrichtet worden ist und

 d) der Schuldner die Forderung nicht bestritten hat oder

5. deren zugrunde liegendes Vertragsverhältnis aufgrund von Zahlungsrückständen fristlos gekündigt werden kann und bei denen der Schuldner zuvor über eine mögliche Berücksichtigung durch eine Auskunftei unterrichtet worden ist.

[2] Die Zulässigkeit der Verarbeitung, einschließlich der Ermittlung von Wahrscheinlichkeitswerten, von anderen bonitätsrelevanten Daten nach allgemeinem Datenschutzrecht bleibt unberührt.

Kapitel 2. Rechte der betroffenen Person

§ 32 Informationspflicht bei Erhebung von personenbezogenen Daten bei der betroffenen Person. (1) Die Pflicht zur Information der betroffenen Person gemäß Artikel 13 Absatz 3 der Verordnung (EU) 2016/679 besteht ergänzend zu der in Artikel 13 Absatz 4 der Verordnung (EU) 2016/679 genannten Ausnahme dann nicht, wenn die Erteilung der Information über die beabsichtigte Weiterverarbeitung

1. eine Weiterverarbeitung analog gespeicherter Daten betrifft, bei der sich der Verantwortliche durch die Weiterverarbeitung unmittelbar an die betroffene Person wendet, der Zweck mit dem ursprünglichen Erhebungszweck gemäß der Verordnung (EU) 2016/679 vereinbar ist, die Kommunikation mit der betroffenen Person nicht in digitaler Form erfolgt und das Interesse der betroffenen Person an der Informationserteilung nach den Umständen des Einzelfalls, insbesondere mit Blick auf den Zusammenhang, in dem die Daten erhoben wurden, als gering anzusehen ist,

2. im Fall einer öffentlichen Stelle die ordnungsgemäße Erfüllung der in der Zuständigkeit des Verantwortlichen liegenden Aufgaben im Sinne des Artikels 23 Absatz 1 Buchstabe a bis e der Verordnung (EU) 2016/679 gefährden würde und die Interessen des Verantwortlichen an der Nichterteilung der Information die Interessen der betroffenen Person überwiegen,

[1] **Schönfelder Nr. 100.**
[2] **Schönfelder Nr. 110.**

3. die öffentliche Sicherheit oder Ordnung gefährden oder sonst dem Wohl des Bundes oder eines Landes Nachteile bereiten würde und die Interessen des Verantwortlichen an der Nichterteilung der Information die Interessen der betroffenen Person überwiegen,

4. die Geltendmachung, Ausübung oder Verteidigung rechtlicher Ansprüche beeinträchtigen würde und die Interessen des Verantwortlichen an der Nichterteilung der Information die Interessen der betroffenen Person überwiegen oder

5. eine vertrauliche Übermittlung von Daten an öffentliche Stellen gefährden würde.

(2) [1] Unterbleibt eine Information der betroffenen Person nach Maßgabe des Absatzes 1, ergreift der Verantwortliche geeignete Maßnahmen zum Schutz der berechtigten Interessen der betroffenen Person, einschließlich der Bereitstellung der in Artikel 13 Absatz 1 und 2 der Verordnung (EU) 2016/679 genannten Informationen für die Öffentlichkeit in präziser, transparenter, verständlicher und leicht zugänglicher Form in einer klaren und einfachen Sprache. [2] Der Verantwortliche hält schriftlich fest, aus welchen Gründen er von einer Information abgesehen hat. [3] Die Sätze 1 und 2 finden in den Fällen des Absatzes 1 Nummer 4 und 5 keine Anwendung.

(3) Unterbleibt die Benachrichtigung in den Fällen des Absatzes 1 wegen eines vorübergehenden Hinderungsgrundes, kommt der Verantwortliche der Informationspflicht unter Berücksichtigung der spezifischen Umstände der Verarbeitung innerhalb einer angemessenen Frist nach Fortfall des Hinderungsgrundes, spätestens jedoch innerhalb von zwei Wochen, nach.

§ 33 Informationspflicht, wenn die personenbezogenen Daten nicht bei der betroffenen Person erhoben wurden. (1) Die Pflicht zur Information der betroffenen Person gemäß Artikel 14 Absatz 1, 2 und 4 der Verordnung (EU) 2016/679 besteht ergänzend zu den in Artikel 14 Absatz 5 der Verordnung (EU) 2016/679 und der in § 29 Absatz 1 Satz 1 genannten Ausnahme nicht, wenn die Erteilung der Information

1. im Fall einer öffentlichen Stelle

 a) die ordnungsgemäße Erfüllung der in der Zuständigkeit des Verantwortlichen liegenden Aufgaben im Sinne des Artikels 23 Absatz 1 Buchstabe a bis e der Verordnung (EU) 2016/679 gefährden würde oder

 b) die öffentliche Sicherheit oder Ordnung gefährden oder sonst dem Wohl des Bundes oder eines Landes Nachteile bereiten würde

und deswegen das Interesse der betroffenen Person an der Informationserteilung zurücktreten muss,

2. im Fall einer nichtöffentlichen Stelle

 a) die Geltendmachung, Ausübung oder Verteidigung zivilrechtlicher Ansprüche beeinträchtigen würde oder die Verarbeitung Daten aus zivilrechtlichen Verträgen beinhaltet und der Verhütung von Schäden durch Straftaten dient, sofern nicht das berechtigte Interesse der betroffenen Person an der Informationserteilung überwiegt, oder

 b) die zuständige öffentliche Stelle gegenüber dem Verantwortlichen festgestellt hat, dass das Bekanntwerden der Daten die öffentliche Sicherheit oder Ordnung gefährden oder sonst dem Wohl des Bundes oder eines

Landes Nachteile bereiten würde; im Fall der Datenverarbeitung für Zwecke der Strafverfolgung bedarf es keiner Feststellung nach dem ersten Halbsatz.

(2) [1] Unterbleibt eine Information der betroffenen Person nach Maßgabe des Absatzes 1, ergreift der Verantwortliche geeignete Maßnahmen zum Schutz der berechtigten Interessen der betroffenen Person, einschließlich der Bereitstellung der in Artikel 14 Absatz 1 und 2 der Verordnung (EU) 2016/679 genannten Informationen für die Öffentlichkeit in präziser, transparenter, verständlicher und leicht zugänglicher Form in einer klaren und einfachen Sprache. [2] Der Verantwortliche hält schriftlich fest, aus welchen Gründen er von einer Information abgesehen hat.

(3) Bezieht sich die Informationserteilung auf die Übermittlung personenbezogener Daten durch öffentliche Stellen an Verfassungsschutzbehörden, den Bundesnachrichtendienst, den Militärischen Abschirmdienst und, soweit die Sicherheit des Bundes berührt wird, andere Behörden des Bundesministeriums der Verteidigung, ist sie nur mit Zustimmung dieser Stellen zulässig.

§ 34 Auskunftsrecht der betroffenen Person. (1) Das Recht auf Auskunft der betroffenen Person gemäß Artikel 15 der Verordnung (EU) 2016/679 besteht ergänzend zu den in § 27 Absatz 2, § 28 Absatz 2 und § 29 Absatz 1 Satz 2 genannten Ausnahmen nicht, wenn

1. die betroffene Person nach § 33 Absatz 1 Nummer 1, 2 Buchstabe b oder Absatz 3 nicht zu informieren ist, oder

2. die Daten

 a) nur deshalb gespeichert sind, weil sie aufgrund gesetzlicher oder satzungsmäßiger Aufbewahrungsvorschriften nicht gelöscht werden dürfen, oder

 b) ausschließlich Zwecken der Datensicherung oder der Datenschutzkontrolle dienen

 und die Auskunftserteilung einen unverhältnismäßigen Aufwand erfordern würde sowie eine Verarbeitung zu anderen Zwecken durch geeignete technische und organisatorische Maßnahmen ausgeschlossen ist.

(2) [1] Die Gründe der Auskunftsverweigerung sind zu dokumentieren. [2] Die Ablehnung der Auskunftserteilung ist gegenüber der betroffenen Person zu begründen, soweit nicht durch die Mitteilung der tatsächlichen und rechtlichen Gründe, auf die die Entscheidung gestützt wird, der mit der Auskunftsverweigerung verfolgte Zweck gefährdet würde. [3] Die zum Zweck der Auskunftserteilung an die betroffene Person und zu deren Vorbereitung gespeicherten Daten dürfen nur für diesen Zweck sowie für Zwecke der Datenschutzkontrolle verarbeitet werden; für andere Zwecke ist die Verarbeitung nach Maßgabe des Artikels 18 der Verordnung (EU) 2016/679 einzuschränken.

(3) [1] Wird der betroffenen Person durch eine öffentliche Stelle des Bundes keine Auskunft erteilt, so ist sie auf ihr Verlangen der oder dem Bundesbeauftragten zu erteilen, soweit nicht die jeweils zuständige oberste Bundesbehörde im Einzelfall feststellt, dass dadurch die Sicherheit des Bundes oder eines Landes gefährdet würde. [2] Die Mitteilung der oder des Bundesbeauftragten an die betroffene Person über das Ergebnis der datenschutzrechtlichen Prüfung

darf keine Rückschlüsse auf den Erkenntnisstand des Verantwortlichen zulassen, sofern dieser nicht einer weitergehenden Auskunft zustimmt.

(4) Das Recht der betroffenen Person auf Auskunft über personenbezogene Daten, die durch eine öffentliche Stelle weder automatisiert verarbeitet noch nicht automatisiert verarbeitet und in einem Dateisystem gespeichert werden, besteht nur, soweit die betroffene Person Angaben macht, die das Auffinden der Daten ermöglichen, und der für die Erteilung der Auskunft erforderliche Aufwand nicht außer Verhältnis zu dem von der betroffenen Person geltend gemachten Informationsinteresse steht.

§ 35 Recht auf Löschung. (1) ¹Ist eine Löschung im Fall nicht automatisierter Datenverarbeitung wegen der besonderen Art der Speicherung nicht oder nur mit unverhältnismäßig hohem Aufwand möglich und ist das Interesse der betroffenen Person an der Löschung als gering anzusehen, besteht das Recht der betroffenen Person auf und die Pflicht des Verantwortlichen zur Löschung personenbezogener Daten gemäß Artikel 17 Absatz 1 der Verordnung (EU) 2016/679¹⁾ ergänzend zu den in Artikel 17 Absatz 3 der Verordnung (EU) 2016/679 genannten Ausnahmen nicht. ²In diesem Fall tritt an die Stelle einer Löschung die Einschränkung der Verarbeitung gemäß Artikel 18 der Verordnung (EU) 2016/679. ³Die Sätze 1 und 2 finden keine Anwendung, wenn die personenbezogenen Daten unrechtmäßig verarbeitet wurden.

(2) ¹Ergänzend zu Artikel 18 Absatz 1 Buchstabe b und c der Verordnung (EU) 2016/679 gilt Absatz 1 Satz 1 und 2 entsprechend im Fall des Artikels 17 Absatz 1 Buchstabe a und d der Verordnung (EU) 2016/679, solange und soweit der Verantwortliche Grund zu der Annahme hat, dass durch eine Löschung schutzwürdige Interessen der betroffenen Person beeinträchtigt würden. ²Der Verantwortliche unterrichtet die betroffene Person über die Einschränkung der Verarbeitung, sofern sich die Unterrichtung nicht als unmöglich erweist oder einen unverhältnismäßigen Aufwand erfordern würde.

(3) Ergänzend zu Artikel 17 Absatz 3 Buchstabe b der Verordnung (EU) 2016/679 gilt Absatz 1 entsprechend im Fall des Artikels 17 Absatz 1 Buchstabe a der Verordnung (EU) 2016/679, wenn einer Löschung satzungsgemäße oder vertragliche Aufbewahrungsfristen entgegenstehen.

§ 36 Widerspruchsrecht. Das Recht auf Widerspruch gemäß Artikel 21 Absatz 1 der Verordnung (EU) 2016/679¹⁾ gegenüber einer öffentlichen Stelle besteht nicht, soweit an der Verarbeitung ein zwingendes öffentliches Interesse besteht, das die Interessen der betroffenen Person überwiegt, oder eine Rechtsvorschrift zur Verarbeitung verpflichtet.

§ 37 Automatisierte Entscheidungen im Einzelfall einschließlich Profiling. (1) Das Recht gemäß Artikel 22 Absatz 1 der Verordnung (EU) 2016/679¹⁾, *keiner ausschließlich* auf einer automatisierten Verarbeitung beruhenden Entscheidung unterworfen zu werden, besteht über die in Artikel 22 Absatz 2 Buchstabe a und c der Verordnung (EU) 2016/679 genannten Ausnahmen hinaus nicht, wenn die Entscheidung im Rahmen der Leistungserbringung nach einem Versicherungsvertrag ergeht und

1. dem Begehren der betroffenen Person stattgegeben wurde oder

¹⁾ Nr. 246.

2. die Entscheidung auf der Anwendung verbindlicher Entgeltregelungen für Heilbehandlungen beruht und der Verantwortliche für den Fall, dass dem Antrag nicht vollumfänglich stattgegeben wird, angemessene Maßnahmen zur Wahrung der berechtigten Interessen der betroffenen Person trifft, wozu mindestens das Recht auf Erwirkung des Eingreifens einer Person seitens des Verantwortlichen, auf Darlegung des eigenen Standpunktes und auf Anfechtung der Entscheidung zählt; der Verantwortliche informiert die betroffene Person über diese Rechte spätestens zum Zeitpunkt der Mitteilung, aus der sich ergibt, dass dem Antrag der betroffenen Person nicht vollumfänglich stattgegeben wird.

(2) [1] Entscheidungen nach Absatz 1 dürfen auf der Verarbeitung von Gesundheitsdaten im Sinne des Artikels 4 Nummer 15 der Verordnung (EU) 2016/679 beruhen. [2] Der Verantwortliche sieht angemessene und spezifische Maßnahmen zur Wahrung der Interessen der betroffenen Person gemäß § 22 Absatz 2 Satz 2 vor.

Kapitel 3. Pflichten der Verantwortlichen und Auftragsverarbeiter

§ 38[1]) Datenschutzbeauftragte nichtöffentlicher Stellen. (1) [1] Ergänzend zu Artikel 37 Absatz 1 Buchstabe b und c der Verordnung (EU) 2016/679[2]) benennen der Verantwortliche und der Auftragsverarbeiter eine Datenschutzbeauftragte oder einen Datenschutzbeauftragten, soweit sie in der Regel mindestens 20 Personen ständig mit der automatisierten Verarbeitung personenbezogener Daten beschäftigen. [2] Nehmen der Verantwortliche oder der Auftragsverarbeiter Verarbeitungen vor, die einer Datenschutz-Folgenabschätzung nach Artikel 35 der Verordnung (EU) 2016/679 unterliegen, oder verarbeiten sie personenbezogene Daten geschäftsmäßig zum Zweck der Übermittlung, der anonymisierten Übermittlung oder für Zwecke der Markt- oder Meinungsforschung, haben sie unabhängig von der Anzahl der mit der Verarbeitung beschäftigten Personen eine Datenschutzbeauftragte oder einen Datenschutzbeauftragten zu benennen.

(2) § 6 Absatz 4, 5 Satz 2 und Absatz 6 finden Anwendung, § 6 Absatz 4 jedoch nur, wenn die Benennung einer oder eines Datenschutzbeauftragten verpflichtend ist.

§ 39 Akkreditierung. [1] Die Erteilung der Befugnis, als Zertifizierungsstelle gemäß Artikel 43 Absatz 1 Satz 1 der Verordnung (EU) 2016/679[2]) tätig zu werden, erfolgt durch die für die datenschutzrechtliche Aufsicht über die Zertifizierungsstelle zuständige Aufsichtsbehörde des Bundes oder der Länder auf der Grundlage einer Akkreditierung durch die Deutsche Akkreditierungsstelle. [2] § 2 Absatz 3 Satz 2, § 4 Absatz 3 und § 10 Absatz 1 Satz 1 Nummer 3 des Akkreditierungsstellengesetzes finden mit der Maßgabe Anwendung, dass der Datenschutz als ein dem Anwendungsbereich des § 1 Absatz 2 Satz 2 unterfallender Bereich gilt.

Kapitel 4. Aufsichtsbehörde für die Datenverarbeitung durch nichtöffentliche Stellen

§ 40 Aufsichtsbehörden der Länder. (1) Die nach Landesrecht zuständigen Behörden überwachen im Anwendungsbereich der Verordnung (EU)

[1]) § 38 Abs. 1 Satz 1 geänd. mWv 26.11.2019 durch G v. 20.11.2019 (BGBl. I S. 1626).
[2]) Nr. **246**.

2016/679 bei den nichtöffentlichen Stellen die Anwendung der Vorschriften über den Datenschutz.

(2) [1] Hat der Verantwortliche oder Auftragsverarbeiter mehrere inländische Niederlassungen, findet für die Bestimmung der zuständigen Aufsichtsbehörde Artikel 4 Nummer 16 der Verordnung (EU) 2016/679 entsprechende Anwendung. [2] Wenn sich mehrere Behörden für zuständig oder für unzuständig halten oder wenn die Zuständigkeit aus anderen Gründen zweifelhaft ist, treffen die Aufsichtsbehörden die Entscheidung gemeinsam nach Maßgabe des § 18 Absatz 2. [3] § 3 Absatz 3 und 4 des Verwaltungsverfahrensgesetzes[1] findet entsprechende Anwendung.

(3) [1] Die Aufsichtsbehörde darf die von ihr gespeicherten Daten nur für Zwecke der Aufsicht verarbeiten; hierbei darf sie Daten an andere Aufsichtsbehörden übermitteln. [2] Eine Verarbeitung zu einem anderen Zweck ist über Artikel 6 Absatz 4 der Verordnung (EU) 2016/679 hinaus zulässig, wenn

1. offensichtlich ist, dass sie im Interesse der betroffenen Person liegt und kein Grund zu der Annahme besteht, dass sie in Kenntnis des anderen Zwecks ihre Einwilligung verweigern würde,

2. sie zur Abwehr erheblicher Nachteile für das Gemeinwohl oder einer Gefahr für die öffentliche Sicherheit oder zur Wahrung erheblicher Belange des Gemeinwohls erforderlich ist oder

3. sie zur Verfolgung von Straftaten oder Ordnungswidrigkeiten, zur Vollstreckung oder zum Vollzug von Strafen oder Maßnahmen im Sinne des § 11 Absatz 1 Nummer 8 des Strafgesetzbuchs[2] oder von Erziehungsmaßregeln oder Zuchtmitteln im Sinne des Jugendgerichtsgesetzes[3] oder zur Vollstreckung von Geldbußen erforderlich ist.

[3] Stellt die Aufsichtsbehörde einen Verstoß gegen die Vorschriften über den Datenschutz fest, so ist sie befugt, die betroffenen Personen hierüber zu unterrichten, den Verstoß anderen für die Verfolgung oder Ahndung zuständigen Stellen anzuzeigen sowie bei schwerwiegenden Verstößen die Gewerbeaufsichtsbehörde zur Durchführung gewerberechtlicher Maßnahmen zu unterrichten. [4] § 13 Absatz 4 Satz 4 bis 7 gilt entsprechend.

(4) [1] Die der Aufsicht unterliegenden Stellen sowie die mit deren Leitung beauftragten Personen haben einer Aufsichtsbehörde auf Verlangen die für die Erfüllung ihrer Aufgaben erforderlichen Auskünfte zu erteilen. [2] Der Auskunftspflichtige kann die Auskunft auf solche Fragen verweigern, deren Beantwortung ihn selbst oder einen der in § 383 Absatz 1 Nummer 1 bis 3 der Zivilprozessordnung[4] bezeichneten Angehörigen der Gefahr strafgerichtlicher Verfolgung oder eines Verfahrens nach dem Gesetz über Ordnungswidrigkeiten[5] aussetzen würde. [3] Der Auskunftspflichtige ist darauf hinzuweisen.

(5) [1] Die von einer Aufsichtsbehörde mit der Überwachung der Einhaltung der Vorschriften über den Datenschutz beauftragten Personen sind befugt, zur Erfüllung ihrer Aufgaben Grundstücke und Geschäftsräume der Stelle zu

[1] Nr. 100.
[2] **Schönfelder Nr. 85.**
[3] **Schönfelder Nr. 89.**
[4] **Schönfelder Nr. 100.**
[5] **Schönfelder Nr. 94.**

betreten und Zugang zu allen Datenverarbeitungsanlagen und -geräten zu erhalten. [2] Die Stelle ist insoweit zur Duldung verpflichtet. [3] § 16 Absatz 4 gilt entsprechend.

(6) [1] Die Aufsichtsbehörden beraten und unterstützen die Datenschutzbeauftragten mit Rücksicht auf deren typische Bedürfnisse. [2] Sie können die Abberufung der oder des Datenschutzbeauftragten verlangen, wenn sie oder er die zur Erfüllung ihrer oder seiner Aufgaben erforderliche Fachkunde nicht besitzt oder im Fall des Artikels 38 Absatz 6 der Verordnung (EU) 2016/679 ein schwerwiegender Interessenkonflikt vorliegt.

(7) Die Anwendung der Gewerbeordnung[1]) bleibt unberührt.

Kapitel 5. Sanktionen

§ 41 Anwendung der Vorschriften über das Bußgeld- und Strafverfahren. (1) [1] Für Verstöße nach Artikel 83 Absatz 4 bis 6 der Verordnung (EU) 2016/679 gelten, soweit dieses Gesetz nichts anderes bestimmt, die Vorschriften des Gesetzes über Ordnungswidrigkeiten[2]) sinngemäß. [2] Die §§ 17, 35 und 36 des Gesetzes über Ordnungswidrigkeiten finden keine Anwendung. [3] § 68 des Gesetzes über Ordnungswidrigkeiten findet mit der Maßgabe Anwendung, dass das Landgericht entscheidet, wenn die festgesetzte Geldbuße den Betrag von einhunderttausend Euro übersteigt.

(2) [1] Für Verfahren wegen eines Verstoßes nach Artikel 83 Absatz 4 bis 6 der Verordnung (EU) 2016/679 gelten, soweit dieses Gesetz nichts anderes bestimmt, die Vorschriften des Gesetzes über Ordnungswidrigkeiten und der allgemeinen Gesetze über das Strafverfahren, namentlich der Strafprozessordnung[3]) und des Gerichtsverfassungsgesetzes[4]), entsprechend. [2] Die §§ 56 bis 58, 87, 88, 99 und 100 des Gesetzes über Ordnungswidrigkeiten finden keine Anwendung. [3] § 69 Absatz 4 Satz 2 des Gesetzes über Ordnungswidrigkeiten findet mit der Maßgabe Anwendung, dass die Staatsanwaltschaft das Verfahren nur mit Zustimmung der Aufsichtsbehörde, die den Bußgeldbescheid erlassen hat, einstellen kann.

§ 42 Strafvorschriften. (1) Mit Freiheitsstrafe bis zu drei Jahren oder mit Geldstrafe wird bestraft, wer wissentlich nicht allgemein zugängliche personenbezogene Daten einer großen Zahl von Personen, ohne hierzu berechtigt zu sein,

1. einem Dritten übermittelt oder

2. auf andere Art und Weise zugänglich macht

und hierbei gewerbsmäßig handelt.

(2) Mit Freiheitsstrafe bis zu zwei Jahren oder mit Geldstrafe wird bestraft, wer personenbezogene Daten, die nicht allgemein zugänglich sind,

1. ohne hierzu berechtigt zu sein, verarbeitet oder

2. durch unrichtige Angaben erschleicht

[1]) Nr. **800.**
[2]) **Schönfelder Nr. 94.**
[3]) **Schönfelder Nr. 90.**
[4]) **Schönfelder Nr. 95.**

und hierbei gegen Entgelt oder in der Absicht handelt, sich oder einen anderen zu bereichern oder einen anderen zu schädigen.

(3) ¹Die Tat wird nur auf Antrag verfolgt. ²Antragsberechtigt sind die betroffene Person, der Verantwortliche, die oder der Bundesbeauftragte und die Aufsichtsbehörde.

(4) Eine Meldung nach Artikel 33 der Verordnung (EU) 2016/679 oder eine Benachrichtigung nach Artikel 34 Absatz 1 der Verordnung (EU) 2016/679 darf in einem Strafverfahren gegen den Meldepflichtigen oder Benachrichtigenden oder seine in § 52 Absatz 1 der Strafprozessordnung[1] bezeichneten Angehörigen nur mit Zustimmung des Meldepflichtigen oder Benachrichtigenden verwendet werden.

§ 43 Bußgeldvorschriften. (1) Ordnungswidrig handelt, wer vorsätzlich oder fahrlässig

1. entgegen § 30 Absatz 1 ein Auskunftsverlangen nicht richtig behandelt oder

2. entgegen § 30 Absatz 2 Satz 1 einen Verbraucher nicht, nicht richtig, nicht vollständig oder nicht rechtzeitig unterrichtet.

(2) Die Ordnungswidrigkeit kann mit einer Geldbuße bis zu fünfzigtausend Euro geahndet werden.

(3) Gegen Behörden und sonstige öffentliche Stellen im Sinne des § 2 Absatz 1 werden keine Geldbußen verhängt.

(4) Eine Meldung nach Artikel 33 der Verordnung (EU) 2016/679 oder eine Benachrichtigung nach Artikel 34 Absatz 1 der Verordnung (EU) 2016/679 darf in einem Verfahren nach dem Gesetz über Ordnungswidrigkeiten[2] gegen den Meldepflichtigen oder Benachrichtigenden oder seine in § 52 Absatz 1 der Strafprozessordnung[1] bezeichneten Angehörigen nur mit Zustimmung des Meldepflichtigen oder Benachrichtigenden verwendet werden.

Kapitel 6. Rechtsbehelfe

§ 44 Klagen gegen den Verantwortlichen oder Auftragsverarbeiter.

(1) ¹Klagen der betroffenen Person gegen einen Verantwortlichen oder einen Auftragsverarbeiter wegen eines Verstoßes gegen datenschutzrechtliche Bestimmungen im Anwendungsbereich der Verordnung (EU) 2016/679 oder der darin enthaltenen Rechte der betroffenen Person können bei dem Gericht des Ortes erhoben werden, an dem sich eine Niederlassung des Verantwortlichen oder Auftragsverarbeiters befindet. ²Klagen nach Satz 1 können auch bei dem Gericht des Ortes erhoben werden, an dem die betroffene *Person ihren gewöhnlichen Aufenthaltsort hat.*

(2) Absatz 1 gilt nicht für Klagen gegen Behörden, die in Ausübung ihrer hoheitlichen Befugnisse tätig geworden sind.

(3) ¹Hat der Verantwortliche oder Auftragsverarbeiter einen Vertreter nach Artikel 27 Absatz 1 der Verordnung (EU) 2016/679 benannt, gilt dieser auch

[1] **Schönfelder Nr. 90.**
[2] **Schönfelder Nr. 94.**

als bevollmächtigt, Zustellungen in zivilgerichtlichen Verfahren nach Absatz 1 entgegenzunehmen. [2] § 184 der Zivilprozessordnung[1] bleibt unberührt.

Teil 3. Bestimmungen für Verarbeitungen zu Zwecken gemäß Artikel 1 Absatz 1 der Richtlinie (EU) 2016/680

Kapitel 1. Anwendungsbereich, Begriffsbestimmungen und allgemeine Grundsätze für die Verarbeitung personenbezogener Daten

§ 45 Anwendungsbereich. [1] Die Vorschriften dieses Teils gelten für die Verarbeitung personenbezogener Daten durch die für die Verhütung, Ermittlung, Aufdeckung, Verfolgung oder Ahndung von Straftaten oder Ordnungswidrigkeiten zuständigen öffentlichen Stellen, soweit sie Daten zum Zweck der Erfüllung dieser Aufgaben verarbeiten. [2] Die öffentlichen Stellen gelten dabei als Verantwortliche. [3] Die Verhütung von Straftaten im Sinne des Satzes 1 umfasst den Schutz vor und die Abwehr von Gefahren für die öffentliche Sicherheit. [4] Die Sätze 1 und 2 finden zudem Anwendung auf diejenigen öffentlichen Stellen, die für die Vollstreckung von Strafen, von Maßnahmen im Sinne des § 11 Absatz 1 Nummer 8 des Strafgesetzbuchs[2], von Erziehungsmaßregeln oder Zuchtmitteln im Sinne des Jugendgerichtsgesetzes[3] und von Geldbußen zuständig sind. [5] Soweit dieser Teil Vorschriften für Auftragsverarbeiter enthält, gilt er auch für diese.

§ 46 Begriffsbestimmungen. Es bezeichnen die Begriffe:

1. „personenbezogene Daten" alle Informationen, die sich auf eine identifizierte oder identifizierbare natürliche Person (betroffene Person) beziehen; als identifizierbar wird eine natürliche Person angesehen, die direkt oder indirekt, insbesondere mittels Zuordnung zu einer Kennung wie einem Namen, zu einer Kennnummer, zu Standortdaten, zu einer Online-Kennung oder zu einem oder mehreren besonderen Merkmalen, die Ausdruck der physischen, physiologischen, genetischen, psychischen, wirtschaftlichen, kulturellen oder sozialen Identität dieser Person sind, identifiziert werden kann;

2. „Verarbeitung" jeden mit oder ohne Hilfe automatisierter Verfahren ausgeführten Vorgang oder jede solche Vorgangsreihe im Zusammenhang mit personenbezogenen Daten wie das Erheben, das Erfassen, die Organisation, das Ordnen, die Speicherung, die Anpassung, die Veränderung, das Auslesen, das Abfragen, die Verwendung, die Offenlegung durch Übermittlung, Verbreitung oder eine andere Form der Bereitstellung, den Abgleich, die Verknüpfung, die Einschränkung, das Löschen oder die Vernichtung;

3. „Einschränkung der Verarbeitung" die Markierung gespeicherter personenbezogener Daten mit dem Ziel, ihre künftige Verarbeitung einzuschränken;

[1] *Schönfelder Nr. 100.*
[2] *Schönfelder Nr. 85.*
[3] *Schönfelder Nr. 89.*

4. „Profiling" jede Art der automatisierten Verarbeitung personenbezogener Daten, bei der diese Daten verwendet werden, um bestimmte persönliche Aspekte, die sich auf eine natürliche Person beziehen, zu bewerten, insbesondere um Aspekte der Arbeitsleistung, der wirtschaftlichen Lage, der Gesundheit, der persönlichen Vorlieben, der Interessen, der Zuverlässigkeit, des Verhaltens, der Aufenthaltsorte oder der Ortswechsel dieser natürlichen Person zu analysieren oder vorherzusagen;

5. „Pseudonymisierung" die Verarbeitung personenbezogener Daten in einer Weise, in der die Daten ohne Hinzuziehung zusätzlicher Informationen nicht mehr einer spezifischen betroffenen Person zugeordnet werden können, sofern diese zusätzlichen Informationen gesondert aufbewahrt werden und technischen und organisatorischen Maßnahmen unterliegen, die gewährleisten, dass die Daten keiner betroffenen Person zugewiesen werden können;

6. „Dateisystem" jede strukturierte Sammlung personenbezogener Daten, die nach bestimmten Kriterien zugänglich sind, unabhängig davon, ob diese Sammlung zentral, dezentral oder nach funktionalen oder geografischen Gesichtspunkten geordnet geführt wird;

7. „Verantwortlicher" die natürliche oder juristische Person, Behörde, Einrichtung oder andere Stelle, die allein oder gemeinsam mit anderen über die Zwecke und Mittel der Verarbeitung von personenbezogenen Daten entscheidet;

8. „Auftragsverarbeiter" eine natürliche oder juristische Person, Behörde, Einrichtung oder andere Stelle, die personenbezogene Daten im Auftrag des Verantwortlichen verarbeitet;

9. „Empfänger" eine natürliche oder juristische Person, Behörde, Einrichtung oder andere Stelle, der personenbezogene Daten offengelegt werden, unabhängig davon, ob es sich bei ihr um einen Dritten handelt oder nicht; Behörden, die im Rahmen eines bestimmten Untersuchungsauftrags nach dem Unionsrecht oder anderen Rechtsvorschriften personenbezogene Daten erhalten, gelten jedoch nicht als Empfänger; die Verarbeitung dieser Daten durch die genannten Behörden erfolgt im Einklang mit den geltenden Datenschutzvorschriften gemäß den Zwecken der Verarbeitung;

10. „Verletzung des Schutzes personenbezogener Daten" eine Verletzung der Sicherheit, die zur unbeabsichtigten oder unrechtmäßigen Vernichtung, zum Verlust, zur Veränderung oder zur unbefugten Offenlegung von oder zum unbefugten Zugang zu personenbezogenen Daten geführt hat, die verarbeitet wurden;

11. „genetische Daten" personenbezogene Daten zu den ererbten oder erworbenen genetischen Eigenschaften einer natürlichen Person, die eindeutige Informationen über die Physiologie oder die Gesundheit dieser Person liefern, insbesondere solche, die aus der Analyse einer biologischen Probe der Person gewonnen wurden;

12. „biometrische Daten" mit speziellen technischen Verfahren gewonnene personenbezogene Daten zu den physischen, physiologischen oder verhaltenstypischen Merkmalen einer natürlichen Person, die die eindeutige Identifizierung dieser natürlichen Person ermöglichen oder bestätigen, insbesondere Gesichtsbilder oder daktyloskopische Daten;

13. „Gesundheitsdaten" personenbezogene Daten, die sich auf die körperliche oder geistige Gesundheit einer natürlichen Person, einschließlich der Erbringung von Gesundheitsdienstleistungen, beziehen und aus denen Informationen über deren Gesundheitszustand hervorgehen;

14. „besondere Kategorien personenbezogener Daten"

 a) Daten, aus denen die rassische oder ethnische Herkunft, politische Meinungen, religiöse oder weltanschauliche Überzeugungen oder die Gewerkschaftszugehörigkeit hervorgehen,

 b) genetische Daten,

 c) biometrische Daten zur eindeutigen Identifizierung einer natürlichen Person,

 d) Gesundheitsdaten und

 e) Daten zum Sexualleben oder zur sexuellen Orientierung;

15. „Aufsichtsbehörde" eine von einem Mitgliedstaat gemäß Artikel 41 der Richtlinie (EU) 2016/680 eingerichtete unabhängige staatliche Stelle;

16. „internationale Organisation" eine völkerrechtliche Organisation und ihre nachgeordneten Stellen sowie jede sonstige Einrichtung, die durch eine von zwei oder mehr Staaten geschlossene Übereinkunft oder auf der Grundlage einer solchen Übereinkunft geschaffen wurde;

17. „Einwilligung" jede freiwillig für den bestimmten Fall, in informierter Weise und unmissverständlich abgegebene Willensbekundung in Form einer Erklärung oder einer sonstigen eindeutigen bestätigenden Handlung, mit der die betroffene Person zu verstehen gibt, dass sie mit der Verarbeitung der sie betreffenden personenbezogenen Daten einverstanden ist.

§ 47 Allgemeine Grundsätze für die Verarbeitung personenbezogener Daten. Personenbezogene Daten müssen

1. auf rechtmäßige Weise und nach Treu und Glauben verarbeitet werden,

2. für festgelegte, eindeutige und rechtmäßige Zwecke erhoben und nicht in einer mit diesen Zwecken nicht zu vereinbarenden Weise verarbeitet werden,

3. dem Verarbeitungszweck entsprechen, für das Erreichen des Verarbeitungszwecks erforderlich sein und ihre Verarbeitung nicht außer Verhältnis zu diesem Zweck stehen,

4. sachlich richtig und erforderlichenfalls auf dem neuesten Stand sein; dabei sind alle angemessenen Maßnahmen zu treffen, damit personenbezogene Daten, die im Hinblick auf die Zwecke ihrer Verarbeitung unrichtig sind, unverzüglich gelöscht oder berichtigt werden,

5. nicht länger als es für die Zwecke, für die sie verarbeitet werden, erforderlich ist, in einer Form gespeichert werden, die die Identifizierung der betroffenen Personen ermöglicht, und

6. in einer Weise verarbeitet werden, die eine angemessene Sicherheit der personenbezogenen Daten gewährleistet; hierzu gehört auch ein durch geeignete technische und organisatorische Maßnahmen zu gewährleistender Schutz vor unbefugter oder unrechtmäßiger Verarbeitung, unbeabsichtigtem Verlust, unbeabsichtigter Zerstörung oder unbeabsichtigter Schädigung.

Kapitel 2. Rechtsgrundlagen der Verarbeitung personenbezogener Daten

§ 48 Verarbeitung besonderer Kategorien personenbezogener Daten. (1) Die Verarbeitung besonderer Kategorien personenbezogener Daten ist nur zulässig, wenn sie zur Aufgabenerfüllung unbedingt erforderlich ist.

(2) [1] Werden besondere Kategorien personenbezogener Daten verarbeitet, sind geeignete Garantien für die Rechtsgüter der betroffenen Personen vorzusehen. [2] Geeignete Garantien können insbesondere sein

1. spezifische Anforderungen an die Datensicherheit oder die Datenschutzkontrolle,

2. die Festlegung von besonderen Aussonderungsprüffristen,

3. die Sensibilisierung der an Verarbeitungsvorgängen Beteiligten,

4. die Beschränkung des Zugangs zu den personenbezogenen Daten innerhalb der verantwortlichen Stelle,

5. die von anderen Daten getrennte Verarbeitung,

6. die Pseudonymisierung personenbezogener Daten,

7. die Verschlüsselung personenbezogener Daten oder

8. spezifische Verfahrensregelungen, die im Fall einer Übermittlung oder Verarbeitung für andere Zwecke die Rechtmäßigkeit der Verarbeitung sicherstellen.

§ 49 Verarbeitung zu anderen Zwecken. [1] Eine Verarbeitung personenbezogener Daten zu einem anderen Zweck als zu demjenigen, zu dem sie erhoben wurden, ist zulässig, wenn es sich bei dem anderen Zweck um einen der in § 45 genannten Zwecke handelt, der Verantwortliche befugt ist, Daten zu diesem Zweck zu verarbeiten, und die Verarbeitung zu diesem Zweck erforderlich und verhältnismäßig ist. [2] Die Verarbeitung personenbezogener Daten zu einem anderen, in § 45 nicht genannten Zweck ist zulässig, wenn sie in einer Rechtsvorschrift vorgesehen ist.

§ 50 Verarbeitung zu archivarischen, wissenschaftlichen und statistischen Zwecken. [1] Personenbezogene Daten dürfen im Rahmen der in § 45 genannten Zwecke in archivarischer, wissenschaftlicher oder statistischer Form verarbeitet werden, wenn hieran ein öffentliches Interesse besteht und geeignete Garantien für die Rechtsgüter der betroffenen Personen vorgesehen werden. [2] Solche Garantien können in einer so zeitnah wie möglich erfolgenden Anonymisierung der personenbezogenen Daten, in Vorkehrungen gegen ihre unbefugte Kenntnisnahme durch Dritte oder in ihrer räumlich und organisatorisch von den sonstigen Fachaufgaben getrennten Verarbeitung bestehen.

§ 51 Einwilligung. (1) Soweit die Verarbeitung personenbezogener Daten nach einer Rechtsvorschrift auf der Grundlage einer Einwilligung erfolgen kann, muss der Verantwortliche die Einwilligung der betroffenen Person nachweisen können.

(2) Erfolgt die Einwilligung der betroffenen Person durch eine schriftliche Erklärung, die noch andere Sachverhalte betrifft, muss das Ersuchen um Einwilligung in verständlicher und leicht zugänglicher Form in einer klaren

und einfachen Sprache so erfolgen, dass es von den anderen Sachverhalten klar zu unterscheiden ist.

(3) [1] Die betroffene Person hat das Recht, ihre Einwilligung jederzeit zu widerrufen. [2] Durch den Widerruf der Einwilligung wird die Rechtmäßigkeit der aufgrund der Einwilligung bis zum Widerruf erfolgten Verarbeitung nicht berührt. [3] Die betroffene Person ist vor Abgabe der Einwilligung hiervon in Kenntnis zu setzen.

(4) [1] Die Einwilligung ist nur wirksam, wenn sie auf der freien Entscheidung der betroffenen Person beruht. [2] Bei der Beurteilung, ob die Einwilligung freiwillig erteilt wurde, müssen die Umstände der Erteilung berücksichtigt werden. [3] Die betroffene Person ist auf den vorgesehenen Zweck der Verarbeitung hinzuweisen. [4] Ist dies nach den Umständen des Einzelfalles erforderlich oder verlangt die betroffene Person dies, ist sie auch über die Folgen der Verweigerung der Einwilligung zu belehren.

(5) Soweit besondere Kategorien personenbezogener Daten verarbeitet werden, muss sich die Einwilligung ausdrücklich auf diese Daten beziehen.

§ 52 Verarbeitung auf Weisung des Verantwortlichen. Jede einem Verantwortlichen oder einem Auftragsverarbeiter unterstellte Person, die Zugang zu personenbezogenen Daten hat, darf diese Daten ausschließlich auf Weisung des Verantwortlichen verarbeiten, es sei denn, dass sie nach einer Rechtsvorschrift zur Verarbeitung verpflichtet ist.

§ 53 Datengeheimnis. [1] Mit Datenverarbeitung befasste Personen dürfen personenbezogene Daten nicht unbefugt verarbeiten (Datengeheimnis). [2] Sie sind bei der Aufnahme ihrer Tätigkeit auf das Datengeheimnis zu verpflichten. [3] Das Datengeheimnis besteht auch nach der Beendigung ihrer Tätigkeit fort.

§ 54 Automatisierte Einzelentscheidung. (1) Eine ausschließlich auf einer automatischen Verarbeitung beruhende Entscheidung, die mit einer nachteiligen Rechtsfolge für die betroffene Person verbunden ist oder sie erheblich beeinträchtigt, ist nur zulässig, wenn sie in einer Rechtsvorschrift vorgesehen ist.

(2) Entscheidungen nach Absatz 1 dürfen nicht auf besonderen Kategorien personenbezogener Daten beruhen, sofern nicht geeignete Maßnahmen zum Schutz der Rechtsgüter sowie der berechtigten Interessen der betroffenen Personen getroffen wurden.

(3) Profiling, das zur Folge hat, dass betroffene Personen auf der Grundlage von besonderen Kategorien personenbezogener Daten diskriminiert werden, ist verboten.

Kapitel 3. Rechte der betroffenen Person

§ 55 Allgemeine Informationen zu Datenverarbeitungen. Der Verantwortliche hat in allgemeiner Form und für jedermann zugänglich Informationen zur Verfügung zu stellen über

1. die Zwecke der von ihm vorgenommenen Verarbeitungen,

2. die im Hinblick auf die Verarbeitung ihrer personenbezogenen Daten bestehenden Rechte der betroffenen Personen auf Auskunft, Berichtigung, Löschung und Einschränkung der Verarbeitung,

3. den Namen und die Kontaktdaten des Verantwortlichen und der oder des Datenschutzbeauftragten,

4. das Recht, die Bundesbeauftragte oder den Bundesbeauftragten anzurufen, und

5. die Erreichbarkeit der oder des Bundesbeauftragten.

§ 56 Benachrichtigung betroffener Personen. (1) Ist die Benachrichtigung betroffener Personen über die Verarbeitung sie betreffender personenbezogener Daten in speziellen Rechtsvorschriften, insbesondere bei verdeckten Maßnahmen, vorgesehen oder angeordnet, so hat diese Benachrichtigung zumindest die folgenden Angaben zu enthalten:

1. die in § 55 genannten Angaben,

2. die Rechtsgrundlage der Verarbeitung,

3. die für die Daten geltende Speicherdauer oder, falls dies nicht möglich ist, die Kriterien für die Festlegung dieser Dauer,

4. gegebenenfalls die Kategorien von Empfängern der personenbezogenen Daten sowie

5. erforderlichenfalls weitere Informationen, insbesondere, wenn die personenbezogenen Daten ohne Wissen der betroffenen Person erhoben wurden.

(2) In den Fällen des Absatzes 1 kann der Verantwortliche die Benachrichtigung insoweit und solange aufschieben, einschränken oder unterlassen, wie andernfalls

1. die Erfüllung der in § 45 genannten Aufgaben,

2. die öffentliche Sicherheit oder

3. Rechtsgüter Dritter

gefährdet würden, wenn das Interesse an der Vermeidung dieser Gefahren das Informationsinteresse der betroffenen Person überwiegt.

(3) Bezieht sich die Benachrichtigung auf die Übermittlung personenbezogener Daten an Verfassungsschutzbehörden, den Bundesnachrichtendienst, den Militärischen Abschirmdienst und, soweit die Sicherheit des Bundes berührt wird, andere Behörden des Bundesministeriums der Verteidigung, ist sie nur mit Zustimmung dieser Stellen zulässig.

(4) Im Fall der Einschränkung nach Absatz 2 gilt § 57 Absatz 7 entsprechend.

§ 57 Auskunftsrecht. (1) [1] Der Verantwortliche hat betroffenen Personen auf Antrag Auskunft darüber zu erteilen, ob er sie betreffende Daten verarbeitet. [2] Betroffene Personen haben darüber hinaus das Recht, Informationen zu erhalten über

1. die personenbezogenen Daten, die Gegenstand der Verarbeitung sind, und die Kategorie, zu der sie gehören,

2. die verfügbaren Informationen über die Herkunft der Daten,

3. die Zwecke der Verarbeitung und deren Rechtsgrundlage,

4. die Empfänger oder die Kategorien von Empfängern, gegenüber denen die Daten offengelegt worden sind, insbesondere bei Empfängern in Drittstaaten oder bei internationalen Organisationen,

5. die für die Daten geltende Speicherdauer oder, falls dies nicht möglich ist, die Kriterien für die Festlegung dieser Dauer,

6. das Bestehen eines Rechts auf Berichtigung, Löschung oder Einschränkung der Verarbeitung der Daten durch den Verantwortlichen,

7. das Recht nach § 60, die Bundesbeauftragte oder den Bundesbeauftragten anzurufen, sowie

8. Angaben zur Erreichbarkeit der oder des Bundesbeauftragten.

(2) Absatz 1 gilt nicht für personenbezogene Daten, die nur deshalb verarbeitet werden, weil sie aufgrund gesetzlicher Aufbewahrungsvorschriften nicht gelöscht werden dürfen oder die ausschließlich Zwecken der Datensicherung oder der Datenschutzkontrolle dienen, wenn die Auskunftserteilung einen unverhältnismäßigen Aufwand erfordern würde und eine Verarbeitung zu anderen Zwecken durch geeignete technische und organisatorische Maßnahmen ausgeschlossen ist.

(3) Von der Auskunftserteilung ist abzusehen, wenn die betroffene Person keine Angaben macht, die das Auffinden der Daten ermöglichen, und deshalb der für die Erteilung der Auskunft erforderliche Aufwand außer Verhältnis zu dem von der betroffenen Person geltend gemachten Informationsinteresse steht.

(4) Der Verantwortliche kann unter den Voraussetzungen des § 56 Absatz 2 von der Auskunft nach Absatz 1 Satz 1 absehen oder die Auskunftserteilung nach Absatz 1 Satz 2 teilweise oder vollständig einschränken.

(5) Bezieht sich die Auskunftserteilung auf die Übermittlung personenbezogener Daten an Verfassungsschutzbehörden, den Bundesnachrichtendienst, den Militärischen Abschirmdienst und, soweit die Sicherheit des Bundes berührt wird, andere Behörden des Bundesministeriums der Verteidigung, ist sie nur mit Zustimmung dieser Stellen zulässig.

(6) [1] Der Verantwortliche hat die betroffene Person über das Absehen von oder die Einschränkung einer Auskunft unverzüglich schriftlich zu unterrichten. [2] Dies gilt nicht, wenn bereits die Erteilung dieser Informationen eine Gefährdung im Sinne des § 56 Absatz 2 mit sich bringen würde. [3] Die Unterrichtung nach Satz 1 ist zu begründen, es sei denn, dass die Mitteilung der Gründe den mit dem Absehen von oder der Einschränkung der Auskunft verfolgten Zweck gefährden würde.

(7) [1] Wird die betroffene Person nach Absatz 6 über das Absehen von oder die Einschränkung der Auskunft unterrichtet, kann sie ihr Auskunftsrecht auch über die Bundesbeauftragte oder den Bundesbeauftragten ausüben. [2] Der Verantwortliche hat die betroffene Person über diese Möglichkeit sowie darüber zu unterrichten, dass sie gemäß § 60 die Bundesbeauftragte oder den Bundesbeauftragten anrufen oder gerichtlichen Rechtsschutz suchen kann. [3] Macht die betroffene Person von ihrem Recht nach Satz 1 Gebrauch, ist die Auskunft auf ihr Verlangen der oder dem Bundesbeauftragten zu erteilen, soweit nicht die zuständige oberste Bundesbehörde im Einzelfall feststellt, dass dadurch die Sicherheit des Bundes oder eines Landes gefährdet würde. [4] Die

oder der Bundesbeauftragte hat die betroffene Person zumindest darüber zu unterrichten, dass alle erforderlichen Prüfungen erfolgt sind oder eine Überprüfung durch sie stattgefunden hat. [5] Diese Mitteilung kann die Information enthalten, ob datenschutzrechtliche Verstöße festgestellt wurden. [6] Die Mitteilung der oder des Bundesbeauftragten an die betroffene Person darf keine Rückschlüsse auf den Erkenntnisstand des Verantwortlichen zulassen, sofern dieser keiner weitergehenden Auskunft zustimmt. [7] Der Verantwortliche darf die Zustimmung nur insoweit und solange verweigern, wie er nach Absatz 4 von einer Auskunft absehen oder sie einschränken könnte. [8] Die oder der Bundesbeauftragte hat zudem die betroffene Person über ihr Recht auf gerichtlichen Rechtsschutz zu unterrichten.

(8) Der Verantwortliche hat die sachlichen oder rechtlichen Gründe für die Entscheidung zu dokumentieren.

§ 58 Rechte auf Berichtigung und Löschung sowie Einschränkung der Verarbeitung. (1) [1] Die betroffene Person hat das Recht, von dem Verantwortlichen unverzüglich die Berichtigung sie betreffender unrichtiger Daten zu verlangen. [2] Insbesondere im Fall von Aussagen oder Beurteilungen betrifft die Frage der Richtigkeit nicht den Inhalt der Aussage oder Beurteilung. [3] Wenn die Richtigkeit oder Unrichtigkeit der Daten nicht festgestellt werden kann, tritt an die Stelle der Berichtigung eine Einschränkung der Verarbeitung. [4] In diesem Fall hat der Verantwortliche die betroffene Person zu unterrichten, bevor er die Einschränkung wieder aufhebt. [5] Die betroffene Person kann zudem die Vervollständigung unvollständiger personenbezogener Daten verlangen, wenn dies unter Berücksichtigung der Verarbeitungszwecke angemessen ist.

(2) Die betroffene Person hat das Recht, von dem Verantwortlichen unverzüglich die Löschung sie betreffender Daten zu verlangen, wenn deren Verarbeitung unzulässig ist, deren Kenntnis für die Aufgabenerfüllung nicht mehr erforderlich ist oder diese zur Erfüllung einer rechtlichen Verpflichtung gelöscht werden müssen.

(3) [1] Anstatt die personenbezogenen Daten zu löschen, kann der Verantwortliche deren Verarbeitung einschränken, wenn

1. Grund zu der Annahme besteht, dass eine Löschung schutzwürdige Interessen einer betroffenen Person beeinträchtigen würde,

2. die Daten zu Beweiszwecken in Verfahren, die Zwecken des § 45 dienen, weiter aufbewahrt werden müssen oder

3. eine Löschung wegen der besonderen Art der Speicherung nicht oder nur mit unverhältnismäßigem Aufwand möglich ist.

[2] In ihrer Verarbeitung nach Satz 1 eingeschränkte Daten dürfen nur zu dem Zweck verarbeitet werden, der ihrer Löschung entgegenstand.

(4) Bei automatisierten Dateisystemen ist technisch sicherzustellen, dass eine Einschränkung der Verarbeitung eindeutig erkennbar ist und eine Verarbeitung für andere Zwecke nicht ohne weitere Prüfung möglich ist.

(5) [1] Hat der Verantwortliche eine Berichtigung vorgenommen, hat er einer Stelle, die ihm die personenbezogenen Daten zuvor übermittelt hat, die Berichtigung mitzuteilen. [2] In Fällen der Berichtigung, Löschung oder Einschränkung der Verarbeitung nach den Absätzen 1 bis 3 hat der Verantwort-

liche Empfängern, denen die Daten übermittelt wurden, diese Maßnahmen mitzuteilen. [3] Der Empfänger hat die Daten zu berichtigen, zu löschen oder ihre Verarbeitung einzuschränken.

(6) [1] Der Verantwortliche hat die betroffene Person über ein Absehen von der Berichtigung oder Löschung personenbezogener Daten oder über die an deren Stelle tretende Einschränkung der Verarbeitung schriftlich zu unterrichten. [2] Dies gilt nicht, wenn bereits die Erteilung dieser Informationen eine Gefährdung im Sinne des § 56 Absatz 2 mit sich bringen würde. [3] Die Unterrichtung nach Satz 1 ist zu begründen, es sei denn, dass die Mitteilung der Gründe den mit dem Absehen von der Unterrichtung verfolgten Zweck gefährden würde.

(7) § 57 Absatz 7 und 8 findet entsprechende Anwendung.

§ 59 Verfahren für die Ausübung der Rechte der betroffenen Person.

(1) [1] Der Verantwortliche hat mit betroffenen Personen unter Verwendung einer klaren und einfachen Sprache in präziser, verständlicher und leicht zugänglicher Form zu kommunizieren. [2] Unbeschadet besonderer Formvorschriften soll er bei der Beantwortung von Anträgen grundsätzlich die für den Antrag gewählte Form verwenden.

(2) Bei Anträgen hat der Verantwortliche die betroffene Person unbeschadet des § 57 Absatz 6 und des § 58 Absatz 6 unverzüglich schriftlich darüber in Kenntnis zu setzen, wie verfahren wurde.

(3) [1] Die Erteilung von Informationen nach § 55, die Benachrichtigungen nach den §§ 56 und 66 und die Bearbeitung von Anträgen nach den §§ 57 und 58 erfolgen unentgeltlich. [2] Bei offenkundig unbegründeten oder exzessiven Anträgen nach den §§ 57 und 58 kann der Verantwortliche entweder eine angemessene Gebühr auf der Grundlage der Verwaltungskosten verlangen oder sich weigern, aufgrund des Antrags tätig zu werden. [3] In diesem Fall muss der Verantwortliche den offenkundig unbegründeten oder exzessiven Charakter des Antrags belegen können.

(4) Hat der Verantwortliche begründete Zweifel an der Identität einer betroffenen Person, die einen Antrag nach den §§ 57 oder 58 gestellt hat, kann er von ihr zusätzliche Informationen anfordern, die zur Bestätigung ihrer Identität erforderlich sind.

§ 60 Anrufung der oder des Bundesbeauftragten. (1) [1] Jede betroffene Person kann sich unbeschadet anderweitiger Rechtsbehelfe mit einer Beschwerde an die Bundesbeauftragte oder den Bundesbeauftragten wenden, wenn sie der Auffassung ist, bei der Verarbeitung ihrer personenbezogenen Daten durch öffentliche Stellen zu den in § 45 genannten Zwecken in ihren Rechten verletzt worden zu sein. [2] Dies gilt nicht für die Verarbeitung von personenbezogenen Daten durch Gerichte, soweit diese die Daten im Rahmen ihrer justiziellen Tätigkeit verarbeitet haben. [3] Die oder der Bundesbeauftragte hat die betroffene Person über den Stand und das Ergebnis der Beschwerde zu unterrichten und sie hierbei auf die Möglichkeit gerichtlichen Rechtsschutzes nach § 61 hinzuweisen.

(2) [1] Die oder der Bundesbeauftragte hat eine bei ihr oder ihm eingelegte Beschwerde über eine Verarbeitung, die in die Zuständigkeit einer Aufsichtsbehörde in einem anderen Mitgliedstaat der Europäischen Union fällt, unver-

züglich an die zuständige Aufsichtsbehörde des anderen Staates weiterzulei-
ten. [2] Sie oder er hat in diesem Fall die betroffene Person über die Weiterlei-
tung zu unterrichten und ihr auf deren Ersuchen weitere Unterstützung zu
leisten.

**§ 61 Rechtsschutz gegen Entscheidungen der oder des Bundesbeauf-
tragten oder bei deren oder dessen Untätigkeit.** (1) Jede natürliche oder
juristische Person kann unbeschadet anderer Rechtsbehelfe gerichtlich gegen
eine verbindliche Entscheidung der oder des Bundesbeauftragten vorgehen.

(2) Absatz 1 gilt entsprechend zugunsten betroffener Personen, wenn sich
die oder der Bundesbeauftragte mit einer Beschwerde nach § 60 nicht befasst
oder die betroffene Person nicht innerhalb von drei Monaten nach Einlegung
der Beschwerde über den Stand oder das Ergebnis der Beschwerde in Kennt-
nis gesetzt hat.

Kapitel 4. Pflichten der Verantwortlichen und Auftragsverarbeiter

§ 62 Auftragsverarbeitung. (1) [1] Werden personenbezogene Daten im
Auftrag eines Verantwortlichen durch andere Personen oder Stellen verarbei-
tet, hat der Verantwortliche für die Einhaltung der Vorschriften dieses Ge-
setzes und anderer Vorschriften über den Datenschutz zu sorgen. [2] Die Rech-
te der betroffenen Personen auf Auskunft, Berichtigung, Löschung, Ein-
schränkung der Verarbeitung und Schadensersatz sind in diesem Fall gegen-
über dem Verantwortlichen geltend zu machen.

(2) Ein Verantwortlicher darf nur solche Auftragsverarbeiter mit der Ver-
arbeitung personenbezogener Daten beauftragen, die mit geeigneten tech-
nischen und organisatorischen Maßnahmen sicherstellen, dass die Verarbei-
tung im Einklang mit den gesetzlichen Anforderungen erfolgt und der Schutz
der Rechte der betroffenen Personen gewährleistet wird.

(3) [1] Auftragsverarbeiter dürfen ohne vorherige schriftliche Genehmigung
des Verantwortlichen keine weiteren Auftragsverarbeiter hinzuziehen. [2] Hat
der Verantwortliche dem Auftragsverarbeiter eine allgemeine Genehmigung
zur Hinzuziehung weiterer Auftragsverarbeiter erteilt, hat der Auftragsver-
arbeiter den Verantwortlichen über jede beabsichtigte Hinzuziehung oder
Ersetzung zu informieren. [3] Der Verantwortliche kann in diesem Fall die
Hinzuziehung oder Ersetzung untersagen.

(4) [1] Zieht ein Auftragsverarbeiter einen weiteren Auftragsverarbeiter hin-
zu, so hat er diesem dieselben Verpflichtungen aus seinem Vertrag mit dem
Verantwortlichen nach Absatz 5 aufzuerlegen, die auch für ihn gelten, soweit
diese Pflichten für den weiteren Auftragsverarbeiter nicht schon aufgrund
anderer Vorschriften verbindlich sind. [2] Erfüllt ein weiterer Auftragsverarbei-
ter diese Verpflichtungen nicht, so haftet der ihn beauftragende Auftragsver-
arbeiter gegenüber dem Verantwortlichen für die Einhaltung der Pflichten des
weiteren Auftragsverarbeiters.

(5) [1] Die Verarbeitung durch einen Auftragsverarbeiter hat auf der Grund-
lage eines Vertrags oder eines anderen Rechtsinstruments zu erfolgen, der
oder das den Auftragsverarbeiter an den Verantwortlichen bindet und der oder
das den Gegenstand, die Dauer, die Art und den Zweck der Verarbeitung, die
Art der personenbezogenen Daten, die Kategorien betroffener Personen und

die Rechte und Pflichten des Verantwortlichen festlegt. [2] Der Vertrag oder das andere Rechtsinstrument haben insbesondere vorzusehen, dass der Auftragsverarbeiter

1. nur auf dokumentierte Weisung des Verantwortlichen handelt; ist der Auftragsverarbeiter der Auffassung, dass eine Weisung rechtswidrig ist, hat er den Verantwortlichen unverzüglich zu informieren;

2. gewährleistet, dass die zur Verarbeitung der personenbezogenen Daten befugten Personen zur Vertraulichkeit verpflichtet werden, soweit sie keiner angemessenen gesetzlichen Verschwiegenheitspflicht unterliegen;

3. den Verantwortlichen mit geeigneten Mitteln dabei unterstützt, die Einhaltung der Bestimmungen über die Rechte der betroffenen Person zu gewährleisten;

4. alle personenbezogenen Daten nach Abschluss der Erbringung der Verarbeitungsleistungen nach Wahl des Verantwortlichen zurückgibt oder löscht und bestehende Kopien vernichtet, wenn nicht nach einer Rechtsvorschrift eine Verpflichtung zur Speicherung der Daten besteht;

5. dem Verantwortlichen alle erforderlichen Informationen, insbesondere die gemäß § 76 erstellten Protokolle, zum Nachweis der Einhaltung seiner Pflichten zur Verfügung stellt;

6. Überprüfungen, die von dem Verantwortlichen oder einem von diesem beauftragten Prüfer durchgeführt werden, ermöglicht und dazu beiträgt;

7. die in den Absätzen 3 und 4 aufgeführten Bedingungen für die Inanspruchnahme der Dienste eines weiteren Auftragsverarbeiters einhält;

8. alle gemäß § 64 erforderlichen Maßnahmen ergreift und

9. unter Berücksichtigung der Art der Verarbeitung und der ihm zur Verfügung stehenden Informationen den Verantwortlichen bei der Einhaltung der in den §§ 64 bis 67 und § 69 genannten Pflichten unterstützt.

(6) Der Vertrag im Sinne des Absatzes 5 ist schriftlich oder elektronisch abzufassen.

(7) Ein Auftragsverarbeiter, der die Zwecke und Mittel der Verarbeitung unter Verstoß gegen diese Vorschrift bestimmt, gilt in Bezug auf diese Verarbeitung als Verantwortlicher.

§ 63 Gemeinsam Verantwortliche. [1] Legen zwei oder mehr Verantwortliche gemeinsam die Zwecke und die Mittel der Verarbeitung fest, gelten sie als gemeinsam Verantwortliche. [2] Gemeinsam Verantwortliche haben ihre jeweiligen Aufgaben und datenschutzrechtlichen Verantwortlichkeiten in transparenter Form in einer Vereinbarung festzulegen, soweit diese nicht bereits in Rechtsvorschriften festgelegt sind. [3] Aus der Vereinbarung muss insbesondere hervorgehen, wer welchen Informationspflichten nachzukommen hat und wie und gegenüber wem betroffene Personen ihre Rechte wahrnehmen können. [4] Eine entsprechende Vereinbarung hindert die betroffene Person nicht, ihre Rechte gegenüber jedem der gemeinsam Verantwortlichen geltend zu machen.

§ 64 Anforderungen an die Sicherheit der Datenverarbeitung.
(1) [1] Der Verantwortliche und der Auftragsverarbeiter haben unter Berücksichtigung des Stands der Technik, der Implementierungskosten, der Art, des

Umfangs, der Umstände und der Zwecke der Verarbeitung sowie der Eintrittswahrscheinlichkeit und der Schwere der mit der Verarbeitung verbundenen Gefahren für die Rechtsgüter der betroffenen Personen die erforderlichen technischen und organisatorischen Maßnahmen zu treffen, um bei der Verarbeitung personenbezogener Daten ein dem Risiko angemessenes Schutzniveau zu gewährleisten, insbesondere im Hinblick auf die Verarbeitung besonderer Kategorien personenbezogener Daten. [2] Der Verantwortliche hat hierbei die einschlägigen Technischen Richtlinien und Empfehlungen des Bundesamtes für Sicherheit in der Informationstechnik zu berücksichtigen.

(2) [1] Die in Absatz 1 genannten Maßnahmen können unter anderem die Pseudonymisierung und Verschlüsselung personenbezogener Daten umfassen, soweit solche Mittel in Anbetracht der Verarbeitungszwecke möglich sind. [2] Die Maßnahmen nach Absatz 1 sollen dazu führen, dass

1. die Vertraulichkeit, Integrität, Verfügbarkeit und Belastbarkeit der Systeme und Dienste im Zusammenhang mit der Verarbeitung auf Dauer sichergestellt werden und

2. die Verfügbarkeit der personenbezogenen Daten und der Zugang zu ihnen bei einem physischen oder technischen Zwischenfall rasch wiederhergestellt werden können.

(3) [1] Im Fall einer automatisierten Verarbeitung haben der Verantwortliche und der Auftragsverarbeiter nach einer Risikobewertung Maßnahmen zu ergreifen, die Folgendes bezwecken:

1. Verwehrung des Zugangs zu Verarbeitungsanlagen, mit denen die Verarbeitung durchgeführt wird, für Unbefugte (Zugangskontrolle),

2. Verhinderung des unbefugten Lesens, Kopierens, Veränderns oder Löschens von Datenträgern (Datenträgerkontrolle),

3. Verhinderung der unbefugten Eingabe von personenbezogenen Daten sowie der unbefugten Kenntnisnahme, Veränderung und Löschung von gespeicherten personenbezogenen Daten (Speicherkontrolle),

4. Verhinderung der Nutzung automatisierter Verarbeitungssysteme mit Hilfe von Einrichtungen zur Datenübertragung durch Unbefugte (Benutzerkontrolle),

5. Gewährleistung, dass die zur Benutzung eines automatisierten Verarbeitungssystems Berechtigten ausschließlich zu den von ihrer Zugangsberechtigung umfassten personenbezogenen Daten Zugang haben (Zugriffskontrolle),

6. Gewährleistung, dass überprüft und festgestellt werden kann, an welche Stellen personenbezogene Daten mit Hilfe von Einrichtungen zur Datenübertragung übermittelt oder zur Verfügung gestellt wurden oder werden können (Übertragungskontrolle),

7. Gewährleistung, dass nachträglich überprüft und festgestellt werden kann, welche personenbezogenen Daten zu welcher Zeit und von wem in automatisierte Verarbeitungssysteme eingegeben oder verändert worden sind (Eingabekontrolle),

8. Gewährleistung, dass bei der Übermittlung personenbezogener Daten sowie beim Transport von Datenträgern die Vertraulichkeit und Integrität der Daten geschützt werden (Transportkontrolle),

9. Gewährleistung, dass eingesetzte Systeme im Störungsfall wiederhergestellt werden können (Wiederherstellbarkeit),

10. Gewährleistung, dass alle Funktionen des Systems zur Verfügung stehen und auftretende Fehlfunktionen gemeldet werden (Zuverlässigkeit),

11. Gewährleistung, dass gespeicherte personenbezogene Daten nicht durch Fehlfunktionen des Systems beschädigt werden können (Datenintegrität),

12. Gewährleistung, dass personenbezogene Daten, die im Auftrag verarbeitet werden, nur entsprechend den Weisungen des Auftraggebers verarbeitet werden können (Auftragskontrolle),

13. Gewährleistung, dass personenbezogene Daten gegen Zerstörung oder Verlust geschützt sind (Verfügbarkeitskontrolle),

14. Gewährleistung, dass zu unterschiedlichen Zwecken erhobene personenbezogene Daten getrennt verarbeitet werden können (Trennbarkeit).

[2] Ein Zweck nach Satz 1 Nummer 2 bis 5 kann insbesondere durch die Verwendung von dem Stand der Technik entsprechenden Verschlüsselungsverfahren erreicht werden.

§ 65 Meldung von Verletzungen des Schutzes personenbezogener Daten an die oder den Bundesbeauftragten. (1) [1] Der Verantwortliche hat eine Verletzung des Schutzes personenbezogener Daten unverzüglich und möglichst innerhalb von 72 Stunden, nachdem sie ihm bekannt geworden ist, der oder dem Bundesbeauftragten zu melden, es sei denn, dass die Verletzung voraussichtlich keine Gefahr für die Rechtsgüter natürlicher Personen mit sich gebracht hat. [2] Erfolgt die Meldung an die Bundesbeauftragte oder den Bundesbeauftragten nicht innerhalb von 72 Stunden, so ist die Verzögerung zu begründen.

(2) Ein Auftragsverarbeiter hat eine Verletzung des Schutzes personenbezogener Daten unverzüglich dem Verantwortlichen zu melden.

(3) Die Meldung nach Absatz 1 hat zumindest folgende Informationen zu enthalten:

1. eine Beschreibung der Art der Verletzung des Schutzes personenbezogener Daten, die, soweit möglich, Angaben zu den Kategorien und der ungefähren Anzahl der betroffenen Personen, zu den betroffenen Kategorien personenbezogener Daten und zu der ungefähren Anzahl der betroffenen personenbezogenen Datensätze zu enthalten hat,

2. den Namen und die Kontaktdaten der oder des Datenschutzbeauftragten oder einer sonstigen Person oder Stelle, die weitere Informationen erteilen kann,

3. eine Beschreibung der wahrscheinlichen Folgen der Verletzung und

4. eine Beschreibung der von dem Verantwortlichen ergriffenen oder vorgeschlagenen Maßnahmen zur Behandlung der Verletzung und der getroffenen Maßnahmen zur Abmilderung ihrer möglichen nachteiligen Auswirkungen.

(4) Wenn die Informationen nach Absatz 3 nicht zusammen mit der Meldung übermittelt werden können, hat der Verantwortliche sie unverzüglich nachzureichen, sobald sie ihm vorliegen.

(5) [1] Der Verantwortliche hat Verletzungen des Schutzes personenbezogener Daten zu dokumentieren. [2] Die Dokumentation hat alle mit den Vorfällen

zusammenhängenden Tatsachen, deren Auswirkungen und die ergriffenen Abhilfemaßnahmen zu umfassen.

(6) Soweit von einer Verletzung des Schutzes personenbezogener Daten personenbezogene Daten betroffen sind, die von einem oder an einen Verantwortlichen in einem anderen Mitgliedstaat der Europäischen Union übermittelt wurden, sind die in Absatz 3 genannten Informationen dem dortigen Verantwortlichen unverzüglich zu übermitteln.

(7) § 42 Absatz 4 findet entsprechende Anwendung.

(8) Weitere Pflichten des Verantwortlichen zu Benachrichtigungen über Verletzungen des Schutzes personenbezogener Daten bleiben unberührt.

§ 66 Benachrichtigung betroffener Personen bei Verletzungen des Schutzes personenbezogener Daten. (1) Hat eine Verletzung des Schutzes personenbezogener Daten voraussichtlich eine erhebliche Gefahr für Rechtsgüter betroffener Personen zur Folge, so hat der Verantwortliche die betroffenen Personen unverzüglich über den Vorfall zu benachrichtigen.

(2) Die Benachrichtigung nach Absatz 1 hat in klarer und einfacher Sprache die Art der Verletzung des Schutzes personenbezogener Daten zu beschreiben und zumindest die in § 65 Absatz 3 Nummer 2 bis 4 genannten Informationen und Maßnahmen zu enthalten.

(3) Von der Benachrichtigung nach Absatz 1 kann abgesehen werden, wenn

1. der Verantwortliche geeignete technische und organisatorische Sicherheitsvorkehrungen getroffen hat und diese Vorkehrungen auf die von der Verletzung des Schutzes personenbezogener Daten betroffenen Daten angewandt wurden; dies gilt insbesondere für Vorkehrungen wie Verschlüsselungen, durch die die Daten für unbefugte Personen unzugänglich gemacht wurden;

2. der Verantwortliche durch im Anschluss an die Verletzung getroffene Maßnahmen sichergestellt hat, dass aller Wahrscheinlichkeit nach keine erhebliche Gefahr im Sinne des Absatzes 1 mehr besteht, oder

3. dies mit einem unverhältnismäßigen Aufwand verbunden wäre; in diesem Fall hat stattdessen eine öffentliche Bekanntmachung oder eine ähnliche Maßnahme zu erfolgen, durch die die betroffenen Personen vergleichbar wirksam informiert werden.

(4) ¹Wenn der Verantwortliche die betroffenen Personen über eine Verletzung des Schutzes personenbezogener Daten nicht benachrichtigt hat, kann die oder der Bundesbeauftragte förmlich feststellen, dass ihrer oder seiner Auffassung nach die in Absatz 3 genannten Voraussetzungen nicht erfüllt sind. ²Hierbei hat sie oder er die Wahrscheinlichkeit zu berücksichtigen, dass die Verletzung eine erhebliche Gefahr im Sinne des Absatzes 1 zur Folge hat.

(5) Die Benachrichtigung der betroffenen Personen nach Absatz 1 kann unter den in § 56 Absatz 2 genannten Voraussetzungen aufgeschoben, eingeschränkt oder unterlassen werden, soweit nicht die Interessen der betroffenen Person aufgrund der von der Verletzung ausgehenden erheblichen Gefahr im Sinne des Absatzes 1 überwiegen.

(6) § 42 Absatz 4 findet entsprechende Anwendung.

§ 67 Durchführung einer Datenschutz-Folgenabschätzung. (1) Hat eine Form der Verarbeitung, insbesondere bei Verwendung neuer Technologien, aufgrund der Art, des Umfangs, der Umstände und der Zwecke der Verarbeitung voraussichtlich eine erhebliche Gefahr für die Rechtsgüter betroffener Personen zur Folge, so hat der Verantwortliche vorab eine Abschätzung der Folgen der vorgesehenen Verarbeitungsvorgänge für die betroffenen Personen durchzuführen.

(2) Für die Untersuchung mehrerer ähnlicher Verarbeitungsvorgänge mit ähnlich hohem Gefahrenpotential kann eine gemeinsame Datenschutz-Folgenabschätzung vorgenommen werden.

(3) Der Verantwortliche hat die Datenschutzbeauftragte oder den Datenschutzbeauftragten an der Durchführung der Folgenabschätzung zu beteiligen.

(4) Die Folgenabschätzung hat den Rechten der von der Verarbeitung betroffenen Personen Rechnung zu tragen und zumindest Folgendes zu enthalten:

1. eine systematische Beschreibung der geplanten Verarbeitungsvorgänge und der Zwecke der Verarbeitung,
2. eine Bewertung der Notwendigkeit und Verhältnismäßigkeit der Verarbeitungsvorgänge in Bezug auf deren Zweck,
3. eine Bewertung der Gefahren für die Rechtsgüter der betroffenen Personen und
4. die Maßnahmen, mit denen bestehenden Gefahren abgeholfen werden soll, einschließlich der Garantien, der Sicherheitsvorkehrungen und der Verfahren, durch die der Schutz personenbezogener Daten sichergestellt und die Einhaltung der gesetzlichen Vorgaben nachgewiesen werden sollen.

(5) Soweit erforderlich, hat der Verantwortliche eine Überprüfung durchzuführen, ob die Verarbeitung den Maßgaben folgt, die sich aus der Folgenabschätzung ergeben haben.

§ 68 Zusammenarbeit mit der oder dem Bundesbeauftragten. Der Verantwortliche hat mit der oder dem Bundesbeauftragten bei der Erfüllung ihrer oder seiner Aufgaben zusammenzuarbeiten.

§ 69 Anhörung der oder des Bundesbeauftragten. (1) [1] Der Verantwortliche hat vor der Inbetriebnahme von neu anzulegenden Dateisystemen die Bundesbeauftragte oder den Bundesbeauftragten anzuhören, wenn

1. aus einer Datenschutz-Folgenabschätzung nach § 67 hervorgeht, dass die Verarbeitung eine erhebliche Gefahr für die Rechtsgüter der betroffenen Personen zur Folge hätte, wenn der Verantwortliche keine Abhilfemaßnahmen treffen würde, oder
2. die Form der Verarbeitung, insbesondere bei der Verwendung neuer Technologien, Mechanismen oder Verfahren, eine erhebliche Gefahr für die Rechtsgüter der betroffenen Personen zur Folge hat.

[2] Die oder der Bundesbeauftragte kann eine Liste der Verarbeitungsvorgänge erstellen, die der Pflicht zur Anhörung nach Satz 1 unterliegen.

(2) [1] Der oder dem Bundesbeauftragten sind im Fall des Absatzes 1 vorzulegen:

1. die nach § 67 durchgeführte Datenschutz-Folgenabschätzung,

2. gegebenenfalls Angaben zu den jeweiligen Zuständigkeiten des Verantwortlichen, der gemeinsam Verantwortlichen und der an der Verarbeitung beteiligten Auftragsverarbeiter,

3. Angaben zu den Zwecken und Mitteln der beabsichtigten Verarbeitung,

4. Angaben zu den zum Schutz der Rechtsgüter der betroffenen Personen vorgesehenen Maßnahmen und Garantien und

5. Name und Kontaktdaten der oder des Datenschutzbeauftragten.

[2] Auf Anforderung sind ihr oder ihm zudem alle sonstigen Informationen zu übermitteln, die sie oder er benötigt, um die Rechtmäßigkeit der Verarbeitung sowie insbesondere die in Bezug auf den Schutz der personenbezogenen Daten der betroffenen Personen bestehenden Gefahren und die diesbezüglichen Garantien bewerten zu können.

(3) [1] Falls die oder der Bundesbeauftragte der Auffassung ist, dass die geplante Verarbeitung gegen gesetzliche Vorgaben verstoßen würde, insbesondere weil der Verantwortliche das Risiko nicht ausreichend ermittelt oder keine ausreichenden Abhilfemaßnahmen getroffen hat, kann sie oder er dem Verantwortlichen und gegebenenfalls dem Auftragsverarbeiter innerhalb eines Zeitraums von sechs Wochen nach Einleitung der Anhörung schriftliche Empfehlungen unterbreiten, welche Maßnahmen noch ergriffen werden sollten. [2] Die oder der Bundesbeauftragte kann diese Frist um einen Monat verlängern, wenn die geplante Verarbeitung besonders komplex ist. [3] Sie oder er hat in diesem Fall innerhalb eines Monats nach Einleitung der Anhörung den Verantwortlichen und gegebenenfalls den Auftragsverarbeiter über die Fristverlängerung zu informieren.

(4) [1] Hat die beabsichtigte Verarbeitung erhebliche Bedeutung für die Aufgabenerfüllung des Verantwortlichen und ist sie daher besonders dringlich, kann er mit der Verarbeitung nach Beginn der Anhörung, aber vor Ablauf der in Absatz 3 Satz 1 genannten Frist beginnen. [2] In diesem Fall sind die Empfehlungen der oder des Bundesbeauftragten im Nachhinein zu berücksichtigen und sind die Art und Weise der Verarbeitung daraufhin gegebenenfalls anzupassen.

§ 70 Verzeichnis von Verarbeitungstätigkeiten. (1) [1] Der Verantwortliche hat ein Verzeichnis aller Kategorien von Verarbeitungstätigkeiten zu führen, die in seine Zuständigkeit fallen. [2] Dieses Verzeichnis hat die folgenden Angaben zu enthalten:

1. den Namen und die Kontaktdaten des Verantwortlichen und gegebenenfalls des gemeinsam mit ihm Verantwortlichen sowie den Namen und die Kontaktdaten der oder des Datenschutzbeauftragten,

2. die Zwecke der Verarbeitung,

3. die Kategorien von Empfängern, gegenüber denen die personenbezogenen Daten offengelegt worden sind oder noch offengelegt werden sollen,

4. eine Beschreibung der Kategorien betroffener Personen und der Kategorien personenbezogener Daten,

5. gegebenenfalls die Verwendung von Profiling,

6. gegebenenfalls die Kategorien von Übermittlungen personenbezogener Daten an Stellen in einem Drittstaat oder an eine internationale Organisation,

7. Angaben über die Rechtsgrundlage der Verarbeitung,

8. die vorgesehenen Fristen für die Löschung oder die Überprüfung der Erforderlichkeit der Speicherung der verschiedenen Kategorien personenbezogener Daten und

9. eine allgemeine Beschreibung der technischen und organisatorischen Maßnahmen gemäß § 64.

(2) Der Auftragsverarbeiter hat ein Verzeichnis aller Kategorien von Verarbeitungen zu führen, die er im Auftrag eines Verantwortlichen durchführt, das Folgendes zu enthalten hat:

1. den Namen und die Kontaktdaten des Auftragsverarbeiters, jedes Verantwortlichen, in dessen Auftrag der Auftragsverarbeiter tätig ist, sowie gegebenenfalls der oder des Datenschutzbeauftragten,

2. gegebenenfalls Übermittlungen von personenbezogenen Daten an Stellen in einem Drittstaat oder an eine internationale Organisation unter Angabe des Staates oder der Organisation und

3. eine allgemeine Beschreibung der technischen und organisatorischen Maßnahmen gemäß § 64.

(3) Die in den Absätzen 1 und 2 genannten Verzeichnisse sind schriftlich oder elektronisch zu führen.

(4) Verantwortliche und Auftragsverarbeiter haben auf Anforderung ihre Verzeichnisse der oder dem Bundesbeauftragten zur Verfügung zu stellen.

§ 71 Datenschutz durch Technikgestaltung und datenschutzfreundliche Voreinstellungen. (1) [1] Der Verantwortliche hat sowohl zum Zeitpunkt der Festlegung der Mittel für die Verarbeitung als auch zum Zeitpunkt der Verarbeitung selbst angemessene Vorkehrungen zu treffen, die geeignet sind, die Datenschutzgrundsätze wie etwa die Datensparsamkeit wirksam umzusetzen, und die sicherstellen, dass die gesetzlichen Anforderungen eingehalten und die Rechte der betroffenen Personen geschützt werden. [2] Er hat hierbei den Stand der Technik, die Implementierungskosten und die Art, den Umfang, die Umstände und die Zwecke der Verarbeitung sowie die unterschiedliche Eintrittswahrscheinlichkeit und Schwere der mit der Verarbeitung verbundenen Gefahren für die Rechtsgüter der betroffenen Personen zu berücksichtigen. [3] Insbesondere sind die Verarbeitung personenbezogener Daten und die Auswahl und Gestaltung von Datenverarbeitungssystemen an dem Ziel auszurichten, so wenig personenbezogene Daten wie möglich zu verarbeiten. [4] Personenbezogene Daten sind zum frühestmöglichen Zeitpunkt zu anonymisieren oder zu pseudonymisieren, soweit dies nach dem Verarbeitungszweck möglich ist.

(2) [1] Der Verantwortliche hat geeignete technische und organisatorische Maßnahmen zu treffen, die sicherstellen, dass durch Voreinstellungen grundsätzlich nur solche personenbezogenen Daten verarbeitet werden können, deren Verarbeitung für den jeweiligen bestimmten Verarbeitungszweck erforderlich ist. [2] Dies betrifft die Menge der erhobenen Daten, den Umfang ihrer Verarbeitung, ihre Speicherfrist und ihre Zugänglichkeit. [3] Die Maßnahmen müssen insbesondere gewährleisten, dass die Daten durch Voreinstellungen

nicht automatisiert einer unbestimmten Anzahl von Personen zugänglich gemacht werden können.

§ 72 Unterscheidung zwischen verschiedenen Kategorien betroffener Personen. [1] Der Verantwortliche hat bei der Verarbeitung personenbezogener Daten so weit wie möglich zwischen den verschiedenen Kategorien betroffener Personen zu unterscheiden. [2] Dies betrifft insbesondere folgende Kategorien:

1. Personen, gegen die ein begründeter Verdacht besteht, dass sie eine Straftat begangen haben,
2. Personen, gegen die ein begründeter Verdacht besteht, dass sie in naher Zukunft eine Straftat begehen werden,
3. verurteilte Straftäter,
4. Opfer einer Straftat oder Personen, bei denen bestimmte Tatsachen darauf hindeuten, dass sie Opfer einer Straftat sein könnten, und
5. andere Personen wie insbesondere Zeugen, Hinweisgeber oder Personen, die mit den in den Nummern 1 bis 4 genannten Personen in Kontakt oder Verbindung stehen.

§ 73 Unterscheidung zwischen Tatsachen und persönlichen Einschätzungen. [1] Der Verantwortliche hat bei der Verarbeitung so weit wie möglich danach zu unterscheiden, ob personenbezogene Daten auf Tatsachen oder auf persönlichen Einschätzungen beruhen. [2] Zu diesem Zweck soll er, soweit dies im Rahmen der jeweiligen Verarbeitung möglich und angemessen ist, Beurteilungen, die auf persönlichen Einschätzungen beruhen, als solche kenntlich machen. [3] Es muss außerdem feststellbar sein, welche Stelle die Unterlagen führt, die der auf einer persönlichen Einschätzung beruhenden Beurteilung zugrunde liegen.

§ 74 Verfahren bei Übermittlungen. (1) [1] Der Verantwortliche hat angemessene Maßnahmen zu ergreifen, um zu gewährleisten, dass personenbezogene Daten, die unrichtig oder nicht mehr aktuell sind, nicht übermittelt oder sonst zur Verfügung gestellt werden. [2] Zu diesem Zweck hat er, soweit dies mit angemessenem Aufwand möglich ist, die Qualität der Daten vor ihrer Übermittlung oder Bereitstellung zu überprüfen. [3] Bei jeder Übermittlung personenbezogener Daten hat er zudem, soweit dies möglich und angemessen ist, Informationen beizufügen, die es dem Empfänger gestatten, die Richtigkeit, die Vollständigkeit und die Zuverlässigkeit der Daten sowie deren Aktualität zu beurteilen.

(2) [1] Gelten für die Verarbeitung von personenbezogenen Daten besondere Bedingungen, so hat bei Datenübermittlungen die übermittelnde Stelle den Empfänger auf diese Bedingungen und die Pflicht zu ihrer Beachtung hinzuweisen. [2] Die Hinweispflicht kann dadurch erfüllt werden, dass die Daten entsprechend markiert werden.

(3) Die übermittelnde Stelle darf auf Empfänger in anderen Mitgliedstaaten der Europäischen Union und auf Einrichtungen und sonstige Stellen, die nach den Kapiteln 4 und 5 des Titels V des Dritten Teils des Vertrags über die Arbeitsweise der Europäischen Union errichtet wurden, keine Bedingungen anwenden, die nicht auch für entsprechende innerstaatliche Datenübermittlungen gelten.

§ 75 Berichtigung und Löschung personenbezogener Daten sowie Einschränkung der Verarbeitung. (1) Der Verantwortliche hat personenbezogene Daten zu berichtigen, wenn sie unrichtig sind.

(2) Der Verantwortliche hat personenbezogene Daten unverzüglich zu löschen, wenn ihre Verarbeitung unzulässig ist, sie zur Erfüllung einer rechtlichen Verpflichtung gelöscht werden müssen oder ihre Kenntnis für seine Aufgabenerfüllung nicht mehr erforderlich ist.

(3) ¹ § 58 Absatz 3 bis 5 ist entsprechend anzuwenden. ² Sind unrichtige personenbezogene Daten oder personenbezogene Daten unrechtmäßig übermittelt worden, ist auch dies dem Empfänger mitzuteilen.

(4) Unbeschadet in Rechtsvorschriften festgesetzter Höchstspeicher- oder Löschfristen hat der Verantwortliche für die Löschung von personenbezogenen Daten oder eine regelmäßige Überprüfung der Notwendigkeit ihrer Speicherung angemessene Fristen vorzusehen und durch verfahrensrechtliche Vorkehrungen sicherzustellen, dass diese Fristen eingehalten werden.

§ 76 Protokollierung. (1) In automatisierten Verarbeitungssystemen haben Verantwortliche und Auftragsverarbeiter mindestens die folgenden Verarbeitungsvorgänge zu protokollieren:

1. Erhebung,

2. Veränderung,

3. Abfrage,

4. Offenlegung einschließlich Übermittlung,

5. Kombination und

6. Löschung.

(2) Die Protokolle über Abfragen und Offenlegungen müssen es ermöglichen, die Begründung, das Datum und die Uhrzeit dieser Vorgänge und so weit wie möglich die Identität der Person, die die personenbezogenen Daten abgefragt oder offengelegt hat, und die Identität des Empfängers der Daten festzustellen.

(3) Die Protokolle dürfen ausschließlich für die Überprüfung der Rechtmäßigkeit der Datenverarbeitung durch die Datenschutzbeauftragte oder den Datenschutzbeauftragten, die Bundesbeauftragte oder den Bundesbeauftragten und die betroffene Person sowie für die Eigenüberwachung, für die Gewährleistung der Integrität und Sicherheit der personenbezogenen Daten und für Strafverfahren verwendet werden.

(4) Die Protokolldaten sind am Ende des auf deren Generierung folgenden Jahres zu löschen.

(5) Der Verantwortliche und der Auftragsverarbeiter haben die Protokolle der oder dem Bundesbeauftragten auf Anforderung zur Verfügung zu stellen.

§ 77 Vertrauliche Meldung von Verstößen. Der Verantwortliche hat zu ermöglichen, dass ihm vertrauliche Meldungen über in seinem Verantwortungsbereich erfolgende Verstöße gegen Datenschutzvorschriften zugeleitet werden können.

Kapitel 5. Datenübermittlungen an Drittstaaten und an internationale Organisationen

§ 78 Allgemeine Voraussetzungen. (1) Die Übermittlung personenbezogener Daten an Stellen in Drittstaaten oder an internationale Organisationen ist bei Vorliegen der übrigen für Datenübermittlungen geltenden Voraussetzungen zulässig, wenn

1. die Stelle oder internationale Organisation für die in § 45 genannten Zwecke zuständig ist und

2. die Europäische Kommission gemäß Artikel 36 Absatz 3 der Richtlinie (EU) 2016/680 einen Angemessenheitsbeschluss gefasst hat.

(2) [1] Die Übermittlung personenbezogener Daten hat trotz des Vorliegens eines Angemessenheitsbeschlusses im Sinne des Absatzes 1 Nummer 2 und des zu berücksichtigenden öffentlichen Interesses an der Datenübermittlung zu unterbleiben, wenn im Einzelfall ein datenschutzrechtlich angemessener und die elementaren Menschenrechte wahrender Umgang mit den Daten beim Empfänger nicht hinreichend gesichert ist oder sonst überwiegende schutzwürdige Interessen einer betroffenen Person entgegenstehen. [2] Bei seiner Beurteilung hat der Verantwortliche maßgeblich zu berücksichtigen, ob der Empfänger im Einzelfall einen angemessenen Schutz der übermittelten Daten garantiert.

(3) [1] Wenn personenbezogene Daten, die aus einem anderen Mitgliedstaat der Europäischen Union übermittelt oder zur Verfügung gestellt wurden, nach Absatz 1 übermittelt werden sollen, muss diese Übermittlung zuvor von der zuständigen Stelle des anderen Mitgliedstaats genehmigt werden. [2] Übermittlungen ohne vorherige Genehmigung sind nur dann zulässig, wenn die Übermittlung erforderlich ist, um eine unmittelbare und ernsthafte Gefahr für die öffentliche Sicherheit eines Staates oder für die wesentlichen Interessen eines Mitgliedstaats abzuwehren, und die vorherige Genehmigung nicht rechtzeitig eingeholt werden kann. [3] Im Fall des Satzes 2 ist die Stelle des anderen Mitgliedstaats, die für die Erteilung der Genehmigung zuständig gewesen wäre, unverzüglich über die Übermittlung zu unterrichten.

(4) [1] Der Verantwortliche, der Daten nach Absatz 1 übermittelt, hat durch geeignete Maßnahmen sicherzustellen, dass der Empfänger die übermittelten Daten nur dann an andere Drittstaaten oder andere internationale Organisationen weiterübermittelt, wenn der Verantwortliche diese Übermittlung zuvor genehmigt hat. [2] Bei der Entscheidung über die Erteilung der Genehmigung hat der Verantwortliche alle maßgeblichen Faktoren zu berücksichtigen, insbesondere die Schwere der Straftat, den Zweck der ursprünglichen Übermittlung und das in dem Drittstaat oder der internationalen Organisation, an das oder an die die Daten weiterübermittelt werden sollen, bestehende *Schutzniveau für personenbezogene Daten.* [3] Eine Genehmigung darf nur dann erfolgen, wenn auch eine direkte Übermittlung an den anderen Drittstaat oder die andere internationale Organisation zulässig wäre. [4] Die Zuständigkeit für die Erteilung der Genehmigung kann auch abweichend geregelt werden.

§ 79 Datenübermittlung bei geeigneten Garantien. (1) Liegt entgegen § 78 Absatz 1 Nummer 2 kein Beschluss nach Artikel 36 Absatz 3 der Richt-

linie (EU) 2016/680 vor, ist eine Übermittlung bei Vorliegen der übrigen Voraussetzungen des § 78 auch dann zulässig, wenn

1. in einem rechtsverbindlichen Instrument geeignete Garantien für den Schutz personenbezogener Daten vorgesehen sind oder

2. der Verantwortliche nach Beurteilung aller Umstände, die bei der Übermittlung eine Rolle spielen, zu der Auffassung gelangt ist, dass geeignete Garantien für den Schutz personenbezogener Daten bestehen.

(2) [1] Der Verantwortliche hat Übermittlungen nach Absatz 1 Nummer 2 zu dokumentieren. [2] Die Dokumentation hat den Zeitpunkt der Übermittlung, die Identität des Empfängers, den Grund der Übermittlung und die übermittelten personenbezogenen Daten zu enthalten. [3] Sie ist der oder dem Bundesbeauftragten auf Anforderung zur Verfügung zu stellen.

(3) [1] Der Verantwortliche hat die Bundesbeauftragte oder den Bundesbeauftragten zumindest jährlich über Übermittlungen zu unterrichten, die aufgrund einer Beurteilung nach Absatz 1 Nummer 2 erfolgt sind. [2] In der Unterrichtung kann er die Empfänger und die Übermittlungszwecke angemessen kategorisieren.

§ 80 Datenübermittlung ohne geeignete Garantien. (1) Liegt entgegen § 78 Absatz 1 Nummer 2 kein Beschluss nach Artikel 36 Absatz 3 der Richtlinie (EU) 2016/680 vor und liegen auch keine geeigneten Garantien im Sinne des § 79 Absatz 1 vor, ist eine Übermittlung bei Vorliegen der übrigen Voraussetzungen des § 78 auch dann zulässig, wenn die Übermittlung erforderlich ist

1. zum Schutz lebenswichtiger Interessen einer natürlichen Person,

2. zur Wahrung berechtigter Interessen der betroffenen Person,

3. zur Abwehr einer gegenwärtigen und erheblichen Gefahr für die öffentliche Sicherheit eines Staates,

4. im Einzelfall für die in § 45 genannten Zwecke oder

5. im Einzelfall zur Geltendmachung, Ausübung oder Verteidigung von Rechtsansprüchen im Zusammenhang mit den in § 45 genannten Zwecken.

(2) Der Verantwortliche hat von einer Übermittlung nach Absatz 1 abzusehen, wenn die Grundrechte der betroffenen Person das öffentliche Interesse an der Übermittlung überwiegen.

(3) Für Übermittlungen nach Absatz 1 gilt § 79 Absatz 2 entsprechend.

§ 81 Sonstige Datenübermittlung an Empfänger in Drittstaaten.

(1) Verantwortliche können bei Vorliegen der übrigen für die Datenübermittlung in Drittstaaten geltenden Voraussetzungen im besonderen Einzelfall personenbezogene Daten unmittelbar an nicht in § 78 Absatz 1 Nummer 1 genannte Stellen in Drittstaaten übermitteln, wenn die Übermittlung für die Erfüllung ihrer Aufgaben unbedingt erforderlich ist und

1. im konkreten Fall keine Grundrechte der betroffenen Person das öffentliche Interesse an einer Übermittlung überwiegen,

2. die Übermittlung an die in § 78 Absatz 1 Nummer 1 genannten Stellen wirkungslos oder ungeeignet wäre, insbesondere weil sie nicht rechtzeitig durchgeführt werden kann, und

3. der Verantwortliche dem Empfänger die Zwecke der Verarbeitung mitteilt und ihn darauf hinweist, dass die übermittelten Daten nur in dem Umfang verarbeitet werden dürfen, in dem ihre Verarbeitung für diese Zwecke erforderlich ist.

(2) Im Fall des Absatzes 1 hat der Verantwortliche die in § 78 Absatz 1 Nummer 1 genannten Stellen unverzüglich über die Übermittlung zu unterrichten, sofern dies nicht wirkungslos oder ungeeignet ist.

(3) Für Übermittlungen nach Absatz 1 gilt § 79 Absatz 2 und 3 entsprechend.

(4) Bei Übermittlungen nach Absatz 1 hat der Verantwortliche den Empfänger zu verpflichten, die übermittelten personenbezogenen Daten ohne seine Zustimmung nur für den Zweck zu verarbeiten, für den sie übermittelt worden sind.

(5) Abkommen im Bereich der justiziellen Zusammenarbeit in Strafsachen und der polizeilichen Zusammenarbeit bleiben unberührt.

Kapitel 6. Zusammenarbeit der Aufsichtsbehörden

§ 82 Gegenseitige Amtshilfe. (1) [1] Die oder der Bundesbeauftragte hat den Datenschutzaufsichtsbehörden in anderen Mitgliedstaaten der Europäischen Union Informationen zu übermitteln und Amtshilfe zu leisten, soweit dies für eine einheitliche Umsetzung und Anwendung der Richtlinie (EU) 2016/680 erforderlich ist. [2] Die Amtshilfe betrifft insbesondere Auskunftsersuchen und aufsichtsbezogene Maßnahmen, beispielsweise Ersuchen um Konsultation oder um Vornahme von Nachprüfungen und Untersuchungen.

(2) Die oder der Bundesbeauftragte hat alle geeigneten Maßnahmen zu ergreifen, um Amtshilfeersuchen unverzüglich und spätestens innerhalb eines Monats nach deren Eingang nachzukommen.

(3) Die oder der Bundesbeauftragte darf Amtshilfeersuchen nur ablehnen, wenn

1. sie oder er für den Gegenstand des Ersuchens oder für die Maßnahmen, die sie oder er durchführen soll, nicht zuständig ist oder

2. ein Eingehen auf das Ersuchen gegen Rechtsvorschriften verstoßen würde.

(4) [1] Die oder der Bundesbeauftragte hat die ersuchende Aufsichtsbehörde des anderen Staates über die Ergebnisse oder gegebenenfalls über den Fortgang der Maßnahmen zu informieren, die getroffen wurden, um dem Amtshilfeersuchen nachzukommen. [2] Sie oder er hat im Fall des Absatzes 3 die Gründe für die Ablehnung des Ersuchens zu erläutern.

(5) Die oder der Bundesbeauftragte hat die Informationen, um die sie oder er von der Aufsichtsbehörde des anderen Staates ersucht wurde, in der Regel elektronisch und in einem standardisierten Format zu übermitteln.

(6) Die oder der Bundesbeauftragte hat Amtshilfeersuchen kostenfrei zu erledigen, soweit sie oder er nicht im Einzelfall mit der Aufsichtsbehörde des anderen Staates die Erstattung entstandener Ausgaben vereinbart hat.

(7) [1] Ein Amtshilfeersuchen der oder des Bundesbeauftragten hat alle erforderlichen Informationen zu enthalten; hierzu gehören insbesondere der Zweck und die Begründung des Ersuchens. [2] Die auf das Ersuchen übermittelten Informationen dürfen ausschließlich zu dem Zweck verwendet werden, zu dem sie angefordert wurden.

Kapitel 7. Haftung und Sanktionen

§ 83 Schadensersatz und Entschädigung. (1) [1] Hat ein Verantwortlicher einer betroffenen Person durch eine Verarbeitung personenbezogener Daten, die nach diesem Gesetz oder nach anderen auf ihre Verarbeitung anwendbaren Vorschriften rechtswidrig war, einen Schaden zugefügt, ist er oder sein Rechtsträger der betroffenen Person zum Schadensersatz verpflichtet. [2] Die Ersatzpflicht entfällt, soweit bei einer nicht automatisierten Verarbeitung der Schaden nicht auf ein Verschulden des Verantwortlichen zurückzuführen ist.

(2) Wegen eines Schadens, der nicht Vermögensschaden ist, kann die betroffene Person eine angemessene Entschädigung in Geld verlangen.

(3) Lässt sich bei einer automatisierten Verarbeitung personenbezogener Daten nicht ermitteln, welche von mehreren beteiligten Verantwortlichen den Schaden verursacht hat, so haftet jeder Verantwortliche beziehungsweise sein Rechtsträger.

(4) Hat bei der Entstehung des Schadens ein Verschulden der betroffenen Person mitgewirkt, ist § 254 des Bürgerlichen Gesetzbuchs[1]) entsprechend anzuwenden.

(5) Auf die Verjährung finden die für unerlaubte Handlungen geltenden Verjährungsvorschriften des Bürgerlichen Gesetzbuchs entsprechende Anwendung.

§ 84 Strafvorschriften. Für Verarbeitungen personenbezogener Daten durch öffentliche Stellen im Rahmen von Tätigkeiten nach § 45 Satz 1, 3 oder 4 findet § 42 entsprechende Anwendung.

Teil 4. Besondere Bestimmungen für Verarbeitungen im Rahmen von nicht in die Anwendungsbereiche der Verordnung (EU) 2016/679 und der Richtlinie (EU) 2016/680 fallenden Tätigkeiten

§ 85 Verarbeitung personenbezogener Daten im Rahmen von nicht in die Anwendungsbereiche der Verordnung (EU) 2016/679 und der Richtlinie (EU) 2016/680 fallenden Tätigkeiten. (1) [1] Die Übermittlung personenbezogener Daten an einen Drittstaat oder an über- oder zwischenstaatliche Stellen oder internationale Organisationen im Rahmen von nicht in die Anwendungsbereiche der Verordnung (EU) 2016/679 und der Richtlinie (EU) 2016/680 fallenden Tätigkeiten ist über die bereits gemäß der Verordnung (EU) 2016/679 zulässigen Fälle hinaus auch dann zulässig, wenn sie zur Erfüllung eigener Aufgaben aus zwingenden Gründen der Verteidigung oder zur Erfüllung über- oder zwischenstaatlicher Verpflichtungen einer öffent-

[1]) **Schönfelder Nr. 20.**

lichen Stelle des Bundes auf dem Gebiet der Krisenbewältigung oder Konflikt-
verhinderung oder für humanitäre Maßnahmen erforderlich ist. [2]Der Empfän-
ger ist darauf hinzuweisen, dass die übermittelten Daten nur zu dem Zweck
verwendet werden dürfen, zu dem sie übermittelt wurden.

(2) Für Verarbeitungen im Rahmen von nicht in die Anwendungsbereiche
der Verordnung (EU) 2016/679 und der Richtlinie (EU) 2016/680 fallenden
Tätigkeiten durch Dienststellen im Geschäftsbereich des Bundesministeriums
der Verteidigung gilt § 16 Absatz 4 nicht, soweit das Bundesministerium der
Verteidigung im Einzelfall feststellt, dass die Erfüllung der dort genannten
Pflichten die Sicherheit des Bundes gefährden würde.

(3) [1]Für Verarbeitungen im Rahmen von nicht in die Anwendungsbereiche
der Verordnung (EU) 2016/679 und der Richtlinie (EU) 2016/680 fallenden
Tätigkeiten durch öffentliche Stellen des Bundes besteht keine Informations-
pflicht gemäß Artikel 13 Absatz 1 und 2 der Verordnung (EU) 2016/679, wenn

1. es sich um Fälle des § 32 Absatz 1 Nummer 1 bis 3 handelt oder

2. durch ihre Erfüllung Informationen offenbart würden, die nach einer
 Rechtsvorschrift oder ihrem Wesen nach, insbesondere wegen der über-
 wiegenden berechtigten Interessen eines Dritten, geheim gehalten werden
 müssen, und deswegen das Interesse der betroffenen Person an der Erteilung
 der Information zurücktreten muss.

[2]Ist die betroffene Person in den Fällen des Satzes 1 nicht zu informieren,
besteht auch kein Recht auf Auskunft. [3]§ 32 Absatz 2 und § 33 Absatz 2 finden
keine Anwendung.

**§ 86[1]) Verarbeitung personenbezogener Daten für Zwecke staatlicher
Auszeichnungen und Ehrungen.** (1) [1]Zur Vorbereitung und Durchführung
staatlicher Verfahren bei Auszeichnungen und Ehrungen dürfen sowohl die
zuständigen als auch andere öffentliche und nichtöffentliche Stellen die dazu
erforderlichen personenbezogenen Daten, einschließlich besonderer Katego-
rien personenbezogener Daten im Sinne des Artikels 9 Absatz 1 der Verord-
nung (EU) 2016/679[2]), auch ohne Kenntnis der betroffenen Person verarbei-
ten. [2]Für nichtöffentliche Stellen gilt insoweit § 1 Absatz 8 entsprechend. [3]Ei-
ne Verarbeitung der personenbezogenen Daten nach Satz 1 für andere Zwecke
ist nur mit Einwilligung der betroffenen Person zulässig.

(2) Soweit eine Verarbeitung ausschließlich für die in Absatz 1 Satz 1 ge-
nannten Zwecke erfolgt, sind die Artikel 13 bis 16, 19 und 21 der Verordnung
(EU) 2016/679 nicht anzuwenden.

(3) Bei der Verarbeitung besonderer Kategorien personenbezogener Daten
im Sinne des Artikels 9 Absatz 1 der Verordnung (EU) 2016/679 sieht der
Verantwortliche angemessene und spezifische Maßnahmen zur Wahrung der
Rechte der betroffenen Person gemäß § 22 Absatz 2 vor.

[1]) § 86 angef. mWv 26.11.2019 durch G v. 20.11.2019 (BGBl. I S. 1626).
[2]) Nr. **246**.

246. Verordnung (EU) 2016/679 des Europäischen Parlaments und des Rates vom 27. April 2016 zum Schutz natürlicher Personen bei der Verarbeitung personenbezogener Daten, zum freien Datenverkehr und zur Aufhebung der Richtlinie 95/46/EG (Datenschutz-Grundverordnung)[1]

(Text von Bedeutung für den EWR)

(ABl. L 119 S. 1, ber. ABl. L 314 S. 72 und ABl. 2018 L 127 S. 2)

Celex-Nr. 3 2016 R 0679

DAS EUROPÄISCHE PARLAMENT UND DER RAT DER EUROPÄISCHEN UNION –

gestützt auf den Vertrag über die Arbeitsweise der Europäischen Union, insbesondere auf Artikel 16,

auf Vorschlag der Europäischen Kommission,

nach Zuleitung des Entwurfs des Gesetzgebungsakts an die nationalen Parlamente,

nach Stellungnahme des Europäischen Wirtschafts- und Sozialausschusses[2],

nach Stellungnahme des Ausschusses der Regionen[3],

gemäß dem ordentlichen Gesetzgebungsverfahren[4],

in Erwägung nachstehender Gründe:

[1] Zur Datenschutz-Grundverordnung haben der Bund und die Länder u.a. folgende Vorschriften erlassen:
- **Bund:** Bundesdatenschutzgesetz – BDSG (Nr. **245**);
- **Bayern:** Bayerisches Datenschutzgesetz – BayDSG v. 15.5.2018 (GVBl. S. 230), geänd. durch G v. 18.5.2018 (GVBl. S. 301);
- **Baden-Württemberg:** Landesdatenschutzgesetz – LDSG v. 12.6.2018 (GBl. S. 173), geänd. durch G v. 18.12.2018 (GBl. S. 1549);
- **Berlin:** Berliner Datenschutzgesetz – BlnDSG v. 13.6.2018 (GVBl. S. 418), geänd. durch G v. 12.10.2020 (GVBl. S. 807);
- **Brandenburg:** Brandenburgisches Datenschutzgesetz – BbgDSG v. 8.5.2018 (GVBl. I Nr. 7), geänd. durch G v. 19.6.2019 (GVBl. I Nr. 43);
- **Bremen:** Bremisches Ausführungsgesetz zur EU-Datenschutz-Grundverordnung – BremDSGVOAG v. 8.5.2018 (Brem.GBl. S. 131);
- **Hamburg:** Hamburgisches Datenschutzgesetz – HmbDSG v. 18.5.2018 (HmbGVBl. S. 145); Hamburgisches Justizvollzugsdatenschutzgesetz – HmbJVollzDSG v. 18.5.2018 (HmbGVBl. S. 158);
- **Hessen:** Hessisches Datenschutz- und Informationsfreiheitsgesetz – HDSIG v. 3.5.2018 (GVBl. S. 82), geänd. durch G v. 12.9.2018 (GVBl. S. 570);
- **Mecklenburg-Vorpommern:** Landesdatenschutzgesetz – DSG M-V v. 22.5.2018 (GVOBl. M-V S. 193, 194);
- **Niedersachsen:** Niedersächsisches Datenschutzgesetz – NDSG v. 16.5.2018 (Nds. GVBl. S. 66, 67);
- **Nordrhein-Westfalen:** Datenschutzgesetz Nordrhein-Westfalen – DSG NRW v. 17.5.2018 (GV. NRW. S. 244, ber. S. 404);
- **Rheinland-Pfalz:** Landesdatenschutzgesetz – LDSG v. 8.5.2018 (GVBl. S. 93);
- **Saarland:** Saarländisches Datenschutzgesetz v. 16.5.2018 (Amtsbl. I S. 254);
- **Sachsen:** Sächsisches Datenschutzdurchführungsgesetz – SächsDSDG v. 26.4.2018 (SächsGVBl. S. 198, 199), geänd. durch G v. 5.4.2019 (SächsGVBl. S. 245);
- **Schleswig-Holstein:** Landesdatenschutzgesetz – LDSG v. 2.5.2018 (GVOBl. Schl.-H. S. 162);
- **Thüringen:** Thüringer Datenschutzgesetz – ThürDSG v. 6.6.2018 (GVBl. S. 229).

[2] **Amtl. Anm.:** ABl. C 229 vom 31.7.2012, S. 90.

[3] **Amtl. Anm.:** ABl. C 391 vom 18.12.2012, S. 127.

[4] **Amtl. Anm.:** Standpunkt des Europäischen Parlaments vom 12. März 2014 (noch nicht im Amtsblatt veröffentlicht) und Standpunkt des Rates in erster Lesung vom 8. April 2016 (noch nicht im Amtsblatt veröffentlicht). Standpunkt des Europäischen Parlaments vom 14. April 2016.

(1) Der Schutz natürlicher Personen bei der Verarbeitung personenbezogener Daten ist ein Grund-
 recht. Gemäß Artikel 8 Absatz 1 der Charta der Grundrechte der Europäischen Union [1] (im
 Folgenden „Charta") sowie Artikel 16 Absatz 1 des Vertrags über die Arbeitsweise der Europäi-
 schen Union [2] (AEUV) hat jede Person das Recht auf Schutz der sie betreffenden personenbezo-
 genen Daten.

(2) Die Grundsätze und Vorschriften zum Schutz natürlicher Personen bei der Verarbeitung ihrer
 personenbezogenen Daten sollten gewährleisten, dass ihre Grundrechte und Grundfreiheiten und
 insbesondere ihr Recht auf Schutz personenbezogener Daten ungeachtet ihrer Staatsangehörigkeit
 oder ihres Aufenthaltsorts gewahrt bleiben. Diese Verordnung soll zur Vollendung eines Raums
 der Freiheit, der Sicherheit und des Rechts und einer Wirtschaftsunion, zum wirtschaftlichen und
 sozialen Fortschritt, zur Stärkung und zum Zusammenwachsen der Volkswirtschaften innerhalb
 des Binnenmarkts sowie zum Wohlergehen natürlicher Personen beitragen.

(3) Zweck der Richtlinie 95/46/EG des Europäischen Parlaments und des Rates [3] ist die Harmonisie-
 rung der Vorschriften zum Schutz der Grundrechte und Grundfreiheiten natürlicher Personen bei
 der Datenverarbeitung sowie die Gewährleistung des freien Verkehrs personenbezogener Daten
 zwischen den Mitgliedstaaten.

(4) Die Verarbeitung personenbezogener Daten sollte im Dienste der Menschheit stehen. Das Recht
 auf Schutz der personenbezogenen Daten ist kein uneingeschränktes Recht; es muss im Hinblick
 auf seine gesellschaftliche Funktion gesehen und unter Wahrung des Verhältnismäßigkeitsprinzips
 gegen andere Grundrechte abgewogen werden. Diese Verordnung steht im Einklang mit allen
 Grundrechten und achtet alle Freiheiten und Grundsätze, die mit der Charta anerkannt wurden
 und in den Europäischen Verträgen verankert sind, insbesondere Achtung des Privat- und
 Familienlebens, der Wohnung und der Kommunikation, Schutz personenbezogener Daten, Ge-
 danken-, Gewissens- und Religionsfreiheit, Freiheit der Meinungsäußerung und Informations-
 freiheit, unternehmerische Freiheit, Recht auf einen wirksamen Rechtsbehelf und ein faires
 Verfahren und Vielfalt der Kulturen, Religionen und Sprachen.

(5) Die wirtschaftliche und soziale Integration als Folge eines funktionierenden Binnenmarkts hat zu
 einem deutlichen Anstieg des grenzüberschreitenden Verkehrs personenbezogener Daten geführt.
 Der unionsweite Austausch personenbezogener Daten zwischen öffentlichen und privaten Akteu-
 ren einschließlich natürlichen Personen, Vereinigungen und Unternehmen hat zugenommen. Das
 Unionsrecht verpflichtet die Verwaltungen der Mitgliedstaaten, zusammenzuarbeiten und per-
 sonenbezogene Daten auszutauschen, damit sie ihren Pflichten nachkommen oder für eine
 Behörde eines anderen Mitgliedstaats Aufgaben durchführen können.

(6) Rasche technologische Entwicklungen und die Globalisierung haben den Datenschutz vor neue
 Herausforderungen gestellt. Das Ausmaß der Erhebung und des Austauschs personenbezogener
 Daten hat eindrucksvoll zugenommen. Die Technik macht es möglich, dass private Unternehmen
 und Behörden im Rahmen ihrer Tätigkeiten in einem noch nie dagewesenen Umfang auf
 personenbezogene Daten zurückgreifen. Zunehmend machen auch natürliche Personen Informa-
 tionen öffentlich weltweit zugänglich. Die Technik hat das wirtschaftliche und gesellschaftliche
 Leben verändert und dürfte den Verkehr personenbezogener Daten innerhalb der Union sowie
 die Datenübermittlung an Drittländer und internationale Organisationen noch weiter erleichtern,
 wobei ein hohes Datenschutzniveau zu gewährleisten ist.

(7) Diese Entwicklungen erfordern einen soliden, kohärenten und klar durchsetzbaren Rechts-
 rahmen im Bereich des Datenschutzes in der Union, da es von großer Wichtigkeit ist, eine
 Vertrauensbasis zu schaffen, die die digitale Wirtschaft dringend benötigt, um im Binnenmarkt
 weiter wachsen zu können. Natürliche Personen sollten die Kontrolle über ihre eigenen Daten
 besitzen. Natürliche Personen, Wirtschaft und Staat sollten in rechtlicher und praktischer Hinsicht
 über mehr Sicherheit verfügen.

(8) Wenn in dieser Verordnung Präzisierungen oder Einschränkungen ihrer Vorschriften durch das
 Recht der Mitgliedstaaten vorgesehen sind, können die Mitgliedstaaten Teile dieser Verordnung in
 ihr nationales Recht aufnehmen, soweit dies erforderlich ist, um die Kohärenz zu wahren und die
 nationalen Rechtsvorschriften für die Personen, für die sie gelten, verständlicher zu machen.

(9) Die Ziele und Grundsätze der Richtlinie 95/46/EG besitzen nach wie vor Gültigkeit, doch hat
 die Richtlinie nicht verhindern können, dass der Datenschutz in der Union unterschiedlich

[1] *Nr. 1002.*
[2] Nr. **1001**.
[3] **Amtl. Anm.:** Richtlinie 95/46/EG des Europäischen Parlaments und des Rates vom 24. Oktober
1995 zum Schutz natürlicher Personen bei der Verarbeitung personenbezogener Daten und zum freien
Datenverkehr (ABl. L 281 vom 23.11.1995, S. 31).

gehandhabt wird, Rechtsunsicherheit besteht oder in der Öffentlichkeit die Meinung weit verbreitet ist, dass erhebliche Risiken für den Schutz natürlicher Personen bestehen, insbesondere im Zusammenhang mit der Benutzung des Internets. Unterschiede beim Schutzniveau für die Rechte und Freiheiten von natürlichen Personen im Zusammenhang mit der Verarbeitung personenbezogener Daten in den Mitgliedstaaten, vor allem beim Recht auf Schutz dieser Daten, können den unionsweiten freien Verkehr solcher Daten behindern. Diese Unterschiede im Schutzniveau können daher ein Hemmnis für die unionsweite Ausübung von Wirtschaftstätigkeiten darstellen, den Wettbewerb verzerren und die Behörden an der Erfüllung der ihnen nach dem Unionsrecht obliegenden Pflichten hindern. Sie erklären sich aus den Unterschieden bei der Umsetzung und Anwendung der Richtlinie 95/46/EG.

(10) Um ein gleichmäßiges und hohes Datenschutzniveau für natürliche Personen zu gewährleisten und die Hemmnisse für den Verkehr personenbezogener Daten in der Union zu beseitigen, sollte das Schutzniveau für die Rechte und Freiheiten von natürlichen Personen bei der Verarbeitung dieser Daten in allen Mitgliedstaaten gleichwertig sein. Die Vorschriften zum Schutz der Grundrechte und Grundfreiheiten von natürlichen Personen bei der Verarbeitung personenbezogener Daten sollten unionsweit gleichmäßig und einheitlich angewandt werden. Hinsichtlich der Verarbeitung personenbezogener Daten zur Erfüllung einer rechtlichen Verpflichtung oder zur Wahrnehmung einer Aufgabe, die im öffentlichen Interesse liegt oder in Ausübung öffentlicher Gewalt erfolgt, die dem Verantwortlichen übertragen wurde, sollten die Mitgliedstaaten die Möglichkeit haben, nationale Bestimmungen, mit denen die Anwendung der Vorschriften dieser Verordnung genauer festgelegt wird, beizubehalten oder einzuführen. In Verbindung mit den allgemeinen und horizontalen Rechtsvorschriften über den Datenschutz zur Umsetzung der Richtlinie 95/46/EG gibt es in den Mitgliedstaaten mehrere sektorspezifische Rechtsvorschriften in Bereichen, die spezifischere Bestimmungen erfordern. Diese Verordnung bietet den Mitgliedstaaten zudem einen Spielraum für die Spezifizierung ihrer Vorschriften, auch für die Verarbeitung besonderer Kategorien von personenbezogenen Daten (im Folgenden „sensible Daten"). Diesbezüglich schließt diese Verordnung nicht Rechtsvorschriften der Mitgliedstaaten aus, in denen die Umstände besonderer Verarbeitungssituationen festgelegt werden, einschließlich einer genaueren Bestimmung der Voraussetzungen, unter denen die Verarbeitung personenbezogener Daten rechtmäßig ist.

(11) Ein unionsweiter wirksamer Schutz personenbezogener Daten erfordert die Stärkung und präzise Festlegung der Rechte der betroffenen Personen sowie eine Verschärfung der Verpflichtungen für diejenigen, die personenbezogene Daten verarbeiten und darüber entscheiden, ebenso wie – in den Mitgliedstaaten – gleiche Befugnisse bei der Überwachung und Gewährleistung der Einhaltung der Vorschriften zum Schutz personenbezogener Daten sowie gleiche Sanktionen im Falle ihrer Verletzung.

(12) Artikel 16 Absatz 2 AEUV[1] ermächtigt das Europäische Parlament und den Rat, Vorschriften über den Schutz natürlicher Personen bei der Verarbeitung personenbezogener Daten und zum freien Verkehr solcher Daten zu erlassen.

(13) Damit in der Union ein gleichmäßiges Datenschutzniveau für natürliche Personen gewährleistet ist und Unterschiede, die den freien Verkehr personenbezogener Daten im Binnenmarkt behindern könnten, beseitigt werden, ist eine Verordnung erforderlich, die für die Wirtschaftsteilnehmer einschließlich Kleinstunternehmen sowie kleiner und mittlerer Unternehmen Rechtssicherheit und Transparenz schafft, natürliche Personen in allen Mitgliedstaaten mit demselben Niveau an durchsetzbaren Rechten ausstattet, dieselben Pflichten und Zuständigkeiten für die Verantwortlichen und Auftragsverarbeiter vorsieht und eine gleichmäßige Kontrolle der Verarbeitung personenbezogener Daten und gleichwertige Sanktionen in allen Mitgliedstaaten sowie eine wirksame Zusammenarbeit zwischen den Aufsichtsbehörden der einzelnen Mitgliedstaaten gewährleistet. Das reibungslose Funktionieren des Binnenmarkts erfordert, dass der freie Verkehr personenbezogener Daten in der Union nicht aus Gründen des Schutzes natürlicher Personen bei der Verarbeitung personenbezogener Daten eingeschränkt oder verboten wird. Um der besonderen Situation der Kleinstunternehmen sowie der kleinen und mittleren Unternehmen Rechnung zu tragen, enthält diese Verordnung eine abweichende Regelung hinsichtlich des Führens eines Verzeichnisses für Einrichtungen, die weniger als 250 Mitarbeiter beschäftigen. Außerdem werden die Organe und Einrichtungen der Union sowie die Mitgliedstaaten und deren Aufsichtsbehörden dazu angehalten, bei der Anwendung dieser Verordnung die besonderen Bedürfnisse von Kleinstunternehmen sowie von kleinen und mittleren Unternehmen zu berücksichtigen. Für die De-

[1] Nr. **1001**.

finition des Begriffs „Kleinstunternehmen sowie kleine und mittlere Unternehmen" sollte Artikel 2 des Anhangs zur Empfehlung 2003/361/EG der Kommission[1] maßgebend sein.

(14) Der durch diese Verordnung gewährte Schutz sollte für die Verarbeitung der personenbezogenen Daten natürlicher Personen ungeachtet ihrer Staatsangehörigkeit oder ihres Aufenthaltsorts gelten. Diese Verordnung gilt nicht für die Verarbeitung personenbezogener Daten juristischer Personen und insbesondere als juristische Person gegründeter Unternehmen, einschließlich Name, Rechtsform oder Kontaktdaten der juristischen Person.

(15) Um ein ernsthaftes Risiko einer Umgehung der Vorschriften zu vermeiden, sollte der Schutz natürlicher Personen technologieneutral sein und nicht von den verwendeten Techniken abhängen. Der Schutz natürlicher Personen sollte für die automatisierte Verarbeitung personenbezogener Daten ebenso gelten wie für die manuelle Verarbeitung von personenbezogenen Daten, wenn die personenbezogenen Daten in einem Dateisystem gespeichert sind oder gespeichert werden sollen. Akten oder Aktensammlungen sowie ihre Deckblätter, die nicht nach bestimmten Kriterien geordnet sind, sollten nicht in den Anwendungsbereich dieser Verordnung fallen.

(16) Diese Verordnung gilt nicht für Fragen des Schutzes von Grundrechten und Grundfreiheiten und des freien Verkehrs personenbezogener Daten im Zusammenhang mit Tätigkeiten, die nicht in den Anwendungsbereich des Unionsrechts fallen, wie etwa die nationale Sicherheit betreffende Tätigkeiten. Diese Verordnung gilt nicht für die von den Mitgliedstaaten im Rahmen der Gemeinsamen Außen- und Sicherheitspolitik der Union durchgeführte Verarbeitung personenbezogener Daten.

(17) Die Verordnung (EG) Nr. 45/2001 des Europäischen Parlaments und des Rates[2] gilt für die Verarbeitung personenbezogener Daten durch die Organe, Einrichtungen, Ämter und Agenturen der Union. Die Verordnung (EG) Nr. 45/2001 und sonstige Rechtsakte der Union, die diese Verarbeitung personenbezogener Daten regeln, sollten an die Grundsätze und Vorschriften der vorliegenden Verordnung angepasst und im Lichte der vorliegenden Verordnung angewandt werden. Um einen soliden und kohärenten Rechtsrahmen im Bereich des Datenschutzes in der Union zu gewährleisten, sollten die erforderlichen Anpassungen der Verordnung (EG) Nr. 45/2001 im Anschluss an den Erlass der vorliegenden Verordnung vorgenommen werden, damit sie gleichzeitig mit der vorliegenden Verordnung angewandt werden können.

(18) Diese Verordnung gilt nicht für die Verarbeitung von personenbezogenen Daten, die von einer natürlichen Person zur Ausübung ausschließlich persönlicher oder familiärer Tätigkeiten und somit ohne Bezug zu einer beruflichen oder wirtschaftlichen Tätigkeit vorgenommen wird. Als persönliche oder familiäre Tätigkeiten könnte auch das Führen eines Schriftverkehrs oder von Anschriftenverzeichnissen oder die Nutzung sozialer Netze und Online-Tätigkeiten im Rahmen solcher Tätigkeiten gelten. Diese Verordnung gilt jedoch für die Verantwortlichen oder Auftragsverarbeiter, die die Instrumente für die Verarbeitung personenbezogener Daten für solche persönlichen oder familiären Tätigkeiten bereitstellen.

(19) Der Schutz natürlicher Personen bei der Verarbeitung personenbezogener Daten durch die zuständigen Behörden zum Zwecke der Verhütung, Ermittlung, Aufdeckung oder Verfolgung von Straftaten oder der Strafvollstreckung, einschließlich des Schutzes vor und der Abwehr von Gefahren für die öffentliche Sicherheit, sowie der freie Verkehr dieser Daten sind in einem eigenen Unionsrechtsakt geregelt. Deshalb sollte diese Verordnung auf Verarbeitungstätigkeiten dieser Art keine Anwendung finden. Personenbezogene Daten, die von Behörden nach dieser Verordnung verarbeitet werden, sollten jedoch, wenn sie zu den vorstehenden Zwecken verwendet werden, einem spezifischeren Unionsrechtsakt, nämlich der Richtlinie (EU) 2016/680 des Europäischen Parlaments und des Rates[3] unterliegen. Die Mitgliedstaaten können die zuständigen Behörden im Sinne der Richtlinie (EU) 2016/680 mit Aufgaben betrauen, die nicht zwangsläufig für die

[1] **Amtl. Anm.:** Empfehlung der Kommission vom 6. Mai 2003 betreffend die Definition der Kleinstunternehmen sowie der kleinen und mittleren Unternehmen (C (2003) 1422) (ABl. L 124 vom 20.5. 2003, S. 36).

[2] **Amtl. Anm.:** Verordnung (EG) Nr. 45/2001 des Europäischen Parlaments und des Rates vom 18. Dezember 2000 zum Schutz natürlicher Personen bei der Verarbeitung personenbezogener Daten durch die Organe und Einrichtungen der Gemeinschaft und zum freien Datenverkehr (ABl. L 8 vom 12.1.2001, S. 1).

[3] **Amtl. Anm.:** Richtlinie (EU) 2016/680 des Europäischen Parlaments und des Rates vom 27. April 2016 zum Schutz natürlicher Personen bei der Verarbeitung personenbezogener Daten durch die zuständigen Behörden zum Zwecke der Verhütung, Aufdeckung, Untersuchung oder Verfolgung von Straftaten oder der Strafvollstreckung sowie zum freien Datenverkehr und zur Aufhebung des Rahmenbeschlusses 2000/383/JI des Rates (siehe Seite 89 dieses Amtsblatts).

Zwecke der Verhütung, Ermittlung, Aufdeckung oder Verfolgung von Straftaten oder der Strafvollstreckung, einschließlich des Schutzes vor und der Abwehr von Gefahren für die öffentliche Sicherheit, ausgeführt werden, so dass die Verarbeitung von personenbezogenen Daten für diese anderen Zwecke insoweit in den Anwendungsbereich dieser Verordnung fällt, als sie in den Anwendungsbereich des Unionsrechts fällt. In Bezug auf die Verarbeitung personenbezogener Daten durch diese Behörden für Zwecke, die in den Anwendungsbereich dieser Verordnung fallen, sollten die Mitgliedstaaten spezifischere Bestimmungen beibehalten oder einführen können, um die Anwendung der Vorschriften dieser Verordnung anzupassen. In den betreffenden Bestimmungen können die Auflagen für die Verarbeitung personenbezogener Daten durch diese zuständigen Behörden für jene anderen Zwecke präziser festgelegt werden, wobei der verfassungsmäßigen, organisatorischen und administrativen Struktur des betreffenden Mitgliedstaats Rechnung zu tragen ist. Soweit diese Verordnung für die Verarbeitung personenbezogener Daten durch private Stellen gilt, sollte sie vorsehen, dass die Mitgliedstaaten einige Pflichten und Rechte unter bestimmten Voraussetzungen mittels Rechtsvorschriften beschränken können, wenn diese Beschränkung in einer demokratischen Gesellschaft eine notwendige und verhältnismäßige Maßnahme zum Schutz bestimmter wichtiger Interessen darstellt, wozu auch die öffentliche Sicherheit und die Verhütung, Ermittlung, Aufdeckung und Verfolgung von Straftaten oder die Strafvollstreckung zählen, einschließlich des Schutzes vor und der Abwehr von Gefahren für die öffentliche Sicherheit. Dies ist beispielsweise im Rahmen der Bekämpfung der Geldwäsche oder der Arbeit kriminaltechnischer Labors von Bedeutung.

(20) Diese Verordnung gilt zwar unter anderem für die Tätigkeiten der Gerichte und anderer Justizbehörden, doch könnte im Unionsrecht oder im Recht der Mitgliedstaaten festgelegt werden, wie die Verarbeitungsvorgänge und Verarbeitungsverfahren bei der Verarbeitung personenbezogener Daten durch Gerichte und andere Justizbehörden im Einzelnen auszusehen haben. Damit die Unabhängigkeit der Justiz bei der Ausübung ihrer gerichtlichen Aufgaben einschließlich ihrer Beschlussfassung unangetastet bleibt, sollten die Aufsichtsbehörden nicht für die Verarbeitung personenbezogener Daten durch Gerichte im Rahmen ihrer justiziellen Tätigkeit zuständig sein. Mit der Aufsicht über diese Datenverarbeitungsvorgänge sollten besondere Stellen im Justizsystem des Mitgliedstaats betraut werden können, die insbesondere die Einhaltung der Vorschriften dieser Verordnung sicherstellen, Richter und Staatsanwälte besser für die Pflichten aus dieser Verordnung sensibilisieren und Beschwerden in Bezug auf derartige Datenverarbeitungsvorgänge bearbeiten sollten.

(21) Die vorliegende Verordnung berührt nicht die Anwendung der Richtlinie 2000/31/EG des Europäischen Parlaments und des Rates[1] und insbesondere die der Vorschriften der Artikel 12 bis 15 jener Richtlinie zur Verantwortlichkeit von Anbietern reiner Vermittlungsdienste. Die genannte Richtlinie soll dazu beitragen, dass der Binnenmarkt einwandfrei funktioniert, indem sie den freien Verkehr von Diensten der Informationsgesellschaft zwischen den Mitgliedstaaten sicherstellt.

(22) Jede Verarbeitung personenbezogener Daten im Rahmen der Tätigkeiten einer Niederlassung eines Verantwortlichen oder eines Auftragsverarbeiters in der Union sollte gemäß dieser Verordnung erfolgen, gleich, ob die Verarbeitung in oder außerhalb der Union stattfindet. Eine Niederlassung setzt die effektive und tatsächliche Ausübung einer Tätigkeit durch eine feste Einrichtung voraus. Die Rechtsform einer solchen Einrichtung, gleich, ob es sich um eine Zweigstelle oder eine Tochtergesellschaft mit eigener Rechtspersönlichkeit handelt, ist dabei nicht ausschlaggebend.

(23) Damit einer natürlichen Person der gemäß dieser Verordnung gewährleistete Schutz nicht vorenthalten wird, sollte die Verarbeitung personenbezogener Daten von betroffenen Personen, die sich in der Union befinden, durch einen nicht in der Union niedergelassenen Verantwortlichen oder Auftragsverarbeiter dieser Verordnung unterliegen, wenn die Verarbeitung dazu dient, diesen betroffenen Personen gegen Entgelt oder unentgeltlich Waren oder Dienstleistungen anzubieten. *Um festzustellen, ob dieser* Verantwortliche oder Auftragsverarbeiter betroffenen Personen, die sich in der Union befinden, Waren oder Dienstleistungen anbietet, sollte festgestellt werden, ob der Verantwortliche oder Auftragsverarbeiter offensichtlich beabsichtigt, betroffenen Personen in einem oder mehreren Mitgliedstaaten der Union Dienstleistungen anzubieten. Während die bloße Zugänglichkeit der Website des Verantwortlichen, des Auftragsverarbeiters oder eines Vermittlers in der Union, einer E-Mail-Adresse oder anderer Kontaktdaten oder die Verwendung einer

[1] **Amtl. Anm.:** Richtlinie 2000/31/EG des Europäischen Parlaments und des Rates vom 8. Juni 2000 über bestimmte rechtliche Aspekte der Dienste der Informationsgesellschaft, insbesondere des elektronischen Geschäftsverkehrs, im Binnenmarkt („Richtlinie über den elektronischen Geschäftsverkehr") (ABl. L 178 vom 17.7.2000, S. 1).

Sprache, die in dem Drittland, in dem der Verantwortliche niedergelassen ist, allgemein gebräuchlich ist, hierfür kein ausreichender Anhaltspunkt ist, können andere Faktoren wie die Verwendung einer Sprache oder Währung, die in einem oder mehreren Mitgliedstaaten gebräuchlich ist, in Verbindung mit der Möglichkeit, Waren und Dienstleistungen in dieser anderen Sprache zu bestellen, oder die Erwähnung von Kunden oder Nutzern, die sich in der Union befinden, darauf hindeuten, dass der Verantwortliche beabsichtigt, den Personen in der Union Waren oder Dienstleistungen anzubieten.

(24) Die Verarbeitung personenbezogener Daten von betroffenen Personen, die sich in der Union befinden, durch einen nicht in der Union niedergelassenen Verantwortlichen oder Auftragsverarbeiter sollte auch dann dieser Verordnung unterliegen, wenn sie dazu dient, das Verhalten dieser betroffenen Personen zu beobachten, soweit ihr Verhalten in der Union erfolgt. Ob eine Verarbeitungstätigkeit der Beobachtung des Verhaltens von betroffenen Personen gilt, sollte daran festgemacht werden, ob ihre Internetaktivitäten nachvollzogen werden, einschließlich der möglichen nachfolgenden Verwendung von Techniken zur Verarbeitung personenbezogener Daten, durch die von einer natürlichen Person ein Profil erstellt wird, das insbesondere die Grundlage für sie betreffende Entscheidungen bildet oder anhand dessen ihre persönlichen Vorlieben, Verhaltensweisen oder Gepflogenheiten analysiert oder vorausgesagt werden sollen.

(25) Ist nach Völkerrecht das Recht eines Mitgliedstaats anwendbar, z.B. in einer diplomatischen oder konsularischen Vertretung eines Mitgliedstaats, so sollte die Verordnung auch auf einen nicht in der Union niedergelassenen Verantwortlichen Anwendung finden.

(26) Die Grundsätze des Datenschutzes sollten für alle Informationen gelten, die sich auf eine identifizierte oder identifizierbare natürliche Person beziehen. Einer Pseudonymisierung unterzogene personenbezogene Daten, die durch Heranziehung zusätzlicher Informationen einer natürlichen Person zugeordnet werden könnten, sollten als Informationen über eine identifizierbare natürliche Person betrachtet werden. Um festzustellen, ob eine natürliche Person identifizierbar ist, sollten alle Mittel berücksichtigt werden, die von dem Verantwortlichen oder einer anderen Person nach allgemeinem Ermessen wahrscheinlich genutzt werden, um die natürliche Person direkt oder indirekt zu identifizieren, wie beispielsweise das Aussondern. Bei der Feststellung, ob Mittel nach allgemeinem Ermessen wahrscheinlich zur Identifizierung der natürlichen Person genutzt werden, sollten alle objektiven Faktoren, wie die Kosten der Identifizierung und der dafür erforderliche Zeitaufwand, herangezogen werden, wobei die zum Zeitpunkt der Verarbeitung verfügbare Technologie und technologische Entwicklungen zu berücksichtigen sind. Die Grundsätze des Datenschutzes sollten daher nicht für anonyme Informationen gelten, d.h. für Informationen, die sich nicht auf eine identifizierte oder identifizierbare natürliche Person beziehen, oder personenbezogene Daten, die in einer Weise anonymisiert worden sind, dass die betroffene Person nicht oder nicht mehr identifiziert werden kann. Diese Verordnung betrifft somit nicht die Verarbeitung solcher anonymer Daten, auch für statistische oder für Forschungszwecke.

(27) Diese Verordnung gilt nicht für die personenbezogenen Daten Verstorbener. Die Mitgliedstaaten können Vorschriften für die Verarbeitung der personenbezogenen Daten Verstorbener vorsehen.

(28) Die Anwendung der Pseudonymisierung auf personenbezogene Daten kann die Risiken für die betroffenen Personen senken und die Verantwortlichen und die Auftragsverarbeiter bei der Einhaltung ihrer Datenschutzpflichten unterstützen. Durch die ausdrückliche Einführung der „Pseudonymisierung" in dieser Verordnung ist nicht beabsichtigt, andere Datenschutzmaßnahmen auszuschließen.

(29) Um Anreize für die Anwendung der Pseudonymisierung bei der Verarbeitung personenbezogener Daten zu schaffen, sollten Pseudonymisierungsmaßnahmen, die jedoch eine allgemeine Analyse zulassen, bei demselben Verantwortlichen möglich sein, wenn dieser die erforderlichen technischen und organisatorischen Maßnahmen getroffen hat, um – für die jeweilige Verarbeitung – die Umsetzung dieser Verordnung zu gewährleisten, wobei sicherzustellen ist, dass zusätzliche Informationen, mit denen die personenbezogenen Daten einer speziellen betroffenen Person zugeordnet werden können, gesondert aufbewahrt werden. Der für die Verarbeitung der personenbezogenen Daten Verantwortliche,[1] sollte die befugten Personen bei diesem Verantwortlichen angeben.

(30) Natürlichen Personen werden unter Umständen Online-Kennungen wie IP-Adressen und Cookie-Kennungen, die sein Gerät oder Software-Anwendungen und -Tools oder Protokolle liefern, oder sonstige Kennungen wie Funkfrequenzkennzeichnungen zugeordnet. Dies kann Spuren hinterlassen, die insbesondere in Kombination mit eindeutigen Kennungen und anderen beim

[1] Zeichensetzung amtlich.

Server eingehenden Informationen dazu benutzt werden können, um Profile der natürlichen Personen zu erstellen und sie zu identifizieren.

(31) Behörden, gegenüber denen personenbezogene Daten aufgrund einer rechtlichen Verpflichtung für die Ausübung ihres offiziellen Auftrags offengelegt werden, wie Steuer- und Zollbehörden, Finanzermittlungsstellen, unabhängige Verwaltungsbehörden oder Finanzmarktbehörden, die für die Regulierung und Aufsicht von Wertpapiermärkten zuständig sind, sollten nicht als Empfänger gelten, wenn sie personenbezogene Daten erhalten, die für die Durchführung – gemäß dem Unionsrecht oder dem Recht der Mitgliedstaaten – eines einzelnen Untersuchungsauftrags im Interesse der Allgemeinheit erforderlich sind. Anträge auf Offenlegung, die von Behörden ausgehen, sollten immer schriftlich erfolgen, mit Gründen versehen sein und gelegentlichen Charakter haben, und sie sollten nicht vollständige Dateisysteme betreffen oder zur Verknüpfung von Dateisystemen führen. Die Verarbeitung personenbezogener Daten durch die genannten Behörden sollte den für die Zwecke der Verarbeitung geltenden Datenschutzvorschriften entsprechen.

(32) Die Einwilligung sollte durch eine eindeutige bestätigende Handlung erfolgen, mit der freiwillig, für den konkreten Fall, in informierter Weise und unmissverständlich bekundet wird, dass die betroffene Person mit der Verarbeitung der betreffenden personenbezogenen Daten einverstanden ist, etwa in Form einer schriftlichen Erklärung, die auch elektronisch erfolgen kann, oder einer mündlichen Erklärung. Dies könnte etwa durch Anklicken eines Kästchens beim Besuch einer Internetseite, durch die Auswahl technischer Einstellungen für Dienste der Informationsgesellschaft oder durch eine andere Erklärung oder Verhaltensweise geschehen, mit der die betroffene Person in dem jeweiligen Kontext eindeutig ihr Einverständnis mit der beabsichtigten Verarbeitung ihrer personenbezogenen Daten signalisiert. Stillschweigen, bereits angekreuzte Kästchen oder Untätigkeit der betroffenen Person sollten daher keine Einwilligung darstellen. Die Einwilligung sollte sich auf alle zu demselben Zweck oder denselben Zwecken vorgenommenen Verarbeitungsvorgänge beziehen. Wenn die Verarbeitung mehreren Zwecken dient, sollte für alle diese Verarbeitungszwecke eine Einwilligung gegeben werden. Wird die betroffene Person auf elektronischem Weg zur Einwilligung aufgefordert, so muss die Aufforderung in klarer und knapper Form und ohne unnötige Unterbrechung des Dienstes, für den die Einwilligung gegeben wird, erfolgen.

(33) Oftmals kann der Zweck der Verarbeitung personenbezogener Daten für Zwecke der wissenschaftlichen Forschung zum Zeitpunkt der Erhebung der personenbezogenen Daten nicht vollständig angegeben werden. Daher sollte es betroffenen Personen erlaubt sein, ihre Einwilligung für bestimmte Bereiche wissenschaftlicher Forschung zu geben, wenn dies unter Einhaltung der anerkannten ethischen Standards der wissenschaftlichen Forschung geschieht. Die betroffenen Personen sollten Gelegenheit erhalten, ihre Einwilligung nur für bestimmte Forschungsbereiche oder Teile von Forschungsprojekten in dem vom verfolgten Zweck zugelassenen Maße zu erteilen.

(34) Genetische Daten sollten als personenbezogene Daten über die ererbten oder erworbenen genetischen Eigenschaften einer natürlichen Person definiert werden, die aus der Analyse einer biologischen Probe der betreffenden natürlichen Person, insbesondere durch eine *Chromosomen*[1]), Desoxyribonukleinsäure (DNS)- oder Ribonukleinsäure (RNS)-Analyse oder der Analyse eines anderen Elements, durch die gleichwertige Informationen erlangt werden können, gewonnen werden.

(35) Zu den personenbezogenen Gesundheitsdaten sollten alle Daten zählen, die sich auf den Gesundheitszustand einer betroffenen Person beziehen und aus denen Informationen über den früheren, gegenwärtigen und künftigen körperlichen oder geistigen Gesundheitszustand der betroffenen Person hervorgehen. Dazu gehören auch Informationen über die natürliche Person, die im Zuge der Anmeldung für sowie der Erbringung von Gesundheitsdienstleistungen im Sinne der Richtlinie 2011/24/EU des Europäischen Parlaments und des Rates[2]) für die natürliche Person erhoben werden, Nummern, Symbole oder Kennzeichen, die einer natürlichen Person zugeteilt wurden, *um diese natürliche Person für gesundheitliche Zwecke eindeutig zu identifizieren*, Informationen, die von der Prüfung oder Untersuchung eines Körperteils oder einer körpereigenen Substanz, auch aus genetischen Daten und biologischen Proben, abgeleitet werden, und Informationen über Krankheiten, Behinderungen, Krankheitsrisiken, Vorerkrankungen, klinische Behandlungen oder den physiologischen oder biomedizinischen Zustand der betroffenen Person unabhängig von der Herkunft der Daten, ob sie nun von einem Arzt oder sonstigem Angehörigen

[1]) Richtig wohl: „Chromosomen-Analyse".
[2]) **Amtl. Anm.:** Richtlinie 2011/24/EU des Europäischen Parlaments und des Rates vom 9. März 2011 über die Ausübung der Patientenrechte in der grenzüberschreitenden Gesundheitsversorgung (ABl. L 88 vom 4.4.2011, S. 45).

eines Gesundheitsberufes, einem Krankenhaus, einem Medizinprodukt oder einem In-Vitro-Diagnostikum stammen.

(36) Die Hauptniederlassung des Verantwortlichen in der Union sollte der Ort seiner Hauptverwaltung in der Union sein, es sei denn, dass Entscheidungen über die Zwecke und Mittel der Verarbeitung personenbezogener Daten in einer anderen Niederlassung des Verantwortlichen in der Union getroffen werden; in diesem Fall sollte die letztgenannte als Hauptniederlassung gelten. Zur Bestimmung der Hauptniederlassung eines Verantwortlichen in der Union sollten objektive Kriterien herangezogen werden; ein Kriterium sollte dabei die effektive und tatsächliche Ausübung von Managementtätigkeiten durch eine feste Einrichtung sein, in deren Rahmen die Grundsatzentscheidungen zur Festlegung der Zwecke und Mittel der Verarbeitung getroffen werden. Dabei sollte nicht ausschlaggebend sein, ob die Verarbeitung der personenbezogenen Daten tatsächlich an diesem Ort ausgeführt wird. Das Vorhandensein und die Verwendung technischer Mittel und Verfahren zur Verarbeitung personenbezogener Daten oder Verarbeitungstätigkeiten begründen an sich noch keine Hauptniederlassung und sind daher kein ausschlaggebender Faktor für das Bestehen einer Hauptniederlassung. Die Hauptniederlassung des Auftragsverarbeiters sollte der Ort sein, an dem der Auftragsverarbeiter seine Hauptverwaltung in der Union hat, oder – wenn er keine Hauptverwaltung in der Union hat – der Ort, an dem die wesentlichen Verarbeitungstätigkeiten in der Union stattfinden. Sind sowohl der Verantwortliche als auch der Auftragsverarbeiter betroffen, so sollte die Aufsichtsbehörde des Mitgliedstaats, in dem der Verantwortliche seine Hauptniederlassung hat, die zuständige federführende Aufsichtsbehörde bleiben, doch sollte die Aufsichtsbehörde des Auftragsverarbeiters als betroffene Aufsichtsbehörde betrachtet werden und diese Aufsichtsbehörde sollte sich an dem in dieser Verordnung vorgesehenen Verfahren zur Zusammenarbeit beteiligen. Auf jeden Fall sollten die Aufsichtsbehörden des Mitgliedstaats oder der Mitgliedstaaten, in dem bzw. denen der Auftragsverarbeiter eine oder mehrere Niederlassungen hat, nicht als betroffene Aufsichtsbehörden betrachtet werden, wenn sich der Beschlussentwurf nur auf den Verantwortlichen bezieht. Wird die Verarbeitung durch eine Unternehmensgruppe vorgenommen, so sollte die Hauptniederlassung des herrschenden Unternehmens als Hauptniederlassung der Unternehmensgruppe gelten, es sei denn, die Zwecke und Mittel der Verarbeitung werden von einem anderen Unternehmen festgelegt.

(37) Eine Unternehmensgruppe sollte aus einem herrschenden Unternehmen und den von diesem abhängigen Unternehmen bestehen, wobei das herrschende Unternehmen dasjenige sein sollte, das zum Beispiel aufgrund der Eigentumsverhältnisse, der finanziellen Beteiligung oder der für das Unternehmen geltenden Vorschriften oder der Befugnis, Datenschutzvorschriften umsetzen zu lassen, einen beherrschenden Einfluss auf die übrigen Unternehmen ausüben kann. Ein Unternehmen, das die Verarbeitung personenbezogener Daten in ihm angeschlossenen Unternehmen kontrolliert, sollte zusammen mit diesen als eine „Unternehmensgruppe" betrachtet werden.

(38) Kinder verdienen bei ihren personenbezogenen Daten besonderen Schutz, da Kinder sich der betreffenden Risiken, Folgen und Garantien und ihrer Rechte bei der Verarbeitung personenbezogener Daten möglicherweise weniger bewusst sind. Ein solcher besonderer Schutz sollte insbesondere die Verwendung personenbezogener Daten von Kindern für Werbezwecke oder für die Erstellung von Persönlichkeits- oder Nutzerprofilen und die Erhebung von personenbezogenen Daten von Kindern bei der Nutzung von Diensten, die Kindern direkt angeboten werden, betreffen. Die Einwilligung des Trägers der elterlichen Verantwortung sollte im Zusammenhang mit Präventions- oder Beratungsdiensten, die unmittelbar einem Kind angeboten werden, nicht erforderlich sein.

(39) Jede Verarbeitung personenbezogener Daten sollte rechtmäßig und nach Treu und Glauben erfolgen. Für natürliche Personen sollte Transparenz dahingehend bestehen, dass sie betreffende personenbezogene Daten erhoben, verwendet, eingesehen oder anderweitig verarbeitet werden und in welchem Umfang die personenbezogenen Daten verarbeitet werden und künftig noch verarbeitet werden. Der Grundsatz der Transparenz setzt voraus, dass alle Informationen und Mitteilungen zur Verarbeitung dieser personenbezogenen Daten leicht zugänglich und verständlich und in klarer und einfacher Sprache abgefasst sind. Dieser Grundsatz betrifft insbesondere die Informationen über die Identität des Verantwortlichen und die Zwecke der Verarbeitung und sonstige Informationen, die eine faire und transparente Verarbeitung im Hinblick auf die betroffenen natürlichen Personen gewährleisten, sowie deren Recht, eine Bestätigung und Auskunft darüber zu erhalten, welche sie betreffende personenbezogene Daten verarbeitet werden. Natürliche Personen sollten über die Risiken, Vorschriften, Garantien und Rechte im Zusammenhang *mit der Verarbeitung personenbezogener* Daten informiert und darüber aufgeklärt werden, wie sie ihre diesbezüglichen Rechte geltend machen können. Insbesondere sollten die bestimmten Zwecke, zu denen die personenbezogenen Daten verarbeitet werden, eindeutig und rechtmäßig sein und zum Zeitpunkt der Erhebung der personenbezogenen Daten feststehen. Die personenbezogenen Daten sollten für die Zwecke, zu denen sie verarbeitet werden, angemessen und erheblich

sowie auf das für die Zwecke ihrer Verarbeitung notwendige Maß beschränkt sein. Dies erfordert insbesondere, dass die Speicherfrist für personenbezogene Daten auf das unbedingt erforderliche Mindestmaß beschränkt bleibt. Personenbezogene Daten sollten nur verarbeitet werden dürfen, wenn der Zweck der Verarbeitung nicht in zumutbarer Weise durch andere Mittel erreicht werden kann. Um sicherzustellen, dass die personenbezogenen Daten nicht länger als nötig gespeichert werden, sollte der Verantwortliche Fristen für ihre Löschung oder regelmäßige Überprüfung vorsehen. Es sollten alle vertretbaren Schritte unternommen werden, damit unrichtige personenbezogene Daten gelöscht oder berichtigt werden. Personenbezogene Daten sollten so verarbeitet werden, dass ihre Sicherheit und Vertraulichkeit hinreichend gewährleistet ist, wozu auch gehört, dass Unbefugte keinen Zugang zu den Daten haben und weder die Daten noch die Geräte, mit denen diese verarbeitet werden, benutzen können.

(40) Damit die Verarbeitung rechtmäßig ist, müssen personenbezogene Daten mit Einwilligung der betroffenen Person oder auf einer sonstigen zulässigen Rechtsgrundlage verarbeitet werden, die sich aus dieser Verordnung oder – wann immer in dieser Verordnung darauf Bezug genommen wird – aus dem sonstigen Unionsrecht oder dem Recht der Mitgliedstaaten ergibt; so unter anderem auf der Grundlage, dass sie zur Erfüllung der rechtlichen Verpflichtung, der der Verantwortliche unterliegt, oder zur Erfüllung eines Vertrags, dessen Vertragspartei die betroffene Person ist, oder für die Durchführung vorvertraglicher Maßnahmen, die auf Anfrage der betroffenen Person erfolgen, erforderlich ist.

(41) Wenn in dieser Verordnung auf eine Rechtsgrundlage oder eine Gesetzgebungsmaßnahme Bezug genommen wird, erfordert dies nicht notwendigerweise einen von einem Parlament angenommenen Gesetzgebungsakt, unbeschadet der Anforderungen gemäß der Verfassungsordnung des betreffenden Mitgliedstaats. Die entsprechende Rechtsgrundlage oder Gesetzgebungsmaßnahme sollte jedoch klar und präzise sein und ihre Anwendung sollte für die Rechtsunterworfenen gemäß der Rechtsprechung des Gerichtshofs der Europäischen Union (im Folgenden „Gerichtshof") und des Europäischen Gerichtshofs für Menschenrechte vorhersehbar sein.

(42) Erfolgt die Verarbeitung mit Einwilligung der betroffenen Person, sollte der Verantwortliche nachweisen können, dass die betroffene Person in die Einwilligung zu dem Verarbeitungsvorgang gegeben hat. Insbesondere bei Abgabe einer schriftlichen Erklärung in anderer Sache sollten Garantien sicherstellen, dass die betroffene Person weiß, dass und in welchem Umfang sie ihre Einwilligung erteilt. Gemäß der Richtlinie 93/13/EWG des Rates[1] sollte eine vom Verantwortlichen vorformulierte Einwilligungserklärung in verständlicher und leicht zugänglicher Form in einer klaren und einfachen Sprache zur Verfügung gestellt werden, und sie sollte keine missbräuchlichen Klauseln beinhalten. Damit sie in Kenntnis der Sachlage ihre Einwilligung geben kann, sollte die betroffene Person mindestens wissen, wer der Verantwortliche ist und für welche Zwecke ihre personenbezogenen Daten verarbeitet werden sollen. Es sollte nur dann davon ausgegangen werden, dass sie ihre Einwilligung freiwillig gegeben hat, wenn sie eine echte oder freie Wahl hat und somit in der Lage ist, die Einwilligung zu verweigern oder zurückzuziehen, ohne Nachteile zu erleiden.

(43) Um sicherzustellen, dass die Einwilligung freiwillig erfolgt, sollte diese in besonderen Fällen, wenn zwischen der betroffenen Person und dem Verantwortlichen ein klares Ungleichgewicht besteht, insbesondere wenn es sich bei dem Verantwortlichen um eine Behörde handelt, und es deshalb in Anbetracht aller Umstände in dem speziellen Fall unwahrscheinlich ist, dass die Einwilligung freiwillig gegeben wurde, keine gültige Rechtsgrundlage liefern. Die Einwilligung gilt nicht als freiwillig erteilt, wenn zu verschiedenen Verarbeitungsvorgängen von personenbezogenen Daten nicht gesondert eine Einwilligung erteilt werden kann, obwohl dies im Einzelfall angebracht ist, oder wenn die Erfüllung eines Vertrags, einschließlich der Erbringung einer Dienstleistung, von der Einwilligung abhängig ist, obwohl diese Einwilligung für die Erfüllung nicht erforderlich ist.

(44) Die Verarbeitung von Daten sollte als rechtmäßig gelten, wenn sie für die Erfüllung oder den geplanten Abschluss eines Vertrags erforderlich ist.

(45) Erfolgt die Verarbeitung durch den Verantwortlichen aufgrund einer ihm obliegenden rechtlichen Verpflichtung oder ist die Verarbeitung zur Wahrnehmung einer Aufgabe im öffentlichen Interesse oder in Ausübung öffentlicher Gewalt erforderlich, muss hierfür eine Grundlage im Unionsrecht oder im Recht eines Mitgliedstaats bestehen. Mit dieser Verordnung wird nicht für jede einzelne Verarbeitung ein spezifisches Gesetz verlangt. Ein Gesetz als Grundlage für mehrere Verarbeitungsvorgänge kann ausreichend sein, wenn die Verarbeitung aufgrund einer dem Verantwortlichen

[1] **Amtl. Anm.:** Richtlinie 93/13/EWG des Rates vom 5. April 1993 über missbräuchliche Klauseln in Verbraucherverträgen (ABl. L 95 vom 21.4.1993, S. 29).

obliegenden rechtlichen Verpflichtung erfolgt oder wenn die Verarbeitung zur Wahrnehmung einer Aufgabe im öffentlichen Interesse oder in Ausübung öffentlicher Gewalt erforderlich ist. Desgleichen sollte im Unionsrecht oder im Recht der Mitgliedstaaten geregelt werden, für welche Zwecke die Daten verarbeitet werden dürfen. Ferner könnten in diesem Recht die allgemeinen Bedingungen dieser Verordnung zur Regelung der Rechtmäßigkeit der Verarbeitung personenbezogener Daten präzisiert und es könnte darin festgelegt werden, wie der Verantwortliche zu bestimmen ist, welche Art von personenbezogenen Daten verarbeitet werden, welche Personen betroffen sind, welchen Einrichtungen die personenbezogenen Daten offengelegt, für welche Zwecke und wie lange sie gespeichert werden dürfen und welche anderen Maßnahmen ergriffen werden, um zu gewährleisten, dass die Verarbeitung rechtmäßig und nach Treu und Glauben erfolgt. Desgleichen sollte im Unionsrecht oder im Recht der Mitgliedstaaten geregelt werden, ob es sich bei dem Verantwortlichen, der eine Aufgabe wahrnimmt, die im öffentlichen Interesse liegt oder in Ausübung öffentlicher Gewalt erfolgt, um eine Behörde oder um eine andere unter das öffentliche Recht fallende natürliche oder juristische Person oder, sofern dies durch das öffentliche Interesse einschließlich gesundheitlicher Zwecke, wie die öffentliche Gesundheit oder die soziale Sicherheit oder die Verwaltung von Leistungen der Gesundheitsfürsorge, gerechtfertigt ist, eine natürliche oder juristische Person des Privatrechts, wie beispielsweise eine Berufsvereinigung, handeln sollte.

(46) Die Verarbeitung personenbezogener Daten sollte ebenfalls als rechtmäßig angesehen werden, wenn sie erforderlich ist, um ein lebenswichtiges Interesse der betroffenen Person oder einer anderen natürlichen Person zu schützen. Personenbezogene Daten sollten grundsätzlich nur dann aufgrund eines lebenswichtigen Interesses einer anderen natürlichen Person verarbeitet werden, wenn die Verarbeitung offensichtlich nicht auf eine andere Rechtsgrundlage gestützt werden kann. Einige Arten der Verarbeitung können sowohl wichtigen Gründen des öffentlichen Interesses als auch lebenswichtigen Interessen der betroffenen Person dienen; so kann beispielsweise die Verarbeitung für humanitäre Zwecke einschließlich der Überwachung von Epidemien und deren Ausbreitung oder in humanitären Notfällen insbesondere bei Naturkatastrophen oder vom Menschen verursachten Katastrophen erforderlich sein.

(47)[1] Die Rechtmäßigkeit der Verarbeitung kann durch die berechtigten Interessen eines Verantwortlichen, auch eines Verantwortlichen, dem die personenbezogenen Daten offengelegt werden dürfen, oder eines Dritten begründet sein, sofern die Interessen oder die Grundrechte und Grundfreiheiten der betroffenen Person nicht überwiegen; dabei sind die vernünftigen Erwartungen der betroffenen Personen, die auf ihrer Beziehung zu dem Verantwortlichen beruhen, zu berücksichtigen. Ein berechtigtes Interesse könnte beispielsweise vorliegen, wenn eine maßgebliche und angemessene Beziehung zwischen der betroffenen Person und dem Verantwortlichen besteht, z.B. wenn die betroffene Person ein Kunde des Verantwortlichen ist oder in seinen Diensten steht. Auf jeden Fall wäre das Bestehen eines berechtigten Interesses besonders sorgfältig abzuwägen, wobei auch zu prüfen ist, ob eine betroffene Person zum Zeitpunkt der Erhebung der personenbezogenen Daten und angesichts der Umstände, unter denen sie erfolgt, vernünftigerweise absehen kann, dass möglicherweise eine Verarbeitung für diesen Zweck erfolgen wird. Insbesondere dann, wenn personenbezogene Daten in Situationen verarbeitet werden, in denen eine betroffene Person vernünftigerweise nicht mit einer weiteren Verarbeitung rechnen muss, könnten die Interessen und Grundrechte der betroffenen Person das Interesse des Verantwortlichen überwiegen. Da es dem Gesetzgeber obliegt, per Rechtsvorschrift die Rechtsgrundlage für die Verarbeitung personenbezogener Daten durch die Behörden zu schaffen, sollte diese Rechtsgrundlage nicht für Verarbeitungen durch Behörden gelten, die diese in Erfüllung ihrer Aufgaben vornehmen. Die Verarbeitung personenbezogener Daten im für die Verhinderung von Betrug unbedingt erforderlichen Umfang stellt ebenfalls ein berechtigtes Interesse des jeweiligen Verantwortlichen dar. Die Verarbeitung personenbezogener Daten zum Zwecke der Direktwerbung kann als eine einem berechtigten Interesse dienende Verarbeitung betrachtet werden.

(48) Verantwortliche, die Teil einer Unternehmensgruppe oder einer Gruppe von Einrichtungen sind, die einer zentralen Stelle zugeordnet sind können ein berechtigtes Interesse haben, personenbezogene Daten innerhalb der Unternehmensgruppe für interne Verwaltungszwecke, einschließlich der Verarbeitung personenbezogener Daten von Kunden und Beschäftigten, zu übermitteln. Die Grundprinzipien für die Übermittlung personenbezogener Daten innerhalb von Unternehmensgruppen an ein Unternehmen in einem Drittland bleiben unberührt.

(49) Die Verarbeitung von personenbezogenen Daten durch Behörden, Computer-Notdienste (Computer Emergency Response Teams – CERT, beziehungsweise Computer Security Incident Response Teams – CSIRT), Betreiber von elektronischen Kommunikationsnetzen und -diensten

[1] Erwägungsgrund 47 ber. ABl. 2018 L 127 S. 2.

sowie durch Anbieter von Sicherheitstechnologien und -diensten stellt in dem Maße ein berechtigtes Interesse des jeweiligen Verantwortlichen dar, wie dies für die Gewährleistung der Netz- und Informationssicherheit unbedingt notwendig und verhältnismäßig ist, d.h. soweit dadurch die Fähigkeit eines Netzes oder Informationssystems gewährleistet wird, mit einem vorgegebenen Grad der Zuverlässigkeit Störungen oder widerrechtliche oder mutwillige Eingriffe abzuwehren, die die Verfügbarkeit, Authentizität, Vollständigkeit und Vertraulichkeit von gespeicherten oder übermittelten personenbezogenen Daten sowie die Sicherheit damit zusammenhängender Dienste, die über diese Netze oder Informationssysteme angeboten werden bzw. zugänglich sind, beeinträchtigen. Ein solches berechtigtes Interesse könnte beispielsweise darin bestehen, den Zugang Unbefugter zu elektronischen Kommunikationsnetzen und die Verbreitung schädlicher Programmcodes zu verhindern sowie Angriffe in Form der gezielten Überlastung von Servern („Denial of service"-Angriffe) und Schädigungen von Computer- und elektronischen Kommunikationssystemen abzuwehren.

(50)[1] Die Verarbeitung personenbezogener Daten für andere Zwecke als die, für die die personenbezogenen Daten ursprünglich erhoben wurden, sollte nur zulässig sein, wenn die Verarbeitung mit den Zwecken, für die die personenbezogenen Daten ursprünglich erhoben wurden, vereinbar ist. In diesem Fall ist keine andere gesonderte Rechtsgrundlage erforderlich als diejenige für die Erhebung der personenbezogenen Daten. Ist die Verarbeitung für die Wahrnehmung einer Aufgabe erforderlich, die im öffentlichen Interesse liegt oder in Ausübung öffentlicher Gewalt erfolgt, die dem Verantwortlichen übertragen wurde, so können im Unionsrecht oder im Recht der Mitgliedstaaten die Aufgaben und Zwecke bestimmt und konkretisiert werden, für die eine Weiterverarbeitung als vereinbar und rechtmäßig erachtet wird. Die Weiterverarbeitung für im öffentlichen Interesse liegende Archivzwecke, für wissenschaftliche oder historische Forschungszwecke oder für statistische Zwecke sollte als vereinbarer und rechtmäßiger Verarbeitungsvorgang gelten. Die im Unionsrecht oder im Recht der Mitgliedstaaten vorgesehene Rechtsgrundlage für die Verarbeitung personenbezogener Daten kann auch als Rechtsgrundlage für eine Weiterverarbeitung dienen. Um festzustellen, ob ein Zweck der Weiterverarbeitung mit dem Zweck, für den die personenbezogenen Daten ursprünglich erhoben wurden, vereinbar ist, sollte der Verantwortliche nach Einhaltung aller Anforderungen für die Rechtmäßigkeit der ursprünglichen Verarbeitung unter anderem prüfen, ob ein Zusammenhang zwischen den Zwecken, für die die personenbezogenen Daten erhoben wurden, und den Zwecken der beabsichtigten Weiterverarbeitung besteht, in welchem Kontext die Daten erhoben wurden, insbesondere die vernünftigen Erwartungen der betroffenen Personen, die auf ihrer Beziehung zu dem Verantwortlichen beruhen, in Bezug auf die weitere Verwendung dieser Daten, um welche Art von personenbezogenen Daten es sich handelt, welche Folgen die beabsichtigte Weiterverarbeitung für die betroffenen Personen hat und ob sowohl beim ursprünglichen als auch beim beabsichtigten Weiterverarbeitungsvorgang geeignete Garantien bestehen.
Hat die betroffene Person ihre Einwilligung erteilt oder beruht die Verarbeitung auf Unionsrecht oder dem Recht der Mitgliedstaaten, was in einer demokratischen Gesellschaft eine notwendige und verhältnismäßige Maßnahme zum Schutz insbesondere wichtiger Ziele des allgemeinen öffentlichen Interesses darstellt, so sollte der Verantwortliche die personenbezogenen Daten ungeachtet der Vereinbarkeit der Zwecke weiterverarbeiten dürfen. In jedem Fall sollte gewährleistet sein, dass die in dieser Verordnung niedergelegten Grundsätze angewandt werden und insbesondere die betroffene Person über diese anderen Zwecke und über ihre Rechte einschließlich des Widerspruchsrechts unterrichtet wird. Der Hinweis des Verantwortlichen auf mögliche Straftaten oder Bedrohungen der öffentlichen Sicherheit und die Übermittlung der maßgeblichen personenbezogenen Daten in Einzelfällen oder in mehreren Fällen, die im Zusammenhang mit derselben Straftat oder derselben Bedrohung der öffentlichen Sicherheit stehen, an eine zuständige Behörde sollten als berechtigtes Interesse des Verantwortlichen gelten. Eine derartige Übermittlung personenbezogener Daten im berechtigten Interesse des Verantwortlichen oder deren Weiterverarbeitung sollte jedoch unzulässig sein, wenn die Verarbeitung mit einer rechtlichen, beruflichen *oder sonstigen verbindlichen* Pflicht zur Geheimhaltung unvereinbar ist.

(51) Personenbezogene Daten, die ihrem Wesen nach hinsichtlich der Grundrechte und Grundfreiheiten besonders sensibel sind, verdienen einen besonderen Schutz, da im Zusammenhang mit ihrer Verarbeitung erhebliche Risiken für die Grundrechte und Grundfreiheiten auftreten können. Diese personenbezogenen Daten sollten personenbezogene Daten umfassen, aus denen die rassische oder ethnische Herkunft hervorgeht, wobei die Verwendung des Begriffs „rassische Herkunft" in dieser Verordnung nicht bedeutet, dass die Union Theorien, mit denen versucht wird, die Existenz verschiedener menschlicher Rassen zu belegen, gutheißt. Die Verarbeitung von

[1] Erwägungsgrund 50 ber. ABl. 2018 L 127 S. 2.

Lichtbildern sollte nicht grundsätzlich als Verarbeitung besonderer Kategorien von personenbezogenen Daten angesehen werden, da Lichtbilder nur dann von der Definition des Begriffs „biometrische Daten" erfasst werden, wenn sie mit speziellen technischen Mitteln verarbeitet werden, die die eindeutige Identifizierung oder Authentifizierung einer natürlichen Person ermöglichen. Derartige personenbezogene Daten sollten nicht verarbeitet werden, es sei denn, die Verarbeitung ist in den in dieser Verordnung dargelegten besonderen Fällen zulässig, wobei zu berücksichtigen ist, dass im Recht der Mitgliedstaaten besondere Datenschutzbestimmungen festgelegt sein können, um die Anwendung der Bestimmungen dieser Verordnung anzupassen, damit die Einhaltung einer rechtlichen Verpflichtung oder die Wahrnehmung einer Aufgabe im öffentlichen Interesse oder die Ausübung öffentlicher Gewalt, die dem Verantwortlichen übertragen wurde, möglich ist. Zusätzlich zu den speziellen Anforderungen an eine derartige Verarbeitung sollten die allgemeinen Grundsätze und andere Bestimmungen dieser Verordnung, insbesondere hinsichtlich der Bedingungen für eine rechtmäßige Verarbeitung, gelten. Ausnahmen von dem allgemeinen Verbot der Verarbeitung dieser besonderen Kategorien personenbezogener Daten sollten ausdrücklich vorgesehen werden, unter anderem bei ausdrücklicher Einwilligung der betroffenen Person oder bei bestimmten Notwendigkeiten, insbesondere wenn die Verarbeitung im Rahmen rechtmäßiger Tätigkeiten bestimmter Vereinigungen oder Stiftungen vorgenommen wird, die sich für die Ausübung von Grundfreiheiten einsetzen.

(52) Ausnahmen vom Verbot der Verarbeitung besonderer Kategorien von personenbezogenen Daten sollten auch erlaubt sein, wenn sie im Unionsrecht oder dem Recht der Mitgliedstaaten vorgesehen sind, und – vorbehaltlich angemessener Garantien zum Schutz der personenbezogenen Daten und anderer Grundrechte – wenn dies durch das öffentliche Interesse gerechtfertigt ist, insbesondere für die Verarbeitung von personenbezogenen Daten auf dem Gebiet des Arbeitsrechts und des Rechts der sozialen Sicherheit einschließlich Renten und zwecks Sicherstellung und Überwachung der Gesundheit und Gesundheitswarnungen, Prävention oder Kontrolle ansteckender Krankheiten und anderer schwerwiegender Gesundheitsgefahren. Eine solche Ausnahme kann zu gesundheitlichen Zwecken gemacht werden, wie der Gewährleistung der öffentlichen Gesundheit und der Verwaltung von Leistungen der Gesundheitsversorgung, insbesondere wenn dadurch die Qualität und Wirtschaftlichkeit der Verfahren zur Abrechnung von Leistungen in den sozialen Krankenversicherungssystemen sichergestellt werden soll, oder wenn die Verarbeitung im öffentlichen Interesse liegenden Archivzwecken, wissenschaftlichen oder historischen Forschungszwecken oder statistischen Zwecken dient. Die Verarbeitung solcher personenbezogener Daten sollte zudem ausnahmsweise erlaubt sein, wenn sie erforderlich ist, um rechtliche Ansprüche, sei es in einem Gerichtsverfahren oder in einem Verwaltungsverfahren oder einem außergerichtlichen Verfahren, geltend zu machen, auszuüben oder zu verteidigen.

(53) Besondere Kategorien personenbezogener Daten, die *eines höheren Schutzes*[1] verdienen, sollten nur dann für gesundheitsbezogene Zwecke verarbeitet werden, wenn dies für das Erreichen dieser Zwecke im Interesse einzelner natürlicher Personen und der Gesellschaft insgesamt erforderlich ist, insbesondere im Zusammenhang mit der Verwaltung der Dienste und Systeme des Gesundheits- oder Sozialbereichs, einschließlich der Verarbeitung dieser Daten durch die Verwaltung und die zentralen nationalen Gesundheitsbehörden zwecks Qualitätskontrolle, Verwaltungsinformationen und der allgemeinen nationalen und lokalen Überwachung des Gesundheitssystems oder des Sozialsystems und zwecks Gewährleistung der Kontinuität der Gesundheits- und Sozialfürsorge und der grenzüberschreitenden Gesundheitsversorgung oder Sicherstellung und Überwachung der Gesundheit und Gesundheitswarnungen oder für im öffentlichen Interesse liegende Archivzwecke, zu wissenschaftlichen oder historischen Forschungszwecken oder statistischen Zwecken, die auf Rechtsvorschriften der Union oder der Mitgliedstaaten beruhen, die einem im öffentlichen Interesse liegenden Ziel dienen müssen, sowie für Studien, die im öffentlichen Interesse im Bereich der öffentlichen Gesundheit durchgeführt werden. Diese Verordnung sollte daher harmonisierte Bedingungen für die Verarbeitung besonderer Kategorien personenbezogener Gesundheitsdaten im Hinblick auf bestimmte Erfordernisse harmonisieren, insbesondere wenn die Verarbeitung dieser Daten für gesundheitsbezogene Zwecke von Personen durchgeführt wird, die gemäß einer rechtlichen Verpflichtung dem Berufsgeheimnis unterliegen. Im Recht der Union oder der Mitgliedstaaten sollten besondere und angemessene Maßnahmen zum Schutz der Grundrechte und der personenbezogenen Daten natürlicher Personen vorgesehen werden. Den Mitgliedstaaten sollte gestattet werden, weitere Bedingungen einschließlich Beschränkungen – in Bezug auf die Verarbeitung von genetischen Daten, biometrischen Daten oder Gesundheitsdaten beizubehalten oder einzuführen. Dies sollte jedoch den freien Verkehr personenbezogener Daten

[1] Richtig wohl: „einen höheren Schutz".

innerhalb der Union nicht beeinträchtigen, falls die betreffenden Bedingungen für die grenzüberschreitende Verarbeitung solcher Daten gelten.

(54) Aus Gründen des öffentlichen Interesses in Bereichen der öffentlichen Gesundheit kann es notwendig sein, besondere Kategorien personenbezogener Daten auch ohne Einwilligung der betroffenen Person zu verarbeiten. Diese Verarbeitung sollte angemessenen und besonderen Maßnahmen zum Schutz der Rechte und Freiheiten natürlicher Personen unterliegen. In diesem Zusammenhang sollte der Begriff „öffentliche Gesundheit" im Sinne der Verordnung (EG) Nr. 1338/2008 des Europäischen Parlaments und des Rates[1] ausgelegt werden und alle Elemente im Zusammenhang mit der Gesundheit wie den Gesundheitszustand einschließlich Morbidität und Behinderung, die sich auf diesen Gesundheitszustand auswirkenden Determinanten, den Bedarf an Gesundheitsversorgung, die der Gesundheitsversorgung zugewiesenen Mittel, die Bereitstellung von Gesundheitsversorgungsleistungen und den allgemeinen Zugang zu diesen Leistungen sowie die entsprechenden Ausgaben und die Finanzierung und schließlich die Ursachen der Mortalität einschließen. Eine solche Verarbeitung von Gesundheitsdaten aus Gründen des öffentlichen Interesses darf nicht dazu führen, dass Dritte, unter anderem Arbeitgeber oder Versicherungs- und Finanzunternehmen, solche *personenbezogene*[2] Daten zu anderen Zwecken verarbeiten.

(55) Auch die Verarbeitung personenbezogener Daten durch staatliche Stellen zu verfassungsrechtlich oder völkerrechtlich verankerten Zielen von staatlich anerkannten Religionsgemeinschaften erfolgt aus Gründen des öffentlichen Interesses.

(56) Wenn es in einem Mitgliedstaat das Funktionieren des demokratischen Systems erfordert, dass die politischen Parteien im Zusammenhang mit Wahlen personenbezogene Daten über die politische Einstellung von Personen sammeln, kann die Verarbeitung derartiger Daten aus Gründen des öffentlichen Interesses zugelassen werden, sofern geeignete Garantien vorgesehen werden.

(57) Kann der Verantwortliche anhand der von ihm verarbeiteten personenbezogenen Daten eine natürliche Person nicht identifizieren, so sollte er nicht verpflichtet sein, zur bloßen Einhaltung einer Vorschrift dieser Verordnung zusätzliche Daten einzuholen, um die betroffene Person zu identifizieren. Allerdings sollte er sich nicht weigern, zusätzliche Informationen entgegenzunehmen, die von der betroffenen Person beigebracht werden, um ihre Rechte geltend zu machen. Die Identifizierung sollte die digitale Identifizierung einer betroffenen Person beispielsweise durch Authentifizierungsverfahren etwa mit demselben Berechtigungsnachweis, die die betroffene Person verwendet, um sich dem von dem Verantwortlichen bereitgestellten Online-Dienst anzumelden – einschließen.

(58) Der Grundsatz der Transparenz setzt voraus, dass eine für die Öffentlichkeit oder die betroffene Person bestimmte Information präzise, leicht zugänglich und verständlich sowie in klarer und einfacher Sprache abgefasst ist und gegebenenfalls zusätzlich visuelle Elemente verwendet werden. Diese Information könnte in elektronischer Form bereitgestellt werden, beispielsweise auf einer Website, wenn sie für die Öffentlichkeit bestimmt ist. Dies gilt insbesondere für Situationen, wo die große Zahl der Beteiligten und die Komplexität der dazu benötigten Technik es der betroffenen Person schwer machen, zu erkennen und nachzuvollziehen, ob, von wem und zu welchem Zweck sie betreffende personenbezogene Daten erfasst werden, wie etwa bei der Werbung im Internet. Wenn sich die Verarbeitung an Kinder richtet, sollten aufgrund der besonderen Schutzwürdigkeit von Kindern Informationen und Hinweise in einer dergestalt klaren und einfachen Sprache erfolgen, dass ein Kind sie verstehen kann.

(59) Es sollten Modalitäten festgelegt werden, die einer betroffenen Person die Ausübung der Rechte, die ihr nach dieser Verordnung zustehen, erleichtern, darunter auch Mechanismen, die dafür sorgen, dass sie unentgeltlich insbesondere Zugang zu personenbezogenen Daten und deren Berichtigung oder Löschung beantragen und gegebenenfalls erhalten oder von ihrem Widerspruchsrecht Gebrauch machen kann. So sollte der Verantwortliche auch dafür sorgen, dass Anträge elektronisch gestellt werden können, insbesondere wenn die personenbezogenen Daten elektronisch verarbeitet werden. Der Verantwortliche sollte verpflichtet werden, den Antrag der betroffenen Person unverzüglich, spätestens aber innerhalb eines Monats zu beantworten und gegebenenfalls zu begründen, warum er den Antrag ablehnt.

(60) Die Grundsätze einer fairen und transparenten Verarbeitung machen es erforderlich, dass die betroffene Person über die Existenz des Verarbeitungsvorgangs und seine Zwecke unterrichtet

[1] **Amtl. Anm.:** Verordnung (EG) Nr. 1338/2008 des Europäischen Parlaments und des Rates vom 16. Dezember 2008 zu Gemeinschaftsstatistiken über öffentliche Gesundheit und über Gesundheitsschutz und Sicherheit am Arbeitsplatz (ABl. L 354 vom 31.12.2008, S. 70).
[2] Richtig wohl: „personenbezogenen".

wird. Der Verantwortliche sollte der betroffenen Person alle weiteren Informationen zur Verfügung stellen, die unter Berücksichtigung der besonderen Umstände und Rahmenbedingungen, unter denen die personenbezogenen Daten verarbeitet werden, notwendig sind, um eine faire und transparente Verarbeitung zu gewährleisten. Darüber hinaus sollte er die betroffene Person darauf hinweisen, dass Profiling stattfindet und welche Folgen dies hat. Werden die personenbezogenen Daten bei der betroffenen Person erhoben, so sollte dieser darüber hinaus mitgeteilt werden, ob sie verpflichtet ist, die personenbezogenen Daten bereitzustellen, und welche Folgen eine Zurückhaltung der Daten nach sich ziehen würde. Die betreffenden Informationen können in Kombination mit standardisierten Bildsymbolen bereitgestellt werden, um in leicht wahrnehmbarer, verständlicher und klar nachvollziehbarer Form einen aussagekräftigen Überblick über die beabsichtigte Verarbeitung zu vermitteln. Werden die Bildsymbole in elektronischer Form dargestellt, so sollten sie maschinenlesbar sein.

(61) Dass sie betreffende personenbezogene Daten verarbeitet werden, sollte der betroffenen Person zum Zeitpunkt der Erhebung mitgeteilt werden oder, falls die Daten nicht von ihr, sondern aus einer anderen Quelle erlangt werden, innerhalb einer angemessenen Frist, die sich nach dem konkreten Einzelfall richtet. Wenn die personenbezogenen Daten rechtmäßig einem anderen Empfänger offengelegt werden dürfen, sollte die betroffene Person bei der erstmaligen Offenlegung der personenbezogenen Daten für diesen Empfänger darüber aufgeklärt werden. Beabsichtigt der Verantwortliche, die personenbezogenen Daten für einen anderen Zweck zu verarbeiten als den, für den die Daten erhoben wurden, so sollte er der betroffenen Person vor dieser Weiterverarbeitung Informationen über diesen anderen Zweck und andere erforderliche Informationen zur Verfügung stellen. Konnte der betroffenen Person nicht mitgeteilt werden, woher die personenbezogenen Daten stammen, weil verschiedene Quellen benutzt wurden, so sollte die Unterrichtung allgemein gehalten werden.

(62) Die Pflicht, Informationen zur Verfügung zu stellen, erübrigt sich jedoch, wenn die betroffene Person die Information bereits hat, wenn die Speicherung oder Offenlegung der personenbezogenen Daten ausdrücklich durch Rechtsvorschriften geregelt ist oder wenn die Unterrichtung der betroffenen Person als unmöglich erweist oder mit unverhältnismäßig hohem Aufwand verbunden ist. Letzteres könnte insbesondere bei Verarbeitungen für im öffentlichen Interesse liegende Archivzwecke, zu wissenschaftlichen oder historischen Forschungszwecken oder zu statistischen Zwecken der Fall sein. Als Anhaltspunkte sollten dabei die Zahl der betroffenen Personen, das Alter der Daten oder etwaige geeignete Garantien in Betracht gezogen werden.

(63) Eine betroffene Person sollte ein Auskunftsrecht hinsichtlich der sie betreffenden personenbezogenen Daten, die erhoben worden sind, besitzen und dieses Recht problemlos und in angemessenen Abständen wahrnehmen können, um sich der Verarbeitung bewusst zu sein und deren Rechtmäßigkeit überprüfen zu können. Dies schließt das Recht betroffene Personen auf Auskunft über ihre eigenen gesundheitsbezogenen Daten ein, etwa Daten in ihren Patientenakten, die Informationen wie beispielsweise Diagnosen, Untersuchungsergebnisse, Befunde der behandelnden Ärzte und Angaben zu Behandlungen oder Eingriffen enthalten. Jede betroffene Person sollte daher ein Anrecht darauf haben zu wissen und zu erfahren, insbesondere zu welchen Zwecken die personenbezogenen Daten verarbeitet werden und, wenn möglich, wie lange sie gespeichert werden, wer die Empfänger der personenbezogenen Daten sind, nach welcher Logik die automatische Verarbeitung personenbezogener Daten erfolgt und welche Folgen eine solche Verarbeitung haben kann, zumindest in Fällen, in denen die Verarbeitung auf Profiling beruht. Nach Möglichkeit sollte der Verantwortliche den Fernzugang zu einem sicheren System bereitstellen können, der der betroffenen Person direkten Zugang zu ihren personenbezogenen Daten ermöglichen würde. Dieses Recht sollte die Rechte und Freiheiten anderer Personen, etwa Geschäftsgeheimnisse oder Rechte des geistigen Eigentums und insbesondere das Urheberrecht an Software, nicht beeinträchtigen. Dies darf jedoch nicht dazu führen, dass der betroffenen Person jegliche Auskunft verweigert wird. Verarbeitet der Verantwortliche eine große Menge von Informationen über die betroffene Person, so sollte er verlangen können, dass die betroffene Person präzisiert, auf welche Information oder welche Verarbeitungsvorgänge sich ihr Auskunftsersuchen bezieht, bevor er ihr Auskunft erteilt.

(64) Der Verantwortliche sollte alle vertretbaren Mittel nutzen, um die Identität einer Auskunft suchenden betroffenen Person zu überprüfen, insbesondere im Rahmen von Online-Diensten und im Fall von Online-Kennungen. Ein Verantwortlicher sollte personenbezogene Daten nicht allein zu dem Zweck speichern, auf mögliche Auskunftsersuchen reagieren zu können.

(65) Eine betroffene Person sollte ein Recht auf Berichtigung der sie betreffenden personenbezogenen Daten besitzen sowie ein „Recht auf Vergessenwerden", wenn die Speicherung ihrer Daten gegen diese Verordnung oder gegen das Unionsrecht oder das Recht der Mitgliedstaaten, dem der Verantwortliche unterliegt, verstößt. Insbesondere sollten betroffene Personen Anspruch darauf

haben, dass ihre personenbezogenen Daten gelöscht und nicht mehr verarbeitet werden, wenn die personenbezogenen Daten hinsichtlich der Zwecke, für die sie erhoben bzw. anderweitig verarbeitet wurden, nicht mehr benötigt werden, wenn die betroffenen Personen ihre Einwilligung in die Verarbeitung widerrufen oder Widerspruch gegen die Verarbeitung der sie betreffenden personenbezogenen Daten eingelegt haben oder wenn die Verarbeitung ihrer personenbezogenen Daten aus anderen Gründen gegen diese Verordnung verstößt. Dieses Recht ist insbesondere wichtig in Fällen, in denen die betroffene Person ihre Einwilligung noch im Kindesalter gegeben hat und insofern die mit der Verarbeitung verbundenen Gefahren nicht in vollem Umfang absehen konnte und die personenbezogenen Daten – insbesondere die im Internet gespeicherten – später löschen möchte. Die betroffene Person sollte dieses Recht auch dann ausüben können, wenn sie kein Kind mehr ist. Die weitere Speicherung der personenbezogenen Daten sollte jedoch rechtmäßig sein, wenn dies für die Ausübung des Rechts auf freie Meinungsäußerung und Information, zur Erfüllung einer rechtlichen Verpflichtung, für die Wahrnehmung einer Aufgabe, die im öffentlichen Interesse liegt oder in Ausübung öffentlicher Gewalt erfolgt, die dem Verantwortlichen übertragen wurde, aus Gründen des öffentlichen Interesses im Bereich der öffentlichen Gesundheit, für im öffentlichen Interesse liegende Archivzwecke, zu wissenschaftlichen oder historischen Forschungszwecken oder zu statistischen Zwecken oder zur Geltendmachung, Ausübung oder Verteidigung von Rechtsansprüchen erforderlich ist.

(66) Um dem „Recht auf Vergessenwerden" im Netz mehr Geltung zu verschaffen, sollte das Recht auf Löschung ausgeweitet werden, indem ein Verantwortlicher, der die personenbezogenen Daten öffentlich gemacht hat, verpflichtet wird, den Verantwortlichen, die diese personenbezogenen Daten verarbeiten, mitzuteilen, alle Links zu diesen personenbezogenen Daten oder Kopien oder Replikationen der personenbezogenen Daten zu löschen. Dabei sollte der Verantwortliche, unter Berücksichtigung der verfügbaren Technologien und der ihm zur Verfügung stehenden Mittel, angemessene Maßnahmen – auch technischer Art – treffen, um die Verantwortlichen, die diese personenbezogenen Daten verarbeiten, über den Antrag der betroffenen Person zu informieren.

(67) Methoden zur Beschränkung der Verarbeitung personenbezogener Daten könnten unter anderem darin bestehen, dass ausgewählte personenbezogene Daten vorübergehend auf ein anderes Verarbeitungssystem übertragen werden, dass sie für Nutzer gesperrt werden oder dass veröffentliche[1] Daten vorübergehend von einer Website entfernt werden. In automatisierten Dateisystemen sollte die Einschränkung der Verarbeitung grundsätzlich durch technische Mittel so erfolgen, dass die personenbezogenen Daten in keiner Weise weiterverarbeitet werden und nicht verändert werden können. Auf die Tatsache, dass die Verarbeitung der personenbezogenen Daten beschränkt wurde, sollte in dem System unmissverständlich hingewiesen werden.

(68) Um im Fall der Verarbeitung personenbezogener Daten mit automatischen Mitteln eine bessere Kontrolle über die eigenen Daten zu haben, sollte die betroffene Person außerdem berechtigt sein, die sie betreffenden personenbezogenen Daten, die sie einem Verantwortlichen bereitgestellt hat, in einem strukturierten, gängigen, maschinenlesbaren und interoperablen Format zu erhalten und sie einem anderen Verantwortlichen zu übermitteln. Die Verantwortlichen sollten dazu aufgefordert werden, interoperable Formate zu entwickeln, die die Datenübertragbarkeit ermöglichen. Dieses Recht sollte dann gelten, wenn die betroffene Person die personenbezogenen Daten mit ihrer Einwilligung zur Verfügung gestellt hat oder die Verarbeitung zur Erfüllung eines Vertrags erforderlich ist. Es sollte nicht gelten, wenn die Verarbeitung auf einer anderen Rechtsgrundlage als ihrer Einwilligung oder eines Vertrags erfolgt. Dieses Recht sollte naturgemäß nicht gegen Verantwortliche ausgeübt werden, die personenbezogenen Daten in Erfüllung ihrer öffentlichen Aufgaben verarbeiten. Es sollte daher nicht gelten, wenn die Verarbeitung der personenbezogenen Daten zur Erfüllung einer rechtlichen Verpflichtung, der der Verantwortliche unterliegt, oder für die Wahrnehmung einer ihm übertragenen Aufgabe, die im öffentlichen Interesse liegt oder in Ausübung einer ihm übertragenen öffentlichen Gewalt erfolgt, erforderlich ist. Das Recht der betroffenen Person, sie betreffende personenbezogene Daten zu übermitteln oder zu empfangen, *sollte für den Verantwortlichen nicht die Pflicht begründen,* technisch kompatible Datenverarbeitungssysteme zu übernehmen oder beizubehalten. Ist im Fall eines bestimmten Satzes personenbezogener Daten mehr als eine betroffene Person tangiert, so sollte das Recht auf Empfang der Daten die Grundrechte und Grundfreiheiten anderer betroffener Personen nach dieser Verordnung unberührt lassen. Dieses Recht sollte zudem das Recht der betroffenen Person auf Löschung ihrer personenbezogenen Daten und die Beschränkungen dieses Rechts gemäß dieser Verordnung nicht berühren und insbesondere nicht bedeuten, dass die Daten, die sich auf die betroffene Person beziehen und von ihr zur Erfüllung eines Vertrags zur Verfügung gestellt worden sind, gelöscht werden, soweit und solange diese personenbezogenen Daten für die Erfüllung des

[1] Richtig wohl: „veröffentlichte".

Vertrags notwendig sind. Soweit technisch machbar, sollte die betroffene Person das Recht haben, zu erwirken, dass die personenbezogenen Daten direkt von einem Verantwortlichen einem anderen Verantwortlichen übermittelt werden.

(69) Dürfen die personenbezogenen Daten möglicherweise rechtmäßig verarbeitet werden, weil die Verarbeitung für die Wahrnehmung einer Aufgabe, die im öffentlichen Interesse liegt oder in Ausübung öffentlicher Gewalt – die dem Verantwortlichen übertragen wurde, – oder aufgrund des berechtigten Interesses des Verantwortlichen oder eines Dritten erforderlich ist, sollte jede betroffene Person trotzdem das Recht haben, Widerspruch gegen die Verarbeitung der sich aus ihrer besonderen Situation ergebenden personenbezogenen Daten einzulegen. Der für die Verarbeitung Verantwortliche sollte darlegen müssen, dass seine zwingenden berechtigten Interessen Vorrang vor den Interessen oder Grundrechten und Grundfreiheiten der betroffenen Person haben.

(70) Werden personenbezogene Daten verarbeitet, um Direktwerbung zu betreiben, so sollte die betroffene Person jederzeit unentgeltlich insoweit Widerspruch gegen eine solche – ursprüngliche oder spätere – Verarbeitung einschließlich des Profilings einlegen können, als sie mit dieser Direktwerbung zusammenhängt. Die betroffene Person sollte ausdrücklich auf dieses Recht hingewiesen werden; dieser Hinweis sollte in einer verständlichen und von anderen Informationen getrennten Form erfolgen.

(71)[1] Die betroffene Person sollte das Recht haben, keiner Entscheidung – was eine Maßnahme einschließen kann – zur Bewertung von sie betreffenden persönlichen Aspekten unterworfen zu werden, die ausschließlich auf einer automatisierten Verarbeitung beruht und die rechtliche Wirkung für die betroffene Person entfaltet oder sie in ähnlicher Weise erheblich beeinträchtigt, wie die automatische Ablehnung eines Online-Kreditantrags oder Online-Einstellungsverfahren ohne jegliches menschliche Eingreifen. Zu einer derartigen Verarbeitung zählt auch das „Profiling", das in jeglicher Form automatisierter Verarbeitung personenbezogener Daten unter Bewertung der persönlichen Aspekte in Bezug auf eine natürliche Person besteht, insbesondere zur Analyse oder Prognose von Aspekten bezüglich Arbeitsleistung, wirtschaftliche Lage, Gesundheit, persönliche Vorlieben oder Interessen, Zuverlässigkeit oder Verhalten, Aufenthaltsort oder Ortswechsel der betroffenen Person, soweit dies rechtliche Wirkung für die betroffene Person entfaltet oder sie in ähnlicher Weise erheblich beeinträchtigt. Eine auf einer derartigen Verarbeitung, einschließlich des Profilings, beruhende Entscheidungsfindung sollte allerdings erlaubt sein, wenn dies nach dem Unionsrecht oder dem Recht der Mitgliedstaaten, dem der für die Verarbeitung Verantwortliche unterliegt, ausdrücklich zulässig ist, auch um im Einklang mit den Vorschriften, Standards und Empfehlungen der Institutionen der Union oder der nationalen Aufsichtsgremien Betrug und Steuerhinterziehung zu überwachen und zu verhindern und die Sicherheit und Zuverlässigkeit eines von dem Verantwortlichen bereitgestellten Dienstes zu gewährleisten, oder wenn dies für den Abschluss oder die Erfüllung eines Vertrags zwischen der betroffenen Person und einem Verantwortlichen erforderlich ist oder wenn die betroffene Person ihre ausdrückliche Einwilligung hierzu erteilt hat. In jedem Fall sollte eine solche Verarbeitung mit angemessenen Garantien verbunden sein, einschließlich der spezifischen Unterrichtung der betroffenen Person und des Anspruchs auf direktes Eingreifen einer Person, auf Darlegung des eigenen Standpunkts, auf Erläuterung der nach einer entsprechenden Bewertung getroffenen Entscheidung sowie des Rechts auf Anfechtung der Entscheidung. Diese Maßnahme sollte kein Kind betreffen.

Um unter Berücksichtigung der besonderen Umstände und Rahmenbedingungen, unter denen die personenbezogenen Daten verarbeitet werden, der betroffenen Person gegenüber eine faire und transparente Verarbeitung zu gewährleisten, sollte der für die Verarbeitung Verantwortliche geeignete mathematische oder statistische Verfahren für das Profiling verwenden, technische und organisatorische Maßnahmen treffen, mit denen in geeigneter Weise insbesondere sichergestellt wird, dass Faktoren, die zu unrichtigen personenbezogenen Daten führen, korrigiert werden und das Risiko von Fehlern minimiert wird, und personenbezogene Daten in einer Weise sichern, dass den potenziellen Bedrohungen für die Interessen und Rechte der betroffenen Person Rechnung getragen wird und unter anderem verhindern, dass es gegenüber natürlichen Personen aufgrund von Rasse, ethnischer Herkunft, politischer Meinung, Religion oder Weltanschauung, Gewerkschaftszugehörigkeit, genetischer Anlagen oder Gesundheitszustand sowie sexueller Orientierung zu diskriminierenden Wirkungen oder zu einer Verarbeitung kommt, die eine solche Wirkung hat.

Automatisierte Entscheidungsfindung und Profiling auf der Grundlage besonderer Kategorien von personenbezogenen Daten sollten nur unter bestimmten Bedingungen erlaubt sein.

[1] Erwägungsgrund 71 ber. ABl. 2018 L 127 S. 2.

(72) Das Profiling unterliegt den Vorschriften dieser Verordnung für die Verarbeitung personenbezogener Daten, wie etwa die Rechtsgrundlage für die Verarbeitung oder die Datenschutzgrundsätze. Der durch diese Verordnung eingerichtete Europäische Datenschutzausschuss (im Folgenden „Ausschuss") sollte,[1] diesbezüglich Leitlinien herausgeben können.

(73) Im Recht der Union oder der Mitgliedstaaten können Beschränkungen hinsichtlich bestimmter Grundsätze und hinsichtlich des Rechts auf Unterrichtung, Auskunft zu und Berichtigung oder Löschung personenbezogener Daten, des Rechts auf Datenübertragbarkeit und Widerspruch, Entscheidungen, die auf der Erstellung von Profilen beruhen, sowie Mitteilungen über eine Verletzung des Schutzes personenbezogener Daten an eine betroffene Person und bestimmten damit zusammenhängenden Pflichten der Verantwortlichen vorgesehen werden, soweit dies in einer demokratischen Gesellschaft notwendig und verhältnismäßig ist, um die öffentliche Sicherheit aufrechtzuerhalten, wozu unter anderem der Schutz von Menschenleben insbesondere bei Naturkatastrophen oder vom Menschen verursachten Katastrophen, die Verhütung, Aufdeckung und Verfolgung von Straftaten oder die Strafvollstreckung – was auch den Schutz vor und die Abwehr von Gefahren für die öffentliche Sicherheit einschließt – oder die Verhütung, Aufdeckung und Verfolgung von Verstößen gegen Berufsstandsregeln bei reglementierten Berufen, das Führen öffentlicher Register aus Gründen des allgemeinen öffentlichen Interesses sowie die Weiterverarbeitung von archivierten personenbezogenen Daten zur Bereitstellung spezifischer Informationen im Zusammenhang mit dem politischen Verhalten unter ehemaligen totalitären Regimen gehört, und zum Schutz sonstiger wichtiger Ziele des allgemeinen öffentlichen Interesses der Union oder eines Mitgliedstaats, etwa wichtige wirtschaftliche oder finanzielle Interessen, oder die betroffene Person und die Rechte und Freiheiten anderer Personen, einschließlich in den Bereichen soziale Sicherheit, öffentliche Gesundheit und humanitäre Hilfe, zu schützen. Diese Beschränkungen sollten mit der Charta und mit der Europäischen Konvention zum Schutz der Menschenrechte und Grundfreiheiten im Einklang stehen.

(74) Die Verantwortung und Haftung des Verantwortlichen für jedwede Verarbeitung personenbezogener Daten, die durch ihn oder in seinem Namen erfolgt, sollte geregelt werden. Insbesondere sollte der Verantwortliche geeignete und wirksame Maßnahmen treffen müssen und nachweisen können, dass die Verarbeitungstätigkeiten im Einklang mit dieser Verordnung stehen und die Maßnahmen auch wirksam sind. Dabei sollte er die Art, den Umfang, die Umstände und die Zwecke der Verarbeitung und das Risiko für die Rechte und Freiheiten natürlicher Personen berücksichtigen.

(75) Die Risiken für die Rechte und Freiheiten natürlicher Personen – mit unterschiedlicher Eintrittswahrscheinlichkeit und Schwere – können aus einer Verarbeitung personenbezogener Daten hervorgehen, die zu einem physischen, materiellen oder immateriellen Schaden führen könnte, insbesondere wenn die Verarbeitung zu einer Diskriminierung, einem Identitätsdiebstahl oder -betrug, einem finanziellen Verlust, einer Rufschädigung, einem Verlust der Vertraulichkeit von dem Berufsgeheimnis unterliegenden personenbezogenen Daten, der unbefugten Aufhebung der Pseudonymisierung oder anderen erheblichen wirtschaftlichen oder gesellschaftlichen Nachteilen führen kann, wenn die betroffenen Personen um ihre Rechte und Freiheiten gebracht oder daran gehindert werden, die sie betreffenden personenbezogenen Daten zu kontrollieren, wenn personenbezogene Daten, aus denen die rassische oder ethnische Herkunft, politische Meinungen, religiöse oder weltanschauliche Überzeugungen oder die Zugehörigkeit zu einer Gewerkschaft hervorgehen, und genetische Daten, Gesundheitsdaten oder das Sexualleben oder strafrechtliche Verurteilungen und Straftaten oder damit zusammenhängende Sicherungsmaßregeln betreffende Daten verarbeitet werden, wenn persönliche Aspekte bewertet werden, insbesondere wenn Aspekte, die die Arbeitsleistung, wirtschaftliche Lage, Gesundheit, persönliche Vorlieben oder Interessen, die Zuverlässigkeit oder das Verhalten, den Aufenthaltsort oder Ortswechsel betreffen, analysiert oder prognostiziert werden, um persönliche Profile zu erstellen oder zu nutzen, wenn personenbezogene Daten schutzbedürftiger natürlicher Personen, insbesondere Daten von Kindern, verarbeitet werden oder wenn die Verarbeitung eine große Menge personenbezogener Daten und eine große Anzahl von betroffenen Personen betrifft.

(76) Eintrittswahrscheinlichkeit und Schwere des Risikos für die Rechte und Freiheiten der betroffenen Person sollten in Bezug auf die Art, den Umfang, die Umstände und die Zwecke der Verarbeitung bestimmt werden. Das Risiko sollte anhand einer objektiven Bewertung beurteilt werden, bei der festgestellt wird, ob die Datenverarbeitung ein Risiko oder ein hohes Risiko birgt.

(77) Anleitungen, wie der Verantwortliche oder Auftragsverarbeiter geeignete Maßnahmen durchzuführen hat und wie die Einhaltung der Anforderungen nachzuweisen ist, insbesondere was die Ermittlung des mit der Verarbeitung verbundenen Risikos, dessen Abschätzung in Bezug auf

[1] Zeichensetzung amtlich.

Ursache, Art, Eintrittswahrscheinlichkeit und Schwere und die Festlegung bewährter Verfahren für dessen Eindämmung betrifft, könnten insbesondere in Form von genehmigten Verhaltensregeln, genehmigten Zertifizierungsverfahren, Leitlinien des Ausschusses oder Hinweisen eines Datenschutzbeauftragten gegeben werden. Der Ausschuss kann ferner Leitlinien für Verarbeitungsvorgänge ausgeben, bei denen davon auszugehen ist, dass sie kein hohes Risiko für die Rechte und Freiheiten natürlicher Personen mit sich bringen, und angeben, welche Abhilfemaßnahmen in diesen Fällen ausreichend sein können.

(78) Zum Schutz der in Bezug auf die Verarbeitung personenbezogener Daten bestehenden Rechte und Freiheiten natürlicher Personen ist es erforderlich, dass geeignete technische und organisatorische Maßnahmen getroffen werden, damit die Anforderungen dieser Verordnung erfüllt werden. Um die Einhaltung dieser Verordnung nachweisen zu können, sollte der Verantwortliche interne Strategien festlegen und Maßnahmen ergreifen, die insbesondere den Grundsätzen des Datenschutzes durch Technik (data protection by design) und durch datenschutzfreundliche Voreinstellungen (data protection by default) Genüge tun. Solche Maßnahmen könnten unter anderem darin bestehen, dass die Verarbeitung personenbezogener Daten minimiert wird, personenbezogene Daten so schnell wie möglich pseudonymisiert werden, Transparenz in Bezug auf die Funktionen und die Verarbeitung personenbezogener Daten hergestellt wird, der betroffenen Person ermöglicht wird, die Verarbeitung personenbezogener Daten zu überwachen, und der Verantwortliche in die Lage versetzt wird, Sicherheitsfunktionen zu schaffen und zu verbessern. In Bezug auf Entwicklung, Gestaltung, Auswahl und Nutzung von Anwendungen, Diensten und Produkten, die entweder auf der Verarbeitung von personenbezogenen Daten beruhen oder zur Erfüllung ihrer Aufgaben personenbezogene Daten verarbeiten, sollten die Hersteller der Produkte, Dienste und Anwendungen ermutigt werden, das Recht auf Datenschutz bei der Entwicklung und Gestaltung der Produkte, Dienste und Anwendungen zu berücksichtigen und unter gebührender Berücksichtigung des Stands der Technik sicherzustellen, dass die Verantwortlichen und die Verarbeiter in der Lage sind, ihren Datenschutzpflichten nachzukommen. Den Grundsätzen des Datenschutzes durch Technik und durch datenschutzfreundliche Voreinstellungen sollte auch bei öffentlichen Ausschreibungen Rechnung getragen werden.

(79) Zum Schutz der Rechte und Freiheiten der betroffenen Personen sowie bezüglich der Verantwortung und Haftung der Verantwortlichen und der Auftragsverarbeiter bedarf es – auch mit Blick auf die Überwachungs- und sonstigen Maßnahmen von Aufsichtsbehörden – einer klaren Zuteilung der Verantwortlichkeiten durch diese Verordnung, einschließlich der Fälle, in denen ein Verantwortlicher die Verarbeitungszwecke und -mittel gemeinsam mit anderen Verantwortlichen festlegt oder ein Verarbeitungsvorgang im Auftrag eines Verantwortlichen durchgeführt wird.

(80) Jeder Verantwortliche oder Auftragsverarbeiter ohne Niederlassung in der Union, dessen Verarbeitungstätigkeiten sich auf betroffene Personen beziehen, die sich in der Union aufhalten, und dazu dienen, diesen Personen in der Union Waren oder Dienstleistungen anzubieten – unabhängig davon, ob von der betroffenen Person eine Zahlung verlangt wird – oder deren Verhalten, soweit dieses innerhalb der Union erfolgt, zu beobachten, sollte einen Vertreter benennen müssen, es sei denn, die Verarbeitung erfolgt gelegentlich, schließt nicht die umfangreiche Verarbeitung besonderer Kategorien personenbezogener Daten oder die Verarbeitung von personenbezogenen Daten über strafrechtliche Verurteilungen und Straftaten ein und bringt unter Berücksichtigung ihrer Art, ihrer Umstände, ihres Umfangs und ihrer Zwecke wahrscheinlich kein Risiko für die Rechte und Freiheiten natürlicher Personen mit sich oder der Verantwortliche handelt es sich um eine Behörde oder öffentliche Stelle. Der Vertreter sollte im Namen des Verantwortlichen oder des Auftragsverarbeiters tätig werden und den Aufsichtsbehörden als Anlaufstelle dienen. Der Verantwortliche oder der Auftragsverarbeiter sollte den Vertreter ausdrücklich bestellen und schriftlich beauftragen, in Bezug auf die ihm nach dieser Verordnung obliegenden Verpflichtungen an seiner Stelle zu handeln. Die Benennung eines solchen Vertreters berührt nicht die Verantwortung oder Haftung des Verantwortlichen oder des Auftragsverarbeiters nach Maßgabe dieser Verordnung. Ein solcher Vertreter sollte seine Aufgaben entsprechend dem Mandat des Verantwortlichen oder Auftragsverarbeiters ausführen und insbesondere mit den zuständigen Aufsichtsbehörden in Bezug auf Maßnahmen, die die Einhaltung dieser Verordnung sicherstellen sollen, zusammenarbeiten. Bei Verstößen des Verantwortlichen oder Auftragsverarbeiters sollte der bestellte Vertreter Durchsetzungsverfahren unterworfen werden.

(81) Damit die Anforderungen dieser Verordnung in Bezug auf die vom Auftragsverarbeiter im Namen des Verantwortlichen vorzunehmende Verarbeitung eingehalten werden, sollte ein Verantwortlicher, der einen Auftragsverarbeiter mit Verarbeitungstätigkeiten betrauen will, nur Auftragsverarbeiter heranziehen, die – insbesondere im Hinblick auf Fachwissen, Zuverlässigkeit und Ressourcen – hinreichende Garantien dafür bieten, dass technische und organisatorische Maßnahmen – auch für die Sicherheit der Verarbeitung – getroffen werden, die den Anforderungen dieser Verordnung genügen. Die Einhaltung genehmigter Verhaltensregeln oder eines genehmigten

Zertifizierungsverfahrens durch einen Auftragsverarbeiter kann als Faktor herangezogen werden, um die Erfüllung der Pflichten des Verantwortlichen nachzuweisen. Die Durchführung einer Verarbeitung durch einen Auftragsverarbeiter sollte auf Grundlage eines Vertrags oder eines anderen Rechtsinstruments nach dem Recht der Union oder der Mitgliedstaaten erfolgen, der bzw. das den Auftragsverarbeiter an den Verantwortlichen bindet und in dem Gegenstand und Dauer der Verarbeitung, Art und Zwecke der Verarbeitung, die Art der personenbezogenen Daten und die Kategorien von betroffenen Personen festgelegt sind, wobei die besonderen Aufgaben und Pflichten des Auftragsverarbeiters bei der geplanten Verarbeitung und das Risiko für die Rechte und Freiheiten der betroffenen Person zu berücksichtigen sind. Der Verantwortliche und der Auftragsverarbeiter können entscheiden, ob sie einen individuellen Vertrag oder Standardvertragsklauseln verwenden, die entweder unmittelbar von der Kommission erlassen oder aber nach dem Kohärenzverfahren von einer Aufsichtsbehörde angenommen und danach von der Kommission erlassen wurden. Nach Beendigung der Verarbeitung im Namen des Verantwortlichen sollte der Auftragsverarbeiter die personenbezogenen Daten nach Wahl des Verantwortlichen entweder zurückgeben oder löschen, sofern nicht nach dem Recht der Union oder der Mitgliedstaaten, dem der Auftragsverarbeiter unterliegt, eine Verpflichtung zur Speicherung der personenbezogenen Daten besteht.

(82) Zum Nachweis der Einhaltung dieser Verordnung sollte der Verantwortliche oder der Auftragsverarbeiter ein Verzeichnis der Verarbeitungstätigkeiten, die seiner Zuständigkeit unterliegen, führen. Jeder Verantwortliche und jeder Auftragsverarbeiter sollte verpflichtet sein, mit der Aufsichtsbehörde zusammenzuarbeiten und dieser auf Anfrage das entsprechende Verzeichnis vorzulegen, damit die betreffenden Verarbeitungsvorgänge anhand dieser Verzeichnisse kontrolliert werden können.

(83) Zur Aufrechterhaltung der Sicherheit und zur Vorbeugung gegen eine gegen diese Verordnung verstoßende Verarbeitung sollte der Verantwortliche oder der Auftragsverarbeiter die mit der Verarbeitung verbundenen Risiken ermitteln und Maßnahmen zu ihrer Eindämmung, wie etwa eine Verschlüsselung, treffen. Diese Maßnahmen sollten unter Berücksichtigung des Stands der Technik und der Implementierungskosten ein Schutzniveau – auch hinsichtlich der Vertraulichkeit – gewährleisten, das den von der Verarbeitung ausgehenden Risiken und der Art der zu schützenden personenbezogenen Daten angemessen ist. Bei der Bewertung der Datensicherheitsrisiken sollten die mit der Verarbeitung personenbezogener Daten verbundenen Risiken berücksichtigt werden, wie etwa – ob unbeabsichtigt oder unrechtmäßig – Vernichtung, Verlust, Veränderung oder unbefugte Offenlegung von oder unbefugter Zugang zu personenbezogenen Daten, die übermittelt, gespeichert oder auf sonstige Weise verarbeitet wurden, insbesondere wenn dies zu einem physischen, materiellen oder immateriellen Schaden führen könnte.

(84) Damit diese Verordnung in Fällen, in denen die Verarbeitungsvorgänge wahrscheinlich ein hohes Risiko für die Rechte und Freiheiten natürlicher Personen mit sich bringen, besser eingehalten wird, sollte der Verantwortliche für die Durchführung einer Datenschutz-Folgenabschätzung, mit der insbesondere die Ursache, Art, Besonderheit und Schwere dieses Risikos evaluiert werden, verantwortlich sein. Die Ergebnisse der Abschätzung sollten berücksichtigt werden, wenn darüber entschieden wird, welche geeigneten Maßnahmen ergriffen werden müssen, um nachzuweisen, dass die Verarbeitung der personenbezogenen Daten mit dieser Verordnung in Einklang steht. Geht aus einer Datenschutz-Folgenabschätzung hervor, dass Verarbeitungsvorgänge ein hohes Risiko bergen, das der Verantwortliche nicht durch geeignete Maßnahmen in Bezug auf verfügbare Technik und Implementierungskosten eindämmen kann, so sollte die Aufsichtsbehörde vor der Verarbeitung konsultiert werden.

(85) Eine Verletzung des Schutzes personenbezogener Daten kann – wenn nicht rechtzeitig und angemessen reagiert wird – einen physischen, materiellen oder immateriellen Schaden für natürliche Personen nach sich ziehen, wie etwa Verlust der Kontrolle über ihre personenbezogenen Daten oder Einschränkung ihrer Rechte, Diskriminierung, Identitätsdiebstahl oder -betrug, finanzielle Verluste, unbefugte Aufhebung der Pseudonymisierung, Rufschädigung, Verlust der Vertraulichkeit von dem Berufsgeheimnis unterliegenden Daten oder andere erhebliche wirtschaftliche oder gesellschaftliche Nachteile für die betroffene natürliche Person. Deshalb sollte der Verantwortliche, sobald ihm eine Verletzung des Schutzes personenbezogener Daten bekannt wird, die Aufsichtsbehörde von der Verletzung des Schutzes personenbezogener Daten unverzüglich und, falls möglich, binnen höchstens 72 Stunden, nachdem ihm die Verletzung bekannt wurde, unterrichten, es sei denn, der Verantwortliche kann im Einklang mit dem Grundsatz der Rechenschaftspflicht nachweisen, dass die Verletzung des Schutzes personenbezogener Daten voraussichtlich nicht zu einem Risiko für die persönlichen Rechte und Freiheiten natürlicher Personen führt. Falls diese Benachrichtigung nicht binnen 72 Stunden erfolgen kann, sollten in ihr die Gründe für die Verzögerung angegeben werden müssen, und die Informationen können schrittweise ohne unangemessene weitere Verzögerung bereitgestellt werden.

(86) Der für die Verarbeitung Verantwortliche sollte die betroffene Person unverzüglich von der Verletzung des Schutzes personenbezogener Daten benachrichtigen, wenn diese Verletzung des Schutzes personenbezogener Daten voraussichtlich zu einem hohen Risiko für die persönlichen Rechte und Freiheiten natürlicher Personen führt, damit diese die erforderlichen Vorkehrungen treffen können. Die Benachrichtigung sollte eine Beschreibung der Art der Verletzung des Schutzes personenbezogener Daten sowie an die betroffene natürliche Person gerichtete Empfehlungen zur Minderung etwaiger nachteiliger Auswirkungen dieser Verletzung enthalten. Solche Benachrichtigungen der betroffenen Person sollten stets so rasch wie nach allgemeinem Ermessen möglich, in enger Absprache mit der Aufsichtsbehörde und nach Maßgabe der von dieser oder von anderen zuständigen Behörden wie beispielsweise Strafverfolgungsbehörden erteilten Weisungen erfolgen. Um beispielsweise das Risiko eines unmittelbaren Schadens mindern zu können, müssten betroffene Personen sofort benachrichtigt werden, wohingegen eine längere Benachrichtigungsfrist gerechtfertigt sein kann, wenn es darum geht, geeignete Maßnahmen gegen fortlaufende oder vergleichbare Verletzungen des Schutzes personenbezogener Daten zu treffen.

(87) Es sollte festgestellt werden, ob alle geeigneten technischen Schutz- sowie organisatorischen Maßnahmen getroffen wurden, um sofort feststellen zu können, ob eine Verletzung des Schutzes personenbezogener Daten aufgetreten ist, und um die Aufsichtsbehörde und die betroffene Person umgehend unterrichten zu können. Bei der Feststellung, ob die Meldung unverzüglich erfolgt ist, sollten die Art und Schwere der Verletzung des Schutzes personenbezogener Daten sowie deren Folgen und nachteilige Auswirkungen für die betroffene Person berücksichtigt werden. Die entsprechende Meldung kann zu einem Tätigwerden der Aufsichtsbehörde im Einklang mit ihren in dieser Verordnung festgelegten Aufgaben und Befugnissen führen.

(88) Bei der detaillierten Regelung des Formats und der Verfahren für die Meldung von Verletzungen des Schutzes personenbezogener Daten sollten die Umstände der Verletzung hinreichend berücksichtigt werden, beispielsweise ob personenbezogene Daten durch geeignete technische Sicherheitsvorkehrungen geschützt waren, die die Wahrscheinlichkeit eines Identitätsbetrugs oder anderer Formen des Datenmissbrauchs wirksam verringern. Überdies sollten solche Regeln und Verfahren den berechtigten Interessen der Strafverfolgungsbehörden in Fällen Rechnung tragen, in denen die Untersuchung der Umstände einer Verletzung des Schutzes personenbezogener Daten durch eine frühzeitige Offenlegung in unnötiger Weise behindert würde.

(89) Gemäß der Richtlinie 95/46/EG waren Verarbeitungen personenbezogener Daten bei den Aufsichtsbehörden generell meldepflichtig. Diese Meldepflicht ist mit einem bürokratischen und finanziellen Aufwand verbunden und hat dennoch nicht in allen Fällen zu einem besseren Schutz personenbezogener Daten geführt. Diese unterschiedslosen allgemeinen Meldepflichten sollten daher abgeschafft und durch wirksame Verfahren und Mechanismen ersetzt werden, die sich stattdessen vorrangig mit denjenigen Arten von Verarbeitungsvorgängen befassen, die aufgrund ihrer Art, ihres Umfangs, ihrer Umstände und ihrer Zwecke wahrscheinlich ein hohes Risiko für die Rechte und Freiheiten natürlicher Personen mit sich bringen. Zu solchen Arten von Verarbeitungsvorgängen gehören insbesondere solche, bei denen neue Technologien eingesetzt werden oder die neuartig sind und bei denen der Verantwortliche noch keine Datenschutz-Folgenabschätzung durchgeführt hat bzw. bei denen aufgrund der seit der ursprünglichen Verarbeitung vergangenen Zeit eine Datenschutz-Folgenabschätzung notwendig geworden ist.

(90) In derartigen Fällen sollte der Verantwortliche vor der Verarbeitung eine Datenschutz-Folgenabschätzung durchführen, mit der die spezifische Eintrittswahrscheinlichkeit und die Schwere dieses hohen Risikos unter Berücksichtigung der Art, des Umfangs, der Umstände und der Zwecke der Verarbeitung und der Ursachen des Risikos bewertet werden. Diese Folgenabschätzung sollte sich insbesondere mit den Maßnahmen, Garantien und Verfahren befassen, durch die dieses Risiko eingedämmt, der Schutz personenbezogener Daten sichergestellt und die Einhaltung der Bestimmungen dieser Verordnung nachgewiesen werden soll.

(91) Dies sollte insbesondere für umfangreiche Verarbeitungsvorgänge gelten, die dazu dienen, große Mengen personenbezogener Daten auf regionaler, nationaler oder supranationaler Ebene zu verarbeiten, eine große Zahl von Personen betreffen könnten und – beispielsweise aufgrund ihrer Sensibilität – wahrscheinlich ein hohes Risiko mit sich bringen und bei denen entsprechend dem jeweils aktuellen Stand der Technik in großem Umfang eine neue Technologie eingesetzt wird, sowie für andere Verarbeitungsvorgänge, die ein hohes Risiko für die Rechte und Freiheiten der betroffenen Personen mit sich bringen, insbesondere dann, wenn diese Verarbeitungsvorgänge den betroffenen Personen die Ausübung ihrer Rechte erschweren. Eine Datenschutz-Folgenabschätzung sollte auch durchgeführt werden, wenn die personenbezogenen Daten für das Treffen von Entscheidungen in Bezug auf bestimmte natürliche Personen im Anschluss an eine systematische und eingehende Bewertung persönlicher Aspekte natürlicher Personen auf der Grundlage eines Profilings dieser Daten oder im Anschluss an die Verarbeitung besonderer Kategorien von per-

sonenbezogenen Daten, biometrischen Daten oder von Daten über strafrechtliche Verurteilungen und Straftaten sowie damit zusammenhängende Sicherungsmaßregeln verarbeitet werden. Gleichermaßen erforderlich ist eine Datenschutz-Folgenabschätzung für die weiträumige Überwachung öffentlich zugänglicher Bereiche, insbesondere mittels optoelektronischer Vorrichtungen, oder für alle anderen Vorgänge, bei denen nach Auffassung der zuständigen Aufsichtsbehörde die Verarbeitung wahrscheinlich ein hohes Risiko für die Rechte und Freiheiten der betroffenen Personen mit sich bringt, insbesondere weil sie die betroffenen Personen an der Ausübung eines Rechts oder der Nutzung einer Dienstleistung bzw. Durchführung eines Vertrags hindern oder weil sie systematisch in großem Umfang erfolgen. Die Verarbeitung personenbezogener Daten sollte nicht als umfangreich gelten, wenn die Verarbeitung personenbezogene Daten von Patienten oder von Mandanten betrifft und durch einen einzelnen Arzt, sonstigen Angehörigen eines Gesundheitsberufes oder Rechtsanwalt erfolgt. In diesen Fällen sollte eine Datenschutz-Folgenabschätzung nicht zwingend vorgeschrieben sein.

(92) Unter bestimmten Umständen kann es vernünftig und unter ökonomischen Gesichtspunkten zweckmäßig sein, eine Datenschutz-Folgenabschätzung nicht lediglich auf ein bestimmtes Projekt zu beziehen, sondern sie thematisch breiter anzulegen – beispielsweise wenn Behörden oder öffentliche Stellen eine gemeinsame Anwendung oder Verarbeitungsplattform schaffen möchten oder wenn mehrere Verantwortliche eine gemeinsame Anwendung oder Verarbeitungsumgebung für einen gesamten Wirtschaftssektor, für ein bestimmtes Marktsegment oder für eine weit verbreitete horizontale Tätigkeit einführen möchten.

(93) Anlässlich des Erlasses des Gesetzes des Mitgliedstaats, auf dessen Grundlage die Behörde oder öffentliche Stelle ihre Aufgaben wahrnimmt und das den fraglichen Verarbeitungsvorgang oder die fraglichen Arten von Verarbeitungsvorgängen regelt, können die Mitgliedstaaten es für erforderlich erachten, solche Folgeabschätzungen vor der Verarbeitungsvorgängen durchzuführen.

(94) Geht aus einer Datenschutz-Folgenabschätzung hervor, dass die Verarbeitung bei Fehlen von Garantien, Sicherheitsvorkehrungen und Mechanismen zur Minderung des Risikos ein hohes Risiko für die Rechte und Freiheiten natürlicher Personen mit sich bringen würde, und ist der Verantwortliche der Auffassung, dass das Risiko nicht durch in Bezug auf verfügbare Technologien und Implementierungskosten vertretbare Mittel eingedämmt werden kann, so sollte die Aufsichtsbehörde vor Beginn der Verarbeitungstätigkeiten konsultiert werden. Ein solches hohes Risiko ist wahrscheinlich mit bestimmten Arten der Verarbeitung und dem Umfang und der Häufigkeit der Verarbeitung verbunden, die für natürliche Personen auch eine Schädigung oder eine Beeinträchtigung der persönlichen Rechte und Freiheiten mit sich bringen können. Die Aufsichtsbehörde sollte das Beratungsersuchen innerhalb einer bestimmten Frist beantworten. Allerdings kann sie, auch wenn sie nicht innerhalb dieser Frist reagiert hat, entsprechend ihren in dieser Verordnung festgelegten Aufgaben und Befugnissen eingreifen, was die Befugnis einschließt, Verarbeitungsvorgänge zu untersagen. Im Rahmen dieses Konsultationsprozesses kann das Ergebnis einer im Hinblick auf die betreffende Verarbeitung personenbezogener Daten durchgeführten Datenschutz-Folgenabschätzung der Aufsichtsbehörde unterbreitet werden; dies gilt insbesondere für die zur Eindämmung des Risikos für die Rechte und Freiheiten natürlicher Personen geplanten Maßnahmen.

(95) Der Auftragsverarbeiter sollte erforderlichenfalls den Verantwortlichen auf Anfrage bei der Gewährleistung der Einhaltung der sich aus der Durchführung der Datenschutz-Folgenabschätzung und der vorherigen Konsultation der Aufsichtsbehörde ergebenden Auflagen unterstützen.

(96) Eine Konsultation der Aufsichtsbehörde sollte auch während der Ausarbeitung von Gesetzes- oder Regelungsvorschriften, in denen eine Verarbeitung personenbezogener Daten vorgesehen ist, erfolgen, um die Vereinbarkeit der geplanten Verarbeitung mit dieser Verordnung sicherzustellen und insbesondere das mit ihr für die betroffene Person verbundene Risiko einzudämmen.

(97) In Fällen, in denen die Verarbeitung durch eine Behörde – mit Ausnahme von Gerichten oder unabhängigen Justizbehörden, die im Rahmen ihrer justiziellen Tätigkeit handeln –, im privaten Sektor durch einen Verantwortlichen erfolgt, dessen Kerntätigkeit in Verarbeitungsvorgängen besteht, die eine regelmäßige und systematische Überwachung der betroffenen Personen in großem Umfang erfordern, oder wenn die Kerntätigkeit des Verantwortlichen oder des Auftragsverarbeiters in der umfangreichen Verarbeitung besonderer Kategorien von personenbezogenen Daten oder von Daten über strafrechtliche Verurteilungen und Straftaten besteht, sollte der Verantwortliche oder der Auftragsverarbeiter bei der Überwachung der internen Einhaltung der Bestimmungen dieser Verordnung von einer weiteren Person, die über Fachwissen auf dem Gebiet des Datenschutzrechts und der Datenschutzverfahren verfügt, unterstützt werden. Im privaten Sektor bezieht sich die Kerntätigkeit eines Verantwortlichen auf seine Haupttätigkeiten und nicht auf die Verarbeitung personenbezogener Daten als Nebentätigkeit. Das erforderliche Niveau des Fachwissens sollte sich insbesondere nach den durchgeführten Datenverarbeitungsvorgängen und

dem erforderlichen Schutz für die von dem Verantwortlichen oder dem Auftragsverarbeiter verarbeiteten personenbezogenen Daten richten. Derartige Datenschutzbeauftragte sollten unabhängig davon, ob es sich bei ihnen um Beschäftigte des Verantwortlichen handelt oder nicht, ihre Pflichten und Aufgaben in vollständiger Unabhängigkeit ausüben können.

(98) Verbände oder andere Vereinigungen, die bestimmte Kategorien von Verantwortlichen oder Auftragsverarbeitern vertreten, sollten ermutigt werden, in den Grenzen dieser Verordnung Verhaltensregeln auszuarbeiten, um eine wirksame Anwendung dieser Verordnung zu erleichtern, wobei den Besonderheiten der in bestimmten Sektoren erfolgenden Verarbeitungen und den besonderen Bedürfnissen der Kleinstunternehmen sowie der kleinen und mittleren Unternehmen Rechnung zu tragen ist. Insbesondere könnten in diesen Verhaltensregeln – unter Berücksichtigung des mit der Verarbeitung wahrscheinlich einhergehenden Risikos für die Rechte und Freiheiten natürlicher Personen – die Pflichten der Verantwortlichen und der Auftragsverarbeiter bestimmt werden.

(99) Bei der Ausarbeitung oder bei der Änderung oder Erweiterung solcher Verhaltensregeln sollten Verbände und/oder andere Vereinigungen, die bestimmte Kategorien von Verantwortlichen oder Auftragsverarbeitern vertreten, die maßgeblichen Interessenträger, möglichst auch die betroffenen Personen, konsultieren und die Eingaben und Stellungnahmen, die sie dabei erhalten, berücksichtigen.

(100) Um die Transparenz zu erhöhen und die Einhaltung dieser Verordnung zu verbessern, sollte angeregt werden, dass Zertifizierungsverfahren sowie Datenschutzsiegel und -prüfzeichen eingeführt werden, die den betroffenen Personen einen raschen Überblick über das Datenschutzniveau einschlägiger Produkte und Dienstleistungen ermöglichen.

(101) Der Fluss personenbezogener Daten aus Drittländern und internationalen Organisationen und in Drittländer und internationale Organisationen ist für die Ausweitung des internationalen Handels und der internationalen Zusammenarbeit notwendig. Durch die Zunahme dieser Datenströme sind neue Herausforderungen und Anforderungen in Bezug auf den Schutz personenbezogener Daten entstanden. Das durch diese Verordnung unionsweit gewährleistete Schutzniveau für natürliche Personen sollte jedoch bei der Übermittlung personenbezogener Daten aus der Union an Verantwortliche, Auftragsverarbeiter oder andere Empfänger in Drittländern oder an internationale Organisationen nicht untergraben werden, und zwar auch dann nicht, wenn aus einem Drittland oder von einer internationalen Organisation personenbezogene Daten an Verantwortliche oder Auftragsverarbeiter in demselben oder einem anderen Drittland oder an dieselbe oder eine andere internationale Organisation weiterübermittelt werden. In jedem Fall sind derartige Datenübermittlungen an Drittländer und internationale Organisationen nur unter strikter Einhaltung dieser Verordnung zulässig. Eine Datenübermittlung könnte nur stattfinden, wenn die in dieser Verordnung festgelegten Bedingungen zur Übermittlung personenbezogener Daten an Drittländer oder internationale Organisationen vorbehaltlich der übrigen Bestimmungen dieser Verordnung von dem Verantwortlichen oder dem Auftragsverarbeiter erfüllt werden.

(102) Internationale Abkommen zwischen der Union und Drittländern über die Übermittlung von personenbezogenen Daten einschließlich geeigneter Garantien für die betroffenen Personen werden von dieser Verordnung nicht berührt. Die Mitgliedstaaten können völkerrechtliche Übereinkünfte schließen, die die Übermittlung personenbezogener Daten an Drittländer oder internationale Organisationen beinhalten, sofern sich diese Übereinkünfte weder auf diese Verordnung noch auf andere Bestimmungen des Unionsrechts auswirken und ein angemessenes Schutzniveau für die Grundrechte der betroffenen Personen umfassen.

(103) Die Kommission darf mit Wirkung für die gesamte Union beschließen, dass ein bestimmtes Drittland, ein Gebiet oder ein bestimmter Sektor eines Drittlands oder eine internationale Organisation ein angemessenes Datenschutzniveau bietet, und auf diese Weise in Bezug auf das Drittland oder die internationale Organisation bzw. die für fähig gehalten wird, ein solches Schutzniveau zu bieten, in der gesamten Union Rechtssicherheit schaffen und eine einheitliche Rechtsanwendung sicherstellen. In derartigen Fällen dürfen personenbezogene Daten ohne weitere Genehmigung an dieses Land oder die internationale Organisation übermittelt werden. Die Kommission kann, nach Abgabe einer ausführlichen Erklärung, in der dem Drittland oder der internationalen Organisation eine Begründung gegeben wird, auch entscheiden, eine solche Feststellung zu widerrufen.

(104) In Übereinstimmung mit den Grundwerten der Union, zu denen insbesondere der Schutz der *Menschenrechte zählt, sollte die* Kommission bei der Bewertung des Drittlands oder eines Gebiets oder eines bestimmten Sektors eines Drittlands berücksichtigen, inwieweit dort die Rechtsstaatlichkeit gewahrt ist, der Rechtsweg gewährleistet ist und die internationalen Menschenrechtsnormen und -standards eingehalten werden und welche allgemeinen und sektorspezifischen Vorschriften, wozu auch die Vorschriften über die öffentliche Sicherheit, die Landesverteidigung und

die nationale Sicherheit sowie die öffentliche Ordnung und das Strafrecht zählen, dort gelten. Die Annahme eines Angemessenheitsbeschlusses in Bezug auf ein Gebiet oder einen bestimmten Sektor eines Drittlands sollte unter Berücksichtigung eindeutiger und objektiver Kriterien wie bestimmter Verarbeitungsvorgänge und des Anwendungsbereichs anwendbarer Rechtsnormen und geltender Rechtsvorschriften in dem Drittland erfolgen. Das Drittland sollte Garantien für ein angemessenes Schutzniveau bieten, das dem innerhalb der Union gewährleisteten Schutzniveau der Sache nach gleichwertig ist, insbesondere in Fällen, in denen personenbezogene Daten in einem oder mehreren spezifischen Sektoren verarbeitet werden. Das Drittland sollte insbesondere eine wirksame unabhängige Überwachung des Datenschutzes gewährleisten und Mechanismen für eine Zusammenarbeit mit den Datenschutzbehörden der Mitgliedstaaten vorsehen, und den betroffenen Personen sollten wirksame und durchsetzbare Rechte sowie wirksame verwaltungsrechtliche und gerichtliche Rechtsbehelfe eingeräumt werden.

(105) Die Kommission sollte neben den internationalen Verpflichtungen, die das Drittland oder die internationale Organisation eingegangen ist, die Verpflichtungen, die sich aus der Teilnahme des Drittlands oder der internationalen Organisation an multilateralen oder regionalen Systemen insbesondere im Hinblick auf den Schutz personenbezogener Daten ergeben, sowie die Umsetzung dieser Verpflichtungen berücksichtigen. Insbesondere sollte der Beitritt des Drittlands zum Übereinkommen des Europarates vom 28. Januar 1981 zum Schutz des Menschen bei der automatischen Verarbeitung personenbezogener Daten und dem dazugehörigen Zusatzprotokoll berücksichtigt werden. Die Kommission sollte den Ausschuss konsultieren, wenn sie das Schutzniveau in Drittländern oder internationalen Organisationen bewertet.

(106) Die Kommission sollte die Wirkungsweise von Feststellungen zum Schutzniveau in einem Drittland, einem Gebiet oder einem bestimmten Sektor eines Drittlands oder einer internationalen Organisation überwachen; sie sollte auch die Wirkungsweise der Feststellungen, die auf der Grundlage des Artikels 25 Absatz 6 oder des Artikels 26 Absatz 4 der Richtlinie 95/46/EG erlassen werden, überwachen. In ihren Angemessenheitsbeschlüssen sollte die Kommission einen Mechanismus für die regelmäßige Überprüfung von deren Wirkungsweise vorsehen. Diese regelmäßige Überprüfung sollte in Konsultation mit dem betreffenden Drittland oder der betreffenden internationalen Organisation erfolgen und allen maßgeblichen Entwicklungen in dem Drittland oder der internationalen Organisation Rechnung tragen. Für die Zwecke der Überwachung und der Durchführung der regelmäßigen Überprüfungen sollte die Kommission die Standpunkte und Feststellungen des Europäischen Parlaments und des Rates sowie der anderen einschlägigen Stellen und Quellen berücksichtigen. Die Kommission sollte innerhalb einer angemessenen Frist die Wirkungsweise der letztgenannten Beschlüsse bewerten und dem durch diese Verordnung eingesetzten Ausschuss im Sinne der Verordnung (EU) Nr. 182/2011 des Europäischen Parlaments und des Rates[1] sowie dem Europäischen Parlament und dem Rat über alle maßgeblichen Feststellungen Bericht erstatten.

(107) Die Kommission kann feststellen, dass ein Drittland, ein Gebiet oder ein bestimmter Sektor eines Drittlands oder eine internationale Organisation kein angemessenes Datenschutzniveau mehr bietet. Die Übermittlung personenbezogener Daten an dieses Drittland oder an diese internationale Organisation sollte daraufhin verboten werden, es sei denn, die Anforderungen dieser Verordnung in Bezug auf die Datenübermittlung vorbehaltlich geeigneter Garantien, einschließlich verbindlicher interner Datenschutzvorschriften und auf Ausnahmen für bestimmte Fälle werden erfüllt. In diesem Falle sollten Konsultationen zwischen der Kommission und den betreffenden Drittländern oder internationalen Organisationen vorgesehen werden. Die Kommission sollte dem Drittland oder der internationalen Organisation frühzeitig die Gründe mitteilen und Konsultationen aufnehmen, um Abhilfe für die Situation zu schaffen.

(108) Bei Fehlen eines Angemessenheitsbeschlusses sollte der Verantwortliche oder der Auftragsverarbeiter als Ausgleich für den in einem Drittland bestehenden Mangel an Datenschutz geeignete Garantien für den Schutz der betroffenen Person vorsehen. Diese geeigneten Garantien können *darin bestehen, dass* auf verbindliche interne Datenschutzvorschriften, von der Kommission oder von einer Aufsichtsbehörde angenommene Standarddatenschutzklauseln oder von einer Aufsichtsbehörde genehmigte Vertragsklauseln zurückgegriffen wird. Diese Garantien sollten sicherstellen, dass die Datenschutzvorschriften und die Rechte der betroffenen Personen auf eine der Verarbeitung innerhalb der Union angemessene Art und Weise beachtet werden; dies gilt auch hinsichtlich der Verfügbarkeit von durchsetzbaren Rechten der betroffenen Person und von wirk-

[1] **Amtl. Anm.:** Verordnung (EU) Nr. 182/2011 des Europäischen Parlaments und des Rates vom 16. Februar 2011 zur Festlegung der allgemeinen Regeln und Grundsätze, nach denen die Mitgliedstaaten die Wahrnehmung der Durchführungsbefugnisse durch die Kommission kontrollieren (ABl. L 55 vom 28.2.2011, S. 13).

samen Rechtsbehelfen einschließlich des Rechts auf wirksame verwaltungsrechtliche oder gerichtliche Rechtsbehelfe sowie des Rechts auf Geltendmachung von Schadenersatzansprüchen in der Union oder in einem Drittland. Sie sollten sich insbesondere auf die Einhaltung der allgemeinen Grundsätze für die Verarbeitung personenbezogener Daten, die Grundsätze des Datenschutzes durch Technik und durch datenschutzfreundliche Voreinstellungen beziehen. Datenübermittlungen dürfen auch von Behörden oder öffentlichen Stellen an Behörden oder öffentliche Stellen in Drittländern oder an internationale Organisationen mit entsprechenden Pflichten oder Aufgaben vorgenommen werden, auch auf der Grundlage von Bestimmungen, die in Verwaltungsvereinbarungen – wie beispielsweise einer gemeinsamen Absichtserklärung –, mit denen den betroffenen Personen durchsetzbare und wirksame Rechte eingeräumt werden, aufzunehmen sind. Die Genehmigung der zuständigen Aufsichtsbehörde sollte erlangt werden, wenn die Garantien in nicht rechtsverbindlichen Verwaltungsvereinbarungen vorgesehen sind.

(109) Die dem Verantwortlichen oder dem Auftragsverarbeiter offenstehende Möglichkeit, auf die von der Kommission oder einer Aufsichtsbehörde festgelegten Standard-Datenschutzklauseln zurückzugreifen, sollte den Verantwortlichen oder den Auftragsverarbeiter weder daran hindern, die Standard-Datenschutzklauseln auch in umfangreicheren Verträgen, wie zum Beispiel Verträgen zwischen dem Auftragsverarbeiter und einem anderen Auftragsverarbeiter, zu verwenden, noch ihn daran hindern, ihnen weitere Klauseln oder zusätzliche Garantien hinzuzufügen, solange diese weder mittelbar noch unmittelbar im Widerspruch zu den von der Kommission oder einer Aufsichtsbehörde erlassenen Standard-Datenschutzklauseln stehen oder die Grundrechte und Grundfreiheiten der betroffenen Personen beschneiden. Die Verantwortlichen und die Auftragsverarbeiter sollten ermutigt werden, mit vertraglichen Verpflichtungen, die die Standard-Schutzklauseln ergänzen, zusätzliche Garantien zu bieten.

(110) Jede Unternehmensgruppe oder jede Gruppe von Unternehmen, die eine gemeinsame Wirtschaftstätigkeit ausüben, sollte für ihre internationalen Datenübermittlungen aus der Union an Organisationen innerhalb derselben Unternehmensgruppe oder derselben Gruppe von Unternehmen, die eine gemeinsame Wirtschaftstätigkeit ausüben, genehmigte verbindliche interne Datenschutzvorschriften anwenden dürfen, sofern diese sämtliche Grundprinzipien und durchsetzbaren Rechte enthalten, die geeignete Garantien für die Übermittlungen beziehungsweise Kategorien von Übermittlungen personenbezogener Daten bieten.

(111) Datenübermittlungen sollten unter bestimmten Voraussetzungen zulässig sein, nämlich wenn die betroffene Person ihre ausdrückliche Einwilligung erteilt hat, wenn die Übermittlung gelegentlich erfolgt und im Rahmen eines Vertrags oder zur Geltendmachung von Rechtsansprüchen, sei es vor Gericht oder auf dem Verwaltungswege oder in außergerichtlichen Verfahren, wozu auch Verfahren vor Regulierungsbehörden zählen, erforderlich ist. Die Übermittlung sollte zudem möglich sein, wenn sie zur Wahrung eines im Unionsrecht oder im Recht eines Mitgliedstaats festgelegten wichtigen öffentlichen Interesses erforderlich ist oder wenn sie aus einem durch Rechtsvorschriften vorgesehenen Register erfolgt, das von der Öffentlichkeit oder Personen mit berechtigtem Interesse eingesehen werden kann. In letzterem Fall sollte sich eine solche Übermittlung nicht auf die Gesamtheit oder ganze Kategorien der im Register enthaltenen personenbezogenen Daten erstrecken dürfen. Ist das betreffende Register zur Einsichtnahme durch Personen mit berechtigtem Interesse bestimmt, sollte die Übermittlung nur auf Anfrage dieser Personen oder nur dann erfolgen, wenn diese Personen die Adressaten der Übermittlung sind, wobei den Interessen und Grundrechten der betroffenen Person in vollem Umfang Rechnung zu tragen ist.

(112) Diese Ausnahmen sollten insbesondere für Datenübermittlungen gelten, die aus wichtigen Gründen des öffentlichen Interesses erforderlich sind, beispielsweise für den internationalen Datenaustausch zwischen Wettbewerbs-, Steuer- oder Zollbehörden, zwischen Finanzaufsichtsbehörden oder zwischen für Angelegenheiten der sozialen Sicherheit oder die öffentliche Gesundheit zuständigen Diensten, beispielsweise im Falle der Umgebungsuntersuchung bei ansteckenden Krankheiten oder zur Verringerung und/oder Beseitigung des Dopings im Sport. Die Übermittlung personenbezogener Daten sollte ebenfalls als rechtmäßig angesehen werden, wenn sie erforderlich ist, um ein Interesse, das für die lebenswichtigen Interessen – einschließlich der körperlichen Unversehrtheit oder des Lebens – der betroffenen Person oder einer anderen Person wesentlich ist, zu schützen und die betroffene Person außerstande ist, ihre Einwilligung zu geben. Liegt kein Angemessenheitsbeschluss vor, so können im Unionsrecht oder im Recht der Mitgliedstaaten aus wichtigen Gründen des öffentlichen Interesses ausdrücklich Beschränkungen der Übermittlung bestimmter Kategorien von Daten an Drittländer oder internationale Organisationen *vorgesehen werden.* Die Mitgliedstaaten sollten solche Bestimmungen der Kommission mitteilen. Jede Übermittlung personenbezogener Daten einer betroffenen Person, die aus physischen oder rechtlichen Gründen außerstande ist, ihre Einwilligung zu erteilen, an eine internationale humanitäre Organisation, die erfolgt, um eine nach den Genfer Konventionen obliegende Aufgabe auszuführen oder um dem in bewaffneten Konflikten anwendbaren humanitären Völkerrecht

nachzukommen, könnte als aus einem wichtigen Grund im öffentlichen Interesse notwendig oder als im lebenswichtigen Interesse der betroffenen Person liegend erachtet werden.

(113) Übermittlungen, die als nicht wiederholt erfolgend gelten können und nur eine begrenzte Zahl von betroffenen Personen betreffen, könnten auch zur Wahrung der zwingenden berechtigten Interessen des Verantwortlichen möglich sein, sofern die Interessen oder Rechte und Freiheiten der betroffenen Person nicht überwiegen und der Verantwortliche sämtliche Umstände der Datenübermittlung geprüft hat. Der Verantwortliche sollte insbesondere die Art der personenbezogenen Daten, den Zweck und die Dauer der vorgesehenen Verarbeitung, die Situation im Herkunftsland, in dem betreffenden Drittland und im Endbestimmungsland berücksichtigen und angemessene Garantien zum Schutz der Grundrechte und Grundfreiheiten natürlicher Personen in Bezug auf die Verarbeitung ihrer personenbezogener Daten vorsehen. Diese Übermittlungen sollten nur in den verbleibenden Fällen möglich sein, in denen keiner der anderen Gründe für die Übermittlung anwendbar ist. Bei wissenschaftlichen oder historischen Forschungszwecken oder bei statistischen Zwecken sollten die legitimen gesellschaftlichen Erwartungen in Bezug auf einen Wissenszuwachs berücksichtigt werden. Der Verantwortliche sollte die Aufsichtsbehörde und die betroffene Person von der Übermittlung in Kenntnis setzen.

(114) In allen Fällen, in denen kein Kommissionsbeschluss zur Angemessenheit des in einem Drittland bestehenden Datenschutzniveaus vorliegt, sollte der Verantwortliche oder der Auftragsverarbeiter auf Lösungen zurückgreifen, mit denen den betroffenen Personen durchsetzbare und wirksame Rechte in Bezug auf die Verarbeitung ihrer personenbezogenen Daten in der Union nach der Übermittlung dieser Daten eingeräumt werden, damit sie weiterhin die Grundrechte und Garantien genießen können.

(115) Manche Drittländer erlassen Gesetze, Vorschriften und sonstige Rechtsakte, die vorgeben, die Verarbeitungstätigkeiten natürlicher und juristischer Personen, die der Rechtsprechung der Mitgliedstaaten unterliegen, unmittelbar zu regeln. Dies kann Urteile von Gerichten und Entscheidungen von Verwaltungsbehörden in Drittländern umfassen, mit denen von einem Verantwortlichen oder einem Auftragsverarbeiter die Übermittlung oder Offenlegung personenbezogener Daten verlangt wird und die nicht auf eine in Kraft befindliche internationale Übereinkunft wie etwa ein Rechtshilfeabkommen zwischen dem ersuchenden Drittland und der Union oder einem Mitgliedstaat gestützt sind. Die Anwendung dieser Gesetze, Verordnungen und sonstigen Rechtsakte außerhalb der Hoheitsgebiete der betreffenden Drittländer kann gegen internationales Recht verstoßen und dem durch diese Verordnung in der Union gewährleisteten Schutz natürlicher Personen zuwiderlaufen. Datenübermittlungen sollten daher nur zulässig sein, wenn die Bedingungen dieser Verordnung für Datenübermittlungen an Drittländer eingehalten werden. Dies kann unter anderem der Fall sein, wenn die Offenlegung aus einem wichtigen öffentlichen Interesse erforderlich ist, das im Unionsrecht oder im Recht des Mitgliedstaats, dem der Verantwortliche unterliegt, anerkannt ist.

(116) Wenn personenbezogene Daten in ein anderes Land außerhalb der Union übermittelt werden, besteht eine erhöhte Gefahr, dass natürliche Personen ihre Datenschutzrechte nicht wahrnehmen können und sich insbesondere gegen die unrechtmäßige Nutzung oder Offenlegung dieser Informationen zu schützen. Ebenso kann es vorkommen, dass Aufsichtsbehörden Beschwerden nicht nachgehen oder Untersuchungen nicht durchführen können, die einen Bezug zu Tätigkeiten außerhalb der Grenzen ihres Mitgliedstaats haben. Ihre Bemühungen um grenzüberschreitende Zusammenarbeit können auch durch unzureichende Präventiv- und Abhilfebefugnisse, widersprüchliche Rechtsordnungen und praktische Hindernisse wie Ressourcenknappheit behindert werden. Die Zusammenarbeit zwischen den Datenschutzaufsichtsbehörden muss daher gefördert werden, damit sie Informationen austauschen und mit den Aufsichtsbehörden in anderen Ländern Untersuchungen durchführen können. Um Mechanismen der internationalen Zusammenarbeit zu entwickeln, die die internationale Amtshilfe bei der Durchsetzung von Rechtsvorschriften zum Schutz personenbezogener Daten erleichtern und sicherstellen, sollten die Kommission und die Aufsichtsbehörden Informationen austauschen und bei Tätigkeiten, die mit der Ausübung ihrer Befugnisse in Zusammenhang stehen, mit den zuständigen Behörden der Drittländer nach dem Grundsatz der Gegenseitigkeit und gemäß dieser Verordnung zusammenarbeiten.

(117) Die Errichtung von Aufsichtsbehörden in den Mitgliedstaaten, die befugt sind, ihre Aufgaben und Befugnisse völlig unabhängig wahrzunehmen, ist ein wesentlicher Bestandteil des Schutzes natürlicher Personen bei der Verarbeitung personenbezogener Daten. Die Mitgliedstaaten sollten mehr als eine Aufsichtsbehörde errichten können, wenn dies ihrer verfassungsmäßigen, organisatorischen und administrativen Struktur entspricht.

(118) Die Tatsache, dass die Aufsichtsbehörden unabhängig sind, sollte nicht bedeuten, dass sie hinsichtlich ihrer Ausgaben keinem Kontroll- oder Überwachungsmechanismus unterworfen werden bzw. sie keiner gerichtlichen Überprüfung unterzogen werden können.

(119) Errichtet ein Mitgliedstaat mehrere Aufsichtsbehörden, so sollte er mittels Rechtsvorschriften sicherstellen, dass diese Aufsichtsbehörden am Kohärenzverfahren wirksam beteiligt werden. Insbesondere sollte dieser Mitgliedstaat eine Aufsichtsbehörde bestimmen, die als zentrale Anlaufstelle für eine wirksame Beteiligung dieser Behörden an dem Verfahren fungiert und eine rasche und reibungslose Zusammenarbeit mit anderen Aufsichtsbehörden, dem Ausschuss und der Kommission gewährleistet.

(120) Jede Aufsichtsbehörde sollte mit Finanzmitteln, Personal, Räumlichkeiten und einer Infrastruktur ausgestattet werden, wie sie für die wirksame Wahrnehmung ihrer Aufgaben, einschließlich derer im Zusammenhang mit der Amtshilfe und Zusammenarbeit mit anderen Aufsichtsbehörden in der gesamten Union, notwendig sind. Jede Aufsichtsbehörde sollte über einen eigenen, öffentlichen, jährlichen Haushaltsplan verfügen, der Teil des gesamten Staatshaushalts oder nationalen Haushalts sein kann.

(121) Die allgemeinen Anforderungen an das Mitglied oder die Mitglieder der Aufsichtsbehörde sollten durch Rechtsvorschriften von jedem Mitgliedstaat geregelt werden und insbesondere vorsehen, dass diese Mitglieder im Wege eines transparenten Verfahrens entweder – auf Vorschlag der Regierung, eines Mitglieds der Regierung, des Parlaments oder der Parlamentskammer – vom Parlament, der Regierung oder dem Staatsoberhaupt des Mitgliedstaats oder von einer unabhängigen Stelle ernannt werden, die nach dem Recht des Mitgliedstaats mit der Ernennung betraut wird. Um die Unabhängigkeit der Aufsichtsbehörde zu gewährleisten, sollten ihre Mitglieder ihr Amt integer ausüben, von allen mit den Aufgaben ihres Amts nicht zu vereinbarenden Handlungen absehen und während ihrer Amtszeit keine andere mit ihrem Amt nicht zu vereinbarende entgeltliche oder unentgeltliche Tätigkeit ausüben. Die Aufsichtsbehörde sollte über eigenes Personal verfügen, das sie selbst oder eine nach dem Recht des Mitgliedstaats eingerichtete unabhängige Stelle auswählt und das ausschließlich der Leitung des Mitglieds oder der Mitglieder der Aufsichtsbehörde unterstehen sollte.

(122) Jede Aufsichtsbehörde sollte dafür zuständig sein, im Hoheitsgebiet ihres Mitgliedstaats die Befugnisse auszuüben und die Aufgaben zu erfüllen, die ihr mit dieser Verordnung übertragen wurden. Dies sollte insbesondere für Folgendes gelten: die Verarbeitung im Rahmen der Tätigkeiten einer Niederlassung des Verantwortlichen oder Auftragsverarbeiters im Hoheitsgebiet ihres Mitgliedstaats, die Verarbeitung personenbezogener Daten durch Behörden oder private Stellen, die im öffentlichen Interesse handeln, Verarbeitungstätigkeiten, die Auswirkungen auf betroffene Personen in ihrem Hoheitsgebiet haben, oder Verarbeitungstätigkeiten eines Verantwortlichen oder Auftragsverarbeiters ohne Niederlassung in der Union, sofern sie auf betroffene Personen mit Wohnsitz in ihrem Hoheitsgebiet ausgerichtet sind. Dies sollte auch die Bearbeitung von Beschwerden einer betroffenen Person, die Durchführung von Untersuchungen über die Anwendung dieser Verordnung sowie die Förderung der Information der Öffentlichkeit über Risiken, Vorschriften, Garantien und Rechte im Zusammenhang mit der Verarbeitung personenbezogener Daten einschließen.

(123) Die Aufsichtsbehörden sollten die Anwendung der Bestimmungen dieser Verordnung überwachen und zu ihrer einheitlichen Anwendung in der gesamten Union beitragen, um natürliche Personen im Hinblick auf die Verarbeitung ihrer Daten zu schützen und den freien Verkehr personenbezogener Daten im Binnenmarkt zu erleichtern. Zu diesem Zweck sollten die Aufsichtsbehörden untereinander und mit der Kommission zusammenarbeiten, ohne dass eine Vereinbarung zwischen den Mitgliedstaaten über die Leistung von Amtshilfe oder über eine derartige Zusammenarbeit erforderlich wäre.

(124) Findet die Verarbeitung personenbezogener Daten im Zusammenhang mit der Tätigkeit einer Niederlassung eines Verantwortlichen oder eines Auftragsverarbeiters in der Union statt und hat der Verantwortliche oder der Auftragsverarbeiter Niederlassungen in mehr als einem Mitgliedstaat oder hat die Verarbeitungstätigkeit im Zusammenhang mit der Tätigkeit einer einzigen Niederlassung eines Verantwortlichen oder Auftragsverarbeiters in der Union erhebliche Auswirkungen auf betroffene Personen in mehr als einem Mitgliedstaat bzw. wird sie voraussichtlich solche Auswirkungen haben, so sollte die Aufsichtsbehörde für die Hauptniederlassung des Verantwortlichen oder des Auftragsverarbeiters oder für die einzige Niederlassung des Verantwortlichen oder Auftragsverarbeiters als federführende Behörde fungieren. Sie sollte mit den anderen Behörden zusammenarbeiten, die betroffen sind, weil der Verantwortliche oder Auftragsverarbeiter eine Niederlassung im Hoheitsgebiet ihres Mitgliedstaats hat, weil die Verarbeitung erhebliche Auswirkungen auf betroffene Personen mit Wohnsitz in ihrem Hoheitsgebiet hat oder weil bei ihnen eine Beschwerde eingelegt wurde. Auch wenn eine betroffene Person ohne Wohnsitz in dem

betreffenden Mitgliedstaat eine Beschwerde eingelegt hat, sollte die Aufsichtsbehörde, bei der Beschwerde eingelegt wurde, auch eine betroffene Aufsichtsbehörde sein. Der Ausschuss sollte – im Rahmen seiner Aufgaben in Bezug auf die Herausgabe von Leitlinien zu allen Fragen im Zusammenhang mit der Anwendung dieser Verordnung – insbesondere Leitlinien zu den Kriterien ausgeben können, die bei der Feststellung zu berücksichtigen sind, ob die fragliche Verarbeitung erhebliche Auswirkungen auf betroffene Personen in mehr als einem Mitgliedstaat hat und was einen maßgeblichen und begründeten Einspruch darstellt.

(125) Die federführende Behörde sollte berechtigt sein, verbindliche Beschlüsse über Maßnahmen zu erlassen, mit denen die ihr gemäß dieser Verordnung übertragenen Befugnisse ausgeübt werden. In ihrer Eigenschaft als federführende Behörde sollte diese Aufsichtsbehörde für die enge Einbindung und Koordinierung der betroffenen Aufsichtsbehörden im Entscheidungsprozess sorgen. Wird beschlossen, die Beschwerde der betroffenen Person vollständig oder teilweise abzuweisen, so sollte dieser Beschluss von der Aufsichtsbehörde angenommen werden, bei der die Beschwerde eingelegt wurde.

(126) Der Beschluss sollte von der federführenden Aufsichtsbehörde und den betroffenen Aufsichtsbehörden gemeinsam vereinbart werden und an die Hauptniederlassung oder die einzige Niederlassung des Verantwortlichen oder Auftragsverarbeiters gerichtet sein und für den Verantwortlichen und den Auftragsverarbeiter verbindlich sein. Der Verantwortliche oder Auftragsverarbeiter sollte die erforderlichen Maßnahmen treffen, um die Einhaltung dieser Verordnung und die Umsetzung des Beschlusses zu gewährleisten, der der Hauptniederlassung des Verantwortlichen oder Auftragsverarbeiters im Hinblick auf die Verarbeitungstätigkeiten in der Union von der federführenden Aufsichtsbehörde mitgeteilt wurde.

(127) Jede Aufsichtsbehörde, die nicht als federführende Aufsichtsbehörde fungiert, sollte in örtlichen Fällen zuständig sein, wenn der Verantwortliche oder Auftragsverarbeiter Niederlassungen in mehr als einem Mitgliedstaat hat, der Gegenstand der spezifischen Verarbeitung aber nur die Verarbeitungstätigkeiten in einem einzigen Mitgliedstaat und nur betroffene Personen in diesem einen Mitgliedstaat betrifft, beispielsweise wenn es um die Verarbeitung von personenbezogenen Daten von Arbeitnehmern im spezifischen Beschäftigungskontext eines Mitgliedstaats geht. In solchen Fällen sollte die Aufsichtsbehörde unverzüglich die federführende Aufsichtsbehörde über diese Angelegenheit unterrichten. Nach ihrer Unterrichtung sollte die federführende Aufsichtsbehörde entscheiden, ob sie den Fall nach den Bestimmungen zur Zusammenarbeit zwischen der federführenden Aufsichtsbehörde und anderen betroffenen Aufsichtsbehörden gemäß der Vorschrift zur Zusammenarbeit zwischen der federführenden Aufsichtsbehörde und anderen betroffenen Aufsichtsbehörden (im Folgenden „Verfahren der Zusammenarbeit und Kohärenz") regelt oder ob die Aufsichtsbehörde, die sie unterrichtet hat, den Fall auf örtlicher Ebene regeln sollte. Dabei sollte die federführende Aufsichtsbehörde berücksichtigen, ob der Verantwortliche oder der Auftragsverarbeiter in dem Mitgliedstaat, dessen Aufsichtsbehörde sie unterrichtet hat, eine Niederlassung hat, damit Beschlüsse gegenüber dem Verantwortlichen oder dem Auftragsverarbeiter wirksam durchgesetzt werden. Entscheidet die federführende Aufsichtsbehörde, den Fall selbst zu regeln, sollte die Aufsichtsbehörde, die sie unterrichtet hat, die Möglichkeit haben, einen Beschlussentwurf vorzulegen, dem die federführende Aufsichtsbehörde bei der Ausarbeitung ihres Beschlussentwurfs im Rahmen dieses Verfahrens der Zusammenarbeit und Kohärenz weitestgehend Rechnung tragen sollte.

(128) Die Vorschriften über die federführende Behörde und das Verfahren der Zusammenarbeit und Kohärenz sollten keine Anwendung finden, wenn die Verarbeitung durch Behörden oder private Stellen im öffentlichen Interesse erfolgt. In diesen Fällen sollte die Aufsichtsbehörde des Mitgliedstaats, in dem die Behörde oder private Einrichtung ihren Sitz hat, die einzige Aufsichtsbehörde sein, die dafür zuständig ist, die Befugnisse auszuüben, die ihr mit dieser Verordnung übertragen wurden.

(129) Um die einheitliche Überwachung und Durchsetzung dieser Verordnung in der gesamten Union sicherzustellen, sollten die Aufsichtsbehörden in jedem Mitgliedstaat dieselben Aufgaben und wirksamen Befugnisse haben, darunter, insbesondere im Fall von Beschwerden natürlicher Personen, Untersuchungsbefugnisse, Abhilfebefugnisse und Sanktionsbefugnisse und Genehmigungsbefugnisse und beratende Befugnisse, sowie – unbeschadet der Befugnisse der Strafverfolgungsbehörden nach dem Recht der Mitgliedstaaten – die Befugnis, Verstöße gegen diese Verordnung den Justizbehörden zur Kenntnis zu bringen und Gerichtsverfahren anzustrengen. Dazu sollte auch die Befugnis zählen, eine vorübergehende oder endgültige Beschränkung der Verarbeitung, einschließlich eines Verbots, zu verhängen. Die Mitgliedstaaten können andere Aufgaben im Zusammenhang mit dem Schutz personenbezogener Daten im Rahmen dieser Verordnung festlegen. Die Befugnisse der Aufsichtsbehörden sollten in Übereinstimmung mit den geeigneten Verfahrensgarantien nach dem Unionsrecht und dem Recht der Mitgliedstaaten unparteiisch,

gerecht und innerhalb einer angemessenen Frist ausgeübt werden. Insbesondere sollte jede Maßnahme im Hinblick auf die Gewährleistung der Einhaltung dieser Verordnung geeignet, erforderlich und verhältnismäßig sein, wobei die Umstände des jeweiligen Einzelfalls zu berücksichtigen sind, das Recht einer jeden Person, gehört zu werden, bevor eine individuelle Maßnahme getroffen wird, die nachteilige Auswirkungen auf diese Person hätte, zu achten ist und überflüssige Kosten und übermäßige Unannehmlichkeiten für die Betroffenen zu vermeiden sind. Untersuchungsbefugnisse im Hinblick auf den Zugang zu Räumlichkeiten sollten im Einklang mit besonderen Anforderungen im Verfahrensrecht der Mitgliedstaaten ausgeübt werden, wie etwa dem Erfordernis einer vorherigen richterlichen Genehmigung. Jede rechtsverbindliche Maßnahme der Aufsichtsbehörde sollte schriftlich erlassen werden und sie sollte klar und eindeutig sein; die Aufsichtsbehörde, die die Maßnahme erlassen hat, und das Datum, an dem die Maßnahme erlassen wurde, sollten angegeben werden und die Maßnahme sollte vom Leiter oder von einem von ihm bevollmächtigten Mitglied der Aufsichtsbehörde unterschrieben sein und eine Begründung für die Maßnahme sowie einen Hinweis auf das Recht auf einen wirksamen Rechtsbehelf enthalten. Dies sollte zusätzliche Anforderungen nach dem Verfahrensrecht der Mitgliedstaaten nicht ausschließen. Der Erlass eines rechtsverbindlichen Beschlusses setzt voraus, dass er in dem Mitgliedstaat der Aufsichtsbehörde, die den Beschluss erlassen hat, gerichtlich überprüft werden kann.

(130) Ist die Aufsichtsbehörde, bei der die Beschwerde eingereicht wurde, nicht die federführende Aufsichtsbehörde, so sollte die federführende Aufsichtsbehörde gemäß den Bestimmungen dieser Verordnung über Zusammenarbeit und Kohärenz eng mit der Aufsichtsbehörde zusammenarbeiten, bei der die Beschwerde eingereicht wurde. In solchen Fällen sollte die federführende Aufsichtsbehörde bei Maßnahmen, die rechtliche Wirkungen entfalten sollen, unter anderem bei der Verhängung von Geldbußen, den Standpunkt der Aufsichtsbehörde, bei der die Beschwerde eingereicht wurde und die weiterhin befugt sein sollte, in Abstimmung mit der zuständigen Aufsichtsbehörde Untersuchungen im Hoheitsgebiet ihres eigenen Mitgliedstaats durchzuführen, weitestgehend berücksichtigen.

(131) Wenn eine andere Aufsichtsbehörde als federführende Aufsichtsbehörde für die Verarbeitungstätigkeiten des Verantwortlichen oder des Auftragsverarbeiters fungieren sollte, der konkrete Gegenstand einer Beschwerde oder der mögliche Verstoß jedoch nur die Verarbeitungstätigkeiten des Verantwortlichen oder des Auftragsverarbeiters in dem Mitgliedstaat betrifft, in dem die Beschwerde eingereicht wurde oder der mögliche Verstoß aufgedeckt wurde, und die Angelegenheit keine erheblichen Auswirkungen auf betroffene Personen in anderen Mitgliedstaaten hat oder haben dürfte, sollte die Aufsichtsbehörde, bei der eine Beschwerde eingereicht wurde oder die Situationen, die mögliche Verstöße gegen diese Verordnung darstellen, aufgedeckt hat bzw. auf andere Weise darüber informiert wurde, versuchen, eine gütliche Einigung mit dem Verantwortlichen zu erzielen; falls sich dies als nicht erfolgreich erweist, sollte sie die gesamte Bandbreite ihrer Befugnisse wahrnehmen. Dies sollte auch Folgendes umfassen: die spezifische Verarbeitung im Hoheitsgebiet des Mitgliedstaats der Aufsichtsbehörde oder im Hinblick auf betroffene Personen im Hoheitsgebiet dieses Mitgliedstaats; die Verarbeitung im Rahmen eines Angebots von Waren oder Dienstleistungen, das speziell auf betroffene Personen im Hoheitsgebiet des Mitgliedstaats der Aufsichtsbehörde ausgerichtet ist; oder eine Verarbeitung, die unter Berücksichtigung der einschlägigen rechtlichen Verpflichtungen nach dem Recht der Mitgliedstaaten bewertet werden muss.

(132) Auf die Öffentlichkeit ausgerichtete Sensibilisierungsmaßnahmen der Aufsichtsbehörden sollten spezifische Maßnahmen einschließen, die sich an die Verantwortlichen und die Auftragsverarbeiter, einschließlich Kleinstunternehmen sowie kleiner und mittlerer Unternehmen, und an natürliche Personen, insbesondere im Bildungsbereich, richten.

(133) Die Aufsichtsbehörden sollten sich gegenseitig bei der Erfüllung ihrer Aufgaben unterstützen und Amtshilfe leisten, damit eine einheitliche Anwendung und Durchsetzung dieser Verordnung im Binnenmarkt gewährleistet ist. Eine Aufsichtsbehörde, die um Amtshilfe ersucht hat, kann eine einstweilige Maßnahme erlassen, wenn sie nicht binnen eines Monats nach Eingang des Amtshilfeersuchens bei der ersuchten Aufsichtsbehörde eine Antwort von dieser erhalten hat.

(134) Jede Aufsichtsbehörde sollte gegebenenfalls an gemeinsamen Maßnahmen mit anderen Aufsichtsbehörden teilnehmen. Die ersuchte Aufsichtsbehörde sollte auf das Ersuchen binnen einer bestimmten Frist antworten müssen.

(135) Um die einheitliche Anwendung dieser Verordnung in der gesamten Union sicherzustellen, sollte ein Verfahren zur Gewährleistung einer einheitlichen Rechtsanwendung (Kohärenzverfahren) für die Zusammenarbeit zwischen den Aufsichtsbehörden eingeführt werden. Dieses Verfahren sollte insbesondere dann angewendet werden, wenn eine Aufsichtsbehörde beabsichtigt, eine Maßnahme zu erlassen, die rechtliche Wirkungen in Bezug auf Verarbeitungsvorgänge entfalten soll,

die für eine bedeutende Zahl betroffener Personen in mehreren Mitgliedstaaten erhebliche Auswirkungen haben. Ferner sollte es zur Anwendung kommen, wenn eine betroffene Aufsichtsbehörde oder die Kommission beantragt, dass die Angelegenheit im Rahmen des Kohärenzverfahrens behandelt wird. Dieses Verfahren sollte andere Maßnahmen, die die Kommission möglicherweise in Ausübung ihrer Befugnisse nach den Verträgen trifft, unberührt lassen.

(136) Bei Anwendung des Kohärenzverfahrens sollte der Ausschuss, falls von der Mehrheit seiner Mitglieder so entschieden wird oder falls eine andere betroffene Aufsichtsbehörde oder die Kommission darum ersuchen, binnen einer festgelegten Frist eine Stellungnahme abgeben. Dem Ausschuss sollte auch die Befugnis übertragen werden, bei Streitigkeiten zwischen Aufsichtsbehörden rechtsverbindliche Beschlüsse zu erlassen. Zu diesem Zweck sollte er in klar bestimmten Fällen, in denen die Aufsichtsbehörden insbesondere im Rahmen des Verfahrens der Zusammenarbeit zwischen der federführenden Aufsichtsbehörde und den betroffenen Aufsichtsbehörden widersprüchliche Standpunkte zu dem Sachverhalt, vor allem in der Frage, ob ein Verstoß gegen diese Verordnung vorliegt, vertreten, grundsätzlich mit einer Mehrheit von zwei Dritteln seiner Mitglieder rechtsverbindliche Beschlüsse erlassen.

(137) Es kann dringender Handlungsbedarf zum Schutz der Rechte und Freiheiten von betroffenen Personen bestehen, insbesondere wenn eine erhebliche Behinderung der Durchsetzung des Rechts einer betroffenen Person droht. Eine Aufsichtsbehörde sollte daher hinreichend begründete einstweilige Maßnahmen in ihrem Hoheitsgebiet mit einer festgelegten Geltungsdauer von höchstens drei Monaten erlassen können.

(138) Die Anwendung dieses Verfahrens sollte in den Fällen, in denen sie verbindlich vorgeschrieben ist, eine Bedingung für die Rechtmäßigkeit einer Maßnahme einer Aufsichtsbehörde sein, die rechtliche Wirkungen entfalten soll. In anderen Fällen von grenzüberschreitender Relevanz sollte das Verfahren der Zusammenarbeit zwischen der federführenden Aufsichtsbehörde und den betroffenen Aufsichtsbehörden zur Anwendung gelangen, und die betroffenen Aufsichtsbehörden können auf bilateraler oder multilateraler Ebene Amtshilfe leisten und gemeinsame Maßnahmen durchführen, ohne auf das Kohärenzverfahren zurückzugreifen.

(139) Zur Förderung der einheitlichen Anwendung dieser Verordnung sollte der Ausschuss als unabhängige Einrichtung der Union eingesetzt werden. Damit der Ausschuss seine Ziele erreichen kann, sollte er Rechtspersönlichkeit besitzen. Der Ausschuss sollte von seinem Vorsitz vertreten werden. Er sollte die mit der Richtlinie 95/46/EG eingesetzte Arbeitsgruppe für den Schutz der Rechte von Personen bei der Verarbeitung personenbezogener Daten ersetzen. Er sollte aus dem Leiter einer Aufsichtsbehörde jedes Mitgliedstaats und dem Europäischen Datenschutzbeauftragten oder deren jeweiligen Vertretern gebildet werden. An den Beratungen des Ausschusses sollte die Kommission ohne Stimmrecht teilnehmen und der Europäische Datenschutzbeauftragte sollte spezifische Stimmrechte haben. Der Ausschuss sollte zur einheitlichen Anwendung der Verordnung in der gesamten Union beitragen, die Kommission insbesondere im Hinblick auf das Schutzniveau in Drittländern oder internationalen Organisationen beraten und die Zusammenarbeit der Aufsichtsbehörden in der Union fördern. Der Ausschuss sollte bei der Erfüllung seiner Aufgaben unabhängig handeln.

(140)[1] Der Ausschuss sollte von einem Sekretariat unterstützt werden, das von dem Europäischen Datenschutzbeauftragten bereitgestellt wird. Das Personal des Europäischen Datenschutzbeauftragten, das an der Wahrnehmung der dem Ausschuss gemäß dieser Verordnung übertragenen Aufgaben beteiligt ist, sollte diese Aufgaben ausschließlich gemäß den Anweisungen des Vorsitzes des Ausschusses durchführen und diesem Bericht erstatten.

(141) Jede betroffene Person sollte das Recht haben, bei einer einzigen Aufsichtsbehörde insbesondere in dem Mitgliedstaat ihres gewöhnlichen Aufenthalts eine Beschwerde einzureichen und gemäß Artikel 47 der Charta einen wirksamen gerichtlichen Rechtsbehelf einzulegen, wenn sie sich in ihren Rechten gemäß dieser Verordnung verletzt sieht oder wenn die Aufsichtsbehörde auf eine *Beschwerde* hin nicht tätig wird, eine Beschwerde teilweise oder ganz abweist oder ablehnt oder nicht tätig wird, obwohl dies zum Schutz der Rechte der betroffenen Person notwendig ist. Die auf eine Beschwerde folgende Untersuchung sollte vorbehaltlich gerichtlicher Überprüfung so weit gehen, wie dies im Einzelfall angemessen ist. Die Aufsichtsbehörde sollte die betroffene Person innerhalb eines angemessenen Zeitraums über den Fortgang und die Ergebnisse der Beschwerde unterrichten. Sollten weitere Untersuchungen oder die Abstimmung mit einer anderen Aufsichtsbehörde erforderlich sein, sollte die betroffene Person über den Zwischenstand informiert werden. Jede Aufsichtsbehörde sollte Maßnahmen zur Erleichterung der Einreichung von Beschwerden treffen, wie etwa die Bereitstellung eines Beschwerdeformulars, das auch

[1] Erwägungsgrund 140 ber. ABl. 2018 L 127 S. 2.

elektronisch ausgefüllt werden kann, ohne dass andere Kommunikationsmittel ausgeschlossen werden.

(142) Betroffene Personen, die sich in ihren Rechten gemäß dieser Verordnung verletzt sehen, sollten das Recht haben, nach dem Recht eines Mitgliedstaats gegründete Einrichtungen, Organisationen oder Verbände ohne Gewinnerzielungsabsicht, deren satzungsmäßige Ziele im öffentlichem Interesse liegen und die im Bereich des Schutzes personenbezogener Daten tätig sind, zu beauftragen, in ihrem Namen Beschwerde bei einer Aufsichtsbehörde oder einen gerichtlichen Rechtsbehelf einzulegen oder das Recht auf Schadensersatz in Anspruch zu nehmen, sofern dieses im Recht der Mitgliedstaaten vorgesehen ist. Die Mitgliedstaaten können vorsehen, dass diese Einrichtungen, Organisationen oder Verbände das Recht haben, unabhängig vom Auftrag einer betroffenen Person in dem betreffenden Mitgliedstaat eine eigene Beschwerde einzulegen, und das Recht auf einen wirksamen gerichtlichen Rechtsbehelf haben sollten, wenn sie Grund zu der Annahme haben, dass die Rechte der betroffenen Person infolge einer nicht im Einklang mit dieser Verordnung stehenden Verarbeitung verletzt worden sind. Diesen Einrichtungen, Organisationen oder Verbänden kann unabhängig vom Auftrag der betroffenen Person nicht gestattet werden, im Namen einer betroffenen Person Schadenersatz zu verlangen.

(143) Jede natürliche oder juristische Person hat das Recht, unter den in Artikel 263 AEUV[1] genannten Voraussetzungen beim Gerichtshof eine Klage auf Nichtigerklärung eines Beschlusses des Ausschusses zu erheben. Als Adressaten solcher Beschlüsse müssen die betroffenen Aufsichtsbehörden, die diese Beschlüsse anfechten möchten, binnen zwei Monaten nach deren Übermittlung gemäß Artikel 263 AEUV[1] Klage erheben. Sofern Beschlüsse des Ausschusses einen Verantwortlichen, einen Auftragsverarbeiter oder den Beschwerdeführer unmittelbar und individuell betreffen, so können diese Personen binnen zwei Monaten nach Veröffentlichung der betreffenden Beschlüsse auf der Website des Ausschusses im Einklang mit Artikel 263 AEUV[1] eine Klage auf Nichtigerklärung erheben. Unbeschadet dieses Rechts nach Artikel 263 AEUV[1] sollte jede natürliche oder juristische Person das Recht auf einen wirksamen gerichtlichen Rechtsbehelf bei dem zuständigen einzelstaatlichen Gericht gegen einen Beschluss einer Aufsichtsbehörde haben, der gegenüber dieser Person Rechtswirkungen entfaltet. Ein derartiger Beschluss betrifft insbesondere die Ausübung von Untersuchungs-, Abhilfe- und Genehmigungsbefugnissen durch die Aufsichtsbehörde oder die Ablehnung oder Abweisung von Beschwerden. Das Recht auf einen wirksamen gerichtlichen Rechtsbehelf umfasst jedoch nicht rechtlich nicht bindende Maßnahmen der Aufsichtsbehörden wie von ihr abgegebene Stellungnahmen oder Empfehlungen. Verfahren gegen eine Aufsichtsbehörde sollten bei den Gerichten des Mitgliedstaats angestrengt werden, in dem die Aufsichtsbehörde ihren Sitz hat, und sollten im Einklang mit dem Verfahrensrecht dieses Mitgliedstaats durchgeführt werden. Diese Gerichte sollten eine uneingeschränkte Zuständigkeit besitzen, was die Zuständigkeit, sämtliche für den bei ihnen anhängige Rechtsstreit maßgebliche Sach- und Rechtsfragen zu prüfen, einschließt. Wurde eine Beschwerde von einer Aufsichtsbehörde abgelehnt oder abgewiesen, kann der Beschwerdeführer Klage bei den Gerichten desselben Mitgliedstaats erheben.

Im Zusammenhang mit gerichtlichen Rechtsbehelfen in Bezug auf die Anwendung dieser Verordnung können einzelstaatliche Gerichte, die eine Entscheidung über diese Frage für erforderlich halten, um ihr Urteil erlassen zu können, bzw. müssen einzelstaatliche Gerichte in den Fällen nach Artikel 267 AEUV[1] den Gerichtshof um eine Vorabentscheidung zur Auslegung des Unionsrechts – das auch diese Verordnung einschließt – ersuchen. Wird darüber hinaus der Beschluss einer Aufsichtsbehörde zur Umsetzung eines Beschlusses des Ausschusses vor einem einzelstaatlichen Gericht angefochten und wird die Gültigkeit des Beschlusses des Ausschusses in Frage gestellt, so hat dieses einzelstaatliche Gericht nicht die Befugnis, den Beschluss des Ausschusses für nichtig zu erklären, sondern es muss im Einklang mit Artikel 267 AEUV[1] in der Auslegung des Gerichtshofs den Gerichtshof mit der Frage der Gültigkeit befassen, wenn es den Beschluss für nichtig hält. Allerdings darf ein einzelstaatliches Gericht den Gerichtshof nicht auf Anfrage einer natürlichen oder juristischen Person mit Fragen der Gültigkeit des Beschlusses des Ausschusses befassen, wenn diese Person Gelegenheit hatte, eine Klage auf Nichtigerklärung dieses Beschlusses zu erheben – insbesondere wenn sie unmittelbar und individuell vom dem Beschluss betroffen war –, diese Gelegenheit jedoch nicht innerhalb der Frist gemäß Artikel 263 AEUV[1] genutzt hat.

(144) Hat ein mit einem Verfahren gegen die Entscheidung einer Aufsichtsbehörde befasstes Gericht Anlass zu der Vermutung, dass ein dieselbe Verarbeitung betreffendes Verfahren – etwa zu demselben Gegenstand in Bezug auf die Verarbeitung durch denselben Verantwortlichen oder *Auftragsverarbeiter oder wegen desselben Anspruchs* – vor einem zuständigen Gericht in einem anderen Mitgliedstaat anhängig ist, so sollte es mit diesem Gericht Kontakt aufnehmen, um sich

[1] Nr. **1001**.

zu vergewissern, dass ein solches verwandtes Verfahren existiert. Sind verwandte Verfahren vor einem Gericht in einem anderen Mitgliedstaat anhängig, so kann jedes später angerufene Gericht das Verfahren aussetzen oder sich auf Anfrage einer Partei auch zugunsten des zuerst angerufenen Gerichts für unzuständig erklären, wenn dieses später angerufene Gericht für die betreffenden Verfahren zuständig ist und die Verbindung von solchen verwandten Verfahren nach seinem Recht zulässig ist. Verfahren gelten als miteinander verwandt, wenn zwischen ihnen eine so enge Beziehung gegeben ist, dass eine gemeinsame Verhandlung und Entscheidung geboten erscheint, um zu vermeiden, dass in getrennten Verfahren einander widersprechende Entscheidungen ergehen.

(145)[1] Bei Verfahren gegen Verantwortliche oder Auftragsverarbeiter sollte es dem Kläger überlassen bleiben, ob er die Gerichte des Mitgliedstaats anruft, in dem der Verantwortliche oder der Auftragsverarbeiter eine Niederlassung hat, oder des Mitgliedstaats, in dem die betroffene Person wohnt; dies gilt nicht, wenn es sich bei dem Verantwortlichen um eine Behörde eines Mitgliedstaats handelt, die in Ausübung ihrer hoheitlichen Befugnisse tätig geworden ist.

(146) Der Verantwortliche oder der Auftragsverarbeiter sollte Schäden, die einer Person aufgrund einer Verarbeitung entstehen, die mit dieser Verordnung nicht im Einklang steht, ersetzen. Der Verantwortliche oder der Auftragsverarbeiter sollte von seiner Haftung befreit werden, wenn er nachweist, dass er in keiner Weise für den Schaden verantwortlich ist. Der Begriff des Schadens sollte im Lichte der Rechtsprechung des Gerichtshofs weit auf eine Art und Weise ausgelegt werden, die den Zielen dieser Verordnung in vollem Umfang entspricht. Dies gilt unbeschadet von Schadenersatzforderungen aufgrund von Verstößen gegen andere Vorschriften des Unionsrechts oder des Rechts der Mitgliedstaaten. Zu einer Verarbeitung, die mit der vorliegenden Verordnung nicht im Einklang steht, zählt auch eine Verarbeitung, die nicht mit den nach Maßgabe der vorliegenden Verordnung erlassenen delegierten Rechtsakten und Durchführungsrechtsakten und Rechtsvorschriften der Mitgliedstaaten zur Präzisierung von Bestimmungen der vorliegenden Verordnung im Einklang steht. Die betroffenen Personen sollten einen vollständigen und wirksamen Schadensersatz für den erlittenen Schaden erhalten. Sind Verantwortliche oder Auftragsverarbeiter an derselben Verarbeitung beteiligt, so sollte jeder Verantwortliche oder Auftragsverarbeiter für den gesamten Schaden haftbar gemacht werden. Werden sie jedoch nach Maßgabe des Rechts der Mitgliedstaaten zu demselben Verfahren hinzugezogen, so kann im Verhältnis zu der Verantwortung anteilmäßig haftbar gemacht werden, die jeder Verantwortliche oder Auftragsverarbeiter für den durch die Verarbeitung entstandenen Schaden zu tragen hat, sofern sichergestellt ist, dass die betroffene Person einen vollständigen und wirksamen Schadenersatz für den erlittenen Schaden erhält. Jeder Verantwortliche oder Auftragsverarbeiter, der den vollen Schadenersatz geleistet hat, kann anschließend ein Rückgriffsverfahren gegen andere an derselben Verarbeitung beteiligte Verantwortliche oder Auftragsverarbeiter anstrengen.

(147) Soweit in dieser Verordnung spezifische Vorschriften über die Gerichtsbarkeit – insbesondere in Bezug auf Verfahren im Hinblick auf einen gerichtlichen Rechtsbehelf einschließlich Schadenersatz gegen einen Verantwortlichen oder Auftragsverarbeiter – enthalten sind, sollten die allgemeinen Vorschriften über die Gerichtsbarkeit, wie sie etwa in der Verordnung (EU) Nr. 1215/2012[2] des Europäischen Parlaments und des Rates[3] enthalten sind, der Anwendung dieser spezifischen Vorschriften nicht entgegenstehen.

(148) Im Interesse einer konsequenteren Durchsetzung der Vorschriften dieser Verordnung sollten bei Verstößen gegen diese Verordnung zusätzlich zu den geeigneten Maßnahmen, die die Aufsichtsbehörde gemäß dieser Verordnung verhängt, an die Stelle solcher Maßnahmen Sanktionen einschließlich Geldbußen verhängt werden. Im Falle eines geringfügigeren Verstoßes oder falls voraussichtlich zu verhängende Geldbuße eine unverhältnismäßige Belastung für eine natürliche Person bewirken würde, kann anstelle einer Geldbuße eine Verwarnung erteilt werden. Folgendem sollte jedoch gebührend Rechnung getragen werden: der Art, Schwere und Dauer des Verstoßes, dem vorsätzlichen Charakter des Verstoßes, den Maßnahmen zur Minderung des entstandenen Schadens, dem Grad der Verantwortlichkeit oder jeglichem früheren Verstoß, der Art und Weise, wie der Verstoß der Aufsichtsbehörde bekannt wurde, der Einhaltung der gegen den Verantwortlichen oder Auftragsverarbeiter angeordneten Maßnahmen, der Einhaltung von Verhaltensregeln und jedem anderen erschwerenden oder mildernden Umstand. Für die Verhängung von Sanktionen einschließlich Geldbußen sollte es angemessene Verfahrensgarantien

[1] Erwägungsgrund 145 ber. ABl. 2018 L 127 S. 2.
[2] **Schönfelder ErgBd. Nr. 103.**
[3] **Amtl. Anm.:** Verordnung (EU) Nr. 1215/2012 des Europäischen Parlaments und des Rates vom 12. Dezember 2012 über die gerichtliche Zuständigkeit und die Anerkennung und Vollstreckung von Entscheidungen in Zivil- und Handelssachen (ABl. L 351 vom 20.12.2012, S. 1).

geben, die den allgemeinen Grundsätzen des Unionsrechts und der Charta, einschließlich des Rechts auf wirksamen Rechtsschutz und ein faires Verfahren, entsprechen.

(149) Die Mitgliedstaaten sollten die strafrechtlichen Sanktionen für Verstöße gegen diese Verordnung, auch für Verstöße gegen auf der Grundlage und in den Grenzen dieser Verordnung erlassene nationale Vorschriften, festlegen können. Diese strafrechtlichen Sanktionen können auch die Einziehung der durch die Verstöße gegen diese Verordnung erzielten Gewinne ermöglichen. Die Verhängung von strafrechtlichen Sanktionen für Verstöße gegen solche nationalen Vorschriften und von verwaltungsrechtlichen Sanktionen sollte jedoch nicht zu einer Verletzung des Grundsatzes „ne bis in idem", wie er vom Gerichtshof ausgelegt worden ist, führen.

(150) Um die verwaltungsrechtlichen Sanktionen bei Verstößen gegen diese Verordnung zu vereinheitlichen und ihnen mehr Wirkung zu verleihen, sollte jede Aufsichtsbehörde befugt sein, Geldbußen zu verhängen. In dieser Verordnung sollten die Verstöße sowie die Obergrenze der entsprechenden Geldbußen und die Kriterien für ihre Festsetzung genannt werden, wobei diese Geldbußen von der zuständigen Aufsichtsbehörde in jedem Einzelfall unter Berücksichtigung aller besonderen Umstände und insbesondere der Art, Schwere und Dauer des Verstoßes und seiner Folgen sowie der Maßnahmen, die ergriffen worden sind, um die Einhaltung der aus dieser Verordnung erwachsenden Verpflichtungen zu gewährleisten und die Folgen des Verstoßes abzuwenden oder abzumildern, festzusetzen sind. Werden Geldbußen Unternehmen auferlegt, sollte zu diesem Zweck der Begriff „Unternehmen" im Sinne der Artikel 101 und 102 AEUV[1] verstanden werden. Werden Geldbußen Personen auferlegt, bei denen es sich nicht um Unternehmen handelt, so sollte die Aufsichtsbehörde bei der Erwägung des angemessenen Betrags für die Geldbuße dem allgemeinen Einkommensniveau in dem betreffenden Mitgliedstaat und der wirtschaftlichen Lage der Personen Rechnung tragen. Das Kohärenzverfahren kann auch genutzt werden, um eine kohärente Anwendung von Geldbußen zu fördern. Die Mitgliedstaaten sollten bestimmen können, ob und inwieweit gegen Behörden Geldbußen verhängt werden können. Auch wenn die Aufsichtsbehörden bereits Geldbußen verhängt oder eine Verwarnung erteilt haben, können sie ihre anderen Befugnisse ausüben oder andere Sanktionen nach Maßgabe dieser Verordnung verhängen.

(151) Nach den Rechtsordnungen Dänemarks und Estlands sind die in dieser Verordnung vorgesehenen Geldbußen nicht zulässig. Die Vorschriften über die Geldbußen können so angewandt werden, dass die Geldbuße in Dänemark durch die zuständigen nationalen Gerichte als Strafe und in Estland durch die Aufsichtsbehörde im Rahmen eines Verfahrens bei Vergehen verhängt wird, sofern eine solche Anwendung der Vorschriften in diesen Mitgliedstaaten die gleiche Wirkung wie die von den Aufsichtsbehörden verhängten Geldbußen hat. Daher sollten die zuständigen nationalen Gerichte die Empfehlung der Aufsichtsbehörde, die die Geldbuße in die Wege geleitet hat, berücksichtigen. In *jeden*[2] Fall sollten die verhängten Geldbußen wirksam, verhältnismäßig und abschreckend sein.

(152) Soweit diese Verordnung verwaltungsrechtliche Sanktionen nicht harmonisiert oder wenn es in anderen Fällen – beispielsweise bei schweren Verstößen gegen diese Verordnung – erforderlich ist, sollten die Mitgliedstaaten eine Regelung anwenden, die wirksame, verhältnismäßige und abschreckende Sanktionen vorsieht. Es sollte im Recht der Mitgliedstaaten geregelt werden, ob diese Sanktionen strafrechtliche oder verwaltungsrechtlicher Art sind.

(153) Im Recht der Mitgliedstaaten sollten die Vorschriften über die freie Meinungsäußerung und Informationsfreiheit, auch von Journalisten, Wissenschaftlern, Künstlern und/oder Schriftstellern, mit dem Recht auf Schutz der personenbezogenen Daten gemäß dieser Verordnung in Einklang gebracht werden. Für die Verarbeitung personenbezogener Daten ausschließlich zu journalistischen Zwecken oder zu wissenschaftlichen, künstlerischen oder literarischen Zwecken sollten Abweichungen und Ausnahmen von bestimmten Vorschriften dieser Verordnung gelten, wenn dies erforderlich ist, um das Recht auf Schutz der personenbezogenen Daten mit dem Recht auf Freiheit der Meinungsäußerung und Informationsfreiheit, wie es in Artikel 11 der Charta garantiert ist, in Einklang zu bringen. Dies sollte insbesondere für die Verarbeitung personenbezogener Daten im audiovisuellen Bereich sowie in Nachrichten- und Pressearchiven gelten. Die Mitgliedstaaten sollten daher Gesetzgebungsmaßnahmen zur Regelung der Abweichungen und Ausnahmen erlassen, die zum Zwecke der Abwägung zwischen diesen Grundrechten notwendig sind. Die Mitgliedstaaten sollten solche Abweichungen und Ausnahmen in Bezug auf die allgemeinen Grundsätze, die Rechte der betroffenen Person, den Verantwortlichen und den Auftragsverarbeiter, die Übermittlung von personenbezogenen Daten an Drittländer oder an internationale *Organisationen, die unabhängigen Aufsichtsbehörden, die Zusammenarbeit und Kohärenz und*

[1] Nr. **1001**.
[2] Richtig wohl: „jedem".

besondere Datenverarbeitungssituationen erlassen. Sollten diese Abweichungen oder Ausnahmen von Mitgliedstaat zu Mitgliedstaat unterschiedlich sein, sollte das Recht des Mitgliedstaats angewendet werden, dem der Verantwortliche unterliegt. Um der Bedeutung des Rechts auf freie Meinungsäußerung in einer demokratischen Gesellschaft Rechnung zu tragen, müssen Begriffe wie Journalismus, die sich auf diese Freiheit beziehen, weit ausgelegt werden.

(154) Diese Verordnung ermöglicht es, dass bei ihrer Anwendung der Grundsatz des Zugangs der Öffentlichkeit zu amtlichen Dokumenten berücksichtigt wird. Der Zugang der Öffentlichkeit zu amtlichen Dokumenten kann als öffentliches Interesse betrachtet werden. Personenbezogene Daten in Dokumenten, die sich im Besitz einer Behörde oder einer öffentlichen Stelle befinden, sollten von dieser Behörde oder Stelle öffentlich offengelegt werden können, sofern dies im Unionsrecht oder im Recht der Mitgliedstaaten, denen sie unterliegt, vorgesehen ist. Diese Rechtsvorschriften sollten den Zugang der Öffentlichkeit zu amtlichen Dokumenten und die Weiterverwendung von Informationen des öffentlichen Sektors mit dem Recht auf Schutz personenbezogener Daten in Einklang bringen und können daher die notwendige Übereinstimmung mit dem Recht auf Schutz personenbezogener Daten gemäß dieser Verordnung regeln. Die Bezugnahme auf Behörden und öffentliche Stellen sollte in diesem Kontext sämtliche Behörden oder sonstigen Stellen beinhalten, die vom Recht des jeweiligen Mitgliedstaats über den Zugang der Öffentlichkeit zu Dokumenten erfasst werden. Die Richtlinie 2003/98/EG des Europäischen Parlaments und des Rates[1] lässt das Schutzniveau für natürliche Personen in Bezug auf die Verarbeitung personenbezogener Daten gemäß den Bestimmungen des Unionsrechts und des Rechts der Mitgliedstaaten unberührt und beeinträchtigt diesen in keiner Weise, und sie bewirkt insbesondere keine Änderung der in dieser Verordnung dargelegten Rechte und Pflichten. Insbesondere sollte die genannte Richtlinie nicht für Dokumente gelten, die nach den Zugangsregelungen der Mitgliedstaaten aus Gründen des Schutzes personenbezogener Daten nicht oder nur eingeschränkt zugänglich sind, oder für Teile von Dokumenten, die nach diesen Regelungen zugänglich sind, wenn sie personenbezogene Daten enthalten, deren Weiterverwendung Rechtsvorschriften vorsehen, dass ihre Weiterverwendung nicht mit dem Recht über den Schutz natürlicher Personen in Bezug auf die Verarbeitung personenbezogener Daten vereinbar ist.

(155) Im Recht der Mitgliedstaaten oder in Kollektivvereinbarungen (einschließlich „Betriebsvereinbarungen") können spezifische Vorschriften für die Verarbeitung personenbezogener Beschäftigtendaten im Beschäftigungskontext vorgesehen werden, und zwar insbesondere Vorschriften über die Bedingungen, unter denen personenbezogene Daten im Beschäftigungskontext auf der Grundlage der Einwilligung des Beschäftigten verarbeitet werden dürfen, über die Verarbeitung dieser Daten für Zwecke der Einstellung, der Erfüllung des Arbeitsvertrags einschließlich der Erfüllung von durch Rechtsvorschriften oder durch Kollektivvereinbarungen festgelegten Pflichten, des Managements, der Planung und der Organisation der Arbeit, der Gleichheit und Diversität am Arbeitsplatz, der Gesundheit und Sicherheit am Arbeitsplatz sowie für Zwecke der Inanspruchnahme der mit der Beschäftigung zusammenhängenden individuellen oder kollektiven Rechte und Leistungen und für Zwecke der Beendigung des Beschäftigungsverhältnisses.

(156) Die Verarbeitung personenbezogener Daten für im öffentlichen Interesse liegende Archivzwecke, zu wissenschaftlichen oder historischen Forschungszwecken oder zu statistischen Zwecken sollte geeigneten Garantien für die Rechte und Freiheiten der betroffenen Person gemäß dieser Verordnung unterliegen. Mit diesen Garantien sollte sichergestellt werden, dass technische und organisatorische Maßnahmen bestehen, mit denen insbesondere der Grundsatz der Datenminimierung gewährleistet wird. Die Weiterverarbeitung personenbezogener Daten zu im öffentlichen Interesse liegende Archivzwecken, zu wissenschaftlichen oder historischen Forschungszwecken oder zu statistischen Zwecken erfolgt erst dann, wenn der Verantwortliche geprüft hat, ob es möglich ist, diese Zwecke durch die Verarbeitung von personenbezogenen Daten, bei der die Identifizierung von betroffenen Personen nicht oder nicht mehr möglich ist, zu erfüllen, sofern geeignete Garantien bestehen (wie z.B. die Pseudonymisierung von personenbezogenen Daten). Die Mitgliedstaaten sollten geeignete Garantien in Bezug auf die Verarbeitung personenbezogener Daten für im öffentlichen Interesse liegende Archivzwecke, zu wissenschaftlichen oder historischen Forschungszwecken oder zu statistischen Zwecken vorsehen. Es sollte den Mitgliedstaaten erlaubt sein, unter bestimmten Bedingungen und vorbehaltlich geeigneter Garantien für die betroffenen Personen Präzisierungen und Ausnahmen in Bezug auf die Informationsanforderungen sowie der Rechte auf Berichtigung, Löschung, Vergessenwerden, zur Einschränkung der Verarbeitung, auf Datenübertragbarkeit sowie auf Widerspruch bei der Verarbeitung personenbe-

[1] **Amtl. Anm.:** Richtlinie 2003/98/EG des Europäischen Parlaments und des Rates vom 17. November 2003 über die Weiterverwendung von Informationen des öffentlichen Sektors (ABl. L 345 vom 31.12. 2003, S. 90).

zogener Daten zu im öffentlichen Interesse liegende Archivzwecken, zu wissenschaftlichen oder historischen Forschungszwecken oder zu statistischen Zwecken vorzusehen. Im Rahmen der betreffenden Bedingungen und Garantien können spezifische Verfahren für die Ausübung dieser Rechte durch die betroffenen Personen vorgesehen sein – sofern dies angesichts der mit der spezifischen Verarbeitung verfolgten Zwecke angemessen ist – sowie technische und organisatorische Maßnahmen zur Minimierung der Verarbeitung personenbezogener Daten im Hinblick auf die Grundsätze der Verhältnismäßigkeit und der Notwendigkeit. Die Verarbeitung personenbezogener Daten zu wissenschaftlichen Zwecken sollte auch anderen einschlägigen Rechtsvorschriften, beispielsweise für klinische Prüfungen, genügen.

(157) Durch die Verknüpfung von Informationen aus Registern können Forscher neue Erkenntnisse von großem Wert in Bezug auf weit verbreiteten Krankheiten wie Herz-Kreislauferkrankungen, Krebs und Depression erhalten. Durch die Verwendung von Registern können bessere Forschungsergebnisse erzielt werden, da sie auf einen größeren Bevölkerungsanteil gestützt sind. Im Bereich der Sozialwissenschaften ermöglicht die Forschung anhand von Registern es den Forschern, entscheidende Erkenntnisse über den langfristigen Zusammenhang einer Reihe sozialer Umstände zu erlangen, wie Arbeitslosigkeit und Bildung mit anderen Lebensumständen. Durch Register erhaltene Forschungsergebnisse bieten solide, hochwertige Erkenntnisse, die die Basis für die Erarbeitung und Umsetzung wissensgestützter politischer Maßnahmen darstellen, die Lebensqualität zahlreicher Menschen verbessern und die Effizienz der Sozialdienste verbessern können. Zur Erleichterung der wissenschaftlichen Forschung können daher personenbezogene Daten zu wissenschaftlichen Forschungszwecken verarbeitet werden, wobei sie angemessenen Bedingungen und Garantien unterliegen, die im Unionsrecht oder im Recht der Mitgliedstaaten festgelegt sind.

(158) Diese Verordnung sollte auch für die Verarbeitung personenbezogener Daten zu Archivzwecken gelten, wobei darauf hinzuweisen ist, dass die Verordnung nicht für verstorbene Personen gelten sollte. Behörden oder öffentliche oder private Stellen, die Aufzeichnungen von öffentlichem Interesse führen, sollten gemäß dem Unionsrecht oder dem Recht der Mitgliedstaaten rechtlich verpflichtet sein, Aufzeichnungen von bleibendem Wert für das allgemeine öffentliche Interesse zu erwerben, zu erhalten, zu bewerten, aufzubereiten, zu beschreiben, mitzuteilen, zu fördern, zu verbreiten sowie Zugang dazu bereitzustellen. Es sollte den Mitgliedstaaten ferner erlaubt sein vorzusehen, dass personenbezogene Daten zu Archivzwecken weiterverarbeitet werden, beispielsweise im Hinblick auf die Bereitstellung spezifischer Informationen im Zusammenhang mit dem politischen Verhalten unter ehemaligen totalitären Regimen, Völkermord, Verbrechen gegen die Menschlichkeit, insbesondere dem Holocaust, und Kriegsverbrechen.

(159) Diese Verordnung sollte auch für die Verarbeitung personenbezogener Daten zu wissenschaftlichen Forschungszwecken gelten. Die Verarbeitung personenbezogener Daten zu wissenschaftlichen Forschungszwecken im Sinne dieser Verordnung sollte weit ausgelegt werden und die Verarbeitung für beispielsweise die technologische Entwicklung und die Demonstration, die Grundlagenforschung, die angewandte Forschung und die privat finanzierte Forschung einschließen. Darüber hinaus sollte sie dem in Artikel 179 Absatz 1 AEUV[1] festgeschriebenen Ziel, einen europäischen Raum der Forschung zu schaffen, Rechnung tragen. Die wissenschaftlichen Forschungszwecke sollten auch Studien umfassen, die im öffentlichen Interesse im Bereich der öffentlichen Gesundheit durchgeführt werden. Um den Besonderheiten der Verarbeitung personenbezogener Daten zu wissenschaftlichen Forschungszwecken zu genügen, sollten spezifische Bedingungen insbesondere hinsichtlich der Veröffentlichung oder sonstigen Offenlegung personenbezogener Daten im Kontext wissenschaftlicher Zwecke gelten. Geben die Ergebnisse wissenschaftlicher Forschung insbesondere im Gesundheitsbereich Anlass zu weiteren Maßnahmen im Interesse der betroffenen Person, sollten die allgemeinen Vorschriften dieser Verordnung für diese Maßnahmen gelten.

(160) Diese Verordnung sollte auch für die Verarbeitung personenbezogener Daten zu historischen Forschungszwecken gelten. Dazu sollte auch historische Forschung und Forschung im Bereich der Genealogie zählen, wobei darauf hinzuweisen ist, dass diese Verordnung nicht für verstorbene Personen gelten sollte.

(161) Für die Zwecke der Einwilligung in die Teilnahme an wissenschaftlichen Forschungstätigkeiten im Rahmen klinischer Prüfungen sollten die einschlägigen Bestimmungen der Verordnung (EU) Nr. 536/2014 des Europäischen Parlaments und des Rates[2] gelten.

[1] Nr. **1001**.
[2] **Amtl. Anm.:** Verordnung (EU) Nr. 536/2014 des Europäischen Parlaments und des Rates vom 16. April 2014 über klinische Prüfungen mit Humanarzneimitteln und zur Aufhebung der Richtlinie 2001/20/EG Text von Bedeutung für den EWR (ABl. L 158 vom 27.5.2014, S. 1).

(162) Diese Verordnung sollte auch für die Verarbeitung personenbezogener Daten zu statistischen Zwecken gelten. Das Unionsrecht oder das Recht der Mitgliedstaaten sollte in den Grenzen dieser Verordnung den statistischen Inhalt, die Zugangskontrolle, die Spezifikationen für die Verarbeitung personenbezogener Daten zu statistischen Zwecken und geeignete Maßnahmen zur Sicherung der Rechte und Freiheiten der betroffenen Personen und zur Sicherstellung der statistischen Geheimhaltung bestimmen. Unter dem Begriff „statistische Zwecke" ist jeder für die Durchführung statistischer Untersuchungen und die Erstellung statistischer Ergebnisse erforderliche Vorgang der Erhebung und Verarbeitung personenbezogener Daten zu verstehen. Diese statistischen Ergebnisse können für verschiedene Zwecke, so auch für wissenschaftliche Forschungszwecke, weiterverwendet werden. Im Zusammenhang mit den statistischen Zwecken wird vorausgesetzt, dass die Ergebnisse der Verarbeitung zu statistischen Zwecken keine personenbezogenen Daten, sondern aggregierte Daten sind und diese Ergebnisse oder personenbezogenen Daten nicht für Maßnahmen oder Entscheidungen gegenüber einzelnen natürlichen Personen verwendet werden.

(163) Die vertraulichen Informationen, die die statistischen Behörden der Union und der Mitgliedstaaten zur Erstellung der amtlichen europäischen und der amtlichen nationalen Statistiken erheben, sollten geschützt werden. Die europäischen Statistiken sollten im Einklang mit den in Artikel 338 Absatz 2 AEUV[1] dargelegten statistischen Grundsätzen entwickelt, erstellt und verbreitet werden, wobei die nationalen Statistiken auch mit dem Recht der Mitgliedstaaten übereinstimmen müssen. Die Verordnung (EG) Nr. 223/2009 des Europäischen Parlaments und des Rates[2] enthält genauere Bestimmungen zur Vertraulichkeit europäischer Statistiken.

(164) Hinsichtlich der Befugnisse der Aufsichtsbehörden, von dem Verantwortlichen oder vom Auftragsverarbeiter Zugang zu personenbezogenen Daten oder zu seinen Räumlichkeiten zu erlangen, können die Mitgliedstaaten in den Grenzen dieser Verordnung den Schutz des Berufsgeheimnisses oder anderer gleichwertiger Geheimhaltungspflichten durch Rechtsvorschriften regeln, soweit dies notwendig ist, um das Recht auf Schutz der personenbezogenen Daten mit einer Pflicht zur Wahrung des Berufsgeheimnisses in Einklang zu bringen. Dies berührt nicht die bestehenden Verpflichtungen der Mitgliedstaaten zum Erlass von Vorschriften über das Berufsgeheimnis, wenn dies aufgrund des Unionsrechts erforderlich ist.

(165) Im Einklang mit Artikel 17 AEUV[1] achtet diese Verordnung den Status, den Kirchen und religiöse Vereinigungen oder Gemeinschaften in den Mitgliedstaaten nach deren bestehenden verfassungsrechtlichen Vorschriften genießen, und beeinträchtigt ihn nicht.

(166) Um die Zielvorgaben dieser Verordnung zu erfüllen, d.h. die Grundrechte und Grundfreiheiten natürlicher Personen und insbesondere ihr Recht auf Schutz ihrer personenbezogenen Daten zu schützen und den freien Verkehr personenbezogener Daten innerhalb der Union zu gewährleisten, sollte der Kommission die Befugnis übertragen werden, gemäß Artikel 290 AEUV[1] Rechtsakte zu erlassen. Delegierte Rechtsakte sollten insbesondere in Bezug auf die für Zertifizierungsverfahren geltenden Kriterien und Anforderungen, die durch standardisierte Bildsymbole darzustellenden Informationen und die Verfahren für die Bereitstellung dieser Bildsymbole erlassen werden. Es ist von besonderer Bedeutung, dass die Kommission im Zuge ihrer Vorbereitungsarbeit angemessene Konsultationen, auch auf der Ebene von Sachverständigen, durchführt. Bei der Vorbereitung und Ausarbeitung delegierter Rechtsakte sollte die Kommission gewährleisten, dass die einschlägigen Dokumente dem Europäischen Parlament und dem Rat gleichzeitig, rechtzeitig und auf angemessene Weise übermittelt werden.

(167) Zur Gewährleistung einheitlicher Bedingungen für die Durchführung dieser Verordnung sollten der Kommission Durchführungsbefugnisse übertragen werden, wenn dies in dieser Verordnung vorgesehen ist. Diese Befugnisse sollten nach Maßgabe der Verordnung (EU) Nr. 182/2011 des Europäischen Parlaments und des Rates ausgeübt werden. In diesem Zusammenhang sollte die Kommission besondere Maßnahmen für Kleinstunternehmen sowie kleine und mittlere Unternehmen erwägen.

(168) *Für den Erlass von Durchführungsrechtsakten bezüglich Standardvertragsklauseln für Verträge zwischen Verantwortlichen und Auftragsverarbeitern sowie zwischen Auftragsverarbeitern; Ver-*

[1] Nr. **1001**.
[2] **Amtl. Anm.:** Verordnung (EG) Nr. 223/2009 des Europäischen Parlaments und des Rates vom 11. März 2009 über europäische Statistiken und zur Aufhebung der Verordnung (EG, Euratom) Nr. 1101/2008 des Europäischen Parlaments und des Rates über die Übermittlung von unter die Geheimhaltungspflicht fallenden Informationen an das Statistische Amt der Europäischen Gemeinschaften, der Verordnung (EG) Nr. 322/97 des Rates über die Gemeinschaftsstatistiken und des Beschlusses 89/382/EWG, Euratom des Rates zur Einsetzung eines Ausschusses für das Statistische Programm der Europäischen Gemeinschaften (ABl. L 87 vom 31.3.2009, S. 164).

haltensregeln; technische Standards und Verfahren für die Zertifizierung; Anforderungen an die Angemessenheit des Datenschutzniveaus in einem Drittland, einem Gebiet oder bestimmten Sektor dieses Drittlands oder in einer internationalen Organisation; Standardschutzklauseln; Formate und Verfahren für den Informationsaustausch zwischen Verantwortlichen, Auftragsverarbeitern und Aufsichtsbehörden im Hinblick auf verbindliche interne Datenschutzvorschriften; Amtshilfe; sowie Verfahrungen für den elektronischen Informationsaustausch zwischen Aufsichtsbehörden und zwischen Aufsichtsbehörden und dem Ausschuss sollte das Prüfverfahren angewandt werden.

(169) Die Kommission sollte sofort geltende Durchführungsrechtsakte erlassen, wenn anhand vorliegender Beweise festgestellt wird, dass ein Drittland, ein Gebiet oder ein bestimmter Sektor in diesem Drittland oder eine internationale Organisation kein angemessenes Schutzniveau gewährleistet, und dies aus Gründen äußerster Dringlichkeit erforderlich ist.

(170) Da das Ziel dieser Verordnung, nämlich die Gewährleistung eines gleichwertigen Datenschutzniveaus für natürliche Personen und des freien Verkehrs personenbezogener Daten in der Union, von den Mitgliedstaaten nicht ausreichend verwirklicht werden kann, sondern vielmehr wegen des Umfangs oder der Wirkungen der Maßnahme auf Unionsebene besser zu verwirklichen ist, kann die Union im Einklang mit dem in Artikel 5 des Vertrags über die Europäische Union (EUV)[1] verankerten Subsidiaritätsprinzip tätig werden. Entsprechend dem in demselben Artikel genannten Grundsatz der Verhältnismäßigkeit geht diese Verordnung nicht über das für die Verwirklichung dieses Ziels erforderliche Maß hinaus.

(171) Die Richtlinie 95/46/EG sollte durch diese Verordnung aufgehoben werden. Verarbeitungen, die zum Zeitpunkt der Anwendung dieser Verordnung bereits begonnen haben, sollten innerhalb von zwei Jahren nach dem Inkrafttreten dieser Verordnung mit ihr in Einklang gebracht werden. Beruhen die Verarbeitungen auf einer Einwilligung gemäß der Richtlinie 95/46/EG, so ist es nicht erforderlich, dass die betroffene Person erneut ihre Einwilligung dazu erteilt, wenn die Art der bereits erteilten Einwilligung den Bedingungen dieser Verordnung entspricht, so dass der Verantwortliche die Verarbeitung nach dem Zeitpunkt der Anwendung der vorliegenden Verordnung fortsetzen kann. Auf der Richtlinie 95/46/EG beruhende Entscheidungen bzw. Beschlüsse der Kommission und Genehmigungen der Aufsichtsbehörden bleiben in Kraft, bis sie geändert, ersetzt oder aufgehoben werden.

(172) Der Europäische Datenschutzbeauftragte wurde gemäß Artikel 28 Absatz 2 der Verordnung (EG) Nr. 45/2001 konsultiert und hat am 7. März 2012[2] eine Stellungnahme abgegeben.

(173) Diese Verordnung sollte auf alle Fragen des Schutzes der Grundrechte und Grundfreiheiten bei der Verarbeitung personenbezogener Daten Anwendung finden, die nicht den in der Richtlinie 2002/58/EG des Europäischen Parlaments und des Rates[3] bestimmte Pflichten, die dasselbe Ziel verfolgen, unterliegen, einschließlich der Pflichten des Verantwortlichen und der Rechte natürlicher Personen. Um das Verhältnis zwischen der vorliegenden Verordnung und der Richtlinie 2002/58/EG klarzustellen, sollte die Richtlinie entsprechend geändert werden. Sobald diese Verordnung angenommen ist, sollte die Richtlinie 2002/58/EG einer Überprüfung unterzogen werden, um insbesondere die Kohärenz mit dieser Verordnung zu gewährleisten –

HABEN FOLGENDE VERORDNUNG ERLASSEN:

Kapitel I. Allgemeine Bestimmungen

Art. 1 Gegenstand und Ziele. (1) Diese Verordnung enthält Vorschriften zum Schutz natürlicher Personen bei der Verarbeitung personenbezogener Daten und zum freien Verkehr solcher Daten.

[1] Nr. **1000**.
[2] **Amtl. Anm.:** ABl. C 192 vom 30.6.2012, S. 7.
[3] **Amtl. Anm.:** Richtlinie 2002/58/EG des Europäischen Parlaments und des Rates vom 12. Juli 2002 über die Verarbeitung personenbezogener Daten und den Schutz der Privatsphäre in der elektronischen Kommunikation (Datenschutzrichtlinie für elektronische Kommunikation) (ABl. L 201 vom 31.7.2002, S. 37).

(2) Diese Verordnung schützt die Grundrechte und Grundfreiheiten natürlicher Personen und insbesondere deren Recht auf Schutz personenbezogener Daten.

(3) Der freie Verkehr personenbezogener Daten in der Union darf aus Gründen des Schutzes natürlicher Personen bei der Verarbeitung personenbezogener Daten weder eingeschränkt noch verboten werden.

Art. 2 Sachlicher Anwendungsbereich. (1) Diese Verordnung gilt für die ganz oder teilweise automatisierte Verarbeitung personenbezogener Daten sowie für die nichtautomatisierte Verarbeitung personenbezogener Daten, die in einem Dateisystem gespeichert sind oder gespeichert werden sollen.

(2) Diese Verordnung findet keine Anwendung auf die Verarbeitung personenbezogener Daten

a) im Rahmen einer Tätigkeit, die nicht in den Anwendungsbereich des Unionsrechts fällt,

b) durch die Mitgliedstaaten im Rahmen von Tätigkeiten, die in den Anwendungsbereich von Titel V Kapitel 2 EUV[1]) fallen,

c) durch natürliche Personen zur Ausübung ausschließlich persönlicher oder familiärer Tätigkeiten,

d) durch die zuständigen Behörden zum Zwecke der Verhütung, Ermittlung, Aufdeckung oder Verfolgung von Straftaten oder der Strafvollstreckung, einschließlich des Schutzes vor und der Abwehr von Gefahren für die öffentliche Sicherheit.

(3) [1]Für die Verarbeitung personenbezogener Daten durch die Organe, Einrichtungen, Ämter und Agenturen der Union gilt die Verordnung (EG) Nr. 45/2001. [2]Die Verordnung (EG) Nr. 45/2001 und sonstige Rechtsakte der Union, die diese Verarbeitung personenbezogener Daten regeln, werden im Einklang mit Artikel 98 an die Grundsätze und Vorschriften der vorliegenden Verordnung angepasst.

(4) Die vorliegende Verordnung lässt die Anwendung der Richtlinie 2000/31/EG und speziell die Vorschriften der Artikel 12 bis 15 dieser Richtlinie zur Verantwortlichkeit der Vermittler unberührt.

Art. 3 Räumlicher Anwendungsbereich. (1) Diese Verordnung findet Anwendung auf die Verarbeitung personenbezogener Daten, soweit diese im Rahmen der Tätigkeiten einer Niederlassung eines Verantwortlichen oder eines Auftragsverarbeiters in der Union erfolgt, unabhängig davon, ob die Verarbeitung in der Union stattfindet.

(2) Diese Verordnung findet Anwendung auf die Verarbeitung personenbezogener Daten von betroffenen Personen, die sich in der Union befinden, durch einen nicht in der Union niedergelassenen Verantwortlichen oder Auftragsverarbeiter, wenn die Datenverarbeitung im Zusammenhang damit steht

a) betroffenen Personen in der Union Waren oder Dienstleistungen anzubieten, unabhängig davon, ob von diesen betroffenen Personen eine Zahlung zu leisten ist;

b) das Verhalten betroffener Personen zu beobachten, soweit ihr Verhalten in der Union erfolgt.

[1]) Nr. **1000**.

(3) Diese Verordnung findet Anwendung auf die Verarbeitung personenbezogener Daten durch einen nicht in der Union niedergelassenen Verantwortlichen an einem Ort, der aufgrund Völkerrechts dem Recht eines Mitgliedstaats unterliegt.

Art. 4[1) Begriffsbestimmungen. Im Sinne dieser Verordnung bezeichnet der Ausdruck:

1. „personenbezogene Daten" alle Informationen, die sich auf eine identifizierte oder identifizierbare natürliche Person (im Folgenden „betroffene Person") beziehen; als identifizierbar wird eine natürliche Person angesehen, die direkt oder indirekt, insbesondere mittels Zuordnung zu einer Kennung wie einem Namen, zu einer Kennnummer, zu Standortdaten, zu einer Online-Kennung oder zu einem oder mehreren besonderen Merkmalen, die Ausdruck der physischen, physiologischen, genetischen, psychischen, wirtschaftlichen, kulturellen oder sozialen Identität dieser natürlichen Person sind, identifiziert werden kann;
2. „Verarbeitung" jeden mit oder ohne Hilfe automatisierter Verfahren ausgeführten Vorgang oder jede solche Vorgangsreihe im Zusammenhang mit personenbezogenen Daten wie das Erheben, das Erfassen, die Organisation, das Ordnen, die Speicherung, die Anpassung oder Veränderung, das Auslesen, das Abfragen, die Verwendung, die Offenlegung durch Übermittlung, Verbreitung oder eine andere Form der Bereitstellung, den Abgleich oder die Verknüpfung, die Einschränkung, das Löschen oder die Vernichtung;
3. „Einschränkung der Verarbeitung" die Markierung gespeicherter personenbezogener Daten mit dem Ziel, ihre künftige Verarbeitung einzuschränken;
4. „Profiling" jede Art der automatisierten Verarbeitung personenbezogener Daten, die darin besteht, dass diese personenbezogenen Daten verwendet werden, um bestimmte persönliche Aspekte, die sich auf eine natürliche Person beziehen, zu bewerten, insbesondere um Aspekte bezüglich Arbeitsleistung, wirtschaftliche Lage, Gesundheit, persönliche Vorlieben, Interessen, Zuverlässigkeit, Verhalten, Aufenthaltsort oder Ortswechsel dieser natürlichen Person zu analysieren oder vorherzusagen;
5. „Pseudonymisierung" die Verarbeitung personenbezogener Daten in einer Weise, dass die personenbezogenen Daten ohne Hinzuziehung zusätzlicher Informationen nicht mehr einer spezifischen betroffenen Person zugeordnet werden können, sofern diese zusätzlichen Informationen gesondert aufbewahrt werden und technischen und organisatorischen Maßnahmen unterliegen, die gewährleisten, dass die personenbezogenen Daten nicht einer identifizierten oder identifizierbaren natürlichen Person zugewiesen werden;
6. „Dateisystem" jede strukturierte Sammlung personenbezogener Daten, die nach bestimmten Kriterien zugänglich sind, unabhängig davon, ob diese Sammlung zentral, dezentral oder nach funktionalen oder geografischen Gesichtspunkten geordnet geführt wird;
7. „Verantwortlicher" die natürliche oder juristische Person, Behörde, Einrichtung oder andere Stelle, die allein oder gemeinsam mit anderen über die Zwecke und Mittel der Verarbeitung von personenbezogenen Daten

[1) Art. 4 Nr. 18 ber. ABl. 2018 L 127 S. 2.

entscheidet; sind die Zwecke und Mittel dieser Verarbeitung durch das Unionsrecht oder das Recht der Mitgliedstaaten vorgegeben, so kann der Verantwortliche beziehungsweise können die bestimmten Kriterien seiner Benennung nach dem Unionsrecht oder dem Recht der Mitgliedstaaten vorgesehen werden;

8. „Auftragsverarbeiter" eine natürliche oder juristische Person, Behörde, Einrichtung oder andere Stelle, die personenbezogene Daten im Auftrag des Verantwortlichen verarbeitet;

9. „Empfänger" eine natürliche oder juristische Person, Behörde, Einrichtung oder andere Stelle, der personenbezogene Daten offengelegt werden, unabhängig davon, ob es sich bei ihr um einen Dritten handelt oder nicht. Behörden, die im Rahmen eines bestimmten Untersuchungsauftrags nach dem Unionsrecht oder dem Recht der Mitgliedstaaten möglicherweise personenbezogene Daten erhalten, gelten jedoch nicht als Empfänger; die Verarbeitung dieser Daten durch die genannten Behörden erfolgt im Einklang mit den geltenden Datenschutzvorschriften gemäß den Zwecken der Verarbeitung;

10. „Dritter" eine natürliche oder juristische Person, Behörde, Einrichtung oder andere Stelle, außer der betroffenen Person, dem Verantwortlichen, dem Auftragsverarbeiter und den Personen, die unter der unmittelbaren Verantwortung des Verantwortlichen oder des Auftragsverarbeiters befugt sind, die personenbezogenen Daten zu verarbeiten;

11. „Einwilligung" der betroffenen Person jede freiwillig für den bestimmten Fall, in informierter Weise und unmissverständlich abgegebene Willensbekundung in Form einer Erklärung oder einer sonstigen eindeutigen bestätigenden Handlung, mit der die betroffene Person zu verstehen gibt, dass sie mit der Verarbeitung der sie betreffenden personenbezogenen Daten einverstanden ist;

12. „Verletzung des Schutzes personenbezogener Daten" eine Verletzung der Sicherheit, die, ob unbeabsichtigt oder unrechtmäßig, zur Vernichtung, zum Verlust, zur Veränderung, oder zur unbefugten Offenlegung von beziehungsweise zum unbefugten Zugang zu personenbezogenen Daten führt, die übermittelt, gespeichert oder auf sonstige Weise verarbeitet wurden;

13. „genetische Daten" personenbezogene Daten zu den ererbten oder erworbenen genetischen Eigenschaften einer natürlichen Person, die eindeutige Informationen über die Physiologie oder die Gesundheit dieser natürlichen Person liefern und insbesondere aus der Analyse einer biologischen Probe der betreffenden natürlichen Person gewonnen wurden;

14. „biometrische Daten" mit speziellen technischen Verfahren gewonnene personenbezogene Daten zu den physischen, physiologischen oder verhaltenstypischen Merkmalen einer natürlichen Person, die die eindeutige Identifizierung dieser natürlichen Person ermöglichen oder bestätigen, wie Gesichtsbilder oder daktyloskopische Daten;

15. „Gesundheitsdaten" personenbezogene Daten, die sich auf die körperliche oder geistige Gesundheit einer natürlichen Person, einschließlich der Erbringung von Gesundheitsdienstleistungen, beziehen und aus denen Informationen über deren Gesundheitszustand hervorgehen;

16. „Hauptniederlassung"

a) im Falle eines Verantwortlichen mit Niederlassungen in mehr als einem Mitgliedstaat den Ort seiner Hauptverwaltung in der Union, es sei denn, die Entscheidungen hinsichtlich der Zwecke und Mittel der Verarbeitung personenbezogener Daten werden in einer anderen Niederlassung des Verantwortlichen in der Union getroffen und diese Niederlassung ist befugt, diese Entscheidungen umsetzen zu lassen; in diesem Fall gilt die Niederlassung, die derartige Entscheidungen trifft, als Hauptniederlassung;

b) im Falle eines Auftragsverarbeiters mit Niederlassungen in mehr als einem Mitgliedstaat den Ort seiner Hauptverwaltung in der Union oder, sofern der Auftragsverarbeiter keine Hauptverwaltung in der Union hat, die Niederlassung des Auftragsverarbeiters in der Union, in der die Verarbeitungstätigkeiten im Rahmen der Tätigkeiten einer Niederlassung eines Auftragsverarbeiters hauptsächlich stattfinden, soweit der Auftragsverarbeiter spezifischen Pflichten aus dieser Verordnung unterliegt;

17. „Vertreter" eine in der Union niedergelassene natürliche oder juristische Person, die von dem Verantwortlichen oder Auftragsverarbeiter schriftlich gemäß Artikel 27 bestellt wurde und den Verantwortlichen oder Auftragsverarbeiter in Bezug auf die ihnen jeweils nach dieser Verordnung obliegenden Pflichten vertritt;

18. „Unternehmen" eine natürliche oder juristische Person, die eine wirtschaftliche Tätigkeit ausübt, unabhängig von ihrer Rechtsform, einschließlich Personengesellschaften oder Vereinigungen, die regelmäßig einer wirtschaftlichen Tätigkeit nachgehen;

19. „Unternehmensgruppe" eine Gruppe, die aus einem herrschenden Unternehmen und den von diesem abhängigen Unternehmen besteht;

20. „verbindliche interne Datenschutzvorschriften" Maßnahmen zum Schutz personenbezogener Daten, zu deren Einhaltung sich ein im Hoheitsgebiet eines Mitgliedstaats niedergelassener Verantwortlicher oder Auftragsverarbeiter verpflichtet im Hinblick auf Datenübermittlungen oder eine Kategorie von Datenübermittlungen personenbezogener Daten an einen Verantwortlichen oder Auftragsverarbeiter derselben Unternehmensgruppe oder derselben Gruppe von Unternehmen, die eine gemeinsame Wirtschaftstätigkeit ausüben, in einem oder mehreren Drittländern;

21. „Aufsichtsbehörde" eine von einem Mitgliedstaat gemäß Artikel 51 eingerichtete unabhängige staatliche Stelle;

22. „betroffene Aufsichtsbehörde" eine Aufsichtsbehörde, die von der Verarbeitung personenbezogener Daten betroffen ist, weil

a) der Verantwortliche oder der Auftragsverarbeiter im Hoheitsgebiet des Mitgliedstaats dieser Aufsichtsbehörde niedergelassen ist,

b) diese Verarbeitung erhebliche Auswirkungen auf betroffene Personen mit Wohnsitz im Mitgliedstaat dieser Aufsichtsbehörde hat oder haben kann oder

c) eine Beschwerde bei dieser Aufsichtsbehörde eingereicht wurde;

23. „grenzüberschreitende Verarbeitung" entweder

a) eine Verarbeitung personenbezogener Daten, die im Rahmen der Tätigkeiten von Niederlassungen eines Verantwortlichen oder eines Auftragsverarbeiters in der Union in mehr als einem Mitgliedstaat erfolgt, wenn

der Verantwortliche oder Auftragsverarbeiter in mehr als einem Mitgliedstaat niedergelassen ist, oder

b) eine Verarbeitung personenbezogener Daten, die im Rahmen der Tätigkeiten einer einzelnen Niederlassung eines Verantwortlichen oder eines Auftragsverarbeiters in der Union erfolgt, die jedoch erhebliche Auswirkungen auf betroffene Personen in mehr als einem Mitgliedstaat hat oder haben kann;

24. „maßgeblicher und begründeter Einspruch" einen Einspruch gegen einen Beschlussentwurf im Hinblick darauf, ob ein Verstoß gegen diese Verordnung vorliegt oder ob beabsichtigte Maßnahmen gegen den Verantwortlichen oder den Auftragsverarbeiter im Einklang mit dieser Verordnung steht, wobei aus diesem Einspruch die Tragweite der Risiken klar hervorgeht, die von dem Beschlussentwurf in Bezug auf die Grundrechte und Grundfreiheiten der betroffenen Personen und gegebenenfalls den freien Verkehr personenbezogener Daten in der Union ausgehen;

25. „Dienst der Informationsgesellschaft" eine Dienstleistung im Sinne des Artikels 1 Nummer 1 Buchstabe b der Richtlinie (EU) 2015/1535 des Europäischen Parlaments und des Rates[1];

26. „internationale Organisation" eine völkerrechtliche Organisation und ihre nachgeordneten Stellen oder jede sonstige Einrichtung, die durch eine zwischen zwei oder mehr Ländern geschlossene Übereinkunft oder auf der Grundlage einer solchen Übereinkunft geschaffen wurde.

Kapitel II. Grundsätze

Art. 5 Grundsätze für die Verarbeitung personenbezogener Daten.

(1) Personenbezogene Daten müssen

a) auf rechtmäßige Weise, nach Treu und Glauben und in einer für die betroffene Person nachvollziehbaren Weise verarbeitet werden („Rechtmäßigkeit, Verarbeitung nach Treu und Glauben, Transparenz");

b) für festgelegte, eindeutige und legitime Zwecke erhoben werden und dürfen nicht in einer mit diesen Zwecken nicht zu vereinbarenden Weise weiterverarbeitet werden; eine Weiterverarbeitung für im öffentlichen Interesse liegende Archivzwecke, für wissenschaftliche oder historische Forschungszwecke oder für statistische Zwecke gilt gemäß Artikel 89 Absatz 1 nicht als unvereinbar mit den ursprünglichen Zwecken („Zweckbindung");

c) dem Zweck angemessen und erheblich sowie auf das für die Zwecke der Verarbeitung notwendige Maß beschränkt sein („Datenminimierung");

d) sachlich richtig und erforderlichenfalls auf dem neuesten Stand sein; es sind alle angemessenen Maßnahmen zu treffen, damit personenbezogene Daten, die im Hinblick auf die Zwecke ihrer Verarbeitung unrichtig sind, unverzüglich gelöscht oder berichtigt werden („Richtigkeit");

e) in einer Form gespeichert werden, die die Identifizierung der betroffenen Personen nur so lange ermöglicht, wie es für die Zwecke, für die sie verarbeitet werden, erforderlich ist; personenbezogene Daten dürfen länger

[1] **Amtl. Anm.:** Richtlinie (EU) 2015/1535 des Europäischen Parlaments und des Rates vom 9. September 2015 über ein Informationsverfahren auf dem Gebiet der technischen Vorschriften und der Vorschriften für die Dienste der Informationsgesellschaft (ABl. L 241 vom 17.9.2015, S. 1).

gespeichert werden, soweit die personenbezogenen Daten vorbehaltlich der Durchführung geeigneter technischer und organisatorischer Maßnahmen, die von dieser Verordnung zum Schutz der Rechte und Freiheiten der betroffenen Person gefordert werden, ausschließlich für im öffentlichen Interesse liegende Archivzwecke oder für wissenschaftliche und historische Forschungszwecke oder für statistische Zwecke gemäß Artikel 89 Absatz 1 verarbeitet werden („Speicherbegrenzung");

f) in einer Weise verarbeitet werden, die eine angemessene Sicherheit der personenbezogenen Daten gewährleistet, einschließlich Schutz vor unbefugter oder unrechtmäßiger Verarbeitung und vor unbeabsichtigtem Verlust, unbeabsichtigter Zerstörung oder unbeabsichtigter Schädigung durch geeignete technische und organisatorische Maßnahmen („Integrität und Vertraulichkeit");[1]

(2) Der Verantwortliche ist für die Einhaltung des Absatzes 1 verantwortlich und muss dessen Einhaltung nachweisen können („Rechenschaftspflicht").

Art. 6 Rechtmäßigkeit der Verarbeitung. (1) *[1]* Die Verarbeitung ist nur rechtmäßig, wenn mindestens eine der nachstehenden Bedingungen erfüllt ist:

a) Die betroffene Person hat ihre Einwilligung zu der Verarbeitung der sie betreffenden personenbezogenen Daten für einen oder mehrere bestimmte Zwecke gegeben;

b) die Verarbeitung ist für die Erfüllung eines Vertrags, dessen Vertragspartei die betroffene Person ist, oder zur Durchführung vorvertraglicher Maßnahmen erforderlich, die auf Anfrage der betroffenen Person erfolgen;

c) die Verarbeitung ist zur Erfüllung einer rechtlichen Verpflichtung erforderlich, der der Verantwortliche unterliegt;

d) die Verarbeitung ist erforderlich, um lebenswichtige Interessen der betroffenen Person oder einer anderen natürlichen Person zu schützen;

e) die Verarbeitung ist für die Wahrnehmung einer Aufgabe erforderlich, die im öffentlichen Interesse liegt oder in Ausübung öffentlicher Gewalt erfolgt, die dem Verantwortlichen übertragen wurde;

f) die Verarbeitung ist zur Wahrung der berechtigten Interessen des Verantwortlichen oder eines Dritten erforderlich, sofern nicht die Interessen oder Grundrechte und Grundfreiheiten der betroffenen Person, die den Schutz personenbezogener Daten erfordern, überwiegen, insbesondere dann, wenn es sich bei der betroffenen Person um ein Kind handelt.

[2] Unterabsatz 1 Buchstabe f gilt nicht für die von Behörden in Erfüllung ihrer Aufgaben vorgenommene Verarbeitung.

(2) Die Mitgliedstaaten können spezifischere Bestimmungen zur Anpassung der Anwendung der Vorschriften dieser Verordnung in Bezug auf die Verarbeitung zur Erfüllung von Absatz 1 Buchstaben c und e beibehalten oder einführen, indem sie spezifische Anforderungen für die Verarbeitung sowie sonstige Maßnahmen präziser bestimmen, um eine rechtmäßig und nach Treu und Glauben erfolgende Verarbeitung zu gewährleisten, einschließlich für andere besondere Verarbeitungssituationen gemäß Kapitel IX.

(3) [1] Die Rechtsgrundlage für die Verarbeitungen gemäß Absatz 1 Buchstaben c und e wird festgelegt durch

[1] Zeichensetzung amtlich.

a) Unionsrecht oder

b) das Recht der Mitgliedstaaten, dem der Verantwortliche unterliegt.

[2] Der Zweck der Verarbeitung muss in dieser Rechtsgrundlage festgelegt oder hinsichtlich der Verarbeitung gemäß Absatz 1 Buchstabe e für die Erfüllung einer Aufgabe erforderlich sein, die im öffentlichen Interesse liegt oder in Ausübung öffentlicher Gewalt erfolgt, die dem Verantwortlichen übertragen wurde. [3] Diese Rechtsgrundlage kann spezifische Bestimmungen zur Anpassung der Anwendung der Vorschriften dieser Verordnung enthalten, unter anderem Bestimmungen darüber, welche allgemeinen Bedingungen für die Regelung der Rechtmäßigkeit der Verarbeitung durch den Verantwortlichen gelten, welche Arten von Daten verarbeitet werden, welche Personen betroffen sind, an welche Einrichtungen und für welche Zwecke die personenbezogenen Daten offengelegt werden dürfen, welcher Zweckbindung sie unterliegen, wie lange sie gespeichert werden dürfen und welche Verarbeitungsvorgänge und -verfahren angewandt werden dürfen, einschließlich Maßnahmen zur Gewährleistung einer rechtmäßig und nach Treu und Glauben erfolgenden Verarbeitung, wie solche für sonstige besondere Verarbeitungssituationen gemäß Kapitel IX. [4] Das Unionsrecht oder das Recht der Mitgliedstaaten müssen ein im öffentlichen Interesse liegendes Ziel verfolgen und in einem angemessenen Verhältnis zu dem verfolgten legitimen Zweck stehen.

(4) Beruht die Verarbeitung zu einem anderen Zweck als zu demjenigen, zu dem die personenbezogenen Daten erhoben wurden, nicht auf der Einwilligung der betroffenen Person oder auf einer Rechtsvorschrift der Union oder der Mitgliedstaaten, die in einer demokratischen Gesellschaft eine notwendige und verhältnismäßige Maßnahme zum Schutz der in Artikel 23 Absatz 1 genannten Ziele darstellt, so berücksichtigt der Verantwortliche – um festzustellen, ob die Verarbeitung zu einem anderen Zweck mit demjenigen, zu dem die personenbezogenen Daten ursprünglich erhoben wurden, vereinbar ist – unter anderem

a) jede Verbindung zwischen den Zwecken, für die die personenbezogenen Daten erhoben wurden, und den Zwecken der beabsichtigten Weiterverarbeitung,

b) den Zusammenhang, in dem die personenbezogenen Daten erhoben wurden, insbesondere hinsichtlich des Verhältnisses zwischen den betroffenen Personen und dem Verantwortlichen,

c) die Art der personenbezogenen Daten, insbesondere ob besondere Kategorien personenbezogener Daten gemäß Artikel 9 verarbeitet werden oder ob

(Fortsetzung nächstes Blatt)

personenbezogene Daten über strafrechtliche Verurteilungen und Straftaten gemäß Artikel 10 verarbeitet werden,

d) die möglichen Folgen der beabsichtigten Weiterverarbeitung für die betroffenen Personen,

e) das Vorhandensein geeigneter Garantien, wozu Verschlüsselung oder Pseudonymisierung gehören kann.

Art. 7 Bedingungen für die Einwilligung. (1) Beruht die Verarbeitung auf einer Einwilligung, muss der Verantwortliche nachweisen können, dass die betroffene Person in die Verarbeitung ihrer personenbezogenen Daten eingewilligt hat.

(2) [1] Erfolgt die Einwilligung der betroffenen Person durch eine schriftliche Erklärung, die noch andere Sachverhalte betrifft, so muss das Ersuchen um Einwilligung in verständlicher und leicht zugänglicher Form in einer klaren und einfachen Sprache so erfolgen, dass es von den anderen Sachverhalten klar zu unterscheiden ist. [2] Teile der Erklärung sind dann nicht verbindlich, wenn sie einen Verstoß gegen diese Verordnung darstellen.

(3) [1] Die betroffene Person hat das Recht, ihre Einwilligung jederzeit zu widerrufen. [2] Durch den Widerruf der Einwilligung wird die Rechtmäßigkeit der aufgrund der Einwilligung bis zum Widerruf erfolgten Verarbeitung nicht berührt. [3] Die betroffene Person wird vor Abgabe der Einwilligung hiervon in Kenntnis gesetzt. [4] Der Widerruf der Einwilligung muss so einfach wie die Erteilung der Einwilligung sein.

(4) Bei der Beurteilung, ob die Einwilligung freiwillig erteilt wurde, muss dem Umstand in größtmöglichem Umfang Rechnung getragen werden, ob unter anderem die Erfüllung eines Vertrags, einschließlich der Erbringung einer Dienstleistung, von der Einwilligung zu einer Verarbeitung von personenbezogenen Daten abhängig ist, die für die Erfüllung des Vertrags nicht erforderlich sind.

Art. 8 Bedingungen für die Einwilligung eines Kindes in Bezug auf Dienste der Informationsgesellschaft. (1) [1] Gilt Artikel 6 Absatz 1 Buchstabe a bei einem Angebot von Diensten der Informationsgesellschaft, das einem Kind direkt gemacht wird, so ist die Verarbeitung der personenbezogenen Daten des Kindes rechtmäßig, wenn das Kind das sechzehnte Lebensjahr vollendet. [2] Hat das Kind noch nicht das sechzehnte Lebensjahr vollendet, so ist diese Verarbeitung nur rechtmäßig, sofern und soweit diese Einwilligung durch den Träger der elterlichen Verantwortung für das Kind oder mit dessen Zustimmung erteilt wird.

Die Mitgliedstaaten können durch Rechtsvorschriften zu diesen Zwecken eine niedrigere Altersgrenze vorsehen, die jedoch nicht unter dem vollendeten dreizehnten Lebensjahr liegen darf.

(2) Der Verantwortliche unternimmt unter Berücksichtigung der verfügbaren Technik angemessene Anstrengungen, um sich in solchen Fällen zu vergewissern, dass die Einwilligung durch den Träger der elterlichen Verantwortung für das Kind oder mit dessen Zustimmung erteilt wurde.

(3) Absatz 1 lässt das allgemeine Vertragsrecht der Mitgliedstaaten, wie etwa die Vorschriften zur Gültigkeit, zum Zustandekommen oder zu den Rechtsfolgen eines Vertrags in Bezug auf ein Kind, unberührt.

Art. 9 Verarbeitung besonderer Kategorien personenbezogener Daten. (1) Die Verarbeitung personenbezogener Daten, aus denen die rassische und ethnische Herkunft, politische Meinungen, religiöse oder weltanschauliche Überzeugungen oder die Gewerkschaftszugehörigkeit hervorgehen, sowie die Verarbeitung von genetischen Daten, biometrischen Daten zur eindeutigen Identifizierung einer natürlichen Person, Gesundheitsdaten oder Daten zum Sexualleben oder der sexuellen Orientierung einer natürlichen Person ist untersagt.

(2) Absatz 1 gilt nicht in folgenden Fällen:

a) Die betroffene Person hat in die Verarbeitung der genannten personenbezogenen Daten für einen oder mehrere festgelegte Zwecke ausdrücklich eingewilligt, es sei denn, nach Unionsrecht oder dem Recht der Mitgliedstaaten kann das Verbot nach Absatz 1 durch die Einwilligung der betroffenen Person nicht aufgehoben werden,

b) die Verarbeitung ist erforderlich, damit der Verantwortliche oder die betroffene Person die ihm bzw. ihr aus dem Arbeitsrecht und dem Recht der sozialen Sicherheit und des Sozialschutzes erwachsenden Rechte ausüben und seinen bzw. ihren diesbezüglichen Pflichten nachkommen kann, soweit dies nach Unionsrecht oder dem Recht der Mitgliedstaaten oder einer Kollektivvereinbarung nach dem Recht der Mitgliedstaaten, das geeignete Garantien für die Grundrechte und die Interessen der betroffenen Person vorsieht, zulässig ist,

c) die Verarbeitung ist zum Schutz lebenswichtiger Interessen der betroffenen Person oder einer anderen natürlichen Person erforderlich und die betroffene Person ist aus körperlichen oder rechtlichen Gründen außerstande, ihre Einwilligung zu geben,

d) die Verarbeitung erfolgt auf der Grundlage geeigneter Garantien durch eine politisch, weltanschaulich, religiös oder gewerkschaftlich ausgerichtete Stiftung, Vereinigung oder sonstige Organisation ohne Gewinnerzielungsabsicht im Rahmen ihrer rechtmäßigen Tätigkeiten und unter der Voraussetzung, dass sich die Verarbeitung ausschließlich auf die Mitglieder oder ehemalige Mitglieder der Organisation oder auf Personen, die im Zusammenhang mit deren Tätigkeitszweck regelmäßige Kontakte mit ihr unterhalten, bezieht und die personenbezogenen Daten nicht ohne Einwilligung der betroffenen Personen nach außen offengelegt werden,

e) die Verarbeitung bezieht sich auf personenbezogene Daten, die die betroffene Person offensichtlich öffentlich gemacht hat,

f) die Verarbeitung ist zur Geltendmachung, Ausübung oder Verteidigung von Rechtsansprüchen oder bei Handlungen der Gerichte im Rahmen ihrer justiziellen Tätigkeit erforderlich,

g) die Verarbeitung ist auf der Grundlage des Unionsrechts oder des Rechts eines Mitgliedstaats, das in angemessenem Verhältnis zu dem verfolgten Ziel steht, den Wesensgehalt des Rechts auf Datenschutz wahrt und angemessene und spezifische Maßnahmen zur Wahrung der Grundrechte und Interessen der betroffenen Person vorsieht, aus Gründen eines erheblichen öffentlichen Interesses erforderlich,

h) die Verarbeitung ist für Zwecke der Gesundheitsvorsorge oder der Arbeitsmedizin, für die Beurteilung der Arbeitsfähigkeit des Beschäftigten, für die

medizinische Diagnostik, die Versorgung oder Behandlung im Gesundheits- oder Sozialbereich oder für die Verwaltung von Systemen und Diensten im Gesundheits- oder Sozialbereich auf der Grundlage des Unionsrechts oder des Rechts eines Mitgliedstaats oder aufgrund eines Vertrags mit einem Angehörigen eines Gesundheitsberufs und vorbehaltlich der in Absatz 3 genannten Bedingungen und Garantien erforderlich,

i) die Verarbeitung ist aus Gründen des öffentlichen Interesses im Bereich der öffentlichen Gesundheit, wie dem Schutz vor schwerwiegenden grenzüberschreitenden Gesundheitsgefahren oder zur Gewährleistung hoher Qualitäts- und Sicherheitsstandards bei der Gesundheitsversorgung und bei Arzneimitteln und Medizinprodukten, auf der Grundlage des Unionsrechts oder des Rechts eines Mitgliedstaats, das angemessene und spezifische Maßnahmen zur Wahrung der Rechte und Freiheiten der betroffenen Person, insbesondere des Berufsgeheimnisses, vorsieht, erforderlich, oder

j) die Verarbeitung ist auf der Grundlage des Unionsrechts oder des Rechts eines Mitgliedstaats, das in angemessenem Verhältnis zu dem verfolgten Ziel steht, den Wesensgehalt des Rechts auf Datenschutz wahrt und angemessene und spezifische Maßnahmen zur Wahrung der Grundrechte und Interessen der betroffenen Person vorsieht, für im öffentlichen Interesse liegende Archivzwecke, für wissenschaftliche oder historische Forschungszwecke oder für statistische Zwecke gemäß Artikel 89 Absatz 1 erforderlich.

(3) Die in Absatz 1 genannten personenbezogenen Daten dürfen zu den in Absatz 2 Buchstabe h genannten Zwecken verarbeitet werden, wenn diese Daten von Fachpersonal oder unter dessen Verantwortung verarbeitet werden und dieses Fachpersonal nach dem Unionsrecht oder dem Recht eines Mitgliedstaats oder den Vorschriften nationaler zuständiger Stellen dem Berufsgeheimnis unterliegt, oder wenn die Verarbeitung durch eine andere Person erfolgt, die ebenfalls nach dem Unionsrecht oder dem Recht eines Mitgliedstaats oder den Vorschriften nationaler zuständiger Stellen einer Geheimhaltungspflicht unterliegt.

(4) Die Mitgliedstaaten können zusätzliche Bedingungen, einschließlich Beschränkungen, einführen oder aufrechterhalten, soweit die Verarbeitung von genetischen, biometrischen oder Gesundheitsdaten betroffen ist.

Art. 10 Verarbeitung von personenbezogenen Daten über strafrechtliche Verurteilungen und Straftaten. [1] Die Verarbeitung personenbezogener Daten über strafrechtliche Verurteilungen und Straftaten oder damit zusammenhängende Sicherungsmaßregeln aufgrund von Artikel 6 Absatz 1 darf nur unter behördlicher Aufsicht vorgenommen werden oder wenn dies nach dem Unionsrecht oder dem Recht der Mitgliedstaaten, das geeignete Garantien für die Rechte und Freiheiten der betroffenen Personen vorsieht, zulässig ist. [2] Ein umfassendes Register der strafrechtlichen Verurteilungen darf nur unter behördlicher Aufsicht geführt werden.

Art. 11 Verarbeitung, für die eine Identifizierung der betroffenen Person nicht erforderlich ist. (1) Ist für die Zwecke, für die ein Verantwortlicher personenbezogene Daten verarbeitet, die Identifizierung der betroffenen Person durch den Verantwortlichen nicht oder nicht mehr erforderlich, so ist dieser nicht verpflichtet, zur bloßen Einhaltung dieser Verordnung

zusätzliche Informationen aufzubewahren, einzuholen oder zu verarbeiten, um die betroffene Person zu identifizieren.

(2) [1] Kann der Verantwortliche in Fällen gemäß Absatz 1 des vorliegenden Artikels nachweisen, dass er nicht in der Lage ist, die betroffene Person zu identifizieren, so unterrichtet er die betroffene Person hierüber, sofern möglich. [2] In diesen Fällen finden die Artikel 15 bis 20 keine Anwendung, es sei denn, die betroffene Person stellt zur Ausübung ihrer in diesen Artikeln niedergelegten Rechte zusätzliche Informationen bereit, die ihre Identifizierung ermöglichen.

Kapitel III. Rechte der betroffenen Person

Abschnitt 1. Transparenz und Modalitäten

Art. 12 Transparente Information, Kommunikation und Modalitäten für die Ausübung der Rechte der betroffenen Person. (1) [1] Der Verantwortliche trifft geeignete Maßnahmen, um der betroffenen Person alle Informationen gemäß den Artikeln 13 und 14 und alle Mitteilungen gemäß den Artikeln 15 bis 22 und Artikel 34, die sich auf die Verarbeitung beziehen, in präziser, transparenter, verständlicher und leicht zugänglicher Form in einer klaren und einfachen Sprache zu übermitteln; dies gilt insbesondere für Informationen, die sich speziell an Kinder richten. [2] Die Übermittlung der Informationen erfolgt schriftlich oder in anderer Form, gegebenenfalls auch elektronisch. [3] Falls von der betroffenen Person verlangt, kann die Information mündlich erteilt werden, sofern die Identität der betroffenen Person in anderer Form nachgewiesen wurde.

(2) [1] Der Verantwortliche erleichtert der betroffenen Person die Ausübung ihrer Rechte gemäß den Artikeln 15 bis 22. [2] In den in Artikel 11 Absatz 2 genannten Fällen darf sich der Verantwortliche nur dann weigern, aufgrund des Antrags der betroffenen Person auf Wahrnehmung ihrer Rechte gemäß den Artikeln 15 bis 22 tätig zu werden, wenn er glaubhaft macht, dass er nicht in der Lage ist, die betroffene Person zu identifizieren.

(3) [1] Der Verantwortliche stellt der betroffenen Person Informationen über die auf Antrag gemäß den Artikeln 15 bis 22 ergriffenen Maßnahmen unverzüglich, in jedem Fall aber innerhalb eines Monats nach Eingang des Antrags zur Verfügung. [2] Diese Frist kann um weitere zwei Monate verlängert werden, wenn dies unter Berücksichtigung der Komplexität und der Anzahl von Anträgen erforderlich ist. [3] Der Verantwortliche unterrichtet die betroffene Person innerhalb eines Monats nach Eingang des Antrags über eine Fristverlängerung, zusammen mit den Gründen für die Verzögerung. [4] Stellt die betroffene Person den Antrag elektronisch, so ist sie nach Möglichkeit auf elektronischem Weg zu unterrichten, sofern sie nichts anderes angibt.

(4) Wird der Verantwortliche auf den Antrag der betroffenen Person hin nicht tätig, so unterrichtet er die betroffene Person ohne Verzögerung, spätestens aber innerhalb eines Monats nach Eingang des Antrags über die Gründe hierfür und über die Möglichkeit, bei einer Aufsichtsbehörde Beschwerde einzulegen oder einen gerichtlichen Rechtsbehelf einzulegen.

(5) [1] Informationen gemäß den Artikeln 13 und 14 sowie alle Mitteilungen und Maßnahmen gemäß den Artikeln 15 bis 22 und Artikel 34 werden

unentgeltlich zur Verfügung gestellt. [2] Bei offenkundig unbegründeten oder – insbesondere im Fall von häufiger Wiederholung – exzessiven Anträgen einer betroffenen Person kann der Verantwortliche entweder

a) ein angemessenes Entgelt verlangen, bei dem die Verwaltungskosten für die Unterrichtung oder die Mitteilung oder die Durchführung der beantragten Maßnahme berücksichtigt werden, oder

b) sich weigern, aufgrund des Antrags tätig zu werden.

[3] Der Verantwortliche hat den Nachweis für den offenkundig unbegründeten oder exzessiven Charakter des Antrags zu erbringen.

(6) Hat der Verantwortliche begründete Zweifel an der Identität der natürlichen Person, die den Antrag gemäß den Artikeln 15 bis 21 stellt, so kann er unbeschadet des Artikels 11 zusätzliche Informationen anfordern, die zur Bestätigung der Identität der betroffenen Person erforderlich sind.

(7) [1] Die Informationen, die den betroffenen Personen gemäß den Artikeln 13 und 14 bereitzustellen sind, können in Kombination mit standardisierten Bildsymbolen bereitgestellt werden, um in leicht wahrnehmbarer, verständlicher und klar nachvollziehbarer Form einen aussagekräftigen Überblick über die beabsichtigte Verarbeitung zu vermitteln. [2] Werden die Bildsymbole in elektronischer Form dargestellt, müssen sie maschinenlesbar sein.

(8) Der Kommission wird die Befugnis übertragen, gemäß Artikel 92 delegierte Rechtsakte zur Bestimmung der Informationen, die durch Bildsymbole darzustellen sind, und der Verfahren für die Bereitstellung standardisierter Bildsymbole zu erlassen.

Abschnitt 2. Informationspflicht und Recht auf Auskunft zu personenbezogenen Daten

Art. 13 Informationspflicht bei Erhebung von personenbezogenen Daten bei der betroffenen Person. (1) Werden personenbezogene Daten bei der betroffenen Person erhoben, so teilt der Verantwortliche der betroffenen Person zum Zeitpunkt der Erhebung dieser Daten Folgendes mit:

a) den Namen und die Kontaktdaten des Verantwortlichen sowie gegebenenfalls seines Vertreters;

b) gegebenenfalls die Kontaktdaten des Datenschutzbeauftragten;

c) die Zwecke, für die die personenbezogenen Daten verarbeitet werden sollen, sowie die Rechtsgrundlage für die Verarbeitung;

d) wenn die Verarbeitung auf Artikel 6 Absatz 1 Buchstabe f beruht, die berechtigten Interessen, die von dem Verantwortlichen oder einem Dritten verfolgt werden;

e) gegebenenfalls die Empfänger oder Kategorien von Empfängern der personenbezogenen Daten und

f) gegebenenfalls die Absicht des Verantwortlichen, die personenbezogenen Daten an ein Drittland oder eine internationale Organisation zu übermitteln, sowie das Vorhandensein oder das Fehlen eines Angemessenheitsbeschlusses der Kommission oder im Falle von Übermittlungen gemäß Artikel 46 oder Artikel 47 oder Artikel 49 Absatz 1 Unterabsatz 2 einen Verweis auf die geeigneten oder angemessenen Garantien und die Möglichkeit, eine Kopie von ihnen zu erhalten, oder wo sie verfügbar sind.

(2) Zusätzlich zu den Informationen gemäß Absatz 1 stellt der Verantwortliche der betroffenen Person zum Zeitpunkt der Erhebung dieser Daten folgende weitere Informationen zur Verfügung, die notwendig sind, um eine faire und transparente Verarbeitung zu gewährleisten:

a) die Dauer, für die die personenbezogenen Daten gespeichert werden oder, falls dies nicht möglich ist, die Kriterien für die Festlegung dieser Dauer;

b) das Bestehen eines Rechts auf Auskunft seitens des Verantwortlichen über die betreffenden personenbezogenen Daten sowie auf Berichtigung oder Löschung oder auf Einschränkung der Verarbeitung oder eines Widerspruchsrechts gegen die Verarbeitung sowie des Rechts auf Datenübertragbarkeit;

c) wenn die Verarbeitung auf Artikel 6 Absatz 1 Buchstabe a oder Artikel 9 Absatz 2 Buchstabe a beruht, das Bestehen eines Rechts, die Einwilligung jederzeit zu widerrufen, ohne dass die Rechtmäßigkeit der aufgrund der Einwilligung bis zum Widerruf erfolgten Verarbeitung berührt wird;

d) das Bestehen eines Beschwerderechts bei einer Aufsichtsbehörde;

e) ob die Bereitstellung der personenbezogenen Daten gesetzlich oder vertraglich vorgeschrieben oder für einen Vertragsabschluss erforderlich ist, ob die betroffene Person verpflichtet ist, die personenbezogenen Daten bereitzustellen, und welche *mögliche*[1]) Folgen die Nichtbereitstellung hätte und

f) das Bestehen einer automatisierten Entscheidungsfindung einschließlich Profiling gemäß Artikel 22 Absätze 1 und 4 und – zumindest in diesen Fällen – aussagekräftige Informationen über die involvierte Logik sowie die Tragweite und die angestrebten Auswirkungen einer derartigen Verarbeitung für die betroffene Person.

(3) Beabsichtigt der Verantwortliche, die personenbezogenen Daten für einen anderen Zweck weiterzuverarbeiten als den, für den die personenbezogenen Daten erhoben wurden, so stellt er der betroffenen Person vor dieser Weiterverarbeitung Informationen über diesen anderen Zweck und alle anderen maßgeblichen Informationen gemäß Absatz 2 zur Verfügung.

(4) Die Absätze 1, 2 und 3 finden keine Anwendung, wenn und soweit die betroffene Person bereits über die Informationen verfügt.

Art. 14 Informationspflicht, wenn die personenbezogenen Daten nicht bei der betroffenen Person erhoben wurden. (1) Werden personenbezogene Daten nicht bei der betroffenen Person erhoben, so teilt der Verantwortliche der betroffenen Person Folgendes mit:

a) den Namen und die Kontaktdaten des Verantwortlichen sowie gegebenenfalls seines Vertreters;

b) zusätzlich die Kontaktdaten des Datenschutzbeauftragten;

c) die Zwecke, für die die personenbezogenen Daten verarbeitet werden sollen, sowie die Rechtsgrundlage für die Verarbeitung;

d) die Kategorien personenbezogener Daten, die verarbeitet werden;

e) gegebenenfalls die Empfänger oder Kategorien von Empfängern der personenbezogenen Daten;

[1]) Richtig wohl: „möglichen".

f) gegebenenfalls die Absicht des Verantwortlichen, die personenbezogenen Daten an einen Empfänger in einem Drittland oder einer internationalen Organisation zu übermitteln, sowie das Vorhandensein oder das Fehlen eines Angemessenheitsbeschlusses der Kommission oder im Falle von Übermittlungen gemäß Artikel 46 oder Artikel 47 oder Artikel 49 Absatz 1 Unterabsatz 2 einen Verweis auf die geeigneten oder angemessenen Garantien und die Möglichkeit, eine Kopie von ihnen zu erhalten, oder wo sie verfügbar sind.

(2) Zusätzlich zu den Informationen gemäß Absatz 1 stellt der Verantwortliche der betroffenen Person die folgenden Informationen zur Verfügung, die erforderlich sind, um der betroffenen Person gegenüber eine faire und transparente Verarbeitung zu gewährleisten:

a) die Dauer, für die die personenbezogenen Daten gespeichert werden oder, falls dies nicht möglich ist, die Kriterien für die Festlegung dieser Dauer;

b) wenn die Verarbeitung auf Artikel 6 Absatz 1 Buchstabe f beruht, die berechtigten Interessen, die von dem Verantwortlichen oder einem Dritten verfolgt werden;

c) das Bestehen eines Rechts auf Auskunft seitens des Verantwortlichen über die betreffenden personenbezogenen Daten sowie auf Berichtigung oder Löschung oder auf Einschränkung der Verarbeitung und eines Widerspruchsrechts gegen die Verarbeitung sowie des Rechts auf Datenübertragbarkeit;

d) wenn die Verarbeitung auf Artikel 6 Absatz 1 Buchstabe a oder Artikel 9 Absatz 2 Buchstabe a beruht, das Bestehen eines Rechts, die Einwilligung jederzeit zu widerrufen, ohne dass die Rechtmäßigkeit der aufgrund der Einwilligung bis zum Widerruf erfolgten Verarbeitung berührt wird;

e) das Bestehen eines Beschwerderechts bei einer Aufsichtsbehörde;

f) aus welcher Quelle die personenbezogenen Daten stammen und gegebenenfalls ob sie aus öffentlich zugänglichen Quellen stammen;

g) das Bestehen einer automatisierten Entscheidungsfindung einschließlich Profiling gemäß Artikel 22 Absätze 1 und 4 und – zumindest in diesen Fällen – aussagekräftige Informationen über die involvierte Logik sowie die Tragweite und die angestrebten Auswirkungen einer derartigen Verarbeitung für die betroffene Person.

(3) Der Verantwortliche erteilt die Informationen gemäß den Absätzen 1 und 2

a) unter Berücksichtigung der spezifischen Umstände der Verarbeitung der personenbezogenen Daten innerhalb einer angemessenen Frist nach Erlangung der personenbezogenen Daten, längstens jedoch innerhalb eines Monats,

b) falls die personenbezogenen Daten zur Kommunikation mit der betroffenen Person verwendet werden sollen, spätestens zum Zeitpunkt der ersten Mitteilung an sie, oder,

c) falls die Offenlegung an einen anderen Empfänger beabsichtigt ist, spätestens zum Zeitpunkt der ersten Offenlegung.

(4) Beabsichtigt der Verantwortliche, die personenbezogenen Daten für einen anderen Zweck weiterzuverarbeiten als den, für den die personenbezogenen Daten erlangt wurden, so stellt er der betroffenen Person vor dieser Weiter-

verarbeitung Informationen über diesen anderen Zweck und alle anderen maßgeblichen Informationen gemäß Absatz 2 zur Verfügung.

(5) Die Absätze 1 bis 4 finden keine Anwendung, wenn und soweit

a) die betroffene Person bereits über die Informationen verfügt,

b) die Erteilung dieser Informationen sich als unmöglich erweist oder einen unverhältnismäßigen Aufwand erfordern würde; dies gilt insbesondere für die Verarbeitung für im öffentlichen Interesse liegende Archivzwecke, für wissenschaftliche oder historische Forschungszwecke oder für statistische Zwecke vorbehaltlich der in Artikel 89 Absatz 1 genannten Bedingungen und Garantien oder soweit die in Absatz 1 des vorliegenden Artikels genannte Pflicht voraussichtlich die Verwirklichung der Ziele dieser Verarbeitung unmöglich macht oder ernsthaft beeinträchtigt. In diesen Fällen ergreift der Verantwortliche geeignete Maßnahmen zum Schutz der Rechte und Freiheiten sowie der berechtigten Interessen der betroffenen Person, einschließlich der Bereitstellung dieser Informationen für die Öffentlichkeit,

c) die Erlangung oder Offenlegung durch Rechtsvorschriften der Union oder der Mitgliedstaaten, denen der Verantwortliche unterliegt und die geeignete Maßnahmen zum Schutz der berechtigten Interessen der betroffenen Person vorsehen, ausdrücklich geregelt ist oder

d) die personenbezogenen Daten gemäß dem Unionsrecht oder dem Recht der Mitgliedstaaten dem Berufsgeheimnis, einschließlich einer satzungsmäßigen Geheimhaltungspflicht, unterliegen und daher vertraulich behandelt werden müssen.

Art. 15[1] Auskunftsrecht der betroffenen Person. (1) Die betroffene Person hat das Recht, von dem Verantwortlichen eine Bestätigung darüber zu verlangen, ob sie betreffende personenbezogene Daten verarbeitet werden; ist dies der Fall, so hat sie ein Recht auf Auskunft über diese personenbezogenen Daten und auf folgende Informationen:

a) die Verarbeitungszwecke;

b) die Kategorien personenbezogener Daten, die verarbeitet werden;

c) die Empfänger oder Kategorien von Empfängern, gegenüber denen die personenbezogenen Daten offengelegt worden sind oder noch offengelegt werden, insbesondere bei Empfängern in Drittländern oder bei internationalen Organisationen;

d) falls möglich die geplante Dauer, für die die personenbezogenen Daten gespeichert werden, oder, falls dies nicht möglich ist, die Kriterien für die Festlegung dieser Dauer;

e) das Bestehen eines Rechts auf Berichtigung oder Löschung der sie betreffenden personenbezogenen Daten oder auf Einschränkung der Verarbeitung durch den Verantwortlichen oder eines Widerspruchsrechts gegen diese Verarbeitung;

f) das Bestehen eines Beschwerderechts bei einer Aufsichtsbehörde;

g) wenn die personenbezogenen Daten nicht bei der betroffenen Person erhoben werden, alle verfügbaren Informationen über die Herkunft der Daten;

[1] Art. 15 Abs. 4 ber. ABl. 2018 Nr. L 127 S. 2.

h) das Bestehen einer automatisierten Entscheidungsfindung einschließlich Profiling gemäß Artikel 22 Absätze 1 und 4 und – zumindest in diesen Fällen – aussagekräftige Informationen über die involvierte Logik sowie die Tragweite und die angestrebten Auswirkungen einer derartigen Verarbeitung für die betroffene Person.

(2) Werden personenbezogene Daten an ein Drittland oder an eine internationale Organisation übermittelt, so hat die betroffene Person das Recht, über die geeigneten Garantien gemäß Artikel 46 im Zusammenhang mit der Übermittlung unterrichtet zu werden.

(3) [1] Der Verantwortliche stellt eine Kopie der personenbezogenen Daten, die Gegenstand der Verarbeitung sind, zur Verfügung. [2] Für alle weiteren Kopien, die die betroffene Person beantragt, kann der Verantwortliche ein angemessenes Entgelt auf der Grundlage der Verwaltungskosten verlangen. [3] Stellt die betroffene Person den Antrag elektronisch, so sind die Informationen in einem gängigen elektronischen Format zur Verfügung zu stellen, sofern sie nichts anderes angibt.

(4) Das Recht auf Erhalt einer Kopie gemäß Absatz 3 darf die Rechte und Freiheiten anderer Personen nicht beeinträchtigen.

Abschnitt 3. Berichtigung und Löschung

Art. 16 Recht auf Berichtigung. [1] Die betroffene Person hat das Recht, von dem Verantwortlichen unverzüglich die Berichtigung sie betreffender unrichtiger personenbezogener Daten zu verlangen. [2] Unter Berücksichtigung der Zwecke der Verarbeitung hat die betroffene Person das Recht, die Vervollständigung unvollständiger personenbezogener Daten – auch mittels einer ergänzenden Erklärung – zu verlangen.

Art. 17 Recht auf Löschung („Recht auf Vergessenwerden"). (1) Die betroffene Person hat das Recht, von dem Verantwortlichen zu verlangen, dass sie betreffende personenbezogene Daten unverzüglich gelöscht werden, und der Verantwortliche ist verpflichtet, personenbezogene Daten unverzüglich zu löschen, sofern einer der folgenden Gründe zutrifft:

a) Die personenbezogenen Daten sind für die Zwecke, für die sie erhoben oder auf sonstige Weise verarbeitet wurden, nicht mehr notwendig.

b) Die betroffene Person widerruft ihre Einwilligung, auf die sich die Verarbeitung gemäß Artikel 6 Absatz 1 Buchstabe a oder Artikel 9 Absatz 2 Buchstabe a stützte, und es fehlt an einer anderweitigen Rechtsgrundlage für die Verarbeitung.

c) Die betroffene Person legt gemäß Artikel 21 Absatz 1 Widerspruch gegen die Verarbeitung ein und es liegen keine vorrangigen berechtigten Gründe für die Verarbeitung vor, oder die betroffene Person legt gemäß Artikel 21 Absatz 2 Widerspruch gegen die Verarbeitung ein.

d) Die personenbezogenen Daten wurden unrechtmäßig verarbeitet.

e) Die Löschung der personenbezogenen Daten ist zur Erfüllung einer rechtlichen Verpflichtung nach dem Unionsrecht oder dem Recht der Mitgliedstaaten erforderlich, dem der Verantwortliche unterliegt.

f) Die personenbezogenen Daten wurden in Bezug auf angebotene Dienste der Informationsgesellschaft gemäß Artikel 8 Absatz 1 erhoben.

(2) Hat der Verantwortliche die personenbezogenen Daten öffentlich gemacht und ist er gemäß Absatz 1 zu deren Löschung verpflichtet, so trifft er unter Berücksichtigung der verfügbaren Technologie und der Implementierungskosten angemessene Maßnahmen, auch technischer Art, um für die Datenverarbeitung Verantwortliche, die die personenbezogenen Daten verarbeiten, darüber zu informieren, dass eine betroffene Person von ihnen die Löschung aller Links zu diesen personenbezogenen Daten oder von Kopien oder Replikationen dieser personenbezogenen Daten verlangt hat.

(3) Die Absätze 1 und 2 gelten nicht, soweit die Verarbeitung erforderlich ist

a) zur Ausübung des Rechts auf freie Meinungsäußerung und Information;

b) zur Erfüllung einer rechtlichen Verpflichtung, die die Verarbeitung nach dem Recht der Union oder der Mitgliedstaaten, dem der Verantwortliche unterliegt, erfordert, oder zur Wahrnehmung einer Aufgabe, die im öffentlichen Interesse liegt oder in Ausübung öffentlicher Gewalt erfolgt, die dem Verantwortlichen übertragen wurde;

c) aus Gründen des öffentlichen Interesses im Bereich der öffentlichen Gesundheit gemäß Artikel 9 Absatz 2 Buchstaben h und i sowie Artikel 9 Absatz 3;

d) für im öffentlichen Interesse liegende Archivzwecke, wissenschaftliche oder historische Forschungszwecke oder für statistische Zwecke gemäß Artikel 89 Absatz 1, soweit das in Absatz 1 genannte Recht voraussichtlich die Verwirklichung der Ziele dieser Verarbeitung unmöglich macht oder ernsthaft beeinträchtigt, oder

e) zur Geltendmachung, Ausübung oder Verteidigung von Rechtsansprüchen.

Art. 18 Recht auf Einschränkung der Verarbeitung. (1) Die betroffene Person hat das Recht, von dem Verantwortlichen die Einschränkung der Verarbeitung zu verlangen, wenn eine der folgenden Voraussetzungen gegeben ist:

a) die Richtigkeit der personenbezogenen Daten von der betroffenen Person bestritten wird, und zwar für eine Dauer, die es dem Verantwortlichen ermöglicht, die Richtigkeit der personenbezogenen Daten zu überprüfen,

b) die Verarbeitung unrechtmäßig ist und die betroffene Person die Löschung der personenbezogenen Daten ablehnt und stattdessen die Einschränkung der Nutzung der personenbezogenen Daten verlangt;[1)]

c) der Verantwortliche die personenbezogenen Daten für die Zwecke der Verarbeitung nicht länger benötigt, die betroffene Person sie jedoch zur Geltendmachung, Ausübung oder Verteidigung von Rechtsansprüchen benötigt, oder

d) die betroffene Person Widerspruch gegen die Verarbeitung gemäß Artikel 21 Absatz 1 eingelegt hat, solange noch nicht feststeht, ob die berechtigten Gründe des Verantwortlichen gegenüber denen der betroffenen Person überwiegen.

(2) Wurde die Verarbeitung gemäß Absatz 1 eingeschränkt, so dürfen diese personenbezogenen Daten – von ihrer Speicherung abgesehen – nur mit Ein-

[1)] Zeichensetzung amtlich.

willigung der betroffenen Person oder zur Geltendmachung, Ausübung oder Verteidigung von Rechtsansprüchen oder zum Schutz der Rechte einer anderen natürlichen oder juristischen Person oder aus Gründen eines wichtigen öffentlichen Interesses der Union oder eines Mitgliedstaats verarbeitet werden.

(3) Eine betroffene Person, die eine Einschränkung der Verarbeitung gemäß Absatz 1 erwirkt hat, wird von dem Verantwortlichen unterrichtet, bevor die Einschränkung aufgehoben wird.

Art. 19 Mitteilungspflicht im Zusammenhang mit der Berichtigung oder Löschung personenbezogener Daten oder der Einschränkung der Verarbeitung. [1] Der Verantwortliche teilt allen Empfängern, denen personenbezogenen Daten offengelegt wurden, jede Berichtigung oder Löschung der personenbezogenen Daten oder eine Einschränkung der Verarbeitung nach Artikel 16, Artikel 17 Absatz 1 und Artikel 18 mit, es sei denn, dies erweist sich als unmöglich oder ist mit einem unverhältnismäßigen Aufwand verbunden. [2] Der Verantwortliche unterrichtet die betroffene Person über diese Empfänger, wenn die betroffene Person dies verlangt.

Art. 20[1) Recht auf Datenübertragbarkeit. (1) Die betroffene Person hat das Recht, die sie betreffenden personenbezogenen Daten, die sie einem Verantwortlichen bereitgestellt hat, in einem strukturierten, gängigen und maschinenlesbaren Format zu erhalten, und sie hat das Recht, diese Daten einem anderen Verantwortlichen ohne Behinderung durch den Verantwortlichen, dem die personenbezogenen Daten bereitgestellt wurden, zu übermitteln, sofern

a) die Verarbeitung auf einer Einwilligung gemäß Artikel 6 Absatz 1 Buchstabe a oder Artikel 9 Absatz 2 Buchstabe a oder auf einem Vertrag gemäß Artikel 6 Absatz 1 Buchstabe b beruht und

b) die Verarbeitung mithilfe automatisierter Verfahren erfolgt.

(2) Bei der Ausübung ihres Rechts auf Datenübertragbarkeit gemäß Absatz 1 hat die betroffene Person das Recht, zu erwirken, dass die personenbezogenen Daten direkt von einem Verantwortlichen einem anderen Verantwortlichen übermittelt werden, soweit dies technisch machbar ist.

(3) [1] Die Ausübung des Rechts nach Absatz 1 des vorliegenden Artikels lässt Artikel 17 unberührt. [2] Dieses Recht gilt nicht für eine Verarbeitung, die für die Wahrnehmung einer Aufgabe erforderlich ist, die im öffentlichen Interesse liegt oder in Ausübung öffentlicher Gewalt erfolgt, die dem Verantwortlichen übertragen wurde.

(4) Das Recht gemäß Absatz 1 darf die Rechte und Freiheiten anderer Personen nicht beeinträchtigen.

Abschnitt 4. Widerspruchsrecht und automatisierte Entscheidungsfindung im Einzelfall

Art. 21 Widerspruchsrecht. (1) [1] Die betroffene Person hat das Recht, aus Gründen, die sich aus ihrer besonderen Situation ergeben, jederzeit gegen die Verarbeitung sie betreffender personenbezogener Daten, die aufgrund von

[1) Art. 20 Abs. 4 ber. ABl. 2018 Nr. L 127 S. 2.

Artikel 6 Absatz 1 Buchstaben e oder f erfolgt, Widerspruch einzulegen; dies gilt auch für ein auf diese Bestimmungen gestütztes Profiling. [2] Der Verantwortliche verarbeitet die personenbezogenen Daten nicht mehr, es sei denn, er kann zwingende schutzwürdige Gründe für die Verarbeitung nachweisen, die die Interessen, Rechte und Freiheiten der betroffenen Person überwiegen, oder die Verarbeitung dient der Geltendmachung, Ausübung oder Verteidigung von Rechtsansprüchen.

(2) Werden personenbezogene Daten verarbeitet, um Direktwerbung zu betreiben, so hat die betroffene Person das Recht, jederzeit Widerspruch gegen die Verarbeitung sie betreffender personenbezogener Daten zum Zwecke derartiger Werbung einzulegen; dies gilt auch für das Profiling, soweit es mit solcher Direktwerbung in Verbindung steht.

(3) Widerspricht die betroffene Person der Verarbeitung für Zwecke der Direktwerbung, so werden die personenbezogenen Daten nicht mehr für diese Zwecke verarbeitet.

(4) Die betroffene Person muss spätestens zum Zeitpunkt der ersten Kommunikation mit ihr ausdrücklich auf das in den Absätzen 1 und 2 genannte Recht hingewiesen werden; dieser Hinweis hat in einer verständlichen und von anderen Informationen getrennten Form zu erfolgen.

(5) Im Zusammenhang mit der Nutzung von Diensten der Informationsgesellschaft kann die betroffene Person ungeachtet der Richtlinie 2002/58/EG ihr Widerspruchsrecht mittels automatisierter Verfahren ausüben, bei denen technische Spezifikationen verwendet werden.

(6) Die betroffene Person hat das Recht, aus Gründen, die sich aus ihrer besonderen Situation ergeben, gegen die sie betreffende Verarbeitung sie betreffender personenbezogener Daten, die zu wissenschaftlichen oder historischen Forschungszwecken oder zu statistischen Zwecken gemäß Artikel 89 Absatz 1 erfolgt, Widerspruch einzulegen, es sei denn, die Verarbeitung ist zur Erfüllung einer im öffentlichen Interesse liegenden Aufgabe erforderlich.

Art. 22 Automatisierte Entscheidungen im Einzelfall einschließlich Profiling. (1) Die betroffene Person hat das Recht, nicht einer ausschließlich auf einer automatisierten Verarbeitung – einschließlich Profiling – beruhenden Entscheidung unterworfen zu werden, die ihr gegenüber rechtliche Wirkung entfaltet oder sie in ähnlicher Weise erheblich beeinträchtigt.

(2) Absatz 1 gilt nicht, wenn die Entscheidung

a) für den Abschluss oder die Erfüllung eines Vertrags zwischen der betroffenen Person und dem Verantwortlichen erforderlich ist,

b) aufgrund von Rechtsvorschriften der Union oder der Mitgliedstaaten, denen der Verantwortliche unterliegt, zulässig ist und diese Rechtsvorschriften angemessene Maßnahmen zur Wahrung der Rechte und Freiheiten sowie der berechtigten Interessen der betroffenen Person enthalten oder

c) mit ausdrücklicher Einwilligung der betroffenen Person erfolgt.

(3) In den in Absatz 2 Buchstaben a und c genannten Fällen trifft der Verantwortliche angemessene Maßnahmen, um die Rechte und Freiheiten sowie die berechtigten Interessen der betroffenen Person zu wahren, wozu mindestens das Recht auf Erwirkung des Eingreifens einer Person seitens des Verantwort-

lichen, auf Darlegung des eigenen Standpunkts und auf Anfechtung der Entscheidung gehört.

(4) Entscheidungen nach Absatz 2 dürfen nicht auf besonderen Kategorien personenbezogener Daten nach Artikel 9 Absatz 1 beruhen, sofern nicht Artikel 9 Absatz 2 Buchstabe a oder g gilt und angemessene Maßnahmen zum Schutz der Rechte und Freiheiten sowie der berechtigten Interessen der betroffenen Person getroffen wurden.

Abschnitt 5. Beschränkungen

Art. 23 Beschränkungen. (1) Durch Rechtsvorschriften der Union oder der Mitgliedstaaten, denen der Verantwortliche oder der Auftragsverarbeiter unterliegt, können die Pflichten und Rechte gemäß den Artikeln 12 bis 22 und Artikel 34 sowie Artikel 5, insofern dessen Bestimmungen den in den Artikeln 12 bis 22 vorgesehenen Rechten und Pflichten entsprechen, im Wege von Gesetzgebungsmaßnahmen beschränkt werden, sofern eine solche Beschränkung den Wesensgehalt der Grundrechte und Grundfreiheiten achtet und in einer demokratischen Gesellschaft eine notwendige und verhältnismäßige Maßnahme darstellt, die Folgendes sicherstellt:

a) die nationale Sicherheit;

b) die Landesverteidigung;

c) die öffentliche Sicherheit;

d) die Verhütung, Ermittlung, Aufdeckung oder Verfolgung von Straftaten oder die Strafvollstreckung, einschließlich des Schutzes vor und der Abwehr von Gefahren für die öffentliche Sicherheit;

e) den Schutz sonstiger wichtiger Ziele des allgemeinen öffentlichen Interesses der Union oder eines Mitgliedstaats, insbesondere eines wichtigen wirtschaftlichen oder finanziellen Interesses der Union oder eines Mitgliedstaats, etwa im Währungs-, Haushalts- und Steuerbereich sowie im Bereich der öffentlichen Gesundheit und der sozialen Sicherheit;

f) den Schutz der Unabhängigkeit der Justiz und den Schutz von Gerichtsverfahren;

g) die Verhütung, Aufdeckung, Ermittlung und Verfolgung von Verstößen gegen die berufsständischen Regeln reglementierter Berufe;

h) Kontroll-, Überwachungs- und Ordnungsfunktionen, die dauernd oder zeitweise mit der Ausübung öffentlicher Gewalt für die unter den Buchstaben a bis e und g genannten Zwecke verbunden sind;

i) den Schutz der betroffenen Person oder der Rechte und Freiheiten anderer Personen;

j) die Durchsetzung zivilrechtlicher Ansprüche.

(2) Jede Gesetzgebungsmaßnahme im Sinne des Absatzes 1 muss insbesondere gegebenenfalls spezifische Vorschriften enthalten zumindest in Bezug auf

a) die Zwecke der Verarbeitung oder die Verarbeitungskategorien,

b) die Kategorien personenbezogener Daten,

c) den Umfang der vorgenommenen Beschränkungen,

d) die Garantien gegen Missbrauch oder unrechtmäßigen Zugang oder unrechtmäßige Übermittlung;

e) die Angaben zu dem Verantwortlichen oder den Kategorien von Verantwortlichen,

f) die jeweiligen Speicherfristen sowie die geltenden Garantien unter Berücksichtigung von Art, Umfang und Zwecken der Verarbeitung oder der Verarbeitungskategorien,

g) die Risiken für die Rechte und Freiheiten der betroffenen Personen und

h) das Recht der betroffenen Personen auf Unterrichtung über die Beschränkung, sofern dies nicht dem Zweck der Beschränkung abträglich ist.

Kapitel IV. Verantwortlicher und Auftragsverarbeiter

Abschnitt 1. Allgemeine Pflichten

Art. 24 Verantwortung des für die Verarbeitung Verantwortlichen.

(1) [1]Der Verantwortliche setzt unter Berücksichtigung der Art, des Umfangs, der Umstände und der Zwecke der Verarbeitung sowie der unterschiedlichen Eintrittswahrscheinlichkeit und Schwere der Risiken für die Rechte und Freiheiten natürlicher Personen geeignete technische und organisatorische Maßnahmen um, um sicherzustellen und den Nachweis dafür erbringen zu können, dass die Verarbeitung gemäß dieser Verordnung erfolgt. [2]Diese Maßnahmen werden erforderlichenfalls überprüft und aktualisiert.

(2) Sofern dies in einem angemessenen Verhältnis zu den Verarbeitungstätigkeiten steht, müssen die Maßnahmen gemäß Absatz 1 die Anwendung geeigneter Datenschutzvorkehrungen durch den Verantwortlichen umfassen.

(3) Die Einhaltung der genehmigten Verhaltensregeln gemäß Artikel 40 oder eines genehmigten Zertifizierungsverfahrens gemäß Artikel 42 kann als Gesichtspunkt herangezogen werden, um die Erfüllung der Pflichten des Verantwortlichen nachzuweisen.

Art. 25[1] Datenschutz durch Technikgestaltung und durch datenschutzfreundliche Voreinstellungen. (1) Unter Berücksichtigung des Stands der Technik, der Implementierungskosten und der Art, des Umfangs, der Umstände und der Zwecke der Verarbeitung sowie der unterschiedlichen Eintrittswahrscheinlichkeit und Schwere der mit der Verarbeitung verbundenen Risiken für die Rechte und Freiheiten natürlicher Personen trifft der Verantwortliche sowohl zum Zeitpunkt der Festlegung der Mittel für die Verarbeitung als auch zum Zeitpunkt der eigentlichen Verarbeitung geeignete technische und organisatorische Maßnahmen – wie z.B. Pseudonymisierung –, die dafür ausgelegt sind, die Datenschutzgrundsätze wie etwa Datenminimierung wirksam umzusetzen und die notwendigen Garantien in die Verarbeitung aufzunehmen, um den Anforderungen dieser Verordnung zu genügen und die Rechte der betroffenen Personen zu schützen.

(2) [1]Der Verantwortliche trifft geeignete technische und organisatorische Maßnahmen, die sicherstellen, dass durch Voreinstellung nur personenbezogene Daten, deren Verarbeitung für den jeweiligen bestimmten Verarbeitungszweck erforderlich ist, verarbeitet werden. [2]Diese Verpflichtung gilt für die

[1] Art. 25 Abs. 1 und 2 Satz 1 ber. ABl. 2018 Nr. L 127 S. 2.

Menge der erhobenen personenbezogenen Daten, den Umfang ihrer Verarbeitung, ihre Speicherfrist und ihre Zugänglichkeit. [3] Solche Maßnahmen müssen insbesondere sicherstellen, dass personenbezogene Daten durch Voreinstellungen nicht ohne Eingreifen der Person einer unbestimmten Zahl von natürlichen Personen zugänglich gemacht werden.

(3) Ein genehmigtes Zertifizierungsverfahren gemäß Artikel 42 kann als Faktor herangezogen werden, um die Erfüllung der in den Absätzen 1 und 2 des vorliegenden Artikels genannten Anforderungen nachzuweisen.

Art. 26[1] Gemeinsam Verantwortliche. (1) [1] Legen zwei oder mehr Verantwortliche gemeinsam die Zwecke der und die Mittel zur Verarbeitung fest, so sind sie gemeinsam Verantwortliche. [2] Sie legen in einer Vereinbarung in transparenter Form fest, wer von ihnen welche Verpflichtung gemäß dieser Verordnung erfüllt, insbesondere was die Wahrnehmung der Rechte der betroffenen Person angeht, und wer welchen Informationspflichten gemäß den Artikeln 13 und 14 nachkommt, sofern und soweit die jeweiligen Aufgaben der Verantwortlichen nicht durch Rechtsvorschriften der Union oder der Mitgliedstaaten, denen die Verantwortlichen unterliegen, festgelegt sind. [3] In der Vereinbarung kann eine Anlaufstelle für die betroffenen Personen angegeben werden.

(2) [1] Die Vereinbarung gemäß Absatz 1 muss die jeweiligen tatsächlichen Funktionen und Beziehungen der gemeinsam Verantwortlichen gegenüber betroffenen Personen gebührend widerspiegeln. [2] Das wesentliche der Vereinbarung wird der betroffenen Person zur Verfügung gestellt.

(3) Ungeachtet der Einzelheiten der Vereinbarung gemäß Absatz 1 kann die betroffene Person ihre Rechte im Rahmen dieser Verordnung bei und gegenüber jedem einzelnen der Verantwortlichen geltend machen.

Art. 27 Vertreter von nicht in der Union niedergelassenen Verantwortlichen oder Auftragsverarbeitern. (1) In den Fällen gemäß Artikel 3 Absatz 2 benennt der Verantwortliche oder der Auftragsverarbeiter schriftlich einen Vertreter in der Union.

(2) Die Pflicht gemäß Absatz 1 des vorliegenden Artikels gilt nicht für

a) eine Verarbeitung, die gelegentlich erfolgt, nicht die umfangreiche Verarbeitung besonderer Datenkategorien im Sinne des Artikels 9 Absatz 1 oder die umfangreiche Verarbeitung von personenbezogenen Daten über strafrechtliche Verurteilungen und Straftaten im Sinne des Artikels 10 einschließt und unter Berücksichtigung der Art, der Umstände, des Umfangs und der Zwecke der Verarbeitung voraussichtlich nicht zu einem Risiko für die Rechte und Freiheiten natürlicher Personen führt, oder

b) Behörden oder öffentliche Stellen.

(3) Der Vertreter muss in einem der Mitgliedstaaten niedergelassen sein, in denen die betroffenen Personen, deren personenbezogene Daten im Zusammenhang mit den ihnen angebotenen Waren oder Dienstleistungen verarbeitet werden oder deren Verhalten beobachtet wird, sich befinden.

[1] Art. 26 Überschrift ber. ABl. 2018 Nr. L 127 S. 2.

(4) Der Vertreter wird durch den Verantwortlichen oder den Auftragsverarbeiter beauftragt, zusätzlich zu diesem oder an seiner Stelle insbesondere für Aufsichtsbehörden und betroffene Personen bei sämtlichen Fragen im Zusammenhang mit der Verarbeitung zur Gewährleistung der Einhaltung dieser Verordnung als Anlaufstelle zu dienen.

(5) Die Benennung eines Vertreters durch den Verantwortlichen oder den Auftragsverarbeiter erfolgt unbeschadet etwaiger rechtlicher Schritte gegen den Verantwortlichen oder den Auftragsverarbeiter selbst.

Art. 28[1] **Auftragsverarbeiter.** (1) Erfolgt eine Verarbeitung im Auftrag eines Verantwortlichen, so arbeitet dieser nur mit Auftragsverarbeitern, die hinreichend Garantien dafür bieten, dass geeignete technische und organisatorische Maßnahmen so durchgeführt werden, dass die Verarbeitung im Einklang mit den Anforderungen dieser Verordnung erfolgt und den Schutz der Rechte der betroffenen Person gewährleistet.

(2) [1] Der Auftragsverarbeiter nimmt keinen weiteren Auftragsverarbeiter ohne vorherige gesonderte oder allgemeine schriftliche Genehmigung des Verantwortlichen in Anspruch. [2] Im Fall einer allgemeinen schriftlichen Genehmigung informiert der Auftragsverarbeiter den Verantwortlichen immer über jede beabsichtigte Änderung in Bezug auf die Hinzuziehung oder die Ersetzung anderer Auftragsverarbeiter, wodurch der Verantwortliche die Möglichkeit erhält, gegen derartige Änderungen Einspruch zu erheben.

(3) [1] Die Verarbeitung durch einen Auftragsverarbeiter erfolgt auf der Grundlage eines Vertrags oder eines anderen Rechtsinstruments nach dem Unionsrecht oder dem Recht der Mitgliedstaaten, der bzw. das den Auftragsverarbeiter in Bezug auf den Verantwortlichen bindet und in dem Gegenstand und Dauer der Verarbeitung, Art und Zweck der Verarbeitung, die Art der personenbezogenen Daten, die Kategorien betroffener Personen und die Pflichten und Rechte des Verantwortlichen festgelegt sind. [2] Dieser Vertrag bzw. dieses andere Rechtsinstrument sieht insbesondere vor, dass der Auftragsverarbeiter

a) die personenbezogenen Daten nur auf dokumentierte Weisung des Verantwortlichen – auch in Bezug auf die Übermittlung personenbezogener Daten an ein Drittland oder eine internationale Organisation – verarbeitet, sofern er nicht durch das Recht der Union oder der Mitgliedstaaten, dem der Auftragsverarbeiter unterliegt, hierzu verpflichtet ist; in einem solchen Fall teilt der Auftragsverarbeiter dem Verantwortlichen diese rechtlichen Anforderungen vor der Verarbeitung mit, sofern das betreffende Recht eine solche Mitteilung nicht wegen eines wichtigen öffentlichen Interesses verbietet;

b) gewährleistet, dass sich die zur Verarbeitung der personenbezogenen Daten befugten Personen zur Vertraulichkeit verpflichtet haben oder einer angemessenen gesetzlichen Verschwiegenheitspflicht unterliegen;

c) alle gemäß Artikel 32 erforderlichen Maßnahmen ergreift;

d) die in den Absätzen 2 und 4 genannten Bedingungen für die Inanspruchnahme der Dienste eines weiteren Auftragsverarbeiters einhält;

[1] Art. 28 Abs. 7 ber. ABl. 2016 Nr. L 314 S. 72; Abs. 3 Buchst. g ber. ABl. 2018 Nr. L 127 S. 2.

e) angesichts der Art der Verarbeitung den Verantwortlichen nach Möglichkeit mit geeigneten technischen und organisatorischen Maßnahmen dabei unterstützt, seiner Pflicht zur Beantwortung von Anträgen auf Wahrnehmung der in Kapitel III genannten Rechte der betroffenen Person nachzukommen;

f) unter Berücksichtigung der Art der Verarbeitung und der ihm zur Verfügung stehenden Informationen den Verantwortlichen bei der Einhaltung der in den Artikeln 32 bis 36 genannten Pflichten unterstützt;

g) nach Abschluss der Erbringung der Verarbeitungsleistungen alle personenbezogenen Daten nach Wahl des Verantwortlichen entweder löscht oder zurückgibt und die vorhandenen Kopien löscht, sofern nicht nach dem Unionsrecht oder dem Recht der Mitgliedstaaten eine Verpflichtung zur Speicherung der personenbezogenen Daten besteht;

h) dem Verantwortlichen alle erforderlichen Informationen zum Nachweis der Einhaltung der in diesem Artikel niedergelegten Pflichten zur Verfügung stellt und Überprüfungen – einschließlich Inspektionen –, die vom Verantwortlichen oder einem anderen von diesem beauftragten Prüfer durchgeführt werden, ermöglicht und dazu beiträgt.

Mit Blick auf Unterabsatz 1 Buchstabe h informiert der Auftragsverarbeiter den Verantwortlichen unverzüglich, falls er der Auffassung ist, dass eine Weisung gegen diese Verordnung oder gegen andere Datenschutzbestimmungen der Union oder der Mitgliedstaaten verstößt.

(4) [1] Nimmt der Auftragsverarbeiter die Dienste eines weiteren Auftragsverarbeiters in Anspruch, um bestimmte Verarbeitungstätigkeiten im Namen des Verantwortlichen auszuführen, so werden diesem weiteren Auftragsverarbeiter im Wege eines Vertrags oder eines anderen Rechtsinstruments nach dem Unionsrecht oder dem Recht des betreffenden Mitgliedstaats dieselben Datenschutzpflichten auferlegt, die in dem Vertrag oder anderen Rechtsinstrument zwischen dem Verantwortlichen und dem Auftragsverarbeiter gemäß Absatz 3 festgelegt sind, wobei insbesondere hinreichende Garantien dafür geboten werden muss, dass die geeigneten technischen und organisatorischen Maßnahmen so durchgeführt werden, dass die Verarbeitung entsprechend den Anforderungen dieser Verordnung erfolgt. [2] Kommt der weitere Auftragsverarbeiter seinen Datenschutzpflichten nicht nach, so haftet der erste Auftragsverarbeiter gegenüber dem Verantwortlichen für die Einhaltung der Pflichten jenes anderen Auftragsverarbeiters.

(5) Die Einhaltung genehmigter Verhaltensregeln gemäß Artikel 40 oder eines genehmigten Zertifizierungsverfahrens gemäß Artikel 42 durch einen Auftragsverarbeiter kann als Faktor herangezogen werden, um hinreichende Garantien im Sinne der Absätze 1 und 4 des vorliegenden Artikels nachzuweisen.

(6) Unbeschadet eines individuellen Vertrags zwischen dem Verantwortlichen und dem Auftragsverarbeiter kann der Vertrag oder das andere Rechtsinstrument im Sinne der Absätze 3 und 4 des vorliegenden Artikels ganz oder teilweise auf den in den Absätzen 7 und 8 des vorliegenden Artikels genannten Standardvertragsklauseln beruhen, auch wenn diese Bestandteil einer dem Verantwortlichen oder dem Auftragsverarbeiter gemäß den Artikeln 42 und 43 erteilten Zertifizierung sind.

(7) Die Kommission kann im Einklang mit dem Prüfverfahren gemäß Artikel 93 Absatz 2 Standardvertragsklauseln zur Regelung der in den Absätzen 3 und 4 des vorliegenden Artikels genannten Fragen festlegen.

(8) Eine Aufsichtsbehörde kann im Einklang mit dem Kohärenzverfahren gemäß Artikel 63 Standardvertragsklauseln zur Regelung der in den Absätzen 3 und 4 des vorliegenden Artikels genannten Fragen festlegen.

(9) Der Vertrag oder das andere Rechtsinstrument im Sinne der Absätze 3 und 4 ist schriftlich abzufassen, was auch in einem elektronischen Format erfolgen kann.

(10) Unbeschadet der Artikel 82, 83 und 84 gilt ein Auftragsverarbeiter, der unter Verstoß gegen diese Verordnung die Zwecke und Mittel der Verarbeitung bestimmt, in Bezug auf diese Verarbeitung als Verantwortlicher.

Art. 29 Verarbeitung unter der Aufsicht des Verantwortlichen oder des Auftragsverarbeiters. Der Auftragsverarbeiter und jede dem Verantwortlichen oder dem Auftragsverarbeiter unterstellte Person, die Zugang zu personenbezogenen Daten hat, dürfen diese Daten ausschließlich auf Weisung des Verantwortlichen verarbeiten, es sei denn, dass sie nach dem Unionsrecht oder dem Recht der Mitgliedstaaten zur Verarbeitung verpflichtet sind.

Art. 30[1] Verzeichnis von Verarbeitungstätigkeiten. (1) [1] Jeder Verantwortliche und gegebenenfalls sein Vertreter führen ein Verzeichnis aller Verarbeitungstätigkeiten, die ihrer Zuständigkeit unterliegen. [2] Dieses Verzeichnis enthält sämtliche folgenden Angaben:

a) den Namen und die Kontaktdaten des Verantwortlichen und gegebenenfalls des gemeinsam mit ihm Verantwortlichen, des Vertreters des Verantwortlichen sowie eines etwaigen Datenschutzbeauftragten;

b) die Zwecke der Verarbeitung;

c) eine Beschreibung der Kategorien betroffener Personen und der Kategorien personenbezogener Daten;

d) die Kategorien von Empfängern, gegenüber denen die personenbezogenen Daten offengelegt worden sind oder noch offengelegt werden, einschließlich Empfänger in Drittländern oder internationalen Organisationen;

e) gegebenenfalls Übermittlungen von personenbezogenen Daten an ein Drittland oder an eine internationale Organisation, einschließlich der Angabe des betreffenden Drittlands oder der betreffenden internationalen Organisation, sowie bei den in Artikel 49 Absatz 1 Unterabsatz 2 genannten Datenübermittlungen die Dokumentierung geeigneter Garantien;

f) wenn möglich, die vorgesehenen Fristen für die Löschung der verschiedenen Datenkategorien;

g) wenn möglich, eine allgemeine Beschreibung der technischen und organisatorischen Maßnahmen gemäß Artikel 32 Absatz 1.

(2) Jeder Auftragsverarbeiter und gegebenenfalls sein Vertreter führen ein Verzeichnis zu allen Kategorien von im Auftrag eines Verantwortlichen durchgeführten Tätigkeiten der Verarbeitung, die Folgendes enthält:

[1] Art. 30 Abs. 5 ber. ABl. 2016 Nr. L 314 S. 72.

a) den Namen und die Kontaktdaten des Auftragsverarbeiters oder der Auftragsverarbeiter und jedes Verantwortlichen, in dessen Auftrag der Auftragsverarbeiter tätig ist, sowie gegebenenfalls des Vertreters des Verantwortlichen oder des Auftragsverarbeiters und eines etwaigen Datenschutzbeauftragten;

b) die Kategorien von Verarbeitungen, die im Auftrag jedes Verantwortlichen durchgeführt werden;

c) gegebenenfalls Übermittlungen von personenbezogenen Daten an ein Drittland oder an eine internationale Organisation, einschließlich der Angabe des betreffenden Drittlands oder der betreffenden internationalen Organisation, sowie bei den in Artikel 49 Absatz 1 Unterabsatz 2 genannten Datenübermittlungen die Dokumentierung geeigneter Garantien;

d) wenn möglich, eine allgemeine Beschreibung der technischen und organisatorischen Maßnahmen gemäß Artikel 32 Absatz 1.

(3) Das in den Absätzen 1 und 2 genannte Verzeichnis ist schriftlich zu führen, was auch in einem elektronischen Format erfolgen kann.

(4) Der Verantwortliche oder der Auftragsverarbeiter sowie gegebenenfalls der Vertreter des Verantwortlichen oder des Auftragsverarbeiters stellen der Aufsichtsbehörde das Verzeichnis auf Anfrage zur Verfügung.

(5) Die in den Absätzen 1 und 2 genannten Pflichten gelten nicht für Unternehmen oder Einrichtungen, die weniger als 250 Mitarbeiter beschäftigen, es sei denn, die von ihnen vorgenommene Verarbeitung birgt ein Risiko für die Rechte und Freiheiten der betroffenen Personen, die Verarbeitung erfolgt nicht nur gelegentlich oder es erfolgt eine Verarbeitung besonderer Datenkategorien gemäß Artikel 9 Absatz 1 bzw. die Verarbeitung von personenbezogenen Daten über strafrechtliche Verurteilungen und Straftaten im Sinne des Artikels 10.

Art. 31 Zusammenarbeit mit der Aufsichtsbehörde. Der Verantwortliche und der Auftragsverarbeiter und gegebenenfalls deren Vertreter arbeiten auf Anfrage mit der Aufsichtsbehörde bei der Erfüllung ihrer Aufgaben zusammen.

Abschnitt 2. Sicherheit personenbezogener Daten

Art. 32[1) Sicherheit der Verarbeitung. (1) Unter Berücksichtigung des Stands der Technik, der Implementierungskosten und der Art, des Umfangs, der Umstände und der Zwecke der Verarbeitung sowie der unterschiedlichen Eintrittswahrscheinlichkeit und Schwere des Risikos für die Rechte und Freiheiten natürlicher Personen treffen der Verantwortliche und der Auftragsverarbeiter geeignete technische und organisatorische Maßnahmen, um ein dem Risiko angemessenes *Schutzniveau zu* gewährleisten; diese Maßnahmen schließen gegebenenfalls unter anderem Folgendes ein:

a) die Pseudonymisierung und Verschlüsselung personenbezogener Daten;

b) die Fähigkeit, die Vertraulichkeit, Integrität, Verfügbarkeit und Belastbarkeit der Systeme und Dienste im Zusammenhang mit der Verarbeitung auf Dauer sicherzustellen;

[1) Art. 32 Abs. 1 einl. Satzteil ber. ABl. 2018 Nr. L 127 S. 2.

c) die Fähigkeit, die Verfügbarkeit der personenbezogenen Daten und den Zugang zu ihnen bei einem physischen oder technischen Zwischenfall rasch wiederherzustellen;

d) ein Verfahren zur regelmäßigen Überprüfung, Bewertung und Evaluierung der Wirksamkeit der technischen und organisatorischen Maßnahmen zur Gewährleistung der Sicherheit der Verarbeitung.

(2) Bei der Beurteilung des angemessenen Schutzniveaus sind insbesondere die Risiken zu berücksichtigen, die mit der Verarbeitung verbunden sind, insbesondere durch – ob unbeabsichtigt oder unrechtmäßig – Vernichtung, Verlust, Veränderung oder unbefugte Offenlegung von beziehungsweise unbefugten Zugang zu personenbezogenen Daten, die übermittelt, gespeichert oder auf andere Weise verarbeitet wurden.

(3) Die Einhaltung genehmigter Verhaltensregeln gemäß Artikel 40 oder eines genehmigten Zertifizierungsverfahrens gemäß Artikel 42 kann als Faktor herangezogen werden, um die Erfüllung der in Absatz 1 des vorliegenden Artikels genannten Anforderungen nachzuweisen.

(4) Der Verantwortliche und der Auftragsverarbeiter unternehmen Schritte, um sicherzustellen, dass ihnen unterstellte natürliche Personen, die Zugang zu personenbezogenen Daten haben, diese nur auf Anweisung des Verantwortlichen verarbeiten, es sei denn, sie sind nach dem Recht der Union oder der Mitgliedstaaten zur Verarbeitung verpflichtet.

Art. 33[1]) Meldung von Verletzungen des Schutzes personenbezogener Daten an die Aufsichtsbehörde. (1) [1] Im Falle einer Verletzung des Schutzes personenbezogener Daten meldet der Verantwortliche unverzüglich und möglichst binnen 72 Stunden, nachdem ihm die Verletzung bekannt wurde, diese der gemäß Artikel 55 zuständigen Aufsichtsbehörde, es sei denn, dass die Verletzung des Schutzes personenbezogener Daten voraussichtlich nicht zu einem Risiko für die Rechte und Freiheiten natürlicher Personen führt. [2] Erfolgt die Meldung an die Aufsichtsbehörde nicht binnen 72 Stunden, so ist ihr eine Begründung für die Verzögerung beizufügen.

(2) Wenn dem Auftragsverarbeiter eine Verletzung des Schutzes personenbezogener Daten bekannt wird, meldet er diese dem Verantwortlichen unverzüglich.

(3) Die Meldung gemäß Absatz 1 enthält zumindest folgende Informationen:

a) eine Beschreibung der Art der Verletzung des Schutzes personenbezogener Daten, soweit möglich mit Angabe der Kategorien und der ungefähren Zahl der betroffenen Personen, der betroffenen Kategorien und der ungefähren Zahl der betroffenen personenbezogenen Datensätze;

b) den Namen und die Kontaktdaten des Datenschutzbeauftragten oder einer sonstigen Anlaufstelle für weitere Informationen;

c) eine Beschreibung der wahrscheinlichen Folgen der Verletzung des Schutzes personenbezogener Daten;

d) eine Beschreibung der von dem Verantwortlichen ergriffenen oder vorgeschlagenen Maßnahmen zur Behebung der Verletzung des Schutzes per-

[1]) Art. 33 Abs. 1 Satz 1 ber. ABl. 2016 Nr. L 314 S. 72.

sonenbezogener Daten und gegebenenfalls Maßnahmen zur Abmilderung ihrer möglichen nachteiligen Auswirkungen.

(4) Wenn und soweit die Informationen nicht zur gleichen Zeit bereitgestellt werden können, kann der Verantwortliche diese Informationen ohne unangemessene weitere Verzögerung schrittweise zur Verfügung stellen.

(5) [1] Der Verantwortliche dokumentiert Verletzungen des Schutzes personenbezogener Daten einschließlich aller im Zusammenhang mit der Verletzung des Schutzes personenbezogener Daten stehenden Fakten, von deren Auswirkungen und der ergriffenen Abhilfemaßnahmen. [2] Diese Dokumentation muss der Aufsichtsbehörde die Überprüfung der Einhaltung der Bestimmungen dieses Artikels ermöglichen.

Art. 34 Benachrichtigung der von einer Verletzung des Schutzes personenbezogener Daten betroffenen Person. (1) Hat die Verletzung des Schutzes personenbezogener Daten voraussichtlich ein hohes Risiko für die persönlichen Rechte und Freiheiten natürlicher Personen zur Folge, so benachrichtigt der Verantwortliche die betroffene Person unverzüglich von der Verletzung.

(2) Die in Absatz 1 genannte Benachrichtigung der betroffenen Person beschreibt in klarer und einfacher Sprache die Art der Verletzung des Schutzes personenbezogener Daten und enthält zumindest die in Artikel 33 Absatz 3 Buchstaben b, c und d genannten Informationen und Maßnahmen.

(3) Die Benachrichtigung der betroffenen Person gemäß Absatz 1 ist nicht erforderlich, wenn eine der folgenden Bedingungen erfüllt ist:

a) der Verantwortliche geeignete technische und organisatorische Sicherheitsvorkehrungen getroffen hat und diese Vorkehrungen auf die von der Verletzung betroffenen personenbezogenen Daten angewandt wurden, insbesondere solche, durch die die personenbezogenen Daten für alle Personen, die nicht zum Zugang zu den personenbezogenen Daten befugt sind, unzugänglich gemacht werden, etwa durch Verschlüsselung;

b) der Verantwortliche durch nachfolgende Maßnahmen sichergestellt hat, dass das hohe Risiko für die Rechte und Freiheiten der betroffenen Personen gemäß Absatz 1 aller Wahrscheinlichkeit nach nicht mehr besteht;

c) dies mit einem unverhältnismäßigen Aufwand verbunden wäre. In diesem Fall hat stattdessen eine öffentliche Bekanntmachung oder eine ähnliche Maßnahme zu erfolgen, durch die die betroffenen Personen vergleichbar wirksam informiert werden.

(4) Wenn der Verantwortliche die betroffene Person nicht bereits über die Verletzung des Schutzes personenbezogener Daten benachrichtigt hat, kann die Aufsichtsbehörde unter Berücksichtigung der Wahrscheinlichkeit, mit der die Verletzung des Schutzes personenbezogener Daten zu einem hohen Risiko führt, von dem Verantwortlichen verlangen, dies nachzuholen, oder sie kann mit einem Beschluss feststellen, dass bestimmte der in Absatz 3 genannten Voraussetzungen erfüllt sind.

Abschnitt 3. Datenschutz-Folgenabschätzung und vorherige Konsultation

Art. 35 Datenschutz-Folgenabschätzung. (1) [1] Hat eine Form der Verarbeitung, insbesondere bei Verwendung neuer Technologien, aufgrund der Art, des Umfangs, der Umstände und der Zwecke der Verarbeitung voraussichtlich ein hohes Risiko für die Rechte und Freiheiten natürlicher Personen zur Folge, so führt der Verantwortliche vorab eine Abschätzung der Folgen der vorgesehenen Verarbeitungsvorgänge für den Schutz personenbezogener Daten durch. [2] Für die Untersuchung mehrerer ähnlicher Verarbeitungsvorgänge mit ähnlich hohen Risiken kann eine einzige Abschätzung vorgenommen werden.

(2) Der Verantwortliche holt bei der Durchführung einer Datenschutz-Folgenabschätzung den Rat des Datenschutzbeauftragten, sofern ein solcher benannt wurde, ein.

(3) Eine Datenschutz-Folgenabschätzung gemäß Absatz 1 ist insbesondere in folgenden Fällen erforderlich:

a) systematische und umfassende Bewertung persönlicher Aspekte natürlicher Personen, die sich auf automatisierte Verarbeitung einschließlich Profiling gründet und die ihrerseits als Grundlage für Entscheidungen dient, die Rechtswirkung gegenüber natürlichen Personen entfalten oder diese in ähnlich erheblicher Weise beeinträchtigen;

b) umfangreiche Verarbeitung besonderer Kategorien von personenbezogenen Daten gemäß Artikel 9 Absatz 1 oder von personenbezogenen Daten über strafrechtliche Verurteilungen und Straftaten gemäß Artikel 10 oder

c) systematische umfangreiche Überwachung öffentlich zugänglicher Bereiche.

(4) [1] Die Aufsichtsbehörde erstellt eine Liste der Verarbeitungsvorgänge, für die gemäß Absatz 1 eine Datenschutz-Folgenabschätzung durchzuführen ist, und veröffentlicht diese. [2] Die Aufsichtsbehörde übermittelt diese Listen dem in Artikel 68 genannten Ausschuss.

(5) [1] Die Aufsichtsbehörde kann des Weiteren eine Liste der Arten von Verarbeitungsvorgängen erstellen und veröffentlichen, für die keine Datenschutz-Folgenabschätzung erforderlich ist. [2] Die Aufsichtsbehörde übermittelt diese Listen dem Ausschuss.

(6) Vor Festlegung der in den Absätzen 4 und 5 genannten Listen wendet die zuständige Aufsichtsbehörde das Kohärenzverfahren gemäß Artikel 63 an, wenn solche Listen Verarbeitungstätigkeiten umfassen, die mit dem Angebot von Waren oder Dienstleistungen für betroffene Personen oder der Beobachtung des Verhaltens dieser Personen in mehreren Mitgliedstaaten im Zusammenhang stehen oder die den freien Verkehr personenbezogener Daten innerhalb der Union erheblich beeinträchtigen könnten.

(7) Die Folgenabschätzung enthält zumindest Folgendes:

a) eine systematische Beschreibung der geplanten Verarbeitungsvorgänge und der Zwecke der Verarbeitung, gegebenenfalls einschließlich der von dem Verantwortlichen verfolgten berechtigten Interessen;

b) eine Bewertung der Notwendigkeit und Verhältnismäßigkeit der Verarbeitungsvorgänge in Bezug auf den Zweck;

c) eine Bewertung der Risiken für die Rechte und Freiheiten der betroffenen Personen gemäß Absatz 1 und

d) die zur Bewältigung der Risiken geplanten Abhilfemaßnahmen, einschließ-
lich Garantien, Sicherheitsvorkehrungen und Verfahren, durch die der
Schutz personenbezogener Daten sichergestellt und der Nachweis dafür
erbracht wird, dass diese Verordnung eingehalten wird, wobei den Rechten
und berechtigten Interessen der betroffenen Personen und sonstiger Betroffe-
ner Rechnung getragen wird.

(8) Die Einhaltung genehmigter Verhaltensregeln gemäß Artikel 40 durch
die zuständigen Verantwortlichen oder die zuständigen Auftragsverarbeiter ist
bei der Beurteilung der Auswirkungen der von diesen durchgeführten Ver-
arbeitungsvorgänge, insbesondere für die Zwecke einer Datenschutz-Folgen-
abschätzung, gebührend zu berücksichtigen.

(9) Der Verantwortliche holt gegebenenfalls den Standpunkt der betroffenen
Personen oder ihrer Vertreter zu der beabsichtigten Verarbeitung unbeschadet
des Schutzes gewerblicher oder öffentlicher Interessen oder der Sicherheit der
Verarbeitungsvorgänge ein.

(10) Falls die Verarbeitung gemäß Artikel 6 Absatz 1 Buchstabe c oder e auf
einer Rechtsgrundlage im Unionsrecht oder im Recht des Mitgliedstaats, dem
der Verantwortliche unterliegt, beruht und falls diese Rechtsvorschriften den
konkreten Verarbeitungsvorgang oder die konkreten Verarbeitungsvorgänge
regeln und bereits im Rahmen der allgemeinen Folgenabschätzung im Zusam-
menhang mit dem Erlass dieser Rechtsgrundlage eine Datenschutz-Folgen-
abschätzung erfolgte, gelten die Absätze 1 bis 7 nur, wenn es nach dem Er-
messen der Mitgliedstaaten erforderlich ist, vor den betreffenden Verarbeitungs-
tätigkeiten eine solche Folgenabschätzung durchzuführen.

(11) Erforderlichenfalls führt der Verantwortliche eine Überprüfung durch,
um zu bewerten, ob die Verarbeitung gemäß der Datenschutz-Folgenabschät-
zung durchgeführt wird; dies gilt zumindest, wenn hinsichtlich des mit den
Verarbeitungsvorgängen verbundenen Risikos Änderungen eingetreten sind.

Art. 36 Vorherige Konsultation. (1) Der Verantwortliche konsultiert vor
der Verarbeitung die Aufsichtsbehörde, wenn aus einer Datenschutz-Folgen-
abschätzung gemäß Artikel 35 hervorgeht, dass die Verarbeitung ein hohes
Risiko zur Folge hätte, sofern der Verantwortliche keine Maßnahmen zur
Eindämmung des Risikos trifft.

(2) [1] Falls die Aufsichtsbehörde der Auffassung ist, dass die geplante Ver-
arbeitung gemäß Absatz 1 nicht im Einklang mit dieser Verordnung stünde,
insbesondere weil der Verantwortliche das Risiko nicht ausreichend ermittelt
oder nicht ausreichend eingedämmt hat, unterbreitet sie dem Verantwortlichen
und gegebenenfalls dem Auftragsverarbeiter innerhalb eines Zeitraums von bis
zu acht Wochen nach Erhalt des Ersuchens um Konsultation entsprechende
schriftliche Empfehlungen und *kann ihre in Artikel 58 genannten Befugnisse
ausüben.* [2] *Diese Frist kann unter Berücksichtigung der Komplexität der ge-
planten Verarbeitung um sechs Wochen verlängert werden.* [3] Die Aufsichts-
behörde unterrichtet den Verantwortlichen oder gegebenenfalls den Auftrags-
verarbeiter über eine solche Fristverlängerung innerhalb eines Monats nach
Eingang des Antrags auf Konsultation zusammen mit den Gründen für die
Verzögerung. [4] Diese Fristen können ausgesetzt werden, bis die Aufsichtsbehör-
de die für die Zwecke der Konsultation angeforderten Informationen erhalten
hat.

(3) Der Verantwortliche stellt der Aufsichtsbehörde bei einer Konsultation gemäß Absatz 1 folgende Informationen zur Verfügung:

a) gegebenenfalls Angaben zu den jeweiligen Zuständigkeiten des Verantwortlichen, der gemeinsam Verantwortlichen und der an der Verarbeitung beteiligten Auftragsverarbeiter, insbesondere bei einer Verarbeitung innerhalb einer Gruppe von Unternehmen;

b) die Zwecke und die Mittel der beabsichtigten Verarbeitung;

c) die zum Schutz der Rechte und Freiheiten der betroffenen Personen gemäß dieser Verordnung vorgesehenen Maßnahmen und Garantien;

d) gegebenenfalls die Kontaktdaten des Datenschutzbeauftragten;

e) die Datenschutz-Folgenabschätzung gemäß Artikel 35 und

f) alle sonstigen von der Aufsichtsbehörde angeforderten Informationen.

(4) Die Mitgliedstaaten konsultieren die Aufsichtsbehörde bei der Ausarbeitung eines Vorschlags für von einem nationalen Parlament zu erlassende Gesetzgebungsmaßnahmen oder von auf solchen Gesetzgebungsmaßnahmen basierenden Regelungsmaßnahmen, die die Verarbeitung betreffen.

(5) Ungeachtet des Absatzes 1 können Verantwortliche durch das Recht der Mitgliedstaaten verpflichtet werden, bei der Verarbeitung zur Erfüllung einer im öffentlichen Interesse liegenden Aufgabe, einschließlich der Verarbeitung zu Zwecken der sozialen Sicherheit und der öffentlichen Gesundheit, die Aufsichtsbehörde zu konsultieren und deren vorherige Genehmigung einzuholen.

Abschnitt 4. Datenschutzbeauftragter

Art. 37[1] Benennung eines Datenschutzbeauftragten. (1) Der Verantwortliche und der Auftragsverarbeiter benennen auf jeden Fall einen Datenschutzbeauftragten, wenn

a) die Verarbeitung von einer Behörde oder öffentlichen Stelle durchgeführt wird, mit Ausnahme von Gerichten, soweit sie im Rahmen ihrer justiziellen Tätigkeit handeln,

b) die Kerntätigkeit des Verantwortlichen oder des Auftragsverarbeiters in der Durchführung von Verarbeitungsvorgängen besteht, welche aufgrund ihrer Art, ihres Umfangs und/oder ihrer Zwecke eine umfangreiche regelmäßige und systematische Überwachung von betroffenen Personen erforderlich machen, oder

c) die Kerntätigkeit des Verantwortlichen oder des Auftragsverarbeiters in der umfangreichen Verarbeitung besonderer Kategorien von Daten gemäß Artikel 9 oder von personenbezogenen Daten über strafrechtliche Verurteilungen und Straftaten gemäß Artikel 10 besteht.

(2) Eine Unternehmensgruppe darf einen gemeinsamen Datenschutzbeauftragten ernennen, sofern von jeder Niederlassung aus der Datenschutzbeauftragte leicht erreicht werden kann.

(3) Falls es sich bei dem Verantwortlichen oder dem Auftragsverarbeiter um eine Behörde oder öffentliche Stelle handelt, kann für mehrere solcher Behör-

[1] Art. 37 Abs. 1 Buchst. a ber. ABl. 2018 Nr. L 127 S. 2.

h) die Maßnahmen und Verfahren gemäß den Artikeln 24 und 25 und die Maßnahmen für die Sicherheit der Verarbeitung gemäß Artikel 32;

i) die Meldung von Verletzungen des Schutzes personenbezogener Daten an Aufsichtsbehörden und die Benachrichtigung der betroffenen Person von solchen Verletzungen des Schutzes personenbezogener Daten;

j) die Übermittlung personenbezogener Daten an Drittländer oder an internationale Organisationen oder

k) außergerichtliche Verfahren und sonstige Streitbeilegungsverfahren zur Beilegung von Streitigkeiten zwischen Verantwortlichen und betroffenen Personen im Zusammenhang mit der Verarbeitung, unbeschadet der Rechte betroffener Personen gemäß den Artikeln 77 und 79.

(3) [1] Zusätzlich zur Einhaltung durch die unter diese Verordnung fallenden Verantwortlichen oder Auftragsverarbeiter können Verhaltensregeln, die gemäß Absatz 5 des vorliegenden Artikels genehmigt wurden und gemäß Absatz 9 des vorliegenden Artikels allgemeine Gültigkeit besitzen, auch von Verantwortlichen oder Auftragsverarbeitern, die gemäß Artikel 3 nicht unter diese Verordnung fallen, eingehalten werden, um geeignete Garantien im Rahmen der Übermittlung personenbezogener Daten an Drittländer oder internationale Organisationen nach Maßgabe des Artikels 46 Absatz 2 Buchstabe e zu bieten. [2] Diese Verantwortlichen oder Auftragsverarbeiter gehen mittels vertraglicher oder sonstiger rechtlich bindender Instrumente die verbindliche und durchsetzbare Verpflichtung ein, die geeigneten Garantien anzuwenden, auch im Hinblick auf die Rechte der betroffenen Personen.

(4) Die Verhaltensregeln gemäß Absatz 2 des vorliegenden Artikels müssen Verfahren vorsehen, die es der in Artikel 41 Absatz 1 genannten Stelle ermöglichen, die obligatorische Überwachung der Einhaltung ihrer Bestimmungen durch die Verantwortlichen oder die Auftragsverarbeiter, die sich zur Anwendung der Verhaltensregeln verpflichten, vorzunehmen, unbeschadet der Aufgaben und Befugnisse der Aufsichtsbehörde, die nach Artikel 55 oder 56 zuständig ist.

(5) [1] Verbände und andere Vereinigungen gemäß Absatz 2 des vorliegenden Artikels, die beabsichtigen, Verhaltensregeln auszuarbeiten oder bestehende Verhaltensregeln zu ändern oder zu erweitern, legen den Entwurf der Verhaltensregeln bzw. den Entwurf zu deren Änderung oder Erweiterung der Aufsichtsbehörde vor, die nach Artikel 55 zuständig ist. [2] Die Aufsichtsbehörde gibt eine Stellungnahme darüber ab, ob der Entwurf der Verhaltensregeln bzw. der Entwurf zu deren Änderung oder Erweiterung mit dieser Verordnung vereinbar ist und genehmigt diesen Entwurf der Verhaltensregeln bzw. den Entwurf zu deren Änderung oder Erweiterung, wenn sie der Auffassung ist, dass er ausreichende geeignete Garantien bietet.

(6) Wird durch die Stellungnahme nach Absatz 5 der Entwurf der Verhaltensregeln bzw. der Entwurf zu deren Änderung oder Erweiterung genehmigt und beziehen sich die betreffenden Verhaltensregeln nicht auf Verarbeitungstätigkeiten in mehreren Mitgliedstaaten, so nimmt die Aufsichtsbehörde die Verhaltensregeln in ein Verzeichnis auf und veröffentlicht sie.

(7) Bezieht sich der Entwurf der Verhaltensregeln auf Verarbeitungstätigkeiten in mehreren Mitgliedstaaten, so legt die nach Artikel 55 zuständige Aufsichtsbehörde – bevor sie den Entwurf der Verhaltensregeln bzw. den Entwurf zu deren Änderung oder Erweiterung genehmigt – ihn nach dem Ver-

fahren gemäß Artikel 63 dem Ausschuss vor, der zu der Frage Stellung nimmt, ob der Entwurf der Verhaltensregeln bzw. der Entwurf zu deren Änderung oder Erweiterung mit dieser Verordnung vereinbar ist oder – im Fall nach Absatz 3 dieses Artikels – geeignete Garantien vorsieht.

(8) Wird durch die Stellungnahme nach Absatz 7 bestätigt, dass der Entwurf der Verhaltensregeln bzw. der Entwurf zu deren Änderung oder Erweiterung mit dieser Verordnung vereinbar ist oder – im Fall nach Absatz 3 – geeignete Garantien vorsieht, so übermittelt der Ausschuss seine Stellungnahme der Kommission.

(9) [1] Die Kommission kann im Wege von Durchführungsrechtsakten beschließen, dass die ihr gemäß Absatz 8 übermittelten genehmigten Verhaltensregeln bzw. deren genehmigte Änderung oder Erweiterung allgemeine Gültigkeit in der Union besitzen. [2] Diese Durchführungsrechtsakte werden gemäß dem Prüfverfahren nach Artikel 93 Absatz 2 erlassen.

(10) Die Kommission trägt dafür Sorge, dass die genehmigten Verhaltensregeln, denen gemäß Absatz 9 allgemeine Gültigkeit zuerkannt wurde, in geeigneter Weise veröffentlicht werden.

(11) Der Ausschuss nimmt alle genehmigten Verhaltensregeln bzw. deren genehmigte Änderungen oder Erweiterungen in ein Register auf und veröffentlicht sie in geeigneter Weise.

Art. 41[1] Überwachung der genehmigten Verhaltensregeln. (1) Unbeschadet der Aufgaben und Befugnisse der zuständigen Aufsichtsbehörde gemäß den Artikeln 57 und 58 kann die Überwachung der Einhaltung von Verhaltensregeln gemäß Artikel 40 von einer Stelle durchgeführt werden, die über das geeignete Fachwissen hinsichtlich des Gegenstands der Verhaltensregeln verfügt und die von der zuständigen Aufsichtsbehörde zu diesem Zweck akkreditiert wurde.

(2) Eine Stelle gemäß Absatz 1 kann zum Zwecke der Überwachung der Einhaltung von Verhaltensregeln akkreditiert werden, wenn sie

a) ihre Unabhängigkeit und ihr Fachwissen hinsichtlich des Gegenstands der Verhaltensregeln zur Zufriedenheit der zuständigen Aufsichtsbehörde nachgewiesen hat;

b) Verfahren festgelegt hat, die es ihr ermöglichen, zu bewerten, ob Verantwortliche und Auftragsverarbeiter die Verhaltensregeln anwenden können, die Einhaltung der Verhaltensregeln durch die Verantwortlichen und Auftragsverarbeiter zu überwachen und die Anwendung der Verhaltensregeln regelmäßig zu überprüfen;

c) Verfahren und Strukturen festgelegt hat, mit denen sie Beschwerden über Verletzungen der Verhaltensregeln oder über die Art und Weise, in der die Verhaltensregeln von dem Verantwortlichen oder dem Auftragsverarbeiter angewendet werden oder wurden, nachgeht und diese Verfahren und Strukturen für betroffene Personen und die Öffentlichkeit transparent macht, und

d) zur Zufriedenheit der zuständigen Aufsichtsbehörde nachgewiesen hat, dass ihre Aufgaben und Pflichten nicht zu einem Interessenkonflikt führen.

[1] Art. 41 Abs. 3 und 5 ber. ABl. 2018 Nr. L 127 S. 2.

(3) Die zuständige Aufsichtsbehörde übermittelt den Entwurf der Anforderungen an die Akkreditierung einer Stelle nach Absatz 1 gemäß dem Kohärenzverfahren nach Artikel 63 an den Ausschuss.

(4) [1] Unbeschadet der Aufgaben und Befugnisse der zuständigen Aufsichtsbehörde und der Bestimmungen des Kapitels VIII ergreift eine Stelle gemäß Absatz 1 vorbehaltlich geeigneter Garantien im Falle einer Verletzung der Verhaltensregeln durch einen Verantwortlichen oder einen Auftragsverarbeiter geeignete Maßnahmen, einschließlich eines vorläufigen oder endgültigen Ausschlusses des Verantwortlichen oder Auftragsverarbeiters von den Verhaltensregeln. [2] Sie unterrichtet die zuständige Aufsichtsbehörde über solche Maßnahmen und deren Begründung.

(5) Die zuständige Aufsichtsbehörde widerruft die Akkreditierung einer Stelle gemäß Absatz 1, wenn die Anforderungen an ihre Akkreditierung nicht oder nicht mehr erfüllt sind oder wenn die Stelle Maßnahmen ergreift, die nicht mit dieser Verordnung vereinbar sind.

(6) Dieser Artikel gilt nicht für die Verarbeitung durch Behörden oder öffentliche Stellen.

Art. 42[1)] **Zertifizierung.** (1) [1] Die Mitgliedstaaten, die Aufsichtsbehörden, der Ausschuss und die Kommission fördern insbesondere auf Unionsebene die Einführung von datenschutzspezifischen Zertifizierungsverfahren sowie von Datenschutzsiegeln und -prüfzeichen, die dazu dienen, nachzuweisen, dass diese Verordnung bei Verarbeitungsvorgängen von Verantwortlichen oder Auftragsverarbeitern eingehalten wird. [2] Den besonderen Bedürfnissen von Kleinstunternehmen sowie kleinen und mittleren Unternehmen wird Rechnung getragen.

(2) [1] Zusätzlich zur Einhaltung durch die unter diese Verordnung fallenden Verantwortlichen oder Auftragsverarbeiter können auch datenschutzspezifische Zertifizierungsverfahren, Siegel oder Prüfzeichen, die gemäß Absatz 5 des vorliegenden Artikels genehmigt worden sind, vorgesehen werden, um nachzuweisen, dass die Verantwortlichen oder Auftragsverarbeiter, die gemäß Artikel 3 nicht unter diese Verordnung fallen, im Rahmen der Übermittlung personenbezogener Daten an Drittländer oder internationale Organisationen nach Maßgabe von Artikel 46 Absatz 2 Buchstabe f geeignete Garantien bieten. [2] Diese Verantwortlichen oder Auftragsverarbeiter gehen mittels vertraglicher oder sonstiger rechtlich bindender Instrumente die verbindliche und durchsetzbare Verpflichtung ein, diese geeigneten Garantien anzuwenden, auch im Hinblick auf die Rechte der betroffenen Personen.

(3) Die Zertifizierung muss freiwillig und über ein transparentes Verfahren zugänglich sein.

(4) Eine Zertifizierung gemäß diesem Artikel mindert nicht die Verantwortung des Verantwortlichen oder des Auftragsverarbeiters für die Einhaltung dieser Verordnung und berührt nicht die Aufgaben und Befugnisse der Aufsichtsbehörden, die gemäß Artikel 55 oder 56 zuständig sind.

(5) [1] Eine Zertifizierung nach diesem Artikel wird durch die Zertifizierungsstellen nach Artikel 43 oder durch die zuständige Aufsichtsbehörde anhand der von dieser zuständigen Aufsichtsbehörde gemäß Artikel 58 Absatz 3 oder –

[1)] Art. 42 Abs. 7 Sätze 1 und 2 ber. ABl. 2018 Nr. L 127 S. 2.

gemäß Artikel 63 – durch den Ausschuss genehmigten Kriterien erteilt. [2] Werden die Kriterien vom Ausschuss genehmigt, kann dies zu einer gemeinsamen Zertifizierung, dem Europäischen Datenschutzsiegel, führen.

(6) Der Verantwortliche oder der Auftragsverarbeiter, der die von ihm durchgeführte Verarbeitung dem Zertifizierungsverfahren unterwirft, stellt der Zertifizierungsstelle nach Artikel 43 oder gegebenenfalls der zuständigen Aufsichtsbehörde alle für die Durchführung des Zertifizierungsverfahrens erforderlichen Informationen zur Verfügung und gewährt ihr den in diesem Zusammenhang erforderlichen Zugang zu seinen Verarbeitungtätigkeiten.

(7) [1] Die Zertifizierung wird einem Verantwortlichen oder einem Auftragsverarbeiter für eine Höchstdauer von drei Jahren erteilt und kann unter denselben Bedingungen verlängert werden, sofern die einschlägigen Kriterien weiterhin erfüllt werden. [2] Die Zertifizierung wird gegebenenfalls durch die Zertifizierungsstellen nach Artikel 43 oder durch die zuständige Aufsichtsbehörde widerrufen, wenn die Kriterien für die Zertifizierung nicht oder nicht mehr erfüllt werden.

(8) Der Ausschuss nimmt alle Zertifizierungsverfahren und Datenschutzsiegel und -prüfzeichen in ein Register auf und veröffentlicht sie in geeigneter Weise.

Art. 43[1] Zertifizierungsstellen. (1) [1] Unbeschadet der Aufgaben und Befugnisse der zuständigen Aufsichtsbehörde gemäß den Artikeln 57 und 58 erteilen oder verlängern Zertifizierungsstellen, die über das geeignete Fachwissen hinsichtlich des Datenschutzes verfügen, nach Unterrichtung der Aufsichtsbehörde – damit diese erforderlichenfalls von ihren Befugnissen gemäß Artikel 58 Absatz 2 Buchstabe h Gebrauch machen kann – die Zertifizierung. [2] Die Mitgliedstaaten stellen sicher, dass diese Zertifizierungsstellen von einer oder beiden der folgenden Stellen akkreditiert werden:

a) der gemäß Artikel 55 oder 56 zuständigen Aufsichtsbehörde;

b) der nationalen Akkreditierungsstelle, die gemäß der Verordnung (EG) Nr. 765/2008 des Europäischen Parlaments und des Rates[2] im Einklang mit EN-ISO/IEC 17065/2012 und mit den zusätzlichen von der gemäß Artikel 55 oder 56 zuständigen Aufsichtsbehörde festgelegten Anforderungen benannt wurde.

(2) Zertifizierungsstellen nach Absatz 1 dürfen nur dann gemäß dem genannten Absatz akkreditiert werden, wenn sie

a) ihre Unabhängigkeit und ihr Fachwissen hinsichtlich des Gegenstands der Zertifizierung zur Zufriedenheit der zuständigen Aufsichtsbehörde nachgewiesen haben;

b) sich verpflichtet haben, die Kriterien nach Artikel 42 Absatz 5, die von der gemäß Artikel 55 oder 56 zuständigen Aufsichtsbehörde oder – gemäß Artikel 63 – von dem Ausschuss genehmigt wurden, einzuhalten;

[1] Art. 43 Abs. 3 Satz 1 und Abs. 6 ber. ABl. 2018 Nr. L 127 S. 2.
[2] **Amtl. Anm.:** Verordnung (EG) Nr. 765/2008 des Europäischen Parlaments und des Rates vom 9. Juli 2008 *über die Vorschriften für die Akkreditierung und Marktüberwachung im Zusammenhang mit der Vermarktung von Produkten und zur Aufhebung der Verordnung (EWG) Nr. 339/93 des Rates* (ABl. L 218 vom 13.8.2008, S. 30).

c) Verfahren für die Erteilung, die regelmäßige Überprüfung und den Widerruf der Datenschutzzertifizierung sowie der Datenschutzsiegel und -prüfzeichen festgelegt haben;

d) Verfahren und Strukturen festgelegt haben, mit denen sie Beschwerden über Verletzungen der Zertifizierung oder die Art und Weise, in der die Zertifizierung von dem Verantwortlichen oder dem Auftragsverarbeiter umgesetzt wird oder wurde, nachgehen und diese Verfahren und Strukturen für betroffene Personen und die Öffentlichkeit transparent machen, und

e) zur Zufriedenheit der zuständigen Aufsichtsbehörde nachgewiesen haben, dass ihre Aufgaben und Pflichten nicht zu einem Interessenkonflikt führen.

(3) [1] Die Akkreditierung von Zertifizierungsstellen nach den Absätzen 1 und 2 erfolgt anhand der Anforderungen, die von der gemäß Artikel 55 oder 56 zuständigen Aufsichtsbehörde oder – gemäß Artikel 63 – von dem Ausschuss genehmigt wurden. [2] Im Fall einer Akkreditierung nach Absatz 1 Buchstabe b des vorliegenden Artikels ergänzen diese Anforderungen diejenigen, die in der Verordnung (EG) Nr. 765/2008 und in den technischen Vorschriften, in denen die Methoden und Verfahren der Zertifizierungsstellen beschrieben werden, vorgesehen sind.

(4) [1] Die Zertifizierungsstellen nach Absatz 1 sind unbeschadet der Verantwortung, die der Verantwortliche oder der Auftragsverarbeiter für die Einhaltung dieser Verordnung hat, für die angemessene Bewertung, die der Zertifizierung oder dem Widerruf einer Zertifizierung zugrunde liegt, verantwortlich. [2] Die Akkreditierung wird für eine Höchstdauer von fünf Jahren erteilt und kann unter denselben Bedingungen verlängert werden, sofern die Zertifizierungsstelle die Anforderungen dieses Artikels erfüllt.

(5) Die Zertifizierungsstellen nach Absatz 1 teilen den zuständigen Aufsichtsbehörden die Gründe für die Erteilung oder den Widerruf der beantragten Zertifizierung mit.

(6) [1] Die Anforderungen nach Absatz 3 des vorliegenden Artikels und die Kriterien nach Artikel 42 Absatz 5 werden von der Aufsichtsbehörde in leicht zugänglicher Form veröffentlicht. [2] Die Aufsichtsbehörden übermitteln diese Anforderungen und Kriterien auch dem Ausschuss.

(7) Unbeschadet des Kapitels VIII widerruft die zuständige Aufsichtsbehörde oder die nationale Akkreditierungsstelle die Akkreditierung einer Zertifizierungsstelle nach Absatz 1, wenn die Voraussetzungen für die Akkreditierung nicht oder nicht mehr erfüllt sind oder wenn eine Zertifizierungsstelle Maßnahmen ergreift, die nicht mit dieser Verordnung vereinbar sind.

(8) Der Kommission wird die Befugnis übertragen, gemäß Artikel 92 delegierte Rechtsakte zu erlassen, um die Anforderungen festzulegen, die für die in Artikel 42 Absatz 1 genannten datenschutzspezifischen Zertifizierungsverfahren zu berücksichtigen sind.

(9) [1] Die Kommission kann Durchführungsrechtsakte erlassen, mit denen technische Standards für Zertifizierungsverfahren und Datenschutzsiegel und -prüfzeichen sowie Mechanismen zur Förderung und Anerkennung dieser Zertifizierungsverfahren und Datenschutzsiegel und -prüfzeichen festgelegt werden. [2] Diese Durchführungsrechtsakte werden gemäß dem in Artikel 93 Absatz 2 genannten Prüfverfahren erlassen.

Kapitel V. Übermittlungen personenbezogener Daten an Drittländer oder an internationale Organisationen

Art. 44[1] Allgemeine Grundsätze der Datenübermittlung. [1]Jedwede Übermittlung personenbezogener Daten, die bereits verarbeitet werden oder nach ihrer Übermittlung an ein Drittland oder eine internationale Organisation verarbeitet werden sollen, ist nur zulässig, wenn der Verantwortliche und der Auftragsverarbeiter die in diesem Kapitel niedergelegten Bedingungen einhalten und auch die sonstigen Bestimmungen dieser Verordnung eingehalten werden; dies gilt auch für die etwaige Weiterübermittlung personenbezogener Daten aus dem betreffenden Drittland oder der betreffenden internationalen Organisation an ein anderes Drittland oder eine andere internationale Organisation. [2]Alle Bestimmungen dieses Kapitels sind anzuwenden, um sicherzustellen, dass das durch diese Verordnung gewährleistete Schutzniveau für natürliche Personen nicht untergraben wird.

Art. 45 Datenübermittlung auf der Grundlage eines Angemessenheitsbeschlusses. (1) [1]Eine Übermittlung personenbezogener Daten an ein Drittland oder eine internationale Organisation darf vorgenommen werden, wenn die Kommission beschlossen hat, dass das betreffende Drittland, ein Gebiet oder ein oder mehrere spezifische Sektoren in diesem Drittland oder die betreffende internationale Organisation ein angemessenes Schutzniveau bietet. [2]Eine solche Datenübermittlung bedarf keiner besonderen Genehmigung.

(2) Bei der Prüfung der Angemessenheit des gebotenen Schutzniveaus berücksichtigt die Kommission insbesondere das Folgende:

a) die Rechtsstaatlichkeit, die Achtung der Menschenrechte und Grundfreiheiten, die in dem betreffenden Land bzw. bei der betreffenden internationalen Organisation geltenden einschlägigen Rechtsvorschriften sowohl allgemeiner als auch sektoraler Art – auch in Bezug auf öffentliche Sicherheit, Verteidigung, nationale Sicherheit und Strafrecht sowie Zugang der Behörden zu personenbezogenen Daten – sowie die Anwendung dieser Rechtsvorschriften, Datenschutzvorschriften, Berufsregeln und Sicherheitsvorschriften einschließlich der Vorschriften für die Weiterübermittlung personenbezogener Daten an ein anderes Drittland bzw. eine andere internationale Organisation, die Rechtsprechung sowie wirksame und durchsetzbare Rechte der betroffenen Person und wirksame verwaltungsrechtliche und gerichtliche Rechtsbehelfe für betroffene Personen, deren personenbezogene Daten übermittelt werden,

b) die Existenz und die wirksame Funktionsweise einer oder mehrerer unabhängiger Aufsichtsbehörden in dem betreffenden Drittland oder denen eine internationale Organisation untersteht und die für die Einhaltung und Durchsetzung der Datenschutzvorschriften, einschließlich angemessener Durchsetzungsbefugnisse, für die Unterstützung und Beratung der betroffenen Personen bei der Ausübung ihrer Rechte und für die Zusammenarbeit mit den Aufsichtsbehörden der Mitgliedstaaten zuständig sind, und

[1] Art. 44 Satz 1 ber. ABl. 2018 Nr. L 127 S. 2.

c) die von dem betreffenden Drittland bzw. der betreffenden internationalen Organisation eingegangenen internationalen Verpflichtungen oder andere Verpflichtungen, die sich aus rechtsverbindlichen Übereinkünften oder Instrumenten sowie aus der Teilnahme des Drittlands oder der internationalen Organisation an multilateralen oder regionalen Systemen insbesondere in Bezug auf den Schutz personenbezogener Daten ergeben.

(3) [1] Nach der Beurteilung der Angemessenheit des Schutzniveaus kann die Kommission im Wege eines Durchführungsrechtsaktes beschließen, dass ein Drittland, ein Gebiet oder ein oder mehrere spezifische Sektoren in einem Drittland oder eine internationale Organisation ein angemessenes Schutzniveau im Sinne des Absatzes 2 des vorliegenden Artikels bieten. [2] In dem Durchführungsrechtsakt ist ein Mechanismus für eine regelmäßige Überprüfung, die mindestens alle vier Jahre erfolgt, vorzusehen, bei der allen maßgeblichen Entwicklungen in dem Drittland oder bei der internationalen Organisation Rechnung getragen wird. [3] Im Durchführungsrechtsakt werden der territoriale und der sektorale Anwendungsbereich sowie gegebenenfalls die in Absatz 2 Buchstabe b des vorliegenden Artikels genannte Aufsichtsbehörde bzw. genannten Aufsichtsbehörden angegeben. [4] Der Durchführungsrechtsakt wird gemäß dem in Artikel 93 Absatz 2 genannten Prüfverfahren erlassen.

(4) Die Kommission überwacht fortlaufend die Entwicklungen in Drittländern und bei internationalen Organisationen, die die Wirkungsweise der nach Absatz 3 des vorliegenden Artikels erlassenen Beschlüsse und der nach Artikel 25 Absatz 6 der Richtlinie 95/46/EG erlassenen Feststellungen beeinträchtigen könnten.

(5) [1] Die Kommission widerruft, ändert oder setzt die in Absatz 3 des vorliegenden Artikels genannten Beschlüsse im Wege von Durchführungsrechtsakten aus, soweit dies nötig ist und ohne rückwirkende Kraft, soweit entsprechende Informationen – insbesondere im Anschluss an die in Absatz 3 des vorliegenden Artikels genannte Überprüfung – dahingehend vorliegen, dass ein Drittland, ein Gebiet oder ein oder mehrere spezifischer Sektor in einem Drittland oder eine internationale Organisation kein angemessenes Schutzniveau im Sinne des Absatzes 2 des vorliegenden Artikels mehr gewährleistet. [2] Diese Durchführungsrechtsakte werden gemäß dem Prüfverfahren nach Artikel 93 Absatz 2 erlassen.

In hinreichend begründeten Fällen äußerster Dringlichkeit erlässt die Kommission gemäß dem in Artikel 93 Absatz 3 genannten Verfahren sofort geltende Durchführungsrechtsakte.

(6) Die Kommission nimmt Beratungen mit dem betreffenden Drittland bzw. der betreffenden internationalen Organisation auf, um Abhilfe für die Situation zu schaffen, die zu dem gemäß Absatz 5 erlassenen Beschluss geführt hat.

(7) Übermittlungen personenbezogener Daten an das betreffende Drittland, das Gebiet oder einen oder mehrere spezifische Sektoren in diesem Drittland oder an die betreffende internationale Organisation gemäß den Artikeln 46 bis 49 werden durch einen Beschluss nach Absatz 5 des vorliegenden Artikels nicht berührt.

(8) Die Kommission veröffentlicht im *Amtsblatt der Europäischen Union* und auf ihrer Website eine Liste aller Drittländer beziehungsweise Gebiete und spezifischen Sektoren in einem Drittland und aller internationalen Organisationen, für die sie durch Beschluss festgestellt hat, dass sie ein angemessenes Schutzniveau gewährleisten bzw. nicht mehr gewährleisten.

(9) Von der Kommission auf der Grundlage von Artikel 25 Absatz 6 der Richtlinie 95/46/EG erlassene Feststellungen bleiben so lange in Kraft, bis sie durch einen nach dem Prüfverfahren gemäß den Absätzen 3 oder 5 des vorliegenden Artikels erlassenen Beschluss der Kommission geändert, ersetzt oder aufgehoben werden.

Art. 46 Datenübermittlung vorbehaltlich geeigneter Garantien. (1) Falls kein Beschluss nach Artikel 45 Absatz 3 vorliegt, darf ein Verantwortlicher oder ein Auftragsverarbeiter personenbezogene Daten an ein Drittland oder eine internationale Organisation nur übermitteln, sofern der Verantwortliche oder der Auftragsverarbeiter geeignete Garantien vorgesehen hat und sofern den betroffenen Personen durchsetzbare Rechte und wirksame Rechtsbehelfe zur Verfügung stehen.

(2) Die in Absatz 1 genannten geeigneten Garantien können, ohne dass hierzu eine besondere Genehmigung einer Aufsichtsbehörde erforderlich wäre, bestehen in

a) einem rechtlich bindenden und durchsetzbaren Dokument zwischen den Behörden oder öffentlichen Stellen,

b) verbindlichen internen Datenschutzvorschriften gemäß Artikel 47,

c) Standarddatenschutzklauseln, die von der Kommission gemäß dem Prüfverfahren nach Artikel 93 Absatz 2 erlassen werden,

d) von einer Aufsichtsbehörde angenommenen Standarddatenschutzklauseln, die von der Kommission gemäß dem Prüfverfahren nach Artikel 93 Absatz 2 genehmigt wurden,

e) genehmigten Verhaltensregeln gemäß Artikel 40 zusammen mit rechtsverbindlichen und durchsetzbaren Verpflichtungen des Verantwortlichen oder des Auftragsverarbeiters in dem Drittland zur Anwendung der geeigneten Garantien, einschließlich in Bezug auf die Rechte der betroffenen Personen, oder

f) einem genehmigten Zertifizierungsmechanismus gemäß Artikel 42 zusammen mit rechtsverbindlichen und durchsetzbaren Verpflichtungen des Verantwortlichen oder des Auftragsverarbeiters in dem Drittland zur Anwendung der geeigneten Garantien, einschließlich in Bezug auf die Rechte der betroffenen Personen.

(3) Vorbehaltlich der Genehmigung durch die zuständige Aufsichtsbehörde können die geeigneten Garantien gemäß Absatz 1 auch insbesondere bestehen in

a) Vertragsklauseln, die zwischen dem Verantwortlichen oder dem Auftragsverarbeiter und dem Verantwortlichen, dem Auftragsverarbeiter oder dem *Empfänger der* personenbezogenen Daten im Drittland oder der internationalen Organisation vereinbart wurden, oder

b) Bestimmungen, die in Verwaltungsvereinbarungen zwischen Behörden oder öffentlichen Stellen aufzunehmen sind und durchsetzbare und wirksame Rechte für die betroffenen Personen einschließen.

(4) Die Aufsichtsbehörde wendet das Kohärenzverfahren nach Artikel 63 an, wenn ein Fall gemäß Absatz 3 des vorliegenden Artikels vorliegt.

(5) [1] Von einem Mitgliedstaat oder einer Aufsichtsbehörde auf der Grundlage von Artikel 26 Absatz 2 der Richtlinie 95/46/EG erteilte Genehmigungen bleiben so lange gültig, bis sie erforderlichenfalls von dieser Aufsichtsbehörde geändert, ersetzt oder aufgehoben werden. [2] Von der Kommission auf der Grundlage von Artikel 26 Absatz 4 der Richtlinie 95/46/EG erlassene Feststellungen bleiben so lange in Kraft, bis sie erforderlichenfalls mit einem nach Absatz 2 des vorliegenden Artikels erlassenen Beschluss der Kommission geändert, ersetzt oder aufgehoben werden.

Art. 47 Verbindliche interne Datenschutzvorschriften. (1) Die zuständige Aufsichtsbehörde genehmigt gemäß dem Kohärenzverfahren nach Artikel 63 verbindliche interne Datenschutzvorschriften, sofern diese

a) rechtlich bindend sind, für alle betreffenden Mitglieder der Unternehmensgruppe oder einer Gruppe von Unternehmen, die eine gemeinsame Wirtschaftstätigkeit ausüben, gelten und von diesen Mitgliedern durchgesetzt werden, und dies auch für ihre Beschäftigten gilt,

b) den betroffenen Personen ausdrücklich durchsetzbare Rechte in Bezug auf die Verarbeitung ihrer personenbezogenen Daten übertragen und

c) die in Absatz 2 festgelegten Anforderungen erfüllen.

(2) Die verbindlichen internen Datenschutzvorschriften nach Absatz 1 enthalten mindestens folgende Angaben:

a) Struktur und Kontaktdaten der Unternehmensgruppe oder Gruppe von Unternehmen, die eine gemeinsame Wirtschaftstätigkeit ausüben, und jedes ihrer Mitglieder;

b) die betreffenden Datenübermittlungen oder Reihen von Datenübermittlungen einschließlich der betreffenden Arten personenbezogener Daten, Art und Zweck der Datenverarbeitung, Art der betroffenen Personen und das betreffende Drittland beziehungsweise die betreffenden Drittländer;

c) interne und externe Rechtsverbindlichkeit der betreffenden internen Datenschutzvorschriften;

d) die Anwendung der allgemeinen Datenschutzgrundsätze, insbesondere Zweckbindung, Datenminimierung, begrenzte Speicherfristen, Datenqualität, Datenschutz durch Technikgestaltung und durch datenschutzfreundliche Voreinstellungen, Rechtsgrundlage für die Verarbeitung, Verarbeitung besonderer Kategorien von personenbezogenen Daten, Maßnahmen zur Sicherstellung der Datensicherheit und Anforderungen für die Weiterübermittlung an nicht an diese internen Datenschutzvorschriften gebundene Stellen;

e) die Rechte der betroffenen Personen in Bezug auf die Verarbeitung und die diesen offenstehenden Mittel zur Wahrnehmung dieser Rechte einschließlich des Rechts, nicht einer ausschließlich auf einer automatisierten Verarbeitung – einschließlich Profiling – beruhenden Entscheidung nach Artikel 22 unterworfen zu werden sowie des in Artikel 79 niedergelegten

Rechts auf Beschwerde bei der zuständigen Aufsichtsbehörde beziehungs-
weise auf Einlegung eines Rechtsbehelfs bei den zuständigen Gerichten
der Mitgliedstaaten und im Falle einer Verletzung der verbindlichen
internen Datenschutzvorschriften Wiedergutmachung und gegebenenfalls
Schadenersatz zu erhalten;

f) die von dem in einem Mitgliedstaat niedergelassenen Verantwortlichen
oder Auftragsverarbeiter übernommene Haftung für etwaige Verstöße
eines nicht in der Union niedergelassenen betreffenden Mitglieds der
Unternehmensgruppe gegen die verbindlichen internen Datenschutzvor-
schriften; der Verantwortliche oder der Auftragsverarbeiter ist nur dann
teilweise oder vollständig von dieser Haftung befreit, wenn er nachweist,
dass der Umstand, durch den der Schaden eingetreten ist, dem betreffen-
den Mitglied nicht zur Last gelegt werden kann;

g) die Art und Weise, wie die betroffenen Personen über die Bestimmungen
der Artikel 13 und 14 hinaus über die verbindlichen internen Daten-
schutzvorschriften und insbesondere über die unter den Buchstaben d, e
und f dieses Absatzes genannten Aspekte informiert werden;

h) die Aufgaben jedes gemäß Artikel 37 benannten Datenschutzbeauftragten
oder jeder anderen Person oder Einrichtung, die mit der Überwachung
der Einhaltung der verbindlichen internen Datenschutzvorschriften in der
Unternehmensgruppe oder Gruppe von Unternehmen, die eine gemein-
same Wirtschaftstätigkeit ausüben, sowie mit der Überwachung der Schu-
lungsmaßnahmen und dem Umgang mit Beschwerden befasst ist;

i) die Beschwerdeverfahren;

j) die innerhalb der Unternehmensgruppe oder Gruppe von Unternehmen,
die eine gemeinsame Wirtschaftstätigkeit ausüben, bestehenden Verfahren
zur Überprüfung der Einhaltung der verbindlichen internen Daten-
schutzvorschriften. Derartige Verfahren beinhalten Datenschutzüberprü-
fungen und Verfahren zur Gewährleistung von Abhilfemaßnahmen zum
Schutz der Rechte der betroffenen Person. Die Ergebnisse derartiger
Überprüfungen sollten der in Buchstabe h genannten Person oder Ein-
richtung sowie dem Verwaltungsrat des herrschenden Unternehmens
einer Unternehmensgruppe oder der Gruppe von Unternehmen, die eine
gemeinsame Wirtschaftstätigkeit ausüben, mitgeteilt werden und sollten
der zuständigen Aufsichtsbehörde auf Anfrage zur Verfügung gestellt
werden;

k) die Verfahren für die Meldung und Erfassung von Änderungen der Vor-
schriften und ihre Meldung an die Aufsichtsbehörde;

l) die Verfahren für die Zusammenarbeit mit der Aufsichtsbehörde, die die
Befolgung der Vorschriften durch sämtliche Mitglieder der Unterneh-
mensgruppe oder Gruppe von Unternehmen, die eine gemeinsame Wirt-
schaftstätigkeit ausüben, gewährleisten, insbesondere durch Offenlegung
der Ergebnisse von Überprüfungen der unter Buchstabe j genannten
Maßnahmen gegenüber der Aufsichtsbehörde;

m) die Meldeverfahren zur Unterrichtung der zuständigen Aufsichtsbehörde
über jegliche für ein Mitglied der Unternehmensgruppe oder Gruppe
von Unternehmen, die eine gemeinsame Wirtschaftstätigkeit ausüben, in
einem Drittland geltenden rechtlichen Bestimmungen, die sich nachteilig

auf die Garantien auswirken könnten, die die verbindlichen internen Datenschutzvorschriften bieten, und

n) geeignete Datenschutzschulungen für Personal mit ständigem oder regelmäßigem Zugang zu personenbezogenen Daten.

(3) [1] Die Kommission kann das Format und die Verfahren für den Informationsaustausch über verbindliche interne Datenschutzvorschriften im Sinne des vorliegenden Artikels zwischen Verantwortlichen, Auftragsverarbeitern und Aufsichtsbehörden festlegen. [2] Diese Durchführungsrechtsakte werden gemäß dem Prüfverfahren nach Artikel 93 Absatz 2 erlassen.

Art. 48 Nach dem Unionsrecht nicht zulässige Übermittlung oder Offenlegung. Jegliches Urteil eines Gerichts eines Drittlands und jegliche Entscheidung einer Verwaltungsbehörde eines Drittlands, mit denen von einem Verantwortlichen oder einem Auftragsverarbeiter die Übermittlung oder Offenlegung personenbezogener Daten verlangt wird, dürfen unbeschadet anderer Gründe für die Übermittlung gemäß diesem Kapitel jedenfalls nur dann anerkannt oder vollstreckbar werden, wenn sie auf eine in Kraft befindliche internationale Übereinkunft wie etwa ein Rechtshilfeabkommen zwischen dem ersuchenden Drittland und der Union oder einem Mitgliedstaat gestützt sind.

Art. 49 Ausnahmen für bestimmte Fälle. (1) Falls weder ein Angemessenheitsbeschluss nach Artikel 45 Absatz 3 vorliegt noch geeignete Garantien nach Artikel 46, einschließlich verbindlicher interner Datenschutzvorschriften, bestehen, ist eine Übermittlung oder eine Reihe von Übermittlungen personenbezogener Daten an ein Drittland oder an eine internationale Organisation nur unter einer der folgenden Bedingungen zulässig:

a) die betroffene Person hat in die vorgeschlagene Datenübermittlung ausdrücklich eingewilligt, nachdem sie über die für sie bestehenden möglichen Risiken derartiger Datenübermittlungen ohne Vorliegen eines Angemessenheitsbeschlusses und ohne geeignete Garantien unterrichtet wurde,

b) die Übermittlung ist für die Erfüllung eines Vertrags zwischen der betroffenen Person und dem Verantwortlichen oder zur Durchführung von vorvertraglichen Maßnahmen auf Antrag der betroffenen Person erforderlich,

c) die Übermittlung ist zum Abschluss oder zur Erfüllung eines im Interesse der betroffenen Person von dem Verantwortlichen mit einer anderen natürlichen oder juristischen Person geschlossenen Vertrags erforderlich,

d) die Übermittlung ist aus wichtigen Gründen des öffentlichen Interesses notwendig,

e) die Übermittlung ist zur Geltendmachung, Ausübung oder Verteidigung von Rechtsansprüchen erforderlich,

f) die Übermittlung ist zum Schutz lebenswichtiger Interessen der betroffenen Person oder anderer Personen erforderlich, sofern die betroffene Person aus physischen oder rechtlichen Gründen außerstande ist, ihre Einwilligung zu geben,

g) die Übermittlung erfolgt aus einem Register, das gemäß dem Recht der Union oder der Mitgliedstaaten zur Information der Öffentlichkeit bestimmt ist und entweder der gesamten Öffentlichkeit oder allen Personen, die ein

berechtigtes Interesse nachweisen können, zur Einsichtnahme offensteht, aber nur soweit die im Recht der Union oder der Mitgliedstaaten festgelegten Voraussetzungen für die Einsichtnahme im Einzelfall gegeben sind.

[1] Falls die Übermittlung nicht auf eine Bestimmung der Artikel 45 oder 46 – einschließlich der verbindlichen internen Datenschutzvorschriften – gestützt werden könnte und keine der Ausnahmen für einen bestimmten Fall gemäß dem ersten Unterabsatz anwendbar ist, darf eine Übermittlung an ein Drittland oder eine internationale Organisation nur dann erfolgen, wenn die Übermittlung nicht wiederholt erfolgt, nur eine begrenzte Zahl von betroffenen Personen betrifft, für die Wahrung der zwingenden berechtigten Interessen des Verantwortlichen erforderlich ist, sofern die Interessen oder die Rechte und Freiheiten der betroffenen Person nicht überwiegen, und der Verantwortliche alle Umstände der Datenübermittlung beurteilt und auf der Grundlage dieser Beurteilung geeignete Garantien in Bezug auf den Schutz personenbezogener Daten vorgesehen hat. [2] Der Verantwortliche setzt die Aufsichtsbehörde von der Übermittlung in Kenntnis. [3] Der Verantwortliche unterrichtet die betroffene Person über die Übermittlung und seine zwingenden berechtigten Interessen; dies erfolgt zusätzlich zu den der betroffenen Person nach den Artikeln 13 und 14 mitgeteilten Informationen.

(2) [1] Datenübermittlungen gemäß Absatz 1 Unterabsatz 1 Buchstabe g dürfen nicht die Gesamtheit oder ganze Kategorien der im Register enthaltenen personenbezogenen Daten umfassen. [2] Wenn das Register der Einsichtnahme durch Personen mit berechtigtem Interesse dient, darf die Übermittlung nur auf Anfrage dieser Personen oder nur dann erfolgen, wenn diese Personen die Adressaten der Übermittlung sind.

(3) Absatz 1 Unterabsatz 1 Buchstaben a, b und c und sowie Absatz 1 Unterabsatz 2 gelten nicht für Tätigkeiten, die Behörden in Ausübung ihrer hoheitlichen Befugnisse durchführen.

(4) Das öffentliche Interesse im Sinne des Absatzes 1 Unterabsatz 1 Buchstabe d muss im Unionsrecht oder im Recht des Mitgliedstaats, dem der Verantwortliche unterliegt, anerkannt sein.

(5) [1] Liegt kein Angemessenheitsbeschluss vor, so können im Unionsrecht oder im Recht der Mitgliedstaaten aus wichtigen Gründen des öffentlichen Interesses ausdrücklich Beschränkungen der Übermittlung bestimmter Kategorien von personenbezogenen Daten an Drittländer oder internationale Organisationen vorgesehen werden. [2] Die Mitgliedstaaten teilen der Kommission derartige Bestimmungen mit.

(6) Der Verantwortliche oder der Auftragsverarbeiter erfasst die von ihm vorgenommene Beurteilung sowie die angemessenen Garantien im Sinne des Absatzes 1 Unterabsatz 2 des vorliegenden Artikels in der Dokumentation gemäß Artikel 30.

Art. 50 Internationale Zusammenarbeit zum Schutz personenbezogener Daten. In Bezug auf Drittländer und internationale Organisationen treffen die Kommission und die Aufsichtsbehörden geeignete Maßnahmen zur

a) Entwicklung von Mechanismen der internationalen Zusammenarbeit, durch die die wirksame Durchsetzung von Rechtsvorschriften zum Schutz personenbezogener Daten erleichtert wird,

b) gegenseitigen Leistung internationaler Amtshilfe bei der Durchsetzung von Rechtsvorschriften zum Schutz personenbezogener Daten, unter anderem durch Meldungen, Beschwerdeverweisungen, Amtshilfe bei Untersuchungen und Informationsaustausch, sofern geeignete Garantien für den Schutz personenbezogener Daten und anderer Grundrechte und Grundfreiheiten bestehen,

c) Einbindung maßgeblicher Interessenträger in Diskussionen und Tätigkeiten, die zum Ausbau der internationalen Zusammenarbeit bei der Durchsetzung von Rechtsvorschriften zum Schutz personenbezogener Daten dienen,

d) Förderung des Austauschs und der Dokumentation von Rechtsvorschriften und Praktiken zum Schutz personenbezogener Daten einschließlich Zuständigkeitskonflikten mit Drittländern.

Kapitel VI. Unabhängige Aufsichtsbehörden

Abschnitt 1. Unabhängigkeit

Art. 51 Aufsichtsbehörde. (1) Jeder Mitgliedstaat sieht vor, dass eine oder mehrere unabhängige Behörden für die Überwachung der Anwendung dieser Verordnung zuständig sind, damit die Grundrechte und Grundfreiheiten natürlicher Personen bei der Verarbeitung geschützt werden und der freie Verkehr personenbezogener Daten in der Union erleichtert wird (im Folgenden „Aufsichtsbehörde").

(2) ¹Jede Aufsichtsbehörde leistet einen Beitrag zur einheitlichen Anwendung dieser Verordnung in der gesamten Union. ²Zu diesem Zweck arbeiten die Aufsichtsbehörden untereinander sowie mit der Kommission gemäß Kapitel VII zusammen.

(3) Gibt es in einem Mitgliedstaat mehr als eine Aufsichtsbehörde, so bestimmt dieser Mitgliedstaat die Aufsichtsbehörde, die diese Behörden im Ausschuss vertritt, und führt ein Verfahren ein, mit dem sichergestellt wird, dass die anderen Behörden die Regeln für das Kohärenzverfahren nach Artikel 63 einhalten.

(4) Jeder Mitgliedstaat teilt der Kommission bis spätestens 25. Mai 2018 die Rechtsvorschriften, die er aufgrund dieses Kapitels erlässt, sowie unverzüglich alle folgenden Änderungen dieser Vorschriften mit.

Art. 52 Unabhängigkeit. (1) Jede Aufsichtsbehörde handelt bei der Erfüllung ihrer Aufgaben und bei der Ausübung ihrer Befugnisse gemäß dieser Verordnung völlig unabhängig.

(2) Das Mitglied oder die Mitglieder jeder Aufsichtsbehörde unterliegen bei der Erfüllung ihrer Aufgaben und der Ausübung ihrer Befugnisse gemäß dieser Verordnung weder direkter noch indirekter Beeinflussung von außen und ersuchen weder um Weisung noch nehmen sie Weisungen entgegen.

(3) Das Mitglied oder die Mitglieder der Aufsichtsbehörde sehen von allen mit den Aufgaben ihres Amtes nicht zu vereinbarenden Handlungen ab und üben während ihrer Amtszeit keine andere mit ihrem Amt nicht zu vereinbarende entgeltliche oder unentgeltliche Tätigkeit aus.

(4) Jeder Mitgliedstaat stellt sicher, dass jede Aufsichtsbehörde mit den personellen, technischen und finanziellen Ressourcen, Räumlichkeiten und Infrastrukturen ausgestattet wird, die sie benötigt, um ihre Aufgaben und Befugnisse auch im Rahmen der Amtshilfe, Zusammenarbeit und Mitwirkung im Ausschuss effektiv wahrnehmen zu können.

(5) Jeder Mitgliedstaat stellt sicher, dass jede Aufsichtsbehörde ihr eigenes Personal auswählt und hat, das ausschließlich der Leitung des Mitglieds oder der Mitglieder der betreffenden Aufsichtsbehörde untersteht.

(6) Jeder Mitgliedstaat stellt sicher, dass jede Aufsichtsbehörde einer Finanzkontrolle unterliegt, die ihre Unabhängigkeit nicht beeinträchtigt und dass sie über eigene, öffentliche, jährliche Haushaltspläne verfügt, die Teil des gesamten Staatshaushalts oder nationalen Haushalts sein können.

Art. 53 Allgemeine Bedingungen für die Mitglieder der Aufsichtsbehörde. (1) Die Mitgliedstaaten sehen vor, dass jedes Mitglied ihrer Aufsichtsbehörden im Wege eines transparenten Verfahrens ernannt wird, und zwar

– vom Parlament,

– von der Regierung,

– vom Staatsoberhaupt oder

– von einer unabhängigen Stelle, die nach dem Recht des Mitgliedstaats mit der Ernennung betraut wird.

(2) Jedes Mitglied muss über die für die Erfüllung seiner Aufgaben und Ausübung seiner Befugnisse erforderliche Qualifikation, Erfahrung und Sachkunde insbesondere im Bereich des Schutzes personenbezogener Daten verfügen.

(3) Das Amt eines Mitglieds endet mit Ablauf der Amtszeit, mit seinem Rücktritt oder verpflichtender Versetzung in den Ruhestand gemäß dem Recht des betroffenen Mitgliedstaats.

(4) Ein Mitglied wird seines Amtes nur enthoben, wenn es eine schwere Verfehlung begangen hat oder die Voraussetzungen für die Wahrnehmung seiner Aufgaben nicht mehr erfüllt.

Art. 54 Errichtung der Aufsichtsbehörde. (1) Jeder Mitgliedstaat sieht durch Rechtsvorschriften Folgendes vor:

a) die Errichtung jeder Aufsichtsbehörde;

b) die erforderlichen Qualifikationen und sonstigen Voraussetzungen für die Ernennung zum Mitglied jeder Aufsichtsbehörde;

c) die Vorschriften und Verfahren für die Ernennung des Mitglieds oder der Mitglieder jeder Aufsichtsbehörde;

d) die Amtszeit des Mitglieds oder der Mitglieder jeder Aufsichtsbehörde von mindestens vier Jahren; dies gilt nicht für die erste Amtszeit *nach*[1] 24. Mai 2016, die für einen Teil der Mitglieder kürzer sein kann, wenn eine zeitlich versetzte Ernennung zur Wahrung der Unabhängigkeit der Aufsichtsbehörde notwendig ist;

[1] Richtig wohl: „nach dem".

e) die Frage, ob und – wenn ja – wie oft das Mitglied oder die Mitglieder jeder Aufsichtsbehörde wiederernannt werden können;

f) die Bedingungen im Hinblick auf die Pflichten des Mitglieds oder der Mitglieder und der Bediensteten jeder Aufsichtsbehörde, die Verbote von Handlungen, beruflichen Tätigkeiten und Vergütungen während und nach der Amtszeit, die mit diesen Pflichten unvereinbar sind, und die Regeln für die Beendigung des Beschäftigungsverhältnisses.

(2) ¹Das Mitglied oder die Mitglieder und die Bediensteten jeder Aufsichtsbehörde sind gemäß dem Unionsrecht oder dem Recht der Mitgliedstaaten sowohl während ihrer Amts- beziehungsweise Dienstzeit als auch nach deren Beendigung verpflichtet, über alle vertraulichen Informationen, die ihnen bei der Wahrnehmung ihrer Aufgaben oder der Ausübung ihrer Befugnisse bekannt geworden sind, Verschwiegenheit zu wahren. ²Während dieser Amts-beziehungsweise Dienstzeit gilt diese Verschwiegenheitspflicht insbesondere für die von natürlichen Personen gemeldeten Verstößen gegen diese Verordnung.

Abschnitt 2. Zuständigkeit, Aufgaben und Befugnisse

Art. 55 Zuständigkeit. (1) Jede Aufsichtsbehörde ist für die Erfüllung der Aufgaben und die Ausübung der Befugnisse, die ihr mit dieser Verordnung übertragen wurden, im Hoheitsgebiet ihres eigenen Mitgliedstaats zuständig.

(2) ¹Erfolgt die Verarbeitung durch Behörden oder private Stellen auf der Grundlage von Artikel 6 Absatz 1 Buchstabe c oder e, so ist die Aufsichtsbehörde des betroffenen Mitgliedstaats zuständig. ²In diesem Fall findet Artikel 56 keine Anwendung.

(3) Die Aufsichtsbehörden sind nicht zuständig für die Aufsicht über die von Gerichten im Rahmen ihrer justiziellen Tätigkeit vorgenommenen Verarbeitungen.

Art. 56 Zuständigkeit der federführenden Aufsichtsbehörde. (1) Unbeschadet des Artikels 55 ist die Aufsichtsbehörde der Hauptniederlassung oder der einzigen Niederlassung des Verantwortlichen oder des Auftragsverarbeiters gemäß dem Verfahren nach Artikel 60 die zuständige federführende Aufsichtsbehörde für die von diesem Verantwortlichen oder diesem Auftragsverarbeiter durchgeführte grenzüberschreitende Verarbeitung.

(2) Abweichend von Absatz 1 ist jede Aufsichtsbehörde dafür zuständig, sich mit einer bei ihr eingereichten Beschwerde oder einem etwaigen Verstoß gegen diese Verordnung zu befassen, wenn der Gegenstand nur mit einer Niederlassung in ihrem Mitgliedstaat zusammenhängt oder betroffene Personen nur ihres Mitgliedstaats erheblich beeinträchtigt.

(3) ¹In den in Absatz 2 des vorliegenden Artikels genannten Fällen unterrichtet die Aufsichtsbehörde unverzüglich die federführende Aufsichtsbehörde über diese Angelegenheit. ²Innerhalb einer Frist von drei Wochen nach der Unterrichtung entscheidet die federführende Aufsichtsbehörde, ob sie sich mit dem Fall gemäß dem Verfahren nach Artikel 60 befasst oder nicht, wobei sie berücksichtigt, ob der Verantwortliche oder der Auftragsverarbeiter in dem Mitgliedstaat, dessen Aufsichtsbehörde sie unterrichtet hat, eine Niederlassung hat oder nicht.

(4) [1] Entscheidet die federführende Aufsichtsbehörde, sich mit dem Fall zu befassen, so findet das Verfahren nach Artikel 60 Anwendung. [2] Die Aufsichtsbehörde, die die federführende Aufsichtsbehörde unterrichtet hat, kann dieser einen Beschlussentwurf vorlegen. [3] Die federführende Aufsichtsbehörde trägt diesem Entwurf bei der Ausarbeitung des Beschlussentwurfs nach Artikel 60 Absatz 3 weitestgehend Rechnung.

(5) Entscheidet die federführende Aufsichtsbehörde, sich mit dem Fall nicht selbst zu befassen, so befasst die Aufsichtsbehörde, die die federführende Aufsichtsbehörde unterrichtet hat, sich mit dem Fall gemäß den Artikeln 61 und 62.

(6) Die federführende Aufsichtsbehörde ist der einzige Ansprechpartner der Verantwortlichen oder der Auftragsverarbeiter für Fragen der von diesem Verantwortlichen oder diesem Auftragsverarbeiter durchgeführten grenzüberschreitenden Verarbeitung.

Art. 57[1] **Aufgaben.** (1) Unbeschadet anderer in dieser Verordnung dargelegter Aufgaben muss jede Aufsichtsbehörde in ihrem Hoheitsgebiet

a) die Anwendung dieser Verordnung überwachen und durchsetzen;

b) die Öffentlichkeit für die Risiken, Vorschriften, Garantien und Rechte im Zusammenhang mit der Verarbeitung sensibilisieren und sie darüber aufklären. Besondere Beachtung finden dabei spezifische Maßnahmen für Kinder;

c) im Einklang mit dem Recht des Mitgliedsstaats das nationale Parlament, die Regierung und andere Einrichtungen und Gremien über legislative und administrative Maßnahmen zum Schutz der Rechte und Freiheiten natürlicher Personen in Bezug auf die Verarbeitung beraten;

d) die Verantwortlichen und die Auftragsverarbeiter für die ihnen aus dieser Verordnung entstehenden Pflichten sensibilisieren;

e) auf Anfrage jeder betroffenen Person Informationen über die Ausübung ihrer Rechte aufgrund dieser Verordnung zur Verfügung stellen und gegebenenfalls zu diesem Zweck mit den Aufsichtsbehörden in anderen Mitgliedstaaten zusammenarbeiten;

f) sich mit Beschwerden einer betroffenen Person oder Beschwerden einer Stelle, einer Organisation oder eines Verbandes gemäß Artikel 80 befassen, den Gegenstand der Beschwerde in angemessenem Umfang untersuchen und den Beschwerdeführer innerhalb einer angemessenen Frist über den Fortgang und das Ergebnis der Untersuchung unterrichten, insbesondere, wenn eine weitere Untersuchung oder Koordinierung mit einer anderen Aufsichtsbehörde notwendig ist;

g) mit anderen Aufsichtsbehörden zusammenarbeiten, auch durch Informationsaustausch, und ihnen Amtshilfe leisten, um die einheitliche Anwendung und Durchsetzung dieser Verordnung zu gewährleisten;

h) Untersuchungen über die Anwendung dieser Verordnung durchführen, auch auf der Grundlage von Informationen einer anderen Aufsichtsbehörde oder einer anderen Behörde;

[1] Art. 57 Abs. 1 Buchst. p ber. ABl. 2018 Nr. L 127 S. 2.

i) maßgebliche Entwicklungen verfolgen, soweit sie sich auf den Schutz personenbezogener Daten auswirken, insbesondere die Entwicklung der Informations- und Kommunikationstechnologie und der Geschäftspraktiken;

j) Standardvertragsklauseln im Sinne des Artikels 28 Absatz 8 und des Artikels 46 Absatz 2 Buchstabe d festlegen;

k) eine Liste der Verarbeitungsarten erstellen und führen, für die gemäß Artikel 35 Absatz 4 eine Datenschutz-Folgenabschätzung durchzuführen ist;

l) Beratung in Bezug auf die in Artikel 36 Absatz 2 genannten Verarbeitungsvorgänge leisten;

m) die Ausarbeitung von Verhaltensregeln gemäß Artikel 40 Absatz 1 fördern und zu diesen Verhaltensregeln, die ausreichende Garantien im Sinne des Artikels 40 Absatz 5 bieten müssen, Stellungnahmen abgeben und sie billigen;

n) die Einführung von Datenschutzzertifizierungsmechanismen und von Datenschutzsiegeln und -prüfzeichen nach Artikel 42 Absatz 1 anregen und Zertifizierungskriterien nach Artikel 42 Absatz 5 billigen;

o) gegebenenfalls die nach Artikel 42 Absatz 7 erteilten Zertifizierungen regelmäßig überprüfen;

p) die Anforderungen an die Akkreditierung einer Stelle für die Überwachung der Einhaltung der Verhaltensregeln gemäß Artikel 41 und einer Zertifizierungsstelle gemäß Artikel 43 abfassen und veröffentlichen;

q) die Akkreditierung einer Stelle für die Überwachung der Einhaltung der Verhaltensregeln gemäß Artikel 41 und einer Zertifizierungsstelle gemäß Artikel 43 vornehmen;

r) Vertragsklauseln und Bestimmungen im Sinne des Artikels 46 Absatz 3 genehmigen;

s) verbindliche interne Vorschriften gemäß Artikel 47 genehmigen;

t) Beiträge zur Tätigkeit des Ausschusses leisten;

u) interne Verzeichnisse über Verstöße gegen diese Verordnung und gemäß Artikel 58 Absatz 2 ergriffene Maßnahmen und

v) jede sonstige Aufgabe im Zusammenhang mit dem Schutz personenbezogener Daten erfüllen.

(2) Jede Aufsichtsbehörde erleichtert das Einreichen von in Absatz 1 Buchstabe f genannten Beschwerden durch Maßnahmen wie etwa die Bereitstellung eines Beschwerdeformulars, das auch elektronisch ausgefüllt werden kann, ohne dass andere Kommunikationsmittel ausgeschlossen werden.

(3) Die Erfüllung der Aufgaben jeder Aufsichtsbehörde ist für die betroffene Person und gegebenenfalls für den Datenschutzbeauftragten unentgeltlich.

(4) [1] Bei offenkundig unbegründeten oder – insbesondere im Fall von häufiger Wiederholung – exzessiven Anfragen kann die Aufsichtsbehörde eine angemessene Gebühr auf der Grundlage der Verwaltungskosten verlangen oder sich weigern, aufgrund der Anfrage tätig zu werden. [2] In diesem Fall trägt die Aufsichtsbehörde die Beweislast für den offenkundig unbegründeten oder exzessiven Charakter der Anfrage.

Art. 58[1] Befugnisse. (1) Jede Aufsichtsbehörde verfügt über sämtliche folgenden Untersuchungsbefugnisse, die es ihr gestatten,

a) den Verantwortlichen, den Auftragsverarbeiter und gegebenenfalls den Vertreter des Verantwortlichen oder des Auftragsverarbeiters anzuweisen, alle Informationen bereitzustellen, die für die Erfüllung ihrer Aufgaben erforderlich sind,

b) Untersuchungen in Form von Datenschutzüberprüfungen durchzuführen,

c) eine Überprüfung der nach Artikel 42 Absatz 7 erteilten Zertifizierungen durchzuführen,

d) den Verantwortlichen oder den Auftragsverarbeiter auf einen vermeintlichen Verstoß gegen diese Verordnung hinzuweisen,

e) von dem Verantwortlichen und dem Auftragsverarbeiter Zugang zu allen personenbezogenen Daten und Informationen, die zur Erfüllung ihrer Aufgaben notwendig sind, zu erhalten,

f) gemäß dem Verfahrensrecht der Union oder dem Verfahrensrecht des Mitgliedstaats Zugang zu den Räumlichkeiten, einschließlich aller Datenverarbeitungsanlagen und -geräte, des Verantwortlichen und des Auftragsverarbeiters zu erhalten.

(2) Jede Aufsichtsbehörde verfügt über sämtliche folgenden Abhilfebefugnisse, die es ihr gestatten,

a) einen Verantwortlichen oder einen Auftragsverarbeiter zu warnen, dass beabsichtigte Verarbeitungsvorgänge voraussichtlich gegen diese Verordnung verstoßen,

b) einen Verantwortlichen oder einen Auftragsverarbeiter zu verwarnen, wenn er mit Verarbeitungsvorgängen gegen diese Verordnung verstoßen hat,

c) den Verantwortlichen oder den Auftragsverarbeiter anzuweisen, den Anträgen der betroffenen Person auf Ausübung der ihr nach dieser Verordnung zustehenden Rechte zu entsprechen,

d) den Verantwortlichen oder den Auftragsverarbeiter anzuweisen, Verarbeitungsvorgänge gegebenenfalls auf bestimmte Weise und innerhalb eines bestimmten Zeitraums in Einklang mit dieser Verordnung zu bringen,

e) den Verantwortlichen anzuweisen, die von einer Verletzung des Schutzes personenbezogener Daten betroffene Person entsprechend zu benachrichtigen,

f) eine vorübergehende oder endgültige Beschränkung der Verarbeitung, einschließlich eines Verbots, zu verhängen,

g) die Berichtigung oder Löschung von personenbezogenen Daten oder die Einschränkung der Verarbeitung gemäß den Artikeln 16, 17 und 18 und die Unterrichtung der Empfänger, an die diese personenbezogenen Daten gemäß Artikel 17 Absatz 2 und Artikel 19 offengelegt wurden, über solche Maßnahmen anzuordnen,

h) eine Zertifizierung zu widerrufen oder die Zertifizierungsstelle anzuweisen, eine gemäß den *Artikel*[2] 42 und 43 erteilte Zertifizierung zu widerrufen, oder die Zertifizierungsstelle anzuweisen, keine Zertifizierung zu erteilen,

[1] Art. 58 Abs. 1 Buchst. f und Abs. 2 Buchst. e ber. ABl. 2018 Nr. L 127 S. 2.
[2] Richtig wohl: „Artikeln".

wenn die Voraussetzungen für die Zertifizierung nicht oder nicht mehr erfüllt werden,

i) eine Geldbuße gemäß Artikel 83 zu verhängen, zusätzlich zu oder anstelle von in diesem Absatz genannten Maßnahmen, je nach den Umständen des Einzelfalls,

j) die Aussetzung der Übermittlung von Daten an einen Empfänger in einem Drittland oder an eine internationale Organisation anzuordnen.

(3) Jede Aufsichtsbehörde verfügt über sämtliche folgenden Genehmigungsbefugnisse und beratenden Befugnisse, die es ihr gestatten,

a) gemäß dem Verfahren der vorherigen Konsultation nach Artikel 36 den Verantwortlichen zu beraten,

b) zu allen Fragen, die im Zusammenhang mit dem Schutz personenbezogener Daten stehen, von sich aus oder auf Anfrage Stellungnahmen an das nationale Parlament, die Regierung des Mitgliedstaats oder im Einklang mit dem Recht des Mitgliedstaats an sonstige Einrichtungen und Stellen sowie an die Öffentlichkeit zu richten,

c) die Verarbeitung gemäß Artikel 36 Absatz 5 zu genehmigen, falls im Recht des Mitgliedstaats eine derartige vorherige Genehmigung verlangt wird,

d) eine Stellungnahme abzugeben und Entwürfe von Verhaltensregeln gemäß Artikel 40 Absatz 5 zu billigen,

e) Zertifizierungsstellen gemäß Artikel 43 zu akkreditieren,

f) im Einklang mit Artikel 42 Absatz 5 Zertifizierungen zu erteilen und Kriterien für die Zertifizierung zu billigen,

g) Standarddatenschutzklauseln nach Artikel 28 Absatz 8 und Artikel 46 Absatz 2 Buchstabe d festzulegen,

h) Vertragsklauseln gemäß Artikel 46 Absatz 3 Buchstabe a zu genehmigen,

i) Verwaltungsvereinbarungen gemäß Artikel 46 Absatz 3 Buchstabe b zu genehmigen[1]

j) verbindliche interne Vorschriften gemäß Artikel 47 zu genehmigen.

(4) Die Ausübung der der Aufsichtsbehörde gemäß diesem Artikel übertragenen Befugnisse erfolgt vorbehaltlich geeigneter Garantien einschließlich wirksamer gerichtlicher Rechtsbehelfe und ordnungsgemäßer Verfahren gemäß dem Unionsrecht und dem Recht des Mitgliedstaats im Einklang mit der Charta.

(5) Jeder Mitgliedstaat sieht durch Rechtsvorschriften vor, dass seine Aufsichtsbehörde befugt ist, Verstöße gegen diese Verordnung den Justizbehörden zur Kenntnis zu bringen und gegebenenfalls die Einleitung eines gerichtlichen Verfahrens zu betreiben oder sich sonst daran zu beteiligen, um die Bestimmungen dieser Verordnung durchzusetzen.

(6) [1]Jeder Mitgliedstaat kann durch Rechtsvorschriften vorsehen, dass seine Aufsichtsbehörde neben den in den Absätzen 1, 2 und 3 aufgeführten Befugnissen über zusätzliche Befugnisse verfügt. [2]Die Ausübung dieser Befugnisse darf nicht die effektive Durchführung des Kapitels VII beeinträchtigen.

[1] Fehlende Zeichensetzung amtlich.

Art. 59 Tätigkeitsbericht. [1]Jede Aufsichtsbehörde erstellt einen Jahresbericht über ihre Tätigkeit, der eine Liste der Arten der gemeldeten Verstöße und der Arten der getroffenen Maßnahmen nach Artikel 58 Absatz 2 enthalten kann. [2]Diese Berichte werden dem nationalen Parlament, der Regierung und anderen nach dem Recht der Mitgliedstaaten bestimmten Behörden übermittelt. [3]Sie werden der Öffentlichkeit, der Kommission und dem Ausschuss zugänglich gemacht.

Kapitel VII. Zusammenarbeit und Kohärenz

Abschnitt 1. Zusammenarbeit

Art. 60 Zusammenarbeit zwischen der federführenden Aufsichtsbehörde und den anderen betroffenen Aufsichtsbehörden. (1) [1]Die federführende Aufsichtsbehörde arbeitet mit den anderen betroffenen Aufsichtsbehörden im Einklang mit diesem Artikel zusammen und bemüht sich dabei, einen Konsens zu erzielen. [2]Die federführende Aufsichtsbehörde und die betroffenen Aufsichtsbehörden tauschen untereinander alle zweckdienlichen Informationen aus.

(2) Die federführende Aufsichtsbehörde kann jederzeit andere betroffene Aufsichtsbehörden um Amtshilfe gemäß Artikel 61 ersuchen und gemeinsame Maßnahmen gemäß Artikel 62 durchführen, insbesondere zur Durchführung von Untersuchungen oder zur Überwachung der Umsetzung einer Maßnahme in Bezug auf einen Verantwortlichen oder einen Auftragsverarbeiter, der in einem anderen Mitgliedstaat niedergelassen ist.

(3) [1]Die federführende Aufsichtsbehörde übermittelt den anderen betroffenen Aufsichtsbehörden unverzüglich die zweckdienlichen Informationen zu der Angelegenheit. [2]Sie legt den anderen betroffenen Aufsichtsbehörden unverzüglich einen Beschlussentwurf zur Stellungnahme vor und trägt deren Standpunkten gebührend Rechnung.

(4) Legt eine der anderen betroffenen Aufsichtsbehörden innerhalb von vier Wochen, nachdem sie gemäß Absatz 3 des vorliegenden Artikels konsultiert wurde, gegen diesen Beschlussentwurf einen maßgeblichen und begründeten Einspruch ein und schließt sich die federführende Aufsichtsbehörde dem maßgeblichen und begründeten Einspruch nicht an oder ist der Ansicht, dass der Einspruch nicht maßgeblich oder nicht begründet ist, so leitet die federführende Aufsichtsbehörde das Kohärenzverfahren gemäß Artikel 63 für die Angelegenheit ein.

(5) [1]Beabsichtigt die federführende Aufsichtsbehörde, sich dem maßgeblichen und begründeten Einspruch anzuschließen, so legt sie den anderen betroffenen Aufsichtsbehörden einen überarbeiteten Beschlussentwurf zur Stellungnahme vor. [2]Der überarbeitete Beschlussentwurf wird innerhalb von zwei Wochen dem Verfahren nach Absatz 4 unterzogen.

(6) Legt keine der anderen betroffenen Aufsichtsbehörden Einspruch gegen den Beschlussentwurf vor, der von der federführenden Aufsichtsbehörde innerhalb der in den Absätzen 4 und 5 festgelegten Frist vorgelegt wurde, so gelten *die federführende* Aufsichtsbehörde und die betroffenen Aufsichtsbehörden als mit dem Beschlussentwurf einverstanden und sind an ihn gebunden.

(7) [1] Die federführende Aufsichtsbehörde erlässt den Beschluss und teilt ihn der Hauptniederlassung oder der einzigen Niederlassung des Verantwortlichen oder gegebenenfalls des Auftragsverarbeiters mit und setzt die anderen betroffenen Aufsichtsbehörden und den Ausschuss von dem betreffenden Beschluss einschließlich einer Zusammenfassung der maßgeblichen Fakten und Gründe in Kenntnis. [2] Die Aufsichtsbehörde, bei der eine Beschwerde eingereicht worden ist, unterrichtet den Beschwerdeführer über den Beschluss.

(8) Wird eine Beschwerde abgelehnt oder abgewiesen, so erlässt die Aufsichtsbehörde, bei der die Beschwerde eingereicht wurde, abweichend von Absatz 7 den Beschluss, teilt ihn dem Beschwerdeführer mit und setzt den Verantwortlichen in Kenntnis.

(9) [1] Sind sich die federführende Aufsichtsbehörde und die betreffenden Aufsichtsbehörden darüber einig, Teile der Beschwerde abzulehnen oder abzuweisen und bezüglich anderer Teile dieser Beschwerde tätig zu werden, so wird in dieser Angelegenheit für jeden dieser Teile ein eigener Beschluss erlassen. [2] Die federführende Aufsichtsbehörde erlässt den Beschluss für den Teil, der das Tätigwerden in Bezug auf den Verantwortlichen betrifft, teilt ihn der Hauptniederlassung oder einzigen Niederlassung des Verantwortlichen oder des Auftragsverarbeiters im Hoheitsgebiet ihres Mitgliedstaats mit und setzt den Beschwerdeführer hiervon in Kenntnis, während die für den Beschwerdeführer zuständige Aufsichtsbehörde den Beschluss für den Teil erlässt, der die Ablehnung oder Abweisung dieser Beschwerde betrifft, und ihn diesem Beschwerdeführer mitteilt und den Verantwortlichen oder den Auftragsverarbeiter hiervon in Kenntnis setzt.

(10) [1] Nach der Unterrichtung über den Beschluss der federführenden Aufsichtsbehörde gemäß den Absätzen 7 und 9 ergreift der Verantwortliche oder der Auftragsverarbeiter die erforderlichen Maßnahmen, um die Verarbeitungstätigkeiten all seiner Niederlassungen in der Union mit dem Beschluss in Einklang zu bringen. [2] Der Verantwortliche oder der Auftragsverarbeiter teilt der federführenden Aufsichtsbehörde die Maßnahmen mit, die zur Einhaltung des Beschlusses ergriffen wurden; diese wiederum unterrichtet die anderen betroffenen Aufsichtsbehörden.

(11) Hat – in Ausnahmefällen – eine betroffene Aufsichtsbehörde Grund zu der Annahme, dass zum Schutz der Interessen betroffener Personen dringender Handlungsbedarf besteht, so kommt das Dringlichkeitsverfahren nach Artikel 66 zur Anwendung.

(12) Die federführende Aufsichtsbehörde und die anderen betroffenen Aufsichtsbehörden übermitteln einander die nach diesem Artikel geforderten Informationen auf elektronischem Wege unter Verwendung eines standardisierten Formats.

Art. 61 Gegenseitige Amtshilfe. (1) [1] Die Aufsichtsbehörden übermitteln einander maßgebliche Informationen und gewähren einander Amtshilfe, um diese Verordnung einheitlich durchzuführen und anzuwenden, und treffen Vorkehrungen für eine wirksame Zusammenarbeit. [2] Die Amtshilfe bezieht sich insbesondere auf Auskunftsersuchen und aufsichtsbezogene Maßnahmen, beispielsweise Ersuchen um vorherige Genehmigungen und eine vorherige Konsultation, um Vornahme von Nachprüfungen und Untersuchungen.

(2) [1] Jede Aufsichtsbehörde ergreift alle geeigneten Maßnahmen, um einem Ersuchen einer anderen Aufsichtsbehörde unverzüglich und spätestens innerhalb eines Monats nach Eingang des Ersuchens nachzukommen. [2] Dazu kann insbesondere auch die Übermittlung maßgeblicher Informationen über die Durchführung einer Untersuchung gehören.

(3) [1] Amtshilfeersuchen enthalten alle erforderlichen Informationen, einschließlich Zweck und Begründung des Ersuchens. [2] Die übermittelten Informationen werden ausschließlich für den Zweck verwendet, für den sie angefordert wurden.

(4) Die ersuchte Aufsichtsbehörde lehnt das Ersuchen nur ab, wenn

a) sie für den Gegenstand des Ersuchens oder für die Maßnahmen, die sie durchführen soll, nicht zuständig ist oder

b) ein Eingehen auf das Ersuchen gegen diese Verordnung verstoßen würde oder gegen das Unionsrecht oder das Recht der Mitgliedstaaten, dem die Aufsichtsbehörde, bei der das Ersuchen eingeht, unterliegt.

(5) [1] Die ersuchte Aufsichtsbehörde informiert die ersuchende Aufsichtsbehörde über die Ergebnisse oder gegebenenfalls über den Fortgang der Maßnahmen, die getroffen wurden, um dem Ersuchen nachzukommen. [2] Die ersuchte Aufsichtsbehörde erläutert gemäß Absatz 4 die Gründe für die Ablehnung des Ersuchens.

(6) Die ersuchten Aufsichtsbehörden übermitteln die Informationen, um die von einer anderen Aufsichtsbehörde ersucht wurde, in der Regel auf elektronischem Wege unter Verwendung eines standardisierten Formats.

(7) [1] Ersuchte Aufsichtsbehörden verlangen für Maßnahmen, die sie aufgrund eines Amtshilfeersuchens getroffen haben, keine Gebühren. [2] Die Aufsichtsbehörden können untereinander Regeln vereinbaren, um einander in Ausnahmefällen besondere aufgrund der Amtshilfe entstandene Ausgaben zu erstatten.

(8) [1] Erteilt eine ersuchte Aufsichtsbehörde nicht binnen eines Monats nach Eingang des Ersuchens einer anderen Aufsichtsbehörde die Informationen gemäß Absatz 5, so kann die ersuchende Aufsichtsbehörde eine einstweilige Maßnahme im Hoheitsgebiet ihres Mitgliedstaats gemäß Artikel 55 Absatz 1 ergreifen. [2] In diesem Fall wird von einem dringenden Handlungsbedarf gemäß Artikel 66 Absatz 1 ausgegangen, der einen im Dringlichkeitsverfahren angenommenen verbindlichen Beschluss des Ausschuss gemäß Artikel 66 Absatz 2 erforderlich macht.

(9) [1] Die Kommission kann im Wege von Durchführungsrechtsakten Form und Verfahren der Amtshilfe nach diesem Artikel und die Ausgestaltung des elektronischen Informationsaustauschs zwischen den Aufsichtsbehörden sowie zwischen den Aufsichtsbehörden und dem Ausschuss, insbesondere das in Absatz 6 des vorliegenden Artikels genannte standardisierte Format, festlegen. [2] Diese Durchführungsrechtsakte werden gemäß dem in Artikel 93 Absatz 2 genannten Prüfverfahren erlassen.

Art. 62 Gemeinsame Maßnahmen der Aufsichtsbehörden. (1) Die Aufsichtsbehörden führen gegebenenfalls gemeinsame Maßnahmen einschließlich gemeinsamer Untersuchungen und gemeinsamer Durchsetzungsmaßnahmen

durch, an denen Mitglieder oder Bedienstete der Aufsichtsbehörden anderer Mitgliedstaaten teilnehmen.

(2) [1] Verfügt der Verantwortliche oder der Auftragsverarbeiter über Niederlassungen in mehreren Mitgliedstaaten oder werden die Verarbeitungsvorgänge voraussichtlich auf eine bedeutende Zahl betroffener Personen in mehr als einem Mitgliedstaat erhebliche Auswirkungen haben, ist die Aufsichtsbehörde jedes dieser Mitgliedstaaten berechtigt, an den gemeinsamen Maßnahmen teilzunehmen. [2] Die gemäß Artikel 56 Absatz 1 oder Absatz 4 zuständige Aufsichtsbehörde lädt die Aufsichtsbehörde jedes dieser Mitgliedstaaten zur Teilnahme an den gemeinsamen Maßnahmen ein und antwortet unverzüglich auf das Ersuchen einer Aufsichtsbehörde um Teilnahme.

(3) [1] Eine Aufsichtsbehörde kann gemäß dem Recht des Mitgliedstaats und mit Genehmigung der unterstützenden Aufsichtsbehörde den an den gemeinsamen Maßnahmen beteiligten Mitgliedern oder Bediensteten der unterstützenden Aufsichtsbehörde Befugnisse einschließlich Untersuchungsbefugnisse übertragen oder, soweit dies nach dem Recht des Mitgliedstaats der einladenden Aufsichtsbehörde zulässig ist, den Mitgliedern oder Bediensteten der unterstützenden Aufsichtsbehörde gestatten, ihre Untersuchungsbefugnisse nach dem Recht des Mitgliedstaats der unterstützenden Aufsichtsbehörde auszuüben. [2] Diese Untersuchungsbefugnisse können nur unter der Leitung und in Gegenwart der Mitglieder oder Bediensteten der einladenden Aufsichtsbehörde ausgeübt werden. [3] Die Mitglieder oder Bediensteten der unterstützenden Aufsichtsbehörde unterliegen dem Recht des Mitgliedstaats der einladenden Aufsichtsbehörde.

(4) Sind gemäß Absatz 1 Bedienstete einer unterstützenden Aufsichtsbehörde in einem anderen Mitgliedstaat im Einsatz, so übernimmt der Mitgliedstaat der einladenden Aufsichtsbehörde nach Maßgabe des Rechts des Mitgliedstaats, in dessen Hoheitsgebiet der Einsatz erfolgt, die Verantwortung für ihr Handeln, einschließlich der Haftung für alle von ihnen bei ihrem Einsatz verursachten Schäden.

(5) [1] Der Mitgliedstaat, in dessen Hoheitsgebiet der Schaden verursacht wurde, ersetzt diesen Schaden so, wie er ihn ersetzen müsste, wenn seine eigenen Bediensteten ihn verursacht hätten. [2] Der Mitgliedstaat der unterstützenden Aufsichtsbehörde, deren Bedienstete im Hoheitsgebiet eines anderen Mitgliedstaats einer Person Schaden zugefügt haben, erstattet diesem anderen Mitgliedstaat den Gesamtbetrag des Schadenersatzes, den dieser an die Berechtigten geleistet hat.

(6) Unbeschadet der Ausübung seiner Rechte gegenüber Dritten und mit Ausnahme des Absatzes 5 verzichtet jeder Mitgliedstaat in dem Fall des Absatzes 1 darauf, den in Absatz 4 genannten Betrag des erlittenen Schadens anderen Mitgliedstaaten gegenüber geltend zu machen.

(7) [1] Ist eine gemeinsame Maßnahme geplant und kommt eine Aufsichtsbehörde binnen eines Monats nicht der Verpflichtung nach Absatz 2 Satz 2 des vorliegenden Artikels nach, so können die anderen Aufsichtsbehörden eine einstweilige Maßnahme im Hoheitsgebiet ihres Mitgliedstaats gemäß Artikel 55 ergreifen. [2] In diesem Fall wird von einem dringenden Handlungsbedarf gemäß Artikel 66 Absatz 1 ausgegangen, der eine im Dringlichkeitsverfahren angenommene Stellungnahme oder einen im Dringlichkeitsverfahren angenom-

menen verbindlichen Beschluss des Ausschusses gemäß Artikel 66 Absatz 2 erforderlich macht.

Abschnitt 2. Kohärenz

Art. 63 Kohärenzverfahren. Um zur einheitlichen Anwendung dieser Verordnung in der gesamten Union beizutragen, arbeiten die Aufsichtsbehörden im Rahmen des in diesem Abschnitt beschriebenen Kohärenzverfahrens untereinander und gegebenenfalls mit der Kommission zusammen.

Art. 64[1]) Stellungnahme des Ausschusses. (1) [1]Der Ausschuss gibt eine Stellungnahme ab, wenn die zuständige Aufsichtsbehörde beabsichtigt, eine der nachstehenden Maßnahmen zu erlassen. [2]Zu diesem Zweck übermittelt die zuständige Aufsichtsbehörde dem Ausschuss den Entwurf des Beschlusses, wenn dieser

a) der Annahme einer Liste der Verarbeitungsvorgänge dient, die der Anforderung einer Datenschutz-Folgenabschätzung gemäß Artikel 35 Absatz 4 unterliegen,

b) eine Angelegenheit gemäß Artikel 40 Absatz 7 und damit die Frage betrifft, ob ein Entwurf von Verhaltensregeln oder eine Änderung oder Ergänzung von Verhaltensregeln mit dieser Verordnung in Einklang steht,

c) der Billigung der Anforderungen an die Akkreditierung einer Stelle nach Artikel 41 Absatz 3, einer Zertifizierungsstelle nach Artikel 43 Absatz 3 oder der Kriterien für die Zertifizierung gemäß Artikel 42 Absatz 5 dient,

d) der Festlegung von Standard-Datenschutzklauseln gemäß Artikel 46 Absatz 2 Buchstabe d und Artikel 28 Absatz 8 dient,

e) der Genehmigung von Vertragsklauseln gemäß Artikels 46 Absatz 3 Buchstabe a dient, oder

f) der Annahme verbindlicher interner Vorschriften im Sinne von Artikel 47 dient.

(2) Jede Aufsichtsbehörde, der Vorsitz des Ausschuss oder die Kommission können beantragen, dass eine Angelegenheit mit allgemeiner Geltung oder mit Auswirkungen in mehr als einem Mitgliedstaat vom Ausschuss geprüft wird, um eine Stellungnahme zu erhalten, insbesondere wenn eine zuständige Aufsichtsbehörde den Verpflichtungen zur Amtshilfe gemäß Artikel 61 oder zu gemeinsamen Maßnahmen gemäß Artikel 62 nicht nachkommt.

(3) [1]In den in den Absätzen 1 und 2 genannten Fällen gibt der Ausschuss eine Stellungnahme zu der Angelegenheit ab, die ihm vorgelegt wurde, sofern er nicht bereits eine Stellungnahme zu derselben Angelegenheit abgegeben hat. [2]Diese Stellungnahme wird binnen acht Wochen mit der einfachen Mehrheit der Mitglieder des Ausschusses angenommen. [3]Diese Frist kann unter Berücksichtigung der Komplexität der Angelegenheit um weitere sechs Wochen verlängert werden. [4]Was den in Absatz 1 genannten Beschlussentwurf angeht, der gemäß Absatz 5 den Mitgliedern des Ausschusses übermittelt wird, so wird angenommen, dass ein Mitglied, das innerhalb einer vom Vorsitz angegebenen

[1]) Art. 64 Überschrift, Abs. 1 Buchst. c, Abs. 6, 7 und 8 ber. ABl. 2018 Nr. L 127 S. 2.

angemessenen Frist keine Einwände erhoben hat, dem Beschlussentwurf zustimmt.

(4) Die Aufsichtsbehörden und die Kommission übermitteln unverzüglich dem Ausschuss auf elektronischem Wege unter Verwendung eines standardisierten Formats alle zweckdienlichen Informationen, einschließlich – je nach Fall – einer kurzen Darstellung des Sachverhalts, des Beschlussentwurfs, der Gründe, warum eine solche Maßnahme ergriffen werden muss, und der Standpunkte anderer betroffener Aufsichtsbehörden.

(5) Der Vorsitz des Ausschusses unterrichtet unverzüglich auf elektronischem Wege

a) unter Verwendung eines standardisierten Formats die Mitglieder des Ausschusses und die Kommission über alle zweckdienlichen Informationen, die ihm zugegangen sind. Soweit erforderlich stellt das Sekretariat des Ausschusses Übersetzungen der zweckdienlichen Informationen zur Verfügung und

b) je nach Fall die in den Absätzen 1 und 2 genannte Aufsichtsbehörde und die Kommission über die Stellungnahme und veröffentlicht sie.

(6) Die in Absatz 1 genannte zuständige Aufsichtsbehörde nimmt den in Absatz 1 genannten Beschlussentwurf nicht vor Ablauf der in Absatz 3 genannten Frist an.

(7) Die in Absatz 1 genannte zuständige Aufsichtsbehörde trägt der Stellungnahme des Ausschusses weitestgehend Rechnung und teilt dessen Vorsitz binnen zwei Wochen nach Eingang der Stellungnahme auf elektronischem Wege unter Verwendung eines standardisierten Formats mit, ob sie den Beschlussentwurf beibehalten oder ändern wird; gegebenenfalls übermittelt sie den geänderten Beschlussentwurf.

(8) Teilt die in Absatz 1 genannte zuständige Aufsichtsbehörde dem Vorsitz des Ausschusses innerhalb der Frist nach Absatz 7 des vorliegenden Artikels unter Angabe der maßgeblichen Gründe mit, dass sie beabsichtigt, der Stellungnahme des Ausschusses insgesamt oder teilweise nicht zu folgen, so gilt Artikel 65 Absatz 1.

Art. 65[1] Streitbeilegung durch den Ausschuss. (1) Um die ordnungsgemäße und einheitliche Anwendung dieser Verordnung in Einzelfällen sicherzustellen, erlässt der Ausschuss in den folgenden Fällen einen verbindlichen Beschluss:

a) wenn eine betroffene Aufsichtsbehörde in einem Fall nach Artikel 60 Absatz 4 einen maßgeblichen und begründeten Einspruch gegen einen Beschlussentwurf der federführenden Aufsichtsbehörde eingelegt hat und sich die federführende Aufsichtsbehörde dem Einspruch nicht angeschlossen hat oder den Einspruch als nicht maßgeblich oder nicht begründet abgelehnt hat. Der verbindliche Beschluss betrifft alle Angelegenheiten, die Gegenstand des maßgeblichen und begründeten Einspruchs sind, insbesondere die Frage, ob ein Verstoß gegen diese Verordnung vorliegt;

b) wenn es widersprüchliche Standpunkte dazu gibt, welche der betroffenen Aufsichtsbehörden für die Hauptniederlassung zuständig ist,

[1] Art. 65 Abs. 1 Buchst. a ber. ABl. 2018 Nr. L 127 S. 2.

c) wenn eine zuständige Aufsichtsbehörde in den in Artikel 64 Absatz 1 ge-
nannten Fällen keine Stellungnahme des Ausschusses einholt oder der Stel-
lungnahme des Ausschusses gemäß Artikel 64 nicht folgt. In diesem Fall
kann jede betroffene Aufsichtsbehörde oder die Kommission die Angelegen-
heit dem Ausschuss vorlegen.

(2) [1] Der in Absatz 1 genannte Beschluss wird innerhalb eines Monats nach
der Befassung mit der Angelegenheit mit einer Mehrheit von zwei Dritteln der
Mitglieder des Ausschusses angenommen. [2] Diese Frist kann wegen der Kom-
plexität der Angelegenheit um einen weiteren Monat verlängert werden. [3] Der
in Absatz 1 genannte Beschluss wird begründet und an die federführende
Aufsichtsbehörde und alle betroffenen Aufsichtsbehörden übermittelt und ist
für diese verbindlich.

(3) [1] War der Ausschuss nicht in der Lage, innerhalb der in Absatz 2 genann-
ten Fristen einen Beschluss anzunehmen, so nimmt er seinen Beschluss inner-
halb von zwei Wochen nach Ablauf des in Absatz 2 genannten zweiten Monats
mit einfacher Mehrheit der Mitglieder des Ausschusses an. [2] Bei Stimmen-
gleichheit zwischen den Mitgliedern des Ausschusses gibt die Stimme des Vor-
sitzes den Ausschlag.

(4) Die betroffenen Aufsichtsbehörden nehmen vor Ablauf der in den Ab-
sätzen 2 und 3 genannten Fristen keinen Beschluss über die dem Ausschuss
vorgelegte Angelegenheit an.

(5) [1] Der Vorsitz des Ausschusses unterrichtet die betroffenen Aufsichts-
behörden unverzüglich über den in Absatz 1 genannten Beschluss. [2] Er setzt die
Kommission hiervon in Kenntnis. [3] Der Beschluss wird unverzüglich auf der
Website des Ausschusses veröffentlicht, nachdem die Aufsichtsbehörde den in
Absatz 6 genannten endgültigen Beschluss mitgeteilt hat.

(6) [1] Die federführende Aufsichtsbehörde oder gegebenenfalls die Aufsichts-
behörde, bei der die Beschwerde eingereicht wurde, trifft den endgültigen
Beschluss auf der Grundlage des in Absatz 1 des vorliegenden Artikels genann-
ten Beschlusses unverzüglich und spätestens einen Monat, nachdem der Euro-
päische Datenschutzausschuss seinen Beschluss mitgeteilt hat. [2] Die federfüh-
rende Aufsichtsbehörde oder gegebenenfalls die Aufsichtsbehörde, bei der die
Beschwerde eingereicht wurde, setzt den Ausschuss von dem Zeitpunkt, zu
dem ihr endgültiger Beschluss dem Verantwortlichen oder dem Auftragsver-
arbeiter bzw. der betroffenen Person mitgeteilt wird, in Kenntnis. [3] Der endgül-
tige Beschluss der betroffenen Aufsichtsbehörden wird gemäß Artikel 60 Ab-
sätze 7, 8 und 9 angenommen. [4] Im endgültigen Beschluss wird auf den in
Absatz 1 genannten Beschluss verwiesen und festgelegt, dass der in Absatz 1
des vorliegenden Artikels genannte Beschluss gemäß Absatz 5 auf der Website
des Ausschusses veröffentlicht wird. [5] Dem endgültigen Beschluss wird der in
Absatz 1 des vorliegenden Artikels genannte Beschluss beigefügt.

Art. 66 Dringlichkeitsverfahren.

(1) [1] Unter außergewöhnlichen Umstän-
den kann eine betroffene Aufsichtsbehörde abweichend vom Kohärenzverfah-
ren nach Artikel 63, 64 und 65 oder dem Verfahren nach Artikel 60 sofort
einstweilige Maßnahmen mit festgelegter Geltungsdauer von höchstens drei
Monaten treffen, die in ihrem Hoheitsgebiet rechtliche Wirkung entfalten
sollen, wenn sie zu der Auffassung gelangt, dass dringender Handlungsbedarf
besteht, um Rechte und Freiheiten von betroffenen Personen zu schützen.

[2] Die Aufsichtsbehörde setzt die anderen betroffenen Aufsichtsbehörden, den Ausschuss und die Kommission unverzüglich von diesen Maßnahmen und den Gründen für deren Erlass in Kenntnis.

(2) Hat eine Aufsichtsbehörde eine Maßnahme nach Absatz 1 ergriffen und ist sie der Auffassung, dass dringend endgültige Maßnahmen erlassen werden müssen, kann sie unter Angabe von Gründen im Dringlichkeitsverfahren um eine Stellungnahme oder einen verbindlichen Beschluss des Ausschusses ersuchen.

(3) Jede Aufsichtsbehörde kann unter Angabe von Gründen, auch für den dringenden Handlungsbedarf, im Dringlichkeitsverfahren um eine Stellungnahme oder gegebenenfalls einen verbindlichen Beschluss des Ausschusses ersuchen, wenn eine zuständige Aufsichtsbehörde trotz dringenden Handlungsbedarfs keine geeignete Maßnahme getroffen hat, um die Rechte und Freiheiten von betroffenen Personen zu schützen.

(4) Abweichend von Artikel 64 Absatz 3 und Artikel 65 Absatz 2 wird eine Stellungnahme oder ein verbindlicher Beschluss im Dringlichkeitsverfahren nach den Absätzen 2 und 3 binnen zwei Wochen mit einfacher Mehrheit der Mitglieder des Ausschusses angenommen.

Art. 67 Informationsaustausch. Die Kommission kann Durchführungsrechtsakte von allgemeiner Tragweite zur Festlegung der Ausgestaltung des elektronischen Informationsaustauschs zwischen den Aufsichtsbehörden sowie zwischen den Aufsichtsbehörden und dem Ausschuss, insbesondere des standardisierten Formats nach Artikel 64, erlassen.

Diese Durchführungsrechtsakte werden gemäß dem Prüfverfahren nach Artikel 93 Absatz 2 erlassen.

Abschnitt 3. Europäischer Datenschutzausschuss

Art. 68 Europäischer Datenschutzausschuss. (1) Der Europäische Datenschutzausschuss (im Folgenden „Ausschuss") wird als Einrichtung der Union mit eigener Rechtspersönlichkeit eingerichtet.

(2) Der Ausschuss wird von seinem Vorsitz vertreten.

(3) Der Ausschuss besteht aus dem Leiter einer Aufsichtsbehörde jedes Mitgliedstaats und dem Europäischen Datenschutzbeauftragten oder ihren jeweiligen Vertretern.

(4) Ist in einem Mitgliedstaat mehr als eine Aufsichtsbehörde für die Überwachung der Anwendung der nach Maßgabe dieser Verordnung erlassenen Vorschriften zuständig, so wird im Einklang mit den Rechtsvorschriften dieses Mitgliedstaats ein gemeinsamer Vertreter benannt.

(5) [1] Die Kommission ist berechtigt, ohne Stimmrecht an den Tätigkeiten und Sitzungen des Ausschusses teilzunehmen. [2] Die Kommission benennt einen Vertreter. [3] Der Vorsitz des Ausschusses unterrichtet die Kommission über die Tätigkeiten des Ausschusses.

(6) In den in Artikel 65 genannten Fällen ist der Europäische Datenschutzbeauftragte nur bei Beschlüssen stimmberechtigt, die Grundsätze und Vorschriften betreffen, die für die Organe, Einrichtungen, Ämter und Agenturen der Union gelten und inhaltlich den Grundsätzen und Vorschriften dieser Verordnung entsprechen.

Art. 69[1] Unabhängigkeit. (1) Der Ausschuss handelt bei der Erfüllung seiner Aufgaben oder in Ausübung seiner Befugnisse gemäß den Artikeln 70 und 71 unabhängig.

(2) Unbeschadet der Ersuchen der Kommission gemäß Artikel 70 Absätze 1 und 2 ersucht der Ausschuss bei der Erfüllung seiner Aufgaben oder in Ausübung seiner Befugnisse weder um Weisung noch nimmt er Weisungen entgegen.

Art. 70[2] Aufgaben des Ausschusses. (1) [1] Der Ausschuss stellt die einheitliche Anwendung dieser Verordnung sicher. [2] Hierzu nimmt der Ausschuss von sich aus oder gegebenenfalls auf Ersuchen der Kommission insbesondere folgende Tätigkeiten wahr:

a) Überwachung und Sicherstellung der ordnungsgemäßen Anwendung dieser Verordnung in den in den Artikeln 64 und 65 genannten Fällen unbeschadet der Aufgaben der nationalen Aufsichtsbehörden;

b) Beratung der Kommission in allen Fragen, die im Zusammenhang mit dem Schutz personenbezogener Daten in der Union stehen, einschließlich etwaiger Vorschläge zur Änderung dieser Verordnung;

c) Beratung der Kommission über das Format und die Verfahren für den Austausch von Informationen zwischen den Verantwortlichen, den Auftragsverarbeitern und den Aufsichtsbehörden in Bezug auf verbindliche interne Datenschutzvorschriften;

d) Bereitstellung von Leitlinien, Empfehlungen und bewährten Verfahren zu Verfahren für die Löschung gemäß Artikel 17 Absatz 2 von Links zu personenbezogenen Daten oder Kopien oder Replikationen dieser Daten aus öffentlich zugänglichen Kommunikationsdiensten;

e) Prüfung – von sich aus, auf Antrag eines seiner Mitglieder oder auf Ersuchen der Kommission – von die Anwendung dieser Verordnung betreffenden Fragen und Bereitstellung von Leitlinien, Empfehlungen und bewährten Verfahren zwecks Sicherstellung einer einheitlichen Anwendung dieser Verordnung;

f) Bereitstellung von Leitlinien, Empfehlungen und bewährten Verfahren gemäß Buchstabe e des vorliegenden Absatzes zur näheren Bestimmung der Kriterien und Bedingungen für die auf Profiling beruhenden Entscheidungen gemäß Artikel 22 Absatz 2;

g) Bereitstellung von Leitlinien, Empfehlungen und bewährten Verfahren gemäß Buchstabe e des vorliegenden Absatzes für die Feststellung von Verletzungen des Schutzes personenbezogener Daten und die Festlegung der Unverzüglichkeit im Sinne des Artikels 33 Absätze 1 und 2, und zu den spezifischen Umständen, unter denen der Verantwortliche oder der Auftragsverarbeiter die Verletzung des Schutzes personenbezogener Daten zu melden hat;

h) Bereitstellung von Leitlinien, Empfehlungen und bewährten Verfahren gemäß Buchstabe e des vorliegenden Absatzes zu den Umständen, unter denen eine Verletzung des Schutzes personenbezogener Daten voraussicht-

[1] Art. 69 Abs. 2 ber. ABl. 2018 Nr. L 127 S. 2.
[2] Art. 70 Abs. 1 Buchst. l, o und p ber. ABl. 2018 Nr. L 127 S. 2.

lich ein hohes Risiko für die Rechte und Freiheiten natürlicher Personen im Sinne des Artikels 34 Absatz 1 zur Folge hat;

i) Bereitstellung von Leitlinien, Empfehlungen und bewährten Verfahren gemäß Buchstabe e des vorliegenden Absatzes zur näheren Bestimmung der in Artikel 47 aufgeführten Kriterien und Anforderungen für die Übermittlungen personenbezogener Daten, die auf verbindlichen internen Datenschutzvorschriften von Verantwortlichen oder Auftragsverarbeitern beruhen, und der dort aufgeführten weiteren erforderlichen Anforderungen zum Schutz personenbezogener Daten der betroffenen Personen;

j) Bereitstellung von Leitlinien, Empfehlungen und bewährten Verfahren gemäß Buchstabe e des vorliegenden Absatzes zur näheren Bestimmung der Kriterien und Bedingungen für die Übermittlungen personenbezogener Daten gemäß Artikel 49 Absatz 1;

k) Ausarbeitung von Leitlinien für die Aufsichtsbehörden in Bezug auf die Anwendung von Maßnahmen nach Artikel 58 Absätze 1, 2 und 3 und die Festsetzung von Geldbußen gemäß Artikel 83;

l) Überprüfung der praktischen Anwendung der Leitlinien, Empfehlungen und bewährten Verfahren;

m) Bereitstellung von Leitlinien, Empfehlungen und bewährten Verfahren gemäß Buchstabe e des vorliegenden Absatzes zur Festlegung gemeinsamer Verfahren für die von natürlichen Personen vorgenommene Meldung von Verstößen gegen diese Verordnung gemäß Artikel 54 Absatz 2;

n) Förderung der Ausarbeitung von Verhaltensregeln und der Einrichtung von datenschutzspezifischen Zertifizierungsverfahren sowie Datenschutzsiegeln und -prüfzeichen gemäß den Artikeln 40 und 42;

o) Genehmigung der Zertifizierungskriterien gemäß Artikel 42 Absatz 5 und Führung eines öffentlichen Registers der Zertifizierungsverfahren sowie von Datenschutzsiegeln und -prüfzeichen gemäß Artikel 42 Absatz 8 und der in Drittländern niedergelassenen zertifizierten Verantwortlichen oder Auftragsverarbeiter gemäß Artikel 42 Absatz 7;

p) Genehmigung der in Artikel 43 Absatz 3 genannten Anforderungen im Hinblick auf die Akkreditierung von Zertifizierungsstellen gemäß Artikel 43;

q) Abgabe einer Stellungnahme für die Kommission zu den Zertifizierungsanforderungen gemäß Artikel 43 Absatz 8;

r) Abgabe einer Stellungnahme für die Kommission zu den Bildsymbolen gemäß Artikel 12 Absatz 7;

s) Abgabe einer Stellungnahme für die Kommission zur Beurteilung der Angemessenheit des in einem Drittland oder einer internationalen Organisation gebotenen Schutzniveaus einschließlich zur Beurteilung der Frage, *ob das Drittland,* das Gebiet, ein oder mehrere spezifische Sektoren in diesem Drittland oder eine internationale Organisation kein angemessenes Schutzniveau mehr gewährleistet. Zu diesem Zweck gibt die Kommission dem Ausschuss alle erforderlichen Unterlagen, darunter den Schriftwechsel mit der Regierung des Drittlands, dem Gebiet oder spezifischen Sektor oder der internationalen Organisation;

t) Abgabe von Stellungnahmen im Kohärenzverfahren gemäß Artikel 64 Absatz 1 zu Beschlussentwürfen von Aufsichtsbehörden, zu Angelegenheiten,

die nach Artikel 64 Absatz 2 vorgelegt wurden und um Erlass verbindlicher Beschlüsse gemäß Artikel 65, einschließlich der in Artikel 66 genannten Fälle;

u) Förderung der Zusammenarbeit und eines wirksamen bilateralen und multilateralen Austauschs von Informationen und bewährten Verfahren zwischen den Aufsichtsbehörden;

v) Förderung von Schulungsprogrammen und Erleichterung des Personalaustausches zwischen Aufsichtsbehörden sowie gegebenenfalls mit Aufsichtsbehörden von Drittländern oder mit internationalen Organisationen;

w) Förderung des Austausches von Fachwissen und von Dokumentationen über Datenschutzvorschriften und -praxis mit Datenschutzaufsichtsbehörden in aller Welt;

x) Abgabe von Stellungnahmen zu den auf Unionsebene erarbeiteten Verhaltensregeln gemäß Artikel 40 Absatz 9 und

y) Führung eines öffentlich zugänglichen elektronischen Registers der Beschlüsse der Aufsichtsbehörden und Gerichte in Bezug auf Fragen, die im Rahmen des Kohärenzverfahrens behandelt wurden.

(2) Die Kommission kann, wenn sie den Ausschuss um Rat ersucht, unter Berücksichtigung der Dringlichkeit des Sachverhalts eine Frist angeben.

(3) Der Ausschuss leitet seine Stellungnahmen, Leitlinien, Empfehlungen und bewährten Verfahren an die Kommission und an den in Artikel 93 genannten Ausschuss weiter und veröffentlicht sie.

(4) [1] Der Ausschuss konsultiert gegebenenfalls interessierte Kreise und gibt ihnen Gelegenheit, innerhalb einer angemessenen Frist Stellung zu nehmen. [2] Unbeschadet des Artikels 76 macht der Ausschuss die Ergebnisse der Konsultation der Öffentlichkeit zugänglich.

Art. 71 Berichterstattung. (1) [1] Der Ausschuss erstellt einen Jahresbericht über den Schutz natürlicher Personen bei der Verarbeitung in der Union und gegebenenfalls in Drittländern und internationalen Organisationen. [2] Der Bericht wird veröffentlicht und dem Europäischen Parlament, dem Rat und der Kommission übermittelt.

(2) Der Jahresbericht enthält eine Überprüfung der praktischen Anwendung der in Artikel 70 Absatz 1 Buchstabe 1 genannten Leitlinien, Empfehlungen und bewährten Verfahren sowie der in Artikel 65 genannten verbindlichen Beschlüsse.

Art. 72 Verfahrensweise. (1) Sofern in dieser Verordnung nichts anderes bestimmt ist, fasst der Ausschuss seine Beschlüsse mit einfacher Mehrheit seiner Mitglieder.

(2) Der Ausschuss gibt sich mit einer Mehrheit von zwei Dritteln seiner Mitglieder eine Geschäftsordnung und legt seine Arbeitsweise fest.

Art. 73 Vorsitz. (1) Der Ausschuss wählt aus dem Kreis seiner Mitglieder mit einfacher Mehrheit einen Vorsitzenden und zwei stellvertretende Vorsitzende.

(2) Die Amtszeit des Vorsitzenden und seiner beiden Stellvertreter beträgt fünf Jahre; ihre einmalige Wiederwahl ist zulässig.

Art. 74 Aufgaben des Vorsitzes. (1) Der Vorsitz hat folgende Aufgaben:

a) Einberufung der Sitzungen des Ausschusses und Erstellung der Tagesordnungen,

b) Übermittlung der Beschlüsse des Ausschusses nach Artikel 65 an die federführende Aufsichtsbehörde und die betroffenen Aufsichtsbehörden,

c) Sicherstellung einer rechtzeitigen Ausführung der Aufgaben des Ausschusses, insbesondere der Aufgaben im Zusammenhang mit dem Kohärenzverfahren nach Artikel 63.

(2) Der Ausschuss legt die Aufteilung der Aufgaben zwischen dem Vorsitzenden und dessen Stellvertretern in seiner Geschäftsordnung fest.

Art. 75 Sekretariat. (1) Der Ausschuss wird von einem Sekretariat unterstützt, das von dem Europäischen Datenschutzbeauftragten bereitgestellt wird.

(2) Das Sekretariat führt seine Aufgaben ausschließlich auf Anweisung des Vorsitzes des Ausschusses aus.

(3) Das Personal des Europäischen Datenschutzbeauftragten, das an der Wahrnehmung der dem Ausschuss gemäß dieser Verordnung übertragenen Aufgaben beteiligt ist, unterliegt anderen Berichtspflichten als das Personal, das an der Wahrnehmung der dem Europäischen Datenschutzbeauftragten übertragenen Aufgaben beteiligt ist.

(4) Soweit angebracht, erstellen und veröffentlichen der Ausschuss und der Europäische Datenschutzbeauftragte eine Vereinbarung zur Anwendung des vorliegenden Artikels, in der die Bedingungen ihrer Zusammenarbeit festgelegt sind und die für das Personal des Europäischen Datenschutzbeauftragten gilt, das an der Wahrnehmung der dem Ausschuss gemäß dieser Verordnung übertragenen Aufgaben beteiligt ist.

(5) Das Sekretariat leistet dem Ausschuss analytische, administrative und logistische Unterstützung.

(6) Das Sekretariat ist insbesondere verantwortlich für

a) das Tagesgeschäft des Ausschusses,

b) die Kommunikation zwischen den Mitgliedern des Ausschusses, seinem Vorsitz und der Kommission,

c) die Kommunikation mit anderen Organen und mit der Öffentlichkeit,

d) den Rückgriff auf elektronische Mittel für die interne und die externe Kommunikation,

e) die Übersetzung sachdienlicher Informationen,

f) die Vor- und Nachbereitung der Sitzungen des Ausschusses,

g) die Vorbereitung, Abfassung und Veröffentlichung von Stellungnahmen, von Beschlüssen über die Beilegung von Streitigkeiten zwischen Aufsichtsbehörden und von sonstigen vom Ausschuss angenommenen Dokumenten.

Art. 76 Vertraulichkeit. (1) Die Beratungen des Ausschusses sind gemäß seiner Geschäftsordnung vertraulich, wenn der Ausschuss dies für erforderlich hält.

(2) Der Zugang zu Dokumenten, die Mitgliedern des Ausschusses, Sachverständigen und Vertretern von Dritten vorgelegt werden, wird durch die Verordnung (EG) Nr. 1049/2001 des Europäischen Parlaments und des Rates[1] geregelt.

Kapitel VIII. Rechtsbehelfe, Haftung und Sanktionen

Art. 77[2] Recht auf Beschwerde bei einer Aufsichtsbehörde. (1) Jede betroffene Person hat unbeschadet eines anderweitigen verwaltungsrechtlichen oder gerichtlichen Rechtsbehelfs das Recht auf Beschwerde bei einer Aufsichtsbehörde, insbesondere in dem Mitgliedstaat ihres gewöhnlichen Aufenthaltsorts, ihres Arbeitsplatzes oder des Orts des mutmaßlichen Verstoßes, wenn die betroffene Person der Ansicht ist, dass die Verarbeitung der sie betreffenden personenbezogenen Daten gegen diese Verordnung verstößt.

(2) Die Aufsichtsbehörde, bei der die Beschwerde eingereicht wurde, unterrichtet den Beschwerdeführer über den Stand und die Ergebnisse der Beschwerde einschließlich der Möglichkeit eines gerichtlichen Rechtsbehelfs nach Artikel 78.

Art. 78 Recht auf wirksamen gerichtlichen Rechtsbehelf gegen eine Aufsichtsbehörde. (1) Jede natürliche oder juristische Person hat unbeschadet eines anderweitigen verwaltungsrechtlichen oder außergerichtlichen Rechtsbehelfs das Recht auf einen wirksamen gerichtlichen Rechtsbehelf gegen einen sie betreffenden rechtsverbindlichen Beschluss einer Aufsichtsbehörde.

(2) Jede betroffene Person hat unbeschadet eines anderweitigen verwaltungsrechtlichen oder außergerichtlichen Rechtbehelfs das Recht auf einen wirksamen gerichtlichen Rechtsbehelf, wenn die nach den Artikeln 55 und 56 zuständige Aufsichtsbehörde sich nicht mit einer Beschwerde befasst oder die betroffene Person nicht innerhalb von drei Monaten über den Stand oder das Ergebnis der gemäß Artikel 77 erhobenen Beschwerde in Kenntnis gesetzt hat.

(3) Für Verfahren gegen eine Aufsichtsbehörde sind die Gerichte des Mitgliedstaats zuständig, in dem die Aufsichtsbehörde ihren Sitz hat.

(4) Kommt es zu einem Verfahren gegen den Beschluss einer Aufsichtsbehörde, dem eine Stellungnahme oder ein Beschluss des Ausschusses im Rahmen des Kohärenzverfahrens vorangegangen ist, so leitet die Aufsichtsbehörde diese Stellungnahme oder diesen Beschluss dem Gericht zu.

Art. 79[3] Recht auf wirksamen gerichtlichen Rechtsbehelf gegen Verantwortliche oder Auftragsverarbeiter. (1) Jede betroffene Person hat unbeschadet eines verfügbaren verwaltungsrechtlichen oder außergerichtlichen Rechtsbehelfs einschließlich des Rechts auf Beschwerde bei einer Aufsichtsbehörde gemäß Artikel 77 das Recht auf einen wirksamen gerichtlichen Rechtsbehelf, wenn sie der Ansicht ist, dass die ihr aufgrund dieser Verordnung

[1] **Amtl. Anm.:** Verordnung (EG) Nr. 1049/2001 des Europäischen Parlaments und des Rates vom 30. Mai 2001 über den Zugang der Öffentlichkeit zu Dokumenten des Europäischen Parlaments, des Rates und der Kommission (ABl. L 145 vom 31.5.2001, S. 43).
[2] Art. 77 Abs. 1 ber. ABl. 2018 Nr. L 127 S. 2.
[3] Art. 79 Abs. 2 Satz 2 ber. ABl. 2018 Nr. L 127 S. 2.

zustehenden Rechte infolge einer nicht im Einklang mit dieser Verordnung stehenden Verarbeitung ihrer personenbezogenen Daten verletzt wurden.

(2) [1] Für Klagen gegen einen Verantwortlichen oder gegen einen Auftragsverarbeiter sind die Gerichte des Mitgliedstaats zuständig, in dem der Verantwortliche oder der Auftragsverarbeiter eine Niederlassung hat. [2] Wahlweise können solche Klagen auch bei den Gerichten des Mitgliedstaats erhoben werden, in dem die betroffene Person ihren gewöhnlichen Aufenthaltsort hat, es sei denn, es handelt sich bei dem Verantwortlichen oder dem Auftragsverarbeiter um eine Behörde eines Mitgliedstaats, die in Ausübung ihrer hoheitlichen Befugnisse tätig geworden ist.

Art. 80 Vertretung von betroffenen Personen. (1) Die betroffene Person hat das Recht, eine Einrichtung, Organisationen oder Vereinigung ohne Gewinnerzielungsabsicht, die ordnungsgemäß nach dem Recht eines Mitgliedstaats gegründet ist, deren satzungsmäßige Ziele im öffentlichen Interesse liegen und die im Bereich des Schutzes der Rechte und Freiheiten von betroffenen Personen in Bezug auf den Schutz ihrer personenbezogenen Daten tätig ist, zu beauftragen, in ihrem Namen eine Beschwerde einzureichen, in ihrem Namen die in den Artikeln 77, 78 und 79 genannten Rechte wahrzunehmen und das Recht auf Schadensersatz gemäß Artikel 82 in Anspruch zu nehmen, sofern dieses im Recht der Mitgliedstaaten vorgesehen ist.

(2) Die Mitgliedstaaten können vorsehen, dass jede der in Absatz 1 des vorliegenden Artikels genannten Einrichtungen, Organisationen oder Vereinigungen unabhängig von einem Auftrag der betroffenen Person in diesem Mitgliedstaat das Recht hat, bei der gemäß Artikel 77 zuständigen Aufsichtsbehörde eine Beschwerde einzulegen und die in den Artikeln 78 und 79 aufgeführten Rechte in Anspruch zu nehmen, wenn ihres Erachtens die Rechte einer betroffenen Person gemäß dieser Verordnung infolge einer Verarbeitung verletzt worden sind.

Art. 81 Aussetzung des Verfahrens. (1) Erhält ein zuständiges Gericht in einem Mitgliedstaat Kenntnis von einem Verfahren zu demselben Gegenstand in Bezug auf die Verarbeitung durch denselben Verantwortlichen oder Auftragsverarbeiter, das vor einem Gericht in einem anderen Mitgliedstaat anhängig ist, so nimmt es mit diesem Gericht Kontakt auf, um sich zu vergewissern, dass ein solches Verfahren existiert.

(2) Ist ein Verfahren zu demselben Gegenstand in Bezug auf die Verarbeitung durch denselben Verantwortlichen oder Auftragsverarbeiter vor einem Gericht in einem anderen Mitgliedstaat anhängig, so kann jedes später angerufene zuständige Gericht das bei ihm anhängige Verfahren aussetzen.

(3) Sind diese Verfahren in erster Instanz anhängig, so kann sich jedes später angerufene Gericht auf Antrag einer Partei auch für unzuständig erklären, wenn das zuerst angerufene Gericht für die betreffenden Klagen zuständig ist und die Verbindung der Klagen nach seinem Recht zulässig ist.

Art. 82 Haftung und Recht auf Schadenersatz. (1) Jede Person, der wegen eines Verstoßes gegen diese Verordnung ein materieller oder immaterieller Schaden entstanden ist, hat Anspruch auf Schadenersatz gegen den Verantwortlichen oder gegen den Auftragsverarbeiter.

(2) [1]Jeder an einer Verarbeitung beteiligte Verantwortliche haftet für den Schaden, der durch eine nicht dieser Verordnung entsprechende Verarbeitung verursacht wurde. [2]Ein Auftragsverarbeiter haftet für den durch eine Verarbeitung verursachten Schaden nur dann, wenn er seinen speziell den Auftragsverarbeitern auferlegten Pflichten aus dieser Verordnung nicht nachgekommen ist oder unter Nichtbeachtung der rechtmäßig erteilten Anweisungen des für die Datenverarbeitung Verantwortlichen oder gegen diese Anweisungen gehandelt hat.

(3) Der Verantwortliche oder der Auftragsverarbeiter wird von der Haftung gemäß Absatz 2 befreit, wenn er nachweist, dass er in keinerlei Hinsicht für den Umstand, durch den der Schaden eingetreten ist, verantwortlich ist.

(4) Ist mehr als ein Verantwortlicher oder mehr als ein Auftragsverarbeiter bzw. sowohl ein Verantwortlicher als auch ein Auftragsverarbeiter an derselben Verarbeitung beteiligt und sind sie gemäß den Absätzen 2 und 3 für einen durch die Verarbeitung verursachten Schaden verantwortlich, so haftet jeder Verantwortliche oder jeder Auftragsverarbeiter für den gesamten Schaden, damit ein wirksamer Schadensersatz für die betroffene Person sichergestellt ist.

(5) Hat ein Verantwortlicher oder Auftragsverarbeiter gemäß Absatz 4 vollständigen Schadenersatz für den erlittenen Schaden gezahlt, so ist dieser Verantwortliche oder Auftragsverarbeiter berechtigt, von den übrigen an derselben Verarbeitung beteiligten für die Datenverarbeitung Verantwortlichen oder Auftragsverarbeitern den Teil des Schadenersatzes zurückzufordern, der unter den in Absatz 2 festgelegten Bedingungen ihrem Anteil an der Verantwortung für den Schaden entspricht.

(6) Mit Gerichtsverfahren zur Inanspruchnahme des Rechts auf Schadenersatz sind die Gerichte zu befassen, die nach den in Artikel 79 Absatz 2 genannten Rechtsvorschriften des Mitgliedstaats zuständig sind.

Art. 83[1]) Allgemeine Bedingungen für die Verhängung von Geldbußen. (1) Jede Aufsichtsbehörde stellt sicher, dass die Verhängung von Geldbußen gemäß diesem Artikel für Verstöße gegen diese Verordnung gemäß den Absätzen 4, 5 und 6 in jedem Einzelfall wirksam, verhältnismäßig und abschreckend ist.

(2) [1]Geldbußen werden je nach den Umständen des Einzelfalls zusätzlich zu oder anstelle von Maßnahmen nach Artikel 58 Absatz 2 Buchstaben a bis h und j verhängt. [2]Bei der Entscheidung über die Verhängung einer Geldbuße und über deren Betrag wird in jedem Einzelfall Folgendes gebührend berücksichtigt:

a) Art, Schwere und Dauer des Verstoßes unter Berücksichtigung der Art, des Umfangs oder des Zwecks der betreffenden Verarbeitung sowie der Zahl der von der Verarbeitung betroffenen Personen und des Ausmaßes des von ihnen erlittenen Schadens;

b) Vorsätzlichkeit oder Fahrlässigkeit des Verstoßes;

c) jegliche von dem Verantwortlichen oder dem Auftragsverarbeiter getroffenen Maßnahmen zur Minderung des den betroffenen Personen entstandenen Schadens;

[1]) Art. 83 Abs. 1 und Abs. 2 Satz 1 ber. ABl. 2018 Nr. L 127 S. 2.

d) Grad der Verantwortung des Verantwortlichen oder des Auftragsverarbeiters unter Berücksichtigung der von ihnen gemäß den Artikeln 25 und 32 getroffenen technischen und organisatorischen Maßnahmen;

e) etwaige einschlägige frühere Verstöße des Verantwortlichen oder des Auftragsverarbeiters;

f) Umfang der Zusammenarbeit mit der Aufsichtsbehörde, um dem Verstoß abzuhelfen und seine möglichen nachteiligen Auswirkungen zu mindern;

g) Kategorien personenbezogener Daten, die von dem Verstoß betroffen sind;

h) Art und Weise, wie der Verstoß der Aufsichtsbehörde bekannt wurde, insbesondere ob und gegebenenfalls in welchem Umfang der Verantwortliche oder der Auftragsverarbeiter den Verstoß mitgeteilt hat;

i) Einhaltung der nach Artikel 58 Absatz 2 früher gegen den für den betreffenden Verantwortlichen oder Auftragsverarbeiter in Bezug auf denselben Gegenstand angeordneten Maßnahmen, wenn solche Maßnahmen angeordnet wurden;

j) Einhaltung von genehmigten Verhaltensregeln nach Artikel 40 oder genehmigten Zertifizierungsverfahren nach Artikel 42 und

k) jegliche anderen erschwerenden oder mildernden Umstände im jeweiligen Fall, wie unmittelbar oder mittelbar durch den Verstoß erlangte finanzielle Vorteile oder vermiedene Verluste.

(3) Verstößt ein Verantwortlicher oder ein Auftragsverarbeiter bei gleichen oder miteinander verbundenen Verarbeitungsvorgängen vorsätzlich oder fahrlässig gegen mehrere Bestimmungen dieser Verordnung, so übersteigt der Gesamtbetrag der Geldbuße nicht den Betrag für den schwerwiegendsten Verstoß.

(4) Bei Verstößen gegen die folgenden Bestimmungen werden im Einklang mit Absatz 2 Geldbußen von bis zu 10 000 000 EUR oder im Fall eines Unternehmens von bis zu 2 % seines gesamten weltweit erzielten Jahresumsatzes des vorangegangenen Geschäftsjahrs verhängt, je nachdem, welcher der Beträge höher ist:

a) die Pflichten der Verantwortlichen und der Auftragsverarbeiter gemäß den Artikeln 8, 11, 25 bis 39, 42 und 43;

b) die Pflichten der Zertifizierungsstelle gemäß den Artikeln 42 und 43;

c) die Pflichten der Überwachungsstelle gemäß Artikel 41 Absatz 4.

(5) Bei Verstößen gegen die folgenden Bestimmungen werden im Einklang mit Absatz 2 Geldbußen von bis zu 20 000 000 EUR oder im Fall eines Unternehmens von bis zu 4 % seines gesamten weltweit erzielten Jahresumsatzes des vorangegangenen Geschäftsjahrs verhängt, je nachdem, welcher der Beträge höher ist:

a) die Grundsätze für die Verarbeitung, einschließlich der Bedingungen für die Einwilligung, gemäß den Artikeln 5, 6, 7 und 9;

b) die Rechte der betroffenen Person gemäß den Artikeln 12 bis 22;

c) die Übermittlung personenbezogener Daten an einen Empfänger in einem Drittland oder an eine internationale Organisation gemäß den Artikeln 44 bis 49;

d) alle Pflichten gemäß den Rechtsvorschriften der Mitgliedstaaten, die im Rahmen des Kapitels IX erlassen wurden;

e) Nichtbefolgung einer Anweisung oder einer vorübergehenden oder endgültigen Beschränkung oder Aussetzung der Datenübermittlung durch die Aufsichtsbehörde gemäß Artikel 58 Absatz 2 oder Nichtgewährung des Zugangs unter Verstoß gegen Artikel 58 Absatz 1.

(6) Bei Nichtbefolgung einer Anweisung der Aufsichtsbehörde gemäß Artikel 58 Absatz 2 werden im Einklang mit Absatz 2 des vorliegenden Artikels Geldbußen von bis zu 20 000 000 EUR oder im Fall eines Unternehmens von bis zu 4 % seines gesamten weltweit erzielten Jahresumsatzes des vorangegangenen Geschäftsjahrs verhängt, je nachdem, welcher der Beträge höher ist.

(7) Unbeschadet der Abhilfebefugnisse der Aufsichtsbehörden gemäß Artikel 58 Absatz 2 kann jeder Mitgliedstaat Vorschriften dafür festlegen, ob und in welchem Umfang gegen Behörden und öffentliche Stellen, die in dem betreffenden Mitgliedstaat niedergelassen sind, Geldbußen verhängt werden können.

(8) Die Ausübung der eigenen Befugnisse durch eine Aufsichtsbehörde gemäß diesem Artikel muss angemessenen Verfahrensgarantien gemäß dem Unionsrecht und dem Recht der Mitgliedstaaten, einschließlich wirksamer gerichtlicher Rechtsbehelfe und ordnungsgemäßer Verfahren, unterliegen.

(9) [1] Sieht die Rechtsordnung eines Mitgliedstaats keine Geldbußen vor, kann dieser Artikel so angewandt werden, dass die Geldbuße von der zuständigen Aufsichtsbehörde in die Wege geleitet und von den zuständigen nationalen Gerichten verhängt wird, wobei sicherzustellen ist, dass diese Rechtsbehelfe wirksam sind und die gleiche Wirkung wie die von Aufsichtsbehörden verhängten Geldbußen haben. [2] In jeden Fall müssen die verhängten Geldbußen wirksam, verhältnismäßig und abschreckend sein. [3] Die betreffenden Mitgliedstaaten teilen der Kommission bis zum 25. Mai 2018 die Rechtsvorschriften mit, die sie aufgrund dieses Absatzes erlassen, sowie unverzüglich alle späteren Änderungsgesetze oder Änderungen dieser Vorschriften.

Art. 84 Sanktionen. (1) [1] Die Mitgliedstaaten legen die Vorschriften über andere Sanktionen für Verstöße gegen diese Verordnung – insbesondere für Verstöße, die keiner Geldbuße gemäß Artikel 83 unterliegen – fest und treffen alle zu deren Anwendung erforderlichen Maßnahmen. [2] Diese Sanktionen müssen wirksam, verhältnismäßig und abschreckend sein.

(2) Jeder Mitgliedstaat teilt der Kommission bis zum 25. Mai 2018 die Rechtsvorschriften, die er aufgrund von Absatz 1 erlässt, sowie unverzüglich alle späteren Änderungen dieser Vorschriften mit.

Kapitel IX. Vorschriften für besondere Verarbeitungssituationen

Art. 85 Verarbeitung und Freiheit der Meinungsäußerung und Informationsfreiheit. (1) Die Mitgliedstaaten bringen durch Rechtsvorschriften das Recht auf den Schutz personenbezogener Daten gemäß dieser Verordnung mit dem Recht auf freie Meinungsäußerung und Informationsfreiheit, einschließlich der Verarbeitung zu journalistischen Zwecken und zu wissenschaftlichen, künstlerischen oder literarischen Zwecken, in Einklang.

(2) Für die Verarbeitung, die zu journalistischen Zwecken oder zu wissenschaftlichen, künstlerischen oder literarischen Zwecken erfolgt, sehen die Mitgliedstaaten Abweichungen oder Ausnahmen von Kapitel II (Grundsätze), Ka-

pitel III (Rechte der betroffenen Person), Kapitel IV (Verantwortlicher und Auftragsverarbeiter), Kapitel V (Übermittlung personenbezogener Daten an Drittländer oder an internationale Organisationen), Kapitel VI (Unabhängige Aufsichtsbehörden), Kapitel VII (Zusammenarbeit und Kohärenz) und Kapitel IX (Vorschriften für besondere Verarbeitungssituationen) vor, wenn dies erforderlich ist, um das Recht auf Schutz der personenbezogenen Daten mit der Freiheit der Meinungsäußerung und der Informationsfreiheit in Einklang zu bringen.

(3) Jeder Mitgliedstaat teilt der Kommission die Rechtsvorschriften, die er aufgrund von Absatz 2 erlassen hat, sowie unverzüglich alle späteren Änderungsgesetze oder Änderungen dieser Vorschriften mit.

Art. 86 Verarbeitung und Zugang der Öffentlichkeit zu amtlichen Dokumenten. Personenbezogene Daten in amtlichen Dokumenten, die sich im Besitz einer Behörde oder einer öffentlichen Einrichtung oder einer privaten Einrichtung zur Erfüllung einer im öffentlichen Interesse liegenden Aufgabe befinden, können von der Behörde oder der Einrichtung gemäß dem Unionsrecht oder dem Recht des Mitgliedstaats, dem die Behörde oder Einrichtung unterliegt, offengelegt werden, um den Zugang der Öffentlichkeit zu amtlichen Dokumenten mit dem Recht auf Schutz personenbezogener Daten gemäß dieser Verordnung in Einklang zu bringen.

Art. 87 Verarbeitung der nationalen Kennziffer. [1] Die Mitgliedstaaten können näher bestimmen, unter welchen spezifischen Bedingungen eine nationale Kennziffer oder andere Kennzeichen von allgemeiner Bedeutung Gegenstand einer Verarbeitung sein dürfen. [2] In diesem Fall darf die nationale Kennziffer oder das andere Kennzeichen von allgemeiner Bedeutung nur unter Wahrung geeigneter Garantien für die Rechte und Freiheiten der betroffenen Person gemäß dieser Verordnung verwendet werden.

Art. 88[1] Datenverarbeitung im Beschäftigungskontext. (1) Die Mitgliedstaaten können durch Rechtsvorschriften oder durch Kollektivvereinbarungen spezifischere Vorschriften zur Gewährleistung des Schutzes der Rechte und Freiheiten hinsichtlich der Verarbeitung personenbezogener Beschäftigtendaten im Beschäftigungskontext, insbesondere für Zwecke der Einstellung, der Erfüllung des Arbeitsvertrags einschließlich der Erfüllung von durch Rechtsvorschriften oder durch Kollektivvereinbarungen festgelegten Pflichten, des Managements, der Planung und der Organisation der Arbeit, der Gleichheit und Diversität am Arbeitsplatz, der Gesundheit und Sicherheit am Arbeitsplatz, des Schutzes des Eigentums der Arbeitgeber oder der Kunden sowie für Zwecke der Inanspruchnahme der mit der Beschäftigung zusammenhängenden individuellen oder kollektiven Rechte und Leistungen und für Zwecke der Beendigung des Beschäftigungsverhältnisses vorsehen.

(2) Diese Vorschriften umfassen geeignete und besondere Maßnahmen zur Wahrung der menschlichen Würde, der berechtigten Interessen und der Grundrechte der betroffenen Person, insbesondere im Hinblick auf die Transparenz der Verarbeitung, die Übermittlung personenbezogener Daten innerhalb einer Unternehmensgruppe oder einer Gruppe von Unternehmen, die

[1] Art. 88 Abs. 1 und 2 ber. ABl. 2018 Nr. L 127 S. 2.

eine gemeinsame Wirtschaftstätigkeit ausüben, und die Überwachungssysteme am Arbeitsplatz.

(3) Jeder Mitgliedstaat teilt der Kommission bis zum 25. Mai 2018 die Rechtsvorschriften, die er aufgrund von Absatz 1 erlässt, sowie unverzüglich alle späteren Änderungen dieser Vorschriften mit.

Art. 89 Garantien und Ausnahmen in Bezug auf die Verarbeitung zu im öffentlichen Interesse liegenden Archivzwecken, zu wissenschaftlichen oder historischen Forschungszwecken und zu statistischen Zwecken. (1) [1] Die Verarbeitung zu im öffentlichen Interesse liegenden Archivzwecken, zu wissenschaftlichen oder historischen Forschungszwecken oder zu statistischen Zwecken unterliegt geeigneten Garantien für die Rechte und Freiheiten der betroffenen Person gemäß dieser Verordnung. [2] Mit diesen Garantien wird sichergestellt, dass technische und organisatorische Maßnahmen bestehen, mit denen insbesondere die Achtung des Grundsatzes der Datenminimierung gewährleistet wird. [3] Zu diesen Maßnahmen kann die Pseudonymisierung gehören, sofern es möglich ist, diese Zwecke auf diese Weise zu erfüllen. [4] In allen Fällen, in denen diese Zwecke durch die Weiterverarbeitung, bei der die Identifizierung von betroffenen Personen nicht oder nicht mehr möglich ist, erfüllt werden können, werden diese Zwecke auf diese Weise erfüllt.

(2) Werden personenbezogene Daten zu wissenschaftlichen oder historischen Forschungszwecken oder zu statistischen Zwecken verarbeitet, können vorbehaltlich der Bedingungen und Garantien gemäß Absatz 1 des vorliegenden Artikels im Unionsrecht oder im Recht der Mitgliedstaaten insoweit Ausnahmen von den Rechten gemäß der Artikel 15, 16, 18 und 21 vorgesehen werden, als diese Rechte voraussichtlich die Verwirklichung der spezifischen Zwecke unmöglich machen oder ernsthaft beeinträchtigen und solche Ausnahmen für die Erfüllung dieser Zwecke notwendig sind.

(3) Werden personenbezogene Daten für im öffentlichen Interesse liegende Archivzwecke verarbeitet, können vorbehaltlich der Bedingungen und Garantien gemäß Absatz 1 des vorliegenden Artikels im Unionsrecht oder im Recht der Mitgliedstaaten insoweit Ausnahmen von den Rechten gemäß der Artikel 15, 16, 18, 19, 20 und 21 vorgesehen werden, als diese Rechte voraussichtlich die Verwirklichung der spezifischen Zwecke unmöglich machen oder ernsthaft beeinträchtigen und solche Ausnahmen für die Erfüllung dieser Zwecke notwendig sind.

(4) Dient die in den Absätzen 2 und 3 genannte Verarbeitung gleichzeitig einem anderen Zweck, gelten die Ausnahmen nur für die Verarbeitung zu den in diesen Absätzen genannten Zwecken.

Art. 90 Geheimhaltungspflichten. (1) [1] Die Mitgliedstaaten können die Befugnisse der Aufsichtsbehörden im Sinne des Artikels 58 Absatz 1 Buchstaben e und f gegenüber den Verantwortlichen oder den Auftragsverarbeitern, die nach Unionsrecht oder dem Recht der Mitgliedstaaten oder nach einer von den zuständigen nationalen Stellen erlassenen Verpflichtung dem Berufsgeheimnis oder einer gleichwertigen Geheimhaltungspflicht unterliegen, regeln, soweit dies notwendig und verhältnismäßig ist, um das Recht auf Schutz der personenbezogenen Daten mit der Pflicht zur Geheimhaltung in Einklang zu bringen. [2] Diese Vorschriften gelten nur in Bezug auf personenbezogene

Daten, die der Verantwortliche oder der Auftragsverarbeiter bei einer Tätigkeit erlangt oder erhoben hat, die einer solchen Geheimhaltungspflicht unterliegt.

(2) Jeder Mitgliedstaat teilt der Kommission bis zum 25. Mai 2018 die Vorschriften mit, die er aufgrund von Absatz 1 erlässt, und setzt sie unverzüglich von allen weiteren Änderungen dieser Vorschriften in Kenntnis.

Art. 91 Bestehende Datenschutzvorschriften von Kirchen und religiösen Vereinigungen oder Gemeinschaften. (1) Wendet eine Kirche oder eine religiöse Vereinigung oder Gemeinschaft in einem Mitgliedstaat zum Zeitpunkt des Inkrafttretens dieser Verordnung umfassende Regeln zum Schutz natürlicher Personen bei der Verarbeitung an, so dürfen diese Regeln weiter angewandt werden, sofern sie mit dieser Verordnung in Einklang gebracht werden.

(2) Kirchen und religiöse Vereinigungen oder Gemeinschaften, die gemäß Absatz 1 umfassende Datenschutzregeln anwenden, unterliegen der Aufsicht durch eine unabhängige Aufsichtsbehörde, die spezifischer Art sein kann, sofern sie die in Kapitel VI niedergelegten Bedingungen erfüllt.

Kapitel X. Delegierte Rechtsakte und Durchführungsrechtsakte

Art. 92 Ausübung der Befugnisübertragung. (1) Die Befugnis zum Erlass delegierter Rechtsakte wird der Kommission unter den in diesem Artikel festgelegten Bedingungen übertragen.

(2) Die Befugnis zum Erlass delegierter Rechtsakte gemäß Artikel 12 Absatz 8 und Artikel 43 Absatz 8 wird der Kommission auf unbestimmte Zeit ab dem 24. Mai 2016 übertragen.

(3) [1] Die Befugnisübertragung gemäß Artikel 12 Absatz 8 und Artikel 43 Absatz 8 kann vom Europäischen Parlament oder vom Rat jederzeit widerrufen werden. [2] Der Beschluss über den Widerruf beendet die Übertragung der in diesem Beschluss angegebenen Befugnis. [3] Er wird am Tag nach seiner Veröffentlichung im Amtsblatt der Europäischen Union oder zu einem im Beschluss über den Widerruf angegebenen späteren Zeitpunkt wirksam. [4] Die Gültigkeit von delegierten Rechtsakten, die bereits in Kraft sind, wird von dem Beschluss über den Widerruf nicht berührt.

(4) Sobald die Kommission einen delegierten Rechtsakt erlässt, übermittelt sie ihn gleichzeitig dem Europäischen Parlament und dem Rat.

(5) [1] Ein delegierter Rechtsakt, der gemäß Artikel 12 Absatz 8 und Artikel 43 Absatz 8 erlassen wurde, tritt nur in Kraft, wenn weder das Europäische Parlament noch der Rat innerhalb einer Frist von drei Monaten nach Übermittlung dieses Rechtsakts an das Europäische Parlament und den Rat Einwände erhoben *haben oder wenn* vor Ablauf dieser Frist das Europäische Parlament und der Rat beide der Kommission mitgeteilt haben, dass sie keine Einwände erheben werden. [2] Auf Veranlassung des Europäischen Parlaments oder des Rates wird diese Frist um drei Monate verlängert.

Art. 93 Ausschussverfahren. (1) [1] Die Kommission wird von einem Ausschuss unterstützt. [2] Dieser Ausschuss ist ein Ausschuss im Sinne der Verordnung (EU) Nr. 182/2011.

(2) Wird auf diesen Absatz Bezug genommen, so gilt Artikel 5 der Verordnung (EU) Nr. 182/2011.

(3) Wird auf diesen Absatz Bezug genommen, so gilt Artikel 8 der Verordnung (EU) Nr. 182/2011 in Verbindung mit deren Artikel 5.

Kapitel XI. Schlussbestimmungen

Art. 94 Aufhebung der Richtlinie 95/46/EG. (1) Die Richtlinie 95/46/EG wird mit Wirkung vom 25. Mai 2018 aufgehoben.

(2) [1] Verweise auf die aufgehobene Richtlinie gelten als Verweise auf die vorliegende Verordnung. [2] Verweise auf die durch Artikel 29 der Richtlinie 95/46/EG eingesetzte Gruppe für den Schutz von Personen bei der Verarbeitung personenbezogener Daten gelten als Verweise auf den kraft dieser Verordnung errichteten Europäischen Datenschutzausschuss.

Art. 95 Verhältnis zur Richtlinie 2002/58/EG. Diese Verordnung erlegt natürlichen oder juristischen Personen in Bezug auf die Verarbeitung in Verbindung mit der Bereitstellung öffentlich zugänglicher elektronischer Kommunikationsdienste in öffentlichen Kommunikationsnetzen in der Union keine zusätzlichen Pflichten auf, soweit sie besonderen in der Richtlinie 2002/58/EG festgelegten Pflichten unterliegen, die dasselbe Ziel verfolgen.

Art. 96 Verhältnis zu bereits geschlossenen Übereinkünften. Internationale Übereinkünfte, die die Übermittlung personenbezogener Daten an Drittländer oder internationale Organisationen mit sich bringen, die von den Mitgliedstaaten vor dem 24. Mai 2016 abgeschlossen wurden und die im Einklang mit dem vor diesem Tag geltenden Unionsrecht stehen, bleiben in Kraft, bis sie geändert, ersetzt oder gekündigt werden.

Art. 97 Berichte der Kommission. (1) [1] Bis zum 25. Mai 2020 und danach alle vier Jahre legt die Kommission dem Europäischen Parlament und dem Rat einen Bericht über die Bewertung und Überprüfung dieser Verordnung vor. [2] Die Berichte werden öffentlich gemacht.

(2) Im Rahmen der Bewertungen und Überprüfungen nach Absatz 1 prüft die Kommission insbesondere die Anwendung und die Wirkungsweise

a) des Kapitels V über die Übermittlung personenbezogener Daten an Drittländer oder an internationale Organisationen insbesondere im Hinblick auf die gemäß Artikel 45 Absatz 3 der vorliegenden Verordnung erlassenen Beschlüsse sowie die gemäß Artikel 25 Absatz 6 der Richtlinie 95/46/EG erlassenen Feststellungen;

b) des Kapitels VII über Zusammenarbeit und Kohärenz.

(3) Für den in Absatz 1 genannten Zweck kann die Kommission Informationen von den Mitgliedstaaten und den Aufsichtsbehörden anfordern.

(4) Bei den in den Absätzen 1 und 2 genannten Bewertungen und Überprüfungen berücksichtigt die Kommission die Standpunkte und Feststellungen des Europäischen Parlaments, des Rates und anderer einschlägiger Stellen oder Quellen.

(5) Die Kommission legt erforderlichenfalls geeignete Vorschläge zur Änderung dieser Verordnung vor und berücksichtigt dabei insbesondere die Entwicklungen in der Informationstechnologie und die Fortschritte in der Informationsgesellschaft.

Art. 98 Überprüfung anderer Rechtsakte der Union zum Datenschutz. [1] Die Kommission legt gegebenenfalls Gesetzgebungsvorschläge zur Änderung anderer Rechtsakte der Union zum Schutz personenbezogener Daten vor, damit ein einheitlicher und kohärenter Schutz natürlicher Personen bei der Verarbeitung sichergestellt wird. [2] Dies betrifft insbesondere die Vorschriften zum Schutz natürlicher Personen bei der Verarbeitung solcher Daten durch die Organe, Einrichtungen, Ämter und Agenturen der Union und zum freien Verkehr solcher Daten.

Art. 99 Inkrafttreten und Anwendung. (1) Diese Verordnung tritt am zwanzigsten Tag nach ihrer Veröffentlichung[1] im Amtsblatt der Europäischen Union in Kraft.

(2) Sie gilt ab dem 25. Mai 2018.

[1] Veröffentlicht am 4.5.2016.

250. Paßgesetz (PaßG) [1)2)3)]

Vom 19. April 1986
(BGBl. I S. 537)

FNA 210-5

geänd. durch Art. 7 BetreuungsG v. 12.9.1990 (BGBl. I S. 2002), Art. 2 G zur Änd. des G über Personalausweise und des PaßG v. 30.7.1996 (BGBl. I S. 1182), Art. 2 G zur Reform des Staatsangehörigkeitsrechts v. 15.7.1999 (BGBl. I S. 1618), Art. 1 G zur Änd. des Pass- und Personalausweisrechts v. 1.5.2000 (BGBl. I S. 626), Art. 25 Sechstes Euro-EinführungsG v. 3.12.2001 (BGBl. I S. 3306), Art. 7 TerrorismusbekämpfungsG v. 9.1.2002 (BGBl. I S. 361), Art. 4 MelderechtsrahmenG-ÄndG v. 25.3.2002 (BGBl. I S. 1186), Art. 13 Drittes VerwaltungsverfahrensrechtsÄndG v. 21.8.2002 (BGBl. I S. 3322), Art. 13 G zur Umbenennung des Bundesgrenzschutzes in Bundespolizei v. 21.6.2005 (BGBl. I S. 1818), Art. 7b TerrorismusbekämpfungsergänzungsG v. 5.1.2007 (BGBl. I S. 2), Art. 1 ÄndG v. 20.7.2007 (BGBl. I S. 1566, ber. S. 2317), Art. 11 G zur Änd. des BundespolizeiG und anderer Gesetze v. 26.2.2008 (BGBl. I S. 215), Art. 2 G über Personalausweise und den elektronischen Identitätsnachweis sowie zur Änd. weiterer Vorschriften v. 18.6.2009 (BGBl. I S. 1346), Art. 4 Abs. 2 G zur Verfolgung der Vorbereitung von schweren staatsgefährdenden Gewalttaten v. 30.7.2009 (BGBl. I S. 2437), Art. 2 Abs. 4 G zur Fortentwicklung des Meldewesens v. 3.5.2013 (BGBl. I S. 1084, geänd. durch G v. 20.11.2014, BGBl. I S. 1738), Art. 8 G zur Förderung der elektronischen Verwaltung sowie zur Änd. weiterer Vorschriften v. 25.7.2013 (BGBl. I S. 2749), Art. 2 G zur Änd. des PersonalausweisG zur Einführung eines Ersatz-Personalausweises und zur Änd. des PassG v. 20.6.2015 (BGBl. I S. 970), Art. 3 G zur Förderung des elektronischen Identitätsnachweises v. 7.7.2017 (BGBl. I S. 2310), Art. 4 G zur Einführung einer Karte für Unionsbürger und Angehörige des Europäischen Wirtschaftsraums mit Funktion zum elektronischen Identitätsnachweis sowie zur Änd. des PersonalausweisG und weiterer Vorschriften v. 21.6.2019 (BGBl. I S. 846), Art. 78 Elfte ZuständigkeitsanpassungsVO v. 19.6.2020 (BGBl. I S. 1328) und Art. 1, Art. 12 G zur Stärkung der Sicherheit im Pass-, Ausweis- und ausländerrechtlichen Dokumentenwesen v. 3.12.2020 (BGBl. I S. 2744)

Der Bundestag hat mit Zustimmung des Bundesrates das folgende Gesetz beschlossen:

Erster Abschnitt. Paßvorschriften

§ 1 [4)] Passpflicht. (1) [1] Deutsche im Sinne des Artikels 116 Abs. 1 des Grundgesetzes [5)], die aus dem Geltungsbereich dieses Gesetzes aus- oder in ihn einreisen, sind verpflichtet, einen gültigen Pass mitzuführen und sich damit über ihre Person auszuweisen. [2] Der Passpflicht wird durch Vorlage eines Passes der Bundesrepublik Deutschland im Sinne des Absatzes 2 genügt.

(2) Als Pass im Sinne dieses Gesetzes gelten:

1. Reisepass,

2. Kinderreisepass,

3. vorläufiger Reisepass,

4. amtlicher Pass

 a) Dienstpass,

[1)] Verkündet als Art. 1 PassG und G zur Änd. der StrafprozessO v. 19.4.1986 (BGBl. I S. 537); Inkrafttreten gem. Art. 4 Abs. 1 Satz 1 dieses G am 1.1.1988.

[2)] Siehe hierzu für Ausländer das AufenthaltsG (Nr. **565**) und die AufenthaltsVO (Nr. **566**).

[3)] Die Änderungen durch G v. 3.12.2020 (BGBl. I S. 2744) treten teilweise erst **mWv 1.5.2025** in Kraft und sind insoweit im Text noch nicht berücksichtigt.

[4)] § 1 neu gef. mWv 1.11.2007 durch G v. 20.7.2007 (BGBl. I S. 1566); Abs. 5 geänd. mWv 27.6.2020 durch VO v. 19.6.2020 (BGBl. I S. 1328); Abs. 5 neu gef. mWv 12.12.2020 durch G v. 3.12.2020 (BGBl. I S. 2744).

[5)] Nr. 1.

b) Diplomatenpass,
c) vorläufiger Dienstpass,
d) vorläufiger Diplomatenpass.

(3) Niemand darf mehrere Pässe der Bundesrepublik Deutschland besitzen, sofern nicht ein berechtigtes Interesse an der Ausstellung mehrerer Pässe nachgewiesen wird.

(4) [1] Der Pass darf nur Deutschen im Sinne des Artikels 116 Abs. 1 des Grundgesetzes ausgestellt werden; er ist Eigentum der Bundesrepublik Deutschland. [2] Der amtliche Pass kann auch

1. Diplomaten im Sinne des Wiener Übereinkommens über diplomatische Beziehungen vom 18. April 1961 (BGBl. 1964 II S. 959) und Konsularbeamten im Sinne des Wiener Übereinkommens über konsularische Beziehungen vom 24. April 1963 (BGBl. 1969 II S. 1587) und deren Familienangehörigen sowie

2. sonstigen Personen, die im amtlichen Auftrag der Bundesrepublik Deutschland im Ausland tätig sind und deren Familienangehörigen, ausgestellt werden,

wenn diese nicht Deutsche im Sinne des Artikels 116 Abs. 1 des Grundgesetzes sind.

(5) [1] Das Bundesministerium des Innern, für Bau und Heimat bestimmt den Passhersteller sowie den Lieferanten von Geräten zur Aufnahme und elektronischen Erfassung von Lichtbildern, sofern diese durch die Passbehörde gefertigt werden, und von Fingerabdrücken und macht deren Namen im Bundesanzeiger bekannt. [2] Dies gilt nicht für Geräte zur Aufnahme und elektronischen Erfassung von Lichtbildern, die im Rahmen einer Antragstellung beim Auswärtigen Amt gefertigt werden.

§ 2[1) Befreiung von der Paßpflicht. (1) Das Bundesministerium des Innern, für Bau und Heimat kann durch Rechtsverordnung[2) mit Zustimmung des Bundesrates

1. Deutsche zur Erleichterung des Grenzübertritts in besonderen Fällen sowie im Verkehr mit einzelnen ausländischen Staaten von der Paßpflicht befreien,

2. andere amtliche Ausweise als Paßersatz einführen oder zulassen.

(2) Die für die polizeiliche Kontrolle des grenzüberschreitenden Verkehrs zuständigen Behörden können in Einzelfällen, insbesondere aus humanitären Gründen, Ausnahmen von der Paßpflicht zulassen.

§ 3 Grenzübertritt. Das Überschreiten der Auslandsgrenze ist nur an zugelassenen Grenzübergangsstellen und innerhalb der festgesetzten Verkehrsstunden zulässig, sofern nicht auf Grund anderer Rechtsvorschriften oder zwischenstaatlicher Vereinbarungen Ausnahmen zugelassen sind.

[1) § 2 Abs. 1 einl. Satzteil geänd. mWv 1.11.2007 durch G v. 20.7.2007 (BGBl. I S. 1566); Abs. 1 einl. Satzteil geänd. mWv 27.6.2020 durch VO v. 19.6.2020 (BGBl. I S. 1328).
[2) Siehe die PassVO (Nr. 251).

§ 4[1) Paßmuster. (1) [1] Pässe sind nach einheitlichen Mustern auszustellen; sie erhalten eine Seriennummer. [2] Der Pass enthält neben dem Lichtbild des Passinhabers, seiner Unterschrift, der Angabe der ausstellenden Behörde, dem Tag der Ausstellung und dem letzten Tag der Gültigkeitsdauer ausschließlich folgende Angaben über seine Person:

1. Familienname und Geburtsname,
2. Vornamen,
3. Doktorgrad,
4. Ordensname, Künstlername,
5. Tag und Ort der Geburt,
6. Geschlecht,
7. Größe,
8. Farbe der Augen,
9. Wohnort,
10. Staatsangehörigkeit und
11. Seriennummer.

[3] Die Angabe des Geschlechts richtet sich nach der Eintragung im Melderegister. [4] Ist dort das Geschlecht nicht mit weiblich oder männlich angegeben, wird im Pass das Geschlecht mit „X" bezeichnet. [5] Abweichend von den Sätzen 3 und 4 ist einem Passbewerber, dessen Vornamen auf Grund gerichtlicher Entscheidung gemäß § 1 des Transsexuellengesetzes geändert wurden, auf Antrag im Pass mit der Angabe des anderen, von dem Geburtseintrag abweichenden Geschlechts auszustellen. [6] Passbewerbern, deren Angabe zum Geschlecht nach § 45b des Personenstandsgesetzes[2)] geändert wurde, kann auf Antrag abweichend von den Sätzen 3 und 4 auch ein Pass mit der Angabe des vorherigen Geschlechts ausgestellt werden, wenn die vorherige Angabe männlich oder weiblich war.

(2) [1] Der Pass enthält eine Zone für das automatische Lesen. [2] Diese darf lediglich enthalten:

1. Folgende Abkürzungen:
 a) „P" für Reisepass,
 b) „PC" für Kinderreisepass,
 c) „PP" für vorläufigen Reisepass,
 d) „PO" für Dienstpass und vorläufigen Dienstpass und
 e) „PD" für Diplomatenpass und vorläufigen Diplomatenpass,
2. die Abkürzung „D" für Bundesrepublik Deutschland,
3. den Familiennamen,
4. den oder die Vornamen,

[1)] § 4 Abs. 2 Nr. 5 aufgeh., bish. Nrn. 6–12 werden Nrn. 5–11, Abs. 4 aufgeh., bish. Abs. 5 wird Abs. 4, neuer Abs. 4 Satz 1 geänd. mWv 11.5.2000 durch G v. 1.5.2000 (BGBl. I S. 626), Abs. 1 Satz 1 angef., Abs. 3 und 4 eingef., bish. Abs. 3 und 4 werden Abs. 5 und 6 mWv 1.1.2002 durch G v. 9.1.2002 (BGBl. I S. 361); Abs. 1 Sätze 3 und 4 neu gef. mWv 28.7.2007, Abs. 1 Satz 1, Abs. 2 Satz 2 Nrn. 1, 5 und 6 und Abs. 3–6 neu gef., Abs. 1 Satz 2 Nr. 4 aufgeh. sowie Abs. 2 Satz 1 und Satz 2 Nr. 9 geänd. mWv 1.11. 2007 durch G v. 20.7.2007 (BGBl. I S. 1566, ber. S. 2317); Abs. 1 Satz 2 neu gef. mWv 1.11.2010 durch G v. 18.6.2009 (BGBl. I S. 1346); Abs. 5 Satz 1, Abs. 6 Satz 1 geänd. mWv 27.6.2020 durch VO v. 19.6. 2020 (BGBl. I S. 1328); Abs. 1 Satz 4 eingef., bish. Satz 4 wird Satz 5 und geänd., Satz 6 angef., Abs. 2 Satz 2 Nr. 8 neu gef., Nr. 9a eingef. mWv 12.12.2020 durch G v. 3.12.2020 (BGBl. I S. 2744).
[2)] Nr. **260.**

5. die Seriennummer des Passes, die sich beim Reisepass, beim Dienstpass und beim Diplomatenpass aus der Behördenkennzahl der Passbehörde und einer zufällig zu vergebenden Passnummer zusammensetzt, die neben Ziffern auch Buchstaben enthalten kann und beim Kinderreisepass, vorläufigen Reisepass, vorläufigen Dienstpass und vorläufigen Diplomatenpass aus einem Serienbuchstaben und sieben Ziffern besteht,

6. die Abkürzung „D" für die Eigenschaft als Deutscher oder im Fall amtlicher Pässe bei abweichender Staatsangehörigkeit die entsprechende Abkürzung hierfür,

7. den Tag der Geburt,

8. die Abkürzung „F" für Passinhaber weiblichen Geschlechts, die Abkürzung „M" für Passinhaber männlichen Geschlechts und das Zeichen „<" für Passinhaber anderen Geschlechts,

9. die Gültigkeitsdauer des Passes,

9a. Versionsnummer des Passmusters,

10. die Prüfziffern und

11. Leerstellen.

(3) ¹Auf Grund der Verordnung (EG) Nr. 2252/2004 des Rates vom 13. Dezember 2004 über Normen für Sicherheitsmerkmale und biometrische Daten in von den Mitgliedstaaten ausgestellten Pässen und Reisedokumenten (ABl. EU Nr. L 385 S. 1) sind der Reisepass, der Dienstpass und der Diplomatenpass mit einem elektronischen Speichermedium zu versehen, auf dem das Lichtbild, Fingerabdrücke, die Bezeichnung der erfassten Finger, die Angaben zur Qualität der Abdrücke und die in Absatz 2 Satz 2 genannten Angaben gespeichert werden. ²Die gespeicherten Daten sind gegen unbefugtes Auslesen, Verändern und Löschen zu sichern. ³Eine bundesweite Datenbank der biometrischen Daten nach Satz 1 wird nicht errichtet.

(4) ¹Die Fingerabdrücke werden in Form des flachen Abdrucks des linken und rechten Zeigefingers des Passbewerbers im elektronischen Speichermedium des Passes gespeichert. ²Bei Fehlen eines Zeigefingers, ungenügender Qualität des Fingerabdrucks oder Verletzungen der Fingerkuppe wird ersatzweise der flache Abdruck entweder des Daumens, des Mittelfingers oder des Ringfingers gespeichert. ³Fingerabdrücke sind nicht zu speichern, wenn die Abnahme der Fingerabdrücke aus medizinischen Gründen, die nicht nur vorübergehender Art sind, unmöglich ist.

(4a) ¹Kinder bis zum vollendeten zwölften Lebensjahr erhalten auf Antrag einen Kinderreisepass ohne elektronisches Speichermedium; die Ausstellung eines Reisepasses ist zulässig. ²Abweichend von Absatz 3 Satz 1 werden in Reisepässen bei Antragstellern bis zum vollendeten sechsten Lebensjahr keine Fingerabdrücke gespeichert. ³Die Unterschrift durch das Kind ist zu leisten, wenn es zum Zeitpunkt der Beantragung des Passes das zehnte Lebensjahr vollendet hat.

(5) ¹Die Muster des Reisepasses, des vorläufigen Reisepasses und des Kinderreisepasses sowie die Anforderungen an das Lichtbild bestimmt das Bundesministerium des Innern, für Bau und Heimat im Benehmen mit dem Auswärtigen Amt durch Rechtsverordnung, die der Zustimmung des Bundesrates bedarf. ²Dies gilt auch für einen Passersatz, sofern sein Muster nicht in anderen Rechtsvorschriften oder in zwischenstaatlichen Vereinbarungen festgelegt ist.

(6) ¹Die Muster der amtlichen Pässe, die Anforderungen an das Lichtbild sowie die nähere Bestimmung der in § 1 Abs. 4 Satz 2 genannten Personen bestimmt das

Bundesministerium des Innern, für Bau und Heimat im Benehmen mit dem Auswärtigen Amt durch Rechtsverordnung, die nicht der Zustimmung des Bundesrates bedarf. [2] In die amtlichen Pässe können Angaben über das Dienstverhältnis des Passinhabers aufgenommen werden. [3] Die Rechtsverordnung kann auch von diesem Gesetz abweichende Bestimmungen über Gültigkeitsdauer, Ausstellung, Einziehung, Sicherstellung und Pflichten des Inhabers enthalten.

§ 5[1] **Gültigkeitsdauer.** (1) [1] Der Reisepass, der Dienstpass und der Diplomatenpass sind zehn Jahre gültig. [2] Bei Personen, die das 24. Lebensjahr noch nicht vollendet haben, sowie im Fall des § 1 Abs. 3 sind sie sechs Jahre gültig.

(2) Der Kinderreisepass ist ein Jahr gültig, längstens jedoch bis zur Vollendung des zwölften Lebensjahres.

(3) Der vorläufige Reisepass, der vorläufige Dienstpass und der vorläufige Diplomatenpass sind höchstens ein Jahr gültig.

(4) [1] Eine Verlängerung der Gültigkeitsdauer des Passes ist nicht zulässig. [2] Abweichend von Satz 1 kann der Kinderreisepass bis zur Vollendung des zwölften Lebensjahres um jeweils ein Jahr verlängert werden. [3] Er ist mit einem aktuellen Lichtbild zu versehen.

(5) Die Gültigkeitsdauer eines Passes darf in den Fällen des § 29 des Staatsangehörigkeitsgesetzes den Zeitpunkt der Vollendung des 23. Lebensjahres des Inhabers so lange nicht überschreiten, bis die zuständige Behörde den Fortbestand der deutschen Staatsangehörigkeit festgestellt hat.

(6) § 7 Abs. 2 bleibt unberührt.

§ 6[2] **Ausstellung eines Passes.** (1) [1] Der Pass wird auf Antrag ausgestellt. [2] § 3a des Verwaltungsverfahrensgesetzes[3] findet keine Anwendung. [3] Im Antragsverfahren nachzureichende Erklärungen können im Wege der Datenübertragung abgegeben werden. [4] Der Passbewerber und sein gesetzlicher Vertreter können sich bei der Stellung des Antrags nicht durch einen Bevollmächtigten vertreten lassen. [5] Dies gilt nicht für einen handlungs- oder einwilligungsunfähigen Passbewerber, wenn eine für diesen Fall erteilte, öffentlich beglaubigte oder beurkundete Vollmacht vorliegt. [6] Für Minderjährige und für Personen, die geschäftsunfähig sind und sich nicht nach Satz 5 durch einen Bevollmächtigten vertreten lassen, kann nur derjenige den Antrag stellen, der als Sorgeberechtigter ihren Aufenthalt zu bestimmen hat. [7] Der Passbewerber und sein gesetzlicher oder bevollmächtigter Vertreter sollen persönlich erscheinen. [8] Ist der Passbewerber am persönlichen Erscheinen gehindert, kann nur ein vorläufiger Reisepass beantragt werden.

(2) [1] In dem Antrag sind alle Tatsachen anzugeben, die zur Feststellung der Person des Passbewerbers und seiner Eigenschaft als Deutscher oder, in den Fällen des § 1 Abs. 4 Satz 2, seiner Eigenschaft als Angehöriger eines anderen Staates notwendig sind. [2] Der Passbewerber hat die entsprechenden Nachweise zu erbringen. [3] Soweit in den Pass Fingerabdrücke aufzunehmen sind, sind diese dem Pass-

[1] § 5 neu gef. mWv 1.11.2007 durch G v. 20.7.2007 (BGBl. I S. 1566); Abs. 2, 4 Satz 2 geänd. mWv 12.12.2020 durch G v. 3.12.2020 (BGBl. I S. 2744).
[2] § 6 Abs. 1 Satz 3 geänd. durch G v. 12.9.1990 (BGBl. I S. 2002); Abs. 1 neue Sätze 2 und 3 eingef., bish. Sätze 2 und 3 werden Sätze 4 und 5 mWv 1.2.2003 (BGBl. I S. 3322); Abs. 2a eingef. mWv 28.7. 2007, Abs. 1 und 2 neu gef., Abs. 2b eingef. und Abs. 3 Satz 1 eingef., bish. werdenden Sätze 1–4 mWv 1.11.2007 durch G v. 20.7.2007 (BGBl. I S. 1566); Abs. 2a Satz 2 neu gef., Satz 3 angef. mWv 12.12.2020 durch G v. 3.12.2020 (BGBl. I S. 2744).
[3] Nr. 100.

bewerber abzunehmen und nach Maßgabe des § 4 Abs. 4 elektronisch zu erfassen; der Passbewerber hat bei der Abnahme der Fingerabdrücke mitzuwirken.

(2a) [1] Beantragt ein Passbewerber nach § 4 Abs. 1 Satz 4 die Eintragung des von seinem Geburtseintrag abweichenden Geschlechts, hat er den Beschluss des Gerichts über die Vornamensänderung nach § 1 des Transsexuellengesetzes vorzulegen. [2] Beantragt ein Passbewerber nach § 4 Absatz 1 Satz 6 die Eintragung eines von seinem Personenstandseintrag abweichenden Geschlechts, hat er die von dem Standesbeamten beurkundete Erklärung nach § 45b des Personenstandsgesetzes[1] vorzulegen. [3] Eintragungen des Geschlechts im Pass, die nach den Sätzen 1 und 2 von Eintragungen im Personenstandsregister abweichen, kommt keine weitere Rechtswirkung zu.

(2b) [1] In den Fällen des § 1 Abs. 4 Satz 2 darf die zuständige Passbehörde vor Ausstellung eines amtlichen Passes zur Feststellung von Passversagungsgründen nach § 7 Abs. 1 Nr. 1 bis 5 oder zur Prüfung von sonstigen Sicherheitsbedenken um Auskunft aus dem Ausländerzentralregister ersuchen. [2] Soweit dies zur Feststellung von Passversagungsgründen nach § 7 Abs. 1 Nr. 1 bis 5 oder zur Prüfung sonstiger Sicherheitsbedenken erforderlich ist, darf die zuständige Passbehörde in den Fällen des § 1 Abs. 4 Satz 2 die erhobenen Daten nach § 4 Abs. 1 an den Bundesnachrichtendienst, das Bundesamt für Verfassungsschutz, den Militärischen Abschirmdienst, das Bundeskriminalamt und das Zollkriminalamt übermitteln; zusätzlich darf die Passbehörde die nach Absatz 2 Satz 3 erhobenen Daten an das Bundeskriminalamt übermitteln, das Amtshilfe bei der Auswertung der Daten leistet. [3] Satz 2 gilt nicht für Staatsangehörige anderer Mitgliedstaaten der Europäischen Union. [4] Die nach Satz 2 ersuchten Behörden teilen der anfragenden Passbehörde unverzüglich mit, ob Passversagungsgründe nach § 7 Abs. 1 Nr. 1 bis 5 oder sonstige Sicherheitsbedenken vorliegen.

(3) [1] Bestehen Zweifel über die Person des Paßbewerbers, sind die zur Feststellung seiner Identität erforderlichen Maßnahmen zu treffen. [2] Die Paßbehörde kann die Durchführung erkennungsdienstlicher Maßnahmen veranlassen, wenn die Identität des Paßbewerbers auf andere Weise nicht oder nur unter erheblichen Schwierigkeiten festgestellt werden kann. [3] Ist die Identität festgestellt, sind die im Zusammenhang mit der Feststellung angefallenen Unterlagen zu vernichten. [4] Über die Vernichtung ist eine Niederschrift anzufertigen.

(4) Die Paßbehörde kann einen Paß von Amts wegen ausstellen, wenn dies im überwiegenden öffentlichen Interesse oder zur Abwendung wesentlicher Nachteile für den Betroffenen geboten ist.

(5) Die Absätze 1 bis 3 gelten auch für die Ausstellung von ausschließlich als Paßersatz bestimmten amtlichen Ausweisen, sofern in den für sie geltenden Rechtsvorschriften nichts anderes bestimmt ist.

§ 6a[2] Form und Verfahren der Passdatenerfassung, -prüfung und -übermittlung; Verordnungsermächtigung. (1) [1] Die Datenübermittlung von den Passbehörden an den Passhersteller zum Zweck der Passherstellung, insbesondere die Übermittlung sämtlicher Passantragsdaten, erfolgt durch Datenübertragung. [2] Die Datenübertragung kann auch über Vermittlungsstellen erfolgen. [3] Die beteiligten Stellen haben dem jeweiligen Stand der Technik entsprechende Maßnahmen zur Sicherstellung von Datenschutz und Datensicherheit zu treffen, die insbeson-

[1] Nr. **260**.
[2] § 6a eingef. mWv 1.11.2007 durch G v. 20.7.2007 (BGBl. I S. 1566); Überschrift und Abs. 3 neu gef. mWv 12.12.2020 durch G v. 3.12.2020 (BGBl. I S. 2744).

dere die Vertraulichkeit und Unversehrtheit der Daten sowie die Feststellbarkeit der übermittelnden Stelle gewährleisten; im Fall der Nutzung allgemein zugänglicher Netze sind dem jeweiligen Stand der Technik entsprechende Verschlüsselungsverfahren anzuwenden.

(2) ¹Zur elektronischen Erfassung des Lichtbildes und der Fingerabdrücke, deren Qualitätssicherung sowie zur Übermittlung der Passantragsdaten von der Passbehörde an den Passhersteller dürfen ausschließlich solche technischen Systeme und Bestandteile eingesetzt werden, die den Anforderungen der Rechtsverordnung nach Absatz 3 entsprechen. ²Die Einhaltung der Anforderungen ist vom Bundesamt für Sicherheit in der Informationstechnik festzustellen.

(3) ¹Das Bundesministerium des Innern, für Bau und Heimat wird ermächtigt, durch Rechtsverordnung, die der Zustimmung des Bundesrates bedarf, Regelungen zu treffen

1. über das Verfahren und die technischen Anforderungen für die Aufnahme, die elektronische Erfassung, die Echtheitsbewertung und die Qualitätssicherung des Lichtbilds,

2. zur sicheren Übermittlung des Lichtbilds an die Passbehörde sowie zu einer Registrierung und Zertifizierung von Dienstleistern, welche Lichtbilder für die Passproduktion an die Passbehörde übermitteln,

3. über das Verfahren und die technischen Anforderungen für die Aufnahme, die elektronische Erfassung, die Echtheitsbewertung und die Qualitätssicherung der Fingerabdrücke, die Reihenfolge der zu speichernden Fingerabdrücke bei Fehlen eines Zeigefingers, ungenügender Qualität des Fingerabdrucks oder Verletzungen der Fingerkuppe,

4. über die Änderung von Daten des Passes,

5. über die Form und die Einzelheiten für das Verfahren der Übermittlung sämtlicher Passantragsdaten von den Passbehörden an den Passhersteller,

6. zur Durchführung von automatisierten Abrufen nach § 22a sowie zur Form und zum Inhalt der zu übermittelnden Daten und

7. über die Einzelheiten des Prüfverfahrens nach Absatz 2 Satz 2.

²Rechtsverordnungen nach Satz 1 ergehen im Benehmen mit dem Auswärtigen Amt, Rechtsverordnungen nach Satz 1 Nummer 2 zusätzlich im Benehmen mit dem Bundesministerium für Wirtschaft und Energie.

§ 7¹⁾ Paßversagung. (1) Der Paß ist zu versagen, wenn bestimmte Tatsachen die Annahme begründen, daß der Paßbewerber

1. die innere oder äußere Sicherheit oder sonstige erhebliche Belange der Bundesrepublik Deutschland gefährdet;

2. sich einer Strafverfolgung oder Strafvollstreckung oder der Anordnung oder der Vollstreckung einer mit Freiheitsentziehung verbundenen Maßregel der Besserung und Sicherung, die im Geltungsbereich dieses Gesetzes gegen ihn schweben, entziehen will;

¹⁾ § 7 Abs. 1 Satz 2 und Abs. 5 aufgeh. mWv 11.5.2000 durch G v. 1.5.2000 (BGBl. I S. 626); Abs. 1 Nrn. 6–9 geänd. mWv 1.11.2007 durch G v. 20.7.2007 (BGBl. I S. 1566); Abs. 1 Nr. 10 angef. mWv 4.8.2009 durch G v. 30.7.2009 (BGBl. I S. 2437); Abs. 1 Nr. 10 geänd., Nr. 11 angef. mWv 15.7.2017 durch G v. 7.7.2017 (BGBl. I S. 2310).

3. einer Vorschrift des Betäubungsmittelgesetzes[1] über die Einfuhr, Ausfuhr, Durchfuhr oder das Inverkehrbringen von Betäubungsmitteln zuwiderhandeln will;

4. sich seinen steuerlichen Verpflichtungen entziehen oder den Vorschriften des Zoll- und Monopolrechts oder des Außenwirtschaftsrechts zuwiderhandeln oder schwerwiegende Verstöße gegen Einfuhr-, Ausfuhr- oder Durchfuhrverbote oder -beschränkungen begehen will;

5. sich einer gesetzlichen Unterhaltspflicht entziehen will;

6. sich unbefugt zum Wehrdienst außerhalb der Bundeswehr verpflichten will;

7. als Wehrpflichtiger eines Geburtsjahrganges, dessen Erfassung begonnen hat, ohne die nach § 3 Abs. 2 des Wehrpflichtgesetzes[2] erforderliche Genehmigung des Kreiswehrersatzamtes die Bundesrepublik Deutschland für länger als drei Monate verlassen will;

8. als Wehrpflichtiger ohne die nach § 48 Abs. 1 Nr. 5 Buchstabe b oder § 48 Abs. 2 des Wehrpflichtgesetzes erforderliche Genehmigung des Kreiswehrersatzamtes die Bundesrepublik Deutschland verlassen will;

9. als anerkannter Kriegsdienstverweigerer ohne die nach § 23 Abs. 4 des Zivildienstgesetzes[3] erforderliche Genehmigung des Bundesamtes für den Zivildienst die Bundesrepublik Deutschland für länger als drei Monate verlassen will.

10. eine in § 89a des Strafgesetzbuchs[4] beschriebene Handlung vornehmen wird;

11. eine in § 226a des Strafgesetzbuchs beschriebene Handlung vornehmen oder die Vornahme dieser Handlung durch Dritte veranlassen wird.

(2) ¹Von der Paßversagung ist abzusehen, wenn sie unverhältnismäßig ist, insbesondere wenn es genügt, den Geltungsbereich oder die Gültigkeitsdauer des Passes zu beschränken. ²Die Beschränkung ist im Paß zu vermerken. ³Fallen die Voraussetzungen für die Beschränkung fort, wird auf Antrag ein neuer Paß ausgestellt.

(3) Die Absätze 1 und 2 gelten auch für die Versagung eines ausschließlich als Paßersatz bestimmten amtlichen Ausweises.

(4) Ein Paß oder Paßersatz zur Einreise in den Geltungsbereich dieses Gesetzes darf nicht versagt werden.

§ 8 Paßentziehung. Ein Paß oder ein ausschließlich als Paßersatz bestimmter amtlicher Ausweis kann dem Inhaber entzogen werden, wenn Tatsachen bekanntwerden, die nach § 7 Abs. 1 die Paßversagung rechtfertigen würden.

§ 9[5] Speicherung von paßrechtlichen Maßnahmen. Anordnungen nach § 7 Abs. 1 oder 2 oder § 8 dürfen im polizeilichen Grenzfahndungsbestand gespeichert werden.

§ 10[6] Untersagung der Ausreise. (1) ¹Die für die polizeiliche Kontrolle des grenzüberschreitenden Verkehrs zuständigen Behörden haben einem Deutschen, dem nach § 7 Abs. 1 ein Paß versagt oder nach § 8 ein Paß entzogen worden ist

[1] Nr. **275.**
[2] Nr. **620.**
[3] Nr. **625.**
[4] **Schönfelder** Nr. **85.**
[5] § 9 geänd. mWv 11.5.2000 durch G v. 1.5.2000 (BGBl. I S. 626).
[6] § 10 Abs. 1 Satz 1 geänd. mWv 1.11.2010 durch G v. 18.6.2009 (BGBl. I S. 1346).

oder gegen den eine Anordnung nach § 6 Abs. 7 des Personalausweisgesetzes[1] ergangen ist, die Ausreise in das Ausland zu untersagen. [2] Sie können einem Deutschen die Ausreise in das Ausland untersagen, wenn Tatsachen die Annahme rechtfertigen, daß bei ihm die Voraussetzungen nach § 7 Abs. 1 vorliegen oder wenn er keinen zum Grenzübertritt gültigen Paß oder Paßersatz mitführt. [3] Sie können einem Deutschen die Ausreise in das Ausland auch untersagen, wenn Tatsachen die Annahme rechtfertigen, daß der Geltungsbereich oder die Gültigkeitsdauer seines Passes nach § 7 Abs. 2 Satz 1 zu beschränken ist.

(2) Die für die polizeiliche Kontrolle des grenzüberschreitenden Verkehrs zuständigen Behörden können einem Deutschen, dem gemäß Absatz 1 Satz 1 die Ausreise in das Ausland zu untersagen ist, in Ausnahmefällen die Ausreise gestatten, wenn er glaubhaft macht, daß er aus einem dringenden Grund in das Ausland reisen muß.

(3) Die Einreise in den Geltungsbereich dieses Gesetzes darf einem Deutschen nicht versagt werden.

§ 11[2] Ungültigkeit. (1) Ein Paß oder Paßersatz ist ungültig, wenn
1. er eine einwandfreie Feststellung der Identität des Paßinhabers nicht zuläßt oder verändert worden ist;
2. Eintragungen nach diesem Gesetz fehlen oder – mit Ausnahme der Angaben über den Wohnort oder die Größe – unzutreffend sind;
3. die Gültigkeitsdauer abgelaufen ist;
4. gegen den Passinhaber eine Anordnung nach § 8 in Verbindung mit § 7 Absatz 1 Nummer 1 oder Nummer 10 ergangen ist und er den Geltungsbereich dieses Gesetzes verlassen hat; im Falle des § 7 Absatz 1 Nummer 1 gilt dies nur, wenn die Gefährdung darin besteht, dass bestimmte Tatsachen die Annahme begründen, dass der Passinhaber
 a) einer terroristischen Vereinigung nach § 129a des Strafgesetzbuchs[3] oder einer terroristischen Vereinigung nach § 129a in Verbindung mit § 129b Absatz 1 Satz 1 des Strafgesetzbuchs mit Bezug zur Bundesrepublik Deutschland angehört oder diese unterstützt oder
 b) rechtswidrig Gewalt gegen Leib oder Leben als Mittel zur Durchsetzung international ausgerichteter politischer oder religiöser Belange anwendet oder eine solche Gewaltanwendung unterstützt oder vorsätzlich hervorruft;
5. gegen den Passinhaber eine Anordnung nach § 7 Absatz 2 Satz 1 in Verbindung mit § 7 Absatz 1 Nummer 1 oder Nummer 10 ergangen ist, er den Geltungsbereich dieses Gesetzes verlassen hat und sich in einem Land aufhält, für das eine räumliche Beschränkung angeordnet wurde; Nummer 4 zweiter Halbsatz gilt entsprechend.

(2) Eine Passbehörde hat einen Pass für ungültig zu erklären, wenn die Voraussetzungen für seine Erteilung nicht vorgelegen haben oder nachträglich weggefallen sind.

(3) Störungen der Funktionsfähigkeit des elektronischen Speichermediums berühren nicht die Gültigkeit des Passes.

[1] Nr. **255.**
[2] § 11 Abs. 1 Nr. 2 geänd., Abs. 2 und 3 angef. mWv 1.11.2010 durch G v. 18.6.2009 (BGBl. I S. 1346); Abs. 1 Nr. 3 geänd., Nr. 4 und 5 angef. mWv 30.6.2015 durch G v. 20.6.2015 (BGBl. I S. 970).
[3] **Schönfelder Nr. 85.**

§ 12[1) Einziehung. (1) [1]Ein nach § 11 ungültiger Paß oder Paßersatz kann eingezogen werden. [2]Die Einziehung ist schriftlich zu bestätigen.

(2) Besitzt jemand unbefugt mehrere Pässe, so sind sie bis auf einen Paß einzuziehen.

(3) Von der Einziehung kann abgesehen werden, wenn der Mangel, der sie rechtfertigt, geheilt oder fortgefallen ist.

§ 13[2) Sicherstellung. (1) Ein Paß oder ein ausschließlich als Paßersatz bestimmter amtlicher Ausweis kann sichergestellt werden, wenn

1. eine Person ihn unberechtigt besitzt;
2. Tatsachen die Annahme rechtfertigen, daß gegen den Inhaber Paßversagungsgründe nach § 7 Abs. 1 vorliegen;
3. Tatsachen die Annahme rechtfertigen, daß ein Einziehungsgrund nach § 12 vorliegt.

(2) Eine Sicherstellung ist schriftlich zu bestätigen.

§ 14[3) Sofortige Vollziehung. Widerspruch und Anfechtungsklage gegen die Beschränkung des Geltungsbereiches oder der Gültigkeitsdauer des Passes (§ 7 Absatz 2), gegen die Passentziehung (§ 8), gegen die Untersagung der Ausreise (§ 10) und gegen die Sicherstellung des Passes (§ 13) haben keine aufschiebende Wirkung.

§ 15[4) Pflichten des Inhabers. Der Inhaber eines Passes ist verpflichtet, der Paßbehörde unverzüglich

1. den Paß vorzulegen, wenn eine Eintragung unzutreffend ist;
2. auf Verlangen den alten Paß beim Empfang eines neuen Passes abzugeben;
3. den Verlust des Passes und sein Wiederauffinden anzuzeigen;
4. den Erwerb einer ausländischen Staatsangehörigkeit anzuzeigen und
5. anzuzeigen, wenn er auf Grund freiwilliger Verpflichtung in die Streitkräfte oder einen vergleichbaren bewaffneten Verband eines ausländischen Staates, dessen Staatsangehörigkeit er besitzt, eingetreten ist.

§ 16[5) Datenschutzrechtliche Bestimmungen. (1) [1]Die Seriennummer und die Prüfziffern dürfen keine Daten über die Person des Paßinhabers oder Hinweise auf solche Daten enthalten. [2]Jeder Paß erhält eine neue Seriennummer.

(2) [1]Beantragung, Ausstellung und Ausgabe von Pässen dürfen nicht zum Anlaß genommen werden, die dafür erforderlichen Angaben und die biometrischen Merkmale außer bei den zuständigen Paßbehörden zu speichern. [2]Entsprechendes gilt für die zur Ausstellung des Passes erforderlichen Antragsunterlagen sowie für

[1) § 12 Abs. 1 Satz 2 angef. mWv 1.11.2010 durch G v. 18.6.2009 (BGBl. I S. 1346).
[2) § 13 Abs. 3 aufgeh. mWv 1.11.2010 durch G v. 18.6.2009 (BGBl. I S. 1346).
[3) § 14 geänd. mWv 30.6.2015 durch G v. 20.6.2015 (BGBl. I S. 970).
[4) § 15 Nr. 3 geänd. sowie Nrn. 4 und 5 angef. mWv 1.11.2007 durch G v. 20.7.2007 (BGBl. I S. 1566).
[5) § 16 Abs. 3 Sätze 1 und 2 geänd. mWv 11.5.2000 durch G v. 1.5.2000 (BGBl. I S. 626), Abs. 1 Satz 1 aufgeh., Abs. 1 bish. Sätze 2 und 3 werden Sätze 1 und 2, Abs. 6 angef. mWv 1.1.2002 durch G v. 9.1. 2002 (BGBl. I S. 361); Abs. 4 Satz 3 aufgeh. mWv 3.4.2002 durch G v. 25.3.2002 (BGBl. I S. 1186); Abs. 2 Satz 1 und Abs. 3 Sätze 1 und 2 geänd., Abs. 2 Satz 3 angef. sowie Abs. 6 neu gef. mWv 1.11.2007 durch G v. 20.7.2007 (BGBl. I S. 1566); Abs. 3 Satz 2 eingef., bish. Satz 2 wird Satz 3, Abs. 4 neu gef., Abs. 7 angef. mWv 12.12.2020 durch G v. 3.12.2020 (BGBl. I S. 2744).

personenbezogene fotografische Datenträger (Mikrofilme). ³ Die bei der Passbehörde gespeicherten Fingerabdrücke sind spätestens nach Aushändigung des Passes an den Passbewerber zu löschen.

(3) ¹ Eine zentrale, alle Seriennummern umfassende Speicherung darf nur bei dem Passhersteller und ausschließlich zum Nachweis des Verbleibs der Pässe erfolgen. ² Die Übermittlung an öffentliche Stellen nach Absatz 7 bleibt davon unberührt. ³ Die Speicherung der übrigen in § 4 Abs. 1 genannten Angaben und der in § 4 Abs. 3 genannten biometrischen Daten bei dem Passhersteller ist unzulässig, soweit sie nicht ausschließlich und vorübergehend der Herstellung des Passes dient; die Angaben sind anschließend zu löschen.

(4) ¹ Die Seriennummern dürfen nicht mit Hilfe automatisierter Verfahren zum Abruf oder zur Verknüpfung personenbezogener Daten verwendet werden. ² Abweichend von Satz 1 dürfen die Seriennummern mit Hilfe automatisierter Verfahren zum Abruf verwenden

1. die Passbehörden zur Erfüllung ihrer Aufgaben,

2. die Polizeibehörden des Bundes und der Länder, der Militärische Abschirmdienst, der Bundesnachrichtendienst, die Verfassungsschutzbehörden des Bundes und der Länder, die Steuerfahndungsdienststellen der Länder, der Zollfahndungsdienst und die Hauptzollämter zur Klärung,

 a) wer Inhaber des Passes ist für den Fall, dass eine ausländische öffentliche Stelle die Seriennummer des Passdokumentes übermittelt hat und anhand der übrigen von der ausländischen Stelle übermittelten Daten eine Feststellung des Inhabers des Passes nicht möglich ist,

 b) ob der Pass durch einen Nichtberechtigten genutzt wird oder

 c) ob der Pass für ungültig erklärt oder abhandengekommen ist.

(5) Die Absätze 1 bis 4 gelten auch für einen ausschließlich als Paßersatz bestimmten amtlichen Ausweis.

(6) Auf Verlangen hat die Passbehörde dem Passinhaber Einsicht in die im Chip gespeicherten Daten zu gewähren.

(7) Der Passhersteller hat öffentlichen Stellen auf deren Verlangen die ausstellende Behörde mitzuteilen.

§ 16a¹⁾ Identitätsüberprüfung anhand biometrischer Daten. ¹ Die im Chip des Passes gespeicherten Daten dürfen nur zum Zweck der Überprüfung der Echtheit des Dokumentes oder der Identität des Passinhabers und nur nach Maßgabe der Sätze 2 und 3 ausgelesen und verwendet werden. ² Soweit die Polizeivollzugsbehörden, die Zollverwaltung sowie die Pass-, Personalausweis- und Meldebehörden die Echtheit des Passes oder die Identität des Inhabers überprüfen dürfen, sind sie befugt, die auf dem elektronischen Speichermedium des Passes gespeicherten biometrischen und sonstigen Daten auszulesen, die benötigten biometrischen Daten beim Passinhaber zu erheben und die biometrischen Daten miteinander zu vergleichen. ³ Die nach Satz 2 erhobenen Daten sind unverzüglich nach Beendigung der Prüfung der Echtheit des Passes oder der Identität des Inhabers zu löschen.

¹⁾ § 16a eingef. mWv 28.7.2007 durch G v. 20.7.2007 (BGBl. I S. 1566).

§ 17[1]**) Automatischer Abruf aus Dateien und automatische Speicherung im öffentlichen Bereich.** (1) [1] Behörden und sonstige öffentliche Stellen dürfen den Paß nicht zum automatischen Abruf personenbezogener Daten verwenden. [2] Abweichend von Satz 1 dürfen die Polizeibehörden und -dienststellen des Bundes und der Länder, die Steuerfahndungsstellen der Länder und die Behörden der Zollverwaltung den Pass im Rahmen ihrer Aufgaben und Befugnisse zum automatisierten Abruf personenbezogener Daten verwenden, die für die Zwecke

1. der Grenzkontrolle,

2. der Fahndung oder Aufenthaltsfeststellung aus Gründen der Strafverfolgung, Strafvollstreckung oder der Abwehr von Gefahren für die öffentliche Sicherheit oder

3. der zollamtlichen Überwachung im Rahmen der polizeilichen Beobachtung

im polizeilichen Fahndungstatbestand geführt werden. [3] Über Abrufe, die zu keiner Feststellung geführt haben, dürfen, vorbehaltlich gesetzlicher Regelungen nach Absatz 2, keine personenbezogenen Aufzeichnungen gefertigt werden.

(2) Personenbezogene Daten dürfen, soweit gesetzlich nichts anderes bestimmt ist, beim automatischen Lesen des Passes nicht in Dateien gespeichert werden; dies gilt auch für Abrufe aus dem polizeilichen Fahndungsbestand, die zu einer Feststellung geführt haben.

§ 18[2]**) Verwendung im nichtöffentlichen Bereich.** (1) Der Paß oder ein Paßersatz können auch im nichtöffentlichen Bereich als Ausweis- und Legitimationspapier benutzt werden.

(2) Die Seriennummern dürfen nicht so verwendet werden, daß mit ihrer Hilfe ein Abruf personenbezogener Daten aus Dateien oder eine Verknüpfung von Dateien möglich ist.

(3) [1] Der Pass darf nur vom Passinhaber oder von anderen Personen mit Zustimmung des Passinhabers in der Weise abgelichtet werden, dass die Ablichtung eindeutig und dauerhaft als Kopie erkennbar ist. [2] Andere Personen als der Passinhaber dürfen die Kopie nicht an Dritte weitergeben, es sei denn, die Weitergabe erfolgt zur Beantragung eines Visums für den Passinhaber und der Passinhaber hat der Weitergabe zugestimmt. [3] Werden durch Ablichtung personenbezogene Daten aus dem Pass erhoben oder verarbeitet, so darf die datenerhebende oder -verarbeitende Stelle dies nur mit Einwilligung des Passinhabers tun. [4] Die Vorschriften des allgemeinen Datenschutzrechts über die Erhebung und Verwendung personenbezogener Daten bleiben unberührt.

(4) [1] Beförderungsunternehmen dürfen personenbezogene Daten aus der maschinenlesbaren Zone des Passes elektronisch nur auslesen und verarbeiten, soweit sie auf Grund internationaler Abkommen oder Einreisebestimmungen zur Mitwirkung an Kontrolltätigkeiten im internationalen Reiseverkehr und zur Übermittlung personenbezogener Daten verpflichtet sind. [2] Biometrische Daten dürfen nicht ausgelesen werden. [3] Die Daten sind unverzüglich zu löschen, wenn sie für die Erfüllung dieser Pflichten nicht mehr erforderlich sind.

[1]) § 17 Abs. 1 Satz 2 neu gef. mWv 1.11.2010 durch G v. 18.6.2009 (BGBl. I S. 1346).
[2]) § 18 Abs. 4 angef. mWv 1.11.2007 durch G v. 20.7.2007 (BGBl. I S. 1566); Abs. 3 neu gef. mWv 15.7.2017 durch G v. 7.7.2017 (BGBl. I S. 2310); Abs. 3 Satz 2 geänd. mWv 5.8.2019 durch G v. 21.6.2019 (BGBl. I S. 846).

§ 19[1] Zuständigkeit. (1) [1] Für Paßangelegenheiten im Geltungsbereich dieses Gesetzes sind die von den Ländern bestimmten Behörden zuständig (Paßbehörden). [2] Die Ausstellung ausschließlich als Paßersatz bestimmter amtlicher Ausweise mit kurzer Gültigkeitsdauer obliegt den für die polizeiliche Kontrolle des grenzüberschreitenden Verkehrs zuständigen Behörden und Dienststellen.

(2) Für Paßangelegenheiten im Ausland ist das Auswärtige Amt mit den von ihm bestimmten Auslandsvertretungen der Bundesrepublik Deutschland zuständig (Passbehörde).

(3) [1] Im Geltungsbereich dieses Gesetzes ist die Paßbehörde örtlich zuständig, in deren Bezirk der Paßbewerber oder der Inhaber eines Passes für seine Wohnung, bei mehreren Wohnungen für seine Hauptwohnung, gemeldet ist. [2] Im Ausland ist die Paßbehörde örtlich zuständig, in deren Bezirk sich der Paßbewerber oder der Inhaber eines Passes gewöhnlich aufhält. [3] Ist hiernach keine Zuständigkeit begründet, so ist die Paßbehörde zuständig, in deren Bezirk er sich vorübergehend aufhält.

(4) [1] Der Antrag auf Ausstellung eines Passes muss auch von einer örtlich nicht zuständigen Passbehörde bearbeitet werden, wenn ein wichtiger Grund dargelegt wird. [2] Ein Pass darf nur mit Ermächtigung der örtlich zuständigen Passbehörde ausgestellt werden. [3] Für die Ausstellung eines Passes zur Einreise in den Geltungsbereich dieses Gesetzes oder eines hierfür bestimmten Passersatzes bedarf es dieser Ermächtigung nicht.

(5) Paßbehörde für amtliche Pässe ist das Auswärtige Amt.

(6) Für die Sicherstellung sind die Paßbehörden und die zur Feststellung von Personalien ermächtigten Behörden und Beamten zuständig.

§ 20[2] Gebühren und Auslagen, Verordnungsermächtigung. (1) Für individuell zurechenbare öffentliche Leistungen nach diesem Gesetz und den auf diesem Gesetz beruhenden Rechtsverordnungen erheben die Passbehörden Gebühren und Auslagen nach den Absätzen 2 und 3.

(2) [1] Die Gebühr soll die mit der individuell zurechenbaren öffentlichen Leistung verbundenen Kosten aller an der Leistung Beteiligten decken. [2] In die Gebühr sind die mit der Leistung regelmäßig verbundenen Auslagen einzubeziehen. [3] Zur Ermittlung der Gebühr sind die Kosten, die nach betriebswirtschaftlichen Grundsätzen als Einzel- und Gemeinkosten zurechenbar und ansatzfähig sind, insbesondere Personal- und Sachkosten sowie kalkulatorische Kosten, zu Grunde zu legen. [4] Zu den Gemeinkosten zählen auch die Kosten der Rechts- und Fachaufsicht. [5] Grundlage der Gebührenermittlung nach den Sätzen 1 bis 4 sind die in der Gesamtheit der Länder mit der jeweiligen Leistung verbundenen Kosten. [6] § 3 Absatz 1 und 2, die §§ 5 bis 7, 9 Absatz 3 bis 6 und die §§ 10 bis 12 des Bundesgebührengesetzes[3] gelten entsprechend.

(3) [1] Das Bundesministerium des Innern, für Bau und Heimat wird ermächtigt, für den Bereich der Landesverwaltung durch Rechtsverordnung mit Zustimmung des Bundesrates die gebührenpflichtigen Tatbestände, die Gebührenhöhe und die Auslagenerstattung näher zu bestimmen. [2] Wird die individuell zurechenbare öffentliche Leistung nach Absatz 1 auf Wunsch des Antragstellers außerhalb der

[1] § 19 Abs. 1 Satz 1 geänd. mWv 11.5.2000 durch G v. 1.5.2000 (BGBl. I S. 626); Abs. 2 geänd., Abs. 4 neu gef. mWv 1.11.2010 durch G v. 18.6.2009 (BGBl. I S. 1346).
[2] § 20 neu gef. mWv 15.7.2017 durch G v. 7.7.2017 (BGBl. I S. 2310); Abs. 3 Satz 1 geänd. mWv 27.6.2020 durch VO v. 19.6.2020 (BGBl. I S. 1328).
[3] Nr. **120**.

Dienstzeit einer Passbehörde vorgenommen, kann eine Gebühr bis zur doppelten Höhe der nach der Rechtsverordnung nach Satz 1 bestimmten Gebühr erhoben werden.

(4) [1] Durch Besondere Gebührenverordnung des Auswärtigen Amts nach § 22 Absatz 4 des Bundesgebührengesetzes kann bestimmt werden, dass von den Auslandsvertretungen der Bundesrepublik Deutschland für individuell zurechenbare öffentliche Leistungen nach diesem Gesetz und den auf diesem Gesetz beruhenden Rechtsverordnungen zum Ausgleich von Kaufkraftunterschieden ein Zuschlag erhoben wird. [2] Der Zuschlag kann bis zu 300 Prozent der Gebühren betragen.

§ 21[1] Paßregister. (1) Die Paßbehörden führen Paßregister.

(2) Das Paßregister darf neben dem Lichtbild und der Unterschrift des Paßinhabers sowie verfahrensbedingten Bearbeitungsvermerken ausschließlich folgende Daten enthalten:

1. Familienname und ggf. Geburtsname,
2. Vornamen,
3. Doktorgrad,
4. Ordensname, Künstlername,
5. Tag und Ort der Geburt,
6. Geschlecht,
7. Größe, Farbe der Augen,
8. gegenwärtige Anschrift,
9. Staatsangehörigkeit,
10. Seriennummer,
11. Gültigkeitsdatum,
12. Nachweise über erteilte Ermächtigungen nach § 19 Abs. 4 Satz 2,
13. Familienname, Vornamen, Tag der Geburt und Unterschrift von gesetzlichen Vertretern,
14. ausstellende Behörde,
15. Vermerke über Anordnungen nach den §§ 7, 8 und 10,
16. Angaben zur Erklärungspflicht des Ausweisinhabers nach § 29 des Staatsangehörigkeitsgesetzes.

(3) Das Paßregister dient
1. der Ausstellung der Pässe und der Feststellung ihrer Echtheit,
2. der Identitätsfeststellung der Person, die den Paß besitzt oder für die er ausgestellt ist,
3. der Durchführung dieses Gesetzes.

(4) [1] Personenbezogene Daten im Paßregister sind mindestens bis zur Ausstellung eines neuen Passes, höchstens jedoch bis zu fünf Jahren nach dem Ablauf der Gültigkeit des Passes, auf den sie sich beziehen, zu speichern und dann zu löschen. [2] Für die Paßbehörden nach § 19 Abs. 2 bei der Wahrnehmung konsularischer Aufgaben beträgt die Frist 30 Jahre.

[1] § 21 Abs. 2 Nr. 15 geänd. und Nr. 16 angef. mWv 1.1.2000 durch G v. 15.7.1999 (BGBl. I S. 1618); Abs. 2 Nrn. 4 und 12 aufgeh. mWv 1.11.2007 durch G v. 20.7.2007 (BGBl. I S. 1566); Abs. 2 Nr. 4 und Nr. 12 neu gef., Abs. 4 Satz 2 geänd., Abs. 5 angef. mWv 1.11.2010 durch G v. 18.6.2009 (BGBl. I S. 1346).

(5) Die zuständige Passbehörde führt den Nachweis über Pässe, für die sie eine Ermächtigung gemäß § 19 Abs. 4 Satz 2 erteilt hat.

§ 22[1] Verarbeitung und Nutzung der Daten im Paßregister. (1) Die Paßbehörden dürfen personenbezogene Daten nur nach Maßgabe dieses Gesetzes, anderer Gesetze oder Rechtsverordnungen erheben, verarbeiten oder nutzen.

(2) [1] Die Paßbehörden dürfen anderen Behörden auf deren Ersuchen Daten aus dem Paßregister übermitteln. [2] Voraussetzung ist, daß

1. die ersuchende Behörde auf Grund von Gesetzen oder Rechtsverordnungen berechtigt ist, solche Daten zu erhalten,

2. die ersuchende Behörde ohne Kenntnis der Daten nicht in der Lage wäre, eine ihr obliegende Aufgabe zu erfüllen und

3. die bei dem Betroffenen nicht oder nur mit unverhältnismäßig hohem Aufwand erhoben werden können oder nach der Art der Aufgabe, zu deren Erfüllung die Daten erforderlich sind, von einer solchen Datenerhebung abgesehen werden muß.

[3] Hinsichtlich der Daten, die auch im Melderegister enthalten sind, finden außerdem die im Bundesmeldegesetz[2] enthaltenen Beschränkungen Anwendung.

(3) [1] Die ersuchende Behörde trägt die Verantwortung dafür, daß die Voraussetzungen des Absatzes 2 vorliegen. [2] Ein Ersuchen nach Absatz 2 darf nur von Bediensteten gestellt werden, die vom Behördenleiter dafür besonders ermächtigt sind. [3] Die ersuchende Behörde hat den Anlaß des Ersuchens und die Herkunft der übermittelten Daten und Unterlagen aktenkundig zu machen. [4] Wird die Passbehörde von dem Bundesamt für Verfassungsschutz, den Landesbehörden für Verfassungsschutz, dem Militärischen Abschirmdienst, dem Bundesnachrichtendienst, dem Bundeskriminalamt oder dem Generalbundesanwalt oder der Generalbundesanwältin um die Übermittlung von Daten ersucht, so hat die ersuchende Behörde den Familiennamen, die Vornamen und die Anschrift des Betroffenen unter Hinweis auf den Anlass der Übermittlung aufzuzeichnen. [5] Die Aufzeichnungen sind gesondert aufzubewahren, durch technische und organisatorische Maßnahmen zu sichern und am Ende des Kalenderjahres, das dem Jahr der Übermittlung folgt, zu vernichten.

(4) Die Daten des Paßregisters und des Melderegisters dürfen zur Berichtigung des jeweils anderen Registers verwandt werden.

(5) [1] Passbehörden, die Kenntnis von dem Abhandenkommen eines Passes erlangen, haben die zuständige Passbehörde, die ausstellende Passbehörde und eine Polizeibehörde unverzüglich in Kenntnis zu setzen; eine Polizeibehörde, die anderweitig Kenntnis vom Abhandenkommen eines Passes erlangt, hat die zuständige und die ausstellende Passbehörde unverzüglich zu unterrichten. [2] Dabei sollen Angaben zum Familiennamen und den Vornamen des Inhabers, zur Seriennummer, zur ausstellenden Behörde, zum Ausstellungsdatum und zur Gültigkeitsdauer des Passes übermittelt werden. [3] Die Polizeibehörde hat die Einstellung in die polizeiliche Sachfahndung vorzunehmen.

(6) Stellt eine nicht zuständige Passbehörde nach § 19 Abs. 4 einen Pass aus, so hat sie der zuständigen Passbehörde den Familiennamen, die Vornamen, den Tag

[1] § 22 Abs. 1 geänd., Abs. 3 Satz 4 neu gef., Abs. 5 und 6 angef. mWv 1.11.2010 durch G v. 18.6.2009 (BGBl. I S. 1346); Abs. 2 Satz 3 geänd. mWv 1.11.2015 durch G v. 3.5.2013 (BGBl. I S. 1084, geänd. durch G v. 20.11.2014, BGBl. I S. 1738).
[2] Nr. **256**.

und Ort der Geburt, die ausstellende Passbehörde, das Ausstellungsdatum, die Gültigkeitsdauer und die Seriennummer des Passes zu übermitteln.

§ 22a[1] Datenübertragung und automatisierter Abruf von Lichtbildern.

(1) [1] In den Fällen des § 22 Abs. 2 kann die Übermittlung auch durch Datenübertragung erfolgen. [2] § 6a Abs. 1 Satz 3 gilt entsprechend.

(2) [1] Im Fall der Übermittlung von Lichtbildern durch Passbehörden nach § 19 Absatz 1 Satz 1 an die Ordnungsbehörden im Rahmen der Verfolgung von Verkehrsordnungswidrigkeiten kann der Abruf des Lichtbildes im automatisierten Verfahren erfolgen. [2] Der Abruf ist nur zulässig, wenn die Passbehörde nicht erreichbar ist und ein weiteres Abwarten den Ermittlungszweck gefährden würde. [3] Zuständig für den Abruf sind die Polizeivollzugsbehörden auf Ebene der Landkreise und kreisfreien Städte, die durch Landesrecht bestimmt werden. [4] Die abrufende Behörde trägt die Verantwortung dafür, dass die Voraussetzungen der Absätze 1 und 2 Satz 2 vorliegen. [5] Die Polizeibehörden des Bundes und der Länder, der Militärische Abschirmdienst, der Bundesnachrichtendienst, die Verfassungsschutzbehörden des Bundes und der Länder, Steuerfahndungsdienststellen der Länder, der Zollfahndungsdienst und die Hauptzollämter dürfen das Lichtbild zur Erfüllung ihrer Aufgaben im automatisierten Verfahren abrufen. [6] Die abrufende Behörde trägt die Verantwortung dafür, dass die Voraussetzungen des Absatzes 1 vorliegen. [7] Über alle Abrufe sind von den beteiligten Behörden Aufzeichnungen zu fertigen, die eine Kontrolle der Zulässigkeit der Abrufe ermöglichen. [8] Abrufe nach Satz 5 werden nur von der abrufenden Behörde protokolliert. [9] Die Aufzeichnungen enthalten:

1. Vor- und Familiennamen sowie Tag und Ort der Geburt der Person, deren Lichtbild abgerufen wurde,
2. Tag und Uhrzeit des Abrufs,
3. die Bezeichnung der am Abruf beteiligten Stellen,
4. die Angabe der abrufenden und verantwortlichen Person sowie
5. das Aktenzeichen.

[10] § 22 Abs. 3 Satz 5 gilt entsprechend.

§ 23[2] Weisungsbefugnis. (1) Die Bundesregierung kann Einzelweisungen zur Ausführung dieses Gesetzes und der hierzu erlassenen Rechtsverordnungen erteilen, wenn die innere oder äußere Sicherheit oder sonstige erhebliche Belange der Bundesrepublik Deutschland es erfordern.

Zweiter Abschnitt. Straf- und Bußgeldvorschriften

§ 24[3] Straftaten. (1) Mit Freiheitsstrafe bis zu einem Jahr oder mit Geldstrafe wird bestraft, wer als Deutscher im Sinne des Artikels 116 Abs. 1 des Grundgesetzes[4]

[1] § 22a eingef. mWv 1.11.2007 durch G v. 20.7.2007 (BGBl. I S. 1566); Abs. 2 Satz 1 geänd. mWv 1.11.2010 durch G v. 18.6.2009 (BGBl. I S. 1346); Abs. 2 Satz 1 neu gef., Sätze 5 und 6 eingef., bish. Satz 5 wird Satz 7, Satz 8 eingef., bish. Sätze 6 und 7 werden Sätze 9 und 10 mWv 15.7.2017 durch G v. 7.7.2017 (BGBl. I S. 2310).
[2] § 23 Abs. 2 aufgeh. mWv 11.5.2000 durch G v. 1.5.2000 (BGBl. I S. 626).
[3] § 24 Abs. 1 Nr. 1 geänd. mWv 11.5.2000 durch G v. 1.5.2000 (BGBl. I S. 626); Abs. 1 Nr. 1 geänd. mWv 1.11.2010 durch G v. 18.6.2009 (BGBl. I S. 1346).
[4] Nr. 1.

1. aus dem Geltungsbereich dieses Gesetzes über eine Auslandsgrenze ausreist, obwohl ihm ein Paß versagt oder vollziehbar entzogen worden ist oder gegen ihn eine vollziehbare Anordnung nach § 7 Abs. 2 dieses Gesetzes oder nach § 6 Abs. 7 des Personalausweisgesetzes[1] ergangen ist oder

2. aus dem Geltungsbereich dieses Gesetzes über eine Auslandsgrenze ausreist, obwohl ihm von einer für die polizeiliche Kontrolle des grenzüberschreitenden Verkehrs zuständigen Behörde nach § 10 Abs. 1 Satz 2 oder 3 die Ausreise untersagt worden ist.

(2) Der Versuch ist strafbar.

§ 25[2] Ordnungswidrigkeiten. (1) Ordnungswidrig handelt, wer fahrlässig eine der in § 24 Abs. 1 Nr. 1 bezeichneten Handlungen begeht.

(2) Ordnungswidrig handelt auch, wer

1. entgegen § 6 Abs. 2 Satz 1 eine Angabe nicht richtig macht,

2. durch unrichtige Angaben die Ausstellung eines weiteren Passes bewirkt,

3. sich der polizeilichen Kontrolle des grenzüberschreitenden Verkehrs über eine Auslandsgrenze entzieht,

4. entgegen § 15 Nr. 3, 4 oder 5 eine Anzeige nicht oder nicht rechtzeitig erstattet oder

5. entgegen § 18 Absatz 3 Satz 2 eine Kopie weitergibt.

(3) Ordnungswidrig handelt auch, wer vorsätzlich oder fahrlässig

1. entgegen § 1 Abs. 1 Satz 1, auch in Verbindung mit einer Rechtsverordnung nach § 2 Abs. 1 Nr. 2, einen Pass oder Passersatz nicht mitführt oder sich nicht oder nicht rechtzeitig ausweist oder

2. entgegen § 3 eine Auslandsgrenze außerhalb der zugelassenen Grenzübergangsstellen oder der festgesetzten Verkehrsstunden überschreitet.

(4) Die Ordnungswidrigkeit kann in den Fällen des Absatzes 1 und des Absatzes 2 Nummer 5 mit einer Geldbuße bis zu dreißigtausend Euro und in den übrigen Fällen mit einer Geldbuße bis zu fünftausend Euro geahndet werden.

(5) In den Fällen der Absätze 2 und 3 kann der Versuch der Ordnungswidrigkeit geahndet werden.

(6) In den Fällen des Absatzes 2 Nummer 2 und 4 kann die Tat auch dann geahndet werden, wenn sie im Ausland begangen wird.

§ 26[3] Bußgeldbehörden. Verwaltungsbehörden im Sinne des § 36 Abs. 1 Nr. 1 des Gesetzes über Ordnungswidrigkeiten[4] sind

[1] Nr. **255**.
[2] § 25 Abs. 4 geänd. mWv 1.1.2002 durch G v. 3.12.2001 (BGBl. I S. 3306); Abs. 2 Nr. 3 und Abs. 3 Nr. 1 neu gef., Abs. 2 Nr. 4 und Abs. 4 geänd. sowie Abs. 2 Nr. 5 angef. mWv 1.11.2007 durch G v. 20.7. 2007 (BGBl. I S. 1566); Abs. 2 Nr.1 eingef., bish. Nr. 1–5 werden Nr. 2–6 und Abs. 4 neu gef. mWv 1.11.2010 durch G v. 18.6.2009 (BGBl. I S. 1346); Abs. 4 und 6 geänd. mWv 1.8.2013 durch G v. 25.7. 2013 (BGBl. I S. 2749); Abs. 2 Nr. 5 neu gef., Nr. 5a und 5b eingef., Abs. 4 geänd. mWv 15.7.2017 durch G v. 7.7.2017 (BGBl. I S. 2310); Abs. 2 Nr. 4 geänd., Nr. 5, 5b und 6 aufgeh., bish. Nr. 5a wird Nr. 5 und geänd., Abs. 4 neu gef. mWv 5.8.2019 durch G v. 21.6.2019 (BGBl. I S. 846).
[3] § 26 Nr. 2 geänd. mWv 1.7.2005 durch G v. 21.6.2005 (BGBl. I S. 1818); Nr. 1 geänd. mWv 1.11. 2007 durch G v. 20.7.2007 (BGBl. I S. 1566); Nr. 2 geänd. mWv 1.3.2008 durch G v. 26.2.2008 (BGBl. I S. 215); Nr. 1 geänd. mWv 27.6.2020 durch VO v. 19.6.2020 (BGBl. I S. 1328).
[4] **Schönfelder** Nr. **94**.

1. für die Auslandsvertretungen der Bundesrepublik Deutschland das Auswärtige Amt oder die vom Auswärtigen Amt im Benehmen mit dem Bundesministerium des Innern, für Bau und Heimat durch Rechtsverordnung bestimmte Behörde des Bundes; die Rechtsverordnung bedarf nicht der Zustimmung des Bundesrates;

2. die in der Rechtsverordnung nach § 58 Abs. 1 des Bundespolizeigesetzes[1] bestimmten Bundespolizeibehörden, soweit nicht die Länder im Einvernehmen mit dem Bund Aufgaben des grenzpolizeilichen Einzeldienstes mit eigenen Kräften wahrnehmen.

Dritter Abschnitt. Schlußvorschriften

§ 27[2] Allgemeine Verwaltungsvorschriften. Das Auswärtige Amt erlässt im Benehmen mit dem Bundesministerium des Innern, für Bau und Heimat allgemeine Verwaltungsvorschriften über das Ausstellen amtlicher Pässe.

§ 28[3] Übergangsregelungen. (1) [1]Als Pass im Sinne dieses Gesetzes gelten auch Kinderreisepässe, die vor dem 1. November 2007 auf Grund einer Rechtsverordnung nach § 2 Abs. 1 Nr. 2 als Passersatz ausgestellt worden sind, wenn diese maschinenlesbar und mit einem digitalen Lichtbild versehen sind. [2]Abweichend von § 1 Abs. 3 ist der Besitz eines Kinderreisepasses im Sinne des Satzes 1 neben einem Reisepass zulässig, soweit der Reisepass vor Inkrafttreten dieses Gesetzes ausgestellt wurde.

(2) [1]Liegen bei der Passbehörde die technischen Voraussetzungen für die Datenübertragung noch nicht vor, ist bis zum 30. Juni 2008 abweichend von § 6a Abs. 1 Satz 1 und 2 die Datenübermittlung zwischen Passbehörden und Vermittlungsstellen statt durch Datenübertragung auch auf automatisiert verarbeitbaren Datenträgern zulässig. [2]§ 6a Abs. 1 Satz 3 erster Halbsatz gilt entsprechend.

(3) [1]Für Kinderpässe, die vor dem 1. Januar 2021 beantragt worden sind, ist § 5 Absatz 2 in der bis einschließlich 31. Dezember 2020 geltenden Fassung weiterhin anzuwenden. [2]Für deren Verlängerung gilt § 5 Absatz 4 Satz 2 und 3 in der ab dem 1. Januar 2021 geltenden Fassung.

[1] Nr. 90.
[2] § 27 neu gef. mWv 11.5.2000 durch G v. 1.5.2000 (BGBl. I S. 626); geänd. mWv 1.11.2007 durch G v. 20.7.2007 (BGBl. I S. 1566); geänd. mWv 27.6.2020 durch VO v. 19.6.2020 (BGBl. I S. 1328).
[3] § 28 angef. mWv 1.11.2007 durch G v. 20.7.2007 (BGBl. I S. 1566); Abs. 3 angef. mWv 12.12.2020 durch G v. 3.12.2020 (BGBl. I S. 2744).

251. Verordnung zur Durchführung des Passgesetzes (Passverordnung – PassV)

Vom 19. Oktober 2007

(BGBl. I S. 2386)

FNA 210-5-12

geänd. durch Art. 1 VO zur Änd. der PassVO und der Passdatenerfassungs- und ÜbermittlungsVO v. 13.11.2008 (BGBl. I S. 2201), Art. 1 VO zur Änd. der PassVO, der Passdatenerfassungs- und ÜbermittlungsVO sowie weiterer Vorschriften v. 25.10.2010 (BGBl. I S. 1440), Art. 1 VO zur Änd. der PassVO, der PersonalausweisVO sowie der PersonalausweisgebührenVO v. 20.2.2013 (BGBl. I S. 330), Art. 2 Abs. 12 G zur Strukturreform des Gebührenrechts des Bundes v. 7.8.2013 (BGBl. I S. 3154), Art. 1 VO zur Änd. der PassVO sowie zur Änd. der AufenthaltsVO v. 3.3.2015 (BGBl. I S. 218), Art. 1 Zweite VO zur Änd. der PassVO sowie zur Änd. der AufenthaltsVO v. 15.2.2017 (BGBl. I S. 162) und Art. 1 Zweite VO zur Änd. der PassVO, der PersonalausweisVO und der PersonalausweisgebührenVO v. 15.10.2020 (BGBl. I S. 2199)

Inhaltsübersicht[1]

Kapitel 1. Passmuster

Kapitel 2. Befreiung von der Passpflicht und Passersatzpapiere

Kapitel 3. Amtliche Pässe

Kapitel 4. Gebühren

Kapitel 5. Schlussvorschrift

Kapitel 1. Passmuster

§ 1[2] Muster für den Reisepass. [1]Der Reisepass der Bundesrepublik Deutschland ist nach dem in der Anlage 1 oder Anlage 1a abgedruckten Muster auszustellen. [2]Für die einzutragenden Daten gelten die formalen Anforderungen der Anlage 11.

[1] Die Inhaltsübersicht wurde nichtamtlich an die nachträglichen Änderungen angepasst.
[2] § 1 Satz 2 angef. mWv 1.11.2010 durch VO v. 25.10.2010 (BGBl. I S. 1440).

1

§ 2[1] Muster für den Kinderreisepass. [1] Der Kinderreisepass der Bundesrepublik Deutschland ist nach dem in der Anlage 2 abgedruckten Muster auszustellen. [2] Für die einzutragenden Daten gelten die formalen Anforderungen der Anlage 11.

§ 3[2] Muster für den vorläufigen Reisepass. [1] Der vorläufige Reisepass der Bundesrepublik Deutschland ist nach dem in der Anlage 3 abgedruckten Muster auszustellen. [2] Für die einzutragenden Daten gelten die formalen Anforderungen der Anlage 11.

§ 4[3] Muster für den amtlichen Pass. (1) Der Dienstpass der Bundesrepublik Deutschland ist nach dem in der Anlage 4 abgedruckten Muster auszustellen.

(2) Der Diplomatenpass der Bundesrepublik Deutschland ist nach dem in der Anlage 5 abgedruckten Muster auszustellen.

(3) Der vorläufige Dienstpass der Bundesrepublik Deutschland ist nach dem in der Anlage 6 abgedruckten Muster auszustellen.

(4) Der vorläufige Diplomatenpass der Bundesrepublik Deutschland ist nach dem in der Anlage 7 abgedruckten Muster auszustellen.

(5) [1] Für die einzutragenden Daten gelten die formalen Anforderungen der Anlage 11. [2] Für die Änderung des Dienstortes und der Dienstbezeichnung kann ein Änderungsaufkleber nach dem in der Anlage 7a abgedruckten Muster verwendet werden.

§ 5 Lichtbild. [1] Bei der Beantragung eines Passes ist vom Passbewerber ein aktuelles Lichtbild in der Größe von 45 Millimeter × 35 Millimeter im Hochformat und ohne Rand vorzulegen. [2] Das Lichtbild muss die Person in einer Frontalaufnahme, ohne Kopfbedeckung und ohne Bedeckung der Augen zeigen. [3] Im Übrigen muss das Lichtbild den Anforderungen der Anlage 8 entsprechen. [4] Die Passbehörde kann vom Gebot der fehlenden Kopfbedeckung insbesondere aus religiösen Gründen, von den übrigen Anforderungen aus medizinischen Gründen, die nicht nur vorübergehender Art sind, Ausnahmen zulassen. [5] Weitere zulässige Abweichungen bei Lichtbildern von Kindern regelt Anlage 8.

Kapitel 2. Befreiung von der Passpflicht und Passersatzpapiere

§ 6 Befreiung von der Passpflicht. Von der Passpflicht sind befreit:

1. Deutsche als Besatzungsmitglieder und Reisende auf Schiffen der See- und Küstenschifffahrt, auf Fischerei-, Sport- und anderen Wasserfahrzeugen, wenn weder ein ausländischer Hafen angelaufen noch auf andere Weise Landverbindung mit dem Ausland aufgenommen wird;
2. deutsche Seelotsen im Sinne des § 1 des Seelotsengesetzes in Ausübung ihres Berufes, die sich durch amtliche Papiere über ihre Person und ihre Eigenschaft als Seelotse ausweisen;
3. Deutsche, die auf Grund zwischenstaatlicher Vereinbarungen von der Passpflicht befreit sind;
4. Deutsche, die bei Unglücks- oder Katastrophenfällen Hilfe leisten oder in Anspruch nehmen wollen;
5. Deutsche, die zum Flug- oder Begleitpersonal von Rettungsflügen gehören.

[1] § 2 Satz 2 angef. mWv 1.11.2010 durch VO v. 25.10.2010 (BGBl. I S. 1440).
[2] § 3 Satz 2 angef. mWv 1.11.2010 durch VO v. 25.10.2010 (BGBl. I S. 1440).
[3] § 4 Absatz 5 angef. mWv 1.11.2010 durch VO v. 25.10.2010 (BGBl. I S. 1440).

§ 7[1) **Passersatz.** (1) Als Passersatz für Deutsche sind zugelassen:

1. Personalausweise und vorläufige Personalausweise;
2. Ausweise für Binnenschiffer und deren Familienangehörige für die Flussschifffahrt auf der Donau;
3. *(aufgehoben)*
4. Ausweise, die auf Grund des Europäischen Übereinkommens über die Regelung des Personenverkehrs zwischen den Mitgliedstaaten des Europarates vom 13. Dezember 1957 (BGBl. 1959 II S. 389) in der Fassung der Bekanntmachung vom 5. Dezember 2000 (BGBl. 2000 II S. 1571) zum Grenzübertritt berechtigen;
5. Ausweise für Abgeordnete der Parlamentarischen Versammlung des Europarates und Ausweise für Mitglieder und Bedienstete der Organe der Europäischen Gemeinschaften;
6. Ausweise, die auf Grund zwischenstaatlicher Vereinbarungen zum Grenzübertritt berechtigen;
7. Ausweise, die von den Behörden und Dienststellen ausgestellt werden, die für die polizeiliche Kontrolle des grenzüberschreitenden Verkehrs zuständig sind;
8. Ausweise, die ausschließlich zur Einreise in die Bundesrepublik Deutschland berechtigen;
9. Rückkehrausweise, die im Falle des Verlustes von Pässen zum Zwecke der Wiedereinreise in das Gebiet der Europäischen Union von einer Auslandsvertretung eines anderen Mitgliedstaates der Europäischen Union ausgestellt werden, wenn keine deutsche Auslandsvertretung vor Ort existiert.

(2) Ein nach Absatz 1 zugelassener Passersatz gilt für alle Länder, sofern sich dem Passersatz, aus Rechtsvorschriften oder aus zwischenstaatlichen Vereinbarungen keine Beschränkung des Geltungsbereichs ergibt.

(3) Wer mit einem nach Absatz 1 zugelassenen Passersatz über eine Auslandsgrenze aus dem Geltungsbereich dieser Verordnung ausreist oder in ihn einreist, ist verpflichtet, den Passersatz mitzuführen und sich damit auszuweisen.

(4) Für Deutsche, die aus dem Ausland in das Gebiet der Bundesrepublik Deutschland ausgewiesen, abgeschoben, zurückgewiesen oder übernommen werden, gelten – sofern dies nach den bestehenden zwischenstaatlichen Vereinbarungen nicht formlos zu geschehen hat – die für diesen Zweck ausgestellten Bescheinigungen als Passersatz.

§ 8 Muster der amtlichen Ausweise als Passersatz. (1) Der Ausweis, der von den für die polizeiliche Kontrolle des grenzüberschreitenden Verkehrs zuständigen Behörden und Dienststellen ausgestellt wird (§ 7 Abs. 1 Nr. 7), ist nach dem in der Anlage 9 abgedruckten Muster auszustellen.

(2) Der Ausweis, der ausschließlich zur Einreise in die Bundesrepublik Deutschland berechtigt (§ 7 Abs. 1 Nr. 8), ist nach dem in der Anlage 10 abgedruckten Muster auszustellen.

§ 9 Lichtbilder für den Passersatz. Sofern auf einem Passersatz die Anbringung eines Lichtbildes vorgesehen ist, gilt § 5 entsprechend.

§ 10 Gültigkeitsdauer des Passersatzes. [1]Die Gültigkeitsdauer

[1) § 7 Abs. 1 Nr. 3 aufgeh. mWv 1.1.2021 durch VO v. 15.10.2020 (BGBl. I S. 2199).

1. eines Ausweises, der von den für die polizeiliche Kontrolle des grenzüberschreitenden Verkehrs zuständigen Behörden und Dienststellen ausgestellt wird (§ 7 Abs. 1 Nr. 7), oder
2. eines Ausweises, der ausschließlich zur Einreise in die Bundesrepublik Deutschland berechtigt (§ 7 Abs. 1 Nr. 8),

ist nach der Dauer der beabsichtigten Reise zu bemessen. [2]Ein Ausweis nach Nummer 1 darf nicht länger als drei Monate, ein Ausweis nach Nummer 2 nicht länger als einen Monat gültig sein.

§ 11 Andere Regelungen für einen Passersatz. Die in anderen Rechtsvorschriften oder in zwischenstaatlichen Vereinbarungen festgelegten Muster amtlicher Ausweise als Passersatz sowie die dort getroffenen Regelungen über Lichtbilder und Gültigkeitsdauer bleiben von dieser Rechtsverordnung unberührt.

Kapitel 3. Amtliche Pässe

§ 12 Ausstellung. (1) [1]Ein amtlicher Pass wird vom Auswärtigen Amt zur Wahrnehmung dienstlicher Aufgaben oder in den Fällen des § 1 Abs. 4 des Passgesetzes[1]) ausgestellt. [2]Ein Anspruch auf Ausstellung eines amtlichen Passes besteht nicht. [3]Eine Änderung des amtlichen Passes durch eine andere Behörde ist nicht zulässig.

(2) [1]Das Auswärtige Amt kann das persönliche Erscheinen des Passbewerbers verlangen. [2]Von diesem Verlangen kann Abstand genommen werden, wenn die Behörde, in deren Auftrag die dienstliche Aufgabe wahrgenommen wird, die für die Passausstellung erforderlichen Unterlagen einschließlich des Lichtbildes und der Fingerabdrücke übermittelt.

§ 13 Gültigkeitsdauer. (1) [1]Die Gültigkeitsdauer eines amtlichen Passes ist nach der Dauer der dienstlichen Aufgabe oder des amtlichen Auftrags im Sinne des § 1 Abs. 4 des Passgesetzes[1]) zu bemessen. [2]Dabei darf eine Gültigkeitsdauer von zehn Jahren nicht überschritten werden.

(2) Ein vorläufiger Dienstpass oder ein vorläufiger Diplomatenpass wird für eine Gültigkeitsdauer von bis zu einem Jahr ausgestellt.

(3) Eine Verlängerung der Gültigkeitsdauer ist nicht zulässig.

§ 14 Rückgabe. (1) Ein amtlicher Pass ist dem Auswärtigen Amt unverzüglich zurückzugeben, wenn
1. der Pass ungültig ist,
2. die dienstliche Aufgabe oder der amtliche Auftrag, für die er ausgestellt ist, erledigt ist,
3. der Passinhaber aus dem Dienst ausscheidet oder
4. das Auswärtige Amt oder die Behörde, in deren Auftrag die dienstliche Aufgabe wahrgenommen wird, den Passinhaber dazu auffordert.

(2) Das Auswärtige Amt kann abweichend von Absatz 1 Ausnahmen zulassen, wenn ein besonderes Interesse der *Bundesrepublik Deutschland* an der Belassung *des amtlichen Passes* vorliegt.

[1]) Nr. 250.

Kapitel 4. Gebühren

§ 15[1] Gebühren. (1) An Gebühren sind zu erheben
1. für die Ausstellung
 a) eines Reisepasses nach Anlage 1 an Personen, die das 24. Lebensjahr vollendet haben, ... 60 Euro,
 b) eines Reisepasses nach Anlage 1 an Personen, die das 24. Lebensjahr noch nicht vollendet haben, ... 37,50 Euro,
 c) eines Reisepasses mit 48 Seiten nach Anlage 1a zusätzlich zu der in Nummer 1a und 1b bestimmten Gebühr ... 22 Euro,
 d) eines Reisepasses nach Nummer 1a bis 1c im Expressverfahren zusätzlich zu den dort bestimmten Gebühren ... 32 Euro,
 e) eines vorläufigen Reisepasses ... 26 Euro,
 f) eines Kinderreisepasses ... 13 Euro,
 g) eines Ausweises für Binnenschiffer und deren Familienangehörige für die Flussschifffahrt auf der Donau (§ 7 Abs. 1 Nr. 2) ... 16 Euro,
 h) eines Ausweises, der von den Behörden und Dienststellen ausgestellt wird, die für die polizeiliche Kontrolle des grenzüberschreitenden Verkehrs zuständig sind (§ 7 Abs. 1 Nr. 7) ... 8 Euro,
 i) eines Ausweises, der ausschließlich zur Einreise in die Bundesrepublik Deutschland berechtigt (§ 7 Abs. 1 Nr. 8) ... 8 Euro,
2. für die Änderung eines Reisepasses oder vorläufigen Reisepasses und für die Verlängerung oder Änderung eines Kinderreisepasses oder eines anderen unter Nummer 1 genannten Ausweises ... 6 Euro.

(2) Die Gebühr ist zu verdoppeln
1. für eine der in Absatz 1 Nr. 1 Buchstabe e bis i und Nr. 2 genannten Amtshandlungen, wenn sie auf Veranlassung des Antragstellers außerhalb der behördlichen Dienstzeit vorgenommen werden;
2. für eine der in Absatz 1 Nr. 1 Buchstabe a, b, e und f und Nr. 2 genannten Amtshandlungen, wenn sie auf Veranlassung des Antragstellers von einer nicht zuständigen Behörde vorgenommen werden.

(3) Wird die Amtshandlung bei einer konsularischen oder diplomatischen Vertretung der Bundesrepublik Deutschland im Ausland vorgenommen, sind die Gebühren nach Absatz 1 Nummer 1 Buchstabe a und b um 21 Euro, die Gebühren nach Absatz 1 Nummer 1 Buchstabe e, f und i um 13 Euro und die Gebühren nach Absatz 1 Nummer 2 um 12 Euro anzuheben.

(4) Gebühren sind nicht zu erheben
1. für die Ausstellung oder Änderung eines amtlichen Passes;
2. für die Ausstellung oder Änderung eines Reisepasses, eines vorläufigen Reisepasses oder eines anderen in Absatz 1 Nr. 1 genannten Ausweises, wenn die Ausstellung von Amts wegen erfolgt oder die Änderung von Amts wegen eingetragen wird;

[1] § 15 Abs. 3 neu gef. mWv 1.11.2010 durch VO v. 25.10.2010 (BGBl. I S. 1440); Abs. 1 Nr. 1 Buchst. a geänd. mWv 1.3.2017 durch VO v. 15.2.2017 (BGBl. I S. 162).

3. für die Berichtigung der Wohnortangabe im Reisepass, im vorläufigen Reisepass, im Kinderreisepass oder in einem anderen in Absatz 1 Nr. 1 genannten Ausweis.

§ 16[1] **Erstattung von Auslagen.** Als Auslagen erhebt die Passbehörde von der die Gebühren schuldenden Person die in § 10 Abs. 1 Nr. 1 des Verwaltungskostengesetzes[2] in der bis zum 14. August 2013 geltenden Fassung bezeichneten Aufwendungen.

§ 17 Ermäßigung und Befreiung von Gebühren. Die Gebühr kann ermäßigt oder von ihrer Erhebung kann abgesehen werden, wenn die Person, die die Gebühren schuldet, bedürftig ist.

Kapitel 5. Schlussvorschrift

§ 18[3] **Übergangsregelung.** (1) [1]Kinderreisepässe ohne Lichtbild und Kinderausweise, die vor Inkrafttreten dieser Verordnung ausgestellt wurden, behalten für den jeweiligen Gültigkeitszeitraum ihre Geltung als Passersatz. [2]Kinderreisepässe, die maschinenlesbar und mit einem digitalen Lichtbild versehen sind und vor Inkrafttreten dieser Verordnung ausgestellt wurden, behalten für den jeweiligen Gültigkeitszeitraum ihre Geltung und sind Pässe im Sinne des § 1 des Passgesetzes[4].

(2) Vordrucke für Reisepässe, vorläufige Reisepässe, Kinderreisepässe, Dienstpässe, vorläufige Dienstpässe, Diplomatenpässe und vorläufige Diplomatenpässe der in den Anlagen 1 bis 7 in der bis zum 31. Oktober 2014 geltenden Fassung können bis zum 31. Oktober 2015 weiterverwendet werden.

(3) Geht ein Antrag auf Ausstellung eines Passes vor dem 1. März 2017 beim Passhersteller ein, kann der Pass auf Grundlage der bis zum 28. Februar 2017 geltenden Fassung dieser Verordnung ausgestellt werden.

Anlagen 1–10
(Anlagen hier nicht abgedruckt)

[1] § 16 geänd. mWv 15.8.2013 durch G v. 7.8.2013 (BGBl. I S. 3154).
[2] **Gewerberecht Nr. 940.**
[3] *§ 18 Abs. 2 neu gef. mWv 1.11.2010* durch VO v. 25.10.2010 (BGBl. I S. 1440); Abs. 2 neu gef. mWv 1.11.2014 durch VO v. 3.3.2015 (BGBl. I S. 218); Abs. 3 angef. mWv 1.3.2017 durch VO v. 15.2. 2017 (BGBl. I S. 162).
[4] Nr. **250**.

255. Gesetz über Personalausweise und den elektronischen Identitätsnachweis (Personalausweisgesetz – PAuswG) [1)2)]

Vom 18. Juni 2009

(BGBl. I S. 1346)

FNA 210-6

geänd. durch Art. 4 G zur Optimierung der Geldwäscheprävention v. 22.12.2011 (BGBl. I S. 2959), Art. 2 Abs. 5 G zur Fortentwicklung des Meldewesens v. 3.5.2013 (BGBl. I S. 1084, geänd. durch G v. 20.11. 2014, BGBl. I S. 1738), Art. 9 G zur Förderung der elektronischen Verwaltung sowie zur Änd. weiterer Vorschriften v. 25.7.2013 (BGBl. I S. 2749), Art. 2 Abs. 13, Art. 4 Abs. 1 G zur Strukturreform des Gebührenrechts des Bundes v. 7.8.2013 (BGBl. I S. 3154, Art. 4 Abs. 1 dieses G aufgeh. durch Art. 2 G v. 18.7.2016, BGBl. I S. 1666), Art. 1 G zur Änd. des PersonalausweisG zur Einführung eines Ersatz-Personalausweises und zur Änd. des PassG v. 20.6.2015 (BGBl. I S. 970), Art. 4 Abs. 1 G zur Aktualisierung der Strukturreform des Gebührenrechts des Bundes v. 18.7.2016 (BGBl. I S. 1666), Art. 6 G zur bereichsspezifischen Regelungen der Gesichtsverhüllung und zur Änd. weiterer dienstrechtlicher Vorschriften v. 8.6.2017 (BGBl. I S. 1570), Art. 1, 2 G zur Förderung des elektronischen Identitätsnachweises v. 7.7.2017 (BGBl. I S. 2310), Art. 4 eIDAS-DurchführungsG v. 18.7.2017 (BGBl. I S. 2745), Art. 2, 3 G zur Einführung einer Karte für Unionsbürger und Angehörige des Europäischen Wirtschaftsraums mit Funktion zum elektronischen Identitätsnachweis sowie zur Änd. des PersonalausweisG und weiterer Vorschriften v. 21.6.2019 (BGBl. I S. 846), Art. 80 Elfte ZuständigkeitsanpassungsVO v. 19.6.2020 (BGBl. I S. 1328) und Art. 2, 11, 13 G zur Stärkung der Sicherheit im Pass-, Ausweis- und ausländerrechtlichen Dokumentenwesen v. 3.12.2020 (BGBl. I S. 2744)

Inhaltsübersicht[3)]

Abschnitt 1. Allgemeine Vorschriften

Abschnitt 2. Ausstellung und Sperrung des Ausweises

Abschnitt 3. Umgang mit personenbezogenen Daten

[1)] Verkündet als Art. 1 G über Personalausweise und den elektronischen Identitätsnachweis sowie zur Änderung weiterer Vorschriften v. 18.6.2009 (GVBl. S. 1346); Inkrafttreten gem. Art. 7 dieses G am 1.11. 2010.

[2)] Die Änderungen durch G v. 3.12.2020 (BGBl. I S. 2744) treten teilweise erst **mWv 2.8.2021** bzw. **mWv 1.5.2025** in Kraft und sind insoweit im Text noch nicht berücksichtigt.

[3)] Inhaltsübersicht geänd. mWv 30.6.2015 durch G v. 20.6.2015 (BGBl. I S. 970); geänd. mWv 15.7. 2017 durch G v. 7.7.2017 (BGBl. I S. 2310).

Abschnitt 1. Allgemeine Vorschriften

§ 1[1] **Ausweispflicht; Ausweisrecht.** (1) [1]Deutsche im Sinne des Artikels 116 Abs. 1 des Grundgesetzes[2] sind verpflichtet, einen gültigen Ausweis zu besitzen, sobald sie 16 Jahre alt sind und der allgemeinen Meldepflicht unterliegen oder, ohne ihr zu unterliegen, sich überwiegend in Deutschland aufhalten. [2]Sie müssen ihn auf Verlangen einer zur Feststellung der Identität berechtigten Behörde vorlegen und es ihr ermöglichen, ihr Gesicht mit dem Lichtbild des Ausweises abzugleichen. [3]Vom Ausweisinhaber darf nicht verlangt werden, den Personalausweis zu hinterlegen oder in sonstiger Weise den Gewahrsam aufzugeben. [4]Dies gilt nicht für zur Identitätsfeststellung berechtigte Behörden sowie in den Fällen der Einziehung und Sicherstellung.

(2) [1]Die Ausweispflicht gilt auch für Personen, die als Binnenschiffer oder Seeleute nach dem Bundesmeldegesetz[3] einer besonderen Meldepflicht unterliegen. [2]Sie gilt nicht für Personen, gegen die eine Freiheitsstrafe vollzogen wird, wenn deren Vollzug noch länger als drei Monate andauert. [3]Die Ausweispflicht nach Absatz 1 Satz 1 und 2 erfüllt auch, wer einen gültigen Pass im Sinne des § 1

[1] § 1 Abs. 2 Satz 1 geänd. mWv 1.11.2015 durch G v. 3.5.2013 (BGBl. I S. 1084, geänd. durch G v. 20.11.2014, BGBl. I S. 1738); Abs. 1 Satz 2 geänd., Abs. 2 Satz 3 neu gef. mWv 15.6.2017 durch G v. 8.6. 2017 (BGBl. I S. 1570); Abs. 1 Satz 1 geänd. mWv 15.7.2017 durch G v. 7.7.2017 (BGBl. I S. 2310); Abs. 2 Satz 2 geänd. mWv 12.12.2020 durch G v. 3.12.2020 (BGBl. I S. 2744).

[2] Nr. 1.

[3] Nr. 256.

2. den Lieferanten von Geräten zur Aufnahme und elektronischen Erfassung von Lichtbildern, sofern diese durch die Personalausweisbehörde gefertigt werden, und von Fingerabdrücken,

3. die Vergabestelle für Berechtigungszertifikate sowie

4. den Sperrlistenbetreiber

und macht deren Namen jeweils im Bundesanzeiger bekannt. ²Dies gilt nicht für Geräte zur Aufnahme und elektronischen Erfassung von Lichtbildern nach Satz 1 Nummer 2, die im Rahmen einer Antragstellung beim Auswärtigen Amt gefertigt werden.

§ 5[1] Ausweismuster; gespeicherte Daten. (1) Ausweise sind nach einheitlichen Mustern auszustellen.

(2) Der Personalausweis enthält neben der Angabe der ausstellenden Behörde, dem Tag der Ausstellung, dem letzten Tag der Gültigkeitsdauer, der Zugangsnummer und den in Absatz 4 Satz 2 genannten Daten ausschließlich folgende sichtbar aufgebrachte Angaben über den Ausweisinhaber:

1. Familienname und Geburtsname,

2. Vornamen,

3. Doktorgrad,

4. Tag und Ort der Geburt,

5. Lichtbild,

6. Unterschrift,

7. Größe,

8. Farbe der Augen,

9. Anschrift; hat der Ausweisinhaber keine Wohnung in Deutschland, kann die Angabe „keine Wohnung in Deutschland" eingetragen werden,

10. Staatsangehörigkeit,

11. Seriennummer und

12. Ordensname, Künstlername.

(3) Der vorläufige Personalausweis enthält die in Absatz 2 Nr. 1 bis 12 und die in Absatz 4 Satz 2 genannten Angaben sowie die Angabe der ausstellenden Behörde, den Tag der Ausstellung und den letzten Tag der Gültigkeitsdauer.

(3a) ¹Der Ersatz-Personalausweis enthält die in Absatz 2 Nummer 1 bis 12 und die in Absatz 4 Satz 2 genannten Angaben sowie die Angabe der ausstellenden Behörde, den Tag der Ausstellung, den letzten Tag der Gültigkeitsdauer und den Vermerk, dass der Ersatz-Personalausweis nicht zum Verlassen Deutschlands berechtigt. ²Abweichend von Absatz 2 Nummer 9 ist die Eintragung „keine Wohnung in Deutschland" nicht zulässig.

(4) ¹Ausweise haben einen Bereich für das automatisierte Auslesen. ²Dieser darf ausschließlich die folgenden sichtbar aufgedruckten Angaben enthalten:

1. Abkürzungen

a) „IDD" für Personalausweis der Bundesrepublik Deutschland,

b) „ITD" für vorläufigen Personalausweis der Bundesrepublik Deutschland oder

[1] § 5 Abs. 3 geänd., Abs. 3a eingef., Abs. 4 Satz 2 Nr. 1 Buchst. a und b geänd., Buchst. c angef. mWv 30.6.2015 durch G v. 20.6.2015 (BGBl. I S. 970); Abs. 2 Nr. 9 geänd. mWv 15.5.2018 durch G v. 7.7. 2017 (BGBl. I S. 2310); Abs. 2 Nr. 9 neu gef. mWv 1.11.2019 durch G v. 21.6.2019 (BGBl. I S. 846); Abs. 3a Satz 2 geänd. mWv 12.12.2020 durch G v. 3.12.2020 (BGBl. I S. 2744).

c) „IXD" für Ersatz-Personalausweis der Bundesrepublik Deutschland,

2. Familienname,
3. Vornamen,
4. Seriennummer,
5. Abkürzung „D" für deutsche Staatsangehörigkeit,
6. Tag der Geburt,
7. letzter Tag der Gültigkeitsdauer,
8. Prüfziffern und
9. Leerstellen.

[3] Bei einer Identitätsüberprüfung nach § 17 darf auch die aufgedruckte Zugangsnummer automatisiert gelesen werden.

(5) Der Personalausweis enthält ein elektronisches Speicher- und Verarbeitungsmedium, auf dem folgende Daten gespeichert werden:

1. die Daten nach Absatz 2 Nr. 1 bis 5, 9 und 12,
2. die Daten des maschinenlesbaren Bereichs nach Absatz 4 Satz 2 und
3. die Fingerabdrücke nach Absatz 9, die Bezeichnung der erfassten Finger, die Angaben zur Qualität der Abdrücke.

(6) Die gespeicherten Daten sind gegen unbefugtes Verändern, Löschen und Auslesen zu sichern.

(7) Abweichend von Absatz 5 erhalten Kinder, solange sie noch nicht sechs Jahre alt sind, einen Personalausweis mit einem elektronischen Speicher- und Verarbeitungsmedium, auf dem nur das Lichtbild und die Daten des maschinenlesbaren Bereichs nach Absatz 4 Satz 2 gespeichert sind.

(8) Die Seriennummer, die Prüfziffern, das Sperrkennwort und Sperrmerkmale dürfen keine Daten über die Person des Ausweisinhabers oder Hinweise auf solche Daten enthalten.

(9) [1] Fingerabdrücke werden nur auf Antrag der antragstellenden Person gespeichert. [2] Die Fingerabdrücke der antragstellenden Person werden in Form des flachen Abdrucks des linken und rechten Zeigefingers im elektronischen Speicher- und Verarbeitungsmedium des Personalausweises gespeichert. [3] Bei Fehlen eines Zeigefingers, ungenügender Qualität des Fingerabdrucks oder Verletzungen der Fingerkuppe wird ersatzweise der flache Abdruck entweder des Daumens, des Mittelfingers oder des Ringfingers gespeichert. [4] Fingerabdrücke sind nicht zu speichern, wenn die Abnahme der Fingerabdrücke aus medizinischen Gründen, die nicht nur vorübergehender Art sind, unmöglich ist.

(10) Die im elektronischen Speicher- und Verarbeitungsmedium gespeicherten Daten ermöglichen auch die Funktion des elektronischen Identitätsnachweises nach § 18.

§ 6[1] Gültigkeitsdauer; vorzeitige Beantragung; räumliche Beschränkungen. (1) Personalausweise werden für eine Gültigkeitsdauer von zehn Jahren ausgestellt.

[1] § 6 Abs. 4a eingef. mWv 30.6.2015 durch G v. 20.6.2015 (BGBl. I S. 970).

(2) Vor Ablauf der Gültigkeit eines Personalausweises kann ein neuer Personalausweis beantragt werden, wenn ein berechtigtes Interesse an der Neuausstellung dargelegt wird.

(3) Bei Personen, die noch nicht 24 Jahre alt sind, beträgt die Gültigkeitsdauer des Personalausweises sechs Jahre.

(4) Die Gültigkeitsdauer eines vorläufigen Personalausweises ist unter Berücksichtigung des Nutzungszwecks festzulegen; sie darf einen Zeitraum von drei Monaten nicht überschreiten.

(4a) Die Gültigkeitsdauer des Ersatz-Personalausweises ist auf den Zeitraum zu beschränken, der für das Erreichen des Zweckes nach § 6a erforderlich ist; sie darf einen Zeitraum von drei Jahren nicht überschreiten.

(5) Eine Verlängerung der Gültigkeitsdauer ist nicht zulässig.

(6) Die Gültigkeitsdauer eines Ausweises darf in den Fällen des § 29 des Staatsangehörigkeitsgesetzes den Zeitpunkt der Vollendung des 23. Lebensjahres des Inhabers so lange nicht überschreiten, bis die zuständige Behörde den Fortbestand der deutschen Staatsangehörigkeit festgestellt hat.

(7) Unter den Voraussetzungen des § 7 Abs. 1 des Passgesetzes kann die zuständige Behörde im Einzelfall anordnen, dass der Ausweis nicht zum Verlassen Deutschlands berechtigt.

(8) Anordnungen nach Absatz 7 dürfen im polizeilichen Grenzfahndungsbestand gespeichert werden.

§ 6a[1)] **Versagung und Entziehung; Ersatz-Personalausweis.** (1) [1]Ein Personalausweis oder ein vorläufiger Personalausweis kann unter den Voraussetzungen des § 7 Absatz 1 Nummer 1 oder Nummer 10 des Passgesetzes versagt werden. [2]Im Falle des § 7 Absatz 1 Nummer 1 des Passgesetzes gilt dies nur, wenn die Gefährdung darin besteht, dass bestimmte Tatsachen die Annahme begründen, dass der Ausweisbewerber

1. einer terroristischen Vereinigung nach § 129a des Strafgesetzbuchs oder einer terroristischen Vereinigung nach § 129a in Verbindung mit § 129b Absatz 1 Satz 1 des Strafgesetzbuchs mit Bezug zur Bundesrepublik Deutschland angehört oder diese unterstützt oder

2. rechtswidrig Gewalt gegen Leib oder Leben als Mittel zur Durchsetzung international ausgerichteter politischer oder religiöser Belange anwendet oder eine solche Gewaltanwendung unterstützt oder vorsätzlich hervorruft.

(2) [1]Dem Ausweisinhaber kann ein Personalausweis oder ein vorläufiger Personalausweis entzogen werden, wenn gegen ihn eine vollziehbare Anordnung nach § 6 Absatz 7 in Verbindung mit § 7 Absatz 1 Nummer 1 oder Nummer 10 des Passgesetzes besteht. [2]Im Falle einer Anordnung nach § 6 Absatz 7 in Verbindung mit § 7 Absatz 1 Nummer 1 des Passgesetzes gilt dies nur, wenn die Gefährdung darin besteht, dass bestimmte Tatsachen die Annahme begründen, dass der Ausweisinhaber

1. einer terroristischen Vereinigung nach § 129a des Strafgesetzbuchs oder einer terroristischen Vereinigung nach § 129a in Verbindung mit § 129b Absatz 1 Satz 1 des Strafgesetzbuchs mit Bezug zur Bundesrepublik Deutschland angehört oder diese unterstützt oder

[1)] 6a eingef. mWv 30.6.2015 durch G v. 20.6.2015 (BGBl. I S. 970).

2. rechtswidrig Gewalt gegen Leib oder Leben als Mittel zur Durchsetzung international ausgerichteter politischer oder religiöser Belange anwendet oder eine solche Gewaltanwendung unterstützt oder vorsätzlich hervorruft.

(3) Ist ein Personalausweis oder vorläufiger Personalausweis versagt oder entzogen worden, ist ein Ersatz-Personalausweis auszustellen.

(4) Liegen die Voraussetzungen des Absatzes 1 oder des Absatzes 2 nicht mehr vor, ist dies dem Inhaber eines Ersatz-Personalausweises unverzüglich mitzuteilen und ihm auf Antrag ein Personalausweis oder ein vorläufiger Personalausweis auszustellen.

(5) Für Maßnahmen nach den Absätzen 1 bis 3 sowie Mitteilungen nach Absatz 4 sind ausschließlich die in § 7 Absatz 1 genannten Behörden zuständig.

§ 7[1] Sachliche Zuständigkeit. (1) Für Ausweisangelegenheiten in Deutschland sind die von den Ländern bestimmten Behörden zuständig (Personalausweisbehörden).

(2) Für Personalausweisangelegenheiten im Ausland ist das Auswärtige Amt mit den von ihm bestimmten Auslandsvertretungen zuständig (Personalausweisbehörde).

(3) Für die Einziehung nach § 29 Abs. 1 und die Sicherstellung nach § 29 Abs. 2 sind die Personalausweisbehörden, die Auslandsvertretungen und die zur hoheitlichen Identitätsfeststellung berechtigten Behörden zuständig.

(4) [1] Für die Erteilung und Aufhebung von Berechtigungen nach § 21 ist die Vergabestelle für Berechtigungszertifikate nach § 4 Abs. 3 zuständig. [2] Für das Führen einer Sperrliste nach § 10 Abs. 4 Satz 1 ist der Sperrlistenbetreiber nach § 4 Abs. 3 zuständig.

(5) [1] Für Diensteanbieter in Deutschland sind die für die Einhaltung der Vorgaben des Datenschutzes zuständigen Stellen zuständig. [2] Haben Diensteanbieter ihren Wohn-, Geschäfts- oder Dienstsitz nicht in Deutschland, so ist der Bundesbeauftragte für den Datenschutz und die Informationsfreiheit zuständige Datenschutzaufsichtsbehörde im Sinne des § 21 Absatz 4 Satz 3.

§ 8 Örtliche Zuständigkeit; Tätigwerden bei örtlicher Unzuständigkeit. (1) [1] In Deutschland ist die Personalausweisbehörde zuständig, in deren Bezirk die antragstellende Person oder der Ausweisinhaber für seine Wohnung, bei mehreren Wohnungen für seine Hauptwohnung, meldepflichtig ist. [2] Hat die antragstellende Person keine Wohnung, so ist die Personalausweisbehörde zuständig, in deren Bezirk sie sich vorübergehend aufhält.

(2) [1] Im Ausland sind die vom Auswärtigen Amt bestimmten Auslandsvertretungen zuständig, in deren Bezirk sich die antragstellende Person oder der Ausweisinhaber gewöhnlich aufhält. [2] Der Ausweisinhaber hat den Nachweis über den gewöhnlichen Aufenthaltsort zu erbringen.

(3) Für Binnenschiffer, die keine Wohnung in Deutschland haben, ist die Personalausweisbehörde am Heimatort des Binnenschiffes, für Seeleute, die keine Wohnung in Deutschland haben, die Personalausweisbehörde am Sitz des Reeders zuständig.

[1] § 7 Abs. 5 Satz 2 geänd. mWv 5.8.2019 durch G v. 21.6.2019 (BGBl. I S. 846).

(4) [1] Der Antrag auf Ausstellung eines Ausweises muss auch von einer örtlich nicht zuständigen Personalausweisbehörde bearbeitet werden, wenn ein wichtiger Grund dargelegt wird. [2] Ein Ausweis darf nur mit Ermächtigung der örtlich zuständigen Personalausweisbehörde ausgestellt werden.

Abschnitt 2. Ausstellung und Sperrung des Ausweises

§ 9[1) Ausstellung des Ausweises. (1) [1] Personalausweise und vorläufige Personalausweise werden auf Antrag für Deutsche im Sinne des Artikels 116 Abs. 1 des Grundgesetzes ausgestellt. [2] § 3a Abs. 1 des Verwaltungsverfahrensgesetzes ist nicht anzuwenden. [3] Im Antragsverfahren nachzureichende Erklärungen können mittels Datenübertragung abgegeben werden. [4] Die antragstellende Person und ihr gesetzlicher Vertreter können sich bei der Stellung des Antrags nicht durch einen Bevollmächtigten vertreten lassen. [5] Dies gilt nicht für eine handlungs- oder einwilligungsunfähige antragstellende Person, wenn eine für diesen Fall erteilte, öffentlich beglaubigte oder beurkundete Vollmacht vorliegt. [6] Die antragstellende Person und ihr gesetzlicher oder bevollmächtigter Vertreter sollen persönlich erscheinen.

(2) [1] Für Minderjährige, die noch nicht 16 Jahre alt sind, und für Personen, die geschäftsunfähig sind und sich nicht nach Absatz 1 Satz 5 durch einen Bevollmächtigten vertreten lassen, kann nur diejenige Person den Antrag stellen, die sorgeberechtigt ist oder als Betreuer ihren Aufenthalt bestimmen darf. [2] Sie ist verpflichtet, für Jugendliche, die 16, aber noch nicht 18 Jahre alt sind, innerhalb von sechs Wochen, nachdem der Jugendliche 16 Jahre alt geworden ist, den Antrag auf Ausstellung eines Ausweises zu stellen, falls dies der Jugendliche unterlässt. [3] Jugendliche, die mindestens 16 Jahre alt sind, dürfen Verfahrenshandlungen nach diesem Gesetz vornehmen.

(3) [1] In dem Antrag sind alle Tatsachen anzugeben, die zur Feststellung der Person des Antragstellers und seiner Eigenschaft als Deutscher notwendig sind. [2] Die Angaben zum Doktorgrad und zu den Ordens- und Künstlernamen sind freiwillig. [3] Die antragstellende Person hat die erforderlichen Nachweise zu erbringen. [4] Sie hat bei Beantragung zu erklären, ob ihre Fingerabdrücke im Speicher- und Verarbeitungsmedium des Personalausweises gespeichert werden sollen. [5] Entscheidet sich die antragstellende Person gegen die Aufnahme der Fingerabdrücke, so dürfen ihr daraus keine rechtlichen oder tatsächlichen Nachteile entstehen mit der Ausnahme, dass Verfahren zur Identitätsprüfung mit Fingerabdruckvergleich nicht genutzt werden können. [6] Die antragstellende Person ist hierüber und über die Freiwilligkeit der Aufnahme der Fingerabdrücke zu informieren. [7] Soweit in den Personalausweis Fingerabdrücke aufzunehmen sind, sind diese der antragstellenden Person abzunehmen und nach Maßgabe von § 5 Abs. 9 elektronisch zu erfassen. [8] Fingerabdrücke von Kindern sind nicht abzunehmen, solange die Kinder noch nicht sechs Jahre alt sind.

(4) [1] Bestehen Zweifel über die Person des Antragstellers, sind die zur Feststellung seiner Identität erforderlichen Maßnahmen zu treffen. [2] Die Personalausweisbehörde kann die Durchführung erkennungsdienstlicher Maßnahmen veranlassen, wenn die Identität der antragstellenden Person auf andere Weise

[1)] § 9 Abs. 3 Sätze 4 und 6 geänd. mWv 1.8.2013 durch G v. 25.7.2013 (BGBl. I S. 2749); Abs. 1 Satz 1 geänd., Abs. 6 angef. mWv 30.6.2015 durch G v. 20.6.2015 (BGBl. I S. 970).

nicht oder nur unter erheblichen Schwierigkeiten festgestellt werden kann. [3] Ist die Identität festgestellt, so sind die im Zusammenhang mit der Feststellung angefallenen Unterlagen zu vernichten. [4] Die Vernichtung ist zu protokollieren.

(5) Die Unterschrift durch ein Kind ist zu leisten, wenn es zum Zeitpunkt der Beantragung des Ausweises zehn Jahre oder älter ist.

(6) [1] Für Deutsche im Sinne des Artikels 116 Absatz 1 des Grundgesetzes werden nach Maßgabe des § 6a Ersatz-Personalausweise von Amts wegen ausgestellt. [2] Absatz 1 Satz 2 bis 6, Absatz 2 Satz 3, Absatz 3 Satz 1 bis 3 sowie die Absätze 4 und 5 gelten entsprechend.

§ 10[1] Einschaltung, Sperrung und Entsperrung der Funktion des elektronischen Identitätsnachweises. (1) Der Personalausweis wird mit einer Funktion zum elektronischen Identitätsnachweis nach § 18 ausgegeben.

(2) Der Ausweishersteller schaltet die Funktion aus, wenn die antragstellende Person zum Zeitpunkt der Antragstellung noch nicht 16 Jahre alt ist.

(3) Auf Antrag des Ausweisinhabers und unter Vorlage des Personalausweises kann ein ausgeschalteter elektronischer Identitätsnachweis während der Gültigkeitsdauer des Personalausweises eingeschaltet werden, wenn der Ausweisinhaber zum Zeitpunkt der Antragstellung bereits 16 Jahre alt ist.

(4) Der Sperrlistenbetreiber nach § 7 Abs. 4 Satz 2 stellt jedem Diensteanbieter über jederzeit öffentlich erreichbare Kommunikationsverbindungen eine für ihn errechnete, aktuelle Liste bereit, die ausschließlich die Sperrmerkmale von Personalausweisen mit gesperrtem elektronischen Identitätsnachweis enthält (Sperrliste). [2] Die Diensteanbieter rufen die für sie errechnete Sperrliste regelmäßig ab und gleichen sie im Rahmen des elektronischen Identitätsnachweises lokal mit zu akzeptierenden Personalausweisen ab.

(5) Die zuständige Personalausweisbehörde hat unverzüglich zur Aktualisierung der Sperrliste die Sperrsumme des Personalausweises an den Sperrlistenbetreiber nach § 7 Absatz 4 Satz 2 zu übermitteln, wenn sie Kenntnis erlangt von

1. dem Abhandenkommen eines Personalausweises mit elektronischem Identitätsnachweis,

2. dem Versterben eines Ausweisinhabers oder

3. der Ungültigkeit eines nicht im Besitz der Behörde befindlichen Ausweises nach § 28 Absatz 1 oder Absatz 2.

(6) [1] Der Personalausweisinhaber kann durch Mitteilung des Sperrkennworts an den Sperrlistenbetreiber nach § 7 Abs. 4 Satz 2 eine sofortige Sperrung des elektronischen Identitätsnachweises veranlassen. [2] Davon unberührt bleibt die Pflicht, den Verlust oder das Abhandenkommen des Personalausweises der Personalausweisbehörde nach § 27 Abs. 1 Nr. 3 anzuzeigen.

(7) Der Sperrlistenbetreiber nach § 7 Abs. 4 Satz 2 stellt den Personalausweisbehörden für die Fälle nach Absatz 5 und den Personalausweisinhabern für

[1] § 10 Abs. 1 Sätze 1 und 2, Abs. 5 abschl. Satzteil geänd. mWv 1.8.2013 durch G v. 25.7.2013 (BGBl. I S. 2749); Überschrift geänd., Abs. 1 neu gef., Abs. 2 Satz 1 geänd., Satz 2 aufgeh., Abs. 3 Satz 2 aufgeh., Abs. 4 Satz 1, Abs. 5 Nr. 1, Abs. 6 Satz 1 geänd., Abs. 8 Satz 1 neu gef. mWv 15.7. 2017 durch G v. 7.7.2017 (BGBl. I S. 2310); Abs. 5 neu gef. mWv 5.8.2019 durch G v. 21.6.2019 (BGBl. I S. 846).

die Fälle nach Absatz 6 einen Sperrdienst über jederzeit öffentlich erreichbare Kommunikationsverbindungen zur Verfügung.

(8) [1] Teilt nach erfolgter Sperrung nach Absatz 5 der Personalausweisinhaber das Wiederauffinden seines Personalausweises unter den Voraussetzungen des § 9 Absatz 1 Satz 6 und unter Vorlage seines Personalausweises mit oder bittet er nach einer Sperrung nach Absatz 6 unter den Voraussetzungen des § 9 Absatz 1 Satz 6 und unter Vorlage seines Personalausweises um Entsperrung, so ersucht die Personalausweisbehörde den Sperrlistenbetreiber nach § 7 Absatz 4 Satz 2 um Löschung des Sperreintrags zu diesem Personalausweis. [2] Die Pflicht des Personalausweisinhabers, den Ausweis bei Wiederauffinden nach § 27 Abs. 1 Nr. 3 vorzulegen, bleibt hiervon unberührt.

(9) Der Zeitpunkt der Meldung des Abhandenkommens eines Ausweises ist von der Personalausweisbehörde oder Polizeibehörde zu dokumentieren und der ausstellenden Personalausweisbehörde mitzuteilen.

§ 11 [1] **Informationspflichten.** (1) Auf Verlangen des Personalausweisinhabers hat die Personalausweisbehörde ihm Einsicht in die im elektronischen Speicher- und Verarbeitungsmedium gespeicherten auslesbaren Daten zu gewähren.

(2) *(aufgehoben)*

(3) [1] Die Personalausweisbehörde hat die antragstellende Person bei Antragstellung über den elektronischen Identitätsnachweis nach § 18 und das Vor-Ort-Auslesen nach § 18a sowie über Maßnahmen zu unterrichten, die erforderlich sind, um die Sicherheit der Nutzung des elektronischen Identitätsnachweises zu gewährleisten. [2] Sie hat der antragstellenden Person die Übergabe von entsprechendem Informationsmaterial anzubieten, in dem auch auf die Möglichkeit einer Sperrung nach § 10 Absatz 6 hingewiesen wird.

(4) *(aufgehoben)*

(5) [1] Personalausweisbehörden, die Kenntnis von dem Abhandenkommen eines Ausweises erlangen, haben die zuständige Personalausweisbehörde, die ausstellende Personalausweisbehörde und eine Polizeibehörde unverzüglich in Kenntnis zu setzen; eine Polizeibehörde, die anderweitig Kenntnis vom Abhandenkommen eines Ausweises erlangt, hat die zuständige und die ausstellende Personalausweisbehörde unverzüglich zu unterrichten. [2] Dabei sollen Angaben zum Familiennamen, den Vornamen, zur Seriennummer, zur ausstellenden Personalausweisbehörde, zum Ausstellungsdatum und zur Gültigkeitsdauer des Ausweises übermittelt werden. [3] Die Polizeibehörde hat die Einstellung in die polizeiliche Sachfahndung vorzunehmen.

(6) Stellt eine nicht zuständige Personalausweisbehörde nach § 8 Abs. 4 einen Ausweis aus, so hat sie der zuständigen Personalausweisbehörde den Familiennamen, die Vornamen, den Tag und Ort der Geburt, die ausstellende Personalausweisbehörde, das Ausstellungsdatum, die Gültigkeitsdauer und die Seriennummer des Ausweises zu übermitteln.

(7) Schaltet eine Personalausweisbehörde den elektronischen Identitätsnachweis eines Personalausweises ein, so hat sie unverzüglich die ausstellende Personalausweisbehörde davon in Kenntnis zu setzen.

[1] § 11 Abs. 2 geänd., Abs. 4 aufgeh. mWv 1.8.2013 durch G v. 25.7.2013 (BGBl. I S. 2749); Abs. 2 aufgeh., Abs. 3 neu gef., Abs. 7 geänd. mWv 15.7.2017 durch G v. 7.7.2017 (BGBl. I S. 2310).

§ 12[1]) Form und Verfahren der Datenerfassung, -prüfung und -über-mittlung.

(1) [1] Die Datenübermittlung von den Personalausweisbehörden an den Ausweishersteller zum Zweck der Ausweisherstellung, insbesondere die Übermittlung sämtlicher Ausweisantragsdaten, erfolgt durch Datenübertragung. [2] Die Datenübertragung kann auch über Vermittlungsstellen erfolgen. [3] Die beteiligten Stellen haben dem jeweiligen Stand der Technik entsprechende Maßnahmen zur Sicherstellung von Datenschutz und Datensicherheit zu treffen, die insbesondere die Vertraulichkeit und Unversehrtheit der Daten sowie die Feststellbarkeit der übermittelnden Stelle gewährleisten; im Falle der Nutzung allgemein zugänglicher Netze sind Verschlüsselungsverfahren anzuwenden, die dem jeweiligen Stand der Technik entsprechen.

(2) [1] Zur elektronischen Erfassung, Echtheitsbewertung und Qualitätssicherung des Lichtbildes und der Fingerabdrücke sowie zur Übermittlung der Ausweisdaten von der Personalausweisbehörde an den Ausweishersteller dürfen ausschließlich solche technischen Systeme und Bestandteile eingesetzt werden, die den Anforderungen der Rechtsverordnung nach § 34 Nr. 3 entsprechen. [2] Die Einhaltung der Anforderungen ist vom Bundesamt für Sicherheit in der Informationstechnik gemäß der Rechtsverordnung nach § 34 Nr. 4 festzustellen.

§ 13 Übermittlung von Geheimnummer, Entsperrnummer und Sperrkennwort.

[1] Der Ausweishersteller übersendet antragstellenden Personen zum Zweck der Verwendung, Sperrung und Entsperrung des elektronischen Identitätsnachweises die Geheimnummer, die Entsperrnummer und das Sperrkennwort des Personalausweises. [2] Die Geheimnummer wird auf einer von den sonstigen Unterlagen gesonderten Seite übermittelt. [3] Soweit die antragstellende Person berechtigte Gründe darlegt, werden die Unterlagen nach Satz 1 an die Personalausweisbehörde übersandt, die den Personalausweis aushändigt. [4] Diese stellt dem Ausweisinhaber die Unterlagen zur Verfügung. [5] Die Personalausweisbehörde hat den Ausweisinhaber bei Antragstellung auf die Risiken dieses Verfahrens hinzuweisen.

Abschnitt 3. Umgang mit personenbezogenen Daten

§ 14 Erhebung und Verwendung personenbezogener Daten.

Die Erhebung und Verwendung personenbezogener Daten aus dem Ausweis oder mithilfe des Ausweises darf ausschließlich erfolgen durch

1. zur Identitätsfeststellung berechtigte Behörden nach Maßgabe der §§ 15 bis 17,
2. öffentliche Stellen und nichtöffentliche Stellen nach Maßgabe der §§ 18 bis 20.

§ 15 Automatisierter Abruf und automatisierte Speicherung durch zur Identitätsfeststellung berechtigte Behörden.

(1) [1] Zur Identitätsfeststellung berechtigte Behörden dürfen den Ausweis nicht zum automatisierten Abruf personenbezogener Daten verwenden. [2] Abweichend von Satz 1 dürfen

[1]) § 12 Abs. 2 Satz 1 geänd. mWv 5.8.2019 durch G v. 21.6.2019 (BGBl. I S. 846).

Polizeibehörden und -dienststellen des Bundes und der Länder, die Behörden der Zollverwaltung sowie die Steuerfahndungsstellen der Länder den Ausweis im Rahmen ihrer Aufgaben und Befugnisse zum automatisierten Abruf personenbezogener Daten verwenden, die zu folgenden Zwecken im polizeilichen Fahndungsbestand gespeichert sind:

1. Grenzkontrolle,
2. Fahndung oder Aufenthaltsfeststellung zum Zweck der Strafverfolgung, Strafvollstreckung oder der Abwehr von Gefahren für die öffentliche Sicherheit oder
3. der zollamtlichen Überwachung im Rahmen der polizeilichen Beobachtung.

[3] Über Abrufe, die zu keiner Feststellung geführt haben, dürfen, vorbehaltlich gesetzlicher Regelungen, die gemäß Absatz 2 erlassen werden, keine personenbezogenen Aufzeichnungen gefertigt werden.

(2) In den Fällen des Absatzes 1 dürfen personenbezogene Daten, soweit gesetzlich nichts anderes bestimmt ist, beim automatisierten Lesen des Ausweises nicht in Dateien gespeichert werden; dies gilt auch für Abrufe aus dem polizeilichen Fahndungsbestand, die zu einer Feststellung geführt haben.

§ 16[1]) *(aufgehoben)*

§ 17 Identitätsüberprüfung anhand der im elektronischen Speicher- und Verarbeitungsmedium gespeicherten Daten durch zur Identitätsfeststellung berechtigte Behörden.

[1] Zur Identitätsfeststellung berechtigte Behörden dürfen die im elektronischen Speicher- und Verarbeitungsmedium des Personalausweises gespeicherten Daten nur zum Zweck der Überprüfung der Echtheit des Dokumentes oder der Identität des Ausweisinhabers und nur nach Maßgabe der Sätze 3 und 4 auslesen und verwenden. [2] Echtheits- oder Identitätskontrollen über öffentliche Kommunikationswege sind unzulässig. [3] Soweit die Polizeivollzugsbehörden, die Zollverwaltung, die Steuerfahndungsstellen der Länder sowie die Personalausweis-, Pass- und Meldebehörden die Echtheit des Personalausweises oder die Identität des Inhabers überprüfen dürfen, sind sie befugt, die auf dem elektronischen Speicher- und Verarbeitungsmedium des Personalausweises gespeicherten biometrischen und sonstigen Daten auszulesen, die benötigten biometrischen Daten beim Personalausweisinhaber zu erheben und die biometrischen Daten miteinander zu vergleichen. [4] Die nach Satz 3 erhobenen Daten sind unverzüglich zu löschen, wenn die Prüfung der Echtheit des Personalausweises oder der Identität des Inhabers beendet ist.

§ 18[2]) Elektronischer Identitätsnachweis.

(1) [1] Der Personalausweisinhaber, der mindestens 16 Jahre alt ist, kann seinen Personalausweis dazu verwenden, seine Identität gegenüber öffentlichen und nichtöffentlichen Stellen elektronisch nachzuweisen. [2] Dies gilt auch dann, wenn er für eine andere Person, ein Unternehmen *oder eine Behörde* handelt. [3] Abweichend von Satz 1 ist der elektronische Identitätsnachweis ausgeschlossen, wenn die Voraussetzungen des § 3a Abs. 1 des Ver-

[1]) § 16 aufgeh. mWv 12.12.2020 durch G v. 3.12.2020 (BGBl. I S. 2744).
[2]) § 18 Abs. 3 Satz 2 Nr. 1a eingef. mWv 1.8.2013 durch G v. 25.7.2013 (BGBl. I S. 2749); Abs. 3 Satz 2 Nr. 7a eingef., Abs. 4 Satz 2 einl. Satzteil geänd., Nr. 3, Abs. 5 Satz 2 aufgeh. mWv 15.7.2017 durch G v. 7.7.2017 (BGBl. I S. 2310); Abs. 1 Satz 2 eingef., bish. Satz 2 wird Satz 3, Abs. 3 Satz 2 Nr. 6a eingef. mWv 5.8.2019 durch G v. 21.6.2019 (BGBl. I S. 846).

waltungsverfahrensgesetzes[1]), des § 87a Abs. 1 Satz 1 der Abgabenordnung oder des § 36a Abs. 1 des Ersten Buches Sozialgesetzbuch[2]) nicht vorliegen.

(2) [1]Der elektronische Identitätsnachweis erfolgt durch Übermittlung von Daten aus dem elektronischen Speicher- und Verarbeitungsmedium des Personalausweises. [2]Dabei sind dem jeweiligen Stand der Technik entsprechende Maßnahmen zur Sicherstellung von Datenschutz und Datensicherheit zu treffen, die insbesondere die Vertraulichkeit und Unversehrtheit der Daten gewährleisten. [3]Im Falle der Nutzung allgemein zugänglicher Netze sind Verschlüsselungsverfahren anzuwenden. [4]Die Nutzung des elektronischen Identitätsnachweises durch eine andere Person als den Personalausweisinhaber ist unzulässig.

(3) [1]Das Sperrmerkmal und die Angabe, ob der Personalausweis gültig ist, sind zur Überprüfung, ob ein gesperrter oder abgelaufener Personalausweis vorliegt, immer zu übermitteln. [2]Folgende weitere Daten können übermittelt werden:

1. Familienname,
1a. Geburtsname,
2. Vornamen,
3. Doktorgrad,
4. Tag der Geburt,
5. Ort der Geburt,
6. Anschrift,
6a. Staatsangehörigkeit,
7. Dokumentenart,
7a. letzter Tag der Gültigkeitsdauer,
8. dienste- und kartenspezifisches Kennzeichen,
9. Abkürzung „D" für Bundesrepublik Deutschland,
10. Angabe, ob ein bestimmtes Alter über- oder unterschritten wird,
11. Angabe, ob ein Wohnort dem abgefragten Wohnort entspricht, und
12. Ordensname, Künstlername.

(4) [1]Die Daten werden nur übermittelt, wenn der Diensteanbieter ein gültiges Berechtigungszertifikat an den Personalausweisinhaber übermittelt und dieser in der Folge seine Geheimnummer eingibt. [2]Vor Eingabe der Geheimnummer durch den Personalausweisinhaber muss der Diensteanbieter dem Ausweisinhaber die Gelegenheit bieten, die folgenden Daten einzusehen:

1. Name, Anschrift und E-Mail-Adresse des Diensteanbieters,
2. Kategorien der zu übermittelnden Daten nach Absatz 3 Satz 2,
3. *(aufgehoben)*
4. Hinweis auf die für den Diensteanbieter zuständigen Stellen, die die Einhaltung der Vorschriften zum Datenschutz kontrollieren,
5. letzter Tag der Gültigkeitsdauer des Berechtigungszertifikats.

(5) Die Übermittlung ist auf die im Berechtigungszertifikat genannten Datenkategorien beschränkt.

[1]) Nr. **100.**
[2]) **Sartorius ErgBd. Nr. 401.**

§ 18a[1] Vor-Ort-Auslesen von Ausweisdaten unter Anwesenden.
(1) Der Ausweisinhaber kann seinen Personalausweis ferner dazu verwenden, die in § 18 Absatz 3 Satz 2 genannten Daten zum Zwecke der medienbruchfreien Übernahme von Formulardaten unter Anwesenden zu übermitteln.

(2) [1]Vor dem Vor-Ort-Auslesen der Daten ist der Vor-Ort-Diensteanbieter verpflichtet, anhand des Personalausweises per Lichtbildabgleich zu prüfen, ob die den Personalausweis vorlegende Person der Ausweisinhaber ist. [2]Die Daten werden nur übermittelt, wenn der Vor-Ort-Anbieter mit Einverständnis des Ausweisinhabers die Zugangsnummer ausliest und diese zusammen mit einem gültigen Vor-Ort-Zertifikat an das Speicher- und Verarbeitungsmedium des Personalausweises übermittelt.

§ 19[2] Speicherung im Rahmen des elektronischen Identitätsnachweises.
(1) Die Speicherung eines Sperrmerkmals ist ausschließlich zulässig
1. in der Sperrliste nach § 10 Abs. 4 Satz 1 oder
2. vorübergehend beim Diensteanbieter zur Prüfung, ob der Personalausweis in den Sperrlisten nach § 10 Abs. 4 Satz 1 aufgeführt ist; die Daten sind nach der Prüfung unverzüglich zu löschen. Zur Ermöglichung auch wiederholter Prüfungen, ob der Personalausweis in den Sperrlisten nach § 10 Absatz 4 Satz 1 aufgeführt ist, erfolgt bei einem Diensteanbieter, der eine Identifizierung nach dem Geldwäschegesetz[3], der Verordnung (EU) Nr. 910/2014[4] des Europäischen Parlaments und des Rates vom 23. Juli 2014 über elektronische Identifizierung und Vertrauensdienste für elektronische Transaktionen im Binnenmarkt und zur Aufhebung der Richtlinie 1999/93/EG (ABl. L 257 vom 28.8.2014, S. 73), dem Vertrauensdienstegesetz[5] oder dem Telekommunikationsgesetz[6] durchführt, abweichend hiervon die Löschung eines gespeicherten Sperrmerkmals erst nach Ablauf einer Frist von einer Woche ab dem Speicherbeginn.

(2) Eine Speicherung des Sperrkennworts und der Sperrsumme ist ausschließlich im Personalausweisregister nach § 23 Abs. 3 Nr. 12 und im Melderegister zulässig.

(3) Eine zentrale, alle Sperrkennwörter oder alle Sperrmerkmale umfassende Speicherung ist unzulässig.

(4) [1]Daten, die im Rahmen der Durchführung des elektronischen Identitätsnachweises aus technischen Gründen oder zum Abgleich mit der Sperrliste an den Diensteanbieter übermittelt werden, dürfen nur für den Zeitraum der Übermittlung gespeichert werden. [2]Die Verarbeitung der Daten nach § 18 Abs. 3 Satz 2 bleibt hiervon unberührt.

(5) Die Speicherung der nach § 18 Absatz 3 Satz 2 oder nach § 18a übermittelten Daten ist zulässig zum Zwecke der Anlegung oder Änderung eines elektronischen Benutzerkontos.

[1] § 18a eingef. mWv 15.7.2017 durch G v. 7.7.2017 (BGBl. I S. 2310).
[2] § 19 Abs. 1 Nr. 2 Satz 2 angef. mWv 29.12.2011 durch G v. 22.12.2011 (BGBl. I S. 2959); Abs. 2 geänd. mWv 1.11.2015 durch G v. 3.5.2013 (BGBl. I S. 1084, geänd. durch G v. 20.11.2014, BGBl. I S. 1738); Abs. 2 geänd. mWv 1.8.2013 durch G v. 25.7.2013 (BGBl. I S. 2749); Abs. 1 Nr. 1 geänd., Abs. 5 und 6 angef. mWv 15.7.2017 durch G v. 7.7.2017 (BGBl. I S. 2310); Abs. 1 Nr. 2 geänd. mWv 29.7.2017 durch G v. 18.7.2017 (BGBl. I S. 2745).
[3] **Schönfelder ErgBd. Nr. 88a.**
[4] **Sartorius III Nr. 741.**
[5] **Sartorius ErgBd. Nr. 924.**
[6] **Sartorius ErgBd. Nr. 920.**

(6) ¹Die Übernahme der nach § 18 Absatz 3 Satz 2 oder nach § 18a übermittelten Daten in ein elektronisches Formular und deren Speicherung sind zulässig, soweit und solange die Speicherung zur Wahrnehmung der Geschäftszwecke des Diensteanbieters erforderlich ist. ²Zulässig ist auch, das Formular mit einem dauerhaften elektronischen Vermerk des Inhalts zu versehen, dass sich der Ausweisinhaber beim Ausfüllen des Formulars nach § 18 oder nach § 18a identifiziert hat.

§ 19a¹⁾ Speicherung durch Identifizierungsdiensteanbieter. (1) ¹Ein Identifizierungsdiensteanbieter darf die personenbezogenen Daten des Ausweisinhabers ausschließlich zum Zwecke der bei ihm in Auftrag gegebenen Identifizierung sowie nach § 19 Absatz 6 zum Ausfüllen eines elektronischen Formulars verwenden, das ihm hierfür von seinem Auftraggeber zur Verfügung gestellt wurde. ²Das Anbringen eines elektronischen Vermerks nach § 19 Absatz 6 Satz 2 ist zulässig. ³Gesetzliche Aufzeichnungspflichten bleiben unberührt.

(2) Der Identifizierungsdiensteanbieter hat die personenbezogenen Daten des Ausweisinhabers zu löschen, sobald die Identifizierung abgeschlossen und gegebenenfalls das elektronische Formular sowie die auf Grund gesetzlicher Aufzeichnungspflichten aufgezeichneten Daten an den Auftraggeber übermittelt wurden.

§ 20²⁾ Verwendung durch öffentliche und nichtöffentliche Stellen.

(1) Der Inhaber kann den Ausweis bei öffentlichen und nichtöffentlichen Stellen als Identitätsnachweis und Legitimationspapier verwenden.

(2) ¹Der Ausweis darf nur vom Ausweisinhaber oder von anderen Personen mit Zustimmung des Ausweisinhabers in der Weise abgelichtet werden, dass die Ablichtung eindeutig und dauerhaft als Kopie erkennbar ist. ²Andere Personen als der Ausweisinhaber dürfen die Kopie nicht an Dritte weitergeben. ³Werden durch Ablichtung personenbezogene Daten aus dem Personalausweis erhoben oder verarbeitet, so darf die datenerhebende oder -verarbeitende Stelle dies nur mit Einwilligung des Ausweisinhabers tun. ⁴Die Vorschriften des allgemeinen Datenschutzrechts über die Erhebung und Verwendung personenbezogener Daten bleiben unberührt.

(3) ¹Die Seriennummern dürfen nicht mit Hilfe automatisierter Verfahren zum Abruf oder zur Verknüpfung personenbezogener Daten verwendet werden. ²Abweichend hiervon dürfen die Seriennummern mit Hilfe automatisierter Verfahren zum Abruf verwenden

1. die Personalausweisbehörden zur Erfüllung ihrer Aufgaben,

2. die Polizeibehörden des Bundes und der Länder, der Militärische Abschirmdienst, der Bundesnachrichtendienst, die Verfassungsschutzbehörden des Bundes und der Länder, die Steuerfahndungsdienststellen der Länder, der Zollfahndungsdienst und die Hauptzollämter zur Klärung,

 a) wer Inhaber des Personalausweises ist für den Fall, dass eine ausländische öffentliche Stelle die Seriennummer des Personalausweises übermittelt hat und anhand der übrigen von der ausländischen Stelle übermittelten Daten eine Feststellung des Ausweisinhabers nicht möglich ist,

 b) ob der Personalausweis durch einen Nichtberechtigten genutzt wird oder

¹⁾ § 19a eingef. mWv 15.7.2017 durch G v. 7.7.2017 (BGBl. I S. 2310).
²⁾ § 20 Abs. 4 angef. mWv 30.6.2015 durch G v. 20.6.2015 (BGBl. I S. 970); Abs. 2 neu gef., Abs. 5 angef. mWv 15.7.2017 durch G v. 7.7.2017 (BGBl. I S. 2310); Abs. 3 neu gef. mWv 12.12.2020 durch G v. 3.12.2020 (BGBl. I S. 2744).

c) ob der Personalausweis für ungültig erklärt oder abhandengekommen ist.
[3] Der Ausweishersteller hat öffentlichen Stellen auf deren Verlangen die ausstellende Behörde mitzuteilen. [4] Nichtöffentliche Stellen dürfen die Seriennummern, die Sperrkennwörter und die Sperrmerkmale nicht so verwenden, dass mit ihrer Hilfe ein automatisierter Abruf personenbezogener Daten oder eine Verknüpfung von Dateien möglich ist. [5] Dies gilt nicht für den Abgleich von Sperrmerkmalen durch Diensteanbieter zum Zweck der Überprüfung, ob ein elektronischer Identitätsnachweis gesperrt ist.

(4) [1] Beförderungsunternehmen dürfen personenbezogene Daten aus der maschinenlesbaren Zone des Personalausweises elektronisch nur auslesen und verarbeiten, soweit sie auf Grund internationaler Abkommen oder Einreisebestimmungen zur Mitwirkung an Kontrolltätigkeiten im internationalen Reiseverkehr und zur Übermittlung personenbezogener Daten verpflichtet sind. [2] Biometrische Daten dürfen nicht ausgelesen werden. [3] Die Daten sind unverzüglich zu löschen, wenn sie für die Erfüllung dieser Pflichten nicht mehr erforderlich sind.

(5) [1] Zum Zwecke des Jugendschutzes und mit Einwilligung des Ausweisinhabers dürfen die in § 5 Absatz 4 Satz 2 Nummer 6 und 7 genannten Daten aus der maschinenlesbaren Zone des Personalausweises erhoben werden, um das Alter des Ausweisinhabers und die Gültigkeit des Ausweises zu überprüfen. [2] Eine Speicherung der Daten ist unzulässig.

Abschnitt 4. Berechtigungen; elektronische Signatur

§ 21[1] Berechtigungen für Diensteanbieter. (1) [1] Um Daten im Wege des elektronischen Identitätsnachweises anzufragen, benötigen Diensteanbieter eine Berechtigung. [2] Die Berechtigung lässt datenschutzrechtliche Vorschriften unberührt. [3] Das Vorliegen einer Berechtigung ist durch die Vergabe von Berechtigungszertifikaten technisch abzusichern.

(2) [1] Die Berechtigung wird auf Antrag erteilt. [2] Die antragstellende Person muss die Daten nach § 18 Absatz 4 Satz 2 Nummer 1, 2 und 4 angeben. [3] Die Berechtigung ist zu erteilen, wenn

1. der Diensteanbieter seine Identität gegenüber der Vergabestelle für Berechtigungszertifikate nachweist,

2. der Diensteanbieter das dem Antrag zu Grunde liegende Interesse an einer Berechtigung, insbesondere zur geplanten organisationsbezogenen Nutzung, darlegt,

3. der Diensteanbieter die Einhaltung des betrieblichen Datenschutzes versichert und

4. der Vergabestelle für Berechtigungszertifikate keine Anhaltspunkte für eine missbräuchliche Verwendung der Daten vorliegen.

(3) [1] Die Berechtigung ist zu befristen. [2] Die Gültigkeitsdauer darf einen Zeitraum von drei Jahren nicht überschreiten. [3] Die Berechtigung darf nur von dem im Berechtigungszertifikat angegebenen Diensteanbieter verwendet werden. [4] Sie wird auf Antrag wiederholt erteilt.

[1] § 21 Abs. 2 Satz 1 Nr. 2a eingef. mWv 1.8.2013 durch G v. 25.7.2013 (BGBl. I S. 2749); Überschrift geänd., Abs. 1 und 2 neu gef., Abs. 3 Satz 3 geänd., Satz 4 neu gef., Abs. 4 aufgeh., bish. Abs. 5 und 6 werden Abs. 4 und 5, Abs. 6–8 angef. mWv 15.7.2017 durch G v. 7.7.2017 (BGBl. I S. 2310).

(4) ¹Die Berechtigung ist zurückzunehmen, wenn der Diensteanbieter diese durch Angaben erwirkt hat, die in wesentlicher Beziehung unrichtig oder unvollständig waren. ²Sie ist zu widerrufen, wenn sie nicht oder nicht im gleichen Umfang hätte erteilt werden dürfen. ³Die Berechtigung soll zurückgenommen oder widerrufen werden, wenn die für den Diensteanbieter zuständige Datenschutzaufsichtsbehörde die Rücknahme oder den Widerruf verlangt, weil Tatsachen die Annahme rechtfertigen, dass der Diensteanbieter die auf Grund der Nutzung des Berechtigungszertifikates erhaltenen personenbezogenen Daten in unzulässiger Weise verarbeitet oder nutzt.

(5) ¹Mit Bekanntgabe der Rücknahme oder des Widerrufs der Berechtigung darf der Diensteanbieter vorhandene Berechtigungszertifikate nicht mehr verwenden. ²Dies gilt nicht, solange und soweit die sofortige Vollziehung (§ 30) ausgesetzt worden ist.

(6) Der Diensteanbieter hat Änderungen der Angaben nach § 18 Absatz 4 Satz 2 Nummer 1 und 4 der Vergabestelle für Berechtigungszertifikate unverzüglich mitzuteilen.

(7) Öffentliche Stellen anderer Mitgliedstaaten der Europäischen Union sind berechtigt, Daten im Wege des elektronischen Identitätsnachweises anzufragen.

(8) Die Vergabestelle für Berechtigungszertifikate führt ein Register über die erteilten Berechtigungen.

§ 21a¹⁾ Vor-Ort-Berechtigung für Vor-Ort-Diensteanbieter.

¹Um Ausweisdaten nach § 18a unter Anwesenden vor Ort auslesen zu dürfen, benötigen Vor-Ort-Diensteanbieter eine Vor-Ort-Berechtigung einschließlich eines Vor-Ort-Zertifikats. ²§ 21 gilt hierfür entsprechend.

(Fortsetzung nächstes Blatt)

¹⁾ § 21a eingef. mWv 15.7.2017 durch G v. 7.7.2017 (BGBl. I S. 2310).

§ 21b[1]) **Berechtigung für Identifizierungsdiensteanbieter.** (1) Wer als Identifizierungsdiensteanbieter die Funktion des elektronischen Identitätsnachweises nach § 18 Absatz 2 Satz 1 in Verbindung mit § 19 Absatz 6 nutzen möchte, um Identifizierungsdienstleistungen für Dritte zu erbringen, bedarf einer Berechtigung.

(2) [1]Die Berechtigung ist zu erteilen, wenn der Identifizierungsdiensteanbieter

1. durch technisch-organisatorische Maßnahmen die Einhaltung der in § 19a enthaltenen Vorgaben gewährleistet und

2. die weiteren Anforderungen an Datenschutz und Datensicherheit nach der Rechtsverordnung nach § 34 Nummer 7 erfüllt.

[2]Im Übrigen gilt § 21 entsprechend.

§ 22[2]) **Elektronische Signatur.** [1]Der Personalausweis kann als qualifizierte elektronische Signaturerstellungseinheit im Sinne des Artikels 3 Nummer 23 der Verordnung (EU) Nr. 910/2014 ausgestaltet werden. [2]Die Zertifizierung nach Artikel 30 der Verordnung (EU) Nr. 910/2014 erfolgt durch das Bundesamt für Sicherheit in der Informationstechnik. [3]Die Vorschriften des Vertrauensdienstegesetzes bleiben unberührt.

Abschnitt 5. Personalausweisregister; Speicherungsvorschriften

§ 23[3]) **Personalausweisregister.** (1) Die Personalausweisbehörden führen Personalausweisregister.

(2) Das Personalausweisregister dient der Durchführung dieses Gesetzes, insbesondere

1. der Ausstellung der Ausweise und der Feststellung ihrer Echtheit und

2. der Identitätsfeststellung der Person, die den Ausweis besitzt oder für die er ausgestellt ist.

(3) Das Personalausweisregister darf neben dem Lichtbild, der Unterschrift des Ausweisinhabers und verfahrensbedingten Bearbeitungsvermerken ausschließlich folgende Daten enthalten:

1. Familienname und Geburtsname,
2. Vornamen,
3. Doktorgrad,
4. Tag der Geburt,
5. Ort der Geburt,
6. Größe,
7. Farbe der Augen,
8. Anschrift,
9. Staatsangehörigkeit,

[1]) § 21b eingef. mWv 15.7.2017 durch G v. 7.7.2017 (BGBl. I S. 2310).
[2]) § 22 neu gef. mWv 29.7.2017 durch G v. 18.7.2017 (BGBl. I S. 2745).
[3]) § 23 Abs. 3 Nr. 12 geänd. mWv 1.8.2013 durch G v. 25.7.2013 (BGBl. I S. 2749); Abs. 3 Nr. 15 neu gef. mWv 15.7.2017 durch G v. 7.7.2017 (BGBl. I S. 2310).

10. Familienname, Vornamen, Tag der Geburt und Unterschrift des gesetzlichen Vertreters,

11. Seriennummer,

12. Sperrkennwort und Sperrsumme,

13. letzter Tag der Gültigkeitsdauer,

14. ausstellende Behörde,

15. Vermerke über Anordnungen nach § 6 Absatz 7 und Maßnahmen nach § 6a Absatz 1 bis 3,

16. Angaben zur Erklärungspflicht des Ausweisinhabers nach § 29 des Staatsangehörigkeitsgesetzes[1]),

17. die Tatsache, dass die Funktion des Personalausweises zum elektronischen Identitätsnachweis ausgeschaltet wurde oder der Personalausweis in die Sperrliste eingetragen ist,

18. Ordensname, Künstlername und

19. den Nachweis über eine erteilte Ermächtigung nach § 8 Abs. 4 Satz 2.

(4) [1]Personenbezogene Daten im Personalausweisregister sind mindestens bis zur Ausstellung eines neuen Ausweises, höchstens jedoch bis zu fünf Jahre nach dem Ablauf der Gültigkeit des Ausweises, auf den sie sich beziehen, zu speichern und dann zu löschen. [2]Für die Personalausweisbehörde nach § 7 Abs. 2 bei der Wahrnehmung konsularischer Aufgaben beträgt die Frist 30 Jahre.

(5) Die zuständige Personalausweisbehörde führt den Nachweis über Personalausweise, für die sie eine Ermächtigung nach § 8 Abs. 4 Satz 2 erteilt hat.

§ 24[2]) Verwendung im Personalausweisregister gespeicherter Daten.

(1) Die Personalausweisbehörden dürfen personenbezogene Daten nur nach Maßgabe dieses Gesetzes, anderer Gesetze oder Rechtsverordnungen erheben oder verwenden.

(2) [1]Die Personalausweisbehörden dürfen anderen Behörden auf deren Ersuchen Daten aus dem Personalausweisregister übermitteln, wenn

1. die ersuchende Behörde auf Grund von Gesetzen oder Rechtsverordnungen berechtigt ist, solche Daten zu erhalten,

2. die ersuchende Behörde ohne Kenntnis der Daten nicht in der Lage wäre, eine ihr obliegende Aufgabe zu erfüllen, und

3. die ersuchende Behörde die Daten bei dem Betroffenen nicht oder nur mit unverhältnismäßig hohem Aufwand erheben kann oder wenn nach der Art der Aufgabe, zu deren Erfüllung die Daten erforderlich sind, von einer solchen Datenerhebung abgesehen werden muss.

[2]Hinsichtlich der Daten, die auch im Melderegister gespeichert sind, müssen die im Bundesmeldegesetz[3]) enthaltenen Beschränkungen beachtet werden.

[1]) Nr. **15**
[2]) § 24 Abs. 2 Satz 2 geänd. mWv 1.11.2015 durch G v. 3.5.2013 (BGBl. I S. 1084, geänd. durch G v. 20.11.2014, BGBl. I S. 1738).
[3]) Nr. **256.**

(3) [1] Die ersuchende Behörde trägt die Verantwortung dafür, dass die Voraussetzungen des Absatzes 2 vorliegen. [2] Ein Ersuchen nach Absatz 2 darf nur von Bediensteten gestellt werden, die vom Behördenleiter dazu besonders ermächtigt sind. [3] Die ersuchende Behörde hat den Anlass des Ersuchens und die Herkunft der übermittelten Daten und Unterlagen zu dokumentieren. [4] Wird die Personalausweisbehörde vom Bundesamt für Verfassungsschutz, den Landesbehörden für Verfassungsschutz, dem Militärischen Abschirmdienst, dem Bundesnachrichtendienst, dem Bundeskriminalamt oder dem Generalbundesanwalt oder der Generalbundesanwältin um die Übermittlung von Daten ersucht, so hat die ersuchende Behörde den Familiennamen, die Vornamen und die Anschrift des Betroffenen unter Hinweis auf den Anlass der Übermittlung aufzuzeichnen. [5] Die Aufzeichnungen sind gesondert aufzubewahren, durch technische und organisatorische Maßnahmen zu sichern und am Ende des Kalenderjahres, das dem Jahr der Übermittlung folgt, zu vernichten.

(4) Die Daten des Personalausweisregisters und des Melderegisters dürfen zur Berichtigung des jeweils anderen Registers verwendet werden.

§ **25**[1]) **Datenübertragung und automatisierter Abruf von Lichtbildern.** (1) [1] In den Fällen des § 24 Abs. 2 dürfen personenbezogene Daten auch durch Datenübertragung übermittelt werden. [2] § 12 Abs. 1 Satz 3 gilt entsprechend.

(2) [1] Die Ordnungsbehörden dürfen das Lichtbild zum Zweck der Verfolgung von Verkehrsordnungswidrigkeiten im automatisierten Verfahren abrufen, wenn die Personalausweisbehörde auf andere Weise nicht erreichbar ist und ein weiteres Abwarten den Ermittlungszweck gefährden würde. [2] Zuständig für den Abruf sind die Polizeivollzugsbehörden auf Ebene der Landkreise und kreisfreien Städte, die durch Landesrecht bestimmt werden. [3] Die abrufende Behörde trägt die Verantwortung dafür, dass die Voraussetzungen der Absätze 1 und 2 Satz 1 vorliegen. [4] Die Polizeibehörden des Bundes und der Länder, der Militärische Abschirmdienst, der Bundesnachrichtendienst, die Verfassungsschutzbehörden des Bundes und der Länder, Steuerfahndungsdienststellen der Länder, der Zollfahndungsdienst und die Hauptzollämter dürfen das Lichtbild zur Erfüllung ihrer Aufgaben im automatisierten Verfahren abrufen. [5] Die abrufende Behörde trägt die Verantwortung dafür, dass die Voraussetzungen des Absatzes 1 vorliegen. [6] Alle Abrufe sind von den beteiligten Behörden so zu protokollieren, dass eine Kontrolle der Zulässigkeit der Abrufe möglich ist. [7] Abrufe nach Satz 4 werden nur von der abrufenden Behörde protokolliert. [8] Die Protokolle enthalten:

1. Familienname, Vornamen sowie Tag und Ort der Geburt der Person, deren Lichtbild abgerufen wurde,

2. Tag und Uhrzeit des Abrufs,

3. die Bezeichnung der am Abruf beteiligten Stellen,

4. die Angabe der abrufenden und der den Abruf anordnenden Person sowie

5. das Aktenzeichen.

[9] § 24 Abs. 3 Satz 5 gilt entsprechend.

[1]) § 25 Abs. 2 Satz 1 geänd., Sätze 4 und 5 eingef., bish. Satz 4 wird Satz 6, Satz 7 eingef., bish. Sätze 5 und 6 werden Sätze 8 und 9 mWv 15.7.2017 durch G v. 7.7.2017 (BGBl. I S. 2310).

§ 26 Sonstige Speicherung personenbezogener Daten. (1) [1]Beantragung, Ausstellung und Aushändigung von Ausweisen dürfen nicht zum Anlass genommen werden, die dafür erforderlichen Angaben und biometrischen Merkmale außer bei den ausstellenden Personalausweisbehörden nach § 7 Abs. 1 und 2 nach den Vorgaben der §§ 23 bis 25 zu speichern. [2]Entsprechendes gilt für die zur Ausstellung des Ausweises erforderlichen Antragsunterlagen sowie für personenbezogene Datenträger.

(2) Die bei der Personalausweisbehörde gespeicherten Fingerabdrücke sind spätestens nach Aushändigung des Personalausweises an die antragstellende Person zu löschen.

(3) [1]Eine zentrale, alle Seriennummern umfassende Speicherung darf nur bei dem Ausweishersteller und ausschließlich zum Nachweis des Verbleibs der Ausweise erfolgen. [2]Die Speicherung sonstiger personenbezogener Daten der antragstellenden Person bei dem Ausweishersteller ist unzulässig, soweit sie nicht ausschließlich und vorübergehend der Herstellung des Ausweises dient; die Angaben sind anschließend zu löschen.

(4) Eine bundesweite Datenbank der biometrischen Merkmale wird nicht errichtet.

Abschnitt 6. Pflichten des Ausweisinhabers; Ungültigkeit und Entziehung des Ausweises

§ 27[1) Pflichten des Ausweisinhabers. (1) Der Ausweisinhaber ist verpflichtet, der Personalausweisbehörde unverzüglich

1. den Ausweis vorzulegen, wenn eine Eintragung unrichtig ist,
2. auf Verlangen den alten Ausweis beim Empfang eines neuen Ausweises abzugeben,
3. den Verlust des Ausweises und sein Wiederauffinden anzuzeigen und im Falle des Wiederauffindens diesen vorzulegen,
4. den Erwerb einer ausländischen Staatsangehörigkeit anzuzeigen und
5. anzuzeigen, wenn er auf Grund freiwilliger Verpflichtung in die Streitkräfte oder einen vergleichbaren bewaffneten Verband eines ausländischen Staates, dessen Staatsangehörigkeit er besitzt, eingetreten ist.

(2) [1]Der Personalausweisinhaber hat zumutbare Maßnahmen zu treffen, damit keine andere Person Kenntnis von der Geheimnummer erlangt. [2]Die Geheimnummer darf insbesondere nicht auf dem Personalausweis vermerkt oder in anderer Weise zusammen mit diesem aufbewahrt werden. [3]Ist dem Personalausweisinhaber bekannt, dass die Geheimnummer Dritten zur Kenntnis gelangt ist, soll er diese unverzüglich ändern oder die Funktion des elektronischen Identitätsnachweises sperren lassen.

(3) [1]Der Personalausweisinhaber soll durch technische und organisatorische Maßnahmen gewährleisten, dass der elektronische Identitätsnachweis gemäß § 18 nur in einer Umgebung eingesetzt wird, die nach dem jeweiligen Stand der Technik als sicher anzusehen ist. [2]Dabei soll er insbesondere solche

[1)] § 27 Abs. 1 Nr. 3, Abs. 2 Satz 3 geänd. mWv 15.7.2017 durch G v. 7.7.2017 (BGBl. I S. 2310).

technischen Systeme und Bestandteile einsetzen, die vom Bundesamt für Sicherheit in der Informationstechnik als für diesen Einsatzzweck sicher bewertet werden.

§ 28¹⁾ Ungültigkeit. (1) Ein Ausweis ist ungültig, wenn

1. er eine einwandfreie Feststellung der Identität des Ausweisinhabers nicht zulässt oder verändert worden ist,
2. Eintragungen nach diesem Gesetz fehlen oder – mit Ausnahme der Angaben über die Anschrift oder Größe – unzutreffend sind,
3. die Gültigkeitsdauer abgelaufen ist oder
4. gegen den Ausweisinhaber eine Anordnung im Sinne des § 6a Absatz 2 ergangen ist und er den Geltungsbereich dieses Gesetzes verlassen hat.

(2) Eine Personalausweisbehörde hat einen Ausweis für ungültig zu erklären, wenn die Voraussetzungen für seine Erteilung nicht vorgelegen haben oder nachträglich weggefallen sind.

(3) Störungen der Funktionsfähigkeit des elektronischen Speicher- und Verarbeitungsmediums berühren nicht die Gültigkeit des Personalausweises.

§ 29²⁾ Sicherstellung und Einziehung. (1) Ein nach § 28 Abs. 1 oder Abs. 2 ungültiger Ausweis kann eingezogen werden.

(2) Ein Ausweis kann sichergestellt werden, wenn

1. eine Person ihn unberechtigt besitzt oder
2. Tatsachen die Annahme rechtfertigen, dass die Voraussetzungen für eine Einziehung nach Absatz 1 vorliegen, oder
3. eine Entziehung im Sinne des § 6a Absatz 2 ergangen ist oder Tatsachen die Annahme rechtfertigen, dass ein Entziehungsgrund im Sinne des § 6a Absatz 2 vorliegt.

(3) Eine Sicherstellung oder Einziehung ist schriftlich zu bestätigen.

§ 30³⁾ Sofortige Vollziehung. Widerspruch und Anfechtungsklage gegen die Anordnung, dass der Ausweis nicht zum Verlassen Deutschlands berechtigt (§ 6 Abs. 7), gegen die Entziehung des Ausweises und die Ausstellung eines Ersatz-Personalausweises (§ 6a), gegen die Aufhebung der Berechtigung (§ 21 Abs. 5), gegen die Einziehung (§ 29 Abs. 1) und gegen die Sicherstellung des Ausweises (§ 29 Abs. 2) haben keine aufschiebende Wirkung.

Abschnitt 7. Gebühren und Auslagen; Bußgeldvorschriften

§ 31⁴⁾ Gebühren und Auslagen; Verordnungsermächtigung. (1) Für individuell zurechenbare öffentliche Leistungen nach diesem Gesetz und den auf diesem Gesetz beruhenden Rechtsverordnungen erheben die Personalausweisbehörden Gebühren und Auslagen nach den Absätzen 2 und 3.

¹⁾ § 28 Abs. 1 Nr. 2 und 3 geänd., Nr. 4 angef. mWv 30.6.2015 durch G v. 20.6.2015 (BGBl. I S. 970).
²⁾ § 29 Abs. 2 Nr. 2 geänd., Nr. 3 angef. mWv 30.6.2015 durch G v. 20.6.2015 (BGBl. I S. 970).
³⁾ § 30 geänd. mWv 30.6.2015 durch G v. 20.6.2015 (BGBl. I S. 970).
⁴⁾ § 31 neu gef. mWv 15.7.2017 durch G v. 7.7.2017 (BGBl. I S. 2310); Abs. 3 geänd. mWv 27.6.2020 durch VO v. 19.6.2020 (BGBl. I S. 1328).

(2) ¹Die Gebühr soll die mit der individuell zurechenbaren öffentlichen Leistung verbundenen Kosten aller an der Leistung Beteiligten decken. ²In die Gebühr sind die mit der Leistung regelmäßig verbundenen Auslagen einzubeziehen. ³Zur Ermittlung der Gebühr sind die Kosten, die nach betriebswirtschaftlichen Grundsätzen als Einzel- und Gemeinkosten zurechenbar und ansatzfähig sind, insbesondere Personal- und Sachkosten sowie kalkulatorische Kosten, zu Grunde zu legen. ⁴Zu den Gemeinkosten zählen auch die Kosten der Rechts- und Fachaufsicht. ⁵Grundlage der Gebührenermittlung nach den Sätzen 1 bis 4 sind Kosten, die in der Gesamtheit der Länder mit der jeweiligen Leistung verbunden sind. ⁶§ 3 Absatz 1 und 2, die §§ 5 bis 7, 9 Absatz 3 bis 6 und die §§ 10 bis 12 des Bundesgebührengesetzes¹⁾ gelten entsprechend.

(3) Das Bundesministerium des Innern, für Bau und Heimat wird ermächtigt, für den Bereich der Landesverwaltung durch Rechtsverordnung mit Zustimmung des Bundesrates die gebührenpflichtigen Tatbestände, die Gebührenhöhe und die Auslagenerstattung näher zu bestimmen.

(4) ¹Durch Besondere Gebührenverordnung des Auswärtigen Amts nach § 22 Absatz 4 des Bundesgebührengesetzes kann bestimmt werden, dass von den Auslandsvertretungen der Bundesrepublik Deutschland für individuell zurechenbare öffentliche Leistungen nach diesem Gesetz und den auf diesem Gesetz beruhenden Rechtsverordnungen zum Ausgleich von Kaufkraftunterschieden ein Zuschlag erhoben wird. ²Der Zuschlag kann bis zu 300 Prozent der Gebühren betragen.

§ 32²⁾ Bußgeldvorschriften. (1) Ordnungswidrig handelt, wer

1. entgegen § 1 Abs. 1 Satz 1, auch in Verbindung mit Abs. 2 Satz 1, einen Ausweis nicht besitzt,

2. entgegen § 1 Abs. 1 Satz 2, auch in Verbindung mit Abs. 2 Satz 1, einen Ausweis nicht oder nicht rechtzeitig vorlegt oder einen Abgleich mit dem Lichtbild nicht oder nicht rechtzeitig ermöglicht,

3. entgegen § 9 Abs. 2 Satz 2 einen dort genannten Antrag nicht oder nicht rechtzeitig stellt,

4. entgegen § 9 Abs. 3 Satz 1, auch in Verbindung mit Absatz 6 Satz 2, eine Angabe nicht richtig macht,

5. entgegen § 18 Abs. 2 Satz 4 einen elektronischen Identitätsnachweis nutzt,

6. entgegen § 20 Absatz 2 Satz 2 eine Kopie weitergibt oder

7. entgegen § 27 Abs. 1 Nr. 3, 4 oder Nr. 5 eine Anzeige nicht oder nicht rechtzeitig erstattet.

(2) Ordnungswidrig handelt, wer vorsätzlich oder fahrlässig

1. ohne Berechtigung nach § 21 Absatz 1 Satz 1 Daten anfragt,

¹⁾ Nr. **120**.
²⁾ § 32 Abs. 3 geänd. mWv 1.8.2013 durch G v. 25.7.2013 (BGBl. I S. 2749); Abs. 1 Nr. 4 und 8 geänd., Nr. 9 und 10 eingef., bish. Nr. 9 wird Nr. 11, Abs. 3 geänd. mWv 30.6.2015 durch G v. 20.6. 2015 (BGBl. I S. 970); Abs. 1 Nr. 2, Abs. 3 geänd. mWv 15.6.2017 durch G v. 8.6.2017 (BGBl. I S. 1570); Abs. 1 Nr. 6a und 6b eingef., Nr. 7 neu gef., Nr. 7a eingef., Abs. 2 Nr. 1 neu gef., bish. Nr. 1–3 werden Nr. 2–4 und neu gef., Nr. 5 und 6 angef., Abs. 3 neu gef. mWv 15.7.2017 durch G v. 7.7.2017 (BGBl. I S. 2310); Abs. 1 Nr. 6–6b aufgeh., bish. Nr. 7 wird Nr. 6 und geänd., Nr. 7a–10 aufgeh., bish. Nr. 11 wird Nr. 7, Abs. 2 Nr. 4 geänd., Nr. 5 aufgeh., bish. Nr. 6 wird Nr. 5, Abs. 3 neu gef. mWv 5.8.2019 durch G v. 21.6.2019 (BGBl. I S. 846).

2. entgegen § 1 Abs. 1 Satz 2, auch in Verbindung mit Abs. 2 Satz 1, einen Ausweis nicht oder nicht rechtzeitig vorlegt oder einen Abgleich mit dem Lichtbild nicht oder nicht rechtzeitig ermöglicht,

3. entgegen § 9 Abs. 2 Satz 2 einen dort genannten Antrag nicht oder nicht rechtzeitig stellt,

4. entgegen § 9 Abs. 3 Satz 1, auch in Verbindung mit Absatz 6 Satz 2, eine Angabe nicht richtig macht,

5. entgegen § 18 Abs. 2 Satz 4 einen elektronischen Identitätsnachweis nutzt,

6. entgegen § 20 Absatz 2 Satz 2 eine Kopie weitergibt oder

7. entgegen § 27 Abs. 1 Nr. 3, 4 oder Nr. 5 eine Anzeige nicht oder nicht rechtzeitig erstattet.

(2) Ordnungswidrig handelt, wer vorsätzlich oder fahrlässig

1. ohne Berechtigung nach § 21 Absatz 1 Satz 1 Daten anfragt,

2. entgegen § 21 Absatz 2 Satz 2, auch in Verbindung mit § 21a Satz 2 oder § 21b Absatz 2 Satz 2, eine Angabe nicht richtig macht,

3. entgegen § 21 Absatz 3 Satz 3 oder Absatz 5 Satz 1, jeweils auch in Verbindung mit § 21a Satz 2 oder § 21b Absatz 2 Satz 2, eine Berechtigung oder ein Berechtigungszertifikat verwendet,

4. entgegen § 21 Absatz 6, auch in Verbindung mit § 21a Satz 2 oder § 21b Absatz 2 Satz 2, eine Mitteilung nicht, nicht richtig, nicht vollständig oder nicht rechtzeitig macht oder

5. ohne Berechtigung nach § 21b Absatz 1 eine dort genannte Funktion nutzt.

(3) Die Ordnungswidrigkeit kann in den Fällen des Absatzes 1 Nummer 5 sowie des Absatzes 2 Nummer 1, 2, 3 und 5 mit einer Geldbuße bis zu dreißigtausend Euro und in den übrigen Fällen mit einer Geldbuße bis zu dreitausend Euro geahndet werden.

§ 33[1] **Bußgeldbehörden.** Verwaltungsbehörden im Sinne des § 36 Abs. 1 Nr. 1 des Gesetzes über Ordnungswidrigkeiten[2] § 36 Abs. 1 Nr. 1 des Gesetzes über Ordnungswidrigkeiten sind, soweit dieses Gesetz von Bundesbehörden ausgeführt wird,

1. in den Fällen des § 32 Absatz 1 Nummer 2 und 5 die Bundespolizeibehörden jeweils für ihren Geschäftsbereich,

2. in den Fällen des § 32 Abs. 1 Nr. 4 das Auswärtige Amt für Ausweisangelegenheiten im Ausland,

3. in den Fällen des § 32 Abs. 2 Nr. 1 bis 4 die Vergabestelle für Berechtigungszertifikate nach § 7 Abs. 4 Satz 1.

[1] § 33 Nr. 1 geänd., Nr. 2 aufgeh., bish. Nr. 3 wird Nr. 2 und geänd., bish. Nr. 4 wird Nr. 3 mWv 5.8. 2019 durch G v. 21.6.2019 (BGBl. I S. 846).
[2] **Schönfelder Nr. 94.**

Abschnitt 8. Verordnungsermächtigung; Übergangsvorschrift

§ 34[1) Verordnungsermächtigung. [1]Das Bundesministerium des Innern, für Bau und Heimat wird ermächtigt, mit Zustimmung des Bundesrates durch Rechtsverordnung

1. die Muster der Ausweise zu bestimmen,

2. die Einzelheiten der technischen Anforderungen an die Speicherung des Lichtbildes und der Fingerabdrücke sowie den Zugriffsschutz auf die im elektronischen Speicher- und Verarbeitungsmedium abgelegten Daten zu regeln,

3. die Einzelheiten zu regeln

 a) über das Verfahren und die technischen Anforderungen für die Aufnahme, die elektronische Erfassung, die Echtheitsbewertung und die Qualitätssicherung des Lichtbilds,

 b) zur sicheren Übermittlung des Lichtbilds an die Personalausweisbehörde sowie zu einer Registrierung und Zertifizierung von Dienstleistern, welche Lichtbilder für die Personalausweisproduktion an die Personalausweisbehörde übermitteln,

 c) über das Verfahren und die technischen Anforderungen für die Aufnahme, die elektronische Erfassung, die Echtheitsbewertung und Qualitätssicherung der Fingerabdrücke, die Reihenfolge der zu speichernden Fingerabdrücke bei Fehlen eines Zeigefingers, ungenügender Qualität des Fingerabdrucks oder Verletzungen der Fingerkuppe und

 d) über die Form und die Einzelheiten für das Verfahren der Übermittlung sämtlicher Ausweisantragsdaten von den Personalausweisbehörden an den Ausweishersteller,

4. die Einzelheiten des Prüfverfahrens nach § 12 Absatz 2 Satz 2 zu regeln,

5. die Herstellung des Personalausweises und die Übermittlung von Geheimnummer, Entsperrnummer und Sperrkennwort zu regeln,

6. die Einzelheiten der Aushändigung und den Versand des Personalausweises zu regeln,

7. die Änderung von Daten des Personalausweises wie den Namen oder die Anschrift zu regeln,

8. die Einzelheiten zur Nutzung des elektronischen Identitätsnachweises und des Vor-Ort-Auslesens zu regeln,

9. die Einzelheiten

 a) der Geheimnummer,

 b) der Sperrung und Entsperrung des elektronischen Identitätsnachweises durch den Ausweisinhaber sowie

 c) der Speicherung und Löschung der Sperrmerkmale und des Sperrkennworts festzulegen,

10. die sicherheitstechnischen Rahmenbedingungen festzulegen, die vorliegen müssen, damit öffentliche und private Stellen ein Benutzerkonto nach § 19 Absatz 5 anlegen und betreiben dürfen,

[1) § 34 neu gef. mWv 5.8.2019 durch G v. 21.6.2019 (BGBl. I S. 846); Satz 1 einl. Satzteil geänd., Nr. 3 neu gef., Nr. 10, 11 geänd., Nr. 12 und Satz 2 angef. mWv 12.12.2020 durch G v. 3.12.2020 (BGBl. I S. 2744).

11. die Einzelheiten der Vergabe der Berechtigungen und Berechtigungszertifikate festzulegen und

12. die Einzelheiten zur Durchführung von automatisierten Abrufen nach § 25 sowie zur Form und zum Inhalt der zu übermittelnden Daten zu regeln.

[2] Rechtsverordnungen nach Satz 1 ergehen im Benehmen mit dem Auswärtigen Amt, Rechtsverordnungen nach Satz 1 Nummer 3 Buchstabe b zusätzlich im Benehmen mit dem Bundesministerium für Wirtschaft und Energie.

§ 35 Übergangsvorschrift. Abweichend von § 7 Abs. 2, § 8 Abs. 2, § 10 Abs. 1 Satz 4 und Abs. 2 Satz 2, § 23 Abs. 4 Satz 2 sowie § 31 Abs. 2 ist bis zum 31. Dezember 2012 für Deutsche mit Hauptwohnung im Ausland die Personalausweisbehörde nach § 7 Abs. 1 zuständig, in deren Bezirk er oder sie sich vorübergehend aufhält.

256. Bundesmeldegesetz (BMG) [1) 2) 3)4)]

Vom 3. Mai 2013

(BGBl. I S. 1084)

FNA 210-7

geänd. durch Art. 1 Nr. 1 G zur Änd. des G zur Fortentwicklung des Meldewesens v. 20.11.2014 (BGBl. I S. 1738), Art. 3a Bundeswehr-AttraktivitätssteigerungsG v. 13.5.2015 (BGBl. I S. 706), Art. 2a G zur Änd. des PersonalausweisG zur Einführung eines Ersatz-Personalausweises und zur Änd. des PassG v. 20.6. 2015 (BGBl. I S. 970), Art. 4 AsylverfahrensbeschleunigungsG v. 20.10.2015 (BGBl. I S. 1722), Art. 8, 9 DatenaustauschverbesserungsG v. 2.2.2016 (BGBl. I S. 130), Art. 1, 2 Erstes G zur Änd. des BundesmeldeG und weiterer Vorschriften v. 11.10.2016 (BGBl. I S. 2218), Art. 11 Abs. 4 eIDAS-DurchführungsG v. 18.7.2017 (BGBl. I S. 2745), Art. 5 Abs. 2 G zur Einführung einer Karte für Unionsbürger und Angehörige des Europäischen Wirtschaftsraums mit Funktion zum elektronischen Identitätsnachweis sowie zur Änd. des PersonalausweisG und weiterer Vorschriften[5)] v. 21.6.2019 (BGBl. I S. 846), Art. 8 Zweites DatenaustauschverbesserungsG v. 4.8.2019 (BGBl. I S. 1131), Art. 16 Zweites Datenschutz-Anpassungs- und UmsetzungsG EU v. 20.11.2019 (BGBl. I S. 1626), Art. 1 Drittes BürokratieentlastungsG v. 22.11.2019 (BGBl. I S. 1746), Art. 4 Drittes WaffenrechtsänderungsG v. 17.2.2020 (BGBl. I S. 166), Art. 82 Elfte ZuständigkeitsanpassungsVO v. 19.6.2020 (BGBl. I S. 1328), Art. 3, 9 G zur Stärkung der Sicherheit im Pass-, Ausweis- und ausländerrechtlichen Dokumentenwesen v. 3.12.2020 (BGBl. I S. 2744) und Art. 5 ArbeitsschutzkontrollG v. 22.12.2020 (BGBl. I S. 3334)

[1)] Verkündet als Art. 1 G v. 3.5.2013 (BGBl. I S. 1084, geänd. durch G v. 20.11.2014, BGBl. I S. 1738); Inkrafttreten gem. Art. 4 Satz 1 dieses G am 1.11.2015, mit Ausnahme der §§ 55–57, die gem. Art. 4 Satz 2 dieses G bereits am 26.11.2014 in Kraft getreten sind.

[2)] Die Änderungen durch G v. 3.12.2020 (BGBl. I S. 2744) treten teilweise erst **mWv 1.5.2021** in Kraft und sind insoweit im Text noch nicht berücksichtigt.

[3)] Zu abweichendem Landesrecht siehe ua:
– **Hessen:** Abweichungen in der Verwaltungskostenordnung für den Geschäftsbereich des Ministeriums des Innern und für Sport (VwKostO-MdIS) mWv 1.11.2015; vgl. Hinweis v. 22.12.2017 (BGBl. I S. 4016).

[4)] Zur Ausführung und Durchführung des BMG haben die Länder ua folgende Vorschriften erlassen:
– **Baden-Württemberg:** Bundesmeldegesetz-AusführungsG v. 12.5.2015 (GBl. S. 320), geänd. durch G v. 12.6.2018 (GBl. S. 173)
– **Bayern:** Bundesmeldegesetz-AusführungsG v. 23.6.2015 (GVBl. S. 178), zuletzt geänd. durch V v. 26.3.2019 (GVBl. S. 98)
– **Berlin:** Bundesmeldegesetz-AusführungsG v. 7.7.2016 (GVBl. S. 430), geänd. durch G v. 12.10.2020 (GVBl. S. 807)
– **Bremen:** Bundesmeldegesetz-AusführungsG v. 24.3.2015 (Brem.GBl. S. 135), zuletzt geänd. durch G v. 8.5.2018 (Brem.GBl. S. 149)
– **Hamburg:** Bundesmeldegesetz-AusführungsG v. 15.7.2015 (HmbGVBl. S. 193), geänd. durch G v. 18.5.2018 (HmbGVBl. S. 145)
– **Hessen:** Bundesmeldegesetz-AusführungsG v. 28.9.2015 (GVBl. S. 346), geänd. durch G v. 12.11.2020 (GVBl. S. 762)
– **Niedersachsen:** Bundesmeldegesetz-AusführungsG v. 17.9.2015 (Nds. GVBl. S. 186), geänd. durch G v. 16.5.2018 (Nds. GVBl. S. 66)
– **Rheinland-Pfalz:** Bundesmeldegesetz-AusführungsG v. 21.10.2015 (GVBl. S. 365), geänd. durch G v. 19.12.2018 (GVBl. S. 448)
– **Saarland:** Bundesmeldegesetz-AusführungsG v. 13.10.2015 (Amtsbl. I S. 712), geänd. durch G v. 22.8. 2018 (Amtsbl. I S. 674)
– **Sachsen:** Bundesmeldegesetz-AusführungsG v. 9.7.2014 (SächsGVBl. S. 376), zuletzt geänd. durch G v. 5.4.2019 (SächsGVBl. S. 245)
– **Sachsen-Anhalt:** Bundesmeldegesetz-AusführungsG v. 21.7.2015 (GVBl. LSA S. 369), zuletzt geänd. durch G v. 18.2.2020 (GVBl. LSA S. 25)
– **Schleswig-Holstein:** LandesmeldeG v. 20.10.2015 (GVOBl. Schl.-H. S. 344), geänd. durch G v. 17.5. 2016 (GVOBl. Schl.-H. S. 127)
– **Thüringen:** Bundesmeldegesetz-AusführungsG v. 23.9.2015 (GVBl. S. 131)

[5)] Die Änd. des Inkrafttretens dieses G durch Art. 154a G v. 20.11.2019 (BGBl. I S. 1626) ist unbeachtlich, da das G bei Erlass des ÄndG bereits in Kraft getreten war.

Inhaltsübersicht[1]

[1] Inhaltsübersicht geänd. mWv 26.11.2019 durch G v. 20.11.2019 (BGBl. I S. 1626).

Abschnitt 1. Allgemeine Bestimmungen

§ 1 Meldebehörden. Meldebehörden sind die durch Landesrecht dazu bestimmten Behörden.

§ 2[1] Aufgaben und Befugnisse der Meldebehörden. (1) Die Meldebehörden haben die in ihrem Zuständigkeitsbereich wohnhaften Personen (Einwohner) zu registrieren, um deren Identität und deren Wohnungen feststellen und nachweisen zu können.

(2) [1]Die Meldebehörden führen zur Erfüllung ihrer Aufgaben Melderegister. [2]Diese enthalten Daten, die bei der betroffenen Person erhoben, von öffentlichen Stellen übermittelt oder sonst amtlich bekannt werden.

(3) Die Meldebehörden erteilen Melderegisterauskünfte, wirken nach Maßgabe dieses Gesetzes oder sonstiger Rechtsvorschriften bei der Durchführung von Aufgaben anderer öffentlicher Stellen mit und übermitteln Daten.

(4) [1]Die Meldebehörden dürfen personenbezogene Daten, die im Melderegister gespeichert werden, nur nach Maßgabe dieses Gesetzes oder sonstiger Rechtsvorschriften verarbeiten. [2]Daten nicht meldepflichtiger Personen dürfen nur verarbeitet werden, wenn die betroffene Person in die Datenverarbeitung eingewilligt hat.

§ 3[2] Speicherung von Daten. (1) Zur Erfüllung ihrer Aufgaben nach § 2 Absatz 1 und 3 speichern die Meldebehörden folgende Daten sowie die zum Nachweis ihrer Richtigkeit erforderlichen Hinweise im Melderegister:

1. Familienname,
2. frühere Namen,
3. Vornamen unter Kennzeichnung des gebräuchlichen Vornamens,
4. Doktorgrad,
5. Ordensname, Künstlername,
6. Geburtsdatum und Geburtsort sowie bei Geburt im Ausland auch den Staat,

[1] § 2 Abs. 4 Satz 1 geänd., Satz 2 neu gef. mWv 26.11.2019 durch G v. 20.11.2019 (BGBl. I S. 1626).
[2] § 3 Abs. 2 Nr. 2 Buchst. c und d Doppelbuchst. aa geänd. durch G v. 20.11.2014 (BGBl. I S. 1738); Abs. 1 Nr. 17 geänd., Abs. 2 Nr. 4 neu gef. durch G v. 20.6.2015 (BGBl. I S. 970); Abs. 1 Nr. 17a eingef. mWv 5.2.2016 durch G v. 2.2.2016 (BGBl. I S. 130); Abs. 1 Nr. 9 Buchst. h, Nr. 15 Buchst. i, Nr. 16 Buchst. g geänd., Abs. 2 Nr. 5 neu gef., Nr. 10 geänd. mWv 1.11.2016 durch G v. 11.10.2016 (BGBl. I S. 2218); Abs. 1 Nr. 17a neu gef. mWv 1.11.2019 durch G v. 4.8.2019 (BGBl. I S. 1131); Abs. 2 Nr. 7 neu gef. mWv 1.5.2020 durch G v. 17.2.2020 (BGBl. I S. 166); Abs. 1 Nr. 17 geänd. mWv 12.12.2020 durch G v. 3.12.2020 (BGBl. I S. 2744).

7. Geschlecht,
8. keine Eintragung,
9. zum gesetzlichen Vertreter
 a) Familienname,
 b) Vornamen,
 c) Doktorgrad,
 d) Anschrift,
 e) Geburtsdatum,
 f) Geschlecht,
 g) Sterbedatum sowie
 h) Auskunftssperren nach § 51 und bedingte Sperrvermerke nach § 52,
10. derzeitige Staatsangehörigkeiten,
11. rechtliche Zugehörigkeit zu einer öffentlich-rechtlichen Religionsgesellschaft,
12. derzeitige Anschriften, frühere Anschriften im Zuständigkeitsbereich der Meldebehörde sowie Anschrift der letzten alleinigen Wohnung oder Hauptwohnung und der letzten Nebenwohnungen außerhalb des Zuständigkeitsbereichs der Meldebehörde, gekennzeichnet nach Haupt- und Nebenwohnung, bei Zuzug aus dem Ausland auch den Staat und die letzte Anschrift im Inland, bei Wegzug in das Ausland auch die Zuzugsanschrift im Ausland und den Staat,
13. Einzugsdatum, Auszugsdatum, Datum des letzten Wegzugs aus einer Wohnung im Inland sowie Datum des letzten Zuzugs aus dem Ausland,
14. Familienstand, bei Verheirateten oder Personen, die eine Lebenspartnerschaft führen, zusätzlich Datum und Ort der Eheschließung oder der Begründung der Lebenspartnerschaft sowie bei Eheschließung oder Begründung der Lebenspartnerschaft im Ausland auch den Staat,
15. zum Ehegatten oder Lebenspartner
 a) Familienname,
 b) Vornamen,
 c) Geburtsname,
 d) Doktorgrad,
 e) Geburtsdatum,
 f) Geschlecht,
 g) derzeitige Anschriften im Zuständigkeitsbereich der Meldebehörde sowie Anschrift der letzten alleinigen Wohnung oder Hauptwohnung außerhalb des Zuständigkeitsbereichs der Meldebehörde,
 h) Sterbedatum sowie
 i) Auskunftssperren nach § 51 und bedingte Sperrvermerke nach § 52,
16. zu minderjährigen Kindern
 a) Familienname,
 b) Vornamen,
 c) Geburtsdatum,
 d) Geschlecht,
 e) *Anschrift im Inland,*
 f) Sterbedatum,
 g) Auskunftssperren nach § 51 und bedingte Sperrvermerke nach § -52,

17. Ausstellungsbehörde, Ausstellungsdatum, letzter Tag der Gültigkeitsdauer und Seriennummer des Personalausweises, vorläufigen Personalausweises oder Ersatz-Personalausweises, des anerkannten Passes oder Passersatzpapiers sowie Sperrkennwort und Sperrsumme des Personalausweises,

17a. die AZR-Nummer in den Fällen und nach Maßgabe des § 10 Absatz 4 Satz 2 Nummer 4 des AZR-Gesetzes [1], übergangsweise die Seriennummer des Ankunftsnachweises nach § 63a Absatz 1 Nummer 10 des Asylgesetzes [2],

18. Auskunfts- und Übermittlungssperren,

19. Sterbedatum und Sterbeort sowie bei Versterben im Ausland auch den Staat.

(2) Über die in Absatz 1 genannten Daten hinaus speichern die Meldebehörden folgende Daten sowie die zum Nachweis ihrer Richtigkeit erforderlichen Hinweise im Melderegister:

1. für die Vorbereitung und Durchführung von Wahlen und Abstimmungen auf staatlicher und kommunaler Ebene die Tatsache, dass die betroffene Person

 a) von der Wahlberechtigung oder der Wählbarkeit ausgeschlossen ist,

 b) als Unionsbürger (§ 6 Absatz 3 Satz 1 des Europawahlgesetzes) bei der Wahl des Europäischen Parlaments vom Amts wegen in ein Wählerverzeichnis im Inland einzutragen ist; ebenfalls zu speichern ist die Gebietskörperschaft oder der Wahlkreis im Herkunftsmitgliedstaat, wo die betroffene Person zuletzt in ein Wählerverzeichnis eingetragen war,

 c) als im Ausland lebender Deutscher einen Hinweis auf Wahlen zum Deutschen Bundestag sowie auf Wahlen der Abgeordneten des Europäischen Parlaments aus der Bundesrepublik Deutschland erhält; ebenfalls ist nach Mitteilung durch die betroffene Person ihre derzeitige Anschrift im Ausland zu speichern,

2. für das Verfahren zur Bildung und Anwendung der elektronischen Lohnsteuerabzugsmerkmale nach § 39e Absatz 2 Satz 2 und 3 des Einkommensteuergesetzes

 a) die Zugehörigkeit zu einer steuererhebenden Religionsgesellschaft sowie das Datum des Eintritts und Austritts,

 b) den Familienstand,

 c) das Datum der Begründung oder Auflösung der Ehe oder Lebenspartnerschaft sowie

 d) die Identifikationsnummern oder die Vorläufigen Bearbeitungsmerkmale

 aa) des Ehegatten oder Lebenspartners,

 bb) der minderjährigen Kinder, die ihre alleinige Wohnung oder ihre Hauptwohnung im Zuständigkeitsbereich derselben Meldebehörde haben,

3. für Zwecke nach § 139b Absatz 2 der Abgabenordnung die Identifikationsnummer nach § 139b der Abgabenordnung und bis zu deren Speicherung im Melderegister das Vorläufige Bearbeitungsmerkmal nach § 139b Absatz 6 Satz 2 der Abgabenordnung,

4. für die Ausstellung von Pässen und Ausweisen

[1] **Sartorius ErgBd. Nr. 569.**
[2] Nr. **567.**

die Tatsache, dass Passversagungsgründe vorliegen, ein Pass versagt oder entzogen oder eine Anordnung nach § 6 Absatz 7, § 6a Absatz 1 oder § 6a Absatz 2 des Personalausweisgesetzes[1]) getroffen worden ist,

5. für staatsangehörigkeitsrechtliche Verfahren
die Tatsache, dass die deutsche Staatsangehörigkeit nach § 4 Absatz 3 oder § 40b des Staatsangehörigkeitsgesetzes[2]) erworben wurde und nach § 29 des Staatsangehörigkeitsgesetzes ein Verlust der deutschen Staatsangehörigkeit eintreten kann,

6. für Zwecke der Suchdienste
die Anschrift vom 1. September 1939 derjenigen Einwohner, die aus den in § 1 Absatz 2 Nummer 3 des Bundesvertriebenengesetzes[3]) bezeichneten Gebieten stammen,

7. für waffenrechtliche Verfahren
die Tatsache, dass eine waffenrechtliche Erlaubnis erteilt oder ein Waffenbesitzverbot erlassen worden ist, sowie die jeweilige Behörde, die diese Tatsache mitteilt, mit Angabe des Datums, an dem die waffenrechtliche Erlaubnis erstmals erteilt oder das Waffenbesitzverbot erlassen worden ist,

8. für sprengstoffrechtliche Verfahren
die Tatsache, dass eine sprengstoffrechtliche Erlaubnis oder ein Befähigungsschein nach § 20 des Sprengstoffgesetzes[4]) erteilt worden ist, sowie die Behörde, die diese Tatsache mitteilt, mit Angabe des Datums der erstmaligen Erteilung,

9. zur Beantwortung von Aufenthaltsanfragen anderer Behörden und sonstiger öffentlicher Stellen, wenn der Einwohner die Wohnung aufgegeben hat und der Meldebehörde eine neue Wohnung nicht bekannt ist,
das Ersuchen um Datenübermittlung mit dem Datum der Anfrage und der Angabe der anfragenden Stelle für die Dauer von bis zu zwei Jahren,

(Fortsetzung nächstes Blatt)

[1]) **Nr. 255.**
[2]) **Nr. 15.**
[3]) **Aichberger, SGB Nr. 6/51.**
[4]) **Sartorius ErgBd. Nr. 822.**

10. für die Prüfung, ob die von der meldepflichtigen Person gemachten Angaben richtig sind, und zur Gewährleistung der Auskunftsrechte in § 19 Absatz 1 Satz 3 und § 50 Absatz 4
den Namen und die Anschrift des Eigentümers der Wohnung und, wenn dieser nicht selbst Wohnungsgeber ist, den Namen des Eigentümers der Wohnung sowie den Namen und die Anschrift des Wohnungsgebers,

11. im Spannungs- oder Verteidigungsfall für die Wehrerfassung die Tatsache, dass ein Einwohner bereits vor der Erfassung seines Jahrganges erfasst worden ist.

§ 4[1] Ordnungsmerkmale. (1) [1]Die Meldebehörden dürfen ihre Register mit Hilfe von Ordnungsmerkmalen führen. [2]Die Ordnungsmerkmale können aus den in § 3 Absatz 1 Nummer 6 und 7 genannten Daten gebildet werden. [3]Durch geeignete technische Maßnahmen nach den Artikeln 24, 25 und 32 der Verordnung (EU) 2016/679[2] des Europäischen Parlaments und des Rates vom 27. April 2016 zum Schutz natürlicher Personen bei der Verarbeitung personenbezogener Daten, zum freien Datenverkehr und zur Aufhebung der Richtlinie 95/46/EG (Datenschutz-Grundverordnung) (ABl. L 119 vom 4.5. 2016, S. 1; L 314 vom 22.11.2016, S. 72; L 127 vom 23.5.2018, S. 2) in der jeweils geltenden Fassung sind die Ordnungsmerkmale vor Verwechslungen zu schützen.

(2) Soweit von den Meldebehörden bereits Ordnungsmerkmale verarbeitet werden, die andere als die in § 3 Absatz 1 Nummer 6 und 7 genannten Daten enthalten, dürfen diese noch für eine Übergangsfrist von sechs Jahren nach Inkrafttreten dieses Gesetzes verarbeitet und genutzt werden.

(3) [1]Ordnungsmerkmale dürfen im Rahmen von Datenübermittlungen an öffentliche Stellen und öffentlich-rechtliche Religionsgesellschaften übermittelt werden. [2]Der Empfänger der Daten darf die Ordnungsmerkmale nur im Verkehr mit der jeweiligen Meldebehörde verarbeiten, eine Weiterübermittlung ist unzulässig. [3]Soweit Ordnungsmerkmale personenbezogene Daten enthalten, dürfen sie nur übermittelt werden, wenn dem Empfänger auch die im Ordnungsmerkmal enthaltenen personenbezogenen Daten übermittelt werden dürfen.

(4) Absatz 3 Satz 2 und 3 gilt entsprechend für die Weitergabe von Ordnungsmerkmalen innerhalb der Verwaltungseinheit, der die Meldebehörde angehört.

§ 5[3] Zweckbindung der Daten. (1) [1]Die Meldebehörden dürfen die in § 3 Absatz 2 bezeichneten Daten nur für die dort genannten Zwecke verarbeiten. [2]Sie haben durch technische und organisatorische Maßnahmen nach den Artikeln 24, 25 und 32 der Verordnung (EU) 2016/679[2] sicherzustellen, dass diese Daten nur nach Maßgabe des Satzes 1 verarbeitet werden.

[1] § 4 Abs. 1 Satz 3, Abs. 2, 3 Satz 2 geänd. mWv 26.11.2019 durch G v. 20.11.2019 (BGBl. I S. 1626).
[2] Nr. 246.
[3] § 5 Abs. 2 Satz 2 Nr. 2 Satz 2 angef. mWv 1.11.2016 durch G v. 11.10.2016 (BGBl. I S. 2218); Abs. 1 Sätze 1, 2, Abs. 2 Satz 1 geänd. mWv 26.11.2019 durch G v. 20.11.2019 (BGBl. I S. 1626).

(2) [1]Die in § 3 Absatz 2 bezeichneten Daten dürfen nur insoweit zusammen mit den in § 3 Absatz 1 bezeichneten Daten verarbeitet werden, als dies zur Erfüllung der jeweiligen Aufgabe erforderlich ist. [2]§ 34 Absatz 3 und 4 bleibt unberührt mit der Maßgabe, dass

1. die in § 3 Absatz 2 Nummer 1 genannten Daten nur an die Stellen übermittelt werden dürfen, die für die Vorbereitung und Durchführung der dort genannten Wahlen und Abstimmungen zuständig sind, und

2. die in § 3 Absatz 2 Nummer 2 und 3 genannten Daten nur an das Bundeszentralamt für Steuern übermittelt werden dürfen. Das in § 3 Absatz 2 Nummer 2 Buchstabe c genannte Datum zur Auflösung der Ehe oder Lebenspartnerschaft darf auch an die amtliche Statistik übermittelt werden.

[3]Die in Satz 2 Nummer 1 und 2 genannten Daten dürfen nach § 33 auch an die Meldebehörden übermittelt werden.

§ 6[1]) Richtigkeit und Vollständigkeit des Melderegisters. (1) [1]Ist das Melderegister unrichtig oder unvollständig, hat es die Meldebehörde nach Artikel 5 Absatz 1 Buchstabe d der Verordnung (EU) 2016/679[2]) zu berichtigen oder zu vervollständigen (Fortschreibung). [2]Über die Fortschreibung sind unverzüglich diejenigen öffentlichen Stellen zu unterrichten, denen im Rahmen regelmäßiger Datenübermittlungen die unrichtigen oder unvollständigen Daten übermittelt worden sind.

(2) [1]Soweit die in Absatz 1 Satz 2 genannten öffentlichen Stellen nicht Aufgaben der amtlichen Statistik wahrnehmen oder öffentlich-rechtliche Religionsgesellschaften sind, haben sie die Meldebehörden unverzüglich zu unterrichten, wenn ihnen konkrete Anhaltspunkte für die Unrichtigkeit oder Unvollständigkeit der übermittelten Daten vorliegen. [2]Öffentliche Stellen, denen auf ihr Ersuchen hin Meldedaten übermittelt worden sind, haben die Meldebehörden zu unterrichten, wenn ihnen solche Anhaltspunkte vorliegen. [3]Gesetzliche Geheimhaltungspflichten, insbesondere das Steuergeheimnis nach § 30 der Abgabenordnung, sowie Berufs- oder besondere Amtsgeheimnisse stehen der Unterrichtung nicht entgegen, soweit sie sich auf die Angabe beschränkt, dass konkrete Anhaltspunkte für die Unrichtigkeit oder Unvollständigkeit übermittelter Daten vorliegen.

(3) Liegen der Meldebehörde bezüglich einer einzelnen namentlich bezeichneten Person oder bei einer Vielzahl namentlich bezeichneter Personen konkrete Anhaltspunkte für die Unrichtigkeit oder Unvollständigkeit des Melderegisters vor, hat sie den Sachverhalt von Amts wegen zu ermitteln.

(4) Bei der Weitergabe von Daten und Hinweisen nach § 37 sind Absatz 1 Satz 2 und Absatz 2 entsprechend anzuwenden.

§ 7[3]) Meldegeheimnis. (1) Personen, die bei Meldebehörden oder anderen Stellen, die im Auftrag der Meldebehörden handeln, beschäftigt sind, ist es verboten, personenbezogene Daten unbefugt zu verarbeiten.

(2) [1]Die in Absatz 1 genannten Personen sind bei Aufnahme ihrer Tätigkeit von ihrem Arbeitgeber über ihre Pflichten nach Absatz 1 zu belehren und

[1]) § 6 Abs. 1 Satz 1 geänd. mWv 26.11.2019 *durch G v. 20.11.2019 (BGBl. I S. 1626).*
[2]) *Nr. 246.*
[3]) § 7 Abs. 1 geänd. mWv 26.11.2019 durch G v. 20.11.2019 (BGBl. I S. 1626).

schriftlich auf die Einhaltung des Meldegeheimnisses zu verpflichten. [2] Ihre Pflichten bestehen auch nach Beendigung ihrer Tätigkeit fort.

Abschnitt 2. Schutzrechte

§ 8[1] Schutzwürdige Interessen der betroffenen Person. [1] Schutzwürdige Interessen der betroffenen Person dürfen durch die Verarbeitung personenbezogener Daten nicht beeinträchtigt werden. [2] Schutzwürdige Interessen werden insbesondere beeinträchtigt, wenn die Verarbeitung, gemessen an ihrer Eignung und ihrer Erforderlichkeit zu dem vorgesehenen Zweck, die betroffene Person unverhältnismäßig belastet. [3] Die Prüfung, ob schutzwürdige Interessen der betroffenen Person beeinträchtigt werden, entfällt, falls die Verarbeitung durch Rechtsvorschrift vorgeschrieben ist.

§ 9[2] (aufgehoben)

§ 10[3] Auskunftsrecht der betroffenen Person. (1) Vor der Erteilung der Auskunft an die betroffene Person nach Artikel 15 der Verordnung (EU) 2016/679[4] hat die Meldebehörde die Identität der betroffenen Person zu überprüfen.

(2) Sofern die Auskunft elektronisch durch Datenübertragung über das Internet erteilt wird, ist sicherzustellen, dass Maßnahmen nach den Artikeln 24, 25 und 32 der Verordnung (EU) 2016/679 auch im Bereich der Verschlüsselungstechnik und der Authentifizierung getroffen werden, um den Datenschutz und die Datensicherheit zu gewährleisten, insbesondere im Hinblick auf die Vertraulichkeit und die Unversehrtheit der Daten, die im Melderegister gespeichert sind und an die betroffene Person übermittelt werden.

(3) [1] Die Identität des Antragstellers ist mittels des elektronischen Identitätsnachweises nach § 18 des Personalausweisgesetzes[5] oder mittels eines Identitätsbestätigungsdienstes nach § 6 Absatz 1 des De-Mail-Gesetzes[6] vom 28. April 2011 (BGBl. I S. 666) in der jeweils geltenden Fassung in Verbindung mit einer sicheren Anmeldung nach § 4 Absatz 1 des De-Mail-Gesetzes zu überprüfen. [2] Alternativ kann die Identität des Antragstellers anhand einer qualifizierten elektronischen Signatur überprüft werden.

§ 11[7] Auskunftsbeschränkungen. (1) Das Recht auf Auskunft der betroffenen Person über die Kategorien der übermittelten Daten und über die Empfänger der Daten nach Artikel 15 Absatz 1 Buchstabe b und c der Verordnung (EU) 2016/679[4] besteht nicht, wenn

1. eine nicht automatisierte Melderegisterauskunft nach den §§ 46 und 50 Absatz 1 bis 3 erfolgt ist,

[1] § 8 Sätze 1, 2, 3 geänd. mWv 26.11.2019 durch G v. 20.11.2019 (BGBl. I S. 1626).
[2] § 9 aufgeh. *mWv 26.11.2019* durch G v. 20.11.2019 (BGBl. I S. 1626).
[3] § 10 Abs. 1 Satz 2 geänd. durch G v. 20.11.2014 *(BGBl.* I S. 1738); Abs. 3 Satz 2 geänd. mWv 29.7.2017 durch G v. 18.7.2017 (BGBl. I S. 2745); Überschrift, Abs. 1, 2 neu gef. mWv *26.11.2019* durch G v. 20.11.2019 (BGBl. I S. 1626).
[4] Nr. **246.**
[5] Nr. **255.**
[6] **Sartorius III Nr. 730.**
[7] § 11 Abs. 2 Nr. 3 geänd. mWv 1.11.2016 durch G v. 11.10.2016 (BGBl. I S. 2218); Abs. 1, 2 neu gef., Abs. 4 Satz 3 geänd. mWv 26.11.2019 durch G v. 20.11.2019 (BGBl. I S. 1626).

2. eine nicht automatisierte Datenübermittlung nach § 34 oder eine nicht automatisierte Datenweitergabe nach § 37 Absatz 1 erfolgt ist oder

3. die abrufende Stelle eine der in § 34 Absatz 4 Satz 1 genannten Behörden ist.

Auskunft über automatisierte Melderegisterauskünfte und über Datenübermittlungen im automatisierten Abrufverfahren durch öffentliche Stellen wird nur innerhalb der Frist zur Aufbewahrung der Protokolldaten nach § 40 Absatz 4 erteilt.

(2) Das Recht auf Auskunft der betroffenen Person nach Artikel 15 der Verordnung (EU) 2016/679 besteht nicht,

1. soweit der betroffenen Person die Einsicht in ein Personenstandsregister nach § 63 Absatz 1 und 3 des Personenstandsgesetzes nicht gestattet werden darf,

2. wenn Fälle des § 1758 des Bürgerlichen Gesetzbuches[1]) vorliegen,

3. soweit es sich um Daten zum gesetzlichen Vertreter, Ehegatten, Lebenspartner oder zu minderjährigen Kindern handelt und für diesen Personenkreis eine Auskunftssperre nach § 51 oder ein bedingter Sperrvermerk nach § 52 gespeichert ist oder

4. wenn das Interesse der betroffenen Person an der Auskunftserteilung zurücktreten muss, weil

 a) die Auskunft die ordnungsgemäße Erfüllung der Aufgaben im Sinne des Artikels 23 Absatz 1 Buchstabe e der Verordnung (EU) 2016/679, die in der Zuständigkeit der Meldebehörde liegen, gefährden würde,

 b) die Auskunft die öffentliche Sicherheit oder Ordnung gefährden oder sich sonst nachteilig auf das Wohl des Bundes oder eines Landes auswirken würde,

 c) die Auskunft strafrechtliche Ermittlungen gefährden würde oder

 d) die Daten oder die Tatsache ihrer Speicherung nach einer Rechtsvorschrift oder ihrem Wesen nach, insbesondere wegen der überwiegenden berechtigten Interessen eines Dritten, geheim gehalten werden müssen.

(3) [1] Die Auskunft über die Herkunft von Daten ist nur mit Zustimmung der übermittelnden Stellen zulässig, wenn diese der Meldebehörde übermittelt worden sind von

1. den Polizeibehörden des Bundes und der Länder,

2. den Staatsanwaltschaften,

3. den Amtsanwaltschaften,

4. den Verfassungsschutzbehörden des Bundes und der Länder,

5. dem Bundesnachrichtendienst,

6. dem Militärischen Abschirmdienst,

7. dem Zollfahndungsdienst,

8. den Hauptzollämtern oder

9. den Finanzbehörden, soweit sie strafverfolgend tätig sind.

[2] Dies gilt entsprechend für die Auskunft über den Empfänger der Daten, soweit sie an die in Satz 1 genannten Behörden übermittelt worden sind. [3] Die Zu-

[1]) **Schönfelder Nr. 20.**

stimmung darf nur unter den in den Absätzen 1 und 2 bezeichneten Voraussetzungen versagt werden.

(4) ¹Die Ablehnung der Auskunftserteilung bedarf einer Begründung nicht, soweit durch die Mitteilung der tatsächlichen und rechtlichen Gründe, auf die die Entscheidung gestützt wird, der mit der Auskunftsverweigerung verfolgte Zweck gefährdet würde. ²In diesem Fall ist die betroffene Person darauf hinzuweisen, dass sie sich an die Stelle wenden kann, die für die Kontrolle der Einhaltung der Datenschutzbestimmungen bei der Meldebehörde zuständig ist. ³Die Mitteilung dieser Stelle an die betroffene Person darf keine Rückschlüsse auf den Erkenntnisstand des Verantwortlichen zulassen, sofern dieser nicht einer weitergehenden Auskunft zustimmt.

(5) ¹Wird der betroffenen Person keine Auskunft erteilt, so ist die Auskunft auf ihr Verlangen der in Absatz 4 Satz 2 bezeichneten Stelle zu erteilen. ²Stellt die jeweils zuständige oberste Landesbehörde im Einzelfall fest, dass dadurch die Sicherheit des Bundes oder eines Landes gefährdet würde, erhält der Landesbeauftragte für den Datenschutz persönlich Auskunft.

§ 12¹⁾ Recht auf Berichtigung. ¹Hat die Meldebehörde die Daten auf Antrag der betroffenen Person nach Artikel 16 der Verordnung (EU) 2016/679²⁾ berichtigt oder vervollständigt, so gilt § 6 Absatz 1 Satz 2 entsprechend. ²Für die Dauer der Prüfung der Richtigkeit ist die Verarbeitung der Daten nicht nach Artikel 18 Absatz 1 Buchstabe a der Verordnung (EU) 2016/679 eingeschränkt.

§ 13³⁾ Aufbewahrung von Daten. (1) ¹Nach dem Wegzug oder dem Tod eines Einwohners hat die Meldebehörde für die Erfüllung ihrer Aufgaben weiterhin die in § 3 Absatz 1 Nummer 1 bis 10,12 bis 16, 17a, 18 und 19 genannten Daten zu speichern. ²Sie darf in diesen Fällen auch die Daten nach § 3 Absatz 2 Nummer 1 und 2 im Melderegister speichern. ³Bei Wegzug eines Einwohners speichert die Meldebehörde außerdem die Daten nach § 3 Absatz 1 Nummer 17 und die Feststellung der Tatsache nach § 3 Absatz 2 Nummer 5.

(2) ¹Nach Ablauf von fünf Jahren nach dem Ende des Kalenderjahres, in dem ein Einwohner weggezogen oder verstorben ist, sind die nach Absatz 1 weiterhin gespeicherten Daten für die Dauer von 50 Jahren aufzubewahren und durch technische und organisatorische Maßnahmen nach Artikel 24, 25 und 32 der Verordnung (EU) 2016/679²⁾ zu sichern, es sei denn, § 14 sieht eine frühere Löschung vor. ²Während dieser Zeit dürfen die Daten nicht mehr verarbeitet werden. ³Davon ausgenommen sind Familienname und Vornamen sowie frühere Namen, Geburtsdatum, Geburtsort sowie bei Geburt im Ausland auch der Staat, derzeitige und frühere Anschriften, Auszugsdatum sowie Sterbedatum, Sterbeort sowie bei Versterben im Ausland auch der Staat. ⁴Satz 2 gilt nicht, wenn

1. die betroffene Person in die Verarbeitung der Daten eingewilligt hat oder
2. die Verarbeitung der Daten unerlässlich ist

 a) zu wissenschaftlichen Zwecken,

 b) zur Behebung einer bestehenden Beweisnot,

 c) zur Erfüllung der Aufgaben der in § 34 Absatz 4 Satz 1 genannten Behörden,

¹⁾ § 12 neu gef. mWv 26.11.2019 durch G v. 20.11.2019 (BGBl. I S. 1626).
²⁾ Nr. 246.
³⁾ § 13 Abs. 1 Satz 1 geänd. mWv 9.8.2019 durch G v. 4.8.2019 (BGBl. I S. 1131); Abs. 2 Sätze 1, 2, 4 Nr. 2 einl. Satzteil geänd., Satz 4 Nr. 1 neu gef. mWv 26.11.2019 durch G v. 20.11.2019 (BGBl. I S. 1626); Abs. 1 Satz 3, Abs. 2 Satz 1 geänd. mWv 12.12.2020 durch G v. 3.12.2020 (BGBl. I S. 2744).

d) für Wahlzwecke nach § 3 Absatz 2 Nummer 1,

e) zur Durchführung des staatsangehörigkeitsrechtlichen Verfahrens nach § 3 Absatz 2 Nummer 5 dieses Gesetzes sowie nach § 29 Absatz 6 und § 30 des Staatsangehörigkeitsgesetzes[1]).

§ 14[2]) **Löschung von Daten.** (1) [1]Die Meldebehörde hat gespeicherte Daten zu löschen, wenn sie zur Erfüllung ihrer Aufgaben nicht mehr erforderlich sind. [2]Das Gleiche gilt, wenn bereits die Speicherung der Daten unzulässig war.

(2) [1]Daten nach § 3 Absatz 2 Nummer 6 sind unverzüglich nach Übermittlung an die Suchdienste zu löschen. [2]Die Daten nach § 3 Absatz 1 Nummer 11 und Absatz 2 Nummer 2 sind nach Ablauf des auf den Wegzug oder den Tod des Einwohners folgenden Kalenderjahres zu löschen. [3]Die Daten nach § 3 Absatz 1 Nummer 17 sind fünf Jahre nach dem Ablauf der Gültigkeit des Ausweisdokuments, auf das sie sich beziehen, zu löschen. [4]Die weiteren Daten weggezogener oder verstorbener Einwohner, die nicht nach § 13 Absatz 1 aufbewahrt werden, sind 30 Tage nach dem Wegzug und der Auswertung der Rückmeldung oder nach dem Tod des Einwohners zu löschen.

(3) [1]Ist eine Löschung im Fall nicht automatisierter Datenverarbeitung wegen der besonderen Art der Speicherung nicht oder nur mit unverhältnismäßig hohem Aufwand möglich und ist das Interesse der betroffenen Person an der Löschung als gering anzusehen, besteht das Recht der betroffenen Person auf Löschung personenbezogener Daten und die Pflicht der Meldebehörde zur Löschung personenbezogener Daten nach Artikel 17 Absatz 1 der Verordnung (EU) 2016/679[3]) ergänzend zu den in Artikel 17 Absatz 3 der Verordnung (EU) 2016/679 genannten Ausnahmen nicht. [2]In diesem Fall tritt an die Stelle einer Löschung die Einschränkung der Verarbeitung nach Artikel 18 der Verordnung (EU) 2016/679.

(4) Die Meldebehörde hat Daten, die nach § 3 Absatz 1 Nummer 17a gespeichert sind, zu löschen, sobald sie von der Ausländerbehörde nach § 90a Absatz 1 Satz 3 des Aufenthaltsgesetzes[4]) unterrichtet wurde.

§ 15 Aufbewahrung und Löschung von Hinweisen. Die §§ 13 und 14 gelten entsprechend für Hinweise, die gespeichert werden, um die Richtigkeit der jeweiligen Daten nachzuweisen.

§ 16[5]) **Anbieten von Daten an Archive.** (1) Nach Ablauf der in § 13 Absatz 2 Satz 1 für die Aufbewahrung bestimmten Frist hat die Meldebehörde die Daten und die zum Nachweis ihrer Richtigkeit gespeicherten Hinweise vor der Löschung den durch Landesrecht bestimmten Archiven nach den jeweiligen archivrechtlichen Vorschriften zur Übernahme anzubieten.

(2) [1]Innerhalb der in § 13 Absatz 2 Satz 1 für die Aufbewahrung bestimmten Frist kann die Meldebehörde die Daten und Hinweise den durch Landesrecht bestimmten Archiven zur Übernahme anbieten, sofern die Erfüllung der Aufgaben der Meldebehörde im Rahmen des § 13 Absatz 2 Satz 2 und 3 gewährleistet

[1]) Nr. **15**.
[2]) § 14 Abs. 4 angef. mWv 5.2.2016 durch G v. 2.2.2016 (BGBl. I S. 130); Abs. 4 geänd. mWv 9.8.2019 durch G v. 4.8.2019 (BGBl. I S. 1131); Abs. 3 neu gef. mWv 26.11.2019 durch G v. 20.11.2019 (BGBl. I S. 1626); Abs. 2 Satz 3 eingef., bish. Satz 3 wird Satz 4 mWv 12.12.2020 durch G v. 3.12.2020 (BGBl. I S. 2744).
[3]) Nr. **246**.
[4]) Nr. **565**.
[5]) § 16 Abs. 2 Satz 2 geänd. mWv 26.11.2019 durch G v. 20.11.2019 (BGBl. I S. 1626).

bleibt. [2] Bis zum Ablauf dieser Frist darf das Archiv die übernommenen Daten und Hinweise nur nach Maßgabe des § 13 Absatz 2 Satz 2 bis 4 verarbeiten.

Abschnitt 3. Allgemeine Meldepflichten

§ 17 Anmeldung, Abmeldung. (1) Wer eine Wohnung bezieht, hat sich innerhalb von zwei Wochen nach dem Einzug bei der Meldebehörde anzumelden.

(2) [1] Wer aus einer Wohnung auszieht und keine neue Wohnung im Inland bezieht, hat sich innerhalb von zwei Wochen nach dem Auszug bei der Meldebehörde abzumelden. [2] Eine Abmeldung ist frühestens eine Woche vor Auszug möglich; die Fortschreibung des Melderegisters erfolgt zum Datum des Auszugs.

(3) [1] Die An- oder Abmeldung für Personen unter 16 Jahren obliegt denjenigen, in deren Wohnung die Personen unter 16 Jahren einziehen oder aus deren Wohnung sie ausziehen. [2] Neugeborene, die im Inland geboren wurden, sind nur anzumelden, wenn sie in eine andere Wohnung als die der Eltern oder der Mutter aufgenommen werden. [3] Ist für eine volljährige Person ein Pfleger oder ein Betreuer bestellt, der den Aufenthalt bestimmen kann, obliegt diesem die An- oder Abmeldung.

(4) Die Standesämter teilen den Meldebehörden unverzüglich die Beurkundung der Geburt eines Kindes sowie jede Änderung des Personenstandes einer Person mit.

§ 18[1) Meldebescheinigung. (1) [1] Die Meldebehörde erteilt der betroffenen Person auf Antrag eine schriftliche Meldebescheinigung. [2] Die einfache Meldebescheinigung enthält folgende Daten:

1. Familienname,
2. frühere Namen,
3. Vornamen unter Kennzeichnung des gebräuchlichen Vornamens,
4. Doktorgrad,
5. Ordensname, Künstlername,
6. Geburtsdatum und Geburtsort sowie bei Geburt im Ausland auch den Staat,
7. derzeitige Anschriften, gekennzeichnet nach Haupt- und Nebenwohnung.

(2) [1] Auf Antrag kann eine erweiterte Meldebescheinigung ausgestellt werden, die Daten nach § 3 Absatz 1, mit Ausnahme von Auskunfts- und Übermittlungssperren, enthalten darf. [2] Der Datenumfang der Meldebescheinigung nach Absatz 1 darf dabei auch unterschritten werden.

(3) Für die elektronische Erteilung einer Meldebescheinigung gilt § 10 Absatz 2 und 3 entsprechend.

(4) § 11 Absatz 2 Nummer 1 bis 3 gilt entsprechend.

§ 19[2) Mitwirkung des Wohnungsgebers. (1) [1] Der Wohnungsgeber ist verpflichtet, bei der Anmeldung mitzuwirken. [2] Hierzu hat der Wohnungsgeber oder eine von ihm beauftragte Person der meldepflichtigen Person den Einzug schriftlich oder gegenüber der Meldebehörde nach Absatz 4 auch elektronisch innerhalb

[1)] § 18 Abs. 1 Satz 2 Nr. 3 geänd., Abs. 2 neu gef. mWv 1.11.2016 durch G v. 11.10.2016 (BGBl. I S. 2218); Abs. 4 geänd. mWv 26.11.2019 durch G v. 20.11.2019 (BGBl. I S. 1626).
[2)] § 19 Abs. 1 Sätze 1–4, Abs. 3 Nr. 1 geänd., Nr. 2 neu gef., Nr. 4 geänd. mWv 1.11.2016 durch G v. 11.10.2016 (BGBl. I S. 2218); Abs. 4 Satz 3 neu gef. mWv 26.11.2019 durch G v. 20.11.2019 (BGBl. I S. 1626).

der in § 17 Absatz 1 genannten Frist zu bestätigen. [3]Er kann sich durch Rückfrage bei der Meldebehörde davon überzeugen, dass sich die meldepflichtige Person angemeldet hat. [4]Die meldepflichtige Person hat dem Wohnungsgeber die Auskünfte zu geben, die für die Bestätigung des Einzugs erforderlich sind. [5]Die Bestätigung nach Satz 2 darf nur vom Wohnungsgeber oder einer von ihm beauftragten Person ausgestellt werden.

(2) Verweigert der Wohnungsgeber oder eine von ihm beauftragte Person die Bestätigung oder erhält die meldepflichtige Person sie aus anderen Gründen nicht rechtzeitig, so hat die meldepflichtige Person dies der Meldebehörde unverzüglich mitzuteilen.

(3) Die Bestätigung des Wohnungsgebers enthält folgende Daten:

1. Name und Anschrift des Wohnungsgebers und wenn dieser nicht Eigentümer ist, auch den Namen des Eigentümers,
2. Einzugsdatum,
3. Anschrift der Wohnung sowie
4. Namen der nach § 17 Absatz 1 meldepflichtigen Personen.

(4) [1]Bei einer elektronischen Bestätigung gegenüber der Meldebehörde erhält der Wohnungsgeber ein Zuordnungsmerkmal, welches er der meldepflichtigen Person zur Nutzung bei der Anmeldung mitzuteilen hat. [2]§ 10 Absatz 2 und 3 gilt entsprechend. [3]Sofern die Meldebehörde weitere Formen der Authentifizierung des Wohnungsgebers vorsieht, ist sicherzustellen, dass Maßnahmen nach den Artikeln 24, 25 und 32 der Verordnung (EU) 2016/679[1]) getroffen werden.

(5) Die Meldebehörde kann von dem Eigentümer der Wohnung und, wenn er nicht selbst Wohnungsgeber ist, auch vom Wohnungsgeber Auskunft verlangen über Personen, welche bei ihm wohnen oder gewohnt haben.

(6) Es ist verboten, eine Wohnungsanschrift für eine Anmeldung nach § 17 Absatz 1 einem Dritten anzubieten oder zur Verfügung zu stellen, obwohl ein tatsächlicher Bezug der Wohnung durch einen Dritten weder stattfindet noch beabsichtigt ist.

§ 20 Begriff der Wohnung. [1]Wohnung im Sinne dieses Gesetzes ist jeder umschlossene Raum, der zum Wohnen oder Schlafen benutzt wird. [2]Als Wohnung gilt auch die Unterkunft an Bord eines Schiffes der Marine. [3]Wohnwagen und Wohnschiffe sind nur dann als Wohnungen anzusehen, wenn sie nicht oder nur gelegentlich fortbewegt werden.

§ 21 Mehrere Wohnungen. (1) Hat ein Einwohner mehrere Wohnungen im Inland, so ist eine dieser Wohnungen seine Hauptwohnung.

(2) Hauptwohnung ist die vorwiegend benutzte Wohnung des Einwohners.

(3) Nebenwohnung ist jede weitere Wohnung des Einwohners im Inland.

(4) [1]Die meldepflichtige Person hat der Meldebehörde bei jeder An- oder Abmeldung mitzuteilen, welche weiteren Wohnungen im Inland sie hat und welche Wohnung ihre Hauptwohnung ist. [2]Sie hat jede Änderung der Hauptwohnung innerhalb von zwei Wochen der Meldebehörde mitzuteilen, die für die neue Hauptwohnung zuständig ist. [3]Zieht die meldepflichtige Person aus einer *ihrer Nebenwohnungen* im Inland aus und bezieht keine neue Wohnung, so hat

[1]) Nr. 246.

sie dies der Meldebehörde mitzuteilen, die für die alleinige Wohnung oder die Hauptwohnung zuständig ist.

§ 22 Bestimmung der Hauptwohnung. (1) Hauptwohnung eines verheirateten oder eine Lebenspartnerschaft führenden Einwohners, der nicht dauernd getrennt von seiner Familie oder seinem Lebenspartner lebt, ist die vorwiegend benutzte Wohnung der Familie oder der Lebenspartner.

(2) Hauptwohnung eines minderjährigen Einwohners ist die vorwiegend benutzte Wohnung der Personensorgeberechtigten; leben diese getrennt, ist Hauptwohnung die Wohnung des Sorgeberechtigten, die von dem minderjährigen Einwohner vorwiegend benutzt wird.

(3) In Zweifelsfällen ist die vorwiegend benutzte Wohnung dort, wo der Schwerpunkt der Lebensbeziehungen des Einwohners liegt.

(4) Kann der Wohnungsstatus eines verheirateten oder eine Lebenspartnerschaft führenden Einwohners nach den Absätzen 1 und 3 nicht zweifelsfrei bestimmt werden, ist die Hauptwohnung die Wohnung nach § 21 Absatz 2.

(5) Auf Antrag eines Einwohners, der in einer Einrichtung für behinderte Menschen wohnt, bleibt die Wohnung nach Absatz 2, bis er 25 Jahre alt ist, seine Hauptwohnung.

§ 23 [1)2)] **Erfüllung der allgemeinen Meldepflicht.** (1) [1] Soweit nachstehend nicht etwas anderes bestimmt ist, hat die meldepflichtige Person einen Meldeschein auszufüllen, zu unterschreiben und der Meldebehörde zusammen mit dem Personalausweis, dem vorläufigen Personalausweis, dem Ersatz-Personalausweis, dem anerkannten und gültigen Pass oder Passersatzpapier sowie der Bestätigung des Wohnungsgebers oder dem entsprechenden Zuordnungsmerkmal nach § 19 Absatz 4 Satz 1 vorzulegen. [2] Wird das Melderegister automatisiert geführt, kann von dem Ausfüllen des Meldescheins abgesehen werden, wenn die meldepflichtige Person persönlich bei der Meldebehörde erscheint und auf einem Ausdruck die Richtigkeit und Vollständigkeit der bei ihr erhobenen Daten durch ihre Unterschrift bestätigt.

(2) Für die elektronische Anmeldung gilt § 10 Absatz 2 und 3 entsprechend.

(3) [1] Die Meldebehörde des neuen Wohnortes (Zuzugsmeldebehörde) ist berechtigt, die bei der Meldebehörde des letzten früheren Wohnortes (Wegzugsmeldebehörde) nach § 3 Absatz 1 Nummer 1 bis 18 gespeicherten Daten anzufordern und der meldepflichtigen Person diese Daten schriftlich oder in elektronischer Form zu übermitteln (vorausgefüllter Meldeschein). [2] Die meldepflichtige Person hat die übermittelten Angaben auf ihre Richtigkeit zu prüfen, unzutreffende Angaben zu berichtigen und fehlende Angaben zu ergänzen. [3] Sie hat den aktualisierten vorausgefüllten Meldeschein bei der Zuzugsmeldebehörde unterschrieben einzureichen. [4] Für die elektronische Übermittlung gilt § 10 Absatz 2 und 3 entsprechend.

(4) [1] Für den vorausgefüllten Meldeschein gibt die meldepflichtige Person Familienname, Vornamen, Geburtsdatum sowie die letzte Wohnanschrift an. [2] Diese Daten übermittelt die Zuzugsmeldebehörde der Wegzugsmeldebehörde, um die

[1)] Siehe hierzu ua die Erste BundesmeldedatenübermittlungsVO – 1. BMeldDÜV v. 1.12.2014 (BGBl. I S. 1945), zuletzt geänd. durch G v. 3.12.2020 (BGBl. I S. 2744).
[2)] § 23 Abs. 6 angef. mWv 1.11.2016 durch G v. 2.2.2016 (BGBl. I S. 130); Abs. 1 Satz 1 geänd., Abs. 7 angef. mWv 1.11.2016 durch G v. 11.10.2016 (BGBl. I S. 2218); Abs. 6 geänd. mWv 1.11.2019 durch G v. 4.8.2019 (BGBl. I S. 1131).

Daten nach § 3 Absatz 1 Nummer 1 bis 18 anzufordern. [3] Die Wegzugsmeldebehörde übermittelt der Zuzugsmeldebehörde unverzüglich die angeforderten Daten.

(5) [1] Ehegatten, Lebenspartner und Familienangehörige mit denselben Zuzugsdaten (Zuzugsdatum sowie frühere und derzeitige Wohnungen) sollen gemeinsam einen Meldeschein verwenden. [2] Es genügt die Anmeldung nach den Absätzen 1 und 2 durch eine der meldepflichtigen Personen. [3] Die Absätze 3 und 4 gelten entsprechend, wenn die meldepflichtige Person versichert, dass sie berechtigt ist, die Daten der übrigen meldepflichtigen Personen entgegenzunehmen. [4] Sie ist darüber zu belehren, dass der unberechtigte Empfang unter Vorspiegelung einer Berechtigung nach § 202a des Strafgesetzbuchs[1] unter Strafe steht.

(6) Abweichend von den Absätzen 1 und 2 kann die Anmeldung von Personen, die in eine Aufnahmeeinrichtung zugezogen sind, automatisiert durch Übernahme der Daten aus dem Ausländerzentralregister nach § 18e des AZR-Gesetzes[2] erfolgen.

(7) [1] Die Abmeldung von in das Ausland verzogenen Personen kann schriftlich oder in entsprechender Anwendung des § 10 Absatz 2 und 3 elektronisch erfolgen. [2] Der Nachweis der Identität der abmeldepflichtigen Person kann bei der elektronischen Abmeldung auch durch die Angabe des Familiennamens, des Vornamens, des Geburtsdatums und der Seriennummer des zuletzt im Melderegister gespeicherten Ausweises oder Passes nach § 3 Absatz 1 Nummer 17 erfolgen.

§ 24[3] Datenerhebung, Meldebestätigung. (1) [1] Bei der An- oder Abmeldung oder der Änderung der Hauptwohnung dürfen bei der meldepflichtigen Person die in § 3 Absatz 1 Nummer 1 bis 18 und in Absatz 2 Nummer 2 Buchstabe a bis c, Nummer 5, 6 und 10 genannten Daten erhoben werden. [2] Dies gilt auch für die Hinweise, die zum Nachweis der Richtigkeit dieser Daten erforderlich sind.

(2) [1] Die meldepflichtige Person erhält unentgeltlich eine schriftliche Bestätigung über die An- oder Abmeldung (amtliche Meldebestätigung). [2] Diese darf nur folgende Daten enthalten:

1. Familienname,
2. Vornamen unter Kennzeichnung des gebräuchlichen Vornamens,
3. Doktorgrad,
4. Geburtsdatum,
5. Einzugsdatum oder Auszugsdatum,
6. Datum der An- oder Abmeldung,
7. Anschrift und
8. alleinige Wohnung, Haupt- oder Nebenwohnung.

§ 25 Mitwirkungspflichten der meldepflichtigen Person. Die meldepflichtige Person hat auf Verlangen der Meldebehörde

1. die zur ordnungsgemäßen Führung des Melderegisters erforderlichen Auskünfte zu erteilen,
2. die zum Nachweis der Angaben erforderlichen Unterlagen vorzulegen und
3. persönlich bei der Meldebehörde zu erscheinen.

[1] Schönfelder Nr. 85.
[2] Sartorius ErgBd. Nr. 569.
[3] § 24 Abs. 2 Satz 2 Nr. 2 geänd. mWv 1.11.2016 durch G v. 11.10.2016 (BGBl. I S. 2218).

§ 26 Befreiung von der Meldepflicht. [1] Von der Meldepflicht nach § 17 Absatz 1 und 2 sind befreit

1. Mitglieder einer ausländischen diplomatischen Mission oder einer ausländischen konsularischen Vertretung und die mit ihnen im gemeinsamen Haushalt lebenden Familienmitglieder, falls die genannten Personen weder die deutsche Staatsangehörigkeit besitzen noch im Inland ständig ansässig sind, noch dort eine private Erwerbstätigkeit ausüben,

2. Personen, für die diese Befreiung in völkerrechtlichen Übereinkünften festgelegt ist.

[2] Die Befreiung von der Meldepflicht nach Satz 1 Nummer 1 tritt nur ein, wenn Gegenseitigkeit besteht.

§ 27[1] Ausnahmen von der Meldepflicht. (1) Eine Meldepflicht nach § 17 Absatz 1 und 2 wird nicht begründet, wenn eine Person, die für eine Wohnung im Inland gemeldet ist, eine Gemeinschaftsunterkunft oder eine andere dienstlich bereitgestellte Unterkunft bezieht, um

1. Wehrdienst nach dem Wehrpflichtgesetz [2] oder freiwilligen Wehrdienst nach dem Soldatengesetz[3] zu leisten,

2. Bundesfreiwilligendienst nach dem Bundesfreiwilligendienstgesetz[4] zu leisten,

3. Zivildienst nach dem Zivildienstgesetz[5] zu leisten,

4. eine Dienstleistung nach dem Vierten Abschnitt des Soldatengesetzes zu erbringen,

5. Dienst bei der Bundeswehr als Berufssoldat oder Soldat auf Zeit oder Vollzugsdienst bei der Bundes- oder der Landespolizei zu leisten, sofern die Unterkunft für nicht länger als zwölf Monate bezogen wird,

6. als Angehörige des öffentlichen Dienstes an Lehrgängen oder Fachstudien zur Aus- oder Fortbildung teilzunehmen.

(2) [1] Wer im Inland nach § 17 oder § 28 gemeldet ist und für einen nicht länger als sechs Monate dauernden Aufenthalt eine Wohnung bezieht, muss sich für diese Wohnung weder an- noch abmelden. [2] Wer nach Ablauf von sechs Monaten nicht aus dieser Wohnung ausgezogen ist, hat sich innerhalb von zwei Wochen bei der Meldebehörde anzumelden. [3] Für Personen, die sonst im Ausland wohnen und im Inland nach § 17 Absatz 1 gemeldet sind, besteht diese Pflicht nach Ablauf von drei Monaten.

(3) [1] Die Ausnahme von der Meldepflicht nach Absatz 2 gilt nicht für

1. Spätaussiedler und deren Familienangehörige, wenn sie nach § 8 des Bundesvertriebenengesetzes[6] verteilt werden, und

2. Asylbewerber oder sonstige Ausländer, die vorübergehend eine Aufnahmeeinrichtung oder eine sonstige zugewiesene Unterkunft beziehen.

[2] Die *Meldepflicht* nach Absatz 2 in Verbindung mit Satz 1 Nummer 2 kann erfüllt werden, indem die für die Erfassung von Personen in den Aufnahmeeinrichtungen

[1] § 27 Abs. 1 Nr. 1 geänd. durch G v. 13.5.2015 (BGBl. I S. 706); Abs. 3 Sätze 2–4 angef. mWv 1.11. 2015 durch G v. 20.10.2015 (BGBl. I S. 1722).
[2] Nr. 620.
[3] **Sartorius III Nr. 850.**
[4] Nr. 627.
[5] Nr. 625.
[6] **Aichberger, SGB Nr. 6/51.**

zuständige Stelle der Meldebehörde die für die Anmeldung notwendigen Daten in Form einer Liste übermittelt. [3] Statt einer Liste kann auch eine Kopie der ausländerrechtlichen Erfassung übermittelt werden. [4] Eine elektronische Übermittlung ist in beiden Fällen zulässig.

(4) [1] Meldepflichten nach § 17 oder § 28 werden nicht begründet durch den Vollzug einer richterlichen Entscheidung über die Freiheitsentziehung, solange die betroffene Person für eine Wohnung im Inland gemeldet ist. [2] Für eine Person, die nicht für eine Wohnung gemeldet ist und deren Aufenthalt drei Monate übersteigt, hat die Leitung der Anstalt die Aufnahme, die Verlegung und die Entlassung innerhalb von zwei Wochen der Meldebehörde mitzuteilen, die für den Sitz der Anstalt zuständig ist; die betroffene Person ist zu unterrichten. [3] Die Mitteilung enthält die in den Meldescheinen vorgesehenen Daten, soweit sie der Anstalt bekannt sind. [4] Die Mitteilung ersetzt die Anmeldung nach § 23 Absatz 1.

Abschnitt 4. Besondere Meldepflichten

§ 28 **Besondere Meldepflichten für Binnenschiffer und Seeleute.** (1) [1] Wer auf ein Binnenschiff zieht, das in einem Schiffsregister im Inland eingetragen ist, hat sich bei der Meldebehörde des Ortes anzumelden, in dem der Heimathafen des Schiffes liegt. [2] Die Vorschriften über die allgemeine Meldepflicht gelten entsprechend. [3] Die An- und Abmeldung kann auch bei einer anderen Meldebehörde oder bei der Wasserschutzpolizei vorgenommen werden, die die Daten an die zuständige Meldebehörde weiterleitet.

(2) [1] Der Reeder eines Seeschiffes, das berechtigt ist, die Bundesflagge zu führen, hat den Kapitän und die Besatzungsmitglieder des Schiffes bei Beginn des Anstellungs-, Heuer- oder Ausbildungsverhältnisses anzumelden. [2] Er hat diese Personen bei Beendigung des Anstellungs-, Heuer- oder Ausbildungsverhältnisses abzumelden. [3] § 24 Absatz 1 gilt entsprechend. [4] Zuständig ist die Meldebehörde am Sitz des Reeders. [5] Die zu meldenden Personen haben dem Reeder die erforderlichen Auskünfte zu geben.

(3) Die Meldepflicht nach den Absätzen 1 und 2 besteht nicht für Personen, die im Inland für eine Wohnung nach § 17 Absatz 1 gemeldet sind.

(4) Die Meldebehörde kann von Schiffseignern und Reedern Auskunft verlangen über Personen, welche auf ihren Schiffen wohnen oder gewohnt haben.

§ 29[1]) **Besondere Meldepflicht in Beherbergungsstätten.** (1) [1] Wer in Einrichtungen, die der gewerbs- oder geschäftsmäßigen Aufnahme von Personen dienen (Beherbergungsstätten), für länger als sechs Monate aufgenommen wird, unterliegt der Meldepflicht nach § 17 oder § 28. [2] Wer nicht für eine Wohnung im Inland gemeldet ist, hat sich innerhalb von zwei Wochen bei der Meldebehörde anzumelden, sobald sein Aufenthalt die Dauer von drei Monaten überschreitet.

(2) [1] Beherbergte Personen haben am Tag der Ankunft einen besonderen Meldeschein handschriftlich zu unterschreiben, der die in § 30 Absatz 2 aufgeführten Daten enthält. [2] Mitreisende Angehörige sind auf dem Meldeschein nur der Zahl nach anzugeben. [3] Bei Reisegesellschaften von mehr als zehn Personen betrifft die Verpflichtung nach Satz 1 nur den Reiseleiter; er hat die Anzahl der Mitreisenden *und ihre Staatsangehörigkeit* anzugeben.

[1]) § 29 Abs. 5 eingef., bish. Abs. 5 wird Abs. 6 mWv 1.1.2020 durch G v. 22.11.2019 (BGBl. I S. 1746).

(3) Beherbergte ausländische Personen, die nach Absatz 2 namentlich auf dem Meldeschein aufzuführen sind, haben sich bei der Anmeldung gegenüber den Leitern der Beherbergungsstätten durch die Vorlage eines gültigen Identitätsdokumentes (anerkannter und gültiger Pass oder Passersatz) auszuweisen.

(4) [1]Personen, die in Zelten, Wohnmobilen, Wohnwagen oder Wasserfahrzeugen auf gewerbs- oder geschäftsmäßig überlassenen Plätzen übernachten, unterliegen nicht der Meldepflicht nach § 17 Absatz 1 und 2, solange sie im Inland nach § 17 oder § 28 gemeldet sind. [2]Wer nicht nach § 17 oder § 28 gemeldet ist, hat sich innerhalb von zwei Wochen bei der Meldebehörde anzumelden, sobald der Aufenthalt die Dauer von drei Monaten überschreitet. [3]Die Absätze 2 und 3 gelten entsprechend.

(5) Abweichend von Absatz 2 Satz 1 kann die Meldepflicht mit Zustimmung der beherbergten Person auch dadurch erfüllt werden, dass die in § 30 Absatz 2 genannten Daten elektronisch erhoben werden und die beherbergte Person deren Richtigkeit und Vollständigkeit am Tag der Ankunft bestätigt, indem die beherbergte Person

1. einen kartengebundenen Zahlungsvorgang mit einer starken Kundenauthentifizierung im Sinne des § 1 Absatz 24 des Zahlungsdiensteaufsichtsgesetzes auslöst, bei dem die zweckgebundene Zuordnungsnummer des eingesetzten Zahlungsmittels erhoben wird,

2. den elektronischen Identitätsnachweis nach § 18 des Personalausweisgesetzes[1], nach § 12 des eID-Karte-Gesetzes oder nach § 78 Absatz 5 des Aufenthaltsgesetzes[2] erbringt oder

3. ihren Personalausweis nach § 18a des Personalausweisgesetzes, ihre eID-Karte nach § 13 des eID-Karte-Gesetzes oder ihren Aufenthaltstitel nach § 78 Absatz 5 des Aufenthaltsgesetzes zum Vor-Ort-Auslesen verwendet.

(6) Die Absätze 2 und 3 gelten nicht für

1. Einrichtungen mit Heimunterbringung, die der Jugend- und Erwachsenenbildung, der Ausbildung oder der Fortbildung dienen, soweit Personen zu den genannten Zwecken untergebracht werden,

2. Betriebs- oder Vereinsheime, wenn dort nur Betriebs- oder Vereinsmitglieder und deren Familienangehörige beherbergt werden,

3. Jugendherbergen und Berghütten, zeitweilig belegte Einrichtungen der öffentlichen oder öffentlich anerkannten Träger der Jugendarbeit und

4. Einrichtungen der öffentlich-rechtlichen Religionsgesellschaften.

§ 30[3] Besondere Meldescheine für Beherbergungsstätten. (1) [1]Die Leiter der Beherbergungsstätten oder der Einrichtungen nach § 29 Absatz 4 haben besondere Meldescheine bereitzuhalten. [2]Sie können zusätzlich technische Vorrichtungen zur elektronischen Erfüllung der Meldepflicht nach § 29 Absatz 5 vorhalten. [3]Sie haben darauf hinzuwirken, dass die betroffenen Personen

1. die Verpflichtungen nach § 29 Absatz 2 oder die Vorgaben des gewählten elektronischen Verfahrens nach Absatz 5 erfüllen sowie

2. die Verpflichtungen nach § 29 Absatz 3 und 4 Satz 3 erfüllen.

[1] Nr. **255**.
[2] Nr. **565**.
[3] § 30 Abs. 1 und 4 neu gef., Abs. 2 Satz 5 und Abs. 5 angef. mWv 1.1.2020 durch G v. 22.11.2019 (BGBl. I S. 1746).

(2) [1]Die Meldescheine enthalten vorbehaltlich der Regelung in Absatz 3 ausschließlich folgende Daten:

1. Datum der Ankunft und der voraussichtlichen Abreise,
2. Familiennamen,
3. Vornamen,
4. Geburtsdatum,
5. Staatsangehörigkeiten,
6. Anschrift,
7. Zahl der Mitreisenden und ihre Staatsangehörigkeit in den Fällen des § 29 Absatz 2 Satz 2 und 3 sowie
8. Seriennummer des anerkannten und gültigen Passes oder Passersatzpapiers bei ausländischen Personen.

[2]Bei ausländischen Personen haben die Leiter der Beherbergungsstätten oder der Einrichtungen nach § 29 Absatz 4 die Angaben im Meldeschein mit denen des Identitätsdokumentes zu vergleichen. [3]Ergeben sich hierbei Abweichungen, ist dies auf dem Meldeschein zu vermerken. [4]Legen ausländische Personen kein oder kein gültiges Identitätsdokument vor, ist dies auf dem Meldeschein zu vermerken. [5]Im Fall des § 29 Absatz 5 Nummer 1 ist die zweckgebundene Zuordnungsnummer des eingesetzten Zahlungsmittels zusammen mit den Daten nach Satz 1 zu speichern.

(3) Durch Landesrecht kann bestimmt werden, dass für die Erhebung von Fremdenverkehrs- und Kurbeiträgen weitere Daten auf dem Meldeschein erhoben werden dürfen.

(4) [1]Die nach Absatz 1 verpflichteten Personen haben die ausgefüllten Meldescheine vom Tag der Abreise der beherbergten Person an ein Jahr aufzubewahren und innerhalb von drei Monaten nach Ablauf der Aufbewahrungsfrist zu vernichten. [2]Wird die Meldepflicht elektronisch erfüllt, gelten für die Speicherung und Löschung der nach § 29 Absatz 5 erhobenen Daten die Fristen nach Satz 1. [3]Den nach Landesrecht bestimmten Behörden und den in § 34 Absatz 4 Satz 1 Nummer 1 bis 5 und 9 bis 11 genannten Behörden sind zur Erfüllung ihrer Aufgaben auf Verlangen

1. die nach § 29 Absatz 2 Satz 1 handschriftlich unterschriebenen Meldescheine zur Einsichtnahme vorzulegen und
2. die nach § 29 Absatz 5 elektronisch erhobenen Daten maschinenlesbar zur Verfügung zu stellen.

(5) Sofern das Meldeverfahren elektronisch durchgeführt wird, haben die nach Absatz 1 verpflichteten Personen durch geeignete technische und organisatorische Maßnahmen nach den Artikeln 24, 25 und 32 der Verordnung (EU) 2016/679[1)] sicherzustellen, dass die in Absatz 2 bezeichneten Daten nur nach Maßgabe von Absatz 4 und § 29 Absatz 5 verarbeitet werden.

§ 31[2)] Verarbeitungsbeschränkungen. [1]Die nach § 30 Absatz 2 erhobenen Daten dürfen von den nach Landesrecht bestimmten Behörden und den in § 34 Absatz 4 Satz 1 Nummer 1 bis 5 und 9 bis 11 genannten Behörden verarbeitet werden, sofern dies zur Erfüllung ihrer Aufgaben erforderlich ist. [2]Sie dürfen

[1)] Nr. 246.
[2)] § 31 Überschrift neu gef., Sätze 1, 2 geänd. mWv 26.11.2019 durch G v. 20.11.2019 (BGBl. I S. 1626); Satz 1 geänd. mWv 1.1.2021 durch G v. 22.12.2020 (BGBl. I S. 3334).

außerdem zur Aufklärung des Schicksals von Vermissten und Unfallopfern, für die Erhebung von Fremdenverkehrs- und Kurbeiträgen, zur Ausstellung kommunaler Gästekarten sowie für die Beherbergungs- und die Fremdenverkehrsstatistik verarbeitet werden.

§ 32 Besondere Meldepflicht in Krankenhäusern, Heimen und ähnlichen Einrichtungen. (1) [1] Wer in Krankenhäusern, Pflegeheimen oder sonstigen Einrichtungen, die der Betreuung pflegebedürftiger oder behinderter Menschen oder der Heimerziehung dienen, aufgenommen wird oder dort einzieht, muss sich nicht anmelden, solange er für eine Wohnung im Inland gemeldet ist. [2] Wer nicht für eine Wohnung im Inland gemeldet ist, hat sich, sobald sein Aufenthalt die Dauer von drei Monaten überschreitet, innerhalb von zwei Wochen anzumelden. [3] Für Personen, die ihrer Meldepflicht nicht persönlich nachkommen können, haben die Leiter der Einrichtungen die Aufnahme innerhalb von zwei Wochen der Meldebehörde mitzuteilen, die für den Sitz der Einrichtung zuständig ist; die betroffenen Personen sind zu unterrichten. [4] § 17 Absatz 3 Satz 3 bleibt unberührt.

(2) [1] Der zuständigen Behörde ist Auskunft aus den Unterlagen der genannten Einrichtungen zu erteilen, wenn dies nach Feststellung der Behörde zur Abwehr einer erheblichen und gegenwärtigen Gefahr, zur Verfolgung von Straftaten oder zur Aufklärung des Schicksals von Vermissten und Unfallopfern im Einzelfall erforderlich ist. [2] Die Auskunft umfasst folgende Daten:

1. Familienname,
2. Vornamen,
3. Geburtsdatum und Geburtsort sowie bei Geburt im Ausland auch den Staat,
4. Staatsangehörigkeiten,
5. Anschriften,
6. Datum der Aufnahme und Datum der Entlassung.

Abschnitt 5. Datenübermittlungen

Unterabschnitt 1. Datenübermittlungen zwischen öffentlichen Stellen[1])

§ 33[2]) Datenübermittlungen zwischen den Meldebehörden. (1) [1] Hat sich eine Person bei einer Meldebehörde angemeldet, so hat diese die Wegzugsmeldebehörde und die für weitere Wohnungen zuständigen Meldebehörden darüber durch Übermittlung der in § 3 Absatz 1 Nummer 1 bis 18 genannten Daten der betroffenen Person zu unterrichten (Rückmeldung). [2] Bei einem Zuzug aus dem Ausland ist die für den letzten Wohnort im Inland zuständige Meldebehörde als Wegzugsmeldebehörde zu unterrichten. [3] Die Daten sind unverzüglich, spätestens jedoch drei Werktage nach der Anmeldung, durch Datenübertragung zu übermitteln; § 10 Absatz 2 gilt entsprechend.

(2) [1] Die übermittelten Daten sind unverzüglich von der Wegzugsmeldebehörde zu verarbeiten. [2] Die Wegzugsmeldebehörde hat die Zuzugsmeldebehörde unverzüglich, spätestens jedoch drei Werktage nach Eingang der Rückmeldung, über die in § 3 Absatz 2 Nummer 1, 2 Buchstabe d, Nummer 3, 4, 5, 7, 8 und 11 genannten Tatsachen sowie dann zu unterrichten, wenn die in Satz 1 bezeichneten

[1]) Siehe hierzu ua die Erste BundesmeldedatenübermittlungsVO – 1. BMeldDÜV v. 1.12.2014 (BGBl. I S. 1945), zuletzt geänd. durch G v. 3.12.2020 (BGBl. I S. 2744).
[2]) § 33 Abs. 4 Satz 3 angef. mWv 1.11.2016 durch G v. 11.10.2016 (BGBl. I S. 2218); Abs. 1 Satz 3 geänd. mWv 26.11.2019 durch G v. 20.11.2019 (BGBl. I S. 1626).

Daten von den bisherigen Angaben abweichen (Auswertung der Rückmeldung). [3] Soweit Meldebehörden desselben Landes beteiligt sind, können für die Datenübermittlung weitergehende Regelungen durch Landesrecht getroffen werden.

(3) [1] Werden die in § 3 Absatz 1 und 2 Nummer 7 und 8 bezeichneten Daten fortgeschrieben, so sind unverzüglich die für weitere Wohnungen der betroffenen Person zuständigen Meldebehörden zu unterrichten, soweit die Daten zur Erfüllung ihrer Aufgaben erforderlich sind. [2] Verstirbt oder verzieht eine meldepflichtige Person, zu der Daten der in § 3 Absatz 1 Nummer 9, 15 und 16 genannten Personen außerhalb der Zuständigkeit der Meldebehörde gespeichert sind, ist unverzüglich die für diese Personen zuständige Meldebehörde über die Fortschreibung zu unterrichten.

(4) [1] Speichert die Meldebehörde eine Auskunftssperre nach § 51 im Melderegister oder hebt die Meldebehörde eine Auskunftssperre auf, so hat sie hierüber die für die letzte frühere oder die neue Wohnung zuständige Meldebehörde und die für weitere Wohnungen zuständigen Meldebehörden unverzüglich zu unterrichten. [2] Diese Meldebehörden haben die Auskunftssperre nach § 51 unverzüglich im Melderegister zu speichern und im Falle der Aufhebung zu löschen. [3] Die Sätze 1 und 2 gelten für bedingte Sperrvermerke nach § 52 mit der Maßgabe entsprechend, dass eine Aufhebung nicht stattfindet.

(5) Soweit auf Grund von völkerrechtlichen Übereinkünften ein meldebehördliches Rückmeldeverfahren mit Stellen des Auslands vorgesehen ist, gehen die darin getroffenen Vereinbarungen den Regelungen nach den Absätzen 1 bis 3 vor.

(6) Datenübermittlungen und Auskünfte zwischen den Meldebehörden sind gebührenfrei.

§ 34[1] Datenübermittlungen an andere öffentliche Stellen. (1) [1] Die Meldebehörde darf einer anderen öffentlichen Stelle im Sinne von § 2 Absatz 1 bis 3 und 4 Satz 2 des Bundesdatenschutzgesetzes[2] im Inland aus dem Melderegister folgende Daten übermitteln, soweit dies zur Erfüllung der in ihrer Zuständigkeit oder in der Zuständigkeit des Empfängers liegenden öffentlichen Aufgaben erforderlich ist:

1. Familienname,
2. frühere Namen,
3. Vornamen unter Kennzeichnung des gebräuchlichen Vornamens,
4. Doktorgrad,
5. Ordensname, Künstlername,
6. derzeitige und frühere Anschriften, Haupt- und Nebenwohnung; bei Zuzug aus dem Ausland auch den Staat und die letzte Anschrift im Inland, bei Wegzug in das Ausland auch die Zuzugsanschrift im Ausland und den Staat,
7. Einzugsdatum, Auszugsdatum, Datum des letzten Wegzugs aus einer Wohnung im Inland sowie Datum des letzten Zuzugs aus dem Ausland,
8. Geburtsdatum und Geburtsort sowie bei Geburt im Ausland auch den Staat,
9. Geschlecht,
10. zum gesetzlichen Vertreter
 a) Familienname,

[1] § 34 Abs. 1 Satz 1 Nr. 3, 6, 10 Buchst. g und Abs. 4 Satz 1 Nr. 10 und 11 geänd., Nr. 12 angef. mWv 1.11.2016 durch G v. 11.10.2016 (BGBl. I S. 2218); Abs. 4 Sätze 3, 4 geänd. mWv 26.11.2019 durch G v. 20.11.2019 (BGBl. I S. 1626).
[2] Nr. 245.

b) Vornamen,

c) Doktorgrad,

d) Anschrift,

e) Geburtsdatum,

f) Sterbedatum,

g) Auskunftssperren nach § 51 und bedingte Sperrvermerke nach § 52,

11. derzeitige Staatsangehörigkeiten einschließlich der nach § 3 Absatz 2 Nummer 5 gespeicherten Daten,

12. Familienstand, bei Verheirateten oder Lebenspartnern zusätzlich Datum, Ort und Staat der Eheschließung oder der Begründung der Lebenspartnerschaft,

13. Auskunftssperren nach § 51 und bedingte Sperrvermerke nach § 52 sowie

14. Sterbedatum und Sterbeort sowie bei Versterben im Ausland auch den Staat.

[2] Den in Absatz 4 Satz 1 bezeichneten Behörden darf die Meldebehörde unter den Voraussetzungen des Satzes 1 über die dort genannten Daten hinaus auch Angaben nach § 3 Absatz 1 Nummer 17, mit Ausnahme des Sperrkennworts und der Sperrsumme des Personalausweises, übermitteln.

(2) Werden Daten über eine Vielzahl nicht namentlich bezeichneter Personen übermittelt, dürfen für die Zusammensetzung der Personengruppe nur die in Absatz 1 Satz 1 genannten Daten zugrunde gelegt werden.

(3) Die Übermittlung weiterer als der in Absatz 1 Satz 1 bezeichneten Daten oder die Übermittlung der in § 3 Absatz 1 oder 2 genannten Hinweise im Melderegister an andere öffentliche Stellen ist nur dann zulässig, wenn der Empfänger

1. ohne Kenntnis der Daten nicht in der Lage wäre, eine ihm durch Rechtsvorschrift übertragene Aufgabe zu erfüllen, und

2. die Daten bei der betroffenen Person nur mit unverhältnismäßig hohem Aufwand erheben könnte oder von einer Datenerhebung nach der Art der Aufgabe, zu der die Daten erforderlich sind, abgesehen werden muss.

(4) [1] Die Prüfung bei der Meldebehörde, ob die Voraussetzungen nach Absatz 3 und § 8 vorliegen, entfällt, wenn sie von den folgenden Behörden um Übermittlung von Daten und Hinweisen nach Absatz 3 ersucht wird:

1. Polizeibehörden des Bundes und der Länder,

2. Staatsanwaltschaften,

3. Amtsanwaltschaften,

4. Gerichte, soweit sie Aufgaben der Strafverfolgung, der Strafvollstreckung oder des Strafvollzugs wahrnehmen,

5. Justizvollzugsbehörden,

6. Verfassungsschutzbehörden des Bundes und der Länder,

7. Bundesnachrichtendienst,

8. Militärischer Abschirmdienst,

9. Zollfahndungsdienst,

10. Hauptzollämter,

11. Finanzbehörden, soweit sie strafverfolgend tätig sind, oder

12. Bundesamt für Justiz, soweit es Aufgaben der Vollstreckungshilfe nach dem Rahmenbeschluss 2005/214/JI des Rates vom 24. Februar 2005 über die Anwendung des Grundsatzes der gegenseitigen Anerkennung von Geldstrafen und Geldbußen (ABl. L 76 vom 22.3.2005, S. 16), der durch den Rahmenbeschluss 2009/299/JI (ABl. L 81 vom 27.3.2009, S. 24) geändert worden ist,

sowie Aufgaben des Strafnachrichtenaustausches nach dem Rahmenbeschluss 2009/315/JI des Rates vom 26. Februar 2009 über die Durchführung und den Inhalt des Austauschs von Informationen aus dem Strafregister zwischen den Mitgliedstaaten (ABl. L 93 vom 7.4.2009, S. 23) wahrnimmt.

[2] Die ersuchende Behörde hat den Namen und die Anschrift der betroffenen Person unter Hinweis auf den Anlass der Übermittlung aufzuzeichnen. [3] Diese Aufzeichnungen sind aufzubewahren, durch technische und organisatorische Maßnahmen nach den Artikeln 24, 25 und 32 der Verordnung (EU) 2016/679[1)] zu sichern und nach Ablauf des Kalenderjahres, das dem Jahr der Erstellung der Aufzeichnung folgt, zu vernichten. [4] Satz 3 gilt nicht, wenn die Daten nach Satz 2 Bestandteil von Akten oder Dateisystemen geworden sind.

(5) [1] Wurde eine Auskunftssperre nach § 51 Absatz 1 auf Veranlassung einer in Absatz 4 Satz 1 Nummer 1 und 6 bis 9 genannten Behörde von Amts wegen eingetragen, sind die betroffene Person und die veranlassende Stelle über jedes Ersuchen um Übermittlung von Daten zur betroffenen Person unverzüglich zu unterrichten. [2] Sofern nach Anhörung der betroffenen Person, oder, wenn diese nicht erreichbar ist, nach Anhörung der veranlassenden Stelle, eine Gefahr nach § 51 Absatz 1 nicht ausgeschlossen werden kann, ist eine Übermittlung in diesen Fällen nicht zulässig; die ersuchende Stelle erhält eine Mitteilung, die keine Rückschlüsse darauf zulassen darf, ob zu der betroffenen Person keine Daten vorhanden sind oder eine Auskunftssperre besteht. [3] Abweichend von den Sätzen 1 und 2 wird bei Übermittlungsersuchen einer in Absatz 4 Satz 1 genannten Stelle ausschließlich die veranlassende Stelle unterrichtet und angehört.

(6) [1] Datenübermittlungen und Auskünfte von Meldebehörden an andere öffentliche Stellen im Inland sind gebührenfrei. [2] Landesrechtliche Regelungen zur Gebührenerhebung bei Datenübermittlungen aus zentralen Meldedatenbeständen oder Portalen auf Landesebene bleiben unberührt.

§ 35 Datenübermittlungen an ausländische Stellen.

Im Rahmen von Tätigkeiten, die ganz oder teilweise in den Anwendungsbereich des Rechts der Europäischen Union fallen, gilt § 34 Absatz 2 Satz 1 nach Maßgabe der dafür geltenden Gesetze und Vereinbarungen, wenn Daten übermittelt werden an

1. öffentliche Stellen in anderen Mitgliedstaaten der Europäischen Union,
2. öffentliche Stellen in anderen Vertragsstaaten des Abkommens über den Europäischen Wirtschaftsraum,
3. Organe und Einrichtungen der Europäischen Union oder
4. Organe und Einrichtungen der Europäischen Atomgemeinschaft.

§ 36[2)] Regelmäßige Datenübermittlungen.

(1) Datenübermittlungen an andere öffentliche Stellen, die ohne Ersuchen in allgemein bestimmten Fällen regelmäßig wiederkehrend durchgeführt werden (regelmäßige Datenübermittlungen), sind zulässig, soweit dies durch Bundes- oder Landesrecht bestimmt ist, in dem Anlass und Zweck der Übermittlungen, der Empfänger und die zu übermittelnden Daten festgelegt sind.

[1)] Nr. **246**.
[2)] § 36 Abs. 2 Satz 1 geänd. durch G v. 20.11.2014 (BGBl. I S. 1738); Abs. 1 geänd., Abs. 2 Satz 2 eingef, bish. Satz 2 wird Satz 3 mWv 26.11.2019 durch G v. 20.11.2019 (BGBl. I S. 1626).

(2) [1] Eine Datenübermittlung nach § 58c Absatz 1 Satz 1 des Soldatengesetzes[1] ist nur zulässig, soweit die betroffene Person nicht widersprochen hat. [2] Bei einem Widerspruch hat die betroffene Person gegenüber der Meldebehörde ein Recht auf unentgeltliche Einrichtung einer Übermittlungssperre. [3] Die betroffene Person ist auf ihr Widerspruchsrecht bei der Anmeldung und spätestens im Oktober eines jeden Jahres durch ortsübliche Bekanntmachung hinzuweisen.

§ 37[2] Datenweitergabe. (1) [1] Innerhalb der Verwaltungseinheit, der die Meldebehörde angehört, dürfen unter den in § 34 Absatz 1 genannten Voraussetzungen sämtliche der in § 3 Absatz 1 aufgeführten Daten und Hinweise weitergegeben werden. [2] Für die Einsichtnahme und Weitergabe von Daten und Hinweisen nach § 3 Absatz 2 gilt § 34 Absatz 3 entsprechend.

(2) [1] Die Einrichtung automatisierter Verfahren zur Datenübertragung an andere Stellen innerhalb der Verwaltungseinheit, der die Meldebehörde angehört, bedarf der Zulassung durch den Leiter der Verwaltungseinheit; dabei hat er die abrufberechtigten Stellen sowie die erforderlichen technischen und organisatorischen Maßnahmen nach den Artikeln 24, 25 und 32 der Verordnung (EU) 2016/679[3] schriftlich festzulegen. [2] Die abrufberechtigte Stelle darf von der Möglichkeit des Datenabrufs nur Gebrauch machen, wenn dies im Einzelfall zur Erfüllung ihrer Aufgaben erforderlich ist.

§ 38[4] Automatisierter Abruf. (1) Die Meldebehörde darf einer anderen öffentlichen Stelle folgende Daten durch automatisierte Abrufverfahren übermitteln (einfache Behördenauskunft):

1. Familienname,
2. frühere Namen,
3. Vornamen unter Kennzeichnung des gebräuchlichen Vornamens,
4. Ordensname, Künstlername,
5. Geburtsdatum und Geburtsort sowie bei Geburt im Ausland auch den Staat,
6. Doktorgrad,
7. Geschlecht,
8. derzeitige Anschriften oder Wegzugsanschrift, gekennzeichnet nach Haupt- und Nebenwohnung,
9. Sterbedatum und Sterbeort sowie
10. bedingte Sperrvermerke nach § 52.

(2) [1] Ein Abruf ist nur zulässig, soweit diese Daten der abrufenden Stelle zur Erfüllung ihrer Aufgaben bekannt sein müssen. [2] Ist im Melderegister eine Auskunftssperre nach § 51 eingetragen, erhält die abrufende Stelle eine Mitteilung, die keine Rückschlüsse darauf zulassen darf, ob zu der betroffenen Person keine Daten vorhanden sind oder eine Auskunftssperre besteht; in diesen Fällen ist der Abruf von der Meldebehörde wie ein Ersuchen um Datenübermittlung nach § 34 zu behandeln.

[1] **Sartorius III Nr. 850.**
[2] § 37 Abs. 1 Satz 1 geänd. mWv 26.11.2019 durch G v. 20.11.2019 (BGBl. I S. 1626).
[3] Nr. 246.
[4] § 38 Abs. 1 Nr. 3 geänd., Nr. 7 und 8 neu gef., Nr. 9 angef., Abs. 3 Nr. 3 und 5 geänd. mWv 1.11. 2016 und Abs. 1 Nr. 7 eingef., bish. Nr. 7–9 werden Nr. 8–10, Abs. 3 Nr. 1 aufgeh., bish. Nr. 2–6 werden Nr. 1–5 mWv 1.5.2017 durch G v. 11.10.2016 (BGBl. I S. 2218); Abs. 5 Satz 1 geänd. mWv 26.11.2019 durch G v. 20.11.2019 (BGBl. I S. 1626); Abs. 3 Nr. 4 geänd. mWv 12.12.2020 durch G v. 3.12.2020 (BGBl. I S. 2744).

(3) Den in § 34 Absatz 4 Satz 1 genannten Behörden dürfen darüber hinaus durch das automatisierte Abrufverfahren folgende Daten übermittelt werden:
1. derzeitige Staatsangehörigkeiten,
2. frühere Anschriften, gekennzeichnet nach Haupt- und Nebenwohnung,
3. Einzugsdatum und Auszugsdatum,
4. Ausstellungsbehörde, Ausstellungsdatum, Gültigkeitsdauer, Seriennummer des Personalausweises, vorläufigen Personalausweises oder Ersatz-Personalausweises, des anerkannten Passes oder Passersatzpapiers und
5. Daten nach § 3 Absatz 2 Nummer 7 und 8.

(4) ¹Als Auswahldaten für Abrufe dürfen die in § 34 Absatz 4 Satz 1 genannten Behörden Daten nach § 34 Absatz 1 verwenden, alle übrigen öffentlichen Stellen nur den Familiennamen, frühere Namen, Vornamen, das Geschlecht, das Geburtsdatum und den Geburtsort sowie bei Geburt im Ausland auch den Staat und die derzeitige oder eine frühere Anschrift. ²Für Familiennamen, frühere Namen und Vornamen ist eine phonetische Suche zulässig. ³Werden auf Grund eines Abrufs die Datensätze mehrerer Personen angezeigt, darf die abrufberechtigte Stelle diese Daten nur in dem Umfang verwenden, der zur Erfüllung der ihr durch Rechtsvorschrift übertragenen Aufgaben erforderlich ist. ⁴Nicht erforderliche Daten sind unverzüglich zu löschen.

(5) ¹Die Übermittlung weiterer Daten und Hinweise durch automatisierte Abrufverfahren nach den Absätzen 1 bis 3 ist zulässig, soweit dies durch Bundes- oder Landesrecht bestimmt ist, in dem auch Anlass und Zweck der Übermittlungen, der Empfänger und die zu übermittelnden Daten festgelegt sind. ²Die Verwendung von weiteren Auswahldaten nach Absatz 4 ist zulässig, soweit dies durch Bundes- oder Landesrecht bestimmt ist, in dem auch Anlass und Zweck des Abrufs festgelegt sind.

§ 39¹⁾ Verfahren des automatisierten Abrufs. (1) ¹Bei der Einrichtung eines automatisierten Abrufverfahrens hat die abrufberechtigte Stelle durch geeignete technische und organisatorische Maßnahmen nach den Artikeln 24, 25 und 32 der Verordnung (EU) 2016/679²⁾ sicherzustellen, dass Daten nur von hierzu befugten Personen abgerufen werden können. ²§ 10 Absatz 2 gilt entsprechend. ³Zusätzlich darf über die Identität der abrufenden Stelle kein Zweifel bestehen. ⁴§ 3 des Gesetzes über die Verbindung der informationstechnischen Netze des Bundes und der Länder – Gesetz zur Ausführung von Artikel 91c Absatz 4 des Grundgesetzes –³⁾ vom 10. August 2009 (BGBl. I S. 2702) in der jeweils geltenden Fassung bleibt unberührt.

(2) ¹Werden auf Grund eines automatisierten Abrufs nach § 38 Absatz 1 bis 3 die Datensätze von unterschiedlichen Personen gefunden, dürfen hierzu Identifikationsmerkmale gebildet und übermittelt werden. ²Zur Bildung dieser Identifikationsmerkmale dürfen die in § 3 genannten Daten nicht verarbeitet werden. ³Der Empfänger der Daten darf das Identifikationsmerkmal nur an die Meldebehörde übermitteln.

(3) ¹Für die in § 34 Absatz 4 Satz 1 genannten sowie weitere durch Bundes- oder Landesrecht bestimmte öffentliche Stellen ist bei zentralen Meldedatenbeständen der Länder oder, sofern solche nicht vorhanden sind, bei sonstigen Stellen, die

¹⁾ § 39 Abs. 1 Satz 1, Abs. 2 Satz 2 geänd. mWv 26.11.2019 durch G v. 20.11.2019 (BGBl. I S. 1626).
²⁾ Nr. **246**.
³⁾ **Sartorius III Nr. 715**.

durch Landesrecht dazu bestimmt sind, oder bei den Meldebehörden zu jeder Zeit sicherzustellen, dass Daten über das Internet oder über das Verbindungsnetz des Bundes und der Länder abgerufen werden können. ²Absatz 1 Satz 2 bis 4 gilt entsprechend.

(4) ¹Die Verantwortung für die Zulässigkeit des einzelnen automatisierten Abrufs trägt die abrufende Stelle. ²Die Meldebehörde überprüft die Zulässigkeit des Abrufs nur, wenn dazu Anlass besteht.

§ 40¹⁾ Protokollierungspflicht bei automatisiertem Abruf. (1) Die Meldebehörde hat bei einem automatisierten Abruf von Daten einer einzelnen Person Folgendes zu protokollieren:

1. die abrufberechtigte Stelle,

2. die abgerufenen Daten,

3. den Zeitpunkt des Abrufs,

4. soweit vorhanden, das Aktenzeichen der abrufenden Behörde und

5. die Kennung der abrufenden Person.

(2) Werden Daten über eine Vielzahl nicht näher bezeichneter Personen nach § 34 Absatz 2 abgerufen, sind zusätzlich der Anlass, die Abrufkriterien und die Anzahl der Treffer zu protokollieren.

(3) Ist die abrufende Stelle eine der in § 34 Absatz 4 Satz 1 genannten Behörden, hat sie die Protokollierung vorzunehmen.

(4) ¹Die Protokolldaten sind mindestens zwölf Monate aufzubewahren und zu sichern. ²Sie sind spätestens zum Ende des Kalenderjahres zu löschen, das auf die Speicherung folgt. ³Die Protokolldaten dürfen nur für Zwecke der Datenschutzkontrolle, hieraus folgender Strafverfahren, der Sicherstellung des Betriebs des Registers und der Auskunftserteilung an die betroffene Person verarbeitet werden.

§ 41²⁾ Zweckbindung übermittelter Daten und Hinweise. ¹Die Empfänger dürfen die Daten und Hinweise, soweit gesetzlich nichts anderes bestimmt ist, nur für die Zwecke verarbeiten, zu deren Erfüllung sie ihnen übermittelt oder weitergegeben wurden. ²In den Fällen der §§ 51 und 52 ist eine Verarbeitung der übermittelten oder weitergegebenen Daten und Hinweise nur zulässig, wenn die Beeinträchtigung schutzwürdiger Interessen der betroffenen Person ausgeschlossen werden kann.

(Fortsetzung nächstes Blatt)

¹⁾ § 40 Abs. 4 Satz 3 geänd. mWv 26.11.2019 durch G v. 20.11.2019 (BGBl. I S. 1626).
²⁾ § 41 Sätze 1, 2 geänd. mWv 26.11.2019 durch G v. 20.11.2019 (BGBl. I S. 1626).

§ 42[1] Datenübermittlungen an öffentlich-rechtliche Religionsgesellschaften. (1) Die Meldebehörde darf einer öffentlich-rechtlichen Religionsgesellschaft unter den in § 34 Absatz 1 Satz 1 genannten Voraussetzungen zur Erfüllung ihrer Aufgaben, nicht jedoch zu arbeitsrechtlichen Zwecken folgende Daten ihrer Mitglieder auch regelmäßig übermitteln:

1. Familienname,
2. frühere Namen,
3. Vornamen unter Kennzeichnung des gebräuchlichen Vornamens,
4. Doktorgrad,
5. Ordensname, Künstlername,
6. Geburtsdatum und Geburtsort sowie bei Geburt im Ausland auch den Staat,
7. zum gesetzlichen Vertreter
 a) Familienname,
 b) Vornamen,
 c) Doktorgrad,
 d) Anschrift,
 e) Geburtsdatum,
 f) Geschlecht,
 g) Sterbedatum sowie
 h) Auskunftssperren nach § 51 und bedingte Sperrvermerke nach § 52,
8. Geschlecht,
9. derzeitige Staatsangehörigkeiten,
10. rechtliche Zugehörigkeit zu der öffentlich-rechtlichen Religionsgesellschaft,
11. derzeitige Anschriften, gekennzeichnet nach Haupt- und Nebenwohnung, die letzte frühere Anschrift, bei Zuzug aus dem Ausland auch die letzte Anschrift im Inland, bei Wegzug in das Ausland auch die Zuzugsanschrift im Ausland und den Staat,
12. Einzugsdatum und Auszugsdatum,
13. Familienstand beschränkt auf die Angabe, ob verheiratet oder eine Lebenspartnerschaft führend oder nicht; zusätzlich bei Verheirateten oder Lebenspartnern: Datum, Ort und Staat der Eheschließung oder der Begründung der Lebenspartnerschaft,
14. Zahl der minderjährigen Kinder,
15. Auskunftssperren nach § 51 und bedingte Sperrvermerke nach § 52 sowie
16. Sterbedatum und Sterbeort sowie bei Versterben im Ausland auch den Staat.

(2) Haben Mitglieder einer öffentlich-rechtlichen Religionsgesellschaft Familienangehörige, die nicht derselben oder keiner öffentlich-rechtlichen Religionsgesellschaft angehören, darf die Meldebehörde von diesen Familienangehörigen folgende Daten übermitteln:

1. Vor- und Familiennamen,
2. Geburtsdatum und Geburtsort,

[1] § 42 Abs. 1 einl. Satzteil, Nr. 11 und 13, Abs. 2 Nr. 5 und Abs. 3 Satz 1 geänd., Abs. 4a eingef. durch G v. 20.11.2014 (BGBl. I S. 1738); Abs. 1 Nr. 3, 7 Buchst. h, Nr. 15 und Abs. 2 Nr. 6 geänd. mWv 1.11.2016 durch G v. 11.10.2016 (BGBl. I S. 2218); Abs. 3 Satz 3 eingef., bish. Satz 3 wird Satz 4, Abs. 5 Satz 1 geänd. mWv 26.11.2019 durch G v. 20.11.2019 (BGBl. I S. 1626); Abs. 4a Satz 3 geänd. mWv 27.6.2020 durch VO v. 19.6.2020 (BGBl. I S. 1328).

3. Geschlecht,

4. Zugehörigkeit zu einer öffentlich-rechtlichen Religionsgesellschaft,

5. derzeitige Anschriften und letzte frühere Anschrift,

6. Auskunftssperren nach § 51 und bedingte Sperrvermerke nach § 52 sowie

7. Sterbedatum.

(3) [1] Familienangehörige im Sinne des Absatzes 2 sind der Ehegatte oder Lebenspartner, minderjährige Kinder und die Eltern von minderjährigen Kindern. [2] Die betroffenen Personen haben das Recht, der Übermittlung ihrer Daten zu widersprechen; sie sind auf dieses Recht bei der Anmeldung nach § 17 Absatz 1 sowie einmal jährlich durch ortsübliche Bekanntmachung hinzuweisen. [3] § 36 Absatz 2 Satz 2 gilt entsprechend. [4] Satz 2 gilt nicht, soweit Daten für Zwecke des Steuererhebungsrechts der jeweiligen öffentlich-rechtlichen Religionsgesellschaft übermittelt werden.

(4) Für Datenübermittlungen nach den Absätzen 1 und 2 gilt § 34 Absatz 5 entsprechend.

(4a) [1] Die Meldebehörden dürfen den öffentlich-rechtlichen Religionsgesellschaften jeweils zu Beginn einer standardisierten Datenübermittlung zu einem bundesweit einheitlichen Stichtag die in den Absätzen 1 und 2 genannten sowie die gemäß § 55 Absatz 2 durch Landesrecht bestimmten Daten innerhalb von längstens zwölf Monaten automatisiert übermitteln, um einen einmaligen Abgleich zum Zwecke der Bestands- und Ersterfassung und darauf aufbauende Folgedatenübermittlungen zu ermöglichen. [2] Dabei sind auch Widersprüche nach § 42 Absatz 3 Satz 2 zu übermitteln. [3] Der jeweilige Stichtag wird vom Bundesministerium des Innern, für Bau und Heimat im Bundesanzeiger bekannt gegeben.

(5) [1] Eine Datenübermittlung nach den Absätzen 1 und 2 ist nur zulässig, wenn sichergestellt ist, dass beim Empfänger ausreichende Maßnahmen zum Datenschutz getroffen sind. [2] Die Feststellung hierüber trifft eine durch Landesrecht zu bestimmende Behörde.

§ 43[1] Datenübermittlungen an die Suchdienste. (1) Die Meldebehörde darf den Suchdiensten zur Erfüllung ihrer öffentlich-rechtlichen Aufgaben regelmäßig folgende Daten von den Personen, die aus den in § 1 Absatz 2 Nummer 3 des Bundesvertriebenengesetzes[2] bezeichneten Gebieten stammen, übermitteln:

1. Familienname,

2. frühere Namen,

3. Vornamen unter Kennzeichnung des gebräuchlichen Vornamens,

4. Geburtsdatum und Geburtsort sowie bei Geburt im Ausland auch den Staat,

5. derzeitige und frühere Anschriften,

(Fortsetzung nächstes Blatt)

[1] § 43 Abs. 1 Nr. 3, Abs. 2 Satz 1 einl. Satzteil geänd., Nr. 3 aufgeh., bish. Nr. 4 wird Nr. 3, Satz 2 Nr. 1 geänd. mWv 1.11.2016 durch G v. 11.10.2016 (BGBl. I S. 2218).
[2] **Aichberger, SGB Nr. 6/51.**

6. Anschrift am 1. September 1939.

(2) ¹Die Meldebehörde darf den Suchdiensten zur Erfüllung ihrer öffentlich-rechtlichen Aufgaben über die in Absatz 1 genannten Daten hinaus folgende Daten durch das automatisierte Abrufverfahren übermitteln:

1. Geschlecht,
2. derzeitige Staatsangehörigkeiten,
3. Einzugsdatum und Auszugsdatum.

²Als Auswahldaten für Abrufe dürfen die Suchdienste neben den nach § 38 Absatz 4 Satz 1 allen öffentlichen Stellen zur Verfügung stehenden Daten die folgenden verwenden:

1. bei Zuzug aus dem Ausland auch den Staat und die letzte Anschrift im Inland, bei Wegzug in das Ausland auch die Zuzugsanschrift im Ausland und den Staat,
2. Einzugsdatum und Auszugsdatum,
3. derzeitige Staatsangehörigkeiten,
4. Familienstand,
5. Sterbedatum und Sterbeort sowie bei Versterben im Ausland auch den Staat.

Unterabschnitt 2. Melderegisterauskunft

§ 44¹⁾ Einfache Melderegisterauskunft. (1) ¹Wenn eine Person zu einer anderen Person oder wenn eine andere als die in § 34 Absatz 1 Satz 1 oder § 35 bezeichnete Stelle Auskunft verlangt, darf die Meldebehörde nur Auskunft über folgende Daten einzelner bestimmter Personen erteilen (einfache Melderegisterauskunft):

1. Familienname,
2. Vornamen unter Kennzeichnung des gebräuchlichen Vornamens,
3. Doktorgrad und
4. derzeitige Anschriften sowie,
5. sofern die Person verstorben ist, diese Tatsache.

²Sofern die Daten für gewerbliche Zwecke verwendet werden, sind diese anzugeben.

(2) Absatz 1 gilt auch, wenn Auskunft über Daten einer Vielzahl von Personen verlangt wird.

(3) Die Erteilung einer einfachen Melderegisterauskunft ist nur zulässig, wenn

1. die Identität der Person, über die eine Auskunft begehrt wird, eindeutig festgestellt werden kann auf Grund der in der Anfrage mitgeteilten Angaben über
 a) den Familiennamen,
 b) den früheren Namen,
 c) die Vornamen,

¹⁾ § 44 Abs. 1 Satz 1 Nr. 2 geänd. mWv 1.11.2016 durch G v. 11.10.2016 (BGBl. I S. 2218); Abs. 3, 4 neu gef., Abs. 5 angef. mWv 26.11.2019 durch G v. 20.11.2019 (BGBl. I S. 1626).

d) das Geburtsdatum,

e) das Geschlecht oder

f) eine Anschrift und

2. die Daten nicht für Zwecke der Werbung oder des Adresshandels verwendet werden und die Auskunft verlangende Person oder Stelle dies erklärt.

(4) Es ist verboten, Daten aus einer Melderegisterauskunft gewerblich zu verwenden, ohne dass ein Zweck nach Absatz 1 Satz 2 bei der Anfrage angegeben wurde.

(5) § 45 Absatz 2 gilt entsprechend.

§ 45[1] Erweiterte Melderegisterauskunft. (1) Soweit ein berechtigtes Interesse glaubhaft gemacht wird, darf zu den in § 44 Absatz 1 genannten Daten einzelner bestimmter Personen eine erweiterte Melderegisterauskunft erteilt werden über

1. frühere Namen,

2. Geburtsdatum und Geburtsort sowie bei Geburt im Ausland auch den Staat,

3. Familienstand, beschränkt auf die Angabe, ob verheiratet oder eine Lebenspartnerschaft führend oder nicht,

4. derzeitige Staatsangehörigkeiten,

5. frühere Anschriften,

6. Einzugsdatum und Auszugsdatum,

7. Familienname und Vornamen sowie Anschrift des gesetzlichen Vertreters,

8. Familienname und Vornamen sowie Anschrift des Ehegatten oder des Lebenspartners sowie

9. Sterbedatum und Sterbeort sowie bei Versterben im Ausland auch den Staat.

(2) Die Pflicht zur Information der betroffenen Person gemäß Artikel 14 Absatz 1, 2 und 4 der Verordnung (EU) 2016/679[2] durch den Empfänger der erweiterten Melderegisterauskunft besteht ergänzend zu den in Artikel 14 Absatz 5 der Verordnung (EU) 2016/679 genannten Ausnahmen nicht, wenn durch ihre Erfüllung ein rechtliches Interesse, insbesondere die Geltendmachung von Rechtsansprüchen, beeinträchtigen würde, sofern nicht das berechtigte Interesse der betroffenen Person an der Erfüllung der Informationspflicht überwiegt.

§ 46 Gruppenauskunft. (1) [1] Eine Melderegisterauskunft über eine Vielzahl nicht namentlich bezeichneter Personen (Gruppenauskunft) darf nur erteilt werden, wenn sie im öffentlichen Interesse liegt. [2] Für die Zusammensetzung der Personengruppe dürfen die folgenden Daten herangezogen werden:

1. Geburtsdatum,

2. Geschlecht,

3. derzeitige Staatsangehörigkeit,

4. derzeitige Anschriften,

[1] § 45 Abs. 2 neu gef. mWv 26.11.2019 durch G v. 20.11.2019 (BGBl. I S. 1626).
[2] Nr. **246.**

5. Einzugsdatum und Auszugsdatum,

6. Familienstand mit der Angabe, ob ledig, verheiratet, geschieden, verwitwet, eine Lebenspartnerschaft führend, Lebenspartnerschaft aufgehoben oder Lebenspartner verstorben.

(2) Außer der Tatsache der Zugehörigkeit zu der Gruppe dürfen folgende Daten mitgeteilt werden:

1. Familienname,

2. Vornamen,

3. Doktorgrad,

4. Alter,

5. Geschlecht,

6. Staatsangehörigkeiten,

7. derzeitige Anschriften und

8. gesetzliche Vertreter mit Familienname und Vornamen sowie Anschrift.

§ 47 Zweckbindung der Melderegisterauskunft. (1) [1]Bei Melderegisterauskünften nach § 44 zu gewerblichen Zwecken und bei Melderegisterauskünften nach den §§ 45 und 46 sowie bei Vorliegen einer Auskunftssperre nach § 51 Absatz 1 darf der Empfänger die Daten nur für die Zwecke verwenden, zu deren Erfüllung sie ihm übermittelt wurden. [2]Danach sind die Daten zu löschen.

(2) Soweit Daten zum Zwecke der geschäftsmäßigen Anschriftenermittlung für Dritte erhoben werden, dürfen diese nicht wiederverwendet werden.

§ 48[1)] Melderegisterauskunft für öffentlich-rechtliche Rundfunkanstalten. Soweit öffentlich-rechtliche Rundfunkanstalten publizistisch tätig sind, sind sie keine öffentlichen Stellen im Sinne dieses Gesetzes.

§ 49[2)] Automatisierte Melderegisterauskunft. (1) [1]Einfache Melderegisterauskünfte können auch auf Datenträgern erteilt werden, die sich automatisiert verarbeiten lassen. [2]Die der Meldebehörde überlassenen Datenträger oder die der Meldebehörde übermittelten Daten sind nach Erledigung des Antrags unverzüglich zurückzugeben, zu löschen oder zu vernichten.

(2) [1]Einfache Melderegisterauskünfte können auch durch einen automatisierten Abruf über das Internet erteilt werden. [2]Die Antwort an den Antragsteller ist verschlüsselt zu übertragen.

(3) [1]Eine einfache Melderegisterauskunft über das Internet kann auch über ein Portal oder mehrere Portale erteilt werden. [2]Wird ein Portal nicht in öffentlich-rechtlicher Form betrieben, bedarf es der Zulassung durch die zuständige Landesbehörde. [3]Portale haben insbesondere die Aufgabe,

1. die Anfragenden zu registrieren,

[1)] § 48 neu gef. mWv 1.11.2016 durch G v. 11.10.2016 (BGBl. I S. 2218).
[2)] § 49 Abs. 1 Satz 3 aufgeh., Abs. 5 geänd. durch G v. 20.11.2014 (BGBl. I S. 1738); Abs. 3 Satz 2 geänd. mWv 1.11.2016 und Abs. 4 Nr. 1 neu gef., Abs. 5 eingef., bish. Abs. 5 wird Abs. 6. mWv 1.5. 2017 durch G v. 11.10.2016 (BGBl. I S. 2218); Abs. 6 geänd. mWv 26.11.2019 durch G v. 20.11. 2019 (BGBl. I S. 1626).

2. die Auskunftsersuchen entgegenzunehmen und an die Meldebehörde oder andere Portale weiterzuleiten,

3. die Antworten entgegenzunehmen und an Meldebehörden oder andere Portale weiterzuleiten,

4. die Zahlung der Gebühren und Auslagen an die Meldebehörden sicherzustellen und

5. die Datensicherheit zu gewährleisten.

[4] Absatz 1 Satz 2 gilt entsprechend.

(4) Auskünfte dürfen nur erteilt werden, wenn

1. der Antragsteller die betroffene Person mit ihrem Familiennamen oder einem früheren Familiennamen oder mindestens einem jeweils dazugehörigen Vornamen, wobei für Vor- und Familiennamen eine phonetische Suche zulässig ist, sowie entweder mit einer Anschrift oder mit zwei weiteren Daten bezeichnet hat, wobei die Daten nach Absatz 5 Nummer 5 und 9 nicht zusammen verwendet werden dürfen, und

2. die Identität der betroffenen Person durch einen automatisierten Abgleich der im Antrag angegebenen Daten mit den im Melderegister gespeicherten Daten der betroffenen Person eindeutig festgestellt worden ist.

(5) Für die weitere Bezeichnung der betroffenen Person nach Absatz 4 Nummer 1 können folgende Daten zusätzlich verwendet werden:

1. Ordensname,

2. Künstlername,

3. Geburtsdatum,

4. Geburtsort sowie bei Geburt im Ausland auch den Staat,

5. Geschlecht,

6. Vorname und Familienname des gesetzlichen Vertreters,

7. Einzugsdatum zu einer Anschrift,

8. Auszugsdatum zu einer Anschrift,

9. Familienstand,

10. Datum und Ort der Eheschließung oder Begründung der Lebenspartnerschaft sowie bei Eheschließung oder Begründung der Lebenspartnerschaft im Ausland auch den Staat,

11. Vorname und Familienname des Ehegatten oder Lebenspartners,

12. Sterbedatum,

13. Sterbeort sowie bei Versterben im Ausland auch den Staat.

(6) § 10 Absatz 2 und § 40 gelten entsprechend.

§ 50[1) Melderegisterauskünfte in besonderen Fällen. (1) [1]Die Meldebehörde darf Parteien, Wählergruppen und anderen Trägern von Wahlvorschlägen im Zusammenhang mit Wahlen und Abstimmungen auf staatlicher und kommunaler Ebene in den sechs der Wahl oder Abstimmung vorangehenden Monaten Auskunft aus dem Melderegister über die in § 44 Absatz 1 Satz 1

[1)] § 50 Abs. 5 Satz 2 angef. mWv 26.11.2019 durch G v. 20.11.2019 (BGBl. I S. 1626).

bezeichneten Daten von Gruppen von Wahlberechtigten erteilen, soweit für deren Zusammensetzung das Lebensalter bestimmend ist. [2] Die Geburtsdaten der Wahlberechtigten dürfen dabei nicht mitgeteilt werden. [3] Die Person oder Stelle, der die Daten übermittelt werden, darf diese nur für die Werbung bei einer Wahl oder Abstimmung verwenden und hat sie spätestens einen Monat nach der Wahl oder Abstimmung zu löschen oder zu vernichten.

(2) [1] Verlangen Mandatsträger, Presse oder Rundfunk Auskunft aus dem Melderegister über Alters- oder Ehejubiläen von Einwohnern, darf die Meldebehörde Auskunft erteilen über

1. Familienname,
2. Vornamen,
3. Doktorgrad,
4. Anschrift sowie
5. Datum und Art des Jubiläums.

[2] Altersjubiläen im Sinne des Satzes 1 sind der 70. Geburtstag, jeder fünfte weitere Geburtstag und ab dem 100. Geburtstag jeder folgende Geburtstag; Ehejubiläen sind das 50. und jedes folgende Ehejubiläum.

(3) [1] Adressbuchverlagen darf zu allen Einwohnern, die das 18. Lebensjahr vollendet haben, Auskunft erteilt werden über deren

1. Familienname,
2. Vornamen,
3. Doktorgrad und
4. derzeitige Anschriften.

[2] Die übermittelten Daten dürfen nur für die Herausgabe von Adressbüchern (Adressenverzeichnisse in Buchform) verwendet werden.

(4) [1] Die Meldebehörde hat dem Eigentümer der Wohnung und, wenn er nicht selbst Wohnungsgeber ist, auch dem Wohnungsgeber bei Glaubhaftmachung eines rechtlichen Interesses unentgeltlich Auskunft über Familiennamen und Vornamen sowie Doktorgrad der in seiner Wohnung gemeldeten Einwohner zu erteilen. [2] Die Auskunft kann auf Antrag des Auskunftsberechtigten im elektronischen Verfahren erteilt werden; § 10 Absatz 2 und 3 gilt entsprechend.

(5) [1] Die betroffene Person hat das Recht, der Übermittlung ihrer Daten nach den Absätzen 1 bis 3 zu widersprechen; hierauf ist bei der Anmeldung nach § 17 Absatz 1 sowie einmal jährlich durch ortsübliche Bekanntmachung hinzuweisen. [2] § 36 Absatz 2 Satz 2 gilt entsprechend.

(6) [1] Eine Erteilung von Auskünften nach den Absätzen 1 bis 3 unterbleibt, wenn eine Auskunftssperre nach § 51 vorliegt. [2] Eine Auskunft nach Absatz 3 darf außerdem nicht erteilt werden, wenn ein bedingter Sperrvermerk nach § 52 eingetragen ist.

§ 51[1] **Auskunftssperren.** (1) Liegen Tatsachen vor, die die Annahme rechtfertigen, dass der betroffenen oder einer anderen Person durch eine Melde-

[1] § 51 Abs. 3 geänd. mWv 1.11.2016 durch G v. 11.10.2016 (BGBl. I S. 2218); Abs. 1 geänd. mWv 26.11.2019 durch G v. 20.11.2019 (BGBl. I S. 1626).

registerauskunft eine Gefahr für Leben, Gesundheit, persönliche Freiheit oder ähnliche schutzwürdige Interessen erwachsen kann, hat die Meldebehörde auf Antrag oder von Amts wegen unentgeltlich eine Auskunftssperre im Melderegister einzutragen.

(2) ¹Sofern nach Anhörung der betroffenen Person eine Gefahr nach Absatz 1 nicht ausgeschlossen werden kann, ist eine Melderegisterauskunft nicht zulässig. ²Ist die betroffene Person nicht erreichbar, ist in den Fällen, in denen eine Auskunftssperre auf Veranlassung einer in § 34 Absatz 4 Satz 1 Nummer 1, 6, 7, 8 und 9 genannten Behörde von Amts wegen eingetragen wurde, die veranlassende Stelle anzuhören. ³Sofern eine Auskunft nicht erteilt wird, erhält die ersuchende Person oder Stelle eine Mitteilung, die keine Rückschlüsse darauf zulassen darf, ob zu der betroffenen Person keine Daten vorhanden sind oder eine Auskunftssperre besteht.

(3) Wurde eine Auskunftssperre auf Veranlassung einer in § 34 Absatz 4 Satz 1 Nummer 1, 6, 7, 8 und 9 genannten Behörde von Amts wegen eingetragen, sind die betroffene Person und die veranlassende Stelle über jedes Ersuchen um eine Melderegisterauskunft unverzüglich zu unterrichten.

(4) ¹Die Auskunftssperre wird auf zwei Jahre befristet. ²Sie kann auf Antrag oder von Amts wegen verlängert werden. ³Die betroffene Person ist vor Aufhebung der Sperre zu unterrichten, soweit sie erreichbar ist. ⁴Wurde die Sperre von einer in § 34 Absatz 4 Satz 1 Nummer 1, 6, 7, 8 und 9 genannten Behörde veranlasst, ist diese zu unterrichten, wenn die betroffene Person nicht erreichbar ist.

(5) Die Melderegisterauskunft ist ferner nicht zulässig,

1. soweit die Einsicht in ein Personenstandsregister nach § 63 des Personenstandsgesetzes¹⁾ nicht gestattet werden darf und

2. in den Fällen des § 1758 des Bürgerlichen Gesetzbuchs²⁾.

§ 52³⁾ Bedingter Sperrvermerk. (1) Die Meldebehörde richtet unentgeltlich einen bedingten Sperrvermerk für derzeitige Anschriften der Personen ein, die nach Kenntnis der Meldebehörde wohnhaft gemeldet sind in

1. einer Justizvollzugsanstalt,

2. einer Aufnahmeeinrichtung für Asylbewerber oder sonstige ausländische Flüchtlinge,

3. Krankenhäusern, Pflegeheimen oder sonstigen Einrichtungen, die der Betreuung pflegebedürftiger oder behinderter Menschen oder der Heimerziehung dienen,

4. Einrichtungen zum Schutz vor häuslicher Gewalt oder

5. Einrichtungen zur Behandlung von Suchterkrankungen.

(2) ¹In diesen Fällen darf, soweit nicht die Voraussetzungen des § 51 Absatz 1 bis 3 vorliegen, eine Melderegisterauskunft nur erteilt werden, wenn eine Beeinträchtigung schutzwürdiger Interessen ausgeschlossen werden kann. ²Die betroffene Person ist vor Erteilung einer Melderegisterauskunft zu hören.

¹⁾ Nr. 260.
²⁾ *Schönfelder Nr. 20.*
³⁾ § 52 Abs. 1 einl. Satzteil geänd. mWv 1.11.2016 durch G v. 11.10.2016 (BGBl. I S. 2218); Abs. 1 einl. Satzteil geänd. mWv 26.11.2019 durch G v. 20.11.2019 (BGBl. I S. 1626).

Unterabschnitt 3. Zeugenschutz

§ 53 Zeugenschutz. Die Vorschriften des Zeugenschutz-Harmonisierungsgesetzes[1] vom 11. Dezember 2001 (BGBl. I S. 3510), das durch Artikel 2 Absatz 12 des Gesetzes vom 19. Februar 2007 (BGBl. I S. 122) geändert worden ist, in der jeweils geltenden Fassung bleiben von den Regelungen zu Datenübermittlungen und Datenweitergabe nach den §§ 34, 36 bis 38 und 49 unberührt.

Abschnitt 6. Ordnungswidrigkeiten

§ 54[2] Bußgeldvorschriften. (1) Ordnungswidrig handelt, wer entgegen § 19 Absatz 6 eine Wohnanschrift anbietet oder zur Verfügung stellt.

(2) Ordnungswidrig handelt, wer vorsätzlich oder fahrlässig

1. entgegen § 17 Absatz 1, auch in Verbindung mit § 27 Absatz 2 Satz 2 oder § 28 Absatz 1 Satz 1 oder Satz 2, entgegen § 29 Absatz 1 Satz 2 oder Absatz 4 Satz 2 oder § 32 Absatz 1 Satz 2 sich nicht, nicht richtig oder nicht rechtzeitig anmeldet,

2. entgegen § 17 Absatz 2 Satz 1 sich nicht oder nicht rechtzeitig abmeldet,

3. entgegen § 19 Absatz 1 Satz 2 den Einzug nicht, nicht richtig oder nicht rechtzeitig bestätigt,

4. entgegen § 19 Absatz 1 Satz 5 eine Bestätigung ausstellt,

5. einer vollziehbaren Anordnung nach § 19 Absatz 5 oder § 25 oder § 28 Absatz 4 zuwiderhandelt,

6. entgegen § 21 Absatz 4 Satz 2 eine Mitteilung nicht, nicht richtig, nicht vollständig oder nicht rechtzeitig macht,

7. entgegen § 28 Absatz 2 Satz 1 oder Satz 2 den Kapitän oder ein Besatzungsmitglied nicht oder nicht rechtzeitig anmeldet oder nicht oder nicht rechtzeitig abmeldet,

8. entgegen § 29 Absatz 2 Satz 1 einen besonderen Meldeschein nicht oder nicht rechtzeitig unterschreibt,

9. entgegen § 30 Absatz 1 Satz 1 einen besonderen Meldeschein nicht bereithält,

10. entgegen § 30 Absatz 4 Satz 1, auch in Verbindung mit Satz 2, einen Meldeschein nicht oder nicht mindestens ein Jahr aufbewahrt oder Daten nicht oder nicht mindestens ein Jahr speichert,

11. entgegen § 30 Absatz 4 Satz 3 einen Meldeschein nicht oder nicht rechtzeitig vorlegt oder Daten nicht oder nicht rechtzeitig zur Verfügung stellt,[3]

(3) Die Ordnungswidrigkeit kann in den Fällen des Absatzes 1 mit einer Geldbuße bis zu fünfzigtausend Euro und in den übrigen Fällen mit einer Geldbuße bis zu tausend Euro geahndet werden.

[1] **Schönfelder ErgBd. Nr. 90b.**
[2] § 54 Abs. 1 gef., Abs. 2 Nr. 3, 10, 11, Abs. 3 geänd., Abs. 2 Nr. 12, 13 aufgeh. mWv 26.11. 2019 durch G v. 20.11.2019 (BGBl. I S. 1626); Abs. 2 Nr. 9 geänd., Nr. 10 und 11 neu gef. mWv 1.1. 2020 durch G v. 22.11.2019 (BGBl. I S. 1746).
[3] Zeichensetzung amtlich.

Abschnitt 7. Sonstige Vorschriften, Schlussvorschriften

§ 55 [1][2] **Regelungsbefugnisse der Länder.** (1) Durch Landesrecht kann bestimmt werden, dass für die Erfüllung von Aufgaben der Länder weitere als die in § 3 aufgeführten Daten und Hinweise verarbeitet werden.

(2) Durch Landesrecht kann bestimmt werden, dass den öffentlich-rechtlichen Religionsgesellschaften zur Erfüllung ihrer Aufgaben weitere als die in § 42 genannten Daten übermittelt werden dürfen.

(3) [1] Durch Landesrecht können die Einrichtung, die Führung und die Aufgaben von zentralen Meldedatenbeständen geregelt werden. [2] In diesem Fall gelten die §§ 4, 5, 6 Absatz 2 Satz 1 und 2 sowie die §§ 7, 8, 10, 11 und 40 entsprechend.

(4) Durch Landesrecht kann das Muster der Meldescheine für die Meldungen nach § 17 Absatz 1 und 2 Satz 1, der einfachen Meldebescheinigung nach § 18 Absatz 1, der Meldebestätigung nach § 24 Absatz 2 und der besonderen Meldescheine nach § 30 Absatz 1 bestimmt werden.

(5) Durch Landesrecht können regelmäßige Datenübermittlungen nach § 36 Absatz 1 im Rahmen der Erfüllung von Aufgaben der Länder geregelt werden, soweit dadurch Anlass und Zweck der Übermittlung festgelegt und der Empfänger sowie die zu übermittelnden Daten bestimmt werden.

(6) Durch Landesrecht kann die Übermittlung weiterer Daten und Hinweise nach § 38 Absatz 5 Satz 1 im Rahmen der Erfüllung von Aufgaben der Länder geregelt werden, soweit dadurch Anlass und Zweck der Übermittlung festgelegt und der Empfänger sowie die zu übermittelnden Daten bestimmt werden.

(7) Durch Landesrecht kann bestimmt werden, welche weiteren Daten nach § 38 Absatz 5 Satz 2 im Rahmen der Erfüllung von Aufgaben der Länder als Auswahldaten für Abrufe zulässig sind, soweit dadurch Anlass und Zweck des Abrufs bestimmt werden.

(8) [1] Durch Landesrecht kann bestimmt werden, welche sonstigen Stellen nach § 39 Absatz 3 Daten zum Abruf anbieten. [2] Sofern bestimmt wird, dass der Datenabruf innerhalb eines Landes abweichend von § 39 Absatz 3 über landesinterne Netze erfolgt, ist sicherzustellen, dass Maßnahmen nach den Artikeln 24, 25 und 32 der Verordnung (EU) 2016/679 [3] getroffen werden.

(9) Von den in § 33 Absatz 1 bis 3 und 6, § 34 Absatz 6 sowie in § 39 Absatz 3 getroffenen Regelungen und von den auf Grund von § 56 Absatz 1 getroffenen Regelungen des Verwaltungsverfahrens kann durch Landesrecht nicht abgewichen werden.

[1] § 55 ist bereits am 26.11.2014 in Kraft getreten; vgl. Fußnote am Titel.
[2] *§ 55 Abs. 1, 5, 6 geänd., Abs. 8 Satz 2 neu gef. mWv 26.11.2019 durch G v. 20.11.2019 (BGBl. I S. 1626).*
[3] Nr. **246**.

§ 56 [1)2)] **Verordnungsermächtigungen.** (1) Das Bundesministerium des Innern, für Bau und Heimat wird ermächtigt, durch Rechtsverordnung[3)] mit Zustimmung des Bundesrates

1. zur Durchführung von Datenübermittlungen nach § 23 Absatz 3 und 4 sowie § 33 Absatz 1 bis 3, die zur Fortschreibung der Melderegister erforderlich sind, die zu übermittelnden Daten, ihre Form sowie das Nähere über das Verfahren der Übermittlung festzulegen,

2. zur Durchführung von regelmäßigen Datenübermittlungen nach § 36 Absatz 1, die zur Aufgabenerfüllung der datenempfangenden öffentlichen Stelle erforderlich sind, die zu übermittelnden Daten, ihre Form sowie das Nähere über das Verfahren der Übermittlung festzulegen,

3. zur Durchführung von automatisierten Abrufen nach den §§ 38 und 39 die Voraussetzungen, unter denen ein Datenabruf erfolgen darf, festzulegen und

4. zur Durchführung von Melderegisterauskünften über Portale nach § 49 Absatz 3 die Voraussetzungen und das Verfahren zur Zulassung von Portalen zu regeln.

(2) [1]Das Bundesministerium des Innern, für Bau und Heimat wird ermächtigt, durch Rechtsverordnung, die nicht der Zustimmung des Bundesrates bedarf, die Einzelheiten der elektronischen Speicherung nach § 29 Absatz 5 und § 30 Absatz 4, insbesondere die bei der Speicherung der Daten einzuhaltenden Datenformate, zu regeln. [2]Es hat dabei die technischen und wirtschaftlichen Belange der nach § 30 Absatz 1 Satz 1 verpflichteten Beherbergungsstätten und Einrichtungen zu berücksichtigen.

(3) [1]Soweit in Rechtsverordnungen auf Grund dieses Gesetzes Form und Verfahren von Datenübermittlungen zu bestimmen sind, kann insoweit auf jedermann zugängliche Bekanntmachungen sachverständiger Stellen verwiesen werden. [2]In der Rechtsverordnung sind das Datum der Bekanntmachung, die Fundstelle und die Bezugsquelle der Bekanntmachung anzugeben. [3]Die Bekanntmachung ist beim Bundesarchiv niederzulegen; in der Rechtsverordnung ist darauf hinzuweisen.

§ 57 [4)] **Verwaltungsvorschriften.** Die Bundesregierung kann mit Zustimmung des Bundesrates allgemeine Verwaltungsvorschriften zur Durchführung dieses Gesetzes und der auf Grund dieses Gesetzes erlassenen Rechtsverordnungen erlassen.

§ 58 [5)] *(aufgehoben)*

[1)] § 56 ist bereits am 26.11.2014 in Kraft getreten; vgl. Fußnote am Titel.
[2)] § 56 Abs. 1 Nr. 1, 3 geänd., Nr. 4 aufgeh., bish. Nr. 5 wird Nr. 4 mWv 26.11.2019 durch G v. 20.11. 2019 (BGBl. I S. 1626); Abs. 2 eingef., bish. Abs. 2 wird Abs. 3 mWv 1.1.2020 durch G v. 22.11.2019 (BGBl. I S. 1746); Abs. 1 einl. Satzteil geänd. mWv 27.6.2020 durch VO v. 19.6.2020 (BGBl. I S. 1328).
[3)] Siehe hierzu die Erste BundesmeldedatenübermittlungsVO – 1. BMeldDÜV v. 1.12.2014 (BGBl. I S. 1945), zuletzt geänd. durch G v. 3.12.2020 (BGBl. I S. 2744).
[4)] § 57 ist bereits am 26.11.2014 in Kraft getreten; vgl. Fußnote am Titel.
[5)] § 58 aufgeh. mWv 26.11.2019 durch G v. 20.11.2019 (BGBl. I S. 1626).

260. Personenstandsgesetz (PStG) [1][2]

Vom 19. Februar 2007

(BGBl. I S. 122)

FNA 211-9

geänd. durch Art. 2 Abs. 2 G zur Ergänzung des Rechts zur Anfechtung der Vaterschaft v. 13.3.2008 (BGBl. I S. 313), Art. 3 Viertes G zur Änd. verwaltungsverfahrensrechtlicher Vorschriften v. 11.12. 2008 (BGBl. I S. 2418), Art. 12 FGG-ReformG v. 17.12.2008 (BGBl. I S. 2586), Art. 4 G zur Modernisierung des Benachrichtigungswesens in Nachlasssachen durch Schaffung des Zentralen Testamentsregisters bei der Bundesnotarkammer und zur Fristverlängerung nach der HofraumVO v. 22.12.2010 (BGBl. I S. 2255), Art. 2 G zur Anpassung der Vorschriften des Internationalen Privatrechts an die Verordnung (EU) Nr. 1259/2010 und zur Änd. anderer Vorschriften des Internationalen Privatrechts v. 23.1.2013 (BGBl. I S. 101), Art. 1 Personenstandsrechts-ÄnderungsG v. 7.5. 2013 (BGBl. I S. 1122), Art. 2 Abs. 14 G zur Strukturreform des Gebührenrechts des Bundes v. 7.8. 2013 (BGBl. I S. 3154), Art. 3 G zum Ausbau der Hilfen für Schwangere und zur Regelung der vertraulichen Geburt v. 28.8.2013 (BGBl. I S. 3458), Art. 49 Zehnte ZuständigkeitsanpassungsVO v. 31.8.2015 (BGBl. I S. 1474), Art. 2 G zur Bereinigung des Rechts der Lebenspartner v. 20.11.2015 (BGBl. I S. 2010), Art. 3 G zur Bekämpfung von Kinderehen v. 17.7.2017 (BGBl. I S. 2429), Art. 1 2. Personenstandsrechts-ÄnderungsG v. 17.7.2017 (BGBl. I S. 2522), Art. 2 Abs. 2 G zur Einführung des Rechts auf Eheschließung für Personen gleichen Geschlechts v. 20.7.2017 (BGBl. I S. 2787), Beschl. des BVerfG – 1 BvR 2019/16 – v. 10.10.2017 (BGBl. I S. 3783), Art. 3 Abs. 1 G zum Erlass und zur Änd. bundesrechtlicher Vorschriften in Bezug auf die Übernahme der Angehörigenbenachrichtigungs-Aufgabenübertragung[3] v. 4.12.2018 (BGBl. I S. 2257 iVm Bek. v. 12.4.2019, BGBl. I S. 496), Art. 3 G zum Internationalen Güterrecht und zur Änd. von Vorschriften des Internationalen

[1] Verkündet als Art. 1 PersonenstandsrechtsreformG v. 19.2.2007 (BGBl. I S. 122); Inkrafttreten gem. Art. 5 Abs. 2 Satz 1 dieses G am 1.1.2009 mit Ausnahme von § 67 Abs. 4, §§ 73, 74 und § 77 Abs. 1, die gem. Art. 5 Abs. 1 bereits am 24.2.2007 in Kraft getreten sind.

[2] Zur Ausführung und Durchführung des PStG haben die Länder ua folgende Vorschriften erlassen:
- **Baden-Württemberg:** PersonenstandsG-AusführungsG v. 3.12.2008 (GBl. S. 434), zuletzt geänd. durch G v. 15.12.2015 (GBl. S. 1147); PersonenstandsG-DurchführungsVO v. 10.6.2013 (GBl. S. 209), zuletzt geänd. durch VO v. 17.10.2018 (GBl, S. 371)
- **Bayern:** PersonenstandsausführungsG v. 8.7.2008 (GVBl. S. 344), zuletzt geänd. durch V v. 26.3. 2019 (GVBl. S. 98)
- **Berlin:** Personenstands-AusführungsVO v. 2.7.2019 (GVBl. S. 454)
- **Brandenburg:** PersonenstandsausführungsG v. 9.10.2003 (GVBl. I S. 270), zuletzt geänd. durch G v. 10.7.2014 (GVBl. I Nr. 32)
- **Bremen:** Bremisches AusführungsG zum PersonenstandsG v. 16.12.2008 (Brem.GBl. S. 418), zuletzt geänd. durch G v. 27.9.2016 (Brem.GBl. S. 590)
- **Hessen:** PersonenstandsG-AusführungsG v. 19.11.2008 (GVBl. I S. 964), zuletzt geänd. durch G v. 22.3.2018 (GVBl. S. 31)
- **Mecklenburg-Vorpommern:** LandespersonenstandsausführungsG v. 1.12.2008 (GVOBl. M-V S. 461), zuletzt geänd. durch G v. 9.4.2020 (GVOBl. M-V S. 166)
- **Niedersachsen:** PersonenstandsG-AusführungsG v. 11.12.2008 (Nds. GVBl. S. 413)
- **Nordrhein-Westfalen:** PersonenstandsVO NRW v. 16.12.2008 (GV. NRW. S. 859, ber. S. 879), zuletzt geänd. durch VO v. 13.11.2018 (GV. NRW. S. 587)
- **Rheinland-Pfalz:** PersonenstandsVO v. 10.12.2008 (GVBl. S. 321), zuletzt geänd. durch VO v. 29.4.2014 (GVBl. S. 51)
- *Sachsen:* Personenstands-AusführungsG v. 11.12.2008 (SächsGVBl. S. 938), zuletzt geänd. durch G v. 5.4.2019 (SächsGVBl. S. 245)
- **Sachsen-Anhalt:** Personenstands-AusführungsG v. 5.12.2008 (GVBl. LSA S. 406), geänd. durch G v. 14.2.2019 (GVBl. LSA S. 32)
- **Schleswig-Holstein:** PersonenstandsG-DurchführungsVO v. 8.12.2008 (GVOBl. Schl.-H. S. 752), zuletzt geänd. durch VO v. 11.5.2015 (GVOBl. Schl.-H. S. 126)
- **Thüringen:** PersonenstandsG-AusführungsG v. 18.9.2008 (GVBl. S. 313), geänd. durch G v. 9.9. 2010 (GVBl. S. 291)

[3] In Kraft getreten am 1.1.2019, vgl. Art. 4 Abs. 2 G v. 4.12.2018 (BGBl. I S. 2257) iVm Bek. v. 12.4.2019 (BGBl. I S. 496).

Privatrechts v. 17.12.2018 (BGBl. I S. 2573), Art. 1 G zur Änd. der in das Geburtenregister ein-
zutragenden Angaben v. 18.12.2018 (BGBl. I S. 2635), Art. 4 G zur Umsetzung des G zur Einfüh-
rung des Rechts auf Eheschließung für Personen gleichen Geschlechts v. 18.12.2018 (BGBl. I
S. 2639), Art. 17 Zweites Datenschutz-Anpassungs- und UmsetzungsG EU v. 20.11.2019 (BGBl. I
S. 1626) und Art. 88 Elfte ZuständigkeitsanpassungsVO v. 19.6.2020 (BGBl. I S. 1328)

Inhaltsübersicht[1]

Kapitel 1. Allgemeine Bestimmungen

Kapitel 2. Führung der Personenstandsregister

Kapitel 3. Eheschließung
Abschnitt 1. Zuständigkeit, Anmeldung und Eheschließung

Abschnitt 2. Fortführung des Eheregisters

Kapitel 4. Lebenspartnerschaft

Kapitel 5. Geburt
Abschnitt 1. Anzeige und Beurkundung

Abschnitt 2. Besonderheiten

Abschnitt 3. Fortführung des Geburtenregisters

[1] Inhaltsübersicht geänd. mWv 1.9.2009 durch G v. 17.12.2008 (BGBl. I S. 2586); mWv 1.11.2013
durch G v. 7.5.2013 (BGBl. I S. 1122); mWv 15.8.2013 durch G v. 7.8.2013 (BGBl. I S. 3154); geänd.
mWv 26.11.2015 durch G v. 20.11.2015 (BGBl. I S. 2010); geänd. mWv 22.7.2017 durch G v. 17.7.
2017 (BGBl. I S. 2429); geänd. mWv 1.11.2017 durch G v. 17.7.2017 (BGBl. I S. 2522); geänd.
mWv 1.10.2017 durch G v. 20.7.2017 (BGBl. I S. 2787); geänd. mWv 22.12.2018 durch G v. 18.12.
2018 (BGBl. I S. 2635); geänd. mWv 22.12.2018 durch G v. 18.12.2018 (BGBl. I S. 2639); geänd.
mWv 26.11.2019 durch G v. 20.11.2019 (BGBl. I S. 1626).

Kapitel 1. Allgemeine Bestimmungen

§ 1[1)] **Personenstand, Aufgaben des Standesamts** (1) ¹Personenstand im Sinne dieses Gesetzes ist die sich aus den Merkmalen des Familienrechts ergebende Stellung einer Person innerhalb der Rechtsordnung einschließlich ihres Namens. ²Der Personenstand umfasst Daten über Geburt, Eheschließung, Begründung einer Lebenspartnerschaft und Tod sowie damit in Verbindung stehende familien- und namensrechtliche Tatsachen.

(2) Die nach Landesrecht für das Personenstandswesen zuständigen Behörden (Standesämter) beurkunden den Personenstand nach Maßgabe dieses Gesetzes; sie wirken bei der Schließung von Ehen mit.

(3) Die Standesämter erfüllen weitere Aufgaben, die ihnen durch Bundesrecht oder Landesrecht zugewiesen werden.

§ 2 Standesbeamte. (1) ¹Beurkundungen und Beglaubigungen für Zwecke des Personenstandswesens werden im Standesamt nur von hierzu bestellten Urkundspersonen (Standesbeamten) vorgenommen. ²Gleiches gilt für die Ausstellung von Personenstandsurkunden und sonstigen öffentlichen Urkunden. ³Die Zuständigkeit der Notare, anderer Urkundspersonen oder sonstiger Stellen für öffentliche Beurkundungen und Beglaubigungen bleibt unberührt.

(2) Bei der Wahrnehmung ihrer Aufgaben als Urkundspersonen sind die Standesbeamten nicht an Weisungen gebunden.

(3) Zu Standesbeamten dürfen nur nach Ausbildung und Persönlichkeit geeignete Beamte und Angestellte bestellt werden.

(4) Die Funktionsbezeichnung Standesbeamter wird in weiblicher oder männlicher Form geführt.

[1)] § 1 Abs. 2 geänd. mWv 22.12.2018 durch G v. 18.12.2018 (BGBl. I S. 2639).

Kapitel 2. Führung der Personenstandsregister

§ 3[1) Personenstandsregister. (1) [1] Das Standesamt führt für seinen Zuständigkeitsbereich

1. ein Eheregister (§ 15),
2. ein Lebenspartnerschaftsregister (§ 17),
3. ein Geburtenregister (§ 21),
4. ein Sterberegister (§ 31).

[2] Die Registereinträge bestehen aus einem urkundlichen Teil (Haupteintrag und Folgebeurkundungen) und einem Hinweisteil.

(2) [1] Die Personenstandsregister werden elektronisch geführt. [2] Die Beurkundungen in den Personenstandsregistern sind jährlich fortlaufend zu nummerieren und mit der Angabe des Familiennamens des zugriffsberechtigten Standesbeamten abzuschließen. [3] Die Identität der Person, die die Eintragung vornimmt, muss jederzeit erkennbar sein. [4] Das Programm muss eine automatisierte Suche anhand der in die Personenstandsregister aufzunehmenden Angaben zulassen; die Register müssen jederzeit nach Jahreseinträgen ausgewertet werden können.

§ 4 Sicherungsregister. (1) Die Beurkundungen in einem Personenstandsregister sind nach ihrem Abschluss (§ 3 Abs. 2) in einem weiteren elektronischen Register (Sicherungsregister) zu speichern.

(2) [1] Das Sicherungsregister ist wie das Personenstandsregister am Ende des Jahres abzuschließen. [2] Es ist nach Fortführung des Personenstandsregisters zu aktualisieren.

§ 5[2) Fortführung der Personenstandsregister. (1) Die Registereinträge sind nach den Vorschriften dieses Gesetzes durch Folgebeurkundungen und Hinweise zu ergänzen und zu berichtigen (Fortführung).

(2) Folgebeurkundungen sind Einträge, die den Beurkundungsinhalt verändern.

(3) Hinweise stellen den Zusammenhang zwischen verschiedenen Beurkundungen her, die dieselbe Person, deren Ehegatten, Lebenspartner, Eltern oder Kinder betreffen.

(4) [1] Die Fortführung obliegt dem für die Führung des Personenstandsregisters (§ 3 Abs. 1) zuständigen Standesamt. [2] Öffentliche Stellen haben diesem Standesamt Anlässe, die zu einer Folgebeurkundung oder zu einem Hinweis führen, mitzuteilen.

(5) Für die Fortführung der Personenstandsregister und der Sicherungsregister gelten folgende Fristen:

1. für Eheregister und Lebenspartnerschaftsregister 80 Jahre;
2. für Geburtenregister 110 Jahre;

[1) § 3 Abs. 1 Satz 1 Nr. 2 neu gef. mWv 26.11.2015 durch G v. 20.11.2015 (BGBl. I S. 2010).
[2) § 5 Abs. 5 neu gef. mWv 1.11.2017 durch G v. 17.7.2017 (BGBl. I S. 2522).

3. für Sterberegister 30 Jahre; für Sterberegister des Sonderstandesamts in Bad Arolsen 80 Jahre.

§ 6 Aktenführung. Dokumente, die einzelne Beurkundungen in den Personenstandsregistern betreffen, werden in besonderen Akten (Sammelakten) aufbewahrt.

§ 7[1] Aufbewahrung. (1) Die Personenstandsregister und die Sicherungsregister sind räumlich getrennt voneinander und vor unberechtigtem Zugriff geschützt aufzubewahren.

(2) [1] Die Personenstandsregister sind dauernd aufzubewahren. [2] Für die Sicherungsregister und die Sammelakten endet die Pflicht zur Aufbewahrung mit Ablauf der in § 5 Absatz 5 für das jeweilige Register genannten Frist.

(3) [1] Nach Ablauf der in § 5 Absatz 5 genannten Fristen sind die Personenstandsregister, die Sicherungsregister und die Sammelakten nach den jeweiligen archivrechtlichen Vorschriften den zuständigen öffentlichen Archiven zur Übernahme anzubieten. [2] Dies gilt nicht für stillgelegte Registereinträge nach § 47 Absatz 4; diese sind zu löschen.

§ 8[2] Verlust eines Personenstandsregisters. (1) [1] Gerät ein Ehe-, Lebenspartnerschafts-, Geburten- oder Sterberegister ganz oder teilweise in Verlust, so ist es auf Grund des Sicherungsregisters wiederherzustellen. [2] Ein Verlust ist auch dann gegeben, wenn die Daten eines Registereintrags wegen eines nicht zu behebenden technischen Fehlers nicht mehr zu verwenden sind.

(2) [1] Gerät das Sicherungsregister ganz oder teilweise in Verlust, so ist es auf Grund des Personenstandsregisters wiederherzustellen. [2] Sind sowohl das Personenstandsregister als auch das Sicherungsregister in Verlust geraten, so sind beide Register durch Neubeurkundung wiederherzustellen. [3] Die Beurkundungen werden nach amtlicher Ermittlung des Sachverhalts vorgenommen.

(3) [1] Sind Eheschließung, Begründung der Lebenspartnerschaft, Geburt oder Tod einer Person mit hinreichender Sicherheit festgestellt, so ist die Neubeurkundung auch dann zulässig, wenn der Inhalt des früheren Eintrags nicht mehr zweifelsfrei festgestellt werden kann. [2] Der Zeitpunkt der Eheschließung, der Begründung der Lebenspartnerschaft, der Geburt oder des Todes ist hierbei so genau zu bestimmen, wie es nach dem Ergebnis der Ermittlungen möglich ist.

(4) War ein Eintrag berichtigt worden, so kann die Neubeurkundung in der Form einer einheitlichen Eintragung, in der die Berichtigungen berücksichtigt sind, vorgenommen werden.

§ 9 Beurkundungsgrundlagen. (1) Eintragungen in den Personenstandsregistern werden auf Grund von Anzeigen, Anordnungen, Erklärungen, Mitteilungen und eigenen Ermittlungen des Standesamts sowie von Einträgen in

[1] § 7 neu gef. mWv 1.11.2017 durch G v. 17.7.2017 (BGBl. I S. 2522).
[2] § 8 Überschrift und Abs. 1 und 2 neu gef., Abs. 4 geänd. mWv 1.11.2017 durch G v. 17.7.2017 (BGBl. I S. 2522).

anderen Personenstandsregistern, Personenstandsurkunden oder sonstigen öffentlichen Urkunden vorgenommen.

(2) [1] Ist den zur Beibringung von Nachweisen Verpflichteten die Beschaffung öffentlicher Urkunden nicht oder nur mit erheblichen Schwierigkeiten oder unverhältnismäßig hohen Kosten möglich, so können auch andere Urkunden als Beurkundungsgrundlage dienen. [2] Sind auch diese nicht einfacher zu beschaffen als die erforderlichen öffentlichen Urkunden oder können die für die Beurkundung erheblichen tatsächlichen Behauptungen der Betroffenen weder durch öffentliche noch durch andere Urkunden nachgewiesen werden, so kann der Standesbeamte zum Nachweis dieser Tatsachen Versicherungen an Eides statt der Betroffenen oder anderer Personen verlangen und abnehmen.

§ 10[1]) Auskunfts- und Nachweispflicht. (1) Die nach diesem Gesetz zur Anzeige Verpflichteten haben die für die Beurkundung des Personenstandsfalls erforderlichen Angaben zu machen, soweit diese nicht Registern entnommen werden können, zu denen das Standesamt einen Zugang hat.

(2) Auskunftspflichtig unter den Voraussetzungen des Absatzes 1 sind weitere Personen, die Angaben zu Tatsachen machen können, die für Beurkundungen in den Personenstandsregistern benötigt werden.

(3) Absatz 1 gilt für die Beibringung von Nachweisen entsprechend.

(4) Eine Auskunfts- und Nachweispflicht besteht nicht bei einer vertraulichen Geburt nach § 25 Absatz 1 des Schwangerschaftskonfliktgesetzes.

Kapitel 3. Eheschließung

Abschnitt 1. Zuständigkeit, Anmeldung und Eheschließung

§ 11[2]) Zuständigkeit und Standesamtsvorbehalt. (1) Zuständig für die Eheschließung ist jedes deutsche Standesamt.

(2) [1] Eine religiöse oder traditionelle Handlung, die darauf gerichtet ist, eine der Ehe vergleichbare dauerhafte Bindung zweier Personen zu begründen, von denen eine das 18. Lebensjahr noch nicht vollendet hat, ist verboten. [2] Das Gleiche gilt für den Abschluss eines Vertrags, der nach den traditionellen oder religiösen Vorstellungen der Partner an die Stelle der Eheschließung tritt. [3] Die Verbote richten sich gegen Personen, die

1. als Geistliche eine solche Handlung vornehmen oder hieran mitwirken,

2. als Sorgeberechtigte eines Minderjährigen eine solche Handlung veranlassen,

3. als Volljährige oder Beauftragte einem Vertrag zustimmen, der eine der Ehe vergleichbare dauerhafte Bindung begründet, oder

4. als anwesende Personen eine solche Handlung bezeugen, soweit ihre Mitwirkung für die Gültigkeit der Handlung nach religiösen Vorschriften, den traditionellen Vorstellungen oder dem Heimatrecht eines der Bindungswilligen als erforderlich angesehen wird.

[1]) § 10 Abs. 4 angef. mWv 1.5.2014 durch G v. 28.8.2013 (BGBl. I S. 3458).
[2]) § 11 neu gef. mWv 22.7.2017 durch G v. 17.7.2017 (BGBl. I S. 2429).

§ 12 Anmeldung der Eheschließung. (1) [1] Die Eheschließenden haben die beabsichtigte Eheschließung mündlich oder schriftlich bei einem Standesamt, in dessen Zuständigkeitsbereich einer der Eheschließenden seinen Wohnsitz oder seinen gewöhnlichen Aufenthalt hat, anzumelden. [2] Hat keiner der Eheschließenden Wohnsitz oder gewöhnlichen Aufenthalt im Inland, so ist das Standesamt, vor dem die Ehe geschlossen werden soll, für die Entgegennahme der Anmeldung zuständig.

(2) Die Eheschließenden haben bei der Anmeldung der Eheschließung durch öffentliche Urkunden nachzuweisen

1. ihren Personenstand,

2. ihren Wohnsitz oder gewöhnlichen Aufenthalt,

3. ihre Staatsangehörigkeit,

4. wenn sie schon verheiratet waren oder eine Lebenspartnerschaft begründet hatten, die letzte Eheschließung oder Begründung der Lebenspartnerschaft sowie die Auflösung dieser Ehe oder Lebenspartnerschaft. Ist die letzte Ehe oder Lebenspartnerschaft nicht bei einem deutschen Standesamt geschlossen worden, so ist auch die Auflösung etwaiger weiterer Vorehen oder Lebenspartnerschaften nachzuweisen, wenn eine entsprechende Prüfung nicht bereits von einem deutschen Standesamt bei einer früheren Eheschließung oder Begründung einer Lebenspartnerschaft durchgeführt worden ist.

(3) [1] Das Standesamt hat einen Antrag auf Befreiung von der Beibringung des Ehefähigkeitszeugnisses aufzunehmen und die Entscheidung vorzubereiten; hierfür haben die Eheschließenden auch die Nachweise zu erbringen, die für die Prüfung der Zulässigkeit der Ehe nach anzuwendendem ausländischem Recht erforderlich sind. [2] § 9 gilt entsprechend.

§ 13 Prüfung der Ehevoraussetzungen. (1) [1] Das Standesamt, bei dem die Eheschließung angemeldet ist, hat zu prüfen, ob der Eheschließung ein Hindernis entgegensteht. [2] Reichen die nach § 12 Abs. 2 vorgelegten Urkunden nicht aus, so haben die Eheschließenden weitere Urkunden oder sonstige Nachweise vorzulegen.

(2) [1] Bestehen konkrete Anhaltspunkte dafür, dass die zu schließende Ehe nach § 1314 Abs. 2 des Bürgerlichen Gesetzbuchs[1)] aufhebbar wäre, so können die Eheschließenden in dem hierzu erforderlichen Umfang einzeln oder gemeinsam befragt werden; zum Beleg der Angaben kann ihnen die Beibringung geeigneter Nachweise aufgegeben werden. [2] Wenn diese Mittel nicht zur Aufklärung des Sachverhalts führen, so kann auch eine Versicherung an Eides statt über Tatsachen verlangt werden, die für das Vorliegen oder Nichtvorliegen von Aufhebungsgründen von Bedeutung sind.

(3) [1] Soll die Ehe wegen lebensgefährlicher Erkrankung eines Eheschließenden ohne abschließende Prüfung nach Absatz 1 geschlossen werden, so muss durch ärztliches Zeugnis oder auf andere Weise nachgewiesen werden, dass die Eheschließung nicht aufgeschoben werden kann. [2] In diesem Fall muss glaubhaft gemacht werden, dass kein Ehehindernis besteht.

[1)] **Schönfelder Nr. 20.**

(4) ¹ Wird bei der Prüfung der Ehevoraussetzungen ein Ehehindernis nicht festgestellt, so teilt das Standesamt den Eheschließenden mit, dass die Eheschließung vorgenommen werden kann; die Mitteilung ist für das Standesamt, das die Eheschließung vornimmt, verbindlich. ² Die Eheschließenden sind verpflichtet, Änderungen in ihren die Ehevoraussetzungen betreffenden tatsächlichen Verhältnissen unverzüglich anzuzeigen; die Mitteilung nach Satz 1 wird entsprechend geändert oder aufgehoben. ³ Sind seit der Mitteilung an die Eheschließenden mehr als sechs Monate vergangen, ohne dass die Ehe geschlossen wurde, so bedarf die Eheschließung erneut der Anmeldung und der Prüfung der Voraussetzungen für die Eheschließung.

§ 14 Eheschließung. (1) Vor der Eheschließung sind die Eheschließenden zu befragen, ob sich seit der Anmeldung ihrer Eheschließung Änderungen in ihren die Ehevoraussetzungen betreffenden tatsächlichen Verhältnissen ergeben haben und ob sie einen Ehenamen bestimmen wollen.

(2) Die Eheschließung soll in einer der Bedeutung der Ehe entsprechenden würdigen Form, die dem Standesbeamten eine ordnungsgemäße Vornahme seiner Amtshandlung ermöglicht, vorgenommen werden.

(3) ¹ Die Erklärungen der Eheschließenden, die Ehe miteinander eingehen zu wollen, sind von dem Standesbeamten im Anschluss an die Eheschließung in einer Niederschrift zu beurkunden. ² Die Niederschrift muss alle im Eheregister zu beurkundenden Angaben enthalten; sie ist von den Ehegatten, den Zeugen und dem Standesbeamten zu unterschreiben. ³ Die Niederschrift wird zu den Sammelakten des Eheeintrags genommen.

§ 15¹⁾ Eintragung in das Eheregister. (1) Im Eheregister werden im Anschluss an die Eheschließung beurkundet

1. Tag und Ort der Eheschließung,

2. die Vornamen und die Familiennamen der Ehegatten, Ort und Tag ihrer Geburt, ihr Geschlecht sowie auf Wunsch eines Ehegatten seine rechtliche Zugehörigkeit zu einer Religionsgemeinschaft, die Körperschaft des öffentlichen Rechts ist,

3. die nach der Eheschließung geführten Vornamen und Familiennamen der Ehegatten.

(2) Zum Eheeintrag wird hingewiesen

1. auf die Beurkundung der Geburt der Ehegatten,

2. auf die Staatsangehörigkeit der Ehegatten, wenn sie nicht Deutsche sind *und ihre* ausländische Staatsangehörigkeit nachgewiesen ist,

3. auf die Bestimmung eines Ehenamens,

4. auf das Sachrecht, dem die Namensführung der Ehegatten unterliegt.

¹⁾ § 15 Abs. 1 Nr. 2 geänd., Nr. 3 neu gef., Abs. 2 Nr. 3 geänd., Nr. 4 angef. mWv 1.11.2013 durch G v. 7.5.2013 (BGBl. I S. 1122).

Abschnitt 2. Fortführung des Eheregisters

§ 16[1) Fortführung. (1) [1] Zum Eheintrag werden Folgebeurkundungen aufgenommen über

1. den Tod des erstverstorbenen Ehegatten,

2. die Todeserklärung oder die gerichtliche Feststellung der Todeszeit eines Ehegatten und die Aufhebung solcher Beschlüsse sowie die Auflösung der Ehe durch Eheschließung des anderen Ehegatten,

3. die Aufhebung oder die Scheidung der Ehe,

4. die Feststellung des Nichtbestehens der Ehe,

5. jede Änderung des Namens der Ehegatten,

6. jede sonstige Änderung des Personenstandes, soweit sie Angaben im Eheeintrag betrifft,

7. die Änderung der eingetragenen Religionszugehörigkeit, wenn der betroffene Ehegatte dies wünscht,

8. Berichtigungen.

[2] Auf die Wiederverheiratung oder die Begründung einer Lebenspartnerschaft wird hingewiesen.

(2) [1] Der Eheintrag wird nicht mehr fortgeführt, wenn nach Absatz 1 Nummer 4 eine Folgebeurkundung über das Nichtbestehen der Ehe eingetragen worden ist. [2] Wurde zum Eheintrag eine Folgebeurkundung über die Auflösung der Ehe oder die Todeserklärung oder die gerichtliche Feststellung der Todeszeit eines Ehegatten nach Absatz 1 Nummer 1 bis 3 aufgenommen, ist eine weitere Folgebeurkundung nur über die Änderung des Namens, Berichtigungen sowie in den Fällen des Absatzes 1 Nummer 2 über die Aufhebung eines Beschlusses und die Auflösung der Ehe durch Eheschließung des anderen Ehegatten einzutragen. [3] Die Änderung der Vornamen ist nicht einzutragen, wenn diese auf Grund des Transsexuellengesetzes oder in einem Adoptionsverfahren geändert wurden. [4] Für einen Ehegatten, der wieder geheiratet oder eine Lebenspartnerschaft begründet hat, ist nur eine Folgebeurkundung über Berichtigungen nach Absatz 1 Nummer 8 einzutragen.

Kapitel 4.[2) Lebenspartnerschaft

§ 17[3) Fortführung des Lebenspartnerschaftsregisters. [1] Für die Fortführung des Lebenspartnerschaftsregisters gilt § 16 entsprechend. [2] Zusätzlich ist im Fall der Umwandlung der Lebenspartnerschaft in eine Ehe eine Folgebeurkundung aufzunehmen. [3] Nach Eintragung dieser Folgebeurkundung wird das Lebenspartnerschaftsregister nicht fortgeführt.

[1)] § 16 Abs. 1 neu gef. mWv 1.11.2013 durch G v. 7.5.2013 (BGBl. I S. 1122); Abs. 2 neu gef. mWv 1.11.2017 durch G v. 17.7.2017 (BGBl. I S. 2522).
[2)] *Kapitel 4 Überschrift geänd. mWv 1.10.2017 durch G v.* 20.7.2017 (BGBl. I S. 2787); Überschrift neu gef. mWv 22.12.2018 durch G v. 18.12.2018 (BGBl. I S. 2639).
[3)] § 17 neu gef. mWv 22.12.2018 durch G v. 18.12.2018 (BGBl. I S. 2639).

§ 17a[1)2)] Umwandlung einer Lebenspartnerschaft in eine Ehe und ihre Beurkundung. (1) Die Lebenspartner haben bei der Umwandlung ihrer Lebenspartnerschaft in eine Ehe das Bestehen der Lebenspartnerschaft durch öffentliche Urkunden nachzuweisen.

(2) Für die Umwandlung einer Lebenspartnerschaft in eine Ehe gelten die §§ 11 und 12 Absatz 1 und 2 Nummer 1 bis 3 sowie die §§ 14 bis 16 entsprechend.

(3) Im Eheregister ist zusätzlich der Tag der Begründung der Lebenspartnerschaft zu beurkunden und sind Hinweise darüber aufzunehmen.

Kapitel 5. Geburt

Abschnitt 1. Anzeige und Beurkundung

§ 18[3)] Anzeige. (1) [1]Die Geburt eines Kindes muss dem Standesamt, in dessen Zuständigkeitsbereich es geboren ist,

1. von den in § 19 Satz 1 genannten Personen mündlich oder
2. von den in § 20 Satz 1 und 2 genannten Einrichtungen schriftlich

binnen einer Woche angezeigt werden. [2]Ist ein Kind tot geboren, so muss die Anzeige spätestens am dritten auf die Geburt folgenden Werktag erstattet werden.

(2) Bei einer vertraulichen Geburt nach § 25 Absatz 1 des Schwangerschaftskonfliktgesetzes sind in der Anzeige auch das Pseudonym der Mutter und die für das Kind gewünschten Vornamen anzugeben.

§ 19 Anzeige durch Personen. [1]Zur Anzeige sind verpflichtet

1. jeder Elternteil des Kindes, wenn er sorgeberechtigt ist,
2. jede andere Person, die bei der Geburt zugegen war oder von der Geburt aus eigenem Wissen unterrichtet ist.

[2]Eine Anzeigepflicht nach Nummer 2 besteht nur, wenn die sorgeberechtigten Eltern an der Anzeige gehindert sind.

§ 20 Anzeige durch Einrichtungen. [1]Bei Geburten in Krankenhäusern und sonstigen Einrichtungen, in denen Geburtshilfe geleistet wird, ist der Träger der Einrichtung zur Anzeige verpflichtet. [2]Das Gleiche gilt für Geburten in Einrichtungen, die der Unterbringung psychisch Kranker dienen, in Einrichtungen der Träger der Jugendhilfe sowie in Anstalten, in denen eine Freiheitsstrafe, ein Jugendarrest oder eine freiheitsentziehende Maßregel der Besserung und Sicherung vollzogen wird. [3]Die Anzeigeberechtigung der in § 19 genannten Personen und ihre Auskunftspflicht zu Angaben, die der nach Satz 1 oder 2 zur Anzeige Verpflichtete nicht machen kann, bleiben hiervon unberührt.

[1)] Beachte hierzu Art. 3 Abs. 2 und 3 G zur Einführung des Rechts auf Eheschließung für Personen gleichen Geschlechts v. 20.7.2017 (BGBl. I S. 2787).
[2)] § 17a eingef. mWv 1.10.2017 durch G v. 20.7.2017 (BGBl. I S. 2787); Abs. 3 angef. mWv 22.12.2018 durch G v. 18.12.2018 (BGBl. I S. 2639).
[3)] § 18 Abs. 2 angef. mWv 1.5.2014 durch G v. 28.8.2013 (BGBl. I S. 3458).

§ 21[1] Eintragung in das Geburtenregister. (1) Im Geburtenregister werden beurkundet

1. die Vornamen und der Geburtsname des Kindes,
2. Ort sowie Tag, Stunde und Minute der Geburt,
3.[2] das Geschlecht des Kindes,
4. die Vornamen und die Familiennamen der Eltern, ihr Geschlecht sowie auf Wunsch eines Elternteils seine rechtliche Zugehörigkeit zu einer Religionsgemeinschaft, die Körperschaft des öffentlichen Rechts ist.

(2) [1] Ist ein Kind tot geboren, so werden nur die in Absatz 1 Nr. 2 bis 4 vorgeschriebenen Angaben mit dem Zusatz aufgenommen, dass das Kind tot geboren ist. [2] Auf Wunsch einer Person, der bei Lebendgeburt des Kindes die Personensorge zugestanden hätte, sind auch Angaben nach Absatz 1 Nr. 1 einzutragen. [3] Hätte die Personensorge bei Lebendgeburt des Kindes beiden Elternteilen zugestanden und führen sie keinen gemeinsamen Familiennamen, so kann ein Familienname für das Kind nur eingetragen werden, wenn sich die Eltern auf den Namen eines Elternteils einigen.

(2a) [1] Bei einer vertraulichen Geburt nach § 25 Absatz 1 des Schwangerschaftskonfliktgesetzes werden nur die in Absatz 1 Nummer 1 bis 3 vorgeschriebenen Angaben aufgenommen. [2] Die zuständige Verwaltungsbehörde bestimmt die Vornamen und den Familiennamen des Kindes.

(3) Zum Geburtseintrag wird hingewiesen

1. auf die Staatsangehörigkeit der Eltern, wenn sie nicht Deutsche sind und ihre ausländische Staatsangehörigkeit nachgewiesen ist,
2. bei einem Kind, dessen Eltern miteinander verheiratet sind, auf deren Eheschließung,
3. auf die Beurkundung der Geburt der Mutter und des Vaters,
4. auf den Erwerb der deutschen Staatsangehörigkeit des Kindes nach § 4 Absatz 3 des Staatsangehörigkeitsgesetzes[3],
5. auf das Sachrecht, dem die Namensführung des Kindes unterliegt.

Abschnitt 2. Besonderheiten

§ 22[4] Fehlende Angaben. (1) [1] Kann der Anzeigende die Vornamen des Kindes nicht angeben, so müssen sie binnen eines Monats mündlich oder

[1] § 21 Abs. 1 Nr. 1 geänd., Abs. 3 neu gef. mWv 1.11.2013 durch G v. 7.5.2013 (BGBl. I S. 1122); Abs. 2a eingef. mWv 1.5.2014 durch G v. 28.8.2013 (BGBl. I S. 3458); Abs. 1 Nr. 4 neu gef. mWv 22.12.2018 durch G v. 18.12.2018 (BGBl. I S. 2639).

[2] Gemäß Beschl. des BVerfG – 1 BvR 2019/16 – v. 10.10.2017 (BGBl. I S. 3783) ist § 21 Abs. 1 Nr. 3 PStG idF von Art. 1 PStRG v. 19.2.2007 (BGBl. I S. 122) iVm § 22 Abs. 3 PStG idF von Art. 1 Nr. 6 Buchst. b PStRÄndG v. 7.5.2013 (BGBl. I S. 1122) mit Art. 2 Abs. 1 iVm Art. 1 Abs. 1 und mit Art. 3 Abs. 3 Satz 1 GG unvereinbar, soweit eine Pflicht zur Angabe des Geschlechts begründen und dabei Personen, deren Geschlechtsentwicklung gegenüber einer weiblichen oder männlichen Geschlechtsentwicklung Varianten aufweist und die sich selbst dauerhaft weder dem männlichen noch dem weiblichen Geschlecht zuordnen, keinen positiven Geschlechtseintrag ermöglichen, der nicht „weiblich" oder „männlich" lautet. Der Gesetzgeber ist verpflichtet, bis zum 31.12.2018 eine verfassungsgemäße Regelung herbeizuführen.

[3] Nr. 15.

[4] § 22 Überschrift neu gef., Abs. 3 angef. mWv 1.11.2013 durch G v. 7.5.2013 (BGBl. I S. 1122); Abs. 3 neu gef. mWv 22.12.2018 durch G v. 18.12.2018 (BGBl. I S. 2635).

schriftlich angezeigt werden. [2] Sie werden alsdann bei dem Geburtseintrag beurkundet.

(2) Die Vornamen des Kindes können nachträglich auch bei einem anderen Standesamt als dem, das die Geburt des Kindes beurkundet hat, angezeigt werden.

(3) Kann das Kind weder dem weiblichen noch dem männlichen Geschlecht zugeordnet werden, so kann der Personenstandsfall auch ohne eine solche Angabe oder mit der Angabe „divers" in das Geburtenregister eingetragen werden.

§ 23 Zwillings- oder Mehrgeburten. [1] Bei Zwillings- oder Mehrgeburten ist jede Geburt gesondert einzutragen. [2] Die Eintragungen müssen erkennen lassen, in welcher Zeitfolge die Kinder geboren sind.

§ 24 Findelkind. (1) [1] Wer ein neugeborenes Kind findet, muss dies spätestens am folgenden Tag der Gemeindebehörde anzeigen. [2] Diese stellt die erforderlichen Ermittlungen an und benachrichtigt von dem Ergebnis alsbald die zuständige Verwaltungsbehörde.

(2) [1] Die zuständige Verwaltungsbehörde setzt nach Anhörung des Gesundheitsamts den vermutlichen Ort und Tag der Geburt fest und bestimmt die Vornamen und den Familiennamen des Kindes. [2] Auf ihre schriftliche Anordnung wird die Geburt in dem Geburtenregister des für den festgesetzten Geburtsort zuständigen Standesamts beurkundet. [3] Liegt der Geburtsort im Ausland, so ist das Standesamt, in dessen Bezirk das Kind aufgefunden worden ist, für die Beurkundung zuständig.

§ 25 Person mit ungewissem Personenstand. [1] Wird im Inland eine Person angetroffen, deren Personenstand nicht festgestellt werden kann, so bestimmt die zuständige Verwaltungsbehörde, welcher Geburtsort und Geburtstag für sie einzutragen ist; sie bestimmt ferner die Vornamen und den Familiennamen. [2] Auf ihre schriftliche Anordnung wird die Geburt in dem Geburtenregister des für den bestimmten Geburtsort zuständigen Standesamts beurkundet. [3] Liegt der Geburtsort im Ausland, so ist das Standesamt, in dessen Bezirk die Person angetroffen worden ist, für die Beurkundung zuständig.

§ 26 Nachträgliche Ermittlung des Personenstandes. Wird in den Fällen der §§ 24 und 25 der Personenstand später ermittelt, so wird der Eintrag auf schriftliche Anordnung der Behörde berichtigt, die ihn veranlasst hat.

Abschnitt 3. Fortführung des Geburtenregisters

§ 27[1] Feststellung und Änderung des Personenstandes, sonstige Fortführung. (1) [1] Wird die Vaterschaft nach der Beurkundung der Geburt des Kindes anerkannt oder gerichtlich festgestellt, so ist dies beim Geburtseintrag zu beurkunden. [2] Über den Vater werden die in § 21 Abs. 1 Nr. 4

[1] § 27 Abs. 4 Satz 2 Nr. 3 geänd., Nr. 4 aufgeh. mWv 1.1.2012 durch G v. 22.12.2010 (BGBl. I S. 2255); Abs. 3 Nr. 4 und 5 neu gef., Abs. 4 Satz 2 Nr. 1 und 3 geänd. mWv 1.11.2013 durch G v. 7.5.2013 (BGBl. I S. 1122).

genannten Angaben eingetragen; auf die Beurkundung seiner Geburt wird hingewiesen.

(2) Die Anerkennung der Mutterschaft zu einem Kinde wird auf mündlichen oder schriftlichen Antrag der Mutter oder des Kindes beim Geburtseintrag beurkundet, wenn geltend gemacht wird, dass die Mutter oder der Mann, dessen Vaterschaft anerkannt oder rechtskräftig festgestellt ist oder von dem das Kind nach Angabe der Mutter stammt, eine fremde Staatsangehörigkeit besitzt und das Heimatrecht dieses Elternteils eine Anerkennung der Mutterschaft vorsieht.

(3) Außerdem sind Folgebeurkundungen zum Geburtseintrag aufzunehmen über

1. jede sonstige Änderung des Personenstandes des Kindes; bei einer Annahme als Kind gilt § 21 Abs. 1 Nr. 4 entsprechend,

2. die Änderung der Namensführung der Eltern oder eines Elternteils, wenn auch das Kind den geänderten Namen führt,

3. die Feststellung des Namens des Kindes mit allgemein verbindlicher Wirkung,

4. die nachträgliche Angabe oder die Änderung des Geschlechts des Kindes,

5. die rechtliche Zugehörigkeit des Kindes zu einer Religionsgemeinschaft, die Körperschaft des öffentlichen Rechts ist, sowie die Änderung dieser Eintragung, sofern das Kind dies wünscht,

6. die Berichtigung des Eintrags.

(4) ¹ Für die aus Anlass der Beurkundungen nach den Absätzen 1 und 3 aufzunehmenden Hinweise gilt § 21 Abs. 3 entsprechend. ² Im Übrigen wird hingewiesen

1. auf die Ehe oder die Lebenspartnerschaft des Kindes,

2. auf die Geburt eines Kindes,

3. auf den Tod des Kindes oder eine das Kind betreffende Todeserklärung oder gerichtliche Feststellung der Todeszeit.

Kapitel 6. Sterbefall

Abschnitt 1. Anzeige und Beurkundung

§ 28 Anzeige. Der Tod eines Menschen muss dem Standesamt, in dessen Zuständigkeitsbereich er gestorben ist,

1. von den in § 29 Abs. 1 Satz 1 genannten Personen mündlich oder

2. von den in § 30 Abs. 1 genannten Einrichtungen schriftlich

spätestens am dritten auf den Tod folgenden Werktag angezeigt werden.

§ 29 Anzeige durch Personen. (1) ¹ Zur Anzeige sind verpflichtet

1. jede Person, die mit dem Verstorbenen in häuslicher Gemeinschaft gelebt hat,

2. die Person, in deren Wohnung sich der Sterbefall ereignet hat,

3. jede andere Person, die bei dem Tod zugegen war oder von dem Sterbefall aus eigenem Wissen unterrichtet ist.

[2] Eine Anzeigepflicht besteht nur, wenn eine in der Reihenfolge früher genannte Person nicht vorhanden oder an der Anzeige gehindert ist.

(2) Ist mit der Anzeige ein bei einer Handwerkskammer oder Industrie- und Handelskammer registriertes Bestattungsunternehmen beauftragt, so kann die Anzeige auch schriftlich erstattet werden.

§ 30 Anzeige durch Einrichtungen und Behörden. (1) Bei Sterbefällen in Krankenhäusern, Alten- und Pflegeheimen sowie sonstigen Einrichtungen gilt § 20 entsprechend.

(2) Ist ein Anzeigepflichtiger nicht vorhanden oder ist sein Aufenthaltsort unbekannt und erlangt die für den Sterbeort zuständige Gemeindebehörde Kenntnis von dem Sterbefall, so hat sie die Anzeige zu erstatten.

(3) Findet über den Tod einer Person eine amtliche Ermittlung statt, so wird der Sterbefall auf schriftliche Anzeige der zuständigen Behörde eingetragen.

§ 31[1] Eintragung in das Sterberegister. (1) Im Sterberegister werden beurkundet

1. die Vornamen und der Familienname des Verstorbenen, Ort und Tag seiner Geburt, das Geschlecht sowie auf Wunsch des Anzeigenden die rechtliche Zugehörigkeit des Verstorbenen zu einer Religionsgemeinschaft, die Körperschaft des öffentlichen Rechts ist,

2. der letzte Wohnsitz und der Familienstand des Verstorbenen,

3. die Vornamen und der Familienname sowie das Geschlecht des Ehegatten oder Lebenspartners, wenn der Verstorbene im Zeitpunkt seines Todes verheiratet war oder eine Lebenspartnerschaft führte; war die Ehe oder Lebenspartnerschaft durch Tod aufgelöst oder war der Ehegatte oder Lebenspartner für tot erklärt oder war seine Todeszeit gerichtlich festgestellt worden, sind die Angaben für den letzten Ehegatten oder Lebenspartner aufzunehmen,

4. Ort sowie Tag, Stunde und Minute des Todes.

(2) Zum Sterbeeintrag wird hingewiesen

1. auf die Beurkundung der Geburt des Verstorbenen,

2. bei verheiratet gewesenen Verstorbenen auf die Eheschließung,

3. bei Verstorbenen, die eine Lebenspartnerschaft führten, auf die Begründung der Lebenspartnerschaft.

Abschnitt 2. Fortführung des Sterberegisters; Todeserklärungen

§ 32 Fortführung. [1] Zum Sterbeeintrag werden Folgebeurkundungen über Berichtigungen aufgenommen. [2] Auf die Todeserklärung und die gerichtliche Feststellung der Todeszeit wird hingewiesen.

[1] § 31 Abs. 1 neu gef. mWv 1.11.2013 durch G v. 7.5.2013 (BGBl. I S. 1122); Abs. 1 Nr. 3 neu gef. mWv 1.11.2017 durch G v. 17.7.2017 (BGBl. I S. 2522); Abs. 1 Nr. 3 geänd. mWv 22.12. 2018 durch G v. 18.12.2018 (BGBl. I S. 2639).

§ 33 Todeserklärungen. Ausfertigungen der Beschlüsse über Todeserklärungen und gerichtliche Feststellungen der Todeszeit werden von dem Standesamt I in Berlin in einer Sammlung dauernd aufbewahrt.

Kapitel 7. Besondere Beurkundungen

Abschnitt 1. Beurkundungen mit Auslandsbezug; besondere Beurkundungsfälle

§ 34[1] Eheschließungen im Ausland oder vor ermächtigten Personen im Inland. (1) [1] Hat ein Deutscher im Ausland die Ehe geschlossen, so kann die Eheschließung auf Antrag im Eheregister beurkundet werden; für den Besitz der deutschen Staatsangehörigkeit ist der Zeitpunkt der Antragstellung maßgebend. [2] Die §§ 3 bis 7, 9, 10, 15 und 16 gelten entsprechend. [3] Gleiches gilt für Staatenlose, heimatlose Ausländer und ausländische Flüchtlinge im Sinne des Abkommens über die Rechtsstellung der Flüchtlinge vom 28. Juli 1951 (BGBl. 1953 II S. 559) mit gewöhnlichem Aufenthalt im Inland. [4] Antragsberechtigt sind die Ehegatten, sind beide verstorben, deren Eltern und Kinder.

(2) Die Beurkundung der Eheschließung nach Absatz 1 erfolgt auch dann, wenn die Ehe im Inland zwischen Eheschließenden, von denen keiner Deutscher ist, vor einer von der Regierung des Staates, dem einer der Eheschließenden angehört, ordnungsgemäß ermächtigten Person in der nach dem Recht dieses Staates vorgeschriebenen Form geschlossen worden ist.

(3) Personen, die eine Erklärung nach § 94 des Bundesvertriebenengesetzes[2] abgegeben haben, sind nur mit den nach dieser Erklärung geführten Vornamen und Familiennamen einzutragen; dies gilt entsprechend für Vertriebene und Spätaussiedler, deren Name nach den Vorschriften des Gesetzes über die Änderung von Familiennamen und Vornamen[3] geändert worden ist.

(4) [1] Zuständig für die Beurkundung ist das Standesamt, in dessen Zuständigkeitsbereich die antragsberechtigte Person ihren Wohnsitz hat oder zuletzt hatte oder ihren gewöhnlichen Aufenthalt hat. [2] Ergibt sich danach keine Zuständigkeit, so beurkundet das Standesamt I in Berlin die Eheschließung.

(5) Das Standesamt I in Berlin führt ein Verzeichnis der nach den Absätzen 1 und 2 beurkundeten Eheschließungen.

§ 35[4] Begründung von Lebenspartnerschaften im Ausland. (1) [1] Hat ein Deutscher im Ausland eine Lebenspartnerschaft im Sinne des § 1 des

[1] § 34 Abs. 3 eingef., bish. Abs. 3 und 4 werden Abs. 4 und 5 mWv 1.11.2013 durch G v. 7.5.2013 (BGBl. I S. 1122); Abs. 1 Satz 4 neu gef., Abs. 4 Satz 1 geänd. mWv 1.11.2017 durch G v. 17.7.2017 (BGBl. I S. 2522).
[2] **Aichberger, SGB Nr. 6/51.**
[3] Nr. **265**
[4] § 35 Abs. 1 Satz 4 neu gef., Abs. 2 eingef., bish. Abs. 2–4 werden Abs. 3–5 mWv 1.11.2013 durch G v. 7.5.2013 (BGBl. I S. 1122); Abs. 5 aufgeh. mWv 26.11.2015 durch G v. 20.11.2015 (BGBl. I S. 2010); Abs. 1 Satz 4 neu gef., Abs. 3 Satz 1 geänd. mWv 1.11.2017 durch G v. 17.7.2017 (BGBl. I S. 2522); Abs. 1 Satz 1 geänd. mWv 22.12.2018 durch G v. 18.12.2018 (BGBl. I S. 2639).

Lebenspartnerschaftsgesetzes[1] in der bis einschließlich 21. Dezember 2018 geltenden Fassung begründet, so kann die Begründung der Lebenspartnerschaft auf Antrag im Lebenspartnerschaftsregister beurkundet werden; für den Besitz der deutschen Staatsangehörigkeit ist der Zeitpunkt der Antragstellung maßgebend. [2]Die §§ 3 bis 7, 9, 10 und 17 gelten entsprechend. [3]Deutschen gleichgestellt sind Staatenlose, heimatlose Ausländer und ausländische Flüchtlinge im Sinne des Abkommens über die Rechtsstellung der Flüchtlinge mit gewöhnlichem Aufenthalt im Inland. [4]Antragsberechtigt sind die Lebenspartner, sind beide verstorben, deren Eltern und Kinder.

(2) § 34 Absatz 3 gilt entsprechend.

(3) [1]Zuständig für die Beurkundung ist das Standesamt, in dessen Zuständigkeitsbereich die antragsberechtigte Person ihren Wohnsitz hat oder zuletzt hatte oder ihren gewöhnlichen Aufenthalt hat. [2]Ergibt sich danach keine Zuständigkeit, so beurkundet das Standesamt I in Berlin die Begründung der Lebenspartnerschaft.

(4) Das Standesamt I in Berlin führt ein Verzeichnis der nach Absatz 1 beurkundeten Begründungen von Lebenspartnerschaften.

§ 36[2] Geburten und Sterbefälle im Ausland. (1) [1]Ist ein Deutscher im Ausland geboren oder gestorben, so kann der Personenstandsfall auf Antrag im Geburtenregister oder im Sterberegister beurkundet werden; für den Besitz der deutschen Staatsangehörigkeit ist der Zeitpunkt der Antragstellung maßgebend. [2]Die §§ 3 bis 7, 9, 10, 21, 27, 31 und 32 gelten entsprechend. [3]Gleiches gilt für Staatenlose, heimatlose Ausländer und ausländische Flüchtlinge im Sinne des Abkommens über die Rechtsstellung der Flüchtlinge mit gewöhnlichem Aufenthalt im Inland. [4]Antragsberechtigt sind

1. bei einer Geburt die Eltern des Kindes sowie das Kind, dessen Ehegatte, Lebenspartner oder Kinder,

2. bei einem Sterbefall die Eltern, die Kinder und der Ehegatte oder Lebenspartner des Verstorbenen, jede andere Person, die ein rechtliches Interesse an der Beurkundung geltend machen kann, sowie die deutsche Auslandsvertretung, in deren Zuständigkeitsbereich der Sterbefall eingetreten ist.

(2) [1]Zuständig für die Beurkundung ist das Standesamt, in dessen Zuständigkeitsbereich die im Ausland geborene Person ihren Wohnsitz hat oder zuletzt hatte oder ihren gewöhnlichen Aufenthalt hat; hatte die verstorbene Person ihren letzten Wohnsitz oder gewöhnlichen Aufenthalt im Inland, so beurkundet das für diesen Ort zuständige Standesamt den Sterbefall. [2]Ergibt sich danach keine Zuständigkeit, so beurkundet das Standesamt den Personenstandsfall, in dessen Zuständigkeitsbereich die antragstellende Person ihren Wohnsitz hat oder zuletzt hatte oder ihren gewöhnlichen Aufenthalt hat. [3]Ergibt sich danach keine Zuständigkeit, so beurkundet das Standesamt I in Berlin den Personenstandsfall.

(3) Das Standesamt I in Berlin führt Verzeichnisse der nach Absatz 1 beurkundeten Personenstandsfälle.

[1] **Schönfelder ErgBd. Nr. 43.**
[2] § 36 Abs. 1 Satz 4 Nr. 2 neu gef., Abs. 2 Satz 2 geänd. mWv 1.11.2013 durch G v. 7.5.2013 (BGBl. I S. 1122); Abs. 2 neu gef. mWv 1.11.2017 durch G v. 17.7.2017 (BGBl. I S. 2522).

§ 37 [1] **Geburten und Sterbefälle auf Seeschiffen.** (1) [1] Die Geburt oder der Tod eines Menschen während der Reise auf einem Seeschiff, das die Bundesflagge führt, wird von dem Standesamt I in Berlin beurkundet. [2] Dies gilt auch, wenn sich der Sterbefall während der Seereise außerhalb des Seeschiffes, jedoch nicht an Land oder in einem Hafen im Inland, ereignet hat und der Verstorbene von einem Seeschiff, das die Bundesflagge führt, aufgenommen wurde.

(2) Die Geburt oder der Tod muss von dem nach § 19 oder § 29 Verpflichteten dem Schiffsführer unverzüglich mündlich angezeigt werden.

(3) [1] Der Schiffsführer hat über die Anzeige der Geburt oder des Todes eine Niederschrift aufzunehmen, die von ihm und von dem Anzeigenden zu unterschreiben ist. [2] In die Niederschrift sind auch die Angaben aufzunehmen, die nach § 21 oder § 31 in dem Geburten- oder Sterberegister zu beurkunden sind. [3] Der Schiffsführer hat die Niederschrift dem Standesamt I in Berlin zu übersenden.

(4) [1] Für die Beurkundung der Geburt oder des Todes eines Deutschen auf einem Seeschiff, das keine Bundesflagge führt, gilt § 36. [2] Gleiches gilt, wenn der Verstorbene im Falle des Absatzes 1 Satz 2 von einem solchen Seeschiff aufgenommen wurde.

§ 38 [2] **Sterbefälle in ehemaligen Konzentrationslagern.** (1) Für die Beurkundung der Sterbefälle von Häftlingen der ehemaligen deutschen Konzentrationslager ist im Inland das Sonderstandesamt in Bad Arolsen ausschließlich zuständig.

(2) [1] Die Beurkundung der Sterbefälle erfolgt auf schriftliche Anzeige der Urkundenprüfstelle beim Sonderstandesamt in Bad Arolsen oder des Bundesarchivs. [2] Die Anzeige kann auch von jeder Person erstattet werden, die bei dem Tode zugegen war oder von dem Sterbefall aus eigenem Wissen unterrichtet ist. [3] § 3 Abs. 2 Satz 1 und 4 und § 4 Abs. 1 gelten nicht.

(3) [1] Die Beurkundung erfolgt nicht, wenn der Sterbefall bereits von einem anderen Standesamt beurkundet worden ist. [2] Sind von diesem Standesamt Urkunden nicht zu erhalten, so ist der Sterbefall erneut zu beurkunden.

§ 39 [3] **Ehefähigkeitszeugnis.** (1) [1] Zur Ausstellung eines Ehefähigkeitszeugnisses, dessen ein Deutscher zur Eheschließung im Ausland bedarf, ist das Standesamt zuständig, in dessen Zuständigkeitsbereich der Eheschließende seinen Wohnsitz oder seinen gewöhnlichen Aufenthalt hat. [2] Hat der Eheschließende im Inland weder Wohnsitz noch gewöhnlichen Aufenthalt, so ist der Ort des letzten gewöhnlichen Aufenthalts maßgebend; hat er sich niemals oder nur vorübergehend im Inland aufgehalten, so ist das Standesamt I in Berlin zuständig.

[1] § 37 Abs. 3 Satz 3 neu gef., Satz 4 aufgeh. mWv 1.11.2017 durch G v. 17.7.2017 (BGBl. I S. 2522).
[2] § 38 Abs. 3 Satz 2 angef. mWv 1.11.2013 durch G v. 7.5.2013 (BGBl. I S. 1122); Abs. 2 Satz 1 geänd. mWv 1.1.2019 durch G v. 4.12.2018 (BGBl. I S. 2257 iVm Bek. v. 12.4.2019, BGBl. I S. 496).
[3] § 39 Abs. 4 angef. mWv 22.12.2018 durch G v. 18.12.2018 (BGBl. I S. 2639).

(2) ¹Das Ehefähigkeitszeugnis darf nur ausgestellt werden, wenn der beabsichtigten Eheschließung ein Ehehindernis nach deutschem Recht nicht entgegensteht; § 13 Abs. 1 bis 3 gilt entsprechend. ²Die Beibringung eines Ehefähigkeitszeugnisses für den anderen Eheschließenden ist nicht erforderlich. ³Das Ehefähigkeitszeugnis gilt für die Dauer von sechs Monaten.

(3) Absatz 1 Satz 1 und Absatz 2 gelten entsprechend für die Ausstellung eines Ehefähigkeitszeugnisses, dessen ein Staatenloser, heimatloser Ausländer oder ausländischer Flüchtling im Sinne des Abkommens über die Rechtsstellung der Flüchtlinge mit gewöhnlichem Aufenthalt im Inland zur Eheschließung im Ausland bedarf.

(4) Ein Ehefähigkeitszeugnis kann auch erteilt werden, wenn das Zeugnis zur Begründung einer Lebenspartnerschaft im Ausland benötigt wird; die Absätze 1 bis 3 gelten entsprechend.

§ 39a[1] *(aufgehoben)*

§ 40[2] **Zweifel über örtliche Zuständigkeit für Beurkundung.** (1) Bei Zweifeln über die örtliche Zuständigkeit mehrerer Standesämter entscheidet die gemeinsame Aufsichtsbehörde oder, falls eine solche fehlt, das Bundesministerium des Innern, für Bau und Heimat.

(2) Bestehen Zweifel darüber, ob ein Personenstandsfall sich im Inland oder im Ausland ereignet hat, so entscheidet das Bundesministerium des Innern, für Bau und Heimat, ob und bei welchem Standesamt der Personenstandsfall zu beurkunden ist.

(3) ¹Entscheidet die gemeinsame Aufsichtsbehörde, so ordnet sie die Eintragung an. ²Entscheidet das Bundesministerium des Innern, für Bau und Heimat, so teilt es seine Entscheidung der obersten Landesbehörde mit; diese ordnet die Eintragung an.

Abschnitt 2. Familienrechtliche Beurkundungen

§ 41[3] **Erklärungen zur Namensführung von Ehegatten.** (1) ¹Die Erklärung, durch die

1. Ehegatten nach der Eheschließung einen Ehenamen bestimmen,
2. ein Ehegatte seinen Geburtsnamen oder den zur Zeit der Erklärung über die Bestimmung des Ehenamens geführten Namen dem Ehenamen voranstellt oder anfügt oder durch die er diese Erklärung widerruft,
3. ein Ehegatte seinen Geburtsnamen oder den bis zur Bestimmung des Ehenamens geführten Namen wieder annimmt,
4. Ehegatten nach der Eheschließung ihren künftig zu führenden Namen gemäß Artikel 10 Abs. 2 Satz 1 und 2 des Einführungsgesetzes zum Bürgerlichen Gesetzbuche[4] wählen,

kann auch von den Standesbeamten beglaubigt oder beurkundet werden. ²Gleiches gilt für die *Erklärung*, durch die ein Kind und sein Ehegatte die Namensänderung des Kindes oder der Eltern des Kindes auf ihren *Ehenamen* erstrecken.

[1] § 39a aufgeh. mWv 22.12.2018 durch G v. 18.12.2018 (BGBl. I S. 2639).
[2] § 40 Abs. 1, 2, 3 Satz 2 geänd. mWv 27.6.2020 durch VO v. 19.6.2020 (BGBl. I S. 1328).
[3] § 41 Abs. 2 Satz 1 neu gef. mWv 1.11.2013 durch G v. 7.5.2013 (BGBl. I S. 1122); Abs. 1 Satz 1 Nr. 4, Satz 2 und Abs. 2 Satz 2 geänd. mWv 1.11.2017 durch G v. 17.7.2017 (BGBl. I S. 2522).
[4] **Schönfelder Nr. 21.**

(2) [1] Zur Entgegennahme der Erklärungen ist das Standesamt zuständig, das die Eheschließung zu beurkunden hat oder das Eheregister führt, in dem die Eheschließung beurkundet ist. [2] Ist die Eheschließung nicht in einem deutschen Eheregister beurkundet, so ist das Standesamt zuständig, in dessen Zuständigkeitsbereich einer der Erklärenden seinen Wohnsitz hat oder zuletzt hatte oder seinen gewöhnlichen Aufenthalt hat. [3] Ergibt sich danach keine Zuständigkeit, so ist das Standesamt I in Berlin zuständig. [4] Das Standesamt I in Berlin führt ein Verzeichnis der nach den Sätzen 2 und 3 entgegengenommenen Erklärungen.

§ 42[1]) Erklärungen zur Namensführung von Lebenspartnern. (1) Die Erklärung, durch die

1. Lebenspartner nach der Begründung der Lebenspartnerschaft einen Lebenspartnerschaftsnamen bestimmen,

2. ein Lebenspartner seinen Geburtsnamen oder den zur Zeit der Erklärung über die Bestimmung des Lebenspartnerschaftsnamens geführten Namen dem Lebenspartnerschaftsnamen voranstellt oder anfügt oder durch die er diese Erklärung widerruft,

3. ein Lebenspartner seinen Geburtsnamen oder den bis zur Bestimmung des Lebenspartnerschaftsnamens geführten Namen wieder annimmt,

4. Lebenspartner nach der Begründung der Lebenspartnerschaft ihren künftig zu führenden Namen gemäß Artikel 17b Abs. 2 des Einführungsgesetzes zum Bürgerlichen Gesetzbuche[2]) wählen,

kann auch von den Standesbeamten beglaubigt oder beurkundet werden.

(2) [1] Zur Entgegennahme der Erklärungen ist das Standesamt zuständig, das die Begründung der Lebenspartnerschaft zu beurkunden hat oder das Lebenspartnerschaftsregister führt, in dem die Lebenspartnerschaft beurkundet ist. [2] Ist die Lebenspartnerschaft nicht in einem deutschen Lebenspartnerschaftsregister beurkundet, so ist das Standesamt zuständig, in dessen Zuständigkeitsbereich einer der Erklärenden seinen Wohnsitz hat oder zuletzt hatte oder seinen gewöhnlichen Aufenthalt hat. [3] Ergibt sich danach keine Zuständigkeit, so ist das Standesamt I in Berlin zuständig. [4] Das Standesamt I in Berlin führt ein Verzeichnis der nach den Sätzen 2 und 3 entgegengenommenen Erklärungen.

(3) § 23 des Lebenspartnerschaftsgesetzes[3]) bleibt unberührt.

§ 43[4]) Erklärungen zur Namensangleichung. (1) Die Erklärungen über die Namenswahl nach Artikel 48 des Einführungsgesetzes zum Bürgerlichen Gesetzbuche[2]) oder über die Angleichung von Familiennamen und Vornamen nach Artikel 47 des Einführungsgesetzes zum Bürgerlichen

(Fortsetzung nächstes Blatt)

[1]) § 42 Abs. 2 Satz 1 neu gef. mWv 1.11.2013 durch G v. 7.5.2013 (BGBl. I S. 1122); Abs. 1 Nr. 4, Abs. 2 Satz 2 geänd. mWv 1.11.2017 durch G v. 17.7.2017 (BGBl. I S. 2522); Abs. 1 Nr. 4 geänd. mWv 29.1.2019 durch G v. 17.12.2018 (BGBl. I S. 2573).

[2]) **Schönfelder Nr. 21.**

[3]) **Schönfelder ErgBd. Nr. 43.**

[4]) § 43 Abs. 2 neu gef. mWv 1.1.2009 durch G v. 11.12.2008 (BGBl. I S. 2418); Abs. 1 Satz 1 geänd. mWv 29.1.2013 durch G v. 23.1.2013 (BGBl. I S. 101); Abs. 1 Satz 2 aufgeh., Abs. 2 neu gef. mWv 1.11.2013 durch G v. 7.5.2013 (BGBl. I S. 1122); Abs. 2 Satz 3 geänd. mWv 1.11.2017 durch G v. 17.7. 2017 (BGBl. I S. 2522).

Gesetzbuche[1] oder über die Angleichung von Familiennamen und Vornamen nach Artikel 47 des Einführungsgesetzes zum Bürgerlichen Gesetzbuche oder nach § 94 des Bundesvertriebenengesetzes[2] können auch von den Standesbeamten beglaubigt oder beurkundet werden.

(2) [1] Zur Entgegennahme der Erklärungen ist das Standesamt zuständig, das das Geburtenregister für die Person, deren Name geändert oder bestimmt werden soll, führt. [2] Wird die Erklärung im Zusammenhang mit einer Erklärung zur Namensführung von Ehegatten oder Lebenspartnern abgegeben, so ist das Standesamt zuständig, das die Eheschließung oder die Begründung der Lebenspartnerschaft zu beurkunden hat oder das Eheregister oder das Lebenspartnerschaftsregister führt; dieses Standesamt ist außerdem zuständig, wenn die Erklärung nicht im Zusammenhang mit einer Erklärung zur Namensführung von Ehegatten oder Lebenspartnern abgegeben und kein Geburtseintrag im Inland geführt wird. [3] Ergibt sich danach keine Zuständigkeit, so ist das Standesamt zuständig, in dessen Zuständigkeitsbereich der Erklärende seinen Wohnsitz hat oder zuletzt hatte oder seinen gewöhnlichen Aufenthalt hat. [4] Ergibt sich auch danach keine Zuständigkeit, so ist das Standesamt I in Berlin zuständig. [5] Das Standesamt I in Berlin führt ein Verzeichnis der nach den Sätzen 3 und 4 entgegengenommenen Erklärungen.

§ 44[3] Erklärungen zur Anerkennung der Vaterschaft und der Mutterschaft. (1) [1] Die Erklärung, durch welche die Vaterschaft zu einem Kind anerkannt wird, sowie die Zustimmungserklärung der Mutter können auch von den Standesbeamten beurkundet werden. [2] Gleiches gilt für die etwa erforderliche Zustimmung des Kindes, des gesetzlichen Vertreters oder des Ehemannes der Mutter zu einer solchen Erklärung sowie für den Widerruf der Anerkennung.

(2) Die Erklärung, durch welche die Mutterschaft zu einem Kind anerkannt wird, und die etwa erforderliche Zustimmungserklärung des gesetzlichen Vertreters der Mutter können auch von den Standesbeamten beurkundet werden.

(3) [1] Dem Standesamt, das den Geburtseintrag des Kindes führt, ist eine beglaubigte Abschrift der Erklärungen zu übersenden. [2] Ist die Geburt des Kindes nicht im Inland beurkundet, so ist die beglaubigte Abschrift dem Standesamt I in Berlin zu übersenden.

§ 45[4] Erklärungen zur Namensführung des Kindes. (1) [1] Die Erklärung, durch die

1. Eltern nach der Beurkundung der Geburt den Geburtsnamen eines Kindes bestimmen,

2. ein Kind sich der Bestimmung seines Geburtsnamens durch die Eltern anschließt,

[1] **Schönfelder Nr. 21.**
[2] **Aichberger, SGB Nr. 6/51.**
[3] § 44 Abs. 1 Satz 3 angef. mWv 1.6.2008 durch G v. 13.3.2008 (BGBl. I S. 313); Abs. 1 Satz 3 aufgeh. mWv 1.11.2017 durch G v. 17.7.2017 (BGBl. I S. 2522).
[4] § 45 Abs. 2 Satz 2 geänd. mWv 1.11.2013 durch G v. 7.5.2013 (BGBl. I S. 1122); Abs. 1 Satz 1 Nr. 1 geänd., Abs. 2 Satz 2 neu gef. mWv 1.11.2017 durch G v. 17.7.2017 (BGBl. I S. 2522).

3. ein Kind beantragt, den von seiner Mutter zur Zeit seiner Geburt geführten Namen als Geburtsnamen zu erhalten, wenn es den Namen eines Mannes führt, von dem rechtskräftig festgestellt wurde, dass er nicht der Vater des Kindes ist,

4. ein Mann den Antrag nach Nummer 3 stellt, wenn das Kind das fünfte Lebensjahr noch nicht vollendet hat,

5. ein Kind sich der Änderung des Familiennamens der Eltern oder eines Elternteils anschließt,

6. der Elternteil, dem die elterliche Sorge allein oder gemeinsam mit dem anderen Elternteil zusteht, und sein Ehegatte, der nicht Elternteil des Kindes ist, oder sein Lebenspartner dem Kind ihren Ehenamen oder ihren Lebenspartnerschaftsnamen erteilen oder diesen Namen dem von dem Kind zur Zeit der Erklärung geführten Namen voranstellen oder anfügen,

7. der Elternteil, dem die elterliche Sorge allein zusteht, dem Kind den Namen des anderen Elternteils erteilt,

sowie die zu den Nummern 6 und 7 erforderlichen Einwilligungen eines Elternteils oder des Kindes können auch von den Standesbeamten beglaubigt oder beurkundet werden. [2] Gleiches gilt für die etwa erforderliche Zustimmung des gesetzlichen Vertreters zu einer in Satz 1 genannten Erklärung.

(2) [1] Zur Entgegennahme der Erklärungen ist das Standesamt zuständig, das das Geburtenregister, in dem die Geburt des Kindes beurkundet ist, führt. [2] Ist die Geburt des Kindes nicht in einem deutschen Geburtenregister beurkundet, so ist das Standesamt zuständig, in dessen Zuständigkeitsbereich das Kind oder ein Elternteil seinen Wohnsitz hat oder zuletzt hatte oder seinen gewöhnlichen Aufenthalt hat. [3] Ergibt sich danach keine Zuständigkeit, so ist das Standesamt I in Berlin zuständig. [4] Das Standesamt I in Berlin führt ein Verzeichnis der nach den Sätzen 2 und 3 entgegengenommenen Erklärungen.

(3) § 23 des Lebenspartnerschaftsgesetzes[1] bleibt unberührt.

§ 45a[2] Erklärung zur Reihenfolge der Vornamen. (1) [1] Unterliegt der Name einer Person deutschem Recht und hat sie mehrere Vornamen, so kann deren Reihenfolge durch Erklärung des Namenträgers gegenüber dem Standesamt neu bestimmt werden (Vornamensortierung). [2] Eine Änderung der Schreibweise der Vornamen sowie das Hinzufügen von neuen Vornamen oder das Weglassen von Vornamen ist dabei nicht zulässig; die Artikel 47 und 48 des Einführungsgesetzes zum Bürgerlichen Gesetzbuche[3] und § 94 des Bundesvertriebenengesetzes[4] bleiben unberührt. [3] Die Erklärung muss öffentlich beglaubigt werden; sie kann auch von den Standesbeamten beglaubigt oder beurkundet werden.

(2) Ein in der Geschäftsfähigkeit beschränktes Kind, das das 14. Lebensjahr vollendet hat, kann die Erklärung nach Absatz 1 nur selbst abgeben; das Kind bedarf hierzu der Zustimmung seines gesetzlichen Vertreters.

[1] **Schönfelder ErgBd. Nr. 43.**
[2] § 45a eingef. mWv 1.11.2018 durch G v. 17.7.2017 (BGBl. I S. 2522).
[3] *Schönfelder Nr. 21.*
[4] **Aichberger, SGB Nr. 6/51.**

(3) [1] Zur Entgegennahme der Erklärung ist das Standesamt zuständig, das das Geburtenregister für die Person führt, deren Vornamen neu sortiert werden sollen. [2] Ist die Geburt nicht in einem deutschen Geburtenregister beurkundet, so ist das Standesamt zuständig, das das Eheregister oder Lebenspartnerschaftsregister der Person führt. [3] Ergibt sich danach keine Zuständigkeit, so ist das Standesamt zuständig, in dessen Zuständigkeitsbereich die Person ihren Wohnsitz hat oder zuletzt hatte oder ihren gewöhnlichen Aufenthalt hat. [4] Ergibt sich auch danach keine Zuständigkeit, so ist das Standesamt I in Berlin zuständig.

§ 45b[1]) Erklärung zur Geschlechtsangabe und Vornamensführung bei Personen mit Varianten der Geschlechtsentwicklung. (1) [1] Personen mit Varianten der Geschlechtsentwicklung können gegenüber dem Standesamt erklären, dass die Angabe zu ihrem Geschlecht in einem deutschen Personenstandseintrag durch eine andere in § 22 Absatz 3 vorgesehene Bezeichnung ersetzt oder gestrichen werden soll. [2] Liegt kein deutscher Personenstandseintrag vor, können sie gegenüber dem Standesamt erklären, welche der in § 22 Absatz 3 vorgesehenen Bezeichnungen für sie maßgeblich ist, oder auf die Angabe einer Geschlechtsbezeichnung verzichten, wenn sie

1. Deutsche im Sinne des Grundgesetzes[2]) sind,

2. als Staatenlose oder heimatlose Ausländer ihren gewöhnlichen Aufenthalt im Inland haben,

3. als Asylberechtigte oder ausländische Flüchtlinge ihren Wohnsitz im Inland haben oder

4. als Ausländer, deren Heimatrecht keine vergleichbare Regelung kennt,

 a) ein unbefristetes Aufenthaltsrecht besitzen,

 b) eine verlängerbare Aufenthaltserlaubnis besitzen und sich dauerhaft rechtmäßig im Inland aufhalten oder

 c) eine Blaue Karte EU besitzen.

[3] Mit der Erklärung können auch neue Vornamen bestimmt werden. [4] Die Erklärungen müssen öffentlich beglaubigt werden; sie können auch von den Standesbeamten beglaubigt oder beurkundet werden.

(2) [1] Für ein Kind, das geschäftsunfähig oder noch nicht 14 Jahre alt ist, kann nur sein gesetzlicher Vertreter die Erklärung abgeben. [2] Im Übrigen kann ein Kind die Erklärung nur selbst abgeben; es bedarf hierzu der Zustimmung seines gesetzlichen Vertreters. [3] Stimmt der gesetzliche Vertreter nicht zu, so ersetzt das Familiengericht die Zustimmung, wenn die Änderung der Angabe zum Geschlecht oder der Vornamen dem Kindeswohl nicht widerspricht; das Verfahren vor dem Familiengericht ist eine Kindschaftssache nach Buch 2 Abschnitt 3 des Gesetzes über das Verfahren in Familiensachen und in den Angelegenheiten der freiwilligen Gerichtsbarkeit[3]).

(3) [1] Durch Vorlage einer ärztlichen Bescheinigung ist nachzuweisen, dass eine Variante der Geschlechtsentwicklung vorliegt. [2] Dies gilt nicht für Personen, die über keine ärztliche Bescheinigung einer erfolgten medizinischen

1) § 45b eingef. mWv 22.12.2018 durch G v. 18.12.2018 (BGBl. I S. 2635).
2) Nr. 1.
3) Schönfelder Nr. 112.

Behandlung verfügen und bei denen das Vorliegen der Variante der Geschlechtsentwicklung wegen der Behandlung nicht mehr oder nur durch eine unzumutbare Untersuchung nachgewiesen werden kann, sofern sie dies an Eides statt versichern.

(4) ¹Für die Entgegennahme der Erklärung ist das Standesamt zuständig, das das Geburtenregister für die betroffene Person führt. ²Ist die Geburt nicht in einem deutschen Geburtenregister beurkundet, so ist das Standesamt zuständig, das das Eheregister oder Lebenspartnerschaftsregister der Person führt. ³Ergibt sich danach keine Zuständigkeit, so ist das Standesamt zuständig, in dessen Zuständigkeitsbereich die Person ihren Wohnsitz hat oder zuletzt hatte oder ihren gewöhnlichen Aufenthalt hat. ⁴Ergibt sich auch danach keine Zuständigkeit, so ist das Standesamt I in Berlin zuständig. ⁵Das Standesamt I in Berlin führt ein Verzeichnis der nach den Sätzen 3 und 4 entgegengenommenen Erklärungen.

Kapitel 8. Berichtigungen und gerichtliches Verfahren

Abschnitt 1. Berichtigungen ohne Mitwirkung des Gerichts

§ 46 Änderung einer Anzeige. Sind in der schriftlichen Anzeige einer Geburt oder eines Sterbefalls Angaben unrichtig oder unvollständig und ist der richtige oder vollständige Sachverhalt durch öffentliche Urkunden oder auf Grund eigener Ermittlungen des Standesamts festgestellt, so sind die entsprechenden Angaben unter Hinweis auf die Grundlagen zu ändern.

§ 47¹⁾ Berichtigung nach Abschluss der Beurkundung. (1) ¹In einem abgeschlossenen Registereintrag sind offenkundige Schreibfehler zu berichtigen. ²Auf Grund öffentlicher Urkunden oder eigener Ermittlungen des Standesamts sind außerdem zu berichtigen

1. die in den Personenstandsregistern eingetragenen Hinweise,

2. fehlerhafte Übertragungen aus Urkunden, die der Eintragung zugrunde gelegen haben,

3. im Sterberegister die Angaben über den letzten Wohnsitz des Verstorbenen,

4. in allen Personenstandsregistern die Registrierungsdaten eines Personenstandseintrags,

5. in allen Personenstandsregistern die Elementbezeichnungen und Leittextangaben.

³Ferner können sonstige unrichtige oder unvollständige Eintragungen berichtigt werden, wenn der richtige oder vollständige Sachverhalt durch Personenstandsurkunden festgestellt wird.

(2) Gehen dem Standesamt berichtigende Mitteilungen oder Anzeigen zu, so sind außerdem zu berichtigen

¹⁾ § 47 Abs. 1 Nr. 3 angef. mWv 1.1.2009 durch G v. 11.12.2008 (BGBl. I S. 2418); Abs. 1 Satz 2 neu gef., Abs. 3 Satz 2 und Abs. 4 angef. mWv 1.11.2013 durch G v. 7.5.2013 (BGBl. I S. 1122); Abs. 1 Nr. 4 geänd., Nr. 5 angef., Abs. 3 Satz 2 geänd. mWv 22.12.2018 durch G v. 18.12.2018 (BGBl. I S. 2639).

1. im Geburtenregister die Angaben über Zeitpunkt und Ort der Geburt sowie das Geschlecht des Kindes, wenn die Geburt schriftlich angezeigt worden ist,

2. im Sterberegister die Angaben über Zeitpunkt und Ort des Todes, wenn der Sterbefall schriftlich angezeigt worden ist,

3. in allen Personenstandsregistern die Angaben über die rechtliche Zugehörigkeit zu einer Religionsgemeinschaft und die Rechtskraft gerichtlicher Entscheidungen.

(3) [1] Bei Berichtigungen sind die Beteiligten vor der Änderung zu hören. [2] Eine Anhörung unterbleibt, wenn es sich um die Berichtigung eines Hinweises auf einen Eintrag in einem anderen Personenstandsregister oder von Registrierungsdaten, Elementbezeichnungen und Leittextangaben des Personenstandseintrags handelt.

(4) [1] Die Berichtigung fehlerhafter Registrierungsdaten eines Eintrags erfolgt durch Kennzeichnung des entsprechenden Registereintrags und erneute Beurkundung. [2] Die nach Satz 1 gekennzeichneten Registereinträge gelten als stillgelegt und dürfen nicht mehr verarbeitet werden. [3] Die Registrierungsdaten eines stillgelegten Eintrags können wieder verwendet werden.

Abschnitt 2. Gerichtliches Verfahren

§ 48[1]) Berichtigung auf Anordnung des Gerichts. (1) [1] Außer in den Fällen des § 47 darf ein abgeschlossener Registereintrag nur auf Anordnung des Gerichts berichtigt werden. [2] Die Anordnung kann auch Fälle des § 47 umfassen.

(2) [1] Den Antrag auf Anordnung der Berichtigung können alle Beteiligten, das Standesamt und die Aufsichtsbehörde stellen. [2] Sie sind vor der Entscheidung zu hören.

§ 49 Anweisung durch das Gericht. (1) Lehnt das Standesamt die Vornahme einer Amtshandlung ab, so kann es auf Antrag der Beteiligten oder der Aufsichtsbehörde durch das Gericht dazu angewiesen werden.

(2) [1] Das Standesamt kann in Zweifelsfällen auch von sich aus die Entscheidung des Gerichts darüber herbeiführen, ob eine Amtshandlung vorzunehmen ist. [2] Für das weitere Verfahren gilt dies als Ablehnung der Amtshandlung.

§ 50 Sachliche und örtliche Zuständigkeit der Gerichte. (1) [1] Für die in den §§ 48 und 49 vorgesehenen Entscheidungen sind ausschließlich die Amtsgerichte zuständig, die ihren Sitz am Ort eines Landgerichts haben. [2] Ihr Bezirk umfasst den Bezirk des Landgerichts.

(2) Die örtliche Zuständigkeit wird durch den Sitz des Standesamts bestimmt, das die Sache dem Gericht zur Entscheidung vorgelegt hat oder das die Amtshandlung vornehmen oder dessen Personenstandsregister berichtigt werden soll.

[1]) § 48 Abs. 1 Satz 1 geänd. mWv 1.11.2013 durch G v. 7.5.2013 (BGBl. I S. 1122).

§ 51[1)] **Gerichtliches Verfahren.** (1) [1]Auf das gerichtliche Verfahren sind die Vorschriften des Gesetzes über das Verfahren in Familiensachen und in den Angelegenheiten der freiwilligen Gerichtsbarkeit[2)] anzuwenden. [2]Standesämter und Aufsichtsbehörden sind von Gerichtskosten befreit.

(2) Die Aufsichtsbehörde, das Standesamt und die Beteiligten können in jeder Lage des Verfahrens diesem beitreten; sie können ihren Beitritt auch durch Einlegung eines Rechtsmittels erklären.

§ 52[3)] **Öffentliche Bekanntmachung der Entscheidung.** (1) [1]Das Gericht kann die öffentliche Bekanntmachung einer Entscheidung anordnen, wenn es Zweifel hat, ob ihm alle Beteiligten bekannt geworden sind. [2]An Beteiligte, die ihm bekannt sind, soll außerdem eine besondere Bekanntmachung erfolgen. [3]Dem Antragsteller, dem Beschwerdeführer, dem Standesamt und der Aufsichtsbehörde muss die Entscheidung stets besonders bekannt gemacht werden.

(2) Die Entscheidung gilt allen Beteiligten mit Ausnahme der Beteiligten, denen die Entscheidung besonders bekannt gemacht worden ist oder bekannt gemacht werden muss, als zugestellt, wenn seit der öffentlichen Bekanntmachung zwei Wochen verstrichen sind.

(3) [1]Die Art der öffentlichen Bekanntmachung bestimmt das Gericht. [2]Es genügt die Anheftung einer Ausfertigung oder einer beglaubigten Abschrift der Entscheidung oder eines Auszugs davon an der Gerichtstafel. [3]Das Schriftstück soll zwei Wochen, und wenn durch die Bekanntmachung der Entscheidung eine Frist in Gang gesetzt wird, bis zum Ablauf der Frist an der Tafel angeheftet bleiben. [4]Auf die Gültigkeit der öffentlichen Bekanntmachung ist es ohne Einfluss, wenn das Schriftstück zu früh von der Tafel entfernt wird. [5]Der Zeitpunkt der Anheftung und der Zeitpunkt der Abnahme sind auf dem Schriftstück zu vermerken.

§ 53[4)] **Wirksamwerden gerichtlicher Entscheidungen; Beschwerde.**

(1) Der Beschluss, durch den das Standesamt zur Vornahme einer Amtshandlung angehalten oder durch den die Berichtigung eines Personenstandsregisters angeordnet wird, wird mit Rechtskraft wirksam.

(2) Gegen den Beschluss steht dem Standesamt und der Aufsichtsbehörde die Beschwerde in jedem Fall zu.

Kapitel 9. Beweiskraft und Benutzung der Personenstandsregister

Abschnitt 1. Beweiskraft; Personenstandsurkunden

§ 54 Beweiskraft der Personenstandsregister und -urkunden. (1) [1]Die Beurkundungen in den Personenstandsregistern beweisen Eheschließung, Begründung der Lebenspartnerschaft, Geburt und Tod und die darüber gemach-

[1)] § 51 Abs. 1 Satz 1 geänd. mWv 1.9.2009 durch G v. 17.12.2008 (BGBl. I S. 2586).
[2)] **Schönfelder Nr. 112.**
[3)] § 52 Abs. 1 Satz 3 geänd. *mWv 1.11.2013 durch G v. 7.5.2013 (BGBl. I S. 1122).*
[4)] *§ 53 neu gef. mWv 1.9.2009 durch G v. 17.12.2008 (BGBl. I S. 2586); Abs. 2 neu gef. mWv 1.11.2013 durch G v. 7.5.2013 (BGBl. I S. 1122).*

ten näheren Angaben sowie die sonstigen Angaben über den Personenstand der Personen, auf die sich der Eintrag bezieht. [2] Hinweise haben diese Beweiskraft nicht.

(2) Die Personenstandsurkunden (§ 55 Abs. 1) haben dieselbe Beweiskraft wie die Beurkundungen in den Personenstandsregistern.

(3) [1] Der Nachweis der Unrichtigkeit der beurkundeten Tatsachen ist zulässig. [2] Der Nachweis der Unrichtigkeit einer Personenstandsurkunde kann auch durch Vorlage einer beglaubigten Abschrift aus dem entsprechenden Personenstandsregister geführt werden.

§ 55[1) Personenstandsurkunden. (1) Das Standesamt stellt folgende Personenstandsurkunden aus:

1. aus allen Personenstandsregistern beglaubigte Registerausdrucke,

2. aus dem Eheregister Eheurkunden (§ 57); bis zu der Beurkundung der Eheschließung im Eheregister können Eheurkunden auch aus der Niederschrift über die Eheschließung ausgestellt werden,

3. aus dem Lebenspartnerschaftsregister Lebenspartnerschaftsurkunden (§ 58),

4. aus dem Geburtenregister Geburtsurkunden (§ 59),

5. aus dem Sterberegister Sterbeurkunden (§ 60),

6. aus der Sammlung der Todeserklärungen beglaubigte Abschriften.

(2) [1] Für die Ausstellung der Personenstandsurkunde ist vorbehaltlich des § 67 Absatz 3 das Standesamt zuständig, bei dem der entsprechende Registereintrag geführt wird. [2] Die Personenstandsurkunde kann auch bei einem anderen Standesamt beantragt werden, wenn diesem die hierfür erforderlichen Daten elektronisch übermittelt werden können. [3] Voraussetzung für die elektronische Übermittlung ist, dass das empfangende Standesamt und das den betreffenden Registereintrag führende Standesamt über technische Einrichtungen zur Versendung und zum Empfang elektronischer Daten verfügen und hierfür einen Zugang eröffnet haben.

(3) Nach Ablauf der in § 5 Abs. 5 festgelegten Fristen für die Führung der Personenstandsregister werden keine Personenstandsurkunden mehr ausgestellt; für die Erteilung von Nachweisen aus diesen Personenstandsregistern sind die archivrechtlichen Vorschriften maßgebend.

§ 56 Allgemeine Vorschriften für die Ausstellung von Personenstandsurkunden. (1) [1] In der Ehe-, der Lebenspartnerschafts-, der Geburtsund der Sterbeurkunde werden das Standesamt, bei dem der Personenstandsfall beurkundet worden ist, und der Jahrgang sowie die Nummer des Registereintrags angegeben. [2] Bei der Ausstellung der Eheurkunde aus der Niederschrift über die Eheschließung oder der Lebenspartnerschaftsurkunde aus der Niederschrift über die Begründung der Lebenspartnerschaft ist an Stelle der Nummer des Registereintrags ein Hinweis auf die Niederschrift aufzunehmen.

[1) § 55 Abs. 2 Satz 1 neu gef. mWv 1.11.2013 durch G v. 7.5.2013 (BGBl. I S. 1122); Abs. 1 Nr. 3 neu gef. mWv 22.12.2018 durch G v. 18.12.2018 (BGBl. I S. 2639).

(2) Ist ein Registereintrag durch Folgebeurkundungen fortgeführt worden, so werden nur die geänderten Tatsachen in die Personenstandsurkunden aufgenommen.

(3) ¹ Am Schluss der Personenstandsurkunden werden der Tag und der Ort ihrer Ausstellung sowie der Familienname des ausstellenden Standesbeamten angegeben. ² Die Personenstandsurkunden werden von dem Standesbeamten unterschrieben und mit dem Abdruck des Dienstsiegels versehen.

(4) ¹ Wird die Personenstandsurkunde bei einem anderen als dem für die Ausstellung zuständigen Standesamt beantragt (§ 55 Abs. 2 Satz 2), so übermittelt der das Register führende Standesbeamte die für den Ausdruck der Urkunde erforderlichen Daten und versieht diese mit seiner dauerhaft überprüfbaren qualifizierten elektronischen Signatur. ² Der empfangende Standesbeamte druckt die Personenstandsurkunde auf Grund der übermittelten Daten aus und beglaubigt, dass die Angaben in der Urkunde mit den ihm übermittelten Daten übereinstimmen; der Beglaubigungsvermerk ist unter Angabe des Tages und des Ortes von ihm zu unterschreiben und mit dem Abdruck des Dienstsiegels zu versehen.

§ 57¹⁾ Eheurkunde. (1) ¹ In die Eheurkunde werden aufgenommen

1. die Vornamen und Familiennamen der Ehegatten zum Zeitpunkt der Eheschließung sowie die sich aus dem Registereintrag zum Zeitpunkt der Ausstellung der Eheurkunde ergebenden Vornamen und Familiennamen,
2. Ort und Tag der Geburt der Ehegatten,
3. Ort und Tag der Eheschließung,
4. die rechtliche Zugehörigkeit eines Ehegatten zu einer Religionsgemeinschaft, sofern sich die Zugehörigkeit aus dem Registereintrag ergibt.

² In dem Feld „Weitere Angaben aus dem Register" sind anzugeben

1. die Auflösung der Ehe,
2. das Nichtbestehen der Ehe,
3. die Nichtigerklärung der Ehe,
4. die Todeserklärung oder gerichtliche Feststellung der Todeszeit eines Ehegatten,
5. die Umwandlung der Lebenspartnerschaft in eine Ehe.

(2) In die Eheurkunde wird außerhalb des Beurkundungstextes ein Hinweis auf die Beurkundung der Geburt der Ehegatten aufgenommen.

§ 58²⁾ Lebenspartnerschaftsurkunde. (1) ¹ In die Lebenspartnerschaftsurkunde werden aufgenommen

1. die Vornamen und Familiennamen der Lebenspartner zum Zeitpunkt der Begründung der Lebenspartnerschaft sowie die sich aus dem Registerein-

¹⁾ § 57 neu gef. mWv 1.11.2013 durch G v. 7.5.2013 (BGBl. I S. 1122); Abs. 2 angef. mWv 1.11.2018 durch G v. 17.7.2017 (BGBl. I S. 2522); Abs. 1 Satz 2 neu gef. mWv 22.12.2018 durch G v. 18.12.2018 (BGBl. I S. 2639).
²⁾ § 58 *neu gef. mWv 1.11.2013 durch G v. 7.5.2013 (BGBl. I S. 1122)*; Abs. 1 Satz 2 geänd., Abs. 2 angef. mWv 1.11.2018 durch G v. 17.7.2017 (BGBl. I S. 2522); Abs. 1 Satz 2 neu gef. mWv 22.12.2018 durch G v. 18.12.2018 (BGBl. I S. 2639).

trag zum Zeitpunkt der Ausstellung der Lebenspartnerschaftsurkunde ergebenden Vornamen und Familiennamen,

2. Ort und Tag der Geburt der Lebenspartner,

3. Ort und Tag der Begründung der Lebenspartnerschaft,

4. die rechtliche Zugehörigkeit eines Lebenspartners zu einer Religionsgemeinschaft, sofern sich die Zugehörigkeit aus dem Registereintrag ergibt.

² In dem Feld „Weitere Angaben aus dem Register" sind anzugeben

1. die Auflösung der Lebenspartnerschaft,

2. das Nichtbestehen der Lebenspartnerschaft,

3. die Todeserklärung oder gerichtliche Feststellung der Todeszeit eines Lebenspartners,

4. die Umwandlung der Lebenspartnerschaft in eine Ehe.

(2) In die Lebenspartnerschaftsurkunde wird außerhalb des Beurkundungstextes ein Hinweis auf die Beurkundung der Geburt der Lebenspartner aufgenommen.

§ 59 Geburtsurkunde. (1) In die Geburtsurkunde werden aufgenommen

1. die Vornamen und der Geburtsname des Kindes,

2. das Geschlecht des Kindes,

3. Ort und Tag der Geburt,

4. die Vornamen und die Familiennamen der Eltern des Kindes,

5. die rechtliche Zugehörigkeit des Kindes und seiner Eltern zu einer Religionsgemeinschaft, sofern sich die Zugehörigkeit aus dem Registereintrag ergibt.

(2) Auf Verlangen werden in die Geburtsurkunde Angaben nach Absatz 1 Nr. 2, 4 und 5 nicht aufgenommen.

§ 60[1] Sterbeurkunde. In die Sterbeurkunde werden aufgenommen

1. die Vornamen und der Familienname des Verstorbenen, Ort und Tag seiner Geburt sowie seine rechtliche Zugehörigkeit zu einer Religionsgemeinschaft, sofern sich die Zugehörigkeit aus dem Registereintrag ergibt,

2. der letzte Wohnsitz und der Familienstand des Verstorbenen,

3. die Vornamen und der Familienname des Ehegatten oder Lebenspartners, wenn der Verstorbene im Zeitpunkt seines Todes verheiratet war oder eine Lebenspartnerschaft führte; war die Ehe oder Lebenspartnerschaft durch Tod aufgelöst oder war der Ehegatte oder Lebenspartner für tot erklärt oder war seine Todeszeit gerichtlich festgestellt worden, sind die Vornamen und der Familienname des letzten Ehegatten oder Lebenspartners anzugeben,

4. Sterbeort und Zeitpunkt des Todes.

[1] § 60 Nr. 3 eingef., bish. Nr. 3 wird Nr. 4 mWv 1.11.2013 durch G v. 7.5.2013 (BGBl. I S. 1122); Nr. 3 neu gef. mWv 1.11.2017 durch G v. 17.7.2017 (BGBl. I S. 2522).

Abschnitt 2. Benutzung der Personenstandsregister

§ 61 Allgemeine Vorschriften für die Benutzung. (1) [1] Die §§ 62 bis 66 gelten für die Benutzung der bei den Standesämtern geführten Personenstandsregister und Sammelakten bis zum Ablauf der in § 5 Abs. 5 festgelegten Fristen. [2] Benutzung ist die Erteilung von Personenstandsurkunden aus einem Registereintrag, die Auskunft aus einem und die Einsicht in einen Registereintrag sowie die Durchsicht mehrerer Registereinträge; hierzu gehört auch eine entsprechende Verwendung der Sammelakten.

(2) Nach Ablauf der in § 5 Abs. 5 festgelegten Fristen für die Führung der Personenstandsregister und Sammelakten sind die archivrechtlichen Vorschriften für die Benutzung maßgebend.

§ 62 Urkundenerteilung, Auskunft, Einsicht. (1) [1] Personenstandsurkunden sind auf Antrag den Personen zu erteilen, auf die sich der Registereintrag bezieht, sowie deren Ehegatten, Lebenspartnern, Vorfahren und Abkömmlingen. [2] Andere Personen haben ein Recht auf Erteilung von Personenstandsurkunden, wenn sie ein rechtliches Interesse glaubhaft machen; beim Geburtenregister oder Sterberegister reicht die Glaubhaftmachung eines berechtigten Interesses aus, wenn der Antrag von einem Geschwister des Kindes oder des Verstorbenen gestellt wird. [3] Antragsbefugt sind über 16 Jahre alte Personen.

(2) Absatz 1 gilt entsprechend für Auskunft aus einem und Einsicht in einen Registereintrag sowie Auskunft aus den und Einsicht in die Sammelakten.

(3) Vor Ablauf der für die Führung der Personenstandsregister festgelegten Fristen ist die Benutzung nach den Absätzen 1 und 2 bereits bei Glaubhaftmachung eines berechtigten Interesses zuzulassen, wenn seit dem Tod des zuletzt verstorbenen Beteiligten 30 Jahre vergangen sind; Beteiligte sind beim Geburtenregister die Eltern und das Kind, beim Eheregister die Ehegatten und beim Lebenspartnerschaftsregister die Lebenspartner.

§ 63[1] Benutzung in besonderen Fällen. (1) [1] Ist ein Kind angenommen, so darf abweichend von § 62 ein beglaubigter Registerausdruck aus dem Geburtseintrag nur den Annehmenden, deren Eltern, dem gesetzlichen Vertreter des Kindes und dem über 16 Jahre alten Kind selbst erteilt werden. [2] Diese Beschränkung entfällt mit dem Tod des Kindes; § 1758 des Bürgerlichen Gesetzbuchs[2] bleibt unberührt.

(2) [1] Sind die Vornamen einer Person auf Grund des Transsexuellengesetzes vom 10. September 1980 (BGBl. I S. 1654) geändert oder ist festgestellt worden, dass diese Person dem anderen als dem in ihrem Geburtseintrag angegebenen Geschlecht angehört, so darf abweichend von § 62 eine Personenstandsurkunde aus dem Geburtseintrag nur der betroffenen Person selbst und eine Personenstandsurkunde aus dem Ehe- oder Lebenspartnerschaftseintrag nur der betroffenen Person selbst sowie ihrem Ehegatten oder Lebenspartner erteilt werden. [2] Diese Beschränkungen entfallen mit dem Tod der

[1] § 63 Abs. 2 neu gef. mWv 15.5.2013 durch G v. 7.5.2013 (BGBl. I S. 1122).
[2] **Schönfelder** Nr. 20.

(5) Eine Veröffentlichung der nach den Absätzen 1 und 3 erlangten Daten ist nur zulässig, wenn

1. die Betroffenen, im Falle ihres Todes deren Ehegatten und Abkömmlinge, eingewilligt haben oder

2. dies für die Darstellung von Forschungsergebnissen über Ereignisse der Zeitgeschichte unerlässlich ist; in diesem Fall bedarf die Veröffentlichung der Zustimmung der obersten Bundes- oder Landesbehörde, die der Benutzung nach Absatz 2 zugestimmt hat.

§ 67 Einrichtung zentraler Register. (1) Die Länder dürfen zentrale Register einrichten zu dem Zweck, die Registereinträge der angeschlossenen Standesämter zu erfassen und ihre Benutzung nach Absatz 3 zu ermöglichen.

(2) [1] Die Standesämter dürfen bei ihnen gespeicherte Registereinträge an das zentrale Register übermitteln. [2] Die Verantwortung für die Richtigkeit und Vollständigkeit der Daten trägt die übermittelnde Stelle. [3] Das zentrale Register darf die Daten speichern zum Zweck der Übermittlung nach Absatz 3.

(3) Die Standesämter dürfen bei dem zentralen Register Registereinträge erheben, wenn die Angaben benötigt werden zur Erteilung von Personenstandsurkunden und Auskünften sowie zur Gewährung von Einsicht in die Personenstandsregister und Durchsicht dieser Register nach den §§ 55, 61 bis 66; die Benutzung der Personenstandsregister kann von allen an das zentrale Register angeschlossenen Standesämtern gewährt werden.

(4)[1] Die Einrichtung eines zentralen Registers auf der Grundlage dieses Gesetzes zum Zweck der Erprobung der Machbarkeit und Wirtschaftlichkeit ist bereits vor dem Inkrafttreten dieses Gesetzes zulässig.

§ 68 Mitteilungen an Behörden und Gerichte von Amts wegen.

(1) Das Standesamt, das in einem Personenstandsregister eine Beurkundung vornimmt (§§ 3, 5), übermittelt Angaben hierüber von Amts wegen einer anderen Behörde oder einem Gericht, wenn sich die Mitteilungspflicht aus einer Rechtsvorschrift ergibt.

(2) Die Einrichtung eines automatisierten Abrufverfahrens, das die Übermittlung personenbezogener Daten an andere Stellen als Standesämter durch Abruf ermöglicht, ist nur zulässig, soweit dies durch Bundes- oder Landesrecht unter Festlegung der Datenempfänger, der Art der zu übermittelnden Daten und des Zwecks der Übermittlung bestimmt wird.

§ 68a[2] Rechte der betroffenen Person. (1) [1] Das Auskunftsrecht nach Artikel 15 Absatz 1 und das Recht auf Erhalt einer Kopie nach Artikel 15 Absatz 3 der Verordnung (EU) 2016/679 des Europäischen Parlaments und des Rates vom 27. April 2016 zum Schutz natürlicher Personen bei der Verarbeitung personenbezogener Daten, zum freien Datenverkehr und zur Aufhebung der Richtlinie 95/46/EG (Datenschutz-Grundverordnung)[3] (ABl. L 119 vom 4.5.2016, S. 1; L 314 vom 22.11.2016, S. 72; L 127 vom 23.5.2018, S. 2) in der

[1] § 67 Abs. 4 ist gem. Art. 5 Abs. 1 G v. 19.2.2007 (BGBl. I S. 122) bereits am 24.2.2007 in Kraft getreten.
[2] § 68a eingef. mWv 26.11.2019 durch G v. 20.11.2019 (BGBl. I S. 1626).
[3] Nr. 246.

jeweils geltenden Fassung werden dadurch gewährleistet, dass die betroffene Person nach § 62 Einsicht in das Personenstandsregister und in die zum Personenstandseintrag geführten Sammelakten nehmen sowie eine Auskunft aus dem Personenstandseintrag oder der Sammelakte erhalten kann. [2]Soweit die Auskunft zu den verarbeiteten personenbezogenen Daten nach Artikel 15 Absatz 3 der Verordnung (EU) 2016/679 durch eine gebührenfreie Kopie des amtlichen Formulars einer Personenstandsurkunde erfolgt, ist dieses nicht vom Standesbeamten zu unterschreiben, zu siegeln oder zu beglaubigen. [3]Das Recht auf Auskunft der betroffenen Person gemäß Artikel 15 Absatz 1 Buchstabe c der Verordnung (EU) 2016/679 ist beschränkt auf die Kategorien von Empfängern, gegenüber denen die im Personenstandsregister oder in den zum Registereintrag geführten Sammelakten enthaltenen personenbezogenen Daten offengelegt worden sind oder noch offengelegt werden.

(2) Hinsichtlich der in den Personenstandsregistern enthaltenen personenbezogenen Daten kann das Recht auf Berichtigung nach Artikel 16 der Verordnung (EU) 2016/679 nur unter den Voraussetzungen der §§ 47 bis 53 ausgeübt werden.

(3) Das Widerspruchsrecht gemäß Artikel 21 der Verordnung (EU) 2016/679 findet in Bezug auf die im Personenstandsregister beurkundeten Daten und die in den Sammelakten enthaltenen Dokumente keine Anwendung.

Kapitel 10.[1]) Zwangsmittel, Bußgeldvorschriften, Besonderheiten

§ 69 Erzwingung von Anzeigen. [1]Wer auf Grund dieses Gesetzes zu Anzeigen oder zu sonstigen Handlungen verpflichtet ist, kann hierzu vom Standesamt durch Festsetzung eines Zwangsgeldes angehalten werden. [2]Das Zwangsgeld darf für den Einzelfall den Betrag von eintausend Euro nicht überschreiten; es ist vor der Festsetzung schriftlich anzudrohen.

§ 70[2]) Bußgeldvorschriften. (1) Ordnungswidrig handelt, wer entgegen § 11 Absatz 2, auch in Verbindung mit § 17 Satz 1, eine dort genannte Handlung begeht oder einen dort genannten Vertrag abschließt.

(2) Ordnungswidrig handelt, wer vorsätzlich oder fahrlässig

1. als Person nach § 19 Satz 1 Nummer 1 entgegen § 18 Absatz 1 Satz 1 Nummer 1 oder Satz 2,

2. als Träger einer Einrichtung nach § 20 Satz 1 entgegen § 18 Absatz 1 Satz 1 Nummer 2 oder Satz 2,

3. entgegen § 24 Abs. 1 Satz 1,

4. als Person nach § 29 Abs. 1 Satz 1 Nr. 1 oder 2 entgegen § 28 Nr. 1 oder

5. als Träger einer Einrichtung nach § 30 Abs. 1 in Verbindung mit § 20 Satz 1 entgegen § 28 Nr. 2

eine Anzeige nicht, nicht richtig, nicht vollständig, nicht in der vorgeschriebenen Weise oder nicht rechtzeitig erstattet.

[1]) Kapitel 10 Überschrift neu gef. mWv 1.11.2017 durch G v. 17.7.2017 (BGBl. I S. 2522).
[2]) § 70 Abs. 1 einl. Satzteil geänd. mWv 15.5.2013 durch G v. 7.5.2013 (BGBl. I S. 1122); Abs. 1 *Nr. 1 und 2 neu gef. mWv 1.5.2014 durch G v. 28.8.2013 (BGBl. I S. 3458)*; Abs. 1 eingef., bish. Abs. 1 wird Abs. 2, bish. Abs. 2 wird Abs. 3 und neu gef. mWv 22.7.2017 durch G v. 17.7.2017 (BGBl. I S. 2429).

(3) Die Ordnungswidrigkeit kann in den Fällen des Absatzes 1 mit einer Geldbuße bis zu fünftausend Euro und in den übrigen Fällen mit einer Geldbuße bis zu eintausend Euro geahndet werden.

§ 71 Personenstandsbücher aus Grenzgebieten.

¹Die aus Anlass des deutsch-belgischen Vertrags vom 24. September 1956 (BGBl. 1958 II S. 262, 353) und auf Grund des deutsch-niederländischen Ausgleichsvertrags vom 8. April 1960 (BGBl. 1963 II S. 458, 1078) übergebenen Personenstandsbücher stehen Personenstandsregistern im Sinne dieses Gesetzes gleich. ²Soweit lediglich beglaubigte Abschriften übergeben worden sind, stehen diese einem Eintrag in einem Personenstandsregister gleich.

§ 72[1] *(aufgehoben)*

Kapitel 11. Verordnungsermächtigungen

§ 73[2)3)] Ermächtigungen zum Erlass von Rechtsverordnungen.

Das Bundesministerium des Innern, für Bau und Heimat wird ermächtigt, im Benehmen mit dem Bundesministerium der Justiz und für Verbraucherschutz und mit Zustimmung des Bundesrates zur Durchführung dieses Gesetzes Rechtsverordnungen[4)] zu erlassen über

1. die Führung, Fortführung, Benutzung und Aufbewahrung der von deutschen Standesbeamten errichteten Personenstandsregister, Personenstandsbücher und Standesregister sowie die Führung und Fortführung der Sicherungsregister, Zweitbücher und standesamtlichen Nebenregister,

2. die Führung, Fortführung, Benutzung und Aufbewahrung der von deutschen Konsularbeamten errichteten Personenstandseinträge,

3. die Anforderungen an elektronische Verfahren
 a) zur Führung der Personenstandsregister und Sicherungsregister sowie die Aufbewahrung dieser Register einschließlich der Anforderungen an Anlagen und Programme sowie deren Sicherung (§§ 3, 4),
 b) mittels derer die Identität der Person, die die Eintragung vorgenommen hat, erkennbar ist (§ 3 Abs. 2 Satz 3),

4. den Aufbau und die Darstellung der elektronischen Register am Bildschirm und die Formulare für die Personenstandsurkunden (§§ 3 bis 5, 55),

5. die Ausstellung von Personenstandsurkunden durch ein anderes als das registerführende Standesamt (§ 55 Abs. 2, § 56 Abs. 4),

6. die technischen Verfahren zur Neubeurkundung nach Verlust eines Registers (§ 8),

¹⁾ § 72 aufgeh. mWv 15.8.2013 durch G v. 7.8.2013 (BGBl. I S. 3154).
²⁾ § 73 Nr. 25 und 26 geänd. mWv 1.6.2008 durch G v. 13.3.2008 (BGBl. I S. 313); Nr. 24 neu gef. mWv 15.5.2013, Nr. 16 neu gef. mWv 1.11.2013 durch G v. 7.5.2013 (BGBl. I S. 1122); einl. Satzteil geänd. mWv 8.9.2015 durch VO v. 31.8.2015 (BGBl. I S. 1474); Nr. 23 aufgeh., bish. Nr. 24 wird Nr. 23 und neu gef., Nr. 25 aufgeh., bish. Nr. 26 wird Nr. 24 und neu gef. mWv 1.11.2017 durch G v. 17.7.2017 (BGBl. I S. 2522); Nr. 10 neu gef. mWv 22.12.2018 durch G v. 18.12.2018 (BGBl. I S. 2639); einl. Satzteil geänd. mWv 27.6.2020 durch VO v. 19.6.2020 (BGBl. I S. 1328).
³⁾ § 73 ist gem. Art. 5 Abs. 1 G v. 19.2.2007 (BGBl. I S. 122) bereits am 24.2.2007 in Kraft getreten.
⁴⁾ Verordnung zur Ausführung des Personenstandsgesetzes (Personenstandsverordnung – PStV) (Nr. 261).

7. die Führung der Sammelakten (§ 6),

8. die Mitteilungen an Behörden und sonstige öffentliche Stellen auf Grund von Rechtsvorschriften, insbesondere die Bezeichnung der empfangenden Stelle sowie die im Einzelnen zu übermittelnden Angaben und das Verfahren der Übermittlung,

9. die Übertragung von besonderen Aufgaben auf das Standesamt I in Berlin, die sich daraus ergeben, dass diesem im Rahmen der ihm durch dieses Gesetz übertragenen Zuständigkeiten Mitteilungen oder Erklärungen über Vorgänge zugehen, die in einem Personenstandsregister zu beurkunden wären, sowie die Organisation und Nutzung der nach diesem Gesetz beim Standesamt I in Berlin zu führenden Verzeichnisse, insbesondere im Rahmen der Zusammenarbeit mit den Standesämtern,

10. die Anmeldung der Eheschließung, die Eheschließung und die Umwandlung der Lebenspartnerschaft in eine Ehe sowie die Erteilung einer Bescheinigung hierüber,

11. die Anzeige einer Geburt oder eines Sterbefalls,

12. die Erteilung von Personenstandsurkunden sowie einer Bescheinigung über die Entgegennahme einer namensrechtlichen Erklärung,

13. die Beurkundung von Personenstandsfällen, bei denen besondere Umstände zu berücksichtigen sind, weil sie sich in der Luft, auf Binnenschiffen, in Landfahrzeugen oder in Bergwerken ereignet haben oder einzelne Angaben für die Beurkundung fehlen oder urkundlich nicht belegt werden können,

14. die Beurkundung von Personenstandsfällen, falls eine Person beteiligt ist, die taub oder stumm oder sonst am Sprechen gehindert ist, die die deutsche Sprache nicht versteht oder nicht schreiben kann,

15. die Beurkundung der Sterbefälle von Angehörigen der ehemaligen deutschen Wehrmacht sowie das Verfahren zur Beurkundung von Sterbefällen in ehemaligen deutschen Konzentrationslagern (§ 38),

16. weitere Angaben zum Familienstand des Verstorbenen sowie zum Ort und Zeitpunkt des Todes im Sterbeeintrag (§ 31 Absatz 1 Nummer 2 und 4) und in der Sterbeurkunde (§ 60 Nummer 2 und 4),

17. die Eintragung der Staatsangehörigkeit in die Personenstandsregister,

18. die Begriffsbestimmungen für tot geborene Kinder und Fehlgeburten,

19. die Angabe von Namen, wenn Vor- und Familiennamen nicht geführt werden,

20. die Bezeichnung der Behörden und sonstigen öffentlichen Stellen, die nach gesetzlichen Vorschriften dem Standesamt eine Mitteilung zur Fortführung der Personenstandsregister zu machen haben, sowie die jeweils zu übermittelnden Angaben,

21. die Besonderheiten für die in § 71 genannten Personenstandsbücher und beglaubigten Abschriften, die darauf beruhen, dass Zweitbücher nicht vorhanden sind oder Einträge von den im inländischen Recht vorgesehenen Einträgen abweichen,

22. die Führung der Sammlung der Todeserklärungen, die damit zusammenhängenden Mitteilungspflichten und die Benutzung dieser Sammlung (§ 33),

23. die elektronische Erfassung und Fortführung der Übergangsbeurkundungen (§ 75) und Altregister (§ 76),

24. die Benutzung der als Heiratseinträge fortgeführten Familienbücher (§ 77).

§ 74 [1][2] Rechtsverordnungen der Landesregierungen. (1) Die Landesregierungen werden ermächtigt, durch Rechtsverordnung

1. die Bestellung der Standesbeamten und die fachlichen Anforderungen an diese Personen zu regeln,
2. die Aufbewahrung der Zweitbücher und Sicherungsregister zu regeln,
3. ein zentrales elektronisches Personenstandsregister einzurichten und nähere Bestimmungen zu dessen Führung zu treffen,
4. die Aufbewahrung der Sammelakten zu regeln,
5. die elektronische Erfassung und Fortführung der Übergangsbeurkundungen (§ 75) und Altregister (§ 76) zu regeln,
6. das zuständige Amtsgericht zu bestimmen, wenn im Falle des § 50 Abs. 1 am Ort des Landgerichts mehrere Amtsgerichte ihren Sitz haben,
7. zu bestimmen, dass auch anderen als den auf Grund des § 73 Nr. 8 bezeichneten öffentlichen Stellen Angaben mitzuteilen sind, die diese zur Erfüllung ihrer Aufgaben benötigen.

(2) Die Landesregierungen können durch Rechtsverordnung die Ermächtigungen nach Absatz 1 auf oberste Landesbehörden übertragen.

Kapitel 12. Übergangsvorschriften

§ 75 [3] Übergangsbeurkundung. Die zwischen dem 1. Januar 2009 und dem 31. Dezember 2013 in einem Papierregister beurkundeten Personenstandseinträge (Übergangsbeurkundungen) können in elektronische Register übernommen werden; in diesem Fall gelten die §§ 3 bis 5 entsprechend.

§ 76 [3] Fortführung, Benutzung und Aufbewahrung der Altregister.

(1) [1] Altregister sind die bis zum 31. Dezember 2008 angelegten Personenstandsbücher sowie die seit dem 1. Januar 1876 geführten Standesregister und standesamtlichen Nebenregister und die davor geführten Zivilstandsregister (Standesbücher). [2] Für ihre Fortführung und Beweiskraft gelten die §§ 5, 16, 17, 27, 32 und 54 entsprechend, die Folgebeurkundungen sind von dem Standesbeamten zu unterschreiben.

(2) Für die Fortführung der Zweitbücher gilt § 4 Absatz 2 entsprechend mit der Maßgabe, dass Hinweise nicht einzutragen sind.

(3) Für die Benutzung der Altregister und der dazu geführten Sammelakten gelten die §§ 61 bis 66 entsprechend.

(4) Für die Aufbewahrung und das Anbieten der Altregister, der Zweitbücher und der Sammelakten gegenüber den Archiven gilt § 7 Absatz 1 und 3 entsprechend.

[1] § 74 ist gem. Art. 5 Abs. 1 G v. 19.2.2007 (BGBl. I S. 122) bereits am 24.2.2007 in Kraft getreten.
[2] § 74 Abs. 1 Nr. 5 neu gef. mWv 15.5.2013 durch G v. 7.5.2013 (BGBl. I S. 1122); Abs. 1 Nr. 5 neu gef., Abs. 2 geänd. mWv 1.11.2017 durch G v. 17.7.2017 (BGBl. I S. 2522).
[3] §§ 75 und 76 neu gef. mWv 1.11.2017 durch G v. 17.7.2017 (BGBl. I S. 2522).

(5) Die Altregister können innerhalb der in § 5 Absatz 5 genannten Fristen elektronisch erfasst und fortgeführt werden; in diesem Fall gelten die §§ 3 bis 5 entsprechend.

§ 77[1] Fortführung, Aufbewahrung und Benutzung der Familienbücher. (1) [1] Die Familienbücher werden als Heiratseinträge fortgeführt; die bisherigen Heiratseinträge in den Heiratsbüchern werden nicht fortgeführt. [2] § 16 gilt entsprechend.

(2) [1] Zuständig für die Fortführung des Familienbuchs ist das Standesamt, das den Heiratseintrag für die Ehe führt. [2] Ist die Ehe nicht in einem deutschen Heiratsbuch beurkundet, so ist das Standesamt zuständig, das am 24. Februar 2007 das Familienbuch führte.

(3) Aus den Familienbüchern, die als Heiratseinträge fortgeführt werden, werden als Personenstandsurkunden nur Eheurkunden (§ 57) ausgestellt.

§ 78[2] *(aufgehoben)*

§ 79[3] Altfallregelung. Für die Bearbeitung von Anträgen auf Beurkundung von Auslandspersonenstandsfällen und von namensrechtlichen Erklärungen, die vor dem 1. November 2017 beim Standesamt I in Berlin gestellt oder dort eingegangen sind, bleibt abweichend von der in § 34 Absatz 4 Satz 1, § 35 Absatz 3 Satz 1, § 36 Absatz 2, § 41 Absatz 2 Satz 2, § 42 Absatz 2 Satz 2, § 43 Absatz 2 Satz 3 und § 45 Absatz 2 Satz 2 getroffenen Zuständigkeitsreglung bei lediglich früherem Wohnsitz im Inland das Standesamt I in Berlin zuständig.

[1] § 77 neu gef. mWv 1.11.2017 durch G v. 17.7.2017 (BGBl. I S. 2522).
[2] § 78 aufgeh. mWv 1.11.2017 durch G v. 17.7.2017 (BGBl. I S. 2522).
[3] § 79 angef. mWv 1.11.2017 durch G v. 17.7.2017 (BGBl. I S. 2522).

261. Verordnung zur Ausführung des Personenstandsgesetzes (Personenstandsverordnung – PStV)[1]

Vom 22. November 2008
(BGBl. I S. 2263)

FNA 211-9-1

geänd. durch Art. 5 G zur Modernisierung des Benachrichtigungswesens in Nachlasssachen durch Schaffung des Zentralen Testamentsregisters bei der Bundesnotarkammer und zur Fristverlängerung nach der HofraumVO v. 22.12.2010 (BGBl. I S. 2255), Art. 2 Abs. 8 G zur Änd. von Vorschriften über Verkündung und Bekanntmachungen sowie der ZPO, des EGZPO und der AO v. 22.12.2011 (BGBl. I S. 3044), Art. 2 Personenstandsrechts-ÄnderungsG v. 7.5.2013 (BGBl. I S. 1122, ber. S. 2440), Art. 4 G zum Ausbau der Hilfen für Schwangere und zur Regelung der vertraulichen Geburt v. 28.8.2013 (BGBl. I S. 3458), Art. 6 G zur Umsetzung der Richtlinie 2011/95/EU v. 28.8.2013 (BGBl. I S. 3474), Art. 14 Nr. 6 AsylverfahrensbeschleunigungsG v. 20.10.2015 (BGBl. I S. 1722), Art. 2 2. Personenstandsrechts-ÄnderungsG v. 17.7.2017 (BGBl. I S. 2522), Art. 1 Erste ÄndVO v. 24.10.2018 (BGBl. I S. 1768), Art. 3 Abs. 5 G zum Erlass und zur Änd. bundesrechtlicher Vorschriften in Bezug auf die Übernahme der Angehörigenbenachrichtigungs-Aufgabenübertragung[2] v. 4.12.2018 (BGBl. I S. 2257 iVm Bek. v. 12.4.2019, BGBl. I S. 496), Art. 5 G zur Umsetzung des G zur Einführung des Rechts auf Eheschließung für Personen gleichen Geschlechts v. 18.12.2018 (BGBl. I S. 2639), Art. 89 Elfte Zuständigkeitsanpassungs-VO v. 19.6.2020 (BGBl. I S. 1328) und Art. 3 G zur Digitalisierung von Verwaltungsverfahren bei der Gewährung von Familienleistungen v. 3.12.2020 (BGBl. I S. 2668)

Auf Grund des § 73 des Personenstandsgesetzes[3] vom 19. Februar 2007 (BGBl. I S. 122), der durch Artikel 2 Abs. 2 Nr. 2 des Gesetzes vom 13. März 2008 (BGBl. I S. 313) geändert worden ist, des § 4 Abs. 3 Satz 3 des Staatsangehörigkeitsgesetzes[4], der zuletzt durch Artikel 5 des Gesetzes vom 19. August 2007 (BGBl. I S. 1970) geändert worden ist, Artikel 2 Abs. 1 des Gesetzes zu dem Übereinkommen vom 8. September 1976 über die Ausstellung mehrsprachiger Auszüge aus Personenstandsbüchern vom 16. April 1997 (BGBl. 1997 II S. 774) und des Artikels 2 Abs. 1 des Gesetzes zu dem Übereinkommen vom 5. September 1980 über die Ausstellung von Ehefähigkeitszeugnissen vom 5. Juni 1997 (BGBl. 1997 II S. 1086) verordnet das Bundesministerium des Innern im Benehmen mit dem Bundesministerium der Justiz:

Inhaltsübersicht[5]

Kapitel 1. Allgemeine Bestimmungen

[1] Die Änderungen durch G v. 3.12.2020 (BGBl. I S. 2668) treten erst **mWv 1.1.2022** in Kraft und sind im Text noch nicht berücksichtigt.
[2] In Kraft getreten am 1.1.2019, vgl. Art. 4 Abs. 2 G v. 4.12.2018 (BGBl. I S. 2257) iVm Bek. v. 12.4.2019 (BGBl. I S. 496).
[3] Nr. **260**.
[4] Nr. **15**.
[5] Inhaltsübersicht geänd. mWv 15.5.2013 und mWv 1.11.2013 durch G v. 7.5.2013 (BGBl. I S. 1122); geänd. mWv 1.11.2017 durch G v. 17.7.2017 (BGBl. I S. 2522); geänd. mWv 1.11.2018 durch VO v. 24.10.2018 (BGBl. I S. 1768); geänd. mWv 22.12.2018 durch G v. 18.12.2018 (BGBl. I S. 2639).

Kapitel 1. Allgemeine Bestimmungen

§ 1 Standesamt (1) ¹Jedes Standesamt führt eine Bezeichnung. ²Bei gleichnamigen Standesämtern ist ein unterscheidender Zusatz hinzuzufügen.

(2) Amtssitz sind die Diensträume des Standesamts.

§ 2 Übersetzung in die deutsche Sprache. (1) Werden einem Standesamt fremdsprachige Urkunden vorgelegt, so soll eine Übersetzung in die deutsche Sprache gefordert werden.

(2) ¹ Versteht ein Beteiligter die deutsche Sprache nicht, ist ein Dolmetscher hinzuzuziehen, wenn der Standesbeamte oder der mit der Amtshandlung befasste Mitarbeiter des Standesamts die fremde Sprache nicht selbst beherrscht. ² Der Dolmetscher hat gegenüber dem Standesbeamten eine Versicherung an Eides statt darüber abzugeben, dass er treu und gewissenhaft übertragen werde. ³ Ist der Dolmetscher für Übertragungen der betreffenden Art in einem Land nach den landesrechtlichen Vorschriften allgemein beeidigt, genügt die Berufung auf diesen Eid.

(3) ¹ Eine Niederschrift soll auch in der fremden Sprache vorgelesen werden. ² Dass dies geschehen ist, ist am Schluss der Niederschrift anzugeben. ³ Die Niederschrift ist auch vom Dolmetscher zu unterschreiben.

§ 3 Behinderung, Verweigerung der Unterschrift. (1) ¹ Ist ein Beteiligter hör- oder sprachbehindert und ist eine schriftliche Verständigung mit ihm nicht möglich, so ist ein Gebärdendolmetscher hinzuzuziehen. ² § 2 gilt entsprechend.

(2) ¹ Kann ein Beteiligter nicht schreiben oder ist er am Schreiben gehindert, soll er ein Handzeichen machen. ² Ist das nicht möglich oder weigert sich ein Beteiligter zu unterschreiben, so ist dies mit Angabe des Grundes zu vermerken.

§ 4 Rückgabe von Urkunden. (1) ¹ Von den Beteiligten vorgelegte Urkunden, die nicht ausdrücklich zur Vorlage beim Standesamt ausgestellt worden sind, sollen ihnen zurückgegeben werden. ² Von Urkunden, die nicht jederzeit wieder beschafft werden können, soll das Standesamt eine Abschrift oder Ablichtung zurückbehalten, die zu beglaubigen ist; bei Übertragung in ein elektronisches Dokument genügt ein Vermerk, der angibt, wann und durch wen die Übertragung vorgenommen worden ist.

(2) Bei in fremder Sprache abgefassten Urkunden, denen eine Übersetzung beigefügt ist, soll eine beglaubigte Abschrift oder Ablichtung der Urkunde und der Übersetzung beim Standesamt verbleiben.

§ 5 Prüfungspflicht des Standesbeamten. Eintragungen im Personenstandsregister und sonstige Beurkundungen dürfen erst vorgenommen werden, wenn der zugrunde liegende Sachverhalt ermittelt und abschließend geprüft worden ist.

§ 6¹⁾ Anzeige eines Personenstandsfalls. (1) ¹ Über die mündliche Anzeige eines Personenstandsfalls ist vom Standesamt eine Niederschrift aufzunehmen. ² Die Niederschrift muss alle zur ordnungsgemäßen Beurkundung im Personenstandsregister erforderlichen Angaben enthalten.

(2) Für die elektronische Anzeige einer Geburt oder eines Sterbefalls sollen das Datenaustauschformat XPersonenstand und das Übertragungsprotokoll

¹⁾ § 6 Abs. 2 Halbs. 2 geänd. mWv 1.4.2012 durch G v. 22.12.2011 (BGBl. I S. 3044); Abs. 2 Halbs. 2 geänd. mWv 1.11.2013 durch G v. 7.5.2013 (BGBl. I S. 1122).

OSCI-Transport in der im Bundesanzeiger bekannt gemachten jeweils gültigen Fassung verwendet werden; § 63 Absatz 4 gilt entsprechend.

§ 7 Zurückstellen der Beurkundung. (1) [1] Fehlen Angaben oder Nachweise für die Beurkundung eines Personenstandsfalls, kann das Standesamt die Beurkundung zurückstellen. [2] Die Beurkundung des Personenstandsfalls ist in diesem Fall in angemessener Frist nachzuholen.

(2) Dem Anzeigenden ist auf Antrag eine Bescheinigung darüber auszustellen, dass der Personenstandsfall angezeigt wurde, aber noch nicht beurkundet werden konnte.

§ 8[1] Prüfung der Staatsangehörigkeit. (1) [1] Zur Prüfung der deutschen Staatsangehörigkeit ist Folgendes vorzulegen:

1. der Personalausweis oder der Reisepass oder

2. eine erweiterte Bescheinigung der Meldebehörde, aus der sich die Staatsangehörigkeit ergibt.

[2] Bestehen danach Zweifel an der deutschen Staatsangehörigkeit, ist eine Staatsangehörigkeitsurkunde vorzulegen.

(2) Wer nicht Deutscher ist, muss seine Staatsangehörigkeit durch Vorlage eines der folgenden Dokumente nachweisen:

1. Reisepass oder Passersatz,

2. amtlicher Personalausweis mit Angabe der Staatsangehörigkeit eines Mitgliedstaates der Europäischen Union, eines anderen Vertragsstaates des Abkommens über den Europäischen Wirtschaftsraum und der Schweiz oder

3. Bescheinigung der zuständigen Behörde seines Heimatstaates.

Kapitel 2. Personenstandsregister

Abschnitt 1. Betrieb elektronischer Personenstandsregister

§ 9 Personenstandsregister, Registerinhalt. (1) Die nach § 3 Abs. 1 des Gesetzes zu führenden Personenstandsregister bestehen aus Registereinträgen, die auf Dauer lesbar und unveränderbar zu speichern sind.

(2) Die Registereinträge enthalten die für die Beurkundung der Personenstandsfälle nach dem Gesetz erforderlichen Daten einschließlich der dauerhaft überprüfbaren qualifizierten elektronischen Signatur des beurkundenden Standesbeamten sowie die Hinweise und die entsprechenden Registrierungsdaten nach § 16 Abs. 2 Satz 1.

(3) Die Beurkundungsdaten werden vom Standesamt in strukturierter Form im Format Extensible Markup Language (XML) und zusätzlich als Dokument im Format Portable Document-Format (PDF/A) in dem entsprechenden Personenstandsregister gespeichert.

(4) Beurkundungen im Sinne des § 54 des Gesetzes sind die im Format XML gespeicherten Haupteinträge und Folgebeurkundungen.

[1] § 8 Abs. 1 neu gef. mWv 1.11.2017 durch G v. 17.7.2017 (BGBl. I S. 2522).

§ 10[1] Anforderungen an den Betrieb von Personenstandsregistern und Sicherungsregistern. (1) [1]Für den Betrieb von Personenstandsregistern und Sicherungsregistern sind die erforderlichen und angemessenen technischen und organisatorischen Maßnahmen zu treffen, um die Verfügbarkeit, Integrität, Authentizität und Vertraulichkeit der gespeicherten Daten entsprechend dem jeweiligen Stand der Technik sicherzustellen. [2]Es dürfen nur Anlagen und Programme verwendet werden, die den anerkannten technischen Anforderungen an die maschinell geführte Verarbeitung von Daten mit hohem Schutzbedarf entsprechen; sämtliche technischen und organisatorischen Maßnahmen müssen dem mit der dauerhaften Speicherung der Registerdaten verfolgten Zweck angemessen Rechnung tragen. [3]Die zu treffenden Maßnahmen sind im Betriebs- und Sicherheitskonzept (§ 13) zu dokumentieren.

(2) Insbesondere ist sicherzustellen, dass

1. Unbefugten der Zutritt zu Datenverarbeitungsanlagen, mit denen die Personenstandsdaten verarbeitet oder genutzt werden können, verwehrt wird (Zutrittskontrolle),

2. die unbefugte Nutzung der für die Personenstandsbeurkundung eingesetzten Datenverarbeitungssysteme verhindert wird (Zugangskontrolle),

3. die eingeräumten Zugriffsbefugnisse im Datenverarbeitungssystem verwaltet werden und der Zugriff auf die Daten oder Systemfunktionen nur innerhalb der jeweils eingeräumten Zugriffsbefugnis möglich ist, nachdem sich der Benutzer dem System gegenüber in einer automatisierten Prüfung als zugriffsbefugt erwiesen hat (Zugriffskontrolle),

4. die beurkundeten Daten nachvollziehbar und unveränderbar gespeichert werden und die chronologische Dokumentation von Veränderungen der Einträge im Personenstandsregister und im Sicherungsregister gewährleistet wird (Revisionssicherheit),

5. die Vornahme von Veränderungen und Ergänzungen der Einträge im Personenstandsregister und im Sicherungsregister im Datenverarbeitungssystem protokolliert wird (Beweissicherung),

6. eingesetzte Systemkomponenten ohne Sicherheitsrisiken wiederhergestellt werden können (Wiederaufbereitung),

7. etwaige Verfälschungen der gespeicherten Daten durch geeignete technische Prüfmechanismen rechtzeitig bemerkt werden können (Unverfälschtheit),

8. die Funktionen des Datenverarbeitungssystems fehlerfrei ablaufen und auftretende Fehlfunktionen unverzüglich gemeldet werden (Verlässlichkeit),

9. bei Verarbeitung der Daten im System und im Falle der Nutzung allgemein zugänglicher Netze Verschlüsselungsverfahren angewendet werden, die dem jeweiligen Stand der Technik entsprechen (Übertragungssicherheit).

[1] § 10 Abs. 1 Satz 3 aufgeh., bish. Satz 4 wird Satz 3 mWv 1.11.2018 durch VO v. 24.10.2018 (BGBl. I S. 1768).

§ 11[1] **Anforderungen an Datenverarbeitungsverfahren.** (1) Datenverarbeitungsverfahren für die Personenstandsregister (Registerverfahren) müssen gewährleisten, dass

1. die Beurkundungsdaten und Hinweise in den dafür vorgesehenen Datenfeldern (Anlage 1) gespeichert werden,
2. eine Zusammenstellung aller Beurkundungsdaten als Personenstandseintrag nach den Mustern der Anlagen 2 bis 5 auf Dauer unveränderbar gespeichert wird,
3. der Personenstandseintrag mit den Registrierungsdaten nach § 16 Abs. 2 Satz 1 versehen wird,
4. die erforderliche dauerhaft überprüfbare qualifizierte elektronische Signatur und die Daten, die zur Sicherung der dauerhaften Überprüfbarkeit erforderlich sind, beim Personenstandseintrag gespeichert werden,
5. jede Änderung oder Ergänzung eines bestehenden Registereintrags (Folgebeurkundung) gespeichert und mit dem Eintrag der Erstbeurkundung (Haupteintrag) und hierzu bereits vorhandener Folgebeurkundungen elektronisch verknüpft wird, ohne die bereits im Personenstandsregister gespeicherten Eintragsdaten zu überschreiben oder zu löschen,
6. die Beurkundungsdaten, gegliedert in Erstbeurkundung und Folgebeurkundungen für eine weitere Folgebeurkundung unter automatischer Vergabe der nach § 17 Satz 1 vorgesehenen Folgenummer bereitgestellt werden und der entsprechende Eintrag für die Dauer der Bearbeitung im Personenstandsregister gesperrt wird,
7. die Authentizität des Eintrags sichergestellt und eine systemunabhängige Prüfung möglich ist,
8. Registereinträge, die nach Ablauf der Aufbewahrungsfristen von den zuständigen öffentlichen Archiven übernommen werden, auf externe Datenträger übertragen und aus dem Personenstandsregister gelöscht werden können.

(2) Datenverarbeitungsverfahren für die Erstellung, Fortführung, Suche und Anzeige der Personenstandseinträge (Fachverfahren) müssen gewährleisten, dass die nach dieser Verordnung erforderliche dauerhaft überprüfbare qualifizierte elektronische Signatur vor einer Speicherung im Personenstandsregister angebracht wird und bei jeder Bereitstellung eines Registereintrags zur Bearbeitung im Fachverfahren die Signatur überprüft wird.

(3) ¹Fachverfahren dürfen mit einem Registerverfahren nur über eine Schnittstelle verbunden sein, die eine direkte Änderung der im Personenstandsregister gespeicherten Daten ausschließt. ²Diese Schnittstelle muss gewährleisten, dass

1. eine system- und programmiersprachenunabhängige Zusammenarbeit von Fach- und Registerverfahren möglich ist,
2. die in einem Fachverfahren bearbeiteten Daten in das Personenstandsregister übernommen werden und die zugehörige dauerhaft überprüfbare qualifizierte elektronische Signatur übergeben wird,
3. die im Personenstandsregister vorhandenen Daten für eine Bearbeitung in das Fachverfahren übernommen werden,

[1] § 11 Abs. 4 angef. mWv 1.11.2013 durch G v. 7.5.2013 (BGBl. I S. 1122); Abs. 4 geänd. mWv 27.6.2020 durch VO v. 19.6.2020 (BGBl. I S. 1328).

4. die in einem Fachverfahren für eine Übernahme in das Personenstandsregister bearbeiteten Daten den festgelegten Strukturen und Formatbeschreibungen der Daten im Personenstandsregister angepasst werden,

5. die zur systemunabhängigen Prüfung der Authentizität des Personenstandseintrags notwendigen Informationen bereitgestellt werden können.

(4) Das Bundesministerium des Innern, für Bau und Heimat kann eine den Voraussetzungen des Absatzes 3 genügende Schnittstellenbeschreibung durch Veröffentlichung im Bundesanzeiger für verbindlich anwendbar erklären.

§ 12[1] Herstellererklärung. Für die Verarbeitung der nach dem Gesetz und dieser Verordnung zu registrierenden Daten dürfen nur Programme eingesetzt werden, für die die Hersteller gegenüber dem Verwender bestätigen, dass die für die Registerführung maßgebenden Vorgaben des Gesetzes und dieser Verordnung erfüllt werden.

§ 13 Betriebs- und Sicherheitskonzept, Datenverarbeitungssysteme.

(1) Für den Betrieb der Personenstandsregister ist ein Betriebs- und Sicherheitskonzept zu erstellen, das festlegt, mit welchen technischen und organisatorischen Maßnahmen die Vorgaben des Gesetzes und dieser Verordnung unter Beachtung der Fortführungsfristen nach § 5 Abs. 5 des Gesetzes[2] gewährleistet werden.

(2) [1]Die für die Register verwendeten Datenverarbeitungssysteme sind regelmäßig auf Funktionalität zu überprüfen. [2]Die Registereinträge sind bei Bedarf auf Datenträger und Anlagen zu übertragen, die dem Stand der Technik entsprechen. [3]Bei dieser Übertragung muss die Integrität der übertragenen Einträge überprüft und die Überprüfung dokumentiert werden. [4]Es ist sicherzustellen, dass die in ausgesonderten Datenverarbeitungssystemen gespeicherten Daten spurenlos gelöscht werden.

§ 14[3] Berechtigungskonzept. (1) [1]Der Zugriff auf die Daten im Personenstandsregister erfolgt innerhalb eines Standesamts mit folgenden Berechtigungsstufen:

1. Stufe A erlaubt, einen Eintrag abzuschließen und in das Personenstandsregister einzufügen, Einträge durch Folgebeurkundungen fortzuführen und Sperrvermerke sowie Hinweise aufzunehmen,

2. Stufe B erlaubt, Hinweise aufzunehmen oder zu ändern,

3. Stufe C erlaubt, einen Eintrag einzusehen,

4. Stufe D erlaubt die Einsicht in das Suchverzeichnis, um festzustellen, ob der Eintrag bei dem betreffenden Standesamt geführt wird.

[2]Eine höhere Berechtigung schließt eine niedrigere ein.

(2) [1]Der Leiter des Standesamts legt die Berechtigung und die jeweilige Berechtigungsstufe fest. [2]Die Zugriffsberechtigung für ein nach § 67 des Gesetzes[2] eingerichtetes zentrales Personenstandsregister wird durch Rechts-

[1] § 12 geänd. mWv 1.11.2018 durch VO v. 24.10.2018 (BGBl. I S. 1768).
[2] Nr. 260.
[3] § 14 Abs. 2 Satz 3 angef. mWv 1.11.2017 durch G v. 17.7.2017 (BGBl. I S. 2522).

verordnung der Landesregierung geregelt. [3] Die Ermächtigung kann durch Rechtsverordnung auf oberste Landesbehörden übertragen werden.

Abschnitt 2. Führung der Personenstandsregister

§ 15 Personenstandsregister. (1) [1] Die Personenstandsregister fassen die Registereinträge mit Haupteintrag, etwaigen Folgebeurkundungen sowie Hinweisen eines Standesamts für gleichartige Personenstandsfälle (Geburt, Eheschließung, Begründung der Lebenspartnerschaft, Tod) zusammen. [2] Bei elektronischer Führung werden auch die zu den jeweiligen Einträgen und Fortführungen angebrachten Sperrvermerke nach § 64 des Gesetzes, Signaturen und Suchdaten zur eindeutigen Identifizierung der Einträge und für die Suche über Namen im Personenstandsregister gespeichert.

(2) Die Personenstandsregister werden im elektronischen Verfahren mit der Kennzeichnung „E" für Eheregister, „G" für Geburtenregister, „L" für Lebenspartnerschaftsregister und „S" für Sterberegister unterschieden.

(3) [1] Die Beurkundungsdaten sind in lateinischer Schrift zu erfassen; diakritische Zeichen sind unverändert wiederzugeben. [2] Dabei ist der Zeichensatz nach ISO/IEC 10646:2003 in der UTF-8-Kodierung zu verwenden.

§ 16[1] Haupteintrag. (1) [1] Der Personenstandsfall wird mit dem Haupteintrag erstmals beurkundet. [2] Der Standesbeamte schließt den Eintrag mit der Angabe seines Familiennamens und seiner dauerhaft überprüfbaren qualifizierten elektronischen Signatur ab und speichert ihn in dem entsprechenden Personenstandsregister.

(2) [1] Der Haupteintrag ist mit der Bezeichnung und der Nummer des Standesamts, der Kennzeichnung des jeweiligen Personenstandsregisters nach § 15 Abs. 2, der laufenden Eintragsnummer und dem Jahr der Erstbeurkundung (Registrierungsdaten) zu versehen. [2] Die Kennzeichnung des Personenstandsregisters, die Eintragsnummer und das Jahr der Erstbeurkundung bilden die Registernummer. [3] Der Registernummer wird für die Darstellung des Haupteintrags im elektronischen Personenstandsregister die Folgenummer „0" angefügt.

(3) Im Fall der Verwendung der Eintragsnummer eines nach § 47 Absatz 4 des Gesetzes stillgelegten Eintrags sind der Eintragsnummer ein Bindestrich und eine fortlaufende Nummer, beginnend mit der Nummer 1, anzufügen.

(4) Die Nummer des Standesamts ergibt sich aus dem Verzeichnis der statistischen Ämter des Bundes und der Länder.

§ 17[2] Folgebeurkundungen. [1] Der Registernummer wird für die Darstellung von Folgebeurkundungen im elektronischen Personenstandsregister eine Folgenummer, beginnend mit der laufenden Nummer 1 angefügt. [2] Für die Eintragung, Kennzeichnung, Signierung und Speicherung gilt § 16 entsprechend.

[1] § 16 Abs. 3 eingef., bish. Abs. 3 wird Abs. 4 mWv 1.11.2017 durch G v. 17.7.2017 (BGBl. I S. 2522); Abs. 2 Satz 3 neu gef. mWv 1.11.2018 durch VO v. 24.10.2018 (BGBl. I S. 1768).
[2] § 17 Satz 1 neu gef. mWv 1.11.2018 durch VO v. 24.10.2018 (BGBl. I S. 1768).

§ 18 Hinweise. (1) In den Personenstandsregistern ist auf Registereinträge in anderen Personenstandsregistern mit der Bezeichnung des Standesamts, der Registernummer nach § 16 Abs. 2 Satz 2 sowie Tag und Ort des Personenstandsfalls hinzuweisen; im Hinweis auf die Geburt eines Kindes ist auch dessen Vor- und Familienname anzugeben.

(2) Einer elektronischen Signatur und einer Nummerierung bedarf es nicht.

§ 19 Aufbau und Gestaltung der Registereinträge. Die Registereinträge müssen auf dem Bildschirm so dargestellt werden können, wie es den Mustern der Anlagen 2 bis 5 entspricht; die Darstellung ist dem Beurkundungssachverhalt anzupassen und kann programmgerecht eingerichtet werden, soweit dies im Einzelfall notwendig ist.

§ 20[1) Sicherungsregister. (1) [1]Für den Aufbau des Sicherungsregisters gilt § 15 entsprechend. [2]Registereinträge sind mit Abschluss der Beurkundung in das entsprechende Sicherungsregister zu übernehmen.

(2) [1]Die Übertragung vom Personenstandsregister in das Sicherungsregister ist gegen jede unbefugte Benutzung sowie gegen Datenverlust zu sichern. [2]Das Sicherungsregister ist so einzurichten, dass es bei Beschädigung der Anlagen oder der Daten des Personenstandsregisters nicht in Mitleidenschaft gezogen wird; die §§ 11 und 12 gelten entsprechend.

§ 21[2) Abschluss der Personenstandsregister. [1]Die Personenstands- und Sicherungsregister sind vom Standesbeamten nach dem letzten Eintrag eines jeden Kalenderjahres mit einem Vermerk über die Anzahl der Haupteinträge abzuschließen, der mit seiner dauerhaft überprüfbaren qualifizierten elektronischen Signatur zu versehen ist. [2]In dem Abschlussvermerk sind die im Kalenderjahr nach § 47 Absatz 4 des Gesetzes stillgelegten Einträge mit der jeweiligen Eintragsnummer aufzulisten.

§ 22 Sammelakten. [1]Die Sammelakten (§ 6 des Gesetzes) können auch elektronisch geführt oder auf Mikrofilm oder einem anderen vergleichbar sicheren Medium gespeichert werden; in diesem Fall gilt § 13 entsprechend. [2]Bei Übertragung in ein elektronisches Dokument genügt ein Vermerk, der angibt, wann und durch wen die Übertragung vorgenommen worden ist.

§ 23 Namensangabe. (1) Bei Personen, die auf Grund Eheschließung oder Begründung einer Lebenspartnerschaft einen vom Geburtsnamen abweichenden Familiennamen führen, ist zusätzlich auch der Geburtsname einzutragen.

(2) Bei Personen, die keinen Vor- und Familiennamen oder die neben Vor- und Familiennamen weitere Namensbestandteile führen, ist der sich aus Urkunden ergebende Name mit allen Namensbestandteilen in die Personenstandsregister einzutragen.

(3) Namen und Namensbestandteile nach Absatz 2 sollen in den Personenstandsregistern unter Hinweis auf die jeweilige Art der ausländischen Namensform bezeichnet werden.

[1)] § 20 Abs. 2 Satz 1 Halbs. 2 aufgeh. mWv 1.11.2013 durch G v. 7.5.2013 (BGBl. I S. 1122).
[2)] § 21 Satz 2 angef. mWv 1.11.2017 durch G v. 17.7.2017 (BGBl. I S. 2522).

(4) Für die Angabe von Namen in familienrechtlichen Beurkundungen gelten die Absätze 1 bis 3 und § 35 entsprechend.

§ 24[1) Neubeurkundung nach Verlust eines Personenstandsregisters.

(1) Über die vollständige oder teilweise Wiederherstellung eines Personenstandsregisters ist vom Standesamt ein Protokoll zu erstellen, aus dem hervorgeht, dass das Personenstandsregister anhand des Datenbestandes des Sicherungsregisters ordnungsgemäß wiederhergestellt wurde.

(2) [1] Die Wiederherstellung eines ganz oder teilweise in Verlust geratenen Papierregisters kann dadurch erfolgen, dass das Sicherungsregister zum Personenstandsregister bestimmt wird. [2] Handelt es sich bei dem Papierregister um ein als Heiratseintrag fortgeführtes Familienbuch, so ist bei dessen Verlust der Heiratseintrag im Heiratsbuch zu aktualisieren und fortzuführen.

§ 25 Übergabe der Register und Sammelakten an Archive. Bei der Übergabe eines Personenstandsregisters, eines Sicherungsregisters und von Sammelakten an ein Archiv ist durch eine Übergabeniederschrift aktenkundig zu machen, welchem Archiv es übergeben worden ist.

§ 26[2) Suchfunktion. (1) [1] Die nach § 3 Absatz 1 des Gesetzes zu führenden Personenstandsregister sind mit einer Suchfunktion zu versehen, die anderen Standesämtern die Feststellung ermöglicht, ob ein Personenstandseintrag geführt wird. [2] Suchkriterien sind Daten aus den Datenfeldern, die in Anlage 1 zur Verwendung als Suchfeld ausgewiesen sind. [3] Als Suchergebnis dürfen nur das Standesamt und die Registernummer (§ 16 Absatz 2 Satz 2) des gesuchten Eintrags mitgeteilt werden.

(2) Für Altregister und Übergangsbeurkundungen, die nicht elektronisch nacherfasst worden sind, ist ein Suchverzeichnis zu führen, aus dem die Suchanfragen beantwortet werden können; für die Benutzung gilt Absatz 1 entsprechend.

§ 27[3) Verzeichnisse beim Standesamt I in Berlin. (1) Für die beim Standesamt I in Berlin geführten elektronischen Verzeichnisse nach § 41 Absatz 2 Satz 4, § 42 Absatz 2 Satz 4, § 43 Absatz 2 Satz 5 und § 45 Absatz 2 Satz 4 des Gesetzes sowie für die Verzeichnisse über Personenstandsfälle im Ausland ist ein elektronisches Auskunftssystem einzurichten, das das Auffinden eines Personenstandseintrags oder einer namensrechtlichen Erklärung ermöglicht.

(2) [1] Die Standesämter und die deutschen Auslandsvertretungen dürfen die nach Absatz 1 eingerichteten Verzeichnisse einsehen, soweit dies für ihre Aufgabenerfüllung erforderlich ist. [2] Zulässige Suchkriterien und Ergebnisdaten sind Standesamt, Registernummer, Familienname, Geburtsname, Vornamen, Tag der Geburt, Tag der Eheschließung, Tag der Begründung einer Lebenspartnerschaft, Todestag und Ereignisort des Personenstandsfalls.

[1) § 24 Abs. 2 aufgeh., bish. Abs. 3 wird Abs. 2 mWv 1.11.2017 durch G v. 17.7.2017 (BGBl. I S. 2522).

[2) § 26 neu gef. mWv 1.11.2013 durch G v. 7.5.2013 (BGBl. I S. 1122).

[3) § 27 neu gef. mWv 1.11.2013 durch G v. 7.5.2013 (BGBl. I S. 1122); Abs. 2 Satz 1 geänd. mWv 1.11.2017 durch G v. 17.7.2017 (BGBl. I S. 2522).

(3) Für die Suche in dem elektronischen Auskunftssystem wird die vom Land Berlin hierfür entwickelte Online-Datenbank des Standesamts I in Berlin verwendet.

Kapitel 3. Eheschließung

§ 28[1] Anmeldung. (1) [1] Die Eheschließenden sollen die beabsichtigte Eheschließung persönlich beim Standesamt anmelden. [2] Ist einer der Eheschließenden hieran verhindert, kann er den anderen Eheschließenden schriftlich bevollmächtigen. [3] Sind beide Eheschließenden aus wichtigen Gründen am Erscheinen in dem Standesamt verhindert, können sie die Eheschließung auch schriftlich oder durch einen Bevollmächtigten anmelden.

(2) Über die mündliche Anmeldung ist eine Niederschrift aufzunehmen.

(3) [1] Soll die Ehe nicht in dem Standesamt geschlossen werden, bei dem sie angemeldet worden ist, so prüft das Standesamt, das die Anmeldung entgegengenommen hat, ob ein Ehehindernis vorliegt. [2] Liegt ein Ehehindernis nicht vor, sind die vollständigen Anmeldeunterlagen mit einem Vermerk über das Ergebnis der Prüfung an das Standesamt zu senden, bei dem die Ehe geschlossen werden soll. [3] Zusätzlich sollen diesem Standesamt die Anmeldedaten der Eheschließenden elektronisch übermittelt werden; für die Übermittlung gilt § 63.

§ 29 Eheschließung. (1) Ist die Eheschließung durch einen Bevollmächtigten angemeldet worden, hat der Vertretene die bei der Anmeldung abgegebenen Erklärungen persönlich zu bestätigen.

(2) [1] Eine erneute Prüfung der Ehevoraussetzungen soll nur dann erfolgen, wenn die Befragung der Eheschließenden ergibt, dass seit der Anmeldung der Eheschließung Änderungen der für die Beurteilung der Ehefähigkeit erheblichen Tatsachen eingetreten sind oder dem Standesamt ein sonstiger Anlass für eine erneute Prüfung bekannt geworden ist. [2] Wenn die Eheschließung nicht bei dem Standesamt erfolgen soll, bei dem sie angemeldet wurde, sind die Anmeldeunterlagen zur erneuten Prüfung zurückzusenden.

(3) Die Niederschrift über die Eheschließung ist mit einem Formular nach dem Muster der Anlage 10 zu fertigen; das Formular ist dem Beurkundungssachverhalt anzupassen und kann programmgerecht eingerichtet werden, soweit dies im Einzelfall notwendig ist.

Kapitel 4. Lebenspartnerschaft

§ 30[2] Umwandlung einer Lebenspartnerschaft in eine Ehe. [1] Für die Umwandlung einer Lebenspartnerschaft in eine Ehe gelten die §§ 28 und 29 entsprechend. [2] Die Niederschrift über die Umwandlung einer Lebenspartnerschaft in eine Ehe ist mit einem Formular nach dem Muster der Anlage 10 zu fertigen; das Formular ist dem Beurkundungssachverhalt anzupassen und

[1] § 28 Abs. 3 Satz 3 angef. mWv 1.11.2017 durch G v. 17.7.2017 (BGBl. I S. 2522).
[2] § 30 neu gef. mWv 1.11.2018 durch VO v. 24.10.2018 (BGBl. I S. 1768).

kann programmgerecht eingerichtet werden, soweit dies im Einzelfall notwendig ist.

Kapitel 5. Geburt

§ 31[1] **Lebendgeburt, Totgeburt, Fehlgeburt.** (1) Eine Lebendgeburt liegt vor, wenn bei einem Kind nach der Scheidung vom Mutterleib entweder das Herz geschlagen oder die Nabelschnur pulsiert oder die natürliche Lungenatmung eingesetzt hat.

(2) [1] Hat sich keines der in Absatz 1 genannten Merkmale des Lebens gezeigt, gilt die Leibesfrucht als ein tot geborenes Kind im Sinne des § 21 Absatz 2 des Gesetzes, wenn

1. das Gewicht des Kindes mindestens 500 Gramm beträgt oder

2. das Gewicht des Kindes unter 500 Gramm beträgt, aber die 24. Schwangerschaftswoche erreicht wurde,

im Übrigen als Fehlgeburt. [2] Eine Fehlgeburt wird nicht im Personenstandsregister beurkundet. [3] Sie kann von einer Person, der bei Lebendgeburt die Personensorge zugestanden hätte, dem Standesamt, in dessen Zuständigkeitsbereich die Fehlgeburt erfolgte, angezeigt werden. [4] In diesem Fall erteilt das Standesamt dem Anzeigenden auf Wunsch eine Bescheinigung mit einem Formular nach dem Muster der Anlage 11.

(3) Eine Fehlgeburt ist abweichend von Absatz 2 Satz 2 als ein tot geborenes Kind zu beurkunden, wenn sie Teil einer Mehrlingsgeburt ist, bei der mindestens ein Kind nach Absatz 1 oder 2 zu beurkunden ist; § 21 Absatz 2 des Gesetzes gilt entsprechend.

§ 32 Geburten in Fahrzeugen. (1) [1] Eine Geburt in einem Land- oder Luftfahrzeug beurkundet das Standesamt, in dessen Bezirk die Mutter das Fahrzeug verlässt. [2] Eine Geburt auf einem Binnenschiff beurkundet das Standesamt, in dessen Bezirk das Schiff zuerst vor Anker geht oder anlegt.

(2) [1] Ist bei einer Geburt nach Absatz 1 der Ort bekannt, an dem das Kind geboren wurde, so ist dieser Ort in die Personenstandsregister einzutragen; ist der Ort nicht bekannt, so ist der für die Zuständigkeit maßgebende Ort als Geburtsort einzutragen. [2] Wird später festgestellt, dass das Kind in einem anderen Standesamtsbezirk geboren wurde, entfällt eine erneute Beurkundung; die Angabe des Geburtsortes ist zu berichtigen.

(3) Das Übereinkommen der Bodenseeuferstaaten über die Beurkundung der auf dem Bodensee eingetretenen Geburten und Sterbefälle vom 16. März 1880 (Badisches Gesetz- und Verordnungsblatt S. 102, Württembergisches Regierungsblatt S. 171, Bayerisches Gesetz- und Verordnungsblatt S. 133) bleibt unberührt.

[1] § 31 Abs. 3 neu gef. mWv 15.5.2013 durch G v. 7.5.2013 (BGBl. I S. 1122); Abs. 2 neu gef., Abs. 3 aufgeh., bish. Abs. 4 wird Abs. 3 und neu gef. mWv 1.11.2018 durch VO v. 24.10.2018 (BGBl. I S. 1768).

§ 33[1] Nachweise bei Anzeige der Geburt. [1] Wird die Geburt eines Kindes angezeigt, soll das Standesamt verlangen, dass ihm folgende Unterlagen vorgelegt werden:

1. bei miteinander verheirateten Eltern ihre Eheurkunde oder ein beglaubigter Ausdruck aus dem Eheregister sowie ihre Geburtsurkunden, wenn sich die Registrierungsdaten der Geburt der Eltern nicht aus der Eheurkunde ergeben,

2. bei nicht miteinander verheirateten Eltern die Geburtsurkunde der Mutter und, falls die Vaterschaft bereits anerkannt wurde, die Erklärungen hierüber und die Geburtsurkunde des Vaters sowie gegebenenfalls die Sorgeerklärungen,

3. ein Personalausweis, Reisepass oder ein anderes anerkanntes Passersatzpapier der Eltern und

4. bei mündlicher Anzeige eine von einer Ärztin oder einem Arzt oder einer Hebamme oder einem Entbindungspfleger ausgestellte Bescheinigung über die Geburt, soweit sie bei der Geburt zugegen waren.

[2] Die nach Nummer 1 erforderliche Eheurkunde ist auch vorzulegen, wenn die Ehe aufgelöst ist. [3] Das Standesamt kann die Vorlage weiterer Urkunden verlangen, wenn dies zum Nachweis von Angaben erforderlich ist.

§ 34[2] Erwerb der deutschen Staatsangehörigkeit. (1) Zur Prüfung, ob ein Kind ausländischer Eltern durch die Geburt die deutsche Staatsangehörigkeit nach § 4 Abs. 3 des Staatsangehörigkeitsgesetzes[3] erworben hat, verlangt das Standesamt bei der Anzeige der Geburt Angaben darüber, ob ein Elternteil ein unbefristetes Aufenthaltsrecht oder als Staatsangehöriger der Schweiz oder dessen Familienangehöriger eine Aufenthaltserlaubnis auf Grund des Abkommens vom 21. Juni 1999 zwischen der Europäischen Gemeinschaft und ihren Mitgliedstaaten einerseits und der Schweizerischen Eidgenossenschaft andererseits über die Freizügigkeit (BGBl. 2001 II S. 810) besitzt.

(2) [1] Sind nach den Angaben die Voraussetzungen hinsichtlich der Rechtsstellung oder des Aufenthaltstitels nach Absatz 1 erfüllt, holt das Standesamt mit einem Formular nach dem Muster der Anlage 12 eine schriftliche Auskunft der Ausländerbehörde darüber ein, ob die Angaben zutreffen und der Elternteil zum Zeitpunkt der Geburt des Kindes seit acht Jahren rechtmäßig seinen gewöhnlichen Aufenthalt im Inland hatte. [2] Die Auskunft ist auch dann einzuholen, wenn die Eltern keine Angaben über ihre Rechtsstellung oder ihren Aufenthaltstitel machen oder das Standesamt Zweifel an der Richtigkeit der Angaben hat; in diesem Fall sind die Angaben für beide Elternteile abzufragen.

(3) [1] Das Standesamt prüft, ob das Kind durch die Geburt die deutsche Staatsangehörigkeit erworben hat, und vermerkt das Ergebnis der Prüfung auf dem Formular nach dem Muster der Anlage 12 oder in einem gesonderten Vermerk. [2] Das Formular oder der gesonderte Vermerk über das Ergebnis der Prüfung sind zu den Sammelakten des Geburtseintrags zu nehmen.

[1] § 33 Satz 1 Nr. 1 neu gef. mWv 1.11.2018 durch G v. 17.7.2017 (BGBl. I S. 2522).
[2] § 34 Abs. 4 geänd. mWv 1.11.2013 durch G v. 7.5.2013 (BGBl. I S. 1122); Abs. 3 neu gef. mWv 1.11.2017 durch G v. 17.7.2017 (BGBl. I S. 2522).
[3] Nr. 15.

(4) Die Absätze 1 bis 3 gelten entsprechend für den Fall, dass zum Geburtseintrag des Kindes eine Folgebeurkundung über die Anerkennung oder Feststellung der Vaterschaft oder über die Feststellung des Nichtbestehens eines Eltern-Kindverhältnisses nach § 27 Absatz 1 und Absatz 3 Nummer 1 des Gesetzes beurkundet wird.

(5) [1] Das Formular nach dem Muster der Anlage 12 ist dem Sachverhalt entsprechend anzupassen und kann programmgerecht eingerichtet werden, soweit dies im Einzelfall notwendig ist. [2] Soweit die technischen Voraussetzungen vorliegen, gilt für die Übermittlung § 63.

§ 35[1)] **Besonderheiten bei der Beurkundung.** (1) [1] Liegen dem Standesamt bei der Beurkundung der Geburt keine geeigneten Nachweise zu Angaben über die Eltern des Kindes vor, ist hierüber im Geburtseintrag ein erläuternder Zusatz aufzunehmen; § 7 bleibt unberührt. [2] Als Personenstandsurkunde darf bis zur Eintragung einer ergänzenden Folgebeurkundung zu den Angaben über die Eltern nur ein beglaubigter Registerausdruck ausgestellt werden.

(2) Bei Geburt im Inland sind personenstandsrechtliche Änderungen, die nach der Geburt, aber vor der Beurkundung wirksam geworden sind, in den Haupteintrag aufzunehmen.

§ 36 Fortführung des Geburtenregisters. (1) Die Änderung des Familiennamens eines Kindes ist nur dann als Folgebeurkundung einzutragen, wenn sie den Geburtsnamen betrifft.

(2) Bei einer Namensänderung der Eltern und des Kindes ist die Namensänderung der Eltern auch dann als Folgebeurkundung einzutragen, wenn sie nicht zu einer übereinstimmenden Namensführung von Eltern und Kind geführt hat, aber durch Erklärungen nach Artikel 47 des Einführungsgesetzes zum Bürgerlichen Gesetzbuche[2)] oder § 94 des Bundesvertriebenengesetzes[3)] erfolgt ist.

(3) [1] Die Angabe der rechtlichen Zugehörigkeit des Kindes zu einer Religionsgemeinschaft, die Körperschaft des öffentlichen Rechts ist, wird auf Wunsch des Personensorgeberechtigten, ab dem 14. Lebensjahr nur auf Wunsch des Kindes selbst, eingetragen. [2] Erhält das Standesamt eine Mitteilung über den Austritt des Kindes aus dieser Religionsgemeinschaft oder den Übertritt in eine andere Religionsgemeinschaft, so ist auch dies zu vermerken.

Kapitel 6. Sterbefall

§ 37[4)] **Sterbefälle in Fahrzeugen, Bergwerken und Gewässern; unbekannter Sterbeort.** (1) Einen Sterbefall in einem Landfahrzeug, auf einem Binnenschiff oder in einem Luftfahrzeug beurkundet das Standesamt, in dessen Bezirk der Verstorbene aus dem Fahrzeug herausgenommen wird.

[1)] § 35 Abs. 2 angef. mWv 1.11.2013 durch G v. 7.5.2013 (BGBl. I S. 1122).
[2)] **Schönfelder Nr. 21.**
[3)] **Aichberger, SGB Nr. 6/51.**
[4)] § 37 Überschr. neu gef., Abs. 5 Satz 1 geänd. mWv 1.11.2013 durch G v. 7.5.2013 (BGBl. I S. 1122).

(2) Einen Sterbefall in einem Bergwerk beurkundet das Standesamt, in dessen Bezirk die Schachteinfahrt des Bergwerkes liegt.

(3) Einen Sterbefall in einem Gewässer beurkundet das Standesamt, in dessen Bezirk der Verstorbene an Land gebracht wird.

(4) Ist ein Sterbeort nicht feststellbar, so beurkundet das Standesamt den Sterbefall, in dessen Bezirk der Verstorbene gefunden wurde.

(5) ¹ Ist der Sterbeort bekannt, so ist dieser Ort in die Personenstandsregister einzutragen; ist der Sterbeort nicht bekannt, so ist der für die Zuständigkeit maßgebende Ort als Sterbeort einzutragen. ² § 32 Abs. 2 Satz 2 gilt entsprechend.

(6) Das Übereinkommen der Bodenseeuferstaaten über die Beurkundung der auf dem Bodensee eintretenden Geburten und Sterbefälle vom 16. März 1880 (Badisches Gesetz- und Verordnungsblatt S. 102, Württembergisches Regierungsblatt S. 171, Bayerisches Gesetz- und Verordnungsblatt S. 133) bleibt unberührt.

§ 38¹⁾ Nachweise bei Anzeige des Sterbefalls. ¹ Wird ein Sterbefall angezeigt, so soll das Standesamt verlangen, dass ihm

1. die Ehe- oder Lebenspartnerschaftsurkunde der letzten Ehe oder Lebenspartnerschaft und gegebenenfalls ein Nachweis über die Auflösung,

2. die Geburtsurkunde,

3. ein Nachweis über den letzten Wohnsitz,

4. eine ärztliche Bescheinigung über den Tod

des Verstorbenen vorgelegt wird. ² Auf die Vorlage der nach Nummer 2 erforderlichen Geburtsurkunde kann verzichtet werden, wenn sich die Registrierungsdaten der Geburt des Verstorbenen aus einer Ehe- oder Lebenspartnerschaftsurkunde ergeben. ³ Das Standesamt kann die Vorlage weiterer Urkunden verlangen, wenn dies zum Nachweis von Angaben erforderlich ist.

§ 39²⁾ *(aufgehoben)*

§ 40³⁾ Besonderheiten bei der Beurkundung. (1) ¹ Kann der Personenstand eines Verstorbenen nicht ermittelt werden, ist der Verstorbene in dem Eintrag als unbekannte Person zu bezeichnen. ² Wird der Personenstand des Verstorbenen nach der Beurkundung ermittelt, ist der Eintrag zu berichtigen.

(2) Liegen dem Standesamt bei der Beurkundung des Sterbefalls keine geeigneten Nachweise zu Angaben über den Verstorbenen vor, gilt § 35 entsprechend.

(3) Ist der Zeitpunkt des Todes nicht genau festzustellen, so ist entweder der ungefähre Zeitpunkt des Todes oder der Zeitraum anzugeben, in dem der Tod eingetreten ist.

¹⁾ § 38 Satz 1 Nr. 2 geänd. mWv 1.11.2013 durch G v. 7.5.2013 (BGBl. I S. 1122); Satz 2 eingef., bish. Satz 2 wird Satz 3 mWv 1.11.2018 durch G v. 17.7.2017 (BGBl. I S. 2522).
²⁾ § 39 aufgeh. mWv 1.11.2013 durch G v. 7.5.2013 (BGBl. I S. 1122).
³⁾ § 40 Abs. 1 Satz 1 neu gef. mWv 1.11.2013 durch G v. 7.5.2013 (BGBl. I S. 1122).

§ 41[1] Sammlung der Beschlüsse über Todeserklärungen. (1) [1] In die Sammlung der Beschlüsse über Todeserklärungen und gerichtliche Feststellung der Todeszeit sind nur Ausfertigungen von rechtskräftigen gerichtlichen Entscheidungen aufzunehmen. [2] Wurde eine in der Sammlung enthaltene gerichtliche Entscheidung geändert oder aufgehoben, ist auch eine Ausfertigung des Änderungs- oder Aufhebungsbeschlusses aufzunehmen.

(2) [1] Die Sammlung nach Absatz 1 kann elektronisch geführt werden. [2] Die elektronische Führung erfolgt durch eine ersetzende Digitalisierung der Beschlüsse als Bilddatei. [3] Aus den Beschlüssen können Daten, die zur eindeutigen Identifizierung, zum Auffinden eines Beschlusses und zur Erstellung einer Bescheinigung nach Absatz 3 erforderlich sind, in das elektronische Suchverzeichnis des Standesamts I in Berlin übernommen werden.

(3) Aus der Sammlung der Beschlüsse über Todeserklärungen und gerichtliche Festellung der Todeszeit erteilt das Standesamt I in Berlin den nach den §§ 62 bis 66 des Gesetzes[2] Berechtigten auf Antrag Bescheinigungen oder beglaubigte Abschriften der Ausfertigung der gerichtlichen Entscheidung oder beglaubigte Ausdrucke der elektronisch gespeicherten gerichtlichen Entscheidung; die Glaubhaftmachung eines berechtigten Interesses ist ausreichend.

(4) Die Absätze 2 und 3 sind entsprechend für das bis zum 31. Dezember 2008 geführte Buch für Todeserklärungen anzuwenden.

Kapitel 7. Besondere Beurkundungs- und Registervorschriften

§ 42[3] Familienrechtliche Zuordnung im Personenstandseintrag.
(1) [1] In den Personenstandseinträgen wird den Ehegatten und Lebenspartnern, den Eltern des Kindes und dem letzten Ehegatten oder Lebenspartner der verstorbenen Person ein Datenfeld für die familienrechtliche Bezeichnung zugeordnet. [2] Die Felder erhalten fortlaufende Nummern, beginnend mit der Nummer 1. und stellen die Verbindung zu den Hinweisen des Registereintrags her.

(2) [1] Im Geburtenregister wird bei der Erstbeurkundung der Geburt der Person, die das Kind geboren hat, die Nummer „1." zugeordnet und sie wird in dem Datenfeld für die familienrechtliche Bezeichnung als „Mutter" eingetragen. [2] Der Person, deren Vaterschaft zu dem Kind nach § 1592 des Bürgerlichen Gesetzbuches[4] besteht, wird die Nummer „2." zugeordnet und sie wird in dem Datenfeld für die familienrechtliche Bezeichnung als „Vater" eingetragen. [3] Satz 1 gilt auch für Personen, die weder dem männlichen noch dem weiblichen Geschlecht zugeordnet sind. [4] Satz 2 gilt für Personen, die weder dem männlichen noch dem weiblichen Geschlecht zugeordnet sind, nur dann, wenn sich die Vaterschaft aus § 1592 Nummer 3 BGB ergibt.

(3) [1] Die Annahme eines Kindes wird im Geburtenregister ausschließlich in einer Folgebeurkundung dokumentiert, wobei weibliche Annehmende als „Mutter" und männliche Annehmende als „Vater" in dem Datenfeld für die familienrechtliche Bezeichnung eingetragen werden. [2] Soweit annehmende

[1] § 41 neu gef. mWv 1.11.2018 durch VO v. 24.10.2018 (BGBl. I S. 1768).
[2] Nr. 260.
[3] § 42 eingef. mWv 1.11.2018 durch VO v. 24.10.2018 (BGBl. I S. 1768).
[4] **Schönfelder Nr. 20.**

Personen weder dem männlichen noch dem weiblichen Geschlecht angehören, sind sie als „Elternteil" zu bezeichnen.

(4) [1] Im Eheregister werden den Ehegatten die Nummern „1." und „2." zugeordnet und männliche Personen als „Ehemann", weibliche Personen als „Ehefrau" in dem Datenfeld für die familienrechtliche Bezeichnung eingetragen. [2] Soweit Personen weder dem männlichen noch dem weiblichen Geschlecht angehören, sind sie als „Ehepartner" zu bezeichnen.

(5) [1] Im Lebenspartnerschaftsregister werden den Partnern die Nummern „1." und „2." zugeordnet und männliche Personen als „Lebenspartner", weibliche Personen als „Lebenspartnerin" in dem Datenfeld für die familienrechtliche Bezeichnung eingetragen. [2] Soweit Personen weder dem männlichen noch dem weiblichen Geschlecht angehören, sind sie als „Lebenspartner" zu bezeichnen.

(6) [1] Im Sterberegister wird der letzte männliche Ehegatte der verstorbenen Person als „Ehemann" und der letzte weibliche Ehegatte als „Ehefrau" in dem Datenfeld für die familienrechtliche Bezeichnung eingetragen. [2] Der letzte männliche Lebenspartner der verstorbenen Person wird als „Lebenspartner" und der letzte weibliche Lebenspartner als „Lebenspartnerin" in dem Datenfeld für die familienrechtliche Bezeichnung eingetragen. [3] Soweit Personen weder dem männlichen noch dem weiblichen Geschlecht angehören, sind sie als „Ehepartner" oder „Lebenspartner" zu bezeichnen.

§ 43 Sterbefälle in ehemaligen deutschen Konzentrationslagern.

(1) Zur Entgegennahme der Anzeige für die Beurkundung des Sterbefalls eines Häftlings der ehemaligen deutschen Konzentrationslager ist außer dem Sonderstandesamt in Bad Arolsen auch das Standesamt zuständig, in dessen Bezirk der Anzeigende seinen Wohnsitz oder gewöhnlichen Aufenthalt hat.

(2) [1] Das Standesamt, das die Anzeige entgegennimmt, hat die Angaben nachzuprüfen und den Sachverhalt, soweit erforderlich, durch Ermittlungen aufzuklären. [2] Es kann von dem Anzeigenden und anderen Personen die Versicherung der Richtigkeit ihrer Angaben an Eides statt verlangen.

(3) [1] Über die Anzeige ist vom Standesamt eine Niederschrift aufzunehmen. [2] Dies gilt entsprechend für mündliche Erklärungen anderer Personen. [3] Die Niederschrift über die Anzeige und die mündlichen Erklärungen anderer Personen übersendet das Standesamt dem Sonderstandesamt in Bad Arolsen. [4] Gleichzeitig teilt es dem Sonderstandesamt in Bad Arolsen das Ergebnis der sonstigen Ermittlungen mit.

(4) [1] Ist der Sterbefall im Inland mehrfach beurkundet worden, bleibt die erste Beurkundung auch dann bestehen, wenn sie nicht vom Sonderstandesamt in Bad Arolsen vorgenommen wurde. [2] Das Sonderstandesamt in Bad Arolsen macht den zu Unrecht bestehenden Eintrag durch eine entsprechende Folgebeurkundung gegenstandslos.

§ 44[1]) Sterbefälle von Angehörigen der ehemaligen deutschen Wehrmacht. (1) [1] Sterbefälle von Angehörigen der ehemaligen deutschen Wehrmacht oder diesen in personenstandsrechtlicher Hinsicht gleichgestellten Per-

") § 44 Abs. 2 Sätze 1 und 2 geänd. mWv 1.1.2019 durch G v. 4.12.2018 (BGBl. I S. 2257 iVm Bek. v. 12.4.2019, BGBl. I S. 496).

sonen aus Anlass des Zweiten Weltkrieges sind von dem Standesamt zu beurkunden, in dessen Bezirk der Verstorbene seinen letzten Wohnsitz oder gewöhnlichen Aufenthalt hatte; dies gilt für Sterbefälle im Inland und im Ausland. [2] Liegt der letzte Wohnsitz oder gewöhnliche Aufenthalt des Verstorbenen nicht im Inland, so beurkundet das Standesamt I in Berlin den Sterbefall; Gleiches gilt, wenn der letzte Wohnsitz oder gewöhnliche Aufenthalt nicht bekannt ist.

(2) [1] Die Anzeige der Sterbefälle obliegt dem Bundesarchiv. [2] Geht dem Bundesarchiv gleichzeitig eine Vielzahl von Daten Verstorbener zu, reicht die Weitergabe dieser Daten als Anzeige aus. [3] In diesem Fall erfolgt eine Beurkundung nur dann, wenn der Ehegatte des Verstorbenen, ein Vorfahre oder ein Abkömmling des Verstorbenen dies beantragt; antragsberechtigt ist auch jede andere Person, die ein berechtigtes Interesse an der Beurkundung geltend macht.

(3) [1] Ist der Sterbefall im Inland eingetreten, kann die Anzeige auch von jeder Person erstattet werden, die bei dem Tod zugegen war oder von dem Sterbefall aus eigenem Wissen unterrichtet ist; in diesem Fall ist der Sterbefall bei dem Standesamt anzuzeigen, in dessen Bezirk der Tod eingetreten ist. [2] Das Standesamt des Sterbeortes hat den Sterbefall zu beurkunden.

§ 45 Angleichung von Namen.
(1) [1] Eine Namensbestimmung nach Artikel 47 des Einführungsgesetzes zum Bürgerlichen Gesetzbuche[1] kann durch Personen erfolgen, die ihren Namen nach ausländischem Recht erworben haben und deren Name nach Statutenwechsel oder Rechtswahl fortan deutschem Recht unterliegt. [2] Gleiches gilt für die Bestimmung des Namens eines Kindes nach deutschem Recht, wenn dieser aus einem nach ausländischem Recht erworbenen Namen eines Elternteils abgeleitet werden soll.

(2) [1] Bei der Namensbestimmung nach Artikel 47 des Einführungsgesetzes zum Bürgerlichen Gesetzbuche sind die allgemeinen Grundsätze des deutschen Namensrechts zu beachten. [2] Insbesondere soll der zum Familiennamen bestimmte Namensteil grundsätzlich nur aus einem Namen bestehen und sich als solcher von dem gewählten Vornamen unterscheiden.

§ 46[2] Bescheinigung über Erklärungen zur Namensführung.
Das Standesamt, das

1. eine Erklärung, Einwilligung oder Zustimmung zur Namensführung auf Grund familienrechtlicher Vorschriften entgegengenommen hat,

2. eine Erklärung nach § 94 des Bundesvertriebenengesetzes[3], § 1 des Minderheiten-Namensänderungsgesetzes oder Artikel 47, 48 des Einführungsgesetzes zum Bürgerlichen Gesetzbuche[1] entgegengenommen hat,

3. eine Erklärung zur Reihenfolge der Vornamen nach § 45a des Gesetzes[4] entgegengenommen hat oder

4. ein Personenstandsregister führt, aus dem sich eine Namensänderung nach den Nummern 1 bis 3 ergibt,

[1] **Schönfelder Nr. 21.**
[2] § 46 Nr. 2 geänd., Nr. 3 eingef., bish. Nr. 3 wird Nr. 4 und geänd. mWv 1.11.2017 durch G v. 17.7.2017 (BGBl. I S. 2522).
[3] **Aichberger, SGB Nr. 6/51.**
[4] Nr. 260.

erteilt der Person, deren Name geändert worden ist, hierüber auf Wunsch eine Bescheinigung.

Kapitel 8. Berichtigungen

§ 47[1] Berichtigungen. (1) [1] Das Standesamt, das selbst oder auf Anordnung des Gerichts einen abgeschlossenen Registereintrag berichtigt, hat zu prüfen, ob auch in anderen Personenstandsregistern eine Berichtigung vorgenommen werden muss. [2] Es teilt dem in Betracht kommenden Standesamt die Berichtigung mit.

(2) Hat das Standesamt von Amts wegen auf Grund eines Registereintrags eine Mitteilung an eine Behörde, ein Gericht oder eine sonstige öffentliche Stelle gemacht und wird dieser Eintrag berichtigt, ist dem Empfänger die Berichtigung mitzuteilen.

(3) Die Mitteilung erfolgt durch Übersendung eines beglaubigten Registerausdrucks oder durch Datenübermittlung nach § 63.

(4) [1] Bei unrichtigen und fehlenden Elementbezeichnungen oder familienrechtlichen Bezeichnungen kann die Eintragung nach § 47 Absatz 1 des Gesetzes[2] durch eine Folgebeurkundung richtig gestellt werden. [2] Gleiches gilt auch bei der Fortführung von Hinweisen. [3] Derartige Richtigstellungen bedürfen keiner Mitteilung nach den Absätzen 1 und 2.

Kapitel 9. Personenstandsurkunden, Benutzung der Personenstandsregister, Mitteilungen

Abschnitt 1. Personenstandsurkunden

§ 48 Personenstandsurkunden. (1) [1] Das Standesamt hat für die nach § 55 Abs. 1 des Gesetzes[2] auszustellenden Personenstandsurkunden die Formulare nach den Mustern der Anlagen 2 bis 9 im Format DIN A4 zu verwenden. [2] Die Formulare sind dem Beurkundungssachverhalt anzupassen und können programmgerecht eingerichtet werden, soweit dies im Einzelfall notwendig ist. [3] Die Formulare nach den Mustern der Anlagen 2 bis 5 sind zusätzlich mit einem Vermerk über die Übereinstimmung des Ausdrucks mit dem Registerinhalt zu versehen. [4] Die Formulare nach den Mustern der Anlagen 6 bis 9 können auch in einem kleineren Format hergestellt werden; dabei kann die Zeilengestaltung formatgerecht angepasst werden.

(2) Wird bei der Beantragung einer Geburtsurkunde verlangt, Angaben nach § 59 Abs. 1 Nr. 2, 4 oder 5 des Gesetzes nicht aufzunehmen, entfällt in dem Urkundenformular auch das entsprechende Angabenfeld.

(3) [1] In den beglaubigten Registerausdruck sind die Hinweise nur auf Verlangen aufzunehmen. [2] Der Hinweis auf eine in das Testamentsverzeichnis aufgenommene Mitteilung ist nur dann in den Registerausdruck aufzunehmen, wenn die Person, auf die sich der Geburtseintrag bezieht, dies verlangt.

[1] § 47 Abs. 4 *angef. mWv 1.11.2018* durch VO v. 24.10.2018 (BGBl. I S. 1768).
[2] *Nr.* **260**.

(4) [1] Das Papier der Urkunden muss mindestens den Qualitätsanforderungen nach DIN 19307 – ASM 80 entsprechen. [2] Schreibmittel müssen eine ständige Lesbarkeit sowie eine höchstmögliche Sicherheit gegen Fälschungsversuche gewährleisten. [3] Für die Herstellung der Urkunden sind Drucker zu verwenden, die die Eignung für den Notariatsbereich besitzen.

§ 49[1]) *(aufgehoben)*

§ 50[2]) Mehrsprachiger Auszug aus dem Personenstandsregister.

(1) Für die Ausstellung eines mehrsprachigen Auszuges aus einem Personenstandsregister nach dem Übereinkommen vom 8. September 1976 über die Ausstellung mehrsprachiger Auszüge aus Personenstandsbüchern (BGBl. 1997 II S. 774) sind die Formblätter A, B und C des Übereinkommens nach Maßgabe der Absätze 2 bis 7 zu verwenden.

(2) [1] Auf der Vorderseite der Formblätter ist der unveränderliche Wortlaut der Auszüge, mit Ausnahme der für das Datum vorgesehenen Zeichen, in deutscher sowie in französischer und englischer Sprache anzugeben. [2] Die Bedeutung der Zeichen ist am Schluss der Vorderseite eines jeden Formblatts in den Sprachen wiederzugeben, die in Artikel 6 Abs. 2 des Übereinkommens festgelegt sind.

(3) Auf der Rückseite der Formblätter sind anzugeben

1. die Bezugnahme auf das Übereinkommen in den in Artikel 6 Abs. 2 des Übereinkommens festgelegten Sprachen,

2. die Übersetzung des unveränderlichen Wortlauts der Auszüge in den in Artikel 6 Abs. 2 des Übereinkommens festgelegten Sprachen mit Ausnahme der auf der Vorderseite angegebenen Sprachen,

3. eine Zusammenfassung des Inhalts der Artikel 3, 4, 5 und 7 des Übereinkommens in deutscher Sprache.

(4) [1] In dem mehrsprachigen Auszug aus dem Personenstandsregister sind Personen, die einen Ehenamen oder einen Lebenspartnerschaftsnamen führen, mit diesem Namen einzutragen, gegebenenfalls unter Beifügung eines vorangestellten oder angefügten Begleitnamens und unter Hinweis auf den Geburtsnamen. [2] Bei Personen, die keinen Vor- und Familiennamen oder die neben Vor- und Familiennamen weitere Namensbestandteile führen, ist der sich aus dem Registereintrag ergebende Name mit allen Namensbestandteilen in die Urkunden einzutragen.

(5) In dem mehrsprachigen Auszug aus dem Geburtseintrag (Formblatt A) ist Feld 10 durch einen Strich zu sperren.

(6) [1] In dem mehrsprachigen Auszug aus dem Heiratseintrag (Formblatt B) sind in Feld 10 bei bestehender Ehe die zum Zeitpunkt der Urkundenausstellung von den Ehegatten geführten Namen einzutragen. [2] Die Angaben über die Auflösung oder die Nichtigerklärung der Ehe sind in Feld 11 einzutragen.

[1]) § 49 aufgeh. mWv 15.5.2013 durch G v. 7.5.2013 (BGBl. I S. 1122).
[2]) § 50 Abs. 4 Satz 2 angef., Abs. 7 Satz 2 geänd. mWv 1.11.2013 durch G v. 7.5.2013 (BGBl. I S. 1122).

(7) [1] In dem mehrsprachigen Auszug aus dem Sterbeeintrag (Formblatt C) sind die Felder 7, 12 und 13 durch einen Strich zu sperren. [2] Vor- und Familiennamen des früheren Ehegatten sind nur dann einzutragen, wenn sich die Angaben aus dem Sterberegister ergeben.

§ 51 Mehrsprachiges Ehefähigkeitszeugnis. (1) Für die Ausstellung des Ehefähigkeitszeugnisses, dessen ein Deutscher für die Eheschließung im Ausland bedarf, ist das Formblatt des Übereinkommens vom 5. September 1980 über die Ausstellung von Ehefähigkeitszeugnissen (BGBl. 1997 II S. 1086) nach Maßgabe der Absätze 2 bis 5 zu verwenden.

(2) [1] Auf der Vorderseite des Formblatts ist der unveränderliche Wortlaut des Zeugnisses, mit Ausnahme der für das Datum vorgesehenen Zeichen, in deutscher sowie in französischer und englischer Sprache anzugeben. [2] Die Bedeutung der Zeichen am Schluss der Vorderseite ist in den Sprachen wiederzugeben, die in Artikel 6 Abs. 2 des Übereinkommens festgelegt sind.

(3) Auf der Rückseite des Formblatts sind anzugeben

1. die Bezugnahme auf das Übereinkommen in den in Artikel 6 Abs. 2 des Übereinkommens festgelegten Sprachen,

2. die Übersetzung des unveränderlichen Wortlauts des Zeugnisses in den in Artikel 6 Abs. 2 des Übereinkommens festgelegten Sprachen mit Ausnahme der auf der Vorderseite angegebenen Sprachen,

3. die Zusammenfassung des Inhalts der Artikel 3, 4, 5 und 9 des Übereinkommens in deutscher Sprache.

(4) Führt einer der Eheschließenden einen Ehenamen oder einen Lebenspartnerschaftsnamen, so ist er in Feld 5 des Formblatts mit diesem Namen einzutragen, gegebenenfalls unter Beifügung eines vorangestellten oder angefügten Begleitnamens und unter Hinweis auf den Geburtsnamen.

(5) In Feld 11 des Formblatts sind der Ort und die Nummer eines ausländischen Familienregisters einzutragen, wenn die Angaben urkundlich nachgewiesen sind.

§ 51a[1]) *(aufgehoben)*

§ 52 Internationales Stammbuch der Familie. In ein internationales Stammbuch der Familie, das in einem Vertragsstaat des Übereinkommens vom 12. September 1974 zur Schaffung eines internationalen Stammbuchs der Familie ausgestellt worden ist, können Angaben eingetragen werden über die Geburt gemeinsamer Kinder der Ehegatten sowie über den Tod der Ehegatten und ihrer Kinder.

Abschnitt 2. Benutzung der Personenstandsregister

§ 53 Benutzung durch Personen. (1) Für die elektronische Auskunft über Daten aus einem Personenstandsregister an Berechtigte nach § 62 des Gesetzes[2]) gilt § 63 Abs. 1 entsprechend.

[1]) § 51a *aufgeh. mWv 22.12.2018 durch G v. 18.12.2018* (BGBl. I S. 2639).
[2]) Nr. *260*.

(2) Die besonderen Vorschriften des Gesetzes für die Benutzung der Personenstandsregister durch Geschwister gelten auch für halbbürtige Geschwister.

§ 54[1) Benutzung durch ausländische diplomatische und konsularische Vertretungen. [1] Die Benutzung durch ausländische diplomatische oder konsularische Vertretungen im Inland nach § 65 Absatz 3 des Gesetzes ist zu versagen, wenn dem Standesamt bekannt ist, dass es sich bei der betreffenden Person um einen Ausländer handelt,

1. der als Asylberechtigter nach Artikel 16a des Grundgesetzes[2)] anerkannt ist, dem die Flüchtlingseigenschaft im Sinne des § 3 Absatz 1 des Asylgesetzes[3)] oder subsidiärer Schutz im Sinne des § 4 Absatz 1 des Asylgesetzes zuerkannt wurde, bei dem ein Abschiebungsverbot nach § 60 Absatz 5 oder Absatz 7 des Aufenthaltsgesetzes[4)] festgestellt wurde oder der einen Asylantrag gestellt hat, über den noch nicht bestandskräftig entschieden worden ist, oder bei dem die zuständige Behörde das Bestehen von Abschiebungsverboten im Sinne des § 60 Absatz 5 oder Absatz 7 des Aufenthaltsgesetzes prüft, oder

2. der im Besitz einer Aufenthaltserlaubnis nach den §§ 22, 23, 24, 25 Absatz 1, 2 oder 3 des Aufenthaltsgesetzes ist oder der eine Niederlassungserlaubnis nach § 26 Absatz 3 oder Absatz 4 des Aufenthaltsgesetzes besitzt oder der im Besitz einer Aufenthaltserlaubnis nach § 27 Absatz 2 in Verbindung mit § 28 Absatz 1 Satz 1 Nummer 1, § 30 oder § 31 des Aufenthaltsgesetzes ist oder der eine Niederlassungserlaubnis für Lebenspartner nach § 9 Absatz 2 in Verbindung mit Absatz 3 Satz 1 des Aufenthaltsgesetzes besitzt oder der eine Aufenthaltserlaubnis für gleichgeschlechtliche Ehegatten nach § 28 Absatz 1 Satz 1 Nummer 1, § 30 oder § 31 des Aufenthaltsgesetzes oder eine Niederlassungserlaubnis für gleichgeschlechtliche Ehegatten nach § 9 Absatz 2 in Verbindung mit Absatz 3 Satz 1 des Aufenthaltsgesetzes besitzt.

[2] Die Versagungsgründe nach § 65 Absatz 3 Satz 2 des Gesetzes[5)] bleiben unberührt.

§ 55 Benutzung für wissenschaftliche Zwecke. (1) Ist die Benutzung von Personenstandsregistern für bestimmte wissenschaftliche Forschungsvorhaben beantragt worden, hat das Standesamt Betroffenen auf deren Anfrage Auskunft über das Forschungsvorhaben und Gelegenheit zu geben, schutzwürdige Belange gegen die Benutzung geltend zu machen.

(2) Das Standesamt kann auch von sich aus zur Interessenabwägung Betroffene nach dem Umfang ihrer schutzwürdigen Belange befragen, wenn es dies für erforderlich hält.

[1)] § 54 neu gef. mWv 1.11.2017 durch G v. 17.7.2017 (BGBl. I S. 2522); Satz 1 Nr. 2 neu gef. mWv 22.12.2018 durch G v. 18.12.2018 (BGBl. I S. 2639).
[2)] Nr. **1.**
[3)] Nr. **567**.
[4)] Nr. **565**.
[5)] Nr. **260**.

Abschnitt 3. Mitteilungen

§ 56[1] Mitteilungen an das Standesamt. (1) Das Gericht teilt folgende Sachverhalte und Entscheidungen mit:

1. dem Standesamt, das den Geburtseintrag für ein Kind führt:

 a) Beurkundungen von Erklärungen über die Anerkennung der Vaterschaft oder der Mutterschaft und über die familien- oder betreuungsgerichtliche Genehmigung einer Anerkennung, Zustimmung oder des Widerrufs solcher Erklärungen,

 b) Entscheidungen, durch die das Bestehen oder Nichtbestehen eines Eltern- oder Kindesverhältnisses festgestellt wird, sofern diese eine Eintragung in einem Personenstandsregister erforderlich machen,

 c) Entscheidungen über die Annahme als Kind oder die Aufhebung eines Annahmeverhältnisses sowie eine dem Familiengericht bekannt gewordene Annahme als Kind im Ausland,

 d) Entscheidungen, durch die auf Grund des Transsexuellengesetzes

 aa) die Vornamen einer Person geändert oder solche Entscheidungen aufgehoben werden,

 bb) festgestellt wird, dass eine Person als dem anderen Geschlecht zugehörig anzusehen ist,

2. dem Standesamt, das das Eheregister führt:

 a) Entscheidungen, durch die die Ehe geschieden oder aufgehoben wird,

 b) Entscheidungen, durch die das Nichtbestehen der Ehe festgestellt wird,

 c) Erklärungen und Entscheidungen nach Nummer 1, durch die sich der Name einer Person ändert, deren Geburt nicht in einem Personenstandsregister im Inland beurkundet ist,

3. dem Standesamt, das das Lebenspartnerschaftsregister führt:

 a) Entscheidungen, durch die die Lebenspartnerschaft aufgehoben wird,

 b) Erklärungen und Entscheidungen nach Nummer 1, durch die sich der Name einer Person ändert, deren Geburt nicht in einem Personenstandsregister im Inland beurkundet ist,

4. dem Standesamt I in Berlin:

 a) Entscheidungen über die Todeserklärung oder die Feststellung der Todeszeit sowie die Anfechtung, Aufhebung oder Änderung solcher Entscheidungen,

 b) Entscheidungen nach den Nummern 1 bis 3, wenn der Personenstandsfall, auf den sich die Mitteilung bezieht, nicht in einem Personenstandsregister im Inland beurkundet ist.

(Fortsetzung nächstes Blatt)

[1] § 56 Abs 1 Nr. 1 Buchst. a und c, Abs. 5 Nr. 1 Buchst. d geänd., Abs. 7 aufgeh., bish. Abs. 8 und 9 werden Abs. 7 und 8 mWv 1.11.2013 durch G v. 7.5.2013 (BGBl. I S. 1122); Abs. 3 neu gef., Abs. 5 Nr. 1 Buchst. d geänd., Nr. 5 neu gef. mWv 1.11.2017 durch G v. 17.7.2017 (BGBl. I S. 2522); Abs. 3 aufgeh. mWv .11.2018 durch VO v. 24.10.2018 (BGBl. I S. 1768).

(2) Die Namensänderungsbehörde teilt folgende Entscheidungen mit:

1. dem Standesamt, das das Geburtenregister führt:

 a) die Änderung oder Feststellung des Familiennamens oder der Vornamen eines Kindes,

 b) die Änderung oder Feststellung des Familiennamens der Eltern oder eines Elternteils, wenn sich die namensrechtliche Wirkung auf das Kind erstreckt,

2. dem Standesamt, das das Eheregister führt:

 a) die Änderung oder Feststellung des Ehenamens der Ehegatten,

 b) die Änderung oder Feststellung des Vor- oder Familiennamens eines Ehegatten, dessen Geburt nicht im Inland beurkundet ist,

3. dem Standesamt, das das Lebenspartnerschaftsregister führt:

 a) die Änderung oder Feststellung des Lebenspartnerschaftsnamens der Lebenspartner,

 b) die Änderung oder Feststellung des Vor- oder Familiennamens eines Lebenspartners, dessen Geburt nicht im Inland beurkundet ist.

(3) *(aufgehoben)*

(4) Das Jugendamt teilt folgende Beurkundungen mit:

1. dem Standesamt, das den Geburtseintrag für ein Kind führt:

 a) Erklärungen über die Anerkennung der Vaterschaft oder den Widerruf der Anerkennung und die für die Wirksamkeit etwa erforderlichen Zustimmungserklärungen,

 b) Erklärungen über die Anerkennung der Mutterschaft und die für die Wirksamkeit etwa erforderlichen Zustimmungserklärungen,

2. dem Standesamt I in Berlin, wenn sich die Beurkundung nach Nummer 1 auf ein Kind bezieht, dessen Geburt nicht in einem Personenstandsregister im Inland beurkundet ist.

(5) Der Notar teilt folgende Beurkundungen und Beglaubigungen mit:

1. dem Standesamt, das den Geburtseintrag für ein Kind führt:

 a) Erklärungen über die Anerkennung der Vaterschaft oder den Widerruf der Anerkennung und die für die Wirksamkeit etwa erforderlichen Zustimmungserklärungen,

 b) Erklärungen über die Anerkennung der Mutterschaft und die für die Wirksamkeit etwa erforderlichen Zustimmungserklärungen,

 c) Erklärungen zum Familiennamen des Kindes und die für die Wirksamkeit etwa erforderlichen Einwilligungserklärungen,

 d) Erklärungen nach Artikel 47 oder Artikel 48 des Einführungsgesetzes zum Bürgerlichen Gesetzbuche[1], § 1 des Minderheiten-Namensänderungsgesetzes und nach § 94 des Bundesvertriebenengesetzes[2],

2. dem Standesamt, das den Eheeintrag der Ehegatten führt, Erklärungen über die Namensführung in der Ehe oder nach Auflösung der Ehe,

[1] **Schönfelder** Nr. 21.
[2] **Aichberger, SGB** Nr. 6/51.

3. dem Standesamt, das den Lebenspartnerschaftseintrag der Lebenspartner führt, Erklärungen über die Namensführung in der Lebenspartnerschaft oder nach Auflösung derselben,

4. dem Standesamt I in Berlin, wenn der Personenstandsfall, auf den sich die Mitteilung nach Nummer 1 Buchstabe a und Nummer 1 Buchstabe b bezieht, nicht in einem Personenstandsregister im Inland beurkundet ist,

5. dem Standesamt am Wohnsitz, letzten Wohnsitz oder gewöhnlichen Aufenthalt des Erklärenden, wenn der Personenstandsfall, auf den sich die Mitteilung nach Nummer 1 Buchstabe c, Nummer 1 Buchstabe d, Nummer 2 oder Nummer 3 bezieht, nicht in einem Personenstandsregister im Inland beurkundet ist; hat der Erklärende keinen Wohnsitz, keinen letzten Wohnsitz oder keinen gewöhnlichen Aufenthalt im Inland, ist die Mitteilung an das Standesamt I in Berlin zu richten.

(6) Für die Mitteilungen der Konsularbeamten der deutschen Auslandsvertretungen gilt Absatz 5.

(7) Die Mitteilung soll enthalten:

1. die Registrierungsdaten des Personenstandseintrags, auf den sich die Mitteilung bezieht,

2. den Familiennamen, den Geburtsnamen und die Vornamen der Personen, auf die sich die Mitteilung bezieht, sowie Tag und Ort des personenstandsrechtlichen Ereignisses,

3. die Bezeichnung des Vorgangs, der Anlass der Mitteilung ist,

4. das Wirksamkeitsdatum der Entscheidung oder Erklärung.

(8) Mitteilungspflichten an die Standesämter auf Grund anderer Rechtsvorschriften und internationaler Vereinbarungen bleiben unberührt.

§ 57[1] Mitteilungen bei Beurkundung im Geburtenregister. (1) Das Standesamt, das die Geburt beurkundet, hat dies mitzuteilen:

1. dem Standesamt, das die Geburtseinträge für die Eltern des Kindes führt,

2. dem Standesamt I in Berlin, wenn das Kind im Ausland geboren worden ist,

3. der Meldebehörde,

4. dem Familiengericht, wenn

a) das Kind nach dem Tod seines Vaters geboren ist,

b) es sich um ein Findelkind oder um einen Minderjährigen handelt, dessen Personenstand nicht zu ermitteln ist, oder

c) es sich um ein Kind aus einer vertraulichen Geburt nach § 25 Absatz 1 des Schwangerschaftskonfliktgesetzes handelt,

5. dem Jugendamt, wenn die Eltern des Kindes nicht miteinander verheiratet sind,

[1] § 57 Abs. 1 Nr. 4, Abs. 3 Nr. 2 geänd., Nr. 3 aufgeh., Abs. 6 Nr. 5 geänd. mWv 1.11.2013 durch G v. 7.5.2013 (BGBl. I S. 1122); Abs. 1 Nr. 4 neu gef., Abs. 6 geänd., Nr. 7 angef., Abs. 4 Nr. 4 geänd., Nr. 5 angef., Abs. 6 Nr. 19 *geänd.*, *Nr. 20 angef.* mWv 1.5.2014 durch G v. 28.8. 2013 *(BGBl. I S. 3458); Abs. 4 einl. Satzteil und Abs. 5 Nr. 1 neu gef.* mWv 1.11.2018 durch G v. *17.7.2017 (BGBl. I S. 2522)*.

in eine Ehe beurkundet, im Falle der Nummer 6 die Anmeldung der Eheschließung entgegennimmt, hat dies mitzuteilen:

1. dem Standesamt, das die Geburtseinträge für die Ehegatten führt,
2. dem Standesamt, das den Geburtseintrag für ein gemeinsames Kind der Ehegatten führt,
3. dem Standesamt I in Berlin, wenn die Ehe im Ausland geschlossen worden ist,
4. dem Standesamt, das den Ehe- oder Lebenspartnerschaftseintrag der letzten Ehe oder Lebenspartnerschaft für die Ehegatten führt,
5. der Meldebehörde,
6. dem Familiengericht, wenn einer der Eheschließenden mit einem anteilsberechtigten minderjährigen oder betreuten Abkömmling in fortgesetzter Gütergemeinschaft lebt.

(2) Das Standesamt, das eine Folgebeurkundung über eine Namensänderung, Namensangleichung oder Vornamensortierung eines oder beider Ehegatten einträgt, hat dies mitzuteilen:

1. dem Standesamt, das den Geburtseintrag für den oder die Ehegatten führt, wenn sich die Namensänderung auf den Geburtsnamen des oder der Ehegatten erstreckt,
2. dem Standesamt, das den Geburtseintrag eines Kindes des oder der Ehegatten führt, wenn auch das Kind den geänderten Namen führt,
3. dem Standesamt I in Berlin, wenn die Ehe im Ausland geschlossen worden ist,
4. der Meldebehörde, wenn dies nicht bereits von anderer Stelle erfolgt ist.

(3) Das Standesamt, das eine Folgebeurkundung über die Aufhebung, Scheidung oder das Nichtbestehen der Ehe oder die Aufhebung einer solchen Entscheidung einträgt, hat dies mitzuteilen:

1. dem Standesamt, das den Geburtseintrag für ein gemeinsames Kind der Ehegatten führt, wenn die Entscheidung Auswirkungen auf den Personenstand des Kindes hat,
2. dem Standesamt, das den Ehe- oder Lebenspartnerschaftseintrag der letzten Ehe oder Lebenspartnerschaft für die Ehegatten führt, wenn das Nichtbestehen der Ehe oder die Aufhebung dieser Entscheidung festgestellt wurde,
3. der Meldebehörde.

(4) Das Standesamt, das eine Folgebeurkundung über die Auflösung der Ehe durch Tod oder über die Todeserklärung, die gerichtliche Feststellung der Todeszeit eines Ehegatten oder die Aufhebung eines solchen Beschlusses einträgt, hat dies mitzuteilen, wenn der Sterbefall nicht im Inland beurkundet worden ist:

1. dem Standesamt, das den Geburtseintrag für den verstorbenen oder für tot erklärten Ehegatten führt,
2. der Meldebehörde,
3. dem für die Veranlagung zur Erbschaftsteuer zuständigen Finanzamt,
4. der das Zentrale Testamentsregister führenden Registerbehörde.

(5) Das Standesamt darf zur Erfüllung der Mitteilungspflichten nach den Absätzen 1 bis 4 folgende Daten übermitteln:

1. Anlass der Beurkundung,

2. Wirksamkeitsdatum der mitgeteilten Beurkundung,

3. Registrierungsdaten des sendenden Standesamts,

4. Registrierungsdaten der empfangenden Stelle,

5. Familiennamen, Geburtsnamen und Vornamen sowie das Geschlecht der Ehegatten,

6. Tag, Ort und Registrierungsdaten der Geburt der Ehegatten,

7. Staat der Geburt, wenn der Ehegatte im Ausland geboren worden ist,

8. Tag und Ort der Eheschließung,

9. Staat der Eheschließung, wenn die Ehe im Ausland geschlossen worden ist,

10. Staatsangehörigkeit der Ehegatten,

11. Familiennamen, Geburtsnamen, Vornamen und Anschrift der Kinder der Ehegatten,

12. Tag, Ort und Registrierungsdaten der Geburt der Kinder der Ehegatten,

13. Staatsangehörigkeit der Kinder der Ehegatten,

14. Angaben zu fortgesetzter Gütergemeinschaft eines Eheschließenden mit seinem Abkömmling,

15. Daten über die Auflösung der Ehe durch Scheidung und Tod,

16. Daten über Todeserklärung und gerichtliche Feststellung der Todeszeit eines Ehegatten,

17. Daten über eine im Ausland erfolgte erneute Eheschließung oder Begründung einer Lebenspartnerschaft eines Ehegatten nach Eheauflösung,

18. Anschriften der Ehegatten.

§ 59[1] Mitteilungen bei Beurkundung im Lebenspartnerschaftsregister. (1) Das Standesamt, das die Begründung einer Lebenspartnerschaft nach § 35 des Gesetzes beurkundet, hat dies mitzuteilen:

1. dem Standesamt, das die Geburtseinträge für die Lebenspartner führt,

2. dem Standesamt, das den Ehe- oder Lebenspartnerschaftseintrag der letzten Ehe oder Lebenspartnerschaft für die Lebenspartner führt,

3. dem Standesamt I in Berlin,

4. der Meldebehörde.

(2) Das Standesamt, das eine Folgebeurkundung über eine Namensänderung, Namensangleichung oder Vornamensortierung eines oder beider Lebenspartner einträgt, hat dies mitzuteilen:

[1] § 59 Abs. 4 Nr. 5 geänd., Nr. 6 angef. mWv 1.1.2012 durch G v. 22.12.2010 (BGBl. I S. 2255); Abs. 1 Nr. 5 geänd., Abs. 3 neu gef., Abs. 4 Nr. 2 aufgeh., bish. Nr. 3–6 werden Nr. 2–5, *Abs. 5 Nr. 5 geänd. mWv 1.11.2013 durch G v. 7.5.2013* (BGBl. I S. 1122); Abs. 4 neu gef. mWv 1.11.2017 und Abs. 2 einl. Satzteil neu gef. mWv 1.11.2018 durch G v. 17.7.2017 (BGBl. I S. 2522); Abs. 1 neu gef. mWv 1.11.2018 durch VO v. 24.10.2018 (BGBl. I S. 1768).

1. dem Standesamt, das den Geburtseintrag für den Lebenspartner führt, wenn sich die Namensänderung auf den Geburtsnamen des Lebenspartners erstreckt,

2. dem Standesamt, das den Geburtseintrag für ein Kind der Lebenspartner führt, wenn sich die Namensänderung auf den Geburtsnamen des Kindes erstreckt,

3. dem Standesamt I in Berlin, wenn die Lebenspartnerschaft im Ausland begründet worden ist,

4. der Meldebehörde, wenn dies nicht bereits von anderer Stelle erfolgt ist.

(3) Das Standesamt, das eine Folgebeurkundung über die Aufhebung der Lebenspartnerschaft einträgt, hat dies der Meldebehörde mitzuteilen.

(4) Das Standesamt, das eine Folgebeurkundung über die Auflösung der Lebenspartnerschaft durch Tod oder über die Todeserklärung, die gerichtliche Feststellung der Todeszeit eines Lebenspartners oder die Aufhebung eines solchen Beschlusses einträgt, hat dies mitzuteilen, wenn der Sterbefall nicht im Inland beurkundet worden ist:

1. dem Standesamt, das den Geburtseintrag für den verstorbenen oder für tot erklärten Lebenspartner führt,

2. der Meldebehörde,

3. dem für die Veranlagung zur Erbschaftsteuer zuständigen Finanzamt,

4. der das Zentrale Testamentsregister führenden Registerbehörde.

(5) Das Standesamt darf zur Erfüllung der nach den Absätzen 1 bis 4 bestehenden Mitteilungspflichten folgende Daten übermitteln:

1. Anlass der Beurkundung,

2. Wirksamkeitsdatum der mitgeteilten Beurkundung,

3. Registrierungsdaten des übermittelnden Standesamts,

4. Registrierungsdaten der empfangenden Stelle,

5. Familiennamen, Geburtsnamen und Vornamen sowie das Geschlecht der Lebenspartner,

6. Tag, Ort und Registrierungsdaten der Geburt der Lebenspartner,

7. Staat der Geburt, wenn der Lebenspartner im Ausland geboren wurde,

8. Tag und Ort der Begründung der Lebenspartnerschaft,

9. Staat der Begründung der Lebenspartnerschaft, wenn diese im Ausland erfolgt ist,

10. Staatsangehörigkeit der Lebenspartner,

11. Familiennamen, Geburtsnamen und Vornamen der Kinder der Lebenspartner,

12. Tag, Ort und Registrierungsdaten der Geburt der Kinder der Lebenspartner,

13. Staatsangehörigkeit der Kinder der Lebenspartner,

14. Angaben zu fortgesetzter Gütergemeinschaft eines Lebenspartners mit seinem Abkömmling,

15. Daten über die Auflösung der Lebenspartnerschaft,

16. Daten über eine im Ausland erfolgte erneute Eheschließung oder Begründung einer Lebenspartnerschaft eines Lebenspartners nach Auflösung der Lebenspartnerschaft,

17. Anschriften der Lebenspartner.

§ 60[1] Mitteilungen bei Beurkundung im Sterberegister. (1) Das Standesamt, das den Sterbefall beurkundet, hat dies mitzuteilen:

1. dem Standesamt, das den Geburtseintrag für den Verstorbenen führt,

2. dem Standesamt, das den Ehe- oder Lebenspartnerschaftseintrag für eine zur Zeit des Todes bestehende Ehe oder Lebenspartnerschaft führt,

3. der Gesundheitsbehörde, soweit dies nach Landesrecht vorgesehen ist,

4. dem Standesamt I in Berlin, wenn der Verstorbene zuvor für tot erklärt, seine Todeszeit gerichtlich festgestellt worden ist oder er nicht im Inland verstorben ist,

5. der Meldebehörde,

6. dem Familiengericht, wenn der Verstorbene minderjährig und Vollwaise war oder ein minderjähriges Kind hinterlassen hat,

7. dem Jugendamt, wenn der Verstorbene minderjährig und Vollwaise war oder ein minderjähriges Kind hinterlassen hat, das durch den Sterbefall Vollwaise geworden ist,

8. dem für die Veranlagung zur Erbschaftsteuer zuständigen Finanzamt,

9. der das Zentrale Testamentsregister führenden Registerbehörde.

(2) Nimmt das Standesamt I in Berlin eine Ausfertigung eines Beschlusses über Todeserklärung oder gerichtliche Feststellung der Todeszeit in die dortige Sammlung auf, hat es dies mitzuteilen:

1. dem Standesamt, das den Geburtseintrag des für tot Erklärten führt,

2. dem Standesamt, das den Ehe- oder Lebenspartnerschaftseintrag für eine zur Zeit der Todeserklärung bestehende Ehe oder Lebenspartnerschaft führt,

3. dem Standesamt, das das Sterberegister des für tot Erklärten führt,

4. der das Zentrale Testamentsregister führenden Registerbehörde.

(3) Das Standesamt darf zur Erfüllung der nach den Absätzen 1 und 2 bestehenden Mitteilungspflichten folgende Daten übermitteln:

1. Anlass der Beurkundung,

2. Wirksamkeitsdatum der mitgeteilten Beurkundung,

3. Registrierungsdaten des sendenden Standesamts,

4. Registrierungsdaten der empfangenden Stelle,

5. Familiennamen, Geburtsnamen und Vornamen sowie das Geschlecht des Verstorbenen,

6. Tag, Ort und Registrierungsdaten der Geburt des Verstorbenen,

[1] § 60 Abs. 1 Nr. 9 geänd., Nr. 10 angef., Abs. 2 Nr. 4 geänd., Nr. 5 angef. mWv 1.1.2012 durch G v. 22.12.2010 (BGBl. I S. 2255); Abs. 1 Nr. 3 aufgeh., bish. Nr. 4–10 werden Nr. 3–9, neue Nr. 6 und 9 geänd., Abs. 2 Nr. 2 und 5, Abs. 3 Nr. 5 geänd. mWv 1.11.2013 durch G v. 7.5. 2013 (BGBl. I S. 1122); Abs. 1 Nr. 2 und 3 neu gef., Abs. 2 Nr. 3 aufgeh., bish. Nr. 4 und 5 werden Nr. 3 und 4 mWv 1.11.2017 durch G v. 17.7.2017 (BGBl. I S. 2522).

7. Staat der Geburt, wenn der Verstorbene im Ausland geboren worden ist,
8. Todestag oder Todeszeitraum,
9. Sterbeort sowie den Staat, wenn der Sterbefall im Ausland eingetreten ist,
10. Familienstand des Verstorbenen,
11. Staatsangehörigkeit des Verstorbenen,
12. Familiennamen, Geburtsnamen und Vornamen eines Ehegatten oder Lebenspartners des Verstorbenen,
13. Tag, Ort und Registrierungsdaten der Geburt eines Ehegatten oder Lebenspartners des Verstorbenen,
14. Familienname, Vornamen und Anschrift eines nahen Angehörigen des Verstorbenen,
15. Angaben darüber, dass der Verstorbene zuvor für tot erklärt worden war oder seine Todeszeit gerichtlich festgestellt worden ist,
16. Familiennamen und Vornamen eines minderjährigen Kindes des Verstorbenen,
17. Tag der Geburt eines minderjährigen Kindes des Verstorbenen,
18. Angaben darüber, dass der Verstorbene Vollwaise war,
19. Angaben darüber, dass ein Kind des Verstorbenen durch den Sterbefall Vollwaise geworden ist,
20. Anschrift des Verstorbenen.

§ 61[1] Mitteilungen für statistische Zwecke. Den Statistischen Landesämtern werden aus Anlass der Beurkundung einer Geburt, Eheschließung, Begründung der Lebenspartnerschaft und eines Sterbefalls die Daten mitgeteilt, die nach § 2 des Bevölkerungsstatistikgesetzes zu übermitteln sind.

§ 62[2] Besonderheiten bei Mitteilungen. (1) Die Mitteilungspflichten des Standesamts nach den §§ 57 bis 61 gelten entsprechend für ein Standesamt, das
1. für die Entgegennahme einer Namenserklärung zuständig ist oder eine familienrechtliche Erklärung beurkundet oder aufbewahrt, wenn der Personenstandsfall nicht im Inland beurkundet worden ist;
2. einen Hinweis über einen im Ausland beurkundeten Personenstandsfall in ein deutsches Personenstandsregister einträgt.

(2) ¹Erhält das Standesamt I in Berlin eine Mitteilung über die Aufhebung, Scheidung oder das Nichtbestehen einer im Ausland geschlossenen Ehe oder die Aufhebung einer solchen Entscheidung, bestehen die Mitteilungspflichten nach § 58 Absatz 3 auch dann, wenn auf Grund des Fehlens eines Eheeintrags im Standesamt I in Berlin keine Folgebeurkundung erfolgt. ²Entsprechendes gilt für die Mitteilungspflicht nach § 59 Absatz 3 bei Aufhebung einer im Ausland begründeten Lebenspartnerschaft. ³Erhält das Standesamt I in Berlin eine Mitteilung über einen im Ausland beurkundeten Sterbefall, gelten die Mitteilungspflichten nach § 60 Absatz 1 entsprechend.

(3) ¹Ist zu *einem* Personenstandseintrag ein Sperrvermerk eingetragen, hat das Standesamt Mitteilungen *gegenüber* anderen Stellen, die ihm aus Anlass

[1] § 61 geänd. mWv 1.11.2013 durch G v. 7.5.2013 (BGBl. I S. 1122).
[2] § 62 Abs. 1 neu gef., Abs. 2 eingef., bish. Abs. 2 wird Abs. 3, bish. Abs. 3 aufgeh. mWv 1.11. 2013 durch G v. 7.5.2013 (BGBl. I S. 1122); Abs. 2 Satz 3 angef. mWv 1.11.2018 durch G v. 17.7. 2017 (BGBl. I S. 2522).

einer standesamtlichen Beurkundung obliegen, für die Zeit der Sperre auszusetzen, wenn der mit dem Sperrvermerk verfolgte Zweck dies erfordert. [2] Die Mitteilung ist nach Wegfall des Sperrvermerks nachzuholen.

(4) [1] Übermittelt werden dürfen nur die im Einzelfall zur Erfüllung der gesetzlichen Aufgaben der empfangenden Stelle erforderlichen Daten. [2] Neben den aufgeführten Daten darf das Standesamt weitere beurkundete oder im Zusammenhang mit der Beurkundung erhobene Daten mitteilen, soweit diese zur gesetzmäßigen Aufgabenerfüllung der empfangenden Stelle erforderlich sind. [3] Mitteilungen an ausländische Behörden auf Grund internationaler Übereinkommen und Mitteilungspflichten nach landesrechtlichen Vorschriften bleiben unberührt.

§ 63[1] **Datenübermittlung.** (1) [1] Die elektronische Übermittlung von Daten zwischen den Standesämtern und zwischen Standesämtern und anderen Behörden, Gerichten und sonstigen öffentlichen Stellen erfolgt unmittelbar oder über Vermittlungsstellen in gesicherten Verfahren, die Verschlüsselungen nach dem Stand der Technik beinhalten. [2] Bei der Übermittlung von Daten über Vermittlungsstellen bedarf es keiner weitergehenden Signatur des absendenden Standesamts.

(2) [1] Die elektronische Übermittlung von Daten zwischen den Standesämtern erfolgt durch strukturierte Datensätze. [2] Hierfür sind das Datenaustauschformat XPersonenstand und das Übertragungsprotokoll OSCI-Transport in der vom Bundesministerium des Innern, für Bau und Heimat im Bundesanzeiger bekannt gemachten jeweils gültigen Fassung zugrunde zu legen.

(3) [1] Zur Erfüllung gesetzlicher Mitteilungspflichten erfolgt die elektronische Datenübermittlung zwischen Standesämtern und anderen Behörden, Gerichten und sonstigen öffentlichen Stellen durch strukturierte Datensätze in standardisierten Datenaustauschformaten. [2] Soweit die technischen Voraussetzungen vorliegen, sind hierfür das Datenaustauschformat XPersonenstand und das Übertragungsprotokoll OSCI-Transport in der vom Bundesministerium des Innern, für Bau und Heimat im Bundesanzeiger bekannt gemachten jeweils gültigen Fassung zu verwenden.

(4) [1] Innerhalb von Rechenzentren und in besonders gesicherten verwaltungseigenen Netzen kann auf die Verwendung von OSCI-Transport verzichtet werden, wenn durch technische und organisatorische Maßnahmen sichergestellt wird, dass die durch die Verwendung von OSCI-Transport erzielten Sicherheitseigenschaften anderweitig in gleicher Qualität gewährleistet werden. [2] Die getroffenen Maßnahmen sind im Betriebs- und Sicherheitskonzept (§ 13) zu dokumentieren.

§ 64 Abrufverfahren. (1) [1] Für Datenübermittlungen im automatisierten Abrufverfahren nach § 68 Abs. 2 des Gesetzes[2] gilt § 63. [2] Die eingesetzten Verfahren müssen sicherstellen, dass nur die zur Aufgabenerfüllung erforderlichen Daten abgerufen werden können.

[1] § 63 Abs. 2 Satz 2 geänd. mWv 1.4.2012 durch G v. 22.12.2011 (BGBl. I S. 3044); Abs. 1 Satz 2 angef. mWv 1.11.2013 durch G v. 7.5.2013 (BGBl. I S. 1122); Abs. 2 Satz 3 aufgeh., Abs. 3 neu gef. mWv 1.11.2017 durch G v. 17.7.2017 (BGBl. I S. 2522); Abs. 2 Satz 2, Abs. 3 Satz 2 geänd. mWv 27.6.2020 durch VO v. 19.6.2020 (BGBl. I S. 1328).
[2] Nr. 260.

(2) [1] Zur Sicherung der ordnungsgemäßen Datenverarbeitung und für die Abrechnung der Kosten des Abrufs werden alle Abrufe durch das registerführende Standesamt protokolliert. [2] Im Protokoll sind das registerführende Standesamt, die Registrierungsdaten nach § 16 Abs. 2 Satz 1, die abrufende Person oder Stelle, ein Aktenzeichen oder eine sonstige Kennung des Abrufs, der Zeitpunkt des Abrufs sowie die für die Durchführung des Abrufs verwendeten Daten zu speichern. [3] Die Verantwortung für die Zulässigkeit des einzelnen Abrufs trägt der Empfänger der Daten.

(3) Die nach Absatz 2 gefertigten Protokolle werden vier Jahre nach Ablauf des Kalenderjahres vernichtet, in dem der Abruf erfolgt ist.

Kapitel 10. Übergangs- und Schlussvorschriften

§ 65 Übergangsbeurkundungen. (1) [1] Standesämter, die am 1. Januar 2009 noch nicht über eine Ausstattung zur elektronischen Personenstandsregisterführung verfügen, beurkunden die Personenstandsfälle auf Formularen nach den Mustern der Anlagen 2 bis 5 im Format DIN A4. [2] Die Formulare sind dem Beurkundungssachverhalt anzupassen und können programmgerecht eingerichtet werden, soweit dies im Einzelfall notwendig ist; § 48 Abs. 4 gilt entsprechend. [3] Für die Sicherungsregister gilt Satz 1 mit der Maßgabe, dass die Formulare mit der zusätzlichen Angabe „Sicherungsregister" zu versehen sind; die Übereinstimmung mit dem jeweiligen Personenstandsregister ist vom Standesbeamten zu beglaubigen.

(2) [1] Folgebeurkundungen und Hinweise können auf der Rückseite des Formulars vorgenommen werden. [2] Folgebeurkundungen können auch am Rande des Haupteintrags vorgenommen werden. [3] Hinweise können auch unterhalb des Haupteintrags eingetragen werden.

(3) Für die Übergangsbeurkundungen gelten die §§ 15 bis 19, 21 und 25 entsprechend.

§ 66 Fortführung von Altregistern. (1) [1] Eine Folgebeurkundung zu einem Personenstandseintrag in einem bis zum 31. Dezember 2008 angelegten Personenstandsbuch oder Standesregister (Altregister) ist am Rand des Eintrags vorzunehmen. [2] Hinweise sind unterhalb des Eintrags einzutragen; eine Nacherhebung fehlender Daten ist nicht erforderlich.

(2) [1] Folgebeurkundungen zu Personenstandseinträgen, die vor dem 3. Oktober 1990 in dem in Artikel 3 des Einigungsvertrages[1] genannten Gebiet im Format DIN A5 quer angelegt worden sind, werden auf der Rückseite des Eintrags aufgenommen. [2] Hinweise zu diesen Einträgen werden auf der Vorderseite unterhalb der Beurkundung eingetragen oder in die Folgebeurkundung einbezogen.

(3) [1] Reicht der in den amtlichen Vordrucken der Papierregister vorgesehene Raum für die Folgebeurkundungen und Hinweise nicht aus, so erfolgt die Fortführung auf Allongen. [2] Diese sind fest mit dem jeweiligen Eintrag zu verbinden; die Verbindungsstelle ist mit dem Siegel des Standesamts zu sichern.

[1] **Sartorius III Nr. 2.**

§ 67[1] Fortführung des Familienbuchs als Heiratseintrag. (1) In das als Heiratseintrag fortzuführende Familienbuch sind Folgebeurkundungen einzutragen

1. in Spalte 8 über den Tod der Ehegatten, die Todeserklärung oder die gerichtliche Feststellung der Todeszeit und die Aufhebung solcher Beschlüsse, die Aufhebung oder Scheidung der Ehe sowie die Feststellung des Nichtbestehens der Ehe (§ 16 Absatz 1 Nummer 1 bis 4 des Gesetzes[2]),

2. in Spalte 10 jede Änderung des Namens der Ehegatten und jede sonstige Änderung des Personenstands oder der Religionszugehörigkeit, die in das Eheregister einzutragen wäre, sowie Berichtigungen (§ 16 Absatz 1 Nummer 5 bis 8 des Gesetzes) ersetzt.

(2) [1] In Spalte 10 ist auf die Wiederverheiratung oder die Begründung einer Lebenspartnerschaft hinzuweisen. [2] Im Übrigen gilt § 16 Abs. 2 des Gesetzes entsprechend.

(3) Für das als Heiratseintrag fortzuführende Familienbuch wird kein Sicherungsregister geführt.

(Fortsetzung nächstes Blatt)

[1] § 67 Abs. 1 Nr. 1 und 2 geänd. mWv 1.11.2017 durch G v. 17.7.2017 (BGBl. 1 S. 2522).
[2] Nr. **260**.

§ 68 Fortführung des Heiratseintrags. Ein Heiratseintrag wird vom 1. Januar 2009 an nur dann fortgeführt, wenn kein als Heiratseintrag fortzuführendes Familienbuch angelegt worden ist oder der Verbleib des Familienbuchs nicht festgestellt werden kann.

§ 69[1] Übernahme in elektronische Personenstandsregister. (1) [1] Bei der elektronischen Erfassung von Altregistern werden Registereinträge nach den Mustern der Anlagen 2 bis 5[2] erstellt. [2] Der Sachverhalt ist in die elektronischen Register so zu übernehmen, dass der personenstandsrechtliche Verlauf nachvollziehbar ist und die durch die ursprüngliche Beurkundung verlautbarten Rechtsverhältnisse auch aus dem elektronisch nacherfassten Personenstandseintrag hervorgehen. [3] Daten, die in den elektronischen Registern nicht vorgesehen sind, werden nicht übernommen. [4] Daten, die im Papierregister nicht vorhanden sind, sind sorgfältig unter Beachtung des im Zeitpunkt der Beurkundung geltenden Rechts nachzuerheben, wenn sie zur Führung des elektronischen Registers erforderlich sind. [5] Die Nacherhebung fehlender Daten, die zur Eintragung eines Hinweises führen würden, ist nicht erforderlich.

(2) [1] Für die elektronisch zu erfassenden Einträge sind Registrierungsdaten nach § 16 Absatz 2 zu bilden. [2] Der vorhandenen Eintragsnummer sind die Kurzbezeichnung des jeweiligen Personenstandsregisters nach § 15 Absatz 2 und das Jahr der Erstbeurkundung hinzuzufügen. [3] Weicht die Bezeichnung des Standesamts, das die zu erfassende Beurkundung vorgenommen hat, von der Bezeichnung des Standesamts ab, das jetzt die elektronische Erfassung vornimmt, werden die ursprüngliche Bezeichnung und die Standesamtsnummer übernommen; bei nicht vorhandener oder nicht verwendbarer Standesamtsnummer wird die Nummer des erfassenden Standesamts um eine fortlaufende dreistellige Ziffernfolge (Suffix) ergänzt, die das Standesamt einmalig vergibt. [4] Der Name des Standesbeamten aus dem ursprünglichen Eintrag wird ohne Funktionsbezeichnung übernommen. [5] Als Heiratseinträge fortgeführte Familienbücher im Sinne des § 77 Absatz 2 Satz 2 des Personenstandsgesetzes[3] werden mit einer nicht belegten Eintragsnummer im Eheregister des Jahres nacherfasst, in dem sie angelegt wurden.

(3) [1] Der Standesbeamte, der die elektronische Erfassung durchführt, schließt den Eintrag mit seiner dauerhaft überprüfbaren qualifizierten elektronischen Signatur ab und speichert ihn in dem entsprechenden Personenstandsregister. [2] Beurkundung im Sinne des § 54 des Gesetzes ist ab diesem Zeitpunkt ausschließlich der im elektronischen Personenstandsregister gespeicherte Eintrag.

(4) Im Übrigen gelten die §§ 9 und 15 bis 20 entsprechend.

(5) [1] Einträge in Altregistern, die in elektronische Register übernommen wurden, sind mit einem entsprechenden Vermerk zu versehen; sie sind danach wie Sammelakten zu behandeln. [2] Ist der gesamte Band nacherfasst, so ist das hierzu geführte Zweitbuch zu vernichten.

[1] § 69 neu gef. mWv 1.11.2013 durch G v. 7.5.2013 (BGBl. I S. 1122); Abs. 2 Satz 5 und Abs. 6 Satz 1 geänd. mWv 1.11.2017 durch G v. 17.7.2017 (BGBl. I S. 2522).
[2] Anlagen hier nicht abgedruckt.
[3] Nr. 260.

(6) Für die Übernahme von Übergangsbeurkundungen nach § 75 des Gesetzes in elektronische Register und für die Neubeurkundung von in Verlust geratenen Einträgen nach § 8 Absatz 1 des Gesetzes gelten die Absätze 1 bis 5 entsprechend.

§ 70¹⁾ Personenstandsurkunden aus Altregistern und Übergangsbeurkundungen. (1) ¹ Für die Ausstellung von Personenstandsurkunden aus Altregistern und Übergangsbeurkundungen gilt § 48 entsprechend. ² An Stelle beglaubigter Registerausdrucke nach § 55 Abs. 1 Nr. 1 des Gesetzes werden beglaubigte Abschriften der Personenstandseinträge erteilt.

(2) Personenstandsurkunden aus Altregistern und Übergangsbeurkundungen werden nicht mehr ausgestellt, wenn die Einträge nach § 69 in elektronische Register übernommen worden sind.

§ 71²⁾ Fortführung, Benutzung und Aufbewahrung der Konsularregister. (1) Für die Fortführung, Benutzung und Aufbewahrung

1. der von den Konsularbeamten errichteten Heiratseinträge,

2. der auf Grund der unter Nummer 1 genannten Einträge angelegten und als Heiratseinträge fortgeführten Familienbücher,

3. der auf Grund des Gesetzes betreffend die Eheschließung und die Beurkundung des Personenstandes von Bundesangehörigen im Auslande vom 4. Mai 1870 (Bundes-Gesetzblatt des Norddeutschen Bundes S. 599) angelegten Personenstandsregister (Konsularregister)

gelten die Vorschriften des Gesetzes und dieser Verordnung nach Maßgabe der Absätze 2 und 3.

(2) ¹ Für die Fortführung der Konsularregister und für die Ausstellung von Personenstandsurkunden aus diesen Registern ist das Standesamt I in Berlin zuständig. ² Dabei gelten folgende Besonderheiten:

1. Die Konsularregister können vom Standesamt I in Berlin in ein elektronisch geführtes Register übernommen werden. Für die Übernahme der Registerdaten und die Führung und Fortführung des elektronischen Konsularregisters gelten die Vorschriften für Altregister (§ 69) entsprechend. Die ersten Stücke der papiergeführten Konsularregister werden in diesem Fall als Sammelakten im Sinne von § 6 des Gesetzes aufbewahrt, Zweitstücke sind zu vernichten.

2. Soweit kein elektronisches Konsularregister angelegt wird, stehen die ersten Stücke den Personenstandsregistern, die Zweitstücke den Sicherungsregistern im Sinne des Gesetzes und dieser Verordnung gleich. Ist von einem Konsularregister nur ein Stück vorhanden, ist kein Sicherungsregister anzulegen.

3. Soweit die Einträge in den Konsularregistern die in den §§ 15, 21 und 31 des Gesetzes vorgeschriebenen Angaben nicht enthalten, ist keine Berichtigung oder Ergänzung vorzunehmen.

4. Für die Ausstellung von Personenstandsurkunden sind die in § 48 Abs. 1 bezeichneten Formulare zu benutzen; dabei können diese Formulare den

¹⁾ § 70 Abs. 1 Satz 3 aufgeh. mWv 15.5.2013 durch G v. 7.5.2013 (BGBl. I S. 1122).
²⁾ § 71 Abs. 3 Halbs. 1 geänd. mWv 15.5.2013 durch G v. 7.5.2013 (BGBl. I S. 1122).

jeweiligen Erfordernissen angepasst werden. In diese Urkunden dürfen nur Angaben aufgenommen werden, die sich aus dem Eintrag ergeben. In den Ehe- und Sterbeurkunden ist das Alter anzugeben, soweit der Eintrag den Tag der Geburt nicht enthält.

(3) Urkunden, Entscheidungen und Mitteilungen zu den in Absatz 1 Nummer 1 und 3 genannten Einträgen und Registern sind dem Standesamt I in Berlin zu übersenden; die Übersendung unterbleibt, wenn die Mitteilungen nur zur Eintragung von Hinweisen dienen würden.

§ 72 Besondere Aufgaben des Standesamts I in Berlin. (1) Personenstandsbücher und Standesregister aus Gebieten, in denen ein deutscher Standesbeamter nicht mehr tätig ist, werden von dem Standesamt I in Berlin geführt.

(2) Falls das Standesamt I in Berlin nur einzelne Personenstandsurkunden aufbewahrt, die aus den in Absatz 1 bezeichneten Büchern oder Registern ausgestellt sind, so stehen diese Urkunden einem Eintrag in einem Personenstandsbuch oder Standesregister gleich.

(3) Urkunden, Entscheidungen oder Mitteilungen, die einem Standesamt in dem in Absatz 1 bezeichneten Gebiet zu übermitteln wären, sind dem Standesamt I in Berlin zu übersenden; die Übersendung unterbleibt, wenn die Mitteilungen nur zur Eintragung von Hinweisen dienen würden.

(4) Das Standesamt I in Berlin sammelt die Urkunden, die Entscheidungen und die Mitteilungen, auf Grund derer nach Absatz 1 oder Absatz 2 eine Eintragung in einem Personenstandsbuch, Standesregister oder auf einer Urkunde vorgenommen werden muss; es führt hierüber ein Verzeichnis.

§ 73 Personenstandsbücher aus Grenzgebieten. (1) Die Vorschriften dieser Verordnung gelten sinngemäß für die aus Anlass des deutsch-belgischen Vertrages vom 24. September 1956 (BGBl. 1958 II S. 262, 353) und auf Grund des deutsch-niederländischen Ausgleichsvertrages vom 8. April 1960 (BGBl. 1963 II S. 458, 1078) übergebenen Personenstandsbücher und beglaubigten Abschriften.

(2) Soweit in diesen Registern die in den §§ 15, 21 und 31 des Gesetzes vorgeschriebenen Angaben nicht enthalten sind, ist eine Berichtigung oder Ergänzung nicht vorzunehmen.

§ 74 Personenstandsbücher des ehemaligen Standesamts I in Berlin (Ost). Die Vorschriften dieser Verordnung gelten sinngemäß für die nach der Anlage 1 Kapitel II Sachgebiet B Abschnitt III Nr. 2 Buchstabe d Doppelbuchstabe bb Dreifachbuchstabe aaa und bbb des Einigungsvertrages an den Standesbeamten des Standesamts I in Berlin abgegebenen Personenstandsbücher.

§ 75 Inkrafttreten, Außerkrafttreten. [1] Diese Verordnung tritt am 1. Januar 2009 in Kraft. [2] Gleichzeitig treten außer Kraft:

1. die Verordnung zur Ausführung des Personenstandsgesetzes in der Fassung der Bekanntmachung vom 25. Februar 1977 (BGBl. I S. 377), zuletzt geändert durch Artikel 7 Abs. 1 des Gesetzes vom 19. August 2007 (BGBl. I S. 1970),

2. die Personenstandsverordnung der Wehrmacht in der im Bundesgesetzblatt Teil III, Gliederungsnummer 211-1-2, veröffentlichten bereinigten Fassung.

Anlage 1–13

(Anl. hier nicht abgedruckt)

265. Gesetz über die Änderung von Familiennamen und Vornamen

Vom 5. Januar 1938

(RGBl. I S. 9)

FNA 401-1

geänd. durch Dritte VO zur Durchführung des G über die Änd. von Familiennamen und Vornamen v. 24. 12. 1940 (RGBl. I S. 1669), Art. III Nr. 4 Zweites G zur Änd. und Ergänzung des PersonenstandsG v. 18. 5. 1957 (BGBl. I S. 518), Art. 13 ZuständigkeitslockerungsG v. 10. 3. 1975 (BGBl. I S. 685), BetreuungsG v. 12. 9. 1990 (BGBl. I S. 2002), Art. 14 § 10 KindschaftsrechtsreformG v. 16. 12. 1997 (BGBl. I S. 2942), Art. 17 Drittes VerwaltungsverfahrensrechtsÄndG v. 21. 8. 2002 (BGBl. I S. 3322), Art. 2 Abs. 2 PersonenstandsrechtsreformG v. 19. 2. 2007 (BGBl. I S. 122) und Art. 54 FGG-ReformG v. 17. 12. 2008 (BGBl. I S. 2586)

Die Reichsregierung hat das folgende Gesetz beschlossen, das hiermit verkündet wird:

§ 1 [Anwendungsbereich] Der Familienname eines deutschen Staatsangehörigen oder eines Staatenlosen, der seinen Wohnsitz oder gewöhnlichen Aufenthalt im *Deutschen Reich* hat, kann auf Antrag geändert werden.

§ 2[1) [Betreuung] (1) [1] Für eine beschränkt geschäftsfähige oder geschäftsunfähige Person stellt der gesetzliche Vertreter den Antrag; ein Vormund oder Pfleger bedarf hierzu der Genehmigung des Familiengerichts, ein Betreuer der Genehmigung des Betreuungsgerichts. [2] Für eine geschäftsfähige Person, für die in dieser Angelegenheit ein Betreuer bestellt und ein Einwilligungsvorbehalt nach § 1903 des Bürgerlichen Gesetzbuchs[2) angeordnet ist, stellt der Betreuer den Antrag; er bedarf hierzu der Genehmigung des Betreuungsgerichts.

(2) Das Gericht hat den Antragsteller in den Fällen des Absatzes 1 Satz 1, wenn er als beschränkt Geschäftsfähiger das sechzehnte Lebensjahr vollendet hat, sowie in den Fällen des Absatzes 1 Satz 2 zu dem Antrag zu hören.

§ 3 [Wichtiger Grund] (1) Ein Familienname darf nur geändert werden, wenn ein wichtiger Grund die Änderung rechtfertigt.

(2) Die für die Entscheidung erheblichen Umstände sind von Amts wegen festzustellen; dabei sollen insbesondere außer den unmittelbar Beteiligten die zuständige Ortspolizeibehörde und solche Personen gehört werden, deren Rechte durch die Namensänderung berührt werden.

§ 3 a[3) [Eingebürgerte Staatsangehörige] (1) Ist ein deutscher Staatsangehöriger, der die deutsche Staatsangehörigkeit nach dem 1. Januar 1919 erworben hat, daran gehindert, seinen früheren Familiennamen oder Vornamen zu

[1) § 2 neu gef. durch G v. 12. 9. 1990 (BGBl. I S. 2002); Abs. 1 Satz 1 und 2, Abs. 2 geänd. mWv 1. 9. 2009 durch G v. 17. 12. 2008 (BGBl. I S. 2586).

[2) **Schönfelder Nr. 20.**

[3) § 3 a eingef. durch G v. 29. 8. 1961 (BGBl. I S. 1621).

führen, weil ihm dies vor seiner Einbürgerung durch ein Gesetz oder eine Verwaltungsmaßnahme seines früheren Heimatstaates verboten war, so liegt ein wichtiger Grund zur Änderung im Sinne des § 3 Abs. 1 vor, wenn durch das Gesetz oder die Verwaltungsmaßnahmen des früheren Heimatstaates überwiegend Angehörige einer deutschen Minderheit betroffen waren.

(2) Absatz 1 gilt auch für deutsche Staatsangehörige, auf die der frühere Name durch Ableitung übergegangen wäre.

§ 4[1]) [Erstreckung auf Kinder] Die Änderung des Familiennamens erstreckt sich, soweit nicht bei der Entscheidung etwas anderes bestimmt wird, auf Kinder der Person, deren Name geändert wird, sofern die Kinder bislang den Namen dieser Person getragen haben und für die Kinder die elterliche Sorge dieser Person besteht.

§ 5 [Antragsbehörde] (1) [1] Der Antrag auf Änderung eines Familiennamens ist schriftlich oder zu Protokoll bei der unteren Verwaltungsbehörde zu stellen, in deren Bezirk der Antragsteller seinen Wohnsitz oder beim Fehlen eines Wohnsitzes seinen Aufenthalt hat. [2] Hat er im *Deutschen Reich* weder Wohnsitz noch Aufenthalt, so bestimmt der *Reichsminister des Innern* die zuständige Behörde.

(2) Beantragen mehrere Angehörige einer Familie dieselbe Namensänderung, so kann der Antrag bei jeder Behörde gestellt werden, die zur Entgegennahme auch nur eines Antrags zuständig ist.

§ 6 [Entscheidungsbehörde] [1] Zur Änderung eines Familiennamens ist die höhere Verwaltungsbehörde[2]) zuständig. [2] Der *Reichsminister des Innern* kann sich die Entscheidung vorbehalten.

§ 7[3]) (gegenstandslos)

§ 8 [Namensfeststellung] (1) [1] Ist zweifelhaft, welchen Familiennamen ein deutscher Staatsangehöriger oder ein Staatenloser, der seinen Wohnsitz oder gewöhnlichen Aufenthalt im *Deutschen Reich* hat, zu führen berechtigt ist, so kann der *Reichsminister des Innern* diesen Namen auf Antrag eines Beteiligten oder von Amts wegen *mit allgemein verbindlicher Wirkung[4])* feststellen. [2] Die Vorschriften der § 2, § 3 Abs. 2, §§ 4 und 5 finden entsprechende Anwendung.

(2) Ist in einem auf Antrag eines Beteiligten eingeleiteten Verfahren die Entscheidung von der Beurteilung einer familienrechtlichen Vorfrage abhängig, so kann der *Reichsminister des Innern* das Verfahren auf Antrag oder von Amts wegen aussetzen und den Antragsteller zur Herbeiführung einer Entscheidung über diese Vorfrage auf den Rechtsweg verweisen.

[1]) § 4 neu gef. durch G v. 16. 12. 1997 (BGBl. I S. 2942).
[2]) Siehe § 2 der 1. DVO (Nr. **266**).
[3]) Zeitlich überholt; betraf *Widerruf von Namensänderungen,* die vor dem 30. 1. 1933 genehmigt worden waren.
[4]) Siehe hierzu jedoch Art. 19 Abs. 4 GG (Nr. **1**).

2

(3) Hat ein gerichtliches Verfahren das Recht zur Führung eines Namens zum Gegenstand, so ist es *auf Verlangen des Reichsministers des Innern*[1]) auszusetzen, bis der Name nach Absatz 1 festgestellt ist.

§ 9[2]) **[Registereintragung]** [1] Die untere Verwaltungsbehörde veranlasst die Folgebeurkundung über die Namensänderung oder die Namensfeststellung im Geburtenregister und im Eheregister oder Lebenspartnerschaftsregister. [2] Sie benachrichtigt die für die Wohnung, bei mehreren Wohnungen die für die Hauptwohnung des Betroffenen zuständige Meldebehörde von der Änderung oder Feststellung des Namens. [3] Die Mitteilungen nach den Sätzen 1 und 2 bedürfen der Schriftform.

§ 10 [Anwendungsbereich] Die §§ 1355, *1577, 1706,* 1719, 1736, *1758* und 1772 des Bürgerlichen Gesetzbuchs[3]) bleiben unberührt.

§ 11[4]) **[Änderung von Vornamen]** Die §§ 1 bis 3, § 5 . . . und § 9 finden auf die Änderung . . . von Vornamen mit der Maßgabe Anwendung, daß die Entscheidung der unteren Verwaltungsbehörde zusteht; *die Beschwerde geht an die höhere Verwaltungsbehörde, die endgültig entscheidet.*

§ 12[5]) *(gegenstandslos)*

§ 13[6]) **[Verordnungsermächtigung]** Der *Reichsminister des Innern* erläßt die zur Durchführung . . . dieses Gesetzes erforderlichen Rechts- und Verwaltungsvorschriften[7]).

§ 13a[8]) **[Verordnungsermächtigung]** [1] Die Landesregierungen werden ermächtigt, durch Rechtsverordnung die zuständigen Behörden abweichend von § 5 Abs. 1 Satz 1, §§ 6, 8, 9 und 11 zu bestimmen. [2] Sie können diese Ermächtigung auf oberste Landesbehörden übertragen.

§ 14 [Inkrafttreten] Dieses Gesetz tritt mit Wirkung vom 1. Januar 1938 in Kraft.

[1]) Siehe hierzu jedoch Art. 20 Abs. 2 Satz 2 und Abs. 3 GG (Nr. 1).
[2]) § 9 neu gef. mWv 1.2.2003 durch G v. 21.8.2002 (BGBl. I S. 3322); Satz 1 neu gef. mWv 1.1. 2009 durch G v. 19.2.2007 (BGBl. I S. 122).
[3]) Die Vorschriften betreffen den Familiennamen der Ehefrau und der ehelichen und der nichtehelichen Kinder. Statt § 1577 BGB vgl. jetzt § 1355 Abs. 4 BGB, statt § 1706 BGB vgl. jetzt §§ 1617 und 1618 BGB, statt § 1758 BGB vgl. jetzt § 1757 BGB (**Schönfelder Nr. 20**). Beachte außerdem die Allg. VwV zum G über die Änderung von Familiennamen und Vornamen (NamÄndVwV) v. 11.8.1980 (BAnz. Beil. Nr. 153a), zuletzt geänd. durch VwV v. 11.2.2014 (BAnz AT 18.02.2014 B2).
[4]) § 11 Halbsatz 1: nicht aufgenommene Vorschriftenteile zeitlich überholt, vgl. Anm. zu § 7; § 11 Halbsatz 2: Beschwerdeverfahren gem. § 77 Abs. 1 VwGO ersetzt durch §§ 68 ff. VwGO (Nr. 600) (s. Anm. in BGBl. III 401-1).
[5]) § 12: Ermächtigung zur Ergänzung des Gesetzes erloschen gem. Art. 129 Abs. 3 GG (Nr. 1) (s. Anm. in BGBl. III 401-1).
[6]) § 13: Ermächtigung zur Ergänzung des Gesetzes erloschen gem. Art. 129 Abs. 3 GG (Nr. 1) (s. Anm. in BGBl. III 401-1).
[7]) Siehe hierzu ua die 1. DVO (Nr. 266) sowie die NamÄndVwV v. 11.8.1980 (BAnz. Beil. Nr. 153a), zuletzt geänd. durch VwV v. 11.2.2014 (BAnz AT 18.02.2014 B2).
[8]) § 13a eingef. durch G v. 10.3.1975 (BGBl. I S. 685).

3

266. Erste Verordnung zur Durchführung des Gesetzes über die Änderung von Familiennamen und Vornamen

Vom 7. Januar 1938

(RGBl. I S. 12)

BGBl. III/FNA401-1-1

geänd. durch Art. 11 ZuständigkeitslockerungsVO v. 18. 4. 1975 (BGBl. I S. 967), Art. 15 Sechstes Euro-EinführungsG v. 3. 12. 2001 (BGBl. I S. 3306), Art. 4 Abs. 50 G zur Strukturreform des Gebührenrechts des Bundes v. 7. 8. 2013 (BGBl. I S. 3154, aufgeh. durch G v. 18. 7. 2016, BGBl. I S. 1666) und Art. 4 Abs. 47[1]) G zur Aktualisierung der Strukturreform des Gebührenrechts des Bundes v. 18. 7. 2016 (BGBl. I S. 1666)

Auf Grund des § 13 des Gesetzes über die Änderung von Familiennamen und Vornamen[2]) vom 5. Januar 1938 (Reichsgesetzbl. I S. 9) wird folgendes verordnet:

Art. I

§ 1 *(gegenstandslos)*

§ 2[3]) **[Veröffentlichung des Antrags; Bekanntmachung]** (1) Die höhere Verwaltungsbehörde kann den Antrag auf Änderung oder Feststellung des Familiennamens unter Bestimmung einer Frist zur Geltendmachung von Einwendungen in einer von ihr zu bestimmenden Tageszeitung auf Kosten des Antragstellers veröffentlichen, soweit es zur Verhütung der Beeinträchtigung von Rechten anderer Personen erforderlich erscheint.

(2) Wird ein Familienname geändert oder festgestellt oder wird die Änderung eines Familiennamens widerrufen, so kann die höhere Verwaltungsbehörde diese Anordnung durch einmaliges Einrücken in eine von ihr zu bestimmende Tageszeitung auf Kosten des Betroffenen bekanntmachen, wenn es im Einzelfall zweckmäßig erscheint.

(3) ¹Die Landesregierungen werden ermächtigt, durch Rechtsverordnung die zuständige Behörde abweichend von den Absätzen 1 und 2 zu bestimmen. ²Sie können diese Ermächtigung auf oberste Landesbehörden übertragen.

§ 3[4]) **[Gebühren]** (1) ¹Die Gebühr für die Änderung oder Feststellung eines Familiennamens beträgt 2,50 bis 1 022 Euro, die Gebühr für die Änderung eines Vornamens 2,50 bis 255 Euro. ²Wird der Antrag abgelehnt oder zurückgenommen, so wird 1/10 bis 1/2 dieser Gebühr erhoben. ³Von der Erhebung der Gebühr kann abgesehen werden, wenn es nach der Lage des Einzelfalls billig erscheint, insbesondere wenn der Antragsteller mittellos ist.

[1]) Inkrafttreten: **1. 10. 2021**, vom Abdruck der geänd. Fassung wird vorerst abgesehen.
[2]) Nr. **265**.
[3]) Art. I § 2 Abs. 3 angef. durch VO v. 18. 4. 1975 (BGBl. I S. 967).
[4]) § 3 Abs. 1 Satz 1 geänd. mWv 1. 1. 2002 durch G v. 3. 12. 2001 (BGBl. I S. 3306).

(2) Zur Zahlung der Gebühr ist der Antragsteller verpflichtet, neben ihm auch derjenige, zu dessen Gunsten der Antrag gestellt ist.

Art. II

§ **4** *(gegenstandslos)*

Erster Abschnitt. Begriffsbestimmungen

§ 1[1] **Betäubungsmittel** (1) Betäubungsmittel im Sinne dieses Gesetzes sind die in den Anlagen I bis III[2] aufgeführten Stoffe und Zubereitungen.

(2) [1]Die Bundesregierung wird ermächtigt, nach Anhörung von Sachverständigen durch Rechtsverordnung mit Zustimmung des Bundesrates die Anlagen I bis III[2] zu ändern oder zu ergänzen, wenn dies

1. nach wissenschaftlicher Erkenntnis wegen der Wirkungsweise eines Stoffes, vor allem im Hinblick auf das Hervorrufen einer Abhängigkeit,

2. wegen der Möglichkeit, aus einem Stoff oder unter Verwendung eines Stoffes Betäubungsmittel herstellen zu können, oder

3. zur Sicherheit oder zur Kontrolle des Verkehrs mit Betäubungsmitteln oder anderen Stoffen oder Zubereitungen wegen des Ausmaßes der mißbräuchlichen Verwendung und wegen der unmittelbaren oder mittelbaren Gefährdung der Gesundheit

erforderlich ist. [2]In der Rechtsverordnung nach Satz 1 können einzelne Stoffe oder Zubereitungen ganz oder teilweise von der Anwendung dieses Gesetzes oder einer auf Grund dieses Gesetzes erlassenen Rechtsverordnung ausgenommen werden, soweit die Sicherheit und die Kontrolle des Betäubungsmittelverkehrs gewährleistet bleiben.

(3) [1]Das Bundesministerium für Gesundheit wird ermächtigt, in dringenden Fällen zur Sicherheit oder zur Kontrolle des Betäubungsmittelverkehrs durch Rechtsverordnung ohne Zustimmung des Bundesrates Stoffe und Zubereitungen, die nicht Arzneimittel sind, in die Anlagen I bis III[2] aufzunehmen, wenn dies wegen des Ausmaßes der mißbräuchlichen Verwendung und wegen der unmittelbaren oder mittelbaren Gefährdung der Gesundheit erforderlich ist. [2]Eine auf der Grundlage dieser Vorschrift erlassene Verordnung tritt nach *Ablauf eines Jahres außer Kraft.*

(4) Das Bundesministerium für Gesundheit (Bundesministerium) wird ermächtigt, durch Rechtsverordnung ohne Zustimmung des Bundesrates die

[1] § 1 Abs. 3 Satz 1 und Abs. 4 geänd. mWv 28.11.2003 durch VO v. 25.11.2003 (BGBl. I S. 2304); Abs. 3 Satz 1 und Abs. 4 geänd. mWv 8.11.2006 durch VO v. 31.10.2006 (BGBl. I S. 2407); Abs. 4 geänd. mWv 16.8.2019 durch G v. 9.8.2019 (BGBl. I S. 1202).
[2] Anlagen hier nicht abgedruckt.

Anlagen I bis III[1]) oder die auf Grund dieses Gesetzes erlassenen Rechtsverordnungen zu ändern, soweit das auf Grund von Änderungen der Anhänge zu dem Einheits-Übereinkommen von 1961 über Suchtstoffe in der Fassung der Bekanntmachung vom 4. Februar 1977 (BGBl. II S. 111) und dem Übereinkommen von 1971 über psychotrope Stoffe (BGBl. 1976 II S. 1477) (Internationale Suchtstoffübereinkommen) in ihrer jeweils für die Bundesrepublik Deutschland verbindlichen Fassung oder auf Grund von Änderungen des Anhangs des Rahmenbeschlusses 2004/757/JI des Rates vom 25. Oktober 2004 zur Festlegung von Mindestvorschriften über die Tatbestandsmerkmale strafbarer Handlungen und die Strafen im Bereich des illegalen Drogenhandels (ABl. L 335 vom 11.11.2004, S. 8), der durch die Richtlinie (EU) 2017/2103 (ABl. L 305 vom 21.11.2017, S. 12) geändert worden ist, erforderlich ist.

§ 2[2]) **Sonstige Begriffe.** (1) Im Sinne dieses Gesetzes ist
1. Stoff:
 a) chemische Elemente und chemische Verbindungen sowie deren natürlich vorkommende Gemische und Lösungen,
 b) Pflanzen, Algen, Pilze und Flechten sowie deren Teile und Bestandteile in bearbeitetem oder unbearbeitetem Zustand,
 c) Tierkörper, auch lebender Tiere, sowie Körperteile, -bestandteile und Stoffwechselprodukte von Mensch und Tier in bearbeitetem oder unbearbeitetem Zustand,
 d) Mikroorganismen einschließlich Viren sowie deren Bestandteile oder Stoffwechselprodukte;
2. Zubereitung:
 ohne Rücksicht auf ihren Aggregatzustand ein Stoffgemisch oder die Lösung eines oder mehrerer Stoffe außer den natürlich vorkommenden Gemischen und Lösungen;
3. ausgenommene Zubereitung:
 eine in den Anlagen I bis III[1]) bezeichnete Zubereitung, die von den betäubungsmittelrechtlichen Vorschriften ganz oder teilweise ausgenommen ist;
4. Herstellen:
 das Gewinnen, Anfertigen, Zubereiten, Be- oder Verarbeiten, Reinigen und Umwandeln.

(2) Der Einfuhr oder Ausfuhr eines Betäubungsmittels steht jedes sonstige Verbringen in den oder aus dem Geltungsbereich dieses Gesetzes gleich.

Zweiter Abschnitt. Erlaubnis und Erlaubnisverfahren

§ 3[3]) **Erlaubnis zum Verkehr mit Betäubungsmitteln.** (1) Einer Erlaubnis des Bundesinstitutes für Arzneimittel und Medizinprodukte bedarf, wer

[1]) *Anlagen hier nicht abgedruckt.*
[2]) § 2 Abs. 1 Nr. 1 neu gef. mWv 23.7.2009 durch G v. 17.7.2009 (BGBl. I S. 1990).
[3]) § 3 Abs. 1 u. 2 geänd. durch G v. 24.6.1994 (BGBl. I S. 1416).

1. Betäubungsmittel anbauen, herstellen, mit ihnen Handel treiben, sie, ohne mit ihnen Handel zu treiben, einführen, ausführen, abgeben, veräußern, sonst in den Verkehr bringen, erwerben oder
2. ausgenommene Zubereitungen (§ 2 Abs. 1 Nr. 3) herstellen

will.

(2) Eine Erlaubnis für die in Anlage I[1] bezeichneten Betäubungsmittel kann das Bundesinstitut für Arzneimittel und Medizinprodukte nur ausnahmsweise zu wissenschaftlichen oder anderen im öffentlichen Interesse liegenden Zwecken erteilen.

(Fortsetzung nächstes Blatt)

[1] Anlagen hier nicht abgedruckt.

§ 4[1] Ausnahmen von der Erlaubnispflicht. (1) Einer Erlaubnis nach § 3 bedarf nicht, wer

1. im Rahmen des Betriebs einer öffentlichen Apotheke oder einer Krankenhausapotheke (Apotheke)

 a) in Anlage II oder III[2] bezeichnete Betäubungsmittel oder dort ausgenommene Zubereitungen herstellt,

 b) in Anlage II oder III[2] bezeichnete Betäubungsmittel erwirbt,

 c) in Anlage III[2] bezeichnete Betäubungsmittel auf Grund ärztlicher, zahnärztlicher oder tierärztlicher Verschreibung abgibt,

 d) in Anlage II oder III[2] bezeichnete Betäubungsmittel an Inhaber einer Erlaubnis zum Erwerb dieser Betäubungsmittel zurückgibt oder an den Nachfolger im Betrieb der Apotheke abgibt,

 e) in Anlage I, II oder III[2] bezeichnete Betäubungsmittel zur Untersuchung, zur Weiterleitung an eine zur Untersuchung von Betäubungsmitteln berechtigte Stelle oder zur Vernichtung entgegennimmt oder

 f) in Anlage III[2] bezeichnete Opioide in Form von Fertigarzneimitteln in transdermaler oder in transmucosaler Darreichungsform an eine Apotheke zur Deckung des nicht aufschiebbaren Betäubungsmittelbedarfs eines ambulant versorgten Palliativpatienten abgibt, wenn die empfangende Apotheke die Betäubungsmittel nicht vorrätig hat,

2. im Rahmen des Betriebs einer tierärztlichen Hausapotheke in Anlage III[2] bezeichnete Betäubungsmittel in Form von Fertigarzneimitteln

 a) für ein von ihm behandeltes Tier miteinander, mit anderen Fertigarzneimitteln oder arzneilich nicht wirksamen Bestandteilen zum Zwecke der Anwendung durch ihn oder für die Immobilisation eines von ihm behandelten Zoo-, Wild- und Gehegetieres mischt,

 b) erwirbt,

 c) für ein von ihm behandeltes Tier oder Mischungen nach Buchstabe a für die Immobilisation eines von ihm behandelten Zoo-, Wild- und Gehegetieres abgibt oder

 d) an Inhaber der Erlaubnis zum Erwerb dieser Betäubungsmittel zurückgibt oder an den Nachfolger im Betrieb der tierärztlichen Hausapotheke abgibt,

3. in Anlage III[2] bezeichnete Betäubungsmittel

 a) auf Grund ärztlicher, zahnärztlicher oder tierärztlicher Verschreibung,

 b) zur Anwendung an einem Tier von einer Person, die dieses Tier behandelt und eine tierärztliche Hausapotheke betreibt, oder

 c) von einem Arzt nach § 13 Absatz 1 a Satz 1

 erwirbt,

[1] § 4 Abs. 3 Sätze 1 u. 2 geänd. durch G v. 24. 6. 1994 (BGBl. I S. 1416); Abs. 1 einl. Satzteil geänd., Nr. 2 neu gef., Nr. 4 und 5 geänd., Nr. 6 angef. mWv 23. 7. 2009 durch G v. 17. 7. 2009 (BGBl. I S. 1990); Abs. 1 Nr. 1 Buchst. c und e geänd., Buchst. f angef., Nr. 3 Buchst. a und b geänd., Buchst. c angef., Nr. 6 geänd. mWv 26. 10. 2012 durch G v. 19. 10. 2012 (BGBl. I S. 2192).
[2] Anlagen hier nicht abgedruckt.

4. in Anlage III[1] bezeichnete Betäubungsmittel

 a) als Arzt, Zahnarzt oder Tierarzt im Rahmen des grenzüberschreitenden Dienstleistungsverkehrs oder

 b) auf Grund ärztlicher, zahnärztlicher oder tierärztlicher Verschreibung erworben hat und sie als Reisebedarf

 ausführt oder einführt,

5. gewerbsmäßig

 a) an der Beförderung von Betäubungsmitteln zwischen befugten Teilnehmern am Betäubungsmittelverkehr beteiligt ist oder die Lagerung und Aufbewahrung von Betäubungsmitteln im Zusammenhang mit einer solchen Beförderung oder für einen befugten Teilnehmer am Betäubungsmittelverkehr übernimmt oder

 b) die Versendung von Betäubungsmitteln zwischen befugten Teilnehmern am Betäubungsmittelverkehr durch andere besorgt oder vermittelt oder

6. in Anlage I, II oder III[1] bezeichnete Betäubungsmittel als Proband oder Patient im Rahmen einer klinischen Prüfung oder in Härtefällen nach § 21 Absatz 2 Nummer 6 des Arzneimittelgesetzes[2] in Verbindung mit Artikel 83 der Verordnung (EG) Nr. 726/2004 des Europäischen Parlaments und des Rates vom 31. März 2004 zur Festlegung von Gemeinschaftsverfahren für die Genehmigung und Überwachung von Human- und Tierarzneimitteln und zur Errichtung einer Europäischen Arzneimittel-Agentur (ABl. L 136 vom 30. 4. 2004, S. 1) erwirbt.

(2) Einer Erlaubnis nach § 3 bedürfen nicht Bundes- und Landesbehörden für den Bereich ihrer dienstlichen Tätigkeit sowie die von ihnen mit der Untersuchung von Betäubungsmitteln beauftragten Behörden.

(3) [1] Wer nach Absatz 1 Nr. 1 und 2 keiner Erlaubnis bedarf und am Betäubungsmittelverkehr teilnehmen will, hat dies dem Bundesinstitut für Arzneimittel und Medizinprodukte zuvor anzuzeigen. [2] Die Anzeige muß enthalten:

1. den Namen und die Anschriften des Anzeigenden sowie der Apotheke oder der tierärztlichen Hausapotheke,

2. das Ausstellungsdatum und die ausstellende Behörde der apothekenrechtlichen Erlaubnis oder der Approbation als Tierarzt und

3. das Datum des Beginns der Teilnahme am Betäubungsmittelverkehr.

[3] Das Bundesinstitut für Arzneimittel und Medizinprodukte unterrichtet die zuständige oberste Landesbehörde unverzüglich über den Inhalt der Anzeigen, soweit sie tierärztliche Hausapotheken betreffen.

§ 5[3] **Versagung der Erlaubnis.** (1) Die Erlaubnis nach § 3 ist zu versagen, wenn

1. nicht gewährleistet ist, daß in der Betriebsstätte und, sofern weitere Betriebsstätten in nicht benachbarten Gemeinden bestehen, in jeder dieser Betriebsstätten eine Person bestellt wird, die verantwortlich ist für die Einhaltung der betäubungsmittelrechtlichen Vorschriften und der Anord-

1) Anlagen hier nicht abgedruckt.
2) **Sartorius ErgBd. Nr. 272.**
3) § 5 Abs. 2 geänd. mWv 26. 10. 2012 durch G v. 19. 10. 2012 (BGBl. I S. 2192).

nungen der Überwachungsbehörden (Verantwortlicher); der Antragsteller kann selbst die Stelle eines Verantwortlichen einnehmen,

2. der vorgesehene Verantwortliche nicht die erforderliche Sachkenntnis hat oder die ihm obliegenden Verpflichtungen nicht ständig erfüllen kann,

3. Tatsachen vorliegen, aus denen sich Bedenken gegen die Zuverlässigkeit des Verantwortlichen, des Antragstellers, seines gesetzlichen Vertreters oder bei juristischen Personen oder nicht rechtsfähigen Personenvereinigungen der nach Gesetz, Satzung oder Gesellschaftsvertrag zur Vertretung oder Geschäftsführung Berechtigten ergeben,

4. geeignete Räume, Einrichtungen und Sicherungen für die Teilnahme am Betäubungsmittelverkehr oder die Herstellung ausgenommener Zubereitungen nicht vorhanden sind,

5. die Sicherheit oder Kontrolle des Betäubungsmittelverkehrs oder der Herstellung ausgenommener Zubereitungen aus anderen als den in den Nummern 1 bis 4 genannten Gründen nicht gewährleistet ist,

6. die Art und der Zweck des beantragten Verkehrs nicht mit dem Zweck dieses Gesetzes, die notwendige medizinische Versorgung der Bevölkerung sicherzustellen, daneben aber den Mißbrauch von Betäubungsmitteln oder die mißbräuchliche Herstellung ausgenommener Zubereitungen sowie das Entstehen oder Erhalten einer Betäubungsmittelabhängigkeit soweit wie möglich auszuschließen, vereinbar ist oder

7. bei Beanstandung der vorgelegten Antragsunterlagen einem Mangel nicht innerhalb der gesetzten Frist (§ 8 Abs. 2) abgeholfen wird.

(2) Die Erlaubnis kann versagt werden, wenn sie der Durchführung der internationalen Suchtstoffübereinkommen oder Beschlüssen, Anordnungen oder Empfehlungen zwischenstaatlicher Einrichtungen der Suchtstoffkontrolle entgegensteht oder dies wegen Rechtsakten der Organe der Europäischen Union geboten ist.

§ 6[1] Sachkenntnis. (1) Der Nachweis der erforderlichen Sachkenntnis (§ 5 Abs. 1 Nr. 2) wird erbracht

1. im Falle des Herstellens[2] von Betäubungsmitteln oder ausgenommenen Zubereitungen, die Arzneimittel sind, durch den Nachweis der Sachkenntnis nach § 15 Absatz 1 des Arzneimittelgesetzes[3],

2. im Falle des Herstellens von Betäubungsmitteln, die keine Arzneimittel sind, durch das Zeugnis über eine nach abgeschlossenem wissenschaftlichem Hochschulstudium der Biologie, der Chemie, der Pharmazie, der Human- oder der Veterinärmedizin abgelegte Prüfung und durch die Bestätigung einer mindestens einjährigen praktischen Tätigkeit in der Herstellung oder Prüfung von Betäubungsmitteln,

3. im Falle des Verwendens für wissenschaftliche Zwecke durch das Zeugnis über eine nach abgeschlossenem wissenschaftlichem Hochschulstudium der

[1] § 6 Abs. 2 geänd. durch G v. 24. 6. 1994 (BGBl. I S. 1416); Abs. 1 Nr. 1 geänd. mWv 23. 7. 2009 durch G v. 17. 7. 2009 (BGBl. I S. 1990).
[2] Gem. G v. 28. 7. 1981 (BGBl. I S. 681); in der Neubekanntmachung v. 1. 3. 1994 (BGBl. I S. 358) stattdessen: „Herstellers"
[3] **Sartorius ErgBd. Nr. 272.**

Biologie, der Chemie, der Pharmazie, der Human- oder der Veterinärmedizin abgelegte Prüfung und

4. in allen anderen Fällen durch das Zeugnis über eine abgeschlossene Berufsausbildung als Kaufmann im Groß- und Außenhandel in den Fachbereichen Chemie oder Pharma und durch die Bestätigung einer mindestens einjährigen praktischen Tätigkeit im Betäubungsmittelverkehr.

(2) Das Bundesinstitut für Arzneimittel und Medizinprodukte kann im Einzelfall von den im Absatz 1 genannten Anforderungen an die Sachkenntnis abweichen, wenn die Sicherheit und Kontrolle des Betäubungsmittelverkehrs oder der Herstellung ausgenommener Zubereitungen gewährleistet sind.

§ 7[1] **Antrag.** [1] Der Antrag auf Erteilung einer Erlaubnis nach § 3 ist in doppelter Ausfertigung beim Bundesinstitut für Arzneimittel und Medizinprodukte zu stellen, das eine Ausfertigung der zuständigen obersten Landesbehörde übersendet. [2] Dem Antrag müssen folgende Angaben und Unterlagen beigefügt werden:

1. die Namen, Vornamen oder die Firma und die Anschriften des Antragstellers und der Verantwortlichen,
2. für die Verantwortlichen die Nachweise über die erforderliche Sachkenntnis und Erklärungen darüber, ob und auf Grund welcher Umstände sie die ihnen obliegenden Verpflichtungen ständig erfüllen können,
3. eine Beschreibung der Lage der Betriebsstätten nach Ort (gegebenenfalls Flurbezeichnung), Straße, Hausnummer, Gebäude und Gebäudeteil sowie der Bauweise des Gebäudes,
4. eine Beschreibung der vorhandenen Sicherungen gegen die Entnahme von Betäubungsmitteln durch unbefugte Personen,
5. die Art des Betäubungsmittelverkehrs (§ 3 Abs. 1),
6. die Art und die voraussichtliche Jahresmenge der herzustellenden oder benötigten Betäubungsmittel,
7. im Falle des Herstellens (§ 2 Abs. 1 Nr. 4) von Betäubungsmitteln oder ausgenommenen Zubereitungen eine kurzgefaßte Beschreibung des Herstellungsganges unter Angabe von Art und Menge der Ausgangsstoffe oder -zubereitungen, der Zwischen- und Endprodukte, auch wenn Ausgangsstoffe oder -zubereitungen, Zwischen- oder Endprodukte keine Betäubungsmittel sind; bei nicht abgeteilten Zubereitungen zusätzlich die Gewichtsvomhundertsätze, bei abgeteilten Zubereitungen die Gewichtsmengen der je abgeteilte Form enthaltenen Betäubungsmittel und
8. im Falle des Verwendens zu wissenschaftlichen oder anderen im öffentlichen Interesse liegenden Zwecken eine Erläuterung des verfolgten Zwecks unter Bezugnahme auf einschlägige wissenschaftliche Literatur.

§ 8[2] **Entscheidung.** (1) [1] Das Bundesinstitut für Arzneimittel und Medizinprodukte soll innerhalb von drei Monaten nach Eingang des Antrages über die Erteilung der Erlaubnis entscheiden. [2] Es unterrichtet die zuständige oberste Landesbehörde unverzüglich über die Entscheidung.

(2) [1] Gibt das Bundesinstitut für Arzneimittel und Medizinprodukte dem Antragsteller Gelegenheit, Mängeln des Antrages abzuhelfen, so wird die in

[1] § 7 Satz 1 geänd. durch G v. 24. 6. 1994 (BGBl. I S. 1416).
[2] § 8 Abs. 1 Satz 1, Abs. 2 Satz 1, Abs. 3 Satz 1 geänd. durch G v. 24. 6. 1994 (BGBl. I S. 1416).

Absatz 1 bezeichnete Frist bis zur Behebung der Mängel oder bis zum Ablauf der zur Behebung der Mängel gesetzten Frist gehemmt. [2] Die Hemmung beginnt mit dem Tage, an dem dem Antragsteller die Aufforderung zur Behebung der Mängel zugestellt wird.

(3) [1] Der Inhaber der Erlaubnis hat jede Änderung der in § 7 bezeichneten Angaben dem Bundesinstitut für Arzneimittel und Medizinprodukte unverzüglich mitzuteilen. [2] Bei einer Erweiterung hinsichtlich der Art der Betäubungsmittel oder des Betäubungsmittelverkehrs sowie bei Änderungen in der Person des Erlaubnisinhabers oder der Lage der Betriebsstätten, ausgenommen innerhalb eines Gebäudes, ist eine neue Erlaubnis zu beantragen. [3] In den anderen Fällen wird die Erlaubnis geändert. [4] Die zuständige oberste Landesbehörde wird über die Änderung der Erlaubnis unverzüglich unterrichtet.

§ 9[1]) Beschränkungen, Befristung, Bedingungen und Auflagen.
(1) [1] Die Erlaubnis ist zur Sicherheit und Kontrolle des Betäubungsmittelverkehrs oder der Herstellung ausgenommener Zubereitungen auf den jeweils notwendigen Umfang zu beschränken. [2] Sie muß insbesondere regeln:
1. die Art der Betäubungsmittel und des Betäubungsmittelverkehrs,
2. die voraussichtliche Jahresmenge und den Bestand an Betäubungsmitteln,
3. die Lage der Betriebsstätten und
4. den Herstellungsgang und die dabei anfallenden Ausgangs-, Zwischen- und Endprodukte, auch wenn sie keine Betäubungsmittel sind.

(2) Die Erlaubnis kann
1. befristet, mit Bedingungen erlassen oder mit Auflagen verbunden werden oder
2. nach ihrer Erteilung hinsichtlich des Absatzes 1 Satz 2 geändert oder mit sonstigen Beschränkungen oder Auflagen versehen werden,

wenn dies zur Sicherheit oder Kontrolle des Betäubungsmittelverkehrs oder der Herstellung ausgenommener Zubereitungen erforderlich ist oder die Erlaubnis der Durchführung der internationalen Suchtstoffübereinkommen oder von Beschlüssen, Anordnungen oder Empfehlungen zwischenstaatlicher Einrichtungen der Suchtstoffkontrolle entgegensteht oder dies wegen Rechtsakten der Organe der Europäischen Union geboten ist.

§ 10 Rücknahme und Widerruf. (1) [1] Die Erlaubnis kann auch widerrufen werden, wenn von ihr innerhalb eines Zeitraumes von zwei Kalenderjahren kein Gebrauch gemacht worden ist. [2] Die Frist kann verlängert werden, wenn ein berechtigtes Interesse glaubhaft gemacht wird.

(2) Die zuständige oberste Landesbehörde wird über die Rücknahme oder den Widerruf der Erlaubnis unverzüglich unterrichtet.

§ 10 a[2]) Erlaubnis für den Betrieb von Drogenkonsumräumen.
(1) [1] Einer Erlaubnis der zuständigen obersten Landesbehörde bedarf, wer eine Einrichtung betreiben will, in deren Räumlichkeiten Betäubungsmittelabhängigen eine Gelegenheit zum Verbrauch von mitgeführten, ärztlich nicht verschriebenen Betäubungsmitteln verschafft oder gewährt wird (Drogenkon-

[1]) § 9 Abs. 2 geänd. mWv 26. 10. 2012 durch G v. 19. 10. 2012 (BGBl. I S. 2192).
[2]) § 10 a eingef. mWv 1. 4. 2000 durch G v. 28. 3. 2000 (BGBl. I S. 302).

sumraum). ²Eine Erlaubnis kann nur erteilt werden, wenn die Landesregierung die Voraussetzungen für die Erteilung in einer Rechtsverordnung nach Maßgabe des Absatzes 2 geregelt hat.

(2) ¹Die Landesregierungen werden ermächtigt, durch Rechtsverordnung die Voraussetzungen für die Erteilung einer Erlaubnis nach Absatz 1 zu regeln. ²Die Regelungen müssen insbesondere folgende Mindeststandards für die Sicherheit und Kontrolle beim Verbrauch von Betäubungsmitteln in Drogenkonsumräumen festlegen:

1. Zweckdienliche sachliche Ausstattung der Räumlichkeiten, die als Drogenkonsumraum dienen sollen;

2. Gewährleistung einer sofort einsatzfähigen medizinischen Notfallversorgung;

3. medizinische Beratung und Hilfe zum Zwecke der Risikominderung beim Verbrauch der von Abhängigen mitgeführten Betäubungsmittel;

4. Vermittlung von weiterführenden und ausstiegsorientierten Angeboten der Beratung und Therapie;

5. Maßnahmen zur Verhinderung von Straftaten nach diesem Gesetz in Drogenkonsumräumen, abgesehen vom Besitz von Betäubungsmitteln nach § 29 Abs. 1 Satz 1 Nr. 3 zum Eigenverbrauch in geringer Menge;

6. erforderliche Formen der Zusammenarbeit mit den für die öffentliche Sicherheit und Ordnung zuständigen örtlichen Behörden, um Straftaten im unmittelbaren Umfeld der Drogenkonsumräume soweit wie möglich zu verhindern;

7. genaue Festlegung des Kreises der berechtigten Benutzer von Drogenkonsumräumen, insbesondere im Hinblick auf deren Alter, die Art der mitgeführten Betäubungsmittel sowie die geduldeten Konsummuster; offenkundige Erst- oder Gelegenheitskonsumenten sind von der Benutzung auszuschließen;

8. eine Dokumentation und Evaluation der Arbeit in den Drogenkonsumräumen;

9. ständige Anwesenheit von persönlich zuverlässigem Personal in ausreichender Zahl, das für die Erfüllung der in den Nummern 1 bis 7 genannten Anforderungen fachlich ausgebildet ist;

10. Benennung einer sachkundigen Person, die für die Einhaltung der in den Nummern 1 bis 9 genannten Anforderungen, der Auflagen der Erlaubnisbehörde sowie der Anordnungen der Überwachungsbehörde verantwortlich ist (Verantwortlicher) und die ihm obliegenden Verpflichtungen ständig erfüllen kann.

(3) Für das Erlaubnisverfahren gelten § 7 Satz 1 und 2 Nr. 1 bis 4 und 8, §§ 8, 9 Abs. 2 und § 10 entsprechend; dabei tritt an die Stelle des Bundesinstituts für Arzneimittel und Medizinprodukte jeweils die zuständige oberste Landesbehörde, an die Stelle der obersten Landesbehörde jeweils das Bundesinstitut für Arzneimittel und Medizinprodukte.

(4) Eine Erlaubnis nach Absatz 1 berechtigt das in einem Drogenkonsumraum tätige Personal nicht, eine Substanzanalyse der mitgeführten Betäubungsmittel durchzuführen oder beim unmittelbaren Verbrauch der mitgeführten Betäubungsmittel aktive Hilfe zu leisten.

Dritter Abschnitt. Pflichten im Betäubungsmittelverkehr

§ 11[1] Einfuhr, Ausfuhr und Durchfuhr. (1) [1] Wer Betäubungsmittel im Einzelfall einführen oder ausführen will, bedarf dazu neben der erforderlichen Erlaubnis nach § 3 einer Genehmigung des Bundesinstitutes für Arzneimittel und Medizinprodukte. [2] Betäubungsmittel dürfen durch den Geltungsbereich dieses Gesetzes nur unter zollamtlicher Überwachung ohne weiteren als den durch die Beförderung oder den Umschlag bedingten Aufenthalt und ohne daß das Betäubungsmittel zu irgendeinem Zeitpunkt während des Verbringens dem Durchführenden oder einer dritten Person tatsächlich zur Verfügung steht, durchgeführt werden. [3] Ausgenommene Zubereitungen dürfen nicht in Länder ausgeführt werden, die die Einfuhr verboten haben.

(2) [1] Die Bundesregierung wird ermächtigt, durch Rechtsverordnung ohne Zustimmung des Bundesrates das Verfahren über die Erteilung der Genehmigung zu regeln und Vorschriften über die Einfuhr, Ausfuhr und Durchfuhr zu erlassen, soweit es zur Sicherheit oder Kontrolle des Betäubungsmittelverkehrs, zur Durchführung der internationalen Suchtstoffübereinkommen oder von Rechtsakten der Organe der Europäischen Union erforderlich ist. [2] Insbesondere können

1. die Einfuhr, Ausfuhr oder Durchfuhr auf bestimmte Betäubungsmittel und Mengen beschränkt sowie in oder durch bestimmte Länder oder aus bestimmten Ländern verboten,

2. Ausnahmen von Absatz 1 für den Reiseverkehr und die Versendung von Proben im Rahmen der internationalen Zusammenarbeit zugelassen,

3. Regelungen über das Mitführen von Betäubungsmitteln durch Ärzte, Zahnärzte und Tierärzte im Rahmen des grenzüberschreitenden Dienstleistungsverkehrs getroffen und

4. Form, Inhalt, Anfertigung, Ausgabe und Aufbewahrung der zu verwendenden amtlichen Formblätter festgelegt

werden.

§ 12[2] Abgabe und Erwerb. (1) Betäubungsmittel dürfen nur abgegeben werden an

1. Personen oder Personenvereinigungen, die im Besitz einer Erlaubnis nach § 3 zum Erwerb sind oder eine Apotheke oder tierärztliche Hausapotheke betreiben,

2. die in § 4 Abs. 2 oder § 26 genannten Behörden oder Einrichtungen.

3. (weggefallen)

(2) [1] Der Abgebende hat dem Bundesinstitut für Arzneimittel und Medizinprodukte außer in den Fällen des § 4 Abs. 1 Nr. 1 Buchstabe e unverzüglich jede einzelne Abgabe unter Angabe des Erwerbers und der Art und Menge des Betäubungsmittels zu melden. [2] Der Erwerber hat dem Abgebenden den Empfang der Betäubungsmittel zu bestätigen.

[1] § 11 Abs. 1 Satz 1 geänd. durch G v. 24. 6. 1994 (BGBl. I S. 1416); Abs. 2 Satz 1 geänd. mWv 26. 10. 2012 durch G v. 19. 10. 2012 (BGBl. I S. 2192).
[2] § 12 Abs. 2 Satz 1 geänd. durch G v. 24. 6. 1994 (BGBl I S. 1416); Abs. 4 geänd. mWv 28. 11. 2003 durch VO v. 25. 11. 2003 (BGBl. I S. 2304); Abs. 4 neu gef. mWv 1. 1. 2011 durch G v. 22. 12. 2010 (BGBl. I S. 2262); Abs. 3 Nr. 1 Buchst. c angef. mWv 26. 10. 2012 durch G v. 19. 10. 2012 (BGBl. I S. 2192).

(3) Die Absätze 1 und 2 gelten nicht bei

1. Abgabe von in Anlage III[1]) bezeichneten Betäubungsmitteln
 a) auf Grund ärztlicher, zahnärztlicher oder tierärztlicher Verschreibung im Rahmen des Betriebes einer Apotheke,
 b) im Rahmen des Betriebes einer tierärztlichen Hausapotheke für ein vom Betreiber dieser Hausapotheke behandeltes Tier,
 c) durch den Arzt nach § 13 Absatz 1 a Satz 1,
2. der Ausfuhr von Betäubungsmitteln und
3. Abgabe und Erwerb von Betäubungsmitteln zwischen den in § 4 Abs. 2 oder § 26 genannten Behörden oder Einrichtungen.

(4) [1]Das Bundesministerium für Gesundheit wird ermächtigt, durch Rechtsverordnung ohne Zustimmung des Bundesrates das Verfahren der Meldung und der Empfangsbestätigung zu regeln. [2]Es kann dabei insbesondere deren Form, Inhalt und Aufbewahrung sowie eine elektronische Übermittlung regeln.

§ 13[2]) Verschreibung und Abgabe auf Verschreibung.

(1) [1]Die in Anlage III[1]) bezeichneten Betäubungsmittel dürfen nur von Ärzten, Zahnärzten und Tierärzten und nur dann verschrieben oder im Rahmen einer ärztlichen, zahnärztlichen oder tierärztlichen Behandlung einschließlich der ärztlichen Behandlung einer Betäubungsmittelabhängigkeit verabreicht oder einem anderen zum unmittelbaren Verbrauch oder nach Absatz 1 a Satz 1 überlassen werden, wenn ihre Anwendung am oder im menschlichen oder tierischen Körper begründet ist. [2]Die Anwendung ist insbesondere dann nicht begründet, wenn der beabsichtigte Zweck auf andere Weise erreicht werden kann. [3]Die in Anlagen I und II[1]) bezeichneten Betäubungsmittel dürfen nicht verschrieben, verabreicht oder einem anderen zum unmittelbaren Verbrauch oder nach Absatz 1 a Satz 1 überlassen werden.

(1 a) [1]Zur Deckung des nicht aufschiebbaren Betäubungsmittelbedarfs eines ambulant versorgten Palliativpatienten darf der Arzt diesem die hierfür erforderlichen, in Anlage III[1]) bezeichneten Betäubungsmittel in Form von Fertigarzneimitteln nur dann überlassen, soweit und solange der Bedarf des Patienten durch eine Verschreibung nicht rechtzeitig gedeckt werden kann; die Höchstüberlassungsmenge darf den Dreitagesbedarf nicht überschreiten. [2]Der Bedarf des Patienten kann durch eine Verschreibung nicht rechtzeitig gedeckt werden, wenn das erforderliche Betäubungsmittel

1. bei einer dienstbereiten Apotheke innerhalb desselben Kreises oder derselben kreisfreien Stadt oder in einander benachbarten Kreisen oder kreisfreien Städten nicht vorrätig ist oder nicht rechtzeitig zur Abgabe bereitsteht oder
2. obwohl es in einer Apotheke nach Nummer 1 vorrätig ist oder rechtzeitig zur Abgabe bereitstünde, von dem Patienten oder den Patienten versorgenden Personen nicht rechtzeitig beschafft werden kann, weil

[1]) Anlagen hier nicht abgedruckt.
[2]) § 13 Abs. 3 neu gef. mWv 1. 4. 2000 durch G v. 28. 3. 2000 (BGBl. I S. 302); Abs. 2 Satz 2 eingef., bish. Satz 2 wird Satz 3, Abs. 3 Satz 2 Nr. 2 a., 2 b. eingef., Sätze 3 und 4 eingef., bish. Sätze 3 und 4 werden Sätze 5 und 6 mWv 21. 7. 2009 durch G v. 15. 7. 2009 (BGBl. I S. 1801); Abs. 1 Sätze 1 und 3 geänd., Abs. 1 a eingef., Abs. 3 Satz 1 geänd. mWv 26. 10. 2012 durch G v. 19. 10. 2012 (BGBl. I S. 2192).

a) diese Personen den Patienten vor Ort versorgen müssen oder auf Grund ihrer eingeschränkten Leistungsfähigkeit nicht in der Lage sind, das Betäubungsmittel zu beschaffen, oder

b) der Patient auf Grund der Art und des Ausmaßes seiner Erkrankung dazu nicht selbst in der Lage ist und keine Personen vorhanden sind, die den Patienten versorgen.

[3] Der Arzt muss unter Hinweis darauf, dass eine Situation nach Satz 1 vorliegt, bei einer dienstbereiten Apotheke nach Satz 2 Nummer 1 vor Überlassung anfragen, ob das erforderliche Betäubungsmittel dort vorrätig ist oder bis wann es zur Abgabe bereitsteht. [4] Über das Vorliegen der Voraussetzungen nach den Sätzen 1 und 2 und die Anfrage nach Satz 3 muss der Arzt mindestens folgende Aufzeichnungen führen und diese drei Jahre, vom Überlassen der Betäubungsmittel an gerechnet, aufbewahren:

1. den Namen des Patienten sowie den Ort, das Datum und die Uhrzeit der Behandlung,

2. den Namen der Apotheke und des kontaktierten Apothekers oder der zu seiner Vertretung berechtigten Person,

3. die Bezeichnung des angefragten Betäubungsmittels,

4. die Angabe der Apotheke, ob das Betäubungsmittel zum Zeitpunkt der Anfrage vorrätig ist oder bis wann es zur Abgabe bereitsteht,

5. die Angaben über diejenigen Tatsachen, aus denen sich das Vorliegen der Voraussetzungen nach den Sätzen 1 und 2 ergibt.

[5] Über die Anfrage eines nach Satz 1 behandelnden Arztes, ob ein bestimmtes Betäubungsmittel vorrätig ist oder bis wann es zur Abgabe bereitsteht, muss der Apotheker oder die zu seiner Vertretung berechtigte Person mindestens folgende Aufzeichnungen führen und diese drei Jahre, vom Tag der Anfrage an gerechnet, aufbewahren:

1. das Datum und die Uhrzeit der Anfrage,

2. den Namen des Arztes,

3. die Bezeichnung des angefragten Betäubungsmittels,

4. die Angabe gegenüber dem Arzt, ob das Betäubungsmittel zum Zeitpunkt der Anfrage vorrätig ist oder bis wann es zur Abgabe bereitsteht.

[6] Im Falle des Überlassens nach Satz 1 hat der Arzt den ambulant versorgten Palliativpatienten oder zu dessen Pflege anwesende Dritte über die ordnungsgemäße Anwendung der überlassenen Betäubungsmittel aufzuklären und eine schriftliche Gebrauchsanweisung mit Angaben zur Einzel- und Tagesgabe auszuhändigen.

(2) [1] Die nach Absatz 1 verschriebenen Betäubungsmittel dürfen nur im Rahmen des Betriebs einer Apotheke und gegen Vorlage der Verschreibung abgegeben werden. [2] Diamorphin darf nur vom pharmazeutischen Unternehmer und nur an anerkannte Einrichtungen nach Absatz 3 Satz 2 Nummer 2 a gegen Vorlage der Verschreibung abgegeben werden. [3] Im Rahmen des Betriebs einer tierärztlichen Hausapotheke dürfen nur die in Anlage III[1]) bezeichneten Betäubungsmittel und nur zur Anwendung bei einem vom Betreiber der Hausapotheke behandelten Tier abgegeben werden.

[1]) Anlagen hier nicht abgedruckt.

(3) [1] Die Bundesregierung wird ermächtigt, durch Rechtsverordnung[1] mit Zustimmung des Bundesrates das Verschreiben von den in Anlage III[2] bezeichneten Betäubungsmitteln, ihre Abgabe auf Grund einer Verschreibung und das Aufzeichnen ihres Verbleibs und des Bestandes bei Ärzten, Zahnärzten, Tierärzten, in Apotheken, tierärztlichen Hausapotheken, Krankenhäusern, Tierkliniken, Alten- und Pflegeheimen, Hospizen, Einrichtungen der spezialisierten ambulanten Palliativversorgung, Einrichtungen der Rettungsdienste, Einrichtungen, in denen eine Behandlung mit dem Substitutionsmittel Diamorphin stattfindet, und auf Kauffahrteischiffen zu regeln, soweit es zur Sicherheit oder Kontrolle des Betäubungsmittelverkehrs erforderlich ist. [2] Insbesondere können

1. das Verschreiben auf bestimmte Zubereitungen, Bestimmungszwecke oder Mengen beschränkt,

2. das Verschreiben von Substitutionsmitteln für Drogenabhängige von der Erfüllung von Mindestanforderungen an die Qualifikation der verschreibenden Ärzte abhängig gemacht und die Festlegung der Mindestanforderungen den Ärztekammern übertragen,

2 a. das Verschreiben von Diamorphin nur in Einrichtungen, denen eine Erlaubnis von der zuständigen Landesbehörde erteilt wurde, zugelassen,

2 b. die Mindestanforderungen an die Ausstattung der Einrichtungen, in denen die Behandlung mit dem Substitutionsmittel Diamorphin stattfindet, festgelegt,

3. Meldungen

 a) der verschreibenden Ärzte an das Bundesinstitut für Arzneimittel und Medizinprodukte über das Verschreiben eines Substitutionsmittels für einen Patienten in anonymisierter Form,

 b) der Ärztekammern an das Bundesinstitut für Arzneimittel und Medizinprodukte über die Ärzte, die die Mindestanforderungen nach Nummer 2 erfüllen und

 Mitteilungen

 c) des Bundesinstituts für Arzneimittel und Medizinprodukte an die zuständigen Überwachungsbehörden und an die verschreibenden Ärzte über die Patienten, denen bereits ein anderer Arzt ein Substitutionsmittel verschrieben hat, in anonymisierter Form,

 d) des Bundesinstituts für Arzneimittel und Medizinprodukte an die zuständigen Überwachungsbehörden der Länder über die Ärzte, die die Mindestanforderungen nach Nummer 2 erfüllen,

 e) des Bundesinstituts für Arzneimittel und Medizinprodukte an die obersten Landesgesundheitsbehörden über die Anzahl der Patienten, denen ein Substitutionsmittel verschrieben wurde, die Anzahl der Ärzte, die zum Verschreiben eines Substitutionsmittels berechtigt sind, die Anzahl der Ärzte, die ein Substitutionsmittel verschrieben haben, die verschriebenen Substitutionsmittel und die Art der Verschreibung

 sowie Art der Anonymisierung, Form und Inhalt der Meldungen und Mitteilungen vorgeschrieben,

[1] Siehe die Betäubungsmittel-VerschreibungsVO **(Schönfelder ErgBd. Nr. 86 a)**.
[2] Anlagen hier nicht abgedruckt.

4. Form, Inhalt, Anfertigung, Ausgabe, Aufbewahrung und Rückgabe des zu verwendenden amtlichen Formblattes für die Verschreibung sowie der Aufzeichnungen über den Verbleib und den Bestand festgelegt und

5. Ausnahmen von § 4 Abs. 1 Nr. 1 Buchstabe c für die Ausrüstung von Kauffahrteischiffen erlassen werden.

[3] Für das Verfahren zur Erteilung einer Erlaubnis nach Satz 2 Nummer 2a gelten § 7 Satz 2 Nummer 1 bis 4, § 8 Absatz 1 Satz 1, Absatz 2 und 3 Satz 1 bis 3, § 9 Absatz 2 und § 10 entsprechend. [4] Dabei tritt an die Stelle des Bundesinstitutes für Arzneimittel und Medizinprodukte jeweils die zuständige Landesbehörde, an die Stelle der zuständigen obersten Landesbehörde jeweils das Bundesinstitut für Arzneimittel und Medizinprodukte. [5] Die Empfänger nach Satz 2 Nr. 3 dürfen die übermittelten Daten nicht für einen anderen als den in Satz 1 genannten Zweck verwenden. [6] Das Bundesinstitut für Arzneimittel und Medizinprodukte handelt bei der Wahrnehmung der ihm durch Rechtsverordnung nach Satz 2 zugewiesenen Aufgaben als vom Bund entliehenes Organ des jeweils zuständigen Landes; Einzelheiten einschließlich der Kostenerstattung an den Bund werden durch Vereinbarung geregelt.

§ 14 Kennzeichnung und Werbung. (1) [1] Im Betäubungsmittelverkehr sind die Betäubungsmittel unter Verwendung der in den Anlagen[1] aufgeführten Kurzbezeichnungen zu kennzeichnen. [2] Die Kennzeichnung hat in deutlich lesbarer Schrift, in deutscher Sprache und auf dauerhafte Weise zu erfolgen.

(2) Die Kennzeichnung muß außerdem enthalten

1. bei rohen, ungereinigten und nicht abgeteilten Betäubungsmitteln den Gewichtsvomhundertsatz und bei abgeteilten Betäubungsmitteln das Gewicht des enthaltenen reinen Stoffes,

2. auf Betäubungsmittelbehältnissen und – soweit verwendet – auf den äußeren Umhüllungen bei Stoffen und nicht abgeteilten Zubereitungen die enthaltene Gewichtsmenge, bei abgeteilten Zubereitungen die enthaltene Stückzahl; dies gilt nicht für Vorratsbehältnisse in wissenschaftlichen Laboratorien sowie für zur Abgabe bestimmte kleine Behältnisse und Ampullen.

(3) Die Absätze 1 und 2 gelten nicht für Vorratsbehältnisse in Apotheken und tierärztlichen Hausapotheken.

(4) Die Absätze 1 und 2 gelten sinngemäß auch für die Bezeichnung von Betäubungsmitteln in Katalogen, Preislisten, Werbeanzeigen oder ähnlichen Druckerzeugnissen, die für die am Betäubungsmittelverkehr beteiligten Fachkreise bestimmt sind.

(5) [1] Für in Anlage I[1] bezeichnete Betäubungsmittel darf nicht geworben werden. [2] Für in den Anlagen II und III[1] bezeichnete Betäubungsmittel darf nur in Fachkreisen der Industrie und des Handels sowie bei Personen und Personenvereinigungen, die eine Apotheke oder eine tierärztliche Hausapotheke betreiben, geworben werden, für in Anlage III[1] bezeichnete Betäubungsmittel auch bei Ärzten, Zahnärzten und Tierärzten.

[1] Anlagen hier nicht abgedruckt.

§ 15[1] Sicherungsmaßnahmen. [1] Wer am Betäubungsmittelverkehr teilnimmt, hat die Betäubungsmittel, die sich in seinem Besitz befinden, gesondert aufzubewahren und gegen unbefugte Entnahme zu sichern. [2] Das Bundesinstitut für Arzneimittel und Medizinprodukte kann Sicherungsmaßnahmen anordnen, soweit es nach Art oder Umfang des Betäubungsmittelverkehrs, dem Gefährdungsgrad oder der Menge der Betäubungsmittel erforderlich ist.

§ 16[2] Vernichtung. (1) [1] Der Eigentümer von nicht mehr verkehrsfähigen Betäubungsmitteln hat diese auf seine Kosten in Gegenwart von zwei Zeugen in einer Weise zu vernichten, die eine auch nur teilweise Wiedergewinnung der Betäubungsmittel ausschließt sowie den Schutz von Mensch und Umwelt vor schädlichen Einwirkungen sicherstellt. [2] Über die Vernichtung ist eine Niederschrift zu fertigen und diese drei Jahre aufzubewahren.

(2) [1] Das Bundesinstitut für Arzneimittel und Medizinprodukte, in den Fällen des § 19 Abs. 1 Satz 3 die zuständige Behörde des Landes, kann den Eigentümer auffordern, die Betäubungsmittel auf seine Kosten an diese Behörden zur Vernichtung einzusenden. [2] Ist ein Eigentümer der Betäubungsmittel nicht vorhanden oder nicht zu ermitteln, oder kommt der Eigentümer seiner Verpflichtung zur Vernichtung oder der Aufforderung zur Einsendung der Betäubungsmittel gemäß Satz 1 nicht innerhalb einer zuvor gesetzten Frist von drei Monaten nach, so treffen die in Satz 1 genannten Behörden die zur Vernichtung erforderlichen Maßnahmen. [3] Der Eigentümer oder Besitzer der Betäubungsmittel ist verpflichtet, die Betäubungsmittel den mit der Vernichtung beauftragten Personen herauszugeben oder die Wegnahme zu dulden.

(3) Absatz 1 und Absatz 2 Satz 1 und 3 gelten entsprechend, wenn der Eigentümer nicht mehr benötigte Betäubungsmittel beseitigen will.

§ 17 Aufzeichnungen. (1) [1] Der Inhaber einer Erlaubnis nach § 3 ist verpflichtet, getrennt für jede Betriebsstätte und jedes Betäubungsmittel fortlaufend folgende Aufzeichnungen über jeden Zugang und jeden Abgang zu führen:

1. das Datum,
2. den Namen oder die Firma und die Anschrift des Lieferers oder des Empfängers oder die sonstige Herkunft oder den sonstigen Verbleib,
3. die zugegangene oder abgegangene Menge und den sich daraus ergebenden Bestand,
4. im Falle des Anbaues zusätzlich die Anbaufläche nach Lage und Größe sowie das Datum der Aussaat,
5. im Falle des Herstellens zusätzlich die Angabe der eingesetzten oder hergestellten Betäubungsmittel, der nicht dem Gesetz unterliegenden Stoffe oder der ausgenommenen Zubereitungen nach Art und Menge und
6. im Falle der Abgabe ausgenommener Zubereitungen durch deren Hersteller zusätzlich den Namen oder die Firma und die Anschrift des Empfängers.

[2] Anstelle der in Nummer 6 bezeichneten Aufzeichnungen können die Durchschriften der Ausgangsrechnungen, in denen die ausgenommenen Zubereitungen kenntlich gemacht sind, fortlaufend nach dem Rechnungsdatum abgeheftet werden.

[1] § 15 Satz 2 geänd. durch G v. 24. 6. 1994 (BGBl. I S. 1416).
[2] § 16 Abs. 2 Satz 1 geänd. durch G v. 24. 6. 1994 (BGBl. I S. 1416).

(2) Die in den Aufzeichnungen oder Rechnungen anzugebenden Mengen sind

1. bei Stoffen und nicht abgeteilten Zubereitungen die Gewichtsmenge und
2. bei abgeteilten Zubereitungen die Stückzahl.

(3) Die Aufzeichnungen oder Rechnungsdurchschriften sind drei Jahre, von der letzten Aufzeichnung oder vom letzten Rechnungsdatum an gerechnet, gesondert aufzubewahren.

§ 18[1] Meldungen. (1) Der Inhaber einer Erlaubnis nach § 3 ist verpflichtet, dem Bundesinstitut für Arzneimittel und Medizinprodukte getrennt für jede Betriebsstätte und für jedes Betäubungsmittel die jeweilige Menge zu melden, die

1. beim Anbau gewonnen wurde, unter Angabe der Anbaufläche nach Lage und Größe,
2. hergestellt wurde, aufgeschlüsselt nach Ausgangsstoffen,
3. zur Herstellung anderer Betäubungsmittel verwendet wurde, aufgeschlüsselt nach diesen Betäubungsmitteln,
4. zur Herstellung von nicht unter dieses Gesetz fallenden Stoffen verwendet wurde, aufgeschlüsselt nach diesen Stoffen,
5. zur Herstellung ausgenommener Zubereitungen verwendet wurde, aufgeschlüsselt nach diesen Zubereitungen,
6. eingeführt wurde, aufgeschlüsselt nach Ausfuhrländern,
7. ausgeführt wurde, aufgeschlüsselt nach Einfuhrländern,
8. erworben wurde,
9. abgegeben wurde,
10. vernichtet wurde,
11. zu anderen als den nach den Nummern 1 bis 10 angegebenen Zwecken verwendet wurde, aufgeschlüsselt nach den jeweiligen Verwendungszwecken und
12. am Ende des jeweiligen Kalenderhalbjahres als Bestand vorhanden war.

(2) Die in den Meldungen anzugebenden Mengen sind

1. bei Stoffen und nicht abgeteilten Zubereitungen die Gewichtsmenge und
2. bei abgeteilten Zubereitungen die Stückzahl.

(3) Die Meldungen nach Absatz 1 Nr. 2 bis 12 sind dem Bundesinstitut für Arzneimittel und Medizinprodukte jeweils bis zum 31. Januar und 31. Juli für das vergangene Kalenderhalbjahr und die Meldung nach Absatz 1 Nr. 1 bis zum 31. Januar für das vergangene Kalenderjahr einzusenden.

(4) Für die in Absatz 1 bezeichneten Meldungen sind die vom Bundesinstitut für Arzneimittel und Medizinprodukte herausgegebenen amtlichen Formblätter zu verwenden.

§ 18 a[2] *(aufgehoben)*

[1] § 18 Abs. 1, 3 und 4 geänd. durch G v. 24. 6. 1994 (BGBl. I S. 1416).
[2] § 18 a aufgeh. durch G v. 7. 10. 1994 (BGBl. I S. 2835).

Vierter Abschnitt. Überwachung

§ 19[1) Durchführende Behörde. (1) [1] Der Betäubungsmittelverkehr sowie die Herstellung ausgenommener Zubereitungen unterliegt der Überwachung durch das Bundesinstitut für Arzneimittel und Medizinprodukte. [2] Diese Stelle ist auch zuständig für die Anfertigung, Ausgabe und Auswertung der zur Verschreibung von Betäubungsmitteln vorgeschriebenen amtlichen Formblätter. [3] Der Betäubungsmittelverkehr bei Ärzten, Zahnärzten und Tierärzten, pharmazeutischen Unternehmern im Falle der Abgabe von Diamorphin und in Apotheken sowie im Falle von § 4 Absatz 1 Nummer 1 Buchstabe f zwischen Apotheken, tierärztlichen Hausapotheken, Krankenhäusern und Tierkliniken unterliegt der Überwachung durch die zuständigen Behörden der Länder. [4] Diese überwachen auch die Einhaltung der in § 10 a Abs. 2 aufgeführten Mindeststandards; den mit der Überwachung beauftragten Personen stehen die in den §§ 22 und 24 geregelten Befugnisse zu.

(2) Das Bundesinstitut für Arzneimittel und Medizinprodukte ist zugleich die besondere Verwaltungsdienststelle im Sinne der internationalen Suchtstoffübereinkommen.

(2 a) [1] Der Anbau von Cannabis zu medizinischen Zwecken unterliegt der Kontrolle des Bundesinstituts für Arzneimittel und Medizinprodukte. [2] Dieses nimmt die Aufgaben einer staatlichen Stelle nach Artikel 23 Absatz 2 Buchstabe d und Artikel 28 Absatz 1 des Einheits-Übereinkommens von 1961 über Suchtstoffe vom 30. März 1961 (BGBl. 1973 II S. 1354) wahr. [3] Der Kauf von Cannabis zu medizinischen Zwecken durch das Bundesinstitut für Arzneimittel und Medizinprodukte nach Artikel 23 Absatz 2 Buchstabe d und Satz 2 und Artikel 28 Absatz 1 des Einheits-Übereinkommens von 1961 über Suchtstoffe erfolgt nach den Vorschriften des Vergaberechts. [4] Das Bundesinstitut für Arzneimittel und Medizinprodukte legt unter Berücksichtigung der für die Erfüllung der Aufgaben nach Satz 2 entstehenden Kosten seinen Herstellerabgabepreis für den Verkauf von Cannabis zu medizinischen Zwecken fest.

(3) [1] Der Anbau von Nutzhanf im Sinne des Buchstabens d der Ausnahmeregelung zu Cannabis (Marihuana) in Anlage I[2)] unterliegt der Überwachung durch die Bundesanstalt für Landwirtschaft und Ernährung. [2] Artikel 45 Absatz 4 Unterabsatz 1 und der Anhang der Durchführungsverordnung (EU) Nr. 809/2014 der Kommission vom 17. Juli 2014 mit Durchführungsbestimmungen zur Verordnung (EU) Nr. 1306/2013 des Europäischen Parlaments und des Rates hinsichtlich des integrierten Verwaltungs- und Kontrollsystems, der Maßnahmen zur Entwicklung des ländlichen Raums und der Cross-Compliance (ABl. L 227 vom 31. 7. 2014, S. 69) in der jeweils gelten-

[1)] § 19 Abs. 1 Satz 1, Abs. 2 geänd. durch G v. 24. 6. 1994 (BGBl. I S. 1416); Abs. 3 angef. durch G v. 4. 4. 1996 (BGBl. I S. 582); Abs. 1 Satz 4 angef. mWv 1. 4. 2000 durch G v. 28. 3. 2000 (BGBl. I S. 302); Abs. 1 Satz 3 geänd. mWv 21. 7. 2009 durch G v. 15. 7. 2009 (BGBl. I S. 1801); Abs. 3 Satz 1 geänd., Satz 2 neu gef., Satz 3 angef. mWv 23. 7. 2009 durch G v. 17. 7. 2009 (BGBl. I S. 1990); Abs. 3 Satz 2 geänd. mWv 1. 1. 2011 durch G v. 22. 12. 2010 (BGBl. I S. 2262); Abs. 1 Satz 3 geänd. mWv 26. 10. 2012 durch G v. 19. 10. 2012 (BGBl. I S. 2192); Abs. 3 Sätze 2 und 3 neu gef., Satz 4 angef. mWv 23. 5. 2015 durch G v. 20. 5. 2015 (BGBl. I S. 725); Abs. 2 a eingef. mWv 10. 3. 2017 durch G v. 6. 3. 2017 (BGBl. I S. 403).

[2)] Anlagen hier nicht abgedruckt.

den Fassung gelten entsprechend. ³Im Übrigen gelten die Vorschriften des Integrierten Verwaltungs- und Kontrollsystems über den Anbau von Hanf entsprechend. ⁴Die Bundesanstalt für Landwirtschaft und Ernährung darf die ihr nach den Vorschriften des Integrierten Verwaltungs- und Kontrollsystems über den Anbau von Hanf von den zuständigen Landesstellen übermittelten Daten sowie die Ergebnisse von im Rahmen der Regelungen über die Basisprämie durchgeführten THC-Kontrollen zum Zweck der Überwachung nach diesem Gesetz verwenden.

§ 20¹⁾ Besondere Ermächtigung für den Spannungs- oder Verteidigungsfall. (1) ¹Die Bundesregierung wird ermächtigt, durch Rechtsverordnung ohne Zustimmung des Bundesrates dieses Gesetz oder die auf Grund dieses Gesetzes erlassenen Rechtsverordnungen für Verteidigungszwecke zu ändern, um die medizinische Versorgung der Bevölkerung mit Betäubungsmitteln sicherzustellen, wenn die Sicherheit und Kontrolle des Betäubungsmittelverkehrs oder der Herstellung ausgenommener Zubereitungen gewährleistet bleiben. ²Insbesondere können

1. Aufgaben des Bundesinstitutes für Arzneimittel und Medizinprodukte nach diesem Gesetz und auf Grund dieses Gesetzes erlassenen Rechtsverordnungen auf das Bundesministerium übertragen,

2. der Betäubungsmittelverkehr und die Herstellung ausgenommener Zubereitungen an die in Satz 1 bezeichneten besonderen Anforderungen angepaßt und

3. Meldungen über Bestände an

a) Betäubungsmitteln,

b) ausgenommenen Zubereitungen und

c) zur Herstellung von Betäubungsmitteln erforderlichen Ausgangsstoffen oder Zubereitungen, auch wenn diese keine Betäubungsmittel sind,

angeordnet werden. ³In der Rechtsverordnung kann ferner der über die in Satz 2 Nr. 3 bezeichneten Bestände Verfügungsberechtigte zu deren Abgabe an bestimmte Personen oder Stellen verpflichtet werden.

(2) Die Rechtsverordnung nach Absatz 1 darf nur nach Maßgabe des Artikels 80a Abs. 1 des Grundgesetzes²⁾ angewandt werden.

(3) (weggefallen)

§ 21³⁾ Mitwirkung anderer Behörden. (1) Das Bundesministerium der Finanzen und die von ihm bestimmten Zollstellen wirken bei der Überwachung der Einfuhr, Ausfuhr und Durchfuhr von Betäubungsmitteln mit.

(2) ¹Das Bundesministerium der Finanzen kann im Einvernehmen mit dem Bundesministerium des Innern, für Bau und Heimat die Beamten der Bundespolizei, die mit Aufgaben des Grenzschutzes nach § 2 des Bundespolizeigeset-

¹⁾ § 20 Abs. 1 Satz 1 Nr. 1 geänd. durch G v. 24.6.1994 (BGBl. I S. 1416); Abs. 1 Satz 2 Nr. 1 geänd. mWv 28.11.2003 durch VO v. 25.11.2003 (BGBl. I S. 2304).
²⁾ Nr. 1.
³⁾ § 21 Abs. 3 geänd. durch G v. 24.6.1994 (BGBl. I S. 1416); Abs. 1 geänd. durch G v. 7.10.1994 (BGBl. I S. 2835); Abs. 2 Sätze 1 und 2 geänd. durch G v. 19.10.1994 (BGBl. I S. 2978); Abs. 2 Satz 1 geänd. mWv 28.11.2003 durch VO v. 25.11.2003 (BGBl. I S. 2304); Abs. 2 geänd. mWv 1.7.2005 durch G v. 21.6.2005 (BGBl. I S. 1818); Abs. 2 Satz 1 geänd. mWv 27.6.2020 durch VO v. 19.6.2020 (BGBl. I S. 1328).

zes[1] betraut sind, und im Einvernehmen mit dem Bayerischen Staatsminister des Innern die Beamten der Bayerischen Grenzpolizei mit der Wahrnehmung von Aufgaben betrauen, die den Zolldienststellen nach Absatz 1 obliegen. [2] Nehmen die im Satz 1 bezeichneten Beamten diese Aufgaben wahr, gilt § 67 Abs. 2 des Bundespolizeigesetzes entsprechend.

(3) Bei Verdacht von Verstößen gegen Verbote und Beschränkungen dieses Gesetzes, die sich bei der Abfertigung ergeben, unterrichten die mitwirkenden Behörden das Bundesinstitut für Arzneimittel und Medizinprodukte unverzüglich.

§ 22 Überwachungsmaßnahmen. (1) Die mit der Überwachung beauftragten Personen sind befugt,

1. Unterlagen über den Betäubungsmittelverkehr oder die Herstellung oder das der Herstellung folgende Inverkehrbringen ausgenommener Zubereitungen einzusehen und hieraus Abschriften oder Ablichtungen anzufertigen, soweit sie für die Sicherheit oder Kontrolle des Betäubungsmittelverkehrs oder der Herstellung ausgenommener Zubereitungen von Bedeutung sein können,

2. von natürlichen und juristischen Personen und nicht rechtsfähigen Personenvereinigungen alle erforderlichen Auskünfte zu verlangen,

3. Grundstücke, Gebäude, Gebäudeteile, Einrichtungen und Beförderungsmittel, in denen der Betäubungsmittelverkehr oder die Herstellung ausgenommener Zubereitungen durchgeführt wird, zu betreten und zu besichtigen, wobei sich die beauftragten Personen zu überzeugen haben, daß die Vorschriften über den Betäubungsmittelverkehr oder die Herstellung ausgenommener Zubereitungen beachtet werden. Zur Verhütung dringender Gefahren für die öffentliche Sicherheit und Ordnung, insbesondere wenn eine Vereitelung der Kontrolle des Betäubungsmittelverkehrs oder der Herstellung ausgenommener Zubereitungen zu besorgen ist, dürfen diese Räumlichkeiten auch außerhalb der Betriebs- und Geschäftszeit sowie Wohnzwecken dienende Räume betreten werden; insoweit wird das Grundrecht auf Unverletzlichkeit der Wohnung (Artikel 13 des Grundgesetzes[2]) eingeschränkt. Soweit es sich um industrielle Herstellungsbetriebe und Großhandelsbetriebe handelt, sind die Besichtigungen in der Regel alle zwei Jahre durchzuführen,

4. vorläufige Anordnungen zu treffen, soweit es zur Verhütung dringender Gefahren für die Sicherheit oder Kontrolle des Betäubungsmittelverkehrs oder der Herstellung ausgenommener Zubereitungen geboten ist. Zum gleichen Zweck dürfen sie auch die weitere Teilnahme am Betäubungsmittelverkehr oder die weitere Herstellung ausgenommener Zubereitungen ganz oder teilweise untersagen und die Betäubungsmittelbestände oder die Bestände ausgenommener Zubereitungen unter amtlichen Verschluß nehmen. Die zuständige Behörde (§ 19 Abs. 1) hat innerhalb von einem Monat nach Erlaß der vorläufigen Anordnungen über diese endgültig zu entscheiden.

[1] Nr. 90.
[2] Nr. 1.

(2) Die zuständige Behörde kann Maßnahmen gemäß Absatz 1 Nr. 1 und 2 auch auf schriftlichem Wege anordnen.

§ 23 Probenahme. (1) [1] Soweit es zur Durchführung der Vorschriften über den Betäubungsmittelverkehr oder die Herstellung ausgenommener Zubereitungen erforderlich ist, sind die mit der Überwachung beauftragten Personen befugt, gegen Empfangsbescheinigung Proben nach ihrer Auswahl zum Zwecke der Untersuchung zu fordern oder zu entnehmen. [2] Soweit nicht ausdrücklich darauf verzichtet wird, ist ein Teil der Probe oder, sofern die Probe nicht oder ohne Gefährdung des Untersuchungszwecks nicht in Teile von gleicher Qualität teilbar ist, ein zweites Stück der gleichen Art wie das als Probe entnommene zurückzulassen.

(2) [1] Zurückzulassende Proben sind amtlich zu verschließen oder zu versiegeln. [2] Sie sind mit dem Datum der Probenahme und dem Datum des Tages zu versehen, nach dessen Ablauf der Verschluß oder die Versiegelung als aufgehoben gelten.

(3) Für entnommene Proben ist eine angemessene Entschädigung zu leisten, soweit nicht ausdrücklich darauf verzichtet wird.

§ 24 Duldungs- und Mitwirkungspflicht. (1) Jeder Teilnehmer am Betäubungsmittelverkehr oder jeder Hersteller ausgenommener Zubereitungen ist verpflichtet, die Maßnahmen nach den §§ 22 und 23 zu dulden und die mit der Überwachung beauftragten Personen bei der Erfüllung ihrer Aufgaben zu unterstützen, insbesondere ihnen auf Verlangen die Stellen zu bezeichnen, in denen der Betäubungsmittelverkehr oder die Herstellung ausgenommener Zubereitungen stattfindet, umfriedete Grundstücke, Gebäude, Räume, Behälter und Behältnisse zu öffnen, Auskünfte zu erteilen sowie Einsicht in Unterlagen und die Entnahme der Proben zu ermöglichen.

(2) Der zur Auskunft Verpflichtete kann die Auskunft auf solche Fragen verweigern, deren Beantwortung ihn selbst oder einen seiner in § 383 Abs. 1 Nr. 1 bis 3 der Zivilprozeßordnung[1] bezeichneten Angehörigen der Gefahr strafgerichtlicher Verfolgung oder eines Verfahrens nach dem Gesetz über Ordnungswidrigkeiten[2] aussetzen würde.

§ 24a[3] **Anzeige des Anbaus von Nutzhanf.** [1] Der Anbau von Nutzhanf im Sinne des Buchstabens d der Ausnahmeregelung zu Cannabis (Marihuana) in Anlage I ist bis zum 1. Juli des Anbaujahres in dreifacher Ausfertigung der Bundesanstalt für Landwirtschaft und Ernährung zur Erfüllung ihrer Aufgaben nach § 19 Abs. 3 anzuzeigen. [2] Für die Anzeige ist das von der Bundesanstalt für Landwirtschaft und Ernährung herausgegebene amtliche Formblatt zu verwenden. [3] Die Anzeige muß enthalten:

1. den Namen, den Vornamen und die Anschrift des Landwirtes, bei juristischen Personen den Namen des Unternehmens der Landwirtschaft sowie des gesetzlichen Vertreters,

2. die dem Unternehmen der Landwirtschaft von der zuständigen Berufsgenossenschaft zugeteilte Mitglieds-/Katasternummer,

[1] **Schönfelder Nr. 100.**
[2] **Schönfelder Nr. 94.**
[3] § 24a eingef. durch G v. 4.4.1996 (BGBl. I S. 582); Satz 1 und Satz 3 Nr. 3 geänd., Nr. 4 neu gef., Satz 6 geänd. mWv 23.7.2009 durch G v. 17.7.2009 (BGBl. I S. 1990); Satz 3 Nr. 3 geänd. mWv 23.5. 2015 durch G v. 20.5.2015 (BGBl. I S. 725); Satz 3 Nr. 3 geänd., Satz 4 eingef., bish. Sätze 4–6 werden Sätze 5–7 mWv 10.3.2017 durch G v. 6.3.2017 (BGBl. I S. 403).

3. die Sorte unter Beifügung der amtlichen Etiketten, soweit diese nicht im Rahmen der Regelungen über die Basisprämie der zuständigen Landesbehörde vorgelegt worden sind,

4. die Aussaatfläche in Hektar und Ar unter Angabe der Flächenidentifikationsnummer; ist diese nicht vorhanden, können die Katasternummer oder sonstige die Aussaatfläche kennzeichnende Angaben, die von der Bundesanstalt für Landwirtschaft und Ernährung anerkannt worden sind, wie zum Beispiel Gemarkung, Flur und Flurstück, angegeben werden.

[4] Erfolgt die Aussaat von Nutzhanf nach dem 1. Juli des Anbaujahres, sind die amtlichen Etiketten nach Satz 3 Nummer 3 bis zum 1. September des Anbaujahres vorzulegen. [5] Die Bundesanstalt für Landwirtschaft und Ernährung übersendet eine von ihr abgezeichnete Ausfertigung der Anzeige unverzüglich dem Antragsteller. [6] Sie hat ferner eine Ausfertigung der Anzeige den zuständigen Polizeibehörden und Staatsanwaltschaften auf deren Ersuchen zu übersenden, wenn dies zur Verfolgung von Straftaten nach diesem Gesetz erforderlich ist. [7] Liegen der Bundesanstalt für Landwirtschaft und Ernährung Anhaltspunkte vor, daß der Anbau von Nutzhanf nicht den Voraussetzungen des Buchstabens d der Ausnahmeregelung zu Cannabis (Marihuana) in Anlage I entspricht, teilt sie dies der örtlich zuständigen Staatsanwaltschaft mit.

§ 25[1] Gebühren und Auslagen. (1) Das Bundesinstitut für Arzneimittel und Medizinprodukte erhebt für seine individuell zurechenbaren öffentlichen Leistungen nach diesem Gesetz und den auf Grund dieses Gesetzes erlassenen Rechtsverordnungen Gebühren und Auslagen.

(2) Das Bundesministerium wird ermächtigt, durch Rechtsverordnung[2] ohne Zustimmung des Bundesrates die gebührenpflichtigen Tatbestände näher zu bestimmen und dabei feste Sätze oder Rahmensätze vorzusehen.

Fünfter Abschnitt. Vorschriften für Behörden

§ 26[3] Bundeswehr, Bundespolizei, Bereitschaftspolizei und Zivilschutz.

(1) Dieses Gesetz findet mit Ausnahme der Vorschriften über die Erlaubnis nach § 3 auf Einrichtungen, die der Betäubungsmittelversorgung der Bundeswehr und der Bundespolizei dienen, sowie auf die Bevorratung mit in Anlage II oder III bezeichneten Betäubungsmitteln für den Zivilschutz entsprechende Anwendung.

(2) [1] In den Bereichen der Bundeswehr und der Bundespolizei obliegt der Vollzug dieses Gesetzes und die Überwachung des Betäubungsmittelverkehrs den jeweils zuständigen Stellen und Sachverständigen der Bundeswehr und der Bundespolizei. [2] Im Bereich des Zivilschutzes obliegt der Vollzug dieses Gesetzes den für die Sanitätsmaterialbevorratung zuständigen Bundes- und Landesbehörden.

(3) Das Bundesministerium der Verteidigung kann für seinen Geschäftsbereich im Einvernehmen mit dem Bundesministerium in Einzelfällen Ausnahmen von diesem Gesetz und den auf Grund dieses Gesetzes erlassenen Rechtsverordnungen

[1] § 25 Abs. 1 geänd. durch G v. 24.6.1994 (BGBl. I S. 1416); Abs. 2 geänd. mWv 28.11.2003 durch VO v. 25.11.2003 (BGBl. I S. 2304); Überschrift und Abs. 1 neu gef. mWv 15.8.2013 durch G v. 7.8. 2013 (BGBl. I S. 3154).
[2] Siehe die Betäubungsmittel-KostenVO v. 30.6.2009 (BGBl. I S. 1675), zuletzt geänd. durch VO v. 18.8.2019 (BGBl. I S. 1356).
[3] § 26 Abs. 3 geänd. mWv 28.11.2003 durch VO v. 25.11.2003 (BGBl. I S. 2304); Überschrift, Abs. 1, Abs. 2 Satz 1 geänd. mWv 1.7.2005 durch G v. 21.6.2005 (BGBl. I S. 1818).

zulassen, soweit die internationalen Suchtstoffübereinkommen dem nicht entgegenstehen und dies zwingende Gründe der Verteidigung erfordern.

(4) Dieses Gesetz findet mit Ausnahme der Vorschriften über die Erlaubnis nach § 3 auf Einrichtungen, die der Betäubungsmittelversorgung der Bereitschaftspolizeien der Länder dienen, entsprechende Anwendung.

(5) (weggefallen)

§ 27[1] **Meldungen und Auskünfte.** (1) [1] Das Bundeskriminalamt meldet dem Bundesinstitut für Arzneimittel und Medizinprodukte jährlich bis zum 31. März für das vergangene Kalenderjahr die ihm bekanntgewordenen Sicherstellungen von Betäubungsmitteln nach Art und Menge sowie gegebenenfalls die weitere Verwendung der Betäubungsmittel. [2] Im Falle der Verwertung sind der Name oder die Firma und die Anschrift des Erwerbers anzugeben.

(2) Die in § 26 bezeichneten Behörden haben dem Bundesinstitut für Arzneimittel und Medizinprodukte auf Verlangen über den Verkehr mit Betäubungsmitteln in ihren Bereichen Auskunft zu geben, soweit es zur Durchführung der internationalen Suchtstoffübereinkommen erforderlich ist.

(3) [1] In Strafverfahren, die Straftaten nach diesem Gesetz zum Gegenstand haben, sind zu übermitteln

1. zur Überwachung und Kontrolle des Verkehrs mit Betäubungsmitteln bei den in § 19 Abs. 1 Satz 3 genannten Personen und Einrichtungen der zuständigen Landesbehörde die rechtskräftige Entscheidung mit Begründung, wenn auf eine Strafe oder eine Maßregel der Besserung und Sicherung erkannt oder der Angeklagte wegen Schuldunfähigkeit freigesprochen worden ist,

2. zur Wahrnehmung der in § 19 Abs. 1 Satz 2 genannten Aufgaben dem Bundesinstitut für Arzneimittel und Medizinprodukte im Falle der Erhebung der öffentlichen Klage gegen Ärzte, Zahnärzte und Tierärzte
 a) die Anklageschrift oder eine ihr an Stelle tretende Antragsschrift,
 b) der Antrag auf Erlaß eines Strafbefehls und
 c) die das Verfahren abschließende Entscheidung mit Begründung; ist mit dieser Entscheidung ein Rechtsmittel verworfen worden oder wird darin auf die angefochtene Entscheidung Bezug genommen, so ist auch diese zu übermitteln.

[2] Die Übermittlung veranlaßt die Strafvollstreckungs- oder die Strafverfolgungsbehörde.

(4) Die das Verfahren abschließende Entscheidung mit Begründung in sonstigen Strafsachen darf der zuständigen Landesbehörde übermittelt werden, wenn ein Zusammenhang der Straftat mit dem Betäubungsmittelverkehr besteht und die Kenntnis der Entscheidung aus der Sicht der übermittelnden Stelle für die Überwachung des Betäubungsmittelverkehrs erforderlich ist; Absatz 3 Satz 1 Nr. 2 *Buchstabe c* zweiter Halbsatz gilt entsprechend.

§ 28[2] **Jahresbericht an die Vereinten Nationen.** (1) [1] Die Bundesregierung erstattet jährlich bis zum 30. Juni für das vergangene Kalenderjahr dem Generalsekretär der Vereinten Nationen einen Jahresbericht über die Durchführung der internationalen Suchtstoffübereinkommen nach einem von der Suchtstoffkommis-

[1] § 27 Abs. 1 Satz 1 und Abs. 2 geänd. durch G v. 24.6.1994 (BGBl. I S. 1416); Abs. 3 und 4 angef. durch G v. 18.6.1997 (BGBl. I S. 1430).
[2] § 28 Abs. 1 Satz 2 geänd. durch G v. 24.6.1994 (BGBl. I S. 1416).

sion der Vereinten Nationen beschlossenen Formblatt. [2]Die zuständigen Behörden der Länder wirken bei der Erstellung des Berichtes mit und reichen ihre Beiträge bis zum 31. März für das vergangene Kalenderjahr dem Bundesinstitut für Arzneimittel und Medizinprodukte ein. [3]Soweit die im Formblatt geforderten Angaben nicht ermittelt werden können, sind sie zu schätzen.

(2) [1]Die Bundesregierung wird ermächtigt, durch Rechtsverordnung mit Zustimmung des Bundesrates zu bestimmen, welche Personen und welche Stellen Meldungen, nämlich statistische Aufstellungen, sonstige Angaben und Auskünfte, zu erstatten haben, die zur Durchführung der internationalen Suchtstoffübereinkommen erforderlich sind. [2]In der Verordnung können Bestimmungen über die Art und Weise, die Form, den Zeitpunkt und den Empfänger der Meldungen getroffen werden.

Sechster Abschnitt. Straftaten und Ordnungswidrigkeiten

§ 29[1]) Straftaten. (1) [1]Mit Freiheitsstrafe bis zu fünf Jahren oder mit Geldstrafe wird bestraft, wer

1. Betäubungsmittel unerlaubt anbaut, herstellt, mit ihnen Handel treibt, sie, ohne Handel zu treiben, einführt, ausführt, veräußert, abgibt, sonst in den Verkehr bringt, erwirbt oder sich in sonstiger Weise verschafft,
2. eine ausgenommene Zubereitung (§ 2 Abs. 1 Nr. 3) ohne Erlaubnis nach § 3 Abs. 1 Nr. 2 herstellt,
3. Betäubungsmittel besitzt, ohne zugleich im Besitz einer schriftlichen Erlaubnis für den Erwerb zu sein,
4. (weggefallen)
5. entgegen § 11 Abs. 1 Satz 2 Betäubungsmittel durchführt,
6. entgegen § 13 Abs. 1 Betäubungsmittel
 a) verschreibt,
 b) verabreicht oder zum unmittelbaren Verbrauch überläßt,
6a. entgegen § 13 Absatz 1a Satz 1 und 2 ein dort genanntes Betäubungsmittel überlässt,
7. entgegen § 13 Absatz 2
 a) Betäubungsmittel in einer Apotheke oder tierärztlichen Hausapotheke,
 b) Diamorphin als pharmazeutischer Unternehmer
 abgibt,
8. entgegen § 14 Abs. 5 für Betäubungsmittel wirbt,
9. unrichtige oder unvollständige Angaben macht, um für sich oder einen anderen oder für ein Tier die Verschreibung eines Betäubungsmittels zu erlangen,
10. einem anderen eine Gelegenheit zum unbefugten Erwerb oder zur unbefugten Abgabe von Betäubungsmitteln verschafft oder gewährt, eine solche Gelegenheit öffentlich oder eigennützig mitteilt oder einen anderen zum unbefugten Verbrauch von Betäubungsmitteln verleitet,

[1]) § 29 Abs. 1 Satz 1 Nr. 11 aufgeh., Nr. 13 Verweisung geänd., Abs. 2 neu gef., Abs. 3 Satz 2 Nr. 1 geänd., Nr. 2 aufgeh., bish. Nr. 3 wird Nr. 2 und neu gef., Abs. 4 neu gef. und Abs. 6 geänd. durch G v. 7.10.1994 (BGBl. I S. 2835); Abs. 1 Satz 1 Nrn. 10, 13 und 14 neu gef., Nr. 11 eingef., Satz 2 neu gef., Abs. 3 Satz 2 Nr. 1, Abs. 4 geänd. mWv 1.4.2000 durch G v. 28.3.2000 (BGBl. I S. 302); Abs. 1 Satz 1 Nr. 7 neu gef., Nr. 14 geänd. mWv 21.7.2009 durch G v. 15.7.2009 (BGBl. I S. 1801); Abs. 1 Nr. 6a eingef. mWv 26.10.2012 durch G v. 19.10.2012 (BGBl. I S. 2192); Abs. 1 Satz 1 Nr. 12 geänd. mWv 1.1. 2021 durch G v. 30.11.2020 (BGBl. I S. 2600).

11. ohne Erlaubnis nach § 10a einem anderen eine Gelegenheit zum unbefugten Verbrauch von Betäubungsmitteln verschafft oder gewährt, oder wer eine außerhalb einer Einrichtung nach § 10a bestehende Gelegenheit zu einem solchen Verbrauch eigennützig oder öffentlich mitteilt,

12. öffentlich, in einer Versammlung oder durch Verbreiten eines Inhalts (§ 11 Absatz 3 des Strafgesetzbuches[1]) dazu auffordert, Betäubungsmittel zu verbrauchen, die nicht zulässigerweise verschrieben worden sind,

13. Geldmittel oder andere Vermögensgegenstände einem anderen für eine rechtswidrige Tat nach Nummern 1, 5, 6, 7, 10, 11 oder 12 bereitstellt,

14. einer Rechtsverordnung nach § 11 Abs. 2 Satz 2 Nr. 1 oder § 13 Abs. 3 Satz 2 Nr. 1, 2a oder 5 zuwiderhandelt, soweit sie für einen bestimmten Tatbestand auf diese Strafvorschrift verweist.

[2]Die Abgabe von sterilen Einmalspritzen an Betäubungsmittelabhängige und die öffentliche Information darüber sind kein Verschaffen und kein öffentliches Mitteilen einer Gelegenheit zum Verbrauch nach Satz 1 Nr. 11.

(2) In den Fällen des Absatzes 1 Satz 1 Nr. 1, 2, 5 oder 6 Buchstabe b ist der Versuch strafbar.

(3) [1]In besonders schweren Fällen ist die Strafe Freiheitsstrafe nicht unter einem Jahr. [2]Ein besonders schwerer Fall liegt in der Regel vor, wenn der Täter

1. in den Fällen des Absatzes 1 Satz 1 Nr. 1, 5, 6, 10, 11 oder 13 gewerbsmäßig handelt,

2. durch eine der in Absatz 1 Satz 1 Nr. 1, 6 oder 7 bezeichneten Handlungen die Gesundheit mehrerer Menschen gefährdet.

(4) Handelt der Täter in den Fällen des Absatzes 1 Satz 1 Nr. 1, 2, 5, 6 Buchstabe b, Nr. 10 oder 11 fahrlässig, so ist die Strafe Freiheitsstrafe bis zu einem Jahr oder Geldstrafe.

(5) Das Gericht kann von einer Bestrafung nach den Absätzen 1, 2 und 4 absehen, wenn der Täter die Betäubungsmittel lediglich zum Eigenverbrauch in geringer Menge anbaut, herstellt, einführt, ausführt, durchführt, erwirbt, sich in sonstiger Weise verschafft oder besitzt.

(6) Die Vorschriften des Absatzes 1 Satz 1 Nr. 1 sind, soweit sie das Handeltreiben, Abgeben oder Veräußern betreffen, auch anzuwenden, wenn sich die Handlung auf Stoffe oder Zubereitungen bezieht, die nicht Betäubungsmittel sind, aber als solche ausgegeben werden.

§ 29a[2] **Straftaten.** (1) Mit Freiheitsstrafe nicht unter einem Jahr wird bestraft, wer

1. als Person über 21 Jahre Betäubungsmittel unerlaubt an eine Person unter 18 Jahren abgibt oder sie ihr entgegen § 13 Abs. 1 verabreicht oder zum unmittelbaren Verbrauch überläßt oder

2. mit Betäubungsmitteln in nicht geringer Menge unerlaubt Handel treibt, sie in nicht geringer Menge herstellt oder abgibt oder sie besitzt, ohne sie auf Grund einer Erlaubnis nach § 3 Abs. 1 erlangt zu haben.

(2) In minder schweren Fällen ist die Strafe Freiheitsstrafe von drei Monaten bis zu fünf Jahren.

[1] **Schönfelder** Nr. 85.
[2] § 29a Abs. 1 geänd. durch G v. 7.10.1994 (BGBl. I S. 2835); Abs. 1 Nr. 1 Buchst. b aufgeh. durch G v. 28.10.1994 (BGBl. I S. 3186).

§ 30¹⁾ Straftaten. (1) Mit Freiheitsstrafe nicht unter zwei Jahren wird bestraft, wer

1. Betäubungsmittel unerlaubt anbaut, herstellt oder mit ihnen Handel treibt (§ 29 Abs. 1 Satz 1 Nr. 1) und dabei als Mitglied einer Bande handelt, die sich zur fortgesetzten Begehung solcher Taten verbunden hat,

2. im Falle des § 29a Abs. 1 Nr. 1 gewerbsmäßig handelt,

3. Betäubungsmittel abgibt, einem anderen verabreicht oder zum unmittelbaren Verbrauch überläßt und dadurch leichtfertig dessen Tod verursacht oder

4. Betäubungsmittel in nicht geringer Menge unerlaubt einführt.

(2) In minder schweren Fällen ist die Strafe Freiheitsstrafe von drei Monaten bis zu fünf Jahren.

§ 30a²⁾ Straftaten. (1) Mit Freiheitsstrafe nicht unter fünf Jahren wird bestraft, wer Betäubungsmittel in nicht geringer Menge unerlaubt anbaut, herstellt, mit ihnen Handel treibt, sie ein- oder ausführt (§ 29 Abs. 1 Satz 1

(Fortsetzung nächstes Blatt)

¹⁾ § 30 Abs. 1 Nr. 1 und 4 geänd. durch G v. 7.10.1994 (BGBl. I S. 2835).
²⁾ § 30a Abs. 1 geänd. durch G v. 7.10.1994 (BGBl. I S. 2835); Abs. 2 eingef., bish. Abs. 2 wird Abs. 3 durch G v. 28.10.1994 (BGBl. I S. 3186); Abs. 3 geänd. mWv 23.7.2009 durch G v. 17.7.2009 (BGBl. I S. 1990).

Nr. 1) und dabei als Mitglied einer Bande handelt, die sich zur fortgesetzten Begehung solcher Taten verbunden hat.

(2) Ebenso wird bestraft, wer

1. als Person über 21 Jahre eine Person unter 18 Jahren bestimmt, mit Betäubungsmitteln unerlaubt Handel zu treiben, sie, ohne Handel zu treiben, einzuführen, auszuführen, zu veräußern, abzugeben oder sonst in den Verkehr zu bringen oder eine dieser Handlungen zu fördern, oder

2. mit Betäubungsmitteln in nicht geringer Menge unerlaubt Handel treibt oder sie, ohne Handel zu treiben, einführt, ausführt oder sich verschafft und dabei eine Schußwaffe oder sonstige Gegenstände mit sich führt, die ihrer Art nach zur Verletzung von Personen geeignet und bestimmt sind.

(3) In minder schweren Fällen ist die Strafe Freiheitsstrafe von sechs Monaten bis zu zehn Jahren.

§ 30 b Straftaten. § 129 des Strafgesetzbuches[1] gilt auch dann, wenn eine Vereinigung, deren Zwecke oder deren Tätigkeit auf den unbefugten Vertrieb von Betäubungsmitteln im Sinne des § 6 Nr. 5 des Strafgesetzbuches gerichtet sind, nicht oder nicht nur im Inland besteht.

§ 30 c[2] *(aufgehoben)*

§ 31[3] Strafmilderung oder Absehen von Strafe. [1] Das Gericht kann die Strafe nach § 49 Abs. 1 des Strafgesetzbuches[1] mildern oder, wenn der Täter keine Freiheitsstrafe von mehr als drei Jahren verwirkt hat, von Strafe absehen, wenn der Täter

1. durch freiwilliges Offenbaren seines Wissens wesentlich dazu beigetragen hat, daß eine Straftat nach den §§ 29 bis 30 a, die mit seiner Tat im Zusammenhang steht, aufgedeckt werden konnte, oder

2. freiwillig sein Wissen so rechtzeitig einer Dienststelle offenbart, daß eine Straftat nach § 29 Abs. 3, § 29 a Abs. 1, § 30 Abs. 1, § 30 a Abs. 1, die mit seiner Tat im Zusammenhang steht und von deren Planung er weiß, noch verhindert werden kann.

[2] War der Täter an der Tat beteiligt, muss sich sein Beitrag zur Aufklärung nach Satz 1 Nummer 1 über den eigenen Tatbeitrag hinaus erstrecken. [3] § 46 b Abs. 2 und 3 des Strafgesetzbuches gilt entsprechend.

§ 31 a[4] Absehen von der Verfolgung. (1) [1] Hat das Verfahren ein Vergehen nach § 29 Abs. 1, 2 oder 4 zum Gegenstand, so kann die Staatsanwaltschaft von der Verfolgung absehen, wenn die Schuld des Täters als gering anzusehen wäre, kein öffentliches Interesse an der Strafverfolgung besteht und der Täter die Betäubungsmittel lediglich zum Eigenverbrauch in geringer *Menge anbaut, herstellt, einführt, ausführt, durchführt, erwirbt, sich in sonstiger Weise verschafft oder besitzt.* [2] Von der Verfolgung soll abgesehen wer-

[1] **Schönfelder Nr. 85.**
[2] § 30 c aufgeh. mWv 1. 7. 2017 durch G v. 13. 4. 2017 (BGBl. I S. 872).
[3] § 31 geänd., Satz 2 eingef., bish. Wortlaut wird Satz 1 mWv 1. 9. 2009 durch G v. 29. 7. 2009 (BGBl. I S. 2288); Satz 1 Nr. 1 und 2 geänd., Satz 2 eingef., bish. Satz 2 wird Satz 3 mWv 1. 8. 2013 durch G v. 10. 6. 2013 (BGBl. I S. 1497).
[4] § 31 a Abs. 1 Satz 2 angef. mWv 1. 4. 2000 durch G v. 28. 3. 2000 (BGBl. I S. 302).

den, wenn der Täter in einem Drogenkonsumraum Betäubungsmittel lediglich zum Eigenverbrauch, der nach § 10 a geduldet werden kann, in geringer Menge besitzt, ohne zugleich im Besitz einer schriftlichen Erlaubnis für den Erwerb zu sein.

(2) [1] Ist die Klage bereits erhoben, so kann das Gericht in jeder Lage des Verfahrens unter den Voraussetzungen des Absatzes 1 mit Zustimmung der Staatsanwaltschaft und des Angeschuldigten das Verfahren einstellen. [2] Der Zustimmung des Angeschuldigten bedarf es nicht, wenn die Hauptverhandlung aus den in § 205 der Strafprozeßordnung[1]) angeführten Gründen nicht durchgeführt werden kann oder in den Fällen des § 231 Abs. 2 der Strafprozeßordnung und der §§ 232 und 233 der Strafprozeßordnung in seiner Abwesenheit durchgeführt wird. [3] Die Entscheidung ergeht durch Beschluß. [4] Der Beschluß ist nicht anfechtbar.

§ 32[2]) Ordnungswidrigkeiten. (1) Ordnungswidrig handelt, wer vorsätzlich oder fahrlässig

1. entgegen § 4 Abs. 3 Satz 1 die Teilnahme am Betäubungsmittelverkehr nicht anzeigt,

2. in einem Antrag nach § 7, auch in Verbindung mit § 10 a Abs. 3 oder § 13 Abs. 3 Satz 3, unrichtige Angaben macht oder unrichtige Unterlagen beifügt,

3. entgegen § 8 Abs. 3 Satz 1, auch in Verbindung mit § 10 a Abs. 3, eine Änderung nicht richtig, nicht vollständig oder nicht unverzüglich mitteilt,

4. einer vollziehbaren Auflage nach § 9 Abs. 2, auch in Verbindung mit § 10 a Abs. 3, zuwiderhandelt,

5. entgegen § 11 Abs. 1 Satz 1 Betäubungsmittel ohne Genehmigung ein- oder ausführt,

6. einer Rechtsverordnung nach § 11 Abs. 2 Satz 2 Nr. 2 bis 4, § 12 Abs. 4, § 13 Abs. 3 Satz 2 Nr. 2, 3 oder 4, § 20 Abs. 1 oder § 28 Abs. 2 zuwiderhandelt, soweit sie für einen bestimmten Tatbestand auf diese Bußgeldvorschrift verweist,

7. entgegen § 12 Abs. 1 Betäubungsmittel abgibt oder entgegen § 12 Abs. 2 die Abgabe oder den Erwerb nicht richtig, nicht vollständig oder nicht unverzüglich meldet oder den Empfang nicht bestätigt,

7 a. entgegen § 13 Absatz 1 a Satz 3 nicht, nicht richtig oder nicht rechtzeitig bei einer Apotheke anfragt,

7 b. entgegen § 13 Absatz 1 a Satz 4 oder 5 eine Aufzeichnung nicht, nicht richtig oder nicht vollständig führt oder eine Aufzeichnung nicht oder nicht mindestens drei Jahre aufbewahrt,

[1]) **Schönfelder Nr. 90.**
[2]) § 32 Abs. 3 geänd. durch G v. 24. 6. 1994 (BGBl. I S. 1416); Abs. 1 Nr. 13 geänd., Nr. 14 eingef., bish. Nr. 14 wird Nr. 15 und Abs. 3 zweiter Halbsatz angef. durch G v. 4. 4. 1996 (BGBl. I S. 582); Abs. 1 Nrn. 2, 3 und 4 geänd., Nr. 6 neu gef. mWv 1. 4. 2000 durch G v. 28. 3. 2000 (BGBl. I S. 302); Abs. 2 geänd. mWv 30. 6. 2002 durch G v. 26. 6. 2002 (BGBl. I S. 2261), Abs. 1 Nr. 2 geänd. mWv 21. 7. 2009 durch G v. 15. 7. 2009 (BGBl. I S. 1801); Abs. 1 Nr. 7 a und 7 b eingef. mWv 26. 10. 2012 durch G v. 19. 10. 2012 (BGBl. I S. 2192).

8. entgegen § 14 Abs. 1 bis 4 Betäubungsmittel nicht vorschriftsmäßig kennzeichnet,

9. einer vollziehbaren Anordnung nach § 15 Satz 2 zuwiderhandelt,

10. entgegen § 16 Abs. 1 Betäubungsmittel nicht vorschriftsmäßig vernichtet, eine Niederschrift nicht fertigt oder sie nicht aufbewahrt oder entgegen § 16 Abs. 2 Satz 1 Betäubungsmittel nicht zur Vernichtung einsendet, jeweils auch in Verbindung mit § 16 Abs. 3,

11. entgegen § 17 Abs. 1 oder 2 Aufzeichnungen nicht, nicht richtig oder nicht vollständig führt oder entgegen § 17 Abs. 3 Aufzeichnungen oder Rechnungsdurchschriften nicht aufbewahrt,

12. entgegen § 18 Abs. 1 bis 3 Meldungen nicht richtig, nicht vollständig oder nicht rechtzeitig erstattet,

13. entgegen § 24 Abs. 1 einer Duldungs- oder Mitwirkungspflicht nicht nachkommt,

14. entgegen § 24 a den Anbau von Nutzhanf nicht, nicht richtig, nicht vollständig oder nicht rechtzeitig anzeigt oder

15. Betäubungsmittel in eine Postsendung einlegt, obwohl diese Versendung durch den Weltpostvertrag oder ein Abkommen des Weltpostvereins verboten ist; das Postgeheimnis gemäß Artikel 10 Abs. 1 des Grundgesetzes[1] wird insoweit für die Verfolgung und Ahndung der Ordnungswidrigkeit eingeschränkt.

(2) Die Ordnungswidrigkeit kann mit einer Geldbuße bis zu fünfundzwanzigtausend Euro geahndet werden.

(3) Verwaltungsbehörde im Sinne des § 36 Abs. 1 Nr. 1 des Gesetzes über Ordnungswidrigkeiten[2] ist das Bundesinstitut für Arzneimittel und Medizinprodukte, soweit das Gesetz von ihm ausgeführt wird, im Falle des § 32 Abs. 1 Nr. 14 die Bundesanstalt für Landwirtschaft und Ernährung.

§ 33[3] **Einziehung.** [1] Gegenstände, auf die sich eine Straftat nach den §§ 29 bis 30 a oder eine Ordnungswidrigkeit nach § 32 bezieht, können eingezogen werden. [2] § 74 a des Strafgesetzbuches[4] und § 23 des Gesetzes über Ordnungswidrigkeiten[2] sind anzuwenden.

§ 34 Führungsaufsicht. In den Fällen des § 29 Abs. 3, der §§ 29 a, 30 und 30 a kann das Gericht Führungsaufsicht anordnen (§ 68 Abs. 1 des Strafgesetzbuches[4]).

[1] Nr. **1.**
[2] **Schönfelder Nr. 94.**
[3] § 33 Abs. 1 Nr. 1 geänd. durch G v. 7. 10. 1994 (BGBl. I S. 2835) und geänd. mWv 1. 4. 2000 durch G v. 28. 3. 2000 (BGBl. I S. 302); Überschrift geänd., Abs. 1 aufgeh. mWv 1. 7. 2017 durch G v. 13. 4. 2017 (BGBl. I S. 872).
[4] **Schönfelder Nr. 85.**

Siebenter Abschnitt. Betäubungsmittelabhängige Straftäter

§ 35[1] Zurückstellung der Strafvollstreckung. (1) [1] Ist jemand wegen einer Straftat zu einer Freiheitsstrafe von nicht mehr als zwei Jahren verurteilt worden und ergibt sich aus den Urteilsgründen oder steht sonst fest, daß er die Tat auf Grund einer Betäubungsmittelabhängigkeit begangen hat, so kann die Vollstreckungsbehörde mit Zustimmung des Gerichts des ersten Rechtszuges die Vollstreckung der Strafe, eines Strafrestes oder der Maßregel der Unterbringung in einer Entziehungsanstalt für längstens zwei Jahre zurückstellen, wenn der Verurteilte sich wegen seiner Abhängigkeit in einer seiner Rehabilitation dienenden Behandlung befindet oder zusagt, sich einer solchen zu unterziehen, und deren Beginn gewährleistet ist. [2] Als Behandlung gilt auch der Aufenthalt in einer staatlich anerkannten Einrichtung, die dazu dient, die Abhängigkeit zu beheben oder einer erneuten Abhängigkeit entgegenzuwirken.

(2) [1] Gegen die Verweigerung der Zustimmung durch das Gericht des ersten Rechtszuges steht der Vollstreckungsbehörde die Beschwerde nach dem Zweiten Abschnitt des Dritten Buches der Strafprozeßordnung[2] zu. [2] Der Verurteilte kann die Verweigerung dieser Zustimmung nur zusammen mit der Ablehnung der Zurückstellung durch die Vollstreckungsbehörde nach den §§ 23 bis 30 des Einführungsgesetzes zum Gerichtsverfassungsgesetz[3] anfechten. [3] Das Oberlandesgericht entscheidet in diesem Falle auch über die Verweigerung der Zustimmung; es kann die Zustimmung selbst erteilen.

(3) Absatz 1 gilt entsprechend, wenn

1. auf eine Gesamtfreiheitsstrafe von nicht mehr als zwei Jahren erkannt worden ist oder

2. auf eine Freiheitsstrafe oder Gesamtfreiheitsstrafe von mehr als zwei Jahren erkannt worden ist und ein zu vollstreckender Rest der Freiheitsstrafe oder der Gesamtfreiheitsstrafe zwei Jahre nicht übersteigt

und im übrigen die Voraussetzungen des Absatzes 1 für den ihrer Bedeutung nach überwiegenden Teil der abgeurteilten Straftaten erfüllt sind.

(4) Der Verurteilte ist verpflichtet, zu Zeitpunkten, die die Vollstreckungsbehörde festsetzt, den Nachweis über die Aufnahme und über die Fortführung der Behandlung zu erbringen; die behandelnden Personen oder Einrichtungen teilen der Vollstreckungsbehörde einen Abbruch der Behandlung mit.

(5) [1] Die Vollstreckungsbehörde widerruft die Zurückstellung der Vollstreckung, wenn die Behandlung nicht begonnen oder nicht fortgeführt wird und nicht zu erwarten ist, daß der Verurteilte eine Behandlung derselben Art alsbald beginnt oder wieder aufnimmt, oder wenn der Verurteilte den nach Absatz 4 geforderten Nachweis nicht erbringt. [2] Von dem Widerruf kann abgesehen werden, wenn der Verurteilte nachträglich nachweist, daß er sich in Behandlung befindet. [3] Ein Widerruf nach Satz 1 steht einer erneuten Zurückstellung der Vollstreckung nicht entgegen.

[1] § 35 Abs. 2 Satz 3 und Abs. 6 Nr. 1 geänd. durch G v. 7. 10. 1994 (BGBl. I S. 2835).
[2] Schönfelder Nr. 90.
[3] Schönfelder Nr. 95 a.

(6) Die Zurückstellung der Vollstreckung wird auch widerrufen, wenn

1. bei nachträglicher Bildung einer Gesamtstrafe nicht auch deren Vollstreckung nach Absatz 1 in Verbindung mit Absatz 3 zurückgestellt wird oder

2. eine weitere gegen den Verurteilten erkannte Freiheitsstrafe oder freiheitsentziehende Maßregel der Besserung und Sicherung zu vollstrecken ist.

(7) [1] Hat die Vollstreckungsbehörde die Zurückstellung widerrufen, so ist sie befugt, zur Vollstreckung der Freiheitsstrafe oder der Unterbringung in einer Entziehungsanstalt einen Haftbefehl zu erlassen. [2] Gegen den Widerruf kann die Entscheidung des Gerichts des ersten Rechtszuges herbeigeführt werden. [3] Der Fortgang der Vollstreckung wird durch die Anrufung des Gerichts nicht gehemmt. [4] § 462 der Strafprozeßordnung gilt entsprechend.

§ 36[1]**) Anrechnung und Strafaussetzung zur Bewährung.** (1) [1] Ist die Vollstreckung zurückgestellt worden und hat sich der Verurteilte in einer staatlich anerkannten Einrichtung behandeln lassen, so wird die vom Verurteilten nachgewiesene Zeit seines Aufenthaltes in dieser Einrichtung auf die Strafe angerechnet, bis infolge der Anrechnung zwei Drittel der Strafe erledigt sind. [2] Die Entscheidung über die Anrechnungsfähigkeit trifft das Gericht zugleich mit der Zustimmung nach § 35 Abs. 1. [3] Sind durch die Anrechnung zwei Drittel der Strafe erledigt oder ist eine Behandlung in der Einrichtung zu einem früheren Zeitpunkt nicht mehr erforderlich, so setzt das Gericht die Vollstreckung des Restes der Strafe zur Bewährung aus, sobald dies unter Berücksichtigung des Sicherheitsinteresses der Allgemeinheit verantwortet werden kann.

(2) Ist die Vollstreckung zurückgestellt worden und hat sich der Verurteilte einer anderen als der in Absatz 1 bezeichneten Behandlung seiner Abhängigkeit unterzogen, so setzt das Gericht die Vollstreckung der Freiheitsstrafe oder des Strafrestes zur Bewährung aus, sobald dies unter Berücksichtigung des Sicherheitsinteresses der Allgemeinheit verantwortet werden kann.

(Fortsetzung nächstes Blatt)

[1]) § 36 Abs. 1 Satz 3, Abs. 2, Abs. 5 Satz 4 geänd. durch G v. 26. 1. 1998 (BGBl. I S. 160); Abs 2 geänd. mWv 31. 12. 2006 durch G v. 22. 12. 2006 (BGBl. I S. 3416).

(3) Hat sich der Verurteilte nach der Tat einer Behandlung seiner Abhängigkeit unterzogen, so kann das Gericht, wenn die Voraussetzungen des Absatzes 1 Satz 1 nicht vorliegen, anordnen, daß die Zeit der Behandlung ganz oder zum Teil auf die Strafe angerechnet wird, wenn dies unter Berücksichtigung der Anforderungen, welche die Behandlung an den Verurteilten gestellt hat, angezeigt ist.

(4) Die §§ 56a bis 56g und 57 Abs. 5 Satz 2 des Strafgesetzbuches[1] gelten entsprechend.

(5) [1] Die Entscheidungen nach den Absätzen 1 bis 3 trifft das Gericht des ersten Rechtszuges ohne mündliche Verhandlung durch Beschluß. [2] Die Vollstreckungsbehörde, der Verurteilte und die behandelnden Personen oder Einrichtungen sind zu hören. [3] Gegen die Entscheidungen ist sofortige Beschwerde möglich. [4] Für die Entscheidungen nach Absatz 1 Satz 3 und nach Absatz 2 gilt § 454 Abs. 4 der Strafprozeßordnung[2] entsprechend; die Belehrung über die Aussetzung des Strafrestes erteilt das Gericht.

§ 37[3] Absehen von der Erhebung der öffentlichen Klage. (1) [1] Steht ein Beschuldigter in Verdacht, eine Straftat auf Grund einer Betäubungsmittelabhängigkeit begangen zu haben, und ist keine höhere Strafe als eine Freiheitsstrafe bis zu zwei Jahren zu erwarten, so kann die Staatsanwaltschaft mit Zustimmung des für die Eröffnung des Hauptverfahrens zuständigen Gerichts vorläufig von der Erhebung der öffentlichen Klage absehen, wenn der Beschuldigte nachweist, daß er sich wegen seiner Abhängigkeit der in § 35 Abs. 1 bezeichneten Behandlung unterzieht, und seine Resozialisierung zu erwarten ist. [2] Die Staatsanwaltschaft setzt Zeitpunkte fest, zu denen der Beschuldigte die Fortdauer der Behandlung nachzuweisen hat. [3] Das Verfahren wird fortgesetzt, wenn

1. die Behandlung nicht bis zu ihrem vorgesehenen Abschluß fortgeführt wird,

2. der Beschuldigte den nach Satz 2 geforderten Nachweis nicht führt,

3. der Beschuldigte eine Straftat begeht und dadurch zeigt, daß die Erwartung, die dem Absehen von der Erhebung der öffentlichen Klage zugrunde lag, sich nicht erfüllt hat, oder

4. auf Grund neuer Tatsachen oder Beweismittel eine Freiheitsstrafe von mehr als zwei Jahren zu erwarten ist.

[4] In den Fällen des Satzes 3 Nr. 1, 2 kann von der Fortsetzung des Verfahrens abgesehen werden, wenn der Beschuldigte nachträglich nachweist, daß er sich weiter in Behandlung befindet. [5] Die Tat kann nicht mehr verfolgt werden, wenn das Verfahren nicht innerhalb von zwei Jahren fortgesetzt wird.

(2) [1] Ist die Klage bereits erhoben, so kann das Gericht mit Zustimmung der Staatsanwaltschaft das Verfahren bis zum Ende der Hauptverhandlung, in der die tatsächlichen Feststellungen letztmals geprüft werden können, vorläufig einstellen. [2] Die Entscheidung ergeht durch unanfechtbaren Beschluß. [3] Absatz 1 Satz 2 bis 5 gilt entsprechend. [4] Unanfechtbar ist auch eine Feststellung, daß das Verfahren nicht fortgesetzt wird (Abs. 1 Satz 5).

[1] Schönfelder Nr. 85.
[2] Schönfelder Nr. 90.
[3] § 37 Überschr. neu gef. durch G v. 7. 10. 1994 (BGBl. I S. 2835).

(3) Die in § 172 Abs. 2 Satz 3, § 396 Abs. 3 und § 467 Abs. 5 der Strafprozeßordnung[1]) zu § 153 a der Strafprozeßordnung getroffenen Regelungen gelten entsprechend.

§ 38[2]) Jugendliche und Heranwachsende. (1) [1] Bei Verurteilung zu Jugendstrafe gelten die §§ 35 und 36 sinngemäß. [2] Neben der Zusage des Jugendlichen nach § 35 Abs. 1 Satz 1 bedarf es auch der Einwilligung des Erziehungsberechtigten und des gesetzlichen Vertreters. [3] Im Falle des § 35 Abs. 7 Satz 2 findet § 83 Abs. 2 Nr. 1, Abs. 3 Satz 2 des Jugendgerichtsgesetzes[3]) sinngemäß Anwendung. [4] Abweichend von § 36 Abs. 4 gelten die §§ 22 bis 26 a des Jugendgerichtsgesetzes entsprechend. [5] Für die Entscheidungen nach § 36 Abs. 1 Satz 3 und Abs. 2 sind neben § 454 Abs. 4 der Strafprozeßordnung[1]) die §§ 58, 59 Abs. 2 bis 4 und § 60 des Jugendgerichtsgesetzes ergänzend anzuwenden.

(2) § 37 gilt sinngemäß auch für Jugendliche und Heranwachsende.

Achter Abschnitt. Übergangs- und Schlußvorschriften

§ 39[4]) Übergangsregelung. [1] Einrichtungen, in deren Räumlichkeiten der Verbrauch von mitgeführten, ärztlich nicht verschriebenen Betäubungsmitteln vor dem 1. Januar 1999 geduldet wurde, dürfen ohne eine Erlaubnis der zuständigen obersten Landesbehörde nur weiterbetrieben werden, wenn spätestens 24 Monate nach dem Inkrafttreten des Dritten BtMG-Änderungsgesetzes vom 28. März 2000 (BGBl. I S. 302) eine Rechtsverordnung nach § 10 a Abs. 2 erlassen und ein Antrag auf Erlaubnis nach § 10 a Abs. 1 gestellt wird. [2] Bis zur unanfechtbaren Entscheidung über einen Antrag können diese Einrichtungen nur weiterbetrieben werden, soweit die Anforderungen nach § 10 a Abs. 2 oder einer nach dieser Vorschrift erlassenen Rechtsverordnung erfüllt werden. [3] § 29 Abs. 1 Satz 1 Nr. 10 und 11 gilt auch für Einrichtungen nach Satz 1.

§ 39 a[5]) Übergangsregelung aus Anlass des Gesetzes zur Änderung arzneimittelrechtlicher und anderer Vorschriften. Für eine Person, die die Sachkenntnis nach § 5 Absatz 1 Nummer 2 nicht hat, aber am 22. Juli 2009 die Voraussetzungen nach § 141 Absatz 3 des Arzneimittelgesetzes[6]) erfüllt, gilt der Nachweis der erforderlichen Sachkenntnis nach § 6 Absatz 1 Nummer 1 als erbracht.

§§ 40, 40 a (gegenstandslos)

§ 41 (weggefallen)

Anlagen I–III

(Anlagen hier nicht abgedruckt)

[1]) **Schönfelder Nr. 90.**
[2]) § 38 Abs. 1 Satz 4 geänd. durch G v. 7. 10. 1994 (BGBl. I S. 2835); Abs. 1 Satz 6 geänd. durch G v. 26. 1. 1998 (BGBl. I S. 160); Abs. 1 Satz 2 aufgeh., bish. Sätze 3 bis 6 werden Sätze 2 bis 5 m W v 1, 4. 2000 durch G v. 28. 3. 2000 (BGBl. I S. 302).
[3]) **Schönfelder Nr. 89.**
[4]) § 39 angef. m W v 1. 4. 2000 *durch G v. 28. 3. 2000 (BGBl. I S. 302).*
[5]) § 39 a *eingef. m W v 23. 7. 2009 durch G v. 17. 7. 2009 (BGBl. I S. 1990).*
[6]) **Sartorius ErgBd. Nr. 272.**

276. Gesetz zur Einführung eines Rauchverbotes in Einrichtungen des Bundes und öffentlichen Verkehrsmitteln (Bundesnichtraucherschutzgesetz – BNichtrSchG)

Vom 20. Juli 2007

(BGBl. I S. 1595)[1]

FNA 212-3

§ 1 Rauchverbot. (1) Das Rauchen ist nach Maßgabe der Absätze 2 und 3 verboten

1. in Einrichtungen des Bundes sowie der Verfassungsorgane des Bundes,
2. in Verkehrsmitteln des öffentlichen Personenverkehrs,
3. in Personenbahnhöfen der öffentlichen Eisenbahnen.

(2) Das Rauchverbot nach Absatz 1 gilt in Gebäuden und sonstigen vollständig umschlossenen Räumen; es gilt nicht für Räume, die Wohn- oder Übernachtungszwecken dienen und den Bewohnerinnen und Bewohnern zur alleinigen Nutzung überlassen sind.

(3) [1]Abweichend von Absatz 1 und 2 erster Halbsatz können in den dort genannten Einrichtungen, Verkehrsmitteln und Personenbahnhöfen gesonderte und entsprechend gekennzeichnete Räume vorgehalten werden, in denen das Rauchen gestattet ist, wenn insgesamt eine ausreichende Anzahl von Räumen zur Verfügung steht. [2]Satz 1 gilt nicht für die in § 2 Nr. 2 Buchstabe b genannten Verkehrsmittel.

(4) Die Bundesregierung wird ermächtigt, durch Rechtsverordnung ohne Zustimmung des Bundesrates nähere Bestimmungen zur Einrichtung und Kennzeichnung von Raucherräumen nach Absatz 3, insbesondere zu den baulichen Anforderungen an die Größe, Lage, Gestaltung sowie zur Art und Weise ihrer Belüftung, zu erlassen.

§ 2 Begriffsbestimmungen.

1. Einrichtungen des Bundes im Sinne dieses Gesetzes sind
 a) Behörden, Dienststellen, Gerichte und sonstige öffentliche Einrichtungen des Bundes,
 b) bundesunmittelbare Körperschaften, Anstalten und Stiftungen.
2. Verkehrsmittel des öffentlichen Personenverkehrs im Sinne dieses Gesetzes sind
 a) die zur Beförderung von Personen benutzten Eisenbahnfahrzeuge der öffentlichen Eisenbahnen nach § 3 Abs. 1 des Allgemeinen Eisenbahngesetzes,[2]

[1] Verkündet als Art. 1 des G zum Schutz vor den Gefahren des Passivrauchens v. 20. 7. 2007 (BGBl. I S. 1595), nach dessen Art. 7 tritt das **G am 1. 9. 2007 in Kraft**.
[2] Nr. **962**.

b) zur Beförderung von Personen eingesetzte Straßenbahnen, Oberleitungsomnibusse und Kraftfahrzeuge, soweit die Beförderung den Vorschriften des Personenbeförderungsgesetzes oder § 1 Nr. 4 Buchstabe d, g oder Buchstabe i der Freistellungs-Verordnung[1] unterliegt,

c) Luftfahrzeuge, die für die gewerbsmäßige oder entgeltliche Beförderung von Personen oder für gewerbsmäßige Rundflüge eingesetzt werden,

d) Fahrgastschiffe, die Fahrgäste im Linienverkehr befördern.

3. Personenbahnhöfe der öffentlichen Eisenbahnen sind solche nach § 3 Abs. 1 in Verbindung mit § 2 Abs. 3c Nr. 2 des Allgemeinen Eisenbahngesetzes[2].

4. Räume im Sinne dieses Gesetzes sind

a) baulich abgetrennte Einheiten eines Gebäudes,

b) räumlich abgetrennte Einheiten eines Verkehrsmittels.

§ 3 Hinweispflicht. Auf das Rauchverbot nach § 1 ist in geeigneter Weise hinzuweisen.

§ 4 Verantwortlichkeit. Die Einrichtung der Raucherbereiche und die Erfüllung der Hinweispflicht nach § 3 obliegen dem Inhaber des Hausrechts oder dem Betreiber des Verkehrsmittels.

§ 5 Bußgeldvorschrift. (1) Ordnungswidrig handelt, wer entgegen § 1 Abs. 1 raucht.

(2) Die Ordnungswidrigkeit kann mit einer Geldbuße geahndet werden.

(3) Verwaltungsbehörden im Sinne des § 36 Abs. 1 Nr. 1 des Gesetzes über Ordnungswidrigkeiten sind, soweit dieses Gesetz vom Bund ausgeführt wird, die obersten Bundesbehörden jeweils für sich und ihren Geschäftsbereich sowie für die Verfassungsorgane des Bundes die jeweils zur Ausübung des Hausrechts Berechtigten; § 36 Abs. 3 des Gesetzes über Ordnungswidrigkeiten[3] gilt entsprechend.

[1] Nr. **951**.
[2] Nr. **962**.
[3] Schönfelder Nr. **94**.

290. Bundes-Klimaschutzgesetz (KSG)[1)]

Vom 12. Dezember 2019

(BGBl. I S. 2513)

FNA 2129-64

Inhaltsübersicht

Abschnitt 1. Allgemeine Vorschriften

§ 1 Zweck des Gesetzes. [1]Zweck dieses Gesetzes ist es, zum Schutz vor den Auswirkungen des weltweiten Klimawandels die Erfüllung der nationalen Klimaschutzziele sowie die Einhaltung der europäischen Zielvorgaben zu gewährleisten. [2]Die ökologischen, sozialen und ökonomischen Folgen werden berücksichtigt. [3]Grundlage bildet die Verpflichtung nach dem Übereinkommen von Paris aufgrund der Klimarahmenkonvention der Vereinten Nationen, wonach der Anstieg der globalen Durchschnittstemperatur auf deutlich unter 2 Grad Celsius und möglichst auf 1,5 Grad Celsius gegenüber dem vorindustriellen Niveau zu begrenzen ist, um die Auswirkungen des weltweiten Klimawandels so gering wie möglich zu halten, sowie das Bekenntnis der Bundesrepublik Deutschland auf dem Klimagipfel der Vereinten Nationen am 23. September 2019 in New York, Treibhausgasneutralität bis 2050 als langfristiges Ziel zu verfolgen.

[1)] Verkündet als Art. 1 G v. 12.12.2019 (BGBl. I S. 2513); Inkrafttreten gem. Art. 4 dieses G am 18.12.2019.

§ 2 Begriffsbestimmungen. Im Sinne dieses *Gesetz*[1] ist oder sind:

1. Treibhausgase: Kohlendioxid (CO_2), Methan (CH_4), Distickstoffoxid (N_2O), Schwefelhexafluorid (SF_6), Stickstofftrifluorid (NF_3) sowie teilfluorierte Kohlenwasserstoffe (HFKW) und perfluorierte Kohlenwasserstoffe (PFKW) gemäß Anhang V Teil 2 der Europäischen Governance-Verordnung in der jeweils geltenden Fassung;

2. Treibhausgasemissionen: die anthropogene Freisetzung von Treibhausgasen in Tonnen Kohlendioxidäquivalent, wobei eine Tonne Kohlendioxidäquivalent eine Tonne Kohlendioxid oder die Menge eines anderen Treibhausgases ist, die in ihrem Potenzial zur Erwärmung der Atmosphäre einer Tonne Kohlendioxid entspricht; das Potenzial richtet sich nach der Delegierten Verordnung (EU) Nr. 666/2014 der Kommission vom 12. März 2014 über die grundlegenden Anforderungen an ein Inventarsystem der Union und zur Berücksichtigung von Veränderungen der Treibhauspotenziale und der international vereinbarten Inventarleitlinien gemäß der Verordnung (EU) Nr. 525/2013 des Europäischen Parlaments und des Rates (ABl. L 179 vom 19.6.2014, S. 26) oder nach einer aufgrund von Artikel 26 Absatz 6 Buchstabe b der Europäischen Governance-Verordnung erlassenen Nachfolgeregelung;

3. Europäische Governance-Verordnung: die Verordnung (EU) 2018/1999 des Europäischen Parlaments und des Rates vom 11. Dezember 2018 über das Governance-System für die Energieunion und für den Klimaschutz, zur Änderung der Verordnungen (EG) Nr. 663/2009 und (EG) Nr. 715/2009 des Europäischen Parlaments und des Rates, der Richtlinien 94/22/EG, 98/70/EG, 2009/31/EG, 2009/73/EG, 2010/31/EU, 2012/27/EU und 2013/30/EU des Europäischen Parlaments und des Rates, der Richtlinien 2009/119/EG und (EU) 2015/652 des Rates und zur Aufhebung der Verordnung (EU) Nr. 525/2013 des Europäischen Parlaments und des Rates (ABl. L 328 vom 21.12.2018, S. 1), die durch den Beschluss (EU) 2019/504 (ABl. L 85 I vom 27.3.2019, S. 66) geändert worden ist;

4. Europäische Klimaschutzverordnung: die Verordnung (EU) 2018/842 des Europäischen Parlaments und des Rates vom 30. Mai 2018 zur Festlegung verbindlicher nationaler Jahresziele für die Reduzierung der Treibhausgasemissionen im Zeitraum 2021 bis 2030 als Beitrag zu Klimaschutzmaßnahmen zwecks Erfüllung der Verpflichtungen aus dem Übereinkommen von Paris sowie zur Änderung der Verordnung (EU) Nr. 525/2013 (ABl. L 156 vom 19.6.2018, S. 26);

5. Europäische Klimaberichterstattungsverordnung: die Durchführungsverordnung (EU) Nr. 749/2014 der Kommission vom 30. Juni 2014 über die Struktur, das Format, die Verfahren der Vorlage und die Überprüfung der von den Mitgliedstaaten gemäß der Verordnung (EU) Nr. 525/2013 des Europäischen Parlaments und des Rates gemeldeten Informationen (ABl. L 203 vom 11.7.2014, S. 23);

6. Übereinkommen von Paris: das von den Vertragsstaaten der Klimarahmenkonvention der Vereinten Nationen unterzeichnete und mit Gesetz vom 28. September 2016 ratifizierte Übereinkommen von Paris vom 12. Dezember 2015 (BGBl. 2016 II S. 1082, 1083);

[1] Richtig wohl: „Gesetzes".

7. Klimaschutzplan: die deutsche Langfriststrategie nach dem Übereinkommen von Paris und nach Artikel 15 der Europäischen Governance-Verordnung;

8. Landnutzung, Landnutzungsänderung und Forstwirtschaft: der in Anlage 1 Nummer 7 definierte Sektor Landnutzung, Landnutzungsänderung und Forstwirtschaft; für diesen Sektor sind § 3 Absatz 1 und die §§ 4, 7 und 8 nicht anzuwenden.

9. Netto-Treibhausgasneutralität: das Gleichgewicht zwischen den anthropogenen Emissionen von Treibhausgasen aus Quellen und dem Abbau solcher Gase durch Senken.

Abschnitt 2. Klimaschutzziele und Jahresemissionsmengen

§ 3 Nationale Klimaschutzziele. (1) [1] Die Treibhausgasemissionen werden im Vergleich zum Jahr 1990 schrittweise gemindert. [2] Bis zum Zieljahr 2030 gilt eine Minderungsquote von mindestens 55 Prozent.

(2) Die Möglichkeit, die nationalen Klimaschutzziele teilweise im Rahmen von staatenübergreifenden Mechanismen zur Minderung von Treibhausgasemissionen zu erreichen, bleibt unberührt.

(3) [1] Sollten zur Erfüllung europäischer oder internationaler Klimaschutzziele höhere nationale Klimaschutzziele erforderlich werden, so leitet die Bundesregierung die zur Erhöhung der Zielwerte nach Absatz 1 notwendigen Schritte ein. [2] Klimaschutzziele können erhöht, aber nicht abgesenkt werden.

§ 4 Zulässige Jahresemissionsmengen, Verordnungsermächtigung. (1) [1] Zur Erreichung der nationalen Klimaschutzziele nach § 3 Absatz 1 werden jährliche Minderungsziele durch die Vorgabe von Jahresemissionsmengen für die folgenden Sektoren festgelegt:

1. Energiewirtschaft,

2. Industrie,

3. Verkehr,

4. Gebäude,

5. Landwirtschaft,

6. Abfallwirtschaft und Sonstiges.

[2] Die Emissionsquellen der einzelnen Sektoren und deren Abgrenzung ergeben sich aus Anlage 1. [3] Die Jahresemissionsmengen für den Zeitraum bis zum Jahr 2030 richten sich nach Anlage 2. [4] Im Sektor Energiewirtschaft sinken die Treibhausgasemissionen zwischen den angegebenen Jahresemissionsmengen möglichst stetig. [5] Für Zeiträume ab dem Jahr 2031 werden die jährlichen Minderungsziele durch Rechtsverordnung gemäß Absatz 6 fortgeschrieben. [6] Die Jahresemissionsmengen sind verbindlich, soweit dieses Gesetz auf sie Bezug nimmt. [7] Subjektive Rechte und klagbare Rechtspositionen werden durch dieses Gesetz oder aufgrund dieses Gesetzes nicht begründet.

(2) Die Bundesregierung wird ermächtigt, durch Rechtsverordnung, die nicht der Zustimmung des Bundesrates bedarf, die Zuordnung von Emissionsquellen zu den Sektoren in Anlage 1 zu ändern, sofern dies zur Sicherstellung der einheitlichen internationalen Berichterstattung über Treibhausgasemissionen erforderlich ist und unionsrechtliche Vorgaben nicht entgegenstehen.

(3) [1] Über- oder unterschreiten die Treibhausgasemissionen ab dem Jahr 2021 in einem Sektor die jeweils zulässige Jahresemissionsmenge, so wird die Differenzmenge auf die verbleibenden Jahresemissionsmengen des Sektors bis zum nächsten in § 3 Absatz 1 genannten Zieljahr gleichmäßig angerechnet. [2] Die Vorgaben der Europäischen Klimaschutzverordnung bleiben unberührt.

(4) [1] Für die Einhaltung der Jahresemissionsmengen ist das aufgrund seines Geschäftsbereichs für einen Sektor überwiegend zuständige Bundesministerium verantwortlich. [2] Es hat die Aufgabe, die für die Einhaltung erforderlichen nationalen Maßnahmen zu veranlassen, insbesondere die Maßnahmen nach den §§ 8 und 9 vorzulegen und umzusetzen. [3] Die Zuständigkeitsverteilung innerhalb der Bundesregierung bleibt unberührt. [4] Die Bundesregierung kann bei Überschneidungen zwischen den Zuständigkeiten einzelner Bundesministerien nach Satz 1, insbesondere in Ansehung der Klimaschutzprogramme nach § 9, die Verantwortlichkeit nach Satz 1 zuweisen.

(5) [1] Die Bundesregierung wird ermächtigt, durch Rechtsverordnung ohne Zustimmung des Bundesrates die Jahresemissionsmengen der Sektoren in Anlage 2 mit Wirkung zum Beginn des jeweils nächsten Kalenderjahres zu ändern. [2] Diese Veränderungen müssen im Einklang mit der Erreichung der Klimaschutzziele dieses Gesetzes und mit den unionsrechtlichen Anforderungen stehen. [3] Die Rechtsverordnung bedarf der Zustimmung des Deutschen Bundestages. [4] Hat sich der Deutsche Bundestag nach Ablauf von drei Sitzungswochen seit Eingang der Rechtsverordnung nicht mit ihr befasst, gilt seine Zustimmung zu der unveränderten Rechtsverordnung als erteilt.

(6) [1] Im Jahr 2025 legt die Bundesregierung für weitere Zeiträume nach dem Jahr 2030 jährlich absinkende Emissionsmengen durch Rechtsverordnung fest. [2] Diese müssen im Einklang mit der Erreichung der Klimaschutzziele dieses Gesetzes und mit den unionsrechtlichen Anforderungen stehen. [3] Wenn jährlich absinkende Emissionsmengen für Zeiträume nach dem Jahr 2030 festgelegt werden, bedarf die Rechtsverordnung der Zustimmung des Deutschen Bundestages. [4] Hat sich der Deutsche Bundestag nach Ablauf von sechs Sitzungswochen seit Eingang der Rechtsverordnung nicht mit ihr befasst, gilt seine Zustimmung zu der unveränderten Rechtsverordnung als erteilt.

§ 5 Emissionsdaten, Verordnungsermächtigung. (1) [1] Das Umweltbundesamt erstellt die Daten der Treibhausgasemissionen in den Sektoren nach Anlage 1 (Emissionsdaten) für das zurückliegende Kalenderjahr (Berichtsjahr), beginnend mit dem Berichtsjahr 2020 auf der Grundlage der methodischen Vorgaben der Europäischen Klimaberichterstattungsverordnung oder auf der Grundlage einer nach Artikel 26 der Europäischen Governance-Verordnung erlassenen Nachfolgeregelung. [2] Das Umweltbundesamt veröffentlicht und übersendet bis zum 15. März eines jeden Jahres die Emissionsdaten des Berichtsjahres an den Expertenrat für Klimafragen nach § 10.

(2) Ab dem Berichtsjahr 2021 wird zusätzlich zu den Emissionsdaten Folgendes dargestellt:

1. für das jeweilige Berichtsjahr die Angabe für jeden Sektor, ob die Emissionsdaten die Jahresemissionsmengen nach Anlage 2 über- oder unterschreiten,
2. die Jahresemissionsmengen der einzelnen Sektoren für die auf das Berichtsjahr folgenden Jahre gemäß § 4 Absatz 3,

3. für den Sektor Landnutzung, Landnutzungsänderung und Forstwirtschaft auch Quellen und Senken von Treibhausgasen,

4. ein Anhang, in dem die an die Europäische Kommission übermittelten Emissionsdaten der Vorjahre ab dem Berichtsjahr 2020 beigefügt sind und in dem diejenigen Emissionsanteile der Sektoren separat ausgewiesen werden, die der Europäischen Klimaschutzverordnung unterliegen,

(3) [1] Das Umweltbundesamt darf die zur Erfüllung der Aufgaben nach den Absätzen 1 und 2 erforderlichen Daten erheben. [2] Die Erhebung der Daten von natürlichen und juristischen Personen des privaten und öffentlichen Rechts sowie von Personenvereinigungen ist ausgeschlossen, soweit diese Daten bereits auf der Grundlage sonstiger Rechtsvorschriften gegenüber Behörden des Bundes oder der Länder mitgeteilt wurden oder werden. [3] Dem Umweltbundesamt wird jedoch insoweit Zugang zu diesen Daten eingeräumt, als die Erhebung der Daten zur Erfüllung der Aufgaben gemäß Absatz 1 erforderlich ist. [4] Dies gilt auch, wenn die Daten für andere Zwecke erhoben wurden.

(4) Die Bundesregierung kann durch Rechtsverordnung, die nicht der Zustimmung des Bundesrates bedarf,

1. die Verantwortlichkeit für die Ermittlung und die Mitteilung der Daten festlegen,

2. bestimmen, welche Daten ermittelt und mitgeteilt werden müssen,

3. Anforderungen an die Ermittlung und die Mitteilung der Daten festlegen sowie

4. das Verfahren für die Ermittlung und die Mitteilung der Daten regeln.

§ 6 Bußgeldvorschriften. (1) Ordnungswidrig handelt, wer vorsätzlich oder fahrlässig einer Rechtsverordnung nach § 5 Absatz 4 oder einer vollziehbaren Anordnung aufgrund einer solchen Rechtsverordnung zuwiderhandelt, soweit die Rechtsverordnung für einen bestimmten Tatbestand auf diese Bußgeldvorschrift verweist.

(2) Die Ordnungswidrigkeit kann mit einer Geldbuße bis zu fünfzigtausend Euro geahndet werden.

§ 7 Durchführungsvorschriften zur Europäischen Klimaschutzverordnung. (1) [1] Der Ankauf von Emissionszuweisungen zur Erfüllung der Pflichten nach der Europäischen Klimaschutzverordnung wird zentral durch das für die Durchführung der Europäischen Klimaschutzverordnung zuständige Bundesministerium nach Maßgabe der im Bundeshaushalt zur Verfügung stehenden Mittel durchgeführt. [2] Beim Ankauf von Emissionszuweisungen hat das Bundesministerium nach Satz 1 darauf zu achten, dass der Verkäuferstaat zusichert, die erzielten Einnahmen für die Bekämpfung des Klimawandels zu verwenden.

(2) [1] Die Bundesregierung legt dem Deutschen Bundestag und dem Bundesrat zusammen mit dem Entwurf des Bundeshaushaltsplans eine zahlenmäßige Übersicht vor, die insbesondere Folgendes enthält:

1. eine Übersicht über die Einhaltung und die Über- oder Unterschreitungen der Jahresemissionsmengen der Sektoren nach Anlage 2 im jeweils zurückliegenden Kalenderjahr und seit dem Jahr 2021,

2. eine Übersicht über die nach der Europäischen Klimaschutzverordnung zur Verfügung stehenden Emissionszuweisungen im Haushaltsjahr und

3. die Anzahl der im zurückliegenden Kalenderjahr erworbenen Emissionszuweisungen und die Anzahl der seit dem Jahr 2021 insgesamt erworbenen Emissionszuweisungen.

[2] Darüber hinaus ist eine Übersicht der aufgewendeten Haushaltsmittel für den Erwerb beizufügen.

§ 8 Sofortprogramm bei Überschreitung der Jahresemissionsmengen.

(1) Weisen die Emissionsdaten nach § 5 Absatz 1 und 2 eine Überschreitung der zulässigen Jahresemissionsmenge für einen Sektor in einem Berichtsjahr aus, so legt das nach § 4 Absatz 4 zuständige Bundesministerium der Bundesregierung innerhalb von drei Monaten nach der Vorlage der Bewertung der Emissionsdaten durch den Expertenrat für Klimafragen nach § 11 Absatz 1 ein Sofortprogramm für den jeweiligen Sektor vor, das die Einhaltung der Jahresemissionsmengen des Sektors für die folgenden Jahre sicherstellt.

(2) [1] Die Bundesregierung berät über die zu ergreifenden Maßnahmen im betroffenen Sektor oder in anderen Sektoren oder sektorübergreifende Maßnahmen und beschließt diese schnellstmöglich. [2] Dabei kann sie die bestehenden Spielräume der Europäischen Klimaschutzverordnung berücksichtigen und die Jahresemissionsmengen der Sektoren gemäß § 4 Absatz 5 ändern. [3] Vor Erstellung der Beschlussvorlage über die Maßnahmen sind dem Expertenrat für Klimafragen die den Maßnahmen zugrunde gelegten Annahmen zur Treibhausgasreduktion zur Prüfung zu übermitteln. [4] Das Prüfungsergebnis wird der Beschlussvorlage beigefügt.

(3) Die Bundesregierung unterrichtet den Deutschen Bundestag über die beschlossenen Maßnahmen.

(4) Für den Sektor Energiewirtschaft sind die Absätze 1 bis 3 beginnend mit dem Berichtsjahr 2023 im Turnus von drei Jahren entsprechend anzuwenden.

Abschnitt 3. Klimaschutzplanung

§ 9 Klimaschutzprogramme.
(1) [1] Die Bundesregierung beschließt mindestens nach jeder Fortschreibung des Klimaschutzplans ein Klimaschutzprogramm; darüber hinaus wird bei Zielverfehlungen eine Aktualisierung des bestehenden Klimaschutzprogramms um Maßnahmen nach § 8 Absatz 2 vorgenommen. [2] In jedem Klimaschutzprogramm legt die Bundesregierung unter Berücksichtigung des jeweils aktuellen Klimaschutz-Projektionsberichts nach § 10 Absatz 2 fest, welche Maßnahmen sie zur Erreichung der nationalen Klimaschutzziele in den einzelnen Sektoren ergreifen wird. [3] Maßgeblich für die Maßnahmen nach Satz 2 ist die Einhaltung der nach § 4 in Verbindung mit Anlage 2 festgelegten zulässigen Jahresemissionsmengen. [4] Zudem legt die Bundesregierung fest, welche Maßnahmen sie zum Erhalt der Netto-Senke bei Landnutzung, Landnutzungsänderung und Forstwirtschaft ergreifen wird.

(2) [1] Das Klimaschutzprogramm wird spätestens im Kalenderjahr nach der Fortschreibung des Klimaschutzplans beschlossen. [2] Die nach § 4 Absatz 4 für die Sektoren zuständigen Bundesministerien schlagen innerhalb von sechs Monaten nach Fortschreibung des Klimaschutzplans Maßnahmen vor, die ge-

eignet sind, die in den jeweiligen Sektoren erforderlichen zusätzlichen Treibhausgasminderungen zu erzielen. [3]Die Maßnahmenvorschläge enthalten neben wissenschaftlichen Abschätzungen zu den voraussichtlichen Treibhausgasminderungswirkungen auch wissenschaftliche Abschätzungen zu möglichen ökonomischen, sozialen und weiteren ökologischen Folgen. [4]Diese Abschätzungen schließen soweit möglich auch Auswirkungen auf die Effizienz des Einsatzes von natürlichen Ressourcen ein. [5]Das Bundesministerium für Umwelt, Naturschutz und nukleare Sicherheit ermittelt in Abstimmung mit dem Bundesministerium für Wirtschaft und Energie die voraussichtliche Treibhausgasgesamtminderungswirkung der vorgeschlagenen Maßnahmen.

(3) Für jedes Klimaschutzprogramm bezieht die Bundesregierung in einem öffentlichen Konsultationsverfahren Länder, Kommunen, Wirtschaftsverbände und zivilgesellschaftliche Verbände sowie die Wissenschaftsplattform Klimaschutz und wissenschaftliche Begleitgremien der Bundesregierung ein.

§ 10 Berichterstattung. (1) [1]Die Bundesregierung erstellt jährlich einen Klimaschutzbericht, der die Entwicklung der Treibhausgasemissionen in den verschiedenen Sektoren, den Stand der Umsetzung der Klimaschutzprogramme nach § 9 und der Sofortprogramme nach § 8 sowie eine Prognose der zu erwartenden Treibhausgasminderungswirkungen enthält. [2]Die Bundesregierung leitet den Klimaschutzbericht für das jeweilige Vorjahr bis zum 30. Juni dem Deutschen Bundestag zu.

(2) [1]Die Bundesregierung erstellt ab dem Jahr 2021 alle zwei Jahre einen Klimaschutz-Projektionsbericht nach den Vorgaben des Artikels 18 der Europäischen Governance-Verordnung, der die Projektionen von Treibhausgasemissionen, einschließlich der Quellen und Senken des Sektors Landnutzung, Landnutzungsänderung und Forstwirtschaft, und die nationalen Politiken und Maßnahmen zu deren Minderung enthält. [2]Die Bundesregierung leitet den Klimaschutz-Projektionsbericht bis zum 31. März des jeweiligen Jahres dem Deutschen Bundestag zu.

(3) Der Klimaschutz-Projektionsbericht ist maßgeblich für die integrierten nationalen Fortschrittsberichte gemäß Artikel 17 der Europäischen Governance-Verordnung, die das Bundesministerium für Wirtschaft und Energie im Einvernehmen mit dem Bundesministerium für Umwelt, Naturschutz und nukleare Sicherheit erstellt.

Abschnitt 4. Expertenrat für Klimafragen

§ 11 Unabhängiger Expertenrat für Klimafragen, Verordnungsermächtigung. (1) [1]Es wird ein Expertenrat für Klimafragen aus fünf sachverständigen Personen verschiedener Disziplinen eingerichtet. [2]Die Bundesregierung benennt für die Dauer von fünf Jahren die Mitglieder, davon jeweils mindestens ein Mitglied mit hervorragenden wissenschaftlichen Kenntnissen und Erfahrungen aus einem der Bereiche Klimawissenschaften, Wirtschaftswissenschaften, Umweltwissenschaften sowie soziale Fragen. [3]Der Expertenrat soll als Ganzes auch übergreifende Expertise zu den Sektoren nach § 4 Absatz 1 abbilden. [4]Die gleichberechtigte Vertretung von Frauen und Männern ist sicherzustellen. [5]Eine einmalige Wiederernennung ist möglich.

(2) [1] Der Expertenrat für Klimafragen wählt aus seiner Mitte in geheimer Wahl eine vorsitzende Person und eine Stellvertretung für die vorsitzende Person. [2] Der Expertenrat für Klimafragen gibt sich eine Geschäftsordnung.

(3) [1] Der Expertenrat für Klimafragen ist nur an den durch dieses Gesetz begründeten Auftrag gebunden und in seiner Tätigkeit unabhängig. [2] Der Bund trägt die Kosten des Expertenrats für Klimafragen nach Maßgabe des Bundeshaushaltes.

(4) [1] Der Expertenrat für Klimafragen wird bei der Durchführung seiner Arbeit von einer Geschäftsstelle unterstützt. [2] Diese wird durch die Bundesregierung eingesetzt und untersteht fachlich dem Expertenrat für Klimafragen.

(5) Die Bundesregierung wird ermächtigt, durch Rechtsverordnung ohne Zustimmung des Bundesrates Regelungen zum Sitz, zur Geschäftsstelle, zur pauschalen Entschädigung der Mitglieder, zur Reisekostenerstattung, zur Verschwiegenheit sowie zu sonstigen organisatorischen Angelegenheiten zu bestimmen.

§ 12 Aufgaben des Expertenrats für Klimafragen. (1) Der Expertenrat für Klimafragen prüft die Emissionsdaten nach § 5 Absatz 1 und 2 und legt der Bundesregierung und dem Deutschen Bundestag innerhalb von einem Monat nach Übersendung durch das Umweltbundesamt eine Bewertung der veröffentlichten Daten vor.

(2) Vor der Erstellung der Beschlussvorlage für die Bundesregierung über die Maßnahmen nach § 8 Absatz 2 prüft der Expertenrat für Klimafragen die den Maßnahmen zugrunde gelegten Annahmen zur Treibhausgasreduktion.

(3) [1] Die Bundesregierung holt zu folgenden Maßnahmen eine Stellungnahme des Expertenrats für Klimafragen im Hinblick auf die diesen zugrunde liegenden Annahmen zur Treibhausgasreduktion ein, bevor sie diese veranlasst:
1. Änderungen der Jahresemissionsmengen durch Verordnung nach § 4 Absatz 5
2. Fortschreibung des Klimaschutzplans;
3. Beschluss von Klimaschutzprogrammen nach § 9.

[2] Darüber hinaus können der Deutsche Bundestag oder die Bundesregierung durch Beschluss den Expertenrat für Klimafragen mit der Erstellung von Sondergutachten beauftragen.

(4) [1] Alle öffentlichen Stellen des Bundes im Sinne des § 2 Absatz 1 des Bundesdatenschutzgesetzes[1]) gewähren dem Expertenrat für Klimafragen Einsicht in die zur Wahrnehmung seiner Aufgaben benötigten Daten und stellen diese zur Verfügung. [2] Die Bundesregierung stellt sicher, dass der Schutz von Betriebs- und Geschäftsgeheimnissen Dritter sowie personenbezogener Daten gewährleistet ist. [3] Der Expertenrat für Klimafragen kann zu klimaschutzbezogenen Themen Behörden, sowie Sachverständige, insbesondere Vertreter und Vertreterinnen von Organisationen der Wirtschaft und der Umweltverbände, anhören und befragen.

[1]) Nr. 245.

Abschnitt 5. Vorbildfunktion der öffentlichen Hand

§ 13 Berücksichtigungsgebot. (1) [1]Die Träger öffentlicher Aufgaben haben bei ihren Planungen und Entscheidungen den Zweck dieses Gesetzes und die zu seiner Erfüllung festgelegten Ziele zu berücksichtigen. [2]Die Kompetenzen der Länder, Gemeinden und Gemeindeverbände, das Berücksichtigungsgebot innerhalb ihrer jeweiligen Verantwortungsbereiche auszugestalten, bleiben unberührt.

(2) [1]Der Bund prüft bei der Planung, Auswahl und Durchführung von Investitionen und bei der Beschaffung, wie damit jeweils zum Erreichen der Klimaschutzziele nach § 3 beigetragen werden kann. [2]Kommen mehrere Möglichkeiten bei der Planung, Auswahl und Durchführung von Investitionen und bei der Beschaffung in Frage, dann ist in Abwägung mit anderen relevanten Kriterien mit Bezug zum Zweck der Investition solchen der Vorzug zu geben, mit denen das Ziel der Minderung von Treibhausgasemissionen über die gesamte Nutzungsdauer des Investitionsguts oder Beschaffungsguts zu den geringsten Kosten erreicht werden kann. [3]Mehraufwendungen bei der Investition oder Beschaffung sollen nicht außer Verhältnis zu ihrem Beitrag zur Treibhausgasminderung stehen. [4]Soweit vergaberechtliche Bestimmungen anzuwenden sind, sind diese zu beachten.

(3) [1]Bei der Anwendung von Wirtschaftlichkeitskriterien sind bei vergleichenden Betrachtungen die Kosten und Einsparungen über die jeweilige gesamte Nutzungsdauer der Investition oder Beschaffung zugrunde zu legen. [2]Die zu erwartenden volkswirtschaftlichen Kosten für den Klimaschutz sind auf geeignete Weise zu berücksichtigen.

§ 14 Bund-Länder-Zusammenarbeit. (1) [1]Unbeschadet der Vereinbarkeit mit Bundesrecht können die Länder eigene Klimaschutzgesetze erlassen. [2]Die bestehenden Klimaschutzgesetze der Länder gelten unbeschadet der Vereinbarkeit mit Bundesrecht fort.

(2) Der Bund und die Länder arbeiten in geeigneter Form zusammen, um die Ziele dieses Gesetzes zu erreichen.

§ 15 Klimaneutrale Bundesverwaltung. (1) [1]Der Bund setzt sich zum Ziel, die Bundesverwaltung bis zum Jahr 2030 klimaneutral zu organisieren. [2]Zur Verwirklichung dieses Zieles verabschiedet die Bundesregierung spätestens im Jahr 2023 und im Folgenden alle fünf Jahre Maßnahmen, die von den Behörden des Bundes und von sonstigen Bundeseinrichtungen ohne eigene Rechtspersönlichkeit, wenn sie der unmittelbaren Organisationsgewalt des Bundes unterliegen, einzuhalten sind. [3]Sind zur Verwirklichung des in Satz 1 genannten Zieles gesetzliche Regelungen erforderlich, legt die Bundesregierung dem Deutschen Bundestag innerhalb von sechs Monaten nach dem Beschluss der Maßnahmen einen Entwurf vor.

(2) [1]Die Klimaneutralität der Bundesverwaltung soll insbesondere durch die Einsparung von Energie, durch die effiziente Bereitstellung, Umwandlung, Nutzung und Speicherung von Energie sowie durch die effiziente Nutzung erneuerbarer Energien und die Wahl möglichst klimaschonender Verkehrsmittel erreicht werden. [2]Dabei ist auf die effiziente Nutzung natürlicher Ressourcen zu achten. [3]Bei Verwaltungshandeln des Bundes im Ausland, wie etwa der

Errichtung oder Sanierung von Gebäuden des Bundes, sind lokale Vorschriften und technische Standards sowie Marktverhältnisse zu berücksichtigen.

(3) Der Bund wirkt in den unter seiner Aufsicht stehenden Körperschaften, Anstalten und Stiftungen, in seinen Sondervermögen sowie in den sich ausschließlich oder zum Teil in seinem Eigentum befindenden juristischen Personen des Privatrechts darauf hin, dass auch diese ihre Verwaltungstätigkeit klimaneutral organisieren.

(4) Die Bundesregierung führt mit den Ländern einen Erfahrungsaustausch durch, um die Länder bei der Prüfung und im Falle der Erstellung von Regelungen, die mit den Regelungen nach den Absätzen 1 bis 3 vergleichbar sind, für ihren Verantwortungsbereich zu unterstützen.

Anlage 1
(zu den §§ 4 und 5)

Sektoren

Die Abgrenzung der Sektoren erfolgt entsprechend der Quellkategorien des gemeinsamen Berichtsformats (Common Reporting Format – CRF) nach der Europäischen Klimaberichterstattungsverordnung oder entsprechend einer auf der Grundlage von Artikel 26 Absatz 7 der Europäischen Governance-Verordnung erlassenen Nachfolgeregelung.

Sektoren	Beschreibung der Quellkategorien des gemeinsamen Berichtsformats (Common Reporting Formats – CRF)	Quellkategorie CRF
1. Energiewirtschaft	Verbrennung von Brennstoffen in der Energiewirtschaft;	1.A.1
	Pipelinetransport (übriger Transport);	1.A.3.e
	Flüchtige Emissionen aus Brennstoffen	1.B
2. Industrie	Verbrennung von Brennstoffen im verarbeitenden Gewerbe und in der Bauwirtschaft;	1.A.2
	Industrieprozesse und Produktverwendung;	2
	CO_2-Transport und -Lagerung	1.C
3. Gebäude	Verbrennung von Brennstoffen in:	
	Handel und Behörden;	1.A.4.a
	Haushalten.	1.A.4.b
	Sonstige Tätigkeiten im Zusammenhang mit der Verbrennung von Brennstoffen (insbesondere in militärischen Einrichtungen)	1.A.5
4. Verkehr	Transport (ziviler inländischer Luftverkehr; Straßenverkehr; Schienenverkehr; inländischer Schiffsverkehr) ohne Pipelinetransport	1.A.3.a; 1.A.3.b; 1.A.3.c; 1.A.3.d
5. Landwirtschaft	Landwirtschaft;	3
	Verbrennung von Brennstoffen in Land- und Forstwirtschaft und in der Fischerei	1.A.4.c
6. Abfallwirtschaft und Sonstiges	Abfall und Abwasser;	5
	Sonstige	6
7. Landnutzung, Landnutzungsänderung und Forstwirtschaft	Wald, Acker, Grünland, Feuchtgebiete, Siedlungen; Holzprodukte; Änderungen zwischen Landnutzungskategorien	4

Anlage 2
(zu § 4)

Zulässige Jahresemissionsmengen

Jahresemissionsmenge in Mio. Tonnen CO_2-Äquivalent	2020	2021	2022	2023	2024	2025	2026	2027	2028	2029	2030
Energiewirtschaft	280		257								175
Industrie	186	182	177	172	168	163	158	154	149	145	140
Gebäude	118	113	108	103	99	94	89	84	80	75	70
Verkehr	150	145	139	134	128	123	117	112	106	101	95
Landwirtschaft	70	68	67	66	65	64	63	61	60	59	58
Abfallwirtschaft und Sonstiges	9	9	8	8	7	7	7	6	6	5	5

293. Gesetz über ergänzende Vorschriften zu Rechtsbehelfen in Umweltangelegenheiten nach der EG-Richtlinie 2003/35/EG (Umwelt-Rechtsbehelfsgesetz – UmwRG)[1]

In der Fassung der Bekanntmachung vom 23. August 2017[2]

(BGBl. I S. 3290)

FNA 2129-46

geänd. durch Art. 2 Abs. 18 G zur Modernisierung des Rechts der Umweltverträglichkeitsprüfung v. 20.7.2017 (BGBl. I S. 2808) und Art. 4 G zur Änd. des Erneuerbare-Energien-G, des Kraft-Wärme-KopplungsG, des EnergiewirtschaftsG und weiterer energierechtlicher Vorschriften v. 17.12.2018 (BGBl. I S. 2549)

§ 1[3] **Anwendungsbereich.** (1) [1] Dieses Gesetz ist anzuwenden auf Rechtsbehelfe gegen folgende Entscheidungen:

1. Zulassungsentscheidungen im Sinne von § 2 Absatz 6 des Gesetzes über die Umweltverträglichkeitsprüfung[4] über die Zulässigkeit von Vorhaben, für die nach

 a) dem Gesetz über die Umweltverträglichkeitsprüfung,

 b) der Verordnung über die Umweltverträglichkeitsprüfung bergbaulicher Vorhaben[5] oder

 c) landesrechtlichen Vorschriften

 eine Pflicht zur Durchführung einer Umweltverträglichkeitsprüfung (UVP) bestehen kann;

2. Genehmigungen für Anlagen, die in Spalte c des Anhangs 1 der Verordnung über genehmigungsbedürftige Anlagen[6] mit dem Buchstaben G gekennzeichnet sind, gegen Entscheidungen nach § 17 Absatz 1a des Bun-

[1] **Amtl. Anm.:** Dieses Gesetz dient der Umsetzung von Artikel 11 der Richtlinie 2011/92/EU des Europäischen Parlaments und des Rates vom 13. Dezember 2011 über die Umweltverträglichkeitsprüfung bei bestimmten öffentlichen und privaten Projekten in der Fassung der Richtlinie 2014/52/EU (ABl. L 124 vom 25.4.2014, S. 1), der Umsetzung von Artikel 4 der Richtlinie 2003/35/EG des Europäischen Parlaments und des Rates vom 26. Mai 2003 über die Beteiligung der Öffentlichkeit bei der Ausarbeitung bestimmter umweltbezogener Pläne und Programme und zur Änderung der Richtlinien 85/337/EWG und 96/61/EG des Rates in Bezug auf die Öffentlichkeitsbeteiligung und den Zugang zu Gerichten (ABl. L 156 vom 25.6.2003, S. 17), der Umsetzung von Artikel 25 der Richtlinie 2010/75/EU des Europäischen Parlaments und des Rates vom 24. November 2010 über Industrieemissionen (integrierte Vermeidung und Verminderung der Umweltverschmutzung) (Neufassung) (ABl. L 334 vom 17.12.2010, S. 17), der Umsetzung von Artikel 23 der Richtlinie 2012/18/EU des Europäischen Parlaments und des Rates vom 4. Juli 2012 zur Beherrschung der Gefahren schwerer Unfälle mit gefährlichen Stoffen, zur Änderung und anschließenden Aufhebung der Richtlinie 96/82/EG des Rates (ABl. L 197 vom 24.7.2012, S. 1) sowie der Umsetzung von Artikel 13 der Richtlinie 2004/35/EG des Europäischen Parlaments und des Rates vom 21. April 2004 über Umwelthaftung zur Vermeidung und Sanierung von Umweltschäden (ABl. L 143 vom 30.4.2004, S. 56).
[2] Neubekanntmachung des UmwRG idF v. 8.4.2013 (BGBl. I S. 753) in der ab 29.7.2017 geltenden Fassung.
[3] § 1 Abs. 1 Satz 3 Nr. 3 geänd. mWv 21.12.2018 durch G v. 17.12.2018 (BGBl. I S. 2549).
[4] Nr. **295.**
[5] **Sartorius III Nr. 470.**
[6] Nr. **296a.**

des-Immissionsschutzgesetzes[1]), gegen Erlaubnisse nach § 8 Absatz 1 des Wasserhaushaltsgesetzes[2]) für Gewässerbenutzungen, die mit einem Vorhaben im Sinne der Richtlinie 2010/75/EU des Europäischen Parlaments und des Rates vom 24. November 2010 über Industrieemissionen (integrierte Vermeidung und Verminderung der Umweltverschmutzung) (Neufassung) (ABl. L 334 vom 17.12.2010, S. 17) verbunden sind, sowie gegen Planfeststellungsbeschlüsse für Deponien nach § 35 Absatz 2 des Kreislaufwirtschaftsgesetzes[3]);

2a. Genehmigungen für Anlagen nach § 23b Absatz 1 Satz 1 oder § 19 Absatz 4 des Bundes-Immissionsschutzgesetzes oder Zulassungen für Betriebspläne nach § 57d Absatz 1 des Bundesberggesetzes[4]);

2b. Entscheidungen über die Zulässigkeit von Vorhaben, die benachbarte Schutzobjekte im Sinne des § 3 Absatz 5d des Bundes-Immissionsschutzgesetzes darstellen und die innerhalb des angemessenen Sicherheitsabstands zu einem Betriebsbereich nach § 3 Absatz 5a des Bundes-Immissionsschutzgesetzes verwirklicht werden sollen und einer Zulassung nach landesrechtlichen Vorschriften bedürfen;

3. Entscheidungen nach dem Umweltschadensgesetz[5]);

4. Entscheidungen über die Annahme von Plänen und Programmen im Sinne von § 2 Absatz 7 des Gesetzes über die Umweltverträglichkeitsprüfung und im Sinne der entsprechenden landesrechtlichen Vorschriften, für die nach

a) Anlage 5 des Gesetzes über die Umweltverträglichkeitsprüfung oder

b) landesrechtlichen Vorschriften

eine Pflicht zur Durchführung einer Strategischen Umweltprüfung bestehen kann; ausgenommen hiervon sind Pläne und Programme, über deren Annahme durch formelles Gesetz entschieden wird;

5. Verwaltungsakte oder öffentlich-rechtliche Verträge, durch die andere als in den Nummern 1 bis 2b genannte Vorhaben unter Anwendung umweltbezogener Rechtsvorschriften des Bundesrechts, des Landesrechts oder unmittelbar geltender Rechtsakte der Europäischen Union zugelassen werden, und

6. Verwaltungsakte über Überwachungs- oder Aufsichtsmaßnahmen zur Umsetzung oder Durchführung von Entscheidungen nach den Nummern 1 bis 5, die der Einhaltung umweltbezogener Rechtsvorschriften des Bundesrechts, des Landesrechts oder unmittelbar geltender Rechtsakte der Europäischen Union dienen.

[2] Dieses Gesetz findet auch Anwendung, wenn entgegen geltenden Rechtsvorschriften keine Entscheidung nach Satz 1 getroffen worden ist. [3] Unberührt bleiben

1. § 44a der Verwaltungsgerichtsordnung[6]),

[1]) Nr. 296.
[2]) Nr. 845.
[3]) Nr. 298.
[4]) **Sartorius III Nr. 460.**
[5]) *Sartorius III Nr. 310.*
[6]) Nr. 600.

2. § 17 Absatz 3 Satz 3 bis 5 und § 19 Absatz 2 Satz 5 bis 7 des Standortauswahlgesetzes[1] sowie

3. § 15 Absatz 3 Satz 2 des Netzausbaubeschleunigungsgesetzes Übertragungsnetz[2], § 17a Absatz 5 Satz 1 des Energiewirtschaftsgesetzes[3], § 6 Absatz 9 Satz 1 des Windenergie-auf-See-Gesetzes, § 47 Absatz 4 und § 49 Absatz 3 des Gesetzes über die Umweltverträglichkeitsprüfung und andere entsprechende Rechtsvorschriften.

[4] Die Sätze 1 und 2 gelten nicht, wenn eine Entscheidung im Sinne dieses Absatzes auf Grund einer Entscheidung in einem verwaltungsgerichtlichen Streitverfahren erlassen worden ist.

(2) Dieses Gesetz gilt auch im Bereich der ausschließlichen Wirtschaftszone oder des Festlandsockels im Rahmen der Vorgaben des Seerechtsübereinkommens der Vereinten Nationen vom 10. Dezember 1982 (BGBl. 1994 II S. 1799, 1995 II S. 602).

(3) Soweit in Planfeststellungsverfahren, die Absatz 1 Satz 1 Nummer 1, 2 oder 5 unterfallen, Rechtsbehelfe nach diesem Gesetz eröffnet sind, wird § 64 Absatz 1 des Bundesnaturschutzgesetzes[4] nicht angewendet.

(4) Umweltbezogene Rechtsvorschriften im Sinne dieses Gesetzes sind Bestimmungen, die sich zum Schutz von Mensch und Umwelt auf

1. den Zustand von Umweltbestandteilen im Sinne von § 2 Absatz 3 Nummer 1 des Umweltinformationsgesetzes[5] oder

2. Faktoren im Sinne von § 2 Absatz 3 Nummer 2 des Umweltinformationsgesetzes

beziehen.

§ 2 Rechtsbehelfe von Vereinigungen. (1) [1] Eine nach § 3 anerkannte inländische oder ausländische Vereinigung kann, ohne eine Verletzung in eigenen Rechten geltend machen zu müssen, Rechtsbehelfe nach Maßgabe der Verwaltungsgerichtsordnung gegen eine Entscheidung nach § 1 Absatz 1 Satz 1 oder deren Unterlassen einlegen, wenn die Vereinigung

1. geltend macht, dass eine Entscheidung nach § 1 Absatz 1 Satz 1 oder deren Unterlassen Rechtsvorschriften, die für die Entscheidung von Bedeutung sein können, widerspricht,

2. geltend macht, in ihrem satzungsgemäßen Aufgabenbereich der Förderung der Ziele des Umweltschutzes durch die Entscheidung nach § 1 Absatz 1 Satz 1 oder deren Unterlassen berührt zu sein, und

3. im Falle eines Verfahrens nach

a) § 1 Absatz 1 Satz 1 Nummer 1 bis 2b zur Beteiligung berechtigt war;

b) § 1 Absatz 1 Satz 1 Nummer 4 zur Beteiligung berechtigt war und sie sich hierbei in der Sache gemäß den geltenden Rechtsvorschriften geäußert hat oder ihr entgegen den geltenden Rechtsvorschriften keine Gelegenheit zur Äußerung gegeben worden ist.

[1] **Sartorius III Nr. 480.**
[2] **Sartorius III Nr. 511.**
[3] Nr. 830.
[4] Nr. 880.
[5] Nr. 294.

[2] Bei Rechtsbehelfen gegen eine Entscheidung nach § 1 Absatz 1 Satz 1 Nummer 2a bis 6 oder gegen deren Unterlassen muss die Vereinigung zudem die Verletzung umweltbezogener Rechtsvorschriften geltend machen.

(2) [1] Eine Vereinigung, die nicht nach § 3 anerkannt ist, kann einen Rechtsbehelf nach Absatz 1 nur dann einlegen, wenn

1. sie bei Einlegung des Rechtsbehelfs die Voraussetzungen für eine Anerkennung erfüllt,
2. sie einen Antrag auf Anerkennung gestellt hat und
3. über eine Anerkennung aus Gründen, die von der Vereinigung nicht zu vertreten sind, noch nicht entschieden ist.

[2] Bei einer ausländischen Vereinigung gelten die Voraussetzungen der Nummer 3 als erfüllt. [3] Mit der Bestandskraft einer die Anerkennung versagenden Entscheidung wird der Rechtsbehelf unzulässig.

(3) [1] Ist eine Entscheidung nach § 1 Absatz 1 Satz 1 nach den geltenden Rechtsvorschriften weder öffentlich bekannt gemacht noch der Vereinigung bekannt gegeben worden, so müssen Widerspruch oder Klage binnen eines Jahres erhoben werden, nachdem die Vereinigung von der Entscheidung Kenntnis erlangt hat oder hätte erlangen können. [2] Widerspruch oder Klage gegen eine Entscheidung nach § 1 Absatz 1 Satz 1 Nummer 5 oder 6 müssen jedoch spätestens binnen zweier Jahre, nachdem der Verwaltungsakt erteilt wurde, erhoben werden. [3] Satz 1 gilt entsprechend, wenn eine Entscheidung nach § 1 Absatz 1 Satz 1 entgegen geltenden Rechtsvorschriften nicht getroffen worden ist und die Vereinigung von diesem Umstand Kenntnis erlangt hat oder hätte erlangen können.

(4) [1] Rechtsbehelfe nach Absatz 1 sind begründet, soweit

1. die Entscheidung nach § 1 Absatz 1 Satz 1 Nummer 1 und 2 oder deren Unterlassen gegen Rechtsvorschriften verstößt, die für diese Entscheidung von Bedeutung sind, oder
2. die Entscheidung nach § 1 Absatz 1 Satz 1 Nummer 2a bis 6 oder deren Unterlassen gegen umweltbezogene Rechtsvorschriften verstößt, die für diese Entscheidung von Bedeutung sind,

und der Verstoß Belange berührt, die zu den Zielen gehören, die die Vereinigung nach ihrer Satzung fördert. [2] Bei Entscheidungen nach § 1 Absatz 1 Satz 1 Nummer 1 oder 4 muss zudem eine Pflicht zur Durchführung einer Umweltprüfung im Sinne von § 1 Nummer 1 des Gesetzes über die Umweltverträglichkeitsprüfung[1]) bestehen.

§ 3 Anerkennung von Vereinigungen. (1) [1] Auf Antrag wird einer inländischen oder ausländischen Vereinigung die Anerkennung zur Einlegung von Rechtsbehelfen nach diesem Gesetz erteilt. [2] Die Anerkennung ist zu erteilen, wenn die Vereinigung

1. nach ihrer Satzung ideell und nicht nur vorübergehend vorwiegend die Ziele des Umweltschutzes fördert,
2. im Zeitpunkt der Anerkennung mindestens drei Jahre besteht und in diesem Zeitraum im Sinne der Nummer 1 tätig gewesen ist,
3. die Gewähr für eine sachgerechte Aufgabenerfüllung, insbesondere für eine sachgerechte Beteiligung an behördlichen Entscheidungsverfahren, bietet;

[1]) Nr. **295**.

dabei sind Art und Umfang ihrer bisherigen Tätigkeit, der Mitgliederkreis sowie die Leistungsfähigkeit der Vereinigung zu berücksichtigen,

4. gemeinnützige Zwecke im Sinne von § 52 der Abgabenordnung verfolgt und

5. jeder Person den Eintritt als Mitglied ermöglicht, die die Ziele der Vereinigung unterstützt; Mitglieder sind Personen, die mit dem Eintritt volles Stimmrecht in der Mitgliederversammlung der Vereinigung erhalten; bei Vereinigungen, deren Mitgliederkreis zu mindestens drei Vierteln aus juristischen Personen besteht, kann von der Voraussetzung nach Halbsatz 1 abgesehen werden, sofern die Mehrzahl dieser juristischen Personen diese Voraussetzung erfüllt.

³ In der Anerkennung ist der satzungsgemäße Aufgabenbereich, für den die Anerkennung gilt, zu bezeichnen; dabei sind insbesondere anzugeben, ob die Vereinigung im Schwerpunkt die Ziele des Naturschutzes und der Landschaftspflege fördert, sowie der räumliche Bereich, auf den sich die Anerkennung bezieht. ⁴ Die Anerkennung kann, auch nachträglich, mit der Auflage verbunden werden, dass Satzungsänderungen mitzuteilen sind. ⁵ Sie ist von der zuständigen Behörde im Internet zu veröffentlichen.

(2) ¹ Für eine ausländische Vereinigung sowie für eine Vereinigung mit einem Tätigkeitsbereich, der über das Gebiet eines Landes hinausgeht, wird die Anerkennung durch das Umweltbundesamt ausgesprochen. ² Bei der Anerkennung einer Vereinigung nach Satz 1, die im Schwerpunkt die Ziele des Naturschutzes und der Landschaftspflege fördert, ergeht diese Anerkennung im Einvernehmen mit dem Bundesamt für Naturschutz. ³ Für die Anerkennung werden keine Gebühren und Auslagen erhoben.

(3) Für eine inländische Vereinigung mit einem Tätigkeitsbereich, der nicht über das Gebiet eines Landes hinausgeht, wird die Anerkennung durch die zuständige Behörde des Landes ausgesprochen.

§ 4[1] **Verfahrensfehler.** (1) ¹ Die Aufhebung einer Entscheidung über die Zulässigkeit eines Vorhabens nach § 1 Absatz 1 Satz 1 Nummer 1 bis 2b kann verlangt werden, wenn

1. eine nach den Bestimmungen des Gesetzes über die Umweltverträglichkeitsprüfung[2], nach der Verordnung über die Umweltverträglichkeitsprüfung bergbaulicher Vorhaben oder nach entsprechenden landesrechtlichen Vorschriften

 a) erforderliche Umweltverträglichkeitsprüfung oder

 b) erforderliche Vorprüfung des Einzelfalls zur Feststellung der UVP-Pflichtigkeit

 weder durchgeführt noch nachgeholt worden ist,

2. eine erforderliche Öffentlichkeitsbeteiligung im Sinne von § 18 des Gesetzes über die Umweltverträglichkeitsprüfung oder im Sinne von § 10 des Bundes-Immissionsschutzgesetzes[3] weder durchgeführt noch nachgeholt worden ist oder

[1] § 4 Abs. 4 Satz 2 geänd. mWv 29.11.2017 durch G v. 20.7.2017 (BGBl. I S. 2808).
[2] Nr. 295.
[3] Nr. 296.

3. ein anderer Verfahrensfehler vorliegt, der

 a) nicht geheilt worden ist,

 b) nach seiner Art und Schwere mit den in den Nummern 1 und 2 genannten Fällen vergleichbar ist und

 c) der betroffenen Öffentlichkeit die Möglichkeit der gesetzlich vorgesehenen Beteiligung am Entscheidungsprozess genommen hat; zur Beteiligung am Entscheidungsprozess gehört auch der Zugang zu den Unterlagen, die zur Einsicht für die Öffentlichkeit auszulegen sind.

² Eine durchgeführte Vorprüfung des Einzelfalls zur Feststellung der UVP-Pflichtigkeit, die nicht dem Maßstab des § 5 Absatz 3 Satz 2 des Gesetzes über die Umweltverträglichkeitsprüfung genügt, steht einer nicht durchgeführten Vorprüfung nach Satz 1 Nummer 1 Buchstabe b gleich.

(1a) ¹ Für Verfahrensfehler, die nicht unter Absatz 1 fallen, gilt § 46 des Verwaltungsverfahrensgesetzes[1]. ² Lässt sich durch das Gericht nicht aufklären, ob ein Verfahrensfehler nach Satz 1 die Entscheidung in der Sache beeinflusst hat, wird eine Beeinflussung vermutet.

(1b) ¹ Eine Verletzung von Verfahrensvorschriften führt nur dann zur Aufhebung der Entscheidung nach § 1 Absatz 1 Satz 1 Nummer 1 bis 2b oder 5, wenn sie nicht durch Entscheidungsergänzung oder ein ergänzendes Verfahren behoben werden kann. ² Unberührt bleiben

1. § 45 Absatz 2 des Verwaltungsverfahrensgesetzes sowie

2. § 75 Absatz 1a des Verwaltungsverfahrensgesetzes und andere entsprechende Rechtsvorschriften zur Planerhaltung.

³ Auf Antrag kann das Gericht anordnen, dass die Verhandlung bis zur Heilung von Verfahrensfehlern im Sinne der Absätze 1 und 1a ausgesetzt wird, soweit dies im Sinne der Verfahrenskonzentration sachdienlich ist.

(2) Soweit Gegenstand der gerichtlichen Überprüfung Beschlüsse im Sinne des § 2 Absatz 6 Nummer 3 des Gesetzes über die Umweltverträglichkeitsprüfung sind, gelten abweichend von den Absätzen 1 bis 1b die §§ 214 und 215 und die diesbezüglichen Überleitungsvorschriften des Baugesetzbuchs[2] sowie die einschlägigen landesrechtlichen Vorschriften.

(3) ¹ Die Absätze 1 bis 2 gelten für Rechtsbehelfe von

1. Personen gemäß § 61 Nummer 1 der Verwaltungsgerichtsordnung[3] und Vereinigungen gemäß § 61 Nummer 2 der Verwaltungsgerichtsordnung sowie

2. Vereinigungen, die die Anforderungen des § 3 Absatz 1 oder des § 2 Absatz 2 erfüllen.

² Auf Rechtsbehelfe von Personen und Vereinigungen nach Satz 1 Nummer 1 ist Absatz 1 Satz 1 Nummer 3 mit der Maßgabe anzuwenden, dass die Aufhebung einer Entscheidung nur verlangt werden kann, wenn der Verfahrensfehler dem Beteiligten die Möglichkeit der gesetzlich vorgesehenen Beteiligung am Entscheidungsprozess genommen hat.

[1] Nr. **100**.
[2] Nr. **300**.
[3] Nr. **600**.

(4) [1] Für Rechtsbehelfe von Vereinigungen nach Absatz 3 Satz 1 Nummer 2 gegen Entscheidungen nach § 1 Absatz 1 Satz 1 Nummer 4 sind die Absätze 1 bis 2 entsprechend anzuwenden. [2] Soweit Gegenstand der gerichtlichen Überprüfung Raumordnungspläne nach dem Raumordnungsgesetz[1] sind, gelten abweichend von Satz 1 die §§ 11 und 27 Absatz 2 des Raumordnungsgesetzes sowie die einschlägigen landesrechtlichen Vorschriften.

(5) Für Rechtsbehelfe gegen Entscheidungen im Sinne des § 1 Absatz 1 Satz 1 Nummer 3, 5 und 6 gelten bei Verfahrensfehlern die jeweiligen fachrechtlichen Regelungen sowie die Regelungen des Verwaltungsverfahrensgesetzes.

§ 5 Missbräuchliches oder unredliches Verhalten im Rechtsbehelfsverfahren. Einwendungen, die eine Person oder eine Vereinigung im Sinne des § 4 Absatz 3 Satz 1 erstmals im Rechtsbehelfsverfahren erhebt, bleiben unberücksichtigt, wenn die erstmalige Geltendmachung im Rechtsbehelfsverfahren missbräuchlich oder unredlich ist.

§ 6 Klagebegründungsfrist. [1] Eine Person oder eine Vereinigung im Sinne des § 4 Absatz 3 Satz 1 hat innerhalb einer Frist von zehn Wochen ab Klageerhebung die zur Begründung ihrer Klage gegen eine Entscheidung im Sinne von § 1 Absatz 1 Satz 1 oder gegen deren Unterlassen dienenden Tatsachen und Beweismittel anzugeben. [2] Erklärungen und Beweismittel, die erst nach Ablauf dieser Frist vorgebracht werden, sind nur zuzulassen, wenn die Voraussetzung nach § 87b Absatz 3 Satz 1 Nummer 2 der Verwaltungsgerichtsordnung[2] erfüllt ist. [3] § 87b Absatz 3 Satz 2 und 3 der Verwaltungsgerichtsordnung gilt entsprechend. [4] Die Frist nach Satz 1 kann durch den Vorsitzenden oder den Berichterstatter auf Antrag verlängert werden, wenn die Person oder die Vereinigung in dem Verfahren, in dem die angefochtene Entscheidung ergangen ist, keine Möglichkeit der Beteiligung hatte.

§ 7 Besondere Bestimmungen für Rechtsbehelfe gegen bestimmte Entscheidungen. (1) [1] Ist für Entscheidungen nach § 1 Absatz 1 Satz 1 Nummer 5 oder 6 nach den geltenden Rechtsvorschriften keine öffentliche Bekanntmachung vorgeschrieben, so hat die zuständige Behörde die im Einzelfall getroffene Entscheidung mit Rechtsbehelfsbelehrung einer oder mehreren genau zu bezeichnenden Personen oder Vereinigungen bekannt zu geben, wenn dies beantragt wird

1. vom Antragsteller des Verwaltungsaktes nach § 1 Absatz 1 Satz 1 Nummer 5 oder
2. von demjenigen, an den die Behörde den Verwaltungsakt nach § 1 Absatz 1 Satz 1 Nummer 6 gerichtet hat.

[2] Die Kosten der Bekanntgabe hat der Antragsteller zu tragen.

(2) [1] Über Rechtsbehelfe gegen eine Entscheidung nach § 1 Absatz 1 Satz 1 Nummer 4 oder deren Unterlassen entscheidet im ersten Rechtszug das Oberverwaltungsgericht, auch wenn kein Fall des § 47 Absatz 1 Nummer 1 oder 2 der Verwaltungsgerichtsordnung[2] vorliegt. [2] Ist eine Gestaltungs- oder Leistungsklage oder ein Antrag nach § 47 Absatz 1 der Verwal-

[1] Nr. 340.
[2] Nr. 600.

tungsgerichtsordnung nicht statthaft, ist § 47 der Verwaltungsgerichtsordnung entsprechend anzuwenden. [3] Bei länderübergreifenden Plänen und Programmen ist das Oberverwaltungsgericht örtlich zuständig, in dessen Bezirk die Behörde, die die Entscheidung über die Annahme des Plans oder Programms getroffen hat, ihren Sitz hat.

(3) [1] Hat eine Vereinigung im Sinne des § 4 Absatz 3 Satz 1 Nummer 2 in einem Verfahren nach § 1 Absatz 1 Satz 1 Nummer 4 Gelegenheit zur Äußerung gehabt, ist sie im Verfahren über den Rechtsbehelf nach Absatz 2 mit allen Einwendungen ausgeschlossen, die sie im Verfahren nach § 1 Absatz 1 Satz 1 Nummer 4 nicht oder nach den geltenden Rechtsvorschriften nicht rechtzeitig geltend gemacht hat, aber hätte geltend machen können. [2] Satz 1 gilt nicht für Verfahren zur Aufstellung, Änderung, Ergänzung oder Aufhebung von Bebauungsplänen nach § 10 des Baugesetzbuches[1].

(4) Im Rechtsbehelfsverfahren gegen eine Entscheidung nach § 1 Absatz 1 Satz 1 Nummer 1 bis 2b findet § 73 Absatz 4 Satz 3 bis 6 des Verwaltungsverfahrensgesetzes[2], auch in den Fällen seines Absatzes 8, keine Anwendung.

(5) [1] Eine Verletzung materieller Rechtsvorschriften führt nur dann zur Aufhebung der Entscheidung nach § 1 Absatz 1 Satz 1 Nummer 1 bis 2b oder 5, wenn sie nicht durch Entscheidungsergänzung oder ein ergänzendes Verfahren behoben werden kann. [2] Satz 1 gilt nicht im Anwendungsbereich des § 75 Absatz 1a des Verwaltungsverfahrensgesetzes.

(6) Absatz 2 Satz 1 und 3 sowie die Absätze 4 und 5 gelten auch für Rechtsbehelfe von Personen und Vereinigungen nach § 4 Absatz 3 Satz 1 Nummer 1.

§ 8 Überleitungsvorschrift. (1) [1] Dieses Gesetz gilt für Rechtsbehelfe gegen Entscheidungen nach § 1 Absatz 1 Satz 1 Nummer 1 und 2, die nach dem 25. Juni 2005 ergangen sind oder hätten ergehen müssen. [2] Abweichend von Satz 1 ist § 6 nur auf solche in Satz 1 genannten Rechtsbehelfe anzuwenden, die nach dem 28. Januar 2013 erhoben worden sind.

(2) Dieses Gesetz gilt für Rechtsbehelfe gegen Entscheidungen nach § 1 Absatz 1 Satz 1 Nummer 4 bis 6,

1. die am 2. Juni 2017 noch keine Bestandskraft erlangt haben oder

2. die nach diesem Zeitpunkt ergangen sind oder hätten ergehen müssen.

(3) Folgende Anerkennungen gelten als Anerkennungen im Sinne dieses Gesetzes fort:

1. Anerkennungen

 a) nach § 3 dieses Gesetzes in der Fassung vom 28. Februar 2010,

 b) nach § 59 des Bundesnaturschutzgesetzes[3] in der Fassung vom 28. Februar 2010 und

 c) auf Grund landesrechtlicher Vorschriften im Rahmen des § 60 des Bundesnaturschutzgesetzes in der Fassung vom 28. Februar 2010,

 die vor dem 1. März 2010 erteilt worden sind, sowie

2. Anerkennungen des Bundes und der Länder nach § 29 des Bundesnaturschutzgesetzes in der bis zum 3. April 2002 geltenden Fassung.

[1] Nr. **300**.
[2] Nr. **100**.
[3] Nr. **880**.

294. Umweltinformationsgesetz (UIG)[1]

In der Fassung der Bekanntmachung vom 27. Oktober 2014[2]

(BGBl. I S. 1643)

FNA 2129-42

geänd. durch Art. 16 G zur Anpassung des Umwelt-RechtsbehelfsG und anderer Vorschriften an europa- und völkerrechtliche Vorgaben v. 29.5.2017 (BGBl. I S. 1298) und Art. 2 Abs. 17 G zur Modernisierung des Rechts der Umweltverträglichkeitsprüfung v. 20.7.2017 (BGBl. I S. 2808)

Abschnitt 1. Allgemeine Vorschriften

§ 1 Zweck des Gesetzes; Anwendungsbereich. (1) Zweck dieses Gesetzes ist es, den rechtlichen Rahmen für den freien Zugang zu Umweltinformationen bei informationspflichtigen Stellen sowie für die Verbreitung dieser Umweltinformationen zu schaffen.

(2) Dieses Gesetz gilt für informationspflichtige Stellen des Bundes und der bundesunmittelbaren juristischen Personen des öffentlichen Rechts.

§ 2 Begriffsbestimmungen. (1) Informationspflichtige Stellen sind

1. die Regierung und andere Stellen der öffentlichen Verwaltung. Gremien, die diese Stellen beraten, gelten als Teil der Stelle, die deren Mitglieder beruft. Zu den informationspflichtigen Stellen gehören nicht

 a) die obersten Bundesbehörden, soweit und solange sie im Rahmen der Gesetzgebung tätig werden, und

 b) Gerichte des Bundes, soweit sie nicht Aufgaben der öffentlichen Verwaltung wahrnehmen;

2. natürliche oder juristische Personen des Privatrechts, soweit sie öffentliche Aufgaben wahrnehmen oder öffentliche Dienstleistungen erbringen, die im Zusammenhang mit der Umwelt stehen, insbesondere solche der umweltbezogenen Daseinsvorsorge, und dabei der Kontrolle des Bundes oder einer unter der Aufsicht des Bundes stehenden juristischen Person des öffentlichen Rechts unterliegen.

(2) Kontrolle im Sinne des Absatzes 1 Nummer 2 liegt vor, wenn

1. die Person des Privatrechts bei der Wahrnehmung der öffentlichen Aufgabe oder bei der Erbringung der öffentlichen Dienstleistung gegenüber Dritten besonderen Pflichten unterliegt oder über besondere Rechte verfügt, insbesondere ein Kontrahierungszwang oder ein Anschluss- und Benutzungszwang besteht, oder

[1] **Amtl. Anm.:** Dieses Gesetz dient der Umsetzung der Richtlinie 2003/4/EG des Europäischen Parlaments und des Rates vom 28. Januar 2003 über den Zugang der Öffentlichkeit zu Umweltinformationen und zur Aufhebung der Richtlinie 90/313/EWG des Rates (ABl. L 41 vom 14.2.2003, S. 26).
[2] Neubekanntmachung des UIG v. 22.12.2004 (BGBl. I S. 3704) in der ab 6.11.2014 geltenden Fassung.

2. eine oder mehrere der in Absatz 1 Nummer 2 genannten juristischen Personen des öffentlichen Rechts allein oder zusammen, unmittelbar oder mittelbar

a) die Mehrheit des gezeichneten Kapitals des Unternehmens besitzen,

b) über die Mehrheit der mit den Anteilen des Unternehmens verbundenen Stimmrechte verfügen oder

c) mehr als die Hälfte der Mitglieder des Verwaltungs-, Leitungs- oder Aufsichtsorgans des Unternehmens bestellen können, oder

3. mehrere juristische Personen des öffentlichen Rechts zusammen unmittelbar oder mittelbar über eine Mehrheit im Sinne der Nummer 2 Buchstabe a bis c verfügen und der überwiegende Anteil an dieser Mehrheit den in Absatz 1 Nummer 2 genannten juristischen Personen des öffentlichen Rechts zuzuordnen ist.

(3) Umweltinformationen sind unabhängig von der Art ihrer Speicherung alle Daten über

1. den Zustand von Umweltbestandteilen wie Luft und Atmosphäre, Wasser, Boden, Landschaft und natürliche Lebensräume einschließlich Feuchtgebiete, Küsten- und Meeresgebiete, die Artenvielfalt und ihre Bestandteile, einschließlich gentechnisch veränderter Organismen, sowie die Wechselwirkungen zwischen diesen Bestandteilen;

2. Faktoren wie Stoffe, Energie, Lärm und Strahlung, Abfälle aller Art sowie Emissionen, Ableitungen und sonstige Freisetzungen von Stoffen in die Umwelt, die sich auf die Umweltbestandteile im Sinne der Nummer 1 auswirken oder wahrscheinlich auswirken;

3. Maßnahmen oder Tätigkeiten, die

a) sich auf die Umweltbestandteile im Sinne der Nummer 1 oder auf Faktoren im Sinne der Nummer 2 auswirken oder wahrscheinlich auswirken oder

b) den Schutz von Umweltbestandteilen im Sinne der Nummer 1 bezwecken; zu den Maßnahmen gehören auch politische Konzepte, Rechts- und Verwaltungsvorschriften, Abkommen, Umweltvereinbarungen, Pläne und Programme;

4. Berichte über die Umsetzung des Umweltrechts;

5. Kosten-Nutzen-Analysen oder sonstige wirtschaftliche Analysen und Annahmen, die zur Vorbereitung oder Durchführung von Maßnahmen oder Tätigkeiten im Sinne der Nummer 3 verwendet werden, und

6. den Zustand der menschlichen Gesundheit und Sicherheit, die Lebensbedingungen des Menschen sowie Kulturstätten und Bauwerke, soweit sie jeweils vom Zustand der Umweltbestandteile im Sinne der Nummer 1 oder von Faktoren, Maßnahmen oder Tätigkeiten im Sinne der Nummern 2 und 3 betroffen sind oder sein können; hierzu gehört auch die Kontamination der Lebensmittelkette.

(4) [1] Eine informationspflichtige Stelle verfügt über Umweltinformationen, wenn diese bei ihr vorhanden sind oder für sie bereitgehalten werden. [2] Ein *Bereithalten liegt vor, wenn eine* natürliche oder juristische Person, die selbst nicht informationspflichtige Stelle ist, Umweltinformationen für eine infor-

mationspflichtige Stelle im Sinne des Absatzes 1 aufbewahrt, auf die diese Stelle einen Übermittlungsanspruch hat.

Abschnitt 2. Informationszugang auf Antrag

§ 3 Anspruch auf Zugang zu Umweltinformationen. (1) [1] Jede Person hat nach Maßgabe dieses Gesetzes Anspruch auf freien Zugang zu Umweltinformationen, über die eine informationspflichtige Stelle im Sinne des § 2 Absatz 1 verfügt, ohne ein rechtliches Interesse darlegen zu müssen. [2] Daneben bleiben andere Ansprüche auf Zugang zu Informationen unberührt.

(2) [1] Der Zugang kann durch Auskunftserteilung, Gewährung von Akteneinsicht oder in sonstiger Weise eröffnet werden. [2] Wird eine bestimmte Art des Informationszugangs beantragt, so darf dieser nur aus gewichtigen Gründen auf andere Art eröffnet werden. [3] Als gewichtiger Grund gilt insbesondere ein deutlich höherer Verwaltungsaufwand. [4] Soweit Umweltinformationen der antragstellenden Person bereits auf andere, leicht zugängliche Art, insbesondere durch Verbreitung nach § 10, zur Verfügung stehen, kann die informationspflichtige Stelle die Person auf diese Art des Informationszugangs verweisen.

(3) [1] Soweit ein Anspruch nach Absatz 1 besteht, sind die Umweltinformationen der antragstellenden Person unter Berücksichtigung etwaiger von ihr angegebener Zeitpunkte, spätestens jedoch mit Ablauf der Frist nach Satz 2 Nummer 1 oder Nummer 2 zugänglich zu machen. [2] Die Frist beginnt mit Eingang des Antrags bei der informationspflichtigen Stelle, die über die Informationen verfügt, und endet

1. mit Ablauf eines Monats oder

2. soweit Umweltinformationen derart umfangreich und komplex sind, dass die in Nummer 1 genannte Frist nicht eingehalten werden kann, mit Ablauf von zwei Monaten.

§ 4 Antrag und Verfahren. (1) Umweltinformationen werden von einer informationspflichtigen Stelle auf Antrag zugänglich gemacht.

(2) [1] Der Antrag muss erkennen lassen, zu welchen Umweltinformationen der Zugang gewünscht wird. [2] Ist der Antrag zu unbestimmt, so ist der antragstellenden Person dies innerhalb eines Monats mitzuteilen und Gelegenheit zur Präzisierung des Antrags zu geben. [3] Kommt die antragstellende Person der Aufforderung zur Präzisierung nach, beginnt der Lauf der Frist zur Beantwortung von Anträgen erneut. [4] Die Informationssuchenden sind bei der Stellung und Präzisierung von Anträgen zu unterstützen.

(3) [1] Wird der Antrag bei einer informationspflichtigen Stelle gestellt, die nicht über die Umweltinformationen verfügt, leitet sie den Antrag an die über die begehrten Informationen verfügende Stelle weiter, wenn ihr diese bekannt ist, und unterrichtet die antragstellende Person hierüber. [2] Anstelle der Weiterleitung des Antrags kann sie die antragstellende Person auch auf andere ihr bekannte informationspflichtige Stellen hinweisen, die über die Informationen verfügen.

(4) Wird eine andere als die beantragte Art des Informationszugangs im Sinne von § 3 Absatz 2 eröffnet, ist dies innerhalb der Frist nach § 3 Absatz 3 Satz 2 Nummer 1 unter Angabe der Gründe mitzuteilen.

(5) Über die Geltung der längeren Frist nach § 3 Absatz 3 Satz 2 Nummer 2 ist die antragstellende Person spätestens mit Ablauf der Frist nach § 3 Absatz 3 Satz 2 Nummer 1 unter Angabe der Gründe zu unterrichten.

§ 5 Ablehnung des Antrags. (1) [1] Wird der Antrag ganz oder teilweise nach den §§ 8 und 9 abgelehnt, ist die antragstellende Person innerhalb der Fristen nach § 3 Absatz 3 Satz 2 hierüber zu unterrichten. [2] Eine Ablehnung liegt auch dann vor, wenn nach § 3 Absatz 2 der Informationszugang auf andere Art gewährt oder die antragstellende Person auf eine andere Art des Informationszugangs verwiesen wird. [3] Der antragstellenden Person sind die Gründe für die Ablehnung mitzuteilen; in den Fällen des § 8 Absatz 2 Nummer 4 ist darüber hinaus die Stelle, die das Material vorbereitet, sowie der voraussichtliche Zeitpunkt der Fertigstellung mitzuteilen. [4] § 39 Absatz 2 des Verwaltungsverfahrensgesetzes[1]) findet keine Anwendung.

(2) [1] Wenn der Antrag schriftlich gestellt wurde oder die antragstellende Person dies begehrt, erfolgt die Ablehnung in schriftlicher Form. [2] Sie ist auf Verlangen der antragstellenden Person in elektronischer Form mitzuteilen, wenn der Zugang hierfür eröffnet ist.

(3) Liegt ein Ablehnungsgrund nach § 8 oder § 9 vor, sind die hiervon nicht betroffenen Informationen zugänglich zu machen, soweit es möglich ist, die betroffenen Informationen auszusondern.

(4) Die antragstellende Person ist im Falle der vollständigen oder teilweisen Ablehnung eines Antrags auch über die Rechtsschutzmöglichkeiten gegen die Entscheidung sowie darüber zu belehren, bei welcher Stelle und innerhalb welcher Frist um Rechtsschutz nachgesucht werden kann.

§ 6 Rechtsschutz. (1) Für Streitigkeiten nach diesem Gesetz ist der Verwaltungsrechtsweg gegeben.

(2) Gegen die Entscheidung durch eine Stelle der öffentlichen Verwaltung im Sinne des § 2 Absatz 1 Nummer 1 ist ein Widerspruchsverfahren nach den §§ 68 bis 73 der Verwaltungsgerichtsordnung[2]) auch dann durchzuführen, wenn die Entscheidung von einer obersten Bundesbehörde getroffen worden ist.

(3) [1] Ist die antragstellende Person der Auffassung, dass eine informationspflichtige Stelle im Sinne des § 2 Absatz 1 Nummer 2 den Antrag nicht vollständig erfüllt hat, kann sie die Entscheidung der informationspflichtigen Stelle nach Absatz 4 überprüfen lassen. [2] Die Überprüfung ist nicht Voraussetzung für die Erhebung der Klage nach Absatz 1. [3] Eine Klage gegen die zuständige Stelle nach § 13 Absatz 1 ist ausgeschlossen.

(4) [1] Der Anspruch auf nochmalige Prüfung ist gegenüber der informationspflichtigen Stelle im Sinne des § 2 Absatz 1 Nummer 2 innerhalb eines Monats, nachdem diese Stelle mitgeteilt hat, dass der Anspruch nicht oder nicht vollständig erfüllt werden kann, schriftlich geltend zu machen. [2] Die

informationspflichtige Stelle hat der antragstellenden Person das Ergebnis ihrer nochmaligen Prüfung innerhalb eines Monats zu übermitteln.

(5) Durch Landesgesetz kann für Streitigkeiten um Ansprüche gegen private informationspflichtige Stellen auf Grund von landesrechtlichen Vorschriften über den Zugang zu Umweltinformationen der Verwaltungsrechtsweg vorgesehen werden.

§ 7 Unterstützung des Zugangs zu Umweltinformationen. (1) ¹Die informationspflichtigen Stellen ergreifen Maßnahmen, um den Zugang zu den bei ihnen verfügbaren Umweltinformationen zu erleichtern. ²Zu diesem Zweck wirken sie darauf hin, dass Umweltinformationen, über die sie verfügen, zunehmend in elektronischen Datenbanken oder in sonstigen Formaten gespeichert werden, die über Mittel der elektronischen Kommunikation abrufbar sind.

(2) Die informationspflichtigen Stellen treffen praktische Vorkehrungen zur Erleichterung des Informationszugangs, beispielsweise durch

1. die Benennung von Auskunftspersonen oder Informationsstellen,
2. die Veröffentlichung von Verzeichnissen über verfügbare Umweltinformationen,
3. die Einrichtung öffentlich zugänglicher Informationsnetze und Datenbanken oder
4. die Veröffentlichung von Informationen über behördliche Zuständigkeiten.

(3) Soweit möglich, gewährleisten die informationspflichtigen Stellen, dass alle Umweltinformationen, die von ihnen oder für sie zusammengestellt werden, auf dem gegenwärtigen Stand, exakt und vergleichbar sind.

Abschnitt 3. Ablehnungsgründe

§ 8 Schutz öffentlicher Belange. (1) ¹Soweit das Bekanntgeben der Informationen nachteilige Auswirkungen hätte auf

1. die internationalen Beziehungen, die Verteidigung oder bedeutsame Schutzgüter der öffentlichen Sicherheit,
2. die Vertraulichkeit der Beratungen von informationspflichtigen Stellen im Sinne des § 2 Absatz 1,
3. die Durchführung eines laufenden Gerichtsverfahrens, den Anspruch einer Person auf ein faires Verfahren oder die Durchführung strafrechtlicher, ordnungswidrigkeitenrechtlicher oder disziplinarrechtlicher Ermittlungen oder
4. den Zustand der Umwelt und ihrer Bestandteile im Sinne des § 2 Absatz 3 Nummer 1 oder *Schutzgüter* im Sinne des § 2 Absatz 3 Nummer 6,

ist der Antrag abzulehnen, es sei denn, das öffentliche Interesse an der Bekanntgabe überwiegt. ²Der Zugang zu Umweltinformationen über Emissionen kann nicht unter Berufung auf die in den Nummern 2 und 4 genannten Gründe abgelehnt werden.

(2) Soweit ein Antrag

1. offensichtlich missbräuchlich gestellt wurde,

2. sich auf interne Mitteilungen der informationspflichtigen Stellen im Sinne des § 2 Absatz 1 bezieht,

3. bei einer Stelle, die nicht über die Umweltinformationen verfügt, gestellt wird, sofern er nicht nach § 4 Absatz 3 weitergeleitet werden kann,

4. sich auf die Zugänglichmachung von Material, das gerade vervollständigt wird, noch nicht abgeschlossener Schriftstücke oder noch nicht aufbereiteter Daten bezieht oder

5. zu unbestimmt ist und auf Aufforderung der informationspflichtigen Stelle nach § 4 Absatz 2 nicht innerhalb einer angemessenen Frist präzisiert wird,

ist er abzulehnen, es sei denn, das öffentliche Interesse an der Bekanntgabe überwiegt.

§ 9 Schutz sonstiger Belange. (1) [1] Soweit

1. durch das Bekanntgeben der Informationen personenbezogene Daten offenbart und dadurch Interessen der Betroffenen erheblich beeinträchtigt würden,

2. Rechte am geistigen Eigentum, insbesondere Urheberrechte, durch das Zugänglichmachen von Umweltinformationen verletzt würden oder

3. durch das Bekanntgeben Betriebs- oder Geschäftsgeheimnisse zugänglich gemacht würden oder die Informationen dem Steuergeheimnis oder dem Statistikgeheimnis unterliegen,

ist der Antrag abzulehnen, es sei denn, die Betroffenen haben zugestimmt oder das öffentliche Interesse an der Bekanntgabe überwiegt. [2] Der Zugang zu Umweltinformationen über Emissionen kann nicht unter Berufung auf die in den Nummern 1 und 3 genannten Gründe abgelehnt werden. [3] Vor der Entscheidung über die Offenbarung der durch Satz 1 Nummer 1 bis 3 geschützten Informationen sind die Betroffenen anzuhören. [4] Die informationspflichtige Stelle hat in der Regel von einer Betroffenheit im Sinne des Satzes 1 Nummer 3 auszugehen, soweit übermittelte Informationen als Betriebs- und Geschäftsgeheimnisse gekennzeichnet sind. [5] Soweit die informationspflichtige Stelle dies verlangt, haben mögliche Betroffene im Einzelnen darzulegen, dass ein Betriebs- oder Geschäftsgeheimnis vorliegt.

(2) [1] Umweltinformationen, die private Dritte einer informationspflichtigen Stelle übermittelt haben, ohne rechtlich dazu verpflichtet zu sein oder rechtlich verpflichtet werden zu können, und deren Offenbarung nachteilige Auswirkungen auf die Interessen der Dritten hätte, dürfen ohne deren Einwilligung anderen nicht zugänglich gemacht werden, es sei denn, das öffentliche Interesse an der Bekanntgabe überwiegt. [2] Der Zugang zu Umweltinformationen über Emissionen kann nicht unter Berufung auf die in Satz 1 genannten Gründe abgelehnt werden.

Abschnitt 4. Verbreitung von Umweltinformationen

§ 10[1] **Unterrichtung der Öffentlichkeit.** (1) [1] Die informationspflichtigen Stellen unterrichten die Öffentlichkeit in angemessenem Umfang aktiv und systematisch über die Umwelt. [2] In diesem Rahmen verbreiten sie Umweltinformationen, die für ihre Aufgaben von Bedeutung sind und über die sie verfügen.

(2) [1] Zu den zu verbreitenden Umweltinformationen gehören zumindest:

1. der Wortlaut von völkerrechtlichen Verträgen, das von den Organen der Europäischen Gemeinschaft erlassene Gemeinschaftsrecht sowie Rechtsvorschriften von Bund, Ländern oder Kommunen über die Umwelt oder mit Bezug zur Umwelt;

2. politische Konzepte sowie Pläne und Programme mit Bezug zur Umwelt;

3. Berichte über den Stand der Umsetzung von Rechtsvorschriften sowie Konzepten, Plänen und Programmen nach den Nummern 1 und 2, sofern solche Berichte von den jeweiligen informationspflichtigen Stellen in elektronischer Form ausgearbeitet worden sind oder bereitgehalten werden;

4. Daten oder Zusammenfassungen von Daten aus der Überwachung von Tätigkeiten, die sich auf die Umwelt auswirken oder wahrscheinlich auswirken;

5. Zulassungsentscheidungen, die erhebliche Auswirkungen auf die Umwelt haben, und Umweltvereinbarungen sowie

6. zusammenfassende Darstellung und Bewertung der Umweltauswirkungen nach den §§ 24 und 25 des Gesetzes über die Umweltverträglichkeitsprüfung[2] in der Fassung der Bekanntmachung vom 24. Februar 2010 (BGBl. I S. 94) in der jeweils geltenden Fassung und Risikobewertungen im Hinblick auf Umweltbestandteile nach § 2 Absatz 3 Nummer 1.

[2] In Fällen des Satzes 1 Nummer 5 und 6 genügt zur Verbreitung die Angabe, wo solche Informationen zugänglich sind oder gefunden werden können. [3] Die veröffentlichten Umweltinformationen werden in angemessenen Abständen aktualisiert.

(3) [1] Die Verbreitung von Umweltinformationen soll in für die Öffentlichkeit verständlicher Darstellung und leicht zugänglichen Formaten erfolgen. [2] Hierzu sollen, soweit vorhanden, elektronische Kommunikationsmittel verwendet werden. [3] Satz 2 gilt nicht für Umweltinformationen, die vor Inkrafttreten dieses Gesetzes angefallen sind, es sei denn, sie liegen bereits in elektronischer Form vor.

(4) Die Anforderungen an die Unterrichtung der Öffentlichkeit nach den Absätzen 1 und 2 können auch dadurch erfüllt werden, dass Verknüpfungen zu Internet-Seiten eingerichtet werden, auf denen die zu verbreitenden Umweltinformationen zu finden sind.

(5) [1] Im Falle einer unmittelbaren Bedrohung der menschlichen Gesundheit oder der Umwelt haben die informationspflichtigen Stellen sämtliche

[1] § 10 Abs. 2 Satz 1 Nr. 6 neu gef. mWv 2.6.2017 durch G v. 29.5.2017 (BGBl. I S. 1298); Abs. 2 Satz 1 Nr. 6 geänd. mWv 29.7.2017 durch G v. 20.7.2017 (BGBl. I S. 2808).
[2] Nr. 295.

Informationen, über die sie verfügen und die es der eventuell betroffenen Öffentlichkeit ermöglichen könnten, Maßnahmen zur Abwendung oder Begrenzung von Schäden infolge dieser Bedrohung zu ergreifen, unmittelbar und unverzüglich zu verbreiten; dies gilt unabhängig davon, ob diese Folge menschlicher Tätigkeit oder einer natürlichen Ursache ist. [2] Verfügen mehrere informationspflichtige Stellen über solche Informationen, sollen sie sich bei deren Verbreitung abstimmen.

(6) § 7 Absatz 1 und 3 sowie die §§ 8 und 9 finden entsprechende Anwendung.

(7) Die Wahrnehmung der Aufgaben des § 10 kann auf bestimmte Stellen der öffentlichen Verwaltung oder private Stellen übertragen werden.

§ 11 Umweltzustandsbericht. [1] Die Bundesregierung veröffentlicht regelmäßig im Abstand von nicht mehr als vier Jahren einen Bericht über den Zustand der Umwelt im Bundesgebiet. [2] Hierbei berücksichtigt sie § 10 Absatz 1, 3 und 6. [3] Der Bericht enthält Informationen über die Umweltqualität und vorhandene Umweltbelastungen. [4] Der erste Bericht nach Inkrafttreten dieses Gesetzes ist spätestens am 31. Dezember 2006 zu veröffentlichen.

Abschnitt 5. Schlussvorschriften

§ 12 Gebühren und Auslagen. (1) [1] Für die Übermittlung von Informationen auf Grund dieses Gesetzes werden Gebühren und Auslagen erhoben. [2] Dies gilt nicht für die Erteilung mündlicher und einfacher schriftlicher Auskünfte, die Einsichtnahme in Umweltinformationen vor Ort, Maßnahmen und Vorkehrungen nach § 7 Absatz 1 und 2 sowie die Unterrichtung der Öffentlichkeit nach den §§ 10 und 11.

(2) Die Gebühren sind auch unter Berücksichtigung des Verwaltungsaufwandes so zu bemessen, dass der Informationsanspruch nach § 3 Absatz 1 wirksam in Anspruch genommen werden kann.

(3) [1] Die Bundesregierung wird ermächtigt, für individuell zurechenbare öffentliche Leistungen von informationspflichtigen Stellen die Höhe der Gebühren und Auslagen durch Rechtsverordnung[1], die nicht der Zustimmung des Bundesrates bedarf, zu bestimmen. [2] § 9 Absatz 1 und 2 sowie die §§ 10 und 12 des Bundesgebührengesetzes[2] finden keine Anwendung.

(4) [1] Private informationspflichtige Stellen im Sinne des § 2 Absatz 1 Nummer 2 können für die Übermittlung von Informationen nach diesem Gesetz von der antragstellenden Person Gebühren- und Auslagenerstattung entsprechend den Grundsätzen nach den Absätzen 1 und 2 verlangen. [2] Die Höhe der erstattungsfähigen Gebühren und Auslagen bemisst sich nach den in der Rechtsverordnung nach Absatz 3 festgelegten Sätzen für individuell zurechenbare öffentliche Leistungen von informationspflichtigen Stellen des Bundes und der bundesunmittelbaren juristischen Personen des öffentlichen Rechts.

[1] Siehe die UmweltinformationsgebührenVO **(Gewerberecht Nr. 801)**.
[2] Nr. **120**.

§ 13 Überwachung. (1) Die zuständigen Stellen der öffentlichen Verwaltung, die die Kontrolle im Sinne des § 2 Absatz 2 für den Bund oder eine unter der Aufsicht des Bundes stehende juristische Person des öffentlichen Rechts ausüben, überwachen die Einhaltung dieses Gesetzes durch private informationspflichtige Stellen im Sinne des § 2 Absatz 1 Nummer 2.

(2) Die informationspflichtigen Stellen nach § 2 Absatz 1 Nummer 2 haben den zuständigen Stellen auf Verlangen alle Informationen herauszugeben, die die Stellen zur Wahrnehmung ihrer Aufgaben nach Absatz 1 benötigen.

(3) Die nach Absatz 1 zuständigen Stellen können gegenüber den informationspflichtigen Stellen nach § 2 Absatz 1 Nummer 2 die zur Einhaltung und Durchführung dieses Gesetzes erforderlichen Maßnahmen ergreifen oder Anordnungen treffen.

(4) Die Bundesregierung wird ermächtigt, durch Rechtsverordnung, die nicht der Zustimmung des Bundesrates bedarf, die Aufgaben nach den Absätzen 1 bis 3 abweichend von Absatz 1 auf andere Stellen der öffentlichen Verwaltung zu übertragen.

§ 14 Ordnungswidrigkeiten. (1) Ordnungswidrig handelt, wer vorsätzlich oder fahrlässig einer vollziehbaren Anordnung nach § 13 Absatz 3 zuwiderhandelt.

(2) Die Ordnungswidrigkeit nach Absatz 1 kann mit einer Geldbuße bis zu zehntausend Euro geahndet werden.

295. Gesetz über die Umweltverträglichkeitsprüfung (UVPG) [1)][2)][3)]

In der Fassung der Bekanntmachung vom 24. Februar 2010[4)]

(BGBl. I S. 94)

FNA 2129-20

geänd. durch Art. 11 G zur Umsetzung der DienstleistungsRL auf dem Gebiet des Umweltrechts sowie zur Änd. umweltrechtlicher Vorschriften v. 11.8.2010 (BGBl. I S. 1163), Art. 3 VO zur Anpassung chemikalienrechtlicher Vorschriften an die VO (EG) Nr. 1005/2009 über Stoffe, die zum Abbau der Ozonschicht führen, sowie zur Anpassung des G über die Umweltverträglichkeitsprüfung an Änd. der GefahrstoffVO v. 18.5.2011 (BGBl. I S. 892), Art. 4 G zur Neuregelung energiewirtschaftsrechtlicher Vorschriften v. 26.7.2011 (BGBl. I S. 1554), Art. 6 G über Maßnahmen zur Beschleunigung des Netzausbaus Elektrizitätsnetze v. 28.7.2011 (BGBl. I S. 1690), Art. 3 G zur Umsetzung der Meeresstrategie-RahmenRL sowie zur Änd. des WaStrG und des KrW-/AbfG v. 6.10.2011 (BGBl. I S. 1986), Art. 5 Abs. 15 G zur Neuordnung des Kreislaufwirtschafts- und Abfallrechts v. 24.2.2012 (BGBl. I S. 212), Art. 2 G zur Demonstration und Anwendung von Technologien zur Abscheidung, zum Transport und zur dauerhaften Speicherung von Kohlendioxid v. 17.8.2012 (BGBl. I S. 1726), Art. 6 Drittes G zur Neuregelung energiewirtschaftsrechtlicher Vorschriften v. 20.12.2012 (BGBl. I S. 2730), Art. 2 G zur Änd. des Umwelt-RechtsbehelfsG und anderer umweltrechtlicher Vorschriften v. 21.1.2013 (BGBl. I S. 95), Art. 6 G zur Umsetzung der RL über Industrieemissionen v. 8.4.2013 (BGBl. I S. 734), Art. 5 Abs. 2 StandortauswahlG v. 23.7.2013 (BGBl. I S. 2553), Art. 10 G zur Förderung der elektronischen Verwaltung sowie zur Änd. weiterer Vorschriften v. 25.7.2013 (BGBl. I S. 2749), Art. 93 Zehnte ZuständigkeitsanpassungsVO v. 31.8.2015 (BGBl. I S. 1474), Art. 2 14. G zur Änd. des AtomG v. 20.11.2015 (BGBl. I S. 2053), Art. 2 G zur Änd. von Bestimmungen des Rechts des Energieleitungsbaus v. 21.12. 2015 (BGBl. I S. 2490), Art. 4 G zur Einführung von Ausschreibungen für Strom aus erneuerbaren Energien und zu weiteren Änd. des Rechts der erneuerbaren Energien v. 13.10.2016 (BGBl. I S. 2258), Art. 2 G zur Ums. der RL 2012/18/EU zur Beherrschung der Gefahren schwerer Unfälle mit gefährlichen Stoffen, zur Änd. und anschließenden Aufh. der RL 96/82/EG des Rates v. 30.11.2016 (BGBl. I S. 2749), Art. 4 Abs. 4 G zur Fortentwicklung des Gesetzes zur Suche und Auswahl eines Standortes für ein Endlager für Wärme entwickelnde radioaktive Abfälle und anderer Gesetze v. 5.5.2017 (BGBl. I S. 1074), Art. 2 G zur Änd. raumordnungsrechtlicher Vorschriften v. 23.5.2017 (BGBl. I S. 1245), Art. 2 G zur Anpassung des Umwelt-RechtsbehelfsG und anderer Vorschriften an europa- und völkerrechtliche Vorgaben v. 29.5.2017 (BGBl. I S. 1298), Art. 12 G zur Neuordnung des Rechts zum Schutz vor der schädlichen Wirkung ionisierender Strahlung v. 27.6.2017 (BGBl. I S. 1966), Art. 1, 2 Abs. 14b G zur

[1)] **Amtl. Anm.:** Das Gesetz dient der Umsetzung der Richtlinie 85/337/EWG des Rates vom 27. Juni 1985 über die Umweltverträglichkeitsprüfung bei bestimmten öffentlichen und privaten Projekten (ABl. L 175 vom 5.7.1985, S. 40), der Richtlinie 97/11/EG des Rates vom 3. März 1997 zur Änderung der Richtlinie 85/337/EWG über die Umweltverträglichkeitsprüfung bei bestimmten öffentlichen und privaten Projekten (ABl. L 73 vom 14.3.1997, S. 5), der Richtlinie 2001/42/EG des Europäischen Parlaments und des Rates vom 27. Juni 2001 über die Prüfung der Umweltauswirkungen bestimmter Pläne und Programme (ABl. L 197 vom 21.7.2001, S. 30) sowie der Umsetzung von Artikel 3 der Richtlinie 2003/35/EG des Europäischen Parlaments und des Rates vom 26. Mai 2003 über die Beteiligung der Öffentlichkeit bei der Ausarbeitung bestimmter umweltbezogener Pläne und Programme und zur Änderung der Richtlinien 85/337/EWG und 96/61/EG des Rates in Bezug auf die Öffentlichkeitsbeteiligung und den Zugang zu Gerichten (ABl. L 156 vom 25.6.2003, S. 17).

[2)] **Amtl. Anm. am Titel des MantelG** zur Modernisierung des Rechts der Umweltverträglichkeitsprüfung v. 20.7.2017 (BGBl. I S. 2808, ber. 2018 I S. 472): Dieses Gesetz dient der Umsetzung der Richtlinie 2011/92/EU des Europäischen Parlaments und des Rates vom 13. Dezember 2011 über die Umweltverträglichkeitsprüfung bei bestimmten öüentlichen und privaten Projekten in der Fassung der Richtlinie 2014/52/EU (ABl. L 124 vom 25.4.2014, S. 1), der Richtlinie 2001/42/EG des Europäischen Parlaments und des Rates vom 27. Juni 2001 über die Prüfung der Umweltauswirkungen bestimmter Pläne und Programme (ABl. L 197 vom 21.7.2001, S. 30).

[3)] Zur Sicherstellung ordnungsgemäßer Planungs- und Genehmigungsverfahren während der COVID-19-Pandemie siehe das PlanungssicherstellungsG v. 20.5.2020 (BGBl. I S. 1041), geänd. durch G v. 3.12. 2020 (BGBl. I S. 2694).

[4)] Neubekanntmachung des UVPG idF der Bek. v. 25.6.2005 (BGBl. I S. 1757) in der ab 2.3.2010 geltenden Fassung.

Modernisierung des Rechts der Umweltverträglichkeitsprüfung v. 20.7.2017 (BGBl. I S. 2808, ber. 2018 S. 472), Art. 2 G zur Durchführung der VO (EU) Nr. 1143/2014 über invasive gebietsfremde Arten v. 8.9.2017 (BGBl. I S. 3370), Art. 22 G zur Beschleunigung des Energieleitungsausbaus v. 13.5.2019 (BGBl. I S. 706), Art. 2 G zur Einführung eines Bundes-KlimaschutzG und zur Änd. weiterer Vorschriften v. 12.12.2019 (BGBl. I S. 2513), Art. 117 Elfte ZuständigkeitsanpassungsVO v. 19.6.2020 (BGBl. I S. 1328) und Art. 4 Investitionen-BeschleunigungsG v. 3.12.2020 (BGBl. I S. 2694)

Zum UVPG wurden ua folgende Vorschriften erlassen:
– UmweltverträglichkeitsprüfungsVO Bergbau v. 13.7.1990 (BGBl. I S. 1420), zuletzt geänd. durch VO v. 8.11.2019 (BGBl. I S. 1581)
– RohrfernleitungsVO v. 27.9.2002 (BGBl. I S. 3777), zuletzt geänd. durch VO v. 19.6.2020 (BGBl. I S. 1328)
– KWK-Kosten-Nutzen-Vergleich-VO – KNV-V v. 28.4.2015 (BGBl. I S. 670), geänd. durch G v. 21.12.2015 (BGBl. I S. 2498)
– Allg. VwV zur Ausführung des G über die Umweltverträglichkeitsprüfung – UVPVwV v. 18.9.1995 (GMBl S. 671)

Inhaltsübersicht[1]

Teil 1. Allgemeine Vorschriften

Teil 2. Umweltverträglichkeitsprüfung
Abschnitt 1. Voraussetzungen für eine Umweltverträglichkeitsprüfung

Abschnitt 2. Verfahrensschritte der Umweltverträglichkeitsprüfung

[1] Inhaltsübersicht neu gef. mWv 29.7.2017 durch G v. 20.7.2017 (BGBl. I S. 2808); geänd. mWv 10.12.2020 durch G v. 3.12.2020 (BGBl. I S. 2694).

Teil 1. Allgemeine Vorschriften für die Umweltprüfungen

§ 1[1] Anwendungsbereich. (1) Dieses Gesetz gilt für
1. die in Anlage 1 aufgeführten Vorhaben,
2. die in Anlage 5 aufgeführten Pläne und Programme,
3. sonstige Pläne und Programme, für die nach den §§ 35 bis 37 eine Strategische Umweltprüfung oder Vorprüfung durchzuführen ist, sowie
4. die grenzüberschreitende Behörden- und Öffentlichkeitsbeteiligung bei UVP-pflichtigen Vorhaben im Ausland nach den §§ 58 und 59 und bei SUP-pflichtigen Plänen und Programmen eines anderen Staates nach den §§ 62 und 63.

(2) ¹Bei Vorhaben oder Teilen von Vorhaben, die ausschließlich Zwecken der Verteidigung dienen, kann das Bundesministerium der Verteidigung oder eine von ihm benannte Stelle im Einzelfall entscheiden, dieses Gesetz ganz oder teilweise nicht anzuwenden, soweit sich die Anwendung nach Einschätzung des Bundesministeriums der Verteidigung oder der von ihm benannten Stelle nachteilig auf die Erfüllung dieser Zwecke auswirken würde, insbesondere wegen Eilbedürftigkeit des Vorhabens oder aus Gründen der Geheimhaltung. ²Zwecke der Verteidigung schließen auch zwischenstaatliche Verpflichtungen ein. ³Bei der Entscheidung ist der Schutz vor erheblichen nachteiligen Umweltauswirkungen zu berücksichtigen. ⁴Sonstige Rechtsvorschriften, die das Zulassungsverfahren betreffen, bleiben unberührt. ⁵Wird eine Entscheidung nach Satz 1 getroffen, unterrichtet das Bundesministerium der Verteidigung hierüber das für Umwelt zuständige Ministerium des betroffenen Landes unverzüglich sowie das Bundesministerium für Umwelt, Naturschutz und nukleare Sicherheit spätestens bis zum Ablauf des 31. März des Folgejahres.

(3) ¹Bei Vorhaben oder Teilen von Vorhaben, die ausschließlich der Bewältigung von Katastrophenfällen dienen, kann die zuständige Behörde im Einzelfall entscheiden, dieses Gesetz ganz oder teilweise nicht anzuwenden, soweit sich die Anwendung nach Einschätzung der zuständigen Behörde negativ auf die Erfüllung dieses Zwecks auswirken würde. ²Bei der Entscheidung ist der Schutz vor erheblichen nachteiligen Umweltauswirkungen zu berücksichtigen. ³Sonstige Rechtsvorschriften, die das Zulassungsverfahren betreffen, bleiben unberührt.

(4) ¹Dieses Gesetz findet Anwendung, soweit Rechtsvorschriften des Bundes oder der Länder die Umweltverträglichkeitsprüfung nicht näher bestimmen oder die wesentlichen Anforderungen dieses Gesetzes nicht beachten. ²Rechtsvorschriften mit weitergehenden Anforderungen bleiben unberührt.

§ 2[2] Begriffsbestimmungen. (1) Schutzgüter im Sinne dieses Gesetzes sind
1. Menschen, insbesondere die menschliche Gesundheit,
2. Tiere, Pflanzen und die biologische Vielfalt,
3. Fläche, Boden, Wasser, Luft, Klima und Landschaft,

[1] § 1 neu gef. mWv 29.7.2017 durch G v. 20.7.2017 (BGBl. I S. 2808); Abs. 2 Satz 5 geänd. mWv 27.6.2020 durch VO v. 19.6.2020 (BGBl. I S. 1328).
[2] § 2 neu gef. mWv 29.7.2017, Abs. 5 Satz 2 geänd. mWv 29.11.2017 durch G v. 20.7.2017 (BGBl. I S. 2808).

4. kulturelles Erbe und sonstige Sachgüter sowie
5. die Wechselwirkung zwischen den vorgenannten Schutzgütern.

(2) ¹Umweltauswirkungen im Sinne dieses Gesetzes sind unmittelbare und mittelbare Auswirkungen eines Vorhabens oder der Durchführung eines Plans oder Programms auf die Schutzgüter. ²Dies schließt auch solche Auswirkungen des Vorhabens ein, die aufgrund von dessen Anfälligkeit für schwere Unfälle oder Katastrophen zu erwarten sind, soweit diese schweren Unfälle oder Katastrophen für das Vorhaben relevant sind.

(3) Grenzüberschreitende Umweltauswirkungen im Sinne dieses Gesetzes sind Umweltauswirkungen eines Vorhabens in einem anderen Staat.

(4) Vorhaben im Sinne dieses Gesetzes sind nach Maßgabe der Anlage 1
1. bei Neuvorhaben
 a) die Errichtung und der Betrieb einer technischen Anlage,
 b) der Bau einer sonstigen Anlage,
 c) die Durchführung einer sonstigen in Natur und Landschaft eingreifenden Maßnahme,
2. bei Änderungsvorhaben
 a) die Änderung, einschließlich der Erweiterung, der Lage, der Beschaffenheit oder des Betriebs einer technischen Anlage,
 b) die Änderung, einschließlich der Erweiterung, der Lage oder der Beschaffenheit einer sonstigen Anlage,
 c) die Änderung, einschließlich der Erweiterung, der Durchführung einer sonstigen in Natur und Landschaft eingreifenden Maßnahme.

(5) ¹Windfarm im Sinne dieses Gesetzes sind drei oder mehr Windkraftanlagen, deren Einwirkungsbereich sich überschneidet und die in einem funktionalen Zusammenhang stehen, unabhängig davon, ob sie in einem oder mehreren Vorhabenträgern errichtet und betrieben werden. ²Ein funktionaler Zusammenhang wird insbesondere angenommen, wenn sich die Windkraftanlagen in derselben Konzentrationszone oder in einem Gebiet nach § 7 Absatz 3 des Raumordnungsgesetzes¹⁾ befinden.

(6) Zulassungsentscheidungen im Sinne dieses Gesetzes sind
1. die Bewilligung, die Erlaubnis, die Genehmigung, der Planfeststellungsbeschluss und sonstige behördliche Entscheidungen über die Zulässigkeit von Vorhaben, die in einem Verwaltungsverfahren getroffen werden, einschließlich des Vorbescheids, der Teilgenehmigung und anderer Teilzulassungen, mit Ausnahme von Anzeigeverfahren,
2. Linienbestimmungen und andere Entscheidungen in vorgelagerten Verfahren nach den §§ 47 und 49,
3. Beschlüsse nach § 10 des Baugesetzbuchs²⁾ über die Aufstellung, Änderung oder Ergänzung von Bebauungsplänen, durch die die Zulässigkeit von bestimmten Vorhaben im Sinne der Anlage 1 begründet werden soll, sowie Beschlüsse nach § 10 des Baugesetzbuchs über Bebauungspläne, die Planfeststellungsbeschlüsse für Vorhaben im Sinne der Anlage 1 ersetzen.

¹⁾ Nr. **340**.
²⁾ Nr. **300**.

(7) ¹Pläne und Programme im Sinne dieses Gesetzes sind nur solche bundesrechtlich oder durch Rechtsakte der Europäischen Union vorgesehenen Pläne und Programme, die

1. von einer Behörde ausgearbeitet und angenommen werden,
2. von einer Behörde zur Annahme durch eine Regierung oder im Wege eines Gesetzgebungsverfahrens ausgearbeitet werden oder
3. von einem Dritten zur Annahme durch eine Behörde ausgearbeitet werden.

²Ausgenommen sind Pläne und Programme, die ausschließlich Zwecken der Verteidigung oder der Bewältigung von Katastrophenfällen dienen, sowie Finanz- und Haushaltspläne und -programme.

(8) Öffentlichkeit im Sinne dieses Gesetzes sind einzelne oder mehrere natürliche oder juristische Personen sowie deren Vereinigungen.

(9) Betroffene Öffentlichkeit im Sinne dieses Gesetzes ist jede Person, deren Belange durch eine Zulassungsentscheidung oder einen Plan oder Programm berührt werden; hierzu gehören auch Vereinigungen, deren satzungsmäßiger Aufgabenbereich durch eine Zulassungsentscheidung oder einen Plan oder ein Programm berührt wird, darunter auch Vereinigungen zur Förderung des Umweltschutzes.

(10) Umweltprüfungen im Sinne dieses Gesetzes sind Umweltverträglichkeitsprüfungen und Strategische Umweltprüfungen.

(11) Einwirkungsbereich im Sinne dieses Gesetzes ist das geographische Gebiet, in dem Umweltauswirkungen auftreten, die für die Zulassung eines Vorhabens relevant sind.

§ 3¹⁾ Grundsätze für Umweltprüfungen. ¹Umweltprüfungen umfassen die Ermittlung, Beschreibung und Bewertung der erheblichen Auswirkungen eines Vorhabens oder eines Plans oder Programms auf die Schutzgüter. ²Sie dienen einer wirksamen Umweltvorsorge nach Maßgabe der geltenden Gesetze und werden nach einheitlichen Grundsätzen sowie unter Beteiligung der Öffentlichkeit durchgeführt.

Teil 2.²⁾ Umweltverträglichkeitsprüfung

Abschnitt 1. Voraussetzungen für eine Umweltverträglichkeitsprüfung

§ 4²⁾ Umweltverträglichkeitsprüfung. Die Umweltverträglichkeitsprüfung ist unselbständiger Teil verwaltungsbehördlicher Verfahren, die Zulassungsentscheidungen dienen.

§ 5³⁾ Feststellung der UVP-Pflicht. (1) ¹Die zuständige Behörde stellt auf der Grundlage geeigneter Angaben des Vorhabenträgers sowie eigener Informationen unverzüglich fest, dass nach den §§ 6 bis 14a für das Vorhaben eine Pflicht zur Durchführung einer Umweltverträglichkeitsprüfung (UVP-Pflicht) besteht oder nicht. ²Die Feststellung trifft die Behörde

1. auf Antrag des Vorhabenträgers oder
2. bei einem Antrag nach § 15 oder

¹⁾ § 3 neu gef. mWv 29.7.2017 durch G v. 20.7.2017 (BGBl. I S. 2808).
²⁾ Teil 2 (§§ 4–32) neu gef. mWv 29.7.2017 durch G v. 20.7.2017 (BGBl. I S. 2808).
³⁾ § 5 neu gef. mWv 29.7.2017 durch G v. 20.7.2017 (BGBl. I S. 2808); Abs. 1 Satz 1 geänd. mWv 10.12.2020 durch G v. 3.12.2020 (BGBl. I S. 2694).

3. von Amts wegen nach Beginn des Verfahrens, das der Zulassungsentscheidung dient.

(2) ¹ Sofern eine Vorprüfung vorgenommen worden ist, gibt die zuständige Behörde die Feststellung der Öffentlichkeit bekannt. ² Dabei gibt sie die wesentlichen Gründe für das Bestehen oder Nichtbestehen der UVP-Pflicht unter Hinweis auf die jeweils einschlägigen Kriterien nach Anlage 3 an. ³ Gelangt die Behörde zu dem Ergebnis, dass keine UVP-Pflicht besteht, geht sie auch darauf ein, welche Merkmale des Vorhabens oder des Standorts oder welche Vorkehrungen für diese Einschätzung maßgebend sind. ⁴ Bei der Feststellung der UVP-Pflicht kann die Bekanntgabe mit der Bekanntmachung nach § 19 verbunden werden.

(3) ¹ Die Feststellung ist nicht selbständig anfechtbar. ² Beruht die Feststellung auf einer Vorprüfung, so ist die Einschätzung der zuständigen Behörde in einem gerichtlichen Verfahren betreffend die Zulassungsentscheidung nur daraufhin zu überprüfen, ob die Vorprüfung entsprechend den Vorgaben des § 7 durchgeführt worden ist und ob das Ergebnis nachvollziehbar ist.

§ 6¹⁾ Unbedingte UVP-Pflicht bei Neuvorhaben. ¹ Für ein Neuvorhaben, das in Anlage 1 Spalte 1 mit dem Buchstaben „X" gekennzeichnet ist, besteht die UVP-Pflicht, wenn die zur Bestimmung der Art des Vorhabens genannten Merkmale vorliegen. ² Sofern Größen- oder Leistungswerte angegeben sind, besteht die UVP-Pflicht, wenn die Werte erreicht oder überschritten werden.

§ 7¹⁾ Vorprüfung bei Neuvorhaben. (1) ¹ Bei einem Neuvorhaben, das in Anlage 1 Spalte 2 mit dem Buchstaben „A" gekennzeichnet ist, führt die zuständige Behörde eine allgemeine Vorprüfung zur Feststellung der UVP-Pflicht durch. ² Die allgemeine Vorprüfung wird als überschlägige Prüfung unter Berücksichtigung der in Anlage 3 aufgeführten Kriterien durchgeführt. ³ Die UVP-Pflicht besteht, wenn das Neuvorhaben nach Einschätzung der zuständigen Behörde erhebliche nachteilige Umweltauswirkungen haben kann, die nach § 25 Absatz 2 bei der Zulassungsentscheidung zu berücksichtigen wären.

(2) ¹ Bei einem Neuvorhaben, das in Anlage 1 Spalte 2 mit dem Buchstaben „S" gekennzeichnet ist, führt die zuständige Behörde eine standortbezogene Vorprüfung zur Feststellung der UVP-Pflicht durch. ² Die standortbezogene Vorprüfung wird als überschlägige Prüfung in zwei Stufen durchgeführt. ³ In der ersten Stufe prüft die zuständige Behörde, ob bei dem Neuvorhaben besondere örtliche Gegebenheiten gemäß den in Anlage 3 Nummer 2.3 aufgeführten Schutzkriterien vorliegen. ⁴ Ergibt die Prüfung in der ersten Stufe, dass keine besonderen örtlichen Gegebenheiten vorliegen, so besteht keine UVP-Pflicht. ⁵ Ergibt die Prüfung in der ersten Stufe, dass besondere örtliche Gegebenheiten vorliegen, so prüft die Behörde auf der zweiten Stufe unter Berücksichtigung der in Anlage 3 aufgeführten Kriterien, ob das Neuvorhaben erhebliche nachteilige Umweltauswirkungen haben kann, die die besondere Empfindlichkeit oder die Schutzziele des Gebietes betreffen und nach § 25 Absatz 2 bei der Zulassungsentscheidung zu berücksichtigen wären. ⁶ Die UVP-Pflicht besteht, wenn das Neuvorhaben nach Einschätzung der zuständigen Behörde solche Umweltauswirkungen haben kann.

¹⁾ Teil 2 (§§ 4–32) neu gef. mWv 29.7.2017 durch G v. 20.7.2017 (BGBl. I S. 2808).

(3) [1] Die Vorprüfung nach den Absätzen 1 und 2 entfällt, wenn der Vorhabenträger die Durchführung einer Umweltverträglichkeitsprüfung beantragt und die zuständige Behörde das Entfallen der Vorprüfung als zweckmäßig erachtet. [2] Für diese Neuvorhaben besteht die UVP-Pflicht. [3] Die Entscheidung der zuständigen Behörde ist nicht anfechtbar.

(4) Zur Vorbereitung der Vorprüfung ist der Vorhabenträger verpflichtet, der zuständigen Behörde geeignete Angaben nach Anlage 2 zu den Merkmalen des Neuvorhabens und des Standorts sowie zu den möglichen erheblichen Umweltauswirkungen des Neuvorhabens zu übermitteln.

(5) [1] Bei der Vorprüfung berücksichtigt die Behörde, ob erhebliche nachteilige Umweltauswirkungen durch Merkmale des Vorhabens oder des Standorts oder durch Vorkehrungen des Vorhabenträgers offensichtlich ausgeschlossen werden. [2] Liegen der Behörde Ergebnisse vorgelagerter Umweltprüfungen oder anderer rechtlich vorgeschriebener Untersuchungen zu den Umweltauswirkungen des Vorhabens vor, bezieht sie diese Ergebnisse in der Vorprüfung ein. [3] Bei der allgemeinen Vorprüfung kann sie ergänzend berücksichtigen, inwieweit Prüfwerte für Größe oder Leistung, die die allgemeine Vorprüfung eröffnen, überschritten werden.

(6) [1] Die zuständige Behörde trifft die Feststellung zügig und spätestens sechs Wochen nach Erhalt der nach Absatz 4 erforderlichen Angaben. [2] In Ausnahmefällen kann sie die Frist für die Feststellung um bis zu drei Wochen oder, wenn dies wegen der besonderen Schwierigkeit der Prüfung erforderlich ist, um bis zu sechs Wochen verlängern.

(7) Die zuständige Behörde dokumentiert die Durchführung und das Ergebnis der allgemeinen und der standortbezogenen Vorprüfung.

§ 8[1] UVP-Pflicht bei Störfallrisiko. Sofern die allgemeine Vorprüfung ergibt, dass aufgrund der Verwirklichung eines Vorhabens, das zugleich benachbartes Schutzobjekt im Sinne des § 3 Absatz 5d des Bundes-Immissionsschutzgesetzes[2] ist, innerhalb des angemessenen Sicherheitsabstandes zu Betriebsbereichen im Sinne des § 3 Absatz 5a des Bundes-Immissionsschutzgesetzes die Möglichkeit besteht, dass ein Störfall im Sinne des § 2 Nummer 7 der Störfall-Verordnung[3] eintritt, sich die Eintrittswahrscheinlichkeit eines solchen Störfalls vergrößert oder sich die Folgen eines solchen Störfalls verschlimmern können, ist davon auszugehen, dass das Vorhaben erhebliche nachteilige Umweltauswirkungen haben kann.

§ 9[1] UVP-Pflicht bei Änderungsvorhaben. (1) [1] Wird ein Vorhaben geändert, für das eine Umweltverträglichkeitsprüfung durchgeführt worden ist, so besteht für das Änderungsvorhaben die UVP-Pflicht, wenn

1. allein die Änderung die Größen- oder Leistungswerte für eine unbedingte UVP-Pflicht gemäß § 6 erreicht oder überschreitet oder
2. die allgemeine Vorprüfung ergibt, dass die Änderung zusätzliche erhebliche nachteilige oder andere erhebliche nachteilige Umweltauswirkungen hervorrufen kann.

[1] Teil 2 (§§ 4–32) neu gef. mWv 29.7.2017 *durch G v. 20.7.2017 (BGBl. I S. 2808).*
[2] Nr. **296.**
[3] *Sartorius ErgBd.* **Nr. 296/12.**

2 Wird ein Vorhaben geändert, für das keine Größen- oder Leistungswerte vorgeschrieben sind, so wird die allgemeine Vorprüfung nach Satz 1 Nummer 2 durchgeführt. 3 Wird ein Vorhaben der Anlage 1 Nummer 18.1 bis 18.8 geändert, so wird die allgemeine Vorprüfung nach Satz 1 Nummer 2 nur durchgeführt, wenn allein durch die Änderung der jeweils für den Bau des entsprechenden Vorhabens in Anlage 1 enthaltene Prüfwert erreicht oder überschritten wird.

(2) 1 Wird ein Vorhaben geändert, für das keine Umweltverträglichkeitsprüfung durchgeführt worden ist, so besteht für das Änderungsvorhaben die UVP-Pflicht, wenn das geänderte Vorhaben

1. den Größen- oder Leistungswert für die unbedingte UVP-Pflicht gemäß § 6 erstmals erreicht oder überschreitet oder

2. einen in Anlage 1 angegebenen Prüfwert für die Vorprüfung erstmals oder erneut erreicht oder überschreitet und eine Vorprüfung ergibt, dass die Änderung erhebliche nachteilige Umweltauswirkungen hervorrufen kann.

2 Wird ein Städtebauprojekt oder eine Industriezone nach Anlage 1 Nummer 18.5, 18.7 und 18.8 geändert, gilt Satz 1 mit der Maßgabe, dass allein durch die Änderung der Größen- oder Leistungswert nach Satz 1 Nummer 1 oder der Prüfwert nach Satz 1 Nummer 2 erreicht oder überschritten wird.

(3) 1 Wird ein Vorhaben geändert, für das keine Umweltverträglichkeitsprüfung durchgeführt worden ist, so wird für das Änderungsvorhaben eine Vorprüfung durchgeführt, wenn für das Vorhaben nach Anlage 1

1. eine UVP-Pflicht besteht und dafür keine Größen- oder Leistungswerte vorgeschrieben sind oder

2. eine Vorprüfung, aber keine Prüfwerte vorgeschrieben sind.

2 Die UVP-Pflicht besteht, wenn die Vorprüfung ergibt, dass die Änderung erhebliche nachteilige Umweltauswirkungen hervorrufen kann.

(4) Für die Vorprüfung bei Änderungsvorhaben gilt § 7 entsprechend.

(5) Der in den jeweiligen Anwendungsbereich der Richtlinien 85/337/EWG und 97/11/EG fallende, aber vor Ablauf der jeweiligen Umsetzungsfristen erreichte Bestand bleibt hinsichtlich des Erreichens oder Überschreitens der Größen- oder Leistungswerte und der Prüfwerte unberücksichtigt.

§ 10[1) UVP-Pflicht bei kumulierenden Vorhaben. (1) Für kumulierende Vorhaben besteht die UVP-Pflicht, wenn die kumulierenden Vorhaben zusammen die maßgeblichen Größen- oder Leistungswerte nach § 6 erreichen oder überschreiten.

(2) 1 Bei kumulierenden Vorhaben, die zusammen die Prüfwerte für eine allgemeine Vorprüfung erstmals oder erneut erreichen oder überschreiten, ist die allgemeine Vorprüfung durchzuführen. 2 Für die allgemeine Vorprüfung gilt § 7 Absatz 1 und 3 bis 7 entsprechend.

(3) 1 Bei kumulierenden Vorhaben, die zusammen die Prüfwerte für eine standortbezogene Vorprüfung erstmals oder erneut erreichen oder überschreiten, ist die standortbezogene Vorprüfung durchzuführen. 2 Für die standortbezogene Vorprüfung gilt § 7 Absatz 2 bis 7 entsprechend.

1) Teil 2 (§§ 4–32) neu gef. mWv 29.7.2017 durch G v. 20.7.2017 (BGBl. I S. 2808).

(4) [1] Kumulierende Vorhaben liegen vor, wenn mehrere Vorhaben derselben Art von einem oder mehreren Vorhabenträgern durchgeführt werden und in einem engen Zusammenhang stehen. [2] Ein enger Zusammenhang liegt vor, wenn

1. sich der Einwirkungsbereich der Vorhaben überschneidet und
2. die Vorhaben funktional und wirtschaftlich aufeinander bezogen sind.

[3] Technische und sonstige Anlagen müssen zusätzlich mit gemeinsamen betrieblichen oder baulichen Einrichtungen verbunden sein.

(5) Für die in Anlage 1 Nummer 14.4, 14.5 und 19.1 aufgeführten Vorhaben gilt Absatz 4 mit der Maßgabe, dass zusätzlich ein enger zeitlicher Zusammenhang besteht.

(6) Der in den jeweiligen Anwendungsbereich der Richtlinien 85/337/EWG und 97/11/EG fallende, aber vor Ablauf der jeweiligen Umsetzungsfristen erreichte Bestand bleibt hinsichtlich des Erreichens oder Überschreitens der Größer- oder Leistungswerte und der Prüfwerte unberücksichtigt.

§ 11 [1] UVP-Pflicht bei hinzutretenden kumulierenden Vorhaben, bei denen das Zulassungsverfahren für das frühere Vorhaben abgeschlossen ist. (1) Hinzutretende kumulierende Vorhaben liegen vor, wenn zu einem beantragten oder bestehenden Vorhaben (früheren Vorhaben) nachträglich ein kumulierendes Vorhaben hinzutritt.

(2) [1] Wenn für das frühere Vorhaben eine Zulassungsentscheidung getroffen worden ist, so besteht für den Fall, dass für das frühere Vorhaben eine Umweltverträglichkeitsprüfung durchgeführt worden ist, für das hinzutretende kumulierende Vorhaben die UVP-Pflicht, wenn

1. das hinzutretende Vorhaben allein die Größen- oder Leistungswerte für eine UVP-Pflicht gemäß § 6 erreicht oder überschreitet oder
2. eine allgemeine Vorprüfung ergibt, dass durch sein Hinzutreten zusätzliche erhebliche nachteilige oder andere erhebliche nachteilige Umweltauswirkungen hervorgerufen werden können.

[2] Für die allgemeine Vorprüfung gilt § 7 Absatz 1 und 3 bis 7 entsprechend.

(3) [1] Wenn für das frühere Vorhaben eine Zulassungsentscheidung getroffen worden ist, so ist für den Fall, dass für das frühere Vorhaben keine Umweltverträglichkeitsprüfung durchgeführt worden ist, für das hinzutretende kumulierende Vorhaben

1. die Umweltverträglichkeitsprüfung durchzuführen, wenn die kumulierenden Vorhaben zusammen die maßgeblichen Größen- oder Leistungswerte nach § 6 erreichen oder überschreiten oder
2. die allgemeine Vorprüfung durchzuführen, wenn die kumulierenden Vorhaben zusammen die Prüfwerte für die allgemeine Vorprüfung erstmals oder erneut erreichen oder überschreiten oder
3. die standortbezogene Vorprüfung durchzuführen, wenn die kumulierenden Vorhaben zusammen die Prüfwerte für die standortbezogene Vorprüfung erstmals oder erneut erreichen oder überschreiten.

[2] Für die Vorprüfung gilt § 7 entsprechend.

[1] Teil 2 (§§ 4–32) neu gef. mWv 29.7.2017 durch G v. 20.7.2017 (BGBl. I S. 2808).

(4) [1] Erreichen oder überschreiten in den Fällen des Absatzes 3 die kumulierenden Vorhaben zwar zusammen die maßgeblichen Größen- oder Leistungswerte nach § 6, werden jedoch für das hinzutretende kumulierende Vorhaben weder der Prüfwert für die standortbezogene Vorprüfung noch der Prüfwert für die allgemeine Vorprüfung erreicht oder überschritten, so besteht für das hinzutretende kumulierende Vorhaben die UVP-Pflicht nur, wenn die allgemeine Vorprüfung ergibt, dass durch sein Hinzutreten zusätzliche erhebliche nachteilige oder andere erhebliche nachteilige Umweltwirkungen eintreten können. [2] Für die allgemeine Vorprüfung gilt § 7 Absatz 1 und 3 bis 7 entsprechend.

(5) In der Vorprüfung für das hinzutretende kumulierende Vorhaben ist das frühere Vorhaben als Vorbelastung zu berücksichtigen.

(6) Der in den jeweiligen Anwendungsbereich der Richtlinien 85/337/EWG und 97/11/EG fallende, aber vor Ablauf der jeweiligen Umsetzungsfristen erreichte Bestand bleibt hinsichtlich des Erreichens oder Überschreitens der Größen- oder Leistungswerte und der Prüfwerte unberücksichtigt.

§ 12[1)] UVP-Pflicht bei hinzutretenden kumulierenden Vorhaben, bei denen das frühere Vorhaben noch im Zulassungsverfahren ist.

(1) [1] Wenn für das frühere Vorhaben zum Zeitpunkt der Antragstellung für das hinzutretende kumulierende Vorhaben noch keine Zulassungsentscheidung getroffen worden ist, so besteht für den Fall, dass für das frühere Vorhaben allein die UVP-Pflicht besteht, für das hinzutretende kumulierende Vorhaben die UVP-Pflicht, wenn

1. das hinzutretende Vorhaben allein die Größen- und Leistungswerte für die UVP-Pflicht gemäß § 6 erreicht oder überschreitet oder

2. die allgemeine Vorprüfung ergibt, dass durch das hinzutretende Vorhaben zusätzliche erhebliche nachteilige oder andere erhebliche Umweltauswirkungen hervorgerufen werden können.

[2] Für die allgemeine Vorprüfung gilt § 7 Absatz 1 und 3 bis 7 entsprechend.

(2) [1] Wenn für das frühere Vorhaben zum Zeitpunkt der Antragstellung für das hinzutretende kumulierende Vorhaben noch keine Zulassungsentscheidung getroffen worden ist, so ist für den Fall, dass für das frühere Vorhaben allein keine UVP-Pflicht besteht und die Antragsunterlagen für dieses Zulassungsverfahren bereits vollständig eingereicht sind, für das hinzutretende kumulierende Vorhaben

1. die Umweltverträglichkeitsprüfung durchzuführen, wenn die kumulierenden Vorhaben zusammen die maßgeblichen Größen- oder Leistungswerte nach § 6 erreichen oder überschreiten,

2. die allgemeine Vorprüfung durchzuführen, wenn die kumulierenden Vorhaben zusammen die Prüfwerte für die allgemeine Vorprüfung erstmals oder erneut erreichen oder überschreiten, oder

3. die standortbezogene Vorprüfung durchzuführen, wenn die kumulierenden Vorhaben zusammen die Prüfwerte für die standortbezogene Vorprüfung erstmals oder erneut erreichen oder überschreiten.

[2] Für die Vorprüfung gilt § 7 entsprechend. [3] Für das frühere Vorhaben besteht keine UVP-Pflicht und keine Pflicht zur Durchführung einer Vorprüfung.

[1)] Teil 2 (§§ 4–32) neu gef. mWv 29.7.2017 durch G v. 20.7.2017 (BGBl. I S. 2808).

(3) [1] Wenn für das frühere Vorhaben zum Zeitpunkt der Antragstellung für das hinzutretende kumulierende Vorhaben noch keine Zulassungsentscheidung getroffen worden ist, so ist für den Fall, dass für das frühere Vorhaben allein keine UVP-Pflicht besteht und die Antragsunterlagen für dieses Zulassungsverfahren noch nicht vollständig eingereicht sind, für die kumulierenden Vorhaben jeweils

1. eine Umweltverträglichkeitsprüfung durchzuführen, wenn die kumulierenden Vorhaben zusammen die maßgeblichen Größen- oder Leistungswerte nach § 6 erreichen oder überschreiten,

2. eine allgemeine Vorprüfung durchzuführen, wenn die kumulierenden Vorhaben zusammen die Prüfwerte für eine allgemeine Vorprüfung erstmals oder erneut erreichen oder überschreiten, oder

3. eine standortbezogene Vorprüfung durchzuführen, wenn die kumulierenden Vorhaben zusammen die Prüfwerte für eine standortbezogene Vorprüfung erstmals oder erneut erreichen oder überschreiten.

[2] Für die Vorprüfung gilt § 7 entsprechend. [3] Bei einem Vorhaben, das einer Betriebsplanpflicht nach § 51 des Bundesberggesetzes unterliegt, besteht für das frühere Vorhaben keine Verpflichtung zur Durchführung einer Umweltverträglichkeitsprüfung oder einer Vorprüfung nach den Sätzen 1 und 2, wenn für das frühere Vorhaben zum Zeitpunkt der Antragstellung für das hinzutretende kumulierende Vorhaben ein zugelassener Betriebsplan besteht.

(4) [1] Erreichen oder überschreiten in den Fällen des Absatzes 2 oder Absatzes 3 die kumulierenden Vorhaben zwar zusammen die maßgeblichen Größen- oder Leistungswerte nach § 6, werden jedoch für das hinzutretende kumulierende Vorhaben weder der Prüfwert für die standortbezogene Vorprüfung noch der Prüfwert für die allgemeine Vorprüfung erreicht oder überschritten, so besteht für das hinzutretende kumulierende Vorhaben die UVP-Pflicht nur, wenn die allgemeine Vorprüfung ergibt, dass durch sein Hinzutreten zusätzliche erhebliche nachteilige oder andere erhebliche nachteilige Umweltauswirkungen hervorgerufen werden können. [2] Für die allgemeine Vorprüfung gilt § 7 Absatz 1 und 3 bis 7 entsprechend. [3] Im Fall des Absatzes 3 sind die Sätze 1 und 2 für das frühere Vorhaben entsprechend anzuwenden.

(5) Das frühere Vorhaben und das hinzutretende kumulierende Vorhaben sind in der Vorprüfung für das jeweils andere Vorhaben als Vorbelastung zu berücksichtigen.

(6) Der in den jeweiligen Anwendungsbereich der Richtlinien 85/337/EWG und 97/11/EG fallende, aber vor Ablauf der jeweiligen Umsetzungsfristen erreichte Bestand bleibt hinsichtlich des Erreichens oder Überschreitens der Größen- oder Leistungswerte und der Prüfwerte unberücksichtigt.

§ 13[1] Ausnahme von der UVP-Pflicht bei kumulierenden Vorhaben.
Für die in Anlage 1 Nummer 18.5, 18.7 und 18.8 aufgeführten Industriezonen und Städtebauprojekte gelten die §§ 10 bis 12 nicht.

§ 14[1] Entwicklungs- und Erprobungsvorhaben. (1) [1] Sofern ein in Anlage 1 Spalte 1 mit einem „X" gekennzeichnetes Vorhaben ein Entwicklungs- und Erprobungsvorhaben ist und nicht länger als zwei Jahre durchgeführt wird, besteht für dieses Vorhaben eine UVP-Pflicht abweichend von § 6 nur, wenn sie

[1] Teil 2 (§§ 4–32) neu gef. mWv 29.7.2017 durch G v. 20.7.2017 (BGBl. I S. 2808).

durch die allgemeine Vorprüfung festgestellt wird. [2]Für die Vorprüfung gilt § 7 Absatz 1 und 3 bis 7 entsprechend. [3]Bei der allgemeinen Vorprüfung ist die Durchführungsdauer besonders zu berücksichtigen.

(2) Ein Entwicklungs- und Erprobungsvorhaben ist ein Vorhaben, das ausschließlich oder überwiegend der Entwicklung und Erprobung neuer Verfahren oder Erzeugnisse dient.

§ 14a[1]) **Besondere Änderungen zur Modernisierung und Digitalisierung von Schienenwegen.** (1) Keiner Umweltverträglichkeitsprüfung bedarf die Änderung eines Schienenwegs oder einer sonstigen Bahnbetriebsanlage nach den Nummern 14.7, 14.8 und 14.11 der Anlage 1, soweit sie lediglich aus den folgenden Einzelmaßnahmen besteht:

1. den im Rahmen der Digitalisierung einer Bahnstrecke erforderlichen Baumaßnahmen, insbesondere der Ausstattung einer Bahnstrecke mit Signal- und Sicherungstechnik des Standards European Rail Traffic Management System (ERTMS),

2. dem barrierefreien Umbau oder der Erhöhung oder Verlängerung eines Bahnsteigs,

3. der technischen Sicherung eines Bahnübergangs,

4. der Erneuerung eines Eisenbahnübergangs,

5. der Erneuerung und Änderung eines Durchlasses sowie

6. der Herstellung von Überleitstellen für Gleiswechselbetriebe.

(2) Eine standortbezogene Vorprüfung entsprechend § 7 Absatz 2 wird zur Feststellung der UVP-Pflicht durchgeführt für

1. die Ausstattung einer bestehenden Bahnstrecke mit einer Oberleitung auf einer Länge von weniger als 15 Kilometern einschließlich dafür notwendiger räumlich begrenzter baulicher Anpassungen, insbesondere von Tunneln mit geringer Länge oder von Kreuzungsbauwerken,

2. die Errichtung einer Lärmschutzwand zur Lärmsanierung,

3. die Erweiterung einer Bahnbetriebsanlage mit einer Flächeninanspruchnahme von weniger als 5 000 Quadratmetern.

(3) Eine allgemeine Vorprüfung entsprechend § 7 Absatz 1 wird zur Feststellung der UVP-Pflicht durchgeführt für

1. die Ausstattung einer bestehenden Bahnstrecke mit einer Oberleitung, soweit nicht durch Absatz 2 Nummer 1 erfasst,

2. die Erweiterung einer Bahnbetriebsanlage nach Nummer 14.8.3.1 der Anlage 1 mit einer Flächeninanspruchnahme von 5 000 Quadratmetern oder mehr,

3. die sonstige Änderung eines Schienenwegs oder einer sonstigen Bahnbetriebsanlage nach den Nummern 14.7 und 14.8 der Anlage 1, soweit nicht von den Absätzen 1 und 2 erfasst.

[1]) § 14a eingef. mWv 10.12.2020 durch G v. 3.12.2020 (BGBl. I S. 2694).

Abschnitt 2. Verfahrensschritte der Umweltverträglichkeitsprüfung

§ 15[1] **Unterrichtung über den Untersuchungsrahmen.** (1) [1]Auf Antrag des Vorhabenträgers oder wenn die zuständige Behörde es für zweckmäßig hält, unterrichtet und berät die zuständige Behörde den Vorhabenträger entsprechend dem Planungsstand des Vorhabens frühzeitig über Inhalt, Umfang und Detailtiefe der Angaben, die der Vorhabenträger voraussichtlich in den UVP-Bericht aufnehmen muss (Untersuchungsrahmen). [2]Die Unterrichtung und Beratung kann sich auch auf weitere Gesichtspunkte des Verfahrens, insbesondere auf dessen zeitlichen Ablauf, auf die zu beteiligenden Behörden oder auf die Einholung von Sachverständigengutachten erstrecken. [3]Verfügen die zuständige Behörde oder die zu beteiligenden Behörden über Informationen, die für die Erarbeitung des UVP-Berichts zweckdienlich sind, so stellen sie diese Informationen dem Vorhabenträger zur Verfügung.

(2) Der Vorhabenträger hat der zuständigen Behörde geeignete Unterlagen zu den Merkmalen des Vorhabens, einschließlich seiner Größe oder Leistung, und des Standorts sowie zu den möglichen Umweltauswirkungen vorzulegen.

(3) [1]Vor der Unterrichtung über den Untersuchungsrahmen kann die zuständige Behörde dem Vorhabenträger sowie den nach § 17 zu beteiligenden Behörden Gelegenheit zu einer Besprechung geben. [2]Die Besprechung soll sich auf den Gegenstand, den Umfang und die Methoden der Umweltverträglichkeitsprüfung erstrecken. [3]Zur Besprechung kann die zuständige Behörde hinzuziehen:

1. Sachverständige,

2. nach § 55 zu beteiligende Behörden,

3. nach § 3 des Umwelt-Rechtsbehelfsgesetzes[2] anerkannte Umweltvereinigungen sowie

4. sonstige Dritte.

[4]Das Ergebnis der Besprechung wird von der zuständigen Behörde dokumentiert.

(4) Ist das Vorhaben Bestandteil eines mehrstufigen Planungs- und Zulassungsprozesses und ist dem Verfahren nach § 4 ein anderes Planungs- oder Zulassungsverfahren vorausgegangen, als dessen Bestandteil eine Umweltprüfung durchgeführt wurde, soll sich die Umweltverträglichkeitsprüfung auf zusätzliche erhebliche oder andere erhebliche Umweltauswirkungen sowie auf erforderliche Aktualisierungen und Vertiefungen beschränken.

(5) Die zuständige Behörde berät den Vorhabenträger auch nach der Unterrichtung über den Untersuchungsrahmen, soweit dies für eine zügige und sachgerechte Durchführung des Verfahrens zweckmäßig ist.

§ 16[1] **UVP-Bericht.** (1) [1]Der Vorhabenträger hat der zuständigen Behörde einen Bericht zu den voraussichtlichen Umweltauswirkungen des Vorhabens (UVP-Bericht) vorzulegen, der zumindest folgende Angaben enthält:

1. eine Beschreibung des Vorhabens mit Angaben zum Standort, zur Art, zum Umfang und zur Ausgestaltung, zur Größe und zu anderen wesentlichen Merkmalen des Vorhabens,

2. eine Beschreibung der Umwelt und ihrer Bestandteile im Einwirkungsbereich des Vorhabens,

[1] Teil 2 (§§ 4–32) neu gef. mWv 29.7.2017 durch G v. 20.7.2017 (BGBl. I S. 2808).
[2] Nr. **293**.

3. eine Beschreibung der Merkmale des Vorhabens und des Standorts, mit denen das Auftreten erheblicher nachteiliger Umweltauswirkungen des Vorhabens ausgeschlossen, vermindert oder ausgeglichen werden soll,

4. eine Beschreibung der geplanten Maßnahmen, mit denen das Auftreten erheblicher nachteiliger Umweltauswirkungen des Vorhabens ausgeschlossen, vermindert oder ausgeglichen werden soll, sowie eine Beschreibung geplanter Ersatzmaßnahmen,

5. eine Beschreibung der zu erwartenden erheblichen Umweltauswirkungen des Vorhabens,

6. eine Beschreibung der vernünftigen Alternativen, die für das Vorhaben und seine spezifischen Merkmale relevant und vom Vorhabenträger geprüft worden sind, und die Angabe der wesentlichen Gründe für die getroffene Wahl unter Berücksichtigung der jeweiligen Umweltauswirkungen sowie

7. eine allgemein verständliche, nichttechnische Zusammenfassung des UVP-Berichts.

[2] Bei einem Vorhaben nach § 1 Absatz 1, das einzeln oder im Zusammenwirken mit anderen Vorhaben, Projekten oder Plänen geeignet ist, ein Natura 2000-Gebiet erheblich zu beeinträchtigen, muss der UVP-Bericht Angaben zu den Auswirkungen des Vorhabens auf die Erhaltungsziele dieses Gebiets enthalten.

(2) Der UVP-Bericht ist zu einem solchen Zeitpunkt vorzulegen, dass er mit den übrigen Unterlagen ausgelegt werden kann.

(3) Der UVP-Bericht muss auch die in Anlage 4 genannten weiteren Angaben enthalten, soweit diese Angaben für das Vorhaben von Bedeutung sind.

(4) [1] Inhalt und Umfang des UVP-Berichts bestimmen sich nach den Rechtsvorschriften, die für die Zulassungsentscheidung maßgebend sind. [2] In den Fällen des § 15 stützt der Vorhabenträger den UVP-Bericht zusätzlich auf den Untersuchungsrahmen.

(5) [1] Der UVP-Bericht muss den gegenwärtigen Wissensstand und gegenwärtige Prüfmethoden berücksichtigen. [2] Er muss die Angaben enthalten, die der Vorhabenträger mit zumutbarem Aufwand ermitteln kann. [3] Die Angaben müssen ausreichend sein, um

1. der zuständigen Behörde eine begründete Bewertung der Umweltauswirkungen des Vorhabens nach § 25 Absatz 1 zu ermöglichen und

2. Dritten die Beurteilung zu ermöglichen, ob und in welchem Umfang sie von den Umweltauswirkungen des Vorhabens betroffen sein können.

(6) Zur Vermeidung von Mehrfachprüfungen hat der Vorhabenträger die vorhandenen Ergebnisse anderer rechtlich vorgeschriebener Prüfungen in den UVP-Bericht einzubeziehen.

(7) [1] Der Vorhabenträger muss durch geeignete Maßnahmen sicherstellen, dass der UVP-Bericht den Anforderungen nach den Absätzen 1 bis 6 entspricht. [2] Die zuständige Behörde kann Nachbesserungen innerhalb einer angemessenen Frist zu verlangen, soweit der Bericht den Anforderungen nicht entspricht.

(8) [1] Sind kumulierende Vorhaben, für die jeweils eine Umweltverträglichkeitsprüfung durchzuführen ist, Gegenstand paralleler oder verbundener Zulassungsverfahren, so können die Vorhabenträger einen gemeinsamen UVP-Bericht vorlegen. [2] Legen sie getrennte UVP-Berichte vor, so sind darin auch jeweils die Umweltauswirkungen der anderen kumulierenden Vorhaben als Vorbelastung zu berücksichtigen.

(9) Der Vorhabenträger hat den UVP-Bericht auch elektronisch vorzulegen.

§ 17[1] Beteiligung anderer Behörden. (1) Die zuständige Behörde unterrichtet die Behörden, deren umweltbezogener Aufgabenbereich durch das Vorhaben berührt wird, einschließlich der von dem Vorhaben betroffenen Gemeinden und Landkreise sowie der sonstigen im Landesrecht vorgesehenen Gebietskörperschaften, über das Vorhaben und übermittelt ihnen den UVP-Bericht.

(2) [1] Die zuständige Behörde holt die Stellungnahmen der unterrichteten Behörden ein. [2] Für die Stellungnahmen gilt § 73 Absatz 3a des Verwaltungsverfahrensgesetzes[2] entsprechend.

§ 18[1] Beteiligung der Öffentlichkeit. (1) [1] Die zuständige Behörde beteiligt die Öffentlichkeit zu den Umweltauswirkungen des Vorhabens. [2] Der betroffenen Öffentlichkeit wird im Rahmen der Beteiligung Gelegenheit zur Äußerung gegeben. [3] Dabei sollen nach dem Umwelt-Rechtsbehelfsgesetz[3] anerkannte Vereinigungen die zuständige Behörde in einer dem Umweltschutz dienenden Weise unterstützen. [4] Das Beteiligungsverfahren muss den Anforderungen des § 73 Absatz 3 Satz 1 und Absatz 5 bis 7 des Verwaltungsverfahrensgesetzes[2] entsprechen.

(2) [1] In einem vorgelagerten Verfahren oder in einem Planfeststellungsverfahren über einen Wege- und Gewässerplan mit landschaftspflegerischem Begleitplan nach § 41 des Flurbereinigungsgesetzes[4] kann die zuständige Behörde abweichend von Absatz 1 und abweichend von § 73 Absatz 6 des Verwaltungsverfahrensgesetzes auf die Durchführung eines Erörterungstermins verzichten. [2] Auf eine Benachrichtigung nach § 73 Absatz 5 Satz 3 des Verwaltungsverfahrensgesetzes kann in einem vorgelagerten Verfahren verzichtet werden.

§ 19[1] Unterrichtung der Öffentlichkeit. (1) Bei der Bekanntmachung zu Beginn des Beteiligungsverfahrens unterrichtet die zuständige Behörde die Öffentlichkeit

1. über den Antrag auf Zulassungsentscheidung oder über eine sonstige Handlung des Vorhabenträgers zur Einleitung eines Verfahrens, in dem die Umweltverträglichkeit geprüft wird,

2. über die Feststellung der UVP-Pflicht des Vorhabens nach § 5 sowie, falls erforderlich, über die Durchführung einer grenzüberschreitenden Beteiligung nach den §§ 54 bis 56,

3. über die für das Verfahren und für die Zulassungsentscheidung jeweils zuständigen Behörden, bei denen weitere relevante Informationen erhältlich sind und bei denen Äußerungen oder Fragen eingereicht werden können, sowie über die festgelegten Fristen zur Übermittlung dieser Äußerungen oder Fragen,

4. über die Art einer möglichen Zulassungsentscheidung,

5. darüber, dass ein UVP-Bericht vorgelegt wurde,

6. über die Bezeichnung der das Vorhaben betreffenden entscheidungserheblichen Berichte und Empfehlungen, die der zuständigen Behörde zum Zeitpunkt des Beginns des Beteiligungsverfahrens vorliegen,

7. darüber, wo und in welchem Zeitraum die Unterlagen nach den Nummern 5 und 6 zur Einsicht ausgelegt werden sowie

[1] Teil 2 (§§ 4–32) neu gef. *mWv 29.7.2017 durch G v. 20.7.2017* (BGBl. I S. 2808).
[2] Nr. *100.*
[3] Nr. **293.**
[4] **Sartorius III Nr. 400.**

8. über weitere Einzelheiten des Verfahrens der Beteiligung der Öffentlichkeit.

(2) [1] Im Rahmen des Beteiligungsverfahrens legt die zuständige Behörde zumindest folgende Unterlagen zur Einsicht für die Öffentlichkeit aus:
1. den UVP-Bericht,
2. die das Vorhaben betreffenden entscheidungserheblichen Berichte und Empfehlungen, die der zuständigen Behörde zum Zeitpunkt des Beginns des Beteiligungsverfahrens vorgelegen haben. [2] In Verfahren nach § 18 Absatz 2 und § 1 der Atomrechtlichen Verfahrensverordnung können die Unterlagen abweichend von § 18 Absatz 1 Satz 4 bei der Genehmigungsbehörde oder bei einer geeigneten Stelle in der Nähe des Standorts des Vorhabens ausgelegt werden.

(3) Weitere Informationen, die für die Zulassungsentscheidung von Bedeutung sein können und die der zuständigen Behörde erst nach Beginn des Beteiligungsverfahrens vorliegen, sind der Öffentlichkeit nach den Bestimmungen des Bundes und der Länder über den Zugang zu Umweltinformationen zugänglich zu machen.

§ 20[1] Zentrale Internetportale; Verordnungsermächtigung. (1) [1] Für die Zugänglichmachung des Inhalts der Bekanntmachung nach § 19 Absatz 1 und der nach § 19 Absatz 2 auszulegenden Unterlagen im Internet richten Bund und Länder zentrale Internetportale ein. [2] Die Zugänglichmachung erfolgt im zentralen Internetportal des Bundes, wenn die Zulassungsbehörde eine Bundesbehörde ist. [3] Für den Aufbau und Betrieb des zentralen Internetportals des Bundes ist das Umweltbundesamt zuständig.

(2) [1] Die zuständige Behörde macht den Inhalt der Bekanntmachung nach § 19 Absatz 1 und die in § 19 Absatz 2 Satz 1 Nummer 1 und 2 genannten Unterlagen über das einschlägige zentrale Internetportal zugänglich. [2] Maßgeblich ist der Inhalt der ausgelegten Unterlagen.

(3) Der Inhalt der zentralen Internetportale kann auch für die Zwecke der Berichterstattung nach § 73 verwendet werden.

(4) Die Bundesregierung wird ermächtigt, durch Rechtsverordnung mit Zustimmung des Bundesrates Folgendes zu regeln:
1. die Art und Weise der Zugänglichmachung nach den Absätzen 1 und 2 sowie
2. die Dauer der Speicherung der Unterlagen.

(5) Alle in das zentrale Internetportal einzustellenden Unterlagen sind elektronisch vorzulegen.

§ 21[1] Äußerungen und Einwendungen der Öffentlichkeit. (1) Die betroffene Öffentlichkeit kann sich im Rahmen der Beteiligung schriftlich oder zur Niederschrift bei der zuständigen Behörde äußern.

(2) Die Äußerungsfrist endet einen Monat nach Ablauf der Frist für die Auslegung der Unterlagen.

(3) [1] Bei Vorhaben, für die Unterlagen in erheblichem Umfang eingereicht worden sind, kann die zuständige Behörde eine längere Äußerungsfrist festlegen. [2] Die Äußerungsfrist darf die nach § 73 Absatz 3a Satz 1 des Verwaltungsverfahrensgesetzes[2] zu setzende Frist nicht überschreiten.

[1] Teil 2 (§§ 4–32) neu gef. mWv 29.7.2017 durch G v. 20.7.2017 (BGBl. I S. 2808).
[2] Nr. **100.**

(4) ¹Mit Ablauf der Äußerungsfrist sind für das Verfahren über die Zulässigkeit des Vorhabens alle Äußerungen, die nicht auf besonderen privatrechtlichen Titeln beruhen, ausgeschlossen. ²Hierauf weist die zuständige Behörde in der Bekanntmachung der Auslegung oder bei der Bekanntgabe der Äußerungsfrist hin.

(5) Die Äußerungsfrist gilt auch für solche Einwendungen, die sich nicht auf die Umweltauswirkungen des Vorhabens beziehen.

§ 22¹⁾ Erneute Beteiligung der Öffentlichkeit bei Änderungen im Laufe des Verfahrens. (1) ¹Ändert der Vorhabenträger im Laufe des Verfahrens die Unterlagen, die nach § 19 Absatz 2 auszulegen sind, so ist eine erneute Beteiligung der Öffentlichkeit erforderlich. ²Sie ist jedoch auf die Änderungen zu beschränken. ³Hierauf weist die zuständige Behörde in der Bekanntmachung hin.

(2) ¹Die zuständige Behörde soll von einer erneuten Beteiligung der Öffentlichkeit absehen, wenn zusätzliche erhebliche oder andere erhebliche Umweltauswirkungen nicht zu besorgen sind. ²Dies ist insbesondere dann der Fall, wenn solche Umweltauswirkungen durch die vom Vorhabenträger vorgesehenen Vorkehrungen ausgeschlossen werden.

§ 23¹⁾ Geheimhaltung und Datenschutz sowie Schutz der Rechte am geistigen Eigentum. (1) ¹Die Rechtsvorschriften über Geheimhaltung und Datenschutz sowie über die Rechte am geistigen Eigentum bleiben unberührt. ²Insbesondere sind Urkunden, Akten und elektronische Dokumente geheim zu halten, wenn das Bekanntwerden ihres Inhalts dem Wohl des Bundes oder eines Landes Nachteile bereiten würde oder wenn die Vorgänge nach einem Gesetz oder ihrem Wesen nach geheim gehalten werden müssen.

(2) ¹Soweit die nach § 19 Absatz 2 zur Einsicht für die Öffentlichkeit auszulegenden Unterlagen Informationen der in Absatz 1 genannten Art enthalten, kennzeichnet der Vorhabenträger diese Informationen und legt zusätzlich eine Darstellung vor, die den Inhalt der Unterlagen ohne Preisgabe des Geheimnisses beschreibt. ²Die Inhaltsdarstellung muss so ausführlich sein, dass Dritten die Beurteilung ermöglicht wird, ob und in welchem Umfang sie von den Umweltauswirkungen des Vorhabens betroffen sein können.

(3) Geheimhaltungsbedürftige Unterlagen sind bei der Auslegung durch die Inhaltsdarstellung zu ersetzen.

§ 24¹⁾ Zusammenfassende Darstellung. (1) ¹Die zuständige Behörde erarbeitet eine zusammenfassende Darstellung

1. der Umweltauswirkungen des Vorhabens,
2. der Merkmale des Vorhabens und des Standorts, mit denen erhebliche nachteilige Umweltauswirkungen ausgeschlossen, vermindert oder ausgeglichen werden sollen, und
3. der Maßnahmen, mit denen erhebliche nachteilige Umweltauswirkungen ausgeschlossen, vermindert oder ausgeglichen werden sollen, sowie
4. der Ersatzmaßnahmen bei Eingriffen in Natur und Landschaft.

²Die Erarbeitung erfolgt auf der Grundlage des UVP-Berichts, der behördlichen Stellungnahmen nach § 17 Absatz 2 und § 55 Absatz 4 sowie der Äußerungen der betroffenen Öffentlichkeit nach den §§ 21 und 56. ³Die Ergebnisse eigener Ermittlungen sind einzubeziehen.

¹⁾ Teil 2 (§§ 4–32) neu gef. mWv 29.7.2017 durch G v. 20.7.2017 (BGBl. I S. 2808).

(2) Die zusammenfassende Darstellung soll möglichst innerhalb eines Monats nach dem Abschluss der Erörterung im Beteiligungsverfahren erarbeitet werden.

§ 25[1) Begründete Bewertung der Umweltauswirkungen und Berücksichtigung des Ergebnisses bei der Entscheidung. (1) [1]Auf der Grundlage der zusammenfassenden Darstellung bewertet die zuständige Behörde die Umweltauswirkungen des Vorhabens im Hinblick auf eine wirksame Umweltvorsorge im Sinne des § 3 nach Maßgabe der geltenden Gesetze. [2]Die Bewertung ist zu begründen.

(2) Bei der Entscheidung über die Zulässigkeit des Vorhabens berücksichtigt die zuständige Behörde die begründete Bewertung nach dem in Absatz 1 bestimmten Maßstab.

(3) Bei der Entscheidung über die Zulassung des Vorhabens müssen die zusammenfassende Darstellung und die begründete Bewertung nach Einschätzung der zuständigen Behörde hinreichend aktuell sein.

§ 26[1) Inhalt des Bescheids über die Zulassung oder Ablehnung des Vorhabens. (1) Der Bescheid zur Zulassung des Vorhabens muss zumindest die folgenden Angaben enthalten:

1. die umweltbezogenen Nebenbestimmungen, sofern sie mit der Zulassungsentscheidung verbunden sind,
2. eine Beschreibung der vorgesehenen Überwachungsmaßnahmen nach § 28 oder nach entsprechenden bundes- oder landesrechtlichen Vorschriften sowie
3. eine Begründung, aus der die wesentlichen tatsächlichen und rechtlichen Gründe hervorgehen, die die Behörde zu ihrer Entscheidung bewogen haben; hierzu gehören
 a) Angaben über das Verfahren zur Beteiligung der Öffentlichkeit,
 b) die zusammenfassende Darstellung gemäß § 24,
 c) die begründete Bewertung gemäß § 25 Absatz 1 und
 d) eine Erläuterung, wie die begründete Bewertung, insbesondere die Angaben des UVP-Berichts, die behördlichen Stellungnahmen nach § 17 Absatz 2 und § 55 Absatz 4 sowie die Äußerungen der Öffentlichkeit nach den §§ 21 und 55, in der Zulassungsentscheidung berücksichtigt wurden oder wie ihnen anderweitig Rechnung getragen wurde.

(2) Wird das Vorhaben nicht zugelassen, müssen im Bescheid die dafür wesentlichen Gründe erläutert werden.

(3) Im Übrigen richtet sich der Inhalt des Bescheids nach den einschlägigen fachrechtlichen Vorschriften.

§ 27[2) Bekanntmachung der Entscheidung und Auslegung des Bescheids.
(1) [1]Die zuständige Behörde hat in entsprechender Anwendung des § 74 Absatz 5 Satz 2 des Verwaltungsverfahrensgesetzes[3) die Entscheidung zur Zulassung oder Ablehnung des Vorhabens öffentlich bekannt zu machen sowie in entsprechender Anwendung des § 74 Absatz 4 Satz 2 des Verwaltungsverfahrensgesetzes den Bescheid zur Einsicht auszulegen. [2]§ 20 gilt hierfür entsprechend. [3]Soweit der

[1)] Teil 2 (§§ 4–32) neu gef. mWv 29.7.2017 durch G v. 20.7.2017 (BGBl. I S. 2808).
[2)] § 27 neu gef. mWv 29.7.2017 durch G v. 20.7.2017 (BGBl. I S. 2808); Abs. 2 angef. mWv 10.12. 2020 durch G v. 3.12.2020 (BGBl. I S. 2694).
[3)] Nr. **100.**

Bescheid geheimhaltungsbedürftige Angaben im Sinne von § 23 Absatz 2 enthält, sind die entsprechenden Stellen unkenntlich zu machen.

(2) Abweichend von Absatz 1 Satz 1 kann in einem Verfahren nach § 18 Absatz 2 die Öffentlichkeit in einem geeigneten Publikationsorgan über das Ergebnis des Verfahrens unterrichtet werden und das Ergebnis des Verfahrens mit Begründung und einer Information über Rechtsbehelfe kann entsprechend dem in § 19 Absatz 2 Satz 2 geregelten Verfahren öffentlich ausgelegt werden.

§ 28[1]) Überwachung. (1) [1]Soweit bundes- oder landesrechtliche Regelungen keine Überwachungsmaßnahmen vorsehen, ergreift die zuständige Behörde die geeigneten Überwachungsmaßnahmen, um die Einhaltung der umweltbezogenen Bestimmungen des Zulassungsbescheids nach § 26 zu überprüfen. [2]Dies gilt insbesondere für

1. die im Zulassungsbescheid festgelegten Merkmale des Vorhabens und des Standorts sowie

2. die Maßnahmen, mit denen erhebliche nachteilige Umweltauswirkungen ausgeschlossen, vermindert oder ausgeglichen werden sollen, und die Ersatzmaßnahmen bei Eingriffen in Natur und Landschaft.

[3]Die zuständige Behörde kann dem Vorhabenträger Überwachungsmaßnahmen nach den Sätzen 1 und 2 aufgeben.

(2) [1]Soweit bundes- oder landesrechtliche Regelungen keine entsprechenden Überwachungsmaßnahmen vorsehen, ergreift die zuständige Behörde geeignete Maßnahmen zur Überwachung erheblicher nachteiliger Umweltauswirkungen, wenn die Auswirkungen des Vorhabens schwer vorhersehbar oder die Wirksamkeit von Maßnahmen, mit denen erhebliche Umweltauswirkungen ausgeschlossen, vermindert oder ausgeglichen werden sollen, oder die Wirksamkeit von Ersatzmaßnahmen unsicher sind. [2]Die zuständige Behörde kann dem Vorhabenträger Überwachungsmaßnahmen nach Satz 1 aufgeben.

Abschnitt 3. Teilzulassungen, Zulassung eines Vorhabens durch mehrere Behörden, verbundene Prüfverfahren

§ 29[1]) Umweltverträglichkeitsprüfung bei Teilzulassungen. (1) [1]In Verfahren zur Vorbereitung eines Vorbescheids und zur Erteilung einer ersten Teilgenehmigung oder einer sonstigen ersten Teilzulassung hat sich die Umweltverträglichkeitsprüfung vorläufig auf die nach dem jeweiligen Planungsstand erkennbaren Umweltauswirkungen des Gesamtvorhabens zu erstrecken und abschließend auf die Umweltauswirkungen, die Gegenstand der Teilzulassung sind. [2]Dem jeweiligen Umfang der Umweltverträglichkeitsprüfung ist bei der Unterrichtung über den Untersuchungsrahmen und beim UVP-Bericht Rechnung zu tragen.

(2) [1]Bei weiteren Teilzulassungen soll die Umweltverträglichkeitsprüfung auf zusätzliche erhebliche oder andere erhebliche Umweltauswirkungen des Vorhabens beschränkt werden. [2]Absatz 1 gilt entsprechend.

§ 30[1]) Erneute Öffentlichkeitsbeteiligung bei Teilzulassungen. (1) [1]Ist für ein Vorhaben bereits eine Teilzulassung nach § 29 erteilt worden, so ist im Verfahren zur Erteilung der Zulassung oder *weiterer Teilzulassungen* eine erneute *Beteiligung der Öffentlichkeit* erforderlich. [2]Sie ist jedoch auf den Gegenstand der

[1]) Teil 2 (§§ 4–32) neu gef. mWv 29.7.2017 durch G v. 20.7.2017 (BGBl. I S. 2808).

weiteren Teilzulassung zu beschränken. [3] Hierauf weist die zuständige Behörde in der Bekanntmachung hin.

(2) [1] Die zuständige Behörde kann von einer erneuten Beteiligung der Öffentlichkeit absehen, soweit zusätzliche erhebliche oder andere erhebliche Umweltauswirkungen nicht zu besorgen sind. [2] Dies ist insbesondere dann der Fall, wenn solche Umweltauswirkungen durch die vom Vorhabenträger vorgesehenen Vorkehrungen ausgeschlossen werden.

§ 31[1] **Zulassung eines Vorhabens durch mehrere Behörden; federführende Behörde.** (1) Bedarf ein Vorhaben der Zulassung durch mehrere Landesbehörden, so bestimmen die Länder eine federführende Behörde.

(2) [1] Die federführende Behörde ist zumindest für folgende Aufgaben zuständig:

1. die Feststellung der UVP-Pflicht (§ 5),

2. die Unterrichtung über den Untersuchungsrahmen (§ 15),

3. die Erarbeitung der zusammenfassenden Darstellung (§ 24),

4. die Benachrichtigung eines anderen Staates (§ 54),

5. die grenzüberschreitende Behördenbeteiligung (§ 55 Absatz 1 bis 4 und 6) und

6. die grenzüberschreitende Öffentlichkeitsbeteiligung (§ 56).

(Fortsetzung nächstes Blatt)

[1] Teil 2 (§§ 4–32) neu gef. mWv 29.7.2017 durch G v. 20.7.2017 (BGBl. I S. 2808).

² Die Länder können der federführenden Behörde weitere verfahrensrechtliche Zuständigkeiten übertragen. ³ Die federführende Behörde nimmt ihre Aufgaben im Zusammenwirken zumindest mit denjenigen Zulassungsbehörden und mit derjenigen für Naturschutz und Landschaftspflege zuständigen Behörde wahr, deren Aufgabenbereich durch das Vorhaben berührt wird. ⁴ Sie erfüllt diese Aufgaben nach den Verfahrensvorschriften, die für die Umweltverträglichkeitsprüfung in dem von ihr durchzuführenden Zulassungsverfahren gelten.

(3) ¹ Bedarf ein Vorhaben einer Genehmigung nach dem Atomgesetz sowie einer Zulassung durch eine oder mehrere weitere Behörden und ist eine der zuständigen Behörden eine Bundesbehörde, so ist die atomrechtliche Genehmigungsbehörde federführende Behörde. ² Sie ist neben den in Absatz 2 Satz 1 genannten Aufgaben auch für die Beteiligung der Öffentlichkeit (§§ 18 und 19) zuständig.

(4) ¹ Wird über die Zulässigkeit eines Vorhabens im Rahmen mehrerer Verfahren entschieden, so wird eine gemeinsame zusammenfassende Darstellung nach § 24 für das gesamte Vorhaben erstellt. ² Auf der Grundlage der zusammenfassenden Darstellung nehmen die Zulassungsbehörden eine Gesamtbewertung der Umweltauswirkungen des Vorhabens vor und berücksichtigen nach § 25 Absatz 2 die Gesamtbewertung bei den Zulassungsentscheidungen. ³ Die federführende Behörde stellt das Zusammenwirken der Zulassungsbehörden sicher.

§ 32¹⁾ Verbundene Prüfverfahren. ¹ Für ein Vorhaben, das einzeln oder im Zusammenwirken mit anderen Vorhaben, Projekten oder Plänen geeignet ist, ein Natura 2000-Gebiet erheblich zu beeinträchtigen, wird die Verträglichkeitsprüfung nach § 34 Absatz 1 des Bundesnaturschutzgesetzes²⁾ im Verfahren zur Zulassungsentscheidung des Vorhabens vorgenommen. ² Die Umweltverträglichkeitsprüfung kann mit der Prüfung nach Satz 1 und mit anderen Prüfungen zur Ermittlung oder Bewertung von Umweltauswirkungen verbunden werden.

Teil 3.³⁾ Strategische Umweltprüfung

Abschnitt 1. Voraussetzungen für eine Strategische Umweltprüfung

§ 33⁴⁾ Strategische Umweltprüfung. Die Strategische Umweltprüfung (SUP) ist unselbständiger Teil behördlicher Verfahren zur Aufstellung oder Änderung von Plänen und Programmen.

§ 34⁵⁾ Feststellung der SUP-Pflicht. (1) Die zuständige Behörde stellt frühzeitig fest, ob nach den §§ 35 bis 37 eine Verpflichtung zur Durchführung einer Strategischen Umweltprüfung (SUP-Pflicht) besteht.

(2) ¹ Die Feststellung der SUP-Pflicht ist, sofern eine Vorprüfung des Einzelfalls nach § 35 Absatz 2 oder § 37 vorgenommen worden ist, der Öffentlichkeit nach den Bestimmungen des Bundes und der Länder über den Zugang zu

¹⁾ Teil 2 (§§ 4–32) neu gef. mWv 29.7.2017 durch G v. 20.7.2017 (BGBl. I S. 2808).
²⁾ Nr. **880**.
³⁾ Teil 3 Überschrift geänd. mWv 29.7.2017 durch G v. 20.7.2017 (BGBl. I S. 2808).
⁴⁾ § 33 eingef. mWv 29.7.2017 durch G v. 20.7.2017 (BGBl. I S. 2808).
⁵⁾ Bish. § 14a wird § 34 und Abs. 1 und 2 Satz 1 geänd. mWv 29.7.2017 durch G v. 20.7.2017 (BGBl. I S. 2808).

Umweltinformationen zugänglich zu machen; soll eine Strategische Umweltprüfung unterbleiben, ist dies einschließlich der dafür wesentlichen Gründe bekannt zu geben. [2] Die Feststellung ist nicht selbständig anfechtbar.

§ 35[1] SUP-Pflicht in bestimmten Plan- oder Programmbereichen und im Einzelfall. (1) Eine Strategische Umweltprüfung ist durchzuführen bei Plänen und Programmen, die

1. in der Anlage 5 Nummer 1 aufgeführt sind oder

2. in der Anlage 5 Nummer 2 aufgeführt sind und für Entscheidungen über die Zulässigkeit von in der Anlage 1 aufgeführten Vorhaben oder von Vorhaben, die nach Landesrecht einer Umweltverträglichkeitsprüfung oder Vorprüfung des Einzelfalls bedürfen, einen Rahmen setzen.

(2) [1] Bei nicht unter Absatz 1 fallenden Plänen und Programmen ist eine Strategische Umweltprüfung nur dann durchzuführen, wenn sie für die Entscheidung über die Zulässigkeit von in der Anlage 1 aufgeführten oder anderen Vorhaben einen Rahmen setzen und nach einer Vorprüfung im Einzelfall im Sinne von Absatz 4 voraussichtlich erhebliche Umweltauswirkungen haben. [2] § 34 Absatz 4 und § 35 Absatz 6 des Baugesetzbuchs[2] bleiben unberührt.

(3) Pläne und Programme setzen einen Rahmen für die Entscheidung über die Zulässigkeit von Vorhaben, wenn sie Festlegungen mit Bedeutung für spätere Zulassungsentscheidungen, insbesondere zum Bedarf, zur Größe, zum Standort, zur Beschaffenheit, zu Betriebsbedingungen von Vorhaben oder zur Inanspruchnahme von Ressourcen, enthalten.

(4) [1] Hängt die Durchführung einer Strategischen Umweltprüfung von einer Vorprüfung des Einzelfalls ab, hat die zuständige Behörde aufgrund einer überschlägigen Prüfung unter Berücksichtigung der in Anlage 6 aufgeführten Kriterien einzuschätzen, ob der Plan oder das Programm voraussichtlich erhebliche Umweltauswirkungen hat, die im weiteren Aufstellungsverfahren nach § 43 Absatz 2 zu berücksichtigen wären. [2] Bei der Vorprüfung nach Satz 1 ist zu berücksichtigen, inwieweit Umweltauswirkungen durch Vermeidungs- und Verminderungsmaßnahmen offensichtlich ausgeschlossen werden. [3] Die in § 41 genannten Behörden sind bei der Vorprüfung nach Satz 1 zu beteiligen. [4] Die Durchführung und das Ergebnis der Vorprüfung sind zu dokumentieren.

§ 36[3] SUP-Pflicht aufgrund einer Verträglichkeitsprüfung. Eine Strategische Umweltprüfung ist durchzuführen bei Plänen und Programmen, die einer Verträglichkeitsprüfung nach § 36 Satz 1 Nummer 2 des Bundesnaturschutzgesetzes[4] unterliegen.

§ 37[5] Ausnahmen von der SUP-Pflicht. [1] Werden Pläne und Programme nach § 35 Absatz 1 und § 36 nur geringfügig geändert oder legen sie die Nut-

[1] Bish. § 14b wird § 35 und Abs. 1 Nr. 1 und 2, Abs. 4 Sätze 1 und 3 geänd. mWv 29.7.2017 durch G v. 20.7.2017 (BGBl. I S. 2808).
[2] Nr. **300.**
[3] Früherer § 14c geänd. mWv 18.8.2010 durch G v. 11.8.2010 (BGBl. I S. 1163); bish. § 14c wird § 36 mWv 29.7.2017 durch G v. 20.7.2017 (BGBl. I S. 2808).
[4] Nr. **880.**
[5] *Früherer § 14d Satz 2 geänd. mWv 29.11.2017 durch G v. 23.5.2017 (BGBl. I S. 1245), bish.* § 14d wird § 37 und Satz 1 geänd. mWv 29.7.2017 durch G v. 20.7.2017 (BGBl. I S. 2808).

zung kleiner Gebiete auf lokaler Ebene fest, so ist eine Strategische Umweltprüfung nur dann durchzuführen, wenn eine Vorprüfung des Einzelfalls im Sinne von § 35 Absatz 4 ergibt, dass der Plan oder das Programm voraussichtlich erhebliche Umweltauswirkungen hat. [2] Die §§ 13 und 13a des Baugesetzbuchs[1] sowie § 8 Absatz 2 des Raumordnungsgesetzes[2] bleiben unberührt.

Abschnitt 2. Verfahrensschritte der Strategischen Umweltprüfung

§ 38[3] Vorrang anderer Rechtsvorschriften bei der SUP. [1] Unbeschadet des § 52 finden die Vorschriften dieses Abschnitts Anwendung, soweit Rechtsvorschriften des Bundes und der Länder die Strategische Umweltprüfung nicht näher bestimmen oder in ihren Anforderungen diesem Gesetz nicht entsprechen. [2] Rechtsvorschriften mit weitergehenden Anforderungen bleiben unberührt.

§ 39[4] Festlegung des Untersuchungsrahmens. (1) Die für die Strategische Umweltprüfung zuständige Behörde legt den Untersuchungsrahmen der Strategischen Umweltprüfung einschließlich des Umfangs und Detaillierungsgrads der in den Umweltbericht nach § 40 aufzunehmenden Angaben fest.

(2) [1] Der Untersuchungsrahmen einschließlich des Umfangs und Detaillierungsgrads der in den Umweltbericht aufzunehmenden Angaben bestimmen sich unter Berücksichtigung von § 33 in Verbindung mit § 2 Absatz 1 nach den Rechtsvorschriften, die für die Entscheidung über die Ausarbeitung, Annahme oder Änderung des Plans oder Programms maßgebend sind. [2] Der Umweltbericht enthält die Angaben, die mit zumutbarem Aufwand ermittelt werden können, und berücksichtigt dabei den gegenwärtigen Wissensstand und der Behörde bekannte Äußerungen der Öffentlichkeit, allgemein anerkannte Prüfungsmethoden, Inhalt und Detaillierungsgrad des Plans oder Programms sowie dessen Stellung im Entscheidungsprozess.

(3) [1] Sind Pläne und Programme Bestandteil eines mehrstufigen Planungs- und Zulassungsprozesses, soll zur Vermeidung von Mehrfachprüfungen bei der Festlegung des Untersuchungsrahmens bestimmt werden, auf welcher der Stufen dieses Prozesses bestimmte Umweltauswirkungen schwerpunktmäßig geprüft werden sollen. [2] Dabei sind Art und Umfang der Umweltauswirkungen, fachliche Erfordernisse sowie Inhalt und Entscheidungsgegenstand des Plans oder Programms zu berücksichtigen. [3] Bei nachfolgenden Plänen und Programmen sowie bei der nachfolgenden Zulassung von Vorhaben, für die der Plan oder das Programm einen Rahmen setzt, soll sich die Umweltprüfung auf zusätzliche oder andere erhebliche Umweltauswirkungen sowie auf erforderliche Aktualisierungen und Vertiefungen beschränken.

(4) [1] Die Behörden, deren umwelt- und gesundheitsbezogener Aufgabenbereich durch den Plan oder das Programm berührt wird, werden bei der Festlegung des *Untersuchungsrahmens* der Strategischen Umweltprüfung sowie des Umfangs und Detaillierungsgrads der in den Umweltbericht aufzunehmenden Angaben betei-

[1] Nr. **300.**
[2] Nr. **340.**
[3] Bish. § 14e wird § 38 und Satz 1 geänd. mWv 29.7.2017 durch G v. 20.7.2017 (BGBl. I S. 2808).
[4] Früherer § 14f Abs. 4 Satz 3 neu gef. mWv 2.5.2013 durch G v. 8.4.2013 (BGBl. I S. 734); bish. § 14f wird § 39 und Abs. 1, 2 Satz 1 und Abs. 4 Satz 3 geänd. mWv 29.7.2017 durch G v. 20.7.2017 (BGBl. I S. 2808).

ligt. [2] Die zuständige Behörde gibt auf der Grundlage geeigneter Informationen den zu beteiligenden Behörden Gelegenheit zu einer Besprechung oder zur Stellungnahme über die nach Absatz 1 zu treffenden Festlegungen. [3] Sachverständige, betroffene Gemeinden, nach § 60 Absatz 1 zu beteiligende Behörden, nach § 3 des Umwelt-Rechtsbehelfsgesetzes[1)] anerkannte Umweltvereinigungen sowie sonstige Dritte können hinzugezogen werden. [4] Verfügen die zu beteiligenden Behörden über Informationen, die für den Umweltbericht zweckdienlich sind, übermitteln sie diese der zuständigen Behörde.

§ 40[2)] Umweltbericht. (1) [1] Die zuständige Behörde erstellt frühzeitig einen Umweltbericht. [2] Dabei werden die voraussichtlichen erheblichen Umweltauswirkungen der Durchführung des Plans oder Programms sowie vernünftiger Alternativen ermittelt, beschrieben und bewertet.

(2) [1] Der Umweltbericht nach Absatz 1 muss nach Maßgabe des § 39 folgende Angaben enthalten:

1. Kurzdarstellung des Inhalts und der wichtigsten Ziele des Plans oder Programms sowie der Beziehung zu anderen relevanten Plänen und Programmen,
2. Darstellung der für den Plan oder das Programm geltenden Ziele des Umweltschutzes sowie der Art, wie diese Ziele und sonstige Umwelterwägungen bei der Ausarbeitung des Plans oder des Programms berücksichtigt wurden,
3. Darstellung der Merkmale der Umwelt, des derzeitigen Umweltzustands sowie dessen voraussichtliche Entwicklung bei Nichtdurchführung des Plans oder des Programms,
4. Angabe der derzeitigen für den Plan oder das Programm bedeutsamen Umweltprobleme, insbesondere der Probleme, die sich auf ökologisch empfindliche Gebiete nach Nummer 2.6 der Anlage 6 beziehen,
5. Beschreibung der voraussichtlichen erheblichen Auswirkungen auf die Umwelt nach § 3 in Verbindung mit § 2 Absatz 1 und 2,
6. Darstellung der Maßnahmen, die geplant sind, um erhebliche nachteilige Umweltauswirkungen aufgrund der Durchführung des Plans oder des Programms zu verhindern, zu verringern und so weit wie möglich auszugleichen,
7. Hinweise auf Schwierigkeiten, die bei der Zusammenstellung der Angaben aufgetreten sind, zum Beispiel technische Lücken oder fehlende Kenntnisse,
8. Kurzdarstellung der Gründe für die Wahl der geprüften Alternativen sowie eine Beschreibung, wie die Umweltprüfung durchgeführt wurde,
9. Darstellung der geplanten Überwachungsmaßnahmen gemäß § 45.

[2] Die Angaben nach Satz 1 sollen entsprechend der Art des Plans oder Programms Dritten die Beurteilung ermöglichen, ob und in welchem Umfang sie von den Umweltauswirkungen des Plans oder Programms betroffen werden können. [3] Eine allgemein verständliche, nichttechnische Zusammenfassung der Angaben nach diesem Absatz ist dem Umweltbericht beizufügen.

(3) Die zuständige Behörde bewertet vorläufig im Umweltbericht die Umweltauswirkungen des Plans oder Programms im Hinblick auf eine wirksame

[1)] Nr. 293.
[2)] Früherer § 14g Abs. 2 Satz 1 Nr. 8 geänd. mWv 18.8.2010 durch G v. 11.8.2010 (BGBl. I S. 1163); bish. § 14g wird § 40 und Abs. 2 Satz 1 einl. Satzteil, Nr. 4, 5, 9 und Abs. 3 geänd. mWv 29.7.2017 durch G v. 20.7.2017 (BGBl. I S. 2808).

Umweltvorsorge im Sinne der¹⁾ § 3 in Verbindung mit § 2 Absatz 1und 2 nach Maßgabe der geltenden Gesetze.

(4) Angaben, die der zuständigen Behörde aus anderen Verfahren oder Tätigkeiten vorliegen, können in den Umweltbericht aufgenommen werden, wenn sie für den vorgesehenen Zweck geeignet und hinreichend aktuell sind.

§ 41²⁾ Beteiligung anderer Behörden. ¹Die zuständige Behörde übermittelt den Behörden, deren umwelt- und gesundheitsbezogener Aufgabenbereich durch den Plan oder das Programm berührt wird, den Entwurf des Plans oder Programms sowie den Umweltbericht und holt die Stellungnahmen dieser Behörden ein. ²Die zuständige Behörde setzt für die Abgabe der Stellungnahmen eine angemessene Frist von mindestens einem Monat.

§ 42³⁾ Beteiligung der Öffentlichkeit. (1) Für die Öffentlichkeitsbeteiligung gelten § 18 Absatz 1 sowie die §§ 19 und 22 entsprechend, soweit nachfolgend nichts anderes bestimmt wird.

(2) ¹Der Entwurf des Plans oder Programms, der Umweltbericht sowie weitere Unterlagen, deren Einbeziehung die zuständige Behörde für zweckmäßig hält, werden frühzeitig für eine angemessene Dauer von mindestens einem Monat öffentlich ausgelegt. ²Auslegungsorte sind unter Berücksichtigung von Art und Inhalt des Plans oder Programms von der zuständigen Behörde so festzulegen, dass eine wirksame Beteiligung der betroffenen Öffentlichkeit gewährleistet ist.

(3) ¹Die betroffene Öffentlichkeit kann sich zu dem Entwurf des Plans oder Programms und zu dem Umweltbericht äußern. ²Die zuständige Behörde bestimmt für die Äußerung eine angemessene Frist von mindestens einem Monat nach Ende der Auslegungsfrist. ³Mit Ablauf der Äußerungsfrist sind alle Äußerungen ausgeschlossen, die nicht auf besonderen privatrechtlichen Titeln beruhen. ⁴Hierauf ist in der Bekanntmachung der Auslegung oder bei der Bekanntgabe der Äußerungsfrist hinzuweisen. ⁵Ein Erörterungstermin ist durchzuführen, soweit Rechtsvorschriften des Bundes dies für bestimmte Pläne und Programme vorsehen.

§ 43⁴⁾ Abschließende Bewertung und Berücksichtigung. (1) ¹Nach Abschluss der Behörden- und Öffentlichkeitsbeteiligung überprüft die zuständige Behörde die Darstellungen und Bewertungen des Umweltberichts unter Berücksichtigung der ihr nach den §§ 41, 42, 60 Absatz 1 und § 61 Absatz 1 übermittelten Stellungnahmen und Äußerungen. ²Bei der Überprüfung gelten die in § 40 Absatz 3 bestimmten Maßstäbe.

(2) Das Ergebnis der Überprüfung nach Absatz 1 ist im Verfahren zur Aufstellung oder Änderung des Plans oder Programms zu berücksichtigen.

¹⁾ Richtig wohl: „des".
²⁾ Bish. § 14h wird § 41 mWv 29.7.2017 durch G v. 20.7.2017 (BGBl. I S. 2808).
³⁾ Früherer § 14i Abs. 3 Sätze 3 und 4 eingef., bish. Satz 3 wird Satz 5 mWv 2.6.2017 durch G v. 29.5.2017 (BGBl. I S. 1298); bish. § 14i wird § 42 und Abs. 1 und 3 Satz 2 geänd. mWv 29.7.2017 durch G v. 20.7.2017 (BGBl. I S. 2808).
⁴⁾ Bish. § 14j aufgeh., bish. § 14k wird § 43 und Abs. 1 Sätze 1 und 2 geänd. mWv 29.7.2017 durch G v. 20.7.2017 (BGBl. I S. 2808).

§ 44[1] Bekanntgabe der Entscheidung über die Annahme oder Ablehnung des Plans oder Programms. (1) [1] Die Annahme eines Plans oder Programms ist öffentlich bekannt zu machen. [2] Die Ablehnung eines Plans oder Programms kann öffentlich bekannt gemacht werden.

(2) Bei Annahme des Plans oder Programms sind folgende Informationen zur Einsicht auszulegen:

1. der angenommene Plan oder das angenommene Programm,

2. eine zusammenfassende Erklärung, wie Umwelterwägungen in den Plan oder das Programm einbezogen wurden, wie der Umweltbericht nach § 40 sowie die Stellungnahmen und Äußerungen nach den §§ 41, 42, 60 Absatz 1 und § 61 Absatz 1 berücksichtigt wurden und aus welchen Gründen der angenommene Plan oder das angenommene Programm nach Abwägung mit den geprüften Alternativen gewählt wurde,

3. eine Aufstellung der Überwachungsmaßnahmen nach § 45 sowie

4. eine Rechtsbehelfsbelehrung, soweit über die Annahme des Plans oder Programms nicht durch Gesetz entschieden wird.

§ 45[2] Überwachung. (1) [1] Die erheblichen Umweltauswirkungen, die sich aus der Durchführung des Plans oder Programms ergeben, sind zu überwachen, um insbesondere frühzeitig unvorhergesehene nachteilige Auswirkungen zu ermitteln und geeignete Abhilfemaßnahmen ergreifen zu können. [2] Die erforderlichen Überwachungsmaßnahmen sind mit der Annahme des Plans oder Programms auf der Grundlage der Angaben im Umweltbericht festzulegen.

(2) Soweit Rechtsvorschriften des Bundes oder der Länder keine abweichende Zuständigkeit regeln, obliegt die Überwachung der für die Strategische Umweltprüfung zuständigen Behörde.

(3) Andere Behörden haben der nach Absatz 2 zuständigen Behörde auf Verlangen alle Umweltinformationen zur Verfügung zu stellen, die zur Wahrnehmung der Aufgaben nach Absatz 1 erforderlich sind.

(4) Die Ergebnisse der Überwachung sind der Öffentlichkeit nach den Vorschriften des Bundes und der Länder über den Zugang zu Umweltinformationen sowie den in § 41 genannten Behörden zugänglich zu machen und bei einer erneuten Aufstellung oder einer Änderung des Plans oder Programms zu berücksichtigen.

(5) [1] Zur Erfüllung der Anforderungen nach Absatz 1 können bestehende Überwachungsmechanismen, Daten- und Informationsquellen genutzt werden. [2] § 40 Absatz 4 gilt entsprechend.

§ 46[3] Verbundene Prüfverfahren. [1] Für einen Plan nach § 35 oder § 36, der einzeln oder im Zusammenwirken mit anderen Vorhaben, Projekten oder Plänen geeignet ist, ein Natura 2000-Gebiet erheblich zu beeinträchtigen, ist die Ver-

[1] Früherer § 14I Abs. 2 Nr. 2 und 3 geänd., Nr. 4 angef. mWv 2.6.2017 durch G v. 29.5.2017 (BGBl. I S. 1298); bish. § 14l wird § 44 und Überschrift, Abs. 2 Nr. 2 und 3 geänd. mWv 29.7.2017 durch G v. 20.7.2017 (BGBl. I S. 2808).
[2] Bish. § 14m wird § 45 und Abs. 4 und 5 Satz 2 geänd. mWv 29.7.2017 durch G v. 20.7.2017 (BGBl. I S. 2808).
[3] Bish. § 14n wird § 46 und neu gef. mWv 29.7.2017 durch G v. 20.7.2017 (BGBl. I S. 2808).

träglichkeitsprüfung nach § 34 Absatz 1 des Bundesnaturschutzgesetzes[1] im Verfahren zur Aufstellung oder Änderung des Plans vorzunehmen. [2] Die Strategische Umweltprüfung kann mit der Prüfung nach Satz 1 und mit anderen Prüfungen zur Ermittlung oder Bewertung von Umweltauswirkungen verbunden werden.

Teil 4.[2] Besondere Verfahrensvorschriften für bestimmte Umweltprüfungen

§ 47[3] Linienbestimmung und Genehmigung von Flugplätzen.

(1) [1] Für die Linienbestimmung nach § 16 Absatz 1 des Bundesfernstraßengesetzes[4] und für die Linienbestimmung nach § 13 Absatz 1 des Bundeswasserstraßengesetzes[5] sowie im Verfahren zur Genehmigung von Flugplätzen nach § 6 Absatz 1 des Luftverkehrsgesetzes[6] wird bei Vorhaben die Umweltverträglichkeit nach dem jeweiligen Planungsstand des Vorhabens geprüft. [2] In die Prüfung der Umweltverträglichkeit sind bei der Linienbestimmung alle ernsthaft in Betracht kommenden Trassenvarianten einzubeziehen.

(2) Absatz 1 gilt nicht, wenn in einem Raumordnungsverfahren bereits die Umweltverträglichkeit geprüft wurde und wenn dabei im Falle einer Linienbestimmung alle ernsthaft in Betracht kommenden Trassenvarianten einbezogen wurden.

(3) Im nachfolgenden Zulassungsverfahren kann die Prüfung der Umweltverträglichkeit auf zusätzliche erhebliche oder andere erhebliche Umweltauswirkungen des Vorhabens beschränkt werden.

(4) Die Linienbestimmung nach § 16 Absatz 1 des Bundesfernstraßengesetzes und die Linienbestimmung nach § 13 Absatz 1 des Bundeswasserstraßengesetzes kann nur im Rahmen des Rechtsbehelfsverfahrens gegen die nachfolgende Zulassungsentscheidung überprüft werden.

§ 48[7] Raumordnungspläne. [1] Besteht für die Aufstellung eines Raumordnungsplans nach diesem Gesetz die SUP-Pflicht, so wird die Strategische Umweltprüfung einschließlich der Überwachung nach dem Raumordnungsgesetz durchgeführt. [2] Auf einen Raumordnungsplan nach Anlage 5 Nummer 1.5 oder 1.6, der Flächen für die Windenergienutzung oder für den Abbau von Rohstoffen ausweist, ist § 1 Absatz 1 Satz 1 Nummer 4 des Umwelt-Rechtsbehelfsgesetzes[8] nicht anzuwenden.

§ 49[9] Raumordnungsverfahren. (1) Für das Raumordnungsverfahren bei Vorhaben, für die nach diesem Gesetz die UVP-Pflicht besteht, wird die Umweltverträglichkeitsprüfung nach dem Planungsstand des jeweiligen Vorhabens,

[1] Nr. **880**.
[2] Teil 4 Überschrift geänd. mWv 29.7.2017 durch G v. 20.7.2017 (BGBl. I S. 2808).
[3] Bish. § 15 wird § 47 und neu gef. mWv 29.7.2017 durch G v. 20.7.2017 (BGBl. I S. 2808).
[4] Nr. **932**.
[5] Nr. **971**.
[6] **Sartorius ErgBd. Nr. 975.**
[7] Bish. § 16 wird § 48 und neu gef. mWv 29.7.2017 durch G v. 20.7.2017 (BGBl. I S. 2808).
[8] Nr. **293**.
[9] § 49 eingef. mWv 29.7.2017 durch G v. 20.7.2017 (BGBl. I S. 2808).

einschließlich der Standortalternativen nach § 15 Absatz 1 Satz 3 des Raumordnungsgesetzes[1], durchgeführt, soweit durch Landesrecht nicht etwas anderes bestimmt ist.

(2) Im nachfolgenden Zulassungsverfahren kann die Prüfung der Umweltverträglichkeit auf zusätzliche erhebliche oder andere erhebliche Umweltauswirkungen des Vorhabens beschränkt werden.

(3) Das Ergebnis des Raumordnungsverfahrens nach § 15 des Raumordnungsgesetzes kann nur im Rahmen des Rechtsbehelfsverfahrens gegen die nachfolgende Zulassungsentscheidung überprüft werden.

§ 50[2] Bauleitpläne. (1) [1] Werden Bebauungspläne im Sinne des § 2 Absatz 6 Nummer 3, insbesondere bei Vorhaben nach Anlage 1 Nummer 18.1 bis 18.9, aufgestellt, geändert oder ergänzt, so wird die Umweltverträglichkeitsprüfung einschließlich der Vorprüfung nach den §§ 1 und 2 Absatz 1 und 2 sowie nach den §§ 3 bis 13 im Aufstellungsverfahren als Umweltprüfung sowie die Überwachung nach den Vorschriften des Baugesetzbuchs[3] durchgeführt. [2] Eine nach diesem Gesetz vorgeschriebene Vorprüfung entfällt, wenn für den aufzustellenden Bebauungsplan eine Umweltprüfung nach den Vorschriften des Baugesetzbuchs durchgeführt wird.

(2) Besteht für die Aufstellung, Änderung oder Ergänzung eines Bauleitplans nach diesem Gesetz eine Verpflichtung zur Durchführung einer Strategischen Umweltprüfung, wird hierfür unbeschadet der §§ 13, 13a und 13b des Baugesetzbuchs eine Umweltprüfung einschließlich der Überwachung nach den Vorschriften des Baugesetzbuchs durchgeführt.

(3) Wird die Umweltverträglichkeitsprüfung in einem Aufstellungsverfahren für einen Bebauungsplan und in einem nachfolgenden Zulassungsverfahren durchgeführt, soll die Umweltverträglichkeitsprüfung im nachfolgenden Zulassungsverfahren auf zusätzliche oder andere erhebliche Umweltauswirkungen des Vorhabens beschränkt werden.

§ 51[4] Bergrechtliche Verfahren. [1] Bei bergbaulichen Vorhaben, die in der Anlage 1 aufgeführt sind und dem Bergrecht unterliegen, werden die Umweltverträglichkeitsprüfung und die Überwachung des Vorhabens nach den Vorschriften des Bundesberggesetzes durchgeführt. [2] Teil 2 Abschnitt 2 und 3 in Verbindung mit Anlage 4 findet nur Anwendung, soweit das Bundesberggesetz dies anordnet.

§ 52[5] Landschaftsplanungen. Bei Landschaftsplanungen richten sich die Erforderlichkeit und die Durchführung einer Strategischen Umweltprüfung nach Landesrecht.

[1] Nr. **340.**
[2] Bish. § 17 wird § 50 und Überschrift, Abs. 1 und 2 neu gef. mWv 29.7.2017 durch G v. 20.7.2017 (BGBl. I S. 2808).
[3] Nr. **300.**
[4] Bish. § 18 wird § 51 und neu gef. mWv 29.7.2017 durch G v. 20.7.2017 (BGBl. I S. 2808).
[5] Bish. § 19 aufgeh., bish. § 19a wird § 52 und Überschrift neu gef. mWv 29.7.2017 durch G v. 20.7.2017 (BGBl. I S. 2808).

§ 53[1] **Verkehrswegeplanungen auf Bundesebene.** (1) Bei Bedarfsplänen nach Nummer 1.1 der Anlage 5 ist eine Strategische Umweltprüfung nur für solche erheblichen Umweltauswirkungen erforderlich, die nicht bereits Gegenstand einer Strategischen Umweltprüfung im Verfahren zur Aufstellung oder Änderung von anderen Plänen und Programmen nach Nummer 1.1 der Anlage 5 waren.

(2) [1] Bei der Verkehrswegeplanung auf Bundesebene nach Nummer 1.1 der Anlage 5 werden bei der Erstellung des Umweltberichts in Betracht kommende vernünftige Alternativen, die die Ziele und den geographischen Anwendungsbereich des Plans oder Programms berücksichtigen, insbesondere alternative Verkehrsnetze und alternative Verkehrsträger ermittelt, beschrieben und bewertet. [2] Auf die Verkehrswegeplanung auf Bundesebene ist § 1 Absatz 1 Satz 1 Nummer 4 des Umwelt-Rechtsbehelfsgesetzes[2] nicht anzuwenden.

(3) Das Bundesministerium für Verkehr und digitale Infrastruktur wird ermächtigt, im Einvernehmen mit dem Bundesministerium für Umwelt, Naturschutz und nukleare Sicherheit durch Rechtsverordnung ohne Zustimmung des Bundesrates für das Verfahren der Durchführung der Strategischen Umweltprüfung bei Plänen und Programmen nach Nummer 1.1 der Anlage 5 besondere Bestimmungen zur praktikablen und effizienten Durchführung zu erlassen über

1. die Einzelheiten des Verfahrens zur Festlegung des Untersuchungsrahmens nach § 39 im Hinblick auf Besonderheiten der Verkehrswegeplanung,

2. das Verfahren der Erarbeitung und über Inhalt und Ausgestaltung des Umweltberichts nach § 40 im Hinblick auf Besonderheiten der Verkehrswegeplanung,

3. die Einzelheiten der Beteiligung von Behörden und der Öffentlichkeit nach den §§ 41, 42, 60 und 61, unter Berücksichtigung der Verwendungsmöglichkeiten von elektronischen Kommunikationsmitteln,

4. die Form der Bekanntgabe der Entscheidung nach § 44, unter Berücksichtigung der Verwendungsmöglichkeiten von elektronischen Kommunikationsmitteln,

5. die Form, den Zeitpunkt und die Berücksichtigung von Ergebnissen der Überwachung nach § 45.

(4) Das Bundesministerium für Verkehr und digitale Infrastruktur wird ferner ermächtigt, im Einvernehmen mit dem Bundesministerium für Umwelt, Naturschutz und nukleare Sicherheit durch Rechtsverordnung mit Zustimmung des Bundesrates zu bestimmen, dass die Länder zur Anmeldung von Verkehrsprojekten für Pläne und Programme nach Nummer 1.1 der Anlage 5 bestimmte vorbereitende Prüfungen vorzunehmen und deren Ergebnisse oder sonstigen Angaben beizubringen haben, die für die Durchführung der Strategischen Umweltprüfung notwendig sind.

[1] Früherer § 19b Abs. 3 einl. Satzteil und Abs. 4 geänd. mWv 8.9.2015 durch VO v. 31.8.2015 (BGBl. I S. 1474); Abs. 2 Satz 2 angef. mWv 2.6.2017 durch G v. 29.5.2017 (BGBl. I S. 1298); bish. § 19b wird § 53 und Überschrift neu gef., Abs. 1, Abs. 2 Satz 1, Abs. 3 einl. Satzteil, Nr. 1–5 und Abs. 4 geänd. mWv 29.7.2017 durch G v. 20.7.2017 (BGBl. I S. 2808, ber. 2018 S. 472); Abs. 3 einl. Satzteil und Abs. 4 geänd. mWv 27.6.2020 durch VO v. 19.6.2020 (BGBl. I S. 1328).
[2] Nr. **293**.

Teil 5.[1] Grenzüberschreitende Umweltprüfungen

Abschnitt 1. Grenzüberschreitende Umweltverträglichkeitsprüfung

§ 54[1] Benachrichtigung eines anderen Staates. (1) [1] Wenn ein Vorhaben, für das eine UVP-Pflicht besteht, erhebliche grenzüberschreitende Umweltauswirkungen haben kann, benachrichtigt die zuständige deutsche Behörde frühzeitig die von dem anderen Staat benannte Behörde durch Übersendung geeigneter Unterlagen über das Vorhaben. [2] Wenn der andere Staat keine Behörde benannt hat, so wird die oberste für Umweltangelegenheiten zuständige Behörde des anderen Staates benachrichtigt.

(2) Absatz 1 gilt entsprechend, wenn ein anderer Staat um Benachrichtigung ersucht.

(3) Die Benachrichtigung und die geeigneten Unterlagen sind in deutscher Sprache und in einer Amtssprache des anderen Staates zu übermitteln.

(4) Die zuständige deutsche Behörde bittet die von dem anderen Staat benannte Behörde um Mitteilung innerhalb einer angemessenen Frist, ob eine Beteiligung erwünscht wird.

(5) Teilt der andere Staat mit, dass eine Beteiligung gewünscht wird, so findet eine grenzüberschreitende Behörden- und Öffentlichkeitsbeteiligung nach Maßgabe der §§ 55 bis 57 statt.

(6) Wenn ein Vorhaben, für das die UVP-Pflicht besteht, grenzüberschreitende Umweltauswirkungen haben kann und der andere Staat eine Beteiligung nicht wünscht, kann sich die betroffene Öffentlichkeit des anderen Staates am inländischen Beteiligungsverfahren nach Maßgabe der §§ 18 bis 22 beteiligen.

§ 55[1] Grenzüberschreitende Behördenbeteiligung bei inländischen Vorhaben. (1) Die zuständige deutsche Behörde übermittelt der benannten Behörde des anderen Staates sowie weiteren von dieser angegebenen Behörden, soweit die Angaben nicht in der Benachrichtigung enthalten waren,

1. den Inhalt der Bekanntmachung nach § 19 Absatz 1 und

2. die Unterlagen, die nach § 19 Absatz 2 zur Einsicht für die Öffentlichkeit auszulegen sind.

(2) [1] Folgende Unterlagen sind in deutscher Sprache und in einer Amtssprache des anderen Staates zu übermitteln:

1. der Inhalt der Bekanntmachung nach § 19 Absatz 1,

2. die nichttechnische Zusammenfassung des UVP-Berichts sowie

3. die Teile des UVP-Berichts, die es den beteiligten Behörden und der Öffentlichkeit des anderen Staates ermöglichen, die voraussichtlichen erheblichen nachteiligen grenzüberschreitenden Umweltauswirkungen des Vorhabens einzuschätzen und dazu Stellung zu nehmen oder sich zu äußern.

[2] Die zuständige Behörde kann verlangen, dass ihr der Vorhabenträger eine Übersetzung dieser Angaben in die entsprechende Amtssprache zur Verfügung stellt.

[1] Teil 5 (§§ 54–64) eingef. mWv 29.7.2017 durch G v. 20.7.2017 (BGBl. I S. 2808).

(3) Die zuständige deutsche Behörde unterrichtet die benannte Behörde des anderen Staates sowie weitere von dieser angegebene Behörden über den geplanten zeitlichen Ablauf des Genehmigungsverfahrens.

(4) [1] Die zuständige deutsche Behörde gibt der benannten Behörde des anderen Staates sowie weiteren von dieser angegebenen Behörden mindestens im gleichen Umfang wie den nach § 17 zu beteiligenden Behörden Gelegenheit zur Stellungnahme. [2] Für die Stellungnahmen gilt § 73 Absatz 3a des Verwaltungsverfahrensgesetzes[1] entsprechend.

(5) [1] Soweit erforderlich oder soweit der andere Staat darum ersucht, führen die zuständigen Innen- und Landesbehörden innerhalb eines vereinbarten, angemessenen Zeitrahmens mit dem anderen Staat Konsultationen durch, insbesondere über die grenzüberschreitenden Umweltauswirkungen des Vorhabens und über die Maßnahmen zu deren Vermeidung oder Verminderung. [2] Die Konsultationen können von einem geeigneten Gremium durchgeführt werden, das aus Vertretern der zuständigen obersten Bundes- und Länderbehörden und aus Vertretern des anderen Staates besteht.

(6) Die zuständige deutsche Behörde übermittelt den beteiligten Behörden des anderen Staates in einer Amtssprache des anderen Staates sonstige für das Verfahren der grenzüberschreitenden Umweltverträglichkeitsprüfung wesentliche Unterlagen, insbesondere Einladungen zum Erörterungstermin und zu Konsultationen.

(7) Die beteiligten Behörden des anderen Staates können ihre Mitteilungen und Stellungnahmen in einer ihrer Amtssprachen übermitteln.

§ 56[2] Grenzüberschreitende Öffentlichkeitsbeteiligung bei inländischen Vorhaben. (1) Bei der grenzüberschreitenden Öffentlichkeitsbeteiligung kann sich die Öffentlichkeit des anderen Staates am Verfahren nach den §§ 18 bis 22 beteiligen.

(2) Die zuständige deutsche Behörde wirkt darauf hin, dass

1. das Vorhaben in dem anderen Staat auf geeignete Weise bekannt gemacht wird und

2. dabei angegeben wird,

 a) wo, in welcher Form und in welchem Zeitraum die Unterlagen nach § 19 Absatz 2 der Öffentlichkeit des anderen Staates zugänglich gemacht werden,

 b) welcher deutschen Behörde in welcher Form und innerhalb welcher Frist die betroffene Öffentlichkeit des anderen Staates Äußerungen übermitteln kann sowie

 c) dass im Verfahren zur Beteiligung der Öffentlichkeit mit Ablauf der festgelegten Frist alle Äußerungen für das Verfahren über die Zulässigkeit des Vorhabens ausgeschlossen sind, die nicht auf besonderen privatrechtlichen *Titeln* beruhen.

(3) Die zuständige deutsche Behörde kann der betroffenen Öffentlichkeit des anderen Staates die elektronische Übermittlung von Äußerungen auch abweichend von den Voraussetzungen des § 3a Absatz 2 des Verwaltungsverfahrensgesetzes[1] gestatten, sofern im Verhältnis zum anderen Staat für die elektronische

[1] Nr. **100**.
[2] Teil 5 (§§ 54–64) eingef. mWv 29.7.2017 durch G v. 20.7.2017 (BGBl. I S. 2808).

Übermittlung die Voraussetzungen der Grundsätze von Gegenseitigkeit und Gleichwertigkeit erfüllt sind.

(4) Die Öffentlichkeit des anderen Staates kann ihre Äußerungen in einer ihrer Amtssprachen übermitteln.

§ 57[1) Übermittlung des Bescheids. (1) [1] Die zuständige deutsche Behörde übermittelt der benannten Behörde des anderen Staates sowie denjenigen Behörden des anderen Staates, die Stellungnahmen abgegeben haben, in deutscher Sprache den Zulassungsbescheid. [2] Zusätzlich übermittelt sie in einer Amtssprache des anderen Staates

1. die Teile des Bescheids, die es den beteiligten Behörden und der Öffentlichkeit des anderen Staates ermöglichen, zu erkennen,

 a) auf welche Art und Weise die voraussichtlichen erheblichen nachteiligen grenzüberschreitenden Umweltauswirkungen des Vorhabens sowie Gesichtspunkte oder Maßnahmen zum Ausschluss, zur Verminderung oder zum Ausgleich solcher Auswirkungen bei der Zulassungsentscheidung berücksichtigt worden sind und

 b) auf welche Art und Weise die Stellungnahmen der Behörden und die Äußerungen der betroffenen Öffentlichkeit des anderen Staates sowie die Ergebnisse der Konsultationen nach § 55 Absatz 5 bei der Zulassungsentscheidung berücksichtigt worden sind sowie

2. die Rechtsbehelfsbelehrung.

(2) Die zuständige deutsche Behörde wirkt darauf hin, dass der betroffenen Öffentlichkeit des anderen Staates

1. die Zulassungsentscheidung auf geeignete Weise bekannt gemacht wird und

2. der Bescheid einschließlich der übersetzten Teile zugänglich gemacht wird.

§ 58[1) Grenzüberschreitende Behördenbeteiligung bei ausländischen Vorhaben. (1) [1] Erhält die zuständige Behörde die Benachrichtigung eines anderen Staates über ein geplantes Vorhaben, für das in dem anderen Staat eine Pflicht zur Durchführung einer Umweltverträglichkeitsprüfung besteht und das erhebliche Umweltauswirkungen in Deutschland haben kann, so ersucht die zuständige deutsche Behörde, soweit entsprechende Angaben der Benachrichtigung nicht bereits beigefügt sind, die zuständige Behörde des anderen Staates um Unterlagen über das Vorhaben, insbesondere um eine Beschreibung des Vorhabens und um Angaben über dessen Umweltauswirkungen in Deutschland. [2] Die zuständige deutsche Behörde soll die zuständige Behörde des anderen Staates ersuchen, ihr in deutscher Sprache die Angaben des § 55 Absatz 2 zu übermitteln.

(2) [1] Auf der Grundlage der erhaltenen Angaben teilt die zuständige Behörde der zuständigen Behörde des anderen Staates mit, ob sie eine Beteiligung am Zulassungsverfahren für erforderlich hält. [2] Benötigt sie hierfür weitere Angaben, so ersucht sie die zuständige Behörde des anderen Staates um weitere Angaben im Sinne des § 16 Absatz 1 und 3 in deutscher Sprache.

(3) [1] Die zuständige Behörde unterrichtet die Behörden, die bei einem inländischen Vorhaben nach § 17 zu beteiligen wären, über das Vorhaben und über-

[1) Teil 5 (§§ 54–64) eingef. mWv 29.7.2017 durch G v. 20.7.2017 (BGBl. I S. 2808).

mittelt ihnen die Unterlagen und Angaben, die ihr vorliegen. [2] Sofern sie nicht die Abgabe einer einheitlichen Stellungnahme für angezeigt hält, weist sie die beteiligten Behörden darauf hin, welcher Behörde des anderen Staates eine Stellungnahme zugeleitet werden kann und welche Frist es für die Stellungnahme gibt.

(4) Erhält die zuständige Behörde auf andere Weise Kenntnis von einem geplanten ausländischen Vorhaben, das erhebliche Umweltauswirkungen in Deutschland haben kann, gelten die Absätze 1 bis 3 entsprechend.

(5) [1] Zuständig ist die Behörde, die für ein gleichartiges Vorhaben in Deutschland zuständig wäre. [2] Sind mehrere Behörden zuständig, so verständigen sie sich unverzüglich auf eine federführende Behörde. [3] Die federführende Behörde nimmt in diesem Fall zumindest die in den Absätzen 1 und 2 genannten Aufgaben der zuständigen deutschen Behörde wahr. [4] Die anderen zuständigen Behörden können der federführenden Behörde im Einvernehmen mit der federführenden Behörde weitere Aufgaben übertragen.

(6) Für Konsultationen mit dem anderen Staat gilt § 55 Absatz 5 entsprechend.

§ 59[1] Grenzüberschreitende Öffentlichkeitsbeteiligung bei ausländischen Vorhaben. (1) Auf der Grundlage der von dem anderen Staat zu diesem Zweck übermittelten Unterlagen macht die zuständige deutsche Behörde das Vorhaben in geeigneter Weise in den voraussichtlich betroffenen Gebieten der Öffentlichkeit bekannt.

(2) In der Bekanntmachung weist die zuständige deutsche Behörde darauf hin, welcher Behörde des anderen Staates eine Stellungnahme zugeleitet werden kann und welche Frist es für die Stellungnahme gibt.

(3) Die zuständige Behörde macht die Unterlagen öffentlich zugänglich.

(4) Die Bekanntmachung und die nach Absatz 3 öffentlich zugänglich zu machenden Unterlagen sind zumindest über das zentrale Internetportal zugänglich zu machen.

(5) Die Vorschriften über die öffentliche Bekanntmachung der Entscheidung und die Auslegung des Bescheids nach § 27 gelten entsprechend, soweit Rechtsvorschriften des Bundes oder der Länder für die Form der Bekanntmachung und Zugänglichmachung des Bescheids nicht etwas Abweichendes regeln.

Abschnitt 2. Grenzüberschreitende Strategische Umweltprüfung

§ 60[1] Grenzüberschreitende Behördenbeteiligung bei inländischen Plänen und Programmen. (1) [1] Für die grenzüberschreitende Behördenbeteiligung bei Strategischen Umweltprüfungen gelten die Vorschriften über die Benachrichtigung eines anderen Staates nach § 54 und für die grenzüberschreitende Behördenbeteiligung nach § 55 entsprechend. [2] Bei der Benachrichtigung der zuständigen Behörde eines anderen Staates ist ein Exemplar des Plan- oder Programmentwurfs und des Umweltberichts zu übermitteln.

(2) [1] Die zuständige deutsche Behörde übermittelt den beteiligten Behörden des anderen Staates die Benachrichtigung in einer Amtssprache des anderen

[1] Teil 5 (§§ 54–64) eingef. mWv 29.7.2017 durch G v. 20.7.2017 (BGBl. I S. 2808).

Staates. ²Bei der Durchführung der grenzüberschreitenden Behördenbeteiligung übermittelt sie zumindest folgende Unterlagen in der Amtssprache des anderen Staates:

1. den Inhalt der Bekanntmachung nach § 42 in Verbindung mit § 19 Absatz 1,
2. die nichttechnische Zusammenfassung des Umweltberichts sowie
3. die Teile des Plan- oder Programmentwurfs und des Umweltberichts, die es den beteiligten Behörden und der Öffentlichkeit des anderen Staates ermöglichen, die voraussichtlichen erheblichen nachteiligen grenzüberschreitenden Umweltauswirkungen des Vorhabens einzuschätzen und dazu Stellung zu nehmen oder sich zu äußern.

(3) Die zuständige deutsche Behörde setzt eine angemessene Frist, innerhalb derer die zuständige Behörde des anderen Staates Gelegenheit zur Stellungnahme hat.

§ 61¹⁾ Grenzüberschreitende Öffentlichkeitsbeteiligung bei inländischen Plänen und Programmen. (1) ¹Für die grenzüberschreitende Öffentlichkeitsbeteiligung bei Strategischen Umweltprüfungen gilt § 56 entsprechend. ²Die in dem anderen Staat betroffene Öffentlichkeit kann sich am Verfahren nach § 42 beteiligen.

(2) ¹Die zuständige deutsche Behörde übermittelt bei der Annahme des Plans oder Programms dem beteiligten anderen Staat die in § 44 Absatz 2 genannten Informationen. ²Dabei übermittelt sie folgende Informationen auch in einer Amtssprache des anderen Staates:

1. die Entscheidung zur Annahme des Programms,
2. die Teile der zusammenfassenden Erklärung, die es den beteiligten Behörden und der Öffentlichkeit des anderen Staates ermöglichen zu erkennen, auf welche Art und Weise

 a) der Plan oder das Programm die im Umweltbericht dargestellten voraussichtlichen erheblichen nachteiligen grenzüberschreitenden Umweltauswirkungen sowie Maßnahmen zum Ausschluss, zur Verringerung oder zum Ausgleich dieser Auswirkungen berücksichtigt,

 b) die Stellungnahmen der Behörden und die Äußerungen der betroffenen Öffentlichkeit des anderen Staates sowie die Ergebnisse der Konsultationen nach § 60 Absatz 1 in Verbindung mit § 55 Absatz 5 berücksichtigt,

3. eine Rechtsbehelfsbelehrung, soweit über die Annahme des Plans oder Programms nicht durch Gesetz entschieden wird, und
4. sonstige Unterlagen, die für das Verfahren der grenzüberschreitenden Strategischen Umweltprüfung wesentlich sind.

§ 62¹⁾ Grenzüberschreitende Behördenbeteiligung bei ausländischen Plänen und Programmen. Für die Beteiligung der deutschen Behörden bei Plänen und Programmen eines anderen Staates gelten die Vorschriften für die grenzüberschreitende Behördenbeteiligung bei ausländischen Vorhaben nach § 58 und für die Konsultation mit dem anderen Staat nach § 55 Absatz 5 entsprechend.

¹⁾ Teil 5 (§§ 54–64) eingef. mWv 29.7.2017 durch G v. 20.7.2017 (BGBl. I S. 2808).

§ 63[1] Grenzüberschreitende Öffentlichkeitsbeteiligung bei ausländischen Plänen und Programmen. (1) Für die Beteiligung der deutschen Öffentlichkeit bei Plänen und Programmen eines anderen Staates gilt § 59 Absatz 1 bis 3 und 5 entsprechend.

(2) Für die Bekanntgabe der Entscheidung über die Annahme oder Ablehnung des Plans oder Programms und für die Auslegung von Unterlagen im Falle der Annahme gilt § 44 entsprechend.

Abschnitt 3. Gemeinsame Vorschriften

§ 64[1] Völkerrechtliche Verpflichtungen. Weitergehende Regelungen zur Umsetzung völkerrechtlicher Verpflichtungen von Bund und Ländern bleiben unberührt.

Teil 6.[2] Vorschriften für bestimmte Leitungsanlagen (Anlage 1 Nummer 19)

§ 65[3] Planfeststellung; Plangenehmigung. (1) Vorhaben, die in der Anlage 1 unter den Nummern 19.3 bis 19.9 aufgeführt sind, sowie die Änderung solcher Vorhaben bedürfen der Planfeststellung durch die zuständige Behörde, sofern dafür nach den §§ 6 bis 14 eine Verpflichtung zur Durchführung einer Umweltverträglichkeitsprüfung besteht.

(2) [1] Sofern keine Verpflichtung zur Durchführung einer Umweltverträglichkeitsprüfung besteht, bedarf das Vorhaben der Plangenehmigung. [2] Die Plangenehmigung entfällt in Fällen von unwesentlicher Bedeutung. [3] Diese liegen vor, wenn die Prüfwerte nach § 7 Absatz 1 und 2 für Größe und Leistung, die die Vorprüfung eröffnen, nicht erreicht werden oder die Voraussetzungen des § 74 Absatz 7 Satz 2 des Verwaltungsverfahrensgesetzes[4] erfüllt sind; die §§ 10 bis 12 gelten entsprechend. [4] Die Sätze 2 und 3 gelten nicht für Errichtung, Betrieb und Änderung von Rohrleitungsanlagen zum Befördern wassergefährdender Stoffe sowie für die Änderung ihres Betriebs, ausgenommen Änderungen von unwesentlicher Bedeutung.

§ 66[5] Entscheidung; Nebenbestimmungen; Verordnungsermächtigung. (1) [1] Der Planfeststellungsbeschluss darf nur ergehen, wenn

[1] Teil 5 (§§ 54–64) eingef. mWv 29.7.2017 durch G v. 20.7.2017 (BGBl. I S. 2808).
[2] Bish. Teil 5 (§§ 20–23) wird Teil 6 (§§ 65–69) und Überschrift neu gef. mWv 29.7.2017 durch G v. 20.7.2017 (BGBl. I S. 2808).
[3] Früherer § 20 Überschrift geänd. mWv 18.8.2010 durch G v. 11.8.2010 (BGBl. I S. 1163); bish. § 20 wird § 65 und Abs. 1 und 2 Satz 3 geänd. mWv 29.7.2017 durch G v. 20.7.2017 (BGBl. I S. 2808).
[4] Nr. **100**.
[5] Früherer § 21 Überschrift und Abs. 4 Satz 1 Nr. 3 geänd. mWv 18.8.2010 durch G v. 11.8.2010 (BGBl. I S. 1163); Abs. 4 Satz 1 einl. Satzteil geänd., Nr. 2 neu gef., Nr. 2a einget., Satz 8 anget. mWv 2.5.2013 durch G v. 8.4.2013 (BGBl. I S. 734); Abs. 4 Sätze 3 und 6 geänd. mWv 8.9.2015 durch VO v. 31.8.2015 (BGBl. I S. 1474); Abs. 6 neu gef. mWv 2.6.2017 durch G v. 29.5.2017 (BGBl. I S. 1298); bish. § 21 wird § 66 und Überschrift neu gef., Abs. 1 Satz 1 Nr. 1 Buchst. a geänd., Abs. 4 und 5 geänd., bish. Abs. 4 und Satz 1 Nr. 5 geänd., bish. Abs. 5 wird Abs. 7 und Nr. 2 geänd., bish. Abs. 6 wird Abs. 8 und geänd. [*Änderungsanweisung teilweise nicht ausführbar, da zu ändernder Text „Absätze 4 und 5" in bish. Abs. 6 nicht enthalten ist*] mWv 29.7.2017 durch G v. 20.7.2017 (BGBl. I S. 2808); Abs. 6 Sätze 3 und 6 geänd. mWv 27.6.2020 durch VO v. 19.6.2020 (BGBl. I S. 1328).

1. sichergestellt ist, dass das Wohl der Allgemeinheit nicht beeinträchtigt wird, insbesondere

 a) Gefahren für die Schutzgüter nicht hervorgerufen werden können und

 b) Vorsorge gegen die Beeinträchtigung der Schutzgüter, insbesondere durch bauliche, betriebliche oder organisatorische Maßnahmen entsprechend dem Stand der Technik getroffen wird,

2. umweltrechtliche Vorschriften und andere öffentlich-rechtliche Vorschriften dem Vorhaben nicht entgegenstehen,

3. Ziele der Raumordnung beachtet und Grundsätze und sonstige Erfordernisse der Raumordnung berücksichtigt sind,

4. Belange des Arbeitsschutzes gewahrt sind. [2]Bei Vorhaben im Sinne der Nummer 19.3 der Anlage 1 darf der Planfeststellungsbeschluss darüber hinaus nur erteilt werden, wenn eine nachteilige Veränderung der Wasserbeschaffenheit nicht zu besorgen ist.

(2) [1]Der Planfeststellungsbeschluss kann mit Bedingungen versehen, mit Auflagen verbunden und befristet werden, soweit dies zur Wahrung des Wohls der Allgemeinheit oder zur Erfüllung von öffentlich-rechtlichen Vorschriften, die dem Vorhaben entgegenstehen können, erforderlich ist. [2]Die Aufnahme, Änderung oder Ergänzung von Auflagen über Anforderungen an das Vorhaben ist auch nach dem Ergehen des Planfeststellungsbeschlusses zulässig.

(3) Die Absätze 1 und 2 gelten für die Plangenehmigung entsprechend.

(4) Der Planfeststellungsbeschluss muss zumindest die folgenden Angaben enthalten:

1. die umweltbezogenen Nebenbestimmungen, die mit der Zulassungsentscheidung verbunden sind,

2. eine Beschreibung der vorgesehenen Überwachungsmaßnahmen,

3. eine Begründung, aus der die wesentlichen tatsächlichen und rechtlichen Gründe hervorgehen, die die Behörde zu ihrer Entscheidung bewogen haben; hierzu gehören

 a) Angaben über das Verfahren zur Beteiligung der Öffentlichkeit,

 b) die zusammenfassende Darstellung gemäß § 24,

 c) die begründete Bewertung gemäß § 25 Absatz 1 sowie

 d) eine Erläuterung, wie die begründete Bewertung, insbesondere die Angaben des UVP-Berichts, die behördlichen Stellungnahmen nach § 17 Absatz 2 und § 55 Absatz 4 sowie die Äußerungen der Öffentlichkeit nach den §§ 21 und 56, in der Zulassungsentscheidung berücksichtigt wurden oder wie ihnen anderweitig Rechnung getragen wurde.

(5) Wird das Vorhaben nicht zugelassen, müssen im Bescheid die dafür wesentlichen Gründe erläutert werden.

(6) [1]Die Bundesregierung wird ermächtigt, nach Anhörung der beteiligten Kreise durch Rechtsverordnung[1)] mit Zustimmung des Bundesrates Vorschriften zur Erfüllung der Voraussetzungen des Absatzes 1 Satz 1 Nummer 1 zu erlassen über

[1)] Siehe die RohrfernleitungsVO (Nr. **295a**) und die KWK-Kosten-Nutzen-Vergleich-VO v. 28.4. 2015 (BGBl. I S. 670), geänd. durch G v. 21.12.2015 (BGBl. I S. 2498).

1. die dem Stand der Technik entsprechenden baulichen, betrieblichen oder organisatorischen Maßnahmen zur Vorsorge gegen die Beeinträchtigung der Schutzgüter,

2. die Pflichten von Vorhabenträgern und Dritten,

 a) Behörden und die Öffentlichkeit zu informieren,

 b) Behörden Unterlagen vorzulegen,

 c) Behörden technische Ermittlungen und Prüfungen zu ermöglichen sowie ihnen dafür Arbeitskräfte und technische Hilfsmittel zur Verfügung zu stellen,

2a. die behördlichen Befugnisse,

 a) technische Ermittlungen und Prüfungen vorzunehmen,

 b) während der Betriebszeit Betriebsräume sowie unmittelbar zugehörige befriedete Betriebsgrundstücke zu betreten,

 c) bei Erforderlichkeit zur Verhütung dringender Gefahren für die öffentliche Sicherheit oder Ordnung Wohnräume und außerhalb der Betriebszeit Betriebsräume sowie unmittelbar zugehörige befriedete Betriebsgrundstücke zu betreten,

 d) jederzeit Anlagen zu betreten sowie Grundstücke, die nicht unmittelbar zugehörige befriedete Betriebsgrundstücke nach den Buchstaben b und c sind,

3. die Überprüfung von Vorhaben durch Sachverständige, Sachverständigenorganisationen und zugelassene Überwachungsstellen sowie über die Anforderungen, die diese Sachverständigen, Sachverständigenorganisationen und zugelassene Überwachungsstellen erfüllen müssen, sowie über das Verfahren ihrer Anerkennung,

4. die Anpassung bestehender Vorhaben an die Anforderungen der geltenden Vorschriften,

5. die Anzeige von Änderungen, die nach § 65 weder einer Planfeststellung noch einer Plangenehmigung bedürfen, an die zuständige Behörde,

6. die Befugnis für behördliche Anordnungen im Einzelfall.

[2] In der Rechtsverordnung können Vorschriften über die Einsetzung technischer Kommissionen getroffen werden. [3] Die Kommissionen sollen die Bundesregierung oder das Bundesministerium für Umwelt, Naturschutz und nukleare Sicherheit in technischen Fragen beraten. [4] Sie schlagen dem Stand der Technik entsprechende Regeln (technische Regeln) unter Berücksichtigung der für andere Schutzziele vorhandenen Regeln vor, soweit dessen Zuständigkeiten berührt sind, in Abstimmung mit der Kommission für Anlagensicherheit nach § 51a Absatz 1 des Bundes-Immissionsschutzgesetzes[1] vor. [5] In die Kommissionen sind Vertreter der beteiligten Bundesbehörden und Landesbehörden, der Sachverständigen, Sachverständigenorganisationen und zugelassenen Überwachungsstellen, der Wissenschaft sowie der Hersteller und Betreiber von Leitungsanlagen zu berufen. [6] Technische Regeln können vom Bundesministerium für Umwelt, Naturschutz und nukleare Sicherheit im Bundesanzeiger veröffentlicht werden. [7] In der Rechtsverordnung können auch die Stoffe, die geeignet sind, die Wasserbeschaffenheit nachteilig zu verändern (wassergefährdende Stoffe im Sinne von Nummer 19.3 der Anlage 1), bestimmt werden. [8] Das Grundrecht der Unverletzlichkeit der Wohnung (Arti-

[1] Nr. 296.

kel 13 des Grundgesetzes[1]) wird durch Satz 1 Nummer 2a Buchstabe c eingeschränkt.

(7) Die Bundesregierung wird ermächtigt, für Rohrleitungsanlagen, die keiner Planfeststellung oder Plangenehmigung bedürfen, nach Anhörung der beteiligten Kreise im Sinne von § 23 Absatz 2 des Wasserhaushaltsgesetzes[2]) durch Rechtsverordnung[3]) mit Zustimmung des Bundesrates

1. eine Anzeigepflicht vorzuschreiben,
2. Regelungen entsprechend Absatz 6 Satz 1 Nummer 1 bis 4, 6 oder entsprechend Absatz 6 Satz 2 und 7 zu erlassen.

(8) Für Anlagen, die militärischen Zwecken dienen, obliegen dem Bundesministerium der Verteidigung und den von ihm benannten Stellen die Aufgaben des Vollzugs und der Überwachung.

§ 67[4] Verfahren; Verordnungsermächtigung. [1]Für die Durchführung des Planfeststellungsverfahrens und des Plangenehmigungsverfahrens gelten die §§ 72 bis 78 des Verwaltungsverfahrensgesetzes[5]). [2]Die Bundesregierung wird ermächtigt, durch Rechtsverordnung[3]) mit Zustimmung des Bundesrates weitere Einzelheiten des Planfeststellungsverfahrens, insbesondere zu Art und Umfang der Antragsunterlagen, zu regeln.

§ 67a[6] Zulassung des vorzeitigen Baubeginns. (1) [1]In einem Planfeststellungs- oder Plangenehmigungsverfahren für ein Vorhaben nach § 65 Absatz 1 in Verbindung mit der Anlage 1 Nummer 19.7 kann die für die Feststellung des Plans oder für die Erteilung der Plangenehmigung zuständige Behörde vorläufig zulassen, dass bereits vor Feststellung des Plans oder der Erteilung der Plangenehmigung in Teilen mit der Errichtung oder Änderung der Rohrleitungsanlage einschließlich der Vorarbeiten begonnen wird, wenn

1. unter Berücksichtigung der Stellungnahmen der Träger öffentlicher Belange einschließlich der Gebietskörperschaften mit einer Entscheidung im Planfeststellungs- oder Plangenehmigungsverfahren zugunsten des Vorhabenträgers gerechnet werden kann,
2. der Vorhabenträger ein berechtigtes oder ein öffentliches Interesse an der Zulassung des vorzeitigen Baubeginns darlegt,
3. der Vorhabenträger nur Maßnahmen durchführt, die reversibel sind,
4. der Vorhabenträger über die für die Maßnahmen notwendigen privaten Rechte verfügt und
5. der Vorhabenträger sich verpflichtet,
 a) alle Schäden zu ersetzen, die bis zur Entscheidung im Planfeststellungs- oder Plangenehmigungsverfahren durch die Maßnahmen verursacht worden sind, und
 b) sofern kein Planfeststellungsbeschluss oder keine Plangenehmigung erfolgt, den früheren Zustand wiederherzustellen.

[1] Nr. **1**.
[2] Nr. **845**.
[3] Siehe die Anm. am Titel.
[4] Bish. § 22 wird § 67 und Überschrift neu gef. geänd. mWv 29.7.2017 durch G v. 20.7.2017 (BGBl. I S. 2808).
[5] Nr. **100**.
[6] § 67a eingef. mWv 10.12.2020 durch G v. 3.12.2020 (BGBl. I S. 2694).

² Ausnahmsweise können irreversible Maßnahmen zugelassen werden, wenn sie nur wirtschaftliche Schäden verursachen und für diese Schäden eine Entschädigung in Geld geleistet wird. ³ Die Zulassung erfolgt auf Antrag des Vorhabenträgers und unter dem Vorbehalt des Widerrufs.

(2) ¹ Die für die Feststellung des Plans oder für die Erteilung der Plangenehmigung zuständige Behörde kann die Leistung einer Sicherheit verlangen, soweit dies erforderlich ist, um die Erfüllung der Verpflichtungen des Vorhabenträgers nach Absatz 1 Satz 1 Nummer 5 und Satz 2 zu sichern. ² Soweit die zugelassenen Maßnahmen durch die Planfeststellung oder Plangenehmigung für unzulässig erklärt sind, ordnet die Behörde gegenüber dem Träger des Vorhabens an, den früheren Zustand wiederherzustellen. ³ Dies gilt auch, wenn der Antrag auf Planfeststellung oder Plangenehmigung zurückgenommen wurde.

(3) Die Entscheidung über die Zulassung des vorzeitigen Baubeginns ist den anliegenden Gemeinden und den Beteiligten zuzustellen.

(4) Widerspruch und Anfechtungsklage gegen die Zulassung des vorzeitigen Baubeginns haben keine aufschiebende Wirkung.

§ 68¹⁾ **Überwachung.** (1) ¹ Die zuständige Behörde hat durch geeignete Maßnahmen zu überwachen, dass Vorhaben, die in Anlage 1 unter den Nummern 19.3 bis 19.9 aufgeführt sind, im Einklang mit den umweltbezogenen Bestimmungen des Zulassungsbescheids nach § 65 durchgeführt werden. ² Bei UVP-pflichtigen Vorhaben gilt dies insbesondere für die im Planfeststellungsbescheid festgelegten Merkmale des Vorhabens und des Standorts, für die Maßnahmen, mit denen erhebliche nachteilige Umweltauswirkungen ausgeschlossen, vermindert oder ausgeglichen werden sollen, sowie für die Ersatzmaßnahmen bei Eingriffen in Natur und Landschaft.

(2) Die Überwachung nach Absatz 1 kann dem Vorhabenträger aufgegeben werden, soweit dies nach landesrechtlichen Vorschriften vorgesehen ist.

§ 69²⁾ **Bußgeldvorschriften.** (1) Ordnungswidrig handelt, wer vorsätzlich oder fahrlässig

1. ohne Planfeststellungsbeschluss nach § 65 Absatz 1 oder ohne Plangenehmigung nach § 65 Absatz 2 Satz 1 ein Vorhaben durchführt,

2. einer vollziehbaren Auflage nach § 66 Absatz 2 zuwiderhandelt oder

3. einer Rechtsverordnung nach

 a) § 66 Absatz 6 Satz 1 Nummer 1, 3, 4 oder 6, jeweils auch in Verbindung mit Absatz 7 Nummer 2, oder

 b) § 66 Absatz 6 Satz 1 Nummer 2, auch in Verbindung mit Absatz 7 Nummer 2, oder § 66 Absatz 6 Satz 1 Nummer 5 oder Absatz 7 Nummer 1

oder einer vollziehbaren Anordnung aufgrund einer solchen Rechtsverordnung zuwiderhandelt, soweit die Rechtsverordnung für einen bestimmten Tatbestand auf diese Bußgeldvorschrift verweist.

(2) Die Ordnungswidrigkeit kann in den Fällen des Absatzes 1 Nummer 3 Buchstabe b mit einer Geldbuße bis zu zwanzigtausend Euro, in den übrigen Fällen mit einer Geldbuße bis zu fünfzigtausend Euro geahndet werden.

¹⁾ Bish. § 23 wird § 68 und neu gef. mWv 29.7.2017 durch G v. 20.7.2017 (BGBl. I S. 2808).
²⁾ § 69 eingef. mWv 29.7.2017 durch G v. 20.7.2017 (BGBl. I S. 2808).

Teil 7.[1] Schlussvorschriften

§ 70[2] Ermächtigung zum Erlass von Verwaltungsvorschriften. Die Bundesregierung kann mit Zustimmung des Bundesrates allgemeine Verwaltungsvorschriften erlassen, insbesondere über

1. Kriterien und Verfahren, die zu dem in § 3 Satz 2 und § 25 Absatz 1 genannten Zweck bei der Ermittlung, Beschreibung und Bewertung von Umweltauswirkungen zugrunde zu legen sind,
2. Grundsätze für den Untersuchungsrahmen nach § 15,
3. Grundsätze für die zusammenfassende Darstellung nach § 24 und für die begründete Bewertung nach § 25 Absatz 1,
4. Grundsätze und Verfahren zur Vorprüfung nach § 7 sowie über die in Anlage 3 aufgeführten Kriterien,
5. Grundsätze für die Erstellung des Umweltberichts nach § 40,
6. Grundsätze für die Überwachung nach den §§ 28, 45 und 68.

§ 71[3] Bestimmungen zum Verwaltungsverfahren. Von den Regelungen des Verwaltungsverfahrens, die in diesem Gesetz und aufgrund dieses Gesetzes getroffen werden, kann durch Landesrecht nur in dem Umfang abgewichen werden, der in § 1 Absatz 4 und § 38 bestimmt ist.

§ 72[4] Vermeidung von Interessenkonflikten. Ist die zuständige Behörde bei der Umweltverträglichkeitsprüfung zugleich Vorhabenträger, so ist die Unabhängigkeit des Behördenhandelns bei der Wahrnehmung der Aufgaben nach diesem Gesetz durch geeignete organisatorische Maßnahmen sicherzustellen, insbesondere durch eine angemessene funktionale Trennung.

§ 73[5] Berichterstattung an die Europäische Kommission. (1) Zur Vorbereitung der Berichterstattung an die Europäische Kommission teilen die zuständigen Behörden des Bundes und der Länder dem für Umweltschutz zuständigen Bundesministerium erstmals am 31. März 2023 und sodann alle sechs Jahre für ihren Zuständigkeitsbereich folgende Angaben mit:

1. die Anzahl der Vorhaben, für die im Betrachtungszeitraum eine Umweltverträglichkeitsprüfung durchgeführt worden ist, getrennt nach den in Anlage 1 genannten Vorhabenarten sowie
2. die Anzahl der Vorhaben nach Anlage 1 Spalte 2, für die im Betrachtungszeitraum eine Vorprüfung nach § 7 Absatz 1 oder 2 durchgeführt worden ist.

(2) Sofern entsprechende Angaben verfügbar sind, sind ebenfalls mitzuteilen:

1. die durchschnittliche Verfahrensdauer der im Betrachtungszeitraum durchgeführten Umweltverträglichkeitsprüfungen,
2. eine Abschätzung der durchschnittlichen unmittelbaren Kosten
 a) aller im Betrachtungszeitraum durchgeführten Umweltverträglichkeitsprüfungen sowie

[1] Bish. Teil 6 (§§ 24–25) wird Teil 7 (§§ 70–74) mWv 29.7.2017 durch G v. 20.7.2017 (BGBl. I S. 2808).
[2] Bish. § 24 wird § 70 und neu gef. mWv 29.7.2017 durch G v. 20.7.2017 (BGBl. I S. 2808).
[3] Bish. § 24a wird § 71 und neu gef. mWv 29.7.2017 durch G v. 20.7.2017 (BGBl. I S. 2808).
[4] § 72 eingef. mWv 29.7.2017 durch G v. 20.7.2017 (BGBl. I S. 2808).
[5] § 73 eingef. mWv 29.7.2017 durch G v. 20.7.2017 (BGBl. I S. 2808).

b) der Umweltverträglichkeitsprüfungen, die im Betrachtungszeitraum für Vorhaben kleiner und mittlerer Unternehmen durchgeführt worden sind.

§ 74[1] Übergangsvorschrift. (1) Für Vorhaben, für die das Verfahren zur Feststellung der UVP-Pflicht im Einzelfall nach § 3c oder nach § 3e Absatz 1 Nummer 2 in der Fassung dieses Gesetzes, die vor dem 16. Mai 2017 galt, vor dem 16. Mai 2017 eingeleitet wurde, sind die Vorschriften des Teils 2 Abschnitt 1 über die Vorprüfung des Einzelfalls in der bis dahin geltenden Fassung weiter anzuwenden.

(2) Verfahren nach § 4 sind nach der Fassung dieses Gesetzes, die vor dem 16. Mai 2017 galt, zu Ende zu führen, wenn vor diesem Zeitpunkt

1. das Verfahren zur Unterrichtung über voraussichtlich beizubringende Unterlagen in der bis dahin geltenden Fassung des § 5 Absatz 1 eingeleitet wurde oder
2. die Unterlagen nach § 6 in der bis dahin geltenden Fassung dieses Gesetzes vorgelegt wurden.

(3) Verfahren nach § 33 sind nach der Fassung dieses Gesetzes, die vor dem 16. Mai 2017 galt, zu Ende zu führen, wenn vor diesem Zeitpunkt der Untersuchungsrahmen nach § 14f Absatz 1 in der bis dahin geltenden Fassung dieses Gesetzes festgelegt wurde.

(4) Besteht nach den Absätzen 1 und 2 eine Verpflichtung zur Durchführung einer Umweltverträglichkeitsprüfung und ist diese gemäß § 50 im Bebauungsplanverfahren nach den Vorschriften des Baugesetzbuchs[2] durchzuführen, gilt insoweit § 244 des Baugesetzbuchs.

(5) (weggefallen)

(6) Verfahren zur Errichtung und zum Betrieb sowie zur Änderung von Rohrleitungsanlagen nach Nummer 19.3 der Anlage 1, die vor dem 25. Juni 2002 eingeleitet worden sind, sind nach den Bestimmungen des Gesetzes zur Umsetzung der UVP-Änderungsrichtlinie, der IVU-Richtlinie und weiterer EG-Richtlinien zum Umweltschutz vom 27. Juli 2001 (BGBl. I S. 1950) zu Ende zu führen.

(6a) [1] Eine Genehmigung für eine Rohrleitungsanlage zum Befördern wassergefährdender Stoffe, die nach § 19a Absatz 1 Satz 1 des Wasserhaushaltsgesetzes in der am 28. Februar 2010 geltenden Fassung erteilt worden ist, gilt, soweit eine Umweltverträglichkeitsprüfung durchgeführt worden ist, als Planfeststellung nach § 65 Absatz 1, in den übrigen Fällen als Plangenehmigung nach § 65 Absatz 2 fort. [2] Eine Rohrleitungsanlage zum Befördern wassergefährdender Stoffe, die nach § 19e Absatz 2 Satz 1 und 2 des Wasserhaushaltsgesetzes in der am 28. Februar 2010 geltenden Fassung angezeigt worden ist oder keiner Anzeige bedurfte, bedarf keiner Planfeststellung oder Plangenehmigung; § 66 Absatz 2 und 6 gilt entsprechend.

(7) (weggefallen)

(8) [1] Die Vorschriften des Teils 3 gelten für Pläne und Programme, deren erster förmlicher *Vorbereitungsakt* nach dem 29. Juni 2005 erfolgt. [2] Verfahren zur Aufstellung oder Änderung von Plänen und Programmen, deren erster förmlicher

[1] Früherer § 25 Abs. 3 geänd. mWv 18.8.2010 durch G v. 11.8.2010 (BGBl. I S. 1163); Abs. 13 angef. mWv 1.8.2013, Abs. 11 Satz 3 aufgeh. mWv 1.1.2014 durch G v. 21.1.2013 (BGBl. I S. 95); Abs. 9 Satz 2 geänd. mWv 29.11.2017 durch G v. 23.5.2017 (BGBl. I S. 1245); bish. § 25 wird § 74 und Abs. 1–3 neu gef., Abs. 4, 6a Sätze 1 und 2, Abs. 9 Satz 2, Abs. 10 Sätze 1–3, Abs. 11 Satz 1, Abs. 12 Sätze 1, 2 und Abs. 13 geänd. mWv 29.7.2017 durch G v. 20.7.2017 (BGBl. I S. 2808).
[2] Nr. **300.**

Vorbereitungsakt nach dem 20. Juli 2004 erfolgt ist, sind nach den Vorschriften dieses Gesetzes zu Ende zu führen.

(9) [1] Pläne und Programme, deren erster förmlicher Vorbereitungsakt vor dem 21. Juli 2004 erfolgt ist und die später als am 20. Juli 2006 angenommen oder in ein Gesetzgebungsverfahren eingebracht werden, unterliegen den Vorschriften des Teils 3. [2] § 48 dieses Gesetzes sowie § 27 Absatz 1 und 3 des Raumordnungsgesetzes[1]) bleiben unberührt.

(10) [1] Verfahren, für die nach § 49 Absatz 1 eine Umweltverträglichkeitsprüfung durchzuführen ist und die vor dem 1. März 2010 begonnen worden sind, sind nach diesem Gesetz in der ab dem 1. März 2010 geltenden Fassung zu Ende zu führen. [2] Hat eine Öffentlichkeitsbeteiligung bereits stattgefunden, ist von einer erneuten Beteiligung der Öffentlichkeit nach § 9 in der vor dem 29. Juli 2017 geltenden Fassung abzusehen, soweit keine zusätzlichen oder anderen erheblichen Umweltauswirkungen zu erwarten sind. [3] Hat eine Behördenbeteiligung bereits stattgefunden, bedarf es einer erneuten Beteiligung nach den §§ 7 und 8 in der vor dem 29. Juli 2017 geltenden Fassung nur, wenn neue Unterlagen zu erheblichen Umweltauswirkungen des Vorhabens vorliegen.

(11) [1] Verfahren nach § 4, die der Entscheidung über die Zulässigkeit von Vorhaben dienen und die vor dem 25. Juni 2005 begonnen worden sind, sind nach den Vorschriften dieses Gesetzes in der ab dem 15. Dezember 2006 geltenden Fassung zu Ende zu führen. [2] Satz 1 findet keine Anwendung auf Verfahren, bei denen das Vorhaben vor dem 25. Juni 2005 bereits öffentlich gemacht worden ist.

(12) [1] Für Verfahren nach § 4, die der Entscheidung über die Zulässigkeit von Vorhaben nach Nummer 13.2.2 der Anlage 1 dienen, findet dieses Gesetz nur Anwendung, wenn das Verfahren nach dem 1. März 2010 eingeleitet worden ist. [2] Verfahren nach § 4, die der Entscheidung über die Zulässigkeit von Vorhaben nach den Nummern 3.15, 13.1 bis 13.2.1.3, 13.3 bis 13.18 und 17 der Anlage 1 dienen und die vor dem 1. März 2010 eingeleitet worden sind, sind nach der bis zu diesem Tag geltenden Fassung des Gesetzes zu Ende zu führen.

(13) Für Verfahren nach § 4, die der Entscheidung über die Zulässigkeit von Vorhaben nach Nummer 17.3 der Anlage 1 dienen, ist dieses Gesetz nur anzuwenden, wenn das Verfahren nach dem 1. August 2013 eingeleitet worden ist.

[1]) Nr. **340**.

Anlage 1[1)]

Liste „UVP-pflichtige Vorhaben"

Nachstehende Vorhaben fallen nach § 1 Absatz 1 Nummer 1 in den Anwendungsbereich dieses Gesetzes. Soweit nachstehend eine allgemeine Vorprüfung oder eine standortbezogene Vorprüfung des Einzelfalls vorgesehen ist, nimmt dies Bezug auf die Regelungen des § 7 Absatz 1 und 2.

Legende:

Nummer	=	Nummer des Vorhabens
Vorhaben	=	Art des Vorhabens mit ggf. Größen- oder Leistungswerten nach § 6 Satz 2 sowie Prüfwerten für Größe oder Leistung nach § 7 Absatz 5 Satz 3
X in Spalte 1	=	Vorhaben ist UVP-pflichtig
A in Spalte 2	=	allgemeine Vorprüfung des Einzelfalls: siehe § 7 Absatz 1 Satz 1
S in Spalte 2	=	standortbezogene Vorprüfung des Einzelfalls: siehe § 7 Absatz 2

Nummer	Vorhaben	Sp. 1	Sp. 2
1.	**Wärmeerzeugung, Bergbau und Energie:**		
1.1	Errichtung und Betrieb einer Anlage zur Erzeugung von Strom, Dampf, Warmwasser, Prozesswärme oder erhitztem Abgas durch den Einsatz von Brennstoffen in einer Verbrennungseinrichtung (wie Kraftwerk, Heizkraftwerk, Heizwerk, Gasturbine, Verbrennungsmotoranlage, sonstige Feuerungsanlage), einschließlich des jeweils zugehörigen Dampfkessels, mit einer Feuerungswärmeleistung von		
1.1.1	mehr als 200 MW,	X	
1.1.2	50 MW bis 200 MW;		A
1.2	Errichtung und Betrieb einer Anlage zur Erzeugung von Strom, Dampf, Warmwasser, Prozesswärme oder erhitztem Abgas in einer Verbrennungseinrichtung (wie Kraftwerk, Heizkraftwerk, Heizwerk, Gasturbinenanlage, Verbrennungsmotoranlage, sonstige Feuerungsanlage), einschließlich des jeweils zugehörigen Dampfkessels, ausgenommen Verbrennungsmotoranlagen für Bohranlagen und Notstromaggregate, durch den Einsatz von		
1.2.1	Kohle, Koks einschließlich Petrolkoks, Kohlebriketts, Torfbriketts, Brenntorf, naturbelassenem Holz, emulgiertem Naturbitumen, Heizölen, ausgenommen Heizöl EL, mit einer Feuerungswärmeleistung von 1 MW bis weniger als 50 MW,		S
1.2.2	gasförmigen Brennstoffen (insbesondere Koksofengas, Grubengas, Stahlgas, Raffineriegas, Synthesegas, Erdgas aus der Tertiärförderung von Erdöl, Klärgas, Biogas), ausgenommen naturbelassenem Erdgas, Flüssiggas, Gasen der öffentlichen Gasversorgung oder Wasserstoff, mit einer Feuerungswärmeleistung von		
1.2.2.1	10 MW bis weniger als 50 MW,		S
1.2.2.2	1 MW bis weniger als 10 MW, bei Verbrennungsmotoranlagen oder Gasturbinenanlagen,		S
1.2.3	Heizöl EL, Dieselkraftstoff, Methanol, Ethanol, naturbelassenen Pflanzenölen oder Pflanzenölmethylestern, naturbelassenem Erdgas, Flüssiggas, Gasen der öffentlichen Gasversorgung oder Wasserstoff mit einer Feuerungswärmeleistung von		

(Fortsetzung nächstes Blatt)

[1)] Anl. 1 geänd. mWv 18.8.2010 durch G v. 11.8.2010 (BGBl. I S. 1163); mWv 21.5.2011 durch VO v. 18.5.2011 (BGBl. I S. 892); mWv 1.6.2012 durch G v. 24.2.2012 (BGBl. I S. 212); mWv 24.8.2012 durch G v. 17.8.2012 (BGBl. I S. 1726); mWv 1.8.2013 durch G v. 21.1.2013 (BGBl. I S. 95); mWv 2.5.2013 durch G v. 8.4.2013 (BGBl. I S. 734); mWv 31.12.2015 durch G v. 21.12.2015 (BGBl. I S. 2490); mWv 31.12.2018 durch G v. 27.6.2017 (BGBl. I S. 1966); mWv 29.7.2017 durch G v. 20.7.2017 (BGBl. I S. 2808, ber. 2018 S. 472); mWv 17.5.2019 durch G v. 13.5.2019 (BGBl. I S. 706); mWv 10.12.2020 durch G v. 3.12.2020 (BGBl. I S. 2694).

Nummer	Vorhaben	Sp. 1	Sp. 2
1.2.3.1	20 MW bis weniger als 50 MW,		S
1.2.3.2	1 MW bis weniger als 20 MW, bei Verbrennungsmotoranlagen oder Gasturbinenanlagen,		S
1.2.4	anderen als in Nummer 1.2.1 oder 1.2.3 genannten festen oder flüssigen Brennstoffen mit einer Feuerungswärmeleistung von		
1.2.4.1	1 MW bis weniger als 50 MW,		A
1.2.4.2	100 KW bis weniger als 1 MW;		S
1.3	(weggefallen)		
1.4	Errichtung und Betrieb einer Verbrennungsmotoranlage oder Gasturbinenanlage zum Antrieb von Arbeitsmaschinen für den Einsatz von		
1.4.1	Heizöl EL, Dieselkraftstoff, Methanol, Ethanol, naturbelassenen Pflanzenölen, Pflanzenölmethylestern Koksofengas, Grubengas, Stahlgas, Raffineriegas, Synthesegas, Erdölgas aus der Tertiärförderung von Erdöl, Klärgas, Biogas, naturbelassenem Erdgas, Flüssiggas, Gasen der öffentlichen Gasversorgung oder Wasserstoff mit einer Feuerungswärmeleistung von		
1.4.1.1	mehr als 200 MW,	X	
1.4.1.2	50 MW bis 200 MW,		A
1.4.1.3	1 MW bis weniger als 50 MW, ausgenommen Verbrennungsmotoranlagen für Bohranlagen,		S
1.4.2	anderen als in Nummer 1.4.1 genannten Brennstoffen mit einer Feuerungswärmeleistung von		
1.4.2.1	mehr als 200 MW,	X	
1.4.2.2	50 MW bis 200 MW		A
1.4.2.3	1 MW bis weniger als 50 MW;		S
1.5	(weggefallen)		
1.6	Errichtung und Betrieb einer Windfarm mit Anlagen in einer Gesamthöhe von jeweils mehr als 50 Metern mit		
1.6.1	20 oder mehr Windkraftanlagen,	X	
1.6.2	6 bis weniger als 20 Windkraftanlagen,		A
1.6.3	3 bis weniger als 6 Windkraftanlagen;		S
1.7	Errichtung und Betrieb einer Anlage zum Brikettieren von Braun- oder Steinkohle;	X	
1.8	Errichtung und Betrieb einer Anlage zur Trockendestillation von Steinkohle oder Braunkohle (z.B. Kokerei, Gaswerk, Schwelerei) mit einem Durchsatz von		
1.8.1	500 t oder mehr je Tag,	X	
1.8.2	weniger als 500 t je Tag, ausgenommen Holzkohlenmeiler;		A
1.9	Errichtung und Betrieb einer Anlage zur Vergasung oder Verflüssigung von Kohle oder bituminösem Schiefer mit einem Durchsatz von		
1.9.1	500 t oder mehr je Tag,	X	
1.9.2	weniger als 500 t je Tag;		A
1.10	Errichtung und Betrieb einer Anlage zur Abscheidung von Kohlendioxid zur dauerhaften Speicherung		
1.10.1	aus einer Anlage, die nach Spalte 1 UVP-pflichtig ist,	X	
1.10.2	mit einer Abscheidungsleistung von 1,5 Mio. t oder mehr pro Jahr, soweit sie nicht unter Nummer 1.10.1 fällt,	X	

Nummer	Vorhaben	Sp. 1	Sp. 2
1.10.3	mit einer Abscheidungsleistung von weniger als 1,5 Mio. t pro Jahr;		A
1.11	Errichtung und Betrieb einer Anlage zur		
1.11.1	Erzeugung von Biogas, soweit nicht durch Nummer 8.4 erfasst, mit einer Produktionskapazität von		
1.11.1.1	2 Mio. Normkubikmetern oder mehr Rohgas je Jahr,		A
1.11.1.2	1,2 Mio. bis weniger als 2 Mio. Normkubikmetern Rohgas je Jahr,		S
1.11.2	Aufbereitung von Biogas mit einer Verarbeitungskapazität von		
1.11.2.1	2 Mio. Normkubikmetern oder mehr Rohgas je Jahr,		A
1.11.2.2	1,2 Mio. bis weniger als 2 Mio. Normkubikmetern Rohgas je Jahr;		S
2.	**Steine und Erden, Glas, Keramik, Baustoffe:**		
2.1	Errichtung und Betrieb eines Steinbruchs mit einer Abbaufläche von		
2.1.1	25 ha oder mehr,	X	
2.1.2	10 ha bis weniger als 25 ha,		A
2.1.3	weniger als 10 ha, soweit Sprengstoffe verwendet werden;		S
2.2	Errichtung und Betrieb einer Anlage zur Herstellung von Zementklinkern oder Zementen mit einer Produktionskapazität von		
2.2.1	1 000 t oder mehr je Tag,	X	
2.2.2	weniger als 1 000 t je Tag;		A
2.3	Errichtung und Betrieb einer Anlage zur Gewinnung von Asbest;	X	
2.4	Errichtung und Betrieb einer Anlage zur Bearbeitung oder Verarbeitung von Asbest oder Asbesterzeugnissen mit		
2.4.1	einer Jahresproduktion von		
2.4.1.1	20 000 t oder mehr Fertigerzeugnissen bei Asbestzementerzeugnissen,	X	
2.4.1.2	50 t oder mehr Fertigerzeugnissen bei Reibungsbelägen,	X	
2.4.2	einem Einsatz von 200 t oder mehr Asbest bei anderen Verwendungszwecken,	X	
2.4.3	einer geringeren Jahresproduktion oder einem geringeren Einsatz als in den vorstehenden Nummern angegeben;		A
2.5	Errichtung und Betrieb einer Anlage zur Herstellung von Glas, auch soweit es aus Altglas hergestellt wird, einschließlich Anlagen zur Herstellung von Glasfasern mit einer Schmelzkapazität von		
2.5.1	200 000 t oder mehr je Jahr oder bei Flachglasanlagen, die nach dem Floatglasverfahren betrieben werden, 100 000 t oder mehr je Jahr,	X	
2.5.2	20 t je Tag bis weniger als in der vorstehenden Nummer angegeben,		A
2.5.3	100 kg bis weniger als 20 t je Tag, ausgenommen Anlagen zur Herstellung von Glasfasern, die für medizinische oder fernmeldetechnische Zwecke bestimmt sind;		S
2.6	Errichtung und Betrieb einer Anlage zum Brennen keramischer Erzeugnisse (einschließlich Anlagen zum Blähen von Ton) mit einer Produktionskapazität von		
2.6.1	75 t oder mehr je Tag,		A
2.6.2	weniger als 75 t je Tag, soweit der Rauminhalt der Brennanlage 4 m³ oder mehr beträgt oder die Besatzdichte mehr als 100 kg je		S

Nummer	Vorhaben	Sp. 1	Sp. 2
	Kubikmeter Rauminhalt der Brennanlage beträgt, ausgenommen elektrisch beheizte Brennöfen, die diskontinuierlich und ohne Abluftführung betrieben werden;		
2.7	Errichtung und Betrieb einer Anlage zum Schmelzen mineralischer Stoffe, einschließlich Anlagen zur Herstellung von Mineralfasern;		A
3.	**Stahl, Eisen und sonstige Metalle einschließlich Verarbeitung:**		
3.1	Errichtung und Betrieb einer Anlage zum Rösten (Erhitzen unter Luftzufuhr zur Überführung in Oxide) oder Sintern (Stückigmachen von feinkörnigen Stoffen durch Erhitzen) von Erzen;	X	
3.2	Errichtung und Betrieb eines integrierten Hüttenwerkes (Anlage zur Herstellung oder zum Erschmelzen von Roheisen und zur Weiterverarbeitung zu Rohstahl, bei der sich Gewinnungs- und Weiterverarbeitungseinheiten nebeneinander befinden und in funktioneller Hinsicht miteinander verbunden sind);	X	
3.3	Errichtung und Betrieb einer Anlage zur Herstellung oder zum Erschmelzen von Roheisen oder Stahl einschließlich Stranggießen, auch soweit Konzentrate oder sekundäre Rohstoffe eingesetzt werden, mit einer Schmelzkapazität von		
3.3.1	2,5 t Roheisen oder Stahl je Stunde oder mehr,		A
3.3.2	weniger als 2,5 t Stahl je Stunde;		S
3.4	Errichtung und Betrieb einer Anlage zur Herstellung von Nichteisenrohmetallen aus Erzen, Konzentraten oder sekundären Rohstoffen durch metallurgische, chemische oder elektrolytische Verfahren;	X	
3.5	Errichtung und Betrieb einer Anlage zum Schmelzen, zum Legieren oder zur Raffination von Nichteisenmetallen mit einer Schmelzkapazität von		
3.5.1	100 000 t oder mehr je Jahr,	X	
3.5.2	4 t oder mehr je Tag bei Blei und Cadmium oder von 20 t oder mehr je Tag bei sonstigen Nichteisenmetallen, jeweils bis weniger als 100 000 t je Jahr,		A
3.5.3	0,5 t bis weniger als 4 t je Tag bei Blei und Cadmium oder von 2 t bis weniger als 20 t je Tag bei sonstigen Nichteisenmetallen, ausgenommen – Vakuum-Schmelzanlagen, – Schmelzanlagen für Gusslegierungen aus Zinn und Wismut oder aus Feinzink und Aluminium in Verbindung mit Kupfer oder Magnesium, – Schmelzanlagen, die Bestandteil von Druck- oder Kokillengießmaschinen sind oder die ausschließlich im Zusammenhang mit einzelnen Druck- oder Kokillengießmaschinen gießfertige Nichteisenmetalle oder gießfertige Legierungen niederschmelzen, – Schmelzanlagen für Edelmetalle oder für Legierungen, die nur aus Edelmetallen oder aus Edelmetallen und Kupfer bestehen, – Schwallötbäder und – Heißluftverzinnungsanlagen;		S
3.6	Errichtung und Betrieb einer Anlage zur Umformung von Stahl durch Warmwalzen;		A
3.7	Errichtung und Betrieb einer Eisen-, Temper- oder Stahlgießerei mit einer Verarbeitungskapazität an Flüssigmetall von		

Nummer	Vorhaben	Sp. 1	Sp. 2
3.7.1	200 000 t oder mehr je Jahr,	X	
3.7.2	20 t oder mehr je Tag,		A
3.7.3	2 t bis weniger als 20 t je Tag;		S
3.8	Errichtung und Betrieb einer Anlage zum Aufbringen von metallischen Schutzschichten auf Metalloberflächen mit Hilfe von schmelzflüssigen Bädern mit einer Verarbeitungskapazität von		
3.8.1	100 000 t Rohgut oder mehr je Jahr,	X	
3.8.2	2 t Rohgut je Stunde bis weniger als 100 000 t Rohgut je Jahr,		A
3.8.3	500 kg bis weniger als 2 t Rohgut je Stunde, ausgenommen Anlagen zum kontinuierlichen Verzinken nach dem Sendzimirverfahren;		S
3.9	Errichtung und Betrieb einer Anlage zur Oberflächenbehandlung von Metallen durch ein elektrolytisches oder chemisches Verfahren mit einem Volumen der Wirkbäder von		
3.9.1	30 m³ oder mehr,		A
3.9.2	1 m³ bis weniger als 30 m³ bei Anlagen durch Beizen oder Brennen unter Verwendung von Fluss- oder Salpetersäure;		S
3.10	Errichtung und Betrieb einer Anlage, die aus einem oder mehreren maschinell angetriebenen Hämmern oder Fallwerken besteht, wenn die Schlagenergie eines Hammers oder Fallwerkes		
3.10.1	20 Kilojoule oder mehr beträgt,		A
3.10.2	1 Kilojoule bis weniger als 20 Kilojoule beträgt;		S
3.11	Errichtung und Betrieb einer Anlage zur Sprengverformung oder zum Plattieren mit Sprengstoffen bei einem Einsatz von 10 kg Sprengstoff oder mehr je Schuss;		A
3.12	Errichtung und Betrieb einer Schiffswerft		
3.12.1	zum Bau von Seeschiffen mit einer Größe von 100 000 Bruttoregistertonnen,	X	
3.12.2	zur Herstellung oder Reparatur von Schiffskörpern oder Schiffssektionen aus Metall mit einer Länge von 20 m oder mehr, soweit nicht ein Fall der vorstehenden Nummer vorliegt;		A
3.13	Errichtung und Betrieb einer Anlage zum Bau von Schienenfahrzeugen mit einer Produktionskapazität von 600 oder mehr Schienenfahrzeugeinheiten je Jahr (1 Schienenfahrzeugeinheit entspricht 0,5 Lokomotive, 1 Straßenbahn, 1 Wagen eines Triebzuges, 1 Triebkopf, 1 Personenwagen oder 3 Güterwagen);		A
3.14	Errichtung und Betrieb einer Anlage für den Bau und die Montage von Kraftfahrzeugen oder einer Anlage für den Bau von Kraftfahrzeugmotoren mit einer Kapazität von jeweils 100 000 Stück oder mehr je Jahr;		A
3.15	Errichtung und Betrieb einer Anlage für den Bau und die Instandsetzung von Luftfahrzeugen, soweit je Jahr mehr als 50 Luftfahrzeuge hergestellt oder repariert werden können, ausgenommen Wartungsarbeiten;		A
4.	**Chemische Erzeugnisse, Arzneimittel, Mineralölraffination und Weiterverarbeitung:**		
4.1	Errichtung und Betrieb einer integrierten chemischen Anlage (Verbund zur Herstellung von Stoffen oder Stoffgruppen durch chemische Umwandlung im industriellen Umfang, bei dem sich mehrere Einheiten nebeneinander befinden und in funktioneller Hinsicht miteinander verbunden sind und – zur Herstellung von organischen Grundchemikalien,	X	

Nummer	Vorhaben	Sp. 1	Sp. 2
	– zur Herstellung von anorganischen Grundchemikalien,		
	– zur Herstellung von phosphor-, stickstoff- oder kaliumhaltigen Düngemitteln (Einnährstoff oder Mehrnährstoff),		
	– zur Herstellung von Ausgangsstoffen für Pflanzenschutzmittel und von Bioziden,		
	– zur Herstellung von Grundarzneimitteln unter Verwendung eines chemischen oder biologischen Verfahrens oder		
	– zur Herstellung von Explosivstoffen		
	dienen), ausgenommen Anlagen zur Erzeugung oder Spaltung von Kernbrennstoffen oder zur Aufarbeitung bestrahlter Kernbrennstoffe nach Nummer 11.1;		
4.2	Errichtung und Betrieb einer Anlage zur Herstellung von Stoffen oder Stoffgruppen durch chemische Umwandlung im industriellen Umfang, ausgenommen integrierte chemische Anlagen nach Nummer 4.1, Anlagen nach Nummer 10.1 und Anlagen zur Erzeugung oder Spaltung von Kernbrennstoffen oder zur Aufarbeitung bestrahlter Kernbrennstoffe nach Nummer 11.1;		A
4.3	Errichtung und Betrieb einer Anlage zur Destillation oder Raffination oder sonstigen Weiterverarbeitung von Erdöl in Mineralölraffinerien;	X	
4.4	Errichtung und Betrieb einer Anlage zur Herstellung von Anstrich- oder Beschichtungsstoffen (Lasuren, Firnisse, Lacke, Dispersionsfarben) oder Druckfarben unter Einsatz von 25 t flüchtiger organischer Verbindungen oder mehr je Tag, die bei einer Temperatur von 293,15 Kelvin einen Dampfdruck von mindestens 0,01 Kilopascal haben;		A
5.	**Oberflächenbehandlung von Kunststoffen:**		
5.1	Errichtung und Betrieb einer Anlage zur Oberflächenbehandlung von Kunststoffen durch ein elektrolytisches oder chemisches Verfahren mit einem Volumen der Wirkbäder von 30 m³ oder mehr;		A
6.	**Holz, Zellstoff:**		
6.1	Errichtung und Betrieb einer Anlage zur Gewinnung von Zellstoff aus Holz, Stroh oder ähnlichen Faserstoffen;	X	
6.2	Errichtung und Betrieb einer Anlage zur Herstellung von Papier oder Pappe mit einer Produktionskapazität von		
6.2.1	200 t oder mehr je Tag,	X	
6.2.2	20 t bis weniger als 200 t je Tag;		A
7.	**Nahrungs-, Genuss- und Futtermittel, landwirtschaftliche Erzeugnisse:**		
7.1	Errichtung und Betrieb einer Anlage zur Intensivhaltung von Hennen mit		
7.1.1	60 000 oder mehr Plätzen,	X	
7.1.2	40 000 bis weniger als 60 000 Plätzen,		A
7.1.3	15 000 bis weniger als 40 000 Plätzen;		S
7.2	Errichtung und Betrieb einer Anlage zur Intensivhaltung oder -aufzucht von Junghennen mit		
7.2.1	85 000 oder mehr Plätzen,	X	
7.2.2	40 000 bis weniger als 85 000 Plätzen,		A
7.2.3	30 000 bis weniger als 40 000 Plätzen;		S
7.3	Errichtung und Betrieb einer Anlage zur Intensivhaltung oder -aufzucht von Mastgeflügel mit		
7.3.1	85 000 oder mehr Plätzen,	X	

Nummer	Vorhaben	Sp. 1	Sp. 2
7.3.2	40 000 bis weniger als 85 000 Plätzen,		A
7.3.3	30 000 bis weniger als 40 000 Plätzen;		S
7.4	Errichtung und Betrieb einer Anlage zur Intensivhaltung oder -aufzucht von Truthühnern mit		
7.4.1	60 000 oder mehr Plätzen,	X	
7.4.2	40 000 bis weniger als 60 000 Plätzen,		A
7.4.3	15 000 bis weniger als 40 000 Plätzen;		S
7.5	Errichtung und Betrieb einer Anlage zur Intensivhaltung oder -aufzucht von Rindern mit		
7.5.1	800 oder mehr Plätzen,		A
7.5.2	600 bis weniger als 800 Plätzen;		S
7.6	Errichtung und Betrieb einer Anlage zur Intensivhaltung oder -aufzucht von Kälbern mit		
7.6.1	1 000 oder mehr Plätzen,		A
7.6.2	500 bis weniger als 1 000 Plätzen;		S
7.7	Errichtung und Betrieb einer Anlage zur Intensivhaltung oder -aufzucht von Mastschweinen (Schweine von 30 kg Lebendgewicht oder mehr) mit		
7.7.1	3 000 oder mehr Plätzen,	X	
7.7.2	2 000 bis weniger als 3 000 Plätzen;		A
7.7.3	1 500 bis weniger als 2 000 Plätzen;		S
7.8	Errichtung und Betrieb einer Anlage zur Intensivhaltung oder -aufzucht von Sauen einschließlich dazugehörender Ferkel (Ferkel bis weniger als 30 kg Lebendgewicht) mit		
7.8.1	900 oder mehr Plätzen,	X	
7.8.2	750 bis weniger als 900 Plätzen;		A
7.8.3	560 bis weniger als 750 Plätzen;		S
7.9	Errichtung und Betrieb einer Anlage zur getrennten Intensivaufzucht von Ferkeln (Ferkel von 10 bis weniger als 30 kg Lebendgewicht) mit		
7.9.1	9 000 oder mehr Plätzen,	X	
7.9.2	6 000 bis weniger als 9 000 Plätzen;		A
7.9.3	4 500 bis weniger als 6 000 Plätzen;		S
7.10	Errichtung und Betrieb einer Anlage zur Intensivhaltung oder -aufzucht von Pelztieren mit		
7.10.1	1 000 oder mehr Plätzen,		A
7.10.2	750 bis weniger als 1 000 Plätzen;		S
7.11	Errichtung und Betrieb einer Anlage zur Intensivhaltung oder -aufzucht von Tieren in gemischten Beständen, wenn		
7.11.1	die jeweils unter den Nummern 7.1.1, 7.2.1, 7.3.1, 7.4.1, 7.7.1, 7.8.1, 7.9.1 und 7.10.1 genannten Platzzahlen nicht erreicht werden, die Summe der Vom-Hundert-Anteile, bis zu denen die Platzzahlen ausgeschöpft werden, aber den Wert 100 erreicht oder überschreitet,	X	
7.11.2	die jeweils unter den Nummern 7.1.2, 7.2.2, 7.3.2, 7.4.2, 7.5.1, 7.6.1, 7.7.2, 7.8.2, 7.9.2 und 7.10.1 genannten Platzzahlen nicht erreicht werden, die Summe der Vom-Hundert-Anteile, bis zu denen die Platzzahlen ausgeschöpft werden, aber den Wert 100 erreicht oder überschreitet,		A

Nummer	Vorhaben	Sp. 1	Sp. 2
7.11.3	die jeweils unter den Nummern 7.1.3, 7.2.3, 7.3.3, 7.4.3, 7.5.2, 7.6.2, 7.7.3 und 7.8.3, 7.9.3, 7.10.2 genannten Platzzahlen nicht erreicht werden, die Summe der Vom-Hundert-Anteile, bis zu denen die Platzzahlen ausgeschöpft werden, aber den Wert 100 erreicht oder überschreitet;		S
7.12	(weggefallen)		
7.13	Errichtung und Betrieb einer Anlage zum Schlachten von Tieren mit einer Kapazität von		
7.13.1	50 t Lebendgewicht oder mehr je Tag,		A
7.13.2	0,5 t bis weniger als 50 t Lebendgewicht je Tag bei Geflügel oder 4 t bis weniger als 50 t Lebendgewicht je Tag bei sonstigen Tieren;		S
7.14	Errichtung und Betrieb einer Anlage zur Erzeugung von Speisefetten aus tierischen Rohstoffen, ausgenommen Milch, mit einer Produktionskapazität von		
7.14.1	75 t Fertigerzeugnissen oder mehr je Tag,		A
7.14.2	weniger als 75 t Fertigerzeugnissen je Tag, ausgenommen Anlagen zur Erzeugung von Speisefetten aus selbstgewonnenen tierischen Fetten in Fleischereien mit einer Kapazität von bis zu 200 kg Speisefett je Woche;		S
7.15	Errichtung und Betrieb einer Anlage zum Schmelzen von tierischen Fetten mit einer Produktionskapazität von		
7.15.1	75 t Fertigerzeugnissen oder mehr je Tag,		A
7.15.2	weniger als 75 t Fertigerzeugnissen je Tag, ausgenommen Anlagen zur Verarbeitung von selbstgewonnenen tierischen Fetten zu Speisefetten in Fleischereien mit einer Kapazität von bis zu 200 kg Speisefett je Woche;		S
7.16	Errichtung und Betrieb einer Anlage zur Herstellung von Fleischkonserven mit einer Produktionskapazität von		
7.16.1	75 t Konserven oder mehr je Tag,		A
7.16.2	1 t bis weniger als 75 t Konserven je Tag;		S
7.17	Errichtung und Betrieb einer Anlage zur Herstellung von Gemüsekonserven mit einer Produktionskapazität von		
7.17.1	600 t Konserven oder mehr je Tag, wenn die Anlage an nicht mehr als 90 aufeinanderfolgenden Tagen im Jahr in Betrieb ist,		A
7.17.2	300 t Konserven oder mehr je Tag, wenn die Anlage an mehr als 90 aufeinanderfolgenden Tagen im Jahr in Betrieb ist,		A
7.17.3	10 t bis weniger als den in den Nummern 7.17.1 oder 7.17.2 angegebenen Kapazitäten für Tonnen Konserven je Tag und unter den dort genannten Voraussetzungen im Übrigen, ausgenommen Anlagen zum Sterilisieren oder Pasteurisieren dieser Nahrungsmittel in geschlossenen Behältnissen;		S
7.18	Errichtung und Betrieb einer Anlage zur Herstellung von Futtermittelerzeugnissen aus tierischen Rohstoffen, soweit in einer solchen Anlage eine fabrikmäßige Herstellung von Tierfutter durch Erwärmen der Bestandteile tierischer Herkunft erfolgt,		A
7.19	Errichtung und Betrieb einer Anlage zur Beseitigung oder Verwertung von Tierkörpern oder tierischen Abfällen mit einer Verarbeitungskapazität von		
7.19.1	10 t oder mehr je Tag,		A
7.19.2	weniger als 10 t je Tag;		S
7.20	Errichtung und Betrieb einer Anlage zum Gerben einschließlich Nachgerben von Tierhäuten oder Tierfellen mit einer Verarbeitungskapazität von		

Nummer	Vorhaben	Sp. 1	Sp. 2
7.20.1	12 t Fertigerzeugnissen oder mehr je Tag,		A
7.20.2	weniger als 12 t Fertigerzeugnissen je Tag, ausgenommen Anlagen, in denen weniger Tierhäute oder Tierfelle behandelt werden als beim Schlachten von weniger als 4 t sonstigen Tieren nach Nummer 7.13.2 anfallen;		S
7.21	Errichtung und Betrieb einer Anlage zur Herstellung von Fischmehl oder Fischöl;	X	
7.22	Errichtung und Betrieb einer Anlage zur Herstellung von Braumalz (Mälzerei) mit einer Produktionskapazität von		
7.22.1	600 t Darrmalz oder mehr je Tag, wenn die Anlage an nicht mehr als 90 aufeinanderfolgenden Tagen im Jahr in Betrieb ist,		A
7.22.2	300 t Darrmalz oder mehr je Tag, wenn die Anlage an mehr als 90 aufeinanderfolgenden Tagen im Jahr in Betrieb ist,		A
7.22.3	weniger als den in den Nummern 7.22.1 oder 7.22.2 angegebenen Kapazitäten für Tonnen Darrmalz je Tag und unter den dort genannten Voraussetzungen im Übrigen;		S
7.23	Errichtung und Betrieb einer Anlage zur Herstellung von Stärkemehlen mit einer Produktionskapazität von		
7.23.1	600 t Stärkemehlen oder mehr je Tag, wenn die Anlage an nicht mehr als 90 aufeinanderfolgenden Tagen im Jahr in Betrieb ist,		A
7.23.2	300 t Stärkemehlen oder mehr je Tag, wenn die Anlage an mehr als 90 aufeinanderfolgenden Tagen im Jahr in Betrieb ist,		A
7.23.3	1 t bis weniger als den in den Nummern 7.23.1 oder 7.23.2 angegebenen Kapazitäten für Tonnen Stärkemehle je Tag und unter den dort genannten Voraussetzungen im Übrigen;		S
7.24	Errichtung und Betrieb einer Anlage zur Herstellung oder Raffination von Ölen oder Fetten aus pflanzlichen Rohstoffen mit einer Produktionskapazität von		
7.24.1	600 t Fertigerzeugnissen oder mehr je Tag, wenn die Anlage an nicht mehr als 90 aufeinanderfolgenden Tagen im Jahr in Betrieb ist,		A
7.24.2	300 t Fertigerzeugnissen oder mehr je Tag, wenn die Anlage an mehr als 90 aufeinanderfolgenden Tagen im Jahr in Betrieb ist,		A
7.24.3	weniger als den in den Nummern 7.24.1 oder 7.24.2 angegebenen Kapazitäten für Tonnen Fertigerzeugnisse je Tag mit Hilfe von Extraktionsmitteln und unter den dort genannten Voraussetzungen im Übrigen, soweit die Menge des eingesetzten Extraktionsmittels 1 t oder mehr je Tag beträgt;		S
7.25	Errichtung und Betrieb einer Anlage zur Herstellung oder Raffination von Zucker unter Verwendung von Zuckerrüben oder Rohzucker;		A
7.26	Errichtung und Betrieb einer Brauerei mit einer Produktionskapazität von		
7.26.1	6 000 hl Bier oder mehr je Tag, wenn die Brauerei an nicht mehr als 90 aufeinanderfolgenden Tagen im Jahr in Betrieb ist,		A
7.26.2	3 000 hl Bier oder mehr je Tag, wenn die Brauerei an mehr als 90 aufeinanderfolgenden Tagen im Jahr in Betrieb ist,		A
7.26.3	200 hl bis weniger als den in den Nummern 7.26.1 oder 7.26.2 angegebenen Kapazitäten für Hektoliter Bier je Tag und unter den dort genannten Voraussetzungen im Übrigen;		S
7.27	Errichtung und Betrieb einer Anlage zur Herstellung von Süßwaren oder Sirup aus tierischen Rohstoffen, ausgenommen Milch, mit einer Produktionskapazität von		

Nummer	Vorhaben	Sp. 1	Sp. 2
7.27.1	75 t Süßwaren oder Sirup oder mehr je Tag,		A
7.27.2	50 kg bis weniger als 75 t Süßwaren oder Sirup je Tag bei Herstellung von Lakritz;		S
7.28	Errichtung und Betrieb einer Anlage zur Herstellung von Süßwaren oder Sirup aus pflanzlichen Rohstoffen mit einer Produktionskapazität von		
7.28.1	600 t oder mehr Süßwaren oder Sirup je Tag, wenn die Anlage an nicht mehr als 90 aufeinanderfolgenden Tagen im Jahr in Betrieb ist,		A
7.28.2	300 t oder mehr Süßwaren oder Sirup je Tag, wenn die Anlage an mehr als 90 aufeinanderfolgenden Tagen im Jahr in Betrieb ist,		A
7.28.3	50 kg bis weniger als den in den Nummern 7.28.1 oder 7.28.2 angegebenen Kapazitäten für Tonnen Süßwaren je Tag und unter den dort genannten Voraussetzungen im Übrigen bei Herstellung von Kakaomasse aus Rohkakao oder bei thermischer Veredelung von Kakao- oder Schokoladenmasse;		S
7.29	Errichtung und Betrieb einer Anlage zur Behandlung oder Verarbeitung von Milch, Milcherzeugnissen oder Milchbestandteilen mit einer Produktionskapazität als Jahresdurchschnittswert von		
7.29.1	200 t Milch oder mehr je Tag,		A
7.29.2	5 t bis weniger als 200 t Milch, Milcherzeugnissen oder Milchbestandteilen je Tag bei Sprühtrocknern;		S
8.	**Verwertung und Beseitigung von Abfällen und sonstigen Stoffen:**		
8.1	Errichtung und Betrieb einer Anlage zur Beseitigung oder Verwertung fester, flüssiger oder in Behältern gefasster gasförmiger Abfälle, Deponiegas oder anderer gasförmiger Stoffe mit brennbaren Bestandteilen durch		
8.1.1	thermische Verfahren, insbesondere Entgasung, Plasmaverfahren, Pyrolyse, Vergasung, Verbrennung oder eine Kombination dieser Verfahren		
8.1.1.1	bei gefährlichen Abfällen,	X	
8.1.1.2	bei nicht gefährlichen Abfällen mit einer Durchsatzkapazität von 3 t Abfällen oder mehr je Stunde,	X	
8.1.1.3	bei nicht gefährlichen Abfällen mit einer Durchsatzkapazität von weniger als 3 t Abfällen je Stunde,		A
8.1.2	Verbrennen von Altöl oder Deponiegas in einer Verbrennungsmotoranlage mit einer Feuerungswärmeleistung von		
8.1.2.1	50 MW oder mehr,		A
8.1.2.2	1 MW bis weniger als 50 MW,		A
8.1.2.3	weniger als 1 MW,		S
8.1.3	Abfackeln von Deponiegas oder anderen gasförmigen Stoffen, ausgenommen über Notfackeln, die für den nicht bestimmungsgemäßen Betrieb erforderlich sind;		S
8.2	Errichtung und Betrieb einer Anlage zur Erzeugung von Strom, Dampf, Warmwasser, *Prozesswärme* oder erhitztem Abgas in einer Verbrennungseinrichtung (wie Kraftwerk, Heizkraftwerk, Heizwerk, sonstige Feuerungsanlage), einschließlich zugehöriger Dampfkessel, durch den Einsatz von – gestrichenem, lackiertem oder beschichtetem Holz oder – Sperrholz, Spanplatten, Faserplatten oder sonst verleimtem Holz		

Nummer	Vorhaben	Sp. 1	Sp. 2
	sowie daraus anfallenden Resten, soweit keine Holzschutzmittel aufgetragen oder infolge einer Behandlung enthalten sind oder Beschichtungen keine halogenorganischen Verbindungen oder Schwermetalle enthalten, mit einer Feuerungswärmeleistung von		
8.2.1	50 MW oder mehr,	X	
8.2.2	1 MW bis weniger als 50 MW;		S
8.3	Errichtung und Betrieb einer Anlage zur biologischen Behandlung von gefährlichen Abfällen mit einer Durchsatzkapazität an Einsatzstoffen von		
8.3.1	10 t oder mehr je Tag,	X	
8.3.2	1 t bis weniger als 10 t je Tag;		S
8.4	Errichtung und Betrieb einer Anlage zur biologischen Behandlung von		
8.4.1	nicht gefährlichen Abfällen, soweit nicht durch Nummer 8.4.2 erfasst, mit einer Durchsatzkapazität an Einsatzstoffen von		
8.4.1.1	50 t oder mehr je Tag,		A
8.4.1.2	10 t bis weniger als 50 t je Tag,		S
8.4.2	Gülle, soweit die Behandlung ausschließlich durch anaerobe Vergärung (Biogaserzeugung) erfolgt, mit einer Durchsatzkapazität von		
8.4.2.1	50 t oder mehr je Tag,		A
8.4.2.2	weniger als 50 t je Tag, soweit die Produktionskapazität von Rohgas 1,2 Mio. Normkubikmeter je Jahr oder mehr beträgt;		S
8.5	Errichtung und Betrieb einer Anlage zur chemischen Behandlung, insbesondere zur chemischen Emulsionsspaltung, Fällung, Flockung, Neutralisation oder Oxidation, von gefährlichen Abfällen;	X	
8.6	Errichtung und Betrieb einer Anlage zur chemischen Behandlung, insbesondere zur chemischen Emulsionsspaltung, Fällung, Flockung, Neutralisation oder Oxidation, von nicht gefährlichen Abfällen mit einer Durchsatzkapazität an Einsatzstoffen von		
8.6.1	100 t oder mehr je Tag,	X	
8.6.2	50 t bis weniger als 100 t je Tag,		A
8.6.3	10 t bis weniger als 50 t je Tag;		S
8.7	Errichtung und Betrieb einer Anlage zur zeitweiligen Lagerung von Abfällen, ausgenommen die zeitweilige Lagerung bis zum Einsammeln auf dem Gelände der Entstehung der Abfälle, bei		
8.7.1	Eisen- oder Nichteisenschrotten, einschließlich Autowracks, mit einer Gesamtlagerkapazität von		
8.7.1.1	1 500 t oder mehr,		A
8.7.1.2	100 t bis weniger als 1 500 t,		S
8.7.2	gefährlichen Schlämmen mit einer Gesamtlagerkapazität von		
8.7.2.1	50 t oder mehr,		A
8.7.2.2	30 t bis weniger als 50 t;		S
8.8	(weggefallen)		
8.9	Errichtung und Betrieb einer Anlage zur Lagerung von Abfällen über einen Zeitraum von jeweils mehr als einem Jahr, bei		
8.9.1	gefährlichen Abfällen mit		
8.9.1.1	einer Aufnahmekapazität von 10 t je Tag oder mehr oder einer Gesamtlagerkapazität von 150 t oder mehr,	X	
8.9.1.2	geringeren Kapazitäten als in Nummer 8.9.1.1 angegeben,		A

Nummer	Vorhaben	Sp. 1	Sp. 2
8.9.2	nicht gefährlichen Abfällen mit		
8.9.2.1	einer Aufnahmekapazität von 10 t je Tag oder mehr oder einer Gesamtlagerkapazität von 150 t oder mehr,		A
8.9.2.2	geringeren Kapazitäten als in Nummer 8.9.2.1 angegeben;		S
9.	**Lagerung von Stoffen und Gemischen:**		
9.1	Errichtung und Betrieb einer Anlage, die der Lagerung von Stoffen oder Gemischen, die bei einer Temperatur von 293,15 Kelvin einen absoluten Dampfdruck von mindestens 101,3 Kilopascal und einen Explosionsbereich mit Luft haben (brennbare Gase), in Behältern oder von Erzeugnissen, die diese Stoffe oder Gemische z.B. als Treibmittel oder Brenngas enthalten, dient, ausgenommen Erdgasröhrenspeicher und Anlagen, die von Nummer 9.3 erfasst werden,		
9.1.1	soweit es sich nicht ausschließlich um Einzelbehältnisse mit einem Volumen von jeweils nicht mehr als 1 000 cm³ handelt, mit einem Fassungsvermögen von		
9.1.1.1	200 000 t oder mehr,	X	
9.1.1.2	30 t bis weniger als 200 000 t,		A
9.1.1.3	3 t bis weniger als 30 t,		S
9.1.2	soweit es sich ausschließlich um Einzelbehältnisse mit einem Volumen von jeweils nicht mehr als 1 000 cm³ handelt, mit einem Fassungsvermögen von		
9.1.2.1	200 000 t oder mehr,	X	
9.1.2.2	30 t bis weniger als 200 000 t;		S
9.2	Errichtung und Betrieb einer Anlage, die der Lagerung von Flüssigkeiten dient, ausgenommen Anlagen, die von Nummer 9.3 erfasst werden, soweit		
9.2.1	die Flüssigkeiten einen Flammpunkt von 373,15 Kelvin oder weniger haben, mit einem Fassungsvermögen von		
9.2.1.1	200 000 t oder mehr,	X	
9.2.1.2	50 000 t bis weniger als 200 000 t,		A
9.2.1.3	10 000 t bis weniger als 50 000 t,		S
9.2.2	die Flüssigkeiten einen Flammpunkt unter 294,15 Kelvin haben und deren Siedepunkt bei Normaldruck (101,3 Kilopascal) über 293,15 Kelvin liegt, mit einem Fassungsvermögen von 5 000 t bis weniger als 10 000 t;		S
9.3	Errichtung und Betrieb einer Anlage, die der Lagerung von im Anhang 2 (Stoffliste zu Nummer 9.3 Anhang 1) der Verordnung über genehmigungsbedürftige Anlagen in der jeweils geltenden Fassung genannten Stoffen dient, mit einer Lagerkapazität von		
9.3.1	200 000 t oder mehr,	X	
9.3.2	den in Spalte 4 des Anhangs 2 (Stoffliste zu Nummer 9.3 Anhang 1) der Verordnung über genehmigungsbedürftige Anlagen in der jeweils geltenden Fassung ausgewiesenen Mengen bis weniger als 200 000 t,		A
9.3.3	den in Spalte 3 bis weniger als den in Spalte 4 des Anhangs 2 (Stoffliste zu Nummer 9.3 Anhang 1) der Verordnung über genehmigungsbedürftige Anlagen in der jeweils geltenden Fassung ausgewiesenen Mengen;		S
9.4	Errichtung und Betrieb einer Anlage, die der Lagerung von Erdöl, petrochemischen oder chemischen Stoffen oder Erzeugnissen dient, ausgenommen Anlagen, die von den Nummern 9.1, 9.2 oder 9.3 erfasst werden, mit einem Fassungsvermögen von		

Nummer	Vorhaben	Sp. 1	Sp. 2
9.4.1	200 000 t oder mehr,	X	
9.4.2	25 000 t bis weniger als 200 000 t;		A
10.	**Sonstige Industrieanlagen:**		
10.1	Errichtung und Betrieb einer Anlage zur Herstellung, Bearbeitung oder Verarbeitung von explosionsgefährlichen Stoffen im Sinne des Sprengstoffgesetzes[1], die zur Verwendung als Sprengstoffe, Zündstoffe, Treibstoffe, pyrotechnische Sätze oder zur Herstellung dieser Stoffe bestimmt sind; hierzu gehört auch eine Anlage zum Laden, Entladen oder Delaborieren von Munition oder sonstigen Sprengkörpern, ausgenommen Anlagen im handwerklichen Umfang oder zur Herstellung von Zündhölzern sowie ortsbewegliche Mischladegeräte;	X	
10.2	Errichtung und Betrieb einer Anlage zur Wiedergewinnung oder Vernichtung von explosionsgefährlichen Stoffen im Sinne des Sprengstoffgesetzes[1];	X	
10.3	Errichtung und Betrieb einer Anlage zum Vulkanisieren von Natur- oder Synthesekautschuk unter Verwendung von Schwefel oder Schwefelverbindungen mit einem Einsatz von		
10.3.1	25 t Kautschuk oder mehr je Stunde,		A
10.3.2	weniger als 25 t Kautschuk je Stunde, ausgenommen Anlagen, in denen weniger als 50 kg Kautschuk je Stunde verarbeitet wird oder ausschließlich vorvulkanisierter Kautschuk eingesetzt wird;		S
10.4	Errichtung und Betrieb einer Anlage zur Vorbehandlung (Waschen, Bleichen, Mercerisieren) oder zum Färben von Fasern oder Textilien mit		
10.4.1	einer Verarbeitungskapazität von 10 t Fasern oder Textilien oder mehr je Tag,		A
10.4.2	einer Färbekapazität von 2 t bis weniger als 10 t Fasern oder Textilien je Tag bei Anlagen zum Färben von Fasern oder Textilien unter Verwendung von Färbebeschleunigern einschließlich Spannrahmenanlagen, ausgenommen Anlagen, die unter erhöhtem Druck betrieben werden,		S
10.4.3	einer Bleichkapazität von weniger als 10 t Fasern oder Textilien je Tag bei Anlagen zum Bleichen von Fasern oder Textilien unter Verwendung von Chlor oder Chlorverbindungen;		S
10.5	Errichtung und Betrieb eines Prüfstandes für oder mit Verbrennungsmotoren, ausgenommen – Rollenprüfstände, die in geschlossenen Räumen betrieben werden, und – Anlagen, in denen mit Katalysator oder Dieselrußfilter ausgerüstete Serienmotoren geprüft werden, mit einer Feuerungswärmeleistung von insgesamt		
10.5.1	10 MW oder mehr,		A
10.5.2	300 KW bis weniger als 10 MW;		S
10.6	Errichtung und Betrieb eines Prüfstandes für oder mit Gasturbinen oder Triebwerken mit einer Feuerungswärmeleistung von insgesamt		
10.6.1	mehr als 200 MW,	X	
10.6.2	100 MW bis 200 MW,		A
10.6.3	weniger als 100 MW;		S

[1] **Sartorius ErgBd. Nr. 822.**

Nummer	Vorhaben	Sp. 1	Sp. 2
10.7	Errichtung und Betrieb einer ständigen Renn- oder Teststrecke für Kraftfahrzeuge;		A
11.	**Kernenergie:**		
11.1	Errichtung und Betrieb einer ortsfesten Anlage zur Erzeugung oder zur Bearbeitung oder Verarbeitung oder zur Spaltung von Kernbrennstoffen oder zur Aufarbeitung bestrahlter Kernbrennstoffe sowie bei ortsfesten Anlagen zur Spaltung von Kernbrennstoffen die insgesamt geplanten Maßnahmen zur Stilllegung, zum sicheren Einschluss oder zum Abbau der Anlage oder von Anlagenteilen; ausgenommen sind ortsfeste Anlagen zur Spaltung von Kernbrennstoffen, deren Höchstleistung 1 KW thermische Dauererleistung nicht überschreitet; einzelne Maßnahmen zur Stilllegung, zum sicheren Einschluss oder zum Abbau der in Halbsatz 1 bezeichneten Anlagen oder von Anlagenteilen gelten als Änderung im Sinne von § 3e Absatz 1 Nummer 2;	X	
11.2	Errichtung und Betrieb einer Anlage zur Sicherstellung oder zur Endlagerung radioaktiver Abfälle;	X	
11.3	außerhalb der in den Nummern 11.1 und 11.2 bezeichneten Anlagen Errichtung und Betrieb einer Anlage oder Einrichtung zur Bearbeitung oder Verarbeitung bestrahlter Kernbrennstoffe oder hoch radioaktiver Abfälle oder zu dem ausschließlichen Zweck der für mehr als zehn Jahre geplanten Lagerung bestrahlter Kernbrennstoffe oder radioaktiver Abfälle an einem anderen Ort als dem Ort, an dem diese Stoffe angefallen sind;	X	
11.4	außerhalb der in den Nummern 11.1 und 11.2 bezeichneten Anlagen, soweit nicht Nummer 11.3 Anwendung findet, Errichtung und Betrieb einer Anlage oder Einrichtung zur Lagerung, Bearbeitung oder Verarbeitung radioaktiver Abfälle, deren Aktivitäten die Werte erreichen oder überschreiten, bei deren Unterschreiten es für den beantragten Umgang nach einer aufgrund des Strahlenschutzgesetzes erlassenen Rechtsverordnung keiner Vorbereitung der Schadensbekämpfung bei Abweichungen vom bestimmungsgemäßen Betrieb bedarf;		A
12.	**Abfalldeponien:**		
12.1	Errichtung und Betrieb einer Deponie zur Ablagerung von gefährlichen Abfällen im Sinne des Kreislaufwirtschaftsgesetzes[1];	X	
12.2	Errichtung und Betrieb einer Deponie zur Ablagerung von nicht gefährlichen Abfällen im Sinne des Kreislaufwirtschaftsgesetzes[1], mit Ausnahme der Deponien für Inertabfälle nach Nummer 12.3, mit einer Aufnahmekapazität von		
12.2.1	10 t oder mehr je Tag oder mit einer Gesamtkapazität von 25 000 t oder mehr,	X	
12.2.2	weniger als 10 t je Tag oder mit einer Gesamtkapazität von weniger als 25 000 t;		S
12.3	Errichtung und Betrieb einer Deponie zur Ablagerung von Inertabfällen im Sinne des Kreislaufwirtschaftsgesetzes[1];		A
13.	**Wasserwirtschaftliche Vorhaben mit Benutzung oder Ausbau eines Gewässers:**		
13.1	Errichtung und Betrieb einer Abwasserbehandlungsanlage, die ausgelegt ist für		
13.1.1	organisch belastetes Abwasser von 9 000 kg/d oder mehr biochemischen Sauerstoffbedarfs in fünf Tagen (roh) oder anorganisch	X	

[1] Nr. **298.**

Nummer	Vorhaben	Sp. 1	Sp. 2
	belastetes Abwasser von 4 500 m³ oder mehr Abwasser in zwei Stunden (ausgenommen Kühlwasser),		
13.1.2	organisch belastetes Abwasser von 600 kg/d bis weniger als 9 000 kg/d biochemischen Sauerstoffbedarfs in fünf Tagen (roh) oder anorganisch belastetes Abwasser von 900 m³ bis weniger als 4 500 m³ Abwasser in zwei Stunden (ausgenommen Kühlwasser),		A
13.1.3	organisch belastetes Abwasser von 120 kg/d bis weniger als 600 kg/d biochemischen Sauerstoffbedarfs in fünf Tagen (roh) oder anorganisch belastetes Abwasser von 10 m³ bis weniger als 900 m³ Abwasser in zwei Stunden (ausgenommen Kühlwasser);		S
13.2	Errichtung und Betrieb einer Anlage zur intensiven Fischzucht		
13.2.1	in oberirdischen Gewässern oder Küstengewässern oder verbunden mit dem Einbringen oder Einleiten von Stoffen in oberirdische Gewässer oder Küstengewässer mit einem Fischertrag je Jahr von		
13.2.1.1	1 000 t oder mehr, wenn dies durch Landesrecht vorgeschrieben ist,	X	
13.2.1.2	100 t oder mehr, soweit nicht von Nummer 13.2.1.1 erfasst,		A
13.2.1.3	50 t bis weniger als 100 t;		S
13.2.2	in der ausschließlichen Wirtschaftszone Deutschlands mit einem Fischertrag je Jahr von		
13.2.2.1	mehr als 2 500 t,	X	
13.2.2.2	500 t bis 2 500 t,		A
13.2.2.3	250 t bis weniger als 500 t;		S
13.3	Entnehmen, Zutagefördern oder Zutageleiten von Grundwasser oder Einleiten von Oberflächenwasser zum Zwecke der Grundwasseranreicherung, jeweils mit einem jährlichen Volumen an Wasser von		
13.3.1	10 Mio. m³ oder mehr,	X	
13.3.2	100 000 m³ bis weniger als 10 Mio. m³,		A
13.3.3	5 000 m³ bis weniger als 100 000 m³, wenn durch die Gewässerbenutzung erhebliche nachteilige Auswirkungen auf grundwasserabhängige Ökosysteme zu erwarten sind;		S
13.4	Tiefbohrung zum Zweck der Wasserversorgung;		A
13.5	Wasserwirtschaftliches Projekt in der Landwirtschaft (sofern nicht von Nummer 13.3 oder Nummer 13.18 erfasst), einschließlich Bodenbewässerung oder Bodenentwässerung, mit einem jährlichen Volumen an Wasser von		
13.5.1	100 000 m³ oder mehr,		A
13.5.2	5 000 m³ bis weniger als 100 000 m³, wenn durch die Gewässerbenutzung erhebliche nachteilige Auswirkungen auf grundwasserabhängige Ökosysteme zu erwarten sind;		S
13.6	Bau eines Stauwerkes oder einer sonstigen Anlage zur Zurückhaltung oder dauerhaften Speicherung von Wasser, wobei		
13.6.1	10 Mio. m³ oder mehr Wasser zurückgehalten oder gespeichert werden,	X	
13.6.2	weniger als 10 Mio. m³ Wasser zurückgehalten oder gespeichert werden,		A
13.7	Umleitung von Wasser von einem Flusseinzugsgebiet in ein anderes, ausgenommen Transport von Trinkwasser in Rohrleitungen, mit einem Volumen von		

Nummer	Vorhaben	Sp. 1	Sp. 2
13.7.1	– 100 Mio. oder mehr m³ Wasser pro Jahr, wenn durch die Umleitung Wassermangel verhindert werden soll, oder – 5 % oder mehr des Durchflusses, wenn der langjährige durchschnittliche Wasserdurchfluss des Flusseinzugsgebietes, dem Wasser entnommen wird, 2 000 Mio. m³ übersteigt,	X	
13.7.2	weniger als den in Nummer 13.7.1 angegebenen Werten;		A
13.8	Flusskanalisierungs- und Stromkorrekturarbeiten;		A
13.9	Bau eines Hafens für die Binnenschifffahrt, wenn der Hafen für Schiffe mit		
13.9.1	mehr als 1 350 t zugänglich ist,	X	
13.9.2	1 350 t oder weniger zugänglich ist;		A
13.10	Bau eines Binnen- oder Seehandelshafens für die Seeschifffahrt;	X	
13.11	Bau eines mit einem Binnen- oder Seehafen für die Seeschifffahrt verbundenen Landungssteges zum Laden und Löschen von Schiffen (ausgenommen Fährschiffe), der		
13.11.1	Schiffe mit mehr als 1 350 t aufnehmen kann,	X	
13.11.2	Schiffe mit 1 350 t oder weniger aufnehmen kann;		A
13.12	Bau eines sonstigen Hafens, einschließlich Fischereihafens oder Jachthafens, oder einer infrastrukturellen Hafenanlage;		A
13.13	Bau eines Deiches oder Dammes, der den Hochwasserabfluss beeinflusst (sofern nicht von Nummer 13.16 erfasst);		A
13.14	Errichtung und Betrieb einer Wasserkraftanlage;		A
13.15	Baggerung in Flüssen oder Seen zur Gewinnung von Mineralien;		A
13.16	Bauten des Küstenschutzes zur Bekämpfung der Erosion und meerestechnische Arbeiten, die geeignet sind, Veränderungen der Küste mit sich zu bringen (zum Beispiel Bau von Deichen, Molen, Hafendämmen und sonstigen Küstenschutzbauten), mit Ausnahme der Unterhaltung und Wiederherstellung solcher Bauten, soweit nicht durch Landesrecht etwas anderes als in dieser Nummer bestimmt ist;		A
13.17	Landgewinnung am Meer, soweit nicht durch Landesrecht etwas anderes bestimmt ist;		A
13.18	sonstige der Art nach nicht von den Nummern 13.1 bis 13.17 erfasste Ausbaumaßnahmen im Sinne des Wasserhaushaltsgesetzes[1]		
13.18.1	soweit die Ausbaumaßnahmen nicht von Nummer 13.18.2 erfasst sind,		A
13.18.2	naturnaher Ausbau von Bächen, Gräben, Rückhaltebecken und Teichen, kleinräumige naturnahe Umgestaltungen, wie die Beseitigung von Bach- und Grabenverrohrungen, Verlegung von Straßenseitengräben in der bebauten Ortslage und ihre kleinräumige Verrohrung, Umsetzung von Kiesbänken in Gewässern;		S
14.	**Verkehrsvorhaben:**		
14.1	Bau einer Bundeswasserstraße durch		
14.1.1	Vorhaben im Sinne der Nummern 13.6.1 und 13.7.1	X	
14.1.2	Vorhaben im Sinne der Nummern 13.6.2, 13.7.2, 13.8, 13.12 und 13.13 (unabhängig von einer Beeinflussung des Hochwasserabflusses);		A
14.2	Bau einer Bundeswasserstraße, die für Schiffe mit		
14.2.1	mehr als 1 350 t zugänglich ist,	X	
14.2.2	1 350 t oder weniger zugänglich ist;		A
14.3	Bau einer Bundesautobahn oder einer sonstigen Bundesstraße, wenn diese eine Schnellstraße im Sinne der Begriffsbestimmung des Europäischen Übereinkommens über die Hauptstraßen des internationalen Verkehrs vom 15. November 1975 ist;	X	
14.4	Bau einer neuen vier- oder mehrstreifigen Bundesstraße, wenn diese neue Straße eine durchgehende Länge von 5 km oder mehr aufweist;	X	

[1] Nr. **845**.

Nummer	Vorhaben	Sp. 1	Sp. 2
14.5	Bau einer vier- oder mehrstreifigen Bundesstraße durch Verlegung und/oder Ausbau einer bestehenden Bundesstraße, wenn dieser geänderte Bundesstraßenabschnitt eine durchgehende Länge von 10 km oder mehr aufweist;	X	
14.6	Bau einer sonstigen Bundesstraße;		A
14.7	Bau eines Schienenwegs von Eisenbahnen mit den dazugehörigen Betriebsanlagen sowie Bahnstromfernleitungen auf dem Gelände der Betriebsanlage oder entlang des Schienenwegs	X	
14.8	Soweit der Bau nicht Teil des Baus eines Schienenwegs nach Nummer 14.7 oder einer Bahnstromfernleitung nach Nummer 19.13 ist		
14.8.1	Bau von Gleisanschlüssen mit einer Länge bis 2 000 m		S
14.8.2	Bau von Zuführungs- und Industriestammgleisen mit einer Länge bis 3 000 m		S
14.8.3	Bau einer sonstigen Betriebsanlage von Eisenbahnen, insbesondere einer intermodalen Umschlaganlage oder eines Terminals für Eisenbahnen, wenn diese eine Fläche		
14.8.3.1	von 5 000 m² oder mehr in Anspruch nimmt,		A
14.8.3.2	von 2 000 m² bis weniger als 5 000 m² in Anspruch nimmt.		S
14.9	Bau einer Magnetschwebebahnstrecke mit den dazugehörigen Betriebsanlagen;	X	
14.10	Bau einer anderen Bahnstrecke für den öffentlichen spurgeführten Verkehr mit den dazugehörigen Betriebsanlagen;		A
14.11	Bau einer Bahnstrecke für Straßenbahnen, Stadtschnellbahnen in Hochlage, Untergrundbahnen oder Hängebahnen im Sinne des Personenbeförderungsgesetzes[1], jeweils mit den dazugehörigen Betriebsanlagen;		A
14.12	Bau eines Flugplatzes im Sinne der Begriffsbestimmungen des Abkommens von Chicago von 1944 zur Errichtung der Internationalen Zivilluftfahrt-Organisation (Anhang 14) mit einer Start- und Landebahngrundlänge von		
14.12.1	1 500 m oder mehr,	X	
14.12.2	weniger als 1 500 m;		A
15.	**Bergbau und dauerhafte Speicherung von Kohlendioxid:**		
15.1	bergbauliche Vorhaben, einschließlich der zu ihrer Durchführung erforderlichen betriebsplanpflichtigen Maßnahmen dieser Anlage, nur nach Maßgabe der aufgrund des § 57c Nummer 1 des Bundesberggesetzes[2] erlassenen Rechtsverordnung.		
15.2	Errichtung, Betrieb und Stilllegung von Kohlendioxidspeichern;	X	
16.	**Flurbereinigung:**		
16.1	Bau der gemeinschaftlichen und öffentlichen Anlagen im Sinne des Flurbereinigungsgesetzes[3];		A
17.	**Forstliche und landwirtschaftliche Vorhaben:**		
17.1	Erstaufforstung im Sinne des Bundeswaldgesetzes[4] mit		
17.1.1	50 ha oder mehr Wald,	X	
17.1.2	20 ha bis weniger als 50 ha Wald,		A
17.1.3	2 ha bis weniger als 20 ha Wald;		S
17.2	Rodung von Wald im Sinne des Bundeswaldgesetzes[4] zum Zwecke der Umwandlung in eine andere Nutzungsart mit		
17.2.1	10 ha oder mehr Wald,	X	
17.2.2	5 ha bis weniger als 10 ha Wald,		A

[1] Nr. 950.
[2] **Sartorius III Nr. 460.**
[3] **Sartorius III Nr. 400.**
[4] Nr. 875.

Nummer	Vorhaben	Sp. 1	Sp. 2
17.2.3	1 ha bis weniger als 5 ha Wald;		S
17.3	Projekte zur Verwendung von Ödland oder naturnahen Flächen zu intensiver Landwirtschaftsnutzung mit		
17.3.1	20 ha oder mehr,	X	
17.3.2	10 ha bis weniger als 20 ha,		A
17.3.3	1 ha bis weniger als 10 ha;		S
18.	**Bauvorhaben:**		
18.1	Bau eines Feriendorfes, eines Hotelkomplexes oder einer sonstigen großen Einrichtung für die Ferien- und Fremdenbeherbergung, für den im bisherigen Außenbereich im Sinne des § 35 des Baugesetzbuchs[1] ein Bebauungsplan aufgestellt wird, mit		
18.1.1	einer Bettenzahl von jeweils insgesamt 300 oder mehr oder mit einer Gästezimmerzahl von jeweils insgesamt 200 oder mehr,	X	
18.1.2	einer Bettenzahl von jeweils insgesamt 100 bis weniger als 300 oder mit einer Gästezimmerzahl von jeweils insgesamt 80 bis weniger als 200;		A
18.2	Bau eines ganzjährig betriebenen Campingplatzes, für den im bisherigen Außenbereich im Sinne des § 35 des Baugesetzbuchs[1] ein Bebauungsplan aufgestellt wird, mit einer Stellplatzzahl von		
18.2.1	200 oder mehr,	X	
18.2.2	50 bis weniger als 200;		A
18.3	Bau eines Freizeitparks, für den im bisherigen Außenbereich im Sinne des § 35 des Baugesetzbuchs[1] ein Bebauungsplan aufgestellt wird, mit einer Größe des Plangebiets von		
18.3.1	10 ha oder mehr,	X	
18.3.2	4 ha bis weniger als 10 ha;		A
18.4	Bau eines Parkplatzes, für den im bisherigen Außenbereich im Sinne des § 35 des Baugesetzbuchs[1] ein Bebauungsplan aufgestellt wird, mit einer Größe von		
18.4.1	1 ha oder mehr,	X	
18.4.2	0,5 ha bis weniger als 1 ha;		A
18.5	Bau einer Industriezone für Industrieanlagen, für den im bisherigen Außenbereich im Sinne des § 35 des Baugesetzbuchs[1] ein Bebauungsplan aufgestellt wird, mit einer zulässigen Grundfläche im Sinne des § 19 Absatz 2 der Baunutzungsverordnung[2] oder einer festgesetzten Größe der Grundfläche von insgesamt		
18.5.1	100 000 m² oder mehr,	X	
18.5.2	20 000 m² bis weniger als 100 000 m²;		A
18.6	Bau eines Einkaufszentrums, eines großflächigen Einzelhandelsbetriebes oder eines sonstigen großflächigen Handelsbetriebes im Sinne des § 11 Absatz 3 Satz 1 der Baunutzungsverordnung[2], für den im bisherigen Außenbereich im Sinne des § 35 des Baugesetzbuchs[1] ein Bebauungsplan aufgestellt wird, mit einer zulässigen Geschossfläche von		
18.6.1	5 000 m² oder mehr,	X	
18.6.2	1 200 m² bis weniger als 5 000 m²;		A
18.7	Bau eines Städtebauprojektes für sonstige bauliche Anlagen, für den im bisherigen Außenbereich im Sinne des § 35 des Baugesetzbuchs[1] ein Bebauungsplan aufgestellt wird, mit einer zulässigen Grundfläche im Sinne des § 19 Absatz 2 der Baunutzungsverordnung[2] oder einer festgesetzten Größe der Grundfläche von insgesamt		
18.7.1	100 000 m² oder mehr,	X	
18.7.2	20 000 m² bis weniger als 100 000 m²;		A

[1] Nr. 300.
[2] Nr. 311.

Nummer	Vorhaben	Sp. 1	Sp. 2
18.8	Bau eines Vorhabens der in den Nummern 18.1 bis 18.7 genannten Art, soweit der jeweilige Prüfwert für die Vorprüfung erreicht oder überschritten wird und für den in sonstigen Gebieten ein Bebauungsplan aufgestellt, geändert oder ergänzt wird;		A
18.9	Vorhaben, für das nach Landesrecht zur Umsetzung der Richtlinie 85/337/EWG des Rates über die Umweltverträglichkeitsprüfung bei bestimmten öffentlichen und privaten Projekten (ABl. EG Nummer L 175 S. 40) in der durch die Änderungsrichtlinie 97/11/EG des Rates (ABl. EG Nummer L 73 S. 5) geänderten Fassung eine Umweltverträglichkeitsprüfung vorgesehen ist, sofern dessen Zulässigkeit durch einen Bebauungsplan begründet wird oder ein Bebauungsplan einen Planfeststellungsbeschluss ersetzt;		
19.	**Leitungsanlagen und andere Anlagen:**		
19.1	Errichtung und Betrieb einer Hochspannungsfreileitung im Sinne des Energiewirtschaftsgesetzes[1]) mit		
19.1.1	einer Länge von mehr als 15 km und mit einer Nennspannung von 220 kV oder mehr,	X	
19.1.2	einer Länge von mehr als 15 km und mit einer Nennspannung von 110 kV bis zu 220 kV,		A
19.1.3	einer Länge von 5 km bis 15 km und mit einer Nennspannung von 110 kV oder mehr,		A
19.1.4	einer Länge von weniger als 5 km und einer Nennspannung von 110 kV oder mehr;		S
19.2	Errichtung und Betrieb einer Gasversorgungsleitung im Sinne des Energiewirtschaftsgesetzes[1]), ausgenommen Anlagen, die den Bereich eines Werksgeländes nicht überschreiten, mit		
19.2.1	einer Länge von mehr als 40 km und einem Durchmesser von mehr als 800 mm,	X	
19.2.2	einer Länge von mehr als 40 km und einem Durchmesser von 300 mm bis zu 800 mm,		A
19.2.3	einer Länge von 5 km bis 40 km und einem Durchmesser von mehr als 300 mm,		A
19.2.4	einer Länge von weniger als 5 km und einem Durchmesser von mehr als 300 mm;		S
19.3	Errichtung und Betrieb einer Rohrleitungsanlage zum Befördern wassergefährdender Stoffe im Sinne von *§ 21 Absatz 4 Satz 7*[2]) dieses Gesetzes, ausgenommen Rohrleitungsanlagen, die – den Bereich eines Werksgeländes nicht überschreiten, – Zubehör einer Anlage zum Umgang mit solchen Stoffen sind oder – Anlagen verbinden, die in engem räumlichen und betrieblichen Zusammenhang miteinander stehen und kurzräumig durch landgebundene öffentliche Verkehrswege getrennt sind, mit		
19.3.1	einer Länge von mehr als 40 km,	X	
19.3.2	einer Länge von 2 km bis 40 km und einem Durchmesser der Rohrleitung von mehr als 150 mm,		A
19.3.3	einer Länge von weniger als 2 km und einem Durchmesser der Rohrleitung von mehr als 150 mm;		S
19.4	Errichtung und Betrieb einer Rohrleitungsanlage, soweit sie nicht unter Nummer 19.3 fällt, zum Befördern von verflüssigten Gasen, ausgenommen Anlagen, die den Bereich eines Werksgeländes nicht überschreiten, mit		

[1]) Nr. 830.
[2]) Richtig wohl: „§ 66 Absatz 6 Satz 7".

Nummer	Vorhaben	Sp. 1	Sp. 2
19.4.1	einer Länge von mehr als 40 km und einem Durchmesser der Rohrleitung als mehr als 800 mm,	X	
19.4.2	einer Länge von mehr als 40 km und einem Durchmesser der Rohrleitung von 150 mm bis zu 800 mm,		A
19.4.3	einer Länge von 2 km bis 40 km und einem Durchmesser der Rohrleitung von mehr als 150 mm,		A
19.4.4	einer Länge von weniger als 2 km und einem Durchmesser der Rohrleitung von mehr als 150 mm;		S
19.5	Errichtung und Betrieb einer Rohrleitungsanlage, soweit sie nicht unter Nummer 19.3 oder als Energieanlage im Sinne des Energiewirtschaftsgesetzes[1]) unter Nummer 19.2 fällt, zum Befördern von nichtverflüssigten Gasen, ausgenommen Anlagen, die den Bereich eines Werksgeländes nicht überschreiten, mit		
19.5.1	einer Länge von mehr als 40 km und einem Durchmesser der Rohrleitung von mehr als 800 mm,	X	
19.5.2	einer Länge von mehr als 40 km und einem Durchmesser der Rohrleitung von 300 mm bis zu 800 mm,		A
19.5.3	einer Länge von 5 km bis 40 km und einem Durchmesser der Rohrleitung von mehr als 300 mm,		A
19.5.4	einer Länge von weniger als 5 km und einem Durchmesser der Rohrleitung von mehr als 300 mm;		S
19.6	Errichtung und Betrieb einer Rohrleitungsanlage zum Befördern von Stoffen im Sinne von § 3a des Chemikaliengesetzes[2]), soweit sie nicht unter eine der Nummern 19.2 bis 19.5 fällt und ausgenommen Abwasserleitungen sowie Anlagen, die den Bereich eines Werksgeländes nicht überschreiten oder Zubehör einer Anlage zum Lagern solcher Stoffe sind, mit		
19.6.1	einer Länge von mehr als 40 km und einem Durchmesser der Rohrleitung von mehr als 800 mm,	X	
19.6.2	einer Länge von mehr als 40 km und einem Durchmesser der Rohrleitung von 300 mm bis 800 mm,		A
19.6.3	einer Länge von 5 km bis 40 km und einem Durchmesser der Rohrleitung von mehr als 300 mm,		A
19.6.4	einer Länge von weniger als 5 km und einem Durchmesser der Rohrleitung von mehr als 300 mm;		S
19.7	Errichtung und Betrieb einer Rohrleitungsanlage zum Befördern von Dampf oder Warmwasser aus einer Anlage nach den Nummern 1 bis 10, die den Bereich des Werksgeländes überschreitet (Dampf- oder Warmwasserpipeline), mit		
19.7.1	einer Länge von 5 km oder mehr außerhalb des Werksgeländes,		A
19.7.2	einer Länge von weniger als 5 km im Außenbereich;		S
19.8	Errichtung und Betrieb einer Rohrleitungsanlage, soweit sie nicht unter Nummer 19.6 fällt, zum Befördern von Wasser, die das Gebiet einer Gemeinde überschreitet (Wasserfernleitung), mit		
19.8.1	einer Länge von 10 km oder mehr,		A
19.8.2	einer Länge von 2 km bis weniger als 10 km;		S
19.9	Errichtung und Betrieb eines künstlichen Wasserspeichers mit		
19.9.1	10 Mio. m^3 oder mehr Wasser,	X	
19.9.2	2 Mio. m^3 bis weniger als 10 Mio. m^3 Wasser,		A
19.9.3	5 000 m^3 bis weniger als 2 Mio. m^3 Wasser;		S

[1]) Nr. 830.
[2]) **Gewerberecht Nr. 600.**

Nummer	Vorhaben	Sp. 1	Sp. 2
19.10	Errichtung und Betrieb einer Kohlendioxidleitung im Sinne des Kohlendioxid-Speicherungsgesetzes[1], ausgenommen Anlagen, die den Bereich eines Werksgeländes nicht überschreiten, mit		
19.10.1	einer Länge von mehr als 40 km und einem Durchmesser der Rohrleitung von mehr als 800 mm,	X	
19.10.2	einer Länge von mehr als 40 km und einem Durchmesser der Rohrleitung von 150 mm bis zu 800 mm,		A
19.10.3	einer Länge von 2 km bis 40 km und einem Durchmesser der Rohrleitung von mehr als 150 mm,		A
19.10.4	einer Länge von weniger als 2 km und einem Durchmesser der Rohrleitung von mehr als 150 mm.		S
19.11	Errichtung und Betrieb eines Erdkabels nach § 2 Absatz 5 des Bundesbedarfsplangesetzes[2]	X	
19.12	Errichtung und Betrieb einer Anbindungsleitung von LNG-Anlagen an das Fernleitungsnetz im Sinne des Energiewirtschaftsgesetzes[3], ausgenommen Leitungsanlagen, die den Bereich eines Werksgeländes nicht überschreiten, mit		
19.12.1	einer Länge von mehr als 40 km und einem Durchmesser von mehr als 800 mm,	X	
19.12.2	einer Länge von mehr als 40 km und einem Durchmesser von 300 mm bis zu 800 mm,		A
19.12.3	einer Länge von 5 km bis 40 km und einem Durchmesser von mehr als 300 mm,		A
19.12.4	einer Länge von weniger als 5 km und einem Durchmesser von mehr als 300 mm.		S
19.13	Errichtung und Betrieb einer Bahnstromfernleitung mit einer Nennspannung von 110 kV bis weniger als 220 kV, soweit nicht von Nummer 14.7 erfasst,		
19.13.1	mit einer Länge von 15 km oder mehr		A
19.13.2	mit einer Länge von weniger als 15 km		S

Anlage 2[4]

Angaben des Vorhabenträgers zur Vorbereitung der Vorprüfung

1. Nachstehende Angaben sind nach § 7 Absatz 4 vom Vorhabenträger zu übermitteln, wenn nach § 7 Absatz 1 und 2, auch in Verbindung mit den §§ 8 bis 14, eine Vorprüfung durchzuführen ist.

 a) Eine Beschreibung des Vorhabens, insbesondere

 aa) der physischen Merkmale des gesamten Vorhabens und, soweit relevant, der Abrissarbeiten,

 bb) des Standorts des Vorhabens und der ökologischen Empfindlichkeit der Gebiete, die durch das Vorhaben beeinträchtigt werden können.

 b) Eine Beschreibung der Schutzgüter, die von dem Vorhaben erheblich beeinträchtigt werden können.

 c) Eine Beschreibung der möglichen erheblichen Auswirkungen des Vorhabens auf die betroffenen Schutzgüter infolge

 aa) der erwarteten Rückstände und Emissionen sowie gegebenenfalls der Abfallerzeugung,

[1] *Sartorius III Nr. 320.*
[2] **Sartorius III Nr. 512.**
[3] **Nr. 830.**
[4] Anl. 2 eingef. mWv 29.7.2017 durch G v. 20.7.2017 (BGBl. I S. 2808).

bb) der Nutzung der natürlichen Ressourcen, insbesondere Fläche, Boden, Wasser, Tiere, Pflanzen und biologische Vielfalt.

2. Bei der Zusammenstellung der Angaben für die Vorprüfung ist den Kriterien nach Anlage 3, die für das Vorhaben von Bedeutung sind, Rechnung zu tragen. Soweit der Vorhabenträger über Ergebnisse vorgelagerter Umweltprüfungen oder anderer rechtlich vorgeschriebener Untersuchungen zu den Umweltauswirkungen des Vorhabens verfügt, sind diese ebenfalls einzubeziehen.

3. Zusätzlich zu den Angaben nach Nummer 1 Buchstabe a kann der Vorhabenträger auch eine Beschreibung aller Merkmale des Vorhabens und des Standorts und aller Vorkehrungen vorlegen, mit denen erhebliche nachteilige Umweltauswirkungen ausgeschlossen werden sollen.

4. Wird eine standortbezogene Vorprüfung durchgeführt, können sich die Angaben des Vorhabenträgers in der ersten Stufe auf solche Angaben beschränken, die sich auf das Vorliegen besonderer örtlicher Gegebenheiten gemäß den in Anlage 3 Nummer 2.3 aufgeführten Schutzkriterien beziehen.

Anlage 3[1]

Kriterien für die Vorprüfung im Rahmen einer Umweltverträglichkeitsprüfung

Nachstehende Kriterien sind anzuwenden, soweit in § 7 Absatz 1 und 2, auch in Verbindung mit den §§ 8 bis 14, auf Anlage 3 Bezug genommen wird.

1. **Merkmale der Vorhaben**

Die Merkmale eines Vorhabens sind insbesondere hinsichtlich folgender Kriterien zu beurteilen:

1.1 Größe und Ausgestaltung des gesamten Vorhabens und, soweit relevant, der Abrissarbeiten,

1.2 Zusammenwirken mit anderen bestehenden oder zugelassenen Vorhaben und Tätigkeiten,

1.3 Nutzung natürlicher Ressourcen, insbesondere Fläche, Boden, Wasser, Tiere, Pflanzen und biologische Vielfalt,

1.4 Erzeugung von Abfällen im Sinne des § 3 Absatz 1 und 8 des Kreislaufwirtschaftsgesetzes[2],

1.5 Umweltverschmutzung und Belästigungen,

1.6 Risiken von Störfällen, Unfällen und Katastrophen, die für das Vorhaben von Bedeutung sind, einschließlich der Störfälle, Unfälle und Katastrophen, die wissenschaftlichen Erkenntnissen zufolge durch den Klimawandel bedingt sind, insbesondere mit Blick auf:

1.6.1 verwendete Stoffe und Technologien,

1.6.2 die Anfälligkeit des Vorhabens für Störfälle im Sinne des § 2 Nummer 7 der Störfall-Verordnung[3], insbesondere aufgrund seiner Verwirklichung innerhalb des angemessenen Sicherheitsabstandes zu Betriebsbereichen im Sinne des § 3 Absatz 5a des Bundes-Immissionsschutzgesetzes[4], und

1.7 Risiken für die menschliche Gesundheit, z.B. durch Verunreinigung von Wasser oder Luft.

2. **Standort der Vorhaben**

Die ökologische Empfindlichkeit eines Gebiets, das durch ein Vorhaben möglicherweise beeinträchtigt wird, ist insbesondere hinsichtlich folgender Nutzungs- und Schutzkriterien unter Berücksichtigung des Zusammenwirkens mit anderen Vorhaben in ihrem gemeinsamen Einwirkungsbereich zu beurteilen:

2.1 bestehende Nutzung des Gebietes, insbesondere als Fläche für Siedlung und Erholung, für land-, forst- und fischereiwirtschaftliche Nutzungen, für sonstige wirtschaftliche und öffentliche Nutzungen, Verkehr, Ver- und Entsorgung (Nutzungskriterien),

2.2 Reichtum, Verfügbarkeit, Qualität und Regenerationsfähigkeit der natürlichen Ressourcen, insbesondere Fläche, Boden, Landschaft, Wasser, Tiere, Pflanzen, biologische Vielfalt, des Gebiets und seines unteren Untergrunds (Qualitätskriterien),

2.3 Belastbarkeit der Schutzgüter unter besonderer Berücksichtigung folgender Gebiete und von Art und Umfang des ihnen jeweils zugewiesenen Schutzes (Schutzkriterien):

[1] Frühere Anl. 2 geänd. mWv 18.8.2010 durch G v. 11.8.2010 (BGBl. I S. 1163); mWv 1.8.2013 durch G v. 21.1.2013 (BGBl. I S. 95); mWv 7.12.2016 durch G v. 30.11.2016 (BGBl. I S. 2749); bish. Anl. 2 wird Anl. 3 und geänd. mWv 29.7.2017 durch G v. 20.7.2017 (BGBl. I S. 2808).

[2] Nr. **298.**

[3] **Sartorius ErgBd. Nr. 296/12.**

[4] Nr. **296.**

2.3.1	Natura 2000-Gebiete nach § 7 Absatz 1 Nummer 8 des Bundesnaturschutzgesetzes[1],
2.3.2	Naturschutzgebiete nach § 23 des Bundesnaturschutzgesetzes[1], soweit nicht bereits von Nummer 2.3.1 erfasst,
2.3.3	Nationalparke und Nationale Naturmonumente nach § 24 des Bundesnaturschutzgesetzes[1], soweit nicht bereits von Nummer 2.3.1 erfasst,
2.3.4	Biosphärenreservate und Landschaftsschutzgebiete gemäß den §§ 25 und 26 des Bundesnaturschutzgesetzes[1],
2.3.5	Naturdenkmäler nach § 28 des Bundesnaturschutzgesetzes[1],
2.3.6	geschützte Landschaftsbestandteile, einschließlich Alleen, nach § 29 des Bundesnaturschutzgesetzes[1],
2.3.7	gesetzlich geschützte Biotope nach § 30 des Bundesnaturschutzgesetzes[1],
2.3.8	Wasserschutzgebiete nach § 51 des Wasserhaushaltsgesetzes[2], Heilquellenschutzgebiete nach § 53 Absatz 4 des Wasserhaushaltsgesetzes[2], Risikogebiete nach § 73 Absatz 1 des Wasserhaushaltsgesetzes[2] sowie Überschwemmungsgebiete nach § 76 des Wasserhaushaltsgesetzes[2],
2.3.9	Gebiete, in denen die in Vorschriften der Europäischen Union festgelegten Umweltqualitätsnormen bereits überschritten sind,
2.3.10	Gebiete mit hoher Bevölkerungsdichte, insbesondere Zentrale Orte im Sinne des § 2 Absatz 2 Nummer 2 des Raumordnungsgesetzes[3],
2.3.11	in amtlichen Listen oder Karten verzeichnete Denkmäler, Denkmalensembles, Bodendenkmäler oder Gebiete, die von der durch die Länder bestimmten Denkmalschutzbehörde als archäologisch bedeutende Landschaften eingestuft worden sind.
3.	**Art und Merkmale der möglichen Auswirkungen**
	Die möglichen erheblichen Auswirkungen eines Vorhabens auf die Schutzgüter sind anhand der unter den Nummern 1 und 2 aufgeführten Kriterien zu beurteilen; dabei ist insbesondere folgenden Gesichtspunkten Rechnung zu tragen:
3.1	der Art und dem Ausmaß der Auswirkungen, insbesondere, welches geographische Gebiet betroffen ist und wie viele Personen von den Auswirkungen voraussichtlich betroffen sind,
3.2	dem etwaigen grenzüberschreitenden Charakter der Auswirkungen,
3.3	der Schwere und der Komplexität der Auswirkungen,
3.4	der Wahrscheinlichkeit von Auswirkungen,
3.5	dem voraussichtlichen Zeitpunkt des Eintretens sowie der Dauer, Häufigkeit und Umkehrbarkeit der Auswirkungen,
3.6	dem Zusammenwirken der Auswirkungen mit den Auswirkungen anderer bestehender oder zugelassener Vorhaben,
3.7	der Möglichkeit, die Auswirkungen wirksam zu vermindern.

Anlage 4[4]

Angaben des UVP-Berichts für die Umweltverträglichkeitsprüfung

Soweit die nachfolgenden Aspekte über die in § 16 Absatz 1 Satz 1 genannten Mindestanforderungen hinausgehen und sie für das Vorhaben von Bedeutung sind, muss nach § 16 Absatz 3 der UVP-Bericht hierzu Angaben enthalten.

1. Eine Beschreibung des Vorhabens, insbesondere

 a) eine Beschreibung des Standorts,

 b) eine Beschreibung der physischen Merkmale des gesamten Vorhabens, einschließlich der erforderlichen Abrissarbeiten, soweit relevant, sowie des Flächenbedarfs während der Bau- und der Betriebsphase,

[1] Nr. 880.
[2] Nr. 845.
[3] Nr. 340.
[4] Anl. 4 eingef. mWv 29.7.2017 durch G v. 20.7.2017 (BGBl. I S. 2808).

c) eine Beschreibung der wichtigsten Merkmale der Betriebsphase des Vorhabens (insbesondere von Produktionsprozessen), z.B.

aa) Energiebedarf und Energieverbrauch,

bb) Art und Menge der verwendeten Rohstoffe und

cc) Art und Menge der natürlichen Ressourcen (insbesondere Fläche, Boden, Wasser, Tiere, Pflanzen und biologische Vielfalt),

d) eine Abschätzung, aufgeschlüsselt nach Art und Quantität,

aa) der erwarteten Rückstände und Emissionen (z.B. Verunreinigung des Wassers, der Luft, des Bodens und Untergrunds, Lärm, Erschütterungen, Licht, Wärme, Strahlung) sowie

bb) des während der Bau- und Betriebsphase erzeugten Abfalls.

2. Eine Beschreibung der vom Vorhabenträger geprüften vernünftigen Alternativen (z.B. in Bezug auf Ausgestaltung, Technologie, Standort, Größe und Umfang des Vorhabens), die für das Vorhaben und seine spezifischen Merkmale relevant sind, und Angabe der wesentlichen Gründe für die getroffene Wahl unter Berücksichtigung der jeweiligen Umweltauswirkungen.

3. Eine Beschreibung des aktuellen Zustands der Umwelt und ihrer Bestandteile im Einwirkungsbereich des Vorhabens und eine Übersicht über die voraussichtliche Entwicklung der Umwelt bei Nichtdurchführung des Vorhabens, soweit diese Entwicklung gegenüber dem aktuellen Zustand mit zumutbarem Aufwand auf der Grundlage der verfügbaren Umweltinformationen und wissenschaftlichen Erkenntnisse abgeschätzt werden kann.

4. Eine Beschreibung der möglichen erheblichen Umweltauswirkungen des Vorhabens;
Die Darstellung der Umweltauswirkungen soll den Umweltschutzzielen Rechnung tragen, die nach den Rechtsvorschriften, einschließlich verbindlicher planerischer Vorgaben, maßgebend sind für die Zulassungsentscheidung. Die Darstellung soll sich auf die Art der Umweltauswirkungen nach Buchstabe a erstrecken. Anzugeben sind jeweils die Art, in der Schutzgüter betroffen sind nach Buchstabe b, und die Ursachen der Auswirkungen nach Buchstabe c.

a) Art der Umweltauswirkungen
Die Beschreibung der zu erwartenden erheblichen Umweltauswirkungen soll sich auf die direkten und die etwaigen indirekten, sekundären, kumulativen, grenzüberschreitenden, kurzfristigen, mittelfristigen und langfristigen, ständigen und vorübergehenden, positiven und negativen Auswirkungen des Vorhaben erstrecken.

b) Art, in der Schutzgüter betroffen sind
Bei der Angabe, in welcher Hinsicht die Schutzgüter von den Auswirkungen des Vorhabens betroffen sein können, sind in Bezug auf die nachfolgenden Schutzgüter insbesondere folgende Auswirkungen zu berücksichtigen:

Schutzgut (Auswahl)	mögliche Art der Betroffenheit
Menschen, insbesondere die menschliche Gesundheit	Auswirkungen sowohl auf einzelne Menschen als auch auf die Bevölkerung
Tiere, Pflanzen, biologische Vielfalt	Auswirkungen auf Flora und Fauna
Fläche	Flächenverbrauch
Boden	Veränderung der organischen Substanz, Bodenerosion, Bodenverdichtung, Bodenversiegelung
Wasser	hydromorphologische Veränderungen, Veränderungen von Quantität oder Qualität des Wassers
Klima	Veränderungen des Klimas, z.B. durch Treibhausgasemissionen, Veränderung des Kleinklimas am Standort
kulturelles Erbe	Auswirkungen auf historisch, architektonisch oder archäologisch bedeutende Stätten und Bauwerke und auf Kulturlandschaften

c) Mögliche Ursachen der Umweltauswirkungen
Bei der Beschreibung der Umstände, die zu erheblichen Umweltauswirkungen des Vorhabens führen können, sind insbesondere folgende Gesichtspunkte zu berücksichtigen:

aa) die Durchführung baulicher Maßnahmen, einschließlich der Abrissarbeiten, soweit relevant, sowie die physische Anwesenheit der errichteten Anlagen oder Bauwerke,

bb) verwendete Techniken und eingesetzte Stoffe,

cc) die Nutzung natürlicher Ressourcen, insbesondere Fläche, Boden, Wasser, Tiere, Pflanzen und biologische Vielfalt, und, soweit möglich, jeweils auch auf die nachhaltige Verfügbarkeit der betroffenen Ressource einzugehen,

dd) Emissionen und Belästigungen sowie Verwertung oder Beseitigung von Abfällen,

ee) Risiken für die menschliche Gesundheit, für Natur und Landschaft sowie für das kulturelle Erbe, zum Beispiel durch schwere Unfälle oder Katastrophen,

ff) das Zusammenwirken mit den Auswirkungen anderer bestehender oder zugelassener Vorhaben oder Tätigkeiten; dabei ist auch auf Umweltprobleme einzugehen, die sich daraus ergeben, dass ökologisch empfindliche Gebiete nach Anlage 3 Nummer 2.3 betroffen sind oder die sich aus einer Nutzung natürlicher Ressourcen ergeben,

gg) Auswirkungen des Vorhabens auf das Klima, zum Beispiel durch Art und Ausmaß der mit dem Vorhaben verbundenen Treibhausgasemissionen,

hh) die Anfälligkeit des Vorhabens gegenüber den Folgen des Klimawandels (zum Beispiel durch erhöhte Hochwassergefahr am Standort),

ii) die Anfälligkeit des Vorhabens für die Risiken von schweren Unfällen oder Katastrophen, soweit solche Risiken nach der Art, den Merkmalen und dem Standort des Vorhabens von Bedeutung sind.

5. Die Beschreibung der grenzüberschreitenden Auswirkungen des Vorhabens soll in einem gesonderten Abschnitt erfolgen.

6. Eine Beschreibung und Erläuterung der Merkmale des Vorhabens und seines Standorts, mit denen das Auftreten erheblicher nachteiliger Umweltauswirkungen ausgeschlossen, vermindert, ausgeglichen werden soll.

7. Eine Beschreibung und Erläuterung der geplanten Maßnahmen, mit denen das Auftreten erheblicher nachteiliger Umweltauswirkungen ausgeschlossen, vermindert oder ausgeglichen werden soll, sowie geplanter Ersatzmaßnahmen und etwaiger Überwachungsmaßnahmen des Vorhabenträgers.

8. Soweit Auswirkungen aufgrund der Anfälligkeit des Vorhabens für die Risiken von schweren Unfällen oder Katastrophen zu erwarten sind, soll die Beschreibung, soweit möglich, auch auf vorgesehene Vorsorge- und Notfallmaßnahmen eingehen.

9. Die Beschreibung der Auswirkungen auf Natura 2000-Gebiete soll in einem gesonderten Abschnitt erfolgen.

10. Die Beschreibung der Auswirkungen auf besonders geschützte Arten soll in einem gesonderten Abschnitt erfolgen.

11. Eine Beschreibung der Methoden oder Nachweise, die zur Ermittlung der erheblichen Umweltauswirkungen genutzt wurden, einschließlich näherer Hinweise auf Schwierigkeiten und Unsicherheiten, die bei der Zusammenstellung der Angaben aufgetreten sind, zum Beispiel technische Lücken oder fehlende Kenntnisse.

12. Eine Referenzliste der Quellen, die für die im UVP-Bericht enthaltenen Angaben herangezogen wurden.

Anlage 5[1)]

Liste „SUP-pflichtiger Pläne und Programme"

Nachstehende Pläne und Programme fallen nach § 2 Absatz 7 in den Anwendungsbereich dieses Gesetzes.

Legende:

Nummer = Nummer des Plans oder Programms

Plan oder Programm = Art des Plans oder Programms

Nummer	Plan oder Programm
1.	**Obligatorische Strategische Umweltprüfung nach § 35 Absatz 1 Nummer 1**
1.1	Verkehrswegeplanungen auf Bundesebene einschließlich Bedarfspläne nach einem Verkehrswegeausbaugesetz des Bundes
1.2	Ausbaupläne nach § 12 Absatz 1 des Luftverkehrsgesetzes[2)], wenn diese bei ihrer Aufstellung oder Änderung über den Umfang der Entscheidungen nach § 8 Absatz 1 und 2 des Luftverkehrsgesetzes[2)] wesentlich hinausreichen
1.3	Risikomanagementpläne nach § 75 des Wasserhaushaltsgesetzes[3)] und die Aktualisierung der vergleichbaren Pläne nach § 75 Absatz 6 des Wasserhaushaltsgesetzes[3)].
1.4	Maßnahmenprogramme nach § 82 des Wasserhaushaltsgesetzes[3)]
1.5	Raumordnungsplanungen nach § 13 des Raumordnungsgesetzes[4)]
1.6	Raumordnungsplanungen des Bundes nach § 17 Absatz 1 und 2 des Raumordnungsgesetzes[4)]
1.7	*(aufgehoben)*
1.8	Bauleitplanungen nach den §§ 6 und 10 des Baugesetzbuchs[5)]
1.9	Maßnahmenprogramme nach § 45h des Wasserhaushaltsgesetzes[3)]
1.10	Bundesbedarfspläne nach § 12e des Energiewirtschaftsgesetzes[6)]
1.11	Bundesfachplanungen nach den §§ 4 und 5 des Netzausbaubeschleunigungsgesetzes Übertragungsnetz[7)]
1.12	Nationale Aktionsprogramme nach Artikel 5 Absatz 1 der Richtlinie 91/676/EWG des Rates vom 12. Dezember 1991 zum Schutz der Gewässer vor Verunreinigung durch Nitrat aus landwirtschaftlichen Quellen (ABl. L 375 vom 31.12.1991, S. 1), die zuletzt

[1)] Frühere Anl. 3 geänd. mWv 4.8.2011 durch G v. 26.7.2011 (BGBl. I S. 1554); mWv 5.8.2011 durch G v. 28.7.2011 (BGBl. I S. 1690); mWv 14.10.2011 durch G v. 6.10.2011 (BGBl. I S. 1986); mWv 1.6.2012 durch G v. 24.2.2012 (BGBl. I S. 212); mWv 28.12.2012 durch G v. 20.12.2012 (BGBl. I S. 2730); mWv 29.1.2013 und mWv 1.8.2013 durch G v. 21.1.2013 (BGBl. I S. 95); mWv 1.1.2014 durch G v. 23.7.2013 (BGBl. I S. 2553); mWv 26.11.2015 durch G v. 20.11.2015 (BGBl. I S. 2053); mWv 1.1.2017 durch G v. 13.10.2016 (BGBl. I S. 2258); mWv 16.5.2017 durch G v. 5.5. 2017 (BGBl. I S. 1074); mWv 29.11.2017 durch G v. 23.5.2017 (BGBl. I S. 1245); mWv 31.12.2018 durch G v. 27.6.2017 (BGBl. I S. 1966); bish. Anl. 3 wird Anl. 5 und geänd. mWv 29.7.2017 durch G v. 20.7.2017 (BGBl. I S. 2808); geänd. mWv 16.9.2017 durch G v. 8.9.2017 (BGBl. I S. 3370); geänd. mWv 18.12.2019 durch G v. 12.12.2019 (BGBl. I S. 2513).

[2)] **Sartorius ErgBd. Nr. 975.**

[3)] Nr. 845.

[4)] Nr. 340.

[5)] Nr. 300.

[6)] Nr. 830.

[7)] **Sartorius III Nr. 511.**

Num-mer	Plan oder Programm
	durch die Verordnung (EG) Nr. 1137/2008 (ABl. L 311 vom 21.11.2008, S. 1) geändert worden ist
1.13	Das Nationale Entsorgungsprogramm nach § 2c des Atomgesetzes
1.14	Bundesfachpläne Offshore nach § 17a des Energiewirtschaftsgesetzes[1]
1.15	Festlegung der Standortregionen für die übertägige Erkundung nach § 15 Absatz 3 des Standortauswahlgesetzes[2]
1.16	Festlegung der Standorte für die untertägige Erkundung nach § 17 Absatz 2 des Standortauswahlgesetzes[2]
1.17	Flächenentwicklungspläne nach § 5 des Windenergie-auf-See-Gesetzes
1.18	Feststellungen der Eignung einer Fläche und der installierbaren Leistung auf der Fläche nach § 12 Absatz 5 des Windenergie-auf-See-Gesetzes
2.	**Strategische Umweltprüfung bei Rahmensetzung nach § 35 Absatz 1 Nummer 2**
2.1	Lärmaktionspläne nach § 47d des Bundes-Immissionsschutzgesetzes[3]
2.2	Luftreinhaltepläne nach § 47 Absatz 1 des Bundes-Immissionsschutzgesetzes[3]
2.3	Abfallwirtschaftskonzepte nach § 21 des Kreislaufwirtschaftsgesetzes[4]
2.4	Fortschreibung der Abfallwirtschaftskonzepte nach § 16 Absatz 3 Satz 4, 2. Alternative des Kreislaufwirtschafts- und Abfallgesetzes[5] vom 27. September 1994 (BGBl. I S. 2705), das zuletzt durch Artikel 5 des Gesetzes vom 6. Oktober 2011 (BGBl. I S. 1986) geändert worden ist,
2.5	Abfallwirtschaftspläne nach § 30 des Kreislaufwirtschaftsgesetzes[4], einschließlich von besonderen Kapiteln oder gesonderten Teilplänen über die Entsorgung von gefährlichen Abfällen, Altbatterien und Akkumulatoren oder Verpackungen und Verpackungsabfällen
2.6	Abfallvermeidungsprogramme nach § 33 des Kreislaufwirtschaftsgesetzes[4]
2.7	Operationelle Programme aus dem Europäischen Fonds für Regionale Entwicklung, dem Europäischen Sozialfonds, dem Kohäsionsfonds und dem Europäischen Meeres- und Fischereifonds sowie Entwicklungsprogramme für den ländlichen Raum aus dem Europäischen Landwirtschaftsfonds für die Entwicklung des ländlichen Raumes
2.8	Besondere Notfallpläne des Bundes oder der Länder nach § 99 Absatz 2 Nummer 9 oder § 100, jeweils auch in Verbindung mit § 103 Absatz 1 des Strahlenschutzgesetzes, für die Entsorgung von Abfällen bei möglichen Notfällen
2.9	Pläne des Bundes oder der Länder nach § 118 Absatz 2 oder 5, jeweils auch in Verbindung mit § 103 Absatz 1 des Strahlenschutzgesetzes, für die Entsorgung von Abfällen
2.10	Bestimmung von Maßnahmen durch Rechtsverordnung nach § 123 Satz 2 des Strahlenschutzgesetzes
2.11	Radonmaßnahmenplan nach § 122 Absatz 1 des Strahlenschutzgesetzes
2.12	Aktionspläne nach § 40d des Bundesnaturschutzgesetzes[6]
2.13	Klimaschutzprogramme nach § 9 des Bundes-Klimaschutzgesetzes

[1] Nr. 830.
[2] **Sartorius III Nr. 480.**
[3] Nr. 295.
[4] Nr. 293.
[5] **Gewerberecht Nr. 850.**
[6] Nr. 880.

Anlage 6[1)]

Kriterien für die Vorprüfung des Einzelfalls im Rahmen einer Strategischen Umweltprüfung

Nachstehende Kriterien sind anzuwenden, soweit auf Anlage 6 Bezug genommen wird.

1. **Merkmale des Plans oder Programms, insbesondere in Bezug auf**

1.1 das Ausmaß, in dem der Plan oder das Programm einen Rahmen setzen;

1.2 das Ausmaß, in dem der Plan oder das Programm andere Pläne und Programme beeinflusst;

1.3 die Bedeutung des Plans oder Programms für die Einbeziehung umweltbezogener, einschließlich gesundheitsbezogener Erwägungen, insbesondere im Hinblick auf die Förderung der nachhaltigen Entwicklung;

1.4 die für den Plan oder das Programm relevanten umweltbezogenen, einschließlich gesundheitsbezogener Probleme;

1.5 die Bedeutung des Plans oder Programms für die Durchführung nationaler und europäischer Umweltvorschriften.

2. **Merkmale der möglichen Auswirkungen und der voraussichtlich betroffenen Gebiete, insbesondere in Bezug auf**

2.1 die Wahrscheinlichkeit, Dauer, Häufigkeit und Umkehrbarkeit der Auswirkungen;

2.2 den kumulativen und grenzüberschreitenden Charakter der Auswirkungen;

2.3 die Risiken für die Umwelt, einschließlich der menschlichen Gesundheit (zum Beispiel bei Unfällen);

2.4 den Umfang und die räumliche Ausdehnung der Auswirkungen;

2.5 die Bedeutung und die Sensibilität des voraussichtlich betroffenen Gebiets aufgrund der besonderen natürlichen Merkmale, des kulturellen Erbes, der Intensität der Bodennutzung des Gebiets jeweils unter Berücksichtigung der Überschreitung von Umweltqualitätsnormen und Grenzwerten;

2.6 Gebiete nach Nummer 2.3 der Anlage 3.

[1)] Bish. Anl. 4 wird Anl. 6 und geänd. mWv 29.7.2017 durch G v. 20.7.2017 (BGBl. I S. 2808, ber. 2018 S. 472).

nehmen. [3] Die Prüfstelle hat die bei ihren Prüfungen erstellten Prüfprotokolle für einen Zeitraum von zehn Jahren aufzubewahren. [4] Der Betreiber hat der zuständigen Behörde auf Verlangen betriebliche Unterlagen zur Rohrfernleitungsanlage vorzulegen.

§ 6[1) Prüfstellen für Rohrfernleitungsanlagen. (1) [1] Prüfstelle ist

1. jede Sachverständigenorganisation,
2. jede nach anderen Rechtsvorschriften zugelassene Überwachungsstelle,

die von der zuständigen Behörde auf Antrag als Prüfstelle für Rohrfernleitungsanlagen anerkannt worden ist. [2] Die Anerkennung gilt im gesamten Bundesgebiet. [3] Sie kann mit einem Vorbehalt des Widerrufes, einer Befristung, mit Bedingungen, Auflagen und dem Vorbehalt von Auflagen versehen werden. [4] Sie kann insbesondere widerrufen werden, wenn die Prüfstelle die Anforderungen nach Absatz 2 Satz 1 nicht mehr erfüllt oder wiederholt Mängel bei der Prüftätigkeit festgestellt wurden. [5] Gleichwertige Anerkennungen anderer Mitgliedstaaten der Europäischen Union oder anderer Vertragsstaaten des Abkommens über den Europäischen Wirtschaftsraum stehen Anerkennungen nach Satz 1 gleich. [6] Nachweise über die gleichwertige Anerkennung nach Satz 5 sind der zuständigen Behörde vor Aufnahme der Prüftätigkeiten im Original oder in Kopie vorzulegen; eine Beglaubigung der Kopie kann verlangt werden. [7] Die zuständige Behörde kann darüber hinaus verlangen, dass Nachweise über gleichwertige Anerkennungen nach Satz 5 in beglaubigter deutscher Übersetzung vorgelegt werden. [8] Die zuständige Behörde benennt dem Bundesministerium für Umwelt, Naturschutz und nukleare Sicherheit die nach Satz 1 oder Satz 5 anerkannten Prüfstellen. [9] Das Bundesministerium für Umwelt, Naturschutz und nukleare Sicherheit macht die Prüfstellen im Bundesanzeiger bekannt.

(2) [1] Die Prüfstelle ist anzuerkennen, wenn sichergestellt ist, dass die folgenden Anforderungen erfüllt werden:

1. Unabhängigkeit der Prüfstelle und ihres mit der Leitung oder Durchführung der Prüfungen beauftragten Personals von den Stellen oder Personen, die an der Planung oder Herstellung, dem Vertrieb, dem Betrieb oder der Instandhaltung der Rohrfernleitungsanlagen beteiligt oder in anderer Weise von den Ergebnissen der Prüfung abhängig sind;
2. Verfügbarkeit der für die angemessene unabhängige Erfüllung der Aufgaben erforderlichen Organisationsstrukturen, des erforderlichen Personals und der notwendigen Mittel und Ausrüstungen zur Prüfung von Rohrfernleitungsanlagen im Sinne von § 2;
3. Nachweis ausreichender Fachkunde, Erfahrung und Zuverlässigkeit des von der Prüfstelle beauftragten Personals sowie der Möglichkeit, das Personal fachlich weiterzubilden;

[1] § 6 neu gef. mWv 11.10.2008 durch VO v. 6.10.2008 (BGBl. I S. 1918); Abs. 1–3 neu gef., Abs. 6 geänd. mWv 16.11.2010 durch VO v. 9.11.2010 (BGBl. I S. 1504); Abs. 4 aufgeh. mWv 1.12.2011 durch G v. 8.11.2011 (BGBl. I S. 2178); Abs. 6 geänd. mWv 1.1.2013 durch VO v. 14.8.2013 (BGBl. I S. 3231); Abs. 2 Satz 4 aufgeh. mWv 6.9.2014 durch VO v. 2.9.2014 (BGBl. I S. 1474); Abs. 1 Sätze 8 und 9 geänd. mWv 8.9.2015 durch VO v. 31.8.2015 (BGBl. I S. 1474); Abs. 1 Sätze 8 und 9 geänd. mWv 27.6.2020 durch VO v. 19.6.2020 (BGBl. I S. 1328).

4. Sammlung und Auswertung der bei den Prüfungen gewonnenen Erkenntnisse sowie die regelmäßige Weitergabe dieser Erkenntnisse sowohl intern als auch an andere Prüfstellen;

5. Vorhandensein einer angemessenen und wirksamen Qualitätssicherung mit regelmäßiger Auditierung.

² Bei der Prüfung des Antrags auf Anerkennung stehen Nachweise aus einem anderen Mitgliedstaat der Europäischen Union oder einem anderen Vertragsstaat des Abkommens über den Europäischen Wirtschaftsraum inländischen Nachweisen gleich, wenn sie mit diesen gleichwertig sind oder aus ihnen hervorgeht, dass die Prüfstelle die betreffenden Anforderungen des Satzes 1 erfüllt; dabei sind auch Nachweise anzuerkennen, aus denen hervorgeht, dass die Prüfstelle im Ausstellungsstaat bereits gleichwertigen oder auf Grund ihrer Zielsetzung im Wesentlichen vergleichbaren Anforderungen und Kontrollen unterworfen ist. ³ Absatz 1 Satz 6 und 7 gilt entsprechend.

(3) ¹ Über einen Antrag auf Anerkennung als Prüfstelle ist innerhalb einer Frist von drei Monaten zu entscheiden; § 42a Absatz 2 Satz 2 bis 4 des Verwaltungsverfahrensgesetzes¹⁾ findet Anwendung. ² Das Anerkennungsverfahren kann über eine einheitliche Stelle abgewickelt werden.

(4) *(aufgehoben)*

(5) Die Prüfstellen sind verpflichtet, den Abschluss einer Haftpflichtversicherung mit einer Deckungssumme von mindestens zweieinhalb Millionen Euro nachzuweisen.

(6) Für Prüfungen nach § 5 können die Betreiber bis zum 31. Dezember 2015 auch die Sachverständigen heranziehen, die nach Maßgabe des § 6 in der bis zum 10. Oktober 2008 geltenden Fassung heranzuziehen waren.

§ 7²⁾ Schadensfall. (1) Im Schadensfall hat der Betreiber unverzüglich Maßnahmen zur Schadensbegrenzung und Schadensbehebung zu ergreifen.

(2) Der Betreiber einer Rohrfernleitungsanlage hat den zuständigen Behörden jeden Schadensfall unverzüglich anzuzeigen, bei dem

1. eine Person zu Tode gekommen ist oder

2. innerhalb der Anlage mindestens sechs Personen verletzt worden sind und sich mindestens 24 Stunden im Krankenhaus aufgehalten haben oder

3. außerhalb der Anlage mindestens eine Person verletzt worden ist oder

4. sicherheitsrelevante Störungen des Betriebs aufgetreten sind oder

5. Ereignisse mit Sachschäden von mehr als zwei Millionen Euro aufgetreten sind oder

6. Stoffe nach § 2 Abs. 1 ausgetreten oder andere außergewöhnliche, von der Anlage ausgehende Emissionen erfolgt sind.

(3) ¹ Die zuständige Behörde kann von dem Betreiber verlangen, dass dieser den anzuzeigenden Schadensfall auf seine Kosten durch eine Prüfstelle nach § 6 sicherheitstechnisch beurteilen lässt und ihr die Beurteilung schriftlich oder elektronisch vorlegt. ² Die sicherheitstechnische Beurteilung des Schadensfalls hat sich insbesondere auf die Feststellung zu erstrecken,

*⁾ Nr. **100**.
²⁾ § 7 Abs. 3 Satz 1 geänd. mWv 16.11.2010 durch VO v. 9.11.2010 (BGBl. I S. 1504); Abs. 3 Satz 1 geänd. mWv 5.4.2017 durch G v. 29.3.2017 (BGBl. I S. 626).

§ 10[1] **Ordnungswidrigkeiten.** (1) Ordnungswidrig im Sinne des § 69 Absatz 1 Nummer 3 Buchstabe a des Gesetzes über die Umweltverträglichkeitsprüfung[2] handelt, wer vorsätzlich oder fahrlässig

1. entgegen § 3 Abs. 2 eine Rohrfernleitungsanlage nicht nach dem Stand der Technik errichtet oder betreibt,

2. entgegen § 4 Abs. 1 Satz 1 nicht dafür sorgt, dass die Rohrfernleitungsanlage fortlaufend überwacht wird,

3. entgegen § 4 Abs. 1 Satz 2 eine Instandsetzungsmaßnahme nicht oder nicht rechtzeitig vornimmt,

4. entgegen § 4 Abs. 2 Satz 1 eine zusammenfassende Dokumentation nicht oder nicht rechtzeitig erstellt oder nicht oder nicht rechtzeitig fortschreibt,

4a. entgegen § 4a Absatz 1 Nummer 1 eine Anzeige nicht, nicht richtig, nicht vollständig oder nicht rechtzeitig erstattet,

4b. entgegen § 4a Absatz 3 Satz 1 mit der Errichtung oder wesentlichen Änderung einer Rohrfernleitungsanlage beginnt,

5. entgegen § 5 Abs. 1 Satz 1 nicht dafür sorgt, dass eine Prüfung durchgeführt wird,

6. einer vollziehbaren Anordnung nach § 5 Abs. 2 zuwiderhandelt oder

7. entgegen § 7 Abs. 1 eine dort genannte Maßnahme nicht oder nicht rechtzeitig ergreift.

(2) Ordnungswidrig im Sinne des § 69 Absatz 1 Nummer 3 Buchstabe b des Gesetzes über die Umweltverträglichkeitsprüfung handelt, wer vorsätzlich oder fahrlässig

1. entgegen § 7 Abs. 2 eine Anzeige nicht, nicht richtig, nicht vollständig oder nicht rechtzeitig erstattet oder

2. entgegen § 8 Abs. 3 eine Information nicht, nicht richtig oder nicht vollständig gibt.

§ 11[3] **Übergangsvorschriften.** ¹Für Rohrfernleitungsanlagen, die vor dem 3. Oktober 2002 ordnungsgemäß errichtet und betrieben worden sind oder mit deren ordnungsgemäßer Errichtung vor diesem Zeitpunkt begonnen worden ist, bleiben die Beschaffenheitsanforderungen nach den vor dem 3. Oktober 2002 geltenden Vorschriften maßgebend. ²Die zuständige Behörde kann anordnen, dass diese Rohrfernleitungsanlagen den Anforderungen an die Beschaffenheit nach dieser Verordnung angepasst werden, wenn

1. die Anlagen oder ihr Betrieb geändert werden, mit Ausnahme unwesentlicher Änderungen, oder

2. dies notwendig ist, um Gefahren im Sinne des § 3 Abs. 1 abzuwehren.

³Der Betrieb dieser Rohrfernleitungsanlagen ist an die Anforderungen dieser Verordnung bis zum 31. Dezember 2010 anzupassen.

[1] § 10 Abs. 1 Nr. 4a und 4b eingef. mWv 1.3.2010 durch G v. 31.7.2009 (BGBl. I S. 2585); Abs. 1 Nr. 4b geänd. mWv 1.1.2013 durch VO v. 14.8.2013 (BGBl. I S. 3231); Abs. 1 und 2 jeweils einl. Satzteil geänd. mWv 29.7.2017 durch G v. 20.7.2017 (BGBl. I S. 2808).
[2] Nr. 295.
[3] § 11 Sätze 1 und 2 geänd., Satz 3 angef. mWv 11.10.2008 durch VO v. 6.10.2008 (BGBl. I S. 1918).

296. Gesetz zum Schutz vor schädlichen Umwelteinwirkungen durch Luftverunreinigungen, Geräusche, Erschütterungen und ähnliche Vorgänge (Bundes-Immissionsschutzgesetz – BImSchG)[1]

In der Fassung der Bekanntmachung vom 17. Mai 2013[2]

(BGBl. I S. 1274, ber. 2021 S. 123)

FNA 2129-8

geänd. durch Art. 1 Elftes ÄndG v. 2.7.2013 (BGBl. I S. 1943), Art. 1 Zwölftes ÄndG v. 20.11.2014 (BGBl. I S. 1740), Art. 76 Zehnte ZuständigkeitsanpassungsVO v. 31.8.2015 (BGBl. I S. 1474), Art. 3 G zur Änd. des UmweltstatistikG, des HochbaustatistikG sowie bestimmter immissionsschutz- und wasserrechtlicher Vorschriften v. 26.7.2016 (BGBl. I S. 1839), Art. 1 G zur Umsetzung der RL 2012/18/EU zur Beherrschung der Gefahren schwerer Unfälle mit gefährlichen Stoffen, zur Änd. und anschließenden Aufh. der RL 96/82/EG des Rates v. 30.11.2016 (BGBl. I S. 2749), Art. 55 G zum Abbau verzichtbarer

[1] **Amtl. Anm.**: Dieses Gesetz dient der Umsetzung folgender Richtlinien:
– Richtlinie 96/82/EG des Rates vom 9. Dezember 1996 zur Beherrschung der Gefahren bei schweren Unfällen mit gefährlichen Stoffen (ABl. L 345 vom 31.12.2003, S. 97), die zuletzt durch die Richtlinie 2012/18/EU (ABl. L 197 vom 24.7.2012, S. 1) geändert worden ist;
– Richtlinie 97/68/EG des Europäischen Parlaments und des Rates vom 16. Dezember 1997 zur Angleichung der Rechtsvorschriften der Mitgliedstaaten über Maßnahmen zur Bekämpfung der Emission von gasförmigen Schadstoffen und luftverunreinigenden Partikeln aus Verbrennungsmotoren für mobile Maschinen und Geräte (ABl. L 59 vom 27.2.1998, S. 1), die zuletzt durch die Richtlinie 2012/46/EU (ABl. L 353 vom 21.12.2012, S. 80) geändert worden ist;
– Richtlinie 98/70/EG des Europäischen Parlaments und des Rates vom 13. Oktober 1998 über die Qualität von Otto- und Dieselkraftstoffen und zur Änderung der Richtlinie 93/12/EWG des Rates (ABl. L 350 vom 28.12.1998, S. 58), die zuletzt durch die Richtlinie 2009/30/EG (ABl. L 140 vom 5.6.2009, S. 88) geändert worden ist;
– Richtlinie 1999/32/EG des Rates vom 26. April 1999 über eine Verringerung des Schwefelgehalts bestimmter flüssiger Kraft- oder Brennstoffe und zur Änderung der Richtlinie 93/12/EWG (ABl. L 121 vom 11.5.1999, S. 13), die zuletzt durch die Richtlinie 2009/30/EG (ABl. L 140 vom 5.6.2009, S. 88) geändert worden ist;
– Richtlinie 2000/25/EG des Europäischen Parlaments und des Rates vom 22. Mai 2000 über Maßnahmen zur Bekämpfung der Emission gasförmiger Schadstoffe und luftverunreinigender Partikel aus Motoren, die für den Antrieb von land- und forstwirtschaftlichen Zugmaschinen bestimmt sind, und zur Änderung der Richtlinie 74/150/EWG des Rates (ABl. L 173 vom 12.7.2000, S. 1), die zuletzt durch die Richtlinie 2011/87/EU (ABl. L 301 vom 18.11.2011, S. 1) geändert worden ist;
– Richtlinie 2002/49/EG des Europäischen Parlaments und des Rates vom 25. Juni 2002 über die Bewertung und Bekämpfung von Umgebungslärm (ABl. L 189 vom 18.7.2002, S. 12);
– Richtlinie 2003/35/EG des Europäischen Parlaments und des Rates vom 26. Mai 2003 über die Beteiligung der Öffentlichkeit bei der Ausarbeitung bestimmter umweltbezogener Pläne und Programme und zur Änderung der Richtlinien 85/337/EWG und 96/61/EG des Rates in Bezug auf die Öffentlichkeitsbeteiligung und den Zugang zu Gerichten (ABl. L 156 vom 25.6.2003, S. 17), die zuletzt durch die Richtlinie 2011/92/EU (ABl. L 26 vom 28.1.2012, S. 1) geändert worden ist;
– Richtlinie 2008/50/EG des Europäischen Parlaments und des Rates vom 21. Mai 2008 über Luftqualität und saubere Luft für Europa (ABl. L 152 vom 11.6.2008, S. 1);
– Richtlinie 2008/98/EG des Europäischen Parlaments und des Rates vom 19. November 2008 über Abfälle und zur Aufhebung bestimmter Richtlinien (ABl. L 312 vom 22.11.2008, S. 3, L 127 vom 26.5.2009, S. 24);
– Richtlinie 2009/28/EG des Europäischen Parlaments und des Rates vom 23. April 2009 zur Förderung der Nutzung von Energie aus erneuerbaren Quellen und zur Änderung und anschließenden Aufhebung der Richtlinien 2001/77/EG und 2003/30/EG (ABl. L 140 vom 5.6.2009, S. 16);
– Richtlinie 2010/75/EU des Europäischen Parlaments und des Rates vom 24. November 2010 über Industrieemissionen (integrierte Vermeidung und Verminderung der Umweltverschmutzung) (Neufassung) (ABl. L 334 vom 17.12.2010, S. 17).
[2] Neubekanntmachung des BImSchG idF der Bek. v. 26.9.2002 (BGBl. I S. 3830) in der ab 2.5.2013 geltenden Fassung.

Anordnungen der Schriftform im Verwaltungsrecht des Bundes v. 29.3.2017 (BGBl. I S. 626), Art. 3 G zur Anpassung des Umwelt-RechtsbehelfsG und anderer Vorschriften an europa- und völkerrechtliche Vorgaben v. 29.5.2017 (BGBl. I S. 1298), Art. 3 G zur Einführung einer wasserrechtlichen Genehmigung für Behandlungsanlagen für Deponiesickerwasser, zur Änd. der Vorschriften zur Eignungsfeststellung für Anlagen zum Lagern, Abfüllen oder Umschlagen wassergefährdender Stoffe und zur Änd. des Bundes-ImmissionsschutzG v. 18.7.2017 (BGBl. I S. 2771), Art. 1 13. ÄndG v. 8.4.2019 (BGBl. I S. 432), Art. 103 Elfte ZuständigkeitsanpassungsVO v. 19.6.2020 (BGBl. I S. 1328), Art. 3 Investitionen-BeschleunigungsG v. 3.12.2020 (BGBl. I S. 2694) und Art. 2 Abs. 1 Erstes G zur Änd. des G zur Ausführung des Protokolls über Schadstofffreisetzungs- und -verbringungsregister vom 21. Mai 2003 sowie zur Durchführung der VO (EG) Nr. 166/2006 v. 9.12.2020 (BGBl. I S. 2873)

Zum BImSchG wurden ua folgende Durchführungsvorschriften erlassen:
– VO über kleine und mittlere Feuerungsanlagen – 1. BImSchV v. 26.1.2010 (BGBl. I S. 38), zuletzt geänd. durch VO v. 19.6.2020 (BGBl. I S. 1328)
– VO zur zur Emissionsbegrenzung von leichtflüchtigen halogenierten organischen Verbindungen – 2. BImSchV v. 10.12.1990 (BGBl. I S. 2694), zuletzt geänd. durch VO v. 19.6.2020 (BGBl. I S. 1328)
– VO über genehmigungsbedürftige Anlagen – 4. BImSchV idF der Bek. v. 31.5.2017 (BGBl. I S. 1440), zuletzt geänd. durch VO v. 12.1.2021 (BGBl. I S. 69)
– VO über Immissionsschutz- und Störfallbeauftragte – 5. BImSchV v. 30.7.1993 (BGBl. I S. 1433), zuletzt geänd. durch VO v. 28.4.2015 (BGBl. I S. 670)
– VO zur Auswurfbegrenzung von Holzstaub – 7. BImSchV v. 18.12.1975 (BGBl. I S. 3133)
– VO über das Genehmigungsverfahren – 9. BImSchV idF der Bek. v. 29.5.1992 (BGBl. I S. 1001), zuletzt geänd. durch VO v. 11.11.2020 (BGBl. I S. 2428)
– VO über die Beschaffenheit und die Auszeichnung der Qualitäten von Kraft- und Brennstoffen – 10. BImSchV v. 8.12.2010 (BGBl. I S. 1849), zuletzt geänd. durch VO v. 13.12.2019 (BGBl. I S. 2739)
– VO über Emissionserklärungen – 11. BImSchV idF der Bek. v. 5.3.2007 (BGBl. I S. 289), zuletzt geänd. durch VO v. 9.1.2017 (BGBl. I S. 42)
– Störfall-VO – 12. BImSchV idF der Bek. v. 15.3.2017 (BGBl. I S. 483, ber. S. 3527), zuletzt geänd. durch VO v. 19.6.2020 (BGBl. I S. 1328)
– VO über Großfeuerungs-, Gasturbinen- und Verbrennungsmotoranlagen – 13. BImSchV v. 2.5.2013 (BGBl. I S. 1021, 1023, ber. S. 3754), zuletzt geänd. durch VO v. 19.6.2020 (BGBl. I S. 1328)
– VO über Anlagen der Landesverteidigung – 14. BImSchV v. 9.4.1986 (BGBl. I S. 380)
– VerkehrslärmschutzVO – 16. BImSchV v. 12.6.1990 (BGBl. I S. 1036), zuletzt geänd. durch VO v. 4.11. 2020 (BGBl. I S. 2334)
– VO über die Verbrennung und die Mitverbrennung von Abfällen – 17. BImSchV v. 2.5.2013 (BGBl. I S. 1021, 1044, ber. S. 3754)
– SportanlagenlärmschutzVO – 18. BImSchV v. 18.7.1991 (BGBl. I S. 1588, ber. S. 1790), zuletzt geänd. durch VO v. 1.6.2017 (BGBl. I S. 1468)
– VO zur Begrenzung der Emissionen flüchtiger organischer Verbindungen beim Umfüllen und Lagern von Ottokraftstoffen – 20. BImSchV idF der Bek. v. 18.8.2014 (BGBl. I S. 1447), zuletzt geänd. durch VO v. 24.3.2017 (BGBl. I S. 656)
– VO zur Begrenzung der Kohlenwasserstoffemissionen bei der Betankung von Kraftfahrzeugen – 21. BImSchV idF der Bek. v. 18.8.2014 (BGBl. I S. 1453), zuletzt geänd. durch VO v. 24.3.2017 (BGBl. I S. 656)
– Verkehrswege-SchallschutzmaßnahmenVO – 24. BImSchV v. 4.2.1997 (BGBl. I S. 172, ber. S. 1253), geänd. durch VO v. 23.9.1997 (BGBl. I S. 2329)
– VO zur Begrenzung von Emissionen aus der Titandioxid-Industrie – 25. BImSchV idF der Bek. v. 30.7. 2014 (BGBl. I S. 1316), zuletzt geänd. durch VO v. 24.3.2017 (BGBl. I S. 656)
– VO über elektromagnetische Felder – 26. BImSchV idF der Bek. v. 14.8.2013 (BGBl. I S. 3266)
– VO über Anlagen zur Feuerbestattung – 27. BImSchV v. 19.3.1997 (BGBl. I S. 545), zuletzt geänd. durch VO v. 2.5.2013 (BGBl. I S. 973)
– VO über Emissionsgrenzwerte für Verbrennungsmotoren – 28. BImSchV v. 20.4.2004 (BGBl. I S. 614, ber. S. 1423), zuletzt geänd. durch VO v. 31.8.2015 (BGBl. I S. 1474)
– GebührenO für Maßnahmen bei Typprüfungen von Verbrennungsmotoren – 29. BImSchV v. 22.5.2000 (BGBl. I S. 735), zuletzt geänd. durch VO v. 14.8.2012 (BGBl. I S. 1712)
– VO über Anlagen zur biologischen Behandlung von Abfällen – 30. BImSchV v. 20.2.2001 (BGBl. I S. 305, 317), zuletzt geänd. durch VO v. 13.12.2019 (BGBl. I S. 2739)
– VO zur Begrenzung der Emissionen flüchtiger organischer Verbindungen bei der Verwendung organischer Lösemittel in bestimmten Anlagen – 31. BImSchV v. 21.8.2001 (BGBl. I S. 2180), zuletzt geänd. durch VO v. 19.6.2020 (BGBl. I S. 1328)
– Geräte- und MaschinenlärmschutzVO – 32. BImSchV v. 29.8.2002 (BGBl. I S. 3478), zuletzt geänd. durch VO v. 19.6.2020 (BGBl. I S. 1328)
– VO über die Lärmkartierung – 34. BImSchV v. 6.3.2006 (BGBl. I S. 516), zuletzt geänd. durch VO v. 19.6.2020 (BGBl. I S. 1328)

– VO zur Kennzeichnung der Kraftfahrzeuge mit geringem Beitrag zur Schadstoffbelastung – 35. BImSchV v. 10.10.2006 (BGBl. I S. 2218), zuletzt geänd. durch VO v. 31.8.2015 (BGBl. I S. 1474)
– VO zur Durchführung der Regelungen der Biokraftstoffquote – 36. BImSchV v. 29.1.2007 (BGBl. I S. 60), zuletzt geänd. durch VO v. 4.4.2016 (BGBl. I S. 590)
– VO zur Anrechnung von strombasierten Kraftstoffen und mitverarbeiteten biogenen Ölen auf die Treibhausgasquote – 37. BImSchV v. 15.5.2017 (BGBl. I S. 1195), geänd. durch G v. 21.12.2020 (BGBl. I S. 3138)
– VO über Luftqualitätsstandards und Emissionshöchstmengen – 39. BImSchV v. 2.8.2010 (BGBl. I S. 1065), zuletzt geänd. durch VO v. 19.6.2020 (BGBl. I S. 1328)
– BekanntgabeVO – 41. BImSchV v. 2.5.2013 (BGBl. I S. 973, 1001, ber. S. 3756), zuletzt geänd. durch VO v. 19.6.2020 (BGBl. I S. 1328)
– VO über Verdunstungskühlanlagen, Kühltürme und Nassabscheider – 42. BImSchV v. 12.7.2017 (BGBl. I S. 2379, ber. 2018 S. 202)
– VO über nationale Verpflichtungen zur Reduktion der Emissionen bestimmter Luftschadstoffe – 43. BImSchV v. 18.7.2018 (BGBl. I S. 1222)
– VO über mittelgroße Feuerungs-, Gasturbinen- und Verbrennungsmotoranlagen – 44. BImSchV v. 13.6.2019 (BGBl. I S. 804)
– AltholzVO v. 15.8.2002 (BGBl. I S. 3302), zuletzt geänd. durch VO v. 19.6.2020 (BGBl. I S. 1328)
– AltölVO idF der Bek. v. 16.4.2002 (BGBl. I S. 1368), zuletzt geänd. durch VO v. 5.10.2020 (BGBl. I S. 2091)
– Biokraftstoff-NachhaltigkeitsVO – Biokraft-NachV v. 30.9.2009 (BGBl. I S. 3182), zuletzt geänd. durch VO v. 19.6.2020 (BGBl. I S. 1328)
– DeponieVO v. 27.4.2009 (BGBl. I S. 900), zuletzt geänd. durch VO v. 30.6.2020 (BGBl. I S. 1533)
– EMAS-Privilegierungs-VO – EMASPrivilegV v. 24.6.2002 (BGBl. I S. 2247), zuletzt geänd. durch VO v. 2.12.2016 (BGBl. I S. 2770)
– VO über die Entsorgung gebrauchter halogenierter Lösemittel v. 23.10.1989 (BGBl. I S. 1918), geänd. durch VO v. 20.10.2006 (BGBl. I S. 2298)
– GefahrstoffVO – GefStoffV v. 26.11.2010 (BGBl. I S. 1643, 1644), zuletzt geänd. durch G v. 29.3.2017 (BGBl. I S. 626)
– KWK-Kosten-Nutzen-Vergleich-VO – KNV-V v. 28.4.2015 (BGBl. I S. 670), geänd. durch G v. 21.12.2015 (BGBl. I S. 2498)
– Magnetschwebebahn-Bau- und Betriebsordnung – MbBO v. 23.9.1997 (BGBl. I S. 2329)
– Technische Anleitung zur Reinhaltung der Luft – TA Luft v. 24.7.2002 (GMBl. S. 511)
– Technische Anleitung zum Schutz gegen Lärm – TA Lärm v. 26.8.1998 (GMBl. S. 503), geänd. durch VwV v. 1.6.2017 (BAnz AT 08.06.2017 B5)
– Upstream-Emissionsminderungs-VO v. 22.1.2018 (BGBl. I S. 169), geänd. durch VO v. 19.6.2020 (BGBl. I S. 1328)

Zur Ausführung und Durchführung des BImSchG haben die **Länder** ua folgende Vorschriften erlassen:
– **Baden-Württemberg:** Immissionsschutz-ZuständigkeitsVO v. 11.5.2010 (GBl. S. 406), zuletzt geänd. durch G v. 17.12.2020 (GBl. S. 1233)
– **Bayern:** Bayerisches ImmissionsschutzG v. 10.12.2019 (GVBl. S. 686), geänd. durch G v. 10.12.2019 (GVBl. S. 686)
– **Berlin:** Landes-Immissionsschutzgesetz Berlin (LImSchG Bln) v. 5.12.2005 (GVBl. S. 735, ber. S. 42), zuletzt geänd. durch G v. 3.2.2010 (GVBl. S. 38)
– **Brandenburg:** LandesimmissionsschutzG idF der Bek. v. 22.7.1999 (GVBl. I S. 386), zuletzt geänd. durch G v. 8.5.2018 (GVBl. I Nr. 8); ImmissionsschutzzuständigkeitsVO v. 31.3.2008 (GVBl. II S. 122), zuletzt geänd. durch G v. 25.1.2016 (GVBl. I Nr. 5)
– **Bremen:** Bremisches ImmissionsschutzG v. 14.5.2019 (Brem.GBl. S. 316); VO über die Zuständigkeit für die Verfolgung und Ahndung von Ordnungswidrigkeiten nach dem Bundes-ImmissionsschutzG v. 20.11.2007 (Brem.GBl. S. 493), zuletzt geänd. durch Bek. v. 20.10.2020 (Brem.GBl. S. 1172)
– **Hamburg:** Hamburgisches KlimaschutzG v. 20.2.2020 (HmbGVBl. S. 148), geänd. durch G v. 12.5.2020 (HmbGVBl. S. 280)
– **Hessen:** VO über immissionsschutzrechtliche Zuständigkeiten, zur Bestimmung der federführenden Behörde nach dem G über die Umweltverträglichkeitsprüfung und über Zuständigkeiten nach dem BenzinbleiG v. 26.11.2014 (GVBl. S. 331), geänd. durch VO v. 13.3.2019 (GVBl. S. 42)
– **Mecklenburg-Vorpommern:** Immissionsschutz-ZuständigkeitslandesVO v. 12.2.2015 (GVOBl. M-V S. 70), geänd. durch VO v. 1.6.2017 (GVOBl. M-V S. 114); Immissionsschutz-KostenVO v. 12.12.2018 (GVOBl. M-V S. 430), geänd. durch VO v. 11.12.2020 (GVOBl. M-V S. 1322)
– **Niedersachsen:** ZustVO-Umwelt-Arbeitsschutz v. 27.10.2009 (Nds. GVBl. S. 374), zuletzt geänd. durch VO v. 26.2.2019 (Nds. GVBl. S. 33)
– **Nordrhein-Westfalen:** Landes-ImmissionsschutzG v. 18.3.1975 (GV. NRW. S. 232), zuletzt geänd. durch G v. 20.9.2016 (GV. NRW. S. 790); Untersuchungsgebiets-VO v. 29.6.1993 (GV. NRW. S. 498), geänd. durch G v. 5.4.2005 (GV. NRW. S. 306)

– **Rheinland-Pfalz:** Landes-ImmissionsschutzG v. 20.12.2000 (GVBl. S. 578), zuletzt geänd. durch G v. 3.9.2018 (GVBl. S. 372); LandesVO über Zuständigkeiten auf dem Gebiet des Immissionsschutzes v. 14.6. 2002 (GVBl. S. 280), zuletzt geänd. durch VO v. 1.12.2020 (GVBl. S. 672)
– **Saarland:** VO über die Zuständigkeiten nach dem Bundes-ImmissionsschutzG und nach dem Treibhausgas-EmissionshandelsG v. 17.2.2014 (Amtsbl. I S. 64)
– **Sachsen:** Immissionsschutz-ZuständigkeitsVO idF der Bek. v. 14.12.2018 (SächsGVBl. S. 831)
– **Sachsen-Anhalt:** Immissionsschutz-ZuständigkeitsVO v. 14.6.1994 (GVBl. LSA S. 636, ber. 889), zuletzt geänd. durch VO v. 10.12.2019 (GVBl. LSA S. 988)
– **Schleswig-Holstein:** LandesVO über die zuständigen Behörden nach dem Bundes-ImmissionsschutzG v. 20.10.2008 (GVOBl. Schl.-H. S. 540), zuletzt geänd. durch VO v. 16.1.2020 (GVOBl. Schl.-H. S. 33)
– **Thüringen:** Thüringer VO zur Regelung von Zuständigkeiten und zur Übertragung von Ermächtigungen auf den Gebieten des Immissionsschutzes und des Treibhausgas-Emissionshandels v. 6.4.2008 (GVBl. S. 78), zuletzt geänd. durch VO v. 5.2.2020 (GVBl. S. 58)

Inhaltsübersicht[1]

Erster Teil. Allgemeine Vorschriften

Zweiter Teil. Errichtung und Betrieb von Anlagen
Erster Abschnitt. Genehmigungsbedürftige Anlagen

Zweiter Abschnitt. Nicht genehmigungsbedürftige Anlagen

[1] *Inhaltsübersicht* geänd. mWv 1.1.2015 durch G v. 20.11.2014 (BGBl. I S. 1740); geänd. mWv 7.12. 2016 durch G v. 30.11.2016 (BGBl. I S. 2749); geänd. mWv 10.12.2020 durch G v. 3.12.2020 (BGBl. I S. 2694); sie wurde nichtamtlich an vom Gesetzgeber nicht berücksichtigte Änderungen durch G v. 20.11. 2014 (BGBl. I S. 1740) angepasst.

Erster Teil. Allgemeine Vorschriften

§ 1 Zweck des Gesetzes. (1) Zweck dieses Gesetzes ist es, Menschen, Tiere und Pflanzen, den Boden, das Wasser, die Atmosphäre sowie Kultur- und sonstige Sachgüter vor schädlichen Umwelteinwirkungen zu schützen und dem Entstehen schädlicher Umwelteinwirkungen vorzubeugen.

(2) Soweit es sich um genehmigungsbedürftige Anlagen handelt, dient dieses Gesetz auch

– der integrierten Vermeidung und Verminderung schädlicher Umwelteinwirkungen durch Emissionen in Luft, Wasser und Boden unter Einbeziehung der Abfallwirtschaft, um ein hohes Schutzniveau für die Umwelt insgesamt zu erreichen, sowie

– dem Schutz und der Vorsorge gegen Gefahren, erhebliche Nachteile und erhebliche Belästigungen, die auf andere Weise herbeigeführt werden.

§ 2 Geltungsbereich. (1) Die Vorschriften dieses Gesetzes gelten für

1. die Errichtung und den Betrieb von Anlagen,

2. das Herstellen, Inverkehrbringen und Einführen von Anlagen, Brennstoffen und Treibstoffen, Stoffen und Erzeugnissen aus Stoffen nach Maßgabe der §§ 32 bis 37,

3. die Beschaffenheit, die Ausrüstung, den Betrieb und die Prüfung von Kraftfahrzeugen und ihren Anhängern und von Schienen-, Luft- und Wasserfahrzeugen sowie von Schwimmkörpern und schwimmenden Anlagen nach Maßgabe der §§ 38 bis 40 und

4. den Bau öffentlicher Straßen sowie von Eisenbahnen, Magnetschwebebahnen und Straßenbahnen nach Maßgabe der §§ 41 bis 43.

(2) [1] Die Vorschriften dieses Gesetzes gelten nicht für Flugplätze, soweit nicht die sich aus diesem Gesetz ergebenden Anforderungen für Betriebsbereiche oder der Sechste Teil betroffen sind, und für Anlagen, Geräte, Vorrichtungen sowie Kernbrennstoffe und sonstige radioaktive Stoffe, die den Vorschriften des Atomgesetzes[1] oder einer hiernach erlassenen Rechtsverordnung unterliegen, soweit es sich um den Schutz vor den Gefahren der Kernenergie und der schädlichen Wirkung ionisierender Strahlen handelt. [2] Sie gelten ferner nicht, soweit sich aus wasserrechtlichen Vorschriften des Bundes und der Länder zum Schutz der Gewässer oder aus Vorschriften des Düngemittel- und Pflanzenschutzrechts etwas anderes ergibt.

(3) Die Vorschriften dieses Gesetzes über Abfälle gelten nicht für
1. Luftverunreinigungen,
2. Böden am Ursprungsort (Böden in situ) einschließlich nicht ausgehobener, kontaminierter Böden und Bauwerke, die dauerhaft mit dem Boden verbunden sind,
3. nicht kontaminiertes Bodenmaterial und andere natürlich vorkommende Materialien, die bei Bauarbeiten ausgehoben wurden, sofern sichergestellt ist, dass die Materialien in ihrem natürlichen Zustand an dem Ort, an dem sie ausgehoben wurden, für Bauzwecke verwendet werden.

§ 3[2] Begriffsbestimmungen. (1) Schädliche Umwelteinwirkungen im Sinne dieses Gesetzes sind Immissionen, die nach Art, Ausmaß oder Dauer geeignet sind, Gefahren, erhebliche Nachteile oder erhebliche Belästigungen für die Allgemeinheit oder die Nachbarschaft herbeizuführen.

(2) Immissionen im Sinne dieses Gesetzes sind auf Menschen, Tiere und Pflanzen, den Boden, das Wasser, die Atmosphäre sowie Kultur- und sonstige Sachgüter einwirkende Luftverunreinigungen, Geräusche, Erschütterungen, Licht, Wärme, Strahlen und ähnliche Umwelteinwirkungen.

(3) Emissionen im Sinne dieses Gesetzes sind die von einer Anlage ausgehenden Luftverunreinigungen, Geräusche, Erschütterungen, Licht, Wärme, Strahlen und ähnliche Erscheinungen.

(4) Luftverunreinigungen im Sinne dieses Gesetzes sind Veränderungen der natürlichen Zusammensetzung der Luft, insbesondere durch Rauch, Ruß, Staub, Gase, Aerosole, Dämpfe oder Geruchsstoffe.

(5) Anlagen im Sinne dieses Gesetzes sind
1. Betriebsstätten und sonstige ortsfeste Einrichtungen,
2. Maschinen, Geräte und sonstige ortsveränderliche technische Einrichtungen sowie Fahrzeuge, soweit sie nicht der Vorschrift des § 38 unterliegen, und
3. Grundstücke, auf denen Stoffe gelagert oder abgelagert oder Arbeiten durchgeführt werden, die Emissionen verursachen können, ausgenommen öffentliche Verkehrswege.

(5a) Ein Betriebsbereich ist der gesamte unter der Aufsicht eines Betreibers stehende Bereich, in dem gefährliche Stoffe im Sinne des Artikels 3 Nummer 10 der Richtlinie 2012/18/EU des Europäischen Parlaments und des Rates vom 4. Juli 2012 zur Beherrschung der Gefahren schwerer Unfälle mit gefährlichen Stoffen, zur

[1] Nr. **835**.
[2] § 3 Abs. 6b Nr. 1 ber. gem. BGBl. 2013 I S. 3753; Abs. 5a neu gef., Abs. 5b–5d eingef. mWv 7.12.2016 durch G v. 30.11.2016 (BGBl. I S. 2749).

Änderung und anschließenden Aufhebung der Richtlinie 96/82/EG des Rates (ABl. L 197 vom 24.7.2012, S. 1) in einer oder mehreren Anlagen einschließlich gemeinsamer oder verbundener Infrastrukturen oder Tätigkeiten auch bei Lagerung im Sinne des Artikels 3 Nummer 16 der Richtlinie in den in Artikel 3 Nummer 2 oder Nummer 3 der Richtlinie bezeichneten Mengen tatsächlich vorhanden oder vorgesehen sind oder vorhanden sein werden, soweit vernünftigerweise vorhersehbar ist, dass die genannten gefährlichen Stoffe bei außer Kontrolle geratenen Prozessen anfallen; ausgenommen sind die in Artikel 2 Absatz 2 der Richtlinie 2012/18/EU angeführten Einrichtungen, Gefahren und Tätigkeiten, es sei denn, es handelt sich um eine in Artikel 2 Absatz 2 Unterabsatz 2 der Richtlinie 2012/18/EU genannte Einrichtung, Gefahr oder Tätigkeit.

(5b) [1] Eine störfallrelevante Errichtung und ein Betrieb oder eine störfallrelevante Änderung einer Anlage oder eines Betriebsbereichs ist eine Errichtung und ein Betrieb einer Anlage, die Betriebsbereich oder Bestandteil eines Betriebsbereichs ist, oder eine Änderung einer Anlage oder eines Betriebsbereichs einschließlich der Änderung eines Lagers, eines Verfahrens oder der Art oder physikalischen Form oder der Mengen der gefährlichen Stoffe im Sinne des Artikels 3 Nummer 10 der Richtlinie 2012/18/EU, aus der sich erhebliche Auswirkungen auf die Gefahren schwerer Unfälle ergeben können. [2] Eine störfallrelevante Änderung einer Anlage oder eines Betriebsbereichs liegt zudem vor, wenn eine Änderung dazu führen könnte, dass ein Betriebsbereich der unteren Klasse zu einem Betriebsbereich der oberen Klasse wird oder umgekehrt.

(5c) [1] Der angemessene Sicherheitsabstand im Sinne dieses Gesetzes ist der Abstand zwischen einem Betriebsbereich oder einer Anlage, die Betriebsbereich oder Bestandteil eines Betriebsbereichs ist, und einem benachbarten Schutzobjekt, der zur gebotenen Begrenzung der Auswirkungen auf das benachbarte Schutzobjekt, welche durch schwere Unfälle im Sinne des Artikels 3 Nummer 13 der Richtlinie 2012/18/EU hervorgerufen werden können, beiträgt. [2] Der angemessene Sicherheitsabstand ist anhand störfallspezifischer Faktoren zu ermitteln.

(5d) Benachbarte Schutzobjekte im Sinne dieses Gesetzes sind ausschließlich oder überwiegend dem Wohnen dienende Gebiete, öffentlich genutzte Gebäude und Gebiete, Freizeitgebiete, wichtige Verkehrswege und unter dem Gesichtspunkt des Naturschutzes besonders wertvolle oder besonders empfindliche Gebiete.

(6) [1] Stand der Technik im Sinne dieses Gesetzes ist der Entwicklungsstand fortschrittlicher Verfahren, Einrichtungen oder Betriebsweisen, der die praktische Eignung einer Maßnahme zur Begrenzung von Emissionen in Luft, Wasser und Boden, zur Gewährleistung der Anlagensicherheit, zur Gewährleistung einer umweltverträglichen Abfallentsorgung oder sonst zur Vermeidung oder Verminderung von Auswirkungen auf die Umwelt zur Erreichung eines allgemein hohen Schutzniveaus für die Umwelt insgesamt gesichert erscheinen lässt. [2] Bei der Bestimmung des Standes der Technik sind insbesondere die in der Anlage aufgeführten Kriterien zu berücksichtigen.

(6a) BVT-Merkblatt im Sinne dieses Gesetzes ist ein Dokument, das auf Grund des Informationsaustausches nach Artikel 13 der Richtlinie 2010/75/EU des Europäischen Parlaments und des Rates vom 24. November 2010 über Industrieemissionen (integrierte Vermeidung und Verminderung der Umweltverschmutzung) (Neufassung) (ABl. L 334 vom 17.12.2010, S. 17) für bestimmte Tätigkeiten erstellt *wird und insbesondere die angewandten Techniken*, die derzeitigen Emissions- und Verbrauchswerte, alle Zukunftstechniken sowie die Techniken beschreibt, die für die Festlegung der besten verfügbaren Techniken sowie der BVT-Schlussfolgerungen berücksichtigt wurden.

(6b) BVT-Schlussfolgerungen im Sinne dieses Gesetzes sind ein nach Artikel 13 Absatz 5 der Richtlinie 2010/75/EU von der Europäischen Kommission erlassenes Dokument, das die Teile eines BVT-Merkblatts mit den Schlussfolgerungen in Bezug auf Folgendes enthält:

1. die besten verfügbaren Techniken, ihre Beschreibung und Informationen zur Bewertung ihrer Anwendbarkeit,
2. die mit den besten verfügbaren Techniken assoziierten Emissionswerte,
3. die zu den Nummern 1 und 2 gehörigen Überwachungsmaßnahmen,
4. die zu den Nummern 1 und 2 gehörigen Verbrauchswerte sowie
5. die gegebenenfalls einschlägigen Standortsanierungsmaßnahmen.

(6c) Emissionsbandbreiten im Sinne dieses Gesetzes sind die mit den besten verfügbaren Techniken assoziierten Emissionswerte.

(6d) Die mit den besten verfügbaren Techniken assoziierten Emissionswerte im Sinne dieses Gesetzes sind der Bereich von Emissionswerten, die unter normalen Betriebsbedingungen unter Verwendung einer besten verfügbaren Technik oder einer Kombination von besten verfügbaren Techniken entsprechend der Beschreibung in den BVT-Schlussfolgerungen erzielt werden, ausgedrückt als Mittelwert für einen vorgegebenen Zeitraum unter spezifischen Referenzbedingungen.

(6e) Zukunftstechniken im Sinne dieses Gesetzes sind neue Techniken für Anlagen nach der Industrieemissions-Richtlinie, die bei gewerblicher Nutzung entweder ein höheres allgemeines Umweltschutzniveau oder zumindest das gleiche Umweltschutzniveau und größere Kostenersparnisse bieten könnten als der bestehende Stand der Technik.

(7) Dem Herstellen im Sinne dieses Gesetzes steht das Verarbeiten, Bearbeiten oder sonstige Behandeln, dem Einführen im Sinne dieses Gesetzes das sonstige Verbringen in den Geltungsbereich dieses Gesetzes gleich.

(8) Anlagen nach der Industrieemissions-Richtlinie im Sinne dieses Gesetzes sind die in der Rechtsverordnung nach § 4 Absatz 1 Satz 4 gekennzeichneten Anlagen.

(9) Gefährliche Stoffe im Sinne dieses Gesetzes sind Stoffe oder Gemische gemäß Artikel 3 der Verordnung (EG) Nr. 1272/2008 des Europäischen Parlaments und des Rates vom 16. Dezember 2008 über die Einstufung, Kennzeichnung und Verpackung von Stoffen und Gemischen, zur Änderung und Aufhebung der Richtlinien 67/548/EWG und 1999/45/EG und zur Änderung der Verordnung (EG) Nr. 1907/2006 (ABl. L 353 vom 31.12.2008, S. 1), die zuletzt durch die Verordnung (EG) Nr. 286/2011 (ABl. L 83 vom 30.3.2011, S. 1) geändert worden ist.

(10) Relevante gefährliche Stoffe im Sinne dieses Gesetzes sind gefährliche Stoffe, die in erheblichem Umfang in der Anlage verwendet, erzeugt oder freigesetzt werden und die ihrer Art nach eine Verschmutzung des Bodens oder des Grundwassers auf dem Anlagengrundstück verursachen können.

Zweiter Teil. Errichtung und Betrieb von Anlagen

Erster Abschnitt. Genehmigungsbedürftige Anlagen

§ 4 Genehmigung. (1) [1]Die Errichtung und der Betrieb von Anlagen, die auf Grund ihrer Beschaffenheit oder ihres Betriebs in besonderem Maße geeignet sind, schädliche Umwelteinwirkungen hervorzurufen oder in anderer Weise die Allgemeinheit oder die Nachbarschaft zu gefährden, erheblich zu benachteiligen oder erheblich zu belästigen, sowie von ortsfesten Abfallentsorgungsanlagen zur Lagerung oder Behandlung von Abfällen bedürfen einer Genehmigung. [2]Mit Ausnahme von

Abfallentsorgungsanlagen bedürfen Anlagen, die nicht gewerblichen Zwecken die-
nen und nicht im Rahmen wirtschaftlicher Unternehmungen Verwendung finden,
der Genehmigung nur, wenn sie in besonderem Maße geeignet sind, schädliche
Umwelteinwirkungen durch Luftverunreinigungen oder Geräusche hervorzurufen.
[3] Die Bundesregierung bestimmt nach Anhörung der beteiligten Kreise (§ 51) durch
Rechtsverordnung[1] mit Zustimmung des Bundesrates die Anlagen, die einer Ge-
nehmigung bedürfen (genehmigungsbedürftige Anlagen); in der Rechtsverordnung
kann auch vorgesehen werden, dass eine Genehmigung nicht erforderlich ist, wenn
eine Anlage insgesamt oder in ihren in der Rechtsverordnung bezeichneten wesent-
lichen Teilen der Bauart nach zugelassen ist und in Übereinstimmung mit der
Bauartzulassung errichtet und betrieben wird. [4] Anlagen nach Artikel 10 in Ver-
bindung mit Anhang I der Richtlinie 2010/75/EU sind in der Rechtsverordnung
nach Satz 3 zu kennzeichnen.

(2) [1] Anlagen des Bergwesens oder Teile dieser Anlagen bedürfen der Genehmi-
gung nach Absatz 1 nur, soweit sie über Tage errichtet und betrieben werden.
[2] Keiner Genehmigung nach Absatz 1 bedürfen Tagebaue und die zum Betrieb eines
Tagebaus erforderlichen sowie die zur Wetterführung unerlässlichen Anlagen.

§ 5 Pflichten der Betreiber genehmigungsbedürftiger Anlagen. (1) Geneh-
migungsbedürftige Anlagen sind so zu errichten und zu betreiben, dass zur Gewähr-
leistung eines hohen Schutzniveaus für die Umwelt insgesamt

1. schädliche Umwelteinwirkungen und sonstige Gefahren, erhebliche Nachteile
 und erhebliche Belästigungen für die Allgemeinheit und die Nachbarschaft nicht
 hervorgerufen werden können;

2. Vorsorge gegen schädliche Umwelteinwirkungen und sonstige Gefahren, erheb-
 liche Nachteile und erhebliche Belästigungen getroffen wird, insbesondere durch
 die dem Stand der Technik entsprechenden Maßnahmen;

3. Abfälle vermieden, nicht zu vermeidende Abfälle verwertet und nicht zu ver-
 wertende Abfälle ohne Beeinträchtigung des Wohls der Allgemeinheit beseitigt
 werden; Abfälle sind nicht zu vermeiden, soweit die Vermeidung technisch nicht
 möglich oder nicht zumutbar ist; die Vermeidung ist unzulässig, soweit sie zu
 nachteiligeren Umweltauswirkungen führt als die Verwertung; die Verwertung
 und Beseitigung von Abfällen erfolgt nach den Vorschriften des Kreislaufwirt-
 schaftsgesetzes[2] und den sonstigen für die Abfälle geltenden Vorschriften;

4. Energie sparsam und effizient verwendet wird.

(2) [1] Soweit genehmigungsbedürftige Anlagen dem Anwendungsbereich des
Treibhausgas-Emissionshandelsgesetzes[3] unterliegen, sind Anforderungen zur Be-
grenzung von Emissionen von Treibhausgasen nur zulässig, um zur Erfüllung der
Pflichten nach Absatz 1 Nummer 1 sicherzustellen, dass im Einwirkungsbereich der
Anlage keine schädlichen Umwelteinwirkungen entstehen; dies gilt nur für Treib-
hausgase, die für die betreffende Tätigkeit nach Anhang 1 des Treibhausgas-Emis-
sionshandelsgesetzes umfasst sind. [2] Bei diesen Anlagen dürfen zur Erfüllung der
Pflicht zur effizienten Verwendung von Energie in Bezug auf die Emissionen von
Kohlendioxid, die auf Verbrennungs- oder anderen Prozessen der Anlage beruhen,
keine Anforderungen gestellt werden, die über die Pflichten hinausgehen, welche
das Treibhausgas-Emissionshandelsgesetz begründet.

[1] Siehe die Anmerkung am Titel.
[2] Nr. **298**.
[3] **Sartorius III Nr. 330.**

(3) Genehmigungsbedürftige Anlagen sind so zu errichten, zu betreiben und stillzulegen, dass auch nach einer Betriebseinstellung

1. von der Anlage oder dem Anlagengrundstück keine schädlichen Umwelteinwirkungen und sonstige Gefahren, erhebliche Nachteile und erhebliche Belästigungen für die Allgemeinheit und die Nachbarschaft hervorgerufen werden können,
2. vorhandene Abfälle ordnungsgemäß und schadlos verwertet oder ohne Beeinträchtigung des Wohls der Allgemeinheit beseitigt werden und
3. die Wiederherstellung eines ordnungsgemäßen Zustandes des Anlagengrundstücks gewährleistet ist.

(4) [1] Wurden nach dem 7. Januar 2013 auf Grund des Betriebs einer Anlage nach der Industrieemissions-Richtlinie erhebliche Bodenverschmutzungen oder erhebliche Grundwasserverschmutzungen durch relevante gefährliche Stoffe im Vergleich zu dem im Bericht über den Ausgangszustand angegebenen Zustand verursacht, so ist der Betreiber nach Einstellung des Betriebs der Anlage verpflichtet, soweit dies verhältnismäßig ist, Maßnahmen zur Beseitigung dieser Verschmutzung zu ergreifen, um das Anlagengrundstück in jenen Ausgangszustand zurückzuführen. [2] Die zuständige Behörde hat der Öffentlichkeit relevante Informationen zu diesen vom Betreiber getroffenen Maßnahmen zugänglich zu machen, und zwar auch über das Internet. [3] Soweit Informationen Geschäfts- oder Betriebsgeheimnisse enthalten, gilt § 10 Absatz 2 entsprechend.

§ 6 Genehmigungsvoraussetzungen. (1) Die Genehmigung ist zu erteilen, wenn

1. sichergestellt ist, dass die sich aus § 5 und einer auf Grund des § 7 erlassenen Rechtsverordnung ergebenden Pflichten erfüllt werden, und
2. andere öffentlich-rechtliche Vorschriften und Belange des Arbeitsschutzes der Errichtung und dem Betrieb der Anlage nicht entgegenstehen.

(2) Bei Anlagen, die unterschiedlichen Betriebsweisen dienen oder in denen unterschiedliche Stoffe eingesetzt werden (Mehrzweck- oder Vielstoffanlagen), ist die Genehmigung auf Antrag auf die unterschiedlichen Betriebsweisen und Stoffe zu erstrecken, wenn die Voraussetzungen nach Absatz 1 für alle erfassten Betriebsweisen und Stoffe erfüllt sind.

(3) Eine beantragte Änderungsgenehmigung darf auch dann nicht versagt werden, wenn zwar nach ihrer Durchführung nicht alle Immissionswerte einer Verwaltungsvorschrift nach § 48 oder einer Rechtsverordnung nach § 48a eingehalten werden, wenn aber

1. der Immissionsbeitrag der Anlage unter Beachtung des § 17 Absatz 3a Satz 3 durch das Vorhaben deutlich und über das durch nachträgliche Anordnungen nach § 17 Absatz 1 durchsetzbare Maß reduziert wird,
2. weitere Maßnahmen zur Luftreinhaltung, insbesondere Maßnahmen, die über den Stand der Technik bei neu zu errichtenden Anlagen hinausgehen, durchgeführt werden,
3. der Antragsteller darüber hinaus einen Immissionsmanagementplan zur Verringerung seines Verursacheranteils vorlegt, um eine spätere Einhaltung der Anforderungen nach § 5 Absatz 1 Nummer 1 zu erreichen, und
4. die konkreten Umstände einen Widerruf der Genehmigung nicht erfordern.

§ 7[1] Rechtsverordnungen über Anforderungen an genehmigungsbedürftige Anlagen. (1) [1]Die Bundesregierung wird ermächtigt, nach Anhörung der beteiligten Kreise (§ 51) durch Rechtsverordnung[2] mit Zustimmung des Bundesrates vorzuschreiben, dass die Errichtung, die Beschaffenheit, der Betrieb, der Zustand nach Betriebseinstellung und die betreibereigene Überwachung genehmigungsbedürftiger Anlagen zur Erfüllung der sich aus § 5 ergebenden Pflichten bestimmten Anforderungen genügen müssen, insbesondere, dass

1. die Anlagen bestimmten technischen Anforderungen entsprechen müssen,

2. die von Anlagen ausgehenden Emissionen bestimmte Grenzwerte nicht überschreiten dürfen oder Anlagen äquivalenten Parametern oder äquivalenten technischen Maßnahmen entsprechen müssen,

2a. der Einsatz von Energie bestimmten Anforderungen entsprechen muss,

3. die Betreiber von Anlagen Messungen von Emissionen und Immissionen nach in der Rechtsverordnung näher zu bestimmenden Verfahren vorzunehmen haben oder vornehmen lassen müssen,

4. die Betreiber von Anlagen bestimmte sicherheitstechnische Prüfungen sowie bestimmte Prüfungen von sicherheitstechnischen Unterlagen nach in der Rechtsverordnung näher zu bestimmenden Verfahren

 a) während der Errichtung oder sonst vor der Inbetriebnahme der Anlage,

 b) nach deren Inbetriebnahme oder einer Änderung im Sinne des § 15 oder des § 16,

 c) in regelmäßigen Abständen oder

 d) bei oder nach einer Betriebseinstellung

 durch einen Sachverständigen nach § 29a vornehmen lassen müssen, soweit solche Prüfungen nicht in Rechtsverordnungen nach § 34 des Produktsicherheitsgesetzes[3] vorgeschrieben sind, und

5. die Rückführung in den Ausgangszustand nach § 5 Absatz 4 bestimmten Anforderungen entsprechen muss, insbesondere in Bezug auf den Ausgangszustandsbericht und die Feststellung der Erheblichkeit von Boden- und Grundwasserverschmutzungen.

[2]Bei der Festlegung der Anforderungen nach Satz 1 sind insbesondere mögliche Verlagerungen von nachteiligen Auswirkungen von einem Schutzgut auf ein anderes zu berücksichtigen; ein hohes Schutzniveau für die Umwelt insgesamt ist zu gewährleisten.

(1a) [1]Nach jeder Veröffentlichung einer BVT-Schlussfolgerung ist unverzüglich zu gewährleisten, dass für Anlagen nach der Industrieemissions-Richtlinie bei der Festlegung von Emissionsgrenzwerten nach Absatz 1 Satz 1 Nummer 2 die Emissionen unter normalen Betriebsbedingungen die in den BVT-Schlussfolgerungen genannten Emissionsbandbreiten nicht überschreiten. [2]Im Hinblick auf bestehende Anlagen ist

1. innerhalb eines Jahres nach Veröffentlichung von BVT-Schlussfolgerungen zur Haupttätigkeit eine Überprüfung und gegebenenfalls Anpassung der Rechtsverordnung vorzunehmen und

[1] § 7 Abs. 1 Satz 1 Nr. 4 Buchst. d ber. gem. BGBl. 2013 I S. 3753; Abs. 1 Satz 1 Nr. 2 und 3, Satz 2 ber. 2021 S. 123.
[2] Siehe die Anmerkung am Titel.
[3] **Sartorius ErgBd. Nr. 803.**

2. innerhalb von vier Jahren nach Veröffentlichung von BVT-Schlussfolgerungen zur Haupttätigkeit sicherzustellen, dass die betreffenden Anlagen die Emissionsgrenzwerte der Rechtsverordnung einhalten.

(1b) ¹Abweichend von Absatz 1a

1. können in der Rechtsverordnung weniger strenge Emissionsgrenzwerte und Fristen festgelegt werden, wenn

a) wegen technischer Merkmale der betroffenen Anlagenart die Anwendung der in den BVT-Schlussfolgerungen genannten Emissionsbandbreiten unverhältnismäßig wäre und dies begründet wird oder

b) in Anlagen Zukunftstechniken für einen Gesamtzeitraum von höchstens neun Monaten erprobt oder angewendet werden sollen, sofern nach dem festgelegten Zeitraum die Anwendung der betreffenden Technik beendet wird oder in der Anlage mindestens die mit den besten verfügbaren Techniken assoziierten Emissionsbandbreiten erreicht werden, oder

2. kann in der Rechtsverordnung bestimmt werden, dass die zuständige Behörde weniger strenge Emissionsbegrenzungen und Fristen festlegen kann, wenn

a) wegen technischer Merkmale der betroffenen Anlagen die Anwendung der in den BVT-Schlussfolgerungen genannten Emissionsbandbreiten unverhältnismäßig wäre oder

b) in Anlagen Zukunftstechniken für einen Gesamtzeitraum von höchstens neun Monaten erprobt oder angewendet werden sollen, sofern nach dem festgelegten Zeitraum die Anwendung der betreffenden Technik beendet wird oder in der Anlage mindestens die mit den besten verfügbaren Techniken assoziierten Emissionsbandbreiten erreicht werden.

²Absatz 1 Satz 2 bleibt unberührt. ³Emissionsgrenzwerte und Emissionsbegrenzungen nach Satz 1 dürfen die in den Anhängen der Richtlinie 2010/75/EU festgelegten Emissionsgrenzwerte nicht überschreiten und keine schädlichen Umwelteinwirkungen hervorrufen.

(2) ¹In der Rechtsverordnung kann bestimmt werden, inwieweit die nach Absatz 1 zur Vorsorge gegen schädliche Umwelteinwirkungen festgelegten Anforderungen nach Ablauf bestimmter Übergangsfristen erfüllt werden müssen, soweit zum Zeitpunkt des Inkrafttretens der Rechtsverordnung in einem Vorbescheid oder einer Genehmigung geringere Anforderungen gestellt worden sind. ²Bei der Bestimmung der Dauer der Übergangsfristen und der einzuhaltenden Anforderungen sind insbesondere Art, Menge und Gefährlichkeit der von den Anlagen ausgehenden Emissionen sowie die Nutzungsdauer und technische Besonderheiten der Anlagen zu berücksichtigen. ³Die Sätze 1 und 2 gelten entsprechend für Anlagen, die nach § 67 Absatz 2 oder § 67a Absatz 1 anzuzeigen sind oder vor Inkrafttreten dieses Gesetzes nach § 16 Absatz 4 der Gewerbeordnung¹⁾ anzuzeigen waren.

(3) ¹Soweit die Rechtsverordnung Anforderungen nach § 5 Absatz 1 Nummer 2 festgelegt hat, kann in ihr bestimmt werden, dass bei in Absatz 2 genannten Anlagen von den auf Grund der Absätze 1 und 2 festgelegten Anforderungen zur Vorsorge gegen schädliche Umwelteinwirkungen abgewichen werden darf. ²Dies gilt nur, wenn durch technische Maßnahmen an Anlagen des Betreibers oder Dritter insgesamt eine weitergehende Minderung von Emissionen derselben oder in ihrer Wirkung auf die Umwelt vergleichbaren Stoffen erreicht wird als bei Beachtung der auf Grund der Absätze 1 und 2 festgelegten Anforderungen und hierdurch der in

¹⁾ Nr. **800.**

§ 1 genannte Zweck gefördert wird. [3] In der Rechtsverordnung kann weiterhin bestimmt werden, inwieweit zur Erfüllung von zwischenstaatlichen Vereinbarungen mit Nachbarstaaten der Bundesrepublik Deutschland Satz 2 auch für die Durchführung technischer Maßnahmen an Anlagen gilt, die in den Nachbarstaaten gelegen sind.

(4) [1] Zur Erfüllung von bindenden Rechtsakten der Europäischen Gemeinschaften oder der Europäischen Union kann die Bundesregierung zu dem in § 1 genannten Zweck mit Zustimmung des Bundesrates durch Rechtsverordnung[1] Anforderungen an die Errichtung, die Beschaffenheit und den Betrieb, die Betriebseinstellung und betreibereigene Überwachung genehmigungsbedürftiger Anlagen vorschreiben. [2] Für genehmigungsbedürftige Anlagen, die vom Anwendungsbereich der Richtlinie 1999/31/EG des Rates vom 26. April 1999 über Abfalldeponien (ABl. EG Nr. L 182 S. 1) erfasst werden, kann die Bundesregierung durch Rechtsverordnung mit Zustimmung des Bundesrates dieselben Anforderungen festlegen wie für Deponien im Sinne des § 3 Absatz 27 des Kreislaufwirtschaftsgesetzes[2], insbesondere Anforderungen an die Erbringung einer Sicherheitsleistung, an die Stilllegung und die Sach- und Fachkunde des Betreibers.

(5) Wegen der Anforderungen nach Absatz 1 Nummer 1 bis 4, auch in Verbindung mit Absatz 4, kann auf jedermann zugängliche Bekanntmachungen sachverständiger Stellen verwiesen werden; hierbei ist

1. in der Rechtsverordnung das Datum der Bekanntmachung anzugeben und die Bezugsquelle genau zu bezeichnen,
2. die Bekanntmachung bei dem Deutschen Patentamt archivmäßig gesichert niederzulegen und in der Rechtsverordnung darauf hinzuweisen.

§ 8[3] Teilgenehmigung.

[1] Auf Antrag soll eine Genehmigung für die Errichtung einer Anlage oder eines Teils einer Anlage oder für die Errichtung und den Betrieb eines Teils einer Anlage erteilt werden, wenn

1. ein berechtigtes Interesse an der Erteilung einer Teilgenehmigung besteht,
2. die Genehmigungsvoraussetzungen für den beantragten Gegenstand der Teilgenehmigung vorliegen und
3. eine vorläufige Beurteilung ergibt, dass der Errichtung und dem Betrieb der gesamten Anlage keine von vornherein unüberwindlichen Hindernisse im Hinblick auf die Genehmigungsvoraussetzungen entgegenstehen.

[2] Die Bindungswirkung der vorläufigen Gesamtbeurteilung entfällt, wenn eine Änderung der Sach- oder Rechtslage oder Einzelprüfungen im Rahmen späterer Teilgenehmigungen zu einer von der vorläufigen Gesamtbeurteilung abweichenden Beurteilung führen.

§ 8a Zulassung vorzeitigen Beginns.

(1) In einem Verfahren zur Erteilung einer Genehmigung soll die Genehmigungsbehörde auf Antrag vorläufig zulassen, dass bereits vor Erteilung der Genehmigung mit der Errichtung einschließlich der Maßnahmen, die zur Prüfung der Betriebstüchtigkeit der Anlage erforderlich sind, begonnen wird, wenn

1. mit einer Entscheidung zugunsten des Antragstellers gerechnet werden kann,

[1] Siehe die Anmerkung am Titel.
[2] Nr. **298**.
[3] § 8 ber. 2021 S. 123.

2. ein öffentliches Interesse oder ein berechtigtes Interesse des Antragstellers an dem vorzeitigen Beginn besteht und

3. der Antragsteller sich verpflichtet, alle bis zur Entscheidung durch die Errichtung der Anlage verursachten Schäden zu ersetzen und, wenn das Vorhaben nicht genehmigt wird, den früheren Zustand wiederherzustellen.

(2) ¹Die Zulassung kann jederzeit widerrufen werden. ²Sie kann mit Auflagen verbunden oder unter dem Vorbehalt nachträglicher Auflagen erteilt werden. ³Die zuständige Behörde kann die Leistung einer Sicherheit verlangen, soweit dies erforderlich ist, um die Erfüllung der Pflichten des Antragstellers zu sichern.

(3) In einem Verfahren zur Erteilung einer Genehmigung nach § 16 Absatz 1 kann die Genehmigungsbehörde unter den in Absatz 1 genannten Voraussetzungen auch den Betrieb der Anlage vorläufig zulassen, wenn die Änderung der Erfüllung einer sich aus diesem Gesetz oder einer auf Grund dieses Gesetzes erlassenen Rechtsverordnung ergebenden Pflicht dient.

§ 9 Vorbescheid. (1) Auf Antrag soll durch Vorbescheid über einzelne Genehmigungsvoraussetzungen sowie über den Standort der Anlage entschieden werden, sofern die Auswirkungen der geplanten Anlage ausreichend beurteilt werden können und ein berechtigtes Interesse an der Erteilung eines Vorbescheides besteht.

(2) Der Vorbescheid wird unwirksam, wenn der Antragsteller nicht innerhalb von zwei Jahren nach Eintritt der Unanfechtbarkeit die Genehmigung beantragt; die Frist kann auf Antrag bis auf vier Jahre verlängert werden.

(3) Die Vorschriften der §§ 6 und 21 gelten sinngemäß.

§ 10[1] Genehmigungsverfahren. (1) ¹Das Genehmigungsverfahren setzt einen schriftlichen oder elektronischen Antrag voraus. ²Dem Antrag sind die zur Prüfung nach § 6 erforderlichen Zeichnungen, Erläuterungen und sonstigen Unterlagen beizufügen. ³Reichen die Unterlagen für die Prüfung nicht aus, so hat sie der Antragsteller auf Verlangen der zuständigen Behörde innerhalb einer angemessenen Frist zu ergänzen. ⁴Erfolgt die Antragstellung elektronisch, kann die zuständige Behörde Mehrfertigungen sowie die Übermittlung der dem Antrag beizufügenden Unterlagen auch in schriftlicher Form verlangen.

(1a) ¹Der Antragsteller, der beabsichtigt, eine Anlage nach der Industrieemissions-Richtlinie zu betreiben, in der relevante gefährliche Stoffe verwendet, erzeugt oder freigesetzt werden, hat mit den Unterlagen nach Absatz 1 einen Bericht über den Ausgangszustand vorzulegen, wenn und soweit eine Verschmutzung des Bodens oder des Grundwassers auf dem Anlagengrundstück durch die relevanten gefährlichen Stoffe möglich ist. ²Die Möglichkeit einer Verschmutzung des Bodens oder des Grundwassers besteht nicht, wenn auf Grund der tatsächlichen Umstände ein Eintrag ausgeschlossen werden kann.

(2) ¹Soweit Unterlagen Geschäfts- oder Betriebsgeheimnisse enthalten, sind die Unterlagen zu kennzeichnen und getrennt vorzulegen. ²Ihr Inhalt muss, soweit es ohne Preisgabe des Geheimnisses geschehen kann, so ausführlich dargestellt sein, dass es Dritten möglich ist, zu beurteilen, ob und in welchem Umfang sie von den Auswirkungen der Anlage betroffen werden können.

[1] § 10 Abs. 11 geänd. mWv 8.9.2015 durch VO v. 31.8.2015 (BGBl. I S. 1474); Abs. 1 Sätze 1 und 4, Abs. 3 Satz 4 und Abs. 8 Satz 6 geänd. mWv 5.4.2017 durch G v. 29.3.2017 (BGBl. I S. 626); Abs. 3 Sätze 4 und 5 geänd., Abs. 3a eingef. mWv 2.6.2017 durch G v. 29.5.2017 (BGBl. I S. 1298); Abs. 11 geänd. mWv 27.6.2020 durch VO v. 19.6.2020 (BGBl. I S. 1328).

(3) [1] Sind die Unterlagen des Antragstellers vollständig, so hat die zuständige Behörde das Vorhaben in ihrem amtlichen Veröffentlichungsblatt und außerdem entweder im Internet oder in örtlichen Tageszeitungen, die im Bereich des Standortes der Anlage verbreitet sind, öffentlich bekannt zu machen. [2] Der Antrag und die vom Antragsteller vorgelegten Unterlagen, mit Ausnahme der Unterlagen nach Absatz 2 Satz 1, sowie die entscheidungserheblichen Berichte und Empfehlungen, die der Behörde im Zeitpunkt der Bekanntmachung vorliegen, sind nach der Bekanntmachung einen Monat zur Einsicht auszulegen. [3] Weitere Informationen, die für die Entscheidung über die Zulässigkeit des Vorhabens von Bedeutung sein können und die der zuständigen Behörde erst nach Beginn der Auslegung vorliegen, sind der Öffentlichkeit nach den Bestimmungen über den Zugang zu Umweltinformationen zugänglich zu machen. [4] Bis zwei Wochen nach Ablauf der Auslegungsfrist kann die Öffentlichkeit gegenüber der zuständigen Behörde schriftlich oder elektronisch Einwendungen erheben; bei Anlagen nach der Industrieemissions-Richtlinie gilt eine Frist von einem Monat. [5] Mit Ablauf der Einwendungsfrist sind für das Genehmigungsverfahren alle Einwendungen ausgeschlossen, die nicht auf besonderen privatrechtlichen Titeln beruhen. [6] Einwendungen, die auf besonderen privatrechtlichen Titeln beruhen, sind auf den Rechtsweg vor den ordentlichen Gerichten zu verweisen.

(3a) Nach dem Umwelt-Rechtsbehelfsgesetz[1)] anerkannte Vereinigungen sollen die zuständige Behörde in einer dem Umweltschutz dienenden Weise unterstützen.

(4) In der Bekanntmachung nach Absatz 3 Satz 1 ist

1. darauf hinzuweisen, wo und wann der Antrag auf Erteilung der Genehmigung und die Unterlagen zur Einsicht ausgelegt sind;

2. dazu aufzufordern, etwaige Einwendungen bei einer in der Bekanntmachung zu bezeichnenden Stelle innerhalb der Einwendungsfrist vorzubringen; dabei ist auf die Rechtsfolgen nach Absatz 3 Satz 5 hinzuweisen;

3. ein Erörterungstermin zu bestimmen und darauf hinzuweisen, dass er auf Grund einer Ermessensentscheidung der Genehmigungsbehörde nach Absatz 6 durchgeführt wird und dass dann die formgerecht erhobenen Einwendungen auch bei Ausbleiben des Antragstellers oder von Personen, die Einwendungen erhoben haben, erörtert werden;

(Fortsetzung nächstes Blatt)

[1)] Nr. **293**.

4. darauf hinzuweisen, dass die Zustellung der Entscheidung über die Einwendungen durch öffentliche Bekanntmachung ersetzt werden kann.

(5) [1] Die für die Erteilung der Genehmigung zuständige Behörde (Genehmigungsbehörde) holt die Stellungnahmen der Behörden ein, deren Aufgabenbereich durch das Vorhaben berührt wird. [2] Soweit für das Vorhaben selbst oder für weitere damit unmittelbar in einem räumlichen oder betrieblichen Zusammenhang stehende Vorhaben, die Auswirkungen auf die Umwelt haben können und die für die Genehmigung Bedeutung haben, eine Zulassung nach anderen Gesetzen vorgeschrieben ist, hat die Genehmigungsbehörde eine vollständige Koordinierung der Zulassungsverfahren sowie der Inhalts- und Nebenbestimmungen sicherzustellen.

(6) Nach Ablauf der Einwendungsfrist kann die Genehmigungsbehörde die rechtzeitig gegen das Vorhaben erhobenen Einwendungen mit dem Antragsteller und denjenigen, die Einwendungen erhoben haben, erörtern.

(6a) [1] Über den Genehmigungsantrag ist nach Eingang des Antrags und der nach Absatz 1 Satz 2 einzureichenden Unterlagen innerhalb einer Frist von sieben Monaten, in vereinfachten Verfahren innerhalb einer Frist von drei Monaten, zu entscheiden. [2] Die zuständige Behörde kann die Frist um jeweils drei Monate verlängern, wenn dies wegen der Schwierigkeit der Prüfung oder aus Gründen, die dem Antragsteller zuzurechnen sind, erforderlich ist. [3] Die Fristverlängerung soll gegenüber dem Antragsteller begründet werden.

(7) [1] Der Genehmigungsbescheid ist schriftlich zu erlassen, schriftlich zu begründen und dem Antragsteller und den Personen, die Einwendungen erhoben haben, zuzustellen. [2] Er ist, soweit die Zustellung nicht nach Absatz 8 erfolgt, öffentlich bekannt zu machen. [3] Die öffentliche Bekanntmachung erfolgt nach Maßgabe des Absatzes 8.

(8) [1] Die Zustellung des Genehmigungsbescheids an die Personen, die Einwendungen erhoben haben, kann durch öffentliche Bekanntmachung ersetzt werden. [2] Die öffentliche Bekanntmachung wird dadurch bewirkt, dass der verfügende Teil des Bescheides und die Rechtsbehelfsbelehrung in entsprechender Anwendung des Absatzes 3 Satz 1 bekannt gemacht werden; auf Auflagen ist hinzuweisen. [3] In diesem Fall ist eine Ausfertigung des gesamten Bescheides vom Tage nach der Bekanntmachung an zwei Wochen zur Einsicht auszulegen. [4] In der öffentlichen Bekanntmachung ist anzugeben, wo und wann der Bescheid und seine Begründung eingesehen und nach Satz 6 angefordert werden können. [5] Mit dem Ende der Auslegungsfrist gilt der Bescheid auch gegenüber Dritten, die keine Einwendung erhoben haben, als zugestellt; darauf ist in der Bekanntmachung hinzuweisen. [6] Nach der öffentlichen Bekanntmachung können der Bescheid und seine Begründung bis zum Ablauf der Widerspruchsfrist von den Personen, die Einwendungen erhoben haben, schriftlich oder elektronisch angefordert werden.

(8a) [1] Unbeschadet der Absätze 7 und 8 sind bei Anlagen nach der Industrieemissions-Richtlinie folgende Unterlagen im Internet öffentlich bekannt zu machen:

1. der Genehmigungsbescheid mit Ausnahme in Bezug genommener Antragsunterlagen und des Berichts über den Ausgangszustand sowie
2. die Bezeichnung des für die betreffende Anlage maßgeblichen BVT-Merkblatts.

[2] Soweit der Genehmigungsbescheid Geschäfts- oder Betriebsgeheimnisse enthält, sind die entsprechenden Stellen unkenntlich zu machen. [3] Absatz 8 Satz 3, 5 und 6 gilt entsprechend.

(9) Die Absätze 1 bis 8 gelten entsprechend für die Erteilung eines Vorbescheides.

(10) [1] Die Bundesregierung wird ermächtigt, durch Rechtsverordnung[1]) mit Zustimmung des Bundesrates das Genehmigungsverfahren zu regeln; in der Rechtsverordnung kann auch das Verfahren bei Erteilung einer Genehmigung im vereinfachten Verfahren (§ 19) sowie bei der Erteilung eines Vorbescheides (§ 9), einer Teilgenehmigung (§ 8) und einer Zulassung vorzeitigen Beginns (§ 8a) geregelt werden. [2] In der Verordnung ist auch näher zu bestimmen, welchen Anforderungen das Genehmigungsverfahren für Anlagen genügen muss, für die nach dem Gesetz über die Umweltverträglichkeitsprüfung[2]) eine Umweltverträglichkeitsprüfung durchzuführen ist.

(11) Das Bundesministerium der Verteidigung wird ermächtigt, im Einvernehmen mit dem Bundesministerium für Umwelt, Naturschutz und nukleare Sicherheit durch Rechtsverordnung[1]) mit Zustimmung des Bundesrates das Genehmigungsverfahren für Anlagen, die der Landesverteidigung dienen, abweichend von den Absätzen 1 bis 9 zu regeln.

§ 11 Einwendungen Dritter bei Teilgenehmigung und Vorbescheid.

Ist eine Teilgenehmigung oder ein Vorbescheid erteilt worden, können nach Eintritt ihrer Unanfechtbarkeit im weiteren Verfahren zur Genehmigung der Errichtung und des Betriebs der Anlage Einwendungen nicht mehr auf Grund von Tatsachen erhoben werden, die im vorhergehenden Verfahren fristgerecht vorgebracht worden sind oder nach den ausgelegten Unterlagen hätten vorgebracht werden können.

§ 12[3]) Nebenbestimmungen zur Genehmigung. (1) [1] Die Genehmigung kann unter Bedingungen erteilt und mit Auflagen verbunden werden, soweit dies erforderlich ist, um die Erfüllung der in § 6 genannten Genehmigungsvoraussetzungen sicherzustellen. [2] Zur Sicherstellung der Anforderungen nach § 5 Absatz 3 soll bei Abfallentsorgungsanlagen im Sinne des § 4 Absatz 1 Satz 1 auch eine Sicherheitsleistung auferlegt werden.

(1a) Für den Fall, dass eine Verwaltungsvorschrift nach § 48 für die jeweilige Anlagenart keine Anforderungen vorsieht, ist bei der Festlegung von Emissionsbegrenzungen für Anlagen nach der Industrieemissions-Richtlinie in der Genehmigung sicherzustellen, dass die Emissionen unter normalen Betriebsbedingungen die in den BVT-Schlussfolgerungen genannten Emissionsbandbreiten nicht überschreiten.

(1b) [1] Abweichend von Absatz 1a kann die zuständige Behörde weniger strenge Emissionsbegrenzungen festlegen, wenn

1. eine Bewertung ergibt, dass wegen technischer Merkmale der Anlage die Anwendung der in den BVT-Schlussfolgerungen genannten Emissionsbandbreiten unverhältnismäßig wäre, oder

[1]) Siehe die Anmerkung am Titel.
[2]) Nr. **295**.
[3]) § 12 Abs. 1a geänd. mWv 7.12.2016 durch G v. 30.11.2016 (BGBl. I S. 2749).

2. in Anlagen Zukunftstechniken für einen Gesamtzeitraum von höchstens neun Monaten erprobt oder angewendet werden sollen, sofern nach dem festgelegten Zeitraum die Anwendung der betreffenden Technik beendet wird oder in der Anlage mindestens die mit den besten verfügbaren Techniken assoziierten Emissionsbandbreiten erreicht werden.

[2] Bei der Festlegung der Emissionsbegrenzungen nach Satz 1 sind insbesondere mögliche Verlagerungen von nachteiligen Auswirkungen von einem Schutzgut auf ein anderes zu berücksichtigen; ein hohes Schutzniveau für die Umwelt

(Fortsetzung nächstes Blatt)

insgesamt ist zu gewährleisten. ³Emissionsbegrenzungen nach Satz 1 dürfen die in den Anhängen der Richtlinie 2010/75/EU festgelegten Emissionsgrenzwerte nicht überschreiten und keine schädlichen Umwelteinwirkungen hervorrufen.

(2) ¹Die Genehmigung kann auf Antrag für einen bestimmten Zeitraum erteilt werden. ²Sie kann mit einem Vorbehalt des Widerrufs erteilt werden, wenn die genehmigungsbedürftige Anlage lediglich Erprobungszwecken dienen soll.

(2 a) ¹Die Genehmigung kann mit Einverständnis des Antragstellers mit dem Vorbehalt nachträglicher Auflagen erteilt werden, soweit hierdurch hinreichend bestimmte, in der Genehmigung bereits allgemein festgelegte Anforderungen an die Errichtung oder den Betrieb der Anlage in einem Zeitpunkt nach Erteilung der Genehmigung näher festgelegt werden sollen. ²Dies gilt unter den Voraussetzungen des Satzes 1 auch für den Fall, dass eine beteiligte Behörde sich nicht rechtzeitig äußert.

(2 b) Im Falle des § 6 Absatz 2 soll der Antragsteller durch eine Auflage verpflichtet werden, der zuständigen Behörde unverzüglich die erstmalige Herstellung oder Verwendung eines anderen Stoffes innerhalb der genehmigten Betriebsweise mitzuteilen.

(2 c) ¹Der Betreiber kann durch Auflage verpflichtet werden, den Wechsel eines im Genehmigungsverfahren dargelegten Entsorgungswegs von Abfällen der zuständigen Behörde anzuzeigen. ²Das gilt ebenso für in Abfallbehandlungsanlagen erzeugte Abfälle. ³Bei Abfallbehandlungsanlagen können außerdem Anforderungen an die Qualität und das Schadstoffpotential der angenommenen Abfälle sowie der die Anlage verlassenden Abfälle gestellt werden.

(3) Die Teilgenehmigung kann für einen bestimmten Zeitraum oder mit dem Vorbehalt erteilt werden, dass sie bis zur Entscheidung über die Genehmigung widerrufen oder mit Auflagen verbunden werden kann.

§ 13 Genehmigung und andere behördliche Entscheidungen. Die Genehmigung schließt andere die Anlage betreffende behördliche Entscheidungen ein, insbesondere öffentlich-rechtliche Genehmigungen, Zulassungen, Verleihungen, Erlaubnisse und Bewilligungen mit Ausnahme von Planfeststellungen, Zulassungen bergrechtlicher Betriebspläne, behördlichen Entscheidungen auf Grund atomrechtlicher Vorschriften und wasserrechtlichen Erlaubnissen und Bewilligungen nach § 8 in Verbindung mit § 10 des Wasserhaushaltsgesetzes[1]).

§ 14 Ausschluss von privatrechtlichen Abwehransprüchen. ¹Auf Grund privatrechtlicher, nicht auf besonderen Titeln beruhender Ansprüche zur Abwehr benachteiligender Einwirkungen von einem Grundstück auf ein benachbartes Grundstück kann nicht die Einstellung des Betriebs einer Anlage verlangt werden, deren Genehmigung unanfechtbar ist; es können nur Vorkehrungen verlangt werden, die die benachteiligenden Wirkungen ausschließen. ²Soweit solche Vorkehrungen nach dem Stand der Technik nicht durchführbar oder wirtschaftlich nicht vertretbar sind, kann lediglich Schadensersatz verlangt werden.

§ 14 a Vereinfachte Klageerhebung. Der Antragsteller kann eine verwaltungsgerichtliche Klage erheben, wenn über seinen Widerspruch nach Ablauf

[1]) Nr. 845.

von drei Monaten seit der Einlegung nicht entschieden ist, es sei denn, dass wegen besonderer Umstände des Falles eine kürzere Frist geboten ist.

§ 15[1]) Änderung genehmigungsbedürftiger Anlagen. (1) [1]Die Änderung der Lage, der Beschaffenheit oder des Betriebs einer genehmigungsbedürftigen Anlage ist, sofern eine Genehmigung nicht beantragt wird, der zuständigen Behörde mindestens einen Monat, bevor mit der Änderung begonnen werden soll, schriftlich oder elektronisch anzuzeigen, wenn sich die Änderung auf in § 1 genannte Schutzgüter auswirken kann. [2]Der Anzeige sind Unterlagen im Sinne des § 10 Absatz 1 Satz 2 beizufügen, soweit diese für die Prüfung erforderlich sein können, ob das Vorhaben genehmigungsbedürftig ist. [3]Die zuständige Behörde hat dem Träger des Vorhabens den Eingang der Anzeige und der beigefügten Unterlagen unverzüglich schriftlich oder elektronisch zu bestätigen; sie kann bei einer elektronischen Anzeige Mehrausfertigungen sowie die Übermittlung der Unterlagen, die der Anzeige beizufügen sind, auch in schriftlicher Form verlangen. [4]Sie teilt dem Träger des Vorhabens nach Eingang der Anzeige unverzüglich mit, welche zusätzlichen Unterlagen sie zur Beurteilung der Voraussetzungen des § 16 Absatz 1 und des § 16a benötigt. [5]Die Sätze 1 bis 4 gelten entsprechend für eine Anlage, die nach § 67 Absatz 2 oder § 67a Absatz 1 anzuzeigen ist oder vor Inkrafttreten dieses Gesetzes nach § 16 Absatz 4 der Gewerbeordnung[2]) anzuzeigen war.

(2) [1]Die zuständige Behörde hat unverzüglich, spätestens innerhalb eines Monats nach Eingang der Anzeige und der nach Absatz 1 Satz 2 erforderlichen Unterlagen, zu prüfen, ob die Änderung einer Genehmigung bedarf. [2]Der Träger des Vorhabens darf die Änderung vornehmen, sobald die zuständige Behörde ihm mitteilt, dass die Änderung keiner Genehmigung bedarf, oder sich innerhalb der in Satz 1 bestimmten Frist nicht geäußert hat. [3]Absatz 1 Satz 3 gilt für nachgereichte Unterlagen entsprechend.

(2a) [1]Bei einer störfallrelevanten Änderung einer genehmigungsbedürftigen Anlage, die Betriebsbereich oder Bestandteil eines Betriebsbereichs ist, hat die zuständige Behörde unverzüglich, spätestens innerhalb von zwei Monaten nach Eingang der Anzeige und der nach Absatz 1 Satz 2 erforderlichen Unterlagen zu prüfen, ob die Änderung einer Genehmigung bedarf. [2]Soweit es zur Ermittlung des angemessenen Sicherheitsabstands erforderlich ist, kann die zuständige Behörde ein Gutachten zu den Auswirkungen verlangen, die bei schweren Unfällen durch die Anlage hervorgerufen werden können. [3]Der Träger des Vorhabens darf die störfallrelevante Änderung vornehmen, sobald ihm die zuständige Behörde mitteilt, dass sie keiner Genehmigung bedarf.

(3) [1]Beabsichtigt der Betreiber, den Betrieb einer genehmigungsbedürftigen Anlage einzustellen, so hat er dies unter Angabe des Zeitpunktes der Einstellung der zuständigen Behörde unverzüglich anzuzeigen. [2]Der Anzeige sind Unterlagen über die vom Betreiber vorgesehenen Maßnahmen zur Erfüllung der sich aus § 5 Absatz 3 und 4 ergebenden Pflichten beizufügen. [3]Die Sätze 1 und 2 gelten für die in Absatz 1 Satz 5 bezeichneten Anlagen entsprechend.

(4) In der Rechtsverordnung nach § 10 Absatz 10 können die näheren Einzelheiten für das Verfahren nach den Absätzen 1 bis 3 geregelt werden.

[1]) § 15 Abs. 1 Satz 4 geänd., Abs. 2a eingef. mWv 7. 12. 2016 durch G v. 30. 11. 2016 (BGBl. I S. 2749); Abs. 1 Sätze 1 und 3 geänd. mWv 5. 4. 2017 durch G v. 29. 3. 2017 (BGBl. I S. 626).
[2]) Nr. **800**.

§ 16 Wesentliche Änderung genehmigungsbedürftiger Anlagen.

(1) [1] Die Änderung der Lage, der Beschaffenheit oder des Betriebs einer genehmigungsbedürftigen Anlage bedarf der Genehmigung, wenn durch die Änderung nachteilige Auswirkungen hervorgerufen werden können und diese für die Prüfung nach § 6 Absatz 1 Nummer 1 erheblich sein können (wesentliche Änderung); eine Genehmigung ist stets erforderlich, wenn die Änderung oder Erweiterung des Betriebs einer genehmigungsbedürftigen Anlage für sich genommen die Leistungsgrenzen oder Anlagengrößen des Anhangs zur Verordnung über genehmigungsbedürftige Anlagen[1] erreichen. [2] Eine Genehmigung ist nicht erforderlich, wenn durch die Änderung hervorgerufene nachteilige Auswirkungen offensichtlich gering sind und die Erfüllung der sich aus § 6 Absatz 1 Nummer 1 ergebenden Anforderungen sichergestellt ist.

(2) [1] Die zuständige Behörde soll von der öffentlichen Bekanntmachung des Vorhabens sowie der Auslegung des Antrags und der Unterlagen absehen, wenn der Träger des Vorhabens dies beantragt und erhebliche nachteilige Auswirkungen auf in § 1 genannte Schutzgüter nicht zu besorgen sind. [2] Dies ist insbesondere dann der Fall, wenn erkennbar ist, dass die Auswirkungen durch die getroffenen oder vom Träger des Vorhabens vorgesehenen Maßnahmen ausgeschlossen werden oder die Nachteile im Verhältnis zu den jeweils vergleichbaren Vorteilen gering sind. [3] Betrifft die wesentliche Änderung eine in einem vereinfachten Verfahren zu genehmigende Anlage, ist auch die wesentliche Änderung im vereinfachten Verfahren zu genehmigen. [4] § 19 Absatz 3 gilt entsprechend.

(3) [1] Über den Genehmigungsantrag ist innerhalb einer Frist von sechs Monaten, im Falle des Absatzes 2 in drei Monaten zu entscheiden. [2] Im Übrigen gilt § 10 Absatz 6a Satz 2 und 3 entsprechend.

(4) [1] Für nach § 15 Absatz 1 anzeigebedürftige Änderungen kann der Träger des Vorhabens eine Genehmigung beantragen. [2] Diese ist im vereinfachten Verfahren zu erteilen; Absatz 3 und § 19 Absatz 3 gelten entsprechend.

(5) Einer Genehmigung bedarf es nicht, wenn eine genehmigte Anlage oder Teile einer genehmigten Anlage im Rahmen der erteilten Genehmigung ersetzt oder ausgetauscht werden sollen.

§ 16a[2] Störfallrelevante Änderung genehmigungsbedürftiger Anlagen.

[1] Die störfallrelevante Änderung einer genehmigungsbedürftigen Anlage, die Betriebsbereich oder Bestandteil eines Betriebsbereichs ist, bedarf der Genehmigung, wenn durch die störfallrelevante Änderung der angemessene Sicherheitsabstand zu benachbarten Schutzobjekten erstmalig unterschritten wird, der bereits unterschrittene Sicherheitsabstand räumlich noch weiter unterschritten wird oder eine erhebliche Gefahrenerhöhung ausgelöst wird und die Änderung nicht bereits durch § 16 Absatz 1 Satz 1 erfasst ist. [2] Einer Genehmigung bedarf es nicht, soweit dem Gebot, den angemessenen Sicherheitsabstand zu wahren, bereits auf Ebene einer raumbedeutsamen Planung oder Maßnahme durch verbindliche Vorgaben Rechnung getragen worden ist.

[1] Nr. **296a.**
[2] § 16a eingef. mWv 7.12.2016 durch G v. 30.11.2016 (BGBl. I S. 2749); Satz 1 geänd. mWv 29.7. 2017 durch G v. 18.7.2017 (BGBl. I S. 2771).

§ 17[1] Nachträgliche Anordnungen. (1) [1] Zur Erfüllung der sich aus diesem Gesetz und der auf Grund dieses Gesetzes erlassenen Rechtsverordnungen ergebenden Pflichten können nach Erteilung der Genehmigung sowie nach einer nach § 15 Absatz 1 angezeigten Änderung Anordnungen getroffen werden. [2] Wird nach Erteilung der Genehmigung sowie nach einer nach § 15 Absatz 1 angezeigten Änderung festgestellt, dass die Allgemeinheit oder die Nachbarschaft nicht ausreichend vor schädlichen Umwelteinwirkungen oder sonstigen Gefahren, erheblichen Nachteilen oder erheblichen Belästigungen geschützt ist, soll die zuständige Behörde nachträgliche Anordnungen treffen.

(1a) [1] Bei Anlagen nach der Industrieemissions-Richtlinie ist vor dem Erlass einer nachträglichen Anordnung nach Absatz 1 Satz 2, durch welche Emissionsbegrenzungen neu festgelegt werden sollen, der Entwurf der Anordnung öffentlich bekannt zu machen. [2] § 10 Absatz 3 und 4 Nummer 1 und 2 gilt für die Bekanntmachung entsprechend. [3] Einwendungsbefugt sind Personen, deren Belange durch die nachträgliche Anordnung berührt werden, sowie Vereinigungen, welche die Anforderungen von § 3 Absatz 1 oder § 2 Absatz 2 des Umwelt-Rechtsbehelfsgesetzes[2] erfüllen. [4] Für die Entscheidung über den Erlass der nachträglichen Anordnung gilt § 10 Absatz 7 bis 8a entsprechend.

(1b) Absatz 1a gilt für den Erlass einer nachträglichen Anordnung entsprechend, bei der von der Behörde auf Grundlage einer Verordnung nach § 7 Absatz 1b oder einer Verwaltungsvorschrift nach § 48 Absatz 1b weniger strenge Emissionsbegrenzungen festgelegt werden sollen.

(2) [1] Die zuständige Behörde darf eine nachträgliche Anordnung nicht treffen, wenn sie unverhältnismäßig ist, vor allem wenn der mit der Erfüllung der Anordnung verbundene Aufwand außer Verhältnis zu dem mit der Anordnung angestrebten Erfolg steht; dabei sind insbesondere Art, Menge und Gefährlichkeit der von der Anlage ausgehenden Emissionen und der von ihr verursachten Immissionen sowie die Nutzungsdauer und technische Besonderheiten der Anlage zu berücksichtigen. [2] Darf eine nachträgliche Anordnung wegen Unverhältnismäßigkeit nicht getroffen werden, soll die zuständige Behörde die Genehmigung unter den Voraussetzungen des § 21 Absatz 1 Nummer 3 bis 5 ganz oder teilweise widerrufen; § 21 Absatz 3 bis 6 sind anzuwenden.

(2a) § 12 Absatz 1a gilt für Anlagen nach der Industrieemissions-Richtlinie entsprechend.

(2b) [1] Abweichend von Absatz 2a kann die zuständige Behörde weniger strenge Emissionsbegrenzungen festlegen, wenn

1. wegen technischer Merkmale der Anlage die Anwendung der in den BVT-Schlussfolgerungen genannten Emissionsbandbreiten unverhältnismäßig wäre und die Behörde dies begründet oder

2. in Anlagen Zukunftstechniken für einen Gesamtzeitraum von höchstens neun Monaten erprobt oder angewendet werden sollen, sofern nach dem festgelegten Zeitraum die Anwendung der betreffenden Technik beendet wird oder in der Anlage mindestens die mit den besten verfügbaren Techniken assoziierten Emissionsbandbreiten erreicht werden.

[2] § 12 Absatz 1b Satz 2 und 3 gilt entsprechend. [3] Absatz 1a gilt entsprechend.

[1] § 17 Abs. 1b eingef., Abs. 4 Satz 2 angef. mWv 7.12.2016 durch G v. 30.11.2016 (BGBl. I S. 2749).
[2] Nr. **293**.

(3) Soweit durch Rechtsverordnung die Anforderungen nach § 5 Absatz 1 Nummer 2 abschließend festgelegt sind, dürfen durch nachträgliche Anordnungen weitergehende Anforderungen zur Vorsorge gegen schädliche Umwelteinwirkungen nicht gestellt werden.

(3a) [1] Die zuständige Behörde soll von nachträglichen Anordnungen absehen, soweit in einem vom Betreiber vorgelegten Plan technische Maßnahmen an dessen Anlagen oder an Anlagen Dritter vorgesehen sind, die zu einer weitergehenden Verringerung der Emissionsfrachten führen als die Summe der Minderungen, die durch den Erlass nachträglicher Anordnungen zur Erfüllung der sich aus diesem Gesetz oder den auf Grund dieses Gesetzes erlassenen Rechtsverordnungen ergebenden Pflichten bei den beteiligten Anlagen erreichbar wäre und hierdurch der in § 1 genannte Zweck gefördert wird. [2] Dies gilt nicht, soweit der Betreiber bereits zur Emissionsminderung auf Grund einer nachträglichen Anordnung nach Absatz 1 oder einer Auflage nach § 12 Absatz 1 verpflichtet ist oder eine nachträgliche Anordnung nach Absatz 1 Satz 2 getroffen werden soll. [3] Der Ausgleich ist nur zwischen denselben oder in der Wirkung auf die Umwelt vergleichbaren Stoffen zulässig. [4] Die Sätze 1 bis 3 gelten auch für nicht betriebsbereite Anlagen, für die die Genehmigung zur Errichtung und zum Betrieb erteilt ist oder für die in einem Vorbescheid oder einer Teilgenehmigung Anforderungen nach § 5 Absatz 1 Nummer 2 festgelegt sind. [5] Die Durchführung der Maßnahmen des Plans ist durch Anordnung sicherzustellen.

(4) [1] Ist es zur Erfüllung der Anordnung erforderlich, die Lage, die Beschaffenheit oder den Betrieb der Anlage wesentlich zu ändern und ist in der Anordnung nicht abschließend bestimmt, in welcher Weise sie zu erfüllen ist, so bedarf die Änderung der Genehmigung nach § 16. [2] Ist zur Erfüllung der Anordnung die störfallrelevante Änderung einer Anlage erforderlich, die Betriebsbereich oder Bestandteil eines Betriebsbereichs ist, und wird durch diese Änderung der angemessene Sicherheitsabstand erstmalig unterschritten, wird der bereits unterschrittene Sicherheitsabstand räumlich noch weiter unterschritten oder wird eine erhebliche Gefahrenerhöhung ausgelöst, so bedarf die Änderung einer Genehmigung nach § 16 oder § 16a, wenn in der Anordnung nicht abschließend bestimmt ist, in welcher Weise sie zu erfüllen ist.

(4a) [1] Zur Erfüllung der Pflichten nach § 5 Absatz 3 soll bei Abfallentsorgungsanlagen im Sinne des § 4 Absatz 1 Satz 1 auch eine Sicherheitsleistung angeordnet werden. [2] Nach der Einstellung des gesamten Betriebs können Anordnungen zur Erfüllung der sich aus § 5 Absatz 3 ergebenden Pflichten nur noch während eines Zeitraums von einem Jahr getroffen werden.

(4b) Anforderungen im Sinne des § 12 Absatz 2c können auch nachträglich angeordnet werden.

(5) Die Absätze 1 bis 4b gelten entsprechend für Anlagen, die nach § 67 Absatz 2 anzuzeigen sind oder vor Inkrafttreten dieses Gesetzes nach § 16 Absatz 4 der Gewerbeordnung[1]) anzuzeigen waren.

§ 18 Erlöschen der Genehmigung. (1) Die Genehmigung erlischt, wenn

1. innerhalb einer von der Genehmigungsbehörde gesetzten angemessenen Frist nicht mit der Errichtung oder dem Betrieb der Anlage begonnen oder
2. eine Anlage während eines Zeitraums von mehr als drei Jahren nicht mehr betrieben

[1]) Nr. 800.

worden ist.

(2) Die Genehmigung erlischt ferner, soweit das Genehmigungserfordernis aufgehoben wird.

(3) Die Genehmigungsbehörde kann auf Antrag die Fristen nach Absatz 1 aus wichtigem Grunde verlängern, wenn hierdurch der Zweck des Gesetzes nicht gefährdet wird.

§ 19[1] Vereinfachtes Verfahren. (1) [1] Durch Rechtsverordnung[2] nach § 4 Absatz 1 Satz 3 kann vorgeschrieben werden, dass die Genehmigung von Anlagen bestimmter Art oder bestimmten Umfangs in einem vereinfachten Verfahren erteilt wird, sofern dies nach Art, Ausmaß und Dauer der von diesen Anlagen hervorgerufenen schädlichen Umwelteinwirkungen und sonstigen Gefahren, erheblichen Nachteilen und erheblichen Belästigungen mit dem Schutz der Allgemeinheit und der Nachbarschaft vereinbar ist. [2] Satz 1 gilt für Abfallentsorgungsanlagen entsprechend.

(2) In dem vereinfachten Verfahren sind § 10 Absatz 2, 3, 3a, 4, 6, 7 Satz 2 und 3, Absatz 8 und 9 sowie die §§ 11 und 14 nicht anzuwenden.

(3) Die Genehmigung ist auf Antrag des Trägers des Vorhabens abweichend von den Absätzen 1 und 2 nicht in einem vereinfachten Verfahren zu erteilen.

(4) [1] Die Genehmigung einer Anlage, die Betriebsbereich oder Bestandteil eines Betriebsbereichs ist, kann nicht im vereinfachten Verfahren erteilt werden, wenn durch deren störfallrelevante Errichtung und Betrieb der angemessene Sicherheitsabstand zu benachbarten Schutzobjekten unterschritten wird oder durch deren störfallrelevante Änderung der angemessene Sicherheitsabstand zu benachbarten Schutzobjekten erstmalig unterschritten wird, der bereits unterschrittene Sicherheitsabstand räumlich noch weiter unterschritten wird oder eine erhebliche Gefahrenerhöhung ausgelöst wird. [2] In diesen Fällen ist das Verfahren nach § 10 mit Ausnahme von Absatz 4 Nummer 3 und Absatz 6 anzuwenden. [3] § 10 Absatz 3 Satz 4 ist mit der Maßgabe anzuwenden, dass nur die Personen Einwendungen erheben können, deren Belange berührt sind oder Vereinigungen, welche die Anforderungen des § 3 Absatz 1 oder des § 2 Absatz 2 des Umwelt-Rechtsbehelfsgesetzes[3] erfüllen. [4] Bei störfallrelevanten Änderungen ist § 16 Absatz 3 entsprechend anzuwenden. [5] Die Sätze 1 bis 4 gelten nicht, soweit dem Gebot, den angemessenen Sicherheitsabstand zu wahren, bereits auf Ebene einer raumbedeutsamen Planung oder Maßnahme durch verbindliche Vorgaben Rechnung getragen worden ist.

§ 20[4] Untersagung, Stilllegung und Beseitigung. (1) [1] Kommt der Betreiber einer genehmigungsbedürftigen Anlage einer Auflage, einer vollziehbaren nachträglichen Anordnung oder einer abschließend bestimmten Pflicht aus einer Rechtsverordnung nach § 7 nicht nach und betreffen die Auflage, die Anordnung oder die Pflicht die Beschaffenheit oder den Betrieb der Anlage, so

[1] § 19 Abs. 4 angef. mWv 7.12.2016 durch G v. 30.11.2016 (BGBl. I S. 2749); Abs. 2 geänd. mWv 2.6.2017 durch G v. 29.5.2017 (BGBl. I S. 1298).
[2] Siehe die Anmerkung am Titel.
[3] Nr. **293**.
[4] § 20 Abs. 1a Satz 1 geänd., Satz 2 eingef., bish. Satz 2 wird Satz 3 und geänd. mWv 7.12.2016 durch G v. 30.11.2016 (BGBl. I S. 2749).

kann die zuständige Behörde den Betrieb ganz oder teilweise bis zur Erfüllung der Auflage, der Anordnung oder der Pflichten aus der Rechtsverordnung nach § 7 untersagen. [2]Die zuständige Behörde hat den Betrieb ganz oder teilweise nach Satz 1 zu untersagen, wenn ein Verstoß gegen die Auflage, Anordnung oder Pflicht eine unmittelbare Gefährdung der menschlichen Gesundheit verursacht oder eine unmittelbare erhebliche Gefährdung der Umwelt darstellt.

(1 a) [1]Die zuständige Behörde hat die Inbetriebnahme oder Weiterführung einer genehmigungsbedürftigen Anlage, die Betriebsbereich oder Bestandteil eines Betriebsbereichs ist und gewerblichen Zwecken dient oder im Rahmen wirtschaftlicher Unternehmungen Verwendung findet, ganz oder teilweise zu untersagen, solange und soweit die von dem Betreiber getroffenen Maßnahmen zur Verhütung schwerer Unfälle im Sinne des Artikels 3 Nummer 13 der Richtlinie 2012/18/EU oder zur Begrenzung der Auswirkungen derartiger Unfälle eindeutig unzureichend sind. [2]Bei der Entscheidung über eine Untersagung berücksichtigt die zuständige Behörde auch schwerwiegende Unterlassungen in Bezug auf erforderliche Folgemaßnahmen, die in einem Überwachungsbericht nach § 16 Absatz 2 Nummer 1 der Störfall-Verordnung[1]) festgelegt worden sind. [3]Die zuständige Behörde kann die Inbetriebnahme oder Weiterführung einer Anlage im Sinne des Satzes 1 ganz oder teilweise untersagen, wenn der Betreiber die in einer zur Umsetzung der Richtlinie 2012/18/EU erlassenen Rechtsverordnung[2]) vorgeschriebenen Mitteilungen, Berichte oder sonstigen Informationen nicht fristgerecht übermittelt.

(2) [1]Die zuständige Behörde soll anordnen, dass eine Anlage, die ohne die erforderliche Genehmigung errichtet, betrieben oder wesentlich geändert wird, stillzulegen oder zu beseitigen ist. [2]Sie hat die Beseitigung anzuordnen, wenn die Allgemeinheit oder die Nachbarschaft nicht auf andere Weise ausreichend geschützt werden kann.

(3) [1]Die zuständige Behörde kann den weiteren Betrieb einer genehmigungsbedürftigen Anlage durch den Betreiber oder einen mit der Leitung des Betriebs Beauftragten untersagen, wenn Tatsachen vorliegen, welche die Unzuverlässigkeit dieser Personen in Bezug auf die Einhaltung von Rechtsvorschriften zum Schutz vor schädlichen Umwelteinwirkungen dartun, und die Untersagung zum Wohl der Allgemeinheit geboten ist. [2]Dem Betreiber der Anlage kann auf Antrag die Erlaubnis erteilt werden, die Anlage durch eine Person betreiben zu lassen, die die Gewähr für den ordnungsgemäßen Betrieb der Anlage bietet. [3]Die Erlaubnis kann mit Auflagen verbunden werden.

§ 21 Widerruf der Genehmigung. (1) Eine nach diesem Gesetz erteilte rechtmäßige Genehmigung darf, auch nachdem sie unanfechtbar geworden ist, ganz oder teilweise mit Wirkung für die Zukunft nur widerrufen werden,

1. wenn der Widerruf gemäß § 12 Absatz 2 Satz 2 oder Absatz 3 vorbehalten ist;

2. wenn mit der Genehmigung eine Auflage verbunden ist und der Begünstigte diese nicht oder nicht innerhalb einer ihm gesetzten Frist erfüllt hat;

[1]) **Sartorius ErgBd. Nr. 296/12.**
[2]) Siehe die Anmerkung zum Titel.

3. wenn die Genehmigungsbehörde auf Grund nachträglich eingetretener Tatsachen berechtigt wäre, die Genehmigung nicht zu erteilen, und wenn ohne den Widerruf das öffentliche Interesse gefährdet würde;

4. wenn die Genehmigungsbehörde auf Grund einer geänderten Rechtsvorschrift berechtigt wäre, die Genehmigung nicht zu erteilen, soweit der Betreiber von der Genehmigung noch keinen Gebrauch gemacht hat, und wenn ohne den Widerruf das öffentliche Interesse gefährdet würde;

5. um schwere Nachteile für das Gemeinwohl zu verhüten oder zu beseitigen.

(2) Erhält die Genehmigungsbehörde von Tatsachen Kenntnis, welche den Widerruf einer Genehmigung rechtfertigen, so ist der Widerruf nur innerhalb eines Jahres seit dem Zeitpunkt der Kenntnisnahme zulässig.

(3) Die widerrufene Genehmigung wird mit dem Wirksamwerden des Widerrufs unwirksam, wenn die Genehmigungsbehörde keinen späteren Zeitpunkt bestimmt.

(4) [1] Wird die Genehmigung in den Fällen des Absatzes 1 Nr. 3 bis 5 widerrufen, so hat die Genehmigungsbehörde den Betroffenen auf Antrag für den Vermögensnachteil zu entschädigen, den dieser dadurch erleidet, dass er auf den Bestand der Genehmigung vertraut hat, soweit sein Vertrauen schutzwürdig ist. [2] Der Vermögensnachteil ist jedoch nicht über den Betrag des Interesses hinaus zu ersetzen, das der Betroffene an dem Bestand der Genehmigung hat. [3] Der auszugleichende Vermögensnachteil wird durch die Genehmigungsbehörde festgesetzt. [4] Der Anspruch kann nur innerhalb eines Jahres geltend gemacht werden; die Frist beginnt, sobald die Genehmigungsbehörde den Betroffenen auf sie hingewiesen hat.

(5) Die Länder können die in Absatz 4 Satz 1 getroffene Bestimmung des Entschädigungspflichtigen abweichend regeln.

(6) Für Streitigkeiten über die Entschädigung ist der ordentliche Rechtsweg gegeben.

(7) Die Absätze 1 bis 6 gelten nicht, wenn eine Genehmigung, die von einem Dritten angefochten worden ist, während des Vorverfahrens oder während des verwaltungsgerichtlichen Verfahrens aufgehoben wird, soweit dadurch dem Widerspruch oder der Klage abgeholfen wird.

Zweiter Abschnitt. Nicht genehmigungsbedürftige Anlagen

§ 22 Pflichten der Betreiber nicht genehmigungsbedürftiger Anlagen.
(1) [1] Nicht genehmigungsbedürftige Anlagen sind so zu errichten und zu betreiben, dass

1. schädliche Umwelteinwirkungen verhindert werden, die nach dem Stand der Technik vermeidbar sind,

2. nach dem Stand der Technik unvermeidbare schädliche Umwelteinwirkungen auf ein Mindestmaß beschränkt werden und

3. die beim Betrieb der Anlagen entstehenden Abfälle ordnungsgemäß beseitigt werden können.

[2] Die Bundesregierung wird ermächtigt, nach Anhörung der beteiligten Kreise (§ 51) durch Rechtsverordnung mit Zustimmung des Bundesrates auf Grund *der Art oder Menge* aller oder einzelner anfallender Abfälle die Anlagen zu bestimmen, für die die Anforderungen des § 5 Absatz 1 Nummer 3 entspre-

chend gelten. [3] Für Anlagen, die nicht gewerblichen Zwecken dienen und nicht im Rahmen wirtschaftlicher Unternehmungen Verwendung finden, gilt die Verpflichtung des Satzes 1 nur, soweit sie auf die Verhinderung oder Beschränkung von schädlichen Umwelteinwirkungen durch Luftverunreinigungen, Geräusche oder von Funkanlagen ausgehende nichtionisierende Strahlen gerichtet ist.

(1 a) [1] Geräuscheinwirkungen, die von Kindertageseinrichtungen, Kinderspielplätzen und ähnlichen Einrichtungen wie beispielsweise Ballspielplätzen durch Kinder hervorgerufen werden, sind im Regelfall keine schädliche Umwelteinwirkung. [2] Bei der Beurteilung der Geräuscheinwirkungen dürfen Immissionsgrenz- und -richtwerte nicht herangezogen werden.

(2) Weitergehende öffentlich-rechtliche Vorschriften bleiben unberührt.

§ 23[1]) **Anforderungen an die Errichtung, die Beschaffenheit und den Betrieb nicht genehmigungsbedürftiger Anlagen.** (1) [1] Die Bundesregierung wird ermächtigt, nach Anhörung der beteiligten Kreise (§ 51) durch Rechtsverordnung[2]) mit Zustimmung des Bundesrates vorzuschreiben, dass die Errichtung, die Beschaffenheit und der Betrieb nicht genehmigungsbedürftiger Anlagen bestimmten Anforderungen zum Schutz der Allgemeinheit und der Nachbarschaft vor schädlichen Umwelteinwirkungen und, soweit diese Anlagen gewerblichen Zwecken dienen oder im Rahmen wirtschaftlicher Unternehmungen Verwendung finden und Betriebsbereiche oder Bestandteile von Betriebsbereichen sind, vor sonstigen Gefahren zur Verhütung schwerer Unfälle im Sinne des Artikels 3 Nummer 13 der Richtlinie 2012/18/EU und zur Begrenzung der Auswirkungen derartiger Unfälle für Mensch und Umwelt sowie zur Vorsorge gegen schädliche Umwelteinwirkungen genügen müssen, insbesondere dass

1. die Anlagen bestimmten technischen Anforderungen entsprechen müssen,

2. die von Anlagen ausgehenden Emissionen bestimmte Grenzwerte nicht überschreiten dürfen,

3. die Betreiber von Anlagen Messungen von Emissionen und Immissionen nach in der Rechtsverordnung näher zu bestimmenden Verfahren vorzunehmen haben oder von einer in der Rechtsverordnung zu bestimmenden Stelle vornehmen lassen müssen,

4. die Betreiber bestimmter Anlagen der zuständigen Behörde unverzüglich die Inbetriebnahme oder eine Änderung einer Anlage, die für die Erfüllung von in der Rechtsverordnung vorgeschriebenen Pflichten von Bedeutung sein kann, anzuzeigen haben,

4 a. Die Betreiber von Anlagen, die Betriebsbereiche oder Bestandteile von Betriebsbereichen sind, innerhalb einer angemessenen Frist vor Errichtung vor Inbetriebnahme oder vor einer Änderung dieser Anlagen, die für die Erfüllung von in der Rechtsverordnung vorgeschriebenen Pflichten von Bedeutung sein kann, dies der zuständigen Behörde anzuzeigen haben und

5. bestimmte Anlagen nur betrieben werden dürfen, nachdem die Bescheinigung eines von der nach Landesrecht zuständigen Behörde bekannt gegebenen Sachverständigen vorgelegt worden ist, dass die Anlage den Anforderungen der Rechtsverordnung oder einer Bauartzulassung nach § 33 entspricht.

[1]) § 23 Abs. 1 Satz 1 geänd. mWv 7. 12. 2016 durch G v. 30. 11. 2016 (BGBl. I S. 2749).
[2]) Siehe die Anmerkung am Titel

[2] In der Rechtsverordnung nach Satz 1 können auch die Anforderungen bestimmt werden, denen Sachverständige hinsichtlich ihrer Fachkunde, Zuverlässigkeit und gerätetechnischen Ausstattung genügen müssen. [3] Wegen der Anforderungen nach Satz 1 Nr. 1 bis 3 gilt § 7 Absatz 5 entsprechend.

(1 a) [1] Für bestimmte nicht genehmigungsbedürftige Anlagen kann durch Rechtsverordnung nach Absatz 1 vorgeschrieben werden, dass auf Antrag des Trägers des Vorhabens ein Verfahren zur Erteilung einer Genehmigung nach § 4 Absatz 1 Satz 1 in Verbindung mit § 6 durchzuführen ist. [2] Im Falle eines Antrags nach Satz 1 sind für die betroffene Anlage an Stelle der für nicht genehmigungsbedürftige Anlagen geltenden Vorschriften die Vorschriften über genehmigungsbedürftige Anlagen anzuwenden. [3] Für das Verfahren gilt § 19 Absatz 2 und 3 entsprechend.

(2) [1] Soweit die Bundesregierung von der Ermächtigung keinen Gebrauch macht, sind die Landesregierungen ermächtigt, durch Rechtsverordnung Vorschriften im Sinne des Absatzes 1 zu erlassen. [2] Die Landesregierungen können die Ermächtigung auf eine oder mehrere oberste Landesbehörden übertragen.

§ 23 a[1]) Anzeigeverfahren für nicht genehmigungsbedürftige Anlagen, die Betriebsbereich oder Bestandteil eines Betriebsbereichs sind.

(1) [1] Die störfallrelevante Errichtung und der Betrieb oder die störfallrelevante Änderung einer nicht genehmigungsbedürftigen Anlage, die Betriebsbereich oder Bestandteil eines Betriebsbereichs ist, ist der zuständigen Behörde vor ihrer Durchführung schriftlich oder elektronisch anzuzeigen, sofern eine Genehmigung nach Absatz 3 in Verbindung mit § 23 b nicht beantragt wird. [2] Der Anzeige sind alle Unterlagen beizufügen, die für die Feststellung nach Absatz 2 erforderlich sein können; die zuständige Behörde kann bei einer elektronischen Anzeige Mehrausfertigungen sowie die Übermittlung der der Anzeige beizufügenden Unterlagen auch in schriftlicher Form verlangen. [3] Soweit es zur Ermittlung des angemessenen Sicherheitsabstands erforderlich ist, kann die zuständige Behörde ein Gutachten zu den Auswirkungen verlangen, die bei schweren Unfällen durch die Anlage hervorgerufen werden können. [4] Die zuständige Behörde hat dem Träger des Vorhabens den Eingang der Anzeige und der beigefügten Unterlagen unverzüglich schriftlich oder elektronisch zu bestätigen. [5] Sie teilt dem Träger des Vorhabens nach Eingang der Anzeige unverzüglich mit, welche zusätzlichen Unterlagen sie für die Feststellung nach Absatz 2 benötigt.

(2) [1] Die zuständige Behörde hat festzustellen, ob durch die störfallrelevante Errichtung und den Betrieb oder die störfallrelevante Änderung der Anlage der angemessene Sicherheitsabstand zu benachbarten Schutzobjekten erstmalig unterschritten wird, räumlich noch weiter unterschritten wird oder eine erhebliche Gefahrenerhöhung ausgelöst wird. [2] Diese Feststellung ist dem Träger des Vorhabens spätestens zwei Monate nach Eingang der Anzeige und der erforderlichen Unterlagen bekannt zu geben und der Öffentlichkeit nach den Bestimmungen des Bundes und der Länder über den Zugang zu Umweltinformationen zugänglich zu machen. [3] Wird kein Genehmigungsverfahren nach § 23 b durchgeführt, macht die zuständige Behörde dies in ihrem amtlichen Veröffentlichungsblatt und entweder im Internet oder in örtlichen Tageszeitungen, die im Bereich des Standortes des Betriebsbereichs verbreitet sind, öffentlich bekannt. [4] Der Träger

[1] § 23 a eingef. mWv 7. 12. 2016 durch G v. 30. 11. 2016 (BGBl. I S. 2749); Abs. 1 Sätze 1, 2 und 4 geänd. mWv 5. 4. 2017 durch G v. 29. 3. 2017 (BGBl. I S. 626).

des Vorhabens darf die Errichtung und den Betrieb oder die Änderung vornehmen, sobald die zuständige Behörde ihm mitteilt, dass sein Vorhaben keiner Genehmigung bedarf.

(3) Auf Antrag des Trägers des Vorhabens führt die zuständige Behörde das Genehmigungsverfahren nach §23b auch ohne die Feststellung nach Absatz 2 Satz 1 durch.

§ 23b[1]) **Störfallrechtliches Genehmigungsverfahren.** (1) [1] Ergibt die Feststellung nach §23a Absatz 2 Satz 1, dass der angemessene Sicherheitsabstand erstmalig unterschritten wird, räumlich noch weiter unterschritten wird oder eine erhebliche Gefahrenerhöhung ausgelöst wird, bedarf die störfallrelevante Errichtung und der Betrieb oder die störfallrelevante Änderung einer nicht genehmigungsbedürftigen Anlage, die Betriebsbereich oder Bestandteil eines Betriebsbereichs ist, einer störfallrechtlichen Genehmigung. [2] Dies gilt nicht, soweit dem Gebot, den angemessenen Sicherheitsabstand zu wahren, bereits auf Ebene einer raumbedeutsamen Planung oder Maßnahme durch verbindliche Vorgaben Rechnung getragen worden ist. [3] Die Genehmigung setzt einen schriftlichen oder elektronischen Antrag voraus. [4] § 10 Absatz 1 Satz 4 und Absatz 2 gilt entsprechend. [5] Die Genehmigung ist zu erteilen, wenn sichergestellt ist, dass die Anforderungen des § 22 und der auf Grundlage des § 23 erlassenen Rechtsverordnungen eingehalten werden und andere öffentlich-rechtliche Vorschriften und Belange des Arbeitsschutzes nicht entgegenstehen. [6] Die Genehmigung kann unter Bedingungen erteilt und mit Auflagen verbunden werden, soweit dies erforderlich ist, um die Erfüllung der Genehmigungsvoraussetzungen sicherzustellen. [7] Die Genehmigung schließt andere die Anlage betreffende behördliche Entscheidungen mit Ausnahme von Planfeststellungen, Zulassungen bergrechtlicher Betriebspläne, behördlichen Entscheidungen auf Grund atomrechtlicher Vorschriften und wasserrechtlichen Erlaubnissen und Bewilligungen nach § 8 in Verbindung mit § 10 des Wasserhaushaltsgesetzes[2]). [8] Die §§ 8, 8a, 9 und 18 gelten entsprechend.

(2) [1] Im Genehmigungsverfahren ist die Öffentlichkeit zu beteiligen. [2] Dazu macht die zuständige Behörde das Vorhaben öffentlich bekannt und legt den Antrag, die vom Antragsteller vorgelegten Unterlagen mit Ausnahme der Unterlagen nach Absatz 1 Satz 4 sowie die entscheidungserheblichen Berichte und Empfehlungen, die der Behörde im Zeitpunkt der Bekanntmachung vorliegen, einen Monat zur Einsicht aus. [3] Personen, deren Belange durch das Vorhaben berührt werden sowie Vereinigungen, welche die Anforderungen des § 3 Absatz 1 oder § 2 Absatz 2 des Umwelt-Rechtsbehelfsgesetzes[3]) erfüllen, können innerhalb der in § 10 Absatz 3 Satz 4 erster Halbsatz genannten Frist gegenüber der zuständigen Behörde schriftlich oder elektronisch Einwendungen erheben. [4] § 10 Absatz 3 Satz 5 und Absatz 3a gilt entsprechend. [5] Einwendungen, die auf besonderen privatrechtlichen Titeln beruhen, sind auf den Rechtsweg vor den ordentlichen Gerichten zu verweisen.

[1]) § 23b eingef. mWv 7.12.2016 durch G v. 30.11.2016 (BGBl. I S. 2749); Abs. 1 Satz 3 geänd., Satz 4 neu gef., Abs. 2 Satz 3 geänd. mWv 5.4.2017 durch G v. 29.3.2017 (BGBl. I S. 626); Abs. 2 Satz 3 geänd., Satz 4 eingef., bish. Satz 4 wird Satz 5 mWv 2.6.2017 durch G v. 29.5.2017 (BGBl. I S. 1298).

[2]) Nr. **845**.

[3]) Nr. **293**.

(3) ¹ Die Genehmigungsbehörde holt die Stellungnahmen der Behörden ein, deren Aufgabenbereich durch das Vorhaben berührt wird. ² Soweit für das Vorhaben selbst oder für weitere damit unmittelbar in Zusammenhang stehende Vorhaben, die Auswirkungen auf die Umwelt haben können und die für die Genehmigung Bedeutung haben, eine Zulassung nach anderen Gesetzen vorgeschrieben ist, hat die Genehmigungsbehörde eine vollständige Koordinierung der Zulassungsverfahren sowie der Inhalts- und Nebenbestimmungen sicherzustellen.

(4) ¹ Über den Antrag auf störfallrelevante Errichtung und Betrieb einer Anlage hat die zuständige Behörde innerhalb einer Frist von sieben Monaten nach Eingang des Antrags und der erforderlichen Unterlagen zu entscheiden. ² Über den Antrag auf störfallrelevante Änderung einer Anlage ist innerhalb einer Frist von sechs Monaten nach Eingang des Antrags und der erforderlichen Unterlagen zu entscheiden. ³ Die zuständige Behörde kann die jeweilige Frist um drei Monate verlängern, wenn dies wegen der Schwierigkeit der Prüfung oder aus Gründen, die dem Antragsteller zuzurechnen sind, erforderlich ist. ⁴ Die Fristverlängerung soll gegenüber dem Antragsteller begründet werden. ⁵ § 10 Absatz 7 Satz 1 gilt entsprechend.

(5) Die Bundesregierung wird ermächtigt, durch Rechtsverordnung mit Zustimmung des Bundesrates weitere Einzelheiten des Verfahrens nach den Absätzen 1 bis 4 zu regeln, insbesondere

1. Form und Inhalt des Antrags,
2. Verfahren und Inhalt der Bekanntmachung und Auslegung des Vorhabens durch die zuständige Behörde sowie
3. Inhalt und Bekanntmachung des Genehmigungsbescheids.

§ 23c¹⁾ Betriebsplanzulassung nach dem Bundesberggesetz. ¹ Die §§ 23a und 23b Absatz 1, 3 und 4 gelten nicht für die störfallrelevante Errichtung und den Betrieb oder die störfallrelevante Änderung einer nicht genehmigungsbedürftigen Anlage, die Betriebsbereich oder Bestandteil eines Betriebsbereichs ist, wenn für die Errichtung und den Betrieb oder die Änderung eine Betriebsplanzulassung nach dem Bundesberggesetz erforderlich ist. ² § 23b Absatz 2 ist für die in Satz 1 genannten Vorhaben unter den in § 57d des Bundesberggesetzes genannten Bedingungen entsprechend anzuwenden. ³ Die Regelungen, die auf Grundlage des § 23b Absatz 5 durch Rechtsverordnung getroffen werden, gelten für die in Satz 1 genannten Vorhaben, soweit § 57d des Bundesberggesetzes dies anordnet.

§ 24 Anordnungen im Einzelfall. ¹ Die zuständige Behörde kann im Einzelfall die zur Durchführung des § 22 und der auf dieses Gesetz gestützten Rechtsverordnungen erforderlichen Anordnungen treffen. ² Kann das Ziel der Anordnung auch durch eine Maßnahme zum Zwecke des Arbeitsschutzes erreicht werden, soll diese angeordnet werden.

§ 25²⁾ Untersagung. (1) Kommt der Betreiber einer Anlage einer vollziehbaren behördlichen Anordnung nach § 24 Satz 1 nicht nach, so kann die zuständige Behörde den Betrieb der Anlage ganz oder teilweise bis zur Erfüllung der Anordnung untersagen.

¹⁾ § 23c eingef. mWv 7.12.2016 durch G v. 30.11.2016 (BGBl. I S. 2749).
²⁾ § 25 Abs. 1a Satz 1 geänd., Satz 2 eingef., bish. Satz 2 wird Satz 3 und neu gef. mWv 7.12.2016 durch G v. 30.11.2016 (BGBl. I S. 2749).

(1a) [1] Die zuständige Behörde hat die Inbetriebnahme oder Weiterführung einer nicht genehmigungsbedürftigen Anlage, die Betriebsbereich oder Bestandteil eines Betriebsbereichs ist und gewerblichen Zwecken dient oder im Rahmen wirtschaftlicher Unternehmungen Verwendung findet, ganz oder teilweise zu untersagen, solange und soweit die von dem Betreiber getroffenen Maßnahmen zur Verhütung schwerer Unfälle im Sinne des Artikels 3 Nummer 13 der Richtlinie 2012/18/EU oder zur Begrenzung der Auswirkungen derartiger Unfälle eindeutig unzureichend sind. [2] Bei der Entscheidung über eine Untersagung berücksichtigt die zuständige Behörde auch schwerwiegende Unterlassungen in Bezug auf erforderliche Folgemaßnahmen, die in einem Überwachungsbericht nach § 16 Absatz 2 Nummer 1 der Störfall-Verordnung[1]) festgelegt worden sind. [3] Die zuständige Behörde kann die Inbetriebnahme oder die Weiterführung einer Anlage im Sinne des Satzes 1 außerdem ganz oder teilweise untersagen, wenn der Betreiber

1. die in einer zur Umsetzung der Richtlinie 2012/18/EU erlassenen Rechtsverordnung vorgeschriebenen Mitteilungen, Berichte oder sonstige Informationen nicht fristgerecht übermittelt oder

2. eine nach § 23a erforderliche Anzeige nicht macht oder die Anlage ohne die nach § 23b erforderliche Genehmigung störfallrelevant errichtet, betreibt oder störfallrelevant ändert.

(2) Wenn die von einer Anlage hervorgerufenen schädlichen Umwelteinwirkungen das Leben oder die Gesundheit von Menschen oder bedeutende Sachwerte gefährden, soll die zuständige Behörde die Errichtung oder den Betrieb der Anlage ganz oder teilweise untersagen, soweit die Allgemeinheit oder die Nachbarschaft nicht auf andere Weise ausreichend geschützt werden kann.

§ 25a[2]) Stilllegung und Beseitigung nicht genehmigungsbedürftiger Anlagen, die Betriebsbereich oder Bestandteil eines Betriebsbereichs sind. [1] Die zuständige Behörde kann anordnen, dass eine Anlage, die Betriebsbereich oder Bestandteil eines Betriebsbereichs ist und ohne die erforderliche Genehmigung nach § 23b störfallrelevant errichtet oder geändert wird, ganz oder teilweise stillzulegen oder zu beseitigen ist. [2] Sie soll die Beseitigung anordnen, wenn die Allgemeinheit oder die Nachbarschaft nicht auf andere Weise ausreichend geschützt werden kann.

Dritter Abschnitt. Ermittlung von Emissionen und Immissionen, sicherheitstechnische Prüfungen

§ 26 Messungen aus besonderem Anlass. [1] Die zuständige Behörde kann anordnen, dass der Betreiber einer genehmigungsbedürftigen Anlage oder, soweit § 22 Anwendung findet, einer nicht genehmigungsbedürftigen Anlage Art und Ausmaß der von der Anlage ausgehenden Emissionen sowie die Immissionen im Einwirkungsbereich der Anlage durch eine der von der zuständigen Behörde eines Landes bekannt gegebenen Stellen ermitteln lässt, wenn zu befürchten ist, dass durch die Anlage schädliche Umwelteinwirkungen hervorgerufen werden. [2] Die zuständige Behörde ist befugt, Einzelheiten über Art und Umfang der Ermittlungen sowie über die Vorlage des Ermittlungsergebnisses vorzuschreiben.

[1]) **Sartorius ErgBd. Nr. 296/12.**
[2]) § 25a eingef. mWv 7.12.2016 durch G v. 30.11.2016 (BGBl. I S. 2749).

§ 27[1]) **Emissionserklärung.** (1) [1]Der Betreiber einer genehmigungsbedürftigen Anlage ist verpflichtet, der zuständigen Behörde innerhalb einer von ihr zu setzenden Frist oder zu dem in der Rechtsverordnung nach Absatz 4 festgesetzten Zeitpunkt Angaben zu machen über Art, Menge, räumliche und zeitliche Verteilung der Luftverunreinigungen, die von der Anlage in einem bestimmten Zeitraum ausgegangen sind, sowie über die Austrittsbedingungen (Emissionserklärung); er hat die Emissionserklärung nach Maßgabe der Rechtsverordnung nach Absatz 4 entsprechend dem neuesten Stand zu ergänzen. [2]§ 52 Absatz 5 gilt sinngemäß. [3]Satz 1 gilt nicht für Betreiber von Anlagen, von denen nur in geringem Umfang Luftverunreinigungen ausgehen können.

(2) [1]Auf die nach Absatz 1 erlangten Kenntnisse und Unterlagen sind die §§ 93, 97, 105 Absatz 1, § 111 Absatz 5 in Verbindung mit § 105 Absatz 1 sowie § 116 Absatz 1 der Abgabenordnung nicht anzuwenden. [2]Dies gilt nicht, soweit die Finanzbehörden die Kenntnisse für die Durchführung eines Verfahrens wegen einer Steuerstraftat sowie eines damit zusammenhängenden Besteuerungsverfahrens benötigen, an deren Verfolgung ein zwingendes öffentliches Interesse besteht, oder soweit es sich um vorsätzlich falsche Angaben des Auskunftspflichtigen oder der für ihn tätigen Personen handelt.

(3) [1]Der Inhalt der Emissionserklärung ist Dritten auf Antrag bekannt zu geben. [2]Einzelangaben der Emissionserklärung dürfen nicht veröffentlicht oder Dritten bekannt gegeben werden, wenn aus diesen Rückschlüsse auf Betriebsoder Geschäftsgeheimnisse gezogen werden können. [3]Bei Abgabe der Emissionserklärung hat der Betreiber der zuständigen Behörde mitzuteilen und zu begründen, welche Einzelangaben der Emissionserklärung Rückschlüsse auf Betriebs- oder Geschäftsgeheimnisse erlauben.

(4) [1]Die Bundesregierung wird ermächtigt, durch Rechtsverordnung[2]) mit Zustimmung des Bundesrates Inhalt, Umfang, Form und Zeitpunkt der Abgabe der Emissionserklärung, das bei der Ermittlung der Emissionen einzuhaltende Verfahren und den Zeitraum, innerhalb dessen die Emissionserklärung zu ergänzen ist, zu regeln. [2]In der Rechtsverordnung wird auch bestimmt, welche Betreiber genehmigungsbedürftiger Anlagen nach Absatz 1 Satz 3 von der Pflicht zur Abgabe einer Emissionserklärung befreit sind. [3]Darüber hinaus kann zur Erfüllung der Pflichten aus bindenden Rechtsakten der Europäischen Gemeinschaften oder der Europäischen Union in der Rechtsverordnung vorgeschrieben werden, dass die zuständigen Behörden über die nach Landesrecht zuständige Behörde dem Bundesministerium für Umwelt, Naturschutz und nukleare Sicherheit zu einem festgelegten Zeitpunkt Emissionsdaten zur Verfügung stellen, die den Emissionserklärungen zu entnehmen sind.

§ 28 Erstmalige und wiederkehrende Messungen bei genehmigungsbedürftigen Anlagen. [1]Die zuständige Behörde kann bei genehmigungsbedürftigen Anlagen

1. nach der Inbetriebnahme oder einer Änderung im Sinne des § 15 oder des § 16 und sodann

[1]) § 27 Abs. 4 Satz 3 geänd. *mWv 8.9.2015 durch VO v. 31.8.2015 (BGBl. I S. 1474)*; Abs. 4 Satz 3 geänd. *mWv 27.6.2020 durch VO v. 19.6.2020 (BGBl. I S. 1328).*
[2]) Siehe die Anmerkung am Titel.

2. nach Ablauf eines Zeitraums von jeweils drei Jahren Anordnungen nach § 26 auch ohne die dort genannten Voraussetzungen treffen. [2]Hält die Behörde wegen Art, Menge und Gefährlichkeit der von der Anlage ausgehenden Emissionen Ermittlungen auch während des in Nummer 2 genannten Zeitraums für erforderlich, so soll sie auf Antrag des Betreibers zulassen, dass diese Ermittlungen durch den Immissionsschutzbeauftragten durchgeführt werden, wenn dieser hierfür die erforderliche Fachkunde, Zuverlässigkeit und gerätetechnische Ausstattung besitzt.

§ 29 Kontinuierliche Messungen. (1) [1]Die zuständige Behörde kann bei genehmigungsbedürftigen Anlagen anordnen, dass statt durch Einzelmessungen nach § 26 oder § 28 oder neben solchen Messungen bestimmte Emissionen oder Immissionen unter Verwendung aufzeichnender Messgeräte fortlaufend ermittelt werden. [2]Bei Anlagen mit erheblichen Emissionsmassenströmen luftverunreinigender Stoffe sollen unter Berücksichtigung von Art und Gefährlichkeit dieser Stoffe Anordnungen nach Satz 1 getroffen werden, soweit eine Überschreitung der in Rechtsvorschriften, Auflagen oder Anordnungen festgelegten Emissionsbegrenzungen nach der Art der Anlage nicht ausgeschlossen werden kann.

(2) Die zuständige Behörde kann bei nicht genehmigungsbedürftigen Anlagen, soweit § 22 anzuwenden ist, anordnen, dass statt durch Einzelmessungen nach § 26 oder neben solchen Messungen bestimmte Emissionen oder Immissionen unter Verwendung aufzeichnender Messgeräte fortlaufend ermittelt werden, wenn dies zur Feststellung erforderlich ist, ob durch die Anlage schädliche Umwelteinwirkungen hervorgerufen werden.

§ 29 a Anordnung sicherheitstechnischer Prüfungen. (1) [1]Die zuständige Behörde kann anordnen, dass der Betreiber einer genehmigungsbedürftigen Anlage oder einer Anlage innerhalb eines Betriebsbereichs nach § 3 Absatz 5 a einen der von der zuständigen Behörde eines Landes bekannt gegebenen Sachverständigen mit der Durchführung bestimmter sicherheitstechnischer Prüfungen sowie Prüfungen von sicherheitstechnischen Unterlagen beauftragt. [2]In der Anordnung kann die Durchführung der Prüfungen durch den Störfallbeauftragten (§ 58 a), eine zugelassene Überwachungsstelle nach § 37 Absatz 1 des Produktsicherheitsgesetzes[1]) oder einen in einer für Anlagen nach § 2 Nummer 30 des Produktsicherheitsgesetzes erlassenen Rechtsverordnung genannten Sachverständigen gestattet werden, wenn diese die Anforderungen nach § 29 b Absatz 2 Satz 2 und 3 erfüllen; das Gleiche gilt für einen nach § 36 Absatz 1 der Gewerbeordnung[2]) bestellten Sachverständigen oder für Sachverständige, die im Rahmen von § 13 a der Gewerbeordnung ihre gewerbliche Tätigkeit nur vorübergehend und gelegentlich im Inland ausüben wollen, soweit eine besondere Sachkunde im Bereich sicherheitstechnischer Prüfungen nachgewiesen wird. [3]Die zuständige Behörde ist befugt, Einzelheiten über Art und Umfang der sicherheitstechnischen Prüfungen sowie über die Vorlage des Prüfungsergebnisses vorzuschreiben.

(2) [1]Prüfungen können angeordnet werden

[1]) Sartorius ErgBd. Nr. 803.
[2]) Nr. 800.

1. für einen Zeitpunkt während der Errichtung oder sonst vor der Inbetriebnahme der Anlage,

2. für einen Zeitpunkt nach deren Inbetriebnahme,

3. in regelmäßigen Abständen,

4. im Falle einer Betriebseinstellung oder

5. wenn Anhaltspunkte dafür bestehen, dass bestimmte sicherheitstechnische
Anforderungen nicht erfüllt werden.

² Satz 1 gilt entsprechend bei einer Änderung im Sinne des § 15 oder des § 16.

(3) Der Betreiber hat die Ergebnisse der sicherheitstechnischen Prüfungen
der zuständigen Behörde spätestens einen Monat nach Durchführung der
Prüfungen vorzulegen; er hat diese Ergebnisse unverzüglich vorzulegen, sofern
dies zur Abwehr gegenwärtiger Gefahren erforderlich ist.

§ 29 b[1) Bekanntgabe von Stellen und Sachverständigen. (1) Die Bekanntgabe von Stellen im Sinne von § 26, von Stellen im Sinne einer auf
Grund dieses Gesetzes erlassenen Rechtsverordnung oder von Sachverständigen
im Sinne von § 29 a durch die zuständige Behörde eines Landes berechtigt die
bekannt gegebenen Stellen und Sachverständigen, die in der Bekanntgabe festgelegten Ermittlungen oder Prüfungen auf Antrag eines Anlagenbetreibers
durchzuführen.

(2) ¹ Die Bekanntgabe setzt einen Antrag bei der zuständigen Behörde des
Landes voraus. ² Sie ist zu erteilen, wenn der Antragsteller oder die Antragstellerin über die erforderliche Fachkunde, Unabhängigkeit, Zuverlässigkeit und
gerätetechnische Ausstattung verfügt sowie die für die Aufgabenerfüllung erforderlichen organisatorischen Anforderungen erfüllt. ³ Sachverständige im Sinne von § 29 a müssen über eine Haftpflichtversicherung verfügen.

(3) ¹ Die Bundesregierung wird ermächtigt, nach Anhörung der beteiligten
Kreise (§ 51) durch Rechtsverordnung[2) mit Zustimmung des Bundesrates
Anforderungen an die Bekanntgabe von Stellen und Sachverständigen sowie an
bekannt gegebene Stellen und Sachverständige zu regeln. ² In der Rechtsverordnung nach Satz 1 können insbesondere

1. Anforderungen an die Gleichwertigkeit nicht inländischer Anerkennungen
und Nachweise bestimmt werden,

2. Anforderungen an das Verfahren der Bekanntgabe und ihrer Aufhebung
bestimmt werden,

3. Anforderungen an den Inhalt der Bekanntgabe bestimmt werden, insbesondere, dass sie mit Nebenbestimmungen versehen und für das gesamte Bundesgebiet erteilt werden kann,

4. Anforderungen an die Organisationsform der bekannt zu gebenden Stellen
bestimmt werden,

5. Anforderungen an die Struktur bestimmt werden, die die Sachverständigen
der Erfüllung ihrer Aufgaben zugrunde legen,

¹⁾ § 29 b Abs. 3 Satz 2 Nr. 3 ber. gem. BGBl. 2013 I S. 3753.
²⁾ Siehe die Anmerkung zum Titel.

6. Anforderungen an die Fachkunde, Zuverlässigkeit, Unabhängigkeit und geräte-technische Ausstattung der bekannt zu gebenden Stellen und Sachverständigen bestimmt werden,
7. Pflichten der bekannt gegebenen Stellen und Sachverständigen festgelegt werden.

§ 30 Kosten der Messungen und sicherheitstechnischen Prüfungen.

[1]Die Kosten für die Ermittlungen der Emissionen und Immissionen sowie für die sicherheitstechnischen Prüfungen trägt der Betreiber der Anlage. [2]Bei nicht genehmigungsbedürftigen Anlagen trägt der Betreiber die Kosten für Ermittlungen nach § 26 oder § 29 Absatz 2 nur, wenn die Ermittlungen ergeben, dass

1. Auflagen oder Anordnungen nach den Vorschriften dieses Gesetzes oder der auf dieses Gesetz gestützten Rechtsverordnungen nicht erfüllt worden sind oder
2. Anordnungen oder Auflagen nach den Vorschriften dieses Gesetzes oder der auf dieses Gesetz gestützten Rechtsverordnungen geboten sind.

§ 31[1]) Auskunftspflichten des Betreibers.

(1) [1]Der Betreiber einer Anlage nach der Industrieemissions-Richtlinie hat nach Maßgabe der Nebenbestimmungen der Genehmigung oder auf Grund von Rechtsverordnungen der zuständigen Behörde jährlich Folgendes vorzulegen:

1. eine Zusammenfassung der Ergebnisse der Emissionsüberwachung,
2. sonstige Daten, die erforderlich sind, um die Einhaltung der Genehmigungs-anforderungen gemäß § 6 Absatz 1 Nummer 1 zu überprüfen.

[2]Die Pflicht nach Satz 1 besteht nicht, soweit die erforderlichen Angaben der zuständigen Behörde bereits auf Grund anderer Vorschriften vorzulegen sind. [3]Wird in einer Rechtsverordnung nach § 7 ein Emissionsgrenzwert nach § 7 Absatz 1a, in einer Verwaltungsvorschrift nach § 48 ein Emissionswert nach § 48 Absatz 1a oder in einer Genehmigung nach § 12 Absatz 1 oder einer nach-träglichen Anordnung nach § 17 Absatz 2a eine Emissionsbegrenzung nach § 12 Absatz 1a oder § 17 Absatz 2a oberhalb der in den BVT-Schlussfolgerungen genannten Emissionsbandbreiten bestimmt, so hat die Zusammenfassung nach Satz 1 Nummer 1 einen Vergleich mit den in den BVT-Schlussfolgerungen genannten Emissionsbandbreiten zu ermöglichen.

(2) [1]Der Betreiber einer Anlage nach der Industrieemissions-Richtlinie kann von der zuständigen Behörde verpflichtet werden, diejenigen Daten zu übermit-teln, deren Übermittlung nach einem Durchführungsrechtsakt nach Artikel 72 Absatz 2 der Richtlinie 2010/75/EU vorgeschrieben ist und die zur Erfüllung der Berichtspflicht nach § 61 Absatz 1 erforderlich sind, soweit solche Daten nicht bereits auf Grund anderer Vorschriften bei der zuständigen Behörde vorhanden sind. [2]§ 3 Absatz 1 Satz 2 und § 5 Absatz 2 bis 6 des Gesetzes zur Ausführung des Protokolls über Schadstofffreisetzungs- und -verbringungsregister vom 21. Mai 2003 sowie zur Durchführung der Verordnung (EG) Nr. 166/2006 vom 6. Juni 2007 (BGBl. I S. 1002), das durch Artikel 1 des Gesetzes vom 9. Dezember 2020 (BGBl. I S. 2873) geändert worden ist, gelten entsprechend.

(2a) [1]Der Betreiber von Anlagen, die Betriebsbereich oder Bestandteil eines Betriebsbereichs sind, kann von der zuständigen Behörde verpflichtet werden, diejenigen Daten zu übermitteln, deren Übermittlung nach einem Durchfüh-

[1]) § 31 Abs. 2 Satz 1 geänd., Abs. 2a eingef. mWv 7.12.2016 durch G v. 30.11.2016 (BGBl. I S. 2749); Abs. 2 Satz 2 neu gef. mWv 15.12.2020 durch G v. 9.12.2020 (BGBl. I S. 2873).

rungsrechtsakt nach Artikel 21 Absatz 5 der Richtlinie 2012/18/EU vorgeschrieben ist und die zur Erfüllung der Berichtspflicht nach § 61 Absatz 2 erforderlich sind, soweit solche Daten nicht bereits auf Grund anderer Vorschriften bei der zuständigen Behörde vorhanden sind. [2]Absatz 2 Satz 2 gilt entsprechend.

(3) Wird bei einer Anlage nach der Industrieemissions-Richtlinie festgestellt, dass Anforderungen gemäß § 6 Absatz 1 Nummer 1 nicht eingehalten werden, hat der Betreiber dies der zuständigen Behörde unverzüglich mitzuteilen.

(4) Der Betreiber einer Anlage nach der Industrieemissions-Richtlinie hat bei allen Ereignissen mit schädlichen Umwelteinwirkungen die zuständige Behörde unverzüglich zu unterrichten, soweit er hierzu nicht bereits nach § 4 des Umweltschadensgesetzes[1] oder nach § 19 der Störfall-Verordnung[2] verpflichtet ist.

(5) [1]Der Betreiber der Anlage hat das Ergebnis der auf Grund einer Anordnung nach § 26, § 28 oder § 29 getroffenen Ermittlungen der zuständigen Behörde auf Verlangen mitzuteilen und die Aufzeichnungen der Messgeräte nach § 29 fünf Jahre lang aufzubewahren. [2]Die zuständige Behörde kann die Art der Übermittlung der Messergebnisse vorschreiben. [3]Die Ergebnisse der Überwachung der Emissionen, die bei der Behörde vorliegen, sind für die Öffentlichkeit nach den Bestimmungen des Umweltinformationsgesetzes mit Ausnahme des § 12 zugänglich; für Landesbehörden gelten die landesrechtlichen Vorschriften.

Dritter Teil.[3] Beschaffenheit von Anlagen, Stoffen, Erzeugnissen, Brennstoffen, Treibstoffen und Schmierstoffen; Treibhausgasminderung bei Kraftstoffen

Erster Abschnitt. Beschaffenheit von Anlagen, Stoffen, Erzeugnissen, Brennstoffen, Treibstoffen und Schmierstoffen

§ 32 Beschaffenheit von Anlagen. (1) [1]Die Bundesregierung wird ermächtigt, nach Anhörung der beteiligten Kreise (§ 51) durch Rechtsverordnung[4] mit Zustimmung des Bundesrates vorzuschreiben, dass serienmäßig

(Fortsetzung nächstes Blatt)

[1] *Sartorius III Nr. 310.*
[2] *Sartorius ErgBd. Nr. 296/12.*
[3] Dritter Teil Überschrift neu gef. mWv 1.1.2015 durch G v. 20.11.2014 (BGBl. I S. 1740).
[4] Siehe die Anmerkung am Titel.

hergestellte Teile von Betriebsstätten und sonstigen ortsfesten Einrichtungen sowie die in § 3 Absatz 5 Nummer 2 bezeichneten Anlagen und hierfür serienmäßig hergestellte Teile gewerbsmäßig oder im Rahmen wirtschaftlicher Unternehmungen nur in den Verkehr gebracht oder eingeführt werden dürfen, wenn sie bestimmten Anforderungen zum Schutz vor schädlichen Umwelteinwirkungen durch Luftverunreinigungen, Geräusche, Erschütterungen oder nichtionisierende Strahlen genügen. ²In den Rechtsverordnungen nach Satz 1 kann insbesondere vorgeschrieben werden, dass

1. die Emissionen der Anlagen oder der serienmäßig hergestellten Teile bestimmte Werte nicht überschreiten dürfen,

2. die Anlagen oder die serienmäßig hergestellten Teile bestimmten technischen Anforderungen zur Begrenzung der Emissionen entsprechen müssen.

³Emissionswerte nach Satz 2 Nr. 1 können unter Berücksichtigung der technischen Entwicklung auch für einen Zeitpunkt nach Inkrafttreten der Rechtsverordnung festgesetzt werden. ⁴Wegen der Anforderungen nach den Sätzen 1 bis 3 gilt § 7 Absatz 5 entsprechend.

(2) In einer Rechtsverordnung kann ferner vorgeschrieben werden, dass die Anlagen oder die serienmäßig hergestellten Teile gewerbsmäßig oder im Rahmen wirtschaftlicher Unternehmungen nur in den Verkehr gebracht oder eingeführt werden dürfen, wenn sie mit Angaben über die Höhe ihrer Emissionen gekennzeichnet sind.

§ 33 Bauartzulassung. (1) Die Bundesregierung wird ermächtigt, zum Schutz vor schädlichen Umwelteinwirkungen sowie zur Vorsorge gegen schädliche Umwelteinwirkungen nach Anhörung der beteiligten Kreise (§ 51) durch Rechtsverordnung[1] mit Zustimmung des Bundesrates

1. zu bestimmen, dass in § 3 Absatz 5 Nummer 1 oder 2 bezeichnete Anlagen oder bestimmte Teile von solchen Anlagen nach einer Bauartprüfung allgemein zugelassen und dass mit der Bauartzulassung Auflagen zur Errichtung und zum Betrieb verbunden werden können;

2. vorzuschreiben, dass bestimmte serienmäßig hergestellte Anlagen oder bestimmte hierfür serienmäßig hergestellte Teile gewerbsmäßig oder im Rahmen wirtschaftlicher Unternehmungen nur in Verkehr gebracht werden dürfen, wenn die Bauart der Anlage oder des Teils allgemein zugelassen ist und die Anlage oder der Teil dem zugelassenen Muster entspricht;

3. das Verfahren der Bauartzulassung zu regeln;

4. zu bestimmen, welche Gebühren und Auslagen für die Bauartzulassung zu entrichten sind; die Gebühren werden nur zur Deckung des mit den Prüfungen verbundenen Personal- und Sachaufwandes erhoben, zu dem insbesondere der Aufwand für die Sachverständigen, die Prüfeinrichtungen und -stoffe sowie für die Entwicklung geeigneter Prüfverfahren und für den Erfahrungsaustausch gehört; es kann bestimmt werden, dass eine Gebühr auch für eine Prüfung erhoben werden kann, die nicht begonnen oder nicht zu Ende geführt worden ist, wenn die Gründe hierfür von demjenigen zu

[1] Siehe die VO über Emissionsgrenzwerte für Verbrennungsmotoren – 28. BImSchV **(Sartorius ErgBd. Nr. 296/28)**, und die GebührenO für Maßnahmen bei Typprüfungen von Verbrennungsmotoren – 29. BImSchV **(Gewerberecht Nr. 929)**.

vertreten sind, der die Prüfung veranlasst hat; die Höhe der Gebührensätze richtet sich nach der Zahl der Stunden, die ein Sachverständiger durchschnittlich für die verschiedenen Prüfungen der bestimmten Anlagenart benötigt; in der Rechtsverordnung können die Kostenbefreiung, die Kostengläubigerschaft, die Kostenschuldnerschaft, der Umfang der zu erstattenden Auslagen und die Kostenerhebung abweichend von den Vorschriften des Verwaltungskostengesetzes[1] vom 23. Juni 1970 (BGBl. I S. 821) geregelt werden.

(2) Die Zulassung der Bauart darf nur von der Erfüllung der in § 32 Absatz 1 und 2 genannten oder in anderen Rechtsvorschriften festgelegten Anforderungen sowie von einem Nachweis der Höhe der Emissionen der Anlage oder des Teils abhängig gemacht werden.

§ 34 Beschaffenheit von Brennstoffen, Treibstoffen und Schmierstoffen. (1) [1]Die Bundesregierung wird ermächtigt, nach Anhörung der beteiligten Kreise (§ 51) durch Rechtsverordnung[2] mit Zustimmung des Bundesrates vorzuschreiben, dass Brennstoffe, Treibstoffe, Schmierstoffe oder Zusätze zu diesen Stoffen gewerbsmäßig oder im Rahmen wirtschaftlicher Unternehmungen nur hergestellt, in den Verkehr gebracht oder eingeführt werden dürfen, wenn sie bestimmten Anforderungen zum Schutz vor schädlichen Umwelteinwirkungen durch Luftverunreinigungen genügen. [2]In den Rechtsverordnungen nach Satz 1 kann insbesondere bestimmt werden, dass

1. natürliche Bestandteile oder Zusätze von Brennstoffen, Treibstoffen oder Schmierstoffen nach Satz 1, die bei bestimmungsgemäßer Verwendung der Brennstoffe, Treibstoffe, Schmierstoffe oder Zusätze Luftverunreinigungen hervorrufen oder die Bekämpfung von Luftverunreinigungen behindern, nicht zugesetzt werden oder einen bestimmten Höchstgehalt nicht überschreiten dürfen,

1 a. Zusätze zu Brennstoffen, Treibstoffen oder Schmierstoffen bestimmte Stoffe, die Luftverunreinigungen hervorrufen oder die Bekämpfung von Luftverunreinigungen behindern, nicht oder nur in besonderer Zusammensetzung enthalten dürfen,

2. Brennstoffe, Treibstoffe oder Schmierstoffe nach Satz 1 bestimmte Zusätze enthalten müssen, durch die das Entstehen von Luftverunreinigungen begrenzt wird,

3. Brennstoffe, Treibstoffe, Schmierstoffe oder Zusätze nach Satz 1 einer bestimmten Behandlung, durch die das Entstehen von Luftverunreinigungen begrenzt wird, unterworfen werden müssen,

4. derjenige, der gewerbsmäßig oder im Rahmen wirtschaftlicher Unternehmungen flüssige Brennstoffe, Treibstoffe, Schmierstoffe oder Zusätze zu diesen Stoffen herstellt, einführt oder sonst in den Geltungsbereich dieses Gesetzes verbringt, der zuständigen Bundesoberbehörde

[1] Nr. **120**.
[2] Siehe die VO über die Beschaffenheit und die Auszeichnung der Qualitäten von Kraft- und Brennstoffen – 10. BImSchV **(Sartorius ErgBd. Nr. 296/10)** und die AltölVO **(Gewerberecht Nr. 877)**.

a) Zusätze zu flüssigen Brennstoffen, Treibstoffen oder Schmierstoffen, die in ihrer chemischen Zusammensetzung andere Elemente als Kohlenstoff, Wasserstoff und Sauerstoff enthalten, anzuzeigen hat und

b) näher zu bestimmende Angaben über die Art und die eingesetzte Menge sowie die möglichen schädlichen Umwelteinwirkungen der Zusätze und deren Verbrennungsprodukte zu machen hat.

[3] Anforderungen nach Satz 2 können unter Berücksichtigung der technischen Entwicklung auch für einen Zeitpunkt nach Inkrafttreten der Rechtsverordnungen festgesetzt werden. [4] Wegen der Anforderungen nach den Sätzen 1 bis 3 gilt § 7 Absatz 5 entsprechend.

(2) Die Bundesregierung wird ermächtigt, durch Rechtsverordnung[1] mit Zustimmung des Bundesrates vorzuschreiben,

1. dass bei der Einfuhr von Brennstoffen, Treibstoffen, Schmierstoffen oder Zusätzen, für die Anforderungen nach Absatz 1 Satz 1 festgesetzt worden sind, eine schriftliche Erklärung des Herstellers über die Beschaffenheit der Brennstoffe, Treibstoffe, Schmierstoffe oder Zusätze den Zolldienststellen vorzulegen, bis zum ersten Bestimmungsort der Sendung mitzuführen und bis zum Abgang der Sendung vom ersten Bestimmungsort dort verfügbar zu halten ist,

2. dass der Einführer diese Erklärung zu seinen Geschäftspapieren zu nehmen hat,

3. welche Angaben über die Beschaffenheit der Brennstoffe, Treibstoffe, Schmierstoffe oder Zusätze die schriftliche Erklärung enthalten muss,

4. dass Brennstoffe, Treibstoffe, Schmierstoffe oder Zusätze nach Absatz 1 Satz 1, die in den Geltungsbereich dieses Gesetzes, ausgenommen in Zollausschlüsse, verbracht werden, bei der Verbringung von dem Einführer den zuständigen Behörden des Bestimmungsortes zu melden sind,

5. dass bei der Lagerung von Brennstoffen, Treibstoffen, Schmierstoffen oder Zusätzen nach Absatz 1 Satz 1 Tankbelegbücher zu führen sind, aus denen sich die Lieferer der Brennstoffe, Treibstoffe, Schmierstoffe oder Zusätze nach Absatz 1 Satz 1 ergeben,

6. dass derjenige, der gewerbsmäßig oder im Rahmen wirtschaftlicher Unternehmungen an den Verbraucher Stoffe oder Zusätze nach Absatz 1 Satz 1 veräußert, diese deutlich sichtbar und leicht lesbar mit Angaben über bestimmte Eigenschaften kenntlich zu machen hat und

7. dass derjenige, der Stoffe oder Zusätze nach Absatz 1 Satz 1 gewerbsmäßig oder im Rahmen wirtschaftlicher Unternehmungen in den Verkehr bringt, den nach Nummer 6 Auszeichnungspflichtigen über bestimmte Eigenschaften zu unterrichten hat.

(3) [1] Die Bundesregierung wird ermächtigt, nach Anhörung der beteiligten Kreise (§ 51) durch Rechtsverordnung[1] mit Zustimmung des Bundesrates vorzuschreiben, dass, wer gewerbsmäßig oder im Rahmen wirtschaftlicher Unternehmungen Treibstoffe in den Verkehr bringt, zur Vermeidung von Schäden an Fahrzeugen verpflichtet werden kann, auch Treibstoffe mit bestimmten Eigenschaften, insbesondere mit nicht zu überschreitenden Höchst-

[1] Siehe die VO über die Beschaffenheit und die Auszeichnung der Qualitäten von Kraft- und Brennstoffen – 10. BImSchV **(Sartorius ErgBd. Nr. 296/10)**.

gehalten an Sauerstoff und Biokraftstoff, in den Verkehr zu bringen. [2] In der Rechtsverordnung nach Satz 1 kann darüber hinaus die Unterrichtung der Verbraucher über biogene Anteile der Treibstoffe und den geeigneten Einsatz der verschiedenen Treibstoffmischungen geregelt werden; für die Regelung der Pflicht zur Unterrichtung gilt Absatz 2 Nummer 6 und 7 entsprechend.

(4) Die Bundesregierung wird ermächtigt, nach Anhörung der beteiligten Kreise (§ 51) durch Rechtsverordnung ohne Zustimmung des Bundesrates zu regeln, dass Unternehmen, die Treibstoffe in Verkehr bringen, jährlich folgende Daten der in der Rechtsverordnung zu bestimmenden Bundesbehörde vorzulegen haben:

a) die Gesamtmenge der jeweiligen Art von geliefertem Treibstoff unter Angabe des Erwerbsortes und des Ursprungs des Treibstoffs und

b) die Lebenszyklustreibhausgasemissionen pro Energieeinheit.

§ 35 Beschaffenheit von Stoffen und Erzeugnissen. (1) [1] Die Bundesregierung wird ermächtigt, nach Anhörung der beteiligten Kreise (§ 51) durch Rechtsverordnung[1)] mit Zustimmung des Bundesrates vorzuschreiben, dass bestimmte Stoffe oder Erzeugnisse aus Stoffen, die geeignet sind, bei ihrer bestimmungsgemäßen Verwendung oder bei der Verbrennung zum Zwecke der Beseitigung oder der Rückgewinnung einzelner Bestandteile schädliche Umwelteinwirkungen durch Luftverunreinigungen hervorzurufen, gewerbsmäßig oder im Rahmen wirtschaftlicher Unternehmungen nur hergestellt, eingeführt oder sonst in den Verkehr gebracht werden dürfen, wenn sie zum Schutz vor schädlichen Umwelteinwirkungen durch Luftverunreinigungen bestimmten Anforderungen an ihre Zusammensetzung und das Verfahren zu ihrer Herstellung genügen. [2] Die Ermächtigung des Satzes 1 erstreckt sich nicht auf Anlagen, Brennstoffe, Treibstoffe und Fahrzeuge.

(2) [1] Anforderungen nach Absatz 1 Satz 1 können unter Berücksichtigung der technischen Entwicklung auch für einen Zeitpunkt nach Inkrafttreten der Rechtsverordnung festgesetzt werden. [2] Wegen der Anforderungen nach Absatz 1 und Absatz 2 Satz 1 gilt § 7 Absatz 5 entsprechend.

(3) Soweit dies mit dem Schutz der Allgemeinheit vor schädlichen Umwelteinwirkungen durch Luftverunreinigungen vereinbar ist, kann in der Rechtsverordnung nach Absatz 1 an Stelle der Anforderungen über die Zusammensetzung und das Herstellungsverfahren vorgeschrieben werden, dass die Stoffe und Erzeugnisse deutlich sichtbar und leicht lesbar mit dem Hinweis zu kennzeichnen sind, dass bei ihrer bestimmungsgemäßen Verwendung oder bei ihrer Verbrennung schädliche Umwelteinwirkungen entstehen können oder dass bei einer bestimmten Verwendungsart schädliche Umwelteinwirkungen vermieden werden können.

§ 36 Ausfuhr. In den Rechtsverordnungen nach den §§ 32 bis 35 kann vorgeschrieben werden, dass die Vorschriften über das Herstellen, Einführen und das Inverkehrbringen nicht gelten für Anlagen, Stoffe, Erzeugnisse, Brennstoffe und Treibstoffe, die zur Lieferung in Gebiete außerhalb des Geltungsbereichs dieses Gesetzes bestimmt sind.

[1)] Siehe die AltölVO (**Gewerberecht Nr. 877**).

§ 37[1] **Erfüllung von zwischenstaatlichen Vereinbarungen und Rechtsakten der Europäischen Gemeinschaften oder der Europäischen Union.**

[1] Zur Erfüllung von Verpflichtungen aus zwischenstaatlichen Vereinbarungen oder von bindenden Rechtsakten der Europäischen Gemeinschaften oder der Europäischen Union kann die Bundesregierung zu dem in § 1 genannten Zweck durch Rechtsverordnung[2] mit Zustimmung des Bundesrates bestimmen, dass Anlagen, Stoffe, Erzeugnisse, Brennstoffe oder Treibstoffe gewerbsmäßig oder im Rahmen wirtschaftlicher Unternehmungen nur in den Verkehr gebracht werden dürfen, wenn sie nach Maßgabe der §§ 32 bis 35 bestimmte Anforderungen erfüllen. [2] In einer Rechtsverordnung nach Satz 1, die der Erfüllung bindender Rechtsakte der Europäischen Gemeinschaften oder der Europäischen Union über Maßnahmen zur Bekämpfung der Emission von gasförmigen Schadstoffen und luftverunreinigenden Partikeln aus Verbrennungsmotoren für mobile Maschinen und Geräte dient, kann das Kraftfahrt-Bundesamt als Genehmigungsbehörde bestimmt und insoweit der Fachaufsicht des Bundesministeriums für Umwelt, Naturschutz und nukleare Sicherheit unterstellt werden.

Zweiter Abschnitt.[3] Treibhausgasminderung bei Kraftstoffen

§ 37a[4] **Mindestanteil von Biokraftstoffen an der Gesamtmenge des in Verkehr gebrachten Kraftstoffs; Treibhausgasminderung.** (1) [1] Wer gewerbsmäßig oder im Rahmen wirtschaftlicher Unternehmungen nach § 2 Absatz 1 Nummer 1 und 4 des Energiesteuergesetzes zu versteuernde Otto- oder Dieselkraftstoffe in Verkehr bringt, hat sicherzustellen, dass für die gesamte im Lauf eines Kalenderjahres (Verpflichtungsjahr) von ihm in Verkehr gebrachte Menge Kraftstoffs die Vorgaben der Absätze 3 und 4 eingehalten werden. [2] Kraftstoff gilt mit dem Entstehen der Energiesteuer nach § 8 Absatz 1, § 9 Absatz 1, § 9a Absatz 4, § 15 Absatz 1 oder Absatz 2, auch jeweils in Verbindung mit § 15 Absatz 4, § 19b Absatz 1, § 22 Absatz 1 oder § 23 Absatz 1 oder Absatz 2, § 38 Absatz 1, § 42 Absatz 1 oder § 43 Absatz 1 des Energiesteuergesetzes als in Verkehr gebracht. [3] Die Abgabe von fossilem Otto- und fossilem Dieselkraftstoff an die Bundeswehr zu Zwecken der Verteidigung oder der Erfüllung zwischenstaatlicher Verpflichtungen gilt nicht als Inverkehrbringen im Sinne der Sätze 1 und 2. [4] Dies gilt auch für den Erwerb von fossilem Otto- und fossilem Dieselkraftstoff durch die Bundeswehr zu einem in Satz 3 genannten Zweck. [5] Der Bundeswehr gleichgestellt sind auf Grund völkerrechtlicher Verträge in der Bundesrepublik Deutschland befindliche Truppen sowie Einrichtungen, die die Bundeswehr oder diese Truppen zur Erfüllung ihrer jeweiligen Aufgaben einsetzt oder einsetzen. [6] Die Abgabe von Kraftstoff im Eigentum des Erdölbevorratungsverbandes auf Grund einer Freigabe nach § 12 Absatz 1 des Erdölbevorratungsgesetzes durch den Erdölbevorratungsverband, Mitglieder des Erdölbevorratungsverbandes oder Dritte sowie nachfolgende Abgaben gelten nicht als Inverkehrbringen im Sinne der Sätze 1 und 2. [7] Dies gilt auch für die Abgabe von Kraftstoff in den in Satz 6 genannten Fällen im

[1] § 37 Satz 2 geänd. mWv 8.9.2015 durch VO v. 31.8.2015 (BGBl. I S. 1474); Satz 2 geänd. mWv 27.6.2020 durch VO v. 19.6.2020 (BGBl. I S. 1328).

[2] Siehe die Anmerkung am Titel.

[3] Dritter Teil Zweiter Abschnitt Überschrift neu gef. mWv 1.1.2015 durch G v. 20.11.2014 (BGBl. I S. 1740).

[4] § 37a Abs. 1 Sätze 2 und 3 ber. 2021 S. 123; Abs. 1 Satz 1 neu gef., Sätze 2–4 und 8 geänd., Abs. 3 Sätze 5 und 6 neu gef., bish. Abs. 3a wird Abs. 4 und neu gef., bish. Abs. 4 wird Abs. 5 und neu gef., Abs. 6–8 angef. mWv 1.1.2015 durch G v. 20.11.2014 (BGBl. I S. 1740); Abs. 5 Satz 3 angef. mWv 30.7.2016 durch G v. 26.7.2016 (BGBl. I S. 1839).

Rahmen von Delegationen nach § 7 Absatz 1 des Erdölbevorratungsgesetzes durch Mitglieder des Erdölbevorratungsverbandes oder Dritte sowie für nachfolgende Abgaben. [8] Die Abgabe von Ausgleichsmengen an unterversorgte Unternehmen zum Versorgungsausgleich im Sinne von § 1 Absatz 1 der Mineralölausgleichs-Verordnung vom 13. Dezember 1985 (BGBl. I S. 2267), die zuletzt durch Artikel 5 Absatz 3 des Gesetzes vom 26. Juni 2013 (BGBl. I S. 1738) geändert worden ist, in der jeweils geltenden Fassung gilt nicht als Inverkehrbringen im Sinne der Sätze 1 und 2. [9] Ein Inverkehrbringen im Sinne der Sätze 1 und 2 liegt ebenfalls nicht vor, wenn der Erdölbevorratungsverband Kraftstoff aus seinem Eigentum abgibt und dieser Abgabe keine Rücklieferung am Abgabeort gegenüber steht oder er dafür Mineralölprodukte erwirbt, die nicht unter die Vorschrift des Satzes 1 fallen. [10] Satz 9 gilt auch für die nachfolgenden Abgaben des Kraftstoffs.

(2) [1] Verpflichteter nach Absatz 1 Satz 1 und 2 ist der jeweilige Steuerschuldner im Sinne des Energiesteuergesetzes. [2] Abweichend von Satz 1 ist in den Fällen des § 7 Absatz 4 Satz 1 des Energiesteuergesetzes der Dritte (Einlagerer) Verpflichteter. [3] In den Fällen des § 22 Absatz 1 des Energiesteuergesetzes gilt allein derjenige als Verpflichteter im Sinne von Satz 1, der eine der dort jeweils genannten Handlungen zuerst vornimmt.

(3) [1] Verpflichtete nach Absatz 1 Satz 1 und 2 in Verbindung mit Absatz 2 (Verpflichtete), die Dieselkraftstoff in Verkehr bringen, haben bis zum 31. Dezember 2014 einen Anteil Dieselkraftstoff ersetzenden Biokraftstoffs von mindestens 4,4 Prozent sicherzustellen. [2] Verpflichtete, die Ottokraftstoff in Verkehr bringen, haben einen Anteil Ottokraftstoff ersetzenden Biokraftstoffs von mindestens 1,2 Prozent für das Jahr 2007, von mindestens 2 Prozent für das Jahr 2008 und von mindestens 2,8 Prozent jeweils für die Jahre 2009 bis 2014 sicherzustellen. [3] Unbeschadet der Sätze 1 und 2 beträgt der Mindestanteil von Biokraftstoff an der Gesamtmenge Otto- und Dieselkraftstoffs, die von Verpflichteten in Verkehr gebracht wird, im Jahr 2009 5,25 Prozent und in den Jahren 2010 bis 2014 jeweils 6,25 Prozent. [4] Satz 3 gilt entsprechend für Verpflichtete, die ausschließlich Ottokraftstoff oder ausschließlich Dieselkraftstoff in Verkehr bringen. [5] Die Mindestanteile von Biokraftstoff beziehen sich in den Fällen der Sätze 1, 2 und 4 jeweils auf den Energiegehalt der Menge fossilen Otto- oder fossilen Dieselkraftstoffs zuzüglich des Biokraftstoffanteils, in den Fällen des Satzes 3 auf den Energiegehalt der Menge fossilen Otto- und fossilen Dieselkraftstoffs zuzüglich des Biokraftstoffanteils. [6] Die Gesamtmengen nach Satz 5 sind um die Mengen zu berichtigen, für die eine Steuerentlastung nach § 46 Absatz 1 Satz 1 Nummer 1 oder Nummer 3 oder nach § 47 Absatz 1 Nummer 1, 2 oder Nummer 6 des Energiesteuergesetzes gewährt wurde oder wird.

(4) [1] Verpflichtete haben ab dem Jahr 2015 sicherzustellen, dass die Treibhausgasemissionen der von ihnen in Verkehr gebrachten fossilen Otto- und fossilen Dieselkraftstoffe zuzüglich der Treibhausgasemissionen der von ihnen in Verkehr gebrachten Biokraftstoffe um einen festgelegten Prozentsatz gegenüber dem Referenzwert nach Satz 3 gemindert werden. [2] Die Höhe des in Satz 1 genannten Prozentsatzes beträgt

1. ab dem Jahr 2015 3,5 Prozent,

(Fortsetzung nächstes Blatt)

2. ab dem Jahr 2017 4 Prozent und
3. ab dem Jahr 2020 6 Prozent.

[3] Der Referenzwert, gegenüber dem die Treibhausgasminderung zu erfolgen hat, berechnet sich durch Multiplikation des Basiswertes mit der vom Verpflichteten in Verkehr gebrachten energetischen Menge fossilen Otto- und fossilen Dieselkraftstoffs zuzüglich der vom Verpflichteten in Verkehr gebrachten energetischen Menge Biokraftstoffs. [4] Der Basiswert beträgt 83,8 Kilogramm Kohlenstoffdioxid-Äquivalent pro Gigajoule. [5] Die Treibhausgasemissionen von fossilen Otto- und fossilen Dieselkraftstoffen berechnen sich durch Multiplikation des Basiswertes mit der vom Verpflichteten in Verkehr gebrachten energetischen Menge fossilen Otto- und fossilen Dieselkraftstoffs. [6] Die Treibhausgasemissionen von Biokraftstoffen berechnen sich durch Multiplikation der in den anerkannten Nachweisen nach § 14 der Biokraftstoff-Nachhaltigkeitsverordnung vom 30. September 2009 (BGBl. I S. 3182), die zuletzt durch Artikel 2 der Verordnung vom 26. November 2012 (BGBl. I S. 2363) geändert worden ist, in der jeweils geltenden Fassung ausgewiesenen Treibhausgasemissionen in Kilogramm Kohlenstoffdioxid-Äquivalent pro Gigajoule mit der vom Verpflichteten in Verkehr gebrachten energetischen Menge Biokraftstoffs. [7] Biokraftstoffe werden wie fossile Otto- oder fossile Dieselkraftstoffe behandelt, sofern

1. für die Biokraftstoffe anerkannte Nachweise nach § 14 der Biokraftstoff-Nachhaltigkeitsverordnung nicht vorgelegt werden,

2. für die Biokraftstoffe anerkannte Nachweise nach § 14 der Biokraftstoff-Nachhaltigkeitsverordnung vorgelegt werden, die keine Treibhausgasemissionen ausweisen,

3. für die Biokraftstoffe anerkannte Nachweise nach § 14 der Biokraftstoff-Nachhaltigkeitsverordnung vorgelegt werden, die unwirksam im Sinne der Biokraftstoff-Nachhaltigkeitsverordnung sind und nicht anerkannt werden dürfen,

4. die Biokraftstoffe nach § 37b Absatz 8 Satz 1 von der Anrechenbarkeit ausgeschlossen sind oder

5. die Europäische Kommission nach Artikel 18 Absatz 8 der Richtlinie 2009/28/EG des Europäischen Parlaments und des Rates vom 23. April 2009 zur Förderung der Nutzung von Energie aus erneuerbaren Quellen und zur Änderung und anschließenden Aufhebung der Richtlinien 2001/77/EG und 2003/30/EG (ABl. L 140 vom 5.6.2009, S. 16), die zuletzt durch die Richtlinie 2013/18/EU (ABl. L 158 vom 10.6.2013, S. 230) geändert worden ist, oder nach Artikel 7c Absatz 8 der Richtlinie 98/70/EG des Europäischen Parlaments und des Rates vom 13. Oktober 1998 über die Qualität von Otto- und Dieselkraftstoffen und zur Änderung der Richtlinie 93/12/EWG des Rates (ABl. L 350 vom 28.12.1998, S. 58), die zuletzt durch die *delegierte* Richtlinie 2014/77/EU (ABl. L 170 vom 11.6.2014, S. 62) geändert worden ist, entschieden hat, dass die Bundesrepublik Deutschland den Biokraftstoff für die in Artikel 17 Absatz 1 Buchstabe a, b und c der Richtlinie 2009/28/EG oder für die in Artikel 7a der Richtlinie 98/70/EG genannten Zwecke nicht berücksichtigen darf.

[8] Satz 7 erster Halbsatz gilt entsprechend für die in § 37b Absatz 2 bis 6 genannten Energieerzeugnisse, wenn diese keine Biokraftstoffe im Sinne dieses Gesetzes sind. [9] Bei der Berechnung des Referenzwertes nach den Sätzen 3

und 4 sowie der Treibhausgasemissionen nach den Sätzen 5 und 6 sind Kraftstoffmengen, für die dem Verpflichteten eine Steuerentlastung nach § 46 Absatz 1 Satz 1 Nummer 1 oder Nummer 3 oder nach § 47 Absatz 1 Nummer 1, 2 oder Nummer 6 des Energiesteuergesetzes gewährt wurde oder wird, nicht zu berücksichtigen. [10] In den Fällen des Absatzes 5 Satz 1 Nummer 2 und 3 gilt Satz 9 unabhängig von der Person des Entlastungsberechtigten.

(5) [1] Die Verpflichtungen nach Absatz 1 Satz 1 und 2 in Verbindung mit den Absätzen 3 und 4 können von Verpflichteten

1. durch Inverkehrbringen von Biokraftstoff, der fossilem Otto- oder fossilem Dieselkraftstoff, welcher nach § 2 Absatz 1 Nummer 1 und 4 des Energiesteuergesetzes zu versteuern ist, beigemischt wurde,

2. durch Inverkehrbringen reinen Biokraftstoffs, der nach § 2 Absatz 1 Nummer 1 und 4 des Energiesteuergesetzes zu versteuern ist, und

3. in den Fällen des Absatzes 3 Satz 2 und 3 sowie des Absatzes 4 durch Inverkehrbringen von

a) Biokraftstoff nach § 37b Absatz 6, der fossilem Erdgaskraftstoff, welcher nach § 2 Absatz 1 Nummer 7 oder Absatz 2 Nummer 1 des Energiesteuergesetzes zu versteuern ist, zugemischt wurde, und

b) reinem Biokraftstoff nach § 37b Absatz 6, der nach § 2 Absatz 1 Nummer 7 oder Absatz 2 Nummer 1 des Energiesteuergesetzes zu versteuern ist,

erfüllt werden. [2] Elektrischer Strom zur Verwendung in Straßenfahrzeugen kann zur Erfüllung von Verpflichtungen nach Absatz 1 Satz 1 und 2 in Verbindung mit den Absätzen 3 und 4 eingesetzt werden, sofern eine Rechtsverordnung der Bundesregierung nach § 37d Absatz 2 Satz 1 Nummer 11 dies zulässt und gegenüber der zuständigen Stelle nachgewiesen wird, dass der Strom ordnungsgemäß gemessen und überwacht wurde. [3] Andere Kraftstoffe und Upstream-Emissionsminderungen können zur Erfüllung der Verpflichtungen nach Absatz 1 Satz 1 und 2 in Verbindung mit Absatz 4 angerechnet werden, sofern eine Rechtsverordnung der Bundesregierung nach § 37d Absatz 2 Satz 1 Nummer 13 dies zulässt.

(6) [1] Die Erfüllung von Verpflichtungen nach Absatz 1 Satz 1 und 2 in Verbindung mit den Absätzen 3 und 4 kann durch Vertrag, der der Schriftform bedarf, auf einen Dritten, der nicht selbst Verpflichteter ist, übertragen werden. [2] Im Fall des Absatzes 1 Satz 1 und 2 in Verbindung mit Absatz 3 muss der Vertrag mengenmäßige Angaben zum Umfang der vom Dritten gegenüber dem Verpflichteten eingegangenen Verpflichtung sowie Angaben dazu enthalten, für welche Biokraftstoffe die Übertragung gilt. [3] Im Fall des Absatzes 1 Satz 1 und 2 in Verbindung mit Absatz 4 muss der Vertrag außerdem Angaben zu den Treibhausgasemissionen der Biokraftstoffe in Kilogramm Kohlenstoffdioxid-Äquivalent enthalten. [4] Der Dritte kann Verträge nach Satz 1 ausschließlich durch Biokraftstoffe erfüllen, die er im Verpflichtungsjahr in Verkehr bringt oder gebracht hat. [5] Abweichend von Satz 4 kann der Dritte ab dem Verpflichtungsjahr 2016 Verträge nach Satz 3 auch durch Biokraftstoffe erfüllen, die er bereits im Vorjahr des Verpflichtungsjahres in Verkehr gebracht hat, wenn die Biokraftstoffe nicht bereits Gegenstand eines Vertrages nach Satz 1 waren und der Dritte im Vorjahr des Verpflichtungsjahres nicht selbst Verpflichteter gewesen ist. [6] Absatz 1 Satz 2 und Absatz 5 Satz 1 gelten entsprechend. [7] Bei Vorliegen der Voraussetzungen nach den Sätzen 1 bis 6 ist der Verpflichtete so zu behandeln, als hätte er die vom Dritten in Verkehr gebrachten Biokraftstoffe

im Verpflichtungsjahr selbst in Verkehr gebracht. [8] Absatz 3 Satz 6 und Absatz 4 Satz 3 bis 10 gelten entsprechend. [9] Die vom Dritten zur Erfüllung einer nach Satz 1 übertragenen Verpflichtung eingesetzten Biokraftstoffe können nicht zur Erfüllung der Verpflichtung eines weiteren Verpflichteten eingesetzt werden.

(7) [1] Die Erfüllung von Verpflichtungen nach Absatz 1 Satz 1 und 2 in Verbindung mit den Absätzen 3 und 4 kann durch Vertrag, der der Schriftform bedarf, auf einen Dritten, der selbst Verpflichteter ist, übertragen werden. [2] Absatz 6 Satz 2 gilt entsprechend. [3] Im Fall des Absatzes 1 Satz 1 und 2 in Verbindung mit Absatz 4 muss der Vertrag Angaben zum Umfang der vom Dritten im Verpflichtungsjahr sicherzustellenden Treibhausgasminderungsmenge in Kilogramm Kohlenstoffdioxid-Äquivalent enthalten. [4] Der Dritte kann Verträge nach den Sätzen 2 und 3 ausschließlich durch Biokraftstoffe erfüllen, die er im Verpflichtungsjahr in Verkehr bringt oder gebracht hat. [5] Absatz 1 Satz 2 und Absatz 5 Satz 1 gelten entsprechend. [6] Bei Vorliegen der Voraussetzungen nach den Sätzen 1 bis 5 werden

1. im Fall des Absatzes 1 Satz 1 und 2 in Verbindung mit Absatz 3 die vom Dritten in Verkehr gebrachten Biokraftstoffe ausschließlich bei der Ermittlung der Mindestanteile von Biokraftstoff nach Absatz 3 Satz 5 und

2. im Fall des Absatzes 1 Satz 1 und 2 in Verbindung mit Absatz 4 die vom Dritten erreichte Treibhausgasminderungsmenge ausschließlich bei der Berechnung der Treibhausgasemissionen nach Absatz 4 Satz 5 und 6

zugunsten des Verpflichteten berücksichtigt. [7] Im Fall des Satzes 6 Nummer 2 berechnet sich die Treibhausgasminderungsmenge in entsprechender Anwendung des Absatzes 4 Satz 3 bis 10. [8] Die vom Dritten zur Erfüllung einer nach Satz 1 übertragenen Verpflichtung eingesetzten Biokraftstoff- oder Treibhausgasminderungsmengen können nicht zur Erfüllung der eigenen Verpflichtung des Dritten oder der Verpflichtung eines weiteren Verpflichteten eingesetzt werden.

(8) [1] Biokraftstoff- oder Treibhausgasminderungsmengen, die den nach den Absätzen 3 und 4 vorgeschriebenen Mindestanteil oder Prozentsatz für ein bestimmtes Verpflichtungsjahr übersteigen und für die keine Steuerentlastung nach § 50 Absatz 1 Satz 1 Nummer 1, 2 und 4 des Energiesteuergesetzes beantragt wurde, werden auf Antrag des Verpflichteten auf den Mindestanteil oder Prozentsatz des Folgejahres angerechnet. [2] Bei Biokraftstoffmengen, die den nach Absatz 3 vorgeschriebenen Mindestanteil im Verpflichtungsjahr 2014 übersteigen und deren Anrechnung auf das Verpflichtungsjahr 2015 vom Verpflichteten beantragt wird, ist die anrechenbare Treibhausgasminderungsmenge auf der Grundlage eines Durchschnittswertes von 43,58 Kilogramm Kohlendioxid-Äquivalent pro Gigajoule zu ermitteln.

§ 37b[1]**) Begriffsbestimmungen und Anrechenbarkeit von Biokraftstoffen.** (1) [1] Biokraftstoffe sind unbeschadet der Absätze 2 bis 6 Energieerzeugnisse ausschließlich aus Biomasse im Sinne der Biomasseverordnung vom 21. Juni 2001 (BGBl. I S. 1234), die zuletzt durch Artikel 12 des Gesetzes vom 21. Juli 2014 (BGBl. I S. 1066) geändert worden ist, in der jeweils geltenden Fassung. [2] Energieerzeugnisse, die anteilig aus Biomasse hergestellt werden, gelten in Höhe dieses Anteils als Biokraftstoff.

[1] § 37b neu gef. mWv 1.1.2015 durch G v. 20.11.2014 (BGBl. I S. 1740); Abs. 9 geänd. mWv 27.6.2020 durch VO v. 19.6.2020 (BGBl. I S. 1328).

(2) [1] Fettsäuremethylester (Biodiesel) sind abweichend von Absatz 1 nur dann Biokraftstoffe, wenn sie aus biogenen Ölen oder Fetten gewonnen werden, die selbst Biomasse im Sinne der Biomasseverordnung sind, und wenn ihre Eigenschaften mindestens den Anforderungen für Biodiesel nach § 5 der Verordnung über die Beschaffenheit und die Auszeichnung der Qualitäten von Kraft- und Brennstoffen[1]) vom 8. Dezember 2010 (BGBl. I S. 1849), die durch Artikel 8 Absatz 1 der Verordnung vom 2. Mai 2013 (BGBl. I S. 1021) geändert worden ist, in der jeweils geltenden Fassung entsprechen. [2] Biodiesel ist unter diesen Voraussetzungen in vollem Umfang als Biokraftstoff zu behandeln.

(3) [1] Bioethanol ist abweichend von Absatz 1 nur dann Biokraftstoff, wenn es sich um Ethylalkohol ex Unterposition 2207 10 00 der Kombinierten Nomenklatur im Sinne des § 1a Satz 1 Nummer 2 des Energiesteuergesetzes handelt. [2] Im Fall von Bioethanol, das fossilem Ottokraftstoff beigemischt wird, müssen die Eigenschaften des Bioethanols außerdem mindestens den Anforderungen der DIN EN 15376, Ausgabe März 2008 oder Ausgabe November 2009 oder Ausgabe April 2011, entsprechen. [3] Im Fall von Bioethanol, das im Ethanolkraftstoff (E85) enthalten ist, müssen die Eigenschaften des Ethanolkraftstoffs (E85) außerdem mindestens den Anforderungen für Ethanolkraftstoff (E85) nach § 6 der Verordnung über die Beschaffenheit und die Auszeichnung der Qualitäten von Kraft- und Brennstoffen entsprechen. [4] Für Energieerzeugnisse, die anteilig aus Bioethanol hergestellt werden, gelten für den Bioethanolanteil die Sätze 1 und 2 entsprechend.

(4) Pflanzenöl ist abweichend von Absatz 1 nur dann Biokraftstoff, wenn seine Eigenschaften mindestens den Anforderungen für Pflanzenölkraftstoff nach § 9 der Verordnung über die Beschaffenheit und die Auszeichnung der Qualitäten von Kraft- und Brennstoffen entsprechen.

(5) [1] Hydrierte biogene Öle sind abweichend von Absatz 1 nur dann Biokraftstoffe, wenn sie aus biogenen Ölen oder Fetten gewonnen werden, die selbst Biomasse im Sinne der Biomasseverordnung sind, und wenn die Hydrierung nicht in einem raffinerietechnischen Verfahren gemeinsam mit mineralölstämmigen Ölen erfolgt ist. [2] Hydrierte biogene Öle sind unter diesen Voraussetzungen in vollem Umfang als Biokraftstoff zu behandeln.

(6) Biomethan ist abweichend von Absatz 1 nur dann Biokraftstoff, wenn es den Anforderungen für Erdgas nach § 8 der Verordnung über die Beschaffenheit und die Auszeichnung der Qualitäten von Kraft- und Brennstoffen entspricht.

(7) [1] Für die Kraftstoffe nach den Absätzen 1 bis 6 gilt § 11 der Verordnung über die Beschaffenheit und die Auszeichnung der Qualitäten von Kraft- und Brennstoffen entsprechend. [2] Die in Satz 1 sowie den Absätzen 2 bis 4 und 6 genannten oder in Bezug genommenen Normen sind im Beuth Verlag GmbH, Berlin, erschienen und bei der Deutschen Nationalbibliothek archivmäßig gesichert niedergelegt.

(8) [1] Nicht auf die Erfüllung von Verpflichtungen nach § 37a Absatz 1 Satz 1 und 2 in Verbindung mit § 37a Absatz 3 und 4 angerechnet werden können

1. biogene Öle, die in einem raffinerietechnischen Verfahren gemeinsam mit mineralölstämmigen Ölen hydriert wurden,

[1]) **Sartorius ErgBd. Nr. 296/10.**

2. der Biokraftstoffanteil von Energieerzeugnissen mit einem Bioethanolanteil von weniger als 70 Volumenprozent, denen Bioethanol enthaltende Waren der Unterposition 3824 90 99 der Kombinierten Nomenklatur zugesetzt wurden,

3. Biokraftstoffe, die vollständig oder teilweise aus tierischen Ölen oder Fetten hergestellt wurden, und

4. Biokraftstoffe, für die eine Steuerentlastung nach § 50 Absatz 1 Satz 1 Nummer 1, 2 oder 4 des Energiesteuergesetzes gewährt wurde oder wird.

[2] Im Fall des § 37a Absatz 1 Satz 1 und 2 in Verbindung mit § 37a Absatz 3 werden Biokraftstoffe, für die eine Steuerentlastung nach § 46 Absatz 1 Satz 1 Nummer 1 oder Nummer 3 oder nach § 47 Absatz 1 Nummer 1, 2 oder Nummer 6 des Energiesteuergesetzes gewährt wurde oder wird, nicht auf die Erfüllung der Verpflichtungen angerechnet.

(9) Das Bundesministerium für Umwelt, Naturschutz und nukleare Sicherheit gibt den Energiegehalt der verschiedenen Kraftstoffe sowie Änderungen ihres Energiegehaltes im Bundesanzeiger bekannt.

§ 37c[1]) **Mitteilungs- und Abgabepflichten.** (1) [1] Verpflichtete haben der zuständigen Stelle jeweils bis zum 15. April des auf das Verpflichtungsjahr folgenden Jahres die im Verpflichtungsjahr von ihnen in Verkehr gebrachte Menge fossilen Otto- und fossilen Dieselkraftstoffs, die im Verpflichtungsjahr von ihnen in Verkehr gebrachte Menge Biokraftstoffs, bezogen auf die verschiedenen jeweils betroffenen Biokraftstoffe, und für die Verpflichtungsjahre ab dem Kalenderjahr 2015 außerdem die Treibhausgasemissionen in Kilogramm Kohlenstoffdioxid-Äquivalent der jeweiligen Mengen schriftlich mitzuteilen. [2] In der Mitteilung sind darüber hinaus die Firma des Verpflichteten, der Ort der für das Inverkehrbringen verantwortlichen Niederlassung oder der Sitz des Unternehmens, die jeweils zugehörige Anschrift sowie der Name und die Anschrift des Vertretungsberechtigten anzugeben. [3] Soweit die Erfüllung von Verpflichtungen nach § 37a Absatz 6 Satz 1 oder nach § 37a Absatz 7 Satz 1 vertraglich auf Dritte übertragen wurde, haben Verpflichtete der zuständigen Stelle zusätzlich die Angaben nach § 37a Absatz 6 Satz 2 oder Satz 3 oder § 37a Absatz 7 Satz 2 oder Satz 3 schriftlich mitzuteilen und eine Kopie des Vertrags mit dem Dritten vorzulegen. [4] Im Fall des § 37a Absatz 6 hat der Dritte der zuständigen Stelle die auf Grund seiner vertraglichen Verpflichtung von ihm im Verpflichtungsjahr in Verkehr gebrachte Menge Biokraftstoffs, bezogen auf die verschiedenen jeweils betroffenen Biokraftstoffe, und für die Verpflichtungsjahre ab dem Kalenderjahr 2015 außerdem die Treibhausgasemissionen in Kilogramm Kohlenstoffdioxid-Äquivalent der jeweiligen Mengen schriftlich mitzuteilen. [5] Im Fall des § 37a Absatz 6 Satz 5 gilt dies entsprechend für die im Vorjahr des Verpflichtungsjahres vom Dritten in Verkehr gebrachten Biokraftstoffe. [6] Im Fall des § 37a Absatz 7 hat der Dritte der zuständigen Stelle die auf Grund seiner vertraglichen Verpflichtung von ihm im Verpflichtungsjahr in Verkehr gebrachte Menge Biokraftstoffs, bezogen auf die verschiedenen jeweils betroffenen Biokraftstoffe, und für die Verpflichtungsjahre ab dem Kalenderjahr 2015 die auf Grund seiner vertraglichen Verpflichtung im Verpflichtungsjahr

[1]) § 37c Abs. 1 neu gef., Abs. 2 Satz 1 neu gef., Satz 2 eingef., bish. Sätze 2–6 werden Sätze 3–7, neue Sätze 5 und 7 geänd., neuer Satz 6 neu gef., Abs. 3 Sätze 1–5 und Abs. 4 geänd., Abs. 5 Satz 3 eingef., bish. Satz 3 wird Satz 4 mWv 1.1.2015 durch G v. 20.11.2014 (BGBl. I S. 1740).

sichergestellte Treibhausgasminderungsmenge in Kilogramm Kohlenstoff-dioxid-Äquivalent schriftlich mitzuteilen. [7] Die zuständige Stelle erteilt jedem Verpflichteten eine Registriernummer und führt ein elektronisches Register, das für alle Verpflichteten die nach den Sätzen 1 bis 6 erforderlichen Angaben enthält.

(2) [1] Soweit Verpflichtete einer Verpflichtung nach § 37a Absatz 1 Satz 1 und 2 in Verbindung mit § 37a Absatz 3 und 4 nicht nachkommen, setzt die zuständige Stelle in den Fällen des § 37a Absatz 3 für die nach dem Energie-gehalt berechnete Fehlmenge Biokraftstoffs oder in den Fällen des § 37a Ab-satz 4 für die Fehlmenge der zu mindernden Treibhausgasemissionen eine Abgabe fest. [2] Die Abgabenschuld des Verpflichteten entsteht am 15. April des auf das Verpflichtungsjahr folgenden Kalenderjahres. [3] In den Fällen des § 37a Absatz 3 Satz 1 oder Satz 3, auch in Verbindung mit § 37a Absatz 3 Satz 4, beträgt die Höhe der Abgabe 19 Euro pro Gigajoule. [4] In den Fällen des § 37a Absatz 3 Satz 2 beträgt die Höhe der Abgabe 43 Euro pro Gigajoule. [5] In den Fällen des § 37a Absatz 3 Satz 3, auch in Verbindung mit § 37a Absatz 3 Satz 4, wird die Abgabe nur für die Fehlmengen Biokraftstoffs festgesetzt, für die bereits nach Satz 3 oder Satz 4 eine Abgabe festzusetzen ist. [6] In den Fällen des § 37a Absatz 4 wird die Abgabe nach der Fehlmenge der zu mindernden Treibhausgasemissionen berechnet und beträgt 0,47 Euro pro Kilogramm Kohlenstoffdioxid-Äquivalent. [7] Soweit im Falle des § 37a Absatz 6 Satz 1 oder des § 37a Absatz 7 Satz 1 der Dritte seine vertragliche Verpflichtung nicht erfüllt, setzt die zuständige Stelle die Abgabe gegen den Verpflichteten fest.

(3) [1] Soweit der Verpflichtete der zuständigen Stelle die nach Absatz 1 Satz 1 und 3 erforderlichen Angaben nicht oder nicht ordnungsgemäß mitgeteilt hat, schätzt die zuständige Stelle die vom Verpflichteten im Verpflichtungsjahr in Verkehr gebrachten Mengen fossilen Otto- und fossilen Dieselkraftstoffs und Biokraftstoffs sowie ab dem Jahr 2015 auch die Treibhausgasminderung. [2] Die Schätzung ist unwiderlegliche Basis für die Verpflichtung nach § 37a Absatz 1 Satz 1 und 2 in Verbindung mit § 37a Absatz 3 und 4. [3] Die Schätzung unterbleibt, soweit der Verpflichtete im Rahmen der Anhörung zum Festset-zungsbescheid nach Absatz 2 Satz 1 in Verbindung mit Absatz 2 Satz 3, 4 oder Satz 6 die Mitteilung nachholt. [4] Soweit ein Dritter die nach Absatz 1 Satz 1 bis 6 erforderlichen Angaben nicht ordnungsgemäß mitgeteilt hat, geht die zuständige Stelle davon aus, dass der Dritte die von ihm eingegangene Ver-pflichtung nicht erfüllt hat. [5] Satz 4 gilt nicht, soweit der Dritte im Rahmen der Anhörung zum Festsetzungsbescheid gegen den Verpflichteten nach Absatz 2 Satz 7 diese Mitteilung nachholt.

(4) In den Fällen des § 37a Absatz 2 Satz 2 hat der Steuerlagerinhaber seinem zuständigen Hauptzollamt mit der monatlichen Energiesteueranmeldung die für jeden Verpflichteten in Verkehr gebrachte Menge fossilen Otto- und fossi-len Dieselkraftstoffs zuzüglich des Biokraftstoffanteils schriftlich mitzuteilen.

(5) [1] Hinsichtlich der Absätze 1 bis 4 finden die für die Verbrauchsteuern geltenden Vorschriften der Abgabenordnung entsprechende Anwendung. [2] Die Mitteilungen nach Absatz 1 und Absatz 4 gelten als Steueranmeldungen im Sinne der Abgabenordnung. [3] § 170 Absatz 2 Satz 1 Nummer 1 der Abgaben-ordnung findet Anwendung. [4] In den Fällen des Absatzes 2 ist der Verpflichtete vor der Festsetzung der Abgabe anzuhören.

§ 37d[1] Zuständige Stelle, Rechtsverordnungen. (1) [1]Innerhalb der Bundesverwaltung werden eine oder mehrere Stellen errichtet, denen die Aufgaben übertragen werden, die Erfüllung der Verpflichtungen nach § 37a zu überwachen, die in § 37c geregelten Aufgaben zu erfüllen und die Berichte nach § 37f zu überprüfen. [2]Die Bundesregierung wird ermächtigt, die jeweils zuständige Stelle durch Rechtsverordnung[2] ohne Zustimmung des Bundesrates zu bestimmen.

(2) [1]Die Bundesregierung wird ermächtigt, nach Anhörung der beteiligten Kreise (§ 51) durch Rechtsverordnung[2] ohne Zustimmung des Bundesrates

1. unter Berücksichtigung der technischen Entwicklung

 a) auch in Abweichung von § 37b Absatz 1 bis 6 Energieerzeugnisse als Biokraftstoffe zu bestimmen,

 b) in Abweichung von § 37b Absatz 1 bis 6 festzulegen, dass bestimmte Energieerzeugnisse nicht oder nicht mehr in vollem Umfang als Biokraftstoffe gelten,

 c) die Anrechenbarkeit von biogenen Ölen im Sinne von § 37b Absatz 8 Satz 1 Nummer 1 auf die Erfüllung von Verpflichtungen nach § 37a Absatz 1 Satz 1 und 2 in Verbindung mit § 37a Absatz 3 und 4 abweichend von § 37b Absatz 8 Satz 1 Nummer 1 zu regeln, soweit landwirtschaftliche Rohstoffe, Abfälle oder Reststoffe, die bei der Herstellung von biogenen Ölen verwendet werden sollen, nachhaltig erzeugt worden sind,

 d) die Anrechenbarkeit von Biomethan auf die Erfüllung von Verpflichtungen nach § 37a Absatz 1 Satz 1 und 2 in Verbindung mit § 37a Absatz 3 und 4 zu konkretisieren,

 e) die Anrechenbarkeit von Biomethan, das in das Erdgasnetz eingespeist wird, auf die Erfüllung von Verpflichtungen nach § 37a Absatz 1 Satz 1 und 2 in Verbindung mit § 37a Absatz 3 und 4 näher zu regeln,

 f) zu bestimmen, wie im Falle der Einspeisung von Biomethan in das Erdgasnetz der Nachweis über die Treibhausgasemissionen zu führen ist, sowie

 g) das Nachweisverfahren für die Anrechenbarkeit von Biomethan insgesamt näher zu regeln,

2. zu bestimmen, dass der mengenmäßige Anteil eines bestimmten Biokraftstoffs nach Nummer 1 oder § 37b Absatz 1 bis 7 am Gesamtkraftstoffabsatz im Rahmen der Erfüllung von Verpflichtungen nach § 37a Absatz 1 Satz 1 und 2 in Verbindung mit § 37a Absatz 3 nach Maßgabe einer Multiplikation der tatsächlich in Verkehr gebrachten Menge des jeweiligen Biokraftstoffs mit einem bestimmten Rechenfaktor zu berechnen ist, der unter Berücksichtigung der Treibhausgasbilanz des jeweiligen Biokraftstoffs festzulegen ist,

[1] § 37d Abs. 1 und 2 neu gef., Abs. 3 einl. Satzteil und Nr. 1 geänd., Nr. 2 eingef., bish. Nr. 2 und 3 werden Nr. 3 und 4, neue Nr. 4 geänd. mWv 1.1.2015 durch G v. 20.11.2014 (BGBl. I S. 1740); Abs. 1 Satz 1 neu gef., Satz 2 aufgeh., bish. Satz 3 wird Satz 2, Abs. 2 Satz 1 Nr. 8 und 17 geänd., Nr. 18 angef. mWv 30.7.2016 durch G v. 26.7.2016 (BGBl. I S. 1839); Abs. 2 Satz 1 Nr. 1 Buchst. c und Nr. 13 Buchst. b geänd., Satz 2 eingef., bish. Sätze 2–4 werden Sätze 3–5, neuer Satz 5 geänd. mWv 29.7.2017 durch G v. 18.7.2017 (BGBl. I S. 2771).

[2] Siehe die Anmerkung am Titel.

3. vorzuschreiben, dass Biokraftstoffe nur dann auf die Erfüllung von Verpflichtungen nach § 37a Absatz 1 Satz 1 und 2 in Verbindung mit § 37a Absatz 3 und 4 angerechnet werden, wenn bei der Erzeugung der eingesetzten Biomasse nachweislich bestimmte ökologische und soziale Anforderungen an eine nachhaltige Produktion der Biomasse sowie zum Schutz natürlicher Lebensräume erfüllt werden und wenn der Biokraftstoff eine bestimmte Treibhausgasminderung aufweist,

4. die Anforderungen im Sinne der Nummer 3 festzulegen,

5. die Höhe der Abgabe nach § 37c Absatz 2 Satz 3, 4 oder Satz 6 zu ändern, um im Fall von Änderungen des Preisniveaus für Kraftstoffe eine vergleichbare wirtschaftliche Belastung aller Verpflichteten sicherzustellen,

6. den Basiswert abweichend von § 37a Absatz 4 Satz 4 zu bestimmen,

7. die Anrechenbarkeit bestimmter Biokraftstoffe auf die Verpflichtungen nach § 37a Absatz 1 Satz 1 und 2 in Verbindung mit § 37a Absatz 3 und 4 zu begrenzen, sofern die Richtlinie 2009/28/EG eine Begrenzung der Anrechenbarkeit dieser Biokraftstoffe auf das Ziel von Artikel 3 Absatz 4 der Richtlinie 2009/28/EG vorsieht, sowie das Nachweisverfahren zu regeln,

8. einen Mindestanteil bestimmter Biokraftstoffe oder anderer erneuerbarer Kraftstoffe zur Erfüllung der Verpflichtungen nach § 37a Absatz 1 Satz 1 und 2 in Verbindung mit § 37a Absatz 3 oder 4 festzulegen sowie das Nachweisverfahren zu regeln,

9. das Berechnungsverfahren für die Treibhausgasemissionen von fossilen Otto- und fossilen Dieselkraftstoffen abweichend von § 37a Absatz 4 Satz 5 festzulegen und das Nachweisverfahren zu regeln,

10. das Berechnungsverfahren für die Treibhausgasemissionen von Biokraftstoffen abweichend von § 37a Absatz 4 Satz 6 festzulegen und das Nachweisverfahren zu regeln,

11. die Anrechenbarkeit von elektrischem Strom zur Verwendung in Straßenfahrzeugen gemäß § 37a Absatz 5 Satz 2 zu regeln und dabei insbesondere

 a) das Berechnungsverfahren für die Treibhausgasemissionen der eingesetzten Mengen elektrischen Stroms festzulegen und

 b) das Nachweisverfahren zu regeln,

12. unter Berücksichtigung der technischen Entwicklung den Anwendungsbereich in § 37a Absatz 1 Satz 1 auf weitere Kraftstoffe auszudehnen und dabei insbesondere

 a) das Berechnungsverfahren für die Treibhausgasemissionen dieser Kraftstoffe festzulegen und

 b) das Nachweisverfahren zu regeln,

13. unter Berücksichtigung der technischen Entwicklung die Vorgaben nach § 37a Absatz 5 Satz 1 um weitere Maßnahmen zur Treibhausgasminderung, die zur Erfüllung von Verpflichtungen nach § 37a Absatz 1 Satz 1 und 2 in Verbindung mit § 37a Absatz 3 und 4 eingesetzt werden können, zu ergänzen und dabei insbesondere

 a) das Berechnungsverfahren für die Treibhausgasemissionen dieser Maßnahmen festzulegen und

 b) das Nachweisverfahren sowie die Übertragbarkeit der Nachweise zu regeln,

14. die Berichtspflicht nach § 37f Absatz 1 insbesondere zu Art, Form und Inhalt des Berichts näher auszugestalten sowie die zur Sicherstellung einer ordnungsgemäßen Berichterstattung erforderlichen Anordnungen der zuständigen Stelle zu regeln,

15. ein Nachweisverfahren festzulegen für die Voraussetzungen

a) nach § 37a Absatz 4 Satz 7 Nummer 5,

b) nach § 37b Absatz 1 bis 7, gegebenenfalls in Verbindung mit der Verordnung nach Nummer 1 Buchstabe a oder Buchstabe b,

c) nach § 37b Absatz 8 Satz 1,

d) der Verordnung nach Nummer 1 Buchstabe c und

e) der Verordnung nach den Nummern 2 bis 4,

16. Ausnahmen von den Vorgaben nach § 37b Absatz 8 Satz 1 Nummer 3 festzulegen, sofern dies dem Sinn und Zweck der Regelung nicht entgegensteht,

17. von § 37c Absatz 1 und 3 bis 5 abweichende Verfahrensregelungen zu treffen,

18. Ausnahmen von der in § 37a Absatz 6 Satz 5 und Absatz 8 Satz 1 vorgesehenen Möglichkeit der Anrechnung von Übererfüllungen auf den Mindestanteil des Folgejahres festzulegen, sofern dies zur Einhaltung von Zielvorgaben aus bindenden Rechtsakten der Europäischen Gemeinschaften oder der Europäischen Union erforderlich ist.

[2] In Rechtsverordnungen nach Satz 1 kann die Zuständigkeit zur Durchführung einer in einer Rechtsverordnung nach Absatz 1 Satz 2 bestimmten Stelle übertragen werden. [3] Rechtsverordnungen nach Satz 1 Nummer 1 Buchstabe c bedürfen der Zustimmung des Deutschen Bundestages. [4] Rechtsverordnungen nach Satz 1 Nummer 13 bedürfen der Zustimmung des Deutschen Bundestages, sofern Regelungen zu strombasierten Kraftstoffen getroffen werden. [5] Hat sich der Deutsche Bundestag nach Ablauf von vier Sitzungswochen seit Eingang der Rechtsverordnung nach Satz 3 oder 4 nicht mit ihr befasst, gilt die Zustimmung zu der unveränderten Rechtsverordnung als erteilt.

(3) Die Bundesregierung wird ermächtigt, durch Rechtsverordnung[1]) ohne Zustimmung des Bundesrates nähere Bestimmungen zur Durchführung der §§ 37a bis 37c sowie der auf Absatz 2 beruhenden Rechtsverordnungen zu erlassen und darin insbesondere

1. das Verfahren zur Sicherung und Überwachung der Erfüllung der Quotenverpflichtung in den Fällen des § 37a Absatz 6 und 7 und hinsichtlich der für die Ermittlung der Mindestanteile an Biokraftstoff oder der Treibhausgasminderung benötigten Daten näher zu regeln,

2. zur Sicherung und Überwachung der Erfüllung der Quotenverpflichtung abweichende Bestimmungen zu § 37a Absatz 4 Satz 9 und 10 sowie zu § 37a Absatz 6 und 7 zu erlassen,

3. die erforderlichen Nachweise und die Überwachung der Einhaltung der Anforderungen an Biokraftstoffe sowie die hierfür erforderlichen Probenahmen näher zu regeln,

[1]) Siehe die Anmerkung am Titel.

4. zu bestimmen, dass das Entstehen von Verpflichtungen nach § 37a Absatz 1 Satz 1 und 2 in Verbindung mit § 37a Absatz 3 und 4 an das Inverkehrbringen einer bestimmten Mindestmenge an Kraftstoff geknüpft wird.

§ 37e[1] Gebühren und Auslagen; Verordnungsermächtigung. (1) Für Amtshandlungen, die auf Rechtsverordnungen beruhen

1. die auf der Grundlage des § 37d Absatz 2 Satz 1 Nummer 3 und 4 erlassen worden sind oder

2. die auf der Grundlage des § 37d Absatz 2 Satz 1 Nummer 13 erlassen worden sind,

werden zur Deckelung des Verwaltungsaufwands Gebühren und Auslagen erhoben.

(2) [1]Das Bundesministerium für Ernährung und Landwirtschaft wird ermächtigt, im Einvernehmen mit dem Bundesministerium für Umwelt, Naturschutz und nukleare Sicherheit und dem Bundesministerium der Finanzen durch Rechtsverordnung ohne Zustimmung des Bundesrates die gebührenpflichtigen Tatbestände und Gebührensätze für Amtshandlungen im Sinne von Absatz 1 Nummer 1 zu bestimmen und dabei feste Sätze, auch in Form von Zeitgebühren oder Rahmensätzen, vorzusehen. [2]In der Rechtsverordnung kann die Erstattung von Auslagen abweichend vom Verwaltungskostengesetz[2] in der bis zum 14. August 2013 geltenden Fassung oder von § 12 Absatz 1 des Bundesgebührengesetzes[3] vom 7. August 2013 (BGBl. I S. 3154), das zuletzt durch Artikel 3 des Gesetzes vom 31. März 2016 (BGBl. I S. 518) geändert worden ist, geregelt werden.

(3) [1]Das Bundesministerium für Umwelt, Naturschutz und nukleare Sicherheit wird ermächtigt, durch Rechtsverordnung[4] ohne Zustimmung des Bundesrates die gebührenpflichtigen Tatbestände und Gebührensätze für Amtshandlungen im Sinne von Absatz 1 Nummer 2 zu bestimmen und dabei feste Sätze, auch in Form von Zeitgebühren oder Rahmensätzen, vorzusehen. [2]In der Rechtsverordnung kann die Erstattung von Auslagen auch abweichend von § 12 Absatz 1 des Bundesgebührengesetzes geregelt werden.

§ 37f[5] Berichte über Kraftstoffe und Energieerzeugnisse. (1) [1]Verpflichtete haben der zuständigen Stelle jährlich bis zum 31. März einen Bericht über die im vorangegangenen Verpflichtungsjahr in Verkehr gebrachten Kraftstoffe und Energieerzeugnisse vorzulegen, sofern eine Rechtsverordnung nach § 37d Absatz 2 Satz 1 Nummer 14 dies vorsieht. [2]Der Bericht enthält zumindest folgende Angaben:

1. die Gesamtmenge jedes Typs von in Verkehr gebrachten Kraftstoffen und Energieerzeugnissen unter Angabe des Erwerbsortes und des Ursprungs und

2. die Treibhausgasemissionen pro Energieeinheit.

[1] § 37e neu gef. mWv 30.7.2016 durch G v. 26.7.2016 (BGBl. I S. 1839); Abs. 2 Satz 1 und Abs. 3 Satz 1 geänd. mWv 27.6.2020 durch VO v. 19.6.2020 (BGBl. I S. 1328).
[2] **Gewerberecht Nr. 940.**
[3] Nr. **120.**
[4] *Siehe die Anmerkung am Titel.*
[5] § 37f neu gef. mWv 1.1.2015 durch G v. 20.11.2014 (BGBl. I S. 1740).

(2) ¹Die zuständige Stelle überprüft die Berichte. ²Der Verpflichtete hat der zuständigen Stelle auf Verlangen die Auskünfte zu erteilen und die Unterlagen vorzulegen, die zur Überprüfung der Berichte erforderlich sind.

§ 37g¹⁾ Bericht der Bundesregierung. Nachdem der Bericht nach Artikel 22 der Richtlinie 2009/28/EG der Europäischen Kommission vorgelegt wurde, übermittelt die Bundesregierung den Bericht nach § 64 der Biokraftstoff-Nachhaltigkeitsverordnung dem Deutschen Bundestag und dem Bundesrat.

Vierter Teil. Beschaffenheit und Betrieb von Fahrzeugen, Bau und Änderung von Straßen und Schienenwegen

§ 38²⁾ Beschaffenheit und Betrieb von Fahrzeugen. (1) ¹Kraftfahrzeuge und ihre Anhänger, Schienen-, Luft- und Wasserfahrzeuge sowie Schwimmkörper und schwimmende Anlagen müssen so beschaffen sein, dass ihre durch die Teilnahme am Verkehr verursachten Emissionen bei bestimmungsgemäßem Betrieb die zum Schutz vor schädlichen Umwelteinwirkungen einzuhaltenden Grenzwerte nicht überschreiten. ²Sie müssen so betrieben werden, dass vermeidbare Emissionen verhindert und unvermeidbare Emissionen auf ein Mindestmaß beschränkt bleiben.

(2) ¹Das Bundesministerium für Verkehr und digitale Infrastruktur und das Bundesministerium für Umwelt, Naturschutz und nukleare Sicherheit bestimmen nach Anhörung der beteiligten Kreise (§ 51) durch Rechtsverordnung³⁾ mit Zustimmung des Bundesrates die zum Schutz vor schädlichen Umwelteinwirkungen notwendigen Anforderungen an die Beschaffenheit, die Ausrüstung, den Betrieb und die Prüfung der in Absatz 1 Satz 1 genannten Fahrzeuge und Anlagen, auch soweit diese den verkehrsrechtlichen Vorschriften des Bundes unterliegen. ²Dabei können Emissionsgrenzwerte unter Berücksichtigung der technischen Entwicklung auch für einen Zeitpunkt nach Inkrafttreten der Rechtsverordnung festgesetzt werden.

(3) Wegen der Anforderungen nach Absatz 2 gilt § 7 Absatz 5 entsprechend.

§ 39⁴⁾ Erfüllung von zwischenstaatlichen Vereinbarungen und Rechtsakten der Europäischen Gemeinschaften oder der Europäischen Union. ¹Zur Erfüllung von Verpflichtungen aus zwischenstaatlichen Vereinbarungen oder von bindenden Rechtsakten der Europäischen Gemeinschaften oder der Europäischen Union können zu dem in § 1 genannten Zweck das Bundesministerium für Verkehr und digitale Infrastruktur und das Bundesministerium für Umwelt, Naturschutz und nukleare Sicherheit durch Rechtsverordnung mit Zustimmung des Bundesrates bestimmen, dass die in § 38 genannten Fahrzeuge bestimmten Anforderungen an Beschaffenheit, Ausrüstung, Prüfung und Betrieb genügen müssen. ²Wegen der Anforderungen nach Satz 1 gilt § 7 Absatz 5 entsprechend.

¹⁾ § 37g eingef. mWv 1.1.2015 durch G v. 20.11.2014 (BGBl. I S. 1740).
²⁾ § 38 Abs. 2 Satz 1 geänd. mWv 8.9.2015 durch VO v. 31.8.2015 (BGBl. I S. 1474); Abs. 2 Satz 1 geänd. mWv 27.6.2020 durch VO v. 19.6.2020 (BGBl. I S. 1328).
³⁾ Siehe die Anmerkung am Titel.
⁴⁾ § 39 Satz 1 geänd. mWv 8.9.2015 durch VO v. 31.8.2015 (BGBl. I S. 1474); Satz 1 geänd. mWv 27.6.2020 durch VO v. 19.6.2020 (BGBl. I S. 1328).

§ 40 Verkehrsbeschränkungen. (1) [1] Die zuständige Straßenverkehrsbehörde beschränkt oder verbietet den Kraftfahrzeugverkehr nach Maßgabe der straßenverkehrsrechtlichen Vorschriften, soweit ein Luftreinhalteplan oder ein Plan für kurzfristig zu ergreifende Maßnahmen nach § 47 Absatz 1 oder 2 dies vorsehen. [2] Die Straßenverkehrsbehörde kann im Einvernehmen mit der für den Immissionsschutz zuständigen Behörde Ausnahmen von Verboten oder Beschränkungen des Kraftfahrzeugverkehrs zulassen, wenn unaufschiebbare und überwiegende Gründe des Wohls der Allgemeinheit dies erfordern.

(2) [1] Die zuständige Straßenverkehrsbehörde kann den Kraftfahrzeugverkehr nach Maßgabe der straßenverkehrsrechtlichen Vorschriften auf bestimmten Straßen oder in bestimmten Gebieten verbieten oder beschränken, wenn der Kraftfahrzeugverkehr zur Überschreitung von in Rechtsverordnungen nach § 48a Absatz 1a festgelegten Immissionswerten beiträgt und soweit die für den Immissionsschutz zuständige Behörde dies im Hinblick auf die örtlichen Verhältnisse für geboten hält, um schädliche Umwelteinwirkungen durch Luftverunreinigungen zu vermindern oder deren Entstehen zu vermeiden. [2] Hierbei sind die Verkehrsbedürfnisse und die städtebaulichen Belange zu berücksichtigen. [3] § 47 Absatz 6 Satz 1 bleibt unberührt.

(3) [1] Die Bundesregierung wird ermächtigt, nach Anhörung der beteiligten Kreise (§ 51) durch Rechtsverordnung[1)] mit Zustimmung des Bundesrates zu regeln, dass Kraftfahrzeuge mit geringem Beitrag zur Schadstoffbelastung von Verkehrsverboten ganz oder teilweise ausgenommen sind oder ausgenommen werden können, sowie die hierfür maßgebenden Kriterien und die amtliche Kennzeichnung der Kraftfahrzeuge festzulegen. [2] Die Verordnung kann auch regeln, dass bestimmte Fahrten oder Personen ausgenommen sind oder ausgenommen werden können, wenn das Wohl der Allgemeinheit oder unaufschiebbare und überwiegende Interessen des Einzelnen dies erfordern.

§ 41 Straßen und Schienenwege. (1) Bei dem Bau oder der wesentlichen Änderung öffentlicher Straßen sowie von Eisenbahnen, Magnetschwebebahnen und Straßenbahnen ist unbeschadet des § 50 sicherzustellen, dass durch diese keine schädlichen Umwelteinwirkungen durch Verkehrsgeräusche hervorgerufen werden können, die nach dem Stand der Technik vermeidbar sind.

(2) Absatz 1 gilt nicht, soweit die Kosten der Schutzmaßnahme außer Verhältnis zu dem angestrebten Schutzzweck stehen würden.

§ 42 Entschädigung für Schallschutzmaßnahmen. (1) [1] Werden im Falle des § 41 in der Rechtsverordnung nach § 43 Absatz 1 Satz 1 Nummer 1 festgelegten Immissionsgrenzwerte überschritten, hat der Eigentümer einer betroffenen baulichen Anlage gegen den Träger der Baulast einen Anspruch auf angemessene Entschädigung in Geld, es sei denn, dass die Beeinträchtigung wegen der besonderen Benutzung der Anlage zumutbar ist. [2] Dies gilt auch bei baulichen Anlagen, die bei Auslegung der Pläne im Planfeststellungsverfahren oder bei Auslegung des Entwurfs der Bauleitpläne mit ausgewiesener Wegeplanung bauaufsichtlich genehmigt waren.

(2) [1] Die Entschädigung ist zu leisten für Schallschutzmaßnahmen an den baulichen Anlagen in Höhe der erbrachten notwendigen Aufwendungen, soweit sich diese im Rahmen der Rechtsverordnung nach § 43 Absatz 1 Satz 1

[1)] Siehe die Anmerkung am Titel.

Nummer 3 halten. [2] Vorschriften, die weitergehende Entschädigungen gewähren, bleiben unberührt.

(3) [1] Kommt zwischen dem Träger der Baulast und dem Betroffenen keine Einigung über die Entschädigung zustande, setzt die nach Landesrecht zuständige Behörde auf Antrag eines der Beteiligten die Entschädigung durch schriftlichen Bescheid fest. [2] Im Übrigen gelten für das Verfahren die Enteignungsgesetze der Länder entsprechend.

einen Luftreinhalteplan aufstellen. [2] Bei der Aufstellung dieser Pläne sind die Ziele der Raumordnung zu beachten; die Grundsätze und sonstigen Erfordernisse der Raumordnung sind zu berücksichtigen.

(4) [1] Die Maßnahmen sind entsprechend des Verursacheranteils unter Beachtung des Grundsatzes der Verhältnismäßigkeit gegen alle Emittenten zu richten, die zum Überschreiten der Immissionswerte oder in einem Untersuchungsgebiet im Sinne des § 44 Absatz 2 zu sonstigen schädlichen Umwelteinwirkungen beitragen. [2] Werden in Plänen nach Absatz 1 oder 2 Maßnahmen im Straßenverkehr erforderlich, sind diese im Einvernehmen mit den zuständigen Straßenbau- und Straßenverkehrsbehörden festzulegen. [3] Werden Immissionswerte hinsichtlich mehrerer Schadstoffe überschritten, ist ein alle Schadstoffe erfassender Plan aufzustellen. [4] Werden Immissionswerte durch Emissionen überschritten, die außerhalb des Plangebiets verursacht werden, hat in den Fällen der Absätze 1 und 2 auch die dort zuständige Behörde einen Plan aufzustellen.

(4a) [1] Verbote des Kraftfahrzeugverkehrs für Kraftfahrzeuge mit Selbstzündungsmotor kommen wegen der Überschreitung des Immissionsgrenzwertes für Stickstoffdioxid in der Regel nur in Gebieten in Betracht, in denen der Wert von 50 Mikrogramm Stickstoffdioxid pro Kubikmeter Luft im Jahresmittel überschritten worden ist. [2] Folgende Kraftfahrzeuge sind von Verkehrsverboten ausgenommen:

1. Kraftfahrzeuge der Schadstoffklasse Euro 6,
2. Kraftfahrzeuge der Schadstoffklassen Euro 4 und Euro 5, sofern diese im praktischen Fahrbetrieb in entsprechender Anwendung des Artikels 2 Nummer 41 in Verbindung mit Anhang IIIa der Verordnung (EG) Nr. 692/2008 der Kommission vom 18. Juli 2008 zur Durchführung und Änderung der Verordnung (EG) Nr. 715/2007 des Europäischen Parlaments und des Rates über die Typgenehmigung von Kraftfahrzeugen hinsichtlich der Emissionen von leichten Personenkraftwagen und Nutzfahrzeugen (Euro 5 und Euro 6) und über den Zugang zu Reparatur- und Wartungsinformationen für Fahrzeuge (ABl. L 199 vom 28.7.2008, S. 1), die zuletzt durch die Verordnung (EU) 2017/1221 (ABl. L 174 vom 7.7.2017, S. 3) geändert worden ist, weniger als 270 Milligramm Stickstoffoxide pro Kilometer ausstoßen,
3. Kraftomnibusse mit einer Allgemeinen Betriebserlaubnis für ein Stickstoffoxid-Minderungssystem mit erhöhter Minderungsleistung, sofern die Nachrüstung finanziell aus einem öffentlichen Titel des Bundes gefördert worden ist, oder die die technischen Anforderungen erfüllen, die für diese Förderung erforderlich gewesen wären,
4. schwere Kommunalfahrzeuge mit einer Allgemeinen Betriebserlaubnis für ein Stickstoffoxid-Minderungssystem mit erhöhter Minderungsleistung, sofern die Nachrüstung finanziell aus einem öffentlichen Titel des Bundes *gefördert worden ist, oder die* die technischen Anforderungen erfüllen, die für diese Förderung erforderlich gewesen wären, sowie Fahrzeuge der privaten Entsorgungswirtschaft von mehr als 3,5 Tonnen mit einer Allgemeinen Betriebserlaubnis für ein Stickstoffoxid-Minderungssystem mit erhöhter Minderungsleistung, die die technischen Anforderungen erfüllen, die für diese Förderung erforderlich gewesen wären,
5. Handwerker- und Lieferfahrzeuge zwischen 2,8 und 7,5 Tonnen mit einer Allgemeinen Betriebserlaubnis für ein Stickstoffoxid-Minderungssystem mit

erhöhter Minderungsleistung, sofern die Nachrüstung finanziell aus einem öffentlichen Titel des Bundes gefördert worden ist, oder die die technischen Anforderungen erfüllen, die für diese Förderung erforderlich gewesen wären,

6. Kraftfahrzeuge der Schadstoffklasse Euro VI und

7. Kraftfahrzeuge im Sinne von Anhang 3 Nummer 5, 6 und 7 der Verordnung zur Kennzeichnung der Kraftfahrzeuge mit geringem Beitrag zur Schadstoffbelastung[1] vom 10. Oktober 2006 (BGBl. I S. 2218), die zuletzt durch Artikel 85 der Verordnung vom 31. August 2015 (BGBl. I S. 1474) geändert worden ist.

[3] Im Einzelfall kann der Luftreinhalteplan im Fall des Satzes 2 Nummer 6 auch für diese Kraftfahrzeuge ein Verbot des Kraftfahrzeugverkehrs vorsehen, wenn die schnellstmögliche Einhaltung des Immissionsgrenzwertes für Stickstoffdioxid anderenfalls nicht sichergestellt werden kann. [4] Weitere Ausnahmen von Verboten des Kraftfahrzeugverkehrs, insbesondere nach § 40 Absatz 1 Satz 2, können durch die zuständigen Behörden zugelassen werden. [5] Die Vorschriften zu ergänzenden technischen Regelungen, insbesondere zu Nachrüstmaßnahmen bei Kraftfahrzeugen, im Straßenverkehrsgesetz[2] und in der Straßenverkehrs-Zulassungs-Ordnung bleiben unberührt.

(5) [1] Die nach den Absätzen 1 bis 4 aufzustellenden Pläne müssen den Anforderungen des § 45 Absatz 2 entsprechen. [2] Die Öffentlichkeit ist bei der Aufstellung von Plänen nach den Absätzen 1 und 3 zu beteiligen. [3] Die Pläne müssen für die Öffentlichkeit zugänglich sein.

(5a) [1] Bei der Aufstellung oder Änderung von Luftreinhalteplänen nach Absatz 1 ist die Öffentlichkeit durch die zuständige Behörde zu beteiligen. [2] Die Aufstellung oder Änderung eines Luftreinhalteplanes sowie Informationen über das Beteiligungsverfahren sind in einem amtlichen Veröffentlichungsblatt und auf andere geeignete Weise öffentlich bekannt zu machen. [3] Der Entwurf des neuen oder geänderten Luftreinhalteplanes ist einen Monat zur Einsicht auszulegen; bis zwei Wochen nach Ablauf der Auslegungsfrist kann gegenüber der zuständigen Behörde schriftlich oder elektronisch Stellung genommen werden; der Zeitpunkt des Fristablaufs ist bei der Bekanntmachung nach Satz 2 mitzuteilen. [4] Fristgemäß eingegangene Stellungnahmen werden von der zuständigen Behörde bei der Entscheidung über die Annahme des Plans angemessen berücksichtigt. [5] Der aufgestellte Plan ist von der zuständigen Behörde in einem amtlichen Veröffentlichungsblatt und auf andere geeignete Weise öffentlich bekannt zu machen. [6] In der öffentlichen Bekanntmachung sind das überplante Gebiet und eine Übersicht über die wesentlichen Maßnahmen darzustellen. [7] Eine Ausfertigung des Plans, einschließlich einer Darstellung des Ablaufs des Beteiligungsverfahrens und der Gründe und Erwägungen, auf denen die getroffene Entscheidung beruht, wird zwei Wochen zur Einsicht ausgelegt. [8] Dieser Absatz findet keine Anwendung, wenn es sich bei dem Luftreinhalteplan nach Absatz 1 um einen Plan handelt, für den nach dem Gesetz über die Umweltverträglichkeitsprüfung[3] eine Strategische Umweltprüfung durchzuführen ist.

[1] *Sartorius ErgBd. Nr. 296/35.*
[2] Schönfelder Nr. 35.
[3] Nr. 295.

(5b) Werden nach Absatz 2 Pläne für kurzfristig zu ergreifende Maßnahmen aufgestellt, macht die zuständige Behörde der Öffentlichkeit sowohl die Ergebnisse ihrer Untersuchungen zur Durchführbarkeit und zum Inhalt solcher Pläne als auch Informationen über die Durchführung dieser Pläne zugänglich.

(6) [1] Die Maßnahmen, die Pläne nach den Absätzen 1 bis 4 festlegen, sind durch Anordnungen oder sonstige Entscheidungen der zuständigen Träger öffentlicher Verwaltung nach diesem Gesetz oder nach anderen Rechtsvorschriften durchzusetzen. [2] Sind in den Plänen planungsrechtliche Festlegungen vorgesehen, haben die zuständigen Planungsträger dies bei ihren Planungen zu berücksichtigen.

(7) [1] Die Landesregierungen oder die von ihnen bestimmten Stellen werden ermächtigt, bei der Gefahr, dass Immissionsgrenzwerte überschritten werden, die eine Rechtsverordnung nach § 48a Absatz 1 festlegt, durch Rechtsverordnung vorzuschreiben, dass in näher zu bestimmenden Gebieten bestimmte
1. ortsveränderliche Anlagen nicht betrieben werden dürfen,
2. ortsfeste Anlagen nicht errichtet werden dürfen,
3. ortsveränderliche oder ortsfeste Anlagen nur zu bestimmten Zeiten betrieben werden dürfen oder erhöhten betriebstechnischen Anforderungen genügen müssen,
4. Brennstoffe in Anlagen nicht oder nur beschränkt verwendet werden dürfen,
soweit die Anlagen oder Brennstoffe geeignet sind, zur Überschreitung der Immissionswerte beizutragen. [2] Absatz 4 Satz 1 und § 49 Absatz 3 gelten entsprechend.

Sechster Teil. Lärmminderungsplanung

§ 47a Anwendungsbereich des Sechsten Teils. [1] Dieser Teil des Gesetzes gilt für den Umgebungslärm, dem Menschen insbesondere in bebauten Gebieten, in öffentlichen Parks oder anderen ruhigen Gebieten eines Ballungsraums, in ruhigen Gebieten auf dem Land, in der Umgebung von Schulgebäuden, Krankenhäusern und anderen lärmempfindlichen Gebäuden und Gebieten ausgesetzt sind. [2] Er gilt nicht für Lärm, der von der davon betroffenen Person selbst oder durch Tätigkeiten innerhalb von Wohnungen verursacht wird, für Nachbarschaftslärm, Lärm am Arbeitsplatz, in Verkehrsmitteln oder Lärm, der auf militärische Tätigkeiten in militärischen Gebieten zurückzuführen ist.

§ 47b Begriffsbestimmungen. Im Sinne dieses Gesetzes bezeichnen die Begriffe
1. *„Umgebungslärm"* belästigende oder gesundheitsschädliche Geräusche im Freien, die durch Aktivitäten von Menschen verursacht werden, einschließlich des Lärms, der von Verkehrsmitteln, Straßenverkehr, Eisenbahnverkehr, Flugverkehr sowie Geländen für industrielle Tätigkeiten ausgeht;
2. *„Ballungsraum"* ein Gebiet mit einer Einwohnerzahl von über 100 000 und einer Bevölkerungsdichte von mehr als 1 000 Einwohnern pro Quadratkilometer;

3. „Hauptverkehrsstraße" eine Bundesfernstraße, Landesstraße oder auch sonstige grenzüberschreitende Straße, jeweils mit einem Verkehrsaufkommen von über drei Millionen Kraftfahrzeugen pro Jahr;

(Fortsetzung nächstes Blatt)

4. „Haupteisenbahnstrecke" ein Schienenweg von Eisenbahnen nach dem Allgemeinen Eisenbahngesetz[1] mit einem Verkehrsaufkommen von über 30 000 Zügen pro Jahr;

5. „Großflughafen" ein Verkehrsflughafen mit einem Verkehrsaufkommen von über 50 000 Bewegungen pro Jahr, wobei mit „Bewegung" der Start oder die Landung bezeichnet wird, hiervon sind ausschließlich der Ausbildung dienende Bewegungen mit Leichtflugzeugen ausgenommen.

§ 47c[2] Lärmkarten. (1) [1]Die zuständigen Behörden arbeiten bis zum 30. Juni 2007 bezogen auf das vorangegangene Kalenderjahr Lärmkarten für Ballungsräume mit mehr als 250 000 Einwohnern sowie für Hauptverkehrsstraßen mit einem Verkehrsaufkommen von über sechs Millionen Kraftfahrzeugen pro Jahr, Haupteisenbahnstrecken mit einem Verkehrsaufkommen von über 60 000 Zügen pro Jahr und Großflughäfen aus. [2]Gleiches gilt bis zum 30. Juni 2012 und danach alle fünf Jahre für sämtliche Ballungsräume sowie für sämtliche Hauptverkehrsstraßen und Haupteisenbahnstrecken.

(2) Die Lärmkarten haben den Mindestanforderungen des Anhangs IV der Richtlinie 2002/49/EG des Europäischen Parlaments und des Rates vom 25. Juni 2002 über die Bewertung und Bekämpfung von Umgebungslärm (ABl. EG Nr. L 189 S. 12) zu entsprechen und die nach Anhang VI der Richtlinie 2002/49/EG an die Kommission zu übermittelnden Daten zu enthalten.

(2a) Öffentliche Eisenbahninfrastrukturunternehmen sind verpflichtet, den für die Ausarbeitung von Lärmkarten zuständigen Behörden folgende für die Erarbeitung von Lärmkarten erforderlichen Daten unentgeltlich zur Verfügung zu stellen:

1. Daten zur Eisenbahninfrastruktur und

2. Daten zum Verkehr der Eisenbahnen auf den Schienenwegen.

(3) Die zuständigen Behörden arbeiten bei der Ausarbeitung von Lärmkarten für Grenzgebiete mit den zuständigen Behörden anderer Mitgliedstaaten der Europäischen Union zusammen.

(4) Die Lärmkarten werden mindestens alle fünf Jahre nach dem Zeitpunkt ihrer Erstellung überprüft und bei Bedarf überarbeitet.

(5) [1]Die zuständigen Behörden teilen dem Bundesministerium für Umwelt, Naturschutz und nukleare Sicherheit oder einer von ihm benannten Stelle zum 30. Juni 2005 und danach alle fünf Jahre die Ballungsräume mit mehr als 250 000 Einwohnern, die Hauptverkehrsstraßen mit einem Verkehrsaufkommen von über sechs Millionen Kraftfahrzeugen pro Jahr, die Haupteisenbahnstrecken mit einem Verkehrsaufkommen von über 60 000 Zügen pro Jahr und die Großflughäfen mit. [2]Gleiches gilt zum 31. Dezember 2008 für sämtliche Ballungsräume sowie sämtliche Hauptverkehrsstraßen und Haupteisenbahnstrecken.

(6) Die zuständigen Behörden teilen Informationen aus den Lärmkarten, die in der Rechtsverordnung nach § 47f bezeichnet werden, dem Bundesministerium für Umwelt, Naturschutz und nukleare Sicherheit oder einer von ihm benannten Stelle mit.

[1] **Sartorius III Nr. 200.**
[2] § 47c Abs. 5 Satz 1 und Abs. 6 geänd. mWv 8.9.2015 durch VO v. 31.8.2015 (BGBl. I S. 1474); Abs. 5 Satz 1 und Abs. 6 geänd. mWv 27.6.2020 durch VO v. 19.6.2020 (BGBl. I S. 1328).

§ 47d[1)] **Lärmaktionspläne.** (1) [1]Die zuständigen Behörden stellen bis zum 18. Juli 2008 Lärmaktionspläne auf, mit denen Lärmprobleme und Lärmauswirkungen geregelt werden für

1. Orte in der Nähe der Hauptverkehrsstraßen mit einem Verkehrsaufkommen von über sechs Millionen Kraftfahrzeugen pro Jahr, der Haupteisenbahnstrecken mit einem Verkehrsaufkommen von über 60 000 Zügen pro Jahr und der Großflughäfen,

2. Ballungsräume mit mehr als 250 000 Einwohnern.

[2]Gleiches gilt bis zum 18. Juli 2013 für sämtliche Ballungsräume sowie für sämtliche Hauptverkehrsstraßen und Haupteisenbahnstrecken. [3]Die Festlegung von Maßnahmen in den Plänen ist in das Ermessen der zuständigen Behörden gestellt, sollte aber auch unter Berücksichtigung der Belastung durch mehrere Lärmquellen insbesondere auf die Prioritäten eingehen, die sich gegebenenfalls aus der Überschreitung relevanter Grenzwerte oder aufgrund anderer Kriterien ergeben, und insbesondere für die wichtigsten Bereiche gelten, wie sie in den Lärmkarten ausgewiesen werden.

(2) [1]Die Lärmaktionspläne haben den Mindestanforderungen des Anhangs V der Richtlinie 2002/49/EG zu entsprechen und die nach Anhang VI der Richtlinie 2002/49/EG an die Kommission zu übermittelnden Daten zu enthalten. [2]Ziel dieser Pläne soll es auch sein, ruhige Gebiete gegen eine Zunahme des Lärms zu schützen.

(2a) Öffentliche Eisenbahninfrastrukturunternehmen sind verpflichtet, an der Aufstellung von Lärmaktionsplänen für Orte in der Nähe der Haupteisenbahnstrecken und für Ballungsräume mit Eisenbahnverkehr mitzuwirken.

(3) [1]Die Öffentlichkeit wird zu Vorschlägen für Lärmaktionspläne gehört. [2]Sie erhält rechtzeitig und effektiv die Möglichkeit, an der Ausarbeitung und der Überprüfung der Lärmaktionspläne mitzuwirken. [3]Die Ergebnisse der Mitwirkung sind zu berücksichtigen. [4]Die Öffentlichkeit ist über die getroffenen Entscheidungen zu unterrichten. [5]Es sind angemessene Fristen mit einer ausreichenden Zeitspanne für jede Phase der Beteiligung vorzusehen.

(4) § 47c Absatz 3 gilt entsprechend.

(5) Die Lärmaktionspläne werden bei bedeutsamen Entwicklungen für die Lärmsituation, ansonsten jedoch alle fünf Jahre nach dem Zeitpunkt ihrer Aufstellung überprüft und erforderlichenfalls überarbeitet.

(6) § 47 Absatz 3 Satz 2 und Absatz 6 gilt entsprechend.

(7) Die zuständigen Behörden teilen Informationen aus den Lärmaktionsplänen, die in der Rechtsverordnung nach § 47f bezeichnet werden, dem Bundesministerium für Umwelt, Naturschutz und nukleare Sicherheit oder einer von ihm benannten Stelle mit.

§ 47e[2)] **Zuständige Behörden.** (1) Zuständige Behörden für die Aufgaben dieses Teils des Gesetzes sind die Gemeinden oder die nach Landesrecht zuständigen Behörden, soweit nicht nachstehend Abweichendes geregelt ist.

[1)] § 47d Abs. 7 geänd. mWv 8.9.2015 durch VO v. 31.8.2015 (BGBl. I S. 1474), Abs. 7 geänd. mWv 27.6.2020 durch VO v. 19.6.2020 (BGBl. I S. 1328).
[2)] § 47e Abs. 4 angef. mWv 6.7.2013 durch G v. 2.7.2013 (BGBl. I S. 1943).

(2) Die obersten Landesbehörden oder die von ihnen benannten Stellen sind zuständig für die Mitteilungen nach § 47 c Absatz 5 und 6 sowie nach § 47 d Absatz 7.

(3) Das Eisenbahn-Bundesamt ist zuständig für die Ausarbeitung der Lärmkarten für Schienenwege von Eisenbahnen des Bundes nach § 47 c sowie insoweit für die Mitteilung der Haupteisenbahnstrecken nach § 47 c Absatz 5, für die Mitteilung der Informationen nach § 47 c Absatz 6 und für die Information der Öffentlichkeit über Lärmkarten nach § 47 f Absatz 1 Satz 1 Nummer 3.

(4) ¹Abweichend von Absatz 1 ist ab dem 1. Januar 2015 das Eisenbahn-Bundesamt zuständig für die Aufstellung eines bundesweiten Lärmaktionsplanes für die Haupteisenbahnstrecken des Bundes mit Maßnahmen in Bundeshoheit. ²Bei Lärmaktionsplänen für Ballungsräume wirkt das Eisenbahn-Bundesamt an der Lärmaktionsplanung mit.

§ 47 f Rechtsverordnungen. (1) ¹Die Bundesregierung wird ermächtigt, nach Anhörung der beteiligten Kreise (§ 51) durch Rechtsverordnung¹⁾ mit Zustimmung des Bundesrates weitere Regelungen zur Umsetzung der Richtlinie 2002/49/EG in deutsches Recht zu erlassen, insbesondere

1. zur Definition von Lärmindizes und zu ihrer Anwendung,
2. zu den Berechnungsmethoden für Lärmindizes und zur Bewertung gesundheitsschädlicher Auswirkungen,
3. zur Information der Öffentlichkeit über zuständige Behörden sowie Lärmkarten und Lärmaktionspläne,
4. zu Kriterien für die Festlegung von Maßnahmen in Lärmaktionsplänen.

²Passt die Kommission gemäß Artikel 12 der Richtlinie 2002/49/EG deren Anhang I Abschnitt 3, Anhang II und Anhang III nach dem Verfahren des Artikels 13 Absatz 2 der Richtlinie 2002/49/EG an den wissenschaftlichen und technischen Fortschritt an, gilt Satz 1 auch insoweit.

(2) Die Bundesregierung wird ermächtigt, nach Anhörung der beteiligten Kreise (§ 51) durch Rechtsverordnung mit Zustimmung des Bundesrates weitere Regelungen zu erlassen

1. zum Format und Inhalt von Lärmkarten und Lärmaktionsplänen,
2. zur Datenerhebung und Datenübermittlung.

Siebenter Teil. Gemeinsame Vorschriften

§ 48²⁾ Verwaltungsvorschriften. (1) ¹Die Bundesregierung erlässt nach Anhörung der beteiligten Kreise (§ 51) mit Zustimmung des Bundesrates zur Durchführung dieses Gesetzes und der auf Grund dieses Gesetzes erlassenen Rechtsverordnungen des Bundes allgemeine Verwaltungsvorschriften¹⁾, insbesondere über

¹⁾ Siehe die Anmerkung zum Titel.
²⁾ § 48 Abs. 2 aufgeh. mWv 1. 1. 2015 durch G v. 20. 11. 2014 (BGBl. I S. 1740); Abs. 1 a Satz 2 geänd. mWv 8. 9. 2015 durch VO v. 31. 8. 2015 (BGBl. I S. 1474); Abs. 1 Satz 1 Nr. 5 geänd., Nr. 6 angef., Abs. 1 a neu gef. mWv 7. 12. 2016 durch G v. 30. 11. 2016 (BGBl. I S. 2749).

1. Immissionswerte, die zu dem in § 1 genannten Zweck nicht überschritten werden dürfen,

2. Emissionswerte, deren Überschreiten nach dem Stand der Technik vermeidbar ist,

3. das Verfahren zur Ermittlung der Emissionen und Immissionen,

4. die von der zuständigen Behörde zu treffenden Maßnahmen bei Anlagen, für die Regelungen in einer Rechtsverordnung nach § 7 Absatz 2 oder 3 vorgesehen werden können, unter Berücksichtigung insbesondere der dort genannten Voraussetzungen,

5. äquivalente Parameter oder äquivalente technische Maßnahmen zu Emissionswerten,

6. angemessene Sicherheitsabstände gemäß § 3 Absatz 5 c.

[2] Bei der Festlegung der Anforderungen sind insbesondere mögliche Verlagerungen von nachteiligen Auswirkungen von einem Schutzgut auf ein anderes zu berücksichtigen; ein hohes Schutzniveau für die Umwelt insgesamt ist zu gewährleisten.

(1 a) [1] Nach jeder Veröffentlichung einer BVT-Schlussfolgerung ist unverzüglich zu gewährleisten, dass für Anlagen nach der Industrieemissions-Richtlinie bei der Festlegung von Emissionswerten nach Absatz 1 Satz 1 Nummer 2 die Emissionen unter normalen Betriebsbedingungen die in den BVT-Schlussfolgerungen genannten Emissionsbandbreiten nicht überschreiten. [2] Im Hinblick auf bestehende Anlagen ist innerhalb eines Jahres nach Veröffentlichung von BVT-Schlussfolgerungen zur Haupttätigkeit eine Überprüfung und gegebenenfalls Anpassung der Verwaltungsvorschrift vorzunehmen.

(1 b) [1] Abweichend von Absatz 1 a

1. können in der Verwaltungsvorschrift weniger strenge Emissionswerte festgelegt werden, wenn

 a) wegen technischer Merkmale der betroffenen Anlagenart die Anwendung der in den BVT-Schlussfolgerungen genannten Emissionsbandbreiten unverhältnismäßig wäre und dies begründet wird oder

 b) in Anlagen Zukunftstechniken für einen Gesamtzeitraum von höchstens neun Monaten erprobt oder angewendet werden sollen, sofern nach dem festgelegten Zeitraum die Anwendung der betreffenden Technik beendet wird oder in der Anlage mindestens die mit den besten verfügbaren Techniken assoziierten Emissionsbandbreiten erreicht werden, oder

2. kann in der Verwaltungsvorschrift bestimmt werden, dass die zuständige Behörde weniger strenge Emissionsbegrenzungen festlegen kann, wenn

 a) wegen technischer Merkmale der betroffenen Anlagen die Anwendung der in den BVT-Schlussfolgerungen genannten Emissionsbandbreiten unverhältnismäßig wäre oder

 b) in Anlagen Zukunftstechniken für einen Gesamtzeitraum von höchstens neun Monaten erprobt oder angewendet werden sollen, sofern nach dem festgelegten Zeitraum die Anwendung der betreffenden Technik beendet wird oder in der Anlage mindestens die mit den besten verfügbaren Techniken assoziierten Emissionsbandbreiten erreicht werden.

[2] Absatz 1 Satz 2 bleibt unberührt. [3] Emissionswerte und Emissionsbegrenzungen nach Satz 1 dürfen die in den Anhängen der Richtlinie 2010/75/EU festgelegten Emissionsgrenzwerte nicht überschreiten.

(2) *(aufgehoben)*

§ 48 a Rechtsverordnungen über Emissionswerte und Immissionswerte. (1) [1] Zur Erfüllung von bindenden Rechtsakten der Europäischen Gemeinschaften oder der Europäischen Union kann die Bundesregierung zu dem in § 1 genannten Zweck mit Zustimmung des Bundesrates Rechtsverordnungen[1]) über die Festsetzung von Immissions- und Emissionswerten einschließlich der Verfahren zur Ermittlung sowie Maßnahmen zur Einhaltung dieser Werte und zur Überwachung und Messung erlassen. [2] In den Rechtsverordnungen kann auch geregelt werden, wie die Bevölkerung zu unterrichten ist.

(1 a) [1] Über die Erfüllung von bindenden Rechtsakten der Europäischen Gemeinschaften oder der Europäischen Union hinaus kann die Bundesregierung zu dem in § 1 genannten Zweck mit Zustimmung des Bundesrates Rechtsverordnungen über die Festlegung von Immissionswerten für weitere Schadstoffe einschließlich der Verfahren zur Ermittlung sowie Maßnahmen zur Einhaltung dieser Werte und zur Überwachung und Messung erlassen. [2] In den Rechtsverordnungen kann auch geregelt werden, wie die Bevölkerung zu unterrichten ist.

(2) Die in Rechtsverordnungen nach Absatz 1 festgelegten Maßnahmen sind durch Anordnungen oder sonstige Entscheidungen der zuständigen Träger öffentlicher Verwaltung nach diesem Gesetz oder nach anderen Rechtsvorschriften durchzusetzen; soweit planungsrechtliche Festlegungen vorgesehen sind, haben die zuständigen Planungsträger zu befinden, ob und inwieweit Planungen in Betracht zu ziehen sind.

(3) Zur Erfüllung von bindenden Rechtsakten der Europäischen Gemeinschaften oder der Europäischen Union kann die Bundesregierung zu dem in § 1 genannten Zweck mit Zustimmung des Bundesrates in Rechtsverordnungen[1]) von Behörden zu erfüllende Pflichten begründen und ihnen Befugnisse zur Erhebung, Verarbeitung und Nutzung personenbezogener Daten einräumen, soweit diese für die Beurteilung und Kontrolle der in den Beschlüssen gestellten Anforderungen erforderlich sind.

§ 48 b Beteiligung des Bundestages beim Erlass von Rechtsverordnungen. [1] Rechtsverordnungen nach § 7 Absatz 1 Satz 1 Nummer 2, § 23 Absatz 1 Satz 1 Nummer 2, § 43 Absatz 1 Satz 1 Nummer 1, § 48 a Absatz 1 und § 48 a Absatz 1 a dieses Gesetzes sind dem Bundestag zuzuleiten. [2] Die Zuleitung erfolgt vor der Zuleitung an den Bundesrat. [3] Die Rechtsverordnungen können durch Beschluss des Bundestages geändert oder abgelehnt werden. [4] Der Beschluss des Bundestages wird der Bundesregierung zugeleitet. [5] Hat sich der Bundestag nach Ablauf von vier Sitzungswochen seit Eingang der Rechtsverordnung nicht mit ihr befasst, wird die unveränderte Rechtsverordnung dem Bundesrat zugeleitet. [6] Die Sätze 1 bis 5 gelten nicht bei Rechtsverordnungen nach § 7 Absatz 1 Satz 1 Nummer 2 für den Fall, dass wegen der Fortentwicklung des Standes der Technik die Umsetzung von BVT-Schlussfolgerungen nach § 7 Absatz 1 a erforderlich ist.

[1]) Siehe die Anmerkung zum Titel.

§ 49 Schutz bestimmter Gebiete. (1) Die Landesregierungen werden ermächtigt, durch Rechtsverordnung vorzuschreiben, dass in näher zu bestimmenden Gebieten, die eines besonderen Schutzes vor schädlichen Umwelteinwirkungen durch Luftverunreinigungen oder Geräusche bedürfen, bestimmte

1. ortsveränderliche Anlagen nicht betrieben werden dürfen,

2. ortsfeste Anlagen nicht errichtet werden dürfen,

3. ortsveränderliche oder ortsfeste Anlagen nur zu bestimmten Zeiten betrieben werden dürfen oder erhöhten betriebstechnischen Anforderungen genügen müssen oder

4. Brennstoffe in Anlagen nicht oder nur beschränkt verwendet werden dürfen,

soweit die Anlagen oder Brennstoffe geeignet sind, schädliche Umwelteinwirkungen durch Luftverunreinigungen oder Geräusche hervorzurufen, die mit dem besonderen Schutzbedürfnis dieser Gebiete nicht vereinbar sind, und die Luftverunreinigungen und Geräusche durch Auflagen nicht verhindert werden können.

(2) ¹Die Landesregierungen werden ermächtigt, durch Rechtsverordnung Gebiete festzusetzen, in denen während austauscharmer Wetterlagen ein starkes Anwachsen schädlicher Umwelteinwirkungen durch Luftverunreinigungen zu befürchten ist. ²In der Rechtsverordnung kann vorgeschrieben werden, dass in diesen Gebieten

1. ortsveränderliche oder ortsfeste Anlagen nur zu bestimmten Zeiten betrieben oder

2. Brennstoffe, die in besonderem Maße Luftverunreinigungen hervorrufen, in Anlagen nicht oder nur beschränkt verwendet

werden dürfen, sobald die austauscharme Wetterlage von der zuständigen Behörde bekannt gegeben wird.

(3) Landesrechtliche Ermächtigungen für die Gemeinden und Gemeindeverbände zum Erlass von ortsrechtlichen Vorschriften, die Regelungen zum Schutz der Bevölkerung vor schädlichen Umwelteinwirkungen durch Luftverunreinigungen oder Geräusche zum Gegenstand haben, bleiben unberührt.

§ 50¹⁾ Planung. ¹Bei raumbedeutsamen Planungen und Maßnahmen sind die für eine bestimmte Nutzung vorgesehenen Flächen einander so zuzuordnen, dass schädliche Umwelteinwirkungen und von schweren Unfällen im Sinne des Artikels 3 Nummer 13 der Richtlinie 2012/18/EU in Betriebsbereichen hervorgerufene Auswirkungen auf die ausschließlich oder überwiegend dem Wohnen dienenden Gebiete sowie auf sonstige schutzbedürftige Gebiete, insbesondere öffentlich genutzte Gebiete, wichtige Verkehrswege, Freizeitgebiete und unter dem Gesichtspunkt des Naturschutzes besonders wertvolle oder besonders empfindliche Gebiete und öffentlich genutzte Gebäude, so weit wie möglich vermieden werden. ²Bei raumbedeutsamen Planungen und Maßnahmen in Gebieten, in denen die in Rechtsverordnungen nach § 48a Absatz 1 festgelegten Immissionsgrenzwerte und Zielwerte nicht überschritten werden, ist bei der Abwägung der betroffenen Belange die Erhaltung der bestmöglichen Luftqualität als Belang zu berücksichtigen.

¹⁾ § 50 Satz 1 geänd. mWv 7. 12. 2016 durch G v. 30. 11. 2016 (BGBl. I S. 2749).

§ 51 Anhörung beteiligter Kreise. Soweit Ermächtigungen zum Erlass von Rechtsverordnungen und allgemeinen Verwaltungsvorschriften die Anhörung der beteiligten Kreise vorschreiben, ist ein jeweils auszuwählender Kreis von Vertretern der Wissenschaft, der Betroffenen, der beteiligten Wirtschaft, des beteiligten Verkehrswesens und der für den Immissionsschutz zuständigen obersten Landesbehörden zu hören.

§ 51a[1]) Kommission für Anlagensicherheit. (1) Beim Bundesministerium für Umwelt, Naturschutz und nukleare Sicherheit wird zur Beratung der Bundesregierung oder des zuständigen Bundesministeriums eine Kommission für Anlagensicherheit gebildet.

(2) [1]Die Kommission für Anlagensicherheit soll gutachtlich in regelmäßigen Zeitabständen sowie aus besonderem Anlass Möglichkeiten zur Verbesserung der Anlagensicherheit aufzeigen. [2]Sie schlägt darüber hinaus dem Stand der Sicherheitstechnik entsprechende Regeln (sicherheitstechnische Regeln) unter Berücksichtigung der für andere Schutzziele vorhandenen Regeln vor. [3]Nach Anhörung der für die Anlagensicherheit zuständigen obersten Landesbehörden kann das Bundesministerium für Umwelt, Naturschutz und nukleare Sicherheit diese Regeln im Bundesanzeiger veröffentlichen. [4]Die Kommission für Anlagensicherheit überprüft innerhalb angemessener Zeitabstände, spätestens nach jeweils fünf Jahren, ob die veröffentlichten sicherheitstechnischen Regeln weiterhin dem Stand der Sicherheitstechnik entsprechen.

(3) In die Kommission für Anlagensicherheit sind im Einvernehmen mit dem Bundesministerium für Arbeit und Soziales neben Vertreterinnen oder Vertretern der beteiligten Bundesbehörden sowie der für den Immissions- und Arbeitsschutz zuständigen Landesbehörden insbesondere Vertreterinnen oder Vertreter der Wissenschaft, der Umweltverbände, der Gewerkschaften, der Sachverständigen nach § 29a und der zugelassenen Überwachungsstellen nach § 37 Absatz 5 des Produktsicherheitsgesetzes[2]), der Berufsgenossenschaften, der beteiligten Wirtschaft sowie Vertreterinnen oder Vertreter der nach § 24 der Betriebssicherheitsverordnung[3]) und § 21 der Gefahrstoffverordnung eingesetzten Ausschüsse zu berufen.

(4) [1]Die Kommission für Anlagensicherheit wählt aus ihrer Mitte eine Vorsitzende oder einen Vorsitzenden und gibt sich eine Geschäftsordnung. [2]Die Wahl der oder des Vorsitzenden und die Geschäftsordnung bedürfen der im Einvernehmen mit dem Bundesministerium für Arbeit und Soziales zu erteilenden Zustimmung des Bundesministeriums für Umwelt, Naturschutz und nukleare Sicherheit.

(Fortsetzung nächstes Blatt)

[1]) § 51a Abs. 1, 2 Satz 3 und Abs. 4 Satz 2 geänd. mWv 8.9.2015 durch VO v. 31.8.2015 (BGBl. I S. 1474); Abs. 1, 2 Satz 3 und Abs. 4 Satz 2 geänd. mWv 27.6.2020 durch VO v. 19.6.2020 (BGBl. I S. 1328).
[2]) **Sartorius ErgBd. Nr. 803.**
[3]) **Sartorius ErgBd. Nr. 801c.**

§ 51 b Sicherstellung der Zustellungsmöglichkeit. [1]Der Betreiber einer genehmigungsbedürftigen Anlage hat sicherzustellen, dass für ihn bestimmte Schriftstücke im Geltungsbereich dieses Gesetzes zugestellt werden können. [2]Kann die Zustellung nur dadurch sichergestellt werden, dass ein Bevollmächtigter bestellt wird, so hat der Betreiber den Bevollmächtigten der zuständigen Behörde zu benennen.

§ 52 Überwachung. (1) [1]Die zuständigen Behörden haben die Durchführung dieses Gesetzes und der auf dieses Gesetz gestützten Rechtsverordnungen zu überwachen. [2]Sie können die dafür erforderlichen Maßnahmen treffen und bei der Durchführung dieser Maßnahmen Beauftragte einsetzen. [3]Sie haben Genehmigungen im Sinne des § 4 regelmäßig zu überprüfen und soweit erforderlich durch nachträgliche Anordnungen nach § 17 auf den neuesten Stand zu bringen. [4]Eine Überprüfung im Sinne von Satz 2 wird in jedem Fall vorgenommen, wenn

1. Anhaltspunkte dafür bestehen, dass der Schutz der Nachbarschaft und der Allgemeinheit nicht ausreichend ist und deshalb die in der Genehmigung festgelegten Begrenzungen der Emissionen überprüft oder neu festgesetzt werden müssen,

2. wesentliche Veränderungen des Standes der Technik eine erhebliche Verminderung der Emissionen ermöglichen,

3. eine Verbesserung der Betriebssicherheit erforderlich ist, insbesondere durch die Anwendung anderer Techniken, oder

4. neue umweltrechtliche Vorschriften dies fordern.

[5]Bei Anlagen nach der Industrieemissions-Richtlinie ist innerhalb von vier Jahren nach der Veröffentlichung von BVT-Schlussfolgerungen zur Haupttätigkeit

1. eine Überprüfung und gegebenenfalls Aktualisierung der Genehmigung im Sinne von Satz 3 vorzunehmen und

2. sicherzustellen, dass die betreffende Anlage die Genehmigungsanforderungen nach § 6 Absatz 1 Nummer 1 und der Nebenbestimmungen nach § 12 einhält.

[6]Satz 5 gilt auch für Genehmigungen, die nach Veröffentlichung von BVT-Schlussfolgerungen auf der Grundlage der bislang geltenden Rechts- und Verwaltungsvorschriften erteilt worden sind. [7]Wird festgestellt, dass eine Einhaltung der nachträglichen Anordnung nach § 17 oder der Genehmigung innerhalb der in Satz 5 bestimmten Frist wegen technischer Merkmale der betroffenen Anlage unverhältnismäßig wäre, kann die zuständige Behörde einen längeren Zeitraum festlegen. [8]Als Teil jeder Überprüfung der Genehmigung hat die zuständige Behörde die Festlegung weniger strenger Emissionsbegrenzungen nach § 7 Absatz 1 b Satz 1 Nummer 2 Buchstabe a, § 12 Absatz 1 b Satz 1 Nummer 1, § 17 Absatz 2 b Satz 1 Nummer 1 und § 48 Absatz 1 b Satz 1 Nummer 2 Buchstabe a erneut zu bewerten.

(1 a) Im Falle des § 31 Absatz 1 Satz 3 hat die zuständige Behörde mindestens jährlich die Ergebnisse der Emissionsüberwachung zu bewerten, um sicherzustellen, dass die Emissionen unter normalen Betriebsbedingungen die in BVT-Schlussfolgerungen festgelegten Emissionsbandbreiten nicht überschreiten.

(1 b) [1] Zur Durchführung von Absatz 1 Satz 1 stellen die zuständigen Behörden zur regelmäßigen Überwachung von Anlagen nach der Industrieemissions-Richtlinie in ihrem Zuständigkeitsbereich Überwachungspläne und Überwachungsprogramme gemäß § 52 a auf. [2] Zur Überwachung nach Satz 1 gehören insbesondere Vor-Ort-Besichtigungen, Überwachung der Emissionen und Überprüfung interner Berichte und Folgedokumente, Überprüfung der Eigenkontrolle, Prüfung der angewandten Techniken und der Eignung des Umweltmanagements der Anlage zur Sicherstellung der Anforderungen nach § 6 Absatz 1 Nummer 1.

(2) [1] Eigentümer und Betreiber von Anlagen sowie Eigentümer und Besitzer von Grundstücken, auf denen Anlagen betrieben werden, sind verpflichtet, den Angehörigen der zuständigen Behörde und deren Beauftragten den Zutritt zu den Grundstücken und zur Verhütung dringender Gefahren für die öffentliche Sicherheit oder Ordnung auch zu Wohnräumen und die Vornahme von Prüfungen einschließlich der Ermittlung von Emissionen und Immissionen zu gestatten sowie die Auskünfte zu erteilen und die Unterlagen vorzulegen, die zur Erfüllung ihrer Aufgaben erforderlich sind. [2] Das Grundrecht der Unverletzlichkeit der Wohnung (Artikel 13 des Grundgesetzes[1]) wird insoweit eingeschränkt. [3] Betreiber von Anlagen, für die ein Immissionsschutzbeauftragter oder ein Störfallbeauftragter bestellt ist, haben diesen auf Verlangen der zuständigen Behörde zu Überwachungsmaßnahmen nach Satz 1 hinzuzuziehen. [4] Im Rahmen der Pflichten nach Satz 1 haben die Eigentümer und Betreiber der Anlagen Arbeitskräfte sowie Hilfsmittel, insbesondere Treibstoffe und Antriebsaggregate, bereitzustellen.

(3) [1] Absatz 2 gilt entsprechend für Eigentümer und Besitzer von Anlagen, Stoffen, Erzeugnissen, Brennstoffen, Treibstoffen und Schmierstoffen, soweit diese den §§ 37 a bis 37 c oder der Regelung der nach den §§ 32 bis 35, 37 oder 37 d erlassenen Rechtsverordnung unterliegen. [2] Die Eigentümer und Besitzer haben den Angehörigen der zuständigen Behörde und deren Beauftragten die Entnahme von Stichproben zu gestatten, soweit dies zur Erfüllung ihrer Aufgaben erforderlich ist.

(4) [1] Kosten, die durch Prüfungen im Rahmen des Genehmigungsverfahrens entstehen, trägt der Antragsteller. [2] Kosten, die bei der Entnahme von Stichproben nach Absatz 3 und deren Untersuchung entstehen, trägt der Auskunftspflichtige. [3] Kosten, die durch sonstige Überwachungsmaßnahmen nach Absatz 2 oder 3 entstehen, trägt der Auskunftspflichtige, es sei denn, die Maßnahme betrifft die Ermittlung von Emissionen und Immissionen oder die Überwachung einer nicht genehmigungsbedürftigen Anlage außerhalb des Überwachungssystems nach der Zwölften Verordnung zur Durchführung des Bundes-Immissionsschutzgesetzes[2]; in diesen Fällen sind die Kosten dem Auskunftspflichtigen nur aufzuerlegen, wenn die Ermittlungen ergeben, dass

1. Auflagen oder Anordnungen nach den Vorschriften dieses Gesetzes oder der auf dieses Gesetz gestützten Rechtsverordnungen nicht erfüllt worden oder

2. Auflagen oder Anordnungen nach den Vorschriften dieses Gesetzes oder der auf dieses Gesetz gestützten Rechtsverordnungen geboten

sind.

[1] Nr. 1.
[2] **Sartorius ErgBd. Nr. 296/12.**

(5) Der zur Auskunft Verpflichtete kann die Auskunft auf solche Fragen verweigern, deren Beantwortung ihn selbst oder einen der in § 383 Absatz 1 Nummer 1 bis 3 der Zivilprozessordnung[1] bezeichneten Angehörigen der Gefahr strafgerichtlicher Verfolgung oder eines Verfahrens nach dem Gesetz über Ordnungswidrigkeiten[2] aussetzen würde.

(6) [1] Soweit zur Durchführung dieses Gesetzes oder der auf dieses Gesetz gestützten Rechtsverordnungen Immissionen zu ermitteln sind, haben auch die Eigentümer und Besitzer von Grundstücken, auf denen Anlagen nicht betrieben werden, den Angehörigen der zuständigen Behörde und deren Beauftragten den Zutritt zu den Grundstücken und zur Verhütung dringender Gefahren für die öffentliche Sicherheit oder Ordnung auch zu Wohnräumen und die Vornahme der Prüfungen zu gestatten. [2] Das Grundrecht der Unverletzlichkeit der Wohnung (Artikel 13 des Grundgesetzes) wird insoweit eingeschränkt. [3] Bei Ausübung der Befugnisse nach Satz 1 ist auf die berechtigten Belange der Eigentümer und Besitzer Rücksicht zu nehmen; für entstandene Schäden hat das Land, im Falle des § 59 Absatz 1 der Bund, Ersatz zu leisten. [4] Waren die Schäden unvermeidbare Folgen der Überwachungsmaßnahmen und haben die Überwachungsmaßnahmen zu Anordnungen der zuständigen Behörde gegen den Betreiber einer Anlage geführt, so hat dieser die Ersatzleistung dem Land oder dem Bund zu erstatten.

(7) [1] Auf die nach den Absätzen 2, 3 und 6 erlangten Kenntnisse und Unterlagen sind die §§ 93, 97, 105 Absatz 1, § 111 Absatz 5 in Verbindung mit § 105 Absatz 1 sowie § 116 Absatz 1 der Abgabenordnung nicht anzuwenden. [2] Dies gilt nicht, soweit die Finanzbehörden die Kenntnisse für die Durchführung eines Verfahrens wegen einer Steuerstraftat sowie eines damit zusammenhängenden Besteuerungsverfahrens benötigen, an deren Verfolgung ein zwingendes öffentliches Interesse besteht, oder soweit es sich um vorsätzlich falsche Angaben des Auskunftspflichtigen oder der für ihn tätigen Personen handelt.

§ 52 a Überwachungspläne, Überwachungsprogramme für Anlagen nach der Industrieemissions-Richtlinie. (1) [1] Überwachungspläne haben Folgendes zu enthalten:

1. den räumlichen Geltungsbereich des Plans,

2. eine allgemeine Bewertung der wichtigen Umweltprobleme im Geltungsbereich des Plans,

3. ein Verzeichnis der in den Geltungsbereich des Plans fallenden Anlagen,

4. Verfahren für die Aufstellung von Programmen für die regelmäßige Überwachung,

5. Verfahren für die Überwachung aus besonderem Anlass sowie

6. soweit erforderlich, Bestimmungen für die Zusammenarbeit zwischen verschiedenen Überwachungsbehörden.

[2] Die Überwachungspläne sind von den zuständigen Behörden regelmäßig zu überprüfen und, soweit erforderlich, zu aktualisieren.

[1] **Schönfelder Nr. 100.**
[2] **Schönfelder Nr. 94.**

(2) [1] Auf der Grundlage der Überwachungspläne erstellen oder aktualisieren die zuständigen Behörden regelmäßig Überwachungsprogramme, in denen auch die Zeiträume angegeben sind, in denen Vor-Ort-Besichtigungen stattfinden müssen. [2] In welchem zeitlichen Abstand Anlagen vor Ort besichtigt werden müssen, richtet sich nach einer systematischen Beurteilung der mit der Anlage verbundenen Umweltrisiken insbesondere anhand der folgenden Kriterien:

1. mögliche und tatsächliche Auswirkungen der betreffenden Anlage auf die menschliche Gesundheit und auf die Umwelt unter Berücksichtigung der Emissionswerte und -typen, der Empfindlichkeit der örtlichen Umgebung und des von der Anlage ausgehenden Unfallrisikos,

2. bisherige Einhaltung der Genehmigungsanforderungen nach § 6 Absatz 1 Nummer 1 und der Nebenbestimmungen nach § 12,

3. Eintragung eines Unternehmens in ein Verzeichnis gemäß den Artikeln 13 bis 15 der Verordnung (EG) Nummer 1221/2009 des Europäischen Parlaments und des Rates vom 25. November 2009 über die freiwillige Teilnahme von Organisationen an einem Gemeinschaftssystem für Umweltmanagement und Umweltbetriebsprüfung und zur Aufhebung der Verordnung (EG) Nr. 761/2001, sowie die Beschlüsse der Kommission 2001/681/EG und 2006/193/EG (ABl. L 342 vom 22. 12. 2009, S. 1).

(3) [1] Der Abstand zwischen zwei Vor-Ort-Besichtigungen darf die folgenden Zeiträume nicht überschreiten:

1. ein Jahr bei Anlagen, die der höchsten Risikostufe unterfallen, sowie

2. drei Jahre bei Anlagen, die der niedrigsten Risikostufe unterfallen.

[2] Wurde bei einer Überwachung festgestellt, dass der Betreiber einer Anlage in schwerwiegender Weise gegen die Genehmigung verstößt, hat die zuständige Behörde innerhalb von sechs Monaten nach der Feststellung des Verstoßes eine zusätzliche Vor-Ort-Besichtigung durchzuführen.

(4) Die zuständigen Behörden führen unbeschadet des Absatzes 2 bei Beschwerden wegen ernsthafter Umweltbeeinträchtigungen, bei Ereignissen mit erheblichen Umweltauswirkungen und bei Verstößen gegen die Vorschriften dieses Gesetzes oder der auf Grund dieses Gesetzes erlassenen Rechtsverordnungen eine Überwachung durch.

(5) [1] Nach jeder Vor-Ort-Besichtigung einer Anlage erstellt die zuständige Behörde einen Bericht mit den relevanten Feststellungen über die Einhaltung der Genehmigungsanforderungen nach § 6 Absatz 1 Nummer 1 und der Nebenbestimmungen nach § 12 sowie mit Schlussfolgerungen, ob weitere Maßnahmen notwendig sind. [2] Der Bericht ist dem Betreiber innerhalb von zwei Monaten nach der Vor-Ort-Besichtigung durch die zuständige Behörde zu übermitteln. [3] Der Bericht ist der Öffentlichkeit nach den Vorschriften über den Zugang zu Umweltinformationen innerhalb von vier Monaten nach der Vor-Ort-Besichtigung zugänglich zu machen.

§ 52 b Mitteilungspflichten zur Betriebsorganisation. (1) [1] Besteht bei Kapitalgesellschaften das vertretungsberechtigte Organ aus mehreren Mitgliedern oder sind bei Personengesellschaften mehrere vertretungsberechtigte Gesellschafter vorhanden, so ist der zuständigen Behörde anzuzeigen, wer von ihnen nach den Bestimmungen über die Geschäftsführungsbefugnis für die

Gesellschaft die Pflichten des Betreibers der genehmigungsbedürftigen Anlage wahrnimmt, die ihm nach diesem Gesetz und nach den auf Grund dieses Gesetzes erlassenen Rechtsverordnungen und allgemeinen Verwaltungsvorschriften obliegen. [2] Die Gesamtverantwortung aller Organmitglieder oder Gesellschafter bleibt hiervon unberührt.

(2) Der Betreiber der genehmigungsbedürftigen Anlage oder im Rahmen ihrer Geschäftsführungsbefugnis die nach Absatz 1 Satz 1 anzuzeigende Person hat der zuständigen Behörde mitzuteilen, auf welche Weise sichergestellt ist, dass die dem Schutz vor schädlichen Umwelteinwirkungen und vor sonstigen Gefahren, erheblichen Nachteilen und erheblichen Belästigungen dienenden Vorschriften und Anordnungen beim Betrieb beachtet werden.

§ 53[1] Bestellung eines Betriebsbeauftragten für Immissionsschutz.

(1) [1] Betreiber genehmigungsbedürftiger Anlagen haben einen oder mehrere Betriebsbeauftragte für Immissionsschutz (Immissionsschutzbeauftragte) zu bestellen, sofern dies im Hinblick auf die Art oder die Größe der Anlagen wegen der

1. von den Anlagen ausgehenden Emissionen,
2. technischen Probleme der Emissionsbegrenzung oder
3. Eignung der Erzeugnisse, bei bestimmungsgemäßer Verwendung schädliche Umwelteinwirkungen durch Luftverunreinigungen, Geräusche oder Erschütterungen hervorzurufen,

erforderlich ist. [2] Das Bundesministerium für Umwelt, Naturschutz und nukleare Sicherheit bestimmt nach Anhörung der beteiligten Kreise (§ 51) durch Rechtsverordnung[2] mit Zustimmung des Bundesrates die genehmigungsbedürftigen Anlagen, deren Betreiber Immissionsschutzbeauftragte zu bestellen haben.

(2) Die zuständige Behörde kann anordnen, dass Betreiber genehmigungsbedürftiger Anlagen, für die die Bestellung eines Immissionsschutzbeauftragten nicht durch Rechtsverordnung vorgeschrieben ist, sowie Betreiber nicht genehmigungsbedürftiger Anlagen einen oder mehrere Immissionsschutzbeauftragte zu bestellen haben, soweit sich im Einzelfall die Notwendigkeit der Bestellung aus den in Absatz 1 Satz 1 genannten Gesichtspunkten ergibt.

§ 54 Aufgaben. (1) [1] Der Immissionsschutzbeauftragte berät den Betreiber und die Betriebsangehörigen in Angelegenheiten, die für den Immissionsschutz bedeutsam sein können. [2] Er ist berechtigt und verpflichtet,

1. auf die Entwicklung und Einführung
 a) umweltfreundlicher Verfahren, einschließlich Verfahren zur Vermeidung oder ordnungsgemäßen und schadlosen Verwertung der beim Betrieb entstehenden Abfälle oder deren Beseitigung als Abfall sowie zur Nutzung von entstehender Wärme,
 b) umweltfreundlicher Erzeugnisse, einschließlich Verfahren zur Wiedergewinnung und Wiederverwendung,

hinzuwirken,

[1] § 53 Abs. 1 Satz 2 geänd. mWv 8.9.2015 durch VO v. 31.8.2015 (BGBl. I S. 1474); Abs. 1 Satz 2 geänd. mWv 27.6.2020 durch VO v. 19.6.2020 (BGBl. I S. 1328).
[2] Siehe die Anmerkung am Titel.

2. bei der Entwicklung und Einführung umweltfreundlicher Verfahren und Erzeugnisse mitzuwirken, insbesondere durch Begutachtung der Verfahren und Erzeugnisse unter dem Gesichtspunkt der Umweltfreundlichkeit,

3. soweit dies nicht Aufgabe des Störfallbeauftragten nach § 58b Absatz 1 Satz 2 Nummer 3 ist, die Einhaltung der Vorschriften dieses Gesetzes und der auf Grund dieses Gesetzes erlassenen Rechtsverordnungen und die Erfüllung erteilter Bedingungen und Auflagen zu überwachen, insbesondere durch Kontrolle der Betriebsstätte in regelmäßigen Abständen, Messungen von Emissionen und Immissionen, Mitteilung festgestellter Mängel und Vorschlä-ge über Maßnahmen zur Beseitigung dieser Mängel,

4. die Betriebsangehörigen über die von der Anlage verursachten schädlichen Umwelteinwirkungen aufzuklären sowie über die Einrichtungen und Maß-nahmen zu ihrer Verhinderung unter Berücksichtigung der sich aus diesem Gesetz oder Rechtsverordnungen auf Grund dieses Gesetzes ergebenden Pflichten.

(2) Der Immissionsschutzbeauftragte erstattet dem Betreiber jährlich einen Bericht über die nach Absatz 1 Satz 2 Nr. 1 bis 4 getroffenen und beabsichtig-ten Maßnahmen.

§ 55[1]) **Pflichten des Betreibers.** (1) ¹Der Betreiber hat den Immissions-schutzbeauftragten schriftlich zu bestellen und die ihm obliegenden Aufgaben genau zu bezeichnen. ²Der Betreiber hat die Bestellung des Immissionsschutz-beauftragten und die Bezeichnung seiner Aufgaben sowie Veränderungen in seinem Aufgabenbereich und dessen Abberufung der zuständigen Behörde unverzüglich anzuzeigen. ³Dem Immissionsschutzbeauftragten ist eine Ab-schrift der Anzeige auszuhändigen.

(1a) ¹Der Betreiber hat den Betriebs- oder Personalrat vor der Bestellung des Immissionsschutzbeauftragten unter Bezeichnung der ihm obliegenden Auf-gaben zu unterrichten. ²Entsprechendes gilt bei Veränderungen im Aufgaben-bereich des Immissionsschutzbeauftragten und bei dessen Abberufung.

(2) ¹Der Betreiber darf zum Immissionsschutzbeauftragten nur bestellen, wer die zur Erfüllung seiner Aufgaben erforderliche Fachkunde und Zuverlässigkeit besitzt. ²Werden der zuständigen Behörde Tatsachen bekannt, aus denen sich ergibt, dass der Immissionsschutzbeauftragte nicht die zur Erfüllung seiner Aufgaben erforderliche Fachkunde oder Zuverlässigkeit besitzt, kann sie verlan-gen, dass der Betreiber einen anderen Immissionsschutzbeauftragten bestellt. ³Das Bundesministerium für Umwelt, Naturschutz und nukleare Sicherheit wird ermächtigt, nach Anhörung der beteiligten Kreise (§ 51) durch Rechts-verordnung[2]) mit Zustimmung des Bundesrates vorzuschreiben, welche Anfor-derungen an die Fachkunde und Zuverlässigkeit des Immissionsschutzbeauf-tragten zu stellen sind.

(3) ¹Werden mehrere Immissionsschutzbeauftragte bestellt, so hat der Betrei-ber für die erforderliche Koordinierung in der Wahrnehmung der Aufgaben, insbesondere durch Bildung eines Ausschusses für Umweltschutz, zu sorgen. ²Entsprechendes gilt, wenn neben einem oder mehreren Immissionsschutz-beauftragten Betriebsbeauftragte nach anderen gesetzlichen Vorschriften bestellt

¹) § 55 Abs. 2 Satz 3 geänd. mWv 8.9.2015 durch VO v. 31.8.2015 (BGBl. I S. 1474); Abs. 2 Satz 3 geänd. mWv 27.6.2020 durch VO v. 19.6.2020 (BGBl. I S. 1328).
²) Siehe die Anmerkung am Titel.

werden. [3] Der Betreiber hat ferner für die Zusammenarbeit der Betriebsbeauftragten mit den im Bereich des Arbeitsschutzes beauftragten Personen zu sorgen.

(4) Der Betreiber hat den Immissionsschutzbeauftragten bei der Erfüllung seiner Aufgaben zu unterstützen und ihm insbesondere, soweit dies zur Erfüllung seiner Aufgaben erforderlich ist, Hilfspersonal sowie Räume, Einrichtungen, Geräte und Mittel zur Verfügung zu stellen und die Teilnahme an Schulungen zu ermöglichen.

§ 56 Stellungnahme zu Entscheidungen des Betreibers. (1) Der Betreiber hat vor Entscheidungen über die Einführung von Verfahren und Erzeugnissen sowie vor Investitionsentscheidungen eine Stellungnahme des Immissionsschutzbeauftragten einzuholen, wenn die Entscheidungen für den Immissionsschutz bedeutsam sein können.

(2) Die Stellungnahme ist so rechtzeitig einzuholen, dass sie bei den Entscheidungen nach Absatz 1 angemessen berücksichtigt werden kann; sie ist derjenigen Stelle vorzulegen, die über die Einführung von Verfahren und Erzeugnissen sowie über die Investition entscheidet.

§ 57 Vortragsrecht. [1] Der Betreiber hat durch innerbetriebliche Organisationsmaßnahmen sicherzustellen, dass der Immissionsschutzbeauftragte seine Vorschläge oder Bedenken unmittelbar der Geschäftsleitung vortragen kann, wenn er sich mit dem zuständigen Betriebsleiter nicht einigen konnte und er wegen der besonderen Bedeutung der Sache eine Entscheidung der Geschäftsleitung für erforderlich hält. [2] Kann der Immissionsschutzbeauftragte über eine von ihm vorgeschlagene Maßnahme im Rahmen seines Aufgabenbereichs mit der Geschäftsleitung nicht einigen, so hat diese den Immissionsschutzbeauftragten umfassend über die Gründe ihrer Ablehnung zu unterrichten.

§ 58 Benachteiligungsverbot, Kündigungsschutz. (1) Der Immissionsschutzbeauftragte darf wegen der Erfüllung der ihm übertragenen Aufgaben nicht benachteiligt werden.

(2) [1] Ist der Immissionsschutzbeauftragte Arbeitnehmer des zur Bestellung verpflichteten Betreibers, so ist die Kündigung des Arbeitsverhältnisses unzulässig, es sei denn, dass Tatsachen vorliegen, die den Betreiber zur Kündigung aus wichtigem Grund ohne Einhaltung einer Kündigungsfrist berechtigen. [2] Nach der Abberufung als Immissionsschutzbeauftragter ist die Kündigung innerhalb eines Jahres, vom Zeitpunkt der Beendigung der Bestellung an gerechnet, unzulässig, es sei denn, dass Tatsachen vorliegen, die den Betreiber zur Kündigung aus wichtigem Grund ohne Einhaltung einer Kündigungsfrist berechtigen.

§ 58a Bestellung eines Störfallbeauftragten. (1) [1] Betreiber genehmigungsbedürftiger Anlagen haben einen oder mehrere Störfallbeauftragte zu bestellen, sofern dies im Hinblick auf die Art und Größe der Anlage wegen der bei einer Störung des bestimmungsgemäßen Betriebs auftretenden Gefahren für die Allgemeinheit und die Nachbarschaft erforderlich ist. [2] Die Bundesregierung bestimmt nach Anhörung der beteiligten Kreise (§ 51) durch Rechtsverordnung mit Zustimmung des Bundesrates die genehmigungsbedürftigen Anlagen, deren Betreiber Störfallbeauftragte zu bestellen haben.

(2) Die zuständige Behörde kann anordnen, dass Betreiber genehmigungsbedürftiger Anlagen, für die die Bestellung eines Störfallbeauftragten nicht durch

Rechtsverordnung[1] vorgeschrieben ist, einen oder mehrere Störfallbeauftragte zu bestellen haben, soweit sich im Einzelfall die Notwendigkeit der Bestellung aus dem in Absatz 1 Satz 1 genannten Gesichtspunkt ergibt.

§ 58b[2] **Aufgaben des Störfallbeauftragten.** (1) [1] Der Störfallbeauftragte berät den Betreiber in Angelegenheiten, die für die Sicherheit der Anlage bedeutsam sein können. [2] Er ist berechtigt und verpflichtet,

1. auf die Verbesserung der Sicherheit der Anlage hinzuwirken,

2. dem Betreiber unverzüglich ihm bekannt gewordene Störungen des bestimmungsgemäßen Betriebs mitzuteilen, die zu Gefahren für die Allgemeinheit und die Nachbarschaft führen können,

3. die Einhaltung der Vorschriften dieses Gesetzes und der auf Grund dieses Gesetzes erlassenen Rechtsverordnungen sowie die Erfüllung erteilter Bedingungen und Auflagen im Hinblick auf die Verhinderung von Störungen des bestimmungsgemäßen Betriebs der Anlage zu überwachen, insbesondere durch Kontrolle der Betriebsstätte in regelmäßigen Abständen, Mitteilung festgestellter Mängel und Vorschläge zur Beseitigung dieser Mängel,

4. Mängel, die den vorbeugenden und abwehrenden Brandschutz sowie die technische Hilfeleistung betreffen, unverzüglich dem Betreiber zu melden.

(2) [1] Der Störfallbeauftragte erstattet dem Betreiber jährlich einen Bericht über die nach Absatz 1 Satz 2 Nummer 1 bis 3 getroffenen und beabsichtigten Maßnahmen. [2] Darüber hinaus ist er verpflichtet, die von ihm ergriffenen Maßnahmen zur Erfüllung seiner Aufgaben nach Absatz 1 Satz 2 Nummer 2 schriftlich oder elektronisch aufzuzeichnen. [3] Er muss diese Aufzeichnungen mindestens fünf Jahre aufbewahren.

§ 58c[3] **Pflichten und Rechte des Betreibers gegenüber dem Störfallbeauftragten.** (1) Die in den §§ 55 und 57 genannten Pflichten des Betreibers gelten gegenüber dem Störfallbeauftragten entsprechend; in Rechtsverordnungen[1] nach § 55 Absatz 2 Satz 3 kann auch geregelt werden, welche Anforderungen an die Fachkunde und Zuverlässigkeit des Störfallbeauftragten zu stellen sind.

(2) [1] Der Betreiber hat vor Investitionsentscheidungen sowie vor der Planung von Betriebsanlagen und der Einführung von Arbeitsverfahren und Arbeitsstoffen eine Stellungnahme des Störfallbeauftragten einzuholen, wenn diese Entscheidungen für die Sicherheit der Anlage bedeutsam sein können. [2] Die Stellungnahme ist so rechtzeitig einzuholen, dass sie bei den Entscheidungen nach Satz 1 angemessen berücksichtigt werden kann; sie ist derjenigen Stelle vorzulegen, die die Entscheidungen trifft.

(3) Der Betreiber kann dem Störfallbeauftragten für die Beseitigung und die Begrenzung der Auswirkungen von Störungen des bestimmungsgemäßen Betriebs, die zu Gefahren für die Allgemeinheit und die Nachbarschaft führen können oder bereits geführt haben, Entscheidungsbefugnisse übertragen.

§ 58d Verbot der Benachteiligung des Störfallbeauftragten, Kündigungsschutz. § 58 gilt für den Störfallbeauftragten entsprechend.

[1] Siehe die Anmerkung am Titel.
[2] § 58b Abs. 2 Satz 2 geänd. mWv 5.4.2017 durch G v. 29.3.2017 (BGBl. I S. 626).
[3] § 58c Abs. 3 ber. BGBl. 2021 I S. 123.

§ 58e Erleichterungen für auditierte Unternehmensstandorte. (1) Die Bundesregierung wird ermächtigt, zur Förderung der privaten Eigenverantwortung für EMAS-Standorte durch Rechtsverordnung[1] mit Zustimmung des Bundesrates Erleichterungen zum Inhalt der Antragsunterlagen im Genehmigungsverfahren sowie überwachungsrechtliche Erleichterungen vorzusehen, soweit die entsprechenden Anforderungen der Verordnung (EG) Nr. 1221/2009 gleichwertig mit den Anforderungen sind, die zur Überwachung und zu den Antragsunterlagen nach diesem Gesetz oder nach den auf Grund dieses Gesetzes erlassenen Rechtsverordnungen vorgesehen sind oder soweit die Gleichwertigkeit durch die Rechtsverordnung nach dieser Vorschrift sichergestellt wird.

(2) Durch Rechtsverordnung nach Absatz 1 können weitere Voraussetzungen für die Inanspruchnahme und die Rücknahme von Erleichterungen oder die vollständige oder teilweise Aussetzung von Erleichterungen für Fälle festgelegt werden, in denen die Voraussetzungen für deren Gewährung nicht mehr vorliegen.

(3) [1]Durch Rechtsverordnung nach Absatz 1 können ordnungsrechtliche Erleichterungen gewährt werden, wenn der Umweltgutachter oder die Umweltgutachterorganisation die Einhaltung der Umweltvorschriften geprüft hat, keine Abweichungen festgestellt hat und dies in der Validierung bescheinigt. [2]Dabei können insbesondere Erleichterungen vorgesehen werden zu

1. Kalibrierungen, Ermittlungen, Prüfungen und Messungen,

2. Messberichten sowie sonstigen Berichten und Mitteilungen von Ermittlungsergebnissen,

3. Aufgaben des Immissionsschutz- und Störfallbeauftragten,

4. Mitteilungspflichten zur Betriebsorganisation und

5. der Häufigkeit der behördlichen Überwachung.

§ 59 Zuständigkeit bei Anlagen der Landesverteidigung. Die Bundesregierung wird ermächtigt, durch Rechtsverordnung[1] mit Zustimmung des Bundesrates zu bestimmen, dass der Vollzug dieses Gesetzes und der auf dieses Gesetz gestützten Rechtsverordnungen bei Anlagen, die der Landesverteidigung dienen, Bundesbehörden obliegt.

§ 60 Ausnahmen für Anlagen der Landesverteidigung. (1) [1]Das Bundesministerium der Verteidigung kann für Anlagen nach § 3 Absatz 5 Nummer 1 und 3, die der Landesverteidigung dienen, in Einzelfällen, auch für bestimmte Arten von Anlagen, Ausnahmen von diesem Gesetz und von den auf dieses Gesetz gestützten Rechtsverordnungen zulassen, soweit dies zwingende Gründe der Verteidigung oder die Erfüllung zwischenstaatlicher Verpflichtungen erfordern. [2]Dabei ist der Schutz vor schädlichen Umwelteinwirkungen zu berücksichtigen.

(2) [1]Die Bundeswehr darf bei Anlagen nach § 3 Absatz 5 Nummer 2, die ihrer Bauart nach ausschließlich zur Verwendung in ihrem Bereich bestimmt sind, von den Vorschriften dieses Gesetzes und der auf dieses Gesetz gestützten Rechtsverordnungen abweichen, soweit dies zur Erfüllung ihrer besonderen Aufgaben zwingend erforderlich ist. [2]Die auf Grund völkerrechtlicher Verträge in der Bundesrepublik Deutschland stationierten Truppen dürfen bei Anlagen nach § 3 Absatz 5 Nummer 2, die zur Verwendung in deren Bereich bestimmt sind, von den Vorschriften dieses Gesetzes und der auf dieses Gesetz gestützten Rechtsver-

[1] Siehe die Anmerkung am Titel.

ordnungen abweichen, soweit dies zur Erfüllung ihrer besonderen Aufgaben zwingend erforderlich ist.

§ 61[1] **Berichterstattung an die Europäische Kommission.** (1) [1]Die Länder übermitteln dem Bundesministerium für Umwelt, Naturschutz und nukleare Sicherheit nach dessen Vorgaben Informationen über die Umsetzung der Richtlinie 2010/75/EU, insbesondere über repräsentative Daten über Emissionen und sonstige Arten von Umweltverschmutzung, über Emissionsgrenzwerte und darüber, inwieweit der Stand der Technik angewendet wird. [2]Die Länder stellen diese Informationen auf elektronischem Wege zur Verfügung. [3]Art und Form der von den Ländern zu übermittelnden Informationen sowie der Zeitpunkt ihrer Übermittlung richten sich nach den Anforderungen, die auf der Grundlage von Artikel 72 Absatz 2 der Richtlinie 2010/75/EU festgelegt werden. [4]§ 5 Absatz 1 Satz 2 und Absatz 2 bis 6 des Gesetzes zur Ausführung des Protokolls über Schadstofffreisetzungs- und -verbringungsregister vom 21. Mai 2003 sowie zur Durchführung der Verordnung (EG) Nr. 166/2006 vom 6. Juni 2007 (BGBl. I S. 1002), das durch Artikel 1 des Gesetzes vom 9. Dezember 2020 (BGBl. I S. 2873) geändert worden ist, gilt entsprechend.

(2) [1]Die Länder übermitteln dem Bundesministerium für Umwelt, Naturschutz und nukleare Sicherheit nach dessen Vorgaben Informationen über die Umsetzung der Richtlinie 2012/18/EU sowie über die unter diese Richtlinie fallenden Betriebsbereiche. [2]Art und Form der von den Ländern zu übermittelnden Informationen sowie der Zeitpunkt ihrer Übermittlung richten sich nach den Anforderungen, die auf der Grundlage von Artikel 21 Absatz 5 der Richtlinie 2012/18/EU festgelegt werden. [3]Absatz 1 Satz 2 und 4 gilt entsprechend.

§ 62[2] **Ordnungswidrigkeiten.** (1) Ordnungswidrig handelt, wer vorsätzlich oder fahrlässig

1. eine Anlage ohne die Genehmigung nach § 4 Absatz 1 errichtet,

2. einer auf Grund des § 7 erlassenen Rechtsverordnung oder auf Grund einer solchen Rechtsverordnung erlassenen vollziehbaren Anordnung zuwiderhandelt, soweit die Rechtsverordnung für einen bestimmten Tatbestand auf diese Bußgeldvorschrift verweist,

3. eine vollziehbare Auflage nach § 8a Absatz 2 Satz 2 oder § 12 Absatz 1 nicht, nicht richtig, nicht vollständig oder nicht rechtzeitig erfüllt,

4. die Lage, die Beschaffenheit oder den Betrieb einer genehmigungsbedürftigen Anlage ohne die Genehmigung nach § 16 Absatz 1 wesentlich ändert,

4a. ohne Genehmigung nach § 16a Satz 1 oder § 23b Absatz 1 Satz 1 eine dort genannte Anlage störfallrelevant ändert oder störfallrelevant errichtet,

5. einer vollziehbaren Anordnung nach § 17 Absatz 1 Satz 1 oder 2, jeweils auch in Verbindung mit Absatz 5, § 24 Satz 1, § 26, § 28 Satz 1 oder § 29 nicht, nicht richtig, nicht vollständig oder nicht rechtzeitig nachkommt,

[1] § 61 Satz 1 geänd. mWv 8.9.2015 durch VO v. 31.8.2015 (BGBl. I S. 1474); Abs. 1 Satz 1 geänd., Abs. 2 angef. mWv 7.12.2016 durch G v. 30.11.2016 (BGBl. I S. 2749); Abs. 1 Satz 1 und Abs. 2 Satz 1 geänd. mWv 27.6.2020 durch VO v. 19.6.2020 (BGBl. I S. 1328); Abs. 1 Satz 4 neu gef. mWv 15.12. 2020 durch G v. 9.12.2020 (BGBl. I S. 2873).
[2] § 62 Abs. 1 Nr. 10 geänd., Nr. 11 angef., Abs. 5 geänd. mWv 1.1.2015 durch G v. 20.11.2014 (BGBl. I S. 1740); Abs. 3 Satz 2 geänd. mWv 8.9.2015 durch VO v. 31.8.2015 (BGBl. I S. 1474); Abs. 1 Nr. 4a, Abs. 2 Nr. 1b eingef. mWv 7.12.2016 durch G v. 30.11.2016 (BGBl. I S. 2749); Abs. 3 Satz 2 geänd. mWv 27.6.2020 durch VO v. 19.6.2020 (BGBl. I S. 1328).

6. eine Anlage entgegen einer vollziehbaren Untersagung nach § 25 Absatz 1 betreibt,

7. einer auf Grund der §§ 23, 32, 33 Absatz 1 Nummer 1 oder 2, §§ 34, 35, 37, 38 Absatz 2, § 39 oder § 48a Absatz 1 Satz 1 oder 2, Absatz 1a oder 3 erlassenen Rechtsverordnung oder einer auf Grund einer solchen Rechtsverordnung ergangenen vollziehbaren Anordnung zuwiderhandelt, soweit die Rechtsverordnung für einen bestimmten Tatbestand auf diese Bußgeldvorschrift verweist,

7a. entgegen § 38 Absatz 1 Satz 2 Kraftfahrzeuge und ihre Anhänger, die nicht zum Verkehr auf öffentlichen Straßen zugelassen sind, Schienen-, Luft- und Wasserfahrzeuge sowie Schwimmkörper und schwimmende Anlagen nicht so betreibt, dass vermeidbare Emissionen verhindert und unvermeidbare Emissionen auf ein Mindestmaß beschränkt bleiben oder

8. entgegen einer Rechtsverordnung nach § 49 Absatz 1 Nummer 2 oder einer auf Grund einer solchen Rechtsverordnung ergangenen vollziehbaren Anordnung eine ortsfeste Anlage errichtet, soweit die Rechtsverordnung für einen bestimmten Tatbestand auf diese Bußgeldvorschrift verweist,

9. entgegen § 37c Absatz 1 Satz 1 bis 3 der zuständigen Stelle die dort genannten Angaben nicht, nicht richtig, nicht vollständig oder nicht rechtzeitig mitteilt oder nicht oder nicht rechtzeitig eine Kopie des Vertrages mit dem Dritten vorlegt,

10. entgegen § 37c Absatz 1 Satz 4, auch in Verbindung mit Satz 5, oder Satz 6 der zuständigen Stelle die dort genannten Angaben nicht richtig mitteilt,

11. entgegen § 37f Absatz 1 Satz 1, auch in Verbindung mit einer Rechtsverordnung nach § 37d Absatz 2 Satz 1 Nummer 14, der zuständigen Stelle einen Bericht nicht, nicht richtig, nicht vollständig oder nicht rechtzeitig vorlegt.

(2) Ordnungswidrig handelt ferner, wer vorsätzlich oder fahrlässig

1. entgegen § 15 Absatz 1 oder 3 eine Anzeige nicht, nicht richtig, nicht vollständig oder nicht rechtzeitig macht,

1a. entgegen § 15 Absatz 2 Satz 2 eine Änderung vornimmt,

1b. entgegen § 23a Absatz 1 Satz 1 eine Anzeige nicht, nicht richtig, nicht vollständig oder nicht rechtzeitig macht,

2. entgegen § 27 Absatz 1 Satz 1 in Verbindung mit einer Rechtsverordnung nach Absatz 4 Satz 1 eine Emissionserklärung nicht, nicht richtig, nicht vollständig oder nicht rechtzeitig abgibt oder nicht, nicht richtig, nicht vollständig oder nicht rechtzeitig ergänzt,

3. entgegen § 31 Absatz 1 Satz 1 eine dort genannte Zusammenfassung oder dort genannte Daten nicht, nicht richtig, nicht vollständig oder nicht rechtzeitig vorlegt,

3a. entgegen § 31 Absatz 5 Satz 1 eine Mitteilung nicht, nicht richtig, nicht vollständig oder nicht rechtzeitig macht,

4. entgegen § 52 Absatz 2 Satz 1, 3 oder 4, auch in Verbindung mit Absatz 3 Satz 1 oder Absatz 6 Satz 1 Auskünfte nicht, nicht richtig, nicht vollständig oder nicht rechtzeitig erteilt, eine Maßnahme nicht duldet, Unterlagen nicht vorlegt, beauftragte Personen nicht hinzuzieht oder einer dort sonst genannten Verpflichtung zuwiderhandelt,

5. entgegen § 52 Absatz 3 Satz 2 die Entnahme von Stichproben nicht gestattet,

6. eine Anzeige nach § 67 Absatz 2 Satz 1 nicht, nicht richtig, nicht vollständig oder nicht rechtzeitig erstattet oder

7. entgegen § 67 Absatz 2 Satz 2 Unterlagen nicht, nicht richtig, nicht vollständig oder nicht rechtzeitig vorlegt.

(3) [1] Ordnungswidrig handelt, wer vorsätzlich oder fahrlässig

1. einer unmittelbar geltenden Vorschrift in Rechtsakten der Europäischen Union zuwiderhandelt, die inhaltlich

a) einem in Absatz 1 Nummer 1, 3, 4, 5, 6, 7a, 9 oder Nummer 10 oder

b) einem in Absatz 2

bezeichneten Gebot oder Verbot entspricht, soweit eine Rechtsverordnung nach Satz 2 für einen bestimmten Tatbestand auf diese Bußgeldvorschrift verweist, oder

2. einer unmittelbar geltenden Vorschrift in Rechtsakten der Europäischen Union zuwiderhandelt, die inhaltlich einer Regelung entspricht, zu der die in Absatz 1 Nummer 2, 7 oder Nummer 8 genannten Vorschriften ermächtigen, soweit eine Rechtsverordnung nach Satz 2 für einen bestimmten Tatbestand auf diese Bußgeldvorschrift verweist.

[2] Das Bundesministerium für Umwelt, Naturschutz und nukleare Sicherheit wird ermächtigt, soweit dies zur Durchsetzung der Rechtsakte der Europäischen Union erforderlich ist, durch Rechtsverordnung mit Zustimmung des Bundesrates die Tatbestände zu bezeichnen, die als Ordnungswidrigkeit geahndet werden können.

(4) Die Ordnungswidrigkeit kann in den Fällen der Absätze 1 und 3 Nummer 1 Buchstabe a und Nummer 2 mit einer Geldbuße bis zu fünfzigtausend Euro und in den übrigen Fällen mit einer Geldbuße bis zu zehntausend Euro geahndet werden.

(5) Verwaltungsbehörde im Sinne des § 36 Absatz 1 Nummer 1 des Gesetzes über Ordnungswidrigkeiten[1] ist in den Fällen des Absatzes 1 Nummer 9 bis 11 die zuständige Stelle.

§ 63[2] **Entfall der aufschiebenden Wirkung.** Widerspruch und Anfechtungsklage eines Dritten gegen die Zulassung einer Windenergieanlage an Land mit einer Gesamthöhe von mehr als 50 Metern haben keine aufschiebende Wirkung.

§§ 64 bis 65 (weggefallen)

(Fortsetzung nächstes Blatt)

[1] Schönfelder Nr. 94.
[2] § 63 neu gef. mWv 10.12.2020 durch G v. 3.12.2020 (BGBl. I S. 2694).

Achter Teil. Schlussvorschriften

§ 66 Fortgeltung von Vorschriften. (1) (weggefallen)

(2) Bis zum Inkrafttreten von entsprechenden Rechtsverordnungen oder allgemeinen Verwaltungsvorschriften nach diesem Gesetz ist die Allgemeine Verwaltungsvorschrift zum Schutz gegen Baulärm – Geräuschimmissionen – vom 19. August 1970 (Beilage zum BAnz. Nr. 160 vom 1. September 1970) maßgebend.

§ 67[1] Übergangsvorschrift. (1) Eine Genehmigung, die vor dem Inkrafttreten dieses Gesetzes nach § 16 oder § 25 Absatz 1 der Gewerbeordnung[2] erteilt worden ist, gilt als Genehmigung nach diesem Gesetz fort.

(2) [1] Eine genehmigungsbedürftige Anlage, die bei Inkrafttreten der Verordnung nach § 4 Absatz 1 Satz 3 errichtet oder wesentlich geändert ist oder mit deren Errichtung oder wesentlichen Änderung begonnen worden ist, muss innerhalb eines Zeitraums von drei Monaten nach Inkrafttreten der Verordnung der zuständigen Behörde angezeigt werden, sofern die Anlage nicht nach § 16 Absatz 1 oder § 25 Absatz 1 der Gewerbeordnung genehmigungsbedürftig war oder nach § 16 Absatz 4 der Gewerbeordnung angezeigt worden ist. [2] Der zuständigen Behörde sind innerhalb eines Zeitraums von zwei Monaten nach Erstattung der Anzeige Unterlagen gemäß § 10 Absatz 1 über Art, Lage, Umfang und Betriebsweise der Anlage im Zeitpunkt des Inkrafttretens der Verordnung nach § 4 Absatz 1 Satz 3 vorzulegen.

(3) Die Anzeigepflicht nach Absatz 2 gilt nicht für ortsveränderliche Anlagen, die im vereinfachten Verfahren (§ 19) genehmigt werden können.

(4) Bereits begonnene Verfahren sind nach den Vorschriften dieses Gesetzes und der auf dieses Gesetz gestützten Rechts- und Verwaltungsvorschriften zu Ende zu führen.

(5) [1] Soweit durch das Gesetz zur Umsetzung der Richtlinie über Industrieemissionen vom 8. April 2013 (BGBl. I S. 734) neue Anforderungen festgelegt worden sind, sind diese Anforderungen von Anlagen nach der Industrieemissions-Richtlinie erst ab dem 7. Januar 2014 zu erfüllen, wenn vor dem 7. Januar 2013

1. die Anlage sich im Betrieb befand oder

2. eine Genehmigung für die Anlage erteilt wurde oder vom Vorhabenträger ein vollständiger Genehmigungsantrag gestellt wurde.

[2] Bestehende Anlagen nach Satz 1, die nicht von Anhang I der Richtlinie 2008/1/EG des Europäischen Parlaments und des Rates vom 15. Januar 2008 über die integrierte Vermeidung und Verminderung der Umweltverschmutzung (kodifizierte Fassung) (ABl. L 24 vom 29. 1. 2008, S. 8), die durch die Richtlinie 2009/31/EG (ABl. L 140 vom 5. 6. 2009, S. 114) geändert worden ist, erfasst wurden, haben abweichend von Satz 1 die dort genannten Anforderungen ab dem 7. Juli 2015 zu erfüllen.

[1] § 67 Abs. 5 Satz 2 ber. gem. BGBl. 2013 I S. 3753; Abs. 11 angef. mWv 1. 1. 2015 durch G v. 20. 11. 2014 (BGBl. I S. 1740).
[2] Nr. **800**.

(6) [1] Eine nach diesem Gesetz erteilte Genehmigung für eine Anlage zum Umgang mit

1. gentechnisch veränderten Mikroorganismen,
2. gentechnisch veränderten Zellkulturen, soweit sie nicht dazu bestimmt sind, zu Pflanzen regeneriert zu werden,
3. Bestandteilen oder Stoffwechselprodukten von Mikroorganismen nach Nummer 1 oder Zellkulturen nach Nummer 2, soweit sie biologisch aktive, rekombinante Nukleinsäure enthalten,

ausgenommen Anlagen, die ausschließlich Forschungszwecken dienen, gilt auch nach dem Inkrafttreten eines Gesetzes zur Regelung von Fragen der Gentechnik[1]) fort. [2] Absatz 4 gilt entsprechend.

(7) [1] Eine Planfeststellung oder Genehmigung nach dem Abfallgesetz gilt als Genehmigung nach diesem Gesetz fort. [2] Eine Anlage, die nach dem Abfallgesetz angezeigt wurde, gilt als nach diesem Gesetz angezeigt. [3] Abfallentsorgungsanlagen, die weder nach dem Abfallgesetz planfestgestellt oder genehmigt noch angezeigt worden sind, sind unverzüglich bei der zuständigen Behörde anzuzeigen. [4] Absatz 2 Satz 2 gilt entsprechend.

(8) Für die für das Jahr 1996 abzugebenden Emissionserklärungen ist § 27 in der am 14. Oktober 1996 geltenden Fassung weiter anzuwenden.

(9) [1] Baugenehmigungen für Windkraftanlagen mit einer Gesamthöhe von mehr als 50 Metern, die bis zum 1. Juli 2005 erteilt worden sind, gelten als Genehmigungen nach diesem Gesetz. [2] Nach diesem Gesetz erteilte Genehmigungen für Windfarmen gelten als Genehmigungen für die einzelnen Windkraftanlagen. [3] Verfahren auf Erteilung einer Baugenehmigung für Windkraftanlagen, die vor dem 1. Juli 2005 rechtshängig geworden sind, werden nach den Vorschriften der Verordnung über genehmigungsbedürftige Anlagen und der Anlage 1 des Gesetzes über die Umweltverträglichkeitsprüfung[2)] in der bisherigen Fassung abgeschlossen; für die in diesem Zusammenhang erteilten Baugenehmigungen gilt Satz 1 entsprechend. [4] Sofern ein Verfahren nach Satz 3 in eine Klage auf Erteilung einer Genehmigung nach diesem Gesetz geändert wird, gilt diese Änderung als sachdienlich.

(10) § 47 Absatz 5a gilt für die Verfahren zur Aufstellung oder Änderung von Luftreinhalteplänen nach § 47, die nach dem 25. Juni 2005 eingeleitet worden sind.

(11) [1] Für Kraftstoffe, die bis zum 31. Dezember 2014 in Verkehr gebracht werden, finden die §§ 37a bis 37f in der am 31. Dezember 2014 geltenden Fassung Anwendung. [2] Die weitere Behandlung von Biokraftstoffmengen, die den Mindestanteil für das Kalenderjahr 2014 übersteigen und deren Anrechnung auf das Verpflichtungsjahr 2015 vom Verpflichteten beantragt wurde, richtet sich ausschließlich nach den am 1. Januar 2015 geltenden Regelungen.

§ 67a Überleitungsregelung aus Anlass der Herstellung der Einheit Deutschlands. (1) [1] In dem in Artikel 3 des Einigungsvertrages genannten Gebiet muss eine genehmigungsbedürftige Anlage, die vor dem 1. Juli 1990 errichtet worden ist oder mit deren Errichtung vor diesem Zeitpunkt begon-

[1]) Siehe die Anmerkung zum Titel.
[2]) Nr. 295.

nen wurde, innerhalb von sechs Monaten nach diesem Zeitpunkt der zuständigen Behörde angezeigt werden. [2] Der Anzeige sind Unterlagen über Art, Umfang und Betriebsweise beizufügen.

(2) In dem in Artikel 3 des Einigungsvertrages genannten Gebiet darf die Erteilung einer Genehmigung zur Errichtung und zum Betrieb oder zur wesentlichen Änderung der Lage, Beschaffenheit oder des Betriebs einer genehmigungsbedürftigen Anlage wegen der Überschreitung eines Immissionswertes durch die Immissionsvorbelastung nicht versagt werden, wenn

1. die Zusatzbelastung geringfügig ist und mit einer deutlichen Verminderung der Immissionsbelastung im Einwirkungsbereich der Anlage innerhalb von fünf Jahren ab Genehmigung zu rechnen ist oder

2. im Zusammenhang mit dem Vorhaben Anlagen stillgelegt oder verbessert werden und dadurch eine Verminderung der Vorbelastung herbeigeführt wird, die im Jahresmittel mindestens doppelt so groß ist wie die von der Neuanlage verursachte Zusatzbelastung.

(3) Soweit die Technische Anleitung zur Reinhaltung der Luft[1] vom 27. Februar 1986 (GMBl S. 202) die Durchführung von Maßnahmen zur Sanierung von Altanlagen bis zu einem bestimmten Termin vorsieht, verlängern sich die hieraus ergebenden Fristen für das in Artikel 3 des Einigungsvertrages genannte Gebiet um ein Jahr; als Fristbeginn gilt der 1. Juli 1990.

§§ 68 bis 72 (Änderung von Rechtsvorschriften, Überleitung von Verweisungen, Aufhebung von Vorschriften)

§ 73 Bestimmungen zum Verwaltungsverfahren. Von den in diesem Gesetz und auf Grund dieses Gesetzes getroffenen Regelungen des Verwaltungsverfahrens kann durch Landesrecht nicht abgewichen werden.

Anlage
(zu § 3 Absatz 6)

Kriterien zur Bestimmung des Standes der Technik

Bei der Bestimmung des Standes der Technik sind unter Berücksichtigung der Verhältnismäßigkeit zwischen Aufwand und Nutzen möglicher Maßnahmen sowie des Grundsatzes der Vorsorge und der Vorbeugung, jeweils bezogen auf Anlagen einer bestimmten Art, insbesondere folgende Kriterien zu berücksichtigen:

1. Einsatz abfallarmer Technologie,

2. Einsatz weniger gefährlicher Stoffe,

3. Förderung der Rückgewinnung und Wiederverwertung der bei den einzelnen Verfahren erzeugten und verwendeten Stoffe und gegebenenfalls der Abfälle,

[1] **Sartorius ErgBd. Nr. 296/101.**

4. vergleichbare Verfahren, Vorrichtungen und Betriebsmethoden, die mit Erfolg im Betrieb erprobt wurden,
5. Fortschritte in der Technologie und in den wissenschaftlichen Erkenntnissen,
6. Art, Auswirkungen und Menge der jeweiligen Emissionen,
7. Zeitpunkte der Inbetriebnahme der neuen oder der bestehenden Anlagen,
8. für die Einführung einer besseren verfügbaren Technik erforderliche Zeit,
9. Verbrauch an Rohstoffen und Art der bei den einzelnen Verfahren verwendeten Rohstoffe (einschließlich Wasser) sowie Energieeffizienz,
10. Notwendigkeit, die Gesamtwirkung der Emissionen und die Gefahren für den Menschen und die Umwelt so weit wie möglich zu vermeiden oder zu verringern,
11. Notwendigkeit, Unfällen vorzubeugen und deren Folgen für den Menschen und die Umwelt zu verringern,
12. Informationen, die von internationalen Organisationen veröffentlicht werden,
13. Informationen, die in BVT-Merkblättern enthalten sind.

296a. Vierte Verordnung zur Durchführung des Bundes-Immissionsschutzgesetzes (Verordnung über genehmigungsbedürftige Anlagen – 4. BImSchV)[1]

In der Fassung der Bekanntmachung vom 31. Mai 2017[2]

(BGBl. I S. 1440)

FNA 2129-8-4-3

geänd. durch Art. 1 Erste ÄndVO v. 12.1.2021 (BGBl. I S. 69)

§ 1 Genehmigungsbedürftige Anlagen. (1) [1]Die Errichtung und der Betrieb der im Anhang 1 genannten Anlagen bedürfen einer Genehmigung, soweit den Umständen nach zu erwarten ist, dass sie länger als während der zwölf Monate, die auf die Inbetriebnahme folgen, an demselben Ort betrieben werden. [2]Für die in Nummer 8 des Anhangs 1 genannten Anlagen, ausgenommen Anlagen zur Behandlung am Entstehungsort, gilt Satz 1 auch, soweit sie weniger als während der zwölf Monate, die auf die Inbetriebnahme folgen, an demselben Ort betrieben werden sollen. [3]Für die in den Nummern 2.10.2, 7.4, 7.5, 7.25, 7.28, 9.1, 9.3 und 9.11 des Anhangs 1 genannten Anlagen gilt Satz 1 nur, soweit sie gewerblichen Zwecken dienen oder im Rahmen wirtschaftlicher Unternehmungen verwendet werden. [4]Hängt die Genehmigungsbedürftigkeit der im Anhang 1 genannten Anlagen vom Erreichen oder Überschreiten einer bestimmten Leistungsgrenze oder Anlagengröße ab, ist jeweils auf den rechtlich und tatsächlich möglichen Betriebsumfang der durch denselben Betreiber betriebenen Anlage abzustellen.

(2) Das Genehmigungserfordernis erstreckt sich auf alle vorgesehenen

1. Anlagenteile und Verfahrensschritte, die zum Betrieb notwendig sind, und

2. Nebeneinrichtungen, die mit den Anlagenteilen und Verfahrensschritten nach Nummer 1 in einem räumlichen und betriebstechnischen Zusammenhang stehen und die von Bedeutung sein können für

a) das Entstehen schädlicher Umwelteinwirkungen,

b) die Vorsorge gegen schädliche Umwelteinwirkungen oder

c) das Entstehen sonstiger Gefahren, erheblicher Nachteile oder erheblicher Belästigungen.

(3) [1]Die im Anhang 1 bestimmten Voraussetzungen sind auch erfüllt, wenn mehrere Anlagen derselben Art in einem engen räumlichen und betrieblichen Zusammenhang stehen (gemeinsame Anlage) und zusammen die maßgebenden Leistungsgrenzen oder Anlagengrößen erreichen oder überschreiten werden. [2]Ein enger räumlicher und betrieblicher Zusammenhang ist gegeben, wenn die Anlagen

1. auf demselben Betriebsgelände liegen,

2. mit gemeinsamen Betriebseinrichtungen verbunden sind und

3. einem vergleichbaren technischen Zweck dienen.

[1] Die Änderungen durch VO v. 12.1.2021 (BGBl. I S. 69) treten erst **mWv 1.4.2021** in Kraft und sind im Text noch nicht berücksichtigt.
[2] Neubekanntmachung der 4. BImSchV v. 2.5.2013 (BGBl. I S. 973, ber. S. 3756) in der ab 14.1.2017 geltenden Fassung.

(4) Gehören zu einer Anlage Teile oder Nebeneinrichtungen, die je gesondert genehmigungsbedürftig wären, so bedarf es lediglich einer Genehmigung.

(5) Soll die für die Genehmigungsbedürftigkeit maßgebende Leistungsgrenze oder Anlagengröße durch die Erweiterung einer bestehenden Anlage erstmals überschritten werden, bedarf die gesamte Anlage der Genehmigung.

(6) Keiner Genehmigung bedürfen Anlagen, soweit sie der Forschung, Entwicklung oder Erprobung neuer Einsatzstoffe, Brennstoffe, Erzeugnisse oder Verfahren im Labor- oder Technikumsmaßstab dienen; hierunter fallen auch solche Anlagen im Labor- oder Technikumsmaßstab, in denen neue Erzeugnisse in der für die Erprobung ihrer Eigenschaften durch Dritte erforderlichen Menge vor der Markteinführung hergestellt werden, soweit die neuen Erzeugnisse noch weiter erforscht oder entwickelt werden.

(7) Keiner Genehmigung bedürfen Anlagen zur Lagerung von Stoffen, die eine Behörde in Erfüllung ihrer gesetzlichen Aufgabe zur Gefahrenabwehr sichergestellt hat.

§ 2 Zuordnung zu den Verfahrensarten. (1) [1]Das Genehmigungsverfahren wird durchgeführt nach

1. § 10 des Bundes-Immissionsschutzgesetzes[1)] für

 a) Anlagen, die in Spalte c des Anhangs 1 mit dem Buchstaben G gekennzeichnet sind,

 b) Anlagen, die sich aus in Spalte c des Anhangs 1 mit dem Buchstaben G und dem Buchstaben V gekennzeichneten Anlagen zusammensetzen,

 c) Anlagen, die in Spalte c des Anhangs 1 mit dem Buchstaben V gekennzeichnet sind und zu deren Genehmigung nach den §§ 3a bis 3f[2)] des Gesetzes über die Umweltverträglichkeitsprüfung[3)] eine Umweltverträglichkeitsprüfung durchzuführen ist,

2. § 19 des Bundes-Immissionsschutzgesetzes im vereinfachten Verfahren für in Spalte c des Anhangs 1 mit dem Buchstaben V gekennzeichnete Anlagen.

[2]Soweit die Zuordnung zu den Genehmigungsverfahren von der Leistungsgrenze oder Anlagengröße abhängt, gilt § 1 Absatz 1 Satz 4 entsprechend.

(2) Kann eine Anlage vollständig verschiedenen Anlagenbezeichnungen im Anhang 1 zugeordnet werden, so ist die speziellere Anlagenbezeichnung maßgebend.

(3) [1]Für in Spalte c des Anhangs 1 mit dem Buchstaben G gekennzeichnete Anlagen, die ausschließlich oder überwiegend der Entwicklung und Erprobung neuer Verfahren, Einsatzstoffe, Brennstoffe oder Erzeugnisse dienen (Versuchsanlagen), wird das vereinfachte Verfahren durchgeführt, wenn die Genehmigung für einen Zeitraum von höchstens drei Jahren und Inbetriebnahme der Anlage erteilt werden soll; dieser Zeitraum kann auf Antrag um höchstens ein Jahr verlängert werden. [2]Satz 1 ist auf Anlagen der Anlage 1 (Liste „UVP-pflichtige Vorhaben") zum Gesetz über die Umweltverträglichkeitsprüfung nur anzuwenden, soweit nach den Vorschriften dieses Gesetzes

(Fortsetzung nächstes Blatt)

[1)] Nr. **296**.
[2)] Der Verweis wurde amtlich noch nicht an die Änderung des UVPG durch G v. 20.7.2017 (BGBl. I S. 2808, ber. 2018 S. 472) angepasst.
[3)] Nr. **295**.

keine Umweltverträglichkeitsprüfung durchzuführen ist. [3] Soll die Lage, die Beschaffenheit oder der Betrieb einer nach Satz 1 genehmigten Anlage für einen anderen Entwicklungs- oder Erprobungszweck geändert werden, ist ein Verfahren nach Satz 1 durchzuführen.

(4) Wird die für die Zuordnung zu einer Verfahrensart maßgebende Leistungsgrenze oder Anlagengröße durch die Errichtung und den Betrieb einer weiteren Teilanlage oder durch eine sonstige Erweiterung der Anlage erreicht oder überschritten, so wird die Genehmigung für die Änderung in dem Verfahren erteilt, dem die Anlage nach der Summe ihrer Leistung oder Größe entspricht.

§ 3 Anlagen nach der Industrieemissions-Richtlinie.

Anlagen nach Artikel 10 in Verbindung mit Anhang I der Richtlinie 2010/75/EU des Europäischen Parlaments und des Rates vom 24. November 2010 über Industrieemissionen (integrierte Vermeidung und Verminderung der Umweltverschmutzung) (Neufassung) (ABl. L 334 vom 17.12.2010, S. 17) sind Anlagen, die in Spalte d des Anhangs 1 mit dem Buchstaben E gekennzeichnet sind.

Anhang 1

Rohstoffbegriff in Nummer 7
Der in Anlagenbeschreibungen unter Nummer 7 verwendete Begriff „Rohstoff" gilt unabhängig davon, ob dieser zuvor verarbeitet wurde oder nicht.

Abfallbegriff in Nummer 8
Der in den Anlagenbeschreibungen unter den Nummern 8.2 bis 8.15 verwendete Begriff „Abfall" betrifft jeweils ausschließlich Abfälle, auf die die Vorschriften des Kreislaufwirtschaftsgesetzes[1] Anwendung finden.

Mischungsregel
Wird in Anlagenbeschreibungen unter Nummer 7 auf diese Mischungsregel Bezug genommen, errechnet sich die Produktionskapazität **P** beim Einsatz tierischer und pflanzlicher Rohstoffe wie folgt:

$$P = \begin{cases} 75 & \text{für } A \geq 10 \\ [300 - (22,5 \cdot A)] & \text{für } A < 10 \end{cases}$$

wobei **A** den gewichtsprozentualen Anteil der tierischen Rohstoffe an den insgesamt eingesetzten Rohstoffen darstellt.

Legende
Nr.:
Ordnungsnummer der Anlagenart
Anlagenbeschreibung:
 Die vollständige Beschreibung der Anlagenart ergibt sich aus dem fortlaufenden Text von der 2. bis zur jeweils letzten Gliederungsebene der Ordnungsnummer.
 (z.B. ergibt sich die vollständige Beschreibung der Anlagenart von Nummer 1.2.4.1 aus dem fortlaufenden Text der Nummern 1.2, 1.2.4 und 1.2.4.1)
Verfahrensart:
 G: Genehmigungsverfahren gemäß § 10 BImSchG[2] (mit Öffentlichkeitsbeteiligung)
 V: Vereinfachtes Verfahren gemäß § 19 BImSchG[2] (ohne Öffentlichkeitsbeteiligung)
Anlage gemäß Art. 10 der Richtlinie 2010/75/EU:
 E: Anlage gemäß § 3

[1] Nr. 298.
[2] Nr. 296.

Nr.	Anlagenbeschreibung	Verfah-rensart	Anlage ge-mäß Art. 10 der RL 2010/75/EU
a	b	c	d
1.	**Wärmeerzeugung, Bergbau und Energie**		
1.1	Anlagen zur Erzeugung von Strom, Dampf, Warmwasser, Prozesswärme oder erhitztem Abgas durch den Einsatz von Brennstoffen in einer Verbrennungseinrichtung (wie Kraftwerk, Heizkraftwerk, Heizwerk, Gasturbinenanlage, Verbrennungsmotoranlage, sonstige Feuerungsanlage), einschließlich zugehöriger Dampfkessel, mit einer Feuerungswärmeleistung von 50 Megawatt oder mehr;	G	E
1.2	Anlagen zur Erzeugung von Strom, Dampf, Warmwasser, Prozesswärme oder erhitztem Abgas in einer Verbrennungseinrichtung (wie Kraftwerk, Heizkraftwerk, Heizwerk, Gasturbinenanlage, Verbrennungsmotoranlage, sonstige Feuerungsanlage), einschließlich zugehöriger Dampfkessel, ausgenommen Verbrennungsmotoranlagen für Bohranlagen und Notstromaggregate, durch den Einsatz von		
1.2.1	Kohle, Koks einschließlich Petrolkoks, Kohlebriketts, Torfbriketts, Brenntorf, naturbelassenem Holz sowie in der eigenen Produktionsanlage anfallendem gestrichenem, lackiertem oder beschichtetem Holz oder Sperrholz, Spanplatten, Faserplatten oder sonst verleimtem Holz sowie daraus anfallenden Resten, soweit keine Holzschutzmittel aufgetragen oder infolge einer Behandlung enthalten sind und Beschichtungen keine halogenorganischen Verbindungen oder Schwermetalle enthalten, emulgiertem Naturbitumen, Heizölen, ausgenommen Heizöl EL, mit einer Feuerungswärmeleistung von 1 Megawatt bis weniger als 50 Megawatt,	V	
1.2.2	gasförmigen Brennstoffen (insbesondere Koksofengas, Grubengas, Stahlgas, Raffineriegas, Synthesegas, Erdölgas aus der Tertiärförderung von Erdöl, Klärgas, Biogas), ausgenommen naturbelassenem Erdgas, Flüssiggas, Gasen der öffentlichen Gasversorgung oder Wasserstoff, mit einer Feuerungswärmeleistung von		
1.2.2.1	10 Megawatt bis weniger als 50 Megawatt,	V	
1.2.2.2	1 Megawatt bis weniger als 10 Megawatt, bei Verbrennungsmotoranlagen oder Gasturbinenanlagen,	V	
1.2.3	Heizöl EL, Dieselkraftstoff, Methanol, Ethanol, naturbelassenen Pflanzenölen oder Pflanzenölmethylestern, naturbelassenem Erdgas, Flüssiggas, Gasen der öffentlichen Gasversorgung oder Wasserstoff mit einer Feuerungswärmeleistung von		
1.2.3.1	20 Megawatt bis weniger als 50 Megawatt,	V	
1.2.3.2	1 Megawatt bis weniger als 20 Megawatt, bei Verbrennungsmotoranlagen oder Gasturbinenanlagen,	V	
1.2.4	anderen als in Nummer 1.2.1 oder 1.2.3 genannten festen oder flüssigen Brennstoffen mit einer Feuerungswärmeleistung von 100 Kilowatt bis weniger als 50 Megawatt;	V	
1.3	(nicht besetzt)		

Nr.	Anlagenbeschreibung	Verfahrensart	Anlage gemäß Art. 10 der RL 2010/75/EU
a	b	c	d
1.4	Verbrennungsmotoranlagen oder Gasturbinenanlagen zum Antrieb von Arbeitsmaschinen für den Einsatz von		
1.4.1	Heizöl EL, Dieselkraftstoff, Methanol, Ethanol, naturbelassenen Pflanzenölen, Pflanzenölmethylestern, Koksofengas, Grubengas, Stahlgas, Raffineriegas, Synthesegas, Erdölgas aus der Tertiärförderung von Erdöl, Klärgas, Biogas, naturbelassenem Erdgas, Flüssiggas, Gasen der öffentlichen Gasversorgung oder Wasserstoff mit einer Feuerungswärmeleistung von		
1.4.1.1	50 Megawatt oder mehr,	G	E
1.4.1.2	1 Megawatt bis weniger als 50 Megawatt, ausgenommen Verbrennungsmotoranlagen für Bohranlagen,	V	
1.4.2	anderen als in Nummer 1.4.1 genannten Brennstoffen mit einer Feuerungswärmeleistung von		
1.4.2.1	50 Megawatt oder mehr,	G	E
1.4.2.2	100 Kilowatt bis weniger als 50 Megawatt;	V	
1.5	(nicht besetzt)		
1.6	Anlagen zur Nutzung von Windenergie mit einer Gesamthöhe von mehr als 50 Metern und		
1.6.1	20 oder mehr Windkraftanlagen,	G	
1.6.2	weniger als 20 Windkraftanlagen;	V	
1.7	(nicht besetzt)		
1.8	Elektroumspannanlagen mit einer Oberspannung von 220 Kilovolt oder mehr einschließlich der Schaltfelder, ausgenommen eingehauste Elektroumspannanlagen;	V	
1.9	Anlagen zum Mahlen oder Trocknen von Kohle mit einer Kapazität von 1 Tonne oder mehr je Stunde;	V	
1.10	Anlagen zum Brikettieren von Braun- oder Steinkohle;	G	
1.11	Anlagen zur Trockendestillation (z.B. Kokereien, Gaswerke und Schwelereien), insbesondere von Steinkohle oder Braunkohle, Holz, Torf oder Pech, ausgenommen Holzkohlenmeiler;	G	E
1.12	Anlagen zur Destillation oder Weiterverarbeitung von Teer oder Teererzeugnissen oder von Teer- oder Gaswasser;	G	
1.13	(nicht besetzt)		
1.14	Anlagen zur Vergasung oder Verflüssigung von		
1.14.1	Kohle,	G	E
1.14.2	bituminösem Schiefer mit einem Energieäquivalent von		
1.14.2.1	20 Megawatt oder mehr,	G	E
1.14.2.2	weniger als 20 Megawatt,	G	
1.14.3	anderen Brennstoffen als Kohle oder bituminösem Schiefer, insbesondere zur Erzeugung von Generator-, Wasser-, oder Holzgas, mit einer Produktionskapazität an Stoffen, entsprechend einem Energieäquivalent von		
1.14.3.1	20 Megawatt oder mehr,	G	E

Nr.	Anlagenbeschreibung	Verfahrensart	Anlage gemäß Art. 10 der RL 2010/75/EU
a	b	c	d
1.14.3.2	1 Megawatt bis weniger als 20 Megawatt;	V	
1.15	Anlagen zur Erzeugung von Biogas, soweit nicht von Nummer 8.6 erfasst, mit einer Produktionskapazität von 1,2 Million Normkubikmetern je Jahr Rohgas oder mehr;	V	
1.16	Anlagen zur Aufbereitung von Biogas mit einer Verarbeitungskapazität von 1,2 Million Normkubikmetern je Jahr Rohgas oder mehr;	V	
2.	**Steine und Erden, Glas, Keramik, Baustoffe**		
2.1	Steinbrüche mit einer Abbaufläche von		
2.1.1	10 Hektar oder mehr,	G	
2.1.2	weniger als 10 Hektar, soweit Sprengstoffe verwendet werden;	V	
2.2	Anlagen zum Brechen, Trocknen, Mahlen oder Klassieren von natürlichem oder künstlichem Gestein, ausgenommen Klassieranlagen für Sand oder Kies sowie Anlagen, die nicht mehr als zehn Tage im Jahr betrieben werden;	V	
2.3	Anlagen zur Herstellung von Zementklinker oder Zementen mit einer Produktionskapazität von		
2.3.1	500 Tonnen oder mehr je Tag,	G	E
2.3.2	50 Tonnen bis weniger als 500 Tonnen je Tag, soweit nicht in Drehrohröfen hergestellt,	G	E
2.3.3	weniger als 500 Tonnen je Tag, soweit in Drehrohröfen hergestellt,	V	
2.3.4	weniger als 50 Tonnen je Tag, soweit nicht in Drehrohröfen hergestellt;	V	
2.4	Anlagen zum Brennen von		
2.4.1	Kalkstein, Magnesit oder Dolomit mit einer Produktionskapazität von		
2.4.1.1	50 Tonnen oder mehr Branntkalk oder Magnesiumoxid je Tag,	G	E
2.4.1.2	weniger als 50 Tonnen Branntkalk oder Magnesiumoxid je Tag,	V	
2.4.2	Bauxit, Gips, Kieselgur, Quarzit oder Ton zu Schamotte;	V	
2.5	Anlagen zur Gewinnung von Asbest;	G	E
2.6	Anlagen zur Be- oder Verarbeitung von Asbest oder Asbesterzeugnissen;	G	E
2.7	Anlagen zum Blähen von Perlite oder Schiefer;	V	
2.8	Anlagen zur Herstellung von Glas, auch soweit es aus Altglas hergestellt wird, einschließlich Anlagen zur Herstellung von Glasfasern, mit einer Schmelzkapazität von		
2.8.1	20 Tonnen oder mehr je Tag,	G	E
2.8.2	100 Kilogramm bis weniger als 20 Tonnen je Tag, ausgenommen in Anlagen zur Herstellung von Glasfasern,	V	

Nr.	Anlagenbeschreibung	Verfahrensart	Anlage gemäß Art. 10 der RL 2010/75/EU
a	b	c	d
	die für medizinische oder fernmeldetechnische Zwecke bestimmt sind;		
2.9	(nicht besetzt)		
2.10	Anlagen zum Brennen keramischer Erzeugnisse (einschließlich Anlagen zum Blähen von Ton) mit einer Produktionskapazität von		
2.10.1	75 Tonnen oder mehr je Tag,	G	E
2.10.2	weniger als 75 Tonnen je Tag, soweit der Rauminhalt der Brennanlage 4 Kubikmeter oder mehr beträgt oder die Besatzdichte mehr als 100 Kilogramm je Kubikmeter Rauminhalt der Brennanlage beträgt, ausgenommen elektrisch beheizte Brennöfen, die diskontinuierlich und ohne Abluftführung betrieben werden;	V	
2.11	Anlagen zum Schmelzen mineralischer Stoffe einschließlich Anlagen zur Herstellung von Mineralfasern mit einer Schmelzkapazität von		
2.11.1	20 Tonnen oder mehr je Tag,	G	E
2.11.2	weniger als 20 Tonnen je Tag;	V	
2.12	(nicht besetzt)		
2.13	(nicht besetzt)		
2.14	Anlagen zur Herstellung von Formstücken unter Verwendung von Zement oder anderen Bindemitteln durch Stampfen, Schocken, Rütteln oder Vibrieren mit einer Produktionskapazität von 10 Tonnen oder mehr je Stunde;	V	
2.15	Anlagen zur Herstellung oder zum Schmelzen von Mischungen aus Bitumen oder Teer mit Mineralstoffen, ausgenommen Anlagen, die Mischungen in Kaltbauweise herstellen, einschließlich Aufbereitungsanlagen für bituminöse Straßenbaustoffe und Teersplittanlagen;	V	
3.	**Stahl, Eisen und sonstige Metalle einschließlich Verarbeitung**		
3.1	Anlagen zum Rösten (Erhitzen unter Luftzufuhr zur Überführung in Oxide), Schmelzen oder Sintern (Stückigmachen von feinkörnigen Stoffen durch Erhitzen) von Erzen;	G	E
3.2	Anlagen zur Herstellung oder zum Erschmelzen von Roheisen		
3.2.1	und zur Weiterverarbeitung zu Rohstahl, bei denen sich Gewinnungs- und Weiterverarbeitungseinheiten nebeneinander befinden und in funktioneller Hinsicht miteinander verbunden sind (Integrierte Hüttenwerke), mit einer Schmelzkapazität von		
3.2.1.1	2,5 Tonnen oder mehr je Stunde,	G	E
3.2.1.2	weniger als 2,5 Tonnen je Stunde,	G	
3.2.2	oder Stahl, einschließlich Stranggießen, auch soweit Konzentrate oder sekundäre Rohstoffe eingesetzt werden, mit einer Schmelzkapazität von		

Nr.	Anlagenbeschreibung	Verfahrensart	Anlage gemäß Art. 10 der RL 2010/75/EU
a	b	c	d
3.2.2.1	2,5 Tonnen oder mehr je Stunde,	G	E
3.2.2.2	weniger als 2,5 Tonnen je Stunde;	V	
3.3	Anlagen zur Herstellung von Nichteisenrohmetallen aus Erzen, Konzentraten oder sekundären Rohstoffen durch metallurgische, chemische oder elektrolytische Verfahren;	G	E
3.4	Anlagen zum Schmelzen, zum Legieren oder zur Raffination von Nichteisenmetallen mit einer Schmelzkapazität von		
3.4.1	4 Tonnen je Tag oder mehr bei Blei und Cadmium oder von 20 Tonnen je Tag oder mehr bei sonstigen Nichteisenmetallen,	G	E
3.4.2	0,5 Tonnen bis weniger als 4 Tonnen je Tag bei Blei und Cadmium oder von 2 Tonnen bis weniger als 20 Tonnen je Tag bei sonstigen Nichteisenmetallen, ausgenommen 1. Vakuum-Schmelzanlagen, 2. Schmelzanlagen für Gusslegierungen aus Zinn und Wismut oder aus Feinzink und Aluminium in Verbindung mit Kupfer oder Magnesium, 3. Schmelzanlagen, die Bestandteil von Druck oder Kokillengießmaschinen sind oder die ausschließlich im Zusammenhang mit einzelnen Druck- oder Kokillengießmaschinen gießfertige Nichteisenmetalle oder gießfertige Legierungen niederschmelzen, 4. Schmelzanlagen für Edelmetalle oder für Legierungen, die nur aus Edelmetallen oder aus Edelmetallen und Kupfer bestehen, 5. Schwalllötbäder und 6. Heißluftverzinnungsanlagen;	V	
3.5	Anlagen zum Abziehen der Oberflächen von Stahl, insbesondere von Blöcken, Brammen, Knüppeln, Platinen oder Blechen, durch Flämmen;	V	
3.6	Anlagen zur Umformung von		
3.6.1	Stahl durch Warmwalzen mit einer Kapazität je Stunde von		
3.6.1.1	20 Tonnen oder mehr,	G	E
3.6.1.2	weniger als 20 Tonnen,	V	
3.6.2	Stahl durch Kaltwalzen mit einer Bandbreite von 650 Millimetern oder mehr,	V	
3.6.3	Schwermetallen, ausgenommen Eisen oder Stahl, durch Walzen mit einer Kapazität von 1 Tonne oder mehr je Stunde,	V	
3.6.4	Leichtmetallen durch Walzen mit einer Kapazität von 0,5 Tonnen oder mehr je Stunde;	V	
3.7	Eisen-, Temper- oder Stahlgießereien mit einer Verarbeitungskapazität an Flüssigmetall von		
3.7.1	20 Tonnen oder mehr je Tag,	G	E
3.7.2	2 Tonnen bis weniger als 20 Tonnen je Tag;	V	

Nr.	Anlagenbeschreibung	Verfah-rensart	Anlage ge-mäß Art. 10 der RL 2010/75/EU
a	b	c	d
3.8	Gießereien für Nichteisenmetalle mit einer Verarbei-tungskapazität an Flüssigmetall von		
3.8.1	4 Tonnen oder mehr je Tag bei Blei und Cadmium oder 20 Tonnen oder mehr je Tag bei sonstigen Nicht-eisenmetallen,	G	E
3.8.2	0,5 Tonnen bis weniger als 4 Tonnen je Tag bei Blei und Cadmium oder 2 Tonnen bis weniger als 20 Ton-nen je Tag bei sonstigen Nichteisenmetallen, aus-genommen		
	1. Gießereien für Glocken- oder Kunstguss,	V	
	2. Gießereien, in denen in metallische Formen abge-gossen wird, und		
	3. Gießereien, in denen das Material in ortsbeweg-lichen Tiegeln niedergeschmolzen wird;		
3.9	Anlagen zum Aufbringen von metallischen Schutz-schichten		
3.9.1	mit Hilfe von schmelzflüssigen Bädern auf Metallober-flächen mit einer Verarbeitungskapazität von		
3.9.1.1	2 Tonnen oder mehr Rohstahl je Stunde,	G	E
3.9.1.2	2 Tonnen oder mehr Rohgut je Stunde, soweit nicht von der Nummer 3.9.1.1 erfasst,	G	
3.9.1.3	500 Kilogramm bis weniger als 2 Tonnen Rohgut je Stunde, ausgenommen Anlagen zum kontinuierlichen Verzinken nach dem Sendzimirverfahren,	V	
3.9.2	durch Flamm-, Plasma- oder Lichtbogenspritzen		
3.9.2.1	auf Metalloberflächen mit einer Verarbeitungskapazität von 2 Tonnen oder mehr Rohstahl je Stunde,	G	E
3.9.2.2	auf Metall- oder Kunststoffoberflächen mit einem Durchsatz an Blei, Zinn, Zink, Nickel, Kobalt oder ihren Legierungen von 2 Kilogramm oder mehr je Stunde;	V	
3.10	Anlagen zur Oberflächenbehandlung mit einem Volu-men der Wirkbäder von		
3.10.1	30 Kubikmeter oder mehr bei der Behandlung von Metall- oder Kunststoffoberflächen durch ein elektro-lytisches oder chemisches Verfahren,	G	E
3.10.2	1 Kubikmeter bis weniger als 30 Kubikmeter bei der Behandlung von Metalloberflächen durch Beizen oder Brennen unter Verwendung von Fluss- oder Salpeter-säure;	V	
3.11	Anlagen, die aus einem oder mehreren maschinell an-getriebenen Hämmern oder Fallwerken bestehen, wenn die Schlagenergie eines Hammers oder Fallwer-kes		
3.11.1	50 Kilojoule oder mehr und die Feuerungswärmeleis-tung der Wärmebehandlungsöfen 20 Megawatt oder mehr beträgt,	G	E
3.11.2	50 Kilojoule oder mehr beträgt, soweit nicht von Nummer 3.11.1 erfasst,	G	

Nr.	Anlagenbeschreibung	Verfah-rensart	Anlage ge-mäß Art. 10 der RL 2010/75/EU
a	b	c	d
3.11.3	1 Kilojoule bis weniger als 50 Kilojoule beträgt;	V	
3.12	(nicht besetzt)		
3.13	Anlagen zur Sprengverformung oder zum Plattieren mit Sprengstoffen bei einem Einsatz von 10 Kilo-gramm Sprengstoff oder mehr je Schuss;	V	
3.14 – 3.15	(nicht besetzt)		
3.16	Anlagen zur Herstellung von warmgefertigten naht-losen oder geschweißten Rohren aus Stahl mit einer Produktionskapazität von		
3.16.1	20 Tonnen oder mehr je Stunde,	G	E
3.16.2	weniger als 20 Tonnen je Stunde;	G	
3.17	(nicht besetzt)		
3.18	Anlage zur Herstellung oder Reparatur von Schiffskör-pern oder -sektionen (Schiffswerft) aus Metall mit einer Länge von 20 Metern oder mehr;	G	
3.19	Anlagen zum Bau von Schienenfahrzeugen mit einer Produktionskapazität von 600 Schienenfahrzeugein-heiten oder mehr je Jahr; 1 Schienenfahrzeugeinheit entspricht 0,5 Lokomotiven, 1 Straßenbahn, 1 Wagen eines Triebzuges, 1 Triebkopf, 1 Personenwagen oder 3 Güterwagen;	G	
3.20	Anlagen zur Oberflächenbehandlung von Gegenstän-den aus Stahl, Blech oder Guss mit festen Strahlmitteln, die außerhalb geschlossener Räume betrieben werden, ausgenommen nicht begehbare Handstrahlkabinen so-wie Anlagen mit einem Luftdurchsatz von weniger als 300 Kubikmetern je Stunde;	V	
3.21	Anlagen zur Herstellung von Bleiakkumulatoren;	V	
3.22	Anlagen zur Behandlung von Schrotten in Schredder-anlagen, sofern nicht von Nummer 8.9 erfasst, mit einer Durchsatzkapazität an Eingangsstoffen von		
3.22.1	50 Tonnen oder mehr je Tag,	G	
3.22.2	10 Tonnen bis weniger als 50 Tonnen je Tag;	V	
3.23	Anlagen zur Herstellung von Metallpulver oder -pas-ten, insbesondere Aluminium-, Eisen- oder Magnesi-umpulver oder -pasten oder blei- oder nickelhaltigen Pulver oder Pasten, ausgenommen Anlagen zur Her-stellung von Edelmetallpulver;	V	
3.24	Anlagen für den Bau und die Montage von Kraftfahr-zeugen oder Anlagen für den Bau von Kraftfahrzeug-motoren mit einer Kapazität von jeweils 100 000 Stück oder mehr je Jahr;	G	
3.25	Anlagen für Bau und Instandhaltung, ausgenommen die Wartung einschließlich kleinerer Reparaturen, von Luftfahrzeugen,		
3.25.1	soweit je Jahr mehr als 50 Luftfahrzeuge hergestellt werden können,	G	
3.25.2	soweit je Jahr mehr als 50 Luftfahrzeuge instand gehal-ten werden können;	V	

10

Nr.	Anlagenbeschreibung	Verfah-rensart	Anlage ge-mäß Art. 10 der RL 2010/75/EU
a	b	c	d
4.	**Chemische Erzeugnisse, Arzneimittel, Mineral-ölraffination und Weiterverarbeitung**		
4.1	Anlagen zur Herstellung von Stoffen oder Stoffgruppen durch chemische, biochemische oder biologische Um-wandlung in industriellem Umfang, ausgenommen Anlagen zur Erzeugung oder Spaltung von Kernbrenn-stoffen oder zur Aufarbeitung bestrahlter Kernbrenn-stoffe, zur Herstellung von		
4.1.1	Kohlenwasserstoffen (lineare oder ringförmige, gesät-tigte oder ungesättigte, aliphatische oder aromatische),	G	E
4.1.2	sauerstoffhaltigen Kohlenwasserstoffen wie Alkohole, Aldehyde, Ketone, Carbonsäuren, Ester, Acetate, Ether, Peroxide, Epoxide,	G	E
4.1.3	schwefelhaltigen Kohlenwasserstoffen,	G	E
4.1.4	stickstoffhaltigen Kohlenwasserstoffen wie Amine, Amide, Nitroso-, Nitro- oder Nitratverbindungen, Ni-trile, Cyanate, Isocyanate,	G	E
4.1.5	phosphorhaltigen Kohlenwasserstoffen,	G	E
4.1.6	halogenhaltigen Kohlenwasserstoffen,	G	E
4.1.7	metallorganischen Verbindungen,	G	E
4.1.8	Kunststoffen (Kunstharzen, Polymeren, Chemiefasern, Fasern auf Zellstoffbasis),	G	E
4.1.9	synthetischen Kautschuken,	G	E
4.1.10	Farbstoffen und Pigmenten sowie von Ausgangsstoffen für Farben und Anstrichmittel,	G	E
4.1.11	Tensiden,	G	E
4.1.12	Gasen wie Ammoniak, Chlor und Chlorwasserstoff, Fluor und Fluorwasserstoff, Kohlenstoffoxiden, Schwe-felverbindungen, Stickstoffoxiden, Wasserstoff, Schwe-feldioxid, Phosgen,	G	E
4.1.13	Säuren wie Chromsäure, Flusssäure, Phosphorsäure, Salpetersäure, Salzsäure, Schwefelsäure, Oleum, schwe-felige Säuren,	G	E
4.1.14	Basen wie Ammoniumhydroxid, Kaliumhydroxid, Na-triumhydroxid,	G	E
4.1.15	Salzen wie Ammoniumchlorid, Kaliumchlorat, Kali-umkarbonat, Natriumkarbonat, Perborat, Silbernitrat,	G	E
4.1.16	Nichtmetallen, Metalloxiden oder sonstigen anorgani-schen Verbindungen wie Kalziumkarbid, Silizium, Sili-ziumkarbid, anorganische Peroxide, Schwefel,	G	E
4.1.17	phosphor-, stickstoff- oder kaliumhaltigen Düngemit-teln (Einnährstoff- oder Mehrnährstoffdünger),	G	E
4.1.18	Pflanzenschutzmittel oder Biozide,	G	E
4.1.19	Arzneimittel einschließlich Zwischenerzeugnisse,	G	E
4.1.20	Explosivstoffen,	G	E
4.1.21	Stoffen oder Stoffgruppen, die keiner oder mehreren der Nummern 4.1.1 bis 4.1.20 entsprechen,	G	E
4.1.22	– organischen Grundchemikalien,	G	E

Nr.	Anlagenbeschreibung	Verfah-rensart	Anlage ge-mäß Art. 10 der RL 2010/75/EU
a	b	c	d
	– anorganischen Grundchemikalien,		
	– phosphor-, stickstoff- oder kaliumhaltigen Dünge-mitteln (Einnährstoff oder Mehrnährstoff),		
	– Ausgangsstoffen für Pflanzenschutzmittel und Biozi-den,		
	– Grundarzneimitteln unter Verwendung eines che-mischen oder biologischen Verfahrens oder		
	– Explosivstoffen,		
	im Verbund, bei denen sich mehrere Einheiten neben-einander befinden und in funktioneller Hinsicht mit-einander verbunden sind (integrierte chemische Anla-gen);		
4.2	Anlagen, in denen Pflanzenschutzmittel, Biozide oder ihre Wirkstoffe gemahlen oder maschinell gemischt, abgepackt oder umgefüllt werden, soweit diese Stoffe in einer Menge von 5 Tonnen je Tag oder mehr ge-handhabt werden;	V	
4.3	Anlagen zur Herstellung von Arzneimitteln oder Arz-neimittelzwischenprodukten im industriellen Umfang, soweit nicht von Nummer 4.1.19 erfasst, ausgenom-men Anlagen, die ausschließlich der Herstellung der Darreichungsform dienen, in denen		
4.3.1	Pflanzen, Pflanzenteile oder Pflanzenbestandteile extra-hiert, destilliert oder auf ähnliche Weise behandelt wer-den, ausgenommen Extraktionsanlagen mit Ethanol ohne Erwärmen,	V	
4.3.2	Tierkörper, auch lebender Tiere, sowie Körperteile, Körperbestandteile und Stoffwechselprodukte von Tie-ren eingesetzt werden;	V	
4.4	Anlagen zur Destillation oder Raffination oder sons-tigen Weiterverarbeitung von Erdöl oder Erdölerzeug-nissen in		
4.4.1	Mineralölraffinerien,	G	E
4.4.2	Schmierstoffraffinerien,	G	
4.4.3	Gasraffinerien,	G	E
4.4.4	petrochemischen Werken oder bei der Gewinnung von Paraffin;	G	
4.5	Anlagen zur Herstellung von Schmierstoffen, wie Schmieröle, Schmierfette, Metallbearbeitungsöle;	V	
4.6	Anlagen zur Herstellung von Ruß;	G	E
4.7	Anlagen zur Herstellung von Kohlenstoff (Hartbrand-kohle) oder Elektrographit durch Brennen oder Gra-phitieren, zum Beispiel für Elektroden, Stromabneh-mer oder Apparateteile;	G	E
4.8	Anlagen zum Destillieren von flüchtigen organischen Verbindungen, die bei einer Temperatur von 293,15 Kelvin einen Dampfdruck von mindestens 0,01 Kilopascal haben, mit einer Durchsatzkapazität von 1 Tonne oder mehr je Stunde;	V	

12

Nr.	Anlagenbeschreibung	Verfahrensart	Anlage gemäß Art. 10 der RL 2010/75/EU
a	b	c	d
4.9	Anlagen zum Erschmelzen von Naturharzen oder Kunstharzen mit einer Kapazität von 1 Tonne oder mehr je Tag;	V	
4.10	Anlagen zur Herstellung von Anstrich- oder Beschichtungsstoffen (Lasuren, Firnis, Lacke, Dispersionsfarben) oder Druckfarben unter Einsatz von 25 Tonnen oder mehr je Tag an flüchtigen organischen Verbindungen, die bei einer Temperatur von 293,15 Kelvin einen Dampfdruck von mindestens 0,01 Kilopascal haben;	G	
5.	**Oberflächenbehandlung mit organischen Stoffen, Herstellung von bahnenförmigen Materialien aus Kunststoffen, sonstige Verarbeitung von Harzen und Kunststoffen**		
5.1	Anlagen zur Behandlung von Oberflächen, ausgenommen Anlagen, soweit die Farben oder Lacke ausschließlich hochsiedende Öle (mit einem Dampfdruck von weniger als 0,01 Kilopascal bei einer Temperatur von 293,15 Kelvin) als organische Lösungsmittel enthalten und die Lösungsmittel unter den jeweiligen Verwendungsbedingungen keine höhere Flüchtigkeit aufweisen,		
5.1.1	von Stoffen, Gegenständen oder Erzeugnissen einschließlich der dazugehörigen Trocknungsanlagen unter Verwendung von organischen Lösungsmitteln, insbesondere zum Appretieren, Bedrucken, Beschichten, Entfetten, Imprägnieren, Kaschieren, Kleben, Lackieren, Reinigen oder Tränken mit einem Verbrauch an organischen Lösungsmitteln von		
5.1.1.1	150 Kilogramm oder mehr je Stunde oder 200 Tonnen oder mehr je Jahr,	G	E
5.1.1.2	25 Kilogramm bis weniger als 150 Kilogramm je Stunde oder 15 Tonnen bis weniger als 200 Tonnen je Jahr, ausgenommen zum Bedrucken,	V	
5.1.2	von bahnen- oder tafelförmigen Materialien mit Rotationsdruckmaschinen einschließlich der zugehörigen Trocknungsanlagen, soweit die Farben oder Lacke		
5.1.2.1	organische Lösungsmittel mit einem Anteil von mehr als 50 Gew.-% an Ethanol enthalten und in der Anlage insgesamt 50 Kilogramm bis weniger als 150 Kilogramm je Stunde oder 30 Tonnen bis weniger als 200 Tonnen je Jahr an organischen Lösungsmitteln verbraucht werden,	V	
5.1.2.2	sonstige organische Lösungsmittel enthalten und in der Anlage insgesamt 25 Kilogramm bis weniger als 150 Kilogramm organische Lösungsmittel je Stunde oder 15 Tonnen bis weniger als 200 Tonnen je Jahr an organischen Lösungsmitteln verbraucht werden,	V	
5.1.3	zum Isolieren von Drähten unter Verwendung von phenol- oder kresolhaltigen Drahtlacken mit einem Verbrauch an organischen Lösungsmitteln von weniger als 150 Kilogramm je Stunde oder von weniger als 200 Tonnen je Jahr;	V	

Nr.	Anlagenbeschreibung	Verfah-rensart	Anlage ge-mäß Art. 10 der RL 2010/75/EU
a	b	c	d
5.2	Anlagen zum Beschichten, Imprägnieren, Kaschieren, Lackieren oder Tränken von Gegenständen, Glas- oder Mineralfasern oder bahnen- oder tafelförmigen Materialien einschließlich der zugehörigen Trocknungsanlagen mit Kunstharzen, die unter weitgehender Selbstvernetzung ausreagieren (Reaktionsharze), wie Melamin-, Harnstoff-, Phenol-, Epoxid-, Furan-, Kresol-, Resorcin- oder Polyesterharzen, ausgenommen Anlagen für den Einsatz von Pulverbeschichtungsstoffen, mit einem Harzverbrauch von		
5.2.1	25 Kilogramm oder mehr je Stunde,	G	
5.2.2	10 Kilogramm bis weniger als 25 Kilogramm je Stunde;	V	
5.3	Anlagen zur Konservierung von Holz oder Holzerzeugnissen mit Chemikalien, ausgenommen die ausschließliche Bläueschutzbehandlung, mit einer Produktionskapazität von mehr als 75 Kubikmetern je Tag;	G	E
5.4	Anlagen zum Tränken oder Überziehen von Stoffen oder Gegenständen mit Teer, Teeröl oder heißem Bitumen, soweit die Menge dieser Kohlenwasserstoffe 25 Kilogramm oder mehr je Stunde beträgt, ausgenommen Anlagen zum Tränken oder Überziehen von Kabeln mit heißem Bitumen;	V	
5.5	(nicht besetzt)		
5.6	Anlagen zur Herstellung von bahnenförmigen Materialien auf Streichmaschinen einschließlich der zugehörigen Trocknungsanlagen unter Verwendung von Gemischen aus Kunststoffen und Weichmachern oder von Gemischen aus sonstigen Stoffen und oxidiertem Leinöl;	V	
5.7	Anlagen zur Verarbeitung von flüssigen ungesättigten Polyesterharzen mit Styrol-Zusatz oder flüssigen Epoxidharzen mit Aminen zu Formmassen (zum Beispiel Harzmatten oder Faserformmassen) oder Formteilen oder Fertigerzeugnissen, soweit keine geschlossenen Werkzeuge (Formen) verwendet werden, für einen Harzverbrauch von 500 Kilogramm oder mehr je Woche;	V	
5.8	Anlagen zur Herstellung von Gegenständen unter Verwendung von Amino- oder Phenoplasten, wie Furan-, Harnstoff-, Phenol-, Resorcin- oder Xylolharzen mittels Wärmebehandlung, soweit die Menge der Ausgangsstoffe 10 Kilogramm oder mehr je Stunde beträgt;	V	
5.9	Anlagen zur Herstellung von Reibbelägen unter Verwendung von 10 Kilogramm oder mehr je Stunde an Phenoplasten oder sonstigen Kunstharzbindemitteln, soweit kein Asbest eingesetzt wird;	V	
5.10	Anlagen zur Herstellung von künstlichen Schleifscheiben, -körpern, -papieren oder -geweben unter Verwendung organischer Binde- oder Lösungsmittel, aus-	V	

Nr.	Anlagenbeschreibung	Verfahrensart	Anlage gemäß Art. 10 der RL 2010/75/EU
a	b	c	d
	genommen Anlagen, die von Nummer 5.1 erfasst werden;		
5.11	Anlagen zur Herstellung von Polyurethanformteilen, Bauteilen unter Verwendung von Polyurethan, Polyurethanblöcken in Kastenformen oder zum Ausschäumen von Hohlräumen mit Polyurethan, soweit die Menge der Polyurethan-Ausgangsstoffe 200 Kilogramm oder mehr je Stunde beträgt, ausgenommen Anlagen zum Einsatz von thermoplastischem Polyurethangranulat;	V	
5.12	Anlagen zur Herstellung von PVC-Folien durch Kalandrieren unter Verwendung von Gemischen aus Kunststoffen und Zusatzstoffen mit einer Kapazität von 10 000 Tonnen oder mehr je Jahr;	V	
6.	**Holz, Zellstoff**		
6.1	Anlagen zur Gewinnung von Zellstoff aus Holz, Stroh oder ähnlichen Faserstoffen;	G	E
6.2	Anlagen zur Herstellung von Papier, Karton oder Pappe mit einer Produktionskapazität von		
6.2.1	20 Tonnen oder mehr je Tag,	G	E
6.2.2	weniger als 20 Tonnen je Tag, ausgenommen Anlagen, die aus einer oder mehreren Maschinen zur Herstellung von Papier, Karton oder Pappe bestehen, soweit die Bahnlänge des Papiers, des Kartons oder der Pappe bei allen Maschinen weniger als 75 Meter beträgt;	V	
6.3	Anlagen zur Herstellung von Holzspanplatten, Holzfaserplatten oder Holzfasermatten mit einer Produktionskapazität von		
6.3.1	600 Kubikmetern oder mehr je Tag,	G	E
6.3.2	weniger als 600 Kubikmetern je Tag;	V	
6.4	Anlagen zur Herstellung von Holzpresslingen (z.B. Holzpellets, Holzbriketts) mit einer Produktionskapazität von 10 000 Tonnen oder mehr je Jahr;	V	
7.	**Nahrungs-, Genuss- und Futtermittel, landwirtschaftliche Erzeugnisse**		
7.1	Anlagen zum Halten oder zur Aufzucht von		
7.1.1	Hennen mit		
7.1.1.1	40 000 oder mehr Hennenplätzen,	G	E
7.1.1.2	15 000 bis weniger als 40 000 Hennenplätzen,	V	
7.1.2	Junghennen mit		
7.1.2.1	40 000 oder mehr Junghennenplätzen,	G	E
7.1.2.2	30 000 bis weniger als 40 000 Junghennenplätzen,	V	
7.1.3	Mastgeflügel mit		
7.1.3.1	40 000 oder mehr Mastgeflügelplätzen,	G	E
7.1.3.2	30 000 bis weniger als 40 000 Mastgeflügelplätzen,	V	
7.1.4	Truthühnern mit		
7.1.4.1	40 000 oder mehr Truthühnermastplätzen,	G	E

Nr.	Anlagenbeschreibung	Verfah-rensart	Anlage ge-mäß Art. 10 der RL 2010/75/EU
a	b	c	d
7.1.4.2	15 000 bis weniger als 40 000 Truthühnermastplätzen,	V	
7.1.5	Rindern (ausgenommen Plätze für Mutterkuhhaltung mit mehr als sechs Monaten Weidehaltung je Kalenderjahr) mit 600 oder mehr Rinderplätzen,	V	
7.1.6	Kälbern mit 500 oder mehr Kälbermastplätzen,	V	
7.1.7	Mastschweinen (Schweine von 30 Kilogramm oder mehr Lebendgewicht) mit		
7.1.7.1	2 000 oder mehr Mastschweineplätzen,	G	E
7.1.7.2	1 500 bis weniger als 2 000 Mastschweineplätzen,	V	
7.1.8	Sauen einschließlich dazugehöriger Ferkelaufzuchtplätze (Ferkel bis weniger als 30 Kilogramm Lebendgewicht) mit		
7.1.8.1	750 oder mehr Sauenplätzen,	G	E
7.1.8.2	560 bis weniger als 750 Sauenplätzen,	V	
7.1.9	Ferkeln für die getrennte Aufzucht (Ferkel von 10 Kilogramm bis weniger als 30 Kilogramm Lebendgewicht) mit		
7.1.9.1	6 000 oder mehr Ferkelplätzen,	G	
7.1.9.2	4 500 bis weniger als 6 000 Ferkelplätzen,	V	
7.1.10	Pelztieren mit		
7.1.10.1	1 000 oder mehr Pelztierplätzen,	G	
7.1.10.2	750 bis weniger als 1 000 Pelztierplätzen,	V	
7.1.11	gemischten Beständen mit einem Wert von 100 oder mehr der Summe der Vom Hundert-Anteile, bis zu denen die Platzzahlen jeweils ausgeschöpft werden		
7.1.11.1	in den Nummern 7.1.1.1, 7.1.2.1, 7.1.3.1, 7.1.4.1, 7.1.7.1 oder 7.1.8.1,	G	E
7.1.11.2	in den Nummern 7.1.1.1, 7.1.2.1, 7.1.3.1, 7.1.4.1, 7.1.7.1, 7.1.8.1 in Verbindung mit den Nummern 7.1.9.1 oder 7.1.10.1, soweit nicht von Nummer 7.1.11.1 erfasst,	G	
7.1.11.3	in den Nummern 7.1.1.2, 7.1.2.2, 7.1.3.2, 7.1.4.2, 7.1.5, 7.1.6, 7.1.7.2, 7.1.8.2, 7.1.9.2 oder 7.1.10.2, soweit nicht von Nummer 7.1.11.1 oder 7.1.11.2 erfasst;	V	
7.2	Anlagen zum Schlachten von Tieren mit einer Kapazität von		
7.2.1	50 Tonnen Lebendgewicht oder mehr je Tag,	G	E
7.2.2	0,5 Tonnen bis weniger als 50 Tonnen Lebendgewicht je Tag bei Geflügel,	V	
7.2.3	4 Tonnen bis weniger als 50 Tonnen Lebendgewicht je Tag bei sonstigen Tieren;	V	
7.3	Anlagen		
7.3.1	zur Erzeugung von Speisefetten aus tierischen Rohstoffen, ausgenommen bei Verarbeitung von ausschließlich Milch, mit einer Produktionskapazität von		
7.3.1.1	75 Tonnen Fertigerzeugnissen oder mehr je Tag,	G	E

Nr.	Anlagenbeschreibung	Verfahrensart	Anlage gemäß Art. 10 der RL 2010/75/EU
a	b	c	d
7.3.1.2	weniger als 75 Tonnen Fertigerzeugnissen je Tag, ausgenommen Anlagen zur Erzeugung von Speisefetten aus selbst gewonnenen tierischen Fetten in Fleischereien mit einer Kapazität von weniger als 200 Kilogramm Speisefett je Woche,	V	
7.3.2	zum Schmelzen von tierischen Fetten mit einer Produktionskapazität von		
7.3.2.1	75 Tonnen Fertigerzeugnissen oder mehr je Tag,	G	E
7.3.2.2	weniger als 75 Tonnen Fertigerzeugnissen je Tag, ausgenommen Anlagen zur Verarbeitung von selbst gewonnenen tierischen Fetten zu Speisefetten in Fleischereien mit einer Kapazität von weniger als 200 Kilogramm Speisefett je Woche;	V	
7.4	Anlagen zur Herstellung von Nahrungs- oder Futtermittelkonserven aus		
7.4.1	tierischen Rohstoffen, allein, ausgenommen bei Verarbeitung von ausschließlich Milch, oder mit pflanzlichen Rohstoffen, mit einer Produktionskapazität von		
7.4.1.1	**P** Tonnen Konserven oder mehr je Tag gemäß Mischungsregel,	G	E
7.4.1.2	1 Tonne bis weniger als **P** Tonnen Konserven je Tag gemäß Mischungsregel, ausgenommen Anlagen zum Sterilisieren oder Pasteurisieren von Nahrungs- oder Futtermitteln in geschlossenen Behältnissen,	V	
7.4.2	ausschließlich pflanzlichen Rohstoffen mit einer Produktionskapazität von		
7.4.2.1	300 Tonnen Konserven oder mehr je Tag oder 600 Tonnen Konserven oder mehr je Tag, sofern die Anlage an nicht mehr als 90 aufeinander folgenden Tagen im Jahr in Betrieb ist,	G	E
7.4.2.2	10 Tonnen bis weniger als 300 Tonnen Konserven je Tag, ausgenommen Anlagen zum Sterilisieren oder Pasteurisieren dieser Nahrungsmittel in geschlossenen Behältnissen oder weniger als 600 Tonnen Konserven je Tag, sofern die Anlage an nicht mehr als 90 aufeinander folgenden Tagen im Jahr in Betrieb ist;	V	
7.5	Anlagen zum Räuchern von Fleisch- oder Fischwaren mit einer Produktionskapazität von		
7.5.1	75 Tonnen geräucherten Waren oder mehr je Tag,	G	E
7.5.2	weniger als 75 Tonnen geräucherten Waren je Tag, ausgenommen 1. Anlagen in Gaststätten oder 2. Räuchereien mit einer Produktionskapazität von weniger als 1 Tonne Fleisch- oder Fischwaren je Woche;	V	
7.6	(nicht besetzt)		
7.7	(nicht besetzt)		
7.8	Anlagen zur Herstellung von Gelatine mit einer Produktionskapazität je Tag von		

Nr.	Anlagenbeschreibung	Verfah-rensart	Anlage ge-mäß Art. 10 der RL 2010/75/EU
a	b	c	d
7.8.1	75 Tonnen Fertigerzeugnissen oder mehr,	G	E
7.8.2	weniger als 75 Tonnen Fertigerzeugnissen, sowie Anlagen zur Herstellung von Hautleim, Lederleim oder Knochenleim;	V	
7.9	Anlagen zur Herstellung von Futter- oder Düngemitteln oder technischen Fetten aus den Schlachtnebenprodukten Knochen, Tierhaare, Federn, Hörner, Klauen oder Blut, soweit nicht durch Nummer 9.11 erfasst, mit einer Produktionskapazität von		
7.9.1	75 Tonnen oder mehr Fertigerzeugnissen je Tag,	G	E
7.9.2	weniger als 75 Tonnen Fertigerzeugnissen je Tag;	G	
7.10	(nicht besetzt)		
7.11	Anlagen zum Lagern unbehandelter Knochen, ausgenommen Anlagen für selbst gewonnene Knochen in 1. Fleischereien mit einer Verarbeitungskapazität von weniger als 4 000 Kilogramm Fleisch je Woche, 2. Anlagen, die nicht durch Nummer 7.2 erfasst werden;	V	
7.12	Anlagen zur		
7.12.1	Beseitigung oder Verwertung von Tierkörpern oder tierischen Abfällen mit einer Verarbeitungskapazität von		
7.12.1.1	10 Tonnen oder mehr je Tag,	G	E
7.12.1.2	50 Kilogramm je Stunde bis weniger als 10 Tonnen je Tag,	G	
7.12.1.3	weniger als 50 Kilogramm je Stunde und weniger als 50 Kilogramm je Charge,	V	
7.12.2	Sammlung oder Lagerung von Tierkörpern, Tierkörperteilen oder Abfällen tierischer Herkunft zum Einsatz in Anlagen nach Nummer 7.12.1, ausgenommen die Aufbewahrung gemäß § 10 des Tierische Nebenprodukte-Beseitigungsgesetzes vom 25. Januar 2004 (BGBl. I S. 82), das zuletzt durch Artikel 1 des Gesetzes vom 4. August 2016 (BGBl. I S. 1966) geändert worden ist, und Anlagen mit einem gekühlten Lagervolumen von weniger als 2 Kubikmetern;	G	
7.13	Anlagen zum Trocknen, Einsalzen oder Lagern ungegerbter Tierhäute oder Tierfelle, ausgenommen Anlagen, in denen weniger Tierhäute oder Tierfelle je Tag behandelt werden können als beim Schlachten von weniger als 4 Tonnen sonstiger Tiere nach Nummer 7.2.3 anfallen;	V	
7.14	Anlagen zum Gerben einschließlich Nachgerben von Tierhäuten oder Tierfellen mit einer Verarbeitungskapazität von		
7.14.1	12 Tonnen Fertigerzeugnissen oder mehr je Tag,	G	E
7.14.2	weniger als 12 Tonnen Fertigerzeugnissen je Tag, ausgenommen Anlagen, in denen weniger Tierhäute oder Tierfelle behandelt werden können als beim Schlachten	V	

18

Nr.	Anlagenbeschreibung	Verfah-rensart	Anlage ge-mäß Art. 10 der RL 2010/75/EU
a	b	c	d
	von weniger als 4 Tonnen sonstiger Tiere nach Nummer 7.2.3 anfallen;		
7.15	Kottrocknungsanlagen;	V	
7.16	Anlagen zur Herstellung von Fischmehl oder Fischöl mit einer Produktionskapazität von		
7.16.1	75 Tonnen oder mehr je Tag,	G	E
7.16.2	weniger als 75 Tonnen je Tag;	G	
7.17	Anlagen zur Aufbereitung, Verarbeitung, Lagerung oder zum Umschlag von Fischmehl oder Fischöl		
7.17.1	mit einer Aufbereitungs- oder Verarbeitungskapazität von 75 Tonnen oder mehr je Tag,	G	E
7.17.2	mit einer Aufbereitungs- oder Verarbeitungskapazität von weniger als 75 Tonnen je Tag,	V	
7.17.3	in denen Fischmehl ungefasst gelagert wird,	V	
7.17.4	mit einer Umschlagkapazität für ungefasstes Fischmehl von 200 Tonnen oder mehr je Tag;	V	
7.18	Anlagen zum Brennen von Melasse, soweit nicht von Nummer 4.1.2 erfasst, mit einer Produktionskapazität von		
7.18.1	300 Tonnen oder mehr je Tag oder 600 Tonnen oder mehr je Tag, sofern die Anlage an nicht mehr als 90 aufeinanderfolgenden Tagen im Jahr in Betrieb ist,	G	E
7.18.2	weniger als 300 Tonnen je Tag oder weniger als 600 Tonnen je Tag, sofern die Anlage an nicht mehr als 90 aufeinanderfolgenden Tagen im Jahr in Betrieb ist;	V	
7.19	Anlagen zur Herstellung von Sauerkraut mit einer Produktionskapazität von		
7.19.1	300 Tonnen Sauerkraut oder mehr je Tag oder 600 Tonnen Sauerkraut oder mehr je Tag, sofern die Anlage an nicht mehr als 90 aufeinander folgenden Tagen im Jahr in Betrieb ist,	G	E
7.19.2	10 Tonnen bis weniger als 300 Tonnen Sauerkraut je Tag oder weniger als 600 Tonnen Sauerkraut je Tag, sofern die Anlage an nicht mehr als 90 aufeinander folgenden Tagen im Jahr in Betrieb ist;	V	
7.20	Anlagen zur Herstellung von Braumalz (Mälzereien) mit einer Produktionskapazität von		
7.20.1	300 Tonnen Darrmalz oder mehr je Tag oder 600 Tonnen Braumalz oder mehr je Tag, sofern die Anlage an nicht mehr als 90 aufeinander folgenden Tagen im Jahr in Betrieb ist,	G	E
7.20.2	weniger als 300 Tonnen Darrmalz je Tag oder weniger als 600 Tonnen Braumalz je Tag, sofern die Anlage an nicht mehr als 90 aufeinander folgenden Tagen im Jahr in Betrieb ist;	V	
7.21	Anlagen zum Mahlen von Nahrungsmitteln, Futtermitteln oder ähnlichen nicht als Nahrungs- oder Futtermittel bestimmten pflanzlichen Stoffen (Mühlen) mit einer Produktionskapazität von 300 Tonnen Fer-	G	E

Nr.	Anlagenbeschreibung	Verfah-rensart	Anlage ge-mäß Art. 10 der RL 2010/75/EU
a	b	c	d
	tigerzeugnissen oder mehr je Tag oder 600 Tonnen Fertigerzeugnissen oder mehr je Tag, sofern die Anlage an nicht mehr als 90 aufeinander folgenden Tagen im Jahr in Betrieb ist;		
7.22	Anlagen zur Herstellung von Hefe oder Stärkemehlen mit einer Produktionskapazität von		
7.22.1	300 Tonnen oder mehr Hefe oder Stärkemehlen je Tag oder 600 Tonnen Hefe oder Stärkemehlen oder mehr je Tag, sofern die Anlage an nicht mehr als 90 aufeinander folgenden Tagen im Jahr in Betrieb ist,	G	E
7.22.2	1 Tonne bis weniger als 300 Tonnen Hefe oder Stärkemehlen je Tag oder weniger als 600 Tonnen Hefe oder Stärkemehlen je Tag, sofern die Anlage an nicht mehr als 90 aufeinander folgenden Tagen im Jahr in Betrieb ist;	V	
7.23	Anlagen zur Herstellung oder Raffination von Ölen oder Fetten aus pflanzlichen Rohstoffen mit einer Produktionskapazität von		
7.23.1	300 Tonnen Fertigerzeugnissen oder mehr je Tag oder 600 Tonnen Fertigerzeugnissen oder mehr je Tag, sofern die Anlage an nicht mehr als 90 aufeinander folgenden Tagen im Jahr in Betrieb ist,	G	E
7.23.2	weniger als 300 Tonnen Fertigerzeugnissen je Tag mit Hilfe von Extraktionsmitteln, soweit die Menge des eingesetzten Extraktionsmittels 1 Tonne oder mehr beträgt oder weniger als 600 Tonnen Fertigerzeugnissen je Tag mit Hilfe von Extraktionsmittel, sofern die Anlage an nicht mehr als 90 aufeinander folgenden Tagen im Jahr in Betrieb ist;	V	
7.24	Anlagen zur Herstellung oder Raffination von Zucker unter Verwendung von Zuckerrüben oder Rohzucker mit einer Produktionskapazität je Tag von		
7.24.1	300 Tonnen Fertigerzeugnissen oder mehr oder 600 Tonnen Fertigerzeugnissen oder mehr je Tag, sofern die Anlage an nicht mehr als 90 aufeinander folgenden Tagen im Jahr in Betrieb ist,	G	E
7.24.2	weniger als 300 Tonnen Fertigerzeugnissen oder weniger als 600 Tonnen Fertigerzeugnissen je Tag, sofern die Anlage an nicht mehr als 90 aufeinander folgenden Tagen im Jahr in Betrieb ist;	G	
7.25	Anlagen zur Trocknung von Grünfutter mit einer Produktionskapazität von		
7.25.1	300 Tonnen oder mehr je Tag oder 600 Tonnen oder mehr je Tag, sofern die Anlage an nicht mehr als 90 aufeinanderfolgenden Tagen im Jahr in Betrieb ist,	G	E
7.25.2	weniger als 300 Tonnen je Tag oder weniger als 600 Tonnen je Tag, sofern die Anlage an nicht mehr als 90 aufeinanderfolgenden Tagen im Jahr in Betrieb ist, ausgenommen Anlagen zur Trocknung von selbst gewonnenem Grünfutter im landwirtschaftlichen Betrieb;	V	

Nr.	Anlagenbeschreibung	Verfahrensart	Anlage gemäß Art. 10 der RL 2010/75/EU
a	b	c	d
26	Anlagen zur Trocknung von Biertreber mit einer Produktionskapazität von		
7.26.1	300 Tonnen oder mehr je Tag oder 600 Tonnen oder mehr je Tag, sofern die Anlage an nicht mehr als 90 aufeinanderfolgenden Tagen im Jahr in Betrieb ist,	G	E
7.26.2	weniger als 300 Tonnen je Tag oder weniger als 600 Tonnen je Tag, sofern die Anlage an nicht mehr als 90 aufeinanderfolgenden Tagen im Jahr in Betrieb ist;	V	
7.27	Brauereien mit einer Produktionskapazität von		
7.27.1	3 000 Hektoliter Bier oder mehr je Tag oder 6 000 Hektoliter Bier oder mehr je Tag, sofern die Anlage an nicht mehr als 90 aufeinander folgenden Tagen im Jahr in Betrieb ist,	G	E
7.27.2	200 Hektoliter Bier oder mehr je Tag als Vierteljahresdurchschnittswert, soweit nicht durch Nummer 7.27.1 erfasst;	V	
7.28	Anlagen zur Herstellung von Speisewürzen aus		
7.28.1	tierischen Rohstoffen, allein, ausgenommen bei Verarbeitung von ausschließlich Milch, oder mit pflanzlichen Rohstoffen mit einer Produktionskapazität von		
7.28.1.1	**P** Tonnen Speisewürzen oder mehr je Tag gemäß Mischungsregel,	G	E
7.28.1.2	weniger als **P** Tonnen Speisewürzen je Tag gemäß Mischungsregel,	V	
7.28.2	ausschließlich pflanzlichen Rohstoffen mit einer Produktionskapazität von		
7.28.2.1	300 Tonnen Speisewürzen oder mehr je Tag oder 600 Tonnen Speisewürzen oder mehr je Tag, sofern die Anlage an nicht mehr als 90 aufeinander folgenden Tagen im Jahr in Betrieb ist,	G	E
7.28.2.2	weniger als 300 Tonnen Speisewürzen je Tag oder weniger als 600 Tonnen Speisewürzen je Tag, sofern die Anlage an nicht mehr als 90 aufeinander folgenden Tagen im Jahr in Betrieb ist;	V	
7.29	Anlagen zum Rösten oder Mahlen von Kaffee oder Abpacken von gemahlenem Kaffee mit einer Produktionskapazität von		
7.29.1	300 Tonnen geröstetem Kaffee oder mehr je Tag oder 600 Tonnen geröstetem Kaffee oder mehr je Tag, sofern die Anlage an nicht mehr als 90 aufeinander folgenden Tagen im Jahr in Betrieb ist,	G	E
7.29.2	0,5 Tonnen bis weniger als 300 Tonnen geröstetem Kaffee je Tag oder weniger als 600 Tonnen geröstetem Kaffee je Tag, sofern die Anlage an nicht mehr als 90 aufeinander folgenden Tagen im Jahr in Betrieb ist;	V	
7.30	Anlagen zum Rösten von Kaffee-Ersatzprodukten, Getreide, Kakaobohnen oder Nüssen mit einer Produktionskapazität von		
7.30.1	300 Tonnen gerösteten Erzeugnissen oder mehr je Tag oder 600 Tonnen Erzeugnissen oder mehr je Tag, so-	G	E

Nr.	Anlagenbeschreibung	Verfah-rensart	Anlage ge... mäß Art. 1... der RL 2010/75/EU
a	b	c	d
	fern die Anlage an nicht mehr als 90 aufeinander folgenden Tagen im Jahr in Betrieb ist,		
7.30.2	1 Tonne bis weniger als 300 Tonnen gerösteten Erzeugnissen je Tag oder weniger als 600 Tonnen Erzeugnissen je Tag, sofern die Anlage an nicht mehr als 90 aufeinander folgenden Tagen im Jahr in Betrieb ist;	V	
7.31	Anlagen zur Herstellung von		
7.31.1	Süßwaren oder Sirup mit einer Produktionskapazität von		
7.31.1.1	**P** Tonnen oder mehr je Tag gemäß Mischungsregel bei der Verwendung von tierischen Rohstoffen, allein, ausgenommen bei Verarbeitung von ausschließlich Milch, oder mit pflanzlichen Rohstoffen,	G	E
7.31.1.2	300 Tonnen oder mehr je Tag bei der Verwendung ausschließlich pflanzlicher Rohstoffe oder 600 Tonnen oder mehr je Tag bei der Verwendung ausschließlich pflanzlicher Rohstoffe, sofern die Anlage an nicht mehr als 90 aufeinander folgenden Tagen im Jahr in Betrieb ist,	G	E
7.31.2	Kakaomasse aus Rohkakao oder thermischen Veredelung von Kakao oder Schokoladenmasse mit einer Produktionskapazität von		
7.31.2.1	50 Kilogramm bis weniger als **P** Tonnen je Tag gemäß Mischungsregel bei der Verwendung tierischer Rohstoffe, allein, ausgenommen bei Verarbeitung von ausschließlich Milch, oder mit pflanzlichen Rohstoffen,	V	
7.31.2.2	50 Kilogramm bis weniger als 300 Tonnen je Tag bei der Verwendung ausschließlich pflanzlicher Rohstoffe oder weniger als 600 Tonnen je Tag bei der Verwendung ausschließlich pflanzlicher Rohstoffe, sofern die Anlage an nicht mehr als 90 aufeinander folgenden Tagen im Jahr in Betrieb ist,	V	
7.31.3	Lakritz mit einer Produktionskapazität von		
7.31.3.1	50 Kilogramm bis weniger als **P** Tonnen je Tag gemäß Mischungsregel bei der Verwendung tierischer Rohstoffe, allein, ausgenommen bei Verarbeitung von ausschließlich Milch, oder mit pflanzlichen Rohstoffen,	V	
7.31.3.2	weniger als 300 Tonnen je Tag bei der Verwendung ausschließlich pflanzlicher Rohstoffe oder weniger als 600 Tonnen je Tag bei der Verwendung ausschließlich pflanzlicher Rohstoffe, sofern die Anlage an nicht mehr als 90 aufeinander folgenden Tagen im Jahr in Betrieb ist;	V	
7.32	Anlagen zur Behandlung oder Verarbeitung von		
7.32.1	ausschließlich Milch mit einer Kapazität der eingehenden Milchmenge als Jahresdurchschnittswert von 200 Tonnen oder mehr Milch je Tag,	G	E
7.32.2	ausschließlich Milch in Sprühtrocknern mit einer Kapazität der eingehenden Milchmenge als Jahresdurchschnittswert von 5 Tonnen bis weniger als 200 Tonnen je Tag,	V	

Nr.	Anlagenbeschreibung	Verfahrensart	Anlage gemäß Art. 10 der RL 2010/75/EU
a	b	c	d
..3	Milcherzeugnissen oder Milchbestandteilen in Sprühtrocknern mit einer Produktionskapazität von 5 Tonnen oder mehr je Tag, soweit nicht von Nummer 7.34.1 erfasst;	V	
..33	(nicht besetzt)		
7.34	Anlagen zur Herstellung von sonstigen Nahrungs- oder Futtermittelerzeugnissen aus		
7.34.1	tierischen Rohstoffen, allein, ausgenommen bei Verarbeitung von ausschließlich Milch, oder mit pflanzlichen Rohstoffen mit einer Produktionskapazität von **P** Tonnen Fertigerzeugnissen oder mehr je Tag gemäß Mischungsregel,	G	E
7.34.2	ausschließlich pflanzlichen Rohstoffen mit einer Produktionskapazität von 300 Tonnen Fertigerzeugnissen oder mehr je Tag;	G	E
7.35	(nicht besetzt)		
8.	**Verwertung und Beseitigung von Abfällen und sonstigen Stoffen**		
8.1	Anlagen zur Beseitigung oder Verwertung fester, flüssiger oder in Behältern gefasster gasförmiger Abfälle, Deponiegas oder anderer gasförmiger Stoffe mit brennbaren Bestandteilen durch		
8.1.1	thermische Verfahren, insbesondere Entgasung, Plasmaverfahren, Pyrolyse, Vergasung, Verbrennung oder eine Kombination dieser Verfahren mit einer Durchsatzkapazität von		
8.1.1.1	10 Tonnen gefährlichen Abfällen oder mehr je Tag,	G	E
8.1.1.2	weniger als 10 Tonnen gefährlichen Abfällen je Tag,	G	
8.1.1.3	3 Tonnen nicht gefährlichen Abfällen oder mehr je Stunde,	G	E
8.1.1.4	weniger als 3 Tonnen nicht gefährlichen Abfällen je Stunde, ausgenommen die Verbrennung von Altholz der Altholzkategorie A I und A II nach der Altholzverordnung vom 15. August 2002 (BGBl. I S. 3302), die zuletzt durch Artikel 6 der Verordnung vom 2. Dezember 2016 (BGBl. I S. 2770) geändert worden ist,	V	
8.1.1.5	weniger als 3 Tonnen nicht gefährlichen Abfällen je Stunde, soweit ausschließlich Altholz der Altholzkategorie A I und A II nach der Altholzverordnung verbrannt wird und die Feuerungswärmeleistung 1 Megawatt oder mehr beträgt,	V	
8.1.2	Verbrennen von Altöl oder Deponiegas in einer Verbrennungsmotoranlage mit einer Feuerungswärmeleistung von		
8.1.2.1	50 Megawatt oder mehr,	G	E
8.1.2.2	weniger als 50 Megawatt,	V	
8.1.3	Abfackeln von Deponiegas oder anderen gasförmigen Stoffen, ausgenommen über Notfackeln, die für den nicht bestimmungsgemäßen Betrieb erforderlich sind;	V	
8.2	(nicht besetzt)		

Nr.	Anlagenbeschreibung	Verfahrensart	Anlage gemäß Art. 1 der RL 2010/75/EU
a	b	c	d
8.3	Anlagen zur		
8.3.1	thermischen Aufbereitung von Stahlwerksstäuben für die Gewinnung von Metallen oder Metallverbindungen im Drehrohr oder in einer Wirbelschicht,	G	
8.3.2	Behandlung zum Zweck der Rückgewinnung von Metallen oder Metallverbindungen durch thermische Verfahren, insbesondere Pyrolyse, Verbrennung oder eine Kombination dieser Verfahren, sofern diese Abfälle nicht gefährlich sind, von		
8.3.2.1	edelmetallhaltigen Abfällen, einschließlich der Präparation, soweit die Menge der Einsatzstoffe 10 Kilogramm oder mehr je Tag beträgt,	V	
8.3.2.2	von mit organischen Verbindungen verunreinigten Metallen, Metallspänen oder Walzzunder;	V	
8.4	Anlagen, in denen Stoffe aus in Haushaltungen anfallenden oder aus hausmüllähnlichen Abfällen durch Sortieren für den Wirtschaftskreislauf zurückgewonnen werden, mit einer Durchsatzkapazität von 10 Tonnen Einsatzstoffen oder mehr je Tag;	V	
8.5	Anlagen zur Erzeugung von Kompost aus organischen Abfällen mit einer Durchsatzkapazität an Einsatzstoffen von		
8.5.1	75 Tonnen oder mehr je Tag,	G	E
8.5.2	10 Tonnen bis weniger als 75 Tonnen je Tag;	V	
8.6	Anlagen zur biologischen Behandlung, soweit nicht durch Nummer 8.5 oder 8.7 erfasst, von		
8.6.1	gefährlichen Abfällen mit einer Durchsatzkapazität an Einsatzstoffen von		
8.6.1.1	10 Tonnen oder mehr je Tag,	G	E
8.6.1.2	1 Tonne bis weniger als 10 Tonnen je Tag,	V	
8.6.2	nicht gefährlichen Abfällen, soweit nicht durch Nummer 8.6.3 erfasst, mit einer Durchsatzkapazität an Einsatzstoffen von		
8.6.2.1	50 Tonnen oder mehr je Tag,	G	E
8.6.2.2	10 Tonnen bis weniger als 50 Tonnen je Tag,	V	
8.6.3	Gülle, soweit die Behandlung ausschließlich zur Verwertung durch anaerobe Vergärung (Biogaserzeugung) erfolgt, mit einer Durchsatzkapazität von		
8.6.3.1	100 Tonnen oder mehr je Tag,	G	E
8.6.3.2	weniger als 100 Tonnen je Tag, soweit die Produktionskapazität von Rohgas 1,2 Mio. Normkubikmetern je Jahr oder mehr beträgt;	V	
8.7	Anlagen zur Behandlung von verunreinigtem Boden durch biologische Verfahren, Entgasen, Strippen oder Waschen mit einem Einsatz an verunreinigtem Boden bei		
8.7.1	gefährlichen Abfällen von		
8.7.1.1	10 Tonnen oder mehr je Tag,	G	E

Nr.	Anlagenbeschreibung	Verfahrensart	Anlage gemäß Art. 10 der RL 2010/75/EU
a	b	c	d
8.7.1.2	1 Tonne bis weniger als 10 Tonnen je Tag,	V	
8.7.2	nicht gefährlichen Abfällen von		
8.7.2.1	50 Tonnen oder mehr je Tag,	G	E
8.7.2.2	10 Tonnen bis weniger als 50 Tonnen je Tag;	V	
8.8	Anlagen zur chemischen Behandlung, insbesondere zur chemischen Emulsionsspaltung, Fällung, Flockung, Kalzinierung, Neutralisation oder Oxidation, von		
8.8.1	gefährlichen Abfällen mit einer Durchsatzkapazität an Einsatzstoffen von		
8.8.1.1	10 Tonnen oder mehr je Tag,	G	E
8.8.1.2	weniger als 10 Tonnen je Tag,	G	
8.8.2	nicht gefährlichen Abfällen mit einer Durchsatzkapazität an Einsatzstoffen von		
8.8.2.1	50 Tonnen oder mehr je Tag,	G	E
8.8.2.2	10 Tonnen bis weniger als 50 Tonnen je Tag;	V	
8.9	Anlagen zur Behandlung von		
8.9.1	nicht gefährlichen metallischen Abfällen in Schredderanlagen mit einer Durchsatzkapazität an Einsatzstoffen von		
8.9.1.1	50 Tonnen oder mehr je Tag,	G	E
8.9.1.2	10 Tonnen bis weniger als 50 Tonnen je Tag,	V	
8.9.2	Altfahrzeugen, sonstigen Nutzfahrzeugen, Bussen oder Sonderfahrzeugen (einschließlich der Trockenlegung) mit einer Durchsatzkapazität je Woche von 5 oder mehr Altfahrzeugen, sonstigen Nutzfahrzeugen, Bussen oder Sonderfahrzeugen;	V	
8.10	Anlagen zur physikalisch-chemischen Behandlung, insbesondere zum Destillieren, Trocknen oder Verdampfen, mit einer Durchsatzkapazität an Einsatzstoffen bei		
8.10.1	gefährlichen Abfällen von		
8.10.1.1	10 Tonnen je Tag oder mehr,	G	E
8.10.1.2	1 Tonne bis weniger als 10 Tonnen je Tag,	V	
8.10.2	nicht gefährlichen Abfällen von		
8.10.2.1	50 Tonnen je Tag oder mehr,	G	E
8.10.2.2	10 Tonnen bis weniger als 50 Tonnen je Tag;	V	
8.11	Anlagen zur		
8.11.1	Behandlung von gefährlichen Abfällen, ausgenommen Anlagen, die durch die Nummern 8.1 und 8.8 erfasst werden, 1. durch Vermengung oder Vermischung sowie durch Konditionierung, 2. zum Zweck der Hauptverwendung als Brennstoff oder der Energieerzeugung durch andere Mittel, 3. zum Zweck der Ölraffination oder anderer Wiedergewinnungsmöglichkeiten von Öl, 4. zum Zweck der Regenerierung von Basen oder Säuren,		

Nr.	Anlagenbeschreibung	Verfahrensart	Anlage gemäß Art. 10 der RL 2010/75/EU
a	b	c	d
	5. zum Zweck der Rückgewinnung oder Regenerierung von organischen Lösungsmitteln oder		
	6. zum Zweck der Wiedergewinnung von Bestandteilen, die der Bekämpfung von Verunreinigungen dienen, einschließlich der Wiedergewinnung von Katalysatorbestandteilen,		
	mit einer Durchsatzkapazität an Einsatzstoffen von		
8.11.1.1	10 Tonnen oder mehr je Tag,	G	E
8.11.1.2	1 Tonne bis weniger als 10 Tonnen je Tag,	V	
8.11.2	sonstigen Behandlung, ausgenommen Anlagen, die durch die Nummern 8.1 bis 8.10 erfasst werden, mit einer Durchsatzkapazität von		
8.11.2.1	gefährlichen Abfällen von 10 Tonnen oder mehr je Tag,	G	E
8.11.2.2	gefährlichen Abfällen von 1 Tonne bis weniger als 10 Tonnen je Tag,	V	
8.11.2.3	nicht gefährlichen Abfällen, soweit diese für die Verbrennung oder Mitverbrennung vorbehalten werden oder es sich um Schlacken oder Aschen handelt, von 50 Tonnen oder mehr je Tag,	G	E
8.11.2.4	nicht gefährlichen Abfällen, soweit nicht durch die Nummer 8.11.2.3 erfasst, von 10 Tonnen oder mehr je Tag;	V	
8.12	Anlagen zur zeitweiligen Lagerung von Abfällen, auch soweit es sich um Schlämme handelt, ausgenommen die zeitweilige Lagerung bis zum Einsammeln auf dem Gelände der Entstehung der Abfälle und Anlagen, die durch Nummer 8.14 erfasst werden bei		
8.12.1	gefährlichen Abfällen mit einer Gesamtlagerkapazität von		
8.12.1.1	50 Tonnen oder mehr,	G	E
8.12.1.2	30 Tonnen bis weniger als 50 Tonnen,	V	
8.12.2	nicht gefährlichen Abfällen mit einer Gesamtlagerkapazität von 100 Tonnen oder mehr,	V	
8.12.3	Eisen- oder Nichteisenschrotten, einschließlich Autowracks, mit		
8.12.3.1	einer Gesamtlagerfläche von 15 000 Quadratmetern oder mehr oder einer Gesamtlagerkapazität von 1 500 Tonnen oder mehr,	G	
8.12.3.2	einer Gesamtlagerfläche von 1 000 bis weniger als 15 000 Quadratmetern oder einer Gesamtlagerkapazität von 100 bis weniger als 1 500 Tonnen;	V	
8.13	Anlagen zur zeitweiligen Lagerung von nicht gefährlichen Abfällen, soweit es sich um Gülle oder Gärreste handelt, mit einer Lagerkapazität von 6 500 Kubikmetern oder mehr;	V	
8.14	Anlagen zum Lagern von Abfällen über einen Zeitraum *von jeweils mehr als einem Jahr mit*		

Nr.	Anlagenbeschreibung	Verfah-rensart	Anlage ge-mäß Art. 10 der RL 2010/75/EU
a	b	c	d
8.14.1	einer Gesamtlagerkapazität von mehr als 50 Tonnen, soweit die Lagerung untertägig erfolgt,	G	E
8.14.2	einer Aufnahmekapazität von 10 Tonnen oder mehr je Tag oder einer Gesamtlagerkapazität von 25 000 Tonnen oder mehr,		
8.14.2.1	für andere Abfälle als Inertabfälle,	G	E
8.14.2.2	für Inertabfälle,	G	
8.14.3	einer Aufnahmekapazität von weniger als 10 Tonnen je Tag und einer Gesamtlagerkapazität von		
8.14.3.1	weniger als 25 000 Tonnen, soweit es sich um gefährliche Abfälle handelt,	G	
8.14.3.2	150 Tonnen bis weniger als 25 000 Tonnen, soweit es sich um nicht gefährliche Abfälle handelt,	G	
8.14.3.3	weniger als 150 Tonnen, soweit es sich um nicht gefährliche Abfälle handelt;	V	
8.15	Anlagen zum Umschlagen von Abfällen, ausgenommen Anlagen zum Umschlagen von Erdaushub oder von Gestein, das bei der Gewinnung oder Aufbereitung von Bodenschätzen anfällt, soweit nicht von Nummer 8.12 oder 8.14 erfasst, mit einer Kapazität von		
8.15.1	10 Tonnen oder mehr gefährlichen Abfällen je Tag,	G	
8.15.2	1 Tonne bis weniger als 10 Tonnen gefährlichen Abfällen je Tag,	V	
8.15.3	100 Tonnen oder mehr nicht gefährlichen Abfällen je Tag;	V	
9.	**Lagerung, Be- und Entladen von Stoffen und Gemischen**		
9.1	Anlagen, die der Lagerung von Stoffen oder Gemischen, die bei einer Temperatur von 293,15 Kelvin und einem Standarddruck von 101,3 Kilopascal vollständig gasförmig vorliegen und dabei einen Explosionsbereich in Luft haben (entzündbare Gase), in Behältern oder von Erzeugnissen, die diese Stoffe oder Gemische z.B. als Treibmittel oder Brenngas enthalten, dienen, ausgenommen Erdgasröhrenspeicher und Anlagen, die von Nummer 9.3 erfasst werden,		
9.1.1	soweit es sich nicht ausschließlich um Einzelbehältnisse mit einem Volumen von jeweils nicht mehr als 1 000 Kubikzentimeter handelt, mit einem Fassungsvermögen von		
9.1.1.1	30 Tonnen oder mehr,	G	
9.1.1.2	3 Tonnen bis weniger als 30 Tonnen,	V	
9.1.2	soweit es sich ausschließlich um Einzelbehältnisse mit einem Volumen von jeweils nicht mehr als 1 000 Kubikzentimeter handelt, mit einem Fassungsvermögen entzündbarer Gase von 30 Tonnen oder mehr;	V	
9.2	Anlagen, die der Lagerung von Flüssigkeiten dienen, ausgenommen Anlagen, die von Nummer 9.3 erfasst werden, mit einem Fassungsvermögen von		

Nr.	Anlagenbeschreibung	Verfah- rensart	Anlage ge- mäß Art. 10 der RL 2010/75/EU
a	b	c	d
9.2.1	10 000 Tonnen oder mehr, soweit die Flüssigkeiten einen Flammpunkt von 373,15 Kelvin oder weniger haben,	G	
9.2.2	5 000 Tonnen bis weniger als 10 000 Tonnen, soweit die Flüssigkeiten einen Flammpunkt unter 294,15 Kelvin haben und deren Siedepunkt bei Normaldruck (101,3 Kilopascal) über 293,15 Kelvin liegt;	V	
9.3	Anlagen, die der Lagerung von in der Stoffliste zu Nummer 9.3 (Anhang 2) genannten Stoffen dienen, mit einer Lagerkapazität von		
9.3.1	den in Spalte 4 der Stoffliste (Anhang 2) ausgewiesenen Mengen oder mehr,	G	
9.3.2	den in Spalte 3 der Stoffliste (Anhang 2) bis weniger als den in Spalte 4 der Anlage ausgewiesenen Mengen;	V	
9.4 – 9.10	(nicht besetzt)		
9.11	Offene oder unvollständig geschlossene Anlagen, ausgenommen Anlagen, die von Nummer 9.3 erfasst werden,		
9.11.1	zum Be- oder Entladen von Schüttgütern, die im trockenen Zustand stauben können, durch Kippen von Wagen oder Behältern oder unter Verwendung von Baggern, Schaufelladegeräten, Greifern, Saughebern oder ähnlichen Einrichtungen, soweit 400 Tonnen Schüttgüter oder mehr je Tag bewegt werden können, ausgenommen Anlagen zum Be- oder Entladen von Erdaushub oder von Gestein, das bei der Gewinnung oder Aufbereitung von Bodenschätzen anfällt, sowie Anlagen zur Erfassung von Getreide, Ölsaaten oder Hülsenfrüchten,	V	
9.11.2	zur Erfassung von Getreide, Ölsaaten oder Hülsenfrüchten, soweit 400 Tonnen oder mehr je Tag bewegt werden können und 25 000 Tonnen oder mehr je Kalenderjahr umgeschlagen werden können;	V	
9.12 – 9.35	(nicht besetzt)		
9.36	Anlagen zur Lagerung von Gülle oder Gärresten mit einer Lagerkapazität von 6 500 Kubikmetern oder mehr;	V	
9.37	Anlagen, die der Lagerung von Erdöl, petrochemischen oder chemischen Stoffen oder Erzeugnissen dienen, ausgenommen Anlagen, die von den Nummern 9.1, 9.2 oder 9.3 erfasst werden, mit einem Fassungsvermögen von 25 000 Tonnen oder mehr;	G	
10.	**Sonstige Anlagen**		
10.1	Anlagen, in denen mit explosionsgefährlichen oder explosionsfähigen Stoffen im Sinne des Sprengstoffgesetzes[1] umgegangen wird zur 1. Herstellung, Bearbeitung oder Verarbeitung dieser Stoffe, zur Verwendung als Sprengstoffe, Zündstoffe,	G	

[1] **Sartorius ErgBd. Nr. 822.**

Nr.	Anlagenbeschreibung	Verfahrensart	Anlage gemäß Art. 10 der RL 2010/75/EU
a	b	c	d
	Treibstoffe, pyrotechnische Sätze oder zur Herstellung derselben, ausgenommen Anlagen im handwerklichen Umfang und zur Herstellung von Zündhölzern sowie ortsbewegliche Mischladegeräte, oder		
	2. Wiedergewinnung oder Vernichtung dieser Stoffe;		
10.2	(nicht besetzt)		
10.3	Eigenständig betriebene Anlagen zur Behandlung der Abgase (Verminderung von Luftschadstoffen) aus nach den Nummern dieses Anhangs genehmigungsbedürftigen Anlagen,		
10.3.1	soweit in Spalte d mit dem Buchstaben **E** gekennzeichnet,	G	E
10.3.2	soweit in Spalte d mit dem Buchstaben **E** nicht gekennzeichnet und		
10.3.2.1	in Spalte c mit dem Buchstaben **G** gekennzeichnet,	G	
10.3.2.2	in Spalte c mit dem Buchstaben **V** gekennzeichnet;	V	
10.4	Eigenständig betriebene Anlagen zur Abscheidung von Kohlendioxid-Strömen aus nach den Nummern dieses Anhangs genehmigungsbedürftiger Anlagen zum Zwecke der dauerhaften geologischen Speicherung, soweit in Spalte d mit dem Buchstaben **E** gekennzeichnet;	G	E
10.5	(nicht besetzt)		
10.6	Anlagen zur Herstellung von Klebemitteln, ausgenommen Anlagen, die diese Mittel ausschließlich unter Verwendung von Wasser als Verdünnungsmittel herstellen, mit einer Kapazität von 1 Tonne oder mehr je Tag;	V	
10.7	Anlagen zum Vulkanisieren von Natur- oder Synthesekautschuk unter Verwendung von Schwefel oder Schwefelverbindungen mit einem Einsatz von		
10.7.1	25 Tonnen oder mehr Kautschuk je Stunde,	G	
10.7.2	weniger als 25 Tonnen Kautschuk je Stunde, ausgenommen Anlagen, in denen weniger als 50 Kilogramm Kautschuk je Stunde verarbeitet werden oder ausschließlich vorvulkanisierter Kautschuk eingesetzt wird;	V	
10.8	Anlagen zur Herstellung von Bautenschutz-, Reinigungs- oder Holzschutzmitteln, soweit diese Produkte organische Lösungsmittel enthalten und von diesen 20 Tonnen oder mehr je Tag eingesetzt werden;	V	
10.9	Anlagen zur Herstellung von Holzschutzmitteln unter Verwendung von halogenierten aromatischen Kohlenwasserstoffen;	V	
10.10	Anlagen zur Vorbehandlung (Waschen, Bleichen, Mercerisieren) oder zum Färben von Fasern oder Textilien mit		
10.10.1	einer Verarbeitungskapazität von 10 Tonnen oder mehr Fasern oder Textilien je Tag,	G	E
10.10.2	einer Färbekapazität von 2 Tonnen bis weniger als 10 Tonnen Fasern oder Textilien je Tag bei Anlagen zum Färben von Fasern oder Textilien unter Verwen-	V	

Nr.	Anlagenbeschreibung	Verfah-rensart	Anlage ge-mäß Art. 10 der RL 2010/75/EU
a	b	c	d
	dung von Färbebeschleunigern einschließlich der Spannrahmenanlagen, ausgenommen Anlagen, die unter erhöhtem Druck betrieben werden,		
10.10.3	einer Bleichkapazität von weniger als 10 Tonnen Fasern oder Textilien je Tag bei Anlagen zum Bleichen von Fasern oder Textilien unter Verwendung von Chlor oder Chlorverbindungen;	V	
10.11 – 10.14	(nicht besetzt)		
10.15	Prüfstände für oder mit		
10.15.1	Verbrennungsmotoren, ausgenommen 1. Rollenprüfstände, die in geschlossenen Räumen betrieben werden, und 2. Anlagen, in denen mit Katalysator oder Dieselrußfilter ausgerüstete Serienmotoren geprüft werden, mit einer Feuerungswärmeleistung von insgesamt 300 Kilowatt oder mehr,	V	
10.15.2	Gasturbinen oder Triebwerken mit einer Feuerungswärmeleistung von insgesamt		
10.15.2.1	200 Megawatt oder mehr,	G	
10.15.2.2	weniger als 200 Megawatt;	V	
10.16	Prüfstände für oder mit Luftschrauben;	V	
10.17	Renn- oder Teststrecken für Kraftfahrzeuge,		
10.17.1	als ständige Anlagen,	G	
10.17.2	zur Übung oder Ausübung des Motorsports an fünf Tagen oder mehr je Jahr, ausgenommen Anlagen mit Elektromotorfahrzeugen und Anlagen in geschlossenen Hallen sowie Modellsportanlagen;	V	
10.18	Schießstände für Handfeuerwaffen, ausgenommen solche in geschlossenen Räumen und solche für Schusswaffen bis zu einem Kaliber von 5,6 mm lfB (.22 l.r.) für Munition mit Randfeuerzündung, wenn die Mündungsenergie der Geschosse höchstens 200 Joule (J) beträgt, (Kleinkaliberwaffen) und Schießplätze, ausgenommen solche für Kleinkaliberwaffen;	V	
10.19	(nicht besetzt)		
10.20	Anlagen zur Reinigung von Werkzeugen, Vorrichtungen oder sonstigen metallischen Gegenständen durch thermische Verfahren, soweit der Rauminhalt des Ofens 1 Kubikmeter oder mehr beträgt;	V	
10.21	Anlagen zur Innenreinigung von Eisenbahnkesselwagen, Straßentankfahrzeugen, Tankschiffen oder Tankcontainern sowie Anlagen zur automatischen Reinigung von Fässern einschließlich zugehöriger Aufarbeitungsanlagen, soweit die Behälter von organischen Stoffen gereinigt werden, ausgenommen Anlagen, in denen Behälter ausschließlich von Nahrungs-, Genuss- oder Futtermitteln gereinigt werden;	V	
10.22	Anlagen zur Begasung, Sterilisation oder Entgasung,		

Nr.	Anlagenbeschreibung	Verfah- rensart	Anlage ge- mäß Art. 10 der RL 2010/75/EU
a	b	c	d
10.22.1	mit einem Rauminhalt der Begasungs- oder Sterilisati- onskammer oder des zu begasenden Behälters von 1 Kubikmeter oder mehr, soweit Stoffe oder Gemische eingesetzt werden, die gemäß der Verordnung (EG) Nr. 1272/2008 des Europäischen Parlaments und des Rates vom 16. Dezember 2008 über die Einstufung, Kennzeichnung und Verpackung von Stoffen und Ge- mischen, zur Änderung und Aufhebung der Richtlini- en 67/548/EWG und 1999/45/EG und zur Änderung der Verordnung (EG) Nr. 1907/2006 (ABl. L 353 vom 31.12.2008, S. 1), die zuletzt durch die Verordnung (EU) 2016/918 (ABl. L 156 vom 14.6.2016, S. 1) geändert worden ist, in die Gefahrenklassen „akute Toxizität" Kategorien 1, 2 oder 3, „spezifische Ziel- organ-Toxizität (einmalige Exposition)" Kategorie 1 oder „spezifische Zielorgan-Toxizität (wiederholte Ex- position)" Kategorie 1 einzustufen sind,	V	
10.22.2	soweit 40 Entgasungen oder mehr je Jahr gemäß TRGS 512 Nummer 5.4.3 durchzuführen sind;	V	
10.23	Anlagen zur Textilveredlung durch Sengen, Thermo- fixieren, Thermosolieren, Beschichten, Imprägnieren oder Appretieren, einschließlich der zugehörigen Trocknungsanlagen, ausgenommen Anlagen, in denen weniger als 500 Quadratmeter Textilien je Stunde be- handelt werden;	V	
10.24	(nicht besetzt)		
10.25	Kälteanlagen mit einem Gesamtinhalt an Kältemittel von 3 Tonnen Ammoniak oder mehr.	V	

Anhang 2

Stoffliste zu Nr. 9.3 des Anhangs 1

Nr.	Stoffe	Mengen- schwelle Nr. 9.3.2 Anhang 1 (Tonnen)	Mengen- schwelle Nr. 9.3.1 Anhang 1 (Tonnen)
Spalte 1	Spalte 2	Spalte 3	Spalte 4
1	Acrylnitril	20	200
2	Chlor	10	75
3	Schwefeldioxid	20	250
4	Sauerstoff	200	2 000
5	Ammoniumnitrat oder ammoniumnitrathaltige Zu- bereitungen der Gruppe A nach Anhang I Nummer 5 der Gefahrstoffverordnung	25	500
6	Alkalichlorat	5	100

Nr.	Stoffe	Mengen-schwelle Nr. 9.3.2 Anhang 1 (Tonnen)	Mengen-schwelle Nr. 9.3.1 Anhang 1 (Tonnen)
Spalte 1	Spalte 2	Spalte 3	Spalte 4
7	Schwefeltrioxid	15	100
8	ammoniumnitrathaltige Zubereitungen der Gruppe B nach Anhang I Nummer 5 der Gefahrstoffverordnung	100	2 500
9	Ammoniak	3	30
10	Phosgen	0,075	0,75
11	Schwefelwasserstoff	5	50
12	Fluorwasserstoff	5	50
13	Cyanwasserstoff	5	20
14	Schwefelkohlenstoff	20	200
15	Brom	20	200
16	Acetylen (Ethin)	5	50
17	Wasserstoff	3	30
18	Ethylenoxid	5	50
19	Propylenoxid	5	50
20	Acrolein	20	200
21	Formaldehyd oder Paraformaldehyd (Konzentration ≥ 90 %)	5	50
22	Brommethan	20	200
23	Methylisocyanat	0,015	0,15
24	Tetraethylblei oder Tetramethylblei	5	50
25	1,2-Dibromethan	5	50
26	Chlorwasserstoff (verflüssigtes Gas)	20	200
27	Diphenylmethandiisocyanat (MDI)	20	200
28	Toluylendiisocyanat (TDI)	10	100
29	Stoffe oder Gemische, die gemäß der Verordnung (EG) Nr. 1272/2008 in die Gefahrenklasse „akute Toxizität" Kategorien 1 oder 2 einzustufen sind	2	20
30	1. Stoffe oder Gemische, die gemäß der Verordnung (EG) Nr. 1272/2008 in die Gefahrenklassen – „akute Toxizität" Kategorien 1, 2 oder 3, – „spezifische Zielorgan-Toxizität (einmalige Exposition)" Kategorie 1, – „spezifische Zielorgan-Toxizität (wiederholte Exposition)" Kategorie 1, – „explosive Stoffe, Gemische und Erzeugnisse mit Explosivstoff", – „selbstzersetzliche Stoffe und Gemische", – „organische Peroxide", – „oxidierende Gase", – „oxidierende Flüssigkeiten" oder – „oxidierende Feststoffe" einzustufen sind, ausgenommen Stoffe oder Gemische, die in die Gefahrenklassen	10	200

Nr.	Stoffe	Mengen-schwelle Nr. 9.3.2 Anhang 1 (Tonnen)	Mengen-schwelle Nr. 9.3.1 Anhang 1 (Tonnen)
Spalte 1	Spalte 2	Spalte 3	Spalte 4
	– „explosive Stoffe, Gemische und Erzeugnisse mit Explosivstoff", Unterklasse 1.6, – „selbstzersetzliche Stoffe und Gemische", Typ G, oder – „organische Peroxide", Typ G, einzustufen sind, sowie 2. Stoffe und Gemische mit explosiven Eigenschaften nach Methode A.14 der Verordnung (EG) Nr. 440/2008 der Kommission vom 30. Mai 2008 zur Festlegung von Prüfmethoden gemäß der Verordnung (EG) Nr. 1907/2006 des Europäischen Parlaments und des Rates zur Registrierung, Bewertung, Zulassung und Beschränkung chemischer Stoffe (REACH) (ABl. L 142 vom 31.5.2008, S. 1), die zuletzt durch die Verordnung (EU) 2016/266 (ABl. L 54 vom 1.3.2016, S. 1) geändert worden ist, die nicht einzustufen sind in die Gefahrenklassen – „explosive Stoffe, Gemische und Erzeugnisse mit Explosivstoff", – „selbstzersetzliche Stoffe und Gemische" oder – „organische Peroxide" gemäß der Verordnung (EG) Nr. 1272/2008		

296b. Neunte Verordnung zur Durchführung des Bundes-Immissionsschutzgesetzes (Verordnung über das Genehmigungsverfahren – 9. BImSchV)[1]

In der Fassung der Bekanntmachung vom 29. Mai 1992[2]

(BGBl. I S. 1001)

FNA 2129-8-9

geänd. durch Art. 1 ÄndVO v. 20.4.1993 (BGBl. I S. 494), Art. 3 und 4 Immissionsschutz-BeschleunigungsG v. 9.10.1996 (BGBl. I S. 1498), Art. 2 VO zur Änd. der Siebzehnten, der Neunten und der Vierten VO zur Durchführung des Bundes-ImmissionsschutzG v. 23.2.1999 (BGBl. I S. 186), Art. 3 VO zur Umsetzung von EG-Vorschriften über schwere Unfälle mit gefährlichen Stoffen v. 26.4.2000 (BGBl. I S. 603), Art. 5 G zur Umsetzung der UVP-ÄndRL, der IVU-RL und weiterer EG-Richtlinien zum Umweltschutz v. 27.7.2001 (BGBl. I S. 1950), Art. 7 VO zur Umsetzung des Europäischen Abfallverzeichnisses v. 10.12.2001 (BGBl. I S. 3379), Art. 2 EMAS-Privileg-EinführungsVO v. 24.6.2002 (BGBl. I S. 2247), Art. 3 VO über den Versatz von Abfällen unter Tage und zur Änd. von Vorschriften zum Abfallverzeichnis v. 24.7.2002 (BGBl. I S. 2833), Art. 2 VO zur Änd. der VO über Verbrennungsanlagen für Abfälle und ähnliche brennbare Stoffe und weiterer Verordnungen zur Durchführung des Bundes-ImmissionsschutzG v. 14.8.2003 (BGBl. I S. 1614), Art. 1a VO zur Umsetzung der RL 2003/105/EG zur Änd. der RL 96/82/EG zur Beherrschung der Gefahren bei schweren Unfällen mit gefährlichen Stoffen v. 8.6.2005 (BGBl. I S. 1591), Art. 5 BürokratieabbauG v. 21.6.2005 (BGBl. I S. 1666), Art. 3 ÖffentlichkeitsbeteiligungsG v. 9.12.2006 (BGBl. I S. 2819), Art. 4 G zur Reduzierung und Beschleunigung von immissionsschutzrechtlichen Genehmigungsverfahren v. 23.10.2007 (BGBl. I S. 2470), Art. 3 VO zur Umsetzung der RL über Industrieemissionen, zur Änd. der VO über Immissionsschutz- und Störfallbeauftragte und zum Erlass einer BekanntgabeVO v. 2.5.2013 (BGBl. I S. 973, ber. S. 3756), Art. 5 VO zur Umsetzung von Art. 14 der RL zur Energieeffizienz und zur Änd. weiterer umweltrechtlicher Vorschriften v. 28.4.2015 (BGBl. I S. 670), Art. 2 VO zur Umsetzung der RL 2012/18/EU zur Beherrschung der Gefahren schwerer Unfälle mit gefährlichen Stoffen, zur Änd. und anschließenden Aufh. der RL 96/82/EG v. 9.1.2017 (BGBl. I S. 47), Art. 57 G zum Abbau verzichtbarer Anordnungen der Schriftform im Verwaltungsrecht des Bundes v. 29.3.2017 (BGBl. I S. 626), Art. 14 G zur Anpassung des Umwelt-RechtsbehelfsG und anderer Vorschriften an europa- und völkerrechtliche Vorgaben v. 29.5.2017 (BGBl. I S. 1298), Art. 1 Erste ÄndVO v. 8.12.2017 (BGBl. I S. 3882) und Art. 2 VO zum Erlass einer VO über zentrale Internetportale des Bundes und der Länder im Rahmen der Umweltverträglichkeitsprüfung, zur Änd. der VO über das Genehmigungsverfahren und zur Änd. der Atomrechtlichen VerfahrensVO v. 11.11.2020 (BGBl. I S. 2428)

Inhaltsübersicht[3]

Erster Teil. Allgemeine Vorschriften

Erster Abschnitt. Anwendungsbereich, Antrag und Unterlagen

[1] Die VO wurde erlassen auf Grund von § 10 Abs. 10 BImSchG (Nr. **296**).

[2] Neubekanntmachung der 9. BImSchV v. 18.2.1977 (BGBl. I S. 274) in der ab 1.6.1992 geltenden Fassung.

[3] Inhaltsübersicht geänd. durch G v. 9.10.1996 (BGBl. I S. 1498); geänd. mWv 3.8.2001 durch G v. 27.7.2001 (BGBl. I S. 1950); sie wurde nichtamtlich an die Änderungen durch G v. 27.7.2001 (BGBl. I S. 1950) angepasst; geänd. mWv 14.12.2017 durch VO v. 8.12.2017 (BGBl. I S. 3882).

Erster Teil. Allgemeine Vorschriften

Erster Abschnitt. Anwendungsbereich, Antrag und Unterlagen

§ 1[1] Anwendungsbereich. (1) Für die in der Vierten Verordnung zur Durchführung des Bundes-Immissionsschutzgesetzes (Verordnung über genehmigungsbedürftige Anlagen)[2] genannten Anlagen ist das Verfahren bei der Erteilung

1. einer Genehmigung
 a) zur Errichtung und zum Betrieb,
 b) zur wesentlichen Änderung der Lage, der Beschaffenheit oder des Betriebs oder zur störfallrelevanten Änderung (Änderungsgenehmigung),
 c) zur Errichtung oder zum Betrieb einer Anlage oder eines Teils einer Anlage oder zur Errichtung und zum Betrieb eines Teils einer Anlage (Teilgenehmigung),
2. eines Vorbescheides,
3. einer Zulassung des vorzeitigen Beginns oder
4. einer nachträglichen Anordnung nach § 17 Abs. 1a des Bundes-Immissionsschutzgesetzes[3]

nach dieser Verordnung durchzuführen, soweit es nicht in den §§ 8 bis 17 und 19 des Bundes-Immissionsschutzgesetzes oder in § 2 der Vierzehnten Verordnung zur Durchführung des Bundes-Immissionsschutzgesetzes (Verordnung über Anlagen der Landesverteidigung)[4] geregelt ist; § 1 Absatz 2 des Gesetzes über die Umweltverträglichkeitsprüfung[5] bleibt unberührt.

(2) ¹Ist nach den §§ 6 bis 14 des Gesetzes über die Umweltverträglichkeitsprüfung für die Errichtung und den Betrieb einer Anlage eine Umweltverträglichkeitsprüfung durchzuführen (UVP-pflichtige Anlage), so ist die Umweltverträglichkeitsprüfung jeweils unselbständiger Teil der in Absatz 1 genannten Verfahren. ²Für die genehmigungsbedürftige Änderung einer Anlage gilt Satz 1 entsprechend. ³Soweit in den in Absatz 1 genannten Verfahren über die Zulässigkeit des Vorhabens entschieden wird, ist die Umweltverträglichkeitsprüfung nach den Vorschriften dieser Verordnung und den für diese Prüfung in den genannten Verfahren ergangenen allgemeinen Verwaltungsvorschriften durchzuführen.

§ 1a[6] Gegenstand der Prüfung der Umweltverträglichkeit. ¹Das Prüfverfahren nach § 1 Absatz 2 umfasst die Ermittlung, Beschreibung und Be-

[1] § 1 Abs. 1 Nr. 1 Buchst. c und Nr. 2 geänd. sowie Nr. 3 angef. durch VO v. 20.4.1993 (BGBl. I S. 494); Abs. 1 erster Halbs. und Abs. 3 erster Halbs. geänd. durch G v. 9.10.1996 (BGBl. I S. 1498); Abs. 2 Satz 1 neu gef. und Abs. 3 geänd. mWv 3.8.2001 durch G v. 27.7.2001 (BGBl. I S. 1950); Abs. 1 Nr. 2, 3, zweiter Halbs. geänd., Abs. 1 Nr. 4 eingef. mWv 15.12.2006 durch G v. 9.12.2006 (BGBl. I S. 2819); Abs. 1 Nr. 1 Buchst. b, abschl. Satzteil geänd., Abs. 2 Satz 1 neu gef., Satz 2 eingef., bish. Satz 2 wird Satz 3, Abs. 3 aufgeh. mWv 14.12.2017 durch VO v. 8.12.2017 (BGBl. I S. 3882).
[2] Nr. **296a**.
[3] Nr. **296**.
[4] **Gewerberecht Nr. 914**.
[5] Nr. **295**.
[6] § 1a neu gef. mWv 14.12.2017 durch VO v. 8.12.2017 (BGBl. I S. 3882).

wertung der für die Prüfung der Genehmigungsvoraussetzungen sowie der für die Prüfung der Belange des Naturschutzes und der Landschaftspflege bedeutsamen Auswirkungen einer UVP-pflichtigen Anlage auf die folgenden Schutzgüter:

1. Menschen, insbesondere die menschliche Gesundheit,
2. Tiere, Pflanzen und die biologische Vielfalt,
3. Fläche, Boden, Wasser, Luft, Klima und Landschaft,
4. kulturelles Erbe und sonstige Sachgüter sowie
5. die Wechselwirkung zwischen den vorgenannten Schutzgütern.

[2] Die Auswirkungen nach Satz 1 schließen Auswirkungen des UVP-pflichtigen Vorhabens ein, die aufgrund von dessen Anfälligkeit für schwere Unfälle oder Katastrophen zu erwarten sind, soweit diese schweren Unfälle oder Katastrophen für das UVP-pflichtige Vorhaben relevant sind.

§ 2[1] Antragstellung. (1) [1] Der Antrag ist von dem Träger des Vorhabens bei der Genehmigungsbehörde schriftlich oder elektronisch zu stellen. [2] Träger des Vorhabens kann auch sein, wer nicht beabsichtigt, die Anlage zu errichten oder zu betreiben.

(2) [1] Sobald der Träger des Vorhabens die Genehmigungsbehörde über das geplante Vorhaben unterrichtet, soll diese ihn im Hinblick auf die Antragstellung beraten und mit ihm den zeitlichen Ablauf des Genehmigungsverfahrens sowie sonstige für die Durchführung dieses Verfahrens erhebliche Fragen erörtern. [2] Sie kann andere Behörden hinzuziehen, soweit dies für Zwecke des Satzes 1 erforderlich ist. [3] Die Erörterung soll insbesondere der Klärung dienen,

1. welche Antragsunterlagen bei Antragstellung vorgelegt werden müssen,
2. welche voraussichtlichen Auswirkungen das Vorhaben auf die Allgemeinheit und die Nachbarschaft haben kann und welche Folgerungen sich daraus für das Verfahren ergeben,
3. welche Gutachten voraussichtlich erforderlich sind und wie doppelte Gutachten vermieden werden können,
4. wie der zeitliche Ablauf des Genehmigungsverfahrens ausgestaltet werden kann und welche sonstigen Maßnahmen zur Vereinfachung und Beschleunigung des Genehmigungsverfahrens vom Träger des Vorhabens und von der Genehmigungsbehörde getroffen werden können,
5. ob eine Verfahrensbeschleunigung dadurch erreicht werden kann, dass der behördliche Verfahrensbevollmächtigte, der die Gestaltung des zeitlichen Verfahrensablaufs sowie die organisatorische und fachliche Abstimmung überwacht, sich auf Vorschlag oder mit Zustimmung und auf Kosten des Antragstellers eines Projektmanagers bedient,
6. welche Behörden voraussichtlich im Verfahren zu beteiligen sind.
[4] Bei UVP-pflichtigen Vorhaben gilt ergänzend § 2a.

[1] § 2 Abs. 2 Sätze 3 und 4 angef. durch VO v. 20.4.1993 (BGBl. I S. 494); Abs. 2 Satz 3 Nr. 5 geänd. durch G v. 9.10.1996 (BGBl. I S. 1498); Abs. 1 Satz 2 angef. mWv 1.7.2005 durch G v. 21.6.2005 (BGBl. I S. 1666); Abs. 1 Satz 1 geänd. mWv 5.4.2017 durch G v. 29.3.2017 (BGBl. I S. 626); Abs. 2 Satz 3 Nr. 5 geänd. mWv 14.12.2017 durch VO v. 8.12.2017 (BGBl. I S. 3882).

§ 2a[1]) Unterrichtung über den Untersuchungsrahmen bei UVP-pflichtigen Vorhaben. (1) [1] Auf Antrag des Trägers des UVP-pflichtigen Vorhabens oder wenn die Genehmigungsbehörde es für zweckmäßig hält, unterrichtet und berät die Genehmigungsbehörde den Träger des UVP-pflichtigen Vorhabens über die Beratung nach § 2 Absatz 2 hinaus entsprechend dem Planungsstand des UVP-pflichtigen Vorhabens frühzeitig über Art, Inhalt, Umfang und Detailtiefe der Angaben, die der Träger des UVP-pflichtigen Vorhabens voraussichtlich in die nach den §§ 3 bis 4e vorzulegenden Unterlagen aufnehmen muss (Untersuchungsrahmen). [2] Die Unterrichtung und Beratung kann sich auch auf weitere Gesichtspunkte des Verfahrens, insbesondere auf dessen zeitlichen Ablauf, auf die zu beteiligenden Behörden oder auf die Einholung von Sachverständigengutachten erstrecken. [3] Verfügen die Genehmigungsbehörde oder die zu beteiligenden Behörden über Informationen, die für die Beibringung der in den §§ 3 bis 4e genannten Unterlagen zweckdienlich sind, so weisen sie den Träger des UVP-pflichtigen Vorhabens darauf hin und stellen ihm diese Informationen zur Verfügung, soweit nicht Rechte Dritter oder öffentliche Interessen entgegenstehen.

(2) Der Träger des UVP-pflichtigen Vorhabens hat der Genehmigungsbehörde geeignete Unterlagen zu den Merkmalen des UVP-pflichtigen Vorhabens, einschließlich seiner Größe oder Leistung, und des Standorts sowie zu den möglichen Auswirkungen auf die in § 1a genannten Schutzgüter vorzulegen.

(3) [1] Vor der Unterrichtung über den Untersuchungsrahmen kann die zuständige Behörde dem Vorhabenträger sowie den nach § 11 zu beteiligenden Behörden Gelegenheit zu einer Besprechung über Art, Inhalt, Umfang und Detailtiefe der Unterlagen geben. [2] Die Besprechung soll sich auf den Gegenstand, den Umfang und die Methoden der Umweltverträglichkeitsprüfung sowie auf sonstige Fragen erstrecken, die für die Durchführung der Umweltverträglichkeitsprüfung erheblich sind. [3] Sachverständige und Dritte, insbesondere Standort- und Nachbargemeinden, können hinzugezogen werden. [4] Verfügen die Genehmigungsbehörde oder die zu beteiligenden Behörden über Informationen, die für die Beibringung der in den §§ 3 bis 4e genannten Unterlagen zweckdienlich sind, sollen sie den Träger des Vorhabens darauf hinweisen und ihm diese Informationen zur Verfügung stellen, soweit nicht Rechte Dritter entgegenstehen.

(4) [1] Bedarf das geplante Vorhaben der Zulassung durch mehrere Behörden, obliegen der Genehmigungsbehörde die Aufgaben nach Absatz 1 bis 3 nur, wenn sie auf Grund des § 31 Absatz 1 und 2 Satz 1 und 2 des Gesetzes über die Umweltverträglichkeitsprüfung[2]) als federführende Behörde bestimmt ist. [2] Die Genehmigungsbehörde nimmt diese Aufgaben im Zusammenwirken zumindest mit denjenigen Zulassungsbehörden und mit derjenigen für Naturschutz und Landschaftspflege zuständigen Behörde wahr, deren Aufgabenbereich durch das UVP-pflichtige Vorhaben berührt wird.

[1]) § 2a Überschrift geänd. und Abs. 1 neu gef. mWv 3.8.2001 durch G v. 27.7.2001 (BGBl. I S. 1950); Überschrift neu gef., Abs. 1 und 2 eingef., bish. Abs. 1 wird Abs. 3 und Satz 1 aufgeh., bish. Sätze 2 und 3 werden Sätze 1 und 2 und neu gef., bish. Sätze 4 und 5 werden Sätze 3 und 4, bish. Abs. 2 wird Abs. 4 und Satz 1 geänd., Satz 2 neu gef. mWv 14.12.2017 durch VO v. 8.12.2017 (BGBl. I S. 3882).
[2]) Nr. **295**.

§ 3[1] **Antragsinhalt.** [1] Der Antrag muss enthalten

1. die Angabe des Namens und des Wohnsitzes oder des Sitzes des Antragstellers,

2. die Angabe, ob eine Genehmigung oder ein Vorbescheid beantragt wird und im Falle eines Antrags auf Genehmigung, ob es sich um eine Änderungsgenehmigung handelt, ob eine Teilgenehmigung oder ob eine Zulassung des vorzeitigen Beginns beantragt wird,

3. die Angabe des Standortes der Anlage, bei ortsveränderlicher Anlage die Angabe der vorgesehenen Standorte,

4. Angaben über Art und Umfang der Anlage,

5. die Angabe, zu welchem Zeitpunkt die Anlage in Betrieb genommen werden soll.

[2] Soll die Genehmigungsbehörde zulassen, dass die Genehmigung abweichend von § 19 Absatz 1 und 2 des Bundes-Immissionsschutzgesetzes[2] nicht in einem vereinfachten Verfahren erteilt wird, so ist dies im Antrag anzugeben.

§ 4[3] **Antragsunterlagen.** (1) [1] Dem Antrag sind die Unterlagen beizufügen, die zur Prüfung der Genehmigungsvoraussetzungen erforderlich sind. [2] Dabei ist zu berücksichtigen, ob die Anlage Teil eines eingetragenen Standorts einer nach den Artikeln 13 bis 15 in Verbindung mit Artikel 2 Nummer 22 der Verordnung (EG) Nr. 1221/2009 des Europäischen Parlaments und des Rates vom 25. November 2009 über die freiwillige Teilnahme von Organisationen an einem Gemeinschaftssystem für Umweltmanagement und Umweltbetriebsprüfung und zur Aufhebung der Verordnung (EG) Nr. 761/2001, sowie der Beschlüsse der Kommission 2001/681/EG und 2006/193/EG (ABl. L 342 vom 22.12.2009, S. 1), die zuletzt durch die Verordnung (EU) Nr. 517/2013 vom 13. Mai 2013 (ABl. L 158 vom 10.6.2013, S. 1) geändert worden ist, registrierten Organisation ist, für die Angaben in einer der zuständigen Genehmigungsbehörde vorliegenden und für gültig erklärten, der Registrierung zu Grunde gelegten Umwelterklärung oder in einem dieser Registrierung zu Grunde liegenden Umweltbetriebsprüfungsbericht enthalten sind. [3] Die Unterlagen nach Satz 1 müssen die nach den §§ 4a bis 4d erforderlichen Angaben enthalten, bei UVP-pflichtigen Anlagen darüber hinaus zusätzlich einen UVP-Bericht, der die erforderlichen Angaben nach § 4e und der Anlage enthält.

(2) [1] Soweit die Zulässigkeit oder die Ausführung des Vorhabens nach Vorschriften über Naturschutz und Landschaftspflege zu prüfen ist, sind die hierfür erforderlichen Unterlagen beizufügen; die Anforderungen an den Inhalt dieser Unterlagen bestimmen sich nach den naturschutzrechtlichen Vorschriften. [2] Die Unterlagen nach Satz 1 müssen insbesondere Angaben

[1] § 3 Satz 1 einl. Satzteil und Satz 2 geänd. mWv 14.12.2017 durch VO v. 8.12.2017 (BGBl. I S. 3882).

[2] Nr. **296.**

[3] § 4 Abs. 1 Satz 2 eingef., bish. Satz 2 wird Satz 3 und geänd. durch G v. 9.10.1996 (BGBl. I S. 1498); Abs. 1 Satz 2 neu gef. mWv 29.6.2002 durch VO v. 24.6.2002 (BGBl. I S. 2247); Abs. 1 *Satz 2 neu gef. mWv 2.5.2013 durch VO v. 2.5.2013 (BGBl. I S. 973);* Abs. 1 Sätze 2 und 3, Abs. 2 Satz 2, Abs. 3 Satz 1 und Abs. 4 geänd. mWv 14.12.2017 durch VO v. 8.12.2017 (BGBl. I S. 3882).

über Maßnahmen zur Vermeidung, Verminderung, zum Ausgleich oder zum Ersatz erheblicher Beeinträchtigungen von Natur und Landschaft enthalten.

(3) [1] Der Antragsteller hat der Genehmigungsbehörde außer den in Absätzen 1 und 2 genannten Unterlagen eine allgemein verständliche, für die Auslegung geeignete Kurzbeschreibung vorzulegen, die einen Überblick über die Anlage, ihren Betrieb und die voraussichtlichen Auswirkungen auf die Allgemeinheit und die Nachbarschaft ermöglicht; bei UVP-pflichtigen Anlagen erstreckt sich die Kurzbeschreibung auch auf die allgemein verständliche, nichttechnische Zusammenfassung des UVP-Berichts nach § 4e Absatz 1 Satz 1 Nummer 7. [2] Er hat ferner ein Verzeichnis der dem Antrag beigefügten Unterlagen vorzulegen, in dem die Unterlagen, die Geschäfts- oder Betriebsgeheimnisse enthalten, besonders gekennzeichnet sind.

(4) Bedarf das Vorhaben der Zulassung durch mehrere Behörden und ist auf Grund des § 31 Absatz 1 und 2 Satz 1 und 2 des Gesetzes über die Umweltverträglichkeitsprüfung[1) eine federführende Behörde, die nicht Genehmigungsbehörde ist, zur Entgegennahme der Unterlagen zur Prüfung der Umweltverträglichkeit bestimmt, hat die Genehmigungsbehörde die für die Prüfung der Umweltverträglichkeit erforderlichen Unterlagen auch der federführenden Behörde zuzuleiten.

§ 4a[2) Angaben zur Anlage und zum Anlagenbetrieb. (1) Die Unterlagen müssen die für die Entscheidung nach § 20 oder § 21 erforderlichen Angaben enthalten über

1. die Anlagenteile, Verfahrensschritte und Nebeneinrichtungen, auf die sich das Genehmigungserfordernis gemäß § 1 Absatz 2 der Verordnung über genehmigungsbedürftige Anlagen[3) erstreckt,

2. den Bedarf an Grund und Boden und den Zustand des Anlagengrundstückes,

3. das vorgesehene Verfahren oder die vorgesehenen Verfahrenstypen einschließlich der erforderlichen Daten zur Kennzeichnung, wie Angaben zu Art, Menge und Beschaffenheit

 a) der Einsatzstoffe oder -stoffgruppen,

 b) der Zwischen-, Neben- und Endprodukte oder -produktgruppen,

 c) der anfallenden Abfälle

 und darüber hinaus, soweit ein Stoff für Zwecke der Forschung und Entwicklung hergestellt werden soll, der gemäß Artikel 9 Absatz 1, auch in Verbindung mit Absatz 7 der Verordnung (EG) Nr. 1907/2006 des Europäischen Parlaments und des Rates vom 18. Dezember 2006 zur Regis-

[1) Nr. 295.
[2) § 4a einl. Satzteil geänd. sowie Nr. 3 einl. Satzteil und Buchst. a–c neu gef. durch G v. 9.10. 1996 (BGBl. I S. 1498); Abs. 2 angef. durch VO v. 23.2.1999 (BGBl. I S. 186); Abs. 1 Nr. 2 geänd. und Nr. 4 neu gef. sowie Abs. 2 eingef., bish. Abs. 2 wird Abs. 3 mWv 3.8.2001 durch G v. 27.7. 2001 (BGBl. I S. 1950); Abs. 3 Nr. 1 neu gef. mWv 1.1.2002 durch VO v. 10.12.2001 (BGBl. I S. 3379); Abs. 3 einl. Satzteil und Nr. 6 geänd. mWv 20.8.2003 durch VO v. 14.8.2003 (BGBl. I S. 1614); Abs. 1 Nr. 5, 6 geänd., Nr. 7 angef. mWv 15.12.2006 durch G v. 9.12.2006 (BGBl. I S. 2819); Abs. 1 Nr. 2 geänd., Abs. 4 angef. mWv 2.5.2013 durch VO v. 2.5.2013 (BGBl. I S. 973); Abs. 1 Nr. 1 und 3 Satzteil nach Buchst. c, Abs. 3 Nr. 5 geänd. mWv 14.12.2017 durch VO v. 8.12.2017 (BGBl. I S. 3882).
[3) Nr. 296a.

trierung, Bewertung, Zulassung und Beschränkung chemischer Stoffe (RE-ACH), zur Schaffung einer Europäischen Chemikalienagentur, zur Änderung der Richtlinie 1999/45/EG und zur Aufhebung der Verordnung (EWG) Nr. 793/93 des Rates, der Verordnung (EG) Nr. 1488/94 der Kommission, der Richtlinie 76/769/EWG des Rates sowie der Richtlinien 91/155/EWG, 93/67/EWG, 93/105/EG und 2000/21/EG der Kommission (ABl. L 396 vom 30.12.2006, S. 1), die zuletzt durch die Verordnung (EU) 2016/863 (ABl. L 144 vom 1.6.2016, S. 27) geändert worden ist, von der Registrierungspflicht ausgenommen ist,

d) Angaben zur Identität des Stoffes, soweit vorhanden,

e) dem Antragsteller vorliegende Prüfnachweise über physikalische, chemische und physikalisch-chemische sowie toxische und ökotoxische Eigenschaften des Stoffes einschließlich des Abbauverhaltens,

4. die in der Anlage verwendete und anfallende Energie,

5. mögliche Freisetzungen oder Reaktionen von Stoffen bei Störungen im Verfahrensablauf,

6. Art und Ausmaß der Emissionen, die voraussichtlich von der Anlage ausgehen werden, wobei sich diese Angaben, soweit es sich um Luftverunreinigungen handelt, auch auf das Rohgas vor einer Vermischung oder Verdünnung beziehen müssen, die Art, Lage und Abmessungen der Emissionsquellen, die räumliche und zeitliche Verteilung der Emissionen sowie über die Austrittsbedingungen und

7. die wichtigsten vom Antragsteller gegebenenfalls geprüften Alternativen in einer Übersicht.

(2) Soweit schädliche Umwelteinwirkungen hervorgerufen werden können, müssen die Unterlagen auch enthalten:

1. eine Prognose der zu erwartenden Immissionen, soweit Immissionswerte in Rechts- oder Verwaltungsvorschriften festgelegt sind und nach dem Inhalt dieser Vorschriften eine Prognose zum Vergleich mit diesen Werten erforderlich ist;

2. im Übrigen Angaben über Art, Ausmaß und Dauer von Immissionen sowie ihre Eignung, schädliche Umwelteinwirkungen herbeizuführen, soweit nach Rechts- oder Verwaltungsvorschriften eine Sonderfallprüfung durchzuführen ist.

(3) Für Anlagen, auf die die Verordnung über die Verbrennung und die Mitverbrennung von Abfällen[1] anzuwenden ist, müssen die Unterlagen über Absatz 1 hinaus Angaben enthalten über

1. Art (insbesondere Abfallbezeichnung und -schlüssel gemäß der Verordnung über das Europäische Abfallverzeichnis[2]) und Menge der zur Verbrennung vorgesehenen Abfälle,

2. die kleinsten und größten Massenströme der zur Verbrennung vorgesehenen Abfälle, angegeben als stündliche Einsatzmengen,

3. die kleinsten und größten Heizwerte der zur Verbrennung vorgesehenen Abfälle,

[1] **Sartorius ErgBd. Nr. 296/17.**
[2] **Sartorius ErgBd. Nr. 298a.**

4. den größten Gehalt an Schadstoffen in den zur Verbrennung vorgesehenen Abfällen, insbesondere an polychlorierten Biphenylen (PCB), Pentachlorphenol (PCP), Chlor, Fluor, Schwefel und Schwermetallen,

5. die Maßnahmen für das Zuführen der Abfälle und den Einbau der Brenner, so dass ein möglichst weitgehender Ausbrand erreicht wird und

6. die Maßnahmen, wie die Emissionsgrenzwerte der Verordnung über die Verbrennung und die Mitverbrennung von Abfällen eingehalten werden.

(4) [1] Der Bericht über den Ausgangszustand nach § 10 Absatz 1a des Bundes-Immissionsschutzgesetzes[1]) hat die Informationen zu enthalten, die erforderlich sind, um den Stand der Boden- und Grundwasserverschmutzungen zu ermitteln, damit ein quantifizierter Vergleich mit dem Zustand bei der Betriebseinstellung der Anlage vorgenommen werden kann. [2] Der Bericht über den Ausgangszustand hat die folgenden Informationen zu enthalten:

1. Informationen über die derzeitige Nutzung und, falls verfügbar, über die frühere Nutzung des Anlagengrundstücks,

2. Informationen über Boden- und Grundwassermessungen, die den Zustand zum Zeitpunkt der Erstellung des Berichts über den Ausgangszustand nach § 10 Absatz 1a des Bundes-Immissionsschutzgesetzes wiedergeben und die dem Stand der Messtechnik entsprechen; neue Boden- und Grundwassermessungen sind nicht erforderlich, soweit bereits vorhandene Informationen die Anforderungen des ersten Halbsatzes erfüllen.

[3] Erfüllen Informationen, die auf Grund anderer Vorschriften erstellt wurden, die Anforderungen der Sätze 1 und 2, so können diese Informationen in den Bericht über den Ausgangszustand aufgenommen oder diesem beigefügt werden. [4] Der Bericht über den Ausgangszustand ist für den Teilbereich des Anlagengrundstücks zu erstellen, auf dem durch Verwendung, Erzeugung oder Freisetzung der relevanten gefährlichen Stoffe durch die Anlage die Möglichkeit der Verschmutzung des Bodens oder des Grundwassers besteht. [5] Die Sätze 1 bis 4 sind bei einem Antrag für eine Änderungsgenehmigung nur dann anzuwenden, wenn mit der Änderung neue relevante gefährliche Stoffe verwendet, erzeugt oder freigesetzt werden oder wenn mit der Änderung erstmals relevante gefährliche Stoffe verwendet, erzeugt oder freigesetzt werden; ein bereits vorhandener Bericht über den Ausgangszustand ist zu ergänzen. [6] § 25 Absatz 2 bleibt unberührt.

§ 4b[2]) **Angaben zu den Schutzmaßnahmen.** (1) Die Unterlagen müssen die für die Entscheidung nach § 20 oder § 21 erforderlichen Angaben enthalten über

1. die vorgesehenen Maßnahmen zum Schutz vor und zur Vorsorge gegen schädliche Umwelteinwirkungen, insbesondere zur Verminderung der *Emissionen*, sowie zur Messung von Emissionen und Immissionen,

[1]) Nr. 296.
[2]) § 4b Abs. 1 einl. Satzteil geänd. durch G v. 9.10.1996 (BGBl. I S. 1498); Abs. 2 neu gef. mWv 3.5.2000 durch G v. 26.4.2000 (BGBl. I S. 603); Abs. 1 Nr. 3 und 4 geänd., Nr. 5 angef. mWv 3.8. 2001 durch G v. 27.7.2001 (BGBl. I S. 1950); Abs. 2 Sätze 1 und 5 aufgeh., bish. Sätze 2–4 werden Sätze 1–3, neuer Satz 3 geänd. mWv 1.7.2005 durch VO v. 8.6.2005 (BGBl. I S. 1591); Abs. 2 Satz 1 geänd. mWv 14.1.2017 durch VO v. 9.1.2017 (BGBl. I S. 47); Abs. 2 Satz 3 und Abs. 3 geänd. mWv 14.12.2017 durch VO v. 8.12.2017 (BGBl. I S. 3882).

2. die vorgesehenen Maßnahmen zum Schutz der Allgemeinheit und der Nachbarschaft vor sonstigen Gefahren, erheblichen Nachteilen und erheblichen Belästigungen, wie Angaben über die vorgesehenen technischen und organisatorischen Vorkehrungen

 a) zur Verhinderung von Störungen des bestimmungsgemäßen Betriebs und

 b) zur Begrenzung der Auswirkungen, die sich aus Störungen des bestimmungsgemäßen Betriebs ergeben können,

3. die vorgesehenen Maßnahmen zum Arbeitsschutz,

4. die vorgesehenen Maßnahmen zum Schutz vor schädlichen Umwelteinwirkungen und sonstigen Gefahren, erheblichen Nachteilen und erheblichen Belästigungen für die Allgemeinheit und die Nachbarschaft im Falle der Betriebseinstellung und

5. die vorgesehenen Maßnahmen zur Überwachung der Emissionen in die Umwelt.

(2) [1] Soweit eine genehmigungsbedürftige Anlage Betriebsbereich oder Bestandteil eines Betriebsbereichs ist, für die ein Sicherheitsbericht nach § 9 der Störfall-Verordnung[1] anzufertigen ist, müssen die Teile des Sicherheitsberichts, die den Abschnitten II Nummer 1, 3 und 4 sowie den Abschnitten III bis V des Anhangs II der Störfall-Verordnung entsprechen, dem Antrag beigefügt werden, soweit sie sich auf die genehmigungsbedürftige Anlage beziehen oder für sie von Bedeutung sind. [2] In einem Genehmigungsverfahren nach § 16 des Bundes-Immissionsschutzgesetzes[2] gilt dies nur, soweit durch die beantragte Änderung sicherheitsrelevante Anlagenteile betroffen sind. [3] In diesem Fall und im Fall eines Genehmigungsverfahrens nach § 16a des Bundes-Immissionsschutzgesetzes kann die Behörde zulassen, dass sich die vorzulegenden Teile des Sicherheitsberichts nur auf diese Anlagenteile beschränken, wenn sie trotz dieser Beschränkung aus sich heraus verständlich und prüffähig erstellt werden können.

(3) Bestehen Anhaltspunkte dafür, dass eine Bekanntgabe der Angaben nach den Absätzen 1 und 2 zu einer eine erhebliche Gefahr für die öffentliche Sicherheit darstellenden Störung der Errichtung oder des bestimmungsgemäßen Betriebs der Anlage durch Dritte führen kann, und sind Maßnahmen der Gefahrenabwehr gegenüber diesen nicht möglich, ausreichend oder zulässig, kann die Genehmigungsbehörde die Vorlage einer aus sich heraus verständlichen und zusammenhängenden Darstellung verlangen, die für die Auslegung geeignet ist.

§ 4c[3] Plan zur Behandlung der Abfälle.

Die Unterlagen müssen die für die Entscheidung nach § 20 oder § 21 erforderlichen Angaben enthalten über die Maßnahmen zur Vermeidung oder Verwertung von Abfällen; hierzu sind insbesondere Angaben zu machen zu

1. den vorgesehenen Maßnahmen zur Vermeidung von Abfällen,

2. den vorgesehenen Maßnahmen zur ordnungsgemäßen und schadlosen stofflichen oder thermischen Verwertung der anfallenden Abfälle,

[1] *Sartorius ErgBd. Nr. 296/12.*
[2] Nr. 296.
[3] § 4c Überschrift, einl. Satzteil und Nr. 1–6 geänd. durch G v. 9.10.1996 (BGBl. I S. 1498).

3. den Gründen, warum eine weitergehende Vermeidung oder Verwertung von Abfällen technisch nicht möglich oder unzumutbar ist,

4. den vorgesehenen Maßnahmen zur Beseitigung nicht zu vermeidender oder zu verwertender Abfälle einschließlich der rechtlichen und tatsächlichen Durchführbarkeit dieser Maßnahmen und der vorgesehenen Entsorgungswege,

5. den vorgesehenen Maßnahmen zur Verwertung oder Beseitigung von Abfällen, die bei einer Störung des bestimmungsgemäßen Betriebs entstehen können, sowie

6. den vorgesehenen Maßnahmen zur Behandlung der bei einer Betriebseinstellung vorhandenen Abfälle.

§ 4d¹⁾ Angaben zur Energieeffizienz. Die Unterlagen müssen Angaben über vorgesehene Maßnahmen zur sparsamen und effizienten Energieverwendung enthalten, insbesondere Angaben über Möglichkeiten zur Erreichung hoher energetischer Wirkungs- und Nutzungsgrade, zur Einschränkung von Energieverlusten sowie zur Nutzung der anfallenden Energie.

§ 4e²⁾ Zusätzliche Angaben zur Prüfung der Umweltverträglichkeit; UVP-Bericht. (1) ¹Der Träger des UVP-pflichtigen Vorhabens hat den Unterlagen einen Bericht zu den voraussichtlichen Auswirkungen des UVP-pflichtigen Vorhabens auf die in § 1a genannten Schutzgüter (UVP-Bericht) beizufügen, der zumindest folgende Angaben enthält:

1. eine Beschreibung des UVP-pflichtigen Vorhabens mit Angaben zum Standort, zur Art, zum Umfang und zur Ausgestaltung, zur Größe und zu anderen wesentlichen Merkmalen des Vorhabens,

2. eine Beschreibung der Umwelt und ihrer Bestandteile im Einwirkungsbereich des UVP-pflichtigen Vorhabens,

3. eine Beschreibung der Merkmale des UVP-pflichtigen Vorhabens und des Standorts, mit denen das Auftreten erheblicher nachteiliger Auswirkungen des UVP-pflichtigen Vorhabens auf die in § 1a genannten Schutzgüter vermieden, vermindert oder ausgeglichen werden soll,

4. eine Beschreibung der geplanten Maßnahmen, mit denen das Auftreten erheblicher nachteiliger Auswirkungen des UVP-pflichtigen Vorhabens auf die in § 1a genannten Schutzgüter vermieden, vermindert oder ausgeglichen werden soll, sowie eine Beschreibung geplanter Ersatzmaßnahmen,

5. eine Beschreibung der möglichen erheblichen Auswirkungen des UVP-pflichtigen Vorhabens auf die in § 1a genannten Schutzgüter,

6. eine Beschreibung der vernünftigen Alternativen zum Schutz vor und zur Vorsorge gegen schädliche Umwelteinwirkungen sowie zum Schutz der Allgemeinheit und der Nachbarschaft vor sonstigen Gefahren, erheblichen Nachteilen und erheblichen Belästigungen, die für das UVP-pflichtige Vorhaben und seine spezifischen Merkmale relevant und von dem Träger des UVP-pflichtigen Vorhabens geprüft worden sind, und die Angabe der

¹⁾ § 4d neu gef. mWv 3.8.2001 durch G v. 27.7.2001 (BGBl. I S. 1950).
²⁾ § 4e Abs. 2 aufgeh. und Abs. 4 Satz 1 geänd. mWv 3.8.2001 durch G v. 27.7.2001 (BGBl. I S. 1950); Überschrift geänd., Abs.1–4 neu gef., Abs. 5–7 angef. mWv 14.12.2017 durch VO v. 8.12.2017 (BGBl. I S. 3882).

wesentlichen Gründe für die getroffene Wahl unter Berücksichtigung der
jeweiligen Auswirkungen auf die in § 1a genannten Schutzgüter sowie
7. eine allgemein verständliche, nichttechnische Zusammenfassung des UVP-
 Berichts.

[2] Bei einem UVP-pflichtigen Vorhaben, das einzeln oder im Zusammenwir-
ken mit anderen Projekten oder Plänen geeignet ist, ein Natura 2000-Gebiet
erheblich zu beeinträchtigen, muss der UVP-Bericht Angaben zu den Aus-
wirkungen des UVP-pflichtigen Vorhabens auf die Erhaltungsziele dieses
Gebiets enthalten.

(2) Der UVP-Bericht muss auch die in der Anlage zu § 4e genannten
weiteren Angaben enthalten, soweit diese Angaben für die Entscheidung über
die Zulassung des UVP-pflichtigen Vorhabens erforderlich sind.

(3) [1] Inhalt und Umfang des UVP-Berichts bestimmen sich nach den
Rechtsvorschriften, die für die Entscheidung über die Zulassung des UVP-
pflichtigen Vorhabens maßgebend sind. [2] In den Fällen des § 2a stützt der
Träger des UVP-pflichtigen Vorhabens den UVP-Bericht zusätzlich auf den
Untersuchungsrahmen.

(4) [1] Der UVP-Bericht muss den gegenwärtigen Wissensstand und die
gegenwärtigen Prüfmethoden berücksichtigen. [2] Er muss die Angaben ent-
halten, die der Träger des UVP-pflichtigen Vorhabens mit zumutbarem Auf-
wand ermitteln kann. [3] Die Angaben müssen ausreichend sein, um

1. der Genehmigungsbehörde eine begründete Bewertung der Auswirkungen
 des UVP-pflichtigen Vorhabens auf die in § 1a genannten Schutzgüter
 nach § 20 Absatz 1b zu ermöglichen und

2. Dritten die Beurteilung zu ermöglichen, ob und in welchem Umfang sie
 von den Auswirkungen des UVP-pflichtigen Vorhabens auf die in § 1a
 genannten Schutzgüter betroffen sein können.

(5) Zur Vermeidung von Mehrfachprüfungen hat der Träger des UVP-
pflichtigen Vorhabens die vorhandenen Ergebnisse anderer rechtlich vor-
geschriebener Prüfungen in den UVP-Bericht einzubeziehen.

(6) [1] Der Träger des UVP-pflichtigen Vorhabens muss durch geeignete
Maßnahmen sicherstellen, dass der UVP-Bericht den Anforderungen nach
den Absätzen 1 bis 5 entspricht. [2] Die Genehmigungsbehörde hat Nachbesse-
rungen innerhalb einer angemessenen Frist zu verlangen, soweit der Bericht
den Anforderungen nicht entspricht.

(7) [1] Sind kumulierende Vorhaben nach dem Gesetz über die Umweltver-
träglichkeitsprüfung, für die jeweils eine Umweltverträglichkeitsprüfung
durchzuführen ist, Gegenstand paralleler oder verbundener Zulassungsverfah-
ren, so können die Träger der UVP-pflichtigen Vorhaben einen gemeinsamen
UVP-Bericht vorlegen. [2] Legen sie getrennte UVP-Berichte vor, so sind
darin auch jeweils die Auswirkungen der anderen kumulierenden Vorhaben
auf die in § 1a genannten Schutzgüter als Vorbelastung zu berücksichtigen.

§ 5 Vordrucke. Die Genehmigungsbehörde kann die Verwendung von Vor-
drucken für den Antrag und die Unterlagen verlangen.

§ 6[1]**) Eingangsbestätigung.** Die Genehmigungsbehörde hat dem Antragsteller den Eingang des Antrags und der Unterlagen unverzüglich schriftlich oder elektronisch zu bestätigen.

§ 7[2]**) Prüfung der Vollständigkeit, Verfahrensablauf.** (1) [1] Die Genehmigungsbehörde hat nach Eingang des Antrags und der Unterlagen unverzüglich, in der Regel innerhalb eines Monats, zu prüfen, ob der Antrag den Anforderungen des § 3 und die Unterlagen den Anforderungen der §§ 4 bis 4e entsprechen. [2] Die zuständige Behörde kann die Frist in begründeten Ausnahmefällen einmal um zwei Wochen verlängern. [3] Sind der Antrag oder die Unterlagen nicht vollständig, so hat die Genehmigungsbehörde den Antragsteller unverzüglich aufzufordern, den Antrag oder die Unterlagen innerhalb einer angemessenen Frist zu ergänzen. [4] Teilprüfungen sind auch vor Vorlage der vollständigen Unterlagen vorzunehmen, sobald dies nach den bereits vorliegenden Unterlagen möglich ist. [5] Die Behörde kann zulassen, dass Unterlagen, deren Einzelheiten für die Beurteilung der Genehmigungsfähigkeit der Anlage als solcher nicht unmittelbar von Bedeutung sind, insbesondere den Bericht über den Ausgangszustand nach § 10 Absatz 1a des Bundes-Immissionsschutzgesetzes[3], bis zum Beginn der Errichtung oder der Inbetriebnahme der Anlage nachgereicht werden können.

(2) Sind die Unterlagen vollständig, hat die Genehmigungsbehörde den Antragsteller über die voraussichtlich zu beteiligenden Behörden und den geplanten zeitlichen Ablauf des Genehmigungsverfahrens zu unterrichten.

Zweiter Abschnitt. Beteiligung Dritter

§ 8[4]**) Bekanntmachung des Vorhabens.** (1) [1] Sind die zur Auslegung (§ 10 Absatz 1) erforderlichen Unterlagen vollständig, so hat die Genehmigungsbehörde das Vorhaben in ihrem amtlichen Veröffentlichungsblatt und außerdem entweder im Internet oder in örtlichen Tageszeitungen, die im Bereich des Standortes der Anlage verbreitet sind, öffentlich bekanntzumachen. [2] Eine zusätzliche Bekanntmachung und Auslegung ist, auch in den Fällen der §§ 22 und 23, nur nach Maßgabe des Absatzes 2 erforderlich. [3] Bei UVP-pflichtigen Anlagen erfolgt die Bekanntmachung durch die Genehmigungsbehörde auch über das jeweilige zentrale Internetportal nach § 20 Absatz 1 des Gesetzes über die Umweltverträglichkeitsprüfung[5]; dabei gelten die Vorgaben der UVP-Portale-Verordnung vom 11. November 2020 (BGBl. I S. 2428) entsprechend. [4] Maßgeblich ist der Inhalt der ausgelegten Unterlagen.

(2) [1] Wird das Vorhaben während eines Vorbescheidsverfahrens, nach Erteilung eines Vorbescheides oder während des Genehmigungsverfahrens geändert, so darf die Genehmigungsbehörde von einer zusätzlichen Bekanntmachung und Auslegung absehen, wenn in den nach § 10 Absatz 1 auszulegenden Unterlagen keine Umstände darzulegen wären, die nachteilige Auswirkungen für Dritte besorgen lassen. [2] Dies ist insbesondere dann der Fall, wenn erkennbar ist, dass nachteilige

[1]) § 6 geänd. mWv 5.4.2017 durch G v. 29.3.2017 (BGBl. I S. 626).
[2]) § 7 Abs. 1 Satz 1 geänd., Satz 2 eingef., bish. Satz 2 wird Satz 3, Sätze 4 und 5 angef. durch G v. 9.10. 1996 (BGBl. I S. 1498); Abs. 1 Satz 5 geänd. mWv 2.5.2013 durch VO v. 2.5.2013 (BGBl. I S. 973); Abs. 1 Satz 5 geänd. mWv 14.12.2017 durch VO v. 8.12.2017 (BGBl. I S. 3882).
[3]) Nr. 296.
[4]) § 8 Abs. 1 Satz 1 geänd. mWv 15.12.2006 durch G v. 9.12.2006 (BGBl. I S. 2819); Abs. 1 Satz 1 geänd., Sätze 3 und 4 angef., Abs. 2 Sätze 1–3 geänd. mWv 14.12.2017 durch VO v. 8.12.2017 (BGBl. I S. 3882); Abs. 1 Satz 3 geänd. mWv 24.11.2020 durch VO v. 11.11.2020 (BGBl. I S. 2428).
[5]) Nr. 295.

Auswirkungen für Dritte durch die getroffenen oder vom Träger des Vorhabens vorgesehenen Vorkehrungen ausgeschlossen werden oder die Nachteile im Verhältnis zu den jeweils vergleichbaren Vorteilen gering sind. ³Betrifft das Vorhaben eine UVP-pflichtige Anlage, darf von einer zusätzlichen Bekanntmachung und Auslegung nur abgesehen werden, wenn keine zusätzlichen erheblichen oder anderen erheblichen Auswirkungen auf § 1a genannte Schutzgüter zu besorgen sind. ⁴Ist eine zusätzliche Bekanntmachung und Auslegung erforderlich, werden die Einwendungsmöglichkeit und die Erörterung auf die vorgesehenen Änderungen beschränkt; hierauf ist in der Bekanntmachung hinzuweisen.

§ 9¹⁾ Inhalt der Bekanntmachung. (1) ¹Die Bekanntmachung muss neben den Angaben nach § 10 Absatz 4 des Bundes-Immissionsschutzgesetzes²⁾ Folgendes enthalten:

1. die in § 3 bezeichneten Angaben.

2. den Hinweis auf die Auslegungs- und die Einwendungsfrist unter Angabe des jeweils ersten und letzten Tages und

3. die Bezeichnung der für das Vorhaben entscheidungserheblichen Berichte und Empfehlungen, die der Genehmigungsbehörde zum Zeitpunkt des Beginns des Beteiligungsverfahrens vorliegen.

²Auf die zuständige Genehmigungsbehörde, die für die Beteiligung der Öffentlichkeit maßgebenden Vorschriften sowie eine grenzüberschreitende Behörden- und Öffentlichkeitsbeteiligung nach § 11a ist hinzuweisen.

(1a) Ist das Vorhaben UVP-pflichtig, muss die Bekanntmachung zusätzlich folgende Angaben enthalten:

1. einen Hinweis auf die UVP-Pflicht des Vorhabens und

2. die Angabe, dass ein UVP-Bericht vorgelegt wurde.

(2) Zwischen der Bekanntmachung des Vorhabens und dem Beginn der Auslegungsfrist soll eine Woche liegen; maßgebend ist dabei der voraussichtliche Tag der Ausgabe des Veröffentlichungsblattes oder der Tageszeitung, die zuletzt erscheint.

§ 10³⁾ Auslegung von Antrag und Unterlagen; Veröffentlichung des UVP-Berichts. (1) ¹Bei der Genehmigungsbehörde und, soweit erforderlich, bei einer geeigneten Stelle in der Nähe des Standorts des Vorhabens sind der Antrag sowie die beigefügten Unterlagen auszulegen, die die Angaben über die Auswirkungen der Anlage auf die Nachbarschaft und die Allgemeinheit enthalten. ²Darüber hinaus sind, soweit vorhanden, die entscheidungserheblichen sonstigen der Genehmigungsbehörde vorliegenden behördlichen Unterlagen zu dem Vorhaben auszulegen, die Angaben über die Auswirkun-

(Fortsetzung nächstes Blatt)

¹⁾ § 9 Abs. 1 Satz 2 aufgeh. durch VO v. 20.4.1993 (BGBl. I S. 494); Abs. 1 Satz 2 angef. mWv 15.12. 2006 durch G v. 9.12.2006 (BGBl. I S. 2819); Abs. 1 Satz 1 neu gef., Abs. 1a eingef. mWv 14.12.2017 durch VO v. 8.12.2017 (BGBl. I S. 3882).
²⁾ *Nr.* **296.**
³⁾ § 10 Sätze 2 und 3 eingef., bish. Sätze 2–4 werden Sätze 4–6, neuer Satz 6 geänd. mWv 15.12.2006 durch G v. 9.12.2006 (BGBl. I S. 2819); Überschrift, Abs. 1 Sätze 4–6 geänd., Sätze 7 und 8 angef., Abs. 2 und 3 Satz 1 geänd. mWv 14.12.2017 durch VO v. 8.12.2017 (BGBl. I S. 3882).

gen der Anlage auf die Nachbarschaft und die Allgemeinheit oder Empfehlungen zur Begrenzung dieser Auswirkungen enthalten. [3] Verfügt die Genehmigungsbehörde bis zur Entscheidung über den Genehmigungsantrag über zusätzliche behördliche Stellungnahmen oder von ihr angeforderte Unterlagen, die Angaben über die Auswirkungen der Anlage auf die Nachbarschaft und die Allgemeinheit oder Empfehlungen zur Begrenzung dieser Auswirkungen enthalten, sind diese der Öffentlichkeit nach den Bestimmungen des Bundes[1]) und der Länder über den Zugang zu Umweltinformationen zugänglich zu machen. [4] Betrifft das Vorhaben eine UVP-pflichtige Anlage, so ist auch der vom Antragsteller zur Durchführung einer Umweltverträglichkeitsprüfung zusätzlich beigefügte UVP-Bericht nach § 4e auszulegen; ferner sind der Antrag und die Unterlagen auch in den Gemeinden auszulegen, in denen sich das Vorhaben voraussichtlich auswirkt. [5] Soweit eine Auslegung der Unterlagen nach § 4b Absatz 1 und 2 zu einer Störung im Sinne des § 4b Absatz 3 führen kann, ist an Stelle dieser Unterlagen die Darstellung nach § 4b Absatz 3 auszulegen. [6] In den Antrag und die Unterlagen nach den Sätzen 1, 2 und 4 sowie in die Darstellung nach § 4b Absatz 3 ist während der Dienststunden Einsicht zu gewähren. [7] Bei UVP-pflichtigen Vorhaben hat der Träger des Vorhabens den UVP-Bericht sowie die das Vorhaben betreffenden entscheidungserheblichen Berichte und Empfehlungen, die der Genehmigungsbehörde zum Zeitpunkt des Beginns des Beteiligungsverfahrens vorgelegen haben, auch elektronisch vorzulegen. [8] § 8 Absatz 1 Satz 3 und 4 gilt bei UVP-pflichtigen Vorhaben für diese Unterlagen entsprechend.

(2) Auf Aufforderung eines Dritten ist diesem eine Abschrift oder Vervielfältigung der Kurzbeschreibung nach § 4 Absatz 3 Satz 1 zu überlassen.

(3) [1] Soweit Unterlagen Geschäfts- oder Betriebsgeheimnisse enthalten, ist an ihrer Stelle die Inhaltsdarstellung nach § 10 Absatz 2 Satz 2 des Bundes-Immissionsschutzgesetzes[2]) auszulegen. [2] Hält die Genehmigungsbehörde die Kennzeichnung der Unterlagen als Geschäfts- oder Betriebsgeheimnisse für unberechtigt, so hat sie vor der Entscheidung über die Auslegung dieser Unterlagen den Antragsteller zu hören.

§ 10a[3]) Akteneinsicht. [1] Die Genehmigungsbehörde gewährt Akteneinsicht nach pflichtgemäßem Ermessen; § 29 Absatz 1 Satz 3, Absatz 2 und 3 des Verwaltungsverfahrensgesetzes[4]) findet entsprechende Anwendung. [2] Sonstige sich aus anderen Rechtsvorschriften ergebende Rechte auf Zugang zu Informationen bleiben unberührt.

§ 11[5]) Beteiligung anderer Behörden. [1] Spätestens gleichzeitig mit der öffentlichen Bekanntmachung des Vorhabens fordert die Genehmigungsbehörde die Behörden, deren Aufgabenbereich durch das Vorhaben berührt

[1]) Siehe das UmweltinformationsG (Nr. 294).
[2]) Nr. 296.
[3]) § 10a Satz 2 angef. mWv 3.8.2001 durch G v. 27.7.2001 (BGBl. I S. 1950); Satz 1 geänd. mWv 14.12.2017 durch VO v. 8.12.2017 (BGBl. I S. 3882).
[4]) Nr. 100.
[5]) § 11 Satz 1 geänd. und Satz 2 eingef., bish. Satz 2 wird Satz 3 durch VO v. 20.4.1993 (BGBl. I S. 494); Satz 3 neu gef. durch G v. 9.10.1996 (BGBl. I S. 1498); Satz 4 angef. mWv 3.8.2001 durch G v. 27.7.2001 (BGBl. I S. 1950); Satz 3 geänd. mWv 14.12.2017 durch VO v. 8.12.2017 (BGBl. I S. 3882).

wird, auf, für ihren Zuständigkeitsbereich eine Stellungnahme innerhalb einer Frist von einem Monat abzugeben. [2] Die Antragsunterlagen sollen sternförmig an die zu beteiligenden Stellen versandt werden. [3] Hat eine Behörde bis zum Ablauf der Frist keine Stellungnahme abgegeben, so ist davon auszugehen, dass die beteiligte Behörde sich nicht äußern will. [4] Die Genehmigungsbehörde hat sich über den Stand der anderweitigen das Vorhaben betreffenden Zulassungsverfahren Kenntnis zu verschaffen und auf ihre Beteiligung hinzuwirken sowie mit den für diese Verfahren zuständigen Behörden frühzeitig den von ihr beabsichtigten Inhalt des Genehmigungsbescheides zu erörtern und abzustimmen.

§ 11a[1] Grenzüberschreitende Behörden- und Öffentlichkeitsbeteiligung. (1) [1] Für nicht UVP-pflichtige Vorhaben einschließlich der Verfahren nach § 17 Absatz 1a des Bundes-Immissionsschutzgesetzes[2] gelten für die Verfahren zur grenzüberschreitenden Behörden- und Öffentlichkeitsbeteiligung die Vorschriften der Abschnitte 1 und 3 des Teils 5 des Gesetzes über die Umweltverträglichkeitsprüfung[3] sinngemäß. [2] Abweichend von Satz 1 gelten nicht die Vorgaben zur Veröffentlichung von Informationen in dem jeweiligen zentralen Internetportal nach § 59 Absatz 4 des Gesetzes über die Umweltverträglichkeitsprüfung.

(2) Für UVP-pflichtige Vorhaben gelten für das Verfahren zur grenzüberschreitenden Behörden- und Öffentlichkeitsbeteiligung einschließlich Verfahren nach § 17 Absatz 1a des Bundes-Immissionsschutzgesetzes die Vorschriften der Abschnitte 1 und 3 des Teils 5 des Gesetzes über die Umweltverträglichkeitsprüfung sinngemäß.

(3) [1] Rechtsvorschriften zur Geheimhaltung, insbesondere gemäß § 30 des Verwaltungsverfahrensgesetzes[4] sowie zum Schutz von Geschäfts- oder Betriebsgeheimnissen gemäß § 10 Absatz 2 des Bundes-Immissionsschutzgesetzes sowie gemäß § 10 Absatz 3 bleiben unberührt; entgegenstehende Rechte Dritter sind zu beachten. [2] Ebenfalls unberührt bleiben die Vorschriften zur Datenübermittlung an Stellen im Ausland sowie an über- und zwischenstaatliche Stellen.

(4) Die Genehmigungsbehörde übermittelt den beteiligten Behörden des anderen Staates die Bezeichnung des für die betreffende Anlage maßgeblichen BVT-Merkblatts.

(5) Die Genehmigungsbehörde macht der Öffentlichkeit auch Aktualisierungen von Genehmigungen von Behörden anderer Staaten nach den Bestimmungen über den Zugang zu Umweltinformationen zugänglich.

§ 12[5] Einwendungen. (1) [1] Einwendungen können bei der Genehmigungsbehörde oder bei der Stelle erhoben werden, bei der Antrag und Unterlagen zur Einsicht ausliegen. [2] Bei UVP-pflichtigen Vorhaben gilt eine

[1] § 11a neu gef. mWv 14.12.2017 durch VO v. 8.12.2017 (BGBl. I S. 3882).
[2] Nr. **296**.
[3] Nr. **295**.
[4] Nr. **100**.
[5] § 12 Abs. 1 Sätze 2 und 3 angef. mWv 30.10.2007 durch G v. 23.10.2007 (BGBl. I S. 2470); Abs. 1 Satz 2 eingef., bish. Satz 2 wird Satz 3 und geänd., Satz 4 eingef., bish. Satz 3 wird Satz 5 mWv 14.12.2017 durch VO v. 8.12.2017 (BGBl. I S. 3882).

Einwendungsfrist von einem Monat nach Ablauf der Auslegungsfrist. [3] Nach Ablauf der Einwendungsfrist entscheidet die Genehmigungsbehörde unter Berücksichtigung von § 14, ob im Genehmigungsverfahren ein Erörterungstermin nach § 10 Absatz 6 des Bundes-Immissionsschutzgesetzes[1] durchgeführt wird. [4] Das gilt auch für UVP-pflichtige Anlagen. [5] Die Entscheidung ist öffentlich bekannt zu machen.

(2) [1] Die Einwendungen sind dem Antragsteller bekanntzugeben. [2] Den nach § 11 beteiligten Behörden sind die Einwendungen bekanntzugeben, die ihren Aufgabenbereich berühren. [3] Auf Verlangen des Einwenders sollen dessen Name und Anschrift vor der Bekanntgabe unkenntlich gemacht werden, wenn diese zur ordnungsgemäßen Durchführung des Genehmigungsverfahrens nicht erforderlich sind; auf diese Möglichkeit ist in der öffentlichen Bekanntmachung hinzuweisen.

§ 13[2] Sachverständigengutachten. (1) [1] Die Genehmigungsbehörde holt Sachverständigengutachten ein, soweit dies für die Prüfung der Genehmigungsvoraussetzungen notwendig ist. [2] Der Auftrag hierzu soll möglichst bis zum Zeitpunkt der Bekanntmachung des Vorhabens (§ 8) erteilt werden. [3] Ein Sachverständigengutachten ist in der Regel notwendig

1. zur Beurteilung der Angaben derjenigen Teile des Sicherheitsberichts nach § 9 der Störfall-Verordnung[3], die Abschnitt II Nummer 1, 3 und 4 sowie den Abschnitten III bis V des Anhangs II der Störfall-Verordnung entsprechen, soweit sie dem Antrag nach § 4b Absatz 2 beizufügen sind;

2. zur Beurteilung der Wirtschaftlichkeitsanalyse einschließlich des Kosten-Nutzen-Vergleichs gemäß § 6 der KWK-Kosten-Nutzen-Vergleich-Verordnung, es sei denn, es liegt ein Testat einer für die Prüfung der Wirtschaftlichkeitsanalyse nach gesetzlichen Vorschriften zuständigen Bundesbehörde vor, sowie

3. zur Beurteilung der Angaben zur Finanzlage gemäß § 8 Absatz 2 der KWK-Kosten-Nutzen-Vergleich-Verordnung.

[4] Sachverständige können darüber hinaus mit Einwilligung des Antragstellers herangezogen werden, wenn zu erwarten ist, dass hierdurch das Genehmigungsverfahren beschleunigt wird.

(1a) Bei der Entscheidung, ob vorgelegte Unterlagen durch externe Sachverständige überprüft werden sollen, wird die Standorteintragung nach der Verordnung (EG) Nr. 761/2001[4] des Europäischen Parlaments und des Rates vom 19. März 2001 über die freiwillige Beteiligung von Organisationen an einem Gemeinschaftssystem für das Umweltmanagement und die Umweltbetriebsprüfung (EMAS) berücksichtigt.

[1] Nr. 296.
[2] § 13 Abs. 1 neu gef., Abs. 2 Satz 2 angef. durch VO v. 20.4.1993 (BGBl. I S. 494); Abs. 2 Satz 2 neu gef. durch G v. 9.10.1996 (BGBl. I S. 1498); Abs. 1 Satz 3 neu gef. mWv 3.5.2000 durch G v. 26.4.2000 (BGBl. I S. 603); Abs. 1 Satz 3 geänd. mWv 1.7.2005 durch VO v. 8.6.2005 (BGBl. I S. 1591); Abs. 1a eingef. mWv 1.7.2005 durch G v. 21.6.2005 (BGBl. I S. 1666); Abs. 1 Satz 4 eingef., bish. Satz 4 wird Satz 5, Abs. 2 Satz 2 geänd. mWv 1.5.2015 durch VO v. 28.4.2015 (BGBl. I S. 670); Abs. 1 neu gef. mWv 14.1.2017 durch VO v. 9.1.2017 (BGBl. I S. 47); , Abs. 2 Sätze 1 und 2 geänd. mWv 14.12.2017 durch VO v. 8.12.2017 (BGBl. I S. 3882) .
[3] **Sartorius ErgBd. Nr. 296/12.**
[4] **Gewerberecht Nr. 8101.**

(2) ¹ Ein vom Antragsteller vorgelegtes Gutachten ist als sonstige Unterlage im Sinne von § 10 Absatz 1 Satz 2 des Bundes-Immissionsschutzgesetzes¹⁾ zu prüfen. ² Erteilt der Träger des Vorhabens den Gutachtenauftrag nach Abstimmung mit der Genehmigungsbehörde oder erteilt er ihn an einen Sachverständigen, der nach § 29b Absatz 1 des Bundes-Immissionsschutzgesetzes von der nach Landesrecht zuständigen Behörde für diesen Bereich bekanntgegeben ist, so gilt das vorgelegte Gutachten als Sachverständigengutachten im Sinne des Absatzes 1; dies gilt auch für Gutachten, die von einem Sachverständigen erstellt werden, der den Anforderungen des § 29a Absatz 1 Satz 2 des Bundes-Immissionsschutzgesetzes entspricht.

Dritter Abschnitt. Erörterungstermin

§ 14²⁾ Zweck. (1) ¹ Der Erörterungstermin dient dazu, die rechtzeitig erhobenen Einwendungen zu erörtern, soweit dies für die Prüfung der Genehmigungsvoraussetzungen von Bedeutung sein kann. ² Er soll denjenigen, die Einwendungen erhoben haben, Gelegenheit geben, ihre Einwendungen zu erläutern.

(2) Rechtzeitig erhoben sind Einwendungen, die innerhalb der Einwendungsfrist bei den in § 12 Absatz 1 genannten Behörden eingegangen sind.

§ 15 Besondere Einwendungen. Einwendungen, die auf besonderen privatrechtlichen Titeln beruhen, sind im Erörterungstermin nicht zu behandeln; sie sind durch schriftlichen Bescheid auf den Rechtsweg vor den ordentlichen Gerichten zu verweisen.

§ 16³⁾ Wegfall. (1) ¹ Ein Erörterungstermin findet nicht statt, wenn

1. Einwendungen gegen das Vorhaben nicht oder nicht rechtzeitig erhoben worden sind,

2. die rechtzeitig erhobenen Einwendungen zurückgenommen worden sind,

3. ausschließlich Einwendungen erhoben worden sind, die auf besonderen privatrechtlichen Titeln beruhen oder

4. die erhobenen Einwendungen nach der Einschätzung der Behörde keiner Erörterung bedürfen.

² Das gilt auch für UVP-pflichtige Anlagen.

(2) Der Antragsteller ist vom Wegfall des Termins zu unterrichten.

§ 17⁴⁾ Verlegung. (1) ¹ Die Genehmigungsbehörde kann den bekanntgemachten Erörterungstermin verlegen, wenn dies im Hinblick auf dessen zweckgerechte Durchführung erforderlich ist. ² Ort und Zeit des neuen Erörterungstermins sind zum frühestmöglichen Zeitpunkt zu bestimmen.

(2) ¹ Der Antragsteller und diejenigen, die rechtzeitig Einwendungen erhoben haben, sind von der Verlegung des Erörterungstermins zu benach-

¹⁾ Nr. **296.**
²⁾ § 14 Abs. 2 geänd. mWv 14.12.2017 durch VO v. 8.12.2017 (BGBl. I S. 3882).
³⁾ § 16 Abs. 1 Nr. 2 und 3 geänd., Nr. 4 angef. mWv 30.10.2007 durch G v. 23.10.2007 (BGBl. I S. 2470); Abs. 1 Satz 2 angef. mWv 14.12.2017 durch VO v. 8.12.2017 (BGBl. I S. 3882).
⁴⁾ § 17 Abs. 2 Satz 2 geänd. mWv 14.12.2017 durch VO v. 8.12.2017 (BGBl. I S. 3882).

richtigen. [2] Sie können in entsprechender Anwendung des § 10 Absatz 3 Satz 1 des Bundes-Immissionsschutzgesetzes[1] durch öffentliche Bekanntmachung benachrichtigt werden.

§ 18[2] **Verlauf.** (1) [1] Der Erörterungstermin ist öffentlich. [2] Im Einzelfall kann aus besonderen Gründen die Öffentlichkeit ausgeschlossen werden. [3] Vertreter der Aufsichtsbehörden und Personen, die bei der Behörde zur Ausbildung beschäftigt sind, sind zur Teilnahme berechtigt.

(2) [1] Der Verhandlungsleiter kann bestimmen, dass Einwendungen zusammengefasst erörtert werden. [2] In diesem Fall hat er die Reihenfolge der Erörterung bekanntzugeben. [3] Er kann für einen bestimmten Zeitraum das Recht zur Teilnahme an dem Erörterungstermin auf die Personen beschränken, deren Einwendungen zusammengefasst erörtert werden sollen.

(3) Der Verhandlungsleiter erteilt das Wort und kann es demjenigen entziehen, der eine von ihm festgesetzte Redezeit für die einzelnen Wortmeldungen überschreitet oder Ausführungen macht, die nicht den Gegenstand des Erörterungstermins betreffen oder nicht in sachlichem Zusammenhang mit der zu behandelnden Einwendung stehen.

(4) [1] Der Verhandlungsleiter ist für die Ordnung verantwortlich. [2] Er kann Personen, die seine Anordnungen nicht befolgen, entfernen lassen. [3] Der Erörterungstermin kann ohne diese Personen fortgesetzt werden.

(5) [1] Der Verhandlungsleiter beendet den Erörterungstermin, wenn dessen Zweck erreicht ist. [2] Er kann den Erörterungstermin ferner für beendet erklären, wenn, auch nach einer Vertagung, der Erörterungstermin aus dem Kreis der Teilnehmer erneut so gestört wird, dass seine ordnungsmäßige Durchführung nicht mehr gewährleistet ist. [3] Personen, deren Einwendungen noch nicht oder noch nicht abschließend erörtert wurden, können innerhalb eines Monats nach Aufhebung des Termins ihre Einwendungen gegenüber der Genehmigungsbehörde schriftlich oder elektronisch erläutern; hierauf sollen die Anwesenden bei Aufhebung des Termins hingewiesen werden.

§ 19[3] **Niederschrift.** (1) [1] Über den Erörterungstermin ist eine Niederschrift zu fertigen. [2] Die Niederschrift muss Angaben enthalten über

1. den Ort und den Tag der Erörterung,
2. den Namen des Verhandlungsleiters,
3. den Gegenstand des Genehmigungsverfahrens,
4. den Verlauf und die Ergebnisse des Erörterungstermins.

[3] Die Niederschrift ist von dem Verhandlungsleiter und, soweit ein Schriftführer hinzugezogen worden ist, auch von diesem zu unterzeichnen. [4] Der Aufnahme in die Verhandlungsniederschrift steht die Aufnahme in eine *Schrift gleich,* die ihr als Anlage beigefügt und als solche bezeichnet ist; auf die Anlage ist in der Verhandlungsniederschrift hinzuweisen. [5] Die Genehmi-

[1] Nr. **296.**
[2] § 18 Abs. 1 Sätze 1 und 2 neu gef. mWv 3.8.2001 durch G v. 27.7.2001 (BGBl. I S. 1950); Abs. 5 Satz 3 geänd. mWv 5.4.2017 durch G v. 29.3.2017 (BGBl. I S. 626); Abs. 2 Sätze 1 und 3, Abs. 5 Satz 2 geänd. mWv 14.12.2017 durch VO v. 8.12.2017 (BGBl. I S. 3882).
[3] § 19 Abs. 1 Satz 2 einl. Satzteil und Satz 6 geänd. mWv 14.12.2017 durch VO v. 8.12.2017 (BGBl. I S. 3882).

gungsbehörde kann den Erörterungstermin zum Zwecke der Anfertigung der Niederschrift auf Tonträger aufzeichnen. [6] Die Tonaufzeichnungen sind nach dem Eintritt der Unanfechtbarkeit der Entscheidung über den Genehmigungsantrag zu löschen; liegen im Falle eines Vorbescheidsverfahrens die Voraussetzungen des § 9 Absatz 2 des Bundes-Immissionsschutzgesetzes[1)] vor, ist die Löschung nach Eintritt der Unwirksamkeit durchzuführen.

(2) [1] Dem Antragsteller ist eine Abschrift der Niederschrift zu überlassen. [2] Auf Anforderung ist auch demjenigen, der rechtzeitig Einwendungen erhoben hat, eine Abschrift der Niederschrift zu überlassen.

Vierter Abschnitt. Genehmigung

§ 20[2)] Entscheidung. (1) [1] Sind alle Umstände ermittelt, die für die Beurteilung des Antrags von Bedeutung sind, hat die Genehmigungsbehörde unverzüglich über den Antrag zu entscheiden. [2] Nach dem Ablauf der Einwendungsfrist oder, soweit ein Erörterungstermin nach § 10 Absatz 6 des Bundes-Immissionsschutzgesetzes[1)] durchgeführt worden ist, nach dem Erörterungstermin eingehende Stellungnahmen von nach § 11 beteiligten Behörden sollen dabei nicht mehr berücksichtigt werden, es sei denn, die vorgebrachten öffentlichen Belange sind der Genehmigungsbehörde bereits bekannt oder hätten ihr bekannt sein müssen oder sind für die Beurteilung der Genehmigungsvoraussetzungen von Bedeutung.

(1a) [1] Die Genehmigungsbehörde erarbeitet bei UVP-pflichtigen Anlagen eine zusammenfassende Darstellung

1. der möglichen Auswirkungen des UVP-pflichtigen Vorhabens auf die in § 1a genannten Schutzgüter, einschließlich der Wechselwirkung,

2. der Merkmale des UVP-pflichtigen Vorhabens und des Standorts, mit denen erhebliche nachteilige Auswirkungen auf die in § 1a genannten Schutzgüter vermieden, vermindert oder ausgeglichen werden sollen, und

3. der Maßnahmen, mit denen erhebliche nachteilige Auswirkungen auf die in § 1a genannten Schutzgüter vermieden, vermindert oder ausgeglichen werden sollen, sowie

4. der Ersatzmaßnahmen bei Eingriffen in Natur und Landschaft.

[2] Die Erarbeitung einer zusammenfassenden Darstellung erfolgt auf der Grundlage der nach den §§ 4 bis 4e beizufügenden Unterlagen, der behördlichen Stellungnahmen nach den §§ 11 und 11a, der Ergebnisse eigener Ermittlungen sowie der Äußerungen und Einwendungen Dritter. [3] Die Darstellung ist möglichst innerhalb eines Monats nach Ablauf der Einwendungsfrist oder, soweit ein Erörterungstermin nach § 10 Absatz 6 des Bundes-Immissionsschutzgesetzes durchgeführt worden ist, des Erörterungstermins zu bearbeiten. [4] Bedarf das Vorhaben der Zulassung durch mehrere Behörden, so

[1)] Nr. **296.**
[2)] § 20 Abs. 1 Satz 2 angef. durch G v. 9.10.1996 (BGBl. I S. 1498); Abs. 1a Satz 1 geänd. und Satz 2 eingef., bish. Satz 2 wird Satz 3 mWv 3.8.2001 durch G v. 27.7.2001 (BGBl. I S. 1950); Abs. 1 Satz 2 und Abs. 1a Satz 2 geänd. mWv 30.10.2007 durch G v. 23.10.2007 (BGBl. I S. 2470); Abs. 1 Satz 2 geänd., Abs. 1a Satz 1 neu gef., Satz 2 eingef., bish. Sätze 2 und 3 werden Sätze 3 und 4, neue Sätze 3 und 4 geänd., Abs. 1b Satz 1 neu gef., Satz 2 eingef., bish. Sätze 2 und 3 werden Sätze 3 und 4, neuer Satz 4 neu gef., Satz 5 angef., Abs. 2 Satz 1, Abs. 3 Satz 1 und Abs. 4 Satz 2 geänd. mWv 14.12.2017 durch VO v. 8.12.2017 (BGBl. I S. 3882).

obliegt die Erarbeitung der zusammenfassenden Darstellung der Genehmigungsbehörde nur, wenn sie gemäß § 31 Absatz 1 und 2 Satz 1 und 2 des Gesetzes über die Umweltverträglichkeitsprüfung[1] als federführende Behörde bestimmt ist; sie hat die Darstellung im Zusammenwirken zumindest mit den anderen Zulassungsbehörden und der für Naturschutz und Landschaftspflege zuständigen Behörde zu erarbeiten, deren Aufgabenbereich durch das Vorhaben berührt wird.

(1b) [1] Die Genehmigungsbehörde bewertet auf der Grundlage der zusammenfassenden Darstellung und nach den für die Entscheidung maßgeblichen Rechts- und Verwaltungsvorschriften die Auswirkungen des UVP-pflichtigen Vorhabens auf die in § 1a genannten Schutzgüter. [2] Die Bewertung ist zu begründen. [3] Bedarf das Vorhaben der Zulassung durch mehrere Behörden, so haben diese im Zusammenwirken auf der Grundlage der zusammenfassenden Darstellung nach Absatz 1a eine Gesamtbewertung der Auswirkungen vorzunehmen; ist die Genehmigungsbehörde federführende Behörde, so hat sie das Zusammenwirken sicherzustellen. [4] Bei der Entscheidung über den Antrag berücksichtigt die Genehmigungsbehörde die vorgenommene Bewertung oder die Gesamtbewertung nach Maßgabe der hierfür geltenden Vorschriften. [5] Bei der Entscheidung über die Genehmigung der UVP-pflichtigen Anlage müssen die zusammenfassende Darstellung und die begründete Bewertung nach Einschätzung der Genehmigungsbehörde hinreichend aktuell sein.

(2) [1] Der Antrag ist abzulehnen, sobald die Prüfung ergibt, dass die Genehmigungsvoraussetzungen nicht vorliegen und ihre Erfüllung nicht durch Nebenbestimmungen sichergestellt werden kann. [2] Er soll abgelehnt werden, wenn der Antragsteller einer Aufforderung zur Ergänzung der Unterlagen innerhalb einer ihm gesetzten Frist, die auch im Falle ihrer Verlängerung drei Monate nicht überschreiten soll, nicht nachgekommen ist.

(3) [1] Für die ablehnende Entscheidung gilt § 10 Absatz 7 des Bundes-Immissionsschutzgesetzes entsprechend. [2] Betrifft die ablehnende Entscheidung eine UVP-pflichtige Anlage und ist eine zusammenfassende Darstellung nach Absatz 1a von der Genehmigungsbehörde erarbeitet worden, so ist diese in die Begründung für die Entscheidung aufzunehmen.

(4) [1] Wird das Genehmigungsverfahren auf andere Weise abgeschlossen, so sind der Antragsteller und die Personen, die Einwendungen erhoben haben, hiervon zu benachrichtigen. [2] § 10 Absatz 8 Satz 1 des Bundes-Immissionsschutzgesetzes gilt entsprechend.

§ 21[2] **Inhalt des Genehmigungsbescheides.** (1) Der Genehmigungsbescheid muss enthalten

[1] Nr. 295.
[2] § 21 Abs. 3 angef. durch VO v. 23.2.1999 (BGBl. I S. 186); Abs. 1 Nr. 3a eingef. mWv 3.8. 2001 durch G v. 27.7.2001 (BGBl. I S. 1950); Abs. 3 Nr. 1 neu gef. mWv 30.7.2002 durch G v. 24.7.2002 (BGBl. I S. 2833); Abs. 3 einl. Satzteil geänd. und Nr. 2 neu gef. mWv 20.8.2003 durch VO v. 14.8.2003 (BGBl. I S. 1614); Abs. 1 Nr. 5 geänd., Nr. 6, 7 angef., Abs. 2 neu gef. mWv 15.12.2006 durch G v. 9.12.2006 (BGBl. I S. 2819); Abs. 1 Nr. 3 a geänd., Abs. 2a eingef. mWv 2.5.2013 durch VO v. 2.5.2013 (BGBl. I S. 973, ber. S. 3756); Abs. 1 einl. Satzteil, Nr. 2 und 5 geänd., Abs. 1a eingef., Abs. 3 einl. Satzteil geänd. mWv 14.12.2017 durch VO v. 8.12.2017 (BGBl. I S. 3882).

1. die Angabe des Namens und des Wohnsitzes oder des Sitzes des Antragstellers,

2. die Angabe, dass eine Genehmigung, eine Teilgenehmigung oder eine Änderungsgenehmigung erteilt wird, und die Angabe der Rechtsgrundlage,

3. die genaue Bezeichnung des Gegenstandes der Genehmigung einschließlich des Standortes der Anlage sowie den Bericht über den Ausgangszustand,

3a. die Festlegung der erforderlichen Emissionsbegrenzungen einschließlich der Begründung für die Festlegung weniger strenger Emissionsbegrenzungen nach § 7 Absatz 1b Satz 1 Nummer 2, § 12 Absatz 1b oder § 48 Absatz 1b Satz 1 Nummer 2 des Bundes-Immissionsschutzgesetzes[1],

4. die Nebenbestimmungen zur Genehmigung,

5. die Begründung, aus der die wesentlichen tatsächlichen und rechtlichen Gründe, die die Behörde zu ihrer Entscheidung bewogen haben, und die Behandlung der Einwendungen hervorgehen sollen,

6. Angaben über das Verfahren zur Beteiligung der Öffentlichkeit,

7. eine Rechtsbehelfsbelehrung.

(1a) Der Genehmigungsbescheid für UVP-pflichtige Anlagen muss neben den nach Absatz 1 erforderlichen Angaben zumindest noch folgende Angaben enthalten:

1. eine Beschreibung der vorgesehenen Überwachungsmaßnahmen und

2. eine ergänzende Begründung, in der folgende Angaben enthalten sind:

a) die zusammenfassende Darstellung nach § 20 Absatz 1a,

b) die begründete Bewertung nach § 20 Absatz 1b und

c) eine Erläuterung, wie die begründete Bewertung nach § 20 Absatz 1b, insbesondere die Angaben des UVP-Berichts nach § 4e, die behördlichen Stellungnahmen nach den §§ 11 und 11a sowie die Äußerungen der Öffentlichkeit nach den §§ 11a und 12, in der Entscheidung berücksichtigt wurden oder wie ihnen anderweitig Rechnung getragen wurde.

(2) Der Genehmigungsbescheid soll den Hinweis enthalten, dass der Genehmigungsbescheid unbeschadet der behördlichen Entscheidungen ergeht, die nach § 13 des Bundes-Immissionsschutzgesetzes nicht von der Genehmigung eingeschlossen werden.

(2a) [1] Außer den nach Absatz 1 erforderlichen Angaben muss der Genehmigungsbescheid für Anlagen nach der Industrieemissions-Richtlinie folgende Angaben enthalten:

1. Auflagen zum Schutz des Bodens und des Grundwassers sowie Maßnahmen zur Überwachung und Behandlung der von der Anlage erzeugten Abfälle,

2. Regelungen für die Überprüfung der Einhaltung der Emissionsgrenzwerte oder sonstiger Anforderungen, im Fall von Messungen

a) Anforderungen an die Messmethodik, die Messhäufigkeit und das Bewertungsverfahren zur Überwachung der Emissionen,

[1] Nr. 296.

b) die Vorgabe, dass in den Fällen, in denen ein Wert außerhalb der in den BVT-Schlussfolgerungen genannten Emissionsbandbreiten festgelegt wurde, die Ergebnisse der Emissionsüberwachung für die gleichen Zeiträume und Referenzbedingungen verfügbar sein müssen wie sie für die Emissionsbandbreiten der BVT-Schlussfolgerungen gelten,

3. Anforderungen an

a) die regelmäßige Wartung,

b) die Überwachung der Maßnahmen zur Vermeidung der Verschmutzung von Boden und Grundwasser sowie

c) die Überwachung von Boden und Grundwasser hinsichtlich der in der Anlage verwendeten, erzeugten oder freigesetzten relevanten gefährlichen Stoffe, einschließlich der Zeiträume, in denen die Überwachung stattzufinden hat,

4. Maßnahmen im Hinblick auf von den normalen Betriebsbedingungen abweichende Bedingungen, wie das An- und Abfahren der Anlage, das unbeabsichtigte Austreten von Stoffen, Störungen, das kurzzeitige Abfahren der Anlage sowie die endgültige Stilllegung des Betriebs,

5. Vorkehrungen zur weitestgehenden Verminderung der weiträumigen oder grenzüberschreitenden Umweltverschmutzung. [2] In den Fällen von Nummer 3 Buchstabe c sind die Zeiträume für die Überwachung so festzulegen, dass sie mindestens alle fünf Jahre für das Grundwasser und mindestens alle zehn Jahre für den Boden betragen, es sei denn, diese Überwachung erfolgt anhand einer systematischen Beurteilung des Verschmutzungsrisikos.

(3) Außer den nach Absatz 1 erforderlichen Angaben muss der Genehmigungsbescheid für Anlagen, auf die die Verordnung über die Verbrennung und die Mitverbrennung von Abfällen[1] anzuwenden ist, Angaben enthalten über

1. Art (insbesondere Abfallschlüssel und -bezeichnung gemäß der Verordnung über das Europäische Abfallverzeichnis[2]) und Menge der zur Verbrennung zugelassenen Abfälle,

2. die gesamte Abfallverbrennungs- oder Abfallmitverbrennungskapazität der Anlage,

3. die kleinsten und größten Massenströme der zur Verbrennung zugelassenen Abfälle, angegeben als stündliche Einsatzmenge,

4. die kleinsten und größten Heizwerte der zur Verbrennung zugelassenen Abfälle und

5. den größten Gehalt an Schadstoffen in den zur Verbrennung zugelassenen Abfällen, insbesondere an polychlorierten Biphenylen (PCB), Pentachlorphenol (PCP), Chlor, Fluor, Schwefel und Schwermetallen.

[1] Sartorius ErgBd. Nr. 296/17.
[2] Sartorius ErgBd. Nr. 298a.

§ 21a[1] Öffentliche Bekanntmachung und Veröffentlichung des Genehmigungsbescheids. (1) [1] Unbeschadet des § 10 Absatz 7 und 8 Satz 1 des Bundes-Immissionsschutzgesetzes[2] ist die Entscheidung über den Antrag öffentlich bekannt zu machen, wenn das Verfahren mit Öffentlichkeitsbeteiligung durchgeführt wurde oder der Träger des Vorhabens dies beantragt. [2] § 10 Absatz 8 Satz 2 und 3 des Bundes-Immissionsschutzgesetzes gelten entsprechend. [3] In der öffentlichen Bekanntmachung ist anzugeben, wo und wann der Bescheid und seine Begründung eingesehen werden können.

(2) [1] Bei UVP-pflichtigen Vorhaben hat die Genehmigungsbehörde die Entscheidung über den Antrag unbeschadet des § 10 Absatz 7 und 8 Satz 1 des Bundes-Immissionsschutzgesetzes öffentlich bekannt zu machen sowie den Bescheid zur Einsicht auszulegen. [2] § 10 Absatz 8 Satz 2 und 3 des Bundes-Immissionsschutzgesetzes gelten entsprechend. [3] In der öffentlichen Bekanntmachung ist anzugeben, wo und wann der Bescheid und seine Begründung eingesehen werden können. [4] § 8 Absatz 1 Satz 3 gilt für den Genehmigungsbescheid entsprechend. [5] § 10 Absatz 8a Satz 1 und 2 des Bundes-Immissionsschutzgesetzes gilt entsprechend.

Zweiter Teil. Besondere Vorschriften

§ 22[3] Teilgenehmigung. (1) [1] Ist ein Antrag im Sinne des § 8 des Bundes-Immissionsschutzgesetzes[2] gestellt, so kann die Genehmigungsbehörde zulassen, dass in den Unterlagen endgültige Angaben nur hinsichtlich des Gegenstandes der Teilgenehmigung gemacht werden. [2] Zusätzlich sind Angaben zu machen, die bei einer vorläufigen Prüfung ein ausreichendes Urteil darüber ermöglichen, ob die Genehmigungsvoraussetzungen im Hinblick auf die Errichtung und den Betrieb der gesamten Anlage vorliegen werden.

(2) Auszulegen sind der Antrag, die Unterlagen nach § 4, soweit sie den Gegenstand der jeweiligen Teilgenehmigung betreffen, sowie solche Unterlagen, die Angaben über die Auswirkungen der Anlage auf die Nachbarschaft und die Allgemeinheit enthalten.

(3) [1] Betrifft das Vorhaben eine UVP-pflichtige Anlage, so erstreckt sich im Verfahren zur Erteilung einer Teilgenehmigung die Umweltverträglichkeitsprüfung im Rahmen der vorläufigen Prüfung im Sinne des Absatzes 1 auf die erkennbaren Auswirkungen der gesamten Anlage auf die in § 1a genannten Schutzgüter und abschließend auf die Auswirkungen, deren Ermittlung, Beschreibung und Bewertung Voraussetzung für Feststellungen oder Gestattungen ist, die Gegenstand dieser Teilgenehmigung sind. [2] Ist in einem Verfahren über eine weitere Teilgenehmigung unter Einbeziehung der Öffentlichkeit zu entscheiden, soll die Umweltverträglichkeitsprüfung im nachfolgenden Verfahren auf zusätzliche erhebliche oder andere erhebliche Auswirkungen auf die in § 1a genannten Schutzgüter beschränkt werden. [3] Die Unterrichtung

[1] § 21a Überschrift und Satz 1 neu gef. mWv 3.8.2001 durch G v. 27.7.2001 (BGBl. I S. 1950); Überschrift, Abs. 1 Sätze 1 und 2 geänd., Abs. 2 angef. mWv 14.12.2017 durch VO v. 8.12.2017 (BGBl. I S. 3882).
[2] Nr. 296.
[3] § 22 Abs. 1 Satz 1 und Abs. 3 Satz 2 geänd. mWv 14.12.2017 durch VO v. 8.12.2017 (BGBl. I S. 3882).

über den voraussichtlichen Untersuchungsrahmen nach § 2a beschränkt sich auf den zu erwartenden Umfang der durchzuführenden Umweltverträglichkeitsprüfung; für die dem Antrag zur Prüfung der Umweltverträglichkeit beizufügenden Unterlagen nach den §§ 4 bis 4e sowie die Auslegung dieser Unterlagen gelten die Absätze 1 und 2 entsprechend.

§ 23[1] **Vorbescheid.** (1) Der Antrag auf Erteilung eines Vorbescheides muss außer den in § 3 genannten Angaben insbesondere die bestimmte Angabe, für welche Genehmigungsvoraussetzungen oder für welchen Standort der Vorbescheid beantragt wird, enthalten.

(2) [1] Der Vorbescheid muss enthalten

1. die Angabe des Namens und des Wohnsitzes oder des Sitzes des Antragstellers,
2. die Angabe, dass ein Vorbescheid erteilt wird, und die Angabe der Rechtsgrundlage,
3. die genaue Bezeichnung des Gegenstandes des Vorbescheides,
4. die Voraussetzungen und die Vorbehalte, unter denen der Vorbescheid erteilt wird,
5. die Begründung, aus der die wesentlichen tatsächlichen und rechtlichen Gründe, die die Behörde zu ihrer Entscheidung bewogen haben, und die Behandlung der Einwendungen hervorgehen sollen.

[2] Bei UVP-pflichtigen Anlagen gilt § 20 Absatz 1a und 1b entsprechend.

(3) Der Vorbescheid soll enthalten

1. den Hinweis auf § 9 Absatz 2 des Bundes-Immissionsschutzgesetzes[2],
2. den Hinweis, dass der Vorbescheid nicht zur Errichtung der Anlage oder von Teilen der Anlage berechtigt,
3. den Hinweis, dass der Vorbescheid unbeschadet der behördlichen Entscheidungen ergeht, die nach § 13 des Bundes-Immissionsschutzgesetzes nicht von der Genehmigung eingeschlossen werden, und
4. die Rechtsbehelfsbelehrung.

(4) § 22 gilt entsprechend.

§ 23a[3] **Raumordnungsverfahren und Genehmigungsverfahren.**

(1) Die Genehmigungsbehörde hat die im Raumordnungsverfahren oder einem anderen raumordnerischen Verfahren, das den Anforderungen des § 15 Absatz 2 des Raumordnungsgesetzes[4] entspricht (raumordnerisches Verfahren), ermittelten, beschriebenen und bewerteten Auswirkungen des Vorhabens auf die Umwelt nach Maßgabe des § 20 Absatz 1b bei der Entscheidung über den Antrag zu berücksichtigen.

(2) Im Genehmigungsverfahren soll hinsichtlich der im raumordnerischen Verfahren ermittelten und beschriebenen Auswirkungen auf die in § 1a

[1] § 23 Abs. 1 und 2 Satz 1 einl. Satzteil, Nr. 2 und 5 geänd., Satz 2 angef., Abs. 3 Nr. 1–3 geänd. mWv 14.12.2017 durch VO v. 8.12.2017 (BGBl. I S. 3882).
[2] Nr. 296.
[3] § 23a Abs. 1 geänd. mWv 3.8.2001 durch G v. 27.7.2001 (BGBl. I S. 1950); Abs. 1 und 2 geänd. mWv 14.12.2017 durch VO v. 8.12.2017 (BGBl. I S. 3882).
[4] Nr. 340.

genannten Schutzgüter von den Anforderungen der §§ 2a, 4 bis 4e, 11, 11a und 20 Absatz 1a insoweit abgesehen werden, als diese Verfahrensschritte bereits im raumordnerischen Verfahren erfolgt sind.

§ 24[1] **Vereinfachtes Verfahren.** [1] In dem vereinfachten Verfahren sind § 4 Abs. 3, die §§ 8 bis 10a, 12, 14 bis 19 und die Vorschriften, die die Durchführung der Umweltverträglichkeitsprüfung betreffen, nicht anzuwenden. [2] In dem vereinfachten Verfahren gelten zudem abweichend von § 11a Absatz 1 Satz 1 nicht die Vorschriften zur Öffentlichkeitsbeteiligung gemäß § 54 Absatz 5 und 6, §§ 56, 57 Absatz 2 und § 59 des Gesetzes über die Umweltverträglichkeitsprüfung. [3] § 11 gilt sinngemäß.

§ 24a[2] **Zulassung vorzeitigen Beginns.** (1) Ist in einem Verfahren zur Erteilung einer Genehmigung ein Antrag auf Zulassung des vorzeitigen Beginns im Sinne des § 8a des Bundes-Immissionsschutzgesetzes[3] gestellt, so muss dieser

1. das öffentliche Interesse oder das berechtigte Interesse des Antragstellers an dem vorzeitigen Beginn darlegen und

2. die Verpflichtung des Trägers des Vorhabens enthalten, alle bis zur Erteilung der Genehmigung durch die Errichtung, den Probebetrieb und den Betrieb der Anlage verursachten Schäden zu ersetzen und, falls das Vorhaben nicht genehmigt wird, den früheren Zustand wiederherzustellen.

(2) Der Bescheid über die Zulassung des vorzeitigen Beginns muss enthalten

1. die Angabe des Namens und des Wohnsitzes oder des Sitzes des Antragstellers,

2. die Angabe, dass der vorzeitige Beginn zugelassen wird, und die Angabe der Rechtsgrundlage,

3. die genaue Bezeichnung des Gegenstandes des Bescheides,

4. die Nebenbestimmungen der Zulassung,

5. die Begründung, aus der die wesentlichen tatsächlichen und rechtlichen Gründe, die die Behörde zu ihrer Entscheidung bewogen haben, hervorgehen sollen.

(3) Der Bescheid über die Zulassung des vorzeitigen Beginns soll enthalten

1. die Bestätigung der Verpflichtung nach Absatz 1,

2. den Hinweis, dass die Zulassung jederzeit widerrufen werden kann,

3. die Bestimmung einer Sicherheitsleistung, sofern dies erforderlich ist, um die Erfüllung der Pflichten des Trägers des Vorhabens zu sichern.

§ 24b[4] **Verbundene Prüfverfahren bei UVP-pflichtigen Vorhaben.**
[1] Für ein UVP-pflichtiges Vorhaben, das einzeln oder im Zusammenwirken

[1] § 24 Satz 1 geänd. mWv 3.8.2001 durch G v. 27.7.2001 (BGBl. I S. 1950); Satz 1 geänd., Satz 2 eingef., bish. Satz 2 wird Satz 3 mWv 14.12.2017 durch VO v. 8.12.2017 (BGBl. I S. 3882).
[2] § 24a Abs. 2 Nr. 2 geänd. durch VO v. 20.4.1993 (BGBl. I S. 494); Abs. 1 neu gef. und Abs. 3 Nr. 1 geänd. durch VO v. 23.2.1999 (BGBl. I S. 186); Abs. 1 einl. Satzteil, Abs. 2 einl. Satzteil, Nr. 2 und Abs. 3 Nr. 2 geänd. mWv 14.12.2017 durch VO v. 8.12.2017 (BGBl. I S. 3882).
[3] Nr. **296**.
[4] § 24b eingef. mWv 14.12.2017 durch VO v. 8.12.2017 (BGBl. I S. 3882).

mit anderen Projekten oder Plänen geeignet ist, ein Natura 2000-Gebiet erheblich zu beeinträchtigen, wird die Verträglichkeitsprüfung nach § 34 Absatz 1 des Bundesnaturschutzgesetzes[1] im Verfahren zur Entscheidung über die Zulassung des UVP-pflichtigen Vorhabens vorgenommen. [2] Die Umweltverträglichkeitsprüfung kann mit der Prüfung nach Satz 1 und mit anderen Prüfungen zur Ermittlung oder Bewertung von Auswirkungen auf die in § 1a genannten Schutzgüter verbunden werden.

Dritter Teil.[2] Schlussvorschriften

§ 24c[3] Vermeidung von Interessenkonflikten. Ist die Genehmigungsbehörde bei der Umweltverträglichkeitsprüfung zugleich Trägerin des UVP-pflichtigen Vorhabens, so ist die Unabhängigkeit des Behördenhandelns bei der Wahrnehmung der Aufgaben nach dieser Verordnung durch geeignete organisatorische Maßnahmen sicherzustellen, insbesondere durch eine angemessene funktionale Trennung.

§ 25[4] Übergangsvorschrift. (1) [1] Verfahren, die vor dem Inkrafttreten einer Änderung dieser Verordnung begonnen worden sind, sind nach den Vorschriften der geänderten Verordnung zu Ende zu führen. [2] Eine Wiederholung von Verfahrensabschnitten ist nicht erforderlich.

(1a) Abweichend von Absatz 1 sind Verfahren für UVP-pflichtige Vorhaben nach der Fassung dieser Verordnung, die bis zum 16. Mai 2017 galt, zu Ende zu führen, wenn vor dem 16. Mai 2017
1. das Verfahren zur Unterrichtung über die voraussichtlich beizubringenden Unterlagen in der bis dahin geltenden Fassung des § 2a eingeleitet wurde oder
2. die Unterlagen nach den §§ 4 bis 4e der bis dahin geltenden Fassung dieser Verordnung vorgelegt wurden.

(2) [1] § 4a Absatz 4 Satz 1 bis 5 ist bei Anlagen, die sich am 2. Mai 2013 in Betrieb befanden oder für die vor diesem Zeitpunkt eine Genehmigung erteilt oder für die vor diesem Zeitpunkt von ihren Betreibern ein vollständiger Genehmigungsantrag gestellt wurde, bei dem ersten nach dem 7. Januar 2014 gestellten Änderungsantrag hinsichtlich der gesamten Anlage anzuwenden, unabhängig davon, ob die beantragte Änderung die Verwendung, die Erzeugung oder die Freisetzung relevanter gefährlicher Stoffe betrifft. [2] Anlagen nach Satz 1, die nicht von Anhang I der Richtlinie 2008/1/EG über die integrierte Vermeidung und Verminderung der Umweltverschmutzung erfasst wurden, haben abweichend von Satz 1 die dort genannten Anforderungen ab dem 7. Juli 2015 zu erfüllen.

§§ 26, 27[5] *(aufgehoben)*

[1] Nr. **880**.
[2] 3. Teil Überschrift neu gef. mWv 14.12.2017 durch VO v. 8.12.2017 (BGBl. I S. 3882).
[3] § 24c eingef. mWv 14.12.2017 durch VO v. 8.12.2017 (BGBl. I S. 3882).
[4] § 25 Abs. 2 angef. mWv 2.5.2013 durch VO v. 2.5.2013 (BGBl. I S. 973); Abs. 1a eingef. mWv 14.12.2017 durch VO v. 8.12.2017 (BGBl. I S. 3882).
[5] §§ 26, 27 aufgeh. mWv 14.12.2017 durch VO v. 8.12.2017 (BGBl. I S. 3882).

Anlage[1]
(zu § 4e)

Angaben des UVP-Berichts für die
Umweltverträglichkeitsprüfung

Soweit die nachfolgenden Angaben über die in § 4e Absatz 1 genannten Mindestanforderungen hinausgehen und sie für die Entscheidung über die Zulassung des UVP-pflichtigen Vorhabens erforderlich sind, muss nach § 4e Absatz 2 der UVP-Bericht hierzu Angaben enthalten.

1. Eine Beschreibung des UVP-pflichtigen Vorhabens, insbesondere

 a) eine Beschreibung des Standorts,

 b) eine Beschreibung der physischen Merkmale des gesamten UVP-pflichtigen Vorhabens, einschließlich der erforderlichen Abrissarbeiten, soweit relevant, sowie des Flächenbedarfs während der Bau- und der Betriebsphase,

 c) eine Beschreibung der wichtigsten Merkmale der Betriebsphase des UVP-pflichtigen Vorhabens (insbesondere von Produktionsprozessen), z.B.

 aa) Energiebedarf und Energieverbrauch,

 bb) Art und Menge der verwendeten Rohstoffe und

 cc) Art und Menge der natürlichen Ressourcen (insbesondere Fläche, Boden, Wasser, Tiere, Pflanzen und biologische Vielfalt),

 d) eine Abschätzung, aufgeschlüsselt nach Art und Quantität,

 aa) der erwarteten Rückstände und Emissionen (z.B. Verunreinigung des Wassers, der Luft, des Bodens und Untergrunds, Lärm, Erschütterungen, Licht, Wärme, Strahlung) sowie

 bb) des während der Bau- und Betriebsphase erzeugten Abfalls.

2. Eine Beschreibung der von dem Träger des UVP-pflichtigen Vorhabens geprüften vernünftigen Alternativen (z.B. in Bezug auf Ausgestaltung, Technologie, Standort, Größe und Umfang des UVP-pflichtigen Vorhabens), die für das Vorhaben und seine spezifischen Merkmale relevant sind, und die Angabe der wesentlichen Gründe für die getroffene Wahl unter Berücksichtigung der jeweiligen Auswirkungen auf die in § 1a genannten Schutzgüter.

3. Eine Beschreibung des aktuellen Zustands der Umwelt und ihrer Bestandteile im Einwirkungsbereich des UVP-pflichtigen Vorhabens und eine Übersicht über die voraussichtliche Entwicklung der Umwelt bei Nichtdurchführung des UVP-pflichtigen Vorhabens, soweit diese Entwicklung gegenüber dem aktuellen Zustand mit zumutbarem Aufwand auf der Grundlage der verfügbaren Umweltinformationen und wissenschaftlichen Erkenntnissen abgeschätzt werden kann.

4. Eine Beschreibung der möglichen erheblichen Auswirkungen des UVP-pflichtigen Vorhabens auf die in § 1a genannten Schutzgüter.

[1] Anl. angef. mWv 14.12.2017 durch VO v. 8.12.2017 (BGBl. I S. 3882).

Die Darstellung der Auswirkungen auf die in § 1a genannten Schutzgüter soll den Umweltschutzzielen Rechnung tragen, die nach den Rechtsvorschriften, einschließlich verbindlicher planerischer Vorgaben, maßgebend sind für die Entscheidung über die Zulassung des UVP-pflichtigen Vorhabens. Die Darstellung soll sich auf die Art der Auswirkungen auf die in § 1a genannten Schutzgüter nach Buchstabe a erstrecken. Anzugeben sind jeweils die Art, in der Schutzgüter betroffen sind nach Buchstabe b, und die Ursachen der Auswirkungen nach Buchstabe c.

a) Art der Auswirkungen auf die in § 1a genannten Schutzgüter
Die Beschreibung der möglichen erheblichen Auswirkungen auf die in § 1a genannten Schutzgüter soll sich auf die direkten und die etwaigen indirekten, sekundären, kumulativen, grenzüberschreitenden, kurzfristigen, mittelfristigen und langfristigen, ständigen und vorübergehenden, positiven und negativen Auswirkungen des UVP-pflichtigen Vorhabens erstrecken.

b) Art, in der Schutzgüter betroffen sind
Bei der Angabe, in welcher Hinsicht die Schutzgüter von den Auswirkungen des UVP-pflichtigen Vorhabens betroffen sein können, sind in Bezug auf die nachfolgenden Schutzgüter insbesondere folgende Auswirkungen zu berücksichtigen:

Schutzgut (Auswahl)	mögliche Art der Betroffenheit
Menschen, insbesondere die menschliche Gesundheit	Auswirkungen sowohl auf einzelne Menschen als auch auf die Bevölkerung
Tiere, Pflanzen, biologische Vielfalt	Auswirkungen auf Flora und Fauna
Fläche	Flächenverbrauch
Boden	Veränderung der organischen Substanz, Bodenerosion, Bodenverdichtung, Bodenversiegelung
Wasser	hydromorphologische Veränderungen, Veränderungen von Quantität oder Qualität des Wassers
Luft	Luftverunreinigungen
Klima	Veränderungen des Klimas, z.B. durch Treibhausgasemissionen, Veränderung des Kleinklimas am Standort
Kulturelles Erbe	Auswirkungen auf historisch, architektonisch oder archäologisch bedeutende Stätten und Bauwerke und auf Kulturlandschaften.

c) Mögliche Ursachen der Auswirkungen auf die in § 1a genannten Schutzgüter
Bei der Beschreibung der Umstände, die zu erheblichen Auswirkungen des UVP-pflichtigen Vorhabens auf die in § 1a genannten Schutzgüter

führen können, sind insbesondere folgende Gesichtspunkte zu berücksichtigen:

aa) die Durchführung baulicher Maßnahmen, einschließlich der Abrissarbeiten, soweit relevant, sowie die physische Anwesenheit der errichteten Anlagen oder Bauwerke,

bb) verwendete Techniken und eingesetzte Stoffe,

cc) die Nutzung natürlicher Ressourcen, insbesondere Fläche, Boden, Wasser, Tiere, Pflanzen und biologische Vielfalt und, soweit möglich, jeweils auch die nachhaltige Verfügbarkeit der betroffenen Ressource,

dd) Emissionen und Belästigungen sowie Verwertung oder Beseitigung von Abfällen,

ee) Risiken für die menschliche Gesundheit, für Natur und Landschaft sowie für das kulturelle Erbe, z.B. durch schwere Unfälle oder Katastrophen,

ff) das Zusammenwirken mit den Auswirkungen anderer bestehender oder zugelassener Vorhaben oder Tätigkeiten; dabei ist auch auf Umweltprobleme einzugehen, die sich daraus ergeben, dass ökologisch empfindliche Gebiete nach Anlage 3 Nummer 2.3 des Gesetzes über die Umweltverträglichkeitsprüfung[1] betroffen sind oder die sich aus einer Nutzung natürlicher Ressourcen ergeben,

gg) Auswirkungen des UVP-pflichtigen Vorhabens auf das Klima, z.B. durch Art und Ausmaß der mit dem Vorhaben verbundenen Treibhausgasemissionen,

hh) die Anfälligkeit des UVP-pflichtigen Vorhabens gegenüber den Folgen des Klimawandels (z.B. durch erhöhte Hochwassergefahr am Standort),

ii) die Anfälligkeit des UVP-pflichtigen Vorhabens für die Risiken von schweren Unfällen oder Katastrophen, soweit solche Risiken nach der Art, den Merkmalen und dem Standort des UVP-pflichtigen Vorhabens von Bedeutung sind.

5. Die Beschreibung der grenzüberschreitenden Auswirkungen des UVP-pflichtigen Vorhabens soll in einem gesonderten Abschnitt erfolgen.

6. Eine Beschreibung und Erläuterung der Merkmale des UVP-pflichtigen Vorhabens und seines Standorts, mit denen das Auftreten erheblicher nachteiliger Auswirkungen auf die in § 1a genannten Schutzgüter vermieden, vermindert oder ausgeglichen werden soll.

7. Eine Beschreibung und Erläuterung der geplanten Maßnahmen, mit denen das Auftreten erheblicher nachteiliger Auswirkungen auf die in § 1a genannten Schutzgüter vermieden, vermindert oder ausgeglichen werden soll, sowie eine Beschreibung geplanter Ersatzmaßnahmen und etwaiger Überwachungsmaßnahmen des Trägers des UVP-pflichtigen Vorhabens.

[1] Nr. **295**.

8. Soweit Auswirkungen aufgrund der Anfälligkeit des UVP-pflichtigen Vorhabens für die Risiken von schweren Unfällen oder Katastrophen zu erwarten sind, soll die Beschreibung, soweit möglich, auch auf vorgesehene Vorsorge- und Notfallmaßnahmen eingehen.

9. Die Beschreibung der Auswirkungen auf Natura 2000-Gebiete soll in einem gesonderten Abschnitt erfolgen.

10. Die Beschreibung der Auswirkungen auf besonders geschützte Arten soll in einem gesonderten Abschnitt erfolgen.

11. Eine Beschreibung der Methoden oder Nachweise, die zur Ermittlung der erheblichen Auswirkungen auf die in § 1a genannten Schutzgüter genutzt wurden, einschließlich näherer Hinweise auf Schwierigkeiten und Unsicherheiten, die bei der Zusammenstellung der Angaben aufgetreten sind, insbesondere soweit diese Schwierigkeiten auf fehlenden Kenntnissen und Prüfmethoden oder auf technischen Lücken beruhen.

12. Eine Referenzliste der Quellen, die für die im UVP-Bericht enthaltenen Angaben herangezogen wurden.

298. Gesetz zur Förderung der Kreislaufwirtschaft und Sicherung der umweltverträglichen Bewirtschaftung von Abfällen (Kreislaufwirtschaftsgesetz – KrWG) [1) 2)3)]

Vom 24. Februar 2012

(BGBl. I S. 212)

FNA 2129-56

geänd. durch Art. 3 G zur Umsetzung der RL über Industrieemissionen v. 8.4.2013 (BGBl. I S. 734, ber. S. 3753), § 44 Abs. 4 TiergesundheitsG v. 22.5.2013 (BGBl. I S. 1324), Art. 4 G zur Neuordnung des Rechts über das Inverkehrbringen, die Rücknahme und die umweltverträgliche Entsorgung von Elektro- und Elektronikgeräten v. 20.10.2015 (BGBl. I S. 1739), Art. 1a Erstes G zur Änd. des BatterieG und des KreislaufwirtschaftsG v. 20.11.2015 (BGBl. I S. 2071), Art. 4 G zur Umsetzung der RL über Tabakerzeugnisse und verwandte Erzeugnisse v. 4.4.2016 (BGBl. I S. 569), Art. 1 G zur Änd. des KreislaufwirtschaftsG und des Elektro- und ElektronikgeräteG v. 27.3.2017 (BGBl. I S. 567), Art. 15 G zur Neuordnung des Rechts zum Schutz vor der schädlichen Wirkung ionisierender Strahlung v. 27.6.2017 (BGBl. I S. 1966), Art. 2 Abs. 9 G zur Modernisierung des Rechts der Umweltverträglichkeitsprüfung v. 20.7.2017 (BGBl. I S. 2808), Art. 1 G zur Umsetzung der Abfallrahmenrichtlinie der Europäischen Union v. 23.10.2020 (BGBl. I S. 2232) und Art. 2 Abs. 2 Erstes G zur Änd. des G zur Ausführung des Protokolls über Schadstofffreisetzungs- und -verbringungsregister vom 21. Mai 2003 sowie zur Durchführung der VO (EG) Nr. 166/2006 v. 9.12.2020 (BGBl. I S. 2873)

Zum KrWG (bzw. vormals KrW-/AbfG) wurden ua folgende Vorschriften erlassen:
– AbfallbeauftragtenVO v. 2.12.2016 (BGBl. I S. 2770, 2789), geänd. durch G v. 5.7.2017 (BGBl. I S. 2234)
– AbfallverbringungsG – AbfVerbrG v. 19.7.2007 (BGBl. I S. 1462), zuletzt geänd. durch VO v. 19.6.2020 (BGBl. I S. 1328)
– Abfallverzeichnis-VO – AVV v. 10.12.2001 (BGBl. I S. 3379), zuletzt geänd. durch VO v. 30.6.2020 (BGBl. I S. 1533)
– Altfahrzeug-VO – AltfahrzeugV idF der Bek. v. 21.6.2002 (BGBl. I S. 2214), zuletzt geänd. durch VO v. 18.11.2020 (BGBl. I S. 2451)
– AltholzVO – AltholzV v. 15.8.2002 (BGBl. I S. 3302), zuletzt geänd. durch VO v. 19.6.2020 (BGBl. I S. 1328)
– AltölVO – AltölV idF der Bek. v. 16.4.2002 (BGBl. I S. 1368), zuletzt geänd. durch VO v. 5.10.2020 (BGBl. I S. 2091)
– VO über Anlagen zur biologischen Behandlung von Abfällen v. 20.2.2001 (BGBl. I S. 305, 317), zuletzt geänd. durch VO v. 13.12.2019 (BGBl. I S. 2739)
– Anzeige- und ErlaubnisVO v. 5.12.2013 (BGBl. I S. 4043), zuletzt geänd. durch VO v. 3.7.2018 (BGBl. I S. 1084)

[1)] Verkündet als Art. 1 G zur Neuordnung des Kreislaufwirtschafts- und Abfallrechts v. 24.2.2012 (BGBl. I S. 212, ber. S. 1474); Inkrafttreten gem. Art. 6 Abs. 1 Satz 1 dieses G am 1.6.2012.

§ 4 Abs. 2, § 5 Abs. 2, § 8 Abs. 2, § 10, § 11 Abs. 2 und 3, § 12 Abs. 7, § 16, § 23 Abs. 4, § 24, § 25, § 26 Abs. 1, § 36 Abs. 4 Satz 4, § 38 Abs. 1 Satz 2, § 41 Abs. 2, § 43, § 48 Satz 2, § 52, § 53 Abs. 6, § 54 Abs. 7, § 55 Abs. 2, § 57, § 59 Abs. 1 Satz 2, § 60 Abs. 3, § 61, § 65, § 67 und § 68 treten gem. Art. 6 Abs. 2 dieses G am 1.3.2012 in Kraft.

[2)] *Amtl. Anm. zum ArtikelG:*
Dieses Gesetz dient der Umsetzung der Richtlinie 2008/98/EG des Europäischen Parlaments und des Rates vom 19. November 2008 über Abfälle und zur Aufhebung bestimmter Richtlinien (ABl. L 312 vom 22.11.2008, S. 3, L 127 vom 26.5.2009, S. 24). Die Verpflichtung aus der Richtlinie 98/34/EG des Europäischen Parlaments und des Rates vom 22. Juni 2008 über ein Informationsverfahren auf dem Gebiet der technischen Vorschriften und der Vorschriften für die Dienste der Informationsgesellschaft (ABl. L 204 vom 21.7.1998, S. 37), die zuletzt durch die Richtlinie 2006/96/EG vom 20. November 2006 (ABl. L 363 vom 20.12.2006, S. 81) geändert worden ist, sind beachtet worden.

[3)] Zur Sicherstellung ordnungsgemäßer Planungs-und Genehmigungsverfahren während der COVID-19-Pandemie siehe das PlanungssicherstellungsG v. 20.5.2020 (BGBl. I S. 1041), geänd. durch G v. 3.12. 2020 (BGBl. I S. 2694).

– BatterieG – BattG v. 25.6.2009 (BGBl. I S. 1582), zuletzt geänd. durch G v. 3.11.2020 (BGBl. I S. 2280)
– BioabfallVO – BioAbfV idF der Bek. v. 4.4.2013 (BGBl. I S. 658), zuletzt geänd. durch VO v. 27.9.2017 (BGBl. I S. 3465)
– Chemikalien-KlimaschutzVO v. 2.7.2008 (BGBl. I S. 1139), zuletzt geänd. durch VO v. 19.6.2020 (BGBl. I S. 1328)
– Chemikalien-OzonschichtVO idF der Bek. v. 15.2.2012 (BGBl. I S. 409), zuletzt geänd. durch VO v. 19.6.2020 (BGBl. I S. 1328)
– DepV v. 27.4.2009 (BGBl. I S. 900), zuletzt geänd. durch VO v. 30.6.2020 (BGBl. I S. 1533)
– Elektro- und ElektronikgeräteG – ElektroG v. 20.10.2015 (BGBl. I S. 1739), zuletzt geänd. durch G v. 3.11.2020 (BGBl. I S. 2280)
– Elektro- und Elektronikgeräte-Stoff-VO v. 19.4.2013 (BGBl. I S. 1111), zuletzt geänd. durch G v. 28.4. 2020 (BGBl. I S. 960, geänd. durch G v. 19.5.2020, BGBl. I S. 1018)
– EMAS-Privilegierungs-VO – EMASPrivilegV v. 24.6.2002 (BGBl. I S. 2247), zuletzt geänd. durch VO v. 2.12.2016 (BGBl. I S. 2770)
– EntsorgungsfachbetriebeVO – EfbV v. 2.12.2016 (BGBl. I S. 2770), geänd. durch G v. 5.7.2017 (BGBl. I S. 2234)
– VO über die Entsorgung gebrauchter halogenierter Lösemittel – HKWAbfV v. 23.10.1989 (BGBl. I S. 1918), geänd. durch VO v. 20.10.2006 (BGBl. I S. 2298)
– GewinnungsabfallVO v. 27.4.2009 (BGBl. I S. 900), geänd. durch G v. 24.2.2012 (BGBl. I S. 212)
– GewerbeabfallVO – GewAbfV v. 18.4.2017 (BGBl. I S. 896), zuletzt geänd. durch G v. 23.10.2020 (BGBl. I S. 2232)
– KlärschlammVO – AbfKlärV v. 27.9.2017 (BGBl. I S. 3465), zuletzt geänd. durch VO v. 19.6.2020 (BGBl. I S. 1328)
– NachweisVO – NachwV v. 20.10.2006 (BGBl. I S. 2298), zuletzt geänd. durch G v. 23.10.2020 (BGBl. I S. 2232)
– PCB/PCT-AbfallVO – PCBAbfallV v. 26.6.2000 (BGBl. I S. 932), zuletzt geänd. durch G v. 24.2.2012 (BGBl. I S. 212)
– POP-Abfall-Überwachungs-Verordnung – POP-Abfall-ÜberwV v. 17.7.2017 (BGBl. I S. 2644), geänd. durch G v. 23.10.2020 (BGBl. I S. 2232)
– Tierische Nebenprodukte-BeseitigungsVO v. 27.7.2006 (BGBl. I S. 1735), zuletzt geänd. durch G v. 4.12.2018 (BGBl. I S. 2254)
– VersatzVO – VersatzV v. 24.7.2002 (BGBl. I S. 2833), zuletzt geänd. durch G v. 24.2.2012 (BGBl. I S. 212)

Zur Ausführung und Durchführung des KrWG haben die **Länder** ua folgende Vorschriften erlassen:
– **Hessen:** Hessisches KrWG-AusführungsG v. 6.3.2013 (GVBl. S. 80), zuletzt geänd. durch G v. 3.5.2018 (GVBl. S. 82)
– **Rheinland-Pfalz:** LandeskreislaufwirtschaftsG v. 22.11.2013 (GVBl. S. 459), zuletzt geänd. durch G v. 19.12.2018 (GVBl. S. 469)
– **Thüringen:** Thüringer KrWG-AusführungsG v. 23.11.2017 (GVBl. S. 246), geänd. durch G v. 18.12. 2018 (GVBl. S. 731)

<div align="center">

Inhaltsübersicht[1]

Teil 1. Allgemeine Vorschriften

</div>

[1] Inhaltsübersicht geänd. mWv 29.10.2020 durch G v. 23.10.2020 (BGBl. I S. 2232).

Teil 1. Allgemeine Vorschriften

§ 1 [1] **Zweck des Gesetzes.** (1) Zweck des Gesetzes ist es, die Kreislaufwirtschaft zur Schonung der natürlichen Ressourcen zu fördern und den Schutz von Mensch und Umwelt bei der Erzeugung und Bewirtschaftung von Abfällen sicherzustellen.

(2) Mit diesem Gesetz soll außerdem das Erreichen der europarechtlichen Zielvorgaben der Richtlinie 2008/98/EG des Europäischen Parlaments und des Rates vom 19. November 2008 über Abfälle und zur Aufhebung bestimmter Richtlinien (ABl. L 312 vom 22.11.2008, S. 3; L 127 vom 26.5.2009, S. 24; L 297 vom 13.11. 2015, S. 9; L 42 vom 18.2.2017, S. 43), die zuletzt durch die Richtlinie (EU) 2018/851 (ABl. L 150 vom 14.6.2018, S. 109) geändert worden ist, gefördert werden.

§ 2 [2] **Geltungsbereich.** (1) Die Vorschriften dieses Gesetzes gelten für

1. die Vermeidung von Abfällen sowie

2. die Verwertung von Abfällen,

3. die Beseitigung von Abfällen und

4. die sonstigen Maßnahmen der Abfallbewirtschaftung.

(2) Die Vorschriften dieses Gesetzes gelten nicht für

[1] § 1 Abs. 2 angef. mWv 29.10.2020 durch G v. 23.10.2020 (BGBl. I S. 2232).
[2] § 2 Abs. 2 Nr. 1 Buchst. d neu gef. mWv 1.5.2014 durch G v. 22.5.2013 (BGBl. I S. 1324); Abs. 2 Nr. 1 Buchst. b neu gef. mWv 20.5.2016 durch G v. 4.4.2016 (BGBl. I S. 569); Abs. 2 Nr. 5 geänd., Nr. 6 aufgeh., Abs. 3 angef. mWv 1.10.2017 durch G v. 27.6.2017 (BGBl. I S. 1966); Abs. 2 Nr. 3 eingef., bish. Nr. 3–5 werden Nr. 4–6 mWv 29.10.2020 durch G v. 23.10.2020 (BGBl. I S. 2232).

1. Stoffe, die zu entsorgen sind
 a) nach dem Lebensmittel- und Futtermittelgesetzbuch[1] in der Fassung der Bekanntmachung vom 22. August 2011 (BGBl. I S. 1770) in der jeweils geltenden Fassung, soweit es für Lebensmittel, Lebensmittel-Zusatzstoffe, kosmetische Mittel, Bedarfsgegenstände und mit Lebensmitteln verwechselbare Produkte gilt,
 b) nach dem Tabakerzeugnisgesetz[2] vom 4. April 2016 (BGBl. I S. 569) in der jeweils geltenden Fassung,
 c) nach dem Milch- und Margarinegesetz vom 25. Juli 1990 (BGBl. I S. 1471), das zuletzt durch Artikel 22 des Gesetzes vom 9. Dezember 2010 (BGBl. I S. 1934) geändert worden ist, in der jeweils geltenden Fassung,
 d) nach dem Tiergesundheitsgesetz[3] vom 22. Mai 2013 (BGBl. I S. 1324),
 e) nach dem Pflanzenschutzgesetz[4] in der Fassung der Bekanntmachung vom 14. Mai 1998 (BGBl. I S. 971, 1527, 3512), das zuletzt durch Artikel 14 des Gesetzes vom 9. Dezember 2010 (BGBl. I S. 1934) geändert worden ist, in der jeweils geltenden Fassung sowie
 f) nach den auf Grund der in den Buchstaben a bis e genannten Gesetze erlassenen Rechtsverordnungen,
2. tierische Nebenprodukte, soweit diese nach der Verordnung (EG) Nr. 1069/2009 des Europäischen Parlaments und des Rates vom 21. Oktober 2009 mit Hygienevorschriften für nicht für den menschlichen Verzehr bestimmte tierische Nebenprodukte und zur Aufhebung der Verordnung (EG) Nr. 1774/2002 (Verordnung über tierische Nebenprodukte) (ABl. L 300 vom 14.11.2009, S. 1) in der jeweils geltenden Fassung, nach den zu ihrer Durchführung ergangenen Rechtsakten der Europäischen Union, nach dem Tierische Nebenprodukte-Beseitigungsgesetz vom 25. Januar 2004 (BGBl. I S. 82), das zuletzt durch Artikel 19 des Gesetzes vom 9. Dezember 2010 (BGBl. I S. 1934) geändert worden ist, in der jeweils geltenden Fassung oder nach den auf Grund des Tierische Nebenprodukte-Beseitigungsgesetzes erlassenen Rechtsverordnungen abzuholen, zu sammeln, zu befördern, zu lagern, zu behandeln, zu verarbeiten, zu verwenden, zu beseitigen oder in Verkehr zu bringen sind, mit Ausnahme derjenigen tierischen Nebenprodukte, die zur Verbrennung, Lagerung auf einer Deponie oder Verwendung in einer Biogas- oder Kompostieranlage bestimmt sind,
3. Stoffe, die
 a) bestimmt sind für die Verwendung als Einzelfuttermittel gemäß Artikel 3 Absatz 2 Buchstabe g der Verordnung (EG) Nr. 767/2009 des Europäischen Parlaments und des Rates vom 13. Juli 2009 über das Inverkehrbringen und die Verwendung von Futtermitteln, zur Änderung der Verordnung (EG) Nr. 1831/2003 des Europäischen Parlaments und des Rates und zur Aufhebung der Richtlinien 79/373/EWG des Rates, 80/511/EWG der Kommission, 82/471/EWG des Rates, 83/228/EWG des Rates, 93/74/EWG des Rates, 93/113/EG des Rates und 96/25/EG des Rates und der Entscheidung 2004/217/EG der Kommission (ABl. L 229 vom 1.9.2009, S. 1; L 192 vom 22.7.2011, S. 71), die zuletzt durch die Verordnung (EU) 2018/1903 (ABl. L 310 vom 6.12.2018, S. 22) geändert worden ist, und

[1] Sartorius ErgBd. Nr. 862.
[2] Sartorius ErgBd. Nr. 861.
[3] Nr. 870.
[4] Nr. 863.

b) weder aus tierischen Nebenprodukten bestehen noch tierische Nebenprodukte enthalten,

4. Körper von Tieren, die nicht durch Schlachtung zu Tode gekommen sind, einschließlich von solchen Tieren, die zur Tilgung von Tierseuchen getötet wurden, soweit diese Tierkörper nach den in Nummer 2 genannten Rechtsvorschriften zu beseitigen oder zu verarbeiten sind,

5. Fäkalien, soweit sie nicht durch Nummer 2 erfasst werden, Stroh und andere natürliche nicht gefährliche land- oder forstwirtschaftliche Materialien, die in der Land- oder Forstwirtschaft oder zur Energieerzeugung aus einer solchen Biomasse durch Verfahren oder Methoden verwendet werden, die die Umwelt nicht schädigen oder die menschliche Gesundheit nicht gefährden,

6. Kernbrennstoffe und sonstige radioaktive Stoffe im Sinne des Atomgesetzes[1] oder des Strahlenschutzgesetzes,

7. Abfälle, die unmittelbar beim Aufsuchen, Gewinnen und Aufbereiten sowie bei der damit zusammenhängenden Lagerung von Bodenschätzen in Betrieben anfallen, die der Bergaufsicht unterstehen und die nach dem Bundesberggesetz[2] vom 13. August 1980 (BGBl. I S. 1310), das zuletzt durch Artikel 15a des Gesetzes vom 31. Juli 2009 (BGBl. I S. 2585) geändert worden ist, in der jeweils geltenden Fassung und den auf Grund des Bundesberggesetzes erlassenen Rechtsverordnungen unter Bergaufsicht entsorgt werden,

8. gasförmige Stoffe, die nicht in Behältern gefasst sind,

9. Stoffe, sobald sie in Gewässer oder Abwasseranlagen eingeleitet oder eingebracht werden,

10. Böden am Ursprungsort (Böden in situ), einschließlich nicht ausgehobener, kontaminierter Böden und Bauwerke, die dauerhaft mit dem Grund und Boden verbunden sind,

11. nicht kontaminiertes Bodenmaterial und andere natürlich vorkommende Materialien, die bei Bauarbeiten ausgehoben wurden, sofern sichergestellt ist, dass die Materialien in ihrem natürlichen Zustand an dem Ort, an dem sie ausgehoben wurden, für Bauzwecke verwendet werden,

12. Sedimente, die zum Zweck der Bewirtschaftung von Gewässern, der Unterhaltung oder des Ausbaus von Wasserstraßen sowie der Vorbeugung gegen Überschwemmungen oder der Abschwächung der Auswirkungen von Überschwemmungen und Dürren oder zur Landgewinnung innerhalb von Oberflächengewässern umgelagert werden, sofern die Sedimente nachweislich nicht gefährlich sind,

13. die Erfassung und Übergabe von Schiffsabfällen und Ladungsrückständen, soweit dies auf Grund internationaler oder supranationaler Übereinkommen durch Bundes- oder Landesrecht geregelt wird,

14. das Aufsuchen, Bergen, Befördern, Lagern, Behandeln und Vernichten von Kampfmitteln sowie

15. Kohlendioxid, das für den Zweck der dauerhaften Speicherung abgeschieden, transportiert und in Kohlendioxidspeichern gespeichert wird, oder das in Forschungsspeichern gespeichert wird.

(3) Die Vorschriften dieses Gesetzes gelten nach Maßgabe der besonderen Vorschriften des Strahlenschutzgesetzes und der auf Grund des Strahlenschutzgesetzes

[1] Nr. **835.**
[2] **Sartorius III Nr. 460.**

erlassenen Rechtsverordnungen auch für die Entsorgung von Abfällen, die infolge eines Notfalls im Sinne des Strahlenschutzgesetzes radioaktiv kontaminiert sind oder radioaktiv kontaminiert sein können.

§ 3[1) Begriffsbestimmungen. (1) [1]Abfälle im Sinne dieses Gesetzes sind alle Stoffe oder Gegenstände, derer sich ihr Besitzer entledigt, entledigen will oder entledigen muss. [2]Abfälle zur Verwertung sind Abfälle, die verwertet werden; Abfälle, die nicht verwertet werden, sind Abfälle zur Beseitigung.

(2) Eine Entledigung im Sinne des Absatzes 1 ist anzunehmen, wenn der Besitzer Stoffe oder Gegenstände einer Verwertung im Sinne der Anlage 2 oder einer Beseitigung im Sinne der Anlage 1 zuführt oder die tatsächliche Sachherrschaft über sie unter Wegfall jeder weiteren Zweckbestimmung aufgibt.

(3) [1]Der Wille zur Entledigung im Sinne des Absatzes 1 ist hinsichtlich solcher Stoffe oder Gegenstände anzunehmen,

1. die bei der Energieumwandlung, Herstellung, Behandlung oder Nutzung von Stoffen oder Erzeugnissen oder bei Dienstleistungen anfallen, ohne dass der Zweck der jeweiligen Handlung hierauf gerichtet ist, oder

2. deren ursprüngliche Zweckbestimmung entfällt oder aufgegeben wird, ohne dass ein neuer Verwendungszweck unmittelbar an deren Stelle tritt.

[2]Für die Beurteilung der Zweckbestimmung ist die Auffassung des Erzeugers oder Besitzers unter Berücksichtigung der Verkehrsanschauung zugrunde zu legen.

(4) Der Besitzer muss sich Stoffen oder Gegenständen im Sinne des Absatzes 1 entledigen, wenn diese nicht mehr entsprechend ihrer ursprünglichen Zweckbestimmung verwendet werden, auf Grund ihres konkreten Zustandes geeignet sind, gegenwärtig oder künftig das Wohl der Allgemeinheit, insbesondere die Umwelt, zu gefährden und deren Gefährdungspotenzial nur durch eine ordnungsgemäße und schadlose Verwertung oder gemeinwohlverträgliche Beseitigung nach den Vorschriften dieses Gesetzes und der auf Grund dieses Gesetzes erlassenen Rechtsverordnungen ausgeschlossen werden kann.

(5) [1]Gefährlich im Sinne dieses Gesetzes sind die Abfälle, die durch Rechtsverordnung nach § 48 Satz 2 oder auf Grund einer solchen Rechtsverordnung bestimmt worden sind. [2]Nicht gefährlich im Sinne dieses Gesetzes sind alle übrigen Abfälle.

(5a) [1]Siedlungsabfälle im Sinne von § 14 Absatz 1, § 15 Absatz 4, § 30 Absatz 6 Nummer 9 Buchstabe b sind gemischt und getrennt gesammelte Abfälle

1. aus privaten Haushaltungen, insbesondere Papier und Pappe, Glas, Metall, Kunststoff, Bioabfälle, Holz, Textilien, Verpackungen, Elektro- und Elektronik-Altgeräte, Altbatterien und Altakkumulatoren sowie Sperrmüll, einschließlich Matratzen und Möbel, und

2. aus anderen Herkunftsbereichen, wenn diese Abfälle auf Grund ihrer Beschaffenheit und Zusammensetzung mit Abfällen aus privaten Haushaltungen vergleichbar sind.

[2]Keine Siedlungsabfälle im Sinne des Satzes 1 sind

a) Abfälle aus Produktion,

b) Abfälle aus Landwirtschaft,

[1) § 3 Abs. 5a und 6a eingef., Abs. 7 Nr. 3 neu gef., Abs. 7a und 7b eingef., Abs. 14 neu gef., Abs. 23a und 25a eingef. mWv 29.10.2020 durch G v. 23.10.2020 (BGBl. I S. 2232).

c) Abfälle aus Forstwirtschaft,
d) Abfälle aus Fischerei,
e) Abfälle aus Abwasseranlagen,
f) Bau- und Abbruchabfälle und
g) Altfahrzeuge.

(6) [1] Inertabfälle im Sinne dieses Gesetzes sind mineralische Abfälle,
1. die keinen wesentlichen physikalischen, chemischen oder biologischen Veränderungen unterliegen,
2. die sich nicht auflösen, nicht brennen und nicht in anderer Weise physikalisch oder chemisch reagieren,
3. die sich nicht biologisch abbauen und
4. die andere Materialien, mit denen sie in Kontakt kommen, nicht in einer Weise beeinträchtigen, die zu nachteiligen Auswirkungen auf Mensch und Umwelt führen könnte.

[2] Die gesamte Auslaugbarkeit und der Schadstoffgehalt der Abfälle sowie die Ökotoxizität des Sickerwassers müssen unerheblich sein und dürfen insbesondere nicht die Qualität von Oberflächen- oder Grundwasser gefährden.

(6a) Bau- und Abbruchabfälle im Sinne dieses Gesetzes sind Abfälle, die durch Bau- und Abbruchtätigkeiten entstehen.

(7) Bioabfälle im Sinne dieses Gesetzes sind biologisch abbaubare pflanzliche, tierische oder aus Pilzmaterialien bestehende
1. Garten- und Parkabfälle,
2. Landschaftspflegeabfälle,
3. Nahrungsmittel- und Küchenabfälle aus privaten Haushaltungen, aus dem Gaststätten-, Kantinen- und Cateringgewerbe, aus Büros und aus dem Groß- und Einzelhandel sowie mit den genannten Abfällen vergleichbare Abfälle aus Nahrungsmittelverarbeitungsbetrieben und
4. Abfälle aus sonstigen Herkunftsbereichen, die den in den Nummern 1 bis 3 genannten Abfällen nach Art, Beschaffenheit oder stofflichen Eigenschaften vergleichbar sind.

(7a) Lebensmittelabfälle im Sinne dieses Gesetzes sind alle Lebensmittel gemäß Artikel 2 der Verordnung (EG) Nr. 178/2002[1] des Europäischen Parlaments und des Rates vom 28. Januar 2002 zur Festlegung der allgemeinen Grundsätze und Anforderungen des Lebensmittelrechts, zur Errichtung der Europäischen Behörde für Lebensmittelsicherheit und zur Festlegung von Verfahren zur Lebensmittelsicherheit (ABl. L 31 vom 1.2.2002, S. 1), die zuletzt durch die Verordnung (EU) 2017/228 (ABl. L 35 vom 10.2.2017, S. 10) geändert worden ist, die zu Abfall geworden sind.

(7b) Rezyklate im Sinne dieses Gesetzes sind sekundäre Rohstoffe, die durch die Verwertung von Abfällen gewonnen worden sind oder bei der Beseitigung von Abfällen anfallen und für die Herstellung von Erzeugnissen geeignet sind.

(8) Erzeuger von Abfällen im Sinne dieses Gesetzes ist jede natürliche oder juristische Person,
1. durch deren Tätigkeit Abfälle anfallen (Ersterzeuger) oder

[1] **Sartorius ErgBd. Nr. 860.**

2. die Vorbehandlungen, Mischungen oder sonstige Behandlungen vornimmt, die eine Veränderung der Beschaffenheit oder der Zusammensetzung dieser Abfälle bewirkt (Zweiterzeuger).

(9) Besitzer von Abfällen im Sinne dieses Gesetzes ist jede natürliche oder juristische Person, die die tatsächliche Sachherrschaft über Abfälle hat.

(10) Sammler von Abfällen im Sinne dieses Gesetzes ist jede natürliche oder juristische Person, die gewerbsmäßig oder im Rahmen wirtschaftlicher Unternehmen, das heißt, aus Anlass einer anderweitigen gewerblichen oder wirtschaftlichen Tätigkeit, die nicht auf die Sammlung von Abfällen gerichtet ist, Abfälle sammelt.

(11) Beförderer von Abfällen im Sinne dieses Gesetzes ist jede natürliche oder juristische Person, die gewerbsmäßig oder im Rahmen wirtschaftlicher Unternehmen, das heißt, aus Anlass einer anderweitigen gewerblichen oder wirtschaftlichen Tätigkeit, die nicht auf die Beförderung von Abfällen gerichtet ist, Abfälle befördert.

(12) Händler von Abfällen im Sinne dieses Gesetzes ist jede natürliche oder juristische Person, die gewerbsmäßig oder im Rahmen wirtschaftlicher Unternehmen, das heißt, aus Anlass einer anderweitigen gewerblichen oder wirtschaftlichen Tätigkeit, die nicht auf das Handeln mit Abfällen gerichtet ist, oder öffentlicher Einrichtungen in eigener Verantwortung Abfälle erwirbt und weiterveräußert; die Erlangung der tatsächlichen Sachherrschaft über die Abfälle ist hierfür nicht erforderlich.

(13) Makler von Abfällen im Sinne dieses Gesetzes ist jede natürliche oder juristische Person, die gewerbsmäßig oder im Rahmen wirtschaftlicher Unternehmen, das heißt, aus Anlass einer anderweitigen gewerblichen oder wirtschaftlichen Tätigkeit, die nicht auf das Makeln von Abfällen gerichtet ist, oder öffentlicher Einrichtungen für die Bewirtschaftung von Abfällen für Dritte sorgt; die Erlangung der tatsächlichen Sachherrschaft über die Abfälle ist hierfür nicht erforderlich.

(14) ¹Abfallbewirtschaftung im Sinne dieses Gesetzes ist die Bereitstellung, die Überlassung, die Sammlung, die Beförderung sowie die Verwertung und die Beseitigung von Abfällen; die beiden letztgenannten Verfahren schließen die Sortierung der Abfälle ein. ²Zur Abfallbewirtschaftung zählen auch die Überwachung der Tätigkeiten und Verfahren im Sinne des Satzes 1, die Nachsorge von Beseitigungsanlagen und die Tätigkeiten, die von Händlern und Maklern durchgeführt werden.

(15) Sammlung im Sinne dieses Gesetzes ist das Einsammeln von Abfällen, einschließlich deren vorläufiger Sortierung und vorläufiger Lagerung zum Zweck der Beförderung zu einer Abfallbehandlungsanlage.

(16) Getrennte Sammlung im Sinne dieses Gesetzes ist eine Sammlung, bei der ein Abfallstrom nach Art und Beschaffenheit des Abfalls getrennt gehalten wird, um eine bestimmte Behandlung zu erleichtern oder zu ermöglichen.

(17) ¹*Eine gemeinnützige Sammlung von Abfällen im Sinne dieses Gesetzes ist* eine Sammlung, die durch eine nach § 5 Absatz 1 Nummer 9 des Körperschaftsteuergesetzes in der Fassung der Bekanntmachung vom 15. Oktober 2002 (BGBl. I S. 4144), das zuletzt durch Artikel 8 des Gesetzes vom 22. Juni 2011 (BGBl. I S. 1126) geändert worden ist, in der jeweils geltenden Fassung steuerbefreite Körperschaft, Personenvereinigung oder Vermögensmasse getragen wird und der Beschaffung von Mitteln zur Verwirklichung ihrer gemeinnützigen, mildtätigen oder kirchlichen Zwecke im Sinne der §§ 52 bis 54 der Abgabenordnung dient. ²Um eine gemeinnützige Sammlung von Abfällen handelt es sich auch

dann, wenn die Körperschaft, Personenvereinigung oder Vermögensmasse nach Satz 1 einen gewerblichen Sammler mit der Sammlung beauftragt und dieser den Veräußerungserlös nach Abzug seiner Kosten und eines angemessenen Gewinns vollständig an die Körperschaft, Personenvereinigung oder Vermögensmasse auskehrt.

(18) [1] Eine gewerbliche Sammlung von Abfällen im Sinne dieses Gesetzes ist eine Sammlung, die zum Zweck der Einnahmeerzielung erfolgt. [2] Die Durchführung der Sammeltätigkeit auf der Grundlage vertraglicher Bindungen zwischen dem Sammler und der privaten Haushaltung in dauerhaften Strukturen steht einer gewerblichen Sammlung nicht entgegen.

(19) Kreislaufwirtschaft im Sinne dieses Gesetzes sind die Vermeidung und Verwertung von Abfällen.

(20) [1] Vermeidung im Sinne dieses Gesetzes ist jede Maßnahme, die ergriffen wird, bevor ein Stoff, Material oder Erzeugnis zu Abfall geworden ist, und dazu dient, die Abfallmenge, die schädlichen Auswirkungen des Abfalls auf Mensch und Umwelt oder den Gehalt an schädlichen Stoffen in Materialien und Erzeugnissen zu verringern. [2] Hierzu zählen insbesondere die anlageninterne Kreislaufführung von Stoffen, die abfallarme Produktgestaltung, die Wiederverwendung von Erzeugnissen oder die Verlängerung ihrer Lebensdauer sowie ein Konsumverhalten, das auf den Erwerb von abfall- und schadstoffarmen Produkten sowie die Nutzung von Mehrwegverpackungen gerichtet ist.

(21) Wiederverwendung im Sinne dieses Gesetzes ist jedes Verfahren, bei dem Erzeugnisse oder Bestandteile, die keine Abfälle sind, wieder für denselben Zweck verwendet werden, für den sie ursprünglich bestimmt waren.

(22) Abfallentsorgung im Sinne dieses Gesetzes sind Verwertungs- und Beseitigungsverfahren, einschließlich der Vorbereitung vor der Verwertung oder Beseitigung.

(23) [1] Verwertung im Sinne dieses Gesetzes ist jedes Verfahren, als dessen Hauptergebnis die Abfälle innerhalb der Anlage oder in der weiteren Wirtschaft einem sinnvollen Zweck zugeführt werden, indem sie entweder andere Materialien ersetzen, die sonst zur Erfüllung einer bestimmten Funktion verwendet worden wären, oder indem die Abfälle so vorbereitet werden, dass sie diese Funktion erfüllen. [2] Anlage 2 enthält eine nicht abschließende Liste von Verwertungsverfahren.

(23a) [1] Stoffliche Verwertung im Sinne dieses Gesetzes ist jedes Verwertungsverfahren mit Ausnahme der energetischen Verwertung und der Aufbereitung zu Materialien, die für die Verwendung als Brennstoff oder als anderes Mittel der Energieerzeugung bestimmt sind. [2] Zur stofflichen Verwertung zählen insbesondere die Vorbereitung zur Wiederverwendung, das Recycling und die Verfüllung.

(24) Vorbereitung zur Wiederverwendung im Sinne dieses Gesetzes ist jedes Verwertungsverfahren der Prüfung, Reinigung oder Reparatur, bei dem Erzeugnisse oder Bestandteile von Erzeugnissen, die zu Abfällen geworden sind, so vorbereitet werden, dass sie ohne weitere Vorbehandlung wieder für denselben Zweck verwendet werden können, für den sie ursprünglich bestimmt waren.

(25) Recycling im Sinne dieses Gesetzes ist jedes Verwertungsverfahren, durch das Abfälle zu Erzeugnissen, Materialien oder Stoffen entweder für den ursprünglichen Zweck oder für andere Zwecke aufbereitet werden; es schließt die Aufbereitung organischer Materialien ein, nicht aber die energetische Verwertung und die Aufbereitung zu Materialien, die für die Verwendung als Brennstoff oder zur Verfüllung bestimmt sind.

(25a) [1] Verfüllung im Sinne dieses Gesetzes ist jedes Verwertungsverfahren, bei dem geeignete nicht gefährliche Abfälle zur Rekultivierung von Abgrabungen oder zu bautechnischen Zwecken bei der Landschaftsgestaltung verwendet werden. [2] Abfälle im Sinne des Satzes 1 sind solche, die Materialien ersetzen, die keine Abfälle sind, die für die vorstehend genannten Zwecke geeignet sind und auf die für die Erfüllung dieser Zwecke unbedingt erforderlichen Mengen beschränkt werden.

(26) [1] Beseitigung im Sinne dieses Gesetzes ist jedes Verfahren, das keine Verwertung ist, auch wenn das Verfahren zur Nebenfolge hat, dass Stoffe oder Energie zurückgewonnen werden. [2] Anlage 1 enthält eine nicht abschließende Liste von Beseitigungsverfahren.

(27) [1] Deponien im Sinne dieses Gesetzes sind Beseitigungsanlagen zur Ablagerung von Abfällen oberhalb der Erdoberfläche (oberirdische Deponien) oder unterhalb der Erdoberfläche (Untertagedeponien). [2] Zu den Deponien zählen auch betriebsinterne Abfallbeseitigungsanlagen für die Ablagerung von Abfällen, in denen ein Erzeuger von Abfällen die Abfallbeseitigung am Erzeugungsort vornimmt.

(28) [1] Stand der Technik im Sinne dieses Gesetzes ist der Entwicklungsstand fortschrittlicher Verfahren, Einrichtungen oder Betriebsweisen, der die praktische Eignung einer Maßnahme zur Begrenzung von Emissionen in Luft, Wasser und Boden, zur Gewährleistung der Anlagensicherheit, zur Gewährleistung einer umweltverträglichen Abfallentsorgung oder sonst zur Vermeidung oder Verminderung von Auswirkungen auf die Umwelt zur Erreichung eines allgemein hohen Schutzniveaus für die Umwelt insgesamt gesichert erscheinen lässt. [2] Bei der Bestimmung des Standes der Technik sind insbesondere die in Anlage 3 aufgeführten Kriterien zu berücksichtigen.

§ 4 Nebenprodukte. (1) Fällt ein Stoff oder Gegenstand bei einem Herstellungsverfahren an, dessen hauptsächlicher Zweck nicht auf die Herstellung dieses Stoffes oder Gegenstandes gerichtet ist, ist er als Nebenprodukt und nicht als Abfall anzusehen, wenn

1. sichergestellt ist, dass der Stoff oder Gegenstand weiter verwendet wird,

2. eine weitere, über ein normales industrielles Verfahren hinausgehende Vorbehandlung hierfür nicht erforderlich ist,

3. der Stoff oder Gegenstand als integraler Bestandteil eines Herstellungsprozesses erzeugt wird und

4. die weitere Verwendung rechtmäßig ist; dies ist der Fall, wenn der Stoff oder Gegenstand alle für seine jeweilige Verwendung anzuwendenden Produkt-, Umwelt- und Gesundheitsschutzanforderungen erfüllt und insgesamt nicht zu schädlichen Auswirkungen auf Mensch und Umwelt führt.

(2) Die Bundesregierung wird ermächtigt, nach Anhörung der beteiligten Kreise (§ 68) durch Rechtsverordnung mit Zustimmung des Bundesrates nach Maßgabe der in Absatz 1 genannten Anforderungen Kriterien zu bestimmen, nach denen bestimmte Stoffe oder Gegenstände als Nebenprodukt anzusehen sind, und Anforderungen zum Schutz von Mensch und Umwelt festzulegen.

§ 5[1] Ende der Abfalleigenschaft. (1) Die Abfalleigenschaft eines Stoffes oder Gegenstandes endet, wenn dieser ein Recycling oder ein anderes Verwertungsverfahren durchlaufen hat und so beschaffen ist, dass

1. er üblicherweise für bestimmte Zwecke verwendet wird,
2. ein Markt für ihn oder eine Nachfrage nach ihm besteht,
3. er alle für seine jeweilige Zweckbestimmung geltenden technischen Anforderungen sowie alle Rechtsvorschriften und anwendbaren Normen für Erzeugnisse erfüllt sowie
4. seine Verwendung insgesamt nicht zu schädlichen Auswirkungen auf Mensch oder Umwelt führt.

(2) ¹Die Bundesregierung wird ermächtigt, nach Anhörung der beteiligten Kreise (§ 68) durch Rechtsverordnung mit Zustimmung des Bundesrates nach Maßgabe der in Absatz 1 genannten Anforderungen die Bedingungen näher zu bestimmen, unter denen für bestimmte Stoffe und Gegenstände die Abfalleigenschaft endet. ²Diese Bedingungen müssen ein hohes Maß an Schutz für Mensch und Umwelt sicherstellen und die umsichtige, sparsame und effiziente Verwendung der natürlichen Ressourcen ermöglichen. ³In der Rechtsverordnung ist insbesondere zu bestimmen:

1. welche Abfälle der Verwertung zugeführt werden dürfen,
2. welche Behandlungsverfahren und -methoden zulässig sind,
3. die Qualitätskriterien, soweit erforderlich auch Schadstoffgrenzwerte, für Stoffe und Gegenstände im Sinne des Absatzes 1; die Qualitätskriterien müssen im Einklang mit den geltenden technischen Anforderungen, Rechtsvorschriften oder Normen für Erzeugnisse stehen,
4. die Anforderungen an Managementsysteme, mit denen die Einhaltung der Kriterien für das Ende der Abfalleigenschaft nachgewiesen wird, einschließlich der Anforderungen
 a) an die Qualitätskontrolle und die Eigenüberwachung und
 b) an eine Akkreditierung oder sonstige Form der Fremdüberwachung der Managementsysteme, soweit dies erforderlich ist, sowie
5. das Erfordernis und die Inhalte einer Konformitätserklärung.

Teil 2. Grundsätze und Pflichten der Erzeuger und Besitzer von Abfällen sowie der öffentlich-rechtlichen Entsorgungsträger

Abschnitt 1. Grundsätze der Abfallvermeidung und Abfallbewirtschaftung

§ 6[2] Abfallhierarchie. (1) Maßnahmen der Vermeidung und der Abfallbewirtschaftung stehen in folgender Rangfolge:

1. Vermeidung,
2. Vorbereitung zur Wiederverwendung,
3. Recycling,
4. sonstige Verwertung, insbesondere energetische Verwertung und Verfüllung,
5. Beseitigung.

[1] § 5 Abs. 1 einl. Satzteil geänd., Abs. 2 neu gef. mWv 29.10.2020 durch G v. 23.10.2020 (BGBl. I S. 2232).
[2] § 6 Abs. 3 angef. mWv 29.10.2020 durch G v. 23.10.2020 (BGBl. I S. 2232).

(2) [1]Ausgehend von der Rangfolge nach Absatz 1 soll nach Maßgabe der §§ 7 und 8 diejenige Maßnahme Vorrang haben, die den Schutz von Mensch und Umwelt bei der Erzeugung und Bewirtschaftung von Abfällen unter Berücksichtigung des Vorsorge- und Nachhaltigkeitsprinzips am besten gewährleistet. [2]Für die Betrachtung der Auswirkungen auf Mensch und Umwelt nach Satz 1 ist der gesamte Lebenszyklus des Abfalls zugrunde zu legen. [3]Hierbei sind insbesondere zu berücksichtigen

1. die zu erwartenden Emissionen,
2. das Maß der Schonung der natürlichen Ressourcen,
3. die einzusetzende oder zu gewinnende Energie sowie
4. die Anreicherung von Schadstoffen in Erzeugnissen, in Abfällen zur Verwertung oder in daraus gewonnenen Erzeugnissen.

[4]Die technische Möglichkeit, die wirtschaftliche Zumutbarkeit und die sozialen Folgen der Maßnahme sind zu beachten.

(3) Die Anlage 5 enthält eine nicht abschließende Liste von Beispielen für Maßnahmen und wirtschaftliche Instrumente zur Schaffung von Anreizen für die Anwendung der Abfallhierarchie von Verwertungsverfahren.

Abschnitt 2. Kreislaufwirtschaft

§ 7 Grundpflichten der Kreislaufwirtschaft. (1) Die Pflichten zur Abfallvermeidung richten sich nach § 13 sowie den Rechtsverordnungen, die auf Grund der §§ 24 und 25 erlassen worden sind.

(2) [1]Die Erzeuger oder Besitzer von Abfällen sind zur Verwertung ihrer Abfälle verpflichtet. [2]Die Verwertung von Abfällen hat Vorrang vor deren Beseitigung. [3]Der Vorrang entfällt, wenn die Beseitigung der Abfälle den Schutz von Mensch und Umwelt nach Maßgabe des § 6 Absatz 2 Satz 2 und 3 am besten gewährleistet. [4]Der Vorrang gilt nicht für Abfälle, die unmittelbar und üblicherweise durch Maßnahmen der Forschung und Entwicklung anfallen.

(3) [1]Die Verwertung von Abfällen, insbesondere durch ihre Einbindung in Erzeugnisse, hat ordnungsgemäß und schadlos zu erfolgen. [2]Die Verwertung erfolgt ordnungsgemäß, wenn sie im Einklang mit den Vorschriften dieses Gesetzes und anderen öffentlich-rechtlichen Vorschriften steht. [3]Sie erfolgt schadlos, wenn nach der Beschaffenheit der Abfälle, dem Ausmaß der Verunreinigungen und der Art der Verwertung Beeinträchtigungen des Wohls der Allgemeinheit nicht zu erwarten sind, insbesondere keine Schadstoffanreicherung im Wertstoffkreislauf erfolgt.

(4) [1]Die Pflicht zur Verwertung von Abfällen ist zu erfüllen, soweit dies technisch möglich und wirtschaftlich zumutbar ist, insbesondere für einen gewonnenen Stoff oder gewonnene Energie ein Markt vorhanden ist oder geschaffen werden kann. [2]Die Verwertung von Abfällen ist auch dann technisch möglich, wenn hierzu eine Vorbehandlung erforderlich ist. [3]Die wirtschaftliche Zumutbarkeit ist gegeben, wenn die mit der Verwertung verbundenen Kosten nicht außer Verhältnis zu den Kosten stehen, die für eine Abfallbeseitigung zu tragen wären.

§ 7a[1) Chemikalien- und Produktrecht. (1) Natürliche oder juristische Personen, die Stoffe und Gegenstände, deren Abfalleigenschaft beendet ist, erstmals verwenden oder erstmals in Verkehr bringen, haben dafür zu sorgen, dass diese

[1) § 7a eingef. mWv 29.10.2020 durch G v. 23.10.2020 (BGBl. I S. 2232).

Stoffe oder Gegenstände den geltenden Anforderungen des Chemikalien- und Produktrechts genügen.

(2) Bevor für Stoffe und Gegenstände die in Absatz 1 genannten Rechtsvorschriften zur Anwendung kommen, muss ihre Abfalleigenschaft gemäß den Anforderungen nach § 5 Absatz 1 beendet sein.

§ 8[1]) Rangfolge und Hochwertigkeit der Verwertungsmaßnahmen.

(1) [1]Bei der Erfüllung der Verwertungspflicht nach § 7 Absatz 2 Satz 1 hat diejenige der in § 6 Absatz 1 Nummer 2 bis 4 genannten Verwertungsmaßnahmen Vorrang, die den Schutz von Mensch und Umwelt nach der Art und Beschaffenheit des Abfalls unter Berücksichtigung der in § 6 Absatz 2 Satz 2 und 3 festgelegten Kriterien am besten gewährleistet. [2]Zwischen mehreren gleichrangigen Verwertungsmaßnahmen besteht ein Wahlrecht des Erzeugers oder Besitzers von Abfällen. [3]Bei der Ausgestaltung der nach Satz 1 oder 2 durchzuführenden Verwertungsmaßnahme ist eine den Schutz von Mensch und Umwelt am besten gewährleistende, hochwertige Verwertung anzustreben. [4]§ 7 Absatz 4 findet auf die Sätze 1 bis 3 entsprechende Anwendung.

(2) [1]Die Bundesregierung bestimmt nach Anhörung der beteiligten Kreise (§ 68) durch Rechtsverordnung[2]) mit Zustimmung des Bundesrates für bestimmte Abfallarten auf Grund der in § 6 Absatz 2 Satz 2 und 3 festgelegten Kriterien

1. den Vorrang oder Gleichrang einer Verwertungsmaßnahme und
2. Anforderungen an die Hochwertigkeit der Verwertung.

[2]Durch Rechtsverordnung nach Satz 1 kann insbesondere bestimmt werden, dass die Verwertung des Abfalls entsprechend seiner Art, Beschaffenheit, Menge und Inhaltsstoffe durch mehrfache, hintereinander geschaltete stoffliche und anschließende energetische Verwertungsmaßnahmen (Kaskadennutzung) zu erfolgen hat.

§ 9[3]) Getrennte Sammlung und Behandlung von Abfällen zur Verwertung.
(1) Soweit dies zur Erfüllung der Anforderungen nach § 7 Absatz 2 bis 4 und § 8 Absatz 1 erforderlich ist, sind Abfälle getrennt zu sammeln und zu behandeln.

(2) Im Rahmen der Behandlung sind unter den in Absatz 1 genannten Voraussetzungen gefährliche Stoffe, Gemische oder Bestandteile aus den Abfällen zu entfernen und nach den Anforderungen dieses Gesetzes zu verwerten oder zu beseitigen.

(3) Eine getrennte Sammlung von Abfällen ist nicht erforderlich, wenn

1. die gemeinsame Sammlung der Abfälle deren Potential zur Vorbereitung zur Wiederverwendung, zum Recycling oder zu sonstigen Verwertungsverfahren unter Beachtung der Vorgaben des § 8 Absatz 1 nicht beeinträchtigt und wenn in diesen Verfahren mit einer gemeinsamen Sammlung verschiedener Abfallarten ein Abfallstrom erreicht wird, dessen Qualität mit dem Abfallstrom vergleichbar ist, der mit einer getrennten Sammlung erreicht wird,
2. die getrennte Sammlung der Abfälle unter Berücksichtigung der von ihrer Bewirtschaftung ausgehenden Umweltauswirkungen den Schutz von Mensch und Umwelt nicht am besten gewährleistet,

[1]) § 8 Abs. 3 aufgeh. mWv 1.6.2017 durch G v. 27.3.2017 (BGBl. I S. 567).
[2]) Siehe die Anmerkung am Titel.
[3]) § 9 Überschrift neu gef., Abs. 1 geänd., Abs. 2 neu gef., Abs. 3 und 4 angef. mWv 29.10.2020 durch G v. 23.10.2020 (BGBl. I S. 2232).

3. die getrennte Sammlung unter Berücksichtigung guter Praxis der Abfallsammlung technisch nicht möglich ist oder

4. die getrennte Sammlung im Vergleich zur gemeinsamen Sammlung für den Verpflichteten unverhältnismäßig hohe Kosten verursachen würde; dabei sind zu berücksichtigen:

a) die Kosten nachteiliger Auswirkungen auf Mensch und Umwelt, die mit einer gemeinsamen Sammlung und der nachfolgenden Behandlung der Abfälle verbunden sind,

b) die Möglichkeit von Effizienzsteigerungen bei der Abfallsammlung und -behandlung und

c) die Möglichkeit, aus der Vermarktung der getrennt gesammelten Abfälle Erlöse zu erzielen.

(4) ¹Soweit Abfälle zur Vorbereitung zur Wiederverwendung oder zum Recycling getrennt gesammelt worden sind, ist eine energetische Verwertung nur zulässig für die Abfallfraktionen, die bei der nachgelagerten Behandlung der getrennt gesammelten Abfälle angefallen sind, und nur soweit die energetische Verwertung dieser Abfallfraktionen den Schutz von Mensch und Umwelt unter Berücksichtigung der in § 6 Absatz 2 Satz 2 und 3 festgelegten Kriterien am besten oder in gleichwertiger Weise wie die Vorbereitung zur Wiederverwendung oder das Recycling gewährleistet. ²§ 7 Absatz 4 gilt entsprechend.

§ 9a¹⁾ Vermischungsverbot und Behandlung gefährlicher Abfälle.

(1) Die Vermischung, einschließlich der Verdünnung, gefährlicher Abfälle mit anderen Kategorien von gefährlichen Abfällen oder mit anderen Abfällen, Stoffen oder Materialien ist unzulässig.

(2) Abweichend von Absatz 1 ist eine Vermischung ausnahmsweise zulässig, wenn

1. sie in einer nach diesem Gesetz oder nach dem Bundes-Immissionsschutzgesetz²⁾ hierfür zugelassenen Anlage erfolgt,

2. die Anforderungen an eine ordnungsgemäße und schadlose Verwertung nach § 7 Absatz 3 eingehalten werden und schädliche Auswirkungen der Abfallbewirtschaftung auf Mensch und Umwelt durch die Vermischung nicht verstärkt werden und

3. das Vermischungsverfahren dem Stand der Technik entspricht.

(3) ¹Sind gefährliche Abfälle in unzulässiger Weise vermischt worden, sind die Erzeuger und Besitzer der Abfälle verpflichtet, diese unverzüglich zu trennen, soweit die Trennung zur ordnungsgemäßen und schadlosen Verwertung der Abfälle nach § 7 Absatz 3 erforderlich ist. ²Ist eine Trennung zum Zweck der ordnungsgemäßen und schadlosen Verwertung nicht erforderlich oder zwar erforderlich, aber technisch nicht möglich oder wirtschaftlich nicht zumutbar, sind die Erzeuger und Besitzer der gemischten Abfälle verpflichtet, diese unverzüglich in einer Anlage zu behandeln, die nach diesem Gesetz oder nach dem Bundes-Immissionsschutzgesetz hierfür zugelassen ist.

¹⁾ § 9a eingef. mWv 29.10.2020 durch G v. 23.10.2020 (BGBl. I S. 2232).
²⁾ Nr. **296**.

§ 10[1] **Anforderungen an die Kreislaufwirtschaft.** (1) Die Bundesregierung wird ermächtigt, nach Anhörung der beteiligten Kreise (§ 68) durch Rechtsverordnung[2] mit Zustimmung des Bundesrates, soweit es zur Erfüllung der Pflichten nach § 7 Absatz 2 bis 4, § 8 Absatz 1, der §§ 9 und 9a, insbesondere zur Sicherung der schadlosen Verwertung, erforderlich ist,

1. die Einbindung oder den Verbleib bestimmter Abfälle in Erzeugnisse/Erzeugnissen nach Art, Beschaffenheit oder Inhaltsstoffen zu beschränken oder zu verbieten,

2. Anforderungen an die getrennte Sammlung, die Behandlung, die Zulässigkeit der Vermischung sowie die Beförderung und Lagerung von Abfällen festzulegen,

3. Anforderungen an das Bereitstellen, Überlassen, Sammeln und Einsammeln von Abfällen durch Hol- und Bringsysteme, jeweils auch in einer einheitlichen Wertstofftonne oder durch eine einheitliche Wertstofferfassung in vergleichbarer Qualität gemeinsam mit gleichartigen Erzeugnissen oder mit auf dem gleichen Wege zu verwertenden Erzeugnissen, die jeweils einer verordneten Rücknahme nach § 25 unterliegen, festzulegen,

4. für bestimmte Abfälle, deren Verwertung auf Grund ihrer Art, Beschaffenheit oder Menge in besonderer Weise geeignet ist, Beeinträchtigungen des Wohls der Allgemeinheit, vor allem der in § 15 Absatz 2 Satz 2 genannten Schutzgüter, herbeizuführen, nach Herkunftsbereich, Anfallstelle oder Ausgangsprodukt festzulegen,

 a) dass diese nur in bestimmter Menge oder Beschaffenheit oder nur für bestimmte Zwecke in Verkehr gebracht oder verwertet werden dürfen,

 b) dass diese mit bestimmter Beschaffenheit nicht in Verkehr gebracht werden dürfen,

5. Anforderungen an die Verwertung von mineralischen Abfällen in technischen Bauwerken festzulegen.

(2) Durch Rechtsverordnung nach Absatz 1 können auch Verfahren zur Überprüfung der dort festgelegten Anforderungen bestimmt werden, insbesondere

1. dass Nachweise oder Register zu führen und vorzulegen sind,

 a) auch ohne eine Anordnung nach § 51, oder

 b) abweichend von bestimmten Anforderungen nach den §§ 49 und 50 oder einer Rechtsverordnung nach § 52,

2. dass die Entsorger von Abfällen diese bei Annahme oder Weitergabe in bestimmter Art und Weise zu überprüfen und das Ergebnis dieser Prüfung in den Nachweisen oder Registern zu verzeichnen haben,

3. dass die Beförderer und Entsorger von Abfällen ein Betriebstagebuch zu führen haben, in dem bestimmte Angaben zu den Betriebsabläufen zu verzeichnen sind, die nicht schon in die Register aufgenommen werden,

4. dass die Erzeuger, Besitzer oder Entsorger von Abfällen bei Annahme oder Weitergabe der Abfälle auf die Anforderungen, die sich aus der Rechtsverordnung ergeben, hinzuweisen oder die Abfälle oder die für deren Beförderung vorgesehenen Behältnisse in bestimmter Weise zu kennzeichnen haben,

[1] § 10 Abs. 1 einl. Satzteil, Nr. 2, Abs. 4 einl. Satzteil geänd. mWv 29.10.2020 durch G v. 23.10.2020 (BGBl. I S. 2232).
[2] Siehe die Anmerkung am Titel.

5. die Entnahme von Proben, der Verbleib und die Aufbewahrung von Rückstellproben und die hierfür anzuwendenden Verfahren,

6. die Analyseverfahren, die zur Bestimmung von einzelnen Stoffen oder Stoffgruppen erforderlich sind,

7. dass der Verpflichtete mit der Durchführung der Probenahme und der Analysen nach den Nummern 5 und 6 einen von der zuständigen Landesbehörde bekannt gegebenen Sachverständigen, eine von dieser Behörde bekannt gegebene Stelle oder eine sonstige Person, die über die erforderliche Sach- und Fachkunde verfügt, zu beauftragen hat,

8. welche Anforderungen an die Sach- und Fachkunde der Probenehmer nach Nummer 7 zu stellen sind sowie

9. dass Nachweise, Register und Betriebstagebücher nach den Nummern 1 bis 3 elektronisch zu führen und Dokumente in elektronischer Form gemäß § 3a Absatz 2 Satz 2 und 3 des Verwaltungsverfahrensgesetzes[1] vorzulegen sind.

(3) [1] Wegen der Anforderungen nach Absatz 2 Nummer 5 bis 7 kann auf jedermann zugängliche Bekanntmachungen verwiesen werden. [2] Hierbei sind

1. in der Rechtsverordnung das Datum der Bekanntmachung anzugeben und die Bezugsquelle genau zu bezeichnen,

2. die Bekanntmachung beim Deutschen Patent- und Markenamt archivmäßig gesichert niederzulegen und in der Rechtsverordnung darauf hinzuweisen.

(4) Durch Rechtsverordnung nach Absatz 1 Nummer 4 kann vorgeschrieben werden, dass derjenige, der bestimmte Abfälle, an deren schadlose Verwertung nach Maßgabe des § 7 Absatz 2 und 3, des § 8 Absatz 1, der §§ 9 und 9a auf Grund ihrer Art, Beschaffenheit oder Menge besondere Anforderungen zu stellen sind, in Verkehr bringt oder verwertet,

1. dies anzuzeigen hat,

2. dazu einer Erlaubnis bedarf,

3. bestimmten Anforderungen an seine Zuverlässigkeit genügen muss oder

4. seine notwendige Sach- oder Fachkunde in einem näher festzulegenden Verfahren nachzuweisen hat.

§ 11[2] **Anforderungen an die Kreislaufwirtschaft für Bioabfälle und Klärschlämme.** (1) *(aufgehoben)*

(2) [1] Die Bundesregierung wird ermächtigt, nach Anhörung der beteiligten Kreise (§ 68) durch Rechtsverordnung[3] mit Zustimmung des Bundesrates zur Förderung der Verwertung von Bioabfällen und Klärschlämmen, soweit es zur Erfüllung der Pflichten nach § 20 Absatz 2 Nummer 1, § 7 Absatz 2 bis 4 und § 8 Absatz 1 erforderlich ist, insbesondere festzulegen,

1. welche Abfälle als Bioabfälle oder Klärschlämme gelten,

2. welche Anforderungen an *die getrennte* Sammlung von Bioabfällen zu stellen sind,

3. *ob und* auf welche Weise Bioabfälle und Klärschlämme zu behandeln, welche Verfahren hierbei anzuwenden und welche anderen Maßnahmen hierbei zu treffen sind,

[1] Nr. **100**.
[2] § 11 Überschrift neu gef., Abs. 1 aufgeh., Abs. 2 Satz 1 einl. Satzteil, Abs. 3 Satz 2 einl. Satzteil geänd. mWv 29.10.2020 durch G v. 23.10.2020 (BGBl. I S. 2232).
[3] Siehe die Anmerkung am Titel.

4. welche Anforderungen an die Art und Beschaffenheit der unbehandelten, der zu behandelnden und der behandelten Bioabfälle und Klärschlämme zu stellen sind sowie

5. dass bestimmte Arten von Bioabfällen und Klärschlämmen nach Ausgangsstoff, Art, Beschaffenheit, Herkunft, Menge, Art oder Zeit der Aufbringung auf den Boden, Beschaffenheit des Bodens, Standortverhältnissen und Nutzungsart nicht, nur in bestimmten Mengen, nur in einer bestimmten Beschaffenheit oder nur für bestimmte Zwecke in Verkehr gebracht oder verwertet werden dürfen.

[2] Durch Rechtsverordnung nach Satz 1 können entsprechend Satz 1 Nummer 3 bis 5 auch Anforderungen für die gemeinsame Verwertung von Bioabfällen und Klärschlämmen mit anderen Abfällen, Stoffen oder Materialien festgelegt werden. [3] Anforderungen nach Satz 1 Nummer 4 und 5, auch in Verbindung mit Satz 2, können nicht festgelegt werden, soweit die ordnungsgemäße und schadlose Verwertung von Bioabfällen und Klärschlämmen durch Regelungen des Düngerechts gewährleistet ist.

(3) [1] Durch Rechtsverordnung nach Absatz 2 Satz 1 können auch Verfahren zur Überprüfung der dort festgelegten Anforderungen an die Verwertung von Bioabfällen und Klärschlämmen bestimmt werden, insbesondere

1. Untersuchungspflichten hinsichtlich der Wirksamkeit der Behandlung, der Beschaffenheit der unbehandelten und behandelten Bioabfälle und Klärschlämme, der anzuwendenden Verfahren oder der anderen Maßnahmen,

2. Untersuchungsmethoden, die zur Überprüfung der Maßnahmen nach Nummer 1 erforderlich sind,

3. Untersuchungen des Bodens sowie

4. Verfahren zur Überprüfung der Anforderungen entsprechend § 10 Absatz 2 Nummer 1 bis 3 und Absatz 3.

[2] Durch Rechtsverordnung nach Absatz 2 Satz 1 Nummer 1 kann vorgeschrieben werden, dass derjenige, der bestimmte Bioabfälle oder Klärschlämme, an deren schadlose Verwertung nach Maßgabe des § 7 Absatz 2 und 3, des § 8 Absatz 1, der §§ 9 und 9a auf Grund ihrer Art, Beschaffenheit oder Menge besondere Anforderungen zu stellen sind, in Verkehr bringt oder verwertet,

1. dies anzuzeigen hat,

2. dazu einer Erlaubnis bedarf,

3. bestimmten Anforderungen an seine Zuverlässigkeit genügen muss oder

4. seine notwendige Sach- oder Fachkunde in einem näher festzulegenden Verfahren nachzuweisen hat.

(4) [1] Die Landesregierungen können Rechtsverordnungen im Sinne der Absätze 2 und 3 für die Verwertung von Bioabfällen und Klärschlämmen und für die Aufbringung von Bioabfällen und Klärschlämmen auf Böden erlassen, soweit die Bundesregierung von der Ermächtigung keinen Gebrauch macht. [2] Die Landesregierungen können die Ermächtigung nach Satz 1 durch Rechtsverordnung ganz oder teilweise auf andere Behörden übertragen.

§ 12 Qualitätssicherung im Bereich der Bioabfälle und Klärschlämme.

(1) Zur Förderung der Kreislaufwirtschaft und zur Sicherstellung des Schutzes von Mensch und Umwelt bei der Erzeugung und Bewirtschaftung von Bioabfällen und Klärschlämmen nach Maßgabe der hierfür geltenden Rechtsvorschriften kön-

nen die Träger der Qualitätssicherung und die Qualitätszeichennehmer eine regelmäßige Qualitätssicherung einrichten.

(2) Qualitätszeichennehmer ist eine natürliche oder juristische Person, die

1. gewerbsmäßig, im Rahmen wirtschaftlicher Unternehmen oder öffentlicher Einrichtungen Bioabfälle oder Klärschlämme erzeugt, behandelt oder verwertet und

2. in Bezug auf erzeugte, behandelte oder verwertete Bioabfälle oder Klärschlämme, auch in Mischungen mit anderen Abfällen, Stoffen oder Materialien, über ein Qualitätszeichen eines Trägers der Qualitätssicherung verfügt.

(3) Das Qualitätszeichen darf nur erteilt werden, wenn der Qualitätszeichennehmer

1. die für die Sicherung der Qualität der Bioabfälle oder Klärschlämme erforderlichen Anforderungen an die Organisation, die personelle, gerätetechnische und sonstige Ausstattung sowie an die Zuverlässigkeit und Fach- und Sachkunde seines Personals erfüllt,

2. die Anforderungen an die Qualitätssicherung, insbesondere zur Minderung von Schadstoffen, zur Gewährleistung der seuchen- und phytohygienischen Unbedenklichkeit erfüllt und

3. sich verpflichtet, die Erfüllung der Anforderungen nach den Nummern 1 und 2 im Rahmen einer fortlaufenden Überwachung gegenüber dem Träger der Qualitätssicherung darzulegen.

(4) Der Qualitätszeichennehmer darf das Qualitätszeichen nur führen, soweit und solange es ihm vom Träger der Qualitätssicherung erteilt ist.

(5) [1] Ein Träger der Qualitätssicherung ist ein rechtsfähiger Zusammenschluss von Erzeugern oder Bewirtschaftern von Bioabfällen oder Klärschlämmen, Fachverbänden sowie von fachkundigen Einrichtungen, Institutionen oder Personen. [2] Der Träger der Qualitätssicherung bedarf der Anerkennung der zuständigen Behörde. [3] Die Erteilung des Qualitätszeichens erfolgt auf der Grundlage einer Satzung, eines Überwachungsvertrages oder einer sonstigen für den Qualitätszeichennehmer verbindlichen Regelung, die insbesondere die Anforderungen an die Qualitätszeichennehmer, an die von diesen erzeugten, behandelten oder verwerteten Bioabfälle oder Klärschlämme und an deren Überwachung festlegt.

(6) Der Träger der Qualitätssicherung hat sich für die Überprüfung der Qualitätszeichennehmer Sachverständiger zu bedienen, die die für die Durchführung der Überwachung erforderliche Zuverlässigkeit, Unabhängigkeit sowie Fach- und Sachkunde besitzen.

(7) [1] Die Bundesregierung wird ermächtigt, nach Anhörung der beteiligten Kreise (§ 68) durch Rechtsverordnung[1]) mit Zustimmung des Bundesrates Anforderungen an die Qualitätssicherung von Bioabfällen und Klärschlämmen vorzuschreiben. [2] In der Rechtsverordnung können insbesondere

1. Anforderungen an die Maßnahmen zur Qualitätssicherung, einschließlich deren Umfang bestimmt werden,

2. Anforderungen an die Organisation, die personelle, gerätetechnische und sonstige Ausstattung und die Tätigkeit eines Qualitätszeichennehmers bestimmt sowie ein ausreichender Haftpflichtversicherungsschutz gefordert werden,

[1]) Siehe die Anmerkung am Titel.

3. Anforderungen an den Qualitätszeichennehmer und die bei ihm beschäftigten Personen, insbesondere Mindestanforderungen an die Fach- und Sachkunde und die Zuverlässigkeit sowie an deren Nachweis, bestimmt werden,

4. Anforderungen an die Tätigkeit der Träger der Qualitätssicherung, insbesondere an deren Bildung, Auflösung, Organisation und Arbeitsweise, einschließlich der Bestellung, Aufgaben und Befugnisse der Prüforgane sowie Mindestanforderungen an die Mitglieder dieser Prüforgane, bestimmt werden,

5. Mindestanforderungen an die für die Träger der Qualitätssicherung tätigen Sachverständigen sowie deren Bestellung, Tätigkeit und Kontrolle bestimmt werden,

6. Anforderungen an das Qualitätszeichen, insbesondere an die Form und den Inhalt, sowie an seine Erteilung, seine Aufhebung, sein Erlöschen und seinen Entzug bestimmt werden,

7. die besonderen Voraussetzungen, das Verfahren, die Erteilung und die Aufhebung der Anerkennung des Trägers der Qualitätssicherung durch die zuständige Behörde geregelt werden,

8. für die erforderlichen Erklärungen, Nachweise, Benachrichtigungen oder sonstigen Daten die elektronische Führung und die Vorlage von Dokumenten in elektronischer Form gemäß § 3a Absatz 2 Satz 2 und 3 des Verwaltungsverfahrensgesetzes[1]) angeordnet werden.

§ 13 Pflichten der Anlagenbetreiber. Die Pflichten der Betreiber von genehmigungsbedürftigen und nicht genehmigungsbedürftigen Anlagen nach dem Bundes-Immissionsschutzgesetz[2]), diese so zu errichten und zu betreiben, dass Abfälle vermieden, verwertet oder beseitigt werden, richten sich nach den Vorschriften des Bundes-Immissionsschutzgesetzes.

§ 14[3]) Förderung des Recyclings und der sonstigen stofflichen Verwertung. (1) Die Vorbereitung zur Wiederverwendung und das Recycling von Siedlungsabfällen sollen betragen:

1. spätestens ab dem 1. Januar 2020 insgesamt mindestens 50 Gewichtsprozent,
2. spätestens ab dem 1. Januar 2025 insgesamt mindestens 55 Gewichtsprozent,
3. spätestens ab dem 1. Januar 2030 insgesamt mindestens 60 Gewichtsprozent und
4. spätestens ab dem 1. Januar 2035 insgesamt mindestens 65 Gewichtsprozent.

(2) Die Vorbereitung zur Wiederverwendung, das Recycling und die sonstige stoffliche Verwertung von nicht gefährlichen Bau- und Abbruchabfällen mit Ausnahme von in der Natur vorkommenden Materialien, die in der Anlage zur Abfallverzeichnisverordnung mit dem Abfallschlüssel 17 05 04 gekennzeichnet sind, sollen spätestens ab dem 1. Januar 2020 mindestens 70 Gewichtsprozent betragen.

[1]) Nr. **100**.
[2]) Nr. **296**.
[3]) § 14 Abs. 1 aufgeh., bish. Abs. 2 wird Abs. 1 und neu gef., bish. Abs. 3 wird Abs. 2 und Sätze 2 und 3 aufgeh. mWv 29.10.2020 durch G v. 23.10.2020 (BGBl. I S. 2232).

Abschnitt 3. Abfallbeseitigung

§ 15[1] **Grundpflichten der Abfallbeseitigung.** (1) [1]Die Erzeuger oder Besitzer von Abfällen, die nicht verwertet werden, sind verpflichtet, diese zu beseitigen, soweit in § 17 nichts anderes bestimmt ist. [2]Durch die Behandlung von Abfällen sind deren Menge und Schädlichkeit zu vermindern. [3]Energie oder Abfälle, die bei der Beseitigung anfallen, sind hochwertig zu nutzen; § 8 Absatz 1 Satz 3 gilt entsprechend.

(2) [1]Abfälle sind so zu beseitigen, dass das Wohl der Allgemeinheit nicht beeinträchtigt wird. [2]Eine Beeinträchtigung liegt insbesondere dann vor, wenn

1. die Gesundheit der Menschen beeinträchtigt wird,

2. Tiere oder Pflanzen gefährdet werden,

3. Gewässer oder Böden schädlich beeinflusst werden,

4. schädliche Umwelteinwirkungen durch Luftverunreinigungen oder Lärm herbeigeführt werden,

5. die Ziele oder Grundsätze und sonstigen Erfordernisse der Raumordnung nicht beachtet oder die Belange des Naturschutzes, der Landschaftspflege sowie des Städtebaus nicht berücksichtigt werden oder

6. die öffentliche Sicherheit oder Ordnung in sonstiger Weise gefährdet oder gestört wird.

(3) [1]Soweit dies zur Erfüllung der Anforderungen nach den Absätzen 1 und 2 erforderlich ist, sind Abfälle zur Beseitigung getrennt zu sammeln und zu behandeln. [2]§ 9 Absatz 2 und 3 und § 9a gelten entsprechend.

(4) Die Ablagerung von Siedlungsabfällen auf Deponien darf spätestens ab dem 1. Januar 2035 höchstens 10 Gewichtsprozent des gesamten Siedlungsabfallaufkommens betragen.

§ 16[2] **Anforderungen an die Abfallbeseitigung.** [1]Die Bundesregierung wird ermächtigt, nach Anhörung der beteiligten Kreise (§ 68) durch Rechtsverordnung[3] mit Zustimmung des Bundesrates zur Erfüllung der Pflichten nach § 15 entsprechend dem Stand der Technik Anforderungen an die Beseitigung von Abfällen nach Herkunftsbereich, Anfallstelle sowie nach Art, Menge und Beschaffenheit festzulegen, insbesondere

1. Anforderungen an die getrennte Sammlung und die Behandlung von Abfällen,

2. Anforderungen an das Bereitstellen, Überlassen, Sammeln und Einsammeln, die Beförderung, Lagerung und Ablagerung von Abfällen sowie

3. Verfahren zur Überprüfung der Anforderungen entsprechend § 10 Absatz 2 Nummer 1 bis 9 und Absatz 3.

[2]Durch Rechtsverordnung nach Satz 1 Nummer 1 und 2 kann vorgeschrieben werden, dass derjenige, der bestimmte Abfälle, an deren Behandlung, Sammlung, *Einsammlung*, Beförderung, Lagerung und Ablagerung nach Maßgabe des § 15 auf Grund ihrer Art, Beschaffenheit oder Menge besondere Anforderungen zu stellen sind, in Verkehr bringt oder beseitigt,

1. dies anzuzeigen hat,

[1] § 15 Abs. 3 Satz 1 geänd., Satz 2 neu gef., Abs. 4 angef. mWv 29.10.2020 durch G v. 23.10.2020 (BGBl. I S. 2232).
[2] § 16 Satz 1 Nr. 1 geänd. mWv 29.10.2020 durch G v. 23.10.2020 (BGBl. I S. 2232).
[3] Siehe die Anmerkung am Titel.

2. dazu einer Erlaubnis bedarf,
3. bestimmten Anforderungen an seine Zuverlässigkeit genügen muss oder
4. seine notwendige Sach- oder Fachkunde in einem näher festzulegenden Verfahren nachzuweisen hat.

Abschnitt 4. Öffentlich-rechtliche Entsorgung und Beauftragung Dritter

§ 17[1]**) Überlassungspflichten.** (1) [1]Abweichend von § 7 Absatz 2 und § 15 Absatz 1 sind Erzeuger oder Besitzer von Abfällen aus privaten Haushaltungen verpflichtet, diese Abfälle den nach Landesrecht zur Entsorgung verpflichteten juristischen Personen (öffentlich-rechtliche Entsorgungsträger) zu überlassen, soweit sie zu einer Verwertung auf den von ihnen im Rahmen ihrer privaten Lebensführung genutzten Grundstücken nicht in der Lage sind oder diese nicht beabsichtigen. [2]Satz 1 gilt auch für Erzeuger und Besitzer von Abfällen zur Beseitigung aus anderen Herkunftsbereichen, soweit sie diese nicht in eigenen Anlagen beseitigen. [3]Die Befugnis zur Beseitigung der Abfälle in eigenen Anlagen nach Satz 2 besteht nicht, soweit die Überlassung der Abfälle an den öffentlich-rechtlichen Entsorgungsträger auf Grund überwiegender öffentlicher Interessen erforderlich ist.

(2) [1]Die Überlassungspflicht besteht nicht für Abfälle,
1. die einer Rücknahme- oder Rückgabepflicht auf Grund einer Rechtsverordnung nach § 25 unterliegen, soweit nicht die öffentlich-rechtlichen Entsorgungsträger auf Grund einer Bestimmung nach § 25 Absatz 2 Nummer 8 an der Rücknahme mitwirken; hierfür kann insbesondere eine einheitliche Wertstofftonne oder eine einheitliche Wertstofferfassung in vergleichbarer Qualität vorgesehen werden, durch die werthaltige Abfälle aus privaten Haushaltungen in effizienter Weise erfasst und einer hochwertigen Verwertung zugeführt werden,
2. die in Wahrnehmung der Produktverantwortung nach § 26 freiwillig zurückgenommen werden, soweit dem zurücknehmenden Hersteller oder Vertreiber ein Feststellungs- oder Freistellungsbescheid nach § 26 Absatz 3 oder § 26a Absatz 1 Satz 1 erteilt worden ist,
3. die durch gemeinnützige Sammlung einer ordnungsgemäßen und schadlosen Verwertung zugeführt werden,
4. die durch gewerbliche Sammlung einer ordnungsgemäßen und schadlosen Verwertung zugeführt werden, soweit überwiegende öffentliche Interessen dieser Sammlung nicht entgegenstehen.
[2]Satz 1 Nummer 3 und 4 gilt nicht für gemischte Abfälle aus privaten Haushaltungen und gefährliche Abfälle. [3]Sonderregelungen der Überlassungspflicht durch Rechtsverordnungen nach den §§ 10, 16 und 25 bleiben unberührt.

(3) [1]Überwiegende öffentliche Interessen nach Absatz 2 Satz 1 Nummer 4 stehen einer gewerblichen Sammlung entgegen, wenn die Sammlung in ihrer konkreten Ausgestaltung, auch im Zusammenwirken mit anderen Sammlungen, die Funktionsfähigkeit des öffentlich-rechtlichen Entsorgungsträgers, des von diesem beauftragten Dritten oder des auf Grund einer Rechtsverordnung nach § 25 eingerichteten Rücknahmesystems gefährdet. [2]Eine Gefährdung der Funktionsfähigkeit des öffentlich-rechtlichen Entsorgungsträgers oder des von diesem beauftragten Dritten ist anzunehmen, wenn die Erfüllung der nach § 20 bestehenden Entsorgungspflichten zu wirtschaftlich ausgewogenen Bedingungen verhindert

[1]) § 17 Abs. 2 Satz 1 Nr. 1 und 2 geänd. mWv 29.10.2020 durch G v. 23.10.2020 (BGBl. I S. 2232).

oder die Planungssicherheit und Organisationsverantwortung wesentlich beeinträchtigt wird. [3] Eine wesentliche Beeinträchtigung der Planungssicherheit und Organisationsverantwortung des öffentlich-rechtlichen Entsorgungsträgers ist insbesondere anzunehmen, wenn durch die gewerbliche Sammlung

1. Abfälle erfasst werden, für die der öffentlich-rechtliche Entsorgungsträger oder der von diesem beauftragte Dritte eine haushaltsnahe oder sonstige hochwertige getrennte Erfassung und Verwertung der Abfälle durchführt,

2. die Stabilität der Gebühren gefährdet wird oder

3. die diskriminierungsfreie und transparente Vergabe von Entsorgungsleistungen im Wettbewerb erheblich erschwert oder unterlaufen wird.

[4] Satz 3 Nummer 1 und 2 gilt nicht, wenn die vom gewerblichen Sammler angebotene Sammlung und Verwertung der Abfälle wesentlich leistungsfähiger ist als die von dem öffentlich-rechtlichen Entsorgungsträger oder dem von ihm beauftragten Dritten bereits angebotene oder konkret geplante Leistung. [5] Bei der Beurteilung der Leistungsfähigkeit sind sowohl die in Bezug auf die Ziele der Kreislaufwirtschaft zu beurteilenden Kriterien der Qualität und der Effizienz, des Umfangs und der Dauer der Erfassung und Verwertung der Abfälle als auch die aus Sicht aller privaten Haushalte im Gebiet des öffentlich-rechtlichen Entsorgungsträgers zu beurteilende gemeinwohlorientierte Servicegerechtigkeit der Leistung zugrunde zu legen. [6] Leistungen, die über die unmittelbare Sammel- und Verwertungsleistung hinausgehen, insbesondere Entgeltzahlungen, sind bei der Beurteilung der Leistungsfähigkeit nicht zu berücksichtigen.

(4) [1] Die Länder können zur Sicherstellung der umweltverträglichen Beseitigung Andienungs- und Überlassungspflichten für gefährliche Abfälle zur Beseitigung bestimmen. [2] Andienungspflichten für gefährliche Abfälle zur Verwertung, die die Länder bis zum 7. Oktober 1996 bestimmt haben, bleiben unberührt.

§ 18[1) Anzeigeverfahren für Sammlungen. (1) Gemeinnützige Sammlungen im Sinne des § 17 Absatz 2 Satz 1 Nummer 3 und gewerbliche Sammlungen im Sinne des § 17 Absatz 2 Satz 1 Nummer 4 sind spätestens drei Monate vor ihrer beabsichtigten Aufnahme durch ihren Träger der zuständigen Behörde nach Maßgabe der Absätze 2 und 3 anzuzeigen.

(2) Der Anzeige einer gewerblichen Sammlung sind beizufügen

1. Angaben über die Größe und Organisation des Sammlungsunternehmens,

2. Angaben über Art, Ausmaß und Dauer, insbesondere über den größtmöglichen Umfang und die Mindestdauer der Sammlung,

3. Angaben über Art, Menge und Verbleib der zu verwertenden Abfälle,

4. eine Darlegung der innerhalb des angezeigten Zeitraums vorgesehenen Verwertungswege einschließlich der erforderlichen Maßnahmen zur Sicherstellung ihrer Kapazitäten sowie

5. eine Darlegung, wie die ordnungsgemäße und schadlose Verwertung der gesammelten Abfälle im Rahmen der Verwertungswege nach Nummer 4 gewährleistet wird.

(3) [1] Der Anzeige der gemeinnützigen Sammlung sind beizufügen

[1)] § 18 Abs. 1 geänd. mWv 24.10.2015 durch G v. 20.10.2015 (BGBl. I S. 1739); Abs. 8 angef. mWv 29.10.2020 durch G v. 23.10.2020 (BGBl. I S. 2232).

1. Angaben über die Größe und Organisation des Trägers der gemeinnützigen Sammlung sowie gegebenenfalls des Dritten, der mit der Sammlung beauftragt wird, sowie

2. Angaben über Art, Ausmaß und Dauer der Sammlung.

[2]Die Behörde kann verlangen, dass der Anzeige der gemeinnützigen Sammlung Unterlagen entsprechend Absatz 2 Nummer 3 bis 5 beizufügen sind.

(4) [1]Die zuständige Behörde fordert den von der gewerblichen oder gemeinnützigen Sammlung betroffenen öffentlich-rechtlichen Entsorgungsträger auf, für seinen Zuständigkeitsbereich eine Stellungnahme innerhalb einer Frist von zwei Monaten abzugeben. [2]Hat der öffentlich-rechtliche Entsorgungsträger bis zum Ablauf dieser Frist keine Stellungnahme abgegeben, ist davon auszugehen, dass sich dieser nicht äußern will.

(5) [1]Die zuständige Behörde kann die angezeigte Sammlung von Bedingungen abhängig machen, sie zeitlich befristen oder Auflagen für sie vorsehen, soweit dies erforderlich ist, um die Erfüllung der Voraussetzungen nach § 17 Absatz 2 Satz 1 Nummer 3 oder Nummer 4 sicherzustellen. [2]Die zuständige Behörde hat die Durchführung der angezeigten Sammlung zu untersagen, wenn Tatsachen bekannt sind, aus denen sich Bedenken gegen die Zuverlässigkeit des Anzeigenden oder der für die Leitung und Beaufsichtigung der Sammlung verantwortlichen Personen ergeben, oder die Einhaltung der in § 17 Absatz 2 Satz 1 Nummer 3 oder Nummer 4 genannten Voraussetzungen anders nicht zu gewährleisten ist.

(6) [1]Die zuständige Behörde kann bestimmen, dass eine gewerbliche Sammlung mindestens für einen bestimmten Zeitraum durchzuführen ist; dieser Zeitraum darf drei Jahre nicht überschreiten. [2]Wird die gewerbliche Sammlung vor Ablauf des nach Satz 1 bestimmten Mindestzeitraums eingestellt oder innerhalb dieses Zeitraums in ihrer Art und ihrem Ausmaß in Abweichung von den von der Behörde nach Absatz 5 Satz 1 festgelegten Bedingungen oder Auflagen wesentlich eingeschränkt, ist der Träger der gewerblichen Sammlung dem betroffenen öffentlich-rechtlichen Entsorgungsträger gegenüber zum Ersatz der Mehraufwendungen verpflichtet, die für die Sammlung und Verwertung der bislang von der gewerblichen Sammlung erfassten Abfälle erforderlich sind. [3]Zur Absicherung des Ersatzanspruchs kann die zuständige Behörde dem Träger der gewerblichen Sammlung eine Sicherheitsleistung auferlegen.

(7) Soweit eine gewerbliche Sammlung, die zum Zeitpunkt des Inkrafttretens dieses Gesetzes bereits durchgeführt wurde, die Funktionsfähigkeit des öffentlich-rechtlichen Entsorgungsträgers, des von diesem beauftragten Dritten oder des auf Grund einer Rechtsverordnung nach § 25 eingerichteten Rücknahmesystems bislang nicht gefährdet hat, ist bei Anordnungen nach Absatz 5 oder 6 der Grundsatz der Verhältnismäßigkeit, insbesondere ein schutzwürdiges Vertrauen des Trägers der Sammlung auf ihre weitere Durchführung, zu beachten.

(8) Der von der gewerblichen Sammlung betroffene öffentlich-rechtliche Entsorgungsträger hat einen Anspruch darauf, dass die für gewerbliche Sammlungen geltenden Bestimmungen des Anzeigeverfahrens eingehalten werden.

§ 19 Duldungspflichten bei Grundstücken.

(1) [1]Die Eigentümer und Besitzer von Grundstücken, auf denen überlassungspflichtige Abfälle anfallen, sind verpflichtet, das Aufstellen von zur Erfassung notwendigen Behältnissen sowie das Betreten des Grundstücks zum Zweck des Einsammelns und zur Überwachung des Getrenntenhaltens und der Verwertung von Abfällen zu dulden. [2]Die Bediensteten und Beauftragten der zuständigen Behörde dürfen Geschäfts- und Betriebs-

grundstücke und Geschäfts- und Betriebsräume außerhalb der üblichen Geschäftszeiten sowie Wohnräume ohne Einverständnis des Inhabers nur zur Verhütung dringender Gefahren für die öffentliche Sicherheit und Ordnung betreten. ³Das Grundrecht auf Unverletzlichkeit der Wohnung (Artikel 13 Absatz 1 des Grundgesetzes[1]) wird insoweit eingeschränkt.

(2) Absatz 1 gilt entsprechend für Rücknahme- und Sammelsysteme, die zur Durchführung von Rücknahmepflichten auf Grund einer Rechtsverordnung nach § 25 erforderlich sind.

§ 20[2] Pflichten der öffentlich-rechtlichen Entsorgungsträger. (1) ¹Die öffentlich-rechtlichen Entsorgungsträger haben die in ihrem Gebiet angefallenen und überlassenen Abfälle aus privaten Haushaltungen und Abfälle zur Beseitigung aus anderen Herkunftsbereichen nach Maßgabe der §§ 6 bis 11 zu verwerten oder nach Maßgabe der §§ 15 und 16 zu beseitigen. ²Werden Abfälle zur Beseitigung überlassen, weil die Pflicht zur Verwertung aus den in § 7 Absatz 4 genannten Gründen nicht erfüllt werden muss, sind die öffentlich-rechtlichen Entsorgungsträger zur Verwertung verpflichtet, soweit bei ihnen diese Gründe nicht vorliegen.

(2) ¹Die öffentlich-rechtlichen Entsorgungsträger sind verpflichtet, folgende in ihrem Gebiet in privaten Haushaltungen angefallenen und überlassenen Abfälle getrennt zu sammeln:
1. Bioabfälle; § 9 Absatz 1 und 3 Nummer 3 und 4 sowie Absatz 4 gilt entsprechend,
2. Kunststoffabfälle; § 9 gilt entsprechend,
3. Metallabfälle; § 9 gilt entsprechend,
4. Papierabfälle; § 9 gilt entsprechend,
5. Glas; § 9 Absatz 1 und 3 Nummer 3 und 4 sowie Absatz 4 gilt entsprechend,
6. Textilabfälle; § 9 gilt entsprechend,
7. Sperrmüll; die öffentlich-rechtlichen Entsorgungsträger sammeln Sperrmüll in einer Weise, welche die Vorbereitung zur Wiederverwendung und das Recycling der einzelnen Bestandteile ermöglicht und
8. gefährliche Abfälle; die öffentlich-rechtlichen Entsorgungsträger stellen sicher, dass sich die gefährlichen Abfälle bei der Sammlung nicht mit anderen Abfällen vermischen.

²Die Verpflichtung zur getrennten Sammlung von Textilabfällen nach Satz 1 Nummer 6 gilt ab dem 1. Januar 2025.

(3) ¹Die öffentlich-rechtlichen Entsorgungsträger können mit Zustimmung der zuständigen Behörde Abfälle von der Entsorgung ausschließen, soweit diese der Rücknahmepflicht auf Grund einer nach § 25 erlassenen Rechtsverordnung oder auf Grund eines Gesetzes unterliegen und entsprechende Rücknahmeeinrichtungen tatsächlich zur Verfügung stehen. ²Satz 1 gilt auch für Abfälle zur Beseitigung aus anderen Herkunftsbereichen *als privaten* Haushaltungen, soweit diese nach Art, *Menge oder Beschaffenheit* nicht mit den in Haushaltungen anfallenden *Abfällen* entsorgt werden können oder die Sicherheit der umweltverträglichen Beseitigung im Einklang mit den Abfallwirtschaftsplänen der Länder durch einen anderen öffentlich-rechtlichen Entsorgungsträger oder Dritten gewährleistet ist. ³Die öffentlich-rechtlichen Entsorgungsträger können den Ausschluss von der

¹⁾ Nr. 1.
²⁾ § 20 Abs. 2 eingef., bish. Abs. 2 wird Abs. 3 und Satz 1 geänd., bish. Abs. 3 wird Abs. 4 mWv 29.10. 2020 durch G v. 23.10.2020 (BGBl. I S. 2232).

Entsorgung nach den Sätzen 1 und 2 mit Zustimmung der zuständigen Behörde widerrufen, soweit die dort genannten Voraussetzungen für einen Ausschluss nicht mehr vorliegen.

(4) Die Pflichten nach Absatz 1 gelten auch für Kraftfahrzeuge oder Anhänger ohne gültige amtliche Kennzeichen, wenn diese
1. auf öffentlichen Flächen oder außerhalb im Zusammenhang bebauter Ortsteile abgestellt sind,
2. keine Anhaltspunkte für deren Entwendung oder bestimmungsgemäße Nutzung bestehen sowie
3. nicht innerhalb eines Monats nach einer am Fahrzeug angebrachten, deutlich sichtbaren Aufforderung entfernt worden sind.

§ 21[1] **Abfallwirtschaftskonzepte und Abfallbilanzen.** [1] Die öffentlich-rechtlichen Entsorgungsträger im Sinne des § 20 haben Abfallwirtschaftskonzepte und Abfallbilanzen über die Verwertung, insbesondere die Vorbereitung zur Wiederverwendung und das Recycling, und die Beseitigung der in ihrem Gebiet anfallenden und ihnen zu überlassenden Abfälle zu erstellen; dabei werden die betriebenen und geplanten Systeme zur Getrenntsammlung, insbesondere der in § 20 Absatz 2 genannten Abfallarten, gesondert dargestellt. [2] In den Abfallwirtschaftskonzepten und Abfallbilanzen sind zudem die getroffenen Maßnahmen zur Abfallvermeidung darzustellen. [3] Bei der Fortentwicklung von Abfallvermeidungsmaßnahmen sind die Maßnahmen des Abfallvermeidungsprogramms nach § 33 zu berücksichtigen. [4] Die Anforderungen an Abfallwirtschaftskonzepte und Abfallbilanzen richten sich nach Landesrecht.

§ 22 Beauftragung Dritter. [1] Die zur Verwertung und Beseitigung Verpflichteten können Dritte mit der Erfüllung ihrer Pflichten beauftragen. [2] Ihre Verantwortlichkeit für die Erfüllung der Pflichten bleibt hiervon unberührt und so lange bestehen, bis die Entsorgung endgültig und ordnungsgemäß abgeschlossen ist. [3] Die beauftragten Dritten müssen über die erforderliche Zuverlässigkeit verfügen.

Teil 3. Produktverantwortung

§ 23[2] **Produktverantwortung.** (1) [1] Wer Erzeugnisse entwickelt, herstellt, be- oder verarbeitet oder vertreibt, trägt zur Erfüllung der Ziele der Kreislaufwirtschaft die Produktverantwortung. [2] Erzeugnisse sind möglichst so zu gestalten, dass bei ihrer Herstellung und ihrem Gebrauch das Entstehen von Abfällen vermindert wird und sichergestellt ist, dass die nach ihrem Gebrauch entstandenen Abfälle umweltverträglich verwertet oder beseitigt werden. [3] Beim Vertrieb der Erzeugnisse ist dafür zu sorgen, dass deren Gebrauchstauglichkeit erhalten bleibt und diese nicht zu Abfall werden.

(2) Die Produktverantwortung umfasst insbesondere
1. die Entwicklung, die Herstellung und das Inverkehrbringen von Erzeugnissen, die ressourceneffizient, mehrfach verwendbar, technisch langlebig, reparierbar und nach Gebrauch zur ordnungsgemäßen, schadlosen und hochwertigen Verwertung sowie zur umweltverträglichen Beseitigung geeignet sind,

[1] § 21 neu gef. mWv 29.10.2020 durch G v. 23.10.2020 (BGBl. I S. 2232).
[2] § 23 neu gef. mWv 29.10.2020 durch G v. 23.10.2020 (BGBl. I S. 2232).

2. den vorrangigen Einsatz von verwertbaren Abfällen oder sekundären Rohstoffen, insbesondere Rezyklaten, bei der Herstellung von Erzeugnissen,

3. den sparsamen Einsatz von kritischen Rohstoffen und die Kennzeichnung der in den Erzeugnissen enthaltenen kritischen Rohstoffe, um zu verhindern, dass diese Erzeugnisse zu Abfall werden sowie sicherzustellen, dass die kritischen Rohstoffe aus den Erzeugnissen oder den nach Gebrauch der Erzeugnisse entstandenen Abfällen zurückgewonnen werden können,

4. die Stärkung der Wiederverwendung von Erzeugnissen, insbesondere die Unterstützung von Systemen zur Wiederverwendung und Reparatur,

5. die Senkung des Gehalts an gefährlichen Stoffen sowie die Kennzeichnung von schadstoffhaltigen Erzeugnissen, um sicherzustellen, dass die nach Gebrauch der Erzeugnisse entstandenen Abfälle umweltverträglich verwertet oder beseitigt werden,

6. den Hinweis auf Rückgabe-, Wiederverwendungs-, Verwertungs- und Beseitigungsmöglichkeiten oder -pflichten und Pfandregelungen durch Kennzeichnung der Erzeugnisse,

7. die Rücknahme der Erzeugnisse und der nach Gebrauch der Erzeugnisse entstandenen Abfälle sowie deren nachfolgende umweltverträgliche Verwertung oder Beseitigung,

8. die Übernahme der finanziellen oder der finanziellen und organisatorischen Verantwortung für die Bewirtschaftung der nach Gebrauch der Erzeugnisse entstandenen Abfälle,

9. die Information und Beratung der Öffentlichkeit über Möglichkeiten der Vermeidung, Verwertung und Beseitigung von Abfällen, insbesondere über Anforderungen an die Getrenntsammlung sowie Maßnahmen zur Verhinderung der Vermüllung der Umwelt,

10. die Beteiligung an Kosten, die den öffentlich-rechtlichen Entsorgungsträgern und sonstigen juristischen Personen des öffentlichen Rechts für die Reinigung der Umwelt und die anschließende umweltverträgliche Verwertung und Beseitigung der nach Gebrauch der aus den von einem Hersteller oder Vertreiber in Verkehr gebrachten Erzeugnissen entstandenen Abfälle entstehen sowie

11. eine Obhutspflicht hinsichtlich der vertriebenen Erzeugnisse, insbesondere die Pflicht, beim Vertrieb der Erzeugnisse, auch im Zusammenhang mit deren Rücknahme oder Rückgabe, dafür zu sorgen, dass die Gebrauchstauglichkeit der Erzeugnisse erhalten bleibt und diese nicht zu Abfall werden.

(3) Im Rahmen der Produktverantwortung nach den Absätzen 1 und 2 sind neben der Verhältnismäßigkeit der Anforderungen entsprechend § 7 Absatz 4 die sich aus anderen Rechtsvorschriften ergebenden Regelungen zur Produktverantwortung und zum Schutz von Mensch und Umwelt sowie die Festlegungen des Unionsrechts über den freien Warenverkehr zu berücksichtigen.

(4) [1]Die Bundesregierung bestimmt durch Rechtsverordnungen auf Grund der §§ 24 und 25, welche Verpflichteten die Produktverantwortung nach den Absätzen 1 und 2 wahrzunehmen haben. [2]Sie legt zugleich fest, für welche Erzeugnisse und in welcher Art und Weise die Produktverantwortung wahrzunehmen ist.

§ 24[1]) Anforderungen an Verbote, Beschränkungen, Kennzeichnungen, Beratung, Information und Obhutspflicht. Zur Festlegung von Anforderungen nach § 23 wird die Bundesregierung ermächtigt, nach Anhörung der betei-

[1]) § 24 neu gef. mWv 29.10.2020 durch G v. 23.10.2020 (BGBl. I S. 2232).

ligten Kreise (§ 68) durch Rechtsverordnung mit Zustimmung des Bundesrates zu bestimmen, dass

1. bestimmte Erzeugnisse nur ressourceneffizient, insbesondere in einer Form, die die mehrfache Verwendung, die technische Langlebigkeit und die Reparierbarkeit erleichtert, sowie in bestimmter, die Abfallbewirtschaftung spürbar entlastender Weise in Verkehr gebracht werden dürfen,

2. bestimmte Erzeugnisse nur in bestimmter Beschaffenheit oder Form oder für bestimmte Verwendungen in Verkehr gebracht werden dürfen, bei denen eine umweltverträgliche Verwertung oder Beseitigung der nach Gebrauch der Erzeugnisse entstandenen Abfälle gewährleistet werden kann,

3. bestimmte Erzeugnisse nur in bestimmter, die Abfallentsorgung spürbar entlastender Weise in Verkehr gebracht werden dürfen, insbesondere in einer Form, die die mehrfache Verwendung oder die Verwertung erleichtert,

4. bestimmte Erzeugnisse nicht in Verkehr gebracht werden dürfen, wenn

 a) bei der Verwertung oder Beseitigung der nach Gebrauch der Erzeugnisse entstehenden Abfälle die Freisetzung von Schadstoffen nicht oder nur mit unverhältnismäßig hohem Aufwand verhindert werden könnte und die umweltverträgliche Verwertung oder Beseitigung nicht auf andere Weise sichergestellt werden kann,

 b) ihre Verwendung in erheblichem Umfang zur Vermüllung der Umwelt beiträgt und dies nicht oder nur mit unverhältnismäßig hohem Aufwand verhindert werden kann,

5. bestimmte Erzeugnisse in bestimmter Weise zu kennzeichnen sind, um insbesondere die Erfüllung der Pflichten nach § 7 Absatz 2 und 3, § 8 Absatz 1 oder § 9 Absatz 1 und 3 im Anschluss an die Rücknahme zu sichern oder zu fördern,

6. bestimmte Erzeugnisse wegen der im Erzeugnis enthaltenen kritischen Rohstoffe, sonstiger Materialien oder des Schadstoffgehalts der nach Gebrauch der Erzeugnisse entstehenden Abfälle nur mit einer Kennzeichnung in Verkehr gebracht werden dürfen, die insbesondere auf die Notwendigkeit einer Rückgabe an die Hersteller, Vertreiber oder bestimmte Dritte hinweist,

7. für bestimmte Erzeugnisse an der Abgabestelle oder der Stelle des Inverkehrbringens Hinweise zu geben oder die Erzeugnisse zu kennzeichnen sind im Hinblick auf

 a) die Vermeidung der nach Gebrauch der Erzeugnisse entstandenen Abfälle und die Wiederverwendbarkeit der Erzeugnisse,

 b) die Vermeidung der Vermüllung der Umwelt durch die nach Gebrauch der Erzeugnisse entstandenen Abfälle,

 c) den Einsatz von sekundären Rohstoffen, insbesondere Rezyklaten, sowie die Recyclingfähigkeit der nach Gebrauch der Erzeugnisse entstandenen Abfälle,

 d) die umweltverträgliche Verwertung und Beseitigung der nach Gebrauch der Erzeugnisse entstandenen Abfälle und

 e) die Rückgabemöglichkeit im Falle einer verordneten Rücknahme- oder Rückgabepflicht nach § 25,

8. bestimmte Erzeugnisse, für die die Erhebung eines Pfandes nach § 25 verordnet wurde, entsprechend zu kennzeichnen sind, gegebenenfalls mit Angabe der Höhe des Pfandes,

9. für bestimmte Erzeugnisse, insbesondere solche, deren Verwendung in erheblichem Umfang zur Vermüllung der Umwelt beiträgt, die Öffentlichkeit über die Auswirkungen der Vermüllung der Umwelt, die Möglichkeiten der Vermeidung und der Bewirtschaftung der nach Gebrauch der Erzeugnisse entstehenden Abfälle zu beraten und zu informieren ist,

10. beim Vertrieb bestimmter Erzeugnisse, auch im Zusammenhang mit deren Rücknahme oder Rückgabe, dafür zu sorgen ist, dass die Gebrauchstauglichkeit der Erzeugnisse erhalten bleibt und diese nicht zu Abfall werden.

§ 25[1) Anforderungen an Rücknahme- und Rückgabepflichten, die Wiederverwendung, die Verwertung und die Beseitigung der nach Gebrauch der Erzeugnisse entstandenen Abfälle, Kostenbeteiligungen für die Reinigung der Umwelt; Obhutspflicht. (1) Zur Festlegung von Anforderungen nach § 23 wird die Bundesregierung ermächtigt, nach Anhörung der beteiligten Kreise (§ 68) durch Rechtsverordnung mit Zustimmung des Bundesrates zu bestimmen, dass Hersteller oder Vertreiber

1. bestimmte Erzeugnisse nur bei Eröffnung einer für den jeweiligen Bereich flächendeckenden Rückgabemöglichkeit sowie Sicherstellung der umweltverträglichen Verwertung oder Beseitigung abgeben oder in Verkehr bringen dürfen,

2. bestimmte Erzeugnisse zurückzunehmen und die Rückgabe sowie die umweltverträgliche Verwertung und Beseitigung durch geeignete Maßnahmen sicherzustellen haben, insbesondere durch die Einrichtung von Rücknahmesystemen, die Beteiligung an Rücknahmesystemen, die Erhebung eines Pfandes oder die Gewährung anderer wirtschaftlicher Anreize,

3. bestimmte Erzeugnisse an der Abgabe- oder Anfallstelle oder einer anderen vorgeschriebenen Stelle zurückzunehmen haben,

4. sich an Kosten zu beteiligen haben, die den öffentlich-rechtlichen Entsorgungsträgern und sonstigen juristischen Personen des öffentlichen Rechts für die Reinigung der Umwelt und die anschließende umweltverträgliche Verwertung und Beseitigung der nach Gebrauch der von einem Hersteller oder Vertreiber in Verkehr gebrachten Erzeugnisse gemäß Teil E des Anhangs zu der Richtlinie (EU) 2019/904 des Europäischen Parlaments und des Rates vom 5. Juni 2019 über die Verringerung der Auswirkungen bestimmter Kunststoffprodukte auf die Umwelt (ABl. L 155 vom 12.6.2019, S. 1) entstehen,

5. bestimmte Erzeugnisse nur bei Bestellung eines Bevollmächtigten in Verkehr bringen dürfen, der im Geltungsbereich dieses Gesetzes niedergelassen ist und für die mit der Produktverantwortung verbundenen Pflichten verantwortlich ist, die sich aus den auf Grund der §§ 24 und 25 erlassenen Rechtsverordnungen ergeben, wenn der Hersteller oder Vertreiber in einem anderen Mitgliedstaat niedergelassen ist,

6. bestimmter *Erzeugnisse Systeme* zur Förderung der Wiederverwendung und Reparatur zu unterstützen haben,

7. einen Nachweis zu führen haben
 a) über die in Verkehr gebrachten Erzeugnisse, deren Eigenschaften und Mengen,
 b) über die Rücknahme von Abfällen und die Beteiligung an Rücknahmesystemen sowie

[1) § 25 neu gef. mWv 29.10.2020 durch G v. 23.10.2020 (BGBl. I S. 2232).

 c) über Art, Menge und Bewirtschaftung der zurückgenommenen Erzeugnisse oder der nach Gebrauch der Erzeugnisse entstehenden Abfälle,

8. Belege nach Nummer 7 beizubringen, einzubehalten, aufzubewahren oder auf Verlangen vorzuzeigen haben sowie

9. zur Gewährleistung einer angemessenen Transparenz für bestimmte, unter die Obhutspflicht fallende Erzeugnisse einen Bericht zu erstellen haben, der die Verwendung der Erzeugnisse, insbesondere deren Art, Menge, Verbleib und Entsorgung, sowie die getroffenen und geplanten Maßnahmen zur Umsetzung der Obhutspflicht zum Inhalt hat; es kann auch bestimmt werden, ob und in welcher Weise der Bericht durch Dritte zu überprüfen, der zuständigen Behörde vorzulegen oder in geeigneter Weise zu veröffentlichen ist; die gültige Umwelterklärung einer in das EMAS-Register eingetragenen Organisation erfüllt die Anforderungen an den Bericht, soweit sie die erforderlichen Obhutspflichten adressiert.

(2) Durch Rechtsverordnung nach Absatz 1 kann zur Festlegung von Anforderungen nach § 23 sowie zur ergänzenden Festlegung von Pflichten sowohl der Erzeuger und Besitzer von Abfällen als auch der öffentlich-rechtlichen Entsorgungsträger im Rahmen der Kreislaufwirtschaft weiter bestimmt werden,

1. wer die Kosten für die Sammlung, Rücknahme, Verwertung und Beseitigung, die Kennzeichnung, die Datenerhebung und -übermittlung sowie die Beratung und Information nach § 24 Nummer 9 zu tragen hat,

2. wie die Kosten festgelegt werden, insbesondere, dass bei der Festlegung der Kosten der Lebenszyklus der Erzeugnisse zu berücksichtigen ist,

3. dass derjenige, der die Kosten zu tragen hat, einen Nachweis darüber zu erbringen hat, dass er über die erforderlichen finanziellen oder finanziellen und organisatorischen Mittel verfügt, um den Verpflichtungen im Rahmen der Produktverantwortung nachzukommen, insbesondere durch Leisten einer Sicherheit oder Bilden betrieblicher Rücklagen,

4. dass derjenige, der die Kosten zu tragen hat, eine geeignete Eigenkontrolle einzurichten und durchzuführen hat zur Prüfung und Bewertung

 a) seiner Finanzen, einschließlich der Kostenverteilung, und

 b) der Qualität der Daten, für die eine Nachweisführung nach Absatz 1 Nummer 7 verordnet wurde,

5. dass derjenige, der die Kosten zu tragen hat, eine Prüfung der Eigenkontrolle nach Nummer 4 durch einen von der zuständigen Behörde bekannt gegebenen Sachverständigen, eine von dieser Behörde bekannt gegebene Stelle oder eine sonstige Person, die über die erforderliche Fach- und Sachkunde verfügt, durchführen zu lassen hat,

6. dass die Besitzer von Abfällen diese den nach Absatz 1 verpflichteten Herstellern, Vertreibern oder nach Absatz 1 Nummer 2 eingerichteten Rücknahmesystemen zu überlassen haben,

7. auf welche Art und Weise die Abfälle überlassen werden, einschließlich der Maßnahmen zum Bereitstellen, Sammeln und Befördern und des jeweils gebotenen Umfangs sowie der Bringpflichten der in Nummer 6 genannten Besitzer von Abfällen,

8. dass die öffentlich-rechtlichen Entsorgungsträger im Sinne des § 20 durch Erfassung der Abfälle als ihnen übertragene Aufgabe bei der Rücknahme mitzuwirken und die erfassten Abfälle den nach Absatz 1 Verpflichteten zu überlassen haben,

9. welche Form, welchen Inhalt und welches Verfahren die Bestellung eines Bevollmächtigten nach Absatz 1 Nummer 5 oder eines freiwillig Bevollmächtigten einzuhalten hat,

10. welche Anforderungen an die Verwertung eingehalten werden müssen, insbesondere durch Festlegen abfallwirtschaftlicher Ziele, und

11. dass Daten über die Einhaltung der abfallwirtschaftlichen Ziele nach Nummer 10 sowie weitere Daten über die Organisation und Struktur der Rücknahmesysteme zu erheben und in geeigneter Weise zu veröffentlichen sind.

§ 26[1] Freiwillige Rücknahme, Wahrnehmung der Produktverantwortung. (1) Das Bundesministerium für Umwelt, Naturschutz und nukleare Sicherheit wird ermächtigt, nach Anhörung der beteiligten Kreise (§ 68) durch Rechtsverordnung ohne Zustimmung des Bundesrates Ziele für die freiwillige Rücknahme von Erzeugnissen und den nach Gebrauch der Erzeugnisse entstandenen Abfällen festzulegen, die innerhalb einer angemessenen Frist zu erreichen sind.

(2) Hersteller und Vertreiber, die Erzeugnisse und die nach Gebrauch der Erzeugnisse entstandenen Abfälle in eigenen Anlagen oder Einrichtungen oder in Anlagen oder Einrichtungen der von ihnen beauftragten Dritten freiwillig zurücknehmen, haben dies der zuständigen Behörde vor Beginn der Rücknahme anzuzeigen.

(3) ¹Die im Sinne von Absatz 2 zuständige Behörde stellt auf Antrag des Herstellers oder Vertreibers fest, dass die angezeigte Rücknahme von Abfällen in Wahrnehmung der Produktverantwortung nach § 23 erfolgt, wenn

1. die Abfälle, die vom Hersteller oder Vertreiber zurückgenommen werden, von Erzeugnissen stammen, die vom Hersteller oder Vertreiber selbst hergestellt oder vertrieben wurden,

2. durch die freiwillige Rücknahme die Ziele der Produktverantwortung nach § 23 umgesetzt werden,

3. die umweltverträgliche Verwertung oder Beseitigung der Abfälle gewährleistet bleibt und

4. durch die Rücknahme die Kreislaufwirtschaft gefördert wird.

²Eine Förderung der Kreislaufwirtschaft ist anzunehmen, wenn die geplante Rücknahme und Verwertung der Abfälle insgesamt mindestens so hochwertig erfolgen wie die Rücknahme und Verwertung, die von dem zuständigen öffentlich-rechtlichen Entsorgungsträger, den von ihm beauftragten Dritten oder einer gemeinnützigen oder gewerblichen Sammlung im Entsorgungsgebiet angeboten wird. ³§ 26a Absatz 3 gilt entsprechend.

(4) Auf Antrag des Herstellers oder Vertreibers wird die Feststellung der Wahrnehmung der Produktverantwortung auch auf nicht gefährliche Abfälle von Erzeugnissen erstreckt, die nicht von dem Hersteller oder Vertreiber selbst hergestellt *oder vertrieben* wurden, wenn

1. die Voraussetzungen des Absatzes 3 Satz 1 Nummer 2 bis 4 erfüllt sind,

2. die Erzeugnisse derselben Gattung oder Produktart angehören wie die vom Hersteller oder Vertreiber selbst hergestellten oder vertriebenen Erzeugnisse,

3. die Rücknahme in einem engen Zusammenhang mit der wirtschaftlichen Tätigkeit des Herstellers oder Vertreibers steht,

[1] § 26 neu gef. mWv 29.10.2020 durch G v. 23.10.2020 (BGBl. I S. 2232).

4. die Menge der zurückgenommenen Abfälle in einem angemessenen Verhältnis zur Menge der vom Hersteller oder Vertreiber hergestellten und vertriebenen Erzeugnisse steht und

5. sichergestellt ist, dass die Rücknahme und die Verwertung mindestens für einen Zeitraum von drei Jahren durchgeführt werden.

§ 26a[1]**) Freistellung von Nachweispflichten bei freiwilliger Rücknahme gefährlicher Abfälle.** (1) [1] Soweit vom Hersteller oder Vertreiber in Wahrnehmung der Produktverantwortung die nach Gebrauch ihrer Erzeugnisse verbleibenden gefährlichen Abfälle in eigenen Anlagen oder Einrichtungen oder in Anlagen oder Einrichtungen der von ihnen beauftragten Dritten freiwillig zurückgenommen werden, soll die zuständige Behörde den Hersteller oder Vertreiber auf Antrag von der Nachweispflicht nach § 50 bis zum Abschluss der Rücknahme der Abfälle freistellen. [2] Als abgeschlossen gilt die Rücknahme mit der Annahme der Abfälle an einer Anlage zur weiteren Entsorgung, ausgenommen Anlagen zur Zwischenlagerung der Abfälle, wenn im Freistellungsbescheid kein früherer Zeitpunkt bestimmt wird.

(2) [1] Für die Freistellung nach Absatz 1 gelten die in § 26 Absatz 3 Satz 1 Nummer 1 bis 4 festgelegten Voraussetzungen entsprechend. [2] Die Anträge auf Feststellung der Wahrnehmung der Produktverantwortung nach § 26 Absatz 3 und 4 und der Antrag nach Absatz 1 können mit der Anzeige nach § 26 Absatz 2 verbunden werden.

(3) [1] Die Freistellung nach den Absätzen 1 und 2 und die Feststellung der Wahrnehmung der Produktverantwortung nach § 26 Absatz 3 und 4 gelten für die Bundesrepublik Deutschland, soweit keine beschränkte Geltung beantragt oder angeordnet wird. [2] Die jeweils für die Freistellung oder Feststellung zuständige Behörde übersendet je eine Kopie des Freistellungs- und des Feststellungsbescheides an die zuständigen Behörden der Länder, in denen die Abfälle zurückgenommen werden.

(4) [1] Erzeuger, Besitzer, Beförderer oder Entsorger gefährlicher Abfälle, die diese Abfälle an einen Hersteller oder Vertreiber zurückgeben oder in dessen Auftrag entsorgen, sind bis zum Abschluss der Rücknahme von der Nachweispflicht nach § 50 für diese Abfälle befreit, soweit der Hersteller oder Vertreiber von der Pflicht zur Nachweisführung für solche Abfälle freigestellt ist. [2] Die zuständige Behörde kann die Rückgabe oder Entsorgung von Bedingungen abhängig machen, sie zeitlich befristen oder Auflagen für sie vorsehen, soweit dies erforderlich ist, um die umweltverträgliche Verwertung und Beseitigung sicherzustellen.

§ 27 Besitzerpflichten nach Rücknahme. Hersteller und Vertreiber, die Abfälle auf Grund einer Rechtsverordnung nach § 25 oder freiwillig zurücknehmen, unterliegen den Pflichten eines Besitzers von Abfällen.

Teil 4. Planungsverantwortung

Abschnitt 1. Ordnung und Durchführung der Abfallbeseitigung

§ 28 Ordnung der Abfallbeseitigung. (1) [1] Abfälle dürfen zum Zweck der Beseitigung nur in den dafür zugelassenen Anlagen oder Einrichtungen (Abfallbeseitigungsanlagen) behandelt, gelagert oder abgelagert werden. [2] Abweichend

[1]) § 26a eingef. mWv 29.10.2020 durch G v. 23.10.2020 (BGBl. I S. 2232).

von Satz 1 ist die Behandlung von Abfällen zur Beseitigung auch in solchen Anlagen zulässig, die überwiegend einem anderen Zweck als der Abfallbeseitigung dienen und die einer Genehmigung nach § 4 des Bundes-Immissionsschutzgesetzes[1] bedürfen. ³Die Lagerung oder Behandlung von Abfällen zur Beseitigung in den diesen Zwecken dienenden Abfallbeseitigungsanlagen ist auch zulässig, soweit diese nach dem Bundes-Immissionsschutzgesetz auf Grund ihres geringen Beeinträchtigungspotenzials keiner Genehmigung bedürfen und in einer Rechtsverordnung nach § 23 des Bundes-Immissionsschutzgesetzes oder in einer Rechtsverordnung nach § 16 nichts anderes bestimmt ist. ⁴Flüssige Abfälle, die kein Abwasser sind, können unter den Voraussetzungen des § 55 Absatz 3 des Wasserhaushaltsgesetzes[2] vom 31. Juli 2009 (BGBl. I S. 2585), das zuletzt durch Artikel 1 des Gesetzes vom 6. Oktober 2011 (BGBl. I S. 1986) geändert worden ist, in der jeweils geltenden Fassung mit Abwasser beseitigt werden.

(2) Die zuständige Behörde kann im Einzelfall unter dem Vorbehalt des Widerrufs Ausnahmen von Absatz 1 Satz 1 zulassen, wenn dadurch das Wohl der Allgemeinheit nicht beeinträchtigt wird.

(3) ¹Die Landesregierungen können durch Rechtsverordnung die Beseitigung bestimmter Abfälle oder bestimmter Mengen dieser Abfälle außerhalb von Anlagen im Sinne des Absatzes 1 Satz 1 zulassen, soweit hierfür ein Bedürfnis besteht und eine Beeinträchtigung des Wohls der Allgemeinheit nicht zu besorgen ist. ²Sie können in diesem Fall auch die Voraussetzungen und die Art und Weise der Beseitigung durch Rechtsverordnung bestimmen. ³Die Landesregierungen können die Ermächtigung durch Rechtsverordnung ganz oder teilweise auf andere Behörden übertragen.

§ 29 Durchführung der Abfallbeseitigung. (1) ¹Die zuständige Behörde kann den Betreiber einer Abfallbeseitigungsanlage verpflichten, einem Beseitigungspflichtigen nach § 15 sowie den öffentlich-rechtlichen Entsorgungsträgern im Sinne des § 20 die Mitbenutzung der Abfallbeseitigungsanlage gegen angemessenes Entgelt zu gestatten, soweit diese auf eine andere Weise den Abfall nicht zweckmäßig oder nur mit erheblichen Mehrkosten beseitigen können und die Mitbenutzung für den Betreiber zumutbar ist. ²Kommt eine Einigung über das Entgelt nicht zustande, wird es auf Antrag durch die zuständige Behörde festgesetzt. ³Auf Antrag des nach Satz 1 Verpflichteten kann der durch die Gestattung Begünstigte statt zur Zahlung eines angemessenen Entgelts dazu verpflichtet werden, nach dem Wegfall der Gründe für die Zuweisung Abfälle gleicher Art und Menge zu übernehmen. ⁴Die Verpflichtung zur Gestattung darf nur erfolgen, wenn Rechtsvorschriften dieses Gesetzes nicht entgegenstehen; die Erfüllung der Grundpflichten gemäß § 15 muss sichergestellt sein. ⁵Die zuständige Behörde hat von demjenigen Beseitigungspflichtigen, der durch die Gestattung begünstigt werden soll, die Vorlage eines Abfallwirtschaftskonzepts zu verlangen und dieses ihrer Entscheidung zugrunde zu legen.

(2) ¹Die zuständige Behörde kann dem Betreiber einer Abfallbeseitigungsanlage, der Abfälle wirtschaftlicher als die öffentlich-rechtlichen Entsorgungsträger beseitigen kann, auf seinen Antrag die Beseitigung dieser Abfälle übertragen. ²Die Übertragung kann insbesondere mit der Auflage verbunden werden, dass der Antragsteller alle Abfälle, die in dem von den öffentlich-rechtlichen Entsorgungsträgern erfassten Gebiet angefallen sind, gegen Erstattung der Kosten beseitigt,

[1] Nr. **296.**
[2] Nr. **845.**

wenn die öffentlich-rechtlichen Entsorgungsträger die verbleibenden Abfälle nicht oder nur mit unverhältnismäßigem Aufwand beseitigen können; dies gilt nicht, wenn der Antragsteller darlegt, dass es unzumutbar ist, die Beseitigung auch dieser verbleibenden Abfälle zu übernehmen.

(3) ¹Die zuständige Behörde kann den Abbauberechtigten oder den Unternehmer eines Mineralgewinnungsbetriebs sowie den Eigentümer, Besitzer oder in sonstiger Weise Verfügungsberechtigten eines zur Mineralgewinnung genutzten Grundstücks verpflichten, die Beseitigung von Abfällen in freigelegten Bauen in seiner Anlage oder innerhalb seines Grundstücks zu dulden, während der üblichen Betriebs- oder Geschäftszeiten den Zugang zu ermöglichen und dabei, soweit dies unumgänglich ist, vorhandene Betriebsanlagen oder Einrichtungen oder Teile derselben zur Verfügung zu stellen. ²Die dem Verpflichteten nach Satz 1 entstehenden Kosten hat der Beseitigungspflichtige zu erstatten. ³Kommt eine Einigung über die Erstattung der Kosten nicht zustande, werden sie auf Antrag durch die zuständige Behörde festgesetzt. ⁴Der Vorrang der Mineralgewinnung gegenüber der Abfallbeseitigung darf nicht beeinträchtigt werden. ⁵Für die aus der Abfallbeseitigung entstehenden Schäden haftet der Duldungspflichtige nicht.

(4) ¹Das Einbringen von Abfällen in die Hohe See sowie die Verbrennung von Abfällen auf Hoher See ist nach Maßgabe des Hohe-See-Einbringungsgesetzes vom 25. August 1998 (BGBl. I S. 2455), das zuletzt durch Artikel 72 der Verordnung vom 31. Oktober 2006 (BGBl. I S. 2407) geändert worden ist, verboten. ²Baggergut darf nach Maßgabe des in Satz 1 genannten Gesetzes unter Berücksichtigung der jeweiligen Inhaltsstoffe in die Hohe See eingebracht werden.

Abschnitt 2. Abfallwirtschaftspläne und Abfallvermeidungsprogramme

§ 30¹⁾ Abfallwirtschaftspläne. (1) ¹Die Länder stellen für ihr Gebiet Abfallwirtschaftspläne nach überörtlichen Gesichtspunkten auf. ²Die Abfallwirtschaftspläne stellen Folgendes dar:
1. die Ziele der Abfallvermeidung, der Abfallverwertung, insbesondere der Vorbereitung zur Wiederverwendung und des Recyclings, sowie der Abfallbeseitigung,
2. die getroffenen Maßnahmen zur Abfallvermeidung und die bestehende Situation der Abfallbewirtschaftung,
3. die erforderlichen Maßnahmen zur Verbesserung der Abfallverwertung und Abfallbeseitigung einschließlich einer Bewertung ihrer Eignung zur Zielerreichung sowie
4. die Abfallentsorgungsanlagen, die zur Sicherung der Beseitigung von Abfällen sowie der Verwertung von gemischten Abfällen aus privaten Haushaltungen einschließlich solcher, die dabei auch in anderen Herkunftsbereichen gesammelt werden, im Inland erforderlich sind.

³Die Abfallwirtschaftspläne weisen Folgendes aus:
1. die zugelassenen Abfallentsorgungsanlagen im Sinne des Satzes 2 Nummer 4 sowie
2. die Flächen, die für Deponien, für sonstige Abfallbeseitigungsanlagen sowie für Abfallentsorgungsanlagen im Sinne des Satzes 2 Nummer 4 geeignet sind.

¹⁾ § 30 Abs. 1 Satz 2 Nr. 2, Abs. 5 Satz 2 geänd., Abs. 6 Nr. 2 und 3 neu gef., Nr. 4 und 5 eingef., bish. Nr. 4 wird Nr. 6, bish. Nr. 5 wird Nr. 7 und geänd., Nr. 8 und 9 angef. mWv 29.10.2020 durch G v. 23.10.2020 (BGBl. I S. 2232).

[4] Die Abfallwirtschaftspläne können ferner bestimmen, welcher Entsorgungsträger vorgesehen ist und welcher Abfallentsorgungsanlage im Sinne des Satzes 2 Nummer 4 sich die Entsorgungspflichtigen zu bedienen haben.

(2) [1] Bei der Darstellung des Bedarfs sind zukünftige, innerhalb eines Zeitraums von mindestens zehn Jahren zu erwartende Entwicklungen zu berücksichtigen. [2] Soweit dies zur Darstellung des Bedarfs erforderlich ist, sind Abfallwirtschaftskonzepte und Abfallbilanzen auszuwerten.

(3) [1] Eine Fläche kann als geeignet im Sinne des Absatzes 1 Satz 3 Nummer 2 angesehen werden, wenn ihre Lage, Größe und Beschaffenheit im Hinblick auf die vorgesehene Nutzung mit den abfallwirtschaftlichen Zielsetzungen im Plangebiet übereinstimmen und Belange des Wohls der Allgemeinheit der Eignung der Fläche nicht offensichtlich entgegenstehen. [2] Die Flächenausweisung nach Absatz 1 Satz 3 Nummer 2 ist keine Voraussetzung für die Planfeststellung oder Genehmigung der in § 35 aufgeführten Abfallbeseitigungsanlagen.

(4) Die Ausweisungen im Sinne des Absatzes 1 Satz 3 Nummer 2 und Satz 4 können für die Entsorgungspflichtigen für verbindlich erklärt werden.

(5) [1] Bei der Abfallwirtschaftsplanung sind die Ziele der Raumordnung zu beachten und die Grundsätze und sonstigen Erfordernisse der Raumordnung zu berücksichtigen. [2] § 7 Absatz 4 des Raumordnungsgesetzes[1] bleibt unberührt.

(6) Die Abfallwirtschaftspläne enthalten mindestens

1. Angaben über Art, Menge und Herkunft der im Gebiet erzeugten Abfälle und der Abfälle, die voraussichtlich aus dem oder in das deutsche Hoheitsgebiet verbracht werden, sowie eine Abschätzung der zukünftigen Entwicklung der Abfallströme,

2. Angaben über
 a) bestehende Abfallsammelsysteme und bedeutende Beseitigungs- und Verwertungsanlagen, einschließlich spezieller Vorkehrungen für Altöl, für gefährliche Abfälle und für Abfälle, die erhebliche Mengen kritischer Rohstoffe enthalten, oder
 b) Abfallströme, für die besondere Bestimmungen nach diesem Gesetz oder auf Grund dieses Gesetzes erlassener Rechtsverordnungen gelten,
 c) Abfallströme, für die besondere Gesetze über das Inverkehrbringen und die Rücknahme bestimmter Abfallströme oder auf Grund dieser Gesetze erlassener Rechtsverordnungen gelten,

3. eine Beurteilung der Notwendigkeit der Stilllegung bestehender oder der Errichtung zusätzlicher Abfallentsorgungsanlagen nach Absatz 1 Satz 3 Nummer 1; die Länder stellen sicher, dass die Investitionen und andere Finanzmittel, auch für die zuständigen Behörden, bewertet werden, die für die im Einklang mit dem ersten Halbsatz ermittelten notwendigen Maßnahmen benötigt werden; die Bewertung wird in die entsprechenden Abfallwirtschaftspläne oder andere für das jeweilige Land geltende strategische Dokumente aufgenommen,

4. *Informationen über die Maßnahmen zur Erreichung der Zielvorgaben entsprechend Artikel 5 Absatz 3a der Richtlinie 1999/31/EG des Rates vom 26. April 1999 über Abfalldeponien (ABl. L 182 vom 16.7.1999, S. 1), die zuletzt durch die Richtlinie (EU) 2018/850 (ABl. L 150 vom 14.6.2018, S. 100) geändert worden ist, oder die in anderen für das jeweilige Land geltenden strategischen Dokumenten festgelegt sind,*

[1] Nr. **340.**

5. eine Beurteilung

 a) der bestehenden Abfallsammelsysteme, einschließlich der Abfälle, die getrennt gesammelt werden, der geografischen Gebiete, in denen die getrennte Sammlung erfolgt, und der Maßnahmen zur Verbesserung der getrennten Sammlung,

 b) der Darlegung der Voraussetzungen nach § 9 Absatz 3, sofern keine getrennte Sammlung erfolgt, und

 c) der Notwendigkeit neuer Sammelsysteme,

6. ausreichende Informationen über die Ansiedlungskriterien zur Standortbestimmung und über die Kapazität künftiger Beseitigungsanlagen oder bedeutender Verwertungsanlagen,

7. allgemeine Abfallbewirtschaftungsstrategien, einschließlich geplanter Abfallbewirtschaftungstechnologien und -verfahren, oder Strategien für Abfälle, die besondere Bewirtschaftungsprobleme aufwerfen,

8. Maßnahmen zur Bekämpfung und Verhinderung jeglicher Form von Vermüllung sowie zur Reinigung der Umwelt von Abfällen jeder Art,

9. geeignete qualitative und quantitative Indikatoren und Zielvorgaben, auch in Bezug auf

 a) die Menge des anfallenden Abfalls und seine Behandlung und

 b) die Siedlungsabfälle, die energetisch verwertet oder beseitigt werden.

 (7) Abfallwirtschaftspläne können weiterhin enthalten

1. Angaben über organisatorische Aspekte der Abfallbewirtschaftung, einschließlich einer Beschreibung der Aufteilung der Verantwortlichkeiten zwischen öffentlichen und privaten Akteuren, die die Abfallbewirtschaftung durchführen,

2. eine Bewertung von Nutzen und Eignung des Einsatzes wirtschaftlicher und anderer Instrumente zur Bewältigung verschiedener Abfallprobleme unter Berücksichtigung der Notwendigkeit, ein reibungsloses Funktionieren des Binnenmarkts aufrechtzuerhalten,

3. den Einsatz von Sensibilisierungskampagnen sowie Informationen für die Öffentlichkeit oder eine bestimmte Verbrauchergruppe,

4. Angaben über geschlossene kontaminierte Abfallbeseitigungsstandorte und Maßnahmen für deren Sanierung.

§ 31 Aufstellung von Abfallwirtschaftsplänen. (1) [1]Die Länder sollen ihre Abfallwirtschaftsplanungen aufeinander und untereinander abstimmen. [2]Ist eine die Grenze eines Landes überschreitende Planung erforderlich, sollen die betroffenen Länder bei der Aufstellung der Abfallwirtschaftspläne die Erfordernisse und Maßnahmen in gegenseitigem Benehmen miteinander festlegen.

 (2) Bei der Aufstellung der Abfallwirtschaftspläne sind die Gemeinden und die Landkreise sowie ihre jeweiligen Zusammenschlüsse und die öffentlich-rechtlichen Entsorgungsträger zu beteiligen.

 (3) Die öffentlich-rechtlichen Entsorgungsträger haben die von ihnen zu erstellenden und fortzuschreibenden Abfallwirtschaftskonzepte und Abfallbilanzen auf Verlangen der zuständigen Behörde zur Auswertung für die Abfallwirtschaftsplanung vorzulegen.

 (4) [1]Die Länder regeln das Verfahren zur Aufstellung der Pläne und zu deren Verbindlicherklärung. [2]Die Absätze 1 bis 3 und § 32 bleiben unberührt.

(5) Die Pläne sind mindestens alle sechs Jahre auszuwerten und bei Bedarf fortzuschreiben.

§ 32 Beteiligung der Öffentlichkeit bei der Aufstellung von Abfallwirtschaftsplänen, Unterrichtung der Öffentlichkeit. (1) [1]Bei der Aufstellung oder Änderung von Abfallwirtschaftplänen nach § 30, einschließlich besonderer Kapitel oder gesonderter Teilpläne, insbesondere über die Entsorgung von gefährlichen Abfällen, Altbatterien und Akkumulatoren oder Verpackungen und Verpackungsabfällen, ist die Öffentlichkeit durch die zuständige Behörde zu beteiligen. [2]Die Aufstellung oder Änderung eines Abfallwirtschaftsplans sowie Informationen über das Beteiligungsverfahren sind in einem amtlichen Veröffentlichungsblatt und auf andere geeignete Weise bekannt zu machen.

(2) [1]Der Entwurf des neuen oder geänderten Abfallwirtschaftsplans sowie die Gründe und Erwägungen, auf denen der Entwurf beruht, sind einen Monat zur Einsicht auszulegen. [2]Bis zwei Wochen nach Ablauf der Auslegungsfrist kann gegenüber der zuständigen Behörde schriftlich Stellung genommen werden. [3]Der Zeitpunkt des Fristablaufs ist bei der Bekanntmachung nach Absatz 1 Satz 2 mitzuteilen. [4]Fristgemäß eingegangene Stellungnahmen werden von der zuständigen Behörde bei der Entscheidung über die Annahme des Plans angemessen berücksichtigt.

(3) [1]Die Annahme des Plans ist von der zuständigen Behörde in einem amtlichen Veröffentlichungsblatt und auf einer öffentlich zugänglichen Webseite öffentlich bekannt zu machen; dabei ist in zusammengefasster Form über den Ablauf des Beteiligungsverfahrens und über die Gründe und Erwägungen, auf denen die getroffene Entscheidung beruht, zu unterrichten. [2]Der angenommene Plan ist zur Einsicht für die Öffentlichkeit auszulegen, hierauf ist in der öffentlichen Bekanntmachung nach Satz 1 hinzuweisen.

(4) Die Absätze 1 bis 3 finden keine Anwendung, wenn es sich bei dem Abfallwirtschaftsplan um einen Plan handelt, für den nach dem Gesetz über die Umweltverträglichkeitsprüfung[1]) eine Strategische Umweltprüfung durchzuführen ist.

(5) [1]Unbeschadet der Beteiligung der Öffentlichkeit nach den Absätzen 1 bis 4 unterrichten die Länder die Öffentlichkeit über den Stand der Abfallwirtschaftsplanung. [2]Die Unterrichtung enthält unter Beachtung der bestehenden Geheimhaltungsvorschriften eine zusammenfassende Darstellung und Bewertung der Abfallwirtschaftspläne, einen Vergleich zum vorangegangenen sowie eine Prognose für den folgenden Unterrichtungszeitraum.

§ 33[2]) Abfallvermeidungsprogramme. (1) [1]Der Bund erstellt ein Abfallvermeidungsprogramm. [2]Die Länder können sich an der Erstellung des Abfallvermeidungsprogramms beteiligen. [3]In diesem Fall leisten sie für ihren jeweiligen Zuständigkeitsbereich eigenverantwortliche Beiträge; diese Beiträge werden in das Abfallvermeidungsprogramm des Bundes aufgenommen.

(2) Soweit die Länder sich nicht an einem Abfallvermeidungsprogramm des Bundes beteiligen, erstellen sie eigene Abfallvermeidungsprogramme.

(3) Das Abfallvermeidungsprogramm

[1]) Nr. **295**.
[2]) § 33 Abs. 5 Satz 3 geänd. mWv 24.10.2015 durch G v. 20.10.2015 (BGBl. I S. 1739); Abs. 3 Nr. 2 neu gef., Abs. 4–7 eingef., bish. Abs. 4 wird Abs. 8, bish. Abs. 5 wird Abs. 9 und Satz 1 neu gef., Satz 3 geänd. mWv 29.10.2020 durch G v. 23.10.2020 (BGBl. I S. 2232).

1. legt die Abfallvermeidungsziele fest; die Ziele sind darauf gerichtet, das Wirtschaftswachstum und die mit der Abfallerzeugung verbundenen Auswirkungen auf Mensch und Umwelt zu entkoppeln,

2. sieht mindestens die folgenden Abfallvermeidungsmaßnahmen vor:

 a) die Förderung und Unterstützung nachhaltiger Produktions- und Konsummodelle,

 b) die Förderung der Entwicklung, der Herstellung und der Verwendung von Produkten, die ressourceneffizient und auch in Bezug auf ihre Lebensdauer und den Ausschluss geplanter Obsoleszenz langlebig, reparierbar sowie wiederverwendbar oder aktualisierbar sind,

 c) die gezielte Identifizierung von Produkten, die kritische Rohstoffe enthalten, um zu verhindern, dass diese Materialien zu Abfall werden,

 d) die Unterstützung der Wiederverwendung von Produkten und der Schaffung von Systemen zur Förderung von Tätigkeiten zur Reparatur und Wiederverwendung, insbesondere von Elektro- und Elektronikgeräten, Textilien, Möbeln, Verpackungen sowie Baumaterialien und -produkten,

 e) unbeschadet der Rechte des geistigen Eigentums die Förderung der Verfügbarkeit von Ersatzteilen, Bedienungsanleitungen, technischen Informationen oder anderen Mitteln und Geräten sowie Software, die es ermöglichen, Produkte ohne Beeinträchtigung ihrer Qualität und Sicherheit zu reparieren und wiederzuverwenden,

 f) die Verringerung der Abfallerzeugung bei Prozessen im Zusammenhang mit der industriellen Produktion, bei der Gewinnung von Mineralien, bei der Herstellung, bei Bau- und Abbruchtätigkeiten, jeweils unter Berücksichtigung der besten verfügbaren Techniken,

 g) die Verringerung der Verschwendung von Lebensmitteln in der Primärerzeugung, Verarbeitung und Herstellung, im Einzelhandel und bei anderen Formen des Vertriebs von Lebensmitteln, in Gaststätten und bei Verpflegungsdienstleistungen sowie in privaten Haushaltungen, um zum Ziel der Vereinten Nationen für nachhaltige Entwicklung beizutragen, bis 2030 die weltweit im Einzelhandel und bei den Verbrauchern pro Kopf anfallenden Lebensmittelabfälle zu halbieren und die Verluste von Lebensmitteln entlang der Produktions- und Lieferkette einschließlich Nachernteverlusten zu reduzieren,

 h) die Förderung

 aa) von Lebensmittelspenden und anderen Formen der Umverteilung von Lebensmitteln für den menschlichen Verzehr, damit der Verzehr durch den Menschen Vorrang gegenüber dem Einsatz als Tierfutter und der Verarbeitung zu sonstigen Erzeugnissen hat,

 bb) von Sachspenden,

 i) die Förderung der Senkung des Gehalts an gefährlichen Stoffen in Materialien und Produkten,

 j) die Reduzierung der Entstehung von Abfällen, insbesondere von Abfällen, die sich nicht für die Vorbereitung zur Wiederverwendung oder für das Recycling eignen,

 k) die Ermittlung von Produkten, die Hauptquellen der Vermüllung insbesondere der Natur und der Meeresumwelt sind, und die Durchführung geeigneter Maßnahmen zur Vermeidung und Reduzierung des durch diese Produkte verursachten Müllaufkommens,

l) die Vermeidung und deutliche Reduzierung von Meeresmüll als Beitrag zu dem Ziel der Vereinten Nationen für nachhaltige Entwicklung, jegliche Formen der Meeresverschmutzung zu vermeiden und deutlich zu reduzieren sowie

m) die Entwicklung und Unterstützung von Informationskampagnen, in deren Rahmen für Abfallvermeidung und Vermüllung sensibilisiert wird,

3. legt, soweit erforderlich, weitere Abfallvermeidungsmaßnahmen fest und

4. gibt zweckmäßige, spezifische, qualitative oder quantitative Maßstäbe für festgelegte Abfallvermeidungsmaßnahmen vor, anhand derer die bei den Maßnahmen erzielten Fortschritte überwacht und bewertet werden; als Maßstab können Indikatoren oder andere geeignete spezifische qualitative oder quantitative Ziele herangezogen werden.

(4) Bei der Festlegung der Abfallvermeidungsmaßnahmen ist Folgendes zu berücksichtigen:

1. die Verhältnismäßigkeit der Maßnahmen entsprechend § 7 Absatz 4,

2. andere Rechtsvorschriften zur Verwendung von Erzeugnissen, zur Produktverantwortung sowie zum Schutz von Mensch und Umwelt und

3. Festlegungen des Unionsrechts über den freien Warenverkehr.

(5) Bei der Erstellung des Abfallvermeidungsprogramms

1. sind die bestehenden Abfallvermeidungsmaßnahmen und ihr Beitrag zur Abfallvermeidung zu beschreiben,

2. ist die Zweckmäßigkeit der in der Anlage 4 angegebenen oder anderer geeigneter Abfallvermeidungsmaßnahmen zu bewerten und

3. ist, soweit relevant, der Beitrag zu beschreiben, den die in der Anlage 5 aufgeführten Instrumente und Maßnahmen zur Abfallvermeidung leisten.

(6) Das Abfallvermeidungsprogramm nimmt auf spezielle Programme zur Vermeidung von Lebensmittelabfällen Bezug und gibt deren Abfallvermeidungsziele und -maßnahmen an.

(7) [1] Das Abfallvermeidungsprogramm kann sich auf andere umweltpolitische Programme oder stoffstromspezifische Programme beziehen. [2] Wird auf ein solches Programm Bezug genommen, sind dessen Abfallvermeidungsziele und -maßnahmen im Abfallvermeidungsprogramm deutlich auszuweisen.

(8) [1] Beiträge der Länder nach Absatz 1 oder Abfallvermeidungsprogramme der Länder nach Absatz 2 können in die Abfallwirtschaftspläne nach § 30 aufgenommen oder als eigenständiges umweltpolitisches Programm oder Teil eines solchen erstellt werden. [2] Wird ein Beitrag oder ein Abfallvermeidungsprogramm in den Abfallwirtschaftsplan oder in ein anderes Programm aufgenommen, sind die Abfallvermeidungsmaßnahmen deutlich auszuweisen.

(9) [1] Bestehende Abfallvermeidungsprogramme sind bis zum Ablauf des 12. Dezember 2025 an die Anforderungen nach Absatz 3 Nummer 2, den Absätzen 4 und 5 anzupassen, alle sechs Jahre auszuwerten und bei Bedarf fortzuschreiben. [2] Bei der Aufstellung oder Änderung von Abfallvermeidungsprogrammen ist die Öffentlichkeit von der zuständigen Behörde entsprechend § 32 Absatz 1 bis 4 zu beteiligen. [3] Zuständig für die Erstellung des Abfallvermeidungsprogramms des Bundes ist das Bundesministerium für Umwelt, Naturschutz und nukleare Sicherheit oder eine von diesem zu bestimmende Behörde. [4] Das Abfallvermeidungsprogramm des Bundes wird im Einvernehmen mit den fachlich betroffenen Bundesministerien erstellt.

Abschnitt 3. Zulassung von Anlagen, in denen Abfälle entsorgt werden

§ 34 Erkundung geeigneter Standorte. (1) [1]Eigentümer und Nutzungsberechtigte von Grundstücken haben zu dulden, dass Beauftragte der zuständigen Behörde und der öffentlich-rechtlichen Entsorgungsträger zur Erkundung geeigneter Standorte für Deponien und öffentlich zugängliche Abfallbeseitigungsanlagen Grundstücke mit Ausnahme von Wohnungen betreten und Vermessungen, Boden- und Grundwasseruntersuchungen sowie ähnliche Maßnahmen durchführen. [2]Die Absicht, Grundstücke zu betreten und solche Maßnahmen durchzuführen, ist den Eigentümern und Nutzungsberechtigten der Grundstücke rechtzeitig vorher bekannt zu geben.

(2) [1]Die zuständige Behörde und die öffentlich-rechtlichen Entsorgungsträger haben nach Abschluss der Maßnahmen den vorherigen Zustand unverzüglich wiederherzustellen. [2]Sie können anordnen, dass bei der Erkundung geschaffene Einrichtungen aufrechtzuerhalten sind. [3]Die Einrichtungen sind zu beseitigen, wenn sie für die Erkundung nicht mehr benötigt werden oder wenn eine Entscheidung darüber nicht innerhalb von zwei Jahren nach Schaffung der Einrichtung getroffen worden ist und der Eigentümer oder Nutzungsberechtigte dem weiteren Verbleib der Einrichtung gegenüber der Behörde widersprochen hat.

(3) Eigentümer und Nutzungsberechtigte von Grundstücken können für durch Maßnahmen nach Absatz 1 oder Absatz 2 entstandene Vermögensnachteile von der zuständigen Behörde Entschädigung in Geld verlangen.

§ 35[1] Planfeststellung und Genehmigung. (1) Die Errichtung und der Betrieb von Anlagen, in denen eine Entsorgung von Abfällen durchgeführt wird, sowie die wesentliche Änderung einer solchen Anlage oder ihres Betriebes bedürfen der Genehmigung nach den Vorschriften des Bundes-Immissionsschutzgesetzes[2]; einer weiteren Zulassung nach diesem Gesetz bedarf es nicht.

(2) [1]Die Errichtung und der Betrieb von Deponien sowie die wesentliche Änderung einer solchen Anlage oder ihres Betriebes bedürfen der Planfeststellung durch die zuständige Behörde. [2]In dem Planfeststellungsverfahren ist eine Umweltverträglichkeitsprüfung nach den Vorschriften des Gesetzes über die Umweltverträglichkeitsprüfung[3] durchzuführen.

(3) [1]§ 74 Absatz 6 des Verwaltungsverfahrensgesetzes[4] gilt mit der Maßgabe, dass die zuständige Behörde nur dann an Stelle eines Planfeststellungsbeschlusses auf Antrag oder von Amts wegen eine Plangenehmigung erteilen kann, wenn

1. die Errichtung und der Betrieb einer unbedeutenden Deponie beantragt werden, soweit die Errichtung und der Betrieb keine erheblichen nachteiligen Auswirkungen auf ein in § 2 Absatz 1 des Gesetzes über die Umweltverträglichkeitsprüfung genanntes Schutzgut haben können, oder

2. die wesentliche Änderung einer Deponie oder ihres Betriebes beantragt wird, soweit die Änderung keine erheblichen nachteiligen Auswirkungen auf ein in § 2 Absatz 1 des Gesetzes über die Umweltverträglichkeitsprüfung genanntes Schutzgut haben kann, oder

3. die Errichtung und der Betrieb einer Deponie beantragt werden, die ausschließlich oder überwiegend der Entwicklung und Erprobung neuer Verfahren dient,

[1] § 35 Abs. 3 Satz 1 Nr. 1, 2 und Satz 2 geänd. mWv 29.7.2017 durch G v. 20.7.2017 (BGBl. I S. 2808).
[2] Nr. **296**.
[3] Nr. **295**.
[4] Nr. **100**.

und die Genehmigung für einen Zeitraum von höchstens zwei Jahren nach Inbetriebnahme der Anlage erteilt werden soll; soweit diese Deponie der Ablagerung gefährlicher Abfälle dient, darf die Genehmigung für einen Zeitraum von höchstens einem Jahr nach Inbetriebnahme der Anlage erteilt werden.

[2]Die zuständige Behörde soll ein Genehmigungsverfahren durchführen, wenn die wesentliche Änderung keine erheblichen nachteiligen Auswirkungen auf ein in § 2 Absatz 1 des Gesetzes über die Umweltverträglichkeitsprüfung genanntes Schutzgut hat und den Zweck verfolgt, eine wesentliche Verbesserung für diese Schutzgüter herbeizuführen. [3]Eine Plangenehmigung nach Satz 1 Nummer 1 kann nicht erteilt werden

1. für Deponien zur Ablagerung von gefährlichen Abfällen,
2. für Deponien zur Ablagerung von nicht gefährlichen Abfällen mit einer Aufnahmekapazität von 10 Tonnen oder mehr pro Tag oder mit einer Gesamtkapazität von 25 000 Tonnen oder mehr; dies gilt nicht für Deponien für Inertabfälle.

(4) [1]§ 15 Absatz 1 Satz 1 bis 4 und Absatz 2 des Bundes-Immissionsschutzgesetzes gilt entsprechend. [2]Satz 1 findet auch auf die in § 39 genannten Deponien Anwendung.

(5) Für nach Absatz 4 anzeigebedürftige Änderungen kann der Träger des Vorhabens eine Planfeststellung oder eine Plangenehmigung beantragen.

§ 36 Erteilung, Sicherheitsleistung, Nebenbestimmungen. (1) Der Planfeststellungsbeschluss nach § 35 Absatz 2 darf nur erlassen oder die Plangenehmigung nach § 35 Absatz 3 darf nur erteilt werden, wenn

1. sichergestellt ist, dass das Wohl der Allgemeinheit nicht beeinträchtigt wird, insbesondere
 a) keine Gefahren für die in § 15 Absatz 2 Satz 2 genannten Schutzgüter hervorgerufen werden können,
 b) Vorsorge gegen die Beeinträchtigungen der in § 15 Absatz 2 Satz 2 genannten Schutzgüter in erster Linie durch bauliche, betriebliche oder organisatorische Maßnahmen entsprechend dem Stand der Technik getroffen wird und
 c) Energie sparsam und effizient verwendet wird,
2. keine Tatsachen bekannt sind, aus denen sich Bedenken gegen die Zuverlässigkeit des Betreibers oder der für die Errichtung, Leitung oder Beaufsichtigung des Betriebes oder für die Nachsorge der Deponie verantwortlichen Personen ergeben,
3. die Personen im Sinne der Nummer 2 und das sonstige Personal über die für ihre Tätigkeit erforderliche Fach- und Sachkunde verfügen,
4. keine nachteiligen Wirkungen auf das Recht eines anderen zu erwarten sind und
5. die für verbindlich erklärten Feststellungen eines Abfallwirtschaftsplans dem Vorhaben nicht entgegenstehen.

(2) [1]Dem Erlass eines Planfeststellungsbeschlusses oder der Erteilung einer Plangenehmigung stehen die in Absatz 1 Nummer 4 genannten nachteiligen Wirkungen auf das Recht eines anderen nicht entgegen, wenn sie durch Auflagen oder Bedingungen verhütet oder ausgeglichen werden können oder der Betroffene den nachteiligen Wirkungen auf sein Recht nicht widerspricht. [2]Absatz 1 Nummer 4 gilt nicht, wenn das Vorhaben dem Wohl der Allgemeinheit dient. [3]Wird in

diesem Fall der Planfeststellungsbeschluss erlassen, ist der Betroffene für den dadurch eingetretenen Vermögensnachteil in Geld zu entschädigen.

(3) Die zuständige Behörde soll verlangen, dass der Betreiber einer Deponie für die Rekultivierung sowie zur Verhinderung oder Beseitigung von Beeinträchtigungen des Wohls der Allgemeinheit nach Stilllegung der Anlage Sicherheit im Sinne von § 232 des Bürgerlichen Gesetzbuchs[1] leistet oder ein gleichwertiges Sicherungsmittel erbringt.

(4) [1] Der Planfeststellungsbeschluss und die Plangenehmigung nach Absatz 1 können von Bedingungen abhängig gemacht, mit Auflagen verbunden und befristet werden, soweit dies zur Wahrung des Wohls der Allgemeinheit erforderlich ist. [2] Die zuständige Behörde überprüft regelmäßig sowie aus besonderem Anlass, ob der Planfeststellungsbeschluss und die Plangenehmigung nach Absatz 1 dem neuesten Stand der in Absatz 1 Nummer 1 bis 3 und 5 genannten Anforderungen entsprechen. [3] Die Aufnahme, Änderung oder Ergänzung von Auflagen über Anforderungen an die Deponie oder ihren Betrieb ist auch nach dem Ergehen des Planfeststellungsbeschlusses oder nach der Erteilung der Plangenehmigung zulässig. [4] Die Bundesregierung wird ermächtigt, nach Anhörung der beteiligten Kreise (§ 68) durch Rechtsverordnung[2] mit Zustimmung des Bundesrates zu bestimmen, wann die zuständige Behörde Überprüfungen vorzunehmen und die in Satz 3 genannten Auflagen zu erlassen hat.

§ 37 Zulassung des vorzeitigen Beginns. (1) [1] In einem Planfeststellungs- oder Plangenehmigungsverfahren kann die für die Feststellung des Plans oder Erteilung der Plangenehmigung zuständige Behörde unter dem Vorbehalt des Widerrufs für einen Zeitraum von sechs Monaten zulassen, dass bereits vor Feststellung des Plans oder der Erteilung der Plangenehmigung mit der Errichtung einschließlich der Maßnahmen, die zur Prüfung der Betriebstüchtigkeit der Deponie erforderlich sind, begonnen wird, wenn

1. mit einer Entscheidung zugunsten des Trägers des Vorhabens gerechnet werden kann,
2. an dem vorzeitigen Beginn ein öffentliches Interesse besteht und
3. der Träger des Vorhabens sich verpflichtet, alle bis zur Entscheidung durch die Ausführung verursachten Schäden zu ersetzen und, sofern kein Planfeststellungsbeschluss oder keine Plangenehmigung erfolgt, den früheren Zustand wiederherzustellen.

[2] Diese Frist kann auf Antrag um sechs Monate verlängert werden.

(2) Die zuständige Behörde hat die Leistung einer Sicherheit zu verlangen, soweit dies erforderlich ist, um die Erfüllung der Verpflichtungen des Trägers des Vorhabens nach Absatz 1 Satz 1 Nummer 3 zu sichern.

§ 38 Planfeststellungsverfahren und weitere Verwaltungsverfahren.
(1) [1] Für das Planfeststellungsverfahren gelten die §§ 72 bis 78 des Verwaltungsverfahrensgesetzes[3]. [2] Die Bundesregierung wird ermächtigt, durch Rechtsverordnung[4] mit Zustimmung des Bundesrates weitere Einzelheiten des Planfeststellungs- und Plangenehmigungsverfahrens zu regeln, insbesondere

[1] **Schönfelder Nr. 20.**
[2] Siehe die Anmerkung am Titel.
[3] Nr. **100**.
[4] Siehe die GrundwasserVO (**Sartorius ErgBd. Nr. 845b**) und die DeponieVO (**Sartorius ErgBd. Nr. 298h**).

1. Art und Umfang der Antragsunterlagen,
2. nähere Einzelheiten für das Anzeigeverfahren nach § 35 Absatz 4,
3. nähere Einzelheiten für das Verfahren zur Feststellung der endgültigen Stilllegung nach § 40 Absatz 3 sowie
4. nähere Einzelheiten für das Verfahren zur Feststellung des Abschlusses der Nachsorgephase nach § 40 Absatz 5.

(2) Einwendungen im Rahmen des Zulassungsverfahrens können innerhalb der gesetzlich festgelegten Frist nur schriftlich erhoben werden.

§ 39 Bestehende Abfallbeseitigungsanlagen. (1) [1]Die zuständige Behörde kann für Deponien, die vor dem 11. Juni 1972 betrieben wurden oder mit deren Errichtung begonnen war, für deren Betrieb Befristungen, Bedingungen und Auflagen anordnen. [2]Sie kann den Betrieb dieser Anlagen ganz oder teilweise untersagen, wenn eine erhebliche Beeinträchtigung des Wohls der Allgemeinheit durch Auflagen, Bedingungen oder Befristungen nicht verhindert werden kann.

(2) [1]In dem in Artikel 3 des Einigungsvertrages[1]) genannten Gebiet kann die zuständige Behörde für Deponien, die vor dem 1. Juli 1990 betrieben wurden oder mit deren Errichtung begonnen war, Befristungen, Bedingungen und Auflagen für deren Errichtung und Betrieb anordnen. [2]Absatz 1 Satz 2 gilt entsprechend.

§ 40 Stilllegung. (1) [1]Der Betreiber einer Deponie hat ihre beabsichtigte Stilllegung der zuständigen Behörde unverzüglich anzuzeigen. [2]Der Anzeige sind Unterlagen über Art, Umfang und Betriebsweise sowie die beabsichtigte Rekultivierung und sonstige Vorkehrungen zum Schutz des Wohls der Allgemeinheit beizufügen.

(2) [1]Soweit entsprechende Regelungen noch nicht in dem Planfeststellungsbeschluss nach § 35 Absatz 2, der Plangenehmigung nach § 35 Absatz 3, in Bedingungen und Auflagen nach § 39 oder den für die Deponie geltenden umweltrechtlichen Vorschriften enthalten sind, hat die zuständige Behörde den Betreiber der Deponie zu verpflichten,

1. auf seine Kosten das Gelände, das für eine Deponie nach Absatz 1 verwendet worden ist, zu rekultivieren,
2. auf seine Kosten alle sonstigen erforderlichen Vorkehrungen, einschließlich der Überwachungs- und Kontrollmaßnahmen während der Nachsorgephase, zu treffen, um die in § 36 Absatz 1 bis 3 genannten Anforderungen auch nach der Stilllegung zu erfüllen, und
3. der zuständigen Behörde alle Überwachungsergebnisse zu melden, aus denen sich Anhaltspunkte für erhebliche nachteilige Auswirkungen auf Mensch und Umwelt ergeben.

[2]*Besteht der Verdacht*, dass von einer endgültig stillgelegten Deponie nach Absatz 3 schädliche Bodenveränderungen oder sonstige Gefahren für den Einzelnen oder die Allgemeinheit ausgehen, so sind für die Erfassung, Untersuchung, Bewertung und Sanierung die Vorschriften des Bundes-Bodenschutzgesetzes[2]) anzuwenden.

(3) Die zuständige Behörde hat den Abschluss der Stilllegung (endgültige Stilllegung) festzustellen.

[1]) Sartorius III Nr. 2.
[2]) Nr. 299.

(4) Die Verpflichtung nach Absatz 1 besteht auch für Betreiber von Anlagen, in denen gefährliche Abfälle anfallen.

(5) Die zuständige Behörde hat auf Antrag den Abschluss der Nachsorgephase festzustellen.

§ 41 Emissionserklärung. (1) [1] Der Betreiber einer Deponie ist verpflichtet, der zuständigen Behörde zu dem in der Rechtsverordnung nach Absatz 2 festgesetzten Zeitpunkt Angaben zu machen über Art und Menge sowie räumliche und zeitliche Verteilung der Emissionen, die von der Anlage in einem bestimmten Zeitraum ausgegangen sind, sowie über die Austrittsbedingungen (Emissionserklärung); er hat die Emissionserklärung nach Maßgabe der Rechtsverordnung nach Absatz 2 entsprechend dem neuesten Stand zu ergänzen. [2] Dies gilt nicht für Betreiber von Deponien, von denen nur in geringem Umfang Emissionen ausgehen können. [3] Die zuständige Behörde kann abweichend von Satz 1 eine kürzere Frist setzen, sofern dies im Einzelfall auf Grund besonderer Umstände erforderlich ist.

(2) [1] Die Bundesregierung wird ermächtigt, durch Rechtsverordnung mit Zustimmung des Bundesrates zu bestimmen, für welche Deponien und für welche Emissionen die Verpflichtung zur Emissionserklärung gilt, sowie Inhalt, Umfang, Form und Zeitpunkt der Abgabe der Emissionserklärung und das bei der Ermittlung der Emissionen einzuhaltende Verfahren zu regeln. [2] In der Rechtsverordnung wird auch bestimmt, welche Betreiber nach Absatz 1 Satz 2 von der Pflicht zur Abgabe einer Emissionserklärung befreit sind.

(3) § 27 Absatz 1 Satz 2, Absatz 2 und 3 des Bundes-Immissionsschutzgesetzes[1]) gilt entsprechend.

(4) Die Verpflichtung nach Absatz 1, eine Emissionserklärung abzugeben, entsteht mit Inkrafttreten der Rechtsverordnung nach Absatz 2.

§ 42 Zugang zu Informationen. Planfeststellungsbeschlüsse nach § 35 Absatz 2, Plangenehmigungen nach § 35 Absatz 3, Anordnungen nach § 39 und alle Ablehnungen und Änderungen dieser Entscheidungen sowie die bei der zuständigen Behörde vorliegenden Ergebnisse der Überwachung der von einer Deponie ausgehenden Emissionen sind nach den Bestimmungen des Umweltinformationsgesetzes mit Ausnahme des § 12 des Umweltinformationsgesetzes[2]) der Öffentlichkeit zugänglich; für Landesbehörden gelten die landesrechtlichen Vorschriften.

§ 43[3]) Anforderungen an Deponien. (1) [1] Die Bundesregierung wird ermächtigt, nach Anhörung der beteiligten Kreise (§ 68) durch Rechtsverordnung[4]) mit Zustimmung des Bundesrates vorzuschreiben, dass die Errichtung, die Beschaffenheit, der Betrieb, der Zustand nach Stilllegung und die betreibereigene Überwachung von Deponien zur Erfüllung des § 36 Absatz 1 und der §§ 39 und 40 sowie zur Umsetzung von Rechtsakten der Europäischen Union zu dem in § 1 genannten Zweck bestimmten Anforderungen genügen müssen, insbesondere dass

1. die Standorte bestimmten Anforderungen entsprechen müssen,
2. die Deponien bestimmten betrieblichen, organisatorischen und technischen Anforderungen entsprechen müssen,

[1]) Nr. **296.**
[2]) Nr. **294.**
[3]) § 43 Abs. 1 Satz 1 Nr. 8 neu gef., Nr. 9 geänd. mWv 13.4.2013 durch G v. 8.4.2013 (BGBl. I S. 734).
[4]) Siehe die Anmerkung am Titel.

3. die in Deponien zur Ablagerung gelangenden Abfälle bestimmten Anforderungen entsprechen müssen; dabei kann insbesondere bestimmt werden, dass Abfälle mit bestimmten Metallgehalten nicht abgelagert werden dürfen und welche Abfälle als Inertabfälle gelten,

4. die von Deponien ausgehenden Emissionen bestimmte Grenzwerte nicht überschreiten dürfen,

5. die Betreiber während des Betriebes und in der Nachsorgephase bestimmte Mess- und Überwachungsmaßnahmen vorzunehmen haben oder vornehmen lassen müssen,

6. die Betreiber durch einen Sachverständigen bestimmte Prüfungen vornehmen lassen müssen

 a) während der Errichtung oder sonst vor der Inbetriebnahme der Deponie,

 b) nach Inbetriebnahme der Deponie oder einer Änderung im Sinne des § 35 Absatz 2 oder Absatz 5,

 c) in regelmäßigen Abständen oder

 d) bei oder nach der Stilllegung,

7. es den Betreibern erst nach einer Abnahme durch die zuständige Behörde gestattet ist,

 a) die Deponie in Betrieb zu nehmen,

 b) eine wesentliche Änderung in Betrieb zu nehmen oder

 c) die Stilllegung abzuschließen,

8. bei bestimmten Ereignissen der Betreiber innerhalb bestimmter Fristen die zuständige Behörde unterrichten muss, die erforderlichen Maßnahmen zur Begrenzung und Vermeidung von Beeinträchtigungen des Wohls der Allgemeinheit ergreifen muss oder die zuständige Behörde den Betreiber zu solchen Maßnahmen verpflichten muss,

9. die Betreiber der zuständigen Behörde während des Betriebes und in der Nachsorgephase unverzüglich alle Überwachungsergebnisse, aus denen sich Anhaltspunkte für erhebliche nachteilige Umweltauswirkungen ergeben, sowie bestimmte Ereignisse, die solche Auswirkungen haben können, zu melden und der zuständigen Behörde regelmäßig einen Bericht über die Ergebnisse der in der Rechtsverordnung vorgeschriebenen Mess- und Überwachungsmaßnahmen vorzulegen haben.

²Bei der Festlegung der Anforderungen sind insbesondere mögliche Verlagerungen von nachteiligen Auswirkungen von einem Schutzgut auf ein anderes zu berücksichtigen; ein hohes Schutzniveau für die Umwelt insgesamt ist zu gewährleisten.

(2) ¹In der Rechtsverordnung nach Absatz 1 kann bestimmt werden, inwieweit die nach Absatz 1 zur Vorsorge gegen Beeinträchtigungen der in § 15 Absatz 2 Satz 2 genannten Schutzgüter festgelegten Anforderungen nach Ablauf bestimmter *Übergangsfristen* erfüllt werden müssen, soweit zum Zeitpunkt des Inkrafttretens der Rechtsverordnung in einem Planfeststellungsbeschluss, einer Plangenehmigung oder einer landesrechtlichen Vorschrift geringere Anforderungen gestellt worden sind. ²Bei der Bestimmung der Dauer der Übergangsfristen und der einzuhaltenden Anforderungen sind insbesondere Art, Beschaffenheit und Menge der abgelagerten Abfälle, die Standortbedingungen, Art, Menge und Gefährlichkeit der von den Deponien ausgehenden Emissionen sowie die Nutzungsdauer und technische Besonderheiten der Deponien zu berücksichtigen. ³Die Sätze 1 und 2 gelten für die in § 39 Absatz 1 und 2 genannten Deponien entsprechend.

(3) Die Bundesregierung wird ermächtigt, nach Anhörung der beteiligten Kreise (§ 68) durch Rechtsverordnung mit Zustimmung des Bundesrates vorzuschreiben, welche Anforderungen an die Zuverlässigkeit, die Sach- und Fachkunde der für die Errichtung, Leitung oder Beaufsichtigung des Betriebes der Deponie verantwortlichen Personen und die Sach- und Fachkunde des sonstigen Personals, einschließlich der laufenden Fortbildung der verantwortlichen Personen und des sonstigen Personals zu stellen sind.

(4) Die Bundesregierung wird ermächtigt, durch Rechtsverordnung[1] mit Zustimmung des Bundesrates

1. zu bestimmen, dass die Betreiber bestimmter Deponien eine Sicherheit im Sinne von § 232 des Bürgerlichen Gesetzbuchs[2] leisten oder ein anderes gleichwertiges Sicherungsmittel erbringen müssen,

2. Vorschriften über Art, Umfang und Höhe der nach § 36 Absatz 3 zu leistenden Sicherheit im Sinne von § 232 des Bürgerlichen Gesetzbuchs oder eines anderen gleichwertigen Sicherungsmittels zu erlassen sowie

3. zu bestimmen, wie lange die Sicherheit nach Nummer 1 geleistet oder ein anderes gleichwertiges Sicherungsmittel erbracht werden muss.

(5) Durch Rechtsverordnung nach Absatz 1 können auch Verfahren zur Überprüfung der dort festgelegten Anforderungen bestimmt werden, insbesondere Verfahren entsprechend § 10 Absatz 2 Nummer 1 bis 9 und Absatz 3.

§ 44 Kosten der Ablagerung von Abfällen. (1) [1]Die vom Betreiber für die Ablagerung von Abfällen in Rechnung zu stellenden privatrechtlichen Entgelte müssen alle Kosten für die Errichtung und den Betrieb der Deponie, einschließlich der Kosten einer vom Betreiber zu leistenden Sicherheit im Sinne von § 232 des Bürgerlichen Gesetzbuchs[2] oder eines zu erbringenden gleichwertigen Sicherungsmittels, sowie die geschätzten Kosten für die Stilllegung und die Nachsorge für mindestens 30 Jahre abdecken. [2]Soweit dies nach Satz 1 durch Freistellungen nach Artikel 4 § 3 des Umweltrahmengesetzes vom 29. Juni 1990 (GBl. I Nr. 42 S. 649), das durch Artikel 12 des Gesetzes vom 22. März 1991 (BGBl. I S. 766, 1928) geändert worden ist, gewährleistet ist, entfällt eine entsprechende Veranlagung der Kosten für die Stilllegung und die Nachsorge sowie der Kosten der Sicherheitsleistung bei der Berechnung der Entgelte.

(2) Der Betreiber hat die in Absatz 1 genannten Kosten zu erfassen und der zuständigen Behörde innerhalb einer von ihr zu setzenden Frist Übersichten über die Kosten und die erhobenen Entgelte zur Verfügung zu stellen.

(3) Die Gebühren der öffentlich-rechtlichen Entsorgungsträger richten sich nach Landesrecht.

(4) Die Absätze 1 bis 3 gelten entsprechend für die Abdeckung der Kosten von genehmigungsbedürftigen Anlagen zum Lagern von Abfällen im Sinne des Bundes-Immissionsschutzgesetzes[3], soweit in diesen Anlagen Abfälle vor deren Beseitigung jeweils über einen Zeitraum von mehr als einem Jahr oder Abfälle vor deren Verwertung jeweils über einen Zeitraum von mehr als drei Jahren gelagert werden.

[1] Siehe die Anmerkung am Titel.
[2] Schönfelder Nr. 20.
[3] Nr. 296.

Teil 5. Absatzförderung und Abfallberatung

§ 45[1] Pflichten der öffentlichen Hand. (1) Die Behörden des Bundes sowie die der Aufsicht des Bundes unterstehenden juristischen Personen des öffentlichen Rechts, Sondervermögen und sonstigen Stellen sind verpflichtet, durch ihr Verhalten zur Erfüllung des Zweckes des § 1 beizutragen.

(2) [1]Die Verpflichteten nach Absatz 1 haben, insbesondere unter Berücksichtigung der §§ 6 bis 8, bei der Gestaltung von Arbeitsabläufen, bei der Beschaffung oder Verwendung von Material und Gebrauchsgütern, bei Bauvorhaben und sonstigen Aufträgen, ohne damit Rechtsansprüche Dritter zu begründen, Erzeugnissen den Vorzug zu geben, die

1. in rohstoffschonenden, energiesparenden, wassersparenden, schadstoffarmen oder abfallarmen Produktionsverfahren hergestellt worden sind,
2. durch Vorbereitung zur Wiederverwendung oder durch Recycling von Abfällen, insbesondere unter Einsatz von Rezyklaten, oder aus nachwachsenden Rohstoffen hergestellt worden sind,
3. sich durch Langlebigkeit, Reparaturfreundlichkeit, Wiederverwendbarkeit und Recyclingfähigkeit auszeichnen oder
4. im Vergleich zu anderen Erzeugnissen zu weniger oder schadstoffärmeren Abfällen führen oder sich besser zur umweltverträglichen Abfallbewirtschaftung eignen.

[2]Die Pflicht des Satzes 1 gilt, soweit die Erzeugnisse für den vorgesehenen Verwendungszweck geeignet sind, durch ihre Beschaffung oder Verwendung keine unzumutbaren Mehrkosten entstehen, ein ausreichender Wettbewerb gewährleistet wird und keine anderen Rechtsvorschriften entgegenstehen. [3]Soweit vergaberechtliche Bestimmungen anzuwenden sind, sind diese zu beachten. [4]§ 7 der Bundeshaushaltsordnung[2] bleibt unberührt. [5]Abweichend von der Pflicht des Satzes 1 ist bei der Beschaffung oder Verwendung von Material und Gebrauchsgütern und bei Bauvorhaben sowie sonstigen Aufträgen, die verteidigungs- oder sicherheitsspezifische Aufträge sind oder die Verteidigungs- und Sicherheitsaspekte umfassen sowie bei sonstigen Aufträgen, soweit diese für den Einsatzfähigkeit der Bundeswehr erforderlich sind, zu prüfen, ob und in welchem Umfang die in Satz 1 genannten Erzeugnisse eingesetzt werden können.

(3) Die Verpflichteten nach Absatz 1 wirken im Rahmen ihrer Möglichkeiten darauf hin, dass die Gesellschaften des privaten Rechts, an denen sie beteiligt sind, die Verpflichtungen nach den Absätzen 1 und 2 beachten.

(4) Die öffentliche Hand hat im Rahmen ihrer Pflichten nach den Absätzen 1 bis 3 Regelungen für die Verwendung von Erzeugnissen oder Materialien sowie zum Schutz von Mensch und Umwelt nach anderen Rechtsvorschriften zu berücksichtigen.

§ 46[3] Abfallberatungspflicht. (1) [1]Die öffentlich-rechtlichen Entsorgungsträger im Sinne des § 20 sind im Rahmen der ihnen übertragenen Aufgaben in Selbstverwaltung zur Information und Beratung über Möglichkeiten der Vermei-

[1] § 45 Abs. 1 Satz 2 aufgeh., Abs. 2 eingef., bish. Abs. 2 und 3 werden Abs. 3 und 4 und neu gef. mWv 29.10.2020 durch G v. 23.10.2020 (BGBl. I S. 2232).
[2] Nr. **700**.
[3] § 46 Abs. 2 und 3 eingef., bish. Abs. 2 wird Abs. 4 mWv 29.10.2020 durch G v. 23.10.2020 (BGBl. I S. 2232).

dung, Verwertung und Beseitigung von Abfällen verpflichtet. ²Zur Beratung verpflichtet sind auch die Industrie- und Handelskammern, Handwerkskammern und Landwirtschaftskammern.

(2) ¹Für die Beratung über Möglichkeiten der Abfallvermeidung sind insbesondere die in § 33 Absatz 3 Nummer 2 genannten Vermeidungsmaßnahmen und die Festlegungen des geltenden Abfallvermeidungsprogramms des Bundes und des jeweiligen Landes zugrunde zu legen. ²Bei der Beratung ist insbesondere auf Einrichtungen des öffentlich-rechtlichen Entsorgungsträgers und so weit wie möglich sonstiger natürlicher oder juristischer Personen hinzuweisen, durch die Erzeugnisse, die kein Abfall sind, erfasst und einer Wiederverwendung zugeführt werden.

(3) ¹Im Rahmen der Beratung über die Abfallverwertung ist insbesondere auf die Pflicht zur getrennten Sammlung von Abfällen und die Rücknahmepflichten hinzuweisen. ²Die Beratung umfasst auch die Beratung über die möglichst ressourcenschonende Bereitstellung von Sperrmüll sowie über Maßnahmen zur Vermeidung der Vermüllung der Umwelt.

(4) Die zuständige Behörde hat den nach diesem Gesetz zur Beseitigung Verpflichteten Auskunft über geeignete Abfallbeseitigungsanlagen zu erteilen.

Teil 6. Überwachung

§ 47[1] **Allgemeine Überwachung.** (1) ¹Die Vermeidung nach Maßgabe der auf Grund der §§ 24 und 25 erlassenen Rechtsverordnungen und die Abfallbewirtschaftung unterliegen der Überwachung durch die zuständige Behörde. ²Für den Vollzug der nach den §§ 24 und 25 ergangenen Rechtsverordnungen sind § 25 Absatz 1 und 3, § 26 Absatz 2 und 3, § 27 Absatz 1, § 28 Absatz 1 und 2 und Absatz 4 Satz 1 und 2 des Produktsicherheitsgesetzes[2] vom 8. November 2011 (BGBl. I S. 2178, 2179) entsprechend anzuwenden. ³Die nach Satz 2 verpflichteten Personen sind verpflichtet, das Betreten von Geschäfts- und Betriebsgrundstücken und -räumen außerhalb der üblichen Geschäftszeiten sowie das Betreten von Wohnräumen zu gestatten, wenn dies zur Verhütung dringender Gefahren für die öffentliche Sicherheit oder Ordnung erforderlich ist. ⁴Das Grundrecht auf Unverletzlichkeit der Wohnung (Artikel 13 Absatz 1 des Grundgesetzes[3]) wird insoweit eingeschränkt.

(2) ¹Die zuständige Behörde überprüft in regelmäßigen Abständen und in angemessenem Umfang Erzeuger von gefährlichen Abfällen, Anlagen und Unternehmen, die Abfälle entsorgen, sowie Sammler, Beförderer, Händler und Makler von Abfällen. ²Die Überprüfung der Tätigkeiten der Sammler und Beförderer von Abfällen erstreckt sich auch auf den Ursprung, die Art, die Menge und den Bestimmungsort der gesammelten und beförderten Abfälle.

(3) ¹Auskunft über Betrieb, Anlagen, Einrichtungen und sonstige der Überwachung unterliegende Gegenstände haben den Bediensteten und Beauftragten der zuständigen Behörde auf Verlangen zu erteilen

1. Erzeuger und Besitzer von Abfällen,

[1] § 47 Abs. 7–9 angef. mWv 13.4.2013 durch G v. 8.4.2013 (BGBl. I S. 734); Abs. 8 Satz 1, Abs. 9 Satz 1 geänd. mWv 24.10.2015 durch G v. 20.10.2015 (BGBl. I S. 1739); Abs. 8 Satz 1 geänd. mWv 29.10.2020 durch G v. 23.10.2020 (BGBl. I S. 2232); Abs. 8 Satz 4, Abs. 9 Satz 2 neu gef. mWv 15.12. 2020 durch G v. 9.12.2020 (BGBl. I S. 2873).
[2] **Sartorius ErgBd. Nr. 803.**
[3] Nr. 1.

2. zur Abfallentsorgung Verpflichtete,

3. Betreiber sowie frühere Betreiber von Unternehmen oder Anlagen, die Abfälle entsorgen oder entsorgt haben, auch wenn diese Anlagen stillgelegt sind, sowie

4. Sammler, Beförderer, Händler und Makler von Abfällen.

[2] Die nach Satz 1 zur Auskunft verpflichteten Personen haben den Bediensteten und Beauftragten der zuständigen Behörde zur Prüfung der Einhaltung ihrer Verpflichtungen nach den §§ 7 und 15 das Betreten der Grundstücke sowie der Geschäfts- und Betriebsräume zu den üblichen Geschäftszeiten, die Einsicht in Unterlagen und die Vornahme von technischen Ermittlungen und Prüfungen zu gestatten. [3] Die nach Satz 1 zur Auskunft verpflichteten Personen sind ferner verpflichtet, zu diesen Zwecken das Betreten von Geschäfts- und Betriebsgrundstücken und -räumen außerhalb der üblichen Geschäftszeiten sowie das Betreten von Wohnräumen zu gestatten, wenn dies zur Verhütung dringender Gefahren für die öffentliche Sicherheit oder Ordnung erforderlich ist. [4] Das Grundrecht auf Unverletzlichkeit der Wohnung (Artikel 13 Absatz 1 des Grundgesetzes) wird insoweit eingeschränkt.

(4) Betreiber von Verwertungs- und Abfallbeseitigungsanlagen oder von Anlagen, in denen Abfälle mitverwertet oder mitbeseitigt werden, haben diese Anlagen den Bediensteten oder Beauftragten der zuständigen Behörde zugänglich zu machen, die zur Überwachung erforderlichen Arbeitskräfte, Werkzeuge und Unterlagen zur Verfügung zu stellen und nach Anordnung der zuständigen Behörde Zustand und Betrieb der Anlage auf eigene Kosten prüfen zu lassen.

(5) Für die nach dieser Vorschrift zur Auskunft verpflichteten Personen gilt § 55 der Strafprozessordnung[1] entsprechend.

(6) Die behördlichen Überwachungsbefugnisse nach den Absätzen 1 bis 5 erstrecken sich auch auf die Prüfung, ob bestimmte Stoffe oder Gegenstände gemäß den Voraussetzungen der §§ 4 und 5 nicht oder nicht mehr als Abfall anzusehen sind.

(7) [1] Für alle zulassungspflichtigen Deponien stellen die zuständigen Behörden in ihrem Zuständigkeitsbereich Überwachungspläne und Überwachungsprogramme zur Durchführung der Absätze 1 bis 4 auf. [2] Satz 1 gilt nicht für Deponien für Inertabfälle und Deponien, die eine Aufnahmekapazität von 10 Tonnen oder weniger je Tag und eine Gesamtkapazität von 25 000 Tonnen oder weniger haben. [3] Zur Überwachung nach Satz 1 gehören insbesondere auch die Überwachung der Errichtung, Vor-Ort-Besichtigungen, die Überwachung der Emissionen und die Überprüfung interner Berichte, Folgedokumente sowie Messungen und Kontrollen, die Überprüfung der Eigenkontrolle, die Prüfung der angewandten Techniken und der Eignung des Umweltmanagements der Deponie. [4] Die Bundesregierung wird ermächtigt, nach Anhörung der beteiligten Kreise (§ 68) durch Rechtsverordnung mit Zustimmung des Bundesrates die Einzelheiten zum Inhalt der Überwachungspläne und Überwachungsprogramme nach Satz 1 zu bestimmen.

(8) [1] Die Länder *übermitteln* dem Bundesministerium für Umwelt, Naturschutz *und nukleare* Sicherheit nach Anforderung Informationen über die Umsetzung der Richtlinie 2010/75/EU des Europäischen Parlaments und des Rates vom 24. November 2010 über Industrieemissionen (integrierte Vermeidung und Verminderung der Umweltverschmutzung) (Neufassung) (ABl. L 334 vom 17.12. 2010, S. 17), insbesondere über repräsentative Daten über Emissionen und sonstige Arten von Umweltverschmutzung, über Emissionsgrenzwerte sowie über die

[1] **Schönfelder** Nr. 90.

Anwendung des Standes der Technik. [2] Die Länder stellen diese Informationen auf elektronischem Wege zur Verfügung. [3] Art und Form der von den Ländern zu übermittelnden Informationen sowie der Zeitpunkt ihrer Übermittlung richten sich nach den Anforderungen, die auf der Grundlage von Artikel 72 Absatz 2 der Richtlinie 2010/75/EU festgelegt werden. [4] § 5 Absatz 1 Satz 3 und Absatz 2 bis 6 des Gesetzes zur Ausführung des Protokolls über Schadstofffreisetzungs- und -verbringungsregister vom 21. Mai 2003 sowie zur Durchführung der Verordnung (EG) Nr. 166/2006 vom 6. Juni 2007 (BGBl. I S. 1002), das durch Artikel 1 des Gesetzes vom 9. Dezember 2020 (BGBl. I S. 2873) geändert worden ist, gilt entsprechend.

(9) [1] Die zuständige Behörde kann anordnen, dass der Betreiber einer Deponie ihr Daten zu übermitteln hat, die in einem Durchführungsrechtsakt nach Artikel 72 Absatz 2 der Richtlinie 2010/75/EU aufgeführt sind und die zur Erfüllung der Berichtspflicht nach Absatz 8 erforderlich sind, soweit der zuständigen Behörde solche Daten nicht bereits auf Grund anderer Vorschriften vorliegen. [2] § 3 Absatz 1 Satz 2 und § 5 Absatz 2 bis 6 des Gesetzes zur Ausführung des Protokolls über Schadstofffreisetzungs- und -verbringungsregister vom 21. Mai 2003 sowie zur Durchführung der Verordnung (EG) Nr. 166/2006 vom 6. Juni 2007 (BGBl. I S. 1002), das durch Artikel 1 des Gesetzes vom 9. Dezember 2020 (BGBl. I S. 2873) geändert worden ist, gelten entsprechend.

§ 48 Abfallbezeichnung, gefährliche Abfälle. [1] An die Entsorgung sowie die Überwachung gefährlicher Abfälle sind nach Maßgabe dieses Gesetzes besondere Anforderungen zu stellen. [2] Zur Umsetzung von Rechtsakten der Europäischen Union wird die Bundesregierung ermächtigt, nach Anhörung der beteiligten Kreise (§ 68) durch Rechtsverordnung[1] mit Zustimmung des Bundesrates die Bezeichnung von Abfällen sowie gefährliche Abfälle zu bestimmen und die Bestimmung gefährlicher Abfälle durch die zuständige Behörde im Einzelfall zuzulassen.

§ 49[2] Registerpflichten. (1) Die Betreiber von Anlagen oder Unternehmen, die Abfälle in einem Verfahren nach Anlage 1 oder Anlage 2 entsorgen (Entsorger von Abfällen), haben ein Register zu führen, in dem hinsichtlich der Vorgänge nach Anlage 1 oder Anlage 2 folgende Angaben verzeichnet sind:

1. die Menge, die Art und der Ursprung sowie
2. die Bestimmung, die Häufigkeit der Sammlung, die Beförderungsart sowie die Art der Verwertung oder Beseitigung, einschließlich der Vorbereitung vor der Verwertung oder Beseitigung, soweit diese Angaben zur Gewährleistung einer ordnungsgemäßen Abfallbewirtschaftung von Bedeutung sind.

(2) [1] Entsorger, die Abfälle behandeln oder lagern, haben die nach Absatz 1 erforderlichen Angaben, insbesondere die Bestimmung der behandelten oder gelagerten Abfälle, auch für die weitere Entsorgung zu verzeichnen, soweit dies erforderlich ist, um auf Grund der Zweckbestimmung der Abfallentsorgungsanlage eine ordnungsgemäße Entsorgung zu gewährleisten. [2] Satz 1 gilt entsprechend für die weitere Verwendung von Erzeugnissen, Materialien und Stoffen, die aus der Vorbereitung zur Wiederverwendung, aus dem Recycling oder einem sonstigen

[1] Siehe die Anmerkung am *Titel.*
[2] § 49 Abs. 2 Satz 1 geänd., Satz 2 angef. mWv 2.5.2013 durch G v. 8.4.2013 (BGBl. I S. 734); Abs. 2 Satz 2 eingef., bish. Satz 2 wird Satz 3 mWv 29.10.2020 durch G v. 23.10.2020 (BGBl. I S. 2232).

raum stehen Erlaubnissen nach Absatz 1 Satz 1 gleich, soweit sie ihnen gleichwertig sind. [2]Bei der Prüfung des Antrags auf Erlaubnis nach Absatz 1 Satz 1 stehen Nachweise aus einem anderen Mitgliedstaat der Europäischen Union oder einem anderen Vertragsstaat des Abkommens über den Europäischen Wirtschaftsraum inländischen Nachweisen gleich, wenn aus ihnen hervorgeht, dass der Antragsteller die betreffenden Anforderungen des Absatzes 1 Satz 2 oder die auf Grund ihrer Zielsetzung im Wesentlichen vergleichbaren Anforderungen des Ausstellungsstaates erfüllt. [3]Unterlagen über die gleichwertige Erlaubnis nach Satz 1 und sonstige Nachweise nach Satz 2 sind der zuständigen Behörde vor Aufnahme der Tätigkeit im Original oder in Kopie vorzulegen. [4]Eine Beglaubigung der Kopie sowie eine beglaubigte deutsche Übersetzung können verlangt werden.

(5) Hinsichtlich der Überprüfung der erforderlichen Fach- und Sachkunde nach Absatz 1 Satz 2 Nummer 2 eines Antragstellers aus einem anderen Mitgliedstaat der Europäischen Union oder einem anderen Vertragsstaat des Abkommens über den Europäischen Wirtschaftsraum gilt § 36a Absatz 1 Satz 2, Absatz 2 und 4 Satz 4 der Gewerbeordnung entsprechend; bei vorübergehender und nur gelegentlicher Tätigkeit eines in einem anderen Mitgliedstaat der Europäischen Union oder in einem anderen Vertragsstaat des Abkommens über den Europäischen Wirtschaftsraum niedergelassenen Dienstleistungserbringers gilt hinsichtlich der erforderlichen Fach- und Sachkunde § 13a Absatz 2 Satz 2 bis 5 und Absatz 3 der Gewerbeordnung[1]) entsprechend.

(6) [1]Erlaubnisverfahren nach Absatz 1 und 4 können über eine einheitliche Stelle abgewickelt werden. [2]§ 42a des Verwaltungsverfahrensgesetzes[2]) findet für das Verfahren nach den Absätzen 1 und 4 Anwendung, sofern der Antragsteller Staatsangehöriger eines Mitgliedstaates der Europäischen Union oder eines anderen Vertragsstaates des Abkommens über den Europäischen Wirtschaftsraum ist oder als juristische Person in einem dieser Staaten seinen Sitz hat.

(7) Die Bundesregierung wird ermächtigt, nach Anhörung der beteiligten Kreise (§ 68) durch Rechtsverordnung[3]) mit Zustimmung des Bundesrates für die Erlaubnispflicht und Tätigkeit der Sammler, Beförderer, Händler und Makler von gefährlichen Abfällen, für Sammler und Beförderer von gefährlichen Abfällen, insbesondere unter Berücksichtigung der Besonderheiten der jeweiligen Verkehrsträger, Verkehrswege oder Beförderungsart,

1. Vorschriften zu erlassen über die Antragsunterlagen, die Form, den Inhalt und das Verfahren zur Erteilung der Erlaubnis, die Anforderungen an die Zuverlässigkeit, Fach- und Sachkunde sowie deren Nachweis, die Fristen, nach denen das Vorliegen der Voraussetzungen erneut zu überprüfen ist,

2. anzuordnen, dass das Erlaubnisverfahren elektronisch zu führen ist und Dokumente in elektronischer Form gemäß § 3a Absatz 2 Satz 2 und 3 des Verwaltungsverfahrensgesetzes vorzulegen sind,

3. bestimmte *Tätigkeiten von der Erlaubnispflicht* nach Absatz 1 auszunehmen, *soweit* eine Erlaubnis aus Gründen des Wohls der Allgemeinheit nicht erforderlich ist,

4. Anforderungen an die Erlaubnispflichtigen und deren Tätigkeit zu bestimmen, die sich aus Rechtsvorschriften der Europäischen Union ergeben sowie

[1]) Nr. **800.**
[2]) Nr. **100.**
[3]) Siehe die Anmerkung am Titel.

5. anzuordnen, dass bei der Beförderung von Abfällen geeignete Unterlagen zum Zweck der Überwachung mitzuführen sind.

§ 55 Kennzeichnung der Fahrzeuge. (1) [1] Sammler und Beförderer haben Fahrzeuge, mit denen sie Abfälle in Ausübung ihrer Tätigkeit auf öffentlichen Straßen befördern, vor Antritt der Fahrt mit zwei rückstrahlenden weißen Warntafeln gemäß Satz 3 zu versehen (A-Schilder). [2] Satz 1 gilt nicht für Sammler und Beförderer, die im Rahmen wirtschaftlicher Unternehmen Abfälle sammeln oder befördern. [3] Hinsichtlich der Anforderungen an die Kennzeichnung der Fahrzeuge gilt § 10 des Abfallverbringungsgesetzes[1] vom 19. Juli 2007 (BGBl. I S. 1462) in der jeweils geltenden Fassung entsprechend.

(2) Die Bundesregierung wird ermächtigt, in einer Rechtsverordnung nach § 53 Absatz 6 oder § 54 Absatz 7 Ausnahmen von der Kennzeichnungspflicht nach Absatz 1 Satz 1 vorzusehen.

(3) Rechtsvorschriften, die aus Gründen der Sicherheit im Zusammenhang mit der Beförderung gefährlicher Güter erlassen sind, bleiben unberührt.

Teil 7. Entsorgungsfachbetriebe

§ 56[2] Zertifizierung von Entsorgungsfachbetrieben. (1) Entsorgungsfachbetriebe wirken an der Förderung der Kreislaufwirtschaft und der Sicherstellung des Schutzes von Mensch und Umwelt bei der Erzeugung und Bewirtschaftung von Abfällen nach Maßgabe der hierfür geltenden Rechtsvorschriften mit.

(2) Entsorgungsfachbetrieb ist ein Betrieb, der

1. gewerbsmäßig, im Rahmen wirtschaftlicher Unternehmen oder öffentlicher Einrichtungen Abfälle sammelt, befördert, lagert, behandelt, verwertet, beseitigt, mit diesen handelt oder makelt und

2. in Bezug auf eine oder mehrere der in Nummer 1 genannten Tätigkeiten durch eine technische Überwachungsorganisation oder eine Entsorgergemeinschaft als Entsorgungsfachbetrieb zertifiziert ist.

(3) [1] Das Zertifikat darf nur erteilt werden, wenn der Betrieb die für die ordnungsgemäße Wahrnehmung seiner Aufgaben erforderlichen Anforderungen an seine Organisation, seine personelle, gerätetechnische und sonstige Ausstattung, seine Tätigkeit sowie die Zuverlässigkeit und Fach- und Sachkunde seines Personals erfüllt. [2] In dem Zertifikat sind die zertifizierten Tätigkeiten des Betriebes, insbesondere bezogen auf seine Standorte und Anlagen sowie die Abfallarten, genau zu bezeichnen. [3] Das Zertifikat ist zu befristen. [4] Die Gültigkeitsdauer darf einen Zeitraum von 18 Monaten nicht überschreiten. [5] Das Vorliegen der Voraussetzungen des Satzes 1 wird mindestens jährlich von der technischen Überwachungsorganisation oder der Entsorgergemeinschaft überprüft.

(4) [1] Mit Erteilung des Zertifikats ist dem Betrieb von der technischen Überwachungsorganisation oder Entsorgergemeinschaft die Berechtigung zum Führen eines Überwachungszeichens zu erteilen, das die Bezeichnung „Entsorgungsfachbetrieb" in Verbindung mit dem Hinweis auf die zertifizierte Tätigkeit und die das Überwachungszeichen erteilende technische Überwachungsorganisation oder Entsorgergemeinschaft aufweist. [2] Ein Betrieb darf das Überwachungszeichen nur führen, soweit und solange er als Entsorgungsfachbetrieb zertifiziert ist.

[1] **Gewerberecht Nr. 875.**
[2] § 56 Abs. 6 Satz 2 geänd. mWv 2.5.2013 durch G v. 8.4.2013 (BGBl. I S. 734).

(5) [1] Eine technische Überwachungsorganisation ist ein rechtsfähiger Zusammenschluss mehrerer Sachverständiger, deren Sachverständigentätigkeit auf dauernde Zusammenarbeit angelegt ist. [2] Die Erteilung des Zertifikats und der Berechtigung zum Führen des Überwachungszeichens durch die technische Überwachungsorganisation erfolgt auf der Grundlage eines Überwachungsvertrages, der insbesondere die Anforderungen an den Betrieb und seine Überwachung sowie an die Erteilung und den Entzug des Zertifikats und der Berechtigung zum Führen des Überwachungszeichens festlegt. [3] Der Überwachungsvertrag bedarf der Zustimmung der zuständigen Behörde.

(6) [1] Eine Entsorgergemeinschaft ist ein rechtsfähiger Zusammenschluss von Entsorgungsfachbetrieben im Sinne des Absatzes 2. [2] Sie bedarf der Anerkennung der zuständigen Behörde. [3] Die Erteilung des Zertifikats und der Berechtigung zum Führen des Überwachungszeichens durch die Entsorgergemeinschaft erfolgt auf der Grundlage einer Satzung oder sonstigen Regelung, die insbesondere die Anforderungen an die zu zertifizierenden Betriebe und ihre Überwachung sowie an die Erteilung und den Entzug des Zertifikats und der Berechtigung zum Führen des Überwachungszeichens festlegt.

(7) Technische Überwachungsorganisation und Entsorgergemeinschaft haben sich für die Überprüfung der Betriebe Sachverständiger zu bedienen, die die für die Durchführung der Überwachung erforderliche Zuverlässigkeit, Unabhängigkeit sowie Fach- und Sachkunde besitzen.

(8) [1] Entfallen die Voraussetzungen für die Erteilung des Zertifikats, hat die technische Überwachungsorganisation oder die Entsorgergemeinschaft dem Betrieb das von ihr erteilte Zertifikat und die Berechtigung zum Führen des Überwachungszeichens zu entziehen sowie den Betrieb aufzufordern, das Zertifikat zurückzugeben und das Überwachungszeichen nicht weiter zu führen. [2] Kommt der Betrieb dieser Aufforderung innerhalb einer von der technischen Überwachungsorganisation oder Entsorgergemeinschaft gesetzten Frist nicht nach, kann die zuständige Behörde dem Betrieb das erteilte Zertifikat und die Berechtigung zum Führen des Überwachungszeichens entziehen sowie die sonstige weitere Verwendung der Bezeichnung „Entsorgungsfachbetrieb" untersagen.

§ 57 Anforderungen an Entsorgungsfachbetriebe, technische Überwachungsorganisationen und Entsorgergemeinschaften. [1] Die Bundesregierung wird ermächtigt, nach Anhörung der beteiligten Kreise (§ 68) durch Rechtsverordnung[1]) mit Zustimmung des Bundesrates Anforderungen an Entsorgungsfachbetriebe, technische Überwachungsorganisationen und Entsorgergemeinschaften zu bestimmen. [2] In der Rechtsverordnung können insbesondere

1. Anforderungen an die Organisation, die personelle, gerätetechnische und sonstige Ausstattung und die Tätigkeit eines Entsorgungsfachbetriebes bestimmt sowie ein ausreichender Haftpflichtversicherungsschutz gefordert werden,

2. Anforderungen an den Inhaber und die im Entsorgungsfachbetrieb beschäftigten Personen, insbesondere Mindestanforderungen an die Fach- und Sachkunde und die Zuverlässigkeit sowie an deren Nachweis, bestimmt werden,

3. Anforderungen an die Tätigkeit der technischen Überwachungsorganisationen, insbesondere Mindestanforderungen an den Überwachungsvertrag sowie dessen Abschluss, Durchführung, Auflösung und Erlöschen, bestimmt werden,

[1]) Siehe die Anmerkung am Titel.

4. Anforderungen an die Tätigkeit der Entsorgergemeinschaften, insbesondere an deren Bildung, Auflösung, Organisation und Arbeitsweise, einschließlich der Bestellung, Aufgaben und Befugnisse der Prüforgane sowie Mindestanforderungen an die Mitglieder dieser Prüforgane, bestimmt werden,

5. Mindestanforderungen an die für die technischen Überwachungsorganisationen oder für die Entsorgergemeinschaften tätigen Sachverständigen sowie deren Bestellung, Tätigkeit und Kontrolle bestimmt werden,

6. Anforderungen an das Überwachungszeichen und das zugrunde liegende Zertifikat, insbesondere an die Form und den Inhalt, sowie Anforderungen an ihre Erteilung, ihre Aufhebung, ihr Erlöschen und ihren Entzug bestimmt werden,

7. die besonderen Voraussetzungen, das Verfahren, die Erteilung und Aufhebung

 a) der Zustimmung zum Überwachungsvertrag durch die zuständige Behörde geregelt werden sowie

 b) der Anerkennung der Entsorgergemeinschaften durch die zuständige Behörde geregelt werden; dabei kann die Anerkennung der Entsorgergemeinschaften bei drohenden Beschränkungen des Wettbewerbes widerrufen werden,

8. die näheren Anforderungen an den Entzug des Zertifikats und der Berechtigung zum Führen des Überwachungszeichens sowie an die Untersagung der sonstigen weiteren Verwendung der Bezeichnung „Entsorgungsfachbetrieb" durch die zuständige Behörde nach § 56 Absatz 8 Satz 2 bestimmt werden sowie

9. für die erforderlichen Erklärungen, Nachweise, Benachrichtigungen oder sonstigen Daten die elektronische Führung und die Vorlage von Dokumenten in elektronischer Form gemäß § 3a Absatz 2 Satz 2 und 3 des Verwaltungsverfahrensgesetzes[1] angeordnet werden.

Teil 8. Betriebsorganisation, Betriebsbeauftragter für Abfall und Erleichterungen für auditierte Unternehmensstandorte

§ 58 Mitteilungspflichten zur Betriebsorganisation. (1) [1]Besteht bei Kapitalgesellschaften das vertretungsberechtigte Organ aus mehreren Mitgliedern oder sind bei Personengesellschaften mehrere vertretungsberechtigte Gesellschafter vorhanden, so ist der zuständigen Behörde anzuzeigen, wer von ihnen nach den Bestimmungen über die Geschäftsführungsbefugnis für die Gesellschaft die Pflichten des Betreibers einer genehmigungsbedürftigen Anlage im Sinne des § 4 des Bundes-Immissionsschutzgesetzes[2] oder die Pflichten des Besitzers im Sinne des § 27 wahrnimmt, die ihm nach diesem Gesetz und nach dem auf Grund dieses Gesetzes erlassenen Rechtsverordnungen obliegen. [2]Die Gesamtverantwortung aller Organmitglieder oder Gesellschafter bleibt hiervon unberührt.

(2) Der Betreiber einer genehmigungsbedürftigen Anlage im Sinne des § 4 des Bundes-Immissionsschutzgesetzes, der Besitzer im Sinne des § 27 oder im Rahmen ihrer Geschäftsführungsbefugnis die nach Absatz 1 Satz 1 anzuzeigende Person hat der zuständigen Behörde mitzuteilen, auf welche Weise sichergestellt ist, dass die Vorschriften und Anordnungen, die der Vermeidung, Verwertung und umweltverträglichen Beseitigung von Abfällen dienen, beim Betrieb beachtet werden.

[1] Nr. **100**.
[2] Nr. **296**.

§ 59[1) Bestellung eines Betriebsbeauftragten für Abfall. (1) [1]Betreiber von genehmigungsbedürftigen Anlagen im Sinne des § 4 des Bundes-Immissionsschutzgesetzes[2)], Betreiber von Anlagen, in denen regelmäßig gefährliche Abfälle anfallen, Betreiber ortsfester Sortier-, Verwertungs- oder Abfallbeseitigungsanlagen, Besitzer im Sinne des § 27 sowie Betreiber von Rücknahmesystemen und -stellen, die von den Besitzern im Sinne des § 27 eingerichtet worden sind oder an denen sie sich beteiligen, haben unverzüglich einen oder mehrere Betriebsbeauftragte für Abfall (Abfallbeauftragte) zu bestellen, sofern dies im Hinblick auf die Art oder die Größe der Anlagen oder die Bedeutung der abfallwirtschaftlichen Tätigkeit, insbesondere unter Berücksichtigung von Art oder Umfang der Rücknahme der Abfälle und der damit verbundenen Besitzerpflichten, erforderlich ist wegen der

1. anfallenden, zurückgenommenen, verwerteten oder beseitigten Abfälle,

2. technischen Probleme der Vermeidung, Verwertung oder Beseitigung oder

3. Eignung der Produkte oder Erzeugnisse, die bei oder nach bestimmungsgemäßer Verwendung Probleme hinsichtlich der ordnungsgemäßen und schadlosen Verwertung oder umweltverträglichen Beseitigung hervorrufen.

[2]Das Bundesministerium für Umwelt, Naturschutz und nukleare Sicherheit bestimmt nach Anhörung der beteiligten Kreise (§ 68) durch Rechtsverordnung[3)] mit Zustimmung des Bundesrates die Betreiber von Anlagen nach Satz 1, die Besitzer nach Satz 1 sowie die Betreiber von Rücknahmesystemen und -stellen nach Satz 1, die Abfallbeauftragte zu bestellen haben. [3]Durch Rechtsverordnung nach Satz 2 kann auch bestimmt werden, welche Besitzer von Abfällen und welche Betreiber von Rücknahmesystemen und -stellen, für die Satz 1 entsprechend gilt, Abfallbeauftragte zu bestellen haben.

(2) Die zuständige Behörde kann anordnen, dass Betreiber von Anlagen nach Absatz 1 Satz 1, Besitzer nach Absatz 1 Satz 1 und Betreiber von Rücknahmesystemen und -stellen nach Absatz 1 Satz 1, für die die Bestellung eines Abfallbeauftragten nicht durch Rechtsverordnung nach Absatz 1 Satz 2 und 3 vorgeschrieben ist, einen oder mehrere Abfallbeauftragte zu bestellen haben, soweit sich im Einzelfall die Notwendigkeit der Bestellung aus den in Absatz 1 Satz 1 genannten Gesichtspunkten ergibt.

(3) Ist nach § 53 des Bundes-Immissionsschutzgesetzes ein Immissionsschutzbeauftragter oder nach § 64 des Wasserhaushaltsgesetzes[4)] ein Gewässerschutzbeauftragter zu bestellen, so können diese auch die Aufgaben und Pflichten eines Abfallbeauftragten nach diesem Gesetz wahrnehmen.

§ 60[5) Aufgaben des Betriebsbeauftragten für Abfall. (1) [1]Der Abfallbeauftragte berät den zur Bestellung Verpflichteten und die Betriebsangehörigen in Angelegenheiten, die für die Abfallvermeidung und Abfallbewirtschaftung bedeutsam sein können. [2]Er ist berechtigt und verpflichtet,

[1)] § 59 Abs. 1 Satz 1 einl. Satzteil und Nr. 1 sowie Satz 2 geänd., Satz 3 angef., Abs. 2 geänd. mWv 24.10.2015 durch G v. 20.10.2015 (BGBl. I S. 1739); Abs. 1 Satz 2 geänd. mWv 29.10.2020 durch G v. 23.10.2020 (BGBl. I S. 2232).
[2)] Nr. **296**.
[3)] Siehe die Anmerkung am Titel.
[4)] Nr. **845**.
[5)] § 60 Abs. 3 Satz 1 geänd. mWv 2.5.2013 durch G v. 8.4.2013 (BGBl. I S. 734); Abs. 1 Satz 1, Satz 2 Nr. 2, 3 Buchst. a, Nr. 4, 6, Abs. 2, Abs. 3 Satz 2 geänd. mWv 24.10.2015 durch G v. 20.10.2015 (BGBl. I S. 1739); Abs. 3 Satz 2 geänd. mWv 29.10.2020 durch G v. 23.10.2020 (BGBl. I S. 2232).

1. den Weg der Abfälle von ihrer Entstehung oder Anlieferung bis zu ihrer Verwertung oder Beseitigung zu überwachen,

2. die Einhaltung der Vorschriften dieses Gesetzes und der auf Grund dieses Gesetzes erlassenen Rechtsverordnungen sowie die Erfüllung erteilter Bedingungen und Auflagen zu überwachen, insbesondere durch Kontrolle der Betriebsstätte und der Art und Beschaffenheit der bewirtschafteten Abfälle in regelmäßigen Abständen, Mitteilung festgestellter Mängel und Vorschläge zur Mängelbeseitigung,

3. die Betriebsangehörigen aufzuklären
 a) über Beeinträchtigungen des Wohls der Allgemeinheit, welche von den Abfällen oder der abfallwirtschaftlichen Tätigkeit ausgehen können,
 b) über Einrichtungen und Maßnahmen zur Verhinderung von Beeinträchtigungen des Wohls der Allgemeinheit unter Berücksichtigung der für die Vermeidung, Verwertung und Beseitigung von Abfällen geltenden Gesetze und Rechtsverordnungen,

4. hinzuwirken auf die Entwicklung und Einführung
 a) umweltfreundlicher und abfallarmer Verfahren, einschließlich Verfahren zur Vermeidung, ordnungsgemäßen und schadlosen Verwertung oder umweltverträglichen Beseitigung von Abfällen,
 b) umweltfreundlicher und abfallarmer Erzeugnisse, einschließlich Verfahren zur Wiederverwendung, Verwertung oder umweltverträglichen Beseitigung nach Wegfall der Nutzung, sowie

5. bei der Entwicklung und Einführung der in Nummer 4 Buchstabe a und b genannten Verfahren mitzuwirken, insbesondere durch Begutachtung der Verfahren und Erzeugnisse unter den Gesichtspunkten der Abfallbewirtschaftung,

6. bei Anlagen, in denen Abfälle anfallen, verwertet oder beseitigt werden, zudem auf Verbesserungen des Verfahrens hinzuwirken.

(2) Der Abfallbeauftragte erstattet dem zur Bestellung Verpflichteten jährlich einen schriftlichen Bericht über die nach Absatz 1 Satz 2 Nummer 1 bis 5 getroffenen und beabsichtigten Maßnahmen.

(3) ¹Auf das Verhältnis zwischen dem zur Bestellung Verpflichteten und dem Abfallbeauftragten finden § 55 Absatz 1, 1a, 2 Satz 1 und 2, Absatz 3 und 4 und die §§ 56 bis 58 des Bundes-Immissionsschutzgesetzes¹⁾ entsprechende Anwendung. ²Das Bundesministerium für Umwelt, Naturschutz und nukleare Sicherheit wird ermächtigt, nach Anhörung der beteiligten Kreise (§ 68) durch Rechtsverordnung mit Zustimmung des Bundesrates vorzuschreiben, welche Anforderungen an die Fachkunde und Zuverlässigkeit des Abfallbeauftragten zu stellen sind.

§ 61 ²⁾ **Anforderungen an Erleichterungen für auditierte Unternehmensstandorte.** (1) Die Bundesregierung wird ermächtigt, zur Förderung der privaten Eigenverantwortung für Standorte des Gemeinschaftssystems für das Umweltmanagement und die Umweltbetriebsprüfung (EMAS) durch Rechtsverordnung³⁾ mit Zustimmung des Bundesrates Erleichterungen zum Inhalt der Antragsunterlagen in abfallrechtlichen Verfahren sowie überwachungsrechtliche Erleichterungen vorzusehen, soweit die entsprechenden Anforderungen der Verordnung (EG) Nr. 1221/2009 des Europäischen Parlaments und des Rates vom 25. November

¹⁾ Nr. **296**.
²⁾ § 61 Abs. 3 abschl. Satzteil geänd. mWv 2.5.2013 durch G v. 8.4.2013 (BGBl. I S. 734).
³⁾ Siehe die Anmerkung am Titel.

2009 über die freiwillige Teilnahme von Organisationen an einem Gemeinschaftssystem für Umweltmanagement und Umweltbetriebsprüfung und zur Aufhebung der Verordnung (EG) Nr. 761/2001[1] sowie der Beschlüsse der Kommission 2001/681/EG und 2006/193/EG (ABl. L 342 vom 22.12.2009, S. 1) gleichwertig mit den Anforderungen sind, die zur Überwachung und zu den Antragsunterlagen nach diesem Gesetz oder den auf Grund dieses Gesetzes erlassenen Rechtsverordnungen vorgesehen sind oder soweit die Gleichwertigkeit durch die Rechtsverordnung nach dieser Vorschrift sichergestellt wird.

(2) Durch Rechtsverordnung nach Absatz 1 können weitere Voraussetzungen für die Inanspruchnahme und die Rücknahme von Erleichterungen oder die vollständige oder teilweise Aussetzung von Erleichterungen für Fälle festgelegt werden, in denen die Voraussetzungen für deren Gewährung nicht mehr vorliegen.

(3) Durch Rechtsverordnung nach Absatz 1 können ordnungsrechtliche Erleichterungen, insbesondere zu

1. Kalibrierungen, Ermittlungen, Prüfungen und Messungen,

2. Messberichten sowie sonstigen Berichten und Mitteilungen von Ermittlungsergebnissen,

3. Aufgaben des Betriebsbeauftragten für Abfall,

4. Mitteilungspflichten zur Betriebsorganisation und

5. der Häufigkeit der behördlichen Überwachung

nur gewährt werden, wenn der Umweltgutachter oder die Umweltgutachterorganisation im Sinne des Umweltauditgesetzes[2] die Einhaltung der Umweltvorschriften geprüft hat, keine Abweichungen festgestellt hat und dies in der Validierung bescheinigt.

(4) Durch Rechtsverordnung nach Absatz 1 können unter den dort genannten Voraussetzungen Erleichterungen im Genehmigungsverfahren sowie überwachungsrechtliche Erleichterungen für Entsorgungsfachbetriebe gewährt werden.

Teil 9. Schlussbestimmungen

§ 62 Anordnungen im Einzelfall. Die zuständige Behörde kann im Einzelfall die erforderlichen Anordnungen zur Durchführung dieses Gesetzes und der auf Grund dieses Gesetzes erlassenen Rechtsverordnungen treffen.

§ 63 Geheimhaltung und Datenschutz. Die Rechtsvorschriften über Geheimhaltung und Datenschutz bleiben unberührt.

§ 64 Elektronische Kommunikation. Soweit auf Grund dieses Gesetzes oder einer auf Grund dieses Gesetzes erlassenen Rechtsverordnung die Schriftform angeordnet wird, ist auch *die elektronische* Form nach Maßgabe des § 3a des *Verwaltungsverfahrensgesetzes*[3] zugelassen.

§ 65 Umsetzung von Rechtsakten der Europäischen Union. (1) [1] Zur Umsetzung von Rechtsakten der Europäischen Union kann die Bundesregierung mit Zustimmung des Bundesrates zu dem in § 1 genannten Zweck Rechtsverordnun-

[1] **Gewerberecht Nr. 8101.**
[2] **Gewerberecht Nr. 810.**
[3] Nr. **100.**

gen[1] zur Sicherstellung der umweltverträglichen Abfallvermeidung und Abfallbewirtschaftung, insbesondere zur ordnungsgemäßen und schadlosen Verwertung sowie zur umweltverträglichen Beseitigung von Abfällen erlassen. [2]In den Rechtsverordnungen kann auch geregelt werden, wie die Öffentlichkeit zu unterrichten ist.

(2) Zur Umsetzung von Rechtsakten der Europäischen Union kann die Bundesregierung durch Rechtsverordnung mit Zustimmung des Bundesrates das Verwaltungsverfahren zur Erteilung von Genehmigungen und Erlaubnissen oder Erstattung von Anzeigen nach diesem Gesetz oder nach einer auf Grund dieses Gesetzes erlassenen Rechtsverordnung regeln.

§ 66[2] **Vollzug im Bereich der Bundeswehr.** (1) Im Geschäftsbereich des Bundesministeriums der Verteidigung obliegt der Vollzug des Gesetzes und der auf Grund dieses Gesetzes erlassenen Rechtsverordnungen für Material, das zur Verwendung für militärische Zwecke bestimmt ist, sowie für die Verwertung und Beseitigung militäreigentümlicher Abfälle sowie von Abfällen, für die ein besonderes militärisches Sicherheitsinteresse besteht, dem Bundesministerium der Verteidigung und den von ihm bestimmten Stellen.

(2) Das Bundesministerium der Verteidigung wird ermächtigt, für Material, das zur Verwendung für militärische Zwecke bestimmt ist, sowie für die Verwertung oder die Beseitigung von Abfällen im Sinne des Absatzes 1 aus dem Bereich der Bundeswehr Ausnahmen von diesem Gesetz und den auf Grund dieses Gesetzes erlassenen Rechtsverordnungen zuzulassen, soweit zwingende Gründe der Verteidigung oder die Erfüllung zwischenstaatlicher Pflichten dies erfordern.

§ 67 Beteiligung des Bundestages beim Erlass von Rechtsverordnungen. [1]Rechtsverordnungen nach § 8 Absatz 2, § 10 Absatz 1 Nummer 1 und 4, den §§ 24, 25 und 65 sind dem Bundestag zuzuleiten. [2]Die Zuleitung erfolgt vor der Zuleitung an den Bundesrat. [3]Die Rechtsverordnungen können durch Beschluss des Bundestages geändert oder abgelehnt werden. [4]Der Beschluss des Bundestages wird der Bundesregierung zugeleitet. [5]Hat sich der Bundestag nach Ablauf von drei Sitzungswochen seit Eingang der Rechtsverordnung nicht mit ihr befasst, so wird die unveränderte Rechtsverordnung dem Bundesrat zugeleitet.

§ 68 Anhörung beteiligter Kreise. Soweit Ermächtigungen zum Erlass von Rechtsverordnungen und allgemeinen Verwaltungsvorschriften die Anhörung der beteiligten Kreise vorschreiben, ist der jeweils auszuwählender Kreis von Vertretern der Wissenschaft, der Betroffenen, der beteiligten Wirtschaft, der für die Abfallwirtschaft zuständigen obersten Landesbehörden, der Gemeinden und Gemeindeverbände zu hören.

§ 69[3] **Bußgeldvorschriften.** (1) Ordnungswidrig handelt, wer vorsätzlich oder fahrlässig

1. entgegen § 9a Absatz 1 gefährliche Abfälle vermischt,

[1] Siehe die Anmerkung am Titel.
[2] § 66 Abs. 1 und 2 geänd. mWv 29.10.2020 durch G v. 23.10.2020 (BGBl. I S. 2232).
[3] § 69 Abs. 1 Nr. 8 und Abs. 2 Nr. 7 geänd. mWv 2.5.2013 durch G v. 8.4.2013 (BGBl. I S. 734); Abs. 2 Nr. 1, 14 und 15 geänd. mWv 24.10.2015 durch G v. 20.10.2015 (BGBl. I S. 1739); Abs. 1 Nr. 1 und 1a eingef., bish. Nr. 1 wird Nr. 1b, Nr. 8 und Abs. 2 Nr. 15 geänd. mWv 29.10.2020 durch G v. 23.10.2020 (BGBl. I S. 2232).

1a. entgegen § 9a Absatz 3 Abfälle nicht oder nicht rechtzeitig trennt oder nicht oder nicht rechtzeitig behandelt,

1b. entgegen § 12 Absatz 4 oder § 56 Absatz 4 Satz 2 ein dort genanntes Zeichen führt,

2. entgegen § 28 Absatz 1 Satz 1 Abfälle zur Beseitigung behandelt, lagert oder ablagert,

3. ohne Planfeststellungsbeschluss nach § 35 Absatz 2 Satz 1 oder ohne Plangenehmigung nach § 35 Absatz 3 Satz 1 eine Deponie errichtet oder wesentlich ändert,

4. einer vollziehbaren Auflage nach § 36 Absatz 4 Satz 1 oder Satz 3, § 39 Absatz 1 Satz 1 oder Absatz 2 Satz 1, § 53 Absatz 3 Satz 2 oder § 54 Absatz 2 zuwiderhandelt,

5. einer mit einer Zulassung nach § 37 Absatz 1 Satz 1 verbundenen vollziehbaren Auflage zuwiderhandelt,

6. einer vollziehbaren Untersagung nach § 53 Absatz 3 Satz 3 zuwiderhandelt,

7. ohne Erlaubnis nach § 54 Absatz 1 Satz 1 gefährliche Abfälle sammelt, befördert, mit ihnen Handel treibt oder diese makelt oder

8. einer Rechtsverordnung nach § 4 Absatz 2, § 5 Absatz 2, § 10 Absatz 1 oder 4 Nummer 2, § 11 Absatz 2 Satz 1 oder 2 oder Absatz 3 Satz 1 Nummer 1 bis 3 oder Satz 2 Nummer 2, § 12 Absatz 7, § 16 Satz 1 Nummer 1 oder Nummer 2, § 24, § 25 Absatz 1 Nummer 1 bis 3 oder 5 oder Absatz 2 Nummer 5 bis 7 oder 10, § 28 Absatz 3 Satz 2, § 43 Absatz 1 Satz 1 Nummer 2 bis 5, 7 oder Nummer 8 oder § 57 Satz 2 Nummer 1 bis 7 oder Nummer 8 oder einer vollziehbaren Anordnung auf Grund einer solchen Rechtsverordnung zuwiderhandelt, soweit die Rechtsverordnung für einen bestimmten Tatbestand auf diese Bußgeldvorschrift verweist.

(2) Ordnungswidrig handelt, wer vorsätzlich oder fahrlässig

1. entgegen § 18 Absatz 1, § 26 Absatz 2, § 40 Absatz 1 Satz 1 oder § 53 Absatz 1 Satz 1 eine Anzeige nicht, nicht richtig, nicht vollständig oder nicht rechtzeitig erstattet,

2. entgegen § 34 Absatz 1 Satz 1 das Betreten eines Grundstücks oder eine dort genannte Maßnahme nicht duldet,

3. entgegen § 41 Absatz 1 Satz 1 in Verbindung mit einer Rechtsverordnung nach § 41 Absatz 2 Satz 1 eine Emissionserklärung nicht, nicht richtig, nicht vollständig oder nicht rechtzeitig abgibt oder nicht, nicht richtig, nicht vollständig oder nicht rechtzeitig ergänzt,

4. entgegen § 47 Absatz 3 Satz 1 eine Auskunft nicht richtig, nicht vollständig oder nicht rechtzeitig erteilt,

5. entgegen § 47 Absatz 3 Satz 2 oder Satz 3 das Betreten eines Grundstücks oder eines Wohn-, Geschäfts- oder Betriebsraumes, die Einsicht in eine Unterlage oder die Vornahme einer technischen Ermittlung oder Prüfung nicht gestattet,

6. entgegen § 47 Absatz 4 eine dort genannte Anlage nicht zugänglich macht oder eine Arbeitskraft, ein Werkzeug oder eine Unterlage nicht zur Verfügung stellt,

7. einer vollziehbaren Anordnung nach § 47 Absatz 4 oder Absatz 9 Satz 1, § 51 Absatz 1 Satz 1 oder § 59 Absatz 2 zuwiderhandelt,

8. entgegen § 49 Absatz 1, auch in Verbindung mit § 49 Absatz 3 oder einer Rechtsverordnung nach § 10 Absatz 2 Nummer 1 Buchstabe b oder § 52

Absatz 1 Satz 1 oder Satz 2 Nummer 3 oder Nummer 5, ein Register nicht, nicht richtig oder nicht vollständig führt,

9. entgegen § 49 Absatz 2 in Verbindung mit einer Rechtsverordnung nach § 52 Absatz 1 Satz 1 eine Angabe nicht, nicht richtig, nicht vollständig oder nicht rechtzeitig verzeichnet,

10. entgegen § 49 Absatz 4, auch in Verbindung mit einer Rechtsverordnung nach § 10 Absatz 2 Nummer 1 Buchstabe b oder § 52 Absatz 1 Satz 2 Nummer 3, ein Register nicht, nicht richtig, nicht vollständig oder nicht rechtzeitig vorlegt oder eine Mitteilung nicht, nicht richtig, nicht vollständig oder nicht rechtzeitig macht,

11. entgegen § 49 Absatz 5, auch in Verbindung mit einer Rechtsverordnung nach § 52 Absatz 1 Satz 2 Nummer 6, eine Angabe oder einen Beleg nicht oder nicht für die vorgeschriebene Dauer aufbewahrt,

12. entgegen § 50 Absatz 1 in Verbindung mit einer Rechtsverordnung nach § 52 Absatz 1 Satz 1, jeweils auch in Verbindung mit einer Rechtsverordnung nach § 10 Absatz 2 Nummer 1 Buchstabe b oder § 52 Absatz 1 Satz 2 Nummer 3, einen Nachweis nicht, nicht richtig, nicht vollständig oder nicht rechtzeitig führt,

13. entgegen § 55 Absatz 1 Satz 1 ein Fahrzeug nicht, nicht richtig, nicht vollständig oder nicht rechtzeitig mit Warntafeln versieht,

14. entgegen § 59 Absatz 1 Satz 1 in Verbindung mit einer Rechtsverordnung nach § 59 Absatz 1 Satz 2 und 3 einen Abfallbeauftragten nicht oder nicht rechtzeitig bestellt oder

15. einer Rechtsverordnung nach § 10 Absatz 2 Nummer 1 Buchstabe a, Nummer 2 bis 7 oder Nummer 8, jeweils auch in Verbindung mit § 11 Absatz 3 Satz 1 Nummer 4, § 16 Satz 1 Nummer 3 oder § 43 Absatz 5, nach § 10 Absatz 4 Nummer 1, § 11 Absatz 3 Satz 2 Nummer 1, § 25 Absatz 1 Nummer 7 oder 8 oder Absatz 2 Nummer 3, 9 oder 11, § 43 Absatz 1 Satz 1 Nummer 6 oder Nummer 9, § 52 Absatz 1 Satz 1 und Absatz 2 Nummer 2 oder Nummer 3, § 53 Absatz 6 Nummer 1, 2, 4 oder Nummer 5, § 54 Absatz 7 Nummer 1, 2, 4 oder Nummer 5 oder § 57 Satz 2 Nummer 9 oder einer vollziehbaren Anordnung auf Grund einer solchen Rechtsverordnung zuwiderhandelt, soweit die Rechtsverordnung für einen bestimmten Tatbestand auf diese Vorschrift verweist.

(3) Die Ordnungswidrigkeit nach Absatz 1 kann mit einer Geldbuße bis zu hunderttausend Euro, die Ordnungswidrigkeit nach Absatz 2 mit einer Geldbuße bis zu zehntausend Euro geahndet werden.

(4) Verwaltungsbehörde im Sinne des § 36 Absatz 1 Nummer 1 des Gesetzes über Ordnungswidrigkeiten[1] ist das Bundesamt für Güterverkehr, soweit es sich um Ordnungswidrigkeiten nach Absatz 1 Nummer 6 bis 8 oder nach Absatz 2 Nummer 1, 7, 8, 10 bis 13 und 15 handelt und die Zuwiderhandlung im Zusammenhang mit der Beförderung von Abfällen durch Fahrzeuge zur Güterbeförderung auf der Straße in einem Unternehmen begangen wird, das im Inland weder seinen Sitz noch eine geschäftliche Niederlassung hat, und soweit die betroffene Person im Inland keinen Wohnsitz hat.

[1] **Schönfelder Nr. 94.**

§ 70 Einziehung. [1] Ist eine Ordnungswidrigkeit nach § 69 Absatz 1 Nummer 2 bis 7 oder Nummer 8 begangen worden, so können Gegenstände eingezogen werden,

1. auf die sich die Ordnungswidrigkeit bezieht oder
2. die zu ihrer Begehung oder Vorbereitung gebraucht worden oder bestimmt gewesen sind.

[2] § 23 des Gesetzes über Ordnungswidrigkeiten[1]) ist anzuwenden.

§ 71 Ausschluss abweichenden Landesrechts. Von den in diesem Gesetz oder auf Grund dieses Gesetzes getroffenen Regelungen des Verwaltungsverfahrens kann durch Landesrecht nicht abgewichen werden.

§ 72[2]) Übergangsvorschrift. (1) [1] Pflichtenübertragungen nach § 16 Absatz 2, § 17 Absatz 3 oder § 18 Absatz 2 des Kreislaufwirtschafts- und Abfallgesetzes[3]) vom 27. September 1994 (BGBl. I S. 2705), das zuletzt durch Artikel 5 des Gesetzes vom 6. Oktober 2011 (BGBl. I S. 1986) geändert worden ist, gelten fort. [2] Die zuständige Behörde kann bestehende Pflichtenübertragungen nach Maßgabe des § 13 Absatz 2 und der §§ 16 bis 18 des Kreislaufwirtschafts- und Abfallgesetzes vom 27. September 1994 (BGBl. I S. 2705), das zuletzt durch Artikel 5 des Gesetzes vom 6. Oktober 2011 (BGBl. I S. 1986) geändert worden ist, verlängern.

(2) Für Verfahren zur Aufstellung von Abfallwirtschaftsplänen, die bis zum Ablauf des 5. Juli 2020 eingeleitet worden sind, ist § 30 des Kreislaufwirtschaftsgesetzes vom 24. Februar 2012 (BGBl. I S. 212) in der bis zum 28. Oktober 2020 geltenden Fassung anzuwenden.

(3) Eine Transportgenehmigung nach § 49 Absatz 1 des Kreislaufwirtschafts- und Abfallgesetzes vom 27. September 1994 (BGBl. I S. 2705), das zuletzt durch Artikel 5 des Gesetzes vom 6. Oktober 2011 (BGBl. I S. 1986) geändert worden ist, auch in Verbindung mit § 1 der Transportgenehmigungsverordnung[4]) vom 10. September 1996 (BGBl. I S. 1411; 1997 I S. 2861), die zuletzt durch Artikel 5 des Gesetzes vom 19. Juli 2007 (BGBl. I S. 1462) geändert worden ist, gilt bis zum Ende ihrer Befristung als Erlaubnis nach § 54 Absatz 1 fort.

(4) Eine Genehmigung für Vermittlungsgeschäfte nach § 50 Absatz 1 des Kreislaufwirtschafts- und Abfallgesetzes vom 27. September 1994 (BGBl. I S. 2705), das zuletzt durch Artikel 5 des Gesetzes vom 6. Oktober 2011 (BGBl. I S. 1986) geändert worden ist, gilt bis zum Ende ihrer Befristung als Erlaubnis nach § 54 Absatz 1 fort.

Anlage 1

Beseitigungsverfahren

D 1 Ablagerungen in oder auf dem Boden (zum Beispiel Deponien)
D 2 *Behandlung im Boden* (zum Beispiel biologischer Abbau von flüssigen oder schlammigen Abfällen im Erdreich)
D 3 Verpressung (zum Beispiel Verpressung pumpfähiger Abfälle in Bohrlöcher, Salzdome oder natürliche Hohlräume)

[1]) **Schönfelder Nr. 94.**
[2]) § 72 Abs. 2 neu gef., Abs. 3 und 4 aufgeh., bish. Abs. 5 und 6 werden Abs. 3 und 4 mWv 29.10.2020 durch G v. 23.10.2020 (BGBl. I S. 2232).
[3]) **Gewerberecht Nr. 850.**
[4]) **Gewerberecht Nr. 854.**

D 4 Oberflächenaufbringung (zum Beispiel Ableitung flüssiger oder schlammiger Abfälle in Gruben, Teiche oder Lagunen)

D 5 Speziell angelegte Deponien (zum Beispiel Ablagerung in abgedichteten, getrennten Räumen, die gegeneinander und gegen die Umwelt verschlossen und isoliert werden)

D 6 Einleitung in ein Gewässer mit Ausnahme von Meeren und Ozeanen

D 7 Einleitung in Meere und Ozeane einschließlich Einbringung in den Meeresboden

D 8 Biologische Behandlung, die nicht an anderer Stelle in dieser Anlage beschrieben ist und durch die Endverbindungen oder Gemische entstehen, die mit einem der in D 1 bis D 12 aufgeführten Verfahren entsorgt werden

D 9 Chemisch-physikalische Behandlung, die nicht an anderer Stelle in dieser Anlage beschrieben ist und durch die Endverbindungen oder Gemische entstehen, die mit einem der in D 1 bis D 12 aufgeführten Verfahren entsorgt werden (zum Beispiel Verdampfen, Trocknen, Kalzinieren)

D 10 Verbrennung an Land

D 11 Verbrennung auf See[1]

D 12 Dauerlagerung (zum Beispiel Lagerung von Behältern in einem Bergwerk)

D 13 Vermengung oder Vermischung vor Anwendung eines der in D 1 bis D 12 aufgeführten Verfahren[2]

D 14 Neuverpacken vor Anwendung eines der in D 1 bis D 13 aufgeführten Verfahren

D 15 Lagerung bis zur Anwendung eines der in D 1 bis D 14 aufgeführten Verfahren (ausgenommen zeitweilige Lagerung bis zur Sammlung auf dem Gelände der Entstehung der Abfälle)[3]

Anlage 2[4]

Verwertungsverfahren

R 1 Hauptverwendung als Brennstoff oder als anderes Mittel der Energieerzeugung[5]

[1] **Amtl. Anm.:** Nach EU-Recht und internationalen Übereinkünften verbotenes Verfahren.

[2] **Amtl. Anm.:** Falls sich kein anderer D-Code für die Einstufung eignet, kann das Verfahren D 13 auch vorbereitende Verfahren einschließen, die der Beseitigung einschließlich der Vorbehandlung vorangehen, zum Beispiel Sortieren, Zerkleinern, Verdichten, Pelletieren, Trocknen, Schreddern, Konditionierung oder Trennung vor Anwendung eines der in D 1 bis D 12 aufgeführten Verfahren.

[3] **Amtl. Anm.:** Unter einer zeitweiligen Lagerung ist eine vorläufige Lagerung im Sinne des § 3 Absatz 15 zu verstehen.

[4] Anl. 2 geänd. mWv 26.11.2015 durch G v. 20.11.2015 (BGBl. I S. 2071).

[5] **Amtl. Anm.:**
a) Hierunter fallen Verbrennungsanlagen, deren Zweck in der Behandlung fester Siedlungsabfälle besteht, nur dann, wenn deren Energieeffizienz mindestens folgende Werte hat:
 aa) 0,60 für in Betrieb befindliche Anlagen, die bis zum 31. Dezember 2008 genehmigt worden sind,
 bb) 0,65 für Anlagen, die nach dem 31. Dezember 2008 genehmigt worden sind oder genehmigt werden.
b) Bei der Berechnung nach Buchstabe a wird folgende Formel verwendet:
 Energieeffizienz = $(Ep − (Ef + Ei)) / (0{,}97 × (Ew + Ef))$.
c) Im Rahmen der in Buchstabe b enthaltenen Formel bedeutet
 aa) Ep die jährlich als Wärme oder Strom erzeugte Energie. Der Wert wird berechnet, indem Elektroenergie mit dem Faktor 2,6 und für gewerbliche Zwecke erzeugte Wärme mit dem Faktor 1,1 (Gigajoule pro Jahr) multipliziert wird;
 bb) Ef der jährliche Input von Energie in das System aus Brennstoffen, die zur Erzeugung von Dampf eingesetzt werden (Gigajoule pro Jahr);
 cc) Ew die jährliche Energiemenge, die im behandelten Abfall enthalten ist, berechnet anhand des unteren Heizwerts des Abfalls (Gigajoule pro Jahr);
 dd) Ei die jährlich importierte Energiemenge ohne Ew und Ef (Gigajoule pro Jahr);
 ee) 0,97 ein Faktor zur Berechnung der Energieverluste durch Rost- und Kesselasche sowie durch Strahlung.
d) Der Wert der Energieeffizienzformel wird mit einem Klimakorrekturfaktor (Climate Correction Factor, CCF) wie folgt multipliziert:
 aa) CCF für vor dem 1. September 2015 in Betrieb befindliche und nach geltendem EU-Recht genehmigte Anlagen:
 $CCF = 1$, wenn HDD > = 3 350,
 $CCF = 1{,}25$, wenn HDD < = 2 150,
 $CCF = − (0{,}25/1\,200) × HDD + 1{,}698$, wenn 2 150 < HDD < 3 350;

R 2 Rückgewinnung und Regenerierung von Lösemitteln

R 3 Recycling und Rückgewinnung organischer Stoffe, die nicht als Lösemittel verwendet werden (einschließlich der Kompostierung und sonstiger biologischer Umwandlungsverfahren)[1]

R 4 Recycling und Rückgewinnung von Metallen und Metallverbindungen

R 5 Recycling und Rückgewinnung von anderen anorganischen Stoffen[2]

R 6 Regenerierung von Säuren und Basen

R 7 Wiedergewinnung von Bestandteilen, die der Bekämpfung von Verunreinigungen dienen

R 8 Wiedergewinnung von Katalysatorenbestandteilen

R 9 Erneute Ölraffination oder andere Wiederverwendungen von Öl

R 10 Aufbringung auf den Boden zum Nutzen der Landwirtschaft oder zur ökologischen Verbesserung

R 11 Verwendung von Abfällen, die bei einem der in R 1 bis R 10 aufgeführten Verfahren gewonnen werden

R 12 Austausch von Abfällen, um sie einem der in R 1 bis R 11 aufgeführten Verfahren zu unterziehen[3]

R 13 Lagerung von Abfällen bis zur Anwendung eines der in R 1 bis R 12 aufgeführten Verfahren (ausgenommen zeitweilige Lagerung bis zur Sammlung auf dem Gelände der Entstehung der Abfälle)[4]

Anlage 3[5]

Kriterien zur Bestimmung des Standes der Technik

Bei der Bestimmung des Standes der Technik sind unter Berücksichtigung der Verhältnismäßigkeit zwischen Aufwand und Nutzen möglicher Maßnahmen sowie des Grundsatzes der Vorsorge und der Vorbeugung, jeweils bezogen auf Anlagen einer bestimmten Art, insbesondere folgende Kriterien zu berücksichtigen:

1. Einsatz abfallarmer Technologie,

2. Einsatz weniger gefährlicher Stoffe,

3. Förderung der Rückgewinnung und Wiederverwertung der bei den einzelnen Verfahren erzeugten und verwendeten Stoffe und gegebenenfalls der Abfälle,

(Fortsetzung der Anm. von voriger Seite)
bb) CCF für nach dem 31. August 2015 genehmigte Anlagen und für Anlagen gemäß Nummer 1 ab 31. Dezember 2029:
CCF = 1, wenn HDD > = 3 350
CCF = 1,12, wenn HDD < = 2 150
CCF = − (0,12/1 200) × HDD + 1,335, wenn 2 150 < HDD < 3 350.
(Der sich daraus ergebende CCF-Wert wird auf drei Dezimalstellen gerundet.)
Der HDD-Wert (Heizgradtage) sollte dem Durchschnitt der jährlichen HDD-Werte für den Standort der Verbrennungsanlage entsprechen, berechnet für einen Zeitraum von 20 aufeinanderfolgenden Jahren vor dem Jahr, für das der CCF bestimmt wird. Der HDD-Wert sollte nach der folgenden Eurostat-Methode berechnet werden: HDD = (18° C − Tm) × d, wenn Tm weniger als oder gleich 15° C (Heizschwelle) beträgt, und HDD = null, wenn Tm über 15° C beträgt; dabei ist Tm der mittleren (Tmin + Tmax)/2 Außentemperatur über einen Zeitraum von d Tagen. Die Berechnungen sind täglich durchzuführen (d = 1) und auf ein Jahr hochzurechnen.
e) Diese Formel ist entsprechend dem Referenzdokument zu den besten verfügbaren Techniken für die Abfallverbrennung zu verwenden.
[1] **Amtl. Anm.:** Dies schließt *Vergasung und Pyrolyse* unter Verwendung der Bestandteile als Chemikalien ein.
[2] **Amtl. Anm.:** Dies schließt die Bodenreinigung, die zu einer Verwertung des Bodens und zu einem Recycling anorganischer Baustoffe führt, ein.
[3] **Amtl. Anm.:** Falls sich kein anderer R-Code für die Einstufung eignet, kann das Verfahren R 12 vorbereitende Verfahren einschließen, die der Verwertung einschließlich der Vorbehandlung vorangehen, zum Beispiel Demontage, Sortieren, Zerkleinern, Verdichten, Pelletieren, Trocknen, Schreddern, Konditionierung, Neuverpacken, Trennung, Vermengen oder Vermischen vor Anwendung eines der unter R 1 bis R 11 aufgeführten Verfahren.
[4] **Amtl. Anm.:** Unter einer zeitweiligen Lagerung ist eine vorläufige Lagerung im Sinne des § 3 Absatz 15 zu verstehen.
[5] Anl. 3 geänd. mWv 2.5.2013 durch G v. 8.4.2013 (BGBl. I S. 734, ber. S. 3753).

4. vergleichbare Verfahren, Vorrichtungen und Betriebsmethoden, die mit Erfolg im Betrieb erprobt wurden,

5. Fortschritte in der Technologie und in den wissenschaftlichen Erkenntnissen,

6. Art, Auswirkungen und Menge der jeweiligen Emissionen,

7. Zeitpunkte der Inbetriebnahme der neuen oder der bestehenden Anlagen,

8. für die Einführung einer besseren, verfügbaren Technik erforderliche Zeit,

9. Verbrauch an Rohstoffen und die Art der bei den einzelnen Verfahren verwendeten Rohstoffe (einschließlich Wasser) sowie Energieeffizienz,

10. Notwendigkeit, die Gesamtwirkung der Emissionen und die Gefahren für den Menschen und die Umwelt so weit wie möglich zu vermeiden oder zu verringern,

11. Notwendigkeit, Unfällen vorzubeugen und deren Folgen für den Menschen und die Umwelt zu verringern,

12. Informationen, die von internationalen Organisationen veröffentlicht werden,

13. Informationen, die in BVT-Merkblättern enthalten sind.

Anlage 4
Beispiele für Abfallvermeidungsmaßnahmen nach § 33

1. Maßnahmen, die sich auf die Rahmenbedingungen im Zusammenhang mit der Abfallerzeugung auswirken können:

 a) Einsatz von Planungsmaßnahmen oder sonstigen wirtschaftlichen Instrumenten, die die Effizienz der Ressourcennutzung fördern,

 b) Förderung einschlägiger Forschung und Entwicklung mit dem Ziel, umweltfreundlichere und weniger abfallintensive Produkte und Technologien hervorzubringen, sowie Verbreitung und Einsatz dieser Ergebnisse aus Forschung und Entwicklung,

 c) Entwicklung wirksamer und aussagekräftiger Indikatoren für die Umweltbelastungen im Zusammenhang mit der Abfallerzeugung als Beitrag zur Vermeidung der Abfallerzeugung auf sämtlichen Ebenen, vom Produktvergleich auf Gemeinschaftsebene über Aktivitäten kommunaler Behörden bis hin zu nationalen Maßnahmen.

2. Maßnahmen, die sich auf die Konzeptions-, Produktions- und Vertriebsphase auswirken können:

 a) Förderung von Ökodesign (systematische Einbeziehung von Umweltaspekten in das Produktdesign mit dem Ziel, die Umweltbilanz des Produkts über den gesamten Lebenszyklus hinweg zu verbessern),

 b) Bereitstellung von Informationen über Techniken zur Abfallvermeidung im Hinblick auf einen erleichterten Einsatz der besten verfügbaren Techniken in der Industrie,

 c) Schulungsmaßnahmen für die zuständigen Behörden hinsichtlich der Einbeziehung der Abfallvermeidungsanforderungen bei der Erteilung von Genehmigungen auf Grund dieses Gesetzes sowie des Bundes-Immissionsschutzgesetzes[1] und der auf Grundlage des Bundes-Immissionsschutzgesetzes[1] erlassenen Rechtsverordnung,

 d) Einbeziehung von Maßnahmen zur Vermeidung der Abfallerzeugung in Anlagen, die keiner Genehmigung nach § 4 des Bundes-Immissionsschutzgesetzes[1] bedürfen. Hierzu könnten gegebenenfalls Maßnahmen zur Bewertung der Abfallvermeidung und zur Aufstellung von Plänen gehören,

 e) Sensibilisierungsmaßnahmen oder Unterstützung von Unternehmen bei der Finanzierung oder der Entscheidungsfindung. Besonders wirksam dürften derartige Maßnahmen sein, wenn sie sich gezielt an kleine und mittlere Unternehmen richten, auf diese zugeschnitten sind und auf bewährte Netzwerke des Wirtschaftslebens zurückgreifen,

 f) Rückgriff auf freiwillige Vereinbarungen, Verbraucher- und Herstellergremien oder branchenbezogene Verhandlungen, damit die jeweiligen Unternehmen oder Branchen eigene Abfallvermeidungspläne oder -ziele festlegen oder abfallintensive Produkte oder Verpackungen verbessern,

 g) Förderung anerkannter Umweltmanagementsysteme.

3. Maßnahmen, die sich auf die Verbrauchs- *und Nutzungs*phase auswirken können:

[1] Nr. **296**.

a) Wirtschaftliche Instrumente wie zum Beispiel Anreize für umweltfreundlichen Einkauf oder die Einführung eines vom Verbraucher zu zahlenden Aufpreises für einen Verpackungsartikel oder Verpackungsteil, der sonst unentgeltlich bereitgestellt werden würde,

b) Sensibilisierungsmaßnahmen und Informationen für die Öffentlichkeit oder eine bestimmte Verbrauchergruppe,

c) Förderung von Ökozeichen,

d) Vereinbarungen mit der Industrie, wie der Rückgriff auf Produktgremien etwa nach dem Vorbild der integrierten Produktpolitik, oder mit dem Einzelhandel über die Bereitstellung von Informationen über Abfallvermeidung und umweltfreundliche Produkte,

e) Einbeziehung von Kriterien des Umweltschutzes und der Abfallvermeidung in Ausschreibungen des öffentlichen und privaten Beschaffungswesens im Sinne des Handbuchs für eine umweltgerechte öffentliche Beschaffung, das von der Kommission am 29. Oktober 2004 veröffentlicht wurde (Amt für amtliche Veröffentlichungen der Europäischen Gemeinschaften, 2005),

f) Förderung der Wiederverwendung und Reparatur geeigneter entsorgter Produkte oder ihrer Bestandteile, vor allem durch den Einsatz pädagogischer, wirtschaftlicher, logistischer oder anderer Maßnahmen wie Unterstützung oder Einrichtung von akkreditierten Zentren und Netzen für Reparatur und Wiederverwendung, insbesondere in dicht besiedelten Regionen.

Anlage 5[1)]
(zu § 6 Absatz 3)

Beispiele für wirtschaftliche Instrumente und andere Maßnahmen zur Schaffung von Anreizen für die Anwendung der Abfallhierarchie

1. Gebühren und Beschränkungen für die Ablagerung von Abfällen auf Deponien und die Verbrennung von Abfällen als Anreiz für Abfallvermeidung und Recycling, wobei die Ablagerung von Abfällen auf Deponien die am wenigsten bevorzugte Abfallbewirtschaftungsoption bleibt,

2. verursacherbezogene Gebührensysteme, in deren Rahmen Abfallerzeugern ausgehend von der tatsächlich verursachten Abfallmenge Gebühren in Rechnung gestellt werden und die Anreize für die getrennte Sammlung recycelbarer Abfälle und für die Verringerung gemischter Abfälle schaffen,

3. steuerliche Anreize für die Spende von Produkten, insbesondere von Lebensmitteln und Textilien,

4. Produktverantwortung für verschiedene Arten von Abfällen und Maßnahmen zur Optimierung der Wirksamkeit, Kosteneffizienz und Steuerung dieser Produktverantwortung,

5. Pfandsysteme und andere Maßnahmen zur Förderung der effizienten Sammlung gebrauchter Erzeugnisse, Materialien und Stoffe,

6. solide Planung von Investitionen in die Infrastruktur zur Abfallbewirtschaftung, auch über die Unionsfonds,

7. ein auf Nachhaltigkeit ausgerichtetes öffentliches Beschaffungswesen zur Förderung einer besseren Abfallbewirtschaftung und des Einsatzes von recycelten Erzeugnissen, Materialien und Stoffen,

8. schrittweise Abschaffung von Subventionen, die nicht mit der Abfallhierarchie vereinbar sind,

9. Einsatz steuerlicher Maßnahmen oder anderer Mittel zur Förderung des Absatzes von Erzeugnissen, Materialien und Stoffen, die zur Wiederverwendung vorbereitet oder recycelt wurden,

10. Förderung von Forschung und Innovation im Bereich moderner Recycling- und Generalüberholungstechnologie,

11. Nutzung der besten verfügbaren Verfahren der Abfallbehandlung,

12. wirtschaftliche Anreize für Behörden, insbesondere zur Förderung der Abfallvermeidung und zur verstärkten Einführung von Systemen der getrennten Sammlung, bei gleichzeitiger Vermeidung der Förderung der Ablagerung von Abfällen auf Deponien und der Verbrennung von Abfällen,

13. Kampagnen zur Sensibilisierung der Öffentlichkeit, insbesondere in Bezug auf die Abfallvermeidung, die getrennte Sammlung und die Vermeidung von Vermüllung, sowie durchgängige Berücksichtigung dieser Fragen im Bereich Aus- und Weiterbildung,

14. Systeme für die Koordinierung, auch mit digitalen Mitteln, aller für die Abfallbewirtschaftung zuständigen Behörden,

[1)] Anl. 5 angef. mWv 29.10.2020 durch G v. 23.10.2020 (BGBl. I S. 2232).

15. Förderung des fortgesetzten Dialogs und der Zusammenarbeit zwischen allen Interessenträgern der Abfallbewirtschaftung sowie Unterstützung von freiwilligen Vereinbarungen und der Berichterstattung über Abfälle durch Unternehmen.

299. Gesetz zum Schutz vor schädlichen Bodenveränderungen und zur Sanierung von Altlasten (Bundes-Bodenschutzgesetz – BBodSchG)[1]

Vom 17. März 1998
(BGBl. I S. 502)

FNA 2129-32

geänd. durch Art. 17 Siebtes Euro-EinführungsG v. 9.9.2001 (BGBl. I S. 2331), Art. 3 G zur Anpassung von Verjährungsvorschriften an das SchuldrechtsmodernisierungsG v. 9.12.2004 (BGBl. I S. 3214), Art. 5 Abs. 30 G zur Neuordnung des Kreislaufwirtschafts- und Abfallrechts v. 24.2.2012 (BGBl. I S. 212), Art. 101 Zehnte ZuständigkeitsanpassungsVO v. 31.8.2015 (BGBl. I S. 1474), Art. 14 G zur Neuordnung des Rechts zum Schutz vor der schädlichen Wirkung ionisierender Strahlung v. 27.6.2017 (BGBl. I S. 1966), Art. 2 Abs. 5 G zur Modernisierung des Rechts der Umweltverträglichkeitsprüfung v. 20.7.2017 (BGBl. I S. 2808) und Art. 3 Abs. 3 VO zur Neuordnung der Klärschlammverwertung v. 27.9.2017 (BGBl. I S. 3465)

Inhaltsübersicht

[1] Verkündet als Art. 1 BodenschutzG v. 17.3.1998 (BGBl. I S. 502); Inkrafttreten gem. Art. 4 Satz 2 dieses G am 1.3.1999 mit Ausnahme von § 20, der gem. Art. 4 Satz 1 dieses G am 25.3.1998 in Kraft getreten ist.

Erster Teil. Allgemeine Vorschriften

§ 1 Zweck und Grundsätze des Gesetzes. [1] Zweck dieses Gesetzes ist es, nachhaltig die Funktionen des Bodens zu sichern oder wiederherzustellen. [2] Hierzu sind schädliche Bodenveränderungen abzuwehren, der Boden und Altlasten sowie hierdurch verursachte Gewässerverunreinigungen zu sanieren und Vorsorge gegen nachteilige Einwirkungen auf den Boden zu treffen. [3] Bei Einwirkungen auf den Boden sollen Beeinträchtigungen seiner natürlichen Funktionen sowie seiner Funktion als Archiv der Natur- und Kulturgeschichte so weit wie möglich vermieden werden.

§ 2 Begriffsbestimmungen. (1) Boden im Sinne dieses Gesetzes ist die obere Schicht der Erdkruste, soweit sie Träger der in Absatz 2 genannten Bodenfunktionen ist, einschließlich der flüssigen Bestandteile (Bodenlösung) und der gasförmigen Bestandteile (Bodenluft), ohne Grundwasser und Gewässerbetten.

(2) Der Boden erfüllt im Sinne dieses Gesetzes

1. natürliche Funktionen als
 a) Lebensgrundlage und Lebensraum für Menschen, Tiere, Pflanzen und Bodenorganismen,
 b) Bestandteil des Naturhaushalts, insbesondere mit seinen Wasser- und Nährstoffkreisläufen,
 c) Abbau-, Ausgleichs- und Aufbaumedium für stoffliche Einwirkungen auf Grund der Filter-, Puffer- und Stoffumwandlungseigenschaften, insbesondere auch zum Schutz des Grundwassers,
2. Funktionen als Archiv der Natur- und Kulturgeschichte sowie
3. Nutzungsfunktionen als
 a) Rohstofflagerstätte,
 b) Fläche für Siedlung und Erholung,
 c) Standort für die land- und forstwirtschaftliche Nutzung,
 d) Standort für sonstige wirtschaftliche und öffentliche Nutzungen, Verkehr, Ver- und Entsorgung.

(3) Schädliche Bodenveränderungen im Sinne dieses Gesetzes sind Beeinträchtigungen der Bodenfunktionen, die geeignet sind, Gefahren, erhebliche Nachteile oder erhebliche Belästigungen für den einzelnen oder die Allgemeinheit herbeizuführen.

(4) Verdachtsflächen im Sinne dieses Gesetzes sind Grundstücke, bei denen der Verdacht schädlicher Bodenveränderungen besteht.

(5) Altlasten im Sinne dieses Gesetzes sind

1. stillgelegte Abfallbeseitigungsanlagen sowie sonstige Grundstücke, auf denen Abfälle behandelt, gelagert oder abgelagert worden sind (Altablagerungen), und
2. Grundstücke stillgelegter Anlagen und sonstige Grundstücke, auf denen mit umweltgefährdenden Stoffen umgegangen worden ist, ausgenommen Anlagen,

deren Stillegung einer Genehmigung nach dem Atomgesetz[1] bedarf (Altstandorte),

durch die schädliche Bodenveränderungen oder sonstige Gefahren für den einzelnen oder die Allgemeinheit hervorgerufen werden.

(6) Altlastverdächtige Flächen im Sinne dieses Gesetzes sind Altablagerungen und Altstandorte, bei denen der Verdacht schädlicher Bodenveränderungen oder sonstiger Gefahren für den einzelnen oder die Allgemeinheit besteht.

(7) Sanierung im Sinne dieses Gesetzes sind Maßnahmen

1. zur Beseitigung oder Verminderung der Schadstoffe (Dekontaminationsmaßnahmen),
2. die eine Ausbreitung der Schadstoffe langfristig verhindern oder vermindern, ohne die Schadstoffe zu beseitigen (Sicherungsmaßnahmen),
3. zur Beseitigung oder Verminderung schädlicher Veränderungen der physikalischen, chemischen oder biologischen Beschaffenheit des Bodens.

(8) Schutz- und Beschränkungsmaßnahmen im Sinne dieses Gesetzes sind sonstige Maßnahmen, die Gefahren, erhebliche Nachteile oder erhebliche Belästigungen für den einzelnen oder die Allgemeinheit verhindern oder vermindern, insbesondere Nutzungsbeschränkungen.

§ 3 Anwendungsbereich.[2] (1) Dieses Gesetz findet auf schädliche Bodenveränderungen und Altlasten Anwendung, soweit

1. Vorschriften des Kreislaufwirtschaftsgesetzes[3] über das Aufbringen von Abfällen zur Verwertung als Düngemittel im Sinne des § 2 des Düngegesetzes und der hierzu auf Grund des Kreislaufwirtschaftsgesetzes und des bis zum 1. Juni 2012 geltenden Kreislaufwirtschafts- und Abfallgesetzes[4] erlassenen Rechtsverordnungen,
2. Vorschriften des Kreislaufwirtschaftsgesetzes über die Zulassung und den Betrieb von Abfallbeseitigungsanlagen zur Beseitigung von Abfällen sowie über die Stillegung von Deponien,
3. Vorschriften über die Beförderung gefährlicher Güter,
4. Vorschriften des Düngemittel- und Pflanzenschutzrechts,
5. Vorschriften des Gentechnikgesetzes[5],
6. Vorschriften des Zweiten Kapitels des Bundeswaldgesetzes[6] und der Forst- und Waldgesetze der Länder,
7. Vorschriften des Flurbereinigungsgesetzes[7] über das Flurbereinigungsgebiet, auch in Verbindung mit dem Landwirtschaftsanpassungsgesetz[8],

[1] Nr. **835.**
[2] § 3 Abs. 1 Nr. 1 neu gef., Nr. 2 geänd. mWv 1.6.2012 durch G v. 24.2.2012 (BGBl. I S. 212); Abs. 1 Satz 1 geänd. mWv 31.12.2018 durch G v. 27.6.2017 (BGBl. I S. 1966); Abs. 1 Nr. 1 geänd. mWv 3.10.2017 durch VO v. 27.9.2017 (BGBl. I S. 3465).
[3] Nr. **298.**
[4] **Gewerberecht Nr. 850.**
[5] Nr. **270.**
[6] Nr. **875.**
[7] **Sartorius III Nr. 400.**
[8] **Sartorius III Nr. 405.**

8. Vorschriften über Bau, Änderung, Unterhaltung und Betrieb von Verkehrswegen oder Vorschriften, die den Verkehr regeln,

9. Vorschriften des Bauplanungs- und Bauordnungsrechts,

10. Vorschriften des Bundesberggesetzes[1] und der auf Grund dieses Gesetzes erlassenen Rechtsverordnungen über die Errichtung, Führung oder Einstellung eines Betriebes sowie

11. Vorschriften des Bundes-Immissionsschutzgesetzes[2] und der auf Grund dieses Gesetzes erlassenen Rechtsverordnungen über die Errichtung und den Betrieb von Anlagen unter Berücksichtigung von Absatz 3

Einwirkungen auf den Boden nicht regeln.

(2) [1]Dieses Gesetz findet keine Anwendung auf Anlagen, Tätigkeiten, Geräte oder Vorrichtungen, Kernbrennstoffe und sonstige radioaktive Stoffe, Grundstücke, Teile von Grundstücken, Gewässer und Grubenbaue, soweit Rechtsvorschriften den Schutz vor den Gefahren der Kernenergie oder der Wirkung ionisierender Strahlen regeln. [2]Dieses Gesetz gilt ferner nicht für das Aufsuchen, Bergen, Befördern, Lagern, Behandeln und Vernichten von Kampfmitteln.

(3) [1]Im Hinblick auf das Schutzgut Boden gelten schädliche Bodenveränderungen im Sinne des § 2 Abs. 3 dieses Gesetzes und der auf Grund dieses Gesetzes erlassenen Rechtsverordnungen, soweit sie durch Immissionen verursacht werden, als schädliche Umwelteinwirkungen nach § 3 Abs. 1 des Bundes-Immissionsschutzgesetzes, im übrigen als sonstige Gefahren, erhebliche Nachteile oder erhebliche Belästigungen nach § 5 Abs. 1 Nr. 1 des Bundes-Immissionsschutzgesetzes. [2]Zur näheren Bestimmung der immissionsschutzrechtlichen Vorsorgepflichten sind die in einer Rechtsverordnung nach § 8 Abs. 2 festgelegten Werte heranzuziehen, sobald in einer Rechtsverordnung oder in einer Verwaltungsvorschrift des Bundes bestimmt worden ist, welche Zusatzbelastungen durch den Betrieb einer Anlage nicht als ursächlicher Beitrag zum Entstehen schädlicher Bodenveränderungen anzusehen sind. [3]In der Rechtsverordnung oder der Verwaltungsvorschrift soll gleichzeitig geregelt werden, daß bei Unterschreitung bestimmter Emissionsmassenströme auch ohne Ermittlung der Zusatzbelastung davon auszugehen ist, daß die Anlage nicht zu schädlichen Bodenveränderungen beiträgt.

Zweiter Teil. Grundsätze und Pflichten

§ 4 Pflichten zur Gefahrenabwehr. (1) Jeder, der auf den Boden einwirkt, hat sich so zu verhalten, daß schädliche Bodenveränderungen nicht hervorgerufen werden.

(2) Der Grundstückseigentümer und der Inhaber der tatsächlichen Gewalt über ein Grundstück sind verpflichtet, Maßnahmen zur Abwehr der von ihrem Grundstück drohenden schädlichen Bodenveränderungen zu ergreifen.

(3) [1]Der Verursacher einer schädlichen Bodenveränderung oder Altlast sowie dessen Gesamtrechtsnachfolger, der Grundstückseigentümer und der Inhaber der tatsächlichen Gewalt über ein Grundstück sind ver-

(Fortsetzung nächstes Blatt)

[1] **Sartorius III Nr. 460.**
[2] Nr. **296.**

pflichtet, den Boden und Altlasten sowie durch schädliche Boden-veränderungen oder Altlasten verursachte Verunreinigungen von Ge-wässern so zu sanieren, daß dauerhaft keine Gefahren, erheblichen Nachteile oder erheblichen Belästigungen für den einzelnen oder die Allgemeinheit entstehen. [2] Hierzu kommen bei Belastungen durch Schadstoffe neben Dekontaminations- auch Sicherungsmaßnahmen in Betracht, die eine Ausbreitung der Schadstoffe langfristig verhindern. [3] Soweit dies nicht möglich oder unzumutbar ist, sind sonstige Schutz-und Beschränkungsmaßnahmen durchzuführen. [4] Zur Sanierung ist auch verpflichtet, wer aus handelsrechtlichem oder gesellschaftsrechtli-chem Rechtsgrund für eine juristische Person einzustehen hat, der ein Grundstück, das mit einer schädlichen Bodenveränderung oder einer Altlast belastet ist, gehört, und wer das Eigentum an einem solchen Grundstück aufgibt.

(4) [1] Bei der Erfüllung der boden- und altlastenbezogenen Pflichten nach den Absätzen 1 bis 3 ist die planungsrechtlich zulässige Nutzung des Grundstücks und das sich daraus ergebende Schutzbedürfnis zu be-achten, soweit dies mit dem Schutz der in § 2 Abs. 2 Nr. 1 und 2 genannten Bodenfunktionen zu vereinbaren ist. [2] Fehlen planungs-rechtliche Festsetzungen, bestimmt die Prägung des Gebiets unter Be-rücksichtigung der absehbaren Entwicklung das Schutzbedürfnis. [3] Die bei der Sanierung von Gewässern zu erfüllenden Anforderungen be-stimmen sich nach dem Wasserrecht.

(5) [1] Sind schädliche Bodenveränderungen oder Altlasten nach dem 1. März 1999 eingetreten, sind Schadstoffe zu beseitigen, soweit dies im Hinblick auf die Vorbelastung des Bodens verhältnismäßig ist. [2] Dies gilt für denjenigen nicht, der zum Zeitpunkt der Verursachung auf Grund der Erfüllung der für ihn geltenden gesetzlichen Anforderungen darauf vertraut hat, daß solche Beeinträchtigungen nicht entstehen werden, und sein Vertrauen unter Berücksichtigung der Umstände des Einzelfalles schutzwürdig ist.

(6) [1] Der frühere Eigentümer eines Grundstücks ist zur Sanierung verpflichtet, wenn er sein Eigentum nach dem 1. März 1999 übertra-gen hat und die schädliche Bodenveränderung oder Altlast hierbei kannte oder kennen mußte. [2] Dies gilt für denjenigen nicht, der beim Erwerb des Grundstücks darauf vertraut hat, daß schädliche Boden-veränderungen oder Altlasten nicht vorhanden sind, und sein Vertrauen unter Berücksichtigung der Umstände des Einzelfalles schutzwürdig ist.

§ 5 Entsiegelung. [1] Soweit die Vorschriften des Baurechts die Befug-nisse der Behörden nicht regeln, wird die Bundesregierung ermächtigt, nach Anhörung der beteiligten Kreise (§ 20) durch Rechtsverordnung mit Zustimmung des Bundesrates Grundstückseigentümer zu verpflich-ten, bei dauerhaft nicht mehr genutzten Flächen, deren Versiegelung im Widerspruch zu planungsrechtlichen Festsetzungen steht, den Bo-den in seiner Leistungsfähigkeit im Sinne des § 1 so weit wie möglich und zumutbar zu erhalten oder wiederherzustellen. [2] Bis zum Inkraft-treten einer Rechtsverordnung nach Satz 1 können durch die nach

Landesrecht zuständigen Behörden im Einzelfall gegenüber den nach Satz 1 Verpflichteten Anordnungen zur Entsiegelung getroffen werden, wenn die in Satz 1 im übrigen genannten Voraussetzungen vorliegen.

§ 6 Auf- und Einbringen von Materialien auf oder in den Boden. Die Bundesregierung wird ermächtigt, nach Anhörung der beteiligten Kreise (§ 20) durch Rechtsverordnung mit Zustimmung des Bundesrates zur Erfüllung der sich aus diesem Gesetz ergebenden Anforderungen an das Auf- und Einbringen von Materialien hinsichtlich der Schadstoffgehalte und sonstiger Eigenschaften, insbesondere

1. Verbote oder Beschränkungen nach Maßgabe von Merkmalen wie Art und Beschaffenheit der Materialien und des Bodens, Aufbringungsort und -zeit und natürliche Standortverhältnisse sowie

2. Untersuchungen der Materialien oder des Bodens, Maßnahmen zur Vorbehandlung dieser Materialien oder geeignete andere Maßnahmen

zu bestimmen.

§ 7 Vorsorgepflicht. [1]Der Grundstückseigentümer, der Inhaber der tatsächlichen Gewalt über ein Grundstück und derjenige, der Verrichtungen auf einem Grundstück durchführt oder durchführen läßt, die zu Veränderungen der Bodenbeschaffenheit führen können, sind verpflichtet, Vorsorge gegen das Entstehen schädlicher Bodenveränderungen zu treffen, die durch ihre Nutzung auf dem Grundstück oder in dessen Einwirkungsbereich hervorgerufen werden können. [2]Vorsorgemaßnahmen sind geboten, wenn wegen der räumlichen, langfristigen oder komplexen Auswirkungen einer Nutzung auf die Bodenfunktionen die Besorgnis einer schädlichen Bodenveränderung besteht. [3]Zur Erfüllung der Vorsorgepflicht sind Bodeneinwirkungen zu vermeiden oder zu vermindern, soweit dies auch im Hinblick auf den Zweck der Nutzung des Grundstücks verhältnismäßig ist. [4]Anordnungen zur Vorsorge gegen schädliche Bodenveränderungen dürfen nur getroffen werden, soweit Anforderungen in einer Rechtsverordnung nach § 8 Abs. 2 festgelegt sind. [5]Die Erfüllung der Vorsorgepflicht bei der landwirtschaftlichen Bodennutzung richtet sich nach § 17 Abs. 1 und 2, für die forstwirtschaftliche Bodennutzung richtet sie sich nach dem Zweiten Kapitel des Bundeswaldgesetzes und den Forst- und Waldgesetzen der Länder. [6]Die Vorsorge für das Grundwasser richtet sich nach wasserrechtlichen Vorschriften. [7]Bei bestehenden Bodenbelastungen bestimmen sich die zu erfüllenden Pflichten nach § 4.

§ 8 Werte und Anforderungen. (1) [1]Die Bundesregierung wird ermächtigt, nach Anhörung der beteiligten Kreise (§ 20) durch Rechtsverordnung mit Zustimmung des Bundesrates Vorschriften über die Erfüllung der sich aus § 4 ergebenden boden- und altlastenbezogenen Pflichten sowie die Untersuchung und Bewertung von Verdachtsflächen, schädlichen Bodenveränderungen, altlastverdächtigen Flächen und Altlasten zu erlassen. [2]Hierbei können insbesondere

6

1. Werte, bei deren Überschreiten unter Berücksichtigung der Bodennutzung eine einzelfallbezogene Prüfung durchzuführen und festzustellen ist, ob eine schädliche Bodenveränderung oder Altlast vorliegt (Prüfwerte),

2. Werte für Einwirkungen oder Belastungen, bei deren Überschreiten unter Berücksichtigung der jeweiligen Bodennutzung in der Regel von einer schädlichen Bodenveränderung oder Altlast auszugehen ist und Maßnahmen erforderlich sind (Maßnahmenwerte),

3. Anforderungen an

 a) die Abwehr schädlicher Bodenveränderungen; hierzu gehören auch Anforderungen an den Umgang mit ausgehobenem, abgeschobenem und behandeltem Bodenmaterial,

 b) die Sanierung des Bodens und von Altlasten, insbesondere an
 – die Bestimmung des zu erreichenden Sanierungsziels,
 – den Umfang von Dekontaminations- und Sicherungsmaßnahmen, die langfristig eine Ausbreitung von Schadstoffen verhindern, sowie
 – Schutz- und Beschränkungsmaßnahmen festgelegt werden.

(2) Die Bundesregierung wird ermächtigt, nach Anhörung der beteiligten Kreise (§ 20) durch Rechtsverordnung mit Zustimmung des Bundesrates zur Erfüllung der sich aus § 7 ergebenden Pflichten sowie zur Festlegung von Anforderungen an die damit verbundene Untersuchung und Bewertung von Flächen mit der Besorgnis einer schädlichen Bodenveränderung Vorschriften zu erlassen, insbesondere über

1. Bodenwerte, bei deren Überschreiten unter Berücksichtigung von geogenen oder großflächig siedlungsbedingten Schadstoffgehalten in der Regel davon auszugehen ist, daß die Besorgnis einer schädlichen Bodenveränderung besteht (Vorsorgewerte),

2. zulässige Zusatzbelastungen und Anforderungen zur Vermeidung oder Verminderung von Stoffeinträgen.

(3) [1]Mit den in den Absätzen 1 und 2 genannten Werten sind Verfahren zur Ermittlung von umweltgefährdenden Stoffen in Böden, biologischen und anderen Materialien festzulegen. [2]Diese Verfahren umfassen auch Anforderungen an eine repräsentative Probenahme, Probenbehandlung und Qualitätssicherung einschließlich der Ermittlung der Werte für unterschiedliche Belastungen.

§ 9 Gefährdungsabschätzung und Untersuchungsanordnungen.

(1) [1]Liegen der zuständigen Behörde Anhaltspunkte dafür vor, daß eine schädliche Bodenveränderung oder Altlast vorliegt, so soll sie zur *Ermittlung des Sachverhalts* die geeigneten Maßnahmen ergreifen. [2]Werden die in einer Rechtsverordnung nach § 8 Abs. 1 Satz 2 Nr. 1 festgesetzten Prüfwerte überschritten, soll die zuständige Behörde die notwendigen Maßnahmen treffen, um festzustellen, ob eine schädliche Bodenveränderung oder Altlast vorliegt. [3]Im Rahmen der Untersuchung und Bewertung sind insbesondere Art und Konzentration der Schadstoffe, die Möglichkeit ihrer Ausbreitung in die Umwelt und ihrer Aufnahme durch Menschen, Tiere und Pflanzen sowie die Nutzung

des Grundstücks nach § 4 Abs. 4 zu berücksichtigen. ⁴Der Grundstückseigentümer und, wenn dieser bekannt ist, auch der Inhaber der tatsächlichen Gewalt sind über die getroffenen Feststellungen und über die Ergebnisse der Bewertung auf Antrag schriftlich zu unterrichten.

(2) ¹Besteht auf Grund konkreter Anhaltspunkte der hinreichende Verdacht einer schädlichen Bodenveränderung oder einer Altlast, kann die zuständige Behörde anordnen, daß die in § 4 Abs. 3, 5 und 6 genannten Personen die notwendigen Untersuchungen zur Gefährdungsabschätzung durchzuführen haben. ²Die zuständige Behörde kann verlangen, daß Untersuchungen von Sachverständigen oder Untersuchungsstellen nach § 18 durchgeführt werden. ³Sonstige Pflichten zur Mitwirkung der in § 4 Abs. 3, 5 und 6 genannten Personen sowie Duldungspflichten der nach § 12 Betroffenen bestimmen sich nach Landesrecht.

§ 10 Sonstige Anordnungen. (1) ¹Zur Erfüllung der sich aus §§ 4 und 7 und den auf Grund von § 5 Satz 1, §§ 6 und 8 erlassenen Rechtsverordnungen ergebenden Pflichten kann die zuständige Behörde die notwendigen Maßnahmen treffen. ²Werden zur Erfüllung der Verpflichtung aus § 4 Abs. 3 und 6 Sicherungsmaßnahmen angeordnet, kann die zuständige Behörde verlangen, daß der Verpflichtete für die Aufrechterhaltung der Sicherungs- und Überwachungsmaßnahmen in der Zukunft Sicherheit leistet. ³Anordnungen zur Erfüllung der Pflichten nach § 7 dürfen getroffen werden, soweit Anforderungen in einer Rechtsverordnung festgelegt sind. ⁴Die zuständige Behörde darf eine Anordnung nicht treffen, wenn sie auch im Hinblick auf die berechtigten Nutzungsinteressen einzelner unverhältnismäßig wäre.

(2) Trifft die zuständige Behörde gegenüber dem Grundstückseigentümer oder dem Inhaber der tatsächlichen Gewalt zur Erfüllung der Pflichten nach § 4 Anordnungen zur Beschränkung der land- und forstwirtschaftlichen Bodennutzung sowie zur Bewirtschaftung von Böden, so hat sie, wenn diese nicht Verursacher der schädlichen Bodenveränderungen sind, für die nach zumutbaren innerbetrieblichen Anpassungsmaßnahmen verbliebenen wirtschaftlichen Nachteile nach Maßgabe des Landesrechts einen angemessenen Ausgleich zu gewähren, wenn die Nutzungsbeschränkung andernfalls zu einer über die damit verbundene allgemeine Belastung erheblich hinausgehenden besonderen Härte führen würde.

Dritter Teil. Ergänzende Vorschriften für Altlasten

§ 11 Erfassung. Die Länder können die Erfassung der Altlasten und altlastverdächtigen Flächen regeln.

§ 12 Information der Betroffenen. ¹Die nach § 9 Abs. 2 Satz 1 zur Untersuchung der Altlast und die nach § 4 Abs. 3, 5 und 6 zur Sanierung der Altlast Verpflichteten haben die Eigentümer der betroffenen Grundstücke, die sonstigen betroffenen Nutzungsberechtigten

und die betroffene Nachbarschaft (Betroffenen) von der bevorstehenden Durchführung der geplanten Maßnahmen zu informieren. [2] Die zur Beurteilung der Maßnahmen wesentlichen vorhandenen Unterlagen sind zur Einsichtnahme zur Verfügung zu stellen. [3] Enthalten Unterlagen Geschäfts- oder Betriebsgeheimnisse, muß ihr Inhalt, soweit es ohne Preisgabe des Geheimnisses geschehen kann, so ausführlich dargestellt sein, daß es den Betroffenen möglich ist, die Auswirkungen der Maßnahmen auf ihre Belange zu beurteilen.

§ 13[1] Sanierungsuntersuchungen und Sanierungsplanung. (1) [1] Bei Altlasten, bei denen wegen der Verschiedenartigkeit der nach § 4 erforderlichen Maßnahmen ein abgestimmtes Vorgehen notwendig ist oder von denen auf Grund von Art, Ausbreitung oder Menge der Schadstoffe in besonderem Maße schädliche Bodenveränderungen oder sonstige Gefahren für den einzelnen oder die Allgemeinheit ausgehen, soll die zuständige Behörde von einem nach § 4 Abs. 3, 5 oder 6 zur Sanierung Verpflichteten die notwendigen Untersuchungen zur Entscheidung über Art und Umfang der erforderlichen Maßnahmen (Sanierungsuntersuchungen) sowie die Vorlage eines Sanierungsplans verlangen, der insbesondere

1. eine Zusammenfassung der Gefährdungsabschätzung und der Sanierungsuntersuchungen,

2. Angaben über die bisherige und künftige Nutzung der zu sanierenden Grundstücke,

3. die Darstellung des Sanierungsziels und die hierzu erforderlichen Dekontaminations-, Sicherungs-, Schutz-, Beschränkungs- und Eigenkontrollmaßnahmen sowie die zeitliche Durchführung dieser Maßnahmen

enthält. [2] Die Bundesregierung wird ermächtigt, nach Anhörung der beteiligten Kreise (§ 20) durch Rechtsverordnung[2] mit Zustimmung des Bundesrates Vorschriften über die Anforderungen an Sanierungsuntersuchungen sowie den Inhalt von Sanierungsplänen zu erlassen.

(2) Die zuständige Behörde kann verlangen, daß die Sanierungsuntersuchungen sowie der Sanierungsplan von einem Sachverständigen nach § 18 erstellt werden.

(3) [1] Wer nach Absatz 1 einen Sanierungsplan vorzulegen hat, hat die nach § 12 Betroffenen frühzeitig, in geeigneter Weise und unaufgefordert über die geplanten Maßnahmen zu informieren. [2] § 12 Satz 2 und 3 gilt entsprechend.

(4) Mit dem Sanierungsplan kann der Entwurf eines Sanierungsvertrages über die Ausführung des Plans vorgelegt werden, der die Einbeziehung Dritter vorsehen kann.

(5) Soweit entnommenes Bodenmaterial im Bereich der von der Altlastensanierung betroffenen Fläche wieder eingebracht werden soll, gilt § 28 Absatz 1 Satz 1 des Kreislaufwirtschaftsgesetzes[3] nicht, wenn durch einen für verbindlich erklärten Sanierungsplan oder eine Anordnung zur Durchsetzung

[1] § 13 Abs. 5 geänd. mWv 1.6.2012 durch G v. 24.2.2012 (BGBl. I S. 212); Abs. 6 Satz 2 geänd. mWv 29.7.2017 durch G v. 20.7.2017 (BGBl. I S. 2808).
[2] Siehe die Bundes-Bodenschutz-VO (Nr. **299a**) und die GefahrstoffVO v. 26.11.2010 (BGBl. I S. 1643, 1644), zuletzt geänd. durch G v. 29.3.2017 (BGBl. I S. 626).
[3] Nr. **298**.

der Pflichten nach § 4 sichergestellt wird, daß das Wohl der Allgemeinheit nicht beeinträchtigt wird.

(6) [1] Die zuständige Behörde kann den Plan, auch unter Abänderungen oder mit Nebenbestimmungen, für verbindlich erklären. [2] Ein für verbindlich erklärter Plan schließt andere die Sanierung betreffende behördliche Entscheidungen mit Ausnahme von Zulassungsentscheidungen für Vorhaben, die nach § 1 in Verbindung mit der Anlage 5 des Gesetzes über die Umweltverträglichkeitsprüfung[1] oder kraft Landesrechts einer Umweltverträglichkeitsprüfung unterliegen, mit ein, soweit sie im Einvernehmen mit der jeweils zuständigen Behörde erlassen und in dem für verbindlich erklärten Plan die miteingeschlossenen Entscheidungen aufgeführt werden.

§ 14 Behördliche Sanierungsplanung. [1] Die zuständige Behörde kann den Sanierungsplan nach § 13 Abs. 1 selbst erstellen oder ergänzen oder durch einen Sachverständigen nach § 18 erstellen oder ergänzen lassen, wenn

1. der Plan nicht, nicht innerhalb der von der Behörde gesetzten Frist oder fachlich unzureichend erstellt worden ist,

2. ein nach § 4 Abs. 3, 5 oder 6 Verpflichteter nicht oder nicht rechtzeitig herangezogen werden kann oder

3. auf Grund der großflächigen Ausdehnung der Altlast, der auf der Altlast beruhenden weiträumigen Verunreinigung eines Gewässers oder auf Grund der Anzahl der nach § 4 Abs. 3, 5 oder 6 Verpflichteten ein koordiniertes Vorgehen erforderlich ist.

[2] § 13 Abs. 3 bis 6 gilt entsprechend.

§ 15 Behördliche Überwachung, Eigenkontrolle. (1) [1] Altlasten und altlastverdächtige Flächen unterliegen, soweit erforderlich, der Überwachung durch die zuständige Behörde. [2] Bei Altstandorten und Altablagerungen bleibt die Wirksamkeit von behördlichen Zulassungsentscheidungen sowie von nachträglichen Anordnungen durch die Anwendung dieses Gesetzes unberührt.

(2) [1] Liegt eine Altlast vor, so kann die zuständige Behörde von den nach § 4 Abs. 3, 5 oder 6 Verpflichteten, soweit erforderlich, die Durchführung von Eigenkontrollmaßnahmen, insbesondere Boden- und Wasseruntersuchungen, sowie die Einrichtung und den Betrieb von Meßstellen verlangen. [2] Die Ergebnisse der Eigenkontrollmaßnahmen sind aufzuzeichnen und fünf Jahre lang aufzubewahren. [3] Die zuständige Behörde kann eine längerfristige Aufbewahrung anordnen, soweit dies im Einzelfall erforderlich ist. [4] Die zuständige Behörde kann Eigenkontrollmaßnahmen auch nach Durchführung von Dekontaminations-, Sicherungs- und Beschränkungsmaßnahmen anordnen. [5] Sie kann verlangen, daß die Eigenkontrollmaßnahmen von einem Sachverständigen nach § 18 durchgeführt werden.

(3) [1] Die Ergebnisse der Eigenkontrollmaßnahmen sind von den nach § 4 Abs. 3, 5 oder 6 Verpflichteten der zuständigen Behörde auf Verlangen mitzuteilen. [2] Sie hat diese Aufzeichnungen und die Ergebnisse ihrer Überwachungsmaßnahmen fünf Jahre lang aufzubewahren.

[1] Nr. 295.

§ 16[1] **Ergänzende Anordnungen zur Altlastensanierung.** (1) Neben den im Zweiten Teil dieses Gesetzes vorgesehenen Anordnungen kann die zuständige Behörde zur Erfüllung der Pflichten, die sich aus dem Dritten Teil dieses Gesetzes ergeben, die erforderlichen Anordnungen treffen.

(2) Soweit ein für verbindlich erklärter Sanierungsplan im Sinne des § 13 Abs. 6 nicht vorliegt, schließen Anordnungen zur Durchsetzung der Pflichten nach § 4 andere die Sanierung betreffende behördliche Entscheidungen mit Ausnahme von Zulassungsentscheidungen für Vorhaben, die nach § 1 Absatz 1 Nummer 1 in Verbindung mit der Anlage 1 des Gesetzes über die Umweltverträglichkeitsprüfung[2] oder kraft Landesrechts einer Umweltverträglichkeitsprüfung unterliegen, mit ein, soweit sie im Einvernehmen mit der jeweils zuständigen Behörde erlassen und in der Anordnung die miteingeschlossenen Entscheidungen aufgeführt werden.

Vierter Teil. Landwirtschaftliche Bodennutzung

§ 17 Gute fachliche Praxis in der Landwirtschaft. (1) [1]Bei der landwirtschaftlichen Bodennutzung wird die Vorsorgepflicht nach § 7 durch die gute fachliche Praxis erfüllt. [2]Die nach Landesrecht zuständigen landwirtschaftlichen Beratungsstellen sollen bei ihrer Beratungstätigkeit die Grundsätze der guten fachlichen Praxis nach Absatz 2 vermitteln.

(2) [1]Grundsätze der guten fachlichen Praxis der landwirtschaftlichen Bodennutzung sind die nachhaltige Sicherung der Bodenfruchtbarkeit und Leistungsfähigkeit des Bodens als natürlicher Ressource. [2]Zu den Grundsätzen der guten fachlichen Praxis gehört insbesondere, daß

1. die Bodenbearbeitung unter Berücksichtigung der Witterung grundsätzlich standortangepaßt zu erfolgen hat,

2. die Bodenstruktur erhalten oder verbessert wird,

3. Bodenverdichtungen, insbesondere durch Berücksichtigung der Bodenart, Bodenfeuchtigkeit und des von den zur landwirtschaftlichen Bodennutzung eingesetzten Geräten verursachten Bodendrucks, so weit wie möglich vermieden werden,

4. Bodenabträge durch eine standortangepaßte Nutzung, insbesondere durch Berücksichtigung der Hangneigung, der Wasser- und Windverhältnisse sowie der Bodenbedeckung, möglichst vermieden werden,

5. die naturbetonten Strukturelemente der Feldflur, insbesondere Hecken, Feldgehölze, Feldraine und Ackerterrassen, die zum Schutz des Bodens notwendig sind, erhalten werden,

6. die biologische Aktivität des Bodens durch entsprechende Fruchtfolgegestaltung erhalten oder gefördert wird und

7. der standorttypische Humusgehalt des Bodens, insbesondere durch eine ausreichende Zufuhr an organischer Substanz oder durch Reduzierung der Bearbeitungsintensität erhalten wird.

[1] § 16 Abs. 2 geänd. mWv 29.7.2017 durch G v. 20.7.2017 (BGBl. I S. 2808); Abs. 2 geänd. mWv 29.7.2017 durch G v. 20.7.2017 (BGBl. I S. 2808).
[2] Nr. **295.**

(3) Die Pflichten nach § 4 werden durch die Einhaltung der in § 3 Abs. 1 genannten Vorschriften erfüllt; enthalten diese keine Anforderungen an die Gefahrenabwehr und ergeben sich solche auch nicht aus den Grundsätzen der guten fachlichen Praxis nach Absatz 2, so gelten die übrigen Bestimmungen dieses Gesetzes.

Fünfter Teil. Schlußvorschriften

§ 18 Sachverständige und Untersuchungsstellen. [1] Sachverständige und Untersuchungsstellen, die Aufgaben nach diesem Gesetz wahrnehmen, müssen die für diese Aufgaben erforderliche Sachkunde und Zuverlässigkeit besitzen sowie über die erforderliche gerätetechnische Ausstattung verfügen. [2] Die Länder können Einzelheiten der an Sachverständige und Untersuchungsstellen nach Satz 1 zu stellenden Anforderungen, Art und Umfang der von ihnen wahrzunehmenden Aufgaben, die Vorlage der Ergebnisse ihrer Tätigkeit und die Bekanntgabe von Sachverständigen, welche die Anforderungen nach Satz 1 erfüllen, regeln.

§ 19 Datenübermittlung. (1) [1] Soweit eine Datenübermittlung zwischen Bund und Ländern zur Erfüllung der jeweiligen Aufgaben dieses Gesetzes notwendig ist, werden Umfang, Inhalt und Kosten des gegenseitigen Datenaustausches in einer Verwaltungsvereinbarung zwischen Bund und Ländern geregelt. [2] Die Übermittlung personenbezogener Daten ist unzulässig.

(2) Der Bund kann unter Verwendung der von Ländern übermittelten Daten ein länderübergreifendes Bodeninformationssystem für Bundesaufgaben einrichten.

§ 20 Anhörung beteiligter Kreise. [1] Soweit Ermächtigungen zum Erlaß von Rechtsverordnungen die Anhörung der beteiligten Kreise vorschreiben, ist ein jeweils auszuwählender Kreis von Vertretern der Wissenschaft, der Betroffenen, der Wirtschaft, Landwirtschaft, Forstwirtschaft, der Natur- und Umweltschutzverbände, des archäologischen Denkmalschutzes, der kommunalen Spitzenverbände und der für den Bodenschutz, die Altlasten, die geowissenschaftlichen Belange und die Wasserwirtschaft zuständigen obersten Landesbehörden zu hören. [2] Sollen die in Satz 1 genannten Rechtsvorschriften Regelungen zur land- und forstwirtschaftlichen Bodennutzung enthalten, sind auch die für die Land- und Forstwirtschaft zuständigen obersten Landesbehörden zu hören.

§ 21 Landesrechtliche Regelungen. (1) Zur Ausführung des Zweiten und Dritten Teils dieses Gesetzes können die Länder ergänzende Verfahrensregelungen erlassen.

(2) Die Länder können bestimmen, daß über die im Dritten Teil geregelten altlastverdächtigen Flächen und Altlasten hinaus bestimmte Verdachtsflächen

(Fortsetzung nächstes Blatt)

1. von der zuständigen Behörde zu erfassen und

2. von den Verpflichteten der zuständigen Behörde mitzuteilen sind sowie daß bei schädlichen Bodenveränderungen, von denen auf Grund von Art, Ausbreitung oder Menge der Schadstoffe in besonderem Maße Gefahren, erhebliche Nachteile oder erhebliche Belästigungen für den einzelnen oder die Allgemeinheit ausgehen,

1. Sanierungsuntersuchungen sowie die Erstellung von Sanierungsplänen und

2. die Durchführung von Eigenkontrollmaßnahmen

verlangt werden können.

(3) Die Länder können darüber hinaus Gebiete, in denen flächenhaft schädliche Bodenveränderungen auftreten oder zu erwarten sind, und die dort zu ergreifenden Maßnahmen bestimmen sowie weitere Regelungen über gebietsbezogene Maßnahmen des Bodenschutzes treffen.

(4) ¹Die Länder können bestimmen, daß für das Gebiet ihres Landes oder für bestimmte Teile des Gebiets Bodeninformationssysteme eingerichtet und geführt werden. ²Hierbei können insbesondere Daten von Dauerbeobachtungsflächen und Bodenzustandsuntersuchungen über die physikalische, chemische und biologische Beschaffenheit des Bodens und über die Bodennutzung erfaßt werden. ³Die Länder können regeln, daß Grundstückseigentümer und Inhaber der tatsächlichen Gewalt über ein Grundstück zur Duldung von Bodenuntersuchungen verpflichtet werden, die für Bodeninformationssysteme erforderlich sind. ⁴Hierbei ist auf die berechtigten Belange dieser Personen Rücksicht zu nehmen und Ersatz für Schäden vorzusehen, die bei Untersuchungen verursacht werden.

§ 22 Erfüllung von bindenden Beschlüssen der Europäischen Gemeinschaften. (1) Zur Erfüllung von bindenden Beschlüssen der Europäischen Gemeinschaften kann die Bundesregierung zu dem in § 1 genannten Zweck mit Zustimmung des Bundesrates Rechtsverordnungen über die Festsetzung der in § 8 Abs. 1 und 2 genannten Werte einschließlich der notwendigen Maßnahmen zur Ermittlung und Überwachung dieser Werte erlassen.

(2) Die in Rechtsverordnungen nach Absatz 1 festgelegten Maßnahmen sind durch Anordnungen oder sonstige Entscheidungen der zuständigen Träger öffentlicher Verwaltungen nach diesem Gesetz oder nach anderen Rechtsvorschriften des Bundes und der Länder durchzusetzen; soweit planungsrechtliche Festlegungen vorgesehen sind, haben die zuständigen Planungsträger zu befinden, ob und inwieweit Planungen in Betracht zu ziehen sind.

§ 23 Landesverteidigung. (1) ¹Das Bundesministerium der Verteidigung kann Ausnahmen von diesem Gesetz und von den auf dieses Gesetz gestützten *Rechtsverordnungen zulassen*, soweit dies zwingende Gründe der Verteidigung oder die Erfüllung zwischenstaatlicher Verpflichtungen erfordern. ²Dabei ist der Schutz vor schädlichen Bodenveränderungen zu berücksichtigen.

(2) Die Bundesregierung wird ermächtigt, durch Rechtsverordnung mit Zustimmung des Bundesrates zu bestimmen, daß der Vollzug dieses Gesetzes und der auf dieses Gesetz gestützten Rechtsverordnungen im Geschäftsbereich des Bundesministeriums der Verteidigung und für die auf Grund völkerrechtlicher Verträge in der Bundesrepublik Deutschland stationierten Streitkräfte

dem Bundesministerium der Verteidigung oder den von ihm bestimmten Stellen obliegt.

§ 24[1) Kosten. (1) [1]Die Kosten der nach § 9 Abs. 2, § 10 Abs. 1, §§ 12, 13, 14 Satz 1 Nr. 1, § 15 Abs. 2 und § 16 Abs. 1 angeordneten Maßnahmen tragen die zur Durchführung Verpflichteten. [2]Bestätigen im Fall des § 9 Abs. 2 Satz 1 die Untersuchungen den Verdacht nicht oder liegen die Voraussetzungen des § 10 Abs. 2 vor, sind den zur Untersuchung Herangezogenen die Kosten zu erstatten, wenn sie die den Verdacht begründenden Umstände nicht zu vertreten haben. [3]In den Fällen des § 14 Satz 1 Nr. 2 und 3 trägt derjenige die Kosten, von dem die Erstellung eines Sanierungsplans hätte verlangt werden können.

(2) [1]Mehrere Verpflichtete haben unabhängig von ihrer Heranziehung untereinander einen Ausgleichsanspruch. [2]Soweit nichts anderes vereinbart wird, hängt die Verpflichtung zum Ausgleich sowie der Umfang des zu leistenden Ausgleichs davon ab, inwieweit die Gefahr oder der Schaden vorwiegend von dem einen oder dem anderen Teil verursacht worden ist; § 426 Abs. 1 Satz 2 des Bürgerlichen Gesetzbuches[2) findet entsprechende Anwendung. [3]Der Ausgleichsanspruch verjährt in drei Jahren; die §§ 438, 548 und 606 des Bürgerlichen Gesetzbuchs sind nicht anzuwenden. [4]Die Verjährung beginnt nach der Beitreibung der Kosten, wenn eine Behörde Maßnahmen selbst ausführt, im übrigen nach der Beendigung der Maßnahmen durch den Verpflichteten zu dem Zeitpunkt, zu dem der Verpflichtete von der Person des Ersatzpflichtigen Kenntnis erlangt. [5]Der Ausgleichsanspruch verjährt ohne Rücksicht auf diese Kenntnis dreißig Jahre nach der Beendigung der Maßnahmen. [6]Für Streitigkeiten steht der Rechtsweg vor den ordentlichen Gerichten offen.

§ 25[3) Wertausgleich. (1) [1]Soweit durch den Einsatz öffentlicher Mittel bei Maßnahmen zur Erfüllung der Pflichten nach § 4 der Verkehrswert eines Grundstücks nicht nur unwesentlich erhöht wird und der Eigentümer die Kosten hierfür nicht oder nicht vollständig getragen hat, hat er einen von der zuständigen Behörde festzusetzenden Wertausgleich in Höhe der maßnahmenbedingten Wertsteigerung an den öffentlichen Kostenträger zu leisten. [2]Die Höhe des Ausgleichsbetrages wird durch die Höhe der eingesetzten öffentlichen Mittel begrenzt. [3]Die Pflicht zum Wertausgleich entsteht nicht, soweit hinsichtlich der auf einem Grundstück vorhandenen schädlichen Bodenveränderungen oder Altlasten eine Freistellung von der Verantwortung oder der Kostentragungspflicht nach Artikel 1 § 4 Abs. 3 Satz 1 des Umweltrahmengesetzes vom 29. Juni 1990 (GBl. I Nr. 42 S. 649), zuletzt geändert durch Artikel 12 des Gesetzes vom 22. März 1991 (BGBl. I S. 766), in der jeweils geltenden Fassung erfolgt ist. [4]Soweit Maßnahmen im Sinne des Satzes 1 in förmlich festgelegten Sanierungsgebieten oder Entwicklungsbereichen als Ordnungsmaßnahmen von der Gemeinde durchgeführt werden, wird die dadurch bedingte Erhöhung des Verkehrswertes im Rahmen des Ausgleichsbetrags nach § 154 des Baugesetzbuchs[4) abgegolten.

[1) § 24 Abs. 2 Satz 3 geänd. mWv 15. 12. 2004 durch G v. 9. 12. 2004 (BGBl. I S. 3214).
[2) **Schönfelder Nr. 20.**
[3) § 25 Abs. 6 Satz 2 geänd. mWv 8. 9. 2015 durch VO v. 31. 8. 2015 (BGBl. I S. 1474).
[4) Nr. **300.**

(2) Die durch Sanierungsmaßnahmen bedingte Erhöhung des Verkehrswerts eines Grundstücks besteht aus dem Unterschied zwischen dem Wert, der sich für das Grundstück ergeben würde, wenn die Maßnahmen nicht durchgeführt worden wären (Anfangswert), und dem Verkehrswert, der sich für das Grundstück nach Durchführung der Erkundungs- und Sanierungsmaßnahmen ergibt (Endwert).

(3) [1] Der Ausgleichsbetrag wird fällig, wenn die Sicherung oder Sanierung abgeschlossen und der Betrag von der zuständigen Behörde festgesetzt worden ist. [2] Die Pflicht zum Wertausgleich erlischt, wenn der Betrag nicht bis zum Ende des vierten Jahres nach Abschluß der Sicherung oder Sanierung festgesetzt worden ist.

(4) [1] Die zuständige Behörde hat von dem Wertausgleich nach Absatz 1 die Aufwendungen abzuziehen, die der Eigentümer für eigene Maßnahmen der Sicherung oder Sanierung oder die er für den Erwerb des Grundstücks im berechtigten Vertrauen darauf verwendet hat, daß keine schädlichen Bodenveränderungen oder Altlasten vorhanden sind. [2] Kann der Eigentümer von Dritten Ersatz erlangen, so ist dies bei der Entscheidung nach Satz 1 zu berücksichtigen.

(5) [1] Im Einzelfall kann von der Festsetzung eines Ausgleichsbetrages ganz oder teilweise abgesehen werden, wenn dies im öffentlichen Interesse oder zur Vermeidung unbilliger Härten geboten ist. [2] Werden dem öffentlichen Kostenträger Kosten der Sicherung oder Sanierung erstattet, so muß insoweit von der Festsetzung des Ausgleichsbetrages abgesehen, ein festgesetzter Ausgleichsbetrag erlassen oder ein bereits geleisteter Ausgleichsbetrag erstattet werden.

(6) [1] Der Ausgleichsbetrag ruht als öffentliche Last auf dem Grundstück. [2] Das Bundesministerium der Justiz und für Verbraucherschutz wird ermächtigt, durch Rechtsverordnung mit Zustimmung des Bundesrates die Art und Weise, wie im Grundbuch auf das Vorhandensein der öffentlichen Last hinzuweisen ist, zu regeln.

§ 26[1]) **Bußgeldvorschriften.** (1) Ordnungswidrig handelt, wer vorsätzlich oder fahrlässig

1. einer Rechtsverordnung nach § 5 Satz 1, §§ 6, 8 Abs. 1 oder § 22 Abs. 1 oder einer vollziehbaren Anordnung auf Grund einer solchen Rechtsverordnung zuwiderhandelt, soweit die Rechtsverordnung für einen bestimmten Tatbestand auf diese Bußgeldvorschrift verweist,

2. einer vollziehbaren Anordnung nach § 10 Abs. 1 Satz 1 zuwiderhandelt, soweit sie sich auf eine Pflicht nach § 4 Abs. 3, 5 oder 6 bezieht,

3. einer vollziehbaren Anordnung nach § 13 Abs. 1 oder § 15 Abs. 2 Satz 1, 3 oder 4 zuwiderhandelt oder

4. entgegen § 15 Abs. 3 Satz 1 eine Mitteilung nicht, nicht richtig, nicht vollständig oder nicht rechtzeitig macht.

(2) Die Ordnungswidrigkeit kann in den Fällen des Absatzes 1 Nr. 2 mit einer Geldbuße bis zu fünfzigtausend Euro, in den übrigen Fällen mit einer Geldbuße bis zu zehntausend Euro geahndet werden.

[1]) § 26 Abs. 2 geänd. mWv 1. 1. 2002 durch G v. 9. 9. 2001 (BGBl. I S. 2331).

299a. Bundes-Bodenschutz- und Altlastenverordnung (BBodSchV)

Vom 12. Juli 1999

(BGBl. I S. 1554)

FNA 2129-32-1

geänd. durch Art. 2 GefahrstoffVO-AnpassungsVO v. 23.12.2004 (BGBl. I S. 3758), Art. 18 G zur Neuregelung des Rechts des Naturschutzes und der Landschaftspflege v. 29.7.2009 (BGBl. I S. 2542), Art. 16 G zur Neuregelung des Wasserrechts v. 31.7.2009 (BGBl. I S. 2585), Art. 5 Abs. 31 G zur Neuordnung des Kreislaufwirtschafts- und Abfallrechts v. 24.2.2012 (BGBl. I S. 212), Art. 102 Zehnte ZuständigkeitsanpassungsVO v. 31.8.2015 (BGBl. I S. 1474), Art. 3 Abs. 4 VO zur Neuordnung der Klärschlammverwertung v. 27.9.2017 (BGBl. I S. 3465) und Art. 126 Elfte ZuständigkeitsanpassungsVO v. 19.6.2020 (BGBl. I S. 1328)

Auf Grund der §§ 6, 8 Abs. 1 und 2 und des § 13 Abs. 1 Satz 2 des Bundes-Bodenschutzgesetzes[1] vom 17. März 1998 (BGBl. I S. 502) verordnet die Bundesregierung nach Anhörung der beteiligten Kreise:

Inhaltsübersicht

[1] Nr. 299.

Erster Teil. Allgemeine Vorschriften

§ 1 Anwendungsbereich. Diese Verordnung gilt für

1. die Untersuchung und Bewertung von Verdachtsflächen, altlastverdächtigen Flächen, schädlichen Bodenveränderungen und Altlasten sowie für die Anforderungen an die Probennahme, Analytik und Qualitätssicherung nach § 8 Abs. 3 und § 9 des Bundes-Bodenschutzgesetzes[1)],

2. Anforderungen an die Gefahrenabwehr durch Dekontaminations- und Sicherungsmaßnahmen sowie durch sonstige Schutz- und Beschränkungsmaßnahmen nach § 4 Abs. 2 bis 5, § 8 Abs. 1 Satz 2 Nr. 3 des Bundes-Bodenschutzgesetzes[1)],

3. ergänzende Anforderungen an Sanierungsuntersuchungen und Sanierungspläne bei bestimmten Altlasten nach § 13 Abs. 1 des Bundes-Bodenschutzgesetzes[1)],

4. Anforderungen zur Vorsorge gegen das Entstehen schädlicher Bodenveränderungen nach § 7 des Bundes-Bodenschutzgesetzes[1)] einschließlich der Anforderungen an das Auf- und Einbringen von Materialien nach § 6 des Bundes-Bodenschutzgesetzes[1)],

5. die Festlegung von Prüf- und Maßnahmenwerten sowie von Vorsorgewerten einschließlich der zulässigen Zusatzbelastung nach § 8 Abs. 1 Satz 2 Nr. 1 und 2 und Abs. 2 Nr. 1 und 2 des Bundes-Bodenschutzgesetzes[1)].

§ 2 Begriffsbestimmungen. Im Sinne dieser Verordnung sind

1. Bodenmaterial:
 Material aus Böden im Sinne des § 2 Abs. 1 des Bundes-Bodenschutzgesetzes[1)] und deren Ausgangssubstraten einschließlich Mutterboden, das im Zusammenhang mit Baumaßnahmen oder anderen Veränderungen der Erdoberfläche ausgehoben, abgeschoben oder behandelt wird;

2. Einwirkungsbereich:
 Bereich, in dem von einem Grundstück im Sinne des § 2 Abs. 3 bis 6 des Bundes-Bodenschutzgesetzes[1)] Einwirkungen auf Schutzgüter zu erwarten sind oder in dem durch Einwirkungen auf den Boden die Besorgnis des Entstehens schädlicher Bodenveränderungen hervorgerufen wird;

3. Orientierende Untersuchung:
 Örtliche Untersuchungen, insbesondere Messungen, auf der Grundlage der Ergebnisse der Erfassung zum Zweck der Feststellung, ob der *Verdacht einer schädlichen Bodenveränderung oder Altlast* ausgeräumt ist oder ein hinreichender Verdacht im Sinne des § 9 Abs. 2 Satz 1 des Bundes-Bodenschutzgesetzes[1)] besteht;

4. Detailuntersuchung:
 Vertiefte weitere Untersuchung zur abschließenden Gefährdungsabschätzung, die insbesondere der Feststellung von Menge und räum-

[1)] Nr. 299.

licher Verteilung von Schadstoffen, ihrer mobilen oder mobilisierbaren Anteile, ihrer Ausbreitungsmöglichkeiten in Boden, Gewässer und Luft sowie der Möglichkeit ihrer Aufnahme durch Menschen, Tiere und Pflanzen dient;

5. Sickerwasserprognose:
Abschätzung der von einer Verdachtsfläche, altlastverdächtigen Fläche, schädlichen Bodenveränderung oder Altlast ausgehenden oder in überschaubarer Zukunft zu erwartenden Schadstoffeinträge über das Sickerwasser in das Grundwasser, unter Berücksichtigung von Konzentrationen und Frachten und bezogen auf den Übergangsbereich von der ungesättigten zur wassergesättigten Zone;

6. Schadstoffe:
Stoffe und Zubereitungen, die auf Grund ihrer Gesundheitsschädlichkeit, ihrer Langlebigkeit oder Bioverfügbarkeit im Boden oder auf Grund anderer Eigenschaften und ihrer Konzentration geeignet sind, den Boden in seinen Funktionen zu schädigen oder sonstige Gefahren hervorzurufen;

7. Expositionsbedingungen:
Durch örtliche Gegebenheiten und die Grundstücksnutzung im Einzelfall geprägte Art und Weise, in der Schutzgüter der Wirkung von Schadstoffen ausgesetzt sein können;

8. Wirkungspfad:
Weg eines Schadstoffes von der Schadstoffquelle bis zu dem Ort einer möglichen Wirkung auf ein Schutzgut;

9. Hintergrundgehalt:
Schadstoffgehalt eines Bodens, der sich aus dem geogenen (natürlichen) Grundgehalt eines Bodens und der ubiquitären Stoffverteilung als Folge diffuser Einträge in den Boden zusammensetzt;

10. Erosionsfläche:
Fläche, von der Bodenmaterial mit Oberflächenabfluß abgespült wird;

11. Durchwurzelbare Bodenschicht:
Bodenschicht, die von den Pflanzenwurzeln in Abhängigkeit von den natürlichen Standortbedingungen durchdrungen werden kann.

Zweiter Teil. Anforderungen an die Untersuchung und Bewertung von Verdachtsflächen und altlastverdächtigen Flächen

§ 3 Untersuchung. (1) [1]Anhaltspunkte für das Vorliegen einer Altlast bestehen bei einem Altstandort insbesondere, wenn auf Grundstücken über einen längeren Zeitraum oder in erheblicher Menge mit Schadstoffen umgegangen wurde und die jeweilige Betriebs-, Bewirtschaftungs- oder Verfahrensweise oder Störungen des bestimmungsgemäßen Betriebs nicht unerhebliche Einträge solcher Stoffe in den Boden vermuten lassen. [2]*Bei Altablagerungen* sind diese Anhaltspunkte insbesondere dann gegeben, wenn die Art des Betriebs oder *der Zeit-*

punkt der Stillegung den Verdacht nahelegen, daß Abfälle nicht sachgerecht behandelt, gelagert oder abgelagert wurden.

(2) [1] Absatz 1 Satz 1 gilt für schädliche Bodenveränderungen entsprechend. [2] Anhaltspunkte für das Vorliegen einer schädlichen Bodenveränderung ergeben sich ergänzend zu Absatz 1 insbesondere durch allgemeine oder konkrete Hinweise auf

1. den Eintrag von Schadstoffen über einen längeren Zeitraum und in erheblicher Menge über die Luft oder Gewässer oder durch eine Aufbringung erheblicher Frachten an Abfällen oder Abwässer auf Böden,

2. eine erhebliche Freisetzung naturbedingt erhöhter Gehalte an Schadstoffen in Böden,

3. erhöhte Schadstoffgehalte in Nahrungs- oder Futterpflanzen am Standort,

4. das Austreten von Wasser mit erheblichen Frachten an Schadstoffen aus Böden oder Altablagerungen,

5. erhebliche Bodenabträge und -ablagerungen durch Wasser oder Wind. [3] Einzubeziehen sind dabei auch Erkenntnisse auf Grund allgemeiner Untersuchungen oder Erfahrungswerte aus Vergleichssituationen insbesondere zur Ausbreitung von Schadstoffen.

(3) Liegen Anhaltspunkte nach Absatz 1 oder 2 vor, soll die Verdachtsfläche oder altlastverdächtige Fläche nach der Erfassung zunächst einer orientierenden Untersuchung unterzogen werden.

(4) [1] Konkrete Anhaltspunkte, die den hinreichenden Verdacht einer schädlichen Bodenveränderung begründen (§ 9 Abs. 2 Satz 1 des Bundes-Bodenschutzgesetzes[1])), liegen in der Regel vor, wenn Untersuchungen eine Überschreitung von Prüfwerten ergeben oder wenn auf Grund einer Bewertung nach § 4 Abs. 3 eine Überschreitung von Prüfwerten zu erwarten ist. [2] Besteht ein hinreichender Verdacht im Sinne des Satzes 1 oder auf Grund sonstiger Feststellungen, soll eine Detailuntersuchung durchgeführt werden.

(5) [1] Bei Detailuntersuchungen soll auch festgestellt werden, ob sich aus räumlich begrenzten Anreicherungen von Schadstoffen innerhalb einer Verdachtsfläche oder altlastverdächtigen Fläche Gefahren ergeben und ob und wie eine Abgrenzung von nicht belasteten Flächen geboten ist. [2] Von einer Detailuntersuchung kann abgesehen werden, wenn die von schädlichen Bodenveränderungen oder Altlasten ausgehenden Gefahren, erheblichen Nachteile oder erheblichen Belästigungen nach Feststellung der zuständigen Behörde mit einfachen Mitteln abgewehrt *oder sonst beseitigt* werden können.

(6) Soweit auf Grund der örtlichen Gegebenheiten oder nach den Ergebnissen von Bodenluftuntersuchungen Anhaltspunkte für die Ausbreitung von flüchtigen Schadstoffen aus einer Verdachtsfläche oder altlastverdächtigen Fläche in Gebäude[2]) bestehen, soll eine Untersu-

[1]) Nr. **299**.
[2]) Richtig wohl: „Gebäuden".

chung der Innenraumluft erfolgen; die Aufgaben und Befugnisse anderer Behörden bleiben unberührt.

(7) Im Rahmen von Untersuchungsanordnungen nach § 9 Abs. 2 Satz 1 des Bundes-Bodenschutzgesetzes[1] kommen auch wiederkehrende Untersuchungen der Schadstoffausbreitung und der hierfür maßgebenden Umstände in Betracht.

(8) Die Anforderungen an die Untersuchung von Böden, Bodenmaterial und sonstigen Materialien sowie von Bodenluft, Deponiegas und Sickerwasser bestimmen sich im übrigen nach Anhang 1.

§ 4 Bewertung. (1) Die Ergebnisse der orientierenden Untersuchungen sind nach dieser Verordnung unter Beachtung der Gegebenheiten des Einzelfalls insbesondere auch anhand von Prüfwerten zu bewerten.

(2) [1] Liegen der Gehalt oder die Konzentration eines Schadstoffes unterhalb des jeweiligen Prüfwertes in Anhang 2, ist insoweit der Verdacht einer schädlichen Bodenveränderung oder Altlast ausgeräumt. [2] Wird ein Prüfwert nach Anhang 2 Nr. 3 am Ort der Probennahmen überschritten, ist im Einzelfall zu ermitteln, ob die Schadstoffkonzentration im Sickerwasser am Ort der Beurteilung den Prüfwert übersteigt. [3] Maßnahmen im Sinne des § 2 Abs. 7 oder 8 des Bundes-Bodenschutzgesetzes[1] können bereits dann erforderlich sein, wenn im Einzelfall alle bei der Ableitung eines Prüfwertes nach Anhang 2 angenommenen ungünstigen Umstände zusammentreffen und der Gehalt oder die Konzentration eines Schadstoffes geringfügig oberhalb des jeweiligen Prüfwertes in Anhang 2 liegt.

(3) [1] Zur Bewertung von Verdachtsflächen oder altlastverdächtigen Flächen ausgehenden Gefahren für das Grundwasser ist eine Sickerwasserprognose zu erstellen. [2] Wird eine Sickerwasserprognose auf Untersuchungen nach Anhang 1 Nr. 3.3 gestützt, ist im Einzelfall insbesondere abzuschätzen und zu bewerten, inwieweit zu erwarten ist, daß die Schadstoffkonzentration im Sickerwasser den Prüfwert am Ort der Beurteilung überschreitet. [3] Ort der Beurteilung ist der Bereich des Übergangs von der ungesättigten in die gesättigte Zone.

(4) Die Ergebnisse der Detailuntersuchung sind nach dieser Verordnung unter Beachtung der Gegebenheiten des Einzelfalls, insbesondere auch anhand von Maßnahmenwerten, daraufhin zu bewerten, inwieweit Maßnahmen nach § 2 Abs. 7 oder 8 des Bundes-Bodenschutzgesetzes[1] erforderlich sind.

(5) [1] Soweit in dieser Verordnung für einen Schadstoff kein Prüf- oder Maßnahmenwert festgesetzt ist, sind für die Bewertung die zur Ableitung der entsprechenden Werte in Anhang 2 herangezogenen Methoden und Maßstäbe zu beachten. [2] Diese sind im Bundesanzeiger Nr. 161 a vom 28. August 1999 veröffentlicht.

(6) Liegt innerhalb einer Verdachtsfläche oder altlastverdächtigen Fläche auf Teilflächen eine von der vorherrschenden Nutzung abweichende empfindlichere Nutzung vor, sind diese Teilflächen nach den für ihre Nutzung jeweils festgesetzten Maßstäben zu bewerten.

[1] Nr. 299.

(7) ¹Liegen im Einzelfall Erkenntnisse aus Grundwasseruntersuchungen vor, sind diese bei der Bewertung im Hinblick auf Schadstoffeinträge in das Grundwasser zu berücksichtigen. ²Wenn erhöhte Schadstoffkonzentrationen im Sickerwasser oder andere Schadstoffausträge auf Dauer nur geringe Schadstofffrachten und nur lokal begrenzt erhöhte Schadstoffkonzentrationen in Gewässern erwarten lassen, ist dieser Sachverhalt bei der Prüfung der Verhältnismäßigkeit von Untersuchungs- und Sanierungsmaßnahmen zu berücksichtigen. ³Wasserrechtliche Vorschriften bleiben unberührt.

(8) ¹Eine schädliche Bodenveränderung besteht nicht bei Böden mit naturbedingt erhöhten Gehalten an Schadstoffen allein auf Grund dieser Gehalte, soweit diese Stoffe nicht durch Einwirkungen auf den Boden in erheblichem Umfang freigesetzt wurden oder werden. ²Bei Böden mit großflächig siedlungsbedingt erhöhten Schadstoffgehalten kann ein Vergleich dieser Gehalte mit den im Einzelfall ermittelten Schadstoffgehalten in die Gefahrenbeurteilung einbezogen werden.

Dritter Teil. Anforderungen an die Sanierung von schädlichen Bodenveränderungen und Altlasten

§ 5 Sanierungsmaßnahmen, Schutz- und Beschränkungsmaßnahmen. (1) ¹Dekontaminationsmaßnahmen sind zur Sanierung geeignet, wenn sie auf technisch und wirtschaftlich durchführbaren Verfahren beruhen, die ihre praktische Eignung zur umweltverträglichen Beseitigung oder Verminderung der Schadstoffe gesichert erscheinen lassen. ²Dabei sind auch die Folgen des Eingriffs insbesondere für Böden und Gewässer zu berücksichtigen. ³Nach Abschluß einer Dekontaminationsmaßnahme ist das Erreichen des Sanierungsziels gegenüber der zuständigen Behörde zu belegen.

(2) ¹Wenn Schadstoffe nach § 4 Abs. 5 des Bundes-Bodenschutzgesetzes¹⁾ zu beseitigen sind und eine Vorbelastung besteht, sind vom Pflichtigen grundsätzlich die Leistungen zu verlangen, die er ohne Vorbelastung zu erbringen hätte. ²Die zuvor bestehenden Nutzungsmöglichkeiten des Grundstücks sollen wiederhergestellt werden.

(3) ¹Sicherungsmaßnahmen sind zur Sanierung geeignet, wenn sie gewährleisten, daß durch die im Boden oder in Altlasten verbleibenden Schadstoffe dauerhaft keine Gefahren, erheblichen Nachteile oder erheblichen Belästigungen für den einzelnen oder die Allgemeinheit entstehen. ²Hierbei ist das Gefahrenpotential der im Boden verbleibenden Schadstoffe und deren Umwandlungsprodukte zu berücksichtigen. ³Eine nachträgliche Wiederherstellung der Sicherungswirkung im Sinne des Satzes 1 muß möglich sein. ⁴Die Wirksamkeit von Sicherungsmaßnahmen ist gegenüber der zuständigen Behörde zu belegen und dauerhaft zu überwachen.

(4) Als Sicherungsmaßnahme kommt auch eine geeignete Abdeckung schädlich veränderter Böden oder Altlasten mit einer Bodenschicht oder eine Versiegelung in Betracht.

¹⁾ Nr. 299.

(5) [1]Auf land- und forstwirtschaftlich genutzten Flächen kommen bei schädlichen Bodenveränderungen oder Altlasten vor allem Schutz- und Beschränkungsmaßnahmen durch Anpassungen der Nutzung und der Bewirtschaftung von Böden sowie Veränderungen der Bodenbeschaffenheit in Betracht. [2]Über die getroffenen Schutz- und Beschränkungsmaßnahmen sind Aufzeichnungen zu führen. [3]Mit der zuständigen landwirtschaftlichen Fachbehörde ist Einvernehmen herbeizuführen. [4]§ 17 Abs. 3 des Bundes-Bodenschutzgesetzes[1] bleibt unberührt.

(6) Soll abgeschobenes, ausgehobenes oder behandeltes Material im Rahmen der Sanierung im Bereich derselben schädlichen Bodenveränderung oder Altlast oder innerhalb des Gebietes eines für verbindlich erklärten Sanierungsplans wieder auf- oder eingebracht oder umgelagert werden, sind die Anforderungen nach § 4 Abs. 3 des Bundes-Bodenschutzgesetzes[1] zu erfüllen.

Vierter Teil. Ergänzende Vorschriften für Altlasten

§ 6 Sanierungsuntersuchung und Sanierungsplanung. (1) Bei Sanierungsuntersuchungen ist insbesondere auch zu prüfen, mit welchen Maßnahmen eine Sanierung im Sinne des § 4 Abs. 3 des Bundes-Bodenschutzgesetzes[1] erreicht werden kann, inwieweit Veränderungen des Bodens nach der Sanierung verbleiben und welche rechtlichen, organisatorischen und finanziellen Gegebenheiten für die Durchführung der Maßnahmen von Bedeutung sind.

(2) [1]Bei der Erstellung eines Sanierungsplans sind die Maßnahmen nach § 13 Abs. 1 Satz 1 Nr. 3 des Bundes-Bodenschutzgesetzes[1] textlich und zeichnerisch vollständig darzustellen. [2]In dem Sanierungsplan ist darzulegen, daß die vorgesehenen Maßnahmen geeignet sind, dauerhaft Gefahren, erhebliche Nachteile oder erhebliche Belästigungen für den einzelnen oder die Allgemeinheit zu vermeiden. [3]Darzustellen sind insbesondere auch die Auswirkungen der Maßnahmen auf die Umwelt und die voraussichtlichen Kosten sowie die erforderlichen Zulassungen, auch soweit ein verbindlicher Sanierungsplan nach § 13 Abs. 6 des Bundes-Bodenschutzgesetzes[1] diese nicht einschließen kann.

(3) Die Anforderungen an eine Sanierungsuntersuchung und an einen Sanierungsplan bestimmen sich im übrigen nach Anhang 3.

Fünfter Teil. Ausnahmen

§ 7 Ausnahmen. Auf schädliche Bodenveränderungen und Altlasten, bei denen nach Feststellung der zuständigen Behörde Gefahren, erhebliche Nachteile oder erhebliche Belästigungen mit einfachen Mitteln abgewehrt oder sonst beseitigt werden können, findet § 6 keine Anwendung.

[1] Nr. 299.

Sechster Teil. **Ergänzende Vorschriften für die Gefahrenabwehr von schädlichen Bodenveränderungen auf Grund von Bodenerosion durch Wasser**

§ 8 Gefahrenabwehr von schädlichen Bodenveränderungen auf Grund von Bodenerosion durch Wasser. (1) Von dem Vorliegen einer schädlichen Bodenveränderung auf Grund von Bodenerosion durch Wasser ist insbesondere dann auszugehen, wenn

1. durch Oberflächenabfluß erhebliche Mengen Bodenmaterials aus einer Erosionsfläche geschwemmt wurden und
2. weitere Bodenabträge gemäß Nummer 1 zu erwarten sind.

(2) Anhaltspunkte für das Vorliegen einer schädlichen Bodenveränderung auf Grund von Bodenerosion durch Wasser ergeben sich insbesondere, wenn außerhalb der vermeintlichen Erosionsfläche gelegene Bereiche durch abgeschwemmtes Bodenmaterial befrachtet wurden.

(3) ¹Bestehen Anhaltspunkte nach Absatz 2, ist zu ermitteln, ob eine schädliche Bodenveränderung auf Grund von Bodenerosion durch Wasser vorliegt. ²Ist feststellbar, auf welche Erosionsfläche die Bodenabschwemmung zurückgeführt werden kann und daß aus dieser erhebliche Mengen Bodenmaterials abgeschwemmt wurden, so ist zu prüfen, ob die Voraussetzungen des Absatzes 1 Nr. 2 erfüllt sind.

(4) ¹Die Bewertung der Ergebnisse der Untersuchungen erfolgt einzelfallbezogen unter Berücksichtigung der Besonderheiten des Standortes. ²Weitere Bodenabträge sind zu erwarten, wenn

1. in den zurückliegenden Jahren bereits mehrfach erhebliche Mengen Bodenmaterials aus derselben Erosionsfläche geschwemmt wurden oder
2. sich aus den Standortdaten und den Daten über die langjährigen Niederschlagsverhältnisse des Gebietes ergibt, daß in einem Zeitraum von zehn Jahren mit hinreichender Wahrscheinlichkeit mit dem erneuten Eintritt von Bodenabträgen gemäß Absatz 1 Nr. 1 zu rechnen ist.

(5) Die weiteren Anforderungen an die Untersuchung und Bewertung von Flächen, bei denen der Verdacht einer schädlichen Bodenveränderung auf Grund von Bodenerosion durch Wasser vorliegt, sind in Anhang 4 bestimmt.

(6) ¹Wird die Erosionsfläche landwirtschaftlich genutzt, ist der zuständigen Beratungsstelle gemäß § 17 des Bundes-Bodenschutzgesetzes[1]) die Gelegenheit *zu geben, im* Rahmen der Beratung geeignete *erosionsmindernde* Maßnahmen für die Nutzung der Erosionsfläche zu empfehlen. ²Bei Anordnungen ist Einvernehmen mit der zuständigen landwirtschaftlichen Fachbehörde herbeizuführen.

[1]) Nr. 299.

Siebter Teil. Vorsorge gegen das Entstehen schädlicher Bodenveränderungen

§ 9 Besorgnis schädlicher Bodenveränderungen. (1) ¹Das Entstehen schädlicher Bodenveränderungen nach § 7 des Bundes-Bodenschutzgesetzes¹⁾ ist in der Regel zu besorgen, wenn

1. Schadstoffgehalte im Boden gemessen werden, die die Vorsorgewerte nach Anhang 2 Nr. 4 überschreiten, oder

2. eine erhebliche Anreicherung von anderen Schadstoffen erfolgt, die auf Grund ihrer krebserzeugenden, erbgutverändernden, fortpflanzungsgefährdenden oder toxischen Eigenschaften in besonderem Maße geeignet sind, schädliche Bodenveränderungen herbeizuführen. ²§ 17 Abs. 1 des Bundes-Bodenschutzgesetzes¹⁾ bleibt unberührt.

(2) Bei Böden mit naturbedingt erhöhten Schadstoffgehalten besteht die Besorgnis des Entstehens schädlicher Bodenveränderungen bei einer Überschreitung der Vorsorgewerte nach Anhang Nr. 4 nur, wenn eine erhebliche Freisetzung von Schadstoffen oder zusätzliche Einträge durch die nach § 7 Satz 1 des Bundes-Bodenschutzgesetzes¹⁾ Verpflichteten nachteilige Auswirkungen auf die Bodenfunktionen erwarten lassen.

(3) Absatz 2 gilt entsprechend bei Böden mit großflächig siedlungsbedingt erhöhten Schadstoffgehalten.

§ 10²⁾ Vorsorgeanforderungen. (1) ¹Sind die Voraussetzungen des § 9 Abs. 1 Satz 1 Nr. 1, Abs. 2 oder 3 gegeben, hat der nach § 7 des Bundes-Bodenschutzgesetzes¹⁾ Verpflichtete Vorkehrungen zu treffen, um weitere durch ihn auf dem Grundstück und dessen Einwirkungsbereich verursachte Schadstoffeinträge zu vermeiden oder wirksam zu vermindern, soweit dies auch im Hinblick auf den Zweck der Nutzung des Grundstücks verhältnismäßig ist. ²Dazu gehören auch technische Vorkehrungen an Anlagen oder Verfahren sowie Maßnahmen zur Untersuchung und Überwachung von Böden. ³Für die Untersuchung gilt Anhang 1 entsprechend.

(2) ¹Einträge von Schadstoffen im Sinne des § 9 Abs. 1 Satz 1 Nr. 2, für die keine Vorsorgewerte festgesetzt sind, sind nach Maßgabe von Absatz 1 soweit technisch möglich und wirtschaftlich vertretbar zu begrenzen. ²Dies gilt insbesondere für die Stoffe, die nach der Gefahrstoffverordnung als krebserzeugend, erbgutverändernd oder fortpflanzungsgefährdend eingestuft sind.

§ 11 Zulässige Zusatzbelastung. (1) ¹Werden die in Anhang 2 Nr. 4.1 festgesetzten Vorsorgewerte bei einem Schadstoff überschritten, ist insoweit eine Zusatzbelastung bis zur Höhe der in Anhang 2 Nr. 5 festgesetzten jährlichen Frachten des Schadstoffes zulässig. ²Dabei sind

¹⁾ Nr. **299**.
²⁾ § 10 Abs. 2 Satz 2 zweiter Halbsatz geänd. durch G v. 23. 12. 2004 (BGBl. I S. 3758).

die Einwirkungen auf den Boden über Luft und Gewässer sowie durch unmittelbare Einträge zu beachten.

(2) Soweit die in Anhang 2 Nr. 5 festgesetzte zulässige Zusatzbelastung bei einem Schadstoff überschritten ist, sind die geogenen oder großflächig siedlungsbedingten Vorbelastungen im Einzelfall zu berücksichtigen.

(3) Die in Anhang 2 Nr. 5 festgesetzten Frachten bestimmen nicht im Sinne des § 3 Abs. 3 Satz 2 des Bundes-Bodenschutzgesetzes[1], welche Zusatzbelastungen durch den Betrieb einer Anlage nicht als ursächlicher Beitrag zum Entstehen schädlicher Bodenveränderungen anzusehen sind.

§ 12[2] Anforderungen an das Aufbringen und Einbringen von Materialien auf oder in den Boden. (1) Zur Herstellung einer durchwurzelbaren Bodenschicht dürfen in und auf Böden nur Bodenmaterial sowie Baggergut nach DIN 19731 (Ausgabe 5/98) und Gemische von Bodenmaterial mit solchen Abfällen, die die stofflichen Qualitätsanforderungen der nach § 11 des Kreislaufwirtschaftsgesetzes[3] und § 8 des bis zum 1. Juni 2012 geltenden Kreislaufwirtschafts- und Abfallgesetzes[4] erlassenen Verordnungen erfüllen, auf- und eingebracht werden.

(2) ¹Das Auf- und Einbringen von Materialien auf oder in eine durchwurzelbare Bodenschicht oder zur Herstellung einer durchwurzelbaren Bodenschicht im Rahmen von Rekultivierungsvorhaben einschließlich Wiedernutzbarmachung ist zulässig, wenn

– insbesondere nach Art, Menge, Schadstoffgehalten und physikalischen Eigenschaften der Materialien sowie nach den Schadstoffgehalten der Böden am Ort des Auf- oder Einbringens die Besorgnis des Entstehens schädlicher Bodenveränderungen gemäß § 7 Satz 2 des Bundes-Bodenschutzgesetzes[1] und § 9 dieser Verordnung nicht hervorgerufen wird und

– mindestens eine der in § 2 Abs. 2 Nr. 1 und 3 Buchstabe b und c des Bundes-Bodenschutzgesetzes genannten Bodenfunktionen nachhaltig gesichert oder wiederhergestellt wird.

²Die Zwischenlagerung und die Umlagerung von Bodenmaterial auf Grundstücken im Rahmen der Errichtung oder des Umbaus von baulichen und betrieblichen Anlagen unterliegen nicht den Regelungen dieses Paragraphen, wenn das Bodenmaterial am Herkunftsort wiederverwendet wird.

(3) ¹Die nach § 7 des Bundes-Bodenschutzgesetzes Pflichtigen haben vor dem Auf- und Einbringen die notwendigen Untersuchungen der Materialien nach den Vorgaben in Anhang 1 durchzuführen oder zu veranlassen. ²Die nach § 10 Abs. 1 des Bundes-Bodenschutzgesetzes zuständige Behörde kann weitere Untersuchungen hinsichtlich der Standort- und Bodeneigenschaften anordnen, wenn das Entstehen einer schädlichen Bodenveränderung zu besorgen ist; hierbei sind die Anforderungen nach DIN 19731 (Ausgabe 5/98) *zu beachten.*

[1] Nr. 299.
[2] § 12 Abs. 8 Satz 2 geänd. mWv 1.3.2010 durch G v. 29.7.2009 (BGBl. I S. 2542) und geänd. mWv 1.3.2010 durch G v. 31.7.2009 (BGBl. I S. 2585); Abs. 1 geänd. mWv 1,6.2012 durch G v. 24.2.2012 (BGBl. I S. 212); Abs. 1 geänd. mWv 3.10.2017 durch VO v. 27.9.2017 (BGBl. I S. 3465).
[3] Nr. 298.
[4] **Gewerberecht Nr. 850.**

(4) Bei landwirtschaftlicher Folgenutzung sollen im Hinblick auf künftige unvermeidliche Schadstoffeinträge durch Bewirtschaftungsmaßnahmen oder atmosphärische Schadstoffeinträge die Schadstoffgehalte in der entstandenen durchwurzelbaren Bodenschicht 70 Prozent der Vorsorgewerte nach Anhang 2 Nr. 4 nicht überschreiten.

(5) Beim Aufbringen von Bodenmaterial auf landwirtschaftlich einschließlich gartenbaulich genutzte Böden ist deren Ertragsfähigkeit nachhaltig zu sichern oder wiederherzustellen und darf nicht dauerhaft verringert werden.

(6) Bei der Herstellung einer durchwurzelbaren Bodenschicht für eine landwirtschaftliche Folgenutzung im Rahmen von Rekultivierungsvorhaben einschließlich Wiedernutzbarmachung soll nach Art, Menge und Schadstoffgehalt geeignetes Bodenmaterial auf- oder eingebracht werden.

(7) [1] Die Nährstoffzufuhr durch das Auf- und Einbringen von Materialien in und auf den Boden ist nach Menge und Verfügbarkeit dem Pflanzenbedarf der Folgevegetation anzupassen, um insbesondere Nährstoffeinträge in Gewässer weitestgehend zu vermeiden. [2] DIN 18919 (Ausgabe 09/90) ist zu beachten.

(8) [1] Von dem Auf- und Einbringen von Materialien sollen Böden, welche die Bodenfunktionen nach § 2 Abs. 2 Nr. 1 und 2 des Bundes-Bodenschutzgesetzes im besonderen Maße erfüllen, ausgeschlossen werden. [2] Dies gilt auch für Böden im Wald, in Wasserschutzgebieten nach § 51 Abs. 1 des Wasserhaushaltsgesetzes[1], in Naturschutzgebieten, Nationalparken, Nationalen Naturmonumenten, Biosphärenreservaten, Naturdenkmälern, geschützten Landschaftsbestandteilen, Natura 2000-Gebieten und gesetzlich geschützten Biotopen im Sinne des § 30 des Bundesnaturschutzgesetzes[2] sowie für die Böden der Kernzonen von Naturschutzgroßprojekten des Bundes von gesamtstaatlicher Bedeutung. [3] Die fachlich zuständigen Behörden können hiervon Abweichungen zulassen, wenn ein Auf- und Einbringen aus forst- oder naturschutzfachlicher Sicht oder zum Schutz des Grundwassers erforderlich ist.

(9) [1] Beim Auf- und Einbringen von Materialien auf oder in den Boden sollen Verdichtungen, Vernässungen und sonstige nachteilige Bodenveränderungen durch geeignete technische Maßnahmen sowie durch Berücksichtigung der Menge und des Zeitpunktes des Aufbringens vermieden werden. [2] Nach Aufbringen von Materialien mit einer Mächtigkeit von mehr als 20 Zentimetern ist auf die Sicherung oder den Aufbau eines stabilen Bodengefüges hinzuwirken. [3] DIN 19731 (Ausgabe 5/98) ist zu beachten.

(10) [1] In Gebieten mit erhöhten Schadstoffgehalten in Böden ist eine Verlagerung von Bodenmaterial innerhalb des Gebietes zulässig, wenn die in § 2 Abs. 2 Nr. 1 und 3 Buchstabe b und c des Bundes-Bodenschutzgesetzes genannten Bodenfunktionen nicht zusätzlich beeinträchtigt werden und insbesondere die Schadstoffsituation am Ort des Aufbringens nicht nachteilig verändert wird. [2] Die Gebiete erhöhter Schadstoffgehalte können von der zuständigen Behörde festgelegt werden. [3] Dabei kann die zuständige Behörde auch Abweichungen von den Absätzen 3 und 4 zulassen.

(11) § 5 Abs. 6 bleibt unberührt.

[1] Nr. **845**.
[2] Nr. **880**.

(12) Absatz 3 gilt nicht für das Auf- und Einbringen von Bodenmaterial auf die landwirtschaftliche Nutzfläche nach lokal begrenzten Erosionsereignissen oder zur Rückführung von Bodenmaterial aus der Reinigung landwirtschaftlicher Ernteprodukte.

Achter Teil. Schlußbestimmungen

§ 13 Zugänglichkeit von technischen Regeln und Normblättern. (1) ¹Technische Regeln und Normblätter, auf die in dieser Verordnung verwiesen wird, sind beim Deutschen Patentamt archivmäßig gesichert hinterlegt. ²Die Bezugsquellen sind in Anhang 1 Nr. 6.2 aufgeführt.

(2) Verweisungen auf Entwürfe von technischen Normen in den Anhängen beziehen sich jeweils auf die Fassung, die zu dem in der Verweisung angegebenen Zeitpunkt veröffentlicht ist.

§ 14 Inkrafttreten. Diese Verordnung tritt am Tage nach der Verkündung¹⁾ in Kraft.

Anhang 1²⁾
Anforderungen an die Probennahme, Analytik und Qualitätssicherung bei der Untersuchung

Dieser Anhang findet Anwendung bei der Untersuchung von Böden, Bodenmaterialien und sonstigen Materialien, die im Boden oder auf den Böden von Verdachtsflächen oder altlastverdächtigen Flächen vorkommen, oder zum Auf- und Einbringen vorgesehen sind, sowie von Bodenluft.

Bei altlastverdächtigen Altablagerungen richten sich der Untersuchungsumfang und die Probennahme, insbesondere hinsichtlich der Untersuchungen auf Deponiegas, leichtflüchtige Schadstoffe, abgelagerte Abfälle und des Übergangs von Schadstoffen in das Grundwasser, nach den Erfordernissen des Einzelfalles. Im Sinne dieses Anhangs ist der Stand von Verfahren und Methoden der Entwicklungsstand fortschrittlicher Verfahren und Methoden, der ihre praktische Eignung zu den vorstehend genannten Untersuchungen gesichert erscheinen läßt. Erkenntnisse über solche Verfahren und Methoden und über ihre Anwendung werden durch einen ausgewählten Kreis von Fachleuten aus Bund und Ländern sowie der Betroffenen im Benehmen mit den Ländern zusammengestellt, der vom Bundesministerium für Umwelt, Naturschutz und nukleare Sicherheit einberufen wird.

1. Untersuchungsumfang und erforderlicher Kenntnisstand

Die Untersuchungen nach § 3 dieser Verordnung beziehen sich auf die Wirkungspfade, für die sich auf Grund der im Einzelfall vorliegenden Informationen der Verdacht einer Gefahr ergibt. Bei der Festlegung des Untersuchungsumfangs sind die Ergebnisse der Erfassung, insbesondere die Kenntnisse oder begründeten Vermutungen über das Vorkommen bestimmter Schadstoffe und

¹⁾ Verkündet am 16.7.1999.
²⁾ Anh. 1 geänd. mWv 8.9.2015 durch VO v. 31.8.2015 (BGBl. I S. 1474); geänd. mWv 3.10.2017 durch VO v. 27.9.2017 (BGBl. I S. 3465); geänd. mWv 27.6.2020 durch VO v. 19.6.2020 (BGBl. I S. 1328).

deren Verteilung, die gegenwärtige Nutzung und die Nutzung gemäß § 4 Abs. 4 des Bundes-Bodenschutzgesetzes und die sich daraus ergebenden Schutzbedürfnisse sowie die sonstigen beurteilungserheblichen örtlichen Gegebenheiten zu berücksichtigen. Die E DIN ISO 10381-3: 02.96 ist zu beachten. Zum Arbeitsschutz wird auf die ZH 1/183: 04.97 hingewiesen.

Bei der Untersuchung zum Wirkungspfad Boden – Mensch sind als Nutzungen

– Kinderspielflächen

– Wohngebiete

– Park- und Freizeitanlagen

– Industrie- und Gewerbegrundstücke

und bei der Untersuchung zum Wirkungspfad Boden – Nutzpflanze die Nutzungen

– Ackerbau, Nutzgarten

– Grünland

zu unterscheiden.

Bei Untersuchungen zum Wirkungspfad Boden – Grundwasser ist nicht nach der Art der Bodennutzung zu unterscheiden.

1.1. Orientierende Untersuchung

Orientierende Untersuchungen von Verdachtsflächen und altlastverdächtigen Altstandorten sollen insbesondere auch auf die Feststellung und die Einschätzung des Umfangs von Teilbereichen mit unterschiedlich hohen Schadstoffgehalten ausgerichtet werden.

Bei altlastverdächtigen Altablagerungen sind in der Regel Untersuchungen von Deponiegas und auf leichtflüchtige Schadstoffe sowie Untersuchungen insbesondere auch hinsichtlich des Übergangs von Schadstoffen in das Grundwasser durchzuführen.

Sind bei Verdachtsflächen oder altlastverdächtigen Flächen auf Verlangen der dafür zuständigen Behörde Untersuchungen des Grund- oder Oberflächenwassers durchzuführen, ist dies bei der Festlegung von Umfang und Ablauf der orientierenden Untersuchung für Boden- oder Sickerwasseruntersuchungen zu berücksichtigen.

Kann bei Verdachtsflächen nicht auf vorhandene Bodenkartierungen zurückgegriffen werden oder liegen keine geeigneten bodenbezogenen Informationen vor, soll im Rahmen der orientierenden Untersuchung eine bodenkundliche Kartierung oder Bodenansprache am Ort der Probennahme auf der Grundlage der Bodenkundlichen Kartieranlei-

(Fortsetzung nächstes Blatt)

tung, 4. Auflage, berichtigter Nachdruck 1996, in dem Umfange durchgeführt werden, der für die Gefahrenbeurteilung erforderlich ist. Die Untersuchungsvorschriften für Böden und Bodenmaterialien gelten für die §§ 9, 10 und 12 entsprechend.

1.2. Detailuntersuchung

Bei der Detailuntersuchung sollen neben den unter § 3 Abs. 5 und 6 dieser Verordnung genannten Sachverhalten auch die für die Wirkungspfade maßgeblichen Expositionsbedingungen, insbesondere die für die verschiedenen Wirkungspfade bedeutsamen mobilen oder mobilisierbaren Anteile der Schadstoffgehalte, geklärt werden. Es soll auch festgestellt werden, ob sich aus räumlich begrenzten Anreicherungen von Schadstoffen innerhalb einer Verdachtsfläche oder altlastverdächtigen Fläche Gefahren ergeben und ob und wie eine Abgrenzung von nicht belasteten Flächen geboten ist.

2. Probennahme

Das Vorgehen bei der Probennahme richtet sich insbesondere nach den im Einzelfall berührten Wirkungspfaden, der Flächengröße, der auf Grund der Erfassungsergebnisse vermuteten vertikalen und horizontalen Schadstoffverteilung sowie der gegenwärtigen, der planungsrechtlich zulässigen und der früheren Nutzung. Dabei sind die unter den Nummern 2.1 bis 2.3 genannten Anforderungen zu beachten. Das Vorgehen bei der Probennahme ist zu begründen und zu dokumentieren. Die Anforderungen des Arbeitsschutzes sind zu beachten.

Untersuchungsflächen sollen für die Probennahme in geeignete Teilflächen gegliedert werden. Die Teilung soll auf Grund eines unterschiedlichen Gefahrenverdachts, einer unterschiedlichen Bodennutzung, der Geländeform oder der Bodenbeschaffenheit sowie von Auffälligkeiten, wie z.B. einer unterschiedlichen Vegetationsentwicklung, oder anhand von Erkenntnissen aus der Erfassung erfolgen.

2.1. Probennahmeplanung für Bodenuntersuchungen – Festlegung der Probennahmestellen und Beprobungstiefen

Soll die räumliche Verteilung der Schadstoffe ermittelt werden, ist die zu untersuchende Fläche oder Teilfläche grundsätzlich unter Zuhilfenahme eines Rasters repräsentativ zu beproben. Soweit aus Vorkenntnissen, bei altlastverdächtigen Altstandorten insbesondere nach den Ergebnissen der Erfassung, eine Hypothese über die räumliche Verteilung der Schadstoffe abgeleitet werden kann, ist diese bei der *Festlegung der Probennahmestellen* und des Rasters zu berücksichtigen. Für die Festlegung von Probennahmestellen können auch Ergebnisse einer geeigneten Vor-Ort-Analytik herangezogen werden.

Vermutete Schadstoffanreicherungen sind gezielt zu beproben. Die Beprobung ist, insbesondere hinsichtlich Zahl und räumlicher Anordnung der Probennahmestellen, so vorzunehmen, daß der Gefahrenverdacht geklärt, eine mögliche Gefahr bewertet werden und eine räumliche Abgrenzung von Schadstoffanreicherungen erfolgen kann.

Bei der Festlegung der Beprobungstiefen für die Wirkungspfade Boden – Mensch und Boden – Nutzpflanze sollen für die Untersuchung auf anorganische und schwerflüchtige organische Schadstoffe die in Tabelle 1 genannten Beprobungstiefen zugrundegelegt werden.

Tabelle 1. Nutzungsorientierte Beprobungstiefe bei Untersuchungen zu den Wirkungspfaden Boden – Mensch und Boden – Nutzpflanze

Wirkungspfad	Nutzung	Beprobungstiefe
Boden – Mensch	Kinderspielfläche, Wohngebiet	0–10 cm[*1)] 10–35 cm[*2)]
	Park- und Freizeitanlage	0–10 cm[*1)]
	Industrie- und Gewerbegrundstücke	0–10 cm[*1)]
Boden – Nutzpflanze	Ackerbau, Nutzgarten	0–30 cm[*3)] 30–60 cm
	Grünland	0–10 cm[*4)] 10–30 cm

[*1)] **Amtl. Anm.:** Kontaktbereich für orale und dermale Schadstoffaufnahme, zusätzlich 0–2 cm bei Relevanz des inhalativen Aufnahmepfades.
[*2)] **Amtl. Anm.:** 0–35 cm: durchschnittliche Mächtigkeit aufgebrachter Bodenschichten; zugleich max. von Kindern erreichbare Tiefe.
[*3)] **Amtl. Anm.:** Bearbeitungshorizont.
[*4)] **Amtl. Anm.:** Hauptwurzelbereich.

Böden sind möglichst horizontweise zu beproben. Grundlage für die Ermittlung der Horizontabfolge ist die Bodenkundliche Kartieranleitung der Geologischen Landesämter (AG Bodenkunde, 4. Auflage, 1994). Bis in den Unterboden gestörte Böden sind lagenweise zu beproben (siehe Tabelle 1). Die Lagen- oder Horizontmächtigkeit, die durch Entnahme einer Probe repräsentiert werden kann, beträgt in der Regel 30 cm. Mächtigere Horizonte oder Lagen sind gegebenenfalls zu unterteilen. Ergänzend zur Tabelle 1 ist die Beprobungstiefe zu berücksichtigen, für die bei der nach § 4 Abs. 4 des Bundes-Bodenschutzgesetzes[1)] zu berücksichtigenden Nutzung besondere Vorkehrungen getroffen werden müssen. Die Gründe für abweichende Beprobungstiefen sind zu dokumentieren.

Bei der Probennahme ist hinsichtlich der Wirkungspfade folgendes zu beachten:

2.1.1. Wirkungspfad Boden – Mensch

Im Rahmen der Festlegung der Probennahmestellen und der Beprobungstiefe sollen auch Ermittlungen zu den im Einzelfall vorliegenden Expositionsbedingungen vorgenommen werden, insbesondere über
– die tatsächliche Nutzung der Fläche (Art, Häufigkeit, Dauer),
– die Zugänglichkeit der Fläche,
– die Versiegelung der Fläche und über den Aufwuchs,

[1)] Nr. **299**.

– die Möglichkeit der inhalativen Aufnahme von Bodenpartikeln,
– die Relevanz weiterer Wirkungspfade.

Für die Beurteilung der Gefahren durch die inhalative Aufnahme von Bodenpartikeln sind die obersten zwei Zentimeter des Bodens maßgebend. Inhalativ bedeutsam sind solche Schadstoffe, für die sich der inhalative Pfad nach den Ableitungsmaßstäben gemäß § 4 Abs. 5 dieser Verordnung als ausschlaggebend für die Festlegung des Prüfwertes erwiesen hat. Durch Rückstellproben ist sicherzustellen, daß der Schadstoffgehalt in der für die Staubbildung relevanten Feinkornfraktion bis 63 mm gegebenenfalls getrennt analysiert werden kann.

Ist auf Grund vorliegender Erkenntnisse davon auszugehen, daß die Schadstoffe in der beurteilungsrelevanten Bodenschicht annähernd gleichmäßig über eine Fläche verteilt sind, kann auf Flächen bis 10 000 m² für jeweils 1000 m², mindestens aber von 3 Teilflächen, eine Mischprobe entnommen werden. Die Mischprobe soll aus 15 bis 25 Einzelproben einer Beprobungstiefe gewonnen werden. Bei Flächen unter 500 m² sowie in Hausgärten oder sonstigen Gärten entsprechender Nutzung kann auf eine Teilung verzichtet werden. Für Flächen über 10 000 m² sollen mindestens jedoch 10 Teilflächen beprobt werden.

2.1.2. Wirkungspfad Boden – Nutzpflanze

Bei landwirtschaftlich einschließlich gartenbaulich genutzten Böden mit annähernd gleichmäßiger Bodenbeschaffenheit und Schadstoffverteilung soll auf Flächen bis 10 Hektar in der Regel für jeweils 1 Hektar, mindestens aber von 3 Teilflächen eine Mischprobe entsprechend den Beprobungstiefen entnommen werden. Bei Flächen unter 5000 m² kann auf eine Teilung verzichtet werden. Für Flächen größer 10 Hektar sollen mindestens jedoch 10 Teilflächen beprobt werden. Die Probennahme erfolgt nach den Regeln der Probennahme auf landwirtschaftlich genutzten Böden (E DIN ISO 10381-1: 02.96, E DIN ISO 10381-4: 02.96) durch 15 bis 25 Einzeleinstiche je Teilfläche, die zu jeweils einer Mischprobe vereinigt werden.

In Nutzgärten erfolgt die Probennahme in der Regel durch Entnahme einer grundstücksbezogenen Mischprobe für jede Beprobungstiefe und im übrigen in Anlehnung an die Regeln der Probennahme auf Ackerflächen. Für die Eignung von Geräten zur Probennahme ist E DIN ISO 10381-2: 02.96 maßgebend.

2.1.3. Wirkungspfad Boden – Grundwasser

Beim Wirkungspfad Boden – Grundwasser ist zur Feststellung der vertikalen Schadstoffverteilung die ungesättigte Bodenzone bis unterhalb einer mutmaßlichen Schadstoffanreicherung oder eines auffälligen Bodenkörpers zu beproben. Die Beprobung erfolgt horizont- oder schichtspezifisch. Im Untergrund dürfen Proben aus Tiefenintervallen bis max. 1 m entnommen werden. In begründeten Fällen ist die Zusammenfassung engräumiger Bodenhorizonte bzw. -schichten bis max. 1 m Tiefenintervall zulässig. Auffälligkeiten sind zu beurteilen und gegebenenfalls gesondert zu beproben. Die Beprobungstiefe soll reduziert werden, wenn erkennbar wird, daß bei Durchbohrung von wasserstauenden Schichten im Untergrund eine hierdurch entstehende Verunrei-

nigung des Grundwassers zu besorgen ist. Ist das Durchbohren von wasserstauenden Schichten erforderlich, sind besondere Sicherungsmaßnahmen zu ergreifen. Für die Eignung von Geräten zur Probennahme ist DIN 4021: 10.90 maßgebend.

2.2. Probennahmeplanung Bodenluft

Die Probennahme erfolgt nach VDI-Richtlinie 3865, Blatt 1 und 2.

2.3. Probennahmeplanung bei abgeschobenem und ausgehobenem Bodenmaterial

Die Probennahme erfolgt in Anlehnung an DIN 52101: 03.88 oder nach DIN EN 932-1: 11.96.

2.4. Probengewinnung

2.4.1. Böden, Bodenmaterial und sonstige Materialien

Die notwendige Probemenge[1] richtet sich gemäß DIN 18123: 11.96 nach dem Größtkorn und muß ausreichen, um nach sachgerechter Probenvorbehandlung die Laboruntersuchung sowie gegebenenfalls die Bereitstellung von Rückstellproben zu gewährleisten. Eine Abstimmung mit der Untersuchungsstelle sollte erfolgen.

Grobmaterialien (Materialien > 2 mm) und Fremdmaterialien, die möglicherweise Schadstoffe enthalten oder denen diese anhaften können, sind aus der gesamten Probemenge[1] zu entnehmen und gesondert der Laboruntersuchung zuzuführen. Ihr Massenanteil an dem beprobten Bodenhorizont bzw. der Schichteinheit ist zu ermitteln und zu dokumentieren.

Zur Entnahme von Boden, Bodenmaterial und sonstigen Materialien sind Verfahren anzuwenden, die in der DIN 4021: 10.90 und E DIN ISO 10381-2: 02.96 aufgeführt sind. Bei der Verfahrensauswahl sind über die in der Norm enthaltenen Angaben hinaus die erforderliche Probenmenge und der Aufbau des Untergrundes zu berücksichtigen.

2.4.2. Bodenluft

Für die Entnahme von Bodenluftproben gilt VDI-Richtlinie 3865, Blatt 2.

2.5. Probenkonservierung, -transport und -lagerung

Für die Auswahl von Probengefäßen sowie für Probenkonservierung, -transport und -lagerung sind die entsprechenden Regelungen in den Untersuchungsvorschriften nach Nummer 3.1.3, Tabellen 3 bis 7 einzuhalten. Fehlen derartige Regelungen, sind E DIN ISO 10381-1: 02.96 und DIN EN ISO 5667-3: 04.96 zu beachten.

Der Transport der Bodenproben für die Untersuchung organischer Schadstoffe sowie ihre Lagerung erfolgt gemäß E DIN ISO 14507: 02.96.

[1] Richtig wohl: „Probenmenge".

3. Untersuchungsverfahren

3.1. Untersuchungsverfahren für Böden, Bodenmaterial und sonstige Materialien

3.1.1. Probenauswahl und -vorbehandlung

Im Falle gestufter Untersuchungen ist für den Einzelfall zu entscheiden, in welcher Abfolge im Feld gewonnene Proben zu analysieren sind, und ob ggf. auch eine Zusammenfassung mehrerer Proben zweckmäßig ist. Die Entscheidung und ihre Gründe sind zu dokumentieren.

Die Probenvorbehandlung, einschließlich der Trocknung des Probenmaterials, erfolgt für die Bestimmung physikalisch-chemischer Eigenschaften (Nummer 3.1.3, Tabelle 3) und die Bestimmung anorganischer Schadstoffe (Nummer 3.1.3, Tabelle 4) nach DIN ISO 11464: 12.96. Für organische Schadstoffe ist E DIN ISO 14507: 02.96 anzuwenden.

Ist bei Böden, Bodenmaterial und sonstigen Materialien (insbesondere Schlacken und Bauschutt) eine Auftrennung in Grob- und Feinanteil erforderlich, hat dies über ein Sieb mit einer Maschenweite von 2 mm in die Fraktionen ≤ 2 mm (Feinanteil) und > 2 mm (Grobanteil) Korndurchmesser zu erfolgen. Verklumpungen sind zu zerkleinern, wobei aber geringstabile Aggregate (z.B. Carbonat-, Eisen-Konkretionen, Bims) möglichst nicht zerbrochen werden sollten. Beide Fraktionen sind zu wägen, zu beschreiben und zu dokumentieren, und deren Trockenmasseanteil ist zu bestimmen. Der Feinanteil ist zu homogenisieren und zu untersuchen. Bestehen Anhaltspunkte für einen erhöhten Schadstoffgehalt der Fraktion > 2 mm, ist diese Fraktion zu gewinnen und nach Vorzerkleinerung und Homogenisierung ebenfalls zu untersuchen. Im Probenmaterial enthaltene Fremdmaterialien sind erforderlichenfalls getrennt zu untersuchen und bei der Bewertung zu berücksichtigen.

Repräsentative Teile der im Feld entnommenen Proben sind als Rückstellproben aufzubewahren. Art und Umfang der Rückstellung sind nach den Erfordernissen des Einzelfalls zu vereinbaren.

3.1.2. Extraktion, Elution

Königswasserextrakt

Die Bestimmung des Gehaltes an anorganischen Schadstoffen zum Vergleich der Schadstoffaufnahme auf dem Wirkungspfad Boden – Mensch mit den Werten nach Anhang 2 Nummer 1 mit Ausnahme der Cyanide, für den Wirkungspfad Boden – Nutzpflanze auf Ackerbauflächen und in Nutzgärten bezüglich Arsen und Quecksilber nach Anhang 2 Nummer 2.2 und für den Wirkungspfad Boden – Nutzpflanze auf Grünland nach Anhang 2 Nummer 2.3 sowie hinsichtlich der Vorsorgewerte nach Anhang 2 Nummer 4.1 erfolgt aus dem Königswasserextrakt nach DIN ISO 11466: 06.97 aus aufgemahlenen Proben (Korngröße < 150 μm).

Ammoniumnitratextraktion

Der Ammoniumnitratextrakt nach DIN 19730: 06.97 ist zur Ermittlung der Gehalte anorganischer Schadstoffe für die Bewertung der

Schadstoffe im Wirkungspfad Boden – Nutzpflanze auf Ackerbauflächen und in Nutzgärten im Hinblick auf die Pflanzenqualität bezüglich Cadmium, Blei und Thallium nach Anhang 2 Nummer 2.2 sowie auf Ackerbauflächen im Hinblick auf Wachstumsbeeinträchtigungen bei Kulturpflanzen nach Anhang 2 Nummer 2.4 anzuwenden und kann zur Abschätzung von anorganischen Schadstoffkonzentrationen im Sickerwasser nach Nummer 3.3 dieses Anhangs eingesetzt werden.

Extraktion organischer Schadstoffe

Die Bestimmung des Gehaltes an organischen Schadstoffen zum Vergleich der Schadstoffaufnahme auf dem Wirkungspfad Boden – Mensch mit den Werten nach Anhang 2 Nummer 1.2 sowie hinsichtlich der Vorsorgewerte nach Anhang 2 Nummer 4.2 erfolgt aus den in Nummer 3.1.3, Tabelle 5 angegebenen Bodenextrakten. Sollen andere Verfahren angewendet werden, ist dies zu begründen und nachzuweisen, daß deren Ergebnisse mit den Ergebnissen der oben angegebenen Verfahren gleichwertig oder vergleichbar sind.

Elution mit Wasser

Für die Herstellung von Eluaten mit Wasser zur Abschätzung von Schadstoffkonzentrationen im Sickerwasser nach Nummer 3.3 dieses Anhangs sind die in Tabelle 2 angegebenen Verfahren anzuwenden.

Tabelle 2. Verfahren zur Herstellung von Eluaten mit Wasser

Verfahren	Verfahrenshinweise	Methode
anorganische Stoffe		
Bodensättigungsextrakt	Verfahren siehe (1)	
Elution mit Wasser	– Probenmasse unter Berücksichtigung der Trockenmasse nach DIN 38414-2: 11.85 bzw. nach DIN ISO 11465: 12.96 – Filtration siehe (2)	DIN 38414-4: 10.84
organische Stoffe		
Säulen- oder Lysimeterversuch	Die zu erwartende Geschwindigkeit, mit der sich stoffspezifisch die Gleichgewichtskonzentration einstellt, ist zu beachten.	

(1) **Gewinnung des Bodensättigungsextraktes:**

Zur Vorbereitung wird der Bodenprobe in einem Polyethylen-Gefäß langsam soviel bidestilliertes Wasser zugegeben, daß sie vollständig durchfeuchtet ist. Die benötigte Menge an Wasser zur Vorbefeuchtung ist bodenartabhängig und sollte ungefähr der Feldkapazität entsprechen. Bei sandigen Proben wird von ca. 25%, bei lehmig/schluffigen Proben von ca. 35% und bei tonigen Proben von ca. 40% der Einwaage lufttrockenen Bodens ausgegangen. Die zugegebene *Wassermenge ist* gravimetrisch zu erfassen und zu notieren. Die Probe wird gut vermischt und unter Verdunstungsschutz 24 h bei 5 °C stehengelassen.

Zur Herstellung des Bodensättigungsextrakts wird das vorbefeuchtete Bodenmaterial in Zentrifugenbecher überführt. Bidestilliertes Wasser wird unter ständigem Rühren langsam zugegeben, bis die Fließgrenze erreicht ist (Bildung einer glänzenden Oberfläche und Zerfließen einer Spachtelkerbe). Bei tonigen Proben muß 15 min bis zum Abschluß der Quellung gewartet und gegebenenfalls Wasser nachgegeben werden. Die zugegebene Wassermenge wird gravimetrisch erfaßt und die Bodenpaste mit einem Glasstab verrührt. Die Bodenpaste ist zur Gleichgewichtseinstellung 24 h im Kühlschrank oder -raum bei 5 °C unter Verdunstungsschutz aufzubewahren.

Aus der Einwaage lufttrockenen Bodens und zweimaliger Wasserzugabe wird das Boden/Wasser-Verhältnis berechnet. Dabei ist der Wassergehalt der lufttrockenen Probe an einem Aliquot separat zu erfassen (Trocknung bei 105 °C bis zur Gewichtskonstanz) und rechnerisch zu berücksichtigen.

Zur Gewinnung der Gleichgewichtsbodenlösung erfolgt die Zentrifugation in einer Kühlzentrifuge für 30 min. Die überstehende Lösung wird dekantiert und zur Abtrennung suspendierter Partikel in zuvor gewogene Polyethylen-Weithalsflaschen mittels Unterdruck membranfiltriert. Die Filtratmenge ist gravimetrisch zu bestimmen. Die Lösungen sind durch Zugabe von 10 Volumenanteilen Salpetersäure (c = 5 mol/l) zu stabilisieren, wobei die Säurezugabe bei der Auswertung von Meßergebnissen und der Erstellung von Kalibrierlösungen zu berücksichtigen ist.

(2) **Filtrationsschritt:**

Verwendet wird eine Druckfiltrationseinheit für Membranfilter (142 mm Durchmesser, medienführende Teile aus PTFE) mit einem Membranfilter mit 0,45 μm Porenweite. Bei Nutzung abweichender Geräte ist das zu filtrierende Volumen entsprechend der Filterfläche zu verändern; das Verhältnis von filtrierendem Volumen und Filterfläche ist einzuhalten.

Nach dem Schütteln ist die Suspension ca. 15 min zur Sedimentation der gröberen Partikel stehenzulassen. Die überstehende Flüssigkeit ist im Zentrifugenbecher weitestgehend zu dekantieren. Die Zentrifugation erfolgt für 30 min mit 2000 g. Danach erfolgt das weitestgehend vollständige Dekantieren der überstehenden Flüssigkeit in die Membrandruckfiltrationsapparatur. Nach 5 min druckloser Filtration wird zur Beschleunigung der Filtration ein Druck von 1 bar angelegt. Haben nach 15 min weniger als zwei Drittel des Eluats das Filter passiert, wird der Druck auf 2 bar erhöht. Falls erforderlich, wird der Druck nach weiteren 30 min auf 3,5 bar erhöht. Die Filtration wird solange fortgesetzt, bis der gesamte Überstand der Zentrifugation das Filter passiert hat. Ist die Filtration nach 120 min noch unvollständig, wird sie abgebrochen und mit dem unvollständigen Filtrat weitergearbeitet.

3.1.3. Analysenverfahren

Böden, Bodenmaterial und sonstige Materialien

Die Analyse von Böden, Bodenmaterial und gegebenenfalls von sonstigen Materialien ist nach den in den Tabellen 3 bis 5 aufgeführten Untersuchungsverfahren auszuführen.

Sollen unter Nennung der Gründe andere Verfahren angewendet werden, ist nachzuweisen und zu dokumentieren, daß deren Ergebnisse mit den Ergebnissen der in den Tabellen 3 bis 5 angegebenen Verfahren gleichwertig oder vergleichbar sind. Inwieweit einzelne Verfahren insbesondere auch unter den unter Nummer 4.2 genannten Gesichtspunkten anwendbar sind, ist im Einzelfall zu prüfen. Die Schadstoffgehalte sind auf Trockenmasse (105 °C) zu beziehen. Sie müssen in der gleichen Einheit wie die entsprechenden Prüf-, Maßnahmen- und Vorsorgewerte in Anhang 2 angegeben werden.

Tabelle 3. Analyse physikalisch-chemischer Eigenschaften

Untersuchungsparameter	Verfahrenshinweise	Methode
Bestimmung der Trockenmasse	feldfrische oder luftgetrocknete Bodenproben	DIN ISO 11465: 12.96
Organischer Kohlenstoff und Gesamtkohlenstoff nach trockener Verbrennung	luftgetrocknete Bodenproben	DIN ISO 10694: 08.96
pH-Wert $CaCl_2$	Suspension der feldfrischen oder luftgetrockneten Bodenprobe in $CaCl_2$-Lösung; $c(CaCl_2)$: 0,01 mol/l)	DIN ISO 10390: 05.97
Korngrößenverteilung	1) „Fingerprobe" im Gelände*)	Bodenkundliche Kartieranleitung, 4. Auflage, 1994; DIN 19682-2: 04.97
	2) Siebung, Dispergierung, Pipett-Analyse*)	E DIN ISO 11277: 06.94 DIN 19683-2: 04.97
	3) Siebung, Dispergierung, Aräometermethode	DIN 18123: 11.96 E DIN ISO 11277: 06.94
Rohdichte	Trocknung einer volumengerecht entnommenen Bodenprobe bei 105 °C, rückwiegen	E DIN ISO 11272: 01.94 DIN 19683-12: 04.73

*) **Amtl. Anm.:** Empfohlene Methoden.

Tabelle 4. Analyse anorganischer Schadstoffgehalte

Untersuchungsparameter	Verfahrenshinweise	Methode
Cd, Cr, Cu, Ni, Pb, Tl, Zn	AAS	E DIN ISO 11047: 06.95
As, Cd, Cr, Cu, Ni, Pb, Tl, Zn	ICP-AES (ICP-MS möglich) Berücksichtigung von spektralen Störungen bei hohen Matrixkonzentrationen erforderlich	DIN EN ISO 11885: 04.98
Arsen (As)	ET-AAS	In Analogie zu E DIN ISO 11047: 06.95

Untersuchungsparameter	Verfahrenshinweise	Methode
	Hydrid-AAS	DIN EN ISO 11969: 11.96
Quecksilber (Hg)	AAS-Kaltdampftechnik Bei der Probenvorbehandlung darf die Trocknungstemperatur 40 °C nicht überschreiten	DIN EN 1483: 08.97 Reduktion mit Zinn(II)-chlorid oder NaBH4
Chrom (VI)	1) Extraktion mit phosphatgepufferter Aluminiumsulfatlösung	Spektralphotometrie DIN 19734: 01.99
	2) Elution mit Wasser, Abtrennung von Cr(III), Bestimmung von löslichem Cr(VI) in Böden	DIN 38405-24: 05.87
Cyanide		E DIN ISO 11262: 06.94

Tabelle 5. Analyse organischer Schadstoffgehalte

Untersuchungsparameter	Verfahrenshinweise	Methode
Polycyclische aromatische Kohlenwasserstoffe (PAK): 16 PAK (EPA) Benzo(a)pyren	1) Soxhlet-Extraktion mit Toluol, chromatographisches Cleanup; Quantifizierung mittels GC-MS**)	Merkblatt Nr. 1 des LUA-NRW, 1994**)
	2) Extraktion mit Tetrahydrofuran oder Acetonitril; Quantifizierung mittels HPLC-UV/DAD/F**)	Merkblatt Nr. 1 des LUA-NRW, 1994**)
	3) Extraktion mit Aceton, Zugeben von Petrolether, Entfernung des Acetons, chromatographische Reinigung des Petroletherextraktes, Aufnahme in Acetonitril; Quantifizierung mittels HPLC-UV/DAD/F	E DIN ISO 13877: 06.95
	4) Extraktion mit einem Wasser/Aceton/Petrolether-Gemisch in Gegenwart von NaCl; Quantifizierung mittels GC-MS oder HPLC-UV/DAD/F	VDLUFA-Methodenbuch, Band VII; Handbuch Altlasten Bd. 7, LfU HE
Hexachlorbenzol	Extraktion mit Aceton/Cyclohexan-Gemisch oder Aceton/Petrolether, ggf. chromatographische Reinigung nach Entfernen des Acetons; Quantifizierung mittels GC-ECD oder GC-MS	E DIN ISO 10382: 02.98
Pentachlorphenol	Soxhlet-Extraktion mit Heptan oder Aceton/Heptan (50:50); Derivatisierung mit Essigsäureanhydrid; Quantifizierung mittels GC-ECD oder GC-MS	E DIN ISO 14154: 10.97

Untersuchungsparameter	Verfahrenshinweise	Methode
Aldrin, DDT, HCH–Gemisch	1) Extraktion mit Petrolether oder Aceton/Petrolether-Gemisch, chromatographische Reinigung; Quantifizierung mittels GC–ECD oder GC–MS**)	E DIN ISO 10382: 02.98**)
	2) Extraktion mit Wasser/Aceton/Petrolether-Gemisch; Quantifizierung mittels GC–ECD oder GC–MS	VDLUFA-Methodenbuch, Band VII
Polychlorierte Biphenyle (PCB): 6 PCB-Kongenere (Nr. 28, 52, 101,138, 153, 180 nach Ballschmiter)	1) Extraktion mit Heptan oder Aceton/Petrolether, chromatographische Reinigung; Quantifizierung mittels GC–ECD (GC–MS möglich)	E DIN ISO 10382: 02.98
	2) Soxhlet-Extraktion mit Heptan, Hexan oder Pentan, chromatographische Reinigung an AgNO)3(/) Kieselgelsäule; Quantifizierung mittels GC–ECD (GC–MS möglich)	DIN 38414-20: 01.96
	3) Extraktion mit einem Wasser/Aceton/Petrolether-Gemisch in Gegenwart von NaCl; Quantifizierung mittels GC–ECD (GC–MS möglich)	VDLUFA-Methodenbuch, Band VII
Polychlorierte Dibenzodioxine und Dibenzofurane	Soxhlet-Extraktion gefriergetrockneter Proben mit Toluol, chromatographische Reinigung; Quantifizierung mittels GC–MS	nach Klärschlammverordnung unter Beachtung von DIN 38414-24: 2000-10

)Amtl. Anm.**: Empfohlene Methode.

Eluate und Sickerwasser
Die analytische Bestimmung der anorganischen Stoffkonzentrationen in Eluaten und Sickerwasser ist nach den in Tabelle 6 aufgeführten Analyseverfahren durchzuführen, die Bestimmung der organischen Stoffkonzentrationen im Sickerwasser erfolgt nach den in Tabelle 7 genannten Methoden.

(Fortsetzung nächstes Blatt)

Sollen unter Nennung der Gründe andere Verfahren angewendet werden, ist nachzuweisen, daß deren Ergebnisse mit den Ergebnissen der in Tabelle 6 und 7 angegebenen Verfahren gleichwertig oder vergleichbar sind.

Tabelle 6. Bestimmung der Konzentration anorganischer Schadstoffe in Eluaten und Sickerwasser

Untersuchungsparameter	Verfahrenshinweise	Methode
As, Cd, Cr, Co, Cu, Mo, Ni, Pb, Sb, Se, Sn, Tl, Zn	ICP-AES (ICP-MS möglich)	Auf der Grundlage DIN EN ISO 11885: 04.98[*1)]
Arsen (As), Antimon (Sb)	Hydrid-AAS	DIN EN ISO 11969: 11.96
Blei (Pb)	AAS	DIN 38406-6: 07.98
Cadmium (Cd)	AAS	DIN EN ISO 5961: 05.95
Chrom (Cr), gesamt	AAS	DIN EN 1233: 08.96
Chrom (Cr VI)	Spektralphotometrie Ionenchromatographie	DIN 38405-24: 05.87 DIN EN ISO 10304-3: 11.97
Cobalt (Co)	AAS	DIN 38406-24: 03.93
Kupfer (Cu)	AAS	DIN 38406-7: 09.91
Nickel (Ni)	AAS	DIN 38406-11: 09.91
Quecksilber (Hg)	AAS-Kaltdampftechnik	DIN EN 1483: 08.97
Selen (Se)	AAS	DIN 38405-23: 10.94
Zink (Zn)	AAS	DIN 38406-8: 10.80
Cyanid (CN-), gesamt	Spektralphotometrie	DIN 38405-13: 02.81 E DIN EN ISO 14403: 05.98
Cyanid (CN-), leicht freisetzbar	Spektralphotometrie	DIN 38405-13: 02.81
Fluorid (F-)	Fluoridsensitive Elektrode Ionenchromatographie	DIN 38405-4: 07.85 DIN EN ISO 10304-1: 04.95

[*1)] **Amtl. Anm.:** Durch geeignete Maßnahmen oder eine geeignete gerätetechnische Ausstattung ist die Bestimmungsgrenze dem Untersuchungsziel anzupassen.

Tabelle 7. Bestimmung der Konzentration organischer Schadstoffe im Bodensikkerwasser

Untersuchungsparameter	Verfahrenshinweise	Methode
Benzol	GC-FID	DIN 38407-9: 05.91[*1)]
BTEX	GC-FID Matrixbelastung beachten	DIN 38407-9: 05.91
Leichtflüchtige Halogenkohlenwasserstoffe (LHKW)	GC-ECD	DIN EN ISO 10301: 08.97

Untersuchungsparameter	Verfahrenshinweise	Methode
Aldrin	GC-ECD (GC-MS möglich)	DIN 38407-2: 02.93
DDT	GC-ECD (GC-MS möglich)	DIN 38407-2: 02.93
Phenole	GC-ECD	ISO/DIS 8165-2: 01.97
Chlorphenole	GC-ECD oder GC-MS	ISO/DIS 8165-2: 01.97
Chlorbenzole	GC-ECD (GC-MS möglich)	DIN 38407-2: 02.93
PCB, gesamt	GC-ECD	DIN EN ISO 6468: 02.97 DIN 51527-1: 05.87
	GC-ECD oder GC-MS	DIN 38407-3: 07.98
PAK, gesamt	HPLC-F	DIN 38407-8: 10.95
Naphthalin	GC-FID oder GC-MS	DIN 38407-9: 05.91
Mineralölkohlenwasserstoffe	Extraktion mit Petrolether, gaschromatographische Quantifizierung	nach ISO/TR 11046: 06.94

*1) **Amtl. Anm.**: Anpassung der Bestimmungsgrenze erforderlich.

3.2. Untersuchung von Bodenluft

Die Untersuchung von Bodenluft erfolgt nach VDI-Richtlinie 3865 Blatt 2 und 3.

3.3. Verfahren zur Abschätzung des Stoffeintrags aus Verdachtsflächen oder altlastverdächtigen Flächen in das Grundwasser

Die Stoffkonzentrationen und -frachten im Sickerwasser und der Schadstoffeintrag in das Grundwasser im Übergangsbereich von der ungesättigten zur wassergesättigten Bodenzone (Ort der Beurteilung) können abgeschätzt werden, es sei denn, günstige Umstände ermöglichen eine repräsentative Beprobung von Sickerwasser am Ort der Beurteilung.

Diese Abschätzung kann annäherungsweise
- durch Rückschlüsse oder Rückrechnung aus Untersuchungen im Grundwasserabstrom unter Berücksichtigung der Stoffkonzentration im Grundwasseranstrom, der Verdünnung, des Schadstoffverhaltens in der ungesättigten und gesättigten Bodenzone sowie des Schadstoffinventars im Boden,
- auf der Grundlage von In-situ-Untersuchungen oder
- auf der Grundlage von Materialuntersuchungen im Labor (Elution, Extraktion), bei anorganischen Stoffen insbesondere der Elution mit Wasser, gemäß Tabelle 2

auch unter Anwendung von Stofftransportmodellen erfolgen.

Die Stoffkonzentrationen im Sickerwasser können am Ort der Probennahme

– für anorganische Schadstoffe mit den Ergebnissen des Bodensättigungsextraktes ansatzweise gleichgesetzt werden; Abschätzungen unter Heranziehung von Analysenergebnissen nach Tabelle 6 und anderer Elutionsverfahren (z. B. DIN 19730 oder DIN 38414-4) sind zulässig, wenn die Gleichwertigkeit der Ergebnisse insbesondere durch Bezug dieser Ergebnisse auf den Bodensättigungsextrakt sichergestellt ist; Ergebnisse nach DIN 38414-4: 10.84 können nur verwendet werden, wenn die Filtration nach Nummer 3.1.2 dieser Verordnung durchgeführt wurde;
– für organische Stoffe aus Säulenversuchen der entnommenen Proben unter Beachtung der Standortbedingungen am Entnahmeort, insbesondere im Hinblick auf die Kontaktzeit, mit Verfahren nach Tabelle 7 ermittelt werden.

Die Analysenergebnisse der Untersuchung von Sickerwasser, Grundwasser, Extrakten und Eluaten sowie von Bodenproben sind mit dem jeweiligen Untersuchungsverfahren anzugeben. Die darauf beruhende Abschätzung der Sickerwasserbeschaffenheit und -frachten für den Übergangsbereich von der ungesättigten zur wassergesättigten Zone ist im einzelnen darzulegen und zu begründen.

Für die Abschätzung sind insbesondere Verfahren heranzuziehen, die mit Erfolg bei praktischen Fragestellungen angewendet worden sind. Hierzu sind im Einzelfall gutachterliche Feststellungen zu treffen.

Ergänzend sind folgende Anwendungshinweise zu beachten:
Wenn im Einzelfall einer schädlichen Bodenveränderung oder Altlast ein Zutritt von sauren Sickerwässern, ein Zutritt von Lösevermittlern bzw. eine Änderung des Redoxpotentials zu erwarten ist, sollten entsprechende weitere Extraktionsverfahren angewendet werden.

Bei der Abschätzung des Schadstoffeintrags im Übergangsbereich von der ungesättigten zur gesättigten Zone ist insbesondere die Abbau- und Rückhaltewirkung der ungesättigten Zone zu berücksichtigen. Hierbei sind vor allem folgende Kriterien maßgebend:
– Grundwasserflurabstand,
– Bodenart,
– Gehalt an organischer Substanz (Humusgehalt),
– pH-Wert,
– Grundwasserneubildungsrate/Sickerwasserrate,
– Mobilität und Abbaubarkeit der Stoffe.

Der Einfluß dieser Faktoren auf die Stoffrückhaltung in der ungesättigten Zone wird auf Grund allgemein vorliegender wissenschaftlicher Erkenntnisse und Erfahrungen für den jeweiligen Standort abgeschätzt. Auch der Einsatz von Stofftransportmodellen kann zweckmäßig sein.

Bei direkter Beprobung und Untersuchung von Sickerwasser ist bei der Bewertung der gemessenen Stoffkonzentrationen deren witterungsbedingte Dynamik zu berücksichtigen.

4. Qualitätssicherung

4.1. Probennahme und Probenlagerung

Die Festlegung der Probennahmestellen und der Beprobungstiefen sowie die Probennahme sind durch hierfür qualifiziertes Personal durchzuführen.

Probennahme, Probentransport und Probenlagerung haben so zu erfolgen, daß eine Beeinflussung der chemischen, physikalischen und biologischen Beschaffenheit des Probenmaterials durch Arbeitsverfahren und/oder -materialien sowie aus Lagerungsbedingungen so weit wie möglich ausgeschlossen wird.

Die Probennahme ist zu dokumentieren. Die Dokumentation soll alle für die Laboruntersuchung und die Auswertung der Untersuchungsergebnisse relevanten Informationen enthalten, insbesondere Angaben zu

– Probennahmezeitpunkt, Probennehmer,
– der Lage der Untersuchungsfläche und der Probennahmepunkte,
– Flächenbezeichnung,
– Beprobungstiefe,
– Bodenhorizonten, gemäß Bodenkundlicher Kartieranleitung, 4. Auflage, berichtigter Nachdruck 1996,
– Schichtenverzeichnis,
– Entnahmeverfahren,
– ehemaliger und gegenwärtiger Flächennutzung, Vorkenntnissen zu Kontaminationen.

Bestehende Normen, Regelungen der Länder und fachliche Regeln zur Qualitätssicherung sind zu beachten.

4.2. Probenvorbehandlung und Analytik

Es sind geeignete interne und externe Qualitätssicherungsmaßnahmen, insbesondere hinsichtlich der Reproduzierbarkeit (Präzision) und Richtigkeit der Untersuchungsergebnisse, durchzuführen, zu überwachen und zu dokumentieren.

Interne Qualitätssicherungsmaßnahmen sind insbesondere:
– die Durchführung von unabhängigen Mehrfachbestimmungen,
– die Kalibrierung von Meß- und Prüfmitteln,
– der Einsatz zertifizierter und/oder laborinterner Referenzmaterialien zur Qualitätskontrolle von Reproduzierbarkeit und Richtigkeit,
– Plausibilitätskontrolle der Untersuchungsergebnisse. Externe Qualitätssicherungsmaßnahmen sind insbesondere:
– die erfolgreiche Teilnahme an Vergleichsprüfungen, insbesondere Ringversuche,
– Kompetenzbestätigung gemäß DIN EN 45001: 05.90.

Für die angewendeten Untersuchungsverfahren sind die Nachweis- und Bestimmungsgrenzen nach DIN 32645: 05.94 anzugeben. Das Bestimmungsverfahren ist so auszuwählen, daß auf Grund der Bestimmungsgrenze die Über- und Unterschreitung der entsprechenden Prüf-, Maßnahmen- und Vorsorgewerte nach Anhang 2 sicher beurteilt werden kann. Die angewendeten Bestimmungsverfahren sind zu dokumentieren.

Für das Analysenergebnis ist eine Meßunsicherheit gemäß DIN 1319-3: 05.96 und/oder DIN 1319-4: 12.85 anzugeben.

5. Abkürzungsverzeichnis

5.1. Maßeinheiten

1 ng (Nanogramm)	=	10^{-9} g	=	0,000 000 001 Gramm
1 µg (Mikrogramm)	=	10^{-6} g	=	0,000 001 Gramm
1 mg (Milligramm)	=	10^{-3} g	=	0,001 Gramm
1 kg (Kilogramm)	=	10^{3} g	=	1000 Gramm
1 µm (Mikrometer)	=	10^{-6} m	=	0,000 001 Meter
1 mm (Millimeter)	=	10^{-3} m	=	0,001 Meter
1 cm (Zentimeter)	=	10^{-2} m	=	0,01 Meter
1 ha (Hektar)	=	10^{4} m^2	=	10 000 Quadratmeter

°C – Grad Celsius

5.2. Instrumentelle Analytik

AAS	– Atomabsorptionsspektrometrie
ET AAS	– Atomabsorptionsspektrometrie mit elektrothermaler Anregung
ICP-AES	– Atomemissionsspektrometrie mit induktiv gekoppeltem Plasma
GC	– Gaschromatographie
HPLC	– Hochleistungsflüssigkeitschromatographie

Detektoren (GC, HPLC):

DAD	– Dioden-Array-Detektor
ECD	– Elektroneneinfangdetektor
FID	– Flammenionisationsdetektor
F	– Fluoreszenzdetektor
UV	– Ultraviolett-Detektor
MS	– Massenspektrometer

5.3. Sonstige Abkürzungen

TM	– Trockenmasse
I-TEq	– Internationale Toxizitätsäquivalente
PTFE	– Polytetrafluorethylen

6 PCB-Kongonere PCB$_6$ nach Ballschmiter:

Nr. 28:	2,4,4'	Trichlorbiphenyl
Nr. 52:	2,2',5,5'	Tetrachlorbiphenyl
Nr. 101:	2,2',4,5,5'	Pentachlorbiphenyl
Nr. 138:	2,2',3,4,4',5'	Hexachlorbiphenyl
Nr. 153:	2,2',4,4',5,5'	Hexachlorbiphenyl
Nr. 180:	2,2',3,4,4',5,5'	Heptachlorbiphenyl

16 PAK (EPA):
Naphthalin
Acenaphthylen
Acenaphthen
Fluoren
Phenanthren
Anthracen
Fluoranthen

Pyren
Benz(a)anthracen
Chrysen
Benzo(b)fluoranthen
Benzo(k)fluoranthen
Benzo(a)pyren
Dibenz (a,h) anthracen
Indeno(1,2,3-cd)pyren
Benzo(g,h,i)perylen

6. Normen, Technische Regeln und sonstige Methoden, Bezugsquellen

6.1. Normen, Technische Regeln und sonstige Methoden

E DIN ISO 10381-1: 02.96
Bodenbeschaffenheit − Probenahme[1] − Teil 1: Anleitung zur Aufstellung von Probenahmeprogrammen[2] (ISO/DIS 10381−1: 1995)

E DIN ISO 10381-2: 02.96
Bodenbeschaffenheit − Probenahme[1] − Teil 2: Anleitung für Probenahmeverfahren[3] (ISO/DIS 10381−2: 1995)

E DIN ISO 10381-3: 02.96
Bodenbeschaffenheit − Probenahme[1] − Teil 3: Anleitung zur Sicherheit (ISO/DIS 10381−3: 1995)

E DIN ISO 10381-4: 02.96
Bodenbeschaffenheit − Probenahme[1] − Teil 4: Anleitung für das Vorgehen bei der Untersuchung von natürlichen, naturnahen und Kulturstandorten (ISO/DIS 10381−4: 1995)

E DIN ISO 10382: 02.98
Bodenbeschaffenheit − Gaschromatographische Bestimmung des Gehaltes an polychlorierten Biphenylen (PCB) und Organopestiziden (OCP) (ISO/CD 10382: 1995)

DIN ISO 10390: 05.97
Bodenbeschaffenheit − Bestimmung des pH-Wertes (ISO 10390: 1994)

DIN ISO 10694: 08.96
Bodenbeschaffenheit − Bestimmung von organischem Kohlenstoff und Gesamtkohlenstoff nach trockener Verbrennung (Elementaranalyse) (ISO 10694: 1995)

ISO/TR 11046: 06.94
Soil quality − Determination of mineral oil content − Methods by infrared spectrometry and gas chromatographic method

E DIN ISO 11047: 06.95
Bodenbeschaffenheit − Bestimmung von Cadmium, Chrom, Cobalt, Kupfer, Blei, Mangan, Nickel und Zink − Flammen- und elektro-

[1] Richtig wohl: „Probennahme".
[2] Richtig wohl: „Probennahmeprogrammen".
[3] Richtig wohl: „Probennahmeverfahren".

thermisches atomabsorptionsspektrometrisches Verfahren (ISO/DIS 11047)

E DIN ISO 11262: 06.94
Bodenbeschaffenheit – Bestimmung von Cyaniden

E DIN ISO 11272: 01.94
Bodenbeschaffenheit – Bestimmung der Trockenrohdichte (ISO/DIS 11272: 1992)

E DIN ISO 11277: 06.94
Bodenbeschaffenheit – Bestimmung der Partikelgrößenverteilung in Mineralböden – Verfahren durch Sieben und Sedimentation nach Entfernen der löslichen Salze, der organischen Substanz und der Carbonate (ISO/DIS 11277: 1994)

DIN ISO 11464: 12.96
Bodenbeschaffenheit – Probenvorbehandlung für physikalisch-chemische Untersuchungen (ISO/DIS 11464: 1994)

DIN ISO 11465: 12.96
Bodenbeschaffenheit – Bestimmung des Trockenrückstandes und des Wassergehalts auf Grundlage der Masse – Gravimetrisches Verfahren (ISO 11465: 1993)

DIN ISO 11466: 06.97
Bodenbeschaffenheit – Extraktion in Königswasser löslicher Spurenelemente (ISO 11466: 1995)

E DIN ISO 13877: 06.95
Bodenbeschaffenheit – Bestimmung von polycyclischen aromatischen Kohlenwasserstoffen (PAK) – Hochleistungs-Flüssigkeitschromatographie – (HPLC) Verfahren (ISO/DIS 13877)

E DIN ISO 14154: 10.97
Bodenbeschaffenheit – Bestimmung von ausgewählten Chlorphenolen in Böden – Gaschromatographisches Verfahren (ISO/CD 14154: 1997)

E DIN ISO 14507: 02.96
Bodenbeschaffenheit – Probenvorbehandlung für die Bestimmung von organischen Verunreinigungen in Böden (ISO/DIS 14507)

DIN 19730: 06.97
Bodenbeschaffenheit – Extraktion von Spurenelementen mit Ammoniumnitratlösung

DIN 19731: 05.98
Bodenbeschaffenheit – Verwertung von Bodenmaterial

DIN 19734: 01.99
Bodenbeschaffenheit – Bestimmung von Chrom(VI) in phosphatgepufferter Lösung

DIN 19682-2: 04.97
Bodenuntersuchungsverfahren im Landwirtschaftlichen Wasserbau – Felduntersuchungen – Teil 2: Bestimmung der Bodenart

DIN 19683-2: 04.97
Bodenuntersuchungsverfahren im Landwirtschaftlichen Wasserbau –
Physikalische Laboruntersuchungen, Bestimmung der Korngrößenzu-
sammensetzung nach Vorbehandlung mit Natriumpyrophosphat

DIN 19683-12: 04.73
Bodenuntersuchungsverfahren im Landwirtschaftlichen Wasserbau;
Physikalische Laboruntersuchungen, Bestimmung der Rohdichte

DIN EN 1233: 08.96
Wasserbeschaffenheit – Bestimmung von Chrom – Verfahren mittels
Atomabsorptionsspektrometrie; Deutsche Fassung EN 1233: 1996

DIN EN ISO 5667-3: 04.96
Wasserbeschaffenheit – Probenahme[1] – Teil 3: Anleitung zur Konser-
vierung und Handhabung von Proben (ISO 5667-3: 1994); Deutsche
Fassung EN ISO 5667-3: 1995 (A 21)

DIN EN ISO 5961: 05.95
Wasserbeschaffenheit – Bestimmung von Cadmium durch Atomab-
sorptionsspektrometrie (ISO 5961: 1994); Deutsche Fassung EN ISO
5961: 1995 (A 19)

DIN EN ISO 6468: 02.97
Wasserbeschaffenheit – Bestimmung ausgewählter Organoinsektizide,
Polychlorbiphenyle und Chlorbenzole; Gaschromatographisches Verfah-
ren nach Flüssig-Flüssig-Extraktion (ISO 6468: 1996); Deutsche Fas-
sung EN ISO 6468: 1996

ISO/DIS 8165-2: 01.97
Water quality – Determination of Selected Monohydric Phenols by
Derivatisation and Gas Chromatography

DIN EN ISO 10301: 08.97
Wasserbeschaffenheit – Bestimmung leichtflüchtiger halogenierter Koh-
lenwasserstoffe – Gaschromatographische Verfahren (ISO 10301: 1997);
Deutsche Fassung EN ISO 10301: 1997

DIN EN ISO 10304-1: 04.95
Wasserbeschaffenheit – Bestimmung der gelösten Anionen Fluorid,
Chlorid, Nitrit, Orthophosphat, Bromid, Nitrat und Sulfat mittels
Ionenchromatographie – Teil 1: Verfahren für gering belastete Wässer
(ISO 10304-1: 1992); Deutsche Fassung EN ISO 10304-1: 1995 (D 19)

DIN EN ISO 10304-3: 11.97
Wasserbeschaffenheit – Bestimmung der gelösten Anionen mittels Io-
nenchromatographie – Teil 3: Bestimmung von Chromat, Iodid, Sulfit,
Thiocyanat und Thiosulfat (ISO 10304-3: 1997); Deutsche Fassung
EN ISO 10304-3: 1997 (D 22)

DIN EN ISO 11885: 04.98
Wasserbeschaffenheit – Bestimmung von 33 Elementen durch induktiv
gekoppelte Plasma-Atom-Emissionsspektrometrie (ISO 11885: 1996);
Deutsche Fassung EN ISO 11885: 1997

[1] Richtig wohl: „Probennahme".

DIN EN ISO 11969: 11.96
Wasserbeschaffenheit – Bestimmung von Arsen – Atomabsorptionsspektrometrie (Hydridverfahren)

E DIN EN ISO 14403: 05.98
Wasserbeschaffenheit – Bestimmung des gesamten Cyanids und des freien Cyanids mit der kontinuierlichen Fließanalytik (ISO/DIS 14403: 1998); Deutsche Fassung prEN ISO 14403: 1998

DIN 38405-4: 07.85
Deutsche Einheitsverfahren zur Wasser-, Abwasser- und Schlammuntersuchung – Anionen (Gruppe D); Bestimmung von Fluorid (D 4)

DIN 38405-13: 02.81
Deutsche Einheitsverfahren zur Wasser-, Abwasser- und Schlammuntersuchung – Anionen (Gruppe D); Bestimmung von Cyaniden (D 13)

DIN 38405-23: 10.94
Deutsche Einheitsverfahren zur Wasser-, Abwasser- und Schlammuntersuchung – Anionen (Gruppe D) – Teil 23: Bestimmung von Selen mittels Atomabsorptionsspektrometrie (AAS) (D 23)

DIN 38405-24: 05.87
Deutsche Einheitsverfahren zur Wasser-, Abwasser- und Schlammuntersuchung – Anionen (Gruppe D) – Teil 24: Photometrische Bestimmung von Chrom(VI) mittels 1,5-Diphenylcarbazid (D 24)

DIN 38406-6: 07.98
Deutsche Einheitsverfahren zur Wasser-, Abwasser- und Schlammuntersuchung – Kationen (Gruppe E) – Bestimmung von Blei mittels Atomabsorptionsspektrometrie (AAS) (E 6)

DIN 38406-7: 09.91
Deutsche Einheitsverfahren zur Wasser-, Abwasser- und Schlammuntersuchung; Kationen (Gruppe E); Bestimmung von Kupfer mittels Atomabsorptionsspektrometrie (AAS) (E 7)

DIN 38406-8: 10.80
Deutsche Einheitsverfahren zur Wasser-, Abwasser- und Schlammuntersuchung; Kationen (Gruppe E); Bestimmung von Zink (E 8)

DIN 38406-11: 09.91
Deutsche Einheitsverfahren zur Wasser-, Abwasser- und Schlammuntersuchung; Kationen (Gruppe E); Bestimmung von Nickel mittels Atomabsorptionsspektrometrie (AAS) (E 11)

DIN 38406-24: 03.93
Deutsche Einheitsverfahren zur Wasser-, Abwasser- und Schlammuntersuchung; Kationen (Gruppe E); Bestimmung von Cobalt mittels Atomabsorptionsspektrometrie (AAS) (E 24)

DIN 38407-2: 02.93
Deutsche Einheitsverfahren zur Wasser-, Abwasser- und Schlammuntersuchung; Gemeinsam erfaßbare Stoffgruppen (Gruppe F); Gaschromatographische Bestimmung von schwerflüchtigen Halogenkohlenwasserstoffen (F 2)

DIN 38407-3: 07.98
Deutsche Einheitsverfahren zur Wasser-, Abwasser- und Schlammunter-
suchung; Gemeinsam erfaßbare Stoffgruppen (Gruppe F); Teil 3: Gaschro-
matographische Bestimmung von polychlorierten Biphenylen (F 3)

DIN 38407-8: 10.95
Deutsche Einheitsverfahren zur Wasser-, Abwasser- und Schlammunter-
suchung; Gemeinsam erfaßbare Stoffgruppen (Gruppe F); Bestimmung
von 6 polycyclischen aromatischen Kohlenwasserstoffen (PAK) in Wasser
mittels Hochleistungs-Flüssigkeitschromatographie (HPLC) mit Fluores-
zenzdetektion (F 8)

DIN 38407-9: 05.91
Deutsche Einheitsverfahren zur Wasser-, Abwasser- und Schlammunter-
suchung; Gemeinsam erfaßbare Stoffgruppen (Gruppe F); Bestimmung
von Benzol und einigen Derivaten mittels Gaschromatographie (F 9)

DIN 38414-2: 11.85
Deutsche Einheitsverfahren zur Wasser-, Abwasser- und Schlammunter-
suchung; Schlamm und Sedimente (Gruppe S); Bestimmung des Wasser-
gehaltes und des Trockenrückstandes bzw. der Trockensubstanz (S 2)

DIN 38414-4: 10.84
Deutsche Einheitsverfahren zur Wasser-, Abwasser- und Schlammunter-
suchung; Schlamm und Sedimente (Gruppe S); Bestimmung der Eluier-
barkeit mit Wasser (S 4)

DIN 38414-20: 01.96
Deutsche Einheitsverfahren zur Wasser-, Abwasser- und Schlammunter-
suchung – Schlamm und Sedimente (Gruppe S) – Teil 20: Bestimmung
von 6 polychlorierten Biphenylen (PCB) (S 20)

DIN 38414-24: 2000-10
Deutsche Einheitsverfahren zur Wasser-, Abwasser- und Schlammunter-
suchung – Schlamm und Sedimente (Gruppe S) – Teil 24: Bestimmung
von polychlorierten Dibenzodioxinen (PCDD) und polychlorierten Di-
benzofuranen (PCDF) (S 24)

DIN EN 1483: 08.97
Wasseranalytik – Bestimmung von Quecksilber; Deutsche Fassung EN
1483: 1997 (E 12)

DIN 32645: 05.94
Chemische Analytik – Nachweis-, Erfassungs- und Bestimmungsgrenze –
Ermittlung unter Wiederholungsbedingungen – Begriffe, Verfahren, Aus-
wertung

DIN 1319-3: 05.96
Grundlagen der Meßtechnik – Teil 3: Auswertung von Messungen einer
Meßgröße, Meßunsicherheit

DIN 1319-4: 12.85
Grundbegriffe der Meßtechnik; Behandlung von Unsicherheiten bei der
Auswertung von Messungen

DIN EN 45001: 05.90
Allgemeine Kriterien zum Betreiben von Prüflaboratorien; ldentisch mit
EN 45001: 1989

DIN 4021: 10.90
Baugrund – Aufschluß durch Schürfe und Bohrungen sowie Entnahme von Proben

DIN 18123: 11.96
Baugrund – Untersuchung von Bodenproben – Bestimmung der Korngrößenverteilung

DIN EN 932-1: 11.96
Prüfverfahren für allgemeine Eigenschaften von Gesteinskörnungen – Teil 1: Probenahmeverfahren; Deutsche Fassung EN 932-1: 1996

DIN 52101: 03.88
Prüfung von Naturstein und Gesteinskörnungen – Probenahme

DIN 51527-1: 05.87
Prüfung von Mineralölerzeugnissen; Bestimmung polychlorierter Biphenyle (PCB) – Flüssigchromatographische Vortrennung und Bestimmung 6 ausgewählter PCB mittels eines Gaschromatographen mit Elektronen-Einfang-Detektor (ECD)

ZH 1/183: 04.97
Regeln für Sicherheit und Gesundheitsschutz bei der Arbeit in kontaminierten Bereichen, Hauptverband der gewerblichen Berufsgenossenschaften – Fachausschuß Tiefbau, Ausgabe April 1997

VDI-Richtlinie 3865: Messen organischer Bodenverunreinigungen

– Blatt 1: Messen leichtflüchtiger halogenierter Kohlenwasserstoffe, Meßplanung für Bodenluft-Untersuchungsverfahren (Okt. 1992);

– Blatt 2: Techniken für die aktive Entnahme von Bodenluftproben (Januar 1998);

– Blatt 3: Messen organischer Bodenverunreinigungen; Gaschromatographische Bestimmung von niedrigsiedenden organischen Verbindungen in Bodenluft nach Anreicherung an Aktivkohle oder XAD-4 und Desorption mit organischen Lösungsmitteln (Entwurf November 1996);

Arbeitsgruppe Bodenkunde der Geologischen Landesämter und der Bundesanstalt für Geowissenschaften und Rohstoffe (1994): Bodenkundliche Kartieranleitung.– 4. Auflage, berichtigter Nachdruck Hannover 1996, E. Schweizerbart'sche Verlagsbuchhandlung Stuttgart

Landesumweltamt Nordrhein-Westfalen (LUA NRW): Bestimmung von polyzyklischen aromatischen Kohlenwasserstoffen (PAK) in Bodenproben. Merkblätter LUA NRW Nr. 1, Essen 1994

Hessische Landesanstalt für Umwelt (LfU HE): Bestimmung von Polycyclischen Aromatischen Kohlenwasserstoffen in Feststoffen aus dem Altlastenbereich. Handbuch Altlasten, Band 7, Wiesbaden 1998

Verband Deutscher Landwirtschaftlicher Untersuchungs- und Forschungsanstalten (VDLUFA): Methodenbuch, Band VII Umweltanalytik, VDLUFA-Verlag Darmstadt 1996

6.2. Bezugsquellen

Die in dieser Verordnung aufgeführten Normen, Technische Regeln und sonstige Methodenvorschriften sind zu beziehen:

a) DIN- und ISO-Normen und Normentwürfe, VDI-Richtlinien: Beuth-Verlag GmbH, 10772 Berlin

b) Bodenkundliche Kartieranleitung: E.Schweizerbart'sche Verlagsbuchhandlung, 70176 Stuttgart

c) VDLUFA-Methodenbuch: VDLUFA-Verlag, 64293 Darmstadt

d) Merkblatt LUA NRW: Landesumweltamt NRW, 45023 Essen

e) Handbuch Altlasten LfU HE: Hessische Landesanstalt für Umwelt, 65022 Wiesbaden

f) ZH 1/183: Hauptverband der gewerblichen Berufsgenossenschaften, Fachausschuß Tiefbau, 81241 München

Anhang 2[1)]

Maßnahmen-, Prüf- und Vorsorgewerte

1. Wirkungspfad Boden – Mensch (direkter Kontakt)

1.1. Abgrenzung der Nutzungen

a) Kinderspielflächen
Aufenthaltsbereiche für Kinder, die ortsüblich zum Spielen genutzt werden, ohne den Spielsand von Sandkästen. Amtlich ausgewiesene Kinderspielplätze sind ggf. nach Maßstäben des öffentlichen Gesundheitswesens zu bewerten.

b) Wohngebiete
Dem Wohnen dienende Gebiete einschließlich Hausgärten oder sonstige Gärten entsprechender Nutzung, auch soweit sie nicht im Sinne der Baunutzungsverordnung[2)] planungsrechtlich dargestellt oder festgesetzt sind, ausgenommen Park- und Freizeitanlagen, Kinderspielflächen sowie befestigte Verkehrsflächen.

c) Park- und Freizeitanlagen
Anlagen für soziale, gesundheitliche und sportliche Zwecke, insbesondere öffentliche und private Grünanlagen sowie unbefestigte Flächen, die regelmäßig zugänglich sind und vergleichbar genutzt werden.

d) Industrie- und Gewerbegrundstücke
Unbefestigte Flächen von Arbeits- und Produktionsstätten, die nur während der Arbeitszeit genutzt werden.

(Fortsetzung nächstes Blatt)

[1)] Anh. 2 geänd. mWv 3.10.2017 durch VO v. 27.9.2017 (BGBl. I S. 3465).
[2)] Nr. **311**.

Ackerbau, Nutzgarten			
Stoff	Methode*1)	Prüfwert	Maßnahmenwert
Arsen	KW	200*2)	–
Cadmium	AN	–	0,04/0,1*3)
Blei	AN	0,1	–
Quecksilber	KW	5	–
Thallium	AN	0,1	–
Benzo(a)pyren	–	1	–

*1) **Amtl. Anm.**: Extraktionsverfahren für Arsen und Schwermetalle: AN = Ammoniumnitrat, KW = Königswasser.
*2) **Amtl. Anm.**: Bei Böden mit zeitweise reduzierenden Verhältnissen gilt ein Prüfwert von 50 mg/kg Trockenmasse.
*3) **Amtl. Anm.**: Auf Flächen mit Brotweizenanbau oder Anbau stark Cadmium-anreichernder Gemüsearten gilt als Maßnahmenwert 0,04 mg/kg Trockenmasse; ansonsten gilt als Maßnahmenwert 0,1 mg/kg Trockenmasse.

2.3. Maßnahmenwerte

nach § 8 Abs. 1 Satz 2 Nr. 2 des Bundes-Bodenschutzgesetzes[1] für den Schadstoffübergang Boden – Nutzpflanze auf Grünlandflächen im Hinblick auf die Pflanzenqualität (in mg/kg Trockenmasse, Feinboden, Arsen und Schwermetalle im Königswasser-Extrakt, Analytik nach Anhang 1)

Stoff	Grünland
	Maßnahmenwert
Arsen	50
Blei	1200
Cadmium	20
Kupfer	1300*1)
Nickel	1900
Quecksilber	2
Thallium	15
Polychlorierte Biphenyle PCB_6	0,2

*1) **Amtl. Anm.**: Bei Grünlandnutzung durch Schafe gilt als Maßnahmenwert 200 mg/kg Trockenmasse.

2.4. Prüfwerte

nach § 8 Abs. 1 Satz 2 Nr. 1 des Bundes-Bodenschutzgesetzes[1] für den Schadstoffübergang Boden – Pflanze auf Ackerbauflächen im Hinblick

[1] Nr. 299.

auf Wachstumsbeeinträchtigungen bei Kulturpflanzen (in mg/kg Trokkenmasse, Feinboden, im Ammoniumnitrat-Extrakt, Analytik nach Anhang 1)

Stoff	Ackerbau
	Prüfwert
Arsen	0,4
Kupfer	1
Nickel	1,5
Zink	2

2.5. Anwendung der Prüf- und Maßnahmenwerte

Die Prüf- und Maßnahmenwerte gelten für die Beurteilung der Schadstoffgehalte in der Bodentiefe von 0 bis 30 cm bei Ackerbauflächen und in Nutzgärten sowie in der Bodentiefe von 0 bis 10 cm bei Grünland entsprechend Anhang 1 Nr. 2.1 Tabelle 1. Für die in Anhang 1 Nr. 2.1 Tabelle 1 genannten größeren Bodentiefen gelten die 1,5fachen Werte.

3. Wirkungspfad Boden – Grundwasser

3.1. Prüfwerte zur Beurteilung des Wirkungspfads Boden – Grundwasser

nach § 8 Abs. 1 Satz 2 Nr. 1 des Bundes-Bodenschutzgesetzes[1] (in µg/l, Analytik nach Anhang 1)

Anorganische Stoffe	Prüfwert [µg/l]
Antimon	10
Arsen	10
Blei	25
Cadmium	5
Chrom, gesamt	50
Chromat	8
Kobalt	50
Kupfer	50
Molybdän	50
Nickel	50
Quecksilber	1
Selen	10
Zink	500
Zinn	40

[1] Nr. 299.

Anorganische Stoffe	Prüfwert [µg/l]
Cyanid, gesamt	50
Cyanid, leicht freisetzbar	10
Fluorid	750

Organische Stoffe	Prüfwert [µg/l]
Mineralölkohlenwasserstoffe[*1)]	200
BTEX[*2)]	20
Benzol	1
LHKW[*3)]	10
Aldrin	0,1
DDT	0,1
Phenole	20
PCB, gesamt[*4)]	0,05
PAK, gesamt[*5)]	0,20
Naphthalin	2

[*1)] **Amtl. Anm.:** n-Alkane C 10 C39, Isoalkane, Cycloalkane und aromatische Kohlenwasserstoffe.

[*2)] **Amtl. Anm.:** Leichtflüchtige aromatische Kohlenwasserstoffe (Benzol, Toluol, Xylole, Ethylbenzol, Styrol, Cumol).

[*3)] **Amtl. Anm.:** Leichtflüchtige Halogenkohlenwasserstoffe (Summe der halogenierten C1- und C2-Kohlenwasserstoffe).

[*4)] **Amtl. Anm.:** PCB, gesamt: Summe der polychlorierten Biphenyle; in der Regel Bestimmung über die 6 Kongeneren nach Ballschmiter gemäß Altöl-VO (DIN 51527) multipliziert mit 5; ggf. z. B. bei bekanntem Stoffspektrum einfache Summenbildung aller relevanten Einzelstoffe (DIN 38407-3-2 bzw. -3-3).

[*5)] **Amtl. Anm.:** PAK, gesamt: Summe der polycyclischen aromatischen Kohlenwasserstoffe ohne Naphthalin und Methylnaphthaline; in der Regel Bestimmung über die Summe von 15 Einzelsubstanzen gemäß Liste der US Environmental Protection Agency (EPA) ohne Naphthalin; ggf. unter Berücksichtigung weiterer relevanter PAK (z. B. Chinoline).

3.2. Anwendung der Prüfwerte

a) Die Prüfwerte gelten für den Übergangsbereich von der ungesättigten zur wassergesättigten Bodenzone (Ort der Beurteilung). Der Ort der Bodenprobennahme stimmt nicht notwendigerweise mit dem Ort der Beurteilung für das Grundwasser überein.

b) Bei der Bewertung, ob es zu erwarten ist, daß die Prüfwerte für das *Sickerwasser am Ort der Beurteilung* überschritten werden, sind die Veränderungen der Schadstoffkonzentrationen im Sickerwasser beim Durchgang durch die ungesättigte Bodenzone sowie die Grundwasserflurabstände und deren Schwankungen zu berücksichtigen.

c) Bei Altablagerungen ist die Abschätzung der Schadstoffkonzentrationen im Sickerwasser durch Materialuntersuchungen auf Grund von Inhomogenitäten der abgelagerten Abfälle in der Regel nicht zweckmäßig. Entsprechendes gilt für Altstandorte mit besonders un-

gleichmäßiger Schadstoffverteilung. In diesen Fällen kann durch Rückschlüsse oder Rückrechnung aus Abstrommessungen im Grundwasser unter Berücksichtigung insbesondere auch der Stoffkonzentration im Anstrom eine Abschätzung der Schadstoffkonzentrationen im Sickerwasser erfolgen.

d) Soweit die Schadstoffkonzentrationen im Sickerwasser direkt gemessen werden können, soll die Probennahme nach Möglichkeit am Ort der Beurteilung für das Grundwasser durchgeführt werden.

e) Soweit schädliche Bodenveränderungen und Altlasten in der wassergesättigten Bodenzone liegen, werden sie hinsichtlich einer Gefahr für das Grundwasser nach wasserrechtlichen Vorschriften bewertet.

f) Die geogen bedingte Hintergrundsituation der jeweiligen Grundwasserregion ist bei der Anwendung der Prüfwerte zu berücksichtigen.

4. Vorsorgewerte für Böden

nach § 8 Abs. 2 Nr. 1 des Bundes-Bodenschutzgesetzes[1] (Analytik nach Anhang 1)

4.1. Vorsorgewerte für Metalle

(in mg/kg Trockenmasse, Feinboden, Königswasseraufschluß)

Böden	Cadmium	Blei	Chrom	Kupfer	Quecksilber	Nickel	Zink
Bodenart Ton	1,5	100	100	60	1	70	200
Bodenart Lehm/Schluff	1	70	60	40	0,5	50	150
Bodenart Sand	0,4	40	30	20	0,1	15	60
Böden mit naturbedingt und großflächig siedlungsbedingt erhöhten Hintergrundgehalten	unbedenklich, soweit eine Freisetzung der Schadstoffe oder zusätzliche Einträge nach § 9 Abs. 2 und 3 dieser Verordnung keine nachteiligen Auswirkungen auf die Bodenfunktionen erwarten lassen						

4.2. Vorsorgewerte für organische Stoffe

(in mg/kg Trockenmasse, Feinboden)

Böden	Polychlorierte Biphenyle (PCB$_6$)	Benzo(a)pyren	Polycycl. Aromatische Kohlenwasserstoffe (PAK$_{16}$)
Humusgehalt > 8%	0,1	1	10
Humusgehalt ≤ 8%	0,05	0,3	3

[1] Nr. 299.

4.3. Anwendung der Vorsorgewerte

a) Die Vorsorgewerte werden nach den Hauptbodenarten gemäß Bodenkund-
licher Kartieranleitung, 4. Auflage, berichtigter Nachdruck 1996, unter-
schieden; sie berücksichtigen den vorsorgenden Schutz der Bodenfunk-
tionen bei empfindlichen Nutzungen. Für die landwirtschaftliche Boden-
nutzung gilt § 17 Abs. 1 des Bundes-Bodenschutzgesetzes[1].

b) Stark schluffige Sande sind entsprechend der Bodenart Lehm/Schluff zu
bewerten.

c) Bei den Vorsorgewerten der Tabelle 4.1 ist der Säuregrad der Böden wie
folgt zu berücksichtigen:

– Bei Böden der Bodenart Ton mit einem pH-Wert von < 6,0 gelten für
Cadmium, Nickel und Zink die Vorsorgewerte der Bodenart Lehm/
Schluff.

– Bei Böden der Bodenart Lehm/Schluff mit einem pH-Wert von < 6,0
gelten für Cadmium, Nickel und Zink die Vorsorgewerte der Bodenart
Sand.

– Bei Böden mit einem pH-Wert von < 5,0 sind die Vorsorgewerte für
Blei entsprechend den ersten beiden Anstrichen herabzusetzen.

d) Die Vorsorgewerte der Tabelle 4.1 finden für Böden und Bodenhorizonte
mit einem Humusgehalt von mehr als 8 Prozent keine Anwendung. Für
diese Böden können die zuständigen Behörden ggf. gebietsbezogene Fest-
setzungen treffen.

5. Zulässige zusätzliche jährliche Frachten an Schadstoffen
über alle Wirkungspfade

nach § 8 Abs. 2 Nr. 2 des Bundes-Bodenschutzgesetzes[1] (in Gramm je Hek-
tar)

Element	Fracht [g/ha•a]
Blei	400
Cadmium	6
Chrom	300
Kupfer	360
Nickel	100
Quecksilber	1,5
Zink	1 200

[1] Nr. 299.

Anhang 3

Anforderungen an Sanierungsuntersuchungen und den Sanierungsplan

1. Sanierungsuntersuchungen

Mit Sanierungsuntersuchungen bei Altlasten sind die zur Erfüllung der Pflichten nach § 4 Abs. 3 des Bundes-Bodenschutzgesetzes[1] geeigneten, erforderlichen und angemessenen Maßnahmen zu ermitteln. Die hierfür in Betracht kommenden Maßnahmen sind unter Berücksichtigung von Maßnahmenkombinationen und von erforderlichen Begleitmaßnahmen darzustellen. Die Prüfung muß insbesondere

– die schadstoff-, boden-, material- und standortspezifische Eignung der Verfahren,

– die technische Durchführbarkeit,

– den erforderlichen Zeitaufwand,

– die Wirksamkeit im Hinblick auf das Sanierungsziel,

– eine Kostenschätzung sowie das Verhältnis von Kosten und Wirksamkeit,

– die Auswirkungen auf die Betroffenen im Sinne von § 12 Satz 1 des Bundes-Bodenschutzgesetzes[1] und auf die Umwelt,

– das Erfordernis von Zulassungen,

– die Entstehung, Verwertung und Beseitigung von Abfällen,

– den Arbeitsschutz,

– die Wirkungsdauer der Maßnahmen und deren Überwachungsmöglichkeiten,

– die Erfordernisse der Nachsorge und

– die Nachbesserungsmöglichkeiten

umfassen.

Die Prüfung soll unter Verwendung vorhandener Daten, insbesondere aus Untersuchungen nach § 3 dieser Verordnung, sowie auf Grund sonstiger gesicherter Erkenntnisse durchgeführt werden. Soweit solche Informationen insbesondere zur gesicherten Abgrenzung belasteter Bereiche oder zur Beurteilung der Eignung von Sanierungsverfahren im Einzelfall nicht ausreichen, sind ergänzende Untersuchungen zur Prüfung der Eignung eines Verfahrens durchzuführen.

Die Ergebnisse der Prüfung und das danach vorzugswürdige Maßnahmenkonzept sind darzustellen.

2. Sanierungsplan

Ein Sanierungsplan soll die unter den Nummern 1 bis 5 genannten Angaben sowie die für eine Verbindlichkeitserklärung nach § 13 Abs. 6 des Bundes-Bodenschutzgesetzes[1] erforderlichen Angaben und Unterlagen enthalten.

[1] Nr. **299**.

1. Darstellung der Ausgangslage, insbesondere hinsichtlich
 - der Standortverhältnisse (u. a. geologische, hydrogeologische Situation; bestehende und planungsrechtlich zulässige Nutzung),
 - der Gefahrenlage (Zusammenfassung der Untersuchungen nach § 3 dieser Verordnung im Hinblick auf Schadstoffinventar nach Art, Menge und Verteilung, betroffene Wirkungspfade, Schutzgüter und -bedürfnisse),
 - der Sanierungsziele,
 - der getroffenen behördlichen Entscheidungen und der geschlossenen öffentlich-rechtlichen Verträge, insbesondere auch hinsichtlich des Maßnahmenkonzeptes, die sich auf die Erfüllung der nach § 4 des Bundes-Bodenschutzgesetzes[1]) zu erfüllenden Pflichten auswirken, und
 - der Ergebnisse der Sanierungsuntersuchungen.

2. Textliche und zeichnerische Darstellung der durchzuführenden Maßnahmen und Nachweis ihrer Eignung, insbesondere hinsichtlich
 - des Einwirkungsbereichs der Altlast und der Flächen, die für die vorgesehenen Maßnahmen benötigt werden,
 - des Gebietes des Sanierungsplans,
 - der Elemente und des Ablaufs der Sanierung im Hinblick auf
 • den Bauablauf,
 • die Erdarbeiten (insbesondere Aushub, Separierung, Wiedereinbau, Umlagerungen im Bereich des Sanierungsplans),
 • die Abbrucharbeiten,
 • die Zwischenlagerung von Bodenmaterial und sonstigen Materialien,
 • die Abfallentsorgung beim Betrieb von Anlagen,
 • die Verwendung von Böden und die Ablagerung von Abfällen auf Deponien und
 • die Arbeits- und Immissionsschutzmaßnahmen,
 - der fachspezifischen Berechnungen zu
 • on-site-Bodenbehandlungsanlagen,
 • in-situ-Maßnahmen,
 • Anlagen zur Fassung und Behandlung von Deponiegas oder Bodenluft,
 • Grundwasserbehandlungsanlagen,
 • Anlagen und Maßnahmen zur Fassung und Behandlung insbesondere von Sickerwasser,
 - der zu behandelnden Mengen und der Transportwege bei Bodenbehandlung in off-site-Anlagen,
 - der technischen Ausgestaltung von Sicherungsmaßnahmen und *begleitenden* Maßnahmen, insbesondere von
 • Oberflächen-, Vertikal- und Basisabdichtungen,
 • Oberflächenabdeckungen,
 • Zwischen- bzw. Bereitstellungslagern,
 • begleitenden passiven pneumatischen, hydraulischen oder sonstigen Maßnahmen (z. B. Baufeldentwässerung, Entwässerung

[1]) Nr. **299**.

des Aushubmaterials, Einhausung, Abluftfassung und -behand-
lung) und
– der behördlichen Zulassungserfordernisse für die durchzuführen-
den Maßnahmen.
3. Darstellung der Eigenkontrollmaßnahmen zur Überprüfung der
sachgerechten Ausführung und Wirksamkeit der vorgesehenen Maß-
nahmen, insbesondere
– das Überwachungskonzept hinsichtlich
 • des Bodenmanagements bei Auskofferung, Separierung und
 Wiedereinbau,
 • der Boden- und Grundwasserbehandlung, der Entgasung oder
 der Bodenluftabsaugung,
 • des Arbeits- und Immissionsschutzes,
 • der begleitenden Probennahme und Analytik und
– das Untersuchungskonzept für Materialien und Bauteile bei der
 Ausführung von Bauwerken.
4. Darstellung der Eigenkontrollmaßnahmen im Rahmen der Nachsorge
einschließlich der Überwachung, insbesondere hinsichtlich
– des Erfordernisses und der Ausgestaltung von längerfristig zu be-
 treibenden Anlagen oder Einrichtungen zur Fassung oder Be-
 handlung von Grundwasser, Sickerwasser, Oberflächenwasser,
 Bodenluft oder Deponiegas sowie Anforderungen an deren Über-
 wachung und Instandhaltung,
– der Maßnahmen zur Überwachung (z.B. Meßstellen) und
– der Funktionskontrolle im Hinblick auf die Einhaltung der Sanie-
 rungserfordernisse und Instandhaltung von Sicherungsbauwerken
 oder -einrichtungen.
5. Darstellung des Zeitplans und der Kosten.

Anhang 4

Anforderungen an die Untersuchung und Bewertung von Flächen, bei denen der Verdacht einer schädlichen Boden- veränderung auf Grund von Bodenerosion durch Wasser vorliegt

1. Anwendung

Dieser Anhang findet gemäß § 8 Anwendung bei der Untersuchung
von Flächen, bei denen der Verdacht einer schädlichen Bodenverän-
derung auf Grund von Bodenerosion durch Wasser besteht.

2. Untersuchung und Bewertung

Bestehen Anhaltspunkte für das Vorliegen einer schädlichen Boden-
veränderung auf Grund von Bodenerosion durch Wasser, so ist zu-
nächst zu prüfen,
a) ob erhebliche Mengen Bodenmaterials aus der Erosionsfläche ge-
 schwemmt wurden und
b) auf welche Erosionsflächen und auf welche Verursacher die Boden-
 abschwemmung zurückzuführen ist.

Hinweise für eine Identifikation der Erosionsfläche ergeben sich vor allem durch deutlich sichtbare Übertrittsstellen von Bodenmaterial von der Erosionsfläche zu den außerhalb der Erosionsfläche gelegenen und durch Bodenmaterial beeinträchtigten Bereichen. Weitere Hinweise ergeben sich aus dem Vorliegen deutlich sichtbarer Erosionsformen auf der Erosionsfläche. Bei der Prüfung gemäß Buchstabe a kann es erforderlich sein, die bei einem Erosionsereignis oder in Folge von Erosionsereignissen, die im Abstand von maximal wenigen Wochen nacheinander aufgetreten sind, von einer Verdachtsfläche abgeschwemmte Bodenmenge abzuschätzen. Dies kann mit Hilfe der „Kartieranleitung zur Erfassung aktueller Erosionsformen" (DVWK 1996) erfolgen. Für die Abschätzung der Wiedereintrittswahrscheinlichkeit von Bodenabträgen gemäß § 8 Abs. 1 sind insbesondere gebietsspezifische statistische Auswertungen langjähriger Niederschlagsaufzeichnungen des Deutschen Wetterdienstes heranzuziehen. Hierzu können auch Erosionsprognosemodelle als Hilfsmittel genutzt werden, soweit sie nachweislich geeignet sind, die aus den Erosionsflächen abgeschwemmten Bodenmengen bei konkret eingetretenen Erosionsereignissen mit hinreichender Genauigkeit abzuschätzen.

Die Bedingungen für die Erwartung weiterer Bodenabträge gemäß § 8 Abs. 1 Nr. 2 sind in der Regel erfüllt, wenn innerhalb der letzten zehn Jahre mindestens in einem weiteren Fall erhebliche Mengen Bodenmaterials aus derselben Erosionsfläche geschwemmt wurden.

300. Baugesetzbuch (BauGB) [1)2)]

In der Fassung der Bekanntmachung vom 3. November 2017[3)]
(BGBl. I S. 3634)

FNA 213-1

geänd. durch Art. 2 HochwasserschutzG II v. 30.6.2017 (BGBl. I S. 2193), Art. 6 G zum Schutz der Bevölkerung bei einer epidemischen Lage von nationaler Tragweite v. 27.3.2020 (BGBl. I S. 587) und Art. 2 G zur Vereinheitlichung des Energieeinsparrechts für Gebäude und zur Änd. weiterer Gesetze v. 8.8.2020 (BGBl. I S. 1728)

Zum BauGB haben die **Länder** ua folgende Vorschriften erlassen:
- **Baden-Württemberg:** AusführungsG zum BauGB v. 23.6.2009 (GBl. S. 251); GutachterausschußVO v. 11.12.1989 (GBl. S. 541), zuletzt geänd. durch VO v. 7.5.2020 (GBl. S. 261); DurchführungsVO zum BauGB v. 2.3.1998 (GBl. S. 185), zuletzt geänd. durch VO v. 23.2.2017 (GBl. S. 99);
- **Bayern:** AusführungsG zum Bau- und RaumordnungsG 1998 v. 9.5.1998 (GVBl. S. 242); UmlegungsausschussVO v. 18.1.1961 (BayRS III S. 483), zuletzt geänd. durch V v. 30.9.2014 (GVBl S. 411); Gerichtliche ZuständigkeitsVO Justiz v. 11.6.2012 (GVBl. S. 295), zuletzt geänd. durch V v. 24.11.2020 (GVBl. S. 654); GutachterausschussVO v. 5.4.2005 (GVBl. S. 88), zuletzt geänd. durch V v. 26.3.2019 (GVBl. S. 98); Bauwesen-ZuständigkeitsVO v. 5.7.1994 (GVBl. S. 573), zuletzt geänd. durch V v. 16.6.2020 (GVBl. S. 310);
- **Berlin:** BauGB-AusführungsG idF der Bek. v. 7.11.1999 (GVBl. S. 578), zuletzt geänd. durch G v. 12.10.2020 (GVBl. S. 807); BauGB-DurchführungsVO v. 5.6.2018 (GVBl. S. 407), geänd. durch VO v. 15.12.2020 (GVBl. S. 1506); ErschließungsbeitragsG v. 12.7.1995 (GVBl. S. 444), zuletzt geänd. durch G v. 12.10.2020 (GVBl. S. 807);
- **Brandenburg:** UmlegungsausschussVO v. 23.2.2009 (GVBl. II S. 101); GutachterausschussVO v. 12.5.2010 (GVBl. II Nr. 27), geänd. durch VO v. 21.9.2017 (GVBl. II Nr. 52); Gutachterausschuss-GebührenO v. 30.7.2010 (GVBl. II Nr. 51), zuletzt geänd. durch VO v. 21.1.2019 (GVBl. II Nr. 7);
- **Bremen:** BauGB-DurchführungsVO v. 22.6.1993 (Brem.GBl. S. 234), zuletzt geänd. durch Bek. v. 20.10.2020 (Brem.GBl. S. 1172); Erschließungsanlagen-BeitragserhebungsG v. 12.6.1973 (Brem.GBl. S. 127), zuletzt geänd. durch G v. 25.5.2010 (Brem.GBl. S. 365); ErschließungsbeitragsG v. 20.12.1982 (Brem.GBl. S. 405), zuletzt geänd. durch G v. 25.5.2010 (Brem.GBl. S. 365); GutachterausschussVO v. 2.9.2008 (Brem.GBl. S. 321), geänd. durch VO v. 17.6.2014 (Brem.GBl. S. 314); BauGB-GenehmigungswegfallG idF der Bek. v. 7.7.1987 (Brem.GBl. S. 215), zuletzt geänd. durch G v. 26.5.1998 (Brem. GBl. S. 134);
- **Hamburg:** BauleitplanfeststellungsG idF der Bek. v. 30.11.1999 (HmbGVBl. S. 271), zuletzt geänd. durch G v. 26.6.2020 (HmbGVBl. S. 380); GutachterausschussVO v. 12.5.2009 (HmbGVBl. S. 124); Enteignungsverfahren-DurchführungsVO v. 18.2.2004 (HmbGVBl. S. 107); Bodenordnungskommissions G v. 29.4.1997 (HmbGVBl. S. 131), zuletzt geänd. durch G v. 18.12.2020 (HmbGVBl. S. 703);
- **Hessen:** Baugesetzbuch-AusführungsG v. 28.5.2018 (GVBl. S. 198), zuletzt geänd. durch G v. 3.6.2020 (GVBl. S. 378); AusführungsVO zum BauGB v. 15.6.2018 (GVBl. S. 258);

[1)] **Amtl. Anm.:** Dieses Gesetz dient der Umsetzung folgender Richtlinien:
1. Richtlinie 92/43/EWG des Rates vom 21. Mai 1992 zur Erhaltung der natürlichen Lebensräume sowie der wild lebenden Tiere und Pflanzen (ABl. L 206 vom 22.7.1992, S. 7), die zuletzt durch die Richtlinie 2013/17/EU (ABl. L 158 vom 10.6.2013, S. 193) geändert worden ist,
2. Richtlinie 2001/42/EG des Europäischen Parlaments und des Rates vom 27. Juni 2001 über die Prüfung der Umweltauswirkungen bestimmter Pläne und Programme (ABl. L 197 vom 21.7.2001, S. 30),
3. Richtlinie 2009/147/EG des Europäischen Parlaments und des Rates vom 30. November 2009 über die Erhaltung der wildlebenden Vogelarten (ABl. L 20 vom 26.1.2010, S. 7), die zuletzt durch die Richtlinie 2013/17/EU (ABl. L 158 vom 10.6.2013, S. 193) geändert worden ist,
4. Richtlinie 2011/92/EU des Europäischen Parlaments und des Rates vom 13. Dezember 2011 über die Umweltverträglichkeitsprüfung bei bestimmten öffentlichen und privaten Projekten (ABl. L 26 vom 28.1.2012, S. 1), die zuletzt durch die Richtlinie 2014/52/EU (ABl. L 124 vom 25.4.2014, S. 1) geändert worden ist.
[2)] Zur Sicherstellung ordnungsgemäßer Planungs-und Genehmigungsverfahren während der COVID-19-Pandemie siehe das PlanungssicherstellungsG v. 20.5.2020 (BGBl. I S. 1041).
[3)] Neubekanntmachung des BauGB idF der Bek. v. 23.9.2004 (BGBl. I S. 2414) in der ab 1.10.2017 geltenden Fassung.

1

– **Mecklenburg-Vorpommern:** BaugesetzbuchausführungsG v. 30.1.1998 (GVOBl. M-V S. 110), zuletzt geänd. durch G v. 28.10.2010 (GVOBl. M-V S. 615); GutachterausschusslandesVO v. 29.6.2011 (GVOBl. M-V S. 441); Enteignungsverfahren-DurchführungsVO v. 4.5.1993 (GVOBl. M-V S. 515); AnzeigepflichtVO v. 5.2.1998 (GVOBl. M-V S. 124), geänd. durch VO v. 10.10.2000 (GVOBl. M-V S. 530);
– **Niedersachsen:** NBauGB-DurchführungsG v. 13.5.2009 (Nds. GVBl. S. 169); Baugesetzbuch-DVO idF der Bek. v. 24.5.2005 (Nds. GVBl. S. 183), zuletzt geänd. durch G v. 15.7.2020 (Nds. GVBl. S. 244); Gutachterausschuss-GebührenO v. 25.6.2019 (Nds. GVBl. S. 156);
– **Nordrhein-Westfalen:** Baugesetzbuch-AusführungsG v. 3.2.2015 (GV. NRW. S. 211), geänd. durch G v. 21.7.2018 (GV. NRW. S. 408); BauGB-DurchführungsVO v. 7.7.1987 (GV. NRW. S. 220), zuletzt geänd. durch VO v. 28.8.2018 (GV. NRW. S. 468); GrundstückswertermittlungsVO v. 8.12.2020 (GV. NRW. S. 1186); BaulandsachenzusammenfassungsVO v. 21.10.1994 (GV. NRW. S. 961), zuletzt geänd. durch VO v. 24.9.2014 (GV. NRW. S. 647);
– **Rheinland-Pfalz:** BauGB-ZuständigkeitsVO v. 21.12.2007 (GVBl. 2008 S. 22); Umlegungsausschuss-VO v. 27.6.2007 (GVBl. S. 102); GutachterausschussVO v. 20.4.2005 (GVBl. S. 139), zuletzt geänd. durch G v. 19.12.2018 (GVBl. S. 448);
– **Saarland:** BauGB-ZuständigkeitsVO v. 13.12.2012 (Amtsbl. 2013 I S. 3), zuletzt geänd. durch VO v. 7.4.2020 (Amtsbl. I S. 249); GutachterausschußVO v. 21.8.1990 (Amtsbl. S. 957), zuletzt geänd. durch VO v. 12.11.2015 (Amtsbl. I S. 888); UmlegungsausschußVO v. 11.9.1998 (Amtsbl. S. 950), zuletzt geänd. durch G v. 4.12.2019 (Amtsbl. 2020 I S. 211);
– **Sachsen:** GutachterausschussVO v. 15.11.2011 (SächsGVBl. S. 598), zuletzt geänd. durch VO v. 10.8. 2014 (SächsGVBl. S. 455);
– **Sachsen-Anhalt:** Durchführung des Baugesetzbuchs LSA v. 1.12.1999 (MBl. LSA 2000 S. 227); Gutachterausschuss VO v. 18.12.2013 (GVBl. LSA S. 555), geänd. durch G v. 7.7.2020 (GVBl. LSA S. 372); Bodenordnung-VO v. 31.10.1991 (GVBl. LSA S. 430), zuletzt geänd. durch G v. 19.3.2002 (GVBl. LSA S. 130); UntersagungsVO zur Bebauungsteilgenehmigung v. 2.1.1998 (GVBl. LSA S. 2);
– **Schleswig-Holstein:** Baugesetzbuch-AusführungsG v. 21.10.1998 (GVOBl. Schl.-H. S. 303), zuletzt geänd. durch G v. 8.10.2009 (GVOBl. Schl.-H. S. 640); Vierte BundesbauG-DurchführungsVO v. 30.3. 1961 (GVOBl. Schl.-H. S. 45), zuletzt geänd. durch VO v. 17.10.1980 (GVOBl. Schl.-H. S. 315); Sechste BundesbauG-DurchführungsVO v. 14.6.1961 (GVOBl. Schl.-H. S. 108); Gutachterausschuss-VO v. 16.7.2014 (GVOBl. Schl.-H. S. 158), zuletzt geänd. durch VO v. 16.1.2019 (GVOBl. Schl.-H. S. 30); BauGB-ZuständigkeitsVO v. 21.8.1987 (GVOBl. Schl.-H. S. 319), zuletzt geänd. durch VO v. 16.1.2019 (GVOBl. Schl.-H. S. 30);
– **Thüringen:** Vorläufige BauGB-ZuständigkeitsVO v. 25.3.1991 (GVBl. S. 67); UmlegungsausschussVO v. 22.3.2005 (GVBl. S. 155), zuletzt geänd. durch VO v. 18.12.2018 (GVBl. S. 731); Gutachterausschuss-VO v. 23.9.2013 (GVBl. S. 302), geänd. durch G v. 18.12.2018 (GVBl. S. 731).

Außerdem haben die Länder **Bauordnungen** und ua folgende zugehörige Vorschriften erlassen:
– **Baden-Württemberg:** LandesbauO idF der Bek. v. 5.3.2010 (GBl. S. 357, ber. S. 416), zuletzt geänd. durch G v. 18.7.2019 (GBl. S. 313); Allgemeine AusführungsVO v. 5.2.2010 (GBl. S. 24), zuletzt geänd. durch VO v. 8.12.2020 (GBl. S. 1182); VersammlungsstättenVO v. 28.4.2004 (GBl. S. 311, ber. S. 653), zuletzt geänd. durch VO v. 8.12.2020 (GBl. S. 1182); Elektrische Betriebsräume-VO v. 8.12. 2020 (GBl. S. 1182, 1192); CampingplatzVO v. 15.7.1984 (GBl. S. 545, ber. 1985 S. 20), zuletzt geänd. durch VO v. 23.2.2017 (GBl. S. 99); BauprüfVO v. 10.5.2010 (GBl. S. 446), zuletzt geänd. durch VO v. 8.10.2019 (GBl. S. 422); Verfahrensverordnung zur LBO v. 13.11.1995 (GBl. S. 794), zuletzt geänd. durch VO v. 28.7.2020 (GBl. S. 662); VerkaufsstättenVO v. 11.2.1997 (GBl. S. 84), zuletzt geänd. durch VO v. 23.2.2017 (GBl. S. 99); GaragenVO v. 7.7.1997 (GBl. S. 332), zuletzt geänd. durch VO v. 8.12. 2020 (GBl. S. 1182);
– **Bayern:** BauO idF der Bek. v. 14.8.2007 (GVBl. S. 588), zuletzt geänd. durch G v. 23.12.2020 (GVBl. S. 663); Elektrische Anlagen-BetriebsräumebauVO v. 13.4.1977 (BayRS III S. 575), zuletzt geänd. durch V v. 8.12.1997 (GVBl. S. 827); VersammlungsstättenVO v. 2.11.2007 (GVBl. S. 736), zuletzt geänd. durch V v. 7.8.2018 (GVBl. S. 694); Garagen- und Stellplatzverordnung v. 30.11.1993 (GVBl. S. 910), zuletzt geänd. durch V v. 7.8.2018 (GVBl. S. 694); BauvorlagenVO v. 10.11.2007 (GVBl. S. 792), zuletzt geänd. durch V v. 23.12.2020 (GVBl. S. 663); FeuerungsVO v. 11.11.2007 (GVBl. S. 800), zuletzt geänd. durch V v. 7.8.2018 (GVBl. S. 694); FeuerbeschauVO v. 5.6.1999 (GVBl. S. 270), zuletzt geänd. durch V v. 16.5.2019 (GVBl. S. 315); PrüfsachverständigenVO v. 29.11.2007 (GVBl. S. 829), zuletzt geänd. durch G v. 23.12.2020 (GVBl. S. 663);
– **Berlin:** BauO v. 29.9.2005 (GVBl. S. 495), zuletzt geänd. durch G v. 12.10.2020 (GVBl. S. 807); Bautechnische PrüfungsVO v. 12.2.2010 (GVBl. S. 62), zuletzt geänd. durch VO v. 15.12.2020 (GVBl. S. 1506); *BauverfahrensVO v. 15.11.2017 (GVBl. S. 636, ber. 2018 S. 147), zuletzt geänd. durch VO v. 20.9.2020 (GVBl. S. 742);*
– **Brandenburg:** BauO idF der Bek. v. 15.11.2018 (GVBl. I Nr. 39), zuletzt geänd. durch G v. 18.12. 2020 (GVBl. I Nr. 44); Garagen- und StellplatzVO v. 8.11.2017 (GVBl. II Nr. 61); Bautechnische

PrüfungsVO v. 10.9.2008 (GVBl. II S. 374), zuletzt geänd. durch VO v. 24.6.2020 (GVBl. II Nr. 55); BauvorlagenVO v. 7.11.2016 (GVBl. II Nr. 60), geänd. durch G v. 15.10.2018 (GVBl. I Nr. 22); FeuerungsVO v. 13.1.2006 (GVBl. II S. 58), geänd. durch VO v. 13.9.2010 (GVBl. II Nr. 61 S. 1); Verkaufsstätten-BauVO v. 8.11.2017 (GVBl. II Nr. 60); BaugebührenO v. 20.8.2009 (GVBl. II S. 562), zuletzt geänd. durch VO v. 5.10.2016 (GVBl. II Nr. 53);
– **Bremen:** Landesbauordnung v. 4.9.2018 (Brem.GBl. S. 320), zuletzt geänd. durch G v. 22.9.2020 (Brem.GBl. S. 963); VO über die Prüfingenieure und Prüfsachverständigen (BremPPV) v. 7.1.2016 (Brem.GBl. S. 41); BauvorlagenVO v. 2.5.2019 (Brem.GBl. S. 368);
– **Hamburg:** BauO v. 14.12.2005 (HmbGVBl. S. 525, ber. S. 563), zuletzt geänd. durch G v. 20.2.2020 (HmbGVBl. S. 148); FeuerungsVO v. 25.9.2007 (HmbGVBl. S. 338), geänd. durch VO v. 2.11.2010 (HmbGVBl. S. 582); BauvorlagenVO v. 30.6.2020 (HmbGVBl. S. 391); BaugebührenO v. 23.5.2006 (HmbGVBl. S. 261), zuletzt geänd. durch VO v. 1.12.2020 (HmbGVBl. S. 680); GaragenVO v. 17.1. 2012 (HmbGVBl. S. 8);
– **Hessen:** BauO v. 28.5.2018 (GVBl. S. 198), zuletzt geänd. durch G v. 3.6.2020 (GVBl. S. 378); Bauprodukte- und Bauartenverordnung v. 20.1.2004 (GVBl. I S. 56), zuletzt geänd. durch VO v. 4.12. 2017 (GVBl. S. 396); FeuerungsVO v. 15.10.2020 (GVBl. S. 748); Prüfberechtigten- und PrüfsachverständigenVO v. 18.12.2006 (GVBl. I S. 745), zuletzt geänd. durch VO v. 2.12.2020 (GVBl. S. 854, ber. 927); GaragenVO v. 17.11.2014 (GVBl. S. 286);
– **Mecklenburg-Vorpommern:** LandesbauO idF der Bek. v. 15.10.2015 (GVOBl. M-V S. 334, ber. 2016 S. 28), zuletzt geänd. durch G v. 19.11.2019 (GVOBl. M-V S. 682); BauvorlagenVO v. 10.7.2006 (GVOBl. M-V S. 612), geänd. durch VO v. 28.6.2016 (GVOBl. M-V S. 519); Bauprodukte- und BauartenVO v. 10.7.2006 (GVOBl. M-V S. 610), zuletzt geänd. durch VO v. 14.7.2015 (GVOBl. M-V S. 190); CampingplatzVO v. 9.1.1996 (GVOBl. M-V S. 84), zuletzt geänd. durch VO v. 7.12.2010 (GVOBl. M-V S. 771); BauprüfVO v. 14.4.2016 (GVOBl. M-V S. 171);
– **Niedersachsen:** NBauO v. 3.4.2012 (Nds. GVBl. S. 46), zuletzt geänd. durch G v. 10.11.2020 (Nds. GVBl. S. 384); NBauO-DurchführungsVO v. 26.9.2012 (Nds. GVBl. S. 382), zuletzt geänd. durch VO v. 19.9.2019 (Nds. GVBl. S. 277); Elektrische Anlagen-BetriebsräumebauVO v. 25.1.2011 (Nds. GVBl. S. 19); VersammlungsstättenVO v. 8.11.2004 (Nds. GVBl. S. 426), zuletzt geänd. durch VO v. 13.11. 2012 (Nds. GVBl. S. 438); CampingplatzVO v. 12.4.1984 (Nds. GVBl. S. 109), zuletzt geänd. durch VO v. 13.11.2012 (Nds. GVBl. S. 438); Bautechnische PrüfungsVO v. 24.7.1987 (Nds. GVBl. S. 129), zuletzt geänd. durch VO v. 12.11.2019 (Nds. GVBl. S. 350); BauvorlagenVO v. 7.11.2012 (Nds. GVBl. S. 419); Garagen- und StellplatzVO v. 4.9.1989 (Nds. GVBl. S. 327), zuletzt geänd. durch VO v. 13.11. 2012 (Nds. GVBl. S. 401); VerkaufsstättenVO v. 17.1.1997 (Nds. GVBl. S. 31), zuletzt geänd. durch VO v. 13.11.2012 (Nds. GVBl. S. 438); BaugebührenO v. 13.1.1998 (Nds. GVBl. S. 3), zuletzt geänd. durch VO v. 7.11.2020 (Nds. GVBl. S. 394); FeuerungsVO v. 27.3.2008 (Nds. GVBl. S. 96), zuletzt geänd. durch VO v. 30.6.2020 (Nds. GVBl. S. 199);
– **Nordrhein-Westfalen:** Landesbauordnung 2018 v. 21.7.2018 (GV. NRW. S. 421), zuletzt geänd. durch G v. 1.12.2020 (GV. NRW. S. 1109); SonderbauVO v. 2.12.2016 (GV. NRW. 2017 S. 2, ber. 2020 S. 148, 2020 148); Camping- und WochenendplatzVO v. 24.3.2011 (GV. NRW. S. 197), zuletzt geänd. durch VO v. 10.12.2018 (GV. NRW. S. 680); Bautechnische PrüfungsVO v. 6.12.1995 (GV. NRW. S. 1241), zuletzt geänd. durch VO v. 10.12.2018 (GV. NRW. S. 670); FeuerungsVO v. 10.12.2018 (GV. NRW. S. 675);
– **Rheinland-Pfalz:** LandesbauO v. 24.11.1998 (GVBl. S. 365), zuletzt geänd. durch G v. 18.6.2019 (GVBl. S. 112); VersammlungsstättenVO v. 13.3.2018 (GVBl. S. 29), geänd. durch VO v. 15.11.2018 (GVBl. S. 388); LandesVO über Betriebsräume für elektrische Anlagen v. 6.7.1977 (GVBl. S. 254), geänd. durch G v. 16.12.2002 (GVBl. S. 481); Camping- und WochenendplatzVO v. 18.9.1984 (GVBl. S. 195), zuletzt geänd. durch VO v. 8.8.2017 (GVBl. S. 184); GaragenVO v. 13.7.1990 (GVBl. S. 243), geänd. durch G v. 16.12.2002 (GVBl. S. 481); VerkaufsstättenVO v. 8.7.1998 (GVBl. S. 229), zuletzt geänd. durch G v. 16.12.2002 (GVBl. S. 481); VO über die Gebühren für Amtshandlungen der Bauaufsichtsbehörden und über die Vergütung der Leistungen der Prüfingenieurinnen und Prüfingenieure für Baustatik v. 9.1.2007 (GVBl. S. 22), zuletzt geänd. durch VO v. 13.7.2020 (GVBl. S. 331);
– **Saarland:** LandesbauO v. 18.2.2004 (Amtsbl. S. 822), zuletzt geänd. durch G v. 4.12.2019 (Amtsbl. 2020 I S. 211, ber. 760); BauvorlagenVO v. 15.6.2011 (Amtsbl. I S. 254), zuletzt geänd. durch G v. 4.12.2019 (Amtsbl. 2020 I S. 211); GaragenVO idF der Bek. v. 30.8.1976 (Amtsbl. S. 951), geänd. durch VO v. 25.8.2008 (Amtsbl. S. 1470); Prüfberechtigten- und PrüfsachverständigenVO v. 26.1.2011 (Amtsbl. I S. 30), zuletzt geänd. durch VO v. 29.7.2020 (Amtsbl. I S. 748); Technische PrüfVO v. 26.1. 2011 (Amtsbl. I S. 30, 48), zuletzt geänd. durch VO v. 12.11.2015 (Amtsbl. I S. 888); VersammlungsstättenVO v. 25.8.2008 (Amtsbl. S. 1489), zuletzt geänd. durch VO v. 13.10.2020 (Amtsbl. I S. 1042); Elektrische Anlagen-BetriebsräumebauVO v. 27.1.2014 (Amtsbl. I S. 17); Camping- und WochenendplatzVO v. 22.6.1999 (Amtsbl. S. 1158), zuletzt geänd. durch VO v. 15.7.2015 (Amtsbl. I S. 632); VerkaufsstättenVO v. 25.9.2000 (Amtsbl. S. 1934), zuletzt geänd. durch VO v. 15.7.2015 (Amtsbl. I S. 632);

– **Sachsen:** BauO idF der Bek. v. 11.5.2016 (SächsGVBl. S. 186), zuletzt geänd. durch G v. 11.12.2018 (SächsGVBl. S. 706); BauO-DurchführungsVO v. 2.9.2004 (SächsGVBl. S. 427), zuletzt geänd. durch VO v. 30.3.2020 (SächsGVBl. S. 180); VwV zur BauO v. 18.3.2005 (SächsABl. SDr. S. 59, ber. S. 363), zuletzt geänd. durch VwV v. 9.5.2019 (SächsABl. S. 782); RLn für die Durchführung von Bauaufgaben des Freistaates Sachsen im Zuständigkeitsbereich des Staatshochbauverwaltung; VO über Bauvorlagen und bautechnische Prüfungen v. 2.9.1997 (SächsABl. S. 533);

– **Sachsen-Anhalt:** BauO idF der Bek. v. 10.9.2013 (GVBl. LSA S. 440), zuletzt geänd. durch G v. 18.11.2020 (GVBl. LSA S. 660); BaugebührenO v. 4.5.2006 (GVBl. LSA S. 315), zuletzt geänd. durch VO v. 17.8.2018 (GVBl. LSA S. 284); FeuerungsVO v. 27.3.2006 (GVBl. LSA S. 177), geänd. durch VO v. 20.10.2008 (GVBl. LSA S. 374)

– **Schleswig-Holstein:** LandesbauO v. 22.1.2009 (GVOBl. Schl.-H. S. 6), zuletzt geänd. durch G v. 1.10.2019 (GVOBl. Schl.-H. S. 398); Allg. LandesVO zur Durchführung der LBO v. 25.4.1968 (GVOBl. Schl.-H. S. 105), zuletzt geänd. durch VO v. 10.7.1980 (GVOBl. Schl.-H. S. 263); VersammlungsstättenVO v. 11.9.2014 (GVOBl. Schl.-H. S. 245), geänd. durch VO v. 16.9.2019 (GVOBl. Schl.-H. S. 395); Landesverordnung über den Bau von Betriebsräumen für elektrische Anlagen v. 25.2.2020 (GVOBl. Schl.-H. S. 140); BauvorlagenVO v. 3.4.2019 (GVOBl. Schl.-H. S. 87); LandesVO über die Zuständigkeiten der Landesbauämter v. 19.5.1995 (GVOBl. Schl.-H. S. 227); LandesVO über die Prüfingenieurinnen oder Prüfingenieure für Baustatik, sowie Prüfsachverständigen v. 12.11.2018 (GVOBl. Schl.-H. S. 703, 705); GaragenVO v. 22.4.2020 (GVOBl. Schl.-H. S. 203); FeuerungsVO v. 25.2.2020 (GVOBl. Schl.-H. S. 142); BaugebührenVO v. 12.11.2018 (GVOBl. Schl.-H. S. 703), geänd. durch VO v. 14.7.2020 (GVOBl. Schl.-H. S. 445); VerkaufsstättenVO v. 15.11.2019 (GVOBl. Schl.-H. S. 536); Camping- und WochenendplatzVO v. 15.7.2020 (GVOBl. Schl.-H. S. 448);

– **Thüringen:** BauO v. 13.3.2014 (GVBl. S. 49), zuletzt geänd. durch G v. 23.11.2020 (GVBl. S. 561); BauvorlagenVO v. 23.3.2010 (GVBl. S. 129), geänd. durch VO v. 2.12.2015 (GVBl. S. 212); FeuerungsVO v. 10.8.2009 (GVBl. S. 745), geänd. durch VO v. 25.11.2014 (GVBl. S. 712).

Inhaltsübersicht[1]

Erstes Kapitel. Allgemeines Städtebaurecht

Erster Teil. Bauleitplanung

Erster Abschnitt. Allgemeine Vorschriften

(Fortsetzung nächstes Blatt)

[1] Inhaltsübersicht geänd. mWv 28.3.2020 durch G v. 27.3.2020 (BGBl. I S. 587).

Anlage 1 (zu § 2 Absatz 4 und den §§ 2a und 4c)
Anlage 2 (zu § 13a Absatz 1 Satz 2 Nummer 2)

Erstes Kapitel. Allgemeines Städtebaurecht

Erster Teil. Bauleitplanung

Erster Abschnitt. Allgemeine Vorschriften

§ 1 Aufgabe, Begriff und Grundsätze der Bauleitplanung. (1) Aufgabe der Bauleitplanung ist es, die bauliche und sonstige Nutzung der Grundstücke in der Gemeinde nach Maßgabe dieses Gesetzbuchs vorzubereiten und zu leiten.

(2) Bauleitpläne sind der Flächennutzungsplan (vorbereitender Bauleitplan) und der Bebauungsplan (verbindlicher Bauleitplan).

(3) ¹Die Gemeinden haben die Bauleitpläne aufzustellen, sobald und soweit es für die städtebauliche Entwicklung und Ordnung erforderlich ist. ²Auf die Aufstellung von Bauleitplänen und städtebaulichen Satzungen besteht kein Anspruch; ein Anspruch kann auch nicht durch Vertrag begründet werden.

(4) Die Bauleitpläne sind den Zielen der Raumordnung anzupassen.

(5) ¹Die Bauleitpläne sollen eine nachhaltige städtebauliche Entwicklung, die die sozialen, wirtschaftlichen und umweltschützenden Anforderungen auch in Verantwortung gegenüber künftigen Generationen miteinander in Einklang bringt, und eine dem Wohl der Allgemeinheit dienende sozialgerechte Bodennutzung unter Berücksichtigung der Wohnbedürfnisse der Bevölkerung gewährleisten. ²Sie sollen dazu beitragen, eine menschenwürdige Umwelt zu sichern, die natürlichen Lebensgrundlagen zu schützen und zu entwickeln sowie den Klimaschutz und die Klimaanpassung, insbesondere auch in der Stadtentwicklung, zu fördern, sowie die städtebauliche Gestalt und das Orts- und Landschaftsbild baukulturell zu erhalten und zu entwickeln. ³Hierzu soll die städtebauliche Entwicklung vorrangig durch Maßnahmen der Innenentwicklung erfolgen.

(6) Bei der Aufstellung der Bauleitpläne sind insbesondere zu berücksichtigen:

1. die allgemeinen Anforderungen an gesunde Wohn- und Arbeitsverhältnisse und die Sicherheit der Wohn- und Arbeitsbevölkerung,

2. die Wohnbedürfnisse der Bevölkerung, insbesondere auch von Familien mit mehreren Kindern, die Schaffung und Erhaltung sozial stabiler Bewohnerstrukturen, die Eigentumsbildung weiter Kreise der Bevölkerung und die Anforderungen kostensparenden Bauens sowie die Bevölkerungsentwicklung,

3. die sozialen und kulturellen Bedürfnisse der Bevölkerung, insbesondere die Bedürfnisse der Familien, der jungen, alten und behinderten Menschen, unterschiedliche Auswirkungen auf Frauen und Männer sowie die Belange des Bildungswesens und von Sport, Freizeit und Erholung,

4. die Erhaltung, Erneuerung, Fortentwicklung, Anpassung und der Umbau vorhandener Ortsteile sowie die Erhaltung und Entwicklung zentraler Versorgungsbereiche,

5. die Belange der Baukultur, des Denkmalschutzes und der Denkmalpflege, die erhaltenswerten Ortsteile, Straßen und Plätze von geschichtlicher, künstlerischer oder städtebaulicher Bedeutung und die Gestaltung des Orts- und Landschaftsbildes,

6. die von den Kirchen und Religionsgesellschaften des öffentlichen Rechts festgestellten Erfordernisse für Gottesdienst und Seelsorge,

7. die Belange des Umweltschutzes, einschließlich des Naturschutzes und der Landschaftspflege, insbesondere

 a) die Auswirkungen auf Tiere, Pflanzen, Fläche, Boden, Wasser, Luft, Klima und das Wirkungsgefüge zwischen ihnen sowie die Landschaft und die biologische Vielfalt,

 b) die Erhaltungsziele und der Schutzzweck der Natura 2000-Gebiete im Sinne des Bundesnaturschutzgesetzes[1],

 c) umweltbezogene Auswirkungen auf den Menschen und seine Gesundheit sowie die Bevölkerung insgesamt,

 d) umweltbezogene Auswirkungen auf Kulturgüter und sonstige Sachgüter,

 e) die Vermeidung von Emissionen sowie der sachgerechte Umgang mit Abfällen und Abwässern,

 f) die Nutzung erneuerbarer Energien sowie die sparsame und effiziente Nutzung von Energie,

(Fortsetzung nächstes Blatt)

[1] Nr. **880**.

g) die Darstellungen von Landschaftsplänen sowie von sonstigen Plänen, insbesondere des Wasser-, Abfall- und Immissionsschutzrechts,

h) die Erhaltung der bestmöglichen Luftqualität in Gebieten, in denen die durch Rechtsverordnung zur Erfüllung von Rechtsakten der Europäischen Union festgelegten Immissionsgrenzwerte nicht überschritten werden,

i) die Wechselwirkungen zwischen den einzelnen Belangen des Umweltschutzes nach den Buchstaben a bis d,

j) unbeschadet des § 50 Satz 1 des Bundes-Immissionsschutzgesetzes[1], die Auswirkungen, die aufgrund der Anfälligkeit der nach dem Bebauungsplan zulässigen Vorhaben für schwere Unfälle oder Katastrophen zu erwarten sind, auf die Belange nach den Buchstaben a bis d und i,

8. die Belange

a) der Wirtschaft, auch ihrer mittelständischen Struktur im Interesse einer verbrauchernahen Versorgung der Bevölkerung,

b) der Land- und Forstwirtschaft,

c) der Erhaltung, Sicherung und Schaffung von Arbeitsplätzen,

d) des Post- und Telekommunikationswesens,

e) der Versorgung, insbesondere mit Energie und Wasser, einschließlich der Versorgungssicherheit,

f) der Sicherung von Rohstoffvorkommen,

9. die Belange des Personen- und Güterverkehrs und der Mobilität der Bevölkerung, einschließlich des öffentlichen Personennahverkehrs und des nicht motorisierten Verkehrs, unter besonderer Berücksichtigung einer auf Vermeidung und Verringerung von Verkehr ausgerichteten städtebaulichen Entwicklung,

10. die Belange der Verteidigung und des Zivilschutzes sowie der zivilen Anschlussnutzung von Militärliegenschaften,

11. die Ergebnisse eines von der Gemeinde beschlossenen städtebaulichen Entwicklungskonzeptes oder einer von ihr beschlossenen sonstigen städtebaulichen Planung,

12. die Belange des Küsten- oder Hochwasserschutzes und der Hochwasservorsorge, insbesondere die Vermeidung und Verringerung von Hochwasserschäden,

13. die Belange von Flüchtlingen oder Asylbegehrenden und ihrer Unterbringung.

(7) Bei der Aufstellung der Bauleitpläne sind die öffentlichen und privaten Belange gegeneinander und untereinander gerecht abzuwägen.

(8) Die Vorschriften dieses Gesetzbuchs über die Aufstellung von Bauleit- plänen gelten auch für ihre Änderung, Ergänzung und Aufhebung.

§ 1a Ergänzende Vorschriften zum Umweltschutz. (1) Bei der Aufstellung der Bauleitpläne sind die nachfolgenden Vorschriften zum Umweltschutz anzuwenden.

[1] Nr. 296.

(2) [1] Mit Grund und Boden soll sparsam und schonend umgegangen werden; dabei sind zur Verringerung der zusätzlichen Inanspruchnahme von Flächen für bauliche Nutzungen die Möglichkeiten der Entwicklung der Gemeinde insbesondere durch Wiedernutzbarmachung von Flächen, Nachverdichtung und andere Maßnahmen zur Innenentwicklung zu nutzen sowie Bodenversiegelungen auf das notwendige Maß zu begrenzen. [2] Landwirtschaftlich, als Wald oder für Wohnzwecke genutzte Flächen sollen nur im notwendigen Umfang umgenutzt werden. [3] Die Grundsätze nach den Sätzen 1 und 2 sind in der Abwägung nach § 1 Absatz 7 zu berücksichtigen. [4] Die Notwendigkeit der Umwandlung landwirtschaftlich oder als Wald genutzter Flächen soll begründet werden; dabei sollen Ermittlungen zu den Möglichkeiten der Innenentwicklung zugrunde gelegt werden, zu denen insbesondere Brachflächen, Gebäudeleerstand, Baulücken und andere Nachverdichtungsmöglichkeiten zählen können.

(3) [1] Die Vermeidung und der Ausgleich voraussichtlich erheblicher Beeinträchtigungen des Landschaftsbildes sowie der Leistungs- und Funktionsfähigkeit des Naturhaushalts in seinen in § 1 Absatz 6 Nummer 7 Buchstabe a bezeichneten Bestandteilen (Eingriffsregelung nach dem Bundesnaturschutzgesetz[1]) sind in der Abwägung nach § 1 Absatz 7 zu berücksichtigen. [2] Der Ausgleich erfolgt durch geeignete Darstellungen und Festsetzungen nach den §§ 5 und 9 als Flächen oder Maßnahmen zum Ausgleich. [3] Soweit dies mit einer nachhaltigen städtebaulichen Entwicklung und den Zielen der Raumordnung sowie des Naturschutzes und der Landschaftspflege vereinbar ist, können die Darstellungen und Festsetzungen auch an anderer Stelle als am Ort des Eingriffs erfolgen. [4] Anstelle von Darstellungen und Festsetzungen können auch vertragliche Vereinbarungen nach § 11 oder sonstige geeignete Maßnahmen zum Ausgleich auf von der Gemeinde bereitgestellten Flächen getroffen werden. [5] § 15 Absatz 3 des Bundesnaturschutzgesetzes gilt entsprechend. [6] Ein Ausgleich ist nicht erforderlich, soweit die Eingriffe bereits vor der planerischen Entscheidung erfolgt sind oder zulässig waren.

(4) Soweit ein Gebiet im Sinne des § 1 Absatz 6 Nummer 7 Buchstabe b in seinen für die Erhaltungsziele oder den Schutzzweck maßgeblichen Bestandteilen erheblich beeinträchtigt werden kann, sind die Vorschriften des Bundesnaturschutzgesetzes über die Zulässigkeit und Durchführung von derartigen Eingriffen einschließlich der Einholung der Stellungnahme der Europäischen Kommission anzuwenden.

(5) [1] Den Erfordernissen des Klimaschutzes soll sowohl durch Maßnahmen, die dem Klimawandel entgegenwirken, als auch durch solche, die der Anpassung an den Klimawandel dienen, Rechnung getragen werden. [2] Der Grundsatz nach Satz 1 ist in der Abwägung nach § 1 Absatz 7 zu berücksichtigen.

§ 2 Aufstellung der Bauleitpläne. (1) [1] Die Bauleitpläne sind von der Gemeinde in eigener Verantwortung aufzustellen. [2] Der Beschluss, einen Bauleitplan aufzustellen, ist ortsüblich bekannt zu machen.

(2) [1] Die Bauleitpläne benachbarter Gemeinden sind aufeinander abzustimmen. [2] Dabei können sich Gemeinden auch auf die ihnen durch Ziele der

[1] Nr. **880**.

Raumordnung zugewiesenen Funktionen sowie auf Auswirkungen auf ihre zentralen Versorgungsbereiche berufen.

(3) Bei der Aufstellung der Bauleitpläne sind die Belange, die für die Abwägung von Bedeutung sind (Abwägungsmaterial), zu ermitteln und zu bewerten.

(4) [1] Für die Belange des Umweltschutzes nach § 1 Absatz 6 Nummer 7 und § 1a wird eine Umweltprüfung durchgeführt, in der die voraussichtlichen erheblichen Umweltauswirkungen ermittelt werden und in einem Umweltbericht beschrieben und bewertet werden; die Anlage 1 zu diesem Gesetzbuch ist anzuwenden. [2] Die Gemeinde legt dazu für jeden Bauleitplan fest, in welchem Umfang und Detaillierungsgrad die Ermittlung der Belange für die Abwägung erforderlich ist. [3] Die Umweltprüfung bezieht sich auf das, was nach gegenwärtigem Wissensstand und allgemein anerkannten Prüfmethoden sowie nach Inhalt und Detaillierungsgrad des Bauleitplans angemessenerweise verlangt werden kann. [4] Das Ergebnis der Umweltprüfung ist in der Abwägung zu berücksichtigen. [5] Wird eine Umweltprüfung für das Plangebiet oder für Teile davon in einem Raumordnungs-, Flächennutzungs- oder Bebauungsplanverfahren durchgeführt, soll die Umweltprüfung in einem zeitlich nachfolgend oder gleichzeitig durchgeführten Bauleitplanverfahren auf zusätzliche oder andere erhebliche Umweltauswirkungen beschränkt werden. [6] Liegen Landschaftspläne oder sonstige Pläne nach § 1 Absatz 6 Nummer 7 Buchstabe g vor, sind deren Bestandsaufnahmen und Bewertungen in der Umweltprüfung heranzuziehen.

§ 2a Begründung zum Bauleitplanentwurf, Umweltbericht. [1] Die Gemeinde hat im Aufstellungsverfahren dem Entwurf des Bauleitplans eine Begründung beizufügen. [2] In ihr sind entsprechend dem Stand des Verfahrens

1. die Ziele, Zwecke und wesentlichen Auswirkungen des Bauleitplans und
2. in dem Umweltbericht nach der Anlage 1 zu diesem Gesetzbuch die auf Grund der Umweltprüfung nach § 2 Absatz 4 ermittelten und bewerteten Belange des Umweltschutzes

darzulegen. [3] Der Umweltbericht bildet einen gesonderten Teil der Begründung.

§ 3 Beteiligung der Öffentlichkeit. (1) [1] Die Öffentlichkeit ist möglichst frühzeitig über die allgemeinen Ziele und Zwecke der Planung, sich wesentlich unterscheidende Lösungen, die für die Neugestaltung oder Entwicklung eines Gebiets in Betracht kommen, und die voraussichtlichen Auswirkungen der Planung öffentlich zu unterrichten; ihr ist Gelegenheit zur Äußerung und Erörterung zu geben. [2] Auch Kinder und Jugendliche sind Teil der Öffentlichkeit im Sinne des Satzes 1. [3] Von der Unterrichtung und Erörterung kann abgesehen werden, wenn

1. ein Bebauungsplan aufgestellt oder aufgehoben wird und sich dies auf das Plangebiet und die Nachbargebiete nicht oder nur unwesentlich auswirkt oder
2. die Unterrichtung und Erörterung bereits zuvor auf anderer Grundlage erfolgt sind.

[4] An die Unterrichtung und Erörterung schließt sich das Verfahren nach Absatz 2 auch an, wenn die Erörterung zu einer Änderung der Planung führt.

(2) [1] Die Entwürfe der Bauleitpläne sind mit der Begründung und den nach Einschätzung der Gemeinde wesentlichen, bereits vorliegenden umweltbezogenen Stellungnahmen für die Dauer eines Monats, mindestens jedoch für die Dauer von 30 Tagen, oder bei Vorliegen eines wichtigen Grundes für die Dauer einer angemessenen längeren Frist öffentlich auszulegen. [2] Ort und Dauer der Auslegung sowie Angaben dazu, welche Arten umweltbezogener Informationen verfügbar sind, sind mindestens eine Woche vorher ortsüblich bekannt zu machen; dabei ist darauf hinzuweisen, dass Stellungnahmen während der Auslegungsfrist abgegeben werden können und dass nicht fristgerecht abgegebene Stellungnahmen bei der Beschlussfassung über den Bauleitplan unberücksichtigt bleiben können. [3] Die nach § 4 Absatz 2 Beteiligten sollen von der Auslegung benachrichtigt werden. [4] Die fristgemäß abgegebenen Stellungnahmen sind zu prüfen; das Ergebnis ist mitzuteilen. [5] Haben mehr als 50 Personen Stellungnahmen mit im Wesentlichen gleichem Inhalt abgegeben, kann die Mitteilung dadurch ersetzt werden, dass diesen Personen die Einsicht in das Ergebnis ermöglicht wird; die Stelle, bei der das Ergebnis der Prüfung während der Dienststunden eingesehen werden kann, ist ortsüblich bekannt zu machen. [6] Bei der Vorlage der Bauleitpläne nach § 6 oder § 10 Absatz 2 sind die nicht berücksichtigten Stellungnahmen mit einer Stellungnahme der Gemeinde beizufügen.

(3) Bei Flächennutzungsplänen ist ergänzend zu dem Hinweis nach Absatz 2 Satz 2 Halbsatz 2 darauf hinzuweisen, dass eine Vereinigung im Sinne des § 4 Absatz 3 Satz 1 Nummer 2 des Umwelt-Rechtsbehelfsgesetzes[1]) in einem Rechtsbehelfsverfahren nach § 7 Absatz 2 des Umwelt-Rechtsbehelfsgesetzes gemäß § 7 Absatz 3 Satz 1 des Umwelt-Rechtsbehelfsgesetzes mit allen Einwendungen ausgeschlossen ist, die sie im Rahmen der Auslegungsfrist nicht oder nicht rechtzeitig geltend gemacht hat, aber hätte geltend machen können.

§ 4 Beteiligung der Behörden. (1) [1] Die Behörden und sonstigen Träger öffentlicher Belange, deren Aufgabenbereich durch die Planung berührt werden kann, sind entsprechend § 3 Absatz 1 Satz 1 Halbsatz 1 zu unterrichten und zur Äußerung auch im Hinblick auf den erforderlichen Umfang und Detaillierungsgrad der Umweltprüfung nach § 2 Absatz 4 aufzufordern. [2] Hieran schließt sich das Verfahren nach Absatz 2 auch an, wenn die Äußerung zu einer Änderung der Planung führt.

(2) [1] Die Gemeinde holt die Stellungnahmen der Behörden und sonstigen Träger öffentlicher Belange, deren Aufgabenbereich durch die Planung berührt werden kann, zum Planentwurf und der Begründung ein. [2] Sie haben ihre Stellungnahmen innerhalb eines Monats abzugeben, wobei jedoch die Frist zur Abgabe von Stellungnahmen 30 Tage nicht unterschreiten darf; die Gemeinde soll diese Frist bei Vorliegen eines wichtigen Grundes angemessen verlängern. [3] In den Stellungnahmen sollen sich die Behörden und sonstigen Träger öffentlicher Belange auf ihren Aufgabenbereich beschränken; sie haben auch Aufschluss über von ihnen beabsichtigte oder bereits eingeleitete Planungen und sonstige Maßnahmen sowie deren zeitliche Abwicklung zu geben, die für die städtebauliche Entwicklung und Ordnung des Gebiets bedeutsam sein können. [4] Verfügen sie über Informationen, die für die

[1]) Nr. **293**.

Ermittlung und Bewertung des Abwägungsmaterials zweckdienlich sind, haben sie diese Informationen der Gemeinde zur Verfügung zu stellen.

(3) Nach Abschluss des Verfahrens zur Aufstellung des Bauleitplans unterrichten die Behörden die Gemeinde, sofern nach den ihnen vorliegenden Erkenntnissen die Durchführung des Bauleitplans erhebliche, insbesondere unvorhergesehene nachteilige Auswirkungen auf die Umwelt hat.

§ 4a Gemeinsame Vorschriften zur Beteiligung. (1) Die Vorschriften über die Öffentlichkeits- und Behördenbeteiligung dienen insbesondere der vollständigen Ermittlung und zutreffenden Bewertung der von der Planung berührten Belange und der Information der Öffentlichkeit.

(2) Die Unterrichtung nach § 3 Absatz 1 kann gleichzeitig mit der Unterrichtung nach § 4 Absatz 1, die Auslegung nach § 3 Absatz 2 kann gleichzeitig mit der Einholung der Stellungnahmen nach § 4 Absatz 2 durchgeführt werden.

(3) [1] Wird der Entwurf des Bauleitplans nach dem Verfahren nach § 3 Absatz 2 oder § 4 Absatz 2 geändert oder ergänzt, ist er erneut auszulegen und sind die Stellungnahmen erneut einzuholen. [2] Dabei kann bestimmt werden, dass Stellungnahmen nur zu den geänderten oder ergänzten Teilen abgegeben werden können; hierauf ist in der erneuten Bekanntmachung nach § 3 Absatz 2 Satz 2 hinzuweisen. [3] Die Dauer der Auslegung und die Frist zur Stellungnahme kann angemessen verkürzt werden. [4] Werden durch die Änderung oder Ergänzung des Entwurfs des Bauleitplans die Grundzüge der Planung nicht berührt, kann die Einholung der Stellungnahmen auf die von der Änderung oder Ergänzung betroffene Öffentlichkeit sowie die berührten Behörden und sonstigen Träger öffentlicher Belange beschränkt werden.

(4) [1] Der Inhalt der ortsüblichen Bekanntmachung nach § 3 Absatz 2 Satz 2 und die nach § 3 Absatz 2 Satz 1 auszulegenden Unterlagen sind zusätzlich in das Internet einzustellen und über ein zentrales Internetportal des Landes zugänglich zu machen. [2] Die Stellungnahmen der Behörden und sonstigen Träger öffentlicher Belange können durch Mitteilung von Ort und Dauer der öffentlichen Auslegung nach § 3 Absatz 2 und der Internetadresse, unter der der Inhalt der Bekanntmachung und die Unterlagen nach Satz 1 im Internet eingesehen werden können, eingeholt werden; die Mitteilung kann elektronisch übermittelt werden. [3] In den Fällen des Satzes 2 hat die Gemeinde der Behörde oder einem sonstigen Träger öffentlicher Belange auf Verlangen den Entwurf des Bauleitplans und der Begründung in Papierform zu übermitteln; § 4 Absatz 2 Satz 2 bleibt unberührt.

(5) [1] Bei Bauleitplänen, die erhebliche Auswirkungen auf Nachbarstaaten haben können, sind die Gemeinden und Behörden des Nachbarstaates nach den Grundsätzen der Gegenseitigkeit und Gleichwertigkeit zu unterrichten. [2] *Abweichend* von Satz 1 ist bei Bauleitplänen, die erhebliche Umweltauswirkungen auf einen anderen Staat haben können, dieser nach den Vorschriften des Gesetzes über die Umweltverträglichkeitsprüfung[1]) zu beteiligen; für die Stellungnahmen der Öffentlichkeit und Behörden des anderen Staates, einschließlich der Rechtsfolgen nicht rechtzeitig abgegebener Stellungnahmen, sind abweichend von den Vorschriften des Gesetzes über die Umwelt-

[1]) Nr. 295.

verträglichkeitsprüfung die Vorschriften dieses Gesetzbuchs entsprechend anzuwenden. [3] Ist bei Bauleitplänen eine grenzüberschreitende Beteiligung nach Satz 2 erforderlich, ist hierauf bei der Bekanntmachung nach § 3 Absatz 2 Satz 2 hinzuweisen.

(6) [1] Stellungnahmen, die im Verfahren der Öffentlichkeits- und Behördenbeteiligung nicht rechtzeitig abgegeben worden sind, können bei der Beschlussfassung über den Bauleitplan unberücksichtigt bleiben, sofern die Gemeinde deren Inhalt nicht kannte und nicht hätte kennen müssen und deren Inhalt für die Rechtmäßigkeit des Bauleitplans nicht von Bedeutung ist. [2] Satz 1 gilt für in der Öffentlichkeitsbeteiligung abgegebene Stellungnahmen nur, wenn darauf in der Bekanntmachung nach § 3 Absatz 2 Satz 2 zur Öffentlichkeitsbeteiligung hingewiesen worden ist.

§ 4b Einschaltung eines Dritten. [1] Die Gemeinde kann insbesondere zur Beschleunigung des Bauleitplanverfahrens die Vorbereitung und Durchführung von Verfahrensschritten nach den §§ 2a bis 4a einem Dritten übertragen. [2] Sie kann einem Dritten auch die Durchführung einer Mediation oder eines anderen Verfahrens der außergerichtlichen Konfliktbeilegung übertragen.

§ 4c Überwachung. [1] Die Gemeinden überwachen die erheblichen Umweltauswirkungen, die auf Grund der Durchführung der Bauleitpläne eintreten, um insbesondere unvorhergesehene nachteilige Auswirkungen frühzeitig zu ermitteln und in der Lage zu sein, geeignete Maßnahmen zur Abhilfe zu ergreifen; Gegenstand der Überwachung ist auch die Durchführung von Darstellungen oder Festsetzungen nach § 1a Absatz 3 Satz 2 und von Maßnahmen nach § 1a Absatz 3 Satz 4. [2] Sie nutzen dabei die im Umweltbericht nach Nummer 3 Buchstabe b der Anlage 1 zu diesem Gesetzbuch angegebenen Überwachungsmaßnahmen und die Informationen der Behörden nach § 4 Absatz 3.

Zweiter Abschnitt. Vorbereitender Bauleitplan (Flächennutzungsplan)

§ 5[1] Inhalt des Flächennutzungsplans. (1) [1] Im Flächennutzungsplan ist für das ganze Gemeindegebiet die sich aus der beabsichtigten städtebaulichen Entwicklung ergebende Art der Bodennutzung nach den voraussehbaren Bedürfnissen der Gemeinde in den Grundzügen darzustellen. [2] Aus dem Flächennutzungsplan können Flächen und sonstige Darstellungen ausgenommen werden, wenn dadurch die nach Satz 1 darzustellenden Grundzüge nicht berührt werden und die Gemeinde beabsichtigt, die Darstellung zu einem späteren Zeitpunkt vorzunehmen; in der Begründung sind die Gründe hierfür darzulegen.

(2) Im Flächennutzungsplan können insbesondere dargestellt werden:

1. die für die Bebauung vorgesehenen Flächen nach der allgemeinen Art ihrer baulichen Nutzung (Bauflächen), nach der besonderen Art ihrer baulichen Nutzung (Baugebiete) sowie nach dem allgemeinen Maß der baulichen Nutzung; Bauflächen, für die eine zentrale Abwasserbeseitigung nicht vorgesehen ist, sind zu kennzeichnen;

[1] § 5 Abs. 4a Satz 1 geänd. mWv 5.1.2018 durch G v. 30.6.2017 (BGBl. I S. 2193).

2. die Ausstattung des Gemeindegebiets

 a) mit Anlagen und Einrichtungen zur Versorgung mit Gütern und Dienstleistungen des öffentlichen und privaten Bereichs, insbesondere mit der Allgemeinheit dienenden baulichen Anlagen und Einrichtungen des Gemeinbedarfs, wie mit Schulen und Kirchen sowie mit sonstigen kirchlichen, sozialen, gesundheitlichen und kulturellen Zwecken dienenden Gebäuden und Einrichtungen, sowie mit Flächen für Sport- und Spielanlagen,

 b) mit Anlagen, Einrichtungen und sonstigen Maßnahmen, die dem Klimawandel entgegenwirken, insbesondere zur dezentralen und zentralen Erzeugung, Verteilung, Nutzung oder Speicherung von Strom, Wärme oder Kälte aus erneuerbaren Energien oder Kraft-Wärme-Kopplung,

 c) mit Anlagen, Einrichtungen und sonstigen Maßnahmen, die der Anpassung an den Klimawandel dienen,

 d) mit zentralen Versorgungsbereichen;

3. die Flächen für den überörtlichen Verkehr und für die örtlichen Hauptverkehrszüge;

4. die Flächen für Versorgungsanlagen, für die Abfallentsorgung und Abwasserbeseitigung, für Ablagerungen sowie für Hauptversorgungs- und Hauptabwasserleitungen;

5. die Grünflächen, wie Parkanlagen, Dauerkleingärten, Sport-, Spiel-, Zelt- und Badeplätze, Friedhöfe;

6. die Flächen für Nutzungsbeschränkungen oder für Vorkehrungen zum Schutz gegen schädliche Umwelteinwirkungen im Sinne des Bundes-Immissionsschutzgesetzes[1];

7. die Wasserflächen, Häfen und die für die Wasserwirtschaft vorgesehenen Flächen sowie die Flächen, die im Interesse des Hochwasserschutzes und der Regelung des Wasserabflusses freizuhalten sind;

8. die Flächen für Aufschüttungen, Abgrabungen oder für die Gewinnung von Steinen, Erden und anderen Bodenschätzen;

9. a) die Flächen für die Landwirtschaft und

 b) Wald;

10. die Flächen für Maßnahmen zum Schutz, zur Pflege und zur Entwicklung von Boden, Natur und Landschaft.

(2a) Flächen zum Ausgleich im Sinne des § 1a Absatz 3 im Geltungsbereich des Flächennutzungsplans können den Flächen, auf denen Eingriffe in Natur und Landschaft zu erwarten sind, ganz oder teilweise zugeordnet werden.

(2b) Für die Zwecke des § 35 Absatz 3 Satz 3 können sachliche Teilflächennutzungspläne aufgestellt werden; sie können auch für Teile des Gemeindegebiets aufgestellt werden.

(3) Im Flächennutzungsplan sollen gekennzeichnet werden:

[1] Nr. 296.

1. Flächen, bei deren Bebauung besondere bauliche Vorkehrungen gegen äußere Einwirkungen oder bei denen besondere bauliche Sicherungsmaßnahmen gegen Naturgewalten erforderlich sind;
2. Flächen, unter denen der Bergbau umgeht oder die für den Abbau von Mineralien bestimmt sind;
3. für bauliche Nutzungen vorgesehene Flächen, deren Böden erheblich mit umweltgefährdenden Stoffen belastet sind.

(4) ¹ Planungen und sonstige Nutzungsregelungen, die nach anderen gesetzlichen Vorschriften festgesetzt sind, sowie nach Landesrecht denkmalgeschützte Mehrheiten von baulichen Anlagen sollen nachrichtlich übernommen werden. ² Sind derartige Festsetzungen in Aussicht genommen, sollen sie im Flächennutzungsplan vermerkt werden.

(4a) ¹ Festgesetzte Überschwemmungsgebiete im Sinne des § 76 Absatz 2 des Wasserhaushaltsgesetzes¹⁾, Risikogebiete außerhalb von Überschwemmungsgebieten im Sinne des § 78b Absatz 1 des Wasserhaushaltsgesetzes sowie Hochwasserentstehungsgebiete im Sinne des § 78d Absatz 1 des Wasserhaushaltsgesetzes sollen nachrichtlich übernommen werden. ² Noch nicht festgesetzte Überschwemmungsgebiete im Sinne des § 76 Absatz 3 des Wasserhaushaltsgesetzes sowie als Risikogebiete im Sinne des § 73 Absatz 1 Satz 1 des Wasserhaushaltsgesetzes bestimmte Gebiete sollen im Flächennutzungsplan vermerkt werden.

(5) Dem Flächennutzungsplan ist eine Begründung mit den Angaben nach § 2a beizufügen.

§ 6 Genehmigung des Flächennutzungsplans. (1) Der Flächennutzungsplan bedarf der Genehmigung der höheren Verwaltungsbehörde.

(2) Die Genehmigung darf nur versagt werden, wenn der Flächennutzungsplan nicht ordnungsgemäß zustande gekommen ist oder diesem Gesetzbuch, den auf Grund dieses Gesetzbuchs erlassenen oder sonstigen Rechtsvorschriften widerspricht.

(3) Können Versagungsgründe nicht ausgeräumt werden, kann die höhere Verwaltungsbehörde räumliche oder sachliche Teile des Flächennutzungsplans von der Genehmigung ausnehmen.

(4) ¹ Über die Genehmigung ist binnen drei Monaten zu entscheiden; die höhere Verwaltungsbehörde kann räumliche und sachliche Teile des Flächennutzungsplans vorweg genehmigen. ² Aus wichtigen Gründen kann die Frist auf Antrag der Genehmigungsbehörde von der zuständigen übergeordneten Behörde verlängert werden, in der Regel jedoch nur bis zu drei Monaten. ³ Die Gemeinde ist von der Fristverlängerung in Kenntnis zu setzen. ⁴ Die Genehmigung gilt als erteilt, wenn sie nicht innerhalb der Frist unter Angabe von Gründen abgelehnt wird.

(5) ¹ Die Erteilung der Genehmigung ist ortsüblich bekannt zu machen. ² Mit der Bekanntmachung wird der Flächennutzungsplan wirksam. ³ Jedermann kann den Flächennutzungsplan, die Begründung und die zusammenfassende Erklärung nach § 6a Absatz 1 einsehen und über deren Inhalt Auskunft verlangen.

¹⁾ Nr. **845.**

(6) Mit dem Beschluss über eine Änderung oder Ergänzung des Flächennutzungsplans kann die Gemeinde auch bestimmen, dass der Flächennutzungsplan in der Fassung, die er durch die Änderung oder Ergänzung erfahren hat, neu bekannt zu machen ist.

§ 6a Zusammenfassende Erklärung zum Flächennutzungsplan; Einstellen in das Internet. (1) Dem wirksamen Flächennutzungsplan ist eine zusammenfassende Erklärung beizufügen über die Art und Weise, wie die Umweltbelange und die Ergebnisse der Öffentlichkeits- und Behördenbeteiligung in dem Flächennutzungsplan berücksichtigt wurden, und über die Gründe, aus denen der Plan nach Abwägung mit den geprüften, in Betracht kommenden anderweitigen Planungsmöglichkeiten gewählt wurde.

(2) Der wirksame Flächennutzungsplan mit der Begründung und der zusammenfassenden Erklärung soll ergänzend auch in das Internet eingestellt und über ein zentrales Internetportal des Landes zugänglich gemacht werden.

§ 7 Anpassung an den Flächennutzungsplan. ¹ Öffentliche Planungsträger, die nach § 4 oder § 13 beteiligt worden sind, haben ihre Planungen dem Flächennutzungsplan insoweit anzupassen, als sie diesem Plan nicht widersprochen haben. ² Der Widerspruch ist bis zum Beschluss der Gemeinde einzulegen. ³ Macht eine Veränderung der Sachlage eine abweichende Planung erforderlich, haben sie sich unverzüglich mit der Gemeinde ins Benehmen zu setzen. ⁴ Kann ein Einvernehmen zwischen der Gemeinde und dem öffentlichen Planungsträger nicht erreicht werden, kann der öffentliche Planungsträger nachträglich widersprechen. ⁵ Der Widerspruch ist nur zulässig, wenn die für die abweichende Planung geltend gemachten Belange die sich aus dem Flächennutzungsplan ergebenden städtebaulichen Belange nicht nur unwesentlich überwiegen. ⁶ Im Falle einer abweichenden Planung ist § 37 Absatz 3 auf die durch die Änderung oder Ergänzung des Flächennutzungsplans oder eines Bebauungsplans, der aus dem Flächennutzungsplan entwickelt worden ist und geändert, ergänzt oder aufgehoben werden musste, entstehenden Aufwendungen und Kosten entsprechend anzuwenden; § 38 Satz 3 bleibt unberührt.

Dritter Abschnitt. Verbindlicher Bauleitplan (Bebauungsplan)

§ 8 Zweck des Bebauungsplans. (1) ¹ Der Bebauungsplan enthält die rechtsverbindlichen Festsetzungen für die städtebauliche Ordnung. ² Er bildet die Grundlage für weitere, zum Vollzug dieses Gesetzbuchs erforderliche Maßnahmen.

(2) ¹ Bebauungspläne sind aus dem Flächennutzungsplan zu entwickeln. ² Ein Flächennutzungsplan ist nicht erforderlich, wenn der Bebauungsplan ausreicht, um die städtebauliche Entwicklung zu ordnen.

(3) ¹ Mit der Aufstellung, Änderung, Ergänzung oder Aufhebung eines Bebauungsplans kann gleichzeitig auch der Flächennutzungsplan aufgestellt, geändert oder ergänzt werden (Parallelverfahren). ² Der Bebauungsplan kann vor dem Flächennutzungsplan bekannt gemacht werden, wenn nach dem Stand der Planungsarbeiten anzunehmen ist, dass der Bebauungsplan aus den künftigen Darstellungen des Flächennutzungsplans entwickelt sein wird.

(4) ¹ Ein Bebauungsplan kann aufgestellt, geändert, ergänzt oder aufgehoben werden, bevor der Flächennutzungsplan aufgestellt ist, wenn dringende Gründe es erfordern und wenn der Bebauungsplan der beabsichtigten städtebaulichen Entwicklung des Gemeindegebiets nicht entgegenstehen wird (vorzeitiger Bebauungsplan). ² Gilt bei Gebiets- oder Bestandsänderungen von Gemeinden oder anderen Veränderungen der Zuständigkeit für die Aufstellung von Flächennutzungsplänen ein Flächennutzungsplan fort, kann ein vorzeitiger Bebauungsplan auch aufgestellt werden, bevor der Flächennutzungsplan ergänzt oder geändert ist.

§ 9¹⁾ Inhalt des Bebauungsplans. (1) Im Bebauungsplan können aus städtebaulichen Gründen festgesetzt werden:

1. die Art und das Maß der baulichen Nutzung;

2. die Bauweise, die überbaubaren und die nicht überbaubaren Grundstücksflächen sowie die Stellung der baulichen Anlagen;

2a. vom Bauordnungsrecht abweichende Maße der Tiefe der Abstandsflächen;

3. für die Größe, Breite und Tiefe der Baugrundstücke Mindestmaße und aus Gründen des sparsamen und schonenden Umgangs mit Grund und Boden für Wohnbaugrundstücke auch Höchstmaße;

4. die Flächen für Nebenanlagen, die auf Grund anderer Vorschriften für die Nutzung von Grundstücken erforderlich sind, wie Spiel-, Freizeit- und Erholungsflächen sowie die Flächen für Stellplätze und Garagen mit ihren Einfahrten;

5. die Flächen für den Gemeinbedarf sowie für Sport- und Spielanlagen;

6. die höchstzulässige Zahl der Wohnungen in Wohngebäuden;

7. die Flächen, auf denen ganz oder teilweise nur Wohngebäude, die mit Mitteln der sozialen Wohnraumförderung gefördert werden könnten, errichtet werden dürfen;

8. einzelne Flächen, auf denen ganz oder teilweise nur Wohngebäude errichtet werden dürfen, die für Personengruppen mit besonderem Wohnbedarf bestimmt sind;

9. der besondere Nutzungszweck von Flächen;

10. die Flächen, die von der Bebauung freizuhalten sind, und ihre Nutzung;

11. die Verkehrsflächen sowie Verkehrsflächen besonderer Zweckbestimmung, wie Fußgängerbereiche, Flächen für das Parken von Fahrzeugen, Flächen für das Abstellen von Fahrrädern sowie den Anschluss anderer Flächen an die Verkehrsflächen; die Flächen können auch als öffentliche oder private Flächen festgesetzt werden;

12. die Versorgungsflächen, einschließlich der Flächen für Anlagen und Einrichtungen zur dezentralen und zentralen Erzeugung, Verteilung, Nutzung oder Speicherung von Strom, Wärme oder Kälte aus erneuerbaren Energien oder Kraft-Wärme-Kopplung;

13. die Führung von oberirdischen oder unterirdischen Versorgungsanlagen und -leitungen;

¹⁾ § 9 Abs. 6a Satz 1 geänd. mWv 5.1.2018 durch G v. 30.6.2017 (BGBl. I S. 2193).

14. die Flächen für die Abfall- und Abwasserbeseitigung, einschließlich der Rückhaltung und Versickerung von Niederschlagswasser, sowie für Ablagerungen;

15. die öffentlichen und privaten Grünflächen, wie Parkanlagen, Dauerkleingärten, Sport-, Spiel-, Zelt- und Badeplätze, Friedhöfe;

16. a) die Wasserflächen und die Flächen für die Wasserwirtschaft,

 b) die Flächen für Hochwasserschutzanlagen und für die Regelung des Wasserabflusses,

 c) Gebiete, in denen bei der Errichtung baulicher Anlagen bestimmte bauliche oder technische Maßnahmen getroffen werden müssen, die der Vermeidung oder Verringerung von Hochwasserschäden einschließlich Schäden durch Starkregen dienen, sowie die Art dieser Maßnahmen,

 d) die Flächen, die auf einem Baugrundstück für die natürliche Versickerung von Wasser aus Niederschlägen freigehalten werden müssen, um insbesondere Hochwasserschäden, einschließlich Schäden durch Starkregen, vorzubeugen;

17. die Flächen für Aufschüttungen, Abgrabungen oder für die Gewinnung von Steinen, Erden und anderen Bodenschätzen;

18. a) die Flächen für die Landwirtschaft und

 b) Wald;

19. die Flächen für die Errichtung von Anlagen für die Kleintierhaltung wie Ausstellungs- und Zuchtanlagen, Zwinger, Koppeln und dergleichen;

20. die Flächen oder Maßnahmen zum Schutz, zur Pflege und zur Entwicklung von Boden, Natur und Landschaft;

21. die mit Geh-, Fahr- und Leitungsrechten zugunsten der Allgemeinheit, eines Erschließungsträgers oder eines beschränkten Personenkreises zu belastenden Flächen;

22. die Flächen für Gemeinschaftsanlagen für bestimmte räumliche Bereiche wie Kinderspielplätze, Freizeiteinrichtungen, Stellplätze und Garagen;

23. Gebiete, in denen

 a) zum Schutz vor schädlichen Umwelteinwirkungen im Sinne des Bundes-Immissionsschutzgesetzes[1] bestimmte luftverunreinigende Stoffe nicht oder nur beschränkt verwendet werden dürfen,

 b) bei der Errichtung von Gebäuden oder bestimmten sonstigen baulichen Anlagen bestimmte bauliche und sonstige technische Maßnahmen für die Erzeugung, Nutzung oder Speicherung von Strom, Wärme oder Kälte aus erneuerbaren Energien oder Kraft-Wärme-Kopplung getroffen werden müssen,

 c) bei der Errichtung, Änderung oder Nutzungsänderung von nach Art, Maß oder Nutzungsintensität zu bestimmenden Gebäuden oder sonstigen baulichen Anlagen in der Nachbarschaft von Betriebsbereichen nach § 3 Absatz 5a des Bundes-Immissionsschutzgesetzes bestimmte bauliche und sonstige technische Maßnahmen, die der Vermeidung

[1] Nr. 296.

oder Minderung der Folgen von Störfällen dienen, getroffen werden müssen;

24. die von der Bebauung freizuhaltenden Schutzflächen und ihre Nutzung, die Flächen für besondere Anlagen und Vorkehrungen zum Schutz vor schädlichen Umwelteinwirkungen und sonstigen Gefahren im Sinne des Bundes-Immissionsschutzgesetzes sowie die zum Schutz vor solchen Einwirkungen oder zur Vermeidung oder Minderung solcher Einwirkungen zu treffenden baulichen und sonstigen technischen Vorkehrungen, einschließlich von Maßnahmen zum Schutz vor schädlichen Umwelteinwirkungen durch Geräusche, wobei die Vorgaben des Immissionsschutzrechts unberührt bleiben;

25. für einzelne Flächen oder für ein Bebauungsplangebiet oder Teile davon sowie für Teile baulicher Anlagen mit Ausnahme der für landwirtschaftliche Nutzungen oder Wald festgesetzten Flächen

a) das Anpflanzen von Bäumen, Sträuchern und sonstigen Bepflanzungen,

b) Bindungen für Bepflanzungen und für die Erhaltung von Bäumen, Sträuchern und sonstigen Bepflanzungen sowie von Gewässern;

26. die Flächen für Aufschüttungen, Abgrabungen und Stützmauern, soweit sie zur Herstellung des Straßenkörpers erforderlich sind.

(1a) [1] Flächen oder Maßnahmen zum Ausgleich im Sinne des § 1a Absatz 3 können auf den Grundstücken, auf denen Eingriffe in Natur und Landschaft zu erwarten sind, oder an anderer Stelle sowohl im sonstigen Geltungsbereich des Bebauungsplans als auch in einem anderen Bebauungsplan festgesetzt werden. [2] Die Flächen oder Maßnahmen zum Ausgleich an anderer Stelle können den Grundstücken, auf denen Eingriffe zu erwarten sind, ganz oder teilweise zugeordnet werden; dies gilt auch für Maßnahmen auf von der Gemeinde bereitgestellten Flächen.

(2) [1] Im Bebauungsplan kann in besonderen Fällen festgesetzt werden, dass bestimmte der in ihm festgesetzten baulichen und sonstigen Nutzungen und Anlagen nur

1. für einen bestimmten Zeitraum zulässig oder

2. bis zum Eintritt bestimmter Umstände zulässig oder unzulässig

sind. [2] Die Folgenutzung soll festgesetzt werden.

(2a) [1] Für im Zusammenhang bebaute Ortsteile (§ 34) kann zur Erhaltung oder Entwicklung zentraler Versorgungsbereiche, auch im Interesse einer verbrauchernahen Versorgung der Bevölkerung und der Innenentwicklung der Gemeinden, in einem Bebauungsplan festgesetzt werden, dass nur bestimmte Arten der nach § 34 Absatz 1 und 2 zulässigen baulichen Nutzungen zulässig oder nicht zulässig sind oder nur ausnahmsweise zugelassen werden können; die Festsetzungen können für Teile des räumlichen Geltungsbereichs des Bebauungsplans unterschiedlich getroffen werden. [2] Dabei ist insbesondere ein hierauf bezogenes städtebauliches Entwicklungskonzept im Sinne des § 1 Absatz 6 Nummer 11 zu berücksichtigen, das Aussagen über die zu erhaltenden oder zu entwickelnden zentralen Versorgungsbereiche der Gemeinde oder eines Gemeindeteils enthält. [3] In den zu erhaltenden oder zu entwickelnden zentralen Versorgungsbereichen sollen die planungsrechtlichen Voraussetzungen für Vorhaben, die diesen Versorgungsbereichen dienen, nach § 30

oder § 34 vorhanden oder durch einen Bebauungsplan, dessen Aufstellung förmlich eingeleitet ist, vorgesehen sein.

(2b) Für im Zusammenhang bebaute Ortsteile (§ 34) kann in einem Bebauungsplan, auch für Teile des räumlichen Geltungsbereichs des Bebauungsplans, festgesetzt werden, dass Vergnügungsstätten oder bestimmte Arten von Vergnügungsstätten zulässig oder nicht zulässig sind oder nur ausnahmsweise zugelassen werden können, um

1. eine Beeinträchtigung von Wohnnutzungen oder anderen schutzbedürftigen Anlagen wie Kirchen, Schulen und Kindertagesstätten oder

2. eine Beeinträchtigung der sich aus der vorhandenen Nutzung ergebenden städtebaulichen Funktion des Gebiets, insbesondere durch eine städtebaulich nachteilige Häufung von Vergnügungsstätten,

zu verhindern.

(2c) Für im Zusammenhang bebaute Ortsteile nach § 34 und für Gebiete nach § 30 in der Nachbarschaft von Betriebsbereichen nach § 3 Absatz 5a des Bundes-Immissionsschutzgesetzes kann zur Vermeidung oder Verringerung der Folgen von Störfällen für bestimmte Nutzungen, Arten von Nutzungen oder für nach Art, Maß oder Nutzungsintensität zu bestimmende Gebäude oder sonstige bauliche Anlagen in einem Bebauungsplan festgesetzt werden, dass diese zulässig, nicht zulässig oder nur ausnahmsweise zulässig sind; die Festsetzungen können für Teile des räumlichen Geltungsbereichs des Bebauungsplans unterschiedlich getroffen werden.

(3) [1] Bei Festsetzungen nach Absatz 1 kann auch die Höhenlage festgesetzt werden. [2] Festsetzungen nach Absatz 1 für übereinander liegende Geschosse und Ebenen und sonstige Teile baulicher Anlagen können gesondert getroffen werden; dies gilt auch, soweit Geschosse, Ebenen und sonstige Teile baulicher Anlagen unterhalb der Geländeoberfläche vorgesehen sind.

(4) Die Länder können durch Rechtsvorschriften bestimmen, dass auf Landesrecht beruhende Regelungen in den Bebauungsplan als Festsetzungen aufgenommen werden können und inwieweit auf diese Festsetzungen die Vorschriften dieses Gesetzbuchs Anwendung finden.

(5) Im Bebauungsplan sollen gekennzeichnet werden:

1. Flächen, bei deren Bebauung besondere bauliche Vorkehrungen gegen äußere Einwirkungen oder bei denen besondere bauliche Sicherungsmaßnahmen gegen Naturgewalten erforderlich sind;

2. Flächen, unter denen der Bergbau umgeht oder die für den Abbau von Mineralien bestimmt sind;

3. Flächen, deren Böden erheblich mit umweltgefährdenden Stoffen belastet sind.

(6) Nach anderen gesetzlichen Vorschriften getroffene Festsetzungen, gemeindliche Regelungen zum Anschluss- und Benutzungszwang sowie Denkmäler nach Landesrecht sollen in den Bebauungsplan nachrichtlich übernommen werden, soweit sie zu seinem Verständnis oder für die städtebauliche Beurteilung von Baugesuchen notwendig oder zweckmäßig sind.

(6a) [1] Festgesetzte Überschwemmungsgebiete im Sinne des § 76 Absatz 2 des Wasserhaushaltsgesetzes[1]), Risikogebiete außerhalb von Überschwemmungsgebieten im Sinne des § 78b Absatz 1 des Wasserhaushaltsgesetzes sowie Hochwasserentstehungsgebiete im Sinne des § 78d Absatz 1 des Wasserhaushaltsgesetzes sollen nachrichtlich übernommen werden. [2] Noch nicht festgesetzte Überschwemmungsgebiete im Sinne des § 76 Absatz 3 des Wasserhaushaltsgesetzes sowie als Risikogebiete im Sinne des § 73 Absatz 1 Satz 1 des Wasserhaushaltsgesetzes bestimmte Gebiete sollen im Bebauungsplan vermerkt werden.

(7) Der Bebauungsplan setzt die Grenzen seines räumlichen Geltungsbereichs fest.

(8) Dem Bebauungsplan ist eine Begründung mit den Angaben nach § 2a beizufügen.

§ 9a Verordnungsermächtigung. Das Bundesministerium für Umwelt, Naturschutz, Bau und Reaktorsicherheit wird ermächtigt, mit Zustimmung des Bundesrates durch Rechtsverordnung[2]) Vorschriften zu erlassen über

1. Darstellungen und Festsetzungen in den Bauleitplänen über

 a) die Art der baulichen Nutzung,

 b) das Maß der baulichen Nutzung und seine Berechnung,

 c) die Bauweise sowie die überbaubaren und die nicht überbaubaren Grundstücksflächen;

2. die in den Baugebieten zulässigen baulichen und sonstigen Anlagen;

3. die Zulässigkeit der Festsetzung nach Maßgabe des § 9 Absatz 3 über verschiedenartige Baugebiete oder verschiedenartige in den Baugebieten zulässige bauliche und sonstige Anlagen;

4. die Ausarbeitung der Bauleitpläne einschließlich der dazugehörigen Unterlagen sowie über die Darstellung des Planinhalts, insbesondere über die dabei zu verwendenden Planzeichen und ihre Bedeutung.

§ 10 Beschluss, Genehmigung und Inkrafttreten des Bebauungsplans.

(1) Die Gemeinde beschließt den Bebauungsplan als Satzung.

(2) [1] Bebauungspläne nach § 8 Absatz 2 Satz 2, Absatz 3 Satz 2 und Absatz 4 bedürfen der Genehmigung der höheren Verwaltungsbehörde. [2] § 6 Absatz 2 und 4 ist entsprechend anzuwenden.

(3) [1] Die Erteilung der Genehmigung oder, soweit eine Genehmigung nicht erforderlich ist, der Beschluss des Bebauungsplans durch die Gemeinde ist ortsüblich bekannt zu machen. [2] Der Bebauungsplan ist mit der Begründung und der zusammenfassenden Erklärung nach § 10a Absatz 1 zu jedermanns Einsicht bereitzuhalten; über den Inhalt ist auf Verlangen Auskunft zu geben. [3] In der Bekanntmachung ist darauf hinzuweisen, wo der Bebauungsplan eingesehen werden kann. [4] Mit der Bekanntmachung tritt der Bebauungsplan in Kraft. [5] Die Bekanntmachung tritt an die Stelle der sonst für Satzungen vorgeschriebenen Veröffentlichung.

[1]) Nr. **845**.
[2]) Siehe die BaunutzungsVO (Nr. **311**) und die PlanzeichenVO (**Sartorius ErgBd. Nr. 312**).

§ 10a Zusammenfassende Erklärung zum Bebauungsplan; Einstellen in das Internet. (1) Dem in Kraft getretenen Bebauungsplan ist eine zusammenfassende Erklärung beizufügen über die Art und Weise, wie die Umweltbelange und die Ergebnisse der Öffentlichkeits- und Behördenbeteiligung in dem Bebauungsplan berücksichtigt wurden, und über die Gründe, aus denen der Plan nach Abwägung mit den geprüften, in Betracht kommenden anderweitigen Planungsmöglichkeiten gewählt wurde.

(2) Der in Kraft getretene Bebauungsplan mit der Begründung und der zusammenfassenden Erklärung soll ergänzend auch in das Internet eingestellt und über ein zentrales Internetportal des Landes zugänglich gemacht werden.

Vierter Abschnitt. Zusammenarbeit mit Privaten; vereinfachtes Verfahren

§ 11 Städtebaulicher Vertrag. (1) [1] Die Gemeinde kann städtebauliche Verträge schließen. [2] Gegenstände eines städtebaulichen Vertrags können insbesondere sein:

1. die Vorbereitung oder Durchführung städtebaulicher Maßnahmen durch den Vertragspartner auf eigene Kosten; dazu gehören auch die Neuordnung der Grundstücksverhältnisse, die Bodensanierung und sonstige vorbereitende Maßnahmen, die Erschließung durch nach Bundes- oder nach Landesrecht beitragsfähige sowie nicht beitragsfähige Erschließungsanlagen, die Ausarbeitung der städtebaulichen Planungen sowie erforderlichenfalls des Umweltberichts; die Verantwortung der Gemeinde für das gesetzlich vorgesehene Planaufstellungsverfahren bleibt unberührt;

2. die Förderung und Sicherung der mit der Bauleitplanung verfolgten Ziele, insbesondere die Grundstücksnutzung, auch hinsichtlich einer Befristung oder einer Bedingung, die Durchführung des Ausgleichs im Sinne des § 1a Absatz 3, die Berücksichtigung baukultureller Belange, die Deckung des Wohnbedarfs von Bevölkerungsgruppen mit besonderen Wohnraumversorgungsproblemen sowie der Erwerb angemessenen Wohnraums durch einkommensschwächere und weniger begüterte Personen der örtlichen Bevölkerung;

3. die Übernahme von Kosten oder sonstigen Aufwendungen, die der Gemeinde für städtebauliche Maßnahmen entstehen oder entstanden sind und die Voraussetzung oder Folge des geplanten Vorhabens sind; dazu gehört auch die Bereitstellung von Grundstücken;

4. entsprechend den mit den städtebaulichen Planungen und Maßnahmen verfolgten Zielen und Zwecken die Errichtung und Nutzung von Anlagen und Einrichtungen zur dezentralen und zentralen Erzeugung, Verteilung, Nutzung oder Speicherung von Strom, Wärme oder Kälte aus erneuerbaren Energien oder Kraft-Wärme-Kopplung;

5. entsprechend den mit den städtebaulichen Planungen und Maßnahmen verfolgten Zielen und Zwecken die Anforderungen an die energetische Qualität von Gebäuden.

[3] Die Gemeinde kann städtebauliche Verträge auch mit einer juristischen Person abschließen, an der sie beteiligt ist.

(2) [1] Die vereinbarten Leistungen müssen den gesamten Umständen nach angemessen sein. [2] Die Vereinbarung einer vom Vertragspartner zu erbringen-

den Leistung ist unzulässig, wenn er auch ohne sie einen Anspruch auf die Gegenleistung hätte. ³ Trägt oder übernimmt der Vertragspartner Kosten oder sonstige Aufwendungen, ist unbeschadet des Satzes 1 eine Eigenbeteiligung der Gemeinde nicht erforderlich.

(3) Ein städtebaulicher Vertrag bedarf der Schriftform, soweit nicht durch Rechtsvorschriften eine andere Form vorgeschrieben ist.

(4) Die Zulässigkeit anderer städtebaulicher Verträge bleibt unberührt.

§ 12 Vorhaben- und Erschließungsplan. (1) ¹ Die Gemeinde kann durch einen vorhabenbezogenen Bebauungsplan die Zulässigkeit von Vorhaben bestimmen, wenn der Vorhabenträger auf der Grundlage eines mit der Gemeinde abgestimmten Plans zur Durchführung der Vorhaben und der Erschließungsmaßnahmen (Vorhaben- und Erschließungsplan) bereit und in der Lage ist und sich zur Durchführung innerhalb einer bestimmten Frist und zur Tragung der Planungs- und Erschließungskosten ganz oder teilweise vor dem Beschluss nach § 10 Absatz 1 verpflichtet (Durchführungsvertrag). ² Die Begründung des Planentwurfs hat die nach § 2a erforderlichen Angaben zu enthalten. ³ Für die grenzüberschreitende Beteiligung ist eine Übersetzung der Angaben vorzulegen, soweit dies nach den Vorschriften des Gesetzes über die Umweltverträglichkeitsprüfung¹⁾ notwendig ist. ⁴ Für den vorhabenbezogenen Bebauungsplan nach Satz 1 gelten ergänzend die Absätze 2 bis 6.

(2) ¹ Die Gemeinde hat auf Antrag des Vorhabenträgers über die Einleitung des Bebauungsplanverfahrens nach pflichtgemäßem Ermessen zu entscheiden. ² Auf Antrag des Vorhabenträgers oder sofern die Gemeinde es nach Einleitung des Bebauungsplanverfahrens für erforderlich hält, informiert die Gemeinde diesen über den voraussichtlich erforderlichen Untersuchungsrahmen der Umweltprüfung nach § 2 Absatz 4 unter Beteiligung der Behörden nach § 4 Absatz 1.

(3) ¹ Der Vorhaben- und Erschließungsplan wird Bestandteil des vorhabenbezogenen Bebauungsplans. ² Im Bereich des Vorhaben- und Erschließungsplans ist die Gemeinde bei der Bestimmung der Zulässigkeit der Vorhaben nicht an die Festsetzungen nach § 9 und nach der auf Grund von § 9a erlassenen Verordnung gebunden; die §§ 14 bis 18, 22 bis 28, 39 bis 79, 127 bis 135c sind nicht anzuwenden. ³ Soweit der vorhabenbezogene Bebauungsplan auch im Bereich des Vorhaben- und Erschließungsplans Festsetzungen nach § 9 für öffentliche Zwecke trifft, kann gemäß § 85 Absatz 1 Nummer 1 enteignet werden.

(3a) ¹ Wird in einem vorhabenbezogenen Bebauungsplan für den Bereich des Vorhaben- und Erschließungsplans durch Festsetzung eines Baugebiets auf Grund der Baunutzungsverordnung oder auf sonstige Weise eine bauliche oder sonstige Nutzung allgemein festgesetzt, ist unter entsprechender Anwendung des § 9 Absatz 2 festzusetzen, dass im Rahmen der festgesetzten Nutzungen nur solche Vorhaben zulässig sind, zu deren Durchführung sich der Vorhabenträger im Durchführungsvertrag verpflichtet. ² Änderungen des Durchführungsvertrags oder der Abschluss eines neuen Durchführungsvertrags sind zulässig.

¹⁾ Nr. **295.**

(4) Einzelne Flächen außerhalb des Bereichs des Vorhaben- und Erschließungsplans können in den vorhabenbezogenen Bebauungsplan einbezogen werden.

(5) [1] Ein Wechsel des Vorhabenträgers bedarf der Zustimmung der Gemeinde. [2] Die Zustimmung darf nur dann verweigert werden, wenn Tatsachen die Annahme rechtfertigen, dass die Durchführung des Vorhaben- und Erschließungsplans innerhalb der Frist nach Absatz 1 gefährdet ist.

(6) [1] Wird der Vorhaben- und Erschließungsplan nicht innerhalb der Frist nach Absatz 1 durchgeführt, soll die Gemeinde den Bebauungsplan aufheben. [2] Aus der Aufhebung können Ansprüche des Vorhabenträgers gegen die Gemeinde nicht geltend gemacht werden. [3] Bei der Aufhebung kann das vereinfachte Verfahren nach § 13 angewendet werden.

(7) Soll in bisherigen Erholungssondergebieten nach § 10 der Baunutzungsverordnung[1] auch Wohnnutzung zugelassen werden, kann die Gemeinde nach Maßgabe der Absätze 1 bis 6 einen vorhabenbezogenen Bebauungsplan aufstellen, der insbesondere die Zulässigkeit von baulichen Anlagen zu Wohnzwecken in diesen Gebieten regelt.

§ 13 Vereinfachtes Verfahren. (1) Werden durch die Änderung oder Ergänzung eines Bauleitplans die Grundzüge der Planung nicht berührt oder wird durch die Aufstellung eines Bebauungsplans in einem Gebiet nach § 34 der sich aus der vorhandenen Eigenart der näheren Umgebung ergebende Zulässigkeitsmaßstab nicht wesentlich verändert oder enthält er lediglich Festsetzungen nach § 9 Absatz 2a oder Absatz 2b, kann die Gemeinde das vereinfachte Verfahren anwenden, wenn

1. die Zulässigkeit von Vorhaben, die einer Pflicht zur Durchführung einer Umweltverträglichkeitsprüfung nach Anlage 1 zum Gesetz über die Umweltverträglichkeitsprüfung[2] oder nach Landesrecht unterliegen, nicht vorbereitet oder begründet wird,

2. keine Anhaltspunkte für eine Beeinträchtigung der in § 1 Absatz 6 Nummer 7 Buchstabe b genannten Schutzgüter bestehen und

3. keine Anhaltspunkte dafür bestehen, dass bei der Planung Pflichten zur Vermeidung oder Begrenzung der Auswirkungen von schweren Unfällen nach § 50 Satz 1 des Bundes-Immissionsschutzgesetzes[3] zu beachten sind.

(2) [1] Im vereinfachten Verfahren kann

1. von der frühzeitigen Unterrichtung und Erörterung nach § 3 Absatz 1 und § 4 Absatz 1 abgesehen werden,

2. der betroffenen Öffentlichkeit Gelegenheit zur Stellungnahme innerhalb angemessener Frist gegeben oder wahlweise die Auslegung nach § 3 Absatz 2 durchgeführt werden,

3. den berührten Behörden und sonstigen Trägern öffentlicher Belange Gelegenheit zur Stellungnahme innerhalb angemessener Frist gegeben oder wahlweise die Beteiligung nach § 4 Absatz 2 durchgeführt werden.

[1] Nr. 311.
[2] Nr. 295.
[3] Nr. 296.

² Wird nach Satz 1 Nummer 2 die betroffene Öffentlichkeit beteiligt, gilt die Hinweispflicht des § 3 Absatz 2 Satz 2 Halbsatz 2 entsprechend.

(3) ¹ Im vereinfachten Verfahren wird von der Umweltprüfung nach § 2 Absatz 4, von dem Umweltbericht nach § 2a, von der Angabe nach § 3 Absatz 2 Satz 2, welche Arten umweltbezogener Informationen verfügbar sind, sowie von der zusammenfassenden Erklärung nach § 6a Absatz 1 und § 10a Absatz 1 abgesehen; § 4c ist nicht anzuwenden. ² Bei der Beteiligung nach Absatz 2 Nummer 2 ist darauf hinzuweisen, dass von einer Umweltprüfung abgesehen wird.

§ 13a Bebauungspläne der Innenentwicklung. (1) ¹ Ein Bebauungsplan für die Wiedernutzbarmachung von Flächen, die Nachverdichtung oder andere Maßnahmen der Innenentwicklung (Bebauungsplan der Innenentwicklung) kann im beschleunigten Verfahren aufgestellt werden. ² Der Bebauungsplan darf im beschleunigten Verfahren nur aufgestellt werden, wenn in ihm eine zulässige Grundfläche im Sinne des § 19 Absatz 2 der Baunutzungsverordnung¹⁾ oder eine Größe der Grundfläche festgesetzt wird von insgesamt

1. weniger als 20 000 Quadratmetern, wobei die Grundflächen mehrerer Bebauungspläne, die in einem engen sachlichen, räumlichen und zeitlichen Zusammenhang aufgestellt werden, mitzurechnen sind, oder

2. 20 000 Quadratmetern bis weniger als 70 000 Quadratmetern, wenn auf Grund einer überschlägigen Prüfung unter Berücksichtigung der in Anlage 2 dieses Gesetzes genannten Kriterien die Einschätzung erlangt wird, dass der Bebauungsplan voraussichtlich keine erheblichen Umweltauswirkungen hat, die nach § 2 Absatz 4 Satz 4 in der Abwägung zu berücksichtigen wären (Vorprüfung des Einzelfalls); die Behörden und sonstigen Träger öffentlicher Belange, deren Aufgabenbereiche durch die Planung berührt werden können, sind an der Vorprüfung des Einzelfalls zu beteiligen.

³ Wird in einem Bebauungsplan weder eine zulässige Grundfläche noch eine Größe der Grundfläche festgesetzt, ist bei Anwendung des Satzes 2 die Fläche maßgeblich, die bei Durchführung des Bebauungsplans voraussichtlich versiegelt wird. ⁴ Das beschleunigte Verfahren ist ausgeschlossen, wenn durch den Bebauungsplan die Zulässigkeit von Vorhaben begründet wird, die einer Pflicht zur Durchführung einer Umweltverträglichkeitsprüfung nach dem Gesetz über die Umweltverträglichkeitsprüfung oder nach Landesrecht unterliegen. ⁵ Das beschleunigte Verfahren ist auch ausgeschlossen, wenn Anhaltspunkte für eine Beeinträchtigung der in § 1 Absatz 6 Nummer 7 Buchstabe b genannten Schutzgüter oder dafür bestehen, dass bei der Planung Pflichten zur Vermeidung oder Begrenzung der Auswirkungen von schweren Unfällen nach § 50 Satz 1 des Bundes-Immissionsschutzgesetzes²⁾ zu beachten sind.

(2) Im beschleunigten Verfahren

1. gelten die Vorschriften des vereinfachten Verfahrens nach § 13 Absatz 2 und 3 Satz 1 entsprechend;

2. kann ein Bebauungsplan, der von Darstellungen des Flächennutzungsplans abweicht, auch aufgestellt werden, bevor der Flächennutzungsplan geändert

¹⁾ Nr. **311**.
²⁾ Nr. **296**.

oder ergänzt ist; die geordnete städtebauliche Entwicklung des Gemeinde-gebiets darf nicht beeinträchtigt werden; der Flächennutzungsplan ist im Wege der Berichtigung anzupassen;

3. soll einem Bedarf an Investitionen zur Erhaltung, Sicherung und Schaffung von Arbeitsplätzen, zur Versorgung der Bevölkerung mit Wohnraum oder zur Verwirklichung von Infrastrukturvorhaben in der Abwägung in angemessener Weise Rechnung getragen werden;

4. gelten in den Fällen des Absatzes 1 Satz 2 Nummer 1 Eingriffe, die auf Grund der Aufstellung des Bebauungsplans zu erwarten sind, als im Sinne des § 1a Absatz 3 Satz 6 vor der planerischen Entscheidung erfolgt oder zulässig.

(3) [1] Bei Aufstellung eines Bebauungsplans im beschleunigten Verfahren ist ortsüblich bekannt zu machen,

1. dass der Bebauungsplan im beschleunigten Verfahren ohne Durchführung einer Umweltprüfung nach § 2 Absatz 4 aufgestellt werden soll, in den Fällen des Absatzes 1 Satz 2 Nummer 2 einschließlich der hierfür wesentlichen Gründe, und

2. wo sich die Öffentlichkeit über die allgemeinen Ziele und Zwecke sowie die wesentlichen Auswirkungen der Planung unterrichten kann und dass sich die Öffentlichkeit innerhalb einer bestimmten Frist zur Planung äußern kann, sofern keine frühzeitige Unterrichtung und Erörterung im Sinne des § 3 Absatz 1 stattfindet.

[2] Die Bekanntmachung nach Satz 1 kann mit der ortsüblichen Bekannt-machung nach § 2 Absatz 1 Satz 2 verbunden werden. [3] In den Fällen des Absatzes 1 Satz 2 Nummer 2 erfolgt die Bekanntmachung nach Satz 1 nach Abschluss der Vorprüfung des Einzelfalls.

(4) Die Absätze 1 bis 3 gelten entsprechend für die Änderung und Ergän-zung eines Bebauungsplans.

§ 13b Einbeziehung von Außenbereichsflächen in das beschleunigte Verfahren. [1] Bis zum 31. Dezember 2019 gilt § 13a entsprechend für Bebau-ungspläne mit einer Grundfläche im Sinne des § 13a Absatz 1 Satz 2 von weniger als 10 000 Quadratmetern, durch die die Zulässigkeit von Wohn-nutzungen auf Flächen begründet wird, die sich an im Zusammenhang bebaute Ortsteile anschließen. [2] Das Verfahren zur Aufstellung eines Bebau-ungsplans nach Satz 1 kann nur bis zum 31. Dezember 2019 förmlich einge-leitet werden; der Satzungsbeschluss nach § 10 Absatz 1 ist bis zum 31. De-zember 2021 zu fassen.

Zweiter Teil. Sicherung der Bauleitplanung

Erster Abschnitt. Veränderungssperre und Zurückstellung von Baugesuchen

§ 14 Veränderungssperre. (1) Ist ein Beschluss über die Aufstellung eines Bebauungsplans gefasst, kann die Gemeinde zur Sicherung der Planung für den künftigen Planbereich eine Veränderungssperre mit dem Inhalt beschlie-ßen, dass

1. Vorhaben im Sinne des § 29 nicht durchgeführt oder bauliche Anlagen nicht beseitigt werden dürfen;

2. erhebliche oder wesentlich wertsteigernde Veränderungen von Grundstücken und baulichen Anlagen, deren Veränderungen nicht genehmigungs-, zustimmungs- oder anzeigepflichtig sind, nicht vorgenommen werden dürfen.

(2) [1] Wenn überwiegende öffentliche Belange nicht entgegenstehen, kann von der Veränderungssperre eine Ausnahme zugelassen werden. [2] Die Entscheidung über Ausnahmen trifft die Baugenehmigungsbehörde im Einvernehmen mit der Gemeinde.

(3) Vorhaben, die vor dem Inkrafttreten der Veränderungssperre baurechtlich genehmigt worden sind, Vorhaben, von denen die Gemeinde nach Maßgabe des Bauordnungsrechts Kenntnis erlangt hat und mit deren Ausführung vor dem Inkrafttreten der Veränderungssperre hätte begonnen werden dürfen, sowie Unterhaltungsarbeiten und die Fortführung einer bisher ausgeübten Nutzung werden von der Veränderungssperre nicht berührt.

(4) Soweit für Vorhaben im förmlich festgelegten Sanierungsgebiet oder im städtebaulichen Entwicklungsbereich eine Genehmigungspflicht nach § 144 Absatz 1 besteht, sind die Vorschriften über die Veränderungssperre nicht anzuwenden.

§ 15 Zurückstellung von Baugesuchen. (1) [1] Wird eine Veränderungssperre nach § 14 nicht beschlossen, obwohl die Voraussetzungen gegeben sind, oder ist eine beschlossene Veränderungssperre noch nicht in Kraft getreten, hat die Baugenehmigungsbehörde auf Antrag der Gemeinde die Entscheidung über die Zulässigkeit von Vorhaben im Einzelfall für einen Zeitraum bis zu zwölf Monaten auszusetzen, wenn zu befürchten ist, dass die Durchführung der Planung durch das Vorhaben unmöglich gemacht oder wesentlich erschwert werden würde. [2] Wird kein Baugenehmigungsverfahren durchgeführt, wird auf Antrag der Gemeinde anstelle der Aussetzung der Entscheidung über die Zulässigkeit eine vorläufige Untersagung innerhalb einer durch Landesrecht festgesetzten Frist ausgesprochen. [3] Die vorläufige Untersagung steht der Zurückstellung nach Satz 1 gleich.

(2) Soweit für Vorhaben im förmlich festgelegten Sanierungsgebiet oder im städtebaulichen Entwicklungsbereich eine Genehmigungspflicht nach § 144 Absatz 1 besteht, sind die Vorschriften über die Zurückstellung von Baugesuchen nicht anzuwenden; mit der förmlichen Festlegung des Sanierungsgebiets oder des städtebaulichen Entwicklungsbereichs wird ein Bescheid über die Zurückstellung des Baugesuchs nach Absatz 1 unwirksam.

(3) [1] Auf Antrag der Gemeinde hat die Baugenehmigungsbehörde die Entscheidung über die Zulässigkeit von Vorhaben nach § 35 Absatz 1 Nummer 2 bis 6 für einen Zeitraum bis zu längstens einem Jahr nach Zustellung der Zurückstellung des Baugesuchs auszusetzen, wenn die Gemeinde beschlossen hat, einen Flächennutzungsplan aufzustellen, zu ändern oder zu ergänzen, mit dem die Rechtswirkungen des § 35 Absatz 3 Satz 3 erreicht werden sollen, und zu befürchten ist, dass die Durchführung der Planung durch das Vorhaben unmöglich gemacht oder wesentlich erschwert werden würde. [2] Auf diesen Zeitraum ist die Zeit zwischen dem Eingang des Baugesuchs bei der zuständigen Behörde bis zur Zustellung der Zurückstellung des Baugesuchs

nicht anzurechnen, soweit der Zeitraum für die Bearbeitung des Baugesuchs erforderlich ist. [3] Der Antrag der Gemeinde nach Satz 1 ist nur innerhalb von sechs Monaten, nachdem die Gemeinde in einem Verwaltungsverfahren von dem Bauvorhaben förmlich Kenntnis erhalten hat, zulässig. [4] Wenn besondere Umstände es erfordern, kann die Baugenehmigungsbehörde auf Antrag der Gemeinde die Entscheidung nach Satz 1 um höchstens ein weiteres Jahr aussetzen.

§ 16 Beschluss über die Veränderungssperre. (1) Die Veränderungssperre wird von der Gemeinde als Satzung beschlossen.

(2) [1] Die Gemeinde hat die Veränderungssperre ortsüblich bekannt zu machen. [2] Sie kann auch ortsüblich bekannt machen, dass eine Veränderungssperre beschlossen worden ist; § 10 Absatz 3 Satz 2 bis 5 ist entsprechend anzuwenden.

§ 17 Geltungsdauer der Veränderungssperre. (1) [1] Die Veränderungssperre tritt nach Ablauf von zwei Jahren außer Kraft. [2] Auf die Zweijahresfrist ist der seit der Zustellung der ersten Zurückstellung eines Baugesuchs nach § 15 Absatz 1 abgelaufene Zeitraum anzurechnen. [3] Die Gemeinde kann die Frist um ein Jahr verlängern.

(2) Wenn besondere Umstände es erfordern, kann die Gemeinde die Frist bis zu einem weiteren Jahr nochmals verlängern.

(3) Die Gemeinde kann eine außer Kraft getretene Veränderungssperre ganz oder teilweise erneut beschließen, wenn die Voraussetzungen für ihren Erlass fortbestehen.

(4) Die Veränderungssperre ist vor Fristablauf ganz oder teilweise außer Kraft zu setzen, sobald die Voraussetzungen für ihren Erlass weggefallen sind.

(5) Die Veränderungssperre tritt in jedem Fall außer Kraft, sobald und soweit die Bauleitplanung rechtsverbindlich abgeschlossen ist.

(6) [1] Mit der förmlichen Festlegung des Sanierungsgebiets oder des städtebaulichen Entwicklungsbereichs tritt eine bestehende Veränderungssperre nach § 14 außer Kraft. [2] Dies gilt nicht, wenn in der Sanierungssatzung die Genehmigungspflicht nach § 144 Absatz 1 ausgeschlossen ist.

§ 18 Entschädigung bei Veränderungssperre. (1) [1] Dauert die Veränderungssperre länger als vier Jahre über den Zeitpunkt ihres Beginns oder der ersten Zurückstellung eines Baugesuchs nach § 15 Absatz 1 hinaus, ist den Betroffenen für dadurch entstandene Vermögensnachteile eine angemessene Entschädigung in Geld zu leisten. [2] Die Vorschriften über die Entschädigung im Zweiten Abschnitt des Fünften Teils sowie § 121 gelten entsprechend; dabei ist der Grundstückswert zugrunde zu legen, der nach den Vorschriften des Zweiten Abschnitts des Dritten Teils zu entschädigen wäre.

(2) [1] Zur Entschädigung ist die Gemeinde verpflichtet. [2] Der Entschädigungsberechtigte kann Entschädigung verlangen, wenn die in Absatz 1 Satz 1 bezeichneten Vermögensnachteile eingetreten sind. [3] Er kann die Fälligkeit des Anspruchs dadurch herbeiführen, dass er die Leistung der Entschädigung schriftlich bei dem Entschädigungspflichtigen beantragt. [4] Kommt eine Einigung über die Entschädigung nicht zustande, entscheidet die höhere Ver-

waltungsbehörde. [5] Für den Bescheid über die Festsetzung der Entschädigung gilt § 122 entsprechend.

(3) [1] Auf das Erlöschen des Entschädigungsanspruchs findet § 44 Absatz 4 mit der Maßgabe Anwendung, dass bei einer Veränderungssperre, die die Sicherung einer Festsetzung nach § 40 Absatz 1 oder § 41 Absatz 1 zum Gegenstand hat, die Erlöschensfrist frühestens ab Rechtsverbindlichkeit des Bebauungsplans beginnt. [2] In der Bekanntmachung nach § 16 Absatz 2 ist auf die Vorschriften des Absatzes 2 Satz 2 und 3 hinzuweisen.

Zweiter Abschnitt. Teilung von Grundstücken; Gebiete mit Fremdenverkehrsfunktionen

§ 19 Teilung von Grundstücken. (1) Die Teilung eines Grundstücks ist die dem Grundbuchamt gegenüber abgegebene oder sonst wie erkennbar gemachte Erklärung des Eigentümers, dass ein Grundstücksteil grundbuchmäßig abgeschrieben und als selbständiges Grundstück oder als ein Grundstück zusammen mit anderen Grundstücken oder mit Teilen anderer Grundstücke eingetragen werden soll.

(2) Durch die Teilung eines Grundstücks im Geltungsbereich eines Bebauungsplans dürfen keine Verhältnisse entstehen, die den Festsetzungen des Bebauungsplans widersprechen.

§§ 20, 21 (weggefallen)

§ 22 Sicherung von Gebieten mit Fremdenverkehrsfunktionen.

(1) [1] Die Gemeinden, die oder deren Teile überwiegend durch den Fremdenverkehr geprägt sind, können in einem Bebauungsplan oder durch eine sonstige Satzung bestimmen, dass zur Sicherung der Zweckbestimmung von Gebieten mit Fremdenverkehrsfunktionen Folgendes der Genehmigung unterliegt:

1. die Begründung oder Teilung von Wohnungseigentum oder Teileigentum nach § 1 des Wohnungseigentumsgesetzes[1]),
2. die Begründung der in den §§ 30 und 31 des Wohnungseigentumsgesetzes bezeichneten Rechte,
3. die Begründung von Bruchteilseigentum nach § 1008 des Bürgerlichen Gesetzbuchs[2]) an Grundstücken mit Wohngebäuden oder Beherbergungsbetrieben, wenn zugleich nach § 1010 Absatz 1 des Bürgerlichen Gesetzbuchs im Grundbuch als Belastung eingetragen werden soll, dass Räume einem oder mehreren Miteigentümern zur ausschließlichen Benutzung zugewiesen sind und die Aufhebung der Gemeinschaft ausgeschlossen ist,
4. bei bestehendem Bruchteilseigentum nach § 1008 des Bürgerlichen Gesetzbuchs an Grundstücken mit Wohngebäuden oder Beherbergungsbetrieben eine im Grundbuch als Belastung einzutragende Regelung nach § 1010 Absatz 1 des Bürgerlichen Gesetzbuchs, wonach Räume einem oder mehreren Miteigentümern zur ausschließlichen Benutzung zugewiesen sind und die Aufhebung der Gemeinschaft ausgeschlossen ist,

[1]) **Schönfelder Nr. 37.**
[2]) **Schönfelder Nr. 20.**

5. die Nutzung von Räumen in Wohngebäuden oder Beherbergungsbetrieben als Nebenwohnung, wenn die Räume insgesamt an mehr als der Hälfte der Tage eines Jahres unbewohnt sind.

[2] Voraussetzung für die Bestimmung ist, dass durch die Begründung oder Teilung der Rechte, durch die Regelung nach § 1010 des Bürgerlichen Gesetzbuchs oder durch die Nutzung als Nebenwohnung die vorhandene oder vorgesehene Zweckbestimmung des Gebiets für den Fremdenverkehr und dadurch die geordnete städtebauliche Entwicklung beeinträchtigt werden kann. [3] Die Zweckbestimmung eines Gebiets für den Fremdenverkehr ist insbesondere anzunehmen bei Kurgebieten, Gebieten für die Fremdenbeherbergung, Wochenend- und Ferienhausgebieten, die im Bebauungsplan festgesetzt sind, und bei im Zusammenhang bebauten Ortsteilen, deren Eigenart solchen Gebieten entspricht, sowie bei sonstigen Gebieten mit Fremdenverkehrsfunktionen, die durch Beherbergungsbetriebe und Wohngebäude mit Fremdenbeherbergung geprägt sind.

(2) [1] Die Gemeinde hat die Satzung ortsüblich bekannt zu machen. [2] Sie kann die Bekanntmachung auch in entsprechender Anwendung des § 10 Absatz 3 Satz 2 bis 5 vornehmen. [3] Für Bestimmungen nach Absatz 1 Satz 1 Nummer 1 bis 4 teilt die Gemeinde dem Grundbuchamt den Beschluss über die Satzung, das Datum ihres Inkrafttretens sowie die genaue Bezeichnung der betroffenen Grundstücke vor ihrer Bekanntmachung rechtzeitig mit. [4] Von der genauen Bezeichnung der betroffenen Grundstücke kann in den Fällen des Absatzes 1 Satz 1 Nummer 1 und 2 abgesehen werden, wenn die gesamte Gemarkung betroffen ist und die Gemeinde dies dem Grundbuchamt mitteilt.

(3) (weggefallen)

(4) [1] Die Genehmigung darf nur versagt werden, wenn durch die Begründung oder Teilung der Rechte, durch die Regelung nach § 1010 des Bürgerlichen Gesetzbuchs oder durch die Nutzung als Nebenwohnung die Zweckbestimmung des Gebiets für den Fremdenverkehr und dadurch die städtebauliche Entwicklung und Ordnung beeinträchtigt wird. [2] Die Genehmigung nach Absatz 1 Satz 1 Nummer 1 bis 4 ist zu erteilen, wenn sie erforderlich ist, damit Ansprüche Dritter erfüllt werden können, zu deren Sicherung vor dem Wirksamwerden des Genehmigungsvorbehalts eine Vormerkung im Grundbuch eingetragen oder der Antrag auf Eintragung einer Vormerkung beim Grundbuchamt eingegangen ist; die Genehmigung kann auch von dem Dritten beantragt werden. [3] Die Genehmigung kann erteilt werden, um wirtschaftliche Nachteile zu vermeiden, die für den Eigentümer eine besondere Härte bedeuten.

(5) [1] Über die Genehmigung entscheidet die Baugenehmigungsbehörde im Einvernehmen mit der Gemeinde. [2] Über die Genehmigung ist innerhalb *eines Monats nach Ein*gang des Antrags bei der Baugenehmigungsbehörde zu entscheiden. [3] Kann die Prüfung des Antrags in dieser Zeit nicht abgeschlossen werden, ist die Frist vor ihrem Ablauf in einem dem Antragsteller mitzuteilenden Zwischenbescheid um den Zeitraum zu verlängern, der notwendig ist, um die Prüfung abschließen zu können; höchstens jedoch um drei Monate. [4] Die Genehmigung gilt als erteilt, wenn sie nicht innerhalb der Frist versagt wird. [5] Darüber hat die Baugenehmigungsbehörde auf Antrag eines Beteiligten ein Zeugnis auszustellen. [6] Das Einvernehmen gilt als erteilt, wenn

es nicht binnen zwei Monaten nach Eingang des Ersuchens der Genehmigungsbehörde verweigert wird; dem Ersuchen gegenüber der Gemeinde steht die Einreichung des Antrags bei der Gemeinde gleich, wenn sie nach Landesrecht vorgeschrieben ist.

(6) [1] Bei einem Grundstück, das im Geltungsbereich einer Satzung nach Absatz 1 liegt, darf das Grundbuchamt die von Absatz 1 Satz 1 Nummer 1 bis 4 erfassten Eintragungen in das Grundbuch nur vornehmen, wenn der Genehmigungsbescheid oder ein Zeugnis gemäß Absatz 5 Satz 5 vorgelegt wird oder wenn die Freistellungserklärung der Gemeinde gemäß Absatz 8 beim Grundbuchamt eingegangen ist. [2] Ist dennoch eine Eintragung in das Grundbuch vorgenommen worden, kann die Baugenehmigungsbehörde, falls die Genehmigung erforderlich war, das Grundbuchamt um die Eintragung eines Widerspruchs ersuchen; § 53 Absatz 1 der Grundbuchordnung[1]) bleibt unberührt. [3] Der Widerspruch ist zu löschen, wenn die Baugenehmigungsbehörde darum ersucht oder die Genehmigung erteilt ist.

(7) [1] Wird die Genehmigung versagt, kann der Eigentümer von der Gemeinde unter den Voraussetzungen des § 40 Absatz 2 die Übernahme des Grundstücks verlangen. [2] § 43 Absatz 1, 4 und 5 sowie § 44 Absatz 3 und 4 sind entsprechend anzuwenden.

(8) [1] Die Gemeinde hat den Genehmigungsvorbehalt aufzuheben oder im Einzelfall einzelne Grundstücke durch Erklärung gegenüber dem Eigentümer vom Genehmigungsvorbehalt freizustellen, wenn die Voraussetzungen für den Genehmigungsvorbehalt entfallen sind. [2] Die Gemeinde teilt dem Grundbuchamt die Aufhebung des Genehmigungsvorbehalts sowie die genaue Bezeichnung der hiervon betroffenen Grundstücke unverzüglich mit. [3] Von der genauen Bezeichnung kann abgesehen werden, wenn die gesamte Gemarkung betroffen ist und die Gemeinde dies dem Grundbuchamt mitteilt. [4] Sobald die Mitteilung über die Aufhebung des Genehmigungsvorbehalts beim Grundbuchamt eingegangen ist, ist Absatz 6 Satz 1 nicht mehr anzuwenden.

(9) [1] In der sonstigen Satzung nach Absatz 1 kann neben der Bestimmung des Genehmigungsvorbehalts die höchstzulässige Zahl der Wohnungen in Wohngebäuden nach Maßgabe des § 9 Absatz 1 Nummer 6 festgesetzt werden. [2] Vor der Festsetzung nach Satz 1 ist der betroffenen Öffentlichkeit und den berührten Behörden und sonstigen Trägern öffentlicher Belange Gelegenheit zur Stellungnahme innerhalb angemessener Frist zu geben.

(10) [1] Der sonstigen Satzung nach Absatz 1 ist eine Begründung beizufügen. [2] In der Begründung zum Bebauungsplan (§ 9 Absatz 8) oder zur sonstigen Satzung ist darzulegen, dass die in Absatz 1 Satz 3 bezeichneten Voraussetzungen für die Festlegung des Gebiets vorliegen.

§ 23 (weggefallen)

Dritter Abschnitt. Gesetzliche Vorkaufsrechte der Gemeinde

§ 24 Allgemeines Vorkaufsrecht. (1) [1] Der Gemeinde steht ein Vorkaufsrecht zu beim Kauf von Grundstücken

[1]) **Schönfelder** Nr. 114.

1. im Geltungsbereich eines Bebauungsplans, soweit es sich um Flächen handelt, für die nach dem Bebauungsplan eine Nutzung für öffentliche Zwecke oder für Flächen oder Maßnahmen zum Ausgleich im Sinne des § 1a Absatz 3 festgesetzt ist,
2. in einem Umlegungsgebiet,
3. in einem förmlich festgelegten Sanierungsgebiet und städtebaulichen Entwicklungsbereich,
4. im Geltungsbereich einer Satzung zur Sicherung von Durchführungsmaßnahmen des Stadtumbaus und einer Erhaltungssatzung,
5. im Geltungsbereich eines Flächennutzungsplans, soweit es sich um unbebaute Flächen im Außenbereich handelt, für die nach dem Flächennutzungsplan eine Nutzung als Wohnbaufläche oder Wohngebiet dargestellt ist,
6. in Gebieten, die nach § 30, 33 oder 34 Absatz 2 vorwiegend mit Wohngebäuden bebaut werden können, soweit die Grundstücke unbebaut sind, sowie
7. in Gebieten, die zum Zweck des vorbeugenden Hochwasserschutzes von Bebauung freizuhalten sind, insbesondere in Überschwemmungsgebieten.

[2]Im Falle der Nummer 1 kann das Vorkaufsrecht bereits nach Beginn der öffentlichen Auslegung ausgeübt werden, wenn die Gemeinde einen Beschluss gefasst hat, einen Bebauungsplan aufzustellen, zu ändern oder zu ergänzen. [3]Im Falle der Nummer 5 kann das Vorkaufsrecht bereits ausgeübt werden, wenn die Gemeinde einen Beschluss gefasst und ortsüblich bekannt gemacht hat, einen Flächennutzungsplan aufzustellen, zu ändern oder zu ergänzen und wenn nach dem Stand der Planungsarbeiten anzunehmen ist, dass der künftige Flächennutzungsplan eine solche Nutzung darstellen wird.

(2) Das Vorkaufsrecht steht der Gemeinde nicht zu beim Kauf von Rechten nach dem Wohnungseigentumsgesetz[1]) und von Erbbaurechten.

(3) [1]Das Vorkaufsrecht darf nur ausgeübt werden, wenn das Wohl der Allgemeinheit dies rechtfertigt. [2]Bei der Ausübung des Vorkaufsrechts hat die Gemeinde den Verwendungszweck des Grundstücks anzugeben.

§ 25 Besonderes Vorkaufsrecht. (1) [1]Die Gemeinde kann

1. im Geltungsbereich eines Bebauungsplans durch Satzung ihr Vorkaufsrecht an unbebauten Grundstücken begründen;
2. in Gebieten, in denen sie städtebauliche Maßnahmen in Betracht zieht, zur Sicherung einer geordneten städtebaulichen Entwicklung durch Satzung Flächen bezeichnen, an denen ihr ein Vorkaufsrecht an den Grundstücken zusteht.

[2]Auf die Satzung ist § 16 Absatz 2 entsprechend anzuwenden.

(2) [1]§ 24 Absatz 2 und 3 Satz 1 ist anzuwenden. [2]Der Verwendungszweck des Grundstücks ist anzugeben, soweit das bereits zum Zeitpunkt der Ausübung des Vorkaufsrechts möglich ist.

§ 26 Ausschluss des Vorkaufsrechts. Die Ausübung des Vorkaufsrechts ist ausgeschlossen, wenn

[1]) Schönfelder Nr. 37.

1. der Eigentümer das Grundstück an seinen Ehegatten oder an eine Person verkauft, die mit ihm in gerader Linie verwandt oder verschwägert oder in der Seitenlinie bis zum dritten Grad verwandt ist,

2. das Grundstück

 a) von einem öffentlichen Bedarfsträger für Zwecke der Landesverteidigung, der Bundespolizei, der Zollverwaltung, der Polizei oder des Zivilschutzes oder

 b) von Kirchen und Religionsgesellschaften des öffentlichen Rechts für Zwecke des Gottesdienstes oder der Seelsorge

 gekauft wird,

3. auf dem Grundstück Vorhaben errichtet werden sollen, für die ein in § 38 genanntes Verfahren eingeleitet oder durchgeführt worden ist, oder

4. das Grundstück entsprechend den Festsetzungen des Bebauungsplans oder den Zielen und Zwecken der städtebaulichen Maßnahme bebaut ist und genutzt wird und eine auf ihm errichtete bauliche Anlage keine Missstände oder Mängel im Sinne des § 177 Absatz 2 und 3 Satz 1 aufweist.

§ 27 Abwendung des Vorkaufsrechts. (1) ¹Der Käufer kann die Ausübung des Vorkaufsrechts abwenden, wenn die Verwendung des Grundstücks nach den baurechtlichen Vorschriften oder den Zielen und Zwecken der städtebaulichen Maßnahme bestimmt oder mit ausreichender Sicherheit bestimmbar ist, der Käufer in der Lage ist, das Grundstück binnen angemessener Frist dementsprechend zu nutzen, und er sich vor Ablauf der Frist nach § 28 Absatz 2 Satz 1 hierzu verpflichtet. ²Weist eine auf dem Grundstück befindliche bauliche Anlage Missstände oder Mängel im Sinne des § 177 Absatz 2 und 3 Satz 1 auf, kann der Käufer die Ausübung des Vorkaufsrechts abwenden, wenn er diese Missstände oder Mängel binnen angemessener Frist beseitigen kann und er sich vor Ablauf der Frist nach § 28 Absatz 2 Satz 2 zur Beseitigung verpflichtet. ³Die Gemeinde hat die Frist nach § 28 Absatz 2 Satz 1 auf Antrag des Käufers um zwei Monate zu verlängern, wenn der Käufer vor Ablauf dieser Frist glaubhaft macht, dass er in der Lage ist, die in Satz 1 oder 2 genannten Voraussetzungen zu erfüllen.

(2) Ein Abwendungsrecht besteht nicht

1. in den Fällen des § 24 Absatz 1 Satz 1 Nummer 1 und

2. in einem Umlegungsgebiet, wenn das Grundstück für Zwecke der Umlegung (§ 45) benötigt wird.

§ 27a Ausübung des Vorkaufsrechts zugunsten Dritter. (1) ¹Die Gemeinde kann

1. ihr Vorkaufsrecht zugunsten eines Dritten ausüben, wenn der Dritte zu der mit der Ausübung des Vorkaufsrechts bezweckten Verwendung des Grundstücks innerhalb angemessener Frist in der Lage ist und sich hierzu verpflichtet, oder

2. das ihr nach § 24 Absatz 1 Satz 1 Nummer 1 zustehende Vorkaufsrecht zugunsten eines öffentlichen Bedarfs- oder Erschließungsträgers sowie das ihr nach § 24 Absatz 1 Satz 1 Nummer 3 zustehende Vorkaufsrecht zugunsten eines Sanierungs- oder Entwicklungsträgers ausüben, wenn der Träger einverstanden ist.

² In den Fällen der Nummer 1 hat die Gemeinde bei der Ausübung des Vorkaufsrechts zugunsten eines Dritten die Frist, in der das Grundstück für den vorgesehenen Zweck zu verwenden ist, zu bezeichnen.

(2) ¹ Mit der Ausübung des Vorkaufsrechts kommt der Kaufvertrag zwischen dem Begünstigten und dem Verkäufer zustande. ² Die Gemeinde haftet für die Verpflichtung aus dem Kaufvertrag neben dem Begünstigten als Gesamtschuldnerin.

(3) ¹ Für den von dem Begünstigten zu zahlenden Betrag und das Verfahren gilt § 28 Absatz 2 bis 4 entsprechend. ² Kommt der Begünstigte seiner Verpflichtung nach Absatz 1 Satz 1 Nummer 1 nicht nach, soll die Gemeinde in entsprechender Anwendung des § 102 die Übertragung des Grundstücks zu ihren Gunsten oder zugunsten eines Übernahmewilligen verlangen, der zur Verwirklichung des Verwendungszwecks innerhalb angemessener Frist in der Lage ist und sich hierzu verpflichtet. ³ Für die Entschädigung und das Verfahren gelten die Vorschriften des Fünften Teils über die Rückenteignung entsprechend. ⁴ Die Haftung der Gemeinde nach § 28 Absatz 3 Satz 7 bleibt unberührt.

§ 28 Verfahren und Entschädigung. (1) ¹ Der Verkäufer hat der Gemeinde den Inhalt des Kaufvertrags unverzüglich mitzuteilen; die Mitteilung des Verkäufers wird durch die Mitteilung des Käufers ersetzt. ² Das Grundbuchamt darf bei Kaufverträgen den Käufer als Eigentümer in das Grundbuch nur eintragen, wenn ihm die Nichtausübung oder das Nichtbestehen des Vorkaufsrechts nachgewiesen ist. ³ Besteht ein Vorkaufsrecht nicht oder wird es nicht ausgeübt, hat die Gemeinde auf Antrag eines Beteiligten darüber unverzüglich ein Zeugnis auszustellen. ⁴ Das Zeugnis gilt als Verzicht auf die Ausübung des Vorkaufsrechts.

(2) ¹ Das Vorkaufsrecht kann nur binnen zwei Monaten nach Mitteilung des Kaufvertrags durch Verwaltungsakt gegenüber dem Verkäufer ausgeübt werden. ² Die §§ 463, 464 Absatz 2, §§ 465 bis 468 und 471 des Bürgerlichen Gesetzbuchs¹⁾ sind anzuwenden. ³ Nach Mitteilung des Kaufvertrags ist auf Ersuchen der Gemeinde zur Sicherung ihres Anspruchs auf Übereignung des Grundstücks eine Vormerkung in das Grundbuch einzutragen; die Gemeinde trägt die Kosten der Eintragung der Vormerkung und ihrer Löschung. ⁴ Das Vorkaufsrecht ist nicht übertragbar. ⁵ Bei einem Eigentumserwerb auf Grund der Ausübung des Vorkaufsrechts erlöschen rechtsgeschäftliche Vorkaufsrechte. ⁶ Wird die Gemeinde nach Ausübung des Vorkaufsrechts im Grundbuch als Eigentümerin eingetragen, kann sie das Grundbuchamt ersuchen, eine zur Sicherung des Übereignungsanspruchs des Käufers im Grundbuch eingetragene Vormerkung zu löschen; sie darf das Ersuchen nur stellen, wenn die Ausübung des Vorkaufsrechts für den Käufer unanfechtbar ist.

¹⁾ Schönfelder Nr. 20.

(3) [1] Abweichend von Absatz 2 Satz 2 kann die Gemeinde den zu zahlenden Betrag nach dem Verkehrswert des Grundstücks (§ 194) im Zeitpunkt des Kaufes bestimmen, wenn der vereinbarte Kaufpreis den Verkehrswert in einer dem Rechtsverkehr erkennbaren Weise deutlich überschreitet. [2] In diesem Falle ist der Verkäufer berechtigt, bis zum Ablauf eines Monats nach Unanfechtbarkeit des Verwaltungsakts über die Ausübung des Vorkaufsrechts vom Vertrag zurückzutreten. [3] Auf das Rücktrittsrecht sind die §§ 346 bis 349 und 351 des Bürgerlichen Gesetzbuchs entsprechend anzuwenden. [4] Tritt der Verkäufer vom Vertrag zurück, trägt die Gemeinde die Kosten des Vertrags auf der Grundlage des Verkehrswerts. [5] Tritt der Verkäufer vom Vertrag nicht zurück, erlischt nach Ablauf der Rücktrittsfrist nach Satz 2 die Pflicht des Verkäufers aus dem Kaufvertrag, der Gemeinde das Eigentum an dem Grundstück zu übertragen. [6] In diesem Falle geht das Eigentum an dem Grundstück auf die Gemeinde über, wenn auf Ersuchen der Gemeinde der Übergang des Eigentums in das Grundbuch eingetragen ist. [7] Führt die Gemeinde das Grundstück nicht innerhalb einer angemessenen Frist dem mit der Ausübung des Vorkaufsrechts verfolgten Zweck zu, ist dem Verkäufer einen Betrag in Höhe des Unterschieds zwischen dem vereinbarten Kaufpreis und dem Verkehrswert zu zahlen. [8] § 44 Absatz 3 Satz 2 und 3, § 43 Absatz 2 Satz 1 sowie die §§ 121 und 122 sind entsprechend anzuwenden.

(4) [1] In den Fällen des § 24 Absatz 1 Satz 1 Nummer 1 bestimmt die Gemeinde den zu zahlenden Betrag nach den Vorschriften des Zweiten Abschnitts des Fünften Teils, wenn der Erwerb des Grundstücks für die Durchführung des Bebauungsplans erforderlich ist und es nach dem festgesetzten Verwendungszweck enteignet werden könnte. [2] Mit der Unanfechtbarkeit des Bescheids über die Ausübung des Vorkaufsrechts erlischt die Pflicht des Verkäufers aus dem Kaufvertrag, der Gemeinde das Eigentum an dem Grundstück zu übertragen. [3] In diesem Falle geht das Eigentum an dem Grundstück auf die Gemeinde über, wenn auf Ersuchen der Gemeinde der Übergang des Eigentums in das Grundbuch eingetragen ist.

(5) [1] Die Gemeinde kann für das Gemeindegebiet oder für sämtliche Grundstücke einer Gemarkung auf die Ausübung der ihr nach diesem Abschnitt zustehenden Rechte verzichten. [2] Sie kann den Verzicht jederzeit für zukünftig abzuschließende Kaufverträge widerrufen. [3] Der Verzicht und sein Widerruf sind ortsüblich bekannt zu machen. [4] Die Gemeinde teilt dem Grundbuchamt den Wortlaut ihrer Erklärung mit. [5] Hat die Gemeinde auf die Ausübung ihrer Rechte verzichtet, bedarf es eines Zeugnisses nach Absatz 1 Satz 3 nicht, soweit nicht ein Widerruf erklärt ist.

(6) [1] Hat die Gemeinde das Vorkaufsrecht ausgeübt und sind einem Dritten dadurch Vermögensnachteile entstanden, hat sie dafür Entschädigung zu leisten, soweit dem Dritten ein vertragliches Recht zum Erwerb des Grundstücks zustand, bevor ein gesetzliches Vorkaufsrecht der Gemeinde auf Grund dieses Gesetzbuchs oder solcher landesrechtlicher Vorschriften, die durch § 186 des Bundesbaugesetzes aufgehoben worden sind, begründet worden ist. [2] Die Vorschriften über die Entschädigung im Zweiten Abschnitt des Fünften Teils sind entsprechend anzuwenden. [3] Kommt eine Einigung über die Entschädigung nicht zustande, entscheidet die höhere Verwaltungsbehörde.

Dritter Teil. Regelung der baulichen und sonstigen Nutzung; Entschädigung

Erster Abschnitt. Zulässigkeit von Vorhaben

§ 29 Begriff des Vorhabens; Geltung von Rechtsvorschriften. (1) Für Vorhaben, die die Errichtung, Änderung oder Nutzungsänderung von baulichen Anlagen zum Inhalt haben, und für Aufschüttungen und Abgrabungen größeren Umfangs sowie für Ausschachtungen, Ablagerungen einschließlich Lagerstätten gelten die §§ 30 bis 37.

(2) Die Vorschriften des Bauordnungsrechts und andere öffentlich-rechtliche Vorschriften bleiben unberührt.

§ 30 Zulässigkeit von Vorhaben im Geltungsbereich eines Bebauungsplans. (1) Im Geltungsbereich eines Bebauungsplans, der allein oder gemeinsam mit sonstigen baurechtlichen Vorschriften mindestens Festsetzungen über die Art und das Maß der baulichen Nutzung, die überbaubaren Grundstücksflächen und die örtlichen Verkehrsflächen enthält, ist ein Vorhaben zulässig, wenn es diesen Festsetzungen nicht widerspricht und die Erschließung gesichert ist.

(2) Im Geltungsbereich eines vorhabenbezogenen Bebauungsplans nach § 12 ist ein Vorhaben zulässig, wenn es dem Bebauungsplan nicht widerspricht und die Erschließung gesichert ist.

(3) Im Geltungsbereich eines Bebauungsplans, der die Voraussetzungen des Absatzes 1 nicht erfüllt (einfacher Bebauungsplan), richtet sich die Zulässigkeit von Vorhaben im Übrigen nach § 34 oder § 35.

§ 31 Ausnahmen und Befreiungen. (1) Von den Festsetzungen des Bebauungsplans können solche Ausnahmen zugelassen werden, die in dem Bebauungsplan nach Art und Umfang ausdrücklich vorgesehen sind.

(2) Von den Festsetzungen des Bebauungsplans kann befreit werden, wenn die Grundzüge der Planung nicht berührt werden und

1. Gründe des Wohls der Allgemeinheit, einschließlich des Bedarfs zur Unterbringung von Flüchtlingen oder Asylbegehrenden, die Befreiung erfordern oder

2. die Abweichung städtebaulich vertretbar ist oder

3. die Durchführung des Bebauungsplans zu einer offenbar nicht beabsichtigten Härte führen würde

und wenn die Abweichung auch unter Würdigung nachbarlicher Interessen mit den öffentlichen Belangen vereinbar ist.

§ 32 Nutzungsbeschränkungen auf künftigen Gemeinbedarfs-, Verkehrs-, Versorgungs- und Grünflächen. [1] Sind überbaute Flächen in dem Bebauungsplan als Baugrundstücke für den Gemeinbedarf oder als Verkehrs-, Versorgungs- oder Grünflächen festgesetzt, dürfen auf ihnen Vorhaben, die eine wertsteigernde Änderung baulicher Anlagen zur Folge haben, nur zugelassen und für sie Befreiungen von den Festsetzungen des Bebauungsplans nur erteilt werden, wenn der Bedarfs- oder Erschließungsträger zustimmt oder der Eigentümer für sich und seine Rechtsnachfolger auf Ersatz der Werterhöhung für den Fall schriftlich verzichtet, dass der Bebauungsplan durch-

geführt wird. [2] Dies gilt auch für die dem Bebauungsplan nicht widersprechenden Teile einer baulichen Anlage, wenn sie für sich allein nicht wirtschaftlich verwertbar sind oder wenn bei der Enteignung die Übernahme der restlichen überbauten Flächen verlangt werden kann.

§ 33 Zulässigkeit von Vorhaben während der Planaufstellung. (1) In Gebieten, für die ein Beschluss über die Aufstellung eines Bebauungsplans gefasst ist, ist ein Vorhaben zulässig, wenn

1. die Öffentlichkeits- und Behördenbeteiligung nach § 3 Absatz 2, § 4 Absatz 2 und § 4a Absatz 2 bis 5 durchgeführt worden ist,

2. anzunehmen ist, dass das Vorhaben den künftigen Festsetzungen des Bebauungsplans nicht entgegensteht,

3. der Antragsteller diese Festsetzungen für sich und seine Rechtsnachfolger schriftlich anerkennt und

4. die Erschließung gesichert ist.

(2) In Fällen des § 4a Absatz 3 Satz 1 kann vor der erneuten Öffentlichkeits- und Behördenbeteiligung ein Vorhaben zugelassen werden, wenn sich die vorgenommene Änderung oder Ergänzung des Bebauungsplanentwurfs nicht auf das Vorhaben auswirkt und die in Absatz 1 Nummer 2 bis 4 bezeichneten Voraussetzungen erfüllt sind.

(3) [1] Wird ein Verfahren nach § 13 oder § 13a durchgeführt, kann ein Vorhaben vor Durchführung der Öffentlichkeits- und Behördenbeteiligung zugelassen werden, wenn die in Absatz 1 Nummer 2 bis 4 bezeichneten Voraussetzungen erfüllt sind. [2] Der betroffenen Öffentlichkeit und den berührten Behörden und sonstigen Trägern öffentlicher Belange ist vor Erteilung der Genehmigung Gelegenheit zur Stellungnahme innerhalb angemessener Frist zu geben, soweit sie dazu nicht bereits zuvor Gelegenheit hatten.

§ 34 Zulässigkeit von Vorhaben innerhalb der im Zusammenhang bebauten Ortsteile. (1) [1] Innerhalb der im Zusammenhang bebauten Ortsteile ist ein Vorhaben zulässig, wenn es sich nach Art und Maß der baulichen Nutzung, der Bauweise und der Grundstücksfläche, die überbaut werden soll, in die Eigenart der näheren Umgebung einfügt und die Erschließung gesichert ist. [2] Die Anforderungen an gesunde Wohn- und Arbeitsverhältnisse müssen gewahrt bleiben; das Ortsbild darf nicht beeinträchtigt werden.

(2) Entspricht die Eigenart der näheren Umgebung einem der Baugebiete, die in der auf Grund des § 9a erlassenen Verordnung bezeichnet sind, beurteilt sich die Zulässigkeit des Vorhabens nach seiner Art allein danach, ob es nach der Verordnung in dem Baugebiet allgemein zulässig wäre; auf die nach der Verordnung ausnahmsweise zulässigen Vorhaben ist § 31 Absatz 1, im Übrigen ist § 31 Absatz 2 entsprechend anzuwenden.

(3) Von Vorhaben nach Absatz 1 oder 2 dürfen keine schädlichen Auswirkungen auf zentrale Versorgungsbereiche in der Gemeinde oder in anderen Gemeinden zu erwarten sein.

(3a) [1] Vom Erfordernis des Einfügens in die Eigenart der näheren Umgebung nach Absatz 1 Satz 1 kann im Einzelfall abgewichen werden, wenn die Abweichung

1. einem der nachfolgend genannten Vorhaben dient:

a) der Erweiterung, Änderung, Nutzungsänderung oder Erneuerung eines zulässigerweise errichteten Gewerbe- oder Handwerksbetriebs,

b) der Erweiterung, Änderung oder Erneuerung eines zulässigerweise errichteten, Wohnzwecken dienenden Gebäudes oder

c) der Nutzungsänderung einer zulässigerweise errichteten baulichen Anlage zu Wohnzwecken, einschließlich einer erforderlichen Änderung oder Erneuerung,

2. städtebaulich vertretbar ist und

3. auch unter Würdigung nachbarlicher Interessen mit den öffentlichen Belangen vereinbar ist.

² Satz 1 findet keine Anwendung auf Einzelhandelsbetriebe, die die verbrauchernahe Versorgung der Bevölkerung beeinträchtigen oder schädliche Auswirkungen auf zentrale Versorgungsbereiche in der Gemeinde oder in anderen Gemeinden haben können.

(4) ¹ Die Gemeinde kann durch Satzung

1. die Grenzen für im Zusammenhang bebaute Ortsteile festlegen,

2. bebaute Bereiche im Außenbereich als im Zusammenhang bebaute Ortsteile festlegen, wenn die Flächen im Flächennutzungsplan als Baufläche dargestellt sind,

3. einzelne Außenbereichsflächen in die im Zusammenhang bebauten Ortsteile einbeziehen, wenn die einbezogenen Flächen durch die bauliche Nutzung des angrenzenden Bereichs entsprechend geprägt sind.

² Die Satzungen können miteinander verbunden werden.

(5) ¹ Voraussetzung für die Aufstellung von Satzungen nach Absatz 4 Satz 1 Nummer 2 und 3 ist, dass

1. sie mit einer geordneten städtebaulichen Entwicklung vereinbar sind,

2. die Zulässigkeit von Vorhaben, die einer Pflicht zur Durchführung einer Umweltverträglichkeitsprüfung nach Anlage 1 zum Gesetz über die Umweltverträglichkeitsprüfung[1]) oder nach Landesrecht unterliegen, nicht begründet wird und

3. keine Anhaltspunkte für eine Beeinträchtigung der in § 1 Absatz 6 Nummer 7 Buchstabe b genannten Schutzgüter oder dafür bestehen, dass bei der Planung Pflichten zur Vermeidung oder Begrenzung der Auswirkungen von schweren Unfällen nach § 50 Satz 1 des Bundes-Immissionsschutzgesetzes[2]) zu beachten sind.

² In den Satzungen nach Absatz 4 Satz 1 Nummer 2 und 3 können einzelne Festsetzungen nach § 9 Absatz 1 und 3 Satz 1 sowie Absatz 4 getroffen werden. ³ § 9 Absatz 6 und § 31 sind entsprechend anzuwenden. ⁴ Auf die Satzung nach Absatz 4 Satz 1 Nummer 3 sind ergänzend § 1a Absatz 2 und 3 und § 9 Absatz 1a entsprechend anzuwenden; ihr ist eine Begründung mit den Angaben entsprechend § 2a Satz 2 Nummer 1 beizufügen.

(6) ¹ Bei der Aufstellung der Satzungen nach Absatz 4 Satz 1 Nummer 2 und 3 sind die Vorschriften über die Öffentlichkeits- und Behördenbeteiligung nach § 13 Absatz 2 Satz 1 Nummer 2 und 3 sowie Satz 2 entspre-

¹) Nr. 295.
²) Nr. 296.

chend anzuwenden. ² Auf die Satzungen nach Absatz 4 Satz 1 Nummer 1 bis 3 ist § 10 Absatz 3 entsprechend anzuwenden.

§ 35 Bauen im Außenbereich. (1) Im Außenbereich ist ein Vorhaben nur zulässig, wenn öffentliche Belange nicht entgegenstehen, die ausreichende Erschließung gesichert ist und wenn es

1. einem land- oder forstwirtschaftlichen Betrieb dient und nur einen untergeordneten Teil der Betriebsfläche einnimmt,

2. einem Betrieb der gartenbaulichen Erzeugung dient,

3. der öffentlichen Versorgung mit Elektrizität, Gas, Telekommunikationsdienstleistungen, Wärme und Wasser, der Abwasserwirtschaft oder einem ortsgebundenen gewerblichen Betrieb dient,

4. wegen seiner besonderen Anforderungen an die Umgebung, wegen seiner nachteiligen Wirkung auf die Umgebung oder wegen seiner besonderen Zweckbestimmung nur im Außenbereich ausgeführt werden soll, es sei denn, es handelt sich um die Errichtung, Änderung oder Erweiterung einer baulichen Anlage zur Tierhaltung, die dem Anwendungsbereich der Nummer 1 nicht unterfällt und die einer Pflicht zur Durchführung einer standortbezogenen oder allgemeinen Vorprüfung oder einer Umweltverträglichkeitsprüfung nach dem Gesetz über die Umweltverträglichkeitsprüfung[1] unterliegt, wobei bei kumulierenden Vorhaben für die Annahme eines engen Zusammenhangs diejenigen Tierhaltungsanlagen zu berücksichtigen sind, die auf demselben Betriebs- oder Baugelände liegen und mit gemeinsamen betrieblichen oder baulichen Einrichtungen verbunden sind,

5. der Erforschung, Entwicklung oder Nutzung der Wind- oder Wasserenergie dient,

6. der energetischen Nutzung von Biomasse im Rahmen eines Betriebs nach Nummer 1 oder 2 oder eines Betriebs nach Nummer 4, der Tierhaltung betreibt, sowie dem Anschluss solcher Anlagen an das öffentliche Versorgungsnetz dient, unter folgenden Voraussetzungen:

 a) das Vorhaben steht in einem räumlich-funktionalen Zusammenhang mit dem Betrieb,

 b) die Biomasse stammt überwiegend aus dem Betrieb oder überwiegend aus diesem und aus nahe gelegenen Betrieben nach den Nummern 1, 2 oder 4, soweit letzterer Tierhaltung betreibt,

 c) es wird je Hofstelle oder Betriebsstandort nur eine Anlage betrieben und

 d) die Kapazität einer Anlage zur Erzeugung von Biogas überschreitet nicht 2,3 Millionen Normkubikmeter Biogas pro Jahr, die Feuerungswärmeleistung anderer Anlagen überschreitet nicht 2,0 Megawatt,

7. der Erforschung, Entwicklung oder Nutzung der Kernenergie zu friedlichen Zwecken oder der Entsorgung radioaktiver Abfälle dient, mit Ausnahme der Neuerrichtung von Anlagen zur Spaltung von Kernbrennstoffen zur gewerblichen Erzeugung von Elektrizität, oder

[1] Nr. **295**.

8. der Nutzung solarer Strahlungsenergie in, an und auf Dach- und Außenwandflächen von zulässigerweise genutzten Gebäuden dient, wenn die Anlage dem Gebäude baulich untergeordnet ist.

(2) Sonstige Vorhaben können im Einzelfall zugelassen werden, wenn ihre Ausführung oder Benutzung öffentliche Belange nicht beeinträchtigt und die Erschließung gesichert ist.

(3) [1] Eine Beeinträchtigung öffentlicher Belange liegt insbesondere vor, wenn das Vorhaben

1. den Darstellungen des Flächennutzungsplans widerspricht,

2. den Darstellungen eines Landschaftsplans oder sonstigen Plans, insbesondere des Wasser-, Abfall- oder Immissionsschutzrechts, widerspricht,

3. schädliche Umwelteinwirkungen hervorrufen kann oder ihnen ausgesetzt wird,

4. unwirtschaftliche Aufwendungen für Straßen oder andere Verkehrseinrichtungen, für Anlagen der Versorgung oder Entsorgung, für die Sicherheit oder Gesundheit oder für sonstige Aufgaben erfordert,

5. Belange des Naturschutzes und der Landschaftpflege, des Bodenschutzes, des Denkmalschutzes oder die natürliche Eigenart der Landschaft und ihren Erholungswert beeinträchtigt oder das Orts- und Landschaftsbild verunstaltet,

6. Maßnahmen zur Verbesserung der Agrarstruktur beeinträchtigt, die Wasserwirtschaft oder den Hochwasserschutz gefährdet,

7. die Entstehung, Verfestigung oder Erweiterung einer Splittersiedlung befürchten lässt oder

8. die Funktionsfähigkeit von Funkstellen und Radaranlagen stört.

[2] Raumbedeutsame Vorhaben dürfen den Zielen der Raumordnung nicht widersprechen; öffentliche Belange stehen raumbedeutsamen Vorhaben nach Absatz 1 nicht entgegen, soweit die Belange bei der Darstellung dieser Vorhaben als Ziele der Raumordnung abgewogen worden sind. [3] Öffentliche Belange stehen einem Vorhaben nach Absatz 1 Nummer 2 bis 6 in der Regel auch dann entgegen, soweit hierfür durch Darstellungen im Flächennutzungsplan oder als Ziele der Raumordnung eine Ausweisung an anderer Stelle erfolgt ist.

(4) [1] Den nachfolgend bezeichneten sonstigen Vorhaben im Sinne des Absatzes 2 kann nicht entgegengehalten werden, dass sie Darstellungen des Flächennutzungsplans oder eines Landschaftsplans widersprechen, die natürliche Eigenart der Landschaft beeinträchtigen oder die Entstehung, Verfestigung oder Erweiterung einer Splittersiedlung befürchten lassen, soweit sie im Übrigen außenbereichsverträglich im Sinne des Absatzes 3 sind:

1. die Änderung der bisherigen Nutzung eines Gebäudes im Sinne des Absatzes 1 Nummer 1 unter folgenden Voraussetzungen:

a) das Vorhaben dient einer zweckmäßigen Verwendung erhaltenswerter Bausubstanz,

b) die äußere Gestalt des Gebäudes bleibt im Wesentlichen gewahrt,

c) die Aufgabe der bisherigen Nutzung liegt nicht länger als sieben Jahre zurück,

d) das Gebäude ist vor mehr als sieben Jahren zulässigerweise errichtet worden,

e) das Gebäude steht im räumlich-funktionalen Zusammenhang mit der Hofstelle des land- oder forstwirtschaftlichen Betriebs,

f) im Falle der Änderung zu Wohnzwecken entstehen neben den bisher nach Absatz 1 Nummer 1 zulässigen Wohnungen höchstens drei Wohnungen je Hofstelle und

g) es wird eine Verpflichtung übernommen, keine Neubebauung als Ersatz für die aufgegebene Nutzung vorzunehmen, es sei denn, die Neubebauung wird im Interesse der Entwicklung des Betriebs im Sinne des Absatzes 1 Nummer 1 erforderlich,

2. die Neuerrichtung eines gleichartigen Wohngebäudes an gleicher Stelle unter folgenden Vorraussetzungen:

a) das vorhandene Gebäude ist zulässigerweise errichtet worden,

b) das vorhandene Gebäude weist Missstände oder Mängel auf,

c) das vorhandene Gebäude wird seit längerer Zeit vom Eigentümer selbst genutzt und

d) Tatsachen rechtfertigen die Annahme, dass das neu errichtete Gebäude für den Eigenbedarf des bisherigen Eigentümers oder seiner Familie genutzt wird; hat der Eigentümer das vorhandene Gebäude im Wege der Erbfolge von einem Voreigentümer erworben, der es seit längerer Zeit selbst genutzt hat, reicht es aus, wenn Tatsachen die Annahme rechtfertigen, dass das neu errichtete Gebäude für den Eigenbedarf des Eigentümers oder seiner Familie genutzt wird,

3. die alsbaldige Neuerrichtung eines zulässigerweise errichteten, durch Brand, Naturereignisse oder andere außergewöhnliche Ereignisse zerstörten, gleichartigen Gebäudes an gleicher Stelle,

4. die Änderung oder Nutzungsänderung von erhaltenswerten, das Bild der Kulturlandschaft prägenden Gebäuden, auch wenn sie aufgegeben sind, wenn das Vorhaben einer zweckmäßigen Verwendung der Gebäude und der Erhaltung des Gestaltwerts dient,

5. die Erweiterung eines Wohngebäudes auf bis zu höchstens zwei Wohnungen unter folgenden Voraussetzungen:

a) das Gebäude ist zulässigerweise errichtet worden,

b) die Erweiterung ist im Verhältnis zum vorhandenen Gebäude und unter Berücksichtigung der Wohnbedürfnisse angemessen und

c) bei der Errichtung einer weiteren Wohnung rechtfertigen Tatsachen die Annahme, dass das Gebäude vom bisherigen Eigentümer oder seiner Familie selbst genutzt wird,

6. die bauliche Erweiterung eines zulässigerweise errichteten gewerblichen Betriebs, wenn die Erweiterung im Verhältnis zum vorhandenen Gebäude und Betrieb angemessen ist.

²In begründeten Einzelfällen gilt die Rechtsfolge des Satzes 1 auch für die Neuerrichtung eines Gebäudes im Sinne des Absatzes 1 Nummer 1, dem eine *andere Nutzung* zugewiesen werden soll, wenn das ursprüngliche Gebäude vom äußeren Erscheinungsbild auch zur Wahrung der Kulturlandschaft erhaltenswert ist, keine stärkere Belastung des Außenbereichs zu erwarten ist als in

Fällen des Satzes 1 und die Neuerrichtung auch mit nachbarlichen Interessen vereinbar ist; Satz 1 Nummer 1 Buchstabe b bis g gilt entsprechend. [3] In den Fällen des Satzes 1 Nummer 2 und 3 sowie des Satzes 2 sind geringfügige Erweiterungen des neuen Gebäudes gegenüber dem beseitigten oder zerstörten Gebäude sowie geringfügige Abweichungen vom bisherigen Standort des Gebäudes zulässig.

(5) [1] Die nach den Absätzen 1 bis 4 zulässigen Vorhaben sind in einer flächensparenden, die Bodenversiegelung auf das notwendige Maß begrenzenden und den Außenbereich schonenden Weise auszuführen. [2] Für Vorhaben nach Absatz 1 Nummer 2 bis 6 ist als weitere Zulässigkeitsvoraussetzung eine Verpflichtungserklärung abzugeben, das Vorhaben nach dauerhafter Aufgabe der zulässigen Nutzung zurückzubauen und Bodenversiegelungen zu beseitigen; bei einer nach Absatz 1 Nummer 2 bis 6 zulässigen Nutzungsänderung ist die Rückbauverpflichtung zu übernehmen, bei einer nach Absatz 1 Nummer 1 oder Absatz 2 zulässigen Nutzungsänderung entfällt sie. [3] Die Baugenehmigungsbehörde soll durch nach Landesrecht vorgesehene Baulast oder in anderer Weise die Einhaltung der Verpflichtung nach Satz 2 sowie nach Absatz 4 Satz 1 Nummer 1 Buchstabe g sicherstellen. [4] Im Übrigen soll sie in den Fällen des Absatzes 4 Satz 1 sicherstellen, dass die bauliche oder sonstige Anlage nach Durchführung des Vorhabens nur in der vorgesehenen Art genutzt wird.

(6) [1] Die Gemeinde kann für bebaute Bereiche im Außenbereich, die nicht überwiegend landwirtschaftlich geprägt sind und in denen eine Wohnbebauung von einigem Gewicht vorhanden ist, durch Satzung bestimmen, dass Wohnzwecken dienenden Vorhaben im Sinne des Absatzes 2 nicht entgegengehalten werden kann, dass sie einer Darstellung im Flächennutzungsplan über Flächen für die Landwirtschaft oder Wald widersprechen oder die Entstehung oder Verfestigung einer Splittersiedlung befürchten lassen. [2] Die Satzung kann auch auf Vorhaben erstreckt werden, die kleineren Handwerks- und Gewerbebetrieben dienen. [3] In der Satzung können nähere Bestimmungen über die Zulässigkeit getroffen werden. [4] Voraussetzung für die Aufstellung der Satzung ist, dass

1. sie mit einer geordneten städtebaulichen Entwicklung vereinbar ist,

2. die Zulässigkeit von Vorhaben, die einer Pflicht zur Durchführung einer Umweltverträglichkeitsprüfung nach Anlage 1 zum Gesetz über die Umweltverträglichkeitsprüfung oder nach Landesrecht unterliegen, nicht begründet wird und

3. keine Anhaltspunkte für eine Beeinträchtigung der in § 1 Absatz 6 Nummer 7 Buchstabe b genannten Schutzgüter oder dafür bestehen, dass bei der Planung Pflichten zur Vermeidung oder Begrenzung der Auswirkungen von schweren Unfällen nach § 50 Satz 1 des Bundes-Immissionsschutzgesetzes[1] zu beachten sind.

[5] Bei Aufstellung der Satzung sind die Vorschriften über die Öffentlichkeits- und Behördenbeteiligung nach § 13 Absatz 2 Satz 1 Nummer 2 und 3 sowie Satz 2 entsprechend anzuwenden. [6] § 10 Absatz 3 ist entsprechend anzuwenden. [7] Von der Satzung bleibt die Anwendung des Absatzes 4 unberührt.

[1] Nr. 296.

§ 36 Beteiligung der Gemeinde und der höheren Verwaltungsbehörde. (1) [1] Über die Zulässigkeit von Vorhaben nach den §§ 31, 33 bis 35 wird im bauaufsichtlichen Verfahren von der Baugenehmigungsbehörde im Einvernehmen mit der Gemeinde entschieden. [2] Das Einvernehmen der Gemeinde ist auch erforderlich, wenn in einem anderen Verfahren über die Zulässigkeit nach den in Satz 1 bezeichneten Vorschriften entschieden wird; dies gilt nicht für Vorhaben der in § 29 Absatz 1 bezeichneten Art, die der Bergaufsicht unterliegen. [3] Richtet sich die Zulässigkeit von Vorhaben nach § 30 Absatz 1, stellen die Länder sicher, dass die Gemeinde rechtzeitig vor Ausführung des Vorhabens über Maßnahmen zur Sicherung der Bauleitplanung nach den §§ 14 und 15 entscheiden kann. [4] In den Fällen des § 35 Absatz 2 und 4 kann die Landesregierung durch Rechtsverordnung allgemein oder für bestimmte Fälle festlegen, dass die Zustimmung der höheren Verwaltungsbehörde erforderlich ist.

(2) [1] Das Einvernehmen der Gemeinde und die Zustimmung der höheren Verwaltungsbehörde dürfen nur aus den sich aus den §§ 31, 33, 34 und 35 ergebenden Gründen versagt werden. [2] Das Einvernehmen der Gemeinde und die Zustimmung der höheren Verwaltungsbehörde gelten als erteilt, wenn sie nicht binnen zwei Monaten nach Eingang des Ersuchens der Genehmigungsbehörde verweigert werden; dem Ersuchen gegenüber der Gemeinde steht die Einreichung des Antrags bei der Gemeinde gleich, wenn sie nach Landesrecht vorgeschrieben ist. [3] Die nach Landesrecht zuständige Behörde kann ein rechtswidrig versagtes Einvernehmen der Gemeinde ersetzen.

§ 37 Bauliche Maßnahmen des Bundes und der Länder. (1) Macht die besondere öffentliche Zweckbestimmung für bauliche Anlagen des Bundes oder eines Landes erforderlich, von den Vorschriften dieses Gesetzbuchs oder den auf Grund dieses Gesetzbuchs erlassenen Vorschriften abzuweichen oder ist das Einvernehmen mit der Gemeinde nach § 14 oder § 36 nicht erreicht worden, entscheidet die höhere Verwaltungsbehörde.

(2) [1] Handelt es sich dabei um Vorhaben, die der Landesverteidigung, dienstlichen Zwecken der Bundespolizei oder dem zivilen Bevölkerungsschutz dienen, ist nur die Zustimmung der höheren Verwaltungsbehörde erforderlich. [2] Vor Erteilung der Zustimmung hat diese die Gemeinde zu hören. [3] Versagt die höhere Verwaltungsbehörde ihre Zustimmung oder widerspricht die Gemeinde dem beabsichtigten Bauvorhaben, entscheidet das zuständige Bundesministerium im Einvernehmen mit den beteiligten Bundesministerien und im Benehmen mit der zuständigen Obersten Landesbehörde.

(3) [1] Entstehen der Gemeinde infolge der Durchführung von Maßnahmen nach den Absätzen 1 und 2 Aufwendungen für Entschädigungen nach diesem Gesetzbuch, sind sie ihr vom Träger der Maßnahmen zu ersetzen. [2] Muss infolge dieser Maßnahmen ein Bebauungsplan aufgestellt, geändert, ergänzt oder aufgehoben werden, sind ihr auch die dadurch entstandenen Kosten zu ersetzen.

(4) [1] Sollen bauliche Anlagen auf Grundstücken errichtet werden, die nach dem Landbeschaffungsgesetz[1)] beschafft werden, sind in dem Verfahren nach § 1 Absatz 2 des Landbeschaffungsgesetzes alle von der Gemeinde oder der höheren Verwaltungsbehörde nach den Absätzen 1 und 2 zulässigen Einwendungen abschließend zu erörtern. [2] Eines Verfahrens nach Absatz 2 bedarf es in diesem Falle nicht.

§ 38 Bauliche Maßnahmen von überörtlicher Bedeutung auf Grund von Planfeststellungsverfahren; öffentlich zugängliche Abfallbeseitigungsanlagen. [1] Auf Planfeststellungsverfahren und sonstige Verfahren mit den Rechtswirkungen der Planfeststellung für Vorhaben von überörtlicher Bedeutung sowie auf die auf Grund des Bundes-Immissionsschutzgesetzes[2)] für die Errichtung und den Betrieb öffentlich zugänglicher Abfallbeseitigungsanlagen geltenden Verfahren sind die §§ 29 bis 37 nicht anzuwenden, wenn die Gemeinde beteiligt wird; städtebauliche Belange sind zu berücksichtigen. [2] Eine Bindung nach § 7 bleibt unberührt. [3] § 37 Absatz 3 ist anzuwenden.

Zweiter Abschnitt. Entschädigung

§ 39 Vertrauensschaden. [1] Haben Eigentümer oder in Ausübung ihrer Nutzungsrechte sonstige Nutzungsberechtigte im berechtigten Vertrauen auf den Bestand eines rechtsverbindlichen Bebauungsplans Vorbereitungen für die Verwirklichung von Nutzungsmöglichkeiten getroffen, die sich aus dem Bebauungsplan ergeben, können sie angemessene Entschädigung in Geld verlangen, soweit die Aufwendungen durch die Änderung, Ergänzung oder Aufhebung des Bebauungsplans an Wert verlieren. [2] Dies gilt auch für Abgaben nach bundes- oder landesrechtlichen Vorschriften, die für die Erschließung des Grundstücks erhoben wurden.

§ 40 Entschädigung in Geld oder durch Übernahme. (1) [1] Sind im Bebauungsplan

1. Flächen für den Gemeinbedarf sowie für Sport- und Spielanlagen,
2. Flächen für Personengruppen mit besonderem Wohnbedarf,
3. Flächen mit besonderem Nutzungszweck,
4. von der Bebauung freizuhaltende Schutzflächen und Flächen für besondere Anlagen und Vorkehrungen zum Schutz vor Einwirkungen,
5. Verkehrsflächen,
6. Versorgungsflächen,
7. Flächen für die Abfall- und Abwasserbeseitigung, einschließlich der Rückhaltung und Versickerung von Niederschlagswasser, sowie für Ablagerungen,
8. Grünflächen,
9. Flächen für Aufschüttungen, Abgrabungen oder für die Gewinnung von Steinen, Erden und anderen Bodenschätzen,
10. Flächen für Gemeinschaftsstellplätze und Gemeinschaftsgaragen,

[1)] **Wehrrecht** Nr. 1405.
[2)] Nr. 296.

11. Flächen für Gemeinschaftsanlagen,

12. von der Bebauung freizuhaltende Flächen,

13. Wasserflächen, Flächen für die Wasserwirtschaft, Flächen für Hochwasserschutzanlagen und Flächen für die Regelung des Wasserabflusses,

14. Flächen zum Schutz, zur Pflege und zur Entwicklung von Boden, Natur und Landschaft

festgesetzt, ist der Eigentümer nach Maßgabe der folgenden Absätze zu entschädigen, soweit ihm Vermögensnachteile entstehen. [2] Dies gilt in den Fällen des Satzes 1 Nummer 1 in Bezug auf Flächen für Sport- und Spielanlagen sowie des Satzes 1 Nummer 4 und 10 bis 14 nicht, soweit die Festsetzungen oder ihre Durchführung den Interessen des Eigentümers oder der Erfüllung einer ihm obliegenden Rechtspflicht dienen.

(2) [1] Der Eigentümer kann die Übernahme der Flächen verlangen,

1. wenn und soweit es ihm mit Rücksicht auf die Festsetzung oder Durchführung des Bebauungsplans wirtschaftlich nicht mehr zuzumuten ist, das Grundstück zu behalten oder es in der bisherigen oder einer anderen zulässigen Art zu nutzen, oder

2. wenn Vorhaben nach § 32 nicht ausgeführt werden dürfen und dadurch die bisherige Nutzung einer baulichen Anlage aufgehoben oder wesentlich herabgesetzt wird.

[2] Der Eigentümer kann anstelle der Übernahme die Begründung von Miteigentum oder eines geeigneten Rechts verlangen, wenn die Verwirklichung des Bebauungsplans nicht die Entziehung des Eigentums erfordert.

(3) [1] Dem Eigentümer ist eine angemessene Entschädigung in Geld zu leisten, wenn und soweit Vorhaben nach § 32 nicht ausgeführt werden dürfen und dadurch die bisherige Nutzung seines Grundstücks wirtschaftlich erschwert wird. [2] Sind die Voraussetzungen des Übernahmeanspruchs nach Absatz 2 gegeben, kann nur dieser Anspruch geltend gemacht werden. [3] Der zur Entschädigung Verpflichtete kann den Entschädigungsberechtigten auf den Übernahmeanspruch verweisen, wenn das Grundstück für den im Bebauungsplan festgesetzten Zweck alsbald benötigt wird.

§ 41 Entschädigung bei Begründung von Geh-, Fahr- und Leitungsrechten und bei Bindungen für Bepflanzungen. (1) [1] Sind im Bebauungsplan Flächen festgesetzt, die mit Geh-, Fahr- und Leitungsrechten zu belasten sind, kann der Eigentümer unter den Voraussetzungen des § 40 Absatz 2 verlangen, dass an diesen Flächen einschließlich der für die Leitungsführungen erforderlichen Schutzstreifen das Recht zugunsten des in § 44 Absatz 1 und 2 Bezeichneten begründet wird. [2] Dies gilt nicht für die Verpflichtung zur Duldung solcher örtlichen Leitungen, die der Erschließung und Versorgung des Grundstücks dienen. [3] Weitergehende Rechtsvorschriften, nach denen der Eigentümer zur Duldung von Versorgungsleitungen verpflichtet ist, bleiben unberührt.

(2) Sind im Bebauungsplan Bindungen für Bepflanzungen und für die Erhaltung von Bäumen, Sträuchern, sonstigen Bepflanzungen und Gewässern sowie das Anpflanzen von Bäumen, Sträuchern und sonstigen Bepflanzungen festgesetzt, ist dem Eigentümer eine angemessene Entschädigung in Geld zu leisten, wenn und soweit infolge dieser Festsetzungen

1. besondere Aufwendungen notwendig sind, die über das bei ordnungsgemäßer Bewirtschaftung erforderliche Maß hinausgehen, oder

2. eine wesentliche Wertminderung des Grundstücks eintritt.

§ 42 Entschädigung bei Änderung oder Aufhebung einer zulässigen Nutzung. (1) Wird die zulässige Nutzung eines Grundstücks aufgehoben oder geändert und tritt dadurch eine nicht nur unwesentliche Wertminderung des Grundstücks ein, kann der Eigentümer nach Maßgabe der folgenden Absätze eine angemessene Entschädigung in Geld verlangen.

(2) Wird die zulässige Nutzung eines Grundstücks innerhalb einer Frist von sieben Jahren ab Zulässigkeit aufgehoben oder geändert, bemisst sich die Entschädigung nach dem Unterschied zwischen dem Wert des Grundstücks auf Grund der zulässigen Nutzung und seinem Wert, der sich infolge der Aufhebung oder Änderung ergibt.

(3) [1] Wird die zulässige Nutzung eines Grundstücks nach Ablauf der in Absatz 2 bezeichneten Frist aufgehoben oder geändert, kann der Eigentümer nur eine Entschädigung für Eingriffe in die ausgeübte Nutzung verlangen, insbesondere wenn infolge der Aufhebung oder Änderung der zulässigen Nutzung die Ausübung der verwirklichten Nutzung oder die sonstigen Möglichkeiten der wirtschaftlichen Verwertung des Grundstücks, die sich aus der verwirklichten Nutzung ergeben, unmöglich gemacht oder wesentlich erschwert werden. [2] Die Höhe der Entschädigung hinsichtlich der Beeinträchtigung des Grundstückswerts bemisst sich nach dem Unterschied zwischen dem Wert des Grundstücks auf Grund der ausgeübten Nutzung und seinem Wert, der sich infolge der in Satz 1 bezeichneten Beschränkungen ergibt.

(4) Entschädigungen für Eingriffe in ausgeübte Nutzungen bleiben unberührt.

(5) Abweichend von Absatz 3 bemisst sich die Entschädigung nach Absatz 2, wenn der Eigentümer an der Verwirklichung eines der zulässigen Nutzung entsprechenden Vorhabens vor Ablauf der in Absatz 2 bezeichneten Frist durch eine Veränderungssperre oder eine befristete Zurückstellung seines Vorhabens gehindert worden ist und er das Vorhaben infolge der Aufhebung oder Änderung der zulässigen Nutzung des Grundstücks nicht mehr verwirklichen kann.

(6) Ist vor Ablauf der in Absatz 2 bezeichneten Frist eine Baugenehmigung oder über die bodenrechtliche Zulässigkeit eines Vorhabens ein Vorbescheid nach Bauaufsichtsrecht erteilt worden und kann der Eigentümer das Vorhaben infolge der Aufhebung oder Änderung der zulässigen Nutzung des Grundstücks nach Ablauf der Frist nicht mehr verwirklichen oder ist die Verwirklichung dadurch für ihn wirtschaftlich unzumutbar geworden, kann der Eigentümer in Höhe des Unterschieds zwischen dem Wert des Grundstücks unter Zugrundelegung der nach der Genehmigung vorgesehenen Nutzung und dem Wert des Grundstücks, der sich infolge der Aufhebung oder Änderung der zulässigen Nutzung ergibt, Entschädigung verlangen.

(7) [1] Ist vor Ablauf der in Absatz 2 bezeichneten Frist ein Antrag auf Erteilung einer Baugenehmigung oder eines Vorbescheids nach Bauaufsichtsrecht, der die bodenrechtliche Zulässigkeit eines Vorhabens zum Gegenstand hat, rechtswidrig abgelehnt worden und kann nach dem Ergebnis eines Rechtsmittelverfahrens die Genehmigung oder der Vorbescheid mit dem

beantragten Inhalt nicht erteilt werden, weil die im Zeitpunkt der Antragstellung zulässige Nutzung aufgehoben oder geändert worden ist, bemisst sich die Entschädigung nach Absatz 6. [2] Entsprechend findet Absatz 6 auch Anwendung, wenn über einen den gesetzlichen Vorschriften entsprechenden und zu genehmigenden Bauantrag oder einen Vorbescheid nach Bauaufsichtsrecht, der die bodenrechtliche Zulässigkeit eines Vorhabens zum Gegenstand hat, innerhalb der in Absatz 2 bezeichneten Frist nicht entschieden wurde, obwohl der Antrag so rechtzeitig gestellt wurde, dass eine Genehmigung innerhalb der Frist hätte erteilt werden können.

(8) [1] In den Fällen der Absätze 5 bis 7 besteht der Anspruch auf Entschädigung nicht, wenn der Eigentümer nicht bereit oder nicht in der Lage war, das beabsichtigte Vorhaben zu verwirklichen. [2] Der Eigentümer hat die Tatsachen darzulegen, die seine Bereitschaft und Möglichkeiten, das Vorhaben zu verwirklichen, aufzeigen.

(9) Wird die zulässige Nutzung eines Grundstücks aufgehoben, besteht auch der Übernahmeanspruch nach § 40 Absatz 2 Satz 1 Nummer 1.

(10) Die Gemeinde hat dem Eigentümer auf Verlangen Auskunft zu erteilen, ob ein sich aus Absatz 2 ergebender vermögensrechtlicher Schutz der zulässigen Nutzung für sein Grundstück besteht und wann dieser durch Ablauf der in Absatz 2 bezeichneten Frist endet.

§ 43 Entschädigung und Verfahren. (1) [1] Ist die Entschädigung durch Übernahme des Grundstücks oder durch Begründung eines Rechts zu leisten und kommt eine Einigung nicht zustande, kann der Eigentümer die Entziehung des Eigentums oder die Begründung des Rechts verlangen. [2] Der Eigentümer kann den Antrag auf Entziehung des Eigentums oder auf Begründung des Rechts bei der Enteignungsbehörde stellen. [3] Auf die Entziehung des Eigentums oder die Begründung des Rechts finden die Vorschriften des Fünften Teils entsprechend Anwendung.

(2) [1] Ist die Entschädigung in Geld zu leisten und kommt eine Einigung über die Geldentschädigung nicht zustande, entscheidet die höhere Verwaltungsbehörde. [2] Die Vorschriften über die Entschädigung im Zweiten Abschnitt des Fünften Teils sowie § 121 gelten entsprechend. [3] Für Bescheide über die Festsetzung der zu zahlenden Geldentschädigung gilt § 122 entsprechend.

(3) [1] Liegen die Voraussetzungen der §§ 40 und 41 Absatz 1 vor, ist eine Entschädigung nur nach diesen Vorschriften zu gewähren. [2] In den Fällen der §§ 40 und 41 sind solche Wertminderungen nicht zu berücksichtigen, die bei Anwendung des § 42 nicht zu entschädigen wären.

(4) Bodenwerte sind nicht zu entschädigen, soweit sie darauf beruhen, dass

1. die zulässige Nutzung auf dem Grundstück den allgemeinen Anforderungen an gesunde Wohn- und Arbeitsverhältnisse oder an die Sicherheit der auf dem Grundstück oder im umliegenden Gebiet wohnenden oder arbeitenden Menschen nicht entspricht oder

2. *in einem Gebiet* städtebauliche Missstände im Sinne des § 136 Absatz 2 und 3 bestehen und die Nutzung des Grundstücks zu diesen Missständen wesentlich beiträgt.

(5) [1] Nach Vorliegen der Entschädigungsvoraussetzungen bleiben Werterhöhungen unberücksichtigt, die eingetreten sind, nachdem der Entschädigungsberechtigte in der Lage war, den Antrag auf Festsetzung der Entschädigung in Geld zu stellen, oder ein Angebot des Entschädigungspflichtigen, die Entschädigung in Geld in angemessener Höhe zu leisten, abgelehnt hat. [2] Hat der Entschädigungsberechtigte den Antrag auf Übernahme des Grundstücks oder Begründung eines geeigneten Rechts gestellt und hat der Entschädigungspflichtige daraufhin ein Angebot auf Übernahme des Grundstücks oder Begründung des Rechts zu angemessenen Bedingungen gemacht, gilt § 95 Absatz 2 Nummer 3 entsprechend.

§ 44 Entschädigungspflichtige, Fälligkeit und Erlöschen der Entschädigungsansprüche. (1) [1] Zur Entschädigung ist der Begünstigte verpflichtet, wenn er mit der Festsetzung zu seinen Gunsten einverstanden ist. [2] Ist ein Begünstigter nicht bestimmt oder liegt sein Einverständnis nicht vor, ist die Gemeinde zur Entschädigung verpflichtet. [3] Erfüllt der Begünstigte seine Verpflichtung nicht, ist dem Eigentümer gegenüber auch die Gemeinde verpflichtet; der Begünstigte hat der Gemeinde Ersatz zu leisten.

(2) [1] Dient die Festsetzung der Beseitigung oder Minderung von Auswirkungen, die von der Nutzung eines Grundstücks ausgehen, ist der Eigentümer zur Entschädigung verpflichtet, wenn er mit der Festsetzung einverstanden war. [2] Ist der Eigentümer auf Grund anderer gesetzlicher Vorschriften verpflichtet, Auswirkungen, die von der Nutzung seines Grundstücks ausgehen, zu beseitigen oder zu mindern, ist er auch ohne Einverständnis zur Entschädigung verpflichtet, soweit er durch die Festsetzung Aufwendungen erspart. [3] Erfüllt der Eigentümer seine Verpflichtungen nicht, gilt Absatz 1 Satz 3 entsprechend. [4] Die Gemeinde soll den Eigentümer anhören, bevor sie Festsetzungen trifft, die zu einer Entschädigung nach Satz 1 oder 2 führen können.

(3) [1] Der Entschädigungsberechtigte kann Entschädigung verlangen, wenn die in den §§ 39 bis 42 bezeichneten Vermögensnachteile eingetreten sind. [2] Er kann die Fälligkeit des Anspruchs dadurch herbeiführen, dass er die Leistung der Entschädigung schriftlich bei dem Entschädigungspflichtigen beantragt. [3] Entschädigungsleistungen in Geld sind ab Fälligkeit mit 2 vom Hundert über dem Basiszinssatz nach § 247 des Bürgerlichen Gesetzbuchs[1]) jährlich zu verzinsen. [4] Ist Entschädigung durch Übernahme des Grundstücks zu leisten, findet auf die Verzinsung § 99 Absatz 3 Anwendung.

(4) Ein Entschädigungsanspruch erlischt, wenn nicht innerhalb von drei Jahren nach Ablauf des Kalenderjahres, in dem die in Absatz 3 Satz 1 bezeichneten Vermögensnachteile eingetreten sind, die Fälligkeit des Anspruchs herbeigeführt wird.

(5) In der Bekanntmachung nach § 10 Absatz 3 ist auf die Vorschriften des Absatzes 3 Satz 1 und 2 sowie des Absatzes 4 hinzuweisen.

[1]) **Schönfelder Nr. 20.**

Vierter Teil. Bodenordnung

Erster Abschnitt. Umlegung

§ 45 Zweck und Anwendungsbereich. [1] Zur Erschließung oder Neugestaltung von Gebieten können bebaute und unbebaute Grundstücke durch Umlegung in der Weise neu geordnet werden, dass nach Lage, Form und Größe für die bauliche oder sonstige Nutzung zweckmäßig gestaltete Grundstücke entstehen. [2] Die Umlegung kann

1. im Geltungsbereich eines Bebauungsplans im Sinne des § 30 oder

2. innerhalb eines im Zusammenhang bebauten Ortsteils im Sinne des § 34, wenn sich aus der Eigenart der näheren Umgebung oder einem einfachen Bebauungsplan im Sinne des § 30 Absatz 3 hinreichende Kriterien für die Neuordnung der Grundstücke ergeben,

durchgeführt werden.

§ 46 Zuständigkeit und Voraussetzungen. (1) Die Umlegung ist von der Gemeinde (Umlegungsstelle) in eigener Verantwortung anzuordnen und durchzuführen, wenn und sobald sie zur Verwirklichung eines Bebauungsplans oder aus Gründen einer geordneten städtebaulichen Entwicklung zur Verwirklichung der innerhalb eines im Zusammenhang bebauten Ortsteils zulässigen Nutzung erforderlich ist.

(2) Die Landesregierungen können durch Rechtsverordnung bestimmen,

1. dass von der Gemeinde Umlegungsausschüsse mit selbständigen Entscheidungsbefugnissen für die Durchführung der Umlegung gebildet werden,

2. in welcher Weise die Umlegungsausschüsse zusammenzusetzen und mit welchen Befugnissen sie auszustatten sind,

3. dass der Umlegungsausschuss die Entscheidung über Vorgänge nach § 51 von geringer Bedeutung einer Stelle übertragen kann, die seine Entscheidungen vorbereitet,

4. dass zur Entscheidung über einen Rechtsbehelf im Umlegungsverfahren Obere Umlegungsausschüsse gebildet werden und wie diese Ausschüsse zusammenzusetzen sind,

5. dass die Flurbereinigungsbehörde oder eine andere geeignete Behörde verpflichtet ist, auf Antrag der Gemeinde (Umlegungsstelle) die im Umlegungsverfahren zu treffenden Entscheidungen vorzubereiten.

(3) Auf die Anordnung und Durchführung einer Umlegung besteht kein Anspruch.

(4) [1] Die Gemeinde kann ihre Befugnis zur Durchführung der Umlegung auf die Flurbereinigungsbehörde oder eine andere geeignete Behörde für das Gemeindegebiet oder Teile des Gemeindegebiets übertragen. [2] Die Einzelheiten der Übertragung einschließlich der Mitwirkungsrechte der Gemeinde können in einer Vereinbarung zwischen ihr und der die Umlegung durchführenden Behörde geregelt werden. [3] Die Gemeinde kann die Vorbereitung der im Umlegungsverfahren zu treffenden Entscheidungen sowie die zur Durchführung der Umlegung erforderlichen vermessungs- und katastertechnischen Aufgaben öffentlich bestellten Vermessungsingenieuren übertragen.

(5) [1] Die Gemeinde kann dem Umlegungsausschuss für einzelne Fälle oder bestimmte Gebiete die Befugnis zur Ausübung eines ihr nach § 24 Absatz 1

Satz 1 Nummer 2 zustehenden Vorkaufsrechts übertragen; die Gemeinde kann die Übertragung jederzeit widerrufen. [2] Das Recht der Gemeinde, nach der Übertragung ein Vorkaufsrecht zu anderen als Umlegungszwecken auszuüben, bleibt unberührt. [3] Ansprüche Dritter werden durch die Sätze 1 und 2 nicht begründet.

§ 47 Umlegungsbeschluss. (1) [1] Die Umlegung wird nach Anhörung der Eigentümer durch einen Beschluss der Umlegungsstelle eingeleitet. [2] Im Umlegungsbeschluss ist das Umlegungsgebiet (§ 52) zu bezeichnen. [3] Die im Umlegungsgebiet gelegenen Grundstücke sind einzeln aufzuführen.

(2) [1] Soll die Umlegung für den Geltungsbereich eines Bebauungsplans eingeleitet werden, kann das Umlegungsverfahren auch eingeleitet werden, wenn der Bebauungsplan noch nicht aufgestellt ist. [2] In diesem Falle muss der Bebauungsplan vor dem Beschluss über die Aufstellung des Umlegungsplans (§ 66 Absatz 1) in Kraft getreten sein.

§ 48 Beteiligte. (1) Im Umlegungsverfahren sind Beteiligte

1. die Eigentümer der im Umlegungsgebiet gelegenen Grundstücke,

2. die Inhaber eines im Grundbuch eingetragenen oder durch Eintragung gesicherten Rechts an einem im Umlegungsgebiet gelegenen Grundstück oder an einem das Grundstück belastenden Recht,

3. die Inhaber eines nicht im Grundbuch eingetragenen Rechts an dem Grundstück oder an einem das Grundstück belastenden Recht, eines Anspruchs mit dem Recht auf Befriedigung aus dem Grundstück oder eines persönlichen Rechts, das zum Erwerb, zum Besitz oder zur Nutzung des Grundstücks berechtigt oder den Verpflichteten in der Benutzung des Grundstücks beschränkt,

4. die Gemeinde,

5. unter den Voraussetzungen des § 55 Absatz 5 die Bedarfsträger und

6. die Erschließungsträger.

(2) [1] Die in Absatz 1 Nummer 3 bezeichneten Personen werden zu dem Zeitpunkt Beteiligte, in dem die Anmeldung ihres Rechts der Umlegungsstelle zugeht. [2] Die Anmeldung kann bis zur Beschlussfassung über den Umlegungsplan (§ 66 Absatz 1) erfolgen.

(3) [1] Bestehen Zweifel an einem angemeldeten Recht, so hat die Umlegungsstelle dem Anmeldenden unverzüglich eine Frist zur Glaubhaftmachung seines Rechts zu setzen. [2] Nach fruchtlosem Ablauf der Frist ist er bis zur Glaubhaftmachung seines Rechts nicht mehr zu beteiligen.

(4) [1] Der im Grundbuch eingetragene Gläubiger einer Hypothek, Grund- *schuld oder Rentenschuld,* für die ein Brief erteilt ist, sowie jeder seiner Rechtsnachfolger hat auf Verlangen der Umlegungsstelle eine Erklärung darüber abzugeben, ob ein anderer die Hypothek, Grundschuld oder Rentenschuld oder ein Recht daran erworben hat; die Person des Erwerbers hat er dabei zu bezeichnen. [2] § 208 Satz 2 bis 4 gilt entsprechend.

§ 49 Rechtsnachfolge. Wechselt die Person eines Beteiligten während eines Umlegungsverfahrens, so tritt sein Rechtsnachfolger in dieses Verfahren

in dem Zustand ein, in dem es sich im Zeitpunkt des Übergangs des Rechts befindet.

§ 50 Bekanntmachung des Umlegungsbeschlusses. (1) Der Umlegungsbeschluss ist in der Gemeinde ortsüblich bekannt zu machen.

(2) Die Bekanntmachung des Umlegungsbeschlusses hat die Aufforderung zu enthalten, innerhalb eines Monats Rechte, die aus dem Grundbuch nicht ersichtlich sind, aber zur Beteiligung am Umlegungsverfahren berechtigen, bei der Umlegungsstelle anzumelden.

(3) Werden Rechte erst nach Ablauf der in Absatz 2 bezeichneten Frist angemeldet oder nach Ablauf der in § 48 Absatz 3 gesetzten Frist glaubhaft gemacht, so muss ein Berechtigter die bisherigen Verhandlungen und Festsetzungen gegen sich gelten lassen, wenn die Umlegungsstelle dies bestimmt.

(4) Der Inhaber eines in Absatz 2 bezeichneten Rechts muss die Wirkung eines vor der Anmeldung eingetretenen Fristablaufs ebenso gegen sich gelten lassen wie der Beteiligte, dem gegenüber die Frist durch Bekanntmachung des Verwaltungsakts zuerst in Lauf gesetzt worden ist.

(5) Auf die rechtlichen Wirkungen nach den Absätzen 3 und 4 sowie nach § 51 ist in der Bekanntmachung hinzuweisen.

§ 51 Verfügungs- und Veränderungssperre. (1) [1] Von der Bekanntmachung des Umlegungsbeschlusses bis zur Bekanntmachung nach § 71 dürfen im Umlegungsgebiet nur mit schriftlicher Genehmigung der Umlegungsstelle

1. ein Grundstück geteilt oder Verfügungen über ein Grundstück und über Rechte an einem Grundstück getroffen oder Vereinbarungen abgeschlossen werden, durch die einem anderen ein Recht zum Erwerb, zur Nutzung oder Bebauung eines Grundstücks oder Grundstücksteils eingeräumt wird, oder Baulasten neu begründet, geändert oder aufgehoben werden;

2. erhebliche Veränderungen der Erdoberfläche oder wesentlich wertsteigernde sonstige Veränderungen der Grundstücke vorgenommen werden;

3. nicht genehmigungs-, zustimmungs- oder anzeigepflichtige, aber wertsteigernde bauliche Anlagen errichtet oder wertsteigernde Änderungen solcher Anlagen vorgenommen werden;

4. genehmigungs-, zustimmungs- oder anzeigepflichtige bauliche Anlagen errichtet oder geändert werden.

[2] Einer Genehmigung nach Satz 1 bedarf es im förmlich festgelegten Sanierungsgebiet nur, wenn und soweit eine Genehmigungspflicht nach § 144 nicht besteht.

(2) Vorhaben, die vor dem Inkrafttreten der Veränderungssperre baurechtlich genehmigt worden sind, Vorhaben, von denen die Gemeinde nach Maßgabe des Bauordnungsrechts Kenntnis erlangt hat und mit deren Ausführung vor dem Inkrafttreten der Veränderungssperre hätte begonnen werden dürfen, sowie Unterhaltungsarbeiten und die Fortführung einer bisher ausgeübten Nutzung werden von der Veränderungssperre nicht berührt.

(3) [1] Die Genehmigung darf nur versagt werden, wenn *Grund zu der* Annahme besteht, dass das Vorhaben die Durchführung der Umlegung un-

möglich machen oder wesentlich erschweren würde. [2] § 22 Absatz 5 Satz 2 bis 5 ist entsprechend anzuwenden.

(4) [1] Die Genehmigung kann unter Auflagen und außer bei Verfügungen über Grundstücke und über Rechte an Grundstücken auch unter Bedingungen oder Befristungen erteilt werden. [2] Wird die Genehmigung unter Auflagen, Bedingungen oder Befristungen erteilt, ist die hierdurch betroffene Vertragspartei berechtigt, bis zum Ablauf eines Monats nach Unanfechtbarkeit der Entscheidung vom Vertrag zurückzutreten. [3] Auf das Rücktrittsrecht sind die §§ 346 bis 349 und 351 des Bürgerlichen Gesetzbuchs[1] entsprechend anzuwenden.

(5) [1] Überträgt der Umlegungsausschuss auf Grund einer Verordnung nach § 46 Absatz 2 Nummer 3 der dort bezeichneten Stelle Entscheidungen über Vorgänge nach Absatz 1, unterliegt diese Stelle seinen Weisungen; bei Einlegung von Rechtsbehelfen tritt der Umlegungsausschuss an ihre Stelle. [2] Der Umlegungsausschuss kann die Übertragung jederzeit widerrufen.

§ 52 Umlegungsgebiet.

(1) [1] Das Umlegungsgebiet ist so zu begrenzen, dass die Umlegung sich zweckmäßig durchführen lässt. [2] Es kann aus räumlich getrennten Flächen bestehen.

(2) Einzelne Grundstücke, die die Durchführung der Umlegung erschweren, können von der Umlegung ganz oder teilweise ausgenommen werden.

(3) [1] Unwesentliche Änderungen des Umlegungsgebiets können bis zum Beschluss über die Aufstellung des Umlegungsplans (§ 66 Absatz 1) von der Umlegungsstelle nach vorheriger Anhörung der Eigentümer der betroffenen Grundstücke auch ohne ortsübliche Bekanntmachung vorgenommen werden. [2] Die Änderung wird mit ihrer Bekanntgabe an die Eigentümer der betroffenen Grundstücke wirksam.

§ 53 Bestandskarte und Bestandsverzeichnis.

(1) [1] Die Umlegungsstelle fertigt eine Karte und ein Verzeichnis der Grundstücke des Umlegungsgebiets an (Bestandskarte und Bestandsverzeichnis). [2] Die Bestandskarte weist mindestens die bisherige Lage und Form der Grundstücke des Umlegungsgebiets und die auf ihnen befindlichen Gebäude aus und bezeichnet die Eigentümer. [3] In dem Bestandsverzeichnis sind für jedes Grundstück mindestens aufzuführen

1. die im Grundbuch eingetragenen Eigentümer,
2. die grundbuch- und katastermäßige Bezeichnung, die Größe und die im Liegenschaftskataster angegebene Nutzungsart der Grundstücke unter Angabe von Straße und Hausnummer sowie
3. *die im Grundbuch in Abteilung II eingetragenen Lasten und Beschränkungen.*

(2) [1] Die Bestandskarte und die in Absatz 1 Satz 3 Nummer 1 und 2 bezeichneten Teile des Bestandsverzeichnisses sind auf die Dauer eines Monats in der Gemeinde öffentlich auszulegen. [2] Ort und Dauer der Auslegung sind mindestens eine Woche vor der Auslegung ortsüblich bekannt zu machen.

[1] **Schönfelder Nr. 20.**

(3) Betrifft die Umlegung nur wenige Grundstücke, so genügt anstelle der ortsüblichen Bekanntmachung die Mitteilung an die Eigentümer und die Inhaber sonstiger Rechte, soweit sie aus dem Grundbuch ersichtlich sind oder ihr Recht bei der Umlegungsstelle angemeldet haben.

(4) In den in Absatz 1 Satz 3 Nummer 3 bezeichneten Teil des Bestandsverzeichnisses ist die Einsicht jedem gestattet, der ein berechtigtes Interesse darlegt.

§ 54 Benachrichtigungen und Umlegungsvermerk. (1) [1] Die Umlegungsstelle teilt dem Grundbuchamt und der für die Führung des Liegenschaftskatasters zuständigen Stelle die Einleitung (§ 47) des Umlegungsverfahrens und die nachträglichen Änderungen des Umlegungsgebiets (§ 52) mit. [2] Das Grundbuchamt hat in die Grundbücher der umzulegenden Grundstücke einzutragen, dass das Umlegungsverfahren eingeleitet ist (Umlegungsvermerk).

(2) [1] Das Grundbuchamt und die für die Führung des Liegenschaftskatasters zuständige Stelle haben die Umlegungsstelle von allen Eintragungen zu benachrichtigen, die nach dem Zeitpunkt der Einleitung des Umlegungsverfahrens im Grundbuch der betroffenen Grundstücke und im Liegenschaftskataster vorgenommen sind oder vorgenommen werden. [2] § 22 Absatz 6 ist entsprechend anzuwenden.

(3) Ist im Grundbuch die Anordnung der Zwangsversteigerung oder Zwangsverwaltung eingetragen, so gibt die Umlegungsstelle dem Vollstreckungsgericht von dem Umlegungsbeschluss Kenntnis, soweit dieser das Grundstück betrifft, das Gegenstand des Vollstreckungsverfahrens ist.

§ 55 Umlegungsmasse und Verteilungsmasse. (1) Die im Umlegungsgebiet gelegenen Grundstücke werden nach ihrer Fläche rechnerisch zu einer Masse vereinigt (Umlegungsmasse).

(2) [1] Aus der Umlegungsmasse sind vorweg die Flächen auszuscheiden und der Gemeinde oder dem sonstigen Erschließungsträger zuzuteilen, die nach dem Bebauungsplan festgesetzt sind oder aus Gründen der geordneten städtebaulichen Entwicklung zur Verwirklichung der nach § 34 zulässigen Nutzung erforderlich sind als

1. örtliche Verkehrsflächen für Straßen, Wege einschließlich Fuß- und Wohnwege und für Plätze sowie für Sammelstraßen,

2. Flächen für Parkplätze, Grünanlagen einschließlich Kinderspielplätze und Anlagen zum Schutz gegen schädliche Umwelteinwirkungen im Sinne des Bundes-Immissionsschutzgesetzes[1], soweit sie nicht schon Bestandteil der in Nummer 1 genannten Verkehrsanlagen sind, sowie für Regenklär- und Regenüberlaufbecken, wenn die Flächen überwiegend den Bedürfnissen der Bewohner des Umlegungsgebiets dienen sollen.

[2] Zu den vorweg auszuscheidenden Flächen gehören auch die Flächen zum Ausgleich im Sinne des § 1a Absatz 3 für die in Satz 1 genannten Anlagen. [3] Grünflächen nach Satz 1 Nummer 2 können auch bauflächenbedingte Flächen zum Ausgleich im Sinne des § 1a Absatz 3 umfassen.

[1] Nr. 296.

(3) Mit der Zuteilung ist die Gemeinde oder der sonstige Erschließungsträger für von ihnen in die Umlegungsmasse eingeworfene Flächen nach Absatz 2 abgefunden.

(4) Die verbleibende Masse ist die Verteilungsmasse.

(5) [1] Sonstige Flächen, für die nach dem Bebauungsplan eine Nutzung für öffentliche Zwecke festgesetzt ist, können einschließlich der Flächen zum Ausgleich im Sinne des § 1a Absatz 3 ausgeschieden und dem Bedarfs- oder Erschließungsträger zugeteilt werden, wenn dieser geeignetes Ersatzland, das auch außerhalb des Umlegungsgebiets liegen kann, in die Verteilungsmasse einbringt. [2] Die Umlegungsstelle soll von dieser Befugnis Gebrauch machen, wenn dies zur alsbaldigen Durchführung des Bebauungsplans zweckmäßig ist.

§ 56 Verteilungsmaßstab. (1) [1] Für die Errechnung der den beteiligten Grundeigentümern an der Verteilungsmasse zustehenden Anteile (Sollanspruch) ist entweder von dem Verhältnis der Flächen oder dem Verhältnis der Werte auszugehen, in dem die früheren Grundstücke vor der Umlegung zueinander gestanden haben. [2] Der Maßstab ist von der Umlegungsstelle nach pflichtmäßigem Ermessen unter gerechter Abwägung der Interessen der Beteiligten je nach Zweckmäßigkeit einheitlich zu bestimmen.

(2) Sind alle Beteiligten einverstanden, so kann die Verteilungsmasse auch nach einem anderen Maßstab aufgeteilt werden.

§ 57 Verteilung nach Werten. [1] Geht die Umlegungsstelle von dem Verhältnis der Werte aus, so wird die Verteilungsmasse in dem Verhältnis verteilt, in dem die zu berücksichtigenden Eigentümer an der Umlegung beteiligt sind. [2] Jedem Eigentümer soll ein Grundstück mindestens mit dem Verkehrswert zugeteilt werden, den sein früheres Grundstück auch unter Berücksichtigung der Pflicht zur Bereitstellung von Flächen zum Ausgleich im Sinne des § 1a Absatz 3 im Zeitpunkt des Umlegungsbeschlusses hatte. [3] Für die zuzuteilenden Grundstücke ist der Verkehrswert, bezogen auf den Zeitpunkt des Umlegungsbeschlusses, zu ermitteln. [4] Dabei sind Wertänderungen, die durch die Umlegung bewirkt werden, zu berücksichtigen; sollen Grundstücke in Bezug auf Flächen nach § 55 Absatz 2 erschließungsbeitragspflichtig zugeteilt werden, bleiben Wertänderungen insoweit unberücksichtigt. [5] Unterschiede zwischen den so ermittelten Verkehrswerten sind in Geld auszugleichen.

§ 58 Verteilung nach Flächen. (1) [1] Geht die Umlegungsstelle von dem Verhältnis der Flächen aus, hat sie von den eingeworfenen Grundstücken unter Anrechnung des Flächenabzugs nach § 55 Absatz 2 einen Flächenbeitrag in einem solchen Umfang abzuziehen, dass die Vorteile ausgeglichen werden, die durch die Umlegung erwachsen; dabei bleiben in den Fällen des § 57 Satz 4 Halbsatz 2 die Vorteile insoweit unberücksichtigt. [2] Der Flächenbeitrag darf in Gebieten, die erstmalig erschlossen werden, nur bis zu 30 vom Hundert, in anderen Gebieten nur bis zu 10 vom Hundert der eingeworfenen Fläche betragen. [3] Die Umlegungsstelle kann statt eines Flächenbeitrags ganz oder teilweise einen entsprechenden Geldbeitrag erheben. [4] Soweit der Umlegungsvorteil den Flächenbeitrag nach Satz 1 übersteigt, ist der Vorteil in Geld auszugleichen.

(2) Kann das neue Grundstück nicht in gleicher oder gleichwertiger Lage zugeteilt werden, so sind dadurch begründete Wertunterschiede in Fläche oder Geld auszugleichen.

(3) Für die Bemessung von Geldbeiträgen und Ausgleichsleistungen sind die Wertverhältnisse im Zeitpunkt des Umlegungsbeschlusses maßgebend.

§ 59 Zuteilung und Abfindung. (1) Aus der Verteilungsmasse sind den Eigentümern dem Umlegungszweck entsprechend nach Möglichkeit Grundstücke einschließlich Flächen zum Ausgleich im Sinne des § 1a Absatz 3 in gleicher oder gleichwertiger Lage wie die eingeworfenen Grundstücke und entsprechend den nach §§ 57 und 58 errechneten Anteilen zuzuteilen.

(2) [1] Soweit es unter Berücksichtigung der öffentlich-rechtlichen Vorschriften nicht möglich ist, die nach den §§ 57 und 58 errechneten Anteile tatsächlich zuzuteilen, findet ein Ausgleich in Geld statt. [2] Auf den Geldausgleich sind die Vorschriften über die Entschädigung im Zweiten Abschnitt des Fünften Teils entsprechend anzuwenden, soweit die Zuteilung den Einwurfswert oder mehr als nur unwesentlich den Sollanspruch unterschreitet. [3] Der Geldausgleich bemisst sich nach dem Verkehrswert, bezogen auf den Zeitpunkt der Aufstellung des Umlegungsplans, soweit die Zuteilung den Sollanspruch mehr als nur unwesentlich überschreitet und dadurch die bauplanungsrechtlich zulässige Nutzung ermöglicht.

(3) Beantragt ein Eigentümer, der im Umlegungsgebiet eigen genutzten Wohn- oder Geschäftsraum aufgeben muss und im Umlegungsverfahren kein Grundstück erhält, dass für ihn als Abfindung im Umlegungsverfahren eines der in Absatz 4 Nummer 2 und 3 bezeichneten Rechte vorgesehen wird, so soll dem entsprochen werden, sofern dies in der Umlegung möglich ist.

(4) Mit Einverständnis der betroffenen Eigentümer können als Abfindung

1. Geld oder
2. Grundeigentum außerhalb des Umlegungsgebiets oder
3. die Begründung von Miteigentum an einem Grundstück, die Gewährung von grundstücksgleichen Rechten, Rechten nach dem Wohnungseigentumsgesetz[1]) oder sonstigen dinglichen Rechten innerhalb und außerhalb des Umlegungsgebiets

vorgesehen werden.

(5) [1] Sofern die Umlegung im Geltungsbereich eines Bebauungsplans durchgeführt wird, können Eigentümer in Geld oder mit außerhalb des Umlegungsgebiets gelegenen Grundstücken abgefunden werden, wenn sie im Gebiet keine bebauungsfähigen Grundstücke erhalten können oder wenn dies sonst zur Erreichung der Ziele und Zwecke des Bebauungsplans erforderlich ist; wer die Abfindung mit Grundstücken außerhalb des Gebiets ablehnt, kann mit Geld abgefunden werden. [2] Die Vorschriften über die Entschädigung im Zweiten Abschnitt des Fünften Teils sind entsprechend anzuwenden.

(6) [1] Lehnt der Eigentümer eine Abfindung mit den in Absatz 4 Nummer 2 und 3 bezeichneten Rechten ab, obgleich durch eine solche Abfindung für eine größere Anzahl von Beteiligten eine Abfindung in Geld vermieden werden kann und die Abfindung in diesen Rechtsformen mit dem Bebau-

[1]) Schönfelder Nr. 37.

ungsplan vereinbar ist, ist der Eigentümer in Geld abzufinden. [2] Die Vorschriften über die Entschädigung im Zweiten Abschnitt des Fünften Teils sind entsprechend anzuwenden.

(7) Die Umlegungsstelle – der Umlegungsausschuss auf Antrag der Gemeinde – kann bei der Zuteilung von Grundstücken unter den Voraussetzungen des § 176 ein Baugebot, unter den Voraussetzungen des § 177 ein Modernisierungs- oder Instandsetzungsgebot und unter den Voraussetzungen des § 178 ein Pflanzgebot anordnen.

(8) [1] Sofern die Umlegung im Geltungsbereich eines Bebauungsplans durchgeführt wird, sind im Umlegungsplan die Gebäude oder sonstigen baulichen Anlagen zu bezeichnen, die dem Bebauungsplan widersprechen und der Verwirklichung der im Umlegungsplan in Aussicht genommenen Neugestaltung (§ 66 Absatz 2) entgegenstehen. [2] Die Eigentümer und die sonstigen Nutzungsberechtigten haben die Beseitigung der im Umlegungsplan bezeichneten Gebäude und sonstigen baulichen Anlagen zu dulden, wenn die Gemeinde die Beseitigung zum Vollzug des Umlegungsplans durchführt.

(9) Die Befugnis der Gemeinde, ein Baugebot, ein Modernisierungs- oder Instandsetzungsgebot, ein Pflanzgebot oder ein Rückbau- oder Entsiegelungsgebot nach den §§ 176 bis 179 anzuordnen, bleibt unberührt.

§ 60 Abfindung und Ausgleich für bauliche Anlagen, Anpflanzungen und sonstige Einrichtungen.
[1] Für bauliche Anlagen, Anpflanzungen und für sonstige Einrichtungen ist nur eine Geldabfindung zu gewähren und im Falle der Zuteilung ein Ausgleich in Geld festzusetzen, soweit das Grundstück wegen dieser Einrichtungen einen über den Bodenwert hinausgehenden Verkehrswert hat. [2] Die Vorschriften über die Entschädigung im Zweiten Abschnitt des Fünften Teils sind entsprechend anzuwenden.

§ 61 Aufhebung, Änderung und Begründung von Rechten.
(1) [1] Grundstücksgleiche Rechte sowie andere Rechte an einem im Umlegungsgebiet gelegenen Grundstück oder an einem das Grundstück belastenden Recht, ferner Ansprüche mit dem Recht auf Befriedigung aus dem Grundstück oder persönliche Rechte, die zum Erwerb, zum Besitz oder zur Nutzung eines im Umlegungsgebiet gelegenen Grundstücks berechtigen oder den Verpflichteten in der Benutzung des Grundstücks beschränken, können durch den Umlegungsplan aufgehoben, geändert oder neu begründet werden. [2] In Übereinstimmung mit den Zielen des Bebauungsplans oder zur Verwirklichung einer nach § 34 zulässigen Nutzung können zur zweckmäßigen und *wirtschaftlichen* Ausnutzung der Grundstücke Flächen für Zuwege, gemeinschaftliche Hofräume, Kinderspielplätze, Freizeiteinrichtungen, Stellplätze, Garagen, Flächen zum Ausgleich im Sinne des § 1a Absatz 3 oder andere Gemeinschaftsanlagen festgelegt und ihre Rechtsverhältnisse geregelt werden. [3] Im Landesrecht vorgesehene öffentlich-rechtliche Verpflichtungen zu einem das Grundstück betreffenden Tun, Dulden oder Unterlassen (Baulast) können im Einvernehmen mit der Baugenehmigungsbehörde aufgehoben, geändert oder neu begründet werden.

(2) [1] Soweit durch die Aufhebung, Änderung oder Begründung von Rechten oder Baulasten Vermögensnachteile oder Vermögensvorteile entstehen, findet eine Ausgleich in Geld statt. [2] Für den Fall, dass Vermögensnachteile entstehen, sind die Vorschriften über die Entschädigung im Zweiten Abschnitt des Fünften Teils und über den Härteausgleich nach § 181 entsprechend anzuwenden.

(3) Die Absätze 1 und 2 gelten auch für die nach § 55 Absatz 5 in die Verteilungsmasse eingebrachten Grundstücke.

§ 62 Gemeinschaftliches Eigentum; besondere rechtliche Verhältnisse. (1) Wenn es dem Zweck der Umlegung dient und die Eigentümer zustimmen, kann gemeinschaftliches Eigentum an Grundstücken geteilt werden.

(2) [1] Wenn einem Eigentümer für mehrere verschiedenen Rechtsverhältnissen unterliegende alte Grundstücke oder Berechtigungen ein neues Grundstück zugeteilt wird, so werden entsprechend den verschiedenen Rechtsverhältnissen Bruchteile der Gesamtabfindung bestimmt, die an die Stelle der einzelnen Grundstücke oder Berechtigungen treten. [2] In diesen Fällen kann für jedes eingeworfene Grundstück oder jede Berechtigung anstelle des Bruchteils ein besonderes Grundstück zugeteilt werden.

(3) Wenn gemeinschaftliches Eigentum geteilt wird (Absatz 1) oder einem Eigentümer für sein Grundstück mehrere neue Grundstücke zugeteilt werden, so kann die Umlegungsstelle Grundpfandrechte und Reallasten, mit denen eingeworfene Grundstücke belastet sind, entsprechend den im Umlegungsverfahren ermittelten Werten auf die zuzuteilenden Grundstücke verteilen.

§ 63 Übergang von Rechtsverhältnissen auf die Abfindung. (1) [1] Die zugeteilten Grundstücke treten hinsichtlich der Rechte an den alten Grundstücken und der diese Grundstücke betreffenden Rechtsverhältnisse, die nicht aufgehoben werden, an die Stelle der alten Grundstücke. [2] Die örtlich gebundenen öffentlichen Lasten, die auf den alten Grundstücken ruhen, gehen auf die in deren örtlicher Lage ausgewiesenen neuen Grundstücke über.

(2) Erhält der Eigentümer, dem ein neues Grundstück zugeteilt wird, für das alte Grundstück zum Ausgleich von Wertunterschieden einen Geldausgleich oder nach § 59, § 60 oder § 61 eine Geldabfindung, so sind dinglich Berechtigte, deren Rechte durch die Umlegung beeinträchtigt werden, insoweit auf den Geldanspruch des Eigentümers angewiesen.

§ 64 Geldleistungen. (1) Die Gemeinde ist Gläubigerin und Schuldnerin der im Umlegungsplan festgesetzten Geldleistungen.

(2) [1] Geldleistungen werden mit der Bekanntmachung nach § 71 fällig. [2] Die Fälligkeit der Ausgleichsleistungen für Mehrwerte (§§ 57 bis 61) kann bis zu längstens zehn Jahren hinausgeschoben werden; dabei kann vorgesehen werden, dass die Bezahlung dieser Ausgleichsleistungen ganz oder teilweise in wiederkehrenden Leistungen erfolgt. [3] In den Fällen des Satzes 2 soll die *Ausgleichsleistung* ab Fälligkeit und bei Anfechtung des Umlegungsplans lediglich wegen der Höhe einer Geldleistung soll diese in Höhe des angefochtenen Betrags ab Inkrafttreten des Umlegungsplans dem Grund nach mit

2 vom Hundert über dem Basiszinssatz nach § 247 des Bürgerlichen Gesetzbuchs[1] jährlich verzinst werden.

(3) Die Verpflichtungen des Eigentümers oder des Erbbauberechtigten zu Geldleistungen nach den §§ 57 bis 61 gelten als Beitrag und ruhen als öffentliche Last auf dem Grundstück oder dem Erbbaurecht.

(4) [1] Wird zur Sicherung eines Kredits, der

1. der Errichtung von Neubauten, dem Wiederaufbau zerstörter Gebäude oder dem Ausbau oder der Erweiterung bestehender Gebäude oder

2. der Durchführung notwendiger außerordentlicher Instandsetzungen an Gebäuden

auf dem belasteten Grundstück dient, ein Grundpfandrecht bestellt, so kann für dieses auf Antrag ein Befriedigungsvorrecht vor der öffentlichen Last nach Absatz 3 oder einem Teil derselben für den Fall der Zwangsvollstreckung in das Grundstück bewilligt werden, wenn dadurch die Sicherheit der öffentlichen Last nicht gefährdet wird und die Zins- und Tilgungssätze für das Grundpfandrecht den üblichen Jahresleistungen für erstrangige Tilgungshypotheken entsprechen. [2] Die Bewilligung kann von der Erfüllung von Bedingungen abhängig gemacht werden.

(5) Soweit die Kosten und Geldleistungen der Umlegung von einem Bedarfs- oder Erschließungsträger verursacht sind, sind sie von ihm der Gemeinde zu erstatten.

(6) Die öffentlichen Lasten (Absatz 3) sind im Grundbuch zu vermerken.

§ 65 Hinterlegung und Verteilungsverfahren. Für die Hinterlegung von Geldleistungen und für das Verteilungsverfahren gelten die Vorschriften der §§ 118 und 119 entsprechend.

§ 66 Aufstellung und Inhalt des Umlegungsplans. (1) [1] Der Umlegungsplan ist von der Umlegungsstelle nach Erörterung mit den Eigentümern durch Beschluss aufzustellen. [2] Er kann auch für Teile des Umlegungsgebiets aufgestellt werden (Teilumlegungsplan).

(2) [1] Aus dem Umlegungsplan muss der in Aussicht genommene Neuzustand mit allen tatsächlichen und rechtlichen Änderungen hervorgehen, die die im Umlegungsgebiet gelegenen Grundstücke erfahren. [2] Der Umlegungsplan muss nach Form und Inhalt zur Übernahme in das Liegenschaftskataster geeignet sein.

(3) Der Umlegungsplan besteht aus der Umlegungskarte und dem Umlegungsverzeichnis.

§ 67 Umlegungskarte. [1] Die Umlegungskarte stellt den künftigen Zustand des Umlegungsgebiets dar. [2] In die Karte sind insbesondere die neuen Grundstücksgrenzen und -bezeichnungen sowie die Flächen im Sinne des § 55 Absatz 2 einzutragen.

[1] **Schönfelder Nr. 20.**

§ 68 Umlegungsverzeichnis. (1) Das Umlegungsverzeichnis führt auf

1. die Grundstücke, einschließlich der außerhalb des Umlegungsgebiets zugeteilten, nach Lage, Größe und Nutzungsart unter Gegenüberstellung des alten und neuen Bestands mit Angabe ihrer Eigentümer;

2. die Rechte an einem Grundstück oder einem das Grundstück belastenden Recht, ferner Ansprüche mit dem Recht auf Befriedigung aus dem Grundstück oder persönliche Rechte, die zum Erwerb, zum Besitz oder zur Nutzung eines Grundstücks berechtigen oder den Verpflichteten in der Benutzung des Grundstücks beschränken, soweit sie aufgehoben, geändert oder neu begründet werden;

3. die Grundstückslasten nach Rang und Betrag;

4. die Geldleistungen, deren Fälligkeit und Zahlungsart sowie der Wert der Flächen nach § 55 Absatz 2 bei einer insoweit erschließungsbeitragspflichtigen Zuteilung;

5. diejenigen, zu deren Gunsten oder Lasten Geldleistungen festgesetzt sind;

6. die einzuziehenden und die zu verlegenden Flächen im Sinne des § 55 Absatz 2 und die Wasserläufe;

7. die Gebote nach § 59 Absatz 7 sowie

8. die Baulasten nach § 61 Absatz 1 Satz 3.

(2) Das Umlegungsverzeichnis kann für jedes Grundstück gesondert aufgestellt werden.

§ 69 Bekanntmachung des Umlegungsplans, Einsichtnahme.

(1) [1] Die Umlegungsstelle hat den Beschluss über die Aufstellung des Umlegungsplans (§ 66 Absatz 1) in der Gemeinde ortsüblich bekannt zu machen. [2] In der Bekanntmachung ist darauf hinzuweisen, dass der Umlegungsplan an einer zu benennenden Stelle nach Absatz 2 eingesehen werden kann und auszugsweise nach § 70 Absatz 1 Satz 1 zugestellt wird.

(2) Den Umlegungsplan kann jeder einsehen, der ein berechtigtes Interesse darlegt.

§ 70 Zustellung des Umlegungsplans. (1) [1] Den Beteiligten ist ein ihre Rechte betreffender Auszug aus dem Umlegungsplan zuzustellen. [2] Dabei ist darauf hinzuweisen, dass der Umlegungsplan an einer zu benennenden Stelle nach § 69 Absatz 2 eingesehen werden kann.

(2) Hält die Umlegungsstelle Änderungen des Umlegungsplans für erforderlich, so können die Bekanntmachung und die Zustellung des geänderten Umlegungsplans auf die von der Änderung Betroffenen beschränkt werden.

(3) Ist im Grundbuch die Anordnung der Zwangsversteigerung oder Zwangsverwaltung eingetragen, so gibt die Umlegungsstelle dem Vollstreckungsgericht von dem Umlegungsverzeichnis Kenntnis, soweit dieses das Grundstück, das Gegenstand des Vollstreckungsverfahrens ist, und die daran bestehenden Rechte betrifft.

§ 71 Inkrafttreten des Umlegungsplans. (1) [1] Die Umlegungsstelle hat ortsüblich bekannt zu machen, in welchem Zeitpunkt der Umlegungsplan unanfechtbar geworden ist. [2] Dem Eintritt der Unanfechtbarkeit des Umle-

gungsplans steht es gleich, wenn der Umlegungsplan lediglich wegen der Höhe einer Geldabfindung anfechtbar ist.

(2) [1] Vor Unanfechtbarkeit des Umlegungsplans kann die Umlegungsstelle räumliche und sachliche Teile des Umlegungsplans durch Bekanntmachung in Kraft setzen, wenn sich die Entscheidung über eingelegte Rechtsbehelfe auf diese Teile des Umlegungsplans nicht auswirken kann. [2] Personen, die Rechtsbehelfe eingelegt haben, sind von der Inkraftsetzung zu unterrichten.

§ 72 Wirkungen der Bekanntmachung. (1) [1] Mit der Bekanntmachung nach § 71 wird der bisherige Rechtszustand durch den in dem Umlegungsplan vorgesehenen neuen Rechtszustand ersetzt. [2] Die Bekanntmachung schließt die Einweisung der neuen Eigentümer in den Besitz der zugeteilten Grundstücke ein.

(2) [1] Die Gemeinde hat den Umlegungsplan zu vollziehen, sobald seine Unanfechtbarkeit nach § 71 bekannt gemacht worden ist. [2] Sie hat den Beteiligten die neuen Besitz- und Nutzungsrechte, erforderlichenfalls mit den Mitteln des Verwaltungszwangs, zu verschaffen.

§ 73 Änderung des Umlegungsplans. Die Umlegungsstelle kann den Umlegungsplan auch nach Eintritt der Unanfechtbarkeit ändern, wenn

1. der Bebauungsplan geändert wird,

2. eine rechtskräftige Entscheidung eines Gerichts die Änderung notwendig macht oder

3. die Beteiligten mit der Änderung einverstanden sind.

§ 74 Berichtigung der öffentlichen Bücher. (1) [1] Die Umlegungsstelle übersendet dem Grundbuchamt und der für die Führung des Liegenschaftskatasters zuständigen Stelle eine beglaubigte Abschrift der Bekanntmachung nach § 71 sowie eine beglaubigte Ausfertigung des Umlegungsplans und ersucht diese, die Rechtsänderungen in das Grundbuch und in das Liegenschaftskataster einzutragen sowie den Umlegungsvermerk im Grundbuch zu löschen. [2] Dies gilt auch für außerhalb des Umlegungsgebiets zugeteilte Grundstücke.

(2) [1] Bis zur Berichtigung des Liegenschaftskatasters dienen die Umlegungskarte und das Umlegungsverzeichnis als amtliches Verzeichnis der Grundstücke im Sinne des § 2 Absatz 2 der Grundbuchordnung[1]), wenn die für die Führung des Liegenschaftskatasters zuständige Stelle auf diesen Urkunden bescheinigt hat, dass sie nach Form und Inhalt zur Übernahme in das Liegenschaftskataster geeignet sind. [2] Diese Bescheinigung ist nicht erforderlich, wenn die Flurbereinigungsbehörde die Umlegungskarte und das Umlegungsverzeichnis gefertigt hat (§ 46 Absatz 2 Nummer 5 und Absatz 4).

§ 75 Einsichtnahme in den Umlegungsplan. Bis zur Berichtigung des Grundbuchs ist die Einsicht in den Umlegungsplan jedem gestattet, der ein berechtigtes Interesse darlegt.

[1]) **Schönfelder** Nr. 114.

§ 76 Vorwegnahme der Entscheidung. [1] Mit Einverständnis der betroffenen Rechtsinhaber können die Eigentums- und Besitzverhältnisse für einzelne Grundstücke sowie andere Rechte nach den §§ 55 bis 62 geregelt werden, bevor der Umlegungsplan aufgestellt ist. [2] Die §§ 70 bis 75 gelten entsprechend.

§ 77 Vorzeitige Besitzeinweisung. (1) Sofern die Umlegung im Geltungsbereich eines Bebauungsplans durchgeführt wird, kann die Umlegungsstelle nach dem Inkrafttreten des Bebauungsplans, wenn das Wohl der Allgemeinheit es erfordert,

1. vor Aufstellung des Umlegungsplans die Gemeinde oder den sonstigen Bedarfs- oder Erschließungsträger in den Besitz der Grundstücke, die in dem Bebauungsplan als Flächen im Sinne des § 9 Absatz 1 Nummer 21 oder des § 55 Absatz 2 und 5 festgesetzt sind, einweisen;

2. nach Aufstellung des Umlegungsplans und Übertragung der Grenzen der neuen Grundstücke in die Örtlichkeit auch sonstige am Umlegungsverfahren Beteiligte in den Besitz der nach dem Umlegungsplan für sie vorgesehenen Grundstücke oder Nutzungsrechte einweisen.

(2) Das Wohl der Allgemeinheit kann die vorzeitige Einweisung in den Besitz insbesondere erfordern

1. in den Fällen des Absatzes 1 Nummer 1 zugunsten der Gemeinde oder eines sonstigen Bedarfs- oder Erschließungsträgers, wenn Maßnahmen zur Verwirklichung des Bebauungsplans bevorstehen und die Flächen für die vorgesehenen Anlagen und Einrichtungen der Erschließung oder Versorgung des Gebiets benötigt werden,

2. in den Fällen des Absatzes 1 Nummer 2 zugunsten sonstiger Umlegungsbeteiligter, wenn dringende städtebauliche Gründe für die Verschaffung des Besitzes bestehen und wenn diese Gründe die Interessen der Betroffenen an der weiteren Ausübung des Besitzes wesentlich überwiegen.

(3) Die §§ 116 und 122 gelten entsprechend.

§ 78 Verfahrens- und Sachkosten.
Die Gemeinde trägt die Verfahrenskosten und die nicht durch Beiträge nach § 64 Absatz 3 gedeckten Sachkosten.

§ 79 Abgaben- und Auslagenbefreiung. (1) [1] Geschäfte und Verhandlungen, die der Durchführung oder Vermeidung der Umlegung dienen, einschließlich der Berichtigung der öffentlichen Bücher, sind frei von Gebühren und ähnlichen nichtsteuerlichen Abgaben sowie von Auslagen; dies gilt nicht für die Kosten eines Rechtsstreits. [2] Unberührt bleiben Regelungen nach landesrechtlichen Vorschriften.

(2) Die Abgabenfreiheit ist von der zuständigen Behörde ohne Nachprüfung anzuerkennen, wenn die Umlegungsstelle versichert, dass ein Geschäft oder eine Verhandlung der Durchführung oder Vermeidung der Umlegung dient.

Zweiter Abschnitt. Vereinfachte Umlegung

§ 80 Zweck, Anwendungsbereich, Zuständigkeiten. (1) [1] Die Gemeinde kann eine Umlegung im Sinne des § 45 als vereinfachte Umlegung durchführen, wenn die in § 46 Absatz 1 bezeichneten Voraussetzungen vorliegen und wenn mit der Umlegung lediglich

1. unmittelbar aneinander grenzende oder in enger Nachbarschaft liegende Grundstücke oder Teile von Grundstücken untereinander getauscht oder

2. Grundstücke, insbesondere Splittergrundstücke oder Teile von Grundstücken, einseitig zugeteilt

werden. [2] Die auszutauschenden oder einseitig zuzuteilenden Grundstücke oder Grundstücksteile dürfen nicht selbständig bebaubar sein. [3] Eine einseitige Zuteilung muss im öffentlichen Interesse geboten sein.

(2) [1] Auf die vereinfachte Umlegung sind die Vorschriften des Ersten Abschnitts nur anzuwenden, soweit die Vorschriften dieses Abschnitts dies bestimmen. [2] Einer Anordnung der vereinfachten Umlegung durch die Gemeinde bedarf es nicht.

(3) [1] Die vereinfachte Umlegung ist so durchzuführen, dass jedem Eigentümer nach dem Verhältnis des Werts seines früheren Grundstücks zum Wert der übrigen Grundstücke möglichst ein Grundstück in gleicher oder gleichwertiger Lage zugeteilt wird. [2] Eine durch die vereinfachte Umlegung für den Grundstückseigentümer bewirkte Wertminderung darf nur unerheblich sein. [3] Mit Zustimmung der Eigentümer können von den Sätzen 1 und 2 abweichende Regelungen getroffen werden.

(4) [1] Im Rahmen des Verfahrens der vereinfachten Umlegung betroffene Dienstbarkeiten und Baulasten nach Maßgabe des § 61 Absatz 1 Satz 3 können neugeordnet und zu diesem Zweck auch neu begründet und aufgehoben werden. [2] Betroffene Grundpfandrechte können neugeordnet werden, wenn die Beteiligten dem vorgesehenen neuen Rechtszustand zustimmen.

(5) [1] Die Landesregierungen können durch Rechtsverordnungen bestimmen, dass die nach Maßgabe des § 46 Absatz 2 Nummer 1 und 2 gebildeten Umlegungsausschüsse auch vereinfachte Umlegungsverfahren selbständig durchführen. [2] Die Vorschriften des § 46 Absatz 4 zur Übertragung der Umlegung auf die Flurbereinigungsbehörde oder eine andere geeignete Behörde sind für vereinfachte Umlegungsverfahren entsprechend anzuwenden.

§ 81 Geldleistungen. (1) [1] Vorteile, die durch die vereinfachte Umlegung bewirkt werden, sind von den Eigentümern in Geld auszugleichen. [2] Die Vorschriften über die Entschädigung im Zweiten Abschnitt des Fünften Teils sind entsprechend anzuwenden.

(2) [1] Gläubigerin und Schuldnerin der Geldleistungen ist die Gemeinde. [2] Die Beteiligten können mit Zustimmung der Gemeinde andere Vereinbarungen treffen. [3] Die Geldleistungen werden mit der Bekanntmachung nach § 83 Absatz 1 fällig. [4] § 64 Absatz 3, 4 und 6 über Beitrag und öffentliche Last ist entsprechend anzuwenden, wenn die Gemeinde Gläubigerin der Geldleistungen ist.

(3) [1] Dinglich Berechtigte, deren Rechte durch die vereinfachte Umlegung beeinträchtigt werden, sind insoweit auf den Geldanspruch des Eigentümers

angewiesen. [2] Für die Hinterlegung von Geldleistungen und für das Verteilungsverfahren gelten die Vorschriften der §§ 118 und 119 entsprechend.

§ 82 Beschluss über die vereinfachte Umlegung. (1) [1] Die Gemeinde setzt nach Erörterung mit den Eigentümern durch Beschluss die neuen Grenzen sowie die Geldleistung fest und regelt in ihm, soweit es erforderlich ist, die Neuordnung und zu diesem Zweck auch die Neubegründung und Aufhebung von Dienstbarkeiten, Grundpfandrechten und Baulasten. [2] Beteiligten, deren Rechte ohne Zustimmung durch den Beschluss betroffen werden, ist vorher Gelegenheit zur Stellungnahme zu geben. [3] Der Beschluss muss nach Form und Inhalt zur Übernahme in das Liegenschaftskataster geeignet sein.

(2) [1] Allen Beteiligten ist ein ihre Rechte betreffender Auszug aus dem Beschluss zuzustellen. [2] Dabei ist darauf hinzuweisen, dass der Beschluss bei einer zu benennenden Stelle eingesehen werden kann.

§ 83 Bekanntmachung und Rechtswirkungen der vereinfachten Umlegung. (1) [1] Die Gemeinde hat ortsüblich bekannt zu machen, in welchem Zeitpunkt der Beschluss über die vereinfachte Umlegung unanfechtbar geworden ist. [2] § 71 Absatz 2 über die vorzeitige Inkraftsetzung ist entsprechend anzuwenden.

(2) [1] Mit der Bekanntmachung wird der bisherige Rechtszustand durch den in dem Beschluss über die vereinfachte Umlegung vorgesehenen neuen Rechtszustand ersetzt. [2] Die Bekanntmachung schließt die Einweisung der neuen Eigentümer in den Besitz der zugeteilten Grundstücke oder Grundstücksteile ein. [3] § 72 Absatz 2 über die Vollziehung ist entsprechend anzuwenden.

(3) [1] Das Eigentum an ausgetauschten oder einseitig zugeteilten Grundstücksteilen und Grundstücken geht lastenfrei auf die neuen Eigentümer über; Unschädlichkeitszeugnisse sind nicht erforderlich. [2] Sofern Grundstücksteile oder Grundstücke einem Grundstück zugeteilt werden, werden sie Bestandteil dieses Grundstücks. [3] Die dinglichen Rechte an diesem Grundstück erstrecken sich auf die zugeteilten Grundstücksteile und Grundstücke. [4] Satz 1 Halbsatz 1 und Satz 3 gelten nur, soweit sich nicht aus einer Regelung nach § 80 Absatz 4 etwas anderes ergibt.

§ 84 Berichtigung der öffentlichen Bücher. (1) [1] Die Gemeinde übersendet dem Grundbuchamt und der für die Führung des Liegenschaftskatasters zuständigen Stelle eine beglaubigte Abschrift des Beschlusses über die vereinfachte Umlegung, teilt den Zeitpunkt der Bekanntmachung nach § 83 Absatz 1 mit und ersucht diese, die Rechtsänderungen in das Grundbuch und in das Liegenschaftskataster einzutragen. [2] § 74 Absatz 2 gilt entsprechend.

(2) Für die Kosten der vereinfachten Umlegung gelten die §§ 78 und 79 *entsprechend.*

Fünfter Teil. Enteignung

Erster Abschnitt. Zulässigkeit der Enteignung

§ 85 Enteignungszweck. (1) Nach diesem Gesetzbuch kann nur enteignet werden, um

1. entsprechend den Festsetzungen des Bebauungsplans ein Grundstück zu nutzen oder eine solche Nutzung vorzubereiten,
2. unbebaute oder geringfügig bebaute Grundstücke, die nicht im Bereich eines Bebauungsplans, aber innerhalb im Zusammenhang bebauter Ortsteile liegen, insbesondere zur Schließung von Baulücken, entsprechend den baurechtlichen Vorschriften zu nutzen oder einer baulichen Nutzung zuzuführen,
3. Grundstücke für die Entschädigung in Land zu beschaffen,
4. durch Enteignung entzogene Rechte durch neue Rechte zu ersetzen,
5. Grundstücke einer baulichen Nutzung zuzuführen, wenn ein Eigentümer die Verpflichtung nach § 176 Absatz 1 oder 2 nicht erfüllt,
6. im Geltungsbereich einer Erhaltungssatzung eine bauliche Anlage aus den in § 172 Absatz 3 bis 5 bezeichneten Gründen zu erhalten oder
7. im Geltungsbereich einer Satzung zur Sicherung von Durchführungsmaßnahmen des Stadtumbaus eine bauliche Anlage aus den in § 171d Absatz 3 bezeichneten Gründen zu erhalten oder zu beseitigen.

(2) Unberührt bleiben

1. die Vorschriften über die Enteignung zu anderen als den in Absatz 1 genannten Zwecken,
2. landesrechtliche Vorschriften über die Enteignung zu den in Absatz 1 Nummer 6 genannten Zwecken.

§ 86 Gegenstand der Enteignung. (1) Durch Enteignung können

1. das Eigentum an Grundstücken entzogen oder belastet werden;
2. andere Rechte an Grundstücken entzogen oder belastet werden;
3. Rechte entzogen werden, die zum Erwerb, zum Besitz oder zur Nutzung von Grundstücken berechtigen oder die den Verpflichteten in der Benutzung von Grundstücken beschränken; hierzu zählen auch Rückübertragungsansprüche nach dem Vermögensgesetz[1];
4. soweit es in den Vorschriften dieses Teils vorgesehen ist, Rechtsverhältnisse begründet werden, die Rechte der in Nummer 3 bezeichneten Art gewähren.

(2) Auf das Zubehör eines Grundstücks sowie auf Sachen, die nur zu einem vorübergehenden Zweck mit dem Grundstück verbunden oder in ein Gebäude eingefügt sind, darf die Enteignung nur nach Maßgabe des § 92 Absatz 4 ausgedehnt werden.

(3) Die für die Entziehung oder Belastung des Eigentums an Grundstücken geltenden Vorschriften sind auf die Entziehung, Belastung oder Begründung der in Absatz 1 Nummer 2 bis 4 bezeichneten Rechte entsprechend anzuwenden.

[1] Sartorius III Nr. 50.

§ 87 Voraussetzungen für die Zulässigkeit der Enteignung. (1) Die Enteignung ist im einzelnen Fall nur zulässig, wenn das Wohl der Allgemeinheit sie erfordert und der Enteignungszweck auf andere zumutbare Weise nicht erreicht werden kann.

(2) ¹ Die Enteignung setzt voraus, dass der Antragsteller sich ernsthaft um den freihändigen Erwerb des zu enteignenden Grundstücks zu angemessenen Bedingungen, unter den Voraussetzungen des § 100 Absatz 1 und 3 unter Angebot geeigneten anderen Landes, vergeblich bemüht hat. ² Der Antragsteller hat glaubhaft zu machen, dass das Grundstück innerhalb angemessener Frist zu dem vorgesehenen Zweck verwendet wird.

(3) ¹ Die Enteignung eines Grundstücks zu dem Zweck, es für die bauliche Nutzung vorzubereiten (§ 85 Absatz 1 Nummer 1) oder es der baulichen Nutzung zuzuführen (§ 85 Absatz 1 Nummer 2), darf nur zugunsten der Gemeinde oder eines öffentlichen Bedarfs- oder Erschließungsträgers erfolgen. ² In den Fällen des § 85 Absatz 1 Nummer 5 kann die Enteignung eines Grundstücks zugunsten eines Bauwilligen verlangt werden, der in der Lage ist, die Baumaßnahmen innerhalb angemessener Frist durchzuführen, und sich hierzu verpflichtet. ³ Soweit im förmlich festgelegten Sanierungsgebiet die Enteignung zugunsten der Gemeinde zulässig ist, kann sie auch zugunsten eines Sanierungsträgers erfolgen.

(4) Die Zulässigkeit der Enteignung wird durch die Vorschriften des Sechsten Teils des Zweiten Kapitels nicht berührt.

§ 88 Enteignung aus zwingenden städtebaulichen Gründen. ¹ Wird die Enteignung eines Grundstücks von der Gemeinde zu den in § 85 Absatz 1 Nummer 1 und 2 bezeichneten Zwecken aus zwingenden städtebaulichen Gründen beantragt, so genügt anstelle des § 87 Absatz 2 der Nachweis, dass die Gemeinde sich ernsthaft um den freihändigen Erwerb dieses Grundstücks zu angemessenen Bedingungen vergeblich bemüht hat. ² Satz 1 ist entsprechend anzuwenden, wenn die Enteignung eines im förmlich festgelegten Sanierungsgebiet gelegenen Grundstücks zugunsten der Gemeinde oder eines Sanierungsträgers beantragt wird.

§ 89 Veräußerungspflicht. (1) ¹ Die Gemeinde hat Grundstücke zu veräußern,
1. die sie durch Ausübung des Vorkaufsrechts erlangt hat oder
2. die zu ihren Gunsten enteignet worden sind, um sie für eine bauliche Nutzung vorzubereiten oder der baulichen Nutzung zuzuführen.

² Dies gilt nicht für Grundstücke, die als Austauschland für beabsichtigte städtebauliche Maßnahmen, zur Entschädigung in Land oder für sonstige öffentliche Zwecke benötigt werden. ³ Die Veräußerungspflicht entfällt, wenn für das Grundstück entsprechendes Ersatzland hergegeben oder Miteigentum an einem Grundstück übertragen wurde oder wenn grundstücksgleiche Rechte, Rechte nach dem Wohnungseigentumsgesetz¹⁾ oder sonstige dingliche Rechte an einem Grundstück begründet oder gewährt wurden.

(2) Die Gemeinde soll ein Grundstück veräußern, sobald der mit dem Erwerb verfolgte Zweck verwirklicht werden kann oder entfallen ist.

¹⁾ **Schönfelder Nr. 37.**

(3) [1] Die Gemeinde hat die Grundstücke unter Berücksichtigung weiter Kreise der Bevölkerung an Personen zu veräußern, die sich verpflichten, das Grundstück innerhalb angemessener Frist entsprechend den baurechtlichen Vorschriften oder den Zielen und Zwecken der städtebaulichen Maßnahme zu nutzen. [2] Dabei sind in den Fällen des Absatzes 1 Satz 1 Nummer 1 die früheren Käufer, in den Fällen des Absatzes 1 Satz 1 Nummer 2 die früheren Eigentümer vorrangig zu berücksichtigen.

(4) [1] Die Gemeinde kann ihrer Veräußerungspflicht nachkommen, indem sie

1. das Eigentum an dem Grundstück überträgt,

2. grundstücksgleiche Rechte oder Rechte nach dem Wohnungseigentumsgesetz oder

3. sonstige dingliche Rechte

begründet oder gewährt. [2] Die Verschaffung eines Anspruchs auf den Erwerb solcher Rechte steht ihrer Begründung oder Gewährung oder der Eigentumsübertragung gleich.

§ 90 Enteignung von Grundstücken zur Entschädigung in Land.

(1) Die Enteignung von Grundstücken zur Entschädigung in Land (Ersatzland) ist zulässig, wenn

1. die Entschädigung eines Eigentümers nach § 100 in Land festzusetzen ist,

2. die Bereitstellung von Grundstücken, die im Rahmen der beabsichtigten städtebaulichen Entwicklung als Ersatzland geeignet sind, weder aus dem Grundbesitz des Enteignungsbegünstigten noch aus dem Grundbesitz des Bundes, des Landes, einer Gemeinde (Gemeindeverband) oder einer juristischen Person des Privatrechts, an der der Bund, das Land oder eine Gemeinde (Gemeindeverband) allein oder gemeinsam überwiegend beteiligt sind, möglich und zumutbar ist sowie

3. von dem Enteignungsbegünstigten geeignete Grundstücke freihändig zu angemessenen Bedingungen, insbesondere, soweit ihm dies möglich und zumutbar ist, unter Angebot geeigneten anderen Landes aus dem eigenen Vermögen oder aus dem Besitzstand von juristischen Personen des Privatrechts, an deren Kapital er überwiegend beteiligt ist, nicht erworben werden können.

(2) Grundstücke unterliegen nicht der Enteignung zur Entschädigung in Land, wenn und soweit

1. der Eigentümer oder bei land- oder forstwirtschaftlich genutzten Grundstücken auch der sonstige Nutzungsberechtigte auf das zu enteignende *Grundstück mit seiner Berufs-* oder Erwerbstätigkeit angewiesen und ihm im Interesse der Erhaltung der Wirtschaftlichkeit seines Betriebs die Abgabe nicht zuzumuten ist oder

2. die Grundstücke oder ihre Erträge unmittelbar öffentlichen Zwecken oder der Wohlfahrtspflege, dem Unterricht, der Forschung, der Kranken- und Gesundheitspflege, der Erziehung, der Körperertüchtigung oder den Aufgaben der Kirchen und anderer Religionsgesellschaften des öffentlichen Rechts sowie deren Einrichtungen dienen oder zu dienen bestimmt sind.

(3) Außerhalb des räumlichen Geltungsbereichs eines Bebauungsplans und außerhalb der im Zusammenhang bebauten Ortsteile können Grundstücke zur Entschädigung in Land nur enteignet werden, wenn sie land- oder forstwirtschaftlich genutzt werden sollen.

(4) Die Enteignung zum Zweck der Entschädigung eines Eigentümers, dessen Grundstück zur Beschaffung von Ersatzland enteignet wird, ist unzulässig.

§ 91 Ersatz für entzogene Rechte. [1] Die Enteignung zu dem Zweck, durch Enteignung entzogene Rechte durch neue Rechte zu ersetzen, ist nur zulässig, soweit der Ersatz in den Vorschriften des Zweiten Abschnitts vorgesehen ist. [2] Für den Ersatz entzogener Rechte durch neue Rechte im Wege der Enteignung nach § 97 Absatz 2 Satz 3 gelten die in § 90 Absatz 1 und 2 für die Enteignung zur Entschädigung in Land getroffenen Vorschriften entsprechend.

§ 92 Umfang, Beschränkung und Ausdehnung der Enteignung.
(1) [1] Ein Grundstück darf nur in dem Umfang enteignet werden, in dem dies zur Verwirklichung des Enteignungszwecks erforderlich ist. [2] Reicht eine Belastung des Grundstücks mit einem Recht zur Verwirklichung des Enteignungszwecks aus, so ist die Enteignung hierauf zu beschränken.

(2) [1] Soll ein Grundstück mit einem Erbbaurecht belastet werden, kann der Eigentümer anstelle der Belastung die Entziehung des Eigentums verlangen. [2] Soll ein Grundstück mit einem anderen Recht belastet werden, kann der Eigentümer die Entziehung des Eigentums verlangen, wenn die Belastung mit dem dinglichen Recht für ihn unbillig ist.

(3) Soll ein Grundstück oder ein räumlich oder wirtschaftlich zusammenhängender Grundbesitz nur zu einem Teil enteignet werden, kann der Eigentümer die Ausdehnung der Enteignung auf das Restgrundstück oder den Restbesitz insoweit verlangen, als das Restgrundstück oder der Restbesitz nicht mehr in angemessenem Umfang baulich oder wirtschaftlich genutzt werden kann.

(4) Der Eigentümer kann verlangen, dass die Enteignung auf die in § 86 Absatz 2 bezeichneten Gegenstände ausgedehnt wird, wenn und soweit er sie infolge der Enteignung nicht mehr wirtschaftlich nutzen oder in anderer Weise angemessen verwerten kann.

(5) Ein Verlangen nach den Absätzen 2 bis 4 ist schriftlich oder zur Niederschrift bei der Enteignungsbehörde bis zum Schluss der mündlichen Verhandlung geltend zu machen.

Zweiter Abschnitt. Entschädigung

§ 93 Entschädigungsgrundsätze. (1) Für die Enteignung ist Entschädigung zu leisten.

(2) Die Entschädigung wird gewährt
1. für den durch die Enteignung eintretenden Rechtsverlust,
2. für andere durch die Enteignung eintretende Vermögensnachteile.

(3) [1] Vermögensvorteile, die dem Entschädigungsberechtigten (§ 94) infolge der Enteignung entstehen, sind bei der Festsetzung der Entschädigung zu

berücksichtigen. [2] Hat bei der Entstehung eines Vermögensnachteils ein Verschulden des Entschädigungsberechtigten mitgewirkt, so gilt § 254 des Bürgerlichen Gesetzbuchs[1] entsprechend.

(4) [1] Für die Bemessung der Entschädigung ist der Zustand des Grundstücks in dem Zeitpunkt maßgebend, in dem die Enteignungsbehörde über den Enteignungsantrag entscheidet. [2] In den Fällen der vorzeitigen Besitzeinweisung ist der Zustand in dem Zeitpunkt maßgebend, in dem diese wirksam wird.

§ 94 Entschädigungsberechtigter und Entschädigungsverpflichteter.

(1) Entschädigung kann verlangen, wer in seinem Recht durch die Enteignung beeinträchtigt wird und dadurch einen Vermögensnachteil erleidet.

(2) [1] Zur Leistung der Entschädigung ist der Enteignungsbegünstigte verpflichtet. [2] Wird Ersatzland enteignet, so ist zur Entschädigung derjenige verpflichtet, der dieses Ersatzland für das zu enteignende Grundstück beschaffen muss.

§ 95 Entschädigung für den Rechtsverlust. (1) [1] Die Entschädigung für den durch die Enteignung eintretenden Rechtsverlust bemisst sich nach dem Verkehrswert (§ 194) des zu enteignenden Grundstücks oder sonstigen Gegenstands der Enteignung. [2] Maßgebend ist der Verkehrswert in dem Zeitpunkt, in dem die Enteignungsbehörde über den Enteignungsantrag entscheidet.

(2) Bei der Festsetzung der Entschädigung bleiben unberücksichtigt

1. Wertsteigerungen eines Grundstücks, die in der Aussicht auf eine Änderung der zulässigen Nutzung eingetreten sind, wenn die Änderung nicht in absehbarer Zeit zu erwarten ist;

2. Wertänderungen, die infolge der bevorstehenden Enteignung eingetreten sind;

3. Werterhöhungen, die nach dem Zeitpunkt eingetreten sind, in dem der Eigentümer zur Vermeidung der Enteignung ein Kauf- oder Tauschangebot des Antragstellers mit angemessenen Bedingungen (§ 87 Absatz 2 Satz 1 und § 88) hätte annehmen können, es sei denn, dass der Eigentümer Kapital oder Arbeit für sie aufgewendet hat;

4. wertsteigernde Veränderungen, die während einer Veränderungssperre ohne Genehmigung der Baugenehmigungsbehörde vorgenommen worden sind;

5. wertsteigernde Veränderungen, die nach Einleitung des Enteignungsverfahrens ohne behördliche Anordnung oder Zustimmung der Enteignungsbehörde vorgenommen worden sind;

6. Vereinbarungen, soweit sie von üblichen Vereinbarungen auffällig abweichen und Tatsachen die Annahme rechtfertigen, dass sie getroffen worden sind, um eine höhere Entschädigungsleistung zu erlangen;

7. Bodenwerte, die nicht zu berücksichtigen wären, wenn der Eigentümer eine Entschädigung in den Fällen der §§ 40 bis 42 geltend machen würde.

[1] **Schönfelder Nr. 20.**

(3) [1] Für bauliche Anlagen, deren Rückbau jederzeit auf Grund öffentlich-rechtlicher Vorschriften entschädigungslos gefordert werden kann, ist eine Entschädigung nur zu gewähren, wenn es aus Gründen der Billigkeit geboten ist. [2] Kann der Rückbau entschädigungslos erst nach Ablauf einer Frist gefordert werden, so ist die Entschädigung nach dem Verhältnis der restlichen zu der gesamten Frist zu bemessen.

(4) Wird der Wert des Eigentums an dem Grundstück durch Rechte Dritter gemindert, die an dem Grundstück aufrechterhalten, an einem anderen Grundstück neu begründet oder gesondert entschädigt werden, so ist dies bei der Festsetzung der Entschädigung für den Rechtsverlust zu berücksichtigen.

§ 96 Entschädigung für andere Vermögensnachteile.
(1) [1] Wegen anderer durch die Enteignung eintretender Vermögensnachteile ist eine Entschädigung nur zu gewähren, wenn und soweit diese Vermögensnachteile nicht bei der Bemessung der Entschädigung für den Rechtsverlust berücksichtigt sind. [2] Die Entschädigung ist unter gerechter Abwägung der Interessen der Allgemeinheit und der Beteiligten festzusetzen, insbesondere für

1. den vorübergehenden oder dauernden Verlust, den der bisherige Eigentümer in seiner Berufstätigkeit, seiner Erwerbstätigkeit oder in Erfüllung der ihm wesensgemäß obliegenden Aufgaben erleidet, jedoch nur bis zu dem Betrag des Aufwands, der erforderlich ist, um ein anderes Grundstück in der gleichen Weise wie das zu enteignende Grundstück zu nutzen;

2. die Wertminderung, die durch die Enteignung eines Grundstücksteils oder eines Teils eines räumlich oder wirtschaftlich zusammenhängenden Grundbesitzes bei dem anderen Teil oder durch Enteignung des Rechts an einem Grundstück bei einem anderen Grundstück entsteht, soweit die Wertminderung nicht schon bei der Festsetzung der Entschädigung nach Nummer 1 berücksichtigt ist;

3. die notwendigen Aufwendungen für einen durch die Enteignung erforderlich werdenden Umzug.

(2) Im Falle des Absatzes 1 Nummer 2 ist § 95 Absatz 2 Nummer 3 anzuwenden.

§ 97 Behandlung der Rechte der Nebenberechtigten.
(1) Rechte an dem zu enteignenden Grundstück sowie persönliche Rechte, die zum Besitz oder zur Nutzung des Grundstücks berechtigen oder den Verpflichteten in der Benutzung des Grundstücks beschränken, können aufrechterhalten werden, soweit dies mit dem Enteignungszweck vereinbar ist.

(2) [1] Als Ersatz für ein Recht an einem Grundstück, das nicht aufrechterhalten wird, kann mit Zustimmung des Rechtsinhabers das Ersatzland oder ein anderes Grundstück des Enteignungsbegünstigten mit einem gleichen Recht belastet werden. [2] Als Ersatz für ein persönliches Recht, das nicht aufrechterhalten wird, kann mit Zustimmung des Rechtsinhabers ein Rechtsverhältnis begründet werden, das ein Recht gleicher Art in Bezug auf das Ersatzland oder auf ein anderes Grundstück des Enteignungsbegünstigten gewährt. [3] Als Ersatz für dingliche oder persönliche Rechte eines öffentlichen Verkehrsunternehmens oder eines Trägers der öffentlichen Versorgung mit Elektrizität, Gas, Wärme oder Wasser, der auf diese zur Erfüllung seiner

wesensgemäßen Aufgaben angewiesen ist, sind auf seinen Antrag Rechte gleicher Art zu begründen; soweit dazu Grundstücke des Enteignungsbegünstigten nicht geeignet sind, können zu diesem Zweck auch andere Grundstücke in Anspruch genommen werden. [4] Anträge nach Satz 3 müssen vor Beginn der mündlichen Verhandlung schriftlich oder zur Niederschrift der Enteignungsbehörde gestellt werden.

(3) Soweit Rechte nicht aufrechterhalten oder nicht durch neue Rechte ersetzt werden, sind bei der Enteignung eines Grundstücks gesondert zu entschädigen

1. Erbbauberechtigte, Altenteilsberechtigte sowie Inhaber von Dienstbarkeiten und Erwerbsrechten an dem Grundstück,

2. Inhaber von persönlichen Rechten, die zum Besitz oder zur Nutzung des Grundstücks berechtigen, wenn der Berechtigte im Besitz des Grundstücks ist,

3. Inhaber von persönlichen Rechten, die zum Erwerb des Grundstücks berechtigen oder den Verpflichteten in der Nutzung des Grundstücks beschränken.

(4) [1] Berechtigte, deren Rechte nicht aufrechterhalten und nicht durch neue Rechte ersetzt und nicht gesondert entschädigt werden, haben bei der Enteignung eines Grundstücks Anspruch auf Ersatz des Werts ihres Rechts aus der Geldentschädigung für das Eigentum an dem Grundstück, soweit sich ihr Recht auf dieses erstreckt. [2] Das gilt entsprechend für die Geldentschädigungen, die für den durch die Enteignung eintretenden Rechtsverlust in anderen Fällen oder nach § 96 Absatz 1 Satz 2 Nummer 2 festgesetzt werden.

§ 98 Schuldübergang. (1) [1] Haftet bei einer Hypothek, die aufrechterhalten oder durch ein neues Recht an einem anderen Grundstück ersetzt wird, der von der Enteignung Betroffene zugleich persönlich, so übernimmt der Enteignungsbegünstigte die Schuld in Höhe der Hypothek. [2] Die §§ 415 und 416 des Bürgerlichen Gesetzbuchs[1]) gelten entsprechend; als Veräußerer im Sinne des § 416 ist der von der Enteignung Betroffene anzusehen.

(2) Das Gleiche gilt, wenn bei einer Grundschuld oder Rentenschuld, die aufrechterhalten oder durch ein neues Recht an einem anderen Grundstück ersetzt wird, der von der Enteignung Betroffene zugleich persönlich haftet, sofern er spätestens in dem nach § 108 anzuberaumenden Termin die gegen ihn bestehende Forderung unter Angabe ihres Betrags und Grunds angemeldet und auf Verlangen der Enteignungsbehörde oder eines Beteiligten glaubhaft gemacht hat.

§ 99 Entschädigung in Geld. (1) [1] Die Entschädigung ist in einem einmaligen Betrag zu leisten, soweit dieses Gesetzbuch nichts anderes bestimmt. [2] Auf Antrag des Eigentümers kann die Entschädigung in wiederkehrenden Leistungen festgesetzt werden, wenn dies den übrigen Beteiligten zuzumuten ist.

(2) Für die Belastung eines Grundstücks mit einem Erbbaurecht ist die Entschädigung in einem Erbbauzins zu leisten.

[1]) **Schönfelder** Nr. 20.

(3) [1] Einmalige Entschädigungsbeträge sind mit 2 vom Hundert über dem Basiszinssatz nach § 247 des Bürgerlichen Gesetzbuchs[1]) jährlich von dem Zeitpunkt an zu verzinsen, in dem die Enteignungsbehörde über den Enteignungsantrag entscheidet. [2] Im Falle der vorzeitigen Besitzeinweisung ist der Zeitpunkt maßgebend, in dem diese wirksam wird.

§ 100 Entschädigung in Land. (1) Die Entschädigung ist auf Antrag des Eigentümers in geeignetem Ersatzland festzusetzen, wenn er zur Sicherung seiner Berufstätigkeit, seiner Erwerbstätigkeit oder zur Erfüllung der ihm wesensgemäß obliegenden Aufgaben auf Ersatzland angewiesen ist und

1. der Enteignungsbegünstigte über als Ersatzland geeignete Grundstücke verfügt, auf die er nicht mit seiner Berufstätigkeit, seiner Erwerbstätigkeit oder zur Erfüllung der ihm wesensgemäß obliegenden Aufgaben angewiesen ist, oder

2. der Enteignungsbegünstigte geeignetes Ersatzland nach pflichtmäßigem Ermessen der Enteignungsbehörde freihändig zu angemessenen Bedingungen beschaffen kann oder

3. geeignetes Ersatzland durch Enteignung nach § 90 beschafft werden kann.

(2) [1] Wird die Entschädigung in Ersatzland festgesetzt, sind auch der Verwendungszweck des Ersatzlands und die Frist, in der das Grundstück zu dem vorgesehenen Zweck zu verwenden ist, zu bezeichnen. [2] Die §§ 102 und 103 gelten entsprechend.

(3) [1] Unter den Voraussetzungen der Nummern 1 bis 3 des Absatzes 1 ist die Entschädigung auf Antrag des Eigentümers auch dann in geeignetem Ersatzland festzusetzen, wenn ein Grundstück enteignet werden soll, das mit einem Eigenheim oder einer Kleinsiedlung bebaut ist. [2] Dies gilt nicht, wenn nach öffentlich-rechtlichen Vorschriften der Rückbau des Gebäudes jederzeit entschädigungslos gefordert werden kann.

(4) Die Entschädigung kann auf Antrag des Enteigneten oder Enteignungsbegünstigten ganz oder teilweise in Ersatzland festgesetzt werden, wenn diese Art der Entschädigung nach pflichtmäßigem Ermessen der Enteignungsbehörde unter gerechter Abwägung der Interessen der Allgemeinheit und der Beteiligten billig ist und bei dem Enteignungsbegünstigten die in Absatz 1 Nummer 1 oder 2 genannten Voraussetzungen vorliegen.

(5) [1] Auf die Ermittlung des Werts des Ersatzlands ist § 95 entsprechend anzuwenden. [2] Hierbei kann eine Werterhöhung berücksichtigt werden, die das übrige Grundvermögen des von der Enteignung Betroffenen durch den Erwerb des Ersatzlands über dessen Wert nach Satz 1 hinaus erfährt. [3] Hat das Ersatzland einen geringeren Wert als das zu enteignende Grundstück, so ist eine dem Wertunterschied entsprechende zusätzliche Geldentschädigung festzusetzen. [4] Hat das Ersatzland einen höheren Wert als das zu enteignende Grundstück, so ist festzusetzen, dass der Entschädigungsberechtigte an den durch die Enteignung Begünstigten eine dem Wertunterschied entsprechende Ausgleichszahlung zu leisten hat. [5] Die Ausgleichszahlung wird mit dem nach § 117 Absatz 5 Satz 1 in der Ausführungsanordnung festgesetzten Tag fällig.

[1]) Schönfelder Nr. 20.

(6) [1] Wird die Entschädigung in Land festgesetzt, sollen dingliche oder persönliche Rechte, soweit sie nicht an dem zu enteignenden Grundstück aufrechterhalten werden, auf Antrag des Rechtsinhabers ganz oder teilweise nach Maßgabe des § 97 Absatz 2 ersetzt werden. [2] Soweit dies nicht möglich ist oder nicht ausreicht, sind die Inhaber der Rechte gesondert in Geld zu entschädigen; dies gilt für die in § 97 Absatz 4 bezeichneten Berechtigungen nur, soweit ihre Rechte nicht durch eine dem Eigentümer nach Absatz 5 zu gewährende zusätzliche Geldentschädigung gedeckt werden.

(7) Anträge nach den Absätzen 1, 3, 4 und 6 sind schriftlich oder zur Niederschrift der Enteignungsbehörde zu stellen, und zwar in den Fällen der Absätze 1, 3 und 4 vor Beginn und im Falle des Absatzes 6 bis zum Schluss der mündlichen Verhandlung (§ 108).

(8) [1] Sind Miteigentum, grundstücksgleiche Rechte oder Rechte nach dem Wohnungseigentumsgesetz[1)] ebenso zur Sicherung der Berufs- oder Erwerbstätigkeit des Berechtigten oder zur Erfüllung der ihm wesensgemäß obliegenden Aufgaben geeignet, können dem Eigentümer diese Rechte anstelle des Ersatzlands angeboten werden. [2] Der Eigentümer ist in Geld abzufinden, wenn er die ihm nach Satz 1 angebotene Entschädigung ablehnt. [3] § 101 bleibt unberührt.

(9) [1] Hat der Eigentümer nach Absatz 1 oder 3 einen Anspruch auf Ersatzland und beschafft er sich mit Zustimmung des Enteignungsbegünstigten außerhalb des Enteignungsverfahrens Ersatzland oder die in Absatz 8 bezeichneten Rechte selbst, so hat er gegen den Enteignungsbegünstigten einen Anspruch auf Erstattung der erforderlichen Aufwendungen. [2] Der Enteignungsbegünstigte ist nur insoweit zur Erstattung verpflichtet, als er selbst Aufwendungen erspart. [3] Kommt eine Einigung über die Erstattung nicht zustande, entscheidet die Enteignungsbehörde; für den Bescheid gilt § 122 entsprechend.

§ 101 Entschädigung durch Gewährung anderer Rechte. (1) [1] Der Eigentümer eines zu enteignenden Grundstücks kann auf seinen Antrag, wenn dies unter Abwägung der Belange der Beteiligten billig ist, ganz oder teilweise entschädigt werden

1. durch Bestellung oder Übertragung von Miteigentum an einem Grundstück, grundstücksgleichen Rechten, Rechten nach dem Wohnungseigentumsgesetz[1)], sonstigen dinglichen Rechten an dem zu enteignenden Grundstück oder an einem anderen Grundstück des Enteignungsbegünstigten oder

2. durch Übertragung von Eigentum an einem bebauten Grundstück des Enteignungsbegünstigten oder

3. durch Übertragung von Eigentum an einem Grundstück des Enteignungsbegünstigten, das mit einem Eigenheim oder einer Kleinsiedlung bebaut werden soll.

[2] Bei Wertunterschieden zwischen den Rechten nach Satz 1 und dem zu enteignenden Grundstück gilt § 100 Absatz 5 entsprechend.

[1)] **Schönfelder Nr. 37.**

(2) Der Antrag nach Absatz 1 muss bis zum Schluss der mündlichen Verhandlung schriftlich oder zur Niederschrift der Enteignungsbehörde gestellt werden.

§ 102 Rückenteignung. (1) Der enteignete frühere Eigentümer kann verlangen, dass das enteignete Grundstück zu seinen Gunsten wieder enteignet wird (Rückenteignung), wenn und soweit

1. der durch die Enteignung Begünstigte oder sein Rechtsnachfolger das Grundstück nicht innerhalb der festgesetzten Fristen (§ 113 Absatz 2 Nummer 3 und § 114) zu dem Enteignungszweck verwendet oder den Enteignungszweck vor Ablauf der Frist aufgegeben hat oder

2. die Gemeinde ihre Verpflichtung zur Übereignung nach § 89 nicht erfüllt hat.

(2) Die Rückenteignung kann nicht verlangt werden, wenn

1. der Enteignete selbst das Grundstück im Wege der Enteignung nach den Vorschriften dieses Gesetzbuchs oder des Baulandbeschaffungsgesetzes erworben hatte oder

2. ein Verfahren zur Enteignung des Grundstücks nach diesem Gesetzbuch zugunsten eines anderen Bauwilligen eingeleitet worden ist und der enteignete frühere Eigentümer nicht glaubhaft macht, dass er das Grundstück binnen angemessener Frist zu dem vorgesehenen Zweck verwenden wird.

(3) [1] Der Antrag auf Rückenteignung ist binnen zwei Jahren seit Entstehung des Anspruchs bei der zuständigen Enteignungsbehörde einzureichen. [2] § 206 des Bürgerlichen Gesetzbuchs[1]) gilt entsprechend. [3] Der Antrag ist nicht mehr zulässig, wenn in den Fällen des Absatzes 1 mit der zweckgerechten Verwendung begonnen oder die Veräußerung oder Ausgabe des Grundstücks in Erbbaurecht vor Eingang des Antrags bei der Enteignungsbehörde eingeleitet worden ist.

(4) Die Enteignungsbehörde kann die Rückenteignung ablehnen, wenn das Grundstück erheblich verändert oder ganz oder überwiegend Entschädigung in Land gewährt worden ist.

(5) [1] Der frühere Inhaber eines Rechts, das durch Enteignung nach den Vorschriften dieses Gesetzbuchs aufgehoben ist, kann unter den in Absatz 1 bezeichneten Voraussetzungen verlangen, dass ein gleiches Recht an dem früher belasteten Grundstück zu seinen Gunsten durch Enteignung wieder begründet wird. [2] Die Vorschriften über die Rückenteignung gelten entsprechend.

(6) Für das Verfahren gelten die §§ 104 bis 122 entsprechend.

§ 103 Entschädigung für die Rückenteignung. [1] Wird dem Antrag auf Rückenteignung stattgegeben, so hat der Antragsteller dem von der Rückenteignung Betroffenen Entschädigung für den Rechtsverlust zu leisten. [2] § 93 Absatz 2 Nummer 2 ist nicht anzuwenden. [3] Ist dem Antragsteller bei der ersten Enteignung eine Entschädigung für andere Vermögensnachteile gewährt worden, so hat er diese Entschädigung insoweit zurückzugewähren, als die Nachteile auf Grund der Rückenteignung entfallen. [4] Die dem Eigentü-

[1]) **Schönfelder Nr. 20.**

mer zu gewährende Entschädigung darf den bei der ersten Enteignung zugrunde gelegten Verkehrswert des Grundstücks nicht übersteigen, jedoch sind Aufwendungen zu berücksichtigen, die zu einer Werterhöhung des Grundstücks geführt haben. [5] Im Übrigen gelten die Vorschriften über die Entschädigung im Zweiten Abschnitt entsprechend.

Dritter Abschnitt. Enteignungsverfahren

§ 104 Enteignungsbehörde. (1) Die Enteignung wird von der höheren Verwaltungsbehörde durchgeführt (Enteignungsbehörde).

(2) Die Landesregierungen können durch Rechtsverordnung bestimmen, dass an den Entscheidungen der Enteignungsbehörde ehrenamtliche Beisitzer mitzuwirken haben.

§ 105 Enteignungsantrag. [1] Der Enteignungsantrag ist bei der Gemeinde, in deren Gemarkung das zu enteignende Grundstück liegt, einzureichen. [2] Die Gemeinde legt ihn mit ihrer Stellungnahme binnen eines Monats der Enteignungsbehörde vor.

§ 106 Beteiligte. (1) In dem Enteignungsverfahren sind Beteiligte

1. der Antragsteller,
2. der Eigentümer und diejenigen, für die ein Recht an dem Grundstück oder an einem das Grundstück belastenden Recht im Grundbuch eingetragen oder durch Eintragung gesichert ist,
3. Inhaber eines nicht im Grundbuch eingetragenen Rechts an dem Grundstück oder an einem das Grundstück belastenden Recht, eines Anspruchs mit dem Recht auf Befriedigung aus dem Grundstück oder eines persönlichen Rechts, das zum Erwerb, zum Besitz oder zur Nutzung des Grundstücks berechtigt oder die Benutzung des Grundstücks beschränkt,
4. wenn Ersatzland bereitgestellt wird, der Eigentümer und die Inhaber der in den Nummern 2 und 3 genannten Rechte hinsichtlich des Ersatzlands,
5. die Eigentümer der Grundstücke, die durch eine Enteignung nach § 91 betroffen werden, und
6. die Gemeinde.

(2) [1] Die in Absatz 1 Nummer 3 bezeichneten Personen werden in dem Zeitpunkt Beteiligte, in dem die Anmeldung ihres Rechts der Enteignungsbehörde zugeht. [2] Die Anmeldung kann spätestens bis zum Schluss der mündlichen Verhandlung mit den Beteiligten erfolgen.

(3) [1] Bestehen Zweifel an einem angemeldeten Recht, so hat die Enteignungsbehörde dem Anmeldenden unverzüglich eine Frist zur Glaubhaftmachung seines Rechts zu setzen. [2] Nach fruchtlosem Ablauf der Frist ist er bis zur Glaubhaftmachung seines Rechts nicht mehr zu beteiligen.

(4) [1] Der im Grundbuch eingetragene Gläubiger einer Hypothek, Grundschuld oder Rentenschuld, für die ein Brief erteilt ist, sowie jeder seiner Rechtsnachfolger hat auf Verlangen der Enteignungsbehörde eine Erklärung darüber abzugeben, ob ein anderer die Hypothek, Grundschuld oder Rentenschuld oder ein Recht daran erworben hat; die Person eines Erwerbers hat er dabei zu bezeichnen. [2] § 208 Satz 2 bis 4 gilt entsprechend.

§ 107 Vorbereitung der mündlichen Verhandlung. (1) [1] Das Enteignungsverfahren soll beschleunigt durchgeführt werden. [2] Die Enteignungsbehörde soll schon vor der mündlichen Verhandlung alle Anordnungen treffen, die erforderlich sind, um das Verfahren tunlichst in einem Verhandlungstermin zu erledigen. [3] Sie hat dem Eigentümer, dem Antragsteller sowie den Behörden, für deren Geschäftsbereich die Enteignung von Bedeutung ist, Gelegenheit zur Äußerung zu geben. [4] Bei der Ermittlung des Sachverhalts hat die Enteignungsbehörde ein Gutachten des Gutachterausschusses (§ 192) einzuholen, wenn Eigentum entzogen oder ein Erbbaurecht bestellt werden soll.

(2) Die Enteignungsbehörde hat die Landwirtschaftsbehörde zu hören, wenn landwirtschaftlich genutzte Grundstücke, die außerhalb des räumlichen Geltungsbereichs eines Bebauungsplans liegen, zur Entschädigung in Land enteignet werden sollen.

(3) [1] Enteignungsverfahren können miteinander verbunden werden. [2] Sie sind zu verbinden, wenn die Gemeinde es beantragt. [3] Verbundene Enteignungsverfahren können wieder getrennt werden.

§ 108 Einleitung des Enteignungsverfahrens und Anberaumung des Termins zur mündlichen Verhandlung; Enteignungsvermerk. (1) [1] Das Enteignungsverfahren wird durch Anberaumung eines Termins zu einer mündlichen Verhandlung mit den Beteiligten eingeleitet. [2] Zu der mündlichen Verhandlung sind der Antragsteller, der Eigentümer des betroffenen Grundstücks, die sonstigen aus dem Grundbuch ersichtlichen Beteiligten und die Gemeinde zu laden. [3] Die Ladung ist zuzustellen. [4] Die Ladungsfrist beträgt einen Monat.

(2) [1] Das Enteignungsverfahren zugunsten der Gemeinde kann bereits eingeleitet werden, wenn

1. der Entwurf des Bebauungsplans nach § 3 Absatz 2 ausgelegen hat und

2. mit den Beteiligten die Verhandlungen nach § 87 Absatz 2 geführt und die von ihnen gegen den Entwurf des Bebauungsplans fristgemäß vorgebrachten Anregungen erörtert worden sind. Die Gemeinde kann in demselben Termin die Verhandlungen nach § 87 Absatz 2 führen und die Anregungen erörtern.

[2] Das Verfahren ist so zu fördern, dass der Enteignungsbeschluss ergehen kann, sobald der Bebauungsplan rechtsverbindlich geworden ist. [3] Eine Einigung nach § 110 oder § 111 kann auch vor Rechtsverbindlichkeit des Bebauungsplans erfolgen.

(3) Die Ladung muss enthalten

1. die Bezeichnung des Antragstellers und des betroffenen Grundstücks,

2. den wesentlichen Inhalt des Enteignungsantrags mit dem Hinweis, dass der Antrag mit den ihm beigefügten Unterlagen bei der Enteignungsbehörde eingesehen werden kann,

3. die Aufforderung, etwaige Einwendungen gegen den Enteignungsantrag möglichst vor der mündlichen Verhandlung bei der Enteignungsbehörde schriftlich einzureichen oder zur Niederschrift zu erklären, und

4. den Hinweis, dass auch bei Nichterscheinen über den Enteignungsantrag und andere im Verfahren zu erledigende Anträge entschieden werden kann.

(4) Die Ladung von Personen, deren Beteiligung auf einem Antrag auf Entschädigung in Land beruht, muss außer dem in Absatz 3 vorgeschriebenen Inhalt auch die Bezeichnung des Eigentümers, dessen Entschädigung in Land beantragt ist, und des Grundstücks, für das die Entschädigung in Land gewährt werden soll, enthalten.

(5) [1] Die Einleitung des Enteignungsverfahrens ist unter Bezeichnung des betroffenen Grundstücks und des im Grundbuch als Eigentümer Eingetragenen sowie des ersten Termins der mündlichen Verhandlung mit den Beteiligten ortsüblich bekannt zu machen. [2] In der Bekanntmachung sind alle Beteiligten aufzufordern, ihre Rechte spätestens in der mündlichen Verhandlung wahrzunehmen mit dem Hinweis, dass auch bei Nichterscheinen über den Enteignungsantrag und andere im Verfahren zu erledigende Anträge entschieden werden kann.

(6) [1] Die Enteignungsbehörde teilt dem Grundbuchamt die Einleitung des Enteignungsverfahrens mit. [2] Sie ersucht das Grundbuchamt, in das Grundbuch des betroffenen Grundstücks einzutragen, dass das Enteignungsverfahren eingeleitet ist (Enteignungsvermerk); ist das Enteignungsverfahren beendigt, ersucht die Enteignungsbehörde das Grundbuchamt, den Enteignungsvermerk zu löschen. [3] Das Grundbuchamt hat die Enteignungsbehörde von allen Eintragungen zu benachrichtigen, die nach dem Zeitpunkt der Einleitung des Enteignungsverfahrens im Grundbuch des betroffenen Grundstücks vorgenommen sind und vorgenommen werden.

(7) Ist im Grundbuch die Anordnung der Zwangsversteigerung oder Zwangsverwaltung eingetragen, gibt die Enteignungsbehörde dem Vollstreckungsgericht von der Einleitung des Enteignungsverfahrens Kenntnis, soweit dieses das Grundstück betrifft, das Gegenstand des Vollstreckungsverfahrens ist.

§ 109 Genehmigungspflicht. (1) Von der Bekanntmachung über die Einleitung des Enteignungsverfahrens an bedürfen die in § 51 bezeichneten Rechtsvorgänge, Vorhaben und Teilungen der schriftlichen Genehmigung der Enteignungsbehörde.

(2) Die Enteignungsbehörde darf die Genehmigung nur versagen, wenn Grund zu der Annahme besteht, dass der Rechtsvorgang, das Vorhaben oder die Teilung die Verwirklichung des Enteignungszwecks unmöglich machen oder wesentlich erschweren würde.

(3) [1] Sind Rechtsvorgänge oder Vorhaben nach Absatz 1 vor der Bekanntmachung zu erwarten, kann die Enteignungsbehörde anordnen, dass die Genehmigungspflicht nach Absatz 1 bereits zu einem früheren Zeitpunkt eintritt. [2] Die Anordnung ist ortsüblich bekannt zu machen und dem Grundbuchamt mitzuteilen.

(4) § 22 Absatz 5 Satz 2 bis 5, § 51 Absatz 2 und § 116 Absatz 6 sind entsprechend anzuwenden.

§ 110 Einigung. (1) Die Enteignungsbehörde hat auf eine Einigung zwischen den Beteiligten hinzuwirken.

(2) [1] Einigen sich die Beteiligten, so hat die Enteignungsbehörde eine Niederschrift über die Einigung aufzunehmen. [2] Die Niederschrift muss den Erfordernissen des § 113 Absatz 2 entsprechen. [3] Sie ist von den Beteiligten

zu unterschreiben. [4] Ein Bevollmächtigter des Eigentümers bedarf einer öffentlich beglaubigten Vollmacht.

(3) [1] Die beurkundete Einigung steht einem nicht mehr anfechtbaren Enteignungsbeschluss gleich. [2] § 113 Absatz 5 ist entsprechend anzuwenden.

§ 111 Teileinigung. [1] Einigen sich die Beteiligten nur über den Übergang oder die Belastung des Eigentums an dem zu enteignenden Grundstück, jedoch nicht über die Höhe der Entschädigung, so ist § 110 Absatz 2 und 3 entsprechend anzuwenden. [2] Die Enteignungsbehörde hat anzuordnen, dass dem Berechtigten eine Vorauszahlung in Höhe der zu erwartenden Entschädigung zu leisten ist, soweit sich aus der Einigung nichts anderes ergibt. [3] Im Übrigen nimmt das Enteignungsverfahren seinen Fortgang.

§ 112 Entscheidung der Enteignungsbehörde. (1) Soweit eine Einigung nicht zustande kommt, entscheidet die Enteignungsbehörde auf Grund der mündlichen Verhandlung durch Beschluss über den Enteignungsantrag, die übrigen gestellten Anträge sowie über die erhobenen Einwendungen.

(2) [1] Auf Antrag eines Beteiligten hat die Enteignungsbehörde vorab über den Übergang oder die Belastung des Eigentums an dem zu enteignenden Grundstück oder über sonstige durch die Enteignung zu bewirkende Rechtsänderungen zu entscheiden. [2] In diesem Falle hat die Enteignungsbehörde anzuordnen, dass dem Berechtigten eine Vorauszahlung in Höhe der zu erwartenden Entschädigung zu leisten ist.

(3) Gibt die Enteignungsbehörde dem Enteignungsantrag statt, so entscheidet sie zugleich

1. darüber, welche Rechte der in § 97 bezeichneten Berechtigten an dem Gegenstand der Enteignung aufrechterhalten bleiben,
2. darüber, mit welchen Rechten der Gegenstand der Enteignung, das Ersatzland oder ein anderes Grundstück belastet werden,
3. darüber, welche Rechtsverhältnisse begründet werden, die Rechte der in § 86 Absatz 1 Nummer 3 und 4 bezeichneten Art gewähren,
4. im Falle der Entschädigung in Ersatzland über den Eigentumsübergang oder die Enteignung des Ersatzlands.

§ 113 Enteignungsbeschluss. (1) [1] Der Beschluss der Enteignungsbehörde ist den Beteiligten zuzustellen. [2] Der Beschluss ist mit einer Belehrung über Zulässigkeit, Form und Frist des Antrags auf gerichtliche Entscheidung (§ 217) zu versehen.

(2) Gibt die Enteignungsbehörde dem Enteignungsantrag statt, so muss der Beschluss (Enteignungsbeschluss) bezeichnen

1. die von der Enteignung Betroffenen und den Enteignungsbegünstigten;
2. die sonstigen Beteiligten;
3. den Enteignungszweck und die Frist, innerhalb der das Grundstück zu dem vorgesehenen Zweck zu verwenden ist;
4. den Gegenstand der Enteignung, und zwar
a) wenn das Eigentum an einem Grundstück Gegenstand der Enteignung ist, das Grundstück nach Größe, grundbuchmäßiger, katastermäßiger und sonst

üblicher Bezeichnung; im Falle der Enteignung eines Grundstücksteils ist zu seiner Bezeichnung auf Vermessungsschriften (Vermessungsrisse und -karten) Bezug zu nehmen, die von einer zu Fortführungsvermessungen befugten Stelle oder von einem öffentlich bestellten Vermessungsingenieur gefertigt sind,

b) wenn ein anderes Recht an einem Grundstück Gegenstand einer selbständigen Enteignung ist, dieses Recht nach Inhalt und grundbuchmäßiger Bezeichnung,

c) wenn ein persönliches Recht, das zum Erwerb, zum Besitz oder zur Nutzung von Grundstücken berechtigt oder den Verpflichteten in der Nutzung von Grundstücken beschränkt, Gegenstand einer selbständigen Enteignung ist, dieses Recht nach seinem Inhalt und dem Grund seines Bestehens,

d) die in § 86 Absatz 2 bezeichneten Gegenstände, wenn die Enteignung auf diese ausgedehnt wird;

5. bei der Belastung eines Grundstücks mit einem Recht die Art, den Inhalt, soweit er durch Vertrag bestimmt werden kann, sowie den Rang des Rechts, den Berechtigten und das Grundstück;

6. bei der Begründung eines Rechts der in Nummer 4 Buchstabe c bezeichneten Art den Inhalt des Rechtsverhältnisses und die daran Beteiligten;

7. die Eigentums- und sonstigen Rechtsverhältnisse vor und nach der Enteignung;

8. die Art und Höhe der Entschädigungen und die Höhe der Ausgleichszahlungen nach § 100 Absatz 5 Satz 4 und § 101 Absatz 1 Satz 2 mit der Angabe, von wem und an wen sie zu leisten sind; Geldentschädigungen, aus denen andere von der Enteignung Betroffene nach § 97 Absatz 4 zu entschädigen sind, müssen von den sonstigen Geldentschädigungen getrennt ausgewiesen werden;

9. bei der Entschädigung in Land das Grundstück in der in Nummer 4 Buchstabe a bezeichneten Weise.

(3) In den Fällen der §§ 111 und 112 Absatz 2 ist der Enteignungsbeschluss entsprechend zu beschränken.

(4) [1] Kann ein Grundstücksteil noch nicht entsprechend Absatz 2 Nummer 4 Buchstabe a bezeichnet werden, so kann der Enteignungsbeschluss ihn auf Grund fester Merkmale in der Natur oder durch Bezugnahme auf die Eintragung in einen Lageplan bezeichnen. [2] Wenn das Ergebnis der Vermessung vorliegt, ist der Enteignungsbeschluss durch einen Nachtragsbeschluss anzupassen.

(5) Ist im Grundbuch die Anordnung der Zwangsversteigerung oder der Zwangsverwaltung eingetragen, gibt die Enteignungsbehörde dem Vollstreckungsgericht von dem Enteignungsbeschluss Kenntnis, wenn dem Enteignungsantrag stattgegeben worden ist.

§ 114 Lauf der Verwendungsfrist. (1) Die Frist, innerhalb der der Enteignungszweck nach § 113 Absatz 2 Nummer 3 zu verwirklichen ist, beginnt mit dem Eintritt der Rechtsänderung.

(2) [1] Die Enteignungsbehörde kann diese Frist vor ihrem Ablauf auf Antrag verlängern, wenn

1. der Enteignungsbegünstigte nachweist, dass er den Enteignungszweck ohne Verschulden innerhalb der festgesetzten Frist nicht erfüllen kann, oder

2. vor Ablauf der Frist eine Gesamtrechtsnachfolge eintritt und der Rechtsnachfolger nachweist, dass er den Enteignungszweck innerhalb der festgesetzten Frist nicht erfüllen kann.

[2] Der enteignete frühere Eigentümer ist vor der Entscheidung über die Verlängerung zu hören.

§ 115 Verfahren bei der Entschädigung durch Gewährung anderer Rechte. (1) Soll die Entschädigung des Eigentümers eines zu enteignenden Grundstücks nach § 101 festgesetzt werden und ist die Bestellung, Übertragung oder die Ermittlung des Werts eines der dort bezeichneten Rechte im Zeitpunkt des Erlasses des Enteignungsbeschlusses noch nicht möglich, kann die Enteignungsbehörde, wenn es der Eigentümer unter Bezeichnung eines Rechts beantragt, im Enteignungsbeschluss neben der Festsetzung der Entschädigung in Geld dem Enteignungsbegünstigten aufgeben, binnen einer bestimmten Frist dem von der Enteignung Betroffenen ein Recht der bezeichneten Art zu angemessenen Bedingungen anzubieten.

(2) [1] Bietet der Enteignungsbegünstigte binnen der bestimmten Frist ein Recht der bezeichneten Art nicht an oder einigt er sich mit dem von der Enteignung Betroffenen nicht, so wird ihm ein solches Recht auf Antrag zugunsten des von der Enteignung Betroffenen durch Enteignung entzogen. [2] Die Enteignungsbehörde setzt den Inhalt des Rechts fest, soweit dessen Inhalt durch Vereinbarung bestimmt werden kann. [3] Die Vorschriften dieses Teils über das Verfahren und die Entschädigung sind entsprechend anzuwenden.

(3) Der Antrag nach Absatz 2 kann nur innerhalb von sechs Monaten nach Ablauf der bestimmten Frist gestellt werden.

§ 116 Vorzeitige Besitzeinweisung. (1) [1] Ist die sofortige Ausführung der beabsichtigten Maßnahme aus Gründen des Wohls der Allgemeinheit dringend geboten, so kann die Enteignungsbehörde den Antragsteller auf Antrag durch Beschluss in den Besitz des von dem Enteignungsverfahren betroffenen Grundstücks einweisen. [2] Die Besitzeinweisung ist nur zulässig, wenn über sie in einer mündlichen Verhandlung verhandelt worden ist. [3] Der Beschluss über die Besitzeinweisung ist dem Antragsteller, dem Eigentümer und dem unmittelbaren Besitzer zuzustellen. [4] Die Besitzeinweisung wird in dem von der Enteignungsbehörde bezeichneten Zeitpunkt wirksam. [5] Auf Antrag des unmittelbaren Besitzers ist dieser Zeitpunkt auf mindestens zwei Wochen nach Zustellung der Anordnung über die vorzeitige Besitzeinweisung an ihn festzusetzen.

(2) [1] Die Enteignungsbehörde kann die vorzeitige Besitzeinweisung von der Leistung einer Sicherheit in Höhe der voraussichtlichen Entschädigung und von der vorherigen Erfüllung anderer Bedingungen abhängig machen. [2] Auf Antrag des Inhabers eines Rechts, das zum Besitz oder zur Nutzung des Grundstücks berechtigt, ist die Einweisung von der Leistung einer Sicherheit in Höhe der ihm voraussichtlich zu gewährenden Entschädigung abhängig zu machen. [3] Die Anordnung ist dem Antragsteller, dem Besitzer und dem Eigentümer zuzustellen.

(3) ¹Durch die Besitzeinweisung wird dem Besitzer der Besitz entzogen und der Eingewiesene Besitzer. ²Der Eingewiesene darf auf dem Grundstück das von ihm im Enteignungsantrag bezeichnete Bauvorhaben ausführen und die dafür erforderlichen Maßnahmen treffen.

(4) ¹Der Eingewiesene hat für die durch die vorzeitige Besitzeinweisung entstehenden Vermögensnachteile Entschädigung zu leisten, soweit die Nachteile nicht durch die Verzinsung der Geldentschädigung (§ 99 Absatz 3) ausgeglichen werden. ²Art und Höhe der Entschädigung werden durch die Enteignungsbehörde spätestens in dem in § 113 bezeichneten Beschluss festgesetzt. ³Wird der Beschluss über Art und Höhe der Entschädigung vorher erlassen, so ist er den in Absatz 2 Satz 3 bezeichneten Personen zuzustellen. ⁴Die Entschädigung für die Besitzeinweisung ist ohne Rücksicht darauf, ob ein Antrag auf gerichtliche Entscheidung gestellt wird, zu dem in Absatz 1 Satz 4 bezeichneten Zeitpunkt fällig.

(5) ¹Auf Antrag einer der in Absatz 2 Satz 3 bezeichneten Personen hat die Enteignungsbehörde den Zustand des Grundstücks vor der Besitzeinweisung in einer Niederschrift feststellen zu lassen, soweit er für die Besitzeinweisungs- oder die Enteignungsentschädigung von Bedeutung ist. ²Den Beteiligten ist eine Abschrift der Niederschrift zu übersenden.

(6) ¹Wird der Enteignungsantrag abgewiesen, so ist die vorzeitige Besitzeinweisung aufzuheben und der vorherige unmittelbare Besitzer wieder in den Besitz einzuweisen. ²Der Eingewiesene hat für alle durch die vorzeitige Besitzeinweisung entstandenen besonderen Nachteile Entschädigung zu leisten. ³Absatz 4 Satz 2 gilt entsprechend.

§ 117 Ausführung des Enteignungsbeschlusses.

(1) ¹Ist der Enteignungsbeschluss oder sind die Entscheidungen nach § 112 Absatz 2 nicht mehr anfechtbar, so ordnet auf Antrag eines Beteiligten die Enteignungsbehörde die Ausführung des Enteignungsbeschlusses oder der Vorabentscheidung an (Ausführungsanordnung), wenn der durch die Enteignung Begünstigte die Geldentschädigung, im Falle der Vorabentscheidung die nach § 112 Absatz 2 Satz 2 festgesetzte Vorauszahlung gezahlt oder in zulässiger Weise unter Verzicht auf das Recht der Rücknahme hinterlegt hat. ²Auf Antrag des Entschädigungsberechtigten kann im Falle des § 112 Absatz 2 die Enteignungsbehörde die Ausführungsanordnung davon abhängig machen, dass der durch die Enteignung Begünstigte im Übrigen für einen angemessenen Betrag Sicherheit leistet.

(2) ¹In den Fällen des § 111 ist auf Antrag eines Beteiligten die Ausführungsanordnung zu erlassen, wenn der durch die Enteignung Begünstigte den zwischen den Beteiligten unstreitigen Entschädigungsbetrag gezahlt oder in zulässiger Weise unter Verzicht auf das Recht der Rücknahme hinterlegt hat. ²Absatz 1 Satz 2 gilt entsprechend, soweit sich nicht aus der Einigung etwas anderes ergibt.

(3) ¹Im Falle des § 113 Absatz 4 ist auf Antrag eines Beteiligten die Ausführungsanordnung zu erlassen, wenn der durch die Enteignung Begünstigte die im Enteignungsbeschluss in Verbindung mit dem Nachtragsbeschluss festgesetzte Geldentschädigung gezahlt oder zulässigerweise unter Verzicht auf das Recht der Rücknahme hinterlegt hat. ²Der Nachtragsbeschluss braucht nicht unanfechtbar zu sein.

(4) [1]Die Ausführungsanordnung ist allen Beteiligten zuzustellen, deren Rechtsstellung durch den Enteignungsbeschluss betroffen wird. [2]Die Ausführungsanordnung ist der Gemeinde abschriftlich mitzuteilen, in deren Bezirk das von der Enteignung betroffene Grundstück liegt. [3]§ 113 Absatz 5 gilt entsprechend.

(5) [1]Mit dem in der Ausführungsanordnung festzusetzenden Tag wird der bisherige Rechtszustand durch den im Enteignungsbeschluss geregelten neuen Rechtszustand ersetzt. [2]Gleichzeitig entstehen die nach § 113 Absatz 2 Nummer 6 begründeten Rechtsverhältnisse; sie gelten von diesem Zeitpunkt an als zwischen den an dem Rechtsverhältnis Beteiligten vereinbart.

(6) Die Ausführungsanordnung schließt die Einweisung in den Besitz des enteigneten Grundstücks und des Ersatzlands zu dem festgesetzten Tag ein.

(7) Die Enteignungsbehörde übersendet dem Grundbuchamt eine beglaubigte Abschrift des Enteignungsbeschlusses und der Ausführungsanordnung und ersucht es, die Rechtsänderungen in das Grundbuch einzutragen.

§ 118 Hinterlegung. (1) [1]Geldentschädigungen, aus denen andere Berechtigte nach § 97 Absatz 4 zu befriedigen sind, sind unter Verzicht auf das Recht der Rücknahme zu hinterlegen, soweit mehrere Personen auf sie Anspruch haben und eine Einigung über die Auszahlung nicht nachgewiesen ist. [2]Die Hinterlegung erfolgt bei dem Amtsgericht, in dessen Bezirk das von der Enteignung betroffene Grundstück liegt; § 2 des Zwangsversteigerungsgesetzes[1]) gilt entsprechend.

(2) Andere Vorschriften, nach denen die Hinterlegung geboten oder statthaft ist, werden hierdurch nicht berührt.

§ 119 Verteilungsverfahren. (1) Nach Eintritt des neuen Rechtszustands kann jeder Beteiligte sein Recht an der hinterlegten Summe gegen einen Mitbeteiligten, der dieses Recht bestreitet, vor den ordentlichen Gerichten geltend machen oder die Einleitung eines gerichtlichen Verteilungsverfahrens beantragen.

(2) Für das Verteilungsverfahren ist das Amtsgericht zuständig, in dessen Bezirk das von der Enteignung betroffene Grundstück liegt; in Zweifelsfällen gilt § 2 des Zwangsversteigerungsgesetzes[1]) entsprechend.

(3) Auf das Verteilungsverfahren sind die Vorschriften über die Verteilung des Erlöses im Falle der Zwangsversteigerung mit folgenden Abweichungen entsprechend anzuwenden:

1. Das Verteilungsverfahren ist durch Beschluss zu eröffnen;
2. die Zustellung des Eröffnungsbeschlusses an den Antragsteller gilt als Beschlagnahme im Sinne des § 13 des Zwangsversteigerungsgesetzes; ist das Grundstück schon in einem Zwangsversteigerungs- oder Zwangsverwaltungsverfahren beschlagnahmt, so hat es hierbei sein Bewenden;
3. das Verteilungsgericht hat bei Eröffnung des Verfahrens von Amts wegen das Grundbuchamt um die in § 19 Absatz 2 des Zwangsversteigerungsgesetzes bezeichneten Mitteilungen zu ersuchen; in die beglaubigte Abschrift des Grundbuchblatts sind die zur Zeit der Zustellung des Enteig-

[1]) Schönfelder Nr. 108.

nungsbeschlusses an den Enteigneten vorhandenen Eintragungen sowie die später eingetragenen Veränderungen und Löschungen aufzunehmen;

4. bei dem Verfahren sind die in § 97 Absatz 4 bezeichneten Entschädigungsberechtigten nach Maßgabe des § 10 des Zwangsversteigerungsgesetzes zu berücksichtigen, wegen der Ansprüche auf wiederkehrende Nebenleistungen jedoch nur für die Zeit bis zur Hinterlegung.

(4) [1] Soweit auf Grund landesrechtlicher Vorschriften die Verteilung des Erlöses im Falle einer Zwangsversteigerung nicht von dem Vollstreckungsgericht, sondern von einer anderen Stelle wahrzunehmen ist, kann durch Landesrecht bestimmt werden, dass diese andere Stelle auch für das Verteilungsverfahren nach den Absätzen 1 bis 3 zuständig ist. [2] Wird die Änderung einer Entscheidung dieser anderen Stelle verlangt, so ist die Entscheidung des Vollstreckungsgerichts nachzusuchen. [3] Die Beschwerde findet gegen die Entscheidung des Vollstreckungsgerichts statt.

§ 120 Aufhebung des Enteignungsbeschlusses. (1) [1] Ist die Ausführungsanordnung noch nicht ergangen, so hat die Enteignungsbehörde den Enteignungsbeschluss auf Antrag aufzuheben, wenn der durch die Enteignung Begünstigte die ihm durch den Enteignungsbeschluss auferlegten Zahlungen nicht innerhalb eines Monats nach dem Zeitpunkt geleistet hat, in dem der Beschluss unanfechtbar geworden ist. [2] Antragsberechtigt ist jeder Beteiligte, dem eine nicht gezahlte Entschädigung zusteht oder der nach § 97 Absatz 4 aus ihr zu befriedigen ist.

(2) [1] Vor der Aufhebung ist der durch die Enteignung Begünstigte zu hören. [2] Der Aufhebungsbeschluss ist allen Beteiligten zuzustellen und der Gemeinde und dem Grundbuchamt abschriftlich mitzuteilen.

§ 121 Kosten. (1) [1] Der Antragsteller hat die Kosten zu tragen, wenn der Antrag auf Enteignung abgelehnt oder zurückgenommen wird. [2] Wird dem Antrag auf Enteignung stattgegeben, so hat der Entschädigungsverpflichtete die Kosten zu tragen. [3] Wird einem Antrag auf Rückenteignung stattgegeben, so hat der von der Rückenteignung Betroffene die Kosten zu tragen. [4] Wird ein Antrag eines sonstigen Beteiligten abgelehnt oder zurückgenommen, sind diesem die durch die Behandlung seines Antrags verursachten Kosten aufzuerlegen, wenn sein Antrag offensichtlich unbegründet war.

(2) [1] Kosten sind die Kosten des Verfahrens und die zur zweckentsprechenden Rechtsverfolgung oder Rechtsverteidigung notwendigen Aufwendungen der Beteiligten. [2] Die Gebühren und Auslagen eines Rechtsanwalts oder eines sonstigen Bevollmächtigten sind erstattungsfähig, wenn die Zuziehung eines Bevollmächtigten notwendig war. [3] Aufwendungen für einen Bevollmächtigten, für den Gebühren und Auslagen gesetzlich nicht vorgesehen sind, können nur bis zur Höhe der gesetzlichen Gebühren und Auslagen von Rechtsbeiständen erstattet werden.

(3) Aufwendungen, die durch das Verschulden eines Erstattungsberechtigten entstanden sind, hat dieser selbst zu tragen; das Verschulden eines Vertreters ist dem Vertretenen zuzurechnen.

(4) [1] Die Kosten des Verfahrens richten sich nach den landesrechtlichen Vorschriften. [2] Die Enteignungsbehörde setzt die Kosten im Enteignungsbeschluss oder durch besonderen Beschluss fest. [3] Der Beschluss bestimmt

auch, ob die Zuziehung eines Rechtsanwalts oder eines sonstigen Bevoll-
mächtigten notwendig war.

§ 122 Vollstreckbarer Titel. (1) [1] Die Zwangsvollstreckung nach den Vor-
schriften der Zivilprozessordnung[1] über die Vollstreckung von Urteilen in
bürgerlichen Rechtsstreitigkeiten[2] findet statt

1. aus der Niederschrift über eine Einigung wegen der in ihr bezeichneten
Leistungen;

2. aus nicht mehr anfechtbarem Enteignungsbeschluss wegen der zu zahlen-
den Geldentschädigung oder einer Ausgleichszahlung;

3. aus einem Beschluss über die vorzeitige Besitzeinweisung oder deren Auf-
hebung wegen der darin festgesetzten Leistungen.

[2] Die Zwangsvollstreckung wegen einer Ausgleichszahlung ist erst zulässig,
wenn die Ausführungsanordnung wirksam und unanfechtbar geworden ist.

(2) [1] Die vollstreckbare Ausfertigung wird von dem Urkundsbeamten der
Geschäftsstelle des Amtsgerichts erteilt, in dessen Bezirk die Enteignungs-
behörde ihren Sitz hat und, wenn das Verfahren bei einem Gericht anhängig
ist, von dem Urkundsbeamten der Geschäftsstelle dieses Gerichts. [2] In den
Fällen der §§ 731, 767 bis 770, 785 und 786 der Zivilprozessordnung tritt das
Amtsgericht, in dessen Bezirk die Enteignungsbehörde ihren Sitz hat, an die
Stelle des Prozessgerichts.

Sechster Teil. Erschließung

Erster Abschnitt. Allgemeine Vorschriften

§ 123 Erschließungslast. (1) Die Erschließung ist Aufgabe der Gemeinde,
soweit sie nicht nach anderen gesetzlichen Vorschriften oder öffentlich-recht-
lichen Verpflichtungen einem anderen obliegt.

(2) Die Erschließungsanlagen sollen entsprechend den Erfordernissen der
Bebauung und des Verkehrs kostengünstig hergestellt werden und spätestens
bis zur Fertigstellung der anzuschließenden baulichen Anlagen benutzbar
sein.

(3) Ein Rechtsanspruch auf Erschließung besteht nicht.

(4) Die Unterhaltung der Erschließungsanlagen richtet sich nach landes-
rechtlichen Vorschriften.

§ 124 Erschließungspflicht nach abgelehntem Vertragsangebot. Hat
die Gemeinde einen Bebauungsplan im Sinne des § 30 Absatz 1 erlassen und
lehnt sie das zumutbare Angebot zum Abschluss eines städtebaulichen Vertrags
über die Erschließung ab, ist sie verpflichtet, die Erschließung selbst durch-
zuführen.

§ 125 Bindung an den Bebauungsplan. (1) Die Herstellung der Er-
schließungsanlagen im Sinne des § 127 Absatz 2 setzt einen Bebauungsplan
voraus.

[1] **Schönfelder Nr. 100.**
[2] Siehe §§ 704 ff. ZPO **(Schönfelder Nr. 100).**

(2) Liegt ein Bebauungsplan nicht vor, so dürfen diese Anlagen nur hergestellt werden, wenn sie den in § 1 Absatz 4 bis 7 bezeichneten Anforderungen entsprechen.

(3) Die Rechtmäßigkeit der Herstellung von Erschließungsanlagen wird durch Abweichungen von den Festsetzungen des Bebauungsplans nicht berührt, wenn die Abweichungen mit den Grundzügen der Planung vereinbar sind und

1. die Erschließungsanlagen hinter den Festsetzungen zurückbleiben oder

2. die Erschließungsbeitragspflichtigen nicht mehr als bei einer plangemäßen Herstellung belastet werden und die Abweichungen die Nutzung der betroffenen Grundstücke nicht wesentlich beeinträchtigen.

§ 126 Pflichten des Eigentümers. (1) [1] Der Eigentümer hat das Anbringen von

1. Haltevorrichtungen und Leitungen für Beleuchtungskörper der Straßenbeleuchtung einschließlich der Beleuchtungskörper und des Zubehörs sowie

2. Kennzeichen und Hinweisschildern für Erschließungsanlagen

auf seinem Grundstück zu dulden. [2] Er ist vorher zu benachrichtigen.

(2) [1] Der Erschließungsträger hat Schäden, die dem Eigentümer durch das Anbringen oder das Entfernen der in Absatz 1 bezeichneten Gegenstände entstehen, zu beseitigen; er kann stattdessen eine angemessene Entschädigung in Geld leisten. [2] Kommt eine Einigung über die Entschädigung nicht zustande, so entscheidet die höhere Verwaltungsbehörde; vor der Entscheidung sind die Beteiligten zu hören.

(3) [1] Der Eigentümer hat sein Grundstück mit der von der Gemeinde festgesetzten Nummer zu versehen. [2] Im Übrigen gelten die landesrechtlichen Vorschriften.

Zweiter Abschnitt. Erschließungsbeitrag[1)]

§ 127 Erhebung des Erschließungsbeitrags. (1) Die Gemeinden erheben zur Deckung ihres anderweitig nicht gedeckten Aufwands für Erschließungsanlagen einen Erschließungsbeitrag nach Maßgabe der folgenden Vorschriften.

(2) Erschließungsanlagen im Sinne dieses Abschnitts sind

1. die öffentlichen zum Anbau bestimmten Straßen, Wege und Plätze;

2. die öffentlichen aus rechtlichen oder tatsächlichen Gründen mit Kraftfahrzeugen nicht befahrbaren Verkehrsanlagen innerhalb der Baugebiete (z.B. Fußwege, Wohnwege);

3. Sammelstraßen innerhalb der Baugebiete; Sammelstraßen sind öffentliche Straßen, Wege und Plätze, die selbst nicht zum Anbau bestimmt, aber zur Erschließung der Baugebiete notwendig sind;

4. Parkflächen und Grünanlagen mit Ausnahme von Kinderspielplätzen, soweit sie Bestandteil der in den Nummern 1 bis 3 genannten Verkehrsanlagen oder nach städtebaulichen Grundsätzen innerhalb der Baugebiete zu deren Erschließung notwendig sind;

[1)] Siehe **in Bayern** auch Art. 5a KommunalabgabenG idF der Bek. v. 4.4.1993 (GVBl. S. 264), zuletzt geänd. durch G v. 24.5.2019 (GVBl. S. 266).

5. Anlagen zum Schutz von Baugebieten gegen schädliche Umwelteinwirkungen im Sinne des Bundes-Immissionsschutzgesetzes[1], auch wenn sie nicht Bestandteil der Erschließungsanlagen sind.

(3) Der Erschließungsbeitrag kann für den Grunderwerb, die Freilegung und für Teile der Erschließungsanlagen selbständig erhoben werden (Kostenspaltung).

(4) [1]Das Recht, Abgaben für Anlagen zu erheben, die nicht Erschließungsanlagen im Sinne dieses Abschnitts sind, bleibt unberührt. [2]Dies gilt insbesondere für Anlagen zur Ableitung von Abwasser sowie zur Versorgung mit Elektrizität, Gas, Wärme und Wasser.

§ 128 Umfang des Erschließungsaufwands. (1) [1]Der Erschließungsaufwand nach § 127 umfasst die Kosten für

1. den Erwerb und die Freilegung der Flächen für die Erschließungsanlagen;
2. ihre erstmalige Herstellung einschließlich der Einrichtungen für ihre Entwässerung und ihre Beleuchtung;
3. die Übernahme von Anlagen als gemeindliche Erschließungsanlagen.

[2]Der Erschließungsaufwand umfasst auch den Wert der von der Gemeinde aus ihrem Vermögen bereitgestellten Flächen im Zeitpunkt der Bereitstellung. [3]Zu den Kosten für den Erwerb der Flächen für Erschließungsanlagen gehört im Falle einer erschließungsbeitragspflichtigen Zuteilung im Sinne des § 57 Satz 4 und des § 58 Absatz 1 Satz 1 auch der Wert nach § 68 Absatz 1 Nummer 4.

(2) [1]Soweit die Gemeinden nach Landesrecht berechtigt sind, Beiträge zu den Kosten für Erweiterungen oder Verbesserungen von Erschließungsanlagen zu erheben, bleibt dieses Recht unberührt. [2]Die Länder können bestimmen, dass die Kosten für die Beleuchtung der Erschließungsanlagen in den Erschließungsaufwand nicht einzubeziehen sind.

(3) Der Erschließungsaufwand umfasst nicht die Kosten für

1. Brücken, Tunnels und Unterführungen mit den dazugehörigen Rampen;
2. die Fahrbahnen der Ortsdurchfahrten von Bundesstraßen sowie von Landstraßen I. und II. Ordnung, soweit die Fahrbahnen dieser Straßen keine größere Breite als ihre anschließenden freien Strecken erfordern.

§ 129 Beitragsfähiger Erschließungsaufwand. (1) [1]Zur Deckung des anderweitig nicht gedeckten Erschließungsaufwands können Beiträge nur insoweit erhoben werden, als die Erschließungsanlagen erforderlich sind, um die Bauflächen und die gewerblich zu nutzenden Flächen entsprechend den baurechtlichen Vorschriften zu nutzen (beitragsfähiger Erschließungsaufwand). [2]Soweit Anlagen nach § 127 Absatz 2 von dem Eigentümer hergestellt sind oder von ihm auf Grund baurechtlicher Vorschriften verlangt werden, dürfen Beiträge nicht erhoben werden. [3]Die Gemeinden tragen mindestens 10 vom Hundert des beitragsfähigen Erschließungsaufwands.

[1] Nr. **296.**

(2) Kosten, die ein Eigentümer oder sein Rechtsvorgänger bereits für Erschließungsmaßnahmen aufgewandt hat, dürfen bei der Übernahme als gemeindliche Erschließungsanlagen nicht erneut erhoben werden.

§ 130 Art der Ermittlung des beitragsfähigen Erschließungsaufwands. (1) [1] Der beitragsfähige Erschließungsaufwand kann nach den tatsächlich entstandenen Kosten oder nach Einheitssätzen ermittelt werden. [2] Die Einheitssätze sind nach den in der Gemeinde üblicherweise durchschnittlich aufzuwendenden Kosten vergleichbarer Erschließungsanlagen festzusetzen.

(2) [1] Der beitragsfähige Erschließungsaufwand kann für die einzelne Erschließungsanlage oder für bestimmte Abschnitte einer Erschließungsanlage ermittelt werden. [2] Abschnitte einer Erschließungsanlage können nach örtlich erkennbaren Merkmalen oder nach rechtlichen Gesichtspunkten (z.B. Grenzen von Bebauungsplangebieten, Umlegungsgebieten, förmlich festgelegten Sanierungsgebieten) gebildet werden. [3] Für mehrere Anlagen, die für die Erschließung der Grundstücke eine Einheit bilden, kann der Erschließungsaufwand insgesamt ermittelt werden.

§ 131 Maßstäbe für die Verteilung des Erschließungsaufwands.

(1) [1] Der ermittelte beitragsfähige Erschließungsaufwand für eine Erschließungsanlage ist auf die durch die Anlage erschlossenen Grundstücke zu verteilen. [2] Mehrfach erschlossene Grundstücke sind bei gemeinsamer Aufwandsermittlung in einer Erschließungseinheit (§ 130 Absatz 2 Satz 3) bei der Verteilung des Erschließungsaufwands nur einmal zu berücksichtigen.

(2) [1] Verteilungsmaßstäbe sind

1. die Art und das Maß der baulichen oder sonstigen Nutzung;

2. die Grundstücksflächen;

3. die Grundstücksbreite an der Erschließungsanlage.

[2] Die Verteilungsmaßstäbe können miteinander verbunden werden.

(3) In Gebieten, die nach dem Inkrafttreten des Bundesbaugesetzes erschlossen werden, sind, wenn eine unterschiedliche bauliche oder sonstige Nutzung zulässig ist, die Maßstäbe nach Absatz 2 in der Weise anzuwenden, dass der Verschiedenheit dieser Nutzung nach Art und Maß entsprochen wird.

§ 132 Regelung durch Satzung. Die Gemeinden regeln durch Satzung

1. die Art und den Umfang der Erschließungsanlagen im Sinne des § 129,

2. die Art der Ermittlung und der Verteilung des Aufwands sowie die Höhe des Einheitssatzes,

3. die Kostenspaltung (§ 127 Absatz 3) und

4. *die Merkmale der endgültigen Herstellung einer Erschließungsanlage.*

§ 133 Gegenstand und Entstehung der Beitragspflicht. (1) [1] Der Beitragspflicht unterliegen Grundstücke, für die eine bauliche oder gewerbliche Nutzung festgesetzt ist, sobald sie bebaut oder gewerblich genutzt werden dürfen. [2] Erschlossene Grundstücke, für die eine bauliche oder gewerbliche Nutzung nicht festgesetzt ist, unterliegen der Beitragspflicht, wenn sie nach der Verkehrsauffassung Bauland sind und nach der geordneten baulichen

Entwicklung der Gemeinde zur Bebauung anstehen. [3] Die Gemeinde gibt bekannt, welche Grundstücke nach Satz 2 der Beitragspflicht unterliegen; die Bekanntmachung hat keine rechtsbegründende Wirkung.

(2) [1] Die Beitragspflicht entsteht mit der endgültigen Herstellung der Erschließungsanlagen, für Teilbeträge, sobald die Maßnahmen, deren Aufwand durch die Teilbeträge gedeckt werden soll, abgeschlossen sind. [2] Im Falle des § 128 Absatz 1 Satz 1 Nummer 3 entsteht die Beitragspflicht mit der Übernahme durch die Gemeinde.

(3) [1] Für ein Grundstück, für das eine Beitragspflicht noch nicht oder nicht in vollem Umfang entstanden ist, können Vorausleistungen auf den Erschließungsbeitrag bis zur Höhe des voraussichtlichen endgültigen Erschließungsbeitrags verlangt werden, wenn ein Bauvorhaben auf dem Grundstück genehmigt wird oder wenn mit der Herstellung der Erschließungsanlagen begonnen worden ist und die endgültige Herstellung der Erschließungsanlagen innerhalb von vier Jahren zu erwarten ist. [2] Die Vorausleistung ist mit der endgültigen Beitragsschuld zu verrechnen, auch wenn der Vorausleistende nicht beitragspflichtig ist. [3] Ist die Beitragspflicht sechs Jahre nach Erlass des Vorausleistungsbescheids noch nicht entstanden, kann die Vorausleistung zurückverlangt werden, wenn die Erschließungsanlage bis zu diesem Zeitpunkt noch nicht benutzbar ist. [4] Der Rückzahlungsanspruch ist ab Erhebung der Vorausleistung mit 2 vom Hundert über dem Basiszinssatz nach § 247 des Bürgerlichen Gesetzbuchs[1] jährlich zu verzinsen. [5] Die Gemeinde kann Bestimmungen über die Ablösung des Erschließungsbeitrags im Ganzen vor Entstehung der Beitragspflicht treffen.

§ 134 Beitragspflichtiger. (1) [1] Beitragspflichtig ist derjenige, der im Zeitpunkt der Bekanntgabe des Beitragsbescheids Eigentümer des Grundstücks ist. [2] Ist das Grundstück mit einem Erbbaurecht belastet, so ist der Erbbauberechtigte anstelle des Eigentümers beitragspflichtig. [3] Ist das Grundstück mit einem dinglichen Nutzungsrecht nach Artikel 233 § 4 des Einführungsgesetzes zum Bürgerlichen Gesetzbuche[2] belastet, ist der Inhaber dieses Rechts anstelle des Eigentümers beitragspflichtig. [4] Mehrere Beitragspflichtige haften als Gesamtschuldner; bei Wohnungs- und Teileigentum sind die einzelnen Wohnungs- und Teileigentümer nur entsprechend ihrem Miteigentumsanteil beitragspflichtig.

(2) Der Beitrag ruht als öffentliche Last auf dem Grundstück, im Falle des Absatzes 1 Satz 2 auf dem Erbbaurecht, im Falle des Absatzes 1 Satz 3 auf dem dinglichen Nutzungsrecht, im Falle des Absatzes 1 Satz 4 auf dem Wohnungs- oder dem Teileigentum.

§ 135 Fälligkeit und Zahlung des Beitrags. (1) Der Beitrag wird einen Monat nach der Bekanntgabe des Beitragsbescheids fällig.

(2) [1] Die Gemeinde kann zur Vermeidung unbilliger Härten im Einzelfall, insbesondere soweit dies zur Durchführung eines genehmigten Bauvorhabens erforderlich ist, zulassen, dass der Erschließungsbeitrag in Raten oder in Form einer Rente gezahlt wird. [2] Ist die Finanzierung eines Bauvorhabens gesichert,

[1] Schönfelder Nr. 20.
[2] Schönfelder Nr. 21.

so soll die Zahlungsweise der Auszahlung der Finanzierungsmittel angepasst, jedoch nicht über zwei Jahre hinaus erstreckt werden.

(3) [1] Lässt die Gemeinde nach Absatz 2 eine Verrentung zu, so ist der Erschließungsbeitrag durch Bescheid in eine Schuld umzuwandeln, die in höchstens zehn Jahresleistungen zu entrichten ist. [2] In dem Bescheid sind Höhe und Zeitpunkt der Fälligkeit der Jahresleistungen zu bestimmen. [3] Der jeweilige Restbetrag ist mit höchstens 2 vom Hundert über dem Basiszinssatz nach § 247 des Bürgerlichen Gesetzbuchs[1] jährlich zu verzinsen. [4] Die Jahresleistungen stehen wiederkehrenden Leistungen im Sinne des § 10 Absatz 1 Nummer 3 des Zwangsversteigerungsgesetzes[2] gleich.

(4) [1] Werden Grundstücke landwirtschaftlich oder als Wald genutzt, ist der Beitrag so lange zinslos zu stunden, wie das Grundstück zur Erhaltung der Wirtschaftlichkeit des landwirtschaftlichen Betriebs genutzt werden muss. [2] Satz 1 gilt auch für die Fälle der Nutzungsüberlassung und Betriebsübergabe an Familienangehörige im Sinne des § 15 der Abgabenordnung. [3] Der Beitrag ist auch zinslos zu stunden, solange Grundstücke als Kleingärten im Sinne des Bundeskleingartengesetzes[3] genutzt werden.

(5) [1] Im Einzelfall kann die Gemeinde auch von der Erhebung des Erschließungsbeitrags ganz oder teilweise absehen, wenn dies im öffentlichen Interesse oder zur Vermeidung unbilliger Härten geboten ist. [2] Die Freistellung kann auch für den Fall vorgesehen werden, dass die Beitragspflicht noch nicht entstanden ist.

(6) Weitergehende landesrechtliche Billigkeitsregelungen bleiben unberührt.

Siebter Teil. Maßnahmen für den Naturschutz

§ 135a Pflichten des Vorhabenträgers; Durchführung durch die Gemeinde; Kostenerstattung. (1) Festgesetzte Maßnahmen zum Ausgleich im Sinne des § 1a Absatz 3 sind vom Vorhabenträger durchzuführen.

(2) [1] Soweit Maßnahmen zum Ausgleich an anderer Stelle den Grundstücken nach § 9 Absatz 1a zugeordnet sind, soll die Gemeinde diese anstelle und auf Kosten der Vorhabenträger oder der Eigentümer der Grundstücke durchführen und auch die hierfür erforderlichen Flächen bereitstellen, sofern dies nicht auf andere Weise gesichert ist. [2] Die Maßnahmen zum Ausgleich können bereits vor den Baumaßnahmen und der Zuordnung durchgeführt werden.

(3) [1] Die Kosten können geltend gemacht werden, sobald die Grundstücke, auf denen Eingriffe zu erwarten sind, baulich oder gewerblich genutzt werden dürfen. [2] Die Gemeinde erhebt zur Deckung ihres Aufwands für Maßnahmen zum Ausgleich einschließlich der Bereitstellung hierfür erforderlicher Flächen einen Kostenerstattungsbetrag. [3] Die Erstattungspflicht entsteht mit der Herstellung der Maßnahmen zum Ausgleich durch die Gemeinde. [4] Der Betrag ruht als öffentliche Last auf dem Grundstück.

[1] **Schönfelder Nr. 20.**
[2] **Schönfelder Nr. 108.**
[3] **Sartorius ErgBd. Nr. 350.**

(4) Die landesrechtlichen Vorschriften über kommunale Beiträge einschließlich der Billigkeitsregelungen sind entsprechend anzuwenden.

§ 135b Verteilungsmaßstäbe für die Abrechnung. [1] Soweit die Gemeinde Maßnahmen zum Ausgleich nach § 135a Absatz 2 durchführt, sind die Kosten auf die zugeordneten Grundstücke zu verteilen. [2] Verteilungsmaßstäbe sind

1. die überbaubare Grundstücksfläche,
2. die zulässige Grundfläche,
3. die zu erwartende Versiegelung oder
4. die Schwere der zu erwartenden Eingriffe.

[3] Die Verteilungsmaßstäbe können miteinander verbunden werden.

§ 135c Satzungsrecht. Die Gemeinde kann durch Satzung regeln

1. Grundsätze für die Ausgestaltung von Maßnahmen zum Ausgleich entsprechend den Festsetzungen eines Bebauungsplans,
2. den Umfang der Kostenerstattung nach § 135a; dabei ist § 128 Absatz 1 Satz 1 Nummer 1 und 2 und Satz 2 entsprechend anzuwenden,
3. die Art der Kostenermittlung und die Höhe des Einheitssatzes entsprechend § 130,
4. die Verteilung der Kosten nach § 135b einschließlich einer Pauschalierung der Schwere der zu erwartenden Eingriffe nach Biotop- und Nutzungstypen,
5. die Voraussetzungen für die Anforderung von Vorauszahlungen,
6. die Fälligkeit des Kostenerstattungsbetrags.

Zweites Kapitel. Besonderes Städtebaurecht

Erster Teil. Städtebauliche Sanierungsmaßnahmen

Erster Abschnitt. Allgemeine Vorschriften

§ 136 Städtebauliche Sanierungsmaßnahmen. (1) Städtebauliche Sanierungsmaßnahmen in Stadt und Land, deren einheitliche Vorbereitung und zügige Durchführung im öffentlichen Interesse liegen, werden nach den Vorschriften dieses Teils vorbereitet und durchgeführt.

(2) [1] Städtebauliche Sanierungsmaßnahmen sind Maßnahmen, durch die ein Gebiet zur Behebung städtebaulicher Missstände wesentlich verbessert oder umgestaltet wird. [2] Städtebauliche Missstände liegen vor, wenn

1. das Gebiet nach seiner vorhandenen Bebauung oder nach seiner sonstigen Beschaffenheit den allgemeinen Anforderungen an gesunde Wohn- und Arbeitsverhältnisse oder an die Sicherheit der in ihm wohnenden oder arbeitenden Menschen auch unter Berücksichtigung der Belange des Klimaschutzes und der Klimaanpassung nicht entspricht oder
2. das Gebiet in der Erfüllung der Aufgaben erheblich beeinträchtigt ist, die ihm nach seiner Lage und Funktion obliegen.

(3) Bei der Beurteilung, ob in einem städtischen oder ländlichen Gebiet städtebauliche Missstände vorliegen, sind insbesondere zu berücksichtigen

1. die Wohn- und Arbeitsverhältnisse oder die Sicherheit der in dem Gebiet wohnenden und arbeitenden Menschen in Bezug auf

 a) die Belichtung, Besonnung und Belüftung der Wohnungen und Arbeitsstätten,

 b) die bauliche Beschaffenheit von Gebäuden, Wohnungen und Arbeitsstätten,

 c) die Zugänglichkeit der Grundstücke,

 d) die Auswirkungen einer vorhandenen Mischung von Wohn- und Arbeitsstätten,

 e) die Nutzung von bebauten und unbebauten Flächen nach Art, Maß und Zustand,

 f) die Einwirkungen, die von Grundstücken, Betrieben, Einrichtungen oder Verkehrsanlagen ausgehen, insbesondere durch Lärm, Verunreinigungen und Erschütterungen,

 g) die vorhandene Erschließung,

 h) die energetische Beschaffenheit, die Gesamtenergieeffizienz der vorhandenen Bebauung und der Versorgungseinrichtungen des Gebiets unter Berücksichtigung der allgemeinen Anforderungen an den Klimaschutz und die Klimaanpassung;

2. die Funktionsfähigkeit des Gebiets in Bezug auf

 a) den fließenden und ruhenden Verkehr,

 b) die wirtschaftliche Situation und Entwicklungsfähigkeit des Gebiets unter Berücksichtigung seiner Versorgungsfunktion im Verflechtungsbereich,

 c) die infrastrukturelle Erschließung des Gebiets, seine Ausstattung mit Grünflächen, Spiel- und Sportplätzen und mit Anlagen des Gemeinbedarfs, insbesondere unter Berücksichtigung der sozialen und kulturellen Aufgaben dieses Gebiets im Verflechtungsbereich.

(4) [1] Städtebauliche Sanierungsmaßnahmen dienen dem Wohl der Allgemeinheit. [2] Sie sollen dazu beitragen, dass

1. die bauliche Struktur in allen Teilen des Bundesgebiets nach den allgemeinen Anforderungen an den Klimaschutz und die Klimaanpassung sowie nach den sozialen, hygienischen, wirtschaftlichen und kulturellen Erfordernissen entwickelt wird,

2. die Verbesserung der Wirtschafts- und Agrarstruktur unterstützt wird,

3. die Siedlungsstruktur den Erfordernissen des Umweltschutzes, den Anforderungen an gesunde Lebens- und Arbeitsbedingungen der Bevölkerung und der Bevölkerungsentwicklung entspricht oder

4. die vorhandenen Ortsteile erhalten, erneuert und fortentwickelt werden, die Gestaltung des Orts- und Landschaftsbilds verbessert und den Erfordernissen des Denkmalschutzes Rechnung getragen wird.

[3] Die öffentlichen und privaten Belange sind gegeneinander und untereinander gerecht abzuwägen.

§ 137 Beteiligung und Mitwirkung der Betroffenen. [1] Die Sanierung soll mit den Eigentümern, Mietern, Pächtern und sonstigen Betroffenen möglichst frühzeitig erörtert werden. [2] Die Betroffenen sollen zur Mitwirkung bei der Sanierung und zur Durchführung der erforderlichen baulichen Maßnahmen angeregt und hierbei im Rahmen des Möglichen beraten werden.

§ 138 Auskunftspflicht. (1) [1] Eigentümer, Mieter, Pächter und sonstige zum Besitz oder zur Nutzung eines Grundstücks, Gebäudes oder Gebäudeteils Berechtigte sowie ihre Beauftragten sind verpflichtet, der Gemeinde oder ihren Beauftragten Auskunft über die Tatsachen zu erteilen, deren Kenntnis zur Beurteilung der Sanierungsbedürftigkeit eines Gebiets oder zur Vorbereitung oder Durchführung der Sanierung erforderlich ist. [2] An personenbezogenen Daten können insbesondere Angaben der Betroffenen über ihre persönlichen Lebensumstände im wirtschaftlichen und sozialen Bereich, namentlich über die Berufs-, Erwerbs- und Familienverhältnisse, das Lebensalter, die Wohnbedürfnisse, die sozialen Verflechtungen sowie über die örtlichen Bindungen, erhoben werden.

(2) [1] Die nach Absatz 1 erhobenen personenbezogenen Daten dürfen nur zu Zwecken der Sanierung verwendet werden. [2] Wurden die Daten von einem Beauftragten der Gemeinde erhoben, dürfen sie nur an die Gemeinde weitergegeben werden; die Gemeinde darf die Daten an andere Beauftragte im Sinne des § 157 sowie an die höhere Verwaltungsbehörde weitergeben, soweit dies zu Zwecken der Sanierung erforderlich ist. [3] Nach Aufhebung der förmlichen Festlegung des Sanierungsgebiets sind die Daten zu löschen. [4] Soweit die erhobenen Daten für die Besteuerung erforderlich sind, dürfen sie an die Finanzbehörden weitergegeben werden.

(3) [1] Die mit der Erhebung der Daten Beauftragten sind bei Aufnahme ihrer Tätigkeit nach Maßgabe des Absatzes 2 zu verpflichten. [2] Ihre Pflichten bestehen nach Beendigung ihrer Tätigkeit fort.

(4) [1] Verweigert ein nach Absatz 1 Auskunftspflichtiger die Auskunft, ist § 208 Satz 2 bis 4 über die Androhung und Festsetzung eines Zwangsgelds entsprechend anzuwenden. [2] Der Auskunftspflichtige kann die Auskunft auf solche Fragen verweigern, deren Beantwortung ihn selbst oder einen der in § 383 Absatz 1 Nummer 1 bis 3 der Zivilprozessordnung[1]) bezeichneten Angehörigen der Gefahr strafrechtlicher Verfolgung oder eines Verfahrens nach dem Gesetz über Ordnungswidrigkeiten[2]) aussetzen würde.

§ 139 Beteiligung und Mitwirkung öffentlicher Aufgabenträger.

(1) Der Bund, einschließlich seiner Sondervermögen, die Länder, die Gemeindeverbände und die sonstigen Körperschaften, Anstalten und Stiftungen des öffentlichen Rechts sollen im Rahmen der ihnen obliegenden Aufgaben die Vorbereitung und Durchführung von städtebaulichen Sanierungsmaßnahmen unterstützen.

(2) [1] § 4 Absatz 2 und § 4a Absatz 1 bis 4 und 6 sind bei der Vorbereitung und Durchführung der Sanierung auf Behörden und sonstige Träger öffent-

[1]) **Schönfelder Nr. 100.**
[2]) **Schönfelder Nr. 94.**

licher Belange sinngemäß anzuwenden. ² Die Träger öffentlicher Belange haben die Gemeinde auch über Änderungen ihrer Absichten zu unterrichten.

(3) Ist eine Änderung von Zielen und Zwecken der Sanierung oder von Maßnahmen und Planungen der Träger öffentlicher Belange, die aufeinander abgestimmt wurden, beabsichtigt, haben sich die Beteiligten unverzüglich miteinander ins Benehmen zu setzen.

Zweiter Abschnitt. Vorbereitung und Durchführung

§ 140 Vorbereitung. Die Vorbereitung der Sanierung ist Aufgabe der Gemeinde; sie umfasst

1. die vorbereitenden Untersuchungen,

2. die förmliche Festlegung des Sanierungsgebiets,

3. die Bestimmung der Ziele und Zwecke der Sanierung,

4. die städtebauliche Planung; hierzu gehört auch die Bauleitplanung oder eine Rahmenplanung, soweit sie für die Sanierung erforderlich ist,

5. die Erörterung der beabsichtigten Sanierung,

6. die Erarbeitung und Fortschreibung des Sozialplans,

7. einzelne Ordnungs- und Baumaßnahmen, die vor einer förmlichen Festlegung des Sanierungsgebiets durchgeführt werden.

§ 141 Vorbereitende Untersuchungen. (1) ¹ Die Gemeinde hat vor der förmlichen Festlegung des Sanierungsgebiets die vorbereitenden Untersuchungen durchzuführen oder zu veranlassen, die erforderlich sind, um Beurteilungsunterlagen zu gewinnen über die Notwendigkeit der Sanierung, die sozialen, strukturellen und städtebaulichen Verhältnisse und Zusammenhänge sowie die anzustrebenden allgemeinen Ziele und die Durchführbarkeit der Sanierung im Allgemeinen. ² Die vorbereitenden Untersuchungen sollen sich auch auf nachteilige Auswirkungen erstrecken, die sich für die von der beabsichtigten Sanierung unmittelbar Betroffenen in ihren persönlichen Lebensumständen im wirtschaftlichen oder sozialen Bereich voraussichtlich ergeben werden.

(2) Von vorbereitenden Untersuchungen kann abgesehen werden, wenn hinreichende Beurteilungsunterlagen bereits vorliegen.

(3) ¹ Die Gemeinde leitet die Vorbereitung der Sanierung durch den Beschluss über den Beginn der vorbereitenden Untersuchungen ein. ² Der Beschluss ist ortsüblich bekannt zu machen. ³ Dabei ist auf die Auskunftspflicht nach § 138 hinzuweisen.

(4) ¹ Mit der ortsüblichen Bekanntmachung des Beschlusses über den Beginn der vorbereitenden Untersuchungen finden die §§ 137, 138 und 139 über die Beteiligung und Mitwirkung der Betroffenen, die Auskunftspflicht und die Beteiligung und Mitwirkung öffentlicher Aufgabenträger Anwendung; ab diesem Zeitpunkt ist § 15 auf die Durchführung eines Vorhabens im Sinne des § 29 Absatz 1 und auf die Beseitigung einer baulichen Anlage entsprechend anzuwenden. ² Mit der förmlichen Festlegung des Sanierungsgebiets wird ein Bescheid über die Zurückstellung des Baugesuchs sowie ein Bescheid über die Zurückstellung der Beseitigung einer baulichen Anlage nach Satz 1 zweiter Halbsatz unwirksam.

§ 142 Sanierungssatzung. (1) [1] Die Gemeinde kann ein Gebiet, in dem eine städtebauliche Sanierungsmaßnahme durchgeführt werden soll, durch Beschluss förmlich als Sanierungsgebiet festlegen (förmlich festgelegtes Sanierungsgebiet). [2] Das Sanierungsgebiet ist so zu begrenzen, dass sich die Sanierung zweckmäßig durchführen lässt. [3] Einzelne Grundstücke, die von der Sanierung nicht betroffen werden, können aus dem Gebiet ganz oder teilweise ausgenommen werden.

(2) [1] Ergibt sich aus den Zielen und Zwecken der Sanierung, dass Flächen außerhalb des förmlich festgelegten Sanierungsgebiets

1. für Ersatzbauten oder Ersatzanlagen zur räumlich zusammenhängenden Unterbringung von Bewohnern oder Betrieben aus dem förmlich festgelegten Sanierungsgebiet oder

2. für die durch die Sanierung bedingten Gemeinbedarfs- oder Folgeeinrichtungen

in Anspruch genommen werden müssen (Ersatz- und Ergänzungsgebiete), kann die Gemeinde geeignete Gebiete für diesen Zweck förmlich festlegen. [2] Für die förmliche Festlegung und die sich aus ihr ergebenden Wirkungen sind die für förmlich festgelegte Sanierungsgebiete geltenden Vorschriften anzuwenden.

(3) [1] Die Gemeinde beschließt die förmliche Festlegung des Sanierungsgebiets als Satzung (Sanierungssatzung). [2] In der Sanierungssatzung ist das Sanierungsgebiet zu bezeichnen. [3] Bei dem Beschluss über die Sanierungssatzung ist zugleich durch Beschluss über die Sanierungssatzung ist zugleich durch Beschluss die Frist festzulegen, in der die Sanierung durchgeführt werden soll; die Frist soll 15 Jahre nicht überschreiten. [4] Kann die Sanierung nicht innerhalb der Frist durchgeführt werden, kann die Frist durch Beschluss verlängert werden.

(4) In der Sanierungssatzung ist die Anwendung der Vorschriften des Dritten Abschnitts auszuschließen, wenn sie für die Durchführung der Sanierung nicht erforderlich ist und die Durchführung hierdurch voraussichtlich nicht erschwert wird (vereinfachtes Sanierungsverfahren); in diesem Falle kann in der Sanierungssatzung auch die Genehmigungspflicht nach § 144 insgesamt, nach § 144 Absatz 1 oder § 144 Absatz 2 ausgeschlossen werden.

§ 143 Bekanntmachung der Sanierungssatzung, Sanierungsvermerk.

(1) [1] Die Gemeinde hat die Sanierungssatzung ortsüblich bekannt zu machen. [2] Sie kann auch ortsüblich bekannt machen, dass eine Sanierungssatzung beschlossen worden ist; § 10 Absatz 3 Satz 2 bis 5 ist entsprechend anzuwenden. [3] In der Bekanntmachung nach den Sätzen 1 und 2 ist – außer im vereinfachten Sanierungsverfahren – auf die Vorschriften des Dritten Abschnitts hinzuweisen. [4] Mit der Bekanntmachung wird die Sanierungssatzung rechtsverbindlich.

(2) [1] Die Gemeinde teilt dem Grundbuchamt die rechtsverbindliche Sanierungssatzung mit und hat hierbei die von der Sanierungssatzung betroffenen Grundstücke einzeln aufzuführen. [2] Das Grundbuchamt hat in die Grundbücher dieser Grundstücke einzutragen, dass eine Sanierung durchgeführt wird (Sanierungsvermerk). [3] § 54 Absatz 2 und 3 ist entsprechend anzuwenden. [4] Die Sätze 1 bis 3 sind nicht anzuwenden, wenn in der Sanierungssatzung die Genehmigungspflicht nach § 144 Absatz 2 ausgeschlossen ist.

§ 144 Genehmigungspflichtige Vorhaben und Rechtsvorgänge.

(1) Im förmlich festgelegten Sanierungsgebiet bedürfen der schriftlichen Genehmigung der Gemeinde

1. die in § 14 Absatz 1 bezeichneten Vorhaben und sonstigen Maßnahmen;
2. Vereinbarungen, durch die ein schuldrechtliches Vertragsverhältnis über den Gebrauch oder die Nutzung eines Grundstücks, Gebäudes oder Gebäudeteils auf bestimmte Zeit von mehr als einem Jahr eingegangen oder verlängert wird.

(2) Im förmlich festgelegten Sanierungsgebiet bedürfen der schriftlichen Genehmigung der Gemeinde

1. die rechtsgeschäftliche Veräußerung eines Grundstücks und die Bestellung und Veräußerung eines Erbbaurechts;
2. die Bestellung eines das Grundstück belastenden Rechts; dies gilt nicht für die Bestellung eines Rechts, das mit der Durchführung von Baumaßnahmen im Sinne des § 148 Absatz 2 im Zusammenhang steht;
3. ein schuldrechtlicher Vertrag, durch den eine Verpflichtung zu einem der in Nummer 1 oder 2 genannten Rechtsgeschäfte begründet wird; ist der schuldrechtliche Vertrag genehmigt worden, gilt auch das in Ausführung dieses Vertrags vorgenommene dingliche Rechtsgeschäft als genehmigt;
4. die Begründung, Änderung oder Aufhebung einer Baulast;
5. die Teilung eines Grundstücks.

(3) Die Gemeinde kann für bestimmte Fälle die Genehmigung für das förmlich festgelegte Sanierungsgebiet oder Teile desselben allgemein erteilen; sie hat dies ortsüblich bekannt zu machen.

(4) Keiner Genehmigung bedürfen

1. Vorhaben und Rechtsvorgänge, wenn die Gemeinde oder der Sanierungsträger für das Treuhandvermögen als Vertragsteil oder Eigentümer beteiligt ist;
2. Rechtsvorgänge nach Absatz 2 Nummer 1 bis 3 zum Zwecke der Vorwegnahme der gesetzlichen Erbfolge;
3. Vorhaben nach Absatz 1 Nummer 1, die vor der förmlichen Festlegung des Sanierungsgebiets baurechtlich genehmigt worden sind, Vorhaben nach Absatz 1 Nummer 1, von denen die Gemeinde nach Maßgabe des Bauordnungsrechts Kenntnis erlangt hat und mit deren Ausführung vor dem Inkrafttreten der Veränderungssperre hätte begonnen werden dürfen, sowie Unterhaltungsarbeiten und die Fortführung einer bisher ausgeübten Nutzung;
4. Rechtsvorgänge nach Absatz 1 Nummer 2 und Absatz 2, die Zwecken der Landesverteidigung dienen;
5. der rechtsgeschäftliche Erwerb eines in ein Verfahren im Sinne des § 38 einbezogenen Grundstücks durch den Bedarfsträger.

§ 145 Genehmigung.

(1) ¹Die Genehmigung wird durch die Gemeinde erteilt; § 22 Absatz 5 Satz 2 bis 5 ist entsprechend anzuwenden. ²Ist eine baurechtliche Genehmigung oder an ihrer Stelle eine baurechtliche Zustimmung erforderlich, wird die Genehmigung durch die Baugenehmigungsbehörde im Einvernehmen mit der Gemeinde erteilt. ³Im Falle des Satzes 2

ist über die Genehmigung innerhalb von zwei Monaten nach Eingang des Antrags bei der Baugenehmigungsbehörde zu entscheiden; § 22 Absatz 5 Satz 3 bis 6 ist mit der Maßgabe entsprechend anzuwenden, dass die Genehmigungsfrist höchstens um zwei Monate verlängert werden darf.

(2) Die Genehmigung darf nur versagt werden, wenn Grund zur Annahme besteht, dass das Vorhaben, der Rechtsvorgang einschließlich der Teilung eines Grundstücks oder die damit erkennbar bezweckte Nutzung die Durchführung der Sanierung unmöglich machen oder wesentlich erschweren oder den Zielen und Zwecken der Sanierung zuwiderlaufen würde.

(3) Die Genehmigung ist zu erteilen, wenn die wesentliche Erschwerung dadurch beseitigt wird, dass die Beteiligten für den Fall der Durchführung der Sanierung für sich und ihre Rechtsnachfolger

1. in den Fällen des § 144 Absatz 1 Nummer 1 auf Entschädigung für die durch das Vorhaben herbeigeführten Werterhöhungen sowie für werterhöhende Änderungen, die auf Grund der mit dem Vorhaben bezweckten Nutzung vorgenommen werden, verzichten;

2. in den Fällen des § 144 Absatz 1 Nummer 2 oder Absatz 2 Nummer 2 oder 3 auf Entschädigung für die Aufhebung des Rechts sowie für werterhöhende Änderungen verzichten, die auf Grund dieser Rechte vorgenommen werden.

(4) [1] Die Genehmigung kann unter Auflagen, in den Fällen des § 144 Absatz 1 auch befristet oder bedingt erteilt werden. [2] § 51 Absatz 4 Satz 2 und 3 ist entsprechend anzuwenden. [3] Die Genehmigung kann auch vom Abschluss eines städtebaulichen Vertrags abhängig gemacht werden, wenn dadurch Versagungsgründe im Sinne des Absatzes 2 ausgeräumt werden.

(5) [1] Wird die Genehmigung versagt, kann der Eigentümer von der Gemeinde die Übernahme des Grundstücks verlangen, wenn und soweit es ihm mit Rücksicht auf die Durchführung der Sanierung wirtschaftlich nicht mehr zuzumuten ist, das Grundstück zu behalten oder es in der bisherigen oder einer anderen zulässigen Art zu nutzen. [2] Liegen die Flächen eines land- oder forstwirtschaftlichen Betriebs sowohl innerhalb als auch außerhalb des förmlich festgelegten Sanierungsgebiets, kann der Eigentümer von der Gemeinde die Übernahme sämtlicher Grundstücke des Betriebs verlangen, wenn die Erfüllung des Übernahmeverlangens für die Gemeinde keine unzumutbare Belastung bedeutet; die Gemeinde kann sich auf eine unzumutbare Belastung nicht berufen, soweit die außerhalb des förmlich festgelegten Sanierungsgebiets gelegenen Grundstücke nicht mehr in angemessenem Umfang baulich oder wirtschaftlich genutzt werden können. [3] Kommt eine Einigung über die Übernahme nicht zustande, kann der Eigentümer die Entziehung des Eigentums an dem Grundstück verlangen. [4] Für die Entziehung des Eigentums sind die Vorschriften des Fünften Teils des Ersten Kapitels entsprechend anzuwenden. [5] § 43 Absatz 1, 4 und 5 sowie § 44 Absatz 3 und 4 sind entsprechend anzuwenden.

(6) [1] § 22 Absatz 6 ist entsprechend anzuwenden. [2] Ist eine Genehmigung allgemein erteilt oder nicht erforderlich, hat die Gemeinde darüber auf *Antrag eines Beteiligten* ein Zeugnis auszustellen.

§ 146 Durchführung. (1) Die Durchführung umfasst die Ordnungsmaßnahmen und die Baumaßnahmen innerhalb des förmlich festgelegten Sanierungsgebiets, die nach den Zielen und Zwecken der Sanierung erforderlich sind.

(2) [1] Auf Grundstücken, die den in § 26 Nummer 2 bezeichneten Zwecken dienen, und auf den in § 26 Nummer 3 bezeichneten Grundstücken dürfen im Rahmen städtebaulicher Sanierungsmaßnahmen einzelne Ordnungs- und Baumaßnahmen nur mit Zustimmung des Bedarfsträgers durchgeführt werden. [2] Der Bedarfsträger soll seine Zustimmung erteilen, wenn auch unter Berücksichtigung seiner Aufgaben ein überwiegendes öffentliches Interesse an der Durchführung der Sanierungsmaßnahmen besteht.

(3) [1] Die Gemeinde kann die Durchführung der Ordnungsmaßnahmen und die Errichtung oder Änderung von Gemeinbedarfs- und Folgeeinrichtungen im Sinne des § 148 Absatz 2 Satz 1 Nummer 3 auf Grund eines Vertrags ganz oder teilweise dem Eigentümer überlassen. [2] Ist die zügige und zweckmäßige Durchführung der vertraglich übernommenen Maßnahmen nach Satz 1 durch einzelne Eigentümer nicht gewährleistet, hat die Gemeinde insoweit für die Durchführung der Maßnahmen zu sorgen oder sie selbst zu übernehmen.

§ 147 Ordnungsmaßnahmen. [1] Die Durchführung der Ordnungsmaßnahmen ist Aufgabe der Gemeinde; hierzu gehören

1. die Bodenordnung einschließlich des Erwerbs von Grundstücken,

2. der Umzug von Bewohnern und Betrieben,

3. die Freilegung von Grundstücken,

4. die Herstellung und Änderung von Erschließungsanlagen sowie

5. sonstige Maßnahmen, die notwendig sind, damit die Baumaßnahmen durchgeführt werden können.

[2] Als Ordnungsmaßnahme gilt auch die Bereitstellung von Flächen und die Durchführung von Maßnahmen zum Ausgleich im Sinne des § 1a Absatz 3, soweit sie gemäß § 9 Absatz 1a an anderer Stelle den Grundstücken, auf denen Eingriffe in Natur und Landschaft zu erwarten sind, ganz oder teilweise zugeordnet sind. [3] Durch die Sanierung bedingte Erschließungsanlagen einschließlich Ersatzanlagen können außerhalb des förmlich festgelegten Sanierungsgebiets liegen.

§ 148 Baumaßnahmen. (1) [1] Die Durchführung von Baumaßnahmen bleibt den Eigentümern überlassen, soweit die zügige und zweckmäßige Durchführung durch sie gewährleistet ist; der Gemeinde obliegt jedoch

1. für die Errichtung und Änderung der Gemeinbedarfs- und Folgeeinrichtungen zu sorgen und

2. die Durchführung sonstiger Baumaßnahmen, soweit sie selbst Eigentümerin ist oder nicht gewährleistet ist, dass diese vom einzelnen Eigentümer zügig und zweckmäßig durchgeführt werden.

[2] Ersatzbauten, Ersatzanlagen und durch die Sanierung bedingte Gemeinbedarfs- und Folgeeinrichtungen können außerhalb des förmlich festgelegten Sanierungsgebiets liegen.

(2) [1] Zu den Baumaßnahmen gehören

1. die Modernisierung und Instandsetzung,
2. die Neubebauung und die Ersatzbauten,
3. die Errichtung und Änderung von Gemeinbedarfs- und Folgeeinrichtungen,
4. die Verlagerung oder Änderung von Betrieben sowie
5. die Errichtung oder Erweiterung von Anlagen und Einrichtungen zur dezentralen und zentralen Erzeugung, Verteilung, Nutzung oder Speicherung von Strom, Wärme oder Kälte aus erneuerbaren Energien oder Kraft-Wärme-Kopplung.

[2] Als Baumaßnahmen gelten auch Maßnahmen zum Ausgleich im Sinne des § 1a Absatz 3, soweit sie auf den Grundstücken durchgeführt werden, auf denen Eingriffe in Natur und Landschaft zu erwarten sind.

§ 149 Kosten- und Finanzierungsübersicht. (1) [1] Die Gemeinde hat nach dem Stand der Planung eine Kosten- und Finanzierungsübersicht aufzustellen. [2] Die Übersicht ist mit den Kosten- und Finanzierungsvorstellungen anderer Träger öffentlicher Belange, deren Aufgabenbereich durch die Sanierung berührt wird, abzustimmen und der höheren Verwaltungsbehörde vorzulegen.

(2) [1] In der Kostenübersicht hat die Gemeinde die Kosten der Gesamtmaßnahme darzustellen, die ihr voraussichtlich entstehen. [2] Die Kosten anderer Träger öffentlicher Belange für Maßnahmen im Zusammenhang mit der Sanierung sollen nachrichtlich angegeben werden.

(3) [1] In der Finanzierungsübersicht hat die Gemeinde ihre Vorstellungen über die Deckung der Kosten der Gesamtmaßnahme darzulegen. [2] Finanzierungs- und Förderungsmittel auf anderer gesetzlicher Grundlage sowie die Finanzierungsvorstellungen anderer Träger öffentlicher Belange sollen nachrichtlich angegeben werden.

(4) [1] Die Kosten- und Finanzierungsübersicht kann mit Zustimmung der nach Landesrecht zuständigen Behörde auf den Zeitraum der mehrjährigen Finanzplanung der Gemeinde beschränkt werden. [2] Das Erfordernis, die städtebauliche Sanierungsmaßnahme innerhalb eines absehbaren Zeitraums durchzuführen, bleibt unberührt.

(5) Die Gemeinde und die höhere Verwaltungsbehörde können von anderen Trägern öffentlicher Belange Auskunft über deren eigene Absichten im förmlich festgelegten Sanierungsgebiet und ihre Kosten- und Finanzierungsvorstellungen verlangen.

(6) [1] Die höhere Verwaltungsbehörde kann von der Gemeinde Ergänzungen oder Änderungen der Kosten- und Finanzierungsübersicht verlangen. [2] Sie hat für ein wirtschaftlich sinnvolles Zusammenwirken der Gemeinde und der anderen Träger öffentlicher Belange bei der Durchführung ihrer Maßnahmen zu sorgen und die Gemeinde bei der Beschaffung von Förderungsmitteln aus öffentlichen Haushalten zu unterstützen.

§ 150 Ersatz für Änderungen von Einrichtungen, die der öffentlichen Versorgung dienen. (1) [1] Stehen in einem förmlich festgelegten Sanierungsgebiet Anlagen der öffentlichen Versorgung mit Elektrizität, Gas,

Wasser, Wärme, Telekommunikationsdienstleistungen oder Anlagen der Abwasserwirtschaft infolge der Durchführung der Sanierung nicht mehr zur Verfügung und sind besondere Aufwendungen erforderlich, die über das bei ordnungsgemäßer Wirtschaft erforderliche Maß hinausgehen, zum Beispiel der Ersatz oder die Verlegung dieser Anlagen, hat die Gemeinde dem Träger der Aufgabe die ihm dadurch entstehenden Kosten zu erstatten. ² Vorteile und Nachteile, die dem Träger der Aufgabe im Zusammenhang damit entstehen, sind auszugleichen.

(2) Kommt eine Einigung über den Erstattungsbetrag nicht zustande, entscheidet die höhere Verwaltungsbehörde.

§ 151 Abgaben- und Auslagenbefreiung. (1) Frei von Gebühren und ähnlichen nichtsteuerlichen Abgaben sowie von Auslagen sind Geschäfte und Verhandlungen

1. zur Vorbereitung oder Durchführung von städtebaulichen Sanierungsmaßnahmen,

2. zur Durchführung von Erwerbsvorgängen,

3. zur Gründung oder Auflösung eines Unternehmens, dessen Geschäftszweck ausschließlich darauf gerichtet ist, als Sanierungsträger tätig zu werden.

(2) ¹ Die Abgabenbefreiung gilt nicht für die Kosten eines Rechtsstreits. ² Unberührt bleiben Regelungen nach landesrechtlichen Vorschriften.

(3) Erwerbsvorgänge im Sinne des Absatzes 1 Nummer 2 sind

1. der Erwerb eines Grundstücks durch eine Gemeinde oder durch einen Rechtsträger im Sinne der §§ 157 und 205 zur Vorbereitung oder Durchführung von städtebaulichen Sanierungsmaßnahmen. Hierzu gehört auch der Erwerb eines Grundstücks zur Verwendung als Austausch- oder Ersatzland im Rahmen von städtebaulichen Sanierungsmaßnahmen;

2. der Erwerb eines Grundstücks durch eine Person, die zur Vorbereitung oder Durchführung von städtebaulichen Sanierungsmaßnahmen oder zur Verwendung als Austausch- oder Ersatzland ein Grundstück übereignet oder verloren hat. Die Abgabenbefreiung wird nur gewährt

 a) beim Erwerb eines Grundstücks im Sanierungsgebiet, in dem das übereignete oder verlorene Grundstück liegt, bis zum Abschluss der städtebaulichen Sanierungsmaßnahme,

 b) in anderen Fällen bis zum Ablauf von zehn Jahren, gerechnet von dem Zeitpunkt ab, in dem das Grundstück übereignet oder verloren wurde;

3. der Erwerb eines im förmlich festgelegten Sanierungsgebiet gelegenen Grundstücks, soweit die Gegenleistung in der Hingabe eines in demselben Sanierungsgebiet gelegenen Grundstücks besteht;

4. der Erwerb eines Grundstücks, der durch die Begründung, das Bestehen oder die Auflösung eines Treuhandverhältnisses im Sinne des § 160 oder des § 161 bedingt ist.

Dritter Abschnitt. Besondere sanierungsrechtliche Vorschriften

§ 152 Anwendungsbereich. Die Vorschriften dieses Abschnitts sind im förmlich festgelegten Sanierungsgebiet anzuwenden, sofern die Sanierung nicht im vereinfachten Sanierungsverfahren durchgeführt wird.

§ 153 Bemessung von Ausgleichs- und Entschädigungsleistungen, Kaufpreise, Umlegung. (1) [1] Sind auf Grund von Maßnahmen, die der Vorbereitung oder Durchführung der Sanierung im förmlich festgelegten Sanierungsgebiet dienen, nach den Vorschriften dieses Gesetzbuchs Ausgleichs- oder Entschädigungsleistungen zu gewähren, werden bei deren Bemessung Werterhöhungen, die lediglich durch die Aussicht auf die Sanierung, durch ihre Vorbereitung oder ihre Durchführung eingetreten sind, nur insoweit berücksichtigt, als der Betroffene diese Werterhöhungen durch eigene Aufwendungen zulässigerweise bewirkt hat. [2] Änderungen in den allgemeinen Wertverhältnissen auf dem Grundstücksmarkt sind zu berücksichtigen.

(2) [1] Liegt bei der rechtsgeschäftlichen Veräußerung eines Grundstücks sowie bei der Bestellung oder Veräußerung eines Erbbaurechts der vereinbarte Gegenwert für das Grundstück oder das Recht über dem Wert, der sich in Anwendung des Absatzes 1 ergibt, liegt auch hierin eine wesentliche Erschwerung der Sanierung im Sinne des § 145 Absatz 2. [2] Dies gilt nicht, wenn in den Fällen des § 154 Absatz 3 Satz 2 oder 3 die Verpflichtung zur Entrichtung des Ausgleichsbetrags erloschen ist.

(3) [1] Die Gemeinde oder der Sanierungsträger darf beim Erwerb eines Grundstücks keinen höheren Kaufpreis vereinbaren, als er sich in entsprechender Anwendung des Absatzes 1 ergibt. [2] In den Fällen des § 144 Absatz 4 Nummer 4 und 5 darf der Bedarfsträger keinen höheren Kaufpreis vereinbaren, als er sich in entsprechender Anwendung des Absatzes 1 ergibt.

(4) [1] Bei der Veräußerung nach den §§ 89 und 159 Absatz 3 ist das Grundstück zu dem Verkehrswert zu veräußern, der sich durch die rechtliche und tatsächliche Neuordnung des förmlich festgelegten Sanierungsgebiets ergibt. [2] § 154 Absatz 5 ist dabei auf den Teil des Kaufpreises entsprechend anzuwenden, der der durch die Sanierung bedingten Werterhöhung des Grundstücks entspricht.

(5) Im förmlich festgelegten Sanierungsgebiet sind

1. Absatz 1 auf die Ermittlung von Werten nach § 57 Satz 2 und im Falle der Geldabfindung nach § 59 Absatz 2 und 4 bis 6 sowie den §§ 60 und 61 Absatz 2 entsprechend anzuwenden;

2. Wertänderungen, die durch die rechtliche und tatsächliche Neuordnung des förmlich festgelegten Sanierungsgebiets eintreten, bei der Ermittlung von Werten nach § 57 Satz 3 und 4 und im Falle des Geldausgleichs nach § 59 Absatz 2 sowie den §§ 60 und 61 Absatz 2 zu berücksichtigen;

3. § 58 nicht anzuwenden.

§ 154 Ausgleichsbetrag des Eigentümers. (1) [1] Der Eigentümer eines im förmlich festgelegten Sanierungsgebiet gelegenen Grundstücks hat zur Finanzierung der Sanierung an die Gemeinde einen Ausgleichsbetrag in Geld zu entrichten, der der durch die Sanierung bedingten Erhöhung des Bodenwerts seines Grundstücks entspricht. [2] Miteigentümer haften als Gesamtschuldner; bei Wohnungs- und Teileigentum sind die einzelnen Wohnungs- und Teileigentümer nur entsprechend ihrem Miteigentumsanteil heranzuziehen. [3] Werden im förmlich festgelegten Sanierungsgebiet Erschließungsanlagen im Sinne des § 127 Absatz 2 hergestellt, erweitert oder verbessert, sind Vorschriften über die Erhebung von Beiträgen für diese Maßnahmen auf Grundstücke im förmlich festgelegten Sanierungsgebiet nicht anzuwenden.

[4] Satz 3 gilt entsprechend für die Anwendung der Vorschrift über die Erhebung von Kostenerstattungsbeträgen im Sinne des § 135a Absatz 3.

(2) Die durch die Sanierung bedingte Erhöhung des Bodenwerts des Grundstücks besteht aus dem Unterschied zwischen dem Bodenwert, der sich für das Grundstück ergeben würde, wenn eine Sanierung weder beabsichtigt noch durchgeführt worden wäre (Anfangswert), und dem Bodenwert, der sich für das Grundstück durch die rechtliche und tatsächliche Neuordnung des förmlich festgelegten Sanierungsgebiets ergibt (Endwert).

(2a) [1] Die Gemeinde kann durch Satzung bestimmen, dass der Ausgleichsbetrag abweichend von Absatz 1 Satz 1 ausgehend von dem Aufwand (ohne die Kosten seiner Finanzierung) für die Erweiterung oder Verbesserung von Erschließungsanlagen im Sinne des § 127 Absatz 2 Nummer 1 bis 3 (Verkehrsanlagen) in dem Sanierungsgebiet zu berechnen ist; Voraussetzung für den Erlass der Satzung sind Anhaltspunkte dafür, dass die sanierungsbedingte Erhöhung der Bodenwerte der Grundstücke in dem Sanierungsgebiet nicht wesentlich über die Hälfte dieses Aufwands liegt. [2] In der Satzung ist zu bestimmen, bis zu welcher Höhe der Aufwand der Berechnung zu Grunde zu legen ist; sie darf 50 vom Hundert nicht übersteigen. [3] Im Geltungsbereich der Satzung berechnet sich der Ausgleichsbetrag für das jeweilige Grundstück nach dem Verhältnis seiner Fläche zur Gesamtfläche; als Gesamtfläche ist die Fläche des Sanierungsgebiets ohne die Flächen für die Verkehrsanlagen zu Grunde zu legen. [4] § 128 Absatz 1 und 3 ist entsprechend anzuwenden.

(3) [1] Der Ausgleichsbetrag ist nach Abschluss der Sanierung (§§ 162 und 163) zu entrichten. [2] Die Gemeinde kann die Ablösung im Ganzen vor Abschluss der Sanierung zulassen; dabei kann zu Deckung von Kosten der Sanierungsmaßnahme auch ein höherer Betrag als der Ausgleichsbetrag vereinbart werden. [3] Die Gemeinde soll auf Antrag des Ausgleichsbetragspflichtigen den Ausgleichsbetrag vorzeitig festsetzen, wenn der Ausgleichsbetragspflichtige an der Festsetzung vor Abschluss der Sanierung ein berechtigtes Interesse hat und der Ausgleichsbetrag mit hinreichender Sicherheit ermittelt werden kann.

(4) [1] Die Gemeinde fordert den Ausgleichsbetrag durch Bescheid an; der Betrag wird einen Monat nach der Bekanntgabe des Bescheids fällig. [2] Vor der Festsetzung des Ausgleichsbetrags ist dem Ausgleichsbetragspflichtigen Gelegenheit zur Stellungnahme und Erörterung der für die Wertermittlung seines Grundstücks maßgeblichen Verhältnisse sowie der nach § 155 Absatz 1 anrechenbaren Beträge innerhalb angemessener Frist zu geben. [3] Der Ausgleichsbetrag ruht nicht als öffentliche Last auf dem Grundstück.

(5) [1] Die Gemeinde hat den Ausgleichsbetrag auf Antrag des Eigentümers in ein Tilgungsdarlehen umzuwandeln, sofern diesem nicht zugemutet werden kann, die Verpflichtung bei Fälligkeit mit eigenen oder fremden Mitteln zu erfüllen. [2] Die Darlehensschuld ist mit höchstens 6 vom Hundert jährlich zu verzinsen und mit 5 vom Hundert zuzüglich der ersparten Zinsen jährlich zu tilgen. [3] Der Tilgungssatz kann im Einzelfall bis auf 1 vom Hundert herabgesetzt werden und das Darlehen niedrig verzinslich oder zinsfrei gestellt werden, wenn dies im öffentlichen Interesse oder zur Vermeidung unbilliger Härten oder zur Vermeidung einer von dem Ausgleichsbetragspflichtigen nicht zu vertretenden Unwirtschaftlichkeit der Grundstücksnutzung geboten ist. [4] Die Gemeinde soll den zur Finanzierung der Neubebauung, Modernisierung oder Instandsetzung erforderlichen Grundpfandrechten den Vorrang

vor einem zur Sicherung ihres Tilgungsdarlehens bestellten Grundpfandrecht einräumen.

(6) Die Gemeinde kann von den Eigentümern auf den nach den Absätzen 1 bis 4 zu entrichtenden Ausgleichsbetrag Vorauszahlungen verlangen, sobald auf dem Grundstück eine den Zielen und Zwecken der Sanierung entsprechende Bebauung oder sonstige Nutzung zulässig ist; die Absätze 1 bis 5 sind sinngemäß anzuwenden.

§ 155 Anrechnung auf den Ausgleichsbetrag, Absehen. (1) Auf den Ausgleichsbetrag sind anzurechnen

1. die durch die Sanierung entstandenen Vorteile oder Bodenwerterhöhungen des Grundstücks, die bereits in einem anderen Verfahren, insbesondere in einem Enteignungsverfahren berücksichtigt worden sind; für Umlegungsverfahren bleibt Absatz 2 unberührt,

2. die Bodenwerterhöhungen des Grundstücks, die der Eigentümer zulässigerweise durch eigene Aufwendungen bewirkt hat; soweit der Eigentümer gemäß § 146 Absatz 3 Ordnungsmaßnahmen durchgeführt oder Gemeinbedarfs- und Folgeeinrichtungen im Sinne des § 148 Absatz 2 Satz 1 Nummer 3 errichtet oder geändert hat, sind jedoch die ihm entstandenen Kosten anzurechnen,

3. die Bodenwerterhöhungen des Grundstücks, die der Eigentümer beim Erwerb des Grundstücks als Teil des Kaufpreises in einem den Vorschriften der Nummern 1 und 2 sowie des § 154 entsprechenden Betrag zulässigerweise bereits entrichtet hat.

(2) Ein Ausgleichsbetrag entfällt, wenn eine Umlegung nach Maßgabe des § 153 Absatz 5 durchgeführt worden ist.

(3) [1] Die Gemeinde kann für das förmlich festgelegte Sanierungsgebiet oder für zu bezeichnende Teile des Sanierungsgebiets von der Festsetzung des Ausgleichsbetrags absehen, wenn

1. eine geringfügige Bodenwerterhöhung gutachtlich ermittelt worden ist und

2. der Verwaltungsaufwand für die Erhebung des Ausgleichsbetrags in keinem Verhältnis zu den möglichen Einnahmen steht.

[2] Die Entscheidung nach Satz 1 kann auch getroffen werden, bevor die Sanierung abgeschlossen ist.

(4) [1] Die Gemeinde kann im Einzelfall von der Erhebung des Ausgleichsbetrags ganz oder teilweise absehen, wenn dies im öffentlichen Interesse oder zur Vermeidung unbilliger Härten geboten ist. [2] Die Freistellung kann auch vor Abschluss der Sanierung erfolgen.

(5) Im Übrigen sind die landesrechtlichen Vorschriften über kommunale Beiträge einschließlich der Bestimmungen über die Stundung und den Erlass entsprechend anzuwenden.

(6) Sind dem Eigentümer Kosten der Ordnungsmaßnahmen oder Kosten für die Errichtung oder Änderung von Gemeinbedarfs- und Folgeeinrichtungen im Sinne des § 148 Absatz 2 Satz 1 Nummer 3 entstanden, hat die *Gemeinde* sie ihm zu erstatten, soweit sie über den nach § 154 und Absatz 1 ermittelten Ausgleichsbetrag hinausgehen und die Erstattung nicht vertraglich ausgeschlossen wurde.

§ 156 Überleitungsvorschriften zur förmlichen Festlegung. (1) [1] Beitragspflichten für Erschließungsanlagen im Sinne des § 127 Absatz 2, die vor der förmlichen Festlegung entstanden sind, bleiben unberührt. [2] Entsprechendes gilt für Kostenerstattungsbeträge im Sinne des § 135a Absatz 3.

(2) Hat die Umlegungsstelle vor der förmlichen Festlegung des Sanierungsgebiets in einem Umlegungsverfahren, das sich auf Grundstücke im Gebiet bezieht, den Umlegungsplan nach § 66 Absatz 1 aufgestellt oder ist eine Vorwegentscheidung nach § 76 getroffen worden, bleibt es dabei.

(3) Hat die Enteignungsbehörde vor der förmlichen Festlegung des Sanierungsgebiets den Enteignungsbeschluss nach § 113 für ein in dem Gebiet gelegenes Grundstück erlassen oder ist eine Einigung nach § 110 beurkundet worden, sind die Vorschriften des Ersten Kapitels weiter anzuwenden.

§ 156a Kosten und Finanzierung der Sanierungsmaßnahme.

(1) [1] Ergibt sich nach der Durchführung der städtebaulichen Sanierungsmaßnahme und der Übertragung eines Treuhandvermögens des Sanierungsträgers auf die Gemeinde bei ihr ein Überschuss der bei der Vorbereitung und Durchführung der städtebaulichen Sanierungsmaßnahme erzielten Einnahmen über die hierfür getätigten Ausgaben, so ist dieser Überschuss auf die Eigentümer der im Sanierungsgebiet gelegenen Grundstücke zu verteilen. [2] Maßgebend sind die Eigentumsverhältnisse bei der Bekanntmachung des Beschlusses über die förmliche Festlegung des Sanierungsgebiets. [3] Ist nach diesem Zeitpunkt das Eigentum gegen Entgelt übertragen worden, so steht der auf das Grundstück entfallende Anteil dem früheren Eigentümer und dem Eigentümer, der zu einem Ausgleichsbetrag nach § 154 herangezogen worden ist, je zur Hälfte zu.

(2) Die auf die einzelnen Grundstücke entfallenden Anteile des Überschusses sind nach dem Verhältnis der Anfangswerte der Grundstücke im Sinne des § 154 Absatz 2 zu bestimmen.

(3) [1] Die Gemeinde hat bei der Errechnung des Überschusses Zuschüsse abzuziehen, die ihr oder Eigentümern aus Mitteln eines anderen öffentlichen Haushalts zur Deckung von Kosten der Vorbereitung oder Durchführung der Sanierungsmaßnahme gewährt worden sind. [2] Im Übrigen bestimmt sich das Verfahren zur Verteilung des Überschusses nach landesrechtlichen Regelungen.

Vierter Abschnitt. Sanierungsträger und andere Beauftragte

§ 157 Erfüllung von Aufgaben für die Gemeinde. (1) [1] Die Gemeinde kann sich zur Erfüllung von Aufgaben, die ihr bei der Vorbereitung oder Durchführung der Sanierung obliegen, eines geeigneten Beauftragten bedienen. [2] Sie darf jedoch die Aufgabe,

1. städtebauliche Sanierungsmaßnahmen durchzuführen, die der Gemeinde nach den §§ 146 bis 148 obliegen,
2. Grundstücke oder Rechte an ihnen zur Vorbereitung oder Durchführung der Sanierung im Auftrag der Gemeinde zu erwerben,
3. der Sanierung dienende Mittel zu bewirtschaften,

nur einem Unternehmen (Sanierungsträger) übertragen, das die Voraussetzungen für die Übernahme der Aufgaben als Sanierungsträger nach § 158 erfüllt.

(2) Die Gemeinde soll die Ausarbeitung der Bauleitpläne und die Aufgaben eines für eigene Rechnung tätigen Sanierungsträgers nicht demselben Unternehmen oder einem rechtlich oder wirtschaftlich von ihm abhängigen Unternehmen übertragen.

§ 158 Voraussetzungen für die Beauftragung als Sanierungsträger. Dem Unternehmen können die Aufgaben als Sanierungsträger nur übertragen werden, wenn

1. das Unternehmen nicht selbst als Bauunternehmen tätig oder von einem Bauunternehmen abhängig ist,

2. das Unternehmen nach seiner Geschäftstätigkeit und seinen wirtschaftlichen Verhältnissen geeignet und in der Lage ist, die Aufgaben eines Sanierungsträgers ordnungsgemäß zu erfüllen,

3. das Unternehmen, sofern es nicht bereits kraft Gesetzes einer jährlichen Prüfung seiner Geschäftstätigkeit und seiner wirtschaftlichen Verhältnisse unterliegt, sich einer derartigen Prüfung unterworfen hat oder unterwirft,

4. die zur Vertretung berufenen Personen sowie die leitenden Angestellten die erforderliche geschäftliche Zuverlässigkeit besitzen.

§ 159 Erfüllung der Aufgaben als Sanierungsträger. (1) [1]Der Sanierungsträger erfüllt die ihm von der Gemeinde übertragenen Aufgaben nach § 157 Absatz 1 Satz 2 Nummer 1 oder 2 im eigenen Namen für Rechnung der Gemeinde als deren Treuhänder oder im eigenen Namen für eigene Rechnung. [2]Die ihm von der Gemeinde übertragene Aufgabe nach § 157 Absatz 1 Satz 2 Nummer 3 erfüllt er im eigenen Namen für Rechnung der Gemeinde als deren Treuhänder. [3]Der Sanierungsträger hat der Gemeinde auf Verlangen Auskunft zu erteilen.

(2) [1]Die Gemeinde und der Sanierungsträger legen mindestens die Aufgaben, die Rechtsstellung, in der sie der Sanierungsträger zu erfüllen hat, eine von der Gemeinde hierfür zu entrichtende angemessene Vergütung und die Befugnis der Gemeinde zur Erteilung von Weisungen durch schriftlichen Vertrag fest. [2]Der Vertrag bedarf nicht der Form des § 311b Absatz 1 des Bürgerlichen Gesetzbuchs[1]). [3]Er kann von jeder Seite nur aus wichtigem Grund gekündigt werden.

(3) [1]Der Sanierungsträger ist verpflichtet, die Grundstücke, die er nach Übertragung der Aufgabe zur Vorbereitung oder Durchführung der Sanierung erworben hat, nach Maßgabe des § 89 Absatz 3 und 4 und unter Beachtung der Weisungen der Gemeinde zu veräußern. [2]Er hat die Grundstücke, die er nicht veräußert hat, der Gemeinde anzugeben und auf ihr Verlangen an Dritte oder an sie zu veräußern.

(4) [1]Ist in dem von dem Erwerber an den Sanierungsträger entrichteten Kaufpreis ein Betrag enthalten, der nach den §§ 154 und 155 vom Eigentümer zu tragen wäre, hat der Sanierungsträger diesen Betrag an die Gemeinde

[1]) Schönfelder Nr. 20.

abzuführen oder mit ihr zu verrechnen. [2] In den Fällen des § 153 Absatz 4 Satz 2 hat der Sanierungsträger Ansprüche aus dem Darlehen auf Verlangen entweder an die Gemeinde abzutreten und empfangene Zinsen und Tilgungen an sie abzuführen oder sie mit ihr zu verrechnen.

(5) Der Sanierungsträger hat für die Grundstücke, deren Eigentümer er bleibt, an die Gemeinde Ausgleichsbeträge nach Maßgabe der §§ 154 und 155 zu entrichten.

(6) [1] Kündigt die Gemeinde im Falle der Eröffnung des Insolvenzverfahrens über das Vermögen des für eigene Rechnung tätigen Sanierungsträgers den mit diesem geschlossenen Vertrag, kann sie vom Insolvenzverwalter verlangen, ihr die im förmlich festgelegten Sanierungsgebiet gelegenen Grundstücke, die der Sanierungsträger nach Übertragung der Aufgaben zur Vorbereitung oder Durchführung der Sanierung erworben hat, gegen Erstattung der vom Sanierungsträger erbrachten Aufwendungen zu übereignen. [2] Der Insolvenzverwalter ist verpflichtet, der Gemeinde ein Verzeichnis dieser Grundstücke zu übergeben. [3] Die Gemeinde kann ihren Anspruch nur binnen sechs Monaten nach Übergabe des Grundstücksverzeichnisses geltend machen. [4] Im Übrigen haftet die Gemeinde den Gläubigern von Verbindlichkeiten aus der Durchführung der Ordnungsmaßnahmen wie ein Bürge, soweit sie aus dem Vermögen des Sanierungsträgers im Insolvenzverfahren keine vollständige Befriedigung erlangt haben.

§ 160 Treuhandvermögen. (1) [1] Ist dem Sanierungsträger eine Aufgabe als Treuhänder der Gemeinde übertragen, erfüllt er sie mit einem Treuhandvermögen in eigenem Namen für Rechnung der Gemeinde. [2] Der Sanierungsträger erhält von der Gemeinde für den Rechtsverkehr eine Bescheinigung über die Übertragung der Aufgabe als Treuhänder. [3] Er soll bei Erfüllung der Aufgabe seinem Namen einen das Treuhandverhältnis kennzeichnenden Zusatz hinzufügen.

(2) Der als Treuhänder tätige Sanierungsträger hat das in Erfüllung der Aufgabe gebildete Treuhandvermögen getrennt von anderem Vermögen zu verwalten.

(3) [1] Zum Treuhandvermögen gehören die Mittel, die die Gemeinde dem Sanierungsträger zur Erfüllung der Aufgabe zur Verfügung stellt. [2] Zum Treuhandvermögen gehört auch, was der Sanierungsträger mit Mitteln des Treuhandvermögens oder durch ein Rechtsgeschäft, das sich auf das Treuhandvermögen bezieht, oder auf Grund eines zum Treuhandvermögen gehörenden Rechts oder als Ersatz für die Zerstörung, Beschädigung oder Entziehung eines zum Treuhandvermögen gehörenden Gegenstands erwirbt.

(4) [1] Die Gemeinde gewährleistet die Erfüllung der Verbindlichkeiten, für die der Sanierungsträger mit dem Treuhandvermögen haftet. [2] Mittel, die der Sanierungsträger *darlehensweise* von einem Dritten erhält, gehören nur dann *zum* Treuhandvermögen, wenn die Gemeinde der Darlehensaufnahme schriftlich zugestimmt hat. [3] Das Gleiche gilt für eigene Mittel, die der Sanierungsträger einbringt.

(5) [1] Grundstücke im förmlich festgelegten Sanierungsgebiet, die der Sanierungsträger vor oder nach Übertragung der Aufgabe mit Mitteln, die nicht zum Treuhandvermögen gehören, oder unter Hergabe von eigenem Austauschland erworben hat, hat er auf Verlangen der Gemeinde gegen Ersatz

seiner Aufwendungen in das Treuhandvermögen zu überführen. [2] Dabei sind als Grundstückswerte die Werte zu berücksichtigen, die sich in Anwendung des § 153 Absatz 1 ergeben.

(6) [1] Der als Treuhänder tätige Sanierungsträger hat der Gemeinde nach Beendigung seiner Tätigkeit Rechenschaft abzulegen. [2] Er hat nach Beendigung seiner Tätigkeit das Treuhandvermögen einschließlich der Grundstücke, die er nicht veräußert hat, auf die Gemeinde zu übertragen. [3] Von der Übertragung an haftet die Gemeinde anstelle des Sanierungsträgers für die noch bestehenden Verbindlichkeiten, für die dieser mit dem Treuhandvermögen gehaftet hat.

(7) [1] Der Sanierungsträger darf vor der Übertragung nach Absatz 6 die Grundstücke des Treuhandvermögens, die er unter Hergabe von entsprechendem nicht zum Treuhandvermögen gehörendem eigenem Austauschland oder mindestens zwei Jahre, bevor ihm die Gemeinde einen mit der Sanierung zusammenhängenden Auftrag erteilt hat, erworben und in das Treuhandvermögen überführt hat, in sein eigenes Vermögen zurücküberführen. [2] Sind die von ihm in das Treuhandvermögen überführten Grundstücke veräußert oder im Rahmen der Ordnungsmaßnahmen zur Bildung neuer Grundstücke verwendet oder sind ihre Grenzen verändert worden, kann der Sanierungsträger andere Grundstücke, die wertmäßig seinen in das Treuhandvermögen überführten Grundstücken entsprechen, in sein eigenes Vermögen zurücküberführen; er bedarf hierzu der Genehmigung der Gemeinde. [3] Er hat dem Treuhandvermögen den Verkehrswert der Grundstücke zu erstatten, der sich durch die rechtliche und tatsächliche Neuordnung des förmlich festgelegten Sanierungsgebiets ergibt.

§ 161 Sicherung des Treuhandvermögens. (1) Der Sanierungsträger haftet Dritten mit dem Treuhandvermögen nicht für Verbindlichkeiten, die sich nicht auf das Treuhandvermögen beziehen.

(2) Wird in das Treuhandvermögen wegen einer Verbindlichkeit, für die der Sanierungsträger nicht mit dem Treuhandvermögen haftet, die Zwangsvollstreckung betrieben, kann die Gemeinde auf Grund des Treuhandverhältnisses gegen die Zwangsvollstreckung nach Maßgabe des § 771 der Zivilprozessordnung[1] Widerspruch, der Sanierungsträger unter entsprechender Anwendung des § 767 Absatz 1 der Zivilprozessordnung Einwendungen geltend machen.

(3) [1] Im Falle der Eröffnung des Insolvenzverfahrens über das Vermögen des Sanierungsträgers gehört das Treuhandvermögen nicht zur Insolvenzmasse. [2] Kündigt die Gemeinde das Treuhandverhältnis, so hat der Insolvenzverwalter das Treuhandvermögen auf die Gemeinde zu übertragen und bis zur Übertragung zu verwalten. [3] Von der Übertragung an haftet die Gemeinde anstelle des Sanierungsträgers für die Verbindlichkeiten, für die dieser mit dem Treuhandvermögen gehaftet hat. [4] Die mit der Eröffnung des Insolvenzverfahrens verbundenen Rechtsfolgen treten hinsichtlich der Verbindlichkeiten nicht ein. [5] § 418 des Bürgerlichen Gesetzbuchs[2] ist nicht anzuwenden.

[1] **Schönfelder Nr. 100.**
[2] **Schönfelder Nr. 20.**

Fünfter Abschnitt. Abschluss der Sanierung

162 Aufhebung der Sanierungssatzung. (1) [1]Die Sanierungssatzung ...aufzuheben, wenn

1. die Sanierung durchgeführt ist oder
2. die Sanierung sich als undurchführbar erweist oder
3. die Sanierungsabsicht aus anderen Gründen aufgegeben wird oder
4. die nach § 142 Absatz 3 Satz 3 oder 4 für die Durchführung der Sanierung festgelegte Frist abgelaufen ist.

[2]Sind diese Voraussetzungen nur für einen Teil des förmlich festgelegten Sanierungsgebiets gegeben, ist die Satzung für diesen Teil aufzuheben.

(2) [1]Der Beschluss der Gemeinde, durch den die förmliche Festlegung des Sanierungsgebiets ganz oder teilweise aufgehoben wird, ergeht als Satzung. [2]Die Satzung ist ortsüblich bekannt zu machen. [3]Die Gemeinde kann auch ortsüblich bekannt machen, dass eine Satzung zur Aufhebung der förmlichen Festlegung des Sanierungsgebiets beschlossen worden ist; § 10 Absatz 3 Satz 2 bis 5 ist entsprechend anzuwenden. [4]Mit der Bekanntmachung wird die Satzung rechtsverbindlich.

(3) Die Gemeinde ersucht das Grundbuchamt, die Sanierungsvermerke zu löschen.

§ 163 Fortfall von Rechtswirkungen für einzelne Grundstücke.

(1) [1]Die Gemeinde kann die Sanierung für ein Grundstück als abgeschlossen erklären, wenn entsprechend den Zielen und Zwecken der Sanierung

1. das Grundstück bebaut ist oder in sonstiger Weise genutzt wird oder
2. das Gebäude modernisiert oder instand gesetzt ist.

[2]Auf Antrag des Eigentümers hat die Gemeinde die Sanierung für das Grundstück als abgeschlossen zu erklären.

(2) [1]Die Gemeinde kann bereits vor dem in Absatz 1 bezeichneten Zeitpunkt die Durchführung der Sanierung für einzelne Grundstücke durch Bescheid an die Eigentümer für abgeschlossen erklären, wenn die den Zielen und Zwecken der Sanierung entsprechende Bebauung oder sonstige Nutzung oder die Modernisierung oder Instandsetzung auch ohne Gefährdung der Ziele und Zwecke der Sanierung zu einem späteren Zeitpunkt möglich ist. [2]Ein Rechtsanspruch auf Abgabe der Erklärung besteht in diesem Falle nicht.

(3) [1]Mit der Erklärung entfällt die Anwendung der §§ 144, 145 und 153 für dieses Grundstück. [2]Die Gemeinde ersucht das Grundbuchamt, den Sanierungsvermerk zu löschen.

§ 164 Anspruch auf Rückübertragung. (1) Wird die Sanierungssatzung aus den in § 162 Absatz 1 Satz 1 Nummer 2 oder 3 bezeichneten Gründen aufgehoben oder ist im Falle der Aufhebung nach § 162 Absatz 1 Satz 1 Nummer 4 die Sanierung nicht durchgeführt worden, hat der frühere Eigentümer eines Grundstücks einen Anspruch gegenüber dem jeweiligen Eigentümer auf Rückübertragung dieses Grundstücks, wenn es die Gemeinde oder der Sanierungsträger von ihm nach der förmlichen Festlegung des Sanierungsgebiets zur Durchführung der Sanierung freihändig oder nach den Vorschriften dieses Gesetzbuchs ohne Hergabe von entsprechendem Austausch-

land, Ersatzland oder Begründung von Rechten der in § 101 Absatz 1 Satz Nummer 1 bezeichneten Art erworben hatte.

(2) Der Anspruch besteht nicht, wenn

1. das Grundstück als Baugrundstück für den Gemeinbedarf oder als Verkehrs-, Versorgungs- oder Grünfläche in einem Bebauungsplan festgesetzt ist oder für sonstige öffentliche Zwecke benötigt wird oder

2. der frühere Eigentümer selbst das Grundstück im Wege der Enteignung erworben hatte oder

3. der Eigentümer mit der zweckgerechten Verwendung des Grundstücks begonnen hat oder

4. das Grundstück auf Grund des § 89 oder des § 159 Absatz 3 an einen Dritten veräußert wurde oder

5. die Grundstücksgrenzen erheblich verändert worden sind.

(3) Die Rückübertragung kann nur binnen zwei Jahren seit der Aufhebung der Sanierungssatzung verlangt werden.

(4) Der frühere Eigentümer hat als Kaufpreis den Verkehrswert zu zahlen, den das Grundstück im Zeitpunkt der Rückübertragung hat.

(5) [1] Ein Anspruch auf Rückenteignung nach § 102 bleibt unberührt. [2] Die dem Eigentümer zu gewährende Entschädigung nach § 103 bemisst sich nach dem Verkehrswert des Grundstücks, der sich auf Grund des rechtlichen und tatsächlichen Zustands im Zeitpunkt der Aufhebung der förmlichen Festlegung ergibt.

Sechster Abschnitt. Städtebauförderung

§ 164a Einsatz von Städtebauförderungsmitteln. (1) [1] Zur Deckung der Kosten der einheitlichen Vorbereitung und zügigen Durchführung der städtebaulichen Sanierungsmaßnahme als Einheit (Gesamtmaßnahme) werden Finanzierungs- und Förderungsmittel (Städtebauförderungsmittel) eingesetzt. [2] Für Maßnahmen im Zusammenhang mit der Sanierung, deren Finanzierung oder Förderung auf anderer gesetzlicher Grundlage beruht, sollen die in den jeweiligen Haushaltsgesetzen zur Verfügung gestellten Finanzierungs- oder Förderungsmittel so eingesetzt werden, dass die Maßnahmen im Rahmen der Sanierung durchgeführt werden können.

(2) Städtebauförderungsmittel können eingesetzt werden für

1. die Vorbereitung von Sanierungsmaßnahmen (§ 140),

2. die Durchführung von Ordnungsmaßnahmen nach § 147 einschließlich Entschädigungen, soweit durch sie kein bleibender Gegenwert erlangt wird; zu den Kosten der Ordnungsmaßnahmen gehören nicht die persönlichen oder sachlichen Kosten der Gemeindeverwaltung,

3. die Durchführung von Baumaßnahmen nach § 148,

4. die Gewährung einer angemessenen Vergütung von nach Maßgabe dieses Gesetzes beauftragten Dritten,

5. die Verwirklichung des Sozialplans nach § 180 sowie die Gewährung eines Härteausgleichs nach § 181.

(3) [1] Städtebauförderungsmittel können für Modernisierungs- und Instandsetzungsmaßnahmen im Sinne des § 177 eingesetzt werden. [2] Soweit nichts

anderes vereinbart ist, gilt dies auch für entsprechende Maßnahmen, zu deren Durchführung sich der Eigentümer gegenüber der Gemeinde vertraglich verpflichtet hat, sowie für darüber hinausgehende Maßnahmen, die der Erhaltung, Erneuerung und funktionsgerechten Verwendung eines Gebäudes dienen, das wegen seiner geschichtlichen, künstlerischen oder städtebaulichen Bedeutung erhalten bleiben soll.

§ 164b Verwaltungsvereinbarung. (1) [1] Der Bund kann zur Förderung städtebaulicher Sanierungsmaßnahmen nach Artikel 104b des Grundgesetzes[1] den Ländern nach Maßgabe des jeweiligen Haushaltsgesetzes Finanzhilfen für Investitionen der Gemeinden und Gemeindeverbände nach einem in gleicher Weise geltenden, allgemeinen und sachgerechten Maßstab gewähren. [2] Das Nähere für den Einsatz der Finanzhilfen werden durch Verwaltungsvereinbarung zwischen Bund und Ländern festgelegt.

(2) Schwerpunkt für den Einsatz solcher Finanzhilfen sind

1. die Stärkung von Innenstädten und Ortsteilzentren in ihrer städtebaulichen Funktion unter besonderer Berücksichtigung des Wohnungsbaus sowie der Belange des Denkmalschutzes und der Denkmalpflege,

2. die Wiedernutzung von Flächen, insbesondere der in Innenstädten brachliegenden Industrie-, Konversions- oder Eisenbahnflächen, zur Errichtung von Wohn- und Arbeitsstätten, Gemeinbedarfs- und Folgeeinrichtungen unter Berücksichtigung ihrer funktional sinnvollen Zuordnung (Nutzungsmischung) sowie von umweltschonenden, kosten- und flächensparenden Bauweisen,

3. städtebauliche Maßnahmen zur Behebung sozialer Missstände.

Zweiter Teil. Städtebauliche Entwicklungsmaßnahmen

§ 165 Städtebauliche Entwicklungsmaßnahmen. (1) Städtebauliche Entwicklungsmaßnahmen in Stadt und Land, deren einheitliche Vorbereitung und zügige Durchführung im öffentlichen Interesse liegen, werden nach den Vorschriften dieses Teils vorbereitet und durchgeführt.

(2) Mit städtebaulichen Entwicklungsmaßnahmen nach Absatz 1 sollen Ortsteile und andere Teile des Gemeindegebiets entsprechend ihrer besonderen Bedeutung für die städtebauliche Entwicklung und Ordnung der Gemeinde oder entsprechend der angestrebten Entwicklung des Landesgebiets oder der Region erstmalig entwickelt oder im Rahmen einer städtebaulichen Neuordnung einer neuen Entwicklung zugeführt werden.

(3) [1] Die Gemeinde kann einen Bereich, in dem eine städtebauliche Entwicklungsmaßnahme durchgeführt werden soll, durch Beschluss förmlich als städtebaulichen Entwicklungsbereich festlegen, wenn

1. die Maßnahme den Zielen und Zwecken nach Absatz 2 entspricht,

2. das Wohl der Allgemeinheit die Durchführung der städtebaulichen Entwicklungsmaßnahme erfordert, insbesondere zur Deckung eines erhöhten Bedarfs an Wohn- und Arbeitsstätten, zur Errichtung von Gemeinbedarfs- und Folgeeinrichtungen oder zur Wiedernutzung brachliegender Flächen,

[1] Nr. 1.

3. die mit der städtebaulichen Entwicklungsmaßnahme angestrebten Ziele und Zwecke durch städtebauliche Verträge nicht erreicht werden können oder Eigentümer der von der Maßnahme betroffenen Grundstücke unter entsprechender Berücksichtigung des § 166 Absatz 3 nicht bereit sind, ihre Grundstücke an die Gemeinde oder den von ihr beauftragten Entwicklungsträger zu dem Wert zu veräußern, der sich in Anwendung des § 169 Absatz 1 Nummer 6 und Absatz 4 ergibt,

4. die zügige Durchführung der Maßnahme innerhalb eines absehbaren Zeitraums gewährleistet ist.

²Die öffentlichen und privaten Belange sind gegeneinander und untereinander gerecht abzuwägen.

(4) ¹Die Gemeinde hat vor der förmlichen Festlegung des städtebaulichen Entwicklungsbereichs die vorbereitenden Untersuchungen durchzuführen oder zu veranlassen, die erforderlich sind, um Beurteilungsunterlagen über die Festlegungsvoraussetzungen nach Absatz 3 zu gewinnen. ²Die §§ 137 bis 141 sind entsprechend anzuwenden.

(5) ¹Der städtebauliche Entwicklungsbereich ist so zu begrenzen, dass sich die Entwicklung zweckmäßig durchführen lässt. ²Einzelne Grundstücke, die von der Entwicklung nicht betroffen werden, können aus dem Bereich ganz oder teilweise ausgenommen werden. ³Grundstücke, die den in § 26 Nummer 2 und § 35 Absatz 1 Nummer 7 bezeichneten Zwecken dienen, die in § 26 Nummer 3 bezeichneten Grundstücke sowie Grundstücke, für die nach § 1 Absatz 2 des Landbeschaffungsgesetzes¹⁾ ein Anhörungsverfahren eingeleitet worden ist, und bundeseigene Grundstücke, bei denen die Absicht, sie für Zwecke der Landesverteidigung zu verwenden, der Gemeinde bekannt ist, dürfen nur mit Zustimmung des Bedarfsträgers in den städtebaulichen Entwicklungsbereich einbezogen werden. ⁴Der Bedarfsträger soll seine Zustimmung erteilen, wenn auch bei Berücksichtigung seiner Aufgaben ein überwiegendes öffentliches Interesse an der Durchführung der städtebaulichen Entwicklungsmaßnahme besteht.

(6) ¹Die Gemeinde beschließt die förmliche Festlegung des städtebaulichen Entwicklungsbereichs als Satzung (Entwicklungssatzung). ²In der Entwicklungssatzung ist der städtebauliche Entwicklungsbereich zu bezeichnen.

(7) ¹Der Entwicklungssatzung ist eine Begründung beizufügen. ²In der Begründung sind die Gründe darzulegen, die die förmliche Festlegung des entwicklungsbedürftigen Bereichs rechtfertigen.

(8) ¹Der Beschluss der Entwicklungssatzung ist ortsüblich bekannt zu machen. ²§ 10 Absatz 3 Satz 2 bis 5 ist entsprechend anzuwenden. ³In der Bekanntmachung nach Satz 1 ist auf die Genehmigungspflicht nach den §§ 144, 145 und 153 Absatz 2 hinzuweisen. ⁴Mit der Bekanntmachung wird die Entwicklungssatzung rechtsverbindlich.

(9) ¹Die Gemeinde teilt dem Grundbuchamt die rechtsverbindliche Entwicklungssatzung mit. ²Sie hat hierbei die von der Entwicklungssatzung betroffenen Grundstücke einzeln aufzuführen. ³Das Grundbuchamt hat in die Grundbücher dieser Grundstücke einzutragen, dass eine städtebauliche Ent-

¹⁾ **Wehrrecht Nr. 1405.**

wicklungsmaßnahme durchgeführt wird (Entwicklungsvermerk). [4] § 54 Absatz 2 Satz 1 und Absatz 3 ist entsprechend anzuwenden.

§ 166 Zuständigkeit und Aufgaben. (1) [1] Die Entwicklungsmaßnahme wird von der Gemeinde vorbereitet und durchgeführt, sofern nicht nach Absatz 4 eine abweichende Regelung getroffen wird. [2] Die Gemeinde hat für den städtebaulichen Entwicklungsbereich ohne Verzug Bebauungspläne aufzustellen und, soweit eine Aufgabe nicht nach sonstigen gesetzlichen Vorschriften einem anderen obliegt, alle erforderlichen Maßnahmen zu ergreifen, um die vorgesehene Entwicklung im städtebaulichen Entwicklungsbereich zu verwirklichen.

(2) Die Gemeinde hat die Voraussetzungen dafür zu schaffen, dass ein funktionsfähiger Bereich entsprechend der beabsichtigten städtebaulichen Entwicklung und Ordnung entsteht, der nach seinem wirtschaftlichen Gefüge und der Zusammensetzung seiner Bevölkerung den Zielen und Zwecken der städtebaulichen Entwicklungsmaßnahme entspricht und in dem eine ordnungsgemäße und zweckentsprechende Versorgung der Bevölkerung mit Gütern und Dienstleistungen sichergestellt ist.

(3) [1] Die Gemeinde soll die Grundstücke im städtebaulichen Entwicklungsbereich erwerben. [2] Dabei soll sie feststellen, ob und in welcher Rechtsform die bisherigen Eigentümer einen späteren Erwerb von Grundstücken oder Rechten im Rahmen des § 169 Absatz 6 anstreben. [3] Die Gemeinde soll von dem Erwerb eines Grundstücks absehen, wenn

1. bei einem baulich genutzten Grundstück die Art und das Maß der baulichen Nutzung bei der Durchführung der Entwicklungsmaßnahme nicht geändert werden sollen oder

2. der Eigentümer eines Grundstücks, dessen Verwendung nach den Zielen und Zwecken der städtebaulichen Entwicklungsmaßnahme bestimmt oder mit ausreichender Sicherheit bestimmbar ist, in der Lage ist, das Grundstück binnen angemessener Frist dementsprechend zu nutzen, und er sich hierzu verpflichtet.

[4] Erwirbt die Gemeinde ein Grundstück nicht, ist der Eigentümer verpflichtet, einen Ausgleichsbetrag an die Gemeinde zu entrichten, der der durch die Entwicklungsmaßnahme bedingten Erhöhung des Bodenwerts seines Grundstücks entspricht.

(4) Die Vorbereitung und Durchführung der Entwicklungsmaßnahme kann einem Planungsverband nach § 205 Absatz 4 übertragen werden.

§ 167 Erfüllung von Aufgaben für die Gemeinde; Entwicklungsträger. (1) [1] Die Gemeinde kann sich zur Erfüllung von Aufgaben, die ihr bei der Vorbereitung oder *Durchführung* der städtebaulichen Entwicklungsmaßnahme *obliegen,* eines geeigneten Beauftragten, insbesondere eines Entwicklungsträgers, bedienen. [2] § 157 Absatz 1 Satz 2 und § 158 sind entsprechend anzuwenden.

(2) [1] Der Entwicklungsträger erfüllt die ihm von der Gemeinde übertragenen Aufgaben in eigenem Namen für Rechnung der Gemeinde als deren Treuhänder. [2] § 159 Absatz 1 Satz 3 und Absatz 2 sowie die §§ 160 und 161 sind entsprechend anzuwenden.

(3) Der Entwicklungsträger ist verpflichtet, die Grundstücke des Treuhandvermögens nach Maßgabe des § 169 Absatz 5 bis 8 zu veräußern; er ist dabei an Weisungen der Gemeinde gebunden.

§ 168 Übernahmeverlangen. [1] Der Eigentümer eines im städtebaulichen Entwicklungsbereich gelegenen Grundstücks kann von der Gemeinde die Übernahme des Grundstücks verlangen, wenn es ihm mit Rücksicht auf die Erklärung zum städtebaulichen Entwicklungsbereich oder den Stand der Entwicklungsmaßnahme wirtschaftlich nicht mehr zuzumuten ist, das Grundstück zu behalten oder in der bisherigen oder einer anderen zulässigen Art zu nutzen. [2] Die Vorschrift des § 145 Absatz 5 Satz 2 bis 5 ist entsprechend anzuwenden.

§ 169 Besondere Vorschriften für den städtebaulichen Entwicklungsbereich. (1) Im städtebaulichen Entwicklungsbereich sind entsprechend anzuwenden

1. die §§ 137, 138 und 139 (Beteiligung und Mitwirkung der Betroffenen; Auskunftspflicht; Beteiligung und Mitwirkung öffentlicher Aufgabenträger),

2. § 142 Absatz 2 (Ersatz- und Ergänzungsgebiete),

3. die §§ 144 und 145 (Genehmigungspflichtige Vorhaben und Rechtsvorgänge; Genehmigung),

4. die §§ 146 bis 148 (Durchführung; Ordnungsmaßnahmen; Baumaßnahmen),

5. die §§ 150 und 151 (Ersatz für Änderungen von Einrichtungen, die der öffentlichen Versorgung dienen; Abgaben- und Auslagenbefreiung),

6. § 153 Absatz 1 bis 3 (Bemessung von Ausgleichs- und Entschädigungsleistungen; Kaufpreise),

7. die §§ 154 bis 156, ohne § 154 Absatz 2a (Ausgleichsbetrag des Eigentümers; Anrechnung auf den Ausgleichsbetrag, Absehen; Überleitungsvorschriften zur förmlichen Festlegung),

8. §§ 162 bis 164 (Abschluss der Maßnahme),

9. die §§ 164a und 164b (Einsatz von Städtebauförderungsmitteln; Verwaltungsvereinbarung),

10. § 191 (Vorschriften über den Verkehr mit land- und forstwirtschaftlichen Grundstücken).

(2) Die Vorschriften des Vierten Teils des Ersten Kapitels über die Bodenordnung sind im städtebaulichen Entwicklungsbereich nicht anzuwenden.

(3) [1] Die Enteignung ist im städtebaulichen Entwicklungsbereich ohne Bebauungsplan zugunsten der Gemeinde oder des Entwicklungsträgers zur Erfüllung ihrer Aufgaben zulässig. [2] Sie setzt voraus, dass der Antragsteller sich ernsthaft um den freihändigen Erwerb des Grundstücks zu angemessenen Bedingungen bemüht hat. [3] Die §§ 85, 87, 88 und 89 Absatz 1 bis 3 sind im städtebaulichen Entwicklungsbereich nicht anzuwenden.

(4) Auf land- oder forstwirtschaftlich genutzte Grundstücke ist § 153 Absatz 1 mit der Maßgabe entsprechend anzuwenden, dass in den Gebieten, in denen sich kein von dem innerlandwirtschaftlichen Verkehrswert abweichen-

der Verkehrswert gebildet hat, der Wert maßgebend ist, der in vergleichbaren Fällen im gewöhnlichen Geschäftsverkehr auf dem allgemeinen Grundstücksmarkt dort zu erzielen wäre, wo keine Entwicklungsmaßnahmen vorgesehen sind.

(5) Die Gemeinde ist verpflichtet, Grundstücke, die sie zur Durchführung der Entwicklungsmaßnahme freihändig oder nach den Vorschriften dieses Gesetzbuchs erworben hat, nach Maßgabe der Absätze 6 bis 8 zu veräußern mit Ausnahme der Flächen, die als Baugrundstücke für den Gemeinbedarf oder als Verkehrs-, Versorgungs- oder Grünflächen in einem Bebauungsplan festgesetzt sind oder für sonstige öffentliche Zwecke oder als Austauschland oder zur Entschädigung in Land benötigt werden.

(6) [1] Die Grundstücke sind nach ihrer Neuordnung und Erschließung unter Berücksichtigung weiter Kreise der Bevölkerung und unter Beachtung der Ziele und Zwecke der Entwicklungsmaßnahme an Bauwillige zu veräußern, die sich verpflichten, dass sie die Grundstücke innerhalb angemessener Frist entsprechend den Festsetzungen des Bebauungsplans und den Erfordernissen der Entwicklungsmaßnahme bebauen werden. [2] Dabei sind zunächst die früheren Eigentümer zu berücksichtigen. [3] Auf die Veräußerungspflicht ist § 89 Absatz 4 anzuwenden. [4] Zur land- oder forstwirtschaftlichen Nutzung festgesetzte Grundstücke sind Land- oder Forstwirten anzubieten, die zur Durchführung der Entwicklungsmaßnahme Grundstücke übereignet haben oder abgeben mussten.

(7) [1] Die Gemeinde hat bei der Veräußerung dafür zu sorgen, dass die Bauwilligen die Bebauung in wirtschaftlich sinnvoller Aufeinanderfolge derart durchführen, dass die Ziele und Zwecke der städtebaulichen Entwicklung erreicht werden und die Vorhaben sich in den Rahmen der Gesamtmaßnahme einordnen. [2] Sie hat weiter sicherzustellen, dass die neu geschaffenen baulichen Anlagen entsprechend den Zielen und Zwecken der städtebaulichen Entwicklungsmaßnahme dauerhaft genutzt werden.

(8) [1] Zur Finanzierung der Entwicklung ist das Grundstück oder das Recht zu dem Verkehrswert zu veräußern, der sich durch die rechtliche und tatsächliche Neuordnung des städtebaulichen Entwicklungsbereichs ergibt. [2] § 154 Absatz 5 ist auf den Teil des Kaufpreises entsprechend anzuwenden, der der durch die Entwicklung bedingten Werterhöhung des Grundstücks entspricht.

§ 170 Sonderregelung für Anpassungsgebiete. [1] Ergeben sich aus den Zielen und Zwecken der städtebaulichen Entwicklungsmaßnahme in einem im Zusammenhang bebauten Gebiet Maßnahmen zur Anpassung an die vorgesehene Entwicklung, kann die Gemeinde dieses Gebiet in der Entwicklungssatzung förmlich festlegen (Anpassungsgebiet). [2] Das Anpassungsgebiet ist in der *Entwicklungssatzung* zu bezeichnen. [3] Die förmliche Festlegung darf erst erfolgen, wenn entsprechend § 141 vorbereitende Untersuchungen durchgeführt worden sind. [4] In dem Anpassungsgebiet sind neben den für städtebauliche Entwicklungsmaßnahmen geltenden Vorschriften mit Ausnahme des § 166 Absatz 3 und des § 169 Absatz 2 bis 8 die Vorschriften über städtebauliche Sanierungsmaßnahmen entsprechend anzuwenden, mit Ausnahme der §§ 136, 142 und 143.

§ 171 Kosten und Finanzierung der Entwicklungsmaßnahme.
(1) [1] Einnahmen, die bei der Vorbereitung und Durchführung der Entwicklungsmaßnahme entstehen, sind zur Finanzierung der Entwicklungsmaßnahme zu verwenden. [2] Ergibt sich nach der Durchführung der städtebaulichen Entwicklungsmaßnahme und der Übertragung eines Treuhandvermögens des Entwicklungsträgers auf die Gemeinde bei ihr ein Überschuss der bei der Vorbereitung und Durchführung der städtebaulichen Entwicklungsmaßnahme erzielten Einnahmen über die hierfür getätigten Ausgaben, so ist dieser Überschuss in entsprechender Anwendung des § 156a zu verteilen.

(2) [1] Die Gemeinde hat entsprechend § 149 nach dem Stand der Planung eine Kosten- und Finanzierungsübersicht aufzustellen. [2] Zu berücksichtigen sind die Kosten, die nach den Zielen und Zwecken der Entwicklung erforderlich sind.

Dritter Teil. Stadtumbau

§ 171a Stadtumbaumaßnahmen. (1) Stadtumbaumaßnahmen in Stadt- und Ortsteilen, deren einheitliche und zügige Durchführung im öffentlichen Interesse liegen, können auch anstelle von oder ergänzend zu sonstigen Maßnahmen nach diesem Gesetzbuch nach den Vorschriften dieses Teils durchgeführt werden.

(2) [1] Stadtumbaumaßnahmen sind Maßnahmen, durch die in von erheblichen städtebaulichen Funktionsverlusten betroffenen Gebieten Anpassungen zur Herstellung nachhaltiger städtebaulicher Strukturen vorgenommen werden. [2] Erhebliche städtebauliche Funktionsverluste liegen insbesondere vor, wenn ein dauerhaftes Überangebot an baulichen Anlagen für bestimmte Nutzungen, namentlich für Wohnzwecke, besteht oder zu erwarten ist, oder wenn die allgemeinen Anforderungen an den Klimaschutz und die Klimaanpassung nicht erfüllt werden.

(3) [1] Stadtumbaumaßnahmen dienen dem Wohl der Allgemeinheit. [2] Sie sollen insbesondere dazu beitragen, dass

1. die Siedlungsstruktur den Erfordernissen der Entwicklung von Bevölkerung und Wirtschaft sowie den allgemeinen Anforderungen an den Klimaschutz und die Klimaanpassung angepasst wird,

2. die Wohn- und Arbeitsverhältnisse sowie die Umwelt verbessert werden,

3. innerstädtische Bereiche gestärkt werden,

4. nicht mehr bedarfsgerechte bauliche Anlagen einer neuen Nutzung zugeführt werden,

5. einer anderen Nutzung nicht zuführbare bauliche Anlagen zurückgebaut werden,

6. brachliegende oder freigelegte Flächen einer nachhaltigen, insbesondere dem Klimaschutz und der Klimaanpassung dienenden städtebaulichen Entwicklung oder einer mit dieser verträglichen Zwischennutzung zugeführt werden,

7. innerstädtische Altbaubestände nachhaltig erhalten werden.

§ 171b **Stadtumbaugebiet, städtebauliches Entwicklungskonzept.**

(1) [1] Die Gemeinde legt das Gebiet, in dem Stadtumbaumaßnahmen durchgeführt werden sollen, durch Beschluss als Stadtumbaugebiet fest. [2] Es ist in seinem räumlichen Umfang so festzulegen, dass sich die Maßnahmen zweckmäßig durchführen lassen.

(2) [1] Grundlage für den Beschluss nach Absatz 1 ist ein von der Gemeinde aufzustellendes städtebauliches Entwicklungskonzept, in dem die Ziele und Maßnahmen (§ 171a Absatz 3) im Stadtumbaugebiet schriftlich darzustellen sind. [2] Die öffentlichen und privaten Belange sind gegeneinander und untereinander gerecht abzuwägen.

(3) Die §§ 137 und 139 sind bei der Vorbereitung und Durchführung der Stadtumbaumaßnahmen entsprechend anzuwenden.

(4) Die §§ 164a und 164b sind im Stadtumbaugebiet entsprechend anzuwenden.

§ 171c **Stadtumbauvertrag.** [1] Die Gemeinde soll soweit erforderlich zur Umsetzung ihres städtebaulichen Entwicklungskonzeptes die Möglichkeit nutzen, Stadtumbaumaßnahmen auf der Grundlage von städtebaulichen Verträgen im Sinne des § 11 insbesondere mit den beteiligten Eigentümern durchzuführen. [2] Gegenstände der Verträge können insbesondere auch sein

1. die Durchführung des Rückbaus oder der Anpassung baulicher Anlagen innerhalb einer bestimmten Frist und die Kostentragung dafür;

2. der Verzicht auf die Ausübung von Ansprüchen nach den §§ 39 bis 44;

3. der Ausgleich von Lasten zwischen den beteiligten Eigentümern.

§ 171d **Sicherung von Durchführungsmaßnahmen.** (1) [1] Die Gemeinde kann durch Satzung ein Gebiet bezeichnen, das ein festgelegtes Stadtumbaugebiet (§ 171b Absatz 1) oder Teile davon umfasst und in dem zur Sicherung und sozialverträglichen Durchführung von Stadtumbaumaßnahmen die in § 14 Absatz 1 bezeichneten Vorhaben und sonstigen Maßnahmen der Genehmigung bedürfen. [2] Auf die Satzung ist § 16 Absatz 2 entsprechend anzuwenden.

(2) Ist der Beschluss über die Aufstellung einer Satzung nach Absatz 1 gefasst und ortsüblich bekannt gemacht, ist § 15 Absatz 1 auf die Durchführung der Vorhaben und Maßnahmen im Sinne von Absatz 1 entsprechend anzuwenden.

(3) [1] In den Fällen des Absatzes 1 darf die Genehmigung nur versagt werden, um den den städtebaulichen und sozialen Belangen Rechnung tragenden Ablauf der Stadtumbaumaßnahmen auf der Grundlage des von der Gemeinde aufgestellten städtebaulichen Entwicklungskonzeptes (§ 171b Absatz 2) oder eines Sozialplans (§ 180) zu sichern. [2] Die Genehmigung ist zu erteilen, wenn auch unter Berücksichtigung des Allgemeinwohls ein Absehen von dem Vorhaben oder der Maßnahme wirtschaftlich nicht zumutbar ist.

(4) Die §§ 138, 173 und 174 sind im Gebiet der Satzung nach Absatz 1 entsprechend anzuwenden.

Vierter Teil. Soziale Stadt

§ 171e Maßnahmen der Sozialen Stadt. (1) Städtebauliche Maßnahmen der Sozialen Stadt in Stadt- und Ortsteilen, deren einheitliche und zügige Durchführung im öffentlichen Interesse liegen, können auch anstelle von oder ergänzend zu sonstigen Maßnahmen nach diesem Gesetzbuch nach den Vorschriften dieses Teils durchgeführt werden.

(2) [1] Städtebauliche Maßnahmen der Sozialen Stadt sind Maßnahmen zur Stabilisierung und Aufwertung von durch soziale Missstände benachteiligten Ortsteilen oder anderen Teilen des Gemeindegebiets, in denen ein besonderer Entwicklungsbedarf besteht. [2] Soziale Missstände liegen insbesondere vor, wenn ein Gebiet auf Grund der Zusammensetzung und wirtschaftlichen Situation der darin lebenden und arbeitenden Menschen erheblich benachteiligt ist. [3] Ein besonderer Entwicklungsbedarf liegt insbesondere vor, wenn es sich um benachteiligte innerstädtische oder innenstadtnah gelegene Gebiete oder verdichtete Wohn- und Mischgebiete handelt, in denen es einer aufeinander abgestimmten Bündelung von investiven und sonstigen Maßnahmen bedarf.

(3) [1] Die Gemeinde legt das Gebiet, in dem die Maßnahmen durchgeführt werden sollen, durch Beschluss fest. [2] Es ist in seinem räumlichen Umfang so festzulegen, dass sich die Maßnahmen zweckmäßig durchführen lassen.

(4) [1] Grundlage für den Beschluss nach Absatz 3 ist ein von der Gemeinde unter Beteiligung der Betroffenen (§ 137) und der öffentlichen Aufgabenträger (§ 139) aufzustellendes Entwicklungskonzept, in dem die Ziele und Maßnahmen schriftlich darzustellen sind. [2] Das Entwicklungskonzept soll insbesondere Maßnahmen enthalten, die der Verbesserung der Wohn- und Arbeitsverhältnisse sowie der Schaffung und Erhaltung sozial stabiler Bewohnerstrukturen dienen.

(5) [1] Bei der Erstellung des Entwicklungskonzeptes und bei seiner Umsetzung sollen die Beteiligten in geeigneter Form einbezogen und zur Mitwirkung angeregt werden. [2] Die Gemeinde soll die Beteiligten im Rahmen des Möglichen fortlaufend beraten und unterstützen. [3] Dazu kann im Zusammenwirken von Gemeinde und Beteiligten eine Koordinierungsstelle eingerichtet werden. [4] Soweit erforderlich, soll die Gemeinde zur Verwirklichung und zur Förderung der mit dem Entwicklungskonzept verfolgten Ziele sowie zur Übernahme von Kosten mit den Eigentümern und sonstigen Maßnahmenträgern städtebauliche Verträge schließen.

(6) [1] Die §§ 164a und 164b sind im Gebiet nach Absatz 3 entsprechend anzuwenden. [2] Dabei ist § 164a Absatz 1 Satz 2 über den Einsatz von Finanzierungs- und Fördermitteln auf Grund anderer gesetzlicher Grundlage insbesondere auch auf sonstige Maßnahmen im Sinne des Absatzes 2 Satz 3 anzuwenden.

Fünfter Teil. Private Initiativen

§ 171f Private Initiativen zur Stadtentwicklung, Landesrecht. [1] Nach Maßgabe des Landesrechts[1] können unbeschadet sonstiger Maßnahmen nach

[1] Siehe hierzu ua G zur Stärkung der Quartiersentwicklung durch Privatinitiative v. 9.12.2014 (GBl. S. 687).

diesem Gesetzbuch Gebiete festgelegt werden, in denen in privater Verantwortung standortbezogene Maßnahmen durchgeführt werden, die auf der Grundlage eines mit den städtebaulichen Zielen der Gemeinde abgestimmten Konzepts der Stärkung oder Entwicklung von Bereichen der Innenstädte, Stadtteilzentren, Wohnquartiere und Gewerbezentren sowie von sonstigen für die städtebauliche Entwicklung bedeutsamen Bereichen dienen. ²Zur Finanzierung der Maßnahmen und gerechten Verteilung des damit verbundenen Aufwands können durch Landesrecht Regelungen getroffen werden.

Sechster Teil. Erhaltungssatzung und städtebauliche Gebote

Erster Abschnitt. Erhaltungssatzung

§ 172[1]) **Erhaltung baulicher Anlagen und der Eigenart von Gebieten (Erhaltungssatzung)** (1) ¹Die Gemeinde kann in einem Bebauungsplan oder durch eine sonstige Satzung Gebiete bezeichnen, in denen

1. zur Erhaltung der städtebaulichen Eigenart des Gebiets auf Grund seiner städtebaulichen Gestalt (Absatz 3),
2. zur Erhaltung der Zusammensetzung der Wohnbevölkerung (Absatz 4) oder
3. bei städtebaulichen Umstrukturierungen (Absatz 5)

der Rückbau, die Änderung oder die Nutzungsänderung baulicher Anlagen der Genehmigung bedürfen. ²In den Fällen des Satzes 1 Nummer 1 bedarf auch die Errichtung baulicher Anlagen der Genehmigung. ³Auf die Satzung ist § 16 Absatz 2 entsprechend anzuwenden. ⁴Die Landesregierungen werden ermächtigt, für die Grundstücke in Gebieten einer Satzung nach Satz 1 Nummer 2 durch Rechtsverordnung mit einer Geltungsdauer von höchstens fünf Jahren zu bestimmen, dass die Begründung von Wohnungseigentum oder Teileigentum (§ 1 des Wohnungseigentumsgesetzes[2])) an Gebäuden, die ganz oder teilweise Wohnzwecken zu dienen bestimmt sind, nicht ohne Genehmigung erfolgen darf. ⁵Ein solches Verbot gilt als Verbot im Sinne des § 135 des Bürgerlichen Gesetzbuchs[3]). ⁶In den Fällen des Satzes 4 ist § 22 Absatz 2 Satz 3 und 4, Absatz 6 und 8 entsprechend anzuwenden.

(2) Ist der Beschluss über die Aufstellung einer Erhaltungssatzung gefasst und ortsüblich bekannt gemacht, ist § 15 Absatz 1 auf die Durchführung eines Vorhabens im Sinne des Absatzes 1 entsprechend anzuwenden.

(3) ¹In den Fällen des Absatzes 1 Satz 1 Nummer 1 darf die Genehmigung nur versagt werden, wenn die bauliche Anlage allein oder im Zusammenhang mit anderen baulichen Anlagen das Ortsbild, die Stadtgestalt oder das Landschaftsbild prägt oder sonst von städtebaulicher, insbesondere geschichtlicher oder künstlerischer Bedeutung ist. ²Die Genehmigung zur Errichtung der baulichen Anlage darf nur versagt werden, wenn die städtebauliche Gestalt des Gebiets durch die beabsichtigte bauliche Anlage beeinträchtigt wird.

(4) ¹In den Fällen des Absatzes 1 Satz 1 Nummer 2 und Satz 4 darf die Genehmigung nur versagt werden, wenn die Zusammensetzung der Wohnbevölkerung aus besonderen städtebaulichen Gründen erhalten werden soll. ²Sie ist zu erteilen, wenn auch unter Berücksichtigung des Allgemeinwohls die Erhaltung der baulichen Anlage oder ein Absehen von der Begründung von

[1]) § 172 Abs. 4 Satz 3 Nr. 1a geänd. mWv 1.11.2020 durch G v. 8.8.2020 (BGBl. I S. 1728).
[2]) **Schönfelder Nr. 37.**
[3]) **Schönfelder Nr. 20.**

Wohnungseigentum oder Teileigentum wirtschaftlich nicht mehr zumutbar ist.
[3] Die Genehmigung ist ferner zu erteilen, wenn

1. die Änderung einer baulichen Anlage der Herstellung des zeitgemäßen Ausstattungszustands einer durchschnittlichen Wohnung unter Berücksichtigung der bauordnungsrechtlichen Mindestanforderungen dient,

1a. die Änderung einer baulichen Anlage der Anpassung an die baulichen oder anlagentechnischen Mindestanforderungen des Gebäudeenergiegesetzes oder der Energieeinsparverordnung[1) vom 24. Juli 2007 (BGBl. I S. 1519), die zuletzt durch Artikel 257 der Verordnung vom 19. Juni 2020 (BGBl. I S. 1328) geändert worden ist, wenn diese nach § 111 Absatz 1 des Gebäudeenergiegesetzes weiter anzuwenden ist, dient,

2. das Grundstück zu einem Nachlass gehört und Wohnungseigentum oder Teileigentum zugunsten von Miterben oder Vermächtnisnehmern begründet werden soll,

3. das Wohnungseigentum oder Teileigentum zur eigenen Nutzung an Familienangehörige des Eigentümers veräußert werden soll,

4. ohne die Genehmigung Ansprüche Dritter auf Übertragung von Wohnungseigentum oder Teileigentum nicht erfüllt werden können, zu deren Sicherung vor dem Wirksamwerden des Genehmigungsvorbehalts eine Vormerkung im Grundbuch eingetragen ist,

5. das Gebäude im Zeitpunkt der Antragstellung zur Begründung von Wohnungseigentum oder Teileigentum nicht zu Wohnzwecken genutzt wird oder

6. sich der Eigentümer verpflichtet, innerhalb von sieben Jahren ab der Begründung von Wohnungseigentum Wohnungen nur an die Mieter zu veräußern; eine Frist nach § 577a Absatz 2 Satz 1 des Bürgerlichen Gesetzbuchs verkürzt sich um fünf Jahre; die Frist nach § 577a Absatz 1 des Bürgerlichen Gesetzbuchs entfällt.

[4] In den Fällen des Satzes 3 Nummer 6 kann in der Genehmigung bestimmt werden, dass auch die Veräußerung von Wohnungseigentum an dem Gebäude während der Dauer der Verpflichtung der Genehmigung der Gemeinde bedarf. [5] Diese Genehmigungspflicht kann auf Ersuchen der Gemeinde in das Wohnungsgrundbuch eingetragen werden; sie erlischt nach Ablauf der Verpflichtung.

(5) [1] In den Fällen des Absatzes 1 Satz 1 Nummer 3 darf die Genehmigung nur versagt werden, um einen den sozialen Belangen Rechnung tragenden Ablauf auf der Grundlage eines Sozialplans (§ 180) zu sichern. [2] Ist ein Sozialplan nicht aufgestellt worden, hat ihn die Gemeinde in entsprechender Anwendung des § 180 aufzustellen. [3] Absatz 4 Satz 2 ist entsprechend anzuwenden.

§ 173 Genehmigung, Übernahmeanspruch. (1) [1] Die Genehmigung wird durch die Gemeinde erteilt; § 22 Absatz 5 Satz 2 bis 5 ist entsprechend anzuwenden. [2] Ist eine baurechtliche Genehmigung oder an ihrer Stelle eine baurechtliche Zustimmung erforderlich, wird die Genehmigung durch die Baugenehmigungsbehörde im Einvernehmen mit der Gemeinde erteilt; im

[1)] **Sartorius ErgBd. Nr. 832a.**

Baugenehmigungs- oder Zustimmungsverfahren wird über die in § 172 Absatz 3 bis 5 bezeichneten Belange entschieden.

(2) [1] Wird in den Fällen des § 172 Absatz 3 die Genehmigung versagt, kann der Eigentümer von der Gemeinde unter den Voraussetzungen des § 40 Absatz 2 die Übernahme des Grundstücks verlangen. [2] § 43 Absatz 1, 4 und 5 sowie § 44 Absatz 3 und 4 sind entsprechend anzuwenden.

(3) [1] Vor der Entscheidung über den Genehmigungsantrag hat die Gemeinde mit dem Eigentümer oder sonstigen zur Unterhaltung Verpflichteten die für die Entscheidung erheblichen Tatsachen zu erörtern. [2] In den Fällen des § 172 Absatz 4 und 5 hat sie auch Mieter, Pächter und sonstige Nutzungsberechtigte zu hören. [3] In den Fällen des § 172 Absatz 4 Satz 3 Nummer 6 hat sie die nach Satz 2 anzuhörenden Personen über die Erteilung einer Genehmigung zu informieren.

(4) Die landesrechtlichen Vorschriften, insbesondere über den Schutz und die Erhaltung von Denkmälern, bleiben unberührt.

§ 174 Ausnahmen. (1) § 172 ist nicht auf Grundstücke anzuwenden, die den in § 26 Nummer 2 bezeichneten Zwecken dienen, und auf die in § 26 Nummer 3 bezeichneten Grundstücke.

(2) [1] Befindet sich ein Grundstück der in Absatz 1 bezeichneten Art im Geltungsbereich einer Erhaltungssatzung, hat die Gemeinde den Bedarfsträger hiervon zu unterrichten. [2] Beabsichtigt der Bedarfsträger ein Vorhaben im Sinne des § 172 Absatz 1, hat er dies der Gemeinde anzuzeigen. [3] Der Bedarfsträger soll auf Verlangen der Gemeinde von dem Vorhaben absehen, wenn die Voraussetzungen vorliegen, die die Gemeinde berechtigen würden, die Genehmigung nach § 172 zu versagen, und wenn die Erhaltung oder das Absehen von der Errichtung der baulichen Anlage dem Bedarfsträger auch unter Berücksichtigung seiner Aufgaben zuzumuten ist.

Zweiter Abschnitt. Städtebauliche Gebote

§ 175 Allgemeines. (1) [1] Beabsichtigt die Gemeinde, ein Baugebot (§ 176), ein Modernisierungs- oder Instandsetzungsgebot (§ 177), ein Pflanzgebot (§ 178) oder ein Rückbau- oder Entsiegelungsgebot (§ 179) zu erlassen, soll sie die Maßnahme vorher mit den Betroffenen erörtern. [2] Die Gemeinde soll die Eigentümer, Mieter, Pächter und sonstigen Nutzungsberechtigten im Rahmen ihrer Möglichkeiten beraten, wie die Maßnahme durchgeführt werden kann und welche Finanzierungsmöglichkeiten aus öffentlichen Kassen bestehen.

(2) Die Anordnung von Maßnahmen nach den §§ 176 bis 179 setzt voraus, dass die alsbaldige Durchführung der Maßnahmen aus städtebaulichen Gründen erforderlich ist; bei Anordnung eines Baugebots nach § 176 kann dabei auch ein dringender Wohnbedarf der Bevölkerung berücksichtigt werden.

(3) Mieter, Pächter und sonstige Nutzungsberechtigte haben die Durchführung der Maßnahmen nach den §§ 176 bis 179 zu dulden.

(4) [1] Die §§ 176 bis 179 sind nicht auf Grundstücke anzuwenden, die den in § 26 Nummer 2 bezeichneten Zwecken dienen, und auf die in § 26 Nummer 3 bezeichneten Grundstücke. [2] Liegen für diese Grundstücke die Voraussetzungen für die Anordnung eines Gebots nach den §§ 176 bis 179

vor, soll auf Verlangen der Gemeinde der Bedarfsträger die entsprechenden Maßnahmen durchführen oder ihre Durchführung dulden, soweit dadurch nicht die Erfüllung seiner Aufgaben beeinträchtigt wird.

(5) Die landesrechtlichen Vorschriften, insbesondere über den Schutz und die Erhaltung von Denkmälern, bleiben unberührt.

§ 176 Baugebot. (1) Im Geltungsbereich eines Bebauungsplans kann die Gemeinde den Eigentümer durch Bescheid verpflichten, innerhalb einer zu bestimmenden angemessenen Frist

1. sein Grundstück entsprechend den Festsetzungen des Bebauungsplans zu bebauen oder

2. ein vorhandenes Gebäude oder eine vorhandene sonstige bauliche Anlage den Festsetzungen des Bebauungsplans anzupassen.

(2) Das Baugebot kann außerhalb der in Absatz 1 bezeichneten Gebiete, aber innerhalb im Zusammenhang bebauter Ortsteile angeordnet werden, um unbebaute oder geringfügig bebaute Grundstücke entsprechend den baurechtlichen Vorschriften zu nutzen oder einer baulichen Nutzung zuzuführen, insbesondere zur Schließung von Baulücken.

(3) Ist die Durchführung des Vorhabens aus wirtschaftlichen Gründen einem Eigentümer nicht zuzumuten, hat die Gemeinde von dem Baugebot abzusehen.

(4) [1] Der Eigentümer kann von der Gemeinde die Übernahme des Grundstücks verlangen, wenn er glaubhaft macht, dass ihm die Durchführung des Vorhabens aus wirtschaftlichen Gründen nicht zuzumuten ist. [2] § 43 Absatz 1, 4 und 5 sowie § 44 Absatz 3 und 4 sind entsprechend anzuwenden.

(5) [1] Ist die Durchführung eines Baugebots nur möglich, wenn zuvor eine bauliche Anlage oder Teile davon beseitigt werden, ist der Eigentümer mit dem Baugebot auch zur Beseitigung verpflichtet. [2] § 179 Absatz 2 und 3 Satz 1, § 43 Absatz 2 und 5 sowie § 44 Absatz 3 und 4 sind entsprechend anzuwenden.

(6) Ist für ein Grundstück eine andere als bauliche Nutzung festgesetzt, sind die Absätze 1 und 3 bis 5 entsprechend anzuwenden.

(7) Mit dem Baugebot kann die Verpflichtung verbunden werden, innerhalb einer zu bestimmenden angemessenen Frist den für eine bauliche Nutzung des Grundstücks erforderlichen Antrag auf Erteilung einer bauaufsichtlichen Genehmigung zu stellen.

(8) Kommt der Eigentümer der Verpflichtung nach Absatz 7 auch nach Vollstreckungsmaßnahmen auf Grund landesrechtlicher Vorschriften nicht nach, kann das Enteignungsverfahren nach § 85 Absatz 1 Nummer 5 auch vor Ablauf der Frist nach Absatz 1 eingeleitet werden.

(9) [1] In dem Enteignungsverfahren ist davon auszugehen, dass die Voraussetzungen des Baugebots vorliegen; die Vorschriften über die Zulässigkeit der Enteignung bleiben unberührt. [2] Bei der Bemessung der Entschädigung bleiben Werterhöhungen unberücksichtigt, die nach Unanfechtbarkeit des Baugebots eingetreten sind, es sei denn, dass der Eigentümer die Werterhöhungen durch eigene Aufwendungen zulässigerweise bewirkt hat.

§ 177 Modernisierungs- und Instandsetzungsgebot. (1) [1] Weist eine bauliche Anlage nach ihrer inneren oder äußeren Beschaffenheit Missstände oder Mängel auf, deren Beseitigung oder Behebung durch Modernisierung oder Instandsetzung möglich ist, kann die Gemeinde die Beseitigung der Missstände durch ein Modernisierungsgebot und die Behebung der Mängel durch ein Instandsetzungsgebot anordnen. [2] Zur Beseitigung der Missstände und zur Behebung der Mängel ist der Eigentümer der baulichen Anlage verpflichtet. [3] In dem Bescheid, durch den die Modernisierung oder Instandsetzung angeordnet wird, sind die zu beseitigenden Missstände oder zu behebenden Mängel zu bezeichnen und eine angemessene Frist für die Durchführung der erforderlichen Maßnahmen zu bestimmen.

(2) Missstände liegen insbesondere vor, wenn die bauliche Anlage nicht den allgemeinen Anforderungen an gesunde Wohn- und Arbeitsverhältnisse entspricht.

(3) [1] Mängel liegen insbesondere vor, wenn durch Abnutzung, Alterung, Witterungseinflüsse oder Einwirkungen Dritter

1. die bestimmungsgemäße Nutzung der baulichen Anlage nicht nur unerheblich beeinträchtigt wird,

2. die bauliche Anlage nach ihrer äußeren Beschaffenheit das Straßen- oder Ortsbild nicht nur unerheblich beeinträchtigt oder

3. die bauliche Anlage erneuerungsbedürftig ist und wegen ihrer städtebaulichen, insbesondere geschichtlichen oder künstlerischen Bedeutung erhalten bleiben soll.

[2] Kann die Behebung der Mängel einer baulichen Anlage nach landesrechtlichen Vorschriften auch aus Gründen des Schutzes und der Erhaltung von Baudenkmälern verlangt werden, darf das Instandsetzungsgebot nur mit Zustimmung der zuständigen Landesbehörde erlassen werden. [3] In dem Bescheid über den Erlass des Instandsetzungsgebots sind die auch aus Gründen des Denkmalschutzes gebotenen Instandsetzungsmaßnahmen besonders zu bezeichnen.

(4) [1] Der Eigentümer hat die Kosten der von der Gemeinde angeordneten Maßnahmen insoweit zu tragen, als er sie durch eigene oder fremde Mittel decken und die sich daraus ergebenden Kapitalkosten sowie die zusätzlich entstehenden Bewirtschaftungskosten aus Erträgen der baulichen Anlage aufbringen kann. [2] Sind dem Eigentümer Kosten entstanden, die er nicht zu tragen hat, hat die Gemeinde sie ihm zu erstatten, soweit nicht eine andere Stelle einen Zuschuss zu ihrer Deckung gewährt. [3] Dies gilt nicht, wenn der Eigentümer auf Grund anderer Rechtsvorschriften verpflichtet ist, die Kosten selbst zu tragen, oder wenn er Instandsetzungen unterlassen hat und nicht nachweisen kann, dass ihre Vornahme wirtschaftlich unvertretbar oder ihm nicht zuzumuten war. [4] Die Gemeinde kann mit dem Eigentümer den Kostenerstattungsbetrag unter Verzicht auf eine Berechnung im Einzelfall als Pauschale in Höhe eines bestimmten Vomhundertsatzes der Modernisierungs- oder Instandsetzungskosten vereinbaren.

(5) Der vom Eigentümer zu tragende Kostenanteil wird nach der Durchführung der Modernisierungs- oder Instandsetzungsmaßnahmen unter Berücksichtigung der Erträge ermittelt, die für die modernisierte oder instand gesetzte bauliche Anlage bei ordentlicher Bewirtschaftung nachhaltig erzielt werden können; dabei sind die mit einem Bebauungsplan, einem Sozialplan,

einer städtebaulichen Sanierungsmaßnahme oder einer sonstigen städtebauli-
chen Maßnahme verfolgten Ziele und Zwecke zu berücksichtigen.

§ 178 Pflanzgebot. Die Gemeinde kann den Eigentümer durch Bescheid
verpflichten, sein Grundstück innerhalb einer zu bestimmenden angemesse-
nen Frist entsprechend den nach § 9 Absatz 1 Nummer 25 getroffenen Fest-
setzungen des Bebauungsplans zu bepflanzen.

§ 179 Rückbau- und Entsiegelungsgebot. (1) [1] Die Gemeinde kann den
Eigentümer verpflichten zu dulden, dass eine bauliche Anlage ganz oder
teilweise beseitigt wird, wenn sie

1. den Festsetzungen eines Bebauungsplans nicht entspricht und ihnen nicht
 angepasst werden kann oder

2. Missstände oder Mängel im Sinne des § 177 Absatz 2 und 3 Satz 1 auf-
 weist, die auch durch eine Modernisierung oder Instandsetzung nicht
 behoben werden können.

[2] Satz 1 Nummer 1 gilt entsprechend für die sonstige Wiedernutzbarmachung
von dauerhaft nicht mehr genutzten Flächen, bei denen der durch Bebauung
oder Versiegelung beeinträchtigte Boden in seiner Leistungsfähigkeit erhalten
oder wiederhergestellt werden soll; die sonstige Wiedernutzbarmachung steht
der Beseitigung nach Satz 1 gleich. [3] Diejenigen, für die ein Recht an dem
Grundstück oder an einem das Grundstück belastenden Recht im Grundbuch
eingetragen oder durch Eintragung gesichert ist, das nicht zur Nutzung
berechtigt, sollen von dem Bescheid benachrichtigt werden, wenn sie von der
Beseitigung betroffen werden. [4] Unberührt bleibt das Recht des Eigentümers,
die Beseitigung selbst vorzunehmen.

(2) [1] Der Bescheid darf bei Wohnraum nur vollzogen werden, wenn im
Zeitpunkt der Beseitigung angemessener Ersatzwohnraum für die Bewohner
unter zumutbaren Bedingungen zur Verfügung steht. [2] Strebt der Inhaber von
Raum, der überwiegend gewerblichen oder beruflichen Zwecken dient (Ge-
schäftsraum), eine anderweitige Unterbringung an, soll der Bescheid nur voll-
zogen werden, wenn im Zeitpunkt der Beseitigung anderer geeigneter Ge-
schäftsraum unter zumutbaren Bedingungen zur Verfügung steht.

(3) [1] Entstehen dem Eigentümer, Mieter, Pächter oder sonstigen Nutzungs-
berechtigten durch die Beseitigung Vermögensnachteile, hat die Gemeinde
angemessene Entschädigung in Geld zu leisten. [2] Der Eigentümer kann an-
stelle der Entschädigung nach Satz 1 von der Gemeinde die Übernahme des
Grundstücks verlangen, wenn es ihm mit Rücksicht auf das Rückbau- oder
Entsiegelungsgebot wirtschaftlich nicht mehr zuzumuten ist, das Grundstück
zu behalten. [3] § 43 Absatz 1, 2, 4 und 5 sowie § 44 Absatz 3 und 4 sind
entsprechend anzuwenden.

(4) [1] Im Falle des Absatzes 1 Satz 1 Nummer 2 sind die Beseitigungskosten
vom Eigentümer bis zur Höhe der ihm durch die Beseitigung entstehenden
Vermögensvorteile zu tragen. [2] Der Kostenerstattungsbetrag kann durch Be-
scheid geltend gemacht werden, sobald die bauliche Anlage ganz oder teil-
weise beseitigt ist. [3] Der Betrag ruht als öffentliche Last auf dem Grundstück.

Siebter Teil. Sozialplan und Härteausgleich

§ 180 Sozialplan. (1) [1] Wirken sich Bebauungspläne, städtebauliche Sanierungsmaßnahmen, städtebauliche Entwicklungsmaßnahmen oder Stadtumbaumaßnahmen voraussichtlich nachteilig auf die persönlichen Lebensumstände der in dem Gebiet wohnenden oder arbeitenden Menschen aus, soll die Gemeinde Vorstellungen entwickeln und mit den Betroffenen erörtern, wie nachteilige Auswirkungen möglichst vermieden oder gemildert werden können. [2] Die Gemeinde hat den Betroffenen bei ihren eigenen Bemühungen, nachteilige Auswirkungen zu vermeiden oder zu mildern, zu helfen, insbesondere beim Wohnungs- und Arbeitsplatzwechsel sowie beim Umzug von Betrieben; soweit öffentliche Leistungen in Betracht kommen können, soll die Gemeinde hierauf hinweisen. [3] Sind Betroffene nach ihren persönlichen Lebensumständen nicht in der Lage, Empfehlungen und anderen Hinweisen der Gemeinde zur Vermeidung von Nachteilen zu folgen oder Hilfen zu nutzen oder sind aus anderen Gründen weitere Maßnahmen der Gemeinde erforderlich, hat die Gemeinde geeignete Maßnahmen zu prüfen.

(2) Das Ergebnis der Erörterungen und Prüfungen nach Absatz 1 sowie die voraussichtlich in Betracht zu ziehenden Maßnahmen der Gemeinde und die Möglichkeiten ihrer Verwirklichung sind schriftlich darzustellen (Sozialplan).

(3) [1] Steht die Verwirklichung einer Durchführungsmaßnahme durch einen anderen als die Gemeinde bevor, kann die Gemeinde verlangen, dass der andere im Einvernehmen mit ihr die sich aus Absatz 1 ergebenden Aufgaben übernimmt. [2] Die Gemeinde kann diese Aufgaben ganz oder teilweise auch selbst übernehmen und dem anderen die Kosten auferlegen.

§ 181 Härteausgleich. (1) [1] Soweit es die Billigkeit erfordert, soll die Gemeinde bei der Durchführung dieses Gesetzbuchs zur Vermeidung oder zum Ausgleich wirtschaftlicher Nachteile – auch im sozialen Bereich – auf Antrag einen Härteausgleich in Geld gewähren

1. einem Mieter oder Pächter, wenn das Miet- oder Pachtverhältnis mit Rücksicht auf die Durchführung städtebaulicher Maßnahmen aufgehoben oder enteignet worden ist;
2. einer gekündigten Vertragspartei, wenn die Kündigung zur Durchführung städtebaulicher Maßnahmen erforderlich ist; dies gilt entsprechend, wenn ein Miet- oder Pachtverhältnis vorzeitig durch Vereinbarung der Beteiligten beendet wird; die Gemeinde hat zu bestätigen, dass die Beendigung des Rechtsverhältnisses im Hinblick auf die alsbaldige Durchführung der städtebaulichen Maßnahmen geboten ist;
3. einer Vertragspartei, wenn ohne Beendigung des Rechtsverhältnisses die vermieteten oder verpachteten Räume ganz oder teilweise vorübergehend unbenutzbar sind und die Gemeinde bestätigt hat, dass dies durch die alsbaldige Durchführung städtebaulicher Maßnahmen bedingt ist;
4. einem Mieter oder Pächter für die Umzugskosten, die dadurch entstehen, dass er nach der Räumung seiner Wohnung vorübergehend anderweitig untergebracht worden ist und später ein neues Miet- oder Pachtverhältnis in dem Gebiet begründet wird, sofern dies im Sozialplan vorgesehen ist.

[2] Voraussetzung ist, dass der Nachteil für den Betroffenen in seinen persönlichen Lebensumständen eine besondere Härte bedeutet, eine Ausgleichs- oder

Entschädigungsleistung nicht zu gewähren ist und auch ein Ausgleich durch sonstige Maßnahmen nicht erfolgt.

(2) Absatz 1 ist entsprechend anzuwenden auf andere Vertragsverhältnisse, die zum Gebrauch oder zur Nutzung eines Grundstücks, Gebäudes oder Gebäudeteils oder einer sonstigen baulichen Einrichtung berechtigen.

(3) Ein Härteausgleich wird nicht gewährt, soweit der Antragsteller es unterlassen hat und unterlässt, den wirtschaftlichen Nachteil durch zumutbare Maßnahmen, insbesondere unter Einsatz eigener oder fremder Mittel abzuwenden.

Achter Teil. Miet- und Pachtverhältnisse

§ 182 Aufhebung von Miet- oder Pachtverhältnissen. (1) Erfordert die Verwirklichung der Ziele und Zwecke der Sanierung im förmlich festgelegten Sanierungsgebiet, der Entwicklung im städtebaulichen Entwicklungsbereich oder eine Maßnahme nach den §§ 176 bis 179 die Aufhebung eines Miet- oder Pachtverhältnisses, kann die Gemeinde das Rechtsverhältnis auf Antrag des Eigentümers oder im Hinblick auf ein städtebauliches Gebot mit einer Frist von mindestens sechs Monaten, bei einem land- oder forstwirtschaftlich genutzten Grundstück nur zum Schluss eines Pachtjahres aufheben.

(2) [1] Die Gemeinde darf ein Mietverhältnis über Wohnraum nur aufheben, wenn im Zeitpunkt der Beendigung des Mietverhältnisses angemessener Ersatzwohnraum für den Mieter und die zu seinem Hausstand gehörenden Personen zu zumutbaren Bedingungen zur Verfügung steht. [2] Strebt der Mieter oder Pächter von Geschäftsraum eine anderweitige Unterbringung an, soll die Gemeinde das Miet- oder Pachtverhältnis nur aufheben, wenn im Zeitpunkt der Beendigung des Rechtsverhältnisses anderer geeigneter Geschäftsraum zu zumutbaren Bedingungen zur Verfügung steht.

(3) Wird die Erwerbsgrundlage eines Mieters oder Pächters von Geschäftsraum im förmlich festgelegten Sanierungsgebiet oder in einem städtebaulichen Entwicklungsbereich infolge der Durchführung städtebaulicher Sanierungsmaßnahmen oder städtebaulicher Entwicklungsmaßnahmen wesentlich beeinträchtigt und ist ihm deshalb die Fortsetzung des Miet- oder Pachtverhältnisses nicht mehr zuzumuten, kann die Gemeinde auf Antrag des Mieters oder Pächters das Rechtsverhältnis mit einer Frist von mindestens sechs Monaten aufheben.

§ 183 Aufhebung von Miet- oder Pachtverhältnissen über unbebaute Grundstücke. (1) Ist nach den Festsetzungen des Bebauungsplans für ein unbebautes Grundstück eine andere Nutzung vorgesehen und ist die alsbaldige Änderung der Nutzung beabsichtigt, kann die Gemeinde auf Antrag des Eigentümers Miet- oder Pachtverhältnisse aufheben, die sich auf das Grundstück beziehen und der neuen Nutzung entgegenstehen.

(2) Auf die Aufhebung ist § 182 Absatz 1 entsprechend anzuwenden.

§ 184 Aufhebung anderer Vertragsverhältnisse. Die §§ 182 und 183 sind entsprechend auf andere schuldrechtliche Vertragsverhältnisse anzuwenden, die zum Gebrauch oder zur Nutzung eines Grundstücks, Gebäudes oder Gebäudeteils oder einer sonstigen baulichen Anlage berechtigen.

§ 185 Entschädigung bei Aufhebung von Miet- oder Pachtverhältnissen. (1) [1] Ist ein Rechtsverhältnis auf Grund des § 182, des § 183 oder des § 184 aufgehoben worden, ist den Betroffenen insoweit eine angemessene Entschädigung in Geld zu leisten, als ihnen durch die vorzeitige Beendigung des Rechtsverhältnisses Vermögensnachteile entstehen. [2] Die Vorschriften des Zweiten Abschnitts des Fünften Teils des Ersten Kapitels sind entsprechend anzuwenden.

(2) [1] Zur Entschädigung ist die Gemeinde verpflichtet. [2] Kommt eine Einigung über die Entschädigung nicht zustande, entscheidet die höhere Verwaltungsbehörde.

(3) [1] Wird ein Pachtvertrag über kleingärtnerisch genutztes Land nach § 182, § 183 oder § 184 aufgehoben, ist die Gemeinde außer zur Entschädigung nach Absatz 1 auch zur Bereitstellung oder Beschaffung von Ersatzland verpflichtet. [2] Bei der Entschädigung in Geld ist die Bereitstellung oder Beschaffung des Ersatzlands angemessen zu berücksichtigen. [3] Die höhere Verwaltungsbehörde kann die Gemeinde von der Verpflichtung zur Bereitstellung oder Beschaffung von Ersatzland befreien, wenn die Gemeinde nachweist, dass sie zur Erfüllung außerstande ist.

§ 186 Verlängerung von Miet- oder Pachtverhältnissen. Die Gemeinde kann auf Antrag des Mieters oder Pächters ein Miet- oder Pachtverhältnis über Wohn- oder Geschäftsraum im förmlich festgelegten Sanierungsgebiet, im städtebaulichen Entwicklungsbereich oder im Hinblick auf Maßnahmen nach den §§ 176 bis 179 verlängern, soweit dies zur Verwirklichung des Sozialplans erforderlich ist.

Neunter Teil. Städtebauliche Maßnahmen im Zusammenhang mit Maßnahmen zur Verbesserung der Agrarstruktur

§ 187 Abstimmung von Maßnahmen; Bauleitplanung und Maßnahmen zur Verbesserung der Agrarstruktur. (1) [1] Bei der Vorbereitung und Durchführung städtebaulicher Maßnahmen sind Maßnahmen zur Verbesserung der Agrarstruktur, insbesondere auch die Ergebnisse der Vorplanung nach § 1 Absatz 2 des Gesetzes über die Gemeinschaftsaufgabe „Verbesserung der Agrarstruktur und des Küstenschutzes", zu berücksichtigen. [2] Ist zu erwarten, dass Maßnahmen zur Verbesserung der Agrarstruktur zu Auswirkungen auf die bauliche Entwicklung des Gemeindegebiets führen, hat die Gemeinde darüber zu befinden, ob Bauleitpläne aufzustellen sind und ob sonstige städtebauliche Maßnahmen durchgeführt werden sollen.

(2) Bei der Aufstellung von Bauleitplänen hat die obere Flurbereinigungsbehörde zu prüfen, ob im Zusammenhang damit eine Flurbereinigung oder andere Maßnahmen zur Verbesserung der Agrarstruktur einzuleiten sind.

(3) Die Gemeinde hat die Flurbereinigungsbehörde und, sofern die Maßnahmen zur Verbesserung der Agrarstruktur von anderen Stellen durchgeführt werden, diese bei den Vorarbeiten zur Aufstellung der Bauleitpläne möglichst frühzeitig zu beteiligen.

§ 188 Bauleitplanung und Flurbereinigung. (1) Ist eine Flurbereinigung auf Grund des Flurbereinigungsgesetzes[1] in einer Gemeinde nach Mitteilung der Flurbereinigungsbehörde beabsichtigt oder ist sie bereits angeordnet, ist die Gemeinde verpflichtet, rechtzeitig Bauleitpläne aufzustellen, es sei denn, dass sich die Flurbereinigung auf die bauliche Entwicklung des Gemeindegebiets voraussichtlich nicht auswirkt.

(2) [1]Die Flurbereinigungsbehörde und die Gemeinde sind verpflichtet, ihre das Gemeindegebiet betreffenden Absichten möglichst frühzeitig aufeinander abzustimmen. [2]Die Planungen sollen bis zum Abschluss der Flurbereinigung nur geändert werden, wenn zwischen der Flurbereinigungsbehörde und der Gemeinde Übereinstimmung besteht oder wenn zwingende Gründe die Änderung erfordern.

§ 189 Ersatzlandbeschaffung. (1) [1]Wird bei einer städtebaulichen Maßnahme ein land- oder forstwirtschaftlicher Betrieb ganz oder teilweise in Anspruch genommen, soll die Gemeinde mit dem Eigentümer des Betriebs auch klären, ob er einen anderen land- oder forstwirtschaftlichen Betrieb oder land- oder forstwirtschaftliches Ersatzland anstrebt. [2]Handelt es sich bei dem in Anspruch genommenen Betrieb um eine Siedlerstelle im Sinne des Reichssiedlungsgesetzes, ist die zuständige Siedlungsbehörde des Landes zu beteiligen.

(2) Die Gemeinde soll sich um die Beschaffung oder Bereitstellung geeigneten Ersatzlands bemühen und ihr gehörende Grundstücke als Ersatzland zur Verfügung stellen, soweit sie diese nicht für die ihr obliegenden Aufgaben benötigt.

§ 190 Flurbereinigung aus Anlass einer städtebaulichen Maßnahme.

(1) [1]Werden für städtebauliche Maßnahmen land- oder forstwirtschaftliche Grundstücke in Anspruch genommen, kann auf Antrag der Gemeinde mit Zustimmung der höheren Verwaltungsbehörde nach § 87 Absatz 1 des Flurbereinigungsgesetzes[1] ein Flurbereinigungsverfahren eingeleitet werden, wenn der den Betroffenen entstehende Landverlust auf einen größeren Kreis von Eigentümern verteilt oder Nachteile für die allgemeine Landeskultur, die durch die städtebaulichen Maßnahmen entstehen, vermieden werden sollen. [2]Das Flurbereinigungsverfahren kann bereits angeordnet werden, wenn ein Bebauungsplan noch nicht rechtsverbindlich ist. [3]In diesem Falle muss der Bebauungsplan vor Bekanntgabe des Flurbereinigungsplans (§ 59 Absatz 1 des Flurbereinigungsgesetzes) in Kraft getreten sein. [4]Die Gemeinde ist Träger des Unternehmens im Sinne des § 88 des Flurbereinigungsgesetzes.

(2) Die vorzeitige Ausführung des Flurbereinigungsplans nach § 63 des Flurbereinigungsgesetzes kann bereits angeordnet werden, wenn der Flurbereinigungsplan bekannt gegeben ist.

(3) Die Zulässigkeit einer Enteignung nach den Vorschriften dieses Gesetzbuchs bleibt auch nach Einleitung des Flurbereinigungsverfahrens unberührt.

[1] **Sartorius III Nr. 150.**

§ 191 Vorschriften über den Verkehr mit land- und forstwirtschaftlichen Grundstücken. Im räumlichen Geltungsbereich eines Bebauungsplans oder einer Sanierungssatzung sind die Vorschriften über den Verkehr mit land- und forstwirtschaftlichen Grundstücken nicht anzuwenden, es sei denn, dass es sich um die Veräußerung der Wirtschaftsstelle eines land- oder forstwirtschaftlichen Betriebs oder solcher Grundstücke handelt, die im Bebauungsplan als Flächen für die Landwirtschaft oder als Wald ausgewiesen sind.

Drittes Kapitel. Sonstige Vorschriften

Erster Teil. Wertermittlung

§ 192 Gutachterausschuss. (1) Zur Ermittlung von Grundstückswerten und für sonstige Wertermittlungen werden selbständige, unabhängige Gutachterausschüsse gebildet.

(2) Die Gutachterausschüsse bestehen aus einem Vorsitzenden und ehrenamtlichen weiteren Gutachtern.

(3) [1] Der Vorsitzende und die weiteren Gutachter sollen in der Ermittlung von Grundstückswerten oder sonstigen Wertermittlungen sachkundig und erfahren sein und dürfen nicht hauptamtlich mit der Verwaltung der Grundstücke der Gebietskörperschaft, für deren Bereich der Gutachterausschuss gebildet ist, befasst sein. [2] Zur Ermittlung der Bodenrichtwerte sowie der in § 193 Absatz 5 Satz 2 genannten sonstigen für die Wertermittlung erforderlichen Daten ist ein Bediensteter der zuständigen Finanzbehörde mit Erfahrung in der steuerlichen Bewertung von Grundstücken als Gutachter hinzuzuziehen.

(4) Die Gutachterausschüsse bedienen sich einer Geschäftsstelle.

§ 193 Aufgaben des Gutachterausschusses. (1) [1] Der Gutachterausschuss erstattet Gutachten über den Verkehrswert von bebauten und unbebauten Grundstücken sowie Rechten an Grundstücken, wenn

1. die für den Vollzug dieses Gesetzbuchs zuständigen Behörden bei der Erfüllung der Aufgaben nach diesem Gesetzbuch,

2. die für die Feststellung des Werts eines Grundstücks oder der Entschädigung für ein Grundstück oder ein Recht an einem Grundstück auf Grund anderer gesetzlicher Vorschriften zuständigen Behörden,

3. die Eigentümer, ihnen gleichstehende Berechtigte, Inhaber anderer Rechte am Grundstück und Pflichtteilsberechtigte, für deren Pflichtteil der Wert des Grundstücks von Bedeutung ist, oder

4. Gerichte und Justizbehörden

es beantragen. [2] Unberührt bleiben Antragsberechtigungen nach anderen Rechtsvorschriften.

(2) Der Gutachterausschuss kann außer über die Höhe der Entschädigung für den Rechtsverlust auch Gutachten über die Höhe der Entschädigung für andere Vermögensnachteile erstatten.

(3) Die Gutachten haben keine bindende Wirkung, soweit nichts anderes bestimmt oder vereinbart ist.

(4) Eine Abschrift des Gutachtens ist dem Eigentümer zu übersenden.

(5) [1] Der Gutachterausschuss führt eine Kaufpreissammlung, wertet sie aus und ermittelt Bodenrichtwerte und sonstige zur Wertermittlung erforderliche Daten. [2] Zu den sonstigen für die Wertermittlung erforderlichen Daten gehören insbesondere

1. Kapitalisierungszinssätze, mit denen die Verkehrswerte von Grundstücken im Durchschnitt marktüblich verzinst werden (Liegenschaftszinssätze), für die verschiedenen Grundstücksarten, insbesondere Mietwohngrundstücke, Geschäftsgrundstücke und gemischt genutzte Grundstücke,

2. Faktoren zur Anpassung der Sachwerte an die jeweilige Lage auf dem Grundstücksmarkt (Sachwertfaktoren), insbesondere für die Grundstücksarten Ein- und Zweifamilienhäuser,

3. Umrechnungskoeffizienten für das Wertverhältnis von sonst gleichartigen Grundstücken, z.B. bei unterschiedlichem Maß der baulichen Nutzung und

4. Vergleichsfaktoren für bebaute Grundstücke, insbesondere bezogen auf eine Raum- oder Flächeneinheit der baulichen Anlage (Gebäudefaktor) oder auf den nachhaltig erzielbaren jährlichen Ertrag (Ertragsfaktor).

[3] Die erforderlichen Daten im Sinne der Sätze 1 und 2 sind den zuständigen Finanzämtern für Zwecke der steuerlichen Bewertung mitzuteilen.

§ 194 Verkehrswert.

Der Verkehrswert (Marktwert) wird durch den Preis bestimmt, der in dem Zeitpunkt, auf den sich die Ermittlung bezieht, im gewöhnlichen Geschäftsverkehr nach den rechtlichen Gegebenheiten und tatsächlichen Eigenschaften, der sonstigen Beschaffenheit und der Lage des Grundstücks oder des sonstigen Gegenstands der Wertermittlung ohne Rücksicht auf ungewöhnliche oder persönliche Verhältnisse zu erzielen wäre.

§ 195 Kaufpreissammlung.

(1) [1] Zur Führung der Kaufpreissammlung ist jeder Vertrag, durch den sich jemand verpflichtet, Eigentum an einem Grundstück gegen Entgelt, auch im Wege des Tausches, zu übertragen oder ein Erbbaurecht erstmals oder erneut zu bestellen, von der beurkundenden Stelle in Abschrift dem Gutachterausschuss zu übersenden. [2] Dies gilt auch für das Angebot und die Annahme eines Vertrags, wenn diese getrennt beurkundet werden, sowie entsprechend für die Einigung vor einer Enteignungsbehörde, den Enteignungsbeschluss, den Beschluss über die Vorwegnahme einer Entscheidung im Umlegungsverfahren, den Beschluss über die Aufstellung eines Umlegungsplans, den Beschluss über eine vereinfachte Umlegung und für den Zuschlag in einem Zwangsversteigerungsverfahren.

(2) [1] Die Kaufpreissammlung darf nur dem zuständigen Finanzamt für Zwecke der Besteuerung übermittelt werden. [2] Vorschriften, nach denen Urkunden oder Akten den Gerichten oder Staatsanwaltschaften vorzulegen sind, bleiben unberührt.

(3) Auskünfte aus der Kaufpreissammlung sind bei berechtigtem Interesse nach Maßgabe landesrechtlicher Vorschriften zu erteilen (§ 199 Absatz 2 Nummer 4).

§ 196 Bodenrichtwerte. (1) [1] Auf Grund der Kaufpreissammlung sind flächendeckend durchschnittliche Lagewerte für den Boden unter Berücksichtigung des unterschiedlichen Entwicklungszustands zu ermitteln (Bodenrichtwerte). [2] In bebauten Gebieten sind Bodenrichtwerte mit dem Wert zu ermitteln, der sich ergeben würde, wenn der Boden unbebaut wäre. [3] Es sind Richtwertzonen zu bilden, die jeweils Gebiete umfassen, die nach Art und Maß der Nutzung weitgehend übereinstimmen. [4] Die wertbeeinflussenden Merkmale des Bodenrichtwertgrundstücks sind darzustellen. [5] Die Bodenrichtwerte sind jeweils zum Ende jedes zweiten Kalenderjahres zu ermitteln, wenn nicht eine häufigere Ermittlung bestimmt ist. [6] Für Zwecke der steuerlichen Bewertung des Grundbesitzes sind Bodenrichtwerte nach ergänzenden Vorgaben der Finanzverwaltung zum jeweiligen Hauptfeststellungszeitpunkt oder sonstigen Feststellungszeitpunkt zu ermitteln. [7] Auf Antrag der für den Vollzug dieses Gesetzbuchs zuständigen Behörden sind Bodenrichtwerte für einzelne Gebiete bezogen auf einen abweichenden Zeitpunkt zu ermitteln.

(2) [1] Hat sich in einem Gebiet die Qualität des Bodens durch einen Bebauungsplan oder andere Maßnahmen geändert, sind bei der nächsten Fortschreibung der Bodenrichtwerte auf der Grundlage der geänderten Qualität auch Bodenrichtwerte bezogen auf die Wertverhältnisse zum Zeitpunkt der letzten Hauptfeststellung oder dem letzten sonstigen Feststellungszeitpunkt für steuerliche Zwecke zu ermitteln. [2] Die Ermittlung kann unterbleiben, wenn das zuständige Finanzamt darauf verzichtet.

(3) [1] Die Bodenrichtwerte sind zu veröffentlichen und dem zuständigen Finanzamt mitzuteilen. [2] Jedermann kann von der Geschäftsstelle Auskunft über die Bodenrichtwerte verlangen.

§ 197 Befugnisse des Gutachterausschusses. (1) [1] Der Gutachterausschuss kann mündliche oder schriftliche Auskünfte von Sachverständigen und von Personen einholen, die Angaben über das Grundstück und, wenn das zur Ermittlung von Geldleistungen im Umlegungsverfahren, von Ausgleichsbeträgen und von Enteignungsentschädigungen erforderlich ist, über ein Grundstück, das zum Vergleich herangezogen werden soll, machen können. [2] Er kann verlangen, dass Eigentümer und sonstige Inhaber von Rechten an einem Grundstück die zur Führung der Kaufpreissammlung und zur Begutachtung notwendigen Unterlagen vorlegen. [3] Der Eigentümer und der Besitzer des Grundstücks haben zu dulden, dass Grundstücke zur Auswertung von Kaufpreisen und zur Vorbereitung von Gutachten betreten werden. [4] Wohnungen dürfen nur mit Zustimmung der Wohnungsinhaber betreten werden.

(2) [1] Alle Gerichte und Behörden haben dem Gutachterausschuss Rechts- und Amtshilfe zu leisten. [2] Die Finanzbehörden erteilen dem Gutachterausschuss auf Ersuchen Auskünfte über Grundstücke, soweit ihnen die Verhältnisse der Grundstücke bekannt sind und dies zur Ermittlung von Ausgleichsbeträgen und Enteignungsentschädigungen sowie zur Ermittlung von Verkehrswerten und der für die Wertermittlung erforderlichen Daten einschließlich der Bodenrichtwerte erforderlich ist. [3] Die Auskunftspflicht besteht nicht, soweit deren Erfüllung mit einem unverhältnismäßigen Aufwand verbunden wäre.

§ 198 Oberer Gutachterausschuss. (1) [1]Für den Bereich einer oder mehrerer höherer Verwaltungsbehörden sind Obere Gutachterausschüsse oder Zentrale Geschäftsstellen zu bilden, wenn in dem Bereich der höheren Verwaltungsbehörde mehr als zwei Gutachterausschüsse gebildet sind. [2]Auf die Oberen Gutachterausschüsse sind die Vorschriften über die Gutachterausschüsse entsprechend anzuwenden.

(2) [1]Der Obere Gutachterausschuss oder die Zentrale Geschäftsstelle haben insbesondere die Aufgabe, überregionale Auswertungen und Analysen des Grundstücksmarktgeschehens zu erstellen, auch um zu einer bundesweiten Grundstücksmarkttransparenz beizutragen. [2]Ist nach Absatz 1 kein Oberer Gutachterausschuss oder keine Zentrale Geschäftsstelle zu bilden, gilt Satz 1 für die Gutachterausschüsse entsprechend.

(3) Der Obere Gutachterausschuss hat auf Antrag eines Gerichts ein Obergutachten zu erstatten, wenn schon das Gutachten eines Gutachterausschusses vorliegt.

§ 199 Ermächtigungen. (1) Die Bundesregierung wird ermächtigt, mit Zustimmung des Bundesrates durch Rechtsverordnung[1]) Vorschriften über die Anwendung gleicher Grundsätze bei der Ermittlung der Verkehrswerte und bei der Ableitung der für die Wertermittlung erforderlichen Daten einschließlich der Bodenrichtwerte zu erlassen.

(2) Die Landesregierungen werden ermächtigt, durch Rechtsverordnung

1. die Bildung und das Tätigwerden der Gutachterausschüsse und der Oberen Gutachterausschüsse sowie der Zentralen Geschäftsstellen, soweit in diesem Gesetzbuch nicht bereits geschehen, die Mitwirkung der Gutachter und deren Ausschluss im Einzelfall,

2. die Aufgaben des Vorsitzenden,

3. die Einrichtung und die Aufgaben der Geschäftsstelle,

4. die Führung und Auswertung der Kaufpreissammlung, die Häufigkeit der Bodenrichtwertermittlung sowie die Veröffentlichung der Bodenrichtwerte und sonstiger Daten der Wertermittlung und die Erteilung von Auskünften aus der Kaufpreissammlung,

5. die Übermittlung von Daten der Flurbereinigungsbehörden zur Führung und Auswertung der Kaufpreissammlung,

6. die Übertragung weiterer Aufgaben auf den Gutachterausschuss und den Oberen Gutachterausschuss und

7. die Entschädigung der Mitglieder des Gutachterausschusses und des Oberen Gutachterausschusses

zu regeln.

[1]) Siehe die ImmobilienwertermittlungsVO **(Sartorius ErgBd. Nr. 310)**, die BodenrichtwertRL v. 11.1.2011 (BAnz. Nr. 24 S. 597), die SachwertRL v. 5.9.2012 (BAnz AT 18.10.2012 B1), die VergleichswertRL v. 20.3.2014 (BAnz AT 11.04.2014 B3) und die ErtragswertRL v. 12.11. 2015 (BAnz AT 04.12.2015 B4).

**Zweiter Teil. Allgemeine Vorschriften; Zuständigkeiten;
Verwaltungsverfahren; Planerhaltung**

Erster Abschnitt. Allgemeine Vorschriften

§ 200 Grundstücke; Rechte an Grundstücken; Baulandkataster.
(1) Die für Grundstücke geltenden Vorschriften dieses Gesetzbuchs sind
entsprechend auch auf Grundstücksteile anzuwenden.

(2) Die für das Eigentum an Grundstücken bestehenden Vorschriften sind,
soweit dieses Gesetzbuch nichts anderes vorschreibt, entsprechend auch auf
grundstücksgleiche Rechte anzuwenden.

(3) [1] Die Gemeinde kann sofort oder in absehbarer Zeit bebaubare Flächen
in Karten oder Listen auf der Grundlage eines Lageplans erfassen, der Flur-
und Flurstücksnummern, Straßennamen und Angaben zur Grundstücksgröße
enthält (Baulandkataster). [2] Sie kann die Flächen in Karten oder Listen ver-
öffentlichen, soweit der Grundstückseigentümer nicht widersprochen hat.
[3] Die Gemeinde hat ihre Absicht zur Veröffentlichung einen Monat vorher
öffentlich bekannt zu geben und dabei auf das Widerspruchsrecht der Grund-
stückseigentümer hinzuweisen.

§ 200a Ersatzmaßnahmen. [1] Darstellungen für Flächen zum Ausgleich
und Festsetzungen für Flächen oder Maßnahmen zum Ausgleich im Sinne des
§ 1a Absatz 3 umfassen auch Ersatzmaßnahmen. [2] Ein unmittelbarer räumli-
cher Zusammenhang zwischen Eingriff und Ausgleich ist nicht erforderlich,
soweit dies mit einer geordneten städtebaulichen Entwicklung und den Zie-
len der Raumordnung sowie des Naturschutzes und der Landschaftspflege
vereinbar ist.

§ 201 Begriff der Landwirtschaft. Landwirtschaft im Sinne dieses Ge-
setzbuchs ist insbesondere der Ackerbau, die Wiesen- und Weidewirtschaft
einschließlich Tierhaltung, soweit das Futter überwiegend auf den zum land-
wirtschaftlichen Betrieb gehörenden, landwirtschaftlich genutzten Flächen
erzeugt werden kann, die gartenbauliche Erzeugung, der Erwerbsobstbau, der
Weinbau, die berufsmäßige Imkerei und die berufsmäßige Binnenfischerei.

§ 202 Schutz des Mutterbodens. Mutterboden, der bei der Errichtung
und Änderung baulicher Anlagen sowie bei wesentlichen anderen Verände-
rungen der Erdoberfläche ausgehoben wird, ist in nutzbarem Zustand zu
erhalten und vor Vernichtung oder Vergeudung zu schützen.

Zweiter Abschnitt. Zuständigkeiten

§ 203 Abweichende Zuständigkeitsregelung. (1) Die Landesregierung
oder die von ihr bestimmte Behörde kann im Einvernehmen mit der Ge-
meinde durch Rechtsverordnung bestimmen, dass die nach diesem Gesetz-
buch der Gemeinde obliegenden Aufgaben auf eine andere Gebietskörper-
schaft übertragen werden oder auf einen Verband, an dessen Willensbildung
die Gemeinde mitwirkt.

(2) [1] Durch Landesgesetz können Aufgaben der Gemeinden nach diesem
Gesetzbuch auf Verbandsgemeinden, Verwaltungsgemeinschaften oder ver-
gleichbare gesetzliche Zusammenschlüsse von Gemeinden, denen nach Lan-

desrecht örtliche Selbstverwaltungsaufgaben der Gemeinde obliegen, übertragen werden. [2] In dem Landesgesetz ist zu regeln, wie die Gemeinden an der Aufgabenerfüllung mitwirken.

(3) Die Landesregierung kann durch Rechtsverordnung die nach diesem Gesetzbuch der höheren Verwaltungsbehörde zugewiesenen Aufgaben auf andere staatliche Behörden, Landkreise oder kreisfreie Gemeinden übertragen.

(4) [1] Unterliegen die Planungsbereiche gemeinsamer Flächennutzungspläne (§ 204) oder von Flächennutzungsplänen und Satzungen eines Planungsverbands (§ 205) der Zuständigkeit verschiedener höherer Verwaltungsbehörden, ist die Oberste Landesbehörde für die Entscheidung im Genehmigungs- und Zustimmungsverfahren zuständig. [2] Liegen die Geltungsbereiche in verschiedenen Ländern, entscheiden die Obersten Landesbehörden im gegenseitigen Einvernehmen.

§ 204 Gemeinsamer Flächennutzungsplan, Bauleitplanung bei Bildung von Planungsverbänden und bei Gebiets- oder Bestandsänderung. (1) [1] Benachbarte Gemeinden sollen einen gemeinsamen Flächennutzungsplan aufstellen, wenn ihre städtebauliche Entwicklung wesentlich durch gemeinsame Voraussetzungen und Bedürfnisse bestimmt wird oder ein gemeinsamer Flächennutzungsplan einen gerechten Ausgleich der verschiedenen Belange ermöglicht. [2] Ein gemeinsamer Flächennutzungsplan soll insbesondere aufgestellt werden, wenn die Ziele der Raumordnung oder wenn Einrichtungen und Anlagen des öffentlichen Verkehrs, sonstige Erschließungsanlagen sowie Gemeinbedarfs- oder sonstige Folgeeinrichtungen eine gemeinsame Planung erfordern. [3] Der gemeinsame Flächennutzungsplan kann von den beteiligten Gemeinden nur gemeinsam aufgehoben, geändert oder ergänzt werden; die Gemeinden können vereinbaren, dass sich die Bindung nur auf bestimmte räumliche oder sachliche Teilbereiche erstreckt. [4] Ist eine gemeinsame Planung nur für räumliche oder sachliche Teilbereiche erforderlich, genügt anstelle eines gemeinsamen Flächennutzungsplans eine Vereinbarung der beteiligten Gemeinden über bestimmte Darstellungen in ihren Flächennutzungsplänen. [5] Sind die Voraussetzungen für eine gemeinsame Planung nach Satz 1 und 4 entfallen oder ist ihr Zweck erreicht, können die beteiligten Gemeinden den Flächennutzungsplan für ihr Gemeindegebiet ändern oder ergänzen; vor Einleitung des Bauleitplanverfahrens ist die Zustimmung der höheren Verwaltungsbehörde erforderlich.

(2) [1] Werden Gemeinden in ihrem Gebiet oder Bestand geändert oder geht die Zuständigkeit zur Aufstellung von Flächennutzungsplänen auf Verbände oder sonstige kommunale Körperschaften über, gelten unbeschadet abweichender landesrechtlicher Regelungen bestehende Flächennutzungspläne fort. [2] Dies gilt auch für räumliche und sachliche Teile der Flächennutzungspläne. [3] Die Befugnis und die Pflicht der Gemeinde, eines Verbands oder einer sonstigen Körperschaft, fortgeltende Flächennutzungspläne aufzuheben oder für das neue Gemeindegebiet zu ergänzen oder durch einen neuen Flächennutzungsplan zu ersetzen, bleiben unberührt.

(3) [1] Verfahren zur Aufstellung, Änderung, Ergänzung oder Aufhebung von Bebauungsplänen können nach einer Gebiets- oder Bestandsänderung in *ihrem* jeweiligen Stand fortgeführt werden. [2] Satz 1 gilt entsprechend bei Bildung von Planungsverbänden und für Zusammenschlüsse nach § 205 Ab-

satz 6. [3] Die höhere Verwaltungsbehörde kann verlangen, dass bestimmte Verfahrensabschnitte wiederholt werden.

§ 205 Planungsverbände. (1) [1] Gemeinden und sonstige öffentliche Planungsträger können sich zu einem Planungsverband zusammenschließen, um durch gemeinsame zusammengefasste Bauleitplanung den Ausgleich der verschiedenen Belange zu erreichen. [2] Der Planungsverband tritt nach Maßgabe seiner Satzung für die Bauleitplanung und ihre Durchführung an die Stelle der Gemeinden.

(2) [1] Kommt ein Zusammenschluss nach Absatz 1 nicht zustande, können die Beteiligten auf Antrag eines Planungsträgers zu einem Planungsverband zusammengeschlossen werden, wenn dies zum Wohl der Allgemeinheit dringend geboten ist. [2] Ist der Zusammenschluss aus Gründen der Raumordnung geboten, kann den Antrag auch die für die Landesplanung nach Landesrecht zuständige Stelle stellen. [3] Über den Antrag entscheidet die Landesregierung. [4] Sind Planungsträger verschiedener Länder beteiligt, erfolgt der Zusammenschluss nach Vereinbarung zwischen den beteiligten Landesregierungen. [5] Sollen der Bund oder eine bundesunmittelbare Körperschaft oder Anstalt an dem Planungsverband beteiligt werden, erfolgt der Zusammenschluss nach Vereinbarung zwischen der Bundesregierung und der Landesregierung, sofern die beteiligte Behörde des Bundes oder der bundesunmittelbaren Körperschaft oder Anstalt dem Zusammenschluss durch die Landesregierung widerspricht.

(3) [1] Kommt eine Einigung über die Satzung oder über den Plan unter den Mitgliedern nicht zustande, stellt die zuständige Landesbehörde eine Satzung oder einen Plan auf und legt sie dem Planungsverband zur Beschlussfassung vor. [2] Einigen sich die Mitglieder über diese Satzung oder diesen Plan nicht, setzt die Landesregierung die Satzung oder den Plan fest. [3] Absatz 2 Satz 4 ist entsprechend anzuwenden. [4] Ist der Bund oder eine bundesunmittelbare Körperschaft oder Anstalt an dem Planungsverband beteiligt, wird die Satzung oder der Plan nach Vereinbarung zwischen der Bundesregierung und der Landesregierung festgesetzt, sofern die beteiligte Behörde des Bundes oder der bundesunmittelbaren Körperschaft oder Anstalt der Festsetzung durch die Landesregierung widerspricht.

(4) Dem Planungsverband können nach Maßgabe der Satzung die Aufgaben der Gemeinde, die ihr nach diesem Gesetzbuch obliegen, übertragen werden.

(5) [1] Der Planungsverband ist aufzulösen, wenn die Voraussetzungen für den Zusammenschluss entfallen sind oder der Zweck der gemeinsamen Planung erreicht ist. [2] Kommt ein übereinstimmender Beschluss über die Auflösung nicht zustande, ist unter den in Satz 1 bezeichneten Voraussetzungen die Auflösung auf Antrag eines Mitglieds anzuordnen; im Übrigen ist Absatz 2 entsprechend anzuwenden. [3] Nach Auflösung des Planungsverbands gelten die von ihm aufgestellten Pläne als Bauleitpläne der einzelnen Gemeinden.

(6) Ein Zusammenschluss nach dem Zweckverbandsrecht oder durch besondere Landesgesetze wird durch diese Vorschriften nicht ausgeschlossen.

(7) [1] Wird die Befugnis zur Aufstellung von Bauleitplänen nach den Absätzen 1 bis 3 oder 6 übertragen, sind die Entwürfe der Bauleitpläne mit Begründung vor der Beschlussfassung hierüber oder der Festsetzung nach Absatz 3 Satz 2 oder 4 den Gemeinden, für deren Gebiet der Bauleitplan aufgestellt werden soll, zur Stellungnahme innerhalb angemessener Frist zuzuleiten. [2] Auf die Behandlung der von den Gemeinden fristgemäß vorgebrachten Anregungen ist § 3 Absatz 2 Satz 4 und 6 entsprechend anzuwenden.

§ 206 Örtliche und sachliche Zuständigkeit. (1) [1] Örtlich zuständig ist die Behörde, in deren Bereich das betroffene Grundstück liegt. [2] Werden Grundstücke betroffen, die örtlich oder wirtschaftlich zusammenhängen und demselben Eigentümer gehören, und liegen diese Grundstücke im Bereich mehrerer nach diesem Gesetzbuch sachlich zuständiger Behörden, so wird die örtlich zuständige Behörde durch die nächsthöhere gemeinsame Behörde bestimmt.

(2) Ist eine höhere Verwaltungsbehörde nicht vorhanden, so ist die Oberste Landesbehörde zugleich höhere Verwaltungsbehörde.

Dritter Abschnitt. Verwaltungsverfahren

§ 207 Von Amts wegen bestellter Vertreter. [1] Ist ein Vertreter nicht vorhanden, so hat das Betreuungsgericht, für einen minderjährigen Beteiligten das Familiengericht auf Ersuchen der zuständigen Behörde einen rechts- und sachkundigen Vertreter zu bestellen

1. für einen Beteiligten, dessen Person unbekannt, oder für eine Person, deren Beteiligung ungewiss ist,

2. für einen abwesenden Beteiligten, dessen Aufenthalt unbekannt oder dessen Aufenthalt zwar bekannt, der aber an der Besorgung seiner Vermögensangelegenheiten verhindert ist,

3. für einen Beteiligten, dessen Aufenthalt sich nicht innerhalb des Geltungsbereichs dieses Gesetzbuchs befindet, wenn er der Aufforderung der zuständigen Behörde, einen Vertreter zu bestellen, innerhalb der ihm gesetzten Frist nicht nachgekommen ist,

4. für Gesamthandseigentümer oder Eigentümer nach Bruchteilen sowie für mehrere Inhaber eines sonstigen Rechts an einem Grundstück oder an einem das Grundstück belastenden Recht, wenn sie der Aufforderung der zuständigen Behörden, einen gemeinsamen Vertreter zu bestellen, innerhalb der ihnen gesetzten Fristen nicht nachgekommen sind,

5. bei herrenlosen Grundstücken zur Wahrung der aus dem Eigentum sich ergebenden Rechte und Pflichten.

[2] Für die Bestellung und für das Amt des Vertreters gelten die Vorschriften des Bürgerlichen Gesetzbuchs[1] für die Pflegschaft[2] entsprechend.

§ 208 Anordnungen zur Erforschung des Sachverhalts. [1] Die Behörden können zur Erforschung des Sachverhalts auch anordnen, dass

1. Beteiligte persönlich erscheinen,

[1] **Schönfelder Nr. 20.**
[2] Siehe §§ 1909–1921 BGB **(Schönfelder Nr. 20).**

2. Urkunden und sonstige Unterlagen vorgelegt werden, auf die sich ein Beteiligter bezogen hat,

3. Hypotheken-, Grundschuld- und Rentenschuldgläubiger die in ihrem Besitz befindlichen Hypotheken-, Grundschuld- und Rentenschuldbriefe vorlegen.

[2] Für den Fall, dass ein Beteiligter der Anordnung nicht nachkommt, kann ein Zwangsgeld bis zu fünfhundert Euro angedroht und festgesetzt werden. [3] Ist Beteiligter eine juristische Person oder eine nichtrechtsfähige Personenvereinigung, so ist das Zwangsgeld dem nach Gesetz oder Satzung Vertretungsberechtigten anzudrohen und gegen ihn festzusetzen. [4] Androhung und Festsetzung können wiederholt werden.

§ 209 Vorarbeiten auf Grundstücken. (1) [1] Eigentümer und Besitzer haben zu dulden, dass Beauftragte der zuständigen Behörden zur Vorbereitung der von ihnen nach diesem Gesetzbuch zu treffenden Maßnahmen Grundstücke betreten und Vermessungen, Boden- und Grundwasseruntersuchungen oder ähnliche Arbeiten ausführen. [2] Die Absicht, solche Arbeiten auszuführen, ist den Eigentümern oder Besitzern vorher bekannt zu geben. [3] Wohnungen dürfen nur mit Zustimmung der Wohnungsinhaber betreten werden.

(2) [1] Entstehen durch eine nach Absatz 1 zulässige Maßnahme dem Eigentümer oder Besitzer unmittelbare Vermögensnachteile, so ist dafür von der Stelle, die den Auftrag erteilt hat, eine angemessene Entschädigung in Geld zu leisten; kommt eine Einigung über die Geldentschädigung nicht zustande, so entscheidet die höhere Verwaltungsbehörde; vor der Entscheidung sind die Beteiligten zu hören. [2] Hat eine Enteignungsbehörde den Auftrag erteilt, so hat der Antragsteller, in dessen Interesse die Enteignungsbehörde tätig geworden ist, dem Betroffenen die Entschädigung zu leisten; kommt eine Einigung über die Geldentschädigung nicht zustande, so setzt die Enteignungsbehörde die Entschädigung fest; vor der Entscheidung sind die Beteiligten zu hören.

§ 210 Wiedereinsetzung. (1) Wenn ein Beteiligter ohne Verschulden verhindert war, eine gesetzliche oder auf Grund dieses Gesetzbuchs bestimmte Frist für eine Verfahrenshandlung einzuhalten, so ist ihm auf Antrag Wiedereinsetzung in den vorigen Stand zu gewähren.

(2) Die nach § 32 Absatz 4 des Verwaltungsverfahrensgesetzes[1] zuständige Behörde kann nach Wiedereinsetzung in den vorigen Stand anstelle einer Entscheidung, die den durch das bisherige Verfahren herbeigeführten neuen Rechtszustand ändern würde, eine Entschädigung festsetzen.

§ 211 Belehrung über Rechtsbehelfe. Den nach diesem Gesetzbuch ergehenden Verwaltungsakten ist eine Erklärung beizufügen, durch die der Beteiligte über den Rechtsbehelf, der gegen den Verwaltungsakt gegeben ist, über die Stelle, bei der der Rechtsbehelf einzulegen ist, und über die Frist belehrt wird.

[1] Nr. 100.

§ 212 Vorverfahren. (1) Die Landesregierungen können durch Rechtsverordnung bestimmen, dass ein nach dem Vierten oder Fünften Teil des Ersten Kapitels erlassener Verwaltungsakt durch Antrag auf gerichtliche Entscheidung nach § 217 erst angefochten werden kann, nachdem seine Rechtmäßigkeit und Zweckmäßigkeit in einem Vorverfahren nachgeprüft worden ist; das Vorverfahren ist in Anlehnung an die Vorschriften der Verwaltungsgerichtsordnung[1]) zu regeln.

(2) ¹Ist ein Vorverfahren vorgesehen, hat der Widerspruch gegen

1. den Umlegungsbeschluss nach § 47 Absatz 1,

2. die Bekanntmachung der Unanfechtbarkeit des Umlegungsplans nach § 71 Absatz 1 sowie

3. die vorzeitige Besitzeinweisung nach § 77 oder § 116

keine aufschiebende Wirkung. ²§ 80 Absatz 4 und 5 der Verwaltungsgerichtsordnung ist entsprechend anzuwenden.

§ 212a Entfall der aufschiebenden Wirkung. (1) Widerspruch und Anfechtungsklage eines Dritten gegen die bauaufsichtliche Zulassung eines Vorhabens haben keine aufschiebende Wirkung.

(2) Widerspruch und Anfechtungsklage gegen die Geltendmachung des Kostenerstattungsbetrags nach § 135a Absatz 3 sowie des Ausgleichsbetrags nach § 154 durch die Gemeinde haben keine aufschiebende Wirkung.

§ 213 Ordnungswidrigkeiten. (1) Ordnungswidrig handelt, wer

1. wider besseres Wissen unrichtige Angaben macht oder unrichtige Pläne oder Unterlagen vorlegt, um einen begünstigenden Verwaltungsakt zu erwirken oder einen belastenden Verwaltungsakt zu verhindern;

2. Pfähle, Pflöcke oder sonstige Markierungen, die Vorarbeiten dienen, wegnimmt, verändert, unkenntlich macht oder unrichtig setzt;

3. einer in einem Bebauungsplan nach § 9 Absatz 1 Nummer 25 Buchstabe b festgesetzten Bindung für Bepflanzungen und für die Erhaltung von Bäumen, Sträuchern und sonstigen Bepflanzungen sowie von Gewässern dadurch zuwiderhandelt, dass diese beseitigt, wesentlich beeinträchtigt oder zerstört werden;

4. eine bauliche Anlage im Geltungsbereich einer Erhaltungssatzung (§ 172 Absatz 1 Satz 1) oder einer Satzung über die Durchführung von Stadtumbaumaßnahmen (§ 171d Absatz 1) ohne Genehmigung rückbaut oder ändert.

(2) Ordnungswidrig handelt, wer vorsätzlich oder fahrlässig ohne Genehmigung nach § 22 Absatz 1 Satz 1 Nummer 5 einen dort genannten Raum als Nebenwohnung nutzt.

(3) Die Ordnungswidrigkeit kann in den Fällen des Absatzes 2 mit einer Geldbuße bis zu fünfzigtausend Euro, in den Fällen des Absatzes 1 Nummer 4 mit einer Geldbuße bis zu dreißigtausend Euro, in den Fällen des Absatzes 1 Nummer 3 mit einer Geldbuße bis zu zehntausend Euro und in den übrigen Fällen mit einer Geldbuße bis zu tausend Euro geahndet werden.

[1]) Nr. **600**.

gen sind Mängel im Abwägungsvorgang nur erheblich, wenn sie offensichtlich und auf das Abwägungsergebnis von Einfluss gewesen sind.

(4) Der Flächennutzungsplan oder die Satzung können durch ein ergänzendes Verfahren zur Behebung von Fehlern auch rückwirkend in Kraft gesetzt werden.

§ 215 Frist für die Geltendmachung der Verletzung von Vorschriften. (1) ¹ Unbeachtlich werden

1. eine nach § 214 Absatz 1 Satz 1 Nummer 1 bis 3 beachtliche Verletzung der dort bezeichneten Verfahrens- und Formvorschriften,

2. eine unter Berücksichtigung des § 214 Absatz 2 beachtliche Verletzung der Vorschriften über das Verhältnis des Bebauungsplans und des Flächennutzungsplans und

3. nach § 214 Absatz 3 Satz 2 beachtliche Mängel des Abwägungsvorgangs,

wenn sie nicht innerhalb eines Jahres seit Bekanntmachung des Flächennutzungsplans oder der Satzung schriftlich gegenüber der Gemeinde unter Darlegung des die Verletzung begründenden Sachverhalts geltend gemacht worden sind. ² Satz 1 gilt entsprechend, wenn Fehler nach § 214 Absatz 2a beachtlich sind.

(2) Bei Inkraftsetzung des Flächennutzungsplans oder der Satzung ist auf die Voraussetzungen für die Geltendmachung der Verletzung von Vorschriften sowie auf die Rechtsfolgen hinzuweisen.

§ 216 Aufgaben im Genehmigungsverfahren. Die Verpflichtung der für das Genehmigungsverfahren zuständigen Behörde, die Einhaltung der Vorschriften zu prüfen, deren Verletzung sich nach den §§ 214 und 215 auf die Rechtswirksamkeit eines Flächennutzungsplans oder einer Satzung nicht auswirkt, bleibt unberührt.

Dritter Teil. Verfahren vor den Kammern (Senaten) für Baulandsachen

§ 217 Antrag auf gerichtliche Entscheidung. (1) ¹ Verwaltungsakte nach dem Vierten und Fünften Teil des Ersten Kapitels sowie nach den §§ 18, 28 Absatz 3, 4 und 6, den §§ 39 bis 44, 126 Absatz 2, § 150 Absatz 2, § 179 Absatz 4, den §§ 181, 209 Absatz 2 oder § 210 Absatz 2 können nur durch Antrag auf gerichtliche Entscheidung angefochten werden. ² Satz 1 ist auch anzuwenden auf andere Verwaltungsakte auf Grund dieses Gesetzbuchs, für die die Anwendung des Zweiten Abschnitts des Fünften Teils des Ersten Kapitels vorgeschrieben ist oder die in einem Verfahren nach dem Vierten oder Fünften Teil des Ersten Kapitels erlassen werden, sowie auf Streitigkeiten über die Höhe der Geldentschädigung nach § 190 in Verbindung mit § 88 Nummer 7 und § 89 Absatz 2 des Flurbereinigungsgesetzes¹⁾. ³ Mit dem Antrag auf gerichtliche Entscheidung kann auch die Verurteilung zum Erlass eines Verwaltungsakts oder zu einer sonstigen Leistung sowie eine Feststellung begehrt werden. ⁴ Über den Antrag entscheidet das Landgericht, Kammer für Baulandsachen.

¹⁾ **Sartorius III Nr. 150.**

(2) [1] Der Antrag ist binnen eines Monats seit der Zustellung des Verwaltungsakts bei der Stelle einzureichen, die den Verwaltungsakt erlassen hat. [2] Ist die ortsübliche Bekanntmachung des Verwaltungsakts vorgeschrieben, so ist der Antrag binnen sechs Wochen seit der Bekanntmachung einzureichen. [3] Hat ein Vorverfahren (§ 212) stattgefunden, so beginnt die in Satz 1 bestimmte Frist mit der Zustellung des Bescheids, der das Vorverfahren beendet hat.

(3) [1] Der Antrag muss den Verwaltungsakt bezeichnen, gegen den er sich richtet. [2] Er soll die Erklärung, inwieweit der Verwaltungsakt angefochten wird, und einen bestimmten Antrag enthalten. [3] Er soll die Gründe sowie die Tatsachen und Beweismittel angeben, die zur Rechtfertigung des Antrags dienen.

(4) [1] Die Stelle, die den Verwaltungsakt erlassen hat, hat den Antrag mit ihren Akten unverzüglich dem zuständigen Landgericht vorzulegen. [2] Ist das Verfahren vor der Stelle noch nicht abgeschlossen, so sind statt der Akten Abschriften der bedeutsamen Aktenstücke vorzulegen.

§ 218 Wiedereinsetzung in den vorigen Stand. (1) [1] War ein Beteiligter ohne Verschulden verhindert, die Frist nach § 217 Absatz 2 einzuhalten, so ist ihm auf Antrag vom Landgericht, Kammer für Baulandsachen, Wiedereinsetzung in den vorigen Stand zu gewähren, wenn er den Antrag auf gerichtliche Entscheidung binnen zwei Wochen nach Beseitigung des Hindernisses einreicht und die Tatsachen, die die Wiedereinsetzung begründen, glaubhaft macht. [2] Gegen die Entscheidung über den Antrag findet die sofortige Beschwerde an das Oberlandesgericht, Senat für Baulandsachen, statt. [3] Nach Ablauf eines Jahres, vom Ende der versäumten Frist an gerechnet, kann die Wiedereinsetzung nicht mehr beantragt werden.

(2) Ist der angefochtene Verwaltungsakt ein Enteignungsbeschluss und ist der bisherige Rechtszustand bereits durch den neuen Rechtszustand ersetzt (§ 117 Absatz 5), so kann das Gericht im Falle der Wiedereinsetzung den Enteignungsbeschluss nicht aufheben und hinsichtlich des Gegenstands der Enteignung oder der Art der Entschädigung nicht ändern.

§ 219 Örtliche Zuständigkeit der Landgerichte. (1) Örtlich zuständig ist das Landgericht, in dessen Bezirk die Stelle, die den Verwaltungsakt erlassen hat, ihren Sitz hat.

(2) [1] Die Landesregierungen können durch Rechtsverordnung die Verhandlung und Entscheidung über Anträge auf gerichtliche Entscheidung einem Landgericht für die Bezirke mehrerer Landgerichte zuweisen, wenn die Zusammenfassung für eine Förderung oder schnellere Erledigung der Verfahren sachdienlich ist. [2] Die Landesregierungen können diese Ermächtigung auf die Landesjustizverwaltungen übertragen.

§ 220 Zusammensetzung der Kammern für Baulandsachen. (1) [1] Bei den Landgerichten werden eine oder mehrere Kammern für Baulandsachen gebildet. [2] Die Kammer für Baulandsachen entscheidet in der Besetzung mit zwei Richtern des Landgerichts einschließlich des Vorsitzenden sowie einem hauptamtlichen Richter eines Verwaltungsgerichts. [3] Die Vorschriften über den Einzelrichter sind nicht anzuwenden.

(2) Die Richter der Verwaltungsgerichte und die für den Fall ihrer Verhinderung erforderlichen Vertreter werden von der für die Verwaltungsgerichtsbarkeit zuständigen Obersten Landesbehörde auf die Dauer von drei Jahren bestellt.

§ 221 Allgemeine Verfahrensvorschriften.

(1) [1] In den Sachen, die auf Grund eines Antrags auf gerichtliche Entscheidung bei den Gerichten anhängig werden, sind die bei Klagen in bürgerlichen Rechtsstreitigkeiten geltenden Vorschriften entsprechend anzuwenden, soweit sich aus den §§ 217 bis 231 nichts anderes ergibt. [2] § 227 Absatz 3 Satz 1 der Zivilprozessordnung[1]) ist nicht anzuwenden.

(2) Das Gericht kann auch von Amts wegen die Aufnahme von Beweisen anordnen und nach Anhörung der Beteiligten auch solche Tatsachen berücksichtigen, die von ihnen nicht vorgebracht worden sind.

(3) Sind gegen denselben Verwaltungsakt mehrere Anträge auf gerichtliche Entscheidung gestellt, so wird über sie gleichzeitig verhandelt und entschieden.

(4) Die Vorschriften über die Vorauszahlung der Gebühr für das Verfahren im Allgemeinen nach § 12 Absatz 1 Satz 1 und 2 des Gerichtskostengesetzes[2]) sind nicht anzuwenden.

§ 222 Beteiligte.

(1) [1] Wer an dem Verfahren, in dem der Verwaltungsakt erlassen worden ist, Beteiligter war, ist auch in dem gerichtlichen Verfahren Beteiligter, wenn seine Rechte oder Pflichten durch die Entscheidung des Gerichts betroffen werden können. [2] In dem gerichtlichen Verfahren ist auch die Stelle Beteiligte, die den Verwaltungsakt erlassen hat.

(2) Der Antrag auf gerichtliche Entscheidung ist den übrigen in Absatz 1 Satz 1 bezeichneten Beteiligten, soweit sie bekannt sind, zuzustellen.

(3) [1] Auf die Beteiligten sind die für die Parteien geltenden Vorschriften der Zivilprozessordnung[3]) entsprechend anzuwenden. [2] § 78 der Zivilprozessordnung[1]) gilt in dem Verfahren vor dem Landgericht und dem Oberlandesgericht nur für Beteiligte, die Anträge in der Hauptsache stellen.

§ 223 Anfechtung von Ermessensentscheidungen.

[1] Soweit die Stelle, die den Verwaltungsakt erlassen hat, ermächtigt ist, nach ihrem Ermessen zu handeln, kann der Antrag nur darauf gestützt werden, dass die Entscheidung rechtswidrig ist, weil die gesetzlichen Grenzen des Ermessens überschritten sind oder von dem Ermessen in einer dem Zweck der Ermächtigung nicht entsprechenden Weise Gebrauch gemacht worden ist. [2] Dies gilt nicht, soweit in dem Verwaltungsakt über einen Anspruch auf eine Geldleistung entschieden worden ist.

§ 224 Entfall der aufschiebenden Wirkung bei Antrag auf gerichtliche Entscheidung.

[1] Der Antrag auf gerichtliche Entscheidung gegen

1. den Umlegungsbeschluss nach § 47 Absatz 1,

[1]) **Schönfelder Nr. 100.**
[2]) **Schönfelder Nr. 115.**
[3]) Siehe §§ 50 ff. ZPO **(Schönfelder Nr. 100).**

2. die Bekanntmachung der Unanfechtbarkeit des Umlegungsplans nach § 71 Absatz 1,

3. die vorzeitige Besitzeinweisung nach § 77 oder § 116 sowie

4. die Geltendmachung des Kostenerstattungsbetrags nach § 179 Absatz 4 hat keine aufschiebende Wirkung. ² § 80 Absatz 5 der Verwaltungsgerichtsordnung¹⁾ ist entsprechend anzuwenden.

§ 225 Vorzeitige Ausführungsanordnung. ¹ Ist nur noch die Höhe einer Geldentschädigung streitig, so kann das Gericht auf Antrag des Enteignungsbegünstigten beschließen, dass die Enteignungsbehörde die Ausführung des Enteignungsbeschlusses anzuordnen hat. ² In dem Beschluss kann bestimmt werden, dass der Enteignungsbegünstigte für den im Streit befindlichen Betrag Sicherheit zu leisten hat. ³ Die Ausführungsanordnung darf erst ergehen, wenn der Enteignungsbegünstigte die festgesetzte Geldentschädigung gezahlt oder zulässigerweise unter Verzicht auf das Recht der Rücknahme hinterlegt hat.

§ 226 Urteil. (1) Über den Antrag auf gerichtliche Entscheidung wird durch Urteil entschieden.

(2) ¹ Wird ein Antrag auf gerichtliche Entscheidung, der einen Anspruch auf eine Geldleistung betrifft, für begründet erachtet, so hat das Gericht den Verwaltungsakt zu ändern. ² Wird in anderen Fällen ein Antrag auf gerichtliche Entscheidung für begründet erachtet, so hat das Gericht den Verwaltungsakt aufzuheben und erforderlichenfalls auszusprechen, dass die Stelle, die den Verwaltungsakt erlassen hat, verpflichtet ist, in der Sache unter Beachtung der Rechtsauffassung des Gerichts anderweit zu entscheiden.

(3) ¹ Einen Enteignungsbeschluss kann das Gericht auch ändern, wenn der Antrag auf gerichtliche Entscheidung nicht einen Anspruch auf Geldleistung betrifft. ² Es darf in diesem Falle über den Antrag des Beteiligten hinaus, der den Antrag auf gerichtliche Entscheidung gestellt hat, den Enteignungsbeschluss auch ändern, soweit ein anderer Beteiligter es beantragt hat; dabei ist eine Änderung des Enteignungsbeschlusses zum Nachteil dessen, der den Antrag auf gerichtliche Entscheidung gestellt hat, nicht statthaft. ³ Wird ein Enteignungsbeschluss geändert, ist § 113 Absatz 2 entsprechend anzuwenden. ⁴ Wird ein Enteignungsbeschluss aufgehoben oder hinsichtlich des Gegenstands der Enteignung geändert, so gibt das Gericht im Falle des § 113 Absatz 5 dem Vollstreckungsgericht von seinem Urteil Kenntnis.

(4) Ist von mehreren Anträgen nur der eine oder ist nur ein Teil eines Antrags zur Endentscheidung reif, so soll das Gericht hierüber ein Teilurteil nur erlassen, wenn es zur Beschleunigung des Verfahrens notwendig erscheint.

§ 227 Säumnis eines Beteiligten. (1) ¹ Erscheint der Beteiligte, der den Antrag auf gerichtliche Entscheidung gestellt hat, in einem Termin zur mündlichen Verhandlung, so kann auch dann mündlich verhandelt werden, wenn einer der anderen Beteiligten nicht erscheint. ² Über einen Antrag, den

¹⁾ Nr. **600**.

(2) [1] Ist eine städtebauliche Sanierungsmaßnahme vor dem 1. Januar 1998 förmlich festgelegt worden und ist nach der Sanierungssatzung nur die Genehmigungspflicht nach § 144 Absatz 2 in der bis zum 31. Dezember 1997 geltenden Fassung ausgeschlossen, bedarf eine Teilung auch weiterhin der schriftlichen Genehmigung der Gemeinde. [2] Die Gemeinde hat dem Grundbuchamt Sanierungssatzungen im Sinne des Satzes 1 in entsprechender Anwendung des ab dem 1. Januar 1998 geltenden § 143 Absatz 2 Satz 1 bis 3 unverzüglich nachträglich mitzuteilen.

(3) In dem Gebiet, in dem das Grundgesetz[1] schon vor dem 3. Oktober 1990 galt, ist § 141 Absatz 4 auf Beschlüsse über den Beginn der vorbereitenden Untersuchungen, die vor dem 1. Mai 1993 bekannt gemacht worden sind, nicht anzuwenden.

(4) Sanierungssatzungen, die vor dem 1. Januar 2007 bekannt gemacht worden sind, sind spätestens bis zum 31. Dezember 2021 mit den Rechtswirkungen des § 162 Absatz 1 Satz 1 Nummer 4 aufzuheben, es sei denn, es ist entsprechend § 142 Absatz 3 Satz 3 oder 4 eine andere Frist für die Durchführung der Sanierung festgelegt worden.

§ 236 Überleitungsvorschriften für das Baugebot und die Erhaltung baulicher Anlagen. (1) § 176 Absatz 9 ist auf Enteignungsverfahren nach § 85 Absatz 1 Nummer 5 anzuwenden, wenn der Eigentümer die Verpflichtung aus einem Baugebot nicht erfüllt, das nach dem 31. Mai 1990 angeordnet worden ist.

(2) [1] § 172 Absatz 1 Satz 4 bis 6 gilt nicht für die Bildung von Teil- und Wohnungseigentum, dessen Eintragung vor dem 26. Juni 1997 beantragt worden ist. [2] Dies gilt auch, wenn ein Anspruch auf Bildung oder Übertragung von Teil- und Wohnungseigentum vor dem 26. Juni 1997 durch eine Vormerkung gesichert wurde. [3] § 172 in der ab dem 1. Januar 1998 geltenden Fassung ist auch auf Satzungen, die vor dem 1. Januar 1998 ortsüblich bekannt gemacht worden sind, anzuwenden.

§ 237 (weggefallen)

§ 238 Überleitungsvorschrift für Entschädigungen. [1] Wurde durch die Änderung des § 34 des Bundesbaugesetzes durch das Gesetz zur Änderung des Bundesbaugesetzes vom 18. August 1976 die bis dahin zulässige Nutzung eines Grundstücks aufgehoben oder wesentlich geändert, ist eine Entschädigung in entsprechender Anwendung der §§ 42, 43 Absatz 1, 2, 4 und 5 und des § 44 Absatz 1 Satz 2, Absatz 3 und 4 zu gewähren; dies gilt nicht, soweit in dem Zeitpunkt, in dem nach § 44 Absatz 3 bis 5 Entschädigung verlangt werden kann, eine entsprechende Aufhebung oder Änderung der zulässigen Nutzung auch nach § 34 des Bundesbaugesetzes in der bis zum 31. Dezember 1976 geltenden Fassung hätte eintreten können, ohne dass die Aufhebung oder Änderung nach § 44 des Bundesbaugesetzes in der bis zum 31. Dezember 1976 geltenden Fassung zu entschädigen gewesen wäre. [2] Wird durch die Änderung des § 34 durch das Europarechtsanpassungsgesetz Bau vom 24. Juni 2004 die bis dahin zulässige Nutzung eines Grundstücks aufgehoben oder wesentlich geändert, ist Satz 1 entsprechend anzuwenden.

[1] Nr. 1.

§ 239 Überleitungsvorschrift für die Grenzregelung. Hat die Gemeinde den Beschluss über die Grenzregelung (§ 82 in der vor dem 20. Juli 2004 geltenden Fassung) vor dem 20. Juli 2004 gefasst, sind die Vorschriften des Zweiten Abschnitts des Vierten Teils des Ersten Kapitels in der vor dem 20. Juli 2004 geltenden Fassung weiterhin anzuwenden.

§§ 240, 241 (weggefallen)

§ 242 Überleitungsvorschriften für die Erschließung. (1) Für vorhandene Erschließungsanlagen, für die eine Beitragspflicht auf Grund der bis zum 29. Juni 1961 geltenden Vorschriften nicht entstehen konnte, kann auch nach diesem Gesetzbuch kein Beitrag erhoben werden.

(2) Soweit am 29. Juni 1961 zur Erfüllung von Anliegerbeitragspflichten langfristige Verträge oder sonstige Vereinbarungen, insbesondere über das Ansammeln von Mitteln für den Straßenbau in Straßenbaukassen oder auf Sonderkonten bestanden, können die Länder ihre Abwicklung durch Gesetz regeln.

(3) § 125 Absatz 3 ist auch auf Bebauungspläne anzuwenden, die vor dem 1. Juli 1987 in Kraft getreten sind.

(4) § 127 Absatz 2 Nummer 2 ist auch auf Verkehrsanlagen anzuwenden, die vor dem 1. Juli 1987 endgültig hergestellt worden sind. [2] Ist vor dem 1. Juli 1987 eine Beitragspflicht nach Landesrecht entstanden, so verbleibt es dabei.

(5) Ist für einen Kinderspielplatz eine Beitragspflicht bereits auf Grund der vor dem 1. Juli 1987 geltenden Vorschriften (§ 127 Absatz 2 Nummer 3 und 4 des Bundesbaugesetzes) entstanden, so verbleibt es dabei. [2] Die Gemeinde soll von der Erhebung des Erschließungsbeitrags ganz oder teilweise absehen, wenn dies auf Grund der örtlichen Verhältnisse, insbesondere unter Berücksichtigung des Nutzens des Kinderspielplatzes für die Allgemeinheit, geboten ist. [3] Satz 2 ist auch auf vor dem 1. Juli 1987 entstandene Beiträge anzuwenden, wenn

1. der Beitrag noch nicht entrichtet ist oder

2. er entrichtet worden, aber der Beitragsbescheid noch nicht unanfechtbar geworden ist.

(6) § 128 Absatz 1 ist auch anzuwenden, wenn der Umlegungsplan (§ 66 des Bundesbaugesetzes) oder die Vorwegregelung (§ 76 des Bundesbaugesetzes) vor dem 1. Juli 1987 ortsüblich bekannt gemacht worden ist (§ 71 des Bundesbaugesetzes).

(7) Ist vor dem 1. Juli 1987 über die Stundung des Beitrags für landwirtschaftlich genutzte Grundstücke (§ 135 Absatz 4 des Bundesbaugesetzes) entschieden und ist die Entscheidung noch nicht unanfechtbar geworden, ist § 135 Absatz 4 dieses Gesetzbuchs anzuwenden.

(8) [1] § 124 Absatz 2 Satz 2 in der bis zum 21. Juni 2013 geltenden Fassung ist auch auf Kostenvereinbarungen in Erschließungsverträgen anzuwenden, die vor dem 1. Mai 1993 geschlossen worden sind. [2] Auf diese Verträge ist § 129 Absatz 1 Satz 3 weiterhin anzuwenden.

(9) ¹Für Erschließungsanlagen oder Teile von Erschließungsanlagen in dem in Artikel 3 des Einigungsvertrags¹⁾ genannten Gebiet, die vor dem Wirksamwerden des Beitritts bereits hergestellt worden sind, kann nach diesem Gesetz ein Erschließungsbeitrag nicht erhoben werden. ²Bereits hergestellte Erschließungsanlagen oder Teile von Erschließungsanlagen sind die einem technischen Ausbauprogramm oder den örtlichen Ausbaugepflogenheiten entsprechend fertiggestellten Erschließungsanlagen oder Teile von Erschließungsanlagen. ³Leistungen, die Beitragspflichtige für die Herstellung von Erschließungsanlagen oder Teilen von Erschließungsanlagen erbracht haben, sind auf den Erschließungsbeitrag anzurechnen. ⁴Die Landesregierungen werden ermächtigt, bei Bedarf Überleitungsregelungen durch Rechtsverordnung zu treffen.

§ 243 Überleitungsvorschriften für das Maßnahmengesetz zum Baugesetzbuch und das Bundesnaturschutzgesetz. (1) § 233 ist auf Verfahren, Pläne, Satzungen und Entscheidungen, die auf der Grundlage des Maßnahmengesetzes zum Baugesetzbuch eingeleitet, in Kraft getreten oder wirksam geworden sind, entsprechend anzuwenden.

(2) Bei Bauleitplanverfahren, die vor dem 1. Januar 1998 förmlich eingeleitet worden sind, kann die Eingriffsregelung nach dem Bundesnaturschutzgesetz²⁾ in der bis zum 31. Dezember 1997 geltenden Fassung weiter angewendet werden.

§ 244 Überleitungsvorschriften für das Europarechtsanpassungsgesetz Bau. (1) Abweichend von § 233 Absatz 1 werden Verfahren für Bauleitpläne und Satzungen nach § 34 Absatz 4 Satz 1 und § 35 Absatz 6, die nach dem 20. Juli 2004 förmlich eingeleitet worden sind oder die nach dem 20. Juli 2006 abgeschlossen werden, nach den Vorschriften dieses Gesetzes zu Ende geführt.

(2) ¹Abweichend von Absatz 1 finden auf Bebauungsplanverfahren, die in der Zeit vom 14. März 1999 bis zum 20. Juli 2004 förmlich eingeleitet worden sind und die vor dem 20. Juli 2006 abgeschlossen werden, die Vorschriften des Baugesetzbuchs in der vor dem 20. Juli 2004 geltenden Fassung weiterhin Anwendung. ²Ist mit gesetzlich vorgeschriebenen einzelnen Verfahrensschritten noch nicht begonnen worden, können diese auch nach den Vorschriften dieses Gesetzes durchgeführt werden.

(3) § 4 Absatz 3 und § 4c gelten nur für Bauleitpläne, die nach Absatz 1 oder 2 nach den Vorschriften dieses Gesetzes zu Ende geführt werden.

(4) (weggefallen)

(5) ¹Die Gemeinden können Satzungen, die auf der Grundlage des § 19 in der vor dem 20. Juli 2004 geltenden Fassung erlassen worden sind, durch Satzung aufheben. ²Die Gemeinde hat diese Satzung ortsüblich bekannt zu machen; sie kann die Bekanntmachung auch in entsprechender Anwendung des § 10 Absatz 3 Satz 2 bis 5 vornehmen. ³Unbeschadet der Sätze 1 und 2 sind Satzungen auf der Grundlage des § 19 in der vor dem 20. Juli 2004 geltenden Fassung nicht mehr anzuwenden. ⁴Die Gemeinde hat auf die

¹⁾ **Sartorius III Nr. 2.**
²⁾ Nr. **880.**

Nichtanwendbarkeit dieser Satzungen bis zum 31. Dezember 2004 durch ortsübliche Bekanntmachung hinzuweisen. [5]Die Gemeinde hat das Grundbuchamt um Löschung eines von ihr nach § 20 Absatz 3 in der vor dem 20. Juli 2004 geltenden Fassung veranlassten Widerspruchs zu ersuchen.

(6) [1]Für eine auf der Grundlage des § 22 in der vor dem 20. Juli 2004 geltenden Fassung wirksam erlassene Satzung gibt § 22 in der vor dem 20. Juli 2004 geltenden Fassung bis zum 30. Juni 2005 weiterhin anwendbar. [2]Auf die Satzung ist § 22 in der geltenden Fassung anzuwenden, wenn beim Grundbuchamt vor Ablauf des 30. Juni 2005 eine den Anforderungen des § 22 Absatz 2 Satz 3 und 4 entsprechende Mitteilung der Gemeinde eingegangen ist. [3]Ist die Mitteilung hinsichtlich der Satzung nicht fristgerecht erfolgt, ist die Satzung auf die von ihr erfassten Vorgänge nicht mehr anzuwenden. [4]Eine Aussetzung der Zeugniserteilungnach § 22 Absatz 6 Satz 3 in der vor dem 20. Juli 2004 geltenden Fassung ist längstens bis zum 30. Juni 2005 wirksam. [5]Die Baugenehmigungsbehörde hat das Grundbuchamt um Löschung eines von ihr nach § 20 Absatz 3 in der vor dem 20. Juli 2004 geltenden Fassung oder auf Grundlage von Satz 1 oder 4 in Verbindung mit § 20 Absatz 3 in der vor dem 20. Juli 2004 geltenden Fassung veranlassten Widerspruchs im Grundbuch zu ersuchen, wenn die Satzung nicht mehr anwendbar ist oder die Aussetzung der Zeugniserteilung unwirksam wird.

(7) § 35 Absatz 5 Satz 2 gilt nicht für die Zulässigkeit eines Vorhabens, das die Nutzungsänderung einer baulichen Anlage zum Inhalt hat, deren bisherige Nutzung vor dem 20. Juli 2004 zulässigerweise aufgenommen worden ist.

§ 245 **Überleitungsvorschriften für den Stadtumbau, die Soziale Stadt und die Förderung städtebaulicher Maßnahmen.** (1) Ein von einer Gemeinde bis zum 20. Juli 2004 im Hinblick auf die Verwaltungsvereinbarungen über die Gewährung von Finanzhilfen des Bundes an die Länder nach Artikel 104a Absatz 4 des Grundgesetzes in seiner bis zum 20. Juli 2004 geltenden Fassung zur Förderung städtebaulicher Maßnahmen beschlossenes Gebiet für Stadtumbaumaßnahmen sowie ein hierfür aufgestelltes städtebauliches Entwicklungskonzept der Gemeinde gilt als Stadtumbaugebiet und städtebauliches Entwicklungskonzept im Sinne des § 171b.

(2) Ein von der Gemeinde bis zum 20. Juli 2004 im Hinblick auf die Verwaltungsvereinbarungen über die Gewährung von Finanzhilfen des Bundes an die Länder nach Artikel 104a Absatz 4 des Grundgesetzes in seiner bis zum 20. Juli 2004 geltenden Fassung zur Förderung städtebaulicher Maßnahmen beschlossenes Gebiet für Maßnahmen der Sozialen Stadt sowie ein hierfür aufgestelltes Konzept der Gemeinde gilt als Gebiet und Entwicklungskonzept im Sinne des § 171e.

(3) Für die zur Förderung städtebaulicher Maßnahmen bis zum 1. September 2006 geschlossenen Verwaltungsvereinbarungen über die Gewährung von Finanzhilfen des Bundes an die Länder nach Artikel 104a Absatz 4 des Grundgesetzes in seiner bis zum 1. September 2006 geltenden Fassung ist § 164b in seiner bis zum 12. September 2006 geltenden Fassung bis zum 31. Dezember 2019 anzuwenden.

(5) Das Land Hamburg gilt für die Anwendung dieses Gesetzbuchs auch als Gemeinde.

(6) (weggefallen)

(7) [1] Die Länder können bestimmen, dass § 34 Absatz 1 Satz 1 bis zum 31. Dezember 2004 nicht für Einkaufszentren, großflächige Einzelhandelsbetriebe und sonstige großflächige Handelsbetriebe im Sinne des § 11 Absatz 3 der Baunutzungsverordnung[1] anzuwenden ist. [2] Wird durch eine Regelung nach Satz 1 die bis dahin zulässige Nutzung eines Grundstücks aufgehoben oder wesentlich geändert, ist § 238 entsprechend anzuwenden.

(8) Bis zum 31. Dezember 2019 gilt § 34 Absatz 3a Satz 1 entsprechend für die Nutzungsänderung zulässigerweise errichteter baulicher Anlagen in bauliche Anlagen, die der Unterbringung von Flüchtlingen oder Asylbegehrenden dienen, und für deren Erweiterung, Änderung oder Erneuerung.

(9) Bis zum 31. Dezember 2019 gilt die Rechtsfolge des § 35 Absatz 4 Satz 1 für Vorhaben entsprechend, die der Unterbringung von Flüchtlingen oder Asylbegehrenden dienen, wenn das Vorhaben im unmittelbaren räumlichen Zusammenhang mit nach § 30 Absatz 1 oder § 34 zu beurteilenden bebauten Flächen innerhalb des Siedlungsbereichs erfolgen soll.

(10) [1] Bis zum 31. Dezember 2019 kann in Gewerbegebieten (§ 8 der Baunutzungsverordnung, auch in Verbindung mit § 34 Absatz 2) für Aufnahmeeinrichtungen, Gemeinschaftsunterkünfte oder sonstige Unterkünfte für Flüchtlinge oder Asylbegehrende von den Festsetzungen des Bebauungsplans befreit werden, wenn an dem Standort Anlagen für soziale Zwecke als Ausnahme zugelassen werden können oder allgemein zulässig sind und die Abweichung auch unter Würdigung nachbarlicher Interessen mit öffentlichen Belangen vereinbar ist. [2] § 36 gilt entsprechend.

(11) [1] Soweit in den Baugebieten nach den §§ 2 bis 7 der Baunutzungsverordnung (auch in Verbindung mit § 34 Absatz 2) Anlagen für soziale Zwecke als Ausnahme zugelassen werden können, gilt § 31 Absatz 1 mit der Maßgabe, dass dort bis zum 31. Dezember 2019 Aufnahmeeinrichtungen, Gemeinschaftsunterkünfte oder sonstige Unterkünfte für Flüchtlinge oder Asylbegehrende in der Regel zugelassen werden sollen. [2] Satz 1 gilt entsprechend für in übergeleiteten Plänen festgesetzte Baugebiete, die den in Satz 1 genannten Baugebieten vergleichbar sind.

(12) [1] Bis zum 31. Dezember 2019 kann für die auf längstens drei Jahre zu befristende

1. Errichtung mobiler Unterkünfte für Flüchtlinge oder Asylbegehrende,

2. Nutzungsänderung zulässigerweise errichteter baulicher Anlagen in Gewerbe- und Industriegebieten sowie in Sondergebieten nach den §§ 8 bis 11 der Baunutzungsverordnung (auch in Verbindung mit § 34 Absatz 2) in Aufnahmeeinrichtungen, Gemeinschaftsunterkünfte oder sonstige Unterkünfte für Flüchtlinge oder Asylbegehrende

von den Festsetzungen des Bebauungsplans befreit werden, wenn die Befreiung auch unter Würdigung nachbarlicher Interessen mit den öffentlichen Belangen vereinbar ist. [2] § 36 gilt entsprechend.

[1] Nr. **311**.

(13) [1] Im Außenbereich (§ 35) gilt unbeschadet des Absatzes 9 bis zum 31. Dezember 2019 die Rechtsfolge des § 35 Absatz 4 Satz 1 entsprechend für

1. die auf längstens drei Jahre zu befristende Errichtung mobiler Unterkünfte für Flüchtlinge oder Asylbegehrende,

2. die Nutzungsänderung zulässigerweise errichteter baulicher Anlagen, auch wenn deren bisherige Nutzung aufgegeben wurde, in Aufnahmeeinrichtungen, Gemeinschaftsunterkünfte oder sonstige Unterkünfte für Flüchtlinge oder Asylbegehrende, einschließlich einer erforderlichen Erneuerung oder Erweiterung.

[2] Für Vorhaben nach Satz 1 gilt § 35 Absatz 5 Satz 2 Halbsatz 1 und Satz 3 entsprechend. [3] Wird zum Zeitpunkt einer Nutzungsänderung nach Satz 1 Nummer 2 eine Nutzung zulässigerweise ausgeübt, kann diese im Anschluss wieder aufgenommen werden; im Übrigen gelten für eine nachfolgende Nutzungsänderung die allgemeinen Regeln. [4] Die Rückbauverpflichtung nach Satz 2 entfällt, wenn eine nach Satz 3 zulässige Nutzung aufgenommen wird oder wenn sich die Zulässigkeit der nachfolgenden Nutzung aus § 30 Absatz 1, 2 oder § 33 ergibt. [5] Die Sicherstellung der Rückbauverpflichtung nach Satz 2 in entsprechender Anwendung des § 35 Absatz 5 Satz 3 ist nicht erforderlich, wenn Vorhabenträger ein Land oder eine Gemeinde ist.

(14) [1] Soweit auch bei Anwendung der Absätze 8 bis 13 dringend benötigte Unterkunftsmöglichkeiten im Gebiet der Gemeinde, in der sie entstehen sollen, nicht oder nicht rechtzeitig bereitgestellt werden können, kann bei Aufnahmeeinrichtungen, Gemeinschaftsunterkünften oder sonstigen Unterkünften für Flüchtlinge oder Asylbegehrende bis zum 31. Dezember 2019 von den Vorschriften dieses Gesetzbuchs oder den aufgrund dieses Gesetzbuchs erlassenen Vorschriften in erforderlichem Umfang abgewichen werden. [2] Zuständig ist die höhere Verwaltungsbehörde. [3] Die Gemeinde ist anzuhören; diese Anhörung tritt auch an die Stelle des in § 14 Absatz 2 Satz 2 vorgesehenen Einvernehmens. [4] Satz 3 findet keine Anwendung, wenn Vorhabenträger die Gemeinde oder in deren Auftrag ein Dritter ist. [5] Für Vorhaben nach Satz 1 gilt § 35 Absatz 5 Satz 2 Halbsatz 1 und Satz 3 entsprechend. [6] Absatz 13 Satz 3 gilt entsprechend. [7] Die Rückbauverpflichtung nach Satz 5 entfällt, wenn eine nach Satz 6 zulässige Nutzung aufgenommen wird oder wenn sich die Zulässigkeit der nachfolgenden Nutzung aus § 30 Absatz 1, 2 oder § 33 ergibt. [8] Die Sicherstellung der Rückbauverpflichtung nach Satz 5 in entsprechender Anwendung des § 35 Absatz 5 Satz 3 ist nicht erforderlich, wenn Vorhabenträger ein Land oder eine Gemeinde ist. [9] Wenn Vorhabenträger ein Land oder in dessen Auftrag ein Dritter ist, gilt § 37 Absatz 3 entsprechend; im Übrigen findet § 37 bis zum 31. Dezember 2019 auf Vorhaben nach Satz 1 keine Anwendung.

(15) In Verfahren zur Genehmigung von baulichen Anlagen, die der Unterbringung von Flüchtlingen oder Asylbegehrenden dienen, gilt bis zum 31. Dezember 2019 das Einvernehmen abweichend von § 36 Absatz 2 Satz 2 (auch in Verbindung mit Absatz 10 Satz 2 und Absatz 12 Satz 2) als erteilt, wenn es nicht innerhalb eines Monats verweigert wird.

(16) Bei Vorhaben nach den Absätzen 9 und 13 gilt § 18 Absatz 3 Satz 2 des Bundesnaturschutzgesetzes[1]) bis zum 31. Dezember 2019 entsprechend.

(17) Die Befristung bis zum 31. Dezember 2019 in den Absätzen 8 bis 16 bezieht sich nicht auf die Geltungsdauer einer Genehmigung, sondern auf den Zeitraum, bis zu dessen Ende im bauaufsichtlichen Zulassungsverfahren von den Vorschriften Gebrauch gemacht werden kann.

§ 246a Überschwemmungsgebiete, überschwemmungsgefährdete Gebiete. Anlässlich der Neubekanntmachung eines Flächennutzungsplans nach § 6 Absatz 6 sollen die in § 5 Absatz 4a bezeichneten Gebiete nach Maßgabe dieser Bestimmung nachrichtlich übernommen und vermerkt werden.

§ 246b[2]) Sonderregelungen für Anlagen für gesundheitliche Zwecke im Zuge der COVID-19–Pandemie. (1) [1]Soweit Anlagen für gesundheitliche Zwecke zur Versorgung von Personen, die sich mit dem Coronavirus SARS-CoV-2 infiziert haben oder möglicherweise infiziert haben, im Gebiet der Gemeinde, in der sie im Wege der Errichtung, Änderung oder Nutzungsänderung von baulichen Anlagen entstehen sollen, nicht oder nicht rechtzeitig bereitgestellt werden können, kann bei der Zulassung dieser Vorhaben bis zum Ablauf des 31. Dezember 2020 von den Vorschriften dieses Gesetzbuchs oder den aufgrund dieses Gesetzbuchs erlassenen Vorschriften in erforderlichem Umfang, erforderlichenfalls auch befristet, unter der Voraussetzung abgewichen werden, dass Vorhabenträger der Bund, ein Land, ein Landkreis oder eine Gemeinde oder ein im Auftrag eines der Vorgenannten tätiger Dritter ist. [2]Zuständig ist die höhere Verwaltungsbehörde. [3]Die Gemeinde ist anzuhören; diese Anhörung tritt auch an die Stelle des in § 14 Absatz 2 Satz 2 vorgesehenen Einvernehmens. [4]Satz 3 findet keine Anwendung, wenn Vorhabenträger die Gemeinde oder in deren Auftrag ein Dritter ist. [5]Für Vorhaben nach Satz 1 gilt § 35 Absatz 5 Satz 2 erster Halbsatz und Satz 3 entsprechend. [6]§ 246 Absatz 13 Satz 3 gilt entsprechend auch bei zwischenzeitlichen Nutzungsänderungen zu Anlagen für gesundheitliche Zwecke nach Satz 1. [7]Die Rückbauverpflichtung nach Satz 5 entfällt, wenn eine nach Satz 6 zulässige Nutzung aufgenommen wird oder wenn sich die Zulässigkeit der nachfolgenden Nutzung aus § 30 Absatz 1, 2 oder 33 ergibt. [8]Die Sicherstellung der Rückbauverpflichtung nach Satz 5 in entsprechender Anwendung des § 35 Absatz 5 Satz 3 ist nicht erforderlich, wenn Vorhabenträger der Bund, ein Land, ein Landkreis oder eine Gemeinde ist. [9]Wenn Vorhabenträger der Bund, ein Land, ein Landkreis oder ein im Auftrag eines der Vorgenannten tätiger Dritter ist, gilt § 37 Absatz 3 entsprechend; im Übrigen findet § 37 bis zum Ablauf des 31. Dezember 2020 auf Vorhaben nach Satz 1 keine Anwendung.

(2) In Verfahren zur Genehmigung von baulichen Anlagen im Sinne des Absatzes 1 Satz 1 gilt bis zum Ablauf des 31. Dezember 2020 das Einvernehmen abweichend von § 36 Absatz 2 Satz 2 als erteilt, wenn es nicht innerhalb eines Monats verweigert wird.

[1]) Nr. **880**.
[2]) § 246b eingef. mWv 28.3.2020 durch G v. 27.3.2020 (BGBl. I S. 587).

(3) Bei Vorhaben nach Absatz 1 im Außenbereich gilt § 18 Absatz 3 Satz 2 des Bundesnaturschutzgesetzes[1] bis zum Ablauf des 31. Dezember 2020 entsprechend.

(4) Die Befristung in Absatz 1 Satz 1 bezieht sich nicht auf die Geltungsdauer einer Genehmigung, sondern auf den Zeitraum, bis zu dessen Ende im bauaufsichtlichen Zulassungsverfahren von der Vorschrift Gebrauch gemacht werden kann.

§ 247 Sonderregelungen für Berlin als Hauptstadt der Bundesrepublik Deutschland. (1) Bei der Aufstellung von Bauleitplänen und sonstigen Satzungen nach diesem Gesetzbuch soll in der Abwägung den Belangen, die sich aus der Entwicklung Berlins als Hauptstadt Deutschlands ergeben, und den Erfordernissen der Verfassungsorgane des Bundes für die Wahrnehmung ihrer Aufgabe besonders Rechnung getragen werden.

(2) Die Belange und Erfordernisse nach Absatz 1 werden zwischen Bund und Berlin in einem Gemeinsamen Ausschuss erörtert.

(3) [1] Kommt es in dem Ausschuss zu keiner Übereinstimmung, können die Verfassungsorgane des Bundes ihre Erfordernisse eigenständig feststellen; sie haben dabei eine geordnete städtebauliche Entwicklung Berlins zu berücksichtigen. [2] Die Bauleitpläne und sonstigen Satzungen nach diesem Gesetzbuch sind so anzupassen, dass den festgestellten Erfordernissen in geeigneter Weise Rechnung getragen wird.

(4) Haben die Verfassungsorgane des Bundes Erfordernisse nach Absatz 3 Satz 1 festgestellt und ist zu deren Verwirklichung die Aufstellung eines Bauleitplans oder einer sonstigen Satzung nach diesem Gesetzbuch geboten, soll der Bauleitplan oder die Satzung aufgestellt werden.

(5) (weggefallen)

(6) (weggefallen)

(7) Die Entwicklung der Parlaments- und Regierungsbereiche in Berlin entspricht den Zielen und Zwecken einer städtebaulichen Entwicklungsmaßnahme nach § 165 Absatz 2.

(8) [1] Ist im Rahmen von Genehmigungs-, Zustimmungs- oder sonstigen Verfahren für Vorhaben der Verfassungsorgane des Bundes Ermessen auszuüben oder sind Abwägungen oder Beurteilungen vorzunehmen, sind die von den Verfassungsorganen des Bundes entsprechend Absatz 3 festgestellten Erfordernisse mit dem ihnen nach dem Grundgesetz[2] zukommenden Gewicht zu berücksichtigen. [2] Absatz 2 ist entsprechend anzuwenden.

§ 248 Sonderregelung zur sparsamen und effizienten Nutzung von Energie. [1] In Gebieten mit Bebauungsplänen oder Satzungen nach § 34 Absatz 4 Satz 1 Nummer 2 oder 3 sind bei Maßnahmen an bestehenden Gebäuden zum Zwecke der Energieeinsparung geringfügige Abweichungen von dem festgesetzten Maß der baulichen Nutzung, der Bauweise und der überbaubaren Grundstücksfläche zulässig, soweit dies mit nachbarlichen Interessen und baukulturellen Belangen vereinbar ist. [2] Satz 1 gilt entsprechend für Anlagen zur Nutzung solarer Strahlungsenergie in, an und auf Dach- und Außenwand-

[1] Nr. **880**.
[2] Nr. **1**.

flächen. ³ In den im Zusammenhang bebauten Ortsteilen gelten die Sätze 1 und 2 entsprechend für Abweichungen vom Erfordernis des Einfügens in die Eigenart der näheren Umgebung (§ 34 Absatz 1 Satz 1).

§ 249¹⁾ Sonderregelungen zur Windenergie.

(1) ¹ Werden in einem Flächennutzungsplan zusätzliche Flächen für die Nutzung von Windenergie dargestellt, folgt daraus nicht, dass die vorhandenen Darstellungen des Flächennutzungsplans zur Erzielung der Rechtswirkungen des § 35 Absatz 3 Satz 3 nicht ausreichend sind. ² Satz 1 gilt entsprechend bei der Änderung oder Aufhebung von Darstellungen zum Maß der baulichen Nutzung. ³ Die Sätze 1 und 2 gelten für Bebauungspläne, die aus den Darstellungen des Flächennutzungsplans entwickelt werden, entsprechend.

(2) ¹ Nach § 9 Absatz 2 Satz 1 Nummer 2 kann auch festgesetzt werden, dass die im Bebauungsplan festgesetzten Windenergieanlagen nur zulässig sind, wenn sichergestellt ist, dass nach der Errichtung der im Bebauungsplan festgesetzten Windenergieanlagen andere im Bebauungsplan bezeichnete Windenergieanlagen innerhalb einer im Bebauungsplan zu bestimmenden angemessenen Frist zurückgebaut werden. ² Die Standorte der zurückzubauenden Windenergieanlagen können auch außerhalb des Bebauungsplangebiets oder außerhalb des Gemeindegebiets liegen. ³ Darstellungen im Flächennutzungsplan, die die Rechtswirkungen des § 35 Absatz 3 Satz 3 haben, können mit Bestimmungen entsprechend den Sätzen 1 und 2 mit Wirkung für die Zulässigkeit der Windenergieanlagen nach § 35 Absatz 1 Nummer 5 verbunden sein.

(3) ¹ Die Länder können durch Landesgesetze bestimmen, dass § 35 Absatz 1 Nummer 5 auf Vorhaben, die der Erforschung, Entwicklung oder Nutzung der Windenergie dienen, nur Anwendung findet, wenn sie bestimmte Mindestabstände zu den im Landesgesetz bezeichneten zulässigen baulichen Nutzungen zu Wohnzwecken einhalten. ² Ein Mindestabstand nach Satz 1 darf höchstens 1 000 Meter von der Mitte des Mastfußes der Windenergieanlage bis zur nächstgelegenen im Landesgesetz bezeichneten baulichen Nutzung zu Wohnzwecken betragen. ³ Die weiteren Einzelheiten, insbesondere zur Abstandsfestlegung und zu den Auswirkungen der festgelegten Abstände auf Ausweisungen in geltenden Flächennutzungsplänen und Raumordnungsplänen, sind in den Landesgesetzen nach Satz 1 zu regeln. ⁴ Auf der Grundlage von § 249 Absatz 3 in der bis zum 14. August 2020 geltenden Fassung erlassene Landesgesetze gelten fort; sie können geändert werden, sofern die wesentlichen Elemente der in dem fortgeltenden Landesgesetz enthaltenen Regelung beibehalten werden.

Anlage 1
(zu § 2 Absatz 4 und den §§ 2a und 4c)

[Umweltbericht]

Der Umweltbericht nach § 2 Absatz 4 und § 2a Satz 2 Nummer 2 hat folgende Bestandteile:

1. Eine Einleitung mit folgenden Angaben:

 a) Kurzdarstellung des Inhalts und der wichtigsten Ziele des Bauleitplans, einschließlich einer Beschreibung der Festsetzungen des Plans mit Angaben

¹⁾ § 249 Abs. 3 neu gef. mWv 14.8.2020 durch G v. 8.8.2020 (BGBl. I S. 1728).

über Standorte, Art und Umfang sowie Bedarf an Grund und Boden der geplanten Vorhaben;

b) Darstellung der in einschlägigen Fachgesetzen und Fachplänen festgelegten Ziele des Umweltschutzes, die für den Bauleitplan von Bedeutung sind, und der Art, wie diese Ziele und die Umweltbelange bei der Aufstellung des Bauleitplans berücksichtigt wurden;

2. eine Beschreibung und Bewertung der erheblichen Umweltauswirkungen, die in der Umweltprüfung nach § 2 Absatz 4 Satz 1 ermittelt wurden; hierzu gehören folgende Angaben:

a) eine Bestandsaufnahme der einschlägigen Aspekte des derzeitigen Umweltzustands (Basisszenario), einschließlich der Umweltmerkmale der Gebiete, die voraussichtlich erheblich beeinflusst werden, und eine Übersicht über die voraussichtliche Entwicklung des Umweltzustands bei Nichtdurchführung der Planung, soweit diese Entwicklung gegenüber dem Basisszenario mit zumutbarem Aufwand auf der Grundlage der verfügbaren Umweltinformationen und wissenschaftlichen Erkenntnisse abgeschätzt werden kann;

b) eine Prognose über die Entwicklung des Umweltzustands bei Durchführung der Planung; hierzu sind, soweit möglich, insbesondere die möglichen erheblichen Auswirkungen während der Bau- und Betriebsphase der geplanten Vorhaben auf die Belange nach § 1 Absatz 6 Nummer 7 Buchstabe a bis i zu beschreiben, unter anderem infolge

aa) des Baus und des Vorhandenseins der geplanten Vorhaben, soweit relevant einschließlich Abrissarbeiten,

bb) der Nutzung natürlicher Ressourcen, insbesondere Fläche, Boden, Wasser, Tiere, Pflanzen und biologische Vielfalt, wobei soweit möglich die nachhaltige Verfügbarkeit dieser Ressourcen zu berücksichtigen ist,

cc) der Art und Menge an Emissionen von Schadstoffen, Lärm, Erschütterungen, Licht, Wärme und Strahlung sowie der Verursachung von Belästigungen,

dd) der Art und Menge der erzeugten Abfälle und ihrer Beseitigung und Verwertung,

ee) der Risiken für die menschliche Gesundheit, das kulturelle Erbe oder die Umwelt (zum Beispiel durch Unfälle oder Katastrophen),

ff) der Kumulierung mit den Auswirkungen von Vorhaben benachbarter Plangebiete unter Berücksichtigung etwaiger bestehender Umweltprobleme in Bezug auf möglicherweise betroffene Gebiete mit spezieller Umweltrelevanz oder auf die Nutzung von natürlichen Ressourcen,

gg) der Auswirkungen der geplanten Vorhaben auf das Klima (zum Beispiel Art und Ausmaß der Treibhausgasemissionen) und der Anfälligkeit der geplanten Vorhaben gegenüber den Folgen des Klimawandels,

hh) der eingesetzten Techniken und Stoffe;

die Beschreibung nach Halbsatz 2 soll sich auf die direkten und die etwaigen indirekten, sekundären, kumulativen, grenzüberschreitenden, kurzfristigen, mittelfristigen und langfristigen, ständigen und vorübergehenden sowie positiven und negativen Auswirkungen der geplanten Vorhaben erstrecken; die Beschreibung nach Halbsatz 2 soll zudem den auf Ebene der Europäischen Union oder auf Bundes-, Landes- oder kommunaler Ebene festgelegten Umweltschutzzielen Rechnung tragen;

c) eine Beschreibung der geplanten Maßnahmen, mit denen festgestellte erhebliche nachteilige Umweltauswirkungen vermieden, verhindert, verringert oder soweit möglich ausgeglichen werden sollen, sowie gegebenenfalls geplante Überwachungsmaßnahmen. In dieser Beschreibung ist zu erläutern, inwieweit erhebliche nachteilige Auswirkungen auf die Umwelt vermieden, verhindert, verringert oder ausgeglichen werden, wobei sowohl die Bauphase als auch die Betriebsphase abzudecken ist;

d) in Betracht kommende anderweitige Planungsmöglichkeiten, wobei die Ziele und der räumliche Geltungsbereich des Bauleitplans zu berücksichtigen sind, und die Angabe der wesentlichen Gründe für die getroffene Wahl;

e) eine Beschreibung der erheblichen nachteiligen Auswirkungen nach § 1 Absatz 6 Nummer 7 Buchstabe j; zur Vermeidung von Mehrfachprüfungen können die vorhandenen Ergebnisse anderer rechtlich vorgeschriebener Prüfungen genutzt werden; soweit angemessen, sollte diese Beschreibung Maßnahmen zur Verhinderung oder Verminderung der erheblichen nachteiligen Auswirkungen solcher Ereignisse auf die Umwelt sowie Einzelheiten in Bezug auf die Bereitschafts- und vorgesehenen Bekämpfungsmaßnahmen für derartige Krisenfälle erfassen;

3. zusätzliche Angaben:

a) eine Beschreibung der wichtigsten Merkmale der verwendeten technischen Verfahren bei der Umweltprüfung sowie Hinweise auf Schwierigkeiten, die bei der Zusammenstellung der Angaben aufgetreten sind, zum Beispiel technische Lücken oder fehlende Kenntnisse,

b) eine Beschreibung der geplanten Maßnahmen zur Überwachung der erheblichen Auswirkungen der Durchführung des Bauleitplans auf die Umwelt,

c) eine allgemein verständliche Zusammenfassung der erforderlichen Angaben nach dieser Anlage,

d) eine Referenzliste der Quellen, die für die im Bericht enthaltenen Beschreibungen und Bewertungen herangezogen wurden.

Anlage 2
(zu § 13a Absatz 1 Satz 2 Nummer 2)

Nachstehende Kriterien sind anzuwenden, soweit auf Anlage 2 Bezug genommen wird.

1. Merkmale des Bebauungsplans, insbesondere in Bezug auf

1.1 das Ausmaß, in dem der Bebauungsplan einen Rahmen im Sinne des § 35 Absatz 3 des Gesetzes über die Umweltverträglichkeitsprüfung[1]) setzt;

1.2 das Ausmaß, in dem der Bebauungsplan andere Pläne und Programme beeinflusst;

[1]) Nr. **295**.

1.3 die Bedeutung des Bebauungsplans für die Einbeziehung umweltbezogener, einschließlich gesundheitsbezogener Erwägungen, insbesondere im Hinblick auf die Förderung der nachhaltigen Entwicklung;

1.4 die für den Bebauungsplan relevanten umweltbezogenen, einschließlich gesundheitsbezogener Probleme;

1.5 die Bedeutung des Bebauungsplans für die Durchführung nationaler und europäischer Umweltvorschriften.

2. Merkmale der möglichen Auswirkungen und der voraussichtlich betroffenen Gebiete, insbesondere in Bezug auf

2.1 die Wahrscheinlichkeit, Dauer, Häufigkeit und Umkehrbarkeit der Auswirkungen;

2.2 den kumulativen und grenzüberschreitenden Charakter der Auswirkungen;

2.3 die Risiken für die Umwelt, einschließlich der menschlichen Gesundheit (zum Beispiel bei Unfällen);

2.4 den Umfang und die räumliche Ausdehnung der Auswirkungen;

2.5 die Bedeutung und die Sensibilität des voraussichtlich betroffenen Gebiets auf Grund der besonderen natürlichen Merkmale, des kulturellen Erbes, der Intensität der Bodennutzung des Gebiets jeweils unter Berücksichtigung der Überschreitung von Umweltqualitätsnormen und Grenzwerten;

2.6 folgende Gebiete:

2.6.1 Natura 2000-Gebiete nach § 7 Absatz 1 Nummer 8 des Bundesnaturschutzgesetzes[1],

2.6.2 Naturschutzgebiete gemäß § 23 des Bundesnaturschutzgesetzes[1], soweit nicht bereits von Nummer 2.6.1 erfasst,

2.6.3 Nationalparke gemäß § 24 des Bundesnaturschutzgesetzes[1], soweit nicht bereits von Nummer 2.6.1 erfasst,

2.6.4 Biosphärenreservate und Landschaftsschutzgebiete gemäß den §§ 25 und 26 des Bundesnaturschutzgesetzes[1],

2.6.5 gesetzlich geschützte Biotope gemäß § 30 des Bundesnaturschutzgesetzes[1],

2.6.6 Wasserschutzgebiete gemäß § 51 des Wasserhaushaltsgesetzes[2], Heilquellenschutzgebiete gemäß § 53 Absatz 4 des Wasserhaushaltsgesetzes sowie Überschwemmungsgebiete gemäß § 76 des Wasserhaushaltsgesetzes,

2.6.7 Gebiete, in denen die in Rechtsakten der Europäischen Union festgelegten Umweltqualitätsnormen bereits überschritten sind,

[1] Nr. **880**.
[2] Nr. **845**.

2.6.8 Gebiete mit hoher Bevölkerungsdichte, insbesondere Zentrale Orte im Sinne des § 2 Absatz 2 Nummer 2 des Raumordnungsgesetzes[1],

2.6.9 in amtlichen Listen oder Karten verzeichnete Denkmäler, Denkmalensembles, Bodendenkmäler oder Gebiete, die von der durch die Länder bestimmten Denkmalschutzbehörde als archäologisch bedeutende Landschaften eingestuft worden sind.

[1] Nr. **340**.

311. Verordnung über die bauliche Nutzung der Grundstücke (Baunutzungsverordnung – BauNVO)

In der Fassung der Bekanntmachung vom 21. November 2017[1]

(BGBl. I S. 3786)

FNA 213-1-2

Inhaltsübersicht

[1] Neubekanntmachung der BauNVO idF der Bek. v. 27.1.1990 (BGBl. I S. 132) in der ab 1.10. 2017 geltenden Fassung.

Erster Abschnitt. Art der baulichen Nutzung

§ 1 Allgemeine Vorschriften für Bauflächen und Baugebiete. (1) Im
Flächennutzungsplan können die für die Bebauung vorgesehenen Flächen
nach der allgemeinen Art ihrer baulichen Nutzung (Bauflächen) dargestellt
werden als

1. Wohnbauflächen (W)
2. gemischte Bauflächen (M)
3. gewerbliche Bauflächen (G)
4. Sonderbauflächen (S).

(2) Die für die Bebauung vorgesehenen Flächen können nach der besonde-
ren Art ihrer baulichen Nutzung (Baugebiete) dargestellt werden als

1. Kleinsiedlungsgebiete (WS)
2. reine Wohngebiete (WR)
3. allgemeine Wohngebiete (WA)
4. besondere Wohngebiete (WB)
5. Dorfgebiete (MD)
6. Mischgebiete (MI)
7. urbane Gebiete (MU)
8. Kerngebiete (MK)
9. Gewerbegebiete (GE)
10. Industriegebiete (GI)
11. Sondergebiete (SO).

(3) [1] Im Bebauungsplan können die in Absatz 2 bezeichneten Baugebiete
festgesetzt werden. [2] Durch die Festsetzung werden die Vorschriften der §§ 2
bis 14 Bestandteil des Bebauungsplans, soweit nicht auf Grund der Absätze 4
bis 10 etwas anderes bestimmt wird. [3] Bei Festsetzung von Sondergebieten
finden die Vorschriften über besondere Festsetzungen nach den Absätzen 4
bis 10 keine Anwendung; besondere Festsetzungen über die Art der Nutzung
können nach den §§ 10 und 11 getroffen werden.

(4) [1] Für die in den §§ 4 bis 9 bezeichneten Baugebiete können im Bebau-
ungsplan für das jeweilige Baugebiet Festsetzungen getroffen werden, die das
Baugebiet

1. nach der Art der zulässigen Nutzung,
2. nach der Art der Betriebe und Anlagen und deren besonderen Bedürfnissen
 und Eigenschaften

gliedern. [2] Die Festsetzungen nach Satz 1 können auch für mehrere Gewerbegebiete einer Gemeinde im Verhältnis zueinander getroffen werden; dies gilt auch für Industriegebiete. [3] Absatz 5 bleibt unberührt.

(5) Im Bebauungsplan kann festgesetzt werden, dass bestimmte Arten von Nutzungen, die nach den §§ 2 bis 9 sowie 13 und 13a allgemein zulässig sind, nicht zulässig sind oder nur ausnahmsweise zugelassen werden können, sofern die allgemeine Zweckbestimmung des Baugebiets gewahrt bleibt.

(6) Im Bebauungsplan kann festgesetzt werden, dass alle oder einzelne Ausnahmen, die in den Baugebieten nach den §§ 2 bis 9 vorgesehen sind,

1. nicht Bestandteil des Bebauungsplans werden oder

2. in dem Baugebiet allgemein zulässig sind, sofern die allgemeine Zweckbestimmung des Baugebiets gewahrt bleibt.

(7) In Bebauungsplänen für Baugebiete nach den §§ 4 bis 9 kann, wenn besondere städtebauliche Gründe dies rechtfertigen (§ 9 Absatz 3 des Baugesetzbuchs[1)]), festgesetzt werden, dass in bestimmten Geschossen, Ebenen oder sonstigen Teilen baulicher Anlagen

1. nur einzelne oder mehrere der in dem Baugebiet allgemein zulässigen Nutzungen zulässig sind,

2. einzelne oder mehrere der in dem Baugebiet allgemein zulässigen Nutzungen unzulässig sind oder als Ausnahme zugelassen werden können oder

3. alle oder einzelne Ausnahmen, die in den Baugebieten nach den §§ 4 bis 9 vorgesehen sind, nicht zulässig oder, sofern die allgemeine Zweckbestimmung des Baugebiets gewahrt bleibt, allgemein zulässig sind.

(8) Die Festsetzungen nach den Absätzen 4 bis 7 können sich auch auf Teile des Baugebiets beschränken.

(9) Wenn besondere städtebauliche Gründe dies rechtfertigen, kann im Bebauungsplan bei Anwendung der Absätze 5 bis 8 festgesetzt werden, dass nur bestimmte Arten der in den Baugebieten allgemein oder ausnahmsweise zulässigen baulichen oder sonstigen Anlagen zulässig oder nicht zulässig sind oder nur ausnahmsweise zugelassen werden können.

(10) [1] Wären bei Festsetzung eines Baugebiets nach den §§ 2 bis 9 in überwiegend bebauten Gebieten bestimmte vorhandene bauliche und sonstige Anlagen unzulässig, kann im Bebauungsplan festgesetzt werden, dass Erweiterungen, Änderungen, Nutzungsänderungen und Erneuerungen dieser Anlagen allgemein zulässig sind oder ausnahmsweise zugelassen werden können. [2] Im Bebauungsplan können nähere Bestimmungen über die Zulässigkeit getroffen werden. [3] Die allgemeine Zweckbestimmung des Baugebiets muss in seinen übrigen Teilen gewahrt bleiben. [4] Die Sätze 1 bis 3 gelten auch für die Änderung und Ergänzung von Bebauungsplänen.

§ 2 Kleinsiedlungsgebiete. (1) Kleinsiedlungsgebiete dienen vorwiegend der Unterbringung von Kleinsiedlungen einschließlich Wohngebäuden mit entprechenden Nutzgärten und landwirtschaftlichen Nebenerwerbsstellen.

[1)] Nr. 300.

(2) Zulässig sind

1. Kleinsiedlungen einschließlich Wohngebäude mit entsprechenden Nutz-gärten, landwirtschaftliche Nebenerwerbsstellen und Gartenbaubetriebe,

2. die der Versorgung des Gebiets dienenden Läden, Schank- und Speisewirt-schaften sowie nicht störenden Handwerksbetriebe.

(3) Ausnahmsweise können zugelassen werden

1. sonstige Wohngebäude mit nicht mehr als zwei Wohnungen,

2. Anlagen für kirchliche, kulturelle, soziale, gesundheitliche und sportliche Zwecke,

3. Tankstellen,

4. nicht störende Gewerbebetriebe.

§ 3 Reine Wohngebiete. (1) Reine Wohngebiete dienen dem Wohnen.

(2) Zulässig sind

1. Wohngebäude,

2. Anlagen zur Kinderbetreuung, die den Bedürfnissen der Bewohner des Gebiets dienen.

(3) Ausnahmsweise können zugelassen werden

1. Läden und nicht störende Handwerksbetriebe, die zur Deckung des täg-lichen Bedarfs für die Bewohner des Gebiets dienen, sowie kleine Betriebe des Beherbergungsgewerbes,

2. sonstige Anlagen für soziale Zwecke sowie den Bedürfnissen der Bewohner des Gebiets dienende Anlagen für kirchliche, kulturelle, gesundheitliche und sportliche Zwecke.

(4) Zu den nach Absatz 2 sowie den §§ 2, 4 bis 7 zulässigen Wohngebäu-den gehören auch solche, die ganz oder teilweise der Betreuung und Pflege ihrer Bewohner dienen.

§ 4 Allgemeine Wohngebiete. (1) Allgemeine Wohngebiete dienen vor-wiegend dem Wohnen.

(2) Zulässig sind

1. Wohngebäude,

2. die der Versorgung des Gebiets dienenden Läden, Schank- und Speisewirt-schaften sowie nicht störenden Handwerksbetriebe,

3. Anlagen für kirchliche, kulturelle, soziale, gesundheitliche und sportliche Zwecke.

(3) Ausnahmsweise können zugelassen werden

1. Betriebe des Beherbergungsgewerbes,

2. sonstige nicht störende Gewerbebetriebe,

3. Anlagen für Verwaltungen,

4. Gartenbaubetriebe,

5. Tankstellen.

§ 4a Gebiete zur Erhaltung und Entwicklung der Wohnnutzung (besondere Wohngebiete). (1) [1] Besondere Wohngebiete sind überwiegend bebaute Gebiete, die aufgrund ausgeübter Wohnnutzung und vorhandener sonstiger in Absatz 2 genannter Anlagen eine besondere Eigenart aufweisen und in denen unter Berücksichtigung dieser Eigenart die Wohnnutzung erhalten und fortentwickelt werden soll. [2] Besondere Wohngebiete dienen vorwiegend dem Wohnen; sie dienen auch der Unterbringung von Gewerbebetrieben und sonstigen Anlagen im Sinne der Absätze 2 und 3, soweit diese Betriebe und Anlagen nach der besonderen Eigenart des Gebiets mit der Wohnnutzung vereinbar sind.

(2) Zulässig sind

1. Wohngebäude,

2. Läden, Betriebe des Beherbergungsgewerbes, Schank- und Speisewirtschaften,

3. sonstige Gewerbebetriebe,

4. Geschäfts- und Bürogebäude,

5. Anlagen für kirchliche, kulturelle, soziale, gesundheitliche und sportliche Zwecke.

(3) Ausnahmsweise können zugelassen werden

1. Anlagen für zentrale Einrichtungen der Verwaltung,

2. Vergnügungsstätten, soweit sie nicht wegen ihrer Zweckbestimmung oder ihres Umfangs nur in Kerngebieten allgemein zulässig sind,

3. Tankstellen.

(4) Für besondere Wohngebiete oder Teile solcher Gebiete kann, wenn besondere städtebauliche Gründe dies rechtfertigen (§ 9 Absatz 3 des Baugesetzbuchs[1]), festgesetzt werden, daß

1. oberhalb eines im Bebauungsplan bestimmten Geschosses nur Wohnungen zulässig sind oder

2. in Gebäuden ein im Bebauungsplan bestimmter Anteil der zulässigen Geschossfläche oder eine bestimmte Größe der Geschossfläche für Wohnungen zu verwenden ist.

§ 5 Dorfgebiete. (1) [1] Dorfgebiete dienen der Unterbringung der Wirtschaftsstellen land- und forstwirtschaftlicher Betriebe, dem Wohnen und der Unterbringung von nicht wesentlich störenden Gewerbebetrieben sowie der Versorgung der Bewohner des Gebiets dienenden Handwerksbetrieben. [2] Auf die Belange der land- und forstwirtschaftlichen Betriebe einschließlich ihrer Entwicklungsmöglichkeiten ist vorrangig Rücksicht zu nehmen.

(2) Zulässig sind

1. Wirtschaftsstellen land- und forstwirtschaftlicher Betriebe und die dazugehörigen Wohnungen und Wohngebäude,

2. Kleinsiedlungen einschließlich Wohngebäude mit entsprechenden Nutzgärten und landwirtschaftliche Nebenerwerbsstellen,

3. sonstige Wohngebäude,

[1] Nr. 300.

4. Betriebe zur Be- und Verarbeitung und Sammlung land- und forstwirt-
schaftlicher Erzeugnisse,

5. Einzelhandelsbetriebe, Schank- und Speisewirtschaften sowie Betriebe des
Beherbergungsgewerbes,

6. sonstige Gewerbebetriebe,

7. Anlagen für örtliche Verwaltungen sowie für kirchliche, kulturelle, soziale,
gesundheitliche und sportliche Zwecke,

8. Gartenbaubetriebe,

9. Tankstellen.

(3) Ausnahmsweise können Vergnügungsstätten im Sinne des § 4a Absatz 3
Nummer 2 zugelassen werden.

§ 6 Mischgebiete. (1) Mischgebiete dienen dem Wohnen und der Unter-
bringung von Gewerbebetrieben, die das Wohnen nicht wesentlich stören.

(2) Zulässig sind

1. Wohngebäude,

2. Geschäfts- und Bürogebäude,

3. Einzelhandelsbetriebe, Schank- und Speisewirtschaften sowie Betriebe des
Beherbergungsgewerbes,

4. sonstige Gewerbebetriebe,

5. Anlagen für Verwaltungen sowie für kirchliche, kulturelle, soziale, gesund-
heitliche und sportliche Zwecke,

6. Gartenbaubetriebe,

7. Tankstellen,

8. Vergnügungsstätten im Sinne des § 4a Absatz 3 Nummer 2 in den Teilen
des Gebiets, die überwiegend durch gewerbliche Nutzungen geprägt sind.

(3) Ausnahmsweise können Vergnügungsstätten im Sinne des § 4a Absatz 3
Nummer 2 außerhalb der in Absatz 2 Nummer 8 bezeichneten Teile des
Gebiets zugelassen werden.

§ 6a Urbane Gebiete. (1) [1] Urbane Gebiete dienen dem Wohnen sowie
der Unterbringung von Gewerbebetrieben und sozialen, kulturellen und
anderen Einrichtungen, die die Wohnnutzung nicht wesentlich stören. [2] Die
Nutzungsmischung muss nicht gleichgewichtig sein.

(2) Zulässig sind

1. Wohngebäude,

2. Geschäfts- und Bürogebäude,

3. Einzelhandelsbetriebe, Schank- und Speisewirtschaften sowie Betriebe des
Beherbergungsgewerbes,

4. sonstige Gewerbebetriebe,

5. Anlagen für Verwaltungen sowie für kirchliche, kulturelle, soziale, gesund-
heitliche und sportliche Zwecke.

(3) Ausnahmsweise können zugelassen werden

1. Vergnügungsstätten, soweit sie nicht wegen ihrer Zweckbestimmung oder
ihres Umfangs nur in Kerngebieten allgemein zulässig sind,

2. Tankstellen.

(4) Für urbane Gebiete oder Teile solcher Gebiete kann festgesetzt werden, dass in Gebäuden

1. im Erdgeschoss an der Straßenseite eine Wohnnutzung nicht oder nur ausnahmsweise zulässig ist,

2. oberhalb eines im Bebauungsplan bestimmten Geschosses nur Wohnungen zulässig sind,

3. ein im Bebauungsplan bestimmter Anteil der zulässigen Geschossfläche oder eine im Bebauungsplan bestimmte Größe der Geschossfläche für Wohnungen zu verwenden ist, oder

4. ein im Bebauungsplan bestimmter Anteil der zulässigen Geschossfläche oder eine im Bebauungsplan bestimmte Größe der Geschossfläche für gewerbliche Nutzungen zu verwenden ist.

§ 7 Kerngebiete. (1) Kerngebiete dienen vorwiegend der Unterbringung von Handelsbetrieben sowie der zentralen Einrichtungen der Wirtschaft, der Verwaltung und der Kultur.

(2) Zulässig sind

1. Geschäfts-, Büro- und Verwaltungsgebäude,

2. Einzelhandelsbetriebe, Schank- und Speisewirtschaften, Betriebe des Beherbergungsgewerbes und Vergnügungsstätten,

3. sonstige nicht wesentlich störende Gewerbebetriebe,

4. Anlagen für kirchliche, kulturelle, soziale, gesundheitliche und sportliche Zwecke,

5. Tankstellen im Zusammenhang mit Parkhäusern und Großgaragen,

6. Wohnungen für Aufsichts- und Bereitschaftspersonen sowie für Betriebsinhaber und Betriebsleiter,

7. sonstige Wohnungen nach Maßgabe von Festsetzungen des Bebauungsplans.

(3) Ausnahmsweise können zugelassen werden

1. Tankstellen, die nicht unter Absatz 2 Nr. 5 fallen,

2. Wohnungen, die nicht unter Absatz 2 Nr. 6 und 7 fallen.

(4) [1] Für Teile eines Kerngebiets kann, wenn besondere städtebauliche Gründe dies rechtfertigen (§ 9 Abs. 3 des Baugesetzbuchs[1]), festgesetzt werden, daß

1. oberhalb eines im Bebauungsplan bestimmten Geschosses nur Wohnungen zulässig sind oder

2. *in Gebäuden* ein im Bebauungsplan bestimmter Anteil der zulässigen Geschoßfläche oder eine bestimmte Größe der Geschoßfläche für Wohnungen zu verwenden ist. [2] Dies gilt auch, wenn durch solche Festsetzungen dieser Teil des Kerngebiets nicht vorwiegend der Unterbringung von Handelsbetrieben sowie der zentralen Einrichtungen der Wirtschaft, der Verwaltung und der Kultur dient.

[1] Nr. **300**.

§ 8 Gewerbegebiete. (1) Gewerbegebiete dienen vorwiegend der Unterbringung von nicht erheblich belästigenden Gewerbebetrieben.

(2) Zulässig sind

1. Gewerbebetriebe aller Art, Lagerhäuser, Lagerplätze und öffentliche Betriebe,

2. Geschäfts-, Büro- und Verwaltungsgebäude,

3. Tankstellen,

4. Anlagen für sportliche Zwecke.

(3) Ausnahmsweise können zugelassen werden

1. Wohnungen für Aufsichts- und Bereitschaftspersonen sowie für Betriebsinhaber und Betriebsleiter, die dem Gewerbebetrieb zugeordnet und ihm gegenüber in Grundfläche und Baumasse untergeordnet sind,

2. Anlagen für kirchliche, kulturelle, soziale und gesundheitliche Zwecke,

3. Vergnügungsstätten.

§ 9 Industriegebiete. (1) Industriegebiete dienen ausschließlich der Unterbringung von Gewerbebetrieben, und zwar vorwiegend solcher Betriebe, die in anderen Baugebieten unzulässig sind.

(2) Zulässig sind

1. Gewerbebetriebe aller Art, Lagerhäuser, Lagerplätze und öffentliche Betriebe,

2. Tankstellen.

(3) Ausnahmsweise können zugelassen werden

1. Wohnungen für Aufsichts- und Bereitschaftspersonen sowie für Betriebsinhaber und Betriebsleiter, die dem Gewerbebetrieb zugeordnet und ihm gegenüber in Grundfläche und Baumasse untergeordnet sind,

2. Anlagen für kirchliche, kulturelle, soziale, gesundheitliche und sportliche Zwecke.

§ 10 Sondergebiete, die der Erholung dienen. (1) Als Sondergebiete, die der Erholung dienen, kommen insbesondere in Betracht

Wochenendhausgebiete,

Ferienhausgebiete,

Campingplatzgebiete.

(2) ¹ Für Sondergebiete, die der Erholung dienen, sind die Zweckbestimmung und die Art der Nutzung darzustellen und festzusetzen. ² Im Bebauungsplan kann festgesetzt werden, daß bestimmte, der Eigenart des Gebiets entsprechende Anlagen und Einrichtungen zur Versorgung des Gebiets und für sportliche Zwecke allgemein zulässig sind oder ausnahmsweise zugelassen werden können.

(3) ¹ In Wochenendhausgebieten sind Wochenendhäuser als Einzelhäuser zulässig. ² Im Bebauungsplan kann festgesetzt werden, daß Wochenendhäuser nur als Hausgruppen zulässig sind oder ausnahmsweise als Hausgruppen zugelassen werden können. ³ Die zulässige Grundfläche der Wochenendhäuser ist im Bebauungsplan, begrenzt nach der besonderen Eigenart des Gebiets, unter Berücksichtigung der landschaftlichen Gegebenheiten festzusetzen.

(4) [1] In Ferienhausgebieten sind Ferienhäuser zulässig, die aufgrund ihrer Lage, Größe, Ausstattung, Erschließung und Versorgung für den Erholungsaufenthalt geeignet und dazu bestimmt sind, überwiegend und auf Dauer einem wechselnden Personenkreis zur Erholung zu dienen. [2] Im Bebauungsplan kann die Grundfläche der Ferienhäuser, begrenzt nach der besonderen Eigenart des Gebiets, unter Berücksichtigung der landschaftlichen Gegebenheiten festgesetzt werden.

(5) In Campingplatzgebieten sind Campingplätze und Zeltplätze zulässig.

§ 11 Sonstige Sondergebiete. (1) Als sonstige Sondergebiete sind solche Gebiete darzustellen und festzusetzen, die sich von den Baugebieten nach den §§ 2 bis 10 wesentlich unterscheiden.

(2) [1] Für sonstige Sondergebiete sind die Zweckbestimmung und die Art der Nutzung darzustellen und festzusetzen. [2] Als sonstige Sondergebiete kommen insbesondere in Betracht

Gebiete für den Fremdenverkehr, wie Kurgebiete und Gebiete für die Fremdenbeherbergung, auch mit einer Mischung von Fremdenbeherbergung oder Ferienwohnen einerseits sowie Dauerwohnen andererseits,

Ladengebiete,

Gebiete für Einkaufszentren und großflächige Handelsbetriebe,

Gebiete für Messen, Ausstellungen und Kongresse,

Hochschulgebiete,

Klinikgebiete,

Hafengebiete,

Gebiete für Anlagen, die der Erforschung, Entwicklung oder Nutzung erneuerbarer Energien, wie Wind- und Sonnenenergie, dienen.

(3) [1]

1. Einkaufszentren,

2. großflächige Einzelhandelsbetriebe, die sich nach Art, Lage oder Umfang auf die Verwirklichung der Ziele der Raumordnung und Landesplanung oder auf die städtebauliche Entwicklung und Ordnung nicht nur unwesentlich auswirken können,

3. sonstige großflächige Handelsbetriebe, die im Hinblick auf den Verkauf an letzte Verbraucher und auf die Auswirkungen den in Nummer 2 bezeichneten Einzelhandelsbetrieben vergleichbar sind,

sind außer in Kerngebieten nur in für sie festgesetzten Sondergebieten zulässig. [2] Auswirkungen im Sinne des Satzes 1 Nr. 2 und 3 sind insbesondere schädliche Umwelteinwirkungen im Sinne des § 3 des Bundes-Immissionsschutzgesetzes[1]) sowie Auswirkungen auf die infrastrukturelle Ausstattung, auf den Verkehr, auf die Versorgung der Bevölkerung im Einzugsbereich der in Satz 1 bezeichneten Betriebe, auf die Entwicklung zentraler Versorgungsbereiche in der Gemeinde oder in anderen Gemeinden, auf das Orts- und Landschaftsbild und auf den Naturhaushalt. [3] Auswirkungen im Sinne des Satzes 2 sind bei Betrieben nach Satz 1 Nr. 2 und 3 in der Regel anzunehmen, wenn die Geschoßfläche 1 200 m² überschreitet. [4] Die Regel des Satzes 3 gilt nicht,

[1]) Nr. **296.**

wenn Anhaltspunkte dafür bestehen, daß Auswirkungen bereits bei weniger als 1 200 m² Geschoßfläche vorliegen oder bei mehr als 1 200 m² Geschoßfläche nicht vorliegen; dabei sind in Bezug auf die in Satz 2 bezeichneten Auswirkungen insbesondere die Gliederung und Größe der Gemeinde und ihrer Ortsteile, die Sicherung der verbrauchernahen Versorgung der Bevölkerung und das Warenangebot des Betriebs zu berücksichtigen.

§ 12 Stellplätze und Garagen. (1) Stellplätze und Garagen sind in allen Baugebieten zulässig, soweit sich aus den Absätzen 2 bis 6 nichts anderes ergibt.

(2) In Kleinsiedlungsgebieten, reinen Wohngebieten und allgemeinen Wohngebieten sowie Sondergebieten, die der Erholung dienen, sind Stellplätze und Garagen nur für den durch die zugelassene Nutzung verursachten Bedarf zulässig.

(3) Unzulässig sind

1. Stellplätze und Garagen für Lastkraftwagen und Kraftomnibusse sowie für Anhänger dieser Kraftfahrzeuge in reinen Wohngebieten,

2. Stellplätze und Garagen für Kraftfahrzeuge mit einem Eigengewicht über 3,5 Tonnen sowie für Anhänger dieser Kraftfahrzeuge in Kleinsiedlungsgebieten und allgemeinen Wohngebieten.

(4) ¹ Im Bebauungsplan kann, wenn besondere städtebauliche Gründe dies rechtfertigen (§ 9 Abs. 3 des Baugesetzbuchs¹)), festgesetzt werden, daß in bestimmten Geschossen nur Stellplätze oder Garagen und zugehörige Nebeneinrichtungen (Garagengeschosse) zulässig sind. ² Eine Festsetzung nach Satz 1 kann auch für Geschosse unterhalb der Geländeoberfläche getroffen werden. ³ Bei Festsetzungen nach den Sätzen 1 und 2 sind Stellplätze und Garagen auf dem Grundstück nur in den festgesetzten Geschossen zulässig, soweit der Bebauungsplan nichts anderes bestimmt.

(5) ¹ Im Bebauungsplan kann, wenn besondere städtebauliche Gründe dies rechtfertigen (§ 9 Abs. 3 des Baugesetzbuchs), festgesetzt werden, daß in Teilen von Geschossen nur Stellplätze und Garagen zulässig sind. ² Absatz 4 Satz 2 und 3 gilt entsprechend.

(6) Im Bebauungsplan kann festgesetzt werden, daß in Baugebieten oder bestimmten Teilen von Baugebieten Stellplätze und Garagen unzulässig oder nur in beschränktem Umfang zulässig sind, soweit landesrechtliche Vorschriften nicht entgegenstehen.

(7) Die landesrechtlichen Vorschriften über die Ablösung der Verpflichtung zur Herstellung von Stellplätzen und Garagen sowie die Verpflichtung zur Herstellung von Stellplätzen und Garagen außerhalb der im Bebauungsplan festgesetzten Bereiche bleiben bei Festsetzungen nach den Absätzen 4 bis 6 unberührt.

§ 13 Gebäude und Räume für freie Berufe. Für die Berufsausübung freiberuflich Tätiger und solcher Gewerbetreibender, die ihren Beruf in ähnlicher Art ausüben, sind in den Baugebieten nach den §§ 2 bis 4 Räume, in den Baugebieten nach den §§ 4a bis 9 auch Gebäude zulässig.

¹⁾ Nr. 300.

§ 13a Ferienwohnungen. [1] Räume oder Gebäude, die einem ständig wechselnden Kreis von Gästen gegen Entgelt vorübergehend zur Unterkunft zur Verfügung gestellt werden und die zur Begründung einer eigenen Häuslichkeit geeignet und bestimmt sind (Ferienwohnungen), gehören unbeschadet des § 10 in der Regel zu den nicht störenden Gewerbebetrieben nach § 2 Absatz 3 Nummer 4 und § 4 Absatz 3 Nummer 2 oder zu den Gewerbebetrieben nach § 4a Absatz 2 Nummer 3, § 5 Absatz 2 Nummer 6, § 6 Absatz 2 Nummer 4, § 6a Absatz 2 Nummer 4 und § 7 Absatz 2 Nummer 3. [2] Abweichend von Satz 1 können Räume nach Satz 1 in den übrigen Fällen insbesondere bei einer baulich untergeordneten Bedeutung gegenüber der in dem Gebäude vorherrschenden Hauptnutzung zu den Betrieben des Beherbergungsgewerbes nach § 4 Absatz 3 Nummer 1, § 4a Absatz 2 Nummer 2, § 5 Absatz 2 Nummer 5, § 6 Absatz 2 Nummer 3, § 6a Absatz 2 Nummer 3 und § 7 Absatz 2 Nummer 2 oder zu den kleinen Betrieben des Beherbergungsgewerbes nach § 3 Absatz 3 Nummer 1 gehören.

§ 14 Nebenanlagen; Anlagen zur Nutzung solarer Strahlungsenergie und Kraft-Wärme-Kopplungsanlagen. (1) [1] Außer den in den §§ 2 bis 13 genannten Anlagen sind auch untergeordnete Nebenanlagen und Einrichtungen zulässig, die dem Nutzungszweck der in dem Baugebiet gelegenen Grundstücke oder des Baugebiets selbst dienen und die seiner Eigenart nicht widersprechen. [2] Soweit nicht bereits in den Baugebieten nach dieser Verordnung Einrichtungen und Anlagen für die Tierhaltung, einschließlich der Kleintiererhaltungszucht, zulässig sind, gehören zu den untergeordneten Nebenanlagen und Einrichtungen im Sinne des Satzes 1 auch solche für die Kleintierhaltung. [3] Im Bebauungsplan kann die Zulässigkeit der Nebenanlagen und Einrichtungen eingeschränkt oder ausgeschlossen werden.

(2) [1] Die der Versorgung der Baugebiete mit Elektrizität, Gas, Wärme und Wasser sowie zur Ableitung von Abwasser dienenden Nebenanlagen können in den Baugebieten als Ausnahme zugelassen werden, auch soweit für sie im Bebauungsplan keine besonderen Flächen festgesetzt sind. [2] Dies gilt auch für fernmeldetechnische Nebenanlagen sowie für Anlagen für erneuerbare Energien, soweit nicht Absatz 1 Satz 1 Anwendung findet.

(3) Soweit baulich untergeordnete Anlagen zur Nutzung solarer Strahlungsenergie in, an oder auf Dach- und Außenwandflächen oder Kraft-Wärme-Kopplungsanlagen innerhalb von Gebäuden nicht bereits nach den §§ 2 bis 13 zulässig sind, gelten sie auch dann als Anlagen im Sinne des Absatzes 1 Satz 1, wenn die erzeugte Energie vollständig oder überwiegend in das öffentliche Netz eingespeist wird.

§ 15 Allgemeine Voraussetzungen für die Zulässigkeit baulicher und sonstiger Anlagen. (1) [1] Die in den §§ 2 bis 14 aufgeführten baulichen und sonstigen Anlagen sind im Einzelfall unzulässig, wenn sie nach Anzahl, Lage, Umfang oder Zweckbestimmung der Eigenart des Baugebiets widersprechen. [2] Sie sind auch unzulässig, wenn von ihnen Belästigungen oder Störungen ausgehen können, die nach der Eigenart des Baugebiets im Baugebiet selbst oder in dessen Umgebung unzumutbar sind, oder wenn sie solchen Belästigungen oder Störungen ausgesetzt werden.

(2) Die Anwendung des Absatzes 1 hat nach den städtebaulichen Zielen und Grundsätzen des § 1 Abs. 5 des Baugesetzbuchs[1]) zu erfolgen.

(3) Die Zulässigkeit der Anlagen in den Baugebieten ist nicht allein nach den verfahrensrechtlichen Einordnungen des Bundes-Immissionsschutzgesetzes[2]) und der auf seiner Grundlage erlassenen Verordnungen zu beurteilen.

Zweiter Abschnitt. Maß der baulichen Nutzung

§ 16 Bestimmung des Maßes der baulichen Nutzung. (1) Wird im Flächennutzungsplan das allgemeine Maß der baulichen Nutzung dargestellt, genügt die Angabe der Geschoßflächenzahl, der Baumassenzahl oder der Höhe baulicher Anlagen.

(2) Im Bebauungsplan kann das Maß der baulichen Nutzung bestimmt werden durch Festsetzung

1. der Grundflächenzahl oder der Größe der Grundflächen der baulichen Anlagen,

2. der Geschoßflächenzahl oder der Größe der Geschoßfläche, der Baumassenzahl oder der Baumasse,

3. der Zahl der Vollgeschosse,

4. der Höhe baulicher Anlagen.

(3) Bei Festsetzung des Maßes der baulichen Nutzung im Bebauungsplan ist festzusetzen

1. stets die Grundflächenzahl oder die Größe der Grundflächen der baulichen Anlagen,

2. die Zahl der Vollgeschosse oder die Höhe baulicher Anlagen, wenn ohne ihre Festsetzung öffentliche Belange, insbesondere das Orts- und Landschaftsbild, beeinträchtigt werden können.

(4) [1] Bei Festsetzung des Höchstmaßes für die Geschoßflächenzahl oder die Größe der Geschoßfläche, für die Zahl der Vollgeschosse und die Höhe baulicher Anlagen im Bebauungsplan kann zugleich ein Mindestmaß festgesetzt werden. [2] Die Zahl der Vollgeschosse und die Höhe baulicher Anlagen können auch als zwingend festgesetzt werden.

(5) Im Bebauungsplan kann das Maß der baulichen Nutzung für Teile des Baugebiets, für einzelne Grundstücke oder Grundstücksteile und für Teile baulicher Anlagen unterschiedlich festgesetzt werden; die Festsetzungen können oberhalb und unterhalb der Geländeoberfläche getroffen werden.

(6) Im Bebauungsplan können nach Art und Umfang bestimmte Ausnahmen von dem festgesetzen Maß der baulichen Nutzung vorgesehen werden.

§ 17 Obergrenzen für die Bestimmung des Maßes der baulichen Nutzung. (1) Bei der Bestimmung des Maßes der baulichen Nutzung nach § 16 dürfen, auch wenn eine Geschossflächenzahl oder eine Baumassenzahl nicht dargestellt oder festgesetzt wird, folgende Obergrenzen nicht überschritten werden:

[1]) Nr. 200.
[2]) Nr. 296.

1	2	3	4
Baugebiet	Grund-flächen-zahl (GRZ)	Geschoss-flächen-zahl (GFZ)	Bau-massen-zahl (BMZ)
in Kleinsiedlungsgebieten (WS)	0,2	0,4	–
in reinen Wohngebieten (WR) allgem. Wohngebieten (WA) Ferienhausgebieten	0,4	1,2	–
in besonderen Wohngebieten (WB)	0,6	1,6	–
in Dorfgebieten (MD) Mischgebieten (MI)	0,6	1,2	–
in urbanen Gebieten (MU)	0,8	3,0	–
in Kerngebieten (MK)	1,0	3,0	–
in Gewerbegebieten (GE) Industriegebieten (GI) sonstigen Sondergebieten	0,8	2,4	10,0
in Wochenendhausgebieten	0,2	0,2	–

(2) [1] Die Obergrenzen des Absatzes 1 können aus städtebaulichen Gründen überschritten werden, wenn die Überschreitung durch Umstände ausgeglichen ist oder durch Maßnahmen ausgeglichen wird, durch die sichergestellt ist, dass die allgemeinen Anforderungen an gesunde Wohn- und Arbeitsverhältnisse nicht beeinträchtigt werden und nachteilige Auswirkungen auf die Umwelt vermieden werden. [2] Dies gilt nicht für Wochenendhausgebiete und Ferienhausgebiete.

§ 18 Höhe baulicher Anlagen. (1) Bei Festsetzung der Höhe baulicher Anlagen sind die erforderlichen Bezugspunkte zu bestimmen.

(2) Ist die Höhe baulicher Anlagen als zwingend festgesetzt (§ 16 Abs. 4 Satz 2), können geringfügige Abweichungen zugelassen werden.

§ 19 Grundflächenzahl, zulässige Grundfläche. (1) Die Grundflächenzahl gibt an, wieviel Quadratmeter Grundfläche je Quadratmeter Grundstücksfläche im Sinne des Absatzes 3 zulässig sind.

(2) Zulässige Grundfläche ist der nach Absatz 1 errechnete Anteil des Baugrundstücks, der von baulichen Anlagen überdeckt werden darf.

(3) [1] Für die Ermittlung der zulässigen Grundfläche ist die Fläche des Baugrundstücks maßgebend, die im Bauland und hinter der im Bebauungsplan festgesetzten Straßenbegrenzungslinie liegt. [2] Ist eine Straßenbegrenzungslinie nicht festgesetzt, so ist die Fläche des Baugrundstücks maßgebend, die hinter der tatsächlichen Straßengrenze liegt oder die im Bebauungsplan als maßgebend für die Ermittlung der zulässigen Grundfläche festgesetzt ist.

(4) ¹ Bei der Ermittlung der Grundfläche sind die Grundflächen von

1. Garagen und Stellplätzen mit ihren Zufahrten,

2. Nebenanlagen im Sinne des § 14,

3. baulichen Anlagen unterhalb der Geländeoberfläche, durch die das Baugrundstück lediglich unterbaut wird,

mitzurechnen. ² Die zulässige Grundfläche darf durch die Grundflächen der in Satz 1 bezeichneten Anlagen bis zu 50 vom Hundert überschritten werden, höchstens jedoch bis zu einer Grundflächenzahl von 0,8; weitere Überschreitungen in geringfügigem Ausmaß können zugelassen werden. ³ Im Bebauungsplan können von Satz 2 abweichende Bestimmungen getroffen werden. ⁴ Soweit der Bebauungsplan nichts anderes festsetzt, kann im Einzelfall von der Einhaltung der sich aus Satz 2 ergebenden Grenzen abgesehen werden

1. bei Überschreitungen mit geringfügigen Auswirkungen auf die natürlichen Funktionen des Bodens oder

2. wenn die Einhaltung der Grenzen zu einer wesentlichen Erschwerung der zweckentsprechenden Grundstücksnutzung führen würde.

§ 20 Vollgeschosse, Geschoßflächenzahl, Geschoßfläche. (1) Als Vollgeschosse gelten Geschosse, die nach landesrechtlichen Vorschriften Vollgeschosse sind oder auf ihre Zahl angerechnet werden.

(2) Die Geschoßflächenzahl gibt an, wieviel Quadratmeter Geschoßfläche je Quadratmeter Grundstücksfläche im Sinne des § 19 Abs. 3 zulässig sind.

(3) ¹ Die Geschoßfläche ist nach den Außenmaßen der Gebäude in allen Vollgeschossen zu ermitteln. ² Im Bebauungsplan kann festgesetzt werden, daß die Flächen von Aufenthaltsräumen in anderen Geschossen einschließlich der zu ihnen gehörenden Treppenräume und einschließlich ihrer Umfassungswände ganz oder teilweise mitzurechnen oder ausnahmsweise nicht mitzurechnen sind.

(4) Bei der Ermittlung der Geschoßfläche bleiben Nebenanlagen im Sinne des § 14, Balkone, Loggien, Terrassen sowie bauliche Anlagen, soweit sie nach Landesrecht in den Abstandsflächen (seitlicher Grenzabstand und sonstige Abstandsflächen) zulässig sind oder zugelassen werden können, unberücksichtigt.

§ 21 Baumassenzahl, Baumasse. (1) Die Baumassenzahl gibt an, wieviel Kubikmeter Baumasse je Quadratmeter Grundstücksfläche im Sinne des § 19 Abs. 3 zulässig sind.

(2) ¹ Die Baumasse ist nach den Außenmaßen der Gebäude vom Fußboden des untersten Vollgeschosses bis zur Decke des obersten Vollgeschosses zu ermitteln. ² Die Baumassen von Aufenthaltsräumen in anderen Geschossen einschließlich der zu ihnen gehörenden Treppenräume und einschließlich ihrer Umfassungswände und Decken sind mitzurechnen. ³ Bei baulichen Anlagen, bei denen eine Berechnung der Baumasse nach Satz 1 nicht möglich ist, ist die tatsächliche Baumasse zu ermitteln.

(3) Bauliche Anlagen und Gebäudeteile im Sinne des § 20 Abs. 4 bleiben bei der Ermittlung der Baumasse unberücksichtigt.

(4) Ist im Bebauungsplan die Höhe baulicher Anlagen oder die Baumassenzahl nicht festgesetzt, darf bei Gebäuden, die Geschosse von mehr als 3,50 m Höhe haben, eine Baumassenzahl, die das Dreieinhalbfache der zulässigen Geschoßflächenzahl beträgt, nicht überschritten werden.

§ 21a Stellplätze, Garagen und Gemeinschaftsanlagen. (1) Garagengeschosse oder ihre Baumasse sind in sonst anders genutzten Gebäuden auf die Zahl der zulässigen Vollgeschosse oder auf die zulässige Baumasse nicht anzurechnen, wenn der Bebauungsplan dies festsetzt oder als Ausnahme vorsieht.

(2) Der Grundstücksfläche im Sinne des § 19 Abs. 3 sind Flächenanteile an außerhalb des Baugrundstücks festgesetzten Gemeinschaftsanlagen im Sinne des § 9 Abs. 1 Nr. 22 des Baugesetzbuchs[1]) hinzuzurechnen, wenn der Bebauungsplan dies festsetzt oder als Ausnahme vorsieht.

(3) Soweit § 19 Abs. 4 nicht entgegensteht, ist eine Überschreitung der zulässigen Grundfläche durch überdachte Stellplätze und Garagen bis zu 0,1 der Fläche des Baugrundstücks zulässig; eine weitergehende Überschreitung kann ausnahmsweise zugelassen werden

1. in Kerngebieten, Gewerbegebieten und Industriegebieten,

2. in anderen Baugebieten, soweit solche Anlagen nach § 9 Abs. 1 Nr. 4 des Baugesetzbuchs im Bebauungsplan festgesetzt sind.

(4) Bei der Ermittlung der Geschoßfläche oder der Baumasse bleiben unberücksichtigt die Flächen oder Baumassen von

1. Garagengeschossen, die nach Absatz 1 nicht angerechnet werden,

2. Stellplätzen und Garagen, deren Grundflächen die zulässige Grundfläche unter den Voraussetzungen des Absatzes 3 überschreiten,

3. Stellplätzen und Garagen in Vollgeschossen, wenn der Bebauungsplan dies festsetzt oder als Ausnahme vorsieht.

(5) Die zulässige Geschoßfläche oder die zulässige Baumasse ist um die Flächen oder Baumassen notwendiger Garagen, die unter der Geländeoberfläche hergestellt werden, insoweit zu erhöhen, als der Bebauungsplan dies festsetzt oder als Ausnahme vorsieht.

Dritter Abschnitt. Bauweise, überbaubare Grundstücksfläche

§ 22 Bauweise. (1) Im Bebauungsplan kann die Bauweise als offene oder geschlossene Bauweise festgetzt werden.

(2) [1] In der offenen Bauweise werden die Gebäude mit seitlichem Grenzabstand als Einzelhäuser, Doppelhäuser oder Hausgruppen errichtet. [2] Die Länge der in Satz 1 bezeichneten Hausformen darf höchstens 50 m betragen. [3] Im Bebauungsplan können Flächen festgesetzt werden, auf denen nur Einzelhäuser, nur Doppelhäuser, nur Hausgruppen oder nur zwei dieser Hausformen zulässig sind.

[1]) Nr. **300**.

(3) In der geschlossenen Bauweise werden die Gebäude ohne seitlichen Grenzabstand errichtet, es sei denn, daß die vorhandene Bebauung eine Abweichung erfordert.

(4) [1] Im Bebauungsplan kann eine von Absatz 1 abweichende Bauweise festgesetzt werden. [2] Dabei kann auch festgesetzt werden, inwieweit an die vorderen, rückwärtigen und seitlichen Grundstücksgrenzen herangebaut werden darf oder muß.

§ 23 Überbaubare Grundstücksfläche. (1) [1] Die überbaubaren Grundstücksflächen können durch die Festsetzung von Baulinien, Baugrenzen oder Bebauungstiefen bestimmt werden. [2] § 16 Abs. 5 ist entsprechend anzuwenden.

(2) [1] Ist eine Baulinie festgesetzt, so muß auf dieser Linie gebaut werden. [2] Ein Vor- oder Zurücktreten von Gebäudeteilen in geringfügigem Ausmaß kann zugelassen werden. [3] Im Bebauungsplan können weitere nach Art und Umfang bestimmte Ausnahmen vorgesehen werden.

(3) [1] Ist eine Baugrenze festgesetzt, so dürfen Gebäude und Gebäudeteile diese nicht überschreiten. [2] Ein Vortreten von Gebäudeteilen in geringfügigem Ausmaß kann zugelassen werden. [3] Absatz 2 Satz 3 gilt entsprechend.

(4) [1] Ist eine Bebauungstiefe festgesetzt, so gilt Absatz 3 entsprechend. [2] Die Bebauungstiefe ist von der tatsächlichen Straßengrenze ab zu ermitteln, sofern im Bebauungsplan nichts anderes festgesetzt ist.

(5) [1] Wenn im Bebauungsplan nichts anderes festgesetzt ist, können auf den nicht überbaubaren Grundstücksflächen Nebenanlagen im Sinne des § 14 zugelassen werden. [2] Das gleiche gilt für bauliche Anlagen, soweit sie nach Landesrecht in den Abstandsflächen zulässig sind oder zugelassen werden können.

Vierter Abschnitt

§ 24 (weggefallen)

Fünfter Abschnitt. Überleitungs- und Schlussvorschriften

§ 25 Fortführung eingeleiteter Verfahren[1] Für Bauleitpläne, deren Aufstellung oder Änderung bereits eingeleitet is, sind die dieser Verordnung entsprechenden bisherigen Vorschrifter weiterhin anzuwenden, wenn die Pläne bei dem Inkrafttreten dieser Verordnung breits ausgelegt sind.

[1] **Amtl. Anm.:** Diese Vorschrift betrifft die Fortführung egeleiteter Verfahren bei Inkrafttreten der Baunutzungsverordnung (1. August 1962) in der ursprüllichen Fassung vom 26. Juni 1962 (BGBl. I S. 429). Für die Fortführung eingeleiteter Verfahrei bei Inkrafttreten der Änderungsverordnung (1. Januar 1969) bestimmt Artikel 2 der Verordnuur Änderung der Baunutzungsverordnung vom 26. November 1968 (BGBl. I S. 1233):

„*Für Bauleitpläne, deren Aufstellung oder Änderung bereits* eingeleitet ist, gilt die Verordnung in der bisherigen Fassung, wenn die Pläne bei Inkrafttreten dieverordnung bereits nach § 2 Abs. 6 des Bundesbaugesetzes ausgelegt sind."

§ 25a Überleitungsvorschriften aus Anlass der zweiten Änderungsverordnung. (1) Für Bauleitpläne, deren Aufstellung oder Änderung bereits eingeleitet ist, gilt diese Verordnung in ihrer bis zum Inkrafttreten der Zweiten Verordnung zur Änderung dieser Verordnung vom 15. September 1977 (BGBl. I S. 1757) gültigen Fassung, wenn die Pläne bei Inkrafttreten der zweiten Änderungsverordnung nach § 2a Abs. 6 des Bundesbaugesetzes oder § 2 Abs. 6 des Bundesbaugesetzes in der bis zum 1. Januar 1977 geltenden Fassung ausgelegt sind.

(2) [1] Von der Geltung der Vorschriften der zweiten Änderungsverordnung über gesonderte Festsetzungen für übereinanderliegende Geschosse und Ebenen sowie sonstige Teile baulicher Anlagen sind solche Bebauungspläne ausgenommen, auf die § 9 Abs. 3 des Bundesbaugesetzes in der ab 1. Januar 1977 geltenden Fassung nach Maßgabe des Artikels 3 § 1 Abs. 3 des Gesetzes zur Änderung des Bundesbaugesetzes vom 18. August 1976 (BGBl. I S. 2221) keine Anwendung findet. [2] Auf diese Bebauungspläne finden die Vorschriften dieser Verordnung über gesonderte Festsetzungen für übereinanderliegende Geschosse und Ebenen und sonstige Teile baulicher Anlagen in der bis zum Inkrafttreten der zweiten Änderungsverordnung gültigen Fassung weiterhin Anwendung.

§ 25b Überleitungsvorschrift aus Anlass der dritten Änderungsverordnung. (1) [1] Ist der Entwurf eines Bebauungsplans vor dem Inkrafttreten der dritten Änderungsverordnung nach § 2a Abs. 6 des Bundesbaugesetzes öffentlich ausgelegt worden, ist auf ihn § 11 Abs. 3 Satz 3 in der bis zum Inkrafttreten der dritten Änderungsverordnung geltenden Fassung anzuwenden. [2] Das Recht der Gemeinde, das Verfahren zur Aufstellung des Bebauungsplans erneut einzuleiten, bleibt unberührt.

(2) Auf Bebauungspläne, auf die § 11 Abs. 3 in der Fassung der Bekanntmachung vom 15. September 1977 Anwendung findet, ist § 11 Abs. 3 Satz 4 entsprechend anzuwenden.

§ 25c Überleitungsvorschrift aus Anlass der vierten Änderungsverordnung. [1] Ist der Entwurf eines Bauleitplans vor dem 27. Januar 1990 nach § 3 Abs. 2 des Baugesetzbuchs[1]) öffentlich ausgelegt worden, ist auf ihn diese Verordnung in der bis zum 26. Januar 1990 geltenden Fassung anzuwenden. [2] Das Recht der Gemeinde, das Verfahren zur Aufstellung des Bauleitplans erneut einzuleiten, bleibt unberührt.

§ 25d Überleitungsvorschrift aus Anlass des Gesetzes zur Stärkung der Innenentwicklung in den Städten und Gemeinden und weiterer Fortentwicklung des Städtebaurechts. [1] Ist der Entwurf eines Bauleitplans vor dem 20. September 2013 nach § 3 Absatz 2 des Baugesetzbuchs[1]) öffentlich ausgelegt worden, ist auf ihn diese Verordnung in der bis zum 20. September 2013 geltenden Fassung anzuwenden. [2] Das Recht der Gemeinde, das Verfahren zur Aufstellung des Bauleitplans erneut einzuleiten, bleibt unberührt.

§ 26 (Berlin-Klausel). *(gegenstandslos)*

[1]) Nr. 300.

§ 26a Überleitungsregelungen aus Anlass der Herstellung der Einheit Deutschlands. [1] Soweit in dieser Verordnung auf Vorschriften verwiesen wird, die in dem in Artikel 3 des Einigungsvertrages[1] genannten Gebiet keine Anwendung finden, sind die entsprechenden Vorschriften der Deutschen Demokratischen Republik anzuwenden. [2] Bestehen solche Vorschriften nicht oder würde ihre Anwendung dem Sinn der Verweisung widersprechen, gelten die Vorschriften, auf die verwiesen wird, entsprechend.

§ 27 (Inkrafttreten)

340. Raumordnungsgesetz (ROG) [1) 2) 3)4)]

Vom 22. Dezember 2008
(BGBl. I S. 2986)

FNA 2301–2

geänd. durch Art. 4 Drittes G zur Änd. des EnergieeinsparungsG v. 28.3.2009 (BGBl. I S. 643), Art. 9 G zur Neuregelung des Rechts des Naturschutzes und der Landschaftspflege v. 29.7.2009 (BGBl. I S. 2542), Art. 9 G zur Neuregelung des Wasserrechts v. 31.7.2009 (BGBl. I S. 2585), Art. 124 Zehnte ZuständigkeitsanpassungsVO v. 31.8.2015 (BGBl. I S. 1474), Art. 1, 5 Satz 2 G zur Änderung raumordnungsrechtlicher Vorschriften v. 23.5.2017 (BGBl. I S. 1245), Art. 2 Abs. 14a, 15 G zur Modernisierung des Rechts der Umweltverträglichkeitsprüfung v. 20.7.2017 (BGBl. I S. 2808), Art. 159 Elfte ZuständigkeitsanpassungsVO v. 19.6.2020 (BGBl. I S. 1328) und Art. 5 G zur Beschleunigung von Investitionen v. 3.12.2020 (BGBl. I S. 2694)

Inhaltsübersicht[5)]

Abschnitt 1. Allgemeine Vorschriften

[1)] **Amtl. Anm.:** Das Gesetz dient der Umsetzung folgender Rechtsakte des Gemeinschaftsrechts: Richtlinie 79/409/EWG des Rates vom 2. April 1979 über die Erhaltung der wild lebenden Vogelarten (ABl. EG Nr. L 103 S. 1), zuletzt geändert durch Art. 1 der Änderungsrichtlinie 2006/105/EG vom 20. November 2006 (ABl. EU Nr. L 363 S. 368),

Richtlinie 92/43/EWG des Rates vom 21. Mai 1992 zur Erhaltung der natürlichen Lebensräume sowie der wild lebenden Tiere und Pflanzen (ABl. EG Nr. L 206 S. 7), zuletzt geändert durch Art. 1 der Änderungsrichtlinie 2006/105/EG vom 20. November 2006 (ABl. EU Nr. L 363 S. 368),

Richtlinie 2001/42/EG des europäischen Parlaments und des Rates vom 27. Juni 2001 über die Prüfung der Umweltauswirkungen bestimmter Pläne und Programme (ABl. EG Nr. L 197 S. 30).

[2)] Verkündet als Art. 1 G v. 22.12.2008 (BGBl. I S. 2986); Inkrafttreten von Abschnitt 3 (§§ 17–25) und § 29 gem. Art. 9 Nr. 1 Satz 1 dieses G am 31.12.2008; die übrigen Abschnitte und Paragraphen treten gem. Art. 9 Nr. 1 Satz 2 dieses G am 30.6.2009 in Kraft.

[3)] Zur Sicherstellung ordnungsgemäßer Planungs- und Genehmigungsverfahren während der COVID-19-Pandemie siehe das PlanungssicherstellungsG v. 20.5.2020 (BGBl. I S. 1041).

[4)] Die Änderungen durch G v. 23.5.2017 (BGBl. I S. 1245) treten teilweise erst **mWv 1.10.2021**, die Änderungen durch G v. 3.12.2020 (BGBl. I S. 2694) treten teilweise erst **mWv 9.6.2021** in Kraft und sind insoweit im Text noch nicht berücksichtigt.

[5)] Inhaltsübersicht neu gef. mWv 29.11.2017 durch G v. 23.5.2017 (BGBl. I S. 1245).

Abschnitt 1. Allgemeine Vorschriften

§ 1 [1] **Aufgabe und Leitvorstellung der Raumordnung.** (1) [1] Der Gesamtraum der Bundesrepublik Deutschland und seine Teilräume sind durch Raumordnungspläne, durch raumordnerische Zusammenarbeit und durch Abstimmung raumbedeutsamer Planungen und Maßnahmen zu entwickeln, zu ordnen und zu sichern. [2] Dabei sind

1. unterschiedliche Anforderungen an den Raum aufeinander abzustimmen und die auf der jeweiligen Planungsebene auftretenden Konflikte auszugleichen,

2. Vorsorge für einzelne Nutzungen und Funktionen des Raums zu treffen.

(2) Leitvorstellung bei der Erfüllung der Aufgabe nach Absatz 1 ist eine nachhaltige Raumentwicklung, die die sozialen und wirtschaftlichen Ansprüche an den Raum mit seinen ökologischen Funktionen in Einklang bringt und zu einer dauerhaften, großräumig ausgewogenen Ordnung mit gleichwertigen Lebensverhältnissen in den Teilräumen führt.

(3) Die Entwicklung, Ordnung und Sicherung der Teilräume soll sich in die Gegebenheiten und Erfordernisse des Gesamtraums einfügen; die Entwicklung, Ordnung und Sicherung des Gesamtraums soll die Gegebenheiten und Erfordernisse seiner Teilräume berücksichtigen (Gegenstromprinzip).

(4) Raumordnung findet im Rahmen der Vorgaben des Seerechtsübereinkommens der Vereinten Nationen vom 10. Dezember 1982 (BGBl. 1994 II S. 1798) auch in der deutschen ausschließlichen Wirtschaftszone statt.

§ 2 [2] **Grundsätze der Raumordnung.** (1) Die Grundsätze der Raumordnung sind im Sinne der Leitvorstellung einer nachhaltigen Raumentwicklung nach § 1 Abs. 2 anzuwenden und durch Festlegungen in Raumordnungsplänen zu konkretisieren, soweit dies erforderlich ist.

(Fortsetzung nächstes Blatt)

[1] § 1 Abs. 1 Satz 1 geänd. mWv 29.11.2017 durch G v. 23.5.2017 (BGBl. I S. 1245).

[2] § 2 Abs. 2 Nr. 1 Satz 4, Nr. 3 Satz 6, Nr. 5 Satz 2 geänd., Nr. 6 Satz 2 neu gef., Satz 3 geänd., Satz 9 angef. mWv 29.11.2017 durch G v. 23.5.2017 (BGBl. I S. 1245).

(2) Grundsätze der Raumordnung sind insbesondere:

1. [1] Im Gesamtraum der Bundesrepublik Deutschland und in seinen Teilräumen sind ausgeglichene soziale, infrastrukturelle, wirtschaftliche, ökologische und kulturelle Verhältnisse anzustreben. [2] Dabei ist die nachhaltige Daseinsvorsorge zu sichern, nachhaltiges Wirtschaftswachstum und Innovation sind zu unterstützen, Entwicklungspotenziale sind zu sichern und Ressourcen nachhaltig zu schützen. [3] Diese Aufgaben sind gleichermaßen in Ballungsräumen wie in ländlichen Räumen, in strukturschwachen wie in strukturstarken Regionen zu erfüllen. [4] Demographischen, wirtschaftlichen, sozialen sowie anderen strukturverändernden Herausforderungen ist Rechnung zu tragen, auch im Hinblick auf den Rückgang und den Zuwachs von Bevölkerung und Arbeitsplätzen; regionale Entwicklungskonzepte und Bedarfsprognosen der Landes- und Regionalplanung sind einzubeziehen. [5] Auf einen Ausgleich räumlicher und struktureller Ungleichgewichte zwischen den Regionen ist hinzuwirken. [6] Die Gestaltungsmöglichkeiten der Raumnutzung sind langfristig offen zu halten.

2. [1] Die prägende Vielfalt des Gesamtraums und seiner Teilräume ist zu sichern. [2] Es ist dafür Sorge zu tragen, dass Städte und ländliche Räume auch künftig ihre vielfältigen Aufgaben für die Gesellschaft erfüllen können. [3] Mit dem Ziel der Stärkung und Entwicklung des Gesamtraums und seiner Teilräume ist auf Kooperationen innerhalb von Regionen und von Regionen miteinander, die in vielfältigen Formen, auch als Stadt-Land-Partnerschaften, möglich sind, hinzuwirken. [4] Die Siedlungstätigkeit ist räumlich zu konzentrieren, sie ist vorrangig auf vorhandene Siedlungen mit ausreichender Infrastruktur und auf Zentrale Orte auszurichten. [5] Der Freiraum ist durch übergreifende Freiraum-, Siedlungs- und weitere Fachplanungen zu schützen; es ist ein großräumig übergreifendes, ökologisch wirksames Freiraumverbundsystem zu schaffen. [6] Die weitere Zerschneidung der freien Landschaft und von Waldflächen ist dabei so weit wie möglich zu vermeiden; die Flächeninanspruchnahme im Freiraum ist zu begrenzen.

3. [1] Die Versorgung mit Dienstleistungen und Infrastrukturen der Daseinsvorsorge, insbesondere die Erreichbarkeit von Einrichtungen und Angeboten der Grundversorgung für alle Bevölkerungsgruppen, ist zur Sicherung von Chancengerechtigkeit in den Teilräumen in angemessener Weise zu gewährleisten; dies gilt auch in dünn besiedelten Regionen. [2] Die soziale Infrastruktur ist vorrangig in Zentralen Orten zu bündeln; die Erreichbarkeits- und Tragfähigkeitskriterien des Zentrale-Orte-Konzepts sind flexibel an regionalen Erfordernisse auszurichten. [3] Es sind die räumlichen Voraussetzungen für die Erhaltung der Innenstädte und örtlichen Zentren als zentrale Versorgungsbereiche zu schaffen. [4] Dem Schutz kritischer Infrastrukturen ist Rechnung zu tragen. [5] Es sind die räumlichen Voraussetzungen für nachhaltige Mobilität und ein integriertes Verkehrssystem zu schaffen. [6] Auf eine gute Erreichbarkeit der Teilräume untereinander durch schnellen und reibungslosen Personen- und Güterverkehr ist hinzuwirken. [7] Vor allem in verkehrlich hoch belasteten Räumen und Korridoren sind die Voraussetzungen zur Verlagerung von Verkehr auf umweltverträglichere Verkehrsträger wie Schiene und Wasserstraße zu verbessern. [8] Raumstrukturen sind so zu gestalten, dass die Verkehrsbelastung verringert und zusätzlicher Verkehr vermieden wird.

4. [1] Der Raum ist im Hinblick auf eine langfristig wettbewerbsfähige und räumlich ausgewogene Wirtschaftsstruktur und wirtschaftsnahe Infrastruktur sowie auf ein ausreichendes und vielfältiges Angebot an Arbeits- und Ausbildungsplätzen zu entwickeln. [2] Regionale Wachstums- und Innovationspotenziale sind in den Teilräumen zu stärken. [3] Insbesondere in Räumen, in denen die Lebensverhältnisse in ihrer Gesamtheit im Verhältnis zum Bundesdurchschnitt wesentlich zurückgeblieben sind oder ein solches Zurückbleiben zu befürchten ist (strukturschwache Räume), sind die Entwicklungsvoraussetzungen zu verbessern. [4] Es sind die räumlichen Voraussetzungen für die vorsorgende Sicherung sowie für die geordnete Aufsuchung und Gewinnung von standortgebundenen Rohstoffen zu schaffen. [5] Den räumlichen Erfordernissen für eine kostengünstige, sichere und umweltverträgliche Energieversorgung einschließlich des Ausbaus von Energienetzen ist Rechnung zu tragen. [6] Ländliche Räume sind unter Berücksichtigung ihrer unterschiedlichen wirtschaftlichen und natürlichen Entwicklungspotenziale als Lebens- und Wirtschaftsräume mit eigenständiger Bedeutung zu erhalten und zu entwickeln; dazu gehört auch die Umwelt- und Erholungsfunktion ländlicher Räume. [7] Es sind die räumlichen Voraussetzungen für die Land- und Forstwirtschaft in ihrer Bedeutung für die Nahrungs- und Rohstoffproduktion zu erhalten oder zu schaffen.

5. [1] Kulturlandschaften sind zu erhalten und zu entwickeln. [2] Historisch geprägte und gewachsene Kulturlandschaften sind in ihren prägenden Merkmalen und mit ihren Kultur- und Naturdenkmälern sowie dem UNESCO-Kultur- und Naturerbe der Welt zu erhalten. [3] Die unterschiedlichen Landschaftstypen und Nutzungen der Teilräume sind mit den Zielen eines harmonischen Nebeneinanders, der Überwindung von Strukturproblemen und zur Schaffung neuer wirtschaftlicher und kultureller Konzeptionen zu gestalten und weiterzuentwickeln. [4] Es sind die räumlichen Voraussetzungen dafür zu schaffen, dass die Land- und Forstwirtschaft ihren Beitrag dazu leisten kann, die natürlichen Lebensgrundlagen in ländlichen Räumen zu schützen sowie Natur und Landschaft zu pflegen und zu gestalten.

6. [1] Der Raum ist in seiner Bedeutung für die Funktionsfähigkeit der Böden, des Wasserhaushalts, der Tier- und Pflanzenwelt sowie des Klimas einschließlich der jeweiligen Wechselwirkungen zu entwickeln, zu sichern oder, soweit erforderlich, möglich und angemessen, wiederherzustellen. [2] Bei der Gestaltung räumlicher Nutzungen sind Naturgüter sparsam und schonend in Anspruch zu nehmen; Grundwasservorkommen und die biologische Vielfalt sind zu schützen. [3] Die erstmalige Inanspruchnahme von Freiflächen für Siedlungs- und Verkehrszwecke ist zu verringern, insbesondere durch quantifizierte Vorgaben zur Verringerung der Flächeninanspruchnahme sowie durch die vorrangige Ausschöpfung der Potenziale für die Wiedernutzbarmachung von Flächen, für die Nachverdichtung und für andere Maßnahmen zur Innenentwicklung der Städte und Gemeinden sowie zur Entwicklung vorhandener Verkehrsflächen. [4] Beeinträchtigungen des Naturhaushalts sind auszugleichen, den Erfordernissen des Biotopverbundes ist Rechnung zu tragen. [5] Für den vorbeugenden Hochwasserschutz an der Küste und im Binnenland ist zu sorgen, im Binnenland vor allem durch Sicherung oder Rückgewinnung von Auen, Rückhalteflächen und Entlastungsflächen. [6] Der Schutz der Allgemeinheit vor Lärm und die Reinhaltung der Luft sind sicherzustellen. [7] Den räumlichen Erfordernissen

des Klimaschutzes ist Rechnung zu tragen, sowohl durch Maßnahmen, die dem Klimawandel entgegenwirken, als auch durch solche, die der Anpassung an den Klimawandel dienen. [8] Dabei sind die räumlichen Voraussetzungen für den Ausbau der erneuerbaren Energien, für eine sparsame Energienutzung sowie für den Erhalt und die Entwicklung natürlicher Senken für klimaschädliche Stoffe und für die Einlagerung dieser Stoffe zu schaffen. [9] Die nachhaltige Entwicklung im Meeresbereich ist unter Anwendung eines Ökosystemansatzes gemäß der Richtlinie 2014/89/EU des Europäischen Parlaments und des Rates vom 23. Juli 2014 zur Schaffung eines Rahmens für die maritime Raumplanung (ABl. L 257 vom 28.8. 2014, S. 135) zu unterstützen.

7. Den räumlichen Erfordernissen der Verteidigung und des Zivilschutzes ist Rechnung zu tragen.

8. [1] Die räumlichen Voraussetzungen für den Zusammenhalt der Europäischen Union und im größeren europäischen Raum sowie für den Ausbau und die Gestaltung der transeuropäischen Netze sind zu gewährleisten. [2] Raumbedeutsamen Planungen und Maßnahmen der Europäischen Union und der europäischen Staaten ist Rechnung zu tragen. [3] Die Zusammenarbeit der Staaten und die grenzüberschreitende Zusammenarbeit der Städte und Regionen sind zu unterstützen.

§ 3[1) Begriffsbestimmungen. (1) Im Sinne dieses Gesetzes sind

1. Erfordernisse der Raumordnung:
Ziele der Raumordnung, Grundsätze der Raumordnung und sonstige Erfordernisse der Raumordnung;

2. Ziele der Raumordnung:
verbindliche Vorgaben in Form von räumlich und sachlich bestimmten oder bestimmbaren, vom Träger der Raumordnung abschließend abgewogenen textlichen oder zeichnerischen Festlegungen in Raumordnungsplänen zur Entwicklung, Ordnung und Sicherung des Raums;

3. Grundsätze der Raumordnung:
Aussagen zur Entwicklung, Ordnung und Sicherung des Raums als Vorgaben für nachfolgende Abwägungs- oder Ermessensentscheidungen; Grundsätze der Raumordnung können durch Gesetz oder als Festlegungen in einem Raumordnungsplan aufgestellt werden;

4. sonstige Erfordernisse der Raumordnung:
in Aufstellung befindliche Ziele der Raumordnung, Ergebnisse förmlicher landesplanerischer Verfahren wie des Raumordnungsverfahrens und landesplanerische Stellungnahmen;

5. öffentliche Stellen:
Behörden des Bundes und der Länder, kommunale Gebietskörperschaften, bundesunmittelbare und die der Aufsicht eines Landes unterstehenden Körperschaften, Anstalten und Stiftungen des öffentlichen Rechts;

6. raumbedeutsame Planungen und Maßnahmen:
Planungen einschließlich der Raumordnungspläne, Vorhaben und sonstige Maßnahmen, durch die Raum in Anspruch genommen oder die räumliche

[1)] § 3 Abs. 1 Nr. 2, 3 und 7 geänd. mWv 29.11.2017 durch G v. 23.5.2017 (BGBl. I S. 1245).

Entwicklung oder Funktion eines Gebietes beeinflusst wird, einschließlich des Einsatzes der hierfür vorgesehenen öffentlichen Finanzmittel;

7. Raumordnungspläne:
zusammenfassende, überörtliche und fachübergreifende Pläne nach §§ 13 und 17.

(2) Werden die Begriffe nach Absatz 1 Nr. 1 bis 4 in anderen Bundesgesetzen verwandt, sind sie, soweit sich aus diesen Bundesgesetzen nicht etwas anderes ergibt, im Sinne von Absatz 1 auszulegen.

§ 4[1] Bindungswirkung der Erfordernisse der Raumordnung.

(1) [1] Bei

1. raumbedeutsamen Planungen und Maßnahmen öffentlicher Stellen,
2. Entscheidungen öffentlicher Stellen über die Zulässigkeit raumbedeutsamer Planungen und Maßnahmen anderer öffentlicher Stellen,
3. Entscheidungen öffentlicher Stellen über die Zulässigkeit raumbedeutsamer Planungen und Maßnahmen von Personen des Privatrechts, die der Planfeststellung oder der Genehmigung mit der Rechtswirkung der Planfeststellung bedürfen,

sind Ziele der Raumordnung zu beachten sowie Grundsätze und sonstige Erfordernisse der Raumordnung in Abwägungs- oder Ermessensentscheidungen zu berücksichtigen. [2] Satz 1 Nr. 1 und 2 gilt entsprechend bei raumbedeutsamen Planungen und Maßnahmen, die Personen des Privatrechts in Wahrnehmung öffentlicher Aufgaben durchführen, wenn öffentliche Stellen an den Personen mehrheitlich beteiligt sind oder die Planungen und Maßnahmen überwiegend mit öffentlichen Mitteln finanziert werden. [3] Weitergehende Bindungswirkungen von Erfordernissen der Raumordnung nach Maßgabe der für diese Entscheidungen geltenden Vorschriften bleiben unberührt.

(2) Bei sonstigen Entscheidungen öffentlicher Stellen über die Zulässigkeit raumbedeutsamer Planungen und Maßnahmen von Personen des Privatrechts sind die Erfordernisse der Raumordnung nach den für diese Entscheidungen geltenden Vorschriften zu berücksichtigen.

(3) Bei Genehmigungen über die Errichtung und den Betrieb von öffentlich zugänglichen Abfallbeseitigungsanlagen von Personen des Privatrechts nach den Vorschriften des Bundes-Immissionsschutzgesetzes[2] sind die Ziele der Raumordnung zu beachten sowie die Grundsätze der Raumordnung und die sonstigen Erfordernisse der Raumordnung zu berücksichtigen.

§ 5[3] Beschränkung der Bindungswirkung nach § 4. (1) Bei raumbedeutsamen Planungen und Maßnahmen von öffentlichen Stellen des Bundes, von anderen öffentlichen Stellen, die im Auftrag des Bundes tätig sind, sowie von Personen des Privatrechts nach § 4 Abs. 1 Satz 2, die für den Bund öffentliche Aufgaben durchführen, gilt die Bindungswirkung der Ziele der Raumordnung in Raumordnungsplänen nach § 13 Absatz 1 nur, wenn die zuständige Stelle oder Person bei der Aufstellung des Raumordnungsplans

[1] § 4 Überschrift geänd. mWv 29.11.2017 durch G v. 23.5.2017 (BGBl. I S. 1245).
[2] Nr. 296.
[3] § 5 Überschrift neu gef., Abs. 1 geänd., Abs. 4 angef. mWv 29.11.2017 durch G v. 23.5.2017 (BGBl. I S. 1245).

nach § 9 beteiligt worden ist und sie innerhalb einer Frist von zwei Monaten nach Mitteilung des rechtsverbindlichen Ziels nicht widersprochen hat.

(2) Der Widerspruch nach Absatz 1 lässt die Bindungswirkung des Ziels der Raumordnung gegenüber der widersprechenden Stelle oder Person nicht entstehen, wenn

1. das ihre Belange berührende Ziel der Raumordnung auf einer fehlerhaften Abwägung beruht oder

2. sie ihre raumbedeutsamen Planungen und Maßnahmen nicht auf anderen geeigneten Flächen durchführen kann als auf denen, für die ein entgegenstehendes Ziel im Raumordnungsplan festgelegt wurde.

(3) ¹ Macht eine Veränderung der Sachlage ein Abweichen von den Zielen der Raumordnung erforderlich, kann die Stelle oder Person nach Absatz 1 mit Zustimmung der nächsthöheren Behörde innerhalb angemessener Frist, spätestens sechs Monate ab Kenntnis der veränderten Sachlage, unter den Voraussetzungen von Absatz 2 nachträglich widersprechen. ² Muss infolge des nachträglichen Widerspruchs der Raumordnungsplan geändert, ergänzt oder aufgehoben werden, hat die widersprechende Stelle oder Person die dadurch entstehenden Kosten zu ersetzen.

(4) Die Absätze 1 bis 3 gelten entsprechend für raumbedeutsame Planungen und Maßnahmen öffentlicher Stellen der Länder und der Träger der Regionalplanung hinsichtlich der Bindungswirkung der Ziele der Raumordnung in Raumordnungsplänen des Bundes nach § 17 Absatz 2.

§ 6¹⁾ Ausnahmen und Zielabweichung. (1) Von Zielen der Raumordnung können im Raumordnungsplan Ausnahmen festgelegt werden.

(2) ¹ Von Zielen der Raumordnung kann abgewichen werden, wenn die Abweichung unter raumordnerischen Gesichtspunkten vertretbar ist und die Grundzüge der Planung nicht berührt werden. ² Antragsberechtigt sind die öffentlichen Stellen und die Personen des Privatrechts, die das Ziel, von dem eine Abweichung zugelassen werden soll, nach § 4 zu beachten haben.

§ 7²⁾ Allgemeine Vorschriften über Raumordnungspläne. (1) ¹ In Raumordnungsplänen sind für einen bestimmten Planungsraum und einen regelmäßig mittelfristigen Zeitraum Festlegungen als Ziele und Grundsätze der Raumordnung zur Entwicklung, Ordnung und Sicherung des Raums, insbesondere zu den Nutzungen und Funktionen des Raums, zu treffen. ² Es kann festgelegt werden, dass bestimmte Nutzungen und Funktionen des Raums nur für einen bestimmten Zeitraum oder ab oder bis zum Eintritt bestimmter Umstände vorgesehen sind; eine Folge- oder Zwischennutzung kann festgelegt werden. ³ Die Festlegungen nach Satz 1 und 2 können auch in räumlichen und sachlichen Teilplänen getroffen werden. ⁴ Ziele und Grundsätze der Raumordnung sind als solche zu kennzeichnen.

(2) ¹ Bei der Aufstellung der Raumordnungspläne sind die öffentlichen und privaten Belange, soweit sie auf der jeweiligen Planungsebene erkennbar und

¹⁾ § 6 Abs. 2 Satz 2 geänd. mWv 29.11.2017 durch G v. 23.5.2017 (BGBl. I S. 1245).
²⁾ § 7 Abs. 1 Satz 1 eingef., bish. 2 wird Satz 3 und geänd., Satz 4 angef., Abs. 2 Sätze 1 und 2 geänd., Satz 3 angef., Abs. 3 und 4 neu gef., Abs. 6 geänd., Abs. 8 angef. mWv 29.11.2017 durch G v. 23.5.2017 (BGBl. I S. 1245).

von Bedeutung sind, gegeneinander und untereinander abzuwägen. [2]Das Ergebnis der Umweltprüfung nach § 8 sowie die Stellungnahmen im Beteiligungsverfahren nach § 9 sind in der Abwägung nach Satz 1 zu berücksichtigen. [3]Raumordnungspläne benachbarter Planungsräume sind aufeinander abzustimmen.

(3) [1]Die Festlegungen nach Absatz 1 können auch Gebiete bezeichnen. [2]Insbesondere können dies Gebiete sein,

1. die für bestimmte raumbedeutsame Funktionen oder Nutzungen vorgesehen sind und andere raumbedeutsame Funktionen oder Nutzungen in diesem Gebiet ausschließen, soweit diese mit den vorrangigen Funktionen oder Nutzungen nicht vereinbar sind (Vorranggebiete),

2. die bestimmten raumbedeutsamen Funktionen oder Nutzungen vorbehalten bleiben sollen, denen bei der Abwägung mit konkurrierenden raumbedeutsamen Funktionen oder Nutzungen besonderes Gewicht beizumessen ist (Vorbehaltsgebiete),

3. in denen bestimmten raumbedeutsamen Maßnahmen oder Nutzungen, die städtebaulich nach § 35 des Baugesetzbuchs[1]) zu beurteilen sind, andere raumbedeutsame Belange nicht entgegenstehen, wobei diese Maßnahmen oder Nutzungen an anderer Stelle im Planungsraum ausgeschlossen sind (Eignungsgebiete),

4. die im Meeresbereich liegen, und in denen bestimmten raumbedeutsamen Funktionen oder Nutzungen andere raumbedeutsame Belange nicht entgegenstehen, wobei diese Funktionen oder Nutzungen an anderer Stelle im Planungsraum ausgeschlossen sind (Eignungsgebiete für den Meeresbereich).

[3]Bei Vorranggebieten kann festgelegt werden, dass sie zugleich die Wirkung von Eignungsgebieten nach Satz 2 Nummer 3 oder 4 haben.

(4) Die Raumordnungspläne sollen auch diejenigen Festlegungen zu raumbedeutsamen Planungen und Maßnahmen von öffentlichen Stellen und Personen des Privatrechts nach § 4 Absatz 1 Satz 2 enthalten, die zur Aufnahme in Raumordnungspläne geeignet und zur Koordinierung von Raumansprüchen erforderlich sind und die durch Ziele oder Grundsätze der Raumordnung gesichert werden können.

(5) Den Raumordnungsplänen ist eine Begründung beizufügen.

(6) Soweit ein Gebiet von gemeinschaftlicher Bedeutung oder ein europäisches Vogelschutzgebiet in seinen für die Erhaltungsziele oder den Schutzzweck maßgeblichen Bestandteilen erheblich beeinträchtigt werden kann, sind bei der Aufstellung von Raumordnungsplänen nach den § 13 und § 17 Absatz 1 und 2 die Vorschriften des Bundesnaturschutzgesetzes[2]) über die Zulässigkeit und Durchführung von derartigen Eingriffen einschließlich der Einholung der Stellungnahme der Europäischen Kommission anzuwenden.

(7) Die Vorschriften dieses Gesetzes über die Aufstellung von Raumordnungsplänen gelten auch für ihre Änderung, Ergänzung und Aufhebung.

(8) Raumordnungspläne nach § 13 Absatz 6 und § 17 sind mindestens alle zehn Jahre zu überprüfen.

[1])Nr. 300).
[2]) Nr. 880).

§ 8[1) Umweltprüfung bei der Aufstellung von Raumordnungsplänen.

(1) [1] Bei der Aufstellung von Raumordnungsplänen ist von der für den Raumordnungsplan zuständigen Stelle eine Umweltprüfung durchzuführen, in der die voraussichtlichen erheblichen Auswirkungen des Raumordnungsplans auf

1. Menschen, einschließlich der menschlichen Gesundheit, Tiere, Pflanzen und die biologische Vielfalt,

2. Fläche, Boden, Wasser, Luft, Klima und Landschaft,

3. Kulturgüter und sonstige Sachgüter sowie

4. die Wechselwirkung zwischen den vorgenannten Schutzgütern

zu ermitteln und in einem Umweltbericht frühzeitig zu beschreiben und zu bewerten sind; der Umweltbericht enthält die Angaben nach der Anlage 1. [2] Der Untersuchungsrahmen der Umweltprüfung einschließlich des erforderlichen Umfangs und Detaillierungsgrads des Umweltberichts ist festzulegen; die öffentlichen Stellen, deren umwelt- und gesundheitsbezogener Aufgabenbereich von den Umweltauswirkungen des Raumordnungsplans berührt werden kann, sind hierbei zu beteiligen. [3] Die Umweltprüfung bezieht sich auf das, was nach gegenwärtigem Wissensstand und allgemein anerkannten Prüfmethoden sowie nach Inhalt und Detaillierungsgrad des Raumordnungsplans angemessenerweise verlangt werden kann.

(2) [1] Bei geringfügigen Änderungen von Raumordnungsplänen kann von einer Umweltprüfung abgesehen werden, wenn durch eine überschlägige Prüfung unter Berücksichtigung der in Anlage 2 genannten Kriterien festgestellt wurde, dass sie voraussichtlich keine erheblichen Umweltauswirkungen haben werden. [2] Diese Prüfung ist unter Beteiligung der öffentlichen Stellen, deren umwelt- und gesundheitsbezogener Aufgabenbereich von den Umweltauswirkungen des Raumordnungsplans berührt werden kann, durchzuführen. [3] Sofern festgestellt wurde, dass keine erheblichen Umweltauswirkungen zu erwarten sind, sind die zu diesem Ergebnis führenden Erwägungen in die Begründung des Plans aufzunehmen.

(3) [1] Die Umweltprüfung soll bei der Aufstellung eines Raumordnungsplans auf zusätzliche oder andere erhebliche Umweltauswirkungen beschränkt werden, wenn in anderen das Plangebiet ganz oder teilweise umfassenden Plänen oder Programmen bereits eine Umweltprüfung nach Absatz 1 durchgeführt wurde. [2] Die Umweltprüfung kann mit anderen Prüfungen zur Ermittlung oder Bewertung von Umweltauswirkungen verbunden werden.

(4) [1] Die erheblichen Auswirkungen der Durchführung der Raumordnungspläne auf die Umwelt sind auf Grundlage der in der zusammenfassenden Erklärung nach § 10 Abs. 3 genannten Überwachungsmaßnahmen von der in den Landesplanungsgesetzen genannten Stelle oder, sofern Landesplanungsgesetze keine Regelung treffen, von der für den Raumordnungsplan zuständigen oder der im Raumordnungsplan bezeichneten öffentlichen Stelle zu überwachen, um insbesondere unvorhergesehene nachteilige Auswirkungen frühzeitig zu ermitteln und um in der Lage zu sein, geeignete Maßnahmen zur Abhilfe zu ergreifen. [2] Die in ihren Belangen berührten öffentlichen

[1) Überschrift Abschnitt 2 (vor § 8) und § 8 aufgeh., bish. § 9 wird § 8 und Überschrift neu gef., Abs. 1 Satz 1 einl. Satzteil, Nr. 2 und Abs. 4 Satz 1 geänd. mWv 29.11.2017 durch G v. 23.5.2017 (BGBl. I S. 1245).

Stellen unterrichten die öffentliche Stelle nach Satz 1, sofern nach den ihnen vorliegenden Erkenntnissen die Durchführung des Raumordnungsplans erhebliche, insbesondere unvorhergesehene nachteilige Auswirkungen auf die Umwelt hat.

§ 9[1] Beteiligung bei der Aufstellung von Raumordnungsplänen.

(1) [1] Die Öffentlichkeit sowie die in ihren Belangen berührten öffentlichen Stellen sind von der Aufstellung des Raumordnungsplans zu unterrichten. [2] Die öffentlichen Stellen sind aufzufordern, Aufschluss über diejenigen von ihnen beabsichtigten oder bereits eingeleiteten Planungen und Maßnahmen sowie über deren zeitliche Abwicklung zu geben, die für die Planaufstellung bedeutsam sein können. [3] Gleiches gilt für weitere ihnen vorliegende Informationen, die für die Ermittlung und Bewertung des Abwägungsmaterials zweckdienlich sind.

(2) [1] Der Öffentlichkeit sowie den in ihren Belangen berührten öffentlichen Stellen ist frühzeitig Gelegenheit zur Stellungnahme zum Entwurf des Raumordnungsplans, zu seiner Begründung und im Falle einer durchgeführten Umweltprüfung zum Umweltbericht zu geben. [2] Dazu sind die in Satz 1 genannten sowie weitere nach Einschätzung der für den Raumordnungsplan zuständigen Stelle zweckdienliche Unterlagen für die Dauer von mindestens einem Monat öffentlich auszulegen. [3] Ort und Dauer der Auslegung sind mindestens eine Woche vor Beginn der Auslegung öffentlich bekannt zu machen; dabei ist unter Angabe einer angemessenen Frist, die zumindest der Auslegungsfrist entspricht, darauf hinzuweisen, dass Stellungnahmen abgegeben werden können. [4] Mit Ablauf der Frist nach Satz 3 sind alle Stellungnahmen ausgeschlossen, die nicht auf besonderen privatrechtlichen Titeln beruhen; hierauf ist in der Bekanntmachung nach Satz 3 hinzuweisen. [5] Bei der Beteiligung nach den Sätzen 1 bis 3 sollen elektronische Informationstechnologien ergänzend genutzt werden. [6] Die zuständige Stelle gewährleistet durch organisatorische und technische Maßnahmen, dass die verwendete elektronische Informationstechnologie vor fremden Zugriffen gesichert wird.

(3) [1] Wird der Planentwurf nach Durchführung der Verfahrensschritte nach Absatz 2 dergestalt geändert, dass dies zu einer erstmaligen oder stärkeren Berührung von Belangen führt, so ist der geänderte Teil erneut auszulegen; in Bezug auf die Änderung ist erneut Gelegenheit zur Stellungnahme zu geben. [2] Die Dauer der Auslegung und die Frist zur Stellungnahme können angemessen verkürzt werden. [3] Die Beteiligung nach den Sätzen 1 und 2 kann auf die von der Änderung berührte Öffentlichkeit sowie auf die in ihren Belangen berührten öffentlichen Stellen beschränkt werden, wenn durch die Änderung des Planentwurfs die Grundzüge der Planung nicht berührt werden.

(4) [1] Wird die Durchführung eines Raumordnungsplans voraussichtlich erhebliche Auswirkungen auf das Gebiet eines Nachbarstaates haben, so ist die von diesem Staat als zuständig benannte oder, sofern der Staat keine Behörde benannt hat, die oberste für Raumordnung zuständige Behörde zu unterrichten; ihr ist ein Exemplar des Planentwurfs zu übermitteln. [2] Der Behörde nach Satz 1 ist eine angemessene Frist zu setzen, innerhalb derer sie Gelegenheit zur Stellungnahme hat. [3] Absatz 2 Satz 5 und 6 sowie Absatz 3

[1] Bish. § 10 wird § 9 und neu gef. mWv 29.11.2017 durch G v. 23.5.2017 (BGBl. I S. 1245); Abs. 4 Satz 4 geänd. mWv 29.11.2017 durch G v. 20.7.2017 (BGBl. I S. 2808).

gelten entsprechend. [4] Soweit die Durchführung des Plans erhebliche Umweltauswirkungen auf einen Nachbarstaat haben kann, ist dieser nach den §§ 60 und 61 des Gesetzes über die Umweltverträglichkeitsprüfung[1) zu beteiligen.

§ 10[2)] Bekanntmachung von Raumordnungsplänen; Bereithaltung von Raumordnungsplänen und von Unterlagen. (1) Soweit der Raumordnungsplan nicht als Gesetz oder Rechtsverordnung verkündet wird, ist er oder seine Genehmigung oder der Beschluss über ihn öffentlich bekannt zu machen; mit der Bekanntmachung wird der Raumordnungsplan wirksam.

(2) [1] Der Raumordnungsplan ist mit der Begründung und, soweit über die Annahme des Raumordnungsplans nicht durch Gesetz entschieden wird, einer Rechtsbehelfsbelehrung sowie im Falle einer durchgeführten Umweltprüfung mit der zusammenfassenden Erklärung nach Absatz 3 und der Aufstellung der Überwachungsmaßnahmen nach § 8 Absatz 4 Satz 1 zu jedermanns Einsicht bereitzuhalten. [2] Bei der Bekanntmachung nach Absatz 1 oder der Verkündung ist darauf hinzuweisen, wo die Einsichtnahme erfolgen kann. [3] Bei der Bekanntmachung oder Verkündung von Raumordnungsplänen sowie bei der Bereithaltung von Raumordnungsplänen und von Unterlagen sollen elektronische Informationstechnologien ergänzend genutzt werden. [4] § 9 Absatz 2 Satz 6 gilt entsprechend.

(3) Dem Raumordnungsplan ist eine zusammenfassende Erklärung beizufügen über die Art und Weise, wie die Umweltbelange und die Ergebnisse der Öffentlichkeits- und Behördenbeteiligung in dem Aufstellungsverfahren berücksichtigt wurden, und aus welchen Gründen der Plan nach Abwägung mit den geprüften in Betracht kommenden anderweitigen Planungsmöglichkeiten gewählt wurde, sowie über die im Rahmen der Überwachung der Auswirkungen auf die Umwelt nach § 8 Abs. 4 Satz 1 durchzuführenden Maßnahmen.

(4) Im Falle der Beteiligung von Nachbarstaaten nach § 9 Absatz 4 werden die in den Absätzen 2 und 3 genannten Informationen der dort zuständigen Behörde übermittelt.

§ 11[3)] Planerhaltung. (1) Eine Verletzung von Verfahrens- und Formvorschriften dieses Gesetzes ist für die Rechtswirksamkeit eines Raumordnungsplans nur beachtlich, wenn

1. die Vorschriften des § 9 über die Beteiligung verletzt worden sind; dabei ist unbeachtlich, wenn einzelne Personen oder öffentliche Stellen nicht beteiligt worden sind oder eine grenzüberschreitende Beteiligung fehlerhaft erfolgte, die entsprechenden Belange jedoch unerheblich waren oder in der Entscheidung berücksichtigt worden sind;

[1)] Nr. 295.
[2)] Bish. § 11 wird § 10 und Abs. 2 neu gef., Abs. 3 geänd., Abs. 4 angef. mWv 29.11.2017 durch G v. 23.5.2017 (BGBl. I S. 1245).
[3)] Bish. § 12 wird § 11 und Abs. 1 Nr. 1–3 geänd., Abs. 2 neu gef., Abs. 4 geänd., Abs. 5 Nr. 2 aufgeh., bish. Nr. 3 und 4 werden Nr. 2 und 3 mWv 29.11.2017 durch G v. 23.5.2017 (BGBl. I S. 1245).

2. die Vorschriften des § 7 Absatz 5 und des § 9 Absatz 2 über die Begründung des Raumordnungsplans sowie seiner Entwürfe verletzt worden sind; dabei ist unbeachtlich, wenn die Begründung unvollständig ist;

3. der mit der Bekanntmachung (§ 10) verfolgte Hinweiszweck nicht erreicht wurde.

(2) Für die Rechtswirksamkeit eines Regionalplans ist auch unbeachtlich, wenn

1. § 13 Absatz 2 Satz 1 hinsichtlich des Entwickelns des Regionalplans aus dem Raumordnungsplan für das Landesgebiet verletzt worden ist, ohne dass hierbei die sich aus dem Raumordnungsplan für das Landesgebiet ergebende geordnete räumliche Entwicklung beeinträchtigt worden ist, oder

2. der Regionalplan aus einem Raumordnungsplan für das Landesgebiet entwickelt worden ist, dessen Unwirksamkeit wegen Verletzung von Verfahrens- oder Formvorschriften sich nach Bekanntmachung oder Verkündung des Regionalplans herausstellt.

(3) ¹ Für die Abwägung nach § 7 Abs. 2 ist die Sach- und Rechtslage im Zeitpunkt der Beschlussfassung über den Raumordnungsplan maßgebend. ² Mängel im Abwägungsvorgang sind nur erheblich, wenn sie offensichtlich und auf das Abwägungsergebnis von Einfluss gewesen sind.

(4) Bei Anwendung des § 8 gilt ergänzend zu den Absätzen 1 bis 3:

1. Ein für die Rechtmäßigkeit des Raumordnungsplans beachtlicher Mangel des nach § 9 Absatz 2 bei der Beteiligung beizufügenden Umweltberichts (§ 8 Abs. 1) besteht, wenn dieser in wesentlichen Punkten unvollständig ist und diese Punkte nicht Bestandteil der zusammenfassenden Erklärung nach § 10 Abs. 3 sind.

2. Unterbleibt nach § 8 Abs. 2 eine Umweltprüfung, gilt die Vorprüfung des Einzelfalls als ordnungsgemäß durchgeführt, wenn sie entsprechend den Vorgaben von § 8 Abs. 2 durchgeführt worden ist und ihr Ergebnis nachvollziehbar ist; dabei ist unbeachtlich, wenn einzelne öffentliche Stellen nicht beteiligt worden sind; andernfalls besteht ein für die Rechtswirksamkeit des Raumordnungsplans beachtlicher Mangel.

(5) ¹ Unbeachtlich werden

1. eine nach Absatz 1 Nr. 1 und 2 beachtliche Verletzung der dort bezeichneten Verfahrens- und Formvorschriften,

2. nach Absatz 3 beachtliche Mängel des Abwägungsvorgangs,

3. eine nach Absatz 4 beachtliche Verletzung der Vorschriften über die Umweltprüfung,

wenn sie nicht innerhalb eines Jahres seit Bekanntmachung des Raumordnungsplans gegenüber der zuständigen Stelle unter Darlegung des die Verletzung begründenden Sachverhalts geltend gemacht worden sind. ² Bei Inkraftsetzung des Raumordnungsplans ist auf die Voraussetzungen für die Geltendmachung der Verletzung von Vorschriften sowie auf die Rechtsfolgen hinzuweisen.

(6) Der Raumordnungsplan kann durch ein ergänzendes Verfahren zur Behebung von Fehlern auch rückwirkend in Kraft gesetzt werden.

§ 12[1] Untersagung raumbedeutsamer Planungen und Maßnahmen.
(1) Die Raumordnungsbehörde kann raumbedeutsame Planungen und Maßnahmen sowie die Entscheidung über deren Zulässigkeit gegenüber den in § 4 genannten öffentlichen Stellen unbefristet untersagen, wenn Ziele der Raumordnung entgegenstehen.

(2) [1] Die Raumordnungsbehörde kann raumbedeutsame Planungen und Maßnahmen sowie die Entscheidung über deren Zulässigkeit gegenüber den in § 4 genannten öffentlichen Stellen befristet untersagen, wenn sich ein Raumordnungsplan in Aufstellung befindet und wenn zu befürchten ist, dass die Planung oder Maßnahme die Verwirklichung der vorgesehenen Ziele der Raumordnung unmöglich machen oder wesentlich erschweren würde. [2] Die Dauer der Untersagung beträgt bis zu zwei Jahre. [3] Die Untersagung kann um ein weiteres Jahr verlängert werden.

(3) Rechtsbehelfe gegen eine Untersagung haben keine aufschiebende Wirkung.

Abschnitt 2.[2] Raumordnung in den Ländern

§ 13[3] Landesweite Raumordnungspläne, Regionalpläne und regionale Flächennutzungspläne. (1) [1] In den Ländern sind aufzustellen:
1. ein Raumordnungsplan für das Landesgebiet (landesweiter Raumordnungsplan) und
2. Raumordnungspläne für die Teilräume der Länder (Regionalpläne).
[2] In den Ländern Berlin, Bremen und Hamburg kann ein Flächennutzungsplan nach § 5 des Baugesetzbuchs[4] die Funktion eines Plans nach Satz 1 Nummer 1 übernehmen; hierfür gelten die Absätze 5 und 6, § 7 Absatz 3, 4 und 8 sowie die §§ 9 und 10 entsprechend. [3] Satz 1 Nummer 2 gilt nicht in den Ländern Berlin, Bremen, Hamburg und Saarland.

(2) [1] Die Regionalpläne sind aus dem Raumordnungsplan für das Landesgebiet zu entwickeln. [2] Die Flächennutzungspläne und die Ergebnisse der von Gemeinden beschlossenen sonstigen städtebaulichen Planungen sind entsprechend § 1 Absatz 3 in der Abwägung nach § 7 Absatz 2 zu berücksichtigen.

(3) Ist eine Planung angesichts bestehender Verflechtungen, insbesondere in einem verdichteten Raum, über die Grenzen eines Landes hinaus erforderlich, soll eine gemeinsame Regionalplanung erwogen werden.

(4) [1] Erfolgt die Regionalplanung durch Zusammenschlüsse von Gemeinden und Gemeindeverbänden zu regionalen Planungsgemeinschaften, kann ein Regionalplan zugleich die Funktion eines gemeinsamen Flächennutzungsplans nach § 204 des Baugesetzbuchs übernehmen, wenn er den §§ 7 bis 13 dieses Gesetzes und den Vorschriften des Baugesetzbuchs entspricht (regionaler Flächennutzungsplan). [2] Im Plan nach Satz 1 sind sowohl die Festlegungen im Sinne des Absatzes 5 und des § 7 Absatz 3 und 4 als auch die

[1] § 12 eingef. mWv 29.11.2017 durch G v. 23.5.2017 (BGBl. I S. 1245).
[2] Überschrift Abschnitt 2 (vor § 13) eingef. mWv 29.11.2017 durch G v. 23.5.2017 (BGBl. I S. 1245).
[3] § 13 eingef. mWv 29.11.2017 durch G v. 23.5.2017 (BGBl. I S. 1245).
[4] Nr. **300**.

Darstellungen im Sinne des § 5 des Baugesetzbuchs zu kennzeichnen; Ziele und Grundsätze der Raumordnung sind als solche zu kennzeichnen.

(5) [1] Die Raumordnungspläne sollen Festlegungen zur Raumstruktur enthalten, insbesondere zu

1. der anzustrebenden Siedlungsstruktur; hierzu können gehören

 a) Raumkategorien,

 b) Zentrale Orte,

 c) besondere Gemeindefunktionen wie Entwicklungsschwerpunkte und Entlastungsorte,

 d) Siedlungsentwicklungen,

 e) Achsen;

2. der anzustrebenden Freiraumstruktur; hierzu können gehören

 a) großräumig übergreifende Freiräume und Freiraumschutz,

 b) Nutzungen im Freiraum wie Standorte für die vorsorgende Sicherung sowie die geordnete Aufsuchung und Gewinnung von standortgebundenen Rohstoffen,

 c) Sanierung und Entwicklung von Raumfunktionen,

 d) Freiräume zur Gewährleistung des vorbeugenden Hochwasserschutzes;

3. den zu sichernden Standorten und Trassen für Infrastruktur; hierzu können gehören

 a) Verkehrsinfrastruktur und Umschlaganlagen von Gütern,

 b) Ver- und Entsorgungsinfrastruktur einschließlich Energieleitungen und -anlagen.

[2] Bei Festlegungen nach Satz 1 Nummer 2 kann zugleich bestimmt werden, dass in diesem Gebiet unvermeidbare Beeinträchtigungen der Leistungsfähigkeit des Naturhaushalts oder des Landschaftsbildes an anderer Stelle ausgeglichen, ersetzt oder gemindert werden.

(6) [1] Soweit ein Plan nach Absatz 1 Regelungen für ein Gebiet der deutschen Küstengewässer nach § 3 Nummer 2 des Wasserhaushaltsgesetzes[1]) trifft, soll er unter Berücksichtigung etwaiger Wechselwirkungen zwischen Land und Meer sowie unter Berücksichtigung von Sicherheitsaspekten Festlegungen treffen insbesondere

1. zur Gewährleistung der Sicherheit und Leichtigkeit des Schiffsverkehrs,

2. zu weiteren wirtschaftlichen Nutzungen,

3. zu wissenschaftlichen Nutzungen sowie

4. zum Schutz und zur Verbesserung der Meeresumwelt.

[2] Die Absätze 2 bis 5 finden insoweit keine Anwendung.

§ 14[2]) **Raumordnerische Zusammenarbeit.** (1) [1] Zur Vorbereitung oder Verwirklichung von Raumordnungsplänen oder von sonstigen raumbedeutsamen Planungen und Maßnahmen sollen die Träger der Landes- und Regio-

[1]) Nr. **845**.
[2]) § 14 aufgeh., bish. § 13 wird § 14 und Abs. 1 Satz 2, Abs. 2 Satz 1 einl. Satzteil und Nr. 2 geänd. mWv 29.11.2017 durch G v. 23.5.2017 (BGBl. I S. 1245).

nalplanung mit den hierfür maßgeblichen öffentlichen Stellen und Personen des Privatrechts einschließlich Nichtregierungsorganisationen und der Wirtschaft zusammenarbeiten oder auf die Zusammenarbeit dieser Stellen und Personen hinwirken. [2] Die Zusammenarbeit nach Satz 1 kann sowohl zur Entwicklung einer Region als auch im Hinblick auf regionen- oder grenzübergreifende Belange erfolgen; die Zusammenarbeit von Gemeinden zur Stärkung teilräumlicher Entwicklungen (interkommunale Zusammenarbeit) ist zu unterstützen.

(2) [1] Formelle und informelle Arten der Zusammenarbeit nach Absatz 1 können insbesondere sein:

1. Vertragliche Vereinbarungen, insbesondere zur Koordinierung oder Verwirklichung von raumordnerischen Entwicklungskonzepten und zur Vorbereitung oder Verwirklichung von Raumordnungsplänen,

2. Maßnahmen wie regionale Entwicklungskonzepte, überregionale, regionale und interkommunale Netzwerke und Kooperationsstrukturen, regionale Foren und Aktionsprogramme zu aktuellen Handlungsanforderungen,

3. Durchführung einer Raumbeobachtung und Bereitstellung der Ergebnisse für regionale und kommunale Träger sowie für Träger der Fachplanung im Hinblick auf raumbedeutsame Planungen und Maßnahmen, sowie Beratung dieser Träger.

[2] Im Falle des Satzes 1 Nr. 1 kann Gegenstand der vertraglichen Vereinbarung auch die Übernahme von Kosten sein, die dem Träger der Landes- oder Regionalplanung bei der im Interesse des Vertragspartners liegenden Vorbereitung oder Verwirklichung von Raumordnungsplänen entstehen.

§ 15[1) Raumordnungsverfahren. (1) [1] Die für Raumordnung zuständige Landesbehörde prüft in einem besonderen Verfahren die Raumverträglichkeit raumbedeutsamer Planungen und Maßnahmen im Sinne von § 1 der Raumordnungsverordnung[2)] (Raumordnungsverfahren). [2] Hierbei sind die raumbedeutsamen Auswirkungen der Planung oder Maßnahme unter überörtlichen Gesichtspunkten zu prüfen; insbesondere werden die Übereinstimmung mit den Erfordernissen der Raumordnung und die Abstimmung mit anderen raumbedeutsamen Planungen und Maßnahmen geprüft. [3] Gegenstand der Prüfung nach Satz 2 sollen auch ernsthaft in Betracht kommende Standort- oder Trassenalternativen sein.

(2) [1] Der Träger der raumbedeutsamen Planung oder Maßnahme legt der für Raumordnung zuständigen Landesbehörde die Verfahrensunterlagen vor, die notwendig sind, um eine Bewertung der raumbedeutsamen Auswirkungen des Vorhabens zu ermöglichen. [2] Bei raumbedeutsamen Planungen und Maßnahmen der Verteidigung entscheidet das Bundesministerium der Verteidigung oder die von ihm bestimmte Stelle, bei raumbedeutsamen Planungen und Maßnahmen des Zivilschutzes die zuständige Stelle über Art und Umfang der Angaben für die Planung oder Maßnahme.

[1)] § 15 Abs. 1 Satz 3 neu gef., Satz 4 aufgeh., Abs. 3 Satz 1 geänd., Sätze 2–5 eingef., bish. Satz 2 wird Satz 6, bish. Satz 3 aufgeh., bish. Satz 4 wird Satz 7 mWv 29.11.2017 durch G v. 23.5.2017 (BGBl. I S. 1245).
[2)] Nr. **340a**.

(3) ¹ Die in ihren Belangen berührten öffentlichen Stellen und die Öffentlichkeit sind zu beteiligen. ² Die Verfahrensunterlagen sind für die Dauer von mindestens einem Monat öffentlich auszulegen. ³ Ort und Dauer der Auslegung sind mindestens eine Woche vor Beginn der Auslegung öffentlich bekannt zu machen; dabei ist unter Angabe einer angemessenen Frist, die zumindest der Auslegungsfrist entspricht, darauf hinzuweisen, dass Stellungnahmen abgegeben werden können. ⁴ Elektronische Informationstechnologien sollen ergänzend genutzt werden, soweit der Träger der raumbedeutsamen Planung oder Maßnahme die Unterlagen nach Absatz 2 Satz 1 elektronisch vorgelegt hat. ⁵ § 9 Absatz 2 Satz 6 gilt entsprechend. ⁶ Bei raumbedeutsamen Planungen und Maßnahmen, die erhebliche Auswirkungen auf Nachbarstaaten haben können, erfolgt die Beteiligung der betroffenen Nachbarstaaten im Raumordnungsverfahren nach den Grundsätzen der Gegenseitigkeit und Gleichwertigkeit. ⁷ Bei raumbedeutsamen Planungen und Maßnahmen nach Absatz 2 Satz 2 erfolgt die Entscheidung darüber, ob und in welchem Umfang die Öffentlichkeit einbezogen wird, im Einvernehmen mit den dort genannten Stellen.

(4) ¹ Über das Erfordernis, ein Raumordnungsverfahren durchzuführen, ist innerhalb einer Frist von vier Wochen nach Einreichung der hierfür erforderlichen Unterlagen zu entscheiden. ² Das Raumordnungsverfahren ist nach Vorliegen der vollständigen Unterlagen innerhalb einer Frist von sechs Monaten abzuschließen.

(5) Bei raumbedeutsamen Planungen und Maßnahmen von öffentlichen Stellen des Bundes, von anderen öffentlichen Stellen, die im Auftrag des Bundes tätig sind, sowie von Personen des Privatrechts nach § 5 Abs. 1 ist im Benehmen mit der zuständigen Stelle oder Person über die Einleitung eines Raumordnungsverfahrens zu entscheiden.

(6) ¹ Für die Länder Berlin, Bremen und Hamburg gilt die Verpflichtung, Raumordnungsverfahren durchzuführen, nicht. ² Schaffen diese Länder allein oder gemeinsam mit anderen Ländern Rechtsgrundlagen für Raumordnungsverfahren, finden die Absätze 1 bis 5 Anwendung.

§ 16¹⁾ Beschleunigtes Raumordnungsverfahren; Absehen von Raumordnungsverfahren.

(1) ¹ Bei der Prüfung der Raumverträglichkeit raumbedeutsamer Planungen und Maßnahmen kann, soweit keine anderen Rechtsvorschriften entgegenstehen, auf die Beteiligung einzelner öffentlicher Stellen nach § 15 Abs. 3 Satz 1 und 6 verzichtet werden, wenn die raumbedeutsamen Auswirkungen dieser Planungen und Maßnahmen gering sind oder wenn für die Prüfung der Raumverträglichkeit erforderliche Stellungnahmen schon in einem anderen Verfahren abgegeben wurden (beschleunigtes Raumordnungsverfahren). ² Die Frist nach § 15 Abs. 4 Satz 2 beträgt beim beschleunigten Raumordnungsverfahren grundsätzlich drei Monate.

(2) ¹ Von der Durchführung eines Raumordnungsverfahrens kann bei solchen Planungen und Maßnahmen abgesehen werden, für die sichergestellt ist, dass ihre Raumverträglichkeit anderweitig geprüft wird. ² Die Landesregierungen können durch Rechtsverordnung regeln, welche Fälle die Durchführung eines Raumordnungsverfahrens erübrigen.

¹⁾ *§ 16 Überschrift* neu gef., Abs. 1 Sätze 1 und 2 geänd., Abs. 2 angef. mWv 29.11.2017 durch *G* v. 23.5.2017 (BGBl. I S. 1245).

Abschnitt 3.[1] Raumordnung im Bund

§ 17[2] Raumordnungspläne für die deutsche ausschließliche Wirtschaftszone und für den Gesamtraum.

(1) [1]Das Bundesministerium des Innern, für Bau und Heimat stellt im Einvernehmen mit den fachlich betroffenen Bundesministerien für die deutsche ausschließliche Wirtschaftszone einen Raumordnungsplan als Rechtsverordnung auf. [2]Der Raumordnungsplan soll unter Berücksichtigung etwaiger Wechselwirkungen zwischen Land und Meer sowie unter Berücksichtigung von Sicherheitsaspekten Festlegungen treffen

1. zur Gewährleistung der Sicherheit und Leichtigkeit des Schiffsverkehrs,
2. zu weiteren wirtschaftlichen Nutzungen,
3. zu wissenschaftlichen Nutzungen sowie
4. zum Schutz und zur Verbesserung der Meeresumwelt.

[3]Das Bundesamt für Seeschifffahrt und Hydrographie führt mit Zustimmung des Bundesministeriums des Innern, für Bau und Heimat die vorbereitenden Verfahrensschritte zur Aufstellung des Raumordnungsplans durch. [4]Das Bundesministerium des Innern, für Bau und Heimat arbeitet mit den angrenzenden Staaten und Ländern zusammen, um die Abstimmung und Kohärenz des Raumordnungsplans mit den Raumplanungen der angrenzenden Staaten und Länder sicherzustellen.

(2) [1]Das Bundesministerium des Innern, für Bau und Heimat kann im Einvernehmen mit den fachlich betroffenen Bundesministerien länderübergreifende Raumordnungspläne für den Hochwasserschutz sowie zu Standortkonzepten für Häfen und Flughäfen als Grundlage für ihre verkehrliche Anbindung im Rahmen der Bundesverkehrswegeplanung als Rechtsverordnung aufstellen. [2]Voraussetzung ist, dass dies für die räumliche Entwicklung und Ordnung des Bundesgebietes unter nationalen oder europäischen Gesichtspunkten erforderlich ist. [3]Die Beratungs- und Unterrichtungspflicht nach § 24 Absatz 1 und 4 ist zu beachten. [4]Das Bundesamt für Bauwesen und Raumordnung führt mit Zustimmung des Bundesministeriums des Innern, für Bau und Heimat die vorbereitenden Verfahrensschritte zur Aufstellung der Raumordnungspläne durch. [5]Das Bundesministerium des Innern, für Bau und Heimat beteiligt bei der Planaufstellung die Bundesministerien und stellt das Benehmen mit den Ländern und den angrenzenden Staaten her.

(3) [1]Das Bundesministerium des Innern, für Bau und Heimat kann im Einvernehmen mit den fachlich betroffenen Bundesministerien für die räumliche Entwicklung des Bundesgebietes einzelne Grundsätze der Raumordnung nach § 2 Absatz 2 durch Grundsätze in einem Raumordnungsplan konkretisieren. [2]Die Beratungs- und Unterrichtungspflicht nach § 24 Absatz 1 und 4 ist zu beachten. [3]Das Bundesamt für Bauwesen und Raumordnung führt mit Zustimmung des Bundesministeriums des Innern, für Bau und Heimat die vorbereitenden Verfahrensschritte zur Aufstellung des Raumordnungsplans durch. [4]Das Bundesministerium des Innern, für Bau und Heimat beteiligt bei der Planaufstellung die Bundesministerien und stellt das Benehmen mit den Ländern und den angrenzenden Staaten her.

[1] Abschnitt 3 (§§ 17–25) tritt gem. Art. 9 Nr. 1 Satz 1 G v. 22.12.2008 (BGBl. I S. 2986) am 31.12.2008 in Kraft.
[2] § 17 neu gef. mWv 29.11.2017 durch G v. 23.5.2017 (BGBl. I S. 1245); Abs. 1 Sätze 1, 3, 4, Abs. 2 Sätze 1, 4, 5, Abs. 3 Sätze 1, 3, 4 geänd. mWv 27.6.2020 durch VO v. 19.6.2020 (BGBl. I S. 1328).

(4) Zur Vorbereitung oder Verwirklichung von Raumordnungsplänen nach den Absätzen 1 und 2 kann der Träger der Bundesraumordnung entsprechend § 14 Absatz 1 und Absatz 2 Satz 1 Nummer 1 vertragliche Vereinbarungen treffen; Gegenstand dieser Vereinbarungen kann auch die Übernahme von Kosten sein, die dem Träger der Bundesraumordnung bei der im Interesse des Vertragspartners liegenden Vorbereitung oder Verwirklichung von Raumordnungsplänen entstehen.

(5) ¹Auf den Raumordnungsplan nach Absatz 3 finden die §§ 8 und 10 keine Anwendung. ²Der Raumordnungsplan nach Absatz 3 ist im Bundesanzeiger bekannt zu machen; mit der Bekanntmachung tritt er in Kraft. ³Die Bekanntmachung kann auch dadurch bewirkt werden, dass der Raumordnungsplan bei der Bundesverwaltung zu jedermanns Einsicht ausgelegt und im Bundesanzeiger darauf hingewiesen wird, wo der Raumordnungsplan eingesehen werden kann. ⁴Elektronische Informationstechnologien sollen ergänzend genutzt werden; § 9 Absatz 2 Satz 6 gilt entsprechend.

§ 18¹⁾ Beteiligung bei der Aufstellung von Raumordnungsplänen des Bundes. (1) Bei der Aufstellung des Raumordnungsplans nach § 17 Absatz 1 sind Ort und Dauer der Auslegung nach § 9 Absatz 2 mindestens eine Woche vor Beginn der Auslegung im Verkündungsblatt und auf der Internetseite der auslegenden Behörde nach § 17 Absatz 1 Satz 3 amtlich bekannt zu machen.

(2) Bei der Aufstellung der Raumordnungspläne nach § 17 Absatz 2 sind Ort und Dauer der Auslegung nach § 9 Absatz 2 mindestens eine Woche vor Beginn der Auslegung im Verkündungsblatt und auf der Internetseite der auslegenden Behörde nach § 17 Absatz 2 Satz 4 amtlich bekannt zu machen.

§ 19²⁾ Zielabweichung bei Raumordnungsplänen des Bundes. ¹Hinsichtlich der Zielabweichung bei Raumordnungsplänen des Bundes gilt § 6 Abs. 2 mit der Maßgabe, dass über den Antrag auf Zielabweichung bei Raumordnungsplänen nach § 17 Absatz 1 das Bundesamt für Seeschifffahrt und Hydrographie und bei Raumordnungsplänen nach § 17 Absatz 2 das Bundesministerium des Innern, für Bau und Heimat entscheidet. ²Wird über den Antrag auf Zielabweichung im Zulassungsverfahren über eine raumbedeutsame Planung oder Maßnahme oder in einem anderen Verfahren entschieden, ist das Benehmen mit dem Bundesministerium des Innern, für Bau und Heimat erforderlich.

§ 20³⁾ Untersagung raumbedeutsamer Planungen und Maßnahmen bei Raumordnungsplänen des Bundes. Für die Untersagung raumbedeut-

(Fortsetzung nächstes Blatt)

¹⁾ § 18 neu gef. mWv 10.12.2020 durch G v. 3.12.2020 (BGBl. I S. 2694).
²⁾ Früherer § 21 Sätze 1 und 2 geänd. mWv 8.9.2015 durch VO v. 31.8.2015 (BGBl. I S. 1474); § 19 aufgeh., bish. § 21 wird § 19 und Satz 1 geänd. mWv 29.11.2017 durch G v. 23.5.2017 (BGBl. I S. 1245); Sätze 1, 2 geänd. mWv 27.6.2020 durch VO v. 19.6.2020 (BGBl. I S. 1328).
³⁾ Früherer § 22 geänd. mWv 8.9.2015 durch VO v. 31.8.2015 (BGBl. I S. 1474); § 20 aufgeh., bish. § 22 wird § 20 und geänd. mWv 29.11.2017 durch G v. 23.5.2017 (BGBl. I S. 1245); geänd. mWv 27.6.2020 durch VO v. 19.6.2020 (BGBl. I S. 1328).

samer Planungen und Maßnahmen bei Raumordnungsplänen des Bundes gilt § 12 Abs. 2 und 3 mit der Maßgabe, dass für die Untersagung das Bundesministerium des Innern, für Bau und Heimat zuständig ist.

§ 21[1) Ermächtigung zum Erlass von Rechtsverordnungen. (1) Die Bundesregierung wird ermächtigt, durch Rechtsverordnung mit Zustimmung des Bundesrates Planungen und Maßnahmen zu bestimmen, für die ein Raumordnungsverfahren durchgeführt werden soll, wenn sie im Einzelfall raumbedeutsam sind und überörtliche Bedeutung haben.

(2) [1]Das Bundesministerium des Innern, für Bau und Heimat wird ermächtigt, durch Rechtsverordnung die Bedeutung und Form der Planzeichen zu bestimmen, die für die Festlegungen in Raumordnungsplänen notwendig sind. [2]Die Rechtsverordnung nach Satz 1 bedarf der Zustimmung des Bundesrates, wenn sie die Bedeutung und Form der Planzeichen bestimmt, die für Festlegungen in Raumordnungsplänen der Länder notwendig sind.

§ 22[2) Zuständigkeiten des Bundesamtes für Bauwesen und Raumordnung. (1) [1]Das Bundesamt für Bauwesen und Raumordnung führt ein Informationssystem zur räumlichen Entwicklung im Bundesgebiet und in den angrenzenden Gebieten. [2]Das Bundesministerium des Innern, für Bau und Heimat stellt den Ländern die Ergebnisse des Informationssystems zur Verfügung.

(2) [1]Das Bundesamt für Bauwesen und Raumordnung erstattet dem Bundesministerium des Innern, für Bau und Heimat zur Vorlage an den Deutschen Bundestag in regelmäßigen Abständen Berichte, insbesondere über

1. die bei der räumlichen Entwicklung des Bundesgebietes zugrunde zu legenden Tatsachen (Bestandsaufnahme, Entwicklungstendenzen),
2. die im Rahmen der angestrebten räumlichen Entwicklung durchgeführten und beabsichtigten raumbedeutsamen Planungen und Maßnahmen,
3. die räumliche Verteilung der raumbedeutsamen Planungen und Maßnahmen des Bundes und der Europäischen Union im Bundesgebiet und deren Wirkung,
4. die Auswirkungen der europäischen Integration auf die räumliche Entwicklung des Bundesgebietes.

[2]Die Berichte können sich auf fachliche und teilräumliche Aspekte beschränken.

§ 23[3) Beirat für Raumentwicklung. (1) Der Beirat für Raumentwicklung hat die Aufgabe, das Bundesministerium des Innern, für Bau und Heimat in Grundsatzfragen der räumlichen Entwicklung zu beraten.

(2) Das Bundesministerium des Innern, für Bau und Heimat beruft im Benehmen mit den zuständigen Spitzenverbänden in den Beirat Vertreter aus

[1)] Früherer § 23 Abs. 2 Satz 1 geänd. mWv 8.9.2015 durch VO v. 31.8.2015 (BGBl. I S. 1474); bish. § 23 wird § 21 und Abs. 2 Sätze 1, 2 geänd. mWv 29.11.2017 durch G v. 23.5.2017 (BGBl. I S. 1245); Abs. 2 Satz 1 geänd. mWv 27.6.2020 durch VO v. 19.6.2020 (BGBl. I S. 1328).
[2)] § 22 eingef. mWv 29.11.2017 durch G v. 23.5.2017 (BGBl. I S. 1245); Abs. 1 Satz 2, Abs. 2 Satz 1 einl. Satzteil geänd. mWv 27.6.2020 durch VO v. 19.6.2020 (BGBl. I S. 1328).
[3)] Früherer § 24 Abs. 1 und 2 geänd. mWv 8.9.2015 durch VO v. 31.8.2015 (BGBl. I S. 1474); bish. § 24 wird § 23 und Abs. 2 geänd. mWv 29.11.2017 durch G v. 23.5.2017 (BGBl. I S. 1245); Abs. 1, 2 geänd. mWv 27.6.2020 durch VO v. 19.6.2020 (BGBl. I S. 1328).

der Wissenschaft und der Praxis aus Bereichen mit relevanten Bezügen zur räumlichen Entwicklung des Bundesgebietes.

Abschnitt 4. Ergänzende Vorschriften und Schlussvorschriften

§ 24[1] Zusammenarbeit von Bund und Ländern. (1) Grundsätzliche Angelegenheiten der Raumordnung sollen vom Bundesministerium des Innern, für Bau und Heimat und den für Raumordnung zuständigen obersten Landesbehörden in der Ministerkonferenz für Raumordnung gemeinsam beraten werden.

(2) Bund und Länder können im Rahmen der Ministerkonferenz für Raumordnung Leitbilder für die räumlichen Entwicklung des Bundesgebietes oder von über die Länder hinausgreifenden Zusammenhängen entwickeln.

(3) [1]Der Bund beteiligt sich in Zusammenarbeit mit den Ländern an einer Politik des räumlichen Zusammenhalts in der Europäischen Union und im größeren europäischen Raum. [2]Bund und Länder wirken bei der grenzüberschreitenden Zusammenarbeit mit den Nachbarstaaten im Bereich der Raumordnung eng zusammen.

(4) Bund und Länder sind verpflichtet, sich gegenseitig alle Auskünfte zu erteilen, die zur Durchführung der Aufgaben der Raumordnung notwendig sind.

§ 25[2] Beteiligung bei der Aufstellung von Raumordnungsplänen der Nachbarstaaten. (1) Wird die Durchführung eines in einem Nachbarstaat vorgesehenen Raumordnungsplans voraussichtlich erhebliche Auswirkungen auf das angrenzende Plangebiet in der Bundesrepublik Deutschland haben, so ersucht diejenige deutsche Stelle, an deren Plangebiet der ausländische Raumordnungsplan angrenzt und die für einen gleichartigen Raumordnungsplan in Deutschland zuständig wäre, die zuständige Behörde des Nachbarstaates um Unterlagen über den Raumordnungsplan, insbesondere um eine Beschreibung des Planinhalts und um Angaben über grenzüberschreitende Auswirkungen des Plans.

(2) [1]Hält die deutsche Stelle nach Absatz 1 eine Beteiligung für erforderlich, so teilt sie dies der zuständigen Behörde des Nachbarstaates mit und ersucht, soweit erforderlich, um weitere Angaben zum Raumordnungsplan. [2]Sodann unterrichtet sie die in ihren Belangen berührten öffentlichen Stellen und die Öffentlichkeit, gibt ihnen Gelegenheit zur Einsichtnahme in die Unterlagen und weist, sofern sie nicht die Abgabe einer einheitlichen Stellungnahme für angezeigt hält, darauf hin, welcher Behörde des Nachbarstaates innerhalb welcher Frist eine Stellungnahme zugeleitet werden kann. [3]Die deutsche Stelle nach Absatz 1 gibt der zuständigen Behörde des Nachbarstaates zudem alle ihr vorliegenden Informationen, die für die Aufstellung des Raumordnungsplans bedeutsam sein können.

(3) Grenzt das Plangebiet eines ausländischen Raumordnungsplans an die deutsche ausschließliche Wirtschaftszone an, so ist im Hinblick auf die dortigen

[1] Früherer § 26 Abs. 1 geänd. mWv 8.9.2015 durch VO v. 31.8.2015 (BGBl. I S. 1474); bish. § 26 wird § 24 mWv 29.11.2017 durch G v. 23.5.2017 (BGBl. I S. 1245); Abs. 1 geänd. mWv 27.6.2020 durch VO v. 19.6.2020 (BGBl. I S. 1328).
[2] § 25 eingef. mWv 29.11.2017 durch G v. 23.5.2017 (BGBl. I S. 1245); Abs. 3 geänd. mWv 27.6.2020 durch VO v. 19.6.2020 (BGBl. I S. 1328).

Auswirkungen die für das Beteiligungsverfahren zuständige deutsche Stelle das Bundesministerium des Innern, für Bau und Heimat.

§ 26[1] Gebühren und Auslagen. [1]Für individuell zurechenbare öffentliche Leistungen nach § 19, die das Bundesamt für Seeschifffahrt und Hydrographie durchführt, werden Gebühren erhoben. [2]Das Bundesministerium des Innern, für Bau und Heimat wird ermächtigt, im Einvernehmen mit dem Bundesministerium der Finanzen durch Rechtsverordnung die Gebühren für die einzelnen individuell zurechenbaren öffentlichen Leistungen im Sinne des Satzes 1 zu bestimmen und dabei feste Sätze oder Rahmensätze vorzusehen. [3]Die Gebührensätze sind so zu bemessen, dass der mit den individuell zurechenbaren öffentlichen Leistungen verbundene Personal- und Sachaufwand gedeckt wird; bei begünstigenden individuell zurechenbaren öffentlichen Leistungen kann daneben die Bedeutung, der wirtschaftliche Wert oder der sonstige Nutzen für die Gebührenschuldner angemessen berücksichtigt werden.

§ 27[2] Anwendungsvorschrift für die Raumordnung in den Ländern.
(1) [1]Verfahren zur Aufstellung von Raumordnungsplänen nach § 13 sowie Raumordnungsverfahren nach § 15, die vor dem 29. November 2017 förmlich eingeleitet wurden, werden nach den bis zum 28. November 2017 geltenden Raumordnungsgesetzen von Bund und Ländern abgeschlossen. [2]Ist mit gesetzlich vorgeschriebenen einzelnen Schritten des Verfahrens noch nicht begonnen worden, können diese auch nach den Vorschriften dieses Gesetzes durchgeführt werden.

(2) [1]§ 11 ist auch auf Raumordnungspläne der Länder anzuwenden, die vor dem 29. November 2017 in Kraft getreten sind. [2]Weiter gehende landesrechtliche Regelungen zur Unbeachtlichkeit von Fehlern bei der Planaufstellung oder durch Fristablauf bleiben unberührt.

(3) Am 29. November 2017 geltendes Landesrecht, das § 2 Absatz 2, die §§ 6 bis 12 oder die Vorschriften des Abschnitts 2 dieses Gesetzes ergänzt, sowie landesrechtliche Gebührenregelungen und weiter gehendes Landesrecht zur Beschleunigung des Verfahrens bei Änderung eines ausgelegten Raumordnungsplanentwurfs bleiben unberührt.

Anlage 1[3]
(zu § 8 Abs. 1)

Der Umweltbericht nach § 8 Abs. 1 besteht aus
1. einer Einleitung mit folgenden Angaben:
 a) Kurzdarstellung des Inhalts und der wichtigsten Ziele des Raumordnungsplans,
 b) Darstellung der in den einschlägigen Gesetzen und Plänen festgelegten Ziele des Umweltschutzes, die für den Raumordnungsplan von Bedeutung

[1] Früherer § 27 Satz 2 geänd. mWv 8.9.2015 durch VO v. 31.8.2015 (BGBl. I S. 1474); bish. § 27 wird § 26 und Überschrift neu gef., Sätze 1–3 geänd. mWv 29.11.2017 durch G v. 23.5.2017 (BGBl. I S. 1245); Satz 2 geänd. mWv 27.6.2020 durch VO v. 19.6.2020 (BGBl. I S. 1328).
[2] § 29 aufgeh., bish. § 28 wird § 27 und Abs. 1 Satz 1 geänd., Abs. 2 neu gef., Abs. 3 geänd. mWv 29.11.2017 durch G v. 23.5.2017 (BGBl. I S. 1245).
[3] Anl. 1 geänd. mWv 29.11.2017 durch G v. 23.5.2017 (BGBl. I S. 1245).

sind, und der Art, wie diese Ziele und die Umweltbelange bei der Aufstellung berücksichtigt wurden;

2. einer Beschreibung und Bewertung der Umweltauswirkungen, die in der Umweltprüfung nach § 8 Abs. 1 ermittelt wurden, mit Angaben der

 a) Bestandsaufnahme der einschlägigen Aspekte des derzeitigen Umweltzustands, einschließlich der Umweltmerkmale der Gebiete, die voraussichtlich erheblich beeinflusst werden, einschließlich der Gebiete von gemeinschaftlicher Bedeutung und der Europäischen Vogelschutzgebiete im Sinne des Bundesnaturschutzgesetzes[1],

 b) Prognose über die Entwicklung des Umweltzustands bei Durchführung der Planung und bei Nichtdurchführung der Planung,

 c) geplanten Maßnahmen zur Vermeidung, Verringerung und zum Ausgleich der nachteiligen Auswirkungen und

 d) in Betracht kommenden anderweitigen Planungsmöglichkeiten, wobei die Ziele und der räumliche Geltungsbereich des Raumordnungsplans zu berücksichtigen sind;

3. folgenden zusätzlichen Angaben:

 a) Beschreibung der wichtigsten Merkmale der verwendeten technischen Verfahren bei der Umweltprüfung sowie Hinweise auf Schwierigkeiten, die bei der Zusammenstellung der Angaben aufgetreten sind, zum Beispiel technische Lücken oder fehlende Kenntnisse,

 b) Beschreibung der geplanten Maßnahmen zur Überwachung der erheblichen Auswirkungen der Durchführung des Raumordnungsplans auf die Umwelt und

 c) allgemein verständliche Zusammenfassung der erforderlichen Angaben nach dieser Anlage.

[1] Nr. **880**.

Anlage 2[1)
(zu § 8 Abs. 2)

Nachstehende Kriterien sind anzuwenden, soweit auf Anlage 2 Bezug genommen wird:

1. Merkmale des Raumordnungsplans, insbesondere in Bezug auf

1.1 das Ausmaß, in dem der Raumordnungsplan einen Rahmen im Sinne des § 35 Absatz 3 des Gesetzes über die Umweltverträglichkeitsprüfung[2)] setzt;

1.2 das Ausmaß, in dem der Raumordnungsplan andere Pläne und Programme beeinflusst;

1.3 die Bedeutung des Raumordnungsplans für die Einbeziehung umweltbezogener, einschließlich gesundheitsbezogener Erwägungen, insbesondere im Hinblick auf die Förderung der nachhaltigen Entwicklung;

1.4 die für den Raumordnungsplan relevanten umweltbezogenen, einschließlich gesundheitsbezogener Probleme;

1.5 die Bedeutung des Raumordnungsplans für die Durchführung nationaler und europäischer Umweltvorschriften.

2. Merkmale der möglichen Auswirkungen und der voraussichtlich betroffenen Gebiete, insbesondere in Bezug auf

2.1 die Wahrscheinlichkeit, Dauer, Häufigkeit und Umkehrbarkeit der Auswirkungen;

2.2 den kumulativen und grenzüberschreitenden Charakter der Auswirkungen;

2.3 die Risiken für die Umwelt, einschließlich der menschlichen Gesundheit (zum Beispiel bei Unfällen);

2.4 den Umfang und die räumliche Ausdehnung der Auswirkungen;

2.5 die Bedeutung und die Sensibilität des voraussichtlich betroffenen Gebiets auf Grund der besonderen natürlichen Merkmale, des kulturellen Erbes, der Intensität der Bodennutzung des Gebiets jeweils unter Berücksichtigung der Überschreitung von Umweltqualitätsnormen und Grenzwerten;

2.6 folgende Gebiete:

2.6.1 Natura 2000-Gebiete nach § 7 Absatz 1 Nummer 8 des Bundesnaturschutzgesetzes[3)],

2.6.2 Naturschutzgebiete gemäß § 23 des Bundesnaturschutzgesetzes[3)], soweit nicht bereits von Nummer 2.6.1 erfasst,

2.6.3 Nationalparke gemäß § 24 des Bundesnaturschutzgesetzes[3)], soweit nicht bereits von Nummer 2.6.1 erfasst,

[1)] Anl. 2 geänd. mWv 1.3.2010 durch G v. 29.7.2009 (BGBl. I S. 2542); geänd. mWv 1.3.2010 durch G v. 31.7.2009 (BGBl. I S. 2585); geänd. mWv 29.11.2017 durch G v. 23.5.2017 (BGBl. I S. 1245); geänd. mWv 29.7.2017 durch G v. 20.7.2017 (BGBl. I S. 2808).
[2)] Nr. **295**.
[3)] Nr. **880**.

2.6.4 Biosphärenreservate und Landschaftsschutzgebiete gemäß den §§ 25 und 26 des Bundesnaturschutzgesetzes[1],

2.6.5 gesetzlich geschützte Biotope gemäß § 30 des Bundesnaturschutzgesetzes[1],

2.6.6 Wasserschutzgebiete gemäß § 51 des Wasserhaushaltsgesetzes[2], Heilquellenschutzgebiete gemäß § 53 Absatz 4 des Wasserhaushaltsgesetzes[2] sowie Überschwemmungsgebiete gemäß § 76 des Wasserhaushaltsgesetzes[2],

2.6.7 Gebiete, in denen die in den Gemeinschaftsvorschriften festgelegten Umweltqualitätsnormen bereits überschritten sind,

2.6.8 Gebiete mit hoher Bevölkerungsdichte, insbesondere Zentrale Orte im Sinne des § 2 Abs. 2 Nr. 2 dieses Gesetzes,

2.6.9 in amtlichen Listen oder Karten verzeichnete Denkmäler, Denkmalensembles, Bodendenkmäler oder Gebiete, die von der durch die Länder bestimmten Denkmalschutzbehörde als archäologisch bedeutende Landschaften eingestuft worden sind.

[1] Nr. 880.
[2] Nr. 845.

340a. Raumordnungsverordnung (RoV) [1)2)]

Vom 13. Dezember 1990

(BGBl. I S. 2766)

FNA 2300-1-1

geänd. durch Art. 6 Abs. 34 EisenbahnneuordnungsG v. 27.12.1993 (BGBl. I S. 2378), Art. 1 ÄndVO v. 15.8.1994 (BGBl. I S. 2116), Art. 2 MagnetschwebebahnplanungsG v. 23.11.1994 (BGBl. I S. 3486), Art. 4 Bau- und RaumordnungsG 1998 v. 18.8.1997 (BGBl. I S. 2081), Art. 22a UVP-Änderungsricht-linienumsetzungsG v. 27.7.2001 (BGBl. I S. 1950), Art. 2b Siebtes G zur Änd. des WasserhaushaltsG v. 18.6.2002 (BGBl. I S. 1914), Art. 21 G zur Neuregelung des Wasserrechts v. 31.7.2009 (BGBl. I S. 2585), Art. 5 Abs. 35 G zur Neuordnung des Kreislaufwirtschafts- und Abfallrechts v. 24.2.2012 (BGBl. I S. 212), Art. 9 G zur Beschleunigung des Energieleitungsausbaus v. 13.5.2019 (BGBl. I S. 706) und Art. 6 Investitionen-BeschleunigungsG v. 3.12.2020 (BGBl. I S. 2694)

Auf Grund des § 6a Abs. 2 Satz 1 des Raumordnungsgesetzes[3)] in der Fassung der Bekanntmachung vom 19. Juli 1989 (BGBl. I S. 1461) verordnet die Bundesregierung:

§ 1[4)] Anwendungsbereich. ¹Für die nachfolgend aufgeführten Planungen und Maßnahmen soll ein Raumordnungsverfahren (§ 15 des Raumordnungsgesetzes[3)]) durchgeführt werden, wenn sie im Einzelfall raumbedeutsam sind und überörtliche Bedeutung haben. ²Die Befugnis der für die Raumordnung zuständigen Landesbehörden, weitere raumbedeutsame Planungen und Maßnahmen von überörtlicher Bedeutung nach landesrechtlichen Vorschriften in einem Raumordnungsverfahren zu überprüfen, bleibt unberührt. ³

1. Errichtung einer Anlage im Außenbereich im Sinne des § 35 des Baugesetzbuchs[5)], die der Genehmigung in einem Verfahren unter Einbeziehung der Öffentlichkeit nach § 4 des Bundes-Immissionsschutzgesetzes[6)] bedarf und die in den Nummern 1 bis 10 der Anlage 1 zum Gesetz über die Umweltverträglichkeitsprüfung aufgeführt ist; sachlich und räumlich miteinander im Verbund stehende Anlagen sind dabei als Einheit anzusehen;

2. Errichtung einer ortsfesten kerntechnischen Anlage, die der Genehmigung in einem Verfahren unter Einbeziehung der Öffentlichkeit nach § 7 des Atomgesetzes[7)] bedarf;

3. Errichtung einer Anlage zur Sicherstellung und zur Endlagerung radioaktiver Abfälle, die einer Planfeststellung nach § 9b des Atomgesetzes bedarf;

[1)] Titel neu gef. mWv 3.8.2001 durch G v. 27.7.2001 (BGBl. I S. 1950).
[2)] Die Änderung durch G v. 3.12.2020 (BGBl. I S. 2694) tritt erst **mWv 9.6.2021** in Kraft und ist im Text noch nicht berücksichtigt.
[3)] Nr. **340**.
[4)] § 1 Satz 3 Nr. 9 geänd. durch G v. 27.12.1993 (BGBl. I S. 2378); Satz 1 und Satz 3 Nr. 4 neu gef. durch VO v. 15.8.1994 (BGBl. I S. 2116); Satz 3 Nr. 17 geänd. und Nr. 18 angef. durch G v. 23.11.1994 (BGBl. I S. 3486); Sätze 1 und 2, Satz 3 Nrn. 1, 4 und 18 geänd. und Nr. 19 angef. durch G v. 18.8.1997 (BGBl. I S. 2081); Satz 3 Nr. 1 geänd., Nr. 13 aufgeh. und Nr. 14 neu gef. mWv 3.8.2001 durch G v. 27.7.2001 (BGBl. I S. 1950); Satz 3 Nr. 6 geänd. mWv 25.6.2002 durch G v. 18.6.2002 (BGBl. I S. 1914); Satz 3 Nr. 5–7 geänd. mWv 1.3.2010 durch G v. 31.7.2009 (BGBl. I S. 2585); Satz 3 Nr. 4 geänd. mWv 1.6.2012 durch G v. 24.2.2012 (BGBl. I S. 212); Satz 3 (nach BGBl. I wohl irrtümlich: „Satz 2") Nr. 14 geänd. mWv 17.5.2019 durch G v. 13.5.2019 (BGBl. I S. 706).
[5)] Nr. **300**.
[6)] Nr. **296**.
[7)] Nr. **835**.

4. Errichtung einer Anlage zur Ablagerung von Abfällen (Deponie), die der Planfeststellung nach § 35 Absatz 2 des Kreislaufwirtschaftsgesetzes[1] bedarf;

5. Bau einer Abwasserbehandlungsanlage, die einer Genehmigung nach § 60 Absatz 3 Satz 1 des Wasserhaushaltsgesetzes[2] bedarf;

6. Errichtung und wesentliche Trassenänderung einer Rohrleitungsanlage zum Befördern wassergefährdender Stoffe, die der Genehmigung nach § 20 des Gesetzes über die Umweltverträglichkeitsprüfung[3] bedarf;

7. Herstellung, Beseitigung und wesentliche Umgestaltung eines Gewässers oder seiner Ufer, die einer Planfeststellung nach § 68 Absatz 1 des Wasserhaushaltsgesetzes bedürfen, sowie von Häfen ab einer Größe von 100 ha, Deich- und Dammbauten und Anlagen zur Landgewinnung am Meer;

8. Bau einer Bundesfernstraße, die der Entscheidung nach § 16 des Bundesfernstraßengesetzes[4] bedarf;

9. Neubau und wesentliche Trassenänderung von Schienenstrecken der Eisenbahnen des Bundes sowie Neubau von Rangierbahnhöfen und von Umschlagseinrichtungen für den kombinierten Verkehr;

10. Errichtung einer Versuchsanlage nach dem Gesetz über den Bau und den Betrieb von Versuchsanlagen zur Erprobung von Techniken für den spurgeführten Verkehr;

11. Ausbau, Neubau und Beseitigung einer Bundeswasserstraße, die der Bestimmung der Planung und Linienführung nach § 13 des Bundeswasserstraßengesetzes[5] bedürfen;

12. Anlage und wesentliche Änderung eines Flugplatzes, die einer Planfeststellung nach § 8 des Luftverkehrsgesetzes[6] bedürfen;

13. *(aufgehoben)*

14. Errichtung von Hochspannungsfreileitungen mit einer Nennspannung von 110 kV oder mehr, ausgenommen Errichtungen in Bestandstrassen, unmittelbar neben Bestandstrassen oder unter weit überwiegender Nutzung von Bestandstrassen, und von Gasleitungen mit einem Durchmesser von mehr als 300 mm;

15. Errichtung von Feriendörfern, Hotelkomplexen und sonstigen großen Einrichtungen für die Ferien- und Fremdenbeherbergung sowie von großen Freizeitanlagen;

16. bergbauliche Vorhaben, soweit sie der Planfeststellung nach § 52 Abs. 2a bis 2c des Bundesberggesetzes[7] bedürfen;

(Fortsetzung nächstes Blatt)

[1] Nr. **298**.
[2] Nr. **845**.
[3] Nr. **295**.
[4] Nr. 932.
[5] Nr. **971**.
[6] **Sartorius ErgBd. Nr. 975.**
[7] **Sartorius II Nr. 460.**

17. andere als bergbauliche Vorhaben zum Abbau von oberflächennahen Rohstoffen mit einer vom Vorhaben beanspruchten Gesamtfläche von 10 ha oder mehr;

18. Neubau und wesentliche Trassenänderung von Magnetschwebebahnen;

19. Errichtung von Einkaufszentren, großflächigen Einzelhandelsbetrieben und sonstigen großflächigen Handelsbetrieben.

§ 2[1] *(aufgehoben)*

§ 3 Inkrafttreten. Diese Verordnung tritt am Tage nach der Verkündung[2] in Kraft.

[1] § 2 aufgeh. durch G v. 18.8.1997 (BGBl. I S. 2081).
[2] Verkündet am 19.12.1990.

355. Gesetz über die soziale Wohnraumförderung (Wohnraumförderungsgesetz–WoFG) [1)2)]

Vom 13. September 2001

(BGBl. I S. 2376)

FNA 2330-32

geänd. durch Art. 53a Behindertengleichstellungs-EinführungsG v. 27.4.2002 (BGBl. I S. 1467), Art. 2 Wohnungsrechts-ÄndG v. 19.7.2002 (BGBl. I S. 2690), Art. 16 Viertes G für moderne Dienstleistungen am Arbeitsmarkt v. 24.12.2003 (BGBl. I S. 2954), Art. 24 G zur Einordnung des Sozialhilferechts in das SGB v. 27.12.2003 (BGBl. I S. 3022, geänd. durch Art. 2 G v. 15.12.2004, BGBl. I S. 3450), Art. 7 HaushaltsbegleitG 2004 v. 29.12.2003 (BGBl. I S. 3076), Art. 14 AltereinkünfteG v. 5.7.2004 (BGBl. I S. 1427), Art. 4 Zweites ÄndG v. 15.12.2004 (BGBl. I S. 3450), Art. 9 Föderalismusreform-BegleitG v. 5.9.2006 (BGBl. I S. 2098), Art. 2 Abs. 13 Elterngeld-EinführungsG v. 5.12.2006 (BGBl. I S. 2748), Art. 4 G zur Neuregelung des Wohngeldrechts und zur Änd. des SGB v. 24.9.2008 (BGBl. I S. 1856), Art. 8 ELENA-VerfahrensG v. 28.3.2009 (BGBl. I S. 634), Art. 2 HaushaltsbegleitG 2011 v. 9.12.2010 (BGBl. I S. 1885), Art. 3 Abs. 10 G zur Neuregelung der Unterhaltssicherung sowie zur Änd. soldatenrechtlicher Vorschriften v. 29.6.2015 (BGBl. I S. 1061), Art. 3 WohngeldreformG v. 2.10.2015 (BGBl. I S. 1610), Art. 32 Bundeswehr-Einsatzbereitschafts-

[1)] Verkündet als Art. 1 Wohnungsbaurechts-ReformG v. 13.9.2001 (BGBl. I S. 2376); Inkrafttreten gem. Art. 28 Abs. 1 dieses G am 1.1.2002 mit Ausnahme des § 9 Abs. 3, der gem. Art. 28 Abs. 2 am 20.9.2001 in Kraft getreten ist.

[2)] Nach der Neuregelung der Art. 72 ff. GG (Nr. 1) durch das FöderalismusreformG v. 28.8.2006 (BGBl. I S. 2034) fallen Teilbereiche des Wohnungswesens in die Gesetzgebungskompetenz der Länder.

Das WohnraumförderungsG gilt gem. Art. 125a Abs. 1 GG (Nr. 1) seit dem 1.9.2006 als Bundesrecht fort, kann aber durch Landesrecht ersetzt werden. Der Bundesgesetzgeber besitzt nach dem 31.8.2006 für Änderungen des WohnraumförderungsG keine Gesetzgebungskompetenz mehr.

Bislang haben die Länder auf dem Gebiet des Wohnungswesens ua folgende Vorschriften erlassen:

– **Baden-Württemberg:** LandeswohnraumförderungsG v. 11.12.2007 (GBl. S. 581);
– **Bayern:** Bayerisches WohnraumförderungsG v. 10.4.2007 (GVBl. S. 260), zuletzt geänd. durch V v. 26.3.2019 (GVBl. S. 98);
– **Berlin:** Wohnraumförderung-EinkommensgrenzenVO v. 6.2.2018 (GVBl. S. 166);
– **Brandenburg:** WohnraumförderungseinkommensgrenzenVO v. 6.9.2019 (GVBl. II Nr. 72);
– **Bremen:** WohnraumförderungsG-EinkommensgrenzenabweichungsVO v. 18.5.2009 (Brem.GBl. S. 189);
– **Hamburg:** Hamburgisches WohnraumförderungsG v. 19.2.2008 (HmbGVBl. S. 74), zuletzt geänd. durch V v. 21.5.2013 (HmbGVBl. S. 244);
– **Hessen:** Hessisches WohnraumförderG v. 13.12.2012 (GVBl. S. 600), zuletzt geänd. durch G v. 9.9.2019 (GVBl. S. 229);
– **Mecklenburg-Vorpommern:** VO über die Einkommensgrenzen nach dem WohnraumförderungsG v. 22.4.2003 (GVOBl. M-V S. 310), zuletzt geänd. durch VO v. 2.9.2019 (GVOBl. M-V S. 572);
– **Niedersachsen** Niedersächsisches WohnraumförderG v. 29.10.2009 (Nds. GVBl. S. 403), zuletzt geänd. durch G v. 19.12.2019 (Nds. GVBl. S. 451);
– **Nordrhein-Westfalen:** WohnraumförderungsG NRW v. 8.12.2009 (GV. NRW. S. 772), zuletzt geänd. durch G v. 12.10.2018 (GV. NRW. S. 554);
– **Rheinland-Pfalz:** LandeswohnraumförderungsG v. 22.11.2013 (GVBl. S. 472);
– **Saarland:** Wohnraumförderung-EinkommensgrenzenVO v. 24.10.2019 (Amtsbl. I S. 886);
– **Sachsen:** G über die Zuständigkeiten auf dem Gebiet der sozialen Wohnraumförderung v. 6.10.2013 (SächsGVBl. S. 804);
– **Sachsen-Anhalt:** VO über die Einkommensgrenzen bei der sozialen Wohnraumförderung;
– **Schleswig-Holstein:** Schleswig-Holsteinisches WohnraumförderungsG v. 25.4.2009 (GVOBl. Schl.-H. S. 194), zuletzt geänd. durch G v. 3.5.2016 (GVOBl. Schl.-H. S. 118).
– **Thüringen:** Thüringer WohnraumförderzuständigkeitsVO v. 5.3.2013 (GVBl. S. 64), geänd. durch VO v. 1.12.2016 (GVBl. S. 648);

stärkungsG v. 4.8.2019 (BGBl. I S. 1147) und Art. 42 Zweites Datenschutz-Anpassungs- und Umsetzungsgesetz EU v. 20.11.2019 (BGBl. I S. 1626)

Inhaltsübersicht[1])

Teil 1. Allgemeines zur Förderung
Abschnitt 1. Zweck und Maßnahmen der Förderung

Abschnitt 2. Grundsätze, Voraussetzungen und Förderzusage

Abschnitt 3. Kooperationsvertrag

Teil 2. Begriffsbestimmungen, Durchführung der sozialen Wohnraumförderung
Abschnitt 1. Begriffsbestimmungen

Abschnitt 2. Einkommensermittlung

Abschnitt 3. Begründung und Sicherung von Belegungs- und Mietbindungen sowie von Bindungen für selbst genutztes Wohneigentum

Abschnitt 4. Ausgleich von Fehlförderungen

[1]) Die Inhaltsübersicht wurde nichtamtlich an die nachträglichen Änderungen angepasst.

Teil 1. Allgemeines zur Förderung

Abschnitt 1. Zweck und Maßnahmen der Förderung

§ 1 Zweck und Anwendungsbereich, Zielgruppe (1) Dieses Gesetz regelt die Förderung des Wohnungsbaus und anderer Maßnahmen zur Unterstützung von Haushalten bei der Versorgung mit Mietwohnraum, einschließlich genossenschaftlich genutzten Wohnraums, und bei der Bildung von selbst genutztem Wohneigentum (soziale Wohnraumförderung).

(2) ¹Zielgruppe der sozialen Wohnraumförderung sind Haushalte, die sich am Markt nicht angemessen mit Wohnraum versorgen können und auf Unterstützung angewiesen sind. ²Unter diesen Voraussetzungen unterstützt

1. die Förderung von Mietwohnraum insbesondere Haushalte mit geringem Einkommen sowie Familien und andere Haushalte mit Kindern, Alleinerziehende, Schwangere, ältere Menschen, behinderte Menschen, Wohnungslose und sonstige hilfebedürftige Personen,

2. die Förderung der Bildung selbst genutzten Wohneigentums insbesondere Familien und andere Haushalte mit Kindern sowie behinderte Menschen, die unter Berücksichtigung ihres Einkommens und der Eigenheimzulage die Belastungen des Baus oder Erwerbs von Wohnraum ohne soziale Wohnraumförderung nicht tragen können.

§ 2 Fördergegenstände und Fördermittel. (1) Fördergegenstände sind:

1. Wohnungsbau, einschließlich des erstmaligen Erwerbs des Wohnraums innerhalb von zwei Jahren nach Fertigstellung (Ersterwerb),

2. Modernisierung von Wohnraum,

3. Erwerb von Belegungsrechten an bestehendem Wohnraum und

4. Erwerb bestehenden Wohnraums,

wenn damit die Unterstützung von Haushalten bei der Versorgung mit Mietwohnraum durch Begründung von Belegungs- und Mietbindungen oder bei der Bildung von selbst genutztem Wohneigentum erfolgt.

(2) Die Förderung erfolgt durch

1. Gewährung von Fördermitteln, die aus öffentlichen Haushalten oder Zweckvermögen als Darlehen zu Vorzugsbedingungen, auch zur nachstelligen Finanzierung, oder als Zuschüsse bereitgestellt werden,
2. Übernahme von Bürgschaften, Garantien und sonstigen Gewährleistungen sowie
3. Bereitstellung von verbilligtem Bauland.

§ 3[1] Durchführung der Aufgaben und Zuständigkeiten. (1) Länder, Gemeinden und Gemeindeverbände wirken nach Maßgabe dieses Gesetzes bei der sozialen Wohnraumförderung zusammen.

(2) [1] Die Länder führen die soziale Wohnraumförderung als eigene Aufgabe durch[2]. [2] Sie legen das Verwaltungsverfahren fest, soweit dieses Gesetz keine Regelungen trifft. [3] Zuständige Stelle im Sinne dieses Gesetzes ist die Stelle, die nach Landesrecht zuständig ist oder von der Landesregierung in sonstiger Weise bestimmt wird.

(3) [1] Die Länder sollen bei der sozialen Wohnraumförderung die wohnungswirtschaftlichen Belange der Gemeinden und Gemeindeverbände berücksichtigen; dies gilt insbesondere, wenn sich eine Gemeinde oder ein Gemeindeverband an der Förderung beteiligt. [2] Die Länder können bei ihrer Förderung ein von einer Gemeinde oder einem Gemeindeverband beschlossenes Konzept zur sozialen Wohnraumversorgung (kommunales Wohnraumversorgungskonzept) zu Grunde legen.

(4) Gemeinden und Gemeindeverbände können mit eigenen Mitteln eine Förderung nach diesem Gesetz und den hierzu erlassenen landesrechtlichen Vorschriften durchführen, soweit nicht im Übrigen Landesrecht entgegensteht.

§ 4[3] Bauland, sonstige Rahmenbedingungen. (1) Länder, Gemeinden, Gemeindeverbände, sonstige Körperschaften, Anstalten und Stiftungen des öffentlichen Rechts und die von ihnen wirtschaftlich abhängigen Unternehmen sollen in ausreichendem Umfang geeignete Grundstücke als Bauland für den Wohnungsbau unter Berücksichtigung der Anforderungen des Kosten und Flächen sparenden Bauens zu Eigentum oder in Erbbaurecht überlassen.

(2) [1] Die Gemeinden sollen im Rahmen der Gesetze dafür Sorge tragen, dass für den Wohnungsbau erforderliche Grundstücke bebaut und erforderliche Modernisierungsmaßnahmen durchgeführt werden können. [2] Dabei soll auf die Anforderungen des Kosten und Flächen sparenden Bauens geachtet werden.

(3) Die Gemeinden sollen Bauwillige, die ein Baugrundstück erwerben wollen, beraten und unterstützen.

(4) Aus den Absätzen 1 bis 3 können Ansprüche nicht hergeleitet werden.

[1] § 3 Abs. 1 geänd. mWv 1.1.2007 durch G v. 5.9.2006 (BGBl. I S. 2098).
[2] Für den Geltungsbereich Hamburg siehe das Hamburgische Wohnraumförderungsgesetz v. 19.2. 2008 (HmbGVBl. S. 74), zuletzt geänd. durch G v. 21.5.2013 (HmbGVBl. S. 244).
[3] § 4 Abs. 1 geänd. mWv 1.1.2007 durch G v. 5.9.2006 (BGBl. I S. 2098).

Abschnitt 2. Grundsätze, Voraussetzungen und Förderzusage

§ 5 Anforderungen an die Förderung. (1) Die soziale Wohnraumförderung wird nach diesem Gesetz und hierzu erlassenen Vorschriften des Landes durchgeführt.

(2) Die Länder treffen soweit erforderlich auf der Grundlage dieses Gesetzes Bestimmungen, insbesondere über Voraussetzungen der Förderung und deren Durchführung.

(3) [1] Die in den §§ 6 bis 8 und 10 bezeichneten Grundsätze sind bei den Bestimmungen nach Absatz 2 und, soweit solche Bestimmungen nicht getroffen sind, bei Entscheidungen, die zur Förderung ergehen, in der Abwägung und bei der Ermessensausübung zu berücksichtigen. [2] Die Länder können weitere Grundsätze aufstellen.

§ 6 Allgemeine Fördergrundsätze. [1] Die soziale Wohnraumförderung ist der Nachhaltigkeit einer Wohnraumversorgung verpflichtet, die die wirtschaftlichen und sozialen Erfordernisse mit der Erhaltung der Umwelt in Einklang bringt. [2] Bei der Förderung sind zu berücksichtigen:

1. die örtlichen und regionalen wohnungswirtschaftlichen Verhältnisse und Zielsetzungen, die erkennbaren unterschiedlichen Investitionsbedingungen des Bauherrn sowie die besonderen Anforderungen des zu versorgenden Personenkreises;

2. der Beitrag des genossenschaftlichen Wohnens zur Erreichung der Ziele und Zwecke der sozialen Wohnraumförderung;

3. die Schaffung und Erhaltung sozial stabiler Bewohnerstrukturen;

4. die Schaffung und Erhaltung ausgewogener Siedlungsstrukturen sowie ausgeglichener wirtschaftlicher, sozialer und kultureller Verhältnisse, die funktional sinnvolle Zuordnung der Wohnbereiche zu den Arbeitsplätzen und der Infrastruktur (Nutzungsmischung) sowie die ausreichende Anbindung des zu fördernden Wohnraums an den öffentlichen Personennahverkehr;

5. die Nutzung des Wohnungs- und Gebäudebestandes für die Wohnraumversorgung;

(Fortsetzung nächstes Blatt)

6. die Erhaltung preisgünstigen Wohnraums im Fall der Förderung der Modernisierung;

7. die Anforderungen des Kosten sparenden Bauens, insbesondere durch
 a) die Begrenzung der Förderung auf einen bestimmten Betrag (Förderpauschale),
 b) die Festlegung von Kostenobergrenzen, deren Überschreitung eine Förderung ausschließt, oder
 c) die Vergabe von Fördermitteln im Rahmen von Wettbewerbsverfahren;

8. die Anforderungen des barrierefreien Bauens für die Nutzung von Wohnraum und seines Umfelds durch Personen, die infolge von Alter, Behinderung oder Krankheit dauerhaft oder vorübergehend in ihrer Mobilität eingeschränkt sind;

9. der sparsame Umgang mit Grund und Boden, die ökologischen Anforderungen an den Bau und die Modernisierung von Wohnraum sowie Ressourcen schonende Bauweisen.

³Maßnahmen der sozialen Wohnraumförderung, die im Zusammenhang mit städtebaulichen Sanierungs- und Entwicklungsmaßnahmen stehen, sind bevorzugt zu berücksichtigen.

§ 7 Besondere Grundsätze zur Förderung von Mietwohnraum. Bei der Förderung von Mietwohnraum sind folgende Grundsätze zu berücksichtigen:

1. Um tragbare Wohnkosten für Haushalte im Sinne des § 1 Abs. 2 Satz 2 Nr. 1 zu erreichen, können Wohnkostenentlastungen durch Bestimmung höchstzulässiger Mieten unterhalb von ortsüblichen Vergleichsmieten oder durch sonstige Maßnahmen vorgesehen werden. Dabei sind insbesondere die Leistungen nach dem Wohngeldgesetz sowie das örtliche Mietenniveau und das Haushaltseinkommen des Mieters sowie deren Entwicklungen zu berücksichtigen.

2. Wohnkostenentlastungen, die nach Förderzweck und Zielgruppe sowie Förderintensität unangemessen sind (Fehlförderungen), sind zu vermeiden oder auszugleichen. Maßnahmen zur Vermeidung von Fehlförderungen sind Vorkehrungen bei der Förderung, durch die die Wohnkostenentlastung
 a) auf Grund von Bestimmungen in der Förderzusage oder
 b) auf Grund eines Vorbehalts in der Förderzusage durch Entscheidung der zuständigen Stelle
 vermindert wird. Eine Maßnahme zum Ausgleich entstandener Fehlförderungen in Fällen der Festlegung von höchstzulässigen Mieten ist die Erhebung von Ausgleichszahlungen nach den §§ 34 bis 37.

3. Bei der Vermeidung und dem Ausgleich von Fehlförderungen sind soweit erforderlich Veränderungen der für die Wohnkostenentlastung maßgeblichen Einkommensverhältnisse und der Haushaltsgröße durch Überprüfungen in regelmäßigen zeitlichen Abständen zu berücksichtigen.

§ 8 Besondere Grundsätze zur Förderung der Bildung selbst genutzten Wohneigentums. Bei der Förderung der Bildung selbst

genutzten Wohneigentums nach § 1 Abs. 2 Satz 2 Nr. 2 sind folgende Grundsätze zu berücksichtigen:

1. Die Förderung der Bildung selbst genutzten Wohneigentums erfolgt bevorzugt für Familien und andere Haushalte mit zwei und mehr Kindern im Sinne des § 32 Abs. 1 bis 5 des Einkommensteuergesetzes sowie für Haushalte, bei denen wegen einer Behinderung eines Haushaltsangehörigen oder aus sonstigen Gründen ein besonderer baulicher Bedarf besteht.

2. Um eine angemessene Belastung des Bauherrn oder des Erwerbers des selbst genutzten Wohneigentums zu erreichen, sind bei der Festlegung der Förderung insbesondere die Einkommensentwicklung und die Eigenheimzulage nach dem Eigenheimzulagengesetz zu berücksichtigen. Fehlförderungen sind zu vermeiden. Soweit dies durch eine Förderung erfolgt, die auf die Entwicklung des Haushaltseinkommens abstellt, sind Veränderungen der maßgeblichen Einkommensverhältnisse und der Haushaltsgröße durch Überprüfungen in regelmäßigen zeitlichen Abständen zu berücksichtigen.

§ 9[1) Einkommensgrenzen. (1) [1]Die Förderung darf nur Haushalte begünstigen, deren Einkommen die Grenzen für das jährliche Einkommen, die in Absatz 2 bezeichnet oder von den Ländern nach Absatz 3 abweichend festgelegt sind, nicht überschreiten. [2]Bei der Ermittlung des Einkommens sind die §§ 20 bis 24 anzuwenden.

(2) [1]Die Einkommensgrenze beträgt:

für einen Einpersonenhaushalt	12 000 Euro,
für einen Zweipersonenhaushalt	18 000 Euro,
zuzüglich für jede weitere zum Haushalt rechnende Person	4 100 Euro.

[2]Sind zum Haushalt rechnende Personen Kinder im Sinne des § 32 Abs. 1 bis 5 des Einkommensteuergesetzes, erhöht sich die Einkommensgrenze nach Satz 1 für jedes Kind um weitere 500 Euro.

(3) [1]Die Landesregierungen werden ermächtigt, durch Rechtsverordnung von den in Absatz 2 bezeichneten Einkommensgrenzen nach den örtlichen und regionalen wohnungswirtschaftlichen Verhältnissen insbesondere

1. zur Berücksichtigung von Haushalten mit Schwierigkeiten bei der Wohnraumversorgung,

2. im Rahmen der Förderung von selbst genutztem Wohneigentum oder

3. zur Schaffung oder Erhaltung sozial stabiler Bewohnerstrukturen

Abweichungen festzulegen. [2]Die Landesregierungen können diese Ermächtigung durch Rechtsverordnung auf eine oberste Landesbehörde übertragen.

§ 10 Wohnungsgrößen. (1) Bei Bestimmungen der Länder über die Grenzen für Wohnungsgrößen sind folgende Grundsätze zu berücksichtigen:

[1) § 9 Abs. 3 Satz 2 angef. durch G v. 27. 4. 2002 (BGBl. I S. 1467).

1. Die Größe der zu fördernden Wohnung muss entsprechend ihrer Zweckbestimmung angemessen sein.

2. Besonderheiten bei Maßnahmen im Gebäudebestand und bei selbst genutztem Wohneigentum sowie besonderen persönlichen oder beruflichen Bedürfnissen von Haushaltsangehörigen und einem nach der Lebenserfahrung in absehbarer Zeit zu erwartenden zusätzlichen Raumbedarf ist Rechnung zu tragen.

(2) Bei der Berechnung der Wohnfläche ist § 19 Abs. 1 anzuwenden.

§ 11 Förderempfänger. (1) Empfänger der Förderung ist

1. bei Maßnahmen des Wohnungsbaus und der Modernisierung derjenige, der das Bauvorhaben für eigene oder fremde Rechnung im eigenen Namen durchführt oder durch Dritte durchführen lässt (Bauherr),

2. beim Ersterwerb vom Bauherrn zur Selbstnutzung der Erwerber des Wohnraums,

3. beim Erwerb aus dem Bestand zur Selbstnutzung der Erwerber des Wohnraums,

4. beim Erwerb von Belegungsrechten der Eigentümer oder der sonstige zur Einräumung von Belegungsrechten an dem Wohnraum Berechtigte.

(2) Soweit Fördermittel an einen Bauträger vergeben werden, ist die Vergabe mit der Auflage zu verbinden, dass der Bauträger den geförderten Wohnraum zu angemessenen Bedingungen dem Erwerber alsbald zur Selbstnutzung überträgt.

(3) ¹Die Gewährung von Fördermitteln setzt voraus, dass

1. der Bauherr Eigentümer eines geeigneten Baugrundstücks ist oder nachweist, dass der Erwerb eines derartigen Grundstücks gesichert ist oder durch die Gewährung der Fördermittel gesichert wird,

2. die Gewähr für eine ordnungsmäßige und wirtschaftliche Durchführung des Bauvorhabens und für eine ordnungsmäßige Verwaltung des Wohnraums besteht,

3. der Bauherr die erforderliche Leistungsfähigkeit und Zuverlässigkeit besitzt,

4. bei der Förderung von selbst genutztem Wohneigentum die Belastung auf Dauer tragbar erscheint und

5. der Bauherr eine angemessene Eigenleistung erbringt, für die eigene Geldmittel, der Wert des nicht durch Fremdmittel finanzierten Baugrundstücks oder Selbsthilfe im Sinne des § 12 Abs. 1 Satz 2 in Betracht kommen.

²Fördermittel können auch einem Bauherrn oder einem sonstigen Förderempfänger gewährt werden, für den an einem geeigneten Grundstück ein Erbbaurecht von angemessener Dauer bestellt ist oder der nachweist, dass der Erwerb eines derartigen Erbbaurechts gesichert ist.

§ 12 Bevorzugung von Maßnahmen, zusätzliche Förderung.
(1) Maßnahmen, bei denen Bauherren in Selbsthilfe tätig werden oder bei denen Mieter von Wohnraum Leistungen erbringen, durch die sie im Rahmen des Mietverhältnisses Vergünstigungen erlangen, können bei der Förderung bevorzugt werden. [2]Selbsthilfe sind die Arbeitsleistungen, die zur Durchführung der geförderten Maßnahmen vom Bauherrn selbst, seinen Angehörigen oder von anderen unentgeltlich oder auf Gegenseitigkeit oder von Mitgliedern von Genossenschaften erbracht werden. [3]Leistungen von Mietern sind die von

1. Mietern für die geförderten Maßnahmen erbrachten Finanzierungsanteile, Arbeitsleistungen oder Sachleistungen und

2. Genossenschaftsmitgliedern übernommenen weiteren Geschäftsanteile, soweit sie für die geförderten Maßnahmen über die Pflichtanteile hinaus erbracht werden.

(2) Eine zusätzliche Förderung für notwendigen Mehraufwand kann insbesondere gewährt werden bei

1. Ressourcen schonenden Bauweisen, die besonders wirksam zur Entlastung der Umwelt, zum Schutz der Gesundheit und zur rationellen Energieverwendung beitragen,

2. besonderen baulichen Maßnahmen, mit denen Belangen behinderter oder älterer Menschen Rechnung getragen wird,

3. einer organisierten Gruppenselbsthilfe für den bei der Vorbereitung und Durchführung der Maßnahmen entstehenden Aufwand,

4. besonderen experimentellen Ansätzen zur Weiterentwicklung des Wohnungsbaus.

§ 13 Förderzusage. (1) Die Förderung wird auf Antrag durch eine Förderzusage der zuständigen Stelle gewährt.

(2) [1]In der Förderzusage sind Bestimmungen zu treffen

1. über Zweckbestimmung, Einsatzart und Höhe der Förderung, Dauer der Gewährung, Verzinsung und Tilgung der Fördermittel, Einhaltung von Einkommensgrenzen und Wohnungsgrößen, Rechtsfolgen eines Eigentumswechsels an dem geförderten Gegenstand sowie

2. bei der Förderung von Mietwohnraum zusätzlich unter Anwendung des Abschnitts 3 des Teils 2 über Gegenstand, Art und Dauer der Belegungsbindungen sowie Art, Höhe und Dauer der Mietbindungen.

[2]In die Förderzusage können weitere für den jeweiligen Förderzweck erforderliche Bestimmungen aufgenommen werden.

(3) [1]Die Förderzusage erfolgt durch Verwaltungsakt oder durch öffentlich-rechtlichen Vertrag; sie bedarf der Schriftform. [2]Die sich aus der Förderzusage ergebenden Berechtigungen und Verpflichtungen gehen nach den in der Förderzusage für den Fall des Eigentumswechsels enthaltenen Bestimmungen auf den Rechtsnachfolger über.

(4) Ein Anspruch auf Förderung besteht nicht.

Abschnitt 3. Kooperationsvertrag

§ 14 Zweck, Beteiligte. (1) Gemeinden, Gemeindeverbände und sonstige öffentliche Stellen können mit Eigentümern oder sonstigen Verfügungsberechtigten von Wohnraum Vereinbarungen über Angelegenheiten der örtlichen Wohnraumversorgung treffen (Kooperationsverträge), insbesondere zur Unterstützung von Maßnahmen der sozialen Wohnraumversorgung einschließlich der Verbesserung der Wohnverhältnisse sowie der Schaffung oder Erhaltung sozial stabiler Bewohnerstrukturen.

(2) ¹In die Vereinbarungen können Dritte, insbesondere öffentliche und private Träger sozialer Aufgaben und andere mit der Durchführung des Kooperationsvertrags Beauftragte, einbezogen werden. ²Soweit durch Vereinbarungen die Aufgaben der nach § 3 Abs. 2 Satz 3 zuständigen Stellen berührt werden, sind diese Stellen zu beteiligen.

§ 15 Gegenstände des Kooperationsvertrags. (1) Gegenstände des Kooperationsvertrags können insbesondere sein:

1. die Begründung oder Verlängerung von Belegungs- und Mietbindungen an Wohnraum des Eigentümers oder sonstigen Verfügungsberechtigten zu Gunsten der Gemeinde, einer zuständigen Stelle oder eines Trägers sozialer Aufgaben; die entsprechende Anwendung von Bestimmungen der §§ 26 bis 32 kann vereinbart werden;

2. im Zusammenhang mit Vereinbarungen nach Nummer 1 die Übernahme von Bewirtschaftungsrisiken sowie die Übernahme von Bürgschaften für die Erbringung einmaliger oder sonstiger Nebenleistungen der Mieter;

3. die Aufhebung oder Änderung von Belegungs- und Mietbindungen an Wohnraum, soweit dies nach den §§ 30 und 31 zulässig ist und Bestimmungen der Förderzusage nicht entgegenstehen;

4. die Übernahme von wohnungswirtschaftlichen, baulichen und sozialen Maßnahmen, insbesondere von solchen der Verbesserung des Wohnumfelds, der Behebung sozialer Missstände und der Quartiersverwaltung;

5. die Überlassung von Grundstücken und Räumen für die mit dem Kooperationsvertrag verfolgten Zwecke.

(2) ¹Die vereinbarten Leistungen eines Kooperationsvertrags müssen den gesamten Umständen nach angemessen sein und in sachlichem Zusammenhang mit den jeweils beabsichtigten Maßnahmen der Wohnraumversorgung stehen. ²Die Vereinbarung einer vom Eigentümer oder sonstigen Verfügungsberechtigten oder von einem in den Vertrag einbezogenen Dritten zu erbringenden Leistung ist unzulässig, wenn er auch ohne sie einen Anspruch auf die Gegenleistung hätte.

(3) Ein Kooperationsvertrag bedarf der Schriftform, soweit nicht durch Rechtsvorschriften eine andere Form vorgeschrieben ist.

(4) Die Zulässigkeit anderer Verträge bleibt unberührt.

Teil 2. Begriffsbestimmungen, Durchführung der sozialen Wohnraumförderung

Abschnitt 1. Begriffsbestimmungen

§ 16 Wohnungsbau, Modernisierung. (1) Wohnungsbau ist das Schaffen von Wohnraum durch

1. Baumaßnahmen, durch die Wohnraum in einem neuen selbstständigen Gebäude geschaffen wird,
2. Beseitigung von Schäden an Gebäuden unter wesentlichem Bauaufwand, durch die die Gebäude auf Dauer wieder zu Wohnzwecken nutzbar gemacht werden,
3. Änderung, Nutzungsänderung oder Erweiterung von Gebäuden, durch die unter wesentlichem Bauaufwand Wohnraum geschaffen wird, oder
4. Änderung von Wohnraum unter wesentlichem Bauaufwand zur Anpassung an geänderte Wohnbedürfnisse.

(2) Wohnraum oder anderer Raum ist in Fällen des Absatzes 1 Nr. 2 nicht auf Dauer nutzbar, wenn ein zu seiner Nutzung erforderlicher Gebäudeteil zerstört ist oder wenn sich der Raum oder der Gebäudeteil in einem Zustand befindet, der aus bauordnungsrechtlichen Gründen eine dauernde, der Zweckbestimmung entsprechende Nutzung nicht gestattet; dabei ist es unerheblich, ob der Raum oder der Gebäudeteil tatsächlich genutzt wird.

(3) ¹Modernisierung sind bauliche Maßnahmen, die

1. den Gebrauchswert des Wohnraums oder des Wohngebäudes nachhaltig erhöhen,
2. die allgemeinen Wohnverhältnisse auf Dauer verbessern oder
3. nachhaltig Einsparungen von Energie oder Wasser bewirken.

²Instandsetzungen, die durch Maßnahmen der Modernisierung verursacht werden, fallen unter die Modernisierung.

§ 17 Wohnraum. (1) ¹Wohnraum ist umbauter Raum, der tatsächlich und rechtlich zur dauernden Wohnnutzung geeignet und vom Verfügungsberechtigten dazu bestimmt ist. ²Wohnraum können Wohnungen oder einzelne Wohnräume sein.

(2) Selbst genutztes Wohneigentum ist Wohnraum im eigenen Haus oder in einer eigenen Eigentumswohnung, der zu eigenen Wohnzwecken genutzt wird.

(3) Mietwohnraum ist Wohnraum, der den Bewohnern auf Grund eines Mietverhältnisses oder eines genossenschaftlichen oder sonstigen ähnlichen Nutzungsverhältnisses zum Gebrauch überlassen wird.

§ 18 Haushaltsangehörige. (1) ¹Zum Haushalt rechnen die in Absatz 2 bezeichneten Personen, die miteinander eine Wohn- und Wirtschaftsgemeinschaft führen (Haushaltsangehörige). ²Zum Haushalt rechnen auch Personen im Sinne des Absatzes 2, die alsbald in den Haushalt aufgenommen werden sollen.

(2) Haushaltsangehörige sind:
1. der Antragsteller,
2. der Ehegatte,
3. der Lebenspartner und
4. der Partner einer sonstigen auf Dauer angelegten Lebensgemeinschaft

sowie deren Verwandte in gerader Linie und zweiten Grades in der Seitenlinie, Verschwägerte in gerader Linie und zweiten Grads in der Seitenlinie, Pflegekinder ohne Rücksicht auf ihr Alter und Pflegeeltern.

§ 19[1] Wohnfläche. [1] Die Wohnfläche einer Wohnung ist die Summe der anrechenbaren Grundflächen der ausschließlich zur Wohnung gehörenden Räume. [2] Die Landesregierungen werden ermächtigt, durch Rechtsverordnung Vorschriften zur Berechnung der Grundfläche und zur Anrechenbarkeit auf die Wohnfläche zu erlassen. [3] Die Landesregierungen können die Ermächtigung durch Rechtsverordnung auf eine oberste Landesbehörde übertragen.

Abschnitt 2. Einkommensermittlung

§ 20 Gesamteinkommen. [1] Maßgebendes Einkommen ist das Gesamteinkommen des Haushalts. [2] Gesamteinkommen des Haushalts im Sinne dieses Gesetzes ist die Summe der Jahreseinkommen der Haushaltsangehörigen abzüglich der Frei- und Abzugsbeträge nach § 24. [3] Maßgebend sind die Verhältnisse im Zeitpunkt der Antragstellung.

§ 21[2] Begriff des Jahreseinkommens. (1) [1] Jahreseinkommen im Sinne dieses Gesetzes ist, vorbehaltlich der Absätze 2 und 3 sowie der §§ 22 und 23, die Summe der positiven Einkünfte im Sinne des § 2 Abs. 1, 2 und 5a des Einkommensteuergesetzes jedes Haushaltsangehörigen. [2] Bei den Einkünften im Sinne des § 2 Abs. 1 Satz 1 Nr. 1 bis 3 des Einkommensteuergesetzes ist § 7g Abs. 1 bis 4 und 7 des Einkommensteuergesetzes nicht anzuwenden. [3] Ein Ausgleich mit negativen Einkünften aus anderen Einkunftsarten und mit negativen Einkünften des zusammenveranlagten Ehegatten ist nicht zulässig.

(2) Zum Jahreseinkommen gehören:
1.1 der nach § 19 Abs. 2 und § 22 Nr. 4 Satz 4 Buchstabe b des Einkommensteuergesetzes steuerfreie Betrag von Versorgungsbezügen,

[1] § 19 neu gef. mWv 1.1.2007 durch G v. 5.9.2006 (BGBl. I S. 2098).
[2] § 21 Abs. 2 Nr. 7 geänd. und Nr. 8 eingef., bish. Nr. 8 wird Nr. 9 mWv 1.1.2003 durch G v. 19.7.2002 (BGBl. I S. 2690); Abs. 2 Nr. 1.7 Buchst. d, Nrn. 1.8 bis 1.10, 5.5 und 6.3 eingef., bish. Nr. 5.5 wird Nr. 5.6, Nr. 2.2 aufgeh., bish. Nr. 2.3 wird Nr. 2.2, Nr. 6.1 neu gef. sowie Abs. 3 geänd. mWv 1.1.2004 durch G v. 24.12.2003 (BGBl. I S. 2954); Abs. 2 Nr. 9 eingef., bish. Nr. 9 wird Nr. 10 mWv 1.1.2005 durch G v. 24.12.2003 (BGBl. I S. 2954); Abs. 2 Nr. 7 geänd. mWv 1.1.2005 durch G v. 27.12.2003 (BGBl. I S. 3022); Abs. 2 Nr. 1.3 geänd. mWv 1.1.2005 durch G v. 5.7.2004 (BGBl. I S. 1427); Abs. 2 Nr. 5.1 geänd., Nr. 1.2 und Nr. 7 neu gef., Nr. 1.9 aufgeh., bish. Nr. 1.10 wird Nr. 1.9, Nr. 8 aufgeh., bish. Nr. 9 wird Nr. 8 mWv 1.1.2005 durch G v. 15.12.2004 (BGBl. I S. 3450); Abs. 2 Nr. 1.6 geänd. mWv 1.1.2007 durch G v. 5.12.2006 (BGBl. I S. 2748); Abs. 2 Nr. 3.1 neu gef. mWv 1.1.2009 durch G v. 24.9.2008 (BGBl. I S. 1856); Abs. 1 Satz 2 eingef., bish. Satz 2 wird Satz 3, Abs. 2 Nr. 3.2 und 5.3 aufgeh., Nr. 3.3 neu gef. mWv 2.4.2009 durch G v. 28.3.2009 (BGBl. I S. 634); Abs. 2 Nr. 7.1 geänd. mWv 1.1.2011 durch G v. 9.12.2010 (BGBl. I S. 1885); Abs. 2 Nr. 5.2 neu gef. mWv 1.11.2015 durch G v. 29.6.2015 (BGBl. I S. 1061); Abs. 2 Nr. 7.1 neu gef., Nr. 7.3 geänd. mWv 9.10.2015 durch G v. 2.10.2015 (BGBl. I S. 1610); Abs. 2 Nr. 5.2 aufgeh. mWv 1.1. 2020 durch G v. 4.8.2019 (BGBl. I S. 1147).

1.2 die einkommensabhängigen, nach § 3 Nr. 6 des Einkommensteuergesetzes steuerfreien Bezüge, die auf Grund gesetzlicher Vorschriften aus öffentlichen Mitteln versorgungshalber an Wehr- und Zivildienstbeschädigte oder ihre Hinterbliebenen, Kriegsbeschädigte und Kriegshinterbliebene sowie ihnen gleichgestellte Personen gezahlt werden,

1.3 die den Ertragsanteil oder den der Besteuerung unterliegenden Anteil nach § 22 Nr. 1 Satz 3 Buchstabe a des Einkommensteuergesetzes übersteigenden Teile von Leibrenten,

1.4 die nach § 3 Nr. 3 des Einkommensteuergesetzes steuerfreien Kapitalabfindungen auf Grund der gesetzlichen Rentenversicherung und auf Grund der Beamten-(Pensions-)Gesetze,

1.5 die nach § 3 Nr. 1 Buchstabe a des Einkommensteuergesetzes steuerfreien

 a) Renten wegen Minderung der Erwerbsfähigkeit nach den §§ 56 bis 62 des Siebten Buches Sozialgesetzbuch[1)],

 b) Renten und Beihilfen an Hinterbliebene nach den §§ 63 bis 71 des Siebten Buches Sozialgesetzbuch,

 c) Abfindungen nach den §§ 75 bis 80 des Siebten Buches Sozialgesetzbuch,

1.6 die Lohn- und Einkommensersatzleistungen nach § 32b Abs. 1 Nr. 1 des Einkommensteuergesetzes, mit Ausnahme der nach § 3 Nr. 1 Buchstabe d des Einkommensteuergesetzes steuerfreien Mutterschutzleistungen und des nach § 3 Nr. 67 des Einkommensteuergesetzes steuerfreien Elterngeldes bis zur Höhe der nach § 10 des Bundeselterngeld- und Elternzeitgesetzes[2)] anrechnungsfreien Beträge,

1.7 die Hälfte der nach § 3 Nr. 7 des Einkommensteuergesetzes steuerfrei

 a) Unterhaltshilfe nach den §§ 261 bis 278a des Lastenausgleichsgesetzes[3)], mit Ausnahme der Pflegezulage nach § 269 Abs. 2 des Lastenausgleichsgesetzes,

 b) Beihilfe zum Lebensunterhalt nach den §§ 301 bis 301b des Lastenausgleichsgesetzes,

 c) Unterhaltshilfe nach § 44 und Unterhaltsbeihilfe nach § 45 des Reparationsschädengesetzes,

 d) Beihilfe zum Lebensunterhalt nach den §§ 10 bis 15 des Flüchtlingshilfegesetzes, mit Ausnahme der Pflegezulage nach § 269 Abs. 2 des Lastenausgleichsgesetzes,

1.8 die nach § 3 Nr. 1 Buchstabe a des Einkommensteuergesetzes steuerfreien Krankentagegelder,

1.9 die Hälfte der nach § 3 Nr. 68 des Einkommensteuergesetzes steuerfreien Renten nach § 3 Abs. 2 des Anti-D-Hilfegesetzes,

2.1 die nach § 3b des Einkommensteuergesetzes steuerfreien Zuschläge für Sonntags-, Feiertags- oder Nachtarbeit,

2.2 der nach § 40a des Einkommensteuergesetzes vom Arbeitgeber pauschal besteuerte Arbeitslohn,

[1)] **Aichberger, SGB Nr. 7.**
[2)] *Schönfelder ErgBd. Nr. 45e.*
[3)] *Sartorius II Nr. 960.*

3.1 der nach § 20 Abs. 9 des Einkommensteuergesetzes steuerfreie Betrag (Sparer-Pauschbetrag), soweit die Kapitalerträge 100 Euro übersteigen,

3.2 *(aufgehoben)*

3.3 die auf erhöhte Absetzungen entfallenden Beträge, soweit sie die höchstmöglichen Absetzungen für Abnutzung nach § 7 des Einkommensteuergesetzes übersteigen, und die auf Sonderabschreibungen entfallenden Beträge,

4.1 der nach § 3 Nr. 9 des Einkommensteuergesetzes steuerfreie Betrag von Abfindungen wegen einer vom Arbeitgeber veranlassten oder gerichtlich ausgesprochenen Auflösung des Dienstverhältnisses,

4.2 der nach § 3 Nr. 27 des Einkommensteuergesetzes steuerfreie Grundbetrag der Produktionsaufgaberente und das Ausgleichsgeld nach dem Gesetz zur Förderung der Einstellung der landwirtschaftlichen Erwerbstätigkeit,

4.3 die nach § 3 Nr. 60 des Einkommensteuergesetzes steuerfreien Leistungen aus öffentlichen Mitteln an Arbeitnehmer des Steinkohlen-, Pechkohlen- und Erzbergbaues, des Braunkohlentiefbaues und der Eisen- und Stahlindustrie aus Anlass von Stilllegungs-, Einschränkungs-, Umstellungs- oder Rationalisierungsmaßnahmen,

5.1 die nach § 22 Nr. 1 Satz 2 des Einkommensteuergesetzes dem Empfänger nicht zuzurechnenden Bezüge, die ihm von nicht zum Haushalt rechnenden Personen gewährt werden, und die Leistungen nach dem Unterhaltsvorschussgesetz[1],

5.2 *(aufgehoben)*

5.3 *(aufgehoben)*

5.4 die Hälfte des für die Kosten zur Erziehung bestimmten Anteils an Leistungen zum Unterhalt
a) des Kindes oder Jugendlichen in Fällen
aa) der Vollzeitpflege nach § 39 in Verbindung mit § 33 oder mit § 35a Abs. 2 Nr. 3 des Achten Buches Sozialgesetzbuch[2] oder
bb) einer vergleichbaren Unterbringung nach § 21 des Achten Buches Sozialgesetzbuch,
b) des jungen Volljährigen in Fällen der Vollzeitpflege nach § 41 in Verbindung mit den §§ 39 und 33 oder mit den §§ 39 und 35a Abs. 2 Nr. 3 des Achten Buches Sozialgesetzbuch,

5.5 die Hälfte der laufenden Leistungen für die Kosten des notwendigen Unterhalts einschließlich der Unterkunft sowie der Krankenhilfe für Minderjährige und junge Volljährige nach § 13 Abs. 3 Satz 2, § 19 Abs. 3, § 21 Satz 2, § 39 Abs. 1 und § 41 Abs. 2 des Achten Buches Sozialgesetzbuch,

5.6 die Hälfte des Pflegegeldes nach § 37 des Elften Buches Sozialgesetzbuch[3] für Pflegehilfen, die keine Wohn- und Wirtschaftsgemeinschaft mit dem Pflegebedürftigen führen,

6.1 die Hälfte der als Zuschüsse erbrachten

[1] **Schönfelder ErgBd. Nr. 45d.**
[2] **Schönfelder ErgBd. Nr. 46.**
[3] **Aichberger, SGB Nr. 11.**

a) Leistungen zur Förderung der Ausbildung nach dem Bundesausbildungs-förderungsgesetz[1],

b) Leistungen der Begabtenförderungswerke, soweit sie nicht von Nummer 6.2 erfasst sind,

c) Stipendien, soweit sie nicht von Buchstabe b, Nummer 6.2 oder Nummer 6.3 erfasst sind,

d) Berufsausbildungsbeihilfen und des Ausbildungsgeldes nach dem Dritten Buch Sozialgesetzbuch[2],

e) Beiträge zur Deckung des Unterhaltsbedarfs nach dem Aufstiegsfortbildungsförderungsgesetz[3],

6.2 die als Zuschuss gewährte Graduiertenförderung,

6.3 die Hälfte der nach § 3 Nr. 42 des Einkommensteuergesetzes steuerfreien Zuwendungen, die auf Grund des Fulbright-Abkommens gezahlt werden,

7.1 das Arbeitslosengeld II und das Sozialgeld nach § 19 Absatz 1 des Zweiten Buches Sozialgesetzbuch[4],

7.2 die Leistungen der Hilfe zum Lebensunterhalt nach den §§ 27 bis 30 des Zwölften Buches Sozialgesetzbuch[5],

7.3 die Leistungen der Grundsicherung im Alter und bei Erwerbsminderung nach § 42 Nr. 1, 2 und 4 des Zwölften Buches Sozialgesetzbuch mit Ausnahme der Leistungen für einmalige Bedarfe,

7.4 die Leistungen nach dem Asylbewerberleistungsgesetz[6],

7.5 die Leistungen der ergänzenden Hilfe zum Lebensunterhalt nach § 27a des Bundesversorgungsgesetzes[7] oder nach einem Gesetz, das dieses für anwendbar erklärt, mit Ausnahme der Leistungen für einmalige Bedarfe, soweit diese Leistungen die bei ihrer Berechnung berücksichtigten Kosten für Wohnraum übersteigen,

8. die Leistungen zur Sicherung des Lebensunterhalts nach § 19 sowie den §§ 24 und 28 in Verbindung mit § 19 Satz 1 Nr. 1 des Zweiten Buches Sozialgesetzbuch, soweit diese die bei ihrer Berechnung berücksichtigten Kosten für den Wohnraum übersteigen,

9. die ausländischen Einkünfte nach § 32b Abs. 1 Nr. 2 und 3 des Einkommensteuergesetzes.

(3) Aufwendungen zum Erwerb, zur Sicherung und zur Erhaltung von Einnahmen nach Absatz 2 mit Ausnahme der Nummern 5.3 bis 5.5 dürfen in der im Sinne des § 22 Abs. 1 und 2 zu erwartenden oder nachgewiesenen Höhe abgezogen werden.

§ 22 Zeitraum für die Ermittlung des Jahreseinkommens. (1) [1]Bei der Ermittlung des Jahreseinkommens ist das Einkommen zu Grunde zu legen, das in den zwölf Monaten ab dem Monat der Antragstellung zu erwarten ist.

[1] Nr. 420.
[2] Gewerberecht Nr. 790.
[3] Nipperdey I, Arbeitsrecht Nr. 418.
[4] Sartorius ErgBd. Nr. 402.
[5] Sartorius ErgBd. Nr. 412.
[6] Sartorius ErgBd. Nr. 418.
[7] Wehrrecht Nr. 710.

[2] Hierzu kann auch von dem Einkommen ausgegangen werden, das innerhalb der letzten zwölf Monate vor Antragstellung erzielt worden ist. [3] Änderungen sind zu berücksichtigen, wenn sie im Zeitpunkt der Antragstellung innerhalb von zwölf Monaten mit Sicherheit zu erwarten sind; Änderungen, deren Beginn oder Ausmaß nicht ermittelt werden können, bleiben außer Betracht.

(2) Kann die Höhe des zu erwartenden Einkommens nicht nach Absatz 1 ermittelt werden, so ist grundsätzlich das Einkommen der letzten zwölf Monate vor Antragstellung zu Grunde zu legen.

(3) Bei Personen, die zur Einkommensteuer veranlagt werden, kann bei Anwendung des Absatzes 1 von den Einkünften ausgegangen werden, die sich aus dem letzten Einkommensteuerbescheid, den Vorauszahlungsbescheiden oder der letzten Einkommensteuererklärung ergeben; die sich hieraus ergebenden Einkünfte sind bei Anwendung des Absatzes 2 zu Grunde zu legen.

(4) [1] Einmaliges Einkommen, das in einem nach Absatz 1 oder 2 maßgebenden Zeitraum anfällt, aber einem anderen Zeitraum zuzurechnen ist, ist so zu behandeln, als wäre es während des anderen Zeitraums angefallen. [2] Einmaliges Einkommen, das einem nach Absatz 1 oder 2 maßgebenden Zeitraum zuzurechnen, aber in einem früheren Zeitraum angefallen ist, ist so zu behandeln, als wäre es während des nach Absatz 1 oder 2 maßgebenden Zeitraums angefallen. [3] Satz 2 gilt nur für Einkommen, das innerhalb von drei Jahren vor Antragstellung angefallen ist.

§ 23 Pauschaler Abzug. (1) Bei der Ermittlung des Jahreseinkommens wird von dem nach den §§ 21 und 22 ermittelten Betrag ein pauschaler Abzug in Höhe von jeweils 10 Prozent für die Leistung von

1. Steuern vom Einkommen,

2. Pflichtbeiträgen zur gesetzlichen Kranken- und Pflegeversicherung und

3. Pflichtbeiträgen zur gesetzlichen Rentenversicherung

vorgenommen.

(Fortsetzung nächstes Blatt)

(2) [1]Der Wohnberechtigungsschein wird auf Antrag des Wohnungssuchenden von der zuständigen Stelle für die Dauer eines Jahres erteilt. [2]Antragsberechtigt sind Wohnungssuchende, die sich nicht nur vorübergehend im Geltungsbereich dieses Gesetzes aufhalten und die rechtlich und tatsächlich in der Lage sind, für sich und ihre Haushaltsangehörigen nach § 18 auf längere Dauer einen Wohnsitz als Mittelpunkt der Lebensbeziehungen zu begründen und dabei einen selbstständigen Haushalt zu führen.

(3) [1]Der Wohnberechtigungsschein ist zu erteilen, wenn vom Wohnungssuchenden und seinen Haushaltsangehörigen die Einkommensgrenze nach § 9 Abs. 2 eingehalten wird. [2]Hat ein Land nach § 9 Abs. 3 eine Abweichung von der Einkommensgrenze festgelegt, ist der Wohnberechtigungsschein unter Zugrundelegung dieser abweichenden Einkommensgrenze zu erteilen. [3]In dem Wohnberechtigungsschein ist anzugeben, welche maßgebliche Einkommensgrenze eingehalten wird. [4]Der Wohnberechtigungsschein kann in Abweichung von der Einkommensgrenze nach Satz 1 oder 2 mit Geltung für das Gebiet eines Landes erteilt werden, wenn

1. die Versagung für den Wohnungssuchenden eine besondere Härte bedeuten würde oder
2. der Wohnungssuchende durch den Bezug der Wohnung eine andere geförderte Wohnung freimacht, deren Miete, bezogen auf den Quadratmeter Wohnfläche, niedriger ist oder deren Größe die für ihn maßgebliche Wohnungsgröße übersteigt.

[5]Die Erteilung des Wohnberechtigungsscheins ist zu versagen, wenn sie auch bei Einhaltung der nach Satz 1 oder 2 maßgeblichen Einkommensgrenze offensichtlich nicht gerechtfertigt wäre.

(4) [1]In dem Wohnberechtigungsschein ist die für den Wohnungssuchenden und seine Haushaltsangehörigen nach den Bestimmungen des Landes maßgebliche Wohnungsgröße nach der Raumzahl oder nach der Wohnfläche anzugeben. [2]Von der maßgeblichen Grenze kann im Einzelfall

1. zur Berücksichtigung
 a) besonderer persönlicher oder beruflicher Bedürfnisse eines Haushaltsangehörigen oder
 b) eines nach der Lebenserfahrung in absehbarer Zeit zu erwartenden zusätzlichen Raumbedarfs oder
2. zur Vermeidung besonderer Härten
abgewichen werden.

(5) Soweit Wohnungen nach der Förderzusage bestimmten Haushalten vorbehalten sind und der Wohnungssuchende und seine Haushaltsangehörigen zu diesen Haushalten gehören, sind im Wohnberechtigungsschein Angaben zur Zugehörigkeit zu diesen Haushalten aufzunehmen.

(6) [1]Ist eine Wohnung entgegen Absatz 1 Satz 1 überlassen worden, hat der Verfügungsberechtigte auf Verlangen der zuständigen Stelle das Mietverhältnis zu kündigen und die Wohnung einem Wohnungs-

suchenden nach Absatz 1 Satz 1 zu überlassen. [2]Kann der Verfügungs-
berechtigte die Beendigung des Mietverhältnisses durch Kündigung
nicht alsbald erreichen, kann die zuständige Stelle von dem Mieter,
dem der Verfügungsberechtigte die Wohnung entgegen Absatz 1 Satz 1
überlassen hat, die Räumung der Wohnung verlangen.

(7) [1]Der Verfügungsberechtigte darf eine Wohnung nur mit Ge-
nehmigung der zuständigen Stelle

1. selbst nutzen,

2. nicht nur vorübergehend, mindestens drei Monate, leer stehen lassen
oder

3. anderen als Wohnzwecken zuführen oder entsprechend baulich än-
dern.

[2]Im Fall des Satzes 1 Nr. 1 ist die Genehmigung zu erteilen, wenn der
Verfügungsberechtigte und seine Haushaltsangehörigen die Vorausset-
zungen für die Erteilung eines Wohnberechtigungsscheins nach den
Absätzen 1 bis 5 erfüllen. [3]Im Fall des Satzes 1 Nr. 2 darf die Genehmi-
gung nur erteilt werden, wenn und solange eine Vermietung nicht
möglich ist und der Förderzweck nicht auf andere Weise, auch nicht
durch Freistellung von Belegungsbindungen nach § 30 oder durch
Übertragung von Belegungs- und Mietbindungen nach § 31, erreicht
werden kann. [4]Im Fall des Satzes 1 Nr. 3 kann die Genehmigung er-
teilt werden, wenn und soweit ein überwiegendes öffentliches Interesse
oder ein überwiegendes berechtigtes Interesse des Verfügungsberech-
tigten oder eines Dritten an der anderen Verwendung oder baulichen
Änderung der Wohnung besteht; die Genehmigung kann unter der
Verpflichtung zu einem Geldausgleich in angemessener Höhe oder zur
vertraglichen Einräumung eines Belegungsrechts für eine andere nicht
gebundene Wohnung (Ersatzwohnung) erteilt werden. [5]Wer der sich
aus Satz 1 Nr. 3 ergebenden Verpflichtung zuwiderhandelt, hat auf
Verlangen der zuständigen Stelle die Eignung für Wohnzwecke auf sei-
ne Kosten wiederherzustellen.

(8) Sobald voraussehbar ist, dass eine Wohnung bezugsfertig oder frei
wird, hat der Verfügungsberechtigte dies der zuständigen Stelle unver-
züglich schriftlich anzuzeigen und den voraussichtlichen Zeitpunkt der
Bezugsfertigkeit oder des Freiwerdens mitzuteilen.

§ 28 Bestimmung und Sicherung der höchstzulässigen Miete.

(1) [1]In der Förderzusage ist eine höchstzulässige Miete zu bestim-
men; sie ist die Miete ohne den Betrag für Betriebskosten. [2]In der För-
derzusage können Änderungen der höchstzulässigen Miete während der
Dauer der Förderung, auch für Mieterhöhungen nach durchgeführten
Modernisierungen, vorgesehen oder vorbehalten werden. [3]Bestimmun-
gen über die höchstzulässige Miete dürfen nicht zum Nachteil des
Mieters von den allgemeinen mietrechtlichen Vorschriften abweichen.

(2) [1]Der Vermieter darf eine Wohnung nicht gegen eine höhere als
die höchstzulässige Miete zum Gebrauch überlassen. [2]Er hat die in der
Förderzusage enthaltenen Bestimmungen über die höchstzulässige
Miete und das Bindungsende im Mietvertrag anzugeben.

(3) Der Vermieter kann die Miete nach Maßgabe der allgemeinen mietrechtlichen Vorschriften erhöhen, jedoch nicht höher als bis zur höchstzulässigen Miete und unter Einhaltung sonstiger Bestimmungen der Förderzusage zur Mietbindung.

(4) Der Vermieter darf

1. eine Leistung zur Abgeltung von Betriebskosten nur nach Maßgabe der §§ 556, 556a und 560 des Bürgerlichen Gesetzbuchs[1] und

2. eine einmalige oder sonstige Nebenleistung nur insoweit, als sie nach Vorschriften des Landes oder nach den Bestimmungen der Förderzusage zugelassen ist,

fordern, sich versprechen lassen oder annehmen.

(5) [1] Der Mieter kann sich gegenüber dem Vermieter auf die Bestimmung der Förderzusage über die höchstzulässige Miete und auf die sonstigen Bestimmungen der Förderzusage zur Mietbindung berufen. [2] Hierzu hat ihm der Vermieter die erforderlichen Auskünfte zu erteilen. [3] Erteilt der Vermieter die Auskünfte nicht oder nur unzureichend, hat dies auf Verlangen des Mieters durch die zuständige Stelle zu erfolgen.

(6) Von den Absätzen 1 bis 5 abweichende Vereinbarungen im Mietvertrag sind unwirksam.

§ 29 Dauer der Belegungs- und Mietbindungen. (1) [1] Die Dauer der Belegungs- und Mietbindungen ist in der Förderzusage durch Festlegung einer Frist zu bestimmen; bei der Gewährung von Darlehen sind Bestimmungen über die Dauer der Bindungen bei vorzeitiger vollständiger Rückzahlung der Darlehen zu treffen, die dem mit dem Einsatz der Fördermittel verfolgten Förderzweck Rechnung tragen. [2] Die Bindungen bleiben bestehen

1. bei Rückzahlung der Darlehen auf Grund einer Kündigung wegen Verstoßes gegen Bestimmungen der Förderzusage bis zu dem in der Förderzusage bestimmten Ende der Bindungen, längstens jedoch bis zum Ablauf des zwölften Kalenderjahres nach dem Jahr der Rückzahlung,

2. bei einer Zwangsversteigerung des Grundstücks bis zu dem in der Förderzusage bestimmten Ende der Bindungen, längstens jedoch bis zum Ablauf des dritten Kalenderjahres nach dem Kalenderjahr, in dem der Zuschlag erteilt worden ist und die auf Grund der Darlehensförderung begründeten Grundpfandrechte mit dem Zuschlag erloschen sind.

[3] Bei der Gewährung von Zuschüssen bleiben die Bindungen im Fall der Rückforderung der Zuschüsse wegen Verstoßes gegen die Bestimmungen der Förderzusage längstens zwölf Kalenderjahre nach dem Jahr der Rückzahlung, im Fall der Zwangsversteigerung des Grundstücks bis zum Zuschlag bestehen.

(2) [1] Die zuständige Stelle hat auf Antrag dem Verfügungsberechtigten und bei berechtigtem Interesse auch einem Wohnungssuchenden und dem Mieter schriftlich zu bestätigen, wie lange die Belegungs- und

[1] **Schönfelder Nr. 20.**

Mietbindungen dauern. ²Die Bestätigung ist gegenüber dem Verfügungsberechtigten und dem Mieter in tatsächlicher und rechtlicher Hinsicht verbindlich.

§ 30 Freistellung von Belegungsbindungen. (1) Die zuständige Stelle kann den Verfügungsberechtigten von den Verpflichtungen nach § 27 Abs. 1 und 7 Satz 1 freistellen, wenn und soweit

1. nach den örtlichen wohnungswirtschaftlichen Verhältnissen ein überwiegendes öffentliches Interesse an den Bindungen nicht mehr besteht oder

2. an der Freistellung ein überwiegendes öffentliches Interesse besteht oder

3. die Freistellung der Schaffung oder Erhaltung sozial stabiler Bewohnerstrukturen dient oder

4. an der Freistellung ein überwiegendes berechtigtes Interesse des Verfügungsberechtigten oder eines Dritten besteht

und für die Freistellung ein Ausgleich dadurch erfolgt, dass der Verfügungsberechtigte der zuständigen Stelle das Belegungsrecht für Ersatzwohnungen, die bezugsfertig oder frei sind, für die Dauer der Freistellung vertraglich einräumt oder einen Geldausgleich in angemessener Höhe oder einen sonstigen Ausgleich in angemessener Art und Weise leistet.

(2) Freistellungen können für bestimmte Wohnungen, für Wohnungen bestimmter Art oder für Wohnungen in bestimmten Gebieten erteilt werden.

(3) Bei einer Freistellung kann von einem Ausgleich abgesehen werden, wenn und soweit die Freistellung im überwiegenden öffentlichen Interesse erteilt wird.

§ 31 Übertragung von Belegungs- und Mietbindungen. (1) Die zuständige Stelle kann mit dem Verfügungsberechtigten vereinbaren, dass die Belegungs- und Mietbindungen von geförderten Wohnungen (Förderwohnungen) auf Ersatzwohnungen des Verfügungsberechtigten übergehen, wenn

1. dies der Schaffung oder Erhaltung sozial stabiler Bewohnerstrukturen dient oder aus anderen Gründen der örtlichen wohnungswirtschaftlichen Verhältnisse geboten ist und

2. Förderwohnungen und Ersatzwohnungen unter Berücksichtigung des Förderzwecks gleichwertig sind und

3. sichergestellt ist, dass zum Zeitpunkt des Übergangs die Wohnungen bezugsfertig oder frei sind.

(2) Gegenstand der Vereinbarung können ohne Vorliegen der Voraussetzungen des Absatzes 1 Nr. 2 auch Änderungen der Belegungs- und Mietbindungen, insbesondere deren Anzahl, Dauer, Art oder Höhe sein, wenn die Änderungen unter Berücksichtigung der maßgeblichen Umstände, insbesondere des Wohnwerts der Wohnungen, nicht zu einem mehr als nur unerheblichen wirtschaftlichen Vorteil des Verfügungsberechtigten führen.

(3) ¹In der Vereinbarung sind weitere zum Übergang und zur Änderung der Belegungs- und Mietbindungen sowie zu sonstigen in der Förderzusage festgelegten Berechtigungen und Verpflichtungen erforderliche Bestimmungen zu treffen, namentlich zum Zeitpunkt des Übergangs. ²Mit dem Zeitpunkt des Übergangs gelten die Ersatzwohnungen als geförderte Wohnungen im Sinne der Förderzusage; auf die Ersatzwohnungen sind die Vorschriften dieses und des vierten Abschnitts anzuwenden.

(4) Sind gewährte Fördermittel durch dingliche Rechte am Grundstück der Förderwohnungen gesichert, können die zuständige Stelle, der Verfügungsberechtigte und der Gläubiger vereinbaren, dass die dinglichen Rechte aufgehoben und am Grundstück der Ersatzwohnungen neu bestellt werden.

§ 32[1]) **Sonstige Vorschriften der Sicherung.** (1) ¹Die zuständige Stelle kann Bestimmungen der Förderzusage nach den allgemeinen Vorschriften im Wege des Verwaltungszwangs vollziehen. ²Soweit die Bestimmungen in einem öffentlich-rechtlichen Vertrag getroffen werden, hat sich der Förderempfänger der sofortigen Vollstreckung nach § 61 des Verwaltungsverfahrensgesetzes[2]) oder nach entsprechenden landesrechtlichen Vorschriften zu unterwerfen.

(2) ¹Die zuständige Stelle darf Daten hinsichtlich

1. Wohnungen,

2. der Nutzung von Wohnungen,

3. der jeweiligen Mieter und Vermieter,

4. der Belegungsrechte und

5. der höchstzulässigen Mieten

verarbeiten, soweit dies zur Sicherung der Zweckbestimmung der Wohnungen und der sonstigen Bestimmungen der Förderzusage erforderlich ist. ²Der Vermieter und der Mieter sind verpflichtet, der zuständigen Stelle auf Verlangen Auskunft zu erteilen und Einsicht in ihre Unterlagen zu gewähren und ihr die Besichtigung von Grundstücken, Gebäuden und Wohnungen zu gestatten, soweit dies zur Sicherung der Zweckbestimmung der Wohnungen und der sonstigen Bestimmungen der Förderzusage erforderlich ist. ³Durch Satz 2 wird das Grundrecht der Unverletzlichkeit der Wohnung (Artikel 13 des Grundgesetzes[3]) eingeschränkt.

(3) ¹Der Vermieter hat der zuständigen Stelle die Veräußerung von belegungs- oder mietgebundenen Wohnungen und die Begründung von Wohnungseigentum an solchen Wohnungen unverzüglich schriftlich mitzuteilen. ²Der Vermieter, der eine Wohnung erworben hat, an der nach der Überlassung an einen Mieter Wohnungseigentum begründet worden ist, darf sich dem Mieter gegenüber auf berechtigte Interessen an der Beendigung des Mietverhältnisses im Sinne des § 573 Abs. 2 Nr. 2 des Bürgerlichen Gesetzbuchs[4]) nicht berufen, solange die Wohnung Belegungs- oder Mietbindungen unterliegt; im Übrigen bleibt § 577a Abs. 1 und 2 des Bürgerlichen Gesetzbuchs unberührt, soweit in dieser Bestimmung auf § 573 Abs. 2 Nr. 2 des Bürgerlichen Gesetzbuchs verwiesen wird.

[1]) § 32 Abs. 2 Satz 1 neu gef. mWv 26.11.2019 durch G v. 20.11.2019 (BGBl. I S. 1626).
[2]) Nr. **100**.
[3]) Nr. **1**.
[4]) **Schönfelder Nr. 20.**

(4) [1] Finanzbehörden und Arbeitgeber haben der zuständigen Stelle Auskunft über die Einkommensverhältnisse der Wohnungssuchenden zu erteilen, soweit dies zur Sicherung der Zweckbestimmung der Wohnungen und der sonstigen Bestimmungen der Förderzusage erforderlich ist und begründete Zweifel an der Richtigkeit der Angaben und der hierzu vorgelegten Nachweise bestehen. [2] Vor einem Auskunftsersuchen an den Arbeitgeber soll dem Wohnungssuchenden Gelegenheit zur Stellungnahme gegeben werden.

(5) Fördermittel, die in Abhängigkeit vom jeweiligen Haushaltseinkommen des Mieters gewährt werden, können auch dann an den Vermieter ausgezahlt werden, wenn dieser aus den geleisteten Zahlungen Rückschlüsse auf das Einkommen des Mieterhaushalts ziehen kann.

(6) Die für Wohnungen geltenden Vorschriften dieses Abschnitts gelten entsprechend für einzelne Wohnräume mit Ausnahme solcher in Wohnheimen.

(7) Für die Zwecke der Sicherung der höchstzulässigen Miete nach § 28 Abs. 2 bis 6 und für die übrigen Sicherungsvorschriften der Absätze 2, 3, 5 und 6 ist der sonstige Verfügungsberechtigte dem Vermieter gleichgestellt.

§ 33 Geldleistung bei Gesetzesverstößen. (1) [1] Für die Zeit, während der der Verfügungsberechtigte oder ein von ihm Beauftragter schuldhaft gegen die Vorschriften des § 27 Abs. 1 oder 6 Satz 1 oder Abs. 7 Satz 1 oder Abs. 8 oder des § 28 Abs. 2 bis 4 oder des § 32 Abs. 3 Satz 1 verstößt, kann die zuständige Stelle für die Dauer des Verstoßes durch Verwaltungsakt von dem Verfügungsberechtigten Geldleistungen bis zu monatlich 5 Euro je Quadratmeter Wohnfläche der Wohnung, auf die sich der Verstoß bezieht, erheben. [2] Für die Bemessung der Geldleistungen sind ausschließlich der Wohnwert der Wohnung und die Schwere des Verstoßes maßgebend. [3] Die eingezogenen Geldleistungen sind für Maßnahmen der sozialen Wohnraumförderung einzusetzen.

Abschnitt 4. Ausgleich von Fehlförderungen

§ 34[1) Grundlagen der Ausgleichszahlung. (1) [1] Die Länder können, um eine Fehlförderung im Sinne des § 7 Nr. 2 Satz 1 und 3 auszugleichen, landesrechtliche Vorschriften über die Erhebung einer Ausgleichszahlung von Mietern geförderter Wohnungen erlassen; sie treffen dazu nach Maßgabe der Absätze 2 bis 4, des § 35 Abs. 1 Satz 2, des § 36 Abs. 1 und 3 sowie des § 37 Abs. 2 Satz 1 und 4 die erforderlichen Bestimmungen. [2] Auf die Erhebung von Ausgleichszahlungen sind die Absätze 5 bis 7 sowie § 35 Abs. 1 Satz 1, 3 und 4 und Abs. 2 bis 4, § 36 Abs. 2 sowie § 37 Abs. 1 und 2 Satz 2 und 3 anzuwenden. [3] § 32 Abs. 6 gilt entsprechend für die Vorschriften dieses Abschnitts.

(2) [1] Die Länder legen fest, in welchen Gemeinden und für welche Arten von geförderten Wohnungen eine Ausgleichszahlung erhoben

(Fortsetzung nächstes Blatt)

[1) § 34 Abs. 4 Satz 1 Nr. 2 geänd. mWv 1.1.2005 durch G v. 24.12.2003 (BGBl. I S. 2954) und G v. 27.12.2003 (BGBl. I S. 3022, geänd. durch G v. 15.12.2004, BGBl. I S. 3450).

werden soll. [2]Dabei kann von der Festlegung einer Gemeinde auch abgesehen werden, wenn in der Gemeinde

1. die für die Wohnungen bestimmten höchstzulässigen Mieten nur geringfügige Wohnkostenentlastungen beinhalten oder

2. der Verwaltungsaufwand für die Erhebung einer Ausgleichszahlung in einem unangemessenen Verhältnis zu den erwarteten Einnahmen stehen würde.

(3) Die Verpflichtung zur Leistung einer Ausgleichszahlung darf für Mieter nur vorgesehen werden, wenn das Gesamteinkommen der Haushaltsangehörigen und der die Wohnung nicht nur vorübergehend nutzenden sonstigen Personen die entsprechend § 9 maßgebliche Einkommensgrenze mehr als unerheblich übersteigt.

(4) [1]Eine Verpflichtung zur Leistung einer Ausgleichszahlung darf nicht vorgesehen werden

1. für Mieter, die Wohngeld nach dem Wohngeldgesetz erhalten,

2. für Mieter, die Leistungen der Hilfe zum Lebensunterhalt nach dem Zwölften Buch Sozialgesetzbuch oder Leistungen zur Sicherung des Lebensunterhalts nach dem Zweiten Buch Sozialgesetzbuch oder Leistungen der ergänzenden Hilfe zum Lebensunterhalt nach § 27a des Bundesversorgungsgesetzes erhalten und daneben keine weiteren Einkünfte erzielen, bei deren Berücksichtigung eine Ausgleichszahlung zu leisten wäre, oder

3. wenn eine Freistellung nach § 30 Abs. 1 und 2 für das Gebiet, in dem die Wohnung liegt, erfolgt ist.

[2]Die Tatsachen für die Ausnahme von der Leistungspflicht nach Satz 1 hat der Mieter nachzuweisen.

(5) [1]Von der Erhebung einer Ausgleichszahlung kann für bestimmte Wohnungen, für Wohnungen bestimmter Art, für Wohnungen in bestimmten Gebieten von Gemeinden oder für Wohnungen in bestimmten Teilen von Gemeinden ganz oder teilweise abgesehen werden, wenn nach dem Förderzweck unter Berücksichtigung der örtlichen wohnungswirtschaftlichen Verhältnisse das Absehen der Schaffung oder Erhaltung sozial stabiler Bewohnerstrukturen dient. [2]Satz 1 gilt entsprechend für bestimmte Wohnungen oder für Wohnungen bestimmter Art, wenn Tatsachen die Annahme rechtfertigen, dass die Vermietbarkeit dieser Wohnungen während des Leistungszeitraums sonst nicht gesichert wäre, oder für eine Wohnung, die vom Verfügungsberechtigten, der mindestens vier geförderte Wohnungen geschaffen hat, selbst genutzt wird.

(6) [1]Die zuständige Stelle hat die eingezogenen Ausgleichszahlungen an das Land abzuführen, soweit nichts anderes bestimmt ist. [2]Das Aufkommen aus der Erhebung der Ausgleichszahlungen ist laufend für die soziale Wohnraumförderung zu verwenden.

(7) Für die Zwecke des Ausgleichs von Fehlförderungen nach diesem Abschnitt sind sonstige Wohnungsinhaber den Mietern gleichgestellt.

§ 35 Einkommensermittlung und Einkommensnachweis.

(1) [1]Auf die Ermittlung des Gesamteinkommens sind die §§ 20 bis 24 unter Einbeziehung der die Wohnung nicht nur vorübergehend

nutzenden Personen anzuwenden. [2] Die Länder können bestimmen, dass abweichend von Satz 1 zur weitergehenden Berücksichtigung sozialer Gründe, die der Vermeidung nicht vertretbarer Belastungen dient, zusätzliche Freibeträge vom Gesamteinkommen abgesetzt werden können. [3] Maßgebend für die Einkommensermittlung nach den Sätzen 1 und 2 sind die Verhältnisse neun Monate vor Beginn des durch landesrechtliche Vorschriften nach § 36 Abs. 1 Nr. 3 bestimmten Leistungszeitraums. [4] Abweichend hiervon ist in den Fällen des § 37 Abs. 2 der Zeitpunkt der Antragstellung maßgebend.

(2) [1] Der Mieter hat auf Anforderung der zuständigen Stelle sein Einkommen nachzuweisen und die weiteren Haushaltsangehörigen sowie die die Wohnung nicht nur vorübergehend nutzenden sonstigen Personen zu benennen sowie deren Einkommen nachzuweisen. [2] Dem Mieter ist hierfür eine angemessene Frist einzuräumen. [3] Verweigert eine für die Einkommensermittlung heranzuziehende Person gegenüber dem Mieter Angaben über ihr Einkommen, ist sie verpflichtet, die erforderlichen Angaben gegenüber der zuständigen Stelle zu machen und nachzuweisen; Satz 2 gilt entsprechend. [4] Der Mieter hat die zur Angabe des Einkommens verpflichtete Person vorab darauf hinzuweisen, dass sie ihre Angabe gegenüber der zuständigen Stelle machen und nachweisen kann.

(3) [1] Versäumt der Mieter oder die zur Angabe des Einkommens verpflichtete Person die Frist nach Absatz 2 Satz 2 und 3, wird vermutet, dass eine Überschreitung der Einkommensgrenze in dem Umfang vorliegt, der den Mieter zu der nach § 36 festgelegten höchstmöglichen Ausgleichszahlung verpflichtet. [2] Wird die Verpflichtung nach Absatz 2 Satz 1 nachträglich erfüllt, ist vom ersten Tag des nächsten Kalendermonats an nur der Betrag zu entrichten, der sich nach Überprüfung der Einkommensverhältnisse ergibt.

(4) [1] Finanzbehörden und Arbeitgeber haben der zuständigen Stelle Auskunft über die Einkommensverhältnisse zu erteilen, soweit dies für die Festsetzung der Ausgleichszahlung erforderlich ist und begründete Zweifel an der Richtigkeit der Angaben und der hierzu vorgelegten Nachweise bestehen. [2] Vor einem Auskunftsersuchen an den Arbeitgeber soll dem Mieter oder der zur Angabe des Einkommens verpflichteten Person Gelegenheit zur Stellungnahme gegeben werden.

§ 36 Höhe der Ausgleichszahlung und Leistungszeitraum.

(1) Die Länder bestimmen

1. den monatlichen Höchstbetrag je Quadratmeter Wohnfläche, auf den die Ausgleichszahlung festgesetzt werden kann,

2. die Höhe der nach dem Gesamteinkommen des Haushalts zu staffelnden monatlichen Ausgleichszahlung je Quadratmeter Wohnfläche sowie

3. den Leistungszeitraum, für den die Ausgleichszahlung erhoben wird, und den Beginn der Leistungspflicht.

(2) Der Gesamtbetrag aus höchstzulässiger Miete und Ausgleichszahlung darf die ortsübliche Vergleichsmiete im Sinne des § 558 Abs. 2 des Bürgerlichen Gesetzbuchs nicht überschreiten.

(3) [1]Die Länder können zum Zwecke der Begrenzung der Ausgleichszahlung durch ortsübliche Vergleichsmieten nach Absatz 2 Höchstbeträge bestimmen. [2]Sie können hierfür

1. Beträge bis zum Mittelwert der in einem Mietspiegel enthaltenen Mietspanne oder bis zu den in einem Mietspiegel enthaltenen Festbeträgen für Wohnungen vergleichbarer Art, Größe, Ausstattung, Beschaffenheit und Lage oder,

2. wenn ein Mietspiegel nicht besteht oder keine entsprechenden Angaben enthält, die nach statistischen Erhebungen und deren Fortschreibung oder sonstigen Erkenntnismitteln erfahrungsgemäß zu erzielenden Entgelte für Wohnungen vergleichbarer Art, Größe, Ausstattung, Beschaffenheit und Lage nach Gemeinden unterschiedlich

festlegen. [3]Sie können auch bestimmen, dass bei der Festsetzung der Ausgleichszahlung bestimmte eigene Leistungen des Mieters und der sich hieraus ergebende Mietvorteil zu seinen Gunsten berücksichtigt werden.

§ 37 Wegfall und Minderung der Ausgleichszahlung. (1) Die Verpflichtung zur Leistung einer Ausgleichszahlung erlischt, sobald die Wohnung nicht mehr der Mietbindung unterliegt oder von keinem der Mieter mehr genutzt wird.

(2) [1]Die Zahlungspflicht ist auf Antrag mit Wirkung vom ersten Tag des auf den Antrag folgenden Kalendermonats an auf den Betrag herabzusetzen, der den Verhältnissen im Zeitpunkt des Antrags entspricht, wenn dieser Betrag niedriger ist, weil

1. das Gesamteinkommen die nach Absatz 2 oder auf Grund des Absatzes 3 des § 9 maßgebliche Einkommensgrenze unterschreitet,

2. sich das Gesamteinkommen um mehr als 15 Prozent verringert hat,

3. sich die Zahl der Haushaltsangehörigen und der die Wohnung nicht nur vorübergehend nutzenden sonstigen Personen erhöht hat oder

4. sich die Miete nach § 28 Abs. 1 Satz 1 um mehr als 15 Prozent erhöht hat.

[2]Die Herabsetzung nach Satz 1 soll rückwirkend erfolgen, wenn das die Herabsetzung begründende Ereignis durch eine amtliche Bescheinigung nachgewiesen wird und diese Bescheinigung erst zu einem späteren Zeitpunkt beigebracht werden kann. [3]Der Antrag kann in den Fällen des Satzes 1 nur bis sechs Monate vor Ablauf des Leistungszeitraums, im Fall des Satzes 2 nur bis zum Ablauf des Leistungszeitraums gestellt werden. [4]Die Länder können zur Vermeidung eines unvertretbaren Verwaltungsaufwands von Satz 1 abweichende Bestimmungen erlassen.

Teil 3. Bundesmittel

§§ 38 bis 40.[1] *(aufgehoben)*

[1] §§ 38 bis 40 aufgeh. mWv 1. 1. 2007 durch G v. 5. 9. 2006 (BGBl. I S. 2098).

Teil 4. Ergänzungsvorschriften

§§ 41 bis 43.[1] *(aufgehoben)*

§ 44 Sonderregelungen für einzelne Länder. In dem in Artikel 3 des Einigungsvertrags genannten Gebiet gelten:

1. Fördergegenstand ist bis zum 31. Dezember 2008 in Ergänzung des § 2 Abs. 1 auch die Instandsetzung vorhandener Wohnungen.

2. Bei der Förderung der Modernisierung und, soweit sie nach Nummer 1 Fördergegenstand ist, der Instandsetzung von Mietwohnungen kann von der Begründung von Belegungsbindungen abgesehen werden, soweit in dem Gebiet auf Grund von nach § 12 Abs. 2 Satz 1 und 2 und § 13 des Altschuldenhilfe-Gesetzes erlassenen landesrechtlichen Vorschriften genügend Wohnungen belegungsgebunden sind.

§ 45 Förderung mit Wohnungsfürsorgemitteln. (1) Bei der Vergabe von Fördermitteln für Wohnungen, die für Angehörige des öffentlichen Dienstes oder ähnlicher Personengruppen aus öffentlichen Haushalten und Zweckvermögen unter Vereinbarung eines Wohnungsbesetzungsrechts unmittelbar oder mittelbar zur Verfügung gestellt werden (Wohnungsfürsorgemittel), findet § 28 entsprechende Anwendung.

(2) Auf die nach Absatz 1 geförderten Wohnungen sind die §§ 34 bis 37 und die hierzu ergangenen landesrechtlichen Vorschriften über die Erhebung von Ausgleichszahlungen mit folgenden Maßgaben anzuwenden:

1. Für diese Wohnungen sind die landesrechtlichen Vorschriften des Landes, in dem die geförderten Wohnungen liegen, maßgeblich.

2. ¹Die eingezogenen Ausgleichszahlungen stehen den öffentlichen Haushalten oder Zweckvermögen zu, aus denen die Fördermittel verausgabt wurden; sie sind zur Förderung von Wohnungen nach Absatz 1 zu verwenden, soweit hierfür ein Bedarf besteht, im Übrigen für die soziale Wohnraumförderung. ²Sind für die Wohnungen auch Mittel der sozialen Wohnraumförderung eingesetzt worden, stehen die Einnahmen aus den Ausgleichszahlungen dem jeweiligen öffentlichen Haushalt oder Zweckvermögen, aus dem die Wohnungsfürsorgemittel verausgabt worden sind, nur zu, wenn im Zeitpunkt der Bewilligung oder Förderzusage die Förderung mit Wohnungsfürsorgemitteln dem Betrage nach überwogen hat.

[1] §§ 41 bis 43 aufgeh. mWv 1. 1. 2007 durch G v. 5. 9. 2006 (BGBl. I S. 2098).

Teil 5. Überleitungs- und Schlussvorschriften

§ 46 Zeitlicher Anwendungsbereich. (1) Die §§ 1 bis 45 dieses Gesetzes finden auf Maßnahmen der sozialen Wohnraumförderung Anwendung, für die die Förderzusage nach dem 31. Dezember 2001 erteilt wird.

(2) [1] Fördermittel können abweichend von Absatz 1 bis zum 31. Dezember 2002 auf der Grundlage des Zweiten Wohnungsbaugesetzes oder des Wohnungsbaugesetzes für das Saarland in der jeweils bis zum 31. Dezember 2001 geltenden Fassung bewilligt werden. [2] Dabei können an Stelle des § 8 des Zweiten Wohnungsbaugesetzes und des § 6 des Wohnungsbaugesetzes für das Saarland § 18 und an Stelle des § 25 Abs. 2 und 3 und der §§ 25 a bis 25 d des Zweiten Wohnungsbaugesetzes sowie des § 14 Abs. 2 und 3 und der §§ 14 a bis 14 d des Wohnungsbaugesetzes für das Saarland § 9 Abs. 2 und die §§ 20 bis 24 angewendet werden.

(3) [1] Bis zum Erlass der Rechtsverordnung nach § 19 Abs. 1 Satz 2 sind die §§ 42 bis 44 der Zweiten Berechnungsverordnung[1] in der Fassung der Bekanntmachung vom 12. Oktober 1990 (BGBl. I S. 2178), die zuletzt durch Artikel 8 Abs. 2 des Gesetzes vom 19. Juni 2001 (BGBl. I S. 1149) geändert worden ist, anzuwenden. [2] Bis zum Erlass der Rechtsverordnung nach § 19 Abs. 2 Satz 2 ist hinsichtlich der Betriebskosten § 27 der Zweiten Berechnungsverordnung mit ihrer Anlage 3 anzuwenden.

§ 47[2] Darlehen des Bundes und Förderung auf Grund früheren Rechts. (1) *(aufgehoben)*

(2) [1] Für die Einkommensermittlung nach § 88 d Abs. 2 Nr. 4 des Zweiten Wohnungsbaugesetzes und nach § 51 e Abs. 2 Nr. 4 des Wohnungsbaugesetzes für das Saarland bei Wohnungen, die nach § 88 d des Zweiten Wohnungsbaugesetzes oder nach § 51 e des Wohnungsbaugesetzes für das Saarland gefördert worden sind, finden an Stelle des § 25 Abs. 1 und 3 und der §§ 25 a bis 25 d des Zweiten Wohnungsbaugesetzes sowie des § 14 Abs. 1 und 3 und der §§ 14 a bis 14 d des Wohnungsbaugesetzes für das Saarland die §§ 20 bis 24 Anwendung. [2] Satz 1 gilt entsprechend bei Wohnungen, die nach den §§ 88 bis 88 c des Zweiten Wohnungsbaugesetzes gefördert worden sind.

(3) [1] Ist in einer Bewilligung oder Förderzusage nach § 88 oder § 88 d des Zweiten Wohnungsbaugesetzes bei der Bestimmung der Einkommensgrenze auf § 25 Abs. 2 des Zweiten Wohnungsbaugesetzes Bezug genommen worden, findet an Stelle dieser Bestimmung § 9 Abs. 2 Anwendung. [2] Ist bei einer Förderzusage nach § 88 d des Zweiten Wohnungsbaugesetzes eine Einkommensgrenze ohne Bezugnahme auf § 25 Abs. 2 des Zweiten Wohnungsbaugesetzes bestimmt worden, bleibt diese Bestimmung unberührt.

(4) Für die Sicherung der Zweckbestimmung von Wohnungen, die nach den §§ 87 a, 87 b, 88, 88 d und 88 e des Zweiten Wohnungsbaugesetzes gefördert worden sind, findet an Stelle des § 88 f Abs. 1 Satz 1 und Abs. 2 des

[1] VO idF der Bek. v. 12. 10. 1990 (BGBl. I S. 2178), zuletzt geänd. durch G v. 23. 11. 2007 (BGBl. I S. 2614), **Sartorius ErgBd. Nr. 357.**
[2] § 47 Abs. 1 aufgeh. mWv 1. 1. 2007 durch G v. 5. 9. 2006 (BGBl. I S. 2098).

Zweiten Wohnungsbaugesetzes § 32 Abs. 2 und 3 Satz 1 sowie Abs. 4 und 5 Anwendung.

(5) [1] Erfolgt zur Bestätigung der Wohnberechtigung für Wohnungen, die bis zum 31. Dezember 2001 und in den Fällen des § 46 Abs. 2 bis zum 31. Dezember 2002 nach den Vorschriften des Wohnungsbaugesetzes für das Saarland gefördert wurden, eine Einkommensberechnung, sind § 9 Abs. 2 und die §§ 20 bis 24 anzuwenden. [2] Zum Haushalt des Wohnungssuchenden rechnen die in § 18 bezeichneten Angehörigen.

(6) Für Wohnungen, die bis zum 31. Dezember 2001 und in den Fällen des § 46 Abs. 2 bis zum 31. Dezember 2002 nach den Vorschriften des Wohnungsbaugesetzes für das Saarland gefördert wurden, gilt:

1. auf die Erhebung von Daten ist § 32 Abs. 2 Satz 1 anzuwenden;

2. auf die Erteilung von Auskünften über die Einkommensverhältnisse ist § 32 Abs. 2 und 3 Satz 1 und Abs. 4 anzuwenden.

§ 48[1] **Anwendung des Zweiten Wohnungsbaugesetzes.** (1) Folgende Vorschriften des Zweiten Wohnungsbaugesetzes in der bis zum 31. Dezember 2001 geltenden Fassung sind weiter anzuwenden[2]:

1. Auf vor dem 1. Januar 2002 und in den Fällen des § 46 Abs. 2 vor dem 1. Januar 2003

a) nach den §§ 42 bis 45 des Zweiten Wohnungsbaugesetzes bewilligte Darlehen für die Bilanzierung von Aufwendungsdarlehen und Annuitätsdarlehen § 42 Abs. 1 Satz 3 in Verbindung mit § 88 Abs. 3 des Zweiten Wohnungsbaugesetzes, für Zinserhöhungen und erstmalige Verzinsungen § 44 Abs. 2 und 3 des Zweiten Wohnungsbaugesetzes, für Tilgungserhöhungen § 44 Abs. 4 Satz 2 und 3 des Zweiten Wohnungsbaugesetzes, für Kündigungen § 44 Abs. 5 Satz 2 und 3 des Zweiten Wohnungsbaugesetzes, für die Bewilligung eines Zusatzdarlehens bei Kaufeigenheimen, Trägerkleinsiedlungen und Kaufeigentumswohnungen § 45 Abs. 3 Satz 2 Halbsatz 2, Abs. 6 Satz 4 und Abs. 7 des Zweiten Wohnungsbaugesetzes, für die Rückzahlung eines Familienzusatzdarlehens § 45 Abs. 8 des Zweiten Wohnungsbaugesetzes;

b) nach § 87 a des Zweiten Wohnungsbaugesetzes bewilligte Wohnungsfürsorgemittel, mit Ausnahme von Wohnungsfürsorgemitteln des Bundes sowie der früheren öffentlich-rechtlichen Sondervermögen des Bundes oder deren Rechtsnachfolger, § 87 a des Zweiten Wohnungsbaugesetzes;

c) nach den §§ 87 a und 87 b des Zweiten Wohnungsbaugesetzes geförderte Wohnungen § 88 f Abs. 1 Satz 2 des Zweiten Wohnungsbaugesetzes mit der Maßgabe, dass sich die Aufgaben der zuständigen Stelle auf den nach § 47 Abs. 4 anzuwendenden § 32 Abs. 2 und 4 beziehen;

d) nach § 88 des Zweiten Wohnungsbaugesetzes bewilligte Aufwendungsdarlehen und -zuschüsse § 88 b Abs. 2 bis 4 und § 88 c des Zweiten

[1] § 48 Abs. 1 Nr. 1 Buchst. c und e geänd. mWv 1. 1. 2004 durch G v. 24. 12. 2003 (BGBl. I S. 2954); Abs. 1 Nr. 1 Buchst. b geänd. mWv 1. 1. 2007 durch G v. 5. 9. 2006 (BGBl. I S. 2098); Abs. 1 Nr. 1 Buchst. e geänd. mWv 1. 1. 2009 durch G v. 24. 9. 2008 (BGBl. I S. 1856).
[2] Vorschriften des Zweiten WohnungsbauG v. 19. 8. 1994 (BGBl. I S. 2137) wiedergegeben als Anhang I nach § 52.

Wohnungsbaugesetzes und für die Ausweisung eines Aufwendungsdarlehens in der Bilanz § 88 Abs. 3 des Zweiten Wohnungsbaugesetzes;

e) nach § 88 e des Zweiten Wohnungsbaugesetzes bewilligte einkommensorientierte Förderung § 88 e Abs. 2 und 3 und § 88 f Abs. 2 des Zweiten Wohnungsbaugesetzes;

2. für die Ablösung von öffentlichen Baudarlehen durch Eigentümer eines Eigenheims, einer Eigensiedlung oder einer eigen genutzten Eigentumswohnung, für die öffentliche Mittel nach dem 31. Dezember 1969 bewilligt worden sind, bis zum 28. Februar 2002 § 69 des Zweiten Wohnungsbaugesetzes;

3. auf den sich ergebenden Ausfall an Rückflüssen durch die Ablösung nach § 69 des Zweiten Wohnungsbaugesetzes § 70 Abs. 1 des Zweiten Wohnungsbaugesetzes.

(2) Auf der Grundlage des Zweiten Wohnungsbaugesetzes wirksame Entscheidungen und sonstige Maßnahmen gelten weiter.

§ 49 Anwendung des Wohnungsbaugesetzes für das Saarland.

(1) Folgende Vorschriften des Wohnungsbaugesetzes für das Saarland in der bis zum 31. Dezember 2001 geltenden Fassung sind weiter anzuwenden:

1. Auf vor dem 1. Januar 2002 und in den Fällen des § 46 Abs. 2 vor dem 1. Januar 2003

a) nach den §§ 24 bis 27 des Wohnungsbaugesetzes für das Saarland bewilligte Darlehen für Zinserhöhungen und erstmalige Verzinsungen § 26 Abs. 2 und 3 des Wohnungsbaugesetzes für das Saarland, für Tilgungserhöhungen § 26 Abs. 4 Satz 2 und 3 des Wohnungsbaugesetzes für das Saarland, für Kündigungen § 26 Abs. 5 Satz 2 und 3 des Wohnungsbaugesetzes für das Saarland, für die Bewilligung eines Zusatzdarlehens bei Kaufeigenheimen, Trägerkleinsiedlungen und Kaufeigentumswohnungen § 27 Abs. 3 Satz 2 Halbsatz 2, Abs. 6 Satz 4 und Abs. 7 des Wohnungsbaugesetzes für das Saarland, für die Rückzahlung eines Familienzusatzdarlehens § 27 Abs. 8 des Wohnungsbaugesetzes für das Saarland, für die höchstzulässige Miete § 29 a des Wohnungsbaugesetzes für das Saarland;

b) nach § 38 des Wohnungsbaugesetzes für das Saarland bewilligte Wohnungsfürsorgemittel § 38 des Wohnungsbaugesetzes für das Saarland;

c) nach § 51 a des Wohnungsbaugesetzes für das Saarland bewilligte Aufwendungsdarlehen und -zuschüsse § 51 c Abs. 2 und 3 und § 51 d des Wohnungsbaugesetzes für das Saarland, für die Ausweisung eines Aufwendungsdarlehens in der Bilanz § 51 a Abs. 3 des Wohnungsbaugesetzes für das Saarland;

2. für die Ablösung von öffentlichen Baudarlehen durch Eigentümer eines Eigenheims, einer Eigensiedlung oder einer eigen genutzten Eigentumswohnung, für die öffentliche Mittel nach dem 31. Dezember 1969 bewilligt worden sind, bis zum 28. Februar 2002 § 34 des Wohnungsbaugesetzes für das Saarland;

3. auf den sich ergebenden Ausfall an Rückflüssen durch die Ablösung nach § 34 des Wohnungsbaugesetzes für das Saarland § 35 des Wohnungsbaugesetzes für das Saarland;

4. für die Anpassung von Förderungsbestimmungen, deren Gegenstand die Errechnung und Anpassung der Kostenmiete für Wohnungen ist, die nach § 24 des Wohnungsbaugesetzes für das Saarland vor dem 1. Januar 2002 und in Fällen des § 46 Abs. 2 vor dem 1. Januar 2003 gefördert wurden, § 57 Abs. 2 des Wohnungsbaugesetzes für das Saarland.

(2) Auf der Grundlage des Wohnungsbaugesetzes für das Saarland wirksame Entscheidungen, die auf seiner Grundlage erlassenen Bestimmungen und sonstige Maßnahmen gelten weiter.

§ 50[1] Anwendung des Wohnungsbindungsgesetzes[2], der Neubaumietenverordnung[3] und der Zweiten Berechnungsverordnung.[4]

(1) [1] Das Wohnungsbindungsgesetz in der Fassung der Bekanntmachung vom 19. August 1994 (BGBl. I S. 2166, 2319), geändert durch Artikel 7 Abs. 11 des Gesetzes vom 19. Juni 2001 (BGBl. I S. 1149), die Neubaumietenverordnung in der Fassung der Bekanntmachung vom 12. Oktober 1990 (BGBl. I S. 2203), geändert durch Artikel 2 der Verordnung vom 13. Juli 1992 (BGBl. I S. 1250), und die Zweite Berechnungsverordnung in der Fassung der Bekanntmachung vom 12. Oktober 1990 (BGBl. I S. 2178), zuletzt geändert durch Artikel 8 Abs. 2 des Gesetzes vom 19. Juni 2001 (BGBl. I S. 1149), sind ab 1. Januar 2002 in der jeweils geltenden Fassung auf Wohnraum,

1. für den öffentliche Mittel im Sinne des § 6 Abs. 1 des Zweiten Wohnungsbaugesetzes bis zum 31. Dezember 2001 bewilligt worden sind,

2. für den öffentliche Mittel im Sinne des § 3 des Ersten Wohnungsbaugesetzes bewilligt worden sind,

3. für dessen Bau ein Darlehen oder ein Zuschuss aus Wohnungsfürsorgemitteln, mit Ausnahme von Wohnungsfürsorgemitteln des Bundes sowie der früheren öffentlich-rechtlichen Sondervermögen des Bundes oder deren Rechtsnachfolger, nach § 87 a Abs. 1 Satz 1 des Zweiten Wohnungsbaugesetzes bis zum 31. Dezember 2001 bewilligt worden ist,

4. für den Aufwendungszuschüsse und Aufwendungsdarlehen nach § 88 des Zweiten Wohnungsbaugesetzes bis zum 31. Dezember 2001 bewilligt worden sind,

vorbehaltlich des Absatzes 2 anzuwenden, soweit das Wohnungsbindungsgesetz, die Neubaumietenverordnung und die Zweiten Berechnungsverordnung hierfür am 31. Dezember 2001 Anwendung finden. [2] Satz 1 gilt auch, wenn Fördermittel nach § 46 Abs. 2 bewilligt werden.

(2) [1] Verfahren nach dem Wohnungsbindungsgesetz, der Neubaumietenverordnung und der Zweiten Berechnungsverordnung, die vor dem 1. Januar 2002 und im Fall des § 46 Abs. 2 vor dem 1. Januar 2003 förmlich eingeleitet worden sind, werden nach den bis zum 31. Dezember 2001 geltenden Vor-

[1] § 50 Abs. 1 Satz 1 geänd. mWv 1. 5. 2002 durch G v. 27. 4. 2002 (BGBl. I S. 1467); Abs. 1 Satz 1 Nr. 3 geänd. und Nr. 5 aufgeh. mWv 1. 1. 2007 durch G v. 5. 9. 2006 (BGBl. I S. 2098).

[2] Nr. **387**.

[3] VO idF der Bek. v. 12. 10. 1990 (BGBl. I S. 2203), zuletzt geänd. durch VO v. 25. 11. 2003 *(BGBl. I S. 2346)*, *Sartorius ErgBd. Nr. 353.*

[4] VO idF der Bek. v. 12. 10. 1990 (BGBl. I S. 2178), zuletzt geänd. durch G v. 23. 11. 2007 (BGBl. I S. 2614), **Sartorius ErgBd. Nr. 357.**

schriften abgeschlossen. [2] Auf der Grundlage der jeweils bis zum 31. Dezember 2001 geltenden Fassung des Wohnungsbindungsgesetzes, der Neubaumietenverordnung und der Zweiten Berechnungsverordnung wirksame Entscheidungen und sonstige Maßnahmen gelten weiter. [3] Verfahren, die nach dem 1. Januar 2002 nach § 46 Abs. 2 förmlich eingeleitet worden sind, können nach dem Wohnungsbindungsgesetz, der Neubaumietenverordnung und der Zweiten Berechnungsverordnung in der jeweils ab dem 1. Januar 2002 geltenden Fassung durchgeführt werden.

§ 51[1] Anwendung des Gesetzes über den Abbau der Fehlsubventionierung im Wohnungswesen. (1) Das Gesetz über den Abbau der Fehlsubventionierung im Wohnungswesen in der Fassung der Bekanntmachung vom 19. August 1994 (BGBl. I S. 2180), zuletzt geändert durch Artikel 7 Abs. 13 des Gesetzes vom 19. Juni 2001 (BGBl. I S. 1149), ist ab 1. Januar 2002 in der jeweils geltenden Fassung für den in § 50 Abs. 1 Satz 1 Nr. 1 bis 3 und Satz 2 und den in § 2 Abs. 2 Nr. 2 des Wohnraumförderung-Überleitungsgesetzes[2] vom 5. September 2006 (BGBl. I S. 2098, 2100) bezeichneten Wohnraum anzuwenden, bis das Land für die Erhebung von Ausgleichszahlungen nach Maßgabe des § 15 des Gesetzes über den Abbau der Fehlsubventionierung im Wohnungswesen Vorschriften erlassen hat.

(2) § 50 Abs. 2 gilt für Verfahren sowie für wirksame Entscheidungen und sonstige Maßnahmen nach dem Gesetz über den Abbau der Fehlsubventionierung im Wohnungswesen entsprechend.

§ 52[3] Bußgeldvorschriften. (1) Ordnungswidrig handelt, wer

1. entgegen § 27 Abs. 1 eine Wohnung zum Gebrauch überlässt,

2. ohne Genehmigung nach § 27 Abs. 7 Satz 1 Nr. 1 oder 2 eine Wohnung selbst nutzt oder nicht nur vorübergehend, mindestens drei Monate, leer stehen lässt,

3. ohne Genehmigung nach § 27 Abs. 7 Satz 1 Nr. 3 eine Wohnung anderen als Wohnzwecken zuführt oder entsprechend baulich ändert,

4. entgegen § 28 Abs. 2 eine Wohnung zum Gebrauch überlässt,

5. entgegen § 28 Abs. 4 eine dort genannte Leistung fordert, sich versprechen lässt oder annimmt oder

6. entgegen § 32 Abs. 3 Satz 1 eine Mitteilung nicht, nicht richtig, nicht vollständig oder nicht rechtzeitig macht.

(2) Die Ordnungswidrigkeit kann in den Fällen des Absatzes 1 Nr. 6 mit einer Geldbuße bis zu zweitausendfünfhundert Euro, in den Fällen des Absatzes 1 Nr. 1 und 2 mit einer Geldbuße bis zu zehntausend Euro, in den übrigen Fällen mit einer Geldbuße bis zu fünfzigtausend Euro geahndet werden.

[1] § 51 Abs. 1 geänd. mWv 1. 1. 2004 durch G v. 24. 12. 2003 (BGBl. I S. 2954); Abs. 1 geänd. mWv 1. 1. 2007 durch G v. 5. 9. 2006 (BGBl. I S. 2098).
[2] Siehe das Wohnraumförderung-ÜberleitungsG v. 5. 9. 2006 (BGBl. I S. 2098, 2100), wiedergegeben in Anh. II nach § 52.
[3] § 52 Abs. 2 geänd. mWv 1. 1. 2004 durch G v. 24. 12. 2003 (BGBl. I S. 2954).

Fortgeltende Vorschriften des Zweiten Wohnungsbaugesetzes in der bis zum 31. Dezember 2001 geltenden Fassung

§ 42. Einsatz der öffentlichen Mittel

(1) [1] Die öffentlichen Mittel können als Darlehen zur Deckung der für den Bau der Wohnungen entstehenden Gesamtkosten (öffentliche Baudarlehen) eingesetzt werden. [2] Neben oder an Stelle von öffentlichen Baudarlehen können öffentliche Mittel auch als Darlehen oder Zuschüsse zur Deckung der laufenden Aufwendungen (Aufwendungsdarlehen, Aufwendungszuschüsse), als Zuschüsse zur Deckung der für Finanzierungsmittel zu entrichtenden Zinsen (Zinszuschüsse) oder als Darlehen zur Deckung der für Finanzierungsmittel zu entrichtenden Zinsen oder Tilgungen (Annuitätsdarlehen) bewilligt werden. [3] Für Aufwendungsdarlehen und für Annuitätsdarlehen gelten die Vorschriften des § 88 Abs. 3 sowie des § 88 b Abs. 3 Buchstabe b entsprechend; keine Anwendung findet jedoch § 88 b Abs. 3 Buchstabe b auf Tilgungsbeträge für Annuitätsdarlehen, soweit diese zur Deckung der für Finanzierungsmittel zu entrichtenden Tilgungen bewilligt wurden.

§ 44. Einsatz des nachstelligen Baudarlehens

(1) ...

(2) [1] Das Baudarlehen soll zu Zinsbedingungen gewährt werden, die eine für die breiten Schichten des Volkes tragbare Miete oder Belastung ermöglichen. [2] In dem Darlehnsvertrag soll eine Erhöhung der Verzinsung für den Fall vorbehalten werden, daß dies zur Fortführung des sozialen Wohnungsbaues erforderlich und im Hinblick auf die allgemeine wirtschaftliche Entwicklung, insbesondere auf die allgemeine Einkommensentwicklung der breiten Schichten des Volkes vertretbar ist. [3] Die darlehnsverwaltende Stelle darf die Verzinsung nur erhöhen, wenn und soweit die für das Wohnungs- und Siedlungswesen zuständige oberste Landesbehörde dies zugelassen hat.

(3) [1] Bei Familienheimen in der Form von Eigenheimen, Kaufeigenheimen und Kleinsiedlungen und bei Eigentumswohnungen darf eine Erhöhung des für das Baudarlehen bestimmten Zinssatzes oder eine Verzinsung für das zinslos gewährte Baudarlehen frühestens nach Ablauf von 10 Jahren nach der Bezugsfertigkeit gefordert werden. [2] Dies gilt nicht, wenn das Familienheim oder die Eigentumswohnung nicht entsprechend der gemäß 7 oder § 12 getroffenen Bestimmungen genutzt wird oder entgegen einer nach § 52 Abs. 2 auferlegten Verpflichtung veräußert worden ist.

(4) [1] Das Baudarlehen soll in einem gleichbleibenden Tilgungssatz unter Zuwachs der ersparten Zinsen getilgt werden. [2] Eine Erhöhung der Tilgung kann nach der Tilgung erststelliger Finanzierungsmittel gefordert werden, wenn und soweit die oberste Landesbehörde dies zugelassen hat. [3] Ist bei der Bewilligung des Baudarlehens ein Tilgungssatz von weniger als 1 vom Hundert festgesetzt worden, so kann er bereits vor der Tilgung erststelliger Finanzierungsmittel bis auf 1 vom Hundert erhöht werden, wenn und soweit die oberste Landesbehörde dies zugelassen hat.

(5) [1] Im Darlehnsvertrag soll sichergestellt werden, daß das Baudarlehen mit angemessener Frist zum Zwecke der Ersetzung aus Mitteln des Kapitalmarktes ganz oder teilweise gekündigt werden kann. [2] Die Kündigung ist nur zulässig, wenn und soweit die oberste Landesbehörde dies zugelassen hat. [3] Die oberste Landesbehörde soll sicherstellen, daß die Kündigung nur erfolgt, wenn die Ersetzung möglich und im Hinblick auf die sich ergebende höhere Miete oder Belastung zumutbar ist.

§ 45. Familienzusatzdarlehen

(1), (2) ...

(3) [1] Maßgebend für die Bewilligung des Familienzusatzdarlehens sind die Verhältnisse bei Antragstellung; ändern sich die Verhältnisse bis zum Ablauf des dritten Monats nach Bezugsfertigkeit zugunsten des Bauherrn, so sind die geänderten Verhältnisse zu berücksichtigen. [2] Der Antrag auf Bewilligung des Familienzusatzdarlehens kann bis zur Bewilligung der öffentlichen Mittel gestellt werden; haben sich die Verhältnisse geändert, so kann der Antrag bis zum Ablauf des vierten Monats nach Bezugsfertigkeit gestellt werden.

(4), (5) ...

(6) [1] Hat der Bauherr eines Familienheims in der Form des Kaufeigenheims oder der Trägerkleinsiedlung einen auf Übertragung des Eigentums gerichteten Vertrag oder Vorvertrag mit einem geeigneten Bewerber abgeschlossen und erfüllt der Bewerber die Voraussetzungen, die in Absatz 1 *für die Gewährung eines Familienzusatzdarlehens* an einen Bauherrn bestimmt sind, so ist auf seinen Antrag ein Familienzusatzdarlehen unter entsprechender Anwendung der Vorschriften der Absätze 1, 2, 4 und 5 zu bewilligen. [2] Maßgebend sind die Verhältnisse bei Bezugsfertigkeit; ändern sich

die Verhältnisse bis zum Ablauf des dritten Monats nach Bezugsfertigkeit zugunsten des Bewerbers, so sind die geänderten Verhältnisse maßgebend. [3] Wird der auf Übertragung des Eigentums gerichtete Vertrag oder Vorvertrag erst später abgeschlossen, so sind die Verhältnisse bei Vertragsabschluß maßgebend. [4] Der Antrag auf Bewilligung des Familienzusatzdarlehens kann bis zu einem Jahr nach Bezugsfertigkeit des Familienheims gestellt werden.

(7) Absatz 6 gilt beim Bau einer Kaufeigentumswohnung entsprechend zugunsten des Bewerbers für diese Wohnung.

(8) Das Familienzusatzdarlehen ist zurückzuzahlen, soweit bei einer Übereignung der geförderten Wohnung auf einen Rechtsnachfolger nach dessen persönlichen Verhältnissen die Voraussetzungen für die Gewährung eines Familienzusatzdarlehens nicht vorliegen.

§ 69. Ablösung des öffentlichen Baudarlehens

(1) Der Eigentümer eines Eigenheims, einer Eigensiedlung oder einer eigengenutzten Eigentumswohnung, für die öffentliche Mittel nach dem 31. Dezember 1969 als öffentliche Baudarlehen bewilligt worden sind, kann nach Ablauf von zwei Jahren seit Bezugsfertigkeit über die vereinbarungsgemäß zu entrichtenden Tilgungen hinaus das öffentliche Baudarlehen ganz oder in Teilen vorzeitig durch Zahlung noch nicht fälliger Leistungen abzüglich von Zwischenzinsen unter Berücksichtigung von Zinseszinsen ablösen.

(2) Der mit der Ablösung zu gewährende Schuldnachlaß kann versagt werden, wenn der Eigentümer

1. eine Wohnung einem Wohnungsuchenden überlassen hat, dem sie nach den Vorschriften der §§ 4 und 5 des Wohnungsbindungsgesetzes[1] nicht überlassen werden durfte,

2. eine Wohnung ohne die nach § 6 des Wohnungsbindungsgesetzes erforderliche Genehmigung der zuständigen Stelle selbst benutzt oder leerstehen läßt,

3. für die Überlassung einer Wohnung ein höheres Entgelt fordert, sich versprechen läßt oder annimmt, als nach den Vorschriften der §§ 8 und 8 b des Wohnungsbindungsgesetzes zulässig ist,

4. entgegen den Vorschriften des § 9 des Wohnungsbindungsgesetzes eine einmalige Leistung von dem Mieter oder einem Dritten angenommen hat oder

5. eine Wohnung entgegen den Vorschriften des § 12 des Wohnungsbindungsgesetzes verwendet oder anderen als Wohnzwecken zugeführt oder baulich verändert hat.

(3) Von der Versagung des Schuldnachlasses nach Absatz 2 kann abgesehen werden, wenn dies unter Berücksichtigung der Verhältnisse des Einzelfalles, namentlich der geringen Bedeutung des Verstoßes, unbillig wäre.

(4) [1] Die Bundesregierung wird ermächtigt, durch Rechtsverordnung nähere Vorschriften über die Ablösung der noch nicht fälligen Jahresleistungen zu erlassen und den zugrunde zu legenden Zinssatz zu bestimmen. [2] Der Zinssatz ist nach der Kinderzahl zu staffeln; für Schwerbehinderte und ihnen Gleichgestellte kann eine günstigere Staffelung vorgesehen werden. [3] Für die Ermittlung des zur Ablösung zu zahlenden Betrages oder des Schuldnachlasses können Tabellen aufgestellt werden; die Tabellenwerte können von den Ergebnissen der Zinseszinsrechnung abweichen, soweit dies zur Vereinfachung erforderlich ist. [4] Die Bundesregierung kann in der Rechtsverordnung auch bestimmen, auf welchen Zeitpunkt des Kalenderjahres die Ablösung zugelassen wird und für welche Leistungen sie wenigstens erfolgen muß.

§ 70. Tragung des Ausfalls

(1) Der durch die Ablösung nach § 69 sich bei den Ländern ergebende Ausfall an Rückflüssen wird anteilig vom Bund, vom Ausgleichsfonds und von den Ländern getragen.

§ 87 a. Miete für steuerbegünstigte und frei finanzierte Wohnungen, die mit Wohnungsfürsorgemitteln gefördert worden sind

(1) [1] Ist für den Bau einer steuerbegünstigten oder frei finanzierten Wohnung unter Vereinbarung eines Wohnungsbesetzungsrechts ein Darlehen oder ein Zuschuß aus Wohnungsfürsorgemitteln gewährt worden, die für Angehörige des öffentlichen Dienstes oder ähnliche Personengruppen aus öffentlichen Haushalten mittelbar oder unmittelbar zur Verfügung gestellt worden sind, und ist die für diese Wohnung zu entrichtende Miete niedriger als die nach Absatz 2 sich ergebende Kostenmiete, so kann der Vermieter die Miete durch schriftliche Erklärung gegenüber dem Mieter bis zur

[1] Nr. **387**.

Kostenmiete erhöhen; das gleiche gilt für eine Wohnung, für die das Wohnungsbesetzungsrecht an Stelle der nach vorstehendem Halbsatz 1 geförderten Wohnung vereinbart worden ist. [2] Auf die Mieterhöhung sind die §§ 10 und 11 des Wohnungsbindungsgesetzes[1] entsprechend anzuwenden. [3] Eine Vereinbarung mit dem Darlehns- oder Zuschußgeber, nach der der Vermieter nur eine niedrigere als die Kostenmiete erheben darf, steht der Miete nur mit dessen Zustimmung erhöhen darf, steht der Mieterhöhung nach Satz 1 nicht entgegen; dies gilt nicht im Falle einer Vereinbarung, daß höhere Grundstücks- und Baukosten als in der Wirtschaftlichkeitsberechnung, die der Darlehns- oder Zuschußgewährung zugrunde liegt, veranschlagt worden sind, in spätere Wirtschaftlichkeitsberechnungen nicht eingesetzt werden dürfen.

(2) [1] Die Kostenmiete ist auf Grund einer Wirtschaftlichkeitsberechnung nach den für steuerbegünstigte Wohnungen geltenden Vorschriften zu ermitteln. [2] Dabei sind anzusetzen

1. als Wert des Baugrundstücks der Betrag, der sich aus den Vorschriften der Zweiten Berechnungsverordnung in der jeweils geltenden Fassung ergibt, soweit nicht zwischen dem Bauherrn und dem Darlehns- oder Zuschußgeber vertraglich etwas anderes vereinbart ist,

2. als Zinsen für die Eigenleistungen der Betrag, der sich aus dem zwischen dem Bauherrn und dem Darlehns- oder Zuschußgeber vereinbarten Zinssatz ergibt, wobei jedoch der für öffentlich geförderte Wohnungen zulässige Zinssatz nicht unterschritten werden darf.

[3] Der Darlehns- oder Zuschußgeber kann der Zusammenfassung von Wirtschaftseinheiten zustimmen; § 8 b Abs. 2 Satz 1, 2 und 4 des Wohnungsbindungsgesetzes gilt entsprechend.

(3) [1] Übersteigt die mit dem Mieter vereinbarte Miete die nach den Absätzen 1 und 2 zulässige Miete, so ist die Vereinbarung insoweit unwirksam. [2] Soweit die Vereinbarung unwirksam ist, ist die Leistung zurückzuerstatten und vom Empfang an zu verzinsen. [3] Der Anspruch auf Rückerstattung verjährt nach Ablauf von vier Jahren nach der jeweiligen Leistung, jedoch spätestens nach Ablauf eines Jahres von der Beendigung des Mietverhältnisses an.

(4) Die Vorschriften der Absätze 1 und 2 und des Absatzes 3 Satz 1 sind nur anzuwenden, solange das Besetzungsrecht zugunsten des Darlehns- oder Zuschußgebers besteht.

(5) [1] Die Vorschriften der §§ 18 a bis 18 d sowie des § 18 f des Wohnungsbindungsgesetzes finden auf Darlehen und Zuschüsse, die aus Wohnungsfürsorgemitteln im Sinne des Absatzes 1 Satz 1 zum Bau von Wohnungen sowie zum Erwerb vorhandenen Wohnraums zur Eigenversorgung gewährt worden sind, sinngemäß Anwendung; weitergehende vertragliche Vereinbarungen bleiben unberührt. [2] Satz 1 gilt auch für Darlehen und Zuschüsse aus Wohnungsfürsorgemitteln, die nach dem 31. Dezember 1969 für Familienheime in der Form von Eigenheimen, Kaufeigenheimen und Kleinsiedlungen sowie für eigengenutzte Eigentumswohnungen gewährt worden sind, mit folgenden Maßgaben:

1. Die als Darlehen bewilligten Mittel können mit einem Zinssatz bis höchstens 4,5 vom Hundert jährlich verzinst werden;

2. bei als Zins- und Tilgungshilfen im Sinne des § 18 d Abs. 1 des Wohnungsbindungsgesetzes bewilligten Mitteln kann die Zins- und Tilgungshilfe so weit herabgesetzt werden, daß der Darlehnsschuldner für das Darlehen eine Verzinsung bis höchstens 4,5 vom Hundert jährlich auf den ursprünglichen Darlehnsbetrag zu erbringen hat;

3. bei als Darlehen oder Zuschüssen im Sinne des § 18 d Abs. 4 des Wohnungsbindungsgesetzes bewilligten Mitteln können für Darlehen die Zinsen entsprechend Nummer 1 erhöht oder die Zuschüsse entsprechend Nummer 2 herabgesetzt werden.

[3] Die Bundesregierung wird ermächtigt, in den Fällen der Sätze 1 und 2 für Darlehen oder Zuschüsse aus Wohnungsfürsorgemitteln, die aus öffentlichen Haushalten des Bundes mittelbar oder unmittelbar zur Verfügung gestellt worden sind, Zeitpunkt und Höhe des Zinssatzes oder der Herabsetzung der Zuschüsse durch Rechtsverordnung zu bestimmen.

§ 88. Gewährung von Aufwendungszuschüssen und Aufwendungsdarlehen

(1) , (2) ...

(3) [1] Bauherren, die eine Jahresbilanz aufstellen, brauchen die Aufwendungsdarlehen in der Jahresbilanz nicht auszuweisen. [2] Werden die Aufwendungsdarlehen nicht ausgewiesen, ist in der Bilanz der auf den Zeitpunkt des Tilgungsbeginns unter Berücksichtigung von Zinseszinsen abgezinste Wert der Aufwendungsdarlehen sowie der Beginn der Tilgung und die Höhe des Tilgungssatzes zu vermerken. [3] Bei der Abzinsung ist von einem Zinssatz von 5,5 vom Hundert auszugehen. [4] Satz 1

[1] Nr. **387**.

gilt nicht für die Aufstellung einer Übersicht (Bilanz) des Vermögensstandes zur Feststellung der Überschuldung; im übrigen wird durch die Inanspruchnahme von Aufwendungsdarlehen eine Überschuldung im Sinne der handels- und insolvenzrechtlichen Vorschriften nicht herbeigeführt, wenn der Darlehnsgläubiger des Bauherrn mit diesem vereinbart, mit seiner Forderung hinter die Forderung aller anderen Gläubiger in der Weise zurückzutreten, daß sie nur aus künftigen Gewinnen oder aus seinem die sonstigen Verbindlichkeiten übersteigenden Vermögen bedient zu werden braucht.

§ 88 c. Wegfall der Aufwendungszuschüsse und Aufwendungsdarlehen

(1) [1] Die Bewilligung der Aufwendungszuschüsse kann für den Zeitraum widerrufen werden, in dem der Bauherr oder sein Rechtsnachfolger schuldhaft gegen eine nach § 88 a oder § 88 b begründete Verpflichtung verstoßen hat. [2] Soweit die Bewilligung der Zuschüsse widerrufen worden ist, sind diese zurückzuerstatten. [3] Der Widerruf berührt nicht die Dauer der Zweckbestimmung nach § 88 a Abs. 2.

(2) [1] Aufwendungsdarlehen können fristlos gekündigt werden, wenn der Bauherr oder sein Rechtsnachfolger schuldhaft gegen eine nach § 88 a oder § 88 b begründete Verpflichtung verstoßen hat. [2] Die Kündigung kann auf die Teilbeträge des Aufwendungsdarlehens beschränkt werden, die während der Dauer des Verstoßes ausgezahlt worden sind. [3] Die Kündigung berührt nicht die Dauer der Zweckbestimmung nach § 88 a Abs. 2.

(3) [1] Verzichtet der Bauherr oder sein Rechtsnachfolger in vollem Umfang auf die Auszahlung noch ausstehender Aufwendungszuschüsse, so endet die Zweckbestimmung mit Ablauf des Zeitraumes, für den sich durch die Gewährung der Zuschüsse die laufenden Aufwendungen vermindern. [2] Verzichtet der Bauherr oder sein Rechtsnachfolger in vollem Umfang auf die Auszahlung noch ausstehender Teilbeträge eines Aufwendungsdarlehens, so verkürzt sich die Dauer der Zweckbestimmung nach § 88 a Abs. 2 um den Zeitraum, für den auf die Auszahlung verzichtet wird, jedoch höchstens um drei Jahre. [3] Wird das Aufwendungsdarlehen ohne rechtliche Verpflichtung vorzeitig vollständig zurückgezahlt, so endet die Zweckbestimmung mit der Rückzahlung.

§ 88 f. Sicherung der Zweckbestimmung, Datenschutz

(1) [1] § 2 des Wohnungsbindungsgesetzes ist auf die nach den §§ 87 a, 87 b, 88, 88 d und 88 e geförderten Wohnungen entsprechend anzuwenden. [2] Die sich aus Satz 1 ergebenden Aufgaben der zuständigen Stelle obliegen in den Fällen der §§ 87 a und 87 b derjenigen Stelle, die das Besetzungsrecht ausübt, soweit nicht der Darlehens- oder Zuschußgeber eine andere Stelle bestimmt.

(2) Die Zusatzförderung nach § 88 e kann auch dann an den Bauherrn oder seine Rechtsnachfolger als Vermieter ausgezahlt werden, wenn dieser aus den geleisteten Zahlungen Rückschlüsse auf das Einkommen des Mieterhaushalts ziehen kann.

Wohnraumförderung-Überleitungsgesetz

vom 5. September 2006 (BGBl. I S. 2098, 2100)
geänd. durch G v. 9. 11. 2012 (BGBl. I S. 2291)

§ 1. Verzinsung und Tilgung der den Ländern zur Förderung des Wohnungsbaus gewährten Darlehen des Bundes

[1] Die den Ländern zur Förderung des Wohnungsbaus als Darlehen gewährten Bundesmittel und Finanzhilfen sind mindestens so zu verzinsen und zu tilgen, dass die Zins- und Tilgungsbeträge demjenigen Anteil aller im Land aufgekommenen Zins- und Tilgungsbeträge einschließlich außerplanmäßiger Tilgungen entsprechen, der sich nach dem Verhältnis der am Ende des Kalenderjahres dem Land insgesamt als Darlehen gewährten Bundesmittel und Finanzhilfen zu den übrigen Mitteln des Landes errechnet. [2] Die Tilgung der Bundesmittel und Finanzhilfen muss mindestens ein Prozent betragen. [3] Die Verpflichtung des Landes zur vollständigen Tilgung der als Darlehen gewährten Bundesmittel und Finanzhilfen bleibt unberührt. [4] Näheres wird durch Verwaltungsvereinbarung geregelt.

§ 2. Wohnungsfürsorge des Bundes, Bergarbeiterwohnungsbau

(1) Auf Wohnungsfürsorgemittel, die aus Haushalten des Bundes sowie der früheren öffentlich-rechtlichen Sondervermögen des Bundes oder deren Rechtsnachfolger zur Verfügung gestellt worden sind und die

1. vor dem 1. Januar 2002,

2. in den Fällen des § 46 Abs. 2 des Wohnraumförderungsgesetzes[1] vom 13. September 2001 (BGBl. I S. 2376), das zuletzt durch Artikel 4 des Gesetzes vom 15. Dezember 2004 (BGBl. I S. 3450) geändert worden ist, vor dem 1. Januar 2003

nach § 87 a des Zweiten Wohnungsbaugesetzes in der Fassung der Bekanntmachung vom 19. August 1994 (BGBl. I S. 2137), das zuletzt durch Artikel 7 Abs. 8 des Gesetzes vom 19. Juni 2001 (BGBl. I S. 1149) geändert worden ist, bewilligt worden sind, ist § 87 a des Zweiten Wohnungsbaugesetzes in der am 31. Dezember 2001 geltenden Fassung weiter anzuwenden.

(2) Auf Wohnraum,

1. für dessen Bau ein Darlehen oder ein Zuschuss aus den in Absatz 1 genannten Wohnungsfürsorgemitteln vor dem 1. Januar 2002 und in den Fällen des § 46 Abs. 2 des Wohnraumförderungsgesetzes[1] vor dem 1. Januar 2003 bewilligt worden ist,

2. der nach dem Gesetz zur Förderung des Bergarbeiterwohnungsbaues im Kohlenbergbau in der Fassung der Bekanntmachung vom 25. Juli 1997 (BGBl. I S. 1942), zuletzt geändert durch Artikel 59 der Verordnung vom 25. November 2003 (BGBl. I S. 2304), gefördert worden ist,

sind das Wohnungsbindungsgesetz[2] in der Fassung der Bekanntmachung vom 13. September 2001 (BGBl. I S. 2404), das zuletzt durch Artikel 2 des Gesetzes vom 9. November 2012 (BGBl. I S. 2291) geändert worden ist, die Neubaumietenverordnung 1970[3] in der Fassung der Bekanntmachung vom 12. Oktober 1990 (BGBl. I S. 2203), zuletzt geändert durch Artikel 4 der Verordnung vom 25. November 2003 (BGBl. I S. 2346), und die Zweite Berechnungsverordnung[4] in der Fassung der Bekanntmachung vom 12. Oktober 1990 (BGBl. I S. 2178), zuletzt geändert durch Artikel 3 der Verordnung vom 25. November 2003 (BGBl. I S. 2346), weiter anzuwenden, soweit diese Vorschriften am 31. Dezember 2006 Anwendung finden.

[1] Nr. **355**.
[2] *Nr. 387.*
[3] **Sartorius ErgBd. Nr. 353.**
[4] **Sartorius ErgBd. Nr. 357.**

385. Wohngeldgesetz (WoGG) [1)2)]

Vom 24. September 2008

(BGBl. I S. 1856)

FNA 8601-3

geänd. durch Art. 1 Erstes ÄndG v. 22.12.2008 (BGBl. I S. 2963), Art. 9 ELENA-VerfahrensG v. 28.3. 2009 (BGBl. I S. 634, geänd. durch G v. 23.11.2011, BGBl. I S. 2298), Art. 7 Abs. 8 G zur Reform des Kontopfändungsschutzes v. 7.7.2009 (BGBl. I S. 1707), Art. 22 HaushaltsbegleitG 2011 v. 9.12.2010 (BGBl. I S. 1885), Art. 12 Abs. 2 G zur Ermittlung von Regelbedarfen und zur Änd. des Zweiten und Zwölften Buches Sozialgesetzbuch v. 24.3.2011 (BGBl. I S. 453), Art. 9 G zur Änd. des BeherbergungsstatistikG und des HandelsstatistikG sowie zur Aufhebung von Vorschriften zum Verfahren des elektronischen Entgeltnachweises v. 23.11.2011 (BGBl. I S. 2298), Art. 35 G zur Verbesserung der Eingliederungschancen am Arbeitsmarkt v. 20.12.2011 (BGBl. I S. 2854), Art. 1 Drittes G zur Änd. wohnungsrechtl. Vorschriften v. 9.11.2012 (BGBl. I S. 2291), Art. 9 Abs. 5 SEPA-BegleitG v. 3.4.2013 (BGBl. I S. 610), Art. 1 WohngeldreformG v. 2.10.2015 (BGBl. I S. 1610), Art. 14 Nr. 12 AsylverfahrensbeschleunigungsG v. 20.10.2015 (BGBl. I S. 1722), Art. 3 Abs. 4 Neuntes G zur Änd. des SGB II – Rechtsvereinfachung – sowie zur vorübergehenden Aussetzung der Insolvenzantragspflicht v. 26.7.2016 (BGBl. I S. 1824), Art. 22 Abs. 4 6. SGB IV-ÄndG v. 11.11.2016 (BGBl. I S. 2500), Art. 43 FachkräfteeinwanderungsG v. 15.8.2019 (BGBl. I S. 1307), Art. 134 Zweites Datenschutz-Anpassungs- und UmsetzungsG EU v. 20.11.2019 (BGBl. I S. 1626), Art. 1 WohngeldstärkungsG v. 30.11.2019 (BGBl. I S. 1877), Art. 55 G zur Regelung des Sozialen Entschädigungsrechts v. 12.12.2019 (BGBl. I S. 2652, geänd. 2020, S. 1015), Art. 1 und 1b Wohngeld-CO2-BepreisungsentlastungsG v. 15.5.2020 (BGBl. I S. 1015), Art. 5 GrundrentenG v. 12.8.2020 (BGBl. I S. 1879) und Art. 7 G zur Ermittlung der Regelbedarfe und zur Änd. des Zwölften Buches Sozialgesetzbuch sowie weiterer Gesetze v. 9.12.2020 (BGBl. I S. 2855)

Inhaltsübersicht[3)]

[1)] Verkündet als Art. 1 G zur Neuregelung des Wohngeldrechts und zur Änd. des Sozialgesetzbuches v. 24.9.2008 (BGBl. I S. 1856); Inkrafttreten gem. Art. 6 Abs. 1 Satz 1 dieses G am 1.1.2009 mit Ausnahme des § 12 Abs. 2 bis 5 und des § 38, die gem. Art. 6 Abs. 2 Satz 1 am 1.10.2008 in Kraft getreten sind.
[2)] Die Änderungen durch G v. 12.12.2019 (BGBl. I S. 2652) treten erst **mWv 1.1.2024**, die Änderungen durch G v. 15.5.2020 (BGBl. I S. 1015) treten teilweise erst **mWv 1.1.2024** in Kraft und sind insoweit im Text noch nicht berücksichtigt.
[3)] Inhaltsübersicht geänd. mWv 30.12.2008 durch G v. 22.12.2008 (BGBl. I S. 2963); geänd. mWv 1.1. 2011 durch G v. 9.12.2010 (BGBl. I S. 1885); geänd. mWv 1.1.2016 durch G v. 2.10.2015 (BGBl. I S. 1610); geänd. mWv 1.8.2016 durch G v. 26.7.2016 (BGBl. I S. 1824); geänd. mWv 1.1.2020 durch G v. 30.11.2019 (BGBl. I S. 1877); geänd. mWv 1.1.2021 durch G v. 15.5.2020 (BGBl. I S. 1015); geänd. mWv 1.1.2021 durch G v. 12.8.2020 (BGBl. I S. 1879).

Teil 1. Zweck des Wohngeldes und Wohngeldberechtigung

§ 1 Zweck des Wohngeldes. (1) Das Wohngeld dient der wirtschaftlichen Sicherung angemessenen und familiengerechten Wohnens.

(2) Das Wohngeld wird als Zuschuss zur Miete (Mietzuschuss) oder zur Belastung (Lastenzuschuss) für den selbst genutzten Wohnraum geleistet.

§ 2 Wohnraum. Wohnraum sind Räume, die vom Verfügungsberechtigten zum Wohnen bestimmt und hierfür nach ihrer baulichen Anlage und Ausstattung tatsächlich geeignet sind.

§ 3[1) Wohngeldberechtigung. (1) [1]Wohngeldberechtigte Person ist für den Mietzuschuss jede natürliche Person, die Wohnraum gemietet hat und diesen selbst nutzt. [2]Ihr gleichgestellt sind

1. die nutzungsberechtigte Person des Wohnraums bei einem dem Mietverhältnis ähnlichen Nutzungsverhältnis (zur mietähnlichen Nutzung berechtigte Person), insbesondere die Person, die ein mietähnliches Dauerwohnrecht hat,

2. die Person, die Wohnraum im eigenen Haus, das mehr als zwei Wohnungen hat, bewohnt, und

3. die Person, die in einem Heim im Sinne des Heimgesetzes[2) oder entsprechender Gesetze der Länder nicht nur vorübergehend aufgenommen ist.

(2) [1]Wohngeldberechtigte Person ist für den Lastenzuschuss jede natürliche Person, die Eigentum an selbst genutztem Wohnraum hat. [2]Ihr gleichgestellt sind

1. die erbbauberechtigte Person,

2. die Person, die ein eigentumsähnliches Dauerwohnrecht, ein Wohnungsrecht oder einen Nießbrauch innehat, und

3. die Person, die einen Anspruch auf Bestellung oder Übertragung des Eigentums, des Erbbaurechts, des eigentumsähnlichen Dauerwohnrechts, des Wohnungsrechts oder des Nießbrauchs hat.

[3]Die Sätze 1 und 2 gelten nicht im Fall des Absatzes 1 Satz 2 Nr. 2.

(3) [1]Erfüllen mehrere Personen für denselben Wohnraum die Voraussetzungen des Absatzes 1 oder des Absatzes 2 und sind sie zugleich Haushaltsmitglieder (§ 5), ist nur eine dieser Personen wohngeldberechtigt. [2]In diesem Fall bestimmen diese Personen die wohngeldberechtigte Person.

(4) Wohngeldberechtigt ist nach Maßgabe der Absätze 1 bis 3 auch, wer zwar nach den §§ 7 und 8 Abs. 1 vom Wohngeld ausgeschlossen ist, aber mit mindestens einem zu berücksichtigenden Haushaltsmitglied (§ 6) Wohnraum *gemeinsam* bewohnt.

[1) § 3 Abs. 4 geänd. mWv 1.1.2016 durch G v. 2.10.2015 (BGBl. I S. 1610); Abs. 5 Satz 1 Nr. 4 geänd. mWv 24.10.2015 durch G v. 20.10.2015 (BGBl. I S. 1722); Abs. 5 Satz 3 angef. mWv 1.3. 2020 durch G v. 15.8.2019 (BGBl. I S. 1307).
[2) **Sartorius ErgBd. Nr. 419.**

(5) [1] Ausländer im Sinne des § 2 Abs. 1 des Aufenthaltsgesetzes[1] (ausländische Personen) sind nach Maßgabe der Absätze 1 bis 4 nur wohngeldberechtigt, wenn sie sich im Bundesgebiet tatsächlich aufhalten und
1. ein Aufenthaltsrecht nach dem Freizügigkeitsgesetz/EU[2] haben,
2. einen Aufenthaltstitel oder eine Duldung nach dem Aufenthaltsgesetz haben,
3. ein Recht auf Aufenthalt nach einem völkerrechtlichen Abkommen haben,
4. eine Aufenthaltsgestattung nach dem Asylgesetz[3] haben,
5. die Rechtsstellung eines heimatlosen Ausländers im Sinne des Gesetzes über die Rechtsstellung heimatloser Ausländer im Bundesgebiet[4] haben oder
6. auf Grund einer Rechtsverordnung vom Erfordernis eines Aufenthaltstitels befreit sind.

[2] Nicht wohngeldberechtigt sind ausländische Personen, die durch eine völkerrechtliche Vereinbarung von der Anwendung deutscher Vorschriften auf dem Gebiet der sozialen Sicherheit befreit sind. [3] In der Regel nicht wohngeldberechtigt sind Ausländer, die im Besitz eines Aufenthaltstitels zur Ausbildungsplatzsuche nach § 17 Absatz 1 des Aufenthaltsgesetzes, zur Arbeitsplatzsuche nach § 20 des Aufenthaltsgesetzes, für ein studienbezogenes Praktikum nach § 16e des Aufenthaltsgesetzes oder zur Teilnahme am europäischen Freiwilligendienst nach § 19e des Aufenthaltsgesetzes sind.

Teil 2. Berechnung und Höhe des Wohngeldes
Kapitel 1. Berechnungsgrößen des Wohngeldes

§ 4 Berechnungsgrößen des Wohngeldes. Das Wohngeld richtet sich nach
1. der Anzahl der zu berücksichtigenden Haushaltsmitglieder (§§ 5 bis 8),
2. der zu berücksichtigenden Miete oder Belastung (§§ 9 bis 12) und
3. dem Gesamteinkommen (§§ 13 bis 18) und ist nach § 19 zu berechnen.

Kapitel 2. Haushaltsmitglieder

§ 5[5] Haushaltsmitglieder. (1) [1] Haushaltsmitglied ist die wohngeldberechtigte Person, wenn der Wohnraum, für den sie Wohngeld beantragt, der Mittelpunkt ihrer Lebensbeziehungen ist. [2] Haushaltsmitglied ist auch, wer
1. als Ehegatte eines Haushaltsmitgliedes von diesem nicht dauernd getrennt lebt,
2. als Lebenspartner oder Lebenspartnerin eines Haushaltsmitgliedes von diesem nicht dauernd getrennt lebt,
3. mit einem Haushaltsmitglied so zusammenlebt, dass nach verständiger Würdigung der wechselseitige Wille anzunehmen ist, Verantwortung füreinander zu tragen und füreinander einzustehen,
4. mit einem Haushaltsmitglied in gerader Linie oder zweiten oder dritten Grades in der Seitenlinie verwandt oder verschwägert ist,

[1] Nr. 565.
[2] Nr. 560.
[3] Nr. 567.
[4] Nr. 563.
[5] § 5 Abs. 1 Satz 2 abschl. Satzteil geänd., Abs. 3 und 4 aufgeh., bish. Abs. 5 wird Abs. 3, bish. Abs. 6 wird Abs. 4 und neu gef. mWv 1.1.2016 durch G v. 2.10.2015 (BGBl. I S. 1610).

5. ohne Rücksicht auf das Alter Pflegekind eines Haushaltsmitgliedes ist,

6. Pflegemutter oder Pflegevater eines Haushaltsmitgliedes ist

und mit der wohngeldberechtigten Person den Wohnraum, für den Wohngeld beantragt wird, gemeinsam bewohnt, wenn dieser Wohnraum der jeweilige Mittelpunkt der Lebensbeziehungen ist.

(2) Ein wechselseitiger Wille, Verantwortung füreinander zu tragen und füreinander einzustehen, wird vermutet, wenn mindestens eine der Voraussetzungen nach den Nummern 1 bis 4 des § 7 Abs. 3a des Zweiten Buches Sozialgesetzbuch[1] erfüllt ist.

(3) Ausländische Personen sind nur Haushaltsmitglieder nach Absatz 1 Satz 2, wenn sie die Voraussetzungen der Wohngeldberechtigung nach § 3 Abs. 5 erfüllen.

(4) [1] Betreuen nicht nur vorübergehend getrennt lebende Eltern ein Kind oder mehrere Kinder zu annähernd gleichen Teilen, ist jedes dieser Kinder bei beiden Elternteilen Haushaltsmitglied. [2] Gleiches gilt bei einer Aufteilung der Betreuung bis zu einem Verhältnis von mindestens einem Drittel zu zwei Dritteln je Kind. [3] Betreuen die Eltern mindestens zwei dieser Kinder nicht in einem Verhältnis nach Satz 1 oder 2, ist bei dem Elternteil mit dem geringeren Betreuungsanteil nur das jüngste dieser Kinder Haushaltsmitglied. [4] Für Pflegekinder und Pflegeeltern gelten die Sätze 1 bis 3 entsprechend.

§ 6 Zu berücksichtigende Haushaltsmitglieder. (1) Bei der Berechnung des Wohngeldes sind vorbehaltlich des Absatzes 2 und der §§ 7 und 8 sämtliche Haushaltsmitglieder zu berücksichtigen (zu berücksichtigende Haushaltsmitglieder).

(2) [1] Stirbt ein zu berücksichtigendes Haushaltsmitglied, ist dies für die Dauer von zwölf Monaten nach dem Sterbemonat ohne Einfluss auf die bisher maßgebende Anzahl der zu berücksichtigenden Haushaltsmitglieder. [2] Satz 1 ist nicht mehr anzuwenden, wenn nach dem Todesfall

1. die Wohnung aufgegeben wird,

2. die Zahl der zu berücksichtigenden Haushaltsmitglieder sich mindestens auf den Stand vor dem Todesfall erhöht oder

3. der auf den Verstorbenen entfallende Anteil der Kosten der Unterkunft in einer Leistung nach § 7 Abs. 1 mindestens teilweise berücksichtigt wird.

§ 7[2] Ausschluss vom Wohngeld. (1) [1] Vom Wohngeld ausgeschlossen sind Empfänger und Empfängerinnen von

1. Arbeitslosengeld II und Sozialgeld nach dem Zweiten Buch Sozialgesetzbuch[1], auch in den Fällen des § 25 des Zweiten Buches Sozialgesetzbuch,

2. Leistungen für Auszubildende nach § 27 Absatz 3 des Zweiten Buches Sozialgesetzbuch, die als Zuschuss erbracht werden,

[1] **Sartorius ErgBd. Nr. 402.**
[2] § 7 Abs. 1 Satz 3, Abs. 2 Satz 2 neu gef. mWv 30.12.2008 durch G v. 22.12.2008 (BGBl. I S. 2963); Abs. 1 Satz 1 Nr. 2 geänd. mWv 1.4.2011 durch G v. 24.3.2011 (BGBl. I S. 453); Abs. 1 Satz 1 Nr. 2 aufgeh. mWv 1.8.2016 durch G v. 26.7.2016 (BGBl. I S. 1824); Abs. 1 Satz 1 Nr. 2 neu gef. mWv 1.1.2020 durch G v. 30.11.2019 (BGBl. I S. 1877); Abs. 2 Satz 1 neu gef. mWv 23.5.2020 durch G v. 15.5.2020 (BGBl. I S. 1015).

3. Übergangsgeld in Höhe des Betrages des Arbeitslosengeldes II nach § 21 Abs. 4 Satz 1 des Sechsten Buches Sozialgesetzbuch[1]),

4. Verletztengeld in Höhe des Betrages des Arbeitslosengeldes II nach § 47 Abs. 2 des Siebten Buches Sozialgesetzbuch[2]),

5. Grundsicherung im Alter und bei Erwerbsminderung nach dem Zwölften Buch Sozialgesetzbuch[3]),

6. Hilfe zum Lebensunterhalt nach dem Zwölften Buch Sozialgesetzbuch,

7. a) ergänzender Hilfe zum Lebensunterhalt oder

 b) anderen Hilfen in einer stationären Einrichtung, die den Lebensunterhalt umfassen,

 nach dem Bundesversorgungsgesetz[4]) oder nach einem Gesetz, das dieses für anwendbar erklärt,

8. Leistungen in besonderen Fällen und Grundleistungen nach dem Asylbewerberleistungsgesetz[5]) oder

9. Leistungen nach dem Achten Buch Sozialgesetzbuch in Haushalten, zu denen ausschließlich Personen gehören, die diese Leistungen empfangen,

wenn bei deren Berechnung Kosten der Unterkunft berücksichtigt worden sind (Leistungen). [2] Der Ausschluss besteht in den Fällen des Satzes 1 Nr. 3 und 4, wenn bei der Berechnung des Arbeitslosengeldes II Kosten der Unterkunft berücksichtigt worden sind. [3] Der Ausschluss besteht nicht, wenn

1. die Leistungen nach den Sätzen 1 und 2 ausschließlich als Darlehen gewährt werden oder

2. durch Wohngeld die Hilfebedürftigkeit im Sinne des § 9 des Zweiten Buches Sozialgesetzbuch, des § 19 Abs. 1 und 2 des Zwölften Buches Sozialgesetzbuch oder des § 27a des Bundesversorgungsgesetzes vermieden oder beseitigt werden kann und

 a) die Leistungen nach Satz 1 Nr. 1 bis 7 während der Dauer des Verwaltungsverfahrens zur Feststellung von Grund und Höhe dieser Leistungen noch nicht erbracht worden sind oder

 b) der zuständige Träger eine der in Satz 1 Nr. 1 bis 7 genannten Leistungen als nachrangig verpflichteter Leistungsträger nach § 104 des Zehnten Buches Sozialgesetzbuch[6]) erbringt.

(2) [1] Ausgeschlossen sind auch Haushaltsmitglieder, die keine Empfänger der in Absatz 1 Satz 1 genannten Leistungen sind und

1. die in § 7 Absatz 3 des Zweiten Buches Sozialgesetzbuch, auch in den Fällen des Übergangs- oder Verletztengeldes nach Absatz 1 Satz 1 Nummer 3 und 4 genannt und deren Einkommen und Vermögen bei der Ermittlung der Leistungen eines anderen Haushaltsmitglieds nach Absatz 1 Satz 1 Nummer 1, 3 oder 4 berücksichtigt worden sind,

2. deren Einkommen und Vermögen nach § 43 Absatz 1 Satz 2 des Zwölften Buches Sozialgesetzbuch bei der Ermittlung der Leistung eines anderen

[1]) **Aichberger, SGB Nr. 6.**
[2]) **Aichberger, SGB Nr. 7.**
[3]) **Sartorius ErgBd. Nr. 412.**
[4]) **Wehrrecht Nr. 710.**
[5]) *Sartorius ErgBd. Nr. 418.*
[6]) **Sartorius ErgBd. Nr. 410.**

Haushaltsmitglieds nach Absatz 1 Satz 1 Nummer 5 berücksichtigt worden sind,

3. deren Einkommen und Vermögen nach § 27 Absatz 2 Satz 2 oder 3 des Zwölften Buches Sozialgesetzbuch bei der Ermittlung der Leistung eines anderen Haushaltsmitglieds nach Absatz 1 Satz 1 Nummer 6 berücksichtigt worden sind,

4. deren Einkommen und Vermögen nach § 27a Satz 2 des Bundesversorgungsgesetzes in Verbindung mit § 27 Absatz 2 Satz 2 oder 3 des Zwölften Buches Sozialgesetzbuch bei der Ermittlung der Leistung eines anderen Haushaltsmitglieds nach Absatz 1 Satz 1 Nummer 7 berücksichtigt worden sind, oder

5. deren Einkommen und Vermögen nach § 7 Absatz 1 des Asylbewerberleistungsgesetzes bei der Ermittlung der Leistung eines anderen Haushaltsmitglieds nach Absatz 1 Satz 1 Nummer 8 berücksichtigt worden sind.

²Der Ausschluss besteht nicht, wenn

1. die Leistungen nach Absatz 1 Satz 1 und 2 ausschließlich als Darlehen gewährt werden oder

2. die Voraussetzungen des Absatzes 1 Satz 3 Nr. 2 vorliegen.

(3) Ausgeschlossen sind auch Haushaltsmitglieder, deren Leistungen nach Absatz 1 auf Grund einer Sanktion vollständig weggefallen sind.

§ 8¹⁾ Dauer des Ausschlusses vom Wohngeld und Verzicht auf Leistungen. (1) ¹Der Ausschluss vom Wohngeld besteht vorbehaltlich des § 7 Abs. 1 Satz 3 Nr. 2 und Abs. 2 Satz 2 Nr. 2 für die Dauer des Verwaltungsverfahrens zur Feststellung von Grund und Höhe der Leistungen nach § 7 Abs. 1. ²Der Ausschluss besteht vorbehaltlich des § 7 Abs. 1 Satz 3 Nr. 2 und Abs. 2 Satz 2 Nr. 2

1. nach der Antragstellung auf eine Leistung nach § 7 Abs. 1 ab dem Ersten

a) des Monats, für den der Antrag gestellt worden ist, oder

b) des nächsten Monats, wenn die Leistung nach § 7 Abs. 1 nicht vom Ersten eines Monats an beantragt wird,

2. nach der Bewilligung einer Leistung nach § 7 Abs. 1 ab dem Ersten

a) des Monats, für den die Leistung nach § 7 Abs. 1 bewilligt wird, oder

b) des nächsten Monats, wenn die Leistung nach § 7 Abs. 1 nicht vom Ersten eines Monats an bewilligt wird,

3. bis zum Letzten

a) des Monats, wenn die Leistung nach § 7 Abs. 1 bis zum Letzten eines Monats bewilligt wird, oder

b) des Vormonats, wenn die Leistung nach § 7 Abs. 1 nicht bis zum Letzten eines Monats bewilligt wird.

³Der Ausschluss gilt für den Zeitraum als nicht erfolgt, für den

1. der Antrag auf eine Leistung nach § 7 Absatz 1 zurückgenommen wird,

2. die Leistung nach § 7 Absatz 1 abgelehnt, versagt, entzogen oder ausschließlich als Darlehen gewährt wird,

¹⁾ § 8 Abs. 1 Satz 1, Satz 2 einl. Satzteil geänd. mWv 30.12.2008 durch G v. 22.12.2008 (BGBl. I S. 2963); Abs. 1 Satz 3 neu gef. mWv 1.1.2016 durch G v. 2.10.2015 (BGBl. I S. 1610).

3. der Bewilligungsbescheid über eine Leistung nach § 7 Absatz 1 zurückgenommen oder aufgehoben wird,

4. der Anspruch auf eine Leistung nach § 7 Absatz 1 nachträglich im Sinne des § 103 Absatz 1 des Zehnten Buches Sozialgesetzbuch[1] ganz entfallen ist oder nach § 104 Absatz 1 oder 2 des Zehnten Buches Sozialgesetzbuch oder nach § 40a des Zweiten Buches Sozialgesetzbuch[2] nachrangig ist oder

5. die Leistung nach § 7 Absatz 1 nachträglich durch den Übergang eines Anspruchs in vollem Umfang erstattet wird.

(2) Verzichten Haushaltsmitglieder auf die Leistungen nach § 7 Abs. 1, um Wohngeld zu beantragen, gilt ihr Ausschluss vom Zeitpunkt der Wirkung des Verzichts an als nicht erfolgt; § 46 Abs. 2 des Ersten Buches Sozialgesetzbuch[3] ist in diesem Fall nicht anzuwenden.

Kapitel 3. Miete und Belastung

§ 9[4] **Miete.** (1) Miete ist das vereinbarte Entgelt für die Gebrauchsüberlassung von Wohnraum auf Grund von Mietverträgen oder ähnlichen Nutzungsverhältnissen einschließlich Umlagen, Zuschlägen und Vergütungen.

(2) [1]Bei der Ermittlung der Miete nach Absatz 1 bleiben folgende Kosten und Vergütungen außer Betracht:

1. Heizkosten und Kosten für die Erwärmung von Wasser,
2. Kosten der eigenständig gewerblichen Lieferung von Wärme und Warmwasser, soweit sie den in Nummer 1 bezeichneten Kosten entsprechen,
3. die Kosten der Haushaltsenergie, soweit sie nicht von den Nummern 1 und 2 erfasst sind,
4. Vergütungen für die Überlassung einer Garage sowie eines Stellplatzes für Kraftfahrzeuge,
5. Vergütungen für Leistungen, die über die Gebrauchsüberlassung von Wohnraum hinausgehen, insbesondere für allgemeine Unterstützungsleistungen wie die Vermittlung von Pflege- oder Betreuungsleistungen, Leistungen der hauswirtschaftlichen Versorgung oder Notrufdienste.

[2]Ergeben sich diese Beträge nicht aus dem Mietvertrag oder entsprechenden Unterlagen, sind Pauschbeträge abzusetzen.

(3) [1]Im Fall des § 3 Abs. 1 Satz 2 Nr. 2 ist als Miete der Mietwert des Wohnraums zu Grunde zu legen. [2]Im Fall des § 3 Abs. 1 Satz 2 Nr. 3 ist als Miete der Höchstbetrag nach § 12 Abs. 1 zu Grunde zu legen.

§ 10 Belastung. (1) Belastung sind die Kosten für den Kapitaldienst und die Bewirtschaftung von Wohnraum in vereinbarter oder festgesetzter Höhe.

(2) [1]Die Belastung ist von der Wohngeldbehörde (§ 24 Abs. 1 Satz 1) in einer Wohngeld-Lastenberechnung zu ermitteln. [2]Von einer vollständigen Wohngeld-Lastenberechnung kann abgesehen werden, wenn die auf den

[1] **Sartorius ErgBd. Nr. 410.**
[2] **Sartorius ErgBd. Nr. 402.**
[3] **Sartorius ErgBd. Nr. 401.**
[4] *§ 9 Abs. 2 neu gef. mWv 1.1.2016 durch G v. 2.10.2015 (BGBl. I S. 1610); Abs. 2 Satz 1 Nr. 4 geänd., Nr. 5 angef. mWv 1.1.2020 durch G v. 30.11.2019 (BGBl. I S. 1877).*

Wohnraum entfallende Belastung aus Zinsen und Tilgungen den nach § 12 Abs. 1 maßgebenden Höchstbetrag erreicht oder übersteigt.

§ 11[1] **Zu berücksichtigende Miete und Belastung.** (1) [1] Die bei der Berechnung des Wohngeldes zu berücksichtigende Miete oder Belastung ist die Summe aus

1. der Miete oder Belastung, die sich nach § 9 oder § 10 ergibt, soweit sie nicht nach den Absätzen 2 und 3 in dieser Berechnungsreihenfolge außer Betracht bleibt, jedoch nur bis zum Höchstbetrag nach § 12 Absatz 1, und
2. dem Betrag zur Entlastung bei den Heizkosten nach § 12 Absatz 6.

[2] Im Fall des § 3 Absatz 1 Satz 2 Nummer 3 ist die Summe aus dem Höchstbetrag nach § 12 Absatz 1 und dem Betrag zur Entlastung bei den Heizkosten nach § 12 Absatz 6 zu berücksichtigen.

(2) Die Miete oder Belastung, die sich nach § 9 oder § 10 ergibt, bleibt in folgender Berechnungsreihenfolge und zu dem Anteil außer Betracht,

1. der auf den Teil des Wohnraums entfällt, der ausschließlich gewerblich oder beruflich genutzt wird;
2. der auf den Teil des Wohnraums entfällt, der einer Person, die kein Haushaltsmitglied ist, entgeltlich oder unentgeltlich zum Gebrauch überlassen ist; übersteigt das Entgelt für die Gebrauchsüberlassung die auf diesen Teil des Wohnraums entfallende Miete oder Belastung, ist das Entgelt in voller Höhe abzuziehen;
3. der dem Anteil einer entgeltlich oder unentgeltlich mitbewohnenden Person, die kein Haushaltsmitglied ist, aber deren Mittelpunkt der Lebensbeziehungen der Wohnraum ist und die nicht selbst die Voraussetzungen des § 3 Abs. 1 oder Abs. 2 erfüllt, an der Gesamtzahl der Bewohner und Bewohnerinnen entspricht; übersteigt das Entgelt der mitbewohnenden Person die auf diese entfallende Miete oder Belastung, ist das Entgelt in voller Höhe abzuziehen;
4. der durch Leistungen aus öffentlichen Haushalten oder Zweckvermögen, insbesondere Leistungen zur Wohnkostenentlastung nach dem Zweiten Wohnungsbaugesetz, dem Wohnraumförderungsgesetz[2] oder entsprechenden Gesetzen der Länder, an den Mieter oder den selbst nutzenden Eigentümer zur Senkung der Miete oder Belastung gedeckt wird, soweit die Leistungen nicht von § 14 Abs. 2 Nr. 30 erfasst wird;
5. der durch Leistungen einer nach § 68 des Aufenthaltsgesetzes[3] verpflichteten Person gedeckt wird, die ein zu berücksichtigendes Haushaltsmitglied zur Bezahlung der Miete oder Aufbringung der Belastung erhält.

(3) [1] Ist mindestens ein Haushaltsmitglied vom Wohngeld ausgeschlossen, ist nur der Anteil der Miete oder Belastung zu berücksichtigen, der dem Anteil der zu berücksichtigenden Haushaltsmitglieder an der Gesamtzahl der Haushaltsmitglieder entspricht. [2] In diesem Fall sind nur der Anteil des Höchstbetrages nach § 12 Absatz 1 und der Anteil des Betrages zur Entlastung bei den Heizkosten nach § 12 Absatz 6 zu berücksichtigen, der dem Anteil der zu berücksichtigenden Haushaltsmitglieder an der Gesamtzahl der Haushaltsmit-

[1] § 11 Abs. 1 und Abs. 3 Satz 2 neu gef. mWv 1.1.2011 durch G v. 9.12.2010 (BGBl. I S. 1885); Abs. 1, Abs. 3 Satz 2 neu gef., Satz 3 angef. mWv 1.1.2021 durch G v. 15.5.2020 (BGBl. I S. 1015).
[2] Nr. **355.**
[3] Nr. **565.**

glieder entspricht. [3] Für die Ermittlung des Höchstbetrages und des Betrages zur Entlastung bei den Heizkosten ist die Gesamtzahl der Haushaltsmitglieder maßgebend.

§ 12 [1)2)] **Höchstbeträge für Miete und Belastung, Beträge zur Entlastung bei den Heizkosten.** (1) [1] Die monatlichen Höchstbeträge für Miete und Belastung sind vorbehaltlich des § 11 Absatz 3 nach der Anzahl der zu berücksichtigenden Haushaltsmitglieder und nach der Mietenstufe zu berücksichtigen. [2] Sie ergeben sich aus Anlage 1.

(2) [1] Die Zugehörigkeit einer Gemeinde zu einer Mietenstufe richtet sich nach dem Mietenniveau von Wohnraum der Hauptmieter und Hauptmieterinnen sowie der gleichzustellenden zur mietähnlichen Nutzung berechtigten Personen, für den Mietzuschuss geleistet wird. [2] Das Mietenniveau ist die durchschnittliche prozentuale Abweichung der Quadratmetermieten von Wohnraum in Gemeinden vom Durchschnitt der Quadratmetermieten des Wohnraums im Bundesgebiet. [3] Zu berücksichtigen sind nur Quadratmetermieten von Wohnraum im Sinne des Satzes 1.

(3) [1] Das Mietenniveau ist vom Statistischen Bundesamt festzustellen für Gemeinden mit

1. einer Einwohnerzahl von 10 000 und mehr gesondert,

2. einer Einwohnerzahl von weniger als 10 000 und gemeindefreie Gebiete nach Kreisen zusammengefasst.

[2] Maßgebend für die Zuordnung nach Satz 1 ist die Einwohnerzahl, die auf der Grundlage von § 5 des Bevölkerungsstatistikgesetzes[3)] fortgeschrieben wurde.

(4) [1] Das Mietenniveau wird vom Statistischen Bundesamt bei einer Anpassung der Höchstbeträge nach Absatz 1 auf der Grundlage von zwei aufeinanderfolgenden Ergebnissen der jährlichen Wohngeldstatistik für Dezember (§ 36 Absatz 1 Satz 2 Nummer 2) festgestellt. [2] Es ist ein bundesweit einheitlicher Stichtag für die Ergebnisse der Bevölkerungsstatistik zu Grunde zu legen.

(4a) [1] Für die Gemeinden Baltrum, Borkum (Stadt), Juist, Langeoog, Norderney (Stadt), Spiekeroog, Wangerooge (Nordseebad), Nebel, Norddorf auf Amrum, Wittdün auf Amrum, Alkersum, Borgsum, Dunsum, Midlum, Nieblum, Oevenum, Oldsum, Süderende, Utersum, Witsum, Wrixum, Wyk auf Föhr (Stadt), Helgoland, Gröde, Hallig Hooge, Langeneß, Pellworm und Insel Hiddensee, die auf Inseln ohne Festlandanschluss liegen, wird ein gemeinsames Mietenniveau festgestellt. [2] Sie erhalten eine eigene gemeinsame Mietenstufenzuordnung und für die Anlage zu § 1 Absatz 3 der Wohngeldverordnung die Bezeichnung Inseln ohne Festlandanschluss. [3] Abweichend von Absatz 4 wird das Statistische Bundesamt nach den Absätzen 2 und 3 einmalig ausschließlich das gemeinsame Mietenniveau dieser Gemeinden und das jeweilige Mietenniveau der von dieser Änderung betroffenen Kreise vor der nächsten Anpassung

[1)] § 12 Überschr. geänd., Abs. 6 aufgeh. mWv 1.1.2011 durch G v. 9.12.2010 (BGBl. I S. 1885); Abs. 1 geänd., Abs. 2 Sätze 2 und 3 angef., Abs. 3 und 4 neu gef.mWv 1.1.2016 durch G v. 2.10.2015 (BGBl. I S. 1610); Abs. 1 neu gef., Abs. 4a eingef., Abs. 5 geänd. mWv 1.1.2020 durch G v. 30.11. 2019 (BGBl. I S. 1877); Abs. 4a Satz 1 geänd. mWv 1.1.2020, Überschrift geänd., Abs. 6 neu gef. mWv 1.1.2021 durch G v. 15.5.2020 (BGBl. I S. 1015).
[2)] § 12 Abs. 2 bis 5 sind gem. Art. 6 Abs. 2 Satz 1 G v. 24.9.2008 (BGBl. I S. 1856) am 1.10.2008 in Kraft getreten.
[3)] **Sartorius III Nr. 935.**

der Höchstbeträge nach Absatz 1 feststellen. [4] Diese Feststellung erfolgt auf der Grundlage der Ergebnisse der Wohngeldstatistiken für Dezember 2016 und Dezember 2017 (§ 36 Absatz 1 Satz 2 Nummer 2). [5] Die Anlage zu § 1 Absatz 3 der Wohngeldverordnung[1]) kann vor der nächsten Anpassung der Höchstbeträge entsprechend angepasst werden.

(5) Den Mietenstufen nach Absatz 1 sind folgende Mietenniveaus zugeordnet:

Mietenstufe	Mietenniveau
I	niedriger als minus 15 Prozent
II	minus 15 Prozent bis niedriger als minus 5 Prozent
III	minus 5 Prozent bis niedriger als 5 Prozent
IV	5 Prozent bis niedriger als 15 Prozent
V	15 Prozent bis niedriger als 25 Prozent
VI	25 Prozent bis niedriger als 35 Prozent
VII	35 Prozent und höher

(6) Die folgenden monatlichen Beträge zur Entlastung bei den Heizkosten sind vorbehaltlich des § 11 Absatz 3 nach der Anzahl der zu berücksichtigenden Haushaltsmitglieder zu berücksichtigen:

Anzahl der zu berücksichtigenden Haushaltsmitglieder	Betrag zur Entlastung bei den Heizkosten in Euro
1	14,40
2	18,60
3	22,20
4	25,80
5	29,40
Mehrbetrag für jedes weitere zu berücksichtigende Haushaltsmitglied	3,60.

Kapitel 4. Einkommen

§ 13[2]) Gesamteinkommen. (1) Das Gesamteinkommen ist die Summe der Jahreseinkommen (§ 14) der zu berücksichtigenden Haushaltsmitglieder abzüglich der Freibeträge (die §§ 17 und 17a) und der Abzugsbeträge für Unterhaltsleistungen (§ 18).

(2) Das monatliche Gesamteinkommen ist ein Zwölftel des Gesamteinkommens.

[1]) Nr. 386.
[2]) § 13 Abs. 1 geänd. mWv 1.1.2021 durch G v. 12.8.2020 (BGBl. I S. 1879).

§ 14[1] Jahreseinkommen. (1) [1]Das Jahreseinkommen eines zu berücksichtigenden Haushaltsmitgliedes ist vorbehaltlich des Absatzes 3 die Summe der positiven Einkünfte im Sinne des § 2 Abs. 1 und 2 des Einkommensteuergesetzes zuzüglich der Einnahmen nach Absatz 2 abzüglich der Abzugsbeträge für Steuern und Sozialversicherungsbeiträge (§ 16). [2]Bei den Einkünften im Sinne des § 2 Abs. 1 Satz 1 Nr. 1 bis 3 des Einkommensteuergesetzes ist § 7g Abs. 1 bis 4 und 7 des Einkommensteuergesetzes nicht anzuwenden. [3]Von den Einkünften aus nichtselbständiger Arbeit, die nach dem Einkommensteuergesetz vom Arbeitgeber pauschal besteuert werden, zählen zum Jahreseinkommen nur

1. die nach § 37b des Einkommensteuergesetzes pauschal besteuerten Sachzuwendungen und

2. der nach § 40a des Einkommensteuergesetzes pauschal besteuerte Arbeitslohn und das pauschal besteuerte Arbeitsentgelt, jeweils abzüglich der Aufwendungen zu dessen Erwerbung, Sicherung oder Erhaltung, höchstens jedoch bis zur Höhe dieser Einnahmen.

[4]Ein Ausgleich mit negativen Einkünften aus anderen Einkunftsarten oder mit negativen Einkünften des zusammenveranlagten Ehegatten ist nicht zulässig.

(2) Zum Jahreseinkommen gehören:

1. der nach § 19 Abs. 2 und § 22 Nr. 4 Satz 4 Buchstabe b des Einkommensteuergesetzes steuerfreie Betrag von Versorgungsbezügen;

2. die einkommensabhängigen, nach § 3 Nr. 6 des Einkommensteuergesetzes steuerfreien Bezüge, die auf Grund gesetzlicher Vorschriften aus öffentlichen Mitteln versorgungshalber an Wehrdienstbeschädigte, im freiwilligen Wehrdienst Beschädigte, Zivildienstbeschädigte und im Bundesfreiwilligendienst Beschädigte oder ihre Hinterbliebenen, Kriegsbeschädigte und Kriegshinterbliebene sowie ihnen gleichgestellte Personen gezahlt werden;

3. die den Ertragsanteil oder den der Besteuerung unterliegenden Anteil nach § 22 Nr. 1 Satz 3 Buchstabe a des Einkommensteuergesetzes übersteigenden Teile von Leibrenten;

4. die nach § 3 Nr. 3 des Einkommensteuergesetzes steuerfreien

 a) Rentenabfindungen,

 b) Beitragserstattungen,

 c) Leistungen aus berufsständischen Versorgungseinrichtungen,

 d) Kapitalabfindungen,

 e) Ausgleichszahlungen;

5. die nach § 3 Nr. 1 Buchstabe a des Einkommensteuergesetzes steuerfreien

 a) Renten wegen Minderung der Erwerbsfähigkeit nach den §§ 56 bis 62 des Siebten Buches Sozialgesetzbuch[2],

[1] § 14 Abs. 1 Satz 2, Abs. 2 Nr. 30 geänd. mWv 30.12.2008 durch G v. 22.12.2008 (BGBl. I S. 2963); Abs. 2 Nr. 6 und 7 geänd. mWv 1.1.2011 durch G v. 9.12.2010 (BGBl. I S. 1885); Abs. 2 Nr. 26 geänd. mWv 16.11.2012 durch G v. 9.11.2012 (BGBl. I S. 2291); Abs. 2 Nr. 23 aufgeh. mWv 1.11.2015, Abs. 1 Satz 3 eingef., bish. Satz 3 wird Satz 4, Abs. 2 Nr. 2 geänd., Nr. 12 und 13 aufgeh., Nr. 19 geänd., Nr. 20 Buchst. b neu gef. und abschl. Satzteil, Nr. 27 Buchst. a und e geänd., Buchst f angef., Nr. 30 neu gef. mWv 1.1.2016 durch G v. 2.10.2015 (BGBl. I S. 1610); Abs. 2 Nr. 30 Buchst. d geänd. mWv 1.8.2016 *durch G v. 26.7.2016 (BGBl. I S. 1824)*; Abs. 2 Nr. 19 neu gef., Nr. 20 Buchst. a, Nr. 22 und 26 geänd. mWv 1.1.2020 durch G v. 30.11.2019 (BGBl. I S. 1877).
[2] **Aichberger, SGB Nr. 7.**

b) Renten und Beihilfen an Hinterbliebene nach den §§ 63 bis 71 des Siebten Buches Sozialgesetzbuch,

c) Abfindungen nach den §§ 75 bis 80 des Siebten Buches Sozialgesetzbuch;

6. die Lohn- und Einkommensersatzleistungen nach § 32b Absatz 1 Satz 1 Nummer 1 des Einkommensteuergesetzes; § 10 des Bundeselterngeld- und Elternzeitgesetzes[1] bleibt unberührt;

7. die ausländischen Einkünfte nach § 32b Absatz 1 Satz 1 Nummer 2 bis 5 sowie Satz 2 und 3 des Einkommensteuergesetzes;

8. die Hälfte der nach § 3 Nr. 7 des Einkommensteuergesetzes steuerfreien

 a) Unterhaltshilfe nach den §§ 261 bis 278a des Lastenausgleichsgesetzes[2],

 b) Beihilfe zum Lebensunterhalt nach den §§ 301 bis 301b des Lastenausgleichsgesetzes,

 c) Unterhaltshilfe nach § 44 und Unterhaltsbeihilfe nach § 45 des *Reparationsschädengesetzes*[3],

 d) Beihilfe zum Lebensunterhalt nach den §§ 10 bis 15 des Flüchtlingshilfegesetzes,

 mit Ausnahme der Pflegezulage nach § 269 Abs. 2 des Lastenausgleichsgesetzes;

9. die nach § 3 Nr. 1 Buchstabe a des Einkommensteuergesetzes steuerfreien Krankentagegelder;

10. die Hälfte der nach § 3 Nr. 68 des Einkommensteuergesetzes steuerfreien Renten nach § 3 Abs. 2 des Anti-D-Hilfegesetzes;

11. die nach § 3b des Einkommensteuergesetzes steuerfreien Zuschläge für Sonntags-, Feiertags- oder Nachtarbeit;

12. *(aufgehoben)*

13. *(aufgehoben)*

14. die nach § 3 Nr. 56 des Einkommensteuergesetzes steuerfreien Zuwendungen des Arbeitgebers an eine Pensionskasse und die nach § 3 Nr. 63 des Einkommensteuergesetzes steuerfreien Beiträge des Arbeitgebers an einen Pensionsfonds, eine Pensionskasse oder für eine Direktversicherung zum Aufbau einer kapitalgedeckten betrieblichen Altersversorgung;

15. der nach § 20 Abs. 9 des Einkommensteuergesetzes steuerfreie Betrag (Sparer-Pauschbetrag), soweit die Kapitalerträge 100 Euro übersteigen;

16. die auf erhöhte Absetzungen entfallenden Beträge, soweit sie die höchstmöglichen Absetzungen für Abnutzung nach § 7 des Einkommensteuergesetzes übersteigen, und die auf Sonderabschreibungen entfallenden Beträge;

17. der nach § 3 Nr. 27 des Einkommensteuergesetzes steuerfreie Grundbetrag der Produktionsaufgaberente und das Ausgleichsgeld nach dem Gesetz zur Förderung der Einstellung der landwirtschaftlichen Erwerbstätigkeit[4];

18. die nach § 3 Nr. 60 des Einkommensteuergesetzes steuerfreien Leistungen aus öffentlichen Mitteln an Arbeitnehmer des Steinkohlen-, Pechkohlen- und Erzbergbaues, des Braunkohlentiefbaues und der Eisen- und Stahl-

[1] Schönfelder ErgBd. Nr. 45e.
[2] Sartorius III Nr. 960.
[3] Aufgeh. mWv 30.6.2006 durch G v. 21.6.2006 (BGBl. I S. 1323).
[4] Aichberger, SGB Nr. 30/40.

industrie aus Anlass von Stilllegungs-, Einschränkungs-, Umstellungs- oder Rationalisierungsmaßnahmen;

19. die nach § 22 Nummer 1 Satz 2 des Einkommensteuergesetzes der Empfängerin oder dem Empfänger nicht zuzurechnenden Bezüge, die ihr oder ihm von einer natürlichen Person, die kein Haushaltsmitglied ist, oder von einer juristischen Person gewährt werden, mit Ausnahme der Bezüge

a) bis zu einer Höhe von 6 540 Euro jährlich, die für eine Pflegeperson oder Pflegekraft aufgewendet werden, die die Empfängerin oder den Empfänger wegen ihrer oder seiner Pflegebedürftigkeit im Sinne des § 14 des Elften Buches Sozialgesetzbuch[1] pflegt, oder

b) bis zu einer Höhe von insgesamt 480 Euro jährlich von einer natürlichen Person, die gegenüber der Empfängerin oder dem Empfänger nicht vorrangig gesetzlich unterhaltsverpflichtet ist oder war, oder von einer juristischen Person;

dies gilt entsprechend, wenn anstelle von wiederkehrenden Unterhaltsleistungen Unterhaltsleistungen als Einmalbetrag gewährt werden;

20. a) die Unterhaltsleistungen des geschiedenen oder dauernd getrennt lebenden Ehegatten, mit Ausnahme der Unterhaltsleistungen bis zu einer Höhe von 6 540 Euro jährlich, die für eine Pflegeperson oder Pflegekraft geleistet werden, die den Empfänger oder die Empfängerin wegen eigener Pflegebedürftigkeit im Sinne des § 14 des Elften Buches Sozialgesetzbuch pflegt,

b) die Versorgungsleistungen, die Leistungen auf Grund eines schuldrechtlichen Versorgungsausgleichs und Ausgleichsleistungen zur Vermeidung eines Versorgungsausgleichs,

soweit diese Leistungen nicht von § 22 Nummer 1a des Einkommensteuergesetzes erfasst sind;

21. die Leistungen nach dem Unterhaltsvorschussgesetz[2];

22. die Leistungen von natürlichen Personen, die keine Haushaltsmitglieder sind, zur Bezahlung der Miete oder Aufbringung der Belastung, soweit die Leistungen nicht von Absatz 1 Satz 1 oder Satz 3, von Nummer 19 oder Nummer 20 erfasst sind;

23. *(aufgehoben)*

24. die Hälfte der Pauschale für die laufenden Leistungen für den notwendigen Unterhalt ohne die Kosten der Erziehung von Kindern, Jugendlichen oder jungen Volljährigen nach § 39 Abs. 1 in Verbindung mit § 33 oder mit § 35a Abs. 2 Nr. 3, auch in Verbindung mit § 41 Abs. 2 des Achten Buches Sozialgesetzbuch, als Einkommen des Kindes, Jugendlichen oder jungen Volljährigen;

25. die Hälfte der Pauschale für die laufenden Leistungen für die Kosten der Erziehung von Kindern, Jugendlichen oder jungen Volljährigen nach § 39 Abs. 1 in Verbindung mit § 33 oder mit § 35a Abs. 2 Nr. 3, auch in Verbindung mit § 41 Abs. 2 des Achten Buches Sozialgesetzbuch, als Einkommen der Pflegeperson;

26. die Hälfte der nach § 3 Nr. 36 des Einkommensteuergesetzes steuerfreien Einnahmen für Leistungen zu körperbezogenen Pflegemaßnahmen, pflege-

[1] **Aichberger, SGB Nr. 11.**
[2] **Schönfelder ErgBd. Nr. 45d.**

rischen Betreuungsmaßnahmen oder Hilfen bei der Haushaltsführung einer Person, die kein Haushaltsmitglied ist;

27. die Hälfte der als Zuschüsse erbrachten

a) Leistungen zur Förderung der Ausbildung nach dem Bundesausbildungsförderungsgesetz[1], mit Ausnahme der Leistungen nach § 14a des Bundesausbildungsförderungsgesetzes in Verbindung mit den §§ 6 und 7 der Verordnung über Zusatzleistungen in Härtefällen nach dem Bundesausbildungsförderungsgesetz und mit Ausnahme des Kinderbetreuungszuschlages nach Maßgabe des § 14b des Bundesausbildungsförderungsgesetzes,

b) Leistungen der Begabtenförderungswerke, soweit sie nicht von Nummer 28 erfasst sind,

c) Stipendien, soweit sie nicht von Buchstabe b, Nummer 28 oder Nummer 29 erfasst sind,

d) Berufsausbildungsbeihilfen und des Ausbildungsgeldes nach dem Dritten Buch Sozialgesetzbuch[2],

e) Beiträge zur Deckung des Unterhaltsbedarfs nach dem Aufstiegsfortbildungsförderungsgesetz[3],

f) Leistungen zur Sicherung des Lebensunterhaltes während des ausbildungsbegleitenden Praktikums oder der betrieblichen Berufsausbildung bei Teilnahme am Sonderprogramm Förderung der beruflichen Mobilität von ausbildungsinteressierten Jugendlichen und arbeitslosen jungen Fachkräften aus Europa;

28. die als Zuschuss gewährte Graduiertenförderung;

29. die Hälfte der nach § 3 Nr. 42 des Einkommensteuergesetzes steuerfreien Zuwendungen, die auf Grund des Fulbright-Abkommens gezahlt werden;

30. die wiederkehrenden Leistungen nach § 7 Absatz 1 Satz 1 Nummer 1 bis 9, auch wenn bei deren Berechnung die Kosten der Unterkunft nicht berücksichtigt worden sind, mit Ausnahme

a) der darin enthaltenen Kosten der Unterkunft, wenn diese nicht für den Wohnraum gewährt werden, für den Wohngeld beantragt wurde,

b) der von Nummer 24 oder Nummer 25 erfassten Leistungen,

c) des Sozialgeldes, das ein zu berücksichtigendes Kind als Mitglied der Bedarfsgemeinschaft im Haushalt des getrennt lebenden anderen Elternteils anteilig erhält,

d) der Hilfe zum Lebensunterhalt, die ein nach dem Dritten Kapitel des Zwölften Buches Sozialgesetzbuch[4] leistungsberechtigtes Kind im Haushalt des getrennt lebenden Elternteils anteilig erhält, oder

e) der Leistungen, die in den Fällen des § 7 Absatz 1 Satz 3 oder Absatz 2 Satz 2 erbracht werden, in denen kein Ausschluss vom Wohngeld besteht;

31. der Mietwert des von den in § 3 Abs. 1 Satz 2 Nr. 2 genannten Personen selbst genutzten Wohnraums.

[1] Nr. 420.
[2] **Gewerberecht Nr. 790.**
[3] **Nipperdey I, Arbeitsrecht Nr. 418.**
[4] **Sartorius ErgBd. Nr. 412.**

(3) Zum Jahreseinkommen gehören nicht:

1. Einkünfte aus Vermietung oder Verpachtung eines Teils des Wohnraums, für den Wohngeld beantragt wird;
2. das Entgelt, das eine den Wohnraum mitbewohnende Person im Sinne des § 11 Abs. 2 Nr. 3 hierfür zahlt;
3. Leistungen einer nach § 68 des Aufenthaltsgesetzes[1] verpflichteten Person, soweit sie von § 11 Abs. 2 Nr. 5 erfasst sind.

§ 15[2] Ermittlung des Jahreseinkommens. (1) [1] Bei der Ermittlung des Jahreseinkommens ist das Einkommen zu Grunde zu legen, das im Zeitpunkt der Antragstellung im Bewilligungszeitraum zu erwarten ist. [2] Hierzu können die Verhältnisse vor dem Zeitpunkt der Antragstellung herangezogen werden; § 24 Abs. 2 bleibt unberührt.

(2) [1] Einmaliges Einkommen, das für einen bestimmten Zeitraum bezogen wird, ist diesem Zeitraum zuzurechnen. [2] Ist kein Zurechnungszeitraum festgelegt oder vereinbart, so ist das einmalige Einkommen jeweils zu einem Drittel in den drei Jahren nach dem Zuflussmonat zuzurechnen. [3] Ist das einmalige Einkommen vor der Antragstellung zugeflossen, ist es nur dann nach Satz 1 oder Satz 2 zuzurechnen, wenn es innerhalb von drei Jahren vor der Antragstellung zugeflossen ist.

(3) Sonderzuwendungen, Gratifikationen und gleichartige Bezüge und Vorteile, die in größeren als monatlichen Abständen gewährt werden, sind den im Bewilligungszeitraum liegenden Monaten zu je einem Zwölftel zuzurechnen, wenn sie in den nächsten zwölf Monaten nach Beginn des Bewilligungszeitraums zufließen.

(4) Beträgt der Bewilligungszeitraum nicht zwölf Monate, ist als Einkommen das Zwölffache des im Sinne der Absätze 1 bis 3 und des § 24 Abs. 2 im Bewilligungszeitraum zu erwartenden durchschnittlichen monatlichen Einkommens zu Grunde zu legen.

§ 16[3] Abzugsbeträge für Steuern und Sozialversicherungsbeiträge.
[1] Bei der Ermittlung des Jahreseinkommens sind von dem Betrag, der sich nach den §§ 14 und 15 ergibt, jeweils 10 Prozent abzuziehen, wenn zu erwarten ist, dass im Bewilligungszeitraum die folgenden Steuern und Pflichtbeiträge zu leisten sind:

1. Steuern vom Einkommen,
2. Pflichtbeiträge zur gesetzlichen Kranken- und Pflegeversicherung,
3. Pflichtbeiträge zur gesetzlichen Rentenversicherung.

[2] Satz 1 Nummer 2 und 3 gilt entsprechend, wenn keine Pflichtbeiträge, aber laufende Beiträge zu öffentlichen oder privaten Versicherungen oder ähnlichen Einrichtungen zu leisten sind, die dem Zweck der Pflichtbeiträge nach Satz 1 Nummer 2 oder Nummer 3 entsprechen. [3] Satz 2 gilt auch, wenn die Beiträge zu Gunsten eines zu berücksichtigenden Haushaltsmitgliedes zu leisten sind. [4] Die Sätze 2 und 3 gelten nicht, wenn eine im Wesentlichen beitragsfreie Sicherung oder eine Sicherung besteht, für die Beiträge von Dritten zu leisten

[1] Nr. **565.**
[2] *§ 15 Abs. 2 Sätze 2 und 3 neu gef. mWv 1.1.2016 durch G v. 2.10.2015 (BGBl. I S. 1610).*
[3] *§ 16 neu gef. mWv 1.1.2016 durch G v. 2.10.2015 (BGBl. I S. 1610).*

sind. [5] Die Sätze 1 und 2 gelten bei einmaligem Einkommen im Sinne des § 15 Absatz 2 in jedem Jahr der Zurechnung entsprechend.

§ 17[1] **Freibeträge.** Bei der Ermittlung des Gesamteinkommens sind die folgenden jährlichen Freibeträge abzuziehen:

1. 1 800 Euro für jedes schwerbehinderte zu berücksichtigende Haushaltsmitglied mit einem Grad der Behinderung
 a) von 100 oder
 b) von unter 100 bei Pflegebedürftigkeit im Sinne des § 14 des Elften Buches Sozialgesetzbuch[2] und gleichzeitiger häuslicher oder teilstationärer Pflege oder Kurzzeitpflege;

2. 750 Euro für jedes zu berücksichtigende Haushaltsmitglied, das Opfer der nationalsozialistischen Verfolgung oder ihm im Sinne des Bundesentschädigungsgesetzes[3] gleichgestellt ist;

3. 1 320 Euro, wenn
 a) ein zu berücksichtigendes Haushaltsmitglied ausschließlich mit einem Kind oder mehreren Kindern Wohnraum gemeinsam bewohnt und
 b) mindestens eines dieser Kinder noch nicht 18 Jahre alt ist und für dieses Kindergeld nach dem Einkommensteuergesetz oder dem Bundeskindergeldgesetz[4] oder eine in § 65 Absatz 1 Satz 1 des Einkommensteuergesetzes genannte Leistung gewährt wird;

4. ein Betrag in Höhe der eigenen Einnahmen aus Erwerbstätigkeit jedes Kindes eines Haushaltsmitgliedes, höchstens jedoch 1 200 Euro, wenn das Kind ein zu berücksichtigendes Haushaltsmitglied und noch nicht 25 Jahre alt ist.

§ 17a[5] **Freibetrag für zu berücksichtigende Haushaltsmitglieder mit Grundrentenzeiten oder entsprechenden Zeiten aus anderweitigen Alterssicherungssystemen. (1)** [1] Für jedes zu berücksichtigende Haushaltsmitglied, das mindestens 33 Jahre an Grundrentenzeiten nach § 76g Absatz 2 des Sechsten Buches Sozialgesetzbuch[6] erreicht hat, ist bei der Ermittlung des Gesamteinkommens ein jährlicher Freibetrag abzuziehen. [2] Dieser beträgt 1 200 Euro vom jährlichen Einkommen aus der gesetzlichen Rente zuzüglich 30 Prozent des diesen Betrag übersteigenden jährlichen Einkommens aus der gesetzlichen Rente, höchstens jedoch ein mit zwölf zu multiplizierender Betrag in Höhe von 50 Prozent der Regelbedarfsstufe 1 nach der Anlage zu § 28 des Zwölften Buches Sozialgesetzbuch[7].

(2) [1] Absatz 1 gilt entsprechend für zu berücksichtigende Haushaltsmitglieder, die mindestens 33 Jahre an Grundrentenzeiten vergleichbaren Zeiten in

1. einer Versicherungspflicht nach § 1 des Gesetzes über die Alterssicherung der Landwirte[8],

[1] § 17 Nr. 1 neu gef., Nr. 2 aufgeh., bish. Nr. 3 wird Nr. 2, bish. Nr. 4 und 5 werden Nr. 3 und 4 und neu gef. mWv 1.1.2016 durch G v. 2.10.2015 (BGBl. I S. 1610); Nr. 1 einl. Satzteil geänd. mWv 1.1.2020 durch G v. 30.11.2019 (BGBl. I S. 1877).
[2] **Aichberger, SGB Nr. 11.**
[3] **Sartorius III Nr. 981.**
[4] **Schönfelder ErgBd. Nr. 45b.**
[5] § 17a eingef. mWv 1.1.2021 durch G v. 12.8.2020 (BGBl. I S. 1879); Abs. 3 Satz 1 neu gef., Satz 2 aufgeh., bish. Satz 3 wird Satz 2 und neue Sätze 3–5 angef. mWv 1.1.2021 durch G v. 9.12.2020 (BGBl. I S. 2855).
[6] **Aichberger, SGB Nr. 6.**
[7] **Sartorius ErgBd. Nr. 412.**
[8] **Aichberger, SGB Nr. 30/10.**

2. einer Beschäftigung, in der Versicherungsfreiheit nach § 5 Absatz 1 oder Befreiung von der Versicherungspflicht nach § 6 Absatz 1 Satz 1 Nummer 2 des Sechsten Buches Sozialgesetzbuch bestand, oder

3. einer Versicherungspflicht in einer Versicherungs- oder Versorgungseinrichtung, die für Angehörige bestimmter Berufe errichtet ist,

erreicht haben. [2] Absatz 1 gilt auch, wenn die 33 Jahre durch die Zusammenrechnung der Zeiten nach Satz 1 Nummer 1 bis 3 und der Grundrentenzeiten nach § 76g Absatz 2 des Sechsten Buches Sozialgesetzbuch erfüllt werden. [3] Je Kalendermonat wird eine Grundrentenzeit oder eine nach Satz 1 vergleichbare Zeit angerechnet.

(3) [1] Ist Wohngeld vor dem 1. Januar 2021 bewilligt worden und liegt mindestens ein Teil des Bewilligungszeitraums nach dem 31. Dezember 2020, so ist abweichend von § 41 Absatz 2 von Amts wegen über die Leistung des Wohngeldes für den Zeitraum vom 1. Januar 2021 neu zu entscheiden, wenn die Wohngeldbehörde erstmals durch eine Mitteilung des Rentenversicherungsträgers oder der sich aus Absatz 2 Satz 1 ergebenden Träger davon Kenntnis erlangt, dass die Voraussetzungen nach Absatz 1 Satz 1 oder Absatz 2 Satz 1 oder 2 im Zeitraum ab dem 1. Januar 2021 vorliegen. [2] Die Entscheidung nach Satz 1 folgt der Entscheidung nach § 42c Absatz 1 nach. [3] Die Wohngeldbehörde entscheidet über Wohngeldleistungen ohne Berücksichtigung eines möglichen Freibetrages nach Absatz 1 oder 2, solange sie nicht durch eine Mitteilung des Rentenversicherungsträgers oder der sich aus Absatz 2 Satz 1 ergebenden Träger Kenntnis davon hat, dass die Voraussetzungen nach Absatz 1 Satz 1 oder Absatz 2 Satz 1 oder 2 vorliegen. [4] Sie entscheidet von Amts wegen neu, wenn sie erstmals Kenntnis davon erlangt, dass die Voraussetzungen nach Absatz 1 Satz 1 oder Absatz 2 Satz 1 oder 2 vorliegen. [5] Der Zeitpunkt der Kenntnis der Wohngeldbehörde nach Satz 1 oder 4 gilt als Zeitpunkt der Antragstellung im Sinne des § 24 Absatz 2.

(4) Wurde der Freibetrag bei der Wohngeldbewilligung bereits berücksichtigt, so werden im laufenden Bewilligungszeitraum Änderungen der Höhe des Freibetrages nach Absatz 1 oder 2 nur unter den Voraussetzungen des § 27 berücksichtigt.

§ 18[1] Abzugsbeträge für Unterhaltsleistungen. [1] Bei der Ermittlung des Gesamteinkommens sind die folgenden zu erwartenden Aufwendungen zur Erfüllung gesetzlicher Unterhaltsverpflichtungen abzuziehen:

1. bis zu 3 000 Euro jährlich für ein zu berücksichtigendes Haushaltsmitglied, das wegen Berufsausbildung auswärts wohnt, soweit es nicht von Nummer 2 erfasst ist;

2. bis zu 3 000 Euro jährlich für ein Kind, das Haushaltsmitglied nach § 5 Absatz 4 ist; dies gilt nur für Aufwendungen, die an das Kind als Haushaltsmitglied bei dem anderen Elternteil geleistet werden;

3. bis zu 6 000 Euro jährlich für einen früheren oder dauernd getrennt lebenden Ehegatten oder Lebenspartner oder eine frühere oder dauernd getrennt lebende Lebenspartnerin, der oder die kein Haushaltsmitglied ist;

4. bis zu 3 000 Euro jährlich für eine sonstige Person, die kein Haushaltsmitglied ist.

[2] Liegt in den Fällen des Satzes 1 eine notariell beurkundete Unterhaltsvereinbarung, ein Unterhaltstitel oder ein Bescheid vor, sind die jährlichen Aufwendungen bis zu dem darin festgelegten Betrag abzuziehen.

[1] § 18 Satz 1 Nr. 3 geänd. mWv 30.12.2008 durch G v. 22.12.2008 (BGBl. I S. 2963); Satz 1 Nr. 2 geänd. mWv 1.1.2016 durch G v. 2.10.2015 (BGBl. I S. 1610).

Kapitel 5. Höhe des Wohngeldes

§ 19[1] **Höhe des Wohngeldes.** (1) [1]Das ungerundete monatliche Wohngeld für bis zu zwölf zu berücksichtigende Haushaltsmitglieder beträgt

$$1,15 \cdot (M - (a + b \cdot M + c \cdot Y) \cdot Y) \text{ Euro.}$$

[2] „M" ist die zu berücksichtigende monatliche Miete oder Belastung in Euro. [3] „Y" ist das monatliche Gesamteinkommen in Euro. [4] „a", „b" und „c" sind nach der Anzahl der zu berücksichtigenden Haushaltsmitglieder unterschiedene Werte und ergeben sich aus der Anlage 2.

(2) Die zur Berechnung des Wohngeldes erforderlichen Rechenschritte und Rundungen sind in der Reihenfolge auszuführen, die sich aus der Anlage 3 ergibt.

(3) Sind mehr als zwölf Haushaltsmitglieder zu berücksichtigen, erhöht sich für das 13. und jedes weitere zu berücksichtigende Haushaltsmitglied das nach den Absätzen 1 und 2 berechnete monatliche Wohngeld um jeweils 51 Euro, höchstens jedoch bis zur Höhe der zu berücksichtigenden Miete oder Belastung.

Teil 3. Nichtbestehen des Wohngeldanspruchs

§ 20[2] **Gesetzeskonkurrenz.** (1) *(aufgehoben)*

(2) [1]Es besteht kein Wohngeldanspruch, wenn allen Haushaltsmitgliedern eine der folgenden Leistungen dem Grunde nach zusteht oder im Fall ihres Antrages dem Grunde nach zustünde:

1. Leistungen zur Förderung der Ausbildung nach dem Bundesausbildungsförderungsgesetz[3],
2. Leistungen nach den §§ 56, 116 Absatz 3 oder 4 oder § 122 des Dritten Buches Sozialgesetzbuch[4] oder
3. Leistungen zur Sicherung des Lebensunterhaltes während des ausbildungsbegleitenden Praktikums oder der betrieblichen Berufsausbildung bei Teilnahme am Sonderprogramm Förderung der beruflichen Mobilität von ausbildungsinteressierten Jugendlichen und arbeitslosen jungen Fachkräften aus Europa.

[2]Satz 1 gilt auch, wenn dem Grunde nach Förderungsberechtigte der Höhe nach keinen Anspruch auf Förderung haben. [3]Satz 1 gilt nicht, wenn die Leistungen ausschließlich als Darlehen gewährt werden. [4]Ist Wohngeld für einen Zeitraum bewilligt, in den der Beginn der Ausbildung fällt, ist das Wohngeld bis zum Ablauf des Bewilligungszeitraums in gleicher Höhe weiterzuleisten; § 27 Abs. 2 und § 28 bleiben unberührt.

§ 21 Sonstige Gründe. Ein Wohngeldanspruch besteht nicht,

[1] § 19 Abs. 1 Sätze 1–3 und Abs. 3 geänd. mWv 1.1.2016 durch G v. 2.10.2015 (BGBl. I S. 1610); Abs. 1 Satz 4, Abs. 2 und 3 geänd. mWv 1.1.2020 durch G v. 30.11.2019 (BGBl. I S. 1877).
[2] § 20 Abs. 2 Satz 1 geänd. mWv 1.4.2012 durch G v. 20.12.2011 (BGBl. I S. 2854); Abs. 1 neu gef. mWv 1.11.2015, Abs. 2 Sätze 1–3 neu gef. mWv 1.1.2016 durch G v. 2.10.2015 (BGBl. I S. 1610); Abs. 1 aufgeh., Abs. 2 Satz 1 Nr. 2 geänd. mWv 1.1.2020 durch G v. 30.11.2019 (BGBl. I S. 1877).
[3] Nr. 420.
[4] Gewerberecht Nr. 790.

1. wenn das Wohngeld weniger als 10 Euro monatlich betragen würde,
2. wenn alle Haushaltsmitglieder nach den §§ 7 und 8 Abs. 1 vom Wohngeld ausgeschlossen sind oder
3. soweit die Inanspruchnahme missbräuchlich wäre, insbesondere wegen erheblichen Vermögens.

Teil 4. Bewilligung, Zahlung und Änderung des Wohngeldes

§ 22 Wohngeldantrag. (1) Wohngeld wird nur auf Antrag der wohngeldberechtigten Person geleistet.

(2) Im Fall des § 3 Abs. 3 wird vermutet, dass die antragstellende Person von den anderen Haushaltsmitgliedern als wohngeldberechtigte Person bestimmt ist.

(3) [1] Zieht die wohngeldberechtigte Person aus oder stirbt sie, kann der Antrag nach § 27 Abs. 1 auch von einem anderen Haushaltsmitglied gestellt werden, das die Voraussetzungen des § 3 Abs. 1 oder Abs. 2 erfüllt. [2] § 3 Abs. 3 bis 5 gilt entsprechend.

(4) Wird ein Wohngeldantrag für die Zeit nach dem laufenden Bewilligungszeitraum früher als zwei Monate vor Ablauf dieses Zeitraums gestellt, gilt der Erste des zweiten Monats vor Ablauf dieses Zeitraums als Zeitpunkt der Antragstellung im Sinne des § 24 Abs. 2.

(5) § 65a des Ersten[1] und § 115 des Zehnten Buches Sozialgesetzbuch[2] sind nicht anzuwenden.

§ 23[3] Auskunftspflicht. (1) [1] Soweit die Durchführung dieses Gesetzes es erfordert, sind folgende Personen verpflichtet, auf Verlangen der Wohngeldbehörde Auskunft über ihre für das Wohngeld maßgebenden Verhältnisse zu geben:

1. die Haushaltsmitglieder,
2. die sonstigen Personen, die mit der wohngeldberechtigten Person den Wohnraum gemeinsam bewohnen, und
3. bei einer Prüfung nach § 21 Nr. 3 zur Feststellung eines Unterhaltsanspruchs auch
 a) der Ehegatte, der Lebenspartner oder die Lebenspartnerin,
 b) der frühere Ehegatte, der frühere Lebenspartner oder die frühere Lebenspartnerin,
 c) die Kinder der zu berücksichtigenden Haushaltsmitglieder und
 d) die Eltern der zu berücksichtigenden Haushaltsmitglieder,
 die keine Haushaltsmitglieder sind.

[2] Die Haushaltsmitglieder sind verpflichtet, ihr Geschlecht anzugeben (§ 33 Abs. 3 Satz 1 Nr. 6 und § 35 Abs. 1 Nr. 5). [3] Die wohngeldberechtigte Person

[1] **Sartorius ErgBd. Nr. 401.**
[2] **Sartorius ErgBd. Nr. 410.**
[3] § 23 Abs. 1 Satz 1 Nr. 3 Buchst. a und b neu gef. mWv 30.12.2008 durch G v. 22.12.2008 (BGBl. I S. 2963); Abs. 4 neu gef. mWv 16.11.2012 durch G v. 9.11.2012 (BGBl. I S. 2291); Abs. 1 Satz 1 geänd., Satz 3 angef., Abs. 2 und 3 geänd. mWv 1.1.2016 durch G v. 2.10.2015 (BGBl. I S. 1610).

hat im Wohngeldantrag nach § 22 und im Antrag nach § 27 Absatz 1 alle Tatsachen anzugeben, die für die Leistung erheblich sind.

(2) Soweit die Durchführung dieses Gesetzes es erfordert, sind die Arbeitgeber der zu berücksichtigenden Haushaltsmitglieder verpflichtet, auf Verlangen der Wohngeldbehörde über Art und Dauer des Arbeitsverhältnisses sowie über Arbeitsstätte und Arbeitsverdienst Auskunft zu geben.

(3) Der Empfänger oder die Empfängerin der Miete ist verpflichtet, auf Verlangen der Wohngeldbehörde über die Höhe und Zusammensetzung der Miete sowie über andere das Miet- oder Nutzungsverhältnis betreffende Umstände Auskunft zu geben, soweit die Durchführung dieses Gesetzes es erfordert.

(4) [1]Zur Aufdeckung rechtswidriger Inanspruchnahme von Wohngeld sind die Kapitalerträge auszahlenden Stellen, denen ein zu berücksichtigendes Haushaltsmitglied einen Freistellungsauftrag für Kapitalerträge erteilt hat, verpflichtet, der Wohngeldbehörde Auskunft über die Höhe der zugeflossenen Kapitalerträge zu erteilen. [2]§ 21 Absatz 3 Satz 4 des Zehnten Buches Sozialgesetzbuch[1)] gilt entsprechend. [3]Ein Auskunftsersuchen der Wohngeldbehörde ist nur zulässig, wenn auf Grund eines Datenabgleichs nach § 33 der Verdacht besteht oder feststeht, dass Wohngeld rechtswidrig in Anspruch genommen wurde oder wird und dass das zu berücksichtigende Haushaltsmitglied, auch soweit es dazu berechtigt ist, nicht oder nicht vollständig bei der Ermittlung der Kapitalerträge mitwirkt. [4]Die Auslagen für Auskünfte von Kapitalerträge auszahlenden Stellen, die durch die Ermittlung der rechtswidrigen Inanspruchnahme von Wohngeld entstanden sind, sollen abweichend von § 64 Absatz 1 des Zehnten Buches Sozialgesetzbuch von der Person, die Wohngeld zu erstatten hat, erhoben werden.

(5) Auf die nach den Absätzen 1 bis 3 Auskunftspflichtigen sind die §§ 60 und 65 Abs. 1 und 3 des Ersten Buches Sozialgesetzbuch[2)] entsprechend anzuwenden.

§ 24[3)] Wohngeldbehörde und Entscheidung. (1) [1]Über den Wohngeldantrag muss die nach Landesrecht zuständige oder von der Landesregierung durch Rechtsverordnung oder auf sonstige Weise bestimmte Behörde (Wohngeldbehörde) schriftlich entscheiden. [2]Die Landesregierung kann ihre Befugnis nach Satz 1, die Zuständigkeit der Wohngeldbehörden zu bestimmen, auf die für die Ausführung des Wohngeldgesetzes zuständige oberste Landesbehörde übertragen. [3]§ 69 des Ersten Buches Sozialgesetzbuch[2)] bleibt unberührt.

(2) [1]Der Entscheidung sind die Verhältnisse im Bewilligungszeitraum, die im Zeitpunkt der Antragstellung zu erwarten sind, zu Grunde zu legen. [2]Treten nach dem Zeitpunkt der Antragstellung bis zur Bekanntgabe des Wohngeldbescheides Änderungen der Verhältnisse im Bewilligungszeitraum ein, sind sie grundsätzlich nicht zu berücksichtigen; Änderungen im Sinne des § 27 Absatz 1 *und 2* oder § 28 Absatz 1 bis 3 sollen berücksichtigt werden. [3]Satz 2 gilt für nach dem Zeitpunkt der Antragstellung bis zur Bekanntgabe des Wohngeldbescheides zu erwartende Änderungen entsprechend.

[1)] **Sartorius ErgBd. Nr. 410.**
[2)] **Sartorius ErgBd. Nr. 401.**
[3)] § 24 Abs. 3 Satz 2 geänd., Abs. 4 eingef., bish. Abs. 4 wird Abs. 5 und neu gef. mWv 1.1.2016 durch G v. 2.10.2015 (BGBl. I S. 1610); Abs. 2 Satz 2 geänd. mWv 1.1.2020 durch G v. 30.11.2019 (BGBl. I S. 1877).

(3) [1]Der Bewilligungsbescheid muss die in § 27 Abs. 3 Satz 1 Nr. 2 und 3 genannten Beträge ausweisen und einen Hinweis über die Mitteilungspflichten nach § 27 Abs. 3 und 4 sowie § 28 Abs. 1 Satz 2 und Abs. 4 Satz 1 enthalten. [2]Er soll einen Hinweis enthalten, dass der Wohngeldantrag für die Zeit nach Ablauf des Bewilligungszeitraums wiederholt werden kann und dass eine Neuentscheidung von Amts wegen mit der Folge des Wohngeldwegfalles oder eines verringerten Wohngeldes auch dann möglich ist, wenn keine Mitteilungspflicht besteht.

(4) Erzielt mindestens eines der zu berücksichtigenden Haushaltsmitglieder Einkünfte aus selbständiger Arbeit, aus Gewerbebetrieb oder aus Land- und Forstwirtschaft, so kann der Wohngeldbewilligungsbescheid mit der Auflage verbunden werden, dass die Einkommensteuerbescheide, die den Zeitraum der Wohngeldbewilligung betreffen, unverzüglich der Wohngeldbehörde zur Prüfung, ob ein Fall des § 27 Absatz 2 Satz 1 Nummer 3 vorliegt, vorzulegen sind.

(5) Wenn infolge des Umzugs der wohngeldberechtigten Person eine andere Wohngeldbehörde zuständig wird, bleibt abweichend von § 44 Absatz 3 des Zehnten Buches Sozialgesetzbuch[1]) die Wohngeldbehörde, die den Wohngeldbescheid erlassen hat, zuständig für

1. die Aufhebung eines Wohngeldbescheides,

2. die Rückforderung des zu erstattenden Wohngeldes sowie

3. die Unterrichtung und den Hinweis nach § 28 Absatz 5.

§ 25[2]) Bewilligungszeitraum. (1) [1]Das Wohngeld soll für zwölf Monate bewilligt werden. [2]Ist zu erwarten, dass sich die maßgeblichen Verhältnisse vor Ablauf von zwölf Monaten erheblich ändern, soll der Bewilligungszeitraum entsprechend verkürzt werden; im Einzelfall kann der Bewilligungszeitraum geteilt werden.

(2) [1]Der Bewilligungszeitraum beginnt am Ersten des Monats, in dem der Wohngeldantrag gestellt worden ist. [2]Treten die Voraussetzungen für die Bewilligung des Wohngeldes erst in einem späteren Monat ein, beginnt der Bewilligungszeitraum am Ersten dieses Monats.

(3) [1]Der Bewilligungszeitraum beginnt am Ersten des Monats, von dem ab Leistungen im Sinne des § 7 Abs. 1 abgelehnt worden sind, wenn der Wohngeldantrag vor Ablauf des Kalendermonats gestellt wird, der auf die Kenntnis der Ablehnung folgt. [2]Dies gilt entsprechend, wenn der Ausschluss nach § 8 Abs. 1 Satz 3 oder Abs. 2 als nicht erfolgt gilt.

(4) [1]Ist ein Wohngeldbewilligungsbescheid nach § 28 Absatz 3 unwirksam geworden, beginnt der Wohngeldbewilligungszeitraum abweichend von § 25 Absatz 3 Satz 1 frühestens am Ersten des Monats, von dem an die Unwirksamkeit des Wohngeldbewilligungsbescheides eingetreten ist; dies gilt nur unter der Voraussetzung, dass der Wohngeldantrag vor Ablauf des Kalendermonats gestellt wird, der

1. auf die Kenntnis der Ablehnung einer Leistung nach § 7 Absatz 1 folgt oder

[1]) **Sartorius ErgBd. Nr. 410.**
[2]) *§ 25 Abs. 3 Satz 3 aufgeh., bish. Abs. 4 wird Abs. 5, bish. Abs. 5 wird Abs. 4 und neu gef. mWv 1.1.2016 durch G v. 2.10.2015 (BGBl. I S. 1610).*

2. auf die Kenntnis von der Unwirksamkeit des Wohngeldbewilligungsbescheides folgt, wenn nur ein Teil der zu berücksichtigenden Haushaltsmitglieder nach § 7 vom Wohngeld ausgeschlossen ist.

[2] Der Ablehnung einer Leistung nach § 7 Absatz 1 im Sinne des § 25 Absatz 4 Satz 1 Nummer 1 stehen die Fälle des § 8 Absatz 1 Satz 3 und Absatz 2 gleich. [3] Wird eine Leistung nach § 7 Absatz 1 rückwirkend für alle zu berücksichtigenden Haushaltsmitglieder und nur für einen Teil des bisherigen Wohngeldbewilligungszeitraums gewährt, beginnt der neue Wohngeldbewilligungszeitraum am Ersten des Monats, von dem an die Leistung nach § 7 Absatz 1 nicht mehr gewährt wird; dies gilt nur unter der Voraussetzung, dass der Wohngeldantrag vor Ablauf des Kalendermonats gestellt wird, der auf die Kenntnis von dem Ende des Bewilligungszeitraums einer Leistung nach § 7 Absatz 1 folgt.

(5) Der neue Bewilligungszeitraum im Fall des § 27 Abs. 1 Satz 2 beginnt am Ersten des Monats, von dem an die erhöhte Miete oder Belastung rückwirkend berücksichtigt wird, wenn der Antrag vor Ablauf des Kalendermonats gestellt wird, der auf die Kenntnis von der Erhöhung der Miete oder Belastung folgt.

§ 26[1)] **Zahlung des Wohngeldes.** (1) [1] Das Wohngeld ist an die wohngeldberechtigte Person zu zahlen. [2] Es kann mit schriftlicher Einwilligung der wohngeldberechtigten Person oder, wenn dies im Einzelfall geboten ist, auch ohne deren Einwilligung, an ein anderes Haushaltsmitglied, an den Empfänger oder die Empfängerin der Miete oder in den Fällen des § 3 Abs. 1 Satz 2 Nr. 3 an den Leistungsträger im Sinne des § 12 des Ersten Buches Sozialgesetzbuch[2)] gezahlt werden. [3] Wird das Wohngeld nach Satz 2 gezahlt, ist die wohngeldberechtigte Person hiervon zu unterrichten.

(2) [1] Das Wohngeld ist monatlich im Voraus auf ein Konto eines Haushaltsmitgliedes bei einem Geldinstitut, für die die Verordnung (EU) Nr. 260/2012 des Europäischen Parlaments und des Rates vom 14. März 2012 zur Festlegung der technischen Vorschriften und der Geschäftsanforderungen für Überweisungen und Lastschriften in Euro und zur Änderung der Verordnung (EG) Nr. 924/2009 (ABl. L 94 vom 30.3.2012, S. 22) gilt (Geldinstitut), zu zahlen. [2] Ist ein solches Konto nicht vorhanden, kann das Wohngeld an den Wohnsitz der wohngeldberechtigten Person übermittelt werden; die dadurch veranlassten Kosten sollen vom Wohngeld abgezogen werden.

§ 27[3)] **Änderung des Wohngeldes.** (1) [1] Das Wohngeld ist auf Antrag neu zu bewilligen, wenn sich im laufenden Bewilligungszeitraum

1. die Anzahl der zu berücksichtigenden Haushaltsmitglieder erhöht,

2. die zu berücksichtigende Miete oder Belastung abzüglich der Beträge zur Entlastung bei den Heizkosten um mehr als 15 Prozent erhöht oder

3. das Gesamteinkommen um mehr als 15 Prozent verringert

[1)] § 26 Abs. 2 Satz 1 geänd. mWv 9.4.2013 durch G v. 3.4.2013 (*BGBl. I S. 610*); Abs. 1 Satz 4 aufgeh. mWv 1.1.2016 durch G v. 2.10.2015 (BGBl. I S. 1610).

[2)] **Sartorius ErgBd. Nr. 401.**

[3)] § 27 Abs. 1 Satz 1 Nr. 2 und Satz 2, Abs. 2 Satz 1 Nr. 2 und Satz 2 geänd. mWv 1.1.2011 durch G v. 9.12.2010 (BGBl. I S. 1885); Abs. 2 Satz 1 einl. Satzteil geänd., Sätze 6 und 7 angef., Abs. 3 Satz 1 einl. Satzteil und Satz 2 geänd., Abs. 4 neu gef. mWv 1.1.2016 durch G v. 2.10.2015 (BGBl. I S. 1610); Abs. 1 Satz 1 Nr. 2, Satz 2, Abs. 2 Satz 1 Nr. 2 und Satz 2 geänd. mWv 1.1.2021 durch G v. 15.5.2020 (BGBl. I S. 1015).

und sich dadurch das Wohngeld erhöht. [2] Im Fall des Satzes 1 Nr. 2 ist das Wohngeld auch rückwirkend zu bewilligen, frühestens jedoch ab Beginn des laufenden Bewilligungszeitraums, wenn sich die zu berücksichtigende Miete oder Belastung abzüglich der Beträge zur Entlastung bei den Heizkosten rückwirkend um mehr als 15 Prozent erhöht hat. [3] Satz 1 Nr. 3 ist auch anzuwenden, wenn sich das Gesamteinkommen um mehr als 15 Prozent verringert, weil sich die Anzahl der zu berücksichtigenden Haushaltsmitglieder verringert hat.

(2) [1] Über die Leistung des Wohngeldes ist von Amts wegen mit Wirkung ab dem Zeitpunkt der Änderung der Verhältnisse unter Aufhebung des Bewilligungsbescheides neu zu entscheiden, wenn sich im laufenden Bewilligungszeitraum nicht nur vorübergehend

1. die Anzahl der zu berücksichtigenden Haushaltsmitglieder auf mindestens ein zu berücksichtigendes Haushaltsmitglied verringert; § 6 Abs. 2 bleibt unberührt,

2. die zu berücksichtigende Miete oder Belastung abzüglich der Beträge zur Entlastung bei den Heizkosten um mehr als 15 Prozent verringert; § 6 Abs. 2 bleibt unberührt, oder

3. das Gesamteinkommen um mehr als 15 Prozent erhöht

und dadurch das Wohngeld wegfällt oder sich verringert. [2] Als Zeitpunkt der Änderung der Verhältnisse gilt im Fall des Satzes 1 Nr. 1 der Tag nach dem Auszug, im Fall des Satzes 1 Nr. 2 der Beginn des Zeitraums, für den sich die zu berücksichtigende Miete oder Belastung abzüglich der Beträge zur Entlastung bei den Heizkosten um mehr als 15 Prozent verringert, und im Fall des Satzes 1 Nr. 3 der Beginn des Zeitraums, für den das erhöhte Einkommen bezogen wird, das zu einer Erhöhung des Gesamteinkommens um mehr als 15 Prozent führt. [3] Tritt die Änderung der Verhältnisse nicht zum Ersten eines Monats ein, ist mit Wirkung vom Ersten des nächsten Monats an zu entscheiden. [4] Satz 1 Nr. 3 ist auch anzuwenden, wenn sich das Gesamteinkommen um mehr als 15 Prozent erhöht, weil sich die Anzahl der zu berücksichtigenden Haushaltsmitglieder erhöht hat. [5] Als Zeitpunkt der Antragstellung im Sinne des § 24 Abs. 2 gilt der Zeitpunkt der Kenntnis der Wohngeldbehörde von den geänderten Verhältnissen. [6] Eine Neuentscheidung von Amts wegen muss innerhalb eines Jahres, nachdem die Wohngeldbehörde von der Änderung der Verhältnisse Kenntnis erlangt hat, erfolgen. [7] Die Neuentscheidung ist unabhängig vom Bestehen einer Mitteilungspflicht.

(3) [1] Die wohngeldberechtigte Person muss der Wohngeldbehörde unverzüglich mitteilen, wenn sich im laufenden Bewilligungszeitraum nicht nur vorübergehend

1. die Anzahl der zu berücksichtigenden Haushaltsmitglieder (§ 6 Abs. 1) auf mindestens ein zu berücksichtigendes Haushaltsmitglied verringert oder die Anzahl der vom Wohngeld ausgeschlossenen Haushaltsmitglieder (§§ 7 und 8 Abs. 1) erhöht,

2. die monatliche Miete (§ 9) oder die monatliche Belastung (§ 10) um mehr als 15 Prozent gegenüber der im Bewilligungsbescheid genannten Miete oder Belastung verringert oder

3. die Summe aus den monatlichen positiven Einkünften nach § 14 Abs. 1 und den monatlichen Einnahmen nach § 14 Abs. 2 aller zu berücksichtigenden *Haushaltsmitglieder* um mehr als 15 Prozent gegenüber dem im Bewilligungsbescheid genannten Betrag erhöht; dies gilt auch, wenn sich der

Betrag um mehr als 15 Prozent erhöht, weil sich die Anzahl der zu berücksichtigenden Haushaltsmitglieder erhöht hat. [2] Die zu berücksichtigenden Haushaltsmitglieder sind verpflichtet, der wohngeldberechtigten Person Änderungen ihrer monatlichen positiven Einkünfte nach § 14 Abs. 1 und ihrer monatlichen Einnahmen nach § 14 Abs. 2 mitzuteilen.

(4) [1] Die Absätze 2 und 3 gelten entsprechend, wenn sich die Änderungen nach Absatz 2 Satz 1 und 4 und Absatz 3 Satz 1 auf einen abgelaufenen Bewilligungszeitraum beziehen. [2] Werden die Änderungen erst nach Ablauf des Bewilligungszeitraums bekannt und wirken sie auf einen oder mehrere abgelaufene Bewilligungszeiträume zurück, so ist eine Entscheidung nach Absatz 2 längstens für die drei Jahre, bevor die wohngeldberechtigte Person oder die zu berücksichtigenden Haushaltsmitglieder von der Änderung der Verhältnisse Kenntnis erlangt haben, zulässig; der Kenntnis steht die Nichtkenntnis infolge grober Fahrlässigkeit gleich. [3] Hat die wohngeldberechtigte Person eine Änderung nach Absatz 2 Satz 1 und 4 im laufenden Bewilligungszeitraum nicht mitgeteilt und erhält die Wohngeldbehörde daher erst nach Ablauf des Bewilligungszeitraums von der Änderung Kenntnis, so ist eine Entscheidung nach Absatz 2 längstens für zehn Jahre seit Änderung der Verhältnisse zulässig.

§ 28[1]) **Unwirksamkeit des Bewilligungsbescheides und Wegfall des Wohngeldanspruchs.** (1) [1] Der Bewilligungsbescheid wird vom Ersten des Monats an unwirksam, in dem der Wohnraum, für den Wohngeld bewilligt ist, von keinem zu berücksichtigenden Haushaltsmitglied mehr genutzt wird; erfolgt die Nutzungsaufgabe nicht zum Ersten eines Monats, wird der Bewilligungsbescheid vom Ersten des nächsten Monats an unwirksam. [2] Die wohngeldberechtigte Person muss der Wohngeldbehörde unverzüglich mitteilen, dass der Wohnraum nicht mehr genutzt wird. [3] Der Wechsel des Wohnraums innerhalb desselben Heimes im Sinne des Heimgesetzes[2]) oder entsprechender Gesetze der Länder gilt nicht als Nutzungsaufgabe.

(2) [1] Der Wohngeldanspruch fällt für den Monat weg, in dem das Wohngeld vollständig oder überwiegend nicht zur Bezahlung der Miete oder zur Aufbringung der Belastung verwendet wird (zweckwidrige Verwendung). [2] Der Bewilligungsbescheid ist mit Wirkung vom Ersten des Monats der zweckwidrigen Verwendung an aufzuheben, wenn seine Bekanntgabe nicht länger als zehn Jahre und die Kenntnis der Wohngeldbehörde von der zweckwidrigen Verwendung nicht länger als ein Jahr zurückliegt. [3] Die Sätze 1 und 2 gelten nicht, soweit der Wohngeldanspruch Gegenstand einer Aufrechnung, Verrechnung oder Pfändung nach den §§ 51, 52 und 54 des Ersten Buches Sozialgesetzbuch[3]) ist oder auf einen Leistungsträger im Sinne des § 12 des Ersten Buches Sozialgesetzbuch übergegangen ist.

(3) [1] Der Bewilligungsbescheid wird von dem Zeitpunkt an unwirksam, ab dem ein zu berücksichtigendes Haushaltsmitglied nach den §§ 7 und 8 Abs. 1

[1]) § 28 Abs. 2 Satz 3 geänd. mWv 1.1.2012 durch G v. 7.7.2009 (BGBl. I S. 1707); Abs. 1 Satz 2 geänd., Satz 3 angef., Abs. 2 Satz 2 neu gef., Abs. 4 Sätze 1 und 2, Abs. 5 und Abs. 6 geänd. mWv 1.1. 2016 durch G v. 2.10.2015 (BGBl. I S. 1610); Abs. 5 geänd. mWv 1.8.2016 durch G v. 26.7.2016 (BGBl. I S. 1824); Abs. 6 geänd. mWv 1.1.2020 durch G v. 30.11.2019 (BGBl. I S. 1877); Abs. 6 geänd. mWv 1.1.2021 durch G v. 12.8.2020 (BGBl. I S. 1879).
[2]) **Sartorius ErgBd. Nr. 419.**
[3]) **Sartorius ErgBd. Nr. 401.**

vom Wohngeld ausgeschlossen ist. [2]Im Fall des § 8 Abs. 1 Satz 3 bleibt der Bewilligungsbescheid unwirksam.

(4) [1]Die wohngeldberechtigte Person muss der Wohngeldbehörde unverzüglich mitteilen, wenn für ein zu berücksichtigendes Haushaltsmitglied ein Verwaltungsverfahren zur Feststellung von Grund und Höhe einer Leistung nach § 7 Abs. 1 oder Abs. 2 begonnen hat oder ein zu berücksichtigendes Haushaltsmitglied eine Leistung nach § 7 Abs. 1 empfängt. [2]Die zu berücksichtigenden Haushaltsmitglieder sind verpflichtet, der wohngeldberechtigten Person die in Satz 1 genannten Tatsachen mitzuteilen.

(5) Die wohngeldberechtigte Person ist von der Unwirksamkeit des Bewilligungsbescheides zu unterrichten und im Fall des Absatzes 3 auf die Antragsfrist nach § 25 Absatz 4 hinzuweisen.

(6) Der Wohngeldanspruch ändert sich nur wegen der in § 17a Absatz 3, § 27, den vorstehenden Absätzen 1 bis 3, § 42a oder der in den §§ 42b bis 44 genannten Umstände.

§ 29[1]) Haftung, Aufrechnung, Verrechnung und vorläufige Zahlungseinstellung. (1) Ist Wohngeld nach § 50 des Zehnten Buches Sozialgesetzbuch[2]) zu erstatten, haften neben der wohngeldberechtigten Person die volljährigen und bei der Berechnung des Wohngeldes berücksichtigten Haushaltsmitglieder als Gesamtschuldner.

(2) Die Wohngeldbehörde kann mit Ansprüchen auf Erstattung zu Unrecht erbrachten Wohngeldes abweichend von § 51 Abs. 2 des Ersten Buches Sozialgesetzbuch[3]) gegen Wohngeldansprüche statt bis zu deren Hälfte in voller Höhe aufrechnen.

(3) Die Wohngeldbehörde kann Ansprüche eines anderen Leistungsträgers abweichend von § 52 des Ersten Buches Sozialgesetzbuch mit der ihr obliegenden Wohngeldleistung verrechnen, soweit nach Absatz 2 die Aufrechnung zulässig ist.

(4) [1]Die Wohngeldbehörde kann die Zahlung des Wohngeldes ohne Erlass eines Bescheides vorläufig ganz oder teilweise einstellen, wenn sie Kenntnis von Tatsachen erhält, die die Annahme rechtfertigen, dass

1. der Bewilligungsbescheid bei Erlass rechtswidrig war und die wohngeldberechtigte Person sich nach § 45 Absatz 2 Satz 3 des Zehnten Buches Sozialgesetzbuch nicht auf Vertrauensschutz berufen kann oder

2. die Voraussetzungen des § 27 Absatz 2, auch in Verbindung mit Absatz 4 oder § 28 Absatz 1 bis 3, vorliegen.

[2]Soweit die Kenntnis nicht auf Angaben der wohngeldberechtigten Person beruht, sind dieser unverzüglich die vorläufige Einstellung der Wohngeldzahlung sowie die dafür maßgeblichen Gründe mitzuteilen und ist ihr Gelegenheit zu geben, sich zu äußern. [3]Die Wohngeldbehörde hat eine vorläufig eingestellte Wohngeldleistung unverzüglich nachzuzahlen, wenn nicht entweder der Bewilligungsbescheid, aus dem sich der Anspruch ergibt, zwei Monate nach der Einstellung der Zahlung mit Wirkung für die Vergangenheit aufgehoben oder nachträglich die Unwirksamkeit des Bewilligungsbescheides festgestellt

[1]) § 29 Überschrift neu gef., Abs. 4 angef. mWv 1.1.2016 durch G v. 2.10.2015 (BGBl. I S. 1610).
[2]) *Sartorius* ErgBd. **Nr. 410.**
[3]) *Sartorius* ErgBd. **Nr. 401.**

worden ist. [4] Satz 3 gilt nicht, wenn die Wohngeldleistung zwischenzeitlich nach Maßgabe des § 66 des Ersten Buches Sozialgesetzbuch entzogen wurde.

§ 30[1] **Rücküberweisung und Erstattung im Todesfall.** (1) [1] Wird der Bewilligungsbescheid nach § 28 Abs. 1 Satz 1 auf Grund eines Todesfalles unwirksam, gilt Wohngeld, das für die Zeit nach dem Tod des zu berücksichtigenden Haushaltsmitgliedes auf ein Konto bei einem Geldinstitut überwiesen wurde, als unter Vorbehalt geleistet. [2] Das Geldinstitut muss es der überweisenden Behörde oder der Wohngeldbehörde zurücküberweisen, wenn diese es als zu Unrecht geleistet zurückfordert. [3] Eine Verpflichtung zur Rücküberweisung besteht nicht, soweit

1. über den entsprechenden Betrag bei Eingang der Rückforderung bereits anderweitig verfügt worden ist, es sei denn, die Rücküberweisung kann aus einem Guthaben erfolgen, oder

2. die Wohngeldbehörde das Wohngeld an den Empfänger oder die Empfängerin der Miete überwiesen hat.

[4] Das Geldinstitut darf den nach Satz 1 überwiesenen Betrag nicht zur Befriedigung eigener Forderungen verwenden.

(2) [1] Wird der Bewilligungsbescheid nach § 28 Abs. 1 Satz 1 auf Grund eines Todesfalles unwirksam und ist Wohngeld weiterhin geleistet worden, sind mit Ausnahme des Empfängers oder der Empfängerin der Miete folgende Personen verpflichtet, der Wohngeldbehörde den entsprechenden Betrag zu erstatten:

1. Personen, die das Wohngeld unmittelbar in Empfang genommen haben,

2. Personen, auf deren Konto der entsprechende Betrag durch ein banktübliches Zahlungsgeschäft weitergeleitet wurde, und

3. Personen, die über den entsprechenden Betrag verfügungsberechtigt sind und ein banktübliches Zahlungsgeschäft zu Lasten des Kontos vorgenommen oder zugelassen haben.

[2] Der Erstattungsanspruch ist durch Verwaltungsakt geltend zu machen. [3] Ein Geldinstitut, das eine Rücküberweisung mit dem Hinweis abgelehnt hat, dass über den entsprechenden Betrag bereits anderweitig verfügt wurde, muss der überweisenden Behörde oder der Wohngeldbehörde auf Verlangen Name und Anschrift der in Satz 1 Nr. 2 und 3 genannten Personen und etwaiger neuer Kontoinhaber oder Kontoinhaberinnen benennen. [4] Ein Anspruch nach § 50 des Zehnten Buches Sozialgesetzbuch[2] bleibt unberührt.

(3) Der Rücküberweisungs- und der Erstattungsanspruch verjähren in vier Jahren nach Ablauf des Kalenderjahres, in dem die Wohngeldbehörde Kenntnis von der Überzahlung erlangt hat.

§ 31 Rücknahme eines rechtswidrigen nicht begünstigenden Wohngeldbescheides. [1] Wird ein rechtswidriger nicht begünstigender Wohngeldbescheid mit Wirkung für die Vergangenheit zurückgenommen, muss die Wohngeldbehörde längstens für zwei Jahre vor der Rücknahme Wohngeld leisten. [2] Im Übrigen bleibt § 44 des Zehnten Buches Sozialgesetzbuch[2] unberührt.

[1] § 30 Abs. 1 Satz 1 geänd. mWv 9.4.2013 durch G v. 3.4.2013 (BGBl. I S. 610).
[2] **Sartorius ErgBd. Nr. 410.**

Teil 5. Kostentragung und Datenabgleich

§ 32 Erstattung des Wohngeldes durch den Bund. Wohngeld nach diesem Gesetz, das von einem Land gezahlt worden ist, ist diesem zur Hälfte vom Bund zu erstatten.

§ 33[1] Datenabgleich. (1) [1]Die Wohngeldbehörde ist verpflichtet, auf Verlangen

1. der zuständigen Behörde für die Erhebung der Ausgleichszahlung nach dem Gesetz über den Abbau der Fehlsubventionierung im Wohnungswesen und den hierzu erlassenen landesrechtlichen Vorschriften und

2. der jeweils zuständigen Behörde nach entsprechenden Gesetzen der Länder

diesen Behörden mitzuteilen, ob der betroffene Wohnungsinhaber Wohngeld erhält. [2]Maßgebend hierfür ist der Zeitraum, der zwischen dem Zeitpunkt nach § 3 Abs. 2 des Gesetzes über den Abbau der Fehlsubventionierung im Wohnungswesen und den hierzu erlassenen landesrechtlichen Vorschriften oder nach entsprechenden Gesetzen der Länder und der Erteilung des Bescheides über die Ausgleichszahlung liegt.

(2) [1]Die Wohngeldbehörde darf, um die rechtswidrige Inanspruchnahme von Wohngeld zu vermeiden oder aufzudecken, die Haushaltsmitglieder regelmäßig durch einen Datenabgleich daraufhin überprüfen,

1. ob und für welche Zeiträume Leistungen nach § 7 Abs. 1 beantragt oder empfangen werden oder wurden oder ein Ausschlussgrund nach § 7 Abs. 2, Abs. 3 oder § 8 Abs. 1 vorliegt oder vorlag,

2. ob und welche Daten nach § 45d Abs. 1 und § 45e des Einkommensteuergesetzes, insbesondere zu der Höhe von Kapitalerträgen, für die ein Freistellungsauftrag erteilt worden ist, dem Bundeszentralamt für Steuern übermittelt worden sind,

3. ob und für welche Zeiträume bereits Wohngeld beantragt oder empfangen wird oder wurde,

4. ob und von welchem Zeitpunkt an die Bundesagentur für Arbeit die Leistung von Arbeitslosengeld eingestellt hat,

5. ob, mit welchem Wohnungsstatus und von welchem Zeitpunkt an ein Haushaltsmitglied unter der Anschrift der Wohnung, für die Wohngeld beantragt wird oder geleistet wird oder wurde, bei der Meldebehörde gemeldet ist oder nicht mehr gemeldet ist und unter welcher neuen Anschrift es gemeldet ist,

6. ob, für welche Zeiträume und bei welchem Arbeitgeber eine Versicherungspflicht im Sinne des § 2 Abs. 1 des Vierten Buches Sozialgesetzbuch[2] oder eine geringfügige Beschäftigung besteht oder bestand und entsprechende Daten an die Datenstelle der Rentenversicherung (Datenstelle) und die

[1] § 33 Abs. 1a eingef. mWv 2.4.2009 durch G v. 28.3.2009 (BGBl. I S. 634); Abs. 1a aufgeh. mWv 3.12.2011 durch G v. 23.11.2011 (BGBl. I S. 2298); Abs. 2 Satz 1 Nr. 5 neu gef., Nr. 6, Abs. 3 Satz 1 Nr. 3 und ausl. Satzteil, Abs. 3 Satz 1 neu gef., Abs. 5 Sätze 4 und 5, Abs. 6 Satz 1 geänd. mWv 16.11.2012 durch G v. 9.11.2012 (BGBl. I S. 2291); Abs. 2 Satz 1 Nr. 2, Abs. 3 Satz 1 abschl. Satzteil geänd. mWv 1.1.2016 durch G v. 2.10.2015 (BGBl. I S. 1610); Abs. 2 Nr. 6 geänd. mWv 1.1.2017 durch G v. 11.11.2016 (BGBl. I S. 2500); Abs. 3 Satz 4, Abs. 5 Satz 4 geänd. mWv 26.11.2019 durch G v. 20.11.2019 (BGBl. I S. 1626); Abs. 3 Satz 1 Nr. 1 neu gef. mWv 1.1.2020 durch G v. 30.11.2019 (BGBl. I S. 1877).

[2] **Aichberger, SGB Nr. 4.**

Minijob-Zentrale der Deutschen Rentenversicherung Knappschaft-Bahn-See übermittelt worden sind,

7. ob, in welcher Höhe und für welche Zeiträume Leistungen der Renten- und Unfallversicherungen durch die Deutsche Post AG oder die Deutsche Rentenversicherung Knappschaft-Bahn-See gezahlt worden sind.

[2] Richtet sich eine Überprüfung auf einen abgelaufenen Bewilligungszeitraum, ist diese bis zum Ablauf von zehn Jahren nach Bekanntgabe des zugehörigen Bewilligungsbescheides zulässig.

(3) [1] Zur Durchführung des Datenabgleichs dürfen nur

1. Familienname, Vornamen unter Kennzeichnung des gebräuchlichen Vornamens, Geburtsname,

2. Geburtsdatum, Geburtsort,

3. Anschrift der Wohnung, für die Wohngeld beantragt oder bewilligt wurde,

4. Tatsache des Wohngeldantrages und des Wohngeldempfangs,

5. Zeitraum des Wohngeldempfangs und

6. Geschlecht

an die in Absatz 1 Satz 1 und Absatz 2 Satz 1 Nr. 2, 4, 6 und 7 genannten und die für die Leistungen nach Absatz 2 Satz 1 Nummer 1 und 3 zuständigen Stellen sowie an die Meldebehörden übermittelt werden. [2] Die Daten, die der Wohngeldbehörde oder der sonst nach Landesrecht für den Datenabgleich zuständigen oder von der Landesregierung durch Rechtsverordnung oder auf sonstige Weise für den Datenabgleich bestimmten Stelle (zentralen Landesstelle) übermittelt werden, dürfen nur für den Zweck der Überprüfung nach den Absätzen 1 und 2 genutzt werden. [3] Die übermittelten Daten, bei denen die Überprüfung zu keinen abweichenden Feststellungen führt, sind unverzüglich zu löschen oder zu vernichten. [4] Die betroffenen Personen sind von der Wohngeldbehörde auf die Datenübermittlung hinzuweisen.

(4) [1] Die in Absatz 2 Satz 1 Nummer 2, 4, 6 und 7 genannten und die für die Leistungen nach Absatz 2 Satz 1 Nummer 1 und 3 zuständigen Stellen sowie die Meldebehörden führen den Datenabgleich durch und übermitteln die Daten über Feststellungen im Sinne des Absatzes 2 an die Wohngeldbehörde oder die zentrale Landesstelle oder über die zentrale Landesstelle an die Wohngeldbehörde. [2] Die jenen Stellen überlassenen Daten und Datenträger sind nach Durchführung des Datenabgleichs unverzüglich zurückzugeben, zu löschen oder zu vernichten.

(5) [1] Der Datenabgleich nach den Absätzen 1 und 2 ist auch in automatisierter Form zulässig. [2] Hierzu dürfen die erforderlichen Daten nach den Absätzen 1 bis 3 auch der Datenstelle als Vermittlungsstelle übermittelt werden. [3] Die Datenstelle darf die nach den Absätzen 1 bis 3 übermittelten Daten speichern, nutzen und an die in Absatz 2 Satz 1 Nr. 2, 4, 6 und 7 genannten Stellen weiter übermitteln, soweit dies für den Datenabgleich nach den Absätzen 1 und 2 erforderlich ist. [4] Die Datenstelle darf die nach § 52 Absatz 1 und 2 des Zweiten Buches Sozialgesetzbuch[1] und nach § 118 Absatz 2 des Zwölften Buches Sozialgesetzbuch[2] übermittelten Daten sowie die Daten der Stammsatzdatei im Sinne des § 150 des Sechsten Buches Sozialgesetzbuch[3] und des bei ihr für

[1] **Sartorius ErgBd. Nr. 402.**
[2] **Sartorius ErgBd. Nr. 412.**
[3] **Aichberger, SGB Nr. 6.**

die Prüfung bei den Arbeitgebern geführten Dateisystems im Sinne des § 28p Absatz 8 Satz 3 des Vierten Buches Sozialgesetzbuch nutzen, soweit dies für den Datenabgleich nach den Absätzen 1 und 2 erforderlich ist. [5] Die Datenstelle gleicht die übermittelten Daten ab und leitet Feststellungen im Sinne des Absatzes 2 an die übermittelnde Wohngeldbehörde oder die zentrale Landesstelle oder über die zentrale Landesstelle an die übermittelnde Wohngeldbehörde zurück. [6] Die nach Satz 3 bei der Datenstelle gespeicherten Daten sind unverzüglich nach Abschluss der Datenabgleiche zu löschen. [7] Bei einer Weiterübermittlung der Daten nach Satz 3 gilt Absatz 4 für die in Absatz 2 Satz 1 Nr. 2, 4, 6 und 7 genannten Stellen entsprechend.

(6) [1] Die Landesregierung kann ihre Befugnis, eine zentrale Landesstelle für den Datenabgleich zu bestimmen (Absatz 3 Satz 2, Absatz 4 Satz 1 und Absatz 5 Satz 5), auf die für die Ausführung des Wohngeldgesetzes zuständige oberste Landesbehörde übertragen. [2] § 69 des Ersten Buches Sozialgesetzbuch[1)] bleibt unberührt.

(7) Die Landesregierungen werden ermächtigt, durch Rechtsverordnung die Einzelheiten des Verfahrens des automatisierten Datenabgleichs und die Kosten des Verfahrens zu regeln, solange und soweit nicht die Bundesregierung von der Ermächtigung nach § 38 Nr. 3 Gebrauch gemacht hat.

Teil 6. Wohngeldstatistik

§ 34[2)] Zweck der Wohngeldstatistik, Auskunfts- und Hinweispflicht.

(1) Über die Anträge und Entscheidungen nach diesem Gesetz sowie über die persönlichen und sachlichen Verhältnisse der zu berücksichtigenden Haushaltsmitglieder, die für die Berechnung des regionalen Mietenniveaus (§ 12 Abs. 3 und 4), den Wohngeld- und Mietenbericht (§ 39), die Beurteilung der Auswirkungen dieses Gesetzes und dessen Fortentwicklung erforderlich sind, ist eine Bundesstatistik zu führen.

(2) [1] Für die Erhebung sind die Wohngeldbehörden auskunftspflichtig. [2] Die Angaben der in § 23 Abs. 1 bis 3 bezeichneten Personen dienen zur Ermittlung der statistischen Daten im Rahmen der Erhebungsmerkmale (§ 35).

(3) Die wohngeldberechtigte Person ist auf die Verwendung der auf Grund der Bearbeitung bekannten Daten für die Wohngeldstatistik und auf die Möglichkeit der Übermittlung nach § 36 Abs. 2 Satz 2 hinzuweisen.

§ 35[3)] Erhebungs- und Hilfsmerkmale. (1) Erhebungsmerkmale sind

1. die Art des Wohngeldantrages und der Entscheidung;
2. der Betrag des im Erhebungszeitraum gezahlten Wohngeldes;
3. der Beginn und das Ende des Bewilligungszeitraums nach Monat und Jahr; die Art und die Höhe des monatlichen Wohngeldes;

[1)] **Sartorius ErgBd. Nr. 401.**
[2)] § 34 Abs. 1 geänd. mWv 1.1.2013 durch G v. 9.11.2012 (BGBl. I S. 2291).
[3)] § 35 Abs. 1 Nr. 9 geänd., Nr. 10 angef. mWv 30.12.2008 durch G v. 22.12.2008 (BGBl. I S. 2963); Abs. 1 Nr. 2 geänd., Nr. 4, 5 und 8 neu gef., mWv 1.1.2013 durch G v. 9.11.2012 (BGBl. I S. 2291); Überschrift, Abs. 2 neu gef., Abs. 1 Nr. 9 geänd., Abs. 3 aufgeh. mWv 1.1.2016 durch G v. 2.10.2015 (BGBl. I S. 1610); Abs. 1 Nr. 9 geänd., Nr. 10 aufgeh. mWv 1.1.2020 durch G v. 30.11.2019 (BGBl. I S. 1877); Abs. 1 Nr. 8 Buchst. a geänd. mWv 1.1.2021 durch G v. 12.8.2020 (BGBl. I S. 1879).

4. die Anzahl der zu berücksichtigenden Haushaltsmitglieder, ihre jeweilige Beteiligung am Erwerbsleben und Stellung im Beruf sowie jeweils die Anzahl derjenigen zu berücksichtigenden Haushaltsmitglieder, die

a) noch nicht 18 Jahre alt sind oder

b) mindestens 18 Jahre, aber noch nicht 25 Jahre alt sind;

ist mindestens ein Haushaltsmitglied vom Wohngeld ausgeschlossen, sind auch die Gesamtzahl der Haushaltsmitglieder und die Zahl der vom Wohngeld ausgeschlossenen Haushaltsmitglieder Erhebungsmerkmale;

5. das jeweilige Geschlecht der zu berücksichtigenden Haushaltsmitglieder;

6. der bei der Berechnung des Wohngeldes berücksichtigte Höchstbetrag für Miete und Belastung (§ 12 Abs. 1), im Fall des § 11 Abs. 3 der Anteil des Höchstbetrages, der dem Anteil der zu berücksichtigenden Haushaltsmitglieder an der Gesamtzahl der Haushaltsmitglieder entspricht;

7. die Wohnverhältnisse der zu berücksichtigenden Haushaltsmitglieder nach Größe der Wohnung, nach Höhe der monatlichen Miete oder Belastung, im Fall des § 10 Abs. 2 Satz 2 die Belastung aus Zinsen und Tilgung, nach öffentlicher Förderung der Wohnung oder Förderung nach dem Wohnraumförderungsgesetz[1] oder entsprechenden Gesetzen der Länder, der Grund der Wohngeldberechtigung (§ 3 Abs. 1 bis 3) sowie die Gemeinde und deren Mietenstufe (§ 12); ist mindestens ein Haushaltsmitglied vom Wohngeld ausgeschlossen, sind die Größe der Wohnung und die Höhe der monatlichen Miete oder Belastung kopfteilig zu erheben;

8. a) das monatliche Gesamteinkommen, die Freibeträge nach den §§ 17, 17a und die Abzugsbeträge für Unterhaltsleistungen nach § 18;

b) die Summe der positiven Einkünfte und der Einnahmen nach § 14 sowie die Abzugsbeträge für Steuern und Sozialversicherungsbeiträge nach § 16 für jedes einzelne zu berücksichtigende Haushaltsmitglied;

im Fall einer nach den §§ 7 und 8 Absatz 1 vom Wohngeld ausgeschlossenen wohngeldberechtigten Person ist die Art der beantragten oder empfangenen Leistung nach § 7 Absatz 1 Erhebungsmerkmal;

9. das Datum der Berechnung des Wohngeldes und die angewandte Gesetzesfassung.

(2) [1] Hilfsmerkmale sind:

1. Name und Anschrift der auskunftspflichtigen Wohngeldbehörde;

2. Wohngeldnummern; diese dürfen keine Angaben über persönliche oder sachliche Verhältnisse der wohngeldberechtigten Personen sowie der in § 23 Absatz 1 bis 3 bezeichneten Personen enthalten oder einen Rückschluss auf diese Verhältnisse zulassen.

[2]Die Wohngeldnummern sind zu löschen, sobald bei den statistischen Landesämtern die Überprüfung der Erhebungs- und Hilfsmerkmale auf ihre Schlüssigkeit und Vollständigkeit sowie die Erstellung und Prüfung von Ergebnissen aus der Bestandsfortschreibung abgeschlossen sind, spätestens jedoch nach Ablauf von fünf Jahren seit dem Zeitpunkt, zu dem die Erhebung durchgeführt worden ist (§ 36 Absatz 1).

[1] Nr. **355**.

§ 36[1] Erhebungszeitraum und Zusatzaufbereitungen. (1) [1]Die Erhebung der Angaben nach § 35 Abs. 1 ist vierteljährlich für das jeweils abgelaufene Kalendervierteljahr durchzuführen. [2]Die statistischen Landesämter stellen dem Statistischen Bundesamt unverzüglich nach Ablauf des Erhebungszeitraums oder zu dem in der Rechtsverordnung nach § 38 angegebenen Zeitpunkt folgende Angaben zur Verfügung:

1. vierteljährlich
 a) für den Erhebungszeitraum die Angaben nach § 35 Abs. 1 Nr. 1 bis 3;
 b) für den vergleichbaren Erhebungszeitraum des vorausgehenden Kalenderjahres die Angaben nach § 35 Abs. 1 Nr. 1 und 3 unter Berücksichtigung der rückwirkenden Entscheidungen aus den folgenden zwölf Monaten;
2. jährlich die Angaben nach § 35 Abs. 1 Nr. 3 bis 9 für den Monat Dezember unter Berücksichtigung der rückwirkenden Entscheidungen aus dem folgenden Kalendervierteljahr.

(2) [1]Einzelangaben nach § 35 Abs. 1 aus einer Zufallsstichprobe mit einem Auswahlsatz von 25 Prozent der wohngeldberechtigten Personen sind dem Statistischen Bundesamt jährlich unverzüglich nach Ablauf des Erhebungszeitraums für Zusatzaufbereitungen zur Verfügung zu stellen. [2]Zu diesem Zweck dürfen die Einzelangaben auch dem Bundesministerium des Innern, für Bau und Heimat oder, dem die Aufgabe der Zusatzaufbereitung an das Bundesamt für Bauwesen und Raumordnung übertragen worden ist, an dieses übermittelt werden. [3]Dabei sind mehr als fünf zu berücksichtigende Haushaltsmitglieder, die Wohnraum gemeinsam bewohnen, in einer Gruppe zusammenzufassen. [4]Bei der empfangenden Stelle ist eine Organisationseinheit einzurichten, die räumlich, organisatorisch und personell von anderen Aufgabenbereichen zu trennen ist. [5]Die in dieser Organisationseinheit tätigen Personen müssen Amtsträger oder für den öffentlichen Dienst besonders Verpflichtete sein. [6]Sie dürfen aus ihrer Tätigkeit gewonnene Erkenntnisse nur für Zwecke des § 34 Abs. 1 verwenden. [7]Die nach Satz 2 übermittelten Einzelangaben dürfen nicht mit anderen Daten zusammengeführt werden.

Teil 7. Schlussvorschriften

§ 37[2] Bußgeld. (1) Ordnungswidrig handelt, wer vorsätzlich oder leichtfertig

1. entgegen § 23 Absatz 1 Satz 1, Absatz 2 oder Absatz 3 eine Auskunft nicht, nicht richtig, nicht vollständig oder nicht rechtzeitig gibt,
2. entgegen § 23 Absatz 1 Satz 3 eine Angabe nicht richtig macht oder
3. entgegen § 27 Abs. 3 Satz 1, auch in Verbindung mit Abs. 4, oder § 28 Abs. 1 Satz 2 oder Abs. 4 Satz 1 eine Änderung in den Verhältnissen, die für den Wohngeldanspruch erheblich ist, nicht, nicht richtig, nicht vollständig oder nicht rechtzeitig mitteilt.

[1] § 36 Abs. 1 Satz 2 einl. Satzteil, Nr. 1 Buchst a und b, Abs. 2 Satz 1 geänd. mWv 1.1.2013 durch G v. 9.11.2012 (BGBl. I S. 2291); Abs. 2 Satz 2 neu gef., Satz 3 eingef., bish. Sätze 3–6 werden Sätze 4–7, Abs. 3 aufgeh. mWv 1.1.2016 durch G v. 2.10.2015 (BGBl. I S. 1610); Überschrift neu gef. mWv 1.8.2016 durch G v. 26.7.2016 (BGBl. I S. 1824); Abs. 2 Satz 2 geänd. mWv 1.1.2020 durch G v. 30.11.2019 (BGBl. I S. 1877).
[2] § 37 Abs. 1 Nr. 1 geänd., Nr. 2 eingef., bish. Nr. 2 wird Nr. 3 mWv 1.1.2016 durch G v. 2.10. 2015 (BGBl. I S. 1610).

(2) Die Ordnungswidrigkeit kann mit einer Geldbuße bis zu zweitausend Euro geahndet werden.

(3) Verwaltungsbehörden im Sinne des § 36 Abs. 1 Nr. 1 des Gesetzes über Ordnungswidrigkeiten[1]) sind die Wohngeldbehörden.

§ 38[2)3)] **Verordnungsermächtigung.** Die Bundesregierung wird ermächtigt, durch Rechtsverordnung mit Zustimmung des Bundesrates

1. nähere Vorschriften zur Durchführung dieses Gesetzes über die Ermittlung
 a) der zu berücksichtigenden Miete oder Belastung (§§ 9 bis 12) und
 b) des Einkommens (§§ 13 bis 18)

 zu erlassen, wobei pauschalierende Regelungen getroffen werden dürfen, soweit die Ermittlung im Einzelnen nicht oder nur mit unverhältnismäßig großen Schwierigkeiten möglich ist;

2. die Mietenstufen für Gemeinden festzulegen (§ 12);

3. die Einzelheiten des Verfahrens des automatisierten Datenabgleichs und die Kosten des Verfahrens (§ 33) zu regeln; dabei kann auch geregelt werden, dass die Länder der Datenstelle die Kosten für die Durchführung des Datenabgleichs zu erstatten haben;

4. die Höchstbeträge für Miete und Belastung (Anlage 1) und die Werte für „b" und „c" (Anlage 2) nach einer gesetzlichen Änderung nach § 43 zum 1. Januar jedes zweiten Jahres fortzuschreiben und die bisherigen Höchstbeträge in Anlage 1 und Werte in Anlage 2 zu ersetzen. Soweit der Deutsche Bundestag beschließt, die Höchstbeträge für Miete und Belastung (§ 12 Absatz 1), die Mietenstufen (§ 12 Absatz 2) oder die Höhe des Wohngeldes (§ 19) für ein solches Jahr neu festzusetzen, hat dieser Beschluss Vorrang gegenüber der Verordnungsermächtigung.

§ 39[4)] **Wohngeld- und Mietenbericht; Bericht über die Lage und Entwicklung der Wohnungs- und Immobilienwirtschaft in Deutschland.**

(1) [1]Die Höchstbeträge für Miete und Belastung (§ 12 Absatz 1), die Mietenstufen (§ 12 Absatz 2) und die Höhe des Wohngeldes (§ 19) sind alle zwei Jahre zu überprüfen. [2]Dabei ist der bundesdurchschnittlichen und regionalen Entwicklung der Wohnkosten sowie der Veränderung der Einkommensverhältnisse und der Lebenshaltungskosten Rechnung zu tragen. [3]Die Bundesregierung berichtet dem Deutschen Bundestag über die Überprüfung nach den Sätzen 1 und 2, über die Durchführung dieses Gesetzes und über die Entwicklung der Mieten für Wohnraum alle zwei Jahre bis zum 30. Juni. [4]Dabei fließen auch miet- und wohnungsmarktrelevante Daten der Länder ein. [5]Der erste erweiterte Bericht erfolgt bis zum 30. Juni 2017.

(2) [1]Die Bundesregierung berichtet dem Deutschen Bundestag über die Lage und Entwicklung der Wohnungs- und Immobilienwirtschaft in Deutschland alle vier Jahre bis zum 30. Juni. [2]Der nächste Bericht erfolgt bis zum

[1]) **Schönfelder Nr. 94.**

[2]) § 38 ist gem. Art. 6 Abs. 2 Satz 1 G v. 24.9.2008 (BGBl. I S. 1856) am 1.10.2008 in Kraft getreten.

[3]) § 38 Nr. 3 zweiter Halbs. angef. mWv 16.11.2012 durch G v. 9.11.2012 (BGBl. I S. 2291); Nr. 3 geänd., Nr. 4 angef. mWv 1.1.2020 durch G v. 30.11.2019 (BGBl. I S. 1877).

[4]) § 39 neu gef. mWv 1.1.2016 durch G v. 2.10.2015 (BGBl. I S. 1610).

30. Juni 2017. [3] Eine im gleichen Jahr vorzulegende Berichterstattung nach Absatz 1 ist jeweils zu integrieren.

§ 40 Einkommen bei anderen Sozialleistungen. Das einer vom Wohngeld ausgeschlossenen wohngeldberechtigten Person bewilligte Wohngeld ist bei Sozialleistungen nicht als deren Einkommen zu berücksichtigen.

§ 41 [)] Auswirkung von Rechtsänderungen auf die Wohngeldentscheidung. (1) [1] Ist im Zeitpunkt des Inkrafttretens von Änderungen dieses Gesetzes oder der Wohngeldverordnung[2)] über einen Wohngeldantrag noch nicht entschieden, ist für die Zeit bis zum Inkrafttreten der Änderungen nach dem bis dahin geltenden Recht, für die darauf folgende Zeit nach dem neuen Recht zu entscheiden. [2] Ist über einen nach dem Zeitpunkt des Inkrafttretens von Änderungen dieses Gesetzes oder der Wohngeldverordnung gestellten Wohngeldantrag, einen Antrag nach § 27 Absatz 1 oder in einem Verfahren nach § 27 Absatz 2 zu entscheiden und beginnt der Bewilligungszeitraum vor dem Zeitpunkt des Inkrafttretens von Änderungen dieses Gesetzes oder der Wohngeldverordnung, ist Satz 1 entsprechend anzuwenden.

(2) Ist vor dem Inkrafttreten von Änderungen dieses Gesetzes oder der Wohngeldverordnung über einen Wohngeldantrag entschieden worden, verbleibt es für die Leistung des Wohngeldes auf Grund dieses Antrages bei der Anwendung des jeweils bis zu der Entscheidung geltenden Rechts.

Teil 8. Überleitungsvorschriften

§ 42 Gesetz zur Neuregelung des Wohngeldrechts und zur Änderung des Sozialgesetzbuches. (1) [1] Ist bis zum 31. Dezember 2008 über einen Wohngeldantrag, einen Antrag nach § 29 Abs. 1 oder Abs. 2 des Wohngeldgesetzes in der bis zum 31. Dezember 2008 geltenden Fassung oder in einem Verfahren nach § 29 Abs. 3 des Wohngeldgesetzes in der bis zum 31. Dezember 2008 geltenden Fassung noch nicht entschieden worden, ist für die Zeit bis zum 31. Dezember 2008 nach dem bis dahin geltenden Recht, für die darauf folgende Zeit nach dem neuen Recht zu entscheiden. [2] Ist in den Fällen des Satzes 1 das ab dem 1. Januar 2009 zu bewilligende Wohngeld geringer als das für Dezember 2008 zu bewilligende Wohngeld, verbleibt es auch für den Teil des Bewilligungszeitraums ab dem 1. Januar 2009 bei diesem Wohngeld; § 24 Abs. 2 und § 27 Abs. 2 bleiben unberührt.

(2) [1] Ist Wohngeld vor dem 1. Januar 2009 bewilligt worden und liegt mindestens ein Teil des Bewilligungszeitraums im Jahr 2009, ist von Amts wegen über die Leistung des Wohngeldes für den nach dem 31. Dezember 2008 liegenden Teil des Bewilligungszeitraums unter Anwendung des ab dem 1. Januar 2009 geltenden Rechts nach Ablauf des Bewilligungszeitraums schriftlich neu zu entscheiden; ergibt sich kein höheres Wohngeld, verbleibt es bei dem bereits bewilligten Wohngeld. [2] In den Fällen des Satzes 1 sind bei der Entscheidung abweichend von § 24 Abs. 2 die tatsächlichen Verhältnisse im Zeitraum, für den über die Leistung des Wohngeldes rückwirkend neu zu entscheiden ist, zu Grunde zu legen. [3] Die §§ 29 und 30 des Wohngeldgesetzes in der bis zum 31. Dezember 2008 geltenden Fassung und die §§ 27 und 28

[1)] § 41 Abs. 1 Satz 2 angef. mWv 16.11.2012 durch G v. 9.11.2012 (BGBl. I S. 2291).
[2)] Nr. **386**.

bleiben unberührt. [4]Liegt das Ende des Bewilligungszeitraums, über den nach Satz 1 neu zu entscheiden ist, nach dem 31. März 2009, kann eine angemessene vorläufige Zahlung geleistet werden.

(3) Ist über einen nach dem 31. Dezember 2008 gestellten Wohngeldantrag, einen Antrag nach § 27 Abs. 1 oder in einem Verfahren nach § 27 Abs. 2 zu entscheiden und beginnt der Bewilligungszeitraum vor dem 1. Januar 2009, ist Absatz 1 entsprechend anzuwenden.

(4) [1]Wären bei einer Entscheidung nach den Absätzen 1 und 3 Haushaltsmitglieder nach § 6 zu berücksichtigen, die in einem anderen Bescheid für denselben Wohnraum bereits als zum Haushalt rechnende Familienmitglieder berücksichtigt worden sind, bleibt dieser andere Bescheid von der Entscheidung nach den Absätzen 1 und 3 unberührt. [2]Bei der Entscheidung nach den Absätzen 1 und 3 ist das Wohngeld ohne die Haushaltsmitglieder nach Satz 1 und unter entsprechender Anwendung des § 11 Abs. 3 zu berechnen. [3]Die Fälle der Sätze 1 und 2 gelten als erhebliche Änderung der maßgeblichen Verhältnisse nach § 25 Abs. 1 Satz 2

(5) [1]Bei Wohn- und Wirtschaftsgemeinschaften von Personen, welche die Voraussetzungen nach § 4 des Wohngeldgesetzes in der bis zum 31. Dezember 2008 geltenden Fassung nicht erfüllen und keinen gemeinsamen Wohngeldbescheid erhalten haben, ist bei der Entscheidung nach Absatz 2 rückwirkend das Wohngeld gemeinsam zu berechnen, wenn die Voraussetzungen nach den §§ 5 und 6 Abs. 1 erfüllt werden. [2]Enden die Bewilligungszeiträume in den Fällen des Satzes 1 nicht gleichzeitig, ist abweichend von Absatz 2 Satz 1 Halbsatz 1 nach dem Ende des zuletzt ablaufenden Bewilligungszeitraums für alle zu berücksichtigenden Haushaltsmitglieder nach § 6 einheitlich neu zu entscheiden. [3]Beträgt der Zeitraum zwischen dem Ende des zuerst ablaufenden Bewilligungszeitraums und dem Ende des zuletzt ablaufenden Bewilligungszeitraums mehr als drei Monate, ist auf Antrag eine angemessene vorläufige Zahlung zu leisten.

§ 42a[1]) Übergangsregelung aus Anlass des Gesetzes zur Reform des Wohngeldrechts und zur Änderung des Wohnraumförderungsgesetzes.

(1) [1]Ist Wohngeld vor dem 1. Januar 2016 bewilligt worden und liegt mindestens ein Teil des Bewilligungszeitraums nach dem 31. Dezember 2015, so ist abweichend von § 41 Absatz 2 von Amts wegen über die Leistung des Wohngeldes für den Zeitraum vom 1. Januar 2016 bis zum Ende des bisherigen Bewilligungszeitraums neu zu entscheiden. [2]Bei der Entscheidung nach Satz 1 sind die §§ 12 und 16 Satz 1 bis 4 und § 19 dieses Gesetzes sowie die Anlage zu § 1 Absatz 3 der Wohngeldverordnung[2]) in der ab dem 1. Januar 2016 geltenden Fassung anzuwenden, alle anderen Vorschriften in der bis zum 31. Dezember 2015 geltenden Fassung. [3]Ergibt sich bei der Entscheidung nach Satz 1 kein höheres Wohngeld, verbleibt es bis zum Ende des bisherigen Bewilligungszeitraums bei dem bereits bewilligten Wohngeld. [4]Ist bei der Entscheidung nach Satz 1 nicht berücksichtigt worden, dass sich die Anzahl der zu berücksichtigenden Haushaltsmitglieder, die zu berücksichtigende Miete oder Belastung oder das Gesamteinkommen verändert hat oder das Wohngeld zweck-

[1]) § 42a eingef. mWv 1.1.2016 durch G v. 2.10.2015 (BGBl. I S. 1610) mit Ausnahme des Abs. 3 Satz 1, der bereits am 1.11.2015 in Kraft getreten ist.
[2]) Nr. **386.**

widrig verwendet wird, so ist abweichend von § 45 des Zehnten Buches Sozialgesetzbuch[1]) die Entscheidung nach Satz 1 nur rechtswidrig, wenn gleichzeitig die Voraussetzungen des § 27 oder § 28 Absatz 2 dieses Gesetzes vorliegen; im Übrigen bleibt § 45 des Zehnten Buches Sozialgesetzbuch unberührt. [5] Wird die Entscheidung nach Satz 1 unter den Voraussetzungen des § 45 des Zehnten Buches Sozialgesetzbuch zurückgenommen, wird der bisherige Bewilligungsbescheid wieder wirksam; die §§ 27 und 28 bleiben unberührt. [6] Ist Wohngeld vor dem 1. Januar 2016 bewilligt worden und liegt mindestens ein Teil des Bewilligungszeitraums nach dem 31. Dezember 2015 und ist über einen Antrag nach § 27 Absatz 1 oder in einem Verfahren nach § 27 Absatz 2 neu zu entscheiden, so ist für die Zeit bis zum 31. Dezember 2015 nach dem bis dahin geltenden Recht, ab dem 1. Januar 2016 bis zum Ende des bisherigen Bewilligungszeitraums nach neuem Recht nach Maßgabe des Satzes 1 und danach vollständig nach neuem Recht zu entscheiden. [7] Der Bewilligungsbescheid nach Satz 1 muss auf die besonderen Entscheidungsgrundlagen der Sätze 1 bis 5 hinweisen, insbesondere darauf, dass eine Entscheidung nach § 27 oder § 28 Absatz 2 dem Bewilligungsbescheid nach Satz 1 noch nachfolgen kann und bezogen auf den Zeitpunkt der Änderung, der auch vor dem 1. Januar 2016 liegen kann, das Wohngeld wegfallen oder sich verringern kann.

(2) [1] Ist bis zum 31. Dezember 2015 über einen Wohngeldantrag nach § 22 noch nicht entschieden, so ist für die Zeit bis zum 31. Dezember 2015 nach dem bis dahin geltenden Recht und für die darauffolgende Zeit nach dem neuen Recht zu entscheiden. [2] Ist in den Fällen des Satzes 1 das ab dem 1. Januar 2016 zu bewilligende Wohngeld geringer als das für Dezember 2015 zu bewilligende Wohngeld, verbleibt es auch für den Teil des Bewilligungszeitraums ab dem 1. Januar 2016 bei diesem Wohngeld. [3] Ist über einen nach dem 31. Dezember 2015 gestellten Wohngeldantrag nach § 22 zu entscheiden und beginnt der Bewilligungszeitraum vor dem 1. Januar 2016, so sind die Sätze 1 und 2 entsprechend anzuwenden. [4] § 24 Absatz 2 und 27 bleiben unberührt.

(3) [1] In Fällen des § 31 Absatz 1 Satz 1 des Unterhaltssicherungsgesetzes sind § 14 Absatz 2 Nummer 23 und § 20 Absatz 1 dieses Gesetzes in der bis zum 31. Oktober 2015 geltenden Fassung anzuwenden. [2] Im Übrigen gelten die Absätze 1 und 2.

§ 42b[2]) **Übergangsregelung aus Anlass des Gesetzes zur Stärkung des Wohngeldes.** (1) [1] Ist Wohngeld vor dem 1. Januar 2020 bewilligt worden und liegt mindestens ein Teil des Bewilligungszeitraums nach dem 31. Dezember 2019, so ist abweichend von § 41 Absatz 2 von Amts wegen über die Leistung des Wohngeldes für den Zeitraum vom 1. Januar 2020 bis zum Ende des bisherigen Bewilligungszeitraums neu zu entscheiden. [2] Bei der Entscheidung nach Satz 1 sind die §§ 12, 17 und 19 dieses Gesetzes und die Anlage zu § 1 Absatz 3 der Wohngeldverordnung[3]) in der ab dem 1. Januar 2020 geltenden Fassung anzuwenden. [3] Ergibt sich aus der Entscheidung nach Satz 1 kein höheres Wohngeld, verbleibt es bis zum Ende des bisherigen Bewilligungszeitraums bei dem bereits bewilligten Wohngeld.

(2) [1] Ist bei der Entscheidung nach Absatz 1 Satz 1 nicht berücksichtigt worden, dass

[1]) *Sartorius ErgBd. Nr. 410.*
[2]) § 42b eingef. m W v 1.1.2020 durch G v. 30.11.2019 (BGBl. 1 S. 1877).
[3]) Nr. **386.**

1. sich die Anzahl der zu berücksichtigenden Haushaltsmitglieder, die zu berücksichtigende Miete oder Belastung oder das Gesamteinkommen geändert hat,
2. das Wohngeld zweckwidrig verwendet wird oder
3. die Voraussetzungen für den erhöhten anrechnungsfreien Betrag nach § 14 Absatz 2 Nummer 19 Buchstabe a oder Nummer 20 Buchstabe a oder einen anrechnungsfreien Betrag nach § 14 Absatz 2 Nummer 19 Buchstabe b vorliegen,

so ist diese Entscheidung nur rechtswidrig, wenn gleichzeitig die Voraussetzungen der §§ 27 oder 28 Absatz 2 dieses Gesetzes vorliegen; im Übrigen bleibt § 45 des Zehnten Buches Sozialgesetzbuch[1] unberührt. [2] Wird die Entscheidung nach Absatz 1 Satz 1 unter den Voraussetzungen des § 45 des Zehnten Buches Sozialgesetzbuch zurückgenommen, so wird der bisherige Bewilligungsbescheid wieder wirksam; die §§ 27 und 28 bleiben unberührt.

(3) Ist Wohngeld vor dem 1. Januar 2020 bewilligt worden und liegt mindestens ein Teil des Bewilligungszeitraums nach dem 31. Dezember 2019 und ist über einen Antrag nach § 27 Absatz 1 oder in einem Verfahren nach § 27 Absatz 2 neu zu entscheiden, so ist für die Zeit bis zum 31. Dezember 2019 nach dem bis dahin geltenden Recht, ab dem 1. Januar 2020 nach neuem Recht zu entscheiden.

(4) Der Bewilligungsbescheid nach Absatz 1 Satz 1 muss auf die besonderen Entscheidungsgrundlagen der Absätze 1 und 2 hinweisen, insbesondere darauf, dass eine Entscheidung nach den §§ 27 oder 28 Absatz 2 oder die Mitteilung über die Unwirksamkeit nach § 28 Absatz 1 oder 3 dem Bewilligungsbescheid noch folgen kann und bezogen auf den Zeitpunkt der Änderung der Verhältnisse, der auch vor dem 1. Januar 2020 liegen kann, das Wohngeld wegfallen oder sich verringern kann.

(5) [1] Ist bis zum 31. Dezember 2019 über einen Wohngeldantrag nach § 22 noch nicht entschieden, so ist für die Zeit bis zum 31. Dezember 2019 nach dem bis dahin geltenden Recht und für die darauffolgende Zeit nach dem neuen Recht zu entscheiden. [2] Ist in den Fällen des Satzes 1 das ab dem 1. Januar 2020 zu bewilligende Wohngeld geringer als das für Dezember 2019 zu bewilligende Wohngeld, so verbleibt es auch für den Teil des Bewilligungszeitraums ab dem 1. Januar 2020 bei diesem Wohngeld.

(6) [1] Ist über einen nach dem 31. Dezember 2019 gestellten Wohngeldantrag nach § 22 zu entscheiden und beginnt der Bewilligungszeitraum vor dem 1. Januar 2020, so ist Absatz 5 entsprechend anzuwenden. [2] § 24 Absatz 2 und § 27 bleiben unberührt.

§ 42c[2] Übergangsregelung aus Anlass des Gesetzes zur Entlastung bei den Heizkosten im Wohngeld im Kontext der CO2-Bepreisung.

(1) [1] Ist Wohngeld vor dem 1. Januar 2021 bewilligt worden und liegt mindestens ein Teil des Bewilligungszeitraums nach dem 31. Dezember 2020, so ist abweichend von § 41 Absatz 2 von Amts wegen über die Leistung des Wohngeldes für den Zeitraum vom 1. Januar 2021 bis zum Ende des bisherigen Bewilligungszeitraums neu zu entscheiden. [2] Bei der Entscheidung nach Satz 1

[1] **Sartorius ErgBd. Nr. 410.**
[2] § 42c eingef. mWv 1.1.2021 durch G v. 15.5.2020 (BGBl. I S. 1015).

sind die §§ 11 und 12 dieses Gesetzes in der ab dem 1. Januar 2021 geltenden Fassung anzuwenden.

(2) [1]Ist bei der Entscheidung nach Absatz 1 Satz 1 nicht berücksichtigt worden, dass sich die Anzahl der zu berücksichtigenden Haushaltsmitglieder, die zu berücksichtigende Miete oder Belastung oder das Gesamteinkommen geändert hat, so ist diese Entscheidung nur rechtswidrig, wenn gleichzeitig die Voraussetzungen des § 27 Absatz 1 oder 2 vorliegen. [2]Im Übrigen bleibt § 45 des Zehnten Buches Sozialgesetzbuch[1]) unberührt. [3]Wird die Entscheidung nach Absatz 1 Satz 1 unter den Voraussetzungen des § 45 des Zehnten Buches Sozialgesetzbuch zurückgenommen, so wird der bisherige Bewilligungsbescheid wieder wirksam. [4]Die §§ 27 und 28 bleiben unberührt.

(3) Ist Wohngeld vor dem 1. Januar 2021 bewilligt worden und liegt mindestens ein Teil des Bewilligungszeitraums nach dem 31. Dezember 2020 und ist über einen Antrag nach § 27 Absatz 1 oder in einem Verfahren nach § 27 Absatz 2 neu zu entscheiden, so ist für die Zeit bis zum 31. Dezember 2020 nach dem bis dahin geltenden Recht und ab dem 1. Januar 2021 nach neuem Recht zu entscheiden.

(4) Der Bewilligungsbescheid nach Absatz 1 Satz 1 muss auf die besonderen Entscheidungsgrundlagen der Absätze 1 und 2 hinweisen, insbesondere darauf, dass eine Entscheidung nach den §§ 27 oder 28 Absatz 2 oder die Mitteilung über die Unwirksamkeit nach § 28 Absatz 1 oder 3 dem Bewilligungsbescheid noch folgen kann und dass ab dem Zeitpunkt der Änderung der Verhältnisse, der auch vor dem 1. Januar 2021 liegen kann, das Wohngeld wegfallen oder sich verringern kann.

(5) Ist bis zum 31. Dezember 2020 über einen Wohngeldantrag nach § 22 noch nicht entschieden, so ist für die Zeit bis zum 31. Dezember 2020 nach dem bis dahin geltenden Recht und für die darauf folgende Zeit nach dem neuen Recht zu entscheiden.

(6) [1]Ist über einen nach dem 31. Dezember 2020 gestellten Wohngeldantrag nach § 22 zu entscheiden und beginnt der Bewilligungszeitraum vor dem 1. Januar 2021, so ist Absatz 5 entsprechend anzuwenden. [2]§ 24 Absatz 2 und § 27 bleiben unberührt.

§ 43[2]) Fortschreibung des Wohngeldes. (1) [1]Wurden durch die Änderung dieses Gesetzes die Höchstbeträge für Miete und Belastung (§ 12 Absatz 1), die Mietenstufen (§ 12 Absatz 2) oder die Höhe des Wohngeldes (§ 19) neu ermittelt und festgesetzt, so werden danach zum 1. Januar jedes zweiten Jahres die folgenden Berechnungsgrößen des Wohngeldes durch Rechtsverordnung mit Zustimmung des Bundesrates (§ 38 Nummer 4) fortgeschrieben:

1. die Höchstbeträge für Miete und Belastung (Anlage 1) auf Grund der Entwicklung der bundesweiten Bruttokaltmieten, gemessen durch den Teilindex für Nettokaltmiete und Wohnungsnebenkosten des Verbraucherpreisindex für Deutschland des Statistischen Bundesamtes;

2. die Werte für „b" (Anlage 2) auf Grund der Entwicklung der bundesweiten Bruttokaltmieten, gemessen durch den Teilindex für Nettokaltmiete und Wohnungsnebenkosten des Verbraucherpreisindex für Deutschland des Statistischen Bundesamtes;

[1]) **Sartorius ErgBd. Nr. 410.**
[2]) § 43 neu gef. mWv 1.1.2020 durch G v. 30.11.2019 (BGBl. I S. 1877).

3. die Werte für „c" (Anlage 2) auf Grund der bundesweiten Entwicklung der Verbraucherpreise, gemessen durch den Verbraucherpreisindex für Deutschland des Statistischen Bundesamtes.

[2] Die erste Fortschreibung des Wohngeldes erfolgt zum 1. Januar 2022.

(2) § 12 Absatz 4 Satz 1 findet bei der Fortschreibung des Wohngeldes keine Anwendung.

(3) Für die Fortschreibung der Berechnungsgrößen maßgeblich ist die prozentuale Veränderung der Jahresdurchschnittswerte der in Absatz 1 genannten Indizes des zweiten Jahres vor Inkrafttreten der Fortschreibung des Wohngeldes gegenüber den jeweiligen Jahresdurchschnittswerten des vierten Jahres vor Inkrafttreten der Fortschreibung.

(4) [1] Die Höchstbeträge für Miete und Belastung (Anlage 1) werden am 1. Januar 2022 und dann alle zwei Jahre zum 1. Januar um den Prozentsatz erhöht oder verringert, um den sich der vom Statistischen Bundesamt festgestellte Teilindex nach Absatz 1 Nummer 1 verändert hat. [2] Für die Veränderung am 1. Januar 2022 ist die Erhöhung oder Verringerung des Jahresdurchschnitts des Teilindex nach Absatz 1 Nummer 1 maßgeblich, die im Jahr 2020 gegenüber dem Jahr 2018 eingetreten ist. [3] Die sich danach ergebenden Beträge sind jeweils bis unter 0,50 Euro auf den nächsten vollen Euro-Betrag abzurunden sowie ab 0,50 Euro auf den nächsten vollen Euro-Betrag aufzurunden und ergeben die fortgeschriebenen Höchstbeträge für Miete und Belastung (Anlage 1).

(5) [1] Die Werte für „b" (Anlage 2) werden am 1. Januar 2022 und dann alle zwei Jahre zum 1. Januar mit einhundert multipliziert und anschließend durch die Summe aus einhundert und dem Prozentsatz dividiert, um den sich der vom Statistischen Bundesamt festgestellte Teilindex nach Absatz 1 Nummer 2 verändert hat. [2] Für die prozentuale Veränderung am 1. Januar 2022 ist die Erhöhung oder Verringerung des Jahresdurchschnitts des Teilindex nach Absatz 1 Nummer 2 maßgeblich, die im Jahr 2020 gegenüber dem Jahr 2018 eingetreten ist. [3] Die sich danach ergebenden Werte sind jeweils auf die sechste Nachkommastelle abzurunden und ergeben die fortgeschriebenen Werte für „b" (Anlage 2).

(6) [1] Die Werte für „c" (Anlage 2) werden am 1. Januar 2022 und dann alle zwei Jahre zum 1. Januar mit einhundert multipliziert und anschließend durch die Summe aus einhundert und dem Prozentsatz dividiert, um den sich der vom Statistischen Bundesamt festgestellte Verbraucherpreisindex nach Absatz 1 Nummer 3 verändert hat. [2] Für die prozentuale Veränderung am 1. Januar 2022 ist die Erhöhung oder Verringerung des Jahresdurchschnitts des Verbraucherpreisindex nach Absatz 1 Nummer 3 maßgeblich, die im Jahr 2020 gegenüber dem Jahr 2018 eingetreten ist. [3] Die sich danach ergebenden Werte sind jeweils auf die siebte Nachkommastelle abzurunden und ergeben die fortgeschriebenen Werte für „c" *(Anlage 2)*.

(7) Für die Fortschreibungen nach dem 1. Januar 2022 gelten die Absätze 4 bis 6 entsprechend.

§ 44[1] Übergangsregelung bei Fortschreibung des Wohngeldes.

(1) [1] Ist Wohngeld vor dem Inkrafttreten der Fortschreibung des Wohngeldes (§ 43) bewilligt worden und dauert mindestens ein Teil des Bewilligungszeitraums nach dem Inkrafttreten der Fortschreibung noch an, so ist abweichend von § 41 Absatz 2 von Amts wegen über die Leistung des Wohngeldes für den Zeitraum vom Inkrafttreten der Fortschreibung bis zum Ende des bisherigen Bewilligungszeitraums neu zu entscheiden. [2] Bei der Entscheidung sind die Höchstbeträge für Miete und Belastung (Anlage 1) und die Werte für „b" und „c" (Anlage 2) in der ab dem Inkrafttreten der aktuellen Fortschreibung geltenden Fassung anzuwenden.

(2) [1] Ist bei der Entscheidung nach Absatz 1 Satz 1 nicht berücksichtigt worden, dass sich die Anzahl der zu berücksichtigenden Haushaltsmitglieder, die zu berücksichtigende Miete oder Belastung oder das Gesamteinkommen geändert hat, so ist diese Entscheidung nur rechtswidrig, wenn gleichzeitig die Voraussetzungen des § 27 Absatz 1 oder 2 vorliegen. [2] Im Übrigen bleibt § 45 des Zehnten Buches Sozialgesetzbuch[2] unberührt. [3] Wird die Entscheidung nach Absatz 1 Satz 1 unter den Voraussetzungen des § 45 des Zehnten Buches Sozialgesetzbuch zurückgenommen, so wird der bisherige Bewilligungsbescheid wieder wirksam. [4] Die §§ 27 und 28 bleiben unberührt.

(3) Ist Wohngeld vor dem Inkrafttreten der aktuellen Fortschreibung bewilligt worden und dauert mindestens ein Teil des Bewilligungszeitraums nach dem Inkrafttreten der Fortschreibung noch an und ist über einen Antrag nach § 27 Absatz 1 oder in einem Verfahren nach § 27 Absatz 2 neu zu entscheiden, so ist für die Zeit bis zum Inkrafttreten der Fortschreibung nach dem bis dahin geltenden Recht, ab dem Inkrafttreten der Fortschreibung nach neuem Recht zu entscheiden.

(4) Der Bewilligungsbescheid nach Absatz 1 Satz 1 muss auf die besonderen Entscheidungsgrundlagen der Absätze 1 und 2 hinweisen, insbesondere darauf, dass eine Entscheidung nach den §§ 27 oder 28 Absatz 2 oder die Mitteilung über die Unwirksamkeit nach § 28 Absatz 1 oder 3 dem Bewilligungsbescheid noch folgen kann und bezogen auf den Zeitpunkt der Änderung der Verhältnisse, der auch vor dem Inkrafttreten der aktuellen Fortschreibung liegen kann, das Wohngeld wegfallen oder sich verringern kann.

(5) [1] Ist bis zum Inkrafttreten der Fortschreibung über einen Wohngeldantrag nach § 22 noch nicht entschieden, so ist für die Zeit bis zum Inkrafttreten der Fortschreibung nach dem bis dahin geltenden Recht und für die darauf folgende Zeit nach dem neuen Recht zu entscheiden. [2] Ist über einen vor dem Inkrafttreten der Fortschreibung gestellten Wohngeldantrag nach § 22 zu entscheiden und beginnt der Bewilligungszeitraum vor dem Inkrafttreten der Fortschreibung, so ist Satz 1 entsprechend anzuwenden. [3] § 24 Absatz 2 und § 27 bleiben unberührt.

[1] § 44 neu gef. mWv 1.1.2020 durch G v. 30.11.2019 (BGBl. I S. 1877); Abs. 2 neu gef. mWv 1.1. 2021 durch G v. 15.5.2020 (BGBl. I S. 1015).
[2] **Sartorius ErgBd. Nr. 410.**

Anlage 1[1)]
(zu § 12 Absatz 1)

Anzahl der zu berücksichtigenden Haushaltsmitglieder	Mietenstufe	Höchstbetrag in Euro
1	I	338
	II	381
	III	426
	IV	478
	V	525
	VI	575
	VII	633
2	I	409
	II	461
	III	516
	IV	579
	V	636
	VI	697
	VII	767
3	I	487
	II	549
	III	614
	IV	689
	V	757
	VI	830
	VII	912
4	I	568
	II	641
	III	716
	IV	803
	V	884
	VI	968
	VII	1 065
5	I	649
	II	732
	III	818
	IV	918
	V	1 010
	VI	1 106
	VII	1 217
Mehrbetrag für jedes weitere zu berücksichtigende Haushaltsmitglied	I	77
	II	88
	III	99
	IV	111
	V	121
	VI	139
	VII	153

[1)] Anl. 1 eingef. mWv 1.1.2020 durch G v. 30.11.2019 (BGBl. I S. 1877).

Anlage 2[1]
(zu § 19 Absatz 1)

Werte für „a", „b" und „c"

Die in die Formel nach § 19 Absatz 1 Satz 1 einzusetzenden, nach der Anzahl der zu berücksichtigenden Haushaltsmitglieder unterschiedenen Werte „a", „b" und „c" sind der nachfolgenden Tabelle zu entnehmen:

	1 Haushalts- mitglied	2 Haushalts- -mitglieder	3 Haushalts- -mitglieder	4 Haushalts- -mitglieder	5 Haushalts- -mitglieder	6 Haushalts- -mitglieder
a	4,000E-2	3,000E-2	2,000E-2	1,000E-2	0	− 1,000E-2
b	5,800E-4	4,050E-4	3,500E-4	3,130E-4	2,760E-4	2,580E-4
c	1,180E-4	8,800E-5	7,090E-5	3,680E-5	3,590E-5	3,080E-5

	7 Haushalts- -mitglieder	8 Haushalts- -mitglieder	9 Haushalts- -mitglieder	10 Haushalts- -mitglieder	11 Haushalts- -mitglieder	12 Haushalts- -mitglieder
a	− 2,000E-2	− 3,000E-2	− 4,000E-2	− 6,000E-2	− 1,000E-1	− 1,400E-1
b	2,390E-4	2,120E-4	1,840E-4	1,470E-4	1,100E-4	1,010E-4
c	3,160E-5	3,160E-5	3,330E-5	3,850E-5	4,530E-5	5,130E-5

Hierbei bedeuten:

E-1 geteilt durch	10,	
E-2 geteilt durch	100,	
E-4 geteilt durch	10 000,	
E-5 geteilt durch	100 000.	

[1] *Bish. Anl.* 1 wird Anl. 2 und neu gef. mWv 1.1.2020 durch G v. 30.11.2019 (BGBl. I S. 1877); geänd. mWv 23.5.2020 durch G v. 15.5.2020 (BGBl. I S. 1015).

Anlage 3[1)]
(zu § 19 Absatz 2)

Rechenschritte und Rundungen

1. Werte für „M" und „Y", die unterhalb der folgenden Tabellenwerte liegen, werden durch diese ersetzt:

	1 Haushalts-mitglied	2 Haushalts-mitglieder	3 Haushalts-mitglieder	4 Haushalts-mitglieder	5 Haushalts-mitglieder	6 Haushalts-mitglieder
M	52	64	76	88	99	99
Y	275	357	414	447	532	618

	7 Haushalts-mitglieder	8 Haushalts-mitglieder	9 Haushalts-mitglieder	10 Haushalts-mitglieder	11 Haushalts-mitglieder	12 Haushalts-mitglieder
M	111	123	135	146	180	286
Y	702	787	872	957	1 248	1 443

2. Das ungerundete monatliche Wohngeld ergibt sich durch Einsetzen der Werte für „a", „b", „c" (Anlage 2) und für „M" und „Y" in die Formel nach § 19 Absatz 1 Satz 1 und durch Ausführen der vier folgenden Rechenschritte:
Berechnung der Dezimalzahlen
$z1 = a + b \cdot M + c \cdot Y$,
$z2 = z1 \cdot Y$,
$z3 = M - z2$,
$z4 = 1,15 \cdot z3$.
Hierbei sind die Dezimalzahlen als Festkommazahlen mit zehn Nachkommastellen zu berechnen.

3. Dieses ungerundete monatliche Wohngeld ist bis unter 0,50 Euro auf den nächsten vollen Euro-Betrag abzurunden sowie von 0,50 Euro an auf den nächsten vollen Euro-Betrag aufzurunden.

[1)] Bish. Anl. 2 wird Anl. 3, Überschr. und Nr. 1 neu gef. mWv 1.1.2020 durch G v. 30.11.2019 (BGBl. I S. 1877; geänd. mWv 23.5.2020 durch G v. 15.5.2020 (BGBl. I S. 1015).

386. Wohngeldverordnung (WoGV)[1]

In der Fassung der Bekanntmachung vom 19. Oktober 2001[2]
(BGBl. I S. 2722)

FNA 8601-1-1

geänd. durch Art. 5a VO zur Berechnung der Wohnfläche, über die Aufstellung von Betriebskosten und zur Änd. anderer VOen v. 25.11.2003 (BGBl. I S. 2346), Art. 54 Viertes G für moderne Dienstleistungen am Arbeitsmarkt v. 24.12.2003 (BGBl. I S. 2954), Art. 3 G zur Neuregelung des Wohngeldrechts und zur Änd. des SGB v. 24.9.2008 (BGBl. I S. 1856), Art. 1 Zehnte ÄndVO v. 15.12. 2008 (BGBl. I S. 2486), Art. 1 Elfte ÄndVO v. 11.12.2012 (BGBl. I S. 2654), Art. 2 WohngeldreformG v. 2.10.2015 (BGBl. I S. 1610), Art. 22 Abs. 10 6. SGB IV-ÄndG v. 11.11.2016 (BGBl. I S. 2500) und Art. 2 WohngeldstärkungsG v. 30.11.2019 (BGBl. I S. 1877)

Inhaltsübersicht[3]

[1] Die VO wurde erlassen auf Grund von § 36 Abs. 1 WoGG (Nr. **385**).
[2] Neubekanntmachung der WoGV idF der Bek. v. 6.2.2001 (BGBl. I S. 192) in der ab 1.1.2002 geltenden Fassung.
[3] Inhaltsübers. neu gef. mWv 1.1.2009 durch G v. 24.9.2008 (BGBl. I S. 1856); geänd. mWv 1.1. 2009 durch VO v. 15.12.2008 (BGBl. I S. 2486); geänd. mWv 1.1.2013 durch VO v. 11.12.2012 (BGBl. I S. 2654); geänd. mWv 1.1.2016 durch G v. 2.10.2015 (BGBl. I S. 1610); geänd. mWv 1.1. 2020 durch G v. 30.11.2019 (BGBl. I S. 1877).

Teil 1.[1] Anwendungsbereich

§ 1[2] Anwendungsbereich. (1) Die Miete und der Mietwert im Sinne des Wohngeldgesetzes[3] sind nach den Vorschriften des Teils 2 dieser Verordnung zu ermitteln.

(2) Die Belastung im Sinne des Wohngeldgesetzes ist nach Teil 3 dieser Verordnung zu berechnen, soweit nicht nach § 10 Abs. 2 Satz 2 des Wohngeldgesetzes von einer vollständigen Wohngeld-Lastenberechnung abgesehen werden kann.

(3) Die Mietenstufen für Gemeinden ergeben sich aus der dieser Verordnung beigefügten Anlage.

§ 1a[4] *(aufgehoben)*

Teil 2.[5] Ermittlung der Miete

§ 2[6] Miete. (1) Zur Miete im Sinne des § 9 Abs. 1 des Wohngeldgesetzes[3] gehören auch Beträge, die im Zusammenhang mit dem Miet- oder mietähnlichen Nutzungsverhältnis auf Grund eines Vertrages mit dem Vermieter oder einem Dritten an einen Dritten zu zahlen sind.

(2) [1] Von der Miete sind keine anderen Beträge als die in § 9 Absatz 2 des Wohngeldgesetzes genannten Kosten und Vergütungen abzusetzen. [2] § 5 bleibt unberührt.

§ 3[7] Mietvorauszahlungen und Mieterdarlehen. (1) Ist die Miete ganz oder teilweise im Voraus bezahlt worden (Mietvorauszahlung), sind die im Voraus bezahlten Beträge so zu behandeln, als ob sie jeweils in dem Zeitraum bezahlt worden wären, für den sie bestimmt sind.

(2) Hat der Mieter dem Vermieter ein Mieterdarlehen gegeben und wird die Forderung des Mieters aus dem Mieterdarlehen ganz oder teilweise mit der Miete verrechnet, gehören zur Miete auch die Beträge, um die sich die Miete hierdurch tatsächlich vermindert.

§ 4[8] Sach- und Dienstleistungen des Mieters. (1) Erbringt der Mieter Sach- oder Dienstleistungen für den Vermieter und wird deshalb die Miete ermäßigt, ist die ermäßigte Miete zu Grunde zu legen.

[1] Überschr. Teil 1 neu gef. mWv 1.1.2009 durch G v. 24.9.2008 (BGBl. I S. 1856).
[2] § 1 Abs. 2 aufgeh. mWv 1.1.2005 durch G v. 24.12.2003 (BGBl. I S. 2954); Abs. 1 geänd., bish. Abs. 3 wird Abs. 2 und neu gef., bish. Abs. 4 wird Abs. 3 und geänd. mWv 1.1.2009 durch G v. 24.9.2008 (BGBl. I S. 1856).
[3] Nr. **385.**
[4] § 1a aufgeh. mWv 1.1.2009 durch G v. 24.9.2008 (BGBl. I S. 1856).
[5] Überschr. Teil 2 neu gef. mWv 1.1.2009 durch G v. 24.9.2008 (BGBl. I S. 1856).
[6] § 2 Abs. 1 geänd. mWv 1.1.2009 durch G v. 24.9.2008 (BGBl. I S. 1856); Abs. 2 neu gef. mWv 1.1.2016 durch G v. 2.10.2015 (BGBl. I S. 1610).
[7] § 3 Abs. 2 geänd. mWv 1.1.2009 durch G v. 24.9.2008 (BGBl. I S. 1856).
[8] § 4 Abs. 1 und 2 geänd. mWv 1.1.2009 durch G v. 24.9.2008 (BGBl. I S. 1856).

(2) Erbringt der Mieter Sach- oder Dienstleistungen für den Vermieter und erhält er dafür von diesem eine bestimmte Vergütung, ist diese Vergütung ohne Einfluss auf die Miete.

§ 5[1] **Nicht feststehende Betriebskosten.** Stehen bei der Entscheidung über den Mietzuschussantrag die Umlagen für Betriebskosten ganz oder teilweise nicht fest, sind Erfahrungswerte als Pauschbeträge anzusetzen.

§ 6[2] **Außer Betracht bleibende Kosten und Vergütungen.** (1) Kosten, die nach § 9 Absatz 2 Nummer 1 und 2 des Wohngeldgesetzes[3] außer Betracht bleiben, sind:

1. Betriebskosten für Heizungs- und Brennstoffversorgungsanlagen sowie Warmwasserversorgungsanlagen im Sinne des § 2 Nummer 4 Buchstabe a, b und d, Nummer 5 Buchstabe a und c und Nummer 6 Buchstabe a und c der Betriebskostenverordnung[4];

2. Kosten der eigenständig gewerblichen Lieferung von Wärme und Warmwasser im Sinne des § 2 Nummer 4 Buchstabe c, Nummer 5 Buchstabe b und Nummer 6 Buchstabe b der Betriebskostenverordnung.

(2) Kommt nach § 9 Absatz 2 Satz 2 des Wohngeldgesetzes nur der Abzug eines Pauschbetrages von der Miete in Betracht, so beträgt dieser:

1. für Betriebskosten für Heizungs- und Brennstoffversorgungsanlagen oder für die Kosten der eigenständig gewerblichen Lieferung von Wärme 1,25 Euro monatlich je Quadratmeter Wohnfläche;

2. für Betriebskosten für zentrale Warmwasserversorgungsanlagen oder für die Kosten der eigenständig gewerblichen Lieferung von Warmwasser für eine Bewohnerin oder einen Bewohner 9 Euro monatlich, für zwei Bewohnerinnen oder Bewohner 17 Euro monatlich und für jede weitere Bewohnerin oder jeden weiteren Bewohner 3 Euro monatlich;

3. für die übrigen Kosten der Haushaltsenergie für eine Bewohnerin oder einen Bewohner 41 Euro monatlich, für zwei Bewohnerinnen oder Bewohner 74 Euro monatlich und für jede weitere Bewohnerin oder jeden weiteren Bewohner 15 Euro monatlich;

4. für die Überlassung einer Garage 36 Euro monatlich; für die Überlassung eines Stellplatzes zum Abstellen von Kraftfahrzeugen 25 Euro monatlich.

(3) Bei der Ermittlung des Mietwertes nach § 7 und der Untermiete sind die Absätze 1 und 2 entsprechend anzuwenden.

§ 7[5] **Mietwert.** (1) [1]Als Mietwert des Wohnraums (§ 9 Abs. 3 Satz 1 des Wohngeldgesetzes[3]) soll der Betrag zu Grunde gelegt werden, der der Miete für vergleichbaren Wohnraum entspricht. [2]Dabei sind Unterschiede des Wohn-

[1] § 5 geänd. mWv 1.1.2009 durch G v. 24.9.2008 (BGBl. I S. 1856).
[2] § 6 Abs. 1 Nrn. 1 und 2 geänd. mWv 1.1.2004 durch VO v. 25.11.2003 (BGBl. I S. 2346); Abs. 1 einl. Satzteil und Nr. 1 geänd., Abs. 2 Satz 1 neu gef., Satz 2 Nr. 1 Buchst. a und b, Nr. 2 geänd. mWv 1.1.2009 durch G v. 24.9.2008 (BGBl. I S. 1856); Abs. 2 Satz 1 Nr. 3 geänd. mWv 1.1.2009 durch VO v. 15.12.2008 (BGBl. I S. 2486); Überschrift geänd., Abs. 1 und 2 neu gef. mWv 1.1.2016 durch G v. 2.10.2015 (BGBl. I S. 1610).
[3] Nr. 385.
[4] **Sartorius ErgBd. Nr. 359.**
[5] § 7 Abs. 1 Satz 1 geänd. mWv 1.1.2009 durch G v. 24.9.2008 (BGBl. I S. 1856).

wertes, insbesondere in der Größe, Lage und Ausstattung des Wohnraums, durch angemessene Zu- oder Abschläge zu berücksichtigen.

(2) Der Mietwert ist zu schätzen, wenn ein der Miete für vergleichbaren Wohnraum entsprechender Betrag nicht zu Grunde gelegt werden kann.

Teil 3.[1] Wohngeld-Lastenberechnung

§ 8[2] Aufstellung der Wohngeld-Lastenberechnung. [1] Bei der Aufstellung der Wohngeld-Lastenberechnung ist von der im Bewilligungszeitraum zu erwartenden Belastung auszugehen. [2] Ist die Belastung für das dem Bewilligungszeitraum vorangegangene Kalenderjahr feststellbar und ist eine Änderung im Bewilligungszeitraum nicht zu erwarten, ist von dieser Belastung auszugehen.

§ 9[3] Gegenstand und Inhalt der Wohngeld-Lastenberechnung.

(1) [1] Als Belastung ist die Belastung zu berücksichtigen, die auf den selbst genutzten Wohnraum entfällt. [2] Selbst genutzter Wohnraum ist der Wohnraum, der von der wohngeldberechtigten Person und den zu berücksichtigenden Haushaltsmitgliedern zu Wohnzwecken benutzt wird.

(2) Als Belastung ist zu berücksichtigen:

1. bei einer Eigentumswohnung die Belastung für den im Sondereigentum stehenden Wohnraum und den damit verbundenen Miteigentumsanteil an dem gemeinschaftlichen Eigentum,
2. bei einer Wohnung in der Rechtsform des eigentumsähnlichen Dauerwohnrechts die Belastung für den Wohnraum und den Teil des Grundstücks, auf den sich das Dauerwohnrecht erstreckt,
3. bei einem landwirtschaftlichen Betrieb die Belastung für den Wohnraum.

(3) [1] In die Wohngeld-Lastenberechnung sind in den Fällen des § 3 Abs. 2 des Wohngeldgesetzes[4] auch zugehörige Nebengebäude, Anlagen und bauliche Einrichtungen sowie das Grundstück einzubeziehen; dies gilt jedoch nicht bei einem landwirtschaftlichen Betrieb mit Wohnteil. [2] Das Grundstück besteht aus den überbauten und den dazugehörigen Flächen.

(4) In der Wohngeld-Lastenberechnung sind die Fremdmittel und die Belastung auszuweisen.

§ 10[5] Fremdmittel. Fremdmittel im Sinne dieser Verordnung sind

1. Darlehen,
2. gestundete Restkaufgelder,
3. gestundete öffentliche Lasten des Grundstücks

ohne Rücksicht darauf, ob sie dinglich gesichert sind oder nicht.

[1] Bish. Dritter Teil (§ 8) aufgeh., bish. Vierter Teil (§§ 9–16) wird Teil 3 (§§ 8–15) mWv 1.1.2009 durch G v. 24.9.2008 (BGBl. I S. 1856).
[2] Bish. § 9 wird § 8 und Satz 2 geänd. mWv 1.1.2009 durch G v. 24.9.2008 (BGBl. I S. 1856).
[3] Bish. § 10 wird § 9, Abs. 1 neu gef., Abs. 2 einl. Satzteil und Abs. 3 Satz 1 geänd. mWv 1.1.2009 durch G v. 24.9.2008 (BGBl. I S. 1856).
[4] Nr. 385.
[5] Bish. § 11 wird § 10 mWv 1.1.2009 durch G v. 24.9.2008 (BGBl. I S. 1856).

§ 11[1] Ausweisung der Fremdmittel. (1) [1] In der Wohngeld-Lastenberechnung sind Fremdmittel mit dem Nennbetrag auszuweisen, wenn sie der Finanzierung folgender Zwecke gedient haben:

1. des Wohnungsbaus im Sinne des § 16 Abs. 1 und 2 des Wohnraumförderungsgesetzes[2]; maßgebend ist der Wohnraumbegriff des § 2 des Wohngeldgesetzes[3];
2. der Verbesserung des Gegenstandes der Wohngeld-Lastenberechnung durch Modernisierung im Sinne des § 16 Abs. 3 des Wohnraumförderungsgesetzes; maßgebend ist der Wohnraumbegriff des § 2 des Wohngeldgesetzes;
3. der nachträglichen Errichtung oder des nachträglichen Ausbaus einer dem öffentlichen Verkehr dienenden Verkehrsfläche oder des nachträglichen Anschlusses an Versorgungs- und Entwässerungsanlagen;
4. des Kaufpreises und der Erwerbskosten für den Gegenstand der Wohngeld-Lastenberechnung.

[2] Zu den mit dem Nennbetrag auszuweisenden Fremdmitteln gehören auch Darlehen zur Deckung der laufenden Aufwendungen sowie Annuitätsdarlehen aus Mitteln öffentlicher Haushalte.

(2) [1] Sind die in Absatz 1 bezeichneten Fremdmittel durch andere Fremdmittel ersetzt worden, so sind in der Wohngeld-Lastenberechnung die anderen Fremdmittel an Stelle der ersetzten Fremdmittel höchstens mit dem Betrag auszuweisen, der bis zur Ersetzung noch nicht getilgt war. [2] Eine Ersetzung liegt nicht vor, wenn Dauerfinanzierungsmittel an die Stelle von Zwischenfinanzierungsmitteln treten.

(3) Ist für die in den Absätzen 1 und 2 bezeichneten Fremdmittel Kapitaldienst nicht, noch nicht oder nicht mehr zu leisten, sind sie in der Wohngeld-Lastenberechnung nicht auszuweisen.

§ 12[4] Belastung aus dem Kapitaldienst. (1) [1] Als Belastung aus dem Kapitaldienst sind auszuweisen:

1. die Zinsen und laufenden Nebenleistungen, insbesondere Verwaltungskostenbeiträge der ausgewiesenen Fremdmittel,
2. die Tilgungen der ausgewiesenen Fremdmittel,
3. die laufenden Bürgschaftskosten der ausgewiesenen Fremdmittel,
4. die Erbbauzinsen, Renten und sonstigen wiederkehrenden Leistungen zur Finanzierung der in § 11 genannten Zwecke.

[2] Als Tilgungen sind auch die

a) Prämien für Personenversicherungen zur Rückzahlung von Festgeldhypotheken und
b) Bausparbeiträge, wenn der angesparte Betrag für die Rückzahlung von Fremdmitteln zweckgebunden ist,

[1] Bish. § 12 wird § 11, Abs. 1 Satz 1 Nr. 1 und 2 geänd. mWv 1.1.2009 durch G v. 24.9.2008 (BGBl. I S. 1856); Abs. 2 Satz 1 neu gef. mWv 1.1.2013 durch VO v. 11.12.2012 (BGBl. I S. 2654).
[2] Nr. **355.**
[3] Nr. **385.**
[4] Bish. § 13 wird § 12, Abs. 1 Satz 1 einl. Satzteil und Nr. 4, Satz 2, Abs. 2 Satz 2 geänd. mWv 1.1. 2009 durch G v. 24.9.2008 (BGBl. I S. 1856).

387. Gesetz zur Sicherung der Zweckbestimmung von Sozialwohnungen (Wohnungsbindungsgesetz – WoBindG)[1]

In der Fassung der Bekanntmachung vom 13. September 2001[2]

(BGBl. I S. 2404)

FNA 2330-14

geänd. durch Art. 7 Föderalismusreform-BegleitG v. 5.9.2006 (BGBl. I S. 2098), Art. 87 Neunte ZuständigkeitsanpassungsVO v. 31.10.2006 (BGBl. I S. 2407), Art. 2 Drittes G zur Änd. wohnungsrechtlicher Vorschriften v. 9.11.2012 (BGBl. I S. 2291), Art. 126 Zehnte ZuständigkeitsanpassungsVO v. 31.8. 2015 (BGBl. I S. 1474) und Art. 161 Elfte ZuständigkeitsanpassungsVO v. 19.6.2020 (BGBl. I S. 1328)

Erster Abschnitt. Allgemeine Vorschriften

§ 1[3] **Anwendungsbereich.** Dieses Gesetz gilt nach Maßgabe des § 50 des Wohnraumförderungsgesetzes[4] für den in dessen Absatz 1 und nach Maßgabe des § 2 des Wohnraumförderung-Überleitungsgesetzes vom 5. September 2006 (BGBl. I S. 2098, 2100) für den in dessen Absatz 2 genannten Wohnraum, der öffentlich gefördert ist oder als öffentlich gefördert gilt.

§ 2 Sicherung der Zweckbestimmung. Auf die Erhebung, Verarbeitung und Nutzung von Daten, die Erteilung von Auskünften, die Gewährung von Einsicht in Unterlagen, die Besichtigung von Grundstücken, Gebäuden und Wohnungen, die Erteilung von Auskünften durch Finanzbehörden und Arbeitgeber sowie die Mitteilungspflichten und die Einschränkung der Rechte zur Beendigung von Mietverhältnissen bei der Veräußerung und Umwandlung von öffentlich geförderten Wohnungen ist § 32 Abs. 2 bis 4 des Wohnraumförderungsgesetzes[4] entsprechend anzuwenden.

§§ 2a und 2b (weggefallen)

[1] Nach der Neuregelung der Art. 72 ff. GG (Nr. **1**) durch das FöderalismusreformG v. 28.8.2006 (BGBl. I S. 2034) fallen Teilbereiche des Wohnungswesens in die Gesetzgebungskompetenz der Länder. Das WohnungsbindungsG gilt gem. Art. 125a Abs. 1 GG (Nr. **1**) seit dem 1.9.2006 als Bundesrecht fort, kann aber durch Landesrecht ersetzt werden. Der Bundesgesetzgeber besitzt nach dem 31.8.2006 für Änderungen des WohnungsbindungsG keine Gesetzgebungskompetenz mehr.
Bislang haben die Länder auf dem Gebiet des Wohnungswesens ua folgende Vorschriften erlassen:
– **Bayern:** Bayerisches WohnungsbindungsG idF der Bek. v. 23.7.2007 (GVBl. S. 562, 781; 2011 S. 115), zuletzt geänd. durch V v. 26.3.2019 (GVBl. S. 98);
– **Berlin:** Wohnraumförderung-EinkommensgrenzenVO v. 10.3.2020 (GVBl. S. 306), geänd. durch VO v. 11.8.2020 (GVBl. S. 682);
– **Bremen:** Bremisches WohnungsbindungsG v. 18.11.2008 (Brem.GBl. S. 392), zuletzt geänd. durch Bek. v. 20.10.2020 (Brem.GBl. S. 1172), wobei die bundesrechtliche Vorschrift gem. § 28 Brem.WoBindG v. 18.11.2008 (Brem.GBl. S. 392), zuletzt geänd. durch Bek. v. 20.10.2020 (Brem.GBl. S. 1172) übergangsweise weitergilt;
– **Hamburg:** Hamburgisches WohnungsbindungsG v. 19.2.2008 (HmbGVBl. S. 74), zuletzt geänd. durch G v. 21.5.2013 (HmbGVBl. S. 244);
– **Hessen:** Hessisches WohnungsbindungsG idF der Bek. v. 3.4.2013 (GVBl. S. 142), zuletzt geänd. durch G v. 11.12.2020 (GVBl. S. 941);
[2] Neubekanntmachung des WoBindG v. 19.8.1994 (BGBl. I S. 2166, ber. S. 2319) in der ab 1.1.2002 geltenden Fassung.
[3] § 1 geänd. mWv 1.1.2007 durch G v. 5.9.2006 (BGBl. I S. 2098).
[4] Nr. **355**.

§ 3 Zuständige Stelle. Zuständige Stelle im Sinne dieses Gesetzes ist die Stelle, die von der Landesregierung bestimmt wird oder die nach Landesrecht zuständig ist.

Zweiter Abschnitt. Bindungen des Verfügungsberechtigten

§ 4 Überlassung an Wohnberechtigte. (1) Sobald voraussehbar ist, dass eine Wohnung bezugsfertig oder frei wird, hat der Verfügungsberechtigte dies der zuständigen Stelle unverzüglich schriftlich anzuzeigen und den voraussichtlichen Zeitpunkt der Bezugsfertigkeit oder des Freiwerdens mitzuteilen.

(2) [1] Der Verfügungsberechtigte darf die Wohnung einem Wohnungssuchenden nur zum Gebrauch überlassen, wenn dieser ihm vor der Überlassung eine Bescheinigung über die Wohnberechtigung im öffentlich geförderten sozialen Wohnungsbau (§ 5) übergibt, und wenn die in der Bescheinigung angegebene Wohnungsgröße nicht überschritten wird. [2] Auf Antrag des Verfügungsberechtigten kann die zuständige Stelle die Überlassung einer Wohnung, die die angegebene Wohnungsgröße geringfügig überschreitet, genehmigen, wenn dies nach den wohnungswirtschaftlichen Verhältnissen vertretbar erscheint.

(3) Ist die Wohnung bei der Bewilligung der öffentlichen Mittel für Angehörige eines bestimmten Personenkreises vorbehalten worden, so darf der Verfügungsberechtigte sie für die Dauer des Vorbehalts einem Wohnberechtigten nur zum Gebrauch überlassen, wenn sich aus der Bescheinigung außerdem ergibt, dass er diesem Personenkreis angehört.

(4) [1] Sind für den Bau der Wohnung Mittel einer Gemeinde oder eines Gemeindeverbandes mit der Auflage gewährt, dass die Wohnung einem von der zuständigen Stelle benannten Wohnungsuchenden zu überlassen ist, so hat die zuständige Stelle dem Verfügungsberechtigten bis zur Bezugsfertigkeit oder bis zum Freiwerden der Wohnung mindestens drei Wohnungsuchende zur Auswahl zu benennen, bei denen die Voraussetzungen erfüllt sind, die zur Erlangung einer Bescheinigung nach § 5 erforderlich wären. [2] Der Verfügungsberechtigte darf die Wohnung nur einem der benannten Wohnungsuchenden überlassen; der Vorlage einer Bescheinigung nach § 5 bedarf es insoweit nicht. [3] Bei der Benennung sind die Maßstäbe des § 5a Satz 3 zu beachten. [4] Dies gilt entsprechend, wenn zugunsten der zuständigen Stelle ein vertragliches Besetzungsrecht besteht.

(5) [1] Besteht ein Besetzungsrecht zugunsten einer Stelle, die für den Bau der Wohnung Wohnungsfürsorgemittel für Angehörige des öffentlichen Dienstes gewährt hat, so bedarf es der Vorlage einer Bescheinigung nach § 5 nicht, wenn diese Stelle das Besetzungsrecht ausübt. [2] Die in Satz 1 bezeichnete Stelle darf das Besetzungsrecht zugunsten eines Wohnungsuchenden nur ausüben, wenn bei ihm die Voraussetzungen erfüllt sind, die zur Erlangung einer Bescheinigung nach § 5 erforderlich wären. [3] Bei der Ausübung des Besetzungsrechts sind die Maßstäbe des § 5a Satz 3 zu beachten.

(6) Der Verfügungsberechtigte hat binnen zwei Wochen, nachdem er die Wohnung einem Wohnungsuchenden überlassen hat, der zuständigen Stelle den Namen des Wohnungsuchenden mitzuteilen und ihr in den Fällen der Absätze 2 und 3 den ihm übergebenen Wohnberechtigungsschein vorzulegen.

(7) Wenn der Inhaber des Wohnberechtigungsscheins oder der entsprechend *Berechtigte aus der Wohnung* ausgezogen ist, darf der Verfügungsberechtigte die Wohnung dessen Haushaltsangehörigen im Sinne des § 18 des Wohnraumför-

derungsgesetzes[1] nur nach Maßgabe der Absätze 1 bis 6 zum Gebrauch überlassen; Personen, die nach dem Tod des Inhabers des Wohnberechtigungsscheins nach § 563 Abs. 1 bis 3 des Bürgerlichen Gesetzbuchs[2] in das Mietverhältnis eingetreten sind,

(Fortsetzung nächstes Blatt)

[1] Nr. **355.**
[2] **Schönfelder Nr. 20.**

Bezugsfertigkeit an als öffentlich gefördert, im Übrigen von dem Zugang des Bewilligungsbescheids an.

(2) [1] Wird die Bewilligung der öffentlichen Mittel vor der Bezugsfertigkeit der Wohnung widerrufen, so gilt die Wohnung als von Anfang an nicht öffentlich gefördert. [2] Das Gleiche gilt, wenn die Bewilligung nach der Bezugsfertigkeit der Wohnung, jedoch vor der erstmaligen Auszahlung der öffentlichen Mittel widerrufen wird.

(3) Für die Anwendung der Vorschriften der Absätze 1 und 2 ist es unerheblich, in welcher Höhe, zu welchen Bedingungen, für welche Zeitdauer und für welchen Finanzierungszeitraum die öffentlichen Mittel bewilligt worden sind.

(4) [1] Eine Wohnung gilt als bezugsfertig, wenn sie so weit fertig gestellt ist, dass den zukünftigen Bewohnern zugemutet werden kann, sie zu beziehen; die Genehmigung der Bauaufsichtsbehörde zum Beziehen ist nicht entscheidend. [2] Im Falle des Wiederaufbaus ist für die Bezugsfertigkeit der Zeitpunkt maßgebend, in dem die durch den Wiederaufbau geschaffene Wohnung bezugsfertig geworden ist; Entsprechendes gilt im Falle der Wiederherstellung, des Ausbaus oder der Erweiterung.

§ 14 Einbeziehung von Zubehörräumen, Wohnungsvergrößerung, Umbau. (1) Werden die Zubehörräume einer öffentlich geförderten Wohnung ohne Genehmigung der Bewilligungsstelle zu Wohnräumen oder Wohnungen ausgebaut, so gelten auch diese als öffentlich gefördert.

(2) Wird eine öffentlich geförderte Wohnung um weitere Wohnräume vergrößert, so gelten auch diese als öffentlich gefördert.

(3) [1] Wird eine öffentlich geförderte Wohnung durch eine Änderung von nicht mehr Wohnzwecken dienenden Räumen unter wesentlichem Bauaufwand zur Anpassung an geänderte Wohnbedürfnisse ohne Inanspruchnahme von öffentlichen Mitteln ausgebaut, so gilt die neu geschaffene Wohnung weiterhin als öffentlich gefördert. [2] Dies gilt nicht, wenn vor dem Umbau die für die Wohnung als Darlehen bewilligten öffentlichen Mittel zurückgezahlt und die für sie als Zuschüsse bewilligten öffentlichen Mittel letztmalig gezahlt worden sind.

§ 15 Ende der Eigenschaft „öffentlich gefördert". (1) [1] Eine Wohnung, für die die öffentlichen Mittel als Darlehen bewilligt worden sind, gilt, soweit sich aus dem § 16 oder dem § 17 nichts anderes ergibt, als öffentlich gefördert

a) im Falle einer Rückzahlung der Darlehen nach Maßgabe der Tilgungsbedingungen bis zum Ablauf des Kalenderjahres, in dem die Darlehen vollständig zurückgezahlt worden sind,

b) im Falle einer vorzeitigen Rückzahlung auf Grund einer Kündigung wegen Verstoßes gegen Bestimmungen des Bewilligungsbescheids oder des Darlehensvertrags bis zum Ablauf des Kalenderjahres, in dem die Darlehen nach Maßgabe der Tilgungsbedingungen vollständig zurückgezahlt worden wären, längstens jedoch bis zum Ablauf des zwölften Kalenderjahres nach dem Jahr der Rückzahlung.

²Sind neben den Darlehen Zuschüsse zur Deckung der laufenden Aufwendungen oder Zinszuschüsse aus öffentlichen Mitteln bewilligt worden, so gilt die Wohnung mindestens bis zum Ablauf des Kalenderjahres als öffentlich gefördert, in dem der Zeitraum endet, für den sich die laufenden Aufwendungen durch die Gewährung der Zuschüsse vermindern (Förderungszeitraum).

(2) ¹Eine Wohnung, für die die öffentlichen Mittel lediglich als Zuschüsse zur Deckung der laufenden Aufwendungen oder als Zinszuschüsse bewilligt worden sind, gilt als öffentlich gefördert bis zum Ablauf des dritten Kalenderjahres nach dem Ende des Förderungszeitraums. ²Endet der Förderungszeitraum durch planmäßige Einstellung oder durch Verzicht auf weitere Auszahlungen der Zuschüsse, so gilt für ein Eigenheim, eine Eigensiedlung oder eine eigengenutzte Eigentumswohnung § 16 Abs. 5 und 7 sinngemäß. ³§ 17 bleibt unberührt.

(3) Sind die öffentlichen Mittel für eine Wohnung lediglich als Zuschuss zur Deckung der für den Bau der Wohnung entstandenen Gesamtkosten bewilligt worden, so gilt die Wohnung als öffentlich gefördert bis zum Ablauf des zehnten Kalenderjahres nach dem Jahr der Bezugsfertigkeit.

(4) ¹Sind die öffentlichen Mittel für mehrere Wohnungen eines Gebäudes oder einheitlich für Wohnungen mehrerer Gebäude bewilligt worden, so gelten die Absätze 1 und 2 nur, wenn die für sämtliche Wohnungen eines Gebäudes als Darlehen bewilligten öffentlichen Mittel zurückgezahlt werden und die für sie als Zuschüsse bewilligten öffentlichen Mittel nicht mehr gezahlt werden. ²Der Anteil der auf ein einzelnes Gebäude entfallenden öffentlichen Mittel errechnet sich nach dem Verhältnis der Wohnfläche der Wohnungen des Gebäudes zur Wohnfläche der Wohnungen aller Gebäude. ³Die Sätze 1 und 2 sind insoweit nicht anzuwenden, als öffentliche Mittel ab 29. August 1990 für neue Wohnungen bewilligt sind, die durch Ausbau oder Erweiterung in einem Gebäude oder einer Wirtschaftseinheit mit öffentlich geförderten Wohnungen geschaffen werden.

§ 16 Ende der Eigenschaft „öffentlich gefördert" bei freiwilliger vorzeitiger Rückzahlung. (1) ¹Werden die für eine Wohnung als Darlehen bewilligten öffentlichen Mittel ohne rechtliche Verpflichtung vorzeitig vollständig zurückgezahlt, so gilt die Wohnung vorbehaltlich der Absätze 2 und 5 als öffentlich gefördert bis zum Ablauf des zehnten Kalenderjahres nach dem Jahr der Rückzahlung, längstens jedoch bis zum Ablauf des Kalenderjahres, in dem die Darlehen nach Maßgabe der Tilgungsbedingungen vollständig zurückgezahlt wären (Nachwirkungsfrist). ²Sind neben den Darlehen Zuschüsse zur Deckung der laufenden Aufwendungen oder Zinszuschüsse aus öffentlichen Mitteln bewilligt worden, so gilt § 15 Abs. 1 Satz 2 entsprechend.

(2) Abweichend von Absatz 1 Satz 1 gilt eine Wohnung, für deren Bau ein Darlehen aus öffentlichen Mitteln von nicht mehr als 1550 Euro bewilligt worden ist, als öffentlich gefördert bis zum Zeitpunkt der Rückzahlung; dabei ist von dem durchschnittlichen Förderungsbetrag je Wohnung des Gebäudes auszugehen.

(3) (weggefallen)

(4) (weggefallen)

(5) [1] Sind die für ein Eigenheim, eine Eigensiedlung oder eine eigengenutzte Eigentumswohnung als Darlehen bewilligten öffentlichen Mittel ohne rechtliche Verpflichtung vorzeitig vollständig zurückgezahlt oder nach § 69 des Zweiten Wohnungsbaugesetzes ganz abgelöst worden, so gilt die Wohnung als öffentlich gefördert bis zum Zeitpunkt der Rückzahlung oder Ablösung; bei Rückzahlung oder Ablösung vor dem 17. Juli 1985 gilt die Wohnung längstens bis zum 16. Juli 1985 als öffentlich gefördert. [2] § 15 Abs. 1 Satz 2 bleibt unberührt. [3] Eine Eigentumswohnung, die durch Umwandlung einer öffentlich geförderten Mietwohnung entstanden ist, gilt als eigengenutzt, wenn sie vom Eigentümer oder seinen Angehörigen als Berechtigte im Sinne dieses Gesetzes selbst genutzt wird; erfolgt in dem Falle die Eigennutzung nach Rückzahlung oder Ablösung, so gilt die Wohnung vom Beginn der Eigennutzung an nicht mehr als öffentlich gefördert.

(6) Sind die öffentlichen Mittel für mehrere Wohnungen eines Gebäudes oder einheitlich für Wohnungen mehrerer Gebäude bewilligt worden, so gilt vorbehaltlich des Absatzes 7 der Absatz 1 nur, wenn die für sämtliche Wohnungen eines Gebäudes als Darlehen bewilligten öffentlichen Mittel zurückgezahlt werden und die für sie als Zuschüsse bewilligten öffentlichen Mittel nicht mehr gezahlt werden; § 15 Abs. 4 Satz 2 gilt entsprechend.

(7) [1] Sind die öffentlichen Mittel für zwei Wohnungen eines Eigenheims, eines Kaufeigenheims oder einer Kleinsiedlung bewilligt worden, so gelten die Absätze 1 bis 5 auch für die einzelne Wohnung, wenn der auf sie entfallende Anteil der als Darlehen gewährten Mittel zurückgezahlt oder abgelöst und der anteilige Zuschussbetrag nicht mehr gezahlt wird; der Anteil errechnet sich nach dem Verhältnis der Wohnflächen der einzelnen Wohnungen zueinander, sofern nicht der Bewilligung ein anderer Berechnungsmaßstab zugrunde gelegen hat. [2] Satz 1 gilt entsprechend für Rückzahlungen und Ablösungen bei Eigentumswohnungen, wenn die öffentlichen Mittel für mehrere Wohnungen eines Gebäudes oder einheitlich für Wohnungen mehrerer Gebäude bewilligt worden sind.

§ 17 Ende der Eigenschaft „öffentlich gefördert" bei Zwangsversteigerung. (1) [1] Bei einer Zwangsversteigerung des Grundstücks gelten die Wohnungen, für die öffentliche Mittel als Darlehen bewilligt worden sind, bis zum Ablauf des dritten Kalenderjahres nach dem Kalenderjahr, in dem der Zuschlag erteilt worden ist, als öffentlich gefördert, sofern die wegen der öffentlichen Mittel begründeten Grundpfandrechte mit dem Zuschlag erlöschen; abweichend hiervon gilt ein Eigenheim, eine Eigensiedlung oder eine eigengenutzte Eigentumswohnung im Sinne des § 16 Abs. 5 nur bis zum Zuschlag als öffentlich gefördert, sofern die wegen der öffentlichen Mittel begründeten Grundpfandrechte mit dem Zuschlag erlöschen. [2] Sind die öffentlichen Mittel lediglich als Zuschüsse bewilligt worden, so gelten die Wohnungen bis zum Zuschlag als öffentlich gefördert. [3] Soweit nach

in Höhe von 2 Prozent dieser Fremdmittel auszuweisen.

(2) [1] Für die in Absatz 1 Nr. 1 und 2 genannte Belastung aus dem Kapitaldienst darf höchstens die vereinbarte Jahresleistung angesetzt werden. [2] Ist die tatsächliche Leistung geringer, ist die geringere Leistung anzusetzen.

§ 13[1] Belastung aus der Bewirtschaftung. (1) Als Belastung aus der Bewirtschaftung sind Instandhaltungskosten, Verwaltungskosten und Betriebskosten ohne die Heizkosten auszuweisen.

(2) [1] Als Instandhaltungs- und Betriebskosten sind im Jahr 36 Euro je Quadratmeter Wohnfläche und je Quadratmeter Nutzfläche der Geschäftsräume sowie die für den Gegenstand der Wohngeld-Lastenberechnung entrichtete Grundsteuer anzusetzen. [2] Als Verwaltungskosten sind die für den Gegenstand der Wohngeld-Lastenberechnung an einen Dritten für die Verwaltung geleisteten Beträge anzusetzen. [3] Über die in den Sätzen 1 und 2 genannten Beträge hinaus dürfen Bewirtschaftungskosten nicht angesetzt werden.

§ 14[2] Nutzungsentgelte und Wärmelieferungskosten. (1) [1] Leistet die wohngeldberechtigte Person an Stelle des Kapitaldienstes, der Instandhaltungskosten, der Betriebskosten und der Verwaltungskosten ein Nutzungsentgelt an einen Dritten, so ist das Nutzungsentgelt in der Wohngeld-Lastenberechnung in Höhe der nach den §§ 12 und 13 ansetzbaren Beträge anzusetzen. [2] Soweit die Beträge nach Satz 1 im Nutzungsentgelt nicht enthalten sind und von der wohngeldberechtigten Person unmittelbar an den Gläubiger entrichtet werden, sind diese Beträge dem Nutzungsentgelt hinzuzurechnen. [3] Soweit eine Aufgliederung des Nutzungsentgelts nicht möglich ist, ist in der Wohngeld-Lastenberechnung das gesamte Nutzungsentgelt anzusetzen.

(2) [1] Bezahlt die wohngeldberechtigte Person Beträge zur Deckung der Kosten der eigenständig gewerblichen Lieferung von Wärme und Warmwasser, so sind diese Beträge mit Ausnahme der in § 15 Abs. 2 Satz 2 bezeichneten Kosten in der Wohngeld-Lastenberechnung anzusetzen. [2] § 6 Abs. 2 Satz 1 Nr. 1 und 2 ist entsprechend anzuwenden.

§ 15[3] Außer Betracht bleibende Belastung. (1) [1] In den Fällen des § 11 Abs. 2 Nr. 1 des Wohngeldgesetzes[4] bleibt die Belastung insoweit außer Betracht, als sie auf die in § 9 Abs. 2 und 3 dieser Verordnung bezeichneten Räume oder Flächen entfällt, die ausschließlich gewerblich oder beruflich benutzt werden. [2] Soweit die Belastung auf Räume oder Flächen entfällt, die zum Wirtschaftsteil einer Kleinsiedlung oder einer landwirtschaftlichen Nebenerwerbsstelle gehören, wird sie jedoch berücksichtigt, soweit sie nicht nach § 11 Abs. 2 und 3 des Wohngeldgesetzes außer Betracht bleiben.

[1] Bish. § 14 wird § 13 und Abs. 1 geänd. mWv 1.1.2009 durch G v. 24.9.2008 (BGBl. I S. 1856); Abs. 2 Satz 1 geänd. mWv 1.1.2016 durch G v. 2.10.2015 (BGBl. I S. 1610); Abs. 1 neu gef. mWv 1.1.2020 durch G v. 30.11.2019 (BGBl. I S. 1877).
[2] Bish. § 15 wird § 14, Abs. 1 Sätze 1 und 2, Abs. 2 Satz 1 geänd. mWv 1.1.2009 durch G v. 24.9. 2008 (BGBl. I S. 1856).
[3] Bish. § 16 wird § 15, Abs. 1 Sätze 1 und 2, Abs. 2 Satz 1 einl. Satzteil, Nr. 1 und 3, Abs. 3 Satz 3 geänd., Abs. 4 aufgeh. mWv 1.1.2009 durch G v. 24.9.2008 (BGBl. I S. 1856); Abs. 2 Satz Nr. 1 und 2 neu gef., Nr. 3 aufgeh., Abs. 3 neu gef. mWv 1.1.2016 durch G v. 2.10.2015 (BGBl. I S. 1610).
[4] Nr. **385.**

(2) ¹In den Fällen des § 11 Abs. 2 Nr. 2 des Wohngeldgesetzes sind von dem Entgelt für die Gebrauchsüberlassung von Räumen oder Flächen an einen anderen die darin enthaltenen Beträge

1. zur Deckung der Betriebskosten für Heizungs- und Brennstoffversorgungsanlagen sowie Warmwasserversorgungsanlagen und

2. zur Deckung der Kosten der eigenständig gewerblichen Lieferung von Wärme und Warmwasser, soweit sie den in Nummer 1 bezeichneten Kosten entsprechen,

abzusetzen. ²§ 6 Abs. 1 und 2 dieser Verordnung ist entsprechend anzuwenden.

(3) ¹Ist eine Garage oder ein Stellplatz zum Abstellen von Kraftfahrzeugen Gegenstand der Wohngeld-Lastenberechnung, gilt hinsichtlich der außer Betracht bleibenden Belastung § 6 Absatz 2 Nummer 4¹⁾ entsprechend. ²Ist die Garage oder der Stellplatz einem anderen gegen ein höheres Entgelt überlassen als zu den in § 6 Absatz 2 Nummer 4 genannten Beträgen, so ist das Entgelt in voller Höhe abzusetzen.

Teil 4.²⁾ Verfahren und Kosten des automatisierten Datenabgleichs

§ 16³⁾ Anwendungsbereich. ¹Die §§ 17 bis 22 gelten für den automatisierten Datenabgleich nach § 33 Absatz 5 in Verbindung mit Absatz 2 des Wohngeldgesetzes⁴⁾ zwischen der Wohngeldbehörde, der sonst nach Landesrecht für den Datenabgleich zuständigen oder von der Landesregierung durch Rechtsverordnung oder auf sonstige Weise für den Datenabgleich bestimmten Stelle (zentrale Landesstelle) und der Datenstelle der Rentenversicherung (Datenstelle), dem Bundeszentralamt für Steuern, der Deutschen Post AG sowie der Deutschen Rentenversicherung Knappschaft-Bahn-See. ²Rechtsverordnungen der Landesregierungen, die über die Regelungen der §§ 16 bis 22 hinausgehen, bleiben unberührt.

§ 17⁵⁾ Abgleichszeitraum und Übermittlungsverfahren. (1) ¹Der automatisierte Datenabgleich nach § 33 Absatz 5 in Verbindung mit Absatz 2 Satz 1 des Wohngeldgesetzes⁴⁾ wird vierteljährlich für das ihm jeweils vorangegangene Kalendervierteljahr (Abgleichszeitraum) durchgeführt. ²Abweichend von Satz 1 werden in den Datenabgleich nach § 18 Absatz 2 im dritten Kalendervierteljahr alle zu berücksichtigenden Haushaltsmitglieder einbezogen, die innerhalb der dem Abgleich vorangegangenen zwölf Kalendermonate bei der Berechnung des Wohngeldes berücksichtigt wurden.

(2) ¹Die Wohngeldbehörde übermittelt der Datenstelle nach § 33 Absatz 5 in Verbindung mit Absatz 2 Satz 1 Nummer 1, 2, 6 und 7 des Wohngeldgesetzes zwischen dem ersten und dem 15. des auf den Abgleichszeitraum folgenden Monats für jedes im Abgleichszeitraum bei der Berechnung des Wohngeldes berücksichtigte Haushaltsmitglied einen Anfragedatensatz. ²Der Anfra-

¹⁾ Nr. **386**.
²⁾ 4. Teil (§§ 16–22) angef. mWv 1.1.2013 durch VO v. 11.12.2012 (BGBl. I S. 2654).
³⁾ § 16 angef. mWv 1.1.2013 durch VO v. 11.12.2012 (BGBl. I S. 2654); Satz 1 geänd. mWv 1.1.2017 durch G v. 11.11.2016 (BGBl. I S. 2500).
⁴⁾ Nr. **385**.
⁵⁾ § 17 angef. mWv 1.1.2013 durch VO v. 11.12.2012 (BGBl. I S. 2654); Abs. 4 Satz 1 geänd. mWv 1.1.2016 durch G v. 2.10.2015 (BGBl. I S. 1610); Abs. 1 Satz 2 geänd. mWv 1.1.2020 durch G v. 30.11.2019 (BGBl. I S. 1877).

gedatensatz enthält die Wohngeldnummer und die in § 33 Absatz 3 Satz 1 Nummer 1 bis 3, 5 und 6 des Wohngeldgesetzes genannten Daten. [3] Er wird über die zentrale Landesstelle übermittelt, wenn diese für die Erfassung und Weiterübermittlung der Daten an die Datenstelle zuständig ist.

(3) [1] Die Datenstelle übermittelt die Anfragedatensätze bis zum Ende des auf den Abgleichszeitraum folgenden Monats an

1. das Bundeszentralamt für Steuern,
2. die Deutsche Post AG und
3. die Deutsche Rentenversicherung Knappschaft-Bahn-See.

[2] Im Fall des Satzes 1 Nummer 1 werden vor der Übermittlung der Anfragedatensätze die Angaben zum Geschlecht und Geburtsort entfernt. [3] Im Fall des Satzes 1 Nummer 2 und 3 werden die Anfragedatensätze, wenn möglich, um die Versicherungsnummer ergänzt. [4] Die in Satz 1 genannten Stellen übermitteln die Antwortdatensätze bis zum 15. des zweiten auf den Abgleichszeitraum folgenden Monats an die Datenstelle.

(4) [1] Die Datenstelle übermittelt der Wohngeldbehörde die Antwortdatensätze aus dem automatisierten Datenabgleich nach § 18 Absatz 1 und die Antwortdatensätze nach Absatz 3 Satz 4 bis zum Ende des zweiten auf den Abgleichszeitraum folgenden Monats. [2] Im Fall des Absatzes 2 Satz 3 erfolgt die Übermittlung über die zentrale Landesstelle, die in diesem Fall die Antwortdatensätze ordnend aufbereiten darf.

§ 18 [1] **Einzelheiten des automatisierten Datenabgleichs.** (1) Die Datenstelle gleicht die ihr nach § 17 Absatz 2 übermittelten Daten ab mit den bei ihr gespeicherten Daten nach

1. § 52 Absatz 1 und 2 des Zweiten Buches Sozialgesetzbuch[2] zur Prüfung, ob und für welche Zeiträume im Abgleichszeitraum Leistungen nach dem Zweiten Buch Sozialgesetzbuch empfangen wurden,
2. § 118 Absatz 2 des Zwölften Buches Sozialgesetzbuch[3] zur Prüfung, ob und für welche Zeiträume im Abgleichszeitraum Leistungen der Hilfe zum Lebensunterhalt und der Grundsicherung im Alter und bei Erwerbsminderung nach dem Zwölften Buch Sozialgesetzbuch empfangen wurden,
3. § 150 des Sechsten Buches Sozialgesetzbuch[4] zur Feststellung der Versicherungsnummer,
4. § 28p Absatz 8 Satz 3 des Vierten Buches Sozialgesetzbuch[5] zur Prüfung des Bestehens einer versicherungspflichtigen oder einer geringfügigen Beschäftigung unter Angabe des jeweiligen Arbeitgebers und des Beschäftigungszeitraums.

(2) [1] Das Bundeszentralamt für Steuern gleicht die ihm nach § 17 Absatz 3 Satz 1 Nummer 1 übermittelten Daten mit den Daten ab, die bei ihm nach § 45d Absatz 1 und § 45e des Einkommensteuergesetzes in Verbindung mit § 9

[1] § 18 angef. mWv 1.1.2013 durch VO v. 11.12.2012 (BGBl. I S. 2654); Abs. 1 Nr. 2 geänd. mWv 1.1.2020 durch G v. 30.11.2019 (BGBl. I S. 1877).
[2] **Sartorius ErgBd. Nr. 402.**
[3] *Sartorius ErgBd. Nr. 412.*
[4] *Aichberger, SGB Nr. 6.*
[5] **Aichberger, SGB Nr. 4.**

Absatz 3 der Zinsinformationsverordnung gespeichert sind. [2]Dieser automatisierte Datenabgleich dient der Feststellung

1. der Höhe von Kapitalerträgen, für die ein Freistellungsauftrag erteilt worden ist,

2. von Namen und Anschrift des Empfängers oder der Empfängerin des Freistellungsauftrags sowie

3. der Höhe von Zinszahlungen, die dem Bundeszentralamt für Steuern von den zuständigen Behörden der anderen Mitgliedstaaten der Europäischen Union mitgeteilt worden sind.

(3) [1]Die Deutsche Post AG und die Deutsche Rentenversicherung Knappschaft–Bahn–See gleichen die ihnen nach § 17 Absatz 3 Satz 1 Nummer 2 und 3 übermittelten Daten mit den Daten ab, die bei ihnen im Rahmen der §§ 119 und 148 des Sechsten Buches Sozialgesetzbuch sowie des § 99 des Siebten Buches Sozialgesetzbuch[1]) gespeichert sind. [2]Dieser automatisierte Datenabgleich dient der Feststellung der Höhe und des Leistungszeitraums von

1. laufenden Leistungen und

2. Einmalzahlungen

aus der gesetzlichen Renten- und Unfallversicherung.

§ 19[2]) **Anforderungen an die Datenübermittlung und Datenspeicherung.** (1) [1]Bei der Datenübermittlung und Datenspeicherung sind alle erforderlichen und angemessenen technischen und organisatorischen Maßnahmen zu treffen, um die Verfügbarkeit, Integrität und Vertraulichkeit der Daten sowie die Authentizität von Absender und Empfänger der übermittelten Daten entsprechend dem jeweiligen Stand der Technik sicherzustellen. [2]Im Fall der Nutzung allgemein zugänglicher Netze sind Verschlüsselungsverfahren anzuwenden, die dem jeweiligen Stand der Technik entsprechen. [3]Die einschlägigen Standards für eine sichere Datenübermittlung durch die Datenstelle sind im Einvernehmen mit dem Bundesamt für Sicherheit in der Informationstechnik festzulegen.

(2) [1]Werden Mängel festgestellt, die eine ordnungsgemäße Übernahme der Daten beeinträchtigen, kann die Übernahme ganz oder teilweise abgelehnt werden. [2]Die übermittelnde Stelle ist über die festgestellten Mängel unter Beachtung der Verfahrensgrundsätze (§ 21) zu unterrichten. [3]Sie soll die abgelehnten Datensätze unverzüglich berichtigen und für den ursprünglichen Abgleichszeitraum erneut übermitteln.

(3) [1]Das Bundeszentralamt für Steuern, die Deutsche Post AG und die Deutsche Rentenversicherung Knappschaft–Bahn–See haben den Eingang der Anfragedatensätze, die ihnen von der Datenstelle übermittelt werden, zu überwachen und die eingegangenen Anfragedatensätze auf Vollständigkeit zu überprüfen. [2]Sie haben der Datenstelle unverzüglich den Eingang zu bestätigen und das Ergebnis der Prüfung auf Vollständigkeit mitzuteilen. [3]Satz 1 gilt entsprechend für die Datenstelle hinsichtlich der ihr vom Bundeszentralamt für Steuern, von der Deutschen Post AG und der Deutschen Rentenversicherung Knappschaft–Bahn–See übermittelten Antwortdatensätze.

[1]) **Aichberger, SGB Nr. 7.**
[2]) 4. Teil (§§ 16–22) angef. mWv 1.1.2013 durch VO v. 11.12.2012 (BGBl. I S. 2654).

(4) [1] Das Bundeszentralamt für Steuern, die Deutsche Post AG, die Deutsche Rentenversicherung Knappschaft-Bahn-See und die Datenstelle haben die ihnen übermittelten Daten unverzüglich nach Abschluss des automatisierten Datenabgleichs zu löschen. [2] Im Fall des § 17 Absatz 2 Satz 3 darf die zentrale Landesstelle die Antwortdatensätze nach Abschluss eines automatisierten Datenabgleichs bis zum Abschluss des nächsten automatisierten Datenabgleichs speichern, um in beiden automatisierten Datenabgleichen identische Antwortdatensätze zu identifizieren.

§ 20[1] Weiterverwendung der Antwortdatensätze. [1] Die von der Datenstelle oder der zentralen Landesstelle an die Wohngeldbehörde übermittelten Antwortdatensätze dürfen in das Wohngeldfachverfahren übernommen werden und sind durch die Wohngeldbehörde zu überprüfen. [2] Führt die Überprüfung nicht zu abweichenden Feststellungen, sind diese Antwortdatensätze unverzüglich manuell zu löschen. [3] Führt die Überprüfung zu abweichenden Feststellungen, dürfen diese Antwortdatensätze zur Weiterverwendung im Wohngeldfachverfahren gespeichert werden, um eine mögliche rechtswidrige Inanspruchnahme von Wohngeld zu klären und überzahlte Beträge zurückzufordern. [4] In diesem Fall erfolgt eine maschinelle Löschung der Daten erst bei Löschung der Akte im Wohngeldverfahren.

§ 21[1] Verfahrensgrundsätze. [1] Die technischen Einzelheiten des automatisierten Datenabgleichsverfahrens nach § 16, insbesondere des Aufbaus, der Übermittlung sowie der Prüfung und Berichtigung der Datensätze, sind von der Datenstelle, dem Bundeszentralamt für Steuern, der Deutschen Post AG, der Deutschen Rentenversicherung Knappschaft-Bahn-See und den für die Durchführung des Wohngeldgesetzes zuständigen obersten Landesbehörden in einheitlichen Verfahrensgrundsätzen einvernehmlich festzulegen. [2] Der Bundesbeauftragte für den Datenschutz und die Informationsfreiheit ist vor Festlegung der Verfahrensgrundsätze zu hören. [3] Die Verfahrensgrundsätze sind von der Datenstelle auf der Internetseite der Deutschen Rentenversicherung zu veröffentlichen.

§ 22[1] Kosten. (1) [1] Die Länder haben der Datenstelle die notwendigen Kosten für die Durchführung und Vermittlung des automatisierten Datenabgleichs nach § 16 zu erstatten. [2] Diese Kostenerstattung richtet sich in den Fällen des § 17 Absatz 2 Satz 3 nach den Absätzen 2 und 3.

(2) [1] Für die Länder, die vor dem 1. Januar 2013 einen automatisierten Datenabgleich unter Vermittlung der Datenstelle durchführen und weiterhin daran teilnehmen, legt die Datenstelle die für das Jahr 2013 zu erstattenden Kosten auf der Grundlage der tatsächlich entstandenen Kosten einheitlich neu fest, wobei jedoch die zu erstattenden Kosten höchstens 3 800 Euro je Land betragen. [2] Die festgelegten Kosten erhöhen sich für jedes weitere Kalenderjahr der Teilnahme am automatisierten Datenabgleich pauschal um 3 Prozent. [3] Die Datenstelle teilt den für die Durchführung des Wohngeldgesetzes zuständigen obersten Landesbehörden die zu erstattenden Kosten mit; die Erstattung ist jeweils am 1. April für das laufende Kalenderjahr fällig und berechtigt zur viermaligen Teilnahme am automatisierten Datenabgleich.

[1] 4. Teil (§§ 16–22) angef. mWv 1.1.2013 durch VO v. 11.12.2012 (BGBl. I S. 2654).

(3) [1] Die übrigen Länder haben für das erste Kalenderjahr der Teilnahme eines Landes am automatisierten Datenabgleich pauschal einmalige Kosten in Höhe von 2 700 Euro zuzüglich 950 Euro je Kalendervierteljahr der Teilnahme zu erstatten. [2] Die Erstattung ist am 31. Januar des folgenden Kalenderjahres fällig. [3] Für jedes weitere Kalenderjahr der Teilnahme am automatisierten Datenabgleich sind die Kosten nach Absatz 2 Satz 1 in Verbindung mit Absatz 2 Satz 2 zu erstatten; Absatz 2 Satz 3 gilt entsprechend.

Anlage[1]
(zu § 1 Absatz 3)

Mietenstufen der Gemeinden nach Ländern ab 1. Januar 2020

(hier nicht abgedruckt)

[1] Anlage neu gef. mWv 1.1.2020 durch G v. 30.11.2019 (BGBl. I S. 1877).

darf die Wohnung auch ohne Übergabe eines Wohnberechtigungs-
scheins zum Gebrauch überlassen werden.

(8) [1] Der Verfügungsberechtigte, der eine Wohnung entgegen den
Absätzen 2 bis 5 und 7 überlassen hat, hat auf Verlangen der zuständi-
gen Stelle das Mietverhältnis zu kündigen und die Wohnung einem
Wohnungssuchenden nach den Absätzen 1 bis 7 zu überlassen. [2] Kann
der Verfügungsberechtigte die Beendigung des Mietverhältnisses durch
Kündigung nicht alsbald erreichen, so kann die zuständige Stelle von
dem Inhaber der Wohnung, dem der Verfügungsberechtigte sie entge-
gen den Absätzen 2 bis 5 und 7 überlassen hat, die Räumung der
Wohnung verlangen; dies gilt nicht, wenn der Inhaber der Wohnung
vor dem Bezug eine Bestätigung nach § 18 Abs. 2 erhalten hat, dass die
Wohnung nicht eine öffentlich geförderte Wohnung sei.

**§ 5 Ausstellung der Bescheinigung über die Wohnberechti-
gung.** Die Bescheinigung über die Wohnberechtigung (Wohnberech-
tigungsschein) wird in entsprechender Anwendung des § 27 Abs. 1 bis
5 des Wohnraumförderungsgesetzes[1]) erteilt.

**§ 5a Sondervorschriften für Gebiete mit erhöhtem Woh-
nungsbedarf.** [1] Die Landesregierungen werden ermächtigt, für Ge-
biete mit erhöhtem Wohnungsbedarf Rechtsverordnungen zu erlassen,
die befristet oder unbefristet bestimmen, dass der Verfügungsberech-
tigte eine frei oder bezugsfertig werdende Wohnung nur einem von
der zuständigen Stelle benannten Wohnungssuchenden zum Gebrauch
überlassen darf. [2] Die zuständige Stelle hat dem Verfügungsberechtig-
ten mindestens drei wohnberechtigte Wohnungssuchende zur Auswahl
zu benennen. [3] Bei der Benennung sind ungeachtet des Satzes 5 ins-
besondere schwangere Frauen, Familien und andere Haushalte mit
Kindern, junge Ehepaare, allein stehende Elternteile mit Kindern, äl-
tere Menschen und schwerbehinderte Menschen vorrangig zu berück-
sichtigen; sind schwangere Frauen wohnberechtigte Wohnungssuchen-
de, haben sie Vorrang vor den anderen Personengruppen. [4] Als junge
Ehepaare sind diejenigen zu berücksichtigen, bei denen keiner der
Ehegatten das 40. Lebensjahr vollendet hat; als ältere Menschen sind
diejenigen zu berücksichtigen, die das 60. Lebensjahr vollendet haben.
[5] Für die Benennung gilt § 4 Abs. 3 sinngemäß; im Übrigen können
in der Rechtsverordnung nähere Bestimmungen darüber getroffen
werden, nach welchen weiteren Gesichtspunkten die Benennung er-
folgen soll.

§ 6. (weggefallen)

**§ 7 Freistellung von Belegungsbindungen, Übertragung von
Belegungs- und Mietbindungen, Erhaltung der Mietwohnnut-
zung, Kooperationsverträge.** (1) Die zuständige Stelle kann den
Verfügungsberechtigten von Belegungsbindungen in entsprechender
Anwendung des § 30 des Wohnraumförderungsgesetzes[1]) freistellen.

[1]) Nr. 355.

(2) Die zuständige Stelle kann mit dem Verfügungsberechtigten die Übertragung und Änderung von Belegungs- und Mietbindungen sowie von sonstigen Berechtigungen und Verpflichtungen in entsprechender Anwendung des § 31 des Wohnraumförderungsgesetzes vereinbaren.

(3) [1]In Fällen der Selbstnutzung, Nichtvermietung, Zweckentfremdung und baulichen Änderung der Wohnung gilt § 27 Abs. 7 des Wohnraumförderungsgesetzes entsprechend. [2]Hat der Verfügungsberechtigte mindestens vier geförderte Wohnungen geschaffen, von denen er eine selbst nutzen will, so ist die Genehmigung auch zu erteilen, wenn das Gesamteinkommen die maßgebliche Einkommensgrenze übersteigt.

(4) Kooperationsverträge können in entsprechender Anwendung der §§ 14 und 15 des Wohnraumförderungsgesetzes abgeschlossen werden.

§ 8 Kostenmiete. (1) [1]Der Verfügungsberechtigte darf die Wohnung nicht gegen ein höheres Entgelt zum Gebrauch überlassen, als zur Deckung der laufenden Aufwendungen erforderlich ist (Kostenmiete). [2]Die Kostenmiete ist nach den §§ 8 a und 8 b zu ermitteln.

(2) [1]Soweit das vereinbarte Entgelt die Kostenmiete übersteigt, ist die Vereinbarung unwirksam. [2]Soweit die Vereinbarung unwirksam ist, ist die Leistung zurückzuerstatten und vom Empfang an zu verzinsen. [3]Der Anspruch auf Rückerstattung verjährt nach Ablauf von vier Jahren nach der jeweiligen Leistung, jedoch spätestens nach Ablauf eines Jahres von der Beendigung des Mietverhältnisses an.

(3) [1]Sind für eine Wohnung in einem Eigenheim oder einer Kleinsiedlung oder für eine sonstige Wohnung die öffentlichen Mittel ohne Vorlage einer Wirtschaftlichkeitsberechnung oder auf Grund einer vereinfachten Wirtschaftlichkeitsberechnung bewilligt worden, so darf der Verfügungsberechtigte die Wohnung höchstens gegen ein Entgelt bis zur Höhe der Kostenmiete für vergleichbare öffentlich geförderte Wohnungen (Vergleichsmiete) überlassen. [2]Die zuständige Stelle kann genehmigen, dass der Verfügungsberechtigte von der Vergleichsmiete zur Kostenmiete übergeht. [3]Absatz 2 ist entsprechend anzuwenden.

(4) [1]Der Vermieter hat dem Mieter auf Verlangen Auskunft über die Ermittlung und Zusammensetzung der Miete zu geben und, soweit der Miete eine Genehmigung der Bewilligungsstelle zugrunde liegt, die zuletzt erteilte Genehmigung vorzulegen. [2]Wird eine Genehmigung nicht vorgelegt oder ist die Auskunft über die Ermittlung und Zusammensetzung der Miete unzureichend, so hat die zuständige Stelle dem Mieter auf Verlangen die Höhe der nach Absatz 1 oder 3 zulässigen Miete mitzuteilen, soweit diese sich aus ihren Unterlagen ergibt.

(5) Die diesem Gesetz unterliegenden Wohnungen sind preisgebundener Wohnraum.

§ 8 a Ermittlung der Kostenmiete und der Vergleichsmiete.
(1) [1]Bei der Ermittlung der Kostenmiete ist von dem Mietbetrag auszugehen, der sich für die öffentlich geförderten Wohnungen des *Gebäudes oder der Wirtschaftseinheit* auf Grund der Wirtschaftlichkeitsberechnung für den Quadratmeter der Wohnfläche durchschnitt-

lich ergibt (Durchschnittsmiete). [2] In der Wirtschaftlichkeitsberechnung darf für den Wert der Eigenleistung, soweit er 15 vom Hundert der Gesamtkosten des Bauvorhabens nicht übersteigt, eine Verzinsung von 4 vom Hundert angesetzt werden; für den darüber hinausgehenden Betrag darf angesetzt werden

a) eine Verzinsung in Höhe des marktüblichen Zinssatzes für erststellige Hypotheken, sofern die öffentlichen Mittel vor dem 1. Januar 1974 bewilligt worden sind,

b) in den übrigen Fällen eine Verzinsung in Höhe von 6,5 vom Hundert.

(2) Bei Wohnungen, die nach den Vorschriften des Zweiten Wohnungsbaugesetzes gefördert worden sind, ist bei der Ermittlung der Kostenmiete von der Durchschnittsmiete auszugehen, die von der Bewilligungsstelle nach § 72 des Zweiten Wohnungsbaugesetzes genehmigt worden ist.

(3) [1] Ändern sich nach der erstmaligen Berechnung der Durchschnittsmiete oder nach der Genehmigung der Durchschnittsmiete nach § 72 des Zweiten Wohnungsbaugesetzes die laufenden Aufwendungen (Kapitalkosten, Bewirtschaftungskosten), so tritt jeweils eine entsprechend geänderte Durchschnittsmiete an die Stelle der bisherigen Durchschnittsmiete. [2] Bei einer Erhöhung der laufenden Aufwendungen gilt Satz 1 nur, soweit sie auf Umständen beruht, die der Vermieter nicht zu vertreten hat; als Erhöhung der Aufwendungen gilt auch eine durch Gesetz oder Rechtsverordnung zugelassene Erhöhung eines Ansatzes in der Wirtschaftlichkeitsberechnung.

(4) [1] Bei einer Erhöhung der laufenden Aufwendungen, die bis zur Anerkennung der Schlussabrechnung, spätestens jedoch bis zu zwei Jahren nach der Bezugsfertigkeit eintritt, bedarf die Erhöhung der Durchschnittsmiete nach Absatz 3 der Genehmigung der Bewilligungsstelle. [2] Die Genehmigung wirkt auf den Zeitpunkt der Erhöhung der laufenden Aufwendungen, längstens jedoch drei Monate vor Stellung eines Antrags mit prüffähigen Unterlagen zurück; der Vermieter kann jedoch eine rückwirkende Mieterhöhung nur verlangen, wenn dies bei der Vereinbarung der Miete vorbehalten worden ist.

(5) [1] Auf der Grundlage der Durchschnittsmiete hat der Vermieter die Miete für die einzelnen Wohnungen unter angemessener Berücksichtigung ihres unterschiedlichen Wohnwertes, insbesondere von Lage, Ausstattung und Zuschnitt zu berechnen (Einzelmiete). [2] Der Durchschnitt der Einzelmieten muss der Durchschnittsmiete entsprechen.

(6) [1] Ändern sich in den Fällen der Vergleichsmiete (§ 8 Abs. 3) nach der Bewilligung der öffentlichen Mittel die laufenden Aufwendungen, so ändert sich die Vergleichsmiete um den Betrag, der anteilig auf die Wohnung entfällt. [2] Absatz 3 Satz 2 gilt entsprechend.

(7) Die nach den Absätzen 1 bis 6 sich ergebende Einzelmiete oder Vergleichsmiete zuzüglich zulässiger Umlagen, Zuschläge und Vergütungen ist das zulässige Entgelt im Sinne des § 8 Abs. 1 oder 3.

(8) Das Nähere über die Ermittlung des zulässigen Entgelts bestimmt die Rechtsverordnung nach § 28.

§ 8 b Ermittlung der Kostenmiete in besonderen Fällen.

(1) Wird die Kostenmiete nach Ablauf von sechs Jahren seit Bezugsfertigkeit der Wohnungen ermittelt, dürfen bei der Aufstellung der Wirtschaftlichkeitsberechnung laufende Aufwendungen, insbesondere Zinsen für die Eigenleistungen, auch dann angesetzt werden, wenn sie in einer früheren Wirtschaftlichkeitsberechnung nicht oder nur in geringerer Höhe in Anspruch genommen oder anerkannt worden sind oder wenn auf ihren Ansatz ganz oder teilweise verzichtet worden ist.

(2) [1]Die Bewilligungsstelle kann zustimmen, dass demselben Eigentümer gehörende Gebäude mit öffentlich geförderten Wohnungen, die bisher selbständige Wirtschaftseinheiten bildeten, oder mehrere bisherige Wirtschaftseinheiten zu einer Wirtschaftseinheit zusammengefasst werden, sofern die Gebäude oder Wirtschaftseinheiten in örtlichem Zusammenhang stehen und die Wohnungen keine wesentlichen Unterschiede in ihrem Wohnwert aufweisen. [2]In die neue Wirtschaftlichkeitsberechnung sind die bisherigen Gesamtkosten, Finanzierungsmittel und laufenden Aufwendungen zu übernehmen. [3]Die sich hieraus ergebende neue Durchschnittsmiete bedarf der Genehmigung der Bewilligungsstelle. [4]Die öffentlichen Mittel gelten als für sämtliche Wohnungen der neuen Wirtschaftseinheit bewilligt.

(3) [1]Die Bewilligungsstelle kann zustimmen, dass eine Wirtschaftseinheit aufgeteilt wird. [2]Ist eine Wirtschaftseinheit nach Satz 1 aufgeteilt worden, ist insbesondere Wohneigentum an öffentlich geförderten Wohnungen einer Wirtschaftseinheit oder eines Gebäudes begründet worden, sind Wirtschaftlichkeitsberechnungen jeweils für die neuen Wirtschaftseinheiten, für die Gebäude oder für die einzelnen Wohnungen aufzustellen. [3]Absatz 2 Satz 2 bis 4 gilt entsprechend.

§ 9 Einmalige Leistungen.

(1) [1]Eine Vereinbarung, nach der der Mieter oder für ihn ein Dritter mit Rücksicht auf die Überlassung der Wohnung eine einmalige Leistung zu erbringen hat, ist, vorbehaltlich der Absätze 2 bis 6, unwirksam. [2]Satz 1 gilt nicht für Einzahlungen auf Geschäftsanteile bei Wohnungsunternehmen in der Rechtsform der Genossenschaft oder ähnliche Mitgliedsbeiträge.

(2) Die Vereinbarung einer Mietvorauszahlung oder eines Mieterdarlehens als Finanzierungsbeitrag zum Bau der Wohnung ist nur insoweit unwirksam, als die Annahme des Finanzierungsbeitrags nach § 28 des Ersten Wohnungsbaugesetzes oder nach § 50 des Zweiten Wohnungsbaugesetzes ausgeschlossen oder nicht zugelassen ist.

(3) Die Vereinbarung einer Mietvorauszahlung oder eines Mieterdarlehens zur Deckung der Kosten für eine Modernisierung, der die zuständige Stelle zugestimmt hat, ist nur unwirksam, soweit die Leistung das Vierfache des nach § 8 zulässigen jährlichen Entgelts überschreitet.

(4) Ist ein von einem Mieter oder einem Dritten nach § 28 des Ersten Wohnungsbaugesetzes oder § 50 des Zweiten Wohnungsbaugesetzes zulässigerweise geleisteter Finanzierungsbeitrag oder eine nach Absatz 3 zulässige Leistung wegen einer vorzeitigen Beendigung des Mietverhältnisses dem Leistenden ganz oder teilweise zurückerstattet

worden, so ist eine Vereinbarung, wonach der Mietnachfolger oder für ihn ein Dritter die Leistung unter den gleichen Bedingungen bis zur Höhe des zurückerstatteten Betrags zu erbringen hat, zulässig.

(5) [1] Die Vereinbarung einer Sicherheitsleistung des Mieters ist zulässig, soweit sie dazu bestimmt ist, Ansprüche des Vermieters gegen den Mieter aus Schäden an der Wohnung oder unterlassenen Schönheitsreparaturen zu sichern. [2] Im Übrigen gilt § 551 des Bürgerlichen Gesetzbuchs.

(6) [1] Eine Vereinbarung, nach der der Mieter oder für ihn ein Dritter mit Rücksicht auf die Überlassung der Wohnung Waren zu beziehen oder andere Leistungen in Anspruch zu nehmen oder zu erbringen hat, ist unwirksam. [2] Satz 1 gilt nicht für die Überlassung einer Garage, eines Stellplatzes oder eines Hausgartens und für die Übernahme von Sach- oder Arbeitsleistungen, die zu einer Verringerung von Bewirtschaftungskosten führen. [3] Die zuständige Stelle kann eine Vereinbarung zwischen dem Verfügungsberechtigten und dem Mieter über die Mitvermietung von Einrichtungs- und Ausstattungsgegenständen und über laufende Leistungen zur persönlichen Betreuung und Versorgung genehmigen; sie hat die Genehmigung zu versagen, wenn die vereinbarte Vergütung offensichtlich unangemessen hoch ist.

(7) [1] Soweit eine Vereinbarung nach den Absätzen 1 bis 6 unwirksam ist, ist die Leistung zurückzuerstatten und vom Empfang an zu verzinsen. [2] Der Anspruch auf Rückerstattung verjährt nach Ablauf eines Jahres von der Beendigung des Mietverhältnisses an.

(8) [1] Für Vereinbarungen, die vor dem 1. August 1968 in denjenigen kreisfreien Städten, Landkreisen oder Gemeinden eines Landkreises, in denen zu diesem Zeitpunkt die Mietpreisfreigabe noch nicht erfolgt war, getroffen worden sind, gelten die Vorschriften des Absatzes 7 entsprechend, soweit die Vereinbarungen nach den bis zu diesem Zeitpunkt geltenden Vorschriften unzulässig waren. [2] Das Gleiche gilt für Vereinbarungen, die vor dem 1. September 1965 in denjenigen kreisfreien Städten, Landkreisen oder Gemeinden eines Landkreises getroffen worden sind, in denen zu diesem Zeitpunkt die Mietpreisfreigabe bereits erfolgt war.

§ 10 Einseitige Mieterhöhung. (1) [1] Ist der Mieter nur zur Entrichtung eines niedrigeren als des nach diesem Gesetz zulässigen Entgelts verpflichtet, so kann der Vermieter dem Mieter gegenüber schriftlich erklären, dass das Entgelt um einen bestimmten Betrag, bei Umlagen um einen bestimmbaren Betrag, bis zur Höhe des zulässigen Entgelts erhöht werden soll. [2] Die Erklärung ist nur wirksam, wenn in *ihr die Erhöhung berechnet und erläutert ist.* [3] Der Berechnung der Kostenmiete ist eine Wirtschaftlichkeitsberechnung oder ein Auszug daraus, der die Höhe der laufenden Aufwendungen erkennen lässt, beizufügen. [4] An Stelle einer Wirtschaftlichkeitsberechnung kann auch eine Zusatzberechnung zu der letzten Wirtschaftlichkeitsberechnung oder, wenn das zulässige Entgelt von der Bewilligungsstelle auf Grund einer Wirtschaftlichkeitsberechnung genehmigt worden ist, eine Abschrift der Genehmigung beigefügt werden. [5] Hat der Vermieter seine

Erklärung mit Hilfe automatischer Einrichtungen gefertigt, so bedarf es nicht seiner eigenhändigen Unterschrift.

(2) [1]Die Erklärung des Vermieters hat die Wirkung, dass von dem Ersten des auf die Erklärung folgenden Monats an das erhöhte Entgelt an die Stelle des bisher zu entrichtenden Entgelts tritt; wird die Erklärung erst nach dem Fünfzehnten eines Monats abgegeben, so tritt diese Wirkung von dem Ersten des übernächsten Monats an ein. [2]Wird die Erklärung bereits vor dem Zeitpunkt abgegeben, von dem an das erhöhte Entgelt nach den dafür maßgebenden Vorschriften zulässig ist, so wird sie frühestens von diesem Zeitpunkt an wirksam. [3]Soweit die Erklärung darauf beruht, dass sich die Betriebskosten rückwirkend erhöht haben, wirkt sie auf den Zeitpunkt der Erhöhung der Betriebskosten, höchstens jedoch auf den Beginn des der Erklärung vorangehenden Kalenderjahres zurück, sofern der Vermieter die Erklärung innerhalb von drei Monaten nach Kenntnis von der Erhöhung abgibt.

(3) Ist der Erklärung ein Auszug aus der Wirtschaftlichkeitsberechnung oder die Genehmigung der Bewilligungsstelle beigefügt, so hat der Vermieter dem Mieter auf Verlangen Einsicht in die Wirtschaftlichkeitsberechnung zu gewähren.

(4) Dem Vermieter steht das Recht zur einseitigen Mieterhöhung nicht zu, soweit und solange eine Erhöhung der Miete durch ausdrückliche Vereinbarung mit dem Mieter oder einem Dritten ausgeschlossen ist oder der Ausschluss sich aus den Umständen ergibt.

§ 11 Kündigungsrecht des Mieters. (1) Der Mieter ist im Falle einer Erklärung des Vermieters nach § 10 berechtigt, das Mietverhältnis spätestens am dritten Werktag des Kalendermonats, von dem an die Miete erhöht werden soll, für den Ablauf des nächsten Kalendermonats zu kündigen.

(2) Kündigt der Mieter nach Absatz 1, so tritt die Mieterhöhung nach § 10 nicht ein.

(3) Eine zum Nachteil des Mieters abweichende Vereinbarung ist unwirksam.

§ 12. (weggefallen)

Dritter Abschnitt. Beginn und Ende der Eigenschaft „öffentlich gefördert"

§ 13 Beginn der Eigenschaft „öffentlich gefördert". (1) [1]Eine Wohnung, für die die öffentlichen Mittel vor der Bezugsfertigkeit bewilligt worden sind, gilt von dem Zeitpunkt an als öffentlich gefördert, in dem der Bescheid über die Bewilligung der öffentlichen Mittel (Bewilligungsbescheid) dem Bauherrn zugegangen ist. [2]Sind die öffentlichen Mittel erstmalig nach der Bezugsfertigkeit der Wohnung bewilligt worden, so gilt die Wohnung, wenn der Bauherr die Bewilligung der öffentlichen Mittel vor der Bezugsfertigkeit beantragt hat, von der

8

den Vorschriften des § 15 oder des § 16 die Wohnungen nur bis zu einem früheren Zeitpunkt als öffentlich gefördert gelten, ist dieser Zeitpunkt maßgebend.

(2) Sind die wegen der öffentlichen Mittel begründeten Grundpfandrechte mit dem Zuschlag nicht erloschen, so gelten die Wohnungen bis zu dem sich aus § 15 oder § 16 ergebenden Zeitpunkt als öffentlich gefördert.

§ 18 Bestätigung. (1) ¹Die zuständige Stelle hat dem Verfügungsberechtigten und bei berechtigtem Interesse auch dem Mieter schriftlich zu bestätigen, von welchem Zeitpunkt an die Wohnung nicht mehr als öffentlich gefördert gilt. ²Die Bestätigung ist in tatsächlicher und rechtlicher Hinsicht verbindlich.

(2) ¹Die zuständige Stelle hat einem Wohnungssuchenden auf dessen Verlangen schriftlich zu bestätigen, ob die Wohnung, die er benutzen will, eine neu geschaffene öffentlich geförderte Wohnung ist. ²Absatz 1 Satz 1 gilt bei berechtigtem Interesse für den Wohnungssuchenden entsprechend.

Vierter Abschnitt. Einschränkung von Zinsvergünstigungen bei öffentlich geförderten Wohnungen

§ 18 a Höhere Verzinsung der öffentlichen Baudarlehen.
(1) ¹Öffentliche Mittel im Sinne des § 3 des Ersten Wohnungsbaugesetzes oder des § 6 des Zweiten Wohnungsbaugesetzes, die vor dem 1. Januar 1960 als öffentliche Baudarlehen bewilligt worden sind, können mit einem Zinssatz bis höchstens 8 vom Hundert jährlich verzinst werden, wenn dies durch landesrechtliche Regelung in einem Gesetz oder einer Verordnung der Landesregierung bestimmt ist; § 18 b Abs. 2 ist anzuwenden. ²Dies gilt auch, wenn vertraglich eine Höherverzinsung ausdrücklich ausgeschlossen ist. ³Eine Vereinbarung, nach der eine höhere Verzinsung des öffentlichen Baudarlehens verlangt werden kann, bleibt unberührt.

(2) Öffentliche Mittel, die nach dem 31. Dezember 1959, jedoch vor dem 1. Januar 1970 als öffentliche Baudarlehen bewilligt worden sind, können mit einem Zinssatz bis höchstens 6 vom Hundert jährlich verzinst werden; Absatz 1 gilt im Übrigen entsprechend.

(3) ¹Die Landesregierungen stellen durch Rechtsverordnung sicher, dass die aus der höheren Verzinsung nach den Absätzen 1 und 2 folgenden Durchschnittsmieten bestimmte Beträge, die für die öffentlich geförderten Wohnungen nach Gemeindegrößenklassen und unter Berücksichtigung von Alter und Ausstattung der Wohnungen festgelegt werden, nicht übersteigen. ²Sie haben dabei die sich aus der höheren Verzinsung ergebende Mieterhöhung angemessen zu begrenzen. ³Einwendungen gegen die Auswirkungen der Zinserhöhung sind dabei nur innerhalb einer festzusetzenden Ausschlussfrist von höchstens sechs Monaten seit Zugang der Mitteilung über die Zinserhöhung zuzulassen.

(4) Soweit bei Wohnungen, für die die öffentlichen Baudarlehen vom 1. Januar 1960 an bewilligt worden sind, die Durchschnittsmiete auf Grund einer nach der Zinserhöhung durchgeführten Modernisierung die nach Absatz 3 bestimmten Beträge nicht nur unerheblich überschreitet, ist der nach Absatz 2 festgesetzte Zinssatz auf Antrag des Verfügungsberechtigten oder des Mieters entsprechend herabzusetzen.

(5) ¹Eine Zinserhöhung nach den Absätzen 1 und 2 ist bei Familienheimen in der Form von Eigenheimen, Kaufeigenheimen und Kleinsiedlungen sowie bei solchen Eigentumswohnungen, die vom Eigentümer oder seinen Angehörigen genutzt werden, nur unter den Voraussetzungen des § 44 Abs. 3 des Zweiten Wohnungsbaugesetzes zulässig. ²Dabei ist die aus der höheren Verzinsung folgende Mehrbelastung angemessen zu begrenzen. ³Absatz 3 Satz 3 gilt entsprechend.

(6) Die Absätze 1 bis 5 gelten für Annuitätsdarlehen entsprechend.

§ 18 b Berechnung der neuen Jahresleistung. (1) Die für das Wohnungs- und Siedlungswesen zuständigen obersten Landesbehörden treffen nähere Bestimmungen über die Durchführung der höheren Verzinsung.

(2) ¹Die darlehnsverwaltende Stelle hat bei der Erhöhung des Zinssatzes die neue Jahresleistung für das öffentliche Baudarlehen in der Weise zu berechnen, dass der erhöhte Zinssatz und der Tilgungssatz auf den ursprünglichen Darlehnsbetrag bezogen werden; ein Verwaltungskostenbeitrag bis zu 0,5 vom Hundert ist auf den Zinssatz nicht anzurechnen. ²Die Zinsleistungen sind nach der Darlehnsrestschuld zu berechnen und die durch die fortschreitende Darlehnstilgung ersparten Zinsen zur erhöhten Tilgung zu verwenden.

(3) Die darlehnsverwaltende Stelle hat dem Darlehnsschuldner die Erhöhung des Zinssatzes, die Höhe der neuen Jahresleistung sowie den Zahlungsabschnitt, für den die höhere Leistung erstmalig entrichtet werden soll, schriftlich mitzuteilen.

(4) ¹Die höhere Leistung ist erstmalig für denjenigen nach dem Darlehnsvertrag maßgeblichen Zahlungsabschnitt zu entrichten, der frühestens nach Ablauf von zwei Monaten nach dem Zugang der in Absatz 3 bezeichneten Mitteilung beginnt. ²Der Zeitpunkt der Fälligkeit bestimmt sich nach dem Darlehnsvertrag.

§ 18 c Öffentliche Baudarlehen verschiedener Gläubiger. (1) ¹Sind für die Wohnungen des Gebäudes oder der Wirtschaftseinheit öffentliche Baudarlehen von verschiedenen Gläubigern gewährt worden und wird für diese Baudarlehen eine höhere Verzinsung nach § 18 a verlangt, so haben die Gläubiger möglichst einheitliche Zinssätze festzusetzen und diese so zu bemessen, dass sich die zulässige Durchschnittsmiete nicht um mehr, als nach § 18 a Abs. 3 zulässig ist, erhöht. ²Werden die Zinssätze für diese öffentlichen Baudarlehen nacheinander erhöht und würde durch die spätere Erhöhung des Zinssatzes für eines dieser Darlehen die Durchschnittsmiete über den nach § 18 a

Abs. 3 zulässigen Umfang hinaus erhöht werden, so ist auf Verlangen des Gläubigers dieses Darlehens der vorher erhöhte Zinssatz für die anderen Darlehen so weit herabzusetzen, dass bei möglichst einheitlichem Zinssatz der öffentlichen Baudarlehen der nach § 18 a Abs. 3 zulässige Erhöhungsbetrag nicht überschritten wird; die Herabsetzung darf frühestens von dem Zeitpunkt an verlangt werden, von dem an die spätere Zinserhöhung wirksam werden soll.

(2) ¹Die für das Wohnungs- und Siedlungswesen zuständigen obersten Landesbehörden treffen die näheren Bestimmungen über die Festsetzung der Zinssätze nach Absatz 1. ²Im Übrigen gelten die Vorschriften des § 18 b sinngemäß.

§ 18 d Zins- und Tilgungshilfen sowie Zuschüsse und Darlehen zur Deckung der laufenden Aufwendungen. (1) ¹Sind vor dem 1. Januar 1960 neben oder an Stelle eines öffentlichen Baudarlehens Zins- und Tilgungshilfen aus öffentlichen Mitteln für ein zur Deckung der Gesamtkosten aufgenommenes Darlehen bewilligt worden, so kann die Zins- und Tilgungshilfe so weit herabgesetzt werden, dass der Darlehnsschuldner für das Darlehen eine Verzinsung bis höchstens 8 vom Hundert jährlich auf den ursprünglichen Darlehnsbetrag selbst zu erbringen hat, wenn dies durch landesrechtliche Regelung in einem Gesetz oder einer Verordnung der Landesregierung bestimmt ist. ²Erfolgte die Bewilligung nach dem 31. Dezember 1959, jedoch vor dem 1. Januar 1970, so kann unter den gleichen Voraussetzungen die Zins- und Tilgungshilfe so weit herabgesetzt werden, dass der Darlehnsschuldner für das Darlehen eine Verzinsung bis höchstens 6 vom Hundert jährlich auf den ursprünglichen Darlehnsbetrag selbst zu erbringen hat. ³Die Sätze 1 und 2 gelten auch, wenn eine Einstellung oder Herabsetzung vertraglich ausdrücklich ausgeschlossen ist. ⁴Die Vorschriften des § 18 a Abs. 3 bis 5 gelten entsprechend. ⁵Verbleibt nach der Herabsetzung eine Zins- und Tilgungshilfe von weniger als insgesamt 60 Euro je Wohnung jährlich, so entfällt diese.

(2) Für die Durchführung des Absatzes 1 gelten die Vorschriften des § 18 b sinngemäß.

(3) Sind von verschiedenen Gläubigern aus öffentlichen Mitteln Zins- und Tilgungshilfen nebeneinander oder Zins- und Tilgungshilfen neben öffentlichen Baudarlehen gewährt worden, so ist auch § 18 c sinngemäß anzuwenden.

(4) ¹Sind vor dem 1. Januar 1970 neben oder an Stelle eines öffentlichen Baudarlehens oder einer Zins- und Tilgungshilfe Zuschüsse oder Darlehen zur Deckung der laufenden Aufwendungen bewilligt worden, so können die Zuschüsse herabgesetzt oder für Darlehen die Zinsen nach Maßgabe des § 18 a Abs. 1 und 2 erhöht werden, wenn dies durch landesrechtliche Regelung in einem Gesetz oder einer Verordnung der Landesregierung bestimmt ist. ²Dies gilt auch, wenn nach dem Bewilligungsbescheid eine Herabsetzung oder Höherverzinsung zu diesem Zeitpunkt nicht vorgesehen oder im diesem Umfang nicht vertraglich ausdrücklich ausgeschlossen ist. ³Die Vorschriften des § 18 a Abs. 3 bis 5 gelten entsprechend.

14

§ 18e[1] Entsprechende Anwendung für öffentliche Mittel im Bereich des Bergarbeiterwohnungsbaus. [1]Die Vorschriften der §§ 18a bis 18d gelten entsprechend für öffentliche Baudarlehen und Zins- und Tilgungshilfen, die nach dem Gesetz zur Förderung des Bergarbeiterwohnungsbaus im Kohlenbergbau aus Mitteln des Treuhandvermögens des Bundes bewilligt worden sind. [2]Die in § 18b Abs. 1 bezeichneten Aufgaben obliegen dem Bundesministerium des Innern, für Bau und Heimat im Benehmen mit den für das Wohnungs- und Siedlungswesen zuständigen obersten Landesbehörden. [3]Das Bundesministerium des Innern, für Bau und Heimat wird ermächtigt, die Bestimmungen nach § 18a Abs. 1 bis 3 und 5 sowie nach § 18d durch Rechtsverordnung[2] mit Zustimmung des Bundesrates zu treffen.

§ 18f Mieterhöhung. (1) [1]Für die Durchführung einer Mieterhöhung auf Grund der höheren Verzinsung oder der Herabsetzung der Zins- und Tilgungshilfen oder der Zuschüsse zur Deckung der laufenden Aufwendungen nach den §§ 18a bis 18e finden die Vorschriften des § 10 Abs. 1, 2 und 4 Anwendung. [2]Soweit sich eine Mieterhöhung nur auf Grund der §§ 18a bis 18e ergibt, braucht der Vermieter jedoch abweichend von § 10 Abs. 1 der Erklärung eine Wirtschaftlichkeitsberechnung oder einen Auszug daraus oder eine Zusatzberechnung nicht beizufügen; er hat dem Mieter auf Verlangen Einsicht in die Mitteilung der darlehnsverwaltenden Stelle nach § 18b Abs. 3 und, soweit eine Wirtschaftlichkeitsberechnung aufzustellen ist, auch in diese zu gewähren.

(2) Für Mieterhöhungen auf Grund der §§ 18a bis 18e ist eine vertragliche Vereinbarung, wonach eine höhere Miete für eine zurückliegende Zeit verlangt werden kann, unwirksam.

Fünfter Abschnitt. Schlussvorschriften

§ 19 Gleichstellungen. (1) Die Vorschriften dieses Gesetzes für Wohnungen gelten für einzelne öffentlich geförderte Wohnräume entsprechend, soweit sich nicht aus Inhalt oder Zweck der Vorschriften etwas anderes ergibt.

(2) [1]Dem Vermieter einer öffentlich geförderten Wohnung steht derjenige gleich, der die Wohnung einem Wohnungsuchenden auf Grund eines anderen Schuldverhältnisses, insbesondere eines genossenschaftlichen Nutzungsverhältnisses, zum Gebrauch überlässt. [2]Dem Mieter einer öffentlich geförderten Wohnung steht derjenige gleich, der die Wohnung auf Grund eines anderen Schuldverhältnisses, insbesondere eines genossenschaftlichen Nutzungsverhältnisses, bewohnt.

(3) Dem Verfügungsberechtigten steht ein von ihm Beauftragter gleich.

(4) Dem Bauherrn eines Kaufeigenheimes oder einer Kaufeigentumswohnung steht der Bewerber gleich, wenn diesem die öffentlichen Mittel nach den Vorschriften des Zweiten Wohnungsbaugesetzes bewilligt worden sind.

§ 20 Wohnheime. Die Vorschriften dieses Gesetzes gelten nicht für öffentlich geförderte Wohnheime.

[1] § 18e Sätze 2 und 3 geänd. mWv 8.11.2006 durch VO v. 31.10.2006 (BGBl. I S. 2407); Sätze 2 und 3 geänd. mWv 8.9.2015 durch VO v. 31.8.2015 (BGBl. I S. 1474); Sätze 2, 3 geänd. mWv 27.6.2020 durch VO v. 19.6.2020 (BGBl. I S. 1328).
[2] Siehe VO über die Erhebung der Zinsen für Darlehen des Bundes zum Bergarbeiterwohnungsbau (BergWoZErhV) v. 11.10.1982 (BGBl. I S. 1400).

§ 21 Untermietverhältnisse. (1) ¹Die Vorschriften dieses Gesetzes gelten sinngemäß für den Inhaber einer öffentlich geförderten Wohnung, wenn dieser die Wohnung ganz oder mit mehr als der Hälfte der Wohnfläche untervermietet. ²Wird nur ein Teil der Wohnung untervermietet, finden jedoch die Vorschriften des § 4 Abs. 1, 4 und 5 sowie der §§ 5a und 7 Abs. 3 in Verbindung mit § 27 Abs. 7 Satz 1 Nr. 1 und 2 des Wohnraumförderungsgesetzes¹⁾ keine Anwendung.

(2) Vermietet der Verfügungsberechtigte einen Teil der von ihm genutzten Wohnung, sind die Vorschriften dieses Gesetzes nur anzuwenden, wenn mehr als die Hälfte der Wohnfläche vermietet wird; die Vorschriften des § 4 Abs. 1, 4 und 5 sowie der §§ 5a und 7Abs. 3 in Verbindung mit § 27 Abs. 7 Satz 1 Nr. 1 und 2 des Wohnraumförderungsgesetzes finden jedoch keine Anwendung.

§ 22²⁾ Bergarbeiterwohnungen. (1) Für die in § 2 Abs. 2 Nr. 2 des Wohnraumförderung-Überleitungsgesetzes bezeichneten Wohnungen sind die Vorschriften dieses Gesetzes nach Maßgabe der Absätze 2 bis 4 anzuwenden.

(2) An die Stelle der Wohnberechtigung im öffentlich geförderten sozialen Wohnungsbau im Sinne des § 5 dieses Gesetzes in Verbindung mit § 27 Abs. 2 und 3 des Wohnraumförderungsgesetzes¹⁾ tritt die Wohnberechtigung nach § 4 Abs. 1 Buchstabe a, b oder c des Gesetzes zur Förderung des Bergarbeiterwohnungsbaus im Kohlenbergbau.

(3) Der Verfügungsberechtigte darf eine Bergarbeiterwohnung einem Wohnungsberechtigten im Sinne des § 4 Abs. 1 Buchstabe d des Gesetzes zur Förderung des Bergarbeiterwohnungsbaus im Kohlenbergbau oder einem Nichtwohnungsberechtigten vermieten oder überlassen,

a) wenn die zuständige Stelle diesem eine Bescheinigung über die Wohnberechtigung im Kohlenbergbau unter den Voraussetzungen des § 6 Abs. 2 des Gesetzes zur Förderung des Bergarbeiterwohnungsbaus im Kohlenbergbau erteilt hat oder

b) wenn die zuständige Stelle eine Freistellung von der Zweckbindung der Bergarbeiterwohnung unter den Voraussetzungen des § 6 Abs. 3 oder 4 des Gesetzes zur Förderung des Bergarbeiterwohnungsbaus im Kohlenbergbau zugunsten von Wohnberechtigten im Sinne des Wohnungsbindungsgesetzes oder entsprechender landesrechtlicher Vorschriften ausgesprochen hat.

(4) Ist bei den in § 5 Abs. 2 des Gesetzes zur Förderung des Bergarbeiterwohnungsbaus im Kohlenbergbau bezeichneten Wohnungen die Zweckbindung zugunsten von Wohnungsberechtigten im Kohlenbergbau beendet, so sind hinsichtlich der Zweckbindung die Vorschriften der §§ 4 bis 7 dieses Gesetzes oder entsprechende landesrechtliche Vorschriften anzuwenden; der

(Fortsetzung nächstes Blatt)

¹⁾ Nr. **355.**
²⁾ *§ 22 Abs. 1 geänd. mWv 1.1.2007* durch G v. 5.9.2006 (BGBl. 1 S. 2098); Abs. 3 Buchst. b und Abs. 4 erster Halbs. geänd. mWv 16.11.2012 durch G v. 9.11.2012 (BGBl. I S. 2291).

Verfügungsberechtigte darf die Wohnung jedoch auch einem Wohnungsberechtigten im Sinne des § 4 Abs. 1 Buchstabe a bis c des Gesetzes zur Förderung des Bergarbeiterwohnungsbaus im Kohlenbergbau vermieten oder überlassen.

§ 23 Erweiterter Anwendungsbereich. Die Vorschriften der §§ 13 bis 18 über den Beginn und das Ende der Eigenschaft „öffentlich gefördert" gelten auch für die Anwendung von Rechtsvorschriften außerhalb dieses Gesetzes, sofern nicht in jenen Rechtsvorschriften ausdrücklich etwas anderes bestimmt ist.

§ 24 Verwaltungszwang. Verwaltungsakte der zuständigen Stelle können im Wege des Verwaltungszwanges vollzogen werden.

§ 25 Maßnahmen bei Gesetzesverstößen. (1) [1] Für die Zeit, während der der Verfügungsberechtigte schuldhaft gegen die Vorschriften der §§ 4, 7 Abs. 3, des § 8 Abs. 1 und 3, des § 8 a, 8 b, 9 oder 21 oder gegen die nach § 5 a erlassenen Vorschriften verstößt, kann die zuständige Stelle durch Verwaltungsakt von dem Verfügungsberechtigten Geldleistungen bis zu 5 Euro je Quadratmeter Wohnfläche der Wohnung monatlich, auf die sich der Verstoß bezieht, erheben. [2] Für die Bemessung der Geldleistungen sind ausschließlich der Wohnwert der Wohnung und die Schwere des Verstoßes maßgebend.

(2) [1] Bei einem schuldhaften Verstoß des Verfügungsberechtigten gegen die in Absatz 1 bezeichneten Vorschriften kann der Gläubiger die als Darlehen bewilligten öffentlichen Mittel fristlos kündigen; er soll sie bei einem Verstoß gegen § 7 Abs. 3 in Verbindung mit § 27 Abs. 7 Satz 1 Nr. 3 des Wohnraumförderungsgesetzes[1]) kündigen. [2] Zuschüsse zur Deckung der laufenden Aufwendungen und Zinszuschüsse können für die in Absatz 1 bezeichnete Zeit zurückgefordert werden. [3] Soweit Darlehen oder Zuschüsse bewilligt, aber noch nicht ausgezahlt sind, kann die Bewilligung widerrufen werden.

(3) Die Befugnisse nach den Absätzen 1 und 2 sollen nicht geltend gemacht werden, wenn die Geltendmachung unter Berücksichtigung der Verhältnisse des Einzelfalls, namentlich der Bedeutung des Verstoßes, unbillig sein würde.

(4) Die zuständige Stelle hat die nach Absatz 1 eingezogenen Geldleistungen an die Stelle abzuführen, welche die für das Wohnungs- und Siedlungswesen zuständige oberste Landesbehörde bestimmt; sie sind für den öffentlich geförderten sozialen Wohnungsbau einzusetzen.

§ 26 Ordnungswidrigkeiten. (1) Ordnungswidrig handelt, wer

1. entgegen § 2 in Verbindung mit § 32 Abs. 3 Satz 1 des Wohnraumförderungsgesetzes[1]) eine Mitteilung nicht, nicht richtig, nicht vollständig oder nicht rechtzeitig macht,

2. eine Wohnung entgegen § 4 Abs. 2 bis 5 oder entgegen den nach § 5 a erlassenen Vorschriften zum Gebrauch überlässt oder belässt,

3. entgegen § 7 Abs. 3 in Verbindung mit § 27 Abs. 7 Satz 1 Nr. 1 oder 2 des Wohnraumförderungsgesetzes eine Wohnung selbst nutzt oder nicht nur vorübergehend, mindestens drei Monate, leer stehen lässt,

1) Nr. 355.

4. für die Überlassung einer Wohnung ein höheres Entgelt fordert, sich versprechen lässt oder annimmt, als nach den §§ 8 bis 9 zulässig ist, oder

5. entgegen § 7 Abs. 3 in Verbindung mit § 27 Abs. 7 Satz 1 Nr. 3 des Wohnraumförderungsgesetzes eine Wohnung anderen als Wohnzwecken zuführt oder entsprechend baulich ändert.

(2) Die Ordnungswidrigkeit kann in den Fällen des Absatzes 1 Nr. 1 mit einer Geldbuße bis zu zweitausendfünfhundert Euro je Wohnung, in den Fällen des Absatzes 1 Nr. 2 und 3 mit einer Geldbuße bis zu zehntausend Euro, in den Fällen des Absatzes 1 Nr. 4 mit einer Geldbuße bis zu fünfzehntausend Euro und in den Fällen des Absatzes 1 Nr. 5 mit einer Geldbuße bis zu fünfzigtausend Euro geahndet werden.

(3) Die Ordnungswidrigkeit nach Absatz 1 Nr. 4 kann mit einer Geldbuße bis zu fünfzigtausend Euro geahndet werden, wenn jemand vorsätzlich oder leichtfertig ein wesentlich höheres Entgelt fordert, sich versprechen lässt oder annimmt, als nach den §§ 8 bis 9 zulässig ist.

§ 27 Weitergehende Verpflichtungen. [1] Weitergehende vertragliche Verpflichtungen der in diesem Gesetz bestimmten Art, die im Zusammenhang mit der Gewährung öffentlicher Mittel vertraglich begründet worden sind oder begründet werden, bleiben wirksam, soweit sie über die Verpflichtungen aus diesem Gesetz hinausgehen; andersartige vertragliche Verpflichtungen bleiben unberührt. [2] Satz 1 gilt nicht für Strafversprechen und Ansprüche auf erhöhte Verzinsung wegen eines Verstoßes gegen die in § 25 Abs. 1 bezeichneten Vorschriften, sofern Geldleistungen nach § 25 Abs. 1 entrichtet worden sind.

§ 28[1) Ermächtigungen. (1) [1] Die Landesregierungen werden ermächtigt, zur Durchführung der §§ 8 bis 9 und des § 18 f durch Rechtsverordnung[2)] Vorschriften zu erlassen über

a) die Berechnung der Wirtschaftlichkeit, namentlich auch über die Ermittlung und Anerkennung der Gesamtkosten der Finanzierungsmittel, der laufenden Aufwendungen (Kapitalkosten und Bewirtschaftungskosten) und der Erträge, die Ermittlung und Anerkennung von Änderungen der Kosten und Finanzierungsmittel, die Begrenzung der Ansätze und Ausweise sowie die Bewertung der Eigenleistung,

b) die Zulässigkeit und Berechnung von Umlagen, Vergütungen und Zuschlägen,

c) die Berechnung von Wohnflächen,

d) die Genehmigung zum Übergang von der Vergleichsmiete zur Kostenmiete,

e) die Mietpreisbildung und Mietpreisüberwachung.

[2] In der Rechtsverordnung ist vorzusehen, dass

a) in Fällen, in denen die als Darlehen gewährten öffentlichen Mittel nach § 16 vorzeitig zurückgezahlt und durch andere Finanzierungsmittel ersetzt

[1)] § 28 Abs. 1 einl. *Satzteil geänd. und Abs. 3 angef. m* Wv l. 1. 2007 durch G v. 5. 9. 2006 *(BGBl. I S. 2098).*

[2)] Siehe die NeubaumietenVO 1970 und die II. BerechnungsVO **(Sartorius ErgBd. Nr. 357)).**

worden sind, für die neuen Finanzierungsmittel keine höhere Verzinsung angesetzt werden darf, als im Zeitpunkt der Rückzahlung für das öffentliche Baudarlehen zu entrichten war, solange die Bindung nach § 8 besteht;

b) in Fällen, in denen nach § 15 Abs. 2 Satz 2 oder § 16 Abs. 2 oder 7 nur noch einzelne Wohnungen eines Gebäudes als öffentlich gefördert ge en, für die Ermittlung der Kostenmiete dieser Wohnungen die bisherige Art der Wirtschaftlichkeitsberechnung und die im öffentlich geförderten sozialen Wohnungsbau zulässigen Ansätze für Gesamtkosten, Finanzierungsmittel und laufende Aufwendungen weiterhin in der Weise maßgebend bleiben, wie sie für alle bisherigen öffentlich geförderten Wohnungen des Gebäudes maßgebend gewesen wären.

(2) Im Rahmen der Ermächtigung nach Absatz 1 kann die Zweite Berechnungsverordnung[1] entsprechend geändert und ergänzt werden.

(3) Die Landesregierungen können die Ermächtigung nach Absatz 1 durch Rechtsverordnung auf eine oberste Landesbehörde übertragen.

§ 29 Einschränkung des Grundrechts der Unverletzlichkeit der Wohnung. Durch dieses Gesetz wird das Grundrecht der Unverletzlichkeit der Wohnung (Artikel 13 des Grundgesetzes[2]) eingeschränkt.

§ 30 Geltung im Saarland. Dieses Gesetz gilt nicht im Saarland.

§§ 31 bis 33 a und 34 (weggefallen)

[1] **Sartorius ErgBd. Nr. 357.**
[2] Nr. **1.**

390. Gesetz zur Förderung von Jugendfreiwilligendiensten (Jugendfreiwilligendienstegesetz – JFDG) [1)2)]

Vom 16. Mai 2008

(BGBl. I S. 842)

FNA 2160-3

geänd. durch Art. 30 G zur Verbesserung der Eingliederungschancen am Arbeitsmarkt v. 20.12.2011 (BGBl. I S. 2854), Art. 2 G zur Einführung einer Teilzeitmöglichkeit in den Jugendfreiwilligendiensten sowie im Bundesfreiwilligendienst für Personen vor Vollendung des 27. Lebensjahres v. 6.5.2019 (BGBl. I S. 644), Art. 35 Zweites Datenschutz-Anpassungs- und UmsetzungsG EU v. 20.11.2019 (BGBl. I S. 1626) und Art. 47 G zur Regelung des Sozialen Entschädigungsrechts v. 12.12.2019 (BGBl. I S. 2652)

§ 1 Fördervoraussetzungen. (1) [1]Jugendfreiwilligendienste fördern die Bildungsfähigkeit der Jugendlichen und gehören zu den besonderen Formen des bürgerschaftlichen Engagements. [2]Ein Jugendfreiwilligendienst wird gefördert, wenn die in den §§ 2 bis 8 genannten Voraussetzungen erfüllt sind und der Dienst von einem nach § 10 zugelassenen Träger durchgeführt wird. [3]Die Förderung dient dazu, die Härten und Nachteile zu beseitigen, die mit der Ableistung des Jugendfreiwilligendienstes im Sinne dieses Gesetzes verbunden sind.

(2) Jugendfreiwilligendienste im Sinne des Gesetzes sind das freiwillige soziale Jahr (FSJ) und das freiwillige ökologische Jahr (FÖJ).

§ 2 [3)] Freiwillige. (1) Freiwillige im Sinne dieses Gesetzes sind Personen, die

1. die Vollzeitschulpflicht erfüllt haben, aber das 27. Lebensjahr noch nicht vollendet haben,

2. einen freiwilligen Dienst

 a) ohne Erwerbsabsicht, außerhalb einer Berufsausbildung und vergleichbar einer Vollzeitbeschäftigung leisten oder

 b) ohne Erwerbsabsicht, außerhalb einer Berufsausbildung und vergleichbar einer Teilzeitbeschäftigung von mehr als 20 Stunden pro Woche leisten, sofern ein berechtigtes Interesse der Freiwilligen an einer Teilzeitbeschäftigung vorliegt,

3. sich auf Grund einer Vereinbarung nach § 11 zur Leistung des freiwilligen Dienstes für eine Zeit von mindestens sechs Monaten und höchstens 24 Monaten verpflichtet haben und

4. für den freiwilligen Dienst

 a) nur unentgeltliche Unterkunft, Verpflegung und Arbeitskleidung sowie ein angemessenes Taschengeld erhalten dürfen oder

 b) anstelle von unentgeltlicher Unterkunft, Verpflegung und Arbeitskleidung entsprechende Geldersatzleistungen sowie ein angemessenes Taschengeld erhalten dürfen.

Angemessen ist ein Taschengeld, wenn es 6 Prozent der in der allgemeinen Rentenversicherung geltenden Beitragsbemessungsgrenze nicht übersteigt. Bei

[1)] Verkündet als Art. 1 G v. 16.5.2008 (BGBl. I S. 842); Inkrafttreten gem. Art. 3 dieses G am 1.6.2008.
[2)] Die Änderungen durch G v. 12.12.2019 (BGBl. I S. 2652) treten erst **mWv 1.1.2024** in Kraft und sind im Text noch nicht berücksichtigt.
[3)] § 2 Abs. 1 neu gef., Abs. 2 geänd. mWv 11.5.2019 durch G v. 6.5.2019 (BGBl. I S. 644).

eirem freiwilligen Dienst vergleichbar einer Teilzeitbeschäftigung ist dieser Prozentsatz zu kürzen.

(2) Als Freiwillige gelten auch Personen, die durch einen nach § 10 zugelassenen Träger des Jugendfreiwilligendienstes darauf vorbereitet werden, einen Jugendfreiwilligendienst im Ausland zu leisten (Vorbereitungsdienst), für den Vorbereitungsdienst nur Leistungen erhalten, die dieses Gesetz vorsieht, und neben dem Vorbereitungsdienst keine Tätigkeit gegen Entgelt ausüben sowie die Voraussetzungen des Absatzes 1 Nummer 1 und 3 erfüllen.

§ 3[1] Freiwilliges soziales Jahr. (1) Das freiwillige soziale Jahr wird als überwiegend praktische Hilfstätigkeit, die an Lernzielen orientiert ist, in gemeinwohlorientierten Einrichtungen geleistet, insbesondere in Einrichtungen der Wohlfahrtspflege, in Einrichtungen der Kinder- und Jugendhilfe, einschließlich der Einrichtungen für außerschulische Jugendbildung und Einrichtungen für Jugendarbeit, in Einrichtungen der Gesundheitspflege, in Einrichtungen der Kultur und Denkmalpflege oder in Einrichtungen des Sports.

(2) Das freiwillige soziale Jahr wird pädagogisch begleitet. [2]Die pädagogische Begleitung wird von einer zentralen Stelle eines nach § 10 zugelassenen Trägers des Jugendfreiwilligendienstes sichergestellt mit dem Ziel, soziale, kulturelle und interkulturelle Kompetenzen zu vermitteln und das Verantwortungsbewusstsein für das Gemeinwohl zu stärken.

§ 4[2] Freiwilliges ökologisches Jahr. (1) Das freiwillige ökologische Jahr wird als überwiegend praktische Hilfstätigkeit, die an Lernzielen orientiert ist, in geeigneten Stellen und Einrichtungen geleistet, im Bereich des Natur- und Umweltschutzes einschließlich der Bildung zur Nachhaltigkeit tätig sind.

(2) [1]Das freiwillige ökologische Jahr wird pädagogisch begleitet. [2]Die pädagogische Begleitung wird von einer zentralen Stelle eines nach § 10 zugelassenen Trägers des Jugendfreiwilligendienstes sichergestellt mit dem Ziel, soziale, kulturelle und interkulturelle Kompetenzen zu vermitteln und das Verantwortungsbewusstsein für das Gemeinwohl zu stärken. [3]Im freiwilligen ökologischen Jahr sollen insbesondere der nachhaltige Umgang mit Natur und Umwelt gestärkt und Umweltbewusstsein entwickelt werden, um ein kompetentes Handeln für Natur und Umwelt zu fördern.

§ 5[3] Jugendfreiwilligendienste im Inland. (1) [1]Das freiwillige soziale Jahr und das freiwillige ökologische Jahr im Inland werden in der Regel für eine Dauer von zwölf zusammenhängenden Monaten geleistet. [2]Die Mindestdauer bei demselben nach § 10 anerkannten Träger beträgt sechs Monate, der Dienst kann bis zu der Gesamtdauer von insgesamt 18 Monaten verlängert werden. [3]Der Träger kann den Jugendfreiwilligendienst im Rahmen des pädagogischen Gesamtkonzepts auch unterbrochen zur Ableistung in Abschnitten anbieten, wenn ein Abschnitt mindestens drei Monate dauert.

(2) [1]Die pädagogische Begleitung umfasst die an Lernzielen orientierte fachliche Anleitung der Freiwilligen durch die Einsatzstelle, die individuelle

[1] § 3 Abs. 1 geänd. m.W.v. 11.5.2019 durch G v. 6.5.2019 (BGBl. I S. 644).
[2] § 4 Abs. 1 geänd. m.W.v. 11.5.2019 durch G v. 6.5.2019 (BGBl. I S. 644).
[3] § 5 Abs. 5 Satz 3 angef. m.W.v. 11.5.2019 durch G v. 6.5.2019 (BGBl. I S. 644).

Betreuung durch pädagogische Kräfte des Trägers und durch die Einsatzstelle sowie die Seminararbeit. [2]Es werden ein Einführungs-, ein Zwischen- und ein Abschlussseminar durchgeführt, deren Mindestdauer je fünf Tage beträgt. [3]Die Gesamtdauer der Seminare beträgt bezogen auf eine zwölfmonatige Teilnahme am Jugendfreiwilligendienst mindestens 25 Tage. [4]Wird ein Dienst über den Zeitraum von zwölf Monaten hinaus vereinbart oder verlängert, erhöht sich die Zahl der Seminartage um mindestens einen Tag je Monat der Verlängerung. [5]Die Seminarzeit gilt als Dienstzeit. [6]Die Teilnahme ist Pflicht. [7]Die Freiwilligen wirken an der inhaltlichen Gestaltung und der Durchführung der Seminare mit.

(3) [1]Bis zu einer Höchstdauer von insgesamt 18 Monaten können ein freiwilliges soziales Jahr und ein freiwilliges ökologisches Jahr mit einer Mindestdienstdauer von sechs Monaten nacheinander geleistet werden. [2]In diesem Fall richtet sich die Zahl der Seminartage für jeden einzelnen Dienst nach Absatz 2. [3]Auf die Gesamtdauer ist ein Bundesfreiwilligendienst nach dem Bundesfreiwilligendienstgesetz[1)] anzurechnen.

(4) [1]Zur Durchführung des Jugendfreiwilligendienstes nach diesem Gesetz schließen zugelassene Träger und Einsatzstellen eine vertragliche Vereinbarung. [2]Die Vereinbarung legt fest, in welcher Weise Träger und Einsatzstellen die Ziele des Dienstes, insbesondere soziale Kompetenz, Persönlichkeitsbildung sowie die Förderung der Bildungs- und Beschäftigungsfähigkeit der Freiwilligen gemeinsam verfolgen.

§ 6[2)] Jugendfreiwilligendienst im Ausland. (1) Ein freiwilliges soziales Jahr oder ein freiwilliges ökologisches Jahr im Sinne dieses Gesetzes kann auch im Ausland geleistet werden.

(2) [1]Der Jugendfreiwilligendienst im Ausland wird als Dienst gemäß § 2 Abs. 1 Nr. 1 und ausschließlich ununterbrochen geleistet. [2]§ 5 gilt entsprechend, soweit keine abweichenden Regelungen für den Jugendfreiwilligendienst im Ausland vorgesehen sind. [3]Zum freiwilligen sozialen Jahr im Ausland gehört insbesondere auch der Dienst für Frieden und Versöhnung. [4]Der Jugendfreiwilligendienst im Ausland wird nach Maßgabe der Nummern 1 bis 3 pädagogisch begleitet:

1. Die pädagogische Begleitung wird von einem nach § 10 zugelassenen Träger sichergestellt,

2. zur Vorbereitung auf den Jugendfreiwilligendienst und während des Dienstes im Ausland erfolgt die pädagogische Begleitung in Form von Bildungsmaßnahmen (Seminaren oder pädagogischen Veranstaltungen), durch fachliche Anleitung durch die Einsatzstelle und die individuelle Betreuung durch pädagogische Kräfte der Einsatzstelle oder des Trägers; die Freiwilligen wirken an der inhaltlichen Gestaltung und Durchführung der Bildungsmaßnahmen mit,

3. die Gesamtdauer der Bildungsmaßnahmen beträgt, bezogen auf eine zwölfmonatige Teilnahme am Jugendfreiwilligendienst im Ausland, mindestens fünf Wochen.

[1)] Nr. **627.**
[2)] § 6 Abs. 2 Satz 1 geänd., Abs. 3 Satz 3 neu gef., Satz 4 angef. mWv 11.5.2019 durch G v. 6.5. 2019 (BGBl. I S. 644).

⁵Die pädagogische Begleitung soll in der Weise erfolgen, dass jeweils in der Bundesrepublik Deutschland vorbereitende Veranstaltungen von mindestens vierwöchiger Dauer und nachbereitende Veranstaltungen von mindestens einwöchiger Dauer stattfinden. ⁶Falls der Träger ein Zwischenseminar im Ausland sicherstellen kann, das regelmäßig bis zu zwei Wochen dauern kann, verkürzen sich die vorbereitenden Veranstaltungen entsprechend. ⁷Die Teilnahme an den Bildungsmaßnahmen gilt als Dienstzeit. ⁸Die Teilnahme ist Pflicht.

(3) ¹Der Dienst muss nach Maßgabe des § 11 Abs. 1 mit dem Träger vereinbart und gestaltet werden. ²§ 11 Abs. 2 findet keine Anwendung. ³Die Höchstdauer der Entsendung beträgt 18 Monate. ⁴Für die Zahl zusätzlicher Seminartage gilt § 5 Absatz 2 Satz 3 und 4 entsprechend.

§ 7¹⁾ Kombinierter Jugendfreiwilligendienst. ¹Ein kombinierter Jugendfreiwilligendienst im In- und Ausland kann vom Träger angeboten werden, wenn insgesamt eine Dauer von 18 zusammenhängenden Monaten nicht überschritten wird und die Einsatzabschnitte im In- und Ausland jeweils mindestens drei Monate dauern. ²Der Dienst ist für den Gesamtzeitraum nach § 11 Abs. 1 mit dem Träger zu vereinbaren und zu gestalten. ³§ 11 Abs. 2 findet keine Anwendung. ⁴Die pädagogische Begleitung soll nach Maßgabe des § 6 erfolgen; Zwischenseminare können auch im Inland stattfinden. ⁵§ 5 Abs. 2 gilt für kürzer oder länger als zwölf Monate dauernde Dienste entsprechend.

§ 8²⁾ Zeitliche Ausnahmen. Der Jugendfreiwilligendienst nach den §§ 5, 6 und 7 kann ausnahmsweise bis zu einer Dauer von 24 Monaten geleistet werden, wenn dies im Rahmen eines besonderen pädagogischen Konzepts begründet ist.

§ 9³⁾ Förderung. Die Förderung des freiwilligen sozialen Jahres und des freiwilligen ökologischen Jahres richtet sich nach folgenden Rechtsnormen:

1. § 3 der Verordnung über Sonderurlaub für Bundesbeamte und Richter im Bundesdienst⁴⁾ (Sonderurlaub),

2. § 2 Abs. 1 Nr. 8 des Arbeitsgerichtsgesetzes⁵⁾ (Zuständigkeit von Gerichten),

3. § 32 Abs. 4 Satz 1 Nr. 2 Buchstabe b und d des Einkommensteuergesetzes (Berücksichtigung von Kindern),

4. § 265 Abs. 2 Satz 3 Nr. 2 des Gesetzes über den Lastenausgleich⁶⁾ (Lastenausgleich),

5. § 27 Abs. 2 Satz 2 Nr. 1, § 150 Absatz 2 Satz 1 Nummer 2, § 344 Abs. 2 des Dritten Buches Sozialgesetzbuch⁷⁾ (Arbeitsförderung),

¹⁾ § 7 Satz 1 neu gef. mWv 11.5.2019 durch G v. 6.5.2019 (BGBl. I S. 644).
²⁾ § 8 Satz 1 geänd., Satz 2 aufgeh. mWv 11.5.2019 durch G v. 6.5.2019 (BGBl. I S. 644).
³⁾ § 9 Nr. 5 geänd. mWv 1.4.2012 durch G v. 20.12.2011 (BGBl. I S. 2854); Nr. 12 geänd. mWv 11.5.2019 durch G v. 6.5.2019 (BGBl. I S. 644).
⁴⁾ Nr. **173**.
⁵⁾ **Schönfelder Nr. 83.**
⁶⁾ *Sartorius III Nr. 960.*
⁷⁾ **Gewerberecht Nr. 790.**

6. § 20 Abs. 3 Satz 1 Nr. 2 des Vierten Buches Sozialgesetzbuch[1] (Gesamtsozialversicherungsbeitrag),

7. § 67 Abs. 3 Satz 1 Nr. 2 Buchstabe b und c, § 82 Abs. 2 Satz 2 des Siebten Buches Sozialgesetzbuch[2] (Gesetzliche Unfallversicherung),

8. § 33b Abs. 4 Satz 2 Nr. 2 Buchstabe d, § 45 Abs. 3 Satz 1 Buchstabe c des Bundesversorgungsgesetzes[3] (Kinderzuschlag und Waisenrente bei Kriegsopferversorgung),

9. § 2 Abs. 2 Satz 1 Nr. 2 Buchstabe b und d des Bundeskindergeldgesetzes[4] (Kindergeld),

10. § 10 Abs. 1 des Vierten Buches Sozialgesetzbuch (Beschäftigungsort),

11. § 7 Abs. 1 Satz 1 Nr. 2, § 10 Abs. 2 Nr. 3 des Fünften Buches Sozialgesetzbuch[5] (Krankenversicherung),

12. § 6 Absatz 1b Satz 5, § 48 Abs. 4 Satz 1 Nr. 2 Buchstabe b und c des Sechsten Buches Sozialgesetzbuch[6] (Rentenversicherung),

13. § 25 Abs. 2 Nr. 3 des Elften Buches Sozialgesetzbuch[7] (Pflegeversicherung),

14. § 1 Abs. 1 Nr. 2 Buchstabe h der Verordnung über den Ausgleich gemeinwirtschaftlicher Leistungen im Straßenpersonenverkehr (Ermäßigungen im Straßenpersonenverkehr),

15. § 1 Abs. 1 Nr. 2 Buchstabe h der Verordnung über den Ausgleich gemeinwirtschaftlicher Leistungen im Eisenbahnverkehr (Ermäßigungen im Eisenbahnverkehr),

16. § 14c des Gesetzes über den Zivildienst der Kriegsdienstverweigerer[8] (Anerkannte Kriegsdienstverweigerer).

§ 10 Träger. (1) Als Träger des freiwilligen sozialen Jahres im Inland im Sinne dieses Gesetzes sind zugelassen:

1. die Verbände, die in der Bundesarbeitsgemeinschaft der freien Wohlfahrtspflege zusammengeschlossen sind, und ihre Untergliederungen,

2. Religionsgemeinschaften mit dem Status einer öffentlich-rechtlichen Körperschaft und

3. die Gebietskörperschaften sowie nach näherer Bestimmung der Länder sonstige Körperschaften des öffentlichen Rechts.

(2) Als weitere Träger des freiwilligen sozialen Jahres im Inland und als Träger des freiwilligen ökologischen Jahres im Inland im Sinne dieses Gesetzes kann die zuständige Landesbehörde solche Einrichtungen zulassen, die für eine den Bestimmungen der §§ 2, 3 oder 4 und 5 entsprechende Durchführung Gewähr bieten.

[1] **Aichberger, SGB Nr. 4.**
[2] **Aichberger, SGB Nr. 7.**
[3] **Wehrrecht Nr. 710.**
[4] **Schönfelder ErgBd. Nr. 45b.**
[5] **Aichberger, SGB Nr. 5.**
[6] **Aichberger, SGB Nr. 6.**
[7] **Aichberger, SGB Nr. 11.**
[8] **Nr. 625.**

(3) [1] Als Träger des freiwilligen sozialen Jahres im Ausland oder als Träger des freiwilligen ökologischen Jahres im Ausland im Sinne dieses Gesetzes werden juristische Personen zugelassen, die

1. Maßnahmen im Sinne der §§ 6 oder 7 durchführen und Freiwillige für einen Dienst im Ausland vorbereiten, entsenden und betreuen,

2. Gewähr dafür bieten, dass sie auf Grund ihrer nachgewiesenen Auslandserfahrungen ihre Aufgabe auf Dauer erfüllen und den ihnen nach dem Gesetz obliegenden Verpflichtungen nachkommen,

3. ausschließlich und unmittelbar steuerbegünstigten Zwecken im Sinne der §§ 51 bis 68 der Abgabenordnung dienen und

4. ihren Sitz in der Bundesrepublik Deutschland haben.

[2] Über die Zulassung eines Trägers des freiwilligen sozialen Jahres im Ausland und über die Zulassung eines Trägers des freiwilligen ökologischen Jahres im Ausland entscheidet die zuständige Landesbehörde.

(4) [1] Die zuständige Landesbehörde hat die Zulassung von Trägern im Sinne dieses Gesetzes zu widerrufen, wenn eine der in Absatz 2 oder 3 genannten Voraussetzungen nicht mehr vorliegt. [2] Die Zulassung kann auch aus anderen wichtigen Gründen widerrufen werden, insbesondere, wenn eine Auflage nicht erfüllt worden ist. [3] Durch den Widerruf oder die Rücknahme der Zulassung werden die Rechte der Freiwilligen nach diesem Gesetz nicht berührt.

(5) Bestehende Zulassungen von Trägern nach dem Gesetz zur Förderung eines freiwilligen sozialen Jahres oder nach dem Gesetz zur Förderung eines freiwilligen ökologischen Jahres bleiben unberührt.

§ 11 Vereinbarung, Bescheinigung, Zeugnis. (1) [1] Der zugelassene Träger des Jugendfreiwilligendienstes und die oder der Freiwillige schließen vor Beginn des Jugendfreiwilligendienstes eine schriftliche Vereinbarung ab. [2] Sie muss enthalten:

1. Vor- und Familienname, Geburtsdatum und Anschrift der oder des Freiwilligen,

2. die Bezeichnung des Trägers des Jugendfreiwilligendienstes und der Einsatzstelle,

3. die Angabe des Zeitraumes, für den die oder der Freiwillige sich zum Jugendfreiwilligendienst verpflichtet hat, sowie Regelungen für den Fall der vorzeitigen Beendigung des Dienstes,

4. die Erklärung, dass die Bestimmungen dieses Gesetzes während der Durchführung des Jugendfreiwilligendienstes einzuhalten sind,

5. die Angabe des Zulassungsbescheides des Trägers oder der gesetzlichen Zulassung,

6. Angaben zur Art und Höhe der Geld- und Sachleistungen für Unterkunft, Verpflegung, Arbeitskleidung und Taschengeld,

7. die Angabe der Anzahl der Urlaubstage und

8. die Ziele des Dienstes und die wesentlichen der Zielerreichung dienenden Maßnahmen.

(2) [1] Die Vereinbarung nach Absatz 1 kann auch als gemeinsame Vereinbarung zwischen dem zugelassenen Träger, der Einsatzstelle und der oder dem Freiwilligen geschlossen werden, in der die Einsatzstelle die Geld- und Sach-

leistungen für Unterkunft, Verpflegung, Arbeitskleidung und Taschengeld auf eigene Rechnung übernimmt. [2] Der Träger haftet für die Erfüllung dieser Pflichten gegenüber der oder dem Freiwilligen und Dritten wie ein selbstschuldnerischer Bürge.

(3) [1] Der Träger stellt der Freiwilligen oder dem Freiwilligen nach Abschluss des Dienstes eine Bescheinigung aus. [2] Absatz 1 Satz 2 Nr. 4 und 5 gilt entsprechend; außerdem muss die Bescheinigung den Zeitraum des Dienstes enthalten.

(4) [1] Bei Beendigung des Jugendfreiwilligendienstes kann die Freiwillige oder der Freiwillige von dem Träger ein schriftliches Zeugnis über die Art und Dauer des Jugendfreiwilligendienstes fordern. [2] Die Einsatzstelle soll bei der Zeugniserstellung angemessen beteiligt werden; im Falle des § 11 Abs. 2 ist das Zeugnis im Einvernehmen mit der Einsatzstelle zu erstellen. [3] Das Zeugnis ist auf Verlangen auf die Leistungen und die Führung während der Dienstzeit zu erstrecken. [4] Dabei sind in das Zeugnis berufsqualifizierende Merkmale des Jugendfreiwilligendienstes aufzunehmen.

§ 12[1] Datenschutz. [1] Der Träger des Jugendfreiwilligendienstes darf personenbezogene Daten nach § 11 Abs. 1 Satz 2 verarbeiten, soweit dies für die Förderung nach § 9 in Verbindung mit den dort genannten Vorschriften erforderlich ist. [2] Die Daten sind nach Abwicklung des Jugendfreiwilligendienstes zu löschen.

§ 13 Anwendung arbeitsrechtlicher und arbeitsschutzrechtlicher Bestimmungen. [1] Für eine Tätigkeit im Rahmen eines Jugendfreiwilligendienstes im Sinne dieses Gesetzes sind die Arbeitsschutzbestimmungen und das Bundesurlaubsgesetz[2] entsprechend anzuwenden. [2] Für Schäden bei der Ausübung ihrer Tätigkeit haften Freiwillige nur wie Arbeitnehmerinnen und Arbeitnehmer.

§§ 14, 15[3] *(aufgehoben)*

[1] § 12 Satz 1 geänd. mWv 26.11.2019 durch G v. 20.11.2019 (BGBl. I S. 1626).
[2] **Schönfelder ErgBd. Nr. 80b.**
[3] §§ 14, 15 aufgeh. mWv 11.5.2019 durch G v. 6.5.2019 (BGBl. I S. 644).

400. Jugendschutzgesetz (JuSchG)[1]

Vom 23. Juli 2002
(BGBl. I S. 2730)

FNA 2161-6

geänd. durch Art. 7 Abs. 2 G zur Änd. der Vorschriften über die Straftaten gegen die sexuelle Selbstbestimmung und zur Änd. anderer Vorschriften v. 27.12.2003 (BGBl. I S. 3007), Art. 3 Haushaltsbegleit G 2004 v. 29.12.2003 (BGBl. I S. 3076), Art. 2 G zur Verbesserung des Schutzes junger Menschen vor Gefahren des Alkohol- und Tabakkonsums v. 23.7.2004 (BGBl. I S. 1857), Art. 2 Elektronischer-Geschäftsverkehr-Vereinheitlichungs G v. 26.2.2007 (BGBl. I S. 179), Art. 3 Passivrauchen-Schutz G v. 20.7.2007 (BGBl. I S. 1595), Art. 1 Erstes Änd G v. 24.6.2008 (BGBl. I S. 1075), Art. 3 Abs. 1 G zur Umsetzung des Rahmenbeschlusses des Rates der Europäischen Union zur Bekämpfung der sexuellen Ausbeutung von Kindern und der Kinderpornographie v. 31.10.2008 (BGBl. I S. 2149), Art. 2 Abs. 55, Art. 4 Abs. 36 G zur Strukturreform des Gebührenrechts des Bundes v. 7.8.2013 (BGBl. I S. 3154, Art. 4 Abs. 36 dieses G aufgeh. durch Art. 2 G v. 18.7.2016, BGBl. I S. 1666), Art. 1 G zum Schutz von Kindern und Jugendlichen vor den Gefahren des Konsums von elektronischen Zigaretten und elektronischen Shishas v. 3.3.2016 (BGBl. I S. 369), Art. 4 Abs. 33 G zur Aktualisierung der Strukturreform des Gebührenrechts des Bundes v. 18.7.2016 (BGBl. I S. 1666), Art. 11 Branntweinmonopolverwaltung-Auflösungs G v. 10.3.2017 (BGBl. I S. 420) und Art. 2 Zweites G zur Änd. des Tabakerzeugnis G v. 23.10.2020 (BGBl. I S. 2229)

Der Bundestag hat mit Zustimmung des Bundesrates das folgende Gesetz beschlossen:

Abschnitt 1. Allgemeines

§ 1[2] Begriffsbestimmungen. (1) Im Sinne dieses Gesetzes

1. sind Kinder Personen, die noch nicht 14 Jahre alt sind,

2. sind Jugendliche Personen, die 14, aber noch nicht 18 Jahre alt sind,

3. ist personensorgeberechtigte Person, wem allein oder gemeinsam mit einer anderen Person nach den Vorschriften des Bürgerlichen Gesetzbuchs[3] die Personensorge zusteht,

4. ist erziehungsbeauftragte Person, jede Person über 18 Jahren, soweit sie auf Dauer oder zeitweise aufgrund einer Vereinbarung mit der personensorgeberechtigten Person Erziehungsaufgaben wahrnimmt oder soweit sie ein Kind oder eine jugendliche Person im Rahmen der Ausbildung oder der Jugendhilfe betreut.

(2) ¹Trägermedien im Sinne dieses Gesetzes sind Medien mit Texten, Bildern oder Tönen auf gegenständlichen Trägern, die zur Weitergabe geeignet, zur unmittelbaren Wahrnehmung bestimmt oder in einem Vorführ- oder Spielgerät eingebaut sind. ²Dem gegenständlichen Verbreiten, Überlassen, Anbieten oder Zugänglichmachen von Trägermedien steht das elektronische Verbreiten, Überlassen, Anbieten oder Zugänglichmachen gleich, soweit es sich nicht um Rundfunk im Sinne des § 2 des Rundfunkstaatsvertrages[4] handelt.

[1] Die Änderung durch Art. 4 Abs. 33 G v. 18.7.2016 (BGBl. I S. 1666) tritt erst **mWv 1.10.2021** in Kraft und ist im Text nch nicht berücksichtigt.
[2] § 1 Abs. 3 neu gef. mWv 1.3.2007 durch G v. 26.2.2007 (BGBl. I S. 179) iVm der Bek. v. 1.3.2006 (BGBl. I S. 251).
[3] **Schönfelder Nr. 20**
[4] **Sartorius III Nr. 79**

(3) [1] Telemedien im Sinne dieses Gesetzes sind Medien, die nach dem Tele-mediengesetz[1] übermittelt oder zugänglich gemacht werden. [2] Als Übermitteln oder Zugänglichmachen im Sinne von Satz 1 gilt das Bereithalten eigener oder fremder Inhalte.

(4) Versandhandel im Sinne dieses Gesetzes ist jedes entgeltliche Geschäft, das im Wege der Bestellung und Übersendung einer Ware durch Postversand oder elektronischen Versand ohne persönlichen Kontakt zwischen Lieferant und Besteller oder ohne dass durch technische oder sonstige Vorkehrungen sichergestellt ist, dass kein Versand an Kinder und Jugendliche erfolgt, vollzogen wird.

(5) Die Vorschriften der §§ 2 bis 14 dieses Gesetzes gelten nicht für verheiratete Jugendliche.

§ 2 Prüfungs- und Nachweispflicht. (1) [1] Soweit es nach diesem Gesetz auf die Begleitung durch eine erziehungsbeauftragte Person ankommt, haben die in § 1 Abs. 1 Nr. 4 genannten Personen ihre Berechtigung auf Verlangen darzulegen. [2] Veranstalter und Gewerbetreibende haben in Zweifelsfällen die Berechtigung zu überprüfen.

(2) [1] Personen, bei denen nach diesem Gesetz Altersgrenzen zu beachten sind, haben ihr Lebensalter auf Verlangen in geeigneter Weise nachzuweisen. [2] Veranstalter und Gewerbetreibende haben in Zweifelsfällen das Lebensalter zu überprüfen.

§ 3 Bekanntmachung der Vorschriften. (1) Veranstalter und Gewerbetreibende haben die nach den §§ 4 bis 13 für ihre Betriebseinrichtungen und Veranstaltungen geltenden Vorschriften sowie bei öffentlichen Filmveranstaltungen die Alterseinstufung von Filmen oder die Anbieterkennzeichnung nach § 14 Abs. 7 durch deutlich sichtbaren und gut lesbaren Aushang bekannt zu machen.

(2) [1] Zur Bekanntmachung der Alterseinstufung von Filmen und von Film- und Spielprogrammen dürfen Veranstalter und Gewerbetreibende nur die in § 14 Abs. 2 genannten Kennzeichnungen verwenden. [2] Wer einen Film für öffentliche Filmveranstaltungen weitergibt, ist verpflichtet, den Veranstalter bei der Weitergabe auf die Alterseinstufung oder die Anbieterkennzeichnung nach § 14 Abs. 7 hinzuweisen. [3] Für Filme, Film- und Spielprogramme, die nach § 14 Abs. 2 von der obersten Landesbehörde oder einer Organisation der freiwilligen Selbstkontrolle im Rahmen des Verfahrens nach § 14 Abs. 6 gekennzeichnet sind, darf bei der Ankündigung oder Werbung weder auf jugendbeeinträchtigende Inhalte hingewiesen werden noch darf die Ankündigung oder Werbung in jugendbeeinträchtigender Weise erfolgen.

Abschnitt 2. Jugendschutz in der Öffentlichkeit

§ 4 Gaststätten. (1) [1] Der Aufenthalt in Gaststätten darf Kindern und Jugendlichen unter 16 Jahren nur gestattet werden, wenn eine personensorgeberechtigte oder erziehungsbeauftragte Person sie begleitet oder wenn sie in der Zeit zwischen 5 Uhr und 23 Uhr eine Mahlzeit oder ein Getränk einnehmen. [2] Jugendlichen ab 16 Jahren darf der Aufenthalt in Gaststätten ohne Begleitung

[1] **Sartorius ErgBd. Nr. 922.**

einer personensorgeberechtigten oder erziehungsbeauftragten Person in der Zeit von 24 Uhr und 5 Uhr morgens nicht gestattet werden.

(2) Absatz 1 gilt nicht, wenn Kinder oder Jugendliche an einer Veranstaltung eines anerkannten Trägers der Jugendhilfe teilnehmen oder sich auf Reisen befinden.

(3) Der Aufenthalt in Gaststätten, die als Nachtbar oder Nachtclub geführt werden, und in vergleichbaren Vergnügungsbetrieben darf Kindern und Jugendlichen nicht gestattet werden.

(4) Die zuständige Behörde kann Ausnahmen von Absatz 1 genehmigen.

§ 5 Tanzveranstaltungen. (1) Die Anwesenheit bei öffentlichen Tanzveranstaltungen ohne Begleitung einer personensorgeberechtigten oder erziehungsbeauftragten Person darf Kindern und Jugendlichen unter 16 Jahren nicht und Jugendlichen ab 16 Jahren längstens bis 24 Uhr gestattet werden.

(2) Abweichend von Absatz 1 darf die Anwesenheit Kindern bis 22 Uhr und Jugendlichen unter 16 Jahren bis 24 Uhr gestattet werden, wenn die Tanzveranstaltung von einem anerkannten Träger der Jugendhilfe durchgeführt wird oder der künstlerischen Betätigung oder der Brauchtumspflege dient.

(3) Die zuständige Behörde kann Ausnahmen genehmigen.

§ 6 Spielhallen, Glücksspiele. (1) Die Anwesenheit in öffentlichen Spielhallen oder ähnlichen vorwiegend dem Spielbetrieb dienenden Räumen darf Kindern und Jugendlichen nicht gestattet werden.

(2) Die Teilnahme an Spielen mit Gewinnmöglichkeit in der Öffentlichkeit darf Kindern und Jugendlichen nur auf Volksfesten, Schützenfesten, Jahrmärkten, Spezialmärkten oder ähnlichen Veranstaltungen und nur unter der Voraussetzung gestattet werden, dass der Gewinn in Waren von geringem Wert besteht.

§ 7 Jugendgefährdende Veranstaltungen und Betriebe. [1] Geht von einer öffentlichen Veranstaltung oder einem Gewerbebetrieb eine Gefährdung für das körperliche, geistige oder seelische Wohl von Kindern oder Jugendlichen aus, so kann die zuständige Behörde anordnen, dass der Veranstalter oder Gewerbetreibende Kindern und Jugendlichen die Anwesenheit nicht gestatten darf. [2] Die Anordnung kann Altersbegrenzungen, Zeitbegrenzungen oder andere Auflagen enthalten, wenn dadurch die Gefährdung ausgeschlossen oder wesentlich gemindert wird.

§ 8 Jugendgefährdende Orte. [1] Hält sich ein Kind oder eine jugendliche Person an einem Ort auf, an dem ihm oder ihr eine unmittelbare Gefahr für das körperliche, geistige oder seelische Wohl droht, so hat die zuständige Behörde oder Stelle die zur Abwendung der Gefahr erforderlichen Maßnahmen zu treffen. [2] Wenn nötig, hat sie das Kind oder die jugendliche Person

1. zum Verlassen des Ortes anzuhalten,
2. der erziehungsberechtigten Person im Sinne des § 7 Abs. 1 Nr. 6 des Achten Buches Sozialgesetzbuch zuzuführen oder, wenn keine erziehungsberechtigte Person erreichbar ist, in die Obhut des Jugendamtes zu bringen.

[3] In schwierigen Fällen hat die zuständige Behörde oder Stelle das Jugendamt über den jugendgefährdenden Ort zu unterrichten.

§ 9[1] Alkoholische Getränke. (1) In Gaststätten, Verkaufsstellen oder sonst in der Öffentlichkeit dürfen

1. Bier, Wein, weinähnliche Getränke oder Schaumwein oder Mischungen von Bier, Wein, weinähnlichen Getränken oder Schaumwein mit nichtalkoholischen Getränken an Kinder und Jugendliche unter 16 Jahren,
2. andere alkoholische Getränke oder Lebensmittel, die andere alkoholische Getränke in nicht nur geringfügiger Menge enthalten, an Kinder und Jugendliche

weder abgegeben noch darf ihnen der Verzehr gestattet werden.

(2) [1]Absatz 1 Nummer 1 gilt nicht, wenn Jugendliche von einer personensorgeberechtigten Person begleitet werden.

(3) [1]In der Öffentlichkeit dürfen alkoholische Getränke nicht in Automaten angeboten werden. [2]Dies gilt nicht, wenn ein Automat

1. an einem für Kinder und Jugendliche unzugänglichen Ort aufgestellt ist oder
2. in einem gewerblich genutzten Raum aufgestellt und durch technische Vorrichtungen oder durch ständige Aufsicht sichergestellt ist, dass Kinder und Jugendliche alkoholische Getränke nicht entnehmen können.

[3] § 20 Nr. 1 des Gaststättengesetzes[2] bleibt unberührt.

(4) [1]Alkoholhaltige Süßgetränke im Sinne des § 1 Abs. 2 und 3 des Alkopopsteuergesetzes dürfen gewerbsmäßig nur mit dem Hinweis „Abgabe an Personen unter 18 Jahren verboten, § 9 Jugendschutzgesetz" in den Verkehr gebracht werden. [2]Dieser Hinweis ist auf der Fertigpackung in der gleichen Schriftart und in der gleichen Größe und Farbe wie die Marken- oder Phantasienamen oder, soweit nicht vorhanden, wie die Verkehrsbezeichnung zu halten und bei Flaschen auf dem Frontetikett anzubringen.

§ 10[3] Rauchen in der Öffentlichkeit, Tabakwaren. (1) In Gaststätten, Verkaufsstellen oder sonst in der Öffentlichkeit dürfen Tabakwaren und andere nikotinhaltige Erzeugnisse und deren Behältnisse an Kinder oder Jugendliche weder abgegeben noch darf ihnen das Rauchen oder der Konsum nikotinhaltiger Produkte gestattet werden.

(2) [1]In der Öffentlichkeit dürfen Tabakwaren und andere nikotinhaltige Erzeugnisse und deren Behältnisse nicht in Automaten angeboten werden. [2]Dies gilt nicht, wenn ein Automat

1. an einem Kindern und Jugendlichen unzugänglichen Ort aufgestellt ist oder
2. durch technische Vorrichtungen oder durch ständige Aufsicht sichergestellt ist, dass Kinder und Jugendliche Tabakwaren und andere nikotinhaltige Erzeugnisse und deren Behältnisse nicht entnehmen können.

(3) Tabakwaren und andere nikotinhaltige Erzeugnisse und deren Behältnisse dürfen Kindern und Jugendlichen weder im Versandhandel angeboten noch an Kinder und Jugendliche im Wege des Versandhandels abgegeben werden.

[1] § 9 Abs. 4 angef. mWv 30.9.2004 durch G v. 23.7.2004 (BGBl. I S. 1857) iVm der Bek. v. 13.10.2004 (BGBl. I S. 2600); Abs. 1 Nr. 1 und 2 neu gef., Abs. 2 geänd. mWv 1.1.2018 durch G v. 10.3.2017 (BGBl. I S. 420).

[2] Nr. **810**.

[3] § 10 : Abs. 1 geänd. mWv 1.9.2007, Abs. 2 Satz 2 Nrn. 1 und 2 geänd. mWv 1.1.2009 durch G v. 20.7.2007 (BGBl. I S. 1595); Abs. 1 und Abs. 2 Satz 1 und Satz 2 Nr. 2 geänd., Abs. 3 und 4 angef. mWv 1.4.2016 durch G v. 3.3.2016 (BGBl. I S. 369).

(4) Die Absätze 1 bis 3 gelten auch für nikotinfreie Erzeugnisse, wie elektronische Zigaretten oder elektronische Shishas, in denen Flüssigkeit durch ein elektronisches Heizelement verdampft und die entstehenden Aerosole mit dem Mund eingeatmet werden, sowie für deren Behältnisse.

Abschnitt 3. Jugendschutz im Bereich der Medien

Unterabschnitt 1. Trägermedien

§ 11 [1] **Filmveranstaltungen.** (1) Die Anwesenheit bei öffentlichen Filmveranstaltungen darf Kindern und Jugendlichen nur gestattet werden, wenn die Filme von der obersten Landesbehörde oder einer Organisation der freiwilligen Selbstkontrolle im Rahmen des Verfahrens nach § 14 Abs. 6 zur Vorführung vor ihnen freigegeben worden sind oder wenn es sich um Informations-, Instruktions- und Lehrfilme handelt, die vom Anbieter mit „Infoprogramm" oder „Lehrprogramm" gekennzeichnet sind.

(2) Abweichend von Absatz 1 darf die Anwesenheit bei öffentlichen Filmveranstaltungen mit Filmen, die für Kinder und Jugendliche ab zwölf Jahren freigegeben und gekennzeichnet sind, auch Kindern ab sechs Jahren gestattet werden, wenn sie von einer personensorgeberechtigten Person begleitet sind.

(3) Unbeschadet der Voraussetzungen des Absatzes 1 darf die Anwesenheit bei öffentlichen Filmveranstaltungen nur mit Begleitung einer personensorgeberechtigten oder erziehungsbeauftragten Person gestattet werden

1. Kindern unter sechs Jahren,

2. Kindern ab sechs Jahren, wenn die Vorführung nach 20 Uhr beendet ist,

3. Jugendlichen unter 16 Jahren, wenn die Vorführung nach 22 Uhr beendet ist,

4. Jugendlichen ab 16 Jahren, wenn die Vorführung nach 24 Uhr beendet ist.

(4) [1]Die Absätze 1 bis 3 gelten für die öffentliche Vorführung von Filmen unabhängig von der Art der Aufzeichnung und Wiedergabe. [2]Sie gelten auch für Werbevorspanne und Beiprogramme. [3]Sie gelten nicht für Filme, die zu nichtgewerblichen Zwecken hergestellt werden, solange die Filme nicht gewerblich genutzt werden.

(5) Werbefilme oder Werbeprogramme, die für alkoholische Getränke werben, dürfen unbeschadet der Voraussetzungen der Absätze 1 bis 4 nur nach 18 Uhr vorgeführt werden.

(6) Werbefilme oder Werbeprogramme, die für Tabakerzeugnisse, elektronische Zigaretten oder Nachfüllbehälter im Sinne des § 1 Absatz 1 Nummer 1 des Tabakerzeugnisgesetzes [2] werben, dürfen nur im Zusammenhang mit Filmen vorgeführt werden, die

1. von der obersten Landesbehörde oder einer Organisation der freiwilligen Selbstkontrolle im Rahmen des Verfahrens nach § 14 Absatz 6 mit „Keine Jugendfreigabe" nach § 14 Absatz 2 gekennzeichnet sind oder

2. nicht nach den Vorschriften dieses Gesetzes gekennzeichnet sind.

[1] § 11 Abs. 5 geänd., Abs. 6 angef. mWv 1.1.2021 durch G v. 23.10.2020 (BGBl. I S. 2229).
[2] **Sartorius ErgBd. Nr. 861.**

§ 12[1) Bildträger mit Filmen oder Spielen. (1) Bespielte Videokassetten und andere zur Weitergabe geeignete, für die Wiedergabe auf oder das Spiel an Bildschirmgeräten mit Filmen oder Spielen programmierte Datenträger (Bildträger) dürfen einem Kind oder einer jugendlichen Person in der Öffentlichkeit nur zugänglich gemacht werden, wenn die Programme von der obersten Landesbehörde oder einer Organisation der freiwilligen Selbstkontrolle im Rahmen des Verfahrens nach § 14 Abs. 6 für ihre Altersstufe freigegeben und gekennzeichnet worden sind oder wenn es sich um Informations-, Instruktions- und Lehrprogramme handelt, die vom Anbieter mit „Infoprogramm" oder „Lehrprogramm" gekennzeichnet sind.

(2) [1] Auf die Kennzeichnungen nach Absatz 1 ist auf dem Bildträger und der Hülle mit einem deutlich sichtbaren Zeichen hinzuweisen. [2] Das Zeichen ist auf der Frontseite der Hülle links unten auf einer Fläche von mindestens 1 200 Quadratmillimetern und dem Bildträger auf einer Fläche von mindestens 250 Quadratmillimetern anzubringen. [3] Die oberste Landesbehörde kann

1. Näheres über Inhalt, Größe, Form, Farbe und Anbringung der Zeichen anordnen und

2. Ausnahmen für die Anbringung auf dem Bildträger oder der Hülle genehmigen.

[4] Anbieter von Telemedien, die Filme, Film- und Spielprogramme verbreiten, müssen auf eine vorhandene Kennzeichnung in ihrem Angebot deutlich hinweisen.

(3) Bildträger, die nicht oder mit „Keine Jugendfreigabe" nach § 14 Abs. 2 von der obersten Landesbehörde oder einer Organisation der freiwilligen Selbstkontrolle im Rahmen des Verfahrens nach § 14 Abs. 6 oder nach § 14 Abs. 7 vom Anbieter gekennzeichnet sind, dürfen

1. einem Kind oder einer jugendlichen Person nicht angeboten, überlassen oder sonst zugänglich gemacht werden,

2. nicht im Einzelhandel außerhalb von Geschäftsräumen, in Kiosken oder anderen Verkaufsstellen, die Kunden nicht zu betreten pflegen, oder im Versandhandel angeboten oder überlassen werden.

(4) Automaten zur Abgabe bespielter Bildträger dürfen

1. auf Kindern oder Jugendlichen zugänglichen öffentlichen Verkehrsflächen,

2. außerhalb von gewerblich oder in sonstiger Weise beruflich oder geschäftlich genutzten Räumen oder

3. in deren unbeaufsichtigten Zugängen, Vorräumen oder Fluren

nur aufgestellt werden, wenn ausschließlich nach § 14 Abs. 2 Nr. 1 bis 4 gekennzeichnete Bildträger angeboten werden und durch technische Vorkehrungen gesichert ist, dass sie von Kindern und Jugendlichen, für deren Altersgruppe ihre Programme nicht nach § 14 Abs. 2 Nr. 1 bis 4 freigegeben sind, nicht bedient werden können.

(5) [1] Bildträger, die Auszüge von Film- und Spielprogrammen enthalten, dürfen abweichend von den Absätzen 1 und 3 im Verbund mit periodischen Druckschriften nur vertrieben werden, wenn sie mit einem Hinweis des Anbieters versehen sind, der deutlich macht, dass eine Organisation der freiwil-

[1) § 12 Abs. 2 Satz 2 eingef., bish. Sätze 2 und 3 werden Sätze 3 und 4, Abs. 5 Satz 3 geänd. mWv 1.7.2008 durch G v. 24.6.2008 (BGBl. I S. 1075).

ligen Selbstkontrolle festgestellt hat, dass diese Auszüge keine Jugendbeeinträchtigungen enthalten. [2]Der Hinweis ist sowohl auf der periodischen Druckschrift als auch auf dem Bildträger vor dem Vertrieb mit einem deutlich sichtbaren Zeichen anzubringen. [3]Absatz 2 Satz 1 bis 3 gilt entsprechend. [4]Die Berechtigung nach Satz 1 kann die oberste Landesbehörde für einzelne Anbieter ausschließen.

§ 13[1) Bildschirmspielgeräte. (1) Das Spielen an elektronischen Bildschirmspielgeräten ohne Gewinnmöglichkeit, die öffentlich aufgestellt sind, darf Kindern und Jugendlichen ohne Begleitung einer personensorgeberechtigten oder erziehungsbeauftragten Person nur gestattet werden, wenn die Programme von der obersten Landesbehörde oder einer Organisation der

(Fortsetzung nächstes Blatt)

[1) § 13 Abs. 3 geänd. mWv 1.7.2008 durch G v. 24.6.2008 (BGBl. I S. 1075).

freiwilligen Selbstkontrolle im Rahmen des Verfahrens nach § 14 Abs. 6 für ihre Altersstufe freigegeben und gekennzeichnet worden sind oder wenn es sich um Informations-, Instruktions- oder Lehrprogramme handelt, die vom Anbieter mit „Infoprogramm" oder „Lehrprogramm" gekennzeichnet sind.

(2) Elektronische Bildschirmspielgeräte dürfen

1. auf Kindern oder Jugendlichen zugänglichen öffentlichen Verkehrsflächen,
2. außerhalb von gewerblich oder in sonstiger Weise beruflich oder geschäftlich genutzten Räumen oder
3. in deren unbeaufsichtigten Zugängen, Vorräumen oder Fluren

nur aufgestellt werden, wenn ihre Programme für Kinder ab sechs Jahren freigegeben und gekennzeichnet oder nach § 14 Abs. 7 mit „Infoprogramm" oder „Lehrprogramm" gekennzeichnet sind.

(3) Auf das Anbringen der Kennzeichnungen auf Bildschirmspielgeräten findet § 12 Abs. 2 Satz 1 bis 3 entsprechende Anwendung.

§ 14 Kennzeichnung von Filmen und Film- und Spielprogrammen.

(1) Filme sowie Film- und Spielprogramme, die geeignet sind, die Entwicklung von Kindern und Jugendlichen oder ihre Erziehung zu einer eigenverantwortlichen und gemeinschaftsfähigen Persönlichkeit zu beeinträchtigen, dürfen nicht für ihre Altersstufe freigegeben werden.

(2) Die oberste Landesbehörde oder eine Organisation der freiwilligen Selbstkontrolle im Rahmen des Verfahrens nach Absatz 6 kennzeichnet die Filme und die Film- und Spielprogramme mit

1. „Freigegeben ohne Altersbeschränkung",
2. „Freigegeben ab sechs Jahren",
3. „Freigegeben ab zwölf Jahren",
4. „Freigegeben ab sechzehn Jahren",
5. „Keine Jugendfreigabe".

(3) ¹ Hat ein Trägermedium nach Einschätzung der obersten Landesbehörde oder einer Organisation der freiwilligen Selbstkontrolle im Rahmen des Verfahrens nach Absatz 6 einen der in § 15 Abs. 2 Nr. 1 bis 5 bezeichneten Inhalte oder ist es in die Liste nach § 18 aufgenommen, wird es nicht gekennzeichnet. ² Die oberste Landesbehörde hat Tatsachen, die auf einen Verstoß gegen § 15 Abs. 1 schließen lassen, der zuständigen Strafverfolgungsbehörde mitzuteilen.

(4) ¹ Ist ein Programm für Bildträger oder Bildschirmspielgeräte mit einem in die Liste nach § 18 aufgenommenen Trägermedium ganz oder im Wesentlichen inhaltsgleich, wird es nicht gekennzeichnet. ² Das Gleiche gilt, wenn die Voraussetzungen für eine Aufnahme in die Liste vorliegen. ³ In Zweifelsfällen führt die oberste Landesbehörde oder eine Organisation der freiwilligen Selbstkontrolle im Rahmen des Verfahrens nach Absatz 6 eine Entscheidung der Bundesprüfstelle für jugendgefährdende Medien herbei.

(5) ¹ Die Kennzeichnungen von Filmprogrammen für Bildträger und Bildschirmspielgeräte gelten auch für die Vorführung in öffentlichen Filmveranstaltungen und für die dafür bestimmten, inhaltsgleichen Filme. ² Die Kennzeichnungen von Filmen für öffentliche Filmveranstaltungen können auf

inhaltsgleiche Filmprogramme für Bildträger und Bildschirmspielgeräte übertragen werden; Absatz 4 gilt entsprechend.

(6) [1] Die obersten Landesbehörden können ein gemeinsames Verfahren für die Freigabe und Kennzeichnung der Filme sowie Film- und Spielprogramme auf der Grundlage der Ergebnisse der Prüfung durch von Verbänden der Wirtschaft getragene oder unterstützte Organisationen freiwilliger Selbstkontrolle vereinbaren. [2] Im Rahmen dieser Vereinbarung kann bestimmt werden, dass die Freigaben und Kennzeichnungen durch eine Organisation der freiwilligen Selbstkontrolle Freigaben und Kennzeichnungen der obersten Landesbehörden aller Länder sind, soweit nicht eine oberste Landesbehörde für ihren Bereich eine abweichende Entscheidung trifft.

(7) [1] Filme, Film- und Spielprogramme zu Informations-, Instruktions- oder Lehrzwecken dürfen vom Anbieter mit „Infoprogramm" oder „Lehrprogramm" nur gekennzeichnet werden, wenn sie offensichtlich nicht die Entwicklung oder Erziehung von Kindern und Jugendlichen beeinträchtigen. [2] Die Absätze 1 bis 5 finden keine Anwendung. [3] Die oberste Landesbehörde kann das Recht zur Anbieterkennzeichnung für einzelne Anbieter oder für besondere Film- und Spielprogramme ausschließen und durch den Anbieter vorgenommene Kennzeichnungen aufheben.

(8) Enthalten Filme, Bildträger oder Bildschirmspielgeräte neben den zu kennzeichnenden Film- oder Spielprogrammen Titel, Zusätze oder weitere Darstellungen in Texten, Bildern oder Tönen, bei denen in Betracht kommt, dass sie die Entwicklung oder Erziehung von Kindern oder Jugendlichen beeinträchtigen, so sind diese bei der Entscheidung über die Kennzeichnung mit zu berücksichtigen.

§ 15[1] Jugendgefährdende Trägermedien. (1) Trägermedien, deren Aufnahme in die Liste jugendgefährdender Medien nach § 24 Abs. 3 Satz 1 bekannt gemacht ist, dürfen nicht

1. einem Kind oder einer jugendlichen Person angeboten, überlassen oder sonst zugänglich gemacht werden,

2. an einem Ort, den Kindern oder Jugendlichen zugänglich ist oder von ihnen eingesehen werden kann, ausgestellt, angeschlagen, vorgeführt oder sonst zugänglich gemacht werden,

3. im Einzelhandel außerhalb von Geschäftsräumen, in Kiosken oder anderen Verkaufsstellen, die Kunden nicht zu betreten pflegen, im Versandhandel oder in gewerblichen Leihbüchereien oder Lesezirkeln einer anderen Person angeboten oder überlassen werden,

4. im Wege gewerblicher Vermietung oder vergleichbarer gewerblicher Gewährung des Gebrauchs, ausgenommen in Ladengeschäften, die Kindern und Jugendlichen nicht zugänglich sind und von ihnen nicht eingesehen werden können, einer anderen Person angeboten oder überlassen werden,

5. im Wege des Versandhandels eingeführt werden,

6. öffentlich an einem Ort, der Kindern oder Jugendlichen zugänglich ist oder von ihnen eingesehen werden kann, oder durch Verbreiten von Träger-

1) § 15 Abs. 2 Nr. 1 geänd. m.Wv 1. 4. 2004 durch G v. 27. 12. 2003 (BGBl. I S. 3007); Abs. 2 Nr. 3a eingef. m.Wv 1. 7. 2008 durch G v. 24. 6. 2008 (BGBl. I S. 1075); Abs. 2 Nr. 1 geänd. m.Wv 5. 11. 2008 durch G v. 31. 10. 2008 (BGBl. I S. 2149).

oder Telemedien außerhalb des Geschäftsverkehrs mit dem einschlägigen Handel angeboten, angekündigt oder angepriesen werden,

7. hergestellt, bezogen, geliefert, vorrätig gehalten oder eingeführt werden, um sie oder aus ihnen gewonnene Stücke im Sinne der Nummern 1 bis 6 zu verwenden oder einer anderen Person eine solche Verwendung zu ermöglichen.

(2) Den Beschränkungen des Absatzes 1 unterliegen, ohne dass es einer Aufnahme in die Liste und einer Bekanntmachung bedarf, schwer jugendgefährdende Trägermedien, die

1. einen der in § 86, § 130, § 130 a, § 131, § 184, § 184 a, § 184 b oder § 184 c des Strafgesetzbuches[1] bezeichneten Inhalte haben,

2. den Krieg verherrlichen,

3. Menschen, die sterben oder schweren körperlichen oder seelischen Leiden ausgesetzt sind oder waren, in einer die Menschenwürde verletzenden Weise darstellen und ein tatsächliches Geschehen wiedergeben, ohne dass ein überwiegendes berechtigtes Interesse gerade an dieser Form der Berichterstattung vorliegt,

3 a. besonders realistische, grausame und reißerische Darstellungen selbstzweckhafter Gewalt beinhalten, die das Geschehen beherrschen,

4. Kinder oder Jugendliche in unnatürlicher, geschlechtsbetonter Körperhaltung darstellen oder

5. offensichtlich geeignet sind, die Entwicklung von Kindern oder Jugendlichen oder ihre Erziehung zu einer eigenverantwortlichen und gemeinschaftsfähigen Persönlichkeit schwer zu gefährden.

(3) Den Beschränkungen des Absatzes 1 unterliegen auch, ohne dass es einer Aufnahme in die Liste und einer Bekanntmachung bedarf, Trägermedien, die mit einem Trägermedium, dessen Aufnahme in die Liste bekannt gemacht ist, ganz oder im Wesentlichen inhaltsgleich sind.

(4) Die Liste der jugendgefährdenden Medien darf nicht zum Zweck der geschäftlichen Werbung abgedruckt oder veröffentlicht werden.

(5) Bei geschäftlicher Werbung darf nicht darauf hingewiesen werden, dass ein Verfahren zur Aufnahme des Trägermediums oder eines inhaltsgleichen Telemediums in die Liste anhängig ist oder gewesen ist.

(6) Soweit die Lieferung erfolgen darf, haben Gewerbetreibende vor Abgabe an den Handel die Händler auf die Vertriebsbeschränkungen des Absatzes 1 Nr. 1 bis 6 hinzuweisen.

Unterabschnitt 2. Telemedien

§ 16 Sonderregelung für Telemedien. Regelungen zu Telemedien, die in die Liste jugendgefährdender Medien nach § 18 aufgenommen sind, bleiben Landesrecht vorbehalten.

[1] **Schönfelder Nr. 85.**

Abschnitt 4. Bundesprüfstelle für jugendgefährdende Medien

§ 17 Name und Zuständigkeit. (1) ¹ Die Bundesprüfstelle wird vom Bund errichtet. ² Sie führt den Namen „Bundesprüfstelle für jugendgefährdende Medien".

(2) Über eine Aufnahme in die Liste jugendgefährdender Medien und über Streichungen aus dieser Liste entscheidet die Bundesprüfstelle für jugendgefährdende Medien.

§ 18 ¹⁾ Liste jugendgefährdender Medien. (1) ¹ Träger- und Telemedien, die geeignet sind, die Entwicklung von Kindern oder Jugendlichen oder ihre Erziehung zu einer eigenverantwortlichen und gemeinschaftsfähigen Persönlichkeit zu gefährden, sind von der Bundesprüfstelle für jugendgefährdende Medien in eine Liste jugendgefährdender Medien aufzunehmen. ² Dazu zählen vor allem unsittliche, verrohend wirkende, zu Gewalttätigkeit, Verbrechen oder Rassenhass anreizende Medien sowie Medien, in denen

1. Gewalthandlungen wie Mord- und Metzelszenen selbstzweckhaft und detailliert dargestellt werden oder

2. Selbstjustiz als einzig bewährtes Mittel zur Durchsetzung der vermeintlicher Gerechtigkeit nahe gelegt wird.

(2) Die Liste ist in vier Teilen zu führen.

1. In Teil A (Öffentliche Liste der Trägermedien) sind alle Trägermedien aufzunehmen, soweit sie nicht den Teilen B, C oder D zuzuordnen sind;

2. in Teil B (Öffentliche Liste der Trägermedien mit absolutem Verbreitungsverbot) sind, soweit sie nicht Teil D zuzuordnen sind, Trägermedien aufzunehmen, die nach Einschätzung der Bundesprüfstelle für jugendgefährdende Medien einen in § 86, § 130, § 130 a, § 131, § 184 a, § 184 b oder § 184 c des Strafgesetzbuches²⁾ bezeichneten Inhalt haben;

3. in Teil C (Nichtöffentliche Liste der Medien) sind diejenigen Trägermedien aufzunehmen, die nur deshalb nicht in Teil A aufzunehmen sind, weil bei ihnen von einer Bekanntmachung der Aufnahme in die Liste gemäß § 24 Abs. 3 Satz 2 abzusehen ist, sowie alle Telemedien, soweit sie nicht Teil D zuzuordnen sind;

4. in Teil D (Nichtöffentliche Liste der Medien mit absolutem Verbreitungsverbot) sind diejenigen Trägermedien, die nur deshalb nicht in Teil B aufzunehmen sind, weil bei ihnen von einer Bekanntmachung der Aufnahme in die Liste gemäß § 24 Abs. 3 Satz 2 abzusehen ist, sowie diejenigen Telemedien aufzunehmen, die nach Einschätzung der Bundesprüfstelle für jugendgefährdende Medien einen in § 86, § 130, § 130 a, § 131, § 184 a, § 184 b oder § 184 c des Strafgesetzbuches bezeichneten Inhalt haben.

¹⁾ § 18 Abs. 2 Nrn. 2 und 4 sowie Abs. 5 geänd. mWv 1. 4. 2004 durch G v. 27. 12. 2003 (BGBl. I S. 3007); Abs. 1 Satz 2 geänd., Nr. 1 und 2 angef. mWv 1. 7. 2008 durch G v. 24. 6. 2008 (BGBl. I S. 1075); Abs. 2 Nr. 2 und 4, Abs. 5 geänd. mWv 5. 11. 2008 durch G v. 31. 10. 2008 (BGBl. I S. 2149).

²⁾ **Schönfelder** Nr. 85.

(3) Ein Medium darf nicht in die Liste aufgenommen werden

1. allein wegen seines politischen, sozialen, religiösen oder weltanschaulichen Inhalts,

2. wenn es der Kunst oder der Wissenschaft, der Forschung oder der Lehre dient,

3. wenn es im öffentlichen Interesse liegt, es sei denn, dass die Art der Darstellung zu beanstanden ist.

(4) In Fällen von geringer Bedeutung kann davon abgesehen werden, ein Medium in die Liste aufzunehmen.

(5) Medien sind in die Liste aufzunehmen, wenn ein Gericht in einer rechtskräftigen Entscheidung festgestellt hat, dass das Medium einen der in § 86, § 130, § 130a, § 131, § 184, § 184a, § 184b oder § 184c des Strafgesetzbuches bezeichneten Inhalte hat.

(6) Telemedien sind in die Liste aufzunehmen, wenn die zentrale Aufsichtsstelle der Länder für den Jugendmedienschutz die Aufnahme in die Liste beantragt hat; es sei denn, der Antrag ist offensichtlich unbegründet oder im Hinblick auf die Spruchpraxis der Bundesprüfstelle für jugendgefährdende Medien unvertretbar.

(7) [1] Medien sind aus der Liste zu streichen, wenn die Voraussetzungen für eine Aufnahme nicht mehr vorliegen. [2] Nach Ablauf von 25 Jahren verliert eine Aufnahme in die Liste ihre Wirkung.

(8) [1] Auf Filme, Film- und Spielprogramme, die nach § 14 Abs. 2 Nr. 1 bis 5 gekennzeichnet sind, findet Absatz 1 keine Anwendung. [2] Absatz 1 ist außerdem nicht anzuwenden, wenn die zentrale Aufsichtsstelle der Länder für den Jugendmedienschutz über das Telemedium zuvor eine Entscheidung dahin gehend getroffen hat, dass die Voraussetzungen für die Aufnahme in die Liste jugendgefährdender Medien nach Absatz 1 nicht vorliegen. [3] Hat eine anerkannte Einrichtung der Selbstkontrolle das Telemedium zuvor bewertet, so findet Absatz 1 nur dann Anwendung, wenn die zentrale Aufsichtsstelle der Länder für den Jugendmedienschutz die Voraussetzungen für die Aufnahme in die Liste jugendgefährdender Medien nach Absatz 1 für gegeben hält.

§ 19 Personelle Besetzung. (1) [1] Die Bundesprüfstelle für jugendgefährdende Medien besteht aus einer oder einem von dem Bundesministerium für Familie, Senioren, Frauen und Jugend ernannten Vorsitzenden, je einer oder einem von jeder Landesregierung zu ernennenden Beisitzerin oder Beisitzer und weiteren von dem Bundesministerium für Familie, Senioren, Frauen und Jugend zu ernennenden Beisitzerinnen oder Beisitzern. [2] Für die Vorsitzende oder den Vorsitzenden und die Beisitzerinnen oder Beisitzer ist mindestens je eine Stellvertreterin oder ein Stellvertreter zu ernennen. [3] Die jeweilige Landesregierung kann ihr Ernennungsrecht nach Absatz 1 auf eine oberste Landesbehörde übertragen.

(2) [1] Die von dem Bundesministerium für Familie, Senioren, Frauen und Jugend zu ernennenden Beisitzerinnen und Beisitzer sind den Kreisen

1. der Kunst,

2. der Literatur,

3. des Buchhandels und der Verlegerschaft,

4. der Anbieter von Bildträgern und von Telemedien,

5. der Träger der freien Jugendhilfe,

6. der Träger der öffentlichen Jugendhilfe,

7. der Lehrerschaft und

8. der Kirchen, der jüdischen Kultusgemeinden und anderer Religionsgemeinschaften, die Körperschaften des öffentlichen Rechts sind,

auf Vorschlag der genannten Gruppen zu entnehmen. ² Dem Buchhandel und der Verlegerschaft sowie dem Anbieter von Bildträgern und von Telemedien stehen diejenigen Kreise gleich, die eine vergleichbare Tätigkeit bei der Auswertung und beim Vertrieb der Medien unabhängig von der Art der Aufzeichnung und der Wiedergabe ausüben.

(3) ¹ Die oder der Vorsitzende und die Beisitzerinnen oder Beisitzer werden auf die Dauer von drei Jahren bestimmt. ² Sie können von der Stelle, die sie bestimmt hat, vorzeitig abberufen werden, wenn sie der Verpflichtung zur Mitarbeit in der Bundesprüfstelle für jugendgefährdende Medien nicht nachkommen.

(4) Die Mitglieder der Bundesprüfstelle für jugendgefährdende Medien sind an Weisungen nicht gebunden.

(5) ¹ Die Bundesprüfstelle für jugendgefährdende Medien entscheidet in der Besetzung von zwölf Mitgliedern, die aus der oder dem Vorsitzenden, drei Beisitzerinnen oder Beisitzern der Länder und je einer Beisitzerin oder einem Beisitzer aus den in Absatz 2 genannten Gruppen bestehen. ² Erscheinen zur Sitzung einberufene Beisitzerinnen oder Beisitzer oder ihre Stellvertreterinnen oder Stellvertreter nicht, so ist die Bundesprüfstelle für jugendgefährdende Medien auch in einer Besetzung von mindestens neun Mitgliedern beschlussfähig, von denen mindestens zwei den in Absatz 2 Nr. 1 bis 4 genannten Gruppen angehören müssen.

(6) ¹ Zur Anordnung der Aufnahme in die Liste bedarf es einer Mehrheit von zwei Dritteln der an der Entscheidung mitwirkenden Mitglieder der Bundesprüfstelle für jugendgefährdende Medien. ² In der Besetzung des Absatzes 5 Satz 2 ist für die Listenaufnahme eine Mindestzahl von sieben Stimmen erforderlich.

§ 20 Vorschlagsberechtigte Verbände. (1) ¹ Das Vorschlagsrecht nach § 19 Abs. 2 wird innerhalb der nachfolgenden Kreise durch folgende Organisationen für je eine Beisitzerin oder einen Beisitzer und eine Stellvertreterin oder einen Stellvertreter ausgeübt:

1. für die Kreise der Kunst durch
 Deutscher Kulturrat,
 Bund Deutscher Kunsterzieher e.V.,
 Künstlergilde e.V.,
 Bund Deutscher Grafik-Designer,

2. für die Kreise der Literatur durch
 Verband deutscher Schriftsteller,
 Freier Deutscher Autorenverband,
 Deutscher Autorenverband e.V.,
 PEN-Zentrum,

entscheiden, wenn das Medium offensichtlich geeignet ist, die Entwicklung von Kindern oder Jugendlichen oder ihre Erziehung zu einer eigenverantwortlichen und gemeinschaftsfähigen Persönlichkeit zu gefährden. [2] Kommt eine einstimmige Entscheidung nicht zustande, entscheidet die Bundesprüfstelle für jugendgefährdende Medien in voller Besetzung (§ 19 Abs. 5).

(2) Eine Aufnahme in die Liste nach § 22 ist im vereinfachten Verfahren nicht möglich.

(3) Gegen die Entscheidung können die Betroffenen (§ 21 Abs. 7) innerhalb eines Monats nach Zustellung Antrag auf Entscheidung durch die Bundesprüfstelle für jugendgefährdende Medien in voller Besetzung stellen.

(4) Nach Ablauf von zehn Jahren seit Aufnahme eines Mediums in die Liste kann die Bundesprüfstelle für jugendgefährdende Medien die Streichung aus der Liste unter der Voraussetzung des § 21 Abs. 5 Nr. 2 im vereinfachten Verfahren beschließen.

(5) [1] Wenn die Gefahr besteht, dass ein Träger- oder Telemedium kurzfristig in großem Umfange vertrieben, verbreitet oder zugänglich gemacht wird und die endgültige Listenaufnahme offensichtlich zu erwarten ist, kann die Aufnahme in die Liste im vereinfachten Verfahren vorläufig angeordnet werden. [2] Absatz 2 gilt entsprechend.

(6) [1] Die vorläufige Anordnung ist mit der abschließenden Entscheidung der Bundesprüfstelle für jugendgefährdende Medien, jedoch spätestens nach Ablauf eines Monats, aus der Liste zu streichen. [2] Die Frist des Satzes 1 kann vor ihrem Ablauf um höchstens einen Monat verlängert werden. [3] Absatz 1 gilt entsprechend. [4] Soweit die vorläufige Anordnung im Bundesanzeiger bekannt zu machen ist, gilt dies auch für die Verlängerung.

§ 24 Führung der Liste jugendgefährdender Medien. (1) Die Liste jugendgefährdender Medien wird von der oder dem Vorsitzenden der Bundesprüfstelle für jugendgefährdende Medien geführt.

(2) [1] Entscheidungen über die Aufnahme in die Liste oder über Streichungen aus der Liste sind unverzüglich auszuführen. [2] Die Liste ist unverzüglich zu korrigieren, wenn Entscheidungen der Bundesprüfstelle für jugendgefährdende Medien aufgehoben werden oder außer Kraft treten.

(3) [1] Wird ein Trägermedium in die Liste aufgenommen oder aus ihr gestrichen, so ist dies unter Hinweis auf die zugrunde liegende Entscheidung im Bundesanzeiger bekannt zu machen. [2] Von der Bekanntmachung ist abzusehen, wenn das Trägermedium lediglich durch Telemedien verbreitet wird oder wenn anzunehmen ist, dass die Bekanntmachung der Wahrung des Jugendschutzes schaden würde.

(4) [1] Wird ein Medium in Teil B oder D der Liste jugendgefährdender Medien aufgenommen, so hat die oder der Vorsitzende dies der zuständigen Strafverfolgungsbehörde mitzuteilen. [2] Wird durch rechtskräftiges Urteil festgestellt, dass sein Inhalt den in Betracht kommenden Tatbestand des Strafgesetzbuches[1] nicht verwirklicht, ist das Medium in Teil A oder C der Liste aufzunehmen. [3] Die oder der Vorsitzende führt eine erneute Entscheidung der

[1] **Schönfelder Nr. 85.**

11. entgegen § 9 Abs. 3 Satz 1 ein alkoholisches Getränk in einem Automaten anbietet,

11a. entgegen § 9 Abs. 4 alkoholhaltige Süßgetränke in den Verkehr bringt,

12. entgegen § 10 Absatz 1, auch in Verbindung mit Absatz 4, ein dort genanntes Produkt an ein Kind oder eine jugendliche Person abgibt oder einem Kind oder einer jugendlichen Person das Rauchen oder den Konsum gestattet,

13. entgegen § 10 Absatz 2 Satz 1 oder Absatz 3, jeweils auch in Verbindung mit Absatz 4, ein dort genanntes Produkt anbietet oder abgibt,

14. entgegen § 11 Abs. 1 oder 3, jeweils auch in Verbindung mit Abs. 4 Satz 2, einem Kind oder einer jugendlichen Person die Anwesenheit bei einer öffentlichen Filmveranstaltung, einem Werbevorspann oder einem Beiprogramm gestattet,

14a. entgegen § 11 Absatz 5 oder 6 einen Werbefilm oder ein Werbeprogramm vorführt,

15. entgegen § 12 Abs. 1 einem Kind oder einer jugendlichen Person einen Bildträger zugänglich macht,

16. entgegen § 12 Abs. 3 Nr. 2 einen Bildträger anbietet oder überlässt,

17. entgegen § 12 Abs. 4 oder § 13 Abs. 2 einen Automaten oder ein Bildschirmspielgerät aufstellt,

18. entgegen § 12 Abs. 5 Satz 1 einen Bildträger vertreibt,

19. entgegen § 13 Abs. 1 einem Kind oder einer jugendlichen Person das Spielen an Bildschirmspielgeräten gestattet oder

20. entgegen § 15 Abs. 6 einen Hinweis nicht, nicht richtig oder nicht rechtzeitig gibt.

(2) Ordnungswidrig handelt, wer als Anbieter vorsätzlich oder fahrlässig

1. entgegen § 12 Abs. 2 Satz 1 und 2, auch in Verbindung mit Abs. 5 Satz 3 oder § 13 Abs. 3, einen Hinweis nicht, nicht richtig oder nicht in der vorgeschriebenen Weise gibt,

2. einer vollziehbaren Anordnung nach § 12 Abs. 2 Satz 3 Nr. 1, auch in Verbindung mit Abs. 5 Satz 3 oder § 13 Abs. 3, oder nach § 14 Abs. 7 Satz 3 zuwiderhandelt,

3. entgegen § 12 Abs. 5 Satz 2 einen Hinweis nicht, nicht richtig, nicht in der vorgeschriebenen Weise oder nicht rechtzeitig anbringt oder

4. entgegen § 14 Abs. 7 Satz 1 einen Film oder ein Film- oder Spielprogramm mit „Infoprogramm" oder „Lehrprogramm" kennzeichnet.

(3) Ordnungswidrig handelt, wer vorsätzlich oder fahrlässig

1. entgegen § 12 Abs. 2 Satz 4 einen Hinweis nicht, nicht richtig oder nicht in der vorgeschriebenen Weise gibt oder

2. entgegen § 24 Abs. 5 Satz 2 eine Mitteilung verwendet.

(4) [1] Ordnungswidrig handelt, wer als Person über 18 Jahren ein Verhalten eines Kindes oder einer jugendlichen Person herbeiführt oder fördert, das durch ein in Absatz 1 Nr. 5 bis 8, 10, 12, 14 bis 16 oder 19 oder in § 27 Abs. 1 Nr. 1 oder 2 bezeichnetes oder in § 12 Abs. 3 Nr. 1 enthaltenes Verbot oder durch eine vollziehbare Anordnung nach § 7 Satz 1 verhindert werden soll. [2] Hinsichtlich des Verbots in § 12 Abs. 3 Nr. 1 gilt dies nicht für die personen-

sorgeberechtigte Person und für eine Person, die im Einverständnis mit der personensorgeberechtigten Person handelt.

(5) Die Ordnungswidrigkeit kann mit einer Geldbuße bis zu fünfzigtausend Euro geahndet werden.

Abschnitt 7. Schlussvorschriften

§ 29 Übergangsvorschriften. Auf die nach bisherigem Recht mit „Nicht freigegeben unter achtzehn Jahren" gekennzeichneten Filmprogramme für Bildträger findet § 18 Abs. 8 Satz 1 mit der Maßgabe Anwendung, dass an die Stelle der Angabe „§ 14 Abs. 2 Nr. 1 bis 5" die Angabe „§ 14 Abs. 2 Nr. 1 bis 4" tritt.

§ 29a[1] Weitere Übergangsregelung. Bildträger mit Kennzeichnungen nach § 12 Abs. 1, deren Zeichen den Anforderungen des § 12 Abs. 2 Satz 1, aber nicht den Anforderungen des § 12 Abs. 2 Satz 2 entsprechen, dürfen bis zum 31. August 2008 in den Verkehr gebracht werden.

§ 30 Inkrafttreten, Außerkrafttreten. (1) [1]Dieses Gesetz tritt an dem Tag in Kraft, an dem der Staatsvertrag der Länder über den Schutz der Menschenwürde und den Jugendschutz in Rundfunk und Telemedien[2] in Kraft[3] tritt. [2]Gleichzeitig treten das Gesetz zum Schutze der Jugend in der Öffentlichkeit vom 25. Februar 1985 (BGBl. I S. 425), zuletzt geändert durch Artikel 8a des Gesetzes vom 15. Dezember 2001 (BGBl. I S. 3762) und das Gesetz über die Verbreitung jugendgefährdender Schriften und Medieninhalte in der Fassung der Bekanntmachung vom 12. Juli 1985 (BGBl. I S. 1502), zuletzt geändert durch Artikel 8b des Gesetzes vom 15. Dezember 2001 (BGBl. I S. 3762) außer Kraft. [3]Das Bundesministerium für Familie, Senioren, Frauen und Jugend gibt das Datum des Inkrafttretens dieses Gesetzes im Bundesgesetzblatt bekannt[4].

(2) Abweichend von Absatz 1 Satz 1 treten § 10 Abs. 2 und § 28 Abs. 1 Nr. 13 am 1. Januar 2007 in Kraft.

(Fortsetzung nächstes Blatt)

[1] § 29a eingef. mWv 1.7.2008 durch G v. 24.6.2008 (BGBl. I S. 1075).
[2] **Sartorius III Nr. 796.**
[3] Inkrafttreten des Jugendmedienschutz-StaatsV **(Sartorius III Nr. 796)** gem. seinem § 28 Abs. 1 am 1.4.2003.
[4] Siehe die Bek. v. 1.4.2003 (BGBl. I S. 476) v. 1.4.2003 (BGBl. I S. 476), wonach das JugendschutzG am 1.4.2003 in Kraft getreten ist.

400a. Verordnung zur Durchführung des Jugendschutzgesetzes (DVO-JuSchG)

Vom 9. September 2003

(BGBl. I S. 1791), geänd. durch Art. 4 Abs. 11 KostenrechtsmodernisierungG (KostRMoG)
v. 5. 5. 2004 (BGBl. I S. 718)

FNA 2161-6-1

Auf Grund des § 26 des Jugendschutzgesetzes[1] vom 23. Juli 2002 (BGBl. I S. 2730, 2003 I S. 476) verordnet die Bundesregierung:

§ 1 Sitz der Bundesprüfstelle für jugendgefährdende Medien. Sitz der Bundesprüfstelle für jugendgefährdende Medien ist Bonn.

§ 2 Beginn des Verfahrens. (1) [1]Der Antrag auf Aufnahme eines Trägermediums (§ 1 Abs. 2 des Jugendschutzgesetzes[1]) oder eines Telemediums (§ 1 Abs. 3 des Jugendschutzgesetzes) in die Liste jugendgefährdender Medien durch eine in § 21 Abs. 2 des Jugendschutzgesetzes benannte Stelle ist schriftlich oder elektronisch zu stellen und zu begründen. [2]Dem Antrag soll bei Trägermedien mindestens ein Exemplar und bei Telemedien mindestens ein Ausdruck der dem Antrag zugrunde liegenden Web-Seiten beigefügt werden. [3]Wird der Antrag durch Telefax oder elektronisch übermittelt, so sollen die nach Satz 2 erforderlichen Anlagen nachgereicht werden.

(2) [1]Die Anregung auf Aufnahme eines Trägermediums oder eines Telemediums nach § 21 Abs. 4 des Jugendschutzgesetzes in die Liste jugendgefährdender Medien soll schriftlich begründet werden. [2]Der Anregung soll bei Trägermedien mindestens ein Exemplar beigefügt werden. [3]Erfolgt die Anregung durch einen anerkannten Träger der freien Jugendhilfe, soll dieser seine Anerkennung nach § 75 des Achten Buches Sozialgesetzbuch nachweisen. [4]Die Begründung sowie der Nachweis der Anerkennung können auch durch Telefax oder elektronisch übermittelt werden.

§ 3 Einheitliches Verfahren. Werden wegen desselben Mediums mehrere Anträge gestellt oder Anregungen eingereicht, so ist über sämtliche Anträge und Anregungen in einem einheitlichen Verfahren zu verhandeln und zu entscheiden.

§ 4 Beteiligte. [1]Beteiligte des Verfahrens sind die Antragstellerin oder der Antragsteller, bei Trägermedien die Urheberin oder der Urheber oder die Inhaberin oder der Inhaber der Nutzungsrechte, bei Telemedien die Urheberin oder der Urheber oder der Anbieter. [2]Die Vorschriften der §§ 3, 4 Abs. 1 und des § 7 des Urheberrechtsgesetzes[2] finden entsprechende Anwendung.

[1] Nr. 400.
[2] Schönfelder Nr. 65.

§ 5 Verhandlungstermin. (1) Die oder der Vorsitzende der Bundesprüfstelle bestimmt den Verhandlungstermin.

(2) ¹Die Benachrichtigung über den Verhandlungstermin ist den Beteiligten mindestens zwei Wochen vor der Verhandlung zuzustellen, wenn sie ihren Wohnsitz oder ihre gewerbliche Niederlassung im Inland haben. ²Zustellungen erfolgen nach dem Verwaltungszustellungsgesetz. ³Gleichzeitig sind den Beteiligten die zur Mitwirkung bei der Entscheidung berufenen Mitglieder der Bundesprüfstelle und deren Vertretung namhaft zu machen. ⁴Den Benachrichtigungen der Beteiligten – ausgenommen der Antragstellerin oder des Antragstellers – ist ein Abdruck der Antragsschrift beizufügen.

(3) Die Bundesprüfstelle hat den Beteiligten einen Abdruck der Stellungnahme der Kommission für Jugendmedienschutz (§ 21 Abs. 6 des Jugendschutzgesetzes¹)) zuzusenden.

(4) Die Beteiligten können auf die Benachrichtigung über den Termin und die Einhaltung der Frist verzichten.

(5) ¹Die fristgemäße Benachrichtigung (Absatz 2) ist vor Beginn der Verhandlung festzustellen. ²Ist die Benachrichtigung nicht festzustellen oder nicht innerhalb der Frist des Absatzes 2 erfolgt, so ist die Verhandlung zu vertagen, wenn nicht auf die Benachrichtigung oder die Einhaltung der Frist verzichtet worden ist.

§ 6 Befangenheit von Mitgliedern der Bundesprüfstelle für jugendgefährdende Medien. (1) ¹Ein Mitglied der Bundesprüfstelle, das sich im Einzelfall für befangen erklärt, darf bei der Verhandlung und Entscheidung nicht mitwirken. ²Diese Erklärung soll rechtzeitig vor Beginn der Verhandlung abgegeben werden.

(2) Die Beteiligten können ein Mitglied der Bundesprüfstelle wegen Befangenheit ablehnen, wenn ein Grund vorliegt, der geeignet ist, Misstrauen gegen die Unparteilichkeit des Mitglieds zu rechtfertigen.

(3) ¹Die Ablehnung durch eine oder einen der Beteiligten soll bei der Bundesprüfstelle schriftlich bis zum dritten Tage vor der Verhandlung vorliegen. ²Der Ablehnungsgrund ist glaubhaft zu machen. ³Über den Ablehnungsantrag entscheiden die übrigen Mitglieder der Bundesprüfstelle nach Anhörung des abgelehnten Mitglieds mit einfacher Stimmenmehrheit. ⁴Der Beschluss ist nicht anfechtbar.

(4) In den Fällen der Absätze 1 und 2 tritt an die Stelle der oder des Vorsitzenden die zur Vertretung berechtigte Person.

§ 7²) Verhandlungsgrundsätze. (1) ¹Die Verhandlung ist mündlich. ²Die oder der Vorsitzende kann Zeuginnen oder Zeugen und Sachverständige zur Verhandlung heranziehen. ³Zeugnisse und Sachverständigengutachten sowie sonstige Urkunden können verlesen werden. ⁴Für die Entschädigung von Zeuginnen und Zeugen sowie die Vergütung von Sachverständigen gelten die Vorschriften des Justizvergütungs- und -entschädigungsgesetzes entsprechend.

¹⁾ Nr. 400.
²⁾ § 7 Abs. 1 Satz 4 geänd. durch G v. 5. 5. 2004 (BGBl. I S. 718).

(2) ¹Die Verhandlung ist nicht öffentlich. ²Die Beteiligten haben ein Recht auf Anwesenheit; die oder der Vorsitzende kann weiteren Personen die Anwesenheit gestatten.

(3) Die Beteiligten können sich durch schriftlich bevollmächtigte Personen vertreten lassen.

§ 8 Durchführung der Verhandlung. (1) ¹Die oder der Vorsitzende der Bundesprüfstelle eröffnet, leitet und schließt die Verhandlung. ²Ihr oder ihm obliegt die Aufrechterhaltung der Ordnung in der Sitzung.

(2) Die anwesenden Beteiligten oder die zu ihrer Vertretung berechtigten Personen sind zu hören.

(3) Die Beisitzerinnen und Beisitzer sind berechtigt, Fragen an die Beteiligten zu richten.

(4) Über die Verhandlung ist eine Niederschrift zu fertigen.

§ 9 Beratung, Abstimmung, Entscheidung, Zustellung. (1) ¹Bei der Beratung und Abstimmung dürfen nur die zur Entscheidung berufenen Mitglieder der Bundesprüfstelle und mit Genehmigung der oder des Vorsitzenden auch solche Personen anwesend sein, die der Bundesprüfstelle zur Ausbildung im höheren Dienst zugeteilt sind. ²Sie sind verpflichtet, über den Hergang bei der Beratung und Abstimmung Stillschweigen zu bewahren.

(2) ¹Die Entscheidung erfolgt auf Grund der mündlichen Verhandlung durch die ordnungsgemäß besetzte Bundesprüfstelle. ²Sie wird im Anschluss an die Beratung und Abstimmung verkündet und ist von der oder dem Vorsitzenden zu unterzeichnen. ³Die Zustellung der Entscheidung nach § 21 Abs. 8 des Jugendschutzgesetzes¹⁾ soll innerhalb von zwei Wochen nach dem Abschluss der Verhandlung erfolgen.

(3) Zustellungen erfolgen nach dem Verwaltungszustellungsgesetz.

§ 10 Vereinfachtes Verfahren. (1) ¹Soll ein Trägermedium oder ein Telemedium im vereinfachten Verfahren (§ 23 des Jugendschutzgesetzes¹⁾) in die Liste aufgenommen werden, so hat die oder der Vorsitzende der Bundesprüfstelle die Beteiligten (§ 4) hiervon zu benachrichtigen. ²§ 5 Abs. 2 Satz 1 gilt entsprechend. ³Die Benachrichtigung muss der Empfängerin oder dem Empfänger mindestens eine Woche vor der Entscheidung zugehen. ⁴Den Benachrichtigungen der Beteiligten – ausgenommen der Antragstellerin oder des Antragstellers – ist ein Abdruck der Antragsschrift beizufügen. ⁵§ 5 Abs. 3 gilt entsprechend. ⁶Die Antragstellerin oder der Antragsteller wird nicht benachrichtigt, wenn sie oder er darauf verzichtet oder die Entscheidung im vereinfachten Verfahren beantragt hat.

(2) Die Entscheidung nach § 23 des Jugendschutzgesetzes wird ohne mündliche Verhandlung erlassen.

(3) ¹Der Antrag der Betroffenen nach § 23 Abs. 3 des Jugendschutzgesetzes ist schriftlich zu begründen und hat auf die in der Entscheidung benannten Punkte der Jugendgefährdung einzugehen. ²Gleiches gilt für

¹⁾ Nr. 400.

den Antrag auf Listenstreichung nach § 23 Abs. 4 des Jugendschutzgesetzes. [3]Sind Anträge nicht ausreichend begründet, so kann die oder der Vorsitzende veranlassen, dass die Bundesprüfstelle nicht tätig wird.

§ 11 Belehrungspflichten. [1]Die oder der Vorsitzende der Bundesprüfstelle hat die Beisitzerinnen und Beisitzer sowie Personen, denen sie oder er die Anwesenheit nach § 9 Abs. 1 Satz 1 gestattet hat, zu Beginn der ersten Sitzung, an der sie teilnehmen, über das Beratungs- und Abstimmungsgeheimnis (§ 9 Abs. 1 Satz 2), die Beisitzerinnen und Beisitzer außerdem über die Weisungsfreiheit (§ 19 Abs. 4 des Jugendschutzgesetzes[1])) zu belehren. [2]Ferner sind die Gruppenbeisitzerinnen und -beisitzer (§ 19 Abs. 2 des Jugendschutzgesetzes) von der oder dem Vorsitzenden auf die gewissenhafte und unparteiische Ausübung ihres Amtes zu verpflichten. [3]Über die Verpflichtungsverhandlung ist eine Niederschrift aufzunehmen.

§ 12 Stellvertretende Mitglieder der Bundesprüfstelle für jugendgefährdende Medien. (1) [1]Das Bundesministerium für Familie, Senioren, Frauen und Jugend ernennt die zur Vertretung der oder des Vorsitzenden berechtigte Person. [2]Jede Landesregierung ernennt die zur Vertretung der von ihr ernannten Beisitzerinnen und Beisitzer berechtigten Personen. [3]Das Bundesministerium für Familie, Senioren, Frauen und Jugend ernennt aus jeder Gruppe des § 19 Abs. 2 des Jugendschutzgesetzes[1]) mehrere Beisitzerinnen und Beisitzer und die zu ihrer Vertretung berechtigten Personen.

(2) Die Reihenfolge, in der die Gruppenbeisitzerinnen und -beisitzer nach § 19 Abs. 2 des Jugendschutzgesetzes an den einzelnen Verhandlungen teilnehmen, wird von der oder dem Vorsitzenden der Bundesprüfstelle für einen bestimmten Zeitraum im Voraus festgelegt.

(3) Für den Wechsel der Länderbeisitzerinnen und -beisitzer wird durch die Vorsitzende oder den Vorsitzenden der Bundesprüfstelle im Einvernehmen mit den Länderbeisitzerinnen und -beisitzern für einen bestimmten Zeitraum im Voraus eine feste Reihenfolge festgelegt.

(4) Die beiden Beisitzerinnen oder Beisitzer, die bei Entscheidungen nach § 23 des Jugendschutzgesetzes mitzuwirken haben, und die zu ihrer Vertretung berechtigten Personen werden von der Bundesprüfstelle in der jeweiligen Verhandlungsbesetzung für einen bestimmten Zeitraum im Voraus festgestellt.

(5) An die Stelle von verhinderten oder ausgeschiedenen Beisitzerinnen und Beisitzern treten die zu ihrer Vertretung berechtigten Personen nach der in den Absätzen 2 bis 4 festgelegten Reihenfolge; an die Stelle einer oder eines verhinderten oder ausgeschiedenen Vorsitzenden tritt die zu ihrer oder seiner Vertretung berufene Person.

§ 13 Führung und Veröffentlichung der Liste. (1) [1]Die Bundesprüfstelle führt die Liste der jugendgefährdenden Medien nach § 18 Abs. 2 des Jugendschutzgesetzes[1]) in den Teilen A, B, C und D. [2]Für

[1]) Nr. 400.

gendgefährdende Medien eine Stellungnahme der zentralen Aufsichtsstelle der Länder für den Jugendmedienschutz innerhalb von fünf Werktagen nach Aufforderung nicht vorliegt, kann sie ohne diese Stellungnahme entscheiden.

(7) Der Urheberin oder dem Urheber, der Inhaberin oder dem Inhaber der Nutzungsrechte sowie bei Telemedien dem Anbieter ist Gelegenheit zur Stellungnahme zu geben.

(8) ¹ Die Entscheidungen sind
1. bei Trägermedien der Urheberin oder dem Urheber sowie der Inhaberin oder dem Inhaber der Nutzungsrechte,
2. bei Telemedien der Urheberin oder dem Urheber sowie dem Anbieter,
3. der antragstellenden Behörde,
4. dem Bundesministerium für Familie, Senioren, Frauen und Jugend, den obersten Landesjugendbehörden und der zentralen Aufsichtsstelle der Länder für den Jugendmedienschutz

zuzustellen. ² Sie hat die sich aus der Entscheidung ergebenden Verbreitungs- und Werbebeschränkungen im Einzelnen aufzuführen. ³ Die Begründung ist beizufügen oder innerhalb einer Woche durch Zustellung nachzureichen.

(9) Die Bundesprüfstelle für jugendgefährdende Medien soll mit der zentralen Aufsichtsstelle der Länder für den Jugendmedienschutz zusammenarbeiten und einen regelmäßigen Informationsaustausch pflegen.

(10) ¹ Die Bundesprüfstelle für jugendgefährdende Medien kann ab dem 1. Januar 2004 für Verfahren, die auf Antrag der in Absatz 7 genannten Personen eingeleitet werden und die auf die Entscheidung gerichtet sind, dass ein Medium
1. nicht mit einem bereits in die Liste für jugendgefährdende Medien aufgenommenen Medium ganz oder im Wesentlichen inhaltsgleich ist oder
2. aus der Liste für jugendgefährdende Medien zu streichen ist,

Gebühren und Auslagen erheben. ² Das Bundesministerium für Familie, Senioren, Frauen und Jugend wird ermächtigt, durch Rechtsverordnung mit Zustimmung des Bundesrates die gebührenpflichtigen Tatbestände und die Gebührensätze näher zu bestimmen.

§ 22 Aufnahme von periodischen Trägermedien und Telemedien.

(1) ¹ Periodisch erscheinende Trägermedien können auf die Dauer von drei bis zwölf Monaten in die Liste jugendgefährdender Medien aufgenommen werden, wenn innerhalb von zwölf Monaten mehr als zwei ihrer Folgen in die Liste aufgenommen worden sind. ² Dies gilt nicht für Tageszeitungen und politische Zeitschriften.

(2) ¹ Telemedien können auf die Dauer von drei bis zwölf Monaten in die Liste jugendgefährdender Medien aufgenommen werden, wenn innerhalb von zwölf Monaten mehr als zwei ihrer Angebote in die Liste aufgenommen worden sind. ² Absatz 1 Satz 2 gilt entsprechend.

§ 23 Vereinfachtes Verfahren. (1) ¹ Die Bundesprüfstelle für jugendgefährdende Medien kann im vereinfachten Verfahren in der Besetzung durch die oder den Vorsitzenden und zwei weiteren Mitgliedern, von denen eines den in § 19 Abs. 2 Nr. 1 bis 4 genannten Gruppen angehören muss, einstimmig

420. Bundesgesetz über individuelle Förderung der Ausbildung (Bundesausbildungsförderungsgesetz – BAföG) [1) 2)3)]

In der Fassung der Bekanntmachung vom 7. Dezember 2010[4)]

(BGBl. I S. 1952, ber. BGBl. 2012 I S. 197)

FNA 2212-2

geänd. durch Art. 11 Abs. 3 G zur Umsetzung aufenthaltsrechtlicher Richtlinien der EU und zur Anpassung nationaler Rechtsvorschriften an den EU-Visakodex v. 22.11.2011 (BGBl. I S. 2258), Art. 1 24. ÄndG v. 6.12.2011 (BGBl. I S. 2569), Art. 19 BeitreibungsRL-UmsetzungsG v. 7.12.2011 (BGBl. I S. 2592), Art. 31 G zur Verbesserung der Eingliederungschancen am Arbeitsmarkt v. 20.12.2011 (BGBl. I S. 2854), Art. 5 G zur Verbesserung der Rechte von international Schutzberechtigten und ausländischen Arbeitnehmern v. 29.8.2013 (BGBl. I S. 3484, ber. S. 3899), Art. 1 25. ÄndG v. 23.12.2014 (BGBl. I S. 2475, geänd durch G v. 21.12.2015, BGBl. I S. 2557), Art. 6 G zur Neubestimmung des Bleiberechts und der Aufenthaltsbeendigung v. 27.7.2015 (BGBl. I S. 1386), Art. 71 G zum Abbau verzichtbarer Anordnungen der Schriftform im Verwaltungsrecht des Bundes v. 29.3.2017 (BGBl. I S. 626), Art. 2 FamiliennachzugsneuregelungsG v. 12.7.2018 (BGBl. I S. 1147), Art. 2 G zu Übergangsregelungen in

[1)] Die Änderungen durch G v. 8.4.2019 (BGBl. I S. 418) treten gem. Art. 4 dieses G an dem Tag in Kraft, an dem der Austritt des Vereinigten Königreichs Großbritannien und Nordirland aus der Europäischen Union wirksam wird, sofern bis zu diesem Zeitpunkt kein Austrittsabkommen im Sinne von Artikel 50 Absatz 2 Satz 2 des Vertrags über die Europäische Union in Kraft getreten ist. Der Tag des Inkrafttretens wird vom Bundesministerium für Arbeit und Soziales im Bundesgesetzblatt bekannt gegeben; sie sind im Text noch nicht berücksichtigt.

[2)] Die Änderungen durch G v. 8.7.2019 (BGBl. I S. 1048) treten teilweise erst **mWv 1.8.2021**, die Änderungen durch G v. 12.12.2019 (BGBl. I S. 2652) treten erst **mWv 1.1.2024** in Kraft und sind im Text noch nicht berücksichtigt.

[3)] Zum BAföG haben die Länder ua folgende Vorschriften erlassen:
– **Baden-Württemberg:** AGBAföG idF der Bek. v. 15.5.1985 (GBl. S. 177), zuletzt geänd. durch VO v. 23.2.2017 (GBl. S. 99),
– **Bayern:** BayAGBAföG v. 27.6.1980 (BayRS IV S. 242), zuletzt geänd. durch V v. 26.3.2019 (GVBl. S. 98),
– **Berlin:** DVO-BAföG v. 28.9.1971 (GVBl. S. 1818), zuletzt geänd. durch G v. 25.2.2016 (GVBl. S. 58),
– **Brandenburg:** BAföGZV v. 30.1.1996 (GVBl. II S. 79), zuletzt geänd. durch VO v. 16.3.2004 (GVBl. II S. 147),
– **Bremen:** Regelung der Zuständigkeiten nach dem BAföG v. 19.6.1973 (Brem.ABl. S. 347), zuletzt geänd. durch Bek. v. 2.8.2016 (Brem.GBl. S. 434),
– **Hessen:** BAföG-HAG v. 23.5.1973 (GVBl. I S. 173), zuletzt geänd. durch G v. 13.12.2012 (GVBl. S. 622),
– **Mecklenburg-Vorpommern:** AGBAföG v. 15.12.1993 (GVOBl. M-V 1994 S. 15), zuletzt geänd. durch G v. 13.12.2013 (GVOBl. M-V S. 699),
– **Niedersachsen:** VO über die Ämter für Ausbildungsförderung bei den Hochschulen v. 9.8.2011 (Nds. GVBl. S. 277), zuletzt geänd. durch VO v. 23.1.2020 (Nds. GVBl. S. 25),
– **Nordrhein-Westfalen:** AG BAföG NRW v. 30.1.1973 (GV. NRW. S. 57), zuletzt geänd. durch G v. 23.1.2018 (GV. NRW. S. 90),
– **Rheinland-Pfalz:** AGBAföG v. 21.12.1978 (GVBl. S. 759), zuletzt geänd. durch G v. 15.10.2020 (GVBl. S. 573),
– **Saarland:** BAföG-AusführungsG v. 31.3.2004 (Amtsbl. S. 786),
– **Sachsen:** SächsAG-BAföG v. 7.1.1993 (SächsGVBl. S. 16), zuletzt geänd. durch G v. 27.1.2012 (SächsGVBl. S. 130),
– **Sachsen-Anhalt:** AGBAföG idF der Bek. v. 24.4.2007 (GVBl. LSA S. 150), zuletzt geänd. durch G v. 17.2.2017 (GVBl. LSA S. 14),
– **Schleswig-Holstein:** BAföGZustVO v. 22.12.1975 (GVOBl. Schl.-H. S. 340), zuletzt geänd. durch VO v. 16.1.2019 (GVOBl. Schl.-H. S. 30),
– **Thüringen:** ThürAGBAföG idF der Bek. v. 29.5.2002 (GVBl. S. 201), zuletzt geänd. durch G v. 2.7.2016 (GVBl. S. 226).

[4)] Neubekanntmachung des BAföG idF der Bek. v. 6.6.1983 (BGBl. I S. 645, ber. S. 1680) in der ab 28.10.2010 geltenden Fassung.

den Bereichen Arbeit, Bildung, Gesundheit, Soziales und Staatsangehörigkeit nach dem Austritt des Vereinigten Königreichs Großbritannien und Nordirland aus der EU v. 8.4.2019 (BGBl. I S. 418), Art. 1, 2 und 3 26. G zur Änd. des BundesausbildungsförderungsG v. 8.7.2019 (BGBl. I S. 1048), Art. 51 G zur Regelung des Sozialen Entschädigungsrechts v. 12.12.2019 (BGBl. I S. 2652), Art. 13 MDK-Reformgesetz v. 14.12.2019 (BGBl. I S. 2789), Art. 5 COVID-19-KrankenhausentlastungsG v. 27.3.2020 (BGBl. I S. 580), Art. 2 Wissenschafts- und StudierendenunterstützungsG v. 25.5.2020 (BGBl. I S. 1073) und Art. 4 G zur aktuellen Anpassung des FreizügigkeitsG/EU und weiterer Vorschriften an das Unionsrecht v. 12.11.2020 (BGBl. I S. 2416)

§ 1 Grundsatz. Auf individuelle Ausbildungsförderung besteht für eine der Neigung, Eignung und Leistung entsprechende Ausbildung ein Rechtsanspruch nach Maßgabe dieses Gesetzes, wenn dem Auszubildenden die für seinen Lebensunterhalt und seine Ausbildung erforderlichen Mittel anderweitig nicht zur Verfügung stehen.

Abschnitt I. Förderungsfähige Ausbildung

§ 2[1) Ausbildungsstätten. (1) [1] Ausbildungsförderung wird geleistet für den Besuch von

1. weiterführenden allgemeinbildenden Schulen und Berufsfachschulen, einschließlich der Klassen aller Formen der beruflichen Grundbildung, ab Klasse 10 sowie von Fach- und Fachoberschulklassen, deren Besuch eine abgeschlossene Berufsausbildung nicht voraussetzt, wenn der Auszubildende die Voraussetzungen des Absatzes 1a erfüllt,
2. Berufsfachschulklassen und Fachschulklassen, deren Besuch eine abgeschlossene Berufsausbildung nicht voraussetzt, sofern sie in einem zumindest zweijährigen Bildungsgang einen berufsqualifizierenden Abschluss vermitteln,
3. Fach- und Fachoberschulklassen, deren Besuch eine abgeschlossene Berufsausbildung voraussetzt,
4. Abendhauptschulen, Berufsaufbauschulen, Abendrealschulen, Abendgymnasien und Kollegs,
5. Höheren Fachschulen sowie von Akademien, die Abschlüsse verleihen, die nicht nach Landesrecht Hochschulabschlüssen gleichgestellt sind,

(Fortsetzung nächstes Blatt)

[1) § 2 Abs. 1a Satz 2 und Abs. 3 einl. Satzteil geänd. mWv 1.1.2015 durch G v. 23.12.2014 (BGBl. I S. 2475); Abs. 1 Satz 1 Nr. 5 neu gef., Nr. 6 und Abs. 2 Satz 1 geänd. mWv 16.7.2019 durch G v. 8.7.2019 (BGBl. I S. 1048).

6. Hochschulen sowie von Akademien, die Abschlüsse verleihen, die nach Landesrecht Hochschulabschlüssen gleichgestellt sind.

[2] Maßgebend für die Zuordnung sind Art und Inhalt der Ausbildung. [3] Ausbildungsförderung wird geleistet, wenn die Ausbildung an einer öffentlichen Einrichtung – mit Ausnahme nichtstaatlicher Hochschulen – oder einer genehmigten Ersatzschule durchgeführt wird.

(1a) [1] Für den Besuch der in Absatz 1 Nummer 1 bezeichneten Ausbildungsstätten wird Ausbildungsförderung nur geleistet, wenn der Auszubildende nicht bei seinen Eltern wohnt und

1. von der Wohnung der Eltern aus eine entsprechende zumutbare Ausbildungsstätte nicht erreichbar ist,

2. einen eigenen Haushalt führt und verheiratet oder in einer Lebenspartnerschaft verbunden ist oder war,

3. einen eigenen Haushalt führt und mit mindestens einem Kind zusammenlebt.

[2] Die Bundesregierung kann durch Rechtsverordnung ohne Zustimmung des Bundesrates bestimmen, dass über Satz 1 hinaus Ausbildungsförderung für den Besuch der in Absatz 1 Nummer 1 bezeichneten Ausbildungsstätten auch in Fällen geleistet wird, in denen die Verweisung des Auszubildenden auf die Wohnung der Eltern aus schwerwiegenden sozialen Gründen unzumutbar ist.

(2) [1] Für den Besuch von Ergänzungsschulen und nichtstaatlichen Hochschulen sowie von nichtstaatlichen Akademien im Sinne des Absatzes 1 Satz 1 Nummer 6 wird Ausbildungsförderung nur geleistet, wenn die zuständige Landesbehörde anerkennt, dass der Besuch der Ausbildungsstätte dem Besuch einer in Absatz 1 bezeichneten Ausbildungsstätte gleichwertig ist. [2] Die Prüfung der Gleichwertigkeit nach Satz 1 erfolgt von Amts wegen im Rahmen des Bewilligungsverfahrens oder auf Antrag der Ausbildungsstätte.

(3) Das Bundesministerium für Bildung und Forschung kann durch Rechtsverordnung[1]) ohne Zustimmung des Bundesrates bestimmen, dass Ausbildungsförderung geleistet wird für den Besuch von

1. Ausbildungsstätten, die nicht in den Absätzen 1 und 2 bezeichnet sind,

2. Ausbildungsstätten, an denen Schulversuche durchgeführt werden,

[1]) Siehe die VO über die Ausbildungsförderung für die Teilnahme an Vorkursen zur Vorbereitung des Besuchs von Kollegs und Hochschulen v. 26.8.1971 (BGBl. I S. 1542); die VO über die Ausbildungsförderung für den Besuch von Ausbildungsstätten für landwirtschaftlich-technische, milchwirtschaftlich-technische und biologisch-technische Assistentinnen und Assistenten v. 22.9.1971 (BGBl. I S. 1606); die VO über die Ausbildungsförderung für den Besuch von Ausbildungsstätten für kirchliche Berufe (KirchenberufeV) v. 8.6.1972 (BGBl. I S. 885), zuletzt geänd. durch VO v. 11.7. 1980 (BGBl. I S. 1001); die VO über die Ausbildungsförderung für Besucher von Ausbildungsstätten für Dorfhelfer-, Alten-, Familien-, Haus- und Heilerziehungspfleger (Soziale PflegerV) v. 30.8.1974 (BGBl. I S. 2157), zuletzt geänd. durch G v. 17.7.2017 (BGBl. I S. 2581); die VO über die Ausbildungsförderung für den Besuch von Ausbildungsstätten an denen Schulversuche durchgeführt werden (SchulversucheV) v. 27.6.1979 (BGBl. I S. 834), zuletzt geänd. durch VO v. 14.12.1990 (BGBl. I S. 2828); die VO über die Ausbildungsförderung für den Besuch von Instituten zur Ausbildung von Fachlehrern und Sportlehrern (BAföG-FachlehrerV) v. 20.10.1983 (BGBl. I S. 1310); die VO über die Ausbildungsförderung für Medizinalfachberufe (MedizinalfachberufeV) v. 25.5.1990 (BGBl. 1995 I S. 768); VO über die Ausbildungsförderung für den Besuch von Ausbildungsstätten für Psychotherapie und Kinder- und Jugendlichenpsychotherapie (PsychThV) v. 27.7.2000 (BGBl. I S. 1237).

wenn er dem Besuch der in den Absätzen 1 und 2 bezeichneten Ausbildungsstätten gleichwertig ist.

(4) [1] Ausbildungsförderung wird auch für die Teilnahme an einem Praktikum geleistet, das in Zusammenhang mit dem Besuch einer der in den Absätzen 1 und 2 bezeichneten oder nach Absatz 3 bestimmten Ausbildungsstätten gefordert wird und dessen Inhalt in Ausbildungsbestimmungen geregelt ist. [2] Wird das Praktikum in Zusammenhang mit dem Besuch einer in Absatz 1 Nummer 1 bezeichneten Ausbildungsstätte gefordert, wird Ausbildungsförderung nur geleistet, wenn der Auszubildende nicht bei seinen Eltern wohnt.

(5) [1] Ausbildungsförderung wird nur geleistet, wenn der Ausbildungsabschnitt mindestens ein Schul- oder Studienhalbjahr dauert und die Ausbildung die Arbeitskraft des Auszubildenden im Allgemeinen voll in Anspruch nimmt. [2] Ausbildungsabschnitt im Sinne dieses Gesetzes ist die Zeit, die an Ausbildungsstätten einer Ausbildungsstättenart einschließlich der im Zusammenhang hiermit geforderten Praktika bis zu einem Abschluss oder Abbruch verbracht wird. [3] Ein Masterstudiengang nach § 7 Absatz 1a gilt im Verhältnis zu dem Studiengang, auf den er aufbaut, in jedem Fall als eigener Ausbildungsabschnitt.

(6) Ausbildungsförderung wird nicht geleistet, wenn der Auszubildende

1. Unterhaltsgeld, Arbeitslosengeld bei beruflicher Weiterbildung nach dem Dritten Buch Sozialgesetzbuch[1] oder Arbeitslosengeld II bei beruflicher Weiterbildung nach dem Zweiten Buch Sozialgesetzbuch[2] erhält,

2. Leistungen von den Begabtenförderungswerken erhält,

3. als Beschäftigter im öffentlichen Dienst Anwärterbezüge oder ähnliche Leistungen aus öffentlichen Mitteln erhält oder

4. als Gefangener Anspruch aus Ausbildungsbeihilfe nach den §§ 44, 176 Abs. 4 des Strafvollzugsgesetzes[3] hat.

§ 3 Fernunterricht. (1) Ausbildungsförderung wird für die Teilnahme an Fernunterrichtslehrgängen geleistet, soweit sie unter denselben Zugangsvoraussetzungen auf denselben Abschluss vorbereiten wie die in § 2 Absatz 1 bezeichneten oder nach § 2 Absatz 3 bestimmten Ausbildungsstätten.

(2) Ausbildungsförderung wird nur für die Teilnahme an Lehrgängen geleistet, die nach § 12 des Fernunterrichtsschutzgesetzes zugelassen sind oder, ohne unter die Bestimmungen des Fernunterrichtsschutzgesetzes zu fallen, von einem öffentlich-rechtlichen Träger veranstaltet werden.

(3) [1] Ausbildungsförderung wird nur geleistet, wenn

1. der Auszubildende in den sechs Monaten vor Beginn des Bewilligungszeitraumes erfolgreich an dem Lehrgang teilgenommen hat und er die Vorbereitung auf den Ausbildungsabschluss in längstens zwölf Monaten beenden kann,

2. die Teilnahme an dem Lehrgang die Arbeitskraft des Auszubildenden voll in Anspruch nimmt und diese Zeit zumindest drei aufeinanderfolgende Kalendermonate dauert.

[1] *Gewerberecht Nr. 790.*
[2] *Sartorius ErgBd. Nr. 402.*
[3] *Schönfelder ErgBd. Nr. 91.*

[2] Das ist durch eine Bescheinigung des Fernlehrinstituts nachzuweisen.

(4) [1] Die zuständige Landesbehörde entscheidet, den Auszubildenden welcher Ausbildungsstättenart die Teilnehmer an dem jeweiligen Fernunterrichtslehrgang gleichzustellen sind. [2] Auszubildende, die an Lehrgängen teilnehmen, die

1. auf den Hauptschulabschluss vorbereiten, werden nach Vollendung des 17. Lebensjahres den Schülern von Abendhauptschulen,

2. auf den Realschulabschluss vorbereiten, werden nach Vollendung des 18. Lebensjahres den Schülern von Abendrealschulen,

3. auf die Fachhochschulreife vorbereiten, werden nach Vollendung des 19. Lebensjahres den Schülern von Fachoberschulklassen, deren Besuch eine abgeschlossene Berufsausbildung voraussetzt,

4. auf die allgemeine oder eine fachgebundene Hochschulreife vorbereiten, werden nach Vollendung des 21. Lebensjahres den Schülern von Abendgymnasien

gleichgestellt.

(5) § 2 Absatz 4 und 6 ist entsprechend anzuwenden.

§ 4 Ausbildung im Inland. Ausbildungsförderung wird vorbehaltlich der §§ 5 und 6 für die Ausbildung im Inland geleistet.

§ 5[1] Ausbildung im Ausland. (1) Der ständige Wohnsitz im Sinne dieses Gesetzes ist an dem Ort begründet, der nicht nur vorübergehend Mittelpunkt der Lebensbeziehungen ist, ohne dass es auf den Willen zur ständigen Niederlassung ankommt; wer sich lediglich zum Zwecke der Ausbildung an einem Ort aufhält, hat dort nicht seinen ständigen Wohnsitz begründet.

(2) [1] Auszubildenden, die ihren ständigen Wohnsitz im Inland haben, wird Ausbildungsförderung geleistet für den Besuch einer im Ausland gelegenen Ausbildungsstätte, wenn

1. er die Ausbildung nach dem Ausbildungsstand förderlich ist und außer bei Schulen mit gymnasialer Oberstufe und bei Fachoberschulen zumindest ein Teil dieser Ausbildung auf die vorgeschriebene oder übliche Ausbildungszeit angerechnet werden kann oder

2. im Rahmen der grenzüberschreitenden Zusammenarbeit einer deutschen und mindestens einer ausländischen Ausbildungsstätte die aufeinander aufbauenden Lehrveranstaltungen einer einheitlichen Ausbildung abwechselnd von den beteiligten deutschen und ausländischen Ausbildungsstätten angeboten werden oder

3. eine Ausbildung an einer Ausbildungsstätte in einem Mitgliedstaat der Europäischen Union oder in der Schweiz aufgenommen oder fortgesetzt wird.

[2] Die Ausbildung muss mindestens sechs Monate oder ein Semester dauern; findet sie im Rahmen einer mit der besuchten Ausbildungsstätte vereinbarten Kooperation statt, muss sie mindestens zwölf Wochen dauern. [3] Satz 1 ist auf die in § 8 Absatz 1 Nummer 1 bis 5 bezeichneten Auszubildenden auch dann

[1] § 5 Abs. 2 Satz 2 aufgeh., bish. Satz 3 wird Satz 2, Satz 3 eingef., Abs. 4 Satz 1 einl. Satzteil und Nr. 4 geänd., Nr. 3 und Abs. 5 Satz 1 neu gef. mWv 1.1.2015 durch G v. 23.12.2014 (BGBl. I S. 2475).

anzuwenden, wenn sie ihren ständigen Wohnsitz nicht im Inland haben, aber nach den besonderen Umständen des Einzelfalls ihre hinreichende Verbundenheit zum Inland anderweitig nachweisen. [4] Satz 1 Nummer 3 gilt für die in § 8 Absatz 1 Nummer 6 und 7, Absatz 2 und 3 bezeichneten Auszubildenden nur, wenn sie die Zugangsvoraussetzungen für die geförderte Ausbildung im Inland erworben haben oder eine Aufenthaltserlaubnis nach § 25 Absatz 1 und 2 des Aufenthaltsgesetzes[1] besitzen.

(3) (weggefallen)

(4) [1] Absatz 2 Nummer 1 und 2 gilt nur für den Besuch von Ausbildungsstätten, der dem Besuch von folgenden im Inland gelegenen Ausbildungsstätten nach § 2 gleichwertig ist:

1. Schulen mit gymnasialer Oberstufe ab Klasse 11,

2. Schulen mit gymnasialer Oberstufe ab Klasse 10, soweit die Hochschulzugangsberechtigung nach 12 Schuljahren erworben werden kann,

3. Berufsfachschulen,

4. Fach- und Fachoberschulklassen,

5. Höheren Fachschulen, Akademien oder Hochschulen;

Absatz 2 Nummer 3 gilt nur für den Besuch von Ausbildungsstätten, der dem Besuch der Ausbildungsstätten in den Nummern 3 bis 5 gleichwertig ist, wobei die Fachoberschulklassen ausgenommen sind. [2] Die Prüfung der Gleichwertigkeit erfolgt von Amts wegen im Rahmen des Bewilligungsverfahrens.

(5) [1] Wird im Zusammenhang mit dem Besuch einer im Inland gelegenen Berufsfachschule, einer Fachschulklasse, einer Höheren Fachschule, Akademie oder Hochschule oder mit dem nach Absatz 2 Satz 1 Nummer 3 geförderten Besuch einer in einem Mitgliedstaat der Europäischen Union gelegenen vergleichbaren Ausbildungsstätte ein Praktikum gefordert, so wird für die Teilnahme an einem Praktikum im Ausland Ausbildungsförderung nur geleistet, wenn die Ausbildungsstätte oder die zuständige Prüfungsstelle anerkennt, das[2] diese fachpraktische Ausbildung den Anforderungen der Prüfungsordnung an die Praktikantenstelle genügt. [2] Das Praktikum im Ausland muss der Ausbildung nach dem Ausbildungsstand förderlich sein und mindestens zwölf Wochen dauern.

§ 5a[3] Unberücksichtigte Ausbildungszeiten. [1] Bei der Leistung von Ausbildungsförderung für eine Ausbildung im Inland bleibt die Zeit einer Ausbildung, die der Auszubildende im Ausland durchgeführt hat, längstens jedoch bis zu einem Jahr, unberücksichtigt. [2] Wenn während einer Ausbildung, die im Inland begonnen wurde und nach § 5 Absatz 2 Nummer 1 im Ausland fortgesetzt wird, die Förderungshöchstdauer erreicht würde, verlängert sich diese um die im Ausland verbrachte Ausbildungszeit, höchstens jedoch um ein Jahr. [3] Insgesamt bleibt nach den Sätzen 1 und 2 höchstens ein Jahr unberücksichtigt; dies gilt auch bei mehrfachem Wechsel zwischen In- und Ausland. [4] Die Sätze 1 und 2 gelten nicht, wenn der Auslandsaufenthalt in Ausbildungsbestimmungen als ein notwendig im Ausland durchzuführender Teil der Ausbildung vorgeschrieben ist.

[1] Nr. **565**.
[2] Richtig wohl: „dass".
[3] § 5a Satz 2 geänd. mWv 1.1.2015 durch G v. 23.12.2014 (BGBl. I S. 2475).

§ 6[1]) **Förderung der Deutschen im Ausland.** [1]Deutschen im Sinne des Grundgesetzes[2]), die ihren ständigen Wohnsitz in einem ausländischen Staat haben und dort oder von dort aus in einem Nachbarstaat eine Ausbildungsstätte besuchen, ohne dass ein Anspruch nach § 5 besteht, kann Ausbildungsförderung geleistet werden, wenn die besonderen Umstände des Einzelfalles dies rechtfertigen. [2]Art und Dauer der Leistungen sowie die Anrechnung des Einkommens und Vermögens richten sich nach den besonderen Verhältnissen im Aufenthaltsland. [3]§ 9 Absatz 1 und 2 sowie § 48 sind entsprechend, die §§ 36 bis 38 sind nicht anzuwenden.

§ 7[3]) **Erstausbildung, weitere Ausbildung.** (1) [1]Ausbildungsförderung wird für die weiterführende allgemeinbildende und zumindest für drei Schul- oder Studienjahre berufsbildender Ausbildung im Sinne der §§ 2 und 3 bis zu einem daran anschließenden berufsqualifizierenden Abschluss geleistet, längstens bis zum Erwerb eines Hochschulabschlusses oder eines damit gleichgestellten Abschlusses. [2]Berufsqualifizierend ist ein Ausbildungsabschluss auch dann, wenn er im Ausland erworben wurde und dort zur Berufsausübung befähigt. [3]Satz 2 ist nicht anzuwenden, wenn der Auszubildende eine im Inland begonnene Ausbildung fortsetzt, nachdem er im Zusammenhang mit einer nach § 5 Absatz 2 Nummer 1 und 2 dem Grunde nach förderungsfähigen Ausbildung einen berufsqualifizierenden Abschluss erworben hat.

(1a) [1]Für einen Master- oder Magisterstudiengang oder für einen postgradualen Diplomstudiengang sowie jeweils für vergleichbare Studiengänge in Mitgliedstaaten der Europäischen Union und der Schweiz wird Ausbildungsförderung geleistet, wenn

1. er auf einem Bachelor- oder Bakkalaureusabschluss aufbaut oder im Rahmen einer Ausbildung nach § 5 Absatz 2 Nummer 1 oder Nummer 3 erfolgt und auf einem noch nicht abgeschlossenen einstufigen Inlandsstudium aufbaut, das von der aufnehmenden Hochschule oder der aufnehmenden Akademie im Sinne des § 2 Absatz 1 Satz 1 Nummer 6 als einem Bachelorabschluss entsprechend anerkannt wird, und

2. der Auszubildende bislang ausschließlich einen Bachelor- oder Bakkalaureusstudiengang abgeschlossen oder im Sinne der Nummer 1 eine Anerkennung des bisherigen Studiums als einem solchen Abschluss entsprechend erreicht hat.

[2]Für nach Satz 1 förderungsfähige Ausbildungen findet Absatz 3 Satz 1 Nummer 1 keine Anwendung. [3]Auszubildenden, die von der Ausbildungsstätte auf Grund vorläufiger Zulassung für einen nach Satz 1 förderungsfähigen Studiengang eingeschrieben worden sind, wird Ausbildungsförderung unter dem Vorbehalt der Rückforderung bis zu einer endgültigen Entscheidung über die Zulassung geleistet, längstens jedoch für zwölf Monate.

(1b) [1]Für einen Studiengang, der ganz oder teilweise mit einer staatlichen Prüfung abschließt (Staatsexamensstudiengang), wird Ausbildungsförderung

[1]) § 6 Satz 1 geänd. mWv 1.1.2015 durch G v. 23.12.2014 (BGBl. I S. 2475).
[2]) Siehe Art. 116.
[3]) § 7 Abs. 1a Satz 3 angef. mWv 1.8.2015, Abs. 1 Satz 1 und Abs. 1a Satz 2 geänd., Abs. 1b eingef. und Abs. 4 aufgeh. mWv 1.8.2016 durch G v. 23.12.2014 (BGBl. I S. 2475); Abs. 1 Satz 1, Abs. 1a Satz 1 einl. Satzteil neu gef., Nr. 1 geänd., Abs. 2 Satz 1 Nr. 4 Buchst. b neu gef. mWv 16.7.2019 durch G v. 8.7.2019 (BGBl. I S. 1048).

auch geleistet, nachdem Auszubildende einen Bachelor- oder Bakkalaureusstudiengang abgeschlossen haben. [2] Voraussetzung der Leistung ist, dass der Studiengang durch Studien- oder Prüfungsordnung in der Weise vollständig in den Staatsexamensstudiengang integriert ist, dass innerhalb der Regelstudienzeit des Bachelor- oder Bakkalaureusstudiengangs auch sämtliche Ausbildungs- und Prüfungsleistungen zu erbringen sind, die für den Staatsexamensstudiengang in der Studien- oder Prüfungsordnung für denselben Zeitraum vorgesehen sind.

(2) [1] Für eine einzige weitere Ausbildung wird Ausbildungsförderung längstens bis zu einem berufsqualifizierenden Abschluss geleistet,

1. (weggefallen)

2. wenn sie eine Hochschulausbildung oder eine dieser nach Landesrecht gleichgestellte Ausbildung insoweit ergänzt, als dies für die Aufnahme des angestrebten Berufs rechtlich erforderlich ist,

3. wenn im Zusammenhang mit der vorhergehenden Ausbildung der Zugang zu ihr eröffnet worden ist, sie in sich selbständig ist und in derselben Richtung fachlich weiterführt,

4. wenn der Auszubildende

 a) eine Fachoberschulklasse, deren Besuch eine abgeschlossene Berufsausbildung voraussetzt, eine Abendhauptschule, eine Berufsaufbauschule, eine Abendrealschule, ein Abendgymnasium oder ein Kolleg besucht oder

 b) die Zugangsvoraussetzungen für die zu fördernde weitere Ausbildung an einer in Buchstabe a genannten Ausbildungsstätte, durch eine Nichtschülerprüfung oder durch eine Zugangsprüfung zu einer Hochschule oder zu einer Akademie im Sinne des § 2 Absatz 1 Satz 1 Nummer 6 erworben hat oder

5. wenn der Auszubildende als erste berufsbildende eine zumindest dreijährige Ausbildung an einer Berufsfachschule oder in einer Fachschulklasse, deren Besuch eine abgeschlossene Berufsausbildung nicht voraussetzt, abgeschlossen hat.

[2] Im übrigen wird Ausbildungsförderung für eine einzige weitere Ausbildung nur geleistet, wenn die besonderen Umstände des Einzelfalles, insbesondere das angestrebte Ausbildungsziel, dies erfordern.

(3) [1] Hat der Auszubildende

1. aus wichtigem Grund oder

2. aus unabweisbarem Grund

die Ausbildung abgebrochen oder die Fachrichtung gewechselt, so wird Ausbildungsförderung für eine andere Ausbildung geleistet; bei Auszubildenden an Höheren Fachschulen, Akademien und Hochschulen gilt Nummer 1 nur bis zum Beginn des vierten Fachsemesters. [2] Ein Auszubildender bricht die Ausbildung ab, wenn er den Besuch von Ausbildungsstätten einer Ausbildungsstättenart einschließlich der im Zusammenhang hiermit geforderten Praktika endgültig aufgibt. [3] Ein Auszubildender wechselt die Fachrichtung, wenn er einen anderen berufsqualifizierenden Abschluss oder ein anderes bestimmtes Ausbildungsziel eines rechtlich geregelten Ausbildungsganges an einer Ausbildungsstätte derselben Ausbildungsstättenart anstrebt. [4] Beim erstmaligen Fachrichtungswechsel oder Abbruch der Ausbildung wird in der Regel vermutet,

(2) ¹Dies wird in der Regel angenommen, solange der Auszubildende die Ausbildungsstätte besucht oder an dem Praktikum teilnimmt und bei dem Besuch einer Höheren Fachschule, Akademie oder Hochschule die den jeweiligen Ausbildungs- und Prüfungsordnungen entsprechenden Studienfortschritte erkennen lässt. ²Hierüber sind die nach § 48 erforderlichen Nachweise zu erbringen.

(3) Bei der Teilnahme an Fernunterrichtslehrgängen wird dies angenommen, wenn der Auszubildende die Bescheinigung nach § 3 Absatz 3 beigebracht hat.

§ 10[1] Alter. (1) (weggefallen)

(2) (weggefallen)

(3) ¹Ausbildungsförderung wird nicht geleistet, wenn der Auszubildende bei Beginn des Ausbildungsabschnitts, für den er Ausbildungsförderung beantragt, das 30. Lebensjahr, bei Studiengängen nach § 7 Absatz 1a das 35. Lebensjahr vollendet hat. ²Satz 1 gilt nicht, wenn

1. der Auszubildende die Zugangsvoraussetzungen für die zu fördernde Ausbildung an einer in § 7 Absatz 2 Satz 1 Nummer 4 Buchstabe a genannten Ausbildungsstätte, durch eine Nichtschülerprüfung oder durch eine Zugangsprüfung zu einer Hochschule oder zu einer Akademie im Sinne des § 2 Absatz 1 Satz 1 Nummer 6 erworben hat,

1a. der Auszubildende ohne Hochschulzugangsberechtigung auf Grund seiner beruflichen Qualifikation an einer Hochschule oder an einer Akademie im Sinne des § 2 Absatz 1 Satz 1 Nummer 6 eingeschrieben worden ist,

1b. der Auszubildende eine weitere Ausbildung nach § 7 Absatz 2 Nummer 2 oder 3 aufnimmt,

2. (weggefallen)

3. Auszubildende aus persönlichen oder familiären Gründen gehindert waren, den Ausbildungsabschnitt rechtzeitig zu beginnen; dies ist insbesondere der Fall, wenn sie bei Erreichen der Altersgrenzen bis zur Aufnahme der Ausbildung ein eigenes Kind unter 14 Jahren ohne Unterbrechung erziehen und während dieser Zeit bis zu höchstens 30 Wochenstunden im Monatsdurchschnitt erwerbstätig sind; Alleinerziehende dürfen auch mehr als 30 Wochenstunden erwerbstätig sein, um dadurch Unterstützung durch Leistungen der Grundsicherung zu vermeiden, oder

4. der Auszubildende infolge einer einschneidenden Veränderung seiner persönlichen Verhältnisse bedürftig geworden ist und noch keine Ausbildung, die nach diesem Gesetz gefördert werden kann, berufsqualifizierend abgeschlossen hat.

³Satz 2 Nummer 1, 1b, 3 und 4 gilt nur, wenn der Auszubildende die Ausbildung unverzüglich nach Erreichen der Zugangsvoraussetzungen, dem Wegfall der Hinderungsgründe oder dem Eintritt einer Bedürftigkeit infolge einschneidender Veränderungen seiner persönlichen Verhältnisse aufnimmt.

[1] § 10 Abs. 3 Satz 2 Nr. 1 neu gef., Nr. 1a und 3 geänd. mWv 16.7.2019 durch G v. 8.7.2019 (BGBl. I S. 1048).

Abschnitt III. Leistungen

§ 11[1] **Umfang der Ausbildungsförderung.** (1) Ausbildungsförderung wird für den Lebensunterhalt und die Ausbildung geleistet (Bedarf).

(2) [1]Auf den Bedarf sind nach Maßgabe der folgenden Vorschriften Einkommen und Vermögen des Auszubildenden sowie Einkommen seines Ehegatten oder Lebenspartners und seiner Eltern in dieser Reihenfolge anzurechnen; die Anrechnung erfolgt zunächst auf den nach § 17 Absatz 2 Satz 1 als Zuschuss und Darlehen, dann auf den nach § 17 Absatz 3 als als Darlehen und anschließend auf den nach § 17 Absatz 1 als Zuschuss zu leistenden Teil des Bedarfs. [2]Als Ehegatte oder Lebenspartner im Sinne dieses Gesetzes gilt der nicht dauernd Getrenntlebende, sofern dieses Gesetz nichts anderes bestimmt.

(2a) Einkommen der Eltern bleibt außer Betracht, wenn ihr Aufenthaltsort nicht bekannt ist oder sie rechtlich oder tatsächlich gehindert sind, im Inland Unterhalt zu leisten.

(3) [1]Einkommen der Eltern bleibt ferner außer Betracht, wenn der Auszubildende

1. ein Abendgymnasium oder Kolleg besucht,

2. bei Beginn des Ausbildungsabschnitts das 30. Lebensjahr vollendet hat,

3. bei Beginn des Ausbildungsabschnitts nach Vollendung des 18. Lebensjahres fünf Jahre erwerbstätig war oder

4. bei Beginn des Ausbildungsabschnitts nach Abschluss einer vorhergehenden, zumindest dreijährigen berufsqualifizierenden Ausbildung drei Jahre oder im Falle einer kürzeren Ausbildung entsprechend länger erwerbstätig war.

[2]Satz 1 Nummer 3 und 4 gilt nur, wenn der Auszubildende in den Jahren seiner Erwerbstätigkeit in der Lage war, sich aus deren Ertrag selbst zu unterhalten.

(4) [1]Ist Einkommen des Ehegatten oder Lebenspartners, der Eltern oder eines Elternteils außer auf den Bedarf des Antragstellers auch auf den anderer Auszubildender anzurechnen, die sich in einer Ausbildung stehen, die nach diesem Gesetz oder nach § 56 des Dritten Buches Sozialgesetzbuch[2] gefördert werden kann, so wird es zu gleichen Teilen angerechnet. [2]Dabei sind auch die Kinder des Einkommensbeziehers zu berücksichtigen, die Ausbildungsförderung ohne Anrechnung des Einkommens der Eltern erhalten können und nicht ein Abendgymnasium oder Kolleg besuchen oder bei Beginn der Ausbildung das 30. Lebensjahr vollendet haben. [3]Nicht zu berücksichtigen sind Auszubildende, die eine Universität der Bundeswehr oder Verwaltungsfachhochschule besuchen, sofern diese als Beschäftigte im öffentlichen Dienst Anwärterbezüge oder ähnliche Leistungen aus öffentlichen Mitteln erhalten.

§ 12[3] **Bedarf für Schüler.** (1) Als monatlicher Bedarf gelten für Schüler

[1] § 11 Abs. 4 Satz 1 geänd. mWv 1.4.2012 durch G v. 20.12.2011 (BGBl. I S. 2854); Abs. 2 Satz 1 geänd. mWv 16.7.2019 durch G v. 8.7.2019 (BGBl. I S. 1048).
[2] **Gewerberecht Nr. 790.**
[3] § 12 Abs. 1 Nr. 1 und 2 sowie Abs. 2 Nr. 1 und 2 geänd. mWv 1.8.2016 durch G v. 23.12.2014 (BGBl. I S. 2475); Abs. 1 Nr. 1 und 2, Abs. 2 Nr. 1 und 2 geänd. mWv 16.7.2019 und mWv 1.8.2020 durch G v. 8.7.2019 (BGBl. I S. 1048).

1. von Berufsfachschulen und Fachschulklassen, deren Besuch eine abgeschlossene Berufsausbildung nicht voraussetzt, 247 Euro,
2. von Abendhauptschulen, Berufsaufbauschulen, Abendrealschulen und von Fachoberschulklassen, deren Besuch eine abgeschlossene Berufsausbildung voraussetzt, 448 Euro.

(2) Als monatlicher Bedarf gelten, wenn der Auszubildende nicht bei seinen Eltern wohnt, für Schüler

1. von weiterführenden allgemeinbildenden Schulen und Berufsfachschulen sowie von Fach- und Fachoberschulklassen, deren Besuch eine abgeschlossene Berufsausbildung nicht voraussetzt, 585 Euro,
2. von Abendhauptschulen, Berufsaufbauschulen, Abendrealschulen und von Fachoberschulklassen, deren Besuch eine abgeschlossene Berufsausbildung voraussetzt, 681 Euro.

(3) (weggefallen)

(3a) Ein Auszubildender wohnt auch dann bei seinen Eltern, wenn der von ihm bewohnte Raum im Eigentum der Eltern steht.

(4) [1]Bei einer Ausbildung im Ausland wird für die Hinreise zum Ausbildungsort sowie für eine Rückreise ein Reisekostenzuschlag geleistet. [2]Der Reisekostenzuschlag beträgt jeweils 250 Euro bei einer Reise innerhalb Europas, sonst jeweils 500 Euro. [3]In besonderen Härtefällen können die notwendigen Aufwendungen für eine weitere Hin- und Rückreise geleistet werden.

§ 13[1] Bedarf für Studierende. (1) Als monatlicher Bedarf gelten für Auszubildende in

1. Fachschulklassen, deren Besuch eine abgeschlossene Berufsausbildung voraussetzt, Abendgymnasien und Kollegs 398 Euro,
2. Höheren Fachschulen, Akademien und Hochschulen 427 Euro.

(2) Die Bedarfe nach Absatz 1 erhöhen sich für die Unterkunft, wenn der Auszubildende

1. bei seinen Eltern wohnt, um monatlich 56 Euro,
2. nicht bei seinen Eltern wohnt, um monatlich 325 Euro.

(3) (weggefallen)

(3a) Ein Auszubildender wohnt auch dann bei seinen Eltern, wenn der von ihm bewohnte Raum im Eigentum der Eltern steht.

(4) Bei einer Ausbildung im Ausland nach § 5 Absatz 2 wird, soweit die Lebens- und Ausbildungsverhältnisse im Ausbildungsland dies erfordern, bei dem Bedarf ein Zu- oder Abschlag vorgenommen, dessen Höhe die Bundesregierung durch Rechtsverordnung[2] ohne Zustimmung des Bundesrates bestimmt.

[1] § 13 Abs. 4 geänd. mWv 1.1.2015, Abs. 1 Nr. 1 und 2 sowie Abs. 2 Nr. 1 und 2 geänd. mWv 1.8.2016 durch G v. 23.12.2014 (BGBl. I S. 2475), Abs. 1 Nr. 1 und 2 sowie Abs. 2 Nr. 1 und 2 geänd. mWv 16.7.2019, Abs. 1 Nr. 1 und 2 sowie Abs. 2 Nr. 1 mWv 1.8.2020 durch G v. 8.7.2019 (BGBl. I S. 1048).
[2] Siehe die VO über die Zuschläge zu dem Bedarf bei einer Ausbildung im Ausland (BAföG-AuslandzuschlagsV) v. 25.6.1986 (BGBl. I S. 935), zuletzt geänd. durch G v. 8.7.2019 (BGBl. I S. 1048).

§ 13a[1]) Kranken- und Pflegeversicherungszuschlag. (1) [1] Für Auszubildende, die in der gesetzlichen Krankenversicherung nach § 5 Absatz 1 Nummer 9 oder 10 des Fünften Buches Sozialgesetzbuch[2]) versichert sind, erhöht sich der Bedarf um 84 Euro monatlich für ihren Krankenversicherungsbeitrag. [2] Für ihren Versicherungsbeitrag als Pflichtmitglied in der sozialen Pflegeversicherung nach § 20 Absatz 1 Nummer 9 oder 10 des Elften Buches Sozialgesetzbuch[3]) erhöht sich der Bedarf um weitere 25 Euro monatlich. [3] Für Auszubildende, die als freiwilliges Mitglied in der gesetzlichen Krankenversicherung beitragspflichtig versichert sind und deren Kranken- und Pflegeversicherungsbeiträge nach § 240 Absatz 4 Satz 2 des Fünften Buches Sozialgesetzbuch und § 57 Absatz 4 des Elften Buches Sozialgesetzbuch berechnet werden, gelten die Sätze 1 und 2 entsprechend.

(2) [1] Für Auszubildende, die – außer in den Fällen des Absatzes 1 Satz 3 – als freiwilliges Mitglied oder nach § 5 Absatz 1 Nummer 13 des Fünften Buches Sozialgesetzbuch in der gesetzlichen Krankenversicherung beitragspflichtig versichert sind, erhöht sich der Bedarf um die nachgewiesenen Krankenversicherungsbeiträge, höchstens aber um 155 Euro. [2] Für ihren Versicherungsbeitrag als Pflichtmitglied in der sozialen Pflegeversicherung nach § 20 Absatz 1 Nummer 12 oder Absatz 3 des Elften Buches Sozialgesetzbuch – außer in den Fällen des Absatzes 1 Satz 3 – erhöht sich der Bedarf um die nachgewiesenen Pflegeversicherungsbeiträge, höchstens aber um weitere 34 Euro monatlich.

(3) [1] Für Auszubildende, die ausschließlich

1. beitragspflichtig bei einem privaten Krankenversicherungsunternehmen versichert sind, das die in § 257 Absatz 2a Satz 1 des Fünften Buches Sozialgesetzbuch genannten Voraussetzungen erfüllt, und

2. aus dieser Versicherung Leistungen beanspruchen können, die der Art nach den Leistungen des Fünften Buches Sozialgesetzbuch mit Ausnahme des Kranken- und Mutterschaftsgeldes entsprechen,

erhöht sich der Bedarf um 84 Euro monatlich. [2] Sind die in Satz 1 Nummer 2 genannten Leistungen auf einen bestimmten Anteil der erstattungsfähigen Kosten begrenzt, erhöht sich der Bedarf stattdessen um die nachgewiesenen Krankenversicherungsbeiträge, höchstens aber um den in Satz 1 genannten Betrag. [3] Für Auszubildende, die nach § 23 des Elften Buches Sozialgesetzbuch beitragspflichtig bei einem privaten Versicherungsunternehmen versichert sind, das die in § 61 Absatz 5 des Elften Buches Sozialgesetzbuch genannten Voraussetzungen erfüllt, erhöht sich der Bedarf um weitere 25 Euro monatlich. [4] Abweichend von den Sätzen 1 bis 3 gilt für Auszubildende, die die Altersgrenze des § 5 Absatz 1 Nummer 9 oder Nummer 10 des Fünften Buches Sozialgesetzbuch überschreiten, Absatz 2 entsprechend.

§ 14 Bedarf für Praktikanten. [1] Als monatlicher Bedarf für Praktikanten gelten die Beträge, die für Schüler und Studenten der Ausbildungsstätten geleistet werden, mit deren Besuch das Praktikum in Zusammenhang steht. [2] § 13 Absatz 4 ist entsprechend anzuwenden.

[1]) § 13a neu gef. mWv 16.7.2019 durch G v. 8.7.2019 (BGBl. I S. 1048); Abs. 3 Satz 4 geänd. mWv 1.1.2020 durch G v. 14.12.2019 (BGBl. I S. 2789).
[2]) **Aichberger, SGB Nr. 5.**
[3]) **Aichberger, SGB Nr. 11.**

§ 14a[1]) Zusatzleistungen in Härtefällen. [1]Die Bundesregierung kann durch Rechtsverordnung[2]) ohne Zustimmung des Bundesrates bestimmen, dass bei einer Ausbildung im Inland Ausbildungsförderung über die Beträge nach § 12 Absatz 1 und 2, § 13 Absatz 1 und 2 sowie § 13a hinaus geleistet wird zur Deckung besonderer Aufwendungen des Auszubildenden

1. für seine Ausbildung, wenn sie hiermit in unmittelbarem Zusammenhang stehen und soweit dies zur Erreichung des Ausbildungszieles notwendig ist,
2. für seine Unterkunft, soweit dies zur Vermeidung unbilliger Härten erforderlich ist.

[2]In der Rechtsverordnung können insbesondere Regelungen getroffen werden über

1. die Ausbildungsgänge, für die ein zusätzlicher Bedarf gewährt wird
2. die Arten der Aufwendungen, die allgemein als bedarfserhöhend berücksichtigt werden,
3. die Arten der Lern- und Arbeitsmittel, deren Anschaffungskosten als zusätzlicher Bedarf anzuerkennen sind,
4. die Verteilung des zusätzlichen Bedarfs auf den Ausbildungsabschnitt,
5. die Höhe oder die Höchstbeträge des zusätzlichen Bedarfs und die Höhe einer Selbstbeteiligung.

§ 14b[3]) Zusatzleistung für Auszubildende mit Kind (Kinderbetreuungszuschlag) (1) [1]Für Auszubildende, die mit mindestens einem eigenen Kind, das das 14. Lebensjahr noch nicht vollendet hat, in einem Haushalt leben, erhöht sich der Bedarf um monatlich 150 Euro für jedes dieser Kinder. [2]Der Zuschlag wird für denselben Zeitraum nur einem Elternteil gewährt. [3]Sind beide Elternteile nach diesem Gesetz dem Grunde nach förderungsberechtigt und leben in einem gemeinsamen Haushalt, bestimmen sie untereinander den Berechtigten.

(2) [1]Der Zuschlag nach Absatz 1 bleibt als Einkommen bei Sozialleistungen unberücksichtigt. [2]Für die Ermittlung eines Kostenbeitrags nach § 90 des Achten Buches Sozialgesetzbuch[4]) gilt dies jedoch nur, soweit der Kostenbeitrag für eine Kindertagesbetreuung an Wochentagen während der regulären Betreuungszeiten erhoben wird.

§ 15[5]) Förderungsdauer. (1) Ausbildungsförderung wird vom Beginn des Monats an geleistet, in dem die Ausbildung aufgenommen wird, frühestens jedoch vom Beginn des Antragsmonats an.

(2) [1]Ausbildungsförderung wird für die Dauer der Ausbildung – einschließlich der unterrichts- und vorlesungsfreien Zeit – geleistet, bei Studiengängen an Hochschulen und an Akademien im Sinne des § 2 Absatz 1 Satz 1 Num-

[1]) § 14a Satz 1 einl. Satzteil geänd. mWv 1.1.2015 durch G v. 23.12.2014 (BGBl. I S. 2475).
[2]) Siehe die VO über Zusatzleistungen in Härtefällen nach dem BAföG (HärteV) v. 15.7.1974 (BGBl. I S. 1449), zuletzt geänd. durch G v. 19.3.2001 (BGBl. I S. 390).
[3]) § 14b Abs. 1 Satz 1 geänd. mWv 1.8.2016 durch G v. 23.12.2014 (BGBl. I S. 2475); Abs. 1 Satz 1 und 3 geänd. mWv 16.7.2019 und Abs. 1 Satz 1 geänd. mWv 1.8.2020 durch G v. 8.7.2019 (BGBl. I S. 1048).
[4]) Schönfelder ErgBd. Nr. 46.
[5]) § 15 Abs. 2 Satz 1 geänd., Abs. 3 Nr. 2 eingef., Nr. 3 neu gef., Nr. 5 geänd., Abs. 3a neu gef. mWv 16.7.2019 durch G v. 8.7.2019 (BGBl. I S. 1048).

mer 6 jedoch grundsätzlich nur bis zum Ende der Förderungshöchstdauer nach § 15a. [2] Für die Teilnahme an Einrichtungen des Fernunterrichts wird Ausbildungsförderung höchstens für 12 Kalendermonate geleistet.

(2a) Ausbildungsförderung wird auch geleistet, solange die Auszubildenden infolge von Erkrankung oder Schwangerschaft gehindert sind, die Ausbildung durchzuführen, nicht jedoch über das Ende des dritten Kalendermonats hinaus.

(3) Über die Förderungshöchstdauer hinaus wird für eine angemessene Zeit Ausbildungsförderung geleistet, wenn sie

1. aus schwerwiegenden Gründen,

2. infolge der in häuslicher Umgebung erfolgenden Pflege eines oder einer pflegebedürftigen nahen Angehörigen im Sinne des § 7 Absatz 3 des Pflegezeitgesetzes [1]), der oder die nach den §§ 14 und 15 des Elften Buches Sozialgesetzbuch [2]) – Soziale Pflegeversicherung – mindestens in Pflegegrad 3 eingeordnet ist,

3. infolge einer Mitwirkung in gesetzlich oder satzungsmäßig vorgesehenen Gremien und Organen

 a) der Hochschulen und der Akademien im Sinne des § 2 Absatz 1 Satz 1 Nummer 6,

 b) der Selbstverwaltung der Studierenden an Ausbildungsstätten im Sinne des Buchstabens a,

 c) der Studentenwerke und

 d) der Länder,

4. infolge des erstmaligen Nichtbestehens der Abschlussprüfung,

5. infolge einer Behinderung, einer Schwangerschaft oder der Pflege und Erziehung eines Kindes bis zu 14 Jahren

überschritten worden ist.

(3a) [1] Auszubildenden an Hochschulen und an Akademien im Sinne des § 2 Absatz 1 Satz 1 Nummer 6, die sich in einem in sich selbständigen Studiengang befinden, wird als Hilfe zum Studienabschluss für höchstens zwölf Monate Ausbildungsförderung auch nach dem Ende der Förderungshöchstdauer oder der Förderungsdauer nach Absatz 3 Nummer 1, 3 oder 5 geleistet, wenn die Auszubildenden spätestens innerhalb von vier Semestern nach diesem Zeitpunkt zur Abschlussprüfung zugelassen worden sind und die Prüfungsstelle bescheinigt, dass sie die Ausbildung innerhalb der Dauer der Hilfe zum Studienabschluss abschließen können. [2] Ist eine Abschlussprüfung nicht vorgesehen, gilt Satz 1 unter der Voraussetzung, dass die Auszubildenden eine Bestätigung

(Fortsetzung nächstes Blatt)

[1]) **Aichberger, SGB Nr. 11/10.**
[2]) **Aichberger, SGB Nr. 11.**

der Ausbildungsstätte darüber vorlegen, dass sie die Ausbildung innerhalb der Dauer der Hilfe zum Studienabschluss abschließen können.

§ 15a Förderungshöchstdauer. (1) Die Förderungshöchstdauer entspricht der Regelstudienzeit nach § 10 Absatz 2 des Hochschulrahmengesetzes[1] oder einer vergleichbaren Festsetzung.

(2) [1] Auf die Förderungshöchstdauer sind anzurechnen

1. Zeiten, die der Auszubildende vor Förderungsbeginn in der zu fördernden Ausbildung verbracht hat,

2. Zeiten, die durch die zuständige Stelle auf Grund einer vorangegangenen Ausbildung oder berufspraktischen Tätigkeit oder eines vorangegangenen Praktikums für die zu fördernde Ausbildung anerkannt werden,

3. in Fällen der Förderung eines nach dem 31. Dezember 2007 aufgenommenen Masterstudiengangs nach § 5 Absatz 2 Nummer 1 und 3 Zeiten, die der Auszubildende in einem gemäß § 7 Absatz 1a Nummer 1 als einem Bachelorabschluss entsprechend anerkannten einstufigen Studiengang über das achte Fachsemester hinaus verbracht hat.

[2] Zeiten, in denen der Auszubildende eine Teilzeitausbildung durchgeführt hat, sind in Vollzeitausbildungszeiten umzurechnen. [3] Legt der Auszubildende eine Anerkennungsentscheidung im Sinne des Satzes 1 Nummer 2 nicht vor, setzt das Amt für Ausbildungsförderung die anzurechnenden Zeiten unter Berücksichtigung der jeweiligen Studien- und Prüfungsordnungen sowie der Umstände des Einzelfalles fest. [4] Weicht eine spätere Anerkennungsentscheidung der zuständigen Stelle von der Festsetzung nach Satz 3 ab, so ist sie zu berücksichtigen, wenn der Auszubildende nachweist, dass er den Antrag auf Anerkennung zu dem für ihn frühestmöglichen Zeitpunkt gestellt hat.

(3) [1] Setzt ein Studiengang Sprachkenntnisse über die Sprachen Deutsch, Englisch, Französisch oder Latein hinaus voraus und werden diese Kenntnisse von dem Auszubildenden während des Besuchs der Hochschule erworben, verlängert sich die Förderungshöchstdauer für jede Sprache um ein Semester. [2] Satz 1 gilt für Auszubildende, die die Hochschulzugangsberechtigung vor dem 1. Oktober 2001 in dem in Artikel 3 des Einigungsvertrages[2] genannten Gebiet erworben haben, mit der Maßgabe, dass auch der Erwerb erforderlicher Lateinkenntnisse während des Besuchs der Hochschule zu einer Verlängerung der Förderungshöchstdauer führt.

§ 15b[3] Aufnahme und Beendigung der Ausbildung. (1) Die Ausbildung gilt im Sinne dieses Gesetzes als mit dem Anfang des Monats aufgenommen, in dem Unterricht oder Vorlesungen tatsächlich begonnen werden.

(2) [1] Liegt zwischen dem Ende eines Ausbildungsabschnitts und dem Beginn eines anderen nur ein Monat, so gilt die Ausbildung abweichend von Absatz 1 als bereits zu Beginn dieses Monats aufgenommen. [2] Der Kalendermonat ist in den ersten Bewilligungszeitraum des späteren Ausbildungsabschnitts einzubeziehen.

[1] Nr. 500.
[2] Sartorius III Nr. 2.
[3] § 15b Abs. 3 Satz 1 neugef., Satz 2 geänd., Satz 3 angef. mWv 1.8.2016 durch G v. 23.12.2014 (BGBl. I S. 2475).

(2a) [1] Besucht ein Auszubildender zwischen dem Ende einer Ausbildung im Ausland und dem frühestmöglichen Beginn der anschließenden Ausbildung im Inland für längstens vier Monate keine Ausbildungsstätte, so wird ihm längstens für die Dauer der beiden Monate vor Beginn der anschließenden Ausbildung Ausbildungsförderung geleistet. [2] Die beiden Kalendermonate sind in den folgenden Bewilligungszeitraum einzubeziehen.

(3) [1] Die Ausbildung endet mit dem Ablauf des Monats, in dem die Abschlussprüfung des Ausbildungsabschnitts bestanden wurde, oder, wenn eine solche nicht vorgesehen ist, mit dem Ablauf des Monats, in dem der Ausbildungsabschnitt tatsächlich planmäßig geendet hat. [2] Abweichend von Satz 1 ist, sofern ein Prüfungs- oder Abgangszeugnis erteilt wird, das Datum dieses Zeugnisses maßgebend. [3] Eine Hochschulausbildung ist abweichend von den Sätzen 1 und 2 mit Ablauf des Monats beendet, in dem das Gesamtergebnis des erfolgreich abgeschlossenen Ausbildungsabschnitts bekannt gegeben wird, spätestens jedoch mit Ablauf des zweiten Monats nach dem Monat, in dem der letzte Prüfungsteil abgelegt wurde.

(4) Die Ausbildung ist ferner beendet, wenn der Auszubildende die Ausbildung abbricht (§ 7 Absatz 3 Satz 2) und sie nicht an einer Ausbildungsstätte einer anderen Ausbildungsstättenart weiterführt.

§ 16[1] Förderungsdauer im Ausland. (1) [1] Für eine Ausbildung im Ausland nach § 5 Absatz 2 Nummer 1 oder Absatz 5 wird Ausbildungsförderung längstens für die Dauer eines Jahres geleistet. [2] Innerhalb eines Ausbildungsabschnitts gilt Satz 1 nur für einen einzigen zusammenhängenden Zeitraum, soweit nicht der Besuch von Ausbildungsstätten in mehreren Ländern für die Ausbildung von besonderer Bedeutung ist.

(2) Darüber hinaus kann während drei weiterer Semester Ausbildungsförderung geleistet werden für den Besuch einer Ausbildungsstätte, die den im Inland gelegenen Hochschulen gleichwertig ist, wenn er für die Ausbildung von besonderer Bedeutung ist.

(3) In den Fällen des § 5 Absatz 2 Nummer 2 und 3 wird Ausbildungsförderung ohne die zeitliche Begrenzung der Absätze 1 und 2 geleistet.

§ 17[2] Förderungsarten. (1) Ausbildungsförderung wird vorbehaltlich der Absätze 2 und 3 als Zuschuss geleistet.

(2) [1] Bei dem Besuch von Höheren Fachschulen, Akademien und Hochschulen sowie bei der Teilnahme an einem Praktikum, das im Zusammenhang mit dem Besuch dieser Ausbildungsstätten steht, wird der monatliche Förderungsbetrag vorbehaltlich des Absatzes 3 zur Hälfte als Darlehen geleistet. [2] Satz 1 gilt nicht

1. für den Zuschlag zum Bedarf nach § 13 Absatz 4 für nachweisbar notwendige Studiengebühren,
2. für die Ausbildungsförderung, die nach § 15 Absatz 3 Nummer 5 über die Förderungshöchstdauer hinaus geleistet wird,
3. für den Kinderbetreuungszuschlag nach § 14b.

[1] § 16 Abs. 3 geänd. mWv 1.1.2015 durch G v. 23.12.2014 (BGBl. I S. 2475).
[2] § 17 Abs. 2 Satz 1 und Abs. 3 Satz 1 einl. Satzteil geänd., Nr. 1 aufgeh. mWv 16.7.2019 durch G v. 8.7.2019 (BGBl. I S. 1048).

(3) [1] Bei dem Besuch von Höheren Fachschulen, Akademien und Hochschulen sowie bei der Teilnahme an einem Praktikum, das im Zusammenhang mit dem Besuch dieser Ausbildungsstätten steht, erhält der Auszubildende Ausbildungsförderung ausschließlich als Darlehen

1. *(aufgehoben)*
2. für eine andere Ausbildung nach § 7 Absatz 3, soweit die Semesterzahl der hierfür maßgeblichen Förderungshöchstdauer, die um die Fachsemester der vorangegangenen, nicht abgeschlossenen Ausbildung zu kürzen ist, überschritten wird,
3. nach Überschreiten der Förderungshöchstdauer in den Fällen des § 15 Absatz 3a.

[2] Nummer 2 gilt nicht, wenn der Auszubildende erstmalig aus wichtigem Grund oder aus unabweisbarem Grund die Ausbildung abgebrochen oder die Fachrichtung gewechselt hat. [3] Satz 1 gilt nicht für den Kinderbetreuungszuschlag nach § 14b und die Ausbildungsförderung, die nach § 15 Absatz 3 Nummer 5 über die Förderungshöchstdauer hinaus geleistet wird.

§ 18[1]) Darlehensbedingungen. (1) Für

1. nach § 17 Absatz 2 Satz 1 geleistete Darlehen gelten die Absätze 2 bis 14 und die §§ 18a und 18b,
2. nach § 17 Absatz 3 Satz 1 geleistete Darlehen gelten die Absätze 2 bis 12, 14 und § 18a.

(2) [1] Die Darlehen sind nicht zu verzinsen. [2] Wenn Darlehensnehmende einen Zahlungstermin um mehr als 45 Tage überschritten haben, ist abweichend von Satz 1 jeweils der gesamte bis zu diesem Zeitpunkt noch nicht getilgte Betrag, höchstens jedoch der nach Maßgabe des Absatzes 13 Satz 1 zu tilgende Rückzahlungsbetrag – vorbehaltlich des Gleichbleibens der Rechtslage – mit 6 vom Hundert für das Jahr zu verzinsen. [3] Für nach § 17 Absatz 3 Satz 1 geleistete Darlehen gilt die Pflicht zur Verzinsung für den gesamten noch zu tilgenden Rückzahlungsbetrag. [4] Kosten für die Geltendmachung der Darlehensforderung sind durch die Verzinsung nicht abgegolten.

(3) [1] Die Darlehen sind – vorbehaltlich des Gleichbleibens der Rechtslage – in gleichbleibenden monatlichen Raten von mindestens 130 Euro innerhalb von 20 Jahren zurückzuzahlen. [2] Für die Rückzahlung gelten als ein Darlehen jeweils alle nach § 17 Absatz 2 Satz 1 und alle nach § 17 Absatz 3 Satz 1 geleisteten Darlehen. [3] Von der Verpflichtung zur Rückzahlung sind Darlehensnehmende auf Antrag freizustellen, solange sie Leistungen nach diesem Gesetz erhalten.

(4) [1] Für die Tilgung des nach § 17 Absatz 2 Satz 1 geleisteten Darlehens ist die erste Rate

1. bei einer Ausbildung an einer Hochschule oder an einer Akademie im Sinne des § 2 Absatz 1 Satz 1 Nummer 6 fünf Jahre nach dem Ende der Förderungshöchstdauer,
2. bei einer Ausbildung an einer Höheren Fachschule oder an einer Akademie im Sinne des § 2 Absatz 1 Satz 1 Nummer 5 fünf Jahre nach dem Ende der in der Ausbildungs- und Prüfungsordnung vorgesehenen Ausbildungszeit

[1]) § 18 neu gef. mWv 16.7.2019 durch G v. 8.7.2019 (BGBl. I S. 1048).

zu zahlen. [2] Maßgeblich ist jeweils der zuletzt mit Darlehen geförderte Ausbildungs- oder Studiengang. [3] Wurden Darlehensbeträge nach § 17 Absatz 2 Satz 1 in mehreren Ausbildungsabschnitten geleistet, ist jeweils das Ende derjenigen Förderungshöchstdauer oder vorgesehenen Ausbildungszeit maßgeblich, die für den ersten Ausbildungsabschnitt zuletzt gegolten hat.

(5) Wurden ausschließlich nach § 17 Absatz 3 Satz 1 Darlehen geleistet, so ist die erste Rate drei Jahre nach dem Ende der Förderungshöchstdauer oder der vorgesehenen Ausbildungszeit zu zahlen.

(6) [1] Wurden sowohl nach § 17 Absatz 2 Satz 1 als auch nach § 17 Absatz 3 Satz 1 Darlehen geleistet, ist zunächst das nach § 17 Absatz 2 Satz 1 geleistete Darlehen zurückzuzahlen. [2] Die erste Rate des nach § 17 Absatz 3 Satz 1 geleisteten Darlehens ist in diesem Fall in dem Monat zu leisten, der auf die Fälligkeit der letzten Rate des nach § 17 Absatz 2 Satz 1 geleisteten Darlehens folgt.

(7) Nach Aufforderung durch das Bundesverwaltungsamt sind die Raten für jeweils drei aufeinanderfolgende Monate in einer Summe zu entrichten.

(8) Die Zinsen nach Absatz 2 sind sofort fällig.

(9) [1] Nach dem Ende der Förderungshöchstdauer erteilt das Bundesverwaltungsamt den Darlehensnehmenden − unbeschadet der Fälligkeit nach den Absätzen 4 bis 6 − jeweils einen Bescheid, in dem die Höhe der Darlehensschuld und die Förderungshöchstdauer festgestellt werden. [2] Nach Eintritt der Unanfechtbarkeit des Bescheides sind diese Feststellungen nicht mehr zu überprüfen; insbesondere gelten die Vorschriften des § 44 des Zehnten Buches Sozialgesetzbuch[1] nicht. [3] Ist für ein Kalenderjahr ein Betrag geleistet worden, auf das sich die Feststellung der Höhe der Darlehensschuld nach Satz 1 nicht erstreckt, so wird diese insoweit durch einen ergänzenden Bescheid festgestellt; Satz 2 gilt entsprechend.

(10) [1] Die nach § 17 Absatz 2 Satz 1 oder Absatz 3 Satz 1 geleisteten Darlehen können jeweils ganz oder teilweise vorzeitig zurückgezahlt werden. [2] Auf Antrag ist ein Nachlass auf die verbleibende Darlehensschuld zu gewähren.

(11) Mit dem Tod der Darlehensnehmenden erlischt die verbliebene Darlehensschuld einschließlich etwaiger Kosten und Zinsen.

(12) [1] Darlehensnehmenden, die während des Rückzahlungszeitraums nach Absatz 3 Satz 1 ihren Zahlungs- und Mitwirkungspflichten jeweils rechtzeitig und vollständig nachgekommen sind, ist die verbleibende Darlehensschuld zu erlassen. [2] Sind die Voraussetzungen des Satzes 1 nicht erfüllt, ist dies durch Bescheid festzustellen. [3] Auf Antrag kann zur Vermeidung einer unbilligen Härte die verbleibende Darlehensschuld auch dann erlassen werden, wenn im Rückzahlungsverfahren in nur geringfügigem Umfang gegen die Zahlungs- und Mitwirkungspflichten verstoßen wurde. [4] Der Antrag nach Satz 3 ist binnen eines Monats nach Bekanntgabe eines ablehnenden Bescheids nach Satz 2 zu stellen.

(13) [1] Bereits vor Ablauf der nach Absatz 3 je nach Höhe der Darlehensschuld planmäßigen Rückzahlungsdauer ist Darlehensnehmenden, die Tilgungsleistungen in 77 monatlichen Raten in jeweils der nach Absatz 3 geschul-

[1] Sartorius ErgBd. Nr. 410.

deten Höhe erbracht haben, die noch verbleibende Darlehensschuld zu erlassen. [2] Für Zeiträume, in denen eine Freistellung nach § 18a Absatz 1 mit verminderter Ratenzahlung gewährt wurde, genügen für einen Erlass nach Satz 1 Tilgungsleistungen jeweils in Höhe der vom Bundesverwaltungsamt zugleich festgesetzten verminderten Rückzahlungsraten; Absatz 10 bleibt unberührt.

(14) Das Bundesministerium für Bildung und Forschung kann durch Rechtsverordnung ohne Zustimmung des Bundesrates für die Aufgaben gemäß § 39 Absatz 2 das Nähere bestimmen über

1. den Beginn und das Ende der Verzinsung sowie den Verzicht auf Zinsen aus besonderen Gründen,

2. das Verfahren zur Verwaltung und Einziehung der Darlehen – einschließlich der erforderlichen Nachweise oder der Zulässigkeit des Glaubhaftmachens mittels der Versicherung an Eides statt sowie der Maßnahmen zur Sicherung der Rückzahlungsansprüche – sowie zur Rückleitung der eingezogenen Beträge an Bund und Länder und

3. die Erhebung von Kostenpauschalen für die Ermittlung der jeweiligen Anschrift der Darlehensnehmenden und für das Mahnverfahren.

§ 18a[1] Einkommensabhängige Rückzahlung.

(1) [1] Auf Antrag sind Darlehensnehmende während der Rückzahlungsfrist des § 18 Absatz 3 Satz 1 bis spätestens zu deren Ablauf von der Verpflichtung zur Rückzahlung freizustellen, soweit ihr Einkommen monatlich jeweils den Betrag von 1 260 Euro nicht um mindestens 42 Euro übersteigt. [2] Der in Satz 1 bezeichnete Betrag erhöht sich für

1. Ehegattinnen, Ehegatten, Lebenspartnerinnen oder Lebenspartner um 630 Euro,

2. jedes Kind der Darlehensnehmenden um 570 Euro,

wenn sie nicht in einer Ausbildung stehen, die nach diesem Gesetz oder nach § 56 des Dritten Buches Sozialgesetzbuch[2] gefördert werden kann. [3] Die Beträge nach Satz 2 mindern sich um das Einkommen der Ehegattinnen, Ehegatten, Lebenspartnerinnen oder Lebenspartner und Kinder. [4] Als Kinder gelten insoweit außer eigenen Kindern der Darlehensnehmenden die in § 25 Absatz 5 Nummer 1 bis 3 bezeichneten Personen. [5] § 47 Absatz 4 und 5 gilt entsprechend.

(2) Auf besonderen Antrag erhöht sich der in Absatz 1 Satz 1 bezeichnete Betrag

1. bei behinderten Menschen um den Betrag der behinderungsbedingten Aufwendungen entsprechend § 33b des Einkommensteuergesetzes,

2. bei Alleinstehenden um den Betrag der notwendigen Aufwendungen für die Dienstleistungen zur Betreuung eines zum Haushalt gehörenden Kindes, das

[1] § 18a Abs. 1 Satz 2 geänd. mWv 1.4.2012 durch G v. 20.12.2011 (BGBl. I S. 2854); Abs. 1 Satz 1, Satz 2 Nr. 1 und 2 sowie Satz 6 Nr. 1 geänd. mWv 1.8.2016 durch G v. 23.12.2014 (BGBl. I S. 2475); Abs. 1 neu gef., Abs. 2 eingef., bish. Abs. 2 wird Abs. 3 und Satz 2 geänd., Satz 3 neu gef., Satz 4 angef., bish. Abs. 3 wird Abs. 4, Abs. 5 aufgeh. mWv 16.7.2019, Abs. 1 Satz 1, Satz 2 Nr. 1 und 2 geänd. mWv 1.8.2020 durch G v. 8.7.2019 (BGBl. I S. 1048).
[2] **Gewerberecht Nr. 790.**

das 16. Lebensjahr noch nicht vollendet hat, bis zur Höhe von monatlich 175 Euro für das erste und je 85 Euro für jedes weitere Kind.

(3) ¹Auf den Antrag nach Absatz 1 Satz 1 erfolgt die Freistellung vom Beginn des Antragsmonats an in der Regel für ein Jahr, rückwirkend erfolgt sie für längstens vier Monate vor dem Antragsmonat (Freistellungszeitraum). ²Das im Antragsmonat erzielte Einkommen gilt vorbehaltlich des Absatzes 4 als monatliches Einkommen für alle Monate des Freistellungszeitraums. ³Die Darlehensnehmenden haben das Vorliegen der Freistellungsvoraussetzungen nachzuweisen, soweit nicht durch Rechtsverordnung auf Grund des § 18 Absatz 14 Nummer 2 etwas Abweichendes geregelt ist. ⁴Soweit eine Glaubhaftmachung mittels der Versicherung an Eides statt zugelassen ist, ist das Bundesverwaltungsamt für die Abnahme derselben zuständig.

(4) ¹Ändert sich ein für die Freistellung maßgeblicher Umstand nach der Antragstellung, so wird der Bescheid vom Beginn des Monats an geändert, in dem die Änderung eingetreten ist. ²Nicht als Änderung im Sinne des Satzes 1 gelten Regelanpassungen gesetzlicher Renten und Versorgungsbezüge.

§ 18b¹⁾ Teilerlass des Darlehens. (1) (weggefallen)

(2) ¹Auszubildenden, die die Abschlussprüfung bis zum 31. Dezember 2012 bestanden haben und nach ihrem Ergebnis zu den ersten 30 vom Hundert aller Prüfungsabsolventen gehören, die diese Prüfung in demselben Kalenderjahr abgeschlossen haben, wird auf Antrag der für diesen Ausbildungsabschnitt geleistete Darlehensbetrag teilweise erlassen. ²Der Erlass beträgt von dem nach dem 31. Dezember 1983 für diesen Ausbildungsabschnitt geleisteten Darlehensbetrag

1. 25 vom Hundert, wenn innerhalb der Förderungshöchstdauer,
2. 20 vom Hundert, wenn innerhalb von sechs Monaten nach dem Ende der Förderungshöchstdauer,
3. 15 vom Hundert, wenn innerhalb von zwölf Monaten nach dem Ende der Förderungshöchstdauer

die Abschlussprüfung bestanden wurde. ³Der Antrag ist innerhalb eines Monats nach Bekanntgabe des Bescheids nach § 18 Absatz 9 zu stellen. ⁴Abweichend von Satz 1 erhalten Auszubildende, die zu den ersten 30 vom Hundert der Geförderten gehören, unter den dort genannten Voraussetzungen den Erlass

a) in Ausbildungs- und Studiengängen, in denen als Gesamtergebnis der Abschlussprüfung nur das Bestehen festgestellt wird, nach den in dieser Prüfung erbrachten Leistungen,

b) in Ausbildungs- und Studiengängen ohne Abschlussprüfung nach den am Ende der planmäßig abgeschlossenen Ausbildung ausgewiesenen Leistungen; dabei ist eine differenzierte Bewertung über die Zuordnung zu den ersten 30 vom Hundert der Geförderten hinaus nicht erforderlich.

⁵Auszubildende, die ihre Ausbildung an einer im Ausland gelegenen Ausbildungsstätte bestanden haben, erhalten den Teilerlass nicht. ⁶Abweichend von Satz 5 wird den Auszubildenden, die eine nach § 5 Absatz 1 oder 3 in der bis

¹⁾ § 18b Abs. 4 und 5 neu gef. Abs. 5a eingef. mWv 14.12.2011 durch G v. 6.12.2011 (BGBl. I S. 2569); Abs. 6 Satz 1 geänd. mWv 1.1.2015 durch G v. 23.12.2014 (BGBl. I S. 2475); Abs. 2 Satz 3, Abs. 3 Satz 3 und Abs. 4 Satz 3 geänd. mWv 16.7.2019 durch G v. 8.7.2019 (BGBl. I S. 1048).

(7) [1] Hat jemand ein in Absatz 1 bezeichnetes Darlehen und ein in § 18 Absatz 1 Nummer 1 bezeichnetes Darlehen erhalten, ist deren Rückzahlung so aufeinander abzustimmen, dass ein in Absatz 1 bezeichnetes Darlehen vor einem in § 18 Absatz 1 Nummer 1 bezeichneten Darlehen und beide Darlehen einschließlich der Zinsen in möglichst gleichbleibenden monatlichen Raten von – vorbehaltlich des Gleichbleibens der Rechtslage – mindestens 130 Euro innerhalb von 22 Jahren zurückzuzahlen sind. [2] Die erste Rate des in § 18 Absatz 1 Nummer 1 bezeichneten Darlehens ist in dem Monat zu leisten, der auf die Fälligkeit der letzten Rate des in Absatz 1 bezeichneten Darlehens folgt. [3] Wird das in Absatz 1 bezeichnete Darlehen vor diesem Zeitpunkt getilgt, ist die erste Rate des in § 18 Absatz 1 Nummer 1 bezeichneten Darlehens am Ende des Monats zu leisten, der auf den Monat der Tilgung folgt. [4] § 18 Absatz 4 bleibt unberührt.

(8) [1] Vor Beginn der Rückzahlung teilt die Kreditanstalt für Wiederaufbau dem Darlehensnehmer – unbeschadet der Fälligkeit nach Absatz 6 – die Höhe der Darlehensschuld und der gestundeten Zinsen, die für ihn geltende Zinsregelung, die Höhe der monatlichen Zahlungsbeträge sowie den Rückzahlungszeitraum mit. [2] Nach Aufforderung durch die Kreditanstalt für Wiederaufbau sind die Raten für jeweils drei aufeinanderfolgende Monate in einer Summe zu entrichten.

(9) Das Darlehen kann jederzeit ganz oder teilweise zurückgezahlt werden.

(10) [1] Auf Verlangen der Kreditanstalt für Wiederaufbau ist ihr die Darlehens- und Zinsschuld eines Darlehensnehmers zu zahlen, von dem eine termingerechte Zahlung nicht zu erwarten ist. [2] Dies ist insbesondere der Fall, wenn

1. der Darlehensnehmer fällige Rückzahlungsraten für sechs aufeinanderfolgende Monate nicht geleistet hat oder für diesen Zeitraum mit einem Betrag in Höhe des Vierfachen der monatlichen Rückzahlungsrate im Rückstand ist,

2. der Darlehensvertrag von der Kreditanstalt für Wiederaufbau entsprechend den gesetzlichen Bestimmungen wirksam gekündigt worden ist,

3. die Rückzahlung des Darlehens infolge der Erwerbs- oder Arbeitsunfähigkeit oder einer Erkrankung des Darlehensnehmers von mehr als einem Jahr Dauer nachhaltig erschwert oder unmöglich geworden ist,

4. der Darlehensnehmer zahlungsunfähig geworden ist oder seit mindestens einem Jahr Hilfe zum Lebensunterhalt nach dem Zwölften Buch Sozialgesetzbuch[1] oder Leistungen zur Sicherung des Lebensunterhalts nach dem Zweiten Buch Sozialgesetzbuch[2] erhält oder

5. der Aufenthalt des Darlehensnehmers seit mehr als sechs Monaten nicht ermittelt werden konnte.

[3] Mit der Zahlung nach Satz 1 geht der Anspruch aus dem Darlehensvertrag auf den Bund über.

(11) Das Bundesministerium für Bildung und Forschung bestimmt durch Rechtsverordnung ohne Zustimmung des Bundesrates das Nähere über die Anpassung der Höhe der Aufschläge nach den Absätzen 3 und 4 an die tatsächlichen Kosten.

[1] **Sartorius ErgBd. Nr. 412.**
[2] **Sartorius ErgBd. Nr. 402.**

§ 18d[1]) **Kreditanstalt für Wiederaufbau.** (1) Die nach § 18c Absatz 10 auf den Bund übergegangenen Darlehensbeträge werden von der Kreditanstalt für Wiederaufbau verwaltet und eingezogen.

(2) Der Kreditanstalt für Wiederaufbau werden erstattet:

1. die Darlehensbeträge, die in entsprechender Anwendung von § 18 Absatz 11 erlöschen, und

2. die Darlehens- und Zinsbeträge nach § 18c Absatz 10 Satz 1.

(3) Verwaltungskosten werden der Kreditanstalt für Wiederaufbau nur für die Verwaltung der nach § 18c Absatz 10 auf den Bund übergegangenen Darlehensbeträge erstattet, soweit die Kosten nicht von den Darlehensnehmern getragen werden.

(4) [1]Die Kreditanstalt für Wiederaufbau übermittelt den Ländern nach Ablauf eines Kalenderjahres eine Aufstellung sowohl über die Höhe der nach Absatz 1 für den Bund eingezogenen Beträge und Zinsen aus den Darlehen, deren Erstattung nach Absatz 2 sie bis zum 31. Dezember 2014 verlangt hat, als auch über deren Aufteilung nach Maßgabe des § 56 Absatz 2a. [2]Sie zahlt zum Ende des jeweiligen Kalenderjahres jedem Land einen Abschlag in Höhe des ihm voraussichtlich zustehenden Betrages, bis zum 30. Juni des folgenden Jahres den Restbetrag.

§ 19 Aufrechnung. [1]Mit einem Anspruch auf Erstattung von Ausbildungsförderung (§ 50 des Zehnten Buches Sozialgesetzbuch[2]) und § 20) kann gegen den Anspruch auf Ausbildungsförderung für abgelaufene Monate abweichend von § 51 des Ersten Buches Sozialgesetzbuch[3]) in voller Höhe aufgerechnet werden. [2]Ist der Anspruch auf Ausbildungsförderung von einem Auszubildenden an einen Träger der Sozialhilfe zum Ausgleich seiner Aufwendungen abgetreten worden, kann das Amt für Ausbildungsförderung gegenüber dem Träger der Sozialhilfe mit einem Anspruch auf Erstattung von Ausbildungsförderung nicht aufrechnen. [3]Die Sätze 1 und 2 gelten nicht für Bankdarlehen nach § 18c.

§ 20 Rückzahlungspflicht. (1) [1]Haben die Voraussetzungen für die Leistung von Ausbildungsförderung an keinem Tage des Kalendermonats vorgelegen, für den sie gezahlt worden ist, so ist – außer in den Fällen der §§ 44 bis 50 des Zehnten Buches Sozialgesetzbuch[2]) – insoweit der Bewilligungsbescheid aufzuheben und der Förderungsbetrag zu erstatten, als

1. (weggefallen)

2. (weggefallen)

3. der Auszubildende Einkommen im Sinne des § 21 erzielt hat, das bei der Bewilligung der Ausbildungsförderung nicht berücksichtigt worden ist; Regelanpassungen gesetzlicher Renten und Versorgungsbezüge bleiben hierbei außer Betracht,

4. Ausbildungsförderung unter dem Vorbehalt der Rückforderung geleistet worden ist.

[1]) § 18d Abs. 4 Satz 1 neu gef. mWv 1.1.2015 durch G v. 23.12.2014 (BGBl. I S. 2475); Abs. 2 Nr. 1 geänd. mWv 16.7.2019 durch G v. 8.7.2019 (BGBl. I S. 1048).
[2]) **Sartorius ErgBd. Nr. 410.**
[3]) **Sartorius ErgBd. Nr. 401.**

Regelung über die Erstattungspflicht gilt nicht für Bankdarlehen nach ...c.

(2) ¹Der Förderungsbetrag ist für den Kalendermonat oder den Teil eines ...lendermonats zurückzuzahlen, in dem der Auszubildende die Ausbildung ...s einem von ihm zu vertretenden Grund unterbrochen hat. ²Die Regelung ...ber die Erstattungspflicht gilt nicht für Bankdarlehen nach § 18c.

Abschnitt IV. Einkommensanrechnung

§ 21[1) Einkommensbegriff. (1) ¹Als Einkommen gilt – vorbehaltlich des Satzes 3, der Absätze 2a, 3 und 4 – die Summe der positiven Einkünfte im Sinne des § 2 Absatz 1 und 2 des Einkommensteuergesetzes. ²Ein Ausgleich mit Verlusten aus anderen Einkunftsarten und mit Verlusten des zusammenveranlagten Ehegatten oder Lebenspartners ist nicht zulässig. ³Abgezogen werden können:

1. der Altersentlastungsbetrag (§ 24a des Einkommensteuergesetzes),

2. *(aufgehoben)*

3. die für den Berechnungszeitraum zu leistende Einkommensteuer, Kirchensteuer und Gewerbesteuer,

4. die für den Berechnungszeitraum zu leistenden Pflichtbeiträge zur Sozialversicherung und zur Bundesagentur für Arbeit sowie die geleisteten freiwilligen Aufwendungen zur Sozialversicherung und für eine private Kranken-, Pflege-, Unfall- oder Lebensversicherung in angemessenem Umfang und

5. geförderte Altersvorsorgebeiträge nach § 82 des Einkommensteuergesetzes, soweit sie den Mindesteigenbeitrag nach § 86 des Einkommensteuergesetzes nicht überschreiten.

⁴Leibrenten, einschließlich Unfallrenten, und Versorgungsrenten gelten in vollem Umfang als Einnahmen aus nichtselbständiger Arbeit.

(2) ¹Zur Abgeltung der Abzüge nach Absatz 1 Nummer 4 wird von der – um die Beträge nach Absatz 1 Nummer 1 und Absatz 4 Nummer 4 geminderten – Summe der positiven Einkünfte ein Betrag in Höhe folgender Vomhundertsätze dieses Gesamtbetrages abgesetzt:

1. für rentenversicherungspflichtige Arbeitnehmer und für Auszubildende 21,3 vom Hundert, höchstens jedoch ein Betrag von jährlich 14 600 Euro,

2. für nichtrentenversicherungspflichtige Arbeitnehmer und für Personen im Ruhestandsalter, die einen Anspruch auf Alterssicherung aus einer renten- oder nichtrentenversicherungspflichtigen Beschäftigung oder Tätigkeit haben, 15,5 vom Hundert, höchstens jedoch ein Betrag von jährlich 8 500 Euro,

3. für Nichtarbeitnehmer und auf Antrag von der Versicherungspflicht befreite oder wegen *geringfügiger* Beschäftigung versicherungsfreie Arbeitnehmer 37,7 vom Hundert, höchstens jedoch ein Betrag von jährlich 25 500 Euro,

[1) § 21 Abs. 3 Satz 1 Nr. 4 geänd. mWv 1.1.2015, Abs. 1 Satz 2 geänd., Satz 3 Nr. 2 und Satz 4 aufgeh., Satz 5 wird Satz 4, Abs. 2 Satz 1 Nr. 1–4 geänd. mWv 1.8.2016 durch G v. 23.12.2014 (BGBl. I S. 2475); Abs. 1 Satz 1, Abs. 2 Satz 1 einl. Satzteil und Nr. 1–4 geänd. mWv 16.7.2019 durch G v. 8.7.2019 (BGBl. I S. 1048); Abs. 4 Nr. 4 geänd., Nr. 5 angef. mWv 1.3.2020 durch G v. 25.5. 2020 (BGBl. I S. 1073).

4. für Personen im Ruhestandsalter, soweit sie nicht erwerbstätig sind, und fü sonstige Nichterwerbstätige 15,5 vom Hundert, höchstens jedoch ein Betrag von jährlich 8 500 Euro.

[2]Jeder Einkommensbezieher ist nur einer der in den Nummern 1 bis 4 bezeichneten Gruppen zuzuordnen; dies gilt auch, wenn er die Voraussetzungen nur für einen Teil des Berechnungszeitraums erfüllt. [3]Einer Gruppe kann nur zugeordnet werden, wer nicht unter eine in den jeweils vorhergehenden Nummern bezeichnete Gruppe fällt.

(2a) [1]Als Einkommen gelten auch nur ausländischem Steuerrecht unterliegende Einkünfte eines Einkommensbeziehers, der seinen ständigen Wohnsitz im Ausland hat. [2]Von dem Bruttobetrag sind in entsprechender Anwendung des Einkommensteuergesetzes Beträge entsprechend der jeweiligen Einkunftsart, gegebenenfalls mindestens Beträge in Höhe der Pauschbeträge für Werbungskosten nach § 9a des Einkommensteuergesetzes, abzuziehen. [3]Die so ermittelte Summe der positiven Einkünfte vermindert sich um die gezahlten Steuern und den nach Absatz 2 entsprechend zu bestimmenden Pauschbetrag für die soziale Sicherung.

(3) [1]Als Einkommen gelten ferner in Höhe der tatsächlich geleisteten Beträge

1. Waisenrenten und Waisengelder, die der Antragsteller bezieht,

2. Ausbildungsbeihilfen und gleichartige Leistungen, die nicht nach diesem Gesetz gewährt werden; wenn sie begabungs- und leistungsabhängig nach von dem Geber allgemeingültig erlassenen Richtlinien ohne weitere Konkretisierung des Verwendungszwecks vergeben werden, gilt dies jedoch nur, soweit sie im Berechnungszeitraum einen Gesamtbetrag übersteigen, der einem Monatsdurchschnitt von 300 Euro entspricht; Absatz 4 Nummer 4 bleibt unberührt;

3. (weggefallen)

4. sonstige Einnahmen[1]), die zur Deckung des Lebensbedarfs bestimmt sind, mit Ausnahme der Unterhaltsleistungen der Eltern des Auszubildenden und seines Ehegatten oder Lebenspartners, soweit sie das Bundesministerium für Bildung und Forschung in einer Rechtsverordnung ohne Zustimmung des Bundesrates bezeichnet hat.

[2]Die Erziehungsbeihilfe, die ein Beschädigter für ein Kind erhält (§ 27 des Bundesversorgungsgesetzes[2])), gilt als Einkommen des Kindes.

(4) Nicht als Einkommen gelten

1. Grundrenten und Schwerstbeschädigtenzulage nach dem Bundesversorgungsgesetz und nach den Gesetzen, die das Bundesversorgungsgesetz für anwendbar erklären,

2. ein der Grundrente und der Schwerstbeschädigtenzulage nach dem Bundesversorgungsgesetz entsprechender Betrag, wenn diese Leistungen nach § 65 des Bundesversorgungsgesetzes ruhen,

3. Renten, die den Opfern nationalsozialistischer Verfolgung wegen einer durch die Verfolgung erlittenen Gesundheitsschädigung geleistet werden, bis

[1]) Siehe die BAföG-EinkommensV v. 5.4.1988 (BGBl. I S. 505), zuletzt geänd. durch G v. 12.12. 2019 (BGBl. I S. 2652).
[2]) **Wehrrecht Nr. 710.**

zur Höhe des Betrages, der in der Kriegsopferversorgung bei gleicher Minderung der Erwerbsfähigkeit als Grundrente und Schwerstbeschädigtenzulage geleistet würde,

4. Einnahmen, deren Zweckbestimmung einer Anrechnung auf den Bedarf entgegensteht; dies gilt insbesondere für Einnahmen, die für einen anderen Zweck als für die Deckung des Bedarfs im Sinne dieses Gesetzes bestimmt sind,

5. zusätzliche Einnahmen aus einer Tätigkeit der Antragstellenden in systemrelevanten Branchen und Berufen, soweit die Tätigkeit zur Bekämpfung der COVID-19-Pandemie und deren sozialen Folgen seit dem 1. März 2020 aufgenommen oder in ihrem arbeitszeitlichen Umfang aufgestockt wurde, für die Dauer dieser Tätigkeit oder Arbeitszeitaufstockung.

§ 22 Berechnungszeitraum für das Einkommen des Auszubildenden.

(1) [1] Für die Anrechnung des Einkommens des Auszubildenden sind die Einkommensverhältnisse im Bewilligungszeitraum maßgebend. [2] Sind bei ihrer Ermittlung Pauschbeträge für Werbungskosten nach § 9a des Einkommensteuergesetzes zu berücksichtigen, so ist der Betrag abzuziehen, der sich ergibt, wenn ein Zwölftel des Jahrespauschbetrages mit der Zahl der Kalendermonate des Bewilligungszeitraumes vervielfacht wird.

(2) Auf den Bedarf jedes Kalendermonats des Bewilligungszeitraums wird der Betrag angerechnet, der sich ergibt, wenn das Gesamteinkommen durch die Zahl der Kalendermonate des Bewilligungszeitraums geteilt wird.

(3) Die Absätze 1 und 2 gelten entsprechend für die Berücksichtigung des Einkommens

1. der Kinder nach § 23 Absatz 2,

2. der Kinder, der in § 25 Absatz 5 Nummer 1 bis 3 bezeichneten Personen und der sonstigen Unterhaltsberechtigten nach § 25 Absatz 3.

§ 23[1] Freibeträge vom Einkommen des Auszubildenden. (1) [1] Vom Einkommen des Auszubildenden bleiben monatlich anrechnungsfrei

1. für den Auszubildenden selbst	290 Euro,
2. für den Ehegatten oder Lebenspartner des Auszubildenden	630 Euro,
3. für jedes Kind des Auszubildenden	570 Euro.

[2] Satz 1 Nummer 2 und 3 findet keine Anwendung auf Ehegatten oder Lebenspartner und Kinder, die in einer Ausbildung stehen, die nach diesem Gesetz oder nach § 56 des Dritten Buches Sozialgesetzbuch[2] gefördert werden kann.

(2) Die Freibeträge nach Absatz 1 Nummer 2 und 3 mindern sich um Einnahmen des Auszubildenden sowie Einkommen des Ehegatten oder Lebenspartners und des Kindes, die dazu bestimmt sind oder üblicher- oder zumutbarerweise dazu verwendet werden, den Unterhaltsbedarf des Ehegatten oder Lebenspartners und der Kinder des Auszubildenden zu decken.

[1] § 23 Abs. 1 Satz 2 geänd. mWv 1.4.2012 durch G v. 20.12.2011 (BGBl. I S. 2854); Abs. 1 Satz 1 Nr. 1–3, Abs. 4 Nr. 1 und Abs. 5 geänd. mWv 1.8.2016 durch G v. 23.12.2014 (BGBl. I S. 2475); Abs. 1 Satz 1 Nr. 2 und 3, Abs. 4 Nr. 1 und Abs. 5 geänd. mWv 16.7.2019, mWv 1.8.2020 durch G v. 8.7.2019 (BGBl. I S. 1048).
[2] **Gewerberecht Nr. 790.**

(3) Die Vergütung aus einem Ausbildungsverhältnis wird abweichend von den Absätzen 1 und 2 voll angerechnet.

(4) Abweichend von Absatz 1 werden

1. von der Waisenrente und dem Waisengeld der Auszubildenden, deren Bedarf sich nach § 12 Absatz 1 Nummer 1 bemisst, monatlich 200 Euro, anderer Auszubildender 145 Euro monatlich nicht angerechnet,

2. Ausbildungsbeihilfen und gleichartige Leistungen aus öffentlichen Mitteln oder von Förderungseinrichtungen, die hierfür öffentliche Mittel erhalten, sowie Förderungsleistungen ausländischer Staaten voll auf den Bedarf angerechnet; zu diesem Zweck werden Ausbildungsbeihilfen und gleichartige Leistungen, die zugleich aus öffentlichen und privaten Mitteln finanziert und dem Empfänger insgesamt als eine Leistung zugewendet werden, als einheitlich aus öffentlichen Mitteln erbracht behandelt. Voll angerechnet wird auch Einkommen, das aus öffentlichen Mitteln zum Zweck der Ausbildung bezogen wird,

3. (weggefallen)

4. Unterhaltsleistungen des geschiedenen oder dauernd getrennt lebenden Ehegatten voll auf den Bedarf angerechnet; dasselbe gilt für Unterhaltsleistungen des Lebenspartners nach Aufhebung der Lebenspartnerschaft oder des dauernd getrennt lebenden Lebenspartners.

(5) Zur Vermeidung unbilliger Härten kann auf besonderen Antrag, der vor dem Ende des Bewilligungszeitraums zu stellen ist, abweichend von den Absätzen 1 und 4 ein weiterer Teil des Einkommens des Auszubildenden anrechnungsfrei gestellt werden, soweit er zur Deckung besonderer Kosten der Ausbildung erforderlich ist, die nicht durch den Bedarfssatz gedeckt sind, höchstens jedoch bis zu einem Betrag von 285 Euro monatlich.

§ 24[1] Berechnungszeitraum für das Einkommen der Eltern und des Ehegatten oder Lebenspartners. (1) Für die Anrechnung des Einkommens der Eltern und des Ehegatten oder Lebenspartners des Auszubildenden sind die Einkommensverhältnisse im vorletzten Kalenderjahr vor Beginn des Bewilligungszeitraums maßgebend.

(2) [1]Ist der Einkommensbezieher für diesen Zeitraum zur Einkommensteuer zu veranlagen, liegt jedoch der Steuerbescheid dem Amt für Ausbildungsförderung noch nicht vor, so wird unter Berücksichtigung der glaubhaft gemachten Einkommensverhältnisse über den Antrag entschieden. [2]Ausbildungsförderung wird insoweit – außer in den Fällen des § 18c – unter dem Vorbehalt der Rückforderung geleistet. [3]Sobald der Steuerbescheid dem Amt für Ausbildungsförderung vorliegt, wird über den Antrag abschließend entschieden.

(3) [1]Ist das Einkommen im Bewilligungszeitraum voraussichtlich wesentlich niedriger als in dem nach Absatz 1 maßgeblichen Zeitraum, so ist auf besonderen Antrag des Auszubildenden bei der Anrechnung von den Einkommensverhältnissen im Bewilligungszeitraum auszugehen; nach dessen Ende gestellte Anträge werden nicht berücksichtigt. [2]Der Auszubildende hat das Vorliegen der Voraussetzungen des Satzes 1 glaubhaft zu machen. [3]Ausbildungsförderung wird insoweit – außer in den Fällen des § 18c – unter dem Vorbehalt der Rückforderung geleistet. [4]Sobald sich das Einkommen in dem Bewilligungs-

[1] § 24 Abs. 2 Satz 2 ber. BGBl. 2012 I S. 197.

§ 29[1] Freibeträge vom Vermögen. (1) [1]Von dem Vermögen bleiben anrechnungsfrei

1. für den Auszubildenden selbst — 8 200 Euro,
2. für den Ehegatten oder Lebenspartner des Auszubildenden — 2 300 Euro,
3. für jedes Kind des Auszubildenden — 2 300 Euro.

[2]Maßgebend sind die Verhältnisse im Zeitpunkt der Antragstellung.

(2) (weggefallen)

(3) Zur Vermeidung unbilliger Härten kann ein weiterer Teil des Vermögens anrechnungsfrei bleiben.

§ 30 Monatlicher Anrechnungsbetrag. Auf den monatlichen Bedarf des Auszubildenden ist der Betrag anzurechnen, der sich ergibt, wenn der Betrag des anzurechnenden Vermögens durch die Zahl der Kalendermonate des Bewilligungszeitraums geteilt wird.

§§ 31–34 (weggefallen)

Abschnitt VI. [Anpassung der Bedarfssätze und Freibeträge]

§ 35[2] Anpassung der Bedarfssätze und Freibeträge. [1]Die Bedarfssätze, Freibeträge sowie die Vomhundertsätze und Höchstbeträge nach § 21 Absatz 2 sind alle zwei Jahre zu überprüfen und durch Gesetz gegebenenfalls neu festzusetzen. [2]Dabei ist der Entwicklung der Einkommensverhältnisse und der Vermögensbildung, den Veränderungen der Lebenshaltungskosten sowie der finanzwirtschaftlichen Entwicklung Rechnung zu tragen. [3]Die Bundesregierung hat hierüber dem Deutschen Bundestag und dem Bundesrat zu berichten. [4]Die im Jahr 2019 anstehende Berichterstattung erfolgt im Jahr 2021.

Abschnitt VII. Vorausleistung und Anspruchsübergang

§ 36[3] Vorausleistung von Ausbildungsförderung. (1) Macht der Auszubildende glaubhaft, dass seine Eltern den nach den Vorschriften dieses Gesetzes angerechneten Unterhaltsbetrag nicht leisten, und ist die Ausbildung – auch unter Berücksichtigung des Einkommens des Ehegatten oder Lebenspartners im Bewilligungszeitraum – gefährdet, so wird auf Antrag nach Anhörung der Eltern Ausbildungsförderung ohne Anrechnung dieses Betrages geleistet; nach Ende des Bewilligungszeitraumes gestellte Anträge werden nicht berücksichtigt.

(2) Absatz 1 ist entsprechend anzuwenden, wenn

1. der Auszubildende glaubhaft macht, dass seine Eltern den Bedarf nach den §§ 12 bis 14b nicht leisten, und die Eltern entgegen § 47 Absatz 4 die für die Anrechnung ihres Einkommens erforderlichen Auskünfte nicht erteilen oder Urkunden nicht vorlegen und darum ihr Einkommen nicht angerechnet werden kann, und wenn

[1] § 29 Abs. 1 Satz 1 Nr. 1–3 geänd. mWv 1.8.2016 durch G v. 23.12.2014 (BGBl. I S. 2475); Abs. 1 Satz 1 Nr. 1-3 geänd. mWv 1.8.2020 durch G v. 8.7.2019 (BGBl. I S. 1048).
[2] § 35 Satz 4 angef. mWv 1.1.2015 durch G v. 23.12.2014 (BGBl. I S. 2475); Satz 4 neu gef. mWv 16.7.2019 durch G v. 8.7.2019 (BGBl. I S. 1048).
[3] § 36 Abs. 2 Nr. 1 geänd. mWv 16.7.2019 durch G v. 8.7.2019 (BGBl. I S. 1048).

2. Bußgeldfestsetzung oder Einleitung des Verwaltungszwangsverfahrens nicht innerhalb zweier Monate zur Erteilung der erforderlichen Auskünfte geführt haben oder rechtlich unzulässig sind, insbesondere weil die Eltern ihren ständigen Wohnsitz im Ausland haben.

(3) Ausbildungsförderung wird nicht vorausgeleistet, soweit die Eltern bereit sind, Unterhalt entsprechend einer gemäß § 1612 Absatz 2 des Bürgerlichen Gesetzbuches[1] getroffenen Bestimmung zu leisten.

(4) Von der Anhörung der Eltern kann aus wichtigem Grund oder, wenn der Auszubildende in demselben Ausbildungsabschnitt für den vorhergehenden Bewilligungszeitraum Leistungen nach Absatz 1 oder 2 erhalten hat, abgesehen werden.

§ 37 Übergang von Unterhaltsansprüchen. (1) [1]Hat der Auszubildende für die Zeit, für die ihm Ausbildungsförderung gezahlt wird, nach bürgerlichem Recht einen Unterhaltsanspruch gegen seine Eltern, so geht dieser zusammen mit dem unterhaltsrechtlichen Auskunftsanspruch mit der Zahlung bis zur Höhe der geleisteten Aufwendungen auf das Land über, jedoch nur soweit auf den Bedarf des Auszubildenden das Einkommen der Eltern nach diesem Gesetz anzurechnen ist. [2]Die Zahlungen, welche die Eltern auf Grund der Mitteilung über den Anspruchsübergang erbringen, werden entsprechend § 11 Absatz 2 angerechnet. [3]Die Sätze 1 und 2 gelten nicht, soweit der Auszubildende Ausbildungsförderung als Bankdarlehen nach § 18c erhalten hat.

(2) (weggefallen)

(3) (weggefallen)

(4) Für die Vergangenheit können die Eltern des Auszubildenden nur von dem Zeitpunkt an in Anspruch genommen werden, in dem

1. die Voraussetzungen des bürgerlichen Rechts vorgelegen haben oder

2. sie bei dem Antrag auf Ausbildungsförderung mitgewirkt haben oder von ihm Kenntnis erhalten haben und darüber belehrt worden sind, unter welchen Voraussetzungen dieses Gesetz eine Inanspruchnahme von Eltern ermöglicht.

(5) (weggefallen)

(6) [1]Der Anspruch ist von der Fälligkeit an mit 6 vom Hundert zu verzinsen. [2]Zinsen werden jedoch erst vom Beginn des Monats an erhoben, der auf die Mitteilung des Amtes für Ausbildungsförderung über den erfolgten Anspruchsübergang folgt.

§ 38 Übergang von anderen Ansprüchen. [1]Hat der Auszubildende für die Zeit, für die ihm Ausbildungsförderung gezahlt wird, gegen eine öffentlich-rechtliche Stelle, die nicht Leistungsträger ist, Anspruch auf Leistung, die auf den Bedarf anzurechnen ist oder eine Leistung nach diesem Gesetz ausschließt, geht dieser mit der Zahlung in Höhe der geleisteten Aufwendungen auf das

[1] Schönfelder Nr. 20.

Land über. [2]Die §§ 104 und 115 des Zehnten Buches Sozialgesetzbuch[1) bleiben unberührt.

Abschnitt VIII. Organisation

§ 39 Auftragsverwaltung. (1) Dieses Gesetz wird vorbehaltlich des Absatzes 2 im Auftrag des Bundes von den Ländern ausgeführt.

(2) [1]Die nach § 18 Absatz 1 geleisteten Darlehen werden durch das Bundesverwaltungsamt verwaltet und eingezogen. [2]Die zuständige Bundeskasse nimmt die Aufgaben der Kasse beim Einzug der Darlehen und deren Anmahnung für das Bundesverwaltungsamt wahr.

(3) Jedes Land bestimmt die zuständigen Behörden für die Entscheidungen nach § 2 Absatz 2 und § 3 Absatz 4 hinsichtlich der Ausbildungsstätten und Fernlehrinstitute, die ihren Sitz in diesem Land haben.

(4) Die Bundesregierung kann durch Allgemeine Verwaltungsvorschrift mit Zustimmung des Bundesrates eine einheitliche maschinelle Berechnung, Rückrechnung und Abrechnung der Leistungen nach diesem Gesetz in Form einer algorithmischen Darstellung materiellrechtlicher Regelungen (Programmablaufplan) regeln.

§ 40[2) Ämter für Ausbildungsförderung. (1) [1]Die Länder errichten für jeden Kreis und jede kreisfreie Stadt ein Amt für Ausbildungsförderung. [2]Die Länder können für mehrere Kreise oder kreisfreie Städte ein gemeinsames Amt für Ausbildungsförderung errichten. [3]Im Land Berlin können mehrere Ämter für Ausbildungsförderung errichtet werden. [4]In den Ländern Berlin, Bremen und Hamburg kann davon abgesehen werden, Ämter für Ausbildungsförderung zu errichten.

(2) [1]Für Auszubildende, die eine im Inland gelegene Hochschule besuchen, richten die Länder abweichend von Absatz 1 Ämter für Ausbildungsförderung bei staatlichen Hochschulen oder bei Studentenwerken ein; diesen kann auch die Zuständigkeit für andere Auszubildende übertragen werden, die Ausbildungsförderung wie Studierende an Hochschulen erhalten. [2]Die Länder können bestimmen, dass ein bei einer staatlichen Hochschule errichtetes Amt für Ausbildungsförderung ein Studentenwerk zur Durchführung seiner Aufgaben heranzieht. [3]Ein Studentenwerk kann Amt für Ausbildungsförderung nur sein, wenn

1. es eine Anstalt oder Stiftung des öffentlichen Rechts ist und

2. ein Bediensteter die Befähigung zu einem Richteramt nach dem Deutschen Richtergesetz[3) oder für den höheren allgemeinen Verwaltungsdienst hat.

(3) Für Auszubildende, die eine im Ausland gelegene Ausbildungsstätte besuchen, können die Länder abweichend von Absatz 1 Ämter für Ausbildungsförderung bei staatlichen Hochschulen, Studentenwerken oder Landesämtern für Ausbildungsförderung einrichten.

[1) **Sartorius ErgBd. Nr. 410.**
[2) § 40 Abs. 1 Satz 2, Abs. 2 Satz 3 Nr. 1 geänd. mWv 16.7.2019 durch G v. 8.7.2019 (BGBl. I S. 1048).
[3) **Schönfelder ErgBd. Nr. 97.**

§ 40a Landesämter für Ausbildungsförderung. [1]Die Länder können Landesämter für Ausbildungsförderung errichten. [2]Mehrere Länder können ein gemeinsames Landesamt für Ausbildungsförderung errichten. [3]Im Falle der Errichtung eines Landesamtes für Ausbildungsförderung nach Satz 1 findet § 40 Absatz 2 Satz 3 Nummer 2 keine Anwendung.

§ 41[1] Aufgaben der Ämter für Ausbildungsförderung. (1) [1]Das Amt für Ausbildungsförderung nimmt die zur Durchführung dieses Gesetzes erforderlichen Aufgaben wahr, soweit sie nicht anderen Stellen übertragen sind. [2]Bei der Bearbeitung der Anträge können zentrale Verwaltungsstellen herangezogen werden.

(2) Es trifft die zur Entscheidung über den Antrag erforderlichen Feststellungen, entscheidet über den Antrag und erlässt den Bescheid hierüber.

(3) Das Amt für Ausbildungsförderung hat die Auszubildenden und ihre Eltern über die individuelle Förderung der Ausbildung nach bundes- und landesrechtlichen Vorschriften zu beraten.

(4) [1]Die Ämter für Ausbildungsförderung dürfen Personen, die Leistungen nach diesem Gesetz beziehen, auch regelmäßig im Wege des automatisierten Datenabgleichs daraufhin überprüfen, ob und welche Daten nach § 45d Absatz 1 des Einkommensteuergesetzes dem Bundeszentralamt für Steuern übermittelt worden sind. [2]Die Ämter für Ausbildungsförderung dürfen zu diesem Zweck Namen, Vornamen, Geburtsdatum und Anschrift der Personen, die Leistungen nach diesem Gesetz beziehen, sowie die Amts- und Förderungsnummer an das Bundeszentralamt für Steuern übermitteln. [3]Die Übermittlung kann auch über eine von der zuständigen Landesbehörde bestimmte zentrale Landesstelle erfolgen. [4]Das Bundeszentralamt für Steuern hat ihm überlassenen Daten und Datenträger nach Durchführung des Abgleichs unverzüglich zurückzugeben, zu löschen oder zu vernichten. [5]Die Ämter für Ausbildungsförderung dürfen die ihnen übermittelten Daten nur zur Überprüfung nach Satz 1 nutzen. [6]Die übermittelten Daten der Personen, bei denen die Überprüfung zu keinen abweichenden Feststellungen führt, sind unverzüglich zu löschen.

§§ 42 und 43 (weggefallen)

§ 44[2] Beirat für Ausbildungsförderung. (1) Das Bundesministerium für Bildung und Forschung kann durch Rechtsverordnung[3] ohne Zustimmung des Bundesrates einen Beitrag für Ausbildungsförderung bilden, der es bei

1. der Durchführung des Gesetzes,
2. der weiteren Ausgestaltung der gesetzlichen Regelung der individuellen Ausbildungsförderung und
3. der Berücksichtigung neuer Ausbildungsformen

berät.

[1] § 41 Abs. 2 Satz 2 aufgeh. mWv 16.7.2019 durch G v. 8.7.2019 (BGBl. I S. 1048).
[2] § 44 Abs. 1 einl. Satzteil geänd. mWv 1.1.2015 durch G v. 23.12.2014 (BGBl. I S. 2475).
[3] Siehe die VO über die Errichtung eines Beirates für die Ausbildungsförderung (BeiratsV) v. 11.11.1971 (BGBl. I S. 1801), zuletzt geänd. durch G v. 23.12.2003 (BGBl. I S. 2848).

(2) In den Beirat sind Vertreter der an der Ausführung des Gesetzes beteiligter Landes- und Gemeindebehörden, des Deutschen Studentenwerkes e.V., der Bundesagentur für Arbeit, der Lehrkörper der Ausbildungsstätten, der Auszubildenden, der Elternschaft, der Rechts-, Wirtschafts- oder Sozialwissenschaften, der Arbeitgeber sowie der Arbeitnehmer zu berufen.

Abschnitt IX. Verfahren

§ 45[1] **Örtliche Zuständigkeit.** (1) [1]Für die Entscheidung über die Ausbildungsförderung ist das Amt für Ausbildungsförderung zuständig, in dessen Bezirk die Eltern des Auszubildenden oder, wenn nur noch ein Elternteil lebt, dieser den ständigen Wohnsitz haben. [2]Das Amt für Ausbildungsförderung, in dessen Bezirk der Auszubildende seinen ständigen Wohnsitz hat, ist zuständig, wenn

1. der Auszubildende verheiratet oder in einer Lebenspartnerschaft verbunden ist oder war,

2. seine Eltern nicht mehr leben,

3. dem überlebenden Elternteil die elterliche Sorge nicht zusteht oder bei Erreichen der Volljährigkeit des Auszubildenden nicht zustand,

4. nicht beide Elternteile ihren ständigen Wohnsitz in dem Bezirk desselben Amtes für Ausbildungsförderung haben,

5. kein Elternteil einen Wohnsitz im Inland hat,

6. der Auszubildende eine Fachschulklasse besucht, deren Besuch eine abgeschlossene Berufsausbildung voraussetzt,

7. der Auszubildende Ausbildungsförderung für die Teilnahme an Fernunterrichtslehrgängen erhält (§ 3).

[3]Hat in den Fällen des Satzes 2 der Auszubildende im Inland keinen ständigen Wohnsitz, so ist das Amt für Ausbildungsförderung zuständig, in dessen Bezirk die Ausbildungsstätte liegt.

(2) Abweichend von Absatz 1 ist für die Auszubildenden an

1. Abendgymnasien und Kollegs,

2. Höheren Fachschulen und Akademien

das Amt für Ausbildungsförderung zuständig, in dessen Bezirk die Ausbildungsstätte gelegen ist, die der Auszubildende besucht.

(3) [1]Abweichend von den Absätzen 1 und 2 ist das bei einer staatlichen Hochschule errichtete Amt für Ausbildungsförderung für die an dieser Hochschule immatrikulierten Auszubildenden zuständig; diese Zuständigkeit gilt auch für Auszubildende, die im Zusammenhang mit dem Hochschulbesuch ein Vor- oder Nachpraktikum ableisten. [2]Die Länder können bestimmen, dass das an einer staatlichen Hochschule errichtete Amt für Ausbildungsförderung auch zuständig ist für Auszubildende, die an anderen Hochschulen immatrikuliert sind, und andere Auszubildende, die Ausbildungsförderung wie Studierende an Hochschulen erhalten. [3]Ist das Amt für Ausbildungsförderung bei einem Studentenwerk errichtet, so wird dessen örtliche Zuständigkeit durch das Land bestimmt.

(4) [1]Für die Entscheidung über Ausbildungsförderung für eine Ausbildung im Ausland nach § 5 Absatz 2 und 5 sowie § 6 ist ausschließlich das durch das zuständige Land bestimmte Amt für Ausbildungsförderung örtlich zuständig.

[1] § 45 Abs. 4 Satz 2 geänd., Abs. 1 Satz 2 Nr. 6 neu gef. mWv 1.8.2016 mWv 1.1.2015 durch G v. 23.12.2014 (BGBl. I S. 2475).

²Das Bundesministerium für Bildung und Forschung bestimmt durch Rechtsverordnung[1]) ohne Zustimmung des Bundesrates, welches Land das für alle Auszubildenden, die die in einem anderen Staat gelegenen Ausbildungsstätten besuchen, örtlich zuständige Amt bestimmt.

§ 45a Wechsel in der Zuständigkeit.

(1) ¹Wird ein anderes Amt für Ausbildungsförderung zuständig, so tritt dieses Amt für sämtliche Verwaltungshandlungen einschließlich des Vorverfahrens an die Stelle des bisher zuständigen Amtes. ²§ 2 Absatz 2 des Zehnten Buches Sozialgesetzbuch[2]) bleibt unberührt.

(2) Hat die örtliche Zuständigkeit gewechselt, muss das bisher zuständige Amt die Leistungen noch solange erbringen, bis sie von dem nunmehr zuständigen Amt fortgesetzt werden.

(3) Sobald ein Amt zuständig ist, das in einem anderen Land liegt, gehen die Ansprüche nach § 50 Absatz 1 des Zehnten Buches Sozialgesetzbuch und § 20 auf dieses Land über.

§ 46[3]) Antrag.

(1) ¹Über die Leistung von Ausbildungförderung sowie über die Höhe der Darlehenssumme nach § 18c wird auf schriftlichen Antrag entschieden. ²Die Länder sind verpflichtet, bis zum 1. August 2016 eine elektronische Antragstellung zu ermöglichen, die den Vorgaben des § 36a Absatz 2 Satz 4 Nummer 1 oder 2 des Ersten Buches Sozialgesetzbuch[4]) entspricht. ³Der Auszubildende kann die Höhe des Darlehens nach § 18c begrenzen; die Erklärung ist für den Bewilligungszeitraum unwiderruflich.

(2) Der Antrag ist an das örtlich zuständige Amt für Ausbildungsförderung zu richten.

(3) Die zur Feststellung des Anspruchs erforderlichen Tatsachen sind auf den Formblättern[5]) anzugeben, die die Bundesregierung durch Allgemeine Verwaltungsvorschrift mit Zustimmung des Bundesrates bestimmt hat.

(4) (weggefallen)

(5) ¹Auf Antrag hat das Amt für Ausbildungsförderung dem Grunde nach vorab zu entscheiden, ob die Förderungsvoraussetzungen für eine nach Fachrichtung und Ausbildungsstätte bestimmt bezeichnete

1. Ausbildung im Ausland nach § 5 Absatz 2 und 5,

2. Ausbildung nach § 7 Absatz 1a,

(Fortsetzung nächstes Blatt)

[1]) Siehe die BAföG-AuslandszuständigkeitsV v. 6.1.2004 (BGBl. I S. 42), geänd. durch VO v. 19.10. 2011 (BGBl. I S. 2098).
[2]) **Sartorius ErgBd. Nr. 410.**
[3]) § 46 Abs. 1 Satz 2 eingef., bish. Satz 2 wird Satz 3 mWv 1.1.2015, Abs. 5 Satz 1 Nr. 2 eingef., bish. Nr. 2–4 werden Nr. 3–5, Satz 2 geänd. m Wv 1.8.2015 durch G v. 23.12.2014 (BGBl. I S. 2475).
[4]) **Sartorius ErgBd. Nr. 401.**
[5]) Siehe die Allgemeine Verwaltungsvorschrift zur Bestimmung der Formblätter nach § 46 Absatz 3 des Bundesausbildungsförderungsgesetzes (BAföG-FormblattVwV 2020) v. 18.8.2020 (GMBl S. 742).

3. weitere Ausbildung nach § 7 Absatz 2,

4. andere Ausbildung nach § 7 Absatz 3,

5. Ausbildung nach Überschreiten der Altersgrenze nach § 10 Absatz 3

vorliegen. ²Die Entscheidung nach den Nummern 2 bis 5 ist für den ganzen Ausbildungsabschnitt zu treffen. ³Das Amt ist an die Entscheidung nicht mehr gebunden, wenn der Auszubildende die Ausbildung nicht binnen eines Jahres nach Antragstellung beginnt.

§ 47¹⁾ Auskunftspflichten. (1) ¹Ausbildungsstätten, Fernlehrinstitute und Prüfungsstellen sind verpflichtet, die nach § 3 Absatz 3, § 15 Absatz 3a sowie den §§ 48 und 49 erforderlichen Bescheinigungen, Bestätigungen und gutachtlichen Stellungnahmen abzugeben. ²Das jeweils nach Landesrecht zuständige hauptamtliche Mitglied des Lehrkörpers der Ausbildungsstätte stellt die Eignungsbescheinigung nach § 48 Absatz 1 Nummer 2 aus und legt für den Nachweis nach § 48 Absatz 1 Nummer 3 die zum jeweils maßgeblichen Zeitpunkt übliche Zahl an ECTS-Leistungspunkten fest.

(2) Ausbildungsstätten und Fernlehrinstitute sowie deren Träger sind verpflichtet, den zuständigen Behörden auf Verlangen alle Auskünfte zu erteilen und Urkunden vorzulegen sowie die Besichtigung der Ausbildungsstätte zu gestatten, soweit die Durchführung dieses Gesetzes, insbesondere des § 2 Absatz 2 und des § 3 Absatz 2 es erfordert.

(3) Ist dem Auszubildenden von einer der in § 2 Absatz 1 Nummer 1 bis 4 bezeichneten oder diesen nach § 2 Absatz 3 als gleichwertig bestimmten Ausbildungsstätten für Zwecke dieses Gesetzes bescheinigt worden, dass er sie besucht, so unterrichtet die Ausbildungsstätte das Amt für Ausbildungsförderung unverzüglich, wenn der Auszubildende die Ausbildung abbricht.

(4) § 60 des Ersten Buches Sozialgesetzbuch²⁾ gilt auch für die Eltern und den Ehegatten oder Lebenspartner, auch den dauernd getrennt lebenden, des Auszubildenden.

(5) Soweit dies zur Durchführung des Gesetzes erforderlich ist, hat

1. der jeweilige Arbeitgeber auf Verlangen dem Auszubildenden, seinen Eltern und seinem Ehegatten oder Lebenspartner sowie dem Amt für Ausbildungsförderung eine Bescheinigung über den Arbeitslohn und den als Lohnsteuerabzugsmerkmal mitgeteilten Freibetrag auszustellen,

2. die jeweilige Zusatzversorgungseinrichtung des öffentlichen Dienstes oder öffentlich-rechtliche Zusatzversorgungseinrichtung dem Amt für Ausbildungsförderung Auskünfte über die von ihr geleistete Alters- und Hinterbliebenenversorgung des Auszubildenden, seiner Eltern und seines Ehegatten oder Lebenspartners zu erteilen.

(6) Das Amt für Ausbildungsförderung kann den in den Absätzen 2, 4 und 5 bezeichneten Institutionen und Personen eine angemessene Frist zur Erteilung von Auskünften und Vorlage von Urkunden setzen.

¹⁾ § 47 Abs. 5 Nr. 1 geänd. mWv 1.1.2012 durch G v. 7.12.2011 (BGBl. I S. 2592).
²⁾ **Sartorius ErgBd. Nr. 401.**

§ 47a¹⁾ Ersatzpflicht des Ehegatten oder Lebenspartners und der Eltern. ¹Haben der Ehegatte oder Lebenspartner oder die Eltern des Auszubildenden die Leistung von Ausbildungsförderung an den Auszubildenden dadurch herbeigeführt, dass sie vorsätzlich oder fahrlässig falsche oder unvollständige Angaben gemacht oder eine Anzeige nach § 60 Absatz 1 Nummer 2 des Ersten Buches Sozialgesetzbuch²⁾ unterlassen haben, so haben sie den Betrag, der nach § 17 für den Auszubildenden als Förderungsbetrag zu Unrecht geleistet worden ist, dem Land zu ersetzen. ²Der Betrag ist vom Zeitpunkt der zu Unrecht erfolgten Leistung an mit 6 vom Hundert für das Jahr zu verzinsen.

§ 48³⁾ Mitwirkung von Ausbildungsstätten. (1) ¹Vom fünften Fachsemester an wird Ausbildungsförderung für den Besuch einer Höheren Fachschule, Akademie oder einer Hochschule nur von dem Zeitpunkt an geleistet, in dem der Auszubildende vorgelegt hat

1. ein Zeugnis über eine bestandene Zwischenprüfung, die nach den Ausbildungsbestimmungen erst vom Ende des dritten Fachsemesters an abgeschlossen werden kann und vor dem Ende des vierten Fachsemesters abgeschlossen worden ist,

2. eine nach Beginn des vierten Fachsemesters ausgestellte Bescheinigung der Ausbildungsstätte darüber, dass er die bei geordnetem Verlauf seiner Ausbildung bis zum Ende des jeweils erreichten Fachsemesters üblichen Leistungen erbracht hat, oder

3. einen nach Beginn des vierten Fachsemesters ausgestellten Nachweis über die bis dahin erworbene Anzahl von Leistungspunkten nach dem Europäischen System zur Anrechnung von Studienleistungen (ECTS), wenn die bei geordnetem Verlauf der Ausbildung bis zum Ende des jeweils erreichten Fachsemesters übliche Zahl an ECTS-Leistungspunkten nicht unterschritten wird.

²Die Nachweise gelten als zum Ende des vorhergehenden Semesters vorgelegt, wenn sie innerhalb der ersten vier Monate des folgenden Semesters vorgelegt werden und sich aus ihnen ergibt, dass die darin ausgewiesenen Leistungen bereits in dem vorhergehenden Semester erbracht worden sind.

(2) Liegen Tatsachen vor, die voraussichtlich eine spätere Überschreitung der Förderungshöchstdauer nach § 15 Absatz 3 oder eine Verlängerung der Förderungshöchstdauer nach § 15a Absatz 3 rechtfertigen, kann das Amt für Ausbildungsförderung die Vorlage der Bescheinigung zu einem entsprechend späteren Zeitpunkt zulassen.

(3) Während des Besuchs einer Höheren Fachschule, Akademie und Hochschule kann das Amt für Ausbildungsförderung bei begründeten Zweifeln an der Eignung (§ 9) des Auszubildenden für die gewählte Ausbildung eine gutachtliche Stellungnahme der Ausbildungsstätte einholen, die der Auszubildende besucht.

(4) In den Fällen des § 5 Absatz 2 Nummer 2 und 3 sind die Absätze 1 und 2 entsprechend anzuwenden.

¹⁾ § 47a Satz 1 geänd. mWv 16.7.2019 durch G v. 8.7.2019 (BGBl. I S. 1048).
²⁾ *Sartorius ErgBd.* **Nr. 401.**
³⁾ § 48 Abs. 1 Satz 2 aufgeh., bish. Satz 3 wird Satz 2 mWv 1.8.2015 durch G v. 23.12.2014 (BGBl. I S. 2475); Abs. 6 geänd. mWv 5.4.2017 durch G v. 29.3.2017 (BGBl. I S. 626).

(5) In den Fällen des § 7 Absatz 2 Satz 2 und Absatz 3 kann das Amt für Ausbildungsförderung eine gutachtliche Stellungnahme der Ausbildungsstätte einholen.

(6) Das Amt für Ausbildungsförderung kann von der gutachtlichen Stellungnahme nur aus wichtigem Grund abweichen, der dem Auszubildenden schriftlich oder elektronisch mitzuteilen ist.

§ 49 Feststellung der Voraussetzungen der Förderung im Ausland.

(1) Der Auszubildende hat auf Verlangen des Amtes für Ausbildungsförderung eine gutachtliche Stellungnahme der Ausbildungsstätte, die er bisher besucht hat, darüber beizubringen, dass

1. die fachlichen Voraussetzungen für eine Ausbildung im Ausland vorliegen (§ 5 Absatz 2 Nummer 1),

2. (weggefallen)

3. der Besuch einer im Ausland gelegenen Hochschule während drei weiterer Semester für die Ausbildung von besonderer Bedeutung ist (§ 16 Absatz 2).

(1a) Der Auszubildende hat eine Bescheinigung der Ausbildungsstätte, die er besuchen will oder besucht hat, oder der zuständigen Prüfungsstelle darüber beizubringen, dass das von ihm beabsichtigte Auslandspraktikum den Erfordernissen des § 5 Absatz 5 entspricht.

(2) § 48 Absatz 6 ist anzuwenden.

§ 50[1] Bescheid. (1) [1]Die Entscheidung ist dem Antragsteller schriftlich oder elektronisch mitzuteilen (Bescheid). [2]Unter dem Vorbehalt der Rückforderung kann ein Bescheid nur ergehen, soweit dies in diesem Gesetz vorgesehen ist. [3]Ist in einem Bescheid dem Grunde nach über

1. eine Ausbildung nach § 7 Absatz 1a,

2. eine weitere Ausbildung nach § 7 Absatz 2,

3. eine andere Ausbildung nach § 7 Absatz 3 oder

4. eine Ausbildung nach Überschreiten der Altersgrenze nach § 10 Absatz 3

entschieden worden, so gilt diese Entscheidung für den ganzen Ausbildungsabschnitt.

(2) [1]In dem Bescheid sind anzugeben

1. die Höhe und Zusammensetzung des Bedarfs,

2. die Höhe des Einkommens des Auszubildenden, seines Ehegatten oder Lebenspartners und seiner Eltern sowie des Vermögens des Auszubildenden,

3. die Höhe der bei der Ermittlung des Einkommens berücksichtigten Steuern und Abzüge zur Abgeltung der Aufwendungen für die soziale Sicherung,

4. die Höhe der gewährten Freibeträge und des nach § 11 Absatz 4 auf den Bedarf anderer Auszubildender angerechneten Einkommens des Ehegatten oder Lebenspartners und der Eltern,

[1] § 50 Abs. 1 Satz 4 Nr. 1 eingef., bish. Nr. 1–3 werden Nr. 2–4 mWv 1.8.2015 durch G v. 23.12. 2014 (BGBl. I S. 2475); Abs. 1 Satz 1 geänd. mWv 5.4.2017 durch G v. 29.3.2017 (BGBl. I S. 626); Abs. 1 Satz 1, Abs. 2 Satz 4 geänd. mWv 16.7.2019 durch G v. 8.7.2019 (BGBl. I S. 1048); Abs. 1 Satz 2 aufgeh., bish. Sätze 3 und 4 werden Sätze 2 und 3 mWv 1.8.2020 durch G v. 8.7.2019 (BGBl. I S. 1048).

5. die Höhe der auf den Bedarf angerechneten Beträge vom Einkommen und Vermögen des Auszubildenden sowie vom Einkommen seines Ehegatten oder Lebenspartners und seiner Eltern.

²Satz 1 gilt nicht, wenn der Antrag auf Ausbildungsförderung dem Grunde nach abgelehnt wird. ³Auf Verlangen eines Elternteils oder des Ehegatten oder Lebenspartners, für das Gründe anzugeben sind, entfallen die Angaben über das Einkommen dieser Personen mit Ausnahme des Betrages des angerechneten Einkommens; dies gilt nicht, soweit der Auszubildende im Zusammenhang mit der Geltendmachung seines Anspruchs auf Leistungen nach diesem Gesetz ein besonderes berechtigtes Interesse an der Kenntnis hat. ⁴Besucht der Auszubildende eine Hochschule oder eine Akademie im Sinne des § 2 Absatz 1 Satz 1 Nummer 6, so ist in jedem Bescheid das Ende der Förderungshöchstdauer anzugeben.

(3) Über die Ausbildungsförderung wird in der Regel für ein Jahr (Bewilligungszeitraum) entschieden.

(4) ¹Endet ein Bewilligungszeitraum und ist ein neuer Bescheid nicht ergangen, so wird innerhalb desselben Ausbildungsabschnitts Ausbildungsförderung nach Maßgabe des früheren Bewilligungsbescheids unter dem Vorbehalt der Rückforderung geleistet. ²Dies gilt nur, wenn der neue Antrag im Wesentlichen vollständig zwei Kalendermonate vor Ablauf des Bewilligungszeitraums gestellt war und ihm die erforderlichen Nachweise beigefügt wurden.

§ 51[1) Zahlweise. (1) ¹Der Förderungsbetrag ist unbar monatlich im Voraus zu zahlen. ²Die Auszahlung der Bankdarlehen nach § 18c erfolgt durch die Kreditanstalt für Wiederaufbau.

(2) Können bei der erstmaligen Antragstellung in einem Ausbildungsabschnitt oder nach einer Unterbrechung der Ausbildung die zur Entscheidung über den Antrag erforderlichen Feststellungen nicht binnen sechs Kalenderwochen getroffen oder Zahlungen nicht binnen zehn Kalenderwochen geleistet werden, so wird für vier Monate Ausbildungsförderung bis zur Höhe von monatlich vier Fünfteln des für die zu fördernde Ausbildung nach § 12 Absatz 1 und 2, § 13 Absatz 1 und 2 sowie nach den §§ 13a und 14b voraussichtlich zustehenden Bedarfs unter dem Vorbehalt der Rückforderung geleistet.

(3) Monatliche Förderungsbeträge, die nicht volle Euro ergeben, sind bei Restbeiträgen bis zu 0,49 Euro abzurunden und von 0,50 Euro an aufzurunden.

(4) Nicht geleistet werden monatliche Förderungsbeträge unter 10 Euro.

§ 52 (weggefallen)

§ 53[2) Änderung des Bescheides. ¹Ändert sich ein für die Leistung der Ausbildungsförderung maßgeblicher Umstand, so wird der Bescheid geändert

1. zugunsten des Auszubildenden vom Beginn des Monats, in dem die Änderung eingetreten ist, rückwirkend jedoch höchstens für die drei Monate vor dem Monat, in dem sie dem Amt mitgeteilt wurde,

¹⁾ § 51 Abs. 2 geänd. mWv 1.8.2015 durch G v. 23.12.2014 (BGBl. I S. 2475).
²⁾ § 53 Abs. 2 angef. mWv 1.3.2020 durch G v. 27.3.2020 (BGBl. I S. 580); Abs. 2 aufgeh. mWv 1.3.2020 durch G v. 25.5.2020 (BGBl. I S. 1073).

2. zuungunsten des Auszubildenden vom Beginn des Monats an, der auf den Eintritt der Änderung folgt.

[2] Nicht als Änderung im Sinne des Satzes 1 gelten Regelanpassungen gesetzlicher Renten und Versorgungsbezüge. [3] § 48 des Zehnten Buches Sozialgesetzbuch[1]) findet keine Anwendung; Erstattungen richten sich nach § 50 des Zehnten Buches Sozialgesetzbuch. [4] Abweichend von Satz 1 wird der Bescheid vom Beginn des Bewilligungszeitraums an geändert, wenn in den Fällen des § 22 Absatz 1 und des § 24 Absatz 3 eine Änderung des Einkommens oder in den Fällen des § 25 Absatz 6 eine Änderung des Freibetrages eingetreten ist. [5] In den Fällen des § 22 Absatz 3 gilt Satz 1 mit der Maßgabe, dass das Einkommen ab dem Zeitpunkt, ab dem der Bescheid zu ändern ist, durch die Zahl der verbleibenden Kalendermonate des Bewilligungszeitraums geteilt und auf diese angerechnet wird.

§ 54 Rechtsweg. Für öffentlich-rechtliche Streitigkeiten aus diesem Gesetz ist der Verwaltungsrechtsweg gegeben.

§ 55[2]) **Statistik.** (1) Über die Ausbildungsförderung nach diesem Gesetz wird eine Bundesstatistik durchgeführt.

(2) Die Statistik erfasst jährlich für das vorausgegangene Kalenderjahr für jeden geförderten Auszubildenden folgende Erhebungsmerkmale:

1. von dem Auszubildenden: Geschlecht, Geburtsjahr, Staatsangehörigkeit, Familienstand, Unterhaltsberechtigtenverhältnis der Kinder, Wohnung während der Ausbildung, Art eines berufsqualifizierenden Ausbildungsabschlusses, Ausbildungsstätte nach Art und rechtlicher Stellung, Klasse bzw. (Fach-) Semester, Monat und Jahr des Endes der Förderungshöchstdauer, Höhe und Zusammensetzung des Einkommens nach § 21 und den Freibetrag nach § 23 Absatz 1 Satz 2 sowie, wenn eine Vermögensanrechnung erfolgt, die Höhe des Vermögens nach § 27 und des Härtefreibetrags nach § 29 Absatz 3,

2. von dem Ehegatten oder Lebenspartner des Auszubildenden: Berufstätigkeit oder Art der Ausbildung, Höhe und Zusammensetzung des Einkommens nach § 21 und des Härtefreibetrags nach § 25 Absatz 6, Unterhaltsberechtigtenverhältnis der Kinder und der weiteren nach dem bürgerlichen Recht Unterhaltsberechtigten, für die ein Freibetrag nach diesem Gesetz gewährt wird,

3. von den Eltern des Auszubildenden: Familienstand, Bestehen einer Ehe oder Lebenspartnerschaft zwischen den Eltern, Berufstätigkeit, Höhe und Zusammensetzung des Einkommens nach § 21 und des Härtefreibetrags nach § 25 Absatz 6, Unterhaltsberechtigtenverhältnis und Art der Ausbildung der weiteren unterhaltsberechtigten Kinder sowie der nach dem bürgerlichen Recht Unterhaltsberechtigten, für die ein Freibetrag nach diesem Gesetz gewährt wird,

4. *Höhe und Zusammensetzung* des monatlichen Gesamtbedarfs des Auszubildenden, Kennzeichnung, ob das Einkommen der Eltern bei der Berechnung des Bedarfs außer Betracht zu bleiben hatte, auf den Bedarf anzurechnende Beträge von Einkommen und Vermögen des Auszubildenden sowie vom Einkommen seines Ehegatten oder Lebenspartners und seiner Eltern, von

[1]) **Sartorius ErgBd. Nr. 410.**
[2]) § 55 Abs. 2 Nr. 4 geänd. mWv 1.8.2016 durch G v. 23.12.2014 (BGBl. I S. 2475).

den Eltern tatsächlich geleistete Unterhaltsbeträge, Monat und Jahr des Beginns und Endes des Bewilligungszeitraums, Monat des Zuständigkeitswechsels im Berichtszeitraum sowie Art und Höhe des Förderungsbetrags, gegliedert nach Monaten.

(3) Hilfsmerkmale sind Name und Anschrift der Ämter für Ausbildungsförderung.

(4) [1]Für die Durchführung der Statistik besteht Auskunftspflicht. [2]Auskunftspflichtig sind die Ämter für Ausbildungsförderung.

Abschnitt X. [Aufbringung der Mittel]

§ 56[1] Aufbringung der Mittel. (1) [1]Die für die Ausführung dieses Gesetzes erforderlichen Mittel, einschließlich der Erstattungsbeträge an die Kreditanstalt für Wiederaufbau nach § 18d Absatz 2, trägt der Bund. [2]Die Mittel für die Darlehen nach § 17 Absatz 2 und 3 Satz 1 können von der Kreditanstalt für Wiederaufbau bereitgestellt werden. [3]In diesen Fällen trägt der Bund die der Kreditanstalt für Wiederaufbau entstehenden Aufwendungen für die Bereitstellung der Mittel und das Ausfallrisiko.

(2) [1]Das Bundesverwaltungsamt hat von den ab dem Jahr 2015 eingezogenen Beträgen und Zinsen aus Darlehen nach § 17 Absatz 2 Satz 1 insgesamt 2,058 Milliarden Euro an die Länder abzuführen. [2]Dies hat in jährlichen Raten in Höhe des Betrages zu erfolgen, der für die Kalenderjahre 2012 bis 2014 nach der vor dem 1. Januar 2015 gültigen Fassung dieses Absatzes im Jahresdurchschnitt an die Länder weitergeleitet worden ist, höchstens jedoch in Höhe von jeweils 35 vom Hundert der in einem Kalenderjahr vom Bundesverwaltungsamt insgesamt eingezogenen Beträge und Zinsen. [3]Bleibt in einem Kalenderjahr wegen der vorgesehenen Begrenzung nach Satz 2 ein Differenzbetrag bis zum maßgeblichen Durchschnittsbetrag der Kalenderjahre 2012 bis 2014 offen, ist die Differenz im jeweils nächsten Kalenderjahr zusätzlich an die Länder abzuführen; für den Betrag, der daneben für dieses jeweils nächste Kalenderjahr abzuführen ist, bleibt Satz 2 unberührt. [4]Das Bundesverwaltungsamt hat den so ermittelten jährlich abzuführenden Gesamtbetrag jeweils in dem Verhältnis an die Länder abzuführen, in dem die in den Jahren 2012 bis 2014 an das Bundesverwaltungsamt gemeldeten Darlehensleistungen der einzelnen Länder zueinander stehen.

(2a) Die Kreditanstalt für Wiederaufbau hat 35 vom Hundert der von ihr nach § 18d Absatz 1 für den Bund eingezogenen Beträge und Zinsen aus Darlehen, die ihr bis zum 31. Dezember 2014 erstattet wurden, in dem Verhältnis an die Länder abzuführen, in dem die auf Bewilligungsbescheide der Ämter aus den Jahren 2012 bis 2014 gezahlten Darlehensbeträge zueinander stehen.

(3) Das Land führt die auf Grund des § 50 des Zehnten Buches Sozialgesetzbuch[2] sowie der §§ 20, 37, 38 und 47a eingezogenen Beträge an den Bund ab.

(4) Im Falle einer vor dem Jahr 2015 geleisteten Förderung nach § 5 Absatz 2 bis 5 erstattet das Land, in dem der Auszubildende seinen ständigen Wohnsitz

[1] § 56 Abs. 1 Sätze 1 und 2 geänd., Abs. 2 und 2a neu gef., Abs. 4 Satz 1 aufgeh., bish. Satz 2 geänd. mWv 1.1.2015, Abs. 3 geänd. mWv 1.1.2016 durch G v. 23.12.2014 (BGBl. I S. 2475); Abs. 1 Satz 2 geänd. mWv 16.7.2019 durch G v. 8.7.2019 (BGBl. I S. 1048).
[2] **Sartorius ErgBd. Nr. 410.**

hat, dem nach der Rechtsverordnung auf Grund des § 45 Absatz 4 Satz 2 zuständigen Land 35 vom Hundert der Ausgaben.

Abschnitt XI. Bußgeldvorschriften, Übergangs- und Schlussvorschriften

§ 57 (weggefallen)

§ 58[1) Ordnungswidrigkeiten. (1) Ordnungswidrig handelt, wer vorsätzlich oder fahrlässig

1. entgegen § 60 Absatz 1 des Ersten Buches Sozialgesetzbuch[2)], jeweils auch in Verbindung mit § 47 Absatz 4, eine Angabe oder eine Änderungsmitteilung nicht, nicht richtig, nicht vollständig oder nicht rechtzeitig macht oder eine Beweisurkunde nicht, nicht richtig, nicht vollständig oder nicht rechtzeitig vorlegt;

2. entgegen § 47 Absatz 2 oder 5 Nummer 1 eine Auskunft nicht, nicht richtig, nicht vollständig oder nicht rechtzeitig erteilt oder eine Urkunde nicht oder nicht rechtzeitig vorlegt oder nicht oder nicht rechtzeitig ausstellt;

2a. entgegen § 47 Absatz 3 das Amt für Ausbildungsförderung nicht oder nicht rechtzeitig unterrichtet oder

3. einer Rechtsverordnung nach § 18 Absatz 14 Nummer 2 zuwiderhandelt, soweit sie für einen bestimmten Tatbestand auf diese Bußgeldvorschrift verweist.

(2) Die Ordnungswidrigkeit kann mit einer Geldbuße bis zu 2 500 Euro geahndet werden.

(3) Verwaltungsbehörde im Sinne des § 36 Absatz 1 Nummer 1 des Gesetzes über Ordnungswidrigkeiten[3)] ist in den Fällen des Absatzes 1 Nummer 1, 2 und 2a das Amt für Ausbildungsförderung, in den Fällen des Absatzes 1 Nummer 3 das Bundesverwaltungsamt.

§ 59 (weggefallen)

§ 60[4)] Opfer politischer Verfolgung durch SED-Unrecht. Verfolgten nach § 1 des Beruflichen Rehabilitierungsgesetzes[5)] oder verfolgten Schülern nach § 3 des Beruflichen Rehabilitierungsgesetzes wird für Ausbildungsabschnitte, die vor dem 1. Januar 2003 beginnen,

1. Ausbildungsförderung ohne Anwendung der Altersgrenze des § 10 Absatz 1 Satz 1 geleistet, sofern sie eine Bescheinigung nach § 17 oder § 18 des Beruflichen Rehabilitierungsgesetzes erhalten haben; § 10 Absatz 3 Satz 2 Nummer 3 bleibt unberührt,

2. auf Antrag der nach dem 31. Dezember 1990 nach § 17 Absatz 2 geleistete Darlehensbetrag erlassen, sofern in der Bescheinigung nach § 17 des Beruflichen Rehabilitierungsgesetzes eine Verfolgungszeit oder verfolgungs-

[1)] § 58 Abs. 1 Nr. 3 geänd. mWv 16.7.2019 durch G v. 8.7.2019 (BGBl. I S. 1048).
[2)] **Sartorius ErgBd. Nr. 401.**
[3)] **Schönfelder Nr. 94.**
[4)] § 60 einl. Satzteil, Nr. 2 und 3 geänd. mWv 16.7.2019 durch G v. 8.7.2019 (BGBl. I S. 1048).
[5)] **Aichberger, SGB Nr. 6/23.**

bedingte Unterbrechung der Ausbildung vor dem 3. Oktober 1990 von insgesamt mehr als drei Jahren festgestellt wird; der Antrag ist innerhalb eines Monats nach Bekanntgabe des Bescheides nach § 18 Absatz 9 zu stellen,

3. auf Antrag der nach dem 31. Juli 1996 nach § 17 Absatz 3 in der am 31. Juli 2019 geltenden Fassung geleistete Darlehensbetrag unter den Voraussetzungen der Nummer 2 erlassen; der Antrag ist innerhalb eines Monats nach Erhalt der Mitteilung nach § 18c Absatz 8 an die Kreditanstalt für Wiederaufbau zu richten.

§§ 61 bis 64 (weggefallen)

§ 65 Weitergeltende Vorschriften. (1) Die Vorschriften über die Leistung individueller Förderung der Ausbildung nach

1. dem Bundesversorgungsgesetz[1],
2. den Gesetzen, die das Bundesversorgungsgesetz für anwendbar erklären,
3. (weggefallen)
4. dem Bundesentschädigungsgesetz[2] sowie
5. dem Häftlingshilfegesetz[3] in der Fassung der Bekanntmachung vom 2. Juni 1993 (BGBl. I S. 838), zuletzt geändert durch Artikel 4 des Gesetzes vom 17. Dezember 1999 (BGBl. I S. 2662)

werden durch dieses Gesetz nicht berührt.

(2) Die in Absatz 1 bezeichneten Vorschriften haben Vorrang vor diesem Gesetz.

§ 66 (weggefallen)

§ 66a[4] Übergangs- und Anwendungsvorschrift. (1) [1]Für Auszubildende, denen bis zum 31. Juli 2016 nach zuvor bereits erworbenem Hochschulabschluss die Leistung von Ausbildungsförderung nach § 7 Absatz 1 bewilligt wurde, ist diese Vorschrift bis zum Ende des Ausbildungsabschnitts in der bis zum 31. Juli 2016 geltenden Fassung weiter anzuwenden. [2]Für Auszubildende, deren Bewilligungszeitraum vor dem 1. August 2016 begonnen hat, ist § 45 Absatz 1 Satz 2 Nummer 6 bis zum Ende des Ausbildungsabschnitts in der bis zum 31. Juli 2016 geltenden Fassung weiter anzuwenden.

(2) Die §§ 2, 7, 10, 11, 12, 13, 13a, 14b, 15, 17 Absatz 3, die §§ 18c, 21, 23, 25, 41, 47a, 50, 56 und 60 Nummer 3 in der durch Artikel 1 des Gesetzes vom 8. Juli 2019 (BGBl. I S. 1048) geänderten Fassung sind erst ab dem 1. August 2019 anzuwenden, soweit nachstehend nichts anderes bestimmt ist.

(3) § 17 Absatz 2, die §§ 18, 18a, 18b, 18d, 58 und 60 Nummer 2 in der durch Artikel 1 des Gesetzes vom 8. Juli 2019 (BGBl. I S. 1048) geänderten Fassung sind erst ab dem 1. September 2019 anzuwenden, soweit nachstehend nichts anderes bestimmt ist.

(4) [1]Für Bewilligungszeiträume, die vor dem 1. August 2019 begonnen haben, sind die §§ 11, 12, 13, 13a, 14b, 17 Absatz 3, die §§ 18c, 21, 23, 25, 41,

1) **Wehrrecht Nr. 710.**
2) **Sartorius III Nr. 981.**
3) *Sartorius III Nr. 965.*
4) § 66a neu gef. mWv 16.7.2019, Abs. 9 angef. mWv 1.8.2020 durch G v. 8.7.2019 (BGBl. I S. 1048); Abs. 8a angef. mWv 1.3.2020 durch G v. 25.5.2020 (BGBl. I S. 1073).

§ 66b[1]) **Übergangsvorschrift aus Anlass des Endes des Übergangszeitraums nach dem Abkommen über den Austritt des Vereinigten Königreichs Großbritannien und Nordirland aus der Europäischen Union und der Europäischen Atomgemeinschaft.** Auszubildenden, die bis zum Ende des Übergangszeitraums nach Teil Vier des Abkommens über den Austritt des Vereinigten Königreichs Großbritannien und Nordirland aus der Europäischen Union und der Europäischen Atomgemeinschaft vom 24. Januar 2020 (ABl. L 29 vom 31.1.2020, S. 7) einen Ausbildungsabschnitt an einer Ausbildungsstätte im Vereinigten Königreich Großbritannien und Nordirland beginnen oder fortsetzen, wird Ausbildungsförderung nach § 5 Absatz 2 Satz 1 Nummer 3 noch bis zum Abschluss oder Abbruch dieses Ausbildungsabschnitts an einer dortigen Ausbildungsstätte nach Maßgabe der im Übrigen unverändert geltenden sonstigen Förderungsvoraussetzungen dieses Gesetzes gewährt.

§ 67 (weggefallen)

§ 68 (Inkrafttreten)

[1]) § 66b eingef. mWv 24.11.2020 drch G v. 12.11.2020 (BGBl. I S. 2

425. Gesetz zur Regelung des öffentlichen Vereinsrechts (Vereinsgesetz)

Vom 5. August 1964

(BGBl. I S. 593)

FNA 2180-1

geänd. durch Art. 31 EinführungsG zum OWiG v. 24.5.1968 (BGBl. I S. 503), Art. 6 Nr. 1 Achtes StrafrechtsänderungsG v. 25.6.1968 (BGBl. I S. 741), Art. 80 EinführungsG zum StGB v. 2.3.1974 (BGBl. I S. 469), Art. 2 Drittes RechtsbereinigungsG v. 28.6.1990 (BGBl. I S. 1221), Art. 19 G zur Neuregelung des verwaltungsgerichtlichen Verfahrens v. 17.12.1990 (BGBl. I S. 2809), Art. 7 EinführungsG zur InsO v. 5.10.1994 (BGBl. I S. 2911), Art. 14 VerbrechensbekämpfungsG v. 28.10.1994 (BGBl. I S. 3186), Art. 4 Abs. 1 Sechstes StrafrechtsreformG v. 26.1.1998 (BGBl. I S. 164), Art. 13 Zweites ZuständigkeitslockerungsG v. 3.5.2000 (BGBl. I S. 632), Art. 1 Erstes ÄndG v. 4.12.2001 (BGBl. I S. 3319), Art. 9 TerrorismusbekämpfungsG v. 9.1.2002 (BGBl. I S. 361), Art. 15 Drittes VerwaltungsverfahrensrechtsÄndG v. 21.8.2002 (BGBl. I S. 3322), Art. 5 Abs. 2 Vierunddreißigstes StrafrechtsänderungsG v. 22.8.2002 (BGBl. I S. 3390), Art. 7a TerrorismusbekämpfungsergänzungsG v. 5.1.2007 (BGBl. I S. 2), Art. 6 G zur Neuregelung der Telekommunikationsüberwachung und anderer verdeckter Ermittlungsmaßnahmen sowie zur Umsetzung der RL 2006/24/EG v. 21.12.2007 (BGBl. I S. 3198), Art. 2 Abs. 29 G zur Modernisierung der Finanzaufsicht über Versicherungen v. 1.4.2015 (BGBl. I S. 434), Art. 6 G zum besseren Informationsaustausch bei der Bekämpfung des internationalen Terrorismus v. 26.7.2016 (BGBl. I S. 1818), Art. 1 Zweites ÄndG v. 10.3.2017 (BGBl. I S. 419), Art. 149 Elfte ZuständigkeitsanpassungsVO v. 19.6.2020 (BGBl. I S. 1328) und Art. 5 60. G zur Änd. des Strafgesetzbuches v. 30.11.2020 (BGBl. I S. 2600)

Der Bundestag hat mit Zustimmung des Bundesrates das folgende Gesetz beschlossen:

Erster Abschnitt. Allgemeine Vorschriften

§ 1 Vereinsfreiheit. (1) Die Bildung von Vereinen ist frei (Vereinsfreiheit).

(2) Gegen Vereine, die die Vereinsfreiheit mißbrauchen, kann zur Wahrung der öffentlichen Sicherheit oder Ordnung nur nach Maßgabe dieses Gesetzes eingeschritten werden.

§ 2[1]) Begriff des Vereins. (1) Verein im Sinne dieses Gesetzes ist ohne Rücksicht auf die Rechtsform jede Vereinigung, zu der sich eine Mehrheit natürlicher oder juristischer Personen für längere Zeit zu einem gemeinsamen Zweck freiwillig zusammengeschlossen und einer organisierten Willensbildung unterworfen hat.

(2) Vereine im Sinne dieses Gesetzes sind nicht

1. politische Parteien im Sinne des Artikels 21 des Grundgesetzes[2]),

2. Fraktionen des Deutschen Bundestages und der Parlamente der Länder.

Zweiter Abschnitt. Verbot von Vereinen

§ 3[3]) Verbot. (1) [1]Ein Verein darf erst dann als verboten (Artikel 9 Abs. 2 des Grundgesetzes[2])) behandelt werden, wenn durch Verfügung der Verbotsbehörde festgestellt ist, daß seine Zwecke oder seine Tätigkeit den Strafgesetzen zuwider-

[1]) § 2 Abs. 2 Nr. 2 geänd. und Nr. 3 aufgeh. mWv 8.12.2001 durch G v. 4.12.2001 (BGBl. I S. 3319).
[2]) Nr. **1.**
[3]) § 3 Abs. 4 Satz 2 neu gef. durch G v. 28.6.1990 (BGBl. I S. 1221); Abs. 1 Satz 2 neu gef. und Abs. 5 angef. durch G v. 28.10.1994 (BGBl. I S. 3186); Abs. 2 Satz 1 Nr. 1 sowie Sätze 2 und 3 geänd. mWv 11.5.2000 durch G v. 3.5.2000 (BGBl. I S. 632); Abs. 4 Satz 1 geänd. mWv 1.2.2003 durch G v. 21.8.

laufen oder daß er sich gegen die verfassungsmäßige Ordnung oder den Gedanken der Völkerverständigung richtet; in der Verfügung ist die Auflösung des Vereins anzuordnen (Verbot). [2]Mit dem Verbot ist in der Regel die Beschlagnahme und die Einziehung

1. des Vereinsvermögens,
2. von Forderungen Dritter, soweit die Einziehung in § 12 Abs. 1 vorgesehen ist, und
3. von Sachen Dritter, soweit der Berechtigte durch die Überlassung der Sachen an den Verein dessen verfassungswidrige Bestrebungen vorsätzlich gefördert hat oder die Sachen zur Förderung dieser Bestrebungen bestimmt sind,

zu verbinden.

(2) [1]Verbotsbehörde ist

1. die oberste Landesbehörde oder die nach Landesrecht zuständige Behörde für Vereine und Teilvereine, deren erkennbare Organisation und Tätigkeit sich auf das Gebiet eines Landes beschränken;
2. das Bundesministerium des Innern, für Bau und Heimat für Vereine und Teilvereine, deren Organisation oder Tätigkeit sich über das Gebiet eines Landes hinaus erstreckt.

[2]Die oberste Landesbehörde oder die nach Landesrecht zuständige Behörde entscheidet im Benehmen mit dem Bundesministerium des Innern, für Bau und Heimat, wenn sich das Verbot gegen den Teilverein eines Vereins richtet, für dessen Verbot nach Satz 1 Nr. 2 das Bundesministerium des Innern, für Bau und Heimat zuständig ist. [3]Das Bundesministerium des Innern, für Bau und Heimat entscheidet im Benehmen mit den Behörden, die nach Satz 1 Nr. 1 für das Verbot von Teilvereinen zuständig gewesen wären.

(3) [1]Das Verbot erstreckt sich, wenn es nicht ausdrücklich beschränkt wird, auf alle Organisationen, die dem Verein derart eingegliedert sind, daß sie nach dem Gesamtbild der tatsächlichen Verhältnisse als Gliederung dieses Vereins erscheinen (Teilorganisationen). [2]Auf nichtgebietliche Teilorganisationen mit eigener Rechtspersönlichkeit erstreckt sich das Verbot nur, wenn sie in der Verbotsverfügung ausdrücklich benannt sind.

(4) [1]Das Verbot ist schriftlich oder elektronisch mit einer dauerhaft überprüfbaren Signatur nach § 37 Abs. 4 des Verwaltungsverfahrensgesetzes[1)] abzufassen, zu begründen und dem Verein, im Falle des Absatzes 3 Satz 2 auch den Teilorganisationen, zuzustellen. [2]Der verfügende Teil des Verbots ist im Bundesanzeiger und danach im amtlichen Mitteilungsblatt des Landes bekanntzumachen, in dem der Verein oder, sofern sich das Verbot hierauf beschränkt, der Teilverein seinen Sitz hat; Verbote nach § 15 werden nur im Bundesanzeiger bekanntgemacht. [3]Das Verbot wird mit der Zustellung, spätestens mit der Bekanntmachung im Bundesanzeiger, wirksam und vollziehbar; § 80 der Verwaltungsgerichtsordnung[2)] bleibt unberührt.

(5) Die Verbotsbehörde kann das Verbot auch auf Handlungen von Mitgliedern des Vereins stützen, wenn

(Fortsetzung der Anm. von voriger Seite)
2002 (BGBl. I S. 3322); Abs. 2 Satz 1 Nr. 2 (im BGBl. 1 wohl) irrtümlich: „Nr. 1"), Satze 2, 3 geänd.
mWv 27.6.2020 durch VO v. 19.6.2020 (BGBl. I S. 1328).
[1)] Nr. **100**.
[2)] Nr. **600**.

(3) [1]Absatz 1 gilt entsprechend für Kennzeichen eines verbotenen Vereins, die in im Wesentlichen gleicher Form von anderen nicht verbotenen Teilorganisationen oder von selbständigen Vereinen verwendet werden. [2]Ein Kennzeichen eines verbotenen Vereins wird insbesondere dann in im Wesentlichen gleicher Form verwendet, wenn bei ähnlichem äußerem Gesamterscheinungsbild das Kennzeichen des verbotenen Vereins oder Teile desselben mit einer anderen Orts- oder Regionalbezeichnung versehen wird.

(4) Diese Vorschriften gelten auch für die Verwendung von Kennzeichen einer Ersatzorganisation für die Dauer der Vollziehbarkeit einer Verfügung nach § 8 Abs. 2 Satz 1.

Dritter Abschnitt. Beschlagnahme und Einziehung des Vermögens verbotener Vereine

§ 10[1]) **Vermögensbeschlagnahme.** (1) [1]Die Beschlagnahme (§ 3 Abs. 1 Satz 2) hat die Wirkung eines Veräußerungsverbots. [2]Rechtsgeschäfte, die gegen das Veräußerungsverbot verstoßen, sind nichtig, es sei denn, daß der andere Teil weder wußte noch wissen mußte, daß der Gegenstand, auf den sich das Rechtsgeschäft bezieht, der Beschlagnahme unterliegt. [3]Die Beschlagnahme erfaßt auch die Gegenstände, die der Verein einem Dritten zu treuen Händen übertragen hat oder die ein Dritter als Treuhänder für den Verein erworben hat. [4]In den Fällen des Satzes 3 sind die Vorschriften zugunsten derjenigen, welche Rechte von einem Nichtberechtigten herleiten, entsprechend anzuwenden.

(2) [1]Auf Grund der Beschlagnahme können Sachen im Gewahrsam des Vereins und auf Grund besonderer Anordnung Sachen im Gewahrsam Dritter sichergestellt werden. [2]Soweit es der Zweck der Sicherstellung erfordert, dürfen auch Räume betreten sowie verschlossene Türen und Behältnisse geöffnet werden. [3]Die Anwendung unmittelbaren Zwanges ist ohne vorherige Androhung oder Fristsetzung zulässig, wenn sonst die Sicherstellung gefährdet wäre. [4]Werden von der Beschlagnahme Gegenstände im Sinne des § 99 der Strafprozeßordnung[2]) erfaßt, gelten für die Sicherstellung die §§ 99, 100 und 101 Abs. 3 bis 8 der Strafprozeßordnung entsprechend. [5]Maßnahmen nach Satz 4 und die Durchsuchung von Wohnungen ordnet nur das Verwaltungsgericht an, in dessen Bezirk die Handlungen vorzunehmen sind. [6]Anordnungen nach Satz 5 trifft der Vorsitzende oder ein von ihm bestimmtes Mitglied des Gerichts.

(3) [1]Die Verbotsbehörde kann für das beschlagnahmte Vermögen Verwalter bestellen und abberufen. [2]Die Verwalter unterliegen den Weisungen der Verbotsbehörde.

(4) [1]Die Vorstandsmitglieder sind verpflichtet, Auskunft über den Bestand und Verbleib des Vereinsvermögens zu geben. [2]Auf Verlangen der Verbotsbehörde haben sie ein Verzeichnis des Bestandes vorzulegen und zu beeiden. [3]Der Eid ist mit dem in § 260 Abs. 2 des Bürgerlichen Gesetzbuchs[3]) bezeichneten Inhalt auf Ersuchen der Verbotsbehörde vor dem für den Wohnsitz des Eidespflichtigen zuständigen Amtsgericht zu leisten.

(5) Die Aufhebung der Beschlagnahme sowie der Aufschub und die Wiederherstellung ihrer Vollziehbarkeit haben keine rückwirkende Kraft.

[1]) § 10 Abs. 2 Satz 1 geänd. und Sätze 4–6 angef. durch G v. 28.10.1994 (BGBl. I S. 3186); Abs. 2 Satz 4 geänd. mWv 1.1.2008 durch G v. 9.11.2007 (BGBl. I S. 3198).
[2]) **Schönfelder Nr. 90.**
[3]) **Schönfelder Nr. 20.**

§ 11 [1]) **Vermögenseinziehung.** (1) [1]Die Einziehung (§ 3 Abs. 1 Satz 2) wird im Fall des § 3 Abs. 2 Nr. 1 zugunsten des Landes, im Fall des § 3 Abs. 2 Nr. 2 zugunsten des Bundes angeordnet. [2]Die Einziehung erfaßt auch die Gegenstände, auf die sich nach § 10 Abs. 1 Satz 3 die Beschlagnahme erstreckt, mit Ausnahme der vom Verein einem Dritten zur Sicherung übertragenen Gegenstände.

(2) [1]Mit Eintritt der Unanfechtbarkeit des Verbots und der Einziehungsanordnung erwirbt der Einziehungsbegünstigte das Vereinsvermögen und die nach Absatz 1 Satz 2 eingezogenen Gegenstände als besondere Vermögensmasse. [2]Gegenstände, die einer Teilorganisation in der Rechtsform eines Vereins, einer Gesellschaft oder einer Stiftung gehört haben, bilden eine eigene Vermögensmasse. [3]Der Verein und die von der Einziehung betroffenen Teilorganisationen erlöschen. [4]Ihre Rechtsverhältnisse sind im Einziehungsverfahren abzuwickeln.

(3) [1]Das Bundesministerium des Innern, für Bau und Heimat als Verbotsbehörde kann mit der Durchführung der Einziehung und mit der Abwicklung (§ 13) das Bundesverwaltungsamt oder eine andere Bundesbehörde beauftragen (Einziehungsbehörde). [2]§ 10 Abs. 3 gilt entsprechend. [3]Die Beauftragung ist im Bundesanzeiger und in dem in § 3 Abs. 4 Satz 2 genannten Mitteilungsblatt zu veröffentlichen.

(4) [1]Die Verbotsbehörde kann von der Einziehung absehen, wenn keine Gefahr besteht, daß Vermögenswerte des Vereins von neuem zur Förderung von Handlungen oder Bestrebungen der in Artikel 9 Abs. 2 des Grundgesetzes[2]) genannten Art verwendet werden oder daß die Vermögensauseinandersetzung dazu mißbraucht wird, den organisatorischen Zusammenhalt des Vereins aufrechtzuerhalten, ferner, soweit es sich um Gegenstände von unerheblichem Wert handelt. [2]Die Verbotsbehörde kann die Liquidatoren bestellen. [3]§ 12 Abs. 1 Satz 1 gilt sinngemäß für den Anspruch auf den Liquidationserlös.

(Fortsetzung nächstes Blatt)

[1]) § 11 Abs. 3 Satz 3 neu gef. durch G v. 28.6.1990 (BGBl. I S. 1221); Abs. 3 Satz 1 geänd. mWv 27.6. 2020 durch VO v. 19.6.2020 (BGBl. I S. 1328).
[2]) Nr. **1.**

§ 12[1] Einziehung von Gegenständen Dritter. (1) [1]Die Verbotsbehörde oder die Einziehungsbehörde zieht Forderungen Dritter gegen den Verein ein, wenn

1. sie aus Beziehungen entstanden sind, die sich nach Art, Umfang oder Zweck als eine vorsätzliche Förderung der verfassungswidrigen Bestrebungen des Vereins darstellen, oder

2. sie begründet wurden, um Vermögenswerte des Vereins dem behördlichen Zugriff zu entziehen oder den Wert des Vereinsvermögens zu mindern.

[2]Hat der Gläubiger eine solche Forderung durch Abtretung erworben, so kann sie nur eingezogen werden, wenn der Gläubiger die in Satz 1 bezeichneten Tatsachen bei dem Erwerb kannte.

(2) Sachen Dritter werden eingezogen, wenn der Berechtigte durch die Überlassung der Sachen an den Verein dessen verfassungswidrige Bestrebungen vorsätzlich gefördert hat oder die Sachen zur Förderung dieser Bestrebungen bestimmt sind.

(3) [1]Rechte Dritter an den nach § 11 Abs. 1 oder nach § 12 Abs. 1 oder 2 eingezogenen Gegenständen bleiben bestehen. [2]Sie werden eingezogen, wenn sie unter den in Absatz 1 bezeichneten Voraussetzungen begründet oder erworben worden sind.

(4) [1]Die nach den Absätzen 1 bis 3 eingezogenen Gegenstände gehen mit Eintritt der Unanfechtbarkeit des Verbots und der Einziehungsverfügung auf den Einziehungsbegünstigten über. [2]Nicht vererbliche Rechte erlöschen.

(5) [1]Verfügungen des Vereins, die in den letzten sechs Monaten vor Erlaß des Verbots in der dem anderen Teil bekannten Absicht vorgenommen wurden, Gegenstände des Vereinsvermögens beiseite zu schaffen, sind dem Einziehungsbegünstigten gegenüber unwirksam. [2]Ist zugunsten eines Vereinsmitglieds oder einer Person, die ihm im Sinne des § 138 Abs. 1 der Insolvenzordnung[2] nahesteht, verfügt worden, so wird vermutet, daß diesen die in Satz 1 bezeichnete Absicht bekannt war.

§ 13[3] Abwicklung. (1) [1]Die Gläubiger, die ihre Forderungen innerhalb der von der Verbotsbehörde oder Einziehungsbehörde gesetzten Ausschlußfrist angemeldet haben, sind aus der besonderen Vermögensmasse zu befriedigen. [2]Die Befriedigung von Gläubigern, die im Falle des Insolvenzverfahrens Insolvenzgläubiger wären, ist, soweit nicht eine Rechtsverordnung etwas anderes bestimmt, erst zulässig, wenn die Verwertung des eingezogenen Vermögens (§ 11 Abs. 1) eine zur Befriedigung aller Gläubiger ausreichende bare Masse ergeben hat. [3]Forderungen, die innerhalb der Ausschlußfrist nicht angemeldet werden, erlöschen.

(2) Zur Vermeidung unbilliger Härten kann die Verbotsbehörde oder die Einziehungsbehörde anordnen, daß ein nach § 11 Abs. 1 Satz 2 eintretender Rechtsverlust unterbleibt, oder von der Einziehung nach § 12 absehen.

(3) [1]Reicht das Vermögen nicht zur Befriedigung aller Ansprüche gegen die besondere Vermögensmasse aus, so findet auf Antrag der Verbotsbehörde oder

[1] § 12 Abs. 5 Satz 2 geänd. durch G v. 5.10.1994 (BGBl. I S. 2911); Abs. 2 neu gef. durch G v. 28.10.1994 (BGBl. I S. 3186).

[2] **Schönfelder Nr. 110.**

[3] § 13 Abs. 1 Satz 2, Abs. 3 Sätze 1, 3 und 4 geänd. und Satz 5 neu gef. durch G v. 5.10.1994 (BGBl. I S. 2911).

päische Genossenschaften und Versicherungsvereine auf Gegenseitigkeit nur anzuwenden,

1. wenn sie sich gegen die verfassungsmäßige Ordnung oder gegen den Gedanken der Völkerverständigung richten oder
2. wenn ihre Zwecke oder Tätigkeit den in § 74a Abs. 1 oder § 120 Abs. 1 und 2 des Gerichtsverfassungsgesetzes[1]) genannten Strafgesetzen oder dem § 130 des Strafgesetzbuches[2]) zuwiderlaufen oder
3. wenn sie von einem Verbot, das aus einem der in Nummer 1 oder 2 genannten Gründe erlassen wurde, nach § 3 Abs. 3 als Teilorganisation erfaßt werden, oder
4. wenn sie Ersatzorganisation eines Vereins sind, der aus einem der in Nummer 1 oder 2 genannten Gründe verboten wurde.

§ 18 Räumlicher Geltungsbereich von Vereinsverboten. ¹Verbote von Vereinen, die ihren Sitz außerhalb des räumlichen Geltungsbereichs dieses Gesetzes, aber Teilorganisationen innerhalb dieses Bereichs haben, erstrecken sich nur auf die Teilorganisationen innerhalb dieses Bereichs. ²Hat der Verein im räumlichen Geltungsbereich dieses Gesetzes keine Organisation, so richtet sich das Verbot (§ 3 Abs. 1) gegen seine Tätigkeit in diesem Bereich.

Fünfter Abschnitt. Schlußbestimmungen

§ 19[3]) Rechtsverordnungen. Die Bundesregierung kann durch Rechtsverordnung[4]) mit Zustimmung des Bundesrates

1. Bestimmungen über den Vollzug des Verbotes, insbesondere die Durchführung der Auflösung eines Vereins, die Durchführung und Aufhebung der Beschlagnahme sowie die Verwaltung des Vereinsvermögens während der Beschlagnahme erlassen,
2. Bestimmungen über das Verfahren der Einziehung, die Ausschlußfrist (§ 13 Abs. 1 Satz 1), die vorzeitige Befriedigung von Gläubigern (§ 13 Abs. 1 Satz 2), die Anwendung des § 13 Abs. 2 oder die Berichtigung des Grundbuchs treffen und das Insolvenzverfahren über die besondere Vermögensmasse in Anpassung an die besonderen Gegebenheiten bei der Einziehung näher regeln,
3. nähere Vorschriften über die Verwendung des eingezogenen Vermögens treffen,
4. Ausländervereine und ausländische Vereine einer Anmelde- und Auskunftspflicht unterwerfen, Vorschriften über Inhalt, Form und Verfahren der Anmeldung erlassen und die Auskunftspflicht näher regeln.

§ 20[5]) Zuwiderhandlungen gegen Verbote. (1) ¹Wer im räumlichen Geltungsbereich dieses Gesetzes durch eine darin ausgeübte Tätigkeit

¹) **Schönfelder Nr. 95.**
²) **Schönfelder Nr. 85.**
³) § 19 Nr. 2 geänd. durch G v. 5.10.1994 (BGBl. I S. 2911).
⁴) Siehe die VereinsG-DurchführungsVO (Nr. **426**).
⁵) *§ 20 neu gef. durch G v. 25.6.1968* (BGBl. I S. 741); Abs. 2 neu gef. und Abs. 1 Satz 1 geänd. durch G v. 2.3.1974 (BGBl. I S. 469); Abs. 1 Satz 1 Nr. 4 geänd. durch G v. 28.10.1994 (BGBl. I S. 3186); Abs. 1 Satz 1 Nr. 5 geänd. durch G v. 26.1.1998 (BGBl. I S. 164); Abs. 1 Satz 1 Nr. 4 und 5

§ 30 [1] **Aufhebung und Fortgeltung von Rechtsvorschriften.** (1) Es werden aufgehoben

1. das Vereinsgesetz vom 19. April 1908 (Reichsgesetzbl. S. 151)[2] in der Fassung des Gesetzes vom 26. Juni 1916 (Reichsgesetzbl. S. 635),

2. das Gesetz betreffend das Vereinswesen vom 11. Dezember 1899 (Reichsgesetzbl. S. 699)[3],

3. die Verordnung des Reichspräsidenten zur Erhaltung des inneren Friedens vom 19. Dezember 1932 (Reichsgesetzbl. I S. 548)[4],

4. Artikel 10 des Einführungsgesetzes zum Bürgerlichen Gesetzbuch [5][6],

5. die Abschnitte I und III des saarländischen Gesetzes Nr. 458 über das Vereinswesen (Vereinsgesetz) vom 8. Juli 1955 (Amtsblatt des Saarlandes S. 1030), soweit sie sich nicht auf politische Parteien im Sinne des Artikels 21 des Grundgesetzes[7] beziehen.

(2) Unberührt bleiben

1. § 39 Abs. 2 des Gesetzes über das Bundesverfassungsgericht[8],

2. die §§ 43 und 44 des Bürgerlichen Gesetzbuches[9],

3. § 62 des Gesetzes betreffend die Gesellschaft mit beschränkter Haftung[10], §§ 288 bis 293 des Aktiengesetzes[11], § 8 des Gesetzes betreffend die Erwerbs- und Wirtschaftsgenossenschaften[12] § 304 des Versicherungsaufsichtsgesetzes und § 38 Abs. 1 des Gesetzes über das Kreditwesen[13],

4. § 13 des Gesetzes über die Rechtsstellung heimatloser Ausländer im Bundesgebiet[14] vom 25. April 1951 (Bundesgesetzbl. I S. 269) und

5. die in zwischenstaatlichen Vereinbarungen getroffenen Sonderregelungen über Ausländervereine und ausländische Vereine.

§ 30a[15] **Zuständige Stelle zur Ausführung der Verordnung (EU, Euratom) Nr. 1141/2014.** Zuständige Stelle im Sinne der Artikel 16 Absatz 3, Artikel 23 Absatz 1 und Absatz 5 sowie des Artikels 28 Absatz 1 der Verordnung (EU, Euratom) Nr. 1141/2014 des Europäischen Parlaments und des Rates vom 22. Oktober 2014 über das Statut und die Finanzierung europäischer politischer Parteien und europäischer politischer Stiftungen (ABl. L 317 vom 4.11.2014, S. 1, L 131 vom 20.5.2016, S. 91) das Bundesministerium des Innern, für Bau und Heimat.

[1] § 30 Abs. 2 Nr. 3 geänd. mWv 1.1.2016 durch G v. 1.4.2015 (BGBl. I S. 434).
[2] **Amtl. Anm.:** Bundesgesetzbl. III 2180-2
[3] **Amtl. Anm.:** Bundesgesetzbl. III 2180-1
[4] **Amtl. Anm.:** Bundesgesetzbl. III 2180-3
[5] **Schönfelder Nr. 21.**
[6] **Amtl. Anm.:** Bundesgesetzbl. III 400-1
[7] Nr. **1.**
[8] Nr. **40**.
[9] **Schönfelder Nr. 20.**
[10] **Schönfelder Nr. 52.**
[11] **Schönfelder Nr. 51.**
[12] **Schönfelder Nr. 53.**
[13] **Sartorius ErgBd. Nr. 856.**
[14] Nr. **563**.
[15] § 30a eingef. mWv 16.3.2017 durch G v. 10.3.2017 (BGBl. I ?); geänd. mWv 27.6.2020 durch VO v. 19.6.2020 (BGBl. I S. 1328).

§ 31 Übergangsregelungen. (1) Auf vereinsrechtliche Entscheidungen, die vor Inkrafttreten dieses Gesetzes ergangen sind, sind die bisher geltenden Vorschriften anzuwenden.

(2) Die §§ 8, 9 und 20 dieses Gesetzes sowie § 90b des Strafgesetzbuches[1] in der Fassung des § 22 Nr. 3 dieses Gesetzes sind auch anzuwenden, wenn ein Verein vor Inkrafttreten dieses Gesetzes verboten worden ist.

(3) Unanfechtbar verboten im Sinne des § 90b des Strafgesetzbuches in der Fassung des § 22 Nr. 3 dieses Gesetzes ist ein Verein auch dann, wenn das Bundesverwaltungsgericht oder das oberste Verwaltungsgericht eines Landes unanfechtbar festgestellt hat, daß er nach Artikel 9 Abs. 2 des Grundgesetzes[2] verboten ist.

(4) [1]Rechtshängige Verfahren nach § 129a Abs. 3 des Strafgesetzbuches in der Fassung des Strafrechtsänderungsgesetzes vom 30. August 1951 (Bundesgesetzbl. I S. 739) sind mit Inkrafttreten dieses Gesetzes beendet. [2]Gerichtskosten werden nicht erhoben; jede Partei trägt ihre außergerichtlichen Kosten.

§ 32 Einschränkung von Grundrechten. Die Grundrechte des Brief- und Postgeheimnisses (Artikel 10 des Grundgesetzes[2]) und der Unverletzlichkeit der Wohnung (Artikel 13 des Grundgesetzes) werden nach Maßgabe dieses Gesetzes eingeschränkt.

§ 33[3] Inkrafttreten. Dieses Gesetz tritt einen Monat nach seiner Verkündung[4] in Kraft.

[1] **Schönfelder Nr. 85.**
[2] Nr. 1.
[3] § 33 aufgeh., bish. § 34 wird § 33 durch G v. 28.10.1994 (BGBl. I S. 3186).
[4] Verkündet am 12.8.1964.

426. Verordnung zur Durchführung des Gesetzes zur Regelung des öffentlichen Vereinsrechts (Vereinsgesetz)

Vom 28. Juli 1966

(BGBl. I S. 457), geänd. durch Art. 19 Drittes G zur Änd. verwaltungsverfahrensrechtl. Vorschriften v. 21. 8. 2002 (BGBl. I S. 3322) und Art. 6 Abs. 1 Vierunddreißigstes Strafrechtsänd G v. 22. 8. 2002 (BGBl. I S. 3390)

BGBl. III 2180–1–1

Auf Grund des § 19 des Gesetzes zur Regelung des öffentlichen Vereinsrechts (Vereinsgesetz)[1]) vom 5. August 1964 (Bundesgesetzbl. I S. 593) verordnet die Bundesregierung mit Zustimmung des Bundesrates:

§ 1[2]) **Bekanntgabe des Verbots an Teilorganisationen.** (1) Nach Erlaß eines Vereinsverbots geben die für seinen Vollzug zuständigen Landesbehörden (Vollzugsbehörden) das Verbot sämtlichen im Bereich des Landes bestehenden Teilorganisationen des verbotenen Vereins bekannt.

(2) Bei der Bekanntgabe ist darauf hinzuweisen, daß

1. das Verbot dem Verein zugestellt und im Bundesanzeiger sowie im amtlichen Mitteilungsblatt des Landes veröffentlicht worden oder nach § 16 des Vereinsgesetzes wirksam geworden ist,

2. eine Zuwiderhandlung gegen das Verbot nach § 20 des Vereinsgesetzes mit Gefängnis bis zu einem Jahr oder mit Geldstrafe bestraft wird, sofern die Tat nicht nach den §§ 49b, 90a, 90b, 96a oder den §§ 129 bis 129b des Strafgesetzbuches, jeweils allein oder in Verbindung mit § 94 des Strafgesetzbuchs mit schwererer Strafe bedroht ist.

§ 2 Registereintragung. (1) Nach Eintritt der Vollziehbarkeit ist die Beschlagnahme in das Grundbuch, das Schiffsregister und das Schiffsbauregister einzutragen

1. bei den Grundstücken, eingetragenen Schiffen und Schiffsbauwerken, als deren Eigentümer der Verein oder eine Teilorganisation eingetragen ist,

2. bei den für den Verein oder eine Teilorganisation eingetragenen Rechten an Grundstücken, eingetragenen Schiffen oder Schiffsbauwerken oder an eingetragenen Rechten,

3. bei den nach § 10 Abs. 1 Satz 3 des Vereinsgesetzes von der Beschlagnahme erfaßten Grundstücken, eingetragenen Schiffen oder Schiffsbauwerken sowie eintragenen Rechten Dritter.

[1]) Nr. **425**.

[2]) § 1 Abs. 2 Nr. 2 geänd. durch G v. 22. 8. 2002 (BGBl. I S. 3390).

(2) ¹Die Eintragung erfolgt auf Ersuchen der Verbotsbehörde, der Vollzugsbehörde oder der Einziehungsbehörde. ²Sie erfolgt ferner auf Antrag des Verwalters (§ 10 Abs. 3 des Vereinsgesetzes); einer Bewilligung des von der Eintragung Betroffenen bedarf es nicht. ³Die Eintragung ist gebührenfrei.

(3) Für die Löschung der Eintragung gilt Absatz 2 entsprechend.

(4) Zu einer Eintragung nach den Absätzen 1 bis 3 bei einer Hypothek, Grundschuld oder Rentenschuld, über die ein Brief erteilt ist, braucht der Brief nicht vorgelegt zu werden.

§ 3 Sicherstellung von Sachen. ¹Sachen und Sachgesamtheiten werden dadurch sichergestellt, daß die Vollzugsbehörde sie in Gewahrsam nimmt. ²Läßt die Eigenart der sicherzustellenden Sachen dies nicht zu, ist die Sicherstellung durch Anbringung von Siegelmarken oder auf andere Weise kenntlich zu machen. ³Die Sicherstellung soll dem Gewahrsamsinhaber angezeigt werden.

§ 4 Sicherstellung von Sachen im Gewahrsam Dritter. ¹Von der Beschlagnahme erfaßte Sachen des Vereinsvermögens im Gewahrsam Dritter können nur auf Grund einer besonderen Anordnung der Vollzugsbehörde nach § 10 Abs. 2 Satz 1 des Vereinsgesetzes (Sicherstellungsbescheid) sichergestellt werden. ²Der Sicherstellungsbescheid ist schriftlich abzufassen und dem Gewahrsamsinhaber zuzustellen. ³In der schriftlichen Begründung ist auf das Vereinsverbot und auf die Beschlagnahme des Vereinsvermögens hinzuweisen sowie darzulegen, daß die sichergestellte Sache zum Vereinsvermögen gehört.

§ 5 Aufhebung der Sicherstellung. ¹Die Sicherstellung ist aufzuheben, wenn ihre Voraussetzungen weggefallen sind. ²Die Sicherstellung von Sachen, die im Gewahrsam des Vereins gestanden, ihm aber nicht gehört haben, ist aufzuheben, wenn die Sachen nicht innerhalb von sechs Monaten seit der Beschlagnahme nach § 12 Abs. 2 des Vereinsgesetzes eingezogen wurden. ³Die Frist endet nicht vor Ablauf eines Monats nach Eintritt der Rechtskraft des Urteils in einem Rechtsstreit über das Eigentum.

§ 6 Beschlagnahme von Rechten. (1) ¹Die Vollzugsbehörde setzt die Schuldner des Vereins sowie die Gläubiger und Schuldner der nach § 10 Abs. 1 Satz 3 des Vereinsgesetzes von der Beschlagnahme erfaßten Forderungen von der Beschlagnahme in Kenntnis. ²Gleichzeitig verbietet sie den Schuldnern, an den Verein oder an den Gläubiger zu leisten, und den Gläubigern, über die Forderung zu verfügen.

(2) Für die Beschlagnahme andere Vermögensrechte gilt Absatz 1 entsprechend.

§ 7 Beendigung der Beschlagnahme. (1) Mit dem Eintritt der Rechtskraft des das Vereinsverbot aufhebenden Urteils endet auch die Beschlagnahme des Vereinsvermögens.

(2) Die Verbotsbehörde hat die Beschlagnahme aufzuheben, wenn von einer Einziehung des Vereinsvermögens endgültig abgesehen wor-

den ist oder wenn seit der Beschlagnahme sechs Monate vergangen sind, ohne daß die Einziehung des Vereinsvermögens angeordnet wurde.

(3) Die Verbotsbehörde hat einzelne Gegenstände von der Beschlagnahme auszunehmen, auf die § 13 Abs. 2 des Vereinsgesetzes angewandt wurde.

§ 8[1] Bestellung und Abberufung von Verwaltern. (1) [1] Zum Verwalter ist eine geschäftskundige, vom Verein unabhängige Person zu bestellen. [2] Für Teile des Vereinsvermögens, die eigene Vermögensmassen bilden, kann die Verbotsbehörde besondere Verwalter bestellen; jeder Verwalter ist in seiner Geschäftsführung selbständig.

(2) [1] Dem Verwalter ist eine Bestellungsurkunde auszuhändigen, die er bei Beendigung seines Amtes der Verbotsbehörde zurückzugeben hat. [2] Eine Bestellung in elektronischer Form ist ausgeschlossen. [3] Wird der Verwalter nur für einen Teil des Vereinsvermögens bestellt, ist dieser in der Urkunde zu bezeichnen.

(3) [1] Das Amt des Verwalters erlischt mit der Beendigung der Beschlagnahme des Vereinsvermögens, mit dem Erwerb des Vereinsvermögens durch den Einziehungsbegünstigten (§ 11 Abs. 2 Satz 1 des Vereinsgesetzes) oder mit der Abberufung durch die Verbotsbehörde. [2] Die Abberufung kann jederzeit ohne Angabe von Gründen erfolgen.

§ 9 Rechte und Pflichten des Verwalters. (1) [1] Der Verwalter hat das beschlagnahmte Vermögen in Besitz zu nehmen und unbeschadet der Weisungsbefugnis der Verbotsbehörde alle Handlungen vorzunehmen, die erforderlich sind, um den wirtschaftlichen Wert des Vereinsvermögens zu erhalten. [2] Er ist befugt, über Gegenstände des Vereinsvermögens zu verfügen und Verbindlichkeiten für den Verein einzugehen.

(2) Der Verwalter ist der Verbotsbehörde gegenüber verpflichtet, folgende Handlungen nur mit ihrer Zustimmung vorzunehmen:

1. Weiterführung eines zum beschlagnahmten Vermögen gehörenden Geschäftsbetriebs,

2. Herausgabe und Veräußerung beschlagnahmter Gegenstände,

3. Anerkennung oder Erfüllung von Ansprüchen Dritter gegen den Verein.

(3) Der Verwalter hat nach der Übernahme seines Amtes unverzüglich ein Verzeichnis der von der Beschlagnahme betroffenen Gegenstände und, wenn zu dem beschlagnahmten Vermögen ein Geschäftsbetrieb gehört, eine Bilanz aufzustellen und der Verbotsbehörde *vorzulegen*.

(4) [1] Der Verwalter nimmt als Partei kraft Amtes die Interessen des beschlagnahmten Vermögens in gerichtlichen Verfahren wahr. [2] In anhängigen gerichtlichen Verfahren geht die Befugnis zur Prozeßführung mit der Beschlagnahme auf den Verwalter über. [3] Die §§ 241, 246 der Zivilprozeßordnung gelten entsprechend.

[1] § 8 Abs. 2 Satz 2 eingef. mWv 1. 2. 2003 durch G v. 21. 8. 2002 (BGBl. I S. 3322).

§ 10 Vergütung des Verwalters. (1) Der Verwalter kann für seine Tätigkeit eine angemessene Vergütung beanspruchen.

(2) Für die Berechnung der Höhe der Vergütung ist § 3 der Verordnung über die Vergütung des Konkursverwalters, des Vergleichsverwalters, der Mitglieder des Gläubigerausschusses und der Mitglieder des Gläubigerbeirats vom 25. Mai 1960 (Bundesgesetzbl. I S. 329) anzuwenden mit der Maßgabe, daß an die Stelle der Teilungsmasse das beschlagnahmte, dem Verwalter unterstellte Aktivvermögen tritt, die Vomhundertsätze jeweils um zwei Drittel vermindert werden und der Mindestsatz 150 Deutsche Mark beträgt.

(3) Von den Sätzen des Absatzes 2 kann die Verbotsbehörde im Einzelfall nach oben oder unten abweichen, wenn die Vergütung nach den Regelsätzen wegen der Besonderheit des Falls, insbesondere wegen der Dauer oder des Umfangs der Tätigkeit des Verwalters, nicht angemessen erscheint.

(4) ¹Mit der Vergütung sind die allgemeinen Geschäftsunkosten des Verwalters abgegolten. ²Daneben kann der Verwalter den Ersatz notwendiger Auslagen verlangen.

(5) ¹Vergütung und Auslagen werden auf Antrag des Verwalters von der Verbotsbehörde festgesetzt. ²Die Festsetzung erfolgt für Vergütung und Auslagen gesondert. ³In dem Antrag sind die Auslagen einzeln anzuführen und zu belegen. ⁴Der Verwalter kann die Zahlung eines angemessenen Vorschusses verlangen, wenn seine Tätigkeit zwei Monate gedauert hat und nicht zu erwarten ist, daß sie innerhalb eines weiteren Monats beendet sein wird.

(6) Vermag der Verwalter die Vergütung oder Ersatz der Auslagen nicht aus dem beschlagnahmten Vermögen zu erlangen, richtet sich sein Anspruch im Falle des § 3 Abs. 2 Nr. 1 des Vereinsgesetzes gegen das Land, im Falle des § 3 Abs. 2 Nr. 2 des Vereinsgesetzes gegen den Bund.

§ 11 Von der Einziehungsbehörde bestellte Verwalter. ¹Ein von der Einziehungsbehörde bestellter Verwalter (§ 11 Abs. 3 Satz 2 des Vereinsgesetzes) ist unbeschadet der Weisungsbefugnis der Einziehungsbehörde berechtigt, alle zur Durchführung der Einziehung und Abwicklung notwendigen Handlungen vorzunehmen, soweit diese nicht nach den §§ 11 bis 13 des Vereinsgesetzes der Verbotsbehörde oder der Einziehungsbehörde vorbehalten sind. ²Die §§ 8, 9 Abs. 1, 3, 4 und § 10 gelten entsprechend.

§ 12 Verwaltung durch die Vollzugsbehörde. ¹Ist kein Verwalter bestellt, hat die Vollzugsbehörde das beschlagnahmte Vermögen zu verwalten. ²Sie hat das beschlagnahmte Vermögen in Besitz zu nehmen und alle Handlungen vorzunehmen, die erforderlich sind, um den wirtschaftlichen Wert des Vereinsvermögens zu erhalten. ³§ 9 Abs. 1 Satz 2, Abs. 3 und 4 gilt entsprechend.

§ 13 *Mitteilung* des Rechtsübergangs. Die Verbotsbehörde oder die Einziehungsbehörde setzt von dem nach § 11 Abs. 2 Satz 1 des Vereinsgesetzes erfolgten Rechtsübergang in Kenntnis

1. die Schuldner des Vereins,
2. die Eigentümer von Sachen, die nach § 11 Abs. 2 des Vereinsgesetzes von der Einziehung erfaßt werden,
3. die Gläubiger und die Schuldner von Forderungen, die nach § 11 Abs. 2 des Vereinsgesetzes von der Einziehung erfaßt werden,
4. die Inhaber sonstiger Rechte, die nach § 11 Abs. 2 des Vereinsgesetzes von der Einziehung erfaßt werden.

§ 14 Einziehungsverfügung. [1]Einziehungsverfügungen nach § 12 des Vereinsgesetzes sind schriftlich abzufassen und dem Inhaber des eingezogenen Gegenstands zuzustellen. [2]Sie müssen den Gegenstand der Einziehung und dessen Inhaber bezeichnen. [3]In der schriftlichen Begründung ist auf das Vereinsverbot und den Grund der Einziehung hinzuweisen.

§ 15 Anmeldung von Forderungen. (1) Sind das Verbot und die Einziehung (§ 3 Abs. 1 Satz 2 des Vereinsgesetzes) unanfechtbar geworden, fordert die Verbotsbehörde oder die Einziehungsbehörde die Gläubiger des Vereins durch Veröffentlichung im Bundesanzeiger auf,

1. ihre Forderungen bis zum Ablauf eines bestimmten Tages schriftlich unter Angabe des Betrages und des Grundes bei der auffordernden Behörde anzumelden,
2. ein im Falle des Konkurses beanspruchtes Vorrecht anzugeben, soweit dieses Voraussetzung für eine vorzeitige Befriedigung nach § 16 Abs. 1 ist,
3. nach Möglichkeit urkundliche Beweisstücke oder Abschriften hiervon beizufügen.

(2) In der Aufforderung weist die Behörde darauf hin, daß Forderungen, die innerhalb der Ausschlußfrist nach Absatz 1 Nr. 1 nicht angemeldet werden, nach § 13 Abs. 1 Satz 3 des Vereinsgesetzes erlöschen.

(3) [1]Die Ausschlußfrist nach Absatz 1 Nr. 1 muß mindestens drei Wochen betragen. [2]Die Behörde soll die Aufforderung rechtzeitig vor dem Ablauf der Ausschlußfrist in den amtlichen Mitteilungsblättern der Länder nachrichtlich veröffentlichen.

§ 16 Vorzeitige Befriedigung von Forderungen. (1) Forderungen, für die ein Vorrecht nach § 61 Nr. 1 der Konkursordnung bestehen würde, wenn im Zeitpunkt der Beschlagnahme des Vereinsvermögens der Konkurs über das Vermögen eröffnet worden wäre, können *bei der Abwicklung nach* § 13 Abs. 1 des Vereinsgesetzes vorzeitig befriedigt werden, wenn gesichert erscheint, daß alle derartigen Forderungen und alle Forderungen, die im Falle des Konkurses Massenansprüche im Sinne der §§ 58, 59 der Konkursordnung wären, in voller Höhe befriedigt werden können.

(2) Andere Forderungen, die im Falle des Konkurses Konkursforderungen wären, können abweichend von § 13 Abs. 1 Satz 2 des Vereinsgesetzes auch dann vorzeitig befriedigt werden, wenn mit Sicherheit

zu erwarten ist, daß die Verwertung des eingezogenen Vermögens eine zur Befriedigung aller Gläubiger ausreichende bare Masse ergeben wird.

§ 17 Härtefälle. (1) Eine unbillige Härte im Sinne des § 13 Abs. 2 des Vereinsgesetzes liegt insbesondere vor, wenn das Interesse des Betroffenen an der Aufrechterhaltung des bestehenden Zustands das öffentliche Interesse an der Einziehung erheblich übersteigt.

(2) ¹Die Anordnung, daß ein nach § 11 Abs. 1 Satz 2 des Vereinsgesetzes eintretender Rechtsverlust unterbleibt oder von der Einziehung nach § 12 des Vereinsgesetzes abgesehen wird, ergeht durch schriftlichen Bescheid an den Betroffenen. ²Ergeht die Anordnung nach Eintritt des Rechtsverlustes oder nach erfolgter Einziehung, so hebt sie diese auf.

§ 18 Berichtigung des Grundbuchs, des Schiffsregisters und des Schiffsbauregisters. (1) ¹Werden durch eine wirksam gewordene Einziehung nach § 11 oder § 12 des Vereinsgesetzes Grundstücke oder Rechte erfaßt, die für den Verein, eine vom Verbot erfaßte Teilorganisation desselben oder den in § 12 des Vereinsgesetzes bezeichneten Dritten im Grundbuch eingetragen sind, ersucht die Verbotsbehörde oder die Einziehungsbehörde das Grundbuchamt um Berichtigung des Grundbuchs. ²Der Eintragung für den Verein, die Teilorganisation oder den Dritten steht es gleich, wenn ein Fall des § 39 Abs. 2 oder des § 40 Abs. 1 der Grundbuchordnung vorliegt. ³Die §§ 41 bis 43 der Grundbuchordnung bleiben unberührt.

(2) ¹Bei einer Hypothek, Grundschuld oder Rentenschuld, über die ein Brief erteilt ist, kann die Verbotsbehörde oder die Einziehungsbehörde, solange die Berichtigung des Grundbuchs nach Absatz 1 nicht erfolgt ist, das Grundbuchamt um die Eintragung eines Widerspruchs gegen die Richtigkeit des Grundbuchs ersuchen; der Widerspruch hat die Wirkung eines nach § 899 des Bürgerlichen Gesetzbuchs eingetragenen Widerspruchs. ²Der Brief braucht nicht vorgelegt zu werden. ³Für die Löschung des Widerspruchs gelten diese Vorschriften entsprechend.

(3) Absatz 1 gilt für die Berichtigung des Schiffsregisters und des Schiffsbauregisters entsprechend mit der Maßgabe, daß an die Stelle des § 39 Abs. 2 und des § 40 Abs. 1 der Grundbuchordnung § 46 der Schiffsregisterordnung in der Fassung vom 26. Mai 1951 (Bundesgesetzbl. I S. 359) tritt.

§ 19 Anmeldepflicht für Ausländervereine. (1) ¹Ausländervereine, die ihren Sitz im Geltungsbereich des Vereinsgesetzes haben, sind innerhalb von zwei Wochen nach ihrer Gründung bei der für ihren Sitz zuständigen Behörde anzumelden. ²Zur Anmeldung verpflichtet sind der Vorstand oder, wenn der Verein keinen Vorstand hat, die zur Vertretung berechtigten Mitglieder. ³Ausländervereine, die bei Inkrafttreten dieser Verordnung bereits bestehen, haben die Anmeldung innerhalb eines Monats nach Inkrafttreten dieser Verordnung vorzunehmen.

(2) ¹Die Anmeldung hat zu enthalten

1. die Satzung oder, wenn der Verein keine Satzung hat, Angaben über Name, Sitz und Zweck des Vereins,

2. Namen und Anschriften der Vorstandsmitglieder oder der zur Vertretung berechtigten Personen,

3. Angaben, in welchen Ländern der Verein Teilorganisationen hat.

²Die zur Anmeldung verpflichteten Personen haben der zuständigen Behörde jede Änderung der in Satz 1 genannten Angaben sowie die Auflösung des Vereins innerhalb von zwei Wochen mitzuteilen.

(3) Ausländervereine, deren Zweck auf einen wirtschaftlichen Geschäftsbetrieb gerichtet ist, sind zur Anmeldung nur verpflichtet, wenn sie von der nach Absatz 1 Satz 1 zuständigen Behörde dazu aufgefordert werden.

(4) ¹Anmeldungen und Mitteilungen nach den Absätzen 1 bis 3 sind in deutscher Sprache zu erstatten. ²Die Behörde erteilt hierüber eine Bescheinigung, für die keine Gebühren und Auslagen erhoben werden.

§ 20 Auskunftspflicht für Ausländervereine.
(1) Ausländervereine mit Sitz im Geltungsbereich des Vereinsgesetzes haben der nach § 19 Abs. 1 Satz 1 zuständigen Behörde auf Verlangen Auskunft zu geben

1. über ihre Tätigkeit;

2. wenn sie sich politisch betätigen,

 a) über Namen und Anschrift ihrer Mitglieder,

 b) über Herkunft und Verwendung ihrer Mittel.

(2) Die Auskunftspflicht obliegt den in § 19 Abs. 1 Satz 2 bezeichneten Personen.

§ 21 Anmelde- und Auskunftspflicht ausländischer Vereine.
(1) ¹Für ausländische Vereine, die im Geltungsbereich des Vereinsgesetzes organisatorische Einrichtungen gründen oder unterhalten, gelten die §§ 19, 20 entsprechend. ²Die Anmelde- und Auskunftspflicht obliegt auch den Personen, die diese organisatorischen Einrichtungen leiten. ³Zuständig sind die Behörden der Länder, in denen sich organisatorische Einrichtungen des Vereins befinden. ⁴Besteht in einem Land der organisatorische Schwerpunkt, ist nur die Behörde dieses Landes zuständig.

(2)¹⁾ *Absatz 1 gilt entsprechend für Ausländervereine, die ihren Sitz in Deutschland, jedoch außerhalb des Geltungsbereichs des Vereinsgesetzes haben.*

§ 22 *Mitteilung* an das Bundesverwaltungsamt.
Die zuständigen Behörden teilen die Angaben, die sie auf Grund der §§ 19 bis 21 erhalten, dem Bundesverwaltungsamt mit.

§ 23 Zuwiderhandlungen gegen Anmelde- und Auskunftspflichten.
Ordnungswidrig im Sinne des § 21 des Vereinsgesetzes

¹⁾ Gegenstandslos.

handelt, wer den Anmelde- oder Auskunftpflichten nach den §§ 19 bis 21 zuwiderhandelt.

§ 24 *(gegenstandslos)*

§ 25 Inkrafttreten. Diese Verordnung tritt am 1. August 1966 in Kraft.

434. Gesetz über befriedete Bezirke für Verfassungsorgane des Bundes[1]

Vom 8. Dezember 2008

(BGBl. I S. 2366)

FNA 2180-7

geänd. durch Art. 151 Elfte ZuständigkeitsanpassungsVO v. 19.6.2020 (BGBl. I S. 1328)

§ 1 Befriedete Bezirke. [1] Für den Deutschen Bundestag, den Bundesrat und das Bundesverfassungsgericht werden befriedete Bezirke gebildet. [2] Die Abgrenzung der befriedeten Bezirke ergibt sich aus der Anlage zu diesem Gesetz.

§ 2 Schutz von Verfassungsorganen. [1] Öffentliche Versammlungen unter freiem Himmel und Aufzüge sind innerhalb der befriedeten Bezirke nach § 1 verboten. [2] Ebenso ist es verboten, zu Versammlungen oder Aufzügen nach Satz 1 aufzufordern.

§ 3[2] Zulassung von Versammlungen unter freiem Himmel und Aufzügen. (1) [1] Öffentliche Versammlungen unter freiem Himmel und Aufzüge innerhalb der nach § 1 gebildeten befriedeten Bezirke sind zuzulassen, wenn eine Beeinträchtigung der Tätigkeit des Deutschen Bundestages und seiner Fraktionen, des Bundesrates oder des Bundesverfassungsgerichts sowie ihrer Organe und Gremien und eine Behinderung des freien Zugangs zu ihren in dem befriedeten Bezirk gelegenen Gebäuden nicht zu besorgen ist. [2] Davon ist im Falle des Deutschen Bundestages und des Bundesrates in der Regel dann auszugehen, wenn die Versammlung oder der Aufzug an einem Tag durchgeführt werden soll, an dem Sitzungen der in Satz 1 genannten Stellen nicht stattfinden. [3] Die Zulassung kann mit Auflagen verbunden werden.

(2) [1] Anträge auf Zulassung von Versammlungen nach Absatz 1 sollen spätestens sieben Tage vor der beabsichtigten Versammlung oder dem Aufzug schriftlich, elektronisch oder zur Niederschrift beim Bundesministerium des Innern, für Bau und Heimat gestellt werden. [2] Das Bundesministerium des Innern, für Bau und Heimat entscheidet jeweils im Einvernehmen mit dem Präsidenten oder der Präsidentin der in § 1 Satz 1 genannten Verfassungsorgane. [3] Die Entscheidung nach Satz 2 ergeht schriftlich oder elektronisch.

(3) Durch die Zulassung werden die in den Ländern Berlin und Baden-Württemberg jeweils geltenden versammlungsrechtlichen Vorschriften nicht berührt.

§ 4 Bußgeldvorschriften. (1) Ordnungswidrig handelt, wer entgegen § 2 an einer öffentlichen Versammlung unter freiem Himmel oder einem Aufzug teilnimmt oder zu einer solchen Versammlung oder zu einem Aufzug auffordert.

(2) Die Ordnungswidrigkeit kann mit einer Geldbuße bis zu zwanzigtausend Euro geahndet werden.

[1] Verkündet als Art. 1 des G v. 8.12.2008 (BGBl. I S. 2366); Inkrafttreten gem. Art. 3 dieses G am 11.12.2008.

[2] § 3 Abs. 2 Sätze 1 und 2 geänd. mWv 27.6.2020 durch VO v. 19.6.2020 (BGBl. I S. 1328).

§ 5 Einschränkung des Grundrechts der Versammlungsfreiheit. Das Grundrecht der Versammlungsfreiheit (Artikel 8 des Grundgesetzes[1]) wird durch dieses Gesetz eingeschränkt.

Anlage
(zu § 1 Satz 2)

1. Deutscher Bundestag

Die Abgrenzung des befriedeten Bezirks für den Deutschen Bundestag umfasst das Gebiet der Bundeshauptstadt Berlin, das umgrenzt wird durch die Wilhelmstraße bis zur Straße Unter den Linden, die Straße Unter den Linden bis zum Pariser Platz, den Pariser Platz, den Platz des 18. März bis zur Straße des 17. Juni, die Straße des 17. Juni bis zur Yitzhak-Rabin-Straße, die Yitzhak-Rabin-Straße, die Heinrich-von-Gagern-Straße, die öffentliche Grünanlage zwischen dem Bundeskanzleramt und dem Paul-Löbe-Haus, die Willy-Brandt-Straße, die Moltkebrücke, das nördliche Spreeufer bis zur Reinhardtstraße, die Reinhardtstraße bis zur Stadtbahntrasse, die Stadtbahntrasse bis zur Luisenstraße, die Luisenstraße und die Marschallbrücke. Soweit die genannten Straßen, Plätze und Brücken den befriedeten Bezirk umgrenzen, gehören sie nicht zu dem befriedeten Bezirk. Dies gilt nicht für die Wilhelmstraße, die öffentliche Grünanlage zwischen dem Bundeskanzleramt und dem Paul-Löbe-Haus und die Willy-Brandt-Straße.

2. Bundesrat

Die Abgrenzung des befriedeten Bezirks für den Bundesrat umfasst das Gebiet der Bundeshauptstadt Berlin, das umgrenzt wird durch den Potsdamer Platz, den Leipziger Platz und die Leipziger Straße vom Potsdamer Platz bis zur Wilhelmstraße, die Wilhelmstraße von der Leipziger Straße bis zur Niederkirchnerstraße, die Niederkirchnerstraße von der Wilhelmstraße bis zur Stresemannstraße und die Stresemannstraße von der Niederkirchnerstraße bis zum Potsdamer Platz. Soweit die genannten Straßen und Plätze den befriedeten Bezirk umgrenzen, gehören sie nicht zu dem befriedeten Bezirk. Dies gilt nicht für den Leipziger Platz, die Leipziger Straße und die Niederkirchnerstraße.

3. Bundesverfassungsgericht

Die Abgrenzung des befriedeten Bezirks für das Bundesverfassungsgericht umfasst das Gebiet der Stadt Karlsruhe, das umgrenzt wird durch den Zirkel von der Herrenstraße bis zur Hans-Thoma-Straße, die Hans-Thoma-Straße bis zur Bismarckstraße, die Gebäudenordseiten der Gebäude der Orangerie, der Schauhäuser des Botanischen Gartens, des Torbogengebäudes, der Badischen Weinstuben, die Schloßgartenmauer mit dem Mühlburger Tor von den Badischen Weinstuben zum Durmflügel des Schlosses, die Nordostseite des Durmflügels des Schlosses bis zum Südwestflügel des Schlosses, den Weg parallel zur verlängerten Waldstraße vom Südwestflügel des Schlosses bis zur Straße Unterführung Schloßplatz, die Straße Unterführung Schloßplatz bis zur Herrenstraße, die Herrenstraße bis zum Zirkel. Die genannten Straßen und Wege gehören zum befriedeten Bezirk, soweit sie ihn umgrenzen.

[1] Nr. 1.

435. Gesetz über Versammlungen und Aufzüge (Versammlungsgesetz)[1)]

In der Fassung der Bekanntmachung vom 15. November 1978[2)]

(BGBl. I S. 1789)

FNA 2180-4

geänd. durch Art. 2 ÄndG v. 18.7.1985 (BGBl. I S. 1511), Art. 3 ÄndG v. 9.6.1989 (BGBl. I S. 1059), Art. 4 G zur Neuregelung des Schutzes von Verfassungsorganen des Bundes v. 11.8.1999 (BGBl. I S. 1818), Art. 1 ÄndG v. 24.3.2005 (BGBl. I S. 969), Art. 2 G zur Zusammenführung der Regelungen über befriedete Bezirke für Verfassungsorgane des Bundes v. 8.12.2008 (BGBl. I S. 2366), Art. 150 Elfte ZuständigkeitsanpassungsVO v. 19.6.2020 (BGBl. I S. 1328) und Art. 6 60. G zur Änd. des Strafgesetzbuches v. 30.11.2020 (BGBl. I S. 2600)

Abschnitt I. Allgemeines

§ 1 [Versammlungsrecht] (1) Jedermann hat das Recht, öffentliche Versammlungen und Aufzüge zu veranstalten und an solchen Veranstaltungen teilzunehmen.

(2) Dieses Recht hat nicht,

1. wer das Grundrecht der Versammlungsfreiheit gemäß Artikel 18 des Grundgesetzes[3)] verwirkt hat,

2. wer mit der Durchführung oder Teilnahme an einer solchen Veranstaltung die Ziele einer nach Artikel 21 Abs. 2 des Grundgesetzes durch das Bundesverfassungsgericht für verfassungswidrig erklärten Partei oder Teil- oder Ersatzorganisation einer Partei fördern will,

3. eine Partei, die nach Artikel 21 Abs. 2 des Grundgesetzes durch das Bundesverfassungsgericht für verfassungswidrig erklärt worden ist, oder

4. eine Vereinigung, die nach Artikel 9 Abs. 2 des Grundgesetzes verboten ist.

§ 2 [Namensangabe des Veranstalters, Störungs- und Waffentragungsverbot] (1) Wer zu einer öffentlichen Versammlung oder zu einem Aufzug öffentlich einlädt, muß als Veranstalter in der Einladung seinen Namen angeben.

(2) Bei öffentlichen Versammlungen und Aufzügen hat jedermann Störungen zu unterlassen, die bezwecken, die ordnungsmäßige Durchführung zu verhindern.

(3) [1] Niemand darf bei öffentlichen Versammlungen oder Aufzügen Waffen oder sonstige Gegenstände, die ihrer Art nach zur Verletzung von Personen oder zur Beschädigung von Sachen geeignet und bestimmt sind, mit sich führen, ohne dazu

[1)] Das Gesetz wurde ua in folgenden Ländern in Landesrecht überführt:
- **Bayern:** Bayerisches VersammlungsG v. 22.7.2008 (GVBl. S. 421), zuletzt geänd. durch V v. 26.3.2019 (GVBl. S. 98)
- **Berlin:** Berliner VersammlungsG v. 23.4.2013 (GVBl. S. 103)
- **Niedersachsen:** Niedersächsisches VersammlungsG v. 7.10.2010 (Nds. GVBl. S. 465, ber. S. 532), zuletzt geänd. durch G v. 20.5.2019 (Nds. GVBl. S. 88)
- **Sachsen:** Sächsisches VersammlungsG v. 25.1.2012 (SächsGVBl. S. 54), zuletzt geänd. durch G v. 11.5.2019 (SächsGVBl. S. 358)
- **Sachsen-Anhalt:** Landesversammlungs G v. 3.12.2009 (GVBl. LSA S. 558)
[2)] Neubekanntmachung des VersammlungsG v. 24.7.1953 (BGBl. I S. 684) in der ab 1.10.1978 geltenden Fassung.
[3)] Nr. 1.

behördlich ermächtigt zu sein. [2] Ebenso ist es verboten, ohne behördliche Ermächtigung Waffen oder die in Satz 1 genannten Gegenstände auf dem Weg zu öffentlichen Versammlungen oder Aufzügen mit sich zu führen, zu derartigen Veranstaltungen hinzuschaffen oder sie zur Verwendung bei derartigen Veranstaltungen bereitzuhalten oder zu verteilen.

§ 3[1) **[Uniformverbot]** (1) Es ist verboten, öffentlich oder in einer Versammlung Uniformen, Uniformteile oder gleichartige Kleidungsstücke als Ausdruck einer gemeinsamen politischen Gesinnung zu tragen.

(2) [1] Jugendverbänden, die sich vorwiegend der Jugendpflege widmen, ist auf Antrag für ihre Mitglieder eine Ausnahmegenehmigung von dem Verbot des Absatzes 1 zu erteilen. [2] Zuständig ist bei Jugendverbänden, deren erkennbare Organisation oder Tätigkeit sich über das Gebiet eines Landes hinaus erstreckt, das Bundesministerium des Innern, für Bau und Heimat, sonst die oberste Landesbehörde. [3] Die Entscheidung des Bundesministeriums des Innern, für Bau und Heimat ist im Bundesanzeiger und im Gemeinsamen Ministerialblatt, die der obersten Landesbehörden in ihren amtlichen Mitteilungsblättern bekanntzumachen.

§ 4 (weggefallen)

Abschnitt II. Öffentliche Versammlungen in geschlossenen Räumen

§ 5 [Verbot von Versammlungen in geschlossenen Räumen] Die Abhaltung einer Versammlung kann nur im Einzelfall und nur dann verboten werden, wenn

1. der Veranstalter unter die Vorschriften des § 1 Abs. 2 Nr. 1 bis 4 fällt, und im Falle der Nummer 4 das Verbot durch die zuständige Verwaltungsbehörde festgestellt worden ist,

2. der Veranstalter oder Leiter der Versammlung Teilnehmern Zutritt gewährt, die Waffen oder sonstige Gegenstände im Sinne von § 2 Abs. 3 mit sich führen,

3. Tatsachen festgestellt sind, aus denen sich ergibt, daß der Veranstalter oder sein Anhang einen gewalttätigen oder aufrührerischen Verlauf der Versammlung anstreben,

4. Tatsachen festgestellt sind, aus denen sich ergibt, daß der Veranstalter oder sein Anhang Ansichten vertreten oder Äußerungen dulden werden, die ein Verbrechen oder ein von Amts wegen zu verfolgendes Vergehen zum Gegenstand haben.

(Fortsetzung nächstes Blatt)

[1) § 3 Abs. 2 Sätze 2, 3 geänd. mWv 27.6.2020 durch VO v. 19.6.2020 (BGBl. I S. 1328).

§ 6 [Ausschlussrecht bestimmter Personen] (1) Bestimmte Personen oder Personenkreise können in der Einladung von der Teilnahme an einer Versammlung ausgeschlossen werden.

(2) Pressevertreter können nicht ausgeschlossen werden; sie haben sich dem Leiter der Versammlung gegenüber durch ihren Presseausweis ordnungsgemäß auszuweisen.

§ 7 [Versammlungsleiter] (1) Jede öffentliche Versammlung muß einen Leiter haben.

(2) [1] Leiter der Versammlung ist der Veranstalter. [2] Wird die Versammlung von einer Vereinigung veranstaltet, so ist ihr Vorsitzender der Leiter.

(3) Der Veranstalter kann die Leitung einer anderen Person übertragen.

(4) Der Leiter übt das Hausrecht aus.

§ 8 [Aufgaben des Versammlungsleiters] [1] Der Leiter bestimmt den Ablauf der Versammlung. [2] Er hat während der Versammlung für Ordnung zu sorgen. [3] Er kann die Versammlung jederzeit unterbrechen oder schließen. [4] Er bestimmt, wann eine unterbrochene Versammlung fortgesetzt wird.

§ 9 [Ordner] (1) [1] Der Leiter kann sich bei der Durchführung seiner Rechte aus § 8 der Hilfe einer angemessenen Zahl ehrenamtlicher Ordner bedienen. [2] Diese dürfen keine Waffen oder sonstigen Gegenstände im Sinne von § 2 Abs. 3 mit sich führen, müssen volljährig und ausschließlich durch weiße Armbinden, die nur die Bezeichnung „Ordner" tragen dürfen, kenntlich sein.

(2) [1] Der Leiter ist verpflichtet, die Zahl der von ihm bestellten Ordner der Polizei auf Anfordern mitzuteilen. [2] Die Polizei kann die Zahl der Ordner angemessen beschränken.

§ 10 [Folgepflicht der Versammlungsteilnehmer] Alle Versammlungsteilnehmer sind verpflichtet, die zur Aufrechterhaltung der Ordnung getroffenen Anweisungen des Leiters oder der von ihm bestellten Ordner zu befolgen.

§ 11 [Ausschluss von Störern] (1) Der Leiter kann Teilnehmer, welche die Ordnung gröblich stören, von der Versammlung ausschließen.

(2) Wer aus der Versammlung ausgeschlossen wird, hat sie sofort zu verlassen.

§ 12 [Polizeibeamte] [1] Werden Polizeibeamte in eine öffentliche Versammlung entsandt, so haben sie sich dem Leiter zu erkennen zu geben. [2] Es muß ihnen ein angemessener Platz eingeräumt werden.

§ 12 a[1] *[Bild- und Tonaufnahmen durch die Polizei]* (1) [1] Die Polizei darf Bild- und Tonaufnahmen von Teilnehmern bei oder im Zusammenhang mit öffentlichen Versammlungen nur anfertigen, wenn tatsächliche Anhaltspunkte die Annahme rechtfertigen, daß von ihnen erhebliche Gefahren für die öffentliche Sicherheit oder Ordnung ausgehen. [2] Die Maßnahmen dürfen auch durchgeführt werden, wenn Dritte unvermeidbar betroffen werden.

[1] § 12 a eingef. durch G v. 9. 6. 1989 (BGBl. I S. 1059).

(2) [1] Die Unterlagen sind nach Beendigung der öffentlichen Versammlung oder zeitlich und sachlich damit unmittelbar im Zusammenhang stehender Ereignisse unverzüglich zu vernichten, soweit sie nicht benötigt werden

1. für die Verfolgung von Straftaten von Teilnehmern oder

2. im Einzelfall zur Gefahrenabwehr, weil die betroffene Person verdächtig ist, Straftaten bei oder im Zusammenhang mit der öffentlichen Versammlung vorbereitet oder begangen zu haben, und deshalb zu besorgen ist, daß von ihr erhebliche Gefahren für künftige öffentliche Versammlungen oder Aufzüge ausgehen.

[2] Unterlagen, die aus den in Satz 1 Nr. 2 aufgeführten Gründen nicht vernichtet wurden, sind in jedem Fall spätestens nach Ablauf von drei Jahren seit ihrer Entstehung zu vernichten, es sei denn, sie würden inzwischen zu dem in Satz 1 Nr. 1 aufgeführten Zweck benötigt.

(3) Die Befugnisse zur Erhebung personenbezogener Informationen nach Maßgabe der Strafprozeßordnung[1] und des Gesetzes über Ordnungswidrigkeiten[2] bleiben unberührt.

§ 13 [Polizeiliche Auflösung von Versammlungen] (1) [1] Die Polizei (§ 12) kann die Versammlung nur dann und unter Angabe des Grundes auflösen, wenn

1. der Veranstalter unter die Vorschriften des § 1 Abs. 2 Nr. 1 bis 4 fällt, und im Falle der Nummer 4 das Verbot durch die zuständige Verwaltungsbehörde festgestellt worden ist,

2. die Versammlung einen gewalttätigen oder aufrührerischen Verlauf nimmt oder unmittelbare Gefahr für Leben und Gesundheit der Teilnehmer besteht,

3. der Leiter Personen, die Waffen oder sonstige Gegenstände im Sinne von § 2 Abs. 3 mit sich führen, nicht sofort ausschließt und für die Durchführung des Ausschlusses sorgt,

4. durch den Verlauf der Versammlung gegen Strafgesetze verstoßen wird, die ein Verbrechen oder von Amts wegen zu verfolgendes Vergehen zum Gegenstand haben, oder wenn in der Versammlung zu solchen Straftaten aufgefordert oder angereizt wird und der Leiter dies nicht unverzüglich unterbindet.

[2] In den Fällen der Nummern 2 bis 4 ist die Auflösung nur zulässig, wenn andere polizeiliche Maßnahmen, insbesondere eine Unterbrechung, nicht ausreichen.

(2) Sobald eine Versammlung für aufgelöst erklärt ist, haben alle Teilnehmer sich sofort zu entfernen.

[1] **Schönfelder Nr. 90.**
[2] **Schönfelder Nr. 94.**

Abschnitt III. Öffentliche Versammlungen unter freiem Himmel und Aufzüge

§ 14 [Anmeldungspflicht] (1) Wer die Absicht hat, eine öffentliche Versammlung unter freiem Himmel oder einen Aufzug zu veranstalten, hat dies spätestens 48 Stunden vor der Bekanntgabe der zuständigen Behörde unter Angabe des Gegenstandes der Versammlung oder des Aufzuges anzumelden.

(2) In der Anmeldung ist anzugeben, welche Person für die Leitung der Versammlung oder des Aufzuges verantwortlich sein soll.

§ 15¹⁾ [Verbot von Versammlungen im Freien, Auflagen, Auflösung]

(1) Die zuständige Behörde kann die Versammlung oder den Aufzug verbieten oder von bestimmten Auflagen abhängig machen, wenn nach den zur Zeit des Erlasses der Verfügung erkennbaren Umständen die öffentliche Sicherheit oder Ordnung bei Durchführung der Versammlung oder des Aufzuges unmittelbar gefährdet ist.

(2) ¹ Eine Versammlung oder ein Aufzug kann insbesondere verboten oder von bestimmten Auflagen abhängig gemacht werden, wenn

1. die Versammlung oder der Aufzug an einem Ort stattfindet, der als Gedenkstätte von historisch herausragender, überregionaler Bedeutung an die Opfer der menschenunwürdigen Behandlung unter der nationalsozialistischen Gewalt- und Willkürherrschaft erinnert, und

2. nach den zur Zeit des Erlasses der Verfügung konkret feststellbaren Umständen zu besorgen ist, dass durch die Versammlung oder den Aufzug die Würde der Opfer beeinträchtigt wird.

² Das Denkmal für die ermordeten Juden Europas in Berlin ist ein Ort nach Satz 1 Nr. 1. ³ Seine Abgrenzung ergibt sich aus der Anlage zu diesem Gesetz. ⁴ Andere Orte nach Satz 1 Nr. 1 und deren Abgrenzung werden durch Landesgesetz bestimmt.

(3) Sie kann eine Versammlung oder einen Aufzug auflösen, wenn sie nicht angemeldet sind, wenn von den Angaben der Anmeldung abgewichen oder den Auflagen zuwidergehandelt wird oder wenn die Voraussetzungen zu einem Verbot nach Absatz 1 oder 2 gegeben sind.

(4) Eine verbotene Veranstaltung ist aufzulösen.

§ 16²⁾ [Bannkreise] (1) ¹ Öffentliche Versammlungen unter freiem Himmel und Aufzüge sind innerhalb des befriedeten Bannkreises der Gesetzgebungsorgane der Länder verboten. ² Ebenso ist es verboten, zu öffentlichen Versammlungen unter freiem Himmel oder Aufzügen nach Satz 1 aufzufordern.

(2) Die befriedeten Bannkreise für die Gesetzgebungsorgane der Länder *werden durch* Landesgesetze bestimmt.

(3) Das Weitere regeln die Bannmeilengesetze der Länder.

¹⁾ § 15 Abs. 2 eingef., bish. Abs. 2 und 3 werden Abs. 3 und 4 und Abs. 3 geänd. mWv 1. 4. 2005 durch G v. 24. 3. 2005 (BGBl. I S. 969).
²⁾ § 16 Abs. 1 Satz 2 angef., bish. Wortlaut wird Satz 1 und Abs. 3 geänd. durch G v. 11. 8. 1999 (BGBl. I S. 1818); Abs. 1 Satz 1, Abs. 2 und Abs. 3 geänd. mWv 11. 12. 2008 durch G v. 8. 12. 2008 (BGBl. I S. 2366).

§ 17 [Ausnahme für religiöse Feiern usw., Volksfeste] Die §§ 14 bis 16 gelten nicht für Gottesdienste unter freiem Himmel, kirchliche Prozessionen, Bittgänge und Wallfahrten, gewöhnliche Leichenbegängnisse, Züge von Hochzeitsgesellschaften und hergebrachte Volksfeste.

§ 17 a[1) [Schutzwaffenverbot, Vermummungsverbot] (1) Es ist verboten, bei öffentlichen Versammlungen unter freiem Himmel, Aufzügen oder sonstigen öffentlichen Veranstaltungen unter freiem Himmel oder auf dem Weg dorthin Schutzwaffen oder Gegenstände, die als Schutzwaffen geeignet und den Umständen nach dazu bestimmt sind, Vollstreckungsmaßnahmen eines Trägers von Hoheitsbefugnissen abzuwehren, mit sich zu führen.

(2) Es ist auch verboten,

1. an derartigen Veranstaltungen in einer Aufmachung, die geeignet und den Umständen nach darauf gerichtet ist, die Feststellung der Identität zu verhindern, teilzunehmen oder den Weg zu derartigen Veranstaltungen in einer solchen Aufmachung zurückzulegen,

2. bei derartigen Veranstaltungen oder auf dem Weg dorthin Gegenstände mit sich zu führen, die geeignet und den Umständen nach dazu bestimmt sind, die Feststellung der Identität zu verhindern.

(3) [1] Die Absätze 1 und 2 gelten nicht, wenn es sich um Veranstaltungen im Sinne des § 17 handelt. [2] Die zuständige Behörde kann weitere Ausnahmen von den Verboten der Absätze 1 und 2 zulassen, wenn eine Gefährdung der öffentlichen Sicherheit oder Ordnung nicht zu besorgen ist.

(4) [1] Die zuständige Behörde kann zur Durchsetzung der Verbote der Absätze 1 und 2 Anordnungen treffen. [2] Sie kann insbesondere Personen, die diesen Verboten zuwiderhandeln, von der Veranstaltung ausschließen.

§ 18 [Besondere Vorschriften für Versammlungen unter freiem Himmel] (1) Für Versammlungen unter freiem Himmel sind § 7 Abs. 1, §§ 8, 9 Abs. 1, §§ 10, 11 Abs. 2, §§ 12 und 13 Abs. 2 entsprechend anzuwenden.

(2) [1] Die Verwendung von Ordnern bedarf polizeilicher Genehmigung. [2] Sie ist bei der Anmeldung zu beantragen.

(3) Die Polizei kann Teilnehmer, welche die Ordnung gröblich stören, von der Versammlung ausschließen.

§ 19 [Besondere Vorschriften für Aufzüge] (1) [1] Der Leiter des Aufzuges hat für den ordnungsmäßigen Ablauf zu sorgen. [2] Er kann sich der Hilfe ehrenamtlicher Ordner bedienen, für welche § 9 Abs. 1 und § 18 gelten.

(2) Die Teilnehmer sind verpflichtet, die zur Aufrechterhaltung der Ordnung getroffenen Anordnungen des Leiters oder der von ihm bestellten Ordner zu befolgen.

[1) § 17 a eingef. durch G v. 18. 7. 1985 (BGBl. I S. 1511); neu gef. durch G v. 9. 6. 1989 (BGBl. I S. 1059).

(3) Vermag der Leiter sich nicht durchzusetzen, so ist er verpflichtet, den Aufzug für beendet zu erklären.

(4) Die Polizei kann Teilnehmer, welche die Ordnung gröblich stören, von dem Aufzug ausschließen.

§ 19a[1]) [Bild- und Tonaufnahmen durch die Polizei] Für Bild- und Tonaufnahmen durch die Polizei bei Versammlungen unter freiem Himmel und Aufzügen gilt § 12a.

§ 20 [Einschränkung des Grundrechts der Versammlungsfreiheit] Das Grundrecht des Artikels 8 des Grundgesetzes[2]) wird durch die Bestimmungen dieses Abschnitts eingeschränkt.

Abschnitt IV. Straf- und Bußgeldvorschriften

§ 21 [Störung von Versammlungen und Aufzügen] Wer in der Absicht, nichtverbotene Versammlungen oder Aufzüge zu verhindern oder zu sprengen oder sonst ihre Durchführung zu vereiteln, Gewalttätigkeiten vornimmt oder androht oder grobe Störungen verursacht, wird mit Freiheitsstrafe bis zu drei Jahren oder mit Geldstrafe bestraft.

§ 22 [Beeinträchtigung und Bedrohung der Versammlungsleitung und Ordner] Wer bei einer öffentlichen Versammlung oder einem Aufzug dem Leiter oder einem Ordner in der rechtmäßigen Ausübung seiner Ordnungsbefugnisse mit Gewalt oder Drohung mit Gewalt Widerstand leistet oder ihn während der rechtmäßigen Ausübung seiner Ordnungsbefugnisse tätlich angreift, wird mit Freiheitsstrafe bis zu einem Jahr oder mit Geldstrafe bestraft.

§ 23[3]) [Öffentliche Aufforderung zur Teilnahme an verbotener Versammlung] Wer öffentlich in einer Versammlung oder durch Verbreiten eines Inhalts (§ 11 Absatz 3 des Strafgesetzbuches[4])) zur Teilnahme an einer öffentlichen Versammlung oder einem Aufzug auffordert, nachdem die Durchführung durch ein vollziehbares Verbot untersagt oder die Auflösung angeordnet worden ist, wird mit Freiheitsstrafe bis zu einem Jahr oder mit Geldstrafe bestraft.

§ 24 [Verwendung bewaffneter Ordner] Wer als Leiter einer öffentlichen Versammlung oder eines Aufzuges Ordner verwendet, die Waffen oder sonstige Gegenstände, die ihrer Art nach zur Verletzung von Personen oder Beschädigung von Sachen geeignet und bestimmt sind, mit sich führen, wird mit Freiheitsstrafe bis zu einem Jahr oder mit Geldstrafe bestraft.

§ 25[5]) [Abweichende Durchführung von Versammlungen und Aufzügen] Wer als Leiter einer öffentlichen Versammlung unter freiem Himmel oder eines Aufzuges

1. die Versammlung oder den Aufzug wesentlich anders durchführt, als die Veranstalter bei der Anmeldung angegeben haben, oder

[1]) § 19a eingef. durch G v. 9.6.1989 (BGBl. I S. 1059).
[2]) Nr. **1**.
[3]) § 23 eingef. durch G v. 9.6.1989 (BGBl. I S. 1059); geänd. mWv 1.1.2021 durch G v. 30.11.2020 (BGBl. I S. 2600).
[4]) **Schönfelder Nr. 85.**
[5]) § 25 Nr. 2 geänd. mWv 1.4.2005 durch G v. 24.3.2005 (BGBl. I S. 969).

2. Auflagen nach § 15 Abs. 1 oder 2 nicht nachkommt,
wird mit Freiheitsstrafe bis zu sechs Monaten oder mit Geldstrafe bis zu einhundertachtzig Tagessätzen bestraft.

§ 26 [Abhaltung verbotener oder nicht angemeldeter Versammlungen und Aufzüge] Wer als Veranstalter oder Leiter

1. eine öffentliche Versammlung oder einen Aufzug trotz vollziehbaren Verbots durchführt oder trotz Auflösung oder Unterbrechung durch die Polizei fortsetzt oder

2. eine öffentliche Versammlung unter freiem Himmel oder einen Aufzug ohne Anmeldung (§ 14) durchführt, wird mit Freiheitsstrafe bis zu einem Jahr oder mit Geldstrafe bestraft.

§ 27[1) [Führung von Waffen] (1) [1] Wer bei öffentlichen Versammlungen oder Aufzügen Waffen oder sonstige Gegenstände, die ihrer Art nach zur Verletzung von Personen oder Beschädigung von Sachen geeignet und bestimmt sind, mit sich führt, ohne dazu behördlich ermächtigt zu sein, wird mit Freiheitsstrafe bis zu einem Jahr oder mit Geldstrafe bestraft. [2] Ebenso wird bestraft, wer ohne behördliche Ermächtigung Waffen oder sonstige Gegenstände im Sinne des Satzes 1 auf dem Weg zu öffentlichen Versammlungen oder Aufzügen mit sich führt, zu derartigen Veranstaltungen hinschafft oder sie zur Verwendung bei derartigen Veranstaltungen bereithält oder verteilt.

(2) Wer

1. entgegen § 17a Abs. 1 bei öffentlichen Versammlungen unter freiem Himmel, Aufzügen oder sonstigen öffentlichen Veranstaltungen unter freiem Himmel oder auf dem Weg dorthin Schutzwaffen oder Gegenstände, die als Schutzwaffen geeignet und den Umständen nach dazu bestimmt sind, Vollstreckungsmaßnahmen eines Trägers von Hoheitsbefugnissen abzuwehren, mit sich führt,

2. entgegen § 17a Abs. 2 Nr. 1 an derartigen Veranstaltungen in einer Aufmachung, die geeignet und den Umständen nach darauf gerichtet ist, die Feststellung der Identität zu verhindern, teilnimmt oder den Weg zu derartigen Veranstaltungen in einer solchen Aufmachung zurücklegt oder

3. sich im Anschluß an oder sonst im Zusammenhang mit derartigen Veranstaltungen mit anderen zusammenrottet und dabei

 a) Waffen oder sonstige Gegenstände, die ihrer Art nach zur Verletzung von Personen oder Beschädigung von Sachen geeignet und bestimmt sind, mit sich führt,

 b) Schutzwaffen oder sonstige in Nummer 1 bezeichnete Gegenstände mit sich führt oder

 c) in der in Nummer 2 bezeichneten Weise aufgemacht ist,

wird mit Freiheitsstrafe bis zu einem Jahr oder mit Geldstrafe bestraft.

§ 28 [Verstöße gegen Uniform- und politisches Kennzeichenverbot]
Wer der Vorschrift des § 3 zuwiderhandelt, wird mit Freiheitsstrafe bis zu zwei Jahren oder mit Geldstrafe bestraft.

[1] § 27 Abs. 2 angef., bish. Wortlaut wird Abs. 1 durch G v. 9.6.1989 (BGBl. I S. 1059).

§ 29[1] **[Ordnungswidrigkeiten]** (1) Ordnungswidrig handelt, wer

1. an einer öffentlichen Versammlung oder einem Aufzug teilnimmt, deren Durchführung durch vollziehbares Verbot untersagt ist,

1a. entgegen § 17a Abs. 2 Nr. 2 bei einer öffentlichen Versammlung unter freiem Himmel, einen Aufzug oder einer sonstigen öffentlichen Veranstaltung unter freiem Himmel oder auf dem Weg dorthin Gegenstände, die geeignet und den Umständen nach dazu bestimmt sind, die Feststellung der Identität zu verhindern, mit sich führt,

1b. *(aufgehoben)*

2. sich trotz Auflösung einer öffentlichen Versammlung oder eines Aufzuges durch die zuständige Behörde nicht unverzüglich entfernt,

3. als Teilnehmer einer öffentlichen Versammlung unter freiem Himmel oder eines Aufzuges einer vollziehbaren Auflage nach § 15 Abs. 1 oder 2 nicht nachkommt,

4. trotz wiederholter Zurechtweisung durch den Leiter oder einen Ordner fortfährt, den Ablauf einer öffentlichen Versammlung oder eines Aufzuges zu stören,

5. sich nicht unverzüglich nach seiner Ausschließung aus einer öffentlichen Versammlung oder einem Aufzug entfernt,

6. der Aufforderung der Polizei, die Zahl der von ihm bestellten Ordner mitzuteilen, nicht nachkommt oder eine unrichtige Zahl mitteilt (§ 9 Abs. 2),

7. als Leiter oder Veranstalter einer öffentlichen Versammlung oder eines Aufzuges eine größere Zahl von Ordnern verwendet, als die Polizei zugelassen oder genehmigt hat (§ 9 Abs. 2, § 18 Abs. 2), oder Ordner verwendet, die anders gekennzeichnet sind, als es nach § 9 Abs. 1 zulässig ist, oder

8. als Leiter den in eine öffentliche Versammlung entsandten Polizeibeamten die Anwesenheit verweigert oder ihnen keinen angemessenen Platz einräumt.

(2) Die Ordnungswidrigkeit kann in den Fällen des Absatzes 1 Nr. 1 bis 5 mit einer Geldbuße bis *tausend Deutsche Mark*[2] und in den Fällen des Absatzes 1 Nr. 6 bis 8 mit einer Geldbuße bis zu *fünftausend Deutsche Mark*[2] geahndet werden.

§ 29a[3] **[Ordnungswidrigkeiten]** (1) Ordnungswidrig handelt, wer entgegen § 16 Abs. 1 an einer öffentlichen Versammlung unter freiem Himmel oder an einem Aufzug teilnimmt oder zu einer öffentlichen Versammlung unter freiem Himmel oder zu einem Aufzug auffordert.

(2) Die Ordnungswidrigkeit kann mit einer Geldbuße bis zu *dreißigtausend Deutsche Mark*[2] geahndet werden.

§ 30[4] **[Einziehung]** [1]Gegenstände, auf die sich eine Straftat nach § 27 oder § 28 oder eine Ordnungswidrigkeit nach § 29 Abs. 1 Nr. 1a oder 3 bezieht, können eingezogen werden. [2]§ 74a des Strafgesetzbuches[5] und § 23 des Gesetzes über Ordnungswidrigkeiten[6] sind anzuwenden.

[1] § 29 Abs. 1 Nr. 1a neu gef. und Nr. 1b aufgeh. durch G v. 9.6.1989 (BGBl. I S. 1059); Abs. 1 Nr. 3 geänd. mWv 1.4.2005 durch G v. 24.3.2005 (BGBl. I S. 969).
[2] Der Betrag wurde amtlich noch nicht auf Euro umgestellt; 1 Euro = 1,95583 DM.
[3] § 29a eingef. durch G v. 11.8.1999 (BGBl. I S. 1818).
[4] § 30 neu gef. durch G v. 9.6.1989 (BGBl. I S. 1059).
[5] **Schönfelder Nr. 85.**
[6] **Schönfelder Nr. 94.**

Abschnitt V. Schlußbestimmungen

§ 31 (Aufhebungsvorschriften)

§ 32 *(gegenstandslos)*

§ 33 (Inkrafttreten)

Anlage[1]
(zu § 15 Abs. 2)

Anlage

Die Abgrenzung des Ortes nach § 15 Abs. 2 Satz 2 (Denkmal für die ermordeten Juden Europas) umfasst das Gebiet der Bundeshauptstadt Berlin, das umgrenzt wird durch die Ebertstraße, zwischen der Straße In den Ministergärten bzw. Lennéstraße und der Umfahrung Platz des 18. März, einschließlich des unbefestigten Grünflächenbereichs Ebertpromenade und des Bereichs der unbefestigten Grünfläche im Bereich des J.-W.-von-Goethe-Denkmals, die Behrenstraße, zwischen Ebertstraße und Wilhelmstraße, die Cora-Berliner-Straße, die Gertrud-Kolmar-Straße, nördlich der Einmündung der Straße In den Ministergärten, die Hannah-Arendt-Straße, einschließlich der Verlängerung zur Wilhelmstraße. Die genannten Umgrenzungslinien sind einschließlich der Fahrbahnen, Gehwege und aller sonstigen zum Betreten oder Befahren bestimmten öffentlichen Flächen Bestandteil des Gebiets.

[1] Anl. angef. mWv 1.4.2005 durch G v. 24.3.2005 (BGBl. I S. 969).

450. Gesetz über das Bundeskriminalamt und die Zusammenarbeit des Bundes und der Länder in kriminalpolizeilichen Angelegenheiten (Bundeskriminalamtgesetz BKAG) [1)2)]

Vom 1. Juni 2017

(BGBl. I S. 1354, ber. 2019 S. 400)

FNA 2190-3

geänd. durch Art. 152 Elfte ZuständigkeitsanpassungsVO v. 19.6.2020 (BGBl. I S. 1328), Nr. 1 Buchst. g Beschl. des BVerfG – 1 BvR 1873/13, 1 BvR 2618/13 - v. 27.5.2020 (BGBl. I S. 1931) und Art. 5 G zur Stärkung der Sicherheit im Pass-, Ausweis- und ausländerrechtlichen Dokumentenwesen v. 3.12.2020 (BGBl. I S. 2744)

Inhaltsübersicht

[1)] Verkündet als Art. 1 G v. 1.6.2017 (BGBl. I S. 1354, ber. 2019 S. 400); Inkrafttreten gem. Art. 13 Abs. 1 dieses G am 25.5.2018, mit Ausnahme des § 20, der am 9.6.2017 in Kraft tritt, vgl. Art. 13 Abs. 2 dieses G.

[2)] **Amtl. Anm. zum ArtikelG:** Dieses Gesetz dient der Umsetzung der Richtlinie (EU) 2016/680 des Europäischen Parlaments und des Rates vom 27. April 2016 zum Schutz natürlicher Personen bei der Verarbeitung personenbezogener Daten durch die zuständigen Behörden zum Zwecke der Verhütung, Ermittlung, Aufdeckung oder Verfolgung von Straftaten oder der Strafvollstreckung sowie zum freien Datenverkehr und zur Aufhebung des Rahmenbeschlusses 2008/977/JI des Rates (ABl. L 119 vom 4.5.2016, S. 89).

Abschnitt 1. Zentrale Einrichtungen zur Zusammenarbeit in kriminalpolizeilichen Angelegenheiten, Aufgaben des Bundeskriminalamtes

§ 1 Zentrale Einrichtungen zur Zusammenarbeit in kriminalpolizeilichen Angelegenheiten. (1) Der Bund unterhält ein Bundeskriminalamt zur Zusammenarbeit des Bundes und der Länder in kriminalpolizeilichen Angelegenheiten.

(2) ¹Die Länder unterhalten für ihr Gebiet zentrale Dienststellen der Kriminalpolizei (Landeskriminalämter) zur Sicherung der Zusammenarbeit des Bundes und der Länder. ²Mehrere Länder können ein gemeinsames Landeskriminalamt unterhalten.

(3) Die Verfolgung sowie die Verhütung von Straftaten und die Aufgaben der sonstigen Gefahrenabwehr bleiben Sache der Länder, soweit gesetzlich nichts anderes bestimmt ist.

§ 2 Zentralstelle. (1) Das Bundeskriminalamt unterstützt als Zentralstelle für das polizeiliche Auskunfts- und Nachrichtenwesen und für die Kriminalpolizei die Polizeien des Bundes und der Länder bei der Verhütung und Verfolgung von Straftaten mit länderübergreifender, internationaler oder erheblicher Bedeutung.

(2) Das Bundeskriminalamt hat zur Wahrnehmung dieser Aufgabe

1. alle hierfür erforderlichen Informationen zu sammeln und auszuwerten,

2. die Strafverfolgungsbehörden des Bundes und der Länder unverzüglich über die sie betreffenden Informationen und die in Erfahrung gebrachten Zusammenhänge von Straftaten zu unterrichten.

(3) Das Bundeskriminalamt unterhält als Zentralstelle einen einheitlichen polizeilichen Informationsverbund nach Maßgabe dieses Gesetzes.

(4) ¹Das Bundeskriminalamt unterhält als Zentralstelle zur Unterstützung und Koordinierung der Polizeien des Bundes und der Länder bei der Verhütung und Verfolgung von Straftaten und der Gefahrenabwehr zentrale Einrichtungen und Sammlungen, insbesondere

1. zentrale erkennungsdienstliche und kriminaltechnische Einrichtungen und Sammlungen sowie

2. zentrale Einrichtungen für die Fahndung nach Personen und Sachen.

²Die zentralen Einrichtungen und Sammlungen können auch elektronisch geführt werden.

(5) ¹Das Bundeskriminalamt kann als Zentralstelle zur Unterstützung der Polizeien des Bundes und der Länder

1. Aus- und Fortbildungsveranstaltungen auf kriminalpolizeilichen Spezialgebieten durchführen,

2. Kompetenzzentren für informationstechnische Systeme und Infrastrukturen sowie Einsatztechnik, technische Einsatzmittel und kriminaltechnische Untersuchungsmethoden im kriminalpolizeilichen Bereich aufbauen, unterhalten und deren Entwicklungen und Ergebnisse den Polizeien des Bundes und der Länder zur Verfügung stellen,

3. auf Ersuchen bei der Durchführung von kriminaltechnischen Untersuchungen unterstützen sowie

4. auf Ersuchen bei der Datenverarbeitung unterstützen.

²Die Verarbeitung von personenbezogenen Daten in den Fällen von Satz 1 Nummer 3 und 4 erfolgt nach den Weisungen der Polizeien des Bundes und der Länder und nach deren Vorschriften über die Auftragsverarbeitung. ³Die Behörden der Länder haben dem Bundeskriminalamt die durch die Inanspruchnahme der Leistungen nach Satz 1 Nummer 2, 3 und 4 entstehenden Kosten zu erstatten. ⁴Im Einzelfall kann das Bundeskriminalamt aus Gründen des öffentlichen Interesses von der Erhebung der Kosten absehen.

(6) Das Bundeskriminalamt hat als Zentralstelle ferner zur Unterstützung der Polizeien des Bundes und der Länder bei der Verhütung und Verfolgung von Straftaten

1. strategische und operative kriminalpolizeiliche Analysen, Statistiken, einschließlich der Kriminalstatistik, und Lageberichte zu erstellen und hierfür die Entwicklung der Kriminalität zu beobachten und auszuwerten,

2. die erforderlichen Einrichtungen für alle Bereiche kriminaltechnischer Untersuchungen und für kriminaltechnische Forschung zu unterhalten und die Zusammenarbeit der Polizei auf diesen Gebieten zu koordinieren,

3. polizeiliche Methoden und Arbeitsweisen der Kriminalitätsbekämpfung zu erforschen und zu entwickeln sowie

4. angemessene organisatorische und technische Vorkehrungen sowie Verfahren zur Umsetzung von Datenschutzgrundsätzen, insbesondere der Grundsätze der Datenvermeidung und Datensparsamkeit, einschließlich der Pseudonymisierung, zu entwickeln.

(7) Das Bundeskriminalamt erstattet erkennungsdienstliche und kriminaltechnische Gutachten für Strafverfahren auf Anforderungen von Polizeidienststellen, Staatsanwaltschaften und Gerichten.

§ 3 Internationale Zusammenarbeit. (1) Das Bundeskriminalamt ist Nationales Zentralbüro der Bundesrepublik Deutschland für die Internationale Kriminalpolizeiliche Organisation und nationale Stelle für Europol nach § 1 des Europol-Gesetzes[1].

(2) Das Bundeskriminalamt ist die zentrale nationale Stelle für den Informationsaustausch nach Artikel 39 Absatz 3 und Artikel 46 Absatz 2 des Schengener Durchführungsübereinkommens, für den Betrieb des nationalen Teils des Schengener Informationssystems und das SIRENE-Büro für den Austausch von Zusatzinformationen.

(3) [1] Der zur Verhütung oder Verfolgung von Straftaten erforderliche Dienstverkehr der Polizeien des Bundes und der Länder mit den Polizei- und Justizbehörden sowie sonstigen insoweit zuständigen öffentlichen Stellen anderer Staaten und mit für die Verhütung oder Verfolgung von Straftaten zuständigen zwischen- und überstaatlichen Stellen obliegt dem Bundeskriminalamt. [2] Unberührt hiervon bleiben

1. besondere bundesgesetzliche Vorschriften, insbesondere die Vorschriften über die internationale Rechtshilfe in Strafsachen,

2. die internationale Zusammenarbeit der Zollbehörden,

3. Vereinbarungen der zuständigen obersten Landesbehörden mit den zuständigen ausländischen Stellen im Rahmen der vom Bund abgeschlossenen völkerrechtlichen Abkommen sowie

4. abweichende Regelungen durch Vereinbarungen des Bundeskriminalamtes mit den zuständigen Bundes- oder Landesbehörden, welche der Zustimmung der jeweils zuständigen obersten Bundes- oder Landesbehörden bedürfen.

[3] Die abweichenden Vereinbarungen nach Satz 2 Nummer 4 sollen vorsehen, dass das Bundeskriminalamt von dem Dienstverkehr automatisiert unterrichtet wird.

(4) [1] Absatz 3 Satz 1 gilt nicht für den Dienstverkehr mit den zuständigen Behörden der Nachbarstaaten und der Mitgliedstaaten der Europäischen Union, soweit dieser sich auf Kriminität von regionaler Bedeutung im Grenzgebiet bezieht oder soweit Gefahr in Verzug ist. [2] Die übermittelnden Polizeien

[1] Sartorius III Nr. 807.

unterrichten das Bundeskriminalamt unverzüglich über den Dienstverkehr nach Satz 1.

(5) Bei regional abgrenzbaren Fallgestaltungen können die Polizeien des Bundes und der Länder zur Wahrnehmung ihrer Aufgaben abweichend von Absatz 3 Satz 1 im Einvernehmen mit dem Bundeskriminalamt den erforderlichen Dienstverkehr mit den zuständigen Behörden anderer Staaten und für die Verhütung oder Verfolgung von Straftaten zuständigen zwischen- und überstaatlichen Stellen führen.

§ 4[1] Strafverfolgung. (1) [1]Das Bundeskriminalamt nimmt die polizeilichen Aufgaben auf dem Gebiet der Strafverfolgung wahr

1. in Fällen des international organisierten ungesetzlichen Handels mit Waffen, Munition, Sprengstoffen, Betäubungsmitteln, neuen psychoaktiven Stoffen oder Arzneimitteln und der international organisierten Herstellung oder Verbreitung von Falschgeld, die eine Sachaufklärung im Ausland erfordern, sowie damit im Zusammenhang begangener Straftaten einschließlich der international organisierten Geldwäsche,
2. in Fällen von Straftaten, die sich gegen das Leben (§§ 211, 212 des Strafgesetzbuchs[2]) oder die Freiheit (§§ 234, 234a, 239, 239b des Strafgesetzbuchs) des Bundespräsidenten, von Mitgliedern der Bundesregierung, des Deutschen Bundestages und des Bundesverfassungsgerichts oder der Gäste der Verfassungsorgane des Bundes aus anderen Staaten oder der Leitungen und Mitglieder der bei der Bundesrepublik Deutschland beglaubigten diplomatischen Vertretungen richten, wenn anzunehmen ist, dass der Täter aus politischen Motiven gehandelt hat und die Tat bundes- oder außenpolitische Belange berührt,
3. in den Fällen international organisierter Straftaten
 a) nach § 129a, auch in Verbindung mit § 129b Absatz 1, des Strafgesetzbuchs,
 b) nach den §§ 105 und 106 des Strafgesetzbuchs zum Nachteil des Bundespräsidenten, eines Verfassungsorgans des Bundes oder des Mitgliedes eines Verfassungsorgans des Bundes und damit im Zusammenhang stehender Straftaten,
4. in den Fällen der in § 129a Absatz 1 Nummer 1 und 2 des Strafgesetzbuchs genannten Straftaten und damit im Zusammenhang stehender Straftaten, soweit es sich um eine Auslandstat handelt und ein Gerichtsstand noch nicht feststeht,
5. in den Fällen von Straftaten nach den §§ 202a, 202b, 202c, 263a, 303a und 303b des Strafgesetzbuchs, soweit tatsächliche Anhaltspunkte dafür vorliegen, dass die Tat sich richtet gegen
 a) die innere oder äußere Sicherheit der Bundesrepublik Deutschland oder
 b) Behörden oder Einrichtungen des Bundes oder sicherheitsempfindliche Stellen von lebenswichtigen Einrichtungen, bei deren Ausfall oder Zerstörung eine erhebliche Bedrohung für die Gesundheit oder das Leben von Menschen zu befürchten ist oder die für das Funktionieren des Gemeinwesens unverzichtbar sind,

[1] § 4 Abs. 1 Satz 3, Abs. 2 Satz 1 Nr. 2 geänd. m.W. 27.6.2020 durch VO v. 19.6.2020 (BGBl. I S. 1328).
[2] **Schönfelder Nr. 85.**

6. in den Fällen von

a) Straftaten nach den §§ 81, 83 Absatz 1, §§ 87, 88 und 94 bis 100a des Strafgesetzbuchs und nach § 13 des Völkerstrafgesetzbuchs[1]) sowie

b) Straftaten nach den §§ 211, 212, 234, 234a, 239, 239a, 239b des Strafgesetzbuchs, wenn anzunehmen ist, dass die Tat durch Angehörige des Geheimdienstes einer fremden Macht oder im Auftrag einer fremden Macht oder den Geheimdienst einer fremden Macht begangen worden ist.

[2] Die Staatsanwaltschaft kann im Benehmen mit dem Bundeskriminalamt die Ermittlungen einer anderen sonst zuständigen Polizeibehörde übertragen. [3] Die Wahrnehmung der Aufgaben nach Satz 1 Nummer 2 und 3 Buchstabe b bedarf der Zustimmung des Bundesministeriums des Innern, für Bau und Heimat; bei Gefahr im Verzug kann das Bundeskriminalamt vor Erteilung der Zustimmung tätig werden.

(2) [1] Das Bundeskriminalamt nimmt darüber hinaus die polizeilichen Aufgaben auf dem Gebiet der Strafverfolgung wahr, wenn

1. eine zuständige Landesbehörde darum ersucht,

2. das Bundesministerium des Innern, für Bau und Heimat es nach Unterrichtung der obersten Landesbehörde aus schwerwiegenden Gründen anordnet oder

3. der Generalbundesanwalt darum ersucht oder einen Auftrag erteilt.

[2] Satz 1 Nummer 1 und 3 gilt entsprechend für die Fahndung nach Verurteilten zum Zwecke der Vollstreckung.

(3) [1] Die für die Strafrechtspflege und die Polizei zuständigen obersten Landesbehörden sind unverzüglich zu benachrichtigen, wenn das Bundeskriminalamt polizeiliche Aufgaben auf dem Gebiet der Strafverfolgung wahrnimmt; außerdem sind unverzüglich zu benachrichtigen die zuständigen Landeskriminalämter, der Generalbundesanwalt in den Fällen, in denen er für die Führung der Ermittlungen zuständig ist, und in den übrigen Fällen die Generalstaatsanwaltschaften, in deren Bezirken ein Gerichtsstand begründet ist. [2] Die Verpflichtung anderer Polizeibehörden zur Durchführung der notwendigen unaufschiebbaren Maßnahmen sowie die Befugnisse der Staatsanwaltschaft nach § 161 der Strafprozessordnung[2]) bleiben unberührt.

(4) [1] In den Fällen der Absätze 1 und 2 kann das Bundeskriminalamt den zuständigen Landeskriminalämtern Weisungen für die Zusammenarbeit geben. [2] Die oberste Landesbehörde ist unverzüglich zu benachrichtigen.

§ 5 Abwehr von Gefahren des internationalen Terrorismus. (1) [1] Das Bundeskriminalamt kann die Aufgabe der Abwehr von Gefahren des internationalen Terrorismus in Fällen wahrnehmen, in denen

1. eine länderübergreifende Gefahr vorliegt,

2. die Zuständigkeit einer Landespolizeibehörde nicht erkennbar ist oder

3. die oberste Landesbehörde um eine Übernahme ersucht.

[1]) **Schönfelder ErgBd. Nr. 85g.**
[2]) **Schönfelder Nr. 90.**

[2] Gefahren des internationalen Terrorismus sind Gefahren der Verwirklichung von Straftaten, die in § 129a Absatz 1 und 2 des Strafgesetzbuchs[1] bezeichnet und dazu bestimmt sind,

1. die Bevölkerung auf erhebliche Weise einzuschüchtern,

2. eine Behörde oder eine internationale Organisation rechtswidrig mit Gewalt oder durch Drohung mit Gewalt zu nötigen oder

3. die politischen, verfassungsrechtlichen, wirtschaftlichen oder sozialen Grundstrukturen eines Staates oder einer internationalen Organisation zu beseitigen oder erheblich zu beeinträchtigen,

und durch die Art ihrer Begehung oder ihre Auswirkungen einen Staat oder eine internationale Organisation erheblich schädigen können. [3] Das Bundeskriminalamt kann in den in Satz 1 bezeichneten Fällen auch zur Verhütung von Straftaten nach Satz 2 tätig werden.

(2) [1] Die Befugnisse der Länder und anderer Polizeibehörden des Bundes bleiben unberührt. [2] Die zuständigen obersten Landesbehörden und, soweit zuständig, anderen Polizeibehörden des Bundes sind unverzüglich zu benachrichtigen, wenn das Bundeskriminalamt die Aufgabe nach Absatz 1 wahrnimmt. [3] Die Aufgabenwahrnehmung erfolgt in gegenseitigem Benehmen. [4] Stellt das Bundeskriminalamt bei der Aufgabenwahrnehmung nach Absatz 1 Satz 1 Nummer 2 die Zuständigkeit einer Landespolizeibehörde fest, so gibt es diese Aufgabe an diese Polizeibehörde ab, wenn nicht ein Fall des Absatzes 1 Satz 1 Nummer 1 oder Nummer 3 vorliegt.

§ 6[2] Schutz von Mitgliedern der Verfassungsorgane und der Leitung des Bundeskriminalamtes.

(1) [1] Unbeschadet der Rechte des Präsidenten des Deutschen Bundestages und der Zuständigkeit der Bundespolizei und der Polizeien der Länder obliegt dem Bundeskriminalamt

1. der erforderliche Personenschutz

 a) für die Mitglieder der Verfassungsorgane des Bundes,

 b) in besonders festzulegenden Fällen der Gäste dieser Verfassungsorgane aus anderen Staaten,

 c) auf Ersuchen des Präsidenten des Deutschen Bundestages für Hilfsorgane des Deutschen Bundestages und

 d) für die Leitung des Bundeskriminalamtes;

2. der innere Schutz der Dienst- und der Wohnsitze sowie der jeweiligen Aufenthaltsräume des Bundespräsidenten, der Mitglieder der Bundesregierung und in besonders festzulegenden Fällen ihrer Gäste aus anderen Staaten.

[2] In den Fällen des Satzes 1 Nummer 1 Buchstabe a, c und d kann der erforderliche Schutz insbesondere auch über die Amtsdauer hinaus erstreckt werden und Familienangehörige einbeziehen.

(2) Sollen Beamtinnen und Beamte des Bundeskriminalamtes und der Polizei eines Landes in den Fällen des Absatzes 1 zugleich eingesetzt werden, so entscheidet darüber das Bundesministerium des Innern, für Bau und Heimat im Einvernehmen mit der obersten Landesbehörde.

[1] **Schönfelder Nr. 85.**
[2] § 6 Abs. 2 geänd. mWv 27.6.2020 durch VO v. 19.6.2020 (BGBl. I S. 1328).

§ 7 Zeugenschutz. (1) [1]In den Fällen des § 4 Absatz 1 und 2 Satz 1 obliegt dem Bundeskriminalamt der Schutz von Personen, deren Aussage zur Erforschung der Wahrheit von Bedeutung ist oder war. [2]Entsprechendes gilt für deren Angehörige und sonstige ihnen nahestehende Personen. [3]Das Bundeskriminalamt unterrichtet die zuständigen Landeskriminalämter unverzüglich von der Übernahme des Zeugenschutzes.

(2) [1]Das Bundeskriminalamt kann Zeugenschutzmaßnahmen aufgrund eines Ersuchens eines anderen Staates oder einer für die Verfolgung von Straftaten zuständigen zwischen- und überstaatlichen Stelle durchführen, soweit es sich um einen Fall von besonderer Bedeutung handelt. [2]Absatz 1 Satz 2 und 3 gilt entsprechend.

(3) [1]In Einzelfällen können Zeugenschutzmaßnahmen im Einvernehmen zwischen dem Bundeskriminalamt und einem Landeskriminalamt durch Polizeibeamtinnen und Polizeibeamte dieses Landes durchgeführt werden. [2]Die Verpflichtung anderer Polizeibehörden, die zur Abwehr von Gefahren erforderlichen unaufschiebbaren Maßnahmen zu treffen, bleibt unberührt.

§ 8 Sicherung des Bundeskriminalamtes, behördlicher Eigenschutz.

(1) [1]Dem Bundeskriminalamt obliegt die Sicherung seiner behördlichen Liegenschaften, sonstigen Einrichtungen und eigenen Veranstaltungen gegen Gefahren, welche die Erfüllung seiner Aufgaben beeinträchtigen. [2]Die Sicherung beschränkt sich auf die in Satz 1 bezeichneten Liegenschaften und Einrichtungen sowie auf die Grundstücke, auf denen diese Liegenschaften und Einrichtungen untergebracht sind oder Veranstaltungen stattfinden.

(2) Dem Bundeskriminalamt obliegt die Sicherung seines Dienstbetriebs gegen Gefahren, die von Personen ausgehen, die für das Bundeskriminalamt tätig werden sollen.

Abschnitt 2. Allgemeine Befugnisse zur Datenverarbeitung

Unterabschnitt 1. Datenerhebung

§ 9 Allgemeine Datenerhebung durch und Datenübermittlung an das Bundeskriminalamt. (1) [1]Das Bundeskriminalamt kann, soweit dies zur Erfüllung seiner Aufgabe als Zentralstelle nach § 2 Absatz 2 Nummer 1 und Absatz 6 erforderlich ist, personenbezogene Daten zur Ergänzung vorhandener Sachverhalte oder sonst zu Zwecken der Auswertung mittels Auskünften oder Anfragen bei öffentlichen oder nichtöffentlichen Stellen erheben. [2]Das Bundeskriminalamt kann unter den Voraussetzungen des Satzes 1 auch Daten erheben

1. bei den in den §§ 26 und 27 genannten Behörden und Stellen anderer Staaten,

2. bei zwischen- und überstaatlichen Stellen, die mit der Verfolgung und Verhütung von Straftaten befasst sind, sowie

3. unter den Voraussetzungen des § 81 des Bundesdatenschutzgesetzes[1)] auch bei sonstigen öffentlichen und nichtöffentlichen Stellen im Ausland.

[3]In anhängigen Strafverfahren steht dem Bundeskriminalamt diese Befugnis nur im Einvernehmen mit der zuständigen Strafverfolgungsbehörde zu.

[1)] Nr. 245.

(2) ¹Das Bundeskriminalamt kann, soweit dies zur Erfüllung seiner Aufgaben nach den §§ 6 bis 8 erforderlich ist, personenbezogene Daten erheben. ²Die personenbezogenen Daten sind offen und bei der betroffenen Person zu erheben. ³Sie können bei anderen öffentlichen oder bei nichtöffentlichen Stellen erhoben werden, wenn die Erhebung bei der betroffenen Person nicht möglich ist oder durch sie die Erfüllung der dem Bundeskriminalamt obliegenden Aufgaben nach Satz 1 gefährdet oder erheblich erschwert würde. ⁴Eine Datenerhebung, die nicht als Maßnahme des Bundeskriminalamtes erkennbar sein soll, ist nur zulässig, wenn auf andere Weise die Erfüllung der dem Bundeskriminalamt obliegenden Aufgaben nach Satz 1 erheblich gefährdet wird oder wenn anzunehmen ist, dass dies dem überwiegenden Interesse der betroffenen Person entspricht.

(3) ¹Soweit das Bundeskriminalamt für seine Aufgaben nach den §§ 6 bis 8 personenbezogene Daten bei der betroffenen Person oder bei nichtöffentlichen Stellen erhebt, sind diese auf Verlangen auf den Umfang ihrer Auskunftspflicht und auf die Rechtsgrundlage der Datenerhebung hinzuweisen. ²Der Hinweis kann unterbleiben, wenn durch ihn die Erfüllung der jeweiligen Aufgabe des Bundeskriminalamtes nach Absatz 2 gefährdet oder erheblich erschwert würde. ³Sofern eine Auskunftspflicht nicht besteht, ist auf die Freiwilligkeit der Auskunft hinzuweisen.

(4) ¹Öffentliche Stellen können von sich aus dem Bundeskriminalamt Informationen einschließlich personenbezogener Daten übermitteln, wenn tatsächliche Anhaltspunkte dafür bestehen, dass die Übermittlung für die Erfüllung der Aufgaben des Bundeskriminalamtes erforderlich ist. ²Die Vorschriften der Strafprozessordnung ¹⁾, des Artikel 10-Gesetzes ²⁾, des Bundesverfassungsschutzgesetzes ³⁾, des BND-Gesetzes ⁴⁾ und des MAD-Gesetzes ⁵⁾ bleiben unberührt. ³Die Verantwortung für die Zulässigkeit der Übermittlung trägt die übermittelnde Stelle. ⁴Erfolgt die Übermittlung auf Ersuchen des Bundeskriminalamtes, trägt dieses die Verantwortung.

(5) Eine Übermittlungspflicht besteht, wenn die Informationen zur Abwehr einer Gefahr für den Bestand oder die Sicherheit des Bundes oder eines Landes oder Leib, Leben oder Freiheit einer Person oder einer Sache von bedeutendem Wert, deren Erhaltung im öffentlichen Interesse liegt, erforderlich sind.

§ 10 Bestandsdatenauskunft. (1) *¹Soweit dies zur Erfüllung der Aufgabe des Bundeskriminalamtes*

1. *als Zentralstelle nach § 2 Absatz 2 Nummer 1 und Absatz 6 zur Ergänzung vorhandener Sachverhalte oder sonst zu Zwecken der Auswertung,*

2. *zum Schutz von Mitgliedern der Verfassungsorgane und der Leitung des Bundeskriminalamtes nach § 6 sowie*

3. *zum Zeugenschutz nach § 7*

erforderlich ist, darf von demjenigen, der geschäftsmäßig Telekommunikationsdienste erbringt oder daran mitwirkt, Auskunft über die nach den §§ 95 und 111 des Tele-

¹⁾ **Schönfelder Nr. 90.**
²⁾ Nr. 7.
³⁾ *Nr. 80.*
⁴⁾ **Sartorius III Nr. 805.**
⁵⁾ **Wehrrecht Nr. 805.**

kommunikationsgesetzes)[1] *erhobenen Daten verlangt werden (§ 113 Absatz 1 Satz 1 des Telekommunikationsgesetzes),*[2] [2]Bezieht sich das Auskunftsverlangen nach Satz 1 auf Daten, mittels derer der Zugriff auf Endgeräte oder auf Speichereinrichtungen, die in diesen Endgeräten oder hiervon räumlich getrennt eingesetzt werden, geschützt wird (§ 113 Absatz 1 Satz 2 des Telekommunikationsgesetzes), darf die Auskunft nur verlangt werden, wenn die gesetzlichen Voraussetzungen für die Nutzung der Daten vorliegen.

(2) Die Auskunft nach Absatz 1 darf auch anhand einer zu einem bestimmten Zeitpunkt zugewiesenen Internetprotokoll-Adresse verlangt werden (§ 113 Absatz 1 Satz 3 des Telekommunikationsgesetzes).[2]

(3) [1]Auskunftsverlangen nach Absatz 1 Satz 2 dürfen nur auf Antrag der Präsidentin oder des Präsidenten des Bundeskriminalamtes oder ihrer oder seiner Vertretung durch das Gericht angeordnet werden. [2]Bei Gefahr im Verzug kann die Anordnung durch die Präsidentin oder den Präsidenten des Bundeskriminalamtes oder ihre oder seine Vertretung getroffen werden. [3]In diesem Fall ist die gerichtliche Entscheidung unverzüglich nachzuholen. [4]Die Sätze 1 bis 3 finden keine Anwendung, wenn die betroffene Person vom Auskunftsverlangen bereits Kenntnis hat oder haben muss oder wenn die Nutzung der Daten bereits durch eine gerichtliche Entscheidung gestattet wird. [5]Das Vorliegen der Voraussetzungen nach Satz 4 ist aktenkundig zu machen.

(4) [1]Die betroffene Person ist in den Fällen des Absatzes 1 Satz 2 und des Absatzes 2 über die Beauskunftung zu benachrichtigen. [2]Die Benachrichtigung erfolgt, soweit und sobald hierdurch der Zweck der Auskunft nicht vereitelt wird. [3]Sie unterbleibt, wenn ihr überwiegende schutzwürdige Belange Dritter oder der betroffenen Person selbst entgegenstehen. [4]Wird die Benachrichtigung nach Satz 2 zurückgestellt oder nach Satz 3 von ihr abgesehen, sind die Gründe aktenkundig zu machen.

(5) [1]Aufgrund eines Auskunftsverlangens nach Absatz 1 oder Absatz 2 hat derjenige, der geschäftsmäßig Telekommunikationsdienste erbringt oder daran mitwirkt, die zur Auskunftserteilung erforderlichen Daten unverzüglich zu übermitteln. [2]Für die Entschädigung der Diensteanbieter ist 23 des Justizvergütungs- und -entschädigungsgesetzes[3] entsprechend anzuwenden.

§ 11 Aufzeichnung eingehender Telefonanrufe. [1]Das Bundeskriminalamt kann Telefonanrufe aufzeichnen, die über Rufnummern eingehen, die der Öffentlichkeit bekannt gegeben wurden

1. für die Entgegennahme sachdienlicher Hinweise im Zusammenhang mit der Erfüllung der Aufgaben nach den §§ 4 bis 8 oder

2. im Hinblick auf ein bestimmtes Ereignis,

soweit dies zur Erfüllung seiner Aufgaben erforderlich ist. [2]Die Aufzeichnungen sind sofort und spurenlos zu löschen, sobald sie nicht mehr zur Aufgabenerfüllung erforderlich sind, spätestens jedoch nach 30 Tagen, es sei denn, sie werden im Einzelfall zur Erfüllung der Aufgaben nach den §§ 4 bis 6 benötigt.

[1] **Sartorius ErgBd. Nr. 920.**
[2] § 10 Abs. 1 Satz 1 und Abs. 2 sind gem. Beschl. des BVerfG – 1 BvR 1873/13, 1 BvR 2618/13 – v. 27.5.2020 (BGBl. I S. 1931) mit Art. 2 Abs. 1 iVm Art. 1 Abs. 1 und Art. 10 Abs. 1 GG (Nr. **1**) unvereinbar. Bis zur Neuregelung, längstens jedoch bis 31.12.2021, bleiben die für mit dem GG unvereinbar erklärten Vorschriften nach Maßgabe der Gründe weiter anwendbar.
[3] **Schönfelder Nr. 116.**

Unterabschnitt 2. Weiterverarbeitung von Daten

§ 12 **Zweckbindung, Grundsatz der hypothetischen Datenneuerhebung.** (1) [1]Das Bundeskriminalamt kann personenbezogene Daten, die es selbst erhoben hat, weiterverarbeiten

1. zur Erfüllung derselben Aufgabe und

2. zum Schutz derselben Rechtsgüter oder zur Verfolgung oder Verhütung derselben Straftaten.

[2]Für die Weiterverarbeitung von personenbezogenen Daten, die aus Maßnahmen nach § 46 erlangt wurden, muss im Einzelfall eine dringende Gefahr im Sinne des § 46 Absatz 1 vorliegen, und für die Weiterverarbeitung von personenbezogenen Daten, die aus Maßnahmen nach § 49 erlangt wurden, muss im Einzelfall eine Gefahrenlage im Sinne des § 49 Absatz 1 vorliegen.

(2) [1]Das Bundeskriminalamt kann zur Erfüllung seiner Aufgaben personenbezogene Daten zu anderen Zwecken, als denjenigen, zu denen sie erhoben worden sind, weiterverarbeiten, wenn

1. mindestens

 a) vergleichbar schwerwiegende Straftaten verhütet, aufgedeckt oder verfolgt oder

 b) vergleichbar bedeutsame Rechtsgüter geschützt

 werden sollen und

2. sich im Einzelfall konkrete Ermittlungsansätze

 a) zur Verhütung, Aufdeckung oder Verfolgung solcher Straftaten ergeben oder

 b) zur Abwehr von in einem übersehbaren Zeitraum drohenden Gefahren für mindestens vergleichbar bedeutsame Rechtsgüter erkennen lassen.

[2]Die §§ 21 und 22 bleiben unberührt.

(3) [1]Für die Weiterverarbeitung von personenbezogenen Daten, die durch einen verdeckten Einsatz technischer Mittel in oder aus Wohnungen oder verdeckten Eingriff in informationstechnische Systeme erlangt wurden, gilt Absatz 2 Satz 1 Nummer 2 Buchstabe b mit der Maßgabe entsprechend, dass

1. bei personenbezogenen Daten, die durch einen verdeckten Einsatz technischer Mittel in oder aus Wohnungen erlangt wurden, im Einzelfall eine dringende Gefahr im Sinne des § 46 Absatz 1 vorliegen muss und

2. bei personenbezogenen Daten, die durch einen verdeckten Eingriff in informationstechnische Systeme erlangt wurden, im Einzelfall eine Gefahrenlage im Sinne des § 49 Absatz 1 vorliegen muss.

[2]Personenbezogene Daten, die durch Herstellung von Lichtbildern oder Bildaufzeichnungen über eine Person im Wege eines verdeckten Einsatzes technischer Mittel in oder aus Wohnungen erlangt wurden, dürfen nicht zu Strafverfolgungszwecken weiterverarbeitet werden.

(4) Abweichend von Absatz 2 kann das Bundeskriminalamt die vorhandenen Grunddaten (§ 18 Absatz 2 Nummer 1 Buchstabe a) einer Person auch weiterverarbeiten, um diese Person zu identifizieren.

(5) Bei der Weiterverarbeitung von personenbezogenen Daten stellt das Bundeskriminalamt durch organisatorische und technische Vorkehrungen sicher, dass die Absätze 1 bis 4 beachtet werden.

§ 13 Informationssystem des Bundeskriminalamtes. (1) Das Bundeskriminalamt betreibt ein Informationssystem zur Erfüllung seiner Aufgaben nach den §§ 2 bis 8.

(2) Im Zusammenhang mit den Aufgaben des Bundeskriminalamtes als Zentralstelle, bei der Strafverfolgung und bei der Gefahrenabwehr erfüllt das Informationssystem insbesondere folgende Grundfunktionen:

1. Unterstützung bei polizeilichen Ermittlungen,
2. Unterstützung bei Ausschreibungen von sowie Fahndungen nach Personen und Sachen,
3. Unterstützung bei der polizeilichen Informationsverdichtung durch Abklärung von Hinweisen und Spurenansätzen,
4. Durchführung von Abgleichen von personenbezogenen Daten,
5. Unterstützung bei der Erstellung von strategischen Analysen und Statistiken.

(3) Mit seinem Informationssystem nimmt das Bundeskriminalamt nach Maßgabe der §§ 29 und 30 am polizeilichen Informationsverbund nach § 29 teil.

§ 14 Kennzeichnung. (1) [1]Bei der Speicherung im Informationssystem sind personenbezogene Daten wie folgt zu kennzeichnen:

1. Angabe des Mittels der Erhebung der Daten einschließlich der Angabe, ob die Daten offen oder verdeckt erhoben wurden,
2. Angabe der Kategorie nach den §§ 18 und 19 bei Personen, zu denen Grunddaten angelegt wurden,
3. Angabe der
 a) Rechtsgüter, deren Schutz die Erhebung dient oder
 b) Straftaten, deren Verfolgung oder Verhütung die Erhebung dient,
4. Angabe der Stelle, die sie erhoben hat, sofern nicht das Bundeskriminalamt die Daten erhoben hat.

[2]Die Kennzeichnung nach Satz 1 Nummer 1 kann auch durch Angabe der Rechtsgrundlage der jeweiligen Mittel der Datenerhebung ergänzt werden.

(2) Personenbezogene Daten, die nicht entsprechend den Anforderungen des Absatzes 1 gekennzeichnet sind, dürfen so lange nicht weiterverarbeitet oder übermittelt werden, bis eine Kennzeichnung entsprechend den Anforderungen des Absatzes 1 erfolgt ist.

(3) Nach einer Übermittlung an eine andere Stelle ist die Kennzeichnung nach Absatz 1 durch diese Stelle aufrechtzuerhalten.

§ 15 Regelung von Zugriffsberechtigungen. (1) Das Bundeskriminalamt hat bei der Erteilung von Zugriffsberechtigungen der Nutzer des Informationssystems sicherzustellen, dass

1. auf Grundlage der nach § 14 Absatz 1 vorzunehmenden Kennzeichnungen die Vorgaben des § 12 bei der Nutzung des Informationssystems beachtet werden und
2. der Zugriff nur auf diejenigen personenbezogenen Daten und Erkenntnisse möglich ist, deren Kenntnis für die Erfüllung der jeweiligen dienstlichen Pflichten erforderlich ist.

(2) Das Bundeskriminalamt hat darüber hinaus sicherzustellen, dass Änderungen, Berichtigungen und Löschungen von personenbezogenen Daten im Informationssystem nur durch eine hierzu befugte Person erfolgen können.

(3) [1]Das Bundeskriminalamt trifft hierzu alle erforderlichen organisatorischen und technischen Vorkehrungen und Maßnahmen, die dem Stand der Technik entsprechen. [2]Die Vergabe von Zugriffsberechtigungen auf die im Informationssystem gespeicherten Daten erfolgt auf der Grundlage eines abgestuften Rechte- und Rollenkonzeptes, das die Umsetzung der Maßgaben der Absätze 1 und 2 technisch und organisatorisch sicherstellt. [3]Die Erstellung und Fortschreibung des abgestuften Rechte- und Rollenkonzeptes erfolgt im Benehmen mit der oder dem Bundesbeauftragten für den Datenschutz und die Informationsfreiheit.

(4) Das Informationssystem ist so zu gestalten, dass eine weitgehende Standardisierung der nach § 76 Absatz 1 des Bundesdatenschutzgesetzes[1] zu protokollierenden Abfragegründe im Rahmen der Aufgaben des Bundeskriminalamtes erfolgt.

§ 16 Datenweiterverarbeitung im Informationssystem. (1) Das Bundeskriminalamt kann personenbezogene Daten nach Maßgabe des § 12 im Informationssystem weiterverarbeiten, soweit dies zur Erfüllung seiner Aufgaben erforderlich ist und soweit dieses Gesetz keine zusätzlichen besonderen Voraussetzungen vorsieht.

(2) [1]Das Bundeskriminalamt kann personenbezogene Daten im Informationssystem weiterverarbeiten, soweit dies erforderlich ist zur Fahndung und polizeilichen Beobachtung oder gezielten Kontrolle, wenn das Bundeskriminalamt oder die die Ausschreibung veranlassende Stelle nach dem für sie geltenden Recht befugt ist, die mit der Ausschreibung für Zwecke der Strafverfolgung, des Strafvollzugs, der Strafvollstreckung oder der Abwehr erheblicher Gefahren vorgesehene Maßnahme vorzunehmen oder durch eine Polizeibehörde vornehmen zu lassen. [2]Satz 1 gilt entsprechend für Ausschreibungen zur Durchführung aufenthaltsbeendender oder einreiseverhindernder Maßnahmen. [3]Die veranlassende Stelle trägt die Verantwortung für die Zulässigkeit der Maßnahme. [4]Sie hat in ihrem Ersuchen die bezweckte Maßnahme sowie Umfang und Dauer der Ausschreibung zu bezeichnen. [5]Nach Beendigung einer Ausschreibung nach Satz 1 oder Satz 2 sind die zu diesem Zweck gespeicherten Daten unverzüglich zu löschen.

(3) Das Bundeskriminalamt kann personenbezogene Daten, die es bei der Wahrnehmung seiner Aufgaben auf dem Gebiet der Strafverfolgung erlangt hat, unter den Voraussetzungen der §§ 18 und 19 im Informationssystem für Zwecke künftiger Strafverfahren weiterverarbeiten.

(4) [1]Das Bundeskriminalamt kann im Informationssystem personenbezogene Daten mit Daten, auf die es zur Erfüllung seiner Aufgaben zugreifen darf, abgleichen, wenn Grund zu der Annahme besteht, dass dies zur Erfüllung einer Aufgabe erforderlich ist. [2]Rechtsvorschriften über den Datenabgleich in anderen Fällen bleiben unberührt.

(5) [1]Das Bundeskriminalamt kann zur Erfüllung seiner Aufgaben nach § 2 Absatz 4 im Informationssystem personenbezogene Daten, die bei der Durch-

[1] Nr. **245**.

führung erkennungsdienstlicher Maßnahmen erhoben worden sind, weiterverarbeiten,

1. wenn eine andere Rechtsvorschrift dies erlaubt oder
2. wenn dies erforderlich ist,
 a) weil bei Beschuldigten und Personen, die einer Straftat verdächtig sind, wegen der Art oder Ausführung der Tat, der Persönlichkeit der betroffenen Person oder sonstiger Erkenntnisse Grund zu der Annahme besteht, dass gegen sie Strafverfahren zu führen sind, oder
 b) um eine erhebliche Gefahr abzuwehren.

² § 18 Absatz 5 gilt entsprechend.

(6) Das Bundeskriminalamt kann in den Fällen, in denen bereits Daten zu einer Person vorhanden sind, zu dieser Person auch weiterverarbeiten:

1. personengebundene Hinweise, die zum Schutz dieser Person oder zur Eigensicherung von Beamten erforderlich sind, oder
2. weitere Hinweise, die geeignet sind, dem Schutz Dritter oder der Gewinnung von Ermittlungsansätzen zu dienen.

§ 17[1] Projektbezogene gemeinsame Dateien.

(1) ¹Das Bundeskriminalamt kann für die Dauer einer befristeten projektbezogenen Zusammenarbeit mit den Verfassungsschutzbehörden des Bundes und der Länder, dem Militärischen Abschirmdienst, dem Bundesnachrichtendienst, Polizeibehörden des Bundes und der Länder und dem Zollkriminalamt eine gemeinsame Datei errichten. ²Die projektbezogene Zusammenarbeit bezweckt nach Maßgabe der Aufgaben und Befugnisse der in Satz 1 genannten Behörden den Austausch und die gemeinsame Auswertung von polizeilichen oder nachrichtendienstlichen Erkenntnissen zu

1. Straftaten nach den §§ 94 bis 96 und den §§ 97a bis 100a des Strafgesetzbuchs[2],
2. Straftaten nach § 129a, auch in Verbindung mit § 129b Absatz 1, den §§ 89a bis 89c und 91 des Strafgesetzbuchs,
3. vorsätzlichen Straftaten nach den §§ 17 und 18 des Außenwirtschaftsgesetzes, soweit es sich um einen Fall von besonderer Bedeutung handelt, oder
4. Straftaten, die mit Straftaten nach den Nummern 1 bis 3 in einem unmittelbaren Zusammenhang stehen.

³Personenbezogene Daten zu Straftaten nach Satz 2 dürfen unter Einsatz der gemeinsamen Datei durch die an der projektbezogenen Zusammenarbeit beteiligten Behörden im Rahmen ihrer Befugnisse weiterverarbeitet werden, soweit dies in diesem Zusammenhang zur Erfüllung ihrer Aufgaben erforderlich ist. ⁴Bei der Weiterverarbeitung der personenbezogenen Daten finden für die beteiligten Behörden die jeweils für sie geltenden Vorschriften über die Weiterverarbeitung von Daten Anwendung.

(2) ¹Für die Eingabe personenbezogener Daten in die gemeinsame Datei gelten die jeweiligen Übermittlungsvorschriften zugunsten der an der Zusammenarbeit beteiligten Behörden entsprechend mit der Maßgabe, dass die Ein-

[1] § 17 Abs. 6 Satz 1 einl. Satzteil, Satz 5 geänd. mWv 27.6.2020 durch VO v. 19.6.2020 (BGBl. I S. 1328).
[2] **Schönfelder Nr. 85.**

gabe nur zulässig ist, wenn die Daten allen an der projektbezogenen Zusammenarbeit teilnehmenden Behörden übermittelt werden dürfen. [2] Eine Eingabe ist ferner nur zulässig, wenn die Behörde, die die Daten eingegeben hat, die Daten auch in eigenen Dateien weiterverarbeiten darf. [3] Die Daten sind zu kennzeichnen.

(3) [1] Für die Führung einer projektbezogenen gemeinsamen Datei gelten § 29 Absatz 5, die §§ 31 und 86 entsprechend. [2] § 81 Absatz 2 findet mit der Maßgabe Anwendung, dass die Protokollierung bei jedem Datenabruf erfolgt. [3] § 84 Absatz 1 Satz 1 und 2 ist mit der Maßgabe anzuwenden, dass das Bundeskriminalamt die Auskunft im Einvernehmen mit der nach § 84 Absatz 1 Satz 1 zu beteiligenden Behörde erteilt und diese die Zulässigkeit der Auskunftserteilung nach den für sie geltenden Bestimmungen prüft.

(4) [1] Eine gemeinsame Datei nach Absatz 1 ist auf höchstens zwei Jahre zu befristen. [2] Die Frist kann um zwei Jahre und danach um ein weiteres Jahr verlängert werden, wenn das Ziel der projektbezogenen Zusammenarbeit bei Projektende noch nicht erreicht worden ist und die Datei weiterhin für die Erreichung des Ziels erforderlich ist.

(5) [1] Für die Berichtigung, Verarbeitungseinschränkung und Löschung personenbezogener Daten durch die Behörde, die die Daten eingegeben hat, gelten die jeweiligen für sie anwendbaren Vorschriften über die Berichtigung, Verarbeitungseinschränkung und Löschung von Daten entsprechend. [2] Für Daten, die das Bundeskriminalamt eingegeben hat, finden § 75 Absatz 1, 2 und 4 des Bundesdatenschutzgesetzes[1]) sowie § 77 mit Ausnahme von § 77 Absatz 2 Satz 5 und Absatz 3 Anwendung.

(6) [1] Das Bundeskriminalamt hat mit Zustimmung des Bundesministeriums des Innern, für Bau und Heimat sowie der für die Fachaufsicht der zusammenarbeitenden Behörden zuständigen obersten Bundes- und Landesbehörden für die projektbezogene gemeinsame Datei folgende Festlegungen zu treffen:

1. Bezeichnung der Datei,
2. Rechtsgrundlage und Zweck der Datei,
3. Personenkreis, über den Daten gespeichert werden,
4. Art der zu speichernden personenbezogenen Daten,
5. Arten der personenbezogenen Daten, die der Erschließung der Datei dienen,
6. Anlieferung oder Eingabe der zu speichernden Daten,
7. Voraussetzungen, unter denen in der Datei gespeicherte personenbezogene Daten an welche Empfänger und in welchem Verfahren übermittelt werden,
8. Prüffristen und Speicherungsdauer,
9. Protokollierung.

[2] Das Bundeskriminalamt hat im Einvernehmen mit den an der projektbezogenen Zusammenarbeit teilnehmenden Behörden deren jeweilige Organisationseinheiten zu bestimmen, die zur Eingabe und zum Abruf befugt sind. [3] Die oder der Bundesbeauftragte für den Datenschutz und die Informationsfreiheit ist vor den Festlegungen anzuhören. [4] Ist im Hinblick auf die Dringlichkeit der Aufgabenerfüllung eine Mitwirkung der in den Sätzen 1 und 3 genannten Stellen nicht möglich, so kann das Bundeskriminalamt eine Sofortanordnung treffen. [5] Das Bundeskriminalamt unterrichtet gleichzeitig unter Vorlage der

[1]) Nr. 245.

Sofortanordnung das Bundesministerium des Innern, für Bau und Heimat. [6] Das Verfahren nach den Sätzen 1 und 3 ist unverzüglich nachzuholen.

§ 18 Daten zu Verurteilten, Beschuldigten, Tatverdächtigen und sonstigen Anlasspersonen. (1) Das Bundeskriminalamt kann zur Erfüllung seiner Aufgaben nach § 2 Absatz 1 bis 3 personenbezogene Daten weiterverarbeiten von

1. Verurteilten,

2. Beschuldigten,

3. Personen, die einer Straftat verdächtig sind, sofern die Weiterverarbeitung der Daten erforderlich ist, weil wegen der Art und Ausführung der Tat, der Persönlichkeit der betroffenen Person oder sonstiger Erkenntnisse Grund zu der Annahme besteht, dass zukünftig Strafverfahren gegen sie zu führen sind, und

4. Personen, bei denen Anlass zur Weiterverarbeitung der Daten besteht, weil tatsächliche Anhaltspunkte dafür vorliegen, dass die betroffenen Personen in naher Zukunft Straftaten von erheblicher Bedeutung begehen werden (Anlasspersonen).

(2) Das Bundeskriminalamt kann weiterverarbeiten:

1. von Personen nach Absatz 1 Nummer 1 bis 4

a) die Grunddaten und

b) soweit erforderlich, andere zur Identifizierung geeignete Merkmale,

c) die kriminalaktenführende Polizeidienststelle und die Kriminalaktennummer,

d) die Tatzeiten und Tatorte,

e) die Tatvorwürfe durch Angabe der gesetzlichen Vorschriften und die nähere Bezeichnung der Straftaten;

2. von Personen nach Absatz 1 Nummer 1 und 2 weitere personenbezogene Daten, soweit die Weiterverarbeitung der Daten erforderlich ist, weil wegen der Art oder Ausführung der Tat, der Persönlichkeit der betroffenen Person oder sonstiger Erkenntnisse Grund zu der Annahme besteht, dass zukünftig Strafverfahren gegen sie zu führen sind;

3. von Personen nach Absatz 1 Nummer 3 und 4 weitere personenbezogene Daten.

(3) [1] Das Bundeskriminalamt kann personenbezogene Daten weiterverarbeiten, um festzustellen, ob die betreffenden Personen die Voraussetzungen nach Absatz 1 erfüllen. [2] Die Daten dürfen ausschließlich zu diesem Zweck weiterverarbeitet werden und sind im Informationssystem gesondert zu speichern. [3] Die Daten sind nach Abschluss der Prüfung, spätestens jedoch nach zwölf Monaten zu löschen, soweit nicht festgestellt wurde, dass die betreffende Person die Voraussetzungen nach Absatz 1 erfüllt.

(4) [1] Das Bundeskriminalamt kann personenbezogene Daten weiterverarbeiten, soweit dies erforderlich ist zum Zweck des Nachweises von Personen, die wegen des Verdachts oder des Nachweises einer rechtswidrigen Tat einer richterlich angeordneten Freiheitsentziehung unterliegen. [2] Die Löschung von Daten, die allein zu diesem Zweck weiterverarbeitet werden, erfolgt nach zwei Jahren.

(5) Wird der Beschuldigte rechtskräftig freigesprochen, die Eröffnung des Hauptverfahrens gegen ihn unanfechtbar abgelehnt oder das Verfahren nicht nur vorläufig eingestellt, so ist die Weiterverarbeitung unzulässig, wenn sich aus den Gründen der Entscheidung ergibt, dass die betroffene Person die Tat nicht oder nicht rechtswidrig begangen hat.

§ 19 Daten zu anderen Personen. (1) [1]Soweit dies zur Verhütung oder zur Vorsorge für die künftige Verfolgung einer Straftat mit erheblicher Bedeutung erforderlich ist, kann das Bundeskriminalamt zur Erfüllung seiner Aufgaben nach § 2 Absatz 1 bis 3 personenbezogene Daten von Personen weiterverarbeiten, bei denen tatsächliche Anhaltspunkte dafür vorliegen, dass

1. sie bei einer künftigen Strafverfolgung als Zeugen in Betracht kommen,

2. sie als Opfer einer künftigen Straftat in Betracht kommen,

3. sie mit in § 18 Absatz 1 Nummer 1 bis 3 bezeichneten Personen nicht nur flüchtig oder in zufälligem Kontakt und in einer Weise in Verbindung stehen, die erwarten lässt, dass Hinweise für die Verfolgung oder vorbeugende Bekämpfung dieser Straftaten gewonnen werden können, weil Tatsachen die Annahme rechtfertigen, dass die Personen von der Planung oder der Vorbereitung der Straftaten oder der Verwertung der Tatvorteile Kenntnis haben oder daran mitwirken,

4. es sich um Hinweisgeber und sonstige Auskunftspersonen handelt.

[2]Die Weiterverarbeitung nach Satz 1 ist zu beschränken auf die in § 18 Absatz 2 Nummer 1 Buchstabe a bis c bezeichneten Daten sowie auf die Angabe, in welcher Eigenschaft der Person und in Bezug auf welchen Sachverhalt die Speicherung der Daten erfolgt. [3]Personenbezogene Daten über Personen nach Satz 1 Nummer 1, 2 und 4 dürfen nur mit Einwilligung der betroffenen Person gespeichert werden. [4]Die Einwilligung ist nicht erforderlich, wenn das Bekanntwerden der Speicherungsabsicht den mit der Speicherung verfolgten Zweck gefährden würde.

(2) [1]Das Bundeskriminalamt kann personenbezogene Daten weiterverarbeiten von Vermissten, unbekannten Personen und unbekannten Toten

1. zu Zwecken der Identifizierung,

2. zur Abwehr einer erheblichen Gefahr für die genannten Personen.

[2]Entsprechendes gilt, soweit es sonst zur Erfüllung seiner Aufgaben erforderlich ist, weil tatsächliche Anhaltspunkte dafür vorliegen, dass es sich um Täter, Opfer oder Zeugen im Zusammenhang mit einer Straftat handelt.

(3) [1]Das Bundeskriminalamt kann personenbezogene Daten weiterverarbeiten, um festzustellen, ob die betreffenden Personen die Voraussetzungen nach Absatz 1 oder Absatz 2 erfüllen. [2]Die Daten dürfen ausschließlich zu diesem Zweck weiterverarbeitet werden und sind im Informationssystem gesondert zu speichern. [3]Die Daten sind nach Abschluss der Prüfung, spätestens jedoch nach zwölf Monaten zu löschen, soweit nicht festgestellt wurde, dass die betreffende Person die Voraussetzungen nach Absatz 1 oder Absatz 2 erfüllt.

§ 20 [1)2)] **Verordnungsermächtigung.** [1]Das Bundesministerium des Innern, für Bau und Heimat bestimmt durch Rechtsverordnung mit Zustimmung des

[1)] § 20 tritt am 9.6.2017 in Kraft; vgl. Art. 13 Abs. 2 G v. 1.6.2017 (BGBl. I S. 1354).
[2)] § 20 Satz 1 geänd. mWv 27.6.2020 durch VO v. 19.6.2020 (BGBl. I S. 1328).

Bundesrates das Nähere über die Art und den Umfang der Daten, die nach den §§ 16, 18 und 19 weiterverarbeitet werden dürfen. [2]In der Rechtsverordnung nach Satz 1 bestimmt es insbesondere

1. die Grunddaten nach § 18 Absatz 2 Nummer 1 Buchstabe a, die der Identifizierung dienen, wie insbesondere Namen, Geschlecht, Geburtsdatum, Geburtsort, Staatsangehörigkeit und Anschrift,
2. andere zur Identifizierung geeignete Merkmale nach § 18 Absatz 2 Nummer 1 Buchstabe b, wie insbesondere Lichtbilder und Personenbeschreibungen,
3. weitere personenbezogene Daten nach § 18 Absatz 2 Nummer 2 und 3,
4. bei der Durchführung erkennungsdienstlicher Maßnahmen erhobene personenbezogene Daten, die nach § 16 Absatz 5 weiterverarbeitet werden können,
5. personenbezogene Daten zur Fahndung und polizeilichen Beobachtung sowie gezielten Kontrolle,
6. personenbezogene Daten zum Zwecke des Nachweises von Personen, die einer richterlich angeordneten Freiheitsentziehung unterliegen und
7. personenbezogene Daten von Vermissten, unbekannten Personen und unbekannten Toten.

§ 21 Weiterverarbeitung für die wissenschaftliche Forschung.

(1) [1]Das Bundeskriminalamt kann im Rahmen seiner Aufgaben bei ihm vorhandene personenbezogene Daten, wenn dies für bestimmte wissenschaftliche Forschungsarbeiten erforderlich ist, weiterverarbeiten, soweit eine Verwendung anonymisierter Daten zu diesem Zweck nicht möglich ist und das öffentliche Interesse an der Forschungsarbeit das schutzwürdige Interesse der betroffenen Person erheblich überwiegt. [2]Eine solche Weiterverarbeitung von personenbezogenen Daten, die aus in § 12 Absatz 3 genannten Maßnahmen erlangt wurden, ist ausgeschlossen.

(2) [1]Das Bundeskriminalamt kann personenbezogene Daten an Hochschulen, andere Einrichtungen, die wissenschaftliche Forschung betreiben, und öffentliche Stellen übermitteln, soweit

1. dies für die Durchführung bestimmter wissenschaftlicher Forschungsarbeiten erforderlich ist,
2. eine Weiterverarbeitung anonymisierter Daten zu diesem Zweck nicht möglich ist und
3. das öffentliche Interesse an der Forschungsarbeit das schutzwürdige Interesse der betroffenen Person an dem Ausschluss der Übermittlung erheblich überwiegt.

[2]Eine Übermittlung von personenbezogenen Daten im Sinne des Absatzes 1 Satz 2 ist ausgeschlossen.

(3) [1]Die Übermittlung der Daten erfolgt durch Erteilung von Auskünften, wenn hierdurch der Zweck der Forschungsarbeit erreicht werden kann und die Erteilung keinen unverhältnismäßigen Aufwand erfordert. [2]Andernfalls kann auch Akteneinsicht gewährt werden. [3]Einsicht in elektronische Akten wird durch Bereitstellen des Inhalts der Akte zum Abruf gewährt. [4]Ein Aktenausdruck oder ein Datenträger mit dem Inhalt der elektronischen Akten wird auf besonders zu begründenden Antrag nur übermittelt, wenn die antragstellende

Person hieran ein berechtigtes Interesse hat. [5] Einsicht in Akten, die in Papierform vorliegen, wird durch Bereitstellen des Inhalts der Akte zur Einsichtnahme in Diensträumen gewährt. [6] Auf besonderen Antrag wird die Einsicht in Akten, die in Papierform vorliegen, durch Übersendung von Kopien, durch Übergabe zur Mitnahme oder durch Übersendung der Akten gewährt.

(4) [1] Personenbezogene Daten werden nur an solche Personen übermittelt, die Amtsträger oder für den öffentlichen Dienst besonders Verpflichtete sind oder die zur Geheimhaltung verpflichtet worden sind. [2] § 1 Absatz 2, 3 und 4 Nummer 2 des Verpflichtungsgesetzes findet auf die Verpflichtung zur Geheimhaltung entsprechende Anwendung.

(5) [1] Die personenbezogenen Daten dürfen nur für die Forschungsarbeit weiterverarbeitet werden, für die sie übermittelt worden sind. [2] Die Weiterverarbeitung für andere Forschungsarbeiten oder die Weitergabe richtet sich nach den Absätzen 2 bis 4 und bedarf der Zustimmung der Stelle, die die Daten übermittelt hat.

(6) Durch organisatorische und technische Maßnahmen hat die wissenschaftliche Forschung betreibende Stelle zu gewährleisten, dass die Daten gegen unbefugte Kenntnisnahme geschützt sind.

(7) [1] Sobald der Forschungszweck es erlaubt, sind die personenbezogenen Daten zu anonymisieren. [2] Solange dies noch nicht möglich ist, sind die Merkmale gesondert aufzubewahren, mit denen Einzelangaben über persönliche oder sachliche Verhältnisse einer bestimmten oder bestimmbaren Person zugeordnet werden können. [3] Sie dürfen mit den Einzelangaben nur zusammengeführt werden, soweit der Forschungszweck dies erfordert.

(8) Wer nach den Absätzen 2 bis 4 personenbezogene Daten erhalten hat, darf diese nur veröffentlichen, wenn dies für die Darstellung von Forschungsergebnissen über Ereignisse der Zeitgeschichte unerlässlich ist und das Bundeskriminalamt zugestimmt hat.

§ 22 Weiterverarbeitung von Daten zur Aus- und Fortbildung, zu statistischen Zwecken und zur Vorgangsverwaltung. (1) [1] Das Bundeskriminalamt kann bei ihm vorhandene personenbezogene Daten zur polizeilichen Aus- und Fortbildung oder zu statistischen Zwecken weiterverarbeiten, soweit eine Weiterverarbeitung anonymisierter Daten zu diesem Zweck nicht möglich ist. [2] Entsprechendes gilt für die Übermittlung an die Landeskriminalämter zu kriminalstatistischen Zwecken. [3] Die Daten sind zum frühestmöglichen Zeitpunkt zu anonymisieren. [4] § 21 Absatz 1 Satz 2 und Absatz 2 Satz 2 gilt entsprechend.

(2) Das Bundeskriminalamt kann, wenn dies zur Vorgangsverwaltung oder zur befristeten Dokumentation polizeilichen Handelns erforderlich ist, personenbezogene Daten ausschließlich zu diesem Zweck weiterverarbeiten.

§ 23[1) Elektronische Aktenführung. (1) Die Akten des Bundeskriminalamtes sollen elektronisch geführt werden.

(2) Das Bundesministerium des Innern, für Bau und Heimat regelt die für die elektronische Aktenführung geltenden organisatorischen und technischen Rahmenbedingungen einschließlich der einzuhaltenden Anforderungen des Datenschutzes, der Datensicherheit und der Barrierefreiheit, die die Grundsätze

[1)] § 23 Abs. 2 geänd. mWv 27.6.2020 durch VO v. 19.6.2020 (BGBl. I S. 1328).

ordnungsgemäßer Aktenführung und den Stand der Technik beachten, in Verwaltungsvorschriften.

(3) Die Vorschriften über die elektronische Aktenführung im Strafverfahren bleiben unberührt.

§ 24 Speicherung von DNA-Identifizierungsmustern zur Erkennung von DNA-Trugspuren. (1) [1]Das Bundeskriminalamt kann von seinen Mitarbeiterinnen und Mitarbeitern, die Umgang mit Spurenmaterial haben oder die Bereiche in seinen Liegenschaften und Einrichtungen betreten müssen, in denen mit Spurenmaterial umgegangen oder dieses gelagert wird,

1. mittels eines Mundschleimhautabstrichs oder einer hinsichtlich ihrer Eingriffsintensität vergleichbaren Methode Körperzellen entnehmen,

2. diese zur Feststellung des DNA-Identifizierungsmusters molekulargenetisch untersuchen und

3. die festgestellten DNA-Identifizierungsmuster mit den an Spurenmaterial festgestellten DNA-Identifizierungsmustern automatisiert abgleichen,

um zur Erkennung von DNA-Trugspuren festzustellen, ob an Spurenmaterial festgestellte DNA-Identifizierungsmuster von diesen Personen stammen. [2]Die Entnahme der Körperzellen darf nicht erzwungen werden. [3]Die entnommenen Körperzellen dürfen nur für die in Satz 1 genannte molekulargenetische Untersuchung verwendet werden; sie sind unverzüglich zu vernichten, sobald sie hierfür nicht mehr erforderlich sind. [4]Bei der Untersuchung dürfen andere Feststellungen als diejenigen, die zur Ermittlung des DNA-Identifizierungsmusters erforderlich sind, nicht getroffen werden; hierauf gerichtete Untersuchungen sind unzulässig.

(2) Untersuchungen und Abgleiche nach Absatz 1 bei Personen, die nicht Mitarbeiterinnen und Mitarbeiter des Bundeskriminalamtes sind, dürfen nur mit deren schriftlicher Einwilligung erfolgen.

(3) [1]Die nach den Absätzen 1 und 2 erhobenen Daten sind zu pseudonymisieren und darüber hinaus im Informationssystem des Bundeskriminalamtes gesondert zu speichern. [2]Eine Verwendung dieser Daten zu anderen als den in den Absätzen 1 und 2 genannten Zwecken ist unzulässig. [3]Die DNA-Identifizierungsmuster sind zu löschen, wenn sie für die genannten Zwecke nicht mehr erforderlich sind. [4]Die Löschung hat spätestens drei Jahre nach dem letzten Umgang der betreffenden Person mit Spurenmaterial oder dem letzten Zutritt zu einem in Absatz 1 Satz 1 genannten Bereich zu erfolgen. [5]Betroffene Personen sind schriftlich über den Zweck und die Weiterverarbeitung sowie die Löschung der erhobenen Daten zu informieren.

Unterabschnitt 3. Datenübermittlung

§ 25[1)] **Datenübermittlung im innerstaatlichen Bereich.** (1) Das Bundeskriminalamt kann unter Beachtung des *§ 12 Absatz 2 bis 4* an andere Polizeien des Bundes und an Polizeien der Länder personenbezogene Daten *übermitteln,* soweit dies zur Erfüllung seiner Aufgaben oder der des Empfängers erforderlich ist.

[1)] § 25 Abs. 7 Satz 1 geänd. mWv 27.6.2020 durch VO v. 19.6.2020 (BGBl. I S. 1328).

(2) Das Bundeskriminalamt kann an andere als die in Absatz 1 genannten Behörden und sonstige öffentliche Stellen personenbezogene Daten übermitteln, soweit dies

1. in anderen Rechtsvorschriften vorgesehen ist oder

2. unter Beachtung des § 12 Absatz 2 bis 4 zulässig und erforderlich ist

 a) zur Erfüllung seiner Aufgaben nach diesem Gesetz,

 b) für Zwecke der Strafverfolgung, der Strafvollstreckung, des Strafvollzugs und der Gnadenverfahren,

 c) für Zwecke der Gefahrenabwehr oder

 d) zur Abwehr einer schwerwiegenden Beeinträchtigung der Rechte Einzelner

und Zwecke des Strafverfahrens nicht entgegenstehen.

(3) [1]Unter den Voraussetzungen des Absatzes 2 kann das Bundeskriminalamt personenbezogene Daten auch an nichtöffentliche Stellen übermitteln. [2]Das Bundeskriminalamt hat einen Nachweis zu führen, aus dem Anlass, Inhalt, Empfänger und Tag der Übermittlung sowie die Aktenfundstelle ersichtlich sind; die Nachweise sind gesondert aufzubewahren, gegen unberechtigten Zugriff zu sichern und am Ende des Kalenderjahres, das dem Jahr ihrer Erstellung folgt, zu löschen. [3]Die Löschung unterbleibt, solange der Nachweis für Zwecke eines bereits eingeleiteten Datenschutzkontrollverfahrens oder zur Verhinderung oder Verfolgung einer schwerwiegenden Straftat gegen Leib, Leben oder Freiheit einer Person benötigt wird oder Grund zu der Annahme besteht, dass im Falle einer Löschung schutzwürdige Interessen der betroffenen Person beeinträchtigt würden.

(4) [1]Besteht Grund zu der Annahme, dass durch die Übermittlung von Daten nach Absatz 3 der der Erhebung dieser Daten zugrunde liegende Zweck gefährdet würde, holt das Bundeskriminalamt vor der Übermittlung die Zustimmung der Stelle ein, von der die Daten dem Bundeskriminalamt übermittelt wurden. [2]Unter den Voraussetzungen des Satzes 1 kann die übermittelnde Stelle bestimmte von ihr übermittelte Daten so kennzeichnen oder mit einem Hinweis versehen, dass vor einer Übermittlung nach Absatz 3 ihre Zustimmung einzuholen ist.

(5) [1]Daten, die den §§ 41 und 61 des Bundeszentralregistergesetzes[1]) unterfallen würden, können nach den Absätzen 2 und 3 nur den in den §§ 41 und 61 des Bundeszentralregistergesetzes genannten Stellen zu den dort genannten Zwecken übermittelt werden. [2]Die Verwertungsverbote nach den §§ 51, 52 und 63 des Bundeszentralregistergesetzes sind zu beachten.

(6) [1]Der Empfänger darf die übermittelten personenbezogenen Daten nur zu dem Zweck verarbeiten, für den sie ihm übermittelt worden sind. [2]Eine Verarbeitung für andere Zwecke ist unter Beachtung des § 12 Absatz 2 bis 4 zulässig; im Falle des Absatzes 3 gilt dies nur, soweit zusätzlich das Bundeskriminalamt zustimmt. [3]Bei Übermittlungen an nichtöffentliche Stellen hat das Bundeskriminalamt die empfangende Stelle darauf hinzuweisen.

(7) [1]Die Einrichtung eines automatisierten Verfahrens für die Übermittlung von personenbezogenen Daten durch Abruf aus dem Informationssystem ist unter Beachtung des § 12 Absatz 2 bis 4 nur zur Erfüllung vollzugspolizeilicher

Schönfelder Nr. 92.

Aufgaben mit Zustimmung des Bundesministeriums des Innern, für Bau und Heimat und der Innenministerien und Senatsinnenverwaltungen der Länder zulässig, soweit diese Form der Datenübermittlung unter Berücksichtigung der schutzwürdigen Interessen der betroffenen Personen wegen der Vielzahl der Übermittlungen oder wegen ihrer besonderen Eilbedürftigkeit angemessen ist. [2] § 81 Absatz 2 gilt entsprechend.

(8) [1] Die Verantwortung für die Zulässigkeit der Übermittlung trägt das Bundeskriminalamt. [2] Erfolgt die Übermittlung in den Fällen der Absätze 1 und 2 Nummer 2 auf Ersuchen der empfangenden Stelle, trägt diese die Verantwortung. [3] In diesen Fällen prüft das Bundeskriminalamt nur, ob das Übermittlungsersuchen im Rahmen der Aufgaben des Empfängers liegt, es sei denn, dass besonderer Anlass zur Prüfung der Zulässigkeit der Übermittlung besteht.

(9) Sind mit personenbezogenen Daten, die nach den Absätzen 1 und 2 übermittelt werden dürfen, weitere personenbezogene Daten der betroffenen Person oder eines Dritten in Akten so verbunden, dass eine Trennung nicht oder nur mit unvertretbarem Aufwand möglich ist, so ist die Übermittlung auch dieser Daten zulässig, soweit nicht berechtigte Interessen der betroffenen Person oder eines Dritten an der Geheimhaltung offensichtlich überwiegen; eine Verwendung dieser Daten ist unzulässig.

§ 26 Datenübermittlung an Mitgliedstaaten der Europäischen Union.

(1) [1] § 25 gilt entsprechend für die Übermittlung von personenbezogenen Daten an

1. öffentliche und nichtöffentliche Stellen in Mitgliedstaaten der Europäischen Union und

2. zwischen- und überstaatliche Stellen der Europäischen Union oder deren Mitgliedstaaten, die mit Aufgaben der Verhütung und Verfolgung von Straftaten befasst sind.

[2] Die Verantwortung für die Zulässigkeit der Datenübermittlung trägt das Bundeskriminalamt. [3] Für die Übermittlung an Polizei- und Justizbehörden sowie an sonstige für die Verhütung oder Verfolgung von Straftaten zuständige öffentliche Stellen zum Zwecke der Verfolgung von Straftaten und zur Strafvollstreckung bleiben die Vorschriften über die internationale Rechtshilfe in strafrechtlichen Angelegenheiten unberührt. [4] Die Zulässigkeit der Übermittlung personenbezogener Daten durch das Bundeskriminalamt an eine Polizeibehörde oder eine sonstige für die Verhütung und Verfolgung von Straftaten zuständige öffentliche Stelle eines Mitgliedstaates der Europäischen Union auf der Grundlage besonderer völkerrechtlicher Vereinbarungen bleibt unberührt.

(2) Absatz 1 findet auch Anwendung auf die Übermittlung von personenbezogenen Daten an Polizeibehörden oder sonstige für die Verhütung und Verfolgung von Straftaten zuständige öffentliche Stellen von Staaten, welche die Bestimmungen des Schengen-Besitzstandes aufgrund eines Assoziierungsübereinkommens mit der Europäischen Union über die Umsetzung, Anwendung und Entwicklung des Schengen-Besitzstandes anwenden.

§ 27[1]) Datenübermittlung im internationalen Bereich. (1) [1]Das Bundeskriminalamt kann unter Beachtung des § 12 Absatz 2 bis 4 und unter Beachtung der §§ 78 bis 80 des Bundesdatenschutzgesetzes[2]) an Polizei- und Justizbehörden sowie an sonstige für die Verhütung oder Verfolgung von Straftaten zuständige öffentliche Stellen in anderen als den in § 26 Absatz 1 genannten Staaten (Drittstaaten) und an andere als die in § 26 Absatz 1 genannten zwischen- und überstaatlichen Stellen, die mit Aufgaben der Verhütung oder Verfolgung von Straftaten befasst sind, personenbezogene Daten übermitteln, soweit dies erforderlich ist

1. zur Erfüllung einer ihm obliegenden Aufgabe,

2. zur Verfolgung von Straftaten und zur Strafvollstreckung nach Maßgabe der Vorschriften über die internationale Rechtshilfe in strafrechtlichen Angelegenheiten oder der Vorschriften über die Zusammenarbeit mit dem Internationalen Strafgerichtshof oder

3. zur Abwehr einer im Einzelfall bestehenden erheblichen Gefahr für die öffentliche Sicherheit.

[2]Entsprechendes gilt, wenn Anhaltspunkte dafür vorliegen, dass Straftaten von erheblicher Bedeutung begangen werden sollen.

(2) Mit Zustimmung des Bundesministeriums des Innern, für Bau und Heimat kann das Bundeskriminalamt gespeicherte nicht personenbezogene Daten, die der Suche nach Sachen dienen (Sachfahndung), für zentrale Polizeibehörden anderer Staaten nach Maßgabe zwischenstaatlicher Vereinbarungen zum Abruf im automatisierten Verfahren zur Sicherstellung von gestohlenen, unterschlagenen oder sonst abhanden gekommenen Sachen bereithalten.

(3) [1]Für Daten, die zu Zwecken der Fahndung nach Personen oder der polizeilichen Beobachtung oder gezielten Kontrolle gespeichert sind, ist die Einrichtung eines automatisierten Abrufverfahrens nach Absatz 2 mit Zustimmung des Bundesministeriums des Innern, für Bau und Heimat im Benehmen mit den Innenministerien und Senatsinnenverwaltungen der Länder unter Beachtung des § 12 Absatz 2 bis 4 zulässig, soweit

1. tatsächliche Anhaltspunkte dafür vorliegen, dass die Abrufe zur Verhinderung und Verfolgung von Straftaten von erheblicher Bedeutung sowie zur Abwehr von Gefahren für die öffentliche Sicherheit erforderlich sind,

2. diese Form der Datenübermittlung unter Berücksichtigung der schutzwürdigen Interessen der betroffenen Personen wegen der Vielzahl der Übermittlungen oder wegen ihrer besonderen Eilbedürftigkeit angemessen ist und

3. der Empfängerstaat das Übereinkommen des Europarates über den Schutz des Menschen bei der automatisierten Verarbeitung personenbezogener Daten vom 28. Januar 1981 (BGBl. 1985 II S. 538) ratifiziert hat oder ein gleichwertiger Schutz gewährleistet ist und eine Kontrollinstanz besteht, die die Gewährleistung des Datenschutzes unabhängig überwacht.

[2]Wird das Abrufverfahren für einen längeren Zeitraum als drei Monate eingerichtet, bedarf die Vereinbarung der Mitwirkung der gesetzgebenden Körperschaften nach Artikel 59 Absatz 2 des Grundgesetzes[3]). [3]Die empfangende

[1]) § 27 Abs. 2, 3 Satz 1 einl. Satzteil, Abs. 4 Satz 2 geänd. mWv 27.6.2020 durch VO v. 19.6.2020 (BGBl. I S. 1328).
[2]) Nr. 245.
[3]) Nr. 1.

Stelle ist darauf hinzuweisen, dass sie die Daten für Ausschreibungen zur Fahndung nur nach Vorliegen eines Rechtshilfeersuchens nutzen darf.

(4) [1]Die regelmäßige, im Rahmen einer systematischen Zusammenarbeit erfolgende Übermittlung personenbezogener Daten an internationale Datenbestände ist zulässig nach Maßgabe von Rechtsakten der Europäischen Union und völkerrechtlicher Verträge, die der Mitwirkung der gesetzgebenden Körperschaften nach Artikel 59 Absatz 2 des Grundgesetzes bedürfen. [2]Entsprechendes gilt, wenn durch das Bundesministerium des Innern, für Bau und Heimat im Einzelfall im Benehmen mit der oder dem Bundesbeauftragten für den Datenschutz und die Informationsfreiheit festgestellt wird, dass durch die Nutzung datenschutzfreundlicher und datenminimierender Vorkehrungen die schutzwürdigen Belange der betroffenen Personen nicht überwiegen.

(5) Das Bundeskriminalamt kann als Nationales Zentralbüro der Bundesrepublik Deutschland für die Internationale Kriminalpolizeiliche Organisation personenbezogene Daten an das Generalsekretariat der Organisation unter den Voraussetzungen des Absatzes 1 übermitteln, soweit dies zur weiteren Übermittlung der Daten an andere Nationale Zentralbüros oder an die in Absatz 1 genannten Stellen geboten oder zu Zwecken der Informationssammlung und Auswertung durch das Generalsekretariat erforderlich ist.

(6) [1]Das Bundeskriminalamt kann unter Beachtung des § 12 Absatz 2 bis 4 personenbezogene Daten an Dienststellen der Stationierungsstreitkräfte im Rahmen des Artikels 3 des Zusatzabkommens zu dem Abkommen zwischen den Parteien des Nordatlantikvertrages über die Rechtsstellung ihrer Truppen hinsichtlich der in der Bundesrepublik Deutschland stationierten ausländischen Streitkräfte[1]) vom 3. August 1959 (BGBl. 1961 II S. 1183) übermitteln, wenn dies zur rechtmäßigen Erfüllung der in deren Zuständigkeit liegenden Aufgaben erforderlich ist. [2]§ 78 Absatz 2 des Bundesdatenschutzgesetzes gilt entsprechend.

(7) [1]Die Verantwortung für die Zulässigkeit der Übermittlung trägt das Bundeskriminalamt. [2]§ 25 Absatz 4 Satz 2 gilt entsprechend. [3]Das Bundeskriminalamt hat die Übermittlung und ihren Anlass aufzuzeichnen. [4]Die empfangende Stelle personenbezogener Daten ist darauf hinzuweisen, dass sie nur zu dem Zweck genutzt werden dürfen, zu dem sie übermittelt worden sind. [5]Ferner ist ihr der beim Bundeskriminalamt vorgesehene Löschungszeitpunkt mitzuteilen.

(8) [1]Das Bundeskriminalamt kann unter den Voraussetzungen des § 81 des Bundesdatenschutzgesetzes und unter Beachtung des § 12 Absatz 2 bis 4 Daten an die in § 81 des Bundesdatenschutzgesetzes genannten Stellen übermitteln. [2]Zusätzlich kann es unter den Voraussetzungen des Satzes 1 an andere als die in Absatz 1 genannten zwischen- und überstaatlichen Stellen personenbezogene Daten übermitteln, soweit dies erforderlich ist

1. zur Erfüllung einer ihm obliegenden Aufgabe oder

2. zur Abwehr einer im Einzelfall bestehenden erheblichen Gefahr für die öffentliche Sicherheit.

[3]Entsprechendes gilt, wenn tatsächliche Anhaltspunkte dafür vorliegen, dass Straftaten von erheblicher Bedeutung begangen werden sollen.

[1]) **Wehrrecht Nr. 41.**

§ 28 Übermittlungsverbote und Verweigerungsgründe. (1) [1]Die Übermittlung nach den Vorschriften dieses Gesetzes unterbleibt, wenn

1. für die übermittelnde Stelle erkennbar ist, dass unter Berücksichtigung der Art der Daten und ihrer Erhebung die schutzwürdigen Interessen der betroffenen Person am Allgemeininteresse an der Übermittlung überwiegen, oder

2. besondere bundesgesetzliche Verwendungsregelungen entgegenstehen; die Verpflichtung zur Wahrung gesetzlicher Geheimhaltungspflichten oder von Berufs- oder besonderen Amtsgeheimnissen, die nicht auf gesetzlichen Vorschriften beruhen, bleibt unberührt.

[2]Satz 1 Nummer 1 gilt nicht für Übermittlungen an die Staatsanwaltschaften.

(2) Die Datenübermittlung nach den §§ 26 und 27 unterbleibt darüber hinaus,

1. wenn hierdurch wesentliche Sicherheitsinteressen des Bundes oder der Länder beeinträchtigt würden,

2. wenn hierdurch der Erfolg laufender Ermittlungen oder Leib, Leben oder Freiheit einer Person gefährdet würde,

3. soweit Grund zu der Annahme besteht, dass durch sie gegen den Zweck eines deutschen Gesetzes verstoßen würde, oder

4. wenn tatsächliche Anhaltspunkte dafür vorliegen, dass die Übermittlung der Daten zu den in der Charta der Grundrechte der Europäischen Union enthaltenen Grundsätzen, insbesondere dadurch, dass durch die Nutzung der übermittelten Daten im Empfängerstaat Verletzungen von elementaren rechtsstaatlichen Grundsätzen oder Menschenrechtsverletzungen drohen, in Widerspruch stünde.

(3) [1]Das Bundeskriminalamt führt für den polizeilichen Informationsaustausch und Rechtshilfeverkehr eine fortlaufend aktualisierte Aufstellung über die Einhaltung der elementaren rechtsstaatlichen Grundsätze und Menschenrechtsstandards sowie das Datenschutzniveau in den jeweiligen Drittstaaten, die die speziellen Erfordernisse des polizeilichen Informationsaustauschs berücksichtigt. [2]Hierbei berücksichtigt es insbesondere die jeweils aktuellen Erkenntnisse der Bundesregierung und maßgeblich, ob ein Angemessenheitsbeschluss der Europäischen Kommission nach Artikel 36 der Richtlinie (EU) 2016/680 des Europäischen Parlaments und des Rates vom 27. April 2016 zum Schutz natürlicher Personen bei der Verarbeitung personenbezogener Daten durch die zuständigen Behörden zum Zwecke der Verhütung, Ermittlung, Aufdeckung oder Verfolgung von Straftaten oder der Strafvollstreckung sowie zum freien Datenverkehr und zur Aufhebung des Rahmenbeschlusses 2008/977/JI des Rates (ABl. L 119 vom 4.5.2016, S. 89) vorliegt.

Abschnitt 3. Zentralstelle

§ 29[1) Polizeilicher Informationsverbund, Verordnungsermächtigung.

(1) [1]Das Bundeskriminalamt ist im Rahmen seiner Aufgabe nach § 2 Absatz 3 Zentralstelle für den polizeilichen Informationsverbund zwischen Bund und Ländern. [2]Es stellt zu diesem Zweck ein einheitliches Verbundsystem zur Verfügung.

[1)] *§ 29 Abs. 2 Satz 4, Abs. 7, 8 geänd. mWv 27.6.2020 durch VO v. 19.6.2020 (BGBl. I S. 1328).

(2) [1] Das Verbundsystem erfüllt die Grundfunktionen nach § 13 Absatz 2. [2] Innerhalb des Verbundsystems stellen die daran teilnehmenden Behörden einander Daten zum Abruf und zur Verarbeitung zur Verfügung. [3] Ausschreibungen im Schengener Informationssystem erfolgen im polizeilichen Informationsverbund. [4] Das Bundesministerium des Innern, für Bau und Heimat bestimmt im Einvernehmen mit den Innenministerien und Senatsinnenverwaltungen der Länder sowie im Benehmen mit der oder dem Bundesbeauftragten für den Datenschutz und die Informationsfreiheit die in den polizeilichen Informationsverbund einzubeziehenden Daten.

(3) [1] Außer dem Bundeskriminalamt und den Landeskriminalämtern sind zur Teilnahme am polizeilichen Informationsverbund berechtigt:

1. sonstige Polizeibehörden der Länder,
2. die Bundespolizei,
3. die Polizei beim Deutschen Bundestag,
4. mit der Wahrnehmung grenzpolizeilicher Aufgaben betraute Behörden der Zollverwaltung,
5. die Zollfahndungsämter und
6. das Zollkriminalamt.

[2] Die am polizeilichen Informationsverbund teilnehmenden Stellen haben das Recht, Daten zur Erfüllung der Verpflichtung nach § 32 im automatisierten Verfahren einzugeben und, soweit dies zur jeweiligen Aufgabenerfüllung erforderlich ist, abzurufen.

(4) [1] Durch organisatorische und technische Maßnahmen hat das Bundeskriminalamt sicherzustellen, dass Eingaben von und Zugriffe auf Daten im polizeilichen Informationsverbund nur möglich sind, soweit die jeweiligen Behörden hierzu berechtigt sind. [2] § 12 Absatz 2 bis 5, die §§ 14, 15 und 16 Absatz 1, 2, 5 und 6, § 18 Absatz 1, 2, 4 und 5, § 19 Absatz 1 und 2 sowie die §§ 20 und 91 gelten entsprechend.

(5) [1] Nur die Behörde, die Daten zu einer Person eingegeben hat, ist befugt, diese zu ändern, zu berichtigen oder zu löschen. [2] Hat eine teilnehmende Stelle des polizeilichen Informationsverbundes Anhaltspunkte dafür, dass Daten unrichtig oder zu löschen sind, teilt sie dies umgehend der eingebenden Behörde mit, die verpflichtet ist, diese Mitteilung unverzüglich zu prüfen und erforderlichenfalls die Daten unverzüglich zu berichtigen oder zu löschen oder in ihrer Verarbeitung einzuschränken. [3] Sind Daten zu einer Person gespeichert, kann jede teilnehmende Stelle des polizeilichen Informationsverbundes weitere Daten ergänzend eingeben.

(6) [1] Das Auswärtige Amt ist zum Abruf im automatisierten Verfahren der Fahndungsausschreibungen zur Festnahme und Aufenthaltsermittlung berechtigt, soweit dies für die Auslandsvertretungen in ihrer Eigenschaft als Pass- und Personalausweisbehörden erforderlich ist. [2] Die Staatsanwaltschaften sind befugt, für Zwecke der Strafrechtspflege im automatisierten Verfahren abzurufen:

1. Fahndungsausschreibungen zur Festnahme und Aufenthaltsermittlung und, nach Maßgabe des Beschlusses 2007/533/JI des Rates vom 12. Juni 2007 über die Einrichtung, den Betrieb und die Nutzung des Schengener Informationssystems der zweiten Generation (SIS II) (ABl. L 205 vom 7.8.2007, S. 63) sowie der Verordnung (EG) Nr. 1987/2006 des Europäischen Parlaments und des Rates vom 20. Dezember 2006 über die Einrichtung, den

Betrieb und die Nutzung des Schengener Informationssystems der zweiten Generation (SIS II) (ABl. L 381 vom 28.12.2006, S. 4), auch die Ausschreibungen, die im Schengener Informationssystem gespeichert sind,

2. Daten über Freiheitsentziehungen und

3. Daten aus dem DNA-Analyse-System.

(7) Das Bundesministerium des Innern, für Bau und Heimat wird ermächtigt, im Einvernehmen mit dem Bundesministerium der Justiz und für Verbraucherschutz durch Rechtsverordnung, die der Zustimmung des Bundesrates bedarf, weitere im polizeilichen Informationsverbund gespeicherte Daten, die von den Staatsanwaltschaften zur Erfüllung ihrer Aufgaben benötigt werden, zum automatisierten Abruf freizugeben, soweit diese Form der Datenübermittlung unter Berücksichtigung der schutzwürdigen Interessen der betroffenen Personen wegen der Vielzahl der Übermittlungen oder wegen ihrer besonderen Eilbedürftigkeit angemessen ist.

(8) Die Einrichtung eines automatisierten Abrufverfahrens ist für andere Behörden zur Erfüllung vollzugspolizeilicher Aufgaben mit Zustimmung des Bundesministeriums des Innern, für Bau und Heimat und der Innenministerien und Senatsinnenverwaltungen der Länder zulässig, soweit diese Form der Datenübermittlung unter Berücksichtigung der schutzwürdigen Interessen der betroffenen Personen wegen der Vielzahl der Übermittlungen oder wegen ihrer besonderen Eilbedürftigkeit angemessen ist.

§ 30 Verbundrelevanz. (1) Die am polizeilichen Informationsverbund teilnehmenden Stellen verarbeiten im polizeilichen Informationsverbund ausschließlich

1. personenbezogene Daten, deren Verarbeitung für die Verhütung und Verfolgung von Straftaten mit länderübergreifender, internationaler oder erheblicher Bedeutung erforderlich ist;

2. personenbezogene Daten, deren Verarbeitung im Informationsverbund erforderlich ist

 a) zu erkennungsdienstlichen Zwecken, soweit das Bundeskriminalamt diese Daten nach § 16 Absatz 5 auch im Informationssystem weiterverarbeiten dürfte oder

 b) zu Zwecken der Fahndung nach Personen und Sachen, soweit das Bundeskriminalamt diese Daten nach § 16 Absatz 2 auch im Informationssystem weiterverarbeiten dürfte

(Verbundrelevanz).

(2) ¹Die am polizeilichen Informationsverbund teilnehmenden Stellen legen unter Beteiligung der jeweils zuständigen obersten Bundes- oder Landesbehörden Kriterien fest, die bestimmen, welche Straftaten nach allgemeiner kriminalistischer Erfahrung die Voraussetzungen nach Absatz 1 Nummer 1 erfüllen. ²Die Kriterien können sich an den unterschiedlichen kriminalistischen Phänomenbereichen orientieren. ³Die Kriterien sind in angemessenen Abständen und, soweit erforderlich, zu aktualisieren. ⁴Die Festlegung und Aktualisierung dieser Kriterien erfolgen im Benehmen mit der oder dem Bundesbeauftragten für den Datenschutz und die Informationsfreiheit.

§ 31 Datenschutzrechtliche Verantwortung im polizeilichen Informationsverbund. *(1) Das* Bundeskriminalamt hat als Zentralstelle für den polizei-

lichen Informationsverbund die Einhaltung der Regelungen zur Zusammenarbeit und zur Führung des Verbundsystems zu überwachen.

(2) [1] Im Rahmen des polizeilichen Informationsverbundes obliegt die datenschutzrechtliche Verantwortung für die bei der Zentralstelle gespeicherten Daten, namentlich für die Rechtmäßigkeit der Erhebung, die Zulässigkeit der Eingabe sowie die Richtigkeit oder Aktualität der Daten, den Stellen, die die Daten unmittelbar eingeben. [2] Die verantwortliche Stelle muss feststellbar sein. [3] Die Verantwortung für die Zulässigkeit des Abrufs im automatisierten Verfahren trägt die empfangende Stelle.

(3) [1] Die Datenschutzkontrolle obliegt der oder dem Bundesbeauftragten für den Datenschutz und die Informationsfreiheit. [2] Die von den Ländern in den polizeilichen Informationsverbund eingegebenen Datensätze können auch von den jeweiligen im Landesrecht bestimmten öffentlichen Stellen, die für die Kontrolle der Einhaltung der Vorschriften über den Datenschutz zuständig sind, im Zusammenhang mit der Wahrnehmung ihrer Prüfungsaufgaben in den Ländern kontrolliert werden, soweit die Länder nach Absatz 2 verantwortlich sind. [3] Die oder der Bundesbeauftragte für den Datenschutz und die Informationsfreiheit arbeitet insoweit mit den im Landesrecht bestimmten öffentlichen Stellen, die für die Kontrolle der Einhaltung der Vorschriften über den Datenschutz zuständig sind, zusammen.

§ 32 Unterrichtung der Zentralstelle. (1) [1] Die Landeskriminalämter übermitteln dem Bundeskriminalamt nach Maßgabe der Rechtsverordnung nach § 20 die zur Erfüllung seiner Aufgaben als Zentralstelle erforderlichen Informationen. [2] Die Verpflichtung der Landeskriminalämter nach Satz 1 kann im Benehmen mit dem Bundeskriminalamt auch von anderen Polizeibehörden des Landes erfüllt werden. [3] Das Bundeskriminalamt legt im Benehmen mit den Landeskriminalämtern Einzelheiten der Informationsübermittlung fest.

(2) [1] Die Justiz- und Verwaltungsbehörden der Länder teilen dem jeweils zuständigen Landeskriminalamt unverzüglich den Beginn, die Unterbrechung und die Beendigung von Freiheitsentziehungen mit, die wegen des Verdachts oder des Nachweises einer rechtswidrigen Tat von einem Gericht angeordnet worden sind. [2] Die Justizbehörden des Bundes und der Länder teilen dem jeweils zuständigen Landeskriminalamt unverzüglich und, soweit technisch möglich, automatisiert mit:

1. die Entscheidung, dass

 a) die beschuldigte Person rechtskräftig freigesprochen wurde,

 b) die Eröffnung des Hauptverfahrens gegen die beschuldigte Person unanfechtbar abgelehnt wurde oder

 c) das Verfahren nicht nur vorläufig eingestellt wurde

 sowie

2. die tragenden Gründe der Entscheidung nach Nummer 1.

(3) [1] Absatz 1 Satz 1 gilt entsprechend für die Polizeien des Bundes, soweit die Informationen Vorgänge betreffen, die sie in eigener Zuständigkeit bearbeiten. [2] Satz 1 gilt im Bereich der Zollverwaltung nur für den Grenzzolldienst, soweit dieser aufgrund einer Rechtsverordnung nach § 68 des Bundespolizeigesetzes[1]) grenzpolizeiliche Aufgaben wahrnimmt. [3] Im Übrigen richtet sich die

[1]) Nr. 90.

Informationsübermittlung der Zollbehörden an das Bundeskriminalamt nach den Vorschriften der Abgabenordnung, des Zollverwaltungsgesetzes und des Zollfahndungsdienstgesetzes.

(4) Für die im Rahmen seiner Aufgaben nach den §§ 3 bis 8 gewonnenen Informationen gelten für das Bundeskriminalamt die Unterrichtungspflichten nach Absatz 1 Satz 1 entsprechend.

(5) Die Verantwortlichkeit für die Zulässigkeit der Übermittlung nach den Absätzen 1 bis 3 trägt die übermittelnde Stelle.

§ 33 Ausschreibungen bei der Zusammenarbeit im internationalen Bereich. (1) Das Bundeskriminalamt kann auf ein der Verfolgung von Straftaten oder der Strafvollstreckung dienendes Ersuchen einer zuständigen Behörde eines ausländischen Staates oder eines internationalen Strafgerichtshofes, der durch einen für die Bundesrepublik Deutschland verbindlichen Rechtsakt errichtet wurde,

1. eine Person, hinsichtlich derer die Anordnung von Auslieferungshaft oder Überstellungshaft zulässig erscheint, zur Festnahme oder Aufenthaltsermittlung ausschreiben,

2. andere Personen zur Aufenthaltsermittlung ausschreiben,

3. eine Person oder eine Sache ausschreiben zur polizeilichen Beobachtung (§ 47 Absatz 1 Nummer 1) oder zur gezielten Kontrolle (§ 47 Absatz 1 Nummer 2) und

4. Verfahren zur Feststellung der Identität von Personen durchführen.

(2) Maßnahmen nach Absatz 1 Nummer 2, 3 und 4 sind nur zulässig, wenn sie bei dem zugrunde liegenden Sachverhalt auch nach deutschem Recht zulässig wären.

(3) Das Bundeskriminalamt holt in Fällen des Absatzes 1, denen besondere Bedeutung in politischer, tatsächlicher oder rechtlicher Beziehung zukommt, zuvor die Bewilligung des Bundesministeriums der Justiz und für Verbraucherschutz ein.

(4) Das Bundeskriminalamt kann auf Ersuchen der in § 26 Absatz 1 und § 27 Absatz 1 genannten Behörden

1. vermisste Minderjährige, die der Obhut der oder des Sorgeberechtigten entzogen worden sind oder sich dieser entzogen haben, und Personen, bei denen eine Ingewahrsamnahme zum Schutz gegen eine Gefahr für ihren Leib oder ihr Leben erforderlich ist, insbesondere, weil die Person sich erkennbar in einem die freie Willensbestimmung ausschließenden Zustand oder sonst in hilfloser Lage befindet, zur Ingewahrsamnahme ausschreiben,

2. Vermisste, soweit sie nicht in Gewahrsam genommen werden sollen, zur Aufenthaltsermittlung ausschreiben,

3. eine Person ausschreiben zur polizeilichen Beobachtung (§ 47 Absatz 1 Nummer 1) oder gezielten Kontrolle (§ 47 Absatz 1 Nummer 2), wenn Tatsachen die Annahme rechtfertigen, dass die Person Straftaten von erheblicher Bedeutung begehen wird und dies zur Verhütung solcher Straftaten erforderlich ist,

4. das amtliche Kennzeichen und sonstige Merkmale eines Kraftfahrzeugs oder die Identifizierungsnummer oder äußere Kennzeichnung eines Wasserfahrzeugs, Luftfahrzeugs oder eines Containers ausschreiben zur polizeilichen

Beobachtung (§ 47 Absatz 1 Nummer 1) oder gezielten Kontrolle (§ 47 Absatz 1 Nummer 2), wenn Tatsachen die Annahme rechtfertigen, dass dies zur Ingewahrsamnahme nach Nummer 1, zur Aufenthaltsermittlung nach Nummer 2 oder zur Straftatenverhütung nach Nummer 3 erforderlich ist.

(5) [1] Ausschreibungen nach Absatz 1 Nummer 2 und 3 und Absatz 4 Nummer 3, soweit sie aufgrund des Ersuchens eines Staates erfolgen, der nicht Mitgliedstaat der Europäischen Union ist, bedürfen der Anordnung durch das Gericht. [2] Soweit Maßnahmen nach Absatz 1 Nummer 3 und Absatz 4 keiner gerichtlichen Anordnung bedürfen, werden sie durch die zuständige Abteilungsleitung des Bundeskriminalamtes oder deren Vertretung angeordnet. [3] Die Anordnung ist aktenkundig zu machen.

(6) [1] Anordnungen nach Absatz 1 Nummer 3 und Absatz 4 Nummer 3 sind auf höchstens ein Jahr zu befristen. [2] Spätestens nach Ablauf von sechs Monaten ist zu prüfen, ob die Voraussetzungen für die Anordnung noch bestehen. [3] Das Ergebnis dieser Prüfung ist aktenkundig zu machen. [4] Die Verlängerung der Laufzeit über insgesamt ein Jahr hinaus bedarf der erneuten Anordnung.

(7) Besondere Regelungen aufgrund von Rechtsakten der Europäischen Union und völkerrechtlicher Verträge bleiben unberührt.

(8) [1] Das Bundeskriminalamt kann für den Fall, dass die Zuständigkeit eines Landes nicht festgestellt werden kann, bei Warnmeldungen von Sicherheitsbehörden anderer Staaten

1. eine Person zur Ingewahrsamnahme ausschreiben, wenn und solange die Ingewahrsamnahme unerlässlich ist, um eine unmittelbar bevorstehende Gefahr für Leib, Leben, Freiheit oder wesentliche Vermögenswerte abzuwehren,

2. eine Person zur Aufenthaltsermittlung ausschreiben, wenn Tatsachen die Annahme rechtfertigen, dass von ihr eine Gefahr für Leib, Leben, Gesundheit oder wesentliche Vermögenswerte ausgeht, oder

3. eine Person sowie das amtliche Kennzeichen und sonstige Merkmale des von ihr genutzten oder eingesetzten Kraftfahrzeugs oder die Identifizierungsnummer oder äußere Kennzeichnung eines von ihr genutzten Wasserfahrzeugs, Luftfahrzeugs oder eines Containers ausschreiben zur polizeilichen Beobachtung (§ 47 Absatz 1 Nummer 1) oder gezielten Kontrolle (§ 47 Absatz 1 Nummer 2), wenn Tatsachen die Annahme rechtfertigen, dass die Person eine Straftat von erheblicher Bedeutung begehen wird und dies zur Verhütung dieser Straftat erforderlich ist.

[2] Die Absätze 5 und 6 gelten entsprechend. [3] Die Innenministerien und Senatsinnenverwaltungen der Länder sind unverzüglich zu unterrichten.

Abschnitt 4. Befugnisse im Rahmen der Strafverfolgung

§ 34 Einsatz technischer Mittel zur Eigensicherung. (1) Werden vom Bundeskriminalamt beauftragte Personen im *Rahmen der* Befugnisse des Bundeskriminalamtes aus Gründen der Strafverfolgung tätig, dürfen, soweit dies zur Abwehr von Gefahren für deren Leib, Leben oder Freiheit unerlässlich ist, ohne Wissen der betroffenen Personen im Beisein oder in unmittelbarem zeitlichem Zusammenhang mit dem Einsatz der vom Bundeskriminalamt beauftragten Person das innerhalb oder außerhalb einer Wohnung nicht öffentlich gespro-

chene Wort mit technischen Mitteln abgehört und aufgezeichnet und Licht-
bilder und Bildaufzeichnungen hergestellt werden.

(2) ¹Ergeben sich bei der Maßnahme während der Durchführung tatsäch-
liche Anhaltspunkte dafür, dass der Kernbereich privater Lebensgestaltung
betroffen ist, ist die Maßnahme zu unterbrechen, sobald dies ohne Gefährdung
der beauftragten Person möglich ist. ²Wenn tatsächliche Anhaltspunkte für die
Annahme vorliegen, dass durch eine Maßnahme allein Kenntnisse aus dem
Kernbereich privater Lebensgestaltung erlangt würden, ist die Maßnahme un-
zulässig. ³Aufzeichnungen über Vorgänge, die den Kernbereich privater Le-
bensgestaltung betreffen, sind unverzüglich zu löschen. ⁴Erkenntnisse über
solche Vorgänge dürfen nicht verwertet werden. ⁵Die Tatsache der Erfassung
der Daten und ihrer Löschung sind zu dokumentieren. ⁶Die Dokumentation
darf ausschließlich für Zwecke der Datenschutzkontrolle verwendet werden.
⁷Sie ist sechs Monate nach der Benachrichtigung nach § 74 oder sechs Monate
nach Erteilung der gerichtlichen Zustimmung über das endgültige Absehen
von der Benachrichtigung zu löschen. ⁸Ist die Datenschutzkontrolle nach § 69
Absatz 1 noch nicht beendet, ist die Dokumentation bis zu ihrem Abschluss
aufzubewahren.

(3) ¹Maßnahmen nach Absatz 1 werden durch die Präsidentin oder den
Präsidenten des Bundeskriminalamtes oder ihre oder seine Vertretung angeord-
net. ²Bei Gefahr im Verzug dürfen Maßnahmen nach Absatz 1 auch durch die
Leitung einer Abteilung des Bundeskriminalamtes oder ihre Vertretung an-
geordnet werden.

(4) ¹Personenbezogene Daten, die durch den Einsatz technischer Mittel zur
Eigensicherung erlangt werden, dürfen außer für den in Absatz 1 genannten
Zweck nur zur Gefahrenabwehr verwendet werden. ²Wurden die personenbe-
zogenen Daten in oder aus einer Wohnung erlangt, so ist die Verwendung für
die in Satz 1 genannten Zwecke nur zulässig nach Feststellung der Rechtmäßig-
keit der Maßnahme durch das Gericht; bei Gefahr im Verzug ist die gericht-
liche Entscheidung unverzüglich nachzuholen (Artikel 13 Absatz 5 des Grund-
gesetzes¹⁾). ³Die Zulässigkeit der Verwendung dieser Daten für Zwecke der
Strafverfolgung richtet sich nach der Strafprozessordnung²⁾.

(5) Nach Abschluss der Maßnahmen sind die nach Absatz 1 hergestellten
Aufzeichnungen unverzüglich zu löschen, es sei denn, sie werden für die in
Absatz 4 genannten Zwecke noch benötigt.

**§ 35 Unterstützung der Polizeibehörden der Länder bei der Strafver-
folgung.** (1) ¹Zur Unterstützung von Strafverfolgungsmaßnahmen kann das
Bundeskriminalamt Bedienstete zu den Polizeibehörden in den Ländern ent-
senden, wenn die zuständige Landesbehörde darum ersucht oder wenn dies den
Ermittlungen dienlich sein kann. ²Die Zuständigkeit der Polizeibehörden in
den Ländern bleibt unberührt.

(2) Die oberste Landesbehörde ist unverzüglich zu benachrichtigen.

§ 36 Koordinierung bei der Strafverfolgung. (1) ¹Berührt eine Straftat
den Bereich mehrerer Länder oder besteht ein Zusammenhang mit einer
anderen Straftat in einem anderen Land und ist angezeigt, dass die polizeilichen

¹⁾ Nr. 1.
²⁾ *Schönfelder Nr. 90.*

Aufgaben auf dem Gebiet der Strafverfolgung einheitlich wahrgenommen werden, so unterrichtet das Bundeskriminalamt die obersten Landesbehörden und die Generalstaatsanwaltschaften, in deren Bezirken ein Gerichtsstand begründet ist. [2] Das Bundeskriminalamt weist im Einvernehmen mit einer Generalstaatsanwaltschaft und einer obersten Landesbehörde eines Landes diesem Land die polizeilichen Aufgaben auf dem Gebiet der Strafverfolgung mit der Maßgabe zu, diese Aufgaben insgesamt wahrzunehmen.

(2) [1] Zuständig für die Durchführung der einem Land nach Absatz 1 übertragenen Aufgaben ist das Landeskriminalamt. [2] Die oberste Landesbehörde kann an Stelle des Landeskriminalamtes eine andere Polizeibehörde im Land für zuständig erklären.

§ 37 Amtshandlungen, Unterstützungspflichten der Länder. (1) [1] Vollzugsbeamtinnen und Vollzugsbeamte des Bundes und der Länder können in den Fällen des § 4 Absatz 1 und 2 und des § 36 Absatz 1 im Geltungsbereich dieses Gesetzes Amtshandlungen vornehmen. [2] Sie sind insoweit Ermittlungspersonen der zuständigen Staatsanwaltschaft, wenn sie mindestens vier Jahre dem Polizeivollzugsdienst angehören. [3] Sie unterrichten die örtlichen Polizeidienststellen rechtzeitig über Ermittlungen in deren Zuständigkeitsbereich, sofern nicht schwerwiegende Gründe entgegenstehen. [4] Zu den Ermittlungshandlungen sollen, soweit es zweckmäßig ist, Beamtinnen und Beamte der örtlich zuständigen Polizeidienststellen hinzugezogen werden.

(2) [1] Die polizeilichen Dienststellen des Bundes und der Länder geben dem Bundeskriminalamt in Fällen, in denen es im Rahmen seiner Zuständigkeit ermittelt, sowie den von ihm nach § 35 Absatz 1 entsandten Beamtinnen und Beamten Auskunft und gewähren Akteneinsicht. [2] Das Gleiche gilt für die nach § 36 Absatz 1 tätig werdenden Polizeibeamtinnen und Polizeibeamten der Länder.

(3) Die örtlich zuständigen Polizeidienststellen gewähren Beamtinnen und Beamten des Bundeskriminalamtes oder, im Falle einer Zuweisung nach § 36 Absatz 1, eines anderen Landes, die Ermittlungen durchführen, personelle und sachliche Unterstützung.

(4) Polizeivollzugsbeamtinnen und Polizeivollzugsbeamte des Bundeskriminalamtes können im Zuständigkeitsbereich eines Landes tätig werden, wenn das jeweilige Landesrecht es vorsieht.

Abschnitt 5. Befugnisse zur Abwehr von Gefahren des internationalen Terrorismus

§ 38 Allgemeine Befugnisse. (1) [1] Das Bundeskriminalamt kann zur Erfüllung seiner Aufgabe nach § 5 Absatz 1 Satz 1 die notwendigen Maßnahmen treffen, um eine Gefahr abzuwehren, soweit nicht dieses Gesetz die Befugnisse des Bundeskriminalamtes besonders regelt. [2] Die §§ 15 bis 20 des Bundespolizeigesetzes[1] gelten entsprechend.

(2) Gefahr im Sinne dieses Abschnitts ist eine im Einzelfall bestehende Gefahr für die öffentliche Sicherheit im Zusammenhang mit Straftaten nach § 5 Absatz 1 Satz 2.

[1] Nr. 90.

§ 39 Erhebung personenbezogener Daten. (1) Das Bundeskriminalamt kann, sofern in diesem Abschnitt nichts anderes bestimmt ist, personenbezogene Daten erheben, soweit dies zur Erfüllung der ihm nach § 5 Absatz 1 obliegenden Aufgabe erforderlich ist.

(2) Zur Verhütung von Straftaten nach § 5 Absatz 1 Satz 2 ist eine Erhebung personenbezogener Daten nur zulässig, soweit Tatsachen die Annahme rechtfertigen, dass

1. die Person eine Straftat nach § 5 Absatz 1 Satz 2 begehen will und die erhobenen Daten zur Verhütung dieser Straftat erforderlich sind oder

2. die Person mit einer Person nach Nummer 1 nicht nur flüchtig oder in zufälligem Kontakt in Verbindung steht und

 a) von der Vorbereitung einer Straftat nach § 5 Absatz 1 Satz 2 Kenntnis hat,

 b) aus der Verwertung der Tat Vorteile ziehen könnte oder

 c) die Person nach Nummer 1 sich ihrer zur Begehung der Straftat bedienen könnte

und die Verhütung dieser Straftaten auf andere Weise aussichtslos oder wesentlich erschwert wäre.

(3) § 9 Absatz 2 und 3 gilt entsprechend.

§ 40 Bestandsdatenauskunft. (1) *¹ Soweit dies für die Erforschung des Sachverhalts oder die Ermittlung des Aufenthaltsortes einer Person nach Maßgabe des § 39 Absatz 1 und 2 erforderlich ist, darf von demjenigen, der geschäftsmäßig Telekommunikationsdienste erbringt oder daran mitwirkt, Auskunft über die nach den §§ 95 und 111 des Telekommunikationsgesetzes[1] erhobenen Daten verlangt werden (§ 113 Absatz 1 Satz 1 des Telekommunikationsgesetzes).[2] ² Bezieht sich das Auskunftsverlangen* nach Satz 1 auf Daten, mittels derer der Zugriff auf Endgeräte oder auf Speichereinrichtungen, die in diesen Endgeräten oder hiervon räumlich getrennt eingesetzt werden, geschützt wird (§ 113 Absatz 1 Satz 2 des Telekommunikationsgesetzes), darf die Auskunft nur verlangt werden, wenn die gesetzlichen Voraussetzungen für die Nutzung der Daten vorliegen.

(2) Die Auskunft nach Absatz 1 darf auch anhand einer zu einem bestimmten Zeitpunkt zugewiesenen Internetprotokoll-Adresse verlangt werden (§ 113 Absatz 1 Satz 3 des Telekommunikationsgesetzes).[2]

(3) ¹ Auskunftsverlangen nach Absatz 1 Satz 2 dürfen nur auf Antrag der Präsidentin oder des Präsidenten des Bundeskriminalamtes oder ihrer oder seiner Vertretung durch das Gericht angeordnet werden. ² Bei Gefahr im Verzug kann die Anordnung durch die Präsidentin oder den Präsidenten des Bundeskriminalamtes oder seine oder seine Vertretung getroffen werden. ³ In diesem Fall ist die gerichtliche Entscheidung unverzüglich nachzuholen. ⁴ Die Sätze 1 bis 3 finden keine Anwendung, wenn die betroffene Person vom Auskunftsverlangen bereits Kenntnis hat oder haben muss oder wenn die Nutzung der Daten bereits durch eine gerichtliche Entscheidung gestattet wird. ⁵ Das Vorliegen der Voraussetzungen nach Satz 4 ist aktenkundig zu machen.

[1] **Sartorius ErgBd. Nr. 920.**

[2] § 40 Abs. 1 Satz 1, soweit er nicht auf § 39 Abs. 2 Nr. 2 verweist, und Abs. 2 sind gem. Beschl. des BVerfG – 1 BvR 1873/13, 1 BvR 2618/13 – v. 27.5.2020 (BGBl. I S. 1931) mit Art. 2 Abs. 1 iVm Art. 1 Abs. 1 und Art. 10 Abs. 1 GG (Nr. 1) unvereinbar. Bis zur Neuregelung, längstens jedoch bis 31.12.2021, *bleiben die für mit dem GG unvereinbar erklärten Vorschriften nach Maßgabe der Gründe weiter anwendbar.*

(4) [1]Die betroffene Person ist in den Fällen des Absatzes 1 Satz 2 und des Absatzes 2 über die Beauskunftung zu benachrichtigen. [2]Die Benachrichtigung erfolgt, soweit und sobald hierdurch der Zweck der Auskunft nicht vereitelt wird. [3]Sie unterbleibt, wenn ihr überwiegende schutzwürdige Belange Dritter oder der betroffenen Person selbst entgegenstehen. [4]Wird die Benachrichtigung nach Satz 2 zurückgestellt oder nach Satz 3 von ihr abgesehen, sind die Gründe aktenkundig zu machen.

(5) [1]Aufgrund eines Auskunftsverlangens nach Absatz 1 oder Absatz 2 hat derjenige, der geschäftsmäßig Telekommunikationsdienste erbringt oder daran mitwirkt, die zur Auskunftserteilung erforderlichen Daten unverzüglich zu übermitteln. [2]Für die Entschädigung der Diensteanbieter ist § 23 des Justizvergütungs- und -entschädigungsgesetzes[1]) entsprechend anzuwenden.

§ 41 Befragung und Auskunftspflicht. (1) [1]Das Bundeskriminalamt kann eine Person befragen, wenn Tatsachen die Annahme rechtfertigen, dass die Person sachdienliche Angaben für die Erfüllung der dem Bundeskriminalamt nach § 5 Absatz 1 Satz 1 obliegenden Aufgabe machen kann. [2]Zum Zwecke der Befragung kann die Person angehalten werden. [3]Auf Verlangen hat die Person mitgeführte Ausweispapiere zur Prüfung auszuhändigen.

(2) [1]Die befragte Person ist verpflichtet, Namen, Vornamen, Tag und Ort der Geburt, Wohnanschrift und Staatsangehörigkeit anzugeben, soweit dies zur Erfüllung der dem Bundeskriminalamt nach § 5 Absatz 1 Satz 1 obliegenden Aufgabe erforderlich ist. [2]Eine weitergehende Auskunftspflicht besteht nur für die entsprechend den §§ 17 und 18 des Bundespolizeigesetzes[2]) Verantwortlichen und entsprechend den Voraussetzungen des § 20 Absatz 1 des Bundespolizeigesetzes für die dort bezeichneten Personen sowie für die Personen, für die gesetzliche Handlungspflichten bestehen, soweit die Auskunft zur Abwehr einer Gefahr erforderlich ist.

(3) [1]Unter den in den §§ 52 bis 55 der Strafprozessordnung[3]) bezeichneten Voraussetzungen ist die betroffene Person zur Verweigerung der Auskunft berechtigt. [2]Dies gilt nicht, soweit die Auskunft zur Abwehr einer Gefahr für den Bestand oder die Sicherheit des Landes oder Leib, Leben oder Freiheit einer Person erforderlich ist. [3]Eine in § 53 Absatz 1 Satz 1 Nummer 1, 2, 3 oder Nummer 4 der Strafprozessordnung genannte Person ist auch in den Fällen des Satzes 2 zur Verweigerung der Auskunft berechtigt. [4]Die betroffene Person ist über ihr Recht zur Verweigerung der Auskunft zu belehren. [5]Auskünfte, die nach Satz 2 erlangt wurden, dürfen nur für den dort bezeichneten Zweck verwendet werden. [6]Für Personen nach § 53 Absatz 1 Satz 1 Nummer 3 der Strafprozessordnung gilt Satz 3 nur, soweit es sich um Rechtsanwälte und Kammerrechtsbeistände handelt.

(4) [1]§ 136a der Strafprozessordnung gilt entsprechend. [2]§ 12 des Verwaltungsvollstreckungsgesetzes[4]) findet keine Anwendung.

(Fortsetzung nächstes Blatt)

[1]) **Schönfelder Nr. 116.**
[2]) Nr. **90.**
[3]) **Schönfelder Nr. 90.**
[4]) Nr. **112.**

§ 42 Identitätsfeststellung und Prüfung von Berechtigungsscheinen.

(1) Wenn Tatsachen die Annahme rechtfertigen, dass eine Straftat nach § 5 Absatz 1 Satz 2 begangen werden soll, kann das Bundeskriminalamt entsprechend § 23 Absatz 3 Satz 1, 2, 4 und 5 des Bundespolizeigesetzes[1]) die Identität einer Person feststellen,

1. um eine Gefahr abzuwehren,

2. wenn die Person sich an einem Ort aufhält, in Bezug auf den Tatsachen die Annahme rechtfertigen, dass

 a) dort Straftaten nach § 5 Absatz 1 Satz 2 verabredet, vorbereitet oder verübt werden sollen oder

 b) sich dort Personen ohne erforderlichen Aufenthaltstitel treffen oder

3. wenn die Person sich in einer Verkehrs- oder Versorgungsanlage oder -einrichtung, einem öffentlichen Verkehrsmittel, Amtsgebäude oder einem anderen besonders gefährdeten Objekt oder in unmittelbarer Nähe hiervon aufhält und Tatsachen die Annahme rechtfertigen, dass dort Straftaten nach § 5 Absatz 1 Satz 2 begangen werden sollen, durch die in oder an diesen Objekten befindliche Personen oder diese Objekte selbst unmittelbar gefährdet sind und die Feststellung der Identität aufgrund von auf die Person bezogenen Anhaltspunkten erforderlich ist.

(2) Das Bundeskriminalamt kann, soweit es zur Erfüllung der ihm nach § 5 Absatz 1 obliegenden Aufgabe erforderlich ist, verlangen, dass Berechtigungsscheine, Bescheinigungen, Nachweise oder sonstige Urkunden zur Prüfung ausgehändigt werden, wenn die betroffene Person aufgrund einer Rechtsvorschrift verpflichtet ist, diese Urkunden mitzuführen.

§ 43 Erkennungsdienstliche Maßnahmen.

(1) Ist eine nach § 42 Absatz 1 zulässige Identitätsfeststellung auf andere Weise nicht oder nur unter erheblichen Schwierigkeiten möglich, kann das Bundeskriminalamt erkennungsdienstliche Maßnahmen entsprechend § 24 Absatz 3 des Bundespolizeigesetzes[1]) vornehmen.

(2) ¹Ist die Identität festgestellt, sind die im Zusammenhang mit der Feststellung angefallenen Unterlagen zu vernichten, es sei denn, ihre weitere Aufbewahrung ist nach anderen Rechtsvorschriften zulässig. ²Sind die Unterlagen an andere Stellen übermittelt worden, sind diese über die erfolgte Vernichtung zu unterrichten.

§ 44 Vorladung.

(1) Das Bundeskriminalamt kann eine Person schriftlich oder mündlich vorladen, wenn

1. Tatsachen die Annahme rechtfertigen, dass die Person sachdienliche Angaben machen kann, die für die Erfüllung der dem Bundeskriminalamt nach § 5 Absatz 1 Satz 1 obliegenden Aufgabe erforderlich sind, oder

2. dies zur Durchführung erkennungsdienstlicher Maßnahmen erforderlich ist.

(2) § 25 Absatz 2 bis 4 des Bundespolizeigesetzes[1]) gilt entsprechend.

[1]) Nr. 90.

§ 45 Besondere Mittel der Datenerhebung. (1) [1] Das Bundeskriminal-
amt kann personenbezogene Daten mit den besonderen Mitteln nach Ab-
satz 2 erheben über

1. den entsprechend § 17 oder § 18 des Bundespolizeigesetzes[1) Verantwort-
 lichen oder entsprechend den Voraussetzungen des § 20 Absatz 1 des Bun-
 despolizeigesetzes über die dort bezeichnete Person zur Abwehr einer
 Gefahr für den Bestand oder die Sicherheit des Bundes oder eines Landes
 oder für Leib, Leben oder Freiheit einer Person oder Sachen von bedeuten-
 dem Wert, deren Erhaltung im öffentlichen Interesse geboten ist,

2. eine Person, bei der bestimmte Tatsachen die Annahme rechtfertigen, dass
 sie innerhalb eines übersehbaren Zeitraums auf eine zumindest ihrer Art
 nach konkretisierte Weise eine Straftat nach § 5 Absatz 1 Satz 2 begehen
 wird,

3. eine Person, deren individuelles Verhalten die konkrete Wahrscheinlichkeit
 begründet, dass sie innerhalb eines übersehbaren Zeitraums eine Straftat
 nach § 5 Absatz 1 Satz 2 begehen wird, oder

4. eine Person nach § 39 Absatz 2 Nummer 2,

wenn die Abwehr der Gefahr oder die Verhütung der Straftaten auf andere
Weise aussichtslos ist oder wesentlich erschwert wäre. [2] Die Maßnahme kann
auch durchgeführt werden, wenn Dritte unvermeidbar betroffen werden.

(2) Besondere Mittel der Datenerhebung sind

1. die planmäßig angelegte Beobachtung einer Person, die durchgehend län-
 ger als 24 Stunden dauern oder an mehr als zwei Tagen stattfinden soll
 (längerfristige Observation),

2. der Einsatz technischer Mittel außerhalb von Wohnungen in einer für die
 betroffene Person nicht erkennbaren Weise

 a) zur Anfertigung von Bildaufnahmen oder -aufzeichnungen von Personen
 oder Sachen, die sich außerhalb von Wohnungen befinden, oder

 b) zum Abhören oder Aufzeichnen des außerhalb von Wohnungen nicht
 öffentlich gesprochenen Wortes,

3. sonstige besondere für Observationszwecke bestimmte technische Mittel
 zur Erforschung des Sachverhalts oder zur Bestimmung des Aufenthalts-
 ortes einer in Absatz 1 genannten Person,

4. der Einsatz von Privatpersonen, deren Zusammenarbeit mit dem Bundes-
 kriminalamt Dritten nicht bekannt ist (Vertrauensperson), und

5. der Einsatz einer Polizeivollzugsbeamtin oder eines Polizeivollzugsbeamten
 unter einer ihr oder ihm verliehenen und auf Dauer angelegten Legende
 (Verdeckter Ermittler).

(3) Maßnahmen nach

1. Absatz 2 Nummer 1,

2. Absatz 2 Nummer 2 Buchstabe a, bei denen durchgehend länger als 24
 Stunden oder an mehr als zwei Tagen Bildaufzeichnungen bestimmter
 Personen angefertigt werden sollen,

3. Absatz 2 Nummer 2 Buchstabe b,

4. Absatz 2 Nummer 3, bei denen für Observationszwecke bestimmte technische Mittel durchgehend länger als 24 Stunden oder an mehr als zwei Tagen zum Einsatz kommen und

5. Absatz 2 Nummer 4 und 5, die sich gegen eine bestimmte Person richten oder bei denen die Vertrauensperson oder der Verdeckte Ermittler eine Wohnung betritt, die nicht allgemein zugänglich ist,

dürfen nur auf Antrag der zuständigen Abteilungsleitung oder deren Vertretung durch das Gericht angeordnet werden. Bei Gefahr im Verzug kann die Anordnung einer Maßnahme nach Satz 1 durch die zuständige Abteilungsleitung oder deren Vertretung getroffen werden. In diesem Fall ist die gerichtliche Entscheidung unverzüglich nachzuholen. Soweit die Anordnung nach Satz 2 nicht binnen drei Tagen durch das Gericht bestätigt wird, tritt sie außer Kraft. Die übrigen Maßnahmen nach Absatz 2 Nummer 1 bis 5 dürfen, außer bei Gefahr im Verzug, nur durch die zuständige Abteilungsleitung oder deren Vertretung angeordnet werden.

(4) Im Antrag sind anzugeben:
1. die Person, gegen die sich die Maßnahme richtet, soweit möglich, mit Name und Anschrift,
2. Art, Umfang und Dauer der Maßnahme,
3. der Sachverhalt sowie
4. eine Begründung.

(5) [1] Die Anordnung ergeht schriftlich. [2] In ihr sind anzugeben:
1. die Person, gegen die sich die Maßnahme richtet, soweit möglich, mit Name und Anschrift,
2. Art, Umfang und Dauer der Maßnahme sowie
3. die wesentlichen Gründe.

[3] Die Anordnung ist auf höchstens einen Monat zu befristen; im Falle des Absatzes 2 Nummer 4 und 5 ist die Maßnahme auf höchstens drei Monate zu befristen. [4] Die Verlängerung der Maßnahme bedarf einer neuen Anordnung. [5] Absatz 3 Satz 4 und 5 gilt entsprechend.

(6) [1] Ein Verdeckter Ermittler darf unter der Legende
1. zur Erfüllung seines Auftrags am Rechtsverkehr teilnehmen und
2. mit Einverständnis der berechtigten Person deren Wohnung betreten; das Einverständnis darf nicht durch ein über die Nutzung der Legende hinausgehendes Vortäuschen eines Zutrittsrechts herbeigeführt werden.

[2] Soweit es für den Aufbau und die Aufrechterhaltung der Legende eines Verdeckten Ermittlers nach Absatz 2 Nummer 5 unerlässlich ist, dürfen entsprechende Urkunden hergestellt, verändert oder gebraucht werden. [3] Im Übrigen richten sich die Befugnisse eines Verdeckten Ermittlers nach diesem Abschnitt. [4] Für den Einsatz technischer Mittel zur Eigensicherung innerhalb von Wohnungen gilt § 34 entsprechend.

(7) [1] Liegen tatsächliche Anhaltspunkte für die Annahme vor, dass durch eine Maßnahme nach Absatz 2 allein Erkenntnisse aus dem Kernbereich privater Lebensgestaltung erlangt würden, ist die Maßnahme unzulässig. [2] Ergeben sich bei Maßnahmen nach Absatz 2 Nummer 4 und 5 während der Durchführung tatsächliche Anhaltspunkte dafür, dass der Kernbereich betroffen ist, ist die Maßnahme zu unterbrechen, sobald dies ohne Gefährdung der

beauftragten Person möglich ist. [3] Soweit im Rahmen einer Maßnahme nach Absatz 2 Nummer 1 bis 3 eine unmittelbare Kenntnisnahme, auch neben einer automatischen Aufzeichnung, erfolgt, ist die Maßnahme unverzüglich zu unterbrechen, soweit sich während der Überwachung tatsächliche Anhaltspunkte dafür ergeben, dass Inhalte, die dem Kernbereich privater Lebensgestaltung zuzurechnen sind, erfasst werden. [4] Bestehen insoweit Zweifel, darf die Maßnahme in den Fällen des Absatzes 2 Nummer 2 Buchstabe a und b als automatische Aufzeichnung weiter fortgesetzt werden. [5] Automatische Aufzeichnungen sind unverzüglich dem anordnenden Gericht vorzulegen. [6] Das Gericht entscheidet unverzüglich über die Verwertbarkeit oder Löschung der Daten. [7] Ist die Maßnahme nach Satz 3 unterbrochen worden, so darf sie für den Fall, dass sie nicht nach Satz 1 unzulässig ist, fortgeführt werden. [8] Erkenntnisse aus dem Kernbereich privater Lebensgestaltung, die durch eine Maßnahme nach Absatz 2 erlangt worden sind, dürfen nicht verwertet werden. [9] Aufzeichnungen hierüber sind unverzüglich zu löschen. [10] Die Tatsachen der Erfassung der Daten und der Löschung sind zu dokumentieren. [11] Die Dokumentation darf ausschließlich für Zwecke der Datenschutzkontrolle verwendet werden. [12] Sie ist sechs Monate nach der Benachrichtigung nach § 74 oder sechs Monate nach Erteilung der gerichtlichen Zustimmung über das endgültige Absehen von der Benachrichtigung zu löschen. [13] Ist die Datenschutzkontrolle nach § 69 Absatz 1 noch nicht beendet, ist die Dokumentation bis zu ihrem Abschluss aufzubewahren.

(8) [1] Bei Gefahr im Verzug kann die Präsidentin oder der Präsident des Bundeskriminalamtes oder ihre oder seine Vertretung im Benehmen mit der oder dem Datenschutzbeauftragten des Bundeskriminalamtes über die Verwertung der Erkenntnisse entscheiden. [2] Bei der Sichtung der erhobenen Daten kann sie oder er sich der technischen Unterstützung von zwei weiteren Bediensteten des Bundeskriminalamtes bedienen, von denen einer die Befähigung zum Richteramt haben muss. [3] Die Bediensteten des Bundeskriminalamtes sind zur Verschwiegenheit über die ihnen bekannt werdenden Erkenntnisse, die nicht verwertet werden dürfen, verpflichtet. [4] Die gerichtliche Entscheidung nach Absatz 7 ist unverzüglich nachzuholen.

§ 46 Besondere Bestimmungen über den Einsatz technischer Mittel in oder aus Wohnungen. (1) Das Bundeskriminalamt kann zur Abwehr einer dringenden Gefahr für den Bestand oder die Sicherheit des Bundes oder eines Landes oder für Leib, Leben oder Freiheit einer Person oder Sachen von bedeutendem Wert, deren Erhaltung im öffentlichen Interesse geboten ist, durch den verdeckten Einsatz technischer Mittel in oder aus Wohnungen

1. das nichtöffentlich gesprochene Wort einer Person abhören und aufzeichnen,

 a) die entsprechend § 17 oder § 18 des Bundespolizeigesetzes[1] verantwortlich ist oder

 b) bei der konkrete Vorbereitungshandlungen für sich oder zusammen mit weiteren bestimmten Tatsachen die begründete Annahme rechtfertigen, dass sie Straftaten nach § 5 Absatz 1 Satz 2 begehen wird, und

2. Lichtbilder und Bildaufzeichnungen über diese Person herstellen,

[1] Nr. 90.

wenn die Abwehr der Gefahr auf andere Weise aussichtslos oder wesentlich erschwert wäre.

(2) [1]Die Maßnahme darf sich nur gegen die in Absatz 1 genannte Person richten und nur in deren Wohnung durchgeführt werden. [2]In Wohnungen anderer Personen ist die Maßnahme nur zulässig, wenn aufgrund bestimmter Tatsachen anzunehmen ist, dass

1. sich eine in Absatz 1 Nummer 1 Buchstabe a oder b genannte Person dort aufhält und

2. die Maßnahme in der Wohnung dieser Person allein nicht zur Abwehr der Gefahr nach Absatz 1 führen wird.

[3]Die Maßnahme darf auch durchgeführt werden, wenn andere Personen unvermeidbar betroffen werden.

(3) [1]Maßnahmen nach Absatz 1 dürfen nur auf Antrag der Präsidentin oder des Präsidenten des Bundeskriminalamtes oder ihrer oder seiner Vertretung durch das Gericht angeordnet werden. [2]Bei Gefahr im Verzug kann die Anordnung auch durch die Präsidentin oder den Präsidenten des Bundeskriminalamtes oder ihre oder seine Vertretung getroffen werden. [3]In diesem Fall ist die gerichtliche Entscheidung unverzüglich nachzuholen. [4]Soweit die Anordnung der Präsidentin oder des Präsidenten des Bundeskriminalamtes oder ihrer oder seiner Vertretung nicht binnen drei Tagen durch das Gericht bestätigt wird, tritt sie außer Kraft.

(4) Im Antrag sind anzugeben:

1. die Person, gegen die sich die Maßnahme richtet, soweit möglich, mit Name und Anschrift,

2. die zu überwachende Wohnung oder die zu überwachenden Wohnräume,

3. Art, Umfang und Dauer der Maßnahme,

4. der Sachverhalt sowie

5. eine Begründung.

(5) [1]Die Anordnung ergeht schriftlich. [2]In ihr sind anzugeben:

1. der Name und die Anschrift der Person, gegen die sich die Maßnahme richtet, soweit möglich,

2. die zu überwachende Wohnung oder die zu überwachenden Wohnräume,

3. Art, Umfang und Dauer der Maßnahme sowie

4. die wesentlichen Gründe.

[3]Die Anordnung ist auf höchstens einen Monat zu befristen. [4]Eine Verlängerung um jeweils nicht mehr als einen Monat ist zulässig, soweit die in den Absätzen 1, 6 und 7 bezeichneten Voraussetzungen unter Berücksichtigung der gewonnenen Erkenntnisse fortbestehen. [5]Liegen die Voraussetzungen der Anordnung nicht mehr vor, so sind die aufgrund der Anordnung ergriffenen Maßnahmen unverzüglich zu beenden.

(6) [1]Die Maßnahme nach Absatz 1 darf nur angeordnet und durchgeführt werden, soweit aufgrund tatsächlicher Anhaltspunkte, insbesondere zu der Art der zu überwachenden Räumlichkeiten und dem Verhältnis der zu überwachenden Personen zueinander, anzunehmen ist, dass durch die Überwachung Äußerungen, die dem Kernbereich privater Lebensgestaltung zuzurechnen sind, nicht erfasst werden. [2]Das Abhören und Beobachten nach

Satz 1 ist unverzüglich zu unterbrechen, soweit sich während der Überwachung tatsächliche Anhaltspunkte dafür ergeben, dass Inhalte, die dem Kernbereich privater Lebensgestaltung zuzurechnen sind, erfasst werden. [3] Sind das Abhören und Beobachten nach Satz 2 unterbrochen worden, so darf es unter den in Satz 1 genannten Voraussetzungen fortgeführt werden.

(7) [1] Erkenntnisse, die durch Maßnahmen nach Absatz 1 erlangt worden sind, sind dem anordnenden Gericht unverzüglich vorzulegen. [2] Das Gericht entscheidet unverzüglich über die Verwertbarkeit oder Löschung. [3] Erkenntnisse aus dem Kernbereich privater Lebensgestaltung, die durch eine Maßnahme nach Absatz 1 erlangt worden sind, dürfen nicht verwertet werden. [4] Aufzeichnungen hierüber sind unverzüglich zu löschen. [5] Die Tatsachen der Erfassung der Daten und der Löschung sind zu dokumentieren. [6] Die Dokumentation darf ausschließlich für Zwecke der Datenschutzkontrolle verwendet werden. [7] Sie ist sechs Monate nach der Benachrichtigung nach § 74 oder sechs Monate nach Erteilung der gerichtlichen Zustimmung über das endgültige Absehen von der Benachrichtigung zu löschen. [8] Ist die Datenschutzkontrolle nach § 69 Absatz 1 noch nicht beendet, ist die Dokumentation bis zu ihrem Abschluss aufzubewahren.

(8) [1] Bei Gefahr im Verzug kann die Präsidentin oder der Präsident des Bundeskriminalamtes oder ihre oder seine Vertretung im Benehmen mit der oder dem Datenschutzbeauftragten des Bundeskriminalamtes über die Verwertung der Erkenntnisse entscheiden. [2] Bei der Sichtung der erhobenen Daten kann sie oder er sich der technischen Unterstützung von zwei weiteren Bediensteten des Bundeskriminalamtes bedienen, von denen einer die Befähigung zum Richteramt haben muss. [3] Die Bediensteten des Bundeskriminalamtes sind zur Verschwiegenheit über die ihnen bekannt werdenden Erkenntnisse, die nicht verwertet werden dürfen, verpflichtet. [4] Die gerichtliche Entscheidung nach Absatz 7 ist unverzüglich nachzuholen.

§ 47 Ausschreibung zur polizeilichen Beobachtung oder gezielten Kontrolle. (1) Das Bundeskriminalamt kann personenbezogene Daten, insbesondere die Personalien einer Person und das amtliche Kennzeichen eines von ihr benutzten oder eingesetzten Kraftfahrzeugs oder die Identifizierungsnummer oder äußere Kennzeichnung eines von ihr eingesetzten Wasserfahrzeugs, Luftfahrzeugs oder Containers, in Fahndungssystemen zur polizeilichen Beobachtung oder gezielten Kontrolle speichern, damit andere Polizeibehörden

1. Erkenntnisse über Ort und Zeit des Antreffens der Person, etwaiger Begleiter, des Fahrzeugs und seines Führers, mitgeführte Sachen oder des Containers und Umstände des Antreffens bei Gelegenheit einer Überprüfung aus anderem Anlass melden (Ausschreibung zur polizeilichen Beobachtung), oder

2. die Person, etwaige Begleiter, das Fahrzeug und seinen Führer, mitgeführte Sachen oder den Container nach Maßgabe der geltenden Rechtsvorschriften durchsuchen (Ausschreibung zur gezielten Kontrolle).

(2) Die Ausschreibung zur polizeilichen *Beobachtung* oder gezielten Kontrolle *nach Absatz 1 ist nur zulässig*, wenn

1. die Gesamtwürdigung der Person und ihre bisher begangenen Straftaten erwarten lassen, dass sie künftig Straftaten nach § 5 Absatz 1 Satz 2 begehen wird,

2. Tatsachen die Annahme rechtfertigen, dass die Person Straftaten nach § 5 Absatz 1 Satz 2 begehen wird, oder

3. die Person mit einer Person nach den Nummern 1 und 2 nicht nur flüchtig oder in zufälligem Kontakt in Verbindung steht und tatsächliche Anhaltspunkte die Annahme rechtfertigen, dass sie von der Vorbereitung einer Straftat nach § 5 Absatz 1 Satz 2 Kenntnis hat

und dies zur Verhütung der Straftaten erforderlich ist.

(3) ¹Die Ausschreibung zur polizeilichen Beobachtung oder gezielten Kontrolle darf nur durch die zuständige Abteilungsleitung oder deren Vertretung angeordnet werden. ²Die Anordnung ist unter Angabe der maßgeblichen Gründe zu dokumentieren.

(4) ¹Die Anordnung ist auf höchstens ein Jahr zu befristen. ²Spätestens nach Ablauf von sechs Monaten ist zu prüfen, ob die Voraussetzungen für die Anordnung noch bestehen. ³Das Ergebnis dieser Prüfung ist zu dokumentieren. ⁴Die Verlängerung der Laufzeit über insgesamt ein Jahr hinaus bedarf der gerichtlichen Anordnung.

(5) Liegen die Voraussetzungen für die Anordnung nicht mehr vor, ist der Zweck der Maßnahme erreicht oder zeigt sich, dass er nicht erreicht werden kann, ist die Ausschreibung zur polizeilichen Beobachtung oder gezielten Kontrolle unverzüglich zu löschen.

§ 48 Rasterfahndung. (1) ¹Das Bundeskriminalamt kann von öffentlichen oder nichtöffentlichen Stellen die Übermittlung von personenbezogenen Daten von bestimmten Personengruppen zum Zwecke des automatisierten Abgleichs mit anderen Datenbeständen verlangen, soweit dies zur Abwehr einer Gefahr für den Bestand oder die Sicherheit des Bundes oder eines Landes oder für Leib, Leben oder Freiheit einer Person oder Sachen von bedeutendem Wert, deren Erhalt im öffentlichen Interesse geboten ist, erforderlich ist; eine solche Gefahr liegt in der Regel auch dann vor, wenn konkrete Vorbereitungshandlungen die Annahme rechtfertigen, dass eine Straftat nach § 5 Absatz 1 Satz 2 begangen werden soll. ²Vom Bundesamt für Verfassungsschutz und von den Verfassungsschutzbehörden der Länder, dem Militärischen Abschirmdienst sowie dem Bundesnachrichtendienst kann die Übermittlung nach Satz 1 nicht verlangt werden.

(2) ¹Das Übermittlungsersuchen ist auf Namen, Anschrift, Tag und Ort der Geburt sowie auf andere im Einzelfall festzulegende Merkmale zu beschränken; es darf sich nicht auf personenbezogene Daten erstrecken, die einem Berufs- oder besonderen Amtsgeheimnis unterliegen. ²Von Übermittlungsersuchen nicht erfasste personenbezogene Daten dürfen übermittelt werden, wenn wegen erheblicher technischer Schwierigkeiten oder wegen eines unangemessenen Zeit- oder Kostenaufwands eine Beschränkung auf die angeforderten Daten nicht möglich ist; diese Daten dürfen vom Bundeskriminalamt nicht verwendet werden.

(3) ¹Ist der Zweck der Maßnahme erreicht oder zeigt sich, dass er nicht erreicht werden kann, sind die übermittelten und im Zusammenhang mit der Maßnahme zusätzlich angefallenen Daten zu löschen und die Akten zu ver-

nichten, soweit sie nicht für ein mit dem Sachverhalt zusammenhängendes Verfahren erforderlich sind. [2] Die getroffene Maßnahme ist zu dokumentieren. [3] Diese Dokumentation ist gesondert aufzubewahren und durch organisatorische und technische Maßnahmen zu sichern. [4] Sie ist sechs Monate nach der Benachrichtigung nach § 74 oder sechs Monate nach Erteilung der gerichtlichen Zustimmung über das endgültige Absehen von der Benachrichtigung zu löschen. [5] Ist die Datenschutzkontrolle nach § 69 Absatz 1 noch nicht beendet, ist die Dokumentation bis zu ihrem Abschluss aufzubewahren.

(4) Die Maßnahme darf nur auf Antrag der Präsidentin oder des Präsidenten des Bundeskriminalamtes oder ihrer oder seiner Vertretung durch das Gericht angeordnet werden.

§ 49 Verdeckter Eingriff in informationstechnische Systeme. (1) [1] Das Bundeskriminalamt darf ohne Wissen der betroffenen Person mit technischen Mitteln in von der betroffenen Person genutzte informationstechnische Systeme eingreifen und aus ihnen Daten erheben, wenn bestimmte Tatsachen die Annahme rechtfertigen, dass eine Gefahr vorliegt für

1. Leib, Leben oder Freiheit einer Person oder

2. solche Güter der Allgemeinheit, deren Bedrohung die Grundlagen oder den Bestand des Bundes oder eines Landes oder die Grundlagen der Existenz der Menschen berührt.

[2] Eine Maßnahme nach Satz 1 ist auch zulässig, wenn

1. bestimmte Tatsachen die Annahme rechtfertigen, dass innerhalb eines übersehbaren Zeitraums auf eine zumindest ihrer Art nach konkretisierte Weise eine Schädigung der in Satz 1 genannten Rechtsgüter eintritt oder

2. das individuelle Verhalten einer Person die konkrete Wahrscheinlichkeit begründet, dass sie innerhalb eines übersehbaren Zeitraums die in Satz 1 genannten Rechtsgüter schädigen wird.

[3] Die Maßnahme darf nur durchgeführt werden, wenn sie für die Aufgabenerfüllung nach § 5 erforderlich ist und diese ansonsten aussichtslos oder wesentlich erschwert wäre.

(2) [1] Es ist technisch sicherzustellen, dass

1. an dem informationstechnischen System nur Veränderungen vorgenommen werden, die für die Datenerhebung unerlässlich sind, und

2. die vorgenommenen Veränderungen bei Beendigung der Maßnahme soweit technisch möglich automatisiert rückgängig gemacht werden.

[2] Das eingesetzte Mittel ist nach dem Stand der Technik gegen unbefugte Nutzung zu schützen. [3] Kopierte Daten sind nach dem Stand der Technik gegen Veränderung, unbefugte Löschung und unbefugte Kenntnisnahme zu schützen.

(3) [1] Die Maßnahme darf sich nur gegen eine Person richten, die entsprechend § 17 oder § 18 des Bundespolizeigesetzes[1]) verantwortlich ist. [2] Die Maßnahme darf auch durchgeführt werden, wenn andere Personen unvermeidbar betroffen werden.

[1] Nr. **90.**

(4) Die Maßnahme nach Absatz 1 darf nur auf Antrag der Präsidentin oder des Präsidenten des Bundeskriminalamtes oder ihrer oder seiner Vertretung durch das Gericht angeordnet werden.

(5) Im Antrag sind anzugeben:

1. die Person, gegen die sich die Maßnahme richtet, soweit möglich, mit Name und Anschrift,
2. eine möglichst genaue Bezeichnung des informationstechnischen Systems, in das zur Datenerhebung eingegriffen werden soll,
3. Art, Umfang und Dauer der Maßnahme,
4. der Sachverhalt sowie
5. eine Begründung.

(6) ¹Die Anordnung ergeht schriftlich. ²In ihr sind anzugeben:

1. die Person, gegen die sich die Maßnahme richtet, soweit möglich, mit Name und Anschrift,
2. eine möglichst genaue Bezeichnung des informationstechnischen Systems, in das zur Datenerhebung eingegriffen werden soll,
3. Art, Umfang und Dauer der Maßnahme unter Benennung des Endzeitpunktes sowie
4. die wesentlichen Gründe.

³Die Anordnung ist auf höchstens drei Monate zu befristen. ⁴Eine Verlängerung um jeweils nicht mehr als drei weitere Monate ist zulässig, soweit die Anordnungsvoraussetzungen unter Berücksichtigung der gewonnenen Erkenntnisse fortbestehen. ⁵Liegen die Voraussetzungen der Anordnung nicht mehr vor, sind die aufgrund der Anordnung ergriffenen Maßnahmen unverzüglich zu beenden.

(7) ¹Liegen tatsächliche Anhaltspunkte für die Annahme vor, dass durch die Maßnahme allein Erkenntnisse aus dem Kernbereich privater Lebensgestaltung erlangt würden, ist die Maßnahme unzulässig. ²Soweit möglich, ist technisch sicherzustellen, dass Daten, die den Kernbereich privater Lebensgestaltung betreffen, nicht erhoben werden. ³Erkenntnisse, die durch Maßnahmen nach Absatz 1 erlangt worden sind, sind dem anordnenden Gericht unverzüglich vorzulegen. ⁴Das Gericht entscheidet unverzüglich über die Verwertbarkeit oder Löschung. ⁵Daten, die den Kernbereich privater Lebensgestaltung betreffen, dürfen nicht verwertet werden und sind unverzüglich zu löschen. ⁶Die Tatsachen der Erfassung der Daten und der Löschung sind zu dokumentieren. ⁷Die Dokumentation darf ausschließlich für Zwecke der Datenschutzkontrolle verwendet werden. ⁸Sie ist sechs Monate nach der Benachrichtigung nach § 74 oder sechs Monate nach Erteilung der gerichtlichen Zustimmung über das endgültige Absehen von der Benachrichtigung zu löschen. ⁹Ist die Datenschutzkontrolle nach § 69 Absatz 1 noch nicht beendet, ist die Dokumentation bis zu ihrem Abschluss aufzubewahren.

(8) ¹Bei Gefahr im Verzug kann die Präsidentin oder der *Präsident* des Bundeskriminalamtes oder ihre oder seine Vertretung im Benehmen mit der oder dem Datenschutzbeauftragten des Bundeskriminalamtes über die Verwertung der Erkenntnisse entscheiden. ²Bei der Sichtung der erhobenen Daten kann sie oder er sich der technischen Unterstützung von zwei weiteren Bediensteten des Bundeskriminalamtes bedienen, von denen einer die Be-

fähigung zum Richteramt haben muss. [3] Die Bediensteten des Bundeskriminalamtes sind zur Verschwiegenheit über die ihnen bekannt werdenden Erkenntnisse, die nicht verwertet werden dürfen, verpflichtet. [4] Die gerichtliche Entscheidung nach Absatz 7 ist unverzüglich nachzuholen.

§ 50 Postbeschlagnahme. (1) Das Bundeskriminalamt kann ohne Wissen der betroffenen Person Postsendungen und Telegramme beschlagnahmen, die sich im Gewahrsam von Personen oder Unternehmen befinden, die geschäftsmäßig Post- oder Telekommunikationsdienste erbringen oder daran mitwirken und die an eine Person gerichtet sind,

1. die entsprechend § 17 oder § 18 des Bundespolizeigesetzes[1)] verantwortlich ist und dies zur Abwehr einer dringenden Gefahr für den Bestand oder die Sicherheit des Bundes oder eines Landes oder für Leib, Leben oder Freiheit einer Person oder Sachen von bedeutendem Wert, deren Erhaltung im öffentlichen Interesse liegt, geboten ist,

2. bei der bestimmte Tatsachen die Annahme rechtfertigen, dass sie innerhalb eines übersehbaren Zeitraums auf eine zumindest ihrer Art nach konkretisierte Weise eine Straftat nach § 5 Absatz 1 Satz 2 begehen wird,

3. deren individuelles Verhalten die konkrete Wahrscheinlichkeit begründet, dass sie innerhalb eines übersehbaren Zeitraums eine Straftat nach § 5 Absatz 1 Satz 2 begehen wird oder

4. bei der bestimmte Tatsachen die Annahme rechtfertigen, dass sie für eine Person nach Nummer 1 bestimmte oder von dieser herrührende Postsendungen oder Telegramme entgegennimmt oder weitergibt

und die Abwehr der Gefahr oder Verhütung der Straftaten auf andere Weise aussichtslos oder wesentlich erschwert wäre.

(2) [1] Maßnahmen nach Absatz 1 dürfen nur auf Antrag der Präsidentin oder des Präsidenten des Bundeskriminalamtes oder ihrer oder seiner Vertretung durch das Gericht angeordnet werden. [2] Bei Gefahr im Verzug kann die Anordnung durch die Präsidentin oder den Präsidenten des Bundeskriminalamtes oder ihre oder seine Vertretung getroffen werden. [3] In diesem Fall ist die gerichtliche Entscheidung unverzüglich nachzuholen. [4] Soweit diese Anordnung nicht binnen drei Tagen durch das Gericht bestätigt wird, tritt sie außer Kraft, auch wenn sie eine Auslieferung noch nicht zur Folge gehabt hat.

(3) Im Antrag sind anzugeben:

1. die Person, gegen die sich die Maßnahme richtet, soweit möglich, mit Name und Anschrift,

2. eine möglichst genaue Bezeichnung der Postsendungen, die der Beschlagnahme unterliegen sollen,

3. Art, Umfang und Dauer der Maßnahme,

4. der Sachverhalt sowie

5. eine Begründung.

[1)] Nr. **90.**

(4) [1] Die Anordnung ergeht schriftlich. [2] In ihr sind anzugeben:

1. die Person, gegen die sich die Maßnahme richtet, soweit möglich, mit Name und Anschrift,

2. Dauer der Maßnahme unter Benennung des Endzeitpunktes,

3. eine möglichst genaue Bezeichnung der der Beschlagnahme unterliegenden Postsendungen sowie

4. die wesentlichen Gründe.

[3] Die Anordnung ist auf höchstens drei Monate zu befristen. [4] Eine Verlängerung um jeweils nicht mehr als drei weitere Monate ist zulässig, soweit die Voraussetzungen der Anordnung unter Berücksichtigung der gewonnenen Erkenntnisse fortbestehen. [5] Liegen die Voraussetzungen der Anordnung nicht mehr vor, ist die Maßnahme unverzüglich zu beenden.

(5) [1] Die Öffnung der ausgelieferten Postsendung und die Entscheidung über die Verwertbarkeit der erlangten Erkenntnisse stehen dem Gericht zu. [2] Es kann die Befugnis zur Öffnung sowie die Entscheidung über die Verwertbarkeit auf die Präsidentin oder den Präsidenten des Bundeskriminalamtes oder auf ihre oder seine Vertretung übertragen, soweit dies erforderlich ist, um die Abwehr der Gefahr nicht durch Verzögerung zu gefährden. [3] In diesen Fällen hat die Entscheidung über die Verwertbarkeit im Benehmen mit der oder dem Datenschutzbeauftragten des Bundeskriminalamtes zu erfolgen. [4] Die gerichtliche Entscheidung nach Satz 1 ist unverzüglich nachzuholen. [5] Die Übertragung kann jederzeit widerrufen werden.

(6) [1] Ist eine Übertragung nach Absatz 5 nicht erfolgt, legt das Bundeskriminalamt die ausgelieferten Postsendungen unverzüglich und, soweit sie verschlossen sind, ungeöffnet dem Gericht vor. [2] Das Gericht entscheidet unverzüglich über die Öffnung.

(7) § 100 Absatz 5 und 6 der Strafprozessordnung[1]) gilt entsprechend.

(8) [1] Liegen tatsächliche Anhaltspunkte für die Annahme vor, dass durch die Maßnahme allein Erkenntnisse aus dem Kernbereich privater Lebensgestaltung erlangt würden, ist die Maßnahme unzulässig. [2] Erkenntnisse aus dem Kernbereich privater Lebensgestaltung dürfen nicht verwertet werden.

§ 51 Überwachung der Telekommunikation. (1) [1] Das Bundeskriminalamt kann ohne Wissen der betroffenen Person die Telekommunikation einer Person überwachen und aufzeichnen,

1. die entsprechend § 17 oder § 18 des Bundespolizeigesetzes[2]) verantwortlich ist und dies zur Abwehr einer dringenden Gefahr für den Bestand oder die Sicherheit des Bundes oder eines Landes oder für Leib, Leben oder Freiheit einer Person oder Sachen von bedeutendem Wert, deren Erhaltung im öffentlichen Interesse liegt, geboten ist,

2. bei der bestimmte Tatsachen die Annahme rechtfertigen, dass sie innerhalb eines übersehbaren Zeitraums auf eine zumindest ihrer Art nach konkretisierte Weise eine Straftat nach § 5 Absatz 1 Satz 2 begehen wird,

[1]) **Schönfelder Nr. 90.**
[2]) Nr. **90.**

3. deren individuelles Verhalten die konkrete Wahrscheinlichkeit begründet, dass sie innerhalb eines übersehbaren Zeitraums eine Straftat nach § 5 Absatz 1 Satz 2 begehen wird,

4. bei der bestimmte Tatsachen die Annahme rechtfertigen, dass sie für eine Person nach Nummer 1 bestimmte oder von dieser herrührende Mitteilungen entgegennimmt oder weitergibt oder

5. bei der bestimmte Tatsachen die Annahme rechtfertigen, dass eine Person nach Nummer 1 deren Telekommunikationsanschluss oder Endgerät benutzen wird

und die Abwehr der Gefahr oder Verhütung der Straftaten auf andere Weise aussichtslos oder wesentlich erschwert wäre. [2]Die Maßnahme darf auch durchgeführt werden, wenn andere Personen unvermeidbar betroffen werden.

(2) [1]Die Überwachung und Aufzeichnung der Telekommunikation darf ohne Wissen der betroffenen Person in der Weise erfolgen, dass mit technischen Mitteln in von der betroffenen Person genutzte informationstechnische Systeme eingegriffen wird, wenn

1. durch technische Maßnahmen sichergestellt ist, dass ausschließlich laufende Telekommunikation überwacht und aufgezeichnet wird und

2. der Eingriff in das informationstechnische System notwendig ist, um die Überwachung und Aufzeichnung der Telekommunikation insbesondere auch in unverschlüsselter Form zu ermöglichen.

[2]§ 49 Absatz 2 gilt entsprechend. [3]§ 49 bleibt im Übrigen unberührt.

(3) [1]Maßnahmen nach den Absätzen 1 und 2 dürfen nur auf Antrag der Präsidentin oder des Präsidenten des Bundeskriminalamtes oder ihrer oder seiner Vertretung durch das Gericht angeordnet werden. [2]Bei Gefahr im Verzug kann die Anordnung durch die Präsidentin oder den Präsidenten des Bundeskriminalamtes oder ihre oder seine Vertretung getroffen werden. [3]In diesem Fall ist die gerichtliche Entscheidung unverzüglich nachzuholen. [4]Soweit diese Anordnung nicht binnen drei Tagen durch das Gericht bestätigt wird, tritt sie außer Kraft.

(4) Im Antrag sind anzugeben:

1. die Person, gegen die sich die Maßnahme richtet, soweit möglich, mit Name und Anschrift,

2. die Rufnummer oder eine andere Kennung des zu überwachenden Anschlusses oder des Endgeräts, sofern sich nicht aus bestimmten Tatsachen ergibt, dass diese zugleich einem anderen Endgerät zugeordnet ist,

3. Art, Umfang und Dauer der Maßnahme,

4. im Falle des Absatzes 2 auch eine möglichst genaue Bezeichnung des informationstechnischen Systems, in das zur Datenerhebung eingegriffen werden soll,

5. der Sachverhalt sowie

6. eine Begründung.

(5) [1]Die Anordnung ergeht schriftlich. [2]In ihr sind anzugeben:

1. die Person, gegen die sich die Maßnahme richtet, soweit möglich, mit Name und Anschrift,

(6) [1] Das Bundeskriminalamt kann zur Abwehr einer gegenwärtigen Gefahr für die zu schützenden Personen oder Räumlichkeiten eine Sache sicherstellen. [2] Die §§ 48 bis 50 des Bundespolizeigesetzes gelten entsprechend.

(7) [1] Das Bundeskriminalamt kann eine Wohnung ohne Einwilligung des Inhabers betreten und durchsuchen, wenn dies zur Abwehr einer gegenwärtigen Gefahr für Leib, Leben oder Freiheit einer zu schützenden Person unerlässlich ist. [2] Die Wohnung umfasst die Wohn- und Nebenräume, Arbeits-, Betriebs- und Geschäftsräume sowie anderes befriedetes Besitztum. [3] § 46 des Bundespolizeigesetzes gilt entsprechend.

(8) [1] Das Bundeskriminalamt kann eine Person in Gewahrsam nehmen, wenn dies unerlässlich ist, um die unmittelbar bevorstehende Begehung einer Straftat gegen die zu schützenden Personen oder Räumlichkeiten zu verhindern. [2] § 40 Absatz 1 und 2, die §§ 41 und 42 Absatz 1 Satz 1 und Absatz 2 des Bundespolizeigesetzes gelten entsprechend.

§ 64 Besondere Mittel der Datenerhebung. (1) [1] Das Bundeskriminalamt kann personenbezogene Daten mit den besonderen Mitteln nach Absatz 2 erheben über

1. Personen, bei denen Tatsachen die Annahme rechtfertigen, dass von ihnen eine Straftat gegen Leib, Leben oder Freiheit einer zu schützenden Person oder eine gemeingefährliche Straftat gegen eine der in § 6 genannten Räumlichkeiten verübt werden soll, oder

2. Personen nach § 39 Absatz 2 Nummer 2

und die Abwehr der Gefahr oder die Verhütung der Straftat auf andere Weise aussichtslos ist oder wesentlich erschwert würde. [2] Die Erhebung kann auch durchgeführt werden, wenn Dritte unvermeidbar betroffen werden.

(2) Besondere Mittel der Datenerhebung sind:

1. die längerfristige Observation,

2. der Einsatz technischer Mittel außerhalb der Wohnung in einer für die betroffene Person nicht erkennbaren Weise

 a) zur Anfertigung von Bildaufnahmen oder -aufzeichnungen,

 b) zum Abhören oder Aufzeichnen des nicht öffentlich gesprochenen Wortes und

3. der Einsatz von Vertrauenspersonen.

(3) [1] Maßnahmen nach

1. Absatz 2 Nummer 1,

2. Absatz 2 Nummer 2 Buchstabe a, bei denen durchgehend länger als 24 Stunden oder an mehr als zwei Tagen Bildaufzeichnungen bestimmter Personen angefertigt werden sollen,

3. Absatz 2 Nummer 2 Buchstabe b,

4. Absatz 2 Nummer 3, die sich gegen eine bestimmte Person richten oder bei denen die Vertrauensperson eine Wohnung betritt, die nicht allgemein zugänglich ist,

dürfen nur auf Antrag der Leitung der für den Personenschutz zuständigen Abteilung des Bundeskriminalamtes oder deren Vertretung durch das Gericht angeordnet werden. [2] Bei Gefahr im Verzug kann die Anordnung einer Maßnahme nach Satz 1 durch die Leitung der für den Personenschutz zuständigen

Abteilung des Bundeskriminalamtes oder deren Vertretung getroffen werden.
[3] In diesem Fall ist die gerichtliche Entscheidung unverzüglich nachzuholen.
[4] Soweit die Anordnung nicht binnen drei Tagen durch das Gericht bestätigt
wird, tritt sie außer Kraft. [5] Die übrigen Maßnahmen nach Absatz 2 Num-
mer 1 bis 3 dürfen, außer bei Gefahr im Verzug, nur durch die Leitung der
für den Personenschutz zuständigen Abteilung des Bundeskriminalamtes oder
deren Vertretung angeordnet werden.

(4) § 45 Absatz 4, 5, 7 und 8 gilt entsprechend.

(5) Personenbezogene Daten, die durch Maßnahmen nach Absatz 2 erlangt
worden sind, sind unverzüglich zu löschen, soweit sie für den der Anordnung
zugrunde liegenden Zweck oder nach Maßgabe der Strafprozessordnung[1)] zur
Verfolgung einer Straftat nicht oder nicht mehr erforderlich sind.

**§ 65 Ausschreibung zur polizeilichen Beobachtung oder gezielten
Kontrolle.** (1) Das Bundeskriminalamt kann eine Ausschreibung zur polizei-
lichen Beobachtung oder eine Ausschreibung zur gezielten Kontrolle vor-
nehmen, wenn

1. die Gesamtwürdigung der Person und ihre bisher begangenen Straftaten
 erwarten lassen, dass sie künftig Straftaten, durch die die zu schützenden
 Personen unmittelbar gefährdet sind, begehen wird,

2. Tatsachen die Annahme rechtfertigen, dass die Person Straftaten, durch die
 die zu schützenden Personen unmittelbar gefährdet sind, begehen wird
 oder

3. die Person mit einer Person nach den Nummern 1 und 2 nicht nur flüchtig
 oder in zufälligem Kontakt in Verbindung steht und tatsächliche Anhalts-
 punkte die Annahme rechtfertigen, dass sie von der Vorbereitung einer
 Straftat, durch die die zu schützenden Personen unmittelbar gefährdet sind,
 Kenntnis hat

und dies zur Verhütung der Straftaten erforderlich ist.

(2) § 47 Absatz 3 bis 5 gilt entsprechend.

Abschnitt 7. Zeugenschutz

§ 66 Befugnisse. (1) [1] Zur Erfüllung seiner Aufgabe nach § 7 kann das
Bundeskriminalamt, soweit nicht dieses Gesetz oder das Zeugenschutz-Har-
monisierungsgesetz[2)] die Befugnisse besonders regelt, die erforderlichen Maß-
nahmen treffen, um eine im Einzelfall bestehende Gefahr für Leib, Leben,
Gesundheit, Freiheit der Willensentschließung und -betätigung oder wesent-
liche Vermögenswerte der in § 7 genannten Personen abzuwehren. [2] Die
Maßnahmen können auch nach rechtskräftigem Abschluss des Strafverfahrens,
in dem die Aussage erfolgt ist, fortgeführt werden; für den Fall, dass noch die
Strafvollstreckung betrieben wird, sind die Maßnahmen im Einvernehmen
mit der Strafvollstreckungsbehörde und im Falle fortdauernder Inhaftierung
auch im Einvernehmen mit der Justizvollzugsbehörde durchzuführen. [3] § 63

[1)] *Schönfelder Nr. 90.*
[2)] Schönfelder ErgBd. Nr. 90b.

Unterabschnitt 3. Datenschutzrechtliche Verantwortung für die Tätigkeit der an deutsche Auslandsvertretungen abgeordneten Verbindungsbeamtinnen und Verbindungsbeamten des Bundeskriminalamtes

§ 73 Datenschutzrechtliche Verantwortung der Verbindungsbeamtinnen und Verbindungsbeamten des Bundeskriminalamtes. Die datenschutzrechtliche Verantwortung für die Tätigkeit der an deutsche Auslandsvertretungen abgeordneten Verbindungsbeamtinnen und Verbindungsbeamten des Bundeskriminalamtes verbleibt beim Bundeskriminalamt.

Unterabschnitt 4. Pflichten des Bundeskriminalamtes

§ 74 Benachrichtigung bei verdeckten und eingriffsintensiven Maßnahmen. (1) [1] Über eine Maßnahme nach den §§ 34, 45 bis 53 und 64 sind zu benachrichtigen im Falle

1. des § 34, bei der Vorgänge außerhalb von Wohnungen erfasst wurden, des § 45 Absatz 2 Nummer 1 bis 3 (längerfristige Observation, Bildaufnahmen, Tonaufnahmen, technische Observationsmittel) und des § 64 Absatz 2 Nummer 1 und 2 (längerfristige Observation, Bildaufnahmen, Tonaufnahmen) die Zielperson sowie die erheblich mitbetroffenen Personen,

2. des § 34, bei der Vorgänge innerhalb von Wohnungen erfasst wurden, des § 45 Absatz 2 Nummer 4 und 5 (Einsatz Vertrauensperson und Verdeckter Ermittler) und des § 64 Absatz 2 Nummer 3 (Einsatz Vertrauensperson)

 a) die Zielperson,

 b) die erheblich mitbetroffenen Personen,

 c) die Personen, deren nicht allgemein zugängliche Wohnung die beauftragte Person, die Vertrauensperson oder der Verdeckte Ermittler betreten hat,

3. des § 46 (Wohnraumüberwachung)

 a) die Person, gegen die sich die Maßnahme richtete,

 b) sonstige überwachte Personen,

 c) Personen, die die überwachte Wohnung zur Zeit der Durchführung der Maßnahme innehatten oder bewohnten,

4. des § 47 (Ausschreibung) die Zielperson und die Personen, deren personenbezogene Daten gemeldet worden sind,

5. des § 48 (Rasterfahndung) die betroffenen Personen, gegen die nach Auswertung der Daten weitere Maßnahmen getroffen wurden,

6. des § 49 (Verdeckter Eingriff in informationstechnische Systeme) die Zielperson sowie die mitbetroffenen Personen,

7. des § 50 (Postbeschlagnahme) der Absender und der Adressat der Postsendung,

8. des § 51 (Telekommunikationsüberwachung) die Beteiligten der überwachten Telekommunikation,

9. des § 52 Absatz 1 (Erhebung von Verkehrsdaten) die Beteiligten der betroffenen Telekommunikation,

10. des § 52 Absatz 2 (Erhebung von Nutzungsdaten) der Nutzer,

11. des § 53 (IMSI-Catcher) die Zielperson.

[2] Die Benachrichtigung unterbleibt, wenn ihr überwiegende schutzwürdige Belange einer betroffenen Person entgegenstehen. [3] Zudem kann die Benachrichtigung einer in Satz 1 Nummer 6 bis 9 bezeichneten Person, gegen die sich die Maßnahme nicht gerichtet hat, unterbleiben, wenn diese von der Maßnahme nur unerheblich betroffen ist und anzunehmen ist, dass sie kein Interesse an einer Benachrichtigung hat. [4] Nachforschungen zur Feststellung der Identität einer in Satz 1 bezeichneten Person sind nur vorzunehmen, wenn dies unter Berücksichtigung der Eingriffsintensität der Maßnahme gegenüber dieser Person, des Aufwands für die Feststellung ihrer Identität sowie der daraus für diese oder andere Personen folgenden Beeinträchtigungen geboten ist.

(2) [1] Die Benachrichtigung erfolgt, sobald dies ohne Gefährdung des Zwecks der Maßnahme, des Bestandes des Staates, von Leib, Leben oder Freiheit einer Person oder Sachen von bedeutendem Wert, deren Erhaltung im öffentlichen Interesse geboten ist, möglich ist. [2] Im Falle der §§ 34, 45 Absatz 2 Nummer 4 und 5 und des § 64 Absatz 2 Nummer 3 erfolgt die Benachrichtigung erst, sobald dies auch ohne Gefährdung der Möglichkeit der weiteren Verwendung des Verdeckten Ermittlers oder der Vertrauensperson möglich ist. [3] Wird wegen des zugrunde liegenden Sachverhaltes ein strafrechtliches Ermittlungsverfahren geführt, entscheidet die Strafverfolgungsbehörde entsprechend den Vorschriften des Strafverfahrensrechts, ob eine Benachrichtigung vorgenommen wird. [4] Die Benachrichtigung erfolgt durch das Bundeskriminalamt. [5] Wird die Benachrichtigung aus einem der vorgenannten Gründe zurückgestellt, ist dies zu dokumentieren.

(3) [1] Erfolgt die nach Absatz 2 zurückgestellte Benachrichtigung nicht binnen zwölf Monaten nach Beendigung der Maßnahme, bedarf die weitere Zurückstellung der gerichtlichen Zustimmung. [2] Im Falle der §§ 46 und 49 beträgt die Frist sechs Monate. [3] Das Gericht bestimmt die Dauer der weiteren Zurückstellung, im Falle der §§ 46 und 49 jedoch nicht länger als sechs Monate. [4] Verlängerungen der Zurückstellungsdauer sind zulässig. [5] Fünf Jahre nach Beendigung der Maßnahme kann mit gerichtlicher Zustimmung endgültig von der Benachrichtigung abgesehen werden, wenn die Voraussetzungen für die Benachrichtigung mit an Sicherheit grenzender Wahrscheinlichkeit auch in Zukunft nicht eintreten werden, eine weitere Verwendung der Daten gegen den Betroffenen ausgeschlossen ist und die Daten gelöscht wurden. [6] Sind mehrere Maßnahmen in einem engen zeitlichen Zusammenhang durchgeführt worden, beginnt die in Satz 1 genannte Frist mit der Beendigung der letzten Maßnahme.

§ 75 Benachrichtigung über die Speicherung personenbezogener Daten von Kindern. [1] Werden personenbezogene Daten von Kindern, die ohne Kenntnis der Sorgeberechtigten erhoben worden sind, gespeichert, sind die Sorgeberechtigten zu benachrichtigen, sobald die Aufgabenerfüllung hierdurch nicht mehr gefährdet wird. [2] Von der Benachrichtigung kann abgesehen werden, solange zu besorgen ist, dass die Benachrichtigung zu erheblichen Nachteilen für das Kind führt. [3] Im Rahmen des polizeilichen Informationsverbundes obliegt diese Verpflichtung der dateneingebenden Stelle.

§ 81 Protokollierung. (1) Die Protokollierung nach § 76 des Bundesdatenschutzgesetzes[1] erfolgt zu Verarbeitungsvorgängen im Informationssystem ergänzend zu den dort genannten Anforderungen in einer Weise, dass die Protokolle

1. der oder dem Datenschutzbeauftragten des Bundeskriminalamtes und der oder dem Bundesbeauftragten für den Datenschutz und die Informationsfreiheit in elektronisch auswertbarer Form für die Überprüfung der Rechtmäßigkeit der Datenverarbeitung zur Verfügung stehen und

2. eine Überprüfung ermöglichen, dass Zugriffe auf personenbezogene Daten im Informationssystem innerhalb der Zugriffsberechtigungen nach § 15 Absatz 1 und 2 erfolgen.

(2) ¹Absatz 1 gilt für Zugriffe der Teilnehmer am polizeilichen Informationsverbund entsprechend. ²Das Bundeskriminalamt hat insbesondere den Zeitpunkt, die Angaben, die die Feststellung der aufgerufenen Datensätze ermöglichen, sowie die für den Zugriff verantwortliche Dienststelle zu protokollieren.

(3) Die nach § 76 des Bundesdatenschutzgesetzes und unter Beachtung der Absätze 1 und 2 generierten Protokolldaten sind nach zwölf Monaten zu löschen.

§ 82 Protokollierung bei verdeckten und eingriffsintensiven Maßnahmen. (1) Bei der Erhebung von Daten nach den §§ 34, 45 bis 53 und 64 sind zu protokollieren:

1. das zur Datenerhebung eingesetzte Mittel,

2. der Zeitpunkt des Einsatzes,

3. Angaben, die die Feststellung der erhobenen Daten ermöglichen, sowie

4. die Organisationseinheit, die die Maßnahme durchführt.

(2) Zu protokollieren sind auch

1. bei Maßnahmen nach § 34, bei denen Vorgänge außerhalb von Wohnungen erfasst wurden, nach § 45 Absatz 2 Nummer 1 bis 3 (längerfristige Observation, Bildaufnahmen, Tonaufnahmen, technische Observationsmittel) und § 64 Absatz 2 Nummer 1 und 2 (längerfristige Observation, Bildaufnahmen, Tonaufnahmen) die Zielperson sowie die erheblich mitbetroffenen Personen,

2. bei Maßnahmen nach § 34, bei denen Vorgänge innerhalb von Wohnungen erfasst wurden, nach § 45 Absatz 2 Nummer 4 und 5 (Einsatz einer Vertrauensperson und eines Verdeckten Ermittlers) und nach § 64 Absatz 2 Nummer 3 (Einsatz einer Vertrauensperson)

 a) die Zielperson,

 b) die erheblich mitbetroffenen Personen sowie

 c) die Personen, deren nicht allgemein zugängliche Wohnung die beauftragte Person, die Vertrauensperson oder der Verdeckte Ermittler betreten hat,

[1] **Wehrrecht Nr. 800.**

3. bei Maßnahmen nach § 46 (Wohnraumüberwachung)

 a) die Person, gegen die sich die Maßnahme richtete,

 b) sonstige überwachte Personen sowie

 c) Personen, die die überwachte Wohnung zur Zeit der Durchführung der Maßnahme innehatten oder bewohnten,

4. bei Maßnahmen nach § 47 (Ausschreibung) die Zielperson und die Personen, deren personenbezogene Daten gemeldet worden sind,

5. bei Maßnahmen nach § 48 (Rasterfahndung)

 a) die im Übermittlungsersuchen nach § 48 Absatz 2 enthaltenen Merkmale sowie

 b) die betroffenen Personen, gegen die nach Auswertung der Daten weitere Maßnahmen getroffen wurden,

6. bei Maßnahmen nach § 49 (Verdeckter Eingriff in informationstechnische Systeme)

 a) die Zielperson sowie die mitbetroffenen Personen sowie

 b) die Angaben zur Identifizierung des informationstechnischen Systems und die daran vorgenommenen nicht nur flüchtigen Veränderungen,

7. bei Maßnahmen nach § 50 (Postbeschlagnahme) der Absender und der Adressat der Postsendung sowie die Art und die Anzahl der beschlagnahmten Postsendungen,

8. bei Maßnahmen nach § 51 (Telekommunikationsüberwachung)

 a) die Beteiligten der überwachten Telekommunikation sowie

 b) im Falle, dass Überwachung mit einem Eingriff in von der betroffenen Person genutzte informationstechnische Systeme verbunden ist, die Angaben zur Identifizierung des informationstechnischen Systems und die daran vorgenommenen nicht nur flüchtigen Veränderungen,

9. bei Maßnahmen nach § 52 Absatz 1 (Erhebung von Verkehrsdaten) die Beteiligten der betroffenen Telekommunikation,

10. bei Maßnahmen nach § 52 Absatz 2 (Erhebung von Nutzungsdaten) der Nutzer,

11. bei Maßnahmen nach § 53 (IMSI-Catcher) die Zielperson.

(3) [1] Nachforschungen zur Feststellung der Identität einer in Absatz 2 bezeichneten Person sind nur vorzunehmen, wenn dies unter Berücksichtigung der Eingriffsintensität der Maßnahme gegenüber dieser Person, des Aufwands für die Feststellung ihrer Identität sowie der daraus für diese oder andere Personen folgenden Beeinträchtigungen geboten ist. [2] Die Zahl der Personen, deren Protokollierung unterblieben ist, ist im Protokoll anzugeben.

(4) [1] Die Protokolldaten dürfen nur verwendet werden für Zwecke der Benachrichtigung nach § 74 und um der betroffenen Person oder einer dazu befugten öffentlichen Stelle die Prüfung zu ermöglichen, ob die Maßnahmen rechtmäßig durchgeführt worden sind. [2] Sie sind bis zum Abschluss der Kontrolle nach § 69 Absatz 1 aufzubewahren und sodann automatisiert zu löschen, *es sei denn, dass sie für den in Satz 1* genannten Zweck noch erforderlich sind.

§ 83 Benachrichtigung der oder des Bundesbeauftragten für den Datenschutz und die Informationsfreiheit bei Verletzungen des Schutzes personenbezogener Daten. Bei einer Verletzung des Schutzes personenbezogener Daten sind die teilnehmenden Behörden im Rahmen des polizeilichen Informationsverbunds entsprechend § 65 Absatz 6 des Bundesdatenschutzgesetzes[1] zu benachrichtigen, wenn von ihnen eingegebene Daten betroffen sind.

Unterabschnitt 5. Rechte der betroffenen Person

§ 84 Rechte der betroffenen Person. (1) [1] Über die in den §§ 57 und 58 des Bundesdatenschutzgesetzes[1] enthaltenen Rechte der betroffenen Person hinaus gilt für die Verarbeitung im polizeilichen Informationsverbund die Besonderheit, dass bei Daten, die im polizeilichen Informationsverbund verarbeitet werden, das Bundeskriminalamt die Auskunft nach § 57 des Bundesdatenschutzgesetzes im Einvernehmen mit der Stelle, die die datenschutzrechtliche Verantwortung nach § 31 Absatz 2 trägt, erteilt. [2] Erteilt ein Landeskriminalamt Auskunft aus seinem Landessystem, kann es hiermit einen Hinweis auf einen vom Land in den polizeilichen Informationsverbund eingegebenen Datensatz verbinden. [3] Bei der Berichtigung, Löschung und Verarbeitungseinschränkung personenbezogener Daten findet Satz 1 entsprechende Anwendung bei Daten, die im polizeilichen Informationsverbund verarbeitet werden.

(2) [1] Bei Ausschreibungen zur polizeilichen Beobachtung durch ausländische Stellen nach Artikel 36 Absatz 1 des Beschlusses 2007/533/JI des Rates vom 12. Juni 2007 über die Einrichtung, den Betrieb und die Nutzung des Schengener Informationssystems der zweiten Generation (SIS II) hat das Bundeskriminalamt eine Auskunft, die nach Artikel 58 Absatz 3 und 4 des Beschlusses 2007/533/JI unterblieben ist, nachträglich zu erteilen, wenn die der Auskunftserteilung entgegenstehenden Umstände entfallen sind. [2] Es hat dies im Zusammenwirken mit der Stelle, die die Ausschreibung veranlasst hat, spätestens zum vorgesehenen Zeitpunkt der Löschung im nationalen Teil des Schengener Informationssystems zu prüfen.

§ 85 Ausübung der Betroffenenrechte im polizeilichen Informationsverbund sowie bei projektbezogenen gemeinsamen Dateien. [1] Sind die Daten der betroffenen Person beim Bundeskriminalamt automatisiert in der Weise gespeichert, dass mehrere Stellen speicherungsberechtigt sind, und ist die betroffene Person nicht in der Lage festzustellen, welche Stelle die Daten gespeichert hat, so kann sie sich zur Geltendmachung ihrer Rechte an jede dieser Stellen wenden. [2] Diese ist verpflichtet, das Vorbringen der betroffenen Person an die Stelle, die die Daten gespeichert hat, weiterzuleiten. [3] Die betroffene Person ist über die Weiterleitung und jene Stelle zu unterrichten. [4] Das Bundeskriminalamt kann statt der betroffenen Person die oder den Bundesbeauftragten für den Datenschutz und die Informationsfreiheit unterrichten. [5] Das weitere Verfahren richtet sich nach § 57 Absatz 7 Satz 3 und 6 des Bundesdatenschutzgesetzes[1].

[1] Nr. 245.

Unterabschnitt 6. Schadensersatz

§ 86 Schadensersatz im polizeilichen Informationsverbund. (1) [1]Bei der Datenverarbeitung im polizeilichen Informationsverbund gilt das Bundeskriminalamt gegenüber einer betroffenen Person als allein Verantwortlicher im Sinne von § 83 Absatz 1 des Bundesdatenschutzgesetzes[1]. [2]§ 83 Absatz 3 des Bundesdatenschutzgesetzes ist nicht anzuwenden.

(2) In den Fällen des Absatzes 1 ist der Schaden im Innenverhältnis auszugleichen, soweit er der datenschutzrechtlichen Verantwortung einer anderen Stelle zuzurechnen ist.

Abschnitt 10. Schlussvorschriften

§ 87 Strafvorschriften. (1) Mit Freiheitsstrafe bis zu drei Jahren oder mit Geldstrafe wird bestraft, wer

1. einer vollstreckbaren gerichtlichen Anordnung nach § 55 Absatz 3 Satz 1 oder einer vollziehbaren Anordnung nach § 55 Absatz 3 Satz 2 zuwiderhandelt und dadurch den Zweck der Anordnung gefährdet oder

2. einer vollstreckbaren gerichtlichen Anordnung nach § 56 Absatz 5 Satz 1 oder einer vollziehbaren Anordnung nach § 56 Absatz 5 Satz 2 zuwiderhandelt und dadurch die kontinuierliche Feststellung seines Aufenthaltsortes durch das Bundeskriminalamt verhindert.

(2) Die Tat wird nur auf Antrag des Bundeskriminalamtes verfolgt.

§ 88[2] Berichtspflicht gegenüber dem Deutschen Bundestag. [1]Das Bundeskriminalamt berichtet dem Bundesministerium des Innern, für Bau und Heimat alle zwei Jahre, erstmals bis zum 1. Oktober 2019, über die Ausübung seiner in Abschnitt 5 und in den §§ 34 und 64 genannten Befugnisse sowie über Übermittlungen nach § 27. [2]In dieser Unterrichtung wird insbesondere dargestellt, in welchem Umfang von welchen Befugnissen aus Anlass welcher Art von Verdachtslagen Gebrauch gemacht wurde und inwieweit die betroffenen Personen hierüber benachrichtigt wurden. [3]Das Bundesministerium des Innern, für Bau und Heimat leitet diese Unterrichtung der Bundesregierung und dem Deutschen Bundestag innerhalb von zwei Monaten zu. [4]Der Deutsche Bundestag macht die Unterrichtung öffentlich zugänglich.

§ 89 Einschränkung von Grundrechten. Die Grundrechte der körperlichen Unversehrtheit (Artikel 2 Absatz 2 Satz 1 des Grundgesetzes[3]), der Freiheit der Person (Artikel 2 Absatz 2 Satz 2 des Grundgesetzes), des Brief-, Post- und Fernmeldegeheimnisses (Artikel 10 des Grundgesetzes), der Freizügigkeit (Artikel 11 Absatz 1 des Grundgesetzes) und der Unverletzlichkeit der Wohnung (Artikel 13 des Grundgesetzes) werden nach Maßgabe dieses Gesetzes eingeschränkt.

§ 90 Gerichtliche Zuständigkeit, Verfahren. (1) Für Maßnahmen nach den §§ 10, 33, 34, Abschnitt 5 und § 64 sowie für gerichtliche Entscheidungen

[1] Nr. **245**.
[2] § 88 Sätze 1, 3 geänd. mWv 27.6.2020 durch VO v. 19.6.2020 (BGBl. 1 S. 1328).
[3] Nr. 1.

nach § 74 gelten, soweit nichts anderes bestimmt ist, die nachstehenden Regelungen.

(2) [1] Für gerichtliche Entscheidungen ist das Amtsgericht zuständig, in dessen Bezirk das Bundeskriminalamt seinen Sitz hat. [2] Für das Verfahren gelten die Bestimmungen des Gesetzes über das Verfahren in Familiensachen und in den Angelegenheiten der freiwilligen Gerichtsbarkeit[1] entsprechend.

(3) [1] Bei Entscheidungen über die Verwertbarkeit oder Löschung von Erkenntnissen, die bei Maßnahmen nach den §§ 34, 45, 46, 49, 51 und 64 erhoben worden sind, kann das Gericht sachkundige Bedienstete des Bundeskriminalamtes zur Berücksichtigung von ermittlungsspezifischem Fachverstand anhören. [2] Bei der Sichtung der erhobenen Daten kann sich das Gericht der technischen Unterstützung des Bundeskriminalamtes bedienen. [3] Die Bediensteten des Bundeskriminalamtes sind zur Verschwiegenheit über ihnen bekannt werdende Erkenntnisse, deren Löschung das Gericht anordnet, verpflichtet.

§ 91 Übergangsvorschrift. Abweichend von § 14 Absatz 2 ist eine Weiterverarbeitung oder Übermittlung personenbezogener Daten auch zulässig nach den Bestimmungen der für die Daten am 24. Mai 2018 jeweils geltenden Errichtungsanordnung nach § 34 des Bundeskriminalamtesgesetzes in der bis zum 24. Mai 2018 geltenden Fassung.

[1] **Schönfelder Nr. 112.**

§ 1 Anwendungsbereich. [1] Hochschulen im Sinne dieses Gesetzes sind die Universitäten, die Pädagogischen Hochschulen, die Kunsthochschulen, die Fachhochschulen und die sonstigen Einrichtungen des Bildungswesens, die nach Landesrecht staatliche Hochschulen sind. [2] Dieses Gesetz betrifft, soweit dies in § 70 bestimmt ist, auch die staatlich anerkannten Hochschulen.

1. Kapitel. Aufgaben der Hochschulen

1. Abschnitt. Allgemeine Bestimmungen

§ 2[1] Aufgaben. (1) [1] Die Hochschulen dienen entsprechend ihrer Aufgabenstellung der Pflege und der Entwicklung der Wissenschaften und der Künste durch Forschung, Lehre, Studium und Weiterbildung in einem freiheitlichen, demokratischen und sozialen Rechtsstaat. [2] Sie bereiten auf berufliche Tätig-

[1] § 2 Abs. 4 neu gef. mWv 1.5.2002 durch G v. 27.4.2002 (BGBl. I S. 1467).

keiten vor, die die Anwendung wissenschaftlicher Erkenntnisse und wissenschaftlicher Methoden oder die Fähigkeit zu künstlerischer Gestaltung erfordern.

(2) Die Hochschulen fördern entsprechend ihrer Aufgabenstellung den wissenschaftlichen und künstlerischen Nachwuchs.

(3) Die Hochschulen fördern die Weiterbildung ihres Personals.

(4) [1] Die Hochschulen wirken an der sozialen Förderung der Studierenden mit; sie berücksichtigen die besonderen Bedürfnisse von Studierenden mit Kindern. [2] Sie tragen dafür Sorge, dass behinderte Studierende in ihrem Studium nicht benachteiligt werden und die Angebote der Hochschule möglichst ohne fremde Hilfe in Anspruch nehmen können. [3] Sie fördern in ihrem Bereich den Sport.

(5) Die Hochschulen fördern die internationale, insbesondere die europäische Zusammenarbeit im Hochschulbereich und den Austausch zwischen deutschen und ausländischen Hochschulen; sie berücksichtigen die besonderen Bedürfnisse ausländischer Studenten.

(6) [1] Die Hochschulen wirken bei der Wahrnehmung ihrer Aufgaben untereinander und mit anderen staatlichen und staatlich geförderten Forschungs- und Bildungseinrichtungen zusammen. [2] Dies gilt insbesondere für die nach der Herstellung der Einheit Deutschlands erforderliche Zusammenarbeit im Hochschulwesen.

(7) Die Hochschulen fördern den Wissens- und Technologietransfer.

(8) Die Hochschulen unterrichten die Öffentlichkeit über die Erfüllung ihrer Aufgaben.

(9) [1] Die unterschiedliche Aufgabenstellung der Hochschularten nach § 1 Satz 1 und die Aufgaben der einzelnen Hochschulen werden durch das Land bestimmt. [2] Andere als die in diesem Gesetz genannten Aufgaben dürfen den Hochschulen nur übertragen werden, wenn sie mit den in Absatz 1 genannten Aufgaben zusammenhängen.

(Fortsetzung nächstes Blatt)

§ 3 Gleichberechtigung von Frauen und Männern. [1] Die Hochschulen fördern die tatsächliche Durchsetzung der Gleichberechtigung von Frauen und Männern und wirken auf die Beseitigung bestehender Nachteile hin. [2] Die Aufgaben und Mitwirkungsrechte der Frauen- und Gleichstellungsbeauftragten der Hochschulen regelt das Landesrecht.

§ 4 Freiheit von Kunst und Wissenschaft, Forschung, Lehre und Studium. (1) Das Land und die Hochschulen haben sicherzustellen, daß die Mitglieder der Hochschule die durch Artikel 5 Abs. 3 Satz 1 des Grundgesetzes verbürgten Grundrechte wahrnehmen können.

(2) [1] Die Freiheit der Forschung (Artikel 5 Abs. 3 Satz 1 des Grundgesetzes) umfaßt insbesondere die Fragestellung, die Grundsätze der Methodik sowie die Bewertung des Forschungsergebnisses und seine Verbreitung. [2] Entscheidungen der zuständigen Hochschulorgane in Fragen der Forschung sind insoweit zulässig, als sie sich auf die Organisation des Forschungsbetriebes, die Förderung und Abstimmung von Forschungsvorhaben und auf die Bildung von Forschungsschwerpunkten beziehen; sie dürfen die Freiheit im Sinne von Satz 1 nicht beeinträchtigen. [3] Die Sätze 1 und 2 gelten für künstlerische Entwicklungsvorhaben und für die Kunstausübung entsprechend.

(3) [1] Die Freiheit der Lehre (Artikel 5 Abs. 3 Satz 1 des Grundgesetzes) umfaßt, unbeschadet des Artikels 5 Abs. 3 Satz 2 des Grundgesetzes, im Rahmen der zu erfüllenden Lehraufgaben insbesondere die Abhaltung von Lehrveranstaltungen und deren inhaltliche und methodische Gestaltung sowie das Recht auf Äußerung von wissenschaftlichen und künstlerischen Lehrmeinungen. [2] Entscheidungen der zuständigen Hochschulorgane in Fragen der Lehre sind insoweit zulässig, als sie sich auf die Organisation des Lehrbetriebes und auf die Aufstellung und Einhaltung von Studien- und Prüfungsordnungen beziehen; sie dürfen die Freiheit im Sinne von Satz 1 nicht beeinträchtigen.

(4) [1] Die Freiheit des Studiums umfaßt, unbeschadet der Studien- und Prüfungsordnungen, insbesondere die freie Wahl von Lehrveranstaltungen, das Recht, innerhalb eines Studiengangs Schwerpunkte nach eigener Wahl zu bestimmen, sowie die Erarbeitung und Äußerung wissenschaftlicher und künstlerischer Meinungen. [2] Entscheidungen der zuständigen Hochschulorgane in Fragen des Studiums sind insoweit zulässig, als sie sich auf die Organisation und ordnungsgemäße Durchführung des Lehr- und Studienbetriebes und auf die Gewährleistung eines ordnungsgemäßen Studiums beziehen.

§ 5 Staatliche Finanzierung. [1] Die staatliche Finanzierung der Hochschulen orientiert sich an den in Forschung und Lehre sowie bei der Förderung des wissenschaftlichen Nachwuchses erbrachten Leistungen. [2] Dabei sind auch Fortschritte bei der Erfüllung des Gleichstellungsauftrags zu berücksichtigen.

§ 6 Bewertung der Forschung, Lehre, Förderung des wissenschaftlichen Nachwuchses und der Gleichstellung der Geschlechter. [1] Die Arbeit der Hochschulen in Forschung und Lehre, bei der Förderung des wissenschaftlichen Nachwuchses sowie der Erfüllung

des Gleichstellungsauftrags soll regelmäßig bewertet werden. [2]Die Studierenden sind bei der Bewertung der Qualität der Lehre zu beteiligen. [3]Die Ergebnisse der Bewertungen sollen veröffentlicht werden.

2. Abschnitt. Studium und Lehre

§ 7 Ziel des Studiums. Lehre und Studium sollen den Studenten auf ein berufliches Tätigkeitsfeld vorbereiten und ihm die dafür erforderlichen fachlichen Kenntnisse, Fähigkeiten und Methoden dem jeweiligen Studiengang entsprechend so vermitteln, daß er zu wissenschaftlicher oder künstlerischer Arbeit und zu verantwortlichem Handeln in einem freiheitlichen, demokratischen und sozialen Rechtsstaat befähigt wird.

§ 8 Studienreform. Die Hochschulen haben die ständige Aufgabe, im Zusammenwirken mit den zuständigen staatlichen Stellen Inhalte und Formen des Studiums im Hinblick auf die Entwicklungen in Wissenschaft und Kunst, die Bedürfnisse der beruflichen Praxis und die notwendigen Veränderungen in der Berufswelt zu überprüfen und weiterzuentwickeln.

§ 9 Koordinierung der Ordnung von Studium und Prüfungen.
(1) Bund und Länder tragen gemeinsam Sorge für die Behandlung grundsätzlicher und struktureller Fragen des Studienangebots unter Berücksichtigung der Entwicklungen in der Wissenschaft, in der beruflichen Praxis und im Hochschulsystem.

(2) Die Länder tragen gemeinsam dafür Sorge, daß die Gleichwertigkeit einander entsprechender Studien- und Prüfungsleistungen sowie Studienabschlüsse und die Möglichkeit des Hochschulwechsels gewährleistet werden.

(3) Die Hochschulen und Sachverständige aus der Berufspraxis sind bei der Wahrnehmung der Aufgaben nach den Absätzen 1 und 2 zu beteiligen.

§ 10 Studiengänge. (1) [1]Die Studiengänge führen in der Regel zu einem berufsqualifizierenden Abschluß. [2]Als berufsqualifizierend im Sinne dieses Gesetzes gilt auch der Abschluß eines Studiengangs, durch den die fachliche Eignung für einen beruflichen Vorbereitungsdienst oder eine berufliche Einführung vermittelt wird. [3]Soweit bereits das jeweilige Studienziel eine berufspraktische Tätigkeit erfordert, ist sie mit den übrigen Teilen des Studiums inhaltlich und zeitlich abzustimmen und nach Möglichkeit in den Studiengang einzuordnen.

(2) [1]In den Prüfungsordnungen sind die Studienzeiten vorzusehen, in denen ein berufsqualifizierender Abschluß erworben werden kann (Regelstudienzeit). [2]Die Regelstudienzeit schließt Zeiten einer in den Studiengang eingeordneten berufspraktischen Tätigkeit, praktische Studiensemester und Prüfungszeiten ein. [3]Die Regelstudienzeit ist maßgebend für die Gestaltung der Studiengänge durch die Hochschule, für *die Sicherstellung des Lehrangebots,* für die Gestaltung des Prüfungsverfahrens sowie für die Ermittlung und Festsetzung der Ausbildungs-

kapazitäten (§ 29 Abs. 1) und die Berechnung von Studentenzahlen bei der Hochschulplanung.

§ 11 Regelstudienzeit bis zum ersten berufsqualifizierenden Abschluß. [1] Die Regelstudienzeit bis zum ersten berufsqualifizierenden Abschluß beträgt, unbeschadet des § 19 Abs. 2 Satz 2,

1. bei Fachhochschulstudiengängen höchstens vier Jahre,
2. bei anderen Studiengängen viereinhalb Jahre.

[2] Darüber hinausgehende Regelstudienzeiten dürfen in besonders begründeten Fällen festgesetzt werden; dies gilt auch für Studiengänge, die in besonderen Studienformen durchgeführt werden. [3] In geeigneten Fachrichtungen sind Studiengänge einzurichten, die in kürzerer Zeit zu einem ersten berufsqualifizierenden Abschluß führen.

§ 12 Postgraduale Studiengänge. [1] Für Absolventen eines Hochschulstudiums können zur Vermittlung weiterer wissenschaftlicher oder beruflicher Qualifikationen oder zur Vertiefung eines Studiums, insbesondere zur Heranbildung des wissenschaftlichen und künstlerischen Nachwuchses, Zusatz-, Ergänzungs- und Aufbaustudien (postgraduale Studien) angeboten werden. [2] Postgraduale Studiengänge, die zu einem Diplom- oder Magistergrad führen, sollen höchstens zwei Jahre dauern. [3] § 19 Abs. 3 bleibt unberührt.

§ 13 Fernstudium, Multimedia. (1) [1] Bei der Reform von Studium und Lehre und bei der Bereitstellung des Lehrangebots sollen die Möglichkeiten eines Fernstudiums sowie der Informations- und Kommunikationstechnik genutzt werden. [2] Bund, Länder und Hochschulen fördern diese Entwicklung im Rahmen ihrer Zuständigkeiten.

(2) [1] Eine in einer Prüfungsordnung vorgesehene Studienleistung wird auch durch die erfolgreiche Teilnahme an einer entsprechenden Fernstudieneinheit nachgewiesen, soweit die Einheit dem entsprechenden Lehrangebot des Präsenzstudiums inhaltlich gleichwertig ist. [2] Die Feststellung der Gleichwertigkeit wird durch Landesrecht geregelt.

§ 14 Studienberatung. [1] Die Hochschule unterrichtet Studierende und Studienbewerber über die Studienmöglichkeiten und über Inhalte, Aufbau und Anforderungen eines Studiums. [2] Während des gesamten Studiums unterstützt sie die Studierenden durch eine studienbegleitende fachliche Beratung. [3] Sie orientiert sich bis zum Ende des ersten Jahres des Studiums über den bisherigen Studienverlauf, informiert die Studierenden und führt gegebenenfalls eine Studienberatung durch. [4] Die Hochschule soll bei der Studienberatung insbesondere mit den für die Berufsberatung und den für die staatlichen Prüfungen zuständigen Stellen zusammenwirken.

§ 15 Prüfungen und Leistungspunktsystem. (1) [1] Das Studium wird in der Regel durch eine Hochschulprüfung, eine staatliche oder eine kirchliche Prüfung abgeschlossen. [2] In Studiengängen mit einer Regelstudienzeit von mindestens vier Jahren findet eine Zwischenprüfung statt. [3] Prüfungen können auch studienbegleitend abgenommen werden. [4] Der Übergang in das Hauptstudium setzt in der Regel die erfolgreiche Ablegung einer Zwischenprüfung voraus.

(2) [1] Für alle geeigneten Studiengänge sind die Voraussetzungen zu bestimmen, unter denen eine innerhalb der Regelstudienzeit abgelegte Abschlußprüfung im Falle des Nichtbestehens als nicht unternommen gilt (Freiversuch). [2] Das Landesrecht kann vorsehen, daß eine im Freiversuch bestandene Prüfung zur Notenverbesserung wiederholt werden kann.

(3) Zum Nachweis von Studien- und Prüfungsleistungen soll ein Leistungspunktsystem geschaffen werden, das auch die Übertragung erbrachter Leistungen auf andere Studiengänge derselben oder einer anderen Hochschule ermöglicht.

(4) Prüfungsleistungen dürfen nur von Personen bewertet werden, die selbst mindestens die durch die Prüfung festzustellende oder eine gleichwertige Qualifikation besitzen.

§ 16[1]) **Prüfungsordnungen.** [1] Hochschulprüfungen werden auf Grund von Prüfungsordnungen abgelegt, die der Genehmigung der nach Landesrecht zuständigen Stelle bedürfen. [2] Prüfungsanforderungen und -verfahren sind so zu gestalten, daß die Abschlußprüfung innerhalb der Regelstudienzeit vollständig abgelegt werden kann. [3] Prüfungsordnungen müssen die Inanspruchnahme der Schutzfristen des § 3 des Mutterschutzgesetzes[2]) sowie der Fristen der landesrechtlichen Regelungen über die Elternzeit ermöglichen. [4] Prüfungsordnungen müssen die besonderen Belange behinderter Studierender zur Wahrung ihrer Chancengleichheit berücksichtigen. [5] Die Genehmigung einer Prüfungsordnung ist zu versagen, wenn sie eine mit § 11 oder § 19 unvereinbare Regelstudienzeit vorsieht. [6] Die Genehmigung kann insbesondere versagt werden, wenn die Prüfungsordnung anderen Vorschriften über die Regelstudienzeit nicht entspricht. [7] Die nach Landesrecht zuständige Stelle kann die Änderung einer geltenden Prüfungsordnung insbesondere verlangen, wenn diese den Anforderungen der Sätze 2 bis 6 nicht entspricht.

§ 17 Vorzeitiges Ablegen der Prüfung. Hochschulprüfungen können vor Ablauf einer für die Meldung festgelegten Frist abgelegt werden, sofern die für die Zulassung zur Prüfung erforderlichen Leistungen nachgewiesen sind.

§ 18[3]) **Hochschulgrade.** (1) [1] Auf Grund der Hochschulprüfung, mit der ein berufsqualifizierender Abschluss erworben wird, kann die Hochschule einen Diplomgrad mit Angabe der Fachrichtung verleihen. [2] Auf Grund der Hochschulprüfung an Fachhochschulen oder in Fachhochschulstudiengängen anderer Hochschulen wird der Diplomgrad mit dem Zusatz „Fachhochschule" („FH") verliehen. [3] Die Hochschule kann einen Diplomgrad auch auf Grund einer staatlichen Prüfung oder einer kirchlichen Prüfung, mit der ein Hochschulstudium abgeschlos-

(Fortsetzung nächstes Blatt)

[1]) § 16 Satz 3 geänd. mWv 2.1.2001 durch G v. 30.11.2000 (BGBl. I S. 1638); Satz 4 eingef., bish. Sätze 4 bis 6 werden Sätze 5 bis 7 und neuer Satz 7 geänd. mWv 1.5.2002 durch G v. 27.4. 2002 (BGBl. I S. 1467).; Satz 3 geänd. *mWv 1.1.2018 durch G v. 23.5.2017* (BGBl. I S. 1228)
[2]) *Schönfelder ErgBd. Nr. 79.*
[3]) § 18 Abs. 1 Satz 1 neu gef. mWv 15.8.2002 durch G v. 8.8.2002 (BGBl. I S. 3138).

sen wird, verleihen. [4]Das Landesrecht kann vorsehen, daß eine Hochschule für den berufsqualifizierenden Abschluß eines Studiums einen Magistergrad verleiht; dies gilt, unbeschadet des § 19, nicht für den Abschluß in einem Fachhochschulstudiengang. [5]Nach näherer Bestimmung des Landesrechts kann eine Hochschule für den berufsqualifizierenden Abschluß eines Studiums auf Grund einer Vereinbarung mit einer ausländischen Hochschule andere als die in den Sätzen 1, 2 und 4 genannten Grade verleihen. [6]Ein Grad nach Satz 5 kann auch zusätzlich zu einem der in den Sätzen 1, 2 und 4 genannten Grade verliehen werden.

(2) [1]Im übrigen bestimmt das Landesrecht, welche Hochschulgrade verliehen werden. [2]Es kann vorsehen, daß die Kunsthochschulen für den berufsqualifizierenden Abschluß eines Studiums andere als die in Absatz 1 genannten Grade verleihen.

§ 19[1] Bachelor- und Masterstudiengänge. (1) Die Hochschulen können Studiengänge einrichten, die zu einem Bachelor- oder Bakkalaureusgrad und zu einem Master- oder Magistergrad führen.

(2) [1]Auf Grund von Prüfungen, mit denen ein erster berufsqualifizierender Abschluß erworben wird, kann die Hochschule einen Bachelor- oder Bakkalaureusgrad verleihen. [2]Die Regelstudienzeit beträgt mindestens drei und höchstens vier Jahre.

(3) [1]Auf Grund von Prüfungen, mit denen ein weiterer berufsqualifizierender Abschluß erworben wird, kann die Hochschule einen Master- oder Magistergrad verleihen. [2]Die Regelstudienzeit beträgt mindestens ein Jahr und höchstens zwei Jahre.

(4) Bei konsekutiven Studiengängen, die zu Graden nach den Absätzen 2 und 3 führen, beträgt die Gesamtregelstudienzeit höchstens fünf Jahre.

(5) § 11 Satz 2 gilt entsprechend.

(6) Den Urkunden über die Verleihung der akademischen Grade fügen die Hochschulen auf Antrag eine englischsprachige Übersetzung bei.

§ 20 Studium an ausländischen Hochschulen. [1]Studien- und Prüfungsleistungen, die an ausländischen Hochschulen erbracht worden sind, werden anerkannt, wenn ihre Gleichwertigkeit festgestellt ist. [2]§ 5a Abs. 1 Satz 2 und § 112 des Deutschen Richtergesetzes[2] bleiben unberührt.

§ 21. (weggefallen)

3. Abschnitt. Forschung

§ 22 Aufgaben und Koordination der Forschung. [1]Die Forschung in den Hochschulen dient der Gewinnung wissenschaftlicher Erkenntnisse sowie der wissenschaftlichen Grundlegung und Weiterentwicklung von Lehre und Studium. [2]Gegenstand der Forschung in den Hochschulen können unter Berücksichtigung der Aufgabenstellung

[1] § 19 Abs. 1 neugef. durch G v. 8. 8. 2002 (BGBl. I S. 3138).
[2] **Schönfelder Nr. 97.**

der Hochschule alle wissenschaftlichen Bereiche sowie die Anwendung wissenschaftlicher Erkenntnisse in der Praxis einschließlich der Folgen sein, die sich aus der Anwendung wissenschaftlicher Erkenntnisse ergeben können. [3] Zur gegenseitigen Abstimmung von Forschungsvorhaben und Forschungsschwerpunkten und zur Planung und Durchführung gemeinsamer Forschungsvorhaben wirken die Hochschulen untereinander, mit anderen Forschungseinrichtungen und mit Einrichtungen der überregionalen Forschungsplanung und Forschungsförderung zusammen.

§ 23. (weggefallen)

§ 24 Veröffentlichung von Forschungsergebnissen. Bei der Veröffentlichung von Forschungsergebnissen sind Mitarbeiter, die einen eigenen wissenschaftlichen oder wesentlichen sonstigen Beitrag geleistet haben, als Mitautoren zu nennen; soweit möglich, ist ihr Beitrag zu kennzeichnen.

§ 25 Forschung mit Mitteln Dritter. (1) [1] Die in der Forschung tätigen Hochschulmitglieder sind berechtigt, im Rahmen ihrer dienstlichen Aufgaben auch solche Forschungsvorhaben durchzuführen, die nicht aus den der Hochschule zur Verfügung stehenden Haushaltsmitteln, sondern aus Mitteln Dritter finanziert werden; ihre Verpflichtung zur Erfüllung der übrigen Dienstaufgaben bleibt unberührt. [2] Die Durchführung von Vorhaben nach Satz 1 ist Teil der Hochschulforschung.

(2) Ein Hochschulmitglied ist berechtigt, ein Forschungsvorhaben nach Absatz 1 in der Hochschule durchzuführen, wenn die Erfüllung anderer Aufgaben der Hochschule sowie die Rechte und Pflichten anderer Personen dadurch nicht beeinträchtigt werden und entstehende Folgelasten angemessen berücksichtigt sind; die Forschungsergebnisse sollen in der Regel in absehbarer Zeit veröffentlicht werden.

(3) [1] Ein Forschungsvorhaben nach Absatz 1 ist anzuzeigen. [2] Die Durchführung eines solchen Vorhabens darf nicht von einer Genehmigung abhängig gemacht werden. [3] Die Inanspruchnahme von Personal, Sachmitteln und Einrichtungen der Hochschule darf nur untersagt oder durch Auflagen beschränkt werden, soweit die Voraussetzungen des Absatzes 2 dies erfordern.

(4) [1] Die Mittel für Forschungsvorhaben, die in der Hochschule durchgeführt werden, sollen von der Hochschule verwaltet werden. [2] Die Mittel sind für den vom Geldgeber bestimmten Zweck zu verwenden und nach dessen Bedingungen zu bewirtschaften, soweit gesetzliche Bestimmungen nicht entgegenstehen. [3] Treffen die Bedingungen keine Regelung, so gelten ergänzend die Bestimmungen des Landes. [4] Auf Antrag des Hochschulmitglieds, das das Vorhaben durchführt, soll von der Verwaltung der Mittel durch die Hochschule abgesehen werden, sofern dies mit den Bedingungen des Geldgebers vereinbar ist; Satz 3 gilt in diesem Falle nicht.

(5) [1] Aus Mitteln Dritter bezahlte hauptberufliche Mitarbeiter an Forschungsvorhaben, die in der Hochschule durchgeführt werden, sollen vorbehaltlich des Satzes 3 als Personal der Hochschule im Arbeitsver-

tragsverhältnis eingestellt werden. [2] Die Einstellung setzt voraus, daß der Mitarbeiter von dem Hochschulmitglied, das das Vorhaben durchführt, vorgeschlagen wurde. [3] Sofern dies mit den Bedingungen des Geldgebers vereinbar ist, kann das Hochschulmitglied in begründeten Fällen die Arbeitsverträge mit den Mitarbeitern abschließen.

(6) Finanzielle Erträge der Hochschule aus Forschungsvorhaben, die in der Hochschule durchgeführt werden, insbesondere aus Einnahmen, die der Hochschule als Entgelt für die Inanspruchnahme von Personal, Sachmitteln und Einrichtungen zufließen, stehen der Hochschule für die Erfüllung ihrer Aufgaben zur Verfügung.

§ 26 Entwicklungsvorhaben. Die Vorschriften dieses Abschnitts gelten für Entwicklungsvorhaben im Rahmen angewandter Forschung sowie für künstlerische Entwicklungsvorhaben sinngemäß.

2. Kapitel. Zulassung zum Studium

§ 27[1] Allgemeine Voraussetzungen. (1) [1] Jeder Deutsche im Sinne des Artikels 116 des Grundgesetzes[2] ist zu dem von ihm gewählten Hochschulstudium berechtigt, wenn er die für das Studium erforderliche Qualifikation nachweist. [2] Staatsangehörige eines anderen Mitgliedstaats der Europäischen Union sind Deutschen gleichgestellt, wenn für das Studium erforderlichen Sprachkenntnisse nachgewiesen werden. [3] Zugangshindernisse, die in der Person des Studienbewerbers liegen, ohne sich auf die Qualifikation zu beziehen, regelt das Landesrecht.

(2) [1] Der Nachweis nach Absatz 1 Satz 1 wird für den Zugang zu einem Studium, das zu dem ersten berufsqualifizierenden Abschluß führt, grundsätzlich durch den erfolgreichen Abschluß einer auf das Studium vorbereitenden Schulbildung erbracht. [2] In der beruflichen Bildung Qualifizierte können den Nachweis nach näherer Bestimmung des Landesrechts auch auf andere Weise erbringen.

(3) Rechtsvorschriften, nach denen weitere Personen Deutschen nach Absatz 1 gleichgestellt sind, bleiben unberührt.

(4)[3] *[1] Das Studium bis zum ersten berufsqualifizierenden Abschluss und das Studium in einem konsekutiven Studiengang, der zu einem weiteren berufsqualifizierenden Abschluss führt, ist studiengebührenfrei. [2] In besonderen Fällen kann das Landesrecht Ausnahmen vorsehen.*

§ 28 (weggefallen)

§ 29 Maßstäbe der Ausbildungskapazität. (1) [1] Im Zusammenwirken von Hochschulen und zuständigen staatlichen Stellen sind einheitliche Grundsätze für die Ermittlung und Festsetzung der Ausbildungskapazitäten der Hochschulen zu entwickeln. [2] Der Berechnung ist grundsätzlich die für den jeweiligen Studiengang festgesetzte Regelstudienzeit zugrunde zu legen.

[1] § 27 Abs. 4 angef. mWv 15.8.2002 durch G v. 8.8.2002 (BGBl. I S. 3138).
[2] Nr. **1**.
[3] Gem. Urt. des BVerfG v. 26.1.2005 – 2 BvF 1/03 – (BGBl. I S. 253) ist § 27 Abs. 4 mit Art. 70 und Art. 75 Abs. 1 Satz 1 iVm Art. 72 Abs. 2 GG (Nr. **1**) unvereinbar und nichtig.

(2) ¹ Ist nach der Feststellung der Zentralstelle (§ 31) zu erwarten, daß an den Hochschulen im Geltungsbereich dieses Gesetzes nicht alle Bewerber eines Studiengangs zugelassen werden können, so darf für diesen Studiengang die Zahl der von der einzelnen Hochschule höchstens aufzunehmenden Studenten (Zulassungszahl) nicht niedriger festgesetzt werden, als dies unter Berücksichtigung der personellen, räumlichen, sächlichen und fachspezifischen Gegebenheiten zur Aufrechterhaltung einer geordneten Wahrnehmung der Aufgaben der Hochschule in Forschung, Lehre und Studium sowie in der Krankenversorgung unbedingt erforderlich ist. ² Der Festsetzung geht die Überprüfung voraus, ob im Rahmen der verfügbaren Mittel die Möglichkeiten zur Nutzung der vorhandenen Ausbildungskapazität ausgeschöpft worden sind.

§ 30¹⁾ Festsetzung von Zulassungszahlen. (1) ¹ Zulassungszahlen werden durch Landesrecht festgesetzt. ² Sie sind für jede Hochschule festzusetzen, wenn ein Studiengang in das Verfahren der Zentralstelle nach § 31 Abs. 1 einbezogen wird.

(2) Zulassungszahlen werden nur für einzelne Studiengänge und für einen bestimmten Zeitraum, höchstens für die Dauer eines Jahres, festgesetzt.

(3) ¹ Vor der Festsetzung einer Zulassungszahl ist die Hochschule von der zuständigen Landesbehörde aufzufordern, ihre Vorstellungen über die Zahl der aufzunehmenden Studenten mitzuteilen. ² In dem Bericht der Hochschule ist anzugeben, wie die Ausbildungskapazität berechnet worden ist; die einheitlichen Grundsätze nach § 29 Abs. 1 sind anzuwenden. ³ Im Falle des § 29 Abs. 2 ist das Ergebnis der Überprüfung, ob im Rahmen der verfügbaren Mittel die Möglichkeiten der Nutzung der vorhandenen Ausbildungskapazität ausgeschöpft worden sind, anzugeben.

§ 31²⁾ Zentrale Vergabe von Studienplätzen. (1) ¹ In Studiengängen, für die für mehrere Hochschulen Zulassungszahlen festgesetzt sind, können die Studienplätze von der von den Ländern errichteten Zentralstelle vergeben werden. ² In das Verfahren der Zentralstelle ist ein Studiengang zum frühestmöglichen Zeitpunkt einzubeziehen, wenn für ihn nach der Feststellung der Zentralstelle Zulassungszahlen für alle staatlichen Hochschulen festgesetzt sind und zu erwarten ist, daß die Zahl der Bewerber die Gesamtzahl der zur Verfügung stehenden Plätze übersteigt, soweit nicht wegen der Art der Zugangsvoraussetzungen oder der Auswahlmaßstäbe den Hochschulen die Entscheidung vorbehalten wird. ³ In das Verfahren der Zentralstelle soll ein Studiengang einbezogen werden, wenn für ihn nach der Feststellung der Zentralstelle Zulassungszahlen für die Mehrzahl der staatlichen Hochschulen festgesetzt sind.

(2) *(aufgehoben)*

(3) *(aufgehoben)*

(4) Besteht an einer Hochschule für den ersten Teil eines Studiengangs eine höhere Ausbildungskapazität als für spätere Teile dieses Studiengangs, kann eine auf den ersten Teil des Studiengangs beschränkte Zuweisung und Einschrei-

¹⁾ § 30 Abs. 3 Satz 3 aufgeh., bish. Satz 4 wird Satz 3 mWv 4.9.2004 durch G v. 28.8.2004 (BGBl. I S. 2298).
²⁾ § 31 Abs. 3 neu gef. mWv 4.9.2004 durch G v. 28.8.2004 (BGBl. I S. 2298); Abs. 2 und 3 aufgeh. mWv 23.11.2019 durch G v. 15.11.2019 (BGBl. I S. 1622).

bung erfolgen, wenn gewährleistet ist, daß der Student sein Studium an anderen Hochschulen im Geltungsbereich dieses Gesetzes fortsetzen kann.

§§ 32, 33[1] *(aufgehoben)*

§ 33a (weggefallen)

§ 34[2] **Benachteiligungsverbot.** Den Bewerbern dürfen keine Nachteile entstehen

1. aus der Erfüllung von Dienstpflichten nach Artikel 12a des Grundgesetzes[3] und der Übernahme solcher Dienstpflichten und entsprechender Dienstleistungen auf Zeit bis zur Dauer von drei Jahren,

2. aus dem Dienst als Entwicklungshelfer nach dem Entwicklungshelfergesetz[4] vom 18. Juni 1969 (BGBl. I S. 549), zuletzt geändert durch Artikel 15 des Gesetzes vom 21. Juni 2002 (BGBl. I S. 2167),

3. aus der Ableistung eines freiwilligen sozialen Jahres nach dem Gesetz zur Förderung eines freiwilligen sozialen Jahres vom 17. August 1964 (BGBl. I S. 640) in der Fassung der Bekanntmachung vom 15. Juli 2002 (BGBl. I S. 2596) oder eines freiwilligen ökologischen Jahres nach dem Gesetz zur Förderung eines freiwilligen ökologischen Jahres vom 17. Dezember 1993 (BGBl. I S. 2118) in der Fassung der Bekanntmachung vom 15. Juli 2002 (BGBl. I S. 2600) oder im Rahmen eines von der Bundesregierung geförderten Modellprojektes oder

4. aus der Betreuung oder Pflege eines Kindes unter 18 Jahren oder eines pflegebedürftigen sonstigen Angehörigen bis zur Dauer von drei Jahren.

§ 35[5] **Unabhängigkeit der Zulassung von der Landeszugehörigkeit.**
Die Zulassung eines Studienbewerbers, der Deutscher im Sinne des Artikels 116 des Grundgesetzes[3] ist, darf nicht davon abhängig gemacht werden, in welchem Land der Bundesrepublik Deutschland der Geburtsort oder der Wohnsitz des Studienbewerbers oder seiner Angehörigen liegt oder in welchem Land der Bundesrepublik Deutschland der Studienbewerber die Qualifikation für das Hochschulstudium erworben hat.

3. Kapitel. Mitglieder der Hochschule

1. Abschnitt. Mitgliedschaft und Mitwirkung

§ 36 Mitgliedschaft. (1) [1]Mitglieder der Hochschule sind die an der Hochschule nicht nur vorübergehend oder gastweise hauptberuflich Tätigen und die

[1] § 32 aufgeh. mWv 23.11.2019 durch G v. 15.11.2019 (BGBl. I S. 1622), § 33 aufgeh. mWv 4.9.2004 durch G v. 28.8.2004 (BGBl. I S. 2298).
[2] § 34 Satz 1 Nr. 2 und 3 geänd. sowie Satz 2 aufgeh., bish. Satz 3 wird Satz 2 und geänd. mWv 4.9.2004 durch G v. 28.8.2004 (BGBl. I S. 2298); Satz 2 aufgeh. mWv 23.11.2019 durch G v. 15.11.2019 (BGBl. I S. 1622).
[3] Nr. **1**.
[4] **Aichberger, SGB Nr. 40/10.**
[5] § 35 zweiter Halbs. neu gef. mWv 4.9.2004 durch G v. 28.8.2004 (BGBl. I S. 2298); zweiter Halbs. aufgeh. mWv 23.11.2019 durch G v. 15.11.2019 (BGBl. I S. 1622).

eingeschriebenen Studierenden. ²Das Landesrecht regelt die Stellung der sonstigen an der Hochschule Tätigen sowie der Ehrenbürger und Ehrensenatoren.

(2) Den Professoren stehen nach dem Eintritt in den Ruhestand die mit der Lehrbefugnis verbundenen Rechte zur Abhaltung von Lehrveranstaltungen und zur Beteiligung an Prüfungsverfahren zu.

§ 37¹⁾ Allgemeine Grundsätze der Mitwirkung. (1) ¹Die Mitwirkung an der Selbstverwaltung der Hochschule ist Recht und Pflicht aller Mitglieder. ²Art und Umfang der Mitwirkung der einzelnen Mitgliedergruppen und innerhalb der Mitgliedergruppen bestimmen sich nach der Qualifikation, Funktion, Verantwortung und Betroffenheit der Mitglieder. ³Für die Vertretung in den nach Mitgliedergruppen zusammengesetzten Gremien bilden die Hochschullehrerinnen und Hochschullehrer, die akademischen Mitarbeiterinnen und Mitarbeiter, die Studierenden und die sonstigen Mitarbeiterinnen und Mitarbeiter grundsätzlich je eine Gruppe; alle Mitgliedergruppen müssen vertreten sein und wirken nach Maßgabe des Satzes 2 grundsätzlich stimmberechtigt an Entscheidungen mit. ⁴Das Landesrecht regelt die mitgliedschaftsrechtliche Stellung der sonstigen an der Hochschule tätigen Personen. ⁵In nach Mitgliedergruppen zusammengesetzten Entscheidungsgremien verfügen die Hochschullehrerinnen und Hochschullehrer bei der Entscheidung in Angelegenheiten, die die Lehre mit Ausnahme der Bewertung der Lehre betreffen, mindestens über die Hälfte der Stim-

(Fortsetzung nächstes Blatt)

¹⁾ § 37 Abs. 1 Satz 2 geänd., Satz 3 neu gef., Satz 4 eingef., bish. Satz 4 wird Satz 5 und geänd. mWv 31.12.2004 durch G v. 27.12.2004 (BGBl. I S. 3835).

men, in Angelegenheiten, die die Forschung, künstlerische Entwicklungsvorhaben oder die Berufung von Hochschullehrerinnen und Hochschullehrern unmittelbar betreffen, über die Mehrheit der Stimmen.

(2) [1] Die Mitglieder eines Gremiums werden, soweit sie dem Gremium nicht kraft Amtes angehören, für eine bestimmte Amtszeit bestellt oder gewählt; sie sind an Weisungen nicht gebunden. [2] Eine angemessene Vertretung von Frauen und Männern ist anzustreben.

(3) Die Hochschulmitglieder dürfen wegen ihrer Tätigkeit in der Selbstverwaltung nicht benachteiligt werden.

§§ 38 bis 40 (weggefallen)

§ 41 [1)2)] *Studierendenschaft* (1) [1] *An den Hochschulen werden Studierendenschaften gebildet.* [2] *Sie haben folgende Aufgaben:*

1. *die Meinungsbildung in der Gruppe der Studierenden zu ermöglichen;*
2. *die Belange ihrer Mitglieder in Hochschule und Gesellschaft wahrzunehmen;*
3. *an der Erfüllung der Aufgaben der Hochschulen (§§ 2 und 3), insbesondere durch Stellungnahmen zu hochschul- oder wissenschaftspolitischen Fragen mitzuwirken;*
4. *auf der Grundlage der verfassungsmäßigen Ordnung die politische Bildung, das staatsbürgerliche Verantwortungsbewusstsein und die Bereitschaft ihrer Mitglieder zur aktiven Toleranz sowie zum Eintreten für die Grund- und Menschenrechte zu fördern;*
5. *kulturelle, fachliche, wirtschaftliche und soziale Belange ihrer Mitglieder wahrzunehmen;*
6. *die Integration ausländischer Studierender zu fördern;*
7. *den Studierendensport zu fördern;*
8. *die überregionalen und internationalen Studierendenbeziehungen zu pflegen.*

[3] *Zur Erfüllung ihrer Aufgaben kann die Studierendenschaft insbesondere auch zu solchen Fragen Stellung beziehen, die sich mit der gesellschaftlichen Aufgabenstellung der Hochschulen sowie mit der Anwendung der wissenschaftlichen Erkenntnisse und der Abschätzung ihrer Folgen für die Gesellschaft und die Natur beschäftigen.* [4] *Die Studierendenschaft und ihre Organe können für die Erfüllung ihrer Aufgaben Medien aller Art nutzen und in diesen Medien auch die Diskussion und Veröffentlichung zu allgemeinen gesellschaftlichen Fragen ermöglichen.*

[1)] § 41 neu gef. mWv 15. 8. 2002 durch G v. 8. 8. 2002 (BGBl. I S. 3138).

[2)] Gem. Urt. des BVerfG v. 26. 1. 2005 – 2 BvF 1/03 – (BGBl. I S. 253) ist § 41 mit Art. 70 und Art. 75 Abs. 1 Satz 1 iVm Art. 72 Abs. 2 GG (Nr. **1**) unvereinbar und nichtig. § 41 in seiner bish. Fassung lautet:

„**§ 41 Studentenschaft.** (1) Das Landesrecht kann vorsehen, daß an den Hochschulen zur Wahrnehmung hochschulpolitischer, sozialer und kultureller Belange der Studierenden, zur Pflege der überregionalen und internationalen Studentenbeziehungen sowie zur Wahrnehmung studentischer Belange in bezug auf die Aufgaben der Hochschulen (§§ 2 und 3) Studentenschaften gebildet werden.

(2) [1] Wird eine Studentenschaft gebildet, so verwaltet sie ihre Angelegenheiten im Rahmen der gesetzlichen Bestimmungen selbst. [2] Sie kann von ihren Mitgliedern zur Erfüllung ihrer Aufgaben Beiträge erheben. [3] Die Haushalts- und Wirtschaftsführung der Studentenschaft wird vom Landesrechnungshof geprüft. [4] Die Studentenschaft untersteht der Rechtsaufsicht der Leitung der Hochschule und der zuständigen Landesbehörde.

(3) Für die Mitwirkung in den Organen der Studentenschaft gilt § 37 Abs. 3 entsprechend.“

(2) ¹ *Die Studierendenschaft verwaltet ihre Angelegenheiten im Rahmen der gesetzlichen Bestimmungen selbst.* ² *Sie kann von ihren Mitgliedern zur Erfüllung ihrer Aufgaben Beiträge erheben.*

(3) *Für die Mitwirkung in den Organen der Studierendenschaft gilt § 37 Abs. 3 entsprechend.*

2. Abschnitt. Wissenschaftliches und künstlerisches Personal

§ 42¹⁾ Hauptberufliches wissenschaftliches und künstlerisches Personal. ¹ Das hauptberuflich tätige wissenschaftliche und künstlerische Personal der Hochschule besteht insbesondere aus den Hochschullehrerinnen und Hochschullehrern (Professorinnen und Professoren, Juniorprofessorinnen und Juniorprofessoren), den wissenschaftlichen und künstlerischen Mitarbeiterinnen und Mitarbeitern sowie den Lehrkräften für besondere Aufgaben. ² Zur Durchsetzung der Gleichberechtigung von Frauen und Männern werden Frauen unter Beachtung des Vorrangs von Eignung, Befähigung und fachlicher Leistung (Artikel 33 Abs. 2 des Grundgesetzes²⁾) gefördert. ³ Ziel der Förderung ist vor allem die Erhöhung des Anteils der Frauen in der Wissenschaft.

§ 43³⁾ Dienstliche Aufgaben der Hochschullehrerinnen und Hochschullehrer. Die Hochschullehrerinnen und Hochschullehrer nehmen die ihrer Hochschule jeweils obliegenden Aufgaben in Wissenschaft und Kunst, Forschung, Lehre und Weiterbildung in ihren Fächern nach näherer Ausgestaltung ihres Dienstverhältnisses selbständig wahr.

§ 44³⁾ Einstellungsvoraussetzungen für Professorinnen und Professoren. Einstellungsvoraussetzungen für Professorinnen und Professoren sind neben den allgemeinen dienstrechtlichen Voraussetzungen grundsätzlich

1. ein abgeschlossenes Hochschulstudium,

2. pädagogische Eignung,

3. besondere Befähigung zu wissenschaftlicher Arbeit, die in der Regel durch die Qualität einer Promotion nachgewiesen wird, oder besondere Befähigung zu künstlerischer Arbeit und

4. darüber hinaus je nach den Anforderungen der Stelle
 a) zusätzliche wissenschaftliche Leistungen,
 b) zusätzliche künstlerische Leistungen oder
 c) besondere Leistungen bei der Anwendung oder Entwicklung wissenschaftlicher Erkenntnisse und Methoden in einer mehrjährigen beruflichen Praxis.

§ 45³⁾ Ausschreibung von Stellen für Hochschullehrerinnen und Hochschullehrer. ¹ Die Stellen für Hochschullehrerinnen und Hochschullehrer sind öffentlich und im Regelfall international auszuschreiben. ² Das Landesrecht kann Ausnahmen von der Ausschreibungspflicht vorsehen, ins-

¹⁾ *§ 42 Satz 1 neu gef. mWv 31. 12. 2004 durch G v. 27. 12. 2004 (BGBl. I S. 3835).*
²⁾ Nr. **1.**
³⁾ §§ 43–45 neu gef. mWv 31. 12. 2004 durch G v. 27. 12. 2004 (BGBl. I S. 3835).

besondere wenn eine Juniorprofessorin oder ein Juniorprofessor auf eine Professur berufen werden soll.

§ 46 Dienstrechtliche Stellung der Professoren. Die Professoren werden, soweit sie in das Beamtenverhältnis berufen werden, zu Beamten auf Zeit oder auf Lebenszeit ernannt; durch Gesetz kann bestimmt werden, daß eine Probezeit zurückzulegen ist.

(Fortsetzung nächstes Blatt)

§ 47[1)] **Einstellungsvoraussetzungen für Juniorprofessorinnen und Juniorprofessoren.** [1] Einstellungsvoraussetzungen für Juniorprofessorinnen und Juniorprofessoren sind neben den allgemeinen dienstrechtlichen Voraussetzungen grundsätzlich

1. ein abgeschlossenes Hochschulstudium,
2. pädagogische Eignung,
3. besondere Befähigung zu wissenschaftlicher Arbeit, die in der Regel durch die herausragende Qualität einer Promotion nachgewiesen wird.

[2] Sofern vor oder nach der Promotion eine Beschäftigung als wissenschaftliche Mitarbeiterin oder wissenschaftlicher Mitarbeiter erfolgt ist, sollen Promotions- und Beschäftigungsphase zusammen nicht mehr als sechs Jahre, im Bereich der Medizin nicht mehr als neun Jahre betragen haben. [3] Verlängerungen nach § 2 Abs. 5 Satz 1 Nr. 1 und 3 bis 5 des Wissenschaftszeitvertragsgesetzes bleiben hierbei außer Betracht. [4] § 2 Abs. 3 Satz 1 des Wissenschaftszeitvertragsgesetzes gilt entsprechend.

§ 48[1)] **Dienstrechtliche Stellung der Juniorprofessorinnen und Juniorprofessoren.** (1) [1] Für Juniorprofessorinnen und Juniorprofessoren ist ein zweiphasiges Dienstverhältnis vorzusehen, das insgesamt nicht mehr als sechs Jahre betragen soll. [2] Eine Verlängerung für die zweite Phase soll erfolgen, wenn die Juniorprofessorin oder der Juniorprofessor sich als Hochschullehrerin oder Hochschullehrer bewährt hat; anderenfalls kann das Dienstverhältnis um bis zu einem Jahr verlängert werden.

(2) Werden Juniorprofessorinnen und Juniorprofessoren zu Beamten auf Zeit ernannt, so gelten, soweit dieses Gesetz nichts anderes bestimmt, die Vorschriften für Beamtinnen und Beamte auf Lebenszeit entsprechend.

§ 48 a bis 48 d.[1)] *(aufgehoben)*.

§ 49[2)] **Anwendung der Vorschriften des Beamtenrechtsrahmengesetzes.** Auf beamtete Hochschullehrerinnen und Hochschullehrer sowie wissenschaftliche und künstlerische Mitarbeiterinnen und Mitarbeiter finden die Vorschriften des Beamtenrechtsrahmengesetzes[3)] Anwendung, soweit dieses Gesetz nichts anderes bestimmt.

§ 50[4)] **Dienstrechtliche Sonderregelungen.** (1) [1] Die Vorschriften des Beamtenrechtsrahmengesetzes über die Laufbahnen und den einstweiligen Ruhestand sind auf Hochschullehrerinnen und Hochschullehrer nicht anzuwenden. [2] Die Vorschriften über die Probezeit gelten

[1)] §§ 47, 48 neugef. u. §§ 48 a bis 48 d aufgeh. durch G v. 27. 12. 2004 (BGBl. I S. 3835), § 47 Sätze 3 u. 4 neugef. durch G v. 12. 4. 2007 (BGBl. I S. 506).
[2)] § 49 geänd. durch G v. 27. 12. 2004 (BGBl. I S. 3835).
[3)] Nr. **150**.
[4)] § 50 Abs. 3 Satz 2 Nr. 6 geänd. durch G v. 30. 11. 2000 (BGBl. I S. 1638), Abs. 1 Sätze 1 u. 3, Abs. 2 Satz 1 geänd., Abs. 2 Satz 2 u. Abs. 3 neugef., Abs. 4 geänd. durch G v. 27. 12. 2004 (BGBl. I S. 3835).

nur im Falle des § 46 zweiter Halbsatz. [3]Die Vorschriften des Beamtenrechtsrahmengesetzes[1]) über die Arbeitszeit mit Ausnahme der §§ 44a und 44b sind auf Hochschullehrerinnen und Hochschullehrer nicht anzuwenden; erfordert jedoch der Aufgabenbereich einer Hochschuleinrichtung eine regelmäßige oder planmäßige Anwesenheit, können für bestimmte Beamtengruppen diese Vorschriften für anwendbar erklärt werden; die Vorschriften über den Verlust der Bezüge wegen nicht genehmigten schuldhaften Fernbleibens vom Dienst sind anzuwenden.

(2) [1]Beamtete Hochschullehrerinnen und Hochschullehrer können nur mit ihrer Zustimmung abgeordnet oder versetzt werden. [2]Abordnung und Versetzung in ein gleichwertiges Amt an einer anderen Hochschule sind auch ohne Zustimmung der Hochschullehrerin oder des Hochschullehrers zulässig, wenn die Hochschule oder die Hochschuleinrichtung, an der sie oder er tätig ist, aufgelöst oder mit einer anderen Hochschule zusammengeschlossen wird, oder wenn die Studien- oder Fachrichtung, in der sie oder er tätig ist, ganz oder teilweise aufgegeben oder an eine andere Hochschule verlegt wird; in diesen Fällen beschränkt sich eine Mitwirkung der aufnehmenden Hochschule oder Hochschuleinrichtung bei der Einstellung auf eine Anhörung.

(3) Soweit Hochschullehrerinnen und Hochschullehrer oder wissenschaftliche und künstlerische Mitarbeiterinnen und Mitarbeiter Beamtinnen oder Beamte auf Zeit sind, ist das Dienstverhältnis, sofern dienstliche Gründe nicht entgegenstehen, auf Antrag der Beamtin oder des Beamten nach näherer Maßgabe des Landesrechts zu verlängern, insbesondere im Falle eines mutterschutzrechtlichen Beschäftigungsverbots, bei Inanspruchnahme von Elternzeit sowie bei Beurlaubung oder Herabsetzung der Arbeitszeit wegen Betreuung oder Pflege eines Kindes unter 18 Jahren oder eines pflegebedürftigen sonstigen Angehörigen.

(4) Soweit für Hochschullehrerinnen und Hochschullehrer ein befristetes Angestelltenverhältnis begründet worden ist, gilt Absatz 3 entsprechend.

§ 51. (weggefallen)

§ 52.[2]) *(aufgehoben)*

§ 53[2]) Wissenschaftliche und künstlerische Mitarbeiterinnen und Mitarbeiter.

(1) [1]Wissenschaftliche Mitarbeiterinnen und Mitarbeiter sind die Beamtinnen, Beamten und Angestellten, denen wissenschaftliche Dienstleistungen obliegen. [2]Im Bereich der Medizin gehören zu den wissenschaftlichen Dienstleistungen auch Tätigkeiten in der Krankenversorgung. [3]In begründeten Fällen kann wissenschaftlichen Mitarbeiterinnen und Mitarbeitern auch die selbständige Wahrnehmung von Aufgaben in Forschung und Lehre übertragen werden.

[1]) *Nr. 150.*
[2]) § 52 aufgeh., § 53 neugef. durch G v. 27. 12. 2004 (BGBl. I S. 3835).

(2) Soweit befristet beschäftigten wissenschaftlichen Mitarbeiterinnen und Mitarbeitern Aufgaben übertragen werden, die auch der Vorbereitung einer Promotion oder der Erbringung zusätzlicher wissenschaftlicher Leistungen förderlich sind, soll ihnen im Rahmen ihrer Dienstaufgaben ausreichend Gelegenheit zu eigener wissenschaftlicher Arbeit gegeben werden.

(3) Einstellungsvoraussetzung für wissenschaftliche Mitarbeiterinnen und Mitarbeiter ist neben den allgemeinen dienstrechtlichen Voraussetzungen grundsätzlich ein abgeschlossenes Hochschulstudium.

(4) Die Absätze 1 und 2 gelten für künstlerische Mitarbeiterinnen und Mitarbeiter entsprechend.

§ 54.[1] *(aufgehoben)*

§ 55 Lehrbeauftragte. [1]Zur Ergänzung des Lehrangebots können Lehraufträge erteilt werden. [2]An Kunsthochschulen können Lehraufträge auch zur Sicherstellung des Lehrangebots in einem Fach erteilt werden. [3]Die Lehrbeauftragten nehmen die ihnen übertragenen Lehraufgaben selbständig wahr. [4]Ein Lehrauftrag ist zu vergüten; dies gilt nicht, wenn der Lehrbeauftragte auf eine Vergütung verzichtet oder wenn die durch den Lehrauftrag entstehende Belastung bei der Bemessung der Dienstaufgaben eines hauptberuflich im öffentlichen Dienst Tätigen entsprechend berücksichtigt wird.

§ 56[1] **Lehrkräfte für besondere Aufgaben.** Soweit überwiegend eine Vermittlung praktischer Fertigkeiten und Kenntnisse erforderlich ist, die nicht die Einstellungsvoraussetzungen für Hochschullehrerinnen und Hochschullehrer erfordert, kann diese hauptberuflich tätigen Lehrkräften für besondere Aufgaben übertragen werden.

§ 57. (weggefallen)

§§ 57 a bis 57 f. [2] *(aufgehoben)*

4. Kapitel. Rechtsstellung der Hochschule

§ 58 Rechtsform und Selbstverwaltungsrecht. (1) [1]Die Hochschulen sind in der Regel Körperschaften des öffentlichen Rechts und zugleich staatliche Einrichtungen. [2]Sie können auch in anderer Rechtsform errichtet werden. [3]Sie haben das Recht der Selbstverwaltung im Rahmen der Gesetze.

(2) [1]Die Hochschulen geben sich Grundordnungen, die der Genehmigung des Landes bedürfen. [2]Die Voraussetzungen für eine Versagung der Genehmigung sind gesetzlich zu regeln.

[1] § 54 aufgeh., § 56 geänd. durch G v. 27. 12. 2004 (BGBl. I S. 3835).
[2] §§ 57 a bis 57 f aufgeh. durch G v. 12. 4. 2007 (BGBl. I S. 506).

§ 59 Aufsicht. [1]Das Land übt die Rechtsaufsicht aus. [2]Die Mittel der Rechtsaufsicht werden durch Gesetz bestimmt. [3]Soweit die Hochschulen staatliche Aufgaben wahrnehmen, ist durch Gesetz eine weitergehende Aufsicht vorzusehen.

§§ 60 bis 69. (weggefallen)

5. Kapitel. Staatliche Anerkennung

§ 70[1) Anerkennung von Einrichtungen. (1) Einrichtungen des Bildungswesens, die nach Landesrecht nicht staatliche Hochschulen sind, können nach näherer Bestimmung des Landesrechts die Eigenschaft einer staatlich anerkannten Hochschule erhalten, wenn gewährleistet ist, daß

1. das Studium an dem in § 7 genannten Ziel ausgerichtet ist,

2. eine Mehrzahl von nebeneinander bestehenden oder aufeinander folgenden Studiengängen an der Einrichtung allein oder im Verbund mit anderen Einrichtungen des Bildungswesens vorhanden oder im Rahmen einer Ausbauplanung vorgesehen ist; dies gilt nicht, wenn innerhalb einer Fachrichtung die Einrichtung einer Mehrzahl von Studiengängen durch die wissenschaftliche Entwicklung oder das entsprechende berufliche Tätigkeitsfeld nicht nahegelegt wird,

3. die Studienbewerber die Voraussetzungen für die Aufnahme in eine entsprechende staatliche Hochschule erfüllen,

4. die hauptberuflich Lehrenden die Einstellungsvoraussetzungen erfüllen, die für entsprechende Tätigkeiten an staatlichen Hochschulen gefordert werden und

5. die Angehörigen der Einrichtung an der Gestaltung des Studiums in sinngemäßer Anwendung der für staatliche Hochschulen geltenden Grundsätze mitwirken.

(2) Für kirchliche Einrichtungen können nach näherer Bestimmung des Landesrechts Ausnahmen von einzelnen der in Absatz 1 genannten Voraussetzungen zugelassen werden, wenn gewährleistet ist, daß das Studium einem Studium an einer staatlichen Hochschule gleichwertig ist.

(3) [1]Eine staatlich anerkannte Hochschule kann nach näherer Bestimmung des Landesrechts Hochschulprüfungen abnehmen und Hochschulgrade verleihen. [2]Das an einer staatlich anerkannten Hochschule abgeschlossene Studium ist ein abgeschlossenes Hochschulstudium im Sinne dieses Gesetzes.

(4) [1]An Aufgaben der Koordinierung der Ordnung von Studium und Prüfungen (§ 9) können Angehörige staatlich anerkannter Hochschulen beteiligt werden. [2]Eine staatlich anerkannte Hochschule ist auf Antrag in die zentrale Vergabe von Studienplätzen (§ 31) einzubeziehen.

[1) § 70 Abs. 5 aufgeh. durch G v. 12. 4. 2007 (BGBl. I S. 506).

§ 71 Gleichstellung von Abschlüssen der Notarschule. Die Abschlüsse der Ausbildung an der Notarschule des Landes Baden-Württemberg können den Abschlüssen eines vergleichbaren Studiengangs an einer staatlichen Hochschule gleichgestellt werden.

6. Kapitel. Anpassung des Landesrechts

§ 72[1] Anpassungsfristen. [1]Innerhalb von drei Jahren nach Inkrafttreten dieses Gesetzes in der Fassung vom 26. Januar 1976 (BGBl. I S. 185) sind den Vorschriften der Kapitel 1 bis 5 entsprechende Landesgesetze zu erlassen. [2]Innerhalb von zwei Jahren nach Inkrafttreten des Dritten Gesetzes zur Änderung des Hochschulrahmengesetzes vom 14. November 1985 (BGBl. I S. 2090) sind den Vorschriften des Artikels 1 Nr. 1 bis 42 dieses Gesetzes entsprechende Landesgesetze zu erlassen. [3]Innerhalb von drei Jahren nach dem Tag des Wirksamwerdens des Beitritts sind in den in Artikel 1 Abs. 1 des Einigungsvertrages[2] genannten Ländern und in dem Teil des Landes Berlin, in dem das Grundgesetz[3] bisher nicht galt, Landesgesetze zu erlassen, die den Vorschriften dieses Gesetzes in der ab 3. Oktober 1990 geltenden Fassung entsprechen. [4]In den in Artikel 1 Abs. 1 des Einigungsvertrages genannten Ländern und in dem Teil des Landes Berlin, in dem das Grundgesetz bisher nicht galt, sind innerhalb von drei Jahren nach dem Tag des Wirksamwerdens des Beitritts den Vorschriften des Artikels 1 Nr. 1 und 3 des Gesetzes über die Verlängerung von befristeten Dienst- und Arbeitsverhältnissen mit wissenschaftlichem Personal sowie mit Ärztinnen und Ärzten in der Weiterbildung vom 15. Dezember 1990 (BGBl. I S. 2806) entsprechende Landesgesetze zu erlassen; im übrigen sind entsprechende Landesgesetze innerhalb von zwei Jahren nach Inkrafttreten des genannten Gesetzes vom 15. Dezember 1990 zu erlassen. [5]Innerhalb von drei Jahren nach Inkrafttreten des Gesetzes zur Reform des öffentlichen Dienstrechts vom 24. Februar 1997 (BGBl. I S. 322) sind den Vorschriften des Artikels 12 Abs. 3 dieses Gesetzes entsprechende Landesgesetze zu erlassen. [6]Innerhalb von drei Jahren nach Inkrafttreten des Vierten Gesetzes zur Änderung des Hochschulrahmengesetzes vom 20. August 1998 (BGBl. I S. 2190) sind den Vorschriften des Artikels 1 dieses Gesetzes entsprechende Landesgesetze zu erlassen. [7]Innerhalb von drei Jahren nach Inkrafttreten des Sechsten Gesetzes zur Änderung des Hochschulrahmengesetzes vom 8. August 2002 (BGBl. I S. 3138) sind den Vorschriften des Artikels 1 dieses Gesetzes entsprechende Landesgesetze zu erlassen. [8]Innerhalb von drei Jahren nach Inkrafttreten des Siebten Gesetzes zur Änderung des Hochschulrahmengesetzes vom 28. August 2004 (BGBl. I S. 2298) sind den Vorschriften des Artikels 1 dieses Gesetzes entsprechende Landesgesetze zu erlassen. [9]Innerhalb von zwei Jahren nach Inkrafttreten des Gesetzes zur Änderung dienst- und arbeitsrechtlicher Vorschriften im Hochschulbereich vom 27. Dezember 2004 (BGBl. I S. 3835)

[1] § 72 Abs. 2 Satz 6 geänd. mWv 7.11.2001 durch G v. 29.10.2001 (BGBl. I S. 2785); Abs. 1 Satz 7 eingef., bish. Satz 7 wird Satz 8 mWv 15.8.2002 durch G v. 8.8.2002 (BGBl. I S. 3138); Abs. 1 Satz 9 angef., Abs. 2 Satz 2 neu gef. sowie Sätze 3 und 6 aufgeh., bish. Sätze 4 und 5 werden Sätze 3 und 4 und neuer Satz 4 geänd. mWv 4.9.2004 durch G v. 28.8.2004 (BGBl. I S. 2298); Abs. 1 Satz 9 eingef., bish. Satz 9 wird Satz 10 mWv 31.12.2004 durch G v. 27.12.2004 (BGBl. I S. 3835); Abs. 1 Sätze 7 bis 10 neu gef. mWv 18.4.2007 durch G v. 12.4.2007 (BGBl. I S. 506); Abs. 2 aufgeh. mWv 23.11. 2019 durch G v. 15.11.2019 (BGBl. I S. 1622).
[2] **Sartorius III Nr. 2.**
[3] Nr. **1.**

sind den Vorschriften des Artikels 1 dieses Gesetzes entsprechende Landesgesetze zu erlassen. [10] § 9 gilt unmittelbar.

§ 73 Abweichende Regelungen. (1) Für Hochschulen, die ausschließlich ein weiterbildendes Studium anbieten, sowie für Hochschulen mit fachbedingt geringer Studentenzahl können durch Landesgesetz von den Vorschriften dieses Gesetzes abweichende Regelungen getroffen werden, soweit die besondere Struktur und Aufgabenstellung dieser Hochschulen es erfordern.

(2) [1] Für staatliche Hochschulen, deren Ausbildungsgänge ausschließlich auf den öffentlichen Dienst ausgerichtet sind, können durch Landesrecht von den Vorschriften dieses Gesetzes abweichende Regelungen getroffen werden, soweit die besondere Struktur und Aufgabenstellung dieser Hochschulen es erfordern. [2] Die Anforderungen des § 70 Abs. 1 Nr. 1 bis 3 und 5 müssen erfüllt sein.

§ 74[1) Bisherige Dienstverhältnisse und Berufungsvereinbarungen.

(1) [1] Die bei Inkrafttreten des jeweiligen nach § 72 Abs. 1 Satz 9 zu erlassenden Landesgesetzes vorhandenen wissenschaftlichen und künstlerischen Assistentinnen und Assistenten, Oberassistentinnen und Oberassistenten, Oberingenieurinnen und Oberingenieure sowie Hochschuldozentinnen und Hochschuldozenten verbleiben in ihren bisherigen Dienstverhältnissen. [2] Ihre mitgliedschaftsrechtliche Stellung bleibt unverändert.

(2) Soweit Berufungsvereinbarungen über die personelle und sächliche Ausstattung der Professuren von Änderungen des 2. Abschnitts des 3. Kapitels betroffen sind, sind sie unter angemessener Berücksichtigung der beiderseitigen Interessen der neuen Rechtslage anzupassen.

§§ 75, 75a (weggefallen)

§ 76 Besitzstandswahrung bei der Entpflichtung. (1) [1] Das Recht der am Tage vor Inkrafttreten des nach § 72 Abs. 1 Satz 1 erlassenen Gesetzes vorhandenen ordentlichen und außerordentlichen Professoren, nach Erreichen der Altersgrenze von ihren amtlichen Pflichten entbunden zu werden (Entpflichtung), bleibt unberührt; dies gilt auch beim Wechsel des Dienstherrn. [2] In diesen Fällen werden die Dienstbezüge nach der Entpflichtung und die Versorgungsbezüge der Hinterbliebenen auf der Grundlage des am Tage vor Inkrafttreten des nach § 72 Abs. 1 Satz 1 erlassenen Gesetzes geltenden Beamten- und Besoldungsrechts gewährt. [3] Dabei wird das Grundgehalt nach der Dienstaltersstufe zugrunde gelegt, die bis zum Zeitpunkt der Entpflichtung hätte erreicht werden können. [4] Artikel VII § 1 Abs. 1 und 2 des Zweiten Gesetzes zur Vereinheitlichung und Neuregelung des Besoldungsrechts in Bund und Ländern[2) vom 23. Mai 1975 (BGBl. I S. 1173), zuletzt geändert durch das Haushaltsstrukturgesetz vom 18. Dezember 1975 (BGBl. I S. 3091), gilt entsprechend.

(2) [1] Absatz 1 findet auf Antrag des Professors keine Anwendung. [2] Der Antrag kann nur gestellt werden, solange der Professor noch nicht entpflichtet ist. [3] Ist der Professor vor der Entpflichtung verstorben, ohne einen Antrag nach

[1) § 74 eingef. mWv 31.12.2004 durch G v. 27.12.2004 (BGBl. I S. 3835).
[2) **Bundesbeamtengesetze Nr. 52b.**

den Sätzen 1 und 2 gestellt zu haben, so werden die Hinterbliebenenbezüge auf Grund der Besoldungsgruppe berechnet, in die der Professor zuletzt eingestuft war.

(3) Die Rechtsverhältnisse der am Tage vor dem Inkrafttreten des nach § 72 Abs. 1 Satz 1 erlassenen Gesetzes entpflichteten oder im Ruhestand befindlichen Beamten im Sinne von Kapitel I Abschnitt V 3. Titel des Beamtenrechtsrahmengesetzes[1] in der bisherigen Fassung und der zu diesem Zeitpunkt versorgungsberechtigten Hinterbliebenen dieser Beamten bleiben unberührt.

(4) [1] Für die an den Hochschulen der Bundeswehr in einem privatrechtlichen Arbeitsverhältnis beschäftigten Professoren, die zur Übernahme dieser Beschäftigung aus ihrem Beamtenverhältnis als ordentlicher oder außerordentlicher Professor im Landesbereich ausgeschieden sind und nach Inkrafttreten dieses Gesetzes ein ihrer Tätigkeit an einer Hochschule der Bundeswehr entsprechendes Beamtenverhältnis annehmen, gelten die Absätze 1 und 2 entsprechend. [2] Maßgebend nach Absatz 1 Satz 2 ist das am Tage ihres Ausscheidens aus dem Beamtenverhältnis als Professoren im Landesbereich geltende Beamten- und Besoldungsrecht.

§ 76a Übergangsvorschrift für Hochschulassistenten. Auf die beim Inkrafttreten des nach § 72 Abs. 1 Satz 2 erlassenen Gesetzes vorhandenen Hochschulassistenten finden die sie betreffenden Vorschriften des Hochschulrahmengesetzes, des Beamtenrechtsrahmengesetzes, des Bundesbeamtengesetzes und des Beamtenversorgungsgesetzes in der bis zum 22. November 1985 geltenden Fassung Anwendung.

7. Kapitel. Änderung von Bundesgesetzen, Schlußvorschriften

§§ 77 bis 80 (Änderung von Rechtsvorschriften)

§ 81 Verträge mit den Kirchen. Die Verträge mit den Kirchen werden durch dieses Gesetz nicht berührt.

§ 82 (weggefallen)

§ 83 (Inkrafttreten)

[1] Nr. **150a**.

560. Gesetz über die allgemeine Freizügigkeit von Unionsbürgern (Freizügigkeitsgesetz/EU – FreizügG/EU)[1]

Vom 30. Juli 2004

(BGBl. I S. 1950, 1986)

FNA 26–13

geänd. durch Art. 25 G zur Umbenennung des Bundesgrenzschutzes in Bundespolizei v. 21.6.2005 (BGBl. I S. 1818), Art. 3 RechtsanpassungsG EU–Beitritt Bulgarien und Rumänien v. 7.12.2006 (BGBl. I S. 2814), Art. 7 G zur Änd. des PassG und weiterer Vorschriften v. 20.7.2007 (BGBl. I S. 1566), Art. 2 EU–Aufenthalts- und AsylrechtsRL–UmsetzungsG v. 19.8.2007 (BGBl. I S. 1970), Art. 7 G zur Änd. des BundespolizeiG und anderer Gesetze v. 26.2.2008 (BGBl. I S. 215), Art. 2 G zur Anpassung des deutschen Rechts an die VO (EG) Nr. 380/2008 v. 12.4.2011 (BGBl. I S. 610), Art. 2 G zur Bekämpfung der Zwangsheirat und zum besseren Schutz der Opfer von Zwangsheirat sowie zur Änd. weiterer aufenthalts- und asylrechtlicher Vorschriften v. 23.6.2011 (BGBl. I S. 1266), Art. 6 G zur Umsetzung aufenthaltsrecht- licher RL der EU und zur Anpassung nationaler Rechtsvorschriften an den EU-Visakodex v. 22.11.2011 (BGBl. I S. 2258), Art. 14 G zur Verbesserung der Eingliederungschancen am Arbeitsmarkt v. 20.12.2011 (BGBl. I S. 2854), Art. 1 G zur Änd. des FreizügigkeitsG/EU und weiterer aufenthaltsrechtlicher Vor- schriften v. 21.1.2013 (BGBl. I S. 86), Art. 2 und Art. 8 G zur Anpassung von Rechtsvorschriften des Bundes infolge des Beitritts der Republik Kroatien zur EU v. 17.6.2013 (BGBl. I S. 1555 iVm Bek. v. 21.6.2013, BGBl. II S. 680), Art. 1 G zur Änd. des FreizügigkeitsG/EU und weiterer Vorschriften v. 2.12. 2014 (BGBl. I S. 1922), Art. 4 G zur Neubestimmung des Bleiberechts und der Aufenthaltsbeendigung v. 27.7.2015 (BGBl. I S. 1386), Art. 14 Nr. 2 AsylverfahrensbeschleunigungsG v. 20.10.2015 (BGBl. I S. 1722), Art. 6 G zur Änd. des Zwölften Buches Sozialgesetzbuch und weiterer Vorschriften v. 21.12. 2015 (BGBl. I S. 2557), Art. 8 G zu bereichsspezifischen Regelungen der Gesichtsverhüllung und zur Änd. weiterer dienstrechtlicher Vorschriften v. 8.6.2017 (BGBl. I S. 1570), Art. 6 G zur besseren Durch- setzung der Ausreisepflicht v. 20.7.2017 (BGBl. I S. 2780), Art. 172 Elfte ZuständigkeitsanpassungsVO v. 19.6.2020 (BGBl. I S. 1328) und Art. 1 G zur aktuellen Anpassung des FreizügigkeitsG/EU und weiterer Vorschriften an das Unionsrecht v. 12.11.2020 (BGBl. I S. 2416)

§ 1[2] **Anwendungsbereich; Begriffsbestimmungen.** (1) Dieses Gesetz regelt die Einreise und den Aufenthalt von

1. Unionsbürgern,

2. Staatsangehörigen der EWR-Staaten, die nicht Unionsbürger sind,

3. Staatsangehörigen des Vereinigten Königreichs Großbritannien und Nordirland nach dessen Austritt aus der Europäischen Union, denen nach dem Austritts- abkommen Rechte zur Einreise und zum Aufenthalt gewährt werden,

4. Familienangehörigen der in den Nummern 1 bis 3 genannten Personen,

5. nahestehenden Personen der in den Nummern 1 bis 3 genannten Personen sowie

6. Familienangehörigen und nahestehenden Personen von Deutschen, die von ihrem Recht auf Freizügigkeit nach Artikel 21 des Vertrages über die Arbeits- weise der Europäischen Union[3] nachhaltig Gebrauch gemacht haben.

(2) Im Sinne dieses Gesetzes

1. sind Unionsbürger Staatsangehörige anderer Mitgliedstaaten der Europäischen Union, die nicht Deutsche sind,

[1] Verkündet als Art. 2 ZuwanderungsG v. 30.7.2004 (BGBl. I S. 1950); Inkrafttreten gem. Art. 15 Abs. 3 erster Halbs. dieses G am 1.1.2005 mit Ausnahme des § 11 Satz 1 der, soweit er auf die §§ 69 und 99 AufenthaltsG (Nr. **565**) verweist, gem. Art. 15 Abs. 1 Satz 1 am 6.8.2004 in Kraft getreten ist.

[2] § 1 neu gef. mWv 24.11.2020 durch G v. 12.11.2020 (BGBl. I S. 2416).

[3] Nr. **1001**.

2. ist Lebenspartner einer Person
 a) ein Lebenspartner im Sinne des Lebenspartnerschaftsgesetzes[1] sowie
 b) eine Person, die auf der Grundlage der Rechtsvorschriften eines Mitglied-
 staates der Europäischen Union oder eines EWR-Staates eine eingetragene
 Partnerschaft eingegangen ist,
3. sind Familienangehörige einer Person
 a) der Ehegatte,
 b) der Lebenspartner,
 c) die Verwandten in gerader absteigender Linie der Person oder des Ehegatten
 oder des Lebenspartners, die das 21. Lebensjahr noch nicht vollendet haben
 oder denen von diesen Unterhalt gewährt wird, und
 d) die Verwandten in gerader aufsteigender Linie der Person oder des Ehegatten
 oder des Lebenspartners, denen von diesen Unterhalt gewährt wird,
4. sind nahestehende Personen einer Person
 a) Verwandte im Sinne des § 1589 des Bürgerlichen Gesetzbuchs[2] und die
 Verwandten des Ehegatten oder des Lebenspartners, die nicht Familienange-
 hörige der Person im Sinne der Nummer 3 sind,
 b) ledige Kinder, die das 18. Lebensjahr noch nicht vollendet haben, unter
 Vormundschaft von oder in einem Pflegekindverhältnis zu der Person stehen
 und keine Familienangehörigen im Sinne von Nummer 3 Buchstabe c sind,
 sowie
 c) eine Lebensgefährtin oder ein Lebensgefährte, mit der oder dem die Person
 eine glaubhaft dargelegte, auf Dauer angelegte Gemeinschaft eingegangen ist,
 die keine weitere Lebensgemeinschaft gleicher Art zulässt, wenn die Personen
 beide weder verheiratet noch Lebenspartner einer Lebenspartnerschaft im
 Sinne der Nummer 2 sind,
5. ist das Austrittsabkommen das Abkommen über den Austritt des Vereinigten
 Königreichs Großbritannien und Nordirland aus der Europäischen Union und
 der Europäischen Atomgemeinschaft (ABl. L 29 vom 31.1.2020, S. 7) und
6. sind britische Staatsangehörige die in Artikel 2 Buchstabe d des Austrittsabkom-
 mens genannten Personen.

§ 2[3] Recht auf Einreise und Aufenthalt. (1) Freizügigkeitsberechtigte Uni-
onsbürger und ihre Familienangehörigen haben das Recht auf Einreise und Auf-
enthalt nach Maßgabe dieses Gesetzes.

(2) Unionsrechtlich freizügigkeitsberechtigt sind:

1. Unionsbürger, die sich als Arbeitnehmer oder zur Berufsausbildung aufhalten
 wollen,
1a. Unionsbürger, die sich zur Arbeitsuche aufhalten, für bis zu sechs Monate und
 darüber hinaus nur, solange sie nachweisen können, dass sie weiterhin Arbeit
 suchen und begründete Aussicht haben, eingestellt zu werden,

[1] **Schönfelder ErgBd. Nr. 43.**
[2] **Schönfelder Nr. 20.**
[3] § 2 Abs. 2 Nr. 5 aufgeh., bish. Nr. 6 und 7 werden Nr. 5 und 6, neue Nr. 6 geänd., Nr. 7, Abs. 4
Satz 3 angef., Abs. 3 und 5 neu gef., Abs. 4 Satz 2, Abs. 6 geänd. mWv 28.8.2007 durch G v. 19.8.2007
(BGBl. I S. 1970); *Abs. 2 einl. Satzteil, Nr. 3, Abs. 4 Satz 3* und Abs. 6 geänd., Abs. 7 angef. mWv 29.1.
2013 durch G v. 21.1.2013 (BGBl. I S. 86); Abs. 2 Nr. 1 geänd., Nr. 1a eingef. mWv 9.12.2014 durch G
v. 2.12.2014 (BGBl. I S. 1922); Abs. 4 Satz 2 geänd., Abs. 6 Sätze 2, 3 angef. mWv 24.11.2020 durch G v.
12.11.2020 (BGBl. I S. 2416).

2. Unionsbürger, wenn sie zur Ausübung einer selbständigen Erwerbstätigkeit berechtigt sind (niedergelassene selbständige Erwerbstätige),

3. Unionsbürger, die, ohne sich niederzulassen, als selbständige Erwerbstätige Dienstleistungen im Sinne des Artikels 57 des Vertrages über die Arbeitsweise der Europäischen Union[1] erbringen wollen (Erbringer von Dienstleistungen), wenn sie zur Erbringung der Dienstleistung berechtigt sind,

4. Unionsbürger als Empfänger von Dienstleistungen,

5. nicht erwerbstätige Unionsbürger unter den Voraussetzungen des § 4,

6. Familienangehörige unter den Voraussetzungen der §§ 3 und 4,

7. Unionsbürger und ihre Familienangehörigen, die ein Daueraufenthaltsrecht erworben haben.

(3) [1] Das Recht nach Absatz 1 bleibt für Arbeitnehmer und selbständig Erwerbstätige unberührt bei

1. vorübergehender Erwerbsminderung infolge Krankheit oder Unfall,

2. unfreiwilliger durch die zuständige Agentur für Arbeit bestätigter Arbeitslosigkeit oder Einstellung einer selbständigen Tätigkeit infolge von Umständen, auf die der Selbständige keinen Einfluss hatte, nach mehr als einem Jahr Tätigkeit,

3. Aufnahme einer Berufsausbildung, wenn zwischen der Ausbildung und der früheren Erwerbstätigkeit ein Zusammenhang besteht; der Zusammenhang ist nicht erforderlich, wenn der Unionsbürger seinen Arbeitsplatz unfreiwillig verloren hat.

[2] Bei unfreiwilliger durch die zuständige Agentur für Arbeit bestätigter Arbeitslosigkeit nach weniger als einem Jahr Beschäftigung bleibt das Recht aus Absatz 1 während der Dauer von sechs Monaten unberührt.

(4) [1] Unionsbürger bedürfen für die Einreise keines Visums und für den Aufenthalt keines Aufenthaltstitels. [2] Familienangehörige und nahestehende Personen, die nicht Unionsbürger sind, bedürfen für die Einreise eines Visums nach den Bestimmungen für Ausländer, für die das Aufenthaltsgesetz[2] gilt. [3] Der Besitz einer gültigen Aufenthaltskarte, auch der eines anderen Mitgliedstaates der Europäischen Union, entbindet nach Artikel 5 Abs. 2 der Richtlinie 2004/38/EG des Europäischen Parlaments und des Rates vom 29. April 2004 über das Recht der Unionsbürger und ihrer Familienangehörigen, sich im Hoheitsgebiet der Mitgliedstaaten frei zu bewegen und aufzuhalten und zur Änderung der Verordnung (EWG) Nr. 1612/68 und zur Aufhebung der Richtlinien 64/221/EWG, 68/360/EWG, 73/148/EWG, 75/34/EWG, 75/35/EWG, 90/364/EWG, 90/365/EWG und 93/96/EWG (ABl. EU Nr. L 229 S. 35) von der Visumpflicht.

(5) [1] Für einen Aufenthalt von Unionsbürgern von bis zu drei Monaten ist der Besitz eines gültigen Personalausweises oder Reisepasses ausreichend. [2] Familienangehörige, die nicht Unionsbürger sind, haben das gleiche Recht, wenn sie im Besitz eines anerkannten oder sonst zugelassenen Passes oder Passersatzes sind und sie den Unionsbürger begleiten oder ihm nachziehen.

(6) [1] Für die Ausstellung des Visums werden keine Gebühren erhoben. [2] Für die Ausstellung des Visums an nahestehende Personen werden Gebühren erhoben. [3] Die Gebühren entsprechen denjenigen, die von Ausländern erhoben werden, für die das Aufenthaltsgesetz gilt.

[1] Nr. **1001**.
[2] Nr. **565**.

(7) [1] Das Nichtbestehen des Rechts nach Absatz 1 kann festgestellt werden, wenn feststeht, dass die betreffende Person das Vorliegen einer Voraussetzung für dieses Recht durch die Verwendung von gefälschten oder verfälschten Dokumenten oder durch Vorspiegelung falscher Tatsachen vorgetäuscht hat. [2] Das Nichtbestehen des Rechts nach Absatz 1 kann bei einem Familienangehörigen, der nicht Unionsbürger ist, außerdem festgestellt werden, wenn feststeht, dass er dem Unionsbürger nicht zur Herstellung oder Wahrung der familiären Lebensgemeinschaft nachzieht oder ihn nicht zu diesem Zweck begleitet. [3] Einem Familienangehörigen, der nicht Unionsbürger ist, kann in diesen Fällen die Erteilung der Aufenthaltskarte oder des Visums versagt werden oder seine Aufenthaltskarte kann eingezogen werden. [4] Entscheidungen nach den Sätzen 1 bis 3 bedürfen der Schriftform.

§ 3[1] Familienangehörige. (1) [1] Familienangehörige der in § 2 Abs. 2 Nr. 1 bis 5 genannten Unionsbürger haben das Recht nach § 2 Abs. 1, wenn sie den Unionsbürger begleiten oder ihm nachziehen. [2] Für Familienangehörige der in § 2 Abs. 2 Nr. 5 genannten Unionsbürger gilt dies nach Maßgabe des § 4.

(2) Familienangehörige, die nicht Unionsbürger sind, behalten beim Tod des Unionsbürgers ein Aufenthaltsrecht, wenn sie die Voraussetzungen des § 2 Abs. 2 Nr. 1 bis 3 oder Nr. 5 erfüllen und sich vor dem Tod des Unionsbürgers mindestens ein Jahr als seine Familienangehörigen im Bundesgebiet aufgehalten haben.

(3) Die Kinder eines freizügigkeitsberechtigten Unionsbürgers und der Elternteil, der die elterliche Sorge für die Kinder tatsächlich ausübt, behalten auch nach dem Tod oder Wegzug des Unionsbürgers, von dem sie ihr Aufenthaltsrecht ableiten, bis zum Abschluss einer Ausbildung ihr Aufenthaltsrecht, wenn sich die Kinder im Bundesgebiet aufhalten und eine Ausbildungseinrichtung besuchen.

(4) Ehegatten oder Lebenspartner, die nicht Unionsbürger sind, behalten bei Scheidung oder Aufhebung der Ehe oder Aufhebung der Lebenspartnerschaft ein Aufenthaltsrecht, wenn sie die für Unionsbürger geltenden Voraussetzungen des § 2 Abs. 2 Nr. 1 bis 3 oder Nr. 5 erfüllen und wenn

1. die Ehe oder die Lebenspartnerschaft bis zur Einleitung des gerichtlichen Scheidungs- oder Aufhebungsverfahrens mindestens drei Jahre bestanden hat, davon mindestens ein Jahr im Bundesgebiet,

2. ihnen durch Vereinbarung der Ehegatten oder der Lebenspartner oder durch gerichtliche Entscheidung die elterliche Sorge für die Kinder des Unionsbürgers übertragen wurde,

3. es zur Vermeidung einer besonderen Härte erforderlich ist, insbesondere weil dem Ehegatten oder dem Lebenspartner wegen der Beeinträchtigung seiner schutzwürdigen Belange ein Festhalten an der Ehe oder der Lebenspartnerschaft nicht zugemutet werden konnte, oder

4. ihnen durch Vereinbarung der Ehegatten oder der Lebenspartner oder durch gerichtliche Entscheidung das Recht zum persönlichen Umgang mit dem minderjährigen Kind nur im Bundesgebiet eingeräumt wurde.

[1] § 3 Abs. 1, 3, 4 und 5 neu gef., Abs. 2 einl. Satzteil, Nr. 1 und 2, Abs. 6 geänd. mWv 28.8.2007 durch G v. 19.8.2007 (BGBl. I S. 1970); Abs. 2 Nr. 1 und 2, Abs. 5 Satz 1 einl. Satzteil, Nr. 1, 2, 3 und 4 geänd. Abs. 6 aufgeh. mWv 29.1.2013 durch G v. 21.1.2013 (BGBl. I S. 86); Abs. 2 Nr. 1 und 2 geänd. mWv 9.12.2014 durch G v. 2.12.2014 (BGBl. I S. 1922); Abs. 2 aufgeh., bish. Abs. 3 wird Abs. 2 und Satz 2 aufgeh., bish. Abs. 4 wird Abs. 3, bish. Abs. 5 wird Abs. 4 und Satz 2 aufgeh. mWv 24.11.2020 durch G v. 12.11.2020 (BGBl. I S. 2416).

§ 3a[1] **Aufenthalt nahestehender Personen.** (1) Einer nahestehenden Person eines Unionsbürgers, die selbst nicht als Unionsbürger und nicht nach den §§ 3 oder 4 freizügigkeitsberechtigt ist, kann auf Antrag das Recht zur Einreise und zum Aufenthalt im Bundesgebiet verliehen werden, wenn

1. es sich um eine nahestehende Person im Sinne des § 1 Absatz 2 Nummer 4 Buchstabe a handelt und

 a) der Unionsbürger ihr zum Zeitpunkt der erstmaligen Antragstellung seit mindestens zwei Jahren und nicht nur vorübergehend Unterhalt gewährt,

 b) der Unionsbürger mit ihr in dem Staat, in dem sie vor der Verlegung des Wohnsitzes in das Bundesgebiet gelebt hat oder lebt, in häuslicher Gemeinschaft gelebt hat und die häusliche Gemeinschaft zwischen dem Unionsbürger und ihr mindestens zwei Jahre bestanden hat oder

 c) nicht nur vorübergehend schwerwiegende gesundheitliche Gründe zum Antragszeitpunkt die persönliche Pflege von ihr durch den Unionsbürger zwingend erforderlich machen,

2. es sich um eine nahestehende Person im Sinne des § 1 Absatz 2 Nummer 4 Buchstabe b handelt und der Unionsbürger mit ihr im Bundesgebiet für längere Zeit in familiärer Gemeinschaft zusammenleben wird und sie vom Unionsbürger abhängig ist oder

3. es sich um eine nahestehende Person im Sinne des § 1 Absatz 2 Nummer 4 Buchstabe c handelt und der Unionsbürger mit ihr im Bundesgebiet nicht nur vorübergehend zusammenleben wird.

(2) Bei der Entscheidung über die Verleihung eines Rechts nach Absatz 1 ist nach einer eingehenden Untersuchung der persönlichen Umstände maßgeblich zu berücksichtigen, ob der Aufenthalt der nahestehenden Person unter Berücksichtigung ihrer Beziehung zum Unionsbürger sowie von anderen Gesichtspunkten, wie dem Grad der finanziellen oder physischen Abhängigkeit oder dem Grad der Verwandtschaft zwischen ihr und dem Unionsbürger, im Hinblick auf einen in Absatz 1 genannten Anlass des Aufenthalts erforderlich ist.

(3) § 3 Absatz 2 findet entsprechende Anwendung.

§ 4[2] **Nicht erwerbstätige Freizügigkeitsberechtigte.** [1] Nicht erwerbstätige Unionsbürger und ihre Familienangehörigen, die den Unionsbürger begleiten oder ihm nachziehen, haben das Recht nach § 2 Abs. 1, wenn sie über ausreichenden Krankenversicherungsschutz und ausreichende Existenzmittel verfügen. [2] Hält sich der Unionsbürger als Student im Bundesgebiet auf, haben dieses Recht nur sein Ehegatte, Lebenspartner und seine Kinder, denen Unterhalt gewährt wird.

§ 4a[3] **Daueraufenthaltsrecht.** (1) [1] Unionsbürger, die sich seit fünf Jahren ständig rechtmäßig im Bundesgebiet aufgehalten haben, haben unabhängig vom weiteren Vorliegen der Voraussetzungen des § 2 Abs. 2 das Recht auf Einreise und Aufenthalt (Daueraufenthaltsrecht). [2] Ihre Familienangehörigen und nahestehen-

[1] § 3a eingef. mWv 24.11.2020 durch G v. 12.11.2020 (BGBl. I S. 2416).
[2] § 4 neu gef. mWv 28.8.2007 durch G v. 19.8.2007 (BGBl. I S. 1970); Satz 1 geänd. mWv 29.1.2013 durch G v. 21.1.2013 (BGBl. I S. 86).
[3] § 4a eingef. mWv 28.8.2007 durch G v. 19.8.2007 (BGBl. I S. 1970); Abs. 1 Satz 1 geänd., Satz 2 angef., Abs. 2 Satz 2, Abs. 3 Nr. 3 und Abs. 4 geänd. mWv 29.1.2013 durch G v. 21.1.2013 (BGBl. I S. 86); Abs. 1 Satz 3 angef. mWv 1.8.2015 durch G v. 27.7.2015 (BGBl. I S. 1386); Abs. 1 Satz 2 geänd., Satz 3 aufgeh., Abs. 3, 4, 5 geänd. mWv 24.11.2020 durch G v. 12.11.2020 (BGBl. I S. 2416).

den Personen, die Inhaber eines Rechts nach § 3a Absatz 1 sind,[1], die nicht Unionsbürger sind, haben dieses Recht, wenn sie sich seit fünf Jahren mit dem Unionsbürger ständig rechtmäßig im Bundesgebiet aufgehalten haben.

(2) [1] Abweichend von Absatz 1 haben Unionsbürger nach § 2 Abs. 2 Nr. 1 bis 3 vor Ablauf von fünf Jahren das Daueraufenthaltsrecht, wenn sie

1. sich mindestens drei Jahre ständig im Bundesgebiet aufgehalten und mindestens während der letzten zwölf Monate im Bundesgebiet eine Erwerbstätigkeit ausgeübt haben und

 a) zum Zeitpunkt des Ausscheidens aus dem Erwerbsleben das 65. Lebensjahr erreicht haben oder

 b) ihre Beschäftigung im Rahmen einer Vorruhestandsregelung beenden oder

2. ihre Erwerbstätigkeit infolge einer vollen Erwerbsminderung aufgeben,

 a) die durch einen Arbeitsunfall oder eine Berufskrankheit eingetreten ist und einen Anspruch auf eine Rente gegenüber einem Leistungsträger im Bundesgebiet begründet oder

 b) nachdem sie sich zuvor mindestens zwei Jahre ständig im Bundesgebiet aufgehalten haben oder

3. drei Jahre ständig im Bundesgebiet erwerbstätig waren und anschließend in einem anderen Mitgliedstaat der Europäischen Union erwerbstätig sind, ihren Wohnsitz im Bundesgebiet beibehalten und mindestens einmal in der Woche dorthin zurückkehren; für den Erwerb des Rechts nach den Nummern 1 und 2 gelten die Zeiten der Erwerbstätigkeit in einem anderen Mitgliedstaat der Europäischen Union als Zeiten der Erwerbstätigkeit im Bundesgebiet.

[2] Soweit der Ehegatte oder der Lebenspartner des Unionsbürgers Deutscher nach Artikel 116 des Grundgesetzes[2] ist oder diese Rechtsstellung durch Eheschließung mit dem Unionsbürger bis zum 31. März 1953 verloren hat, entfallen in Satz 1 Nr. 1 und 2 die Voraussetzungen der Aufenthaltsdauer und der Dauer der Erwerbstätigkeit.

(3) Familienangehörige und nahestehende Personen eines verstorbenen Unionsbürgers nach § 2 Abs. 2 Nr. 1 bis 3, die im Zeitpunkt seines Todes bei ihm ihren ständigen Aufenthalt hatten, haben das Daueraufenthaltsrecht, wenn

1. der Unionsbürger sich im Zeitpunkt seines Todes seit mindestens zwei Jahren im Bundesgebiet ständig aufgehalten hat,

2. der Unionsbürger infolge eines Arbeitsunfalls oder einer Berufskrankheit gestorben ist oder

3. der überlebende Ehegatte oder Lebenspartner des Unionsbürgers Deutscher nach Artikel 116 des Grundgesetzes ist oder diese Rechtsstellung durch Eheschließung mit dem Unionsbürger vor dem 31. März 1953 verloren hat.

(4) Die Familienangehörigen und die nahestehenden Personen eines Unionsbürgers, der das Daueraufenthaltsrecht nach Absatz 2 erworben hat, haben ebenfalls das Daueraufenthaltsrecht, wenn sie bei dem Unionsbürger ihren ständigen Aufenthalt haben.

(5) Familienangehörige nach § 3 Absatz 2 bis 4 und nahestehende Personen nach § 3a Absatz 3 erwerben das Daueraufenthaltsrecht, wenn sie sich fünf Jahre ständig rechtmäßig im Bundesgebiet aufhalten.

[1] Zeichensetzung amtlich.
[2] Nr. **1**.

(6) Der ständige Aufenthalt wird nicht berührt durch

1. Abwesenheiten bis zu insgesamt sechs Monaten im Jahr oder

2. Abwesenheit zur Ableistung des Wehrdienstes oder eines Ersatzdienstes sowie

3. eine einmalige Abwesenheit von bis zu zwölf aufeinander folgenden Monaten aus wichtigem Grund, insbesondere auf Grund einer Schwangerschaft und Entbindung, schweren Krankheit, eines Studiums, einer Berufsausbildung oder einer beruflichen Entsendung.

(7) Eine Abwesenheit aus einem seiner Natur nach nicht nur vorübergehenden Grund von mehr als zwei aufeinander folgenden Jahren führt zum Verlust des Daueraufenthaltsrechts.

§ 5[1]) Aufenthaltskarten, Bescheinigung über das Daueraufenthaltsrecht.

(1) [1]Freizügigkeitsberechtigten Familienangehörigen, die nicht Unionsbürger sind, wird von Amts wegen innerhalb von sechs Monaten, nachdem sie die erforderlichen Angaben gemacht haben, eine Aufenthaltskarte für Familienangehörige von Unionsbürgern ausgestellt, die fünf Jahre gültig sein soll. [2]Eine Bescheinigung darüber, dass die erforderlichen Angaben gemacht worden sind, erhält der Familienangehörige unverzüglich.

(2) [1]Die zuständige Ausländerbehörde kann verlangen, dass die Voraussetzungen des Rechts nach § 2 Abs. 1 drei Monate nach der Einreise glaubhaft gemacht werden. [2]Für die Glaubhaftmachung erforderliche Angaben und Nachweise können von der zuständigen Meldebehörde bei der meldebehördlichen Anmeldung entgegengenommen werden. [3]Diese leitet die Angaben und Nachweise an die zuständige Ausländerbehörde weiter. [4]Eine darüber hinausgehende Verarbeitung oder Nutzung durch die Meldebehörde erfolgt nicht.

(3) Das Vorliegen oder der Fortbestand der Voraussetzungen des Rechts nach § 2 Absatz 1 kann aus besonderem Anlass überprüft werden.

(4) [1]Sind die Voraussetzungen des Rechts nach § 2 Abs. 1 innerhalb von fünf Jahren nach Begründung des ständigen rechtmäßigen Aufenthalts im Bundesgebiet entfallen oder liegen diese nicht vor, kann der Verlust des Rechts nach § 2 Abs. 1 festgestellt und bei Familienangehörigen, die nicht Unionsbürger sind, die Aufenthaltskarte eingezogen werden. [2]§ 4a Abs. 6 gilt entsprechend.

(5) [1]Auf Antrag wird Unionsbürgern unverzüglich ihr Daueraufenthaltsrecht bescheinigt. [2]Ihren daueraufenthaltsberechtigten Familienangehörigen, die nicht Unionsbürger sind, wird innerhalb von sechs Monaten nach Antragstellung eine Daueraufenthaltskarte ausgestellt.

(6) Für den Verlust des Daueraufenthaltsrechts nach § 4a Abs. 7 gilt Absatz 4 Satz 1 entsprechend.

(7) [1]Bei Verleihung des Rechts nach § 3a Absatz 1 stellt die zuständige Behörde eine Aufenthaltskarte für nahestehende Personen, die nicht Unionsbürger sind, aus, die fünf Jahre gültig sein soll. [2]Die Inhaber des Rechts dürfen eine Erwerbstätigkeit ausüben. [3]Absatz 5 Satz 2 findet entsprechende Anwendung.

[1]) § 5 Überschr., Abs. 2 neu gef., Abs. 1, Abs. 3 Satz 1, Abs. 4 und 5 Sätze 1 und 2 geänd., Abs. 6 und 7 angef. mWv 28.8.2007 durch G v. 19.8.2007 (BGBl. I S. 1970); Überschr. neu gef., Abs. 1 aufgeh., bish. Abs. 2 und 3 werden Abs. 1 und 2, bish. Abs. 4 wird Abs. 3 und geänd., bish. Abs. 5 wird Abs. 4 und Satz 1 geänd., bish. Abs. 6 wird Abs. 5 und Satz 1 geänd., bish. Abs. 7 wird Abs. 6 und geänd. mWv 29.1. 2013 durch G v. 21.1.2013 (BGBl. I S. 86); Abs. 4 Satz 1 geänd. mWv 9.12.2014 durch G v. 2.12.2014 (BGBl. I S. 1922); Abs. 7 angef. mWv 24.11.2020 durch G v. 12.11.2020 (BGBl. I S. 2416).

§ 5a[1] Vorlage von Dokumenten. (1) [1]Die zuständige Behörde darf in den Fällen des § 5 Absatz 2 von einem Unionsbürger den gültigen Personalausweis oder Reisepass und im Fall des

1. § 2 Abs. 2 Nr. 1 eine Einstellungsbestätigung oder eine Beschäftigungsbescheinigung des Arbeitgebers,

2. § 2 Abs. 2 Nr. 2 einen Nachweis über seine selbständige Tätigkeit,

3. § 2 Abs. 2 Nr. 5 einen Nachweis über ausreichenden Krankenversicherungsschutz und ausreichende Existenzmittel

verlangen. [2]Ein nicht erwerbstätiger Unionsbürger im Sinne des § 2 Abs. 2 Nr. 5, der eine Bescheinigung vorlegt, dass er im Bundesgebiet eine Hochschule oder andere Ausbildungseinrichtung besucht, muss die Voraussetzungen nach Satz 1 Nr. 3 nur glaubhaft machen.

(2) Die zuständige Behörde darf von Familienangehörigen in den Fällen des § 5 Absatz 2 oder für die Ausstellung der Aufenthaltskarte einen anerkannten oder sonst zugelassenen gültigen Pass oder Passersatz und zusätzlich Folgendes verlangen:

1. einen Nachweis über das Bestehen der familiären Beziehung, bei Verwandten in absteigender und aufsteigender Linie einen urkundlichen Nachweis über Voraussetzungen des § 1 Absatz 2 Nummer 3,

2. eine Meldebestätigung des Unionsbürgers, den die Familienangehörigen begleiten oder dem sie nachziehen.

(3) Die zuständige Behörde verlangt in den Fällen des § 3a für die Ausstellung der Aufenthaltskarte über die in Absatz 2 genannten Nachweise hinaus

1. ein durch die zuständige Behörde des Ursprungs- oder Herkunftslands ausgestelltes Dokument, aus dem hervorgeht,

 a) in Fällen nach § 3a Absatz 1 Nummer 1 Buchstabe a, dass und seit wann die nahestehende Person vom Unionsbürger Unterhalt bezieht,

 b) in Fällen nach § 3a Absatz 1 Nummer 1 Buchstabe b, dass und wie lange die nahestehende Person mit dem Unionsbürger in häuslicher Gemeinschaft gelebt hat,

2. in Fällen nach § 3a Absatz 1 Nummer 1 Buchstabe c den Nachweis schwerwiegender gesundheitlicher Gründe, die die persönliche Pflege der nahestehenden Person durch den Unionsbürger zwingend erforderlich machen,

3. in Fällen nach § 3a Absatz 1 Nummer 2 den urkundlichen Nachweis des Bestehens der Vormundschaft oder des Pflegeverhältnisses sowie einen Nachweis der Abhängigkeit der nahestehenden Person vom Unionsbürger und

4. in den Fällen nach § 3a Absatz 1 Nummer 3 den Nachweis über die Umstände für das Bestehen einer dauerhaften Beziehung nach § 1 Absatz 2 Nummer 4 Buchstabe c zwischen dem Unionsbürger und der nahestehenden Person.

[1] § 5a eingef. mWv 28.8.2007 durch G v. 19.8.2007 (BGBl. I S. 1970); Abs. 1 Satz 1, Abs. 2 einl. Satzteil, Nr. 2 geänd. Nr. 3 und abschl. Satzteil aufgeh. mWv 29.1.2013 durch G v. 21.1.2013 (BGBl. I S. 86); Abs. 1 Satz 1 Nr. 1 geänd. mWv 9.12.2014 durch G v. 2.12.2014 (BGBl. I S. 1922); Abs. 2 Nr. 1 geänd., Abs. 3 angef. mWv 24.11.2020 durch G v. 12.11.2020 (BGBl. I S. 2416).

§ 6[1] Verlust des Rechts auf Einreise und Aufenthalt. (1) [1]Der Verlust des Rechts nach § 2 Abs. 1 kann unbeschadet des § 2 Absatz 7 und des § 5 Absatz 4 nur aus Gründen der öffentlichen Ordnung, Sicherheit oder Gesundheit (Artikel 45 Absatz 3, Artikel 52 Absatz 1 des Vertrages über die Arbeitsweise der Europäischen Union[2]) festgestellt und die Bescheinigung über das Daueraufenthaltsrecht oder die Aufenthaltskarte oder Daueraufenthaltskarte eingezogen werden. [2]Aus den in Satz 1 genannten Gründen kann auch die Einreise verweigert werden. [3]Die Feststellung aus Gründen der öffentlichen Gesundheit kann nur erfolgen, wenn es sich um Krankheiten mit epidemischem Potenzial im Sinne der einschlägigen Rechtsinstrumente der Weltgesundheitsorganisation und sonstige übertragbare, durch Infektionserreger oder Parasiten verursachte Krankheiten handelt, sofern gegen diese Krankheiten Maßnahmen im Bundesgebiet getroffen werden. [4]Krankheiten, die nach Ablauf einer Frist von drei Monaten ab dem Zeitpunkt der Einreise auftreten, stellen keinen Grund für eine Feststellung nach Satz 1 dar.

(2) [1]Die Tatsache einer strafrechtlichen Verurteilung genügt für sich allein nicht, um die in Absatz 1 genannten Entscheidungen oder Maßnahmen zu begründen. [2]Es dürfen nur im Bundeszentralregister noch nicht getilgte strafrechtliche Verurteilungen und diese nur insoweit berücksichtigt werden, als die ihnen zu Grunde liegenden Umstände ein persönliches Verhalten erkennen lassen, das eine gegenwärtige Gefährdung der öffentlichen Ordnung darstellt. [3]Es muss eine tatsächliche und hinreichend schwere Gefährdung vorliegen, die ein Grundinteresse der Gesellschaft berührt.

(3) Bei der Entscheidung nach Absatz 1 sind insbesondere die Dauer des Aufenthalts des Betroffenen in Deutschland, sein Alter, sein Gesundheitszustand, seine familiäre und wirtschaftliche Lage, seine soziale und kulturelle Integration in Deutschland und das Ausmaß seiner Bindungen zum Herkunftsstaat zu berücksichtigen.

(4) Eine Feststellung nach Absatz 1 darf nach Erwerb des Daueraufenthaltsrechts nur aus schwerwiegenden Gründen getroffen werden.

(5) [1]Eine Feststellung nach Absatz 1 darf bei Unionsbürgern und ihren Familienangehörigen, die ihren Aufenthalt in den letzten zehn Jahren im Bundesgebiet hatten, und bei Minderjährigen nur aus zwingenden Gründen der öffentlichen Sicherheit getroffen werden. [2]Für Minderjährige gilt dies nicht, wenn der Verlust des Aufenthaltsrechts zum Wohl des Kindes notwendig ist. [3]Zwingende Gründe der öffentlichen Sicherheit können nur dann vorliegen, wenn der Betroffene wegen einer oder mehrerer vorsätzlicher Straftaten rechtskräftig zu einer Freiheits- oder Jugendstrafe von mindestens fünf Jahren verurteilt oder bei der letzten rechtskräftigen Verurteilung Sicherungsverwahrung angeordnet wurde, wenn die Sicherheit der Bundesrepublik Deutschland betroffen ist oder wenn vom Betroffenen eine terroristische Gefahr ausgeht.

(6) Die Entscheidungen oder Maßnahmen, die den Verlust des Aufenthaltsrechts oder des Daueraufenthaltsrechts betreffen, dürfen nicht zu wirtschaftlichen Zwecken getroffen werden.

[1] § 6 Abs. 1 Satz 1 geänd., Satz 3 angef., Abs. 3 neu gef., Abs. 4 und 5 eingef., bish. Abs. 4–6 werden Abs. 6–8, neue Abs. 6 und 8 geänd. mWv 28.8.2007 durch G v. 19.8.2007 (BGBl. I S. 1970); Abs. 1 Sätze 1 und 3 geänd. mWv 29.1.2013 durch G v. 21.1.2013 (BGBl. I S. 86); Abs. 1 Satz 3 geänd., Satz 4 angef. mWv 24.11.2020 durch G v. 12.11.2020 (BGBl. I S. 2416).
[2] Nr. **1001**.

(7) Wird der Pass, Personalausweis oder sonstige Passersatz ungültig, so kann dies die Aufenthaltsbeendigung nicht begründen.

(8) ¹Vor der Feststellung nach Absatz 1 soll der Betroffene angehört werden. ²Die Feststellung bedarf der Schriftform.

§ 7¹⁾ Ausreisepflicht. (1) ¹Unionsbürger oder ihre Familienangehörigen sind ausreisepflichtig, wenn die Ausländerbehörde festgestellt hat, dass das Recht auf Einreise und Aufenthalt nicht besteht. ²In dem Bescheid soll die Abschiebung angedroht und eine Ausreisefrist gesetzt werden. ³Außer in dringenden Fällen muss die Frist mindestens einen Monat betragen. ⁴Wird ein Antrag nach § 80 Abs. 5 der Verwaltungsgerichtsordnung²⁾ gestellt, darf die Abschiebung nicht erfolgen, bevor über den Antrag entschieden wurde.

(2) ¹Unionsbürger und ihre Familienangehörigen, die ihr Freizügigkeitsrecht nach § 6 Abs. 1 verloren haben, dürfen nicht erneut in das Bundesgebiet einreisen und sich darin aufhalten. ²Unionsbürgern und ihren Familienangehörigen, bei denen das Nichtbestehen des Freizügigkeitsrechts nach § 2 Absatz 7 festgestellt worden ist, kann untersagt werden, erneut in das Bundesgebiet einzureisen und sich darin aufzuhalten. ³Dies soll untersagt werden, wenn ein besonders schwerer Fall, insbesondere ein wiederholtes Vortäuschen des Vorliegens der Voraussetzungen des Rechts auf Einreise und Aufenthalt, vorliegt oder wenn ihr Aufenthalt die öffentliche Ordnung und Sicherheit der Bundesrepublik Deutschland in erheblicher Weise beeinträchtigt. ⁴Bei einer Entscheidung nach den Sätzen 2 und 3 findet § 6 Absatz 3, 6 und 8 entsprechend Anwendung. ⁵Das Verbot nach den Sätzen 1 bis 3 wird von Amts wegen befristet. ⁶Die Frist ist unter Berücksichtigung der Umstände des Einzelfalles festzusetzen und darf fünf Jahre nur in den Fällen des § 6 Absatz 1 überschreiten. ⁷Die Frist beginnt mit der Ausreise. ⁸Ein nach angemessener Frist oder nach drei Jahren gestellter Antrag auf Aufhebung oder auf Verkürzung der festgesetzten Frist ist innerhalb von sechs Monaten zu bescheiden.

§ 8³⁾ Ausweispflicht. (1) Die Personen, deren Einreise und Aufenthalt nach § 1 Absatz 1 durch dieses Gesetz geregelt ist, sind verpflichtet,

1. bei der Einreise in das oder der Ausreise aus dem Bundesgebiet einen Pass oder anerkannten Passersatz

 a) mit sich zu führen und

 b) einem zuständigen Beamten auf Verlangen zur Prüfung vorzulegen,

2. für die Dauer des Aufenthalts im Bundesgebiet den erforderlichen Pass oder Passersatz zu besitzen,

3. den Pass oder Passersatz sowie die Aufenthaltskarte, die Bescheinigung des Daueraufenthalts und die Daueraufenthaltskarte den mit der Ausführung dieses Gesetzes betrauten Behörden auf Verlangen vorzulegen, auszuhändigen und

¹⁾ § 7 Abs. 1 Sätze 1 und 2 sowie Abs. 2 Sätze 1 und 2 geänd., Abs. 1 Satz 4 neu gef., Satz 5, Abs. 2 Satz 4 angef. mWv 28.8.2007 durch G v. 19.8.2007 (BGBl. I S. 1970); Abs. 1 Satz 1 geänd., Satz 2 aufgeh., bish. Sätze 3–5 werden Sätze 2–4 mWv 29.1.2013 durch G v. 21.1.2013 (BGBl. I S. 86); Abs. 2 Sätze 2–4 eingef., bish. Satz 2 wird Satz 5 und geänd., bish. Satz 3 wird Satz 7, bish. Satz 4 wird Satz 8 und geänd., Satz 6 eingef. mWv 9.12.2014 durch G v. 2.12.2014 (BGBl. I S. 1922).
²⁾ Nr. **600**.
³⁾ § 8 Abs. 2 angef., bish. Wortlaut wird Abs. 1 mWv 1.11.2007 durch G v. 20.7.2007 (BGBl. I S. 1566); Abs. 1 Nr. 1 und 3 geänd. mWv 28.8.2007 durch G v. 19.8.2007 (BGBl. I S. 1970); Abs. 2 Satz 1 geänd. mWv 1.9.2011 durch G v. 12.4.2011 (BGBl. I S. 610); Abs. 1 Nr. 1 Buchst. b, Nr. 3 geänd. mWv 29.1.2013 durch G v. 21.1.2013 (BGBl. I S. 86); Abs. 1a eingef. mWv 15.6.2017 durch G v. 8.6.2017 (BGBl. I S. 1570); Abs. 1 einl. Satzteil, Abs. 1a geänd. mWv 24.11.2020 durch G v. 12.11.2020 (BGBl. I S. 2416).

vorübergehend zu überlassen, soweit dies zur Durchführung oder Sicherung von Maßnahmen nach diesem Gesetz erforderlich ist.

(1a) Die Personen, deren Einreise und Aufenthalt nach § 1 Absatz 1 durch dieses Gesetz geregelt ist, sind verpflichtet, die in Absatz 1 Nummer 3 genannten Dokumente auf Verlangen einer zur Überprüfung der Identität befugten Behörde vorzulegen und es ihr zu ermöglichen, das Gesicht mit dem Lichtbild im Dokument abzugleichen.

(2) ¹Die mit dem Vollzug dieses Gesetzes betrauten Behörden dürfen unter den Voraussetzungen des Absatzes 1 Nr. 3 die auf dem elektronischen Speicher- und Verarbeitungsmedium eines Dokumentes nach Absatz 1 gespeicherten biometrischen und sonstigen Daten auslesen, die benötigten biometrischen Daten beim Inhaber des Dokumentes erheben und die biometrischen Daten miteinander vergleichen. ²Biometrische Daten nach Satz 1 sind nur die Fingerabdrücke, das Lichtbild und die Irisbilder. ³Die Polizeivollzugsbehörden, die Zollverwaltung und die Meldebehörden sind befugt, Maßnahmen nach Satz 1 zu treffen, soweit sie die Echtheit des Dokumentes oder die Identität des Inhabers überprüfen dürfen. ⁴Die nach den Sätzen 1 und 3 erhobenen Daten sind unverzüglich nach Beendigung der Prüfung der Echtheit des Dokumentes oder der Identität des Inhabers zu löschen.

§ 9¹⁾ Strafvorschriften. (1) Mit Freiheitsstrafe bis zu drei Jahren oder mit Geldstrafe wird bestraft, wer unrichtige oder unvollständige Angaben macht oder benutzt, um für sich oder einen anderen eine Aufenthaltskarte, eine Daueraufenthaltskarte, eine Bescheinigung über das Daueraufenthaltsrecht, ein Aufenthaltsdokument-GB oder ein Aufenthaltsdokument für Grenzgänger-GB zu beschaffen oder eine so beschaffte Urkunde wissentlich zur Täuschung im Rechtsverkehr gebraucht.

(2) Mit Freiheitsstrafe bis zu einem Jahr oder mit Geldstrafe wird bestraft, wer entgegen § 7 Abs. 2 Satz 1 in das Bundesgebiet einreist oder sich darin aufhält.

(3) Gegenstände, auf die sich eine Straftat nach Absatz 1 bezieht, können eingezogen werden.

§ 10²⁾ Bußgeldvorschriften. (1) Ordnungswidrig handelt, wer

1. entgegen § 8 Absatz 1 Nummer 1 Buchstabe b oder Nummer 3 ein dort genanntes Dokument nicht oder nicht rechtzeitig vorlegt oder

2. entgegen § 8 Absatz 1a ein dort genanntes Dokument nicht oder nicht rechtzeitig vorlegt oder einen Abgleich mit dem Lichtbild nicht oder nicht rechtzeitig ermöglicht.

(2) Ordnungswidrig handelt, wer vorsätzlich oder leichtfertig entgegen § 8 Abs. 1 Nr. 2 einen Pass oder Passersatz nicht besitzt.

(3) Ordnungswidrig handelt, wer vorsätzlich oder fahrlässig entgegen § 8 Abs. 1 Nr. 1 Buchstabe a einen Pass oder Passersatz nicht mit sich führt.

¹⁾ § 9 Abs. 1 eingef., Abs. 3 angef. mWv 9.12.2014 durch G v. 2.12.2014 (BGBl. I S. 1922); Abs. 1 geänd. mWv 24.11.2020 durch G v. 12.11.2020 (BGBl. I S. 2416).
²⁾ § 10 Abs. 5 geänd. mWv 1.7.2005 durch G v. 21.6.2005 (BGBl. I S. 1818); Abs. 1–3 geänd. mWv 1.11.2007 durch G v. 20.7.2007 (BGBl. I S. 1566); Abs. 5 geänd. mWv 1.3.2008 durch G v. 26.2.2008 (BGBl. I S. 215); Abs. 1 neu gef. mWv 29.1.2013 durch G v. 21.1.2013 (BGBl. I S. 86); Abs. 1 neu gef., Abs. 4 geänd. mWv 15.6.2017 durch G v. 8.6.2017 (BGBl. I S. 1570).

(4) Die Ordnungswidrigkeit kann in den Fällen der Absätze 1 und 3 mit einer Geldbuße bis zu dreitausend Euro, in den übrigen Fällen mit einer Geldbuße bis zu tausend Euro geahndet werden.

(5) Verwaltungsbehörde im Sinne des § 36 Abs. 1 Nr. 1 des Gesetzes über Ordnungswidrigkeiten[1]) ist in den Fällen der Absätze 1 und 3 die in der Rechtsverordnung nach § 58 Abs. 1 des Bundespolizeigesetzes[2]) bestimmte Bundespolizeibehörde.

§ 11[3]) **Anwendung des allgemeinen Aufenthaltsrechts; Ausnahmen von der Anwendung dieses Gesetzes.** (1) Auf die Personen, deren Einreise und Aufenthalt nach § 1 Absatz 1 durch dieses Gesetz geregelt ist, finden § 3 Absatz 2, § 11 Absatz 8, die §§ 13, 14 Absatz 2, § 44 Absatz 4, die §§ 45a, 46 Absatz 2, § 50 Absatz 3 bis 6, § 59 Absatz 1 Satz 6 und 7, die §§ 69, 73, 74 Absatz 2, § 77 Absatz 1, die §§ 80, 82 Absatz 5, die §§ 85 bis 88, 90, 91, 95 Absatz 1 Nummer 4 und 8, Absatz 2 Nummer 2, Absatz 4, die §§ 96, 97, 98 Absatz 2 Nummer 2, Absatz 2a, 3 Nummer 3, Absatz 4 und 5 sowie § 99 des Aufenthaltsgesetzes[4]) entsprechende Anwendung.

(2) § 73 des Aufenthaltsgesetzes ist nur zur Feststellung von Gründen gemäß § 6 Absatz 1, hiervon abweichend in den Fällen des Absatzes 8 Satz 1 und des Absatzes 12 Satz 2 ohne Einschränkung anzuwenden.

(3) [1]§ 78 des Aufenthaltsgesetzes ist für die Ausstellung von Aufenthaltskarten, Daueraufenthaltskarten, Aufenthaltsdokumenten-GB und Aufenthaltsdokumenten für Grenzgänger-GB entsprechend anzuwenden. [2]Sie tragen die nach Maßgabe der nach den §§ 11a und 99 Absatz 1 Nummer 13a Satz 1 des Aufenthaltsgesetzes erlassenen Rechtsverordnung festgelegten Bezeichnungen. [3]In der Zone für das automatische Lesen wird anstelle der Abkürzungen nach § 78 Absatz 2 Satz 2 Nummer 1 des Aufenthaltsgesetzes in Aufenthaltskarten und Daueraufenthaltskarten die Abkürzung „AF" und in Aufenthaltsdokumenten-GB und Aufenthaltsdokumenten für Grenzgänger-GB die Abkürzung „AR" verwendet.

(4) [1]Eine Fiktionsbescheinigung nach § 81 Absatz 5 des Aufenthaltsgesetzes ist auf Antrag auszustellen, wenn nach diesem Gesetz von Amts wegen eine Aufenthaltskarte, ein Aufenthaltsdokument-GB oder ein Aufenthaltsdokument für Grenzgänger-GB auszustellen ist und ein Dokument mit elektronischem Speicher- und Verarbeitungsmedium noch nicht zur Überlassung an den Inhaber bereitsteht. [2]In Fällen, in denen ein Recht auf Einreise und Aufenthalt nach diesem Gesetz nur auf Antrag besteht, findet § 81 des Aufenthaltsgesetzes entsprechende Anwendung.

(5) § 5 Absatz 1, 2 und 4, § 6 Absatz 3 Satz 2 und 3, § 7 Absatz 2 Satz 2 und § 82 Absatz 1 und 2 des Aufenthaltsgesetzes sowie § 82 Absatz 3 des Aufenthaltsgesetzes, soweit er sich auf § 82 Absatz 1 des Aufenthaltsgesetzes bezieht, sind in den Fällen des § 3a entsprechend anzuwenden.

(6) § 82 Absatz 4 des Aufenthaltsgesetzes ist in den Fällen des Absatzes 8 Satz 1 und des Absatzes 12 Satz 2 entsprechend anzuwenden.

(7) [1]Die Mitteilungspflichten nach § 87 Absatz 2 Satz 1 Nummer 1 bis 3 des Aufenthaltsgesetzes bestehen insoweit entsprechend, als die dort genannten Umstände auch für die Feststellung nach § 2 Absatz 7, § 5 Absatz 4 und § 6 Absatz 1

[1]) *Schönfelder Nr. 94.*
[2]) Nr. 90.
[3]) § 11 neu gef. mWv 24.11.2020 durch G v. 12.11.2020 (BGBl. I S. 2416).
[4]) Nr. 565.

entscheidungserheblich sein können. [2]Sie bestehen in den Fällen des Absatzes 8 Satz 1 und des Absatzes 12 Satz 2 ohne diese Einschränkung.

(8) [1]Auf den Aufenthalt von Personen, die

1. sich selbst als Familienangehörige im Bundesgebiet aufgehalten haben und nach § 3 Absatz 2 nach dem Tod eines Unionsbürgers ein Aufenthaltsrecht behalten,

2. nicht Unionsbürger sind, sich selbst als Ehegatten oder Lebenspartner im Bundesgebiet aufgehalten haben, und die nach der Scheidung oder Aufhebung der Ehe oder Aufhebung der Lebenspartnerschaft nach § 3 Absatz 4 ein Aufenthaltsrecht behalten, und

3. als nahestehende Personen eines Unionsbürgers ein Aufenthaltsrecht nach § 3a Absatz 1 haben,

sind die §§ 6 und 7 nicht anzuwenden. [2]Insoweit findet das Aufenthaltsgesetz entsprechende Anwendung. [3]Auf den Aufenthalt von Familienangehörigen der in Satz 1 genannten Personen ist § 3 Absatz 1 nicht anzuwenden. [4]Insoweit sind die Regelungen des Aufenthaltsgesetzes zum Familiennachzug zu Inhabern von Aufenthaltserlaubnissen aus familiären Gründen entsprechend anzuwenden.

(9) [1]§ 3 Absatz 1 ist für den Aufenthalt von Familienangehörigen von Personen nicht anzuwenden, die selbst Familienangehörige oder nahestehende Personen und nicht Unionsbürger sind und nach § 4a Absatz 1 Satz 2 ein Daueraufenthaltsrecht haben. [2]Insoweit sind die Vorschriften des Aufenthaltsgesetzes zum Familiennachzug zu Inhabern einer Erlaubnis zum Daueraufenthalt – EU entsprechend anzuwenden.

(10) Sofern Familienangehörige von Personen, die ein in § 16 Absatz 1 und 2 genanntes Recht zum Aufenthalt in der Bundesrepublik Deutschland ausüben, kein Recht zum Aufenthalt in der Bundesrepublik Deutschland haben, das nach dem Austrittsabkommen geregelt ist, finden die Vorschriften des Aufenthaltsgesetzes zum Familiennachzug entsprechende Anwendung. Dabei werden gleichgestellt

1. Inhaber eines Daueraufenthaltsrechts nach Artikel 15 des Austrittsabkommens den Inhabern einer Erlaubnis zum Daueraufenthalt – EU,

2. Inhaber eines anderen Aufenthaltsrechts nach dem Austrittsabkommen, die britische Staatsangehörige sind, den Inhabern einer Blauen Karte EU und

3. Inhaber eines anderen Aufenthaltsrechts nach dem Austrittsabkommen, die weder britische Staatsangehörige noch Unionsbürger sind, den Inhabern einer Aufenthaltserlaubnis aus familiären Gründen.

(11) § 3a und die übrigen Bestimmungen dieses Gesetzes und des Aufenthaltsgesetzes, die in Fällen des § 3a dieses Gesetzes gelten, sind auf nahestehende Personen britischer Staatsangehöriger entsprechend anzuwenden, wenn die britischen Staatsangehörigen ein in § 16 Absatz 1 genanntes Aufenthaltsrecht im Bundesgebiet ausüben und wenn und solange die Voraussetzungen des Artikels 10 Absatz 2, 3 oder 4 des Austrittsabkommens erfüllt sind.

(12) [1]Die §§ 6 und 7 finden nach Maßgabe des Artikels 20 Absatz 1 des Austrittsabkommens entsprechende Anwendung, wenn ein Verhalten, auf Grund dessen eine Beendigung des Aufenthalts eines Inhabers eines Rechts nach § 16 erfolgt oder durchgesetzt wird, vor dem Ende des Übergangszeitraums stattgefunden hat. [2]Im Übrigen findet hinsichtlich der Beendigung des Aufenthalts von Inhabern eines Rechts nach § 16 das Aufenthaltsgesetz Anwendung. [3]§ 52 des Verwaltungsverfahrensgesetzes[1]) findet entsprechende Anwendung.

[1]) Nr. **100**.

(13) § 88a Absatz 1 Satz 1, 3 und 4 des Aufenthaltsgesetzes findet entsprechende Anwendung, soweit die Übermittlung von teilnehmerbezogenen Daten im Rahmen der Durchführung von Integrationskursen nach § 44 Absatz 4 des Aufenthaltsgesetzes, zur Überwachung einer Eingliederungsvereinbarung nach dem Zweiten Buch Sozialgesetzbuch[1]) oder zur Durchführung des Einbürgerungsverfahrens erforderlich ist.

(14) [1] Das Aufenthaltsgesetz findet auch dann Anwendung, wenn es eine günstigere Rechtsstellung vermittelt als dieses Gesetz. [2] Hat die Ausländerbehörde das Nichtbestehen oder den Verlust des Rechts nach § 2 Absatz 1 festgestellt, findet das Aufenthaltsgesetz Anwendung, sofern dieses Gesetz keine besonderen Regelungen trifft.

(15) [1] Zeiten des rechtmäßigen Aufenthalts nach diesem Gesetz unter fünf Jahren entsprechen den Zeiten des Besitzes einer Aufenthaltserlaubnis. [2] Zeiten des rechtmäßigen Aufenthalts nach diesem Gesetz über fünf Jahren entsprechen dem Besitz einer Niederlassungserlaubnis.

§ 11a[2]) Verordnungsermächtigung. Das Bundesministerium des Innern, für Bau und Heimat wird ermächtigt, durch Rechtsverordnung mit Zustimmung des Bundesrates die Einzelheiten der Ausstellung von Aufenthaltskarten nach § 5 Absatz 1 Satz 1 und Absatz 7 Satz 1, Daueraufenthaltskarten nach § 5 Absatz 5 Satz 2, Aufenthaltsdokumenten-GB nach § 16 Absatz 2 Satz 1 und Aufenthaltsdokumenten für Grenzgänger-GB nach § 16 Absatz 3 entsprechend § 99 Absatz 1 Nummer 13a Satz 1 des Aufenthaltsgesetzes[3]) sowie Einzelheiten des Prüfverfahrens entsprechend § 34 Nummer 4 des Personalausweisgesetzes[4]) und Einzelheiten zum elektronischen Identitätsnachweis entsprechend § 34 Nummer 5 bis 7 des Personalausweisgesetzes festzulegen.

§ 12[5]) Staatsangehörige der EWR-Staaten. Die nach diesem Gesetz für Unionsbürger, Familienangehörige von Unionsbürgern und nahestehende Personen von Unionsbürgern geltenden Regelungen finden jeweils auch für Staatsangehörige der EWR-Staaten, die nicht Unionsbürger sind, und für ihre Familienangehörigen und ihre nahestehenden Personen Anwendung.

§ 12a[5]) Unionsrechtliches Aufenthaltsrecht. Auf Familienangehörige und nahestehende Personen von Deutschen, die von ihrem Recht auf Freizügigkeit nach Artikel 21 des Vertrages über die Arbeitsweise der Europäischen Union[6]) nachhaltig Gebrauch gemacht haben, finden die nach diesem Gesetz für Familienangehörige und für nahestehende Personen von Unionsbürgern geltenden Regelungen entsprechende Anwendung.

§ 13[7]) Staatsangehörige der Beitrittsstaaten. Soweit nach Maßgabe des Beitrittsvertrages eines Mitgliedstaates zur Europäischen Union abweichende Regelungen anzuwenden sind, findet dieses Gesetz Anwendung, wenn die Beschäfti-

[1]) **Sartorius ErgBd. Nr. 402.**
[2]) § 11a neu gef. mWv 24.11.2020 durch G v. 12.11.2020 (BGBl. I S. 2416).
[3]) Nr. **565.**
[4]) *Nr. 255.*
[5]) § 12 neu gef., § 12a eingef. mWv 24.11.2020 durch G v. 12.11.2020 (BGBl. I S. 2416).
[6]) Nr. **1001.**
[7]) § 13 neu gef. mWv 1.7.2015 durch G v. 21.12.2015 (BGBl. I S. 2557).

gung durch die Bundesagentur für Arbeit nach § 284 Absatz 1 des Dritten Buches Sozialgesetzbuch[1]) genehmigt wurde.

§ 14[2]) Bestimmungen zum Verwaltungsverfahren. [1]Von den in § 11 Abs. 1 in Verbindung mit § 87 Absatz 1, 2 Satz 1 und 2, Abs. 4 Satz 1, 2 und 4, §§ 90, 91 Abs. 1 und 2, § 99 Abs. 1 und 2 des Aufenthaltsgesetzes[3]) getroffenen Regelungen des Verwaltungsverfahrens kann durch Landesrecht nicht abgewichen werden. [2]Dies gilt nicht im Hinblick auf Verfahren im Zusammenhang mit Aufenthaltsrechten nach § 3a und mit den in den §§ 12a und 16 geregelten Aufenthaltsrechten.

§ 15[4]) Übergangsregelung. Eine vor dem 28. August 2007 ausgestellte Aufenthaltserlaubnis–EU gilt als Aufenthaltskarte für Familienangehörige eines Unionsbürgers fort.

§ 16[5]) Rechtsstellung britischer Staatsangehöriger und ihrer Familienangehörigen. (1) [1]Das in Teil Zwei Titel II Kapitel 1 des Austrittsabkommens vorgesehene Recht auf Einreise und Aufenthalt im Bundesgebiet kann ausgeübt werden, ohne dass es hierfür eines Antrages bedarf. [2]Dieses Recht ist ein Aufenthaltsrecht im Sinne des Artikels 18 Absatz 4 des Austrittsabkommens.

(2) [1]Denjenigen,

1. die das Recht nach Absatz 1 ausüben oder

2. die das nach Artikel 24 Absatz 2, auch in Verbindung mit Artikel 25 Absatz 2, des Austrittsabkommens bestehende Recht ausüben, im Bundesgebiet zu wohnen,

wird von Amts wegen ein Aufenthaltsdokument im Sinne des Artikels 18 Absatz 4 des Austrittsabkommens (Aufenthaltsdokument-GB) ausgestellt. [2]Sie haben ihren Aufenthalt spätestens innerhalb von sechs Monaten nach dem Ende des Übergangszeitraums im Sinne des Teils Vier des Austrittsabkommens bei der zuständigen Ausländerbehörde anzuzeigen, wenn sie nicht bereits Inhaber einer Aufenthaltskarte oder Daueraufenthaltskarte sind. [3]Die Vorschriften des Artikels 18 Absatz 1 Unterabsatz 2 Buchstabe b Satz 2 Buchstabe c sowie i bis n des Austrittsabkommens finden entsprechende Anwendung.

(3) Britische Staatsangehörige, die nach Teil Zwei Titel II Kapitel 2 des Austrittsabkommens Rechte als Grenzgänger haben, sind verpflichtet, ein Dokument (Aufenthaltsdokument für Grenzgänger-GB) zu beantragen, mit dem diese Rechte bescheinigt werden.

(4) § 2 Absatz 4 Satz 2 und Absatz 7 und § 5 Absatz 3 und 4 finden entsprechende Anwendung.

(5) Für die Anwendung anderer Gesetze als des Aufenthaltsgesetzes[3]) und dieses Gesetzes stehen Aufenthaltsrechte, auf die in den Absätzen 1 und 2 Bezug genommen wird, dem Freizügigkeitsrecht nach § 2 gleich, sofern im Austrittsabkommen oder durch Gesetz nichts Abweichendes bestimmt ist.

[1]) **Gewerberecht Nr. 790.**
[2]) § 14 angef. mWv 28.8.2007 durch G v. 19.8.2007 (BGBl. I S. 1970); geänd. mWv 29.7.2017 durch G v. 20.7.2017 (BGBl. I S. 2780); Satz 2 angef. mWv 24.11.2020 durch G v. 12.11.2020 (BGBl. I S. 2416).
[3]) Nr. **565.**
[4]) § 15 angef. mWv 28.8.2007 durch G v. 19.8.2007 (BGBl. I S. 1970).
[5]) § 16 angef. mWv 24.11.2020 durch G v. 12.11.2020 (BGBl. I S. 2416).

(6) [1]Aufenthaltskarten und Daueraufenthaltskarten werden eingezogen, sobald der Inhaber infolge des Austritts des Vereinigten Königreichs Großbritannien und Nordirland aus der Europäischen Union kein Recht nach § 2 Absatz 1 mehr besitzt. [2]Sie verlieren ab dem 1. Januar 2022 auf jeden Fall ihre Gültigkeit.

563. Gesetz über die Rechtsstellung heimatloser Ausländer im Bundesgebiet[1]

Vom 25. April 1951

(BGBl. I S. 269), geänd. durch § 141 Urheberrechtsgesetz vom 9. September 1965 (BGBl. I S. 1273), Art. 4 G über die Prozeßkostenhilfe v. 13. 6. 1980 (BGBl. I S. 677), Art. 4 G zur Neuregelung des Ausländerrechts v. 9. 7. 1990 (BGBl. I S. 1354), Art. 19 Sechstes Euro-EinführungsG v. 3. 12. 2001 (BGBl. I S. 3306) und durch Art. 7 G zur Steuerung und Begrenzung der Zuwanderung und zur Regelung des Aufenthalts und der Integration von Unionsbürgern und Ausländern (Zuwanderungsgesetz) v. 30. 7. 2004 (BGBl. I S. 1950)

FNA 243–1

Der Bundestag hat das folgende Gesetz beschlossen:

Kapitel I. Allgemeine Vorschriften

§ 1.[2] (1) Heimatloser Ausländer im Sinne dieses Gesetzes ist ein fremder Staatsangehöriger oder Staatenloser, der

a) nachweist, daß er der Obhut der Internationalen Organisation untersteht, die von den Vereinten Nationen mit der Betreuung verschleppter Personen und Flüchtlinge beauftragt ist, und

b) nicht Deutscher nach Artikel 116 des Grundgesetzes[3] ist und

c) am 30. Juni 1950 seinen Aufenthalt im Geltungsbereich des Grundgesetzes *oder in Berlin (West)* hatte oder die Rechtsstellung eines heimatlosen Ausländers auf Grund der Bestimmungen des § 2 Abs. 3 erwirbt.

(2) Wer seine Staatsangehörigkeit von einem heimatlosen Ausländer ableitet und am 1. Januar 1991 rechtmäßig seinen gewöhnlichen Aufenthalt im Geltungsbereich dieses Gesetzes hatte, steht einem heimatlosen Ausländer im Sinne dieses Gesetzes gleich.

§ 2. (1) Ein heimatloser Ausländer verliert diese Rechtsstellung, wenn er nach dem 30. Juni 1950 eine neue Staatsangehörigkeit erwirbt oder seinen gewöhnlichen Aufenthalt außerhalb des Geltungsbereichs des Grundgesetzes *oder von Berlin (West)* nimmt.

(2) [1]Hat ein heimatloser Ausländer seinen gewöhnlichen Aufenthalt außerhalb des Geltungsbereichs des Grundgesetzes *oder von Berlin (West)* genommen, so kann er innerhalb zweier Jahre seit dem Zeitpunkt seiner Ausreise aus dem Geltungsbereich des Grundgesetzes *oder aus Berlin (West)* seinen gewöhnlichen Aufenthalt in den Geltungsbereich des

[1] Siehe auch das RdSchr. des BMI betr. Personenkreis der heimatlosen Ausländer, Aufenthaltsregelung und Ausstellen von amtlichen Ausweisen v. 27. 3. 1953 (GMBl. S. 313).

[2] § 1 Abs. 2 aufgeh., bish. Abs. 3 wird Abs. 2 u. neugef. mWv 1. 1. 1991 durch G v. 9. 7. 1990 (BGBl. I S. 1354), Abs. 2 geänd. mWv 1. 1. 2005 durch G v. 30. 7. 2004 (BGBl. I S. 1950).

[3] Nr. 1.

Grundgesetzes *oder nach Berlin (West)* zurückverlegen. [2]Mit der Rückkehr erlangt er wieder die Rechtsstellung eines heimatlosen Ausländers.

(3) Ein fremder Staatsangehöriger oder Staatenloser, der die Bestimmungen des § 1 Abs. 1a und b erfüllt, nach dem 1. Juli 1948 seinen gewöhnlichen Aufenthalt im Geltungsbereich des Grundgesetzes *oder in Berlin (West)* hatte und ihn danach außerhalb des Geltungsbereichs des Grundgesetzes *oder von Berlin (West)* verlegt hat, erlangt die Rechtsstellung eines heimatlosen Ausländers, wenn er innerhalb von 2 Jahren seit dem Zeitpunkt seiner Ausreise aus dem Geltungsbereich des Grundgesetzes *oder aus Berlin (West)* rechtmäßig seinen Wohnsitz oder dauernden Aufenthalt in den Geltungsbereich des Grundgesetzes *oder nach Berlin (West)* zurückverlegt.

§ 3. (1) Ein heimatloser Ausländer darf wegen seiner Abstammung, seiner Rasse, seiner Sprache, seiner Heimat und Herkunft, seines Glaubens oder wegen seiner Flüchtlingseigenschaft nicht benachteiligt werden.

(2) Die ungestörte Religionsausübung wird gewährleistet.

§ 4. (1) Heimatlose Ausländer sind den im Geltungsbereich des Grundgesetzes *oder in Berlin (West)* geltenden Gesetzen und Vorschriften einschließlich der zur Aufrechterhaltung der öffentlichen Ordnung ergriffenen Maßnahmen unterworfen.

(2) Sie unterstehen der deutschen Gerichtsbarkeit.

§ 5. Rechte und Vergünstigungen, die allgemein Angehörigen fremder Staaten nur unter der Bedingung der Gegenseitigkeit gewährt werden, sind heimatlosen Ausländern auch dann nicht zu versagen, wenn die Gegenseitigkeit nicht verbürgt ist.

§ 6. Ausnahmemaßnahmen, die sich gegen Angehörige des früheren Heimatstaates eines heimatlosen Ausländers richten, dürfen gegen diesen nicht angewandt werden.

§ 7. In den Fällen, in denen der Erwerb oder die Ausübung eines Rechts von der Dauer des Aufenthalts im Geltungsbereich des Grundgesetzes *oder in Berlin (West)* abhängig ist, ist die Zeit des Zwangsaufenthalts einer Person im Falle einer Verschleppung in der Zeit vom 1. September 1939 bis zum 8. Mai 1945 anzurechnen.

Kapitel II. Bürgerliches Recht

§ 8. [1]Hat ein heimatloser Ausländer vor Inkrafttreten dieses Gesetzes nach anderen als den deutschen Vorschriften Rechte erworben, so behält er diese, sofern die Gesetze des Ortes beobachtet sind, an dem das *Rechtsgeschäft* vorgenommen ist. [2]Dies gilt insbesondere für eine vor Inkrafttreten dieses Gesetzes geschlossene Ehe.

[2]Der Ehegatte und minderjährige ledige Kinder eines heimatlosen Ausländers werden nach Maßgabe des Satzes 1 mit ihm eingebürgert, auch wenn sie noch nicht seit sieben Jahren rechtmäßig ihren gewöhnlichen Aufenthalt im Geltungsbereich dieses Gesetzes haben. [3]Für die Einbürgerung wird eine Gebühr in Höhe von 51 Euro erhoben.

(2) Im übrigen gelten für heimatlose Ausländer die allgemeinen Vorschriften über die Einbürgerung.

§ 22. Einem heimatlosen Ausländer darf die Rückkehr in seine Heimat oder die Auswanderung nicht versagt werden.

§ 23.[1] (1) [1]Heimatlose Ausländer dürfen nur nach Maßgabe des § 56 des Aufenthaltsgesetzes[2] aus schwerwiegenden Gründen der öffentlichen Sicherheit oder Ordnung ausgewiesen werden. [2]Sie dürfen nur abgeschoben werden, wenn sie unanfechtbar ausreisepflichtig sind.

(2) Bei der Ausweisung ist dem Betroffenen eine angemessene Frist zu gewähren, in welcher er um Aufnahme in einen anderen Staat nachsuchen kann.

(3) [1]Ein heimatloser Ausländer darf weder an einen Staat ausgeliefert noch in einen Staat ausgewiesen, abgeschoben oder zurückgesandt werden, in dem sein Leben oder seine Freiheit wegen seiner Rasse, seiner Abstammung, seiner Herkunft, seines Glaubens, seiner religiösen oder politischen Anschauungen bedroht ist. [2]§ 60 Abs. 10 des Aufenthaltsgesetzes findet entsprechende Anwendung.

(4) *Die Anwendung des Gesetzes Nr. 10 der Alliierten Hohen Kommission vom 27. Oktober 1949 über die Ausweisung unerwünschter Personen wird hierdurch nicht berührt.*[3]

Kapitel V. Rechtsschutz

§ 24. (1) Die Bundesregierung wird ermächtigt, mit Zustimmung des Bundesrates Rechtsverordnungen zu erlassen,

a) um heimatlosen Ausländern den Schutz und Beistand zu gewähren, der fremden Staatsangehörigen sonst durch die Auslandsvertretungen ihrer Heimatstaaten geleistet wird, und

b) um die Ausstellung von Urkunden zu regeln, die fremden Staatsangehörigen sonst von ihren Heimatbehörden erteilt werden.

(2) Die so ausgestellten Urkunden haben die gleiche Gültigkeit, wie sie entsprechenden, den fremden Staatsangehörigen von ihren Heimatbehörden erteilten Urkunden zukommt.

[1] § 23 Abs. 1 neugef. u. Abs. 3 Satz 2 angef. mWv 1. 1. 1991 durch G v. 9. 7. 1990 (BGBl. I S. 1354), Abs. 1 Satz 1 u. Abs. 3 Satz 2 geänd. mWv 1. 1. 2005 durch G v. 30. 7. 2004 (BGBl. I S. 1950).
[2] Nr. 565.
[3] **Amtl. Anm.** in BGBl. III: § 23 Abs. 4 entfällt als abhängig von dem nicht mehr geltenden Gesetz Nr. 10 der AHK, aufgehoben durch Art. 3 des Gesetzes Nr. A–37 v. 5. 5. 1955 (AHKABl. S. 3267).

(3) Für die Ausstellung solcher Urkunden dürfen, vorbehaltlich einer günstigeren Behandlung für minderbemittelte heimatlose Ausländer, keine höheren Gebühren erhoben werden als von deutschen Staatsangehörigen.

Kapitel VI. Schluß- und Übergangsvorschriften

§ 25. Die aus der Durchführung dieses Gesetzes erwachsenden Kosten trägt der Bund nach Maßgabe eines Gesetzes gemäß Artikel 120 des Grundgesetzes.

§ 26. Dieses Gesetz findet keine Anwendung auf Personen, die in Umsiedlung begriffen sind und von der Internationalen Flüchtlings-Organisation (IRO) Fürsorge und Unterhalt erhalten.

§ 27.[1] *(aufgehoben)*

§ 28. Dieses Gesetz tritt am Tage nach seiner Verkündung[2] in Kraft.

[1] § 27 aufgeh. mWv 1. 1. 2005 durch G v. 30. 7. 2004 (BGBl. I S. 1950).
[2] Das Gesetz wurde am 27. 4. 1951 verkündet.

565. Gesetz über den Aufenthalt, die Erwerbstätigkeit und die Integration von Ausländern im Bundesgebiet (Aufenthaltsgesetz – AufenthG) [1)][2)][3)]

In der Fassung der Bekanntmachung vom 25. Februar 2008[4)]

(BGBl. I S. 162)

FNA 26-12

geänd. durch Art. 6 G zur Änd. des PassG und weiterer Vorschriften v. 20.7.2007 (BGBl. I S. 1566), Art. 1 G zur Umsetzung aufenthalts- und asylrechtlicher RL der EU v. 19.8.2007 (BGBl. I S. 1970), Art. 3 G zur Änd. des BundespolizeiG und anderer Gesetze v. 26.2.2008 (BGBl. I S. 215), Art. 2 Abs. 3 G zur Ergänzung des Rechts zur Anfechtung der Vaterschaft v. 13.3.2008 (BGBl. I S. 313), Art. 19 FGG-ReformG v. 17.12.2008 (BGBl. I S. 2586), Art. 1 ArbeitsmigrationssteuerungsG v. 20.12.2008 (BGBl. I S. 2846), Art. 1a Viertes G zur Änd. des StraßenverkehrsG v. 22.12.2008 (BGBl. I S. 2965), Art. 4 Abs. 22 G zur Reform der Sachaufklärung in der Zwangsvollstreckung v. 29.7.2009 (BGBl. I S. 2258), Art. 4 Abs. 5 G zur Verfolgung der Vorbereitung von schweren staatsgefährdenden Gewalttaten v. 30.7.2009 (BGBl. I S. 2437), Art. 1 G zur Anpassung des deutschen Rechts an die VO (EG) Nr. 380/2008 v. 12.4.2011 (BGBl. I S. 610), Art. 1 G zur Bekämpfung der Zwangsheirat und zum besseren Schutz der Opfer

[1)] **Amtl. Anm.:** Dieses Gesetz dient der Umsetzung folgender Richtlinien:
1. Richtlinie 2001/40/EG des Rates vom 28. Mai 2001 über die gegenseitige Anerkennung von Entscheidungen über die Rückführung von Drittstaatsangehörigen (ABl. EG Nr. L 149 S. 34),
2. Richtlinie 2001/51/EG des Rates vom 28. Juni 2001 zur Ergänzung der Regelungen nach Artikel 26 des Übereinkommens zur Durchführung des Übereinkommens von Schengen vom 14. Juni 1985 (ABl. EG Nr. L 187 S. 45),
3. Richtlinie 2001/55/EG des Rates vom 20. Juli 2001 über Mindestnormen für die Gewährung vorübergehenden Schutzes im Falle eines Massenzustroms von Vertriebenen und Maßnahmen zur Förderung einer ausgewogenen Verteilung der Belastungen, die mit der Aufnahme dieser Personen und den Folgen dieser Aufnahme verbunden sind, auf die Mitgliedstaaten (ABl. EG Nr. L 212 S. 12),
4. Richtlinie 2002/90/EG des Rates vom 28. November 2002 zur Definition der Beihilfe zur unerlaubten Ein- und Durchreise und zum unerlaubten Aufenthalt (ABl. EG Nr. L 328 S. 17),
5. Richtlinie 2003/86/EG des Rates vom 22. September 2003 betreffend das Recht auf Familienzusammenführung (ABl. EU Nr. L 251 S. 12),
6. Richtlinie 2003/110/EG des Rates vom 25. November 2003 über die Unterstützung bei der Durchbeförderung im Rahmen von Rückführungsmaßnahmen auf dem Luftweg (ABl. EU Nr. L 321 S. 26),
7. Richtlinie 2003/109/EG des Rates vom 25. November 2003 betreffend die Rechtsstellung der langfristig aufenthaltsberechtigten Drittstaatsangehörigen (ABl. EU 2004 Nr. L 16 S. 44),
8. Richtlinie 2004/81/EG vom 29. April 2004 über die Erteilung von Aufenthaltstiteln für Drittstaatsangehörige, die Opfer des Menschenhandels sind oder denen Beihilfe zur illegalen Einwanderung geleistet wurde und die mit den zuständigen Behörden kooperieren (ABl. EU Nr. L 261 S. 19),
9. Richtlinie 2004/83/EG des Rates vom 29. April 2004 über Mindestnormen für die Anerkennung und den Status von Drittstaatsangehörigen oder Staatenlosen als Flüchtlinge oder als Personen, die anderweitig internationalen Schutz benötigen, und über den Inhalt des zu gewährenden Schutzes (ABl. EU Nr. L 304 S. 12),
10. Richtlinie 2004/114/EG des Rates vom 13. Dezember 2004 über die Bedingungen für die Zulassung von Drittstaatsangehörigen zwecks Absolvierung eines Studiums oder Teilnahme an einem Schüleraustausch, einer unbezahlten Ausbildungsmaßnahme oder einem Freiwilligendienst (ABl. EU Nr. L 375 S. 12),
11. Richtlinie 2005/71/EG des Rates vom 12. Oktober 2005 über ein besonderes Zulassungsverfahren für Drittstaatsangehörige zwecks wissenschaftlicher Forschung (ABl. EU Nr. L 289 S. 15).

[2)] Die Änderungen durch G v. 8.7.2019 (BGBl. I S. 1021) treten teilweise erst **mWv 1.1.2024**, die Änderungen durch G v. 4.8.2019 (BGBl. I S. 1131) treten teilweise erst **mWv 1.4.2021**, die Änderungen durch G v. 15.8.2019 (BGBl. I S. 1294) treten teilweise erst **mWv 1.7.2022**, die Änderungen durch G v. 15.8.2019 (BGBl. I S. 1307) treten teilweise erst **mWv 2.3.2025** in Kraft und sind insoweit im Text noch nicht berücksichtigt.

[3)] Siehe hierzu die AufenthaltsVO (Nr. **566**), das AusländerzentralregisterG (**Sartorius ErgBd. Nr. 569**) und die AZRG-DurchführungsVO.

[4)] Neubekanntmachung des AufenthaltsG v. 30.7.2004 (BGBl. I S. 1950) in der ab 28.8.2007 geltenden Fassung.

von Zwangsheirat sowie zur Änd. weiterer aufenthalts- und asylrechtlicher Vorschriften v. 23.6.2011 (BGBl. I S. 1266), Art. 1 G zur Umsetzung aufenthaltsrechtlicher RL der EU und zur Anpassung nationaler Rechtsvorschriften an den EU-Visakodex v. 22.11.2011 (BGBl. I S. 2258), Art. 13 G zur Verbesserung der Eingliederungschancen am Arbeitsmarkt v. 20.12.2011 (BGBl. I S. 2854), Art. 2 G zur Errichtung einer Visa-Warndatei und zur Änd. des AufenthaltsG v. 22.12.2011 (BGBl. I S. 3037), Art. 2 Abs. 25 G zur Änd. von Vorschriften über Verkündung und Bekanntmachungen sowie der ZPO, des EGZPO und der AO v. 22.12.2011 (BGBl. I S. 3044), Art. 1 G zur Umsetzung der HochqualifiziertenRL der EU v. 1.6.2012 (BGBl. I S. 1224, geänd. durch G v. 27.7.2015, BGBl. I S. 1386), Art. 2 G zur Änd. des FreizügigkeitsG/EU und weiterer aufenthaltsrechtlicher Vorschriften v. 21.1.2013 (BGBl. I S. 86), Art. 2 Abs. 5 BetreuungsgeldG v. 15.2.2013 (BGBl. I S. 254), Art. 1, 7 G zur Anpassung von Rechtsvorschriften des Bundes infolge des Beitritts der Republik Kroatien zur EU v. 17.6.2013 (BGBl. I S. 1555 iVm Bek. v. 21.6.2013, BGBl. II S. 680), Art. 12 G zur Förderung der elektronischen Verwaltung sowie zur Änd. weiterer Vorschriften v. 25.7.2013 (BGBl. I S. 2749), Art. 2 Abs. 59 G zur Strukturreform des Gebührenrechts des Bundes v. 7.8.2013 (BGBl. I S. 3154), Art. 2 G zur Umsetzung der RL 2011/95/EU v. 28.8.2013 (BGBl. I S. 3474), Art. 1 G zur Verbesserung der Rechte von international Schutzberechtigten und ausländischen Arbeitnehmern v. 29.8.2013 (BGBl. I S. 3484, ber. S. 3899), Art. 3 G zur Änd. des BundeszentralregisterG und anderer registerrechtlicher Vorschriften v. 6.9.2013 (BGBl. I S. 3556), Art. 3 G zur Änd. des AntiterrordateiG und anderer Gesetze v. 18.12.2014 (BGBl. I S. 2318), Art. 1 G zur Verbesserung der Rechtsstellung von asylsuchenden und geduldeten Ausländern v. 23.12.2014 (BGBl. I S. 2439), Art. 1 G zur Neubestimmung des Bleiberechts und der Aufenthaltsbeendigung v. 27.7.2015 (BGBl. I S. 1386), Art. 128 Zehnte ZuständigkeitsanpassungsVO v. 31.8.2015 (BGBl. I S. 1474), Art. 3, 13 AsylverfahrensbeschleunigungsG v. 20.10.2015 (BGBl. I S. 1722), Art. 2 G zur Verbesserung der Unterbringung, Versorgung und Betreuung ausländischer Kinder und Jugendlicher v. 28.10.2015 (BGBl. I S. 1802), Art. 5 G zur Änd. des Zwölften Buches Sozialgesetzbuch und weiterer Vorschriften v. 21.12.2015 (BGBl. I S. 2557), Art. 6 DatenaustauschverbesserungsG v. 2.2.2016 (BGBl. I S. 130), Art. 2 Abs. 1 VergaberechtsmodernisierungsG v. 17.2.2016 (BGBl. I S. 203), Art. 2 G zur Einführung beschleunigter Asylverfahren v. 11.3.2016 (BGBl. I S. 390), Art. 1 G zur erleichterten Ausweisung von straffälligen Ausländern und zum erweiterten Ausschluss der Flüchtlingsanerkennung bei straffälligen Asylbewerbern v. 11.3.2016 (BGBl. I S. 394), Art. 50 Zweites G über die weitere Bereinigung von Bundesrecht v. 8.7.2016 (BGBl. I S. 1594), Art. 5, 8 Abs. 5, 6 IntegrationsG v. 31.7.2016 (BGBl. I S. 1939, Art. 8 Abs. 5, 6 dieses G aufgeh. durch Art. 2 G v. 4.7.2019, BGBl. I S. 914), Art. 4 Abs. 2 G zur Verbesserung der Bekämpfung des Menschenhandels und zur Änd. des BundeszentralregisterG sowie des Achten Buches Sozialgesetzbuch v. 11.10.2016 (BGBl. I S. 2226), Art. 2 Abs. 3 50. G zur Änd des StGB v. 4.11.2016 (BGBl. I S. 2460), Art. 4 G zur Regelung von Ansprüchen ausländischer Personen in der Grundsicherung für Arbeitsuchende nach dem SGB II und in der Sozialhilfe nach dem SGB XII v. 22.12.2016 (BGBl. I S. 3155), Art. 6 Abs. 15 G zur Reform der strafrechtlichen Vermögensabschöpfung v. 13.4.2017 (BGBl. I S. 872), Art. 1 G zur Umsetzung aufenthaltsrechtlicher Richtlinien der EU zur Arbeitsmigration v. 12.5. 2017 (BGBl. I S. 1106), Art. 7 G zu bereichsspezifischen Regelungen der Gesichtsverhüllung und zur Änd. weiterer dienstrechtlicher Vorschriften v. 8.6.2017 (BGBl. I S. 1570), Art. 2 G zur Verbesserung der Sachaufklärung in der Verwaltungsvollstreckung v. 30.6.2017 (BGBl. I S. 2094), Art. 4 G zur Förderung des elektronischen Identitätsnachweises v. 7.7.2017 (BGBl. I S. 2310), Art. 1 G zur Änd. gebührenrechtlicher Regelungen im Aufenthaltsrecht v. 13.7.2017 (BGBl. I S. 2350), Art. 5 G zur Bekämpfung von Kinderehen v. 17.7.2017 (BGBl. I S. 2429), Art. 11 Abs. 13 eIDAS-DurchführungsG v. 18.7.2017 (BGBl. I S. 2745), Art. 1 G zur besseren Durchsetzung der Ausreisepflicht v. 20.7.2017 (BGBl. I S. 2780), Art. 10 Abs. 4 G zur Neuregelung des Schutzes von Geheimnissen bei der Mitwirkung Dritter an der Berufsausübung schweigepflichtiger Personen v. 30.10.2017 (BGBl. I S.3618), Art. 1 G zur Verlängerung der Aussetzung des Familiennachzugs zu subsidiär Schutzberechtigten v. 8.3.2018 (BGBl. I S. 342), Art. 1 FamiliennachzugsneuregelungsG v. 12.7.2018 (BGBl. I S. 1147), Art. 1 G zur Entfristung des IntegrationsG v. 4.7.2019 (BGBl. I S. 914), Art. 1, 3 G über Duldung bei Ausbildung und Beschäftigung v. 8.7. 2019 (BGBl. I S. 1021), Art. 3 AusländerbeschäftigungsförderungsG v. 8.7.2019 (BGBl. I S. 1029), Art. 4 G gegen illegale Beschäftigung und Sozialleistungsmissbrauch v. 11.7.2019 (BGBl. I S. 1066), Art. 3 Zweites DatenaustauschverbesserungsG v. 4.8.2019 (BGBl. I S. 1131), Art. 1, 6 Zweites G zur besseren Durchsetzung der Ausreisepflicht v. 15.8.2019 (BGBl. I S. 1294), Art. 1, 54 Abs. 2 FachkräfteeinwanderungsG v. 15.8.2019 (BGBl. I S. 1307), Art. 49 Zweites Datenschutz-Anpassungs- und UmsetzungsG EU v. 20.11.2019 (BGBl. I S. 1626), Art. 4b Drittes WaffenrechtsänderungsG v. 17.2.2020 (BGBl. I S. 166), Art. 16 Covid-19-G zur Förderung der beruflichen Weiterbildung im Strukturwandel und zur Weiterentwicklung der Ausbildungsförderung v. 20.5.2020 (BGBl. I S. 1044), Art. 3 G über die Errichtung eines Bundesamts für Auswärtige Angelegenheiten und zur Änd. des G über den Auswärtigen Dienst, des AufenthaltsG und zur Anpassung anderer Gesetze an die Errichtung des Bundesamts v. 3.6.2020 (BGBl. I S. 1241), Art. 26a Abs. 1 Siebtes G zur Änd. des SGB IV und anderer Gesetze v. 12.6.2020 (BGBl. I S. 1248), Art. 169 Elfte ZuständigkeitsanpassungsVO v. 19.6.2020 (BGBl. I S. 1328), Art. 3 G zur Verschiebung des Zensus in das Jahr 2022 und zur Änd. des AufenthaltsG v. 3.12.2020 (BGBl. I S. 2675), Art. 7 G zur Stärkung der Sicherheit im Pass-, Ausweis- und ausländerrechtlichen Dokumentenwesen

v. 3.12.2020 (BGBl. I S. 2744) und Art. 10 G zur Ermittlung der Regelbedarfe und zur Änd. des Zwölften
Buches Sozialgesetzbuch sowie weiterer Gesetze v. 9.12.2020 (BGBl. I S. 2855)

Inhaltsübersicht[1]

Kapitel 1. Allgemeine Bestimmungen

[1] Inhaltsübersicht geänd. mWv 1.1.2009 durch G v. 20.12.2008 (BGBl. I S. 2846); geänd. mWv 1.9.
2011 durch G v. 12.4.2011 (BGBl. I S. 610); geänd. mWv 1.7.2011 durch G v. 23.6.2011 (BGBl. I
S. 1266); geänd. mWv 26.11.2011 durch G v. 22.11.2011 (BGBl. I S. 2258); geänd. mWv 1.6.2013 durch
G v. 22.12.2011 (BGBl. I S. 3037); geänd. mWv 1.8.2012 durch G v. 1.6.2012 (BGBl. I S. 1224); geänd.
mWv 6.9.2013 und mWv 2.12.2013 durch G v. 29.8.2013 (BGBl. I S. 3484); geänd. mWv 1.1.2015
durch G v. 23.12.2014 (BGBl. I S. 2439); geänd. mWv 1.8.2015 und mWv 1.1.2016 durch G v. 27.7.
2015 (BGBl. I S. 1386); geänd. mWv 24.10.2015 durch G v. 20.10.2015 (BGBl. I S. 1722); geänd. mWv
1.11.2015 durch G v. 28.10.2015 (BGBl. I S. 1802); geänd. mWv 5.2.2016 durch G v. 2.2.2016 (BGBl. I
S. 130); geänd. mWv 6.8.2016 und mWv 6.8.2019 durch G v. 31.7.2016 (BGBl. I S. 1939); geänd. mWv
1.8.2017 durch G v. 12.5.2017 (BGBl. I S. 1106); geänd. mWv 15.6.2017 durch G v. 8.6.2017 (BGBl. I
S. 1570); geänd. mWv 29.7.2017 durch G v. 20.7.2017 (BGBl. I S. 2780); geänd. mWv 1.8.2018 durch G
v. 12.7.2018 (BGBl. I S. 1147); geänd. mWv 1.1.2020 durch G v. 8.7.2019 (BGBl. I S. 1021); geänd.
mWv 9.8.2019 durch G v. 4.8.2019 (BGBl. I S. 1131); geänd. mWv 21.8.2019 durch G v. 15.8.2019
(BGBl. I S. 1294); geänd. mWv 1.3.2020 durch G v. 15.8.2019 (BGBl. I S. 1307); geänd. mWv 26.11.
2019 durch G v. 20.11.2019 (BGBl. I S. 1626); geänd. mWv 10.12.2020 durch G v. 3.12.2020 (BGBl. I
S. 2675); sie wurde nichtamtlich an die nachträgliche Änderung mWv 15.7.2016 durch G v. 8.7.2016
(BGBl. I S. 1594) angepasst.

(Fortsetzung nächstes Blatt)

Kapitel 1. Allgemeine Bestimmungen

§ 1 Zweck des Gesetzes; Anwendungsbereich (1) [1] Das Gesetz dient der Steuerung und Begrenzung des Zuzugs von Ausländern in die Bundesrepublik Deutschland. [2] Es ermöglicht und gestaltet Zuwanderung unter Berücksichtigung der Aufnahme- und Integrationsfähigkeit sowie der wirtschaftlichen und arbeitsmarktpolitischen Interessen der Bundesrepublik Deutschland. [3] Das Gesetz dient zugleich der Erfüllung der humanitären Verpflichtungen der Bundesrepublik Deutschland. [4] Es regelt hierzu die Einreise, den Aufenthalt, die Erwerbstätigkeit und die Integration von Ausländern. [5] Die Regelungen in anderen Gesetzen bleiben unberührt.

(2) Dieses Gesetz findet keine Anwendung auf Ausländer,

1. deren Rechtsstellung von dem Gesetz über die allgemeine Freizügigkeit von Unionsbürgern[1] geregelt ist, soweit nicht durch Gesetz etwas anderes bestimmt ist,

2. die nach Maßgabe der §§ 18 bis 20 des Gerichtsverfassungsgesetzes[2] nicht der deutschen Gerichtsbarkeit unterliegen,

3. soweit sie nach Maßgabe völkerrechtlicher Verträge für den diplomatischen und konsularischen Verkehr und für die Tätigkeit internationaler Organisationen und Einrichtungen von Einwanderungsbeschränkungen, von der Verpflichtung, ihren Aufenthalt der Ausländerbehörde anzuzeigen und dem Erfordernis eines Aufenthaltstitels befreit sind und wenn Gegenseitigkeit besteht, sofern die Befreiungen davon abhängig gemacht werden können.

§ 2[3] Begriffsbestimmungen. (1) Ausländer ist jeder, der nicht Deutscher im Sinne des Artikels 116 Abs. 1 des Grundgesetzes[4] ist.

[1] Nr. **560.**
[2] **Schönfelder Nr. 95.**
[3] § 2 Abs. 3 Satz 2 geänd., Abs. 5 neu gef., Abs. 8–11 angef. mWv 26.11.2011 durch G v. 22.11.2011 (BGBl. I S. 2258); Abs. 3 Satz 2 geänd. mWv 1.8.2013 durch G v. 15.2.2013 (BGBl. I S. 254); Abs. 3 Satz 2 neu gef., Abs. 7 geänd., Abs. 8 eingef., bish. Abs. 8–11 werden Abs. 9–12, Abs. 13 angef. mWv 6.9.2013 durch G v. 29.8.2013 (BGBl. I S. 3484); Abs. 3 Satz 2 Nr. 5 und 6 geänd., Nr. 7 und Abs. 14 und 15 angef. mWv 1.8.2015 durch G v. 27.7.2015 (BGBl. I S. 1386); Abs. 2 geänd., Abs. 3 Satz 6 aufgeh., bish. Satz 7 wird Satz 6 und geänd. mWv 1.8.2017 durch G v. 12.5.2017 (BGBl. I S. 1106); Abs. 14 Nr. 5 geänd., Nr. 5a eingef. mWv 29.7.2017 durch G v. 20.7.2017 (BGBl. I S. 2780); Abs. 5 Nr. 2 neu gef., Abs. 14 aufgeh., bish. Abs. 15 wird Abs. 14 und Satz 1 geänd., Satz 2 neu gef., Sätze 3 und 4 eingef., bish. Satz 3 wird Satz 5 mWv 21.8.2019 durch G v. 15.8.2019 (BGBl. I S. 1294); Abs. 3 Satz 5 geänd., Satz 6 eingef., bish. Satz 6 wird Satz 7, Abs. 11a, 12a–12c eingef. mWv 1.3.2020 durch G v. 15.8.2019 (BGBl. I S. 1307), Änd. von Abs. 5 Nr. 2 obsolet, da durch frühere Änd. bereits ausgeführt; Abs. 3 Satz 7 geänd. mWv 27.6.2020 durch VO v. 19.6.2020 (BGBl. I S. 1328).
[4] Nr. **1.**

(2) Erwerbstätigkeit ist die selbständige Tätigkeit, die Beschäftigung im Sinne von § 7 des Vierten Buches Sozialgesetzbuch[1] und die Tätigkeit als Beamter.

(3) [1] Der Lebensunterhalt eines Ausländers ist gesichert, wenn er ihn einschließlich ausreichenden Krankenversicherungsschutzes ohne Inanspruchnahme öffentlicher Mittel bestreiten kann. [2] Nicht als Inanspruchnahme öffentlicher Mittel gilt der Bezug von:

1. Kindergeld,
2. Kinderzuschlag,
3. Erziehungsgeld,
4. Elterngeld,
5. Leistungen der Ausbildungsförderung nach dem Dritten Buch Sozialgesetzbuch[2], dem Bundesausbildungsförderungsgesetz[3] und dem Aufstiegsfortbildungsförderungsgesetz[4],
6. öffentlichen Mitteln, die auf Beitragsleistungen beruhen oder die gewährt werden, um den Aufenthalt im Bundesgebiet zu ermöglichen und
7. Leistungen nach dem Unterhaltsvorschussgesetz[5].

[3] Ist der Ausländer in einer gesetzlichen Krankenversicherung krankenversichert, hat er ausreichenden Krankenversicherungsschutz. [4] Bei der Erteilung oder Verlängerung einer Aufenthaltserlaubnis zum Familiennachzug werden Beiträge der Familienangehörigen zum Haushaltseinkommen berücksichtigt. [5] Der Lebensunterhalt gilt für die Erteilung einer Aufenthaltserlaubnis nach den §§ 16a bis 16c, 16e sowie 16f mit Ausnahme der Teilnehmer an Sprachkursen, die nicht der Studienvorbereitung dienen, als gesichert, wenn der Ausländer über monatliche Mittel in Höhe des monatlichen Bedarfs, der nach den §§ 13 und 13a Abs. 1 des Bundesausbildungsförderungsgesetzes bestimmt wird, verfügt. [6] Der Lebensunterhalt gilt für die Erteilung einer Aufenthaltserlaubnis nach den §§ 16d, 16f Absatz 1 für Teilnehmer an Sprachkursen, die nicht der Studienvorbereitung dienen, sowie § 17 als gesichert, wenn Mittel entsprechend Satz 5 zuzüglich eines Aufschlages um 10 Prozent zur Verfügung stehen. [7] Das Bundesministerium des Innern, für Bau und Heimat gibt die Mindestbeträge nach Satz 5 für jedes Kalenderjahr jeweils bis zum 31. August des Vorjahres im Bundesanzeiger bekannt.

(4) [1] Als ausreichender Wohnraum wird nicht mehr gefordert, als für die Unterbringung eines Wohnungssuchenden in einer öffentlich geförderten Sozialmietwohnung genügt. [2] Der Wohnraum ist nicht ausreichend, wenn er den auch für Deutsche geltenden Rechtsvorschriften hinsichtlich Beschaffenheit und Belegung nicht genügt. [3] Kinder bis zur Vollendung des zweiten Lebensjahres werden bei der Berechnung des für die Familienunterbringung ausreichenden Wohnraumes nicht mitgezählt.

(5) Schengen-Staaten sind die Staaten, in denen folgende Rechtsakte in vollem Umfang Anwendung finden:

1. Übereinkommen zur Durchführung des Übereinkommens von Schengen vom 14. Juni 1985 zwischen den Regierungen der Staaten der Benelux-

[1] **Aichberger, SGB Nr. 4.**
[2] **Gewerberecht Nr. 790.**
[3] Nr. 420.
[4] **Nipperdey I, Arbeitsrecht Nr. 418.**
[5] **Schönfelder ErgBd. Nr. 45d.**

Wirtschaftsunion, der Bundesrepublik Deutschland und der Französischen Republik betreffend den schrittweisen Abbau der Kontrollen an den gemeinsamen Grenzen (ABl. L 239 vom 22.9.2000, S. 19),

2. die Verordnung (EU) 2016/399 des Europäischen Parlaments und des Rates vom 9. März 2016 über einen Gemeinschaftskodex für das Überschreiten der Grenzen durch Personen (Schengener Grenzkodex) (ABl. L 77 vom 23.3. 2016, S. 1) und

3. die Verordnung (EG) Nr. 810/2009 des Europäischen Parlaments und des Rates vom 13. Juli 2009 über einen Visakodex der Gemeinschaft (ABl. L 243 vom 15.9.2009, S. 1).

(6) Vorübergehender Schutz im Sinne dieses Gesetzes ist die Aufenthaltsgewährung in Anwendung der Richtlinie 2001/55/EG des Rates vom 20. Juli 2001 über Mindestnormen für die Gewährung vorübergehenden Schutzes im Falle eines Massenzustroms von Vertriebenen und Maßnahmen zur Förderung einer ausgewogenen Verteilung der Belastungen, die mit der Aufnahme dieser Personen und den Folgen dieser Aufnahme verbunden sind, auf die Mitgliedstaaten (ABl. EG Nr. L 212 S. 12).

(7) Langfristig Aufenthaltsberechtigter ist ein Ausländer, dem in einem Mitgliedstaat der Europäischen Union die Rechtsstellung nach Artikel 2 Buchstabe b der Richtlinie 2003/109/EG des Rates vom 25. November 2003 betreffend die Rechtsstellung der langfristig aufenthaltsberechtigten Drittstaatsangehörigen (ABl. EU 2004 Nr. L 16 S. 44), die zuletzt durch die Richtlinie 2011/51/EU (ABl. L 132 vom 19.5.2011, S. 1) geändert worden ist, verliehen und nicht entzogen wurde.

(8) Langfristige Aufenthaltsberechtigung – EU ist der einem langfristig Aufenthaltsberechtigten durch einen anderen Mitgliedstaat der Europäischen Union ausgestellte Aufenthaltstitel nach Artikel 8 der Richtlinie 2003/109/EG.

(9) Einfache deutsche Sprachkenntnisse entsprechen dem Niveau A 1 des Gemeinsamen Europäischen Referenzrahmens für Sprachen (Empfehlungen des Ministerkomitees des Europarates an die Mitgliedstaaten Nr. R (98) 6 vom 17. März 1998 zum Gemeinsamen Europäischen Referenzrahmen für Sprachen – GER).

(10) Hinreichende deutsche Sprachkenntnisse entsprechen dem Niveau A 2 des Gemeinsamen Europäischen Referenzrahmens für Sprachen.

(11) Ausreichende deutsche Sprachkenntnisse entsprechen dem Niveau B 1 des Gemeinsamen Europäischen Referenzrahmens für Sprachen.

(11a) Gute deutsche Sprachkenntnisse entsprechen dem Niveau B2 des Gemeinsamen Europäischen Referenzrahmens für Sprachen.

(12) Die deutsche Sprache beherrscht ein Ausländer, wenn seine Sprachkenntnisse dem Niveau C 1 des Gemeinsamen Europäischen Referenzrahmens für Sprachen entsprechen.

(12a) Eine qualifizierte Berufsausbildung im Sinne dieses Gesetzes liegt vor, wenn es sich um eine Berufsausbildung in einem staatlich anerkannten oder vergleichbar geregelten Ausbildungsberuf handelt, für den nach bundes- oder landesrechtlichen Vorschriften eine Ausbildungsdauer von mindestens zwei Jahren festgelegt ist.

(12b) Eine qualifizierte Beschäftigung im Sinne dieses Gesetzes liegt vor, wenn zu ihrer Ausübung Fertigkeiten, Kenntnisse und Fähigkeiten erforderlich

sind, die in einem Studium oder einer qualifizierten Berufsausbildung erworben werden.

(12c) Bildungseinrichtungen im Sinne dieses Gesetzes sind

1. Ausbildungsbetriebe bei einer betrieblichen Berufsaus- oder Weiterbildung,
2. Schulen, Hochschulen sowie Einrichtungen der Berufsbildung oder der sonstigen Aus- und Weiterbildung.

(13) International Schutzberechtigter ist ein Ausländer, der internationalen Schutz genießt im Sinne der

1. Richtlinie 2004/83/EG des Rates vom 29. April 2004 über Mindestnormen für die Anerkennung und den Status von Drittstaatsangehörigen oder Staatenlosen als Flüchtlinge oder als Personen, die anderweitig internationalen Schutz benötigen, und über den Inhalt des zu gewährenden Schutzes (ABl. L 304 vom 30.9.2004, S. 12) oder
2. Richtlinie 2011/95/EU des Europäischen Parlaments und des Rates vom 13. Dezember 2011 über Normen für die Anerkennung von Drittstaatsangehörigen oder Staatenlosen als Personen mit Anspruch auf internationalen Schutz, für einen einheitlichen Status für Flüchtlinge oder für Personen mit Anrecht auf subsidiären Schutz und für den Inhalt des zu gewährenden Schutzes (ABl. L 337 vom 20.12.2011, S. 9).

(14) [1] Soweit Artikel 28 der Verordnung (EU) Nr. 604/2013 des Europäischen Parlaments und des Rates vom 26. Juni 2013 zur Festlegung der Kriterien und Verfahren zur Bestimmung des Mitgliedstaats, der für die Prüfung eines von einem Drittstaatsangehörigen oder Staatenlosen in einem Mitgliedstaat gestellten Antrags auf internationalen Schutz zuständig ist (ABl. L 180 vom 29.6.2013, S. 31), der die Inhaftnahme zum Zwecke der Überstellung betrifft, maßgeblich ist, gelten § 62 Absatz 3a für die widerlegliche Vermutung einer Fluchtgefahr im Sinne von Artikel 2 Buchstabe n der Verordnung (EU) Nr. 604/2013 und § 62 Absatz 3b Nummer 1 bis 5 als objektive Anhaltspunkte für die Annahme einer Fluchtgefahr im Sinne von Artikel 2 Buchstabe n der Verordnung (EU) Nr. 604/2013 entsprechend; im Anwendungsbereich der Verordnung (EU) Nr. 604/2013 bleibt Artikel 28 Absatz 2 im Übrigen maßgeblich. [2] Ferner kann ein Anhaltspunkt für Fluchtgefahr vorliegen, wenn

1. der Ausländer einen Mitgliedstaat vor Abschluss eines dort laufenden Verfahrens zur Zuständigkeitsbestimmung oder zur Prüfung eines Antrags auf internationalen Schutz verlassen hat und die Umstände der Feststellung im Bundesgebiet konkret darauf hindeuten, dass er den zuständigen Mitgliedstaat in absehbarer Zeit nicht aufsuchen will,
2. der Ausländer zuvor mehrfach einen Asylantrag in anderen Mitgliedstaaten als der Bundesrepublik Deutschland im Geltungsbereich der Verordnung (EU) Nr. 604/2013 gestellt und den jeweiligen anderen Mitgliedstaat der Asylantragstellung wieder verlassen hat, ohne den Ausgang des dort laufenden Verfahrens zur Zuständigkeitsbestimmung oder zur Prüfung eines Antrags auf internationalen Schutz abzuwarten.

[3] Die für den Antrag auf Inhaftnahme zum Zwecke der Überstellung zuständige Behörde kann einen Ausländer ohne vorherige richterliche Anordnung festhalten und vorläufig in Gewahrsam nehmen, wenn

a) der dringende Verdacht für das Vorliegen der Voraussetzungen nach Satz 1 oder 2 besteht,

b) die richterliche Entscheidung über die Anordnung der Überstellungshaft nicht vorher eingeholt werden kann und

c) der begründete Verdacht vorliegt, dass sich der Ausländer der Anordnung der Überstellungshaft entziehen will.

[4] Der Ausländer ist unverzüglich dem Richter zur Entscheidung über die Anordnung der Überstellungshaft vorzuführen. [5] Auf das Verfahren auf Anordnung von Haft zur Überstellung nach der Verordnung (EU) Nr. 604/2013 finden die Vorschriften des Gesetzes über das Verfahren in Familiensachen und in den Angelegenheiten der freiwilligen Gerichtsbarkeit[1]) entsprechend Anwendung, soweit das Verfahren in der Verordnung (EU) Nr. 604/2013 nicht abweichend geregelt ist.

Kapitel 2. Einreise und Aufenthalt im Bundesgebiet

Abschnitt 1. Allgemeines

§ 3[2]) **Passpflicht.** (1) [1] Ausländer dürfen nur in das Bundesgebiet einreisen oder sich darin aufhalten, wenn sie einen anerkannten und gültigen Pass oder Passersatz besitzen, sofern sie von der Passpflicht nicht durch Rechtsverordnung befreit sind. [2] Für den Aufenthalt im Bundesgebiet erfüllen sie die Passpflicht auch durch den Besitz eines Ausweisersatzes (§ 48 Abs. 2).

(2) Das Bundesministerium des Innern, für Bau und Heimat oder die von ihm bestimmte Stelle kann in begründeten Einzelfällen vor der Einreise des Ausländers für den Grenzübertritt und einen anschließenden Aufenthalt von bis zu sechs Monaten Ausnahmen von der Passpflicht zulassen.

§ 4[3]) **Erfordernis eines Aufenthaltstitels.** (1) [1] Ausländer bedürfen für die Einreise und den Aufenthalt im Bundesgebiet eines Aufenthaltstitels, sofern nicht durch Recht der Europäischen Union oder durch Rechtsverordnung etwas anderes bestimmt ist oder auf Grund des Abkommens vom 12. September 1963 zur Gründung einer Assoziation zwischen der Europäischen Wirtschaftsgemeinschaft und der Türkei (BGBl. 1964 II S. 509) (Assoziationsabkommen EWG/Türkei) ein Aufenthaltsrecht besteht. [2] Die Aufenthaltstitel werden erteilt als

1. Visum im Sinne des § 6 Absatz 1 Nummer 1 und Absatz 3,

2. Aufenthaltserlaubnis (§ 7),

2a. Blaue Karte EU (§ 18b Absatz 2),

2b. ICT-Karte (§ 19),

2c. Mobiler-ICT-Karte (§ 19b),

3. Niederlassungserlaubnis (§ 9) oder

4. Erlaubnis zum Daueraufenthalt – EU (§ 9a).

[1]) **Schönfelder Nr. 112.**
[2]) § 3 Abs. *2 geänd.* mWv 27.6.2020 durch VO v. 19.6.2020 (BGBl. I S. 1328).
[3]) § 4 Abs. 1 Satz 2 Nr. 1 neu gef., Abs. 3 Satz 5 angef. mWv 26.11.2011 durch G v. 22.11.2011 (BGBl. I S. 2258); Abs. 1 Satz 2 Nr. 2a eingef., Satz 3 angef. mWv 1.8.2012 durch G v. 1.6.2012 (BGBl. I S. 1224); Abs. 4 aufgeh. mWv 6.9.2013, Abs. 1 Satz 2 Nr. 4 und Abs. 5 Satz 1 geänd. mWv 2.12.2013 durch G v. 29.8.2013 (BGBl. I S. 3484); Abs. 1 Satz 2 Nr. 2b und 2c eingef., Satz 3 und Abs. 3 Sätze 3 und 5 geänd. mWv 1.8.2017 durch G v. 12.5.2017 (BGBl. I S. 1106); Abs. 1 Satz 2 Nr. 2a–2c geänd., Abs. 2, 3 aufgeh., bish. Abs. 5 wird Abs. 2 mWv 1.3.2020 durch G v. 15.8.2019 (BGBl. I S. 1307).

[3]Die für die Aufenthaltserlaubnis geltenden Rechtsvorschriften werden auch auf die Blaue Karte EU, die ICT-Karte und die Mobiler-ICT-Karte angewandt, sofern durch Gesetz oder Rechtsverordnung nichts anderes bestimmt ist.

(2) [1]Ein Ausländer, dem nach dem Assoziationsabkommen EWG/Türkei ein Aufenthaltsrecht zusteht, ist verpflichtet, das Bestehen des Aufenthaltsrechts durch den Besitz einer Aufenthaltserlaubnis nachzuweisen, sofern er weder eine Niederlassungserlaubnis noch eine Erlaubnis zum Daueraufenthalt – EU besitzt. [2]Die Aufenthaltserlaubnis wird auf Antrag ausgestellt.

§ 4a[1]) **Zugang zur Erwerbstätigkeit.** (1) [1]Ausländer, die einen Aufenthaltstitel besitzen, dürfen eine Erwerbstätigkeit ausüben, es sei denn, ein Gesetz bestimmt ein Verbot. [2]Die Erwerbstätigkeit kann durch Gesetz beschränkt sein. [3]Die Ausübung einer über das Verbot oder die Beschränkung hinausgehenden Erwerbstätigkeit bedarf der Erlaubnis.

(2) [1]Sofern die Ausübung einer Beschäftigung gesetzlich verboten oder beschränkt ist, bedarf die Ausübung einer Beschäftigung oder einer über die Beschränkung hinausgehenden Beschäftigung der Erlaubnis; diese kann dem Vorbehalt der Zustimmung durch die Bundesagentur für Arbeit nach § 39 unterliegen. [2]Die Zustimmung der Bundesagentur für Arbeit kann beschränkt erteilt werden. [3]Bedarf die Erlaubnis nicht der Zustimmung der Bundesagentur

(Fortsetzung nächstes Blatt)

[1]) § 4a eingef. mWv 1.3.2020 durch G v. 15.8.2019 (BGBl. I S. 1307).

für Arbeit, gilt § 40 Absatz 2 oder Absatz 3 für die Versagung der Erlaubnis entsprechend.

(3) [1]Jeder Aufenthaltstitel muss erkennen lassen, ob die Ausübung einer Erwerbstätigkeit erlaubt ist und ob sie Beschränkungen unterliegt. [2]Zudem müssen Beschränkungen seitens der Bundesagentur für Arbeit für die Ausübung der Beschäftigung in den Aufenthaltstitel übernommen werden. [3]Für die Änderung einer Beschränkung im Aufenthaltstitel ist eine Erlaubnis erforderlich. [4]Wurde ein Aufenthaltstitel zum Zweck der Ausübung einer bestimmten Beschäftigung erteilt, ist die Ausübung einer anderen Erwerbstätigkeit verboten, solange und soweit die zuständige Behörde die Ausübung der anderen Erwerbstätigkeit nicht erlaubt hat. [5]Die Sätze 2 und 3 gelten nicht, wenn sich der Arbeitgeber auf Grund eines Betriebsübergangs nach § 613a des Bürgerlichen Gesetzbuchs[1] ändert oder auf Grund eines Formwechsels eine andere Rechtsform erhält.

(4) Ein Ausländer, der keinen Aufenthaltstitel besitzt, darf eine Saisonbeschäftigung nur ausüben, wenn er eine Arbeitserlaubnis zum Zweck der Saisonbeschäftigung besitzt, sowie eine andere Erwerbstätigkeit nur ausüben, wenn er auf Grund einer zwischenstaatlichen Vereinbarung, eines Gesetzes oder einer Rechtsverordnung ohne Aufenthaltstitel hierzu berechtigt ist oder deren Ausübung ihm durch die zuständige Behörde erlaubt wurde.

(5) [1]Ein Ausländer darf nur beschäftigt oder mit anderen entgeltlichen Dienst- oder Werkleistungen beauftragt werden, wenn er einen Aufenthaltstitel besitzt und kein diesbezügliches Verbot oder keine diesbezügliche Beschränkung besteht. [2]Ein Ausländer, der keinen Aufenthaltstitel besitzt, darf nur unter den Voraussetzungen des Absatzes 4 beschäftigt werden. [3]Wer im Bundesgebiet einen Ausländer beschäftigt, muss

1. prüfen, ob die Voraussetzungen nach Satz 1 oder Satz 2 vorliegen,
2. für die Dauer der Beschäftigung eine Kopie des Aufenthaltstitels, der Arbeitserlaubnis zum Zweck der Saisonbeschäftigung oder der Bescheinigung über die Aufenthaltsgestattung oder über die Aussetzung der Abschiebung des Ausländers in elektronischer Form oder in Papierform aufbewahren und
3. der zuständigen Ausländerbehörde innerhalb von vier Wochen ab Kenntnis mitteilen, dass die Beschäftigung, für die ein Aufenthaltstitel nach Kapitel 2 Abschnitt 4 erteilt wurde, vorzeitig beendet wurde.

[4]Satz 3 Nummer 1 gilt auch für denjenigen, der einen Ausländer mit nachhaltigen entgeltlichen Dienst- oder Werkleistungen beauftragt, die der Ausländer auf Gewinnerzielung gerichtet ausübt.

[1] **Schönfelder Nr. 20.**

§ 5[1)] **Allgemeine Erteilungsvoraussetzungen.** (1) Die Erteilung eines Aufenthaltstitels setzt in der Regel voraus, dass

1. der Lebensunterhalt gesichert ist,

1a. die Identität und, falls er nicht zur Rückkehr in einen anderen Staat berechtigt ist, die Staatsangehörigkeit des Ausländers geklärt ist,

2. kein Ausweisungsinteresse besteht,

3. soweit kein Anspruch auf Erteilung eines Aufenthaltstitels besteht, der Aufenthalt des Ausländers nicht aus einem sonstigen Grund Interessen der Bundesrepublik Deutschland beeinträchtigt oder gefährdet und

4. die Passpflicht nach § 3 erfüllt wird.

(2) [1] Des Weiteren setzt die Erteilung einer Aufenthaltserlaubnis, einer Blauen Karte EU, einer ICT-Karte, einer Niederlassungserlaubnis oder einer Erlaubnis zum Daueraufenthalt – EU voraus, dass der Ausländer

1. mit dem erforderlichen Visum eingereist ist und

2. die für die Erteilung maßgeblichen Angaben bereits im Visumantrag gemacht hat.

[2] Hiervon kann abgesehen werden, wenn die Voraussetzungen eines Anspruchs auf Erteilung erfüllt sind oder es auf Grund besonderer Umstände des Einzelfalls nicht zumutbar ist, das Visumverfahren nachzuholen. [3] Satz 2 gilt nicht für die Erteilung einer ICT-Karte.

(3) [1] In den Fällen der Erteilung eines Aufenthaltstitels nach § 24 oder § 25 Absatz 1 bis 3 ist von der Anwendung der Absätze 1 und 2, in den Fällen des § 25 Absatz 4a und 4b von der Anwendung des Absatzes 1 Nr. 1 bis 2 und 4 sowie des Absatzes 2 abzusehen. [2] In den übrigen Fällen der Erteilung eines Aufenthaltstitels nach Kapitel 2 Abschnitt 5 kann von der Anwendung der Absätze 1 und 2 abgesehen werden. [3] Wird von der Anwendung des Absatzes 1 Nr. 2 abgesehen, kann die Ausländerbehörde darauf hinweisen, dass eine Ausweisung wegen einzeln zu bezeichnender Ausweisungsinteressen, die Gegenstand eines noch nicht abgeschlossenen Straf- oder anderen Verfahrens sind, möglich ist. [4] In den Fällen der Erteilung eines Aufenthaltstitels nach § 26 Absatz 3 ist von der Anwendung des Absatzes 2 abzusehen.

(4) Die Erteilung eines Aufenthaltstitels ist zu versagen, wenn ein Ausweisungsinteresse im Sinne von § 54 Absatz 1 Nummer 2 oder 4 besteht oder eine Abschiebungsanordnung nach § 58a erlassen wurde.

[1)] § 5 Abs. 4 Satz 1 geänd. mWv 4.8.2009 durch G v. 30.7.2009 (BGBl. I S. 2437); Abs. 3 Satz 1 geänd. mWv 26.11.2011 durch G v. 22.11.2011 (BGBl. I S. 2258); Abs. 2 Satz 1 einl. Satzteil geänd. mWv 2.12.2013 durch G v. 29.8.2013 (BGBl. I S. 3484); Abs. 1 Nr. 2, Abs. 3 Satz 3, Abs. 4 Satz 1 geänd. mWv 1.8.2015 durch G v. 27.7.2015 (BGBl. I S. 1386); Abs. 3 Satz 1 geänd., Satz 4 angef. mWv 6.8.2016 durch G v. 31.7.2016 (BGBl. I S. 1939); Abs. 2 Satz 1 einl. Satzteil geänd., Satz 3 angef. mWv 1.8.2017 durch G v. 12.5.2017 (BGBl. I S. 1106); Abs. 4 Satz 2 und 3 aufgeh. mWv 1.8. *2018* durch G v. 12.7.2018 (BGBl. I S. 1147); Abs. 4 geänd. mWv 21.8.2019 durch G v. 15.8.2019 *(BGBl. I S. 1294);* Abs. 2 Satz 1 einl. Satzteil geänd. mWv 1.3.2020 durch G v. 15.8.2019 (BGBl. I S. 1307).